• Revised New Korean Standard Version •

BIG LETTER HOLY BIBLE

님께

주후　　년　　월　　일

드립니다.

주기도문 *The Lord's prayer*

하늘에 계신 우리 아버지여,
이름이 거룩히 여김을 받으시오며, 나라가 임하시오며,
뜻이 하늘에서 이루어진 것 같이 땅에서도 이루어지이다.
오늘 우리에게 일용할 양식을 주시옵고,
우리가 우리에게 죄 지은 자를 사하여 준 것 같이
우리 죄를 사하여 주시옵고,
우리를 시험에 들게 하지 마시옵고,
다만 악에서 구하시옵소서.
나라와 권세와 영광이 아버지께 영원히 있사옵나이다. 아멘.

(마태복음 6:9-13)

새번역 주기도문

하늘에 계신 우리 아버지,
아버지의[1] 이름을 거룩하게 하시며[2]
아버지의 나라가 오게 하시며,
아버지의 뜻이 하늘에서와 같이 땅에서도 이루어지게 하소서.
오늘 우리에게 일용할 양식을 주시고,
우리가 우리에게 잘못한 사람을 용서하여 준 것 같이,
우리 죄를 용서하여 주시고,
우리를 시험에 빠지지 않게 하시고, 악에서 구하소서.
나라와 권능과 영광이 영원히 아버지의 것입니다. 아멘.

1) 원문(σου)은 '당신의'라는 뜻이다.
2) '아버지께서 우리를 통하여 당신의 이름을 거룩하게 하소서'라는 의미가 함축되어 있다.

The Apostles' Creed 사도신경

전능하사 천지를 만드신 하나님 아버지를 내가 믿사오며,
그 외아들 우리 주 예수 그리스도를 믿사오니,
이는 성령으로 잉태하사 동정녀 마리아에게 나시고,
본디오 빌라도에게 고난을 받으사, 십자가에 못 박혀 죽으시고,
장사한 지 사흘 만에 죽은 자 가운데서 다시 살아나시며,
하늘에 오르사, 전능하신 하나님 우편에 앉아 계시다가,
저리로서 산 자와 죽은 자를 심판하러 오시리라.
성령을 믿사오며, 거룩한 공회와,
성도가 서로 교통하는 것과,
죄를 사하여 주시는 것과, 몸이 다시 사는 것과,
영원히 사는 것을 믿사옵나이다. 아멘.

[1]사도신경 새번역

나는 전능하신 아버지 하나님, 천지의 창조주를 믿습니다.
나는 그의 유일하신 아들, 우리 주 예수 그리스도를 믿습니다.
그는 성령으로 잉태되어 동정녀 마리아에게서 나시고,
본디오 빌라도에게 고난을 받아 십자가에 못 박혀 죽으시고,
장사된 지[2] 사흘 만에 죽은 자 가운데서 다시 살아나셨으며,
하늘에 오르시어 전능하신 아버지 하나님 우편에 앉아 계시다가,
거기로부터 살아 있는 자와 죽은 자를 심판하러 오십니다.
나는 성령을 믿으며, 거룩한 공교회와 성도의 교제와
죄를 용서받는 것과 몸의 부활과 영생을 믿습니다. 아멘.

1) '사도신조'로도 번역할 수 있다.
2) '장사 되시어 지옥에 내려가신 지'가 공인된 원문(Forma Recepta)에는 있으나, 대다수의 본문에는 없다.

| 주석 감수위원 |

유재원 (구약, 前 총신대 신학대학원 부총장, 신학박사)
권성수 (신약, 前 총신대 신학대학원장, 신학박사)

| 주석 편찬위원 |

강원용 강현중 구대일 김태곤
김덕선 윤용진 조주석

| 편찬책임 |

이국진

• Revised New Korean Standard Version •

Agape Big Letter Study Bible

The Old Testament & New Testament

THE HOLY BIBLE
Old and New Testaments
Revised New Korean Standard Version

Text Exposition
Word Explanation
Summary of Chapters

Printed in Seoul, Korea

간행사

(주)아가페출판사는 창립 49주년의 역사와 전통을 지닌 주석성경전문출판사로, 지금까지 다양한 주석성경과 영어성경을 출판해 왔습니다.

1982년도에 국내 최초로 컴퓨터를 이용한 전자편집을 시도하여 〈아가페 성구대전〉을 발간했으며, 국내 최초의 주석성경인 〈오픈성경〉을 발간, 그 후로 〈셀프성경〉, 〈열린노트성경〉, 〈큰글성경〉, 〈굿모닝성경〉, 〈NIV한영해설성경〉, 〈NLT한영해설성경〉, 〈ESV한영해설성경〉, 〈삼독성경〉, 〈파트너성경〉 등 항상 한 걸음 앞선 새로운 기획과 아이디어로 국내 주석성경을 선도해 왔습니다.

복음주의적인 주석과 풍부한 성경자료가 함께 수록된 아가페 주석성경은 지금까지 많은 성도들의 사랑과 신뢰를 받아오고 있습니다. 저희 아가페출판사는 늘 하나님의 말씀을 귀히 여기며 이 말씀이 성도들 곁에 더 가까이 갈 수 있도록 혼신의 힘을 다하고 있습니다.

〈새번역 큰글 성경〉에 수록된 「새번역 성경」은 성경 원문의 뜻을 우리말 독자들이 이해할 수 있도록 정확하게, 쉬운 현대어로, 우리말 어법에 맞게 번역한 성경입니다. 아가페출판사는 현시대를 살아가는 성도들의 깊이 있는 성경 읽기에 도움이 되고자 「새번역 성경」 본문 하단에 알찬 주석을 넣은 〈새번역 큰글 성경〉을 기획·편집하였습니다.

〈새번역 큰글 성경〉은 글자 크기를 키우고 아가페만의 편집 노하우를 녹여 시원한 활자를 통해 눈이 피로하지 않도록 가독성을 최대한 높인 것이 특징입니다. 또한 매 장마다 장별 요약을 넣어 해당 장에 담긴 메시지와 의미, 내용의 흐름을 쉽게 이해할 수 있습니다. 그리고 문단별 주석과 절별 주석, 어려운 단어 해설은 기존의 성경보다 비교적 쉽게 이해하며 성경을 읽는 즐거움을 누릴 수 있습니다.

앞으로도 저희 아가페출판사는 더욱더 성도들이 성경을 가까이할 수 있도록 모든 노력을 아끼지 않으려 합니다. 〈새번역 큰글 성경〉이 어린이부터 나이 드신 분들까지 하나님의 거룩한 말씀을 연구하는 데 도움이 되기를 소망합니다. 또한 성도들뿐 아니라 아직 하나님의 말씀을 들어보지 못한 영혼들에게 이 성경이 전달되고 그로 인해 귀한 열매가 맺히길 기도합니다.

주후 2024년

발행인

〈표준새번역〉 머리말

1983년 10월에 번역을 시작하여 1992년 성탄절 전야에 끝마무리를 하기까지 만 9년 3개월의 세월이 흐르는 동안에, 번역에 참여한 모든 사람을 격려하셔서 〈성경전서 표준새번역〉이 완성될 수 있도록 인도하여 주신 하나님께 한없는 찬양과 감사를 드린다.

현재 한국 교회에서 쓰고 있는 〈성경전서 개역한글판〉은 출간된 후 오랜 세월이 흐름에 따라 어려워하는 사람이 많아졌다. 이런 까닭으로, 1980년대에 들어서면서 한국 교계의 많은 목회자들과 신도들로부터, 앞으로 교회에서 〈개역〉 성경의 뒤를 이어 사용할 새 번역 성경을 준비해 달라는 요구가 강력하게 제기되어, 대한성서공회에서는 〈표준새번역〉 성경 번역을 계획하게 되었다. 그리하여 지금 쓰고 있는 〈개역〉 성경의 수정이나 교정이 아닌, 전적으로 새로운 번역을 하되, 〈개역〉 성경의 보수적인 정신과 한국교회의 전통을 존중한다는 원칙을 바탕으로, 다음과 같은 지침을 정하였다.

첫째, 현재 우리나라에서 가장 많은 비중을 차지하는 10대와 20대, 그리고 우리말을 아는 사람이라면 누구나 이해할 수 있는 쉬운 현대어로 번역한다. 이것은 〈표준새번역〉에 사용될 언어의 성격과 수준을 규정한 것이다. 〈표준새번역〉 성경을 보통 말, 곧 현재 우리 사회 대다수의 언어 인구가 널리 쓰고 있는 표준말로 번역한다는 것이다.

둘째, 원어의 뜻을 분명하게 파악한 다음에, 그것을 우리의 어법에 맞게 표현한다. 이것은 번역 원칙을 요약한 것으로서, 번역 본문에서 번역어투를 없애고, 우리말 관용구를 활용하여 원문이 뜻하는 바를 우리말로 분명하고 정확하게 번역하며, 더 나아가서, 우리말을 쓰는 신도들이나 독자들이 쉽게 성경을 읽을 수 있도록 번역한다는 것이다. 원문을 읽는 독자의 이해와 번역문을 읽는 독자의 이해가 같도록 한다는 의지가 여기에 들어 있다.

셋째, 교회에서 드리는 예배와 교회학교 교육에 사용할 수 있는 번역이 되도록 한다. 이것은 번역 성경의 용도를 밝힌 것이다. 그래서 〈개역〉을 바탕으로 교회에서 이미 널리 쓰이는 용어들은 〈표준새번역〉에서 그대로 받아들였다. 장과 절 구분이 번역판들마다 약간씩 다른 경우가 있는데, 〈표준새번역〉은 장과 절 구분도 〈개역〉의 전통을 따랐다. 또 성경의 품위를 손상시키는 유행어나 저속한 표현은 쓰지 않았다.

넷째, 고유명사의 음역은 〈개역〉을 따른다. 이 지침에 따라, 인명과 지명 또는 음역되는 특수 단어는 모두 우리나라 개신교 신도들이 익숙하게 쓰고 있는 〈개역〉의 음역을 그대로 따랐다. 다만 지금 우리나라 중·고등학교의 교과서에 나오는 성경의 몇 가지 고유명사들은, *성경 독자들이 성경*을 읽으면서 하나님께서 구체적인 역사 속에서 말씀하신다는 것을 더욱 실감할 수 있도록, 교과서의 표기를 따라 바꾸었다. 애굽, 바사, 구스, 서바나, 구브로 등을 이집트, 페르시아, 에티오피아, 스페인, 키프로스 등으로 음역한 것이 그것이다.

다섯째, 우리나라 개신교에서 특별히 중요하게 여기는 용어는 할 수 있는 대로 바꾸지 않는다. 이에 따라 하나님, 독생자, 인자, 홍해, 언약 등 〈개역〉의 용어들은 거의 다 〈표준새번역〉에서 그대로 썼다.

번역 대본으로는, 구약 번역자들은 독일성서공회에서 출판한 히브리어 구약전서 〈비블리아 헤브라이카 슈투트가르텐시아〉(1967/77년)에 실려 있는 히브리어 마소라 본문을 사용하였고, 신약 번역자들은 세계성서공회연합회에서 출판한 〈그리스어 신약전서〉 (제3판 1983년)를 사용하였다.

성경을 번역하는 원칙에는, 원문의 문법 형식을 번역문에서도 그대로 반영시키는 형식일치 번역과, 원문이 지닌 문법 형식보다는 원문의 뜻을 옮기는 내용일치 번역이 있다. 두 가지 번역 방법의 장점을 취하고 단점을 버리는 것이 〈표준새번역〉 번역자들의 바람이었지만, 실제 번역 과정에서 부딪치는 문제들은 해결하기가 쉽지 않았다. 〈표준새번역〉에서는 원문의 뜻을 우리의 어법에 맞게 표현하려 하였다. 그래서 형식을 일치시키는 번역을 해도 우리의 어법에 맞고 원문과 똑같은 뜻을 전달할 수 있을 때에는 그렇게 번역을 하였고, 글자 그대로 번역하면 전혀 딴 뜻이 전달되거나 아무런 뜻도 없는 번역이 될 때에는 뜻을 살리는 번역을 하였다.

〈표준새번역〉에서는 〈개역〉 신약을 따라서, 〈개역〉 구약에서 여호와라고 한 표기를 "주" 또는 "주님"이라고 하였다. 다만, 하나님께서 직접 이름을 계시하는 곳(출 3:15; 6:3)에서는, 〈개역〉 구약에서 써 온 여호와라는 표기를 그대로 썼다. 또 여호와 표기와 결합된 이름들 곧 여호와이레(창 22:14), 여호와닛시(출 17:15), 여호와샬롬(삿 6:24), 여호와샤마(겔 48:35)에서도 여호와를 그대로 썼다. 구약성경에서 하나님의 거룩한 이름 히브리어의 네 자음 문자는 아도나이(주) 또는 엘로힘(하나님)으로 읽어 왔다. 신약성경을 쓴 사도들은 하나님의 이름 네 글자를 쓸 때에는 예외 없이 "주"라고 하였다. 구약성경 본문을 신약에 인용할 때에도 하나님의 거룩한 이름 네 글자만은 반드시 "주"라고 하였다. 기독교 2천년의 성경 번역 전통에서 볼 때에도, 하나님의 거룩한 이름 네 글자는 늘 "주"로 번역되어 왔다. 주전 3세기부터 히브리어에서 그리스어로 번역되기 시작한 〈칠십인역〉 구약이 하나님의 거룩한 이름을 "주"라고 번역한 뒤로, 주후 4세기 라틴어 〈불가타역〉이나 16세기 루터의 독일어역, 17세기의 영어 흠정역 〈제임스 왕 역본〉 등이 하나님의 거룩한 이름을 "주"라고 번역하였다. 원어에서 직접 번역된 세계의 주요 번역판들이 하나님의 거룩한 이름을 번역할 때에 "주"라고 번역하였다. 〈성경전서 표준새번역〉에서는 교회의 이러한 오랜 전통과 성경 번역의 전통을 따랐다.

하나님께서, 이제 우리가 기쁜 마음으로 봉헌하는 〈성경전서 표준새번역〉에 복을 주셔서, 이 성경을 읽는 이들마다 구원에 이르도록 인도해 주시기를 간절히 바란다.

1993년 3월 15일

〈새번역〉 머리말

〈성경전서 표준새번역〉이 출간된 지 8년이 지났다. 그 동안 많은 독자들이 이 성경의 번역에 대하여 여러 가지 좋은 의견들을 보내왔다. 또 16개 교단에서 파송된 개정위원들이 번역을 검토하기도 하였다. 대한성서공회는, 한편으로는 성경의 번역과 개정에 대한 경험을 축적하였으며, 다른 한편으로는 세계 성서학계에서 발전시킨 성경 원문 연구에 대한 결과를 번역에 활용할 수 있게 되었다. 이번 〈표준새번역 개정판〉은, 그 동안 성서공회로 들어온 의견과 번역 검토 결과와 성경 개정에 대한 경험과 여러 연구 성과들을 바탕으로 이루어졌다. 특히 그 동안 교회들로부터 들어온 의견들을 원문에 비추어 충실하게 검토하여 개정에 반영하였다.

〈표준새번역〉의 번역 원칙은, 원문의 뜻을 우리말 독자들이 이해할 수 있도록 정확하게 번역하되, 쉬운 현대어로, 우리말 어법에 맞게, 한국 교회에서 사용할 수 있도록 번역한다는 것이었다. 이번 개정에서는 이 번역 원칙을 그대로 지키면서, 다음 네 가지 점에 착안하여 개정을 하였다. 첫째, 번역이 명확하지 못했던 본문과 의미 전달이 미흡한 본문은 뜻이 잘 전달되도록 고쳤다. 둘째, 될 수 있는 대로 번역어투를 없애고, 뜻을 우리말로 표현하려고 노력했다. 그러나 신학적으로 중요한 분문에서는 우리말 표현보다는 원문의 뜻을 그대로 반영하려고 노력하였다. 셋째, 원문 자체의 난해구에 관해서는 현대 성서학의 연구 결과를 응용하여 그 뜻을 밝히려고 노력하였다. 넷째, 대화문에서는 현대 우리말 존대법을 적용하였다.

새롭게 개정된 〈표준새번역 개정판〉이 새 시대의 독자들에게 하나님의 말씀을 바르고 쉽게 전달할 수 있기를 간절히 바란다.

2001년 11월

〈성경전서 표준새번역 개정판〉이 출간된 지 두 해가 지났다. 이 성경이 교회에서 자리를 잡아 가면서 읽히고 있다. 이제 〈성경전서 표준새번역 개정판〉의 책 이름을 좀 더 쉽고 친숙하게 부를 수 있도록 〈성경전서 새번역〉으로 바꾼다. 〈성경전서 새번역〉이 현대 한국어로 하나님의 말씀을 읽고 싶어 하는 모든 분들에게 큰 빛을 비추어 줄 수 있기를 빈다.

2004년 9월

일러두기

1. **책명** 각 페이지의 상단 중앙에 적어 넣었다.
2. **장** 그 장이 시작되는 줄의 본문 앞에 크고 굵은 숫자로 나타냈다.
3. **절** 그 절이 시작되는 줄의 왼쪽 빈 자리에 숫자로 표시하였다.
4. **소제목** 원문에는 없는 것이지만, 독자들이 쉽게 본문을 이해할 수 있도록 필요한 곳에 달았다.
5. **병행 구절** 병행 구절이 있는 경우에는 소제목 다음에 해당 병행 구절을 밝혀서 소괄호 속에 적어 넣었다.
6. **난외주** 책의 각 쪽을 단위로 한글 자모(㉠, ㉡, ㉢……) 순서를 따라 표시하였다.
   난외주의 내용은 본문 아래 빈 자리에 적어 넣었다. 같은 쪽 안에서 난외주의 내용이 같을 때에는 본문에 같은 기호로 적어 표시하였다.
7. **약자** 난외주에 사용된 약자 **히**는 **히브리어**를 가리키고, **그**는 **그리스어**를 가리킨다. 성경 책 이름의 약자는 목차에 적어 넣었다.
8. **페이지** 「새번역 큰글 성경」 자체 페이지를 상단 안쪽에 표기하였으며, 각 상단 바깥쪽에는 〈RN72E〉의 페이지에 맞춘 페이지를 표기하여 〈RN72E〉과 통용할 경우에도 찾기 쉽도록 하였다.
9. **기호**
   - ○ 새 문단이 시작되는 곳에 표시하였다.
   - ( ) 주석적 성경을 지닌 본문이나 문맥의 흐름을 끊는 본문은 소괄호 ( ) 속에 넣었다. (요 1:38; 왕상 10:11–12)
   - [ ] 어떤 사본에는 있고 어떤 사본에는 없어서 원본의 반영임이 분명하지 않은 본문은 대괄호 [ ] 속에 넣었다. (막 3:14)
   - [[ ]] 후대에 첨가된 본문이지만 교회에서 일찍부터 중요하게 여기고 읽어 온 본문은 겹대괄호 [[ ]] 속에 넣어 표시하였다. (막 16:9–20)
   - : 성경 구절을 밝힐 때에 장과 절 사이에 썼다.
   - , 같은 장의 다른 절을 밝힐 때에 절과 절 사이에 썼다.
   - – 같은 장의 어떤 절에서부터 다음 절까지 이어지는 것을 밝힐 때에 썼다.
   - ; 책이나 장이 바뀌어 열거될 때에 썼다. (마 26:14–16; 눅 22:3–6)
10. **들여쓰기** 시는 산문처럼 이어서 적되, 문단 왼쪽을 한 칸씩 비워서 나타내고, 각 연은 첫줄 왼쪽을 한 칸 더 들여쓰기를 하여 구분하였다. 신약에서 구약을 인용할 때에는 문단 왼쪽을 두 칸씩 비웠다. 또한 편지글은 왼쪽과 오른쪽을 한 칸씩 비웠다.
11. **본문 주해** 성경 본문의 전체적인 전개와 내용을 파악할 수 있도록 본문 하단에 필요한 주해를 수록하였다.
12. **장별 요약** 성경 본문의 전체적인 흐름과 내용을 파악할 수 있도록 매장마다 본문 하단에 『장별 요약』을 넣어 장별로 성경의 내용을 이해할 수 있도록 하였다.

구약
전서
The Old Testaments

구약전서 목차

창세기

저자 모세

저작 연대 B.C. 1450–1400년경

기록 장소와 대상 일반적으로 보수주의 신학자들은 모세가 시내 산에 머무는 동안 이 계시를 받았다고 생각한다. 창세기는 이스라엘 백성을 위해서 기록되었다. 그러나 하나님께서 족장들에게 하신 약속들과 예수 그리스도를 통하여 이루실 인류의 구속 및 하나님의 사랑에 대한 기초들이 제시되어 있는 것을 볼 때, 역사를 초월하여 모든 인류를 대상으로 하고 있음을 알 수 있다.

핵심어 및 내용 창세기의 핵심어는 '시작', '인간', '언약' 등이다. 창세기는 하늘과 땅, 식물과 동물, 남자와 여자, 죄와 문명, 하나님의 구속 사역이 어떻게 시작되었는지를 설명해 주고 있다. 또한 언약을 통해서 인류에 대한 하나님의 영원한 구속 계획이 제시되었다. 하나님은 이 언약을 아브라함과 맺으셨다.

내용 분해

1. 창조 : 1–2장
2. 타락 : 3–5장
3. 대홍수 : 6–9장
4. 민족의 탄생 : 10–11장
5. 아브라함 : 12:1–25:18
6. 이삭 : 25:19–26장
7. 야곱 : 27–36장
8. 요셉 : 37–50장

천지창조

1 ㉠태초에 하나님이 천지를 창조하
셨다.
2 땅이 혼돈하고 공허하며, 어둠이 깊
음 위에 있고, ㉡하나님의 영은 물 위
에 움직이고 계셨다.
3 ○하나님이 말씀하시기를 "빛이 생
겨라" 하시니, 빛이 생겼다.
4 그 빛이 하나님 보시기에 좋았다. 하
나님이 빛과 어둠을 나누셔서,
5 빛을 낮이라고 하시고, 어둠을 밤이
라고 하셨다. 저녁이 되고 아침이 되
니, 하루가 지났다.
6 ○하나님이 말씀하시기를 "물 한가
운데 창공이 생겨, 물과 물 사이가
갈라져라" 하셨다.
7 하나님이 이처럼 창공을 만드시고
서, 물을 창공 아래에 있는 물과 창
공 위에 있는 물로 나누시니, 그대로
되었다.
8 하나님이 창공을 하늘이라고 하셨
다. 저녁이 되고 아침이 되니, 이튿날
이 지났다.
9 ○하나님이 말씀하시기를 "하늘 아
래에 있는 물은 한 곳으로 모이고,
뭍은 드러나거라" 하시니, 그대로 되
었다.
10 하나님이 뭍을 땅이라고 하시고, 모
인 물을 바다라고 하셨다. 하나님
보시기에 좋았다.
11 하나님이 말씀하시기를 "땅은 푸른
움을 돋아나게 하여라. 씨를 맺는
식물과 씨 있는 열매를 맺는 나무가
그 종류대로 땅 위에서 돋아나게 하
여라" 하시니, 그대로 되었다.
12 땅은 푸른 움을 돋아나게 하고, 씨
를 맺는 식물을 그 종류대로 나게
하고, 씨 있는 열매를 맺는 나무를
그 종류대로 돋아나게 하였다. 하나
님 보시기에 좋았다.
13 저녁이 되고 아침이 되니, 사흗날이
지났다.
14 ○하나님이 말씀하시기를 "하늘 창
공에 빛나는 것들이 생겨서, 낮과 밤
을 가르고, 계절과 날과 해를 나타
내는 표가 되어라.
15 또 하늘 창공에 있는 빛나는 것들은
땅을 환히 비추어라" 하시니, 그대로

㉠ 또는 '태초에 하나님이 천지를 창조하실 때에' 또는 '하나님이 천지를 창조하기 시작하셨을 때에' ㉡ 또는 '하나님의 바람' 또는 '강한 바람'

창

되었다.
16 하나님이 두 큰 빛을 만드시고, 둘
가운데서 큰 빛으로는 낮을 다스리
게 하시고, 작은 빛으로는 밤을 다
스리게 하셨다. 또 별들도 만드셨다.
17 하나님이 빛나는 것들을 하늘 창공
에 두시고 땅을 비추게 하시고,
18 낮과 밤을 다스리게 하시며, 빛과 어
둠을 가르게 하셨다. 하나님 보시기
에 좋았다.
19 저녁이 되고 아침이 되니, 나흗날이
지났다.
20 ○하나님이 말씀하시기를 "물은 생
물을 번성하게 하고, 새들은 땅 위
하늘 창공으로 날아다녀라" 하셨다.
21 하나님이 커다란 바다 짐승들과 물
에서 번성하는 움직이는 모든 생물
을 그 종류대로 창조하시고, 날개 달
린 모든 새를 그 종류대로 창조하셨
다. 하나님 보시기에 좋았다.
22 하나님이 이것들에게 복을 베푸시면
서 말씀하시기를 "생육하고 번성하
여 여러 바닷물에 충만하여라. 새들
도 땅 위에서 번성하여라" 하셨다.
23 저녁이 되고 아침이 되니, 닷샛날이
지났다.
24 ○하나님이 말씀하시기를 "땅은 생물
을 그 종류대로 내어라. 집짐승과 기
어다니는 것과 들짐승을 그 종류대
로 내어라" 하시니, 그대로 되었다.
25 하나님이 들짐승을 그 종류대로, 집
짐승도 그 종류대로, 들에 사는 모
든 길짐승도 그 종류대로 만드셨다.
하나님 보시기에 좋았다.
26 ○하나님이 말씀하시기를 "우리가 우
리의 형상을 따라서, 우리의 모양대
로 ㉠사람을 만들자. 그리고 그가, 바
다의 고기와 공중의 새와 땅 위에
사는 온갖 들짐승과 땅 위를 기어다
니는 모든 길짐승을 다스리게 하자"
하시고,
27 하나님이 당신의 형상대로 ㉠사람을
창조하셨으니, 곧 하나님의 형상대
로 사람을 창조하셨다. 하나님이 그
들을 남자와 여자로 창조하셨다.
28 하나님이 그들에게 복을 베푸셨다.
하나님이 그들에게 말씀하시기를
"생육하고 번성하여 땅에 충만하여
라. 땅을 정복하여라. 바다의 고기와
공중의 새와 땅 위에서 살아 움직이
는 모든 생물을 다스려라" 하셨다.
29 하나님이 말씀하시기를 "내가 온 땅
위에 있는 씨 맺는 모든 채소와 씨
있는 열매를 맺는 모든 나무를 너희
에게 준다. 이것들이 너희의 먹거리
가 될 것이다.
30 또 땅의 모든 짐승과 공중의 모든 새
와 땅 위에 사는 모든 것, 곧 생명을
지닌 모든 것에게도 모든 푸른 풀을
먹거리로 준다" 하시니, 그대로 되었다.

1장 요약 하나님은 분명한 목적과 의도에 따라 말씀으로 모든 세계를 창조하셨다. 하나님의 형상으로 창조된 사람은 피조 세계를 다스리는 권한과 책임을 받았다.

1:7 그대로 되었다 창조 사역의 장엄함은 우리의 상상을 초월하는 것이므로 기자는 창조 사역의 수단이나 방법에 대해서는 "그대로 되었다"라는 간단한 문장을 통하여 하나님의 절대적인 권능을 선언적으로 표현하고 있다.

1:26 우리의 형상을 따라서 '우리'라는 표현은 삼위일체 하나님의 사역에 의하여 사람이 창조되었음을 암시한다. 사람의 외양을 하나님께서 자기의 형상대로 지으셨다는 뜻이라기보다는 사람의 영혼을 하나님의 인격과 성품을 따라 지으셨다는 뜻이다. '형상'에는 '참 의로움과 참 거룩함'(엡 4:24) 및 '참 지식'(골 3:10)과 같은 속성이 포함된다.

㉠ 히, '아담'

31 하나님이 손수 만드신 모든 것을 보
시니, 보시기에 참 좋았다. 저녁이 되
고 아침이 되니, 엿샛날이 지났다.

2

1 하나님은 하늘과 땅과 그 가운
데 있는 모든 것을 다 이루셨다.
2 하나님은 하시던 일을 ㉠엿샛날까지
다 마치시고, 이렛날에는 하시던 모
든 일에서 손을 떼고 쉬셨다.
3 이렛날에 하나님이 창조하시던 모든
일에서 손을 떼고 쉬셨으므로, 하나
님은 그 날을 복되게 하시고 거룩하
게 하셨다.
4 하늘과 땅을 창조하실 때의 일은 이
러하였다.

에덴 동산

○주 하나님이 땅과 하늘을 만드실
때에,
5 주 하나님이 땅 위에 비를 내리지 않
으셨고, 땅을 갈 사람도 아직 없었으
므로, 땅에는 나무가 없고, 들에는
풀 한 포기도 아직 돋아나지 않았
다.
6 땅에서 물이 솟아서, 온 땅을 적셨
다.
7 ○주 하나님이 ㉡땅의 흙으로 ㉢사람
을 지으시고, 그의 코에 생명의 기운
을 불어넣으시니, 사람이 생명체가
되었다.
8 ○주 하나님이 동쪽에 있는 에덴에
동산을 일구시고, 지으신 사람을 거
기에 두셨다.
9 주 하나님은 보기에 아름답고 먹기
에 좋은 열매를 맺는 온갖 나무를
땅에서 자라게 하시고, 동산 한가운
데는 생명나무와 선과 악을 알게 하
는 나무를 자라게 하셨다.
10 ○강 하나가 에덴에서 흘러나와서
동산을 적시고, 에덴을 지나서는 네
줄기로 갈라져서 네 강을 이루었다.
11 첫째 강의 이름은 비손인데, 금이 나
는 하윌라 온 땅을 돌아서 흘렀다.
12 그 땅에서 나는 금은 질이 좋았다.
브돌라라는 향료와 홍옥수와 같은
보석도 거기에서 나왔다.
13 둘째 강의 이름은 기혼인데, 구스 온
땅을 돌아서 흘렀다.
14 셋째 강의 이름은 티그리스인데, 앗
시리아의 동쪽으로 흘렀다. 넷째 강
은 유프라테스이다.
15 ○주 하나님이 사람을 데려다가 에
덴 동산에 두시고, 그 곳을 맡아서
돌보게 하셨다.
16 주 하나님이 사람에게 명하셨다. "동
산에 있는 모든 나무의 열매는, 네가
먹고 싶은 대로 먹어라.
17 그러나 선과 악을 알게 하는 나무의
열매만은 먹어서는 안 된다. 그것을
먹는 날에는, 너는 반드시 죽는다."
18 ○주 하나님이 말씀하셨다. "남자가
혼자 있는 것이 좋지 않으니, 그를

2장 요약 하나님께서 흙으로 사람을 지으시고 그 코에 생기를 친히 불어넣으신 것은 하나님의 형상으로 지음받은 사람의 고귀성과 존엄성을 분명하게 부각시켜 준다. 그리고 선과 악을 알게 하는 나무는 사람이 하나님의 절대 주권에 순종해야 함을 교훈한다. 사람은 하나님 뜻에 순종할 때 가장 복된 삶을 살 수 있다.

2:2–3 사람이 궁극적으로 이르러야 할 복된 삶의 방향을 하나님께서 제정하신 안식일 제도를 통하여 암시함으로써 창조 기사를 일단락짓고 있다.

2:17 선과 악을 알게 하는 나무의 열매 나무 자체가 그러한 특성을 지녔다고 생각하면 안 된다. 하나님의 금령이라는 점에 그 강조점을 두어야 한다. 아담이 창조주와 상관없이, 피조계에서 자신의 지식과 만족과 가치를 추구하면서 스스로를 만

㉠ 사마리아 오경과 칠십인역과 시리아어역을 따름. 히, '이렛날까지' ㉡ 히, '아다마' ㉢ 히, '아담'

창

돕는 사람, 곧 그에게 알맞은 짝을
만들어 주겠다."
19 주 하나님이 들의 모든 짐승과 공중
의 모든 새를 흙으로 빚어서 만드시
고, 그 사람에게로 이끌고 오셔서,
그 사람이 그것들을 무엇이라고 하
는지를 보셨다. 그 사람이 살아 있는
동물 하나하나를 이르는 것이 그대
로 동물들의 이름이 되었다.
20 그 사람이 모든 집짐승과 공중의 새
와 들의 모든 짐승에게 이름을 붙여
주었다. 그러나 그 ㉠남자를 돕는 사
람 곧 그의 짝이 없었다.
21 그래서 주 하나님이 그 남자를 깊이
잠들게 하셨다. 그가 잠든 사이에,
주 하나님이 그 남자의 갈빗대 하나
를 뽑고, 그 자리는 살로 메우셨다.
22 주 하나님이 남자에게서 뽑아 낸 갈
빗대로 여자를 만드시고, 여자를 남
자에게로 데리고 오셨다.
23 그 때에 그 남자가 말하였다.

"이제야 나타났구나, 이 사람! 뼈
도 나의 뼈, 살도 나의 살, ㉡남자
에게서 나왔으니 ㉢여자라고 부를
것이다."

24 ○그러므로 남자는 아버지와 어머니
를 떠나, 아내와 결합하여 한 몸을
이루는 것이다.
25 남자와 그 아내가 둘 다 벌거벗고 있
었으나, 부끄러워하지 않았다.

사람의 불순종

3 뱀은, 주 하나님이 만드신 모든 들
짐승 가운데서 가장 간교하였다.
뱀이 여자에게 물었다. "하나님이 정
말로 너희에게, 동산 안에 있는 모든
나무의 열매를 먹지 말라고 말씀하
셨느냐?"
2 여자가 뱀에게 대답하였다. "우리는
동산 안에 있는 나무의 열매를 먹을
수 있다.
3 그러나 하나님은, 동산 한가운데 있
는 나무의 열매는, 먹지도 말고 만지
지도 말라고 하셨다. 어기면 우리가
죽는다고 하셨다."
4 뱀이 여자에게 말하였다. "너희는 절
대로 죽지 않는다.
5 하나님은, 너희가 그 나무 열매를 먹
으면, 너희의 눈이 밝아지고, 하나님
처럼 되어서, 선과 악을 알게 된다는
것을 아시고, 그렇게 말씀하신 것이
다."
6 여자가 그 나무의 열매를 보니, 먹음
직도 하고, 보암직도 하였다. 그뿐만
아니라, 사람을 슬기롭게 할 만큼 탐
스럽기도 한 나무였다. 여자가 그 열
매를 따서 먹고, 함께 있는 남편에게
도 주니, 그도 그것을 먹었다.
7 그러자 두 사람의 눈이 밝아져서, 자
기들이 벗은 몸인 것을 알고, 무화과
나무 잎으로 치마를 엮어서, 몸을

들어 나가느냐, 아니면 창조주께 순종함으로써 그것을 이루느냐에 대한 선택을 가늠하는 금령으로 주어졌다.

2:19 이름 성경에서 사용되는 이름은 사람이나 물체의 속성과 관련이 있다. 아담도 동물들의 속성에 따라 각각의 이름을 지은 것이다.

2:23 히브리어의 남자('이쉬')나 여자('잇샤')는 본질적으로 아무런 차이가 없으며, 단지 성(性)의 차이만 있을 뿐이다.

3장 요약 사탄의 유혹으로 사람이 타락하게 된 과정을 기록한다. 사람은 영적, 도덕적으로 무죄한 상태로 창조되었지만, 타락으로 하나님과의 영적 교류가 끊어지고 각종 저주와 고통 속에 처하게 되었다. 하지만 이 속에 인류를 향하신 하나님의 놀라운 구속 계획이 이미 계시되어 있다(15,21절).

㉠ 히, '아담' ㉡ 히, '이쉬' ㉢ 히, '잇샤'

가렸다.
8 ○그 남자와 그 아내는, 날이 저물고
바람이 서늘할 때에, 주 하나님이 동
산을 거니시는 소리를 들었다. 남자
와 그 아내는 주 하나님의 낯을 피
하여서, 동산 나무 사이에 숨었다.
9 주 하나님이 그 남자를 부르시며 물
으셨다. "네가 어디에 있느냐?"
10 그가 대답하였다. "하나님께서 동산
을 거니시는 소리를, 제가 들었습니
다. 저는 벗은 몸인 것이 두려워서
숨었습니다."
11 하나님이 물으셨다. "네가 벗은 몸이
라고, 누가 일러주더냐? 내가 너더
러 먹지 말라고 한 그 나무의 열매
를, 네가 먹었느냐?"
12 그 남자는 핑계를 대었다. "하나님께
서 저와 함께 살라고 짝지어 주신 여
자, 그 여자가 그 나무의 열매를 저
에게 주기에, 제가 그것을 먹었습니
다."
13 주 하나님이 그 여자에게 물으셨다.
"너는 어쩌다가 이런 일을 저질렀느
냐?" 여자도 핑계를 대었다. "뱀이
저를 꾀어서 먹었습니다."

하나님이 심판을 선언하시다

14 ○주 하나님이 뱀에게 말씀하셨다.
"네가 이런 일을 저질렀으니, 모든
집짐승과 들짐승 가운데서 네가
저주를 받아, 사는 동안 평생토록
배로 기어다니고, 흙을 먹어야 할
것이다.
15 내가 너로 여자와 원수가 되게 하
고, 너의 자손을 여자의 자손과
원수가 되게 하겠다. 여자의 자손
은 너의 머리를 상하게 하고, 너는
여자의 자손의 발꿈치를 상하게
할 것이다."
16 ○여자에게는 이렇게 말씀하셨다.
"내가 너에게 임신하는 고통을 크
게 더할 것이니, 너는 고통을 겪으
며 자식을 낳을 것이다. 네가 남편
을 지배하려고 해도 남편이 너를
다스릴 것이다."
17 ○남자에게는 이렇게 말씀하셨다.
"네가 아내의 말을 듣고서, 내가 너
에게 먹지 말라고 한 그 나무의 열
매를 먹었으니,
이제, 땅이 너 때문에 저주를 받
을 것이다. 너는, 죽는 날까지 수
고를 하여야만, 땅에서 나는 것을
먹을 수 있을 것이다.
18 땅은 너에게 가시덤불과 엉겅퀴를
낼 것이다. 너는 들에서 자라는
푸성귀를 먹을 것이다.
19 너는 흙에서 나왔으니, 흙으로 돌
아갈 것이다. 그 때까지, 너는 얼
굴에 땀을 흘려야 낟알을 먹을 수
있을 것이다. 너는 흙이니, 흙으로
돌아갈 것이다."

3:8 동산을 거니시는 소리 하나님은 자신을 계시하시기 위하여, 구약에서 여러 번 사람의 형태로 나타나셨다. 하나님의 현현(顯現)으로 일컬어지는 이러한 형태의 나타나심은 삼위(三位)의 한 분이신 성자의 성육신(成肉身)에서 그 절정을 이룬다.

3:15 여자의 자손 메시아를 가리킨다. 메시아에 대한 최초의 예언이라는 점에서 '원시 복음'이라고 불린다. 머리·발꿈치 공격의 강약을 표시하는 말이다. 장차 오시게 될 메시아께서 사탄을 이김으로 영생에 이를 것을 약속하신 말씀이다.

3:21 가죽옷 이 가죽옷은 범죄한 사람을 향한 하나님의 사랑이 아직도 여전함을 보여 준다. 이것은 하나님께서 주도하신 일로서, 사람이 만들었던 무화과나무 잎의 치마(7절)와는 대조를 이룬다.

3:24 그룹들 반은 사람, 반은 사자 모양인데 날개가 달린 모습이다(시 18:9-10;겔 41:19). 늘 하나님의 임재와 관련된 것으로 보아 천사의 한 종류라고 생각된다(왕상 8:6-7;겔 1:22;계 4:6).

창

20 ○아담은 자기 아내의 이름을 ㉠하
와라고 하였다. 그가 생명이 있는 모
든 것의 어머니이기 때문이다.
21 주 하나님이 가죽옷을 만들어서, 아
담과 그의 아내에게 입혀 주셨다.

아담과 하와가 동산에서 쫓겨나다

22 ○주 하나님이 말씀하셨다. "보아라,
이 사람이 우리 가운데 하나처럼, 선
과 악을 알게 되었다. 이제 그가 손
을 내밀어서, 생명나무의 열매까지
따서 먹고, 끝없이 살게 하여서는 안
된다."
23 그래서 주 하나님은 그를 에덴 동산
에서 내쫓으시고, 그가 흙에서 나왔
으므로, 흙을 갈게 하셨다.
24 그를 쫓아내신 다음에, 에덴 동산의
동쪽에 ㉡그룹들을 세우시고, 빙빙
도는 불칼을 두셔서, 생명나무에 이
르는 길을 지키게 하셨다.

가인과 아벨

4 ㉢아담이 자기 아내 하와와 동침하
니, 아내가 임신하여, 가인을 낳았
다. 하와가 말하였다. "주님의 도우
심으로, 내가 남자 아이를 ㉣얻었다."
2 하와는 또 가인의 아우 아벨을 낳았
다. 아벨은 양을 치는 목자가 되고,
가인은 밭을 가는 농부가 되었다.
3 세월이 지난 뒤에, 가인은 땅에서 거
둔 곡식을 주님께 제물로 바치고,
4 아벨은 양 떼 가운데서 맏배의 기름
기를 바쳤다. 주님께서 아벨과 그가
바친 제물은 반기셨으나,
5 가인과 그가 바친 제물은 반기지 않
으셨다. 그래서 가인은 몹시 화가 나
서, 얼굴빛이 달라졌다.
6 주님께서 가인에게 말씀하셨다. "어
찌하여 네가 화를 내느냐? 얼굴빛
이 달라지는 까닭이 무엇이냐?
7 네가 올바른 일을 하였다면, 어찌하
여 얼굴빛이 달라지느냐? 네가 올바
르지 못한 일을 하였으니, 죄가 너의
문에 도사리고 앉아서, 너를 지배하
려고 한다. 너는 그 죄를 잘 다스려
야 한다."
8 ○가인이 아우 아벨에게 말하였다.
"㉤우리, 들로 나가자." 그들이 들에
있을 때에, 가인이 그의 아우 아벨을
쳐죽였다.
9 주님께서 가인에게 물으셨다. "너의
아우 아벨이 어디에 있느냐?" 그가
대답하였다. "모릅니다. 제가 아우를
지키는 사람입니까?"
10 주님께서 말씀하셨다. "네가 무슨
일을 저질렀느냐? 너의 아우의 피가
땅에서 나에게 울부짖는다.
11 이제 네가 땅에서 저주를 받을 것이
다. 땅이 그 입을 벌려서, 너의 아우
의 피를 너의 손에서 받아 마셨다.
12 네가 밭을 갈아도, 땅이 이제는 너에
게 효력을 더 나타내지 않을 것이다.

4장 요약 아담의 타락한 본성은 그 자손을 통해 그대로 이어졌다. 그에게서 태어난 가인은 믿음으로 제사를 드린 아벨을 시기한 나머지 그를 살해했다. 하나님께서는 가인을 징계하시는 가운데서도 그의 생명이 보호받을 수 있도록 긍휼을 베푸셨다.

4:7 죄가 너의 문에 도사리고 앉아서 죄의 성격을 묘사하는 말로서 문을 여는 상대를 덮치려고 문 뒤에 숨어 있는 한 마리의 맹수로 죄를 묘사하고 있다. **너를 지배하려고 한다** 죄가 문에서 도사리고 앉아 덮치려는 것을 말한다.

4:15 가인에게 표를 찍어 주셔서 히브리 원문의 뜻은 '가인을 위하여 표를 주사'이다. 따라서 가인의 몸 안에 어떤 외형적인 표식이 주어진 것이라고는

㉠ '생명' ㉡ 살아 있는 피조물, 날개와 얼굴을 가지고 있는 것으로 생각됨(겔 1:5-12; 10:21) ㉢ 또는 '그 남자가' ㉣ 히브리어 동사 '얻다'(또는 '생산하다')의 발음이 가인이라는 말과 비슷함 ㉤ 사마리아 오경과 칠십인역과 불가타와 시리아어역을 따름

창

너는 이 땅 위에서 쉬지도 못하고,
떠돌아다니게 될 것이다."
13 가인이 주님께 말씀드렸다. "이 형벌
은, 제가 짊어지기에 너무 무겁습니
다.
14 오늘 이 땅에서 저를 쫓아내시니, 하
나님을 뵙지도 못하고, 이 땅 위에서
쉬지도 못하고, 떠돌아다니게 될 것
입니다. 그렇게 되면, 저를 만나는
사람마다 저를 죽이려고 할 것입니
다."
15 주님께서 그에게 말씀하셨다. "㉠그
렇지 않다. 가인을 죽이는 자는 일
곱 갑절로 벌을 받을 것이다." 주님께
서는 가인에게 표를 찍어 주셔서, 어
느 누가 그를 만나더라도, 그를 죽이
지 못하게 하셨다.
16 가인은 주님 앞을 떠나서, 에덴의 동
쪽 ㉡놋 땅에서 살았다.

가인의 자손

17 ○가인이 자기 아내와 동침하니, 아내
가 임신하여 에녹을 낳았다. 그 때
에 가인은 도시를 세우고, 그 도시
를 자기 아들의 이름을 따서 에녹이
라고 하였다.
18 에녹은 이랏을 낳고, 이랏은 므후야
엘을 낳고, 므후야엘은 므드사엘을
낳고, 므드사엘은 라멕을 낳았다.
19 라멕은 두 아내와 함께 살았다. 한
아내의 이름은 아다이고, 또 한 아
내의 이름은 씰라이다.
20 아다는 야발을 낳았는데, 그는 장막
을 치고 살면서, 집짐승을 치는 사람
의 조상이 되었다.
21 그의 아우의 이름은 유발인데, 유발
은 수금을 타고 퉁소를 부는 모든
사람의 조상이 되었다.
22 또한 씰라는 두발가인이라는 아이
를 낳았다. 그는 구리나 쇠를 가지
고, 온갖 기구를 만드는 사람이다.
두발가인에게는 나아마라고 하는
누이가 있었다.
23 ○라멕이 자기 아내들에게 말하였
다.

"아다와 씰라는 내 말을 들어라.
라멕의 아내들은, 내가 말할 때에
귀를 기울여라. 나에게 상처를 입
힌 남자를 내가 죽였다. 나를 상
하게 한 젊은 남자를 내가 죽였
다.
24 가인을 해친 벌이 일곱 갑절이면,
라멕을 해치는 벌은 일흔일곱 갑
절이다."

셋과 에노스

25 ○아담이 다시 자기 아내와 동침하
였다. 마침내, 그의 아내가 아들을
낳고 말하였다. "하나님이, 가인에게
죽은 아벨 대신에, 다른 씨를 나에
게 허락하셨구나." 그의 아내는 아이
의 이름을 ㉢셋이라고 하였다.

보기 어렵다. 공포에 사로잡혀 있는 가인을 위해 하나님께서는 그가 죽임을 당하지 않을 것이라는 확신의 표적을 주심으로, 그에게 공포가 없는 삶을 보장하셨다고 보는 것이 좋을 것이다.

4:26 주님의 이름을 불러 예배하기 시작하였다 주님의 이름이 이제야 계시되었다는 의미가 아니다. 그동안은 개인적으로 주님의 이름을 부르던 것이 이제는 공적으로 한 무리를 이루어서 예배드리게 된 것을 뜻한다.

※ 창세기 족보의 기록 순서 모세는 택하신 백성의 족보를 기록하기에 앞서, 곁가지의 족보를 먼저 간단하게 기록한다. 아담의 족보에 앞서 가인의 족보를, 이삭에 앞서 이스마엘의 족보를, 야곱에 앞서 에서의 족보를 다루고 있다. 모세는 하나님 나라의 건설에 관련이 적은 족보를 먼저 간략하게 다루고, 족보의 본거지를 다루었다.

㉠ 칠십인역과 불가타와 시리아어역을 따름. 히, '그러므로' ㉡ '떠돌아 다님' (12, 14절을 볼 것) ㉢ '허락하다'

26 셋도 아들을 낳고, 아이의 이름을
에노스라고 하였다. 그 때에 비로소,
사람들이 주님의 이름을 불러 예배
하기 시작하였다.

아담의 자손

5 아담의 역사는 이러하다. 하나님
이 사람을 창조하실 때에, 하나님
의 형상대로 사람을 만드셨다.
2 하나님은 그들을 남자와 여자로 창
조하셨다. 그들을 창조하시던 날에,
하나님은 그들에게 복을 주시고, 그
들의 이름을 ㉠'사람'이라고 하셨다.
3 ○아담은 백서른 살에 자기의 형상
곧 자기의 모습을 닮은 아이를 낳
고, 이름을 셋이라고 하였다.
4 아담은 셋을 낳은 뒤에, 팔백 년을
살면서 아들딸을 낳았다.
5 아담은 모두 구백삼십 년을 살고 죽
었다.
6 ○셋은 백다섯 살에 에노스를 낳았
다.
7 셋은 에노스를 낳은 뒤에, 팔백칠 년
을 살면서 아들딸을 낳았다.
8 셋은 모두 구백십이 년을 살고 죽었
다.
9 ○에노스는 아흔 살에 게난을 낳았
다.
10 에노스는 게난을 낳은 뒤에, 팔백십
오 년을 살면서 아들딸을 낳았다.
11 에노스는 모두 구백오 년을 살고 죽
었다.
12 ○게난은 일흔 살에 마할랄렐을 낳
았다.
13 게난은 마할랄렐을 낳은 뒤에, 팔백
사십 년을 살면서 아들딸을 낳았다.
14 게난은 모두 구백십 년을 살고 죽었
다.
15 ○마할랄렐은 예순다섯 살에 야렛
을 낳았다.
16 마할랄렐은 야렛을 낳은 뒤에, 팔백
삼십 년을 살면서 아들딸을 낳았다.
17 마할랄렐은 모두 팔백구십오 년을
살고 죽었다.
18 ○야렛은 백예순두 살에 에녹을 낳
았다.
19 야렛은 에녹을 낳은 뒤에, 팔백 년을
살면서 아들딸을 낳았다.
20 야렛은 모두 구백육십이 년을 살고
죽었다.
21 ○에녹은 예순다섯 살에 므두셀라
를 낳았다.
22 에녹은 므두셀라를 낳은 뒤에, 삼백
년 동안 하나님과 동행하면서 아들
딸을 낳았다.
23 에녹은 모두 삼백육십오 년을 살았
다.
24 에녹은 하나님과 동행하다가 사라
졌다. 하나님이 그를 데려가신 것이
다.
25 ○므두셀라는 백여든일곱 살에 라멕

5장 요약 아담이 창조된 때로부터 노아 홍수 사건까지 계속되는 하나님의 구원 역사가 열 명의 족장들로 요약되고 있다. 여기 언급된 족보에는 누락된 인물들도 있으며, 구속사적 맥락에서 비중이 큰 인물들 위주로 기록했을 가능성이 많다. 한편, 여기 언급된 열 명의 족장들 가운데서 에녹의 경건한 삶이 돋보인다.

5:1–32 일정한 형식에 맞춰서 소개된다. 예를 들어 홍수 이전 족보에는 아담부터 노아까지 10대의 이름이 등장하고, 홍수 이후 족보도 셈부터 데라까지 역시 10대로 되어 있다. 또한 이 두 족보와 가인의 족보 모두 세 아들의 이름으로 끝나는 형식상의 공통점을 보인다. 일정한 틀에 맞추어 기록한 것은 오랜 역사의 흐름 속에서 중요한 인물을 빨리 기억하기 위한 방법이지만, 구조를 유지하기 위해 어떤 인물이 생략될 가능성도 있다.

㉠ 히, '아담'

을 낳았다.
26 므두셀라는 라멕을 낳은 뒤에, 칠백
팔십이 년을 살면서 아들딸을 낳았
다.
27 므두셀라는 모두 구백육십구 년을
살고 죽었다.
28 ○라멕은 백여든두 살에 아들을 낳
았다.
29 그는 아들의 이름을 ㉠노아라고 짓
고 말하였다. "주님께서 저주하신 땅
때문에, 우리가 수고하고 고통을 겪
어야 하는데, 이 아들이 우리를 위로
할 것이다."
30 라멕은 노아를 낳은 뒤에, 오백아흔
다섯 살을 살면서 아들딸을 낳았다.
31 라멕은 모두 칠백칠십칠 년을 살고
죽었다.
32 노아는 오백 살이 지나서, 셈과 함과
야벳을 낳았다.

인류의 악행

6 사람들이 땅 위에 늘어나기 시작
하더니, 그들에게서 딸들이 태어
났다.
2 하나님의 아들들이 사람의 딸들의
아름다움을 보고, 저마다 자기들의
마음에 드는 여자를 아내로 삼았다.
3 주님께서 말씀하셨다. "생명을 주는
나의 영이 사람 속에 영원히 머물지
는 않을 것이다. 사람은 살과 피를
지닌 육체요, 그들의 날은 백이십 년
이다."
4 그 무렵에, 그 후에도 얼마 동안, 땅
위에는 네피림이라고 하는 거인족이
있었다. 그들은 하나님의 아들들과
사람의 딸들 사이에서 태어난 자식
들이었다. 그들은 옛날에 있던 용사
들로서 유명한 사람들이었다.
5 ○주님께서는, 사람의 죄악이 세상
에 가득 차고, 마음에 생각하는 모
든 계획이 언제나 악한 것뿐임을 보
시고서,
6 땅 위에 사람 지으셨음을 후회하시
며 마음 아파 하셨다.
7 주님께서는 탄식하셨다. "내가 창조
한 것이지만, 사람을 이 땅 위에서
쓸어 버리겠다. 사람뿐 아니라, 짐승
과 땅 위를 기어다니는 것과 공중의
새까지 그렇게 하겠다. 그것들을 만
든 것이 후회되는구나."
8 그러나 노아만은 주님께 은혜를 입
었다.

노아

9 ○노아의 역사는 이러하다. 노아는
그 당대에 의롭고 흠이 없는 사람이
었다. 노아는 하나님과 동행하는 사
람이었다.
10 노아는 셈과 함과 야벳, 이렇게 세
아들을 두었다.
11 ○하나님이 보시니, 세상이 썩었고,
무법천지가 되어 있었다.

6장 요약 인구의 증가는 성적 타락으로 이어졌고, 하나님의 심판이 준비되기에 이르렀다. 홍수 직전의 타락한 시대 정황은 심판의 필연성을, 그 와중에도 노아로 하여금 방주를 만들게 하신 하나님의 조치는 의인을 향한 당신의 긍휼이 어떠한가를 보여 준다.

6:1-12 아담의 타락으로 들어온 죄가 가인에게서 구체화되고 그의 후손들에게서 점차 장성하여 가다가(참조. 4:24) 종래에는 하나님의 백성들까지도 타락하고 배도하자, 인간 사회는 보존되어야 할 그 의미를 상실하고 말았다(6절).

6:3 살과 피를 지닌 육체 (히) '바살'. 죄에 의해 사악하게 된 인간의 부패성을 가리키는 말이다.

6:7-8 7절의 심판에 관한 긴 구절과, 8절의 짧고도 단일한 구원의 구절은 극단적인 대조를 이룬다. 본문의 이러한 대조는 악을 대하시는 하나님

㉠ '위로'

12 하나님이 땅을 보시니, 썩어 있었다.
살과 피를 지니고 땅 위에서 사는 모
든 사람들의 삶이 속속들이 썩어 있
었다.
13 하나님이 노아에게 말씀하셨다. "땅
은 사람들 때문에 무법천지가 되었
고, 그 끝날이 이르렀으니, 내가 반드
시 사람과 땅을 함께 멸하겠다.
14 너는 잣나무로 방주 한 척을 만들어
라. 방주 안에 방을 여러 칸 만들고,
역청을 안팎에 칠하여라.
15 그 방주는 이렇게 만들어라. 길이는
삼백 자, 너비는 쉰 자, 높이는 서른
자로 하고,
16 그 방주에는 ㉠지붕을 만들되, 한 자
치켜올려서 덮고, 방주의 옆쪽에는
출입문을 내고, 위층과 가운데층과
아래층으로 나누어서 세 층으로 만
들어라.
17 내가 이제 땅 위에 홍수를 일으켜
서, 하늘 아래에서 살아 숨쉬는 살
과 피를 지닌 모든 것을 쓸어 없앨
터이니, 땅에 있는 것들은 모두 죽을
것이다.
18 그러나 너하고는, 내가 직접 언약을
세우겠다. 너는 아들들과 아내와 며
느리들을 모두 데리고 방주로 들어
가거라.
19 살과 피를 지닌 모든 짐승도 수컷과
암컷으로 한 쌍씩 방주로 데리고 들
어가서, 너와 함께 살아 남게 하여
라.
20 새도 그 종류대로, 집짐승도 그 종류
대로, 땅에 기어다니는 온갖 길짐승
도 그 종류대로, 모두 두 마리씩 너
에게로 올 터이니, 살아 남게 하여
라.
21 그리고 너는 먹을 수 있는 모든 먹거
리를 가져다가 쌓아 두어라. 이것은,
너와 함께 있는 사람들과 짐승들의
먹거리가 될 것이다."
22 노아는 하나님이 명하신 대로 다 하
였다. 꼭 그대로 하였다.

홍수

7 주님께서 노아에게 말씀하셨다.
"내가 보니, 이 세상에 의로운 사람
이라고는 너밖에 없구나. 너는 식구
들을 다 데리고, 방주로 들어가거라.
2 모든 정결한 짐승은 수컷과 암컷으
로 일곱 쌍씩, 그리고 부정한 짐승은
수컷과 암컷으로 ㉡두 쌍씩, 네가 데
리고 가거라.
3 그러나 공중의 새는 수컷과 암컷 일
곱 쌍씩 데리고 가서, 그 씨가 온 땅
위에 살아 남게 하여라.
4 이제 이레가 지나면, 내가 사십 일
동안 밤낮으로 땅에 비를 내려서, 내
가 만든 생물을 땅 위에서 모두 없
애 버릴 것이다."
5 노아는 주님께서 명하신 대로 다 하

의 독특한 방법을 제시하고 있다. 곧 심판은 다른 면에서는 구원이라는 것이다. 심판과 구원은 동시에 일어나는 사건이다(참조, 19장).

6:15–16 방주의 길이는 150m이고, 너비는 25m, 높이는 약 15m가 된다. 이러한 방주를 만드는 일은 필생의 대업이었을 것이다. 노아는 하나님께서 명하신 대로 방주를 만들었다. 그 방주는 노아와 노아의 가족, 다양한 종류의 생물들이 모두 들어가기에 충분해야 했다.

7장 요약 하나님은 홍수가 나기 직전, 노아에게 만들어 놓은 방주로 들어가라고 말씀하셨다. 노아의 일가족과 동물들은 이 명령에 순종하여 홍수를 피할 수 있었다. 한편 노아의 방주는 지금까지 많은 사람들에 의해 그리스도를 표상하는 것으로 해석되어 왔다.

㉠ 또는 '창' ㉡ 사마리아 오경과 칠십인역과 시리아어역과 불가타를 따름. 히, '한 쌍씩'

였다.
6 ○땅 위에서 홍수가 난 것은, 노아가
육백 살 되던 해이다.
7 노아는 홍수를 피하려고, 아들들과
아내와 며느리들을 데리고, 함께 방
주로 들어갔다.
8 정결한 짐승과 부정한 짐승과, 새와
땅 위를 기어다니는 모든 것도,
9 하나님이 노아에게 명하신 대로, 수
컷과 암컷 둘씩 노아에게로 와서, 방
주로 들어갔다.
10 이레가 지나서, 홍수가 땅을 뒤덮었
다.
11 ○노아가 육백 살 되는 해의 ㉠둘째
달, 그 달 열이렛날, 바로 그 날에 땅
속 깊은 곳에서 큰 샘들이 모두 터지
고, 하늘에서는 홍수 문들이 열려
서,
12 사십 일 동안 밤낮으로 비가 땅 위
로 쏟아졌다.
13 바로 그 날, 노아와, 노아의 세 아들
셈과 함과 야벳과, 노아의 아내와,
세 며느리가, 함께 방주로 들어갔다.
14 그들과 함께, 모든 들짐승이 그 종류
대로, 모든 집짐승이 그 종류대로,
땅 위를 기어다니는 모든 길짐승이
그 종류대로, 날개 달린 모든 날짐
승이 그 종류대로, 방주로 들어갔
다.
15 살과 피를 지닌 살아 숨쉬는 모든
것들이 둘씩 노아에게 와서, 방주로
들어갔다.
16 하나님이 노아에게 명하신 대로, 살
과 피를 지닌 살아 숨쉬는 모든 것
들의 수컷과 암컷이 짝을 지어 방주
안으로 들어갔다. 마지막으로 노아
가 들어가니, 주님께서 몸소 문을 닫
으셨다.
17 ○땅 위에서는 홍수가 사십 일 동안
계속되었다. 물이 불어나서, 방주가
땅에서 높이 떠올랐다.
18 물이 불어나서 땅에 크게 넘치니, 방
주가 물 위로 떠다녔다.
19 땅에 물이 크게 불어나서, 온 하늘
아래에 있는 모든 높은 산들이 물에
잠겼다.
20 물은 그 높은 산들을 잠그고도, 열
다섯 자나 더 불어났다.
21 새와 집짐승과 들짐승과 땅에서 기
어다니는 모든 것과 사람까지, 살과
피를 지니고 땅 위에서 움직이는 모
든 것들이 다 죽었다.
22 마른 땅 위에서 코로 숨을 쉬며 사
는 것들이 모두 죽었다.
23 이렇게 주님께서는 땅 위에 사는 모
든 생물을 없애 버리셨다. 사람을 비
롯하여 짐승까지, 길짐승과 공중의
새에 이르기까지, 땅 위에서 모두 없
애 버리셨다. 다만 노아와 방주에 들
어간 사람들과 짐승들만이 살아 남

7:9 인류가 타락하기 전에는 모든 종류의 동물들이 인간의 다스림에 복종했다. 이것은 아담이 그들에게 이름을 지어 줄 때에 모든 동물들이 순순히 아담 앞에 자신을 나타낸 것을 보면 알 수 있다(2:19). 여기서 노아에게도 아담이 행사한 것과 동일한 권위가 실질적으로 회복된 사실을 알 수 있다.

7:10-12 하나님께서는 인간들이 살아갈 수 있도록 일반적인 법칙들을 이 세상에 세우시고 세상을 유지시켜 나가신다. 그러나 여기서 나타나는 홍수는 세상사의 일반 법칙을 뛰어넘는 하나님의 초자연적인 심판 행위로서 일어난 것이다.

7:15 살아 숨쉬는 (히) '루아흐'를 번역한 것이다. '살과 피를 지닌 살아 숨쉬는 모든 것들'이란 호흡하고 있는 생명체를 가리킨다. '숨쉬는' 것과 관계있는 신체 기관은 '코'와 '입'이다. 사람의 생명과 사망은 '살아 숨쉬는' 것에 달려 있다.

㉠ '시브월', 양력 사월 중순 이후

았다.
24 물이 불어나서, 백오십 일 동안이나
땅을 뒤덮었다.

홍수가 그치다

8 그 때에 하나님이, 노아와 방주에
함께 있는 모든 들짐승과 집짐승
을 돌아보실 생각을 하시고, 땅 위에
바람을 일으키시니, 물이 빠지기 시
작하였다.
2 땅 속의 깊은 샘들과 하늘의 홍수
문들이 닫히고, 하늘에서 내리는 비
도 그쳤다.
3 땅에서 물이 줄어들고 또 줄어들어
서, 백오십 일이 지나니, 물이 많이
빠졌다.
4 ㉠일곱째 달 열이렛날에, 방주가 아
라랏 산에 머물러 쉬었다.
5 물은 열째 달이 될 때까지 줄곧 줄
어들어서, 그 달 곧 ㉡열째 달 초하루
에는 산 봉우리들이 드러났다.
6 ○사십 일이 지나서, 노아는 자기가
만든 방주의 창을 열고서,
7 까마귀 한 마리를 바깥으로 내보냈
다. 그 까마귀는 땅에서 물이 마르
기를 기다리며, 이리저리 날아다니기
만 하였다.
8 그는 또 비둘기 한 마리를 내보내서,
땅에서 물이 얼마나 빠졌는지를 알
아보려고 하였다.
9 그러나 땅이 아직 모두 물 속에 잠
겨 있으므로, 그 비둘기는 발을 붙
이고 쉴 만한 곳을 찾지 못하여, 그
냥 방주로 돌아와서, 노아에게 왔다.
노아는 손을 내밀어 그 비둘기를 받
아서, 자기가 있는 방주 안으로 끌어
들였다.
10 노아는 이레를 더 기다리다가, 그 비
둘기를 다시 방주에서 내보냈다.
11 그 비둘기는 저녁때가 되어서 그에게
로 되돌아왔는데, 비둘기가 금방 딴
올리브 잎을 부리에 물고 있었으므
로, 노아는 땅 위에서 물이 빠진 것
을 알았다.
12 노아는 다시 이레를 더 기다리다가,
그 비둘기를 내보냈다. 그러나 이번
에는 그 비둘기가 그에게로 다시 돌
아오지 않았다.
13 ○노아가 육백한 살 되는 해 ㉢첫째
달, 곧 그 달 초하룻날, 땅 위에서 물
이 다 말랐다. 노아가 방주 뚜껑을
열고, 바깥을 내다보니, 땅바닥이 말
라 있었다.
14 둘째 달, 곧 그 달 스무이렛날에, 땅
이 다 말랐다.
15 하나님이 노아에게 말씀하셨다.
16 "너는 아내와 아들들과 며느리들을
데리고 방주에서 나가거라.
17 네가 데리고 있는, 살과 피를 지닌
모든 생물들, 곧 새와 집짐승과 땅
위에서 기어다니는 모든 길짐승을

8장 요약 홍수가 난 지 꼭 1년 10일 만에 노아는 방주에서 나와 땅에 정착하였다. 이같은 *홍수의 와중에서도 하나님의* 궁극적 관심은 항상 노아의 방주에 있었다(1절). 즉, 홍수의 참된 의도는 심판이 아니라 악을 모조리 지우는 긍휼의 재확인이었다.

8:6–19 하나님은 하나님의 명령을 믿고 순종한 그들에게 축복을 약속하셨다.

8:20 노아는 방주에서 나오자마자 먼저 제단을 쌓고 번제를 드렸다. 제단을 쌓은 목적은 '주님을 위하여'였다. 이는 '주님께 보답하기 위하여', '주님께 감사하기 위하여', '주님을 기쁘시게 하기 위하여'라는 뜻이다. 노아가 자신이 아닌 오직 주님을 위하여 제단을 쌓은 것을 통해 그의 신본주의적(紳本主義的) 신앙을 알 수 있다.

㉠ '티스리월', 양력 구월 중순 이후 ㉡ '테베스월', 양력 십이월 중순 이후 ㉢ '아빕월', 양력 삼월 중순 이후

데리고 나가거라. 그래서 그것들이
땅에서 생육하고 땅에서 번성하게
하여라."
18 노아는 아들들과 아내와 며느리들
을 데리고 나왔다.
19 모든 짐승, 모든 길짐승, 모든 새, 땅
위를 기어다니는 모든 것도, 그 종류
대로 방주에서 바깥으로 나왔다.

노아가 제사를 드리다

20 ○노아는 주님 앞에 제단을 쌓고, 모
든 정결한 집짐승과 정결한 새들 가
운데서 제물을 골라서, 제단 위에 번
제물로 바쳤다.
21 주님께서 그 향기를 맡으시고서, 마
음 속으로 다짐하셨다. "다시는 사
람이 악하다고 하여서, 땅을 저주하
지는 않겠다. 사람은 어릴 때부터 그
마음의 생각이 악하기 마련이다. 다
시는 이번에 한 것 같이, 모든 생물
을 없애지는 않겠다.
22 땅이 있는 한, 뿌리는 때와 거두
는 때, 추위와 더위, 여름과 겨울,
낮과 밤이 그치지 아니할 것이다."

하나님이 노아와 언약을 맺으시다

9 하나님이 노아와 그의 아들들에
게 복을 주시며 말씀하셨다. "생육
하고 번성하여 땅에 충만하여라.
2 땅에 사는 모든 짐승과, 공중에 나
는 모든 새와, 땅 위를 기어다니는
모든 것과, 바다에 사는 모든 물고기
가, 너희를 두려워하며, 너희를 무서
워할 것이다. 내가 이것들을 다 너희
손에 맡긴다.
3 살아 움직이는 모든 것이 너희의 먹
거리가 될 것이다. 내가 전에 푸른
채소를 너희에게 먹거리로 준 것 같
이, 내가 이것들도 다 너희에게 준다.
4 그러나 고기를 먹을 때에, 피가 있는
채로 먹지는 말아라. 피에는 생명이
있다.
5 생명이 있는 피를 흘리게 하는 자는,
내가 반드시 보복하겠다. 그것이 짐
승이면, 어떤 짐승이든지, 그것에게
도 보복하겠다. 사람이 같은 사람의
피를 흘리게 하면, 그에게도 보복하
겠다.
6 사람은 하나님의 형상대로 지음
을 받았으니, 누구든지 사람을 죽
인 자는 죽임을 당할 것이다.
7 너희는 생육하고 번성하며 땅에
편만하여, 거기에서 번성하여라."
8 ○하나님이 노아와 그의 아들들에
게 말씀하셨다.
9 "이제 내가 너희와 너희 뒤에 오는
자손에게 직접 언약을 세운다.
10 너희와 함께 있는 살아 숨쉬는 모든
생물, 곧 너와 함께 방주에서 나온
새와 집짐승과 모든 들짐승에게도,
내가 언약을 세운다.
11 내가 너희와 언약을 세울 것이니, 다

9장 요약 홍수 후 하나님은 무지개를 증표로 노아와 언약을 체결하셨다. 인간의 자유와 번성, 자연계에 대한 통치권이 잠정적으로 회복된 것이다. 한편 노아는 취중에 저지른 실수에 반응하는 세 아들의 행동을 근거로 축복을 선언한다. 이는 향후 전개될 인류사의 방향을 가늠하게 해 주는 역할을 한다.

9:1-17 하나님께서 노아와 그의 후손들, 그리고 모든 생물들에게 약속하신 보편적인 은혜가 기록되고 있다.

9:4 피에는 생명이 있다 성경에는 피에 생명이 있다는 사상이 많이 등장한다(레 17:11,14).

9:8-17 하나님께서는 무지개를 언약의 증표로 주시며 다시는 이 땅에서 인간들을 물로 심판하지 않으시겠다고 확증하셨다. 이 무지개 언약은 하나님의 언약이 세상 끝날까지 영원히 지속된다는 것을 보여 주는 증표가 되고 있다.

시는 홍수를 일으켜서 살과 피가 있
는 모든 것들을 없애는 일이 없을 것
이다. 땅을 파멸시키는 홍수가 다시
는 일어나지 않을 것이다."
12 하나님이 말씀하셨다. "내가, 너희
및 너희와 함께 있는 숨쉬는 모든 생
물 사이에 대대로 세우는 언약의 표
는,
13 바로 무지개이다. 내가 무지개를 구
름 속에 둘 터이니, 이것이 나와 땅
사이에 세우는 언약의 표가 될 것이
다.
14 내가 구름을 일으켜서 땅을 덮을 때
마다, 무지개가 구름 사이에서 나타
나면,
15 나는, 너희와 숨쉬는 모든 짐승 곧
살과 피가 있는 모든 것과 더불어 세
운 그 언약을 기억하고, 다시는 홍수
를 일으켜서 살과 피가 있는 모든 것
을 물로 멸하지 않겠다.
16 무지개가 구름 사이에서 나타날 때
마다, 내가 그것을 보고, 나 하나님
이, 살아 숨쉬는 모든 것들 곧 땅 위
에 있는 살과 피를 지닌 모든 것과
세운 영원한 언약을 기억하겠다."
17 하나님이 노아에게 말씀하셨다. "이
것이, 내가, 땅 위의 살과 피를 지닌
모든 것과 더불어 세운 언약의 표다."

노아와 그의 아들들

18 ○방주에서 나온 노아의 아들은 셈
과 함과 야벳이다. 함은 가나안의 조
상이 되었다.
19 이 세 사람이 노아의 아들인데, 이들
에게서 인류가 나와서, 온 땅 위에
퍼져 나갔다.
20 ○노아는, 처음으로 밭을 가는 사람
이 되어서, 포도나무를 심었다.
21 한 번은 노아가 포도주를 마시고 취
하여, 자기 장막 안에서 아무것도 덮
지 않고, 벌거벗은 채로 누워 있었
다.
22 가나안의 조상 함이 그만 자기 아버
지의 벌거벗은 몸을 보았다. 그는 바
깥으로 나가서, 두 형들에게 알렸다.
23 셈과 야벳은 겉옷을 가지고 가서, 둘
이서 그것을 어깨에 걸치고, 뒷걸음
쳐 들어가서, 아버지의 벌거벗은 몸
을 덮어 드렸다. 그들은 아버지의 벌
거벗은 몸을 보지 않으려고 얼굴을
돌렸다.
24 노아는 술에서 깨어난 뒤에, 작은 아
들이 자기에게 한 일을 알고서,
25 이렇게 말하였다.
"가나안은 저주를 받을 것이다.
가장 천한 종이 되어서, 저의 형제
들을 섬길 것이다."
26 ○그는 또 말하였다.
"셈의 주 하나님은 찬양받으실 분
이시다. 셈은 가나안을 종으로 부
릴 것이다.

9:22 벌거벗은 몸 함이 아버지 노아의 벌거벗은 몸을 보았다고 죄가 있는 것이 아니라, 그것을 악의적으로 즐긴 데 죄가 있다.

9:24-27 노아는 술이 깬 후, 작은 아들 함이 자기에게 행한 일을 알고 함의 아들 가나안이 형제들의 종이 될 것이라고 저주하고 있다. 본문에서 가나안이 종이 되기를 원한다는 내용이 각 절마다 반복해서 등장한다(25-27절).

9:27 본문의 주체가 누구인가에 대해서는 ① 주체를 야벳으로 보아, 그의 후손이 세상적으로 크게 발전하지만 종교적으로는 셈의 후손, 곧 유대 사람들이 전하는 기독교의 그늘에서 안주할 것이라고 해석하거나 ② 하나님이 셈의 장막에 거하신다는 의미로 해석하여, 셈을 통해서 초기에 언약된 그 '자손'(그리스도)이 오게 될 것으로 보는 견해가 있다. 구조상 후자가 더 적합하다.

9:28-10:5 야벳의 자손들 야벳의 후손들은 지중해 건너편 해안에서 나뉘어 살았다(렘 25:22).

27 하나님이 ㉠야벳을 크게 일으키셔
서, 셈의 장막에서 살게 하시고,
가나안은 종으로 삼아서, 셈을 섬
기게 하실 것이다."
28 ○홍수가 있은 뒤에도, 노아는 삼백
오십 년을 더 살았다.
29 노아는 모두 구백오십 년을 살고 죽
었다.

노아의 자손 (대상 1:5-23)

10 다음은 노아의 아들들의 족보
이다. 노아의 아들은 셈과 함과
야벳이다. 홍수가 난 뒤에, 그들이
아들들을 낳았다.
2 ○야벳의 자손은 고멜과 마곡과 마
대와 야완과 두발과 메섹과 디라스
이다.
3 고멜의 자손은 아스그나스와 리밧
과 도갈마이다.
4 야완의 자손은 엘리사와 ㉡스페인과
㉢키프로스와 ㉣로도스이다.
5 이들에게서 바닷가 백성들이 지역과
언어와 종족과 부족을 따라서 저마
다 갈라져 나갔다.
6 ○함의 자손은 구스와 이집트와 리
비아와 가나안이다.
7 구스의 자손은 쓰바와 하윌라와 삽
다와 라아마와 삽드가이다. 라아마
의 자손은 스바와 드단이다.
8 구스는 또 니므롯을 낳았다. 니므롯
은 세상에 처음 나타난 장사이다.
9 그는 주님께서 보시기에도 힘이 센
사냥꾼이었다. 그래서 "주님께서 보
시기에도 힘이 센 니므롯과 같은 사
냥꾼"이라는 속담까지 생겼다.
10 그가 다스린 나라의 처음 중심지는,
시날 지방 안에 있는 바빌론과 에렉
과 악갓과 갈레이다.
11 그는 그 지방을 떠나 앗시리아로 가
서, 니느웨와 르호보딜과 갈라를 세
우고,
12 니느웨와 갈라 사이에는 레센을 세
웠는데, 그것은 아주 큰 성이다.
13 이집트는 리디아와 아남과 르합과
납두와
14 바드루스와 가슬루와 크레타를 낳
았다. 블레셋이 바로 크레타에게서
나왔다.
15 ○가나안은 맏아들 시돈을 낳고, 그
아래로, 헷과
16 여부스와 아모리와 기르가스와
17 히위와 알가와 신과
18 아르왓과 스말과 하맛을 낳았다. 그
뒤에 가나안 족은 사방으로 퍼져 나
갔다.
19 가나안의 경계는 시돈에서 그랄을
지나서, 멀리 가사에까지 이르렀고,
거기에서 소돔과 고모라와 아드마와
스보임을 지나서, 라사에까지 이르렀
다.
20 이 사람들이 종족과 언어와 지역과

10장 요약 이 족보는 노아의 세 아들의 후손을 집중 거론함으로써 각 종족의 기원을 보여준다. 이 족보의 진정한 목적은 셈의 후손이 다른 형제들의 후손과 분리되는 과정을 보여주는 데 있다. 즉, 약속된 메시아를 배출할 셈의 가계가 여타의 후손들과 어떻게 분리되는지에 주목하고 있는 것이다.

10:1-32 노아 아들들의 후예에 대한 기록이다. 이를 통해 민족들의 기원과 그 계보를 알 수 있다. 하나님 나라의 건설에 관련이 적은 족보를 먼저 간략하게 다루고 난 뒤에 족보의 본류를 다루는 것이 모세의 기록 특징이다. 또한 가족 관계를 설명하는 용어인 '낳다', '아들' 등은 직계 혈통 관계 이상의 폭넓은 의미로 사용되었다. 그리고 계보상의 어떤 명칭은 지명, 또는 민족명을 나타내

㉠ '증가하다' 또는 '흥하게 하다' ㉡ 히, '다시스' ㉢ 히, '깃딤' ㉣ 히, '도다님'

부족을 따라서 갈라져 나간 함의 자
손이다.
21 ○야벳의 형인 셈에게서도 아들딸이
태어났다. 셈은 에벨의 모든 자손의
조상이다.
22 셈의 자손은 엘람과 앗수르와 아르
박삿과 룻과 아람이다.
23 아람의 자손은 우스와 훌과 게델과
마스이다.
24 아르박삿은 셀라를 낳고, 셀라는 에
벨을 낳았다.
25 에벨은 두 아들을 낳았는데, 한 아
들의 이름은, 그의 시대에 세상이 나
뉘었다고 해서 ㉠벨렉이라고 하였다.
벨렉의 아우 이름은 욕단이다.
26 욕단은 알모닷과 셀렙과 하살마웻
과 예라와
27 하도람과 우살과 디글라와
28 오발과 아비마엘과 스바와
29 오빌과 하윌라와 요밥을 낳았다. 이
사람들이 모두 욕단의 자손이다.
30 그들이 사는 곳은 메사에서 스발에
이르는 동쪽 산간지방이다.
31 이 사람들이 종족과 언어와 지역과
부족을 따라서 갈라져 나간 셈의 자
손이다.
32 ○이들이 각 종족의 족보를 따라 갈
라져 나간 노아의 자손 종족이다.
홍수가 난 뒤에, 이 사람들에게서 여
러 민족이 나와서, 세상으로 퍼져 나
갔다.

바벨탑

11 처음에 세상에는 언어가 하나
뿐이어서, 모두가 같은 말을 썼
다.
2 사람들이 동쪽에서 이동하여 오다
가, 시날 땅 한 들판에 이르러서, 거
기에 자리를 잡았다.
3 그들은 서로 말하였다. "자, 벽돌을
빚어서, 단단히 구워내자." 사람들은
돌 대신에 벽돌을 쓰고, 흙 대신에
역청을 썼다.
4 그들은 또 말하였다. "자, 도시를 세
우고, 그 안에 탑을 쌓고서, 탑 꼭대
기가 하늘에 닿게 하여, 우리의 이
름을 날리고, 온 땅 위에 흩어지지
않게 하자."
5 주님께서 사람들이 짓고 있는 도시
와 탑을 보려고 내려오셨다.
6 주님께서 말씀하셨다. "보아라, 만일
사람들이 같은 말을 쓰는 한 백성으
로서, 이렇게 이런 일을 하기 시작하
였으니, 이제 그들은, 하고자 하는
것은 무엇이든지, 하지 못할 일이 없
을 것이다.
7 자, 우리가 내려가서, 그들이 거기에
서 하는 말을 뒤섞어서, 그들이 서로
알아듣지 못하게 하자."
8 주님께서 거기에서 그들을 온 땅으
로 흩으셨다. 그래서 그들은 도시 세

기도 하는데, 시돈과 구스 그리고 이집트 등이 그 예이다. 따라서 '이집트는 르합을 낳았다'(13-14절)라는 구절은 '이집트에서 리비아가 생겨났다'는 의미로 이해해야 한다. 또한 대표적이고 중요한 이름들만 선택적으로 기록되었다. 즉, 노아의 자손들이 이룩한 민족 가운데서 이스라엘에게 의미가 없는 것은 생략되었을 수도 있다. 여기서 노아 아들들의 후예를 일흔 명으로 기록한 것은 그 숫자로 암시되는 전체성을 표현코자 함이다.

11장 요약 노아의 홍수를 겪은 인류는 흩어짐을 면하고 인본주의적인 통일 왕국을 건설하길 원했다. 이는 하나님의 뜻을 거스르는 행위였다. 하나님은 이런 인간의 도모를 파하셨는데 이는 도리어 인류의 분산을 촉진시키는 계기가 되었다. 한편 셈의 계보는 셋에서 노아, 아브람까지 구속사의 연속성을 보여 준다.

㉠ '나뉘다'

우는 일을 그만두었다.
9 주님께서 거기에서 온 세상의 말을
㉠뒤섞으셨다고 하여, 사람들은 그
곳의 이름을 ㉡바벨이라고 한다. 주
님께서 거기에서 사람들을 온 땅에
흩으셨다.

셈의 자손 (대상 1:24-27)

10 ○셈의 족보는 이러하다. 셈은, 홍수
가 끝난 지 이 년 뒤, 백 살이 되었을
때에 아르박삿을 낳았다.
11 셈은 아르박삿을 낳은 뒤에, 오백 년
을 더 살면서 아들딸을 낳았다.
12 ○㉢아르박삿은 서른다섯 살에 셀라
를 낳았다.
13 아르박삿은 셀라를 낳은 뒤에, 사백
삼 년을 더 살면서 아들딸을 낳았
다.
14 ○셀라는 서른 살에 에벨을 낳았다.
15 셀라는 에벨을 낳은 뒤에, 사백삼 년
을 더 살면서 아들딸을 낳았다.
16 ○에벨은 서른네 살에 벨렉을 낳았
다.
17 에벨은 벨렉을 낳은 뒤에, 사백삼십
년을 더 살면서 아들딸을 낳았다.
18 ○벨렉은 서른 살에 르우를 낳았다.
19 벨렉은 르우를 낳은 뒤에, 이백구 년
을 더 살면서 아들딸을 낳았다.
20 ○르우는 서른두 살에 스룩을 낳았
다.
21 르우는 스룩을 낳은 뒤에, 이백칠 년
을 더 살면서 아들딸을 낳았다.
22 ○스룩은 서른 살에 나홀을 낳았다.
23 스룩은 나홀을 낳은 뒤에, 이백 년
을 더 살면서 아들딸을 낳았다.
24 ○나홀은 스물아홉 살에 데라를 낳
았다.
25 나홀은 데라를 낳은 뒤에, 백십구 년
을 더 살면서 아들딸을 낳았다.
26 ○데라는 일흔 살에 아브람과 나홀
과 하란을 낳았다.

데라의 자손

27 ○데라의 족보는 이러하다. 데라는
아브람과 나홀과 하란을 낳았다. 하
란은 롯을 낳았다.
28 그러나 하란은 그가 태어난 땅 바빌
로니아의 우르에서 아버지보다 먼저
죽었다.
29 아브람과 나홀이 아내를 맞아들였
다. 아브람의 아내의 이름은 사래이
고, 나홀의 아내의 이름은 밀가이
다. 하란은 밀가와 이스가의 아버지
이다.
30 사래는 임신을 하지 못하여서, 자식
이 없었다.
31 ○데라는, 아들 아브람과, 하란에게
서 난 손자 롯과, 아들 아브람의 아
내인 며느리 사래를 데리고, 가나안
땅으로 오려고 바빌로니아의 우르를
떠나서, 하란에 이르렀다. 그는 거기
에다가 자리를 잡고 살았다.

11:1–9 바벨탑 사건 바벨탑을 쌓는 사람들의 목적 가운데 하나는 "우리의 이름을 날리고"(4절)였다. 이것은 자신들의 힘을 모아 하나님을 높이고 찬양하려는 것이 아니라, 교만해져서 자신들의 이름을 나타내려고 했던 것이다. 그들이 탑을 쌓는 또 하나의 목적은 "온 땅 위에 흩어지지 않게 하자"(4절)는 것이었다. 이것은 "생육하고 번성하여 땅에 충만하여라"(9:1,7)는 하나님의 뜻과 대립되는 것으로 하나님의 통치에 반역하는 태도이다.

11:27–32 데라의 이주 데라는 가족을 이끌고 바빌로니아의 우르를 떠나 가나안으로 가고자 했으나 중도에 있는 도시 하란에 머무르게 된다. 하란은 '길'이라는 뜻으로 중요한 교통의 중심지였다.

㉠ 히. '발랄(뒤섞다)' ㉡ '바빌론'을 가리킴. '뒤섞다'라는 뜻을 지닌 발랄과 바빌론을 뜻하는 바벨의 발음이 비슷함 ㉢ 12–13절이 칠십인역에는 '아르박삿은 서른다섯 살에 가이난을 낳고, 13. 가이난을 낳은 뒤에 아르박삿은 사백삼십 년을 더 살면서 아들딸을 낳고 죽었다. 가이난은 백서른 살에 셀라를 낳았다. 셀라를 낳은 뒤에 가이난은 삼백삼십 년을 더 살면서, 아들딸을 낳았다.' (눅 3:35, 36을 볼 것)

32 데라는 이백오 년을 살다가 하란에
서 죽었다.

하나님이 아브람을 부르시다

12 주님께서 아브람에게 말씀하셨
다. "너는, 네가 살고 있는 땅과,
네가 난 곳과, 너의 아버지의 집을
떠나서, 내가 보여 주는 땅으로 가거
라.
2 내가 너로 큰 민족이 되게 하고, 너
에게 복을 주어서, 네가 크게 이름
을 떨치게 하겠다. 너는 복의 근원이
될 것이다.
3 너를 축복하는 사람에게는 내가 복
을 베풀고, 너를 저주하는 사람에게
는 내가 저주를 내릴 것이다. 땅에
사는 모든 민족이 너로 말미암아 복
을 받을 것이다."
4 ○아브람은 주님께서 말씀하신 대로
길을 떠났다. 롯도 그와 함께 길을
떠났다. 아브람이 하란을 떠날 때에,
나이는 일흔다섯이었다.
5 아브람은 아내 사래와 조카 롯과 하
란에서 모은 재산과 거기에서 얻은
사람들을 거느리고, 가나안 땅으로
가려고 길을 떠나서, 마침내 가나안
땅에 이르렀다.
6 아브람은 그 땅을 지나서, 세겜 땅
곧 모레의 상수리나무가 있는 곳에
이르렀다. 그 때에 그 땅에는 가나안
사람들이 살고 있었다.
7 주님께서 아브람에게 나타나셔서 말
씀하셨다. "내가 너의 자손에게 이
땅을 주겠다." 아브람은 거기에서 자
기에게 나타나신 주님께 제단을 쌓
아서 바쳤다.
8 아브람은 또 거기에서 떠나, 베델의
동쪽에 있는 산간지방으로 옮겨 가
서 장막을 쳤다. 서쪽은 베델이고 동
쪽은 아이이다. 아브람은 거기에서
도 제단을 쌓아서, 주님께 바치고, 주
님의 이름을 부르며 예배를 드렸다.
9 아브람은 또 길을 떠나, 줄곧 남쪽으
로 가서, 네겝에 이르렀다.

이집트로 간 아브람

10 ○그 땅에 기근이 들었다. 그 기근이
너무 심해서, 아브람은 이집트에서
얼마 동안 몸붙여서 살려고, 그리로
내려갔다.
11 이집트에 가까이 이르렀을 때에, 그
는 아내 사래에게 말하였다. "여보,
나는 당신이 얼마나 아리따운 여인
인가를 잘 알고 있소.
12 이집트 사람들이 당신을 보고서, 당
신이 나의 아내라는 것을 알면, 나
는 죽이고 당신은 살릴 것이오.
13 그러니까 당신은 나의 누이라고 하
시오. 그렇게 하여야, 내가 당신 덕
분에 대접을 잘 받고, 또 당신 덕분
에 이 목숨도 부지할 수 있을 거요."
14 아브람이 이집트에 이르렀을 때에, 이

12장 요약 하나님은 아브람을 부르시고 복의 근원이 될 것을 약속하셨다. 이는 그가 이스라엘의 조상이 되며, 그의 후손인 메시아로 인해 만민이 구원받게 될 것을 예언한 것으로, 아브람의 소명은 메시아의 도래를 준비하기 위한 것임을 보여 준다. 한편, 믿음의 인물인 아브람도 시험에 빠진다.

12:1-9 창세기 1-11장까지 기록은 인류 전체에 관한 내용이었다면, 본문부터는 믿음의 조상이며 영적 이스라엘의 선조인 아브람에 관한 내용의 기록이다. 이제 하나님의 구속 역사가 보다 구체적으로 실현되어간다는 것을 암시한다.

12:10-20 아브람이 하나님의 지시 없이 자기 생각대로 이집트로 내려가고(10절), 자기 아내를 누이라고 속인 것은(13,19절) 그의 실수였다. 아브람이 이렇게 한 것은 하나님의 보호에 대한 확신이 부족했기 때문일 것이다.

집트 사람들은 아브람의 아내를 보
고, 매우 아리따운 여인임을 알았다.
15 바로의 대신들이 그 여인을 보고 나
서, 바로 앞에서 그 여인을 칭찬하였
다. 드디어 그 여인은 바로의 궁전으
로 불려 들어갔다.
16 바로가 그 여인을 보고서, 아브람을
잘 대접하여 주었다. 아브람은 양 떼
와 소 떼와 암나귀와 수나귀와 남녀
종과 낙타까지 얻었다.
17 ○그러나 주님께서 아브람의 아내 사
래의 일로 바로와 그 집안에 무서운
재앙을 내리셨으므로,
18 바로가 아브람을 불러서 꾸짖었다.
"어찌하여 너는 나를 이렇게 대하느
냐? 저 여인이 너의 아내라고, 왜 일
찍 말하지 않았느냐?
19 어찌하여 너는 저 여인이 네 누이라
고 해서 나를 속이고, 내가 저 여인
을 아내로 데려오게 하였느냐? 자,
네 아내가 여기 있다. 데리고 나가거
라."
20 그런 다음에 바로는 그의 신하들에
게 명하여, 아브람이 모든 재산을 거
두어서 그 아내와 함께 나라 밖으로
나가게 하였다.

아브람과 롯이 따로 살림을 내다

13 아브람은 이집트를 떠나서, 네
겝으로 올라갔다. 그는 아내를
데리고서, 모든 소유를 가지고 이집
트를 떠났다. 조카 롯도 그와 함께
갔다.
2 ○아브람은 집짐승과 은과 금이 많
은 큰 부자가 되었다.
3 그는 네겝에서는 얼마 살지 않고 그
곳을 떠나, 이곳 저곳으로 떠돌아 다
니다가, 베델 부근에 이르렀다. 그 곳
은 베델과 아이 사이에 있는, 예전에
장막을 치고 살던 곳이다.
4 그 곳은 그가 처음으로 제단을 쌓은
곳이다. 거기에서 아브람은 주님의
이름을 부르며, 예배를 드렸다.
5 아브람과 함께 다니는 롯에게도, 양
떼와 소 떼와 장막이 따로 있었다.
6 그러나 그 땅은 그들이 함께 머물기
에는 좁았다. 그들은 재산이 너무
많아서, 그 땅에서 함께 머물 수가
없었다.
7 아브람의 집짐승을 치는 목자들과
롯의 집짐승을 치는 목자들 사이에,
다툼이 일어나곤 하였다. 그 때에
그 땅에는, 가나안 사람들과 브리스
사람들도 살고 있었다.
8 ○아브람이 롯에게 말하였다. "너와
나 사이에, 그리고 너의 목자들과 나
의 목자들 사이에, 어떠한 다툼도 있
어서는 안 된다. 우리는 한 핏줄이
아니냐!
9 네가 보는 앞에 땅이 얼마든지 있으
니, 따로 떨어져 살자. 네가 왼쪽으

13장 요약 이집트에서 실패한 아브람은 하나님의 도우심으로 가나안으로 돌아왔지만 아브람과 롯의 목자들 간에 분쟁으로 분가한다. 롯이 소돔을 택한 것은 육신의 안목을 좇은 자신을 위한 선택이었다. 반면 하나님을 위한 선택을 한 아브람에게 하나님께서는 재차 복을 약속하신다.

13:2 집짐승과 은과 금이 많은 이집트에서 남방(네겝)으로 올라간 아브람의 풍성한 생활을 보여 준다. 그때의 아브람이 얼마나 풍부한 생활을 하였는지는 그가 318명의 사병을 거느리고 있었던 것을 보아서도 알 수 있다(14:14).

13:5-13 시간이 지나 점점 소유가 늘어나자 아브람과 조카 롯은 한 곳에서 머물 수 없게 되었다. 이 때 아브람은 조카 롯에게 선택의 우선권을 주고 거할 곳을 정하게 하였다. 그러자 롯은 물이 풍부하고 주님의 동산같이 토양이 기름진 소돔과

로 가면 나는 오른쪽으로 가고, 네
가 오른쪽으로 가면 나는 왼쪽으로
가겠다."
10 롯이 멀리 바라보니, 요단 온 들판
이, 소알에 이르기까지, 물이 넉넉한
것이 마치 주님의 동산과도 같고, 이
집트 땅과도 같았다. 아직 주님께서
소돔과 고모라를 멸망시키시기 전이
었다.
11 롯은 요단의 온 들판을 가지기로 하
고, 동쪽으로 떠났다. 이렇게 해서
두 사람은 따로 떨어져서 살게 되었
다.
12 아브람은 가나안 땅에서 살고, 롯은
평지의 여러 성읍을 돌아다니면서
살다가, 소돔 가까이에 이르러서 자
리를 잡았다.
13 소돔 사람들은 악하였으며, 주님을
거슬러서, 온갖 죄를 짓고 있었다.

아브람이 헤브론으로 옮기다

14 ○롯이 아브람을 떠나간 뒤에, 주님
께서 아브람에게 말씀하셨다. "너 있
는 곳에서 눈을 크게 뜨고, 북쪽과
남쪽, 동쪽과 서쪽을 보아라.
15 네 눈에 보이는 이 모든 땅을, 내가
너와 네 자손에게 아주 주겠다.
16 내가 너의 자손을 땅의 먼지처럼 셀
수 없이 많아지게 하겠다. 누구든지
땅의 먼지를 셀 수 있는 사람이 있다
면, 너의 자손을 셀 수 있을 것이다.
17 내가 이 땅을 너에게 주니, 너는 가
서, 길이로도 걸어 보고, 너비로도
걸어 보아라."
18 아브람은 장막을 거두어서, 헤브론
의 마므레, 곧 상수리나무들이 있는
곳으로 가서, 거기에서 살았다. 거기
에서도 그는 주님께 제단을 쌓아서
바쳤다.

아브람이 롯을 구하다

14 시날 왕 아므라벨과, 엘라살 왕
아리옥과, 엘람 왕 그돌라오멜
과, 고임 왕 디달의 시대에,
2 이 왕들이 소돔 왕 베라와, 고모라
왕 비르사와, 아드마 왕 시납과, 스보
임 왕 세메벨과, 벨라 왕 곧 소알 왕
과 싸웠다.
3 이 다섯 왕은 군대를 이끌고, 싯딤
벌판 곧 지금의 '소금 바다'에 모였
다.
4 지난날에 이 왕들은 십이 년 동안이
나 그돌라오멜을 섬기다가, 십삼 년
째 되는 해에 반란을 일으켰던 것이
다.
5 십사 년째 되는 해에는, 그돌라오멜
이 자기와 동맹을 맺은 왕들을 데리
고 일어나서, 아스드롯가르나임에서
는 르바 사람을 치고, 함에서는 수
스 사람을 치고, 사웨 기랴다임에서
는 엠 사람을 치고,
6 세일 산간지방에서는 호리 사람을 쳐

고모라를 택하였다.

13:10 주님의 동산 아름답고 비옥한 땅을 나타낸다. 본래 고대 히브리인들은 가장 훌륭한 것, 가장 큰 것, 가장 아름다운 것을 말할 때는 흔히 주님의 이름으로 불렀다.

13:14–18 본문은 영적인 선택을 한 아브람에게 하나님께서 축복하시는 장면이다. 하나님은 영적인 일을 우선적으로 추구하는 자들에게 큰 복으로 갚아주신다.

14장 요약 당시 사해 주변의 5개국과 엘람 동맹국 간에 전쟁이 일어나 롯이 엘람 동맹국의 포로가 된다. 이에 아브람이 뒤쫓아가 롯을 구해낸다. 한편, 아브람은 귀환 도중에 멜기세덱을 만났는데 그는 그리스도를 예표하는 인물이었다(히 7:1–3).

14:1–12 세상의 물질을 탐하여 소돔에 주저앉은 롯에게는, 하나님의 징계가 있었다. 당시에 시날

서, 광야 부근 엘바란까지 이르렀다.
7 그리고는, 쳐들어온 왕들은 방향을
바꿔서, 엔미스밧 곧 가데스로 가서,
아말렉 족의 온 들판과 하사손다말
에 사는 아모리 족까지 쳤다.
8 ○그래서 소돔 왕과 고모라 왕과 아
드마 왕과 스보임 왕과 벨라 왕 곧
소알 왕이 싯딤 벌판으로 출전하여,
쳐들어온 왕들과 맞서서 싸웠다.
9 이 다섯 왕은, 엘람 왕 그돌라오멜과
고임 왕 디달과 시날 왕 아므라벨과
엘라살 왕 아리옥, 이 네 왕을 맞아
서 싸웠다.
10 싯딤 벌판은 온통 역청 수렁으로 가
득 찼는데, 소돔 왕과 고모라 왕이
달아날 때에, 그들의 군인들 가운데
서 일부는 그런 수렁에 빠지고, 나머
지는 산간지방으로 달아났다.
11 그래서 쳐들어온 네 왕은 소돔과 고
모라에 있는 모든 재물과 먹거리를
빼앗았다.
12 ○아브람의 조카 롯도 소돔에 살고
있었는데, 그들은 롯까지 사로잡아
가고, 그의 재산까지 빼앗았다.
13 ○거기에서 도망쳐 나온 사람 하나
가 히브리 사람 아브람에게 와서, 이
사실을 알렸다. 그 때에 아브람은 아
모리 사람 마므레의 땅, 상수리나무
들이 있는 곳에서 살고 있었다. 마므
레는 에스골과는 형제 사이이고, 아
넬과도 형제 사이이다. 이들은 아브
람과 동맹을 맺은 사람들이다.
14 아브람은 자기 조카가 사로잡혀 갔
다는 말을 듣고, 집에서 낳아 훈련시
킨 사병 삼백열여덟 명을 데리고 단
까지 쫓아갔다.
15 그 날 밤에 그는 자기의 사병들을
몇 패로 나누어서 공격하게 하였다.
그는 적들을 쳐부수고, 다마스쿠스
북쪽 호바까지 뒤쫓았다.
16 그는 모든 재물을 되찾고, 그의 조
카 롯과 롯의 재산도 되찾았으며, 부
녀자들과 다른 사람들까지 되찾았
다.

멜기세덱이 아브람을 축복하다

17 ○아브람이 그돌라오멜과 그와 동맹
을 맺은 왕들을 쳐부수고 돌아온 뒤
에, 소돔 왕이 아브람을 맞아서, 사
웨 벌판 곧 왕의 벌판으로 나왔다.
18 그 때에 살렘 왕 멜기세덱은 빵과
포도주를 가지고 나왔다. 그는 가장
높으신 하나님의 제사장이다.
19 그는 아브람에게 복을 빌어 주었다.
"천지의 주재, ㉠가장 높으신 하나
님, 아브람에게 복을 내려 주십시
오.
20 아브람은 들으시오. 그대는, 원
수들을 그대의 손에 넘겨 주신
㉠가장 높으신 하나님을 찬양하시
오."

왕 아므라벨이 인근의 네 왕들과 연합하여 소돔과 고모라 땅에 쳐들어왔다. 그 결과 모든 재물과 양식은 약탈당했으며, 롯도 사로잡혀 포로가 되었다(11-12절). 이것은 하나님의 무서운 징계였다. 하나님은 이와 같은 징계로써 롯에게 회개의 기회를 주셨다. 그러나 롯은 아브람에 의해 구출되자 소돔에 도로 주저앉고 말았다.

14:20 열의 하나를 십일조를 말한다. 이것은 하나님에 대한 아브람의 감사와 멜기세덱의 제사장 직분을 인정한 것에서 비롯된 것이다.

14:21-24 아브람은 가나안 사회 속에 살면서 구원의 기관(복의 근원)으로서의 자신의 위치를 결코 소홀히 여기지 않았다. 그들 가운데 살면서도 그들에게 동화되거나 그들의 죄악과 타협하지 않았다. 특히 소돔의 악함(13:13)을 알고 있는 아브람으로서는 그들과의 관계를 분명히 함으로써 자신의 신앙적 순결을 보존하였다.

㉠ 히, '엘 엘리욘'

○아브람은 가지고 있는 모든 것에
서 열의 하나를 멜기세덱에게 주었
다.
21 소돔 왕이 아브람에게 말하였다. "사
람들은 나에게 돌려 주시고, 물건은
그대가 가지시오."
22 아브람이 소돔 왕에게 말하였다.
"하늘과 땅을 지으신 가장 높으신
주 하나님께, 나의 손을 들어서 맹세
합니다.
23 그대의 것은 실오라기 하나나 신발
끈 하나라도 가지지 않겠습니다. 그
러므로 그대는, 그대 덕분에 아브람
이 부자가 되었다고는 절대로 말할
수 없을 것입니다.
24 나는 아무것도 가지지 않겠습니다.
다만 젊은이들이 먹은 것과, 나와 함
께 싸우러 나간 사람들 곧 아넬과
에스골과 마므레에게로 돌아갈 몫만
은 따로 내놓아서, 그들이 저마다 제
몫을 가질 수 있게 하시기 바랍니
다."

하나님이 아브람과 언약을 맺으시다

15 이런 일들이 일어난 뒤에, 주님
께서 환상 가운데 아브람에게
말씀하셨다. "아브람아, 두려워하지
말아라. 나는 너의 방패다. 네가 받
을 보상이 매우 크다."
2 아브람이 여쭈었다. "주 나의 하나
님, 주님께서는 저에게 무엇을 주시
렵니까? 저에게는 자식이 아직 없습
니다. 저의 재산을 상속받을 자식이
라고는 다마스쿠스 녀석 엘리에셀뿐
입니다.
3 주님께서 저에게 자식을 주지 않으
셨으니, 이제, 저의 집에 있는 이 종
이 저의 상속자가 될 것입니다." 아브
람이 이렇게 말씀드리니,
4 주님께서 그에게 말씀하셨다. "그 아
이는 너의 상속자가 아니다. 너의 몸
에서 태어날 아들이 너의 상속자가
될 것이다."
5 주님께서 아브람을 데리고 바깥으로
나가서 말씀하셨다. "하늘을 쳐다보
아라. 네가 셀 수 있거든, 저 별들을
세어 보아라." 그리고는 주님께서 아
브람에게 말씀하셨다. "너의 자손이
저 별처럼 많아질 것이다."
6 아브람이 주님을 믿으니, 주님께서는
아브람의 그런 믿음을 의로 여기셨
다.
7 ○하나님이 아브람에게 말씀하셨다.
"나는 주다. 너에게 이 땅을 주어서
너의 소유가 되게 하려고, 너를 ㉠바
빌로니아의 우르에서 이끌어 내었
다."
8 아브람이 여쭈었다. "주 나의 하나님,
우리가 그 땅을 차지하게 될 것을 제
가 어떻게 알 수 있습니까?"
9 주님께서 말씀하셨다. "나에게 삼

15장 요약 엘람 동맹국을 격파한 승전의 대가로 전리품을 취하지 않은 아브람에게 하나님이 친히 그의 보상과 방패가 되어 주겠다고 약속하시는 내용이다. 즉, 하나님은 자손과 소유의 복을 확언하셨는데, 이는 12장 1–3절과 13장 14–17절에서 약속한 복을 재인준한 것이다.

15:1–11 전쟁에서 승리했지만, 보복이 두려웠던 아브람에게 하나님께서 환상 중에 나타나셔서 용기를 주신다. 그리고 이전에 언약하셨던 큰 민족에 대한 언약을 좀 더 구체적으로 약속하셨다.

15:10 하나님과 아브람 사이에 언약이 공식적으로 수립되는 의식의 한 일면이다. 동물이 쪼개지고 그 쪼개진 사이로 '연기 나는 화덕'과 '타오르는 횃불'로 상징되는 하나님의 모습이 지나감으로써(17절), 하나님과 아브람 사이에 언약이 세워지게 된 것이다(18절). 만일 이 언약을 위반하면 쪼개

㉠ 또는 '갈대아'

년 된 암송아지 한 마리와 삼 년 된
암염소 한 마리와 삼 년 된 숫양 한
마리와 산비둘기 한 마리와 집비둘
기 한 마리씩을 가지고 오너라."
10 아브람이 이 모든 희생제물을 주님
께 가지고 가서, 몸통 가운데를 쪼개
어, 서로 마주 보게 차려 놓았다. 그
러나 비둘기는 반으로 쪼개지 않았
다.
11 솔개들이 희생제물의 위에 내려왔으
나, 아브람이 쫓아 버렸다.
12 ○해가 질 무렵에, 아브람이 깊이 잠
든 가운데, 깊은 어둠과 공포가 그를
짓눌렀다.
13 주님께서 아브람에게 말씀하셨다.
"너는 똑똑히 알고 있거라. 너의 자
손이 다른 나라에서 나그네살이를
하다가, 마침내 종이 되어서, 사백 년
동안 괴로움을 받을 것이다.
14 그러나 너의 자손을 종살이하게 한
그 나라를 내가 반드시 벌할 것이
며, 그 다음에 너의 자손이 재물을
많이 가지고 나올 것이다.
15 그러나 너는 오래오래 살다가, 고이
잠들어 묻힐 것이다.
16 너의 자손은 사 대째가 되어서야 이
땅으로 돌아올 것이다. 아모리 사람
들의 죄가 아직 벌을 받을 만큼 이
르지는 않았기 때문이다."
17 ○해가 지고, 어둠이 짙게 깔리니, 연
기 나는 화덕과 타오르는 횃불이 갑
자기 나타나서, 쪼개 놓은 희생제물
사이로 지나갔다.
18 바로 그 날, 주님께서 아브람과 언약
을 세우시고 말씀하셨다. "내가 이
땅을, 이집트 강에서 큰 강 유프라테
스에 이르기까지를 너의 자손에게
준다.
19 이 땅은 겐 사람과 그니스 사람과 갓
몬 사람과
20 헷 사람과 브리스 사람과 르바 사람
과
21 아모리 사람과 가나안 사람과 기르
가스 사람과 여부스 사람의 땅을 다
포함한다."

하갈과 이스마엘

16 아브람의 아내 사래는 아이를
낳지 못하였다. 그에게는 하갈
이라고 하는 이집트 사람 여종이 있
었다.
2 사래가 아브람에게 말하였다. "주님
께서 나에게 아이를 가지지 못하게
하시니, 당신은 나의 여종과 동침하
십시오. 하갈의 몸을 빌려서, 집안의
대를 이어갈 수 있기를 바랍니다." 아
브람은 사래의 말을 따랐다.
3 아브람의 아내 사래가 자기의 여종
이집트 사람 하갈을 데려다가 자기
남편 아브람에게 아내로 준 때는, 아
브람이 가나안 땅에서 살아온 지 십

진 동물처럼 만들겠다는 경고이다(렘 34:17–20).

15:12–21 아브람의 후손에 대한 하나님의 계획이 아주 자세하고 충분하게 밝혀진다. 언약의 확립과 언약이 반복되고 있다.

15:13 사백 년은 대략적인 숫자로(참조. 행 7:6), 정확한 수치는 430년이다(출 12:40;갈 3:17).

15:16 사 대째 아브람이 100세에 아들을 낳은 것을 기준으로 하여 나타낸 말로서, 400년간을 4대라고 표현했다.

16장 요약 하나님은 아브람에게 자손을 약속하셨지만, 십 년이라는 세월이 흘러도 자식을 갖지 못했다. 그러자 그는 하나님의 말씀 대신 아내인 사래의 말을 따르고 말았다. 사래는 자신의 여종인 하갈을 통해 아들을 낳도록 아브람을 부추겼고, 이로 인해 아브람의 가정에 불화의 씨앗이 싹텄다(4–6절).

16:2 여종과 동침하십시오 아브람이나 사래는 하

년이 지난 뒤이다.
4 아브람이 하갈과 동침하니, 하갈이
임신하였다. 하갈은 자기가 임신한
것을 알고서, 자기의 여주인을 깔보
았다.
5 사래가 아브람에게 말하였다. "내가
받는 이 고통은, 당신이 책임을 지셔
야 합니다. 나의 종을 당신 품에 안
겨 주었더니, 그 종이 자기가 임신한
것을 알고서, 나를 멸시합니다. 주님
께서 당신과 나 사이를 판단하여 주
시면 좋겠습니다."
6 아브람이 사래에게 말하였다. "여보,
당신의 종이니, 당신 마음대로 할 수
있지 않소? 당신이 좋을 대로 그에
게 하기 바라오." 사래가 하갈을 학
대하니, 하갈이 사래 앞에서 도망하
였다.
7 ○주님의 천사가 사막에 있는 샘 곁
에서 하갈을 만났다. 그 샘은 수르
로 가는 길 옆에 있다.
8 천사가 물었다. "사래의 종 하갈아,
네가 어디서 와서, 어디로 가는 길이
냐?" 하갈이 대답하였다. "나의 여
주인 사래에게서 도망하여 나오는
길입니다."
9 주님의 천사가 그에게 말하였다. "너
의 여주인에게로 돌아가서, 그에게
복종하면서 살아라."
10 주님의 천사가 그에게 또 일렀다.
"내가 너에게 많은 자손을 주겠다.
자손이 셀 수도 없을 만큼 불어나게
하겠다."
11 주님의 천사가 그에게 또 일렀다.
"너는 임신한 몸이다. 아들을 낳게
될 터이니, 그의 이름을 ㉠이스마엘
이라고 하여라. 네가 고통 가운데서
부르짖는 소리를 주님께서 들으셨기
때문이다.
12 너의 아들은 들나귀처럼 될 것이다.
그는 모든 사람과 싸울 것이고, 모든
사람 또한 그와 싸울 것이다. 그는
자기의 모든 친족과 대결하며 살아
가게 될 것이다."
13 하갈은 "내가 여기에서 나를 보시는
하나님을 뵙고도, 이렇게 살아서, 겪
은 일을 말할 수 있다니!" 하면서, 자
기에게 말씀하신 주님을 ㉡"보시는
하나님"이라고 이름지어서 불렀다.
14 그래서 그 샘 이름도 ㉢브엘라해로이
라고 지어서 부르게 되었다. 그 샘은
지금도 가데스와 베렛 사이에 그대
로 있다.
15 ○하갈과 아브람 사이에서 아들이
태어나니, 아브람은, 하갈이 낳은 그
아들의 이름을 이스마엘이라고 지었
다.
16 하갈과 아브람 사이에 이스마엘이
태어날 때에, 아브람의 나이는 여든
여섯이었다.

나님의 약속을 믿되 그 약속을 하나님의 방법대로가 아니라, 인간적인 방법으로 이룩하려 했다. 하나님의 거룩한 약속은 하나님의 거룩한 방법으로만 이루어져야 한다.

16:8–15 이 단락에는 두 가지 이름에 대한 어원을 설명한다. ① 하갈의 아들인 '이스마엘'이란 이름은 '하나님께서 들으신다'란 뜻이며 하갈의 고통을 하나님께서 들으셨던 사실에서 연유되었다(11절). ② 주님의 천사를 만난 샘의 이름인 '브엘라해로이'는 '나를 살피시는 살아 계신 분의 우물'이란 뜻이다. 그러므로 이 두 이름에는 하나님에 관한 신학 사상이 담겨 있음을 알 수 있다. 곧 하나님께서는 곤경에 처한 사람의 외침을 들으시며, 그의 곤경을 살피신다는 가르침이다.

16:13 하나님을 뵙고도 죄인인 사람이 하나님의 얼굴을 뵈면 죽는다고 믿었다(32:30;출 33:20).

㉠ '하나님께서 들으심' ㉡ 히, '엘 로이' ㉢ '나를 보시는 살아 계시는 분의 샘'

할례 : 언약의 표

17 아브람의 나이 아흔아홉이 되
었을 때에, 주님께서 그에게 나
타나셔서 말씀하셨다. "나는 전능한
하나님이다. 나에게 순종하며, 흠 없
이 살아라.
2 나와 너 사이에 내가 몸소 언약을
세워서, 너를 크게 번성하게 하겠다."
3 아브람이 얼굴을 땅에 대고 엎드려
있는데, 하나님이 그에게 말씀하셨
다.
4 "나는 너와 언약을 세우고 약속한
다. 너는 여러 민족의 조상이 될 것
이다.
5 내가 너를 여러 민족의 아버지로 만
들었으니, 이제부터는 너의 이름이
㉠아브람이 아니라 ㉡아브라함이다.
6 내가 너를 크게 번성하게 하겠다. 너
에게서 여러 민족이 나오고, 너에게
서 왕들도 나올 것이다.
7 내가 너와 세우는 언약은, 나와 너
사이에 맺는 것일 뿐 아니라, 너의
뒤에 오는 너의 자손과도 대대로 세
우는 영원한 언약이다. 이 언약을
따라서, 나는, 너의 하나님이 될 뿐
만 아니라, 뒤에 오는 너의 자손의
하나님도 될 것이다.
8 네가 지금 나그네로 사는 이 가나안
땅을, 너와 네 뒤에 오는 자손에게
영원한 소유로 모두 주고, 나는 그들
의 하나님이 될 것이다."
9 ○하나님이 또 아브라함에게 말씀하
셨다. "너는 나와 세운 언약을 잘 지
켜야 하고, 네 뒤에 오는 너의 자손
도 대대로 이 언약을 잘 지켜야 한
다.
10 너희 가운데서, 남자는 모두 할례를
받아야 한다. 이것은 너와 네 뒤에
오는 너의 자손과 세우는 나의 언
약, 곧 너희가 모두 지켜야 할 언약이
다.
11 너희는 포피를 베어서, 할례를 받게
하여라. 이것이 나와 너희 사이에 세
우는 언약의 표이다.
12 대대로 너희 가운데서, 남자는 모두
난 지 여드레 만에 할례를 받아야
한다. 너희의 집에서 태어난 종들과
너희가 외국인에게 돈을 주고서 사
온 종도, 비록 너희의 자손은 아니
라 해도, 마찬가지로 할례를 받아야
한다.
13 집에서 태어난 종과 외국인에게 돈
을 주고서 사온 종도, 할례를 받아
야 한다. 그렇게 하여야만, 나의 언
약이 너희 몸에 영원한 언약으로 새
겨질 것이다.
14 할례를 받지 않은 남자 곧 포피를 베
지 않은 남자는 나의 언약을 깨뜨린
자이니, 그는 나의 백성에게서 끊어
진다."

17장 요약 13년 후 하나님은 아브람에게 다시 임하셔서 자손과 소유에 대한 구체적인 언약을 언급하시고 할례를 통해 언약의 확실성을 강조하셨다. 아브람(존귀한 아버지)을 아브라함(많은 무리의 아버지), 사래(왕비)를 사라(많은 무리의 어머니)로 각각 개명하신 것 역시 언약의 확실성을 강조하기 위함이었다.

㉠ '존귀한 아버지' ㉡ '많은 사람의 아버지'

17:1-19 하나님과 아브람이 맺은 언약의 특징은 하나님께서 언약을 일방적으로 주도하신다는 것이다. 따라서 '언약'이라고 표현은 하지만, 우리가 일반적으로 생각하는 상호적인 계약과는 그 성격이 사뭇 다르다. 먼저, 하나님의 명령이 있다. "나에게 순종하며, 흠 없이 살아라"(1절)는 명령에 기초하여 '복에 대한 약속'이 아브람에게 주어지고 있다(2-8절). 그러나 1절의 명령은 사실 하나님의 약속이다. 무능한 죄인이 하나님 앞에서 흠 없이

15 ○하나님이 아브라함에게 또 말씀하
셨다. "너의 아내 사래를 이제 사래
라고 하지 말고, 사라라고 하여라.
16 내가 그에게 복을 주어, 너에게 아들
을 낳아 주게 하겠다. 내가 너의 아
내에게 복을 주어서, 여러 민족의 어
머니가 되게 하고, 백성들을 다스리
는 왕들이 그에게서 나오게 하겠다."
17 아브라함은 얼굴을 땅에 대고 엎드
려, 웃으면서 혼잣말을 하였다. "나
이 백 살 된 남자가 아들을 낳는다
고? 또 아흔 살이나 되는 사라가 아
이를 낳을 수 있을까?"
18 아브라함은 하나님께 아뢰었다. "이
스마엘이나 하나님께서 주시는 복을
받으면서 살기를 바랍니다."
19 하나님이 말씀하셨다. "아니다. 너의
아내 사라가 너에게 아들을 낳아 줄
것이다. 아이를 낳거든, 이름을 ㉠이
삭이라고 하여라. 내가 그와 언약을
세울 것이니, 그 언약은, 그의 뒤에
오는 자손에게도, 영원한 언약이 될
것이다.
20 내가 너의 말을 들었으니, 내가 반드
시 이스마엘에게 복을 주어서, 그가
자식을 많이 낳게 하고, 그 자손이
크게 불어나게 할 것이다. 그에게서
열두 명의 영도자가 나오게 하고, 그
가 큰 나라를 이루게 하겠다.
21 그러나 나는 내년 이맘때에, 사라가
너에게 낳아 줄 아들 이삭과 언약을
세우겠다."
22 하나님은 아브라함에게 말씀을 다
하시고, 그를 떠나서 올라가셨다.
23 ○바로 그 날에 아브라함은, 자기 아
들 이스마엘과, 집에서 태어난 모든
종과, 돈을 주고 사온 모든 종 곧 자
기 집안의 모든 남자와 함께, 하나님
이 말씀하신 대로, 포피를 베어서 할
례를 받았다.
24 아브라함이 포피를 베어서 할례를
받은 것은, 그의 나이 아흔아홉 살
때이고,
25 그의 아들 이스마엘이 포피를 베어
서 할례를 받은 것은, 이스마엘의 나
이 열세 살 때이다.
26 아브라함과 그의 아들 이스마엘은
같은 날에 할례를 받았다.
27 집에서 태어난 종과, 외국인에게서
돈을 주고 사온 종과, 아브라함 집안
의 모든 남자가 아브라함과 함께 할
례를 받았다.

아브라함이 아들을 약속받다

18 주님께서 마므레의 상수리나무
곁에서 아브라함에게 나타나셨
다. 한창 더운 대낮에, 아브라함은
자기의 장막 어귀에 앉아 있었다.
2 아브라함이 고개를 들고 보니, 웬 사
람 셋이 자기의 맞은쪽에 서 있었다.
그는 그들을 보자, 장막 어귀에서 달

살 수 없지만, 하나님께서 아브람을 그렇게 행하도록 하실 수 있으니, 아브람이 그것을 믿으면 된다는 의미이다. 즉, 전능하신 하나님을 드러내고 계신 말씀이다. 하나님께서는 아브람에게 구원을 약속하셨으며, 이러한 구원으로 말미암아 아브람이 복의 근원, 곧 복의 씨앗이 될 것이라고 말씀하셨다. 하나님의 주권적인 은혜가 아브람의 믿음을 통하여 세상에 퍼져 나갈 것이라는 약속이다.

㉠ '그가 웃다'

18장 요약 아브라함 내외의 극진한 대접을 받은 주님께서는 사라를 통해 아들이 태어나리라고 다시 약속하셨다(10절). 한편, 소돔과 고모라를 위한 아브라함의 중보 기도는 이웃을 위해 헌신하는 의인의 참된 모습을 보여 준다.

18:1 하나님께서 세 천사만 보내신 것이 아니라, 친히 사람의 모습으로 두 천사들과 함께 아브라함을 방문하셨다(참조. 22절;19:1).

려나가서, 그들을 맞이하며, 땅에 엎
드려서 절을 하였다.
3 아브라함이 말하였다. "손님들께서
저를 좋게 보시면, 이 종의 곁을 그
냥 지나가지 마시기 바랍니다.
4 물을 좀 가져 오라고 하셔서, 발을
씻으시고, 이 나무 아래에서 쉬시기
바랍니다.
5 손님들께서 잡수실 것을, 제가 조금
가져 오겠습니다. 이렇게 이 종에게
로 오셨으니, 좀 잡수시고, 기분이
상쾌해진 다음에 길을 떠나시기 바
랍니다." 그들이 대답하였다. "좋습
니다. 정 그렇게 하라고 하시면, 사
양하지 않겠습니다."
6 아브라함이 장막 안으로 뛰어 들어
가서, 사라에게 말하였다. "빨리 고
운 밀가루 세 스아를 가지고 와서,
반죽을 하여 빵을 좀 구우시오."
7 아브라함이 집짐승 떼가 있는 데로
달려가서, 기름진 좋은 송아지 한 마
리를 끌어다가, 하인에게 주니, 하인
이 재빨리 그것을 잡아서 요리하였
다.
8 아브라함이 엉긴 젖과 우유와 하인
이 만든 송아지 요리를 나그네들 앞
에 차려 놓았다. 그들이 나무 아래
에서 먹는 동안에, 아브라함은 서서,
시중을 들었다.
9 ○그들이 아브라함에게 물었다. "댁
의 부인 사라는 어디에 있습니까?"
아브라함이 대답하였다. "장막 안에
있습니다."
10 그 때에 주님께서 말씀하셨다. "다
음 해 이맘때에, 내가 반드시 너를
다시 찾아오겠다. 그 때에 너의 아내
사라에게 아들이 있을 것이다." 사
라는, 아브라함이 등지고 서 있는 장
막 어귀에서 이 말을 들었다.
11 아브라함과 사라는 이미 나이가 많
은 노인들이고, 사라는 월경마저 그
쳐서, 아이를 낳을 나이가 지난 사람
이다.
12 그러므로 사라는 "나는 기력이 다
쇠진하였고, 나의 남편도 늙었는데,
어찌 나에게 그런 즐거운 일이 있으
랴!" 하고, 속으로 웃으면서 중얼거
렸다.
13 그 때에 주님께서 아브라함에게 말
씀하셨다. "어찌하여 사라가 웃으면
서 '이 늙은 나이에 내가 어찌 아들
을 낳으랴?' 하느냐?
14 나 주가 할 수 없는 일이 있느냐? 다
음 해 이맘때에, 내가 다시 너를 찾
아오겠다. 그 때에 사라에게 아들이
있을 것이다."
15 사라는 두려워서 거짓말을 하였다.
"저는 웃지 않았습니다." 그러나 주
님께서 말씀하셨다. "아니다. 너는
웃었다."

18:3 종 아브라함은 주변 국가의 수장들에게 자신을 스스로 낮춘 적이 없었다. 오직 하나님께만 주종 관계를 맺고 있음을 정확히 나타낸다.

18:4 발을 씻으시고 근동 지방에서는 날씨가 무덥고 먼지가 많이 나기 때문에 발이 쉽게 더러워진다. 따라서 손님에게 발 씻을 물을 주고, 경우에 따라 발을 씻어 주는 것은 친절을 나타내는 예절이었다(참조. 19:2;24:32;43:24).

18:12-15 사라와 아브라함은 아들에 대한 하나님의 약속을 듣고 웃었다(참고. 17:17). 그러나 이들에 대한 하나님의 태도는 같지 않다. 하나님은 아브라함에게 부드럽게 말씀하셨지만(17:17, 19), 사라는 책망하셨다. 이 사실은 사라의 웃음이 단순히 놀람의 표시가 아니라 불신에서 비롯된 것임을 나타낸다. 하나님의 책망을 받은 후에 사라는 올바른 믿음을 가지게 되었다(참조. 히 11:11).

18:16-21 하나님께서 두 성을 멸망시키려는 의도

아브라함이 소돔을 위하여 빌다

16 ○그 사람들이 떠나려고 일어서서,
소돔이 내려다보이는 데로 갔다. 아
브라함은 그들을 바래다 주려고, 함
께 얼마쯤 걸었다.
17 그 때에 주님께서 말씀하셨다. "내가
앞으로 하려고 하는 일을, 어찌 아브
라함에게 숨기랴?
18 아브라함은 반드시 크고 강한 나라
를 이룰 것이며, 땅 위에 있는 나라
마다, 그로 말미암아 복을 받게 될
것이다.
19 내가 아브라함을 선택한 것은, 그가
자식들과 자손을 잘 가르쳐서, 나에
게 순종하게 하고, 옳고 바른 일을
하도록 가르치라는 뜻에서 한 것이
다. 그의 자손이 아브라함에게 배운
대로 하면, 나는 아브라함에게 약속
한 대로 다 이루어 주겠다."
20 주님께서 또 말씀하셨다. "소돔과 고
모라에서 들려 오는 저 울부짖는 소
리가 너무 크다. 그 안에서 사람들
이 엄청난 죄를 저지르고 있다.
21 이제 내가 내려가서, 거기에서 벌어
지는 모든 악한 일이 정말 나에게까
지 들려 온 울부짖음과 같은 것인지
를 알아보겠다."
22 ○그 사람들은 거기에서 떠나서 소
돔으로 갔으나, ㉠아브라함은 주님
앞에 그대로 서 있었다.
23 아브라함이 주님께 가까이 가서 아
뢰었다. "주님께서 의인을 기어이 악
인과 함께 쓸어 버리시렵니까?
24 그 성 안에 의인이 쉰 명이 있으면,
어떻게 하시겠습니까? 그래도 주님
께서는 그 성을 기어이 쓸어 버리시
렵니까? 의인 쉰 명을 보시고서도,
그 성을 용서하지 않으시렵니까?
25 그처럼 의인을 악인과 함께 죽게 하
시는 것은, 주님께서 하실 일이 아닙
니다. 의인을 악인과 똑같이 보시는
것도, 주님께서 하실 일이 아닌 줄
압니다. 세상을 심판하시는 분께서
는 공정하게 판단하셔야 하지 않겠
습니까?"
26 주님께서 대답하셨다. "소돔 성에서
내가 의인 쉰 명만을 찾을 수 있으
면, 그들을 보아서라도 그 성 전체를
용서하겠다."
27 아브라함이 다시 아뢰었다. "티끌이
나 재밖에 안 되는 주제에, 제가 주
님께 감히 아뢰니다.
28 의인이 쉰 명에서 다섯이 모자란다
고 하면, 어떻게 하시겠습니까? 다섯
이 모자란다고, 성 전체를 다 멸하시
겠습니까?" 주님께서 대답하셨다.
"내가 거기에서 마흔다섯 명만 찾아
도, 그 성을 멸하지 않겠다."
29 아브라함이 다시 한 번 주님께 아뢰
었다. "거기에서 마흔 명만 찾으시

를 아브라함에게 계시하신 이유를 두 가지로 생각할 수 있다. ① 아브라함은 하나님의 친구였다(참조. 대하 20:7;사 41:8;약 2:23). ② 아브라함의 자손에게 불의에 대한 경고가 필요했다.

18:20-21 이 구절들에서는 하나님께서 소돔과 고모라를 멸하시려는 의도를 발견할 수 없다. 하나님께서는 단지 그곳의 죄악상이 어떠한지 확인하기 위해서 '내려가겠다'고만 말씀하셨다. 이전에도 하나님께서는 비슷한 목적을 가지고 바벨에 내려가셨다(11:5). 물론 이것은 하나님께서 실제로 그 성에 가서 보지 않고서는 분명한 사실을 아실 수 없다는 뜻이 아니다. 하나님께서는 모든 것을 다 아신다. 따라서, 하나님께서 이처럼 말씀하신 것은 하나님께서 아무런 근거도 없이 심판을 내리시지는 않는다는 사실을 사람들로 하여금 깨닫도록 하시기 위함이다.

㉠ 마소라 본문을 따름. 고대 히브리의 서기관 전통에서는 '주님께서 아브라함 앞에 그대로 서 계셨다'

면, 어떻게 하시겠습니까?" 주님께
서 대답하셨다. "그 마흔 명을 보아
서, 내가 그 성을 멸하지 않겠다."
30 아브라함이 또 아뢰었다. "주님! 노
하지 마시고, 제가 말씀드리는 것을
허락하여 주시기 바랍니다. 거기에
서 서른 명만 찾으시면, 어떻게 하시
겠습니까?" 주님께서 대답하셨다.
"거기에서 서른 명만 찾아도, 내가
그 성을 멸하지 않겠다."
31 아브라함이 다시 아뢰었다. "감히 주
님께 아뢰니다. 거기에서 스무 명만
찾으시면, 어떻게 하시겠습니까?" 주
님께서 대답하셨다. "스무 명을 보아
서라도, 내가 그 성을 멸하지 않겠
다."
32 아브라함이 또 아뢰었다. "주님! 노
하지 마시고, 제가 한 번만 더 말씀
드리게 허락하여 주시기 바랍니다.
거기에서 열 명만 찾으시면, 어떻게
하시겠습니까?" 주님께서 대답하셨
다. "열 명을 보아서라도, 내가 그 성
을 멸하지 않겠다."
33 주님께서는 아브라함과 말씀을 마치
신 뒤에 곧 가시고, 아브라함도 자기
가 사는 곳으로 돌아갔다.

소돔의 죄

19 저녁때에 두 천사가 소돔에 이
르렀다. 롯이 소돔 성 어귀에
앉아 있다가, 그들을 보고 일어나서
맞으며, 얼굴을 땅에 대고 엎드려 청
하였다.
2 "두 분께서는 가시는 길을 멈추시고,
이 종의 집으로 오셔서, 발을 씻고,
하룻밤 머무르시기 바랍니다. 내일
아침에 일찍 일어나셔서, 길을 떠나
시기 바랍니다." 그들이 대답하였다.
"아닙니다. 우리는 그냥 길에서 하룻
밤을 묵을 생각입니다."
3 그러나 롯이 간절히 권하므로, 마침
내 그들이 롯을 따라서 집으로 들어
갔다. 롯이 그들에게, 누룩 넣지 않
은 빵을 구워서 상을 차려 주니, 그
들은 롯이 차려 준 것을 먹었다.
4 그들이 잠자리에 들기 전에, 소돔 성
각 마을에서, 젊은이 노인 할 것 없
이 모든 남자가 몰려와서, 그 집을
둘러쌌다.
5 그들은 롯에게 소리쳤다. "오늘 밤에
당신의 집에 온 그 남자들이 어디에
있소? 그들을 우리에게로 데리고 나
오시오. 우리가 그 남자들과 상관
좀 해야 하겠소."
6 롯은 그 남자들을 만나려고 바깥으
로 나가서는, 뒤로 문을 걸어 잠그
고,
7 그들을 타일렀다. "여보게들, 제발
이러지 말게. 이건 악한 짓일세.
8 이것 보게, 나에게 남자를 알지 못
하는 두 딸이 있네. 그 아이들을 자

19장 요약 소돔과 고모라의 멸망은 죄악에 대해 철저히 징벌하시는 하나님의 공의를 드러낸 사건이다. 이 심판 중에서 롯 가족은 하나님의 사랑과 은혜로 대피할 수 있었다. 롯의 두 딸은 큰 은혜를 체험하고도 자기 아버지와 불륜 관계를 맺음으로써 뿌리깊은 죄악을 드러내었다.

19:1 롯은 정직하고 친절한 사람으로서 소돔 성의 지도자들 가운데 한 사람이었다. 그는 진리와 정의, 의로움과 불의를 분별할 수 있었다. 그러므로 그는 소돔 사람들의 음란한 행실들로 인해서 고통을 받았다. 이 점에서 그는 의인이라고 할 수 있다(벧후 2:7–8).

19:5 **상관 좀 해야 하겠소** 남색(男色), 곧 남자끼리 성적인 관계를 가지는 것을 뜻한다. 율법은 이 행위를 짐승과의 교접 행위와 다를 것이 없는 중죄로 단정한다(레 18:22;20:13). 신약 성경에도 이 죄를 금지하는 내용이 언급되어 있다(롬 1:26–

네들에게 줄 터이니, 그 아이들을 자
네들 좋을 대로 하게. 그러나 이 남
자들은 나의 집에 보호받으러 온 손
님들이니까, 그들에게는 아무 일도
저지르지 말게."
9 그러자 소돔의 남자들이 롯에게 비
켜서라고 소리를 지르고 나서 "이 사
람이, 자기도 나그네살이를 하는 주
제에, 우리에게 재판관 행세를 하려
고 하는구나. 어디, 그들보다 당신이
먼저 혼 좀 나 보시오" 하면서, 롯에
게 달려들어 밀치고, 대문을 부수려
고 하였다.
10 안에 있는 두 사람이, 손을 내밀어
롯을 안으로 끌어들인 다음에, 문을
닫아걸고,
11 그 집 대문 앞에 모여든 남자들을
젊은이 노인 할 것 없이 모두 쳐서,
그들의 눈을 어둡게 하여, 대문을 찾
지 못하게 하였다.

롯이 소돔을 떠나다

12 ○그 두 사람이 롯에게 말하였다.
"식구들이 여기에 더 있습니까? 사
위들이나, 아들들이나, 딸들이나, 딸
린 가족들이 이 성 안에 더 있습니
까? 그들을 다 성 바깥으로 데리고
나가십시오.
13 우리는 지금 이 곳을 멸하려고 합니
다. 이 성 안에 있는 사람들을 규탄
하는 크나큰 울부짖음이 주님 앞에
이르렀으므로, 주님께서 소돔을 멸
하시려고 우리를 보내셨습니다."
14 롯이 나가서, 자기 딸들과 약혼한 사
윗감들에게 이 사실을 알렸다. 롯이
그들에게 말하였다. "서두르게. 이
성을 빠져 나가야 하네. 주님께서 이
성을 곧 멸하실 걸세." 그러나 그의
사윗감들은 그가 농담을 한다고 생
각하였다.
15 ○동틀 무렵에 천사들이 롯을 재촉
하여 말하였다. "서두르시오. 여기에
있는 부인과 두 딸을 데리고, 여기를
떠나시오. 꾸물거리고 있다가는, 이
성이 벌을 받을 때에, 함께 죽고 말
것이오."
16 그런데도 롯이 꾸물거리자, 그 두 사
람은 롯과 그의 아내와 두 딸의 손
을 잡아끌어서, 성 바깥으로 안전하
게 대피시켰다. 주님께서 롯의 가족
에게 자비를 베푸신 것이다.
17 그 두 사람이 롯의 가족을 성 바깥
으로 이끌어내자마자, 그 가운데 한
사람이 롯의 가족에게 말하였다.
"어서 피하여 목숨을 건지시오. 뒤
를 돌아보거나, 들에 머무르거나 하
지 말고, 저 산으로 도피하시오. 그
렇게 하지 않으면, 죽고 말 것이오."
18 이 때에 롯이 그들에게 말하였다.
"다른 길을 말씀해 주시기 바랍니
다.

27;고전 6:9;딤전 1:10).

19:11 눈을 어둡게 하여 이 말은 일시적인 착란 현상을 의미하는 것 같다. 동일한 표현이 열왕기하 6:18에도 기록되어 있다.

19:12–22 본문은 롯의 믿음이 얼마나 연약했는지를 보여 준다. 아브라함은 고향을 떠나라는 하나님의 지시에 전적으로 순종하였다. 그러나 롯에게는 아브라함이 보였던 것 같은 결단과 절대적인 순종이 부족했다. 그는 여전히 소돔의 안락한 생활과 자신의 소유를 버려야 한다는 생각으로 떠나는 것을 지체했다. 따라서 천사들은 그와 그의 가족들을 강제로 떠나도록 만들어야 했던 것이다.

19:15 여기에 있는 부인과 두 딸 이 말은 집에 있지 않은 자녀들(아마도 출가한 딸들)이 있음을 말하며, 그들은 소돔 사람들과 함께 멸망당했음을 암시하는 듯하다.

19:22 소알 사해 남쪽의 저지대에 위치했던 성읍(창 13:10)이다.

19 두 분께서는 이 종을 좋게 보시고,
저에게 크나큰 은혜를 베푸셔서, 저
의 목숨을 구해 주셨습니다. 그러나
제가 저 산까지 도피해 가다가는 이
재난을 피하지 못하고, 죽게 될까 두
렵습니다.
20 보십시오, 저기 작은 성이 하나 있습
니다. 저 성이면 가까워서 피할 만합
니다. 그러니, 그리로 피하게 하여 주
십시오. 아주 작은 성이 아닙니까?
거기로 가면, 제 목숨이 안전할 것입
니다."
21 그 사람이 롯에게 말하였다. "좋소.
내가 그 청을 들어주겠소. 저 성은
멸하지 않겠소.
22 당신네가 거기에 이르기까지는, 내가
아무 일도 하지 않을 터이니, 빨리
그리로 가시오." 롯이 그 성을 '작다'
고 하였으므로, 사람들은 그 성의
이름을 ㉠소알이라고 하였다.

소돔과 고모라가 멸망하다

23 ○롯이 소알에 이르렀을 때에, 해가
떠올라서 땅을 비췄다.
24 주님께서 하늘 곧 주님께서 계신 곳
으로부터, 소돔과 고모라에 유황과
불을 소나기처럼 퍼 부으셨다.
25 주님께서는 그 두 성과, 성 안에 사
는 모든 사람과, 넓은 들과, 땅에 심
은 채소를 다 엎어 멸하셨다.
26 롯의 아내는 뒤를 돌아보았으므로,
소금 기둥이 되었다.
27 ○다음날 아침에 아브라함이 일찍
일어나서, 주님을 모시고 서 있던 그
곳에 이르러서,
28 소돔과 고모라와 넓은 들이 있는 땅
을 내려다보니, 거기에서 솟아오르는
연기가 마치 옹기 가마에서 나는 연
기와 같았다.
29 ○하나님은, 들에 있는 성들을 멸하
실 때에, 아브라함을 기억하셨다. 그
래서 하나님은, 롯이 살던 그 성들을
재앙으로 뒤엎으실 때에, 롯을 그 재
앙에서 건져 주신 것이다.

모압과 암몬의 기원

30 ○롯은 소알에 사는 것이 두려워서,
두 딸을 데리고 소알을 떠나, 산으로
들어가서, 숨어서 살았다. 롯은 두
딸들과 함께 같은 굴에서 살았다.
31 하루는 큰 딸이 작은 딸에게 말하였
다. "우리 아버지는 늙으셨고, 아무
리 보아도 이 땅에는 세상 풍속대로
우리가 결혼할 남자가 없다.
32 그러니 우리가 아버지께 술을 대접
하여 취하시게 한 뒤에, 아버지 자리
에 들어가서, 아버지에게서 씨를 받
도록 하자."
33 그 날 밤에 두 딸은 아버지에게 술
을 대접하여 취하게 한 뒤에, 큰 딸
이 아버지 자리에 들어가서 누웠다.
그러나 아버지는, 큰 딸이 와서 누웠

19:24-29 소돔과 고모라의 멸망 이 부분에서는 멸망된 도시가 소돔과 고모라뿐인 듯한 인상을 받는다. 그러나 요단 평지의 다른 두 성읍들인 아드마와 스보임도 심판의 대상에 포함되었다(참조. 13:10-13;14:2;유 1:7). 이 성읍들은 모두 싯딤 벌판 근처에 위치했었는데(14:3), 현재의 사해 남쪽 만(灣)으로 생각된다.

19:26 롯의 아내는 세상의 재물과 쾌락에 미련을 버리지 못하다가 소금 기둥이 되었다. 예수님께서 재림의 때에 일어날 사건에 대해 말씀하실 때 이 사건을 언급하셨다(눅 17:32-33).

19:31-38 근친상간의 죄를 보여 준다. 이는 창세기 3장의 타락의 결과로 보는 것이 합당하다. 이 사건 이후 성경은 롯에 대해서 침묵한다. 롯과 두 딸과의 불륜(不倫)의 관계에서 모압과 암몬 족속이 나타나게 되었다. 이 두 족속은 후대에 가서 이스라엘 민족을 끊임없이 괴롭히는 대적이 된다.

㉠ '작다'

다가 일어난 것을 전혀 알아차리지
못하였다.
34 이튿날, 큰 딸이 작은 딸에게 말하였
다. "어젯밤에는 내가 우리 아버지와
함께 누웠다. 오늘 밤에도 우리가 아
버지께 술을 대접하여 취하시게 하
자. 그리고 이번에는 네가 아버지 자
리에 들어가서, 아버지에게서 씨를
받아라."
35 그래서 그 날 밤에도 두 딸은 아버지
에게 술을 대접하여 취하게 하였고,
이번에는 작은 딸이 아버지 자리에
들어가 누웠다. 그러나 이번에도 그
는, 작은 딸이 와서 누웠다가 일어난
것을 전혀 알아차리지 못하였다.
36 롯의 두 딸이 드디어 아버지의 아이
를 가지게 되었다.
37 큰 딸은 아들을 낳고, 아기 이름을
㉠모압이라고 하였으니, 그가 바로 오
늘날 모압 사람의 조상이다.
38 작은 딸도 아들을 낳고, 아기 이름
을 ㉡벤암미라고 하였으니, 그가 바
로 오늘날 암몬 사람의 조상이다.

아브라함과 아비멜렉

20 아브라함은 마므레에서 네겝
지역으로 옮겨 가서, 가데스와
수르 사이에서 살았다. 아브라함은
그랄에 잠시 머문 적이 있는데,
2 거기에서 아브라함이 자기 아내 사
라를 사람들에게 자기 누이라 소개
하였으므로, 그랄 왕 아비멜렉이 사
람을 보내서, 사라를 데려갔다.
3 그런데 그 날 밤에 하나님이 꿈에 아
비멜렉에게 나타나셔서 말씀하셨다.
"네가 이 여자를 데려왔으니, 너는
곧 죽는다. 이 여자는 남편이 있는
여자다."
4 아비멜렉은, 아직 그 여인에게 가까
이하지 않았으므로, 주님께 이렇게
아뢰었다. "주님, 주님께서 의로운 한
민족을 멸하시렵니까?
5 아브라함이 저에게, 이 여인은 자기
누이라고 하지 않았습니까? 또 이
여인도 아브라함을 오라버니라고 말
하지 않았습니까? 저는 깨끗한 마음
으로 떳떳하게 이 일을 하였습니다."
6 하나님이 꿈에 또 그에게 말씀하셨
다. "그렇다. 나는, 네가 깨끗한 마음
으로 이렇게 한 줄을 잘 안다. 그러
므로 내가 너를 지켜서, 네가 나에게
죄를 짓지 못하도록 한 것이다. 그
여인을 건드리지 못하게 한 이유도
바로 여기에 있다.
7 이제 그 여인을 남편에게로 돌려보
내어라. 그의 남편은 예언자이므로,
너에게 탈이 나지 않게 하여 달라고
기도할 것이고, 너는 살 것이다. 그러
나 그 여인을 돌려보내지 않으면, 너
와 너에게 속한 사람들이 틀림없이
다 죽을 줄 알아라."

20장 요약 과거 이집트에서처럼 아브라함은 아내 사라를 누이라고 속여 그랄 왕에게 자기 *아내를 빼앗기*는 *곤경에 처*했다. 그 와중에서도 하나님이 직접 그랄 왕 아비멜렉의 꿈에 나타나사 사라를 취하지 못하도록 막으셨다. 이는 인간의 불순종에도 불구하고 구속 역사를 진행하시는 하나님의 주권을 보여 준다.

㉠ '아버지로부터' ㉡ '내 백성의 아들'

20:2 아비멜렉 특정한 개인을 가리키는 고유명사가 아니다. 이집트의 왕을 바로라고 부르는 것처럼, 블레셋 왕을 가리킬 때 사용했던 명칭이다. 사라를 데려갔다 이 사건이 일어난 당시 사라의 나이는 90세였다. 그런데도 아비멜렉이 사라를 데려갔다는 사실은 쉽게 납득되지 않는다. 그러나 하나님이 아이를 낳을 수 있도록 사라의 신체를 어느 정도 젊게 하셨을 가능성이 있다. 또는 아비멜렉이 정치적 목적으로 사라를 데려갔을 수도

8 ○다음날 아침에 아비멜렉은 일찍
일어나서, 신하들을 다 불렀다. 그들
은 왕에게 일어난 일을 다 듣고서,
매우 두려워하였다.
9 아비멜렉은 아브라함을 불러들여서,
호통을 쳤다. "당신은 어찌하여 우리
에게 이렇게 하였소? 내가 당신에게
무슨 잘못을 저질렀기에, 나와 내 나
라가 이 크나큰 죄에 빠질 뻔하게 하
였느냐 말이오? 당신은 나에게 해서
는 안 될 일을 한 거요."
10 아비멜렉이 또 아브라함에게 말하였
다. "도대체 어째서 이런 일을 저지
른단 말이오?"
11 아브라함이 대답하였다. "이 곳에서
는 사람들이 아무도 하나님을 두려
워하지 않으니까, 나의 아내를 빼앗
으려고 할 때에는, 사람들이 나를 죽
일 것이라고 생각하였습니다.
12 그러나 사실을 말씀드리면, 나의 아
내가 나의 누이라는 것이 틀린 말은
아닙니다. 아내는 나와는 어머니는
다르지만 아버지는 같은 이복 누이
이기 때문입니다.
13 하나님이 나를, 아버지 집에서 떠나
서 여러 나라로 두루 다니게 하실
때에, 내가 아내에게 부탁한 말이 있
습니다. '우리가 어느 곳으로 가든지,
사람들이 나를 두고서 묻거든, 그대
는 나를 오라버니라고 하시오. 이것
이 그대가 나에게 베풀 수 있는 은
혜요' 하고 말한 바 있습니다."
14 아비멜렉이 아브라함에게 양 떼와
소 떼와 남종과 여종을 선물로 주
고, 아내 사라도 아브라함에게 돌려
보냈다.
15 아비멜렉이 아브라함에게 말하였다.
"나의 땅이 당신 앞에 있으니, 원하
는 곳이 어디이든지, 가서, 거기에서
자리를 잡으시오."
16 그리고 사라에게는 이렇게 말하였
다. "나는 그대의 오라버니에게 은
천 세겔을 주었소. 이것은, 그대와 함
께 있는 여러 사람에게서 그대가 받
은 부끄러움을 조금이나마 덜어보려
는 나의 성의의 표시요. 그대가 결백
하다는 것을, 모두가 알게 될 것이
오."
17 아브라함이 하나님께 기도하니, 하
나님이, 아비멜렉과 그의 아내와 그
의 여종들이 다시 아이를 가질 수
있도록 태를 열어 주셨다.
18 아비멜렉이 아브라함의 아내 사라
를 데려간 일로, 주님께서는 전에 아
비멜렉 집안의 모든 여자의 태를 닫
으셨었다.

이삭이 태어나다

21 주님께서는 말씀하신 대로 사
라를 돌보셨다. 사라에게 약속
하신 것을 주님께서 그대로 이루시

있다. 아브라함이 부유한 족장이며 권세가 있었기 때문에, 이 일을 통하여 그의 세력을 견제할 수 있을 것이었기 때문이다(Henry Morris).

20:6 꿈 성경이 없었던 그 시대에 있어서 꿈은 하나님의 뜻을 계시하는 하나의 수단이었다.

20:8–18 아비멜렉을 속인 아브라함 아비멜렉이 자신을 속인 아브라함을 질책한 것과 하나님의 은혜로 아브라함이 더 큰 복을 얻게 된 결말을 기록하고 있다.

21장 요약 언약의 첫 계승자인 이삭이 태어나고(1–7절) 아브라함이 팔레스타인에 정착함으로써(22–34절), 아브라함에게 주신 하나님의 언약이 일차적으로 성취되기에 이르렀다. 이삭의 등장으로 사라와 하갈, 이삭과 이스마엘 간의 갈등이 증폭되었고, 마침내 하갈과 이스마엘이 축출당했다(8–21절).

21:1–7 하나님은 약속대로 아브라함과 사라에게

니,
2 사라가 임신하였고, 하나님이 아브
라함에게 약속하신 바로 그 때가 되
니, 사라와 늙은 아브라함 사이에서
아들이 태어났다.
3 아브라함은 사라가 낳아 준 아들에
게 ㉠이삭이라는 이름을 지어 주었
다.
4 이삭이 태어난 지 여드레 만에, 아브
라함은, 하나님이 분부하신 대로, 그
아기에게 할례를 베풀었다.
5 아브라함이 아들 이삭을 보았을 때
에, 그의 나이는 백 살이었다.
6 사라가 혼자서 말하였다. "하나님이
나에게 웃음을 주셨구나. 나와 같은
늙은이가 아들을 낳았다고 하면, 듣
는 사람마다 나처럼 웃지 않을 수 없
겠지."
7 그는 말을 계속하였다. "사라가 자식
들에게 젖을 물리게 될 것이라고, 누
가 아브라함에게 말할 엄두를 내었
으랴? 그러나 내가 지금, 늙은 아브
라함에게 아들을 낳아 주지 않았는
가!"

하갈과 이스마엘이 쫓겨나다

8 ○아기가 자라서, 젖을 떼게 되었다.
이삭이 젖을 떼는 날에, 아브라함이
큰 잔치를 벌였다.
9 그런데 사라가 보니, 이집트 여인 하
갈과 아브라함 사이에서 태어난 아
들이 이삭을 놀리고 있었다.
10 사라가 아브라함에게 말하였다. "저
여종과 그 아들을 내보내십시오. 저
여종의 아들은 나의 아들 이삭과 유
산을 나누어 가질 수 없습니다."
11 그러나 아브라함은, 그 아들도 자기
아들이므로, 이 일로 마음이 몹시
괴로웠다.
12 하나님이 그에게 말씀하셨다. "그 아
들과 그 어머니인 여종의 일로 너무
걱정하지 말아라. 이삭에게서 태어
나는 사람이 너의 씨가 될 것이니,
사라가 너에게 말한 대로 다 들어
주어라.
13 그러나 여종에게서 난 아들도 너의
씨니, 그 아들은 그 아들대로, 내가
한 민족이 되게 하겠다."
14 다음날 아침에 일찍, 아브라함은 먹
거리 얼마와 물 한 가죽부대를 가져
다가, 하갈에게 주었다. 그는 먹거리
와 마실 물을 하갈의 어깨에 메워
주고서, 그를 아이와 함께 내보냈다.
하갈은 길을 나서서, 브엘세바 빈 들
에서 정처없이 헤매고 다녔다.
15 ○가죽부대에 담아 온 물이 다 떨어
지니, 하갈은 아이를 덤불 아래에 뉘
어 놓고서
16 "아이가 죽어 가는 꼴을 차마 볼 수
가 없구나!" 하면서, 화살 한 바탕
거리만큼 떨어져서, 주저앉았다. 그

아들을 주셨다. 이에 대한 믿음의 표시로서 아브라함과 사라는 아들의 이름을 이삭이라고 짓고(3절), 언약(참조. 17:9–14)에 따라 이삭에게 할례를 행하였으며(4절), 하나님을 찬양했다(6–7절).

21:11 이 일로 마음이 몹시 괴로웠다 아브라함의 근심은 하나님의 뜻을 좇아 가려는 의지에서 생겨난 심적 갈등이다. 16년간 기른 자식에 대한 인간적인 정을 여기서 마감해야 한다는 것은 깊은 근심의 원천이 될 수 있다. 이러한 고민 가운데 있는 아브라함에게 하나님께서 나타나셔서 이삭에 대한 약속을 환기시켜 주심으로 그가 바른 선택을 하도록 가르치셨다. 또한 이스마엘에 대해서도 비록 하나님의 집에서는 추방되지만 그를 돌봐 주시겠다고 약속하심으로 근심에서 벗어날 수 있게 하셨다.

21:14 아브라함은 밤중에 환상이나 꿈을 통해서 하나님의 지시를 받은 듯하다. 그가 하나님의 말

㉠ '그가 웃다'

여인은 아이 쪽을 바라보고 앉아서,
소리를 내어 울었다.
17 하나님이 그 아이가 우는 소리를 들
으셨다. 하늘에서 하나님의 천사가
하갈을 부르며 말하였다. "하갈아,
어찌 된 일이냐? 무서워하지 말아
라. 아이가 저기에 누워서 우는 저
소리를 하나님이 들으셨다.
18 아이를 안아 일으키고, 달래어라. 내
가 저 아이에게서 큰 민족이 나오게
하겠다."
19 하나님이 하갈의 눈을 밝히시니, 하
갈이 샘을 발견하고, 가서, 가죽부대
에 물을 담아다가 아이에게 먹였다.
20 ○그 아이가 자라는 동안에, 하나님
이 그 아이와 늘 함께 계시면서 돌보
셨다. 그는 광야에 살면서, 활을 쏘
는 사람이 되었다.
21 그가 바란 광야에서 살 때에, 그의
어머니가 그에게 이집트 땅에 사는
여인을 데려가서, 아내로 삼게 하였
다.

아브라함과 아비멜렉의 협약

22 ○그 무렵에 아비멜렉과 그의 군사
령관 비골이 아브라함에게 말하였
다. "하나님은, 당신이 무슨 일을 하
든지, 당신을 도우십니다.
23 이제 여기 하나님 앞에서, 당신이 나
와 나의 아이들과 나의 자손을 속이
지 않겠다고 맹세하십시오. 당신이
나그네살이를 하는 우리 땅에서, 내
가 당신에게 한 것처럼, 당신도 나와
이 땅 사람들에게 친절을 베풀어 주
시기 바랍니다."
24 아브라함이 말하였다. "맹세합니다."
25 ○이렇게 말하고 나서, 아브라함은,
아비멜렉의 종들이 우물을 빼앗은
것을 아비멜렉에게 항의하였다.
26 그러나 아비멜렉은 이렇게 말하였
다. "누가 그런 일을 저질렀는지, 나
는 모릅니다. 당신도 그런 말을 여태
까지 나에게 하지 않았습니다. 나는
그 일을 겨우 오늘에 와서야 들었습
니다."
27 아브라함이 양과 소를 끌고 와서, 아
비멜렉에게 주고, 두 사람이 서로 언
약을 세웠다.
28 아브라함이 양 떼에서 새끼 암양 일
곱 마리를 따로 떼어 놓으니,
29 아비멜렉이 아브라함에게 물었다.
"새끼 암양 일곱 마리를 따로 떼어
놓은 까닭이 무엇입니까?"
30 아브라함이 대답하였다. "내가 이
우물을 파 놓은 증거로, 이 새끼 암
양 일곱 마리를 드리려고 합니다."
31 이 두 사람이 여기에서 이렇게 맹세
를 하였으므로, 그 곳을 ㉠브엘세바
라고 한다.
32 아브라함과 아비멜렉이 브엘세바에
서 언약을 세운 다음에, 아비멜렉과

씀에 순종하기 위하여 서둘렀음을 알 수 있다. 이 일에서 아브라함의 믿음이 다시 한번 돋보인다.

21:16 화살 한 바탕 거리 화살이 날아갈 수 있을 정도의 거리다.

21:18 저 아이에게서 큰 민족이 나오게 하겠다 25:13-16에 의하면, 이스마엘은 열두 아들을 두었다. 이들로부터 하나님이 그에게 약속하신 '큰 민족'이 형성되기 시작하였다. 오늘날의 아랍 족속은 이스마엘의 후예이다.

21:22-34 브엘세바의 맹세 아브라함과 블레셋 왕 아비멜렉이 평화 조약을 맺음으로써 아브라함이 하나님이 주신 언약의 땅인 가나안의 실질적인 주역으로 등장하게 되었다. 특히 27절에서 아브라함이 아비멜렉에게 준 양과 소는 언약을 세우기 위해 희생시킨 것들이고, 28절의 새끼 암양 일곱 마리는 논쟁의 대상이었던 우물을 아브라함이 팠다는 증거물이었다.

㉠ '맹세의 우물' 또는 '일곱 우물'

그의 군사령관 비골은 블레셋 사람
의 땅으로 돌아갔다.
33 아브라함은 브엘세바에 에셀 나무
를 심고, 거기에서, 영생하시는 주 하
나님의 이름을 부르며 예배를 드렸
다.
34 아브라함은 오랫동안 블레셋 족속
의 땅에 머물러 있었다.

이삭을 바치라고 명하시다

22 이런 일이 있은 지 얼마 뒤에,
하나님이 아브라함을 시험해
보시려고, 그를 부르셨다. "아브라함
아!" 하고 부르시니, 아브라함은
"예, 여기에 있습니다" 하고 대답하
였다.
2 하나님이 말씀하셨다. "너의 아들,
네가 사랑하는 외아들 이삭을 데리
고 모리아 땅으로 가거라. 내가 너에
게 일러주는 산에서 그를 번제물로
바쳐라."
3 아브라함이 다음날 아침에 일찍이
일어나서, 나귀의 등에 안장을 얹었
다. 그는 두 종과 아들 이삭에게도
길을 떠날 준비를 시켰다. 번제에 쓸
장작을 다 쪼개어 가지고서, 그는 하
나님이 그에게 말씀하신 그 곳으로
길을 떠났다.
4 사흘 만에 아브라함은 고개를 들어
서, 멀리 그 곳을 바라볼 수 있었다.
5 그는 자기 종들에게 말하였다. "내
가 이 아이와 저리로 가서, 예배를
드리고 너희에게로 함께 돌아올 터
이니, 그 동안 너희는 나귀와 함께
여기에서 기다리고 있거라."
6 아브라함은 번제에 쓸 장작을 아들
이삭에게 지우고, 자신은 불과 칼을
챙긴 다음에, 두 사람은 함께 걸었
다.
7 이삭이 그의 아버지 아브라함에게
말하였다. 그가 "아버지!" 하고 부르
자, 아브라함이 "얘야, 왜 그러느
냐?" 하고 대답하였다. 이삭이 물었
다. "불과 장작은 여기에 있습니다마
는, 번제로 바칠 어린 양은 어디에
있습니까?"
8 아브라함이 대답하였다. "얘야, 번제
로 바칠 어린 양은 하나님이 손수
마련하여 주실 것이다." 두 사람이
함께 걸었다.
9 ○그들이, 하나님이 말씀하신 그 곳
에 이르러서, 아브라함은 거기에 제
단을 쌓고, 제단 위에 장작을 벌려
놓았다. 그런 다음에 제 자식 이삭
을 묶어서, 제단 장작 위에 올려놓았
다.
10 그는 손에 칼을 들고서, 아들을 잡으
려고 하였다.
11 그 때에 주님의 천사가 하늘에서 "아
브라함아, 아브라함아!" 하고 그를
불렀다. 아브라함이 대답하였다.

22장 요약 하나님은 이삭을 번제로 바칠 것을 명하심으로써 아브라함의 믿음을 시험하셨다. 아브라함의 순종은 신속하고도 과감했다. 본 장 말미에 수록된 아브라함의 동생 나홀의 가족 명단은 이삭의 아내 리브가의 출신을 밝히려는 의도를 담고 있다.

22:1 하나님께서 아브라함이 죄를 짓도록 시험(Temptation;유혹)하셨다는 뜻이 아니다. 죄로 시험하는 것은 사탄의 일이다. 하나님께서는 아무도 시험하시지 않는다(약 1:13). 다만 사람의 마음 상태를 드러내시기 위하여 때로는 시험(test)하신다. 이를 통하여 더 좋은 것을 주시기 위함이다.

22:5 너희에게로 함께 돌아올 터이니 히브리어 원문에서는 동사의 주어가 1인칭 복수 '우리'이다. 곧 자신과 이삭이 돌아올 것을 말하고 있다. 아브라함은 이삭을 번제로 드릴 경우 하나님께서 그를 부활시키실 것으로 믿었다(히 11:19).

"예, 여기 있습니다."
12 천사가 말하였다. "그 아이에게 손을
대지 말아라! 그 아이에게 아무 일
도 하지 말아라! 네가 너의 아들, 너
의 외아들까지도 나에게 아끼지 아
니하니, 네가 하나님 두려워하는 줄
을 내가 이제 알았다."
13 아브라함이 고개를 들고 살펴보니,
수풀 속에 숫양 한 마리가 있는데,
그 뿔이 수풀에 걸려 있었다. 가서
그 숫양을 잡아다가, 아들 대신에 그
것으로 번제를 드렸다.
14 이런 일이 있었으므로, 아브라함이
그 곳 이름을 ㉠여호와이레라고 하였
다. 오늘날까지도 사람들은 ㉡'주님의
산에서 준비될 것이다'는 말을 한다.
15 ○주님의 천사가 하늘에서 두 번째
로 아브라함을 불러서,
16 말하였다. "주님의 말씀이다. 내가
친히 맹세한다. 네가 이렇게 너의 아
들까지, 너의 외아들까지 아끼지 않
았으니,
17 내가 반드시 너에게 큰 복을 주며,
너의 자손이 크게 불어나서, 하늘의
별처럼, 바닷가의 모래처럼 많아지게
하겠다. 너의 자손은 원수의 성을 차
지할 것이다.
18 네가 나에게 복종하였으니, 세상 모
든 민족이 네 자손의 덕을 입어서,
복을 받게 될 것이다."
19 아브라함이 그의 종들에게로 돌아
왔다. 그들은 브엘세바 쪽으로 길을
떠났다. 아브라함은 브엘세바에서
살았다.

나홀의 자손

20 ○이런 일이 있은 지 얼마 뒤에, 아브
라함은 밀가가 자식들을 낳았다는
말을 들었다. 밀가와 아브라함의 동
생 나홀 사이에서 아들들이 태어났
는데,
21 맏아들은 우스이고, 그 아래로 부스
와 (아람의 아버지) 그므엘과
22 게셋과 하소와 빌다스와 이들랍과
브두엘과 같은 동생들이 태어났다.
23 브두엘은 리브가의 아버지이다. 이
여덟 형제는 아브라함의 동생 나홀
과 그 아내 밀가 사이에서 태어났다.
24 나홀의 첩 르우마도 데바와 가함과
다하스와 마아가 등 네 형제를 낳았
다.

아브라함이 사라의 장지를 사다

23 사라는 백 년 하고도 스물일곱
해를 더 살았다. 이것이 그가
누린 햇수이다.
2 그는 가나안 땅 기럇아르바 곧 헤브
론에서 눈을 감았다. 아브라함이 가
서, 사라를 생각하면서, 곡을 하며
울었다.
3 아브라함은 죽은 아내 옆에서 물러
나와서, 헷 사람에게로 가서 말하였

22:20-24 아브라함의 동생 나홀(11:26)은 본처를 통해서 여덟 아들을, 첩을 통해서 네 아들을 두었다. 이들은 후에 아람 열두 지파의 조상이 되었다. 이것은 야곱의 열두 아들로부터 이스라엘 열두 지파가 형성되는 것과 마찬가지이다(49:28). 이 족보에는 특별히 나홀의 손녀이며, 브두엘의 딸인 리브가의 이름이 언급되어 있다. 하나님이 이삭의 아내 될 여자를 어떻게 예비하셨는가를 보여 주기 위해 이 이야기가 삽입되었다.

23장 요약 아브라함의 아내 사라의 죽음과 장사에 대한 내용이다. 사라에게도 인간적인 결점과 나약함이 많이 있었지만, 성경에서 믿음의 여인으로 평가된다(히 11:11). 또한 남편에 대한 사라의 순종은 모든 그리스도인 여성이 따라야 할 모범으로 소개된다(벧전 3:6).

㉠ 히, '아도나이 이레(주님께서 준비하심)' ㉡ 또는 '주님께서 산에서 친히 보이신다'

다.
4 "나는 여러분 가운데서 나그네로,
떠돌이로 살고 있습니다. 죽은 나의
아내를 묻으려고 하는데, 무덤으로
쓸 땅을 여러분들에게서 좀 살 수
있게 해주시기를 바랍니다."
5 헷 족속 사람들이 아브라함에게 대
답하였다.
6 "어른께서는 우리가 하는 말을 들어
보시기 바랍니다. 어른은, 하나님이
우리 가운데 세우신 지도자이십니
다. 우리의 묘지에서 가장 좋은 곳
을 골라서 고인을 모시기 바랍니다.
어른께서 고인의 묘지로 쓰시겠다고
하면, 우리 가운데서 그것이 자기의
묘 자리라고 해서 거절할 사람은 없
습니다."
7 아브라함이 일어나서, 그 땅 사람들,
곧 헷 사람들에게 큰 절을 하고,
8 그들에게 말하였다. "여러분이, 내가
나의 아내를 이 곳에다 묻을 수 있
게 해주시려면, 나의 청을 들어 주시
고, 나를 대신해서, 소할의 아들 에
브론에게 말을 전해 주시기 바랍니
다.
9 그가 자기의 밭머리에 가지고 있는
막벨라 굴을 나에게 팔도록 주선하
여 주시기 바랍니다. 값은 넉넉하게
쳐서 드릴 터이니, 내가 그 굴을 사
서, 여러분 앞에서 그것을 우리 묘지
로 삼도록 해주시기 바랍니다."
10 헷 사람 에브론이 마침 헷 사람들
틈에 앉아 있다가, 이 말을 듣고, 성
문 위에 마을 회관에 앉아 있는 모
든 헷 사람들이 듣는 데서 아브라함
에게 대답하였다.
11 "그러실 필요가 없습니다. 제가 드리
는 말씀을 들어 보시기 바랍니다.
제가 그 밭을 드리겠습니다. 거기에
있는 굴도 드리겠습니다. 나의 백성
이 보는 앞에서, 제가 그것을 드리겠
습니다. 거기에다가 돌아가신 부인
을 안장하시기 바랍니다."
12 아브라함이 다시 한 번 그 땅 사람
들에게 큰 절을 하고,
13 그들이 듣는 데서 에브론에게 말하
였다. "좋게 여기신다면, 나의 말을
들으시기 바랍니다. 그 밭값을 드리
겠습니다. 저에게서 그 값을 받으셔
야만, 내가 나의 아내를 거기에 묻을
수 있습니다."
14 에브론이 아브라함에게 대답하였다.
15 "저의 말을 들어 보시기 바랍니다.
그 땅값을 친다면, 은 사백 세겔은
됩니다. 그러나 어른과 저 사이에 무
슨 거래를 하겠습니까? 거기에다가
그냥 돌아가신 부인을 안장하시기
바랍니다."
16 아브라함은 에브론의 말을 따라서,
헷 사람들이 듣는 데서, 에브론이

23:4 **나그네**는 낯선 땅에서 부동산이나 고정된 거주지가 없이 지내는 사람이다. 반면에 **떠돌이**는 거주지는 있지만 토지를 소유하지 않은 사람을 뜻한다. 아브라함은 때때로 한 곳에 정착했다. 그러나 어떤 경우에는 유목민처럼 이동하곤 했다. 그러므로 자신을 이 두 가지 말로 소개했던 것이다. 이 말에는 그들의 믿음이 반영되어 있다. 그는 이곳에 애착을 가지지 않고, 자신에게 약속된 더 영원한 본향을 바라보았다. 이 본향은 '하나님께서 설계하시고 세우실 튼튼한 기초를 가진 도시' 곧 '하나님의 나라'이다(히 11:10).

23:9–11 아브라함은 밭의 일부인 '밭머리'만 사기를 원했다. 헷 족속의 법에 의하면, 지주(地主)가 자신의 토지 일부를 타인에게 양도할 경우, 그 부분에 대한 세금을 계속해서 내야 한다. 그러나 토지 전부를 양도하면, 새 지주가 세금을 내게 되어 있다. 이 때문에 에브론은 자신의 토지를 전부 주겠다고 제의한 것이다.

밝힌 밭값으로, 상인들 사이에서 통
용되는 무게로 은 사백 세겔을 달아
서, 에브론에게 주었다.
17 ○그래서 마므레 근처 막벨라에 있
는 에브론의 밭, 곧 밭과 그 안에 있
는 굴, 그리고 그 밭 경계 안에 있는
모든 나무가,
18 마을 법정에 있는 모든 헷 사람이 보
는 앞에서 아브라함의 것이 되었다.
19 그렇게 하고 나서, 비로소 아브라함
은 자기 아내 사라를 가나안 땅 마
므레 근처 곧 헤브론에 있는 막벨라
밭 굴에 안장하였다.
20 이렇게 하여, 헷 사람들은 그 밭과
거기에 있는 굴 묘지를 아브라함의
소유로 넘겨 주었다.

이삭의 아내

24 아브라함은 이제 나이가 많은
노인이 되었다. 주님께서는, 아
브라함이 하는 일마다 복을 주셨다.
2 아브라함이 자기 집 모든 소유를 맡
아 보는 늙은 종에게 말하였다. "너
의 손을 나의 다리 사이에 넣어라.
3 나는 네가, 하늘의 하나님, 땅의 하
나님이신 주님을 두고서 맹세하기를
바란다. 너는 나의 아들의 아내가
될 여인을, 내가 살고 있는 이 곳 가
나안 사람의 딸들에게서 찾지 말고,
4 나의 고향, 나의 친척이 사는 곳으로
가서, 거기에서 나의 아들 이삭의 아
내 될 사람을 찾겠다고 나에게 맹세
하여라."
5 그 종이 아브라함에게 물었다. "며느
님이 되실 여인이 저를 따라오지 않
겠다고 거절하면, 어떻게 해야 합니
까? 제가 주인 어른의 아드님을 데
리고, 주인께서 나오신 그 고향으로
가야 합니까?"
6 아브라함이 그에게 말하였다. "절대
로 나의 아들을 그리로 데리고 가지
말아라.
7 주 하늘의 하나님이 나를 나의 아버
지 집, 내가 태어난 땅에서 떠나게
하시고, 나에게 말씀하시며, 나에게
맹세하여 이르시기를 '내가 이 땅을
너의 씨에게 주겠다' 하셨다. 그러니
주님께서 천사를 너의 앞에 보내셔
서, 거기에서 내 아들의 아내 될 사
람을 데려올 수 있도록 도와 주실
것이다.
8 그 여인이 너를 따라오려고 하지 않
으면, 너는 나에게 한 이 맹세에서
풀려난다. 다만 나의 아들을 그리로
데리고 가지만은 말아라."
9 그래서 그 종은 손을 주인 아브라함
의 다리 사이에 넣고, 이 일을 두고
그에게 맹세하였다.
10 ○그 종은 주인의 낙타 가운데서 열
마리를 풀어서, 주인이 준 온갖 좋은
선물을 낙타에 싣고 길을 떠나서, 아

24장 요약 이삭의 아내를 구함으로 구속사적인 세대 교체의 발판이 마련되는 장면이 기록되어 있다. 아브라함은 자기 고향 친척 가운데서 이삭의 아내를 구해 오되 이삭을 고향(하란)으로 데려가지는 말라고 하였다. 이는 타락한 가나안 민족들과 구별하고 가나안 땅에 대한 하나님의 약속을 굳게 믿었기 때문이다.

24:4 아브라함은 자신의 친척 중에서 이삭을 위한 배필을 선택할 수 있기를 갈망했다. 이들에게도 어느 정도 우상 숭배의 흔적이 남아 있었다. 이 사실은 31장에 기록된 이야기를 통하여 알 수 있다(참조. 31:30). 그러나 가나안의 실정에 비하면, 이것은 아무것도 아니었다. 6-8절을 보면 아브라함은 신앙적인 배경을 며느리의 선택에서 가장 중요한 요소로 간주하였다. 재산이나 지위, 외모를 중시하는 오늘날의 결혼관과 좋은 대조를 이룬다.

람나하라임을 거쳐서, 나홀이 사는
성에 이르렀다.
11 그는 낙타를 성 바깥에 있는 우물
곁에서 쉬게 하였다. 해가 뉘엿뉘엿
지고 있었다. 여인들이 물을 길으러
나오는 때였다.
12 그는 기도하였다. "주님, 나의 주인
아브라함을 보살펴 주신 하나님, 오
늘 일이 잘 되게 하여 주십시오. 나
의 주인 아브라함에게 은총을 베풀
어 주십시오.
13 제가 여기 우물 곁에 서 있다가, 마을
사람의 딸들이 물을 길으러 나오면,
14 제가 그 가운데서 한 소녀에게 '물동
이를 기울여서, 물을 한 모금 마실
수 있게 하여 달라' 하겠습니다. 그
때에 그 소녀가 '드십시오. 낙타들에
게도 제가 물을 주겠습니다' 하고 말
하면, 그가 바로 주님께서 주님의 종
이삭의 아내로 정하신 여인인 줄로
알겠습니다. 이것으로써 주님께서
저의 주인에게 은총을 베푸신 줄을
알겠습니다."
15 ○기도를 미처 마치기도 전에, 리브
가가 물동이를 어깨에 메고 나왔다.
그의 아버지는 브두엘이고, 할머니
는 밀가이다. 밀가는 아브라함의 동
생 나홀의 아내로서, 아브라함에게
는 제수뻘이 되는 사람이다.
16 그 소녀는 매우 아리땁고, 지금까지
어떤 남자도 가까이하지 아니한 처
녀였다. 그 소녀가 우물로 내려가서,
물동이에 물을 채워 가지고 올라올
때에,
17 그 종이 달려나가서, 그 소녀를 마주
보고 말하였다. "이 물동이에 든 물
을 좀 마시게 해주시오."
18 그렇게 하니, 리브가가 "할아버지,
드십시오" 하면서, 급히 물동이를 내
려, 손에 받쳐들고서, 그 노인에게 마
시게 하였다.
19 소녀는 이렇게 물을 마시게 하고 나
서, "제가 물을 더 길어다가, 낙타들
에게도, 실컷 마시게 하겠습니다" 하
고 말하면서,
20 물동이에 남은 물을 곧 구유에 붓
고, 다시 우물로 달려가서, 더 많은
물을 길어 왔다. 그 처녀는, 노인이
끌고 온 모든 낙타들에게 먹일 수
있을 만큼, 물을 넉넉히 길어다 주었
다.
21 그렇게 하는 동안에 노인은, 이번 여
행길에서 주님께서 모든 일을 과연
잘 되게 하여 주시는 것인지를 알려
고, 그 소녀를 말없이 지켜보고 있었
다.
22 ○낙타들이 물 마시기를 그치니, 노
인은, 반 세겔 나가는 금 코걸이 하
나와 십 세겔 나가는 금팔찌 두 개
를 소녀에게 주면서

24:11 우물은 통상 성 밖에 있었다. 우물물을 긷는 것은 여성의 일상적인 일이었다. 주로 한낮의 더위를 피하여, 아침이나 저녁 선선한 때 물을 긷는다.

24:12-14 아브라함의 늙은 종이 누구인지는 분명하지 않다. 다만, 짐작하건대 이 사람이 한때 아브라함이 자신의 후계자로 생각해 두었던 엘리에셀이라는 것이다(15:2). 이 종의 행동 하나하나에서 아브라함이 끼친 영향력을 찾아볼 수 있다. 그는 하나님이 세세한 것까지 인도하실 것을 굳게 믿었다. 그러므로 주인 아브라함처럼(15:8), 그도 하나님의 뜻임을 확신할 수 있는 표적을 구했다. 그가 생각한 내용은 어떤 여인의 됨됨이를 확인할 수 있는 좋은 척도였다. 낯선 사람에게 물을 주는 행위를 통하여 그녀의 친절·예절·겸손이 나타나기 때문이다.

24:26 주님께 경배하고 대체로 사람들은 일에 성공을 거두면 자신을 자랑하지만, 하나님을 섬기

23 물었다. "아가씨는 뉘 댁 따님이시
오? 아버지 집에, 우리가 하룻밤 묵
어갈 수 있는 방이 있겠소?"
24 소녀가 노인에게 대답하였다. "저의
아버지는 함자가 브두엘이고, 할머니
는 함자가 밀가이고, 할아버지는 함
자가 나홀입니다."
25 소녀는 말을 계속하였다. "우리 집에
는, 겨와 여물도 넉넉하고, 하룻밤
묵고 가실 수 있는 방도 있습니다."
26 일이 이쯤 되니, 아브라함의 종은 머
리를 숙여서 주님께 경배하고
27 "나의 주인 아브라함을 보살펴 주신
하나님, 주님을 찬양합니다. 나의 주
인에게 주님의 인자와 성실을 끊지
않으셨으며, 주님께서 저의 길을 잘
인도하여 주셔서, 나의 주인의 동생
집에 무사히 이르게 하셨습니다" 하
고 찬양하였다.
28 ○소녀가 달려가서, 어머니 집 식구
들에게 이 일을 알렸다.
29 리브가에게는 라반이라고 하는 오
라버니가 있는데, 그가 우물가에 있
는 그 노인에게 급히 달려왔다.
30 그는, 자기 동생이 코걸이와 팔찌를
하고 있는 것을 보고, 또 노인이 누
이에게 한 말을 누이에게서 전해 듣
고, 곧바로 달려나와서, 우물가에 낙
타와 함께 있는 노인을 만났다.
31 라반이 그에게 말하였다. "어서 들어
가시지요. 할아버지는 주님께서 주
시는 복을 받으신 분이십니다. 어찌
하여 여기 바깥에 서 계십니까? 방
이 준비되어 있고, 낙타를 둘 곳도
마련되어 있습니다."
32 노인은 그 집으로 들어갔다. 라반은
낙타의 짐을 부리고, 낙타에게 겨와
여물을 주고, 노인과 그의 동행자들
에게 발 씻을 물을 주었다.
33 그런 다음에, 노인에게 밥상을 차려
드렸다. 그런데 노인이 말하였다. "제
가 드려야 할 말씀을 드리기 전에는,
밥상을 받을 수 없습니다." 라반이
대답하였다. "말씀하시지요."
34 ○노인이 말하였다. "저는 아브라함
어른의 종입니다.
35 주님께서 나의 주인에게 크게 복을
주셔서, 주인은 큰 부자가 되셨습니
다. 주님께서는 우리 주인에게 양 떼
와 소 떼, 은과 금, 남종과 여종, 낙타
와 나귀를 주셨습니다.
36 주인 마님 사라는 노년에 이르러서,
주인 어른과의 사이에서 아들을 낳
으셨는데, 주인 어른께서는 모든 재
산을 아드님께 주셨습니다.
37 주인 어른께서 저더러 말씀하시기를
'너는, 내 아들의 아내가 될 여인을,
내가 사는 가나안 땅에 있는 사람의
딸들에게서 찾지 말고,
38 나의 아버지 집, 나의 친족에게로 가

는 아브라함의 종은 그렇지 않았다. 그는 맨 먼저 하나님을 기억하고, 그분께 경배드렸다(26절). 그 다음 자신의 주인 아브라함을 기억했다(27절). 마지막으로 "저의 길을 잘 인도하여 주셔서"(27절)라고 자신에 대해서 언급한다.

24:28 어머니 집 여성들은 그 당시 별개의 장막에 거주했다(참고. 31:33). 또한 아버지가 첩을 거느리고 있었기 때문에(22:24), 딸은 아버지보다 어머니에게 더 친근감을 가졌을 것이다. 이 사실은 리브가가 먼저 어머니에게 아브라함의 종에 대한 일을 이야기한 이유를 설명해 준다.

24:35-36 아브라함의 종은 주인과 그의 아들 이삭을 대변하는 입장에 있었으므로 주인의 재산 정도와 이삭의 재정적인 전망을 정확하게 설명할 필요가 있음을 느꼈을 것이다. 이 일에도 그는 단순히 재산 정도를 설명하는 것으로 그치지 않고, 그것이 하나님께서 주신 복이라고 말한다. 또한 그 하나님께서 아브라함의 노년에 이삭을

서, 나의 며느리감을 찾아보겠다고
나에게 맹세하여라' 하셨습니다.
39 그래서 제가 주인 어른에게 여쭙기
를 '며느님이 될 규수가 저를 따라오
지 않겠다고 하면, 어떻게 해야 합니
까?' 하였습니다.
40 주인 어른은 '내가 섬기는 주님께서
천사를 너와 함께 보내셔서, 너의 여
행길에서 모든 일이 다 잘 되게 해주
실 것이며, 네가 내 아들의 아내 될
처녀를, 나의 친족, 나의 아버지 집에
서 데리고 올 수 있게 도와 주실 것
이다.
41 네가 나의 친족에게 갔을 때에, 그들
이 딸을 주기를 거절하면, 나에게 한
이 맹세에서 너는 풀려난다. 그렇다.
정말로 네가 나에게 한 이 맹세에서
네가 풀려난다' 하고 말씀하셨습니
다.
42 ○제가 오늘 우물에 이르렀을 때에,
저는 이렇게 기도하였습니다. '주님,
나의 주인 아브라함을 보살펴 주신
하나님, 주님께서 원하시면, 제가 오
늘 여기에 와서, 하는 일이 잘 이루
어지게 하여 주십시오.
43 제가 여기 우물 곁에 서 있다가, 처녀
가 물을 길으러 오면, 그에게 항아리
에 든 물을 좀 마시게 해 달라고 말
하고,
44 그 처녀가 저에게 마시라고 하면서,
물을 더 길어다가 낙타들에게도 마
시게 하겠다고 말하면, 그가 바로 주
님께서 내 주인의 아들의 아내로 정
하신 처녀로 알겠습니다' 하고 기도
하였습니다.
45 ○그런데 제가 마음 속에 기도를 다
마치기도 전에, 리브가가 물동이를
어깨에 메고 나왔습니다. 그는 우물
로 내려가서, 물을 긷고 있었습니다.
그래서 제가 그에게 '마실 물을 좀
주시오' 하였더니,
46 물동이를 어깨에서 곧바로 내려놓고
'드십시오. 낙타들에게도 제가 물을
주겠습니다' 하고 말하였습니다. 그
래서 제가 물을 마셨습니다. 따님께
서는 낙타에게도 물을 주었습니다.
47 제가 따님에게 '뉘 댁 따님이시오?'
하고 물었더니, 따님께서는 '아버지
는 함자가 브두엘이고, 할아버지는
함자가 나홀이고, 할머니는 함자가
밀가입니다' 하고 말하였습니다. 저
는 따님의 코에는 코걸이를 걸어 주
고, 팔에는 팔찌를 끼워 주었습니다.
48 일이 이쯤 된 것을 보고, 저는 머리
를 숙여서 주님께 경배하고, 제 주인
아브라함을 보살펴 주신 주 하나님
을 찬양하였습니다. 주님은 저를 바
른 길로 인도하셔서, 주인 동생의 딸
을 주인 아들의 신부감으로 만날 수
있게 하여 주셨습니다.

주셨으므로 이삭의 나이가 그다지 많지 않다는 사실도 설명하는데, 이것은 리브가는 이삭의 조카이므로 혹시 나이 차가 많지 않을까 하는 걱정도 덜려는 의도였을 것이다. 또 이삭이 아브라함의 유일한 상속자임도 밝힌다.

24:48 주인 동생의 딸 리브가는 아브라함의 조카가 아니라, 손녀(그의 동생 나홀의 아들 브두엘의 딸)이다. 그러므로 여기에서 '동생'으로 번역된 히브리어 단어는 친족이란 뜻으로 쓰인 것으로 이해되어야 한다.

24:58 이 어른과 같이 가겠느냐 리브가는 금은 패물과 옷가지들을 받았을 때, 부모가 자신을 결혼시키기로 결정했음을 알았다. 그리고 예물을 받음으로써 부모의 뜻에 따르겠다는 것을 나타내었다. 그러므로 이 질문은 그녀가 청혼에 대해 어떻게 생각하느냐를 묻는 것이 아니라, 당장 집을 떠날 것인지 아니면 얼마간 머물 것인지를 묻는 말이다. **가겠습니다** 리브가의 성품은 종에게 친절을

49 이제 어른들께서 저의 주인에게 인
자하심과 진실하심을 보여 주시려거
든, 저에게 그렇게 하겠다고 말씀을
해주시고, 그렇게 하지 못하시겠거
든, 못하겠다고 말씀을 해주시기 바
랍니다. 그렇게 하셔야, 저도 어떻게
결정을 내려야 할지를 생각해 볼 수
있을 것입니다."
50 ○라반과 브두엘이 대답하였다. "이
일은 주님이 하시는 일입니다. 우리
로서는 좋다거나 나쁘다거나 말할
수가 없습니다.
51 여기에 리브가가 있으니, 데리고 가
서, 주님이 지시하신 대로, 주인 아
들의 아내로 삼으십시오."
52 ○아브라함의 종은 그들이 하는 말
을 듣고서, 땅에 엎드려 주님께 경배
하고,
53 금은 패물과 옷가지들을 꺼내서 리
브가에게 주었다. 그는 또 값나가는
선물을 리브가의 오라버니와 어머니
에게도 주었다.
54 종과 그 일행은 비로소 먹고 마시
고, 그 날 밤을 거기에서 묵었다. 다
음날 아침에 모두 일어났을 때에, 아
브라함의 종이 말하였다. "이제 주인
에게로 돌아가겠습니다. 떠나게 해
주십시오."
55 리브가의 오라버니와 어머니는 "저
애를 다만 며칠이라도, 적어도 열흘
만이라도, 우리와 함께 더 있다가 떠
나게 해주십시오" 하고 간청하였다.
56 그러나 아브라함의 종은 그들에게
이렇게 대답하였다. "저를 더 붙잡
지 말아 주십시오. 주님께서 이미 저
의 여행을 형통하게 하셨으니, 제가
여기에서 떠나서, 저의 주인에게로
갈 수 있게 해주시기 바랍니다."
57 그들이 말하였다. "아이를 불러다가
물어 봅시다."
58 그들이 리브가를 불러다 놓고서 물
었다. "이 어른과 같이 가겠느냐?"
리브가가 대답하였다. "예, 가겠습니
다."
59 그래서 그들은 누이 리브가와 그의
유모를 아브라함의 종과 일행에게
딸려보내면서,
60 리브가에게 복을 빌어 주었다.
"우리의 누이야, 너는 천만 인의
어머니가 되어라. 너의 씨가 원수
의 성을 차지할 것이다."
61 ○리브가와 몸종들은 준비를 마치
고, 낙타에 올라앉아서, 종의 뒤를
따라 나섰다. 그래서 아브라함의 종
은 리브가를 데리고서, 길을 떠날 수
있었다.
62 ○그 때에 이삭은 이미 브엘라해로이
에서 떠나서, 남쪽 네겝 지역에 가서
살고 있었다.
63 어느 날 저녁에 이삭이 산책을 하려

베푼 일에서 잘 반영된다(17-20절). 이에 비해 그녀의 믿음은 이 짧은 말 한 마디에 나타나 있다. 리브가가 살던 곳에서 아브라함의 거주지까지는 거리가 약 800km나 떨어져 있다. 유대 사람들은 이 거리를 여행하는 데 10여 개월이 걸리는 것으로 이해했다. 이렇게 먼 길을 남편 될 사람에 대해 아는 것 없이 낯선 사람의 말만 믿고 따라간다는 것은 결코 쉬운 일이 아니었다. 하지만 리브가는 이삭과의 혼사가 하나님의 섭리에 의한 것임을 확신하여 주저하지 않고 대답했던 것이다.

24:61-67 본문은 마침내 이삭과 리브가가 만나 행복한 가정을 꾸리는 장면이다. 이삭은 리브가를 만날 때, 저녁 산책을 하고 있었다. 그는 묵상과 기도를 위해 외로운 들판으로 나갔던 것 같다. 또한 리브가는 이삭을 보고 가까이 오는 사람이 누군지 알고는 낙타에서 내려 겸손과 정숙과 순종의 표시로 너울로 얼굴을 가려 예의를 표시했다. 그리고 그들은 결혼하여 서로 위로를 나누었다.

고 들로 나갔다가, 고개를 들고 보
니, 낙타 행렬이 한 떼 오고 있었다.
64 리브가는 고개를 들어서 이삭을 보
고, 낙타에서 내려서
65 아브라함의 종에게 물었다. "저 들
판에서 우리를 맞으러 오는 저 남자
가 누굽니까?" 그 종이 대답하였다.
"나의 주인입니다." 그러자 리브가는
너울을 꺼내서, 얼굴을 가렸다.
66 그 종이 이제까지의 모든 일을 이삭
에게 다 말하였다.
67 이삭은 리브가를 어머니 사라의 장
막으로 데리고 들어가서, 그를 아내
로 맞아들였다. 이렇게 해서, 리브가
는 이삭의 아내가 되었으며, 이삭은
그를 사랑하였다. 이삭은 어머니를
여의고 나서, 위로를 받았다.

아브라함의 다른 자손

25 아브라함이 다시 아내를 맞아
들였는데, 그의 이름은 그두라
이다.
2 그와 아브라함 사이에서 시므란과
욕산과 므단과 미디안과 이스박과
수아가 태어났다.
3 욕산은 스바와 드단을 낳았다. 드단
의 자손에게서 앗수르 사람과 르두
시 사람과 르움미 사람이 갈라져 나
왔다.
4 미디안의 아들은 에바와 에벨과 하
녹과 아비다와 엘다아인데, 이들은
모두 그두라의 자손이다.
5 아브라함은 자기 재산을 모두 이삭
에게 물려 주고,
6 첩들에게서 얻은 아들들에게도 한
몫씩 나누어 주었는데, 그가 죽기 전
에 첩들에게서 얻은 아들들을 동쪽
곧 동방 땅으로 보내어서, 자기 아들
이삭과 떨어져서 살게 하였다.

아브라함이 세상을 떠나다

7 ○아브라함이 누린 햇수는 모두 백
일흔다섯 해이다.
8 아브라함은 자기가 받은 목숨대로
다 살고, 아주 늙은 나이에 기운이
다하여서, 숨을 거두고 세상을 떠나,
조상들이 간 길로 갔다.
9 그의 아들 이삭과 이스마엘이 그를
막벨라 굴에 안장하였다. 그 굴은 마
므레 근처, 헷 사람 소할의 아들 에
브론의 밭에 있다.
10 그 밭은 아브라함이 헷 사람에게서
산 것이다. 바로 그 곳에서 아브라함
은 그의 아내 사라와 합장되었다.
11 아브라함이 죽은 뒤에, 하나님은 아
브라함의 아들 이삭에게 복을 주셨
다. 그 때에 이삭은 브엘라해로이 근
처에서 살고 있었다.

이스마엘의 자손

12 ○사라의 여종인 이집트 사람 하갈
과 아브라함 사이에서 태어난 아들
이스마엘의 족보는 이러하다.

25장 요약 최초의 족장 아브라함의 죽음으로부터 이스라엘의 세 번째 족장 야곱의 출생 및 맏아들의 권리 획득에 관한 내용까지 이어지고 있다. "크게 번성하게 하겠다"(17:6)는 하나님의 약속은 그두라, 하갈, 그리고 사라에게서 태어난 자손들로 인해 아브라함 생전에 이미 성취되고 있었다.

25:1 창세기의 기록 순서에 따르면, 아브라함이 이삭의 결혼 이후, 곧 사라의 사망 후에 그두라를 맞아들였다. 그러나 역대지상 1:32에서는 그두라가 첩으로 묘사되고 있다. 그리고 6절의 '첩들에게서 얻은 아들들'은 아브라함이 하갈 외에 첩을 더 두었음을 의미한다. 따라서 아브라함은 사라의 생존시에 그두라를 첩으로 맞아들인 듯하다.

25:2-18 아브라함은 말년에 하나님의 약속(17:4-6)이 점차로 성취됨을 발견한다. 1-4절에는 그두라를 통하여 얻은 자손들의 이름들이 기록되어

13 이스마엘의 아들들의 이름을 태어난
순서를 따라서 적으면, 다음과 같다.
이스마엘의 맏아들은 느바욧이다.
그 아래는 게달과 앗브엘과 밉삼과
14 미스마와 두마와 맛사와
15 하닷과 데마와 여두르와 나비스와
게드마가 있다.
16 이 열둘은 이스마엘이 낳은 아들의
이름이면서, 동시에 마을과 부락의
이름이며, 또한 이 사람들이 세운 열
두 지파의 통치자들의 이름이기도
하다.
17 이스마엘은 모두 백서른일곱 해를
누린 뒤에, 기운이 다하여서 숨을 거
두고, 세상을 떠나 조상에게로 돌아
갔다.
18 그의 자손은 모두 하윌라로부터 수
르 지방에 이르는 그 일대에 흩어져
서 살았다. 수르는 이집트의 동북쪽
경계 부근 앗시리아로 가는 길에 있
다. 그들은 모든 형제들과는 적대감
을 가지고 살았다.

에서와 야곱이 태어나다

19 ○다음은 아브라함의 아들 이삭의
족보이다. 아브라함이 이삭을 낳았
고,
20 이삭은 마흔 살 때에 리브가와 결혼
하였다. 리브가는 밧단아람의 아람
사람인 브두엘의 딸이며, 아람 사람
인 라반의 누이이다.
21 이삭은 자기 아내가 임신하지 못하
므로, 아내가 아이를 가지게 해 달라
고 주님께 기도하였다. 주님께서 이
삭의 기도를 들어 주시니, 그의 아내
리브가가 임신하게 되었다.
22 그런데 리브가는 쌍둥이를 배었는
데, 그 둘이 태 안에서 서로 싸웠다.
그래서 리브가는 "이렇게 괴로워서
야, 내가 어떻게 견디겠는가?" 하면
서, 이 일을 알아보려고 주님께로 나
아갔다.
23 주님께서 그에게 대답하셨다.
"두 민족이 너의 태 안에 들어 있
다. 너의 태 안에서 두 백성이 나
뉠 것이다. 한 백성이 다른 백성보
다 강할 것이다. 형이 동생을 섬길
것이다."
24 ○달이 차서, 몸을 풀 때가 되었다.
태 안에는 쌍둥이가 들어 있었다.
25 먼저 나온 아이는 살결이 붉은데다
가 온몸이 털투성이어서, 이름을 ㉠에
서라고 하였다.
26 이어서 동생이 나오는데, 그의 손이
에서의 발뒤꿈치를 잡고 있어서, 이
름을 ㉡야곱이라고 하였다. 리브가
가 이 쌍둥이를 낳았을 때에, 이삭
의 나이는 예순 살이었다.

에서가 맏아들의 권리를 팔다

27 ○두 아이가 자라, 에서는 날쌘 사냥
꾼이 되어서 들에서 살고, 야곱은 성

있다. 또한 12-18절에서는 하갈의 몸에서 태어난 자손들이, 19-26절에서는 사라에게서 태어난 자손들이 소개되어 있다. 100세에 이삭을 낳은 아브라함은(21:5), 이삭이 60세에 낳은 야곱과 에서의 출생(26절)을 보았을 것이다(참조. 7절). 25장에는 하나님의 선택받은 이삭의 족보를 그두라의 자손이나 이스마엘의 자손 다음에 기록하고 있다.

25:23 형이 동생을 섬길 것이다 고대 법률에 의하면, 동생은 형에게 복종하도록 되어 있었다. 그러므로 하나님이 동생을 선택하신 것은 하나님의 백성이 자연적으로 형성된 것이 아니라, 하나님의 섭리에 의해 이루어진 것임을 보여 준다.

25:28-34 야곱이 맏아들의 권리를 사모하는 것은, 하나님의 복과 약속에 대한 깊은 이해와 연관이 있다. 다만 그가 하나님의 약속을 전적으로 의지하여 인내하지 못한 것은 지적받을 부분이다.

㉠ '털' ㉡ '발뒤꿈치를 잡다' 즉 '속이다'를 뜻하는 '야아케브'에서 온 말

격이 차분한 사람이 되어서, 주로 집
에서 살았다.
28 이삭은 에서가 사냥해 온 고기에 맛
을 들이더니 에서를 사랑하였고, 리
브가는 야곱을 사랑하였다.
29 ○한 번은, 야곱이 죽을 끓이고 있는
데, 에서가 허기진 채 들에서 돌아와
서,
30 야곱에게 말하였다. "그 붉은 죽을
좀 빨리 먹자. 배가 고파 죽겠다." 에
서가 '붉은' 죽을 먹고 싶어 하였다고
해서, 에서를 ㉠에돔이라고도 한다.
31 야곱이 대답하였다. "형은 먼저, 형
이 가진 맏아들의 권리를 나에게 파
시오."
32 에서가 말하였다. "이것 봐라, 나는
지금 죽을 지경이다. 지금 나에게 맏
아들의 권리가 뭐 그리 대단한 거
냐?"
33 야곱이 말하였다. "나에게 맹세부터
하시오." 그러자 에서가 야곱에게 맏
아들의 권리를 판다고 맹세하였다.
34 야곱이 빵과 팥죽 얼마를 에서에게
주니, 에서가 먹고 마시고, 일어나서
나갔다. 에서는 이와 같이 맏아들의
권리를 가볍게 여겼다.

이삭이 그랄에서 살다

26 일찍이 아브라함 때에 그 땅에
흉년이 든 적이 있는데, 이삭
때에도 그 땅에 흉년이 들어서, 이삭
이 그랄의 블레셋 왕 아비멜렉에게
로 갔다.
2 주님께서 이삭에게 나타나셔서, 말
씀하셨다. "이집트로 가지 말아라.
내가 너에게 살라고 한 이 땅에서
살아라.
3 네가 이 땅에서 살아야, 내가 너를
보살피고, 너에게 복을 주겠다. 이
모든 땅을, 내가 너와 너의 자손에게
주겠다. 내가 너의 아버지 아브라함
에게 맹세한 약속을 이루어서,
4 너의 자손이 하늘의 별처럼 많아지
게 하고, 그들에게 이 땅을 다 주겠
다. 이 세상 모든 민족이 네 씨의 덕
을 입어서, 복을 받게 하겠다.
5 이것은, 아브라함이 나의 말에 순종
하고, 나의 명령과 나의 계명과 나의
율례와 나의 법도를 잘 지켰기 때문
이다."
6 ○그래서 이삭은 그랄에 그대로 머
물러 있었다.
7 그 곳 사람들이 이삭의 아내를 보고
서, 그에게 물었다. "그 여인이 누구
요?" 이삭이 대답하였다. "그는 나의
누이요." 이삭은 "그는 나의 아내요"
하고 말하기가 무서웠다. 이삭은, 리
브가가 예쁜 여자이므로, 그 곳 사
람들이 리브가를 빼앗으려고 자기
를 죽일지도 모른다고 생각하였기
때문이다.

26장 요약 이삭은 아비멜렉을 두려워하여 아내 리브가를 누이라고 속인다. 이삭은 엄청난 재산을 상속받고 풍성한 수확까지 거둬 블레셋 사람들에게 시기와 두려움의 대상이 되었다. 그는 화평을 위해 기득권을 양보하고 브엘세바로 옮겼다. 에서의 행적은 순수한 신앙을 물려받은 이삭의 모습과 대조를 이룬다.

㉠ '붉은'

26:2-5 하나님은 이삭에게 자손과 땅에 관한 내용, 메시아를 통한 축복에 관해 약속을 하신다.

26:12-16 아브라함은 많은 재산을 가지고 있었다(13:2;24:35). 이삭은 이 재산의 대부분을 상속받았다. 그리고 농사를 지음으로 해서 풍성한 수확을 거두었다. 게다가 그의 종들의 수가 매우 많았기 때문에, 블레셋 사람들에게 두려움과 시기의 대상이 되었다. 그러므로 그들은 이삭이 사용하던 우물들을 막아서 그의 일행을 쫓아버리려

8 이삭이 그 곳에 자리를 잡고 산 지
꽤 오래 된 어느 날, 블레셋 왕 아비
멜렉은, 이삭이 그 아내 리브가를
애무하는 것을 우연히 창으로 보게
되었다.
9 아비멜렉은 이삭을 불러들여서 나
무랐다. "그는 틀림없이 당신의 아내
인데, 어찌려고 당신은 그를 누이라
고 말하였소?" 이삭이 대답하였다.
"저 여자 때문에 제가 혹시 목숨을
잃을지도 모른다고 생각하였기 때문
입니다."
10 아비멜렉이 말하였다. "어찌려고 당
신이 우리에게 이렇게 하였소? 하마
터면, 나의 백성 가운데서 누구인가
가 당신의 아내를 건드릴 뻔하지 않
았소? 괜히 당신 때문에 우리가 죄인
이 될 뻔하였소."
11 아비멜렉은 모든 백성에게 경고를
내렸다. "이 남자와 그 아내를 건드
리는 사람은 사형을 받을 것이다."
12 ○이삭이 그 땅에서 농사를 지어서,
그 해에 백 배의 수확을 거두어들였
다. 주님께서 그에게 복을 주셨기 때
문이다.
13 그는 부자가 되었다. 재산이 점점 늘
어서, 아주 부유하게 되었다.
14 그가 양 떼와 소 떼, 남종과 여종을
많이 거느리게 되니, 블레셋 사람들
이 그를 시기하기 시작하였다.
15 그래서 그들은 이삭의 아버지 아브
라함 때에 아브라함의 종들이 판 모
든 우물을 막고, 흙으로 메워 버렸
다.
16 아비멜렉이 이삭에게 말하였다. "우
리에게서 떠나가시오. 이제 당신은
우리보다 훨씬 강하오."
17 ○이삭은 그 곳을 떠나서, 그랄 평원
에다가 장막을 치고서, 거기에 자리
를 잡고 살았다.
18 이삭은 자기 아버지 아브라함 때에
팠던 우물들을 다시 팠다. 이 우물
들은, 아브라함이 죽자, 블레셋 사람
들이 메워 버린 것들이다. 이삭은 그
우물들을 그의 아버지 아브라함이
부르던 이름 그대로 불렀다.
19 이삭의 종들이 그랄 평원에서 우물
을 파다가, 물이 솟아나는 샘줄기를
찾아냈다.
20 샘이 터지는 바람에, 그랄 지방 목자
들이 그 샘줄기를 자기들의 것이라
고 주장하면서, 이삭의 목자들과 다
투었다. 우물을 두고서 다투었다고
해서, 이삭은 이 우물을 ㉠에섹이라
고 불렀다.
21 이삭의 종들이 또 다른 우물을 팠는
데, 그랄 지방 목자들이 또 시비를
걸었다. 그래서 이삭은 그 우물 이름
을 ㉡싯나라고 하였다.
22 이삭이 거기에서 옮겨서, 또 다른 우

고 하였다. 이 당시 블레셋 민족의 대부분은 크레테 섬에 살고 있었고, 가나안 땅에는 일부만이 정착해 있었다. 그들의 집단적인 이주는 수세기가 지난 후에야 비로소 이루어졌다. 따라서 가나안에 미리 정착했던 사람들의 세력이 그다지 크지 않았을 것이다.

26:18 그의 아버지 아브라함이 부르던 이름 그대로 불렀다 이삭은 메워져 있던 우물을 다시 파고, 다시 아버지가 붙인 이름으로 그 우물을 불렀다. 이는 물려받은 소유권을 주장하기 위함이었다.

26:20-21 우물로 인한 다툼 강우량이 많지 않은 지역에서는 예로부터 우물이나 샘물의 소유권을 둘러싼 싸움이 잦았다. 이 다툼은 피를 흘리는 싸움으로 확대되기도 했다. 이삭이 장소를 옮긴 것도 이와 같은 결과를 피하기 위한 것이었다.

26:26-29 블레셋 사람들의 시기 때문에 이삭 일행은 결국 거주지를 브엘세바로 옮기게 되었다.

㉠ '다툼' ㉡ '반대'

물을 팠는데, 그 때에는 아무도 시비
를 걸지 않았다. 그래서 그는 "이제
주님께서 우리가 살 곳을 넓히셨으
니, 여기에서 우리가 번성하게 되었
다" 하면서, 그 우물 이름을 ㉠르호봇
이라고 하였다.
23 ○이삭은 거기에서 브엘세바로 갔다.
24 그 날 밤에 주님께서 그에게 나타나
셔서 말씀하셨다. "나는 너의 아버
지 아브라함을 보살펴 준 하나님이
다. 내가 너와 함께 있으니, 두려워하
지 말아라. 내가 나의 종 아브라함
을 보아서, 너에게 복을 주고, 너의
자손의 수를 불어나게 하겠다."
25 이삭이 그 곳에 제단을 쌓고, 주님
의 이름을 부르며 예배하였다. 그는
거기에 장막을 치고, 그의 종들은 거
기에서도 우물을 팠다.

이삭과 아비멜렉의 협약

26 ○아비멜렉이 친구 아훗삿과 군사령
관 비골을 데리고, 그랄에서 이삭에
게로 왔다.
27 이삭이 그들에게 물었다. "당신들이
나를 미워하여 이렇게 쫓아내고서,
무슨 일로 나에게 왔습니까?"
28 그들이 대답하였다. "우리는 주님께
서 당신과 함께 계심을 똑똑히 보았
습니다. 그래서 우리는, 우리와 당신
사이에 평화조약을 맺어야 하겠다고
생각합니다. 이제 우리와 당신 사이
에 언약을 맺읍시다.
29 우리가 당신을 건드리지 않고, 당신
을 잘 대하여, 당신을 평안히 가게
한 것처럼, 당신도 우리를 해롭게 하
지 마십시오. 당신은 분명히 주님께
복을 받은 사람입니다."
30 이삭은 그들을 맞아서 잔치를 베풀
고, 그들과 함께 먹고 마셨다.
31 그들은 다음날 아침에 일찍 일어나
서, 서로 맹세하였으며, 그런 다음
에, 이삭이 그들을 보내니, 그들이
평안한 마음으로 돌아갔다.
32 그 날, 이삭의 종들이 와서, 그들이
판 우물에서 물이 터져나왔다고 보
고하였다.
33 이삭이 그 우물을 ㉡세바라고 부르
니, 사람들은 오늘날까지 그 우물이
있는 성읍을 ㉢브엘세바라고 한다.

에서의 이방인 아내들

34 ○에서는, 마흔 살이 되는 해에, 헷
사람 브에리의 딸 유딧과, 헷 사람
엘론의 딸 바스맛을 아내로 맞았다.
35 이 두 여자가 나중에 이삭과 리브가
의 근심거리가 된다.

이삭이 야곱을 축복하다

27 이삭이 늙어서, 눈이 어두워
잘 볼 수 없게 된 어느 날, 맏
아들 에서를 불렀다. "나의 아들아."
에서가 대답하였다. "예, 제가 여기
에 있습니다."

블레셋 왕 아비멜렉은 혹시나 이삭이 이 일로 인해 원한을 품지나 않을까 걱정했다. 그러므로 화평을 청할 목적으로 측근들을 거느리고 브엘세바까지 이삭을 만나러 갔다. 약 1세기 전에 아브라함은 또 다른 아비멜렉과 동일한 장소에서 화평조약을 체결했었다(21:22–32).

26:26 비골 아비멜렉이 블레셋 왕을 가리키는 명칭인 것처럼 비골은 블레셋 군대의 총사령관을 가리키는 명칭이다(21:22).

27장 요약 에서의 맏아들의 권리를 가로챘던 야곱이 맏아들의 축복마저 가로채고 있다. 이 일에는 그의 어머니인 리브가의 계책이 많이 작용했다. 야곱을 편애하였던 리브가는, 야곱에 대한 하나님의 약속을 잘 알면서도(25:23) 인간적인 방법으로 그 약속을 이루고자 하였고 야곱도 적극적으로 찬성했다.

㉠ '넓은 곳' ㉡ '맹세' 또는 '일곱' ㉢ '맹세의 우물' 또는 '일곱 우물'

2 이삭이 말하였다. "얘야, 보아라, 너
의 아버지가 이제는 늙어서, 언제 죽
을지 모르겠구나.
3 그러니 이제 너는 나를 생각해서, 사
냥할 때에 쓰는 기구들 곧 화살통과
활을 메고 들로 나가서, 사냥을 해다
가,
4 내가 좋아하는 별미를 만들어서, 나
에게 가져 오너라. 내가 그것을 먹
고, 죽기 전에 너에게 마음껏 축복하
겠다."
5 ○이삭이 자기 아들 에서에게 이렇
게 말하는 것을 리브가가 엿들었다.
에서가 무엇인가를 잡아오려고 들로
사냥을 나가자,
6 리브가는 아들 야곱에게 말하였다.
"얘야, 나 좀 보자. 너의 아버지가 너
의 형에게 하는 말을 내가 들었다.
7 사냥을 해다가, 별미를 만들어서 아
버지께 가져 오라고 하시면서, 그것
을 잡수시고, 돌아가시기 전에, 주님
앞에서 너의 형에게 축복하겠다고
하시더라.
8 그러니 얘야, 너의 어머니가 하는 말
을 잘 듣고, 시키는 대로 하여라.
9 염소가 있는 데로 가서, 어린 것으로
통통한 놈 두 마리만 나에게 끌고 오
너라. 너의 아버지가 어떤 것을 좋아
하시는지 내가 잘 아니까, 아버지가
잡수실 별미를 만들어 줄 터이니,
10 너는 그것을 아버지께 가져다 드려
라. 그러면 아버지가 그것을 잡수시
고서, 돌아가시기 전에 너에게 축복
하여 주실 것이다."
11 야곱이 어머니 리브가에게 말하였
다. "형 에서는 털이 많은 사람이고,
나는 이렇게 피부가 매끈한 사람인
데,
12 아버지께서 만져 보시면 어떻게 되
겠습니까? 아버지를 속인 죄로, 축
복은커녕 오히려 저주를 받을 것이
아닙니까?"
13 어머니가 아들에게 말하였다. "아들
아, 저주는 이 어미가 받으마. 내가
시키는 대로 하여라. 가서, 두 마리
를 끌고 오너라."
14 그가 가서, 두 마리를 붙잡아서 어머
니에게 끌고 오니, 그의 어머니가 그
것으로 아버지의 입맛에 맞게 별미
를 만들었다.
15 그런 다음에 리브가는, 자기가 집에
잘 간직하여 둔 맏아들 에서의 옷
가운데 가장 좋은 것을 꺼내어, 작
은 아들 야곱에게 입혔다.
16 리브가는 염소 새끼 가죽을 야곱의
매끈한 손과 목덜미에 둘러 주고 나
서,
17 자기가 마련한 별미와 빵을 아들 야
곱에게 들려 주었다.
18 ○야곱이 아버지에게 가서 "아버지!"

27:1 이삭이 늙어서 당시 이삭의 나이는 약 130세였다. 이것은 이삭과 야곱과 요셉의 나이를 서로 비교함으로써 알 수 있다. 요셉이 39세 가량 되었을 때(참조. 41:46,53;45:11), 야곱은 130세였다(47:9). 따라서 요셉은 야곱이 91세 때 출생한 셈이다. 또 야곱은 밧단아람에서 외삼촌 라반을 20년간 섬겼다(31:38). 그리고 야곱이 라반 곁을 떠나기 얼마 전에 요셉이 태어났다(30:25). 그러므로 아무리 적게 잡아도, 야곱이 외삼촌에게로 가기 이전 그의 나이는 71세라는 결론이 나온다. 이 당시 이삭의 나이는 아들의 나이에 60을 더하면 된다(25:26).

27:14-29 여기서 우리는 야곱이나 리브가의 도덕적인 잘못보다는 그들이 속임수를 써서까지 이삭의 축복을 받으려 하는 이유에 초점을 맞춰야 한다. 그 당시의 상황에서, 그리고 이후의 야곱의 인생 행로에서 보여 준 신앙적 태도로 미루어 본다면, 이것은 전적으로 아브라함에게 약속하신

하고 불렀다. 그러자 이삭이 "나 여
기 있다. 아들아, 너는 누구냐?" 하
고 물었다.
19 야곱이 아버지에게 말하였다. "저는
아버지의 맏아들 에서입니다. 아버
지께서 말씀하신 그대로 하였습니
다. 이제 일어나 앉으셔서, 제가 사
냥하여 온 고기를 잡수시고, 저에게
마음껏 축복하여 주시기 바랍니다."
20 이삭이 아들에게 물었다. "얘야, 어
떻게 그렇게 빨리 사냥거리를 찾았
느냐?" 야곱이 대답하였다. "아버지
께서 섬기시는 주 하나님이, 일이 잘
되게 저를 도와 주셨습니다."
21 이삭이 야곱에게 말하였다. "얘야,
내가 너를 좀 만져 볼 수 있게, 이리
가까이 오너라. 네가 정말로 나의 아
들 에서인지, 좀 알아보아야겠다."
22 야곱이 아버지 이삭에게 가까이 가
니, 이삭이 아들을 만져 보고서 중
얼거렸다. "목소리는 야곱의 목소리
인데, 손은 에서의 손이로구나."
23 이삭은, 야곱의 두 손이 저의 형 에
서의 손처럼 털이 나 있으므로, 그가
야곱인 줄을 모르고, 그에게 축복하
여 주기로 하였다.
24 이삭은 다짐하였다. "네가 정말로 나
의 아들 에서냐?" 야곱이 대답하였
다. "예, 그렇습니다."
25 이삭이 말하였다. "나의 아들아, 네
가 사냥하여 온 것을 나에게 가져
오너라. 내가 그것을 먹고서, 너에게
마음껏 복을 빌어 주겠다." 야곱이
이삭에게 그 요리한 것을 가져다가
주니, 이삭이 그것을 먹었다. 야곱이
또 포도주를 가져다가 따르니, 이삭
이 그것을 마셨다.
26 그의 아버지 이삭이 그에게 말하였
다. "나의 아들아, 이리 와서, 나에게
입을 맞추어 다오."
27 야곱이 가까이 가서, 그에게 입을 맞
추었다. 이삭이 야곱의 옷에서 나는
냄새를 맡고서, 그에게 복을 빌어 주
었다.

"나의 아들에게서 나는 냄새는 주
님께 복받은 밭의 냄새로구나.
28 하나님은 하늘에서 이슬을 내려
주시고, 땅을 기름지게 하시고, 곡
식과 새 포도주가 너에게 넉넉하
게 하실 것이다.
29 여러 민족이 너를 섬기고, 백성들
이 너에게 무릎을 꿇을 것이다. 너
는 너의 친척들을 다스리고, 너의
어머니의 자손들이 너에게 무릎
을 꿇을 것이다. 너를 저주하는 사
람마다 저주를 받고, 너를 축복하
는 사람마다 복을 받을 것이다."

에서가 축복받기를 간청하다

30 ○이삭은 이렇게 야곱에게 축복하
여 주었다. 야곱이 아버지 앞에서 막

하나님의 복에 대한 야곱의 열망에 기인한 것으로 생각된다(12:2–3;25:23,31–34).

27:28–29 이삭은 자기 아들을 위해 땅의 것 이외에는 아무것도 소원하지 않는 것처럼 보인다. 그러나 하나님께서는 그리스도가 오시기 전까지는 이러한 방식으로 그분의 영적인 나라가 그 모습을 드러내도록 하셨다. 하나님의 모든 약속들은 이런 여러 가지 상징 속에 내포되었으며, 어떤 의미로는 이러한 상징을 옷 입고 있었다. 그리고 3:15의 약속이 29절 하반절의 개념 속에 포함되어 있기 때문에 하나님의 구원을 바라보는 신앙이 그 바탕을 이루고 있다고 볼 수 있다(참조. 히 11:20).

27:30–40 34절에서 에서가 진정으로 하나님을 사랑하여 그분의 복을 원했다면, 그는 당연히 하나님께서 택하여 복 주신 야곱을 따르며(25:23), 그 안에서 자신의 복을 발견해야 했을 것이다. 그러나 그는 다른 복을 빌어 줄 것을 이삭에게 요청

물러나오는데, 사냥하러 나갔던 그
의 형 에서가 돌아왔다.
31 에서도 역시 별미를 만들어서, 그것
을 들고 자기 아버지 앞에 가서 말하
였다. "아버지, 일어나셔서, 이 아들
이 사냥하여 온 고기를 잡수시고,
저에게 마음껏 축복하여 주시기 바
랍니다."
32 그의 아버지 이삭이 그에게 물었다.
"너는 누구냐?" 에서가 대답하였다.
"저는 아버지의 아들, 아버지의 맏
아들 에서입니다."
33 이삭이 크게 충격을 받고서, 부들부
들 떨면서 말을 더듬거렸다. "그렇다
면, 네가 오기 전에 나에게 사냥한
고기를 가져 온 게 누구란 말이냐?
네가 오기 전에, 내가 그것을 이미
다 먹고, 그에게 축복하였으니, 바로
그가 복을 받을 것이다."
34 아버지의 말을 들은 에서는 소리치
며 울면서, 아버지에게 애원하였다.
"저에게 축복하여 주십시오. 아버
지, 저에게도 똑같이 복을 빌어 주십
시오."
35 그러나 이삭이 말하였다. "너의 동생
이 와서 나를 속이고, 네가 받을 복
을 가로챘구나."
36 에서가 말하였다. "그 녀석의 이름이
왜 ㉠야곱인지, 이제야 알 것 같습니
다. 그 녀석이 이번까지 두 번이나
저를 속였습니다. 지난번에는 맏아
들의 권리를 저에게서 빼앗았고, 이
번에는 제가 받을 복까지 빼앗아갔
습니다." 에서가 아버지에게 물었다.
"저에게 주실 복을 하나도 남겨 두
지 않으셨습니까?"
37 이삭이 에서에게 대답하였다. "나
는, 그가 너를 다스리도록 하였고,
그의 모든 친척을 그에게 종으로 주
었고, 곡식과 새 포도주가 그에게서
떨어지지 않도록 하였다. 그러니, 나
의 아들아, 내가 너에게 무엇을 해줄
수 있겠느냐?"
38 에서가 그의 아버지에게 말하였다.
"아버지, 아버지께서 비실 수 있는 복
이 어디 그 하나뿐입니까? 저에게도
복을 빌어 주십시오, 아버지!" 이 말
을 하면서, 에서는 큰소리로 울었다.
39 ○그의 아버지 이삭이 그에게 대답
하였다.

"네가 살 곳은 땅이 기름지지 않
고, 하늘에서 이슬도 내리지 않는
곳이다.
40 너는 칼을 의지하고 살 것이며, 너
의 아우를 섬길 것이다. 그러나 애
써 힘을 기르면, 너는, 그가 네 목
에 씌운 멍에를 부술 것이다."
41 ○에서는 아버지에게서 받을 축복을
야곱에게 빼앗긴 것 때문에 야곱에
게 원한이 깊어갔다. 그는 혼자서

함으로써 야곱의 복, 곧 하나님의 약속의 복에서 이탈하는 결과를 빚게 된다(38절). 다시 말해, 에서가 야곱을 미워함으로써(41절), 39-40절의 결과가 그와 그의 후손들이 드러나게 되었다.

27:45 어찌 하루에 자식 둘을 다 잃겠느냐 리브가는 틀림없이 에서가 야곱을 죽이는 경우를 가정하고 있다. 이는 리브가가 에서가 한 말을 들었기 때문이다(41-42절). 그리고 만약 에서가 야곱을 죽일 경우, 에서 역시 친척 중 누군가에 의해 복수당할 가능성도 있었다(참고. 9:6;민 35:19;삼하 14:6-7). 설혹 그렇지 않다 하더라도 에서가 야곱을 살해하고 도망치는 경우도 가정하는 말이다.

27:46 이 구절은 불경건한 헷 족속 출신 며느리들이 시부모에게 끼친 근심이 얼마나 큰지 잘 나타낸다. 이 말이 단순한 핑계가 아니라는 사실은 26:34-35에 의해 뒷받침된다. 리브가는 며느리들의 좋지 못한 행실을 언급한다.

㉠ '발뒤꿈치를 잡다' 즉 '속이다'

'아버지를 곡할 날이 머지 않았으니,
그 때가 되면, 동생 야곱을 죽이겠
다' 하고 마음을 먹었다.
42 리브가는 맏아들 에서가 하고 다니
는 말을 전해 듣고는, 작은 아들을
불러다 놓고서 말하였다. "너의 형
에서가 너를 죽여서, 한을 풀려고 한
다.
43 그러니 나의 아들아, 내가 시키는 대
로 하여라. 이제 곧 하란에 계시는
라반 외삼촌에게로 가거라.
44 네 형의 분노가 풀릴 때까지, 너는
얼마 동안 외삼촌 집에 머물러라.
45 네 형의 분노가 풀리고, 네가 형에게
한 일을 너의 형이 잊으면, 거기를
떠나서 돌아오라고 전갈을 보내마.
내가 어찌 하루에 자식 둘을 다 잃
겠느냐!"

이삭이 야곱을 라반에게 보내다

46 ○리브가가 이삭에게 말하였다. "나
는, 헷 사람의 딸들 때문에, 사는 게
아주 넌더리가 납니다. 야곱이 이 땅
에 사는 사람들의 딸들 곧 헷 사람
의 딸들 가운데서 아내를 맞아들인
다고 하면, 내가 살아 있다고는 하지
만, 나에게 무슨 사는 재미가 있겠습
니까?"

28 1 이삭이 야곱을 불러서, 그에
게 복을 빌어 주고 당부하였
다. "너는 가나안 사람의 딸들 가운
데서 아내를 맞이하지 말아라.
2 이제 곧 밧단아람에 계시는 브두엘
외할아버지 댁으로 가서, 거기에서
너의 외삼촌 라반의 딸들 가운데서
네 아내가 될 사람을 찾아서 결혼하
여라.
3 ㉠전능하신 하나님이 너에게 복을 주
셔서, 너로 생육하고 번성하게 하시
고, 마침내 네가 여러 민족을 낳게
하실 것이다.
4 하나님이 아브라함에게 허락하신
복을 너와 네 자손에게도 주셔서, 네
가 지금 나그네살이를 하고 있는 이
땅, 하나님이 아브라함에게 주신 이
땅을, 네가 유산으로 받을 수 있도
록 해주시기를 바란다."
5 이렇게 복을 빌어 준 뒤에, 이삭은
야곱을 보냈다. 야곱은 밧단아람으
로 가서, 라반에게 이르렀다. 라반은
아람 사람 브두엘의 아들이며, 야곱
과 에서의 어머니인 리브가의 오라
버니이다.

에서가 다른 아내를 맞이하다

6 ○에서는, 이삭이 야곱에게 복을 빌
어 주고, 그를 밧단아람으로 보내어,
거기에서 아내감을 찾게 하였다는
것을 알았다. 에서는, 이삭이 야곱에
게 복을 빌어 주면서, 가나안 사람의
딸들 가운데서 아내감을 찾아서는
안 된다고 당부하였다는 것과,

28장 요약 이삭도 야곱이 언약의 후사라는 사실을 믿게 되고 야곱을 친척들이 사는 밧단아람으로 보내어 에서의 손에서 피하도록 한다. 야곱은 베델, 꿈 속에서 하나님을 만나는 놀라운 체험을 하게 된다. 이때, 하나님은 야곱에게 땅의 복과 자손의 복, 그리고 신변의 보호를 약속하셨다.

㉠ 히, '엘 샤다이'

28:1-4 이삭은 더 이상 하나님의 뜻을 거스르며 대항하지 않는다. 그는 이제야 확실히 깨닫고 야곱이 약속의 후사로서 나가도록 돕고 있다.

28:10-15 브엘세바에서 하란까지는 직선 거리로 800km이다. 야곱은 최소한 2,000여 리 이상의 길로 동반자도 없이 매우 혹독하고 끈질긴 여행을 강행하고 있다. 야곱은 하나님의 축복을 받았지만 현실에서는 약속의 땅에서 쫓겨나며, 영화롭고 복된 것은 오히려 버림받은 에서에게 주어졌

7 야곱이 아버지와 어머니의 말에 순
종하여, 밧단아람으로 떠났다는 것
을 알았다.
8 에서는, 자기 아버지 이삭이 가나안
사람의 딸들을 싫어한다는 것을 알
고,
9 이미 결혼하여 아내들이 있는데도,
이스마엘에게 가서, 그의 딸 마할랏
을 또다시 아내로 맞이하였다. 마할
랏은 느바욧의 누이이며, 아브라함
의 손녀이다.

야곱이 베델에서 꿈을 꾸다

10 ○야곱이 브엘세바를 떠나서, 하란
으로 가다가,
11 어떤 곳에 이르렀을 때에, 해가 저물
었으므로, 거기에서 하룻밤을 지내
게 되었다. 그는 돌 하나를 주워서
베개로 삼고, 거기에 누워서 자다가,
12 꿈을 꾸었다. 그가 보니, 땅에 ㉠층계
가 있고, 그 꼭대기가 하늘에 닿아
있고, 하나님의 천사들이 그 층계를
오르락내리락 하고 있었다.
13 주님께서 그 층계 위에 서서 말씀하
셨다. "나는 주, 너의 할아버지 아브
라함을 보살펴 준 하나님이요, 너의
아버지 이삭을 보살펴 준 하나님이
다. 네가 지금 누워 있는 이 땅을, 내
가 너와 너의 자손에게 주겠다.
14 너의 자손이 땅의 티끌처럼 많아질
것이며, 동서 남북 사방으로 퍼질 것
이다. 이 땅 위의 모든 백성이 너와
너의 자손 덕에 복을 받게 될 것이
다.
15 내가 너와 함께 있어서, 네가 어디로
가든지 너를 지켜 주며, 내가 너를
다시 이 땅으로 데려 오겠다. 내가
너에게 약속한 것을 다 이루기까지,
내가 너를 떠나지 않겠다."
16 야곱은 잠에서 깨어서, 혼자 생각하
였다. '주님께서 분명히 이 곳에 계시
는데도, 내가 미처 그것을 몰랐구나.'
17 그는 두려워하면서 중얼거렸다. "이
얼마나 두려운 곳인가! 이 곳은 다
름아닌 하나님의 집이다. 여기가 바
로 하늘로 들어가는 문이다."
18 ○야곱은 다음날 아침 일찍이 일어
나서, 베개 삼아 벤 그 돌을 가져다
가 기둥으로 세우고, 그 위에 기름
을 붓고,
19 그 곳 이름을 ㉡베델이라고 하였다.
그 성의 본래 이름은 루스였다.
20 야곱은 이렇게 서원하였다. "하나님
께서 저와 함께 계시고, 제가 가는
이 길에서 저를 지켜 주시고, 먹을
것과 입을 것을 주시고,
21 제가 안전하게 저의 아버지 집으로
돌아가게 해주시면, 주님이 저의 하
나님이 되실 것이며,
22 제가 기둥으로 세운 이 돌이 하나님
의 집이 될 것이며, 하나님께서 저에

다. 하나님을 사랑하여 그분의 복을 귀하게 여겼던 야곱이 고난을 당하는 동안, 교만한 악인은 소원을 성취한 상황이었다. 이때 하나님께서 야곱에게 나타나신 것이다. 하나님께서는, 야곱이 지금까지 아브라함이나 이삭으로부터 전해 듣고 믿었던 그 복(福)에 대하여 다시금 약속을 주시고 이를 위해 끝까지 동행해 주실 것을 말씀하셨다. 이 사건은 하나님께서 야곱에게 나타나셨던 최초의 기록이다. 야곱은 하나님의 현현(顯現)을 모두 일곱 번 경험하였다(참조. 31:3,11-13;32:1-2,24-30;35:1-9;46:1-4).

28:18-22 베델에서의 야곱의 서원에는 다음과 같은 야곱의 신앙을 발견할 수 있다. ① 하나님의 언약에 대한 신뢰, ② 야곱의 겸손과 절제, ③ 야곱의 경건과 하나님께 대한 경외심이 나타난다.

28:19 베델 문자적인 뜻은 '하나님의 집'으로, 예루살렘에서 북쪽으로 16km 떨어진 성이다.

㉠ 또는 '사닥다리' ㉡ '하나님의 집'

게 주신 모든 것에서 열의 하나를
하나님께 드리겠습니다."

야곱이 라반의 집에 도착하다

29 야곱이 줄곧 길을 걸어서, 드디
어 동방 사람들이 사는 땅에
이르렀다.
2 거기 들에 우물이 있는데, 그 곁에
양 떼 세 무리가 엎드려 있는 것이
보였다. 그 곳은 목자들이 양 떼에게
물을 먹이는 우물인데, 그 우물 아귀
는 큰 돌로 늘 덮여 있어서,
3 양 떼가 다 모이면 목자들이 우물
아귀에서 그 돌을 굴려내어 양 떼에
게 물을 먹이고, 다 먹인 다음에 다
시 돌을 굴려서 우물 아귀를 덮고는
하였다.
4 ○야곱이 그 목자들에게 물었다. "여
보십시오, 어디에서 오시는 길입니
까?" 그들이 대답하였다. "우리는 하
란에서 오는 길입니다."
5 야곱이 그들에게 또 물었다. "나홀
이라는 분의 손자인 라반이라는 분
을 아십니까?" 그들이 대답하였다.
"아, 예, 우리는 그를 잘 압니다."
6 야곱이 또 그들에게 물었다. "그분이
평안하게 지내십니까?" 그들이 대답
하였다. "잘 삽니다. 아, 마침, 저기
그의 딸 라헬이 양 떼를 몰고 옵니
다."
7 야곱이 말하였다. "아직 해가 한창
인데, 아직은 양 떼가 모일 때가 아
닌 것 같은데, 양 떼에게 물을 먹이
고, 다시 풀을 뜯기러 나가야 하지
않습니까?"
8 그들이 대답하였다. "그렇지 않습니
다. 양 떼가 다 모일 때까지 기다렸
다가, 양 떼가 다 모이면, 우물 아귀
의 돌을 굴려내고서, 양 떼에게 물
을 먹입니다."
9 ○야곱이 목자들과 말하고 있는 사
이에, 라헬이 아버지의 양 떼를 이끌
고 왔다. 라헬은 양 떼를 치는 목동
이다.
10 야곱이 외삼촌 라반의 딸 라헬과 그
가 치는 외삼촌의 양 떼를 보고, 우
물 아귀에서 돌을 굴려내어, 외삼촌
의 양 떼에게 물을 먹였다.
11 그러고 나서, 야곱은 라헬에게 입을
맞추고, 기쁜 나머지 큰소리로 울면
서,
12 라헬의 아버지가 자기의 외삼촌이라
는 것과, 자기가 리브가의 아들이라
는 것을 라헬에게 말하였다. 라헬이
달려가서, 아버지에게 이 사실을 말
하였다.
13 ○라반은 누이의 아들 야곱이 왔다
는 말을 듣고서, 그를 만나러 곧장
달려와, 그를 보자마자 껴안고서, 입
을 맞추고, 자기 집으로 데리고 갔
다. 야곱은 지금까지 있었던 일들을

29장 요약 야곱이 외삼촌 라반의 두 딸과 차례로 결혼하여 아들들을 얻는 과정을 담고 있는 부분이다. 자기 형을 속이고 맏아들의 권리를 빼앗았던 야곱이 이제는 외삼촌에게 속임을 당한 것이다. 하지만 그는 14년간이나 참고 일하여 라헬을 아내로 얻는 집념을 보여 주었다.

29:2-3 세 양떼의 목자들이 기다리고 있었던 이유는 우물 아귀를 덮은 큰 돌을 치울 만한 힘이 없었기 때문이 아니라, 목자들 사이에 맺은 협약 때문이었다(8절). 이 사람들은 자기 양 떼에게 먼저 먹일 욕심으로 미리 이곳에 와서 기다렸다.

29:11-12 야곱은 낯선 길을 물어가며 이곳까지 다다랐다. 여기에서 자신이 만나려고 했던 외갓집 식구들을 대면하게 되었으니 그의 기쁨은 이루 말할 수 없이 컸을 것이다. 그 때문에 자기소개를 하기도 전에 먼저 입을 맞추게 되었다.

29:15-30 야곱의 혼인에 관한 기록이다. 야곱은

라반에게 다 말하였다.
14 말을 듣고 난 라반은 야곱에게 말하
였다. "너는 나와 한 피붙이이다."

야곱이 라반의 집안일을 하다

○야곱이 한 달을 라반의 집에 머물
러 있을 때에,
15 라반이 그에게 말하였다. "네가 나
의 조카이긴 하다만, 나의 일을 거저
할 수는 없지 않느냐? 너에게 어떻
게 보수를 주면 좋을지, 너의 말을
좀 들어 보자."
16 ○라반에게는 두 딸이 있었다. 맏딸
의 이름은 레아이고, 둘째 딸의 이
름은 라헬이다.
17 레아는 눈매가 부드럽고, 라헬은 몸
매가 아름답고 용모도 예뻤다.
18 야곱은 라헬을 더 사랑하였다. 그래
서 그는 "제가 칠 년 동안 외삼촌 일
을 해 드릴 터이니, 그 때에 가서, 외
삼촌의 작은 딸 라헬과 결혼하게 해
주십시오" 하고 말하였다.
19 그러자 라반이 말하였다. "그 아이
를 다른 사람과 짝지어 주는 것보다,
너에게 짝지어 주는 것이 더 낫겠다.
그러면 여기서 나와 함께 살자."
20 야곱은 라헬을 아내로 맞으려고 칠
년 동안이나 일을 하였지만, 라헬을
사랑하기 때문에, 칠 년이라는 세월
을 마치 며칠같이 느꼈다.
21 ○칠 년이 지난 뒤에, 야곱이 라반에
게 말하였다. "약속한 기한이 다 되
었습니다. 이제 장가를 들게 해주십
시오. 라헬과 결혼하겠습니다."
22 라반이 그 고장 사람들을 다 청해
놓고, 잔치를 베풀었다.
23 밤이 되었을 때에, 라반은 큰 딸 레
아를 데려다가 신방으로 들여보냈는
데, 야곱은 그것도 모르고, 레아와
동침하였다.
24 라반은 여종 실바를 자기 딸 레아에
게 몸종으로 주었다.
25 아침이 되어서 야곱이 눈을 떠 보니,
레아가 아닌가! 야곱이 라반에게 말
하였다. "외삼촌께서 저에게 이러실
수가 있습니까? 제가 그 동안 라헬
에게 장가를 들려고 외삼촌 일을 해
드린 것이 아닙니까? 외삼촌께서 왜
저를 속이셨습니까?"
26 라반이 대답하였다. "큰 딸을 두고
서 작은 딸부터 시집보내는 것은, 이
고장의 법이 아닐세.
27 그러니 이레 동안 초례 기간을 채우
게. 그런 다음에 작은 아이도 자네
에게 주겠네. 그 대신에 자네는 또
칠 년 동안 내가 맡기는 일을 해야
하네."
28 야곱은 그렇게 하였다. 그가 레아와
이레 동안 지내고 나니, 라반은 자기
딸 라헬을 그에게 아내로 주었다.
29 라반은 여종 빌하를 자기 딸 라헬에

이미 아버지 이삭으로부터 이에 대한 권고를 받은 바 있었다(28:1–2). 그는 40세에 결혼한 형 에서와는 달리 70세가 지나도록 결혼을 하지 않고 있었다. 아마 가나안 여인들을 아내로 구하려 하지 않았기 때문인 듯하다. 저자 모세는 야곱의 선택 기준이 미모에 치우치고 있었음을 기록하고 있다(17–18절).

29:17 눈매가 부드럽고 눈매가 부드럽기는 하지만 빛나지 않는다는 뜻이다. 동양 사람들은 이와 같은 여인을 미인으로 간주하지 않았다.

29:28 율법은 한 사람이 언니와 동생을 함께 아내로 맞아들이는 행위를 금지하고 있다(레 18:18). 라헬과 레아 사이에 있었던 갈등은 그 이유를 설명해 주는 좋은 근거이다.

29:31–30:43 이 부분은 야곱을 축복하시겠다고 하신 하나님의 약속이 성취되어 가는 과정의 기록이다. 그리고 한 가정이 두 명의 아내로 말미암아 질투와 다툼으로 가득 차게 된 상황을 적나라하

게 몸종으로 주었다.
30 야곱이 라헬과 동침하였다. 야곱은
레아보다, 라헬을 더 사랑하였다. 그
는 또다시 칠 년 동안 라반의 일을
하였다.

야곱에게 아이들이 생기다

31 ○주님께서는, 레아가 남편의 사랑
을 받지 못하는 것을 보시고, 레아
의 태를 열어 주셨다. 라헬은 임신을
하지 못하였으나
32 레아는 마침내 임신을 하여 아들을
낳았다. 그는 속으로 "주님께서 나의
고통을 살피시고, 나에게 아들을 주
셨구나. 이제는 남편도 나를 사랑하
겠지" 하면서, 아기 이름을 ㉠르우벤
이라고 하였다.
33 그가 또 임신을 하여 아들을 낳았
다. 그는 속으로 "주님께서, 내가 남
편의 사랑을 받지 못하여 하소연하
는 소리를 ㉡들으시고, 이렇게 또 아
들을 주셨구나" 하면서, 아이 이름
을 시므온이라고 하였다.
34 그가 또 임신을 하여 아들을 낳았
다. 그는 속으로 "내가 아들을 셋이
나 낳았으니, 이제는 남편도 별 수
없이 나에게 ㉢단단히 매이겠지" 하
면서, 아이 이름을 레위라고 하였다.
35 그가 또 임신을 하여 아들을 낳았
다. 그는 속으로 "이제야말로 내가
주님을 ㉣찬양하겠다" 하면서, 아이
이름을 유다라고 하였다. 레아의 출
산이 그쳤다.

30

1 라헬은 자기와 야곱 사이에
아이가 없으므로, 언니를 시새
우며, 야곱에게 말하였다. "나도 아
이 좀 낳게 해주셔요. 그렇지 않으
면, 죽어 버리겠어요."
2 야곱이 라헬에게 화를 내면서 말하
였다. "내가 하나님이라도 된단 말이
오? 당신이 임신할 수 없게 하신 분
이 하나님이신데, 나더러 어떻게 하
라는 말이오?"
3 라헬이 말하였다. "나에게 몸종 빌
하가 있어요. 빌하와 동침하셔요. 그
가 아이를 낳아서 나에게 안겨 주
면, 빌하의 몸을 빌려서 나도 당신의
집안을 이어나가겠어요."
4 라헬이 자기의 몸종 빌하를 남편에
게 주어서 아내로 삼게 하니, 야곱이
빌하와 동침하였다.
5 마침내 빌하가 임신을 하여, 야곱과
빌하 사이에 아들이 태어났다.
6 라헬은 "하나님이 나의 호소를 들으
시고, 나의 억울함을 풀어 주시려고,
나에게 아들을 주셨구나!" 하면서,
그 아이 이름을 ㉤단이라고 하였다.
7 라헬의 몸종인 빌하가 또 임신을 하
여 야곱과의 사이에서 두 번째로 아
들을 낳았다.
8 라헬은 "내가 언니와 크게 ㉥겨루어

게 묘사하고 있다. 아브라함이나 이삭의 경우에는 하나님이 단 한 명의 아들만을 약속의 후사로 정해 주셨다. 반면, 야곱의 경우에는 그의 열두 아들들이 약속의 후사들이 되었다. 이들은 이스라엘 민족을 형성하는 데 중요한 인물들이어서 출생 기록이 상세히 적혀 있다.

㉠ '그가 나의 비참한 처지를 보셨다' 또는 '보아라, 아들이다!' ㉡ 히, '샤마' ㉢ 히, '라와' ㉣ 히, '오다' ㉤ '그가 판단하였다' ㉥ 히, '닙달'

30장 요약 레아와 라헬은 서로 시기하며 경쟁적으로 자녀를 낳았는데 결과적으로 하나님의 섭리 가운데 이스라엘 열두 지파를 형성하게 된다. 14년간의 봉사 기간이 끝나자 라반은 다시 품삯을 약속하며 6년 동안 더 야곱을 붙들었다. 야곱은 하나님의 은총 아래 더욱 부유해졌다.

30:3 그가 아이를 낳아서 나에게 안겨 주면 이 말은

서, 마침내 이겼다" 하면서, 그 아이
이름을 납달리라고 하였다.
9 ○레아는, 자기가 다시는 더 아기를
낳을 수 없다는 것을 알고서, 자기의
몸종 실바를 데려다가 야곱에게 주
어서, 아내로 삼게 하였다.
10 레아의 몸종 실바와 야곱 사이에서,
아들이 태어났다.
11 레아는 "내가 복을 받았구나" 하면
서, 그 아이 이름을 ㉠갓이라고 하였
다.
12 레아의 몸종 실바와 야곱 사이에서
두 번째로 아들이 태어났다.
13 레아는 "행복하구나, 여인들이 나를
행복하다고 말하리라" 하면서, 그 아
이 이름을 ㉡아셀이라고 하였다.
14 ○보리를 거두어들일 때에, 르우벤이
들에 나갔다가, 자귀나무를 발견하
여, 어머니 레아에게 가져다 주니, 라
헬이 레아에게 말하였다. "언니, 아
들이 가져온 자귀나무를 조금만 나
눠 줘요."
15 레아가 라헬에게 말하였다. "내 남편
을 차지한 것만으로는 부족하냐? 그
래서 내 아들이 가져온 자귀나무까
지 가져 가려는 것이냐?" 라헬이 말
하였다. "좋아요. 그럼, 언니 아들이
가져온 자귀나무를 나에게 주어요.
그 대신에 오늘 밤에는 그이가 언니
하고 함께 자도록 하지요."
16 그 날 저녁에 야곱이 들에서 돌아올
때에, 레아가 그를 맞으러 나가서 말
하였다. "당신은 오늘 밤에는 나의
방으로 드셔야 해요. 나의 아들이
가져온 자귀나무를 라헬에게 주고,
그 대신에 당신이 나의 방으로 드시
게 하기로 했어요." 그 날 밤에 야곱
은 레아와 함께 잤다.
17 하나님이 레아의 호소를 들어 주셔
서, 레아가 임신을 하였고, 야곱과의
사이에서 다섯 번째 아들을 낳았다.
18 레아는 "내가 나의 몸종을 나의 남
편에게 준 ㉢값을 하나님이 갚아 주
셨구나" 하면서, 그 아이 이름을 잇
사갈이라고 하였다.
19 레아가 다시 임신을 하여서, 야곱과
의 사이에 여섯 번째 아들이 태어났
다.
20 레아는 "하나님이 나에게 이렇게 좋
은 선물을 주셨구나. 내가 아들을
여섯이나 낳았으니, 이제부터는 나의
남편이 나에게 ㉣잘 해주겠지" 하면
서, 그 아이 이름을 스불론이라고 하
였다.
21 얼마 뒤에 레아가 딸을 낳고, 그 아
이 이름을 디나라고 하였다.
22 ○하나님은 라헬도 기억하셨다. 하
나님이 라헬의 호소를 들으시고, 그
의 태를 열어 주셨다.
23 그가 임신을 하여서 아들을 낳으니,

다른 사람이 낳은 아이를 자신이 양육한다는 말이다. 고대에는 종을 주인의 재산의 일부로 간주했다. 라헬은 자신의 여종을 통하여 자신의 자식을 두려 하고 있다(참조. 16:2).

30:9–13 레아의 시녀였던 실바가 야곱의 첩이 되어 자녀를 낳자, 레아는 직접 그녀의 아들들의 이름을 지어주고 있다.

30:14 자귀나무 이 식물은 토마토보다 다소 작은 노란색 열매를 맺는다. 당시 사람들은 이 식물의 뿌리가 사람 신체의 하반부와 같은 모양이어서 이것을 먹으면 임신할 수 있다고 믿었던 것 같다. 레아와 라헬도 자귀나무가 임신을 시키는 효능이 있다고 믿고 서로 가지겠다고 다툰 것 같다.

30:23 부끄러움 고대에는 결혼한 여인이 아이를 낳지 못하는 것을 커다란 수치로 생각했다. 또한 당시 사람들은 불임을 하나님의 은총을 얻지 못하고 있다는 증거로 보기도 하였다.

㉠ '행운' ㉡ '행복' ㉢ 히, '사갈' ㉣ 히, '자발'

"하나님이 나의 부끄러움을 벗겨 주
셨구나" 하고 생각하였다.
24 라헬은 그 아이의 이름을 지을 때에
"주님께서 나에게 또 다른 아들 하
나를 더 주시면 좋겠다" 하는 뜻으
로, 그 아이 이름을 ㉠요셉이라고 하
였다.

야곱이 라반과 흥정하다

25 ○라헬이 요셉을 낳은 뒤에, 야곱이
라반에게 말하였다. "제가 고향 땅
으로 돌아갈 수 있도록, 저를 보내
주십시오.
26 장인 어른의 일을 해 드리고 얻은 저
의 처들과 자식들도, 제가 데리고 가
게 허락하여 주십시오. 제가 장인
어른의 일을 얼마나 많이 해 드렸는
가 하는 것은, 장인 어른께서 잘 아
십니다."
27 라반이 그에게 말하였다. "자네가
나를 좋아하면, 여기에 머물러 있기
를 바라네. 주님께서 자네를 보시고
나에게 복을 주신 것을, 내가 점을
쳐 보고서 알았네."
28 라반은 또 덧붙였다. "자네의 품삯
은 자네가 정하게. 정하는 그대로 주
겠네."
29 야곱이 그에게 말하였다. "제가 장
인 어른의 일을 어떻게 해 드리고,
장인 어른의 가축 떼를 얼마나 잘
보살폈는지는, 장인 어른께서 잘 아
십니다.
30 제가 여기에 오기 전에는 장인 어른
의 소유가 얼마 되지 않았으나, 이제
떼가 크게 불어났습니다. 주님께서
는, 제가 하는 수고를 보시고서, 장
인 어른에게 복을 주셨습니다. 그러
나 이제는, 제가 저의 살림을 챙겨야
할 때가 되었다고 봅니다."
31 라반이 물었다. "그러면 내가 자네에
게 무엇을 주면 좋겠는가?" 야곱이
대답하였다. "무엇을 달라는 것이 아
닙니다. 다만, 저에게 한 가지 일만
허락하여 주시면, 제가 장인 어른의
가축 떼를 계속 먹이고 돌보겠습니
다.
32 오늘, 제가 장인 어른의 가축 떼 사
이로 두루 다니면서, 모든 양 떼에서
얼룩진 것들과 점이 있는 것과 모든
검은 새끼 양을 가려내고, 염소 떼에
서도 점이 있는 것들과 얼룩진 것들
을 가려낼 터이니, 그것들을 저에게
삯으로 주십시오.
33 제가 정직하다는 것은, 훗날 장인 어
른께서 저에게 삯으로 주신 가축 떼
를 확인하여 보실 때에 증명될 것입
니다. 제가 가진 것 가운데서, 얼룩
지지 않은 양이나 점이 없는 양이 있
든지, 검은 색이 아닌 새끼 양이 있
으면, 그것들은 모두 제가 훔친 것이
될 것입니다."

30:25-43 야곱은 14년 동안 외삼촌 라반의 집에서 봉사하면서도 그 곳을 자신의 안식처로 생각하지 않았다. 이제는 에서의 노(怒)도 풀렸을 만한 때였고, 결혼의 목적도 성취하였다. 다만 라반의 간계로 인하여 그의 본토, 곧 약속의 가나안 땅으로 못 돌아가고 있었다. 야곱은 약속된 14년이 지나자 그의 처자와 함께 가나안으로 돌아가겠다는 뜻을 라반에게 고하였다. 야곱으로 인해 큰 부를 축적할 수 있었던 라반은 당연히 그에게 충분한 재산을 주어서 보내야 했을 것이다. 그러나 라반은 다시금 품삯을 이용해 야곱을 고용하고자 하였다. 만일 라반의 제안을 거절하면 야곱은 아주 빈손으로 고향에 돌아가게 될 지경이었고, 자신의 집을 세울 수 없을 것 같았다(30절). 그래서 야곱은 이 품삯을 담보로 다시금 6년 동안 일하게 되었다(31:38). 야곱은 아주 불리한 조건의 계약하에서도 믿음으로 일함으로써 하나님

㉠ '더하다'

34 라반이 말하였다. "그러세. 자네가
말한 대로 하겠네."
35 그러나 라반은 이렇게 말해 놓고서
도, 바로 그 날로 숫염소 가운데서
줄무늬가 있는 것과 점이 있는 것을
가려내고, 또 모든 암염소 가운데서
도 흰 바탕에 얼룩이 진 것과 점이
있는 것과 모든 검은 새끼 양을 가려
내어, 자기의 아들들에게 주었다.
36 그런 다음에 라반은, 야곱이 있는 데
서 사흘 길을 더 나가서, 자기와 야
곱 사이의 거리를 그만큼 뜨게 하였
다. 야곱은 라반의 나머지 양 떼를
쳤다.
37 ○야곱은, 미루나무와 감복숭아나
무와 플라타너스 나무에서 푸른 가
지들을 꺾어서 껍질을 벗긴 다음에,
벗긴 가지에 흰 무늬를 냈다.
38 야곱은, 껍질을 벗긴 그 흰 무늬 가
지들을 물 먹이는 구유 안에 똑바로
세워 놓고, 양 떼가 와서 물을 먹을
때에, 바로 눈 앞에 세워 놓은 그 가
지들을 볼 수 있게 하였다. 양들은
물을 먹으러 와서, 거기에서 교미를
하였다.
39 양들은, 껍질 벗긴 그 나뭇가지 앞에
서 교미를 하고서, 줄무늬가 있거나
얼룩이 지거나 점이 있는 양을 낳았
다.
40 야곱은 이런 새끼 양들을 따로 떼어
놓았다. 라반의 가축 떼 가운데서,
줄무늬가 있거나 검은 양들은 다 가
려냈다. 야곱은 이렇게 자기 가축 떼
를 따로 가려내서, 라반의 가축 떼와
섞이지 않게 하였다.
41 야곱은, 튼튼한 암컷들이 교미할 때
에는, 물 먹이는 구유에 껍질 벗긴
가지들을 놓아서, 그 가지 앞에서 교
미하도록 하곤 하였다.
42 그러나 약한 것들이 교미할 때에는,
그 가지들을 거기에 놓지 않았다. 그
래서 약한 것들은 라반에게로 가게
하고, 튼튼한 것들은 야곱에게로 오
게 하였다.
43 이렇게 하여, 야곱은 아주 큰 부자가
되었다. 야곱은 가축 떼뿐만 아니라,
남종과 여종, 낙타와 나귀도 많이 가
지게 되었다.

야곱이 라반을 떠나다

31 라반의 아들들이 하는 말이 야
곱에게 들렸다. "야곱은 우리
아버지의 재산을 다 빼앗고, 우리 아
버지의 재산으로 저처럼 큰 부자가
되었다."
2 야곱이 라반의 안색을 살펴보니, 자
기를 대하는 라반의 태도가 이전과
같지 않았다.
3 주님께서 야곱에게 말씀하셨다. "너
는 네 조상의 땅, 너의 친족에게로
돌아가거라. 내가 너와 함께 있겠다."

께서 복을 주시기를 기다렸다. 결국 그는 부유한 자로 하나님의 동행을 증거하게 되었다.

30:32 얼룩진 작은 점이나 무늬 따위가 고르게 촘촘히 무늬져 있는 것을 말한다.

30:35–36 라반은 기회를 틈타 단색 가축 떼를 얼룩덜룩하고 점이 있는 가축 떼와 섞이지 않게 멀찌감치 떨어지게 했다. 그렇지 않을 경우에는 야곱이 요구한 것과 같은 새끼들이 쉽게 생길 수 있기 때문이었다.

31장 요약 야곱의 재산이 늘자, 라반의 시기심이 더욱 늘어만 갔다. 가나안으로 돌아가라는 하나님의 지시를 받은 야곱은 라반 몰래 귀향을 결행한다. 하나님은 라반의 꿈에 나타나 야곱을 막지 말라고 하신다. 이 과정에서 라헬이 라반의 드라빔 우상을 훔친 것은, 인간의 영적 어리석음을 보여 준다.

31:1–16 본문은 야곱이 라반의 집에서 고향으로

4 야곱이 라헬과 레아에게 심부름꾼
을 보내어, 그들을 그의 가축 떼가
있는 들로 불러내서
5 일렀다. "장인 어른께서 나를 대하시
는 것이 전과 같지 않소. 그러나 내
조상의 하나님이 이제껏 나와 함께
계셨소.
6 당신들도 알다시피, 나는 있는 힘을
다해서, 장인 어른의 일을 해 드렸
소.
7 그러나 장인 어른께서는 나에게 주
실 품삯을 열 번이나 바꿔치시면서,
지금까지 나를 속이셨소. 그런데 하
나님은, 장인 어른이 나를 해치지는
못하게 하셨소.
8 장인 어른께서 나더러 '점 있는 것들
이 자네 품삯이 될 걸세' 하면, 가축
떼가 모두 점 있는 새끼를 낳았고,
'줄무늬 있는 것이 자네의 품삯이 될
걸세' 하면, 가축 떼가 모두 줄무늬
있는 새끼를 낳았소.
9 하나님은 이렇게 장인 어른의 가축
떼를 빼앗아서, 나에게 주셨소.
10 가축 떼가 새끼를 밸 때에, 한 번은,
내가 이런 꿈을 꾸었소. 내가 눈을
크게 뜨고 보니, 암컷들과 교미하는
숫염소들도, 줄무늬 있는 것이거나,
점이 있는 것이거나, 얼룩진 것들이
었소.
11 그 꿈에서 하나님의 천사가 '야곱아!'
하고 부르시기에 '여기 있습니다' 하
고 대답을 하니,
12 그 천사의 말이, '암염소와 교미하는
숫염소가 모두 줄무늬 있는 것들이
거나 점이 있는 것들이거나 얼룩진
것들이니, 고개를 들고 똑바로 보아
라. 라반이 이제까지 너에게 어떻게
하였는지, 내가 다 보았다.
13 나는 베델의 하나님이다. 네가 거기
에서 기둥에 기름을 붓고, 거기에서
나에게 맹세하였다. 이제 너는 곧 이
땅을 떠나서, 네가 태어난 땅으로 돌
아가거라' 하고 말씀하셨소."
14 ○라헬과 레아가 그에게 대답하였
다. "이제는 우리가 우리 아버지의
집에서 얻을 분깃이나 유산이 더 있
다고는 생각하지 않습니다.
15 아버지께서는 우리를 아주 딴 나라
사람으로 여기십니다. 아버지께서는
우리를 파실 뿐만 아니라, 우리 몫으
로 돌아올 것까지 다 가지셨습니다.
16 하나님이 우리 아버지에게서 빼앗으
신 것은 다 우리와 우리 자식들의 것
입니다. 그러니 하나님이 당신에게
말씀하신 대로 다 하십시오."
17 ○야곱이 서둘러서 자식들과 아내
들을 낙타에 나누어 태우고,
18 그가 얻은 모든 짐승과 그가 밧단아
람에서 모은 모든 소유를 다 가지고
서, 가나안 땅에 있는 자기 아버지

돌아가게 되는 계기를 기록하고 있다. 라반과 야곱 사이에 재산으로 인한 갈등이 생겼고, 이 계기로 하나님께서는 야곱에게 고향으로 돌아갈 것을 지시하셨다.

31:7-9 라반이 이기적인 사람이라는 사실이 이 부분의 이야기를 통해서 확인된다. 가축 떼가 점 있는 새끼들을 많이 낳는 것을 발견하자, 그의 시기와 질투가 불같이 일어났다. 그러므로 최초에 했던 약속을 변경할 것을 일방적으로 주장했다. 즉 라반은 이제부터는 야곱의 소유가 될 것은 줄무늬가 있는 새끼들이어야만 한다고 주장한다. 이와 같은 라반의 변덕과 질투는 그 후에도 계속되었다. 그럼에도 불구하고 하나님은 놀라운 방법으로 야곱을 축복하셨다.

31:14-15 라헬과 레아의 말에 의하면 그들의 아버지 라반은 돈만 아는 탐욕스런 사람인 것 같다. 만일 라반이 인자한 아버지였다면 사위가 될 사람이 14년간 일한 보수를 가로채지 않고, 딸들

이삭에게로 돌아갈 채비를 하였다.
19 라헬은, 라반이 양털을 깎으러 나간
틈을 타서, 친정집 수호신의 신상들
인 드라빔을 훔쳐 냈다.
20 그뿐만 아니라, 야곱은 도망칠 낌새
를 조금도 보이지 않은 채, 아람 사
람 라반을 속이고 있다가,
21 모든 재산을 거두어 가지고 도망하
였다. 그는 ㉠강을 건너서, 길르앗 산
간지방 쪽으로 갔다.

라반이 야곱을 따라잡다

22 ○라반은, 야곱이 도망한 지 사흘
만에야 그 소식을 전해 들었다.
23 라반은 친족을 이끌고 이렛길을 쫓
아가서, 길르앗 산간지방에서 야곱
이 있는 곳에 이르렀다.
24 그 날 밤에 아람 사람 라반이 꿈을
꾸는데, 하나님이 나타나셔서 "좋은
말이든지 나쁜 말이든지, 야곱에게
아무 말도 하지 않도록 조심하라" 하
고 그에게 말씀하셨다.
25 ○라반이 야곱을 따라잡았을 때에,
야곱이 길르앗 산간지방에다 이미
장막을 쳐 놓았으므로, 라반도 자기
친족과 함께 거기에 장막을 쳤다.
26 라반이 야곱에게 말하였다. "자네가
나를 속이고, 나의 딸들을 전쟁 포
로 잡아가듯 하니, 어찌 이럴 수가
있는가?
27 어찌하여 자네는 나를 속이고, 이렇
게 몰래 도망쳐 나오는가? 어찌하여
나에게 아무 말도 하지 않았는가?
자네가 간다고 말하였으면, 북과 수
금에 맞추어서 노래를 부르며, 자네
를 기쁘게 떠나 보내지 않았겠는가?
28 자네는, 내가 나의 손자 손녀들에게
입을 맞출 기회도 주지 않고, 딸들과
석별의 정을 나눌 시간도 주지 않았
네. 자네가 한 일이 어리석기 짝이
없네.
29 내가 마음만 먹으면, 자네를 얼마든
지 해칠 수 있네. 그러나 어젯밤 꿈
에 자네 조상의 하나님이 나타나셔
서 나에게 경고하시기를 '좋은 말이
든지 나쁜 말이든지, 야곱에게 아무
말도 하지 않도록 조심하여라' 하셨
다네.
30 자네가 아버지의 집이 그리워서 돌
아가는 것은 당연하지만, 어찌하여
나의 수호신상들을 훔쳤는가?"
31 야곱이 라반에게 대답하였다. "장인
어른께서 저의 처들을 강제로 빼앗
으실까 보아 두려웠습니다.
32 그러나 장인 어른 댁 수호신상들을
훔친 사람이 있으면, 그를 죽이셔도
좋습니다. 장인 어른의 물건 가운데
서 무엇이든 하나라도 저에게 있는
지, 우리의 친족들이 보는 앞에서 찾
아보시고, 있거든 가져 가십시오."
야곱은, 라헬이 ㉡그 수호신상들을

에게 결혼 지참금으로 주었을 것이다. 그러나 그는 양 떼를 더 사들이고, 목자들을 고용하는 데 이것을 써버렸던 것 같다. 그는 딸들과 그들의 생활에 대해서는 거의 관심을 두지 않았다.

31:17–20 야곱이 공식적으로 주위에 알리지 않고 몰래 떠나게 된 것은 아마 라반이 또 어떤 핑계를 만들어서 그를 놓아주지 않을 것이라는 확신이 있었기 때문이었다.

31:19 라반이 양털을 깎으러 나간 틈을 타서 양털 깎기는 봄철마다 행해지는 행사이며, 고대인들은 이 때를 축제로 삼았다(참조. 38:12;삼상 25:2;삼하 13:23). 이 양털은 옷감을 짜는 데 사용된다. 라반은 야곱의 가축 떼에서 사흘 길쯤 떨어져 있었고(30:36), 그의 종들은 양털 깎는 일로 인해서 며칠간 바빴다. 따라서 몰래 떠나기에는 아주 좋은 시기였다.

31:29–30 하나님은 꿈에 라반에게 나타나셨다.

㉠ 유프라테스 강 ㉡ 히, '그것들을'

훔쳤으리라고는, 전혀 생각하지 못
하였다.
33 ○라반은 먼저 야곱의 장막을 뒤졌
다. 다음에는 레아의 장막과 두 여
종의 장막까지 뒤졌으나, 아무것도
찾아내지 못하였다. 레아의 장막에
서 나온 라반은 라헬의 장막으로 들
어갔다.
34 라헬은 그 수호신상들을 낙타 안장
밑에 감추고서, 그 위에 올라타 앉아
있었다. 라반은 장막 안을 샅샅이
뒤졌으나, 아무것도 찾아내지 못하
였다.
35 라헬이 자기 아버지에게 말하였다.
"아버지, 너무 노여워하지 마십시오.
지금 저는 월경중이므로, 내려서 아
버지를 맞이할 수 없습니다." 라반은
두루 찾아보았으나, 끝내 그 수호신
상들을 찾지 못하였다.
36 ○야곱은 화를 내며 라반에게 따졌
다. 야곱이 라반에게 물었다. "저의
허물이 무엇입니까? 제가 무슨 죄를
지었다고, 불길처럼 달려들어서, 저
를 따라오신 것입니까?
37 장인 어른께서 저의 물건을 다 뒤져
보셨는데, 장인 어른의 물건을 하나
라도 찾으셨습니까? 장인 어른의 친
족과 저의 친족이 보는 앞에서, 그것
을 내놓아 보십시오. 그리고 장인 어
른과 저 사이에 누구에게 잘못이 있
는지, 이 사람들이 판단할 수 있게
해주십시오.
38 제가 무려 스무 해를 장인 어른과
함께 지냈습니다. 그 동안 장인 어른
의 양 떼와 염소 떼가 한 번도 낙태
한 일이 없고, 제가 장인 어른의 가
축 떼에서 숫양 한 마리도 잡아다가
먹은 일이 없습니다.
39 들짐승에게 찢긴 놈은, 제가 장인 어
른께 가져가지 않고, 제것으로 그것
을 보충하여 드렸습니다. 낮에 도적
을 맞든지 밤에 도적을 맞든지 하
면, 장인 어른께서는 저더러 그것을
물어내라고 하셨습니다.
40 낮에는 더위에 시달리고, 밤에는 추
위에 떨면서, 눈 붙일 겨를도 없이 지
낸 것, 이것이 바로 저의 형편이었습
니다.
41 저는 장인 어른의 집에서 스무 해를
한결같이 이렇게 살았습니다. 두 따
님을 저의 처로 삼느라고, 십 년 하
고도 사 년을 장인 어른의 일을 해
드렸고, 지난 여섯 해 동안은 장인
어른의 양 떼를 돌보았습니다. 그러
나 장인 어른께서는 저에게 주셔야
할 품삯을 열 번이나 바꿔치셨습니
다.
42 내 조상의 하나님, 곧 아브라함을 보
살펴 주신 하나님이시며, 이삭을 지
켜 주신 '두려운 분'께서 저와 함께

그는 하나님에 대해서 잘 알 수 있었던 셈의 후예였지만, 하나님을 이교도의 신들과 동일하게 받아들이고 있다. 곧 하나님을 여러 신들 가운데 하나로 인식하고 있다. 그 당시 셈의 후예들에게 있었던 배도의 어떤 단서를 제공하는 듯하다.

31:33 남편과 아내 사이일지라도 별개의 장막을 준비하는 것이 그 당시의 관습이었다(24:28,67).

31:39 옛날에는 사나운 짐승들이 자주 가축 떼를 습격해서 적지 않은 피해를 끼쳤다(참조. 삼상 17:34-35). 따라서 목자는 항상 빈틈없는 경계를 해야 했다. 물론 부단히 감시하지만 불시에 덮치는 것은 막지 못할 수도 있다. 이 경우 목자가 찢긴 양의 시체를 주인에게 제시할 수 있다면, 책임을 회피할 수 있었다. 왜냐하면 그것은 목자가 다른 양을 보호하고, 짐승을 쫓아낸 증거가 되기 때문이다. 그러나 이와 같은 관례가 있었음에도 라반은 무조건 변상을 요구했다. 이 사실이 한글 개역개정성경에는 뚜렷하게 반영되어 있지 않다.

계시지 않으셨으면, 장인 어른께서
는 저를 틀림없이 빈 손으로 돌려보
내셨을 것입니다. 그러나 하나님은,
제가 겪은 고난과 제가 한 수고를 몸
소 살피시고, 어젯밤에 장인 어른을
꾸짖으셨습니다."

야곱과 라반의 협정

43 ○라반이 야곱에게 대답하였다. "이
여자들은 나의 딸이요, 이 아이들은
다 나의 손자 손녀요, 이 가축 떼도
다 내 것일세. 자네의 눈 앞에 있는
것이 모두 내 것이 아닌가? 그러나
여기 있는 나의 딸들과 그들이 낳은
나의 손자 손녀를, 이제 내가 어떻게
하겠는가?
44 이리 와서, 자네와 나 사이에 언약을
세우고, 그 언약이 우리 사이에 증거
가 되게 하세."
45 그래서 야곱이 돌을 가져 와서 그것
으로 기둥을 세우고,
46 또 친족들에게도 돌을 모으게 하니,
그들이 돌을 가져 와서 돌무더기를
만들고, 그 돌무더기 옆에서 잔치를
벌이고, 함께 먹었다.
47 라반은 그 돌무더기를 ㉠여갈사하두
다라고 하고, 야곱은 그것을 갈르엣
이라 하였다.
48 라반이 말하였다. "이 돌무더기가 오
늘 자네와 나 사이에 맺은 언약의 증
거일세." ㉠갈르엣이란 이름은 바로
여기에서 유래한 것이다.
49 이 돌무더기를 달리 ㉡미스바라고도
하는데, 그것은 라반이 "우리가 서로
떨어져 있는 동안에, 주님께서 자네
와 나를 감시하시기 바라네" 하고
말하였기 때문이다.
50 "자네가 나의 딸들을 박대하거나, 나
의 딸들을 두고서 달리 아내들을 얻
으면, 자네와 나 사이에는 아무도 없
다고 하더라도, 하나님이 자네와 나
사이에 증인으로 계시다는 것을 명
심하게."
51 ○라반은 야곱에게 또 다짐하였다.
"이 돌무더기를 보게. 그리고 내가
자네와 나 사이에다 세운 이 돌기둥
을 보게.
52 이 돌무더기가 증거가 되고, 이 돌기
둥이 증거가 될 것이네. 내가 이 돌
무더기를 넘어 자네 쪽으로 가서 자
네를 치지 않을 것이니, 자네도 또한
이 돌무더기와 이 돌기둥을 넘어 내
가 있는 쪽으로 와서 나를 치지 말
게.
53 아브라함의 하나님, 나홀의 하나님,
그들의 조상의 하나님이 우리 사이
를 판가름하여 주시기를 바라네." 그
러자 야곱은 그의 아버지 이삭을 지
켜 주신 '두려운 분'의 이름으로 맹세
하였다.
54 야곱은 거기 산에서 제사를 드리고,

제것으로 그것을 보충하여 드렸습니다는 '당신이 나에게 배상을 요구했다'로 번역되어야 한다(NIV). 율법에서도 이 경우에는 목자에게 책임이 없다고 규정되어 있다(출 22:13).

31:43-55 라반과 야곱 사이에 있었던 불화가 해소되는 장면이다. 야곱의 항의에 대해서 라반은 자신의 정당성을 변명하지도 않았으며 야곱을 비난하지도 않았다. 오히려 그는 야곱을 부당하게 대한 일로 인하여 양심의 가책을 받았다.

31:53 라반은 아브라함의 하나님과 나홀의 하나님을 구별하여 두 신들로 언급하고 있다. 라반과 달리, 야곱은 참 하나님이신 주님의 이름으로 맹세했다. '그들의 조상의 하나님'이란 표현은 이 두 신들을 언급한 것이거나, 나홀의 하나님 곧 라반이 섬기는 신을 아브라함이 섬겼던 주님으로 동일시하려는 시도였을 것이다.

㉠ '증거의 무더기'를 아람어로는 여갈사하두다라고 하고, 히브리어로는 갈르엣이라 함 ㉡ '망루'

친족들을 식탁에 초대하였다. 그들
은 산에서 제사 음식을 함께 먹고,
거기에서 그 날 밤을 보냈다.
55 ○라반은 다음날 아침 일찍 일어나,
자기 손자 손녀들과 딸들에게 입을
맞추고, 그들에게 축복하고, 길을 떠
나서 고향으로 돌아갔다.

야곱이 에서를 만날 준비를 하다

32 야곱이 길을 떠나서 가는데,
하나님의 천사들이 야곱 앞에
나타났다.
2 야곱이 그들을 알아보고 "이 곳은
하나님의 진이구나!" 하면서, 그 곳
이름을 ㉠마하나임이라고 하였다.
3 ○야곱이 에돔 벌 세일 땅에 사는
형 에서에게, 자기보다 먼저 심부름
꾼들을 보내면서
4 지시하였다. "너희는 나의 형님 에서
에게 가서, 이렇게 전하여라. '주인의
종 야곱이 이렇게 아룁니다. 저는 그
동안 라반에게 몸붙여 살며, 최근까
지도 거기에 머물러 있었습니다.
5 저에게는 소와 나귀, 양 떼와 염소
떼, 남종과 여종이 있습니다. 형님께
이렇게 소식을 전하여 드립니다. 형
님께서 저를 너그럽게 보아 주십시
오.'"
6 ○심부름꾼들이 에서에게 갔다가,
야곱에게 돌아와서 말하였다. "주인
어른의 형님인 에서 어른께 다녀왔
습니다. 그분은 지금 부하 사백 명을
거느리고, 주인 어른을 치려고 이리
로 오고 있습니다."
7 야곱은 너무나 두렵고 걱정이 되어
서, 자기 일행과 양 떼와 소 떼와 낙
타 떼를 두 패로 나누었다.
8 에서가 와서 한 패를 치면, 나머지
한 패라도 피하게 해야겠다는 속셈
이었다.
9 ○야곱은 기도를 드렸다. "할아버지
아브라함을 보살펴 주신 하나님, 아
버지 이삭을 보살펴 주신 하나님, 고
향 친족에게로 돌아가면 은혜를 베
푸시겠다고 저에게 약속하신 주님,
10 주님께서 주님의 종에게 베푸신 이
모든 은총과 온갖 진실을, 이 종은
감히 받을 자격이 없습니다. 제가 이
요단 강을 건널 때에, 가진 것이라고
는 지팡이 하나뿐이었습니다만, 이
제 저는 이처럼 두 무리나 이루었습
니다.
11 부디, 제 형의 손에서, 에서의 손에
서, 저를 건져 주십시오. 형이 와서
저를 치고, 아내들과 자식들까지 죽
일까 두렵습니다.
12 주님께서 말씀하시기를 '내가 반드
시 너에게 은혜를 베풀어서, 너의 씨
가 바다의 모래처럼 셀 수도 없이 많
아지게 하겠다' 하시지 않으셨습니
까?"

32장 요약 사백 명을 거느리고 나오는 에서를 보자, 야곱은 큰 위기를 느꼈다. 그럼에도 그는 모두 강을 건너도록 함으로써, 고향으로 돌아가라는 하나님의 말씀(31:13)에 순종하는 믿음을 보여 주었다. 야곱은 얍복 강변에서 천사와 씨름을 함으로 간절한 기도의 모습을 보여 준다.

㉠ '두 진지'

32:1-2 야곱이 고향을 떠나 밧단아람으로 가던 중, 베델에서 하룻밤을 지낸 적이 있었다. 그 때 그는 꿈 속에서 천사들을 보았고, 그 후 20년이 지나 고향으로 돌아가는 중 다시 천사들을 만나게 되었다. 그에게 있어서 천사들의 임재는 하나님의 보호하심을 확신시켜 주는 표시였다(참조. 28:15;31:3).

32:22 얍복 나루 문자적으로 '씨름꾼'을 뜻한다.

32:24-30 이 부분에 대한 성경 자체의 해석이

13 ○그 날 밤에 야곱은 거기에서 묵었
다. 야곱은 자기가 가진 것 가운데
서, 자기의 형 에서에게 줄 선물을
따로 골라 냈다.
14 암염소 이백 마리와 숫염소 스무 마
리, 암양 이백 마리와 숫양 스무 마
리,
15 젖을 빨리는 낙타 서른 마리와 거기
에 딸린 새끼들, 암소 마흔 마리와
황소 열 마리, 암나귀 스무 마리와
새끼 나귀 열 마리였다.
16 야곱은 이것들을 몇 떼로 나누고,
자기의 종들에게 맡겨서, 자기보다
앞서서 가게 하고, 떼와 떼 사이에
거리를 두게 하라고 일렀다.
17 야곱은 맨 앞에 선 종에게 지시하였
다. "나의 형 에서가 너를 만나서, 네
가 뉘 집 사람이며, 어디로 가는 길
이며, 네가 끌고 가는 이 짐승들이
다 누구의 것이냐고 묻거든,
18 너는 그에게 '이것은 모두 주인의 종
야곱의 것인데, 야곱이 그 형님 에서
께 드리는 선물입니다. 야곱은 우리
뒤에 옵니다' 하고 말하여라."
19 야곱은, 둘째 떼를 몰고 떠나는 종
과, 셋째 떼를 몰고 떠나는 종과, 나
머지 떼를 몰고 떠나는 종들에게도,
똑같은 말로 지시하였다. "너희는 에
서 형님을 만나거든, 그에게 똑같이
말하여야 한다.
20 그리고 '주인의 종 야곱은 우리 뒤에
옵니다' 하고 말하는 것을 잊지 않도
록 하여라." 야곱이 이렇게 지시한
것은, 자기가 미리 여러 차례 보낸 선
물들이 그 형 에서의 분노를 서서히
풀어 주고, 마침내 서로 만날 때에
는, 형이 자기를 반가이 맞아 주리라
고 생각하였기 때문이다.
21 그래서 야곱은 선물을 실은 떼를 앞
세워서 보내고, 자기는 그 날 밤에
장막에서 묵었다.

야곱이 브니엘에서 씨름을 하다

22 ○그 밤에 야곱은 일어나서, 두 아내
와 두 여종과 열한 아들을 데리고,
얍복 나루를 건넜다.
23 야곱은 이렇게 식구들을 인도하여
개울을 건너 보내고, 자기에게 딸린
모든 소유도 건너 보내고 난 다음에,
24 뒤에 홀로 남았는데, 어떤 이가 나타
나 야곱을 붙잡고 동이 틀 때까지
씨름을 하였다.
25 그는 도저히 야곱을 이길 수 없다는
것을 알고서, 야곱의 엉덩이뼈를 쳤
다. 야곱은 그와 씨름을 하다가 엉덩
이뼈를 다쳤다.
26 그가, 날이 새려고 하니 놓아 달라고
하였지만, 야곱은 자기에게 축복해
주지 않으면 보내지 않겠다고 떼를
썼다.
27 그가 야곱에게 물었다. "너의 이름

호세아서 12:3-4에 나타나고 있다. 호세아 예언자는 본문에서의 '씨름'을 '울며 간구한 것'으로 정의하고 있다. 따라서 24절의 '어떤 이'도 기도의 대상인 하나님으로 보아야 한다. 야곱은 이 점을 인식하고 있었기 때문에 하나님께 축복을 꼭 받겠다는 의지를 나타냈다(26절). 호세아 예언자는 야곱이 완강하게 하나님에게 매달린 모습을 출생 시 형의 발뒤꿈치를 잡은 것에 비유했다. 둘 다 하나님의 축복을 받으려는 그의 끈질김을 상징한다. 25절에서의 표현은 결코 하나님의 전능을 깎아내리는 것이 아니라, 지속적인 시도의 능력을 돋보이게 하려는 것이다(참조. 눅 18:7).

32:27 너의 이름이 무엇이냐? 그의 이름을 모르시기 때문에 질문하신 게 아니다. 야곱에게 그의 이름의 의미를 상기시키기 위함이었다.

32:28 네가…이겼으니 라틴 불가타 역본은 '만일 네가 하나님께 그토록 강하게 맞섰다면 사람들에게는 더욱더 이기지 않겠느냐?'라고 번역하였다.

이 무엇이냐?" 야곱이 대답하였다.
"야곱입니다."
28 ㉠그 사람이 말하였다. "네가 하나님
과도 겨루어 이겼고, 사람과도 겨루
어 이겼으니, 이제 네 이름은 야곱이
아니라 ㉡이스라엘이다."
29 야곱이 말하였다. "당신의 이름이
무엇인지 가르쳐 주십시오." 그러나
그는 "어찌하여 나의 이름을 묻느
냐?" 하면서, 그 자리에서 야곱에게
축복하여 주었다.
30 야곱은 "내가 하나님의 얼굴을 직접
뵙고도, 목숨이 이렇게 붙어 있구
나!" 하면서, 그 곳 이름을 ㉢브니엘
이라고 하였다.
31 그가 브니엘을 지날 때에, 해가 솟아
올라서 그를 비추었다. 그는, 엉덩이
뼈가 어긋났으므로, 절뚝거리며 걸
었다.
32 밤에 나타난 그가 야곱의 엉덩이뼈
의 힘줄을 쳤으므로, 이스라엘 사람
들은 오늘날까지 짐승의 엉덩이뼈의
큰 힘줄을 먹지 않는다.

야곱이 에서를 만나다

33 야곱이 고개를 들어 보니, 에서
가 장정 사백 명을 거느리고
오고 있었다. 야곱은, 아이들을 레아
와 라헬과 두 여종에게 나누어서 맡
기고,
2 두 여종과 그들에게서 난 아이들은
앞에 세우고, 레아와 그에게서 난 아
이들은 그 뒤에 세우고, 라헬과 요셉
은 맨 뒤에 세워서 따라오게 하였다.
3 야곱은 맨 앞으로 나가서 형에게로
가까이 가면서, 일곱 번이나 땅에 엎
드려 절을 하였다.
4 ○그러자 에서가 달려와서, 그를 끌
어안았다. 에서는 두 팔을 벌려, 야
곱의 목을 끌어안고서, 입을 맞추고,
둘은 함께 울었다.
5 에서가 고개를 들어, 여인들과 아이
들을 보면서 물었다. "네가 데리고
온 이 사람들은 누구냐?" 야곱이
대답하였다. "이것들은 하나님이 형
님의 못난 아우에게 은혜로 주신 자
식들입니다."
6 그러자 두 여종과 그들에게서 난 아
이들이 앞으로 나와서, 엎드려 절을
하였다.
7 다음에는 레아와 그에게서 난 아이
들이 앞으로 나와서, 엎드려 절을 하
였다. 마지막으로 요셉과 라헬이 나
와서, 그들도 엎드려 절을 하였다.
8 에서가 물었다. "내가 오는 길에 만
난 가축 떼는 모두 웬 것이냐?" 야
곱이 대답하였다. "형님께 은혜를 입
고 싶어서, 가지고 온 것입니다."
9 에서가 말하였다. "아우야, 나는 넉
넉하다. 너의 것은 네가 가져라."
10 야곱이 말하였다. "아닙니다, 형님,

33장 요약 야곱과 에서가 서로 화해하는 광경이 묘사되어 있다. 이로써 처음 도피하던 야곱에게 나타나사 보호와 동행을 약속하셨던 하나님의 '충계 언약'(28:13-15)이 그대로 성취된 셈이다. 이것을 전날 밤 얍복 강변에서 드린 기도의 응답으로 확신한 야곱은 하나님께 제단을 쌓았다.

33:10 형님의 얼굴을…뵙는 듯합니다 이것은 단순히 아첨하는 말이 아니다. 야곱은 에서의 마음이 돌아선 것이 하나님에 의한 것임을 확신했다. 따라서 야곱은 에서의 밝은 얼굴에서 자신에게 은총을 베푸시는 하나님의 모습을 볼 수 있었다.

33:18-20 야곱은 세겜 땅을 매입하고 하나님께 제단을 쌓았다. 아브라함이 가나안 땅에 들었을 때 취했던 행동을(12:8) 본받은 것으로, 하나님의

㉠ 히, '그가' ㉡ '하나님과 겨루다' 또는 '하나님이 겨루시다'
㉢ '하나님의 얼굴'

형님께서 저를 좋게 보시면, 제가 드
리는 이 선물을 받아 주십시오. 형
님께서 저를 이렇게 너그럽게 맞아
주시니, 형님의 얼굴을 뵙는 것이 하
나님의 얼굴을 뵙는 듯합니다.
11 하나님이 저에게 은혜를 베푸시므
로, 제가 가진 것도 이렇게 넉넉하게
되었습니다. 그러니 제가 형님께 가
지고 온 이 선물을 기꺼이 받아 주시
기 바랍니다." 야곱이 간곡히 권하므
로, 에서는 그 선물을 받았다.
12 ○에서가 말하였다. "자, 이제 갈 길
을 서두르자. 내가 앞장을 서마."
13 야곱이 그에게 말하였다. "형님께서
도 아시다시피, 아이들이 아직 어립
니다. 또 저는 새끼 딸린 양 떼와 소
떼를 돌봐야 합니다. 하루만이라도
지나치게 빨리 몰고 가면 다 죽습니
다.
14 형님께서는 이 아우보다 앞서서 떠
나십시오. 그렇게 하시면, 저는 앞에
가는 이 가축 떼와 아이들을 이끌
고, 그들의 걸음에 맞추어 천천히 세
일로 가서, 형님께 나가겠습니다."
15 ○에서가 말하였다. "그렇다면, 내가
나의 부하 몇을 너와 같이 가게 하겠
다." 야곱이 말렸다. "그러실 것까지
는 없습니다. 형님께서 저를 너그럽
게 맞아 주신 것만으로도 만족합니
다."
16 그 날로 에서는 길을 떠나 세일로 돌
아갔고,
17 야곱은 ㉠숙곳으로 갔다. 거기에서
야곱은 자기들이 살 집과 짐승이 바
람을 피할 우리를 지었다. 그래서 그
곳 이름이 숙곳이 되었다.
18 ○야곱이 밧단아람을 떠나, 가나안
땅의 세겜 성에 무사히 이르러서, 그
성 앞에다가 장막을 쳤다.
19 야곱은, 장막을 친 그 밭을, 세겜의
아버지인 하몰의 아들들에게서 은
백 냥을 주고 샀다.
20 야곱은 거기에서 제단을 쌓고, 그 이
름을 ㉡엘엘로헤이스라엘이라고 하
였다.

디나가 폭행을 당하다

34 레아와 야곱 사이에서 태어난
딸 디나가 그 지방 여자들을
보러 나갔다.
2 히위 사람 하몰에게는 세겜이라는
아들이 있는데, 세겜은 그 지역의 통
치자였다. 세겜이 디나를 보자, 데리
고 가서 욕을 보였다.
3 그는 야곱의 딸 디나에게 마음을 빼
앗겼다. 그는 디나를 사랑하기 때문
에, 디나에게 사랑을 고백하였다.
4 세겜은 자기 아버지 하몰에게 말하
였다. "이 처녀를 아내로 삼게 해주
십시오."
5 ○야곱이 자기의 딸 디나의 몸을 세

자녀가 세상의 자녀와 구분되어야 함을 시사한다.
33:19 대가를 지불하고 땅을 구입한 야곱의 행위는 가나안의 모든 땅을 영원히 소유하게 될 것을 확신하는 믿음의 표시였다. 그의 후손들은 이 땅을 줄곧 기억했으며, 가나안 정복 후에 이집트에서 운반한 요셉의 유해를 이곳에 묻었다(수 24:32). 아브라함도 막벨라 부근의 땅을 헷 족속에게서 구입했던 적이 있다(23:16–18).

㉠ '초막' ㉡ '하나님, 이스라엘의 하나님'

34장 요약 히위 사람 세겜이 야곱의 딸 디나를 겁탈하고 이에 분노한 시므온과 레위가 성의 모든 남자들을 살육한 사건이 기록되어 있다. 이 사건은 야곱이 다시 고향으로 돌아올 때 베델에 '하나님의 집'을 짓겠다고 한 맹세를 행하지 않고, 여러 해 동안 세겜에 머물러 있다가 야곱 일가에 내려진 하나님의 징벌이자 경고였다.

겜이 더럽혔다는 말을 들을 때에, 그
의 아들들은 가축 떼와 함께 들에
있었다. 야곱은 아들들이 돌아올 때
까지 이 일을 입 밖에 내지 않았다.
6 세겜의 아버지 하몰이 청혼을 하려
고, 야곱을 만나러 왔다.
7 와서 보니, 야곱의 아들들이 이미 디
나에게 일어난 일을 듣고, 들에서 돌
아와 있었다. 세겜이 야곱의 딸을 욕
보여서, 이스라엘 사람에게 부끄러
운 일 곧 해서는 안 될 일을 하였으
므로, 야곱의 아들들은 슬픔과 분노
를 억누르지 못하고 있었다.
8 ○하몰이 그들에게 말하였다. "나의
아들 세겜이 댁의 따님에게 반했습
니다. 댁의 따님과 나의 아들을 맺어
주시기 바랍니다.
9 우리 사이에 서로 통혼할 것을 제의
합니다. 따님들을 우리 쪽으로 시집
보내어 주시고, 우리의 딸들도 며느
리로 데려가시기 바랍니다.
10 그리고 우리와 함께 섞여서, 여기에
서 같이 살기를 바랍니다. 땅이 여러
분 앞에 있습니다. 이 땅에서 자리
를 잡고, 여기에서 장사도 하고, 여기
에서 재산을 늘리십시오."
11 세겜도 디나의 아버지와 오라버니들
에게 간청하였다. "저를 너그러이 보
아 주시기 바랍니다. 원하시는 것은
무엇이든지 드리겠습니다.
12 신부를 데려오는 데 치러야 할 값을
정해 주시고, 제가 가져 와야 할 예
물의 값도 정해 주시기 바랍니다. 아
무리 많이 요구하셔도, 요구하시는
만큼 제가 치르겠습니다. 다만 제가
바라는 것은, 디나를 저의 아내로
주시기를 바라는 것뿐입니다."
13 ○야곱의 아들들은, 세겜이 그들의
누이 디나를 욕보였으므로, 세겜과
그의 아버지 하몰에게 짐짓 속임수
를 썼다.
14 그들은 세겜과 하몰에게 이렇게 말
하였다. "우리는 그렇게 할 수 없습
니다. 할례를 받지 않은 남자에게 우
리의 누이를 줄 수 없습니다. 그렇게
하는 것은 우리에게 부끄러운 일입니
다.
15 조건이 하나 있습니다. 당신들 쪽에
서 남자들이 우리처럼 모두 할례를
받겠다고 하면, 그 청혼을 받아들이
겠습니다.
16 그렇게 하면, 우리가 딸들을 당신들
에게로 시집도 보내고, 당신네 딸들
을 우리가 며느리로 삼으며, 당신들
과 함께 여기에서 살고, 더불어 한
겨레가 되겠습니다.
17 그러나 당신들 쪽에서 할례 받기를
거절하면, 우리는 우리의 누이를 데
리고 여기에서 떠나겠습니다."
18 ○하몰과 그의 아들 세겜은, 야곱의

34:5 아들들이 돌아올 때까지 이 일을 입 밖에 내지 않았다 아버지는 딸의 장래 문제에 대하여 결정할 수 있는 권한을 가졌다. 그러나 장성한 아들들이 있을 경우에는 그들의 의견을 무시할 수 없었다. 그들도 여동생의 일에 관한 한 아버지에 못지 않은 권한을 가졌기 때문이다(참조. 24:50).

34:8-12 세겜과 그의 아버지 하몰은 벌어진 일에 대해서 한 마디의 사과도 하지 않았다. 단지 디나와의 결혼을 허락한다면, 어떠한 대가라도 지불하겠다고 말했을 뿐이다. 이와 같은 그들의 몰염치한 태도가 야곱의 아들들을 더욱 격분하게 했다. 후에 시므온과 레위는 세겜이 여동생을 창녀같이 취급했다고 말했다(31절). 마치 돈을 주기만 하면 언제라도 함께 즐길 수 있는 창녀처럼 여동생을 생각했음을 비난하는 말이다.

34:18-24 하몰과 세겜은 그들이 거주하던 땅의 주민들로부터 할례 받을 것에 대한 동의를 얻었다. 그 이유는 야곱의 아들들이 부지런하여 번영

아들들이 내놓은 제안을 좋게 여겼
다.
19 그래서 그 젊은이는 시간을 지체하
지 않고, 그들이 제안한 것을 실천으
로 옮겼다. 그만큼 그는 야곱의 딸을
좋아하였다. 세겜은 자기 아버지의
집안에서 가장 존귀한 인물이었다.
20 하몰과 그의 아들 세겜이 성문께로
가서, 그들의 성읍 사람들에게 말하
였다.
21 "이 사람들이 우리에게 우호적입니
다. 그러니 그들이 우리 땅에서 살면
서, 우리와 함께 물건을 서로 사고팔
게 합시다. 이 땅은 그들을 받아들
일 수 있을 만큼 넓습니다. 우리가
그들의 딸들과 결혼할 수 있게 하고,
그들은 우리의 딸들과 결혼할 수 있
게 합시다.
22 그러나 이 사람들이 기꺼이 우리와
한 겨레가 되어서, 우리와 함께 사는
데는, 조건이 하나 있습니다. 그들이
할례를 받는 것처럼, 우리쪽 남자들
이 모두 할례를 받아야 한다는 것입
니다.
23 그렇게 하면, 그들의 양 떼와 재산과
집짐승이 모두 우리의 것이 되지 않
겠습니까? 다만, 그들이 우리에게 요
구하는 것은 그대로 합시다. 우리가
그렇게 할례를 받으면, 그들이 우리
와 함께 살 것입니다."
24 그 성읍의 모든 장정이, 하몰과 그의
아들 세겜이 제안한 것을 좋게 여겼
다. 그래서 그 장정들은 모두 할례를
받았다.
25 ○사흘 뒤에, 장정 모두가 아직 상처
가 아물지 않아서 아파하고 있을 때
에, 야곱의 아들들 곧 디나의 친오
라버니들인 시므온과 레위가, 칼을
들고 성읍으로 쳐들어가서, 순식간
에 남자들을 모조리 죽였다.
26 그들은 하몰과 그의 아들 세겜도 칼
로 쳐서 죽이고, 세겜의 집에 있는
디나를 데려왔다.
27 야곱의 다른 아들들은, 죽은 시체에
달려들어서 털고, 그들의 누이가 욕
을 본 그 성읍을 약탈하였다.
28 그들은, 양과 소와 나귀와 성 안에
있는 것과 성 바깥들에 있는 것과
29 모든 재산을 빼앗고, 어린 것들과 아
낙네들을 사로잡고, 집 안에 있는 물
건을 다 약탈하였다.
30 일이 이쯤 되니, 야곱이 시므온과 레
위를 나무랐다. "너희는 나를 오히
려 더 어렵게 만들었다. 이제 가나안
사람이나, 브리스 사람이나, 이 땅에
사는 모든 사람이, 나를 사귀지도
못할 추한 인간이라고 여길 게 아니
냐? 우리는 수가 적은데, 그들이 합
세해서, 나를 치고, 나를 죽이면, 나
와 나의 집안이 다 몰살당할 수밖에

을 누리고 있었고 자기들과 동맹을 맺으면 자신들뿐 아니라 이웃들도 유익이 되리라는 약속을 했기 때문이었다. 즉, 그들과 동맹을 맺게 되면 토지 개량과 교역 증진이 이루어져 그 땅 백성들이 부유하게 되겠다고 생각한 것이다.

34:20 성문께로 가서 성문 주변은 사람들이 많이 모이는 곳이다. 따라서 상거래가 활발히 이루어지고 성읍 장로들이 재판을 포함한 여러 가지 일을 맡아 보기도 한다.

34:21 이 땅은 그들을 받아들일 수 있을 만큼 넓습니다 이 당시는 인구가 많지 않았기 때문에, 주인이 없는 땅이 많았다. 하몰 부자의 의도는 이런 곳에 야곱 일행이 거주하도록 하자는 것이다.

34:25-31 야곱의 아들들 가운데 두 아들 시므온과 레위는 세겜 사람들의 목을 벰으로써 아버지 야곱의 마음에 상처를 주었다.

34:30 브리스 사람 세겜 근처의 사람들(13:7)이나 유대 산지의 사람들(삿 1:4-5)을 가리킨다.

없지 않느냐?"
31 그들이 대답하였다. "그가 우리 누이
를 창녀 다루듯이 하는 데도, 그대
로 두라는 말입니까?"

하나님이 야곱에게 복을 주시다

35 하나님이 야곱에게 말씀하셨
다. "어서 베델로 올라가, 거기
에서 살아라. 네가 너의 형 에서 앞
에서 피해 도망칠 때에, 너에게 나타
난 그 하나님께 제단을 쌓아서 바쳐
라."
2 야곱은, 자기의 가족과 자기가 거느
리고 있는 모든 사람에게 명령하였
다. "너희가 가지고 있는 이방 신상
들을 다 버려라. 몸을 깨끗이 씻고,
옷을 갈아입어라.
3 이제 우리는 이 곳을 떠나서, 베델로
올라간다. 거기에다 나는, 내가 고생
할 때에 나의 간구를 들어 주시고,
내가 가는 길 어디에서나 나와 함께
다니면서 보살펴 주신, 그 하나님께
제단을 쌓아서 바치고자 한다."
4 그들은, 자기들이 가지고 있는 모든
이방 신상과 귀에 걸고 있는 귀고리
를 야곱에게 가져 왔다. 야곱은 그
것들을 세겜 근처 상수리나무 밑에
묻었다.
5 ○그런 다음에 그들은 길을 떠났다.
하나님이 사방에 있는 모든 성읍 사
람을 두려워 떨게 하셨으므로, 아무
도 야곱의 아들들을 추격하지 못하
였다.
6 야곱과, 그가 거느린 모든 사람이,
가나안 땅 루스 곧 베델에 이르렀다.
7 야곱이 거기에서 제단을 쌓은 뒤에,
그가 형을 피해서 떠날 때에, 베델에
서 하나님이 나타나신 것을 생각하
고, 그 곳 이름을 ㉠엘베델이라고 하
였다.
8 ○리브가의 유모 드보라가 죽어서,
베델 아래쪽 상수리나무 밑에 묻히
니, 사람들이 그 나무 이름을 ㉡알론
바굿이라고 하였다.
9 ○야곱이 밧단아람에서 돌아온 뒤
에, 하나님이 그에게 다시 나타나셔
서 복을 주셨다.
10 하나님이 그에게 말씀하셨다. "너의
이름이 야곱이었지만, 이제부터 너
의 이름은 야곱이 아니라 이스라엘
이다." 하나님이 그의 이름을 이스라
엘이라고 하셨다.
11 하나님이 그에게 말씀하셨다. "나는
㉢전능한 하나님이다. 너는 생육하고
번성할 것이다. 한 민족과 많은 갈래
의 민족이 너에게서 나오고, 너의 자
손에게서 왕들이 나올 것이다.
12 내가 아브라함과 이삭에게 준 땅을
너에게 주고, 그 땅을 내가 너의 자
손에게도 주겠다."
13 그런 다음에 하나님은 야곱과 말씀

35장 요약 세겜 성의 대량 살육으로 주변 가나안 사람들의 보복을 두려워하고 있던 야곱에게, 하나님은 곧장 베델로 갈 것을 재촉하셨다. 용기를 얻은 야곱은 가족과 일행에게 우상 숭배를 중단하라는 신앙의 결단을 촉구한다. 라헬은 베냐민을 낳다가 사망하고, 이삭의 죽음으로 야곱이 족장의 지위를 계승하게 된다.

㉠ '베델의 하나님' ㉡ '통곡의 상수리나무' ㉢ 히, '엘 샤다이'

35:9 창세기 기자는 밧단아람(하란)에서 야곱이 고향으로 돌아왔다고 표현하고 있다. 고향 '베델'로의 귀환은 야곱의 생애에 있어서 한 분기점이 되었다고 볼 수 있다(참조. 28:15).

35:16-26 라헬은 베들레헴에 거의 도착해 가는 중에 산고를 겪다가 결국 죽었다. 그녀는 죽어가면서 낳은 아들을 '베노니', 곧 '슬픔의 아들'이라 이름을 지었다. 그러나 야곱은 아들의 이름을 부를 때마다 슬픔을 되새기고 싶지 않았기 때문에

하시던 곳을 떠나서 올라가셨다.
14 야곱은 하나님이 자기와 말씀을 나
누시던 곳에 기둥 곧 돌기둥을 세우
고, 그 위에 부어 드리는 제물을 붓
고, 그 위에 기름을 부었다.
15 야곱은 하나님이 자기와 말씀을 나
누시던 곳의 이름을 베델이라고 하
였다.

라헬이 죽다

16 ○그들이 베델을 떠나 에브랏에 아
직 채 이르기 전에, 라헬이 몸을 풀
게 되었는데, 고통이 너무 심하였다.
17 아이를 낳느라고 산고에 시달리는
데, 산파가 라헬에게 말하였다. "두
려워하지 마셔요. 또 아들을 낳으셨
어요."
18 그러나 산모는 숨을 거두고 있었다.
산모는 마지막 숨을 거두면서, 자기
가 낳은 아들의 이름을 ㉠베노니라고
하였다. 그러나 그 아이의 아버지는
아들의 이름을 ㉡베냐민이라고 하였
다.
19 라헬이 죽으니, 사람들은 그를 에브
랏 곧 베들레헴으로 가는 길 가에다
가 묻었다.
20 야곱이 라헬의 무덤 앞에 비석을 세
웠는데, 오늘날까지도 이 묘비가 라
헬의 무덤을 가리키고 있다.
21 ○이스라엘이 다시 길을 떠나서, 에
델 망대 건너편에 자리를 잡고 장막
을 쳤다.
22 이스라엘이 바로 그 지역에서 머물
때에, 르우벤이 아버지의 첩 빌하를
범하였는데, 이스라엘에게 이 소식
이 들어갔다.

야곱의 아들들 (대상 2:1-2)

○야곱의 아들은 열둘이다.
23 레아에게서 얻은 아들은 야곱의 맏
아들 르우벤과 시므온과 레위와 유
다와 잇사갈과 스불론이다.
24 라헬에게서 얻은 아들은, 요셉과 베
냐민이다.
25 라헬의 몸종 빌하에게서 얻은 아들
은 단과 납달리이다.
26 레아의 몸종 실바에게서 얻은 아들
은 갓과 아셀이다. 이들은 모두 야곱
이 밧단아람에서 얻은 아들들이다.

이삭이 죽다

27 ○야곱이 기럇아르바 근처 마므레로
가서, 자기 아버지 이삭에게 이르렀
다. 기럇아르바는 아브라함과 이삭
이 살던 헤브론이다.
28 이삭의 나이는 백여든 살이었다.
29 이삭은 늙고, 나이가 들어서, 목숨이
다하자, 죽어서 조상들 곁으로 갔다.
아들 에서와 야곱이 그를 안장하였
다.

에서의 자손 (대상 1:34-37)

36 에서 곧 에돔의 족보는 다음과
같다.

이름을 '베냐민' 곧 '오른손의 아들'로 바꿔 불렀다. 이는 '이 아들은 내게 매우 소중하며 내 오른쪽에 앉아서 축복을 받고 내 오른손에 들린 지팡이처럼 내 노년을 지탱해 주리라'는 의미다.

35:21 에델 망대 '양 떼의 망대'라는 뜻으로, 도적들에 의한 피해를 막고 양 떼를 감시하기 위하여 세운 망대를 의미한다(대하 26:10).

35:23-26 이스라엘 열두 지파의 조상이 될 야곱의 아들들의 이름을 반복 기록하여 강조한다.

36장 요약 이스라엘 민족과 적대 관계에 있었던 에돔 족속의 명단이 열거되고 있다. 이삭의 죽음에 이어 에서와 그 후예들이 장황하게 소개된 것은 "두 민족이 너의 태 안에 들어 있다. 너의 태 안에서 두 백성이 나뉠 것이다"(25:23)라고 하신 하나님의 예언이 성취되고 있음을 미리 보여 주기 위함인 것이다.

㉠ '내 슬픔의 아들' ㉡ '오른손의 아들' 또는 '남쪽의 아들'

2 에서는 가나안 여인 세 사람을 아내
로 맞아들였다. 아다는 헷 사람 엘
론의 딸이다. 오홀리바마는 히위 사
람 시브온의 ㉠딸 아나에게서 태어
났다.
3 바스맛은 이스마엘의 딸이며, 느바
욧의 누이이다.
4 아다는 엘리바스를 낳고, 바스맛은
르우엘을 낳고,
5 오홀리바마는 여우스와 얄람과 고
라를 낳았다. 이들은 에서의 아들인
데, 에서가 가나안 땅에서 얻은 아
들들이다.
6 ○에서는 아내들과 아들들과 딸들
과 자기 집의 모든 사람과 집짐승과
또 다른 모든 짐승과 가나안 땅에서
얻은 모든 재산을 이끌고, 아우 야
곱과는 좀 떨어진 다른 곳으로 갔
다.
7 두 사람은 재산이 너무 많아서, 함께
살 수 없었다. 그들은 특히 집짐승이
많아서, 거기에서 그대로 살 수 없었
다.
8 그래서 에서 곧 에돔은 세일 산에
자리를 잡았다.
9 ○세일 산간지방에 사는 에돔 사람
의 조상 에서의 족보는 다음과 같
다.
10 에서의 아들들의 이름은 다음과 같
다. 에서의 아내 아다가 낳은 아들
은 이름이 엘리바스이고, 에서의 아
내 바스맛이 낳은 아들은 르우엘이
다.
11 엘리바스가 낳은 아들은 데만과 오
말과 스보와 가담과 그나스이다.
12 에서의 아들 엘리바스와 그의 첩 딤
나 사이에서는 아들 아말렉이 태어
났다. 이들은 에서의 아내 아다가 낳
은 자손이다.
13 르우엘이 낳은 아들은, 나핫과 세라
와 삼마와 밋사이다. 이들은 에서의
아내 바스맛이 낳은 자손이다.
14 에서의 아내 오홀리바마(시브온의
㉠딸 아나의 소생)가 낳은 아들은 여
우스와 얄람과 고라이다.
15 ○에서에게서 나온 ㉡종족들은 다음
과 같다. 에서의 맏아들 엘리바스를
조상으로 하는 종족들은 데만과 오
말과 스보와 그나스와
16 고라와 가담과 아말렉이다. 이들은
에돔 땅에 있는 엘리바스 종족들이
다. 이들은 에서의 아내 아다가 낳은
자손이다.
17 에서의 아들 르우엘을 조상으로 하
는 종족들은 나핫과 세라와 삼마와
밋사이다. 이들은 에돔 땅에 있는 르
우엘 종족들이다. 이들은 에서의 아
내 바스맛이 낳은 자손이다.
18 에서의 아내 오홀리바마의 아들에게
서 나온 종족들은 다음과 같다. 여

36장 에서의 계보의 기록이다. 창세기 기자는 베델에서의 야곱의 약속 이행(35:14-15)과 베냐민의 탄생으로 인한 야곱의 열두 아들들의 성립(35:23-26), 이삭의 죽음(35:28-29)을 기록함으로써 새로운 국면하에서 이삭 다음 대를 열어갈 야곱의 족보(37장)를 준비하고 있다. 이러한 관점에서 모세는 자신의 기록 방식대로, 명실공히 이삭 이후의 하나님의 구원(복)의 기관으로 야곱을 자신의 기록 핵심부에 두기 위하여 먼저 에서의 계보를 본장에서 정리하고 있다. 따라서 모세는 연대기적으로 기록하기보다는 오히려 자신의 기록 목적에 따라 역사적 사실을 재구성하는 면이 강하다. 이러한 예는 이삭의 죽음이 순서상 창세기 37장 이후에 위치해야 함에도 불구하고 35장에서 언급되는 데서도 볼 수 있다.

36:9-19 에돔 사람의 조상 에서의 자식들과 손자

㉠ 사마리아 오경과 칠십인역과 시리아어역에는 '아들' ㉡ 또는 '족장들' (15-43절에서도)

우스와 알람과 고라이다. 이들은 에
서의 아내 오홀리바마(아나의 딸)가
낳은 아들들에게서 나온 종족들이
다.
19 이들은 에서 곧 에돔의 아들들이다.
이들이 족장들이 되었다.

세일의 자손 (대상 1:38-41)

20 ○에돔 땅의 원주민들도 종족별로
갈리는데, 각 종족의 조상들을 거슬
러 올라가면, 호리 사람인 세일의 아
들들에게로 가서 닿는다. 세일의 자
손에게서 나온 종족들은 로단과 소
발과 시브온과 아나와
21 디손과 에셀과 디산이다. 이들은 에
돔 땅에 있는 세일의 아들들로서, 호
리 사람의 종족들이다.
22 로단에게서 나온 종족은 호리와 헤
맘과 딤나(로단의 누이)이다.
23 소발에게서 나온 종족은 알완과 마
나핫과 에발과 스보와 오남이다.
24 시브온의 아들은 아야와 아나이다.
아버지 시브온의 나귀를 칠 때에, 광
야에서 온천을 발견한 사람이 바로
아나이다.
25 아나의 자손은 디손과 오홀리바마
(아나의 딸)이다.
26 디손에게서 나온 종족은 헴단과 에
스반과 이드란과 그란이다.
27 에셀에게서 나온 종족은 빌한과 사
아완과 아간이다.
28 디산에게서 나온 종족은 우스와 아
란이다.
29 호리 종족의 조상들은 로단과 소발
과 시브온과 아나와
30 디손과 에셀과 디산이다. 이들은 그
갈래를 따라 분류하면, 세일 땅에
사는 호리 종족의 조상들이다.

에돔의 왕들 (대상 1:43-54)

31 ○이스라엘에 왕이 아직 없을 때에,
다음과 같은 왕들이 차례로 에돔 땅
을 다스렸다.
32 브올의 아들 벨라가 에돔의 왕이 되
었다. 그의 도성의 이름은 딘하바이
다.
33 벨라가 죽으니, 보스라 사람 세라의
아들 요밥이 그의 뒤를 이어서 왕이
되었다.
34 요밥이 죽으니, 데만 사람의 땅에서
온 후삼이 그의 뒤를 이어서 왕이
되었다.
35 후삼이 죽으니, 브닷의 아들 곧 모압
벌판에서 미디안 사람을 친 하닷이
그의 뒤를 이어서 왕이 되었다. 그의
도성의 이름은 아윗이다.
36 하닷이 죽으니, 마스레가 출신 삼라
가 그의 뒤를 이어서 왕이 되었다.
37 삼라가 죽으니, 유프라테스 강 가에
살던 르호봇 사람 사울이 그의 뒤를
이어서 왕이 되었다.
38 사울이 죽으니, 악볼의 아들 바알하

들의 이름이 기록되어 있지만, 역사에 대한 기록은 전혀 없다. 에돔 사람의 족보는 3,4대 이상은 언급되지 않는다. 그것은 이스라엘 민족만이 거룩한 약속의 씨로, 가나안 땅의 상속자가 나와야 하기 때문이다.

36:20-30 이스라엘 민족이 가나안 종족들을 정복했던 것처럼 에서의 자손들도 세일 산의 원주민 호리 종족을 정복했던 것으로 되어 있다. 그러나 에서의 자손들이 원주민들을 완전히 멸하였거나, 그 땅에서 완전하게 몰아내었다고는 볼 수 없다. 이스라엘 민족이 가나안 땅을 정복한 후에도 일부 가나안 사람들은 여전히 그곳에 거하였던 것과 같다(삿 1:21,27-35). 또한 에서의 계보에 호리 종족의 족보가 언급되어 있는 것은 그들의 상당수가 에서의 자손들과 혼인함으로써 한 민족으로 동화되었음을 암시하는 것일 수도 있다. 에서의 아내 오홀리바마가 히위 여인이었던 점(2절)은 이 추측을 뒷받침한다.

난이 그의 뒤를 이어서 왕이 되었다.
39 악볼의 아들 바알하난이 죽으니, 그
의 뒤를 이어서 ㉠하닷이 왕이 되었
다. 그의 도성의 이름은 바우이다.
그의 아내의 이름은 므헤다벨인데,
마드렛의 딸이며, 메사합의 손녀이
다.
40 ○에서에게서 나온 종족들을 가문
과 거주지에 따라서 나누면, 각각
다음과 같다. 그 이름은 딤나와 알
와와 여뎃과
41 오홀리바마와 엘라와 비논과
42 그나스와 데만과 밉살과
43 막디엘과 이람이다. 이들이 에돔의
종족들이다. 종족들의 이름이 각 종
족들이 살던 거주지의 이름이 되었
다. 에돔 사람의 조상은 에서이다.

요셉과 형제들

37 야곱은 자기 아버지가 몸붙여
살던 땅 곧 가나안 땅에서 살
았다.
2 야곱의 역사는 이러하다. ○열일곱
살 된 소년 요셉이 아버지의 첩들인
빌하와 실바가 낳은 형들과 함께 양
을 치는데, 요셉은 형들의 허물을 아
버지에게 일러바치곤 하였다.
3 이스라엘은 늘그막에 요셉을 얻었으
므로, 다른 아들들보다 요셉을 더
사랑하여서, 그에게 ㉡화려한 옷을
지어서 입혔다.
4 형들은 아버지가 그를 자기들보다
더 사랑하는 것을 보고서 요셉을 미
워하며, 그에게 말 한 마디도 다정스
럽게 하는 법이 없었다.
5 ○한 번은 요셉이 꿈을 꾸고서 그것
을 형들에게 말한 일이 있는데, 그
일이 있은 뒤로부터 형들은 그를 더
욱더 미워하였다.
6 요셉이 형들에게 말하였다. "내가
꾼 꿈 이야기를 한 번 들어 보세요.
7 우리가 밭에서 곡식단을 묶고 있었
어요. 그런데 갑자기 내가 묶은 단이
우뚝 일어서고, 형들의 단이 나의 단
을 둘러서서 절을 하였어요."
8 형들이 그에게 말하였다. "네가 우리
의 왕이라도 될 성싶으냐? 정말로
네가 우리를 다스릴 참이냐?" 형들
은 그의 꿈과 그가 한 말 때문에 그
를 더욱더 미워하였다.
9 ○얼마 뒤에 그는 또 다른 꿈을 꾸
고, 그것을 형들에게 말하였다. "들
어 보세요. 또 꿈을 꾸었어요. 이번
에는 해와 달과 별 열한 개가 나에
게 절을 했어요."
10 그가 아버지와 형들에게 이렇게 말
할 때에, 그의 아버지가 그를 꾸짖었
다. "네가 꾼 그 꿈이 무엇이냐? 그
래, 나하고 너의 어머니하고 너의 형
들이 함께 너에게로 가서, 땅에 엎드
려서, 너에게 절을 할 것이란 말이

37장 요약 요셉이 형들의 시기를 받아 이집트로 팔려가는 내용이 수록되어 있다. 아브라함의 후손이 사백 년 동안 이방 땅에서 종살이할 것을 아브라함에게 예언하셨던 하나님은(15:13-16) 이 예언의 첫 단계로써 요셉을 이집트로 팔려가게 하신 것이다.

㉠ 마소라 사본 가운데 일부와 사마리아 오경과 시리아어역(대상 1:50)을 따름. 대다수의 마소라 사본에는 '하달' ㉡ 또는 '채색 옷'

37:2 야곱의 역사는 이러하다 이 말은 이 구절에서부터 이 책의 마지막 구절에 걸쳐 나타나는 이야기의 제목이다. 그러나 야곱의 족보는 야곱 대신 그의 아들 요셉에 관한 이야기가 대부분을 차지하고 있다. 그래서 요셉이 주인공인 것 같은 인상을 받는다. 그렇지만, 이것은 야곱의 일가가 이집트에 정착하게 된 것을 설명하는 과정에서 자연스럽게 기록된 것으로 볼 수 있다. 특히, 유다에 관한 기록(38장)과 임종시 야곱이 자식들에게 한

냐?"
11 그의 형들은 그를 시기하였지만, 아
버지는 그 말을 마음에 두었다.

요셉이 이집트로 팔려 가다

12 ○그의 형들은 아버지의 양 떼를 치
려고, 세겜 근처로 갔다.
13 이스라엘이 요셉에게 말하였다. "네
가 알고 있듯이, 너의 형들이 세겜
근처에서 양을 치지 않느냐? 내가
너를 너의 형들에게 좀 보내야겠다."
요셉이 대답하였다. "다녀오겠습니
다."
14 이스라엘이 요셉에게 말하였다. "너
의 형들이 잘 있는지, 양들도 잘 있
는지를 가서 살펴보고, 나에게 와서
소식을 전해 다오." 그의 아버지는
헤브론 골짜기에서 그를 떠나보냈다.
○요셉이 세겜에 도착하였다.
15 어떤 사람이 보니, 요셉이 들에서 헤
매고 있었다. 그가 요셉에게 물었다.
"누구를 찾느냐?"
16 요셉이 대답하였다. "형들을 찾습니
다. 우리 형들이 어디에서 양을 치고
있는지, 나에게 일러 주시겠습니까?"
17 그 사람이 대답하였다. "너의 형들
은 여기에서 떠났다. '도단으로 가
자'고 하는 말을 내가 들었다." 그래
서 요셉은 형들을 뒤따라 가서, 도단
근처에서 형들이 있는 곳을 알아냈
다.
18 그런데 그의 형들은 멀리서 그를 알
아보고서, 그를 죽여 버리려고, 그가
그들에게 가까이 오기 전에 음모를
꾸몄다.
19 그들은 서로 마주 보면서 말하였다.
"야, 저기 꿈꾸는 녀석이 온다.
20 자, 저 녀석을 죽여서, 아무 구덩이에
나 던져 넣고, 사나운 들짐승이 잡
아먹었다고 하자. 그리고 그 녀석의
꿈이 어떻게 되나 보자."
21 르우벤이 이 말을 듣고서, 그들의 손
에서 요셉을 건져 내려고, 그들에게
이렇게 말하였다. "목숨만은 해치지
말자.
22 피는 흘리지 말자. 여기 들판에 있는
구덩이에 그 아이를 던져 넣기만 하
고, 그 아이에게 손을 대지는 말자."
르우벤은 요셉을 그들에게서 건져
내서 아버지에게 되돌려 보낼 생각
으로 이렇게 말한 것이다.
23 요셉이 형들에게로 오자, 그들은 그
의 옷 곧 그가 입은 화려한 옷을 벗
기고,
24 그를 들어서 구덩이에 던졌다. 그 구
덩이는 비어 있고, 그 안에는 물이
없었다.
25 ○그들이 앉아서 밥을 먹고 있는데,
고개를 들고 보니, 마침 이스마엘 상
인 한 떼가 길르앗으로부터 오는 것
이 눈에 띄었다. 낙타에다 향품과

축복의 기록(49장)을 통해서 본다면, 전체의 중심 인물은 야곱임에 틀림이 없다.

37:11 그의 형들은 그를 시기하였지만 요셉의 형들이 그를 미워하게 된 원인은 세 가지이다. ① 요셉이 형들의 나쁜 행실을 아버지에게 고자질했다(2절). ② 아버지가 요셉을 지나치게 사랑했다(3-4절). ③ 누구나 그 뜻을 짐작할 수 있는 꿈 이야기를 요셉은 서슴지 않고 말했다(5,9절).

37:12-17 야곱의 아들들이 양 떼를 몰고 세겜까지 간 이유는 분명하지 않다. 야곱에게 있어 그 성읍은 온갖 회한으로 가득한 장소였다. 그곳에서 그의 딸 디나가 봉변을 당했으며, 그의 아들들이 끔찍한 만행을 저질렀다(34장). 그 후 약 20년이 지났지만 야곱의 두려움은 여전했기에 요셉을 그곳으로 보내서 아들들의 안부를 알고자 했던 것이다.

37:25-28 형제들은 유다의 제안으로 요셉을 상인에게 팔았다. 상인들이 요셉을 이집트로 데려가

유향과 몰약을 싣고, 이집트로 내려
가는 길이었다.
26 유다가 형제들에게 말하였다. "우리
가 동생을 죽이고 그 아이의 피를
덮는다고 해서, 우리가 얻는 것이 무
엇이냐?
27 자, 우리는 그 아이에게 손을 대지는
말고, 차라리 그 아이를 이스마엘
사람들에게 팔아 넘기자. 아무래도
그 아이는 우리의 형제요, 우리의 피
붙이이다." 형제들은 유다의 말을 따
르기로 하였다.
28 ○그래서 미디안 상인들이 지나갈
때에, 형제들이 요셉을 구덩이에서
꺼내어, 이스마엘 사람들에게 은 스
무 냥에 팔았다. 그들은 그를 이집
트로 데리고 갔다.
29 르우벤이 구덩이로 돌아와 보니, 요
셉이 거기에 없었다. 그는 슬픈 나머
지 옷을 찢고서,
30 형제들에게 돌아와서 말하였다. "그
아이가 없어졌다! 나는 이제 어디로
가야 한단 말이냐?"
31 ○그들은 숫염소 한 마리를 죽이고,
요셉의 옷을 가지고 가서, 거기에 피
를 묻혔다.
32 그들은 피묻은 그 화려한 옷을 아버
지에게로 가지고 가서 말하였다. "우
리가 이 옷을 주웠습니다. 이것이 아
버지의 아들의 옷인지, 잘 살펴보시
기 바랍니다."
33 그가 그 옷을 알아보고서 부르짖었
다. "내 아들의 옷이다! 사나운 들짐
승이 그 아이를 잡아 먹었구나. 요셉
은 찢겨서 죽은 것이 틀림없다."
34 야곱은 슬픈 나머지 옷을 찢고, 베
옷을 걸치고, 아들을 생각하면서, 여
러 날을 울었다.
35 그의 아들딸들이 모두 나서서 그를
위로하였지만, 그는 위로받기를 마
다하면서 탄식하였다. "아니다. 내가
울면서, 나의 아들이 있는 ㉠스올로
내려가겠다." 아버지는 잃은 자식을
생각하면서 울었다.
36 그리고 ㉡미디안 사람들은 이집트에
서 요셉을 보디발이라는 사람에게
팔았다. 그는 바로의 신하로서, 경호
대장으로 있는 사람이었다.

유다와 다말

38 그 무렵에 유다는 형제들에게
서 떨어져 나가, 히라라고 하는
아둘람 사람이 사는 곳으로 가서,
그와 함께 살았다.
2 유다는 거기에서 가나안 사람 수아
라고 하는 사람의 딸을 만나서 결혼
하고, 아내와 동침하였다.
3 그가 임신하여 아들을 낳으니, 유다
가 그 아들 이름을 에르라고 하였
다.
4 그가 또 임신하여 아들을 낳았다.

면 그들의 악행이 드러나지 않을 것이라 생각했다.
37:35 그의 아들딸들 문자적으로 '그의 모든 아들들과 딸들'을 의미한다. 야곱에게 '딸들'이 있었다는 사실에 주목할 필요가 있다. 성경 계보에는 특별한 경우에만 여성의 이름을 거론하고 있다는 점에서 볼 때, 야곱에게 디나 외에 다른 딸들이 있었을 것이라고 추측할 수 있다.

㉠ 또는 '무덤' 또는 '죽음' ㉡ 사마리아 오경과 칠십인역과 불가타와 시리아어역을 따름. 히, '메단 사람들'

38장 요약 유다는 가나안 여인과 결혼하여 에르와 오난, 그리고 셀라를 낳았다. 큰 아들 에르도 가나안 여인인 다말과 결혼하나 악한 행실로 주님의 징벌을 받아 죽는다. 다말은 오난이 수혼(嫂婚) 의무를 거부하고 셀라가 다 컸는데도 그의 아내로 주지 않자, 시아버지인 유다와 불륜의 관계를 맺고 아들을 낳았다.

38:1-30 기자는, 본장에서 유다의 경우를 대표적

이번에는 아이의 어머니가 그 아들
이름을 오난이라고 하였다.
5 그가 또다시 아들을 낳고, 이름을
셀라라고 하였다. ㉠그가 셀라를 낳
은 곳은 거십이다.
6 ○유다가 자기 맏아들 에르를 결혼
시켰는데, 그 아내의 이름은 다말이
다.
7 유다의 맏아들 에르가 주님께서 보
시기에 악하므로, 주님께서 그를 죽
게 하셨다.
8 유다가 오난에게 말하였다. "너는 형
수와 결혼해서, 시동생으로서의 책
임을 다해라. 너는 네 형의 이름을
이을 아들을 낳아야 한다."
9 그러나 오난은 아들을 낳아도 그가
자기 아들이 안 되는 것을 알고 있었
으므로, 형수와 동침할 때마다, 형의
이름을 이을 아들을 낳지 않으려고,
정액을 땅바닥에 쏟아 버리곤 하였
다.
10 그가 이렇게 한 것이 주님께서 보시
기에 악하였다. 그래서 주님께서는
오난도 죽게 하셨다.
11 유다는 자기의 며느리 다말에게 말
하였다. "나의 아들 셀라가 다 클 때
까지, 너는 네 친정 아버지 집으로
돌아가서, 과부로 살고 있거라." 유다
는 셀라를 다말에게 주었다가는, 셀
라도 제 형들처럼 죽을지 모른다고
생각하였다.
12 ○그 뒤에 오랜 세월이 지나서, 수아
의 딸 유다의 아내가 죽었다. 곡을
하는 기간이 끝났을 때에, 유다는
친구 아둘람 사람 히라와 함께 자기
양들의 털을 깎으러 딤나로 올라갔
다.
13 다말은 "너의 시아버지가 양털을 깎
으러 딤나로 올라간다" 하는 말을
전해 듣고서,
14 과부의 옷을 벗고, 너울을 써서 얼
굴을 가리고, 딤나로 가는 길에 있는
에나임 어귀에 앉았다. 그것은 막내
아들 셀라가 이미 다 컸는데도, 유다
가 자기와 셀라를 짝지어 주지 않았
기 때문이다.
15 ○길을 가던 유다가 그를 보았지만,
얼굴을 가리고 있었으므로, 유다는
그가 창녀인 줄 알았다.
16 그래서 유다는 그가 자기 며느리인
줄도 모르고, 길가에 서 있는 그에게
로 가서 말하였다. "너에게 잠시 들
렀다 가마. 자, 들어가자." 그 때에 그
가 물었다. "저에게 들어오시는 값으
로, 저에게 무엇을 주시겠습니까?"
17 유다가 말하였다. "나의 가축 떼에
서 새끼 염소 한 마리를 보내마." 그
가 물었다. "그것을 보내실 때까지,
어떤 물건이든지 담보물을 주시겠습
니까?"

인 예로 삼아서 야곱의 일가족들이 어떠한 상황에 처해 있는가를 보여 주고 있다. 그들은 가나안 사람들과 혼인하고 생활을 받아들임으로써 그들에게 동화되고 있었다. 이것은 하나님 나라의 전진에 있어서 분명한 하나의 위기였다(참조. 6:2). 그러나 하나님의 섭리는 이런 상황에서 더욱 두드러진다. 먼저, 요셉을 이집트로 보내셔서 야곱의 일가족들이 거주할 장소를 예비하셨다. 가나안 사람들은 아브라함의 자손들에게 친절하였고 그들과 긴밀한 유대를 맺기를 갈망하였다(참조. 20:15;23:6;26:29;34:21-23). 그러나 고대 이집트 사람들은 이방인들, 특히 목자들에게 혐오감을 가지고 있었기 때문에(46:34), 훗날 이스라엘 자손들은 이집트에 거하면서 수적으로 증가했음에도 불구하고 하나님의 백성으로서 그 특성을 잃지 않고 단일 민족으로 남을 수 있었다(46:3).

㉠ 칠십인역은 유다의 아내를 가리키고, 마소라 본문은 유다를 가리킴

18 유다가 물었다. "내가 너에게 어떤
담보물을 주랴?" 그가 대답하였다.
"가지고 계신 도장과 허리끈과 가지
고 다니시는 지팡이면 됩니다." 그래
서 유다는 그것들을 그에게 맡기고
서 그에게 들어갔는데, 다말이 유다
의 아이를 임신하게 되었다.
19 다말은 집으로 돌아와서, 너울을 벗
고, 도로 과부의 옷을 입었다.
20 ○한편 유다는 자기 친구 아둘람 사
람 편에 새끼 염소 한 마리를 보내
고, 그 여인에게서 담보물을 찾아오
게 하였으나, 그 친구가 그 여인을 찾
지 못하였다.
21 그 친구는 거기에 사는 사람들에게,
에나임으로 가는 길 가에 서 있던
창녀가 어디에 있느냐고 물었다. 그
러나 그들의 말이, 거기에는 창녀는
없다고 하였다.
22 그는 유다에게 돌아가서 말하였다.
"그 여인을 찾지 못하였네. 그보다
도, 거기에 사는 사람들이 그러는
데, 거기에는 창녀가 없다고 하네."
23 유다가 말하였다. "가질 테면 가지라
지. 잘못하다가는 창피만 당하겠네.
어찌하였든지, 나는 새끼 염소 한 마
리를 보냈는데, 다만 자네가 그 여인
을 찾지 못한 것뿐일세."
24 ○석 달쯤 지난 다음에, 유다는 자기
의 며느리 다말이 창녀짓을 하여 임
신까지 했다는 소문을 들었다. 유다
가 명하였다. "그를 끌어내서 화형에
처하여라!"
25 그는 끌려 나오면서, 시아버지에게
전갈을 보냈다. "저는 이 물건 임자
의 아이를 배었습니다" 하고 말하였
다. 다말은 또 말을 계속하였다. "잘
살펴보십시오. 이 도장과 이 허리끈
과 이 지팡이가 누구의 것입니까!"
26 유다는 그 물건들을 알아보았다.
"그 아이가 나보다 옳다! 나의 아들
셀라를 그 아이와 결혼시켰어야 했
는데" 하고 말하였다. 유다는 그 뒤
로 다시는 그를 가까이하지 않았다.
27 ○다말이 몸을 풀 때가 되었는데, 태
안에는 쌍둥이가 들어 있었다.
28 아기를 막 낳으려고 하는데, 한 아기
가 손을 내밀었다. 산파가 진홍색 실
을 가져다가, 그 아이의 손목에 감고
서 말하였다. "이 아이가 먼저 나온
녀석이다."
29 그러나 그 아이는 손을 안으로 다시
끌어들였다. 그런 다음에 그의 아우
가 먼저 나왔다. 산파가 "어찌하여
네가 터뜨리고 나오느냐!" 하고 말
하였다. 그래서 이 아이 이름을 ㉠베
레스라고 하고,
30 그의 형, 곧 진홍색 실로 손목이 묶
인 아이가 뒤에 나오니, 아이 이름을
㉡세라라고 하였다.

38:18 도장과 허리끈 아마도 진흙판으로 된 문서에 굴려서 찍었던 자그마한 원통형 모양의 도장인 것 같다. 사람들은 이 도장에 구멍을 뚫고 끈을 매어서 목에 걸었다.

38:24 유다는 가장(家長)으로, 가정에 벌어지는 모든 일에 대해 결정할 수 있는 권한이 있었다. 과부가 된 다말을 친정으로 돌려보낸 상태였지만 여전히 막내아들 셀라와 약혼한 상태로(11절), 다말의 간음에 대한 처벌은 유다의 권한에 속했다.

38:27-30 시아버지와 며느리가 맺은 불륜 관계를 통하여 두 아들이 태어났다. 유다 자신도 하나님이 이 아이들에게 복을 주시리라고는 생각지 못했을 것이다. 그런데 베레스를 통하여 후에는 다윗을 비롯한 열왕들이 태어났으며, 그리스도께서 태어나셨다. 결국 유다가 그리스도의 조상이 된 것은 그의 장점이나 선행에 의한 것이 아니라, 하나님의 선하신 뜻에 의한 것이었다.

㉠ '터뜨림' ㉡ '홍색' 또는 '밝음'

요셉과 보디발의 아내

39 요셉이 이집트로 끌려갔다. 요
셉을 이집트로 끌고 내려간 이
스마엘 사람들은, 바로의 신하인 경
호대장 이집트 사람 보디발에게 요
셉을 팔았다.
2 주님께서 요셉과 함께 계셔서, 앞길
이 잘 열리도록 그를 돌보셨다. 요셉
은 그 주인 이집트 사람의 집에서 살
게 되었다.
3 그 주인은, 주님께서 요셉과 함께 계
시며, 요셉이 하는 일마다 잘 되도록
주님께서 돌보신다는 것을 알았다.
4 주인은, 요셉이 눈에 들어서, 그를 심
복으로 삼고, 집안 일과 재산을 모두
요셉에게 맡겨 관리하게 하였다.
5 그가 요셉에게 자기의 집안 일과 그
모든 재산을 맡겨서 관리하게 한 그
때부터, 주님께서 요셉을 보시고, 그
이집트 사람의 집에 복을 내리셨다.
주님께서 내리시는 복이, 주인의 집
안에 있는 것이든지, 밭에 있는 것이
든지, 그 주인이 가진 모든 것에 미
쳤다.
6 그래서 그 주인은, 자기가 가진 모든
것을 요셉에게 맡겨서 관리하게 하
고, 자기의 먹거리를 빼고는 아무것
도 간섭하지 않았다. ○요셉은 용모
가 준수하고 잘생긴 미남이었다.
7 일이 이렇게 된 지 얼마 지나지 않아
서, 주인의 아내가 요셉에게 눈짓을
하며 "나하고 침실로 가요!" 하고 꾀
었다.
8 그러나 요셉은 거절하면서, 주인의
아내에게 말하였다. "주인께서는, 모
든 것을 나에게 맡겨 관리하게 하시
고는, 집안 일에는 아무 간섭도 하지
않으십니다. 주인께서는, 가지신 모
든 것을 나에게 맡기셨으므로,
9 이 집안에서는, 나의 위에는 아무도
없습니다. 나의 주인께서 나의 마음
대로 하지 못하게 한 것은 한 가지뿐
입니다. 그것은 마님입니다. 마님은
주인 어른의 부인이시기 때문입니다.
그런데 내가 어찌 이런 나쁜 일을 저
질러서, 하나님을 거역하는 죄를 지
을 수 있겠습니까?"
10 요셉이 이렇게 말하였는데도, 주인
의 아내는 날마다 끈질기게 요셉에
게 요구해 왔다. 요셉은, 그 여인과
함께 침실로 가지도 않았을 뿐만 아
니라, 아예 그 여인과 함께 있지도
않았다.
11 ○하루는 요셉이 할 일이 있어서 집
안으로 들어갔는데, 그 집 종들이
집 안에 하나도 없었다.
12 여인이 요셉의 옷을 붙잡고 "나하고
침실로 가요!" 하고 졸랐다. 그러나
요셉은, 붙잡힌 자기의 옷을 그의 손
에 버려 둔 채, 뿌리치고 집 바깥으

39장 요약 이집트로 팔려간 요셉은 경호대장 보디발의 신임을 받아 총무의 위치에 오르나, 보디발의 아내의 모함을 받아 감옥에 갇힌다. 앞 장에서는 음란한 가나안 문화에 동화됨으로 인한 여러 가지 성적 타락이 묘사되나, 여기서는 간음의 유혹을 뿌리치는 믿음의 승리가 부각된다.

39:5 주님께서…복을 내리셨다 하나님의 약속대로, 아브라함과 그의 후손들은 이 땅 모든 사람들에게 '복의 근원'으로 존재하였다. 특히 요셉은 라반의 집에서 거하던 야곱처럼 보디발에게 복된 존재가 되었다(참조. 12:2-3;30:27). 이러한 배후에는 하나님의 동행하심이 있었기 때문이다(28:15;39:2).

39:6 주인은…요셉에게 맡겨서 요셉은 작은 일에 충성한 결과, 큰 일을 맡게 된 사람의 좋은 예라 할 수 있다. 처음에는 한 사람의 소유를, 나중에

로 뛰어나갔다.
13 여인은, 요셉이 그 옷을 자기의 손에
버려 둔 채 집 바깥으로 뛰어나가는
것을 보고,
14 집에서 일하는 종들을 불러다가 말
하였다. "이것 좀 보아라. 주인이, 우
리를 웃음거리로 만들려고 이 히브
리 녀석을 데려다 놓았구나. 그가 나
를 욕보이려고 달려들기에, 내가 고
함을 질렀더니,
15 그는 내가 고함지르는 소리를 듣고,
제 옷을 여기에 내버리고, 바깥으로
뛰어나갔다."
16 이렇게 말하고, 그 여인은 그 옷을
곁에 놓고, 주인이 집으로 돌아오기
를 기다렸다.
17 주인이 돌아오자, 그에게 이렇게 일
러바쳤다. "당신이 데려다 놓은 저
히브리 사람이, 나를 농락하려고 나
에게 달려들었어요.
18 내가 사람 살리라고 고함을 질렀더
니, 옷을 내 앞에 버려 두고, 바깥으
로 뛰어나갔어요."
19 ○주인은 자기 아내에게서 "당신의
종이 나에게 이 같은 행패를 부렸어
요" 하는 말을 듣고서, 화가 치밀어
올랐다.
20 요셉의 주인은 요셉을 잡아서 감옥
에 가두었다. 그 곳은 왕의 죄수들
을 가두는 곳이었다. 요셉이 감옥에
갇혔으나,
21 주님께서 그와 함께 계시면서 돌보
아 주시고, 그를 한결같이 사랑하셔
서, 간수장의 눈에 들게 하셨다.
22 간수장은 감옥 안에 있는 죄수를 모
두 요셉에게 맡기고, 감옥 안에서 일
어나는 온갖 일을 요셉이 혼자 처리
하게 하였다.
23 간수장은 요셉에게 모든 일을 맡기
고, 아무것도 간섭하지 않았다. 그렇
게 된 것은 주님께서 요셉과 함께 계
시기 때문이며, 주님께서 요셉을 돌
보셔서, 그가 하는 일은 무엇이나 다
잘 되게 해주셨기 때문이다.

요셉이 시종장의 꿈을 해몽하다

40 이런 일들이 있은 지 얼마 뒤
에, 이집트 왕에게 술잔을 올
리는 시종장과 빵을 구워 올리는 시
종장이, 그들의 상전인 이집트 왕에
게 잘못을 저지른 일이 있었다.
2 바로가 그 두 시종장 곧 술잔을 올
리는 시종장과 빵을 구워 올리는 시
종장에게 노하여서,
3 그들을 경호대장의 집 안에 있는 감
옥에 가두었는데, 그 곳은 요셉이 갇
힌 감옥이었다.
4 경호대장이 요셉을 시켜서 그 시종
장들의 시중을 들게 하였으므로, 요
셉이 그들을 받들었다. 그들이 갇힌
지 얼마 뒤에,

는 한 나라의 제반 업무를 다스렸다.

39:23 주님께서 요셉과 함께 계시기 때문이며 요셉의 일생에는 하나님을 섬기는 사람의 표면과 이면이 잘 나타나 있다. 그는 죽은 사람인 것 같으나 살아 있었고(37:33-34;45:26), 종인 것 같으나 자유를 누렸고(39:1-6,8-9), 중죄인인 것 같으나 죄인들을 다스렸으며(39:21-22), 외로운 사람 같으나 하나님의 임재를 체험한, 그야말로 복된 사람이었다.

40장 요약 요셉이 갇힌 감옥에 이집트 왕의 술잔을 올리는 시종장과 빵을 구워 올리는 시종장이 함께 갇혔다. 요셉의 해몽대로 한 사람은 복직되고 다른 한 사람은 극형에 처해졌다. 이 일은 장차 요셉이 바로의 꿈을 해석하고 이집트의 2인자 자리에 오르는 계기가 되었다.

40:1-2 '술잔을 올리는 시종장'은 바로의 술잔에 포도주를 따를 뿐만 아니라, 그에게 제공되는 모

5 감옥에 갇힌 두 사람 곧 이집트 왕
에게 술잔을 올리는 시종장과 빵을
구워 올리는 시종장이, 같은 날 밤
에 꿈을 꾸었는데, 꿈의 내용이 저마
다 달랐다.
6 다음날 아침에 요셉이 그들에게 갔
는데, 요셉은 그들에게 근심스런 빛
이 있음을 보았다.
7 그래서 요셉은, 자기 주인의 집에 자
기와 함께 갇혀 있는 바로의 두 시
종장에게 물었다. "오늘은 안색이 좋
아 보이지 않습니다. 왜 그러십니
까?"
8 그들이 그에게 대답하였다. "우리가
꿈을 꾸었는데, 해몽할 사람이 없어
서 그러네." 요셉이 그들에게 말하였
다. "해몽은, 하나님이 하시는 것이
아닙니까? 나에게 말씀하여 보시기
바랍니다."
9 ○술잔을 올리는 시종장이, 자기가
꾼 꿈 이야기를 요셉에게 하였다.
"내가 꿈에 보니, 나의 앞에 포도나
무가 있고,
10 그 나무에는 가지가 셋이 있는데, 거
기에서 싹이 나더니, 곧 꽃이 피고,
포도송이가 익었네.
11 바로의 잔이 나의 손에 들려 있기에,
내가 포도를 따다가, 바로의 잔에 그
즙을 짜서, 그 잔을 바로의 손에 올
렸지."
12 요셉이 그에게 말하였다. "해몽은 이
러합니다. 가지 셋은 사흘을 말합니
다.
13 앞으로 사흘이 되면, 바로께서 시종
장을 불러내서, 직책을 되돌려 주실
것입니다. 시종장께서는 전날 술잔
을 받들어 올린 것처럼, 바로의 손에
술잔을 올리게 될 것입니다.
14 시종장께서 잘 되시는 날에, 나를 기
억하여 주시고, 나를 따로 생각해
주시기 바랍니다. 그리고 바로에게
나의 사정을 말씀드려서, 나도 이 감
옥에서 풀려나게 해주시기 바랍니
다.
15 나는 히브리 사람이 사는 땅에서 강
제로 끌려온 사람입니다. 그리고 여
기에서도 내가 이런 구덩이 감옥에
들어올 만한 일은 하지 않았습니다."
16 ○빵을 구워 올리는 시종장도 그 해
몽을 듣고 보니 좋아서, 요셉에게 말
하였다. "나도 한 꿈을 꾸었는데, 나
는 빵이 담긴 바구니 세 개를 머리
에 이고 있었네.
17 제일 위에 있는 바구니에는, 바로에
게 드릴 온갖 구운 빵이 있었는데,
새들이, 내가 이고 있는 바구니 안에
서 그것들을 먹었네."
18 요셉이 말하였다. "해몽은 이러합니
다. 바구니 셋은 사흘을 말합니다.
19 앞으로 사흘이 되면, 바로께서 시종

든 음료의 무해한 여부를 확인하며, 왕실 포도원들과 포도주 저장실을 직접 감독하는 직이었다. 반면, '빵을 구워 올리는 시종장'은 바로가 먹는 모든 음식에 대해 책임을 지는 사람이다. 이들은 시종장으로 소개되는데, 그 말은 '환관'으로도 사용된다. 이 두 직책은 왕이 특별히 신임하는 사람들에게 주어졌고, 궁중에서 큰 영향력을 행사했다. 느헤미야가 예루살렘의 성과 성전을 건축하는 데 큰 영향력을 발휘할 수 있었던 이유도 그가 아닥사스다 왕의 술 관원이었기 때문이었다(느 1:11).

40:7 바로 '위대한 집'이란 뜻이다. 원래 왕궁을 가리켰으나, 차차 이집트의 왕을 가리키는 통속적인 명칭으로 바뀌었다. 구약 성경에는 '시삭'(왕상 14:25), '바로호브라'(렘 44:30), '느고'(렘 46:2)를 제외하고는 이집트 왕을 가리킬 때 '바로'로 표기하였다. 이집트 사람들은 바로를 절대적인 존재로 인정했는데, 바로가 태양신의 아들이며, 신과 사람 사이의 중재자라고 믿었다.

장을 불러내서, 목을 베고 나무에
매다실 터인데, 새들이 시종장의 주
검을 쪼아 먹을 것입니다."
20 ○그러한 지 사흘째 되는 날, 그 날
은 바로의 생일인데, 왕은 신하들을
다 불러모으고 잔치를 베풀었다. 술
잔을 올리는 시종장과 빵을 구워 올
리는 시종장이, 신하들이 모인 자리
에 불려 나갔다.
21 바로에게 술을 따라 올리는 시종장
은 직책이 회복되어서, 잔에 술을 따
라서 바로의 손에 올리게 되고,
22 빵을 구워 바치는 시종장은 매달려
서 처형되니, 요셉이 그들에게 해몽
하여 준 대로 되었다.
23 그러나 술잔을 올리는 시종장은 요
셉을 기억하지 못하였다. 그는 요셉
을 잊고 있었다.

요셉이 바로의 꿈을 해몽하다

41 그로부터 만 이 년이 지나서, 바
로가 꿈을 꾸었다. 그가 나일
강 가에 서 있는데,
2 잘생기고, 살이 찐 암소 일곱 마리가
강에서 올라와서, 갈밭에서 풀을 뜯
는다.
3 그 뒤를 이어서, 흉측하고 야윈 다른
암소 일곱 마리가 강에서 올라와서,
먼저 올라온 소들과 함께 강가에 선
다.
4 그 흉측하고 야윈 암소들이, 잘생기
고 살이 찐 암소들을 잡아먹는다.
바로는 잠에서 깨어났다.
5 그가 다시 잠들어서, 또 꿈을 꾸었
다. 이삭 일곱 개가 보인다. 토실토실
하고 잘 여문 이삭 일곱 개가 나오는
데, 그것들은 모두 한 줄기에서 나와
서 자란 것들이다.
6 그 뒤를 이어서, 또 다른 이삭 일곱
개가 피어 나오는데, 열풍이 불어서,
야위고 마른 것들이다.
7 그 야윈 이삭이, 토실토실하게 잘 여
문 이삭 일곱 개를 삼킨다. 바로가
깨어나 보니, 꿈이다.
8 아침에 그는 마음이 뒤숭숭하여, 사
람을 보내어서 이집트의 마술사와
현인들을 모두 불러들이고, 그가 꾼
꿈 이야기를 그들에게 하였다. 그러
나 아무도 그에게 그 꿈을 해몽하여
주는 사람이 없었다.
9 ○그 때에 술잔을 올리는 시종장이
바로에게 말하였다. "제가 꼭 했어야
할 일을 못한 것이 오늘에야 생각납
니다.
10 임금님께서 종들에게 노하셔서, 저
와 빵을 구워 올리는 시종장을 경호
대장 집 감옥에 가두신 일이 있습니
다.
11 저희들이 같은 날 밤에 각각 꿈을
꾸었는데, 두 꿈의 내용이 너무나 달
랐습니다.

41장 요약 요셉은 이집트의 모든 마술사와 현인들도 풀지 못한 바로의 꿈을 해석하여 그의 신임을 받았다. 뿐만 아니라 요셉은 이집트 땅에 임할 극심한 흉년에 대한 대비책까지 제시함으로써 마침내 이집트의 총리 대신으로 임명되었다.

41:1 만 이 년이 지나서 술잔을 올리는 시종장의 복직은 요셉에게 큰 희망을 불러일으켰을 것이다. 이는 그가 궁내의 고위직에 속하는 관리이기 때문인데, 안타깝게도 그는 요셉을 잊어버리고 있었다. 하나님께서는 자기의 종을 오랫동안 훈련시키실 뿐만 아니라, 인간적인 모든 희망을 빼앗아 또 다른 종류의 시간을 갖게 함으로써 그를 연단시키셨다. 요셉은 아마 이 기간 동안, 오직 하나님께서 이전에 꿈으로 보여 주셨던 계시(37:5-11)를 곰곰이 생각하면서 하나님의 인도와 구원을 기다렸을 것이다. 실로, 성도는 이러한 시련을 통과함

12 그 때에 그 곳에, 경호대장의 종인
히브리 소년이 저희와 함께 있었습
니다. 저희가 꾼 꿈 이야기를 그에게
해주었더니, 그가 그 꿈을 풀었습니
다. 저희 두 사람에게 제각기 그 꿈
을 해몽하여 주었던 것입니다.
13 그리고 그가 해몽한 대로, 꼭 그대로
되어서, 저는 복직되고, 그 사람은
처형되었습니다."
14 ○이 말을 듣고서, 바로가 사람을 보
내어 요셉을 불러오게 하였고, 사람
들은 곧바로 그를 구덩이에서 끌어
냈다. 요셉이 수염을 깎고, 옷을 갈
아입고, 바로 앞으로 나아가니,
15 바로가 요셉에게 말하였다. "내가
꿈을 하나 꾸었는데, 그것을 해몽할
수 있는 사람이 없다. 나는 네가 꿈
이야기를 들으면 잘 푼다고 들었다.
그래서 너를 불렀다."
16 요셉이 바로에게 대답하였다. "저에
게는 그런 능력이 없습니다. 임금님
께서 기뻐하실 대답은, 하나님이 해
주실 것입니다."
17 바로가 요셉에게 말하였다. "꿈에 내
가 나일 강 가에 서 있는데,
18 살이 찌고 잘생긴 암소 일곱 마리가
강에서 올라와서, 갈밭에서 풀을 뜯
었다.
19 그것들의 뒤를 이어서, 약하고 아주
흉측하고 야윈 다른 암소 일곱 마리
가 올라오는데, 이집트 온 땅에서 내
가 일찍이 본 일이 없는 흉측하기 짝
이 없는 그런 암소들이었다.
20 그 야위고 흉측한 암소들은 먼저 올
라온 기름진 암소 일곱 마리를 잡아
먹었다.
21 흉측한 암소들은 살이 찐 암소들을
잡아먹었는데도, 여전히 굶은 암소
처럼 흉측하였다. 그리고는 내가 깨
어났다.
22 ㉠내가 또다시 꿈에 보니, 한 줄기에
서 자란 이삭 일곱 개가 있는데, 잘
여물고 실한 것들이었다.
23 그것들의 뒤를 이어서, 다른 이삭 일
곱 개가 피어 나오는데, 열풍이 불어
서, 시들고 야위고 마른 것들이었다.
24 그 야윈 이삭이 잘 여문 일곱 이삭
을 삼켜 버렸다. 내가 이 꿈 이야기
를 마술사와 현인들에게 들려 주었
지만, 아무도 나에게 그 꿈을 해몽
해 주지 못하였다."
25 ○요셉이 바로에게 말하였다. "임금
님께서 두 번 꾸신 꿈의 내용은 다
같은 것입니다. 임금님께서 장차 하
셔야 할 일을 하나님이 보여 주신 것
입니다.
26 그 좋은 암소 일곱 마리는 일곱 해
를 말하고, 잘 여문 이삭 일곱 개도
일곱 해를 말하는 것입니다. 두 꿈
이 다 같은 내용입니다.

으로써 온전하고도 성숙된 신앙의 자리로 나아가게 된다.

41:6 열풍 늦봄이나 초가을에 사막에서 불어오는 열풍으로(호 13:15), 농작물을 시들게 한다.

41:14 수염을 깎고 이집트 사람들은 턱수염을 깎았으나, 이스라엘 사람들은 수염을 길렀다(참조. 삼하 10:5;렘 41:5). 요셉이 바로 앞으로 나가기 위해서 수염을 깎아야 했던 점은 이집트 사람들이 외국인에게 혐오감을 품었다는 역사적인 사실의 또 다른 증거이다(참조. 46:34).

41:25-36 바로의 꿈을 들은 요셉은 그의 꿈을 통하여 하나님께서 앞으로 하실 일을 바로에게 계시하신 것이라고 말하였다. 요셉은 해몽에서 그치지 않고 기근으로 인한 난국을 타개할 수 있는 대책까지도 제안하였다. 이집트에 임할 임박한 기근은 구약성경에서 종종 예언되는 재앙이 아니

㉠ 칠십인역과 시리아어역과 불가타에는 이 본문 앞에, '내가 또다시 잠이 들었는데'가 더 있음

27 뒤따라 나온 야위고 흉측한 암소 일
곱 마리나, 열풍에 말라 버린 쓸모
없는 이삭 일곱 개도, 역시 일곱 해
를 말합니다. 이것들은 흉년 일곱 해
를 말하는 것입니다.
28 이제, 제가 임금님께 말씀드린 바와
같이, 임금님께서 앞으로 하셔야 할
일을 하나님이 보여 주신 것입니다.
29 앞으로 올 일곱 해 동안에는, 온 이
집트 땅에 큰 풍년이 들 것입니다.
30 그런데 곧 이어서, 일곱 해 동안 흉년
이 들 것입니다. 그렇게 되면, 이집트
땅에 언제 풍년이 있었더냐는 듯이,
지나간 일을 다 잊어버리게 될 것입
니다. 그리고 기근이 이 땅을 황폐하
게 할 것입니다.
31 풍년이 든 다음에 오는 흉년은 너무
나도 심하여서, 이집트 땅에서는 아
무도 그 전에 풍년이 든 일을 기억하
지 못할 것입니다.
32 임금님께서 같은 꿈을 두 번이나 거
듭 꾸신 것은, 하나님이 이 일을 하
시기로 이미 결정하시고, 그 일을 꼭
그대로 하시겠다는 것을 말씀해 주
시는 것입니다.
33 이제 임금님께서는, 명철하고 슬기로
운 사람을 책임자로 세우셔서, 이집
트 땅을 다스리게 하시는 것이 좋을
듯합니다.
34 임금님께서는 전국에 관리들을 임명
하셔서, 풍년이 계속되는 일곱 해 동
안에, 이집트 땅에서 거둔 것의 오분
의 일을 해마다 받아들이도록 하심
이 좋을 듯합니다.
35 앞으로 올 풍년에, 그 관리들은 온
갖 먹거리를 거두어들이고, 임금님
의 권한 아래, 각 성읍에 곡식을 갈
무리하도록 하십시오.
36 이 먹거리는, 이집트 땅에서 일곱 해
동안 이어갈 흉년에 대비해서, 그 때
에 이 나라 사람들이 먹을 수 있도
록 갈무리해 두셔야 합니다. 그렇게
하시면, 기근이 이 나라를 망하게 하
지 못할 것입니다."

요셉이 이집트의 총리가 되다

37 ○바로와 모든 신하들은 이 제안을
좋게 여겼다.
38 바로가 신하들에게 말하였다. "하나
님의 영이 함께 하는 사람을, 이 사
람 말고, 어디에서 또 찾을 수 있겠
느냐?"
39 바로가 요셉에게 말하였다. "하나님
이 너에게 이 모든 것을 알리셨는데,
너처럼 명철하고 슬기로운 사람이
어디에 또 있겠느냐?
40 네가 나의 집을 다스리는 책임자가
되어라. 나의 모든 백성은 너의 명령
을 따를 것이다. 내가 너보다 높다는
것은, 내가 이 자리에 앉아 있다는
것뿐이다."

었다. 이와 같은 기근은 요셉이 했던 것처럼 적절한 조처를 함으로써 해결될 수 있다.

41:30 기근 여러 해 동안 계속되는 기근은 이집트에서 *좀처럼 발생하지 않는다*. 왜냐하면 나일 강이 해마다 범람하기 때문이다. 물론 다른 나라에서는 사정이 다르다(참조. 왕하 8:1). 엘리야의 시대에는 삼 년 반 동안 심한 기근이 임했던 적이 있다(약 5:17).

41:38–45 바로는 이 모든 계획의 성공 여부가 유능한 행정관에게 달려 있음을 확신하게 되었다. 따라서 그의 관심은 비범한 인재인 요셉에게 쏠렸으며, 비범한 결단력으로 한낱 히브리인 종을 이집트 제2인자의 위치로 발탁하였다. 그리고 요셉의 정치적 위치를 견고케 하기 위하여 그 당시 최상의 가문으로 정치적 원로에 속하는 온의 제사장 보디베라의 딸을 요셉에게 주었다(45절).

41:42 옥새 반지는 왕의 권위를 위임한 표시로 신하에게 주어진다(에 3:10). 고운 모시 옷은 궁중 예

41 바로가 또 요셉에게 말하였다. "내
가 너를 온 이집트 땅의 총리로 세운
다."
42 그렇게 말하면서, 바로는 손가락에
끼고 있는 옥새 반지를 빼서 요셉의
손가락에 끼우고, 고운 모시 옷을
입히고, 금목걸이를 목에다 걸어 주
었다.
43 그런 다음에, 또 자기의 병거에 버금
가는 병거에 요셉을 태우니, 사람들
이 ㉠"물러나거라!" 하고 외쳤다. 이
렇게 해서, 바로는 요셉을 온 이집트
땅의 총리로 세웠다.
44 ○바로가 요셉에게 말하였다. "나는
바로다. 이집트 온 땅에서, 총리의
허락이 없이는, 어느 누구도 손 하나
발 하나도 움직이지 못한다."
45 바로는 요셉에게 사브낫바네아라는
이름을 지어 주고, 온의 제사장 보디
베라의 딸 아스낫과 결혼을 시켰다.
요셉이 이집트 땅을 순찰하러 나섰
다.
46 ○요셉이 이집트 왕 바로를 섬기기
시작할 때에, 그의 나이는 서른 살이
었다. 요셉은 바로 앞에서 물러나와
서, 이집트 온 땅을 두루 다니면서
살폈다.
47 풍년을 이룬 일곱 해 동안에, 땅에서
생산된 것은 대단히 많았다.
48 요셉은, 이집트 땅에서 일곱 해 동안
이어간 풍년으로 생산된 모든 먹거
리를 거두어들여, 여러 성읍에 저장
해 두었다. 각 성읍 근처 밭에서 나
는 곡식은 각각 그 성읍에 쌓아 두
었다.
49 요셉이 저장한 곡식의 양은 엄청나
게 많아서, 마치 바다의 모래와 같았
다. 그 양이 셀 수 없을 만큼 많아져
서, 기록을 중단할 수밖에 없었다.
50 ○요셉과 온의 제사장 보디베라의
딸 아스낫 사이에서 두 아들이 태어
난 것은 흉년이 들기 전이었다.
51 요셉은 "하나님이 나의 온갖 고난과
아버지 집 생각을 다 잊어버리게 하
셨다" 하면서, 맏아들의 이름을 ㉡므
낫세라고 지었다.
52 둘째는 "내가 고생하던 이 땅에서,
하나님이 자손을 번성하게 해주셨
다" 하면서, 그 이름을 ㉢에브라임이
라고 지었다.
53 ○이집트 땅에서 일곱 해 동안 이어
가던 풍년이 지나니,
54 요셉이 말한 대로 일곱 해 동안의 흉
년이 시작되었다. 온 세상에 기근이
들지 않은 나라가 없었으나, 이집트
온 땅에는 아직도 먹거리가 있었다.
55 그러나 마침내, 이집트 온 땅의 백성
이 굶주림에 빠지자, 그들은 바로에
게 먹을 것을 달라고 부르짖었다. 바
로는 이집트의 모든 백성에게 "요셉

복으로(참조. 에 6:11), 세마포(모시 옷)는 제사장의 옷이나 값비싼 옷을 만드는 데 사용되었다. **금목걸이**는 왕이 주는 상금의 일종이었다(단 5:7).

41:45 외국 사람이 총리로 임명된 경우, 출신국에서 부르던 이름을 그대로 사용하면 백성들의 반감을 사기 쉽다. 그럴 경우, 정치력을 발휘하기가 쉽지 않을 것이다. 이 문제를 해결하기 위해서, 바로는 요셉에게 이집트식 이름을 지어 주었다. 이러한 경우는 다니엘에게도 적용될 수 있다(단 1:7).

41:45–57 요셉의 두 아들의 이름에는 하나님의 은총을 인정하는 요셉의 믿음이 반영되어 있다. 그는 과거의 모든 고난이 자신의 유익과 가족의 궁극적인 구원을 위한 하나님의 뜻에 의한 것이었음을 비로소 깨달았던 것이다.

㉠ 또는 '무릎을 꿇어라!'. 마소라 본문의 아브레크는 '무릎 꿇다'를 뜻하는 히브리어와 발음이 비슷한 이집트어임 ㉡ '잊게 하다' ㉢ '갑절로 열매를 맺다'

에게로 가서, 그가 시키는 대로 하여
라" 하였다.
56 온 땅에 기근이 들었으므로, 요셉은
모든 창고를 열어서, 이집트 사람들
에게 곡식을 팔았다. 이집트 땅 모든
곳에 기근이 심하게 들었다.
57 기근이 온 세상을 뒤덮고 있었으므
로, 다른 나라 사람들도 요셉에게서
곡식을 사려고 이집트로 왔다.

요셉의 형들이 이집트로 가다

42 야곱은 이집트에 곡식이 있다
는 말을 듣고서, 아들들에게
말하였다. "얘들아, 왜 서로 얼굴들
만 쳐다보고 있느냐?"
2 야곱이 말을 이었다. "듣자 하니, 이
집트에 곡식이 있다고 하는구나. 그
러니 그리로 가서, 곡식을 좀 사오너
라. 그래야 먹고 살지, 가만히 있다
가는 굶어 죽겠다."
3 그래서 요셉의 형 열 명이 곡식을 사
려고 이집트로 갔다.
4 야곱은 요셉의 아우 베냐민만은 형
들에게 딸려 보내지 않았다. 베냐민
을 같이 보냈다가, 무슨 변이라도 당
할까 보아, 겁이 났기 때문이다.
5 가나안 땅에도 기근이 들었으므로,
이스라엘의 아들들도 곡식을 사러
가는 사람들 틈에 끼었다.
6 ○그 때에 요셉은 나라의 총리가 되
어서, 세상의 모든 백성에게 곡식을
파는 책임을 맡고 있었다. 요셉의 형
들은 거기에 이르러서, 얼굴을 땅에
대고 엎드려, 요셉에게 절을 하였다.
7 요셉은 그들을 보자마자, 곧바로 그
들이 형들임을 알았다. 그러나 짐짓
모르는 체하고, 그들에게 엄하게 물
었다. "당신들은 어디에서 왔소?" 그
들이 대답하였다. "먹거리를 사려
고, 가나안 땅에서 왔습니다."
8 요셉은 형들을 알아보았으나, 형들
은 요셉을 알아보지 못하였다.
9 그 때에 요셉은 형들을 두고 꾼 꿈
을 기억하고, 그들에게 말하였다.
"당신들은 첩자들이오. 이 나라의
허술한 곳이 어디인지를 엿보러 온
것이 틀림없소!"
10 그들이 대답하였다. "아닙니다. 총리
어른, 소인들은 그저 먹거리를 사러
왔을 뿐입니다.
11 우리는 한 아버지의 자식들입니다.
소인들은 순진한 백성이며, 첩자가
아닙니다."
12 그가 말하였다. "아니오! 당신들은
이 나라의 허술한 곳이 어디인지를
엿보러 왔소."
13 그들이 대답하였다. "소인들은 형제
들입니다. 모두 열둘입니다. 가나안
땅에 사는 한 아버지의 아들들입니
다. 막내는 소인들의 아버지와 함께
있고, 또 하나는 잃었습니다."

42장 요약 가나안 땅에 기근이 들자 베냐민을 제외한 야곱의 아들들은 양식을 구하러 이집트로 가서 요셉 앞에 엎드려 절했다. 결국 요셉의 꿈이(37:6–8) 실현되었다. 요셉은 그들을 첩자로 몰고 시므온을 볼모로 삼아 막내인 베냐민을 데려와서 그들의 말을 입증할 것을 요구한다.

42:6 요셉에게 절을 하였다 요셉의 형들은 과거에 그의 꿈을 조롱했지만, 이제 그에게 절함으로써 그의 꿈은 이루어지게 되었다(37:6–8).

42:8 형들이 요셉을 알아보지 못한 이유는, 그가 소년 시절에 팔려 와서 그동안 외모가 변하였고, 또한 요셉이 이집트에서 높은 지위를 얻었으리라고는 상상할 수 없었기 때문이다. 게다가 요셉이 수염을 깎고(41:14) 이집트 사람들의 옷을 입었기 때문에, 형들은 그를 이집트 사람으로 보았다.

42:9 당신들은 첩자들이오 이집트 사람들은 외국

14 요셉이 그들에게 말하였다. "내 말
이 틀림없소. 당신들은 첩자들이오.
15 그러나 당신들이 진실을 증명할 길
은 있소. 바로께서 살아 계심을 두
고 맹세하오. 당신들이 막내 아우를
이리로 데려오지 않으면, 당신들은
여기에서 한 발자국도 벗어나지 못
하오.
16 당신들 가운데서 한 사람을 보내어,
당신들 집에 남아 있는 아우를 이리
로 데려오게 하고, 나머지는 감옥에
가두어 두겠소. 나는 이렇게 하여,
당신들이 한 말이 사실인지를 시험
해 보겠소. 바로께서 살아 계심을 두
고 맹세하오. 당신들이 그렇게 하지
못하면, 당신들은 첩자라는 누명을
벗지 못할 것이오."
17 요셉은 그들을 감옥에 사흘 동안 가
두어 두었다.
18 ○사흘 만에 요셉이 그들에게 말하
였다. "나는 하나님을 두려워하오.
당신들은 이렇게 하시오. 그래야 살
수 있소.
19 당신들이 정직한 사람이면, 당신들
형제 가운데서 한 사람만 여기에 갇
혀 있고, 나머지는 나가서, 곡식을
가지고 돌아가서, 집안 식구들이 허
기를 면하도록 하시오.
20 그러나 당신들은 반드시 막내 아우
를 나에게로 데리고 와야 하오. 그래
야만 당신들의 말이 사실이라는 것
을 증명할 수 있을 것이며, 당신들이
죽음을 면할 것이오." 그들은 그렇게
하기로 하였다.
21 그들이 서로 말하였다. "그렇다! 아
우의 일로 벌을 받는 것이 분명하다!
아우가 우리에게 살려 달라고 애원
할 때에, 그가 그렇게 괴로워하는 것
을 보면서도, 우리가 아우의 애원을
들어 주지 않은 것 때문에, 우리가
이제 이런 괴로움을 당하는구나."
22 르우벤이 그들에게 대답하였다. "그
러기에 내가 그 아이에게 못할 짓을
하는 죄를 짓지 말자고 하지 않더
냐? 그런데도 너희는 나의 말을 들
은 체도 하지 않았다! 이제 우리가
그 아이의 피값을 치르게 되었다."
23 그들은, 요셉이 통역을 세우고 말하
였으므로, 자기들끼리 하는 말을 요
셉이 알아듣는 줄은 전혀 알지 못하
였다.
24 듣다 못한 요셉은, 그들 앞에서 잠시
물러가서 울었다. 다시 돌아온 요셉
은 그들과 말을 주고받다가, 그들 가
운데서 시므온을 끌어내어서, 그들
이 보는 앞에서 끈으로 묶었다.
25 요셉은 사람들을 시켜서, 그들이 가
지고 온 통에다가 곡식을 채우게 하
고, 각 사람이 낸 돈은 그 사람의 자
루에 도로 넣게 하고, 또 길에서 먹

사람을 의심하는 경향이 있었다. 특히 북동쪽에 위치한 델타 지역(나일 강 어귀의 삼각주)으로 접근한 외국 사람을 잠정적인 적으로 간주하였다. 따라서 요셉의 심문은 절차상 필요한 것이었다.

42:15 바로께서 살아 계심을 두고 맹세하오 군주의 이름으로 하는 맹세는 신의 이름으로 하는 맹세(① 주님-삿 8:19;삼상 14:39,45;19:6 ② 이방신-시 16:4;암 8:14)와 함께 가장 엄숙한 것으로 간주되었다. 바로의 이름으로 맹세한 것은 다분히 의도적이다. 그는 형들이 자신의 신분을 눈치채지 못하도록 세심한 주의를 기울였던 것이다.

42:18 하나님을 두려워하오 본문에서 하나님을 일컫는 말은 히브리어로 '엘로힘'이다. 이방인들은 이 말을 단순한 '신'으로 이해했지만 이스라엘 사람들은 '전능하신 창조주 하나님'으로 이해했다.

42:24 요셉은, 그들 앞에서 잠시 물러가서 울었다 요셉은 형들이 과거의 일을 어느 정도 뉘우치는 것을 보고, 솟구치는 눈물을 억제할 수 없었다.

을 것은 따로 주게 하였다. 요셉이
시킨 대로 다 되었다.

요셉의 형들이 가나안으로 돌아가다

26 ○그들은 곡식을 나귀에 싣고, 거기
를 떠났다.
27 그들이 하룻밤 묵어갈 곳에 이르렀
을 때에, 그들 가운데서 한 사람이
자기 나귀에게 먹이를 주려고 자루
를 풀다가, 자루 아귀에 자기의 돈이
그대로 들어 있는 것을 보았다.
28 그는 이것을 자기 형제들에게 알렸
다. "내가 낸 돈이 도로 돌아왔다.
나의 자루 속에 돈이 들어 있어!" 이
말을 들은 형제들은, 얼이 빠진 사람
처럼 떨면서, 서로 쳐다보며 한탄하
였다. "하나님이 어찌하여 우리에게
이런 일을 하셨는가!"
29 ○그들은 가나안 땅으로 아버지 야
곱에게 돌아가서, 그 동안 겪은 일을
자세히 말씀드렸다.
30 "그 나라의 높으신 분이 우리를 보더
니, 엄하게 꾸짖고, 우리를 그 나라
를 엿보러 간 첩자로 여기는 것입니
다.
31 그래서 우리는 그에게 '우리는 정직
한 사람입니다. 우리는 첩자가 아닙
니다.
32 우리는 모두 한 아버지의 자식들로
서 열두 형제입니다. 하나는 잃고,
또 막내는 가나안 땅에 우리 아버지
와 함께 있습니다' 하고 말씀을 드렸
습니다.
33 그랬더니 그 나라의 높으신 분이 우
리에게 이르기를 '어디, 너희가 정말
정직한 사람들인지, 내가 한 번 알아
보겠다. 너희 형제 가운데서 한 사람
은 여기에 나와 함께 남아 있고, 나
머지는 너희 집안 식구들이 굶지 않
도록, 곡식을 가지고 돌아가거라.
34 그리고 너희의 막내 아우를 나에게
로 데리고 오너라. 그래야만 너희가
첩자가 아니고 정직한 사람이라는
것을 내가 알 수 있겠다. 그런 다음
에야, 내가 여기 잡아둔 너희 형제를
풀어 주고, 너희가 이 나라에 드나
들면서 장사를 할 수 있게 하겠다'
하였습니다."
35 ○그들은 자루를 비우다가, 각 사람
의 자루에 각자가 치른 그 돈꾸러미
가 그대로 들어 있는 것을 보았다.
그들과 그들의 아버지는 그 돈꾸러
미를 보고서, 모두들 겁이 났다.
36 아버지 야곱이 아들들에게 말하였
다. "너희가 나의 아이들을 다 빼앗
아 가는구나. 요셉을 잃었고, 시므온
도 잃었다. 그런데 이제 너희는 베냐
민마저 빼앗아 가겠다는 거냐? 하
나같이 다 나를 괴롭힐 뿐이로구
나!"
37 르우벤이 아버지에게 말하였다. "제

이후에도 그는 동생 베냐민을 만났을 때(43:30)와 베냐민과 아버지 야곱의 안전을 위해서 유다가 호소했을 때(44:18)에도 같은 반응을 보였다. **시므온을 끌어내어서…끈으로 묶었다** 시므온은 아마도 형제 중에서 가장 강포한 성격을 지닌 듯하다(34:25;49:5–7). 어쩌면 그는 요셉을 곤경에 빠뜨린 장본인이었는지도 모른다. 그렇다면 요셉의 행동은 시므온과 다른 형제들에게도 '이전의 사건'에 대한(37:18 이하) 하나님의 심판을 생각하게 하였을 것이다.

42:36 나의 아이들을 다 빼앗아 가는구나 베냐민을 데리고 이집트로 다시 내려갈 경우, 그들 모두 도둑으로 몰려서 처형당하거나 감금당하게 될 가능성이 다분했다. 야곱에게 자식은 귀중한 존재였다. 그 이유는 하나님의 약속이 자식들을 통해 이루어질 것이었기 때문이다. 따라서 그는 남은 아들들만이라도 안전하기를 원했고, 베냐민을 보내지 않음으로 그들을 붙들어 두었던 것이다.

가 베냐민을 다시 아버지께로 데리
고 오지 못한다면, 저의 두 아들을
죽이셔도 좋습니다. 막내를 저에게
맡겨 주십시오. 제가 반드시 아버지
께로 다시 데리고 오겠습니다."
38 야곱이 말하였다. "막내를 너희와
함께 그리로 보낼 수는 없다. 그 아
이의 형은 죽고, 그 아이만 홀로 남
았는데, 그 아이가 너희와 같이 갔다
가, 또 무슨 변을 당하기라도 하면
어찌 하겠느냐? 너희는, 백발이 성
성한 이 늙은 아버지가 슬퍼하며 죽
어서 스올로 내려가는 꼴을 보겠다
는 거냐?"

형들이 베냐민을 데리고 이집트로 가다

43 그 땅에 기근이 더욱 심해 갔
다.
2 그들이 이집트에서 가지고 온 곡식
이 다 떨어졌을 때에, 아버지가 아들
들에게 말하였다. "다시 가서, 먹거
리를 조금 더 사오너라."
3 유다가 아버지에게 말하였다. "그 사
람이 우리에게 엄하게 경고하면서
'너희가 막내 아우를 데리고 오지 않
으면, 다시는 나의 얼굴을 못 볼 것
이다' 하고 말하였습니다.
4 우리가 막내를 데리고 함께 가게 아
버지께서 허락하여 주시면, 다시 가
서 아버지께서 잡수실 것을 사오겠
습니다.
5 그러나 아버지께서 막내를 보낼 수
없다고 하시면, 우리는 갈 수 없습니
다. 그분이 우리에게 말하기를 '너희
가 막내 아우를 데리고 오지 않으
면, 다시는 나의 얼굴을 못 볼 것이
다' 하였기 때문입니다."
6 이스라엘이 자식들을 탓하였다. "어
찌하려고 너희는, 아우가 있다는 말
을 그 사람에게 해서, 나를 이렇게도
괴롭히느냐?"
7 그들이 대답하였다. "그 사람은 우리
와 우리 가족에 관하여서 낱낱이 캐
물었습니다. '너희 아버지가 살아 계
시냐?' 하고 묻기도 하고, 또 '다른
형제가 더 있느냐?' 하고 묻기도 하
였습니다. 우리는 그저, 그가 묻는
대로 대답하였을 뿐입니다. 그가 우
리의 아우를 그리로 데리고 오라고
말할 것이라고는 상상도 하지 못하
였습니다."
8 유다가 아버지 이스라엘에게 말하였
다. "제가 막내를 데리고 가게 해주
십시오. 그러면 우리가 곧 떠나겠습
니다. 그렇게 하여야, 우리도, 아버지
도, 우리의 어린 것들도, 죽지 않고
살 수 있을 것입니다.
9 제가 그 아이의 안전을 책임지겠습
니다. 아버지께서는, 그 아이에 대해
서는, 저에게 책임을 물어 주십시오.
제가 그 아이를 아버지께로 다시 데

43장 요약 극심한 기근이 계속되고, 아들들이 간곡한 논리로 거듭 설득하자 야곱은 마침내 베냐민을 아들들과 함께 보내기로 결심했다. 물론 이 결심의 배후에는 하나님의 섭리가 자리하고 있었다. 동생 베냐민의 건강한 모습을 본 요셉은 모든 염려를 잊고서 그 형제들을 성대하게 대접했다.

43:3 야곱에 대한 르우벤의 설득(42:37)이 실패로 돌아가자, 유다가 형제들의 대변인으로 나선다(참조. 44:14-34;46:28). 르우벤은 서모(庶母)와의 관계로 신망을 잃었으며, 시므온은 이집트에 억류되어 있었다. 또한 레위의 경우도 세겜 사람들을 살육했던 전과가 있었다. 따라서 아버지를 설득시키기에는 유다가 적격이었던 것 같다.

43:8-10 유다는 사태의 심각성을 차분하게 아버지에게 설명하였다. 그의 말은 현실적이었고 설득력이 있었다. 베냐민을 붙잡아 두는 것은 그를 위

리고 와서 아버지 앞에 세우지 못한
다면, 그 죄를 제가 평생 달게 받겠
습니다.
10 우리가 이렇게 머뭇거리고 있지 않았
으면, 벌써 두 번도 더 다녀왔을 것
입니다."
11 ○아버지 이스라엘이 아들들에게
말하였다. "꼭 그렇게 해야만 한다
면, 이렇게 하도록 하여라. 이 땅에
서 나는 것 가운데 가장 좋은 토산
물을 너희 그릇에 담아 가지고 가
서, 그 사람에게 선물로 드리도록 하
여라. 유향과 꿀을 얼마쯤 담고, 향
품과 몰약과 유향나무 열매와 감복
숭아를 담아라.
12 돈도 두 배를 가지고 가거라. 너희
자루 아귀에 담겨 돌아온 돈은 되돌
려 주어야 한다. 아마도 그것은 실수
였을 것이다.
13 너희 아우를 데리고, 어서 그 사람에
게로 가거라.
14 너희들이 그 사람 앞에 설 때에, ㉠전
능하신 하나님이 그 사람을 감동시
키셔서, 너희에게 자비를 베풀게 해
주시기를 빌 뿐이다. 그가 거기에 남
아 있는 아이와 베냐민도 너희와 함
께 돌려 보내 준다면, 더 바랄 것이
없겠다. 자식들을 잃게 되면 잃는 것
이지, 난들 어떻게 하겠느냐?"
15 ○사람들은 선물을 꾸리고, 돈도 갑
절을 지니고, 베냐민을 데리고 급히
이집트로 가서, 요셉 앞에 섰다.
16 요셉은, 베냐민이 그들과 함께 온 것
을 보고서, 자기 집 관리인에게 말하
였다. "이 사람들을 집으로 데리고
가시오. 짐승을 잡고, 밥상도 준비하
시오. 이 사람들은 나와 함께 점심
을 먹을 것이오."
17 요셉이 말한 대로, 관리인이 그 사람
들을 요셉의 집으로 안내하였다.
18 그 사람들은 요셉의 집으로 안내를
받아 들어가면서, 겁이 났다. 그들은
'지난 번에 여기에 왔을 적에, 우리가
낸 돈이, 알지도 못하는 사이에 우리
의 자루 속에 담겨서 되돌아왔는데,
그 돈 때문에 우리가 이리로 끌려온
다. 그 일로 그가 우리에게 달려들어
서, 우리의 나귀를 빼앗고, 우리를
노예로 삼으려는 것이 틀림없다' 하
고 걱정하였다.
19 그래서 그들은 요셉의 집 문 앞에 이
르렀을 때에, 요셉의 집 관리인에게
가서 물었다.
20 "우리는 지난번에 여기에서 곡식을
사 간 일이 있습니다.
21 하룻밤 묵어갈 곳에 이르러서 자루
를 풀다가, 우리가 치른 돈이, 액수
그대로, 우리 각자의 자루 아귀 안
에 고스란히 들어 있는 것을 보았습
니다. 그래서 우리가 그것을 다시 가

험에서 보호하려는 처사가 아니다. 오히려 그를 포함하여 모든 가족이 굶어 죽는 결과를 초래할 뿐이다. 유다는 "벌써 두 번도 더 다녀왔을 것입니다" 하며 야곱의 우유부단함을 지적하고 자신의 제안에 대한 책임을 지겠다는 다짐을 하고 있다.

43:14 자식들을 잃게 되면 잃는 것이지 야곱은 베냐민을 포기하기 이전에는 심한 심적 갈등이 있었다. 그러나 결단하고 나자 그는 자기 자신과 식구들을 아낌없이 하나님의 뜻에 의탁하고 있다. 이는 에스더기 4장 16절의 "죽으면, 죽으렵니다"와 비슷한 구절이다. 둘 다 자신들의 사건의 결과를 신앙을 통해서 하나님께 의탁하는 것을 나타내고 있다.

43:21 우리가 치른 돈이, 액수 그대로, '돈'으로 번역된 (히) '케세프'는 '은'을 뜻하기도 한다. 당시는 아직 주조 화폐가 사용되지 않을 때였으므로 이 말은 '은이 원래의 중량대로'로 해석하는 것이 좋을

㉠ 히, '엘 샤다이'

지고 왔습니다.
22 또 우리는 곡식을 살 돈도 따로 더
가지고 왔습니다. 우리는, 누가 그
돈을 우리의 자루 속에 넣었는지 모
릅니다."
23 그 관리인이 말하였다. "그 동안 별
고 없으셨습니까? 걱정하지 마십시
오. 댁들을 돌보시는 하나님, 댁들의
조상을 돌보신 그 하나님이 그 자루
에 보물을 넣어 주신 것입니다. 나는
댁들이 낸 돈을 받았습니다." 이렇게
말하면서, 관리인은 시므온을 그들
에게로 데리고 왔다.
24 관리인은 그 사람들을 요셉의 집 안
으로 안내하고서, 발 씻을 물도 주
고, 그들이 끌고 온 나귀에게도 먹이
를 주었다.
25 그들은 거기에서 점심을 먹게 된다
는 말을 들었으므로, 정오에 올 요셉
을 기다리면서, 장만해 온 선물을 정
돈하고 있었다.
26 ○요셉이 집으로 오니, 그들은 집 안
으로 가지고 들어온 선물을 요셉 앞
에 내놓고, 땅에 엎드려 절을 하였
다.
27 요셉은 그들의 안부를 묻고 난 다음
에 "전에 그대들이 나에게 말한 그
연세 많으신 아버지도 안녕하시오?
그분이 아직도 살아 계시오?" 하고
물었다.
28 그들은 "총리 어른의 종인 소인들의
아버지는 지금도 살아 있고, 평안합
니다" 하고 대답하면서, 몸을 굽혀서
절을 하였다.
29 요셉이 둘러보다가, 자기의 친어머니
의 아들, 친동생 베냐민을 보면서
"이 아이가 지난번에 그대들이 나에
게 말한 바로 그 막내 아우요?" 하
고 물었다. 그러면서 그는 "귀엽구
나! 하나님이 너에게 복 주시기를 빈
다" 하고 말하였다.
30 요셉은 자기 친동생을 보다가, 마구
치밀어오르는 형제의 정을 누르지
못하여, 급히 울 곳을 찾아 자기의
방으로 들어가서, 한참 동안 울고,
31 얼굴을 씻고 도로 나와서, 그 정을
누르면서, 밥상을 차리라고 명령하였
다.
32 밥상을 차리는 사람들은 요셉에게
상을 따로 차려서 올리고, 그의 형제
들에게도 따로 차리고, 요셉의 집에
서 먹고 사는 이집트 사람들에게도
따로 차렸다. 이집트 사람들은, 히브
리 사람들과 같은 상에서 먹으면 부
정을 탄다고 생각하기 때문에, 상을
같이 차리지 않은 것이다.
33 요셉의 형제들은 안내를 받아가며,
요셉 앞에 앉았는데, 앉고 보니, 맏
아들로부터 막내 아들에 이르기까
지 나이 순서를 따라서 앉게 되었다.

것 같다.

43:24 발 씻을 물도 주고 팔레스타인처럼 무덥고 먼지가 많이 나는 지방에 사는 사람들은 외출을 마치고 집에 돌아오면 우선적으로 발을 씻기 마련이다. 따라서 찾아온 손님에게 발 씻을 물을 주거나 발을 씻어 주는 것이 관습이 되었다. 이런 일은 대체로 가장 비천한 종이 맡아서 했다(삼상 25:41;눅 7:44;요 13:5).

43:32 이집트 사람들은 외국 사람들과 한 상에서 함께 식사하지 않는 관습이 있었다. 요셉은 제사장의 딸과 결혼함으로써 제사장의 신분을 얻었다. 그러므로 신분이 다른 이집트 사람들과 함께 자리를 할 수 없었다. 또한 그는 이집트의 고관이었기 때문에, 뭇사람들이 보는 자리에서 관습을 깨뜨릴 수 없었다. 이것이 세 군데에 상을 차려야 했던 이유이다. **이집트 사람들은…부정을 탄다고 생각하기 때문에** '이집트 사람들은 히브리 사람들과 함께 먹는 것을 몹시 싫어했다'라는 뜻이다.

그 사람들은 어리둥절하면서 서로
쳐다보았다.
34 각 사람이 먹을 것은, 요셉의 상에서
날라다 주었는데, 베냐민에게는 다른
사람보다 다섯 몫이나 더 주었다. 그
들은 요셉과 함께 취하도록 마셨다.

잔이 없어지다

44 요셉이 집 관리인에게 명령하
였다. "저 사람들이 가지고 갈
수 있을 만큼 많이, 자루에 곡식을
담으시오. 그들이 가지고 온 돈도 각
사람의 자루 아귀에 넣으시오.
2 그리고 어린 아이의 자루에다가는,
곡식 값으로 가지고 온 돈과 내가
쓰는 은잔을 함께 넣으시오." 관리
인은 요셉이 명령한 대로 하였다.
3 다음날 동이 틀 무렵에, 그들은 나
귀를 이끌고 길을 나섰다.
4 그들이 아직 그 성읍에서 얼마 가지
않았을 때에, 요셉이 자기 집 관리인
에게 말하였다. "빨리 저 사람들의
뒤를 쫓아가시오. 그들을 따라잡거
든, 그들에게 '너희는 왜 선을 악으
로 갚느냐?
5 ㉠어찌하려고 은잔을 훔쳐 가느냐?
그것은 우리 주인께서 마실 때에 쓰
는 잔이요, 점을 치실 때에 쓰는 잔
인 줄 몰랐느냐? 너희가 이런 일을
저지르다니, 매우 고약하구나!' 하고
호통을 치시오."
6 ○관리인이 그들을 따라잡고서, 요
셉이 시킨 말을 그들에게 그대로 하
면서, 호통을 쳤다.
7 그러자 그들이 그에게 말하였다. "어
찌하여 그런 말씀을 하십니까? 소인
들 가운데는 그런 일을 저지를 사람
이 하나도 없습니다.
8 지난번 자루 아귀에서 나온 돈을 되
돌려 드리려고, 가나안 땅에서 여기
까지 가지고 오지 않았습니까? 그런
데 어떻게 우리가 그대의 상전 댁에
있는 은이나 금을 훔친다는 말입니
까?
9 소인들 가운데서 어느 누구에게서라
도 그것이 나오면, 그를 죽여도 좋습
니다. 그리고 나머지 우리는 주인의
종이 되겠습니다."
10 그가 말하였다. "그렇다면 좋소. 당
신들이 말한 대로 합시다. 그러나 누
구에게서든지 그것이 나오면, 그 사
람만이 우리 주인의 종이 되고, 당신
들 나머지 사람들에게는 죄가 없소."
11 그들은 얼른 각자의 자루를 땅에 내
려놓고서 풀었다.
12 관리인이 맏아들의 자루부터 시작
하여 막내 아들의 자루까지 뒤지니,
그 잔이 베냐민의 자루에서 나왔다.
13 이것을 보자, 그들은 슬픔이 북받쳐
서 옷을 찢고 울면서, 저마다 나귀에
짐을 다시 싣고, 성으로 되돌아갔다.

44장 요약 요셉은 자신의 은잔을 몰래 베냐민의 자루에 넣고서 베냐민을 도둑으로 몰아붙인다. 이에 유다는 동생 대신 자신이 처벌받게 해 달라고 간청했다. 이로써, 그들이 과거의 잘못을 진정으로 뉘우치고 있고 야곱과 베냐민에 대한 그들의 애정이 남다르다는 사실이 입증되었다.

㉠ 칠십인역과 불가타를 따름

44:5 점 성경에는 여러 가지 점을 치는 방법들이 소개되어 있다. 이것은 물론 이교도들의 미신적인 행위이다. 이들이 점을 치는 데 사용하는 것들은 꿈(렘 23:25), 희생제물의 간(겔 21:21), 화살(겔 21:21), 동물들의 행동(삼상 6:7-12), 드라빔(왕하 23:24), 책(행 19:19) 등이다. 여기서는 잔을 가지고 점을 치는 방법을 언급하고 있다. 그것은…점을 치실 때에 쓰는 잔 하나님을 경외하던 요셉이 이와 같은 점술 행위를 하지는 않았을 것이다. 다만 형

14 ○유다와 그의 형제들이 요셉의 집
에 이르니, 요셉이 아직 거기에 있었
다. 그들이 요셉 앞에 나아가서, 땅
에 엎드리자,
15 요셉이 호통을 쳤다. "당신들이 어찌
하여 이런 일을 저질렀소? 나 같은
사람이 점을 쳐서 물건을 찾는 줄
을, 당신들은 몰랐소?"
16 유다가 대답하였다. "우리가 주인 어
른께 무슨 할 말이 있겠습니까? 무
슨 변명을 할 수 있겠습니까? 어찌
우리의 죄없음을 밝힐 수 있겠습니
까? 하나님이 소인들의 죄를 들추어
내셨으니, 우리와 이 잔을 가지고 간
아이가 모두 주인 어른의 종이 되겠
습니다."
17 요셉이 말하였다. "그렇게까지 할 것
은 없소. 이 잔을 가지고 있다가 들
킨 그 사람만 나의 종이 되고, 나머
지는 평안히 당신들의 아버지께로
돌아가시오."

유다가 베냐민을 위하여 탄원하다

18 ○유다가 그에게 가까이 가서 간청
하였다. "이 종이 주인 어른께 감히
한 말씀 드리는 것을 용서하여 주시
기 바랍니다. 어른께서는 바로와 꼭
같은 분이시니, 이 종에게 너무 노여
워하지 마시기 바랍니다.
19 이전에 어른께서는 종들에게, 아버
지나 아우가 있느냐고 물으셨습니
다.
20 그 때에 종들은, 늙은 아버지가 있
고, 그가 늘그막에 얻은 아들 하나
가 있는데, 그 아이와 한 어머니에게
서 난 그의 친형은 죽고, 그 아이만
있기 때문에, 아버지가 그 아이를 무
척이나 사랑한다고 말씀드렸습니다.
21 그 때에 어른께서는 종들에게 말씀
하시기를, 어른께서 그 아이를 직접
만나보시겠다고, 데리고 오라고 하
셨습니다.
22 그래서 종들이 어른께, 그 아이는
제 아버지를 떠날 수 없으며, 그 아
이가 아버지 곁을 떠나면, 아버지가
돌아가실 것이라고 말씀드렸습니다.
23 그러나 어른께서는 이 종들에게, 그
막내 아우를 데리고 오지 않으면 어
른의 얼굴을 다시는 못 볼 것이라고
말씀하셨습니다.
24 그래서 종들은 어른의 종인 저의 아
버지에게 가서, 어른께서 하신 말씀
을 다 전하였습니다.
25 얼마 뒤에 종들의 아버지가 종들에
게, 다시 가서 먹거리를 조금 사오라
고 하였습니다만,
26 종들은, 막내 아우를 우리와 함께 보
내시면 가겠지만, 그렇지 않으면 갈
수도 없고 그분 얼굴을 뵐 수도 없다
고 말했습니다.
27 그러나 어른의 종인 소인의 아버지

제들에게 자신의 신분을 감추고, 이집트의 총리다운 행세를 하려는 데서 비롯된 말이다.

44:13 옷을 찢고 일반적으로 슬픔이나 낙담을 표시하는 상징적 행동의 하나이다(수 7:6;삼하 13:19;욥 1:20). 신약 시대 유대 사람들은 하나님을 모독하는 행위나 말을 들었다고 생각했을 때 옷을 찢곤 하였다(막 14:63;행 14:14).

44:14-34 유다의 간구 유다는 베냐민의 무죄를 밝히려고 애쓰지 않고 다만 총리의 은총을 탄원했을 뿐이다. 그가 언변이 뛰어난 사람이었던 점은 이미 밝혀졌다. 그의 설득을 듣고 그의 형제들은 요셉을 죽이는 대신 노예로 팔았고(37:26-27) 아버지는 베냐민을 이집트로 보내기로 동의했다(43:3-11). 그의 호소는 자신을 희생시킬 수 있는 승화된 인격에서만 우러나올 수 있는 것이다.

44:22 요셉의 형들이 처음 요셉을 만났을 때 나눈 대화는 42:7-34에 기록되어 있다. 본절의 내용은 42장에서 언급되지는 않았다. 27절과 28절

는 이 종들에게 '너희도 알지 않느
냐? 이 아이의 어머니가 낳은 자식
이 둘뿐인데,
28 한 아이는 나가더니, 돌아오지 않는
다. 사나운 짐승에게 변을 당한 것
이 틀림없다. 그 뒤로 나는 그 아이
를 볼 수 없다.
29 그런데 너희가 이 아이마저 나에게
서 데리고 갔다가, 이 아이마저 변을
당하기라도 하면, 어찌하겠느냐? 너
희는, 백발이 성성한 이 늙은 아버지
가, 슬퍼하며 죽어가는 꼴을 보겠다
는 거냐?' 하고 걱정하였습니다.
30 아버지의 목숨과 이 아이의 목숨이
이렇게 얽혀 있습니다. 소인이 어른
의 종, 저의 아버지에게 되돌아갈 때
에, 우리가 이 아이를 데리고 가지
못하거나,
31 소인의 아버지가 이 아이가 없는 것
을 알면, 소인의 아버지는 곧바로 숨
이 넘어가고 말 것입니다. 일이 이렇
게 되면, 어른의 종들은 결국, 백발
이 성성한 아버지를 슬퍼하며 돌아
가시도록 만든 꼴이 되고 맙니다.
32 어른의 종인 제가 소인의 아버지에
게, 그 아이를 안전하게 다시 데리고
오겠다는 책임을 지고 나섰습니다.
만일 이 아이를 아버지에게 다시 데
리고 돌아가지 못하면, 소인이 아버
지 앞에서 평생 그 죄를 달게 받겠다
고 다짐하고 왔습니다.
33 그러니, 저 아이 대신에 소인을 주인
어른의 종으로 삼아 여기에 머물러
있게 해주시고, 저 아이는 그의 형들
과 함께 돌려보내 주시기를 바랍니
다.
34 저 아이 없이, 제가 어떻게 아버지의
얼굴을 뵙겠습니까? 그럴 수는 없습
니다. 저의 아버지에게 닥칠 불행을,
제가 차마 볼 수 없습니다."

요셉이 형제들에게 자기를 밝히다

45 요셉은 북받치는 감정을 억누
르지 못하고, 자기의 모든 시종
들 앞에서 그만 모두들 물러가라고
소리쳤다. 주위 사람들을 물러나게
하고, 요셉은 드디어 자기가 누구인
지를 형제들에게 밝히고 나서,
2 한참 동안 울었다. 그 울음 소리가
어찌나 크던지 밖으로 물러난 이집
트 사람들에게도 들리고, 바로의 궁
에도 들렸다.
3 "내가 요셉입니다! 아버지께서 아직
살아 계시다고요?" 요셉이 형제들에
게 이렇게 말하였으나, 놀란 형제들
은 어리둥절하여, 요셉 앞에서 입이
얼어붙고 말았다.
4 ○"이리 가까이 오십시오" 하고 요셉
이 형제들에게 말하니, 그제야 그들
이 요셉 앞으로 다가왔다. "내가, 형
님들이 이집트로 팔아 넘긴 그 아우

의 내용 역시 앞에서 기록되지 않았던 야곱의 말이다(참조. 42:36-38).

※ **도둑질에 관한 형벌** 함무라비 법전에 의하면 어떤 경우에는 사소한 범죄임에도 사형으로 다스렸다. 그리고 왕궁에서 도둑질하는 행위를 가장 중요한 범죄로 간주했다. 따라서 요셉의 형제들이 도둑질한 자가 밝혀지면 그를 죽여도 좋다고 요셉에게 한 제안은 이치에 어긋난 제안이 아니었다(44:9).

45장 요약 요셉이 형들 앞에서 자신의 정체를 밝힌다. 형들의 손에 팔려 이집트로 왔지만 그 사건의 배후에는 야곱 일가를 이집트로 인도하려는 하나님의 섭리가 작용하고 있었다고 하는 요셉의 설명은 그 신앙의 깊이를 엿보게 해준다.

45:1-3 유다의 탄원은 요셉의 마음을 완전히 사로잡았다. 그는 이제 형들이 완전히 변화되었음

입니다.
5 그러나 이제는 걱정하지 마십시오.
자책하지도 마십시오. 형님들이 나
를 이 곳에 팔아 넘기긴 하였습니다
만, 그것은 하나님이, 형님들보다 앞
서서 나를 여기에 보내셔서, 우리의
목숨을 살려 주시려고 그렇게 하신
것입니다.
6 이 땅에 흉년이 든 지 이태가 됩니
다. 앞으로도 다섯 해 동안은 밭을
갈지도 못하고 거두지도 못합니다.
7 하나님이 나를 형님들보다 앞서서
보내신 것은, 하나님이 크나큰 구원
을 베푸셔서 형님들의 목숨을 지켜
주시려는 것이고, 또 형님들의 자손
을 이 세상에 살아 남게 하시려는
것입니다.
8 그러므로 실제로 나를 이리로 보낸
것은 형님들이 아니라 하나님이십니
다. 하나님이 나를 이리로 보내셔서,
바로의 아버지가 되게 하시고, 바로
의 온 집안의 최고의 어른이 되게 하
시고, 이집트 온 땅의 통치자로 세우
신 것입니다.
9 이제 곧 아버지께로 가셔서, 아버지
의 아들 요셉이 하는 말이라고 하시
고, 이렇게 말씀을 드려 주십시오.
'하나님이 저를 이집트 온 나라의 주
권자로 삼으셨습니다. 아버지께서는
지체하지 마시고, 저에게로 내려오
시기 바랍니다.
10 아버지께서는 고센 지역에 사시면
서, 저와 가까이 계실 수 있습니다.
아버지께서는 아버지의 여러 아들과
손자를 거느리시고, 양과 소와 모든
재산을 가지고 오시기 바랍니다.
11 흉년이 아직 다섯 해나 더 계속됩니
다. 제가 여기에서 아버지를 모시겠
습니다. 아버지와 아버지의 집안과
아버지께 딸린 모든 식구가 아쉬운
것이 없도록 해 드리겠습니다' 하고
여쭈십시오.
12 지금 형님들에게 말을 하고 있는 것
이 이 요셉임을 형님들이 직접 보고
계시고, 나의 아우 베냐민도 자기의
눈으로 보고 있습니다.
13 형님들은, 내가 이집트에서 누리고
있는 이 영화와 형님들이 보신 모든
것을, 아버지께 다 말씀드리고, 빨리
모시고 내려오십시오."
14 요셉이 자기 아우 베냐민의 목을 얼
싸안고 우니, 베냐민도 울면서 요셉
의 목에 매달렸다.
15 요셉이 형들과도 하나하나 다 입을
맞추고, 부둥켜 안고 울었다. 그제야
요셉의 형들이 요셉과 말을 주고받
았다.
16 ○요셉의 형제들이 왔다는 소문이
바로의 궁에 전해지자, 바로와 그의
신하들이 기뻐하였다.

을 추호도 의심하지 않게 되었다. 지금까지 요셉은 여러 가지 상황을 야기시켜 그들을 시험했으나, 그들은 모두 시험을 통과했다. 그들은 역경을 통해 과거의 죄를 뉘우쳤을 뿐만 아니라 나이 많은 아버지를 사랑하게 되었고, 서로가 한마음으로 뭉칠 수 있게 되었다. 이와 같은 것들은 과거에 찾아볼 수 없었던 것들이었다. 따라서 요셉은 그들의 변화된 모습에 감동되어 자신의 정체를 밝히기에 이르렀다.

45:5-8 요셉은 놀라움과 두려움에 휩싸인 형제들의 마음을 진정시키기 위해 이 모든 것이 하나님의 섭리에 의해 이루어졌다고 말하였다. 틀림없이 요셉은 역경에 부딪혔을 때마다 이 믿음의 원리로써 자신을 위안했을 것이다.

45:16-20 요셉은 이집트의 식량난을 해결한 구원자였기 때문에, 바로를 포함한 모든 이집트 사람들의 존경을 받고 있었다. 자연히 요셉에게 닥친 기쁜 소식은 이집트 모두의 기쁨이 되었다. 바

17 바로가 요셉에게 말하였다. "그대의
형제들에게 나의 말을 전하시오. 짐
승들의 등에 짐을 싣고 가나안 땅으
로 돌아가서,
18 그대의 부친과 가족을 내가 있는 곳
으로 모시고 오게 하시오. 이집트에
서 가장 좋은 땅을 드릴 터이니, 그
기름진 땅에서 나는 것을 누리면서
살 수 있다고 이르시오.
19 그대는 또 이렇게 나의 말을 전하시
오. 어린 것들과 부인들을 태우고
와야 하니, 수레도 이집트에서 여러
대를 가지고 올라가도록 하시오. 그
대의 아버지도 모셔 오도록 하시오.
20 이집트 온 땅 가운데서도 가장 좋은
땅이 그들의 것이 될 터이니, 가지고
있는 물건들은 미련없이 버리고 오
라고 하시오."
21 ○이스라엘의 아들들은, 바로가 하
라는 대로 하였다. 요셉은, 바로가
명령한 대로, 그들에게 수레를 여러
대 내주고, 여행길에 먹을 것도 마련
하여 주었다.
22 또 그들에게 새 옷을 한 벌씩 주고,
베냐민에게는 특히 은돈 삼백 세겔
과 옷 다섯 벌을 주었다.
23 요셉은 아버지에게 드릴 또 다른 예
물을 마련하였다. 이집트에서 나는
귀한 물건을 수나귀 열 마리에 나누
어 싣고, 아버지가 이집트로 오는 길
에 필요한 곡식과 빵과 다른 먹거리
는 암나귀 열 마리에 나누어 실었
다.
24 요셉은 자기 형제들을 돌려보냈다.
그들과 헤어지면서, 요셉은 "가시는
길에 서로들 탓하지 마십시오" 하고
형들에게 당부하였다.
25 ○그들은 이집트에서 나와 가나안
땅으로 들어가서, 아버지 야곱에게
이르렀다.
26 그들이 야곱에게 말하였다. "요셉이
지금까지 살아 있습니다. 이집트 온
나라를 다스리는 총리가 되었습니
다." 이 말을 듣고서 야곱은 정신이
나간 듯 어리벙벙하여, 그 말을 곧이
들을 수가 없었다.
27 그러나 요셉이 한 말을 아들들에게
서 모두 전해 듣고, 또한 요셉이 자기
를 데려오라고 보낸 그 수레들을 보
고 나서야, 아버지 야곱은 비로소 제
정신이 들었다.
28 "이제는 죽어도 한이 없다. 내 아들
요셉이 아직 살아 있다니! 암, 가고
말고! 내가 죽기 전에 그 아이를 보
아야지!" 하고 이스라엘은 중얼거렸
다.

야곱 가족이 이집트로 들어가다

46 이스라엘이 식구를 거느리고,
그의 모든 재산을 챙겨서 길을
떠났다. 브엘세바에 이르렀을 때에,

로는 기쁜 마음으로 요셉의 형제와 가족들을 이집트로 초대하여 요셉의 공로를 갚으려 했다.

45:24 가시는 길에 서로들 탓하지 마십시오 요셉의 *깊은 통찰력*이 엿보이는 조언이다. 이제 요셉의 형들이 돌아가면 아버지 앞에서 과거의 범죄 사실에 대하여 바르게 고해야 할 상황인데 그들이 돌아가는 길에서 서로 책임을 전가한다든지 주동자들을 질책한다든지 하면서 다툼이 일어날 수 있을 것이다.

46장 요약 이집트 이주는 그들을 연단하여 위대한 민족으로 재탄생시키고자 하신 하나님의 뜻과 계획 안에서 실행되었다(3-4절). 야곱 일가는 민족적 우월감으로 외국 사람을 경멸하는 이집트에서 고립되어 살아감으로써 가나안에서처럼 이방 문화에 동화될 위험이 적었다.

46:1-4 가나안은 하나님께서 주신 언약의 땅이었다. 따라서 야곱은 가나안을 벗어나기 전에 하

그는 아버지 이삭의 하나님께 희생
제사를 드렸다.
2 밤에 하나님이 환상 가운데서 "야곱
아, 야곱아!" 하고 이스라엘을 부르
셨다. 야곱은 "제가 여기 있습니다!"
하고 대답하였다.
3 하나님이 말씀하셨다. "나는 하나
님, 곧 너의 아버지의 하나님이다. 이
집트로 내려가는 것을 두려워하지
말아라. 내가 거기에서 너를 큰 민족
이 되게 하고,
4 나도 너와 함께 이집트로 내려갔다
가, 내가 반드시 너를 거기에서 데리
고 나오겠다. 요셉이 너의 눈을 직접
감길 것이다."
5 ○야곱 일행이 브엘세바를 떠날 차
비를 하였다. 이스라엘의 아들들은,
자기들의 아버지 야곱과 아이들과
아내들을, 바로가 야곱을 태워 오라
고 보낸 수레에 태웠다.
6 야곱과 그의 모든 자손은, 집짐승과
가나안에서 모은 재산을 챙겨서, 이
집트를 바라보며 길을 떠났다.
7 이렇게 야곱은 자기 자녀들과 손자
들과 손녀들 곧 모든 자손들을 다
거느리고 이집트로 갔다.
8 ○이집트로 내려간 이스라엘 사람들
곧 야곱과 그의 자손들의 이름은 다
음과 같다. ○야곱의 맏아들 르우
벤,
9 르우벤의 아들들인 하녹과 발루와
헤스론과 갈미,
10 시므온의 아들들인 여무엘과 야민
과 오핫과 야긴과 스할, 가나안 여인
이 낳은 아들 사울,
11 레위의 아들들인 게르손과 고핫과
므라리,
12 유다의 아들들인 에르와 오난과 셀
라와 베레스와 세라, (그런데 에르와
오난은 가나안 땅에 있을 때에 이미
죽었다.) 베레스의 아들들인 헤스론
과 하물,
13 잇사갈의 아들들인 돌라와 부와와
욥과 시므론,
14 스불론의 아들들인 세렛과 엘론과
얄르엘,
15 이들은 밧단아람에서 레아와 야곱
사이에서 태어난 자손이다. 이 밖에
딸 디나가 더 있다. 레아가 낳은 아
들딸이 모두 서른세 명이다.
16 ○갓의 아들들인 시뵨과 학기와 수
니와 에스본과 에리와 아로디와 아
렐리,
17 아셀의 아들들인 임나와 이스와와
이스위와 브리아와 그들의 누이 세
라, 브리아의 아들들인 헤벨과 말기
엘,
18 이들은 실바와 야곱 사이에서 태어
난 자손이다. 실바는 라반이 자기
딸 레아를 출가시킬 때에 준 몸종이

나님의 뜻을 알기 원했다. 하나님께서 환상 중에 가나안 땅에 관한 언약을 확신시켜 주신다.

46:3-4 야곱이 하나님으로부터 받은 위로의 중심 내용은 그가 영원히 유랑자가 되는 것이 아니라, 마침내는 약속된 유업을 얻게 되리라는 말씀이었다. 그러나 여기서 말하는 귀향의 약속은 야곱 자신이 아니라 그의 후손에 관한 것으로 이해되어야 할 것이다(참조. 15:13-16;28:15).

46:4 이집트는 야곱의 후손들에게 있어서 독특한 민족 의식을 함양시키기에 적절한 곳이었다. 왜냐하면 이집트 사람들은 민족적 우월감으로 인하여 타 민족과의 교류를 기피하였기에, 야곱의 일족들은 가나안에서와는 달리 이 곳에서 그들과 동화되지 않고 자신들의 민족적 실력을 키울 수가 있었다. 이것은 하나님의 섭리적 인도로 볼 수 있다.

46:5-27 연로한 야곱은 자신이 가나안 땅을 떠나게 되리라고 생각하지 못했다. 그는 자신의 보

다. 그가 낳은 자손이 모두 열여섯
명이다.
19 야곱의 아내 라헬이 낳은 아들들인
요셉과 베냐민과
20 므낫세와 에브라임, (이 두 아들은
이집트 땅에서 온의 제사장 보디베
라의 딸 아스낫과 요셉 사이에서 태
어났다.)
21 베냐민의 아들들인 벨라와 베겔과
아스벨과 게라와 나아만과 에히와
로스와 뭅빔과 훕빔과 아릇,
22 이들은 라헬과 야곱 사이에서 태어
난 자손인데, 열네 명이다.
23 단의 아들인 후심,
24 납달리의 아들들인 야스엘과 구니
와 예셀과 실렘,
25 이들은 빌하와 야곱 사이에서 태어
난 자손이다. 빌하는 라반이 자기
딸 라헬을 출가시킬 때에 준 몸종이
다. 그가 낳은 자손은 모두 일곱 명
이다.
26 야곱과 함께 이집트로 들어간 사람
들은, 며느리들을 뺀 그 직계 자손
들이 모두 예순여섯 명이다.
27 이집트에서 요셉이 낳은 아들 ㉠둘까
지 합하면, 야곱의 집안 식구는 모두
㉡일흔 명이다.

야곱 일행이 이집트에 도착하다

28 ○이스라엘이 유다를 자기보다 앞세
워서 요셉에게로 보내어, 야곱 일행
이 고센으로 간다는 것을 알리게 하
였다. 일행이 고센 땅에 이르렀을 때
에,
29 요셉이 자기 아버지 이스라엘을 맞
으려고, 병거를 갖추어서 고센으로
갔다. 요셉이 아버지 이스라엘을 보
고서, 목을 껴안고 한참 울다가는,
다시 꼭 껴안았다.
30 이스라엘이 요셉에게 말하였다. "나
는 이제 죽어도 여한이 없다. 내가
너의 얼굴을 보다니, 네가 여태까지
살아 있구나!"
31 요셉이 자기의 형들과 아버지의 집
안 식구들에게 말하였다. "제가 이
제 돌아가서, 바로께 이렇게 말씀드
리겠습니다. '가나안 땅에 살던 저의
형제들과 아버지의 집안이 저를 만
나보려고 왔습니다.
32 그들은 본래부터 목자이고, 집짐승
을 기르는 사람들인데, 그들이 가지
고 있는 양과 소와 모든 재산을 챙
겨서 이리로 왔습니다.' 이렇게 말씀
을 드려 둘 터이니,
33 바로께서 형님들을 부르셔서 '그대
들의 생업이 무엇이오?' 하고 물으시
거든,
34 '종들은 어렸을 때부터 줄곧 집짐승
을 길러온 사람들입니다. 우리와 우
리 조상이 다 그러합니다' 하고 대답
하셔야 합니다. 그래야 형님들이 고

금자리에서 죽을 것이고, 그의 자손이 약속의 땅을 실제로 소유할 것이라 여겼다. 그러나 하나님의 섭리는 야곱의 생각과는 다르게 역사하셨다.

46:28 유다를 자기보다 앞세워서 요셉에게로 보내어 유다는 베냐민에 관한 문제로 아버지의 두터운 신임을 얻었다. 따라서 야곱은 이 경우에도 가장 적합한 인물로 그를 선택하였다.

46:29-34 고센은 비옥한 지역일 뿐만 아니라 목축에 적합한 장소였다. 게다가 그 지역에는 이집트 사람들이 아직 정착해 있지 않았기 때문에 요셉은 아버지의 권속들이 거주할 지역으로 선정해 두었던 것이다(45:10).

46:29-30 22년 만의 해후로 인한 기쁨이 감격적으로 묘사되어 있다. 이는 요셉이 하나님의 약속을 받았던 해부터 받은 연단과 인내 후에 그 약속의 성취를 보았던 시점이다(참조. 37장).

㉠ 칠십인역에는 '아홉 자녀' ㉡ 칠십인역에는 '일흔다섯 명'(행 7:14에서도)

센 땅에 정착하실 수 있습니다. 이집
트 사람은 목자라고 하면, 생각할 것
도 없이 꺼리기 때문에, 가까이 하지
않습니다."

47 1 요셉이 바로에게 가서 아뢰
었다. "저의 아버지와 형제들이
소 떼와 양 떼를 몰고, 모든 재산을
챙겨가지고, 가나안 땅을 떠나서, 지
금은 고센 땅에 와 있습니다."
2 요셉은 형들 가운데서 다섯 사람을
뽑아서 바로에게 소개하였다.
3 바로가 그 형제들에게 물었다. "그대
들은 생업이 무엇이오?" 그들이 바
로에게 대답하였다. "임금님의 종들
은 목자들입니다. 우리 조상들도 마
찬가지였습니다."
4 그들은 또 그에게 말하였다. "소인들
은 여기에 잠시 머무르려고 왔습니
다. 가나안 땅에는 기근이 심하여,
소 떼가 풀을 뜯을 풀밭이 없습니
다. 그러하오니, 소인들이 고센 땅에
머무를 수 있도록 허락하여 주시기
를 바랍니다."
5 바로가 요셉에게 대답하였다. "그대
의 아버지와 형제들이 그대에게로
왔소.
6 이집트 땅이 그대 앞에 있으니, 그대
의 아버지와 형제들이 이 땅에서 가
장 좋은 곳에서 살도록 거주지를 마
련하시오. 그들이 고센 땅에서 살도
록 주선하시오. 형제들 가운데서, 특
별한 능력이 있는 사람들을 그대가
알면, 그들이 나의 짐승을 맡아 돌
보도록 하시오."
7 ○요셉은 자기 아버지 야곱을 모시
고 와서, 바로를 만나게 하였다. 야
곱이 바로를 축복하고 나니,
8 바로가 야곱에게 말하였다. "어른께
서는 연세가 어떻게 되시오?"
9 야곱이 바로에게 대답하였다. "이 세
상을 떠돌아다닌 햇수가 백 년 하고
도 삼십 년입니다. 저의 조상들이 세
상을 떠돌던 햇수에 비하면, 제가 누
린 햇수는 얼마 되지 않지만, 험악한
세월을 보냈습니다."
10 야곱이 다시 바로에게 축복하고, 그
앞에서 물러났다.
11 요셉은 자기 아버지와 형제들을 이
집트 땅에서 살게 하고, 바로가 지시
한 대로, 그 땅에서 가장 좋은 곳인
라암세스 지역을 그들의 소유지로
주었다.
12 요셉은, 자기 아버지와 형제들과 아
버지의 온 집안에, 식구 수에 따라서
먹거리를 대어 주었다.

기근이 심해지다

13 ○기근이 더욱 심해지더니, 온 세상
에 먹거리가 떨어지고, 이집트 땅과
가나안 땅에서는 이 기근 때문에 사
람들이 야위어 갔다.

47장 요약 야곱 일가는 이집트의 고센 땅에 정착하였다. 기근이 더욱 심해졌지만 요셉의 탁월한 지혜와 정치적 수완으로 바로의 소유는 오히려 증가하였다. 죽음을 앞둔 야곱은 요셉에게 자신의 시신을 필히 가나안으로 옮겨 장사지낼 것을 맹세시켰다.

47:1-12 요셉은 자기 형들이 어떻게 바로를 대면할지 이미 준비시켰다. 야곱의 권속이 고향을 떠난 것은 기근으로 인해 불가피하게 취한 조치이며, 그들이 영구히 고센 땅에 머무르지 않을 것을 밝힌 구절이다. 상황이 호전되면 가나안으로 돌아가겠다는 의지가 반영되어 있다.

47:9 떠돌아다닌 엄격히 말하면, 족장들은 반(半)유목민(베두인)으로서 한 곳에 정착해서 살지 않았기 때문에, 조상 때부터 물려받은 땅이 없었다. 따라서 그들은 바로 앞에서 길손과 나그네로서 자신들을 소개하였다(히 11:13).

14 사람들이 요셉에게 와서, 곡식을 사
느라고 돈을 치르니, 이집트 땅과 가
나안 땅의 모든 돈이 요셉에게로 몰
렸고, 요셉은 그 돈을 바로의 궁으로
가지고 갔다.
15 이집트 땅과 가나안 땅에서 돈마저
떨어지자, 이집트 사람들이 모두 요
셉에게 와서 말하였다. "우리에게 먹
거리를 주십시오. 돈이 떨어졌다고
하여, 어른께서 보시는 앞에서 죽을
수야 없지 않습니까?"
16 요셉이 말하였다. "그러면, 당신들이
기르는 집짐승이라도 가지고 오시
오. 돈이 떨어졌다니, 집짐승을 받고
서 먹거리를 팔겠소."
17 그래서 백성들은 자기들이 기르는
집짐승을 요셉에게로 끌고 왔다. 요
셉은 그들이 끌고 온 말과 양 떼와
소 떼와 나귀를 받고서 먹거리를 내
주었다. 이렇게 하면서 요셉은, 한 해
동안 내내, 집짐승을 다 받고서 먹거
리를 내주었다.
18 그 해가 다 가고, 이듬해가 되자, 백
성들이 요셉에게로 와서 말하였다.
"돈은 이미 다 떨어지고, 집짐승마저
다 어른의 것이 되었으므로, 이제 어
른께 드릴 수 있는 것으로 남은 것이
라고는, 우리의 몸뚱아리와 밭떼기
뿐입니다. 어른께 무엇을 더 숨기겠
습니까?
19 어른께서 보시는 앞에서, 우리가 밭
과 함께 망할 수야 없지 않습니까?
그러니, 우리의 몸과 우리의 밭을 받
고서 먹거리를 파십시오. 우리가 밭
까지 바쳐서, 바로의 종이 되겠습니
다. 우리에게 씨앗을 주십시오. 그러
면, 우리가 죽지 않고 살아날 것이
며, 밭도 황폐하게 되지 않을 것입니
다."
20 ○요셉은 이집트에 있는 밭을 모두
사서, 바로의 것이 되게 하였다. 이집
트 사람들은, 기근이 너무 심하므
로, 견딜 수 없어서, 하나같이 그들
이 가지고 있는 밭을 요셉에게 팔았
다. 그래서 그 땅은 바로의 것이 되
었다.
21 요셉은 이집트 이 끝에서 저 끝까지
를 여러 성읍으로 나누고, ㉠이집트
전 지역에 사는 백성을 옮겨서 살게
하였다.
22 그러나 요셉은, 제사장들이 가꾸는
밭은 사들이지 않았다. 제사장들은
바로에게서 정기적으로 녹을 받고
있고, 바로가 그들에게 주는 녹 가
운데는 먹거리가 넉넉하였으므로,
그들은 땅을 팔 필요가 없었다.
23 요셉이 백성에게 말하였다. "이제, 내
가 당신들의 몸과 당신들의 밭을 사
서, 바로께 바쳤소. 여기에 씨앗이 있
소. 당신들은 이것을 밭에 뿌리시오.

47:13-26 요셉은 대가를 받지 않는 한 양식을 주지 않았다. 오늘날 혹자는 요셉의 정책이 백성들을 노예화하고 왕실의 번영을 추구하는 반민주적이며 강압적인 폭거라고 신랄하게 비난하기도 한다. 그러나 절대 그렇지 않다. 여기서 한 가지 주목해야 할 점은, 모든 권리를 포기하고 양식을 국가로부터 받는 자발적인 노예가 되겠다고 선택한 것은 백성들의 의지였다. 오히려 그 당시 일부 분권된 국지적 권력자들의 백성들에 대한 착취와 억압적 통치가 훨씬 반민주적이었다. 당시 이집트 사람들도 요셉의 정책을 백성들에 대한 깊은 이해와 애정이 담긴 최선의 것으로 받아들였다.

47:24 오분의 일 이집트 땅은 나일 강의 범람으로 몹시 비옥하여 단위 수확량이 많다. 따라서 4/5로도 충분히 생활할 수 있었다.

※ 이집트의 토지법 내용의 일부는 다음과 같다.

㉠ 사마리아 오경과 칠십인역과 불가타에는 '요셉이 백성을 강제노동에 징용하였다'

24 곡식을 거둘 때에, 거둔 것에서 오분
의 일을 바로께 바치고, 나머지 오분
의 사는 당신들이 가지시오. 거기에
서 밭에 뿌릴 씨앗을 따로 떼어 놓으
면, 그 남는 것이 당신들과 당신들의
집안과 당신들 자식들의 먹거리가
될 것이오."
25 ○백성들이 말하였다. "어른께서 우
리의 목숨을 건져 주셨습니다. 어른
께서 우리를 어여삐 보시면, 우리는
기꺼이 바로의 종이 되겠습니다."
26 요셉이 이렇게 이집트의 토지법 곧
밭에서 거둔 것의 오분의 일을 바로
에게 바치는 법을 만들었으며, 지금
까지도 그 법은 유효하다. 다만, 제
사장의 땅만은 바로의 것이 되지 않
았다.

야곱의 마지막 요청

27 ○이스라엘 자손은 이집트의 고센
땅에 자리를 잡았다. 거기에서 그들
은 재산을 얻고, 생육하며 번성하였
다.
28 야곱이 이집트 땅에서 열일곱 해를
살았으니, 그의 나이가 백마흔일곱
살이었다.
29 ○이스라엘은 죽을 날을 앞두고, 그
의 아들 요셉을 불러 놓고 일렀다.
"네가 이 아버지에게 효도를 할 생
각이 있으면, 너의 손을 나의 다리
사이에 넣고, 네가 인애와 성심으로
나의 뜻을 받들겠다고 나에게 약속
하여라. 나를 이집트에 묻지 말아라.
30 내가 눈을 감고, 조상들에게로 돌아
가면, 나를 이집트에서 옮겨서, 조상
들께서 누우신 그 곳에 나를 묻어다
오." 요셉이 대답하였다. "아버지 말
씀대로 하겠습니다."
31 야곱이 다짐하였다. "그러면 이제 나
에게 맹세하여라." 요셉이 아버지에
게 맹세하니, 이스라엘이 침상 맡에
엎드려서, 하나님께 경배하였다.

야곱이 에브라임과 므낫세를 축복하다

48 이런 일이 있은 지 얼마 되지
않아서, 요셉은 아버지의 병환
소식을 들었다. 요셉은 두 아들 므낫
세와 에브라임을 데리고, 아버지를
뵈러 갔다.
2 야곱 곧 이스라엘은 자기의 아들 요
셉이 왔다는 말을 듣고서, 기력을 다
하여 침상에서 일어나 앉았다.
3 야곱이 요셉에게 말하였다. "㉠전능
하신 하나님이 가나안 땅 루스에서
나에게 나타나셔서, 거기에서 나에
게 복을 허락하시면서,
4 나에게 이르시기를 '내가 너에게 수
많은 자손을 주고, 그 수가 불어나게
하겠다. 내가 너에게서 여러 백성이
나오게 하고, 이 땅을 너의 자손에
게 주어서, 영원한 소유가 되게 하겠
다' 하셨다.

① 모든 토지의 소유권은 바로가 가진다. ② 제사장 계급은 예외적으로 일부 토지를 소유할 수 있다. ③ 백성들이 토지를 경작할 경우에는 수확량의 오분의 일을 바쳐야 한다.

47:29-30 야곱은 가나안 땅에 관한 하나님의 약속을 철저하게 믿었다. 따라서 자신이 묻힐 매장지의 선택에 관한 믿음을 후손들에게 확신시키려 했다.

㉠ 히. '엘 샤다이'

48장 요약 죽음을 앞둔 야곱은 열두 아들과 그 후손들을 축복하기에 앞서 특별히 요셉의 두 아들인 므낫세와 에브라임을 자신의 양자로 삼고 축복하였다. 이로 인해 요셉의 두 아들 므낫세와 에브라임은 향후 이스라엘 열두 지파 중 한 지파씩을 형성하게 된다.

48:3 루스 야곱이 꿈에 하나님을 보고 '하나님의 집'이란 의미에서 '베델'이라고 불렀던 성이다. 예

5 내가 너를 보려고 여기 이집트로 오
기 전에 네가 이집트 땅에서 낳은 두
아이는, 내가 낳은 아들로 삼고 싶
다. 르우벤과 시므온이 나의 아들이
듯이, 에브라임과 므낫세도 나의 아
들이다.
6 이 두 아이 다음에 낳은 자식들은
너의 아들이다. 이 두 아이는 형들
과 함께 유산을 상속받게 할 것이
다.
7 내가 밧단을 떠나서 고향으로 돌아
올 때에, 슬프게도, 너의 어머니 라
헬이 가나안 땅에 다 와서, 조금만
더 가면 에브랏에 이를 것인데, 그만
길에서 세상을 떠나고 말았다. 나는
너의 어머니를 에브랏 곧 베들레헴
으로 가는 길 옆에 묻었다."
8 ○이스라엘이 요셉의 아들들을 보면
서 물었다. "이 아이들이 누구냐?"
9 요셉이 자기 아버지에게 대답하였
다. "이 아이들은 여기에서 하나님이
저에게 주신 자식들입니다." 이스라
엘이 말하였다. "아이들을 나에게로
가까이 데리고 오너라. 내가 아이들
에게 축복하겠다."
10 이스라엘은 나이가 많았으므로, 눈
이 어두워서 앞을 볼 수 없었다. 요
셉이 두 아들을 아버지에게로 이끌
고 가니, 야곱이 그들에게 입을 맞추
고 끌어안았다.
11 이스라엘이 요셉에게 말하였다. "내
가 너의 얼굴을 다시 볼 것이라고는
생각도 못하였는데, 이제 하나님은,
내가 너의 자식들까지 볼 수 있도록
허락하셨구나."
12 요셉은 이스라엘의 무릎 사이에서
두 아이들을 물러나게 하고, 땅에
얼굴을 대고 엎드려서 절을 하였다.
13 그런 다음에 요셉은 두 아이를 데려
다가, 오른손으로 에브라임을 이끌
어서 이스라엘의 왼쪽에 서게 하고,
왼손으로 므낫세를 이끌어서 이스라
엘의 오른쪽에 서게 하였다.
14 그런데 이스라엘은, 에브라임이 작
은 아들인데도 그의 오른손을 에브
라임의 머리 위에 얹고, 므낫세는 맏
아들인데도 그의 왼손을 므낫세의
머리 위에 얹었다. 야곱이 그의 팔을
엇갈리게 내민 것이다.
15 ○야곱이 요셉을 축복하였다.
"나의 할아버지 아브라함과 아버
지 이삭을 보살펴 주신 하나님, 내
가 태어난 날로부터 오늘에 이르
기까지 나의 목자가 되어주신 하
나님,
16 온갖 어려움에서 나를 건져 주신
천사께서 이 아이들에게 복을 내
려 주시기를 빕니다. 나의 이름과
할아버지의 이름 아브라함과 아버
지의 이름 이삭이 이 아이들에게

루살렘에서 북쪽으로 19km 지점에 있다.

48:5 에브라임과 므낫세도 나의 아들이다 요셉의 두 아들을 그의 장남 르우벤과 차남 시므온처럼 대우하겠다는 뜻이다. 이와 같은 야곱의 결정으로 말미암아, 므낫세와 에브라임은 각각 이스라엘 열두 지파 중에서 한 지위를 차지하게 되었다. 결국, 요셉은 형제들보다 두 몫을 더 받은 셈이 된다. 이것은 맏아들의 권리가 그에게 주어졌음을 뜻한다. 야곱은 온 가족을 기아로부터 구해낸 요셉의 공로를 인정하여 맏아들의 권리를 주었다고 볼 수 있다.

48:8-22 야곱은 요셉의 두 아들 므낫세와 에브라임의 머리에 손을 얹고 동일한 언약의 축복을 전수하여 그들을 이스라엘 공동체의 일원으로 받아들였다.

48:19 아우가 형보다 더 크게 되고 모세의 시대에 처음 실시한 인구 조사에 의하면, 에브라임 지파는 40,500명이었고, 므낫세 지파는 32,200명이었

서 살아 있게 하여 주시기를 빕니
다. 이 아이들의 자손이 이 땅에
서 크게 불어나게 하여 주시기를
빕니다."
17 ○요셉은 아버지가 오른손을 에브라
임의 머리 위에 얹은 것을 보고서,
못마땅하게 여겼다. 요셉은 아버지
의 오른손을 에브라임의 머리에서
므낫세의 머리로 옮기려고, 아버지의
오른손을 잡고 말하였다.
18 "아닙니다, 아버지! 이 아이가 맏아
들입니다. 아버지의 오른손을 큰 아
이의 머리에 얹으셔야 합니다."
19 그러나 그의 아버지는 거절하면서
대답하였다. "나도 안다. 내 아들아,
나도 안다. 므낫세가 한 겨레를 이루
고 크게 되겠지만, 그 아우가 형보다
더 크게 되고, 아우의 자손에게서
여러 겨레가 갈라져 나올 것이다."
20 ○그 날, 야곱은 이렇게 그들을 축복
하였다. "이스라엘 백성이 너희의 이
름으로 축복할 것이니 '하나님이 너
를 에브라임과 같고 므낫세와 같게
하시기를 빈다'고 할 것이다." 이렇게
야곱은 에브라임을 므낫세보다 앞세
웠다.
21 이스라엘이 요셉에게 말하였다. "나
는 곧 죽는다. 그러나 하나님이 너희
와 함께 계시고, 너희를 조상들의 땅
으로 돌아가게 하실 것이다.
22 그리고 네 형제들 위에 군림할 너에
게는, 세겜을 더 준다. 세겜은 내가
칼과 활로 아모리 사람의 손에서 빼
앗은 것이다."

야곱의 유언

49 야곱이 아들들을 불러 놓고서
일렀다. "너희는 모여라. 너희
가 뒷날에 겪을 일을, 내가 너희에게
말하겠다.
2 야곱의 아들들아, 너희는 모여
서 들어라. 너희의 아버지 이스라
엘이 하는 말에 귀를 기울여라.
3 르우벤아, 너는 나의 맏아들이
요, 나의 힘, 나의 정력의 첫 열매
다. 그 영예가 드높고, 그 힘이 드
세다.
4 그러나 거친 파도와 같으므로, 또
네가 아버지의 침상에 올라와서
네 아버지의 침상을 더럽혔으므
로, 네가 으뜸이 되지는 못할 것이
다.
5 시므온과 레위는 단짝 형제다.
그들이 휘두르는 칼은 난폭한 무
기다.
6 나는 그들의 비밀 회담에 들어가
지 않으며, 그들의 회의에 끼여들
지 않을 것이다. 그들은 화가 난다
고 사람을 죽이고, 장난삼아 소의
발목 힘줄을 끊었다.
7 그 노여움이 혹독하고, 그 분노가

다(민 1:33-35). 두 번째 인구 조사에서는 에브라임 지파가 32,500명, 므낫세 지파가 52,700명으로 나타났다(민 26:28-37). 결국 이스라엘 민족이 이집트를 떠나 광야 생활을 하기까지도 이 예언은 성취되지 않았다는 것이다. 그러나 솔로몬 이후 나라가 둘로 구분되면서, 에브라임 지파는 북왕국에서 강력한 영향력을 행사할 정도로 번성했다. 그 결과 '에브라임'은 북왕국 전체를 가리키는 명칭이 되었다(참조. 사 7:2,5,8-9;호 9:13).

49장 요약 야곱은 열두 아들들에게 예언적인 유언을 남겼다. 그 중 르우벤, 시므온, 레위, 잇사갈 등에 대한 예언은 책망의 형태를 띤 축복이었다. 야곱은 가나안 땅에 장사지내 줄 것을 다시 한번 당부한 후 숨을 거두었다.

49:3-4 르우벤 그는 근친상간 때문에 맏아들로서의 특권을 상실했다. 뿐만 아니라 르우벤 지파에서는 지도자가 배출되지 않았다.

맹렬하니, 저주를 받을 것이다. 그
들을 야곱 자손 사이에 분산시키
고, 이스라엘 백성 사이에 흩어
버릴 것이다.
8 ㉠유다야, 너의 형제들이 너를
찬양할 것이다. 너는 원수의 멱살
을 잡을 것이다. 너의 아버지의 아
들들이 네 앞에 무릎을 꿇을 것이
다.
9 유다야, 너는 사자 새끼 같을 것이
다. 나의 아들아, 너는 움킨 것을
찢어 먹고, 굴로 되돌아갈 것이다.
엎드리고 웅크리는 모양이 수사자
같기도 하고, 암사자 같기도 하니,
누가 감히 범할 수 있으랴!
10 임금의 지휘봉이 유다를 떠나지
않고, 통치자의 지휘봉이 자손 만
대에까지 이를 것이다. ㉡권능으로
그 자리에 앉을 분이 오시면, 만민
이 그에게 순종할 것이다.
11 그는 나귀를 포도나무에 매며, 그
암나귀 새끼를 가장 좋은 포도나
무 가지에 맬 것이다. 그는 옷을
포도주에다 빨며, 그 겉옷은 포도
의 붉은 즙으로 빨 것이다.
12 그의 눈은 포도주 빛보다 진하고,
그의 이는 우유 빛보다 휠 것이다.
13 스불론은 바닷가에 살며, 그 해
변은 배가 정박하는 항구가 될 것
이다. 그의 영토는 시돈에까지 이
를 것이다.
14 잇사갈은 안장 사이에 웅크린,
뼈만 남은 나귀 같을 것이다.
15 살기에 편한 곳을 보거나, 안락한
땅을 만나면, 어깨를 들이밀어서
짐이나 지고, 압제를 받으며, 섬기
는 노예가 될 것이다.
16 단은 이스라엘의 한 지파 구실
을 톡톡히 하여, 백성을 정의로 다
스릴 것이다.
17 단은 길가에 숨은 뱀 같고, 오솔
길에서 기다리는 독사 같아서, 말
발굽을 물어, 말에 탄 사람을 뒤
로 떨어뜨릴 것이다.
18 주님, 제가 주님의 구원을 기다
립니다.
19 갓은 적군의 공격을 받을 것이
다. 마침내 적군의 뒤통수를 칠 것
이다.
20 아셀에게서는 먹거리가 넉넉히
나올 것이니 그가 임금의 수라상
을 맡을 것이다.
21 납달리는 풀어 놓은 암사슴이
어서, 그 재롱이 귀여울 것이다.
22 ㉢요셉은 들망아지, 샘 곁에 있
는 들망아지, 언덕 위에 있는 들나
귀다.
23 사수들이 잔인하게 활을 쏘며 달
려들어도, 사수들이 적개심을 품
고서 그를 과녁으로 삼아도,

49:4 거친 파도와 같으므로 방종하고 무절제한 르우벤의 성격을 표현한 말이다.

49:8-12 유다 르우벤이 빼앗긴 맏아들의 특권은 요셉과 유다가 나누어 가졌다. 요셉은 맏아들에게만 허락된 '두 몫'의 유업을 받았고, 유다는 전 가문에 대한 지도권을 부여받았다.

49:10 권능으로 그 자리에 앉을 분이 오시면 이 말은 메시아에 관한 예언이다. 메시아에 관한 약속은 3:15에서 소개되었다. 아브라함 때 와서는 구체적으로 장차 태어날 '자손'으로 말미암아 땅의 모든 민족이 복을 받게 될 것이라는 하나님의 말씀이 주어지고 있다(참조. 12:3;22:18;28:14).

49:17 단은 길가에 숨은 뱀 같고 단과 그의 후손을 뱀으로 묘사한 이면에는 그들이 이스라엘 민족에

㉠ 유다라는 이름은 '찬양'에서 유래함 ㉡ 또는 '실로가 오시기까지', '그가 실로에 오시기까지', '그가 통치 지팡이를 쥔 자에게 오기까지' (시리아어역) ㉢ 또는 '요셉은 열매가 많은 덩굴, 샘 곁에 있는 열매가 많은 덩굴, 그 가지가 담을 넘는다.' 히브리어 본문이 불확실함

24 요셉의 활은 그보다 튼튼하고, 그
의 팔에는 힘이 넘친다. 야곱이 섬
기는 '전능하신 분'의 능력이 그와
함께 하시고, 목자이신 이스라엘
의 반석께서 그와 함께 계시고,
25 너의 조상의 하나님이 너를 도우
시고, ㉠전능하신 분께서 너에게
복을 베푸시기 때문이다. 위로 하
늘에서 내리는 복과, 아래로 깊은
샘에서 솟아오르는 복과, 젖가슴
에서 흐르는 복과, 태에서 잉태되
는 복을 베푸실 것이다.
26 너의 아버지가 받은 복은 태고적
산맥이 받은 복보다 더 크며, 영원
한 언덕이 받은 풍성함보다도 더
크다. 이 모든 복이 요셉에게로 돌
아가며, 형제들 가운데서 으뜸이
된 사람에게 돌아갈 것이다.
27 베냐민은 물어뜯는 이리다. 아
침에는 빼앗은 것을 삼키고, 저녁
에는 움킨 것을 나눌 것이다."
28 ○이들은 모두 이스라엘의 열두
지파이다. 이것은 그들의 아버지가
그들을 축복할 때에 한 말이다. 그
는 아들 하나하나에게 알맞게 축복
하였다.

야곱이 죽다

29 ○야곱이 아들들에게 일렀다. "나는
곧 세상을 떠나서, 나의 조상들에게
로 돌아간다. 내가 죽거든, 나의 조
상들과 함께 있게 헷 사람 에브론의
밭에 있는 묘실에 묻어라.
30 그 묘실은 가나안 땅 마므레 앞 막벨
라 밭에 있다. 그 묘실은 아브라함
어른께서 묘실로 쓰려고, 헷 사람 에
브론에게서 밭과 함께 사두신 것이
다.
31 거기에는 아브라함과 그분의 아내
사라, 이 두 분이 묻혀 있고, 이삭과
그분의 아내 리브가, 이 두 분도 거
기에 묻혀 있다. 나도 너희 어머니
레아를 거기에다 묻었다.
32 밭과 그 안에 있는 묘실은 헷 사람
들에게서 산 것이다."
33 야곱은 자기 아들들에게 이렇게 이
르고 나서, 침상에 똑바로 누워 숨
을 거두고, 조상에게로 돌아갔다.

50 1 요셉이 아버지의 얼굴에 엎드
려서, 울며 입을 맞추고,
2 시의들을 시켜서, 아버지 이스라엘
의 시신에 방부제 향 재료를 넣게 하
였다. 시의들이 방부제 향 재료를 넣
는데,
3 꼬박 사십 일이 걸렸다. 시신이 썩지
않도록 향 재료를 넣는 데는 이만큼
시간이 걸린다. 그리고 이집트 사람
들이 그의 죽음을 애도하며, 칠십 일
을 곡하였다.
4 ○곡하는 기간이 지나니, 요셉이 바
로의 궁에 알렸다. "그대들이 나를

게 위험한 존재로 나타날 것에 대한 암시가 깔려 있다고도 볼 수 있다. 사실, 그들은 사사 시대에 제일 먼저 우상을 숭배했다(삿 18:30). 그리고 분열 왕국 시대에는 여로보암이 '단'(단 지파에 속한 성읍 이름)을 금송아지 숭배의 본거지로 삼았다(왕상 12:28-30).

49:27 베냐민 이 지파는 과격하고 잔인한 면을 가지고 있다(참조. 삿 20장).

㉠ 히, '샤다이'

50장 요약 창세기의 마지막 장은 야곱의 장례식과 요셉의 죽음으로 끝난다. 야곱의 장례식은 바로의 지원하에 성대하게 거행되었으며, 야곱의 유언대로 가나안 땅 막벨라 밭에 있는 굴에 시신이 안장되었다. 야곱의 죽음을 끝으로, 족장 시대는 막을 내렸다.

50:1-21 야곱의 죽음으로 족장 시대는 막을 내린다. 이제 이스라엘에 있어서 영적 지도자의 새

너그럽게 본다면, 나를 대신하여 바
로께 말씀을 전해 주시오.
5 우리 아버지가 운명하시면서 '내가
죽거든, 내가 가나안 땅에다가 준비
하여 둔 묘실이 있으니, 거기에 나를
묻어라' 하시고, 우리 아버지가 나에
게 맹세하라고 하셔서, 내가 그렇게
하겠다고 맹세하였소. 내가 올라가
서 아버지를 장사지내고 올 수 있도
록, 허락을 받아 주시오."
6 요셉이 이렇게 간청하니, 고인이 맹
세시킨 대로, 올라가서 선친을 장사
지내도록 하라는 바로의 허락이 내
렸다.
7 요셉이 자기 아버지를 묻으러 올라
갈 때에, 바로의 모든 신하와, 그 궁
에 있는 원로들과, 이집트 온 나라에
있는 모든 원로와,
8 요셉의 온 집안과, 그 형제들과, 아버
지의 집안 사람이, 그들에게 딸린 어
린 아이들과 양 떼와 소 떼는 고센
땅에 남겨둔 채로 요셉과 함께 올라
가고,
9 거기에다 병거와 기병까지 요셉을 호
위하며 올라가니, 그 굉장한 상여 행
렬이 볼 만하였다.
10 그들은 요단 강 동쪽 아닷 타작 마
당에 이르러서, 크게 애통하며 호곡
하였다. 요셉은 아버지를 생각하며,
거기에서 이레 동안 애곡하였다.
11 그들이 타작 마당에서 그렇게 애곡
하는 것을 보고, 그 지방에 사는 가
나안 사람들은 "이집트 사람들이 이
렇게 크게 애곡하고 있구나" 하면서,
그 곳 이름을 ㉠아벨미스라임이라고
하였으니, 그 곳은 요단 강 동쪽이
다.
12 ○야곱의 아들들은, 아버지가 명령
한 대로 하였다.
13 아들들이 아버지의 시신을 가나안
땅으로 모셔다가, 마므레 앞 막벨라
밭에 있는 굴에 장사하였다. 그 굴과
거기에 딸린 밭은 아브라함이 묘 자
리로 쓰려고 헷 사람 에브론에게서
사둔 곳이다.
14 요셉은 아버지의 장례를 치르고 난
다음에, 그의 아버지를 장사지내려
고 그와 함께 갔던 형제들과 다른
모든 사람들을 데리고, 이집트로 돌
아왔다.

요셉이 형들을 안심시키다

15 ○요셉의 형제들은 아버지를 여의고
나서, 요셉이 자기들을 미워하여, 그
들에게서 당한 온갖 억울함을 앙갚
음하면 어찌하나 하는 생각이 들어
서,
16 요셉에게 전갈을 보냈다. "아버지께
서 돌아가시기 전에 남기신 유언이
있습니다.
17 아우님에게 전하라고 하시면서 '너

로운 전형이 요셉에게서 나타나고 있으며 그것은 모세에게서 재현되었다가 예수 그리스도에 이르러 그 정점을 맞게 된다.

50:2 요셉은 야곱의 시신을 향으로 처리하도록 지시한다. 이집트에서는 시신을 미라로 만드는 것이 관례였다. 시의들은 요셉의 주치의이다. 향 재료를 시신에 넣어 미라를 만드는 일은 전문적인 이집트 사람들에 의하여 종교적인 의식과 함께 이루어졌다. 요셉은 이교적 의식은 행하지 않았으나 야곱의 시신을 오래 보존할 수 있도록 시의들에게 이 일을 부탁한 것 같다.

50:4 곡하는 기간 향 재료를 넣는 40일을 포함한 70일이었을 것이다.

50:15-21 요셉과 그의 형제들은 그들의 아버지가 죽은 뒤에도 서로 화목한 관계를 유지하였다. 하나님의 섭리에 따라 부모가 죽음으로써 결속의 중심체가 상실되어도 그 자식들이 계속 결속될

㉠ '이집트 사람들의 애곡'

의 형들이 너에게 몹쓸 일을 저질렀
지만, 이제 이 아버지는 네가 형들의
허물과 죄를 용서하여 주기를 바란
다' 하셨습니다. 그러니 아우님은, 우
리 아버지께서 섬기신 그 하나님의
종들인 우리가 지은 죄를 용서하여
주시기 바랍니다." 요셉은 이 말을
전해 듣고서 울었다.
18 곧 이어서 요셉의 형들이 직접 와서,
요셉 앞에 엎드려서 말하였다. "우리
는 아우님의 종입니다."
19 요셉이 그들에게 말하였다. "두려워
하지 마십시오. 내가 하나님을 대신
하기라도 하겠습니까?
20 형님들은 나를 해치려고 하였지만,
하나님은 오히려 그것을 선하게 바
꾸셔서, 오늘과 같이 수많은 사람의
생명을 구원하셨습니다.
21 그러니 형님들은 두려워하지 마십시
오. 내가 형님들을 모시고, 형님들의
자식들을 돌보겠습니다." 이렇게 요
셉은 그들을 간곡한 말로 위로하였
다.

요셉이 죽다

22 ○요셉이 아버지의 집안과 함께 이집
트에 머물렀다. 요셉은 백 년 하고도
십 년을 더 살면서,
23 에브라임의 자손 삼 대를 보았고, 므
낫세의 아들 마길에게서 태어난 아
이들까지도 요셉이 자기의 자식으로
길렀다.
24 ○요셉이 자기 친족들에게 말하였
다. "나는 곧 죽는다. 그러나 하나님
께서 반드시 너희를 돌보시고, 너희
를 이 땅에서 인도하여 내셔서, 아브
라함과 이삭과 야곱에게 맹세하신
땅에 이르게 하실 것이다."
25 요셉은 이스라엘 자손에게 맹세를
시키면서 일렀다. "하나님께서 반드
시 너희를 돌보실 날이 온다. 그 때
에 너희는 나의 뼈를 이 곳에서 옮겨
서, 그리로 가지고 가야 한다."
26 ○요셉이 백열 살에 세상을 떠나니,
사람들은 그의 시신에 방부제 향 재
료를 넣은 다음에, 이집트에서 그를
입관하였다.

수 있는 최선의 방법은 친목과 사랑으로 보전하는 것이다.

50:17 요셉은…울었다 아버지 야곱의 말을 전해 듣자, 형들의 죄를 완전히 용서한 점을 분명하게 확신시켜 주지 못한 것을 스스로 안타깝게 생각한 요셉은 소리 내어 울었다.

50:22 백 년 하고도 십 년을 더 살면서 고대 이집트 사람들은 110세를 가장 이상적인 인간의 수명으로 보았다.

50:23 마길 므낫세의 맏아들이며 강력한 길르앗 자손의 조상이다(수 17:1). 이 이름은 후에 그의 아버지 므낫세의 이름 대신에 사용되기도 한다(삿 5:14).

50:25 요셉은 아버지가 들려준 하나님의 약속을 잊지 않았다(46:4;48:21). 아버지 야곱처럼, 요셉도 가나안에 묻히기를 갈망했다. 수세기 후 이스라엘 민족이 이집트를 떠날 때, 모세는 요셉의 유해를 운반하여 세겜에 묻었다(33:19;수 24:32).

출애굽기

저자 모세

저작 연대 B.C. 1450–1400년경

기록 장소와 대상 일반적으로 보수주의 신학자들은 모세가 시내 산에 머무는 동안 이 계시를 받았다고 생각한다. 본서는 이스라엘 백성을 대상으로 하여 쓰여졌다.

핵심어 및 내용 출애굽기의 핵심어는 '구출', '구속', '계명' 등이다. 노예의 신분으로 억압받고 있던 이스라엘 민족을 구출해 낸 사건은 하나님께서 택하신 백성을 완전히 구속하시기 위하여 행하신 많은 이적들 가운데 하나이다. 또한 십계명과 다른 율법들은 어떻게 사는 것이 하나님께서 바라는 삶인가를 가르쳐 주고 있다.

내용 분해

1. 이스라엘의 해방(1:1–18:27)
2. 시내 광야에서의 이스라엘(19:1–40:38)
   (1) 시내 산 언약의 확립(19:1–24:18)
   (2) 성막과 제사장 직분에 대한 명령(25:1–31:18)
   (3) 파괴되었다가 회복된 언약(32:1–34:35)
   (4) 성막을 세우는 이스라엘(35:1–39:43)
   (5) 성막의 완성과 봉헌(40:1–38)

이스라엘 사람이 학대를 받다

1 야곱과 함께 각각 자기 가족을 데
리고 이집트로 내려간 이스라엘의
아들들의 이름은,
2 르우벤과 시므온과 레위와 유다와
3 잇사갈과 스불론과 베냐민과
4 단과 납달리와 갓과 아셀이다.
5 이미 이집트에 내려가 있는 요셉까
지 합하여, 야곱의 혈통에서 태어난
사람은 모두 ㉠일흔 명이다.
6 ○세월이 지나서, 요셉과 그의 모든
형제와 그 시대 사람들은 다 죽었다.
7 그러나 이스라엘 자손은 자녀를 많
이 낳고 번성하여, 그 수가 불어나고
세력도 커졌으며, 마침내 그 땅에 가
득 퍼졌다.
8 ○요셉을 알지 못하는 새 왕이 일어
나서 이집트를 다스리게 되었다.
9 그 왕이 자기 백성에게 말하였다.
"이 백성 곧 이스라엘 자손이 우리
보다 수도 많고, 힘도 강하다.
10 그러니 이제 우리는 그들에게 신중
히 대처하여야 한다. 그렇게 하지 않
으면 그들의 수가 더욱 불어날 것이
고, 또 전쟁이라도 일어나는 날에는,
그들이 우리의 원수들과 합세하여
우리를 치고, 이 땅에서 떠나갈 것이
다."
11 그래서 이집트 사람들은, 이스라엘
자손을 부리는 공사 감독관을 두어
서, 강제노동으로 그들을 억압하였
다. 이스라엘 자손은, ㉡바로가 곡식
을 저장하는 성읍 곧 비돔과 라암셋
을 건설하는 일에 끌려 나갔다.
12 그러나 그들은 억압을 받을수록 그
수가 더욱 불어나고, 자손이 번성하
였다. 그래서 이집트 사람들은 이스
라엘 자손을 몹시 싫어하였고,
13 그들을 더욱 혹독하게 부렸다.
14 이집트 사람들이, 흙을 이겨 벽돌을
만드는 일이나 밭일과 같은 온갖 고
된 일로 이스라엘 자손을 괴롭히므
로, 그들의 일은 매우 힘들었다.
15 ○한편 이집트 왕은 십브라와 부아
라고 하는 히브리 산파들에게 이렇
게 말하였다.
16 "너희는 히브리 여인이 아이 낳는 것
을 도와줄 때에, 잘 살펴서, 낳은 아

㉠ 사해 사본과 칠십인역에는 '일흔다섯 명'(행 7:14절에서도)
㉡ '파라오'로도 음역함

기가 아들이거든 죽이고, 딸이거든
살려 두어라."
17 그러나 산파들은 하나님을 두려워하
였으므로, 이집트 왕이 그들에게 명
령한 대로 하지 않고, 남자 아이들
을 살려 두었다.
18 이집트 왕이 산파들을 불러들여, 그
들을 꾸짖었다. "어찌하여 일을 이렇
게 하였느냐? 어찌하여 남자 아이
들을 살려 두었느냐?"
19 산파들이 바로에게 대답하였다. "히
브리 여인들은 이집트 여인들과 같
지 않습니다. 그들은 기운이 좋아서,
산파가 그들에게 이르기도 전에 아
기를 낳아 버립니다."
20 그래서 하나님이 산파들에게 은혜
를 베풀어 주셨으며, 이스라엘 백성
은 크게 불어났고, 매우 강해졌다.
21 하나님은 산파들이 하나님을 두려워
하는 것을 보시고, 그들의 집안을 번
성하게 하셨다.
22 마침내 바로는 모든 백성에게 명령
을 내렸다. "갓 태어난 ㉠히브리 남자
아이는 모두 강물에 던지고, 여자
아이들만 살려 두어라."

모세의 탄생

2 레위 가문의 한 남자가 레위 가문
의 한 여자를 아내로 맞이하였다.
2 그 여자가 임신을 하여 아들을 낳았
는데, 그 아이가 하도 잘 생겨서, 남
이 모르게 석 달 동안이나 길렀다.
3 그러나 더 이상 숨길 수가 없어서,
갈대 상자를 구하여다가 역청과 송
진을 바르고, 아이를 거기에 담아 강
가의 갈대 사이에 놓아 두었다.
4 그 아이의 누이가 멀찍이 서서, 아이
가 어떻게 되는지를 지켜 보고 있었
다.
5 ○마침 바로의 딸이 목욕을 하려고
강으로 내려왔다. 시녀들이 강가를
거닐고 있을 때에, 공주가 갈대 숲
속에 있는 상자를 보고, 시녀 한 명
을 보내서 그것을 가져 오게 하였다.
6 열어 보니, 거기에 남자 아이가 울고
있었다. 공주가 그 아이를 불쌍히 여
기면서 말하였다. "이 아이는 틀림없
이 히브리 사람의 아이로구나."
7 그 때에 그 아이의 누이가 나서서 바
로의 딸에게 말하였다. "제가 가서,
히브리 여인 가운데서 아기에게 젖
을 먹일 유모를 데려다 드릴까요?"
8 바로의 딸이 대답하였다. "그래, 어
서 데려오너라." 그 소녀가 가서, 그
아이의 어머니를 불러 왔다.
9 바로의 딸이 그에게 말하였다. "이
아이를 데리고 가서, 나를 대신하여
젖을 먹여 다오. 그렇게 하면, 내가
너에게 삯을 주겠다." 그래서 그 여
인은 그 아이를 데리고 가서 젖을 먹
였다.

1장 요약 하나님과의 언약 때문에 이스라엘은 점차 번성했다. 그러나 이에 불안을 느낀 이집트 사람들이 수단 방법을 가리지 않고 이를 저지하려 했으나 실패했다.

2장 요약 장차 이스라엘의 지도자가 될 모세의 출생과 성장, 광야로의 도피 과정의 기록이다.

㉠ 사마리아 오경과 칠십인역과 타르굼을 따름. 히, '모든 남자 아이'

2:1–10 모세는 바로가 내린 히브리 남자 아이 살해 명령에도 불구하고(1:22), 그 명령을 내린 바로의 딸에 의하여 살아난다. 이제 이스라엘의 미래는 물에서 건져냄을 받은 이 어린 아이의 손에 달리게 될 것이다.

2:3 갈대 상자 (히) '테바'. '상자', '방주'를 뜻한다. 나일 강변에 자라는 갈대로 만든 상자이다.

2:9 누이의 주선으로 모세의 친모(요게벳)가 유모로 발탁되었다. 모세는 어린 시절부터 '조상의

출

10 그 아이가 다 자란 다음에, 그 여인
이 그 아이를 바로의 딸에게 데려
다 주니, 공주는 이 아이를 양자로
삼았다. 공주는 "내가 그를 물에서
㉠건졌다" 하면서, 그의 이름을 ㉡모
세라고 지었다.

모세가 미디안으로 피하다

11 ○세월이 지나, 모세가 어른이 되었
다. 어느 날 그는 왕궁 바깥으로 나
가 동족에게로 갔다가, 그들이 고되
게 노동하는 것을 보았다. 그 때에
그는 동족인 히브리 사람이 이집트
사람에게 매를 맞는 것을 보고,
12 좌우를 살펴서 사람이 없는 것을 확
인하고, 그 이집트 사람을 쳐죽여서
모래 속에 묻어 버렸다.
13 이튿날 그가 다시 나가서 보니, 히브
리 사람 둘이 서로 싸우고 있었다.
그래서 그는 잘못한 사람에게 말하
였다. "당신은 왜 동족을 때리오?"
14 그러자 그 사람은 대들었다. "누가
당신을 우리의 지도자와 재판관으
로 세웠단 말이오? 당신이 이집트
사람을 죽이더니, 이제는 나도 죽일
작정이오?" 모세는 일이 탄로난 것
을 알고 두려워하였다.
15 바로가 이 일을 전하여 듣고, 모세를
죽이려고 찾았다. 모세는 바로를 피
하여 미디안 땅으로 도망 쳐서, 거기
에서 머물렀다. ○어느 날 그가 우물
가에 앉아 있을 때이다.
16 미디안 제사장에게 일곱 딸이 있었
는데, 그 딸들이 그리로 와서 물을
길어 구유에 부으며, 아버지의 양 떼
에게 물을 먹이려고 하였다.
17 그런데 목자들이 나타나서, 그들을
쫓아 버렸다. 그래서 모세가 일어나
서, 그 딸들을 도와 양 떼에게 물을
먹였다.
18 그들이 아버지 르우엘에게 돌아갔을
때에, 아버지가 그들에게 물었다.
"너희가 오늘은 어떻게 이렇게 일찍
돌아왔느냐?"
19 그들이 대답하였다. "어떤 이집트 사
람이 목자들의 손에서 우리를 구하
여 주고, 우리를 도와서 물까지 길
어, 양 떼에게 먹였습니다."
20 아버지가 딸들에게 말하였다. "그 사
람이 어디에 있느냐? 그런 사람을
그대로 두고 오다니, 어찌 그럴 수가
있느냐? 그를 불러다가 음식을 대접
해라."
21 ㉢르우엘은, 모세가 기꺼이 자기와 함
께 살겠다고 하므로, 자기 딸 십보라
를 모세와 결혼하게 하였다.
22 십보라가 아들을 낳으니, 모세는 "내
가 낯선 땅에서 ㉣나그네가 되었구
나!" 하면서, 아들의 이름을 게르솜
이라고 지었다.
23 ○세월이 많이 흘러서, 이집트의 왕

하나님'(3:15)을 배웠고, 히브리 사람들이 동족임 (11절)을 깨닫게 되었다.

2:10 그를 물에서 건졌다 이는 모세를 '나일 강물 *에서 건져낸 자'란 의미와 하나님께서* 그를 통하여 이스라엘 백성을 이집트와 홍해로부터 구출하여 내신다는 양면성을 띤 언어 구사이다.

2:11-15 장성한 모세는 자기 민족의 구원을 위해 노력한다. 그는 사람을 죽이고 이스라엘 민족을 이집트에서 해방시키고자 했으나, 그것은 하나님이 계획하신 방법과 때가 아니었다.

2:23-25 곧 이집트 왕은 죽었지만 고통과 신음은 아직도 계속되고 있었다(23절). 그러나 하나님은 족장들에게 하신 언약을 항상 기억하고 계시면서(24절), 장차 이스라엘 자손을 구원하실 계획을 갖고 계셨다(25절).

㉠ 히, '마샤' ㉡ 히, '모셰' ㉢ 모세의 장인은 민 10:29 및 삿 1:16과 4:11에서는 호밥이고, 출 2:21에서는 르우엘이고, 출 18장에서는 이드로이다 ㉣ 히, '게르'

이 죽었다. 이스라엘 자손이 고된 일
때문에 탄식하며 부르짖으니, 고된
일 때문에 부르짖는 소리가 하나님
께 이르렀다.
24 하나님이 그들의 탄식하는 소리를
들으시고, 아브라함과 이삭과 야곱
에게 세우신 언약을 기억하시고,
25 이스라엘 자손의 종살이를 보시고,
그들의 처지를 생각하셨다.

하나님이 모세를 부르시다

3 모세는 미디안 제사장인 ㉠그의 장
인 이드로의 양 떼를 치는 목자가
되었다. 그가 양 떼를 몰고 광야를
지나서 하나님의 산 호렙으로 갔을
때에,
2 거기에서 주님의 천사가 떨기 가운데
서 이는 불꽃으로 그에게 나타났다.
그가 보니, 떨기에 불이 붙는데도,
그 떨기가 타서 없어지지 않았다.
3 모세는, 이 놀라운 광경을 좀 더 자
세히 보고, 어째서 그 떨기가 불에
타지 않는지를 알아 보아야 하겠다
고 생각하였다.
4 모세가 그것을 보려고 오는 것을 보
시고, 하나님이 떨기 가운데서 "모세
야, 모세야!" 하고 그를 부르셨다. 모
세가 대답하였다. "예, 제가 여기에
있습니다."
5 하나님이 말씀하셨다. "이리로 가까
이 오지 말아라. 네가 서 있는 곳은
거룩한 땅이니, 너는 신을 벗어라."
6 하나님이 또 말씀하셨다. "나는 너
의 조상의 하나님, 곧 아브라함의 하
나님, 이삭의 하나님, 야곱의 하나님
이다." 모세는 하나님을 뵙기가 두려
워서, 얼굴을 가렸다.
7 ○주님께서 다시 말씀하셨다. "나는
이집트에 있는 나의 백성이 고통받
는 것을 똑똑히 보았고, 또 억압 때
문에 괴로워서 부르짖는 소리를 들
었다. 그러므로 나는 그들의 고난을
분명히 안다.
8 이제 내가 내려가서 이집트 사람의
손아귀에서 그들을 구하여, 이 땅으
로부터 저 아름답고 넓은 땅, 젖과
꿀이 흐르는 땅, 곧 가나안 사람과
헷 사람과 아모리 사람과 브리스 사
람과 히위 사람과 여부스 사람이 사
는 곳으로 데려 가려고 한다.
9 지금도 이스라엘 자손이 부르짖는
소리가 나에게 들린다. 이집트 사람
들이 그들을 학대하는 것도 보인다.
10 이제 나는 너를 바로에게 보내어, 나
의 백성 이스라엘 자손을 이집트에
서 이끌어 내게 하겠다."
11 모세가 하나님께 아뢰었다. "제가 무
엇이라고, 감히 바로에게 가서, 이스
라엘 자손을 이집트에서 이끌어 내
겠습니까?"
12 하나님이 대답하셨다. "내가 너와 함

3장 요약 하나님은 모세가 젊은 혈기를 다 내버린 때에 그를 부르셨다. 이는 조만간 있을 이집트 탈출의 역사가 오로지 하나님에 의한 것임을 시사해 준다.

3:1–22 모세의 소명에 대한 기록이다. 불을 사용하셔서 임재하신 하나님께서 모세에게 소명을 주신다. 또한 하나님은 자신을 거룩한 분이시며(5절), 조상들의 하나님이시며(6절), 이스라엘을 구원할 분이시라고(7–8절) 말씀하셨다. 이에 대해, 모세는 자기가 이스라엘 백성을 이끌어 낼 수 없다고 고백한다(11절). 그러나 하나님은 자신의 이름이 '여호와'임을 모세에게 알리신다(15절). '여호와'란 '존재하는 분', 또는 '스스로 계시는 분'이란 뜻이다. 하나님은 과거에 아브라함과 이삭과 야곱이 알고 섬겼던 그분이시며, 현재 이스라엘 자

㉠ 모세의 장인은 민 10:29 및 삿 1:16과 4:11에서는 호밥이고, 출 2:21에서는 르우엘이고, 출 18장에서는 이드로이다

께 있겠다. 네가 이 백성을 이집트에
서 이끌어 낸 다음에, 너희가 이 산
위에서 하나님을 예배하게 될 때에,
그것이 바로 내가 너를 보냈다는 징
표가 될 것이다."
13 ○모세가 하나님께 아뢰었다. "제가
이스라엘 자손에게 가서 '너희 조상
의 하나님께서 나를 너희에게 보내
셨다' 하고 말하면, 그들이 저에게
'그의 이름이 무엇이냐?' 하고 물을
터인데, 제가 그들에게 무엇이라고
대답해야 합니까?"
14 하나님이 모세에게 대답하셨다. "㉠나
는 곧 나다. 너는 이스라엘 자손에
게 이르기를, '나'라고 하는 분이 너
를 그들에게 보냈다고 하여라."
15 하나님이 다시 모세에게 말씀하셨
다. "너는 이스라엘 자손에게 이르
기를 '㉡여호와, 너희 조상의 하나님,
곧 아브라함의 하나님, 이삭의 하나
님, 야곱의 하나님이 나를 너희에게
보내셨다' 하여라. 이것이 영원한 나
의 이름이며, 이것이 바로 너희가 대
대로 기억할 나의 이름이다.
16 ○가서 이스라엘의 장로들을 모아
놓고, 그들에게 일러라. '주 너희 조
상의 하나님 곧 아브라함과 이삭과
야곱의 하나님이 나에게 나타나셔서
말씀하셨다' 하고 말하면서 이렇게
전하여라. '내가 너희의 처지를 생각
한다. 너희가 이집트에서 겪는 일을
똑똑히 보았으니,
17 이집트에서 고난받는 너희를 내가
이끌어 내어, 가나안 사람과 헷 사람
과 아모리 사람과 브리스 사람과 히
위 사람과 여부스 사람이 사는 땅
곧 젖과 꿀이 흐르는 땅으로 올라가
기로 작정하였다' 하여라.
18 그러면 그들이 너의 말을 들을 것이
다. 또 너는 이스라엘의 장로들을 데
리고 이집트의 임금에게 가서 '히브
리 사람의 주 하나님이 우리에게 나
타나셨으니, 이제 우리가 광야로 사
흘길을 걸어가서, 주 우리의 하나님
께 제사를 드려야 하니, 허락하여
주십시오' 하고 요구하여라.
19 그러나 내가 이집트의 왕을 ㉢강한
손으로 치지 않는 동안에는, 그가 너
희를 내보내지 않을 것이라는 것을
나는 안다.
20 그러므로 나는 손수 온갖 이적으로
이집트를 치겠다. 그렇게 한 다음에
야, 그가 너희를 내보낼 것이다.
21 나는 이집트 사람이 나의 백성에게
은혜를 베풀게 하여, 너희가 떠날 때
에 빈 손으로 떠나지 않게 하겠다.
22 여인들은 각각, 이웃에 살거나 자기
집에 함께 사는 이집트 여인들에게
서 은붙이와 금붙이와 의복을 달라
고 하여, 그것으로 너희 아들딸들을

손이 노예의 신분으로 겪고 있는 정치적 압박과 경제적 빈곤과 육체적 아픔을 잘 알고 계시는 분이시며, 미래에 친히 내려오셔서 이스라엘 백성을 이집트의 종 된 몸에서 해방시켜 젖과 꿀이 흐르는 가나안 땅으로 인도하실 분이시다. 모세가 행동하면, 하나님께서 이를 다 성취시켜 주실 것이다(16-22절).

3:21 이스라엘이 400년간 종살이를 한 후에, '재물을 많이 가지고 나올 것'(창 15:14;시 105:37)이라고 하나님께서 아브라함에게 하신 약속이 성취될 것을 말씀하신다. 후일 이스라엘은 이 원칙에 따라 종으로 섬긴 지 7년이 된 동족에게 자유와 함께 재물을 넉넉하게 주어서 내보내야 하는 법률을 갖게 된다(신 15:12-15).

㉠ 칠십인역에는 '나는 스스로 있는 자다' **히**, '나는 되고자 하는 대로 될 나일 것이다' ㉡ '여호와'라고 번역한 히브리어는, 14절의 '나는 …… 이다(또는 있다)'와 발음이 비슷하고, 뜻에 있어서도 서로 관련이 있음. 6:3의 주를 볼 것 ㉢ **히**, '전능한 손이 강제로 시키지 않고서는'

치장하여라. 너희는 이렇게 이집트
사람의 물건을 빼앗아 가지고 떠나
갈 것이다."

하나님이 모세에게 능력을 주시다

4 그러나 모세는 이렇게 말씀을 드
렸다. "그들이 저를 믿지 않고, 저
의 말을 듣지 않고, '주님께서는 너에
게 나타나지 않으셨다' 하면 어찌합
니까?"
2 주님께서 그에게 물으셨다. "네가 손
에 가지고 있는 것이 무엇이냐?" 모
세가 대답하였다. "지팡이입니다."
3 주님께서 말씀하셨다. "그것을 땅에
던져 보아라." 모세가 지팡이를 땅에
던지니, 그것이 뱀이 되었다. 모세가
그 앞에서 피하니,
4 주님께서 모세에게 말씀하셨다. "너
의 손을 내밀어서 그 꼬리를 잡아
라." 모세가 손을 내밀어서 꼬리를
잡으니, 그것이 그의 손에서 도로 지
팡이가 되었다.
5 주님께서 말씀하셨다. "네가 이렇게
해서 이적을 보여 주면, 주 너희 조
상의 하나님, 곧 아브라함의 하나님,
이삭의 하나님, 야곱의 하나님이 너
에게 나타난 것을 믿을 것이다."
6 ○주님께서 또 그에게 말씀하셨다.
"너의 손을 품에 넣어 보아라." 그래
서 모세가 손을 품에 넣었다가 꺼내
어서 보니, 그 손에 악성 피부병이
들어서, 마치 흰 눈이 덮인 것 같았
다.
7 주님께서 "너의 손을 품에 다시 넣어
보아라" 하고 말씀하셨다. 그가 손
을 다시 품에 넣었다가 꺼내어서 보
니, 손의 살이 본래대로 돌아와 있었
다.
8 "그들이 네가 하는 말도 믿지 않고,
첫 번째 이적의 ㉠표징도 받아들이지
않더라도, 두 번째 이적의 ㉡표징은
믿을 것이다.
9 그들이 이 두 이적도 믿지 않고, 너
의 말도 믿지 않으면, 너는 나일 강
에서 물을 퍼다가 마른 땅에 부어
라. 그러면 나일 강에서 퍼온 물이,
마른 땅에서 피가 될 것이다."
10 ○모세가 주님께 아뢰었다. "주님, 죄
송합니다. 저는 본래 말재주가 없는
사람입니다. 전에도 그랬고, 주님께
서 이 종에게 말씀을 하고 계시는
지금도 그러합니다. 저는 입이 둔하
고 혀가 무딘 사람입니다."
11 주님께서 그에게 말씀하셨다. "누가
사람의 입을 지었느냐? 누가 말 못
하는 이를 만들고 듣지 못하는 이를
만들며, 누가 앞을 볼 수 있는 사람
이 되게 하거나 앞 못 보는 사람이
되게 하느냐? 바로 나 주가 아니더
냐?
12 그러니 가거라. 네가 말하는 것을 내

4장 요약 하나님은 모세가 그분을 의지할 수 있도록 세 가지 기사(奇事)를 보이셨다. 그리고 모세에게 아론을 대언자로 붙여 주시면서까지 소명에 응하게 하셨다. 이것은 하나님의 무한한 사랑을 보여 준다. 후반부에는 모세가 이집트로 돌아오는 중에 일어난 아들의 할례 사건을 기록한다.

㉠ 히, '소리를 듣지 않는다' ㉡ 히, '소리는'

4:1-9 이제 모세는 백성들의 지도자로서의 권위를 갖추게 된다. 그러나 그의 권위는 어디까지나 하나님의 권위이다. 지팡이는 모세의 것이지만, 능력은 하나님으로부터 나온다. 손도 모세의 것이지만, 능력은 하나님에게서 나온다(6-7절). 나일 강의 물도 하나님께서 사용하셔서 그분의 능력을 드러낸 것이다(9절).

4:10-17 본문에서 가장 핵심이 되는 주제는 주님이신 하나님이시며 그분의 임재이다. 모세의 입은

가 돕겠다. 네가 할 말을 할 수 있도
록, 내가 너에게 가르쳐 주겠다."
13 모세가 머뭇거리며 "주님, 죄송합니
다. 제발 보낼 만한 사람을 보내시기
바랍니다" 하고 말씀드리니,
14 주님께서 모세에게 크게 노하시어
말씀하셨다. "레위 사람인 너의 형
아론이 있지 않느냐? 나는 그가 말
을 잘 하는 줄 안다. 그가 지금 너를
만나러 온다. 그가 너를 보면 참으로
기뻐할 것이다.
15 너는 그에게 말하여 주어라. 네가 할
말을 그에게 일러주어라. 네가 말을
할 때에나 그가 말을 할 때에, 내가
너희를 둘 다 돕겠다. 너희가 하여야
할 말을 가르쳐 주겠다.
16 그가 너를 대신하여 백성에게 말을
할 것이다. 그는 너의 말을 대신 전
달할 것이요, 너는 그에게 하나님 같
이 될 것이다.
17 너는 이 지팡이를 손에 잡아라. 그리
고 이것으로 이적을 행하여라."

모세가 이집트로 돌아가다

18 ○모세가 그의 장인 이드로에게 돌
아가서 이렇게 말하였다. "저는 이제
떠나야겠습니다. 이집트에 있는 친
족들에게로 돌아가서, 그들이 아직
도 살아 있는지를 알아 보아야겠습
니다." 이드로는 모세에게, 편안히
가라고 하면서 작별을 하였다.
19 주님께서 미디안에서 모세에게 말씀
하셨다. "이집트로 돌아가거라. 너의
목숨을 노리던 사람들이 모두 죽었
다."
20 그래서 모세는 아내와 아들들을 나
귀 등에 태우고 이집트 땅으로 돌아
갔다. 그 때에 모세는 손에 하나님
의 지팡이를 들고 있었다.
21 ○주님께서 모세에게 말씀하셨다.
"내가 너에게 이적을 행할 능력을 주
었으니, 너는 이집트로 돌아가거든,
바로의 앞에서 그 모든 이적을 나타
내 보여라. 그러나 나는 그가 고집을
부리게 하여 내 백성을 놓아 보내지
않게 하겠다.
22 너는 바로에게 말하여라. '나 주가 이
렇게 말한다. 이스라엘은 나의 맏아
들이다.
23 내가 너에게 나의 아들을 놓아 보내
어 나를 예배하게 하라고 하였건만,
너는 그를 놓아 보내지 않았다. 그러
므로 이제 내가 너의 맏아들을 죽게
하겠다.'"
24 ○모세가 길을 가다가 어떤 숙소에
머물러 있을 때에, 주님께서 찾아 오
셔서 모세를 죽이려고 하셨다.
25 십보라가 부싯돌 칼을 가지고 제 아
들의 포피를 잘라서 ㉠모세의 ㉡발에
대고, "당신은, 나에게 ㉢피 남편입니
다" 하고 말하였다.

무겁고, 화술은 느리고 서툴렀을지도 모른다. 그러나 그것이 모세가 지도자가 됨에 있어서 문제가 될 수 없다. 왜냐하면 하나님께서 모세와 함께 하시기 때문이다.

4:18-31 모세는 드디어 하나님의 부르심에 순종하여 이집트로 들어간다. 하나님은 모세에게 이스라엘이 자신의 아들이며, 맏아들이라고 말씀하신다(21-23절). 이스라엘 공동체는 이제 하나님의 아들로서 존재하게 되었다. 동시에 맏아들로서 아버지의 유산을 소유할 수 있는 특권도 가지게 되었다. 이것은 전적으로 하나님께서 족장들과 세운 언약을 기초로 한다. 한편 모세가 비록 백성의 지도자로 부름을 받았지만, 자신은 언약의 표시를 지니지 못하고 있었다(24-26절). 결국 십보라가 아들에게 행한 할례를 통하여, 모세는 진정한 언약 백성의 지도자로 나서게 된다.

㉠ 히, '그의' ㉡ '발'은 성기에 대한 완곡한 표현 ㉢ 또는 '피를 흘려서 얻은 남편'

26 그래서 주님께서 그를 놓아 주셨는
데, 그 때에 십보라가 '피 남편'이라
고 말한 것은 바로 이 할례 때문이
다.
27 ○주님께서 아론에게, 광야로 가서
모세를 만나라고 말씀하시니, 그가
하나님의 산에 가서 모세를 만나서
입을 맞추어 문안하였다.
28 모세는, 주님께서 자기를 보내시면서
하신 모든 말씀과, 자기에게 명하신
이적들에 관한 모든 것을, 아론에게
말하여 주었다.
29 모세와 아론은 이집트로 가서, 이스
라엘 자손의 모든 장로를 불러 모았
다.
30 아론이 주님께서 모세에게 하신 모
든 말씀을 그들에게 일러주고, 백성
이 보는 앞에서 이적을 행하니,
31 백성이 그들을 믿었다. 그들은, 주님
께서 이스라엘 자손을 굽어살피시
고 그들이 고통받는 것을 보셨다는
말을 듣고, 엎드려 주님께 경배하였
다.

모세와 아론이 왕 앞에 서다

5 그 뒤에 모세와 아론이 바로에게
가서 말하였다. "주 이스라엘의 하
나님이 말씀하시기를 '나의 백성을
보내라. 그들이 광야에서 나의 절기
를 지켜야 한다' 하셨습니다."
2 그러나 바로는 이렇게 대답하였다.
"그 주가 누구인데, 나더러 그의 말
을 듣고서, 이스라엘을 보내라는 것
이냐? 나는 주를 알지도 못하니, 이
스라엘을 보내지도 않겠다."
3 그들이 말하였다. "히브리 사람의 하
나님이 우리에게 나타나셨습니다.
우리가 광야로 사흘길을 가서, 주 우
리의 하나님께 제사를 드릴 수 있게
허락하여 주십시오. 그렇게 하지 않
으면, 주님께서 무서운 질병이나 칼
로 우리를 치실 것입니다."
4 이집트의 왕은 그들에게 이렇게 대
답하였다. "모세와 아론은 들어라.
너희는 어찌하여 백성이 일을 하지
못하게 하느냐? 어서 물러가서, 너희
가 할 일이나 하여라."
5 바로가 말을 이었다. "그들이 이집트
땅의 백성보다도 더 불어났다. 그런
데도 너희는 그들이 하는 일을 중단
시키려 드는구나."
6 ○바로는 그 날로, 이스라엘 백성을
부리는 강제노동 감독관들과 작업
반장들에게 명령하였다.
7 "너희는 벽돌을 만드는 데 쓰는 짚
을 더 이상 이전처럼 저 백성에게 대
주지 말아라. 그들이 직접 가서 짚을
모아 오게 하여라.
8 그러나 벽돌 생산량은 이전과 같게
하여라. 만들어 내는 벽돌의 수가
줄어들어서는 안 된다. 그들이 게을

5장 요약 모세는 바로에게 이스라엘 자손이 하나님의 택한 백성이므로 자유롭게 하나님을 섬길 수 있도록 해방시켜 달라고 요구하였다. 그러나 바로는 이스라엘에 대한 정치적 압제와 경제적 착취를 가중시켜 나간다. 이는 악한 세력으로 인해 성도들이 원치 않는 고난을 받을 수 있음을 일깨워 준다.

5:1–14 모세는 바로에게 나아가 이스라엘이 광야에서 아버지 되신 하나님을 섬길 수 있도록 보내 달라고 요구한다. 아버지이신 하나님께서 아들인 이스라엘로부터 섬김을 받는 일은 최고 주권자이신 하나님의 당연한 권리 행사이다. 그러나 바로는 하나님을 알려고 하지도 않았고, 하나님의 주권을 인정하려고 하지도 않았다(2–3절). 오히려 바로는 이스라엘의 강제노동을 더욱 무겁게 하였으며, 정치적 압박과 경제적 착취를 가중시켰다(4–14절).

러서, 그들의 하나님께 제사를 드리
러 가게 해 달라고 하면서 떠든다.
9 그들에게는 더 힘겨운 일을 시키고,
그 일만 하게 하여서, 허튼 소리에
귀를 기울이지 못하게 하여라."
10 ○이스라엘 백성을 부리는 강제노동
감독관들과 작업반장들이 나가서,
그들에게 이렇게 선포하였다. "바로
께서 명령하시기를 '내가 너희에게
더 이상 짚을 주지 않겠다.
11 너희는 가서, 너희가 쓸 짚을 직접
구해 와야 한다. 그렇다고 해서 너희
의 벽돌 생산량이 줄어들어서는 안
된다' 하셨다."
12 그래서 백성들은 온 이집트 땅에 흩
어져서, 짚 대신으로 쓸 곡초 그루터
기를 모아 들였다.
13 "너희는, 짚을 공급받을 때만큼 벽
돌을 만들어 내야 한다." 감독관들
은 이렇게 말하며 그들을 몰아쳤다.
14 바로의 강제노동 감독관들은 자기
들이 뽑아서 세운 이스라엘 자손의
작업반장들을 때리면서 "너희는 어
찌하여, 어제도 오늘도, 벽돌 만드는
작업에서 너희가 맡은 일을 전처럼
다 하지 못하느냐?" 하고 다그쳤다.
15 ○이스라엘 자손의 작업반장들이
바로에게 가서 호소하였다. "어찌하
여 저희 종들에게 이렇게 하십니까?
16 저희 종들은 짚도 공급받지 못한 채
로 벽돌을 만들라고 강요받고 있습
니다. 보십시오, 저희 종들이 이처럼
매를 맞았습니다. 잘못은 틀림없이
임금님의 백성에게 있습니다."
17 그러자 바로가 대답하였다. "이 게을
러 터진 놈들아, 너희가 일하기가 싫
으니까, 주께 제사를 드리러 가게 해
달라고 떠드는 것이 아니냐!
18 썩 물러가서 일이나 하여라. 너희에
게 짚을 대주지 않겠다. 그러나 너희
는 벽돌을, 맡은 수량대로 어김없이
만들어 내야 한다."
19 이스라엘 자손의 작업반장들은 매
일 만들어야 하는 벽돌의 수를 줄일
수 없다는 말을 듣고서, 자기들이 곤
경에 빠졌음을 알았다.
20 그들은 바로 앞에서 나오다가, 자기
들을 만나려고 서 있는 모세와 아론
과 마주쳤다.
21 그들은 이렇게 말하였다. "주님께서
당신들을 내려다 보시고 벌을 내리
시면 좋겠소. 당신들 때문에 바로와
그의 신하들이 우리를 미워하고 있
소. 당신들은 그들의 손에 우리를 죽
일 수 있는 칼을 쥐어 준 셈이오."

모세가 주님께 호소하다

22 ○이 말을 듣고서, 모세는 주님께 돌
아와서 호소하였다. "주님, 어찌하여
주님께서는 이 백성에게 이렇게 괴
로움을 겪게 하십니까? 정말, 왜 저

5:3 이집트 사람들이 볼 수 없는 곳(참고. 3:18)에 가서 하나님께 제사를 드려야 하는 이유는 8:26에 나타나 있다(참조. 창 43:32).

5:15-23 더욱 거세어진 이집트의 혹독한 탄압 때문에 이스라엘 자손의 작업반장들은 모세가 바로에게 한 처사를 못마땅히 여기며 모세를 원망하였다. 이런 비난을 들은 모세는 하나님께 학대받는 백성을 왜 구원해 주시지 않는지 묻는다. 다시 말해서, 하나님이 임재하셨더라면 이런 고통이 왜 계속될 수 있느냐란 물음이다. 그러나 하나님은 이스라엘 자손이 고통을 당하는 그 현장에 그들과 함께하셨다. 그 이유는 6장에 설명된다.

5:15 지금 이스라엘은 간절하게 바로에게 호소하고 있다. 이미 하나님께서는 이스라엘의 호소를 듣고 응답하셨지만(2:23), 바로는 하나님과 달리 듣지도 응답하지도 않을 것이다. 의심할 것도 없이 그의 목적은, 모세와 아론으로부터 이스라엘 백성을 떼어 놓는 것이다(12절).

를 이 곳에 보내셨습니까?
23 제가 바로에게 가서 주님의 이름으
로 말한 뒤로는, 그가 이 백성을 더
욱 괴롭히고 있습니다. 그런데도 주
님께서는 주님의 백성을 구하실 생
각을 전혀 하지 않고 계십니다."

6 1 주님께서 모세에게 말씀하셨다.
"이제 너는, 내가 바로에게 하는
일을 보게 될 것이다. 틀림없이 그는
강한 손에 밀려서, 그들을 내보내게
될 것이다. 강한 손에 밀려서야, 그
들을 이 땅에서 내쫓다시피 할 것이
다."

하나님이 모세를 부르시다

2 ○하나님이 모세에게 이렇게 말씀하
셨다. "나는 '주'다.
3 나는 아브라함과 이삭과 야곱에게
㉠'전능한 하나님'으로는 나타났으나,
그들에게 나의 이름을 ㉡'여호와'로
는 알리지 않았다.
4 나는 또한, 그들이 한동안 나그네로
몸붙여 살던 가나안 땅을 그들에게
주기로 그들과 언약을 세웠는데,
5 이제 나는 이집트 사람이 종으로 부
리는 이스라엘 자손의 신음소리를
듣고, 내가 세운 언약을 생각한다.
6 그러므로 너는 이스라엘 자손에게
말하여라. '나는 주다. 나는 이집트
사람들이 너희를 강제로 부리지 못
하게 거기에서 너희를 이끌어 내고,
그 종살이에서 너희를 건지고, 나의
팔을 펴서 큰 심판을 내리면서, 너희
를 구하여 내겠다.
7 그래서 너희를 나의 백성으로 삼고,
나는 너희의 하나님이 될 것이다. 그
러면 너희는, 내가 주 곧 너희를 이
집트 사람의 강제노동에서 이끌어
낸 너희의 하나님임을 알게 될 것이
다.
8 내가, 아브라함과 이삭과 야곱에게
주기로 손을 들어 맹세한 그 땅으로
너희를 데리고 가서, 그 땅을 너희에
게 주어, 너희의 소유가 되게 하겠
다. 나는 주다.'"
9 모세가 이스라엘 자손에게 이와 같
이 전하였으나, 그들은 무거운 노동
에 지치고 기가 죽어서, 모세의 말을
들으려고 하지 않았다.
10 ○주님께서 모세에게 이르셨다.
11 "너는 이집트의 왕 바로에게 가서,
이스라엘 자손을 그의 나라에서 내
보내라고 하여라."
12 이에 모세가 주님께 아뢰었다. "이스
라엘 자손도 저의 말을 듣지 않는
데, 어찌 바로가 저의 말을 듣겠습니
까? 저는 입이 둔하여 말을 할 줄 모
릅니다."
13 ○주님께서는 모세와 아론에게 이스
라엘 자손을 이집트 땅에서 인도하
여 내라고 명하셨는데, 이 사실을 이

6장 요약 바로의 탄압이 심해지자 이스라엘은 모세를 원망하였다. 본문은 이스라엘 자손들 때문에 무릎 꿇고 호소하는 모세에게 하나님이 주신 위로의 말씀이다. 하나님은 거듭해서 자신이 '주'임을 강조하면서 이스라엘의 구원을 약속하셨다.

6:1–13 하나님은 모세에게 자신이 '주'임을 밝히시면서(2절), 모세의 질문에 답변하신다. '나는 주다'(2,6,7,8절)란 표현은, 하나님이 어떤 분이신가를 단적으로 설명해 주는 말씀이다. 곧 '스스로 존재하시는 분'이신 하나님은 과거에 족장들과 세우신 언약을, (현재 이스라엘 자손이 내뱉고 있는 신음 소리를 들으시면서) 지금도 기억하고 계시며

㉠ 히, '엘 샤다이' ㉡ 하나님의 이름을 표기한 히브리어 네 자음 글자를 유대교에서는 '아도나이(주)' 또는 '엘로힘(하나님)'으로 읽고, 같은 이름을 칠십인역과 신약에서는 '퀴리오스(주)'로 부르고 있음. 16세기 이래 이 이름을 여호와로 부르기 시작하였으나 지금은 대다수의 번역이 오랜 전통을 따라 '주'로 부르고 있음

스라엘 자손에게도 알리고 이집트
왕 바로에게도 알리라고 모세와 아
론에게 명하셨다.

모세와 아론의 족보

14 ○모세와 아론의 조상은 이러하다.
○이스라엘의 맏아들 르우벤의 아
들들은 하녹과 발루와 헤스론과 갈
미인데, 이들이 르우벤 가문이다.
15 ○시므온의 아들들은 여무엘과 야
민과 오핫과 야긴과 소할과, 가나안
여자가 낳은 아들 사울인데, 이들이
시므온 가문이다.
16 ○레위의 아들들의 이름은, 그 태어
난 순서대로, 게르손과 고핫과 므라
리인데, 레위는 백삼십칠 년을 살았
다.
17 ○게르손의 아들들은 가문별로는
립니와 시므이이다.
18 ○고핫의 아들들은 아므람과 이스할
과 헤브론과 웃시엘인데, 고핫은 백
삼십삼 년을 살았다.
19 ○므라리의 아들들은 마흘리와 무
시이다. ○이들이 세대별로 본 레위
가문이다.
20 ○아므람은 자기의 고모 요게벳을
아내로 맞아 아론과 모세를 낳았다.
아므람은 백삼십칠 년을 살았다.
21 ○이스할의 아들들은 고라와 네벡
과 시그리이다.
22 ○웃시엘의 아들들은 미사엘과 엘
사반과 시드리이다.
23 ○아론은, 암미나답의 딸이요 나손
의 누이인 엘리세바와 결혼하여, 나
답과 아비후와 엘르아살과 이다말
을 낳았다.
24 ○고라의 아들들은 앗실과 엘가나
와 아비아삽인데, 이들은 고라 가문
이다.
25 ○아론의 아들 엘르아살은 부디엘
의 한 딸과 결혼하여, 비느하스를 낳
았다. 이들이 다 가문별로 본 레위
일가의 조상이다.
26 ○이스라엘 자손을 부대별로 편성하
여 이집트 땅에서 인도하여 내라는
주님의 분부를 받은 이들이, 바로 이
들 아론과 모세이고,
27 이집트의 왕 바로에게 가서 이스라
엘 자손을 내보내 달라고 말한 이들
도, 바로 이들 모세와 아론이다.

모세와 아론에게 내린 주님의 명령

28 ○주님께서 이집트 땅에서 모세에게
말씀하실 때이다.
29 주님께서 모세에게 이르시기를 "나
는 주다. 너는 내가 너에게 하는 말
을 모두 이집트의 임금 바로에게 전
하여라" 하셨다.
30 그러나 모세는 주님께 이렇게 대답
하였다. "보십시오, 저는 입이 둔하
여 말을 할 줄 모릅니다. 바로가 어
찌 저의 말을 듣겠습니까?"

(5절), 앞으로 이스라엘을 종 된 이집트에서 해방시켜 주실 분이시다. 이를 통해 하나님은 언약의 주체자이시며 이행자이심을 진실로 입증하시게 *될 것이다*(7-8절). 모세는 이 사실을 입증하기 위해 다시 바로 앞으로 보내어진다(10-13절).

6:14-17 여기서 족보를 거론한 까닭은 아론의 계보를 밝혀 주기 위함이다. 아론은 야곱의 셋째 아들인 레위의 후손이며, 앞으로 제사장직을 감당할 후손을 낳게 된다(23-25절).

6:16 므라리 부디엘, 비느하스(25절), 모세(2:10) 등과 같이 이집트에서 유래한 이름이다. 그들이 이러한 이름을 가지게 된 이유는 이집트 생활 초기에 이집트 사람들과의 통혼에서 비롯된 것으로 보인다(창 41:45).

6:28-7:7 하나님은 '나는 주다'(6:29)라고 말씀하시면서, 모세에게 그의 사명을 재확인하신다. 그의 형 아론이 모세의 대언자로 발탁되었고(7:1), 여기에서 아론이 받은 사명의 중요성이 드러난다.

7 1 주님께서 모세에게 말씀하셨다.
"보아라, 나는, 네가 바로에게 하나
님처럼 되게 하고, 너의 형 아론이
너의 대언자가 되게 하겠다.
2 너는, 내가 너에게 명한 것을 너의
형 아론에게 말하여 주고, 아론은
그것을 바로에게 말하여, 이스라엘
자손을 그 땅에서 내보내 달라고 하
여라.
3 그러나 나는, 바로가 고집을 부리게
하여 놓고서, 이집트 땅에서 표징과
이적을 많이 행하겠다.
4 바로가 너희의 말을 듣지 않을 때에,
나는 손을 들어 큰 재앙으로 이집트
를 치고, 나의 군대요 나의 백성인
이스라엘 자손을 이집트 땅에서 인
도하여 내겠다.
5 내가 손을 들어 이집트를 치고, 그들
가운데서 이스라엘 자손을 이끌어
낼 때에, 이집트 사람들은 내가 주님
임을 알게 될 것이다."
6 모세와 아론은 주님께서 자기들에
게 명하신 대로 하였다.
7 그들이 바로에게 말할 때에, 모세의
나이는 여든 살이고, 아론의 나이는
여든세 살이었다.

뱀으로 변한 아론의 지팡이

8 ○주님께서 모세와 아론에게 다음
과 같이 말씀하셨다.
9 "바로가 너희에게 이적을 보여 달라
고 요구하거든, 너는 아론에게 지팡
이를 바로 앞에 던지라고 하여라. 그
러면 지팡이가 뱀이 될 것이다."
10 모세와 아론은 바로에게 갔다. 그들
은 주님께서 분부하신 대로 하였다.
아론이 바로와 그의 신하들 앞에 자
기의 지팡이를 던지니, 그것이 뱀이
되었다.
11 이에 바로도 현인들과 요술가들을
불렀는데, 이집트의 마술사들도 자
기들의 술법으로 그와 똑같이 하였
다.
12 그들이 각자 자기의 지팡이를 던지
니, 그것들이 모두 뱀이 되었다. 그러
나 아론의 지팡이가 그들의 지팡이
를 삼켰다.
13 그러나 주님께서 말씀하신 대로, 바
로가 고집을 부리고, 그들의 말을 듣
지 않았다.

첫째 재앙 : 물이 피가 되다

14 ○주님께서 모세에게 말씀하셨다.
"바로는 고집이 세서, 백성들을 내보
내기를 거절하였다.
15 그러니 너는 아침에 바로에게로 가거
라. 그가 물가로 갈 것이니, 강가에
서 그를 기다리고 있다가, 그를 만나
거라. 너는 뱀으로 변했던 그 지팡이
를 손에 들고서,
16 그에게 이렇게 말하여라. '히브리 사
람의 하나님이신 주님께서 나를 임

7장 요약 본문에 뱀으로 변한 아론의 지팡이가 이집트 마술사들의 지팡이를 집어삼킨 것은 하나님이 이집트의 권세를 지배하고 계심을 보여 준다. 하나님은 바로에게 자신이 우주 만물을 주장하는 존재임을 확인시켜 줄 필요가 있었기에 나일 강의 모든 물이 피로 변하는 첫 번째 재앙을 행하셨다.

7:1–2 나는, 네가 바로에게 하나님처럼 되게 하고 모세는 하나님의 말씀을 형 아론을 통하여 바로에게 전달한다. 예언자의 임무는 하나님의 말씀을 대언(代言)하는 것으로, 그는 하나님의 입(4:15–16)이었다.

7:8–25 모세와 아론은 바로를 만나 하나님의 실제적인 임재와 능력을 보여 주지만, 바로는 이에 맞서 완강히 저항한다(8–13절). 결국 하나님은 그분의 크신 능력을 이적을 통해 보여 주셔야 했다. 첫 이적은 이집트의 모든 물이 피로 변한

금님께 보내어 이르시기를, 나의 백
성을 보내어 그들이 광야에서 나에
게 예배하게 하라, 하셨는데도, 임금
님은 아직까지 그 말씀을 듣지 않았
습니다.
17 그래서 주님께서 말씀하시기를, 이제
주님께서 친히 주님임을 임금님께 기
어이 알리고야 말겠다고 하셨습니
다. 보십시오, 내가 쥐고 있는 이 지
팡이로 강물을 치면, 이 강물이 피
로 변할 것입니다.
18 강에 있는 물고기는 죽고, 강물에서
는 냄새가 나서, 이집트 사람이 그
강물을 마시지 못할 것입니다.'"
19 ○주님께서 다시 모세에게 이르셨
다. "너는 아론에게 이르기를, 지팡
이를 잡고 이집트의 모든 물 곧 강과
운하와 늪과 그 밖에 물이 고인 모
든 곳에 손을 내밀라고 하여라. 그러
면 그 모든 물이 피가 될 것이며, 이
집트 땅 모든 곳에 피가 괼 것이다.
나무 그릇이나 돌 그릇에까지도 피
가 괼 것이다."
20 ○모세와 아론은 주님께서 명하신
대로 하였다. 그가 바로와 그의 신
하들 앞에서 지팡이를 들어 강물을
치니, 강의 모든 물이 피로 변하였
다.
21 그러자 강에 있는 물고기가 죽고, 강
물에서 악취가 나서, 이집트 사람들
이 그 강물을 마실 수 없게 되었다.
이집트 땅의 모든 곳에 피가 괴었다.
22 그런데 이집트의 마술사들도 자기들
의 술법으로 그와 똑같이 하니, 주님
께서 말씀하신 대로, 바로가 고집을
부리면서 그들의 말을 듣지 않았다.
23 이번에도 바로는 이 일에 아무 관심
도 없다는 듯이 발길을 돌려서 궁궐
로 들어갔다.
24 이렇게 하여서 강물을 마실 수 없게
되니, 모든 이집트 사람은 마실 물을
찾아서 강 주변에 우물을 팠다.
25 ○주님께서 강을 치신 지 이레가 지
났다.

둘째 재앙 : 개구리 소동

8 주님께서 모세에게 말씀하셨다.
"너는 바로에게로 가서 '나 주가 이
렇게 말한다' 하고, 그에게 이르기를
'나의 백성을 보내라. 그들이 나를
예배할 수 있게 하여라.
2 네가 그들을 보내지 않으면, 나는 개
구리로 너의 온 땅을 벌하겠다.
3 강에는 개구리들이 득실거리고, 위
로 올라와서, 너의 궁궐과 너의 침실
에도 들어가고, 침대로도 올라가고,
너의 신하와 백성의 집에도 들어가
고, 너의 화덕과 반죽하는 그릇에도
들어갈 것이다.
4 또한 그 개구리들은 너와 너의 백성
과 너의 모든 신하의 몸에도 뛰어오

것이었다. 동시에 이것은 재앙이었다(14–19절). 그러나 바로는 이 일에 관심이 없다는 듯 궁궐로 들어가 버렸고, 이집트 백성들은 마실 물을 찾아 나섰다(23–24절).

7:25 이레가 지났다 각각의 재앙들은 계속적으로 잇달아 나타난 것이 아니다. 첫 번째 재앙은 7일 만에 끝났고, 아홉 번째 재앙은 3일 만에 끝났다(10:22). 이 재앙들은 약 9개월(37주)에 걸쳐 일어났다.

8장 요약 이집트 사람들은 개구리를 신으로 숭배했다. 그런데 개구리가 이집트 사람들의 땅에 가득하다는 것은 도움이 되어야 할 신이 해악만을 끼치는 것임을 드러내 준다. 또한 파리 재앙은 수호신 중 하나인 곤충의 신도 해충에 불과함을 증명해 준다. 특히 네 번째 재앙부터는 이집트 사람들에게만 재앙이 임하였다.

8:1–15 하나님은 두 번째 이적을 행하셔서, 개구

를 것이다' 하여라."
5 ○주님께서 모세에게 말씀하셨다.
"너는 아론에게 이르기를, 지팡이를
들고 강과 운하와 늪 쪽으로 손을
내밀어서, 개구리들이 이집트 땅 위
로 올라오게 하라고 하여라."
6 아론이 이집트의 물 위에다가 그의
팔을 내미니, 개구리들이 올라와서
이집트 땅을 뒤덮었다.
7 그러나 술객들도 자기들의 술법으로
그와 똑같이 하여, 개구리들이 이집
트 땅 위로 올라오게 하였다.
8 ○그 때에 바로는 모세와 아론을 불
러들여 부탁하였다. "너희는 주께
기도하여, 개구리들이 나와 나의 백
성에게서 물러가게 하여라. 그러면
내가, 너희 백성이 주께 제사를 드릴
수 있도록, 너희를 보내 주겠다."
9 모세가 바로에게 대답하였다. "기꺼
이 그렇게 하겠습니다. 그러면 제가
언제쯤 이 개구리들이 임금님과 임
금님의 궁궐에서 물러가서, 오로지
강에서만 살게 하여, 임금님과 임금
님의 신하들과 임금님의 백성이 이
재앙을 피할 수 있게 기도하면 좋겠
습니까?"
10 바로가 대답하였다. "내일이다." 모
세가 말하였다. "말씀대로 하겠습니
다. 그렇게 해서, 주 우리의 하나님
과 같은 분이 없다는 사실을 알게
하여 드리겠습니다.
11 이제 개구리들이 임금님과 임금님의
궁궐과 신하들과 백성들에게서 물
러가고, 오직 강에만 남아 있을 것입
니다."
12 모세와 아론은 바로에게서 물러나
왔다. 모세가, 주님께서 바로에게 보
내신 개구리를 없애 달라고 주님께
간구하니,
13 주님께서 모세가 간구한 대로 들어
주셔서, 집과 뜰과 밭에 있던 개구리
들이 다 죽었다.
14 사람들이 이것을 모아 무더기로 쌓
아 놓으니, 그 악취가 온 땅에 가득
하였다.
15 바로는 한숨을 돌리게 되자, 주님께
서 말씀하신 대로, 또 고집을 부리고
그들의 말을 듣지 않았다.

셋째 재앙 : 이 소동

16 ○주님께서 모세에게 말씀하셨다.
"너는 아론에게 일러, 지팡이를 내밀
어 땅의 먼지를 치라고 하여라. 그러
면 이집트 온 땅에서 먼지가 이로 변
할 것이다."
17 그들이 그대로 하였다. 아론이 지팡
이를 잡고서 팔을 내밀어 땅의 먼지
를 치니, 먼지가 이로 변하여, 사람
과 짐승들에게 이가 생겼다. 온 이집
트 땅의 먼지가 모두 이로 변하였다.
18 마술사들도 이와 같이 하여, 자기들

리를 물에서 끌어내어 이집트 전역에 흩어지게 하셨다. 개구리는 바로의 침대에도 올라갔으며, 심지어 먹는 음식에도 뛰어들었다(1-7절). 이것은 하나님이 바로의 주권, 영역도 다스릴 수 있음을 보여 주는 사건이다. 이 일에 대해 바로는 일시적으로 굴복한다(8절). 그러나 어느 정도 재앙에서 벗어나게 되자(9-14절), 그는 재빨리 마음을 바꾸어 버리고 말았다(15절).

8:16 이라고 번역한 (히) '켄'이 정확히 무엇인지 알 수 없다. '벼룩, 모기'라고 번역할 수도 있다.

8:18 마술사들은 여기에서 처음으로 실패를 경험한다. 결국 그들은 모세와 아론이 행한 이적이 교묘한 속임수나 손재주에 의한 것이 아니라는 것을 알게 된다.

8:19 신의 권능 직역하면 '하나님의 손가락'이다. 이는 '하나님께서 행하신 일'에 대한 일종의 은유적 표현으로서, '하나님의 이적의 능력'을 나타낸다(참조. 31:18;신 9:10;시 8:3;눅 11:20).

의 술법으로 이가 생기게 하려고 하
였으나, 그렇게 할 수가 없었다. 이가
사람과 짐승에게 계속하여 번져 나
갔다.
19 마술사들이 바로에게 그것은 신의
㉠권능이 아니고서는 할 수 없는 일
이라고 말하였다. 그러나 주님께서
말씀하신 대로, 바로는 여전히 고집
을 부리고, 그들의 말을 듣지 않았
다.

넷째 재앙 : 파리 소동

20 ○주님께서 모세에게 말씀하셨다.
"너는 아침에 일찍이 일어나서, 바로
앞에 나서라. 그가 물가로 나갈 것이
다. 그 때에 너는 그에게 이르기를
'주님께서 이렇게 말씀하신다.' 하고
'나의 백성을 보내라. 그들이 나에게
예배를 드리게 하여라.
21 네가 나의 백성을 보내지 않으면, 나
는, 너와 너의 신하들과 백성들과 너
의 궁궐에 파리를 보내서, 이집트 사
람의 집집마다 파리가 들끓게 하고,
땅도 파리가 뒤덮게 하겠다.
22 그러나 그 날에 나는, 나의 백성이
사는 고센 땅에는 재앙을 보내지 않
아서, 그 곳에는 파리가 없게 하겠
다. 내가 이렇게 하는 까닭은, 나 주
가 이 땅에 있음을 네가 알게 하려
는 것이다.
23 내가 나의 백성과 너의 백성을 ㉡구
별할 것이니, 이런 이적이 내일 일어
날 것이다' 하여라."
24 주님께서 말씀하신 대로 하시니, 파
리가 무수히 바로의 궁궐과 그 신하
의 집과 이집트 온 땅에 날아 들었
고, 그 땅이 파리 때문에 폐허가 되
었다.
25 ○그러자 바로가 모세와 아론을 불
러들여서 말하였다. "이제 너희는 가
되, 이 땅 안에서 너희 하나님께 제
사를 드려라."
26 모세가 말하였다. "이집트 사람들은
우리가 주 우리의 하나님께 제사드
리는 것을 부정하게 여기므로 이 땅
안에서는 제사를 드릴 수 없습니다.
우리가, 이집트 사람들이 보는 앞에
서, 그들이 부정하게 여기는 것을 희
생제물로 바치면, 그들이 어찌 보고
만 있겠습니까? 우리를 돌로 치지
않겠습니까?
27 우리는, 하나님이 우리에게 말씀하
신 대로, 광야로 사흘길을 나가서,
주 우리의 하나님께 제사를 드려야
합니다."
28 바로가 대답하였다. "그렇다면 나는
너희를 내보내서, 너희가 광야에서
주 너희의 하나님께 제사를 드리게
하겠다. 그러나 너희는 너무 멀리는
나가지 말아라. 그리고 너희는 내가
하는 일도 잘 되도록 기도하여라."

8:20-32 고집을 부리는 바로에게 하나님은 다시 네 번째 이적을 행하셨다. 하나님은 이스라엘 자손들이 살고 있는 고센 땅은 구별해 주셔서 자신이 택하신 백성들에게는 그 해악을 받지 않도록 해 주셨다(22-24절). 이런 징조를 본 바로는 이스라엘의 하나님을 섬기도록 말하였으나(25절), 그가 하나님의 존재를 인정해서 취한 조치는 아니었다. 그는 계속 하나님의 백성인 이스라엘을 자기 세력권 아래 두려고 타협하고 있다(28절).

8:21 파리 문자적으로는 '각종 날곤충'이라는 말이다.

8:26 이집트 사람들은…부정하게 여기므로 이집트 사람들은 거의 모든 형태의 자연을 숭배했다. 그러므로 이집트 내에서 그들의 신이 아닌 하나님께 그들이 신성시하여 숭배하는 소와 염소로 희생 제사를 드린다는 것은 실제로 큰 위험을 안고 있는 것이다.

㉠ 히, '손가락' ㉡ 칠십인역과 불가타를 따름. 히, '속량할 것이니'

29 모세가 말하였다. "보십시오, 이제
제가 임금님 앞에서 물러가서 주님
께 기도하겠습니다. 내일이면 파리
떼가 바로 임금님과 신하들과 백성
들에게서 떠나갈 것입니다. 그러나
바로 임금님이 우리를 속이고 백성
을 보내지 않으셔서 우리가 주님께
제사를 드리지 못하는 일이 다시는
없게 하여 주시기 바랍니다."
30 모세가 바로 앞에서 물러나와 주님
께 기도하니,
31 주님께서 모세의 기도를 들어 주셔
서, 파리가 바로와 그의 신하들과 백
성에게서 모두 떠나서 한 마리도 남
아 있지 않게 하셨다.
32 그러나 이번에도 바로는 고집을 부
리고, 백성을 보내지 않았다.

다섯째 재앙 : 집짐승의 죽음

9 주님께서 모세에게 말씀하셨다.
"너는 바로에게로 가서 '히브리 사
람의 주 하나님이 이렇게 말씀하신
다' 하고 '나의 백성을 보내어라. 그
들이 나에게 예배드리게 하여라.
2 네가 그들을 보내기를 거절하고, 계
속 그들을 붙잡아 둔다면,
3 주의 손이, 들에 있는 너의 집짐승들
곧 말과 나귀와 낙타와 소와 양 떼
를 쳐서, 심히 무서운 병이 들게 할
것이다.
4 그러나 주는 이스라엘 사람의 집짐
승과 이집트 사람의 집짐승을 구별
할 것이니, 이스라엘 자손의 것은 하
나도 죽지 않게 할 것이다' 하여라."
5 주님께서 때를 정하시고서 "나 주가
내일 이 땅에서 이 일을 하겠다" 하
고 말씀하셨다.
6 이튿날 주님께서 이 일을 하시니, 이
집트 사람의 집짐승은 모두 죽었는
데, 이스라엘 자손의 집짐승은 한
마리도 죽지 않았다.
7 바로는 사람을 보내서, 이스라엘 사
람의 집짐승이 한 마리도 죽지 않은
것을 확인하였다. 그러나 바로는 여
전히 고집을 부리고, 그 백성을 보내
지 않았다.

여섯째 재앙 : 피부병 전염

8 ○주님께서 모세와 아론에게 말씀하
셨다. "너희는 화덕에 있는 그을음
을 두 손에 가득히 움켜 쥐어라. 그
리고 모세가 그것을 바로 앞에서 공
중에 뿌려라.
9 그것이 이집트 온 땅 위에서 먼지가
되어, 사람과 집짐승에게 악성 종기
를 일으킬 것이다."
10 그래서 그들은 화덕의 그을음을 모
아 가지고 가서, 바로 앞에 섰다. 모
세가 그것을 공중에 뿌리니, 그것이
사람과 짐승에게 붙어서, 악성 종기
를 일으켰다.
11 마술사들도 종기 때문에 모세 앞에

9장 요약 돌림병, 악성 종기, 우박 재앙이다. 돌림병은 이집트 사람의 동물 신앙을 조롱한 것이며, 이집트의 마술사들까지 악성 종기로 꼼짝 못한 것은 그들의 신이 헛된 것임을, 우박 재앙은 빛과 농경의 신인 이시스와 오시리스가 이집트 사람들을 파멸시켰음을 보여 준다.

9:1–7 돌림병 재앙은 파리 재앙보다 더 심하였다. 그러나 바로의 마음은 조금도 돌아서지 않았다. 그 까닭은 이집트의 집짐승은 모두 죽었으나, 이스라엘의 집짐승은 온전했기 때문이었다(6절). 바로는 현실의 이익과 시기심에 눈이 어두워져, 하나님의 참 능력을 보지 못하고 있는 것이다.

9:8–12 하나님은 즉시 여섯 번째 이적을 이집트 전역에 행하셨다. 화덕의 그을음은 살갗에 부스럼이 나게 하고, 종기가 생겨 고름이 터지게 하였다. 사람들과 짐승들은 악성 종기로 고통을 당하였다. 드디어 이집트의 마술사들도 하나님께 항거

나서지 못하였다. 모든 이집트 사람
과 마술사들에게 종기가 생긴 것이
다.
12 그러나 주님께서 바로가 여전히 고
집을 부리게 하셨으므로, 주님께서
모세에게 말씀하신 대로, 바로가 그
들의 말을 듣지 않았다.

일곱째 재앙 : 우박

13 ○주님께서 모세에게 말씀하셨다.
"너는 아침에 일찍이 일어나서, 바로
앞에 나서서 이렇게 말하여라. '히브
리 사람의 주 하나님이 이렇게 말씀
하신다. 나의 백성을 보내어라. 그들
이 나에게 예배드리게 하여라.
14 이번에는 내가 나의 온갖 재앙을 너
와 너의 신하들과 백성에게 내려서,
온 세상에 나와 같은 신이 없다는
것을 너에게 알리겠다.
15 내가 팔을 뻗어서 무서운 질병으로
너와 너의 백성을 쳤다면, 너는 이미
세상에서 사라졌을 것이다.
16 너에게 나의 능력을 보여 주어, 온
세상에 나의 이름을 널리 알리려고,
내가 너를 남겨 두었다.
17 그런데 너는 아직도 교만한 마음을
버리지 못하고, 나의 백성을 내보내
지 않는다.
18 그러므로 내일 이맘때에 내가 매우
큰 우박을 퍼부을 것이니, 그처럼 큰
우박은 이집트에 나라가 생긴 때로
부터 이제까지 한 번도 내린 적이 없
다.
19 그러니 이제 너는 사람을 보내어, 너
의 집짐승과 들에 있는 모든 것을 안
전한 곳으로 대피시켜라. 집 안으로
들어가지 않고 들에 남아 있는 사람
이나 짐승은, 모두 쏟아지는 우박에
맞아 죽을 것이다.'"
20 바로의 신하들 가운데서 주님의 말
씀을 두려워한 사람들은 자기의 종
들과 집짐승들을 집 안으로 피하게
하였다.
21 그러나 주님의 말씀을 마음에 두지
않는 사람은 자기의 종과 집짐승을
들에 그대로 내버려 두었다.
22 ○그 때에 주님께서 모세에게 말씀
하셨다. "네가 하늘로 팔을 내밀면,
우박이 온 이집트 땅에, 그리고 이집
트 땅에 있는 사람과 짐승과 들의
모든 풀 위에 쏟아질 것이다."
23 모세가 하늘로 그의 지팡이를 내미
니, 주님께서 천둥소리를 나게 하시
고 우박을 내리셨다. 벼락이 땅에 떨
어졌다. 주님께서 이집트 땅 위에 우
박을 퍼부으신 것이다.
24 우박이 쏟아져 내리면서, 번갯불도
함께 번쩍거렸다. 이와 같은 큰 우박
은 이집트에 나라가 선 뒤로부터 이
집트 온 땅에 한 번도 내린 적이 없
다.

할 수 없음을 선언하였다(11–12절). 그러나 바로는 끝까지 고집을 꺾지 않았다.

9:13–26 이번 재앙은 하나님의 이름을 온 천하에 알리는 일이 목적이었다. 우박 재앙을 이집트에 내리시겠다는 하나님의 말씀에 하나님을 두려워하고 순종하려는 자들이 이집트에서 생겨나기 시작하였다. 이들은 재앙이 시작되기 전에 모든 것들을 집 안에 들여놓았다(20절). 하늘에서 진노의 우박이 쏟아졌고, 그 때 들에 있던 집짐승들과 곡식은 다 멸절당하였다(22–25절). 이집트가 숭배하던 우상들과 달리 하나님은 하늘에서 천둥소리와 우박과 불을 내리시는 분으로서 온 우주와 자연을 지배하고 계시는 참 하나님이시다.

9:13 히브리 사람의 주 하나님 이 표현은 출애굽기에 5회 나타난다(3:18;9:1,13;10:3). 영원하시고 스스로 계시며 언약을 지키시는 분이요, 온 세상 만물을 창조하신 창조주시며, 히브리 사람들의 보호자, 방패이신 분이심을 뜻한다. 비슷한 표현

25 이집트 온 땅에서 우박이, 사람이나
짐승이나 할 것 없이, 들에 있는 모
든 것을 쳤다. 우박이 들의 모든 풀
을 치고, 들의 모든 나무를 부러뜨렸
다.
26 그러나 이스라엘 자손이 사는 고센
땅에는 우박이 내리지 않았다.
27 ○바로가 사람을 보내서, 모세와 아
론을 불러들였다. 그리고 그들에게
말하였다. "이번에는 내가 죄를 지었
다. 주께서 옳으셨고, 나와 나의 백
성이 옳지 못하였다.
28 너는 주께 기도하여, 하나님이 나게
하신 이 천둥소리와 하나님이 내리
신 이 우박을 그치게 하여 다오. 내
가 너희를 보내겠다. 너희는 더 이상
여기에 머물지 않아도 괜찮다."
29 모세가 그에게 말하였다. "내가 이
성을 나가는 대로, 나의 손을 들어
서 주님께 빌겠습니다. 그러면 천둥
소리가 그치고, 우박이 더 이상 내리
지 않을 것입니다. 이것은 온 세상이
우리 주님의 것임을 임금님께 가르
치려는 것입니다.
30 그래도 임금님과 임금님의 신하들이
주 하나님을 두려워하지 않으리라는
것을 나는 알고 있습니다."
31 이 때에 이미, 보리는 이삭이 나오
고, 삼은 꽃이 피어 있었으므로, 삼
과 보리가 모두 피해를 입었다.
32 그러나 밀과 쌀보리는, 이삭이 팰 때
가 아니었으므로, 피해를 입지 않았
다.
33 모세는 바로 앞을 떠나서, 성 바깥으
로 나갔다. 그가 주님께 손을 들어
기도하니, 천둥소리와 우박이 그치
고, 땅에는 비가 더 내리지는 않았
다.
34 그러나 바로는, 비와 우박과 천둥소
리가 그친 것을 보고서도, 다시 죄
를 지었다. 그와 그의 신하들이 또
고집을 부렸다.
35 주님께서 모세를 시켜 말씀하신 대
로, 바로는 고집을 부리며 이스라엘
자손을 내보내지 않았다.

여덟째 재앙 : 메뚜기 소동

10 주님께서 모세에게 말씀하셨
다. "너는 바로에게 가거라. 그
와 그 신하들이 고집을 부리게 한 것
은 나다. 이것은 내가, 그들이 보는
앞에서 나의 온갖 이적을 보여 주려
고 그렇게 한 것이다.
2 그뿐만 아니라, 내가 이집트 사람들
을 어떻게 벌하였는지를, 그리고 내
가 그들에게 어떤 이적을 보여 주었
는지를, 네가 너의 자손에게도 알리
게 하려고, 또 내가 주님임을 너희에
게 가르치려고 그렇게 한 것이다."
3 ○모세와 아론이 바로에게 가서 말
하였다. "히브리 사람의 주 하나님

으로는 '히브리 사람의 하나님이신 주님'(7:16)과 '히브리 사람의 하나님'(5:3)이 있다.

9:27-35 바로는 하나님에게 굴복하는 듯했지만, 그것은 진심이 아니었다. 바로는 재앙이 임할 때에만 굴복하는 시늉을 하여 위기를 벗어나려고 했을 뿐 고집을 부리는 마음은 그대로였다.

9:29 나의 손을 들어서 주님께 빌겠습니다 이 모습은 무릎을 꿇는 것과 마찬가지로 기도와 경배의 한 방법이다(대하 6:13;시 143:6;마 8:1-4).

10장 요약 이집트 사람들은 메뚜기 떼로 인한 피해를 면하기 위하여 '세라피스'라는 신을 섬겼지만 메뚜기 재앙을 면치 못한다. 이것은 그들의 신이 거짓되며 무능하다는 것을 여실히 보여 주는 것이다. 그리고 짙은 어둠 재앙은 이집트 사람들의 최고의 신 중 하나인 태양신 '라(Ra)'에게 치명타를 가한 것이다.

10:1 그와 그 신하들이…나다 하나님이 그 일의 원

이 말씀하셨습니다. '네가 언제까지
내 앞에서 교만하게 굴려느냐? 나
의 백성을 보내서, 나를 예배하게 하
여라.
4 네가 나의 백성을 보내기를 거절하
면, 나는 내일 너의 영토 안으로 메
뚜기 떼가 들어가게 할 것이다.
5 그것들이 땅의 표면을 덮어서, 땅이
보이지 않게 될 것이며, 우박의 피해
를 입지 않고 남아 있는 것들을 먹
어 치우되, 들에서 자라는 나무들까
지 모두 먹어 치울 것이다.
6 너의 궁궐과 너의 모든 신하의 집과
이집트의 모든 사람의 집이 메뚜기
로 가득 찰 것이다. 이것은 너의 아
버지와 너의 조상이 이 땅 위에 살
기 시작한 때부터 오늘까지, 너희가
전혀 못 본 일이다.'" 그리고 나서,
모세는 발길을 돌려 바로에게서 나
왔다.
7 ○바로의 신하들이 바로에게 말하였
다. "언제까지 이 사람이, 우리를 망
하게 하는 함정이 되어야 합니까?
이 사람들을 내보내서 그들의 주 하
나님을 예배하게 하심이 좋을 듯합
니다. 임금님께서는 아직도 이집트
가 망한 것을 모르고 계십니까?"
8 모세와 아론이 다시 바로에게 불려
갔다. 바로가 그들에게 말하였다.
"너희는 가서 주 너희의 하나님께 예
배하여라. 그런데 갈 사람은 누구 누
구냐?"
9 모세가 대답하였다. "우리 모두가 주
님의 절기를 지켜야 하므로, 어린 아
이와 노인들을 비롯하여, 우리의 아
들과 딸을 다 데리고 가야 하며, 우
리의 양과 소도 몰고 가야 합니다."
10 바로가 그들에게 호통쳤다. "그래,
어디 다 데리고 가 봐라! 너희와 함
께 있는 너희의 주가 나를 감동시켜
서 너희와 너희 아이들을 함께 보내
게 할 것 같으냐? 어림도 없다! 너희
가 지금 속으로 악한 음모를 꾸미고
있음이 분명하다!
11 그렇게는 안 된다! 가려면 너희 장정
들이나 가서, 너희의 주에게 예배를
드려라. 너희가 처음부터 바란 것이
그것이 아니더냐?" 이렇게 해서, 그
들은 바로 앞에서 쫓겨났다.
12 ○주님께서 모세에게 말씀하셨다.
"너의 팔을 이집트 땅 위로 내밀어
라. 그러면 메뚜기 떼가 이집트 땅으
로 몰려와서, 우박의 피해를 입지 않
고 땅에 그대로 남아 있는 푸성귀를
모두 먹어 치울 것이다."
13 모세가 지팡이를 이집트 땅 위로 내
미니, 주님께서 그 날 온종일, 그리
고 밤이 새도록, 그 땅에 동풍이 불
게 하셨다. 그 동풍은 아침녘에 메뚜
기 떼를 몰고 왔다.

인자(原因者)라는 뜻이 아니다. 단지 그들 스스로 마음을 완강하게 하는 것을 막지 않으셨다는 것이다. 이것은 하나님의 주권에 속하는 것으로서, 하나님은 사람의 자유의지를 무시하지 않으신다. 하나님은 그들의 고집 부림을 내버려 두심으로 자신의 권능을 나타내실 기회로 삼으셨다.

10:3-20 하나님께서 선언하신 메뚜기 재앙에 대해(4-6절), 이집트의 신하들은 이스라엘 자손을 내보내도록 바로에게 권유하지만 바로는 이스라엘에 대한 욕심과 미련을 아직도 버리지 못하였다(7-11절). 그러자 하나님께서는 여덟 번째 재앙으로서 메뚜기를 모아 이집트의 온 땅에 풀어 놓으셨다. 메뚜기는 우박 재앙을 피한 식물들을 모조리 먹어 치워버렸다(12-15절). 바로는 이때에도 거짓 회개를 함으로써 위기를 다시 벗어난다(16-20절).

10:12 너의 팔을 이집트 땅 위로 내밀어라 13절로 미루어 볼 때, 모세는 소위 하나님의 지팡이를 높

14 메뚜기 떼가 이집트 온 땅 위로 몰려
와서, 곳곳마다 내려 앉았다. 그렇게
많은 메뚜기 떼는 전에도 본 적이 없
고, 앞으로도 결코 볼 수 없을 만한
것이었다.
15 그것들이 땅의 표면을 다 덮어서, 땅
이 새까맣게 되었다. 그것들이, 우박
의 피해를 입지 않고 남아 있는 나
무의 열매와 땅의 푸성귀를 모두 먹
어 치워서, 이집트 온 땅에 있는 들
의 나무와 푸른 푸성귀는 하나도 남
지 않았다.
16 그러므로 바로가 모세와 아론을 급
히 불러들여서 말하였다. "내가 너
희와 주 너희의 하나님께 죄를 지었
다.
17 부디 이번만은 나의 죄를 용서하고,
주 너희의 하나님께 기도하여 이 엄
청난 재앙이 나에게서 떠나게 하여
라."
18 모세가 바로에게서 물러나와 주님께
기도를 드리니,
19 주님께서 바람을 가장 센 서풍으로
바꾸셔서, 메뚜기 떼를 ㉠홍해에 몰
아 넣으시고, 이집트 온 땅에 메뚜기
한 마리도 남겨 두지 않으셨다.
20 그러나 주님께서는 바로가 여전히
고집을 부리게 하셨으며, 바로는 여
전히 이스라엘 자손을 내보내지 않
았다.

아홉째 재앙 : 어두움이 땅을 덮다

21 ○주님께서 모세에게 말씀하셨다.
"너는 하늘로 팔을 내밀어라. 그러면
손으로 더듬어야 다닐 만큼 짙은 어
둠이 이집트 땅을 덮을 것이다."
22 모세가 하늘에다 그의 팔을 내미니,
이집트 온 땅에 사흘 동안 짙은 어
둠이 내렸다.
23 사흘 동안 사람들은 서로 볼 수도
없었고, 제자리를 뜰 수도 없었다.
그러나 이스라엘 자손이 사는 곳에
는 어디에나 빛이 있었다.
24 바로가 모세를 불러들여서 말하였
다. "너희는 가서 주께 예배하여라.
그러나 너희의 양과 소는 남겨 두고,
너희의 아이들만 데리고 가야 한다."
25 모세가 대답하였다. "임금님도 우리
의 주 하나님께 바칠 희생제물과 번
제물을 우리에게 더 보태 주셔야 합
니다.
26 우리는 우리의 집짐승을 한 마리도
남겨 두지 않고 다 몰고 가겠습니다.
우리는 그것들 가운데서 주 우리의
하나님께 바칠 제물을 택할 것입니
다. 그러나 우리가 거기에 다다를 때
까지는, 우리가 어떤 것을 바쳐야 할
지를 알 수 없습니다."
27 주님께서 바로가 고집을 부리도록
하셨으므로, 바로는 여전히 그들을
내보내지 않았다.

이 들었다. 모세의 이러한 행동은 믿음과 순종의 행위이지만, 하나님의 또 다른 심판이 시작된다는 표시이기도 하다.

10:13–14 동풍이 메뚜기 떼를 몰고 온 것으로 보아, 이 메뚜기 떼는 아라비아 사막 쪽에서 날아왔다고 추정할 수 있다. 이 동풍은 하나님께서 일으키셨고, 또 동풍이 메뚜기 떼를 불러온 이 사건이 초자연적인 이적임을 뜻한다(참조. 14:21).

10:15 모두 먹어 치워서 아직 철이 이른 관계로 우박 재앙을 피해 남아있던 채소·밀·쌀보리·나무의 열매들까지 이제는 하나도 남지 않게 되었다.

10:21–28 하나님은 아홉 번째 이적으로 짙은 어둠 재앙을 내리셨다. 바로는 교묘한 술책으로 이스라엘을 잡아두려고 하였지만, 모세는 이를 단호히 거절하였다. 이제는 바로를 위한 기도도 없으며, 남은 것이라고는 마지막 심판의 재앙, 곧 죽음의 재앙만 있을 뿐이다.

㉠ 히, '얌 쑤프'

28 바로가 모세에게 소리쳤다. "어서 내
앞에서 썩 물러가거라. 다시는 내 앞
에 얼씬도 하지 말아라. 네가 내 앞
에 다시 나타나는 날에는 죽을 줄
알아라."
29 모세가 말하였다. "말씀 잘하셨습니
다. 나도 다시는 임금님 앞에 나타나
지 않겠습니다."

처음 난 것의 죽음

11 주님께서 모세에게 말씀하셨
다. "내가 이제 바로에게와 이집
트 땅 위에 한 가지 재앙을 더 내리
겠다. 그렇게 한 다음에야 그가 너희
를 여기에서 내보낼 것이다. 그가 너
희를 내보낼 때에는, 여기에서 너희
를 마구 쫓아낼 것이니,
2 이제 너는 백성에게 일러서, 남자는
이웃에 사는 남자에게, 여자는 이웃
에 사는 여자에게 은붙이와 금붙이
를 요구하게 하여라."
3 주님께서 이집트 사람들이 이스라엘
백성에게 호감을 가지게 하시고, 또
이집트 땅에서 바로의 신하와 백성
이 이 사람 모세를 아주 위대한 인
물로 여기게 하셨다.
4 ○그래서 모세가 바로에게 말하였
다. "주님께서 말씀하셨습니다. '내가
한밤중에 이집트 사람 가운데로 지
나갈 것이니,
5 이집트 땅에 있는 처음 난 것이 모두
죽을 것이다. 임금 자리에 앉은 바로
의 맏아들을 비롯하여, 맷돌질하는
몸종의 맏아들과 모든 짐승의 맏배
가 다 죽을 것이다.
6 이집트 온 땅에서, 이제까지도 없었
고, 앞으로도 없을, 큰 곡성이 들릴
것이다.
7 그러나 이집트의 개마저 이스라엘
자손을 보고서는 짖지 않을 것이다.
사람뿐 아니라 짐승을 보고서도 짖
지 않을 것이다. 이는, 나 주가 이집
트 사람과 이스라엘 사람을 구별하
였다는 것을 너희에게 알리려는 것
이다.'
8 이렇게 되면, 임금님의 모든 신하가
나에게 와서, 내 앞에 엎드려 '당신
과 당신을 따르는 백성은 모두 나가
주시오' 하고 사정할 것입니다. 이런
일이 있은 다음에야, 내가 여기서 떠
나겠습니다." 모세는 매우 화를 내면
서, 바로 앞에서 나왔다.
9 ○주님께서 모세에게 말씀하셨다.
"바로가 너희의 말을 듣지 않을 것
이다. 이것은 내가 아직도 더 많은
이적을 이집트 땅에서 나타내 보여
야 하기 때문이다."
10 모세와 아론이 바로 앞에서 이 모든
이적을 행하였다. 그러나 주님께서
바로의 고집을 꺾지 않으셨으므로,
바로가 그 땅에서 이스라엘 자손을

11장 요약 본문은 하나님이 바로와 그의 백성에게 내릴 마지막 열 번째 재앙을 경고하는 내용이다. 그러나 이스라엘 자손들 가운데는 짐승 한 마리도 해를 당하지 않을 것이었다. 이는 하나님의 절대 주권에 의한 것으로 그분의 택한 백성은 모두 구원받게 됨을 뒷받침해 준다.

11:1–10 하나님은 마지막 열 번째 이적으로, 처음 난 것의 죽음 재앙을 내리셨다. 이집트에는 모든 맏아들의 죽음으로 인하여 큰 곡성이 들릴 것이며(4–6절), 이스라엘에는 침묵과 평화가 있을 것이다(7절).

11:6 과거에는 이스라엘이 하나님께 구원해 주시길 부르짖었고(2:23), 바로에게도 괴로움을 호소했었다(5:15). 그러나 이제는 이집트 사람들이 하나님의 심판으로 인한 고통으로 부르짖을 것이다.

11:10 이 모든 이적을 아홉 번째 재앙까지의 이적들을 가리킨다.

내보내지 않았다.

유월절

12 주님께서 이집트 땅에서 모세
와 아론에게 말씀하셨다.
2 "너희는 이 달을 한 해의 ㉠첫째 달
로 삼아서, 한 해를 시작하는 달로
하여라.
3 온 이스라엘 회중에게 알리어라. 이
달 열흘날 각 가문에 어린 양 한 마
리씩 곧 한 가족에 한 마리씩 어린
양을 마련하도록 하여라.
4 한 가족의 식구 수가 너무 적어서,
양 한 마리를 다 먹을 수 없으면, 한
사람이 먹을 분량을 계산하여, 가까
운 이웃에서 그만큼 사람을 더 불러
다가 함께 먹도록 하여라.
5 너희가 마련할 짐승은 흠이 없는 일
년 된 수컷으로 하되, 양이나 염소
가운데서 골라라.
6 너희는 그것을 이 달 열나흗날까지
두었다가, 해 질 무렵에 모든 이스라
엘 회중이 모여서 잡도록 하여라.
7 그리고 그 피는 받아다가, 잡은 양을
먹을 집의 좌우 문설주와 상인방에
발라야 한다.
8 그 날 밤에 그 고기를 먹어야 하는
데, 고기는 불에 구워서, 누룩을 넣
지 않은 빵과 쓴 나물을 곁들여 함
께 먹어야 한다.
9 너희는 고기를 결코 날로 먹거나 물
에 삶아서 먹어서는 안 된다. 머리와
다리와 내장 할 것 없이, 모두 불에
구워서 먹어야 한다.
10 그리고 너희는 그 어느 것도 다음날
아침까지 남겨 두어서는 안 된다. 아
침까지 남은 것이 있으면, 불에 태워
버려야 한다.
11 너희가 그것을 먹을 때에는 이렇게
하여라. 허리에 띠를 띠고, 발에 신
을 신고, 손에 지팡이를 들고, 서둘
러서 먹어라. ㉡유월절은 주 앞에서
이렇게 지켜야 한다.
12 그 날 밤에 내가 이집트 땅을 지나가
면서, 사람이든지 짐승이든지, 이집
트 땅에 있는 처음 난 것을 모두 치
겠다. 그리고 이집트의 모든 신을 벌
하겠다. 나는 주다.
13 문틀에 피를 발랐으면, 그것은 너희
가 살고 있는 집의 표적이니, 내가 이
집트 땅을 칠 때에, 문설주에 피를
바른 집은, 그 피를 보고 내가 너희
를 치지 않고 ㉢넘어갈 터이니, 너희
는 재앙을 피하여 살아 남을 것이
다.
14 이 날은 너희가 기념해야 할 날이니,
너희는 이 날을 주 앞에서 지키는 절
기로 삼아서 영원한 규례로 대대로
지켜야 한다."

무교절

15 ○"너희는 이레 동안, 누룩을 넣지

12장 요약 유월절은 하나님이 이스라엘 민족을 구속(救贖)하신 것을 기념하는 절기로서 열 번째 재앙을 앞두고 세워진 규례이다. 이 날 밤은 열 번째 재앙으로 인해 이집트 사람들에게는 저주와 통곡의 밤이, 이스라엘 사람들에게는 구원과 축복의 밤이 되었다.

12:1-14 유월절은 이스라엘을 구속하신 하나님의 행위를 기념하는 절기이다(14절). 하나님의 구속 행위는 단순히 이집트로부터의 정치적 해방만을 의미하는 것이 아니다. 오히려 이것은 죄와 악으로부터의 완전한 구속을 의미하고 있다. 이 완전한 구속은 흠 없고 일 년 된 어린 양의 피에 의해 이루어진다. 여기에서 어린 양의 피는 그리스도께서 흘리신 보혈을 상징한다(벧전 1:18-19).

㉠ 아빕월, 양력 삼월 중순 이후 ㉡ 히, '페싸흐(넘다)', 우리말 '유월'은 '넘어가다' 또는 '지나가다'는 뜻(13, 27절의 주를 볼 것) ㉢ 히, '파싸흐'

않고 만든 빵을 먹어야 한다. 그 첫
날에 너희는 집에서 누룩을 말끔히
치워라. 첫날부터 이렛날까지 누룩
을 넣은 빵을 먹는 사람은 누구든지
이스라엘에서 끊어진다.
16 너희는 첫날에 거룩한 모임을 열고,
이렛날에도 거룩한 모임을 열어라.
이 두 날에는, 너희 각자가 먹을 것
을 장만하는 일이 아니면, 어떤 일도
해서는 안 된다.
17 너희는 무교절을 지켜야 한다. 바로
이 날에 내가 이집트 땅에서 너희
온 이스라엘 지파를 이끌어 냈기 때
문이다. 너희는 이 날을 영원한 규례
로 삼아서 대대로 지켜야 한다.
18 너희는 첫째 달 열나흗날 저녁부터
그 달 스무하룻날 저녁까지 누룩을
넣지 않은 빵을 먹어야 한다.
19 이레 동안에는 너희 집 안에 누룩이
있어서는 안 된다. 누룩 든 빵을 먹
는 사람은 누구든지, 외국인이든지
본국인이든지, 이스라엘 회중에서
끊어진다.
20 누룩을 넣은 것은 아무것도 먹지 않
아야 한다. 너희가 어디에서 살든지,
이 기간 동안에는 누룩을 넣지 않은
빵을 먹어야 한다."

첫 번째 유월절

21 ○모세가 이스라엘의 장로를 모두
불러서, 이렇게 말하였다. "여러분은
여러분의 가족들과 함께 먹을 양이
나 염소를 준비하여, 유월절 제물로
잡으십시오.
22 우슬초 묶음을 구하여다가 그릇에
받아 놓은 피에 적셔서, 그 피를 상
인방과 좌우 문설주에 뿌리십시오.
여러분은 아침까지 아무도 자기 집
문 밖으로 나가서는 안 됩니다.
23 주님께서 이집트 사람들을 치려고
지나가시다가, 상인방과 좌우 문설
주에 바른 피를 보시고, 그 문 앞을
그냥 지나가실 것이며, 파괴자가 여
러분의 집을 치러 들어가지 못하게
하실 것입니다.
24 여러분은 이 일을 여러분과 여러분
의 자손이 지킬 규례로 삼아, 영원히
지키게 하십시오.
25 여러분은 주님께서 여러분에게 주시
겠다고 약속하신 땅에 들어가거든,
이 예식을 지키십시오.
26 여러분의 아들딸이 여러분에게 '이
예식이 무엇을 뜻합니까?' 하고 물
을 것입니다.
27 그러면 여러분은 그들에게 '이것은
주님께 드리는 ㉠유월절 제사다. 주
님께서 이집트 사람을 치실 때에, 이
집트에 있던 이스라엘 자손의 집만
은 그냥 지나가셔서, 우리의 집들을
구하여 주셨다' 하고 이르십시오." 백
성은 이 말을 듣고서, 엎드려 주님께

따라서 유월절을 지키는 이 달은 거룩한 해의 첫 달로서, 하나님과 이스라엘 백성과의 관계를 새롭게 해 주는 달이다.

12:15-20 유월절이 지켜지는 7일 동안에는 결코 누룩을 넣은 빵(유교병)을 먹어서는 안 되었다. 여기서 7이란 완전수로서 이스라엘의 광야 생활 전체를 뜻한다. 여기서 누룩은 죄악된 생활을 상징한다(참조. 마 16:6;막 8:15;고전 5:7-8). 그러므로 새 생활을 시작하는 이스라엘 자손은 이미 구속함을 받은 언약의 백성으로서 죄악된 삶에서 벗어나야 할 것이다.

12:21-28 속죄함을 받은 후에는 반드시 정결하게 되어야 한다. 우슬초 묶음으로 양이나 염소의 피를 뿌리는 예식은 정결하게 하는 예식이다(21-23절). 그러나 이 예식은 하나님이 약속하신 땅에 들어가서 행하여야 한다(25절). 곧 거룩한 약속의 땅에는 정결하게 된 사람만이 들어갈 수가 있

㉠ '유월절(페싸흐)'과 '지나가다(파싸흐)'가 같은 어원에서 나옴

경배를 드렸다.
28 ○이스라엘 자손은 돌아가서, 주님
께서 모세와 아론에게 명하신 대로
하였다.

열째 재앙 : 처음 난 것들의 죽음

29 ○한밤중에 주님께서 이집트 땅에
있는 처음 난 것들을 모두 치셨다.
임금 자리에 앉은 바로의 맏아들을
비롯하여 감옥에 있는 포로의 맏아
들과 짐승의 맏배까지 모두 치시니,
30 바로와 그의 신하와 백성이 그 날 한
밤중에 모두 깨어 일어났다. 이집트
에 큰 통곡소리가 났는데, 초상을
당하지 않은 집이 한 집도 없었다.
31 바로는 밤중에 모세와 아론을 불러
들여서 말하였다. "너희와 너희 이스
라엘 자손은 어서 일어나서, 내 백성
에게서 떠나가거라. 그리고 너희의
요구대로, 너희는 가서 너희의 주를
섬겨라.
32 너희는 너희가 요구한 대로, 너희의
양과 소도 몰고 가거라. 그리고 내가
복을 받게 빌어라."
33 ○이집트 사람은 '우리 모두 다 죽게
되었다' 하면서, 이스라엘 백성에게
'어서 이 땅에서 떠나라'고 재촉하였
다.
34 그래서 이스라엘 백성은, 아직 빵 반
죽이 부풀지도 않았는데, 그 반죽을
그릇째 옷에 싸서, 어깨에 둘러메고
나섰다.
35 이스라엘 자손은 모세의 말대로 이
집트 사람에게 은붙이와 금붙이와
의복을 요구하였고,
36 주님께서는 이스라엘 백성이 이집트
사람에게 환심을 사도록 하셨으므
로, 이집트 사람들은 이스라엘 자손
의 요구대로 다 내어 주었다. 이렇게
하여서, 그들은 이집트 사람들에게
서 물건을 빼앗아 가지고 떠나갔다.

이스라엘의 이집트 탈출

37 ○마침내 이스라엘 자손이 라암셋을
떠나서 숙곳으로 갔는데, 딸린 아이
들 외에, 장정만 해도 육십만 가량이
되었다.
38 그 밖에도 다른 여러 민족들이 많이
그들을 따라 나섰고, 양과 소 등 수
많은 집짐승 떼가 그들을 따랐다.
39 그들은 이집트에서 가지고 나온 부
풀지 않은 빵 반죽으로 누룩을 넣지
않은 빵을 구워야 하였다. 그들은 이
집트에서 급히 쫓겨 나왔으므로, 먹
거리를 장만할 겨를이 없었다.
40 ○이스라엘 자손이 ㉠이집트에서 산
기간은 사백삼십 년이었다.
41 마침내 사백삼십 년이 끝나는 바로
그 날, 주님의 모든 군대가 이집트
땅에서 나왔다.
42 그 날 밤에 주님께서 그들을 이집트
땅에서 이끌어 내시려고 밤을 새우

는 것이다(참조. 수 5:7-11).

12:29-36 그날 밤 이집트에서는 큰 통곡소리가 났다. 이집트 사람들의 모든 맏아들이 한꺼번에 죽었기 때문이었다(29-30절). 이집트 사람들에게는 슬픔의 밤이었지만, 이스라엘 사람들에게는 큰 구원을 얻은 기쁨의 밤이었다(31-36절).

12:37-42 이스라엘 자손은 밤새도록 행진하여 숙곳에 이르렀다. 그때 이집트를 떠나온 사람은 수백만에 이르는 대군이었다. 이것은 하나님이 아브라함과 세우신 언약의 성취였다(창 15:12-17). 이집트를 떠난 사람들 중에는 많은 이방 민족들도 섞여 있었다(38절). 이들은 하나님의 능력을 직접 보고 하나님 백성의 대열에 기꺼이 참여하려 한 무리이다. 한편, 하나님께서 이스라엘 자손을 인도하신 날은 '주님의 밤'(42절)이었다. 진실로 이 밤에 하나님께서 직접 이스라엘 자손을 이끌어 내셨으며, 지켜보시며 감독하셨던 것이다.

㉠ 사마리아 오경과 칠십인역에는 '이집트와 가나안'

면서 지켜 주셨으므로, 그 밤은 '주
님의 밤'이 되었고, 이스라엘 자손이
대대로 밤새워 지켜야 하는 밤이 되
었다.

유월절 규례

43 ○주님께서 모세와 아론에게 말씀하
셨다. "유월절 규례는 이러하다. 이
방 사람은 아무도 유월절 제물을 먹
지 못한다.
44 그러나 돈으로 사들인 종으로서 할
례를 받은 사람은 누구나 그것을 먹
을 수 있다.
45 임시로 거주하는 타국인이나 고용
된 타국인 품꾼은 그것을 먹을 수
없다.
46 어느 집이든지 고기는 한 집에서 먹
어야 하며, 그 고기를 조금이라도 집
바깥으로 가지고 나가서는 안 된다.
뼈는 하나라도 꺾어서는 안 된다.
47 이스라엘 모든 회중이 다 함께 이
유월절을 지켜야 한다.
48 너희에게 몸붙여 사는 외국인이 주
님의 유월절을 지키려고 하면, 너희
는 그 모든 남자에게 할례를 받게
하여야 한다. 그런 다음에 그는 본국
인과 같이 되어서 유월절에 참여할
수 있다. 할례를 받지 않은 사람은
아무도 제물을 먹어서는 안 된다.
49 본국인에게나 너희에게 몸붙여 사
는 타국인에게나, 이 법은 동일하다."
50 ○이스라엘의 모든 자손은, 주님께
서 모세와 아론에게 명하신 대로 하
였다.
51 바로 이 날에 주님께서 이스라엘 자
손을 각 군대 단위로 이집트 땅에서
이끌어 내셨다.

맏이 봉헌

13 주님께서 모세에게 말씀하셨
다.
2 "이스라엘 자손 가운데서 태를 제일
먼저 열고 나온 것 곧 처음 난 것은,
모두 거룩하게 구별하여 나에게 바
쳐라. 사람이든지 짐승이든지, 처음
난 것은 모두 나의 것이다."

무교절

3 ○모세가 백성에게 선포하였다. "당
신들은 이집트에서 곧 당신들이 종
살이하던 집에서 나온 이 날을 기억
하십시오. 주님께서 강한 손으로 거
기에서 당신들을 이끌어 내신 날이
니, 누룩을 넣은 빵을 먹어서는 안
됩니다.
4 첫째 달인 아빕월의 오늘 당신들이
이집트를 떠났습니다.
5 주님께서, 당신들의 조상에게 주신다
고 맹세하신 젖과 꿀이 흐르는 땅 곧
가나안 사람과 헷 사람과 아모리 사
람과 히위 사람과 여부스 사람의 땅
에 이르게 하시거든, 당신들은 이 달
에 다음과 같은 예식을 지키십시오.

12:43-51 만약 이방 사람들이 언약의 백성에 속하려면, 먼저 언약의 표시인 할례를 받아야 한다. 할례를 받으면 이방 사람도 이스라엘 자손과 마찬가지로 유월절을 지킬 수 있는 권리를 가지게 된다(48절). 동시에 그들은 이스라엘 언약 공동체의 일원이 되는 것이다.

12:48 할례 성기의 일부를 제거하는 의식이다. 하나님과의 언약의 표시로 생후 8일이 된 남아에게 행하는 의식이다(창 17:10-14).

13장 요약 숙곳에서 모세는 초태생(初胎生) 규례를 이스라엘 백성에게 전한다. 이것은 열 번째 재앙에서 구원받은 이스라엘의 처음 난 모든 것은 하나님께 바쳐야 한다는 선언이다. 하나님은 이집트를 탈출한 이스라엘의 진로를 홍해 길로 돌리시고 바로로 추격하도록 하여 하나님의 권능을 온 천하에 증거하려 하셨다.

13:1-10 하나님께서 이집트의 태에서 처음 난 모

6 당신들은 이레 동안 누룩을 넣지 않
은 빵을 먹어야 하며, 이렛날에는 주
님의 절기를 지키십시오.
7 이레 동안 당신들은 누룩을 넣지 않
은 빵을 먹어야 하며, 당신들 영토
안에서 누룩을 넣은 빵이나 누룩이
보여서는 안 됩니다.
8 그 날에 당신들은 당신들 아들딸들
에게, '이 예식은, 내가 이집트에서
나올 때에, 주님께서 나에게 해주신
일을 기억하고 지키는 것이다' 하고
설명하여 주십시오.
9 이 예식으로, 당신들의 손에 감은 표
나 이마 위에 붙인 표와 같이, 당신
들이 주님의 법을 늘 되새길 수 있게
하십시오. 주님께서 강한 손으로 당
신들을 이집트에서 구하여 내셨기
때문입니다.
10 그러므로 당신들은 이 규례를 해마
다 정해진 때에 지켜야 합니다."

맏이

11 ○"주님께서, 당신들과 당신들 조상
에게 맹세하신 대로, 당신들을 가나
안 사람의 땅에 이르게 하셔서 그
땅을 당신들에게 주시거든,
12 당신들은 태를 처음 열고 나오는 모
든 것을 주님께 바치십시오. 그리고
당신들이 기르는 짐승이 처음 낳는
수컷은 다 주님의 것입니다.
13 그러나 나귀의 맏배는 어린 양을 대
신 바쳐서 대속하도록 하십시오. 그
렇게 대속하지 않으려거든, 그 목을
꺾으십시오. 당신들 자식들 가운데
서 맏아들은 모두 대속하여야 합니
다.
14 뒷날 당신들 아들딸이 당신들에게
묻기를, 무엇 때문에 이런 일을 하느
냐고 하거든, 당신들은 아들딸에게
이렇게 일러주십시오. '주님께서 강
한 손으로 이집트 곧 종살이하던 집
에서 우리를 이끌어 내셨다.
15 그 때에 바로가 우리를 내보내지 않
으려고 고집을 부렸으므로, 주님께
서, 처음 난 것을, 사람뿐만 아니라
이집트 땅에 있는 모든 처음 난 것을
죽이셨다. 그래서 나는 처음 태를 열
고 나온 모든 수컷을 주님께 제물로
바쳐서, 아들 가운데에서도 맏아들
을 모두 대속하는 것이다.
16 이것을 각자의 손에 감은 표나 이마
위에 붙인 표처럼 여겨라. 이렇게 하
는 것은, 주님께서 강한 손으로 우리
를 이집트 땅에서 이끌어 내셨기 때
문이다.'"

구름기둥과 불기둥

17 ○바로는 마침내 이스라엘 백성을
내보냈다. 그러나 그들이 블레셋 사
람의 땅을 거쳐서 가는 것이 가장
가까운데도, 하나님은 백성을 그 길
로 인도하지 않으셨다. 그것은 하나

든 것을 죽이신 사건은 자손 대대로 기억해야 할 귀중한 사건이다. 하나님은 생명을 주시기도 하시며 앗아 가시기도 하신다. 은총의 하나님은 이스라엘을 죽음에서 구원해 주신 분이시다. 다시 말해서 이스라엘 공동체는 하나님의 은혜로 죽음을 면하고 새 생명을 부여받은 공동체이다. 그러므로 약속의 땅에 도착하면 이 백성은 죄악을 버리고 새 생명에 합당한 삶을 살아가야 한다(5–10절).

13:11–16 태에서 처음 난 모든 것을 하나님께 바쳐야 한다는 것은 하나님의 소유권에 대한 선언이다. 이스라엘의 맏아들 된 자는 하나님의 소유이기 때문에 특별히 구별하여 대속하여야 한다. 모든 짐승의 첫 새끼도 하나님께 바쳐야 했으며, 나귀의 경우는 정한 동물인 어린 양으로 대속하거나 아니면 그 목을 꺾어 죽여야 했다. 그렇게 함으로써, 초태생으로 대표되는 이스라엘 공동체는 하나님의 소유물이 되는 것이다.

님이, 이 백성이 전쟁을 하게 되면
마음을 바꾸어서 이집트로 되돌아
가지나 않을까, 하고 염려하셨기 때
문이다.
18 그래서 하나님은 이 백성을 ㉠홍해로
가는 광야 길로 돌아가게 하셨다.
이스라엘 자손은 대열을 지어 이집
트 땅에서 올라왔다.
19 모세는 요셉의 유골을 가지고 나왔
다. 요셉이 이스라엘 자손에게 엄숙
히 맹세까지 하게 하며 "하나님이 틀
림없이 너희를 찾아오실 터이니, 그
때에 너희는 여기에서 나의 유골을
가지고 나가거라" 하고 말하였기 때
문이다.
20 그들은 숙곳을 떠나 광야 끝에 있는
에담에 장막을 쳤다.
21 주님께서는, 그들이 밤낮으로 행군
할 수 있도록, 낮에는 구름기둥으로
앞서 가시며 길을 인도하시고, 밤에
는 불기둥으로 앞 길을 비추어 주셨
다.
22 낮에는 구름기둥 밤에는 불기둥이
그 백성 앞을 떠나지 않았다.

홍해를 건너다

14 주님께서 모세에게 말씀하셨
다.
2 "너는 이스라엘 자손에게 말하여, 오
던 길로 되돌아가서, 믹돌과 바다 사
이의 비하히롯 앞 곧 바알스본 맞은
쪽 바닷가에 장막을 치라고 하여라.
3 그러면 바로는, 이스라엘 자손이 막
막한 광야에 갇혀서 아직 이 땅을
헤매고 있을 것이라고 생각할 것이
다.
4 내가 바로의 고집을 꺾지 않고 그대
로 둘 터이니, 그가 너희를 뒤쫓아
올 것이다. 그러나 나는 바로와 그
군대를 물리침으로써 나의 영광을
드러낼 것이니, 이집트 사람들이 이
것을 보고서, 내가 주님임을 알게 될
것이다." 이스라엘 자손은 모세가 시
키는 대로 하였다.
5 ○이스라엘 백성이 도망쳤다는 소식
이 이집트의 왕의 귀에 들어갔다. 그
러자 바로와 그의 신하들은 이 백성
에 대한 생각을 바꾸었다. "우리에게
종살이하던 이스라엘 백성을 이렇
게 풀어 주어 놓아 보내다니, 어쩌자
고 이렇게 하였는가?" 하고 후회하
였다.
6 바로는 병거를 갖추고, 그의 군대를
이끌고 나섰다.
7 그는 특수병거 육백 대로 편성된 정
예부대와 장교들이 지휘하는 이집트
병거부대를 모두 이끌고 나섰다.
8 주님께서 이집트의 왕 바로의 마음
을 고집스럽게 하시니, 바로가, 주님
의 보호를 받으면서 ㉡당당하게 나가
고 있는 이스라엘 자손을 뒤쫓았다.

14장 요약 이스라엘이 막다른 홍해 길로 갔다는 소식을 들은 바로는 그 뒤를 추격하였다. 그러나 하나님은 이스라엘은 구원하시고 이집트 군대는 홍해 가운데 몰살시키셨다. 이 사건은 하나님이 참된 구원자이심을 증거해 준다. 홍해를 통과한 것은 일종의 정결 의식으로 바울은 이를 물세례에 비유하였다(참조. 고전 10:1–2).

㉠ 히. '얌 쑤프' ㉡ 히. '높은 손으로'

14:1–20 하나님은 이스라엘 백성을 이집트에서 나오게 하사 광야 서쪽 끝으로 인도하셨다. 이때 바로는 여전히 고집을 꺾지 않고, 이스라엘을 잡아들이기 위하여 그 뒤를 쫓아왔다. 이스라엘의 앞쪽과 오른쪽은 산이었고, 왼쪽은 홍해였으며, 뒤쪽에는 이집트 군대가 있었다. 그러나 이스라엘의 불신앙(10–13절)에도 불구하고 하나님은 그 순간에도 그들과 함께 계셨다. 하나님은 인도자일 뿐만 아니라 보호자로서 이제 그들을 지켜 주

9 마침내 바로의 모든 병거와 기마와
그의 기병과 보병으로 구성된 이집
트 군대가 이스라엘 백성을 추격하
여, 그들이 진을 치고 있는 비하히롯
근처 바알스본 맞은쪽 바닷가에 이
르렀다.
10 ○바로가 다가오고 있었다. 이스라
엘 자손이 고개를 들고 보니, 이집트
사람들이 그들을 추격하여 오고 있
었다. 이스라엘 자손은 크게 두려워
하며, 주님께 부르짖었다.
11 그들은 모세를 원망하며 말하였다.
"이집트에는 묘 자리가 없어서, 우리
를 이 광야에다 끌어내어 죽이려는
것입니까? 우리를 이집트에서 끌어
내어, 여기서 이런 일을 당하게 하다
니, 왜 우리를 이렇게 만드십니까?
12 이집트에 있을 때에, 우리가 이미 당
신에게 말하지 않았습니까? 광야에
나가서 죽는 것보다 이집트 사람을
섬기는 것이 더 나으니, 우리가 이집
트 사람을 섬기게 그대로 내버려 두
라고 하지 않았습니까?"
13 모세가 백성에게 대답하였다. "두려
워하지 마십시오. 당신들은 가만히
서서, 주님께서 오늘 당신들을 어떻
게 구원하시는지 지켜 보기만 하십
시오. 당신들이 오늘 보는 이 이집트
사람을 다시는 볼 수 없을 것입니다.
14 주님께서 당신들을 구하여 주시려고
싸우실 것이니, 당신들은 진정하십
시오."
15 ○주님께서 모세에게 말씀하셨다.
"너는 왜 부르짖느냐? 너는 이스라
엘 자손에게 명하여, 앞으로 나아가
게 하여라.
16 너는 지팡이를 들고 바다 위로 너의
팔을 내밀어, 바다가 갈라지게 하여
라. 그러면 이스라엘 자손이 바다 한
가운데로 마른 땅을 밟으며 지나갈
수 있을 것이다.
17 내가 이집트 사람의 마음을 고집스
럽게 하겠다. 그들이 너희를 뒤쫓을
것이다. 그러나 나는 바로와 그의 모
든 군대와 병거와 기병들을 전멸시
켜서, 나의 영광을 드러내겠다.
18 내가 바로와 그의 병거와 기병들을
물리치고서 나의 영광을 드러낼 때
에, 이집트 사람은 비로소 내가 주님
임을 알게 될 것이다."
19 ○이스라엘 진 앞을 인도하는 하나
님의 천사가 진 뒤로 옮겨가자, 진
앞에 있던 구름기둥도 진 뒤로 옮겨
가서,
20 이집트 진과 이스라엘 진 사이를 가
로막고 섰다. 그 구름이 이집트 사람
들이 있는 쪽은 어둡게 하고, 이스라
엘 사람들이 있는 쪽은 환하게 밝혀
주었으므로, 밤새도록 양 쪽이 서로
가까이 갈 수 없었다.

시고 있다(19–20절). 구속자이시며, 인도자이시며, 보호자이신 주님 곧 하나님은 이제 구원자로서 그분의 위대하신 뜻을 베풀어 주실 것이다(16–18절).

14:13 이스라엘 백성들은 눈앞에 처한 위험만을 보고 두려워 하나님과 모세를 원망했다. 주님은 '두려워하지 말고 믿기만 하여라'(막 5:36)라고 말씀하신다. 모세는 하나님께서 이스라엘 백성들의 생명을 보존하실 것을 말한다.

14:15 본절은 이스라엘 백성을 대신해 호소한 모세의 기도에 대한 하나님의 응답이다.

14:21–31 종살이하던 이집트로부터 이스라엘 자손이 나온 사건(Exodus)은 역사를 통해 구원하시는 하나님의 행위를 가장 잘 보여 주는 큰 사건들 중의 하나이다. 본문의 강조점은 이집트 군대의 몰살이 아니라 하나님의 완전한 승리에 있다. 하나님이 행하신 역사적 승리는 하나님이 이 세상의 주이심을 드러내 주고 있다. 구원은 하나님

21 ○모세가 바다 위로 팔을 내밀었다.
주님께서 밤새도록 강한 동풍으로
바닷물을 뒤로 밀어 내시니, 바다가
말라서 바닥이 드러났다. 바닷물이
갈라지고,
22 이스라엘 자손은 바다 한가운데로
마른 땅을 밟으며 지나갔다. 물이
좌우에서 그들을 가리는 벽이 되었
다.
23 뒤이어 이집트 사람들이 쫓아왔다.
바로의 말과 병거와 기병이 모두 이
스라엘 백성의 뒤를 쫓아 바다 한가
운데로 들어왔다.
24 새벽녘이 되어, 주님께서 불기둥과
구름기둥에서 이집트 진을 내려다보
시고, 이집트 진을 혼란 속에 빠뜨리
셨다.
25 주님께서 ㉠병거의 바퀴를 벗기셔서
전진하기 어렵게 만드시니, 이집트
사람들은 '이스라엘 사람들을 쫓지
말고 되돌아가자. 그들의 주가 그들
편이 되어 우리 이집트 사람과 싸운
다!' 하고 외쳤다.
26 ○주님께서 모세에게 이르셨다. "너
는 바다 위로 너의 팔을 내밀어라.
그러면 바닷물이 이집트 사람과 그
병거와 기병 쪽으로 다시 흐를 것이
다."
27 모세가 바다 위로 팔을 내미니, 새벽
녘에 바닷물이 본래의 상태로 되돌
아왔다. 이집트 사람들이 되돌아오
는 물결에서 벗어나려고 하였으나,
주님께서 이집트 사람들을 바다 한
가운데 빠뜨리셨다.
28 이렇게 물이 다시 돌아와서 병거와
기병을 뒤덮어 버렸다. 그래서 이스
라엘 백성의 뒤를 따라 바다로 들어
간 바로의 모든 군대는 하나도 살아
남지 못하였다.
29 이스라엘 자손은 바다 한가운데로
마른 땅을 밟으며 지나갔는데, 바닷
물이 좌우에서 그들을 가리는 벽이
되어 주었던 것이다.
30 ○바로 그 날, 주님께서 이스라엘을
이집트 사람들의 손아귀에서 구원
하셨고, 이스라엘은 바닷가에 널려
있는 이집트 사람들의 주검을 보게
되었다.
31 이스라엘은 이집트를 치신 주님의
크신 권능을 보고 주님을 두려워하
고, 주님과 주님의 종 모세를 믿었
다.

모세의 노래

15 그 때에 모세와 이스라엘 자손
이 이 노래를 불러서 주님을 찬
양하였다.

"내가 주님을 찬송하련다. 그지
없이 높으신 분, 말과 기병을 바다
에 처넣으셨다.
2 주님은 나의 힘, 나의 노래, 나

의 사역이다. 하나님 외에는 그 누구도 구원자가 될 수 없다(사 43:11;렘 14:8;호 13:4). 이집트 탈출 사건은 하나님의 구원 행위가 역사에서 계속 진행되고 있음을 보여 주는 구약의 큰 사건으로, 장차 완성될 구원의 때를 바라보는 예표적 사건이다. 그 때는 바로 예수님께서 우리를 죄에서 해방시켜 주신 신약의 십자가 사건이다.

15장 요약 모세는 홍해에서 자신들을 구원해 주신 하나님께 감사하며, 하나님을 찬양하고, 앞으로도 계속해서 구원을 베푸실 것을 노래했다. 후반부에서는 이스라엘 자손이 마라에서 물 때문에 모세를 원망하였는데 하나님은 이번에도 그들을 용서하시고 쓴 물을 단물로 변화시켜 주셨다.

15:1–21 역사적인 구원을 체험한 이스라엘 백성

㉠ 사마리아 오경과 칠십인역과 시리아어역에는 '병거의 바퀴를 움직이지 못하게 하셔서'

의 구원, 주님이 나의 하나님이시
니, 내가 그를 찬송하고, 주님이
내 아버지의 하나님이시니, 내가
그를 높이련다.
3 주님은 용사이시니, 그 이름 주님
이시다.
4 바로의 병거와 그 군대를 바다
에 던지시니, 빼어난 장교들이 홍
해에 잠겼다.
5 깊은 물이 그들을 덮치니, 깊은 바
다로 돌처럼 잠겼다.
6 주님, 오른손이 권능으로 영광
을 드러내셨습니다. 주님, 주님의
오른손이 원수를 쳐부수셨습니
다.
7 주님께서 큰 위엄으로 주님을 대
적하는 사람들을 내던지셨습니
다. 주님께서 분노를 일으키셔서,
그들을 검불처럼 살라 버리셨습니
다.
8 주님의 콧김으로 물이 쌓이고, 파
도는 언덕처럼 일어서며, 깊은 물
은 바다 한가운데서 엉깁니다.
9 원수는 말하기를 '내가 그들을 뒤
쫓아 따라잡고, 약탈물을 나누며,
나의 욕망을 채우겠다. 내가 칼을
뽑아 그들을 멸망시키겠다' 합니
다.
10 그러나 주님께서 바람을 일으키시
니, 바다가 그들을 덮었고, 그들은
거센 물 속에 납덩이처럼 잠겨 버
렸습니다.
11 주님, 신들 가운데서 주님과 같
은 분이 어디에 있겠습니까? 주님
과 같이 거룩하시며, 영광스러우
시며, 찬양받을 만한 위엄이 있으
시며, 놀라운 기적을 일으키시는,
그런 분이 어디에 있겠습니까?
12 주님께서 오른팔을 내어미시니,
땅이 대적을 삼켜 버렸습니다.
13 주님께서 한결같은 사랑으로,
손수 구원하신 이 백성을 이끌어
주시고, 주님의 힘으로 그들을 주
님의 ㉠거룩한 처소로 인도하여
주십니다.
14 이 이야기를 듣고, 여러 민족이 두
려워서 떱니다. 블레셋 주민이 겁
에 질려 있습니다.
15 에돔의 지도자들이 놀라고, 모압
의 권력자들도 무서워서 떨며, 가
나안의 모든 주민도 낙담합니다.
16 그들이 모두 공포와 두려움에 사
로잡혀 있습니다. 주님, 주님의 권
능의 팔 때문에, 주님의 백성이 다
지나갈 때까지, 주님께서 속량하
신 이 백성이 다 지나갈 때까지,
그들은 돌처럼 잠잠하였습니다.
17 주님께서 그들을 데려다가 주님의
소유인 주님의 산에 심으실 것입
니다. 주님, 이 곳이 바로 주님께

들이 구원자 하나님을 찬송하고 있다. 모세는 하나님의 역사적인 구원 행위를 하나님의 속성으로(2–12절) 찬양하고 있으며, 앞으로도 구원을 가져다주실 하나님의 주권적 섭리(13–18절)를 찬양하고 있다. 이 찬양은 하나님에 대한 감사에서 출발한다. 찬양은 하나님의 구원에 대해 그의 백성이 행할 수 있는 가장 적절한 응답이다.

15:2 내 아버지의 하나님 바로 앞 구절의 '나의 하나님'의 반복으로써 강조의 뜻이 있고, '아브라함의 하나님·이삭의 하나님·야곱의 하나님'(3:6)께서 약속하신 것(창 15:14;46:3–4)을 성취해 주셨음을 찬양하는 것이다.

※ 이스라엘의 승전가 이것은 처음으로 기록된 이스라엘의 노래이다. 그들은 이집트 생활의 마지막 80년간, 또는 그 이상의 기간 동안 신음과 탄식 속에서 살았다(2:23–24;시 137:1–4).

15:22–27 홍해에서 영광과 위엄의 구원자로 자

㉠ 또는 '가나안 땅'

서 계시려고 만드신 곳입니다. 주
님, 주님께서 손수 세우신 성소입
니다.
18 주님께서 영원무궁토록 다스리
실 것입니다."

미리암의 노래

19 ○바로의 군마가 그의 병거와 기병
과 함께 갈라진 바다로 들어갔을 때
에, 주님께서 바닷물을 돌이키셔서
그들을 덮으셨다. 그러나 이스라엘
자손은 바다 한가운데로 마른 땅을
밟고 건넜다.
20 ○그 때에, 아론의 누이요 예언자인
미리암이 손에 소구를 드니, 여인들
이 모두 그를 따라 나와, 소구를 들
고 춤을 추었다.
21 미리암이 노래를 메겼다.
"주님을 찬송하여라. 그지없이
높으신 분, 말과 기병을 바다에 던
져 넣으셨다."

단물로 변한 마라의 쓴 물

22 ○모세는 이스라엘을 홍해에서 인도
하여 내어, 수르 광야로 들어갔다.
그들은 사흘 동안 걸어서 광야로 들
어갔으나, 물을 찾지 못하였다.
23 마침내 그들이 ㉠마라에 이르렀는데,
그 곳의 물이 써서 마실 수 없었으
므로, 그 곳의 이름을 마라라고 하였
다.
24 이스라엘 백성은 모세에게 "우리가
무엇을 마시단 말입니까?" 하고 불
평하였다.
25 모세가 주님께 부르짖으니, 주님께서
그에게 나무 한 그루를 보여 주셨다.
그가 그 나뭇가지를 꺾어서 물에 던
지니, 그 물이 단물로 변하였다. 주
님께서 그들에게 법도와 율례를 정
하여 주시고, 그들을 시험하신 곳이
바로 이 곳이다.
26 주님께서 말씀하셨다. "너희가, 주
너희 하나님인 나의 말을 잘 듣고,
내가 보기에 옳은 일을 하며, 나의
명령에 순종하고, 나의 규례를 모두
지키면, 내가 이집트 사람에게 내린
어떤 질병도 너희에게는 내리지 않
을 것이다. 나는 주 곧 너희를 치료
하는 하나님이다."
27 ○그들이 엘림에 이르렀다. 거기에는
샘이 열두 곳이나 있고, 종려나무가
일흔 그루나 있었다. 그들은 그 곳
물가에 진을 쳤다.

만나와 메추라기

16 이스라엘 자손의 온 회중이 엘
림에서 떠나, 엘림과 시내 산
사이에 있는 신 광야에 이르렀다. 이
집트 땅에서 나온 뒤, ㉡둘째 달 보
름이 되던 날이다.
2 이스라엘 자손의 온 회중이 그 광야
에서 모세와 아론을 원망하였다.
3 이스라엘 자손이 그들에게 항의하였

신을 계시하셨던 하나님은(11절), 이곳 마라에서는 마시기 불가능한 물을 마실 수 있도록 해주시는 공급자 하나님으로 계시하시고 있다. 또한 백성들의 원망을 참으시고, 자비를 베푸시는 사랑의 하나님으로도 계시해 주신다(24-25,27절). 한편, 하나님은 자신이 치료자 하나님이신 것을 선언하신다. 그러나 질병에 대한 치료는 이스라엘 백성이 법도와 율례를 통해 나타난 하나님의 뜻에 순종할 때에만 가능하다(26절).

16장 요약 광야에서 양식이 떨어지자 불평하는 이스라엘 백성에게 하나님께서 메추라기와 만나를 주신 내용이다. 하나님은 하늘 양식을 내려 주심으로 그들이 주님을 믿고 순종할 때 영육간의 모든 문제를 다 해결받을 수 있음을 보여 주셨다. 만나는 그리스도를 예표하는 것이다(요 6:35,49-51).

㉠ '쓰다' ㉡ '시브월', 양력 사월 중순 이후

다. "차라리 우리가 이집트 땅 거기
고기 가마 곁에 앉아 배불리 음식을
먹던 그 때에, 누가 우리를 주님의
손에 넘겨 주어서 죽게 했더라면 더
좋을 뻔 하였습니다. 그런데 당신들
은 지금 우리를 이 광야로 끌고 나와
서, 이 모든 회중을 다 굶어 죽게 하
고 있습니다."
4 ○주님께서 모세에게 말씀하셨다.
"너희가 먹을 것을 하늘에서 비처럼
내려 줄 터이니, 백성이 날마다 나가
서, 그날 그날 먹을 만큼 거두어들이
게 하여라. 이렇게 하여, 그들이 나
의 지시를 따르는지, 따르지 않는지
시험하여 보겠다.
5 매주 엿샛날에는, 거두어들인 것으
로 먹거리를 준비하다 보면, 날마다
거두던 것의 두 배가 될 것이다."
6 ○모세와 아론이 모든 이스라엘 자
손에게 말하였다. "저녁이 되면, 당
신들은 이집트 땅에서 당신들을 이
끌어 내신 분이 주님이시라는 것을
알게 될 것입니다.
7 당신들이 우리를 보고 원망한 것이
아니라, 주님을 원망하였습니다. 주님
께서 당신들이 주님을 원망하는 소
리를 들으셨습니다. 이제 아침이 되
면, 당신들이 주님의 영광을 보게 될
것입니다. 우리가 무엇이라고, 당신들
이 우리를 보고 원망하십니까?"
8 또 모세가 말하였다. "주님께서 저녁
에는 당신들에게 먹을 고기를 주시
고, 아침에는 배불리 먹을 빵을 주
실 것입니다. 주님께서는, 당신들이
주님을 원망하는 소리를 들으셨습니
다. 당신들이 하는 원망은 우리에게
하는 것이 아니라, 주님께 하는 것입
니다."
9 ○모세가 아론에게 말하였다. "주님
께서 이스라엘 자손이 원망하는 소
리를 들으셨으니, 이스라엘 자손의
온 회중에게 주님 앞으로 가까이 나
아오라고 일러주십시오."
10 아론이 이스라엘 자손의 온 회중에
게 말할 때에, 그들이 광야를 바라보
니, 주님의 영광이 구름 속에 나타났
다.
11 주님께서 모세에게 말씀하셨다.
12 "나는 이스라엘 자손이 원망하는
소리를 들었다. 너는 그들에게 '너희
가 저녁이 되면 고기를 먹고, 아침에
는 빵을 배불리 먹을 것이다. 그렇게
될 때에 너희는 나 주가 너희의 하나
님임을 알게 될 것이다' 하고 말하여
라."
13 ○그 날 저녁에 메추라기가 날아와
서 진 친 곳을 뒤덮었고, 다음날 아
침에는 진 친 곳 둘레에 안개가 자
욱하였다.
14 안개가 걷히고 나니, 이럴 수가, 광야

16:1-12 이스라엘 자손이 이집트에서 나온 지 꼭 한 달이 되던 때에 양식이 바닥나 버렸다. 이들은 구원의 하나님께 불평을 터뜨리게 되었고, 하나님은 이를 들으셨다(1-3,8절). 그러나 하나님은 구원한 자기 백성들에게 일용할 양식을 공급해 주시는 분으로 계시하기를 계획하셨다(4절). 하나님은 하늘에서 양식을 주심으로써, 육신적인 삶을 주관하시는 하나님께 이스라엘 백성이 순종하며 따를 것을 가르쳐 주시고자 하신다(4-5절). 하지만 이에 앞서 하나님은 그분의 영광을 나타내사 자신의 임재를 알리시고 지금도 원망의 현장에 함께 있음을 보여 주심으로써 자신을 경외하도록 하셨다(7-12절).

16:13-30 하나님은 이스라엘 자손의 원망을 관용하시면서, 그들에게 메추라기와 만나로 양식을 공급해 주셨다(13-18절). 그런데 일용할 양식을 공급해 주시는 하나님을 믿지 못하고 일용할 양식 이상을 거둔 사람들도 있었다(19-20절). 한

지면에, 마치 땅 위의 서리처럼 보이
는, 가는 싸라기 같은 것이 덮여 있
는 것이 아닌가!
15 이스라엘 자손이 그것을 보고, 그것
이 무엇인지 몰라서, 서로 ㉠"이게 무
엇이냐?" 하고 물었다. 모세가 그들
에게 말하였다. "이것은 주님께서 당
신들에게 먹으라고 주신 양식입니
다.
16 주님께서 당신들에게 명하시기를, 당
신들은 각자 먹을 만큼씩만 거두라
고 하셨습니다. 당신들 각 사람은,
자기 장막 안에 있는 식구 수대로,
식구 한 명에 한 오멜씩 거두라고 하
셨습니다."
17 ○이스라엘 자손이 그대로 하니, 많
이 거두는 사람도 있고, 적게 거두
는 사람도 있었으나,
18 오멜로 되어 보면, 많이 거둔 사람도
남지 않고, 적게 거둔 사람도 모자라
지 않았다. 그들은 제각기 먹을 만
큼씩 거두어들인 것이다.
19 모세가 그들에게 아무도 아침까지
그것을 남겨 두지 말라고 하였다.
20 그런데 어떤 사람들은 모세의 말을
듣지 않고, 아침까지 그것을 남겨 두
었다. 그랬더니, 남겨 둔 것에서는 벌
레가 생기고 악취가 풍겼다. 모세가
그들에게 몹시 화를 내었다.
21 그래서 그들은 아침마다 자기들이
먹을 만큼씩만 거두었다. 해가 뜨겁
게 쪼이면, 그것은 다 녹아 버렸다.
22 ○매주 엿샛날에는, 각자가 먹거리를
두 배 곧 한 사람에 두 오멜씩 거두
었다. 회중의 모든 지도자가 모세에
게 와서 그 일을 알리니,
23 모세가 그들에게 말하였다. "주님께
서 하신 말씀입니다. 내일은 쉬는 날
로서, 주님의 거룩한 안식일이니, 당
신들이 구울 것은 굽고, 삶을 것은
삶으십시오. 그리고 그 나머지는 모
두 당신들이 다음날 먹을 수 있도록
아침까지 간수하십시오."
24 그들은 모세가 명령한 대로 그것을
다음날 아침까지 간수하였지만, 그
것에서는 악취가 나지 않고, 구더기
도 생기지 않았다.
25 모세가 말하였다. "오늘은 이것을 먹
도록 하십시오. 오늘은 주님의 안식
일이니, 오늘만은 들에서 그것을 얻
지 못할 것입니다.
26 당신들이 엿새 동안은 그것을 거둘
것이나, 이렛날은 안식일이니, 그 날
에는 거두어들일 것이 없을 것입니
다."
27 ○모세가 이렇게 말하였는데도, 백
성 가운데서 어떤 사람은 이렛날에
도 그것을 거두러 나갔다. 그러나 아
무것도 얻지 못하였다.
28 그 때에 주님께서 모세에게 말씀하

편, 본문에서는 먹을 양식 못지않게 영적 양식 역시 참으로 중요함을 역설하고 있다. 하나님은 이렛날을 특별히 쉬는 날로 이스라엘에게 허락하셨다. 이스라엘 백성은 육신적인 삶은 물론 영적인 삶에서도 하나님을 떠나서 살아갈 수 없다. 6일 동안은 일용할 양식을 주시는 하나님께 감사하며 살아가야 함은 물론, 특별히 안식일은 모든 삶을 주관하시는 하나님을 진정한 '주'로 섬기면서 그날을 거룩하게 지켜야 한다(23–26절). 그러나 아직도 하나님을 신뢰하지 못하고 삶에 대한 염려로 전전긍긍하는 사람도 있었다(27절).

16:23 거룩한 안식일 창세기 2:2–3에서 의미는 대략 설명되었지만, '안식일'이란 말은 이곳에서 처음 나온다. 이는 십계명의 안식일 법 제정 이전부터 안식일을 지켰다는 사실을 말해 준다. 율법에 따라 매주 토요일로 지키다가 신약 시대에 와서 예수님의 부활 이후 성령님의 인도 아래 첫날인

㉠ 히, '만 후(이것이 무엇이냐?)'. 여기에서 '만나'라는 말이 나옴

셨다. "너희가 언제까지 나의 명령과
나의 지시를 지키지 않으려느냐?
29 내가 너희에게 안식일을 주었으니,
엿샛날에는 내가 너희에게 양식 이
틀치를 준다. 그러니 이렛날에는 아
무도 집을 떠나 밖으로 나가서는 안
된다. 너희는 이것을 명심하여야 한
다."
30 그리하여 백성이 이렛날에는 안식하
였다.
31 ○이스라엘 사람은 그것을 ㉠만나라
고 하였다. 그것은 고수 씨처럼 하얗
고, 그 맛은 꿀 섞은 과자와 같다.
32 모세가 말하였다. "주님께서 명하신
말씀입니다. '너희는 이것을 한 오멜
씩 가득 담아 간수하여, 내가 너희
를 이집트 땅에서 인도하여 낼 때에,
광야에서 너희에게 주어 먹게 한 이
먹거리를 너희의 자손 대대로 볼 수
있게 하여라.'"
33 모세가 아론에게 말하였다. "항아리
하나를 가져 와서, 거기에 만나 한
오멜을 담아 가지고 주님 앞에 두어
서, 대대로 간수하게 하여 주십시
오."
34 그래서 아론은, 주님께서 모세에게
명하신 대로, 그것을 증거판 앞에 두
고서, 늘 거기에 있게 하였다.
35 이스라엘 자손은 정착지에 이를 때
까지 사십 년 동안 만나를 먹었다.
가나안 땅 접경에 이를 때까지 만나
를 먹었다.
36 (한 오멜은 십분의 일 에바이다.)

바위에서 물이 솟다 (민 20:1-13)

17 이스라엘 자손의 온 회중은 신
광야를 떠나서, 주님의 명령대
로 진을 옮겨 가면서 이동하였다. 그
들은 르비딤에 진을 쳤는데, 거기에
는 백성이 마실 물이 없었다.
2 백성이 모세에게 마실 물을 달라고
대들었다. 이에 모세가 "당신들은 어
찌하여 나에게 대드십니까? 어찌하
여 주님을 시험하십니까?" 하고 책
망하였다.
3 그러나 거기에 있는 백성은 몹시 목
이 말라서, 모세를 원망하며, 모세가
왜 그들을 이집트에서 데려왔느냐
고, 그들과 그들의 자식들과 그들이
먹이는 집짐승들을 목말라 죽게 할
작정이냐고 하면서 대들었다.
4 ○모세가 주님께 부르짖었다. "이 백
성을 제가 어떻게 해야 합니까? 그
들은 지금이라도 곧 저를 돌로 쳐서
죽이려고 합니다."
5 주님께서 모세에게 말씀하셨다. "너
는 이스라엘 장로들을 데리고, 이 백
성보다 앞서서 가거라. 그리고 나일
강을 친 그 지팡이를 손에 들고 가거
라.
6 이제 내가 저기 호렙 산 바위 위에서

일요일에 지키게 되었다(고전 16:2).

16:31-36 하나님은 만나를 항아리에 두어 보관하도록 하셨다(32-34절). 하나님의 끊임없는 은택을 보여 주는 이 항아리는 증거판과 함께 두어야 했다(34절). 그런데 증거판은 심판을 상징한다. 따라서 만나를 담은 항아리와 증거판은 사랑과 공의의 하나님의 속성을 잘 대변해 주고 있다.

16:33 주님 앞 '증거판 앞'과 같은 의미이다.

17장 요약 본장은 므리바 물 사건과 아말렉과의 전쟁 기사이다. 르비딤에서 마실 물이 없자 백성들은 불신앙적 행위를 반복하였다. 하나님은 그런 백성들에게 바위에서 물을 내어 먹이셨다. 한편, 이스라엘은 아말렉과의 전쟁에서 승리한 후 '여호와닛시', 즉 '주님은 나의 깃발'이라고 고백하였다.

㉠ 이 이름의 유래에 관해서는 15절의 주를 볼 것

너의 앞에 서겠으니, 너는 그 바위를
쳐라. 그러면 거기에서 이 백성이 마
실 물이 터져 나올 것이다." 모세가,
이스라엘 장로들이 보는 앞에서, 하
나님이 시키신 대로 하였다.
7 이스라엘 자손이 거기에서 주님께
대들었다고 해서, 사람들은 그 곳의
이름을 ㉠므리바라고도 하고, 또 거
기에서 "주님께서 우리 가운데 계시
는가, 안 계시는가?" 하면서 주님을
시험하였다고 해서, 그 곳의 이름을
㉡맛사라고도 한다.

아말렉 사람들과 싸우다

8 ○그 때에 아말렉 사람들이 몰려와
서, 르비딤에 있는 이스라엘 사람을
공격하였다.
9 모세가 여호수아에게 말하였다. "장
정들을 뽑아서 아말렉과 싸우러 나
가시오. 내일 내가 하나님의 지팡이
를 손에 들고, 산꼭대기에 서 있겠
소."
10 여호수아는 모세가 그에게 말한 대
로 아말렉과 싸우러 나가고, 모세와
아론과 훌은 언덕 위로 올라갔다.
11 모세가 그의 팔을 들면 이스라엘이
더욱 우세하고, 그가 팔을 내리면 아
말렉이 더욱 우세하였다.
12 모세가 피곤하여 팔을 들고 있을 수
없게 되니, 아론과 훌이 돌을 가져
와서 모세를 앉게 하고, 그들이 각각
그 양쪽에 서서 그의 팔을 붙들어
올렸다. 해가 질 때까지 그가 팔을
내리지 않았다.
13 이렇게 해서, 여호수아는 아말렉과
그 백성을 칼로 무찔렀다.
14 ○그 때에 주님께서 모세에게 말씀
하셨다. "너는 오늘의 승리를 책에
기록하여 사람들이 잊지 않도록 하
고, 여호수아에게는, '내가 아말렉을
이 세상에서 완전히 없애서 아무도
아말렉을 기억하지 못하게 하겠다'
고 한 나의 결심을 일러주어라."
15 모세는 거기에 제단을 쌓고 그 곳 이
름을 ㉢'여호와닛시'라 하고,
16 "㉣주님의 깃발을 높이 들어라. 주님
께서 대대로 아말렉과 싸우실 것이
다" 하고 외쳤다.

이드로가 모세를 방문하다

18 미디안의 제사장이며 ㉤모세의
장인인 이드로는, 하나님이 모
세와 그의 백성 이스라엘에게 하신
일, 곧 주님께서 어떻게 이스라엘을
이집트에서 인도하여 내셨는가 하는
것을 들었다.
2 모세의 장인 이드로는 친정에 돌아
와 있는 모세의 아내 십보라와
3 십보라의 두 아들을 데리고 나섰다.
한 아들의 이름은 게르솜인데, 이
이름은 "내가 타국 땅에서 ㉥나그네
가 되었구나" 하면서 모세가 지은 것

17:6 바위 성경에서 '바위'는 여러 의미로 사용되고 있다. 즉 뜨거운 태양을 피할 수 있는 그늘, 모든 사람의 눈에 띄는 장소 등으로 묘사되고 있는데 가장 많이 언급된 경우는 하나님께서 이스라엘 백성들에게 제공해 주는 안전한 장소라는 의미이다.

㉠ '다툼' ㉡ '시험함' ㉢ 히, '아도나이 닛시(주님은 나의 깃발)' ㉣ 또는 '한 손이 주님의 보좌 위에 있으니' 또는 '주님의 보좌를 치려고 손이 들렸으니'. 히브리어 본문이 불확실함 ㉤ 2:21의 주를 볼 것 ㉥ 히, '게르'

18장 요약 모세를 찾아온 이드로는 모세가 혼자 백성들의 송사를 맡아 처리하는 비효율적인 광경을 보고서 일의 경중에 따라 분담하라고 조언하였다. 이것으로 인해 행정 및 군사 체제를 갖춘 이스라엘은 비록 초보적 단계이긴 하나 비로소 국가적 면모를 갖추게 되었다.

18:1-27 모세는 장인 이드로의 방문을 받는다. 이드로는 모세와 아론과 이스라엘 모든 장로들

이고,
4 또 한 아들의 이름은 ㉠엘리에셀인
데, 이 이름은 그가 "내 아버지의 하
나님이 나를 도우셔서, 바로의 칼에
서 나를 건져 주셨다"고 하면서 지
은 이름이다.
5 ○모세의 장인 이드로는 모세의 두
아들과 아내를 데리고 모세가 진을
치고 있는 광야로 갔는데, 그 곳은
바로 하나님의 산이 있는 곳이다.
6 그는 거기에서 모세에게 전갈을 보
냈다. "자네의 장인인 나 이드로가
자네의 처와 두 아들을 데리고 왔
네."
7 모세가 그의 장인을 만나러 나와서,
그에게 절을 하고, 입을 맞추었다. 그
들은 서로 안부를 묻고, 함께 장막
으로 들어갔다.
8 ○모세는 장인에게, 주님께서 이스
라엘을 도우신 일, 곧 바로와 이집트
사람에게 하신 모든 일과, 그들이 오
는 도중에 겪은 모든 고난과, 주님께
서 어떻게 그들을 건져 주셨는가 하
는 것을 자세히 말하였다.
9 그러자 이드로는, 주님께서 이스라
엘을 이집트 사람의 손아귀에서 건
져 주시려고 베푸신 온갖 고마운 일
을 전하여 듣고서, 기뻐하였다.
10 ○이드로가 말하였다. "주님께서 이
집트 사람의 손아귀와 바로의 손아
귀에서 자네와 자네의 백성을 건져
주시고, 이 백성을 이집트 사람의 억
압으로부터 건져 주셨으니, 주님은
마땅히 찬양을 받으실 분일세.
11 이스라엘에게 그토록 교만히 행한
그들에게 벌을 내리시고 치신 것을
보니, 주님이 그 어떤 신보다도 위대
하시다는 것을 이제 나는 똑똑히 알
겠네."
12 그리고 나서, 모세의 장인 이드로는
하나님께 번제물과 희생제물을 바쳤
다. 아론과 이스라엘 장로들이 모두
와서, 하나님 앞에서 모세의 장인과
함께 제사 음식을 먹었다.

재판관 임명 (신 1:9-18)

13 ○그 이튿날, 모세는 백성의 송사를
다루려고 자리에 앉고, 백성은 아침
부터 저녁까지 모세 곁에 서 있었다.
14 모세의 장인은 모세가 백성을 다스
리는 이 일을 모두 보고, 이렇게 말
하였다. "자네는 백성의 일을 어찌하
여 이렇게 처리하는가? 어찌하여 아
침부터 저녁까지 백성을 모두 자네
곁에 세워 두고, 자네 혼자만 앉아
서 일을 처리하는가?"
15 모세가 그의 장인에게 대답하였다.
"백성은 하나님의 뜻을 알려고 저를
찾아옵니다.
16 그들은 무슨 일이든지 생기면 저에
게로 옵니다. 그러면 저는 이웃간의

과 함께 제사 음식을 먹음으로써 하나님을 믿는 신앙의 교제를 맺는다(1–12절). 다음 날, 이드로는 모세에게 중요한 조언을 해 준다. 이스라엘이 가족 단위가 아닌 하나의 큰 민족이기 때문에, 이에 걸맞는 조직과 제도가 필요함을 일러 주었던 것이다(13–23절). 그리하여 이스라엘은 한 민족으로 조직되었다(24–26절). 이제 이스라엘은 더 이상 한 족장(야곱)의 씨족이 아닌 한 국가로서 당당히 존재하게 되었으며, 이 조직된 국가를 상대로 하나님은 언약을 맺으시게 될 것이었다.

18:15 하나님의 뜻을 알려고 이때에는 모세의 말이 곧 하나님의 말씀으로 받아들여졌다. 후에는 '우림과 둠밈'을 넣은 판결 가슴받이(28:15–30)로써 하나님의 뜻을 알게 되었고, 하나님의 뜻을 알고 전달하는 사람을 선견자(히. '호체')라고 했다(삼상 9:9). 후에는 예언자(히. '나비')가 이 역할을 대신하여 '선견자'라는 말이 사라지게 되었다(왕상

㉠ '나의 하나님은 돕는 분이시다'

문제를 재판하여 주고, 하나님의 규
례와 율법을 알려 주어야 합니다."
17 ○모세의 장인이 그에게 말하였다.
"자네가 하는 일이 그리 좋지는 않
네.
18 이렇게 하다가는, 자네뿐만 아니라
자네와 함께 있는 이 백성도 아주 지
치고 말 걸세. 이 일이 자네에게는
너무 힘겨운 일이어서, 자네 혼자서
는 할 수 없네.
19 이제 내가 충고하는 말을 듣게. 하나
님이 자네와 함께 계시기를 바라네.
자네는 백성의 문제를 하나님께 가
지고 가서, 하나님 앞에서 백성의 일
을 아뢰게.
20 그리고 자네는 그들에게 규례와 율
법을 가르쳐 주어서, 그들이 마땅히
가야 할 길과 그들이 마땅히 하여야
할 일을 알려 주게.
21 또 자네는 백성 가운데서 능력과 덕
을 함께 갖춘 사람, 곧 하나님을 두
려워하며 참되어서 거짓이 없으며
부정직한 소득을 싫어하는 사람을
뽑아서, 백성 위에 세우게. 그리고
그들을 천부장과 백부장과 오십부
장과 십부장으로 세워서,
22 그들이 사건이 생길 때마다 백성을
재판하도록 하게. 큰 사건은 모두 자
네에게 가져 오게 하고, 작은 사건은
모두 그들이 스스로 재판하도록 하
게. 이렇게 그들이 자네와 짐을 나누
어 지면, 자네의 일이 훨씬 가벼워질
걸세.
23 하나님이 명하신 대로, 자네가 이와
같이 하면, 자네도 일을 쉽게 처리할
수 있을 것이고, 백성도 모두 흐뭇하
게 자기 집으로 돌아갈 걸세."
24 ○그래서 모세는 장인의 말을 듣고,
그가 말한 대로 다 하였다.
25 모세는 온 이스라엘 사람 가운데서
유능한 사람들을 뽑고, 그들을 백성
의 지도자로 삼아, 천부장과 백부장
과 오십부장과 십부장으로 세웠다.
26 그들은 언제나 백성을 재판하였다.
어려운 사건은 모세에게 가져 오고,
작은 사건들은 모두 그들이 재판하
였다.
27 ○얼마 있다가, 모세의 장인은 사위
의 배웅을 받으며 살던 고장으로 돌
아갔다.

이스라엘 사람들 시내 산에 이르다

19 이스라엘 자손이 이집트 땅에
서 나온 뒤 ㉠셋째 달 초하룻날,
바로 그 날 그들은 시내 광야에 이르
렀다.
2 그들은 르비딤을 떠나서, 시내 광야
에 이르러, 광야에다 장막을 쳤다.
이스라엘이 그 곳 산 아래에 장막을
친 다음에,
3 모세가 산으로 올라가 하나님께로

22:8;왕하 3:11;22:14).

18:17–18 모세는 자신에게 맡겨진 일이 과중하다고 하나님께 탄원한 사실이 있다(민 11:11–15). 이드로가 *모세의 비능률적 처사*에 대하여 충고하는 것은 무리가 아니다(참조. 신 1:9,12).

18:25–26 이스라엘의 칠십인 장로와 십부장, 오십부장, 백부장, 천부장들의 역할로 모세는 힘들었던 짐을 덜게 되었다.

㉠ 시반월, 양력 오월 중순 이후

19장 요약 하나님이 이스라엘을 이집트에서 구원하신 것은 중대한 목적이 있었기 때문이다. 그것은 이스라엘을 택하사 제사장 나라로, 거룩한 민족으로 삼기 위함이다. 제사장 나라란 하나님을 왕으로 모시는 나라, 제사장같이 온전히 하나님을 섬기는 나라를 뜻한다.

19:1–6 하나님께서 이스라엘 자손을 이집트에서 구원하신 데에는 중요한 목적이 있었다. 그것은

가니, 주님께서 산에서 그를 불러서
말씀하셨다. "너는 야곱 가문에게
이렇게 말하여라. 이스라엘 자손에
게 이렇게 일러주어라.
4 '너희는 내가 이집트 사람에게 한 일
을 보았고, 또 어미독수리가 그 날개
로 새끼를 업어 나르듯이, 내가 너희
를 인도하여 나에게로 데려온 것도
보았다.
5 이제 너희가 정말로 나의 말을 듣고,
내가 세워 준 언약을 지키면, 너희는
모든 민족 가운데서 나의 보물이 될
것이다. 온 세상이 다 나의 것이다.
그러므로 너희는 내가 선택한 백성
이 되고,
6 너희의 나라는 나를 섬기는 제사장
나라가 되고, 너희는 거룩한 민족이
될 것이다.' 너는 이 말을 이스라엘
자손에게 일러주어라."
7 ○모세가 돌아와서 백성의 장로들을
불러모으고, 주님께서 자기에게 하
신 이 모든 말씀을 그들에게 선포하
였다.
8 모든 백성이 다 함께 "주님께서 말씀
하신 모든 것을 우리가 실천하겠습
니다" 하고 응답하였다. 모세는, 백
성이 한 말을 주님께 그대로 말씀드
렸다.
9 ○주님께서 모세에게 말씀하셨다.
"내가 짙은 구름 속에서 너에게 나
타날 것이니, 내가 이렇게 하는 까닭
은 내가 너와 말하는 것을 백성이
듣고서, 그들이 영원히 너를 믿게 하
려는 것이다." ○모세가, 백성이 한
말을 주님께 다시 아뢰었을 때에,
10 주님께서 모세에게 말씀하셨다. "너
는 백성에게로 가서, 오늘과 내일 이
틀 동안 그들을 성결하게 하여라. 그
들이 옷을 빨아 입고서,
11 셋째 날을 맞이할 준비를 하게 하여
라. 바로 이 셋째 날에, 나 주가, 온
백성이 보는 가운데서 시내 산에 내
려가겠다.
12 그러므로 너는 산 주위로 경계선을
정해 주어 백성이 접근하지 못하게
하고, 백성에게는 산에 오르지도 말
고 가까이 오지도 말라고 경고하여
라. 산에 들어서면, 누구든지 죽음
을 면하지 못할 것이다.
13 그러한 사람은 아무도 손을 대지 말
고, 반드시 돌로 치거나 활을 쏘아서
죽여야 한다. 짐승이든지 사람이든
지, 아무도 살아 남지 못할 것이라고
일러라. 그러나 산양 뿔나팔 소리가
길게 울릴 때에는 백성이 산으로 올
라오게 하여라."
14 모세는 산에서 백성에게로 내려갔
다. 그는 백성을 성결하게 하고, 백성
은 자기들의 옷을 빨아 입었다.
15 그는 백성에게 '셋째 날을 맞을 준비

언약 백성의 창조였다. 하나님은 이 시내 산에서 이스라엘을 하나님께서 선택하신 보물로, 제사장 나라로, 거룩한 민족으로 만드시고자 하신다. 다시 말해서, 온 세상 모든 민족이 다 하나님의 것이지만, 하나님은 이스라엘을 그 가운데서 택하시어 중재자 역할을 담당할 수 있도록 만드시겠다는 뜻이다.

19:7–15 하나님은 자신과 피조물 사이에는 엄연한 차이점이 있음을 가르쳐 주시고자 한다. 곧 하나님은 거룩하시지만, 사람은 그렇지 못하다. 부정한 것과 죄는 하나님의 거룩과는 상반된다. 그러므로 하나님께 가까이 가고자 하는 사람은 자신을 성결하게 해야 하며, 그런 사람은 하나님의 은총을 받은 사람이다.

19:14 성결 유대 사람의 습관은 목욕할 때 동시에 옷도 빨았다. 이 두 요소의 정결함은 하나님을 만나는 데 필수적이었다(창 35:2;레 14:8–9,47;민 8:7;19:7–21;신 23:11).

를 하고, 남자들은 여자를 가까이
하지 말라'고 당부하였다.
16 ○마침내 셋째 날 아침이 되었다. 번
개가 치고, 천둥소리가 나며, 짙은
구름이 산을 덮은 가운데, 산양 뿔
나팔 소리가 우렁차게 울려퍼지자,
진에 있는 모든 백성이 두려워서 떨
었다.
17 모세는 백성이 하나님을 만날 수 있
도록 진으로부터 그들을 데리고 나
와서, 산기슭에 세웠다.
18 그 때에 시내 산에는, 주님께서 불
가운데서 그 곳으로 내려오셨으므
로 온통 연기가 자욱했는데, 마치 가
마에서 나오는 것처럼 연기가 솟아
오르고, 온 산이 크게 진동하였다.
19 나팔 소리가 점점 더 크게 울려퍼지
는 가운데, 모세가 하나님께 말씀을
아뢰니, 하나님이 음성으로 그에게
대답하셨다.
20 주님께서 시내 산 곧 그 산 꼭대기로
내려오셔서, 모세를 그 산 꼭대기로
부르시니, 모세가 올라갔다.
21 주님께서 모세에게 말씀하셨다. "너
는 내려가서 백성에게, 나 주를 보려
고 경계선을 넘어 들어오다가 많은
사람이 죽는 일이 없도록 하라고,
단단히 일러 두어라.
22 나 주에게 가까이 오는 제사장도 자
신을 성결하게 하여야 한다. 그렇게
하지 않으면, 나 주가 그들도 쳐서
죽일 것이다."
23 ○모세가 주님께 대답하였다. "주님
께서 우리들에게, 산에 경계선을 정
하여 그것을 거룩하게 구별하라고
경고하시는 명을 내리셨으므로, 이
백성은 시내 산으로 올라올 수 없습
니다."
24 주님께서 그에게 말씀하셨다. "너는
어서 내려가서, 아론을 데리고 올라
오너라. 그러나 제사장들과 백성은
나에게 올라오려고 경계선을 넘어서
는 안 된다. 그들이 경계선을 넘으
면, 나 주가 그들을 쳐서 죽일 것이
다."
25 모세가 백성에게 내려가서 그대로
전하였다.

십계명 (신 5:1-21)

20 이 모든 말씀은 하나님이 하신
말씀이다.
2 "나는 너희를 이집트 땅 종살이하던
집에서 이끌어 낸 주 너희의 하나님
이다.
3 ○너희는 ㉠내 앞에서 다른 신들을
섬기지 못한다.
4 ○너희는 너희가 섬기려고 위로 하
늘에 있는 것이나, 아래로 땅에 있는
것이나, 땅 아래 물 속에 있는 어떤
것이든지, 그 모양을 본떠서 우상을
만들지 못한다.

19:16-25 거룩하신 하나님을 만나기 위해 이스라엘은 사흘을 준비하였다. 사흘째가 되던 날에 하나님은 드디어 내려오셨다. 이때 하나님은 자신의 임재를 상징하는 시청각적인 효과를 사용하셨다(16-19절). 여기서 하나님은 다시 한번 백성들에게 자신의 가까이에 오지 말라고 경고하셨다(21-24절). 그 누구도 하나님의 거룩함을 실제로 알지 못했기 때문이었다.

㉠ 또는 '나 밖에는'

20장 요약 하나님의 언약의 근간(根幹)인 십계명의 내용이다. 십계명은 크게 두 부분으로 나뉜다. 처음 네 계명은 하나님과 이스라엘 간의 관계를 규정짓고, 나중 여섯 계명은 이스라엘이 가족과 이웃과 어떻게 살아가야 하는지를 일러 주는 대원칙이다.

20:1-17 하나님의 현현에서 이스라엘은 하나님의 속성을 체험하기 시작한다. 하나님은 먼저 자

5 너희는 그것들에게 절하거나, 그것들
을 섬기지 못한다. 나, 주 너희의 하
나님은 질투하는 하나님이다. 나를
미워하는 사람에게는, 그 죄값으로,
본인뿐만 아니라 삼사 대 자손에게
까지 벌을 내린다.
6 그러나 나를 사랑하고 나의 계명을
지키는 사람에게는, 수천 대 자손에
이르기까지 한결같은 사랑을 베푼
다.
7 ○너희는 주 너희 하나님의 이름을
함부로 부르지 못한다. 주는 자기의
이름을 함부로 부르는 자를 죄 없다
고 하지 않는다.
8 ○안식일을 기억하여 그 날을 거룩
하게 지켜라.
9 너희는 엿새 동안 모든 일을 힘써 하
여라.
10 그러나 이렛날은 주 너희 하나님의
안식일이니, 너희는 어떤 일도 해서
는 안 된다. 너희나, 너희의 아들이
나 딸이나, 너희의 남종이나 여종만
이 아니라, 너희 집짐승이나, 너희의
집에 머무르는 나그네라도, 일을 해
서는 안 된다.
11 내가 엿새 동안 하늘과 땅과 바다와
그 안에 있는 모든 것을 만들고 이렛
날에는 쉬었기 때문이다. 그러므로
나 주가 안식일을 복 주고, 그 날을
거룩하게 하였다.
12 ○너희 부모를 공경하여라. 그래야
너희는 주 너희 하나님이 너희에게
준 땅에서 오래도록 살 것이다.
13 ○살인하지 못한다.
14 ○간음하지 못한다.
15 ○도둑질하지 못한다.
16 ○너희 이웃에게 불리한 거짓 증언
을 하지 못한다.
17 ○너희 이웃의 집을 탐내지 못한다.
너희 이웃의 아내나 남종이나 여종
이나 소나 나귀나 할 것 없이, 너희
이웃의 소유는 어떤 것도 탐내지 못
한다."

백성이 두려움에 사로잡히다 (신 5:22-33)

18 ○온 백성이 천둥소리와 번개와 나
팔 소리를 듣고 산의 연기를 보았다.
백성은 그것을 보고 두려워 떨며, 멀
찍이 물러섰다.
19 그들은 모세에게 말하였다. "어른께
서 우리에게 말씀하십시오. 우리가
듣겠습니다. 하나님이 직접 우리에
게 말씀하시면, 우리는 죽습니다."
20 모세가 백성에게 말하였다. "두려워
하지 마십시오. 하나님이 당신들을
시험하시려고 나타나신 것이며, 당신
들이 주님을 두려워하여 죄를 짓지
못하게 하시려고 나타나신 것입니
다."
21 백성은 멀리 떨어져 서 있고, 모세는
하나님이 계시는 먹구름이 있는 곳

신을 이집트의 속박에서 이스라엘을 구원해 내신 분으로 말씀하시고(2절), 이스라엘에게 십계명을 주신다(3–17절). 이집트로부터 자유를 주셨던 하나님께서 십계명을 통하여 이스라엘이 자유를 계속 누리게 하기 위함이었다. 첫 네 계명은 하나님과 이스라엘 사이의 관계를 설명해 주는 지침서이며, 나중 여섯 계명은 이스라엘과 언약 공동체 사이의 관계를 설명해 주는 지침서이다(마 22:37–40). 그러므로 십계명은 하나님을 정점으로 하여 가족과 이웃과 더 나아가 온 세상 사람을 향해 살아가야 할 대원칙인 것이다.

20:18–21 백성들은 하나님의 강림에 완전히 압도되어 두려워 떨었다(18–19절). 하나님은 이스라엘이 자신을 공의의 하나님으로 인식하여 십계명에 충실하게 순종하기를 원하신다.

20:25 다듬은 돌 사람은 행위에 의해서 구원받을 수 없다는 것을 예표한다. 구원은 행위가 아니라 은혜로 받는 것이다(엡 2:8–9;딛 3:5).

으로 가까이 갔다.

제단에 관한 법

22 ○주님께서 모세에게 말씀하셨다.
“너는 이스라엘 자손에게 이렇게 말
하여라. ‘내가 하늘에서부터 너희에
게 말하는 것을 너희는 다 보았다.
23 너희는, 나 밖에 다른 신들을 섬기려
고, 은이나 금으로 신들의 상을 만들
지 못한다.
24 나에게 제물을 바치려거든, 너희는
흙으로 제단을 쌓고, 그 위에다 번제
물과 화목제물로 너희의 양과 소를
바쳐라. 너희가 나의 이름을 기억하
고 예배하도록 내가 정하여 준 곳이
면 어디든지, 내가 가서 너희에게 복
을 주겠다.
25 너희가 나에게 제물 바칠 제단을 돌
로 쌓고자 할 때에는 다듬은 돌을
써서는 안 된다. 너희가 돌에 정을
대면, 그 돌이 부정을 타게 된다.
26 너희는 제단에 층계를 놓아서는 안
된다. 그것을 밟고 올라설 때에, 너
희의 알몸이 드러나서는 안 되기 때
문이다.’”

종에 관한 법 (신 15:12-18)

21 “네가 백성 앞에서 공포하여야
할 법규는 다음과 같다.
2 ○너희가 히브리 종을 사면, 그는 여
섯 해 동안 종살이를 해야 하고, 일
곱 해가 되면, 아무런 몸값을 내지
않고서도 자유의 몸이 된다.
3 그가, 혼자 종이 되어 들어왔으면 혼
자 나가고, 아내를 데리고 종으로 들
어왔으면 아내를 데리고 나간다.
4 그러나 그의 주인이 그에게 아내를
주어서, 그 아내가 아들이나 딸을
낳았으면, 그 아내와 아이들은 주인
의 것이므로, 그는 혼자 나간다.
5 그러나 그 종이 ‘나는 나의 주인과
나의 처자를 사랑하므로, 혼자 자유
를 얻어 나가지 않겠다’ 하고 선언하
면,
6 주인은 그를 ㉠하나님 앞으로 데리고
가서, 그의 귀를 문이나 문설주에 대
고 송곳으로 뚫는다. 그러면 그는 영
원히 주인의 종이 된다.
7 ○남의 딸을 종으로 샀을 경우에는,
남종을 내보내듯이 그렇게 내보내지
는 못한다.
8 주인이 아내로 삼으려고 그 여자를
샀으나, 그 여자가 마음에 들지 않으
면, 그는 그 여자에게 몸값을 얻어서
그 여자의 아버지에게 되돌려 보내
야 한다. 그가 그 여자를 속인 것이
므로, 그 여자를 외국 사람에게 팔
아서는 안 된다.
9 그가 그 여종을 자기의 아들에게 주
려고 샀으면, 그는 그 여자를 딸처럼
대접하여야 한다.
10 한 남자가 아내를 두고 또 다른 아내

21장 요약 하나님이 이스라엘에게 주신 이 법규는 그들이 어떻게 살아야 하는지를 구체적으로 제시하는 규범이다. 본문에는 종에 관한 규례와 사형에 해당하는 죄, 피해를 입혔을 경우의 보상 규례가 나와 있다. 이러한 구약 율법은 신약 시대에 이르러 그리스도의 사랑과 용서의 법으로 승화된다(마 5:38–44).

㉠ 또는 '재판장'

21:1–11 이스라엘 백성이 어쩌다가 종의 신분에 처하게 되었을 경우에 관한 구절이다. 주인은 종을 사랑으로 대하여야 한다. 여기서 사랑은 낭만적인 의미가 아니라 하나님이 이스라엘을 종의 신분에서 자유하게 해 주신 사랑에서 출발한다(20:2). 그러므로 자유함을 얻은 이스라엘은 한 분이신 하나님만 섬기며, 그분만을 사랑해야 하는 의무를 가지게 되는 것이다. 주인과 종의 관계는 사랑으로 서로 맺어져야 하며, 상호 협력의 관

를 맞아들였을 때에, 그는 그의 첫
아내에게 먹을 것과 입을 것을 줄여
서 주거나 그 아내와 부부 관계를
끊어서는 안 된다.
11 그가 그의 첫 여자에게 이 세 가지
의무를 다 하지 않으려거든, 그 여자
를 자유롭게 풀어 주고, 아무런 몸
값도 받지 않아야 한다."

폭력에 관한 법

12 ○"사람을 때려서 죽인 자는 반드시
사형에 처하여야 한다.
13 그가 일부러 죽인 것이 아니라 실수
로 죽였으면, 내가 너희에게 정하여
주는 곳으로 피신할 수 있다.
14 그러나 홧김에 일부러 이웃을 죽인
자는, 나의 제단으로 피하여 오더라
도 끌어내서 죽여야 한다.
15 ○자기 부모를 때린 자는 반드시 사
형에 처하여야 한다.
16 ○사람을 유괴한 자는, 그 사람을
팔았든지 자기가 데리고 있든지, 반
드시 사형에 처하여야 한다.
17 ○자기 부모를 저주하는 자는 반드
시 사형에 처하여야 한다.
18 ○사람이 서로 싸우다가, 어느 한 사
람이 상대방을 돌이나 주먹으로 때
려서, 그가 죽지는 않았으나 자리에
눕게 되었는데,
19 그가 일어나서 지팡이를 짚고서라도
길을 다닐 수 있게 되면, 때린 사람
은 형벌을 받지는 않으나, 그 동안에
입은 손해를 갚아 주고, 다 나을 때
까지 치료비를 대주어야 한다.
20 ○어떤 사람이 자기의 남종이나 여
종을 몽둥이로 때렸는데, 그 종이
그 자리에서 죽으면, 그는 반드시 형
벌을 받아야 한다.
21 그러나 그들이 하루나 이틀을 더 살
면, 주인은 형벌을 받지 않는다. 종
은 주인의 재산이기 때문이다.
22 ○사람이 서로 싸우다가, 임신한 여
자를 다치게 하였는데, 낙태만 하고
달리 더 다친 데가 없으면, 가해자는
그 여자의 남편이 요구하는 대로 반
드시 배상금을 내되, 배상금액은 재
판관의 판결을 따른다.
23 그러나 그 여자가 다쳤으면, 가해자
에게는, 목숨은 목숨으로,
24 눈은 눈으로, 이는 이로, 손은 손으
로, 발은 발로,
25 화상은 화상으로, 상처는 상처로,
멍은 멍으로 갚아야 한다.
26 ○어떤 사람이 자기 남종의 눈이나
여종의 눈을 때려서 멀게 하면, 그
눈을 멀게 한 값으로, 그 종에게 자
유를 주어서 내보내야 한다.
27 그가 자기 남종의 이나 여종의 이를
부러뜨리면, 그 이를 부러뜨린 값으
로, 그 종에게 자유를 주어서 내보
내야 한다."

계로 이뤄져야 한다.

21:12-36 범죄에 대하여 어떻게 처리해야 할 것인가를 구체적으로 언급하고 있다. 본문은 사형에 해당하는 경우(12-17절), 다른 사람을 상해하였을 경우(18-25절), 주인이 종에게 상해를 입혔을 경우(26-27절), 소유물이 남에게 해를 준 경우(28-32절), 소유물이 상해를 받은 경우(33-36절)로 나누어 상술한다. 이러한 사건 처리의 근본 정신은 사랑이다. 이 사랑은 하나님께서 주신 생명에 대한 경외에서 비롯된다. 사형은 오로지 사람의 목숨을 귀중히 여기지 않거나 자기를 낳아 준 부모를 경시하는 자들에게 내린다. 사람을 상해한 자는 그만큼의 형벌을 받거나 보상금을 내야 한다. 이처럼 율례는 죄와 형벌에 따른 정당한 형평의 원칙으로 적용되어 있다.

21:23-25 본문은 유명한 '탈리오의 법칙'으로, 피해자가 받은 피해 정도와 동일한 손해를 가해자에게 내리는 보복 법칙이다(레 24:19-20;신 19:21).

소유자의 책임

28 ○"소가 어떤 남자나 여자를 받아서
죽이면, 그 소는 반드시 돌로 쳐서
죽여야 한다. 처형된 소는 먹어서는
안 된다. 이 경우에 소의 임자는 형
벌을 받지 않는다.
29 그러나 그 소에게 받는 버릇이 있는
데, 그 임자가 남에게 경고를 받고도
단속하지 않아서 어떤 남자나 여자
를 죽게 하였으면, 그 소만 돌로 쳐
서 죽일 것이 아니라, 그 임자도 함
께 죽여야 한다.
30 그러나 피해자 가족이 원하면, 소 임
자를 처형하는 대신에, 그에게 배상
금을 물릴 수 있다. 그 때에 그 배상
금 액수는 재판관이 정한다.
31 또 소가 나이 어린 소년이나 소녀를
받아 죽게 하였을 경우에도, 그 소
임자에게 같은 법을 적용한다.
32 소가 남종이나 여종을 받아 죽게 하
였으면, 소 임자는 그 종의 주인에게
은 삼십 세겔을 주고, 그 소는 돌로
쳐서 죽여야 한다.
33 ○어떤 사람이 구덩이를 열어 놓거
나, 구덩이를 파고 그것을 덮지 않아
서, 소나 나귀가 거기에 빠졌을 경우
에는,
34 그 구덩이의 임자는 짐승의 임자에
게 그것을 돈으로 배상하여야 한다.
그러나 죽은 짐승은 구덩이 임자의
것이 된다.
35 ○어떤 사람의 소가 그 이웃의 소를
받아서 죽게 하였을 경우에는, 살아
있는 소는 팔아서 그 돈을 나누어
가지고, 죽은 소는 고기를 나누어
가진다.
36 그 소에게 받는 버릇이 있다는 것을
알면서도 그 임자가 단속하지 않았
으면, 그는 반드시 살아 있는 소로
배상하고, 자기는 죽은 소를 가져야
한다."

배상에 관한 법

22 "어떤 사람이 소나 양을 도둑
질하여 그것을 잡거나 팔면, 그
는 소 한 마리에는 소 다섯 마리로,
양 한 마리에는 양 네 마리로 갚아
야 한다.
2 ○밤에 도둑이 몰래 들어온 것을 알
고서, 그를 때려서 죽였을 경우에는,
죽인 사람에게 살인죄가 없다.
3 그러나 해가 뜬 다음에 이런 일이 생
기면, 그에게 살인죄가 있다. (훔친
것은 반드시 물어 내야 한다. 그가
가진 것이 아무것도 없으면, 자기 몸
을 종으로 팔아서라도, 훔친 것은
물어 내야 한다.
4 그가 도둑질한 짐승이 소든지 나귀
든지 양이든지, 아직 산 채로 그의
손에 있으면, 그는 그것을 두 갑절로
물어주어야 한다.)

문제는 이 법칙이 문자적으로 실행되었는지 아니면 다른 어떤 배상으로 대치되었는지 하는 것이다. 26-27절은 이 법칙이 문자적으로 적용되지 않았음을 보여 준다. 또한 29-31절을 보면 소 임자도 죽어야 마땅했는데 배상금으로 생명을 대신할 수 있었다. 따라서 이 법칙을 통하여 생명의 창조자이신 사랑의 하나님께서 사람들에 대한 사랑에 더하여 사람의 생명을 귀하게 여길 것을 강조하시고 있다(시 139:13-16;렘 1:5).

22장 요약 본문의 규례는 하나님을 경외하는 사람은 이웃에게 해를 끼쳐서는 안 되고 소외계층의 아픔을 함께 나누는 것이 마땅함을 일러 준다. 그러나 마술을 부리는 여자나 짐승과 교접하는 자, 우상 숭배자 등은 사형에 처해야 한다. 그들은 창조 질서를 파괴하고 다른 사람들을 타락시키기 때문이다.

22:1-15 본문은 재산에 관한 권리를 규정해 주

5 ○어떤 사람이 밭이나 포도원에서
집짐승을 풀어 놓아서 풀을 뜯게 하
다가, 이 집짐승이 남의 밭의 농작물
을 모두 뜯어먹었으면, 그는 자기 밭
의 가장 좋은 소출과 자기 포도원의
가장 좋은 소출로 그것을 물어주어
야 한다.
6 ○불이 나서 가시덤불로 옮겨붙어
서, 남의 낟가리나 거두지 않은 곡식
이나 밭을 태웠으면, 불을 놓은 사람
은 그것을 반드시 물어주어야 한다.
7 ○어떤 사람이 그 이웃에게 돈이나
물품을 보관하여 달라고 맡겼는데,
그 맡은 집에 도둑이 들었을 때에,
그 도둑이 잡히면, 도둑이 그것을 갑
절로 물어 내야 한다.
8 그러나 도둑이 잡히지 않으면, 그 집
주인이 ㉠하나님 앞으로 나가서, 그
이웃의 물건에 손을 댔는지 안 댔는
지를 판결받아야 한다.
9 ○소든지 나귀든지 양이든지 의복이
든지, 그 밖의 어떤 분실물이든지,
그것을 서로 자기 것이라고 주장하
는 사건이 생기면, 양쪽 다 ㉠하나님
앞으로 나아가야 하며, 하나님께 유
죄 판결을 받은 사람은 그 상대방에
게 갑절로 물어주어야 한다.
10 ○어떤 사람이 그 이웃에게, 나귀든
지 소든지 양이든지, 그 밖의 어떤
집짐승이든지, 무엇이든지 지켜 달라
고 맡겼는데, 그것이 죽거나 다치거
나 아무도 모르게 없어졌으면,
11 그것을 맡은 사람이 이웃의 짐승을
가로채지 않았음을 주 앞에서 맹세
함으로써, 둘의 옳고 그름을 가려야
한다. 이 경우에 그 임자가 맹세를
받아들이면, 그는 물어 내지 않아도
된다.
12 그러나 도둑맞은 것이 확실하면, 그
는 그 임자에게 도둑맞은 것을 물어
주어야 한다.
13 그것이 맹수에게 찢겨서 죽었으면,
그 증거물을 가져다 주어야 하는데,
이 경우에 그는 그 찢겨서 죽은 것
을 물어주지 않아도 된다.
14 ○어떤 사람이 그 이웃에게서 짐승
을 빌려 왔는데, 그것이 다치거나 죽
을 때에, 그 임자가 그 자리에 함께
있지 않았으면, 그는 반드시 물어주
어야 한다.
15 그러나 그 임자가 그 자리에 함께 있
었으면, 그는 그 짐승을 물어주지 않
아도 된다. 그 짐승이 세를 낸 것이
면, 그 셋돈을 계산해서 주어야 한
다."

도덕과 종교에 관한 법

16 ○"어떤 사람이 아직 약혼하지 않은
처녀를 꾀어서 건드리면, 그는 반드
시 신부의 몸값을 내고, 그 여자를
아내로 맞아들여야 한다.

는 법규이다. 남의 재산을 도둑질하거나 손상을 입혔을 경우(1–6절)에는 반드시 그 소유주에게 충분히 보상을 해주어야 하며, 남의 재산을 보관하고 있다가 그 재산이 손상을 당하였을 시에는, 경우에 따라 배상 여부를 결정한다(7–15절).

22:2–3 야간 침입 절도자에 대한 살인과 전쟁터에서의 살인은 정당 방위로서 배상할 필요가 없다(참조. 삼하 2:18–23;왕상 2:5).

22:8 하나님 앞으로 나가서 (히) '엘 하엘로힘'. 직역하면 '하나님에게'라는 뜻이다. '성소'로 나아간다는 의미요, 곧 '하나님 앞에서' 자신의 범죄 유무를 판단받는다는 뜻이다.

22:16–31 남녀 사이의 결혼에 있어서 생길 수 있는 약자에 대한 보호(16–17절)와 사회적 약자에 대한 보호(21–27절) 규정이다. 그러나 마술을 부리는 여자나, 짐승과 교접하는 자나, 다른 신에게 제사를 드리는 자는 하나님의 보호를 받을 수 없

㉠ 또는 '재판장'

17 그 여자의 아버지가 자기 딸을 그에
게 절대로 주지 않겠다고 하면, 그는
처녀를 신부로 데려올 때에 내는 값
에 해당하는 금액을 치러야 한다.
18 ○마술을 부리는 여자는 살려 두어
서는 안 된다.
19 ○짐승과 교접하는 자는 반드시 사
형에 처하여야 한다.
20 ○주 밖의 다른 신에게 제사를 드리
는 자는 반드시 없애야 한다.
21 ○너희는 너희에게 몸붙여 사는 나
그네를 학대하거나 억압해서는 안
된다. 너희도 이집트 땅에서 몸붙여
살던 나그네였다.
22 너희는 과부나 고아를 괴롭히면 안
된다.
23 너희가 그들을 괴롭혀서, 그들이 나
에게 부르짖으면, 나는 반드시 그들
의 부르짖음을 들어주겠다.
24 나는 분노를 터뜨려서, 너희를 칼로
죽이겠다. 그렇게 되면, 너희 아내는
과부가 될 것이며, 너희 자식들은 고
아가 될 것이다.
25 ○너희가 너희 가운데서 가난하게
사는 나의 백성에게 돈을 꾸어 주었
으면, 너희는 그에게 빚쟁이처럼 재
촉해서도 안 되고, 이자를 받아도
안 된다.
26 너희가 정녕 너희 이웃에게서 겉옷
을 담보로 잡거든, 해가 지기 전에
그에게 돌려주어야 한다.
27 그가 덮을 것이라고는 오직 그것뿐
이다. 몸을 가릴 것이라고는 그것밖
에 없는데, 그가 무엇을 덮고 자겠느
냐? 그가 나에게 부르짖으면 자애로
운 나는 들어주지 않을 수 없다.
28 ○너희는 ㉠하나님께 욕되는 말을 하
거나, 너희 백성의 지도자를 저주하
지 못한다.
29 ○너희는 곡식을 거두거나 포도주를
빚거나 올리브 기름을 짠 다음에는,
거기에서 얼마를 나에게 제물로 바
쳐야 한다. ○너희는 맏아들들을 나
에게 바쳐야 한다.
30 너희 소나 양도 처음 난 것은 나에게
바쳐야 한다. 처음 난 것들은, 이레
동안은 어미와 함께 있게 하고, 여드
렛날에는 나에게 바쳐야 한다.
31 ○너희는 나를 섬기는 거룩한 백성
이다. 그러므로 너희는 들에서 맹수
에게 찢겨서 죽은 짐승의 고기를 먹
어서는 안 된다. 그런 것은 개에게나
던져 주어라."

정의와 복지에 관한 법

23 "너희는 근거없는 말을 해서는
안 된다. 거짓 증언을 하여 죄
인의 편을 들어서는 안 된다.
2 다수의 사람들이 잘못을 저지를 때
에도 그들을 따라가서는 안 되며, 다
수의 사람들이 정의를 굽게 하는 증

음은 물론, 사회 윤리를 위해서도 근절시켜야 한다(18-20절). 이스라엘 모두가 하나님의 소유이며 거룩한 백성이기 때문에, 하나님의 지도에 순종함이 마땅하다(28-31절).

22:26 이웃에게서 겉옷을 아무것도 가진 것이 없는 가난한 사람은 입고 있는 긴 겉옷을 담보물로 잡힐 수밖에 없다. 긴 겉옷은 잠잘 때, 요와 이불 역할을 하는 것이므로 해가 지기 전까지 외투를 다시 돌려주어야 하는 것이다.

23장 요약 재판에 관한 법은 제9계명과 관련된 것으로 공의의 법을 강조하였다. 안식년과 이스라엘의 3대 절기에 관한 규례는 이스라엘 백성이 하나님 중심의 삶을 살아야 함을 교훈해 준다. 가나안 땅에서 준수해야 할 사항들은 약속의 땅으로 인도하실 하나님께 순종할 것을 촉구하는 내용이다.

㉠ 또는 '재판장'

언을 할 때에도 그들을 따라가서는
안 된다.
3 너희는 또한 가난한 사람의 송사라
고 해서 치우쳐서 두둔해서도 안 된
다.
4 ○너희는 원수의 소나 나귀가 길을
잃고 헤매는 것을 보거든, 반드시 그
것을 임자에게 돌려주어야 한다.
5 너희가 너희를 미워하는 사람의 나
귀가 짐에 눌려서 쓰러진 것을 보거
든, 그것을 그대로 내버려 두지 말
고, 반드시 임자가 나귀를 일으켜 세
우는 것을 도와 주어야 한다.
6 ○너희는 가난한 사람의 송사라고
해서 그에게 불리한 판결을 내려서
는 안 된다.
7 거짓 고발을 물리쳐라. 죄 없는 사람
과 의로운 사람을 죽여서는 안 된다.
나는 악인을 의롭다고 하지 않기 때
문이다.
8 너희는 뇌물을 받아서는 안 된다. 뇌
물은 사람의 눈을 멀게 하고, 의로운
사람의 말을 왜곡시킨다.
9 ○너희는 너희에게 몸붙여 사는 나
그네를 억압해서는 안 된다. 너희도
이집트 땅에서 나그네로 몸붙여 살
았으니, 나그네의 서러움을 잘 알 것
이다."

안식년과 안식일에 관한 법

10 ○"너희는 여섯 해 동안은 밭에 씨
를 뿌려서, 그 소출을 거두어들이고,
11 일곱째 해에는 땅을 놀리고 묵혀서,
거기서 자라는 것은 무엇이나 가난
한 사람들이 먹게 하고, 그렇게 하고
도 남은 것은 들짐승이 먹게 해야 한
다. 너희의 포도밭과 올리브 밭도 그
렇게 해야 한다.
12 ○너희는 엿새 동안 일을 하고, 이렛
날에는 쉬어야 한다. 그래야 너희의
소와 나귀도 쉴 수 있을 것이며, 너
희 여종의 아들과 몸붙여 사는 나그
네도 숨을 돌릴 수 있을 것이다.
13 너희는 내가 너희에게 말한 모든 것
을 지켜야 한다. 그리고 너희는 다른
신들의 이름을 기억해서는 안 되며,
입 밖에 내서도 안 된다."

세 가지 큰 절기에 관한 법

(출 34:18-26; 신 16:1-17)

14 ○"너희는 한 해에 세 차례 나의 절
기를 지켜야 한다.
15 너희는 무교절을 지켜야 한다. 내가
너희에게 명한 대로, ㉠아빕월의 정
해진 때에, 이레 동안 누룩을 넣지
않은 빵을 먹어야 한다. 너희가 그
때에 이집트에서 나왔기 때문이다.
○너희는 빈 손으로 내 앞에 나와서
는 안 된다.
16 ○너희는 너희가 애써서 밭에 씨를
뿌려서 거둔 곡식의 첫 열매로 맥추
절을 지켜야 한다. 또한 너희는 밭에

23:1-13 본문은 사회 정의와 사회 복지에 대한 법규이다. 사회 정의를 추구해 나가는 일은 개개인의 올바른 도덕과 공정한 처신을 기초로 한다(1-9절). 그리고 사회 복지를 구현해 나가는 일은 경제적 고통과 신체적 압박을 당하고 있는 사람들에게 필요한 물질과 따뜻한 배려를 해줌으로써 이루어진다(10-12절). 결국 이 모든 일은 한 분이신 하나님을 정점으로 하여 공동체 사회에서 이루어져야 한다(13절).

23:14-19 이스라엘은 절기마다 하나님께 나아옴으로써 그분과 특별한 교제를 가져야 한다(14-17절). 더군다나 이 교제 기간에는 불순한 행위가 수반되어서는 안 되며(18절), 소산 중 첫 열매를 하나님께 가져가야 한다(19절). 이것은 하나님을 이 세상의 주로 인정하는 행위이며, 하나님을 자신의 주로 고백하는 신앙이다. 따라서 하나님께서 주신 법규에 대한 응답은 감사가 우선되어야

㉠ 양력 삼월 중순 이후

서 애써 가꾼 것을 거두어들이는 한
해의 끝무렵에 수장절을 지켜야 한
다.
17 너희 가운데 남자들은 모두 한 해에
세 번 주 하나님 앞에 나와야 한다.
18 ○너희는 나에게 바치는 희생제물의
피를 누룩 넣은 빵과 함께 바쳐서는
안 된다. 그리고 절기 때에 나에게
바친 기름을 다음날 아침까지 남겨
두어서도 안 된다.
19 ○너희는 너희 땅에서 난 첫 열매 가
운데서 제일 좋은 것을 주 너희 하나
님의 집으로 가져 와야 한다. ○너희
는 새끼 염소를 그 어미의 젖으로
삶아서는 안 된다."

약속과 지시

20 ○"이제 내가 너희 앞에 한 천사를
보내어 길에서 너희를 지켜 주며, 내
가 예비하여 둔 곳으로 너희를 데려
가겠다.
21 너희는 삼가 그 말에 순종하며, 그를
거역하지 말아라. 나의 이름이 그와
함께 있으므로, 그가 너희의 반역을
용서하지 않을 것이다.
22 ○너희가 그의 말에 절대 순종하여,
내가 명하는 모든 것을 따르면, 내가
너희의 원수를 나의 원수로 여기고,
너희의 대적을 나의 대적으로 여기
겠다.
23 ○나의 천사가 너희 앞에서 너희를
아모리 사람과 헷 사람과 브리스 사
람과 가나안 사람과 히위 사람과 여
부스 사람이 있는 곳으로 인도할 것
이다. 내가 그들을 전멸시키겠다.
24 너희는 그들의 신들에게 엎드려서
절을 하여 섬기지 말 것이며, 그들의
종교적인 관습을 본받지 말아라. 신
상들을 다 부수고, 그들이 신성하게
여기던 돌기둥들을 깨뜨려 버려라.
25 너희는 주 너희 하나님 나만을 섬겨
야 한다. 그러면 내가 너희에게 복을
내려, 빵과 물을 주겠고, 너희 가운
데서 질병을 없애겠다.
26 너희 땅에 낙태하거나 임신하지 못
하는 여자가 없을 것이며, 내가 너희
를 너희 수명대로 다 살게 하겠다.
27 ○내가 나의 위엄을 너희보다 앞에
보내어, 너희가 만날 모든 백성을 혼
란에 빠뜨리고, 너희 모든 원수가 돌
아서서 달아나게 하겠다.
28 내가 ㉠말벌을 너희보다 앞질러 보내
어, 히위 사람과 가나안 사람과 헷
사람을 너희 앞에서 쫓아내겠다.
29 ○그러나 나는, 땅이 황폐하여지고
들짐승이 많아질까 염려되므로, 한
해 안에 그들을 너희 앞에서 다 쫓
아내지는 않겠다.
30 나는 너희가 번성하여 그 땅을 너희
의 소유로 차지할 때까지, 그들을 너
희 앞에서 조금씩 쫓아내겠다.

하며 동시에 자비와 사랑의 마음을 항상 품고 있어야 한다.

23:15 무교절 매년 지켜야 하는 3대 절기 중 하나로, 보리 추수기가 시작되는 아빕월(태양력 3-4월) 15일부터 21일까지 7일간 지켜야 했다. 이 절기는 이집트로부터의 탈출을 기념하는 것으로 유월절 다음 날부터 시작했다. 이때에 추수한 보리의 첫 열매는 하나님께 드렸다.

23:17 본절은 매년 '성소를 방문'해야 하는 최소한의 횟수를 규정하는 것이다.

23:20-33 본문은 약속의 땅을 설명하면서 끝맺는다. 하나님은 이스라엘을 반드시 약속의 땅에 이르게 해주신다(20절). 그러므로 이스라엘은 하나님께 순종해야 하는데, 순종은 하나님 외에 다른 신을 섬기지 않겠다는 결심이다(24절). 백성들의 순종은 결국 풍성한 축복으로 이어질 것이다(25-31절).

㉠ 또는 '재앙' 또는 '전염병'

31 내가 너희 땅 경계를 홍해에서 블레
셋 바다까지, 광야에서 유프라테스
강까지로 정하고, 그 땅에 사는 사
람들을 너희 손에 넘겨줄 터이니, 너
희가 그들을 쫓아내어라.
32 너희는 그들과 언약을 맺지 말아라.
그들의 신들과도 언약을 맺지 말아
라.
33 너희는 그들을 너희 땅에서 살지 못
하게 하여라. 그렇게 하지 않으면, 그
들이 너희를 유혹하여 나에게 죄를
짓게 할까 염려가 된다. 너희가 그들
의 신들을 섬기면, 그것이 너희를 잡
는 덫이 될 것이다."

시내 산에서 언약을 맺다

24 주님께서 모세에게 말씀하셨
다. "너는 아론과 나답과 아비
후와 이스라엘의 장로 일흔 명과 함
께 나 주에게로 올라와, 멀찍이 엎드
려서 나를 경배하여라.
2 모세 너 혼자서만 나 주에게로 가까
이 나아오고, 그들이 나에게 가까이
와서는 안 된다. 백성은 너와 함께
올라오지 않게 하여라."
3 ○모세가 내려와서 백성에게 주님의
말씀과 법규를 모두 전하니, 온 백성
이 한 목소리로 주님께서 명하신 모
든 말씀을 지키겠다고 대답하였다.
4 ○모세는 주님의 모든 말씀을 기록
하고, 아침 일찍 일어나서, 산기슭에
제단을 쌓고, 이스라엘의 열두 지파
를 따라 기둥 열두 개를 세웠다.
5 그는 이스라엘 자손들 가운데서 젊
은이들을 보내어, 수송아지들을 잡
아 주님께 번제를 올리게 하고, 화목
제물을 드리게 하였다.
6 모세는 그 피의 절반은 그릇에 담아
놓고, 나머지 절반은 제단에 뿌렸다.
7 그리고 그가 '언약의 책'을 들고 백성
에게 낭독하니, 그들은 "주님께서 명
하신 모든 말씀을 받들어 지키겠다"
고 말하였다.
8 모세는 피를 가져다가 백성에게 뿌
리며 말하였다. "보십시오, 이것은
주님께서 이 모든 말씀을 따라, 당신
들에게 세우신 언약의 피입니다."
9 ○모세는 아론과 나답과 아비후와
이스라엘의 장로 일흔 명과 함께 올
라갔다.
10 거기에서, 그들이 이스라엘의 하나
님을 보니, 그 발 아래에는 청옥을
깔아 놓은 것 같으며, 그 맑기가 하
늘과 꼭 같았다.
11 주님께서는 이스라엘의 지도자들을
손으로 치지 않으셨으므로, 그들이
하나님을 뵈며 먹고 마셨다.

시내 산에서 사십 일을 보내다

12 ○주님께서 모세에게 말씀하셨다.
"너는 내가 있는 산으로 올라와서,
여기에서 기다려라. 그러면 내가 백

24장 요약 공식적인 언약 관계를 맺음으로 이스라엘은 하나님 나라의 백성과 그분의 뜻을 실현시키는 도구로 성별된 제사장 나라가 되었다.

24:1–11 시내 산 아래에서 하나님의 말씀과 법규가 모세에 의하여 낭독되었고, 백성들은 이를 지킬 것을 수락한다(3절). 다음 날 열두 지파를 상징하는 기둥 열두 개를 세우고 번제와 화목제물을 드림으로써 하나님과 지파들 사이와 또한 각 지파들 사이의 법적 관계가 정식으로 수립되었다(4–5절). 언약의 책이 낭독된 후 모세가 피를 가져다가 제단과 백성에게 뿌림으로써 언약이 체결되었다(6–8절). 언약 체결 전까지는 하나님께 나아갈 수 없었던 이스라엘의 장로들은(1–2절), 이제 언약이 체결되고 난 뒤에 모세와 함께 하나님을 대면하고 교제를 누리는 특권을 얻게 되었다(9–11절).

성을 가르치려고 몸소 돌판에 기록
한 율법과 계명을 너에게 주겠다."
13 모세가 일어나서, 자기의 부관 여호
수아와 함께 하나님의 산으로 올라
갔다.
14 올라가기에 앞서, 모세는 장로들에
게 일러 두었다. "우리가 여러분에게
돌아올 때까지 여기에서 우리를 기
다리고 있으십시오. 아론과 훌이 여
러분과 함께 있을 것이니, 문제가 있
는 사람은 누구든지 그들에게로 가
게 하십시오."
15 ○모세가 산에 오르니, 구름이 산을
덮었다.
16 주님의 영광이 시내 산 위에 머무르
고, 엿새 동안 구름이 산을 뒤덮었
다. 이렛날 주님께서 구름 가운데서
모세를 부르셨다.
17 이스라엘 자손의 눈에는 주님의 영
광이 마치 산꼭대기에서 타오르는
불처럼 보였다.
18 모세는 구름 가운데를 지나, 산 위
로 올라가서, 밤낮 사십 일을 그 산
에 머물렀다.

성소를 지을 예물

25 주님께서 모세에게 말씀하셨
다.
2 "너는 이스라엘 자손에게 말하여,
나에게 예물을 바치게 하여라. 누가
바치든지, 마음에서 우러나와 나에
게 바치는 예물이면 받아라.
3 그들에게서 받을 예물은 이러하니,
곧 금과 은과 동과
4 청색 실과 자주색 실과 홍색 실과
가는 모시 실과 염소 털과
5 붉게 물들인 숫양 가죽과 돌고래 가
죽과 아카시아 나무와
6 등잔용 기름과 예식용 기름에 넣는
향품과 분향할 향에 넣는 향품과
7 ㉠에봇과 가슴받이에 박을 홍옥수와
그 밖의 보석들이다.
8 ○내가 그들 가운데 머물 수 있도록,
그들에게 내가 머물 성소를 지으라
고 하여라.
9 내가 너에게 보여 주는 모양과 똑같
은 모양으로 성막과 거기에서 쓸 모
든 기구를 만들어라."

언약궤 모형 (출 37:1-9)

10 ○"아카시아 나무로, 길이가 두 자
반, 너비가 한 자 반, 높이가 한 자
반 나가는 궤를 만들어라.
11 순금으로 그 안팎을 입히고, 그 둘
레에는 금테를 둘러라.
12 금고리 네 개를 만들어서 그 밑의 네
모퉁이에 달되, 한쪽에 고리 두 개,
다른 한쪽에 고리 두 개를 달아라.
13 그리고 아카시아 나무로 채를 만들
어서 금을 입혀라.
14 그 채를 궤의 양쪽 고리에 끼워서 궤
를 멜 수 있게 하고,

25장 요약 증거궤는 하나님이 임재하시는 중심 장소로서 신성시되었던 성물이다. 하나님께 바치는 거룩한 빵은 열두 개의 빵으로 이스라엘 열두 지파를 상징한다. 등잔대는 어두운 세상을 밝히는 생명의 빛이신 그리스도를 연상시킨다(요 1:9).

㉠ 조끼 모양의 옷. 제사장이 하나님의 뜻을 여쭐 때 사용하는 우림과 둠밈을 넣음

25장-31장 모세가 홀로 시내 산 위에 올라가 40주야를 지내면서 하나님께 받은 특별한 지시 사항을 기술하고 있다.

25:1-9 하나님께 예물을 드리는 사람은 즐겁고 기쁜 마음으로 예물을 바쳐야 한다(2-7절). 이 예물은 하나님의 거처를 세우기 위한 것이므로, 반드시 하나님의 지시대로 따라야 한다(8-9절).

25:10-22 궤와 속죄판은 하나님의 계시를 이스라엘 백성에게 전달해 주는 중심 장소이다. 이 두

15 그 채들을 궤의 고리에 그대로 두고,
거기에서 빼내지 말아라.
16 내가 너에게 줄 증거판을 그 궤 속에
넣어 두어라.
17 ○순금으로, 길이가 두 자 반, 너비
가 한 자 반인 속죄판을 만들어라.
18 금을 두들겨서 그룹 두 개를 만들
고, 그것들을 속죄판의 양쪽 끝에
각각 자리잡게 하여라.
19 그룹 하나는 이쪽 끝에 또 다른 하
나는 그 맞은쪽 끝에 자리잡게 하
되, 속죄판과 그 양끝에 있는 그룹
이 한 덩이가 되도록 하여라.
20 그룹들은 날개를 위로 펴서 그 날개
로 속죄판을 덮게 하고, 그룹의 얼굴
들은 속죄판 쪽으로 서로 마주보게
하여라.
21 너는 그 속죄판을 궤 위에 얹고, 궤
안에는 내가 너에게 줄 증거판을 넣
어 두어라.
22 내가 거기에서 너를 만나겠다. 내가
속죄판 위 곧 증거궤 위에 있는 두
그룹 사이에서, 이스라엘 자손에게
명할 모든 말을 너에게 일러주겠다."

하나님께 차리는 상 (출 37:10-16)

23 ○"아카시아 나무로, 길이가 두 자,
너비가 한 자, 높이가 한 자 반인 상
을 만들어서,
24 순금으로 입히고, 둘레에는 금테를
둘러라.
25 그리고 손바닥 너비만한 턱을 만들
어 상 둘레에 붙이고, 그 턱의 둘레
에도 금테를 둘러라.
26 금고리 넷을 만들어서, 이 고리를 상
다리가 붙어 있는 네 모퉁이에 각각
하나씩 붙여라.
27 그 고리들을 턱 곁에 달아서, 상을
운반하는 데 쓰는 채를 끼워 넣을
수 있게 하여라.
28 그 채는 아카시아 나무로 만들고, 거
기에 금을 입혀서, 그것으로 상을 운
반하게 하여라.
29 상에 올려 놓을 대접과 종지와 부어
드리는 제물을 담을 병과 잔을 만들
어라. 이것들은 순금으로 만들어야
한다.
30 그 상은 언약궤 앞에 놓고, 상 위에
는 나에게 바치는 거룩한 빵을 항상
놓아 두도록 하여라."

등잔대 모형 (출 37:17-24)

31 ○"순금을 두들겨서 등잔대를 만들
어라. 등잔대의 밑받침과 줄기와 등
잔과 꽃받침과 꽃을 하나로 이어놓
아라.
32 등잔대의 줄기 양쪽에서 곁가지 여
섯 개가 나오게 하였는데, 등잔대 한
쪽에서 곁가지 세 개, 또 다른 한쪽
에서도 곁가지 세 개를 나오게 하여
라.
33 등잔대의 각 곁가지는 꽃받침과 꽃

기구는 하나님이 백성들의 한복판에 임재해 계심을 상징하고 있다.

25:19 그룹 (히) '케룹'. 하나님의 보좌를 떠받들고 있는 천사를 상징한다(삼상 4:4;삼하 6:2;왕하 19:15;시 80:1;99:1). 하나님의 보좌를 상징하는 궤의 덮개, 곧 두 그룹 사이에서 하나님은 모세를 만나시고 그에게 말씀하셨다(민 7:89).

25:23-30 거룩한 빵을 두는 상 역시 하나님의 임재를 상징하는 기구로서, 상 위에 놓여 있는 용기들이 음식으로 항상 가득 차 있게 해서 하나님이 언제나 이곳에 계심을 알려 준다.

25:30 거룩한 빵 (히) '레헴파님'. 직역하면 '얼굴의 빵'이다. 지성소 앞의 상 위에 두 줄로 차려 놓는 누룩 없는 12개의 빵으로 매 안식일마다 새것으로 바꾸어 놓았다.

25:31-40 등잔대는 하나님으로부터 나오는 '진리의 빛'을 상징한다. 또한 등잔대를 궤나 상과는 달리 순금으로 만든 것은 '하나님의 진리'의 순수함

잎을 갖춘 감복숭아꽃 모양 잔 세
개를 연결하여 만들고, 그 맞은쪽
곁가지도 꽃받침과 꽃잎을 갖춘 감
복숭아꽃 모양 잔 세 개를 연결하여
만들어라. 등잔대의 줄기에서 나온
곁가지 여섯 개를 모두 이와 같이
만들어라.
34 등잔대 줄기는 꽃받침과 꽃잎을 갖
춘 감복숭아꽃 모양 잔 네 개를 쌓
아 놓은 모양으로 만들어라.
35 그리고 등잔대의 맨 위에 있는 좌우
두 곁가지가 줄기에서 뻗어날 때에
는, 밑에서 세 번째에 놓인 꽃받침에
서 뻗어나게 하고, 그 아래에 있는
좌우 두 곁가지가 줄기에서 뻗어날
때에는, 밑에서 두 번째에 놓인 꽃받
침에서 뻗어나게 하고, 그리고 맨 아
래에 있는 좌우 두 곁가지가 줄기에
서 뻗어날 때에는, 맨 아래에 놓인
꽃받침에서 뻗어나게 하여, 여섯 곁
가지를 줄기와 연결시켜서 한 덩이
를 만들어라. 이렇게 등잔대의 줄기
에서 좌우로 곁가지가 나오게 하여
라.
36 등잔대 줄기의 꽃받침에 연결된 곁
가지들은 모두 순금을 두들겨 만들
되, 전체를 하나로 이어놓아라.
37 등잔 일곱 개를 만들어서, 그것을 등
잔대 위에 올려 놓아, 앞을 밝게 비
추도록 하여라.
38 등잔불 집게와 불똥 그릇도 순금으
로 만들어라.
39 등잔대와 이 모든 기구를 순금 한
달란트로 만들어라.
40 이 모든 것을, 내가 이 산에서 너에
게 보여 준 모양 그대로 만들도록 하
여라."

성막 (출 36:8-38)

26 "열 폭으로 성막을 만들어라.
그 천은, 가늘게 꼰 모시 실과
청색 실과 자주색 실과 홍색 실로,
그룹을 정교하게 수놓아 짠 것이라
야 한다.
2 각 폭의 길이는 스물여덟 자로 하고,
너비는 넉 자로 하되, 폭마다 그 치
수를 모두 같게 하여야 한다.
3 먼저 다섯 폭을 옆으로 나란히 이어
한 벌을 만들고, 또 다른 다섯 폭도
옆으로 나란히 이어 한 벌을 만들어
야 한다.
4 그리고 나서, 나란히 이은 천의 한쪽
가장자리의 폭에 청색 실로 고를 만
들고, 나란히 이은 다른 한쪽 가장
자리의 폭에도 이와 같이 하여, 서
로 맞물릴 수 있게 하여야 한다.
5 서로 맞물릴 두 벌 끝 폭 가장자리
에 만들 고의 수는 각각 쉰 개이다.
그 고들을 서로 마주보게 하여라.
6 그리고 금으로 갈고리 쉰 개를 만들
어야 한다. 이 갈고리로 두 벌 천을

과 고귀함을 상징한다. 따라서 참 빛이신 예수 그리스도(요 1:9;8:12)를 본받아 교회는 세상을 향하여 비추는 '진리의 빛'이 되어야 한다.

25:37 앞을 밝게 비추도록 휘장 앞에 있는 성소의 어둠을 제거하기 위한 것이다. 등잔대의 빛은 이스라엘의 헌신하는 삶 속에 반영된 주님의 영광을 나타내 준다. 이스라엘은 이방 사람들에게 빛의 역할을 해야 한다(사 60:3). 빛은 생명과 승리의 상징으로 나타난다(시 27:1).

26장 요약 성막은 하나님의 임재를 상징하며 백성들이 하나님께 제사드리며 그분과 교제하는 곳이다. 한편, 휘장으로 가려져 있는 지성소는 일 년에 단 한 번 대제사장만이 속죄일에 희생 제물의 피를 가지고 들어가 온 백성의 죄를 속하는 제사를 드릴 수 있는 곳이었다.

26:1-37 성막은 하나님의 임재를 상징하는 궤와 속죄판을 덮고 있는 천막으로서 내부는 아름다

서로 이어, 한 성막을 이루게 하여
라.
7 ○성막 위에 덮을 천막은 염소 털로
짠 열한 폭 천으로 만들어야 한다.
8 각 폭의 길이는 서른 자로 하고, 너
비는 넉 자로 하되, 열한 폭의 치수
를 모두 같게 하여야 한다.
9 다섯 폭을 따로 잇고, 나머지 여섯
폭도 따로 이어야 한다. 그리고 여섯
번째 폭은 천막 앞쪽으로 반을 접어
서 올려야 한다.
10 다섯 폭으로 이은 천의 가장자리에
고 쉰 개를 만들고, 여섯 폭을 이은
천의 가장자리에도 고 쉰 개를 만들
어라.
11 또 놋쇠 갈고리 쉰 개를 만들고, 그
갈고리를 양쪽 고에 마주 걸어서, 한
천막을 만들어라.
12 그리고 여분으로 남아 있는 천막 반
폭은 성막 뒤로 늘어뜨려라.
13 천막 폭 너비에서 양쪽으로 한 자씩
남아 있는 것은, 성막 양 옆으로 늘
어뜨려서 성막을 덮게 하여라.
14 ○천막 덮개를 두 개 더 만들어라.
하나는 붉게 물들인 숫양 가죽으로
만들고, 그 위에 덮을 또 다른 덮개
는 돌고래 가죽으로 만들어라.
15 ○성막을 세울 널빤지는 아카시아
나무로 만들어라.
16 각 널빤지는, 길이를 열 자, 너비를
한 자 반으로 하고,
17 널빤지마다 거기에 촉꽂이 두 개를
만들어, 서로 잇대어 세워라. 너는
성막의 모든 널빤지를 이와 같이 만
들어라.
18 성막의 남쪽 벽면에 세울 널빤지는
스무 개를 만들어라.
19 그 스무 개나 되는 널빤지 밑에 받칠
밑받침은 은으로 마흔 개를 만들어
라. 널빤지마다 그 밑에 촉꽂이를 꽂
을 밑받침을 두 개씩 만들어라.
20 그리고 그 반대쪽인 성막의 북쪽 벽
면에 세울 널빤지는 스무 개를 만들
어라.
21 밑받침 마흔 개를 은으로 만들되, 널
빤지마다 그 밑에 받칠 밑받침을 두
개씩 만들어라.
22 성막 뒤쪽인 서쪽 벽면에 세울 널빤
지는 여섯 개를 만들어라.
23 성막 뒤쪽의 두 모퉁이에 세울 널빤
지는 두 개를 만들어라.
24 두 모퉁이에 세울 이 널빤지들은 밑
에서부터 꼭대기까지 겹으로 세워
서, 완전히 한 고리로 연결하여라.
그 두 모퉁이를 다 이와 같이 하여
라.
25 그러면 그것은 여덟 개의 널빤지에,
널빤지마다 그 밑에 밑받침이 두 개
씩이니, 은 밑받침은 모두 열여섯 개
가 될 것이다.

운 천으로 장식되고 성막 외부의 덮개는 이중으로 되어 있는데, 안쪽은 붉게 물들인 숫양 가죽으로, 바깥쪽은 돌고래 가죽으로 만들었다(1-14절). 성막 또한 궤나 속죄판처럼 운반하기 쉽게 만들어져서 펴고 접기에 편리하였다. 천막을 지탱해 주는 골격은 28개의 널빤지로 구성되어 있는데, 이 널빤지는 56개의 밑받침으로 세웠으며 고리를 끼워 넣은 15개의 가로다지로 단단히 연결되었다(15-29절). 휘장은 갈고리 아래 드리우게 되어 있어서 쉽게 부착할 수 있었다(31-37절). 본문에서의 강조점은 성막이 이동하기 쉽게 만들어졌다는 데에 있다. 이것은 하나님의 임재가 항상 움직이고 있다는 사실을 상징한다. 하나님의 임재는 고정되어 있을 수 없으며, 항상 백성과 더불어 능동적으로 역사하고 있는 것이다.

26:7 성막 위에 덮을 천막 1-6절의 속 휘장과는 다르다. 겉 휘장(막)은 품질은 좋지 못하지만, 햇빛과 먼지, 바람 등을 막기 위한 것이었다.

26 ○아카시아 나무로 가로다지를 만들
어라. 성막 한쪽 옆 벽의 널빤지에
다섯 개,
27 성막의 다른 한쪽 옆 벽의 널빤지에
다섯 개, 서쪽에 해당하는 성막 뒤
벽의 널빤지에 다섯 개를 만들어라.
28 널빤지들의 가운데에 끼울 중간 가
로다지는 이쪽 끝에서 저쪽 끝까지
미치게 하여야 한다.
29 널빤지에는 금을 입히고, 가로다지
를 꿸 고리를 금으로 만들어라. 또
가로다지에도 금을 입혀라.
30 성막은 내가 이 산에서 너에게 보여
준 규격대로 세워라.
31 ○청색 실과 자주색 실과 홍색 실과
가늘게 꼰 모시 실로 휘장을 짜고,
그 위에 그룹을 정교하게 수를 놓아
라.
32 휘장을 아카시아 나무로 만든 네 기
둥 위에 드리워야 하는데, 기둥마다
거기에 모두 금을 입히고, 금 갈고리
를 달아야 하며, 이 기둥들을 은으
로 만든 네 밑받침 위에 세워야 한
다.
33 너는 그 휘장을 갈고리에 걸어서 늘
어뜨리고, 그 휘장 뒤에 ㉠증거궤를
들여 놓아라. 그 휘장이 너희에게
성소와 지성소를 구별할 수 있게 할
것이다.
34 지성소에 있는 ㉠증거궤는 ㉡속죄판
으로 덮어라.
35 휘장 앞으로는 북쪽에 상을 차려 놓
고, 그 상의 맞은쪽인 성막의 남쪽
에는 등잔대를 놓아라.
36 ○청색 실과 자주색 실과 홍색 실과
가늘게 꼰 모시 실로 수를 놓아, 장
막 어귀를 가리는 막을 짜라.
37 아카시아 나무 기둥 다섯을 만들어
서, 거기에 금을 입히고, 금 갈고리를
만들어 붙여서, 이 막을 치는 데 쓰
도록 하여라. 그리고 밑받침 다섯은
놋쇠를 부어 만들어라."

제단 (출 38:1-7)

27 "아카시아 나무로 제단을 만
들어라. 그 제단은 길이가 다섯
자요 너비가 다섯 자인 네모난 모양
으로 만들고, 그 높이는 석 자로 하
여라.
2 제단의 네 모퉁이에 뿔을 하나씩 만
들어 붙이되, 그 뿔과 제단을 하나로
이어놓고, 거기에 놋쇠를 입혀야 한
다.
3 재를 담는 통과 부삽과 대야와 고기
갈고리와 불 옮기는 그릇을 만들어
라. 이 모든 기구는 놋쇠로 만들어
야 한다.
4 제단에 쓸 그물 모양의 석쇠는 놋쇠
로 만들고, 그 놋 석쇠의 네 모퉁이
에 놋쇠 고리 넷을 만들어 붙여라.
5 그리고 그 놋 석쇠를 제단 가장자리

26:30 보여 준 규격대로 성막의 모든 구조는 하나님께서 보여 주신 규격대로 만들어야 했다. 즉, 원형이신 예수 그리스도는 하늘에 계시고, 모형인 성막은 하나님께서 지시하신 모양대로 지상에 세워지는 것이다(25:8-9;히 8:5).

26:33 지성소 성막에서 가장 깊숙이 있는 내실(內室)이다. 또 예루살렘 성전에서 가장 깊숙이 있는 내소(內所)를 의미하기도 한다(왕상 6:16).

㉠ 또는 '법궤' ㉡ 또는 '속죄소' 또는 '시은좌'

27장 요약 성막 뜰에 설치될 번제단과 성막 뜰 울타리, 등불 관리에 관한 규정이다. 번제단은 짐승을 잡아 하나님께 제사를 드리던 제단이다. 여기에서 희생 제물로 죽임을 당하는 짐승은 우리 죄를 대신해 돌아가신 그리스도를 예표한다. 성막의 뜰은 제사드리러 온 사람들이 모이는 장소로서 이스라엘 백성이면 누구나 들어갈 수 있었다.

밑에 달아서, 제단의 중간에까지 이
르게 하여라.
6 제단을 옮기는 데 쓸 채를 만들되,
이것을 아카시아 나무로 만들고 거
기에 놋쇠를 입혀라.
7 이 채들을 제단 양 옆의 고리에 끼워
서, 그것을 운반할 수 있게 하여라.
8 제단은 널빤지로 속이 비게 만들되,
내가 이 산에서 너에게 보여 준 그대
로 만들어야 한다."

성막 뜰 울타리 (출 38:9-20)

9 ○"성막 뜰을 두르는 울타리를 만들
어라. 가는 실로 짠 모시 휘장으로
울타리를 두르도록 하여라. 남쪽 휘
장은 길이가 백 자가 되게 하여라.
10 휘장을 칠 기둥 스물과 그 밑받침
스물을 놋쇠로 만들고, 그 기둥의
갈고리와 고리를 은으로 만들어라.
11 북쪽에도 마찬가지로, 그 길이가 백
자가 되는 휘장을 치고, 기둥 스물과
밑받침 스물을 놋쇠로 만들고, 그 기
둥의 갈고리와 고리를 은으로 만들
어라.
12 해 지는 쪽인 서쪽 울타리에 칠 휘장
의 길이는 쉰 자로 하고, 기둥 열 개
와 밑받침 열 개를 만들어라.
13 해 뜨는 쪽인 동쪽 울타리도 그 길이
를 쉰 자로 하여라.
14 동쪽의 정문 한쪽에 밑받침 셋을 놓
고서, 그 위에 기둥 셋을 세운 다음
에, 열다섯 자 되는 휘장을 쳐라.
15 다른 한쪽에도 밑받침 셋을 놓고서,
그 위에 기둥 셋을 세운 다음에, 열
다섯 자 되는 휘장을 쳐라.
16 동쪽 울타리의 정문에 칠 막은, 청색
실과 자주색 실과 홍색 실과 가늘게
꼰 모시 실로 수를 놓아 짠 것으로,
그 길이가 스무 자가 되는 막을 만
들어서 치되, 밑받침 넷을 놓고 그
위에 기둥 넷을 세운 다음에 그것을
쳐라.
17 ○울타리 사면의 기둥에는 모두 은
고리와 은 갈고리를 달고, 그 밑받침
은 놋쇠로 하여라.
18 울타리를 두른 뜰의 길이는 백 자,
너비는 쉰 자, 높이는 다섯 자로 하
여라. 가는 실로 짠 모시를 둘러 치
되, 놋쇠로 된 밑받침을 받쳐야 한
다.
19 성막에서 각종 제사에 쓰는 기구와
성막의 말뚝과 울타리의 말뚝은 모
두 놋쇠로 만들어야 한다."

등불 관리 (레 24:1-4)

20 ○"너는 이스라엘 자손에게 명하여,
올리브를 찧어서 짜낸 깨끗한 기름
을 가져다가 등불을 켜게 하되, 그
등불은 늘 켜 두어라.
21 아론과 그 아들들은 그것을 회막 안
의 ㉠증거궤 앞에 쳐놓은 휘장 밖에
켜 두어서, 저녁부터 아침까지 주 앞

27:2 네 모퉁이에 뿔 '도움'과 '도피처'를 상징하고 (왕상 1:50;2:28;시 18:2), '제단의 속죄 능력'을 상징한다. 왜냐하면 희생 제물의 피를 이 뿔에 발랐기 때문이다(29:12;레 4:7,18,25,30,34).

27:9-19 하나님이 회중들을 초청하시는 곳이다. 곧 백성들의 회집 장소를 가리킨다. 성소와 지성소에는 제사장과 대제사장만이 들어갈 수 있었으나, 성막의 뜰에는 이스라엘 백성이면 누구나 들어갈 수 있었다. 따라서 이곳은 '구원의 장소', '생명의 장소'를 상징한다.

27:20-21 깨끗한 기름 이 기름은 덜 익은 올리브 열매를 으깨 채취한 것을 말한다. 이 기름을 태워서 생기는 불빛은 맑고 투명했으며, 그을음이 없었다. 등불 (히) '네르'. 순금 등잔대(25:31)와 구별되는 듯하다. 등불은 '생명'(삼하 22:29), '하나님의 임재'(요 8:12), '율법'(시 119:105), '다윗 왕조의 영원성'(왕상 11:36) 등을 상징한다.

㉠ 또는 '법궤'

에서 꺼지지 않도록 보살펴야 한다.
이것은 이스라엘 자손이 대대로 길
이 지켜야 할 규례이다."

제사장의 예복 (출 39:1-7)

28 "너는 이스라엘 자손 가운데
서 너의 형 아론과 그의 아들,
나답과 아비후와 엘르아살과 이다
말을 불러내서, 나를 섬기는 제사장
일을 맡겨라.
2 너는 너의 형 아론이 입을, 영화롭고
아름답게 보이는 거룩한 예복을 만
들어라.
3 내가 슬기로운 생각으로 가득 채워
준 모든 재주 있는 사람을 불러다가,
나를 섬길 아론이 제사장이 되어서
입을 예복을 만들라고 하여라.
4 그들이 만들어야 할 예복은 이러하
니, 곧 가슴받이와 에봇과 겉옷과
줄무늬 속옷과 관과 띠이다. 이렇게
그들은 너의 형 아론과 그의 아들들
에게 거룩한 예복을 만들어 주어서,
나를 섬기는 제사장 일을 맡게 하여
야 한다.
5 에봇을 만드는 이들은 금 실과 청색
실과 자주색 실과 홍색 실과 가늘게
꼰 모시 실을 써서 에봇을 만들어야
한다.
6 ○그들은 금 실과 청색 실과 자주색
실과 홍색 실과 가늘게 꼰 모시 실
로 정교하게 감을 짜서 에봇을 만들
어야 한다.
7 에봇의 양쪽에 각각 멜빵을 만들어
서 달아라. 에봇을 입을 때에 멜빵
을 조여서 조정하게 된다.
8 에봇 위에 띨 허리띠는 에봇을 짤 때
와 같은 방법으로, 금 실과 청색 실
과 자주색 실과 홍색 실과 가늘게
꼰 모시 실로 짜서, 에봇에 한데 이
어 붙여라.
9 너는 홍옥수 두 개를 구해다가, 그
위에 이스라엘의 아들들의 이름을
새겨라.
10 태어난 순서를 따라서 한 보석에 여
섯 명의 이름을 새기고, 또 다른 보
석에 나머지 여섯 명의 이름을 새겨
라.
11 보석을 세공하는 사람이 인장 반지
를 새기듯이, 두 보석 위에 이스라엘
아들들의 이름을 새겨라. 그리고 그
보석들을 금테에 물려라.
12 그 두 보석은 이스라엘 지파들을 상
징하는 기념 보석이니, 에봇의 양쪽
멜빵에 달아라. 아론이 이렇게 그들
의 이름을 자기의 두 어깨에 짊어지
고 다니면, 내가 나의 백성을 늘 기
억하겠다.
13 또 고리들을 금으로 만들어라.
14 노끈처럼 꼰 두 사슬도 순금으로 만
들고, 그 꼰 사슬을 금고리에 달아
라."

28장 요약 제사장의 예복은 가슴받이와 에봇, 겉옷, 줄무늬 속옷, 관, 띠, 성직패로 구성된다. *제사장의 예복*은 두 가지 사실을 나타낸다. 첫째, 하나님께로부터 위임받은 제사장 직분의 거룩성과 위엄이다. 둘째, 이 권위를 부여해 주신 하나님께 대한 절대적 순종이다.

28:1–43 28장 서두에서, 하나님은 모세와 아론과 아론의 아들들을 가까이 오게 하셨다(1절). 그리고 마지막 부분에서, 하나님은 모세로 하여금 제사장에게 예복을 입히고 기름을 부어 위임식을 행하여, 제사장 직분을 감당하도록 하셨다(41절). 이 두 곳 사이에는 신성한 제사장의 예복에 관한 기록이 나와 있다(2–39절). 에봇에는 이스라엘 백성이 하나님의 임재를 늘 기억할 수 있도록, 이스라엘 아들들의 이름을 새긴 홍옥수가 부착되어 있었다(6–14절). 판결 가슴받이에는 각 보석에 이스라엘의 열두 아들들의 이름을 새겨 넣었는

가슴받이 (출 39:8-21)

15 ○"너는 에봇을 짤 때와 같은 방법
으로 금 실과 청색 실과 자주색 실
과 홍색 실과 가늘게 꼰 모시 실로
정교하게 짜서 판결 가슴받이를 만
들어야 한다.
16 이것은 두 겹으로 겹쳐서 네모나게
만들되, 그 길이가 한 뼘, 너비가 한
뼘이 되게 하여라.
17 그리고 거기에 네 줄 보석을 박아라.
첫째 줄에는 홍보석과 황옥과 취옥
을 박고,
18 둘째 줄에는 녹주석과 청옥과 백수
정을 박고,
19 셋째 줄에는 풍신자석과 마노와 자
수정을 박고,
20 넷째 줄에는 녹주석과 얼룩 마노와
벽옥을 박되, 이 보석들을 모두 금테
에 물려라.
21 이 보석들은 이스라엘의 아들의 수
대로 열둘이 되게 하고, 인장 반지를
새기듯이 보석마다 각 사람의 이름
을 새겨서, 이 보석들로 열두 지파를
나타내게 하여라.
22 ○가슴받이를 가슴에 매달 사슬은
순금으로 노끈처럼 꼬아서 만들어
라.
23 그리고 가슴받이에 걸 금고리 두 개
를 만들어서, 고리 두 개를 가슴받
이의 양쪽 끝에 달아라.
24 금사슬 두 개를 꼬아서, 가슴받이
양쪽 끝에 있는 두 고리에 매어라.
25 그리고 꼰 사슬의 다른 두 끝을 에
봇 앞쪽의 멜빵에 달린 두 금테에
매달아라.
26 금고리 두 개를 더 만들고, 그것을
가슴받이 아래의 양쪽 가장자리 안
쪽인 에봇과 겹치는 곳에 달아라.
27 그리고 다른 금고리 두 개를 더 만
들어서, 에봇의 양쪽 멜빵 앞자락
아래, 곧 정교하게 짠 에봇 띠를 매
는 곳 조금 위에 달아라.
28 청색 실로 꼰 끈으로 가슴받이 고리
를 에봇 고리에 매되, 정교하게 짠
에봇 띠 조금 위에다 매어서, 가슴받
이가 에봇에서 떨어지지 않도록 하
여라.
29 ○아론이 성소로 들어갈 때에는, 이
스라엘의 아들들의 이름이 새겨진
판결 가슴받이를 가슴에 달고 들어
가게 하여, 이것을 보고 나 주가 언
제나 이스라엘을 기억하게 하여라.
30 판결 가슴받이 안에 ㉠우림과 ㉡둠
밈을 넣어서, 아론이 주 앞으로 들어
올 때에, 그것을 가슴에 지니고 들어
오게 하여라. 아론은 주 앞에서 이
스라엘 자손의 시비를 가릴 때에, 언
제나 그것을 가슴에 지녀야 한다."

제사장의 또다른 예복 (출 39:22-31)

31 ○"에봇에 딸린 겉옷을 만들되, 청색

데, 이것은 이스라엘을 통하여 하나님의 임재가 빛날 것임을 상징해 준다(15-28절). 우림과 둠밈은 가슴받이 안에 두었는데, 이것은 이스라엘의 길은 하나님에 의해 결정된다는 사실을 보여 준다(29-30절). 에봇을 받쳐 주는 겉옷과 그 외의 기구들은 하나님과 인간 사이의 엄연한 구분을 시사해 주고 있다. 곧 '주님의 성직자'라고 새긴 패에 의하여 하나님은 이스라엘의 성물을 받으신다(31-39절). 따라서 제사장의 예복은 하나님께 드리는 예배에서 중보 역할을 감당한다(38절).

28:30 우림과 둠밈 우림은 히브리어 알파벳의 첫 글자인 '알렙'으로 시작되고, 둠밈은 끝 글자인 '타우'로 시작된다. 이는 각각 '빛'과 '완전'을 뜻한다. 우림과 둠밈의 용도는 양자택일의 문제에서 하나님의 판결을 얻는 데 사용되었다(민 27:21;신 33:8;삼상 14:41-42;스 2:63;느 7:65;잠 16:33).

28:36-38 주님의 성직자 '대제사장은 하나님 앞

㉠ '빛' ㉡ '완전함'

으로 만들어라.
32 그 겉옷 한가운데 머리를 넣을 구멍
을 내고, 그 구멍의 둘레를 갑옷의
깃처럼 단단히 홀쳐서 찢어지지 않
도록 하여라.
33 그리고 겉옷자락 둘레에는 청색 실
과 자주색 실과 홍색 실로 석류 모
양의 술을 만들어 달고, 석류 술 사
이사이에 금방울을 만들어 달아라.
34 겉옷자락을 돌아가며, 금방울 하나
석류 하나, 또 금방울 하나 석류 하
나를 달아라.
35 그리하여 아론이 제사를 드릴 때에,
이것을 입게 하여라. 주의 앞 성소를
드나들 때에, 방울 소리가 나면, 그
가 죽지 않을 것이다.
36 ○너는 순금으로 패를 만들어서, 그
위에, 인장 반지를 새기듯이 ㉠'주님
의 성직자'라고 새겨라.
37 이것을 청색 실로 꼰 끈에 매어서 제
사장이 쓰는 관에 달되, 그것이 관
앞쪽으로 오게 하여라.
38 이것을 아론의 이마에 달게 하여, 이
스라엘 자손이 거룩한 예물을 드릴
때에, 그 거룩한 봉헌물을 잘못 드려
서 지은 죄를 그가 담당하도록 하여
라. 그는 그것을 늘 이마에 달고 있
어야 한다. 그러면 그가 바치는 예물
을, 나 주가 기꺼이 받아 줄 것이다.
39 ○너는 가는 모시 실로 줄무늬 속옷
을 지어라. 가는 모시 실로 제사장
이 쓰는 관을 만들고, 수를 놓아 예
복의 허리띠를 만들어라.
40 ○아론의 아들들에게 입힐 속옷을
만들어라. 그들이 띨 허리띠도 만들
고, 그들이 쓸 관도 만들어서, 그들
이 영화롭고 아름답게 보이도록 하
여라.
41 너의 형 아론과 그의 아들들에게 그
것을 입히고, 그들에게 기름을 부어
서 제사장으로 세우고, 그들을 거룩
히 구별하여, 나를 섬기게 하여라.
42 그들에게 허리에서 넓적다리까지 덮
이는 속바지를 모시 실로 만들어 입
히고, 그들의 몸 아래를 가리게 하여
라.
43 아론과 그의 아들들은 회막에 들어
갈 때에나 성소에서 제사를 드리려
고 제단으로 나아갈 때에, 그것을 입
어서 몸 아래를 가려야 한다. 몸 아
래를 노출하는 죄를 지으면 죽는다.
이것은 그와 그의 자손이 지켜야 할
영원한 규례이다."

제사장 위임식 준비 (레 8:1-36)

29 "나를 섬기는 제사장을 거룩
히 구별하여 세우는 절차는 이
러하다. 수송아지 한 마리와 숫양
두 마리를 흠 없는 것으로 골라라.
2 그리고 누룩을 넣지 않은 빵과 누룩
없이 기름만 섞어 만든 과자와, 누룩

에 구별되어 바쳐진 사람'이란 뜻이다.

28:41 기름을 부어서 제사장으로 세우고 '메시아'는 '기름을 붓다'란 의미를 가진 히브리어 동사 '마솨흐'에서 나온 말이다. 구약 성경에서 왕·예언자·제사장들을 구별하여 세울 때, 그들에게 기름을 부어(삼상 10:1;왕상 19:16) '메시아'(기름 부음을 받은 자)라고 불렀다. 예수 그리스도를 '메시아'라고 함으로써, 고유 명사가 되었다.

29장 요약 레위 자손인 아론과 그의 아들들에게 제사장 직분을 위임하는 것에 대한 규정이다. 제사장 위임식은 백성을 대표하여 제사장들이 기름 부음 받아 제사를 담당하게 하기 위한 것으로서 이를 위해서는 먼저 제사장이 자신의 성결함을 위해 속죄제와 번제, 화목제와 곡식제를 드려야 했다.

29:1-34 제사장 위임식은 하나님을 경배하는 장

㉠ 또는 '주님께 거룩'

없이 기름만 바른 속 빈 과자를, 고
운 밀가루를 가지고 만들어라.
3 너는 그것을 모두 한 광주리에 넣어
서, 수송아지와 두 마리의 숫양과 함
께 광주리째 바쳐라.
4 ○너는 아론과 그의 아들들을 회막
어귀로 데리고 와서 목욕을 하게 하
고
5 의복을 가져다가, 속옷과 에봇 밑에
입는 겉옷과 에봇과 가슴받이를 아
론에게 입게 하고, 정교하게 짠 에봇
띠를 띠게 하여라.
6 너는 그의 머리에 관을 씌우고, 그
관 위에 성직패를 붙여라.
7 그리고 거룩하게 구별하는 데 쓰는
기름을 가져다가, 그의 머리 위에 부
어, 그를 거룩하게 구별하여라.
8 또 너는 그의 아들들을 데려다가 속
옷을 입게 하고,
9 띠를 띠게 하고, 머리에 두건을 감게
하여서, 그들에게 제사장의 직분을
맡겨라. 그리하여 이것이 영원한 규
례가 되게 하여라. 너는 이러한 방식
으로 아론과 그의 아들들에게 일을
맡겨라.
10 ○수소를 회막 앞으로 끌어다가, 아
론과 그의 아들들이 그 수소의 머리
에 두 손을 얹게 한 다음에,
11 회막 어귀 주 앞에서 그 수소를 잡
아라.
12 그리고 그 수소의 피를 받아다가 너
의 손가락으로 제단의 뿔에 바르고,
나머지 피는 모두 제단 밑에 부어라.
13 내장을 덮은 모든 기름기와 간에 붙
은 기름 덩어리와 두 콩팥과 거기에
붙은 기름기를 떼어 내서 제단 위에
서 살라 바쳐라.
14 수소의 고기와 가죽과 똥은 진 바깥
에서 불에 태워라. 이것이 바로 속죄
의 제사이다.
15 ○아론과 그의 아들들에게 숫양 한
마리를 끌어다 주고, 그 숫양의 머리
위에 그들의 손을 얹게 한 다음에,
16 그 숫양을 잡고, 피를 받아서, 제단
둘레에 뿌려라.
17 그 숫양의 각을 뜬 다음에, 내장과
다리는 씻어서 각을 뜬 고기와 머리
위에 얹어 놓아라.
18 이렇게 하여, 그 숫양 전체를 제단
위에서 통째로 살라 바쳐라. 이것이
바로 나 주에게 드리는 번제이며, 이
것이 바로 향기로 나 주를 기쁘게
하는 살라 바치는 제물이다.
19 ○너는 다시 다른 숫양 한 마리를 끌
어다 놓고, 아론과 그의 아들들이
그 숫양의 머리 위에 손을 얹게 한
다음에,
20 그 숫양을 잡고, 피를 받아서, 아론
의 오른쪽 귓불과 그의 아들들의 오
른쪽 귓불에 바르고, 그 오른손 엄

소에서 절차에 따라 거룩하게 진행된다. 이런 의식을 진행하는 이유는 제사장들로 하여금 백성들을 대표하여 기름 부음을 받아, 백성들을 대신하여 하나님 앞에서 예배의 직무를 감당하게 하기 위해서이다. 먼저 아론과 그의 아들들은 몸을 깨끗이 한 다음 예복을 입고, 희생 제물들을 갖추어 위임식을 준비한다(1–9절). 제사장 직분을 수행하기 위해서는 제사장들부터 먼저 성결하게 되어야 하므로 제사장들의 죄를 수소에게 전가시키는 속죄 제사를 거행한다(10–14절). 그리고 숫양 하나를 취하여 그들을 대신하여 번제단 위에 사름으로써, 하나님께 완전한 헌신을 상징하는 화제 제사를 거행한다(15–18절). 또한 다른 숫양 하나를 취하여 그 피를 그들에게 바르는데, 이는 제사장 직분에 대한 완전한 복종을 상징한다(19–21절). 그 다음, 누룩을 넣지 않은 빵 한 덩이와 기름을 섞어서 만든 과자와 속 빈 과자로 흔들어 바치는 제물을 삼고, 이것을 번제물 위에다 불

지와 오른발 엄지에도 발라라. 그리
고 남은 피를 제단 둘레에 뿌려라.
21 너는 제단 위에 있는 피와 거룩하게
구별하는 기름을 가져다가 아론과
그의 옷 위에 뿌리고, 아론의 아들
들과 그들의 옷 위에 뿌려라. 그렇게
하면, 아론과 그의 옷과 그의 아들
들과 그들의 옷이 거룩하게 된다.
22 ○이 숫양에서 기름기와 기름진 꼬
리와 내장을 덮은 기름기와 간에 붙
은 기름 덩어리와 두 콩팥과 그것을
덮은 기름기를 떼어 내고, 오른쪽 넓
적다리를 잘라 내어라. 제사장을 위
임하는 의식에서 쓸 것이니,
23 너는, 주 앞에 있는 누룩을 넣지 않
은 빵을 둔 광주리에서 빵 한 덩이
와 기름을 섞어서 만든 과자 한 개
와 속 빈 과자 한 개를 가져다가,
24 그 전부를 아론의 손과 그의 아들들
의 손에 얹어 주어, 그것으로 주 앞
에 흔들어 바치는 제물로 드리게 하
여라.
25 너는 그들의 손에서 그것을 받아다
가, 제단의 번제물 위에 놓고 불살라
라. 이것이 바로 향기로 나 주를 기
쁘게 하는, 나 주에게 살라 바치는
제물이다.
26 ○아론의 제사장 위임식에 쓸 숫양
에서 가슴을 떼어, 나 주에게 흔들
어 바치는 예식을 하고 나서, 그것을
너의 몫으로 가져라.
27 ○너는 아론과 그의 아들들의 제사
장 위임식에 쓴 숫양 고기 가운데서
흔들어 바친 것과 들어올려 바친 것
곧 흔들어 바친 가슴과 들어올려 바
친 넓적다리를 거룩하게 구별하여
놓아라.
28 이것은 들어올려 바친 제물이므로,
아론과 그의 아들들이 이스라엘 자
손에게서 받을 영원한 분깃이다. 이
제물은 이스라엘 자손이 그들의 화
목제물로 나 주에게 들어올려 바친
제물이다.
29 ○아론의 거룩한 옷은 그의 자손들
에게 물려 주어서, 그들이 제사장 위
임식 때에 그것을 입고 기름부음을
받게 하여라.
30 아론의 아들 가운데서, 그의 제사장
직을 이어받고 회막에 들어가서 성
소에서 예배를 드릴 사람은, 이레 동
안 이 옷을 입어야 한다.
31 ○너는 제사장 위임식 때에 드린 숫
양의 살코기를 가져다가, 거룩한 곳
에서 삶아라.
32 아론과 그의 아들들은 회막 어귀에
서 바로 이 숫양의 살코기와 광주리
에 든 빵을 먹는다.
33 이것은 그들을 거룩히 구별하여 제
사장으로 세우고 속죄의 제물로 바
친 것이므로, 그들만이 먹을 수 있

사른다. 이것은 제사장 직분이 근면하게 수행되어야 하며, 제사장이 올바르게 처신해야 함을 상징한다(23–25절). 한편, 다른 숫양(19절)의 나머지 부분은 '위임식의 숫양'이라고 하는데(22절), 이 부분은 흔들어 바치는 예식을 드리고(26–27절) 들어올려 바친 제물로 삼아(28절) 그 고기를 삶은 다음 속죄물로서 제사장들만 먹는다(31–34절). 이렇게 함으로써 제사장들은 하나님 앞에서 거룩하게 구별되어 제사장 직분을 온전히 수행할 수 있게 된다.

29:33–34 속죄의 제물로 번역된 (히) '쿠파르'는 '덮다, 씻다, 화해하다' 등의 뜻을 가진 동사 '카파르'에서 나왔다. 제사장의 위임식에서 그들을 거룩하게 하는 데 쓰인 제물은 타인이 먹을 수 없었다. 오직 위임식 제사에서 제사장 역할을 했던 사람과 위임받은 제사장만이 먹을 수 있었다.

29:35–37 제사장 위임식은 7일 동안 계속되는데, 하나님의 임재와 더불어 계속 진행된다. 따라

다. 이것은 거룩한 것이므로, 다른
사람은 먹을 수 없다.
34 제사장 위임식의 살코기나 빵이 이
튿날 아침까지 남아 있거든, 너는 그
남은 것을 불에 태워라. 그것은 거룩
한 것이므로, 먹어서는 안 된다.
35 ○너는 아론과 그의 아들들에게 내
가 너에게 시킨 그대로 하여 주되,
제사장 위임식은 이레 동안 하여라.
36 너는 날마다 수송아지 한 마리씩을
바쳐서, 죄를 속하는 속죄제를 드려
라. 너는 제단 위에 속죄제물을 드려
서, 그 제단을 깨끗하게 하고, 그것
에 기름을 부어서 거룩하게 하여라.
37 ○너는 이레 동안 제단 위에 속죄제
물을 드려서, 제단을 거룩하게 하여
라. 그렇게 하면 그 제단은 가장 거
룩하게 되고, 그 제단에 닿는 것도
모두 거룩하게 될 것이다."

매일 드리는 번제 (민 28:1-8)

38 ○"네가 제단 위에 바쳐야 할 것은
이러하다. 일 년 된 어린 숫양 두 마
리를 날마다 바쳐야 한다.
39 숫양 한 마리는 아침에 바치고, 다른
한 마리 숫양은 저녁에 바쳐라.
40 첫 번째 숫양을 바칠 때에는 고운
밀가루 십분의 일 에바와 찧어 짠 기
름 사분의 일 힌을 섞어서 바치고,
포도주 사분의 일 힌을 부어 드리는
제물로 바쳐라.
41 너는 저녁에 두 번째 숫양을 바칠 때
에도 아침에 한 것처럼, 같은 양의
곡식제물과 부어 드리는 제물을 바
쳐라. 이것이 향기로 주를 기쁘게 하
는 살라 바치는 제사이다.
42 이것은 너희가 대대로 계속해서 주
앞 회막 어귀에서 바칠 번제이며, 내
가 거기에서 너희를 만날 것이고, 거
기에서 너에게 말하겠다.
43 내가 거기에서 이스라엘 자손을 만
날 것이다. 거기에서 나의 영광을 나
타내어 그 곳이 거룩한 곳이 되게
하겠다.
44 내가 회막과 제단을 거룩하게 하고,
아론과 그의 아들들을 거룩하게 하
여, 나를 섬기는 제사장으로 삼겠다.
45 내가 이스라엘 자손 가운데 머물면
서 그들의 하나님이 되겠다.
46 그리고 그들은, 바로 내가, 그들 가운
데 머물려고, 그들을 이집트 땅에서
이끌어 낸 그들의 주 하나님임을 알
게 될 것이다. 나는 그들의 주 하나
님이다."

분향단 (출 37:25-28)

30 "너는 분향단을 만들되, 아카
시아 나무로 만들어라.
2 길이가 한 자요, 너비가 한 자인 네
모난 모양으로 만들고, 높이는 두 자
로 하고, 그 뿔과 단은 하나로 이어
놓아라.

서, 모든 의식 절차는 하나님 앞에서 깨끗하고 거룩하게 준비되고, 진행되어야 한다.

29:38-44 회막 어귀에서 번제와 곡식제와 전제를 날마다 드리는 것은, 하나님이 주신 은혜에 대한 감사의 표시이다. 하나님께서 백성들과 회막 어귀에서 만나심으로써 백성들의 부정한 것이 거룩하게 되고, 거룩하게 된 그곳에 하나님이 거주하시게 된다. 회막은 하나님이 택한 백성들과 함께 계심을 구체적으로 증거해 준다.

30장 요약 분향단은 성도의 기도를 상징한다. 물두멍은 제사드리기 전에 더러운 손발을 씻는 일종의 대야이다. 이는 하나님께 나아가는 자는 물과 성령으로 거듭나야 함을 의미한다. 11-16절의 속전(贖錢) 규례는 언약 백성은 하나님의 은혜에 감사해야 함을 가르쳐 준다.

30:1-10 분향은 기도를 상징한다. 계속 타오르는 향은 하나님 앞에서의 끊임없는 기도를 의미한다

3 그리고 너는 그 단의 윗면과 네 옆면
과 뿔을 순금으로 입히고, 그 가장
자리에 금테를 둘러라.
4 또 금고리 두 개를 만들어 그 금테
아래 양쪽 옆에 붙여서, 그것을 들고
다닐 채를 끼울 수 있게 하여라.
5 너는 아카시아 나무로 채를 만들고,
거기에 금을 입혀라.
6 너는 분향단을 증거궤 앞, 곧 증거판
을 덮고 있는 속죄판 앞, 휘장 정면
에 놓아 두어라. 거기 그 속죄판에
서 내가 너를 만날 것이다.
7 아론은 그 분향단 위에다가 향기로
운 향을 피워야 하는데, 매일 아침
그가 등을 손질할 때마다 향을 피워
야 하고,
8 저녁때에 등불을 켤 때에도 향을 피
워야 한다. 이것이 너희가 대대로 계
속하여 주 앞에서 피워야 하는 향이
다.
9 그 위에다가 다른 이상한 향을 피워
서도 안 되고, 번제물이나 곡식제물
을 올려서도 안 되고, 그 위에다가
부어 드리는 제물을 부어서도 안 된
다.
10 아론은 분향단 뿔에 한 해에 한 번
씩 속죄예식을 하여야 하고, 한 해에
한 번씩 속죄의 피를 발라서 분향단
을 속죄하여야 한다. 너희는 대대로
이와 같이 하여라. 이것은 주에게 가
장 거룩한 것이다."

회막 세금

11 ○주님께서 모세에게 말씀하셨다.
12 "네가 이스라엘 자손의 수를 세어
인구를 조사할 때에, 그들은 각자 자
기 목숨 값으로 속전을 주에게 바쳐
야 한다. 그래야만 인구를 조사할
때에, 그들에게 재앙이 미치지 않을
것이다.
13 인구 조사를 받는 사람은 누구나 성
소의 세겔로 반 세겔을 내야 한다.
한 세겔은 이십 게라이다. 이 반 세
겔은 주에게 올리는 예물이다.
14 스무 살이 넘은 남자, 곧 인구 조사
를 받는 사람은 누구나 다 주에게
이 예물을 바쳐야 한다.
15 너희가 목숨 값으로 속전을 주에게
올리는 예물은 반 세겔이다. 부자라
고 해서 이보다 더 많이 내거나, 가
난한 사람이라고 해서 이보다 덜 내
는 일이 없도록 하여라.
16 너는 이스라엘 자손에게서 속전을
받아 회막 비용으로 쓸 수 있게 내
주어라. 나 주는 이것을 너희 목숨
값의 속전으로 여기고, 너희 이스라
엘 자손을 기억하여서 지켜 줄 것이
다."

놋 물두멍

17 ○주님께서 모세에게 말씀하셨다.
18 "너는 물두멍과 그 받침을 놋쇠로

(시 141:2;계 5:8;8:3 이하). 분향단의 위치가 증거궤 앞에 있는 휘장 바로 앞에 놓여 있다는 것은 제사장의 기도가 속죄를 필요로 한다는 사실을 말해 주고 있다(6절). 따라서 일 년에 한 번씩 속죄제의 피로써 속죄를 받아야 한다(10절).

30:1 아카시아 나무 단의 윗부분 네 귀퉁이에는 뿔이 하나씩 달려 있고, 순금으로 입혔다. 윗부분의 테두리를 금으로 입혔으며, 금테 아래 양쪽 옆에 금고리 두 개를 만들어 채를 끼워 이동할 수 있게 했다. 채도 아카시아 나무로 만들고 금을 입혔다.

30:11-16 '목숨 값으로 속전'(12절)이란 하나님의 임재에 대한 이스라엘의 공적 신앙 고백이라 할 수 있다. 왜냐하면 인구 조사를 통하여 이스라엘은 하나님께서 족장들과 세우신 언약에 근거하여 자신들을 구원해 주신 하나님의 은혜에 감사하지 않을 수 없었기 때문이다. 또한 부자나 가난한 사람이나 동일한 속전을 내어야 했는데(15-16절),

만들어서, 씻는 데 쓰게 하여라. 너
는 그것을 회막과 제단 사이에 놓
고, 거기에 물을 담아라.
19 아론과 그의 아들들이 그 물로 그들
의 손과 발을 씻을 것이다.
20 그들이 회막에 들어갈 때에는, 물로
씻어야 죽지 않는다. 그들이 나 주에
게 제물을 살라 바치려고 제단으로
가까이 갈 때에도, 그렇게 해야 한
다.
21 이와 같이 그들은 그들의 손과 발을
씻어야 죽지 않는다. 이것은 그와 그
의 자손이 대대로 지켜야 할 영원한
규례이다."

성별하는 향유

22 ○주님께서 모세에게 말씀하셨다.
23 "너는 제일 좋은 향품을 취하되, 순
수한 몰약을 오백 세겔, 향기로운 육
계를 그 절반인 이백오십 세겔, 향기
로운 향초 줄기를 이백오십 세겔,
24 계피를 오백 세겔, 이렇게 성소 세겔
로 취하고, 올리브 기름 한 힌을 취
하여라.
25 너는 향을 제조하는 법을 따라 이
모든 것을 잘 섞어서, 성별하는 기름
을 만들어라. 이것이 성별하는 기름
이 될 것이다.
26 너는 이것을 회막과 증거궤에 바르
고,
27 상과 그 모든 기구와 등잔대와 그 기
구와 분향단과
28 번제단과 그 모든 기구와 물두멍과
그 받침에 발라서,
29 이 모든 것을 거룩하게 하여라. 그러
면 그것들이 가장 거룩한 것이 되며,
거기에 닿는 모든 것이 거룩하게 될
것이다.
30 ○너는 아론과 그의 아들들에게 그
기름을 발라서, 그들을 거룩하게 구
별하고, 나를 섬기는 제사장으로 세
워라.
31 너는 이스라엘 자손에게 이렇게 일
러주어라. 이것은 너희가 대대로 성
별하는 데만 써야 하는 기름이다.
32 너희는 이것을 아무의 몸에나 부어
서는 안 되며, 또 그것을 만드는 방
법으로 그와 똑같은 것을 만들어서
도 안 된다. 이것은 거룩한 것이니,
너희가 거룩하게 다루어야 한다.
33 그렇게 섞어 그와 똑같은 것을 만들
거나, 그것을 다른 아무에게나 발라
주는 사람은, 누구든지 그 백성에게
서 끊어질 것이다."

가루향

34 ○주님께서 모세에게 말씀하셨다.
"너는 향품들 곧 소합향과 나감향과
풍자향을 구하여 그 향품들을 순수
한 유향과 섞되, 저마다 같은 분량으
로 하여라.
35 너는 향을 제조하는 법을 따라서 잘

이것은 공동체 안의 개개인은 하나님 앞에서 모두 동등한 가치를 갖고 있음을 보여 준다.

30:17-21 제사장이 하나님 앞에 나아갈 때는 손과 발을 깨끗이 씻어야 한다. 이렇게 하지 않으면 죽임을 당한다. 왜냐하면, 부정한 손과 발로 성물(聖物)을 다룰 수 없기 때문이다.

30:22-38 하나님께 바쳐지는 기름과 향은 거룩한 것이므로 특별한 제조법에 의하여 최상의 품질로 만들어야 한다. 성막에 있는 다른 기구들처럼, 기름과 향도 하나님만을 위해 거룩하게 사용되어야 한다. 그러므로 인간이 사용하는 것과는 엄연히 구분되어야 한다(33,38절).

30:34 향품들 성막 안 분향단에서 태울 향을 가리킨다. ① 소합향 - 인도에서 나는 향의 일종 ② 나감향 - 향조개 혹은 다른 연체동물에서 뽑은 향의 일종 ③ 풍자향 - 향나무의 일종, 사향 비슷한 냄새를 가졌다. ④ 유향 - 올리브과의 나무에서 채취한 향기로운 진액이다.

섞은 다음에, 소금을 쳐서 깨끗하고
거룩하게 하여라.
36 너는 그 가운데서 일부를 곱게 빻아
서, 내가 너와 만날 회막 안 증거궤
앞에 놓아라. 이것은 너희에게 가장
거룩한 것이다.
37 네가 만들 유향은 주의 것이며, 너에
게는 거룩한 것이다. 너희가 사사로
이 쓰려고 같은 방법으로 그것을 만
들어서는 안 된다.
38 그 냄새를 즐기려고 이와 같은 것을
만드는 사람은 누구든지 그 백성에
게서 끊어질 것이다."

회막 기물을 만드는 기술자

(출 35:30-36:1)

31 주님께서 모세에게 말씀하셨
다.
2 "보아라, 내가, 유다 지파 사람 훌의
손자요 우리의 아들인 브살렐을 지
명하여 불러서,
3 그에게 하나님의 영을 채워 주어, 지
혜와 총명과 지식과 온갖 기술을 갖
추게 하겠다.
4 그가 여러 가지를 생각하여, 그 생각
한 것을 금과 은과 놋으로 만들게
하고,
5 온갖 기술을 발휘하여, 보석을 깎아
내는 일과 나무를 조각하는 일을 하
게 하겠다.
6 ○분명히 나는 단 지파 사람 아히사
막의 아들 오홀리압이 브살렐과 함
께 일하게 하겠다. 그리고 기술 있는
모든 사람에게 지혜를 더하여, 그들
이 내가 너에게 명한 모든 것을 만들
게 하겠다.
7 회막과 ㉠증거궤와 그 위에 덮을 ㉡속
죄판과 회막에 딸린 모든 기구와
8 상과 거기에 딸린 기구와 순금 등잔
대와 거기에 딸린 모든 기구와 분향
단과
9 번제단과 거기에 딸린 모든 기구와
물두멍과 그 받침과
10 제사장 일을 할 때에 입는 잘 짠 옷
곧 제사장 아론의 거룩한 옷과 그
아들들의 옷과
11 성별하는 기름과 성소에서 쓸 향기
로운 향을, 그들이 내가 너에게 명한
대로 만들 것이다."

안식일

12 ○주님께서 모세에게 말씀하셨다.
13 "너는 이스라엘 자손에게 일러라. 너
희는 안식일을 지켜라. 이것이 너희
대대로 나와 너희 사이에 세워진 표
징이 되어, 너희를 거룩하게 구별한
이가 나 주임을 알게 할 것이다.
14 안식일은 너희에게 거룩한 날이므
로, 너희는 안식일을 지켜야 한다.
그 날을 더럽히는 사람은 반드시 죽
여야 한다. 그 날에 일을 하는 사람
은, 누구든지 자기의 겨레로부터 제

31장 요약 하나님은 직접 회막 기구를 만들 일꾼들을 지명하시고 그들을 성령 충만하게 *하여 지혜와* 총명으로 소임을 완수할 수 있게 해주겠다고 약속하셨다. 이어서 하나님은 재차 안식일 규례를 주신다. 이것은 성막을 제작하는 것보다 하나님과의 언약을 준수하는 것이 우선이어야 함을 시사한다.

31:1–11 성막에 있는 모든 재료들이 최상의 것이어야 함과 같이, 장인들도 최고의 것을 만들어야 한다. 하나님의 영으로 충만한 브살렐의 인도 아래 성막은 완성될 것이다.

31:12–17 하나님은 모든 지시 사항을 마무리하시며 마지막으로 안식일 계명에 대해 반복해서 말씀하시고 있다. 이날은 하던 일을 모두 중단하고, 회막에 모여 하나님을 경배하면서 그분과 교제를 해야 한다.

㉠ 또는 '법궤' ㉡ 또는 '속죄소' 또는 '시은좌'

거될 것이다.
15 엿새 동안은 일을 하고, 이렛날은 나
주에게 바친 거룩한 날이므로, 완전
히 쉬어야 한다. 안식일에 일하는 사
람은 반드시 죽여야 한다.
16 이스라엘 자손은 이 안식일을 영원
한 언약으로 삼아, 그들 대대로 지켜
야 한다.
17 이것은 나와 이스라엘 자손 사이에
세워진 영원한 표징이니, 이는, 나 주
가 엿새 동안 하늘과 땅을 만들고
이렛날에는 쉬면서 숨을 돌렸기 때
문이다."

증거판

18 ○주님께서 시내 산에서 모세에게
말씀을 마치시고, 하나님이 ㉠손수
돌판에 쓰신 증거판 두 개를 그에게
주셨다.

금송아지 (신 9:6-29)

32 백성은, 모세가 산에서 오랫동
안 내려오지 않으니, 아론에게
로 몰려가서 말하였다. "일어나서,
우리를 인도할 신을 만들어 주십시
오. 우리를 이집트 땅에서 올라오게
한 모세라는 사람은 어떻게 되었는
지 모르겠습니다."
2 아론이 그들에게 말하였다. "여러분
의 아내와 아들 딸들이 귀에 달고
있는 금고리들을 빼서, 나에게 가져
오시오."
3 모든 백성이 저희 귀에 단 금고리들
을 빼서, 아론에게 가져 왔다.
4 아론이 그들에게서 그것들을 받아
녹여서, 그 녹인 금을 거푸집에 부어
송아지 상을 만드니, 그들이 외쳤다.
"이스라엘아! 이 신이 너희를 이집트
땅에서 이끌어 낸 너희의 신이다."
5 아론은 이것을 보고서 그 신상 앞에
제단을 쌓고 "내일 주님의 절기를 지
킵시다" 하고 선포하였다.
6 ○이튿날 그들은 일찍 일어나서, 번
제를 올리고, 화목제를 드렸다. 그런
다음에, 백성은 앉아서 먹고 마시다
가, 일어나서 흥청거리며 뛰놀았다.
7 ○주님께서 모세에게 말씀하셨다.
"어서 내려가 보아라. 네가 이집트
땅에서 이끌어 낸 너의 백성이 타락
하였다.
8 그들은, 내가 그들에게 명한 길을 이
렇게 빨리 벗어나서, 그들 스스로 수
송아지 모양을 만들어 놓고서 절하
고, 제사를 드리며 '이스라엘아! 이
신이 너희를 이집트 땅에서 이끌어
낸 너희의 신이다' 하고 외치고 있
다."
9 주님께서 다시 말씀하셨다. "나는
이 백성을 살펴 보았다. 이 얼마나
고집이 센 백성이냐?
10 이제 너는 나를 말리지 말아라. 내
가 노하였다. 내가 그들을 쳐서 완전

32장 요약 이스라엘 백성은 모세의 하산이 더디자 금송아지를 만들어 숭배하였다. 이 소식을 접한 모세는 하나님의 자비를 구하는 가운데, 회개하지 않는 자들을 처형한다. 백성을 위해 은총을 간구하는 모세의 중보는 중보자가 되시는 그리스도의 사역을 예표한다.

32:7-35 하나님으로부터 이스라엘이 저지른 죄악을 듣고서 모세가 취한 첫 번째 행동은, 백성들의 생명을 살려 달라고 한 것이었다(7-14절). 모세가 취한 두 번째 행동은 맹렬한 분노였다(15-20절). 모세가 취한 세 번째 행동은 사태를 분석하여 철저히 조사한 일이었다(21-24절). 모세는 네 번째 행동으로 범죄한 자들 다수를 죽임으로써, 금송아지 우상 사건을 응징하였다(25-29절). 마지막으로, 모세는 하나님께 나아가 이스라엘에게 자비를 베풀어 달라고 탄원하였다(30-33절). 하

㉠ 히, '손가락'

히 없애 버리겠다. 그러나 너는, 내가
큰 민족으로 만들어 주겠다."
11 ○모세는 주 하나님께 애원하였다.
"주님, 어찌하여 주님께서 큰 권능과
강한 손으로 이집트 땅에서 이끌어
내주신 주님의 백성에게 이와 같이
노하십니까?
12 어찌하여 이집트 사람이 '그들의 주
가 자기 백성에게 재앙을 내리려고,
그들을 이끌어 내어, 산에서 죽게 하
고, 땅 위에서 완전히 없애 버렸구나'
하고 말하게 하려 하십니까? 제발,
진노를 거두시고, 뜻을 돌이키시어,
주님의 백성에게서 이 재앙을 거두
어 주십시오.
13 주님의 종 아브라함과 이삭과 이스
라엘을 기억하여 주십시오. 주님께
서 그들에게 맹세하시며 이르시기를
'내가 너희의 자손을 하늘의 별처럼
많게 하고, 내가 약속한 이 모든 땅
을 너희 자손에게 주어서, 영원한 유
산으로 삼게 하겠다'고 하셨습니다."
14 모세가 이렇게 간구하니, 주님께서
는 뜻을 돌이키시고, 주님의 백성에
게 내리시겠다던 재앙을 거두셨다.
15 ○모세는 돌아서서 증거판 둘을 손
에 들고서 산에서 내려왔다. 이 두
판에는 글이 새겨 있는데, 앞뒤에 다
새겨 있었다.
16 그 판은 하나님이 손수 만드신 것이
며, 그 글자는 하나님이 손수 판에
새기신 글자이다.
17 여호수아가 백성이 떠드는 소리를
듣고서, 모세에게 말하였다. "진에서
싸우는 소리가 들립니다."
18 모세가 대답하였다. "이것은 승전가
도 아니고, 패전의 탄식도 아니다.
내가 듣기에는 노래하는 소리다."
19 모세가 진에 가까이 와서 보니, 사람
들이 수송아지 주위를 돌면서 춤을
추고 있었다. 모세는 화가 나서, 그
는 손에 들고 있는 돌 판 두 개를 산
아래로 내던져 깨뜨려 버렸다.
20 그는, 그들이 만든 수송아지를 가져
다가 불에 태우고, 가루가 될 때까지
빻아서, 그것을 물에 타서, 이스라엘
자손에게 마시게 하였다.
21 ○모세가 아론에게 말하였다. "이 백
성이 형님에게 어떻게 하였기에, 형
님은 그들이 이렇게 큰 죄를 짓도록
그냥 놓아 두셨습니까?"
22 아론이 대답하였다. "아우님은 우리
의 지도자입니다. 나에게 그렇게 화
를 내지 마십시오. 이 백성이 악하게
된 까닭을 아시지 않습니까?
23 그들이 나에게 '우리 앞에 서서, 우리
를 인도하여 줄 신을 만들어 주시
오. 우리를 이집트 땅에서 이끌어
낸 모세라는 사람이 어떻게 되었는
지, 우리는 모르겠습니다' 하고 말하

나님께서 이스라엘을 진멸하지는 않으셨지만, 그들의 죄악은 결코 용서하지 않으셨다(34-35절).

32:7-9 너의 백성 '나의 백성'(3:10)이라고 하지 않은 것은, 이스라엘 백성이 하나님과 맺은 언약을 깨뜨렸기 때문에 이제 하나님은 그들과 아무런 관계가 없다는 말이다.

32:14 뜻을 돌이키시고 하나님께서 의도하셨던 어떤 일을 후회하시고 마음을 바꾸셨다는 뜻이 아니다. 이미 생각하셨던 하나님의 뜻과 행위를 이제 다른 방법으로 착수하셨다는 의미이다.

32:20 마시게 하였다 금송아지를 불에 태우고 빻아 물에 타서 일종의 '저주의 물'을 만들었다. 이러한 저주의 물은 죄인에게 먹였을 때 그의 유죄 여부를 판단할 수 있는 것이었다(민 5:11-31). 그러나 여기에서는 유죄 여부를 가려내기 위한 조사가 필요하지 않았다. 왜냐하면 이스라엘 백성 전체가 유죄하다고 전제되었기 때문이다. 그래서 이스라엘 백성 전체에게 마시게 함으로써 그들에

기에,
24 내가 그들에게, 금붙이를 가지고 있
는 사람은 누구든지 그 금을 빼서
나에게 가져 오라고 하였습니다. 그
들이 금붙이를 가져 왔기에, 내가 그
것을 불에 넣었더니, 이 수송아지가
생겨난 것입니다."
25 ○모세는 백성이 제멋대로 날뛰는
것을 보았다. 아론이 그들을 제멋대
로 날뛰게 하여, 적들의 조롱거리가
되게 한 것이다.
26 모세는 진 어귀에 서서 외쳤다. "누
구든지 주님의 편에 설 사람은 나에
게로 나아오십시오." 그러자 레위의
자손이 모두 그에게로 모였다.
27 그가 또 그들에게 말하였다. "이스라
엘의 주 하나님이 이르시기를 '너희
는 각기 허리에 칼을 차고, 진의 이
문에서 저 문을 오가며, 저마다 자기
의 친족과 친구와 이웃을 닥치는 대
로 찔러 죽여라' 하십니다."
28 레위 자손이 모세의 말대로 하니, 바
로 그 날, 백성 가운데서 어림잡아
삼천 명쯤 죽었다.
29 모세가 말하였다. "오늘 당신들이 저
마다 자녀와 형제자매를 희생시켜
당신들 자신을 주님께 드렸으니, 주
님께서 당신들에게 복을 내리실 것
입니다."
30 ○이튿날 모세는 백성에게 말하였
다. "당신들은 크나큰 죄를 지었습니
다. 그러나 이제 내가 주님께 올라가
서, 당신들을 용서하여 달라고 빌겠
습니다."
31 모세가 주님께로 돌아가서 아뢰었
다. "슬픕니다. 이 백성이 금으로 신
상을 만듦으로써 큰 죄를 지었습니
다.
32 그러나 이제 주님께서 그들의 죄를
용서하여 주십시오. 그렇게 하지 않
으시려면, 주님께서 기록하신 책에
서 저의 이름을 지워 주십시오."
33 주님께서 모세에게 말씀하셨다. "누
구든지 나에게 죄를 지으면, 나는 오
직 그 사람만을 나의 책에서 지운
다.
34 이제 너는 가서, 내가 너에게 말한
곳으로 백성을 인도하여라. 보아라,
나의 천사가 너를 인도할 것이다. 그
러나 기억하여라. 때가 되면, 내가 그
들에게 반드시 죄를 묻겠다."
35 ○그 뒤에 주님께서는 아론이 수송
아지를 만든 일로 이 백성에게 재앙
을 내리셨다.

시내 산을 떠나라고 명하시다

33 주님께서 모세에게 말씀하셨
다. "너는 가서, 네가 이집트 땅
에서 데리고 올라온 이 백성을 이끌
고 여기를 떠나서, 내가 아브라함과
이삭과 야곱에게 맹세하고 그들의

대한 처벌을 하나님께 맡기는 것으로 볼 수 있다.
32:21–25 모세는 자신의 부재 중 이스라엘 전체의 지도자 역할을 했던 아론에게 책임을 묻는다. 모세는 아론이 하나님께서 지도자로 세우신 목적을 이탈하고 군중이 두려워 죄와 타협했으며 백성들을 제멋대로 날뛰게 하여 적들의 조롱거리가 되게 했다고 지적한다(25절). 여기서 '적들'은 이집트를 가리킨다(12절). 지도자의 책임이 매우 중대함을 알 수 있다.

33장 요약 본문은 모세의 끈질긴 중보 기도와 백성들의 회개를 보신 하나님이 마침내 그들과의 동행을 약속하시는 내용이다. 하나님은 비록 악인일지라도 돌이켜 살리기를 원하시며(겔 33:11), 성도가 구원을 얻게 되는 것은 전적으로 하나님의 은혜이다(롬 3:23–24).

33:1–6 이스라엘 백성은 하나님께서 지시하신 땅으로 가야만 한다. 그런데 하나님의 임재 없이

자손에게 주겠다고 약속한, 그 땅으
로 올라가거라.
2 내가 한 천사를 보낼 터이니, 그가
너를 인도할 것이다. 나는 가나안 사
람과 아모리 사람과 헷 사람과 브리
스 사람과 히위 사람과 여부스 사람
을 쫓아내겠다.
3 너희는 이제 곧 젖과 꿀이 흐르는 땅
으로 들어간다. 그러나 나는 너희와
함께 올라가지 않겠다. 너희는 고집
이 센 백성이므로, 내가 너희와 함께
가다가는 너희를 없애 버릴지도 모
르기 때문이다."
4 ○백성은 이렇듯 참담한 말씀을 전
해 듣고 통곡하였다. 그리고 그들은
아무도 장식품을 몸에 걸치지 않았
다.
5 주님께서 모세에게 말씀하셨다. "이
스라엘 자손에게 전하여라. 너희는
고집이 센 백성이다. 내가 한 순간이
라도 너희와 함께 올라가다가는, 내
가 너희를 아주 없애 버릴지도 모른
다. 그러니 이제 너희는 너희 몸에서
장식품을 떼어 버려라. 내가 너희에
게 어떻게 해야 할지를 이제 결정하
겠다."
6 이스라엘 자손은 호렙 산을 떠난 뒤
로는 장식품을 달지 않았다.

회막

7 ○이스라엘 백성이 진을 칠 때마다,
모세는 장막을 거두어 가지고 진 바
깥으로 나가, 진에서 멀리 떨어진 곳
에 그것을 치곤 하였다. 모세는 그
장막을, 주님과 만나는 곳이라고 하
여, 회막이라고 하였다. 주님을 찾을
일이 생기면, 누구든지 진 밖에 있는
이 회막으로 갔다.
8 모세가 그리로 나아갈 때면, 백성은
모두 일어나서 저마다 자기 장막 어
귀에 서서, 모세가 장막으로 들어갈
때까지 그 뒤를 지켜보았다.
9 모세가 장막에 들어서면, 구름기둥
이 내려와서 장막 어귀에 서고, 주님
께서 모세와 말씀하신다.
10 백성은 장막 어귀에 서 있는 구름기
둥을 보면, 모두 일어섰다. 그리고는
저마다 자기 장막 어귀에서 엎드려
주님을 경배하였다.
11 주님께서는, 마치 사람이 자기 친구
에게 말하듯이, 모세와 얼굴을 마주
하고 말씀하셨다. 모세가 진으로 돌
아가도, 눈의 아들이며 모세의 젊은
부관인 여호수아는 장막을 떠나지
않았다.

백성과 함께 계시겠다고 약속하시다

12 ○모세가 주님께 아뢰었다. "보십시
오, 주님께서 저에게 이 백성을 저
땅으로 이끌고 올라가라고 말씀하셨
습니다. 그러나 주님께서 누구를 저
와 함께 보내실지는 저에게 일러주

가야 하는 것이 문제였다. 금송아지 우상을 섬긴 죄는 이스라엘이 하나님과의 관계를 거절한 것이었다. 그러므로 하나님과의 관계가 재정립되지 않는 한, 이스라엘은 영원히 홀로일 수밖에 없다.

33:7-11 이스라엘의 죄악에도 불구하고 하나님은 모세와 계속 교제하심으로써 임재의 통로를 열어놓고 계셨다.

33:12-23 모세는 하나님께 계속 이스라엘과 함께해 달라고 간구한다. 결국 하나님은 자신의 임재를 약속해 주신다(14절). 하나님의 약속을 받아내자 모세는 그 약속을 철저히 확인하고 싶어 했다(16절). 끈질긴 모세의 기도는 참으로 놀랍다. 왜냐하면 하나님의 영광의 실재(實在)는 중보자이신 그리스도에 의해서만 가능하고, 그 외의 방법으로는 볼 수 없기 때문이다. 그러나 하나님은 오직 은혜로써 자신을 드러내 보여 주셨다.

33:13 본절은 하나님의 뜻은 어디에 있으며(시 103:7), 자신이 어떻게 행동해야 하는지를 구하고

지 않으셨습니다. 주님께서는 저에
게, 저를 이름으로 불러 주실 만큼
저를 잘 아시며, 저에게 큰 은총을
베푸신다고 말씀하셨습니다.
13 그러시다면, 제가 주님을 섬기며, 계
속하여 주님께 은총을 받을 수 있도
록, 부디 저에게 주님의 계획을 가르
쳐 주십시오. 주님께서 이 백성을 주
님의 백성으로 선택하셨음을 기억하
시기 바랍니다."
14 주님께서 대답하셨다. "내가 친히 너
와 함께 가겠다. 그리하여 네가 안전
하게 하겠다."
15 모세가 주님께 아뢰었다. "주님께서
친히 우리와 함께 가지 않으시려면,
우리를 이 곳에서 떠나 올려 보내지
마십시오.
16 주님께서 우리와 함께 가지 않으시
면, 주님께서 주님의 백성이나 저를
좋아하신다는 것을 사람들이 어떻
게 알 수 있겠습니까? 주님께서 우
리와 함께 계시므로, 저 자신과 주님
의 백성이 땅 위에 있는 모든 백성과
구별되는 것이 아닙니까?"
17 ○주님께서 모세에게 말씀하셨다.
"내가 너를 잘 알고, 또 너에게 은총
을 베풀어서, 네가 요청한 이 모든
것을 다 들어 주마."
18 그 때에 모세가 "저에게 주님의 영광
을 보여 주십시오" 하고 간청하였다.
19 주님께서 대답하셨다. "내가 나의 모
든 영광을 네 앞으로 지나가게 하고,
나의 거룩한 이름을 선포할 것이다.
나는 주다. 은혜를 베풀고 싶은 사
람에게 은혜를 베풀고, 불쌍히 여기
고 싶은 사람을 불쌍히 여긴다."
20 주님께서 다시 말씀하셨다. "그러나
내가 너에게 나의 얼굴은 보이지 않
겠다. 나를 본 사람은 아무도 살 수
없기 때문이다."
21 주님께서 말씀을 계속하셨다. "너는
나의 옆에 있는 한 곳, 그 바위 위에
서 있어라.
22 나의 영광이 지나갈 때에, 내가 너를
바위 틈에 집어 넣고, 내가 다 지나
갈 때까지 너를 나의 손바닥으로 가
리워 주겠다.
23 그 뒤에 내가 나의 손바닥을 거두리
니, 네가 나의 등을 보게 될 것이다.
그러나 나의 얼굴은 볼 수 없을 것이
다."

두 번째 돌판 (신 10:1-5)

34 주님께서 모세에게 말씀하셨
다. "너는 돌판 두 개를 처음
것과 같이 깎아라. 그러면, 네가 깨
뜨려 버린 처음 돌판 위에 쓴 그 말
을, 내가 새 돌판에 다시 새겨 주겠
다.
2 너는 그것을 내일 아침까지 준비해
서, 아침에 일찍 시내 산으로 올라와

있다. 이에 대한 응답은 34:6-7에 나타난다.

33:17 내가 너를 잘 알고 모세의 탄생과 유아 시절의 극적인 사건들을 배경으로 하신 말씀이다. '안다'는 말의 히브리어는 '야다'이다. 이 말은 하나님이 특별히 선택하고 사랑하며 교통하신다는 의미가 포함되어 있다(암 3:2;요 17:3).

33:22 영광 대체로 하나님은 시내 산(24:16-17), 성막(40:34-38), 예루살렘 성전(왕상 8:10-11)에서 자신의 영광을 드러내셨다.

34장 요약 하나님은 모세에게 돌판을 다시 만들라고 지시하심으로 언약 관계의 회복을 허락하셨다. 이러한 언약 갱신의 주체자는 하나님이시다. 한편 새로운 십계명 두 돌판을 받아 하산한 모세의 얼굴에 빛이 난 것은 영원히 하나님과 함께하게 될 성도의 영광을 예시해 준다(마 13:43).

34:1-9 깨져 버렸던 하나님과 백성 사이의 언약

서, 이 산 꼭대기에서 나를 기다리고
서 있거라.
3 그러나 아무도 너와 함께 올라와서
는 안 된다. 이 산의 어디에도 사람
이 보여서는 안 된다. 산기슭에서 양
과 소에게 풀을 뜯기고 있어도 안 된
다."
4 모세는 주님께서 그에게 명하신 대
로, 돌판 두 개를 처음 것과 같이 깎
았다. 이튿날 아침에 일찍 일어나서,
그는 두 돌판을 손에 들고 시내 산
으로 올라갔다.
5 그 때에 주님께서 구름에 싸여 내려
오셔서, 그와 함께 거기에 서서, 거룩
한 이름 '주'를 선포하셨다.
6 주님께서 모세의 앞으로 지나가시면
서 선포하셨다. "주, 나 주는 자비롭
고 은혜로우며, 노하기를 더디하고,
한결같은 사랑과 진실이 풍성한 하
나님이다.
7 수천 대에 이르기까지, 한결같은 사
랑을 베풀며, 악과 허물과 죄를 용서
하는 하나님이다. 그러나 나는 죄를
벌하지 않은 채 그냥 넘기지는 아니
한다. 아버지가 죄를 지으면, 본인에
게 뿐만 아니라 삼사 대 자손에게까
지 벌을 내린다."
8 모세가 급히 땅에 엎드려서 경배하
며
9 아뢰었다. "주님, 주님께서 저에게 은
총을 베푸시는 것이 사실이면, 주님
께서는 우리와 함께 가 주시기 바랍
니다. 이 백성이 고집이 센 백성인
것은 사실이나, 주님께서 우리의 악
과 우리의 죄를 용서해 주시고, 우리
를 주님의 소유로 삼아 주시기를 바
랍니다."

다시 언약을 맺으시다

(출 23:14-19; 신 7:1-5; 16:1-7)

10 ○주님께서 말씀하셨다. "내가 이제
너희와 언약을 세운다. 내가 너희 모
든 백성 앞에서, 이 세상 어느 민족
들 가운데서도 이루어진 적이 없는
놀라운 일을 하여 보일 것이다. 너희
주변에 사는 모든 백성이, 나 주가
너희에게 하여 주는 그 일이 얼마나
두려운 일인지를 보게 될 것이다.
11 너희는 내가 오늘 너희에게 명하는
것을 삼가 지키도록 하여라. 내가 이
제 너희 앞에서 아모리 사람과 가나
안 사람과 헷 사람과 브리스 사람과
히위 사람과 여부스 사람을 쫓아내
겠다.
12 너희는 삼가, 너희가 들어가는 땅에
사는 사람들과 언약을 세우지 않도
록 하여라. 그들과 언약을 세우면,
그것이 너희에게 올무가 될 것이다.
13 그러니 너희는 그들의 제단을 허물
고, 그들의 석상을 부수고, 그들의
아세라 목상을 찍어 버려라.

은 이제 새롭게 정립된다. 곧 돌판을 깨뜨림으로 파기되었던 언약은 하나님께서 모세에게 돌판을 다시 만들라고 지시하심으로써 재수립된다. 시내 산에서 언약을 처음 수립하셨던 때처럼, 부정한 것의 출입이 금지되었고, 하나님께서 다시 내려오셨다. 다만, 하나님의 이름과 속성, 곧 사랑과 공의의 하나님이 새롭게 선언되고 있다.

34:10-26 하나님과 이스라엘 사이에 있어서, 언약 갱신의 주체자는 물론 하나님이시다("내가 이제 너희와 언약을 세운다":10절). 따라서 언약을 수행하시는 분이 하나님이기 때문에, 이스라엘은 다른 신을 절대로 섬겨서는 안 되며(11-17절), 구원해 주신 하나님을 기억하는 무교절을 지키고 또한 3대 절기를 지켜, 이스라엘의 주인이 누구인가를 늘 염두에 두어야 한다(18-22절). 그러나 어디까지나 이 모든 것은 감사와 사랑의 정신으로 해야 한다(25-26절). 이처럼 언약의 갱신에 있어서도 주체자이신 하나님께 대한 충성과 순종이

14 ○너희는 다른 신에게 절을 하여서
는 안 된다. 나 주는 '질투'라는 이름
을 가진, 질투하는 하나님이기 때문
이다.
15 너희는 그 땅에 사는 사람들과 언약
을 세우지 말아라. 언약이라도 세웠
다가, 그들이 자기들의 신들을 음란
하게 따르며, 그 신들에게 제사를 드
리면서 너희를 초대하면, 너희가 그
초대를 거절하지 못하고, 그리로 가
서, 그 제물을 먹지 않겠느냐?
16 또 너희가 너희 아들들을 그들의 딸
들과 결혼시키면, 그들의 딸들은 저
희 신들을 음란하게 따르면서, 너희
의 아들들을 꾀어, 자기들처럼 음란
하게 그 신들을 따르게 만들 것이다.
17 ○너희는 신상을 부어 만들지 못한
다.
18 ○너희는 무교절을 지켜야 한다. 내
가 너희에게 명한 대로, 아빕월의 정
해진 때에, 이레 동안 누룩을 넣지
않은 빵을 먹어라. 이것은 너희가 아
빕월에 이집트에서 나왔기 때문이
다.
19 ○태를 처음 열고 나온 것은 모두 나
의 것이다. 너희 집짐승 가운데 처음
난 수컷은, 소의 맏배이든지 양의 맏
배이든지, 모두 나의 것이다.
20 나귀의 맏배는 어린 양을 대신 바쳐
서 대속하게 해야 한다. 그렇게 대속
하지 않으려거든, 그 목을 부러뜨려
야 한다. 너희 아들들 가운데 맏아
들도 모두 대속해야 한다. 그리고 아
무도 내 앞에 빈 손으로 나와서는
안 된다.
21 ○너희는 엿새 동안 일을 하고, 이렛
날에는 쉬어야 한다. 밭갈이 하는 철
이나 거두어들이는 철에도 쉬어야
한다.
22 ○너희는 밀을 처음 거두어들일 때
에는 칠칠절을 지키고, ㉠한 해가 끝
날 때에는 수장절을 지켜야 한다.
23 ○너희 가운데 남자들은 모두 한 해
에 세 번 이스라엘의 하나님 나 주
앞에 나와야 한다.
24 내가 뭇 민족을 너희 앞에서 쫓아내
고, 너희의 영토를 넓혀 주겠다. 너희
가 한 해에 세 번 주 너희의 하나님
을 뵈려고 올라올 때에, 아무도 너희
의 땅을 점령하려 하지 않을 것이다.
25 ○너희는 나에게 바치는 희생제물의
피를 누룩 넣은 빵과 함께 바치지
말아라. 유월절 제물은 이튿날 아침
까지 남겨 두어서는 안 된다.
26 ○너희는 너희 땅에서 난 첫 열매 가
운데서 제일 좋은 것을 주 너희의 하
나님의 집으로 가져 오너라. ○너희
는 새끼 염소를 그 어미의 젖으로
삶아서는 안 된다."
27 ○주님께서 모세에게 말씀하셨다.

요구되고 있다. 그런 까닭에 하나님은 백성들이 해야 할 바를 반복하여 말씀하신다.

34:22 칠칠절은 유월절 다음 날인 햇곡식을 바치는 절기(밀의 초실절, 무교절의 첫날)로부터 7주, 즉 49일이 지난 다음 날에 이 절기를 지키는 것에서 유래한 이름이다. 이 절기는 이집트에서의 종살이를 기억하기 위해 지켰다(신 16:9-12). 이때는 추수한 밀의 처음 것을 바치는 절기이므로 '밀의 초실절'이라고도 부른다. 수장절은 '추수절' 또는 '초막절'이라고도 하며 추수 감사절의 성격을 띤다. 또 광야에서 방랑하던 시절, 장막에 거하던 일을 기억하기 위한 절기이다(23:16;레 23:33-44;신 16:13-17).

34:27-28 하나님께서 말씀하셨던 언약(10-26절)은 십계명과 율례를 모두 연결시킨 말씀이다. 갱신된 언약은 하나님이 이스라엘과 처음 세우셨던 언약의 계속이요, 요약이다. 이 언약의 말씀은

㉠ 또는 '가을에는'

"너는 이 말을 기록하여라. 내가 이
말을 기초로 해서, 너와 이스라엘과
언약을 세웠기 때문이다."
28 모세는 거기서 주님과 함께 밤낮 사
십 일을 지내면서, 빵도 먹지 않고,
물도 마시지 않고, 언약의 말씀 곧
십계명을 판에 기록하였다.

모세가 시내 산에서 내려오다

29 ○모세가 두 증거판을 손에 들고 시
내 산에서 내려왔다. 그가 산에서 내
려올 때에, 그의 얼굴에서는 빛이 났
다. 주님과 함께 말씀을 나누었으므
로 얼굴에서 그렇게 빛이 났으나, 모
세 자신은 전혀 알지 못하였다.
30 아론과 이스라엘의 모든 자손이 모
세를 보니, 모세 얼굴의 살결이 빛나
고 있었다. 그래서 그들은 그에게로
가까이 가기를 두려워하였으나,
31 모세가 그들을 부르자, 아론과 회중
의 지도자들이 모두 그에게로 가까
이 갔다. 모세가 먼저 그들에게 말을
거니,
32 그 때에야 모든 이스라엘 자손이 그
에게로 가까이 갔다. 모세는, 주님께
서 시내 산에서 자기에게 말씀하신
모든 것을 그들에게 명하였다.
33 모세는, 그들에게 하던 말을 다 마치
자, 자기의 얼굴을 수건으로 가렸다.
34 그러나 모세는, 주님 앞으로 들어가
서 주님과 함께 말할 때에는 수건을
벗고, 나올 때까지는 쓰지 않았다.
나와서 주님께서 명하신 것을 이스
라엘 자손에게 전할 때에는,
35 이스라엘 자손이 자기의 얼굴에서
빛이 나는 것을 보게 되므로, 모세
는 주님과 함께 이야기하러 들어갈
때까지는 다시 자기의 얼굴을 수건
으로 가렸다.

안식일 규례

35 모세는 이스라엘 자손의 온 회
중을 모아 놓고 말하였다. "주
님께서 당신들에게 실천하라고 명하
신 말씀은 이러합니다.
2 엿새 동안은 일을 해야 합니다. 그러
나 이렛날은 당신들에게 거룩한 날,
곧 주님께 바친 완전히 쉬는 안식일
이므로, 그 날에 일을 하는 사람은
누구든지 사형에 처해야 합니다.
3 안식일에는 당신들이 사는 어디에서
도 불을 피워서는 안 됩니다."

성막 자재의 헌납 (출 25:1-9)

4 ○모세가 이스라엘 자손의 온 회중
에게 말하였다. "이것은 주님께서 내
리신 명령입니다.
5 당신들은 각자의 소유 가운데서 주
님께 바칠 예물을 가져 오십시오. 바
치고 싶은 사람은 누구나 주님께 예
물을 바치십시오. 곧 금과 은과 동
과,
6 청색 실과 자주색 실과 홍색 실과

하나님에 의해 다시 성문화하여 기록되었고 이스라엘 공동체의 삶에서 끊임없이 적용되어야 할 지침 원리로 백성들에게 주어졌던 것이다.

34:29-35 그의 얼굴에서는 빛이 났다 '빛이 난다'는 말은 히브리어로 '콰란'이다. 이 빛은 하나님께서 함께하신다는 증거이다(마 13:43;17:2). 모세는 하나님의 영광을 뵙기를 원했었다(33:18). 그러하기에 모세에게는 얼굴에서 빛이 난 것이 응답의 징표이기도 하다.

35장 요약 본문은 성막 제작에 쓰일 재료와 필요한 일꾼을 모은 내용이다. 이 과정에서 백성들이 자원한 헌물들이 쓰고도 남을 정도라는 사실은 하나님이 받으신 예물이 물질이 아닌 자원하는 심령임을 시사한다. 하나님이 성막 제작에 앞서 재차 안식일 규례를 강조하신 이유는 31장에서 이미 설명하였다.

35:1-3 성막을 세우기에 앞서, 또다시 안식일의

가는 모시 실과 염소 털과,
7 붉게 물들인 숫양 가죽과 돌고래 가
죽과, 아카시아 나무와,
8 등잔용 기름과 예식용 기름에 넣는
향품과 분향할 향에 넣는 향품과,
9 에봇과 가슴받이에 박을 홍옥수와
그 밖의 보석들입니다."

회막 기구들 (출 39:32-43)

10 ○"당신들 가운데 기술 있는 사람은
모두 와서, 주님께서 명하신 모든 것
을 만드십시오.
11 만들 것은, 성막과 그 덮개와 그 윗
덮개와, 갈고리와 널빤지와 가로다지
와 기둥과 밑받침과,
12 증거궤와 그것에 딸린 채와 속죄판
과 그것을 가릴 휘장과,
13 상과 상을 옮기는 데 쓸 채와 그 밖
의 모든 기구와 상에 차려 놓을 빵
과,
14 불을 켤 등잔대와 그 기구와 등잔과
등잔용 기름과,
15 분향단과 단을 옮기는 데 쓸 채와
예식용 기름과 분향할 향과 성막 어
귀의 휘장과,
16 번제단과 거기에 딸린 놋그물과 번
제단을 옮기는 데 쓸 채와 모든 기구
와, 물두멍과 그 받침과,
17 뜰의 휘장과 그 기둥과 밑받침과 뜰
의 정문 휘장과,
18 성막의 말뚝과 줄과, 울타리의 말뚝
과 줄과,
19 성소에서 예식을 올릴 때에 입는 잘
짠 옷과, 곧 제사장 아론의 거룩한
옷과 그 아들들이 제사장 일을 할
때에 입는 옷입니다."

기쁜 마음으로 예물을 바치다

20 ○이스라엘 자손의 온 회중은 모세
앞에서 물러나왔다.
21 마음이 감동되어 스스로 그렇게 하
기를 원하는 사람은 모두 나서서, 회
막과 그 곳의 제사에 필요한 모든 것
과 거룩한 옷을 만들 수 있도록, 갖
가지 예물을 주님께 가져 왔다.
22 남녀 구별 없이 스스로 원하는 사람
은 누구나 장식 핀과 귀고리와 반지
와 목걸이 등 온갖 금붙이를 가져
왔으며, 그 모든 사람이 금붙이를 흔
들어서 주님께 바쳤다.
23 그리고 청색 실과 자주색 실과 홍색
실과 가는 모시 실과 염소 털과 붉
게 물들인 숫양 가죽과 돌고래 가죽
을 가진 사람들은 모두 그 물건들을
가져 왔다.
24 은과 동을 예물로 바칠 수 있는 사
람들은 모두 주님께 그 물건들을 예
물로 가져 왔고, 제사 기구를 만드는
데 쓰는 아카시아 나무를 가진 사람
들은 모두 그 나무를 가져 왔다.
25 재주 있는 여자들은 모두 손수 실을
자아서, 그 자은 청색 실과 자주색

중요성이 강조되고 있다(1-3절). 성막 건축보다 중요한 것은 하나님의 임재를 규칙적으로 경험하는 일이다.

35:4-29 드디어 성막에 필요한 인적·물적 자원이 총동원된다. 이런 자원들이 어떻게 준비되는가가 중요하다. 하나님이 명하신 지시는 맹목적인 의무가 아니라, 자발적인 봉사로 해야 하는 것이다. 모세의 말(4-19절)을 들은 이스라엘 백성들은 마음이 감동되어, 자원하여 예물과 재료들을 기쁜 마음으로 하나님께 바쳤다(20-29절).

35:5 바치고 싶은 사람 성막 건축에 필요한 재료들을 바치는 것이나, 성막 건축에 봉사하는 일에 있어서 하나님은 자발적인 동기를 강조하신다(21-29절;36:2-3). 하나님께 드리는 예물이나 헌금은 자원하는 마음으로 드려야 기쁘게 받으신다(고후 8:11-12).

35:31 지혜와 총명과 지식 히브리 어법에 따라 이들을 분류해 보면, 지혜는 창조성에 관계된 것으

실과 홍색 실과 가는 모시 실을 가
져 왔다.
26 타고난 재주가 있는 여자들은 모두
염소 털로 실을 자았다.
27 지도자들은 에봇과 가슴받이에 박
을 홍옥수를 비롯한 그 밖의 보석들
과
28 향품과 등잔용 기름과 예식용 기름
과 분향할 향에 필요한 기름을 가져
왔다.
29 스스로 바치고 싶어 하는 모든 남녀
이스라엘 자손이, 주님께서 모세를
시켜 명하신 모든 것을 만들려고, 기
쁜 마음으로 물품을 가져다가 주님
께 바쳤다.

회막 기술자 (출 31:1-11)

30 ○모세가 이스라엘 자손에게 말하였
다. "주님께서 유다 지파 사람, 훌의
손자이며 우리의 아들인 브살렐을
지명하여 부르셔서,
31 그에게 하나님의 영을 가득하게 하
시고, 지혜와 총명과 지식과 온갖 기
술을 갖추게 하셨습니다.
32 그래서 그는 여러 가지를 생각해 내
어, 그 생각해 낸 것을 금과 은과 놋
으로 만들고,
33 온갖 기술을 발휘하여, 보석을 깎아
물리는 일과, 나무를 조각하는 일을
하게 하셨습니다.
34 또한 주님께서는 그와 단 지파 사람
아히사막의 아들 오홀리압에게는
남을 가르치는 능력도 주셨습니다.
35 ○주님께서는 그들에게 기술을 넘치
도록 주시어, 온갖 조각하는 일과 도
안하는 일을 할 수 있게 하시고, 청
색 실과 자주색 실과 홍색 실과 가
는 모시 실로 수를 놓아 짜는 일과
같은 모든 일을 할 수 있게 하시고,
여러 가지를 고안하게 하셨습니다.

36 1 그러므로 브살렐과 오홀리압
과 기술 있는 모든 사람, 곧 주
님께서 지혜와 총명을 주셔서 성소
의 제사에 필요한 모든 것을 만들
줄 아는 사람들은, 모든 것을 주님
께서 명하신 그대로 만들어야 합니
다."

자재 헌납

2 ○모세는, 브살렐과 오홀리압과, 주
님께서 그 마음에 지혜를 더하여 주
신 기술 있는 모든 사람, 곧 타고난
재주가 있어서 기꺼이 그 일을 하고
자 하는 모든 사람을 불러모았다.
3 그들은 이스라엘 자손이 성소의 제
사에 필요한 것을 만드는 데 쓰라고
가져온 모든 예물을 모세에게서 받
았다. 그런 다음에도 사람들은 아침
마다 계속 자원하여 예물을 가져 왔
다.
4 그래서 성소에서 일을 하는 기술 있
는 모든 사람이, 하던 일을 멈추고

로서 '발명하는 능력', 총명은 '사물의 실상을 정확하게 파악하는 능력', 지식은 '경험을 구체화시켜 실생활에 적용하는 능력'을 의미한다.

35:30-36:1 회막 기술자들은 하나님에 의해 정해진다. 하나님께서 그들의 마음을 감동시켜, 그들에게 지혜와 총명과 지식과 더불어 일에 대한 능력과 기쁨을 주시는 것이다(30-35절). 그러므로 그들의 일은 자신들이 선택해서 하는 것이 아니라, 하나님이 시키시는 대로 하는 것이다(36:1).

36장 요약 모세가 브살렐과 오홀리압을 불러 책임자로 세우고 필요한 일꾼들을 불러 성막 건축을 시작하는 장면이다. 먼저 제작한 것은 성막 위에 덮을 천막과 그 뼈대를 이루는 널빤지와 가로다지, 휘장이었다. 하나님은 친히 사람들에게 지혜와 총명을 주셨으며 백성들의 자원한 예물이 충족되도록 도우신다.

36:8-38 이 부분의 내용은 26장에 있는 성막

모세에게로 와서,
5 이르기를 "백성들이, 주님께서 명하
신 일을 하는 데에 쓰고도 남을 만
큼 많은 것을 가져 오고 있습니다"
하였다.
6 그래서 모세는 진중에 명령을 내려
서 '남자든 여자든, 성소에서 쓸 물
품을 더는 헌납하지 말라'고 알리니,
백성들이 더 이상 바치지 않았다.
7 그러나 물품은 그 모든 일을 하기에
넉넉할 뿐 아니라, 오히려 남을 만큼
있었다.

성막을 만들다 (출 26:1-37)

8 ○일을 하는 사람들 가운데, 기술이
있는 사람은 모두 열 폭 천으로 성
막을 만들었다. 그 천은 가늘게 꼰
모시 실과 청색 실과 자주색 실과
홍색 실로, 그룹을 정교하게 수를
놓아서 짠 것이다.
9 폭의 길이는 스물여덟 자씩이요, 너
비는 넉 자로, 폭마다 그 치수가 모
두 같았다.
10 ○먼저 다섯 폭을 옆으로 나란히 이
어 한 벌을 만들고, 또 다른 다섯 폭
도 옆으로 나란히 이어서 한 벌을
만들었다.
11 그런 다음에, 나란히 이은 천의 한
쪽 가장자리에 청색 실로 고를 만들
고, 나란히 이은 다른 한쪽 가장자
리에도 이와 같이 하여 서로 맞물릴
수 있게 하였다.
12 서로 맞물리는 두 벌 끝 폭 가장자
리에 만들 고의 수는 쉰 개씩이다.
이 고들을 서로 맞닿게 하였다.
13 금 갈고리를 쉰 개 만들어서, 이 갈
고리로 두 쪽의 천을 서로 이어서 한
성막이 되게 하였다.
14 ○그들은 염소 털로 짠 천 열한 폭으
로 성막 위에 덮을 천막을 만들었다.
15 폭의 길이는 서른 자요, 너비는 넉
자로, 열한 폭의 치수를 모두 같게
하였다.
16 다섯 폭을 따로 잇고, 나머지 여섯
폭도 따로 이었다.
17 다섯 폭을 이은 천의 가장자리에 고
쉰 개를 만들고, 여섯 폭을 이은 천
의 가장자리에도 또 다른 고 쉰 개
를 만들었다.
18 놋쇠 갈고리 쉰 개를 만들어서, 이
두 쪽을 마주 걸어서 한 천막이 되
게 하였다.
19 ○이 밖에도 천막 덮개를 두 개 더
만들었으니, 하나는 붉게 물들인 숫
양 가죽으로 만들고, 그 위에 덮을
또 다른 덮개는 돌고래 가죽으로 만
들었다.
20 ○그들은 성막을 세울 널빤지를 아
카시아 나무로 만들었다.
21 널빤지는 길이를 열 자, 너비를 한
자 반으로 하고

건축에 관한 규례의 반복이다. 이것은 26장의 지시대로 절대 순종하여 실행에 옮겼다는 사실을 증거해 주고 있다. 브살렐과 오홀리압 등은 하나님이 명하신 대로 충실히 성막을 지어 나갔다. 성막은 '거처'(히. '미쉬칸')란 뜻으로서, 하나님께서 사람들 가운데 더불어 계시는 장소를 의미한다.
36:22 두 촉꽂이 문자적으로는 '두 손'을 가리킨다. 26:19에 의하면 '밑받침', 즉 기초를 세웠다고 되어 있다. 이것은 성막을 흔들리지 않게 하기 위한 장치였다.
36:35-38 휘장 성막에는 휘장이 두 개가 있었다. 하나는 지성소와 성소 사이를 구분하는 것이었고, 다른 하나는 성막으로 들어오는 입구 역할을 하는 휘장이었다. 지성소와 성소 사이에 드리워진 휘장은 말이 양편에서 잡아당겨도 찢어지지 않을 만큼 질겼고, 4개의 아카시아 나무 기둥으로 세웠다. 입구 역할을 하는 외부의 막은 기둥 다섯 개로 세웠다. 지성소 안에는 법궤가 들어 있

22 널빤지에 두 촉꽂이를 만들어 서로
잇대어 세웠다. 성막의 널빤지를 모
두 이와 같이 만들었다.
23 성막의 남쪽 벽면에 세울 널빤지는
스무 개를 만들었다.
24 그 널빤지 스무 개 밑에 받칠 밑받침
은 은으로 마흔 개를 만들었다. 널
빤지마다 그 밑에 촉꽂이를 꽂을 밑
받침을 두 개씩 만들었다.
25 그리고 그 반대쪽인 성막의 북쪽 벽
면에 세울 널빤지는 스무 개를 만들
었다.
26 밑받침 마흔 개를 은으로 만들고,
각 널빤지마다 그 밑에 밑받침을 두
개씩 받치게 하였다.
27 성막 뒤쪽인 서쪽 벽면에 세울 널빤
지는 여섯 개를 만들었다.
28 성막 뒤쪽의 두 모퉁이에 세울 널빤
지는 두 개를 만들었다.
29 두 모퉁이에 세울 이 널빤지들은, 밑
에서 꼭대기까지 겹으로 세워서 완
전히 한 고리로 연결한 것인데, 두 모
퉁이를 다 이와 같이 만들었다.
30 그래서 그것은 여덟 널빤지에, 널빤
지마다 그 밑에 밑받침을 두 개씩 하
여, 은 밑받침이 모두 열여섯 개였다.
31 ○그들은 아카시아 나무로 가로다지
를 만들었는데, 성막 한쪽 옆 벽의
널빤지에 다섯 개,
32 성막의 다른 한쪽 옆 벽의 널빤지에
다섯 개, 서쪽에 해당되는 성막 뒤
벽의 널빤지에 다섯 개를 만들었다.
33 널빤지들의 가운데에 끼울 중간 가
로다지는 이쪽 끝에서 저쪽 끝까지
이르게 만들었다.
34 널빤지에는 금을 입히고, 가로다지
를 꿸 고리를 금으로 만들고, 가로다
지에도 금을 입혔다.
35 ○청색 실과 자주색 실과 홍색 실과
가늘게 꼰 모시 실로 휘장을 짜고,
그 위에 그룹을 정교하게 수놓았다.
36 이것을 칠 기둥 네 개를 아카시아
나무로 만들었는데, 각 기둥에는 모
두 금을 입히고 금 갈고리를 달았으
며, 그 기둥에 받칠 은받침 네 개도
부어 만들었다.
37 청색 실과 자주색 실과 홍색 실과
가늘게 꼰 모시 실로 수를 놓아, 장
막 어귀를 가리는 막을 짰으며,
38 이 막을 칠 기둥 다섯 개와 그것에
딸린 갈고리들을 만들었고, 그 기둥
머리와 거기에 달 고리에 금을 입히
고, 그 밑받침 다섯 개를 놋으로 만
들었다.

언약궤를 만들다 (출 25:10-22)

37 브살렐은 아카시아 나무로, 길
이가 두 자 반, 너비가 한 자
반, 높이가 한 자 반인 궤를 만들었
다.
2 순금으로 그 안팎을 입히고, 그 둘

었으며, 하나님이 임재해 계신다고 생각했다. 지성소는 1년에 한 번, 속죄일에만 대제사장이 속죄의 피를 가지고 들어갈 수 있었다(히 9:6-8). 그런데 예수 그리스도께서 십자가 위에서 죽으실 때 지성소의 휘장이 위에서 아래로 찢어져 둘로 나뉘었다(막 15:38). 그러므로 누구나 그리스도를 통해서 하나님께 나아갈 수 있게 되었다(히 10:19-22). 죄로 인하여 하나님과 멀어진 사람은 오직 예수 그리스도를 통하여 하나님과 만날 수 있다.

37장 요약 성막 안에 설치할 기구들을 제작한 것에 대한 기록이다. 본문은 성막 기구들이 하나님의 지시대로(25장:30장) 제작되었음을 매우 강조하고 있다. 이는 하나님과 그의 백성 간의 영적 교제 역시 하나님이 원하시고 기뻐하시는 대로 이루어져야 함을 시사한다.

37:1-29 성소 안의 기구들, 곧 궤와 속죄판과 상과 등잔대, 성별하는 기름과 향의 제조법이 언급

레에는 금테를 둘렀다.
3 금고리 네 개를 만들어서, 그 밑 네
모퉁이에 달았는데, 한쪽에 고리 두
개, 다른 한쪽에 고리 두 개를 달았
다.
4 아카시아 나무로 채를 만들어서 금
을 입히고,
5 이 채를 궤의 양쪽 고리에 끼워서 궤
를 멜 수 있게 하였다.
6 ○그는 순금으로, 길이가 두 자 반이
요 너비가 한 자 반인 속죄판을 만
들었다.
7 그리고 금을 두들겨서 두 그룹을 만
들고, 그것들을 속죄판의 양쪽 끝에
각각 자리잡게 하였다.
8 그룹 하나는 이쪽 끝에, 또 다른 하
나는 맞은쪽 끝에 자리잡게 만들되,
속죄판과 그 양쪽 끝에 있는 그룹이
한 덩이가 되도록 만들었다.
9 그룹들은 날개를 위로 펴서 그 날개
로 속죄판을 덮게 하였고, 그룹의 얼
굴들은 속죄판 쪽으로 서로 마주 보
게 하였다.

상을 만들다 (출 25:23-30)

10 ○그는 아카시아 나무로, 길이가 두
자이고 너비가 한 자이고 높이가 한
자 반인 상을 만들어서,
11 순금으로 입히고, 둘레에는 금테를
둘렀다.
12 그리고 손바닥 너비만한 턱을 만들
어 상 둘레에 붙이고, 그 턱의 둘레
에도 금테를 둘렀다.
13 금고리 넷을 부어 만들어서, 이 고리
를 상 다리가 붙어 있는 네 모퉁이
에 하나씩 붙였다.
14 그 고리들을 턱 곁에 달아서, 상을
운반할 때에 쓰는 채를 끼워 넣을
수 있게 하였다.
15 그 채는 아카시아 나무로 만들고, 거
기에 금을 입혀서 상을 운반할 수
있게 하였다.
16 상에 쓸 기구들, 곧 그 상에 올려 놓
을 대접과 종지와 부어 드리는 제물
을 담을 병과 잔을 순금으로 만들었
다.

등잔대를 만들다 (출 25:31-40)

17 ○그는 순금을 두들겨서 등잔대를
만들었으며, 등잔대의 밑받침과 줄
기와 등잔과 꽃받침과 꽃을 하나로
잇게 하였다.
18 등잔대의 줄기 양쪽에서 곁가지 여
섯 개가 나오게 하였는데, 등잔대 한
쪽에서 곁가지 세 개, 또 다른 한쪽
에서도 곁가지 세 개가 나오게 하였
다.
19 등잔대의 각 곁가지는 꽃받침과 꽃
잎을 갖춘 감복숭아꽃 모양의 잔 세
개를 연결하여 만들고, 그 맞은쪽
곁가지도 꽃받침과 꽃잎을 갖춘 감
복숭아꽃 모양 잔 세 개를 연결하여

되어 있다. 25장과 비교해 보면, 37장에는 기구들을 놓는 위치와 사용 방법에 대한 언급이 없다. 본문의 강조점은 하나님이 시키시는 대로 만들었다는 사실에 있다. 그래서 본문에는 '만들고, 입히고, 두르고, 달고, 되었다'라는 표현 어법이 자주 등장한다. 이것은 하나님과 그의 백성들 간의 교통은 하나님의 방법과 양식대로 이루어진다는 사실을 보여 준다. 지성소 안에는 순금으로 만든 속죄판 아래 안치된 법궤가 있다(1-9절). 이 법궤는 하나님의 보좌로서, 이스라엘 한가운데 좌정해 계시는 하나님의 처소를 상징한다. 그리고 성소 안에는 거룩한 빵을 놓는 상과 등잔대와 분향단이 있다(10-25절). 이 기구들은 하나님의 위엄과 권위를 상징한다. 이처럼 지성소와 성소 안에 있는 기구들은 하나님의 임재를 가장 잘 상징해 주고 있는 성물들이다. 그러나 그저 단순한 상징으로만 인식하면 안 된다. 이 기구들이 실제적으로 은혜의 수단으로 사용되기 때문이다.

만들었다. 등잔대의 줄기에서 나온
곁가지 여섯 개를 모두 이와 같이 하
였다.
20 등잔대 줄기는 꽃받침과 꽃잎을 갖
춘 감복숭아꽃 모양 잔 네 개를 쌓
아 놓은 모양으로 만들었다.
21 그리고 등잔대의 맨 위에 있는 좌우
두 곁가지가 줄기에서 뻗어 나올 때
에는 밑에서 세 번째 놓인 꽃받침에
서 뻗어 나오게 하고, 그 아래에 있
는 좌우 두 곁가지가 줄기에서 뻗어
나올 때에는 밑에서 두 번째 놓인
꽃받침에서 뻗어 나오게 하고, 그리
고 맨 아래에 있는 좌우 두 곁가지
가 줄기에서 뻗어 나올 때에는 맨 아
래에 놓인 꽃받침에서 뻗어 나오게
하여, 곁가지 여섯 개가 줄기와 연결
되어 한 덩이가 되게 하였다. 이렇게
등잔대의 줄기에서 좌우로 곁가지가
나오게 하였다.
22 등잔대 줄기의 꽃받침에 연결된 곁
가지들은 모두 순금을 두들겨 만들
어서, 전체를 하나로 잇게 하였다.
23 등잔 일곱 개와 등잔불 집게와 불똥
그릇을 순금으로 만들었는데,
24 등잔대와 이 모든 기구를 순금 한
달란트를 들여서 만들었다.

분향단을 만들다 (출 30:1-5)

25 ○그는 아카시아 나무로 분향단을
만들었는데, 그 길이가 한 자요 너비
가 한 자인 네모난 모양으로서, 높이
는 두 자로 하고, 그 뿔과 단은 하나
로 잇게 만들었다.
26 그리고 그 단의 윗면과 네 옆면과 뿔
을 순금으로 입히고, 그 가장자리에
금테를 둘렀다.
27 금고리 둘을 만들어 그 금테 아래
양쪽 옆에 붙여서, 그것을 들고 다닐
채를 끼울 수 있게 하였다.
28 아카시아 나무로 채를 만들고, 거기
에 금을 입혔다.

성별하는 기름과 향 (출 30:22-38)

29 ○그는, 향을 제조하는 법을 따라서,
성별하는 기름과 향기롭고 순수한
향을 만들었다.

번제단을 만들다 (출 27:1-8)

38 그는 아카시아 나무로 번제단
을 만들었는데, 그 길이가 다
섯 자요 너비가 다섯 자인 네모난 모
양으로 만들었으며, 그 높이는 석 자
로 하였다.
2 번제단의 네 모퉁이에 뿔을 하나씩
만들어 붙이고, 그 뿔과 제단을 하
나로 잇게 하고, 거기에 놋쇠를 입혔
다.
3 번제단의 모든 기구, 곧 재를 담는
통과 부삽과 대야와 고기 갈고리와
불 옮기는 그릇을 놋으로 만들었다.
4 제단에 쓸 그물을 놋쇠로 만들고,
제단 가장자리 밑에 달아서, 제단의

37:17-24 등잔대 늘 켜 두는 일곱 등잔의 불빛(레 24:1-4)은 계속적인 성령의 역사(슥 4:10)를 상징한다. 또한, 교회는 세상을 두루 비추는 '진리의 빛'이 되어야 함을 상징한다(계 1:12-20).

37:29 성별하는 기름과 향기롭고 순수한 향 본절에는 언급이 간소하게 되어 있다. 향을 제조하는 법도 정해진 규례(30:34-38)대로 해야 한다. 30:9에 의하면 '다른 이상한 향'을 피우지 못하도록 금지했다.

38장 요약 성막 뜰에 설치될 번제단과 물두멍, 성막 뜰을 두르는 울타리를 만든 내용이 기록되어 있다. 한편, 본문에는 성막 건축용 자재의 명세서가 상세히 기록되어 있다. 따라서 성막 제작에 대해서만 아니라 물자 관리도 매우 철저하게 감독되었음을 알 수 있다.

38:1-20 여기에서는 지성소와 성소 밖에 있는 기구들, 곧 번제단과 물두멍과 성막의 휘장에 관

중간에까지 이르게 하였다.
5 놋그물의 네 모퉁이에, 채를 끼우는
데 쓸 고리 네 개를 부어 만들었다.
6 아카시아 나무로 채를 만들고, 거기
에 놋쇠를 입혔다.
7 이 채들을 번제단 양 옆의 고리에 끼
워서, 그것을 운반할 수 있게 하고,
번제단은 널빤지로 속이 비게 만들
었다.

놋 물두멍을 만들다 (출 30:18)

8 ○그는 물두멍과 그 받침을 놋쇠로
만들었는데, 그것은 회막 어귀에서
봉사하는 여인들이 바친 놋거울로
만든 것이다.

성막 울타리를 만들다 (출 27:9-19)

9 ○그는 성막 뜰을 두르는 울타리를
만들었는데, 가는 실로 짠 모시 휘장
으로 울타리를 둘렀다. 그 남쪽 휘장
은 백 자로 하였다.
10 휘장을 칠 기둥 스무 개와 그 밑받
침 스무 개를 놋쇠로 만들고, 그 기
둥의 갈고리와 고리를 은으로 만들
었다.
11 북쪽에도 마찬가지로, 백 자가 되는
휘장을 치고, 기둥 스무 개와 밑받침
스무 개를 놋쇠로 만들고, 기둥의 갈
고리와 고리를 은으로 만들었다.
12 해 지는 쪽인 서쪽 울타리는 쉰 자가
되는 휘장으로 하고, 기둥 열 개와
밑받침 열 개를 만들었다. 그 기둥의
갈고리와 고리를 은으로 만들었다.
13 해 뜨는 쪽인 동쪽 울타리도 쉰 자
로 하였다.
14 ○동쪽의 정문 한쪽에 밑받침 셋을
놓고, 그 위에 기둥 셋을 세운 다음
에, 열다섯 자가 되는 휘장을 쳤다.
15 다른 한쪽에도 밑받침 셋을 놓고서,
그 위에 기둥 셋을 세운 다음에, 열
다섯 자가 되는 휘장을 쳤다. 동쪽
울타리에 있는 정문의 양쪽을 이렇
게 똑같이 만들었다.
16 울타리의 사면을 두른 휘장은 모두
가늘게 꼰 모시 실로 짠 것이다.
17 기둥 밑받침은 놋쇠로 만들었으나,
기둥 갈고리와 고리는 은으로 만들
고, 기둥머리 덮개는 은으로 씌웠다.
울타리의 모든 기둥에는 은고리를
달았다.
18 ○동쪽 울타리의 정문에 칠 막은, 청
색 실과 자주색 실과 홍색 실과 가
늘게 꼰 모시 실로 수를 놓아 짠 것
으로, 그 길이는 스무 자이고, 너비
곧 높이는 뜰의 휘장과 마찬가지로
다섯 자이다.
19 그것을 칠 기둥 네 개와 그 밑받침
네 개를 놋쇠로 만들고, 그 갈고리를
은으로 만들고, 기둥머리 덮개와 고
리를 은으로 만들었다.
20 성막의 말뚝과 울타리 사면에 박을
말뚝은 모두 놋쇠로 만들었다.

해서 언급하고 있다. 성소가 하나님을 위한 곳이라고 한다면, 성막 뜰은 사람을 위한 곳이라 할 수 있다. 백성들은 대속의 희생 제물을 통하여 하나님의 집에 거할 수 있는 특권을 가진다(참조. 시 15편;24편;27편). 이렇게 함으로써, 하나님의 백성들은 하나님께서 주신 삶의 방식에 적응되고 조정되며, 그에게 복종해 가는 것이다.

38:2 뿔 '권력'을 상징한다(왕상 22:11;슥 1:18). '나의 구원의 뿔'(시 18:2)이라는 표현은 속죄하는 곳인 제단의 뿔에 근거하고 있다.

38:8 봉사하는 여인들 성소를 청소하고 닦아내거나 절기 축제 때 노래를 부르면서 춤을 추도록 조직된 성소 봉사를 하던 여인들로 추측된다.

38:21-31 성막 건축에 사용된 물자의 명세서가 아주 상세하게 기록되어 있다. 수량에 대한 정확한 계산으로 보아, 모든 일이 매우 철저하게 운영되었음을 알 수 있다. 특별히 금과 은과 놋쇠에 대한 총량을 기록한 것은 이 재료들이 성막 기구들

성막 공사 물자 명세

21 ○다음은 성막 곧 증거판을 간직한
성막 공사의 명세서로서, 제사장 아
론의 아들 이다말이 모세의 명령을
받아, 레위 사람들을 시켜서 계산한
것이다.
22 유다 지파 사람 훌의 손자이며 우리
의 아들인 브살렐은, 주님께서 모세
에게 명하신 모든 것을 만들었다.
23 그를 도와서 함께 일한 단 지파 사
람 아히사막의 아들 오홀리압은, 조
각도 하고, 도안도 그렸으며, 청색 실
과 자주색 실과 홍색 실과 가는 모
시 실로 수를 놓는 일도 하였다.
24 ○성소 건축비로 든 금 곧 흔들어 바
친 금은 모두 성소 세겔로 이십구
달란트 칠백삼십 세겔이다.
25 인구 조사의 대상이 된 회중이 바친
은은 성소의 세겔로 백 달란트 천칠
백칠십오 세겔이다.
26 스무 살이 넘어서 인구 조사의 대상
이 된 사람이 모두 육십만 삼천오백
오십 명이므로, 한 사람당 성소 세겔
로 반 세겔 곧 한 베가씩 낸 셈이다.
27 성소 밑받침과 휘장 밑받침을 부어
만드는 데 은 백 달란트가 들었으니,
밑받침 백 개에 백 달란트 곧 밑받침
한 개에 한 달란트가 든 셈이다.
28 천칠백칠십오 세겔을 들여서, 기둥의
갈고리와 기둥 머리의 덮개와 기둥
의 고리를 만들었다.
29 흔들어 바친 놋쇠는 칠십 달란트 이
천사백 세겔인데,
30 이것으로 회막 어귀의 밑받침과 놋
제단과 이에 딸린 놋그물과 기타 제
단의 모든 기구를 만들고,
31 울타리 사면의 밑받침과 뜰 정문의
밑받침과 성막의 모든 말뚝과 뜰 사
면의 모든 말뚝을 만들었다.

제사장의 예복을 만들다 (출 28:1-14)

39 그들은 청색 실과 자주색 실과
홍색 실로 성소에서 예배드릴
때에 입는 옷을 정교하게 짜서 만들
었다. 그들은 이렇게, 주님께서 모세
에게 명하신 대로, 아론이 입을 거
룩한 옷을 만들었다.
2 ○금 실과 청색 실과 자주색 실과
홍색 실과 가늘게 꼰 모시 실로 에
봇을 만들었다.
3 금을 얇게 두들겨 가지고 오려 내어
서 실을 만들고, 청색 실과 자주색
실과 홍색 실과 가는 모시 실을 섞
어 가며 정교하게 감을 짰다.
4 에봇의 양쪽에 멜빵을 만들어서, 에
봇을 입을 때에 멜빵을 조여서 조정
하게 하였다.
5 에봇 위에 띨 허리띠는 에봇을 짤 때
와 같은 방법으로, 금 실과 청색 실
과 자주색 실과 홍색 실과 가늘게
꼰 모시 실로 짜서, 에봇과 한데 이

을 제조하는 데에 가장 귀중한 금속들이었기 때문이며, 하나님의 임재를 가장 명확히 나타내는 데 사용된 금속들이었기 때문이다. 한편, 풍부한 예물들의 합계는 이스라엘 백성들의 아낌없는 헌신과 하나님께 대한 신앙을 잘 보여 주고 있다.

38:21 성막은 하나님과 사람이 만나는 장소로, 하나님과의 만남은 언약적인 영원한 만남임을 상징한다. 성막은 하나님의 임재를 상징하는 고유의 기능을 가리킨다.

39장 요약 본장은 28장을 근거로 한 제사장 예복 제작에 대한 설명과 회막의 공사가 완성된 것에 대한 설명 부분이다. 모세는 브살렐과 오홀리압을 중심으로 행한 모든 공사가 하나님의 명하신 대로 된 것을 확인했고 축복했다. 이제 남은 것은 봉헌식을 거행하는 것뿐이었다.

39:1-31 제사장의 예복은 철저하게 하나님이 명

어 붙였다. 이것은 모두 주님께서 모
세에게 명하신 대로 한 것이다.
6 ○홍옥수 두 개를 깎아서 금테에 물
리고, 인장 반지를 새기듯이, 그 위
에 이스라엘의 아들들의 이름을 새
겨 넣었다.
7 그리고 이스라엘 지파들을 상징하
는 이 기념 보석들을 에봇의 양쪽
멜빵 위에 달았다. 이는 주님께서 모
세에게 명하신 대로 한 것이다.

가슴받이를 만들다 (출 28:15-30)

8 ○그들은 에봇을 만들 때와 마찬가
지로 금 실과 청색 실과 자주색 실
과 홍색 실과 가늘게 꼰 모시 실로
가슴받이를 정교하게 만들었다.
9 그것은 두 겹으로 겹쳐서 네모나게
만든 것으로, 길이가 한 뼘이요 너비
가 한 뼘인 가슴받이이다.
10 거기에 보석을 네 줄 물렸다. 첫째
줄에는 홍보석과 황옥과 취옥을 박
고,
11 둘째 줄에는 녹주석과 청옥과 백수
정을 박고,
12 셋째 줄에는 풍신자석과 마노와 자
수정을 박고,
13 넷째 줄에는 녹주석과 얼룩 마노와
벽옥을 박고, 이 보석들을 모두 금테
에 물렸다.
14 이 보석들은 이스라엘의 아들들의
수대로 열둘이었는데, 인장 반지를
새기듯이, 보석마다 각 사람의 이름
을 새겨서, 이 보석들로 열두 지파를
나타내게 하였다.
15 가슴받이를 가슴에 매달 사슬은 순
금으로 노끈처럼 꼬아서 만들었다.
16 금테 두 개와 금고리 두 개를 만들어
서, 그 두 고리를 가슴받이의 양쪽
끝에 달았다.
17 금사슬 두 개를 꼬아서, 가슴받이
양쪽 끝에 있는 두 고리에 매었다.
18 그리고 꼰 사슬의 다른 두 끝을 에
봇 앞쪽의 멜빵에 달린 두 금테에
매고,
19 또 금고리 두 개를 더 만들었으며,
그것을 가슴받이 아래의 양쪽 가장
자리 안쪽인 에봇과 겹치는 곳에 달
았다.
20 그리고 다른 금고리 두 개를 더 만
들어서, 에봇의 양쪽 멜빵 앞자락
아래, 곧 정교하게 짠 에봇 띠를 매
는 곳 조금 위에 달았다.
21 청색 실로 꼰 끈으로 가슴받이 고리
를 에봇 고리에 매되, 정교하게 짠
에봇 띠 조금 위에다 매어서, 가슴받
이가 에봇에서 떨어지지 않게 하였
다. 이는 주님께서 모세에게 명하신
대로 한 것이다.

제사장의 또다른 예복을 만들다 (출 28:31-43)

22 ○그들은 에봇에 딸린 겉옷을 전부

하신 대로 일일이 만들어졌다(1,5,7,21,26,29,31절). 이것은 제사장의 예복이 얼마나 거룩한 것이며, 또 그 일이 얼마나 정확하고 신중하게 시행되어야 하는지를 보여 준다. 여기서 아론의 제사장 직분(1절)은 그리스도 중심으로 고찰되어야 한다(히 7:11-14). 예수 그리스도는 친히 자신의 피로 희생이 되신 희생 제물이며 제단이시다(히 7:27; 13:10). 아론과 그의 아들들은 날마다 자신의 몸을 하나님이 기뻐하실 거룩한 산 제물로 드리는 신약의 신자들처럼, 날마다 하나님께 제사를 드림으로써 제사장 직분을 감당하였다(롬 12:1). 그러므로 제사장 예복은 정교하게(2-5절), 화려하게(6-21절), 아름답게(22-26절), 겸손하게(27-29절), 성결하게(30-31절) 만들어져야 하는 것이다. 결국 제사장의 예복은 하나님께 특별히 구별되어 헌신되었음을 나타낸다.

39:9-14 가슴받이는 가로와 세로가 한 뼘씩 되는 정방형이었다. 여기에 12개의 보석이 세 개씩

청색으로 짜서 만들었다.
23 그 겉옷 한가운데에 구멍을 내고, 그
구멍의 둘레를 갑옷의 깃처럼 단단
히 홑쳐서, 찢어지지 않게 하였다.
24 그들은 겉옷 자락 둘레에 청색 실과
자주색 실과 홍색 실과 가늘게 꼰
모시 실로 석류 모양 술을 만들어
달았다.
25 그리고 순금으로 방울을 만들어서,
그 방울을 겉옷 자락에 달린 석류
술 사이사이에 돌아가면서 달았다.
26 이렇게, 제사를 드릴 때에 입을 수
있게, 겉옷 자락을 돌아가며, 방울
하나 석류 하나, 또 방울 하나 석류
하나를 달았으니, 이는 주님께서 모
세에게 명하신 대로 한 것이다.
27 ○그들은 또 아론과 그의 아들들이
입을 속옷을 가는 모시 실로 정교하
게 짜서 만들었다.
28 고운 모시 두건과 고운 모시 관과
가늘게 꼰 모시 실로 짠 속바지를
만들었다.
29 가늘게 꼰 모시 실과 청색 실과 자
주색 실과 홍색 실로 수를 놓아, 허
리띠를 만들었다. 이 모든 것은 주님
께서 모세에게 명하신 대로 한 것이
다.
30 ○그들은 또 성직자의 관에 붙이는
거룩한 패를 순금으로 만들고, 그 위
에, 인장 반지를 새기듯이 '주님의 성
직자'라고 새겨 넣었다.
31 그것을 청색 실로 꼰 끈에 매어서 제
사장이 쓰는 관에 달았다. 이것은
주님께서 모세에게 명하신 대로 한
것이다.

성막 완공 검사 (출 35:10-19)

32 ○이렇게 해서, 성막 곧 회막의 공사
가 완성되었다. 이스라엘 자손은, 주
님께서 모세에게 명하신 모든 것을
그대로 다 하였다.
33 그런 다음에, 그들은 성막을 모세에
게 가져 왔으니, 이는 천막과 거기에
딸린 모든 기구, 곧 갈고리와 널빤지
와 가로다지와 기둥과 밑받침과,
34 붉게 물들인 숫양 가죽 덮개와 돌고
래 가죽 덮개와 칸막이 휘장과,
35 증거궤와 그것에 딸린 채와 속죄판
과,
36 상과 그 밖의 모든 기구와 상에 차
려 놓을 빵과,
37 순금 등잔대와 거기에 얹어 놓을 등
잔들과 그 밖의 모든 기구와 등잔용
기름과,
38 금제단과 예식용 기름과 분향할 향
과 장막 어귀의 휘장과,
39 놋제단과 거기에 딸린 놋그물과 놋
제단을 옮기는 데 쓸 채와 모든 기구
와 물두멍과 그 받침과,
40 뜰의 휘장과 그 기둥과 밑받침과 뜰
의 정문 휘장과 그 줄과 말뚝과, 성

네 줄로 박혀 있었다. 이 보석들은 이스라엘 12지파를 상징하고 있다. 그들의 이름을 가슴받이에 붙인 것은 하나님의 사랑이 뜨겁다는 것을 암시한다(사 49:15-16;54:11-13).

39:23 겉옷은 가운데에 구멍을 뚫어 머리를 내놓도록 했다. 그러므로 입을 때는 머리쪽부터 뒤집어 써야 했고(28:32), 마치 한 장의 천으로 된 외투를 입는 것 같았다.

39:32-43 성막과 모든 기구들은 모세가 시내 산에서 받은 양식대로 만들어서 모세에게로 가져왔으며, 모세는 하나님의 지시대로 되었는지를 확인하였다. 그러나 한 가지 선물이 남아 있었으니, 그것은 영원한 하나님의 임재이다. 그래서 모세는 그들을 축복해 줌으로써 백성들이 이 선물을 받을 수 있도록 준비시켰다.

39:32 주님께서…그대로 다 하였다 39장에서 10번 쓰인 표현이다(1,5,7,21,26,29,31,32,42,43절). 하나님의 규례대로 완전히 순종했음을 강조한다.

막 곧 회막에서 예배를 드릴 때에 쓰
는 모든 기구와,
41 성소에서 예식을 올릴 때에 입는 잘
짠 옷 곧 제사장 아론의 거룩한 옷
과 그 아들들이 제사장 일을 할 때
에 입는 옷 들이다.
42 이스라엘 자손은, 주님께서 모세에
게 명하신 모든 것을 그대로 하여,
일을 완수하였다.
43 모세가 그 모든 일을 점검하여 보니,
그들이 주님께서 명하신 그대로 하
였으므로, 그들에게 복을 빌어 주었
다.

회막 봉헌

40 주님께서 말씀하셨다.
2 "너는 첫째 달 초하루에 성막
곧 회막을 세워라.
3 그리고 거기에 증거궤를 들여놓고,
휘장을 쳐서, 그 궤를 가려라.
4 또 너는 상을 가져다가 격식대로 차
려 놓고, 등잔대를 가져다가 그 위에
등잔불을 올려놓아라.
5 또 금 분향단을 증거궤 앞에 놓고,
성막 어귀에 휘장을 달아라.
6 ○번제단은 성막 곧 회막 어귀 앞에
가져다 놓아라.
7 회막과 제단 사이에는 물두멍을 놓
고, 거기에 물을 채워라.
8 회막 주위로 울타리를 만들고, 거기
에 휘장을 치고, 동쪽 울타리에다
낸 정문에는 막을 드리워라.
9 ○너는 예식용 기름을 가져다가, 성
막과 거기에 딸린 모든 것에 발라서,
성막과 그 모든 기구를 거룩하게 구
별하여라. 그러면 그것이 거룩하게
될 것이다.
10 너는 번제단과 그 모든 기구에 기름
을 발라, 제단을 성별하여라. 그러면
제단이 가장 거룩하게 될 것이다.
11 너는 물두멍과 그 밑받침에 기름을
발라, 그것들을 성별하여라.
12 ○너는 아론과 그의 아들들을 회막
어귀로 데려다가, 목욕을 하게 하여
라.
13 그리고 너는 아론에게 거룩한 옷을
입게 하고, 그에게 기름을 붓고, 그
를 거룩하게 구별하여, 제사장으로
서 나를 섬기게 하여라.
14 그의 아들들을 데려다가, 그들에게
속옷을 입혀라.
15 그리고 네가 그들의 아버지에게 기
름을 부은 것과 같이, 그들에게 기
름을 부어라. 그러면 그들이 나를 섬
기는 제사장이 될 것이다. 그들은 기
름부음을 받음으로써, 대대로 영원
히 제사장직을 맡게 된다."
16 ○모세는 주님께서 그에게 명하신
것을 모두 그대로 하였다.
17 마침내 제 이 년 첫째 달 초하루에
성막을 세웠는데,

40장 요약 본문에는 주님께서 명하신 대로 한 것이라는 말을 7번 반복함으로써 강조하고 있다. 성막이 봉헌되자 하나님의 영광을 나타내는 구름이 성막에 가득 찼다. 구름 기둥은 하나님께서 이스라엘의 앞길을 인도하셨고 영적 이스라엘인 우리 성도들과 늘 함께하심을 나타낸다.

40:1–33 모세는 하나님의 지시대로 성막을 세우고, 성막 기구들에 예식용 기름을 발라 거룩하게 구별한 후, 정한 위치에 배치하였고(2–12절), 아론과 그의 아들들도 기름 부음을 받아 영원한 제사장 직분을 부여받았다(13–16절). 또, 하나님이 명하신 대로 번제물과 곡식제물을 바치고, 아론과 그의 아들들로 하여금 제사장 직분을 행하게 하고, 마지막으로 모세가 울타리를 만들어서 성막과 제단을 둘러싸고, 동쪽 울타리에 낸 정문에는 막을 달아 가림으로써 모든 일은 끝나게 되었다.

18 모세는 밑받침을 놓고, 널빤지를 맞
추고, 가로다지를 꿰고, 기둥을 세
워, 성막을 완성하였다.
19 또 성막 위에 막을 펴고, 그 위에 덮
개를 덮었다. 이는 주님께서 모세에
게 명하신 대로 한 것이다.
20 그렇게 한 다음에, 증거판을 가져다
가 궤 안에 넣고, 그 궤에 채를 꿰
고, 궤 위에 속죄판을 덮었다.
21 궤를 성막 안에 들여놓고, 휘장을
쳐서 증거궤를 막았다. 이는 주님께
서 모세에게 명하신 대로 한 것이다.
22 회막 안, 성막의 북쪽 면, 휘장 바깥
에 상을 들여놓았다.
23 상 위에는 주님께 바치는 빵을 차려
놓았다. 이것은 주님께서 모세에게
명하신 대로 한 것이다.
24 회막 안의 상 맞은쪽, 성막의 남쪽
면에 등잔대를 놓고,
25 주님 앞에 등잔을 올려놓았다. 이것
은 주님께서 모세에게 명하신 대로
한 것이다.
26 금제단을 회막 안, 휘장 앞에 들여놓
고,
27 그 위에 향기로운 향을 피웠다. 이것
은 주님께서 모세에게 명하신 대로
한 것이다.
28 또 성막 어귀에 막을 달고,
29 성막 곧 회막 어귀에 번제단을 놓고,
그 위에 번제물과 곡식제물을 바쳤
다. 이것은 주님께서 모세에게 명하
신 대로 한 것이다.
30 회막과 제단 사이에 물두멍을 놓고,
거기에 씻을 물을 채웠다.
31 모세와 아론과 아론의 아들들이 그
물로 손과 발을 씻었는데,
32 회막에 들어갈 때와 단에 가까이 갈
때에 그렇게 씻었다. 이것은 주님께
서 모세에게 명하신 대로 한 것이다.
33 울타리를 만들어서 성막과 제단을
둘러싸고, 동쪽 울타리에다가 낸 정
문에는 막을 달아 가렸다. 이렇게 모
세는 모든 일을 다 마쳤다.

주님의 영광이 회막을 덮다 (민 9:15-23)

34 ○그 때에 구름이 회막을 덮고, 주님
의 영광이 성막에 가득 찼다.
35 모세는, 회막에 구름이 머물고, 주님
의 영광이 성막에 가득 찼으므로,
거기에 들어갈 수 없었다.
36 이스라엘 자손은 구름이 성막에서
걷히면 진을 거두어 가지고 떠났다.
37 그러나 구름이 걷히지 않으면, 걷힐
때까지 떠나지 않았다.
38 그들이 길을 가는 동안에, 낮에는
주님의 구름이 성막 위에 있고, 밤
에는 구름 가운데 불이 있어서, 이
스라엘 온 자손의 눈 앞을 밝혀 주
었다.

40:18 성막을 세우고 그 안과 밖의 모든 기구들을 제 위치에 고정하는 과정을 간략히 보면 다음과 같다. 성막 몸체 조립에서부터 시작하여 그 내부에 비치할 기구들 → 성막 뜰에 비치할 기구들 → 성막 뜰의 울타리의 순으로 전개되었음(내부 → 외부)을 알 수 있다. 이것은 성막의 모든 기구들의 재료(금·은·놋쇠)에서도 볼 수 있듯이, 성막 내부(중심)와 그곳으로부터 멀리 떨어진 곳과의 차이, 즉 신성도의 차이를 보여 주는 것이다.

40:25 모세에게 명하신 대로 본장에서 7번 반복되어 순종을 강조하는 문장이다(19,21,23,25,27,29,32절). 이러한 순종의 모범은 구름에 의한 출발과 정지에서도 배울 수 있다(민 9:5-23).

40:34-38 하나님은 광야 생활 내내 그분의 임재를 이스라엘 백성들에게 알려 주었다. 구름을 통해 나타난 하나님의 임재는, 백성들이 만든 성막을 받으셨음을 보장해 줌과 동시에, 기꺼이 그분의 백성들과 거주하시겠다는 증거를 보여 준다.

레위기

LEVITICUS

저자 모세
저작 연대 B.C. 1450–1400년경

기록 장소와 대상 일반적으로 보수주의 신학자들은 모세가 시내 산에 머무는 동안 이 계시를 받았다고 생각한다. 본서는 이스라엘 백성을 대상으로 기록되었다.

핵심어 및 내용 레위기의 핵심어는 '성별', '거룩' 등이다. 레위 사람들 가운데에서 특별히 제사장들은 온전한 예배를 위하여 구별되었고 모든 백성들에게 거룩한 삶의 본보기를 보여 주기 위하여 성별되었다. 레위기는 제사법에 관한 책일 뿐 아니라 구약의 언약 백성들이 하나님 앞에 나아가는 방법(거룩, 성결, 구속)을 가르쳐 주는 책이다.

내용 분해

1. 거룩하신 하나님께 나아가는 방법(1:1–16:34)
2. 사람이 하나님과 교제하는 방법(17:1–25:55)
3. 율법에 대한 적용(26:1–27:34)

번제

1 주님께서 모세를 ㉠회막으로 부르
시고, 그에게 말씀하셨다.
2 "이스라엘 자손에게 말하여라. 너는
그들에게 다음과 같이 일러라.
○너희 가운데서 짐승을 잡아서
나 주에게 제물을 바치는 사람은 누
구든지 소나 양을 제물로 바쳐라.
3 ○바치는 제물이 소를 ㉡번제물로 바
치는 것이면, 흠 없는 수컷을 골라서
회막 어귀에서 바치되, 나 주가 그것
을 기꺼이 받게 하여라.
4 제물을 가져 온 사람은 번제물의 머
리 위에 자기의 손을 얹어야 한다.
그래야만 그것을 속죄하는 제물로
받으실 것이다.
5 그런 다음에 제물을 가져 온 사람은
거기 주 앞에서 그 수송아지를 잡아
야 하고, 아론의 혈통을 이어받은
제사장들은 그 피를 받아다가 회막
어귀에 있는 제단 둘레에 그 피를 뿌
려야 한다.
6 제물을 가져 온 사람이 그 번제물의
가죽을 벗기고, 고기를 저며 놓으면,
7 아론의 혈통을 이어받은 제사장들
이 제단 위에 불을 피우고, 그 불 위
에 장작을 지피고,
8 아론의 혈통을 이어받은 제사장들
이, 고기 저민 것과 그 머리와 기름
기를 제단에서 불타는 장작 위에 벌
여 놓아야 한다.
9 제물을 가져 온 사람이 내장과 다리
를 물에 씻어 주면, 제사장은 그것을
모두 제단 위에다 놓고 불살라야 한
다. 이것이 번제인데, 이는, 제물을
불에 태워서 그 향기로 나 주를 기
쁘게 하는, 살라 바치는 제사이다.
10 ○바치는 제물이 가축 떼 곧 양이나
염소 가운데서 골라서 번제로 바치
는 것이면, 흠 없는 수컷을 골라 제
물로 바쳐야 한다.
11 제물을 가져 온 사람은 그 제물을 주
앞 곧 제단 북쪽에서 잡아야 하고,
아론의 혈통을 이어받은 제사장들은
제단 둘레에 그 피를 뿌려야 한다.
12 제물을 가져 온 사람이 고기를 저미
고 그 머리와 기름기를 베어 놓으면,
제사장들 가운데서 한 사람이 그것
들을 제단에서 불타는 장작 위에 벌
여 놓아야 한다.

㉠ 하나님이 백성을 만나시는 곳(출 26장) ㉡ 짐승을 제단 위에 놓고 불살라 바치는 제사

레

13 제물을 가져 온 사람이 내장과 다리
를 물에 씻어 주면, 제사장은 그것을
받아다가 모두 제단 위에서 불살라
야 한다. 이것이 번제인데, 이는, 제
물을 불에 태워서 그 향기로 나 주를
기쁘게 하는, 살라 바치는 제사이다.
14 ○나 주에게 바치는 제물이 ㉠날짐승
을 번제물로 바치는 것이면, 그는 산
비둘기나 집비둘기 새끼 가운데서
골라 제물로 바쳐야 한다.
15 제사장은 그 날짐승을 받아서 제단
으로 가져 가고, 그 목을 비틀어서 머
리를 자르고, 그 머리는 제단에 불사
르고, 피는 제단 곁으로 흘려야 한다.
16 제물을 가져 온 사람은 제물의 멱통
과 그 안에 있는 오물을 떼어 내서,
제단 동쪽에 있는 잿더미에 버려야
한다.
17 그가 두 날개를 잡고, 그 새의 몸을
찢어서, 두 동강이 나지 않을 정도로
벌려 놓으면, 제사장은 그것을 가져
다가, 제단에서 불타는 장작 위에 얹
어서 불살라야 한다. 이것이 번제인
데, 이는, 제물을 불에 태워서 그 향
기로 나 주를 기쁘게 하는, 살라 바
치는 제사이다."

곡식제물

2 "나 주에게 곡식제물을 바치는 사
람은 누구든지 고운 밀가루를 제
물로 바치는데, 거기에 기름을 붓고
향을 얹어서 바쳐야 한다.
2 그가 그 제물을 아론의 혈통을 이어
받은 제사장들에게 가져 오면, 제사
장은 기름으로 반죽한 밀가루에서
는 가루 한 줌을 걷고, 향은 다 거두
어서, 그 제물을 모두 바치는 정성의
표시로, 제단 위에 올려놓고 불살라
야 한다. 이것이, 제물을 불에 태워
서 그 향기로 나 주를 기쁘게 하는,
살라 바치는 제사이다.
3 곡식제물 가운데서 살라 바치고 남
은 것은 아론과 그 아들들의 몫이
다. 이것은 나 주에게 살라 바치는
제물에서 온 것이므로, 가장 거룩한
것이다.
4 ○네가 화덕에 구운 것으로 곡식제
물을 바치려거든, 고운 밀가루에 기
름을 넣어서 반죽하여, 누룩을 넣지
않고 만든 둥근 과자나, 누룩을 넣
지 않고 기름만 발라서 만든 얇고
넓적한 과자를 바쳐야 한다.
5 ○네가 바치는 곡식제물이 빵 굽는
판에다 구운 것이면, 그것은 고운 밀
가루에 기름을 넣어 반죽하여 만든
것으로서, 누룩을 넣지 않은 것이어
야 한다.
6 너는 그것을 여러 조각으로 나누고,
그 위에 기름을 부어라. 이것이 곡식
제물이다.
7 ○네가 바치는 곡식제물이 냄비에다

1장 요약 성막이 세워진 후 제사에 대한 규정이 모세에게 계시되었다. 먼저 제물 전체를 하나님 앞에서 불로 태우는 번제가 소개된다.

1:1–2 이스라엘 백성들은 이집트에서 나온 지 2년째 되는 해 첫째 달 초하루에, 성막을 세워 하나님께 봉헌하였다(출 40:17). '누구든지' 제물을 드리기를 원하는 자는 참회하는 마음으로 나아올 수 있었다.

2장 요약 곡식제사를 드리는 방법(1–10절)과 곡식제물을 만드는 법(11–16절)을 소개하고 있다. 곡식제물에 따라 곡식제사의 종류가 구분되는데, 고운 밀가루, 화덕에 구운 것, 빵 굽는 판에다 구운 것, 냄비에다 구운 과자 등이 있다. 곡식제물을 불에 태워 바치고 남은 것은 아론과 그 자손에게 돌아간다.

㉠ 짐승을 바칠 수 없는 사람은 대신 날짐승을 번제물로 바침

구운 과자이면, 고운 밀가루에 기름
을 넣어서 만든 것이어야 한다.
8 ○이렇게 하여 곡식제물이 준비되
면, 그것을 나 주에게 가지고 와서,
제사장에게 주어라. 제사장이 그것
을 받아 제단으로 가져 갈 것이다.
9 제사장은 그 곡식제물에서 정성의
표시로 조금 떼어서, 그것을 제단 위
에 올려놓고 불살라야 한다. 이렇게
하여 그 제물을 모두 바쳤다는 표시
로 삼는다. 이것이, 제물을 불에 태
워서 그 향기로 나 주를 기쁘게 하
는, 살라 바치는 제사이다.
10 곡식제물 가운데서 살라 바치고 남
은 것은 아론과 그 아들들의 몫이
다. 이것은 나 주에게 살라 바치는
제물에서 온 것이므로, 가장 거룩한
것이다.
11 ○너희가 나 주에게 바치는 곡식제
물은, 어떤 것이든지, 누룩을 넣지
않은 것이어야 한다. 나 주에게 살라
바치는 제사에서, 어떤 누룩이나 꿀
을 불살라서는 안 되기 때문이다.
12 너희가 맨 먼저 거둔 곡식을 제물로
바칠 때에는 나 주에게 누룩과 꿀을
가져 와도 되지만, 나 주를 기쁘게
하는 향기를 내려고 그것들을 제단
위에 올려놓아서는 안 된다.
13 네가 바치는 모든 곡식제물에는 소
금을 넣어야 한다. 네가 바치는 곡식
제물에는 네 하나님과 언약을 세울
때에 넣는 그 소금을 빼놓지 말아
라. 네가 바치는 모든 제물에는 소금
을 넣도록 하여라.
14 ○네가 맨 먼저 거둔 것을 나 주에게
곡식제물로 바칠 때에는, 햇곡식을
불에 볶거나 찧은 것으로 곡식제물
을 바쳐야 한다.
15 그 위에 기름과 향을 놓아라. 이것
이 곡식제물이다.
16 제사장은 제물을 모두 바치는 정성
의 표시로, 곡식과 기름에서 조금
갈라 내어, 향 전부와 함께 불살라
야 한다. 이것이 나 주에게 살라 바
치는 제사이다."

화목제사

3 "㉠화목제사 제물을 바치는 사람
이 소를 잡아서 바칠 때에는, 누구
든지, 수컷이거나 암컷이거나, 흠이
없는 것을 골라서 주 앞에 바쳐야 한
다.
2 제물을 가져 온 사람은, 자기가 바칠
제물의 머리 위에 손을 얹은 다음
에, 회막 어귀에서 그 제물을 잡아
야 한다. 그러면 아론의 혈통을 이어
받은 제사장들이 그 피를 제단 둘레
에 뿌릴 것이다.
3 제물을 가져 온 사람은 화목제물 가
운데서 내장 전체를 덮고 있는 기름
기와, 내장 각 부분에 붙어 있는 모

2:1–16 곡식제사는 유일하게 피가 없이 드리는 제사이다. 이 제사는 생명을 주신 하나님께 모든 삶을 드리는 것을 의미한다.

2:13 소금은 부패를 방지하며, 누룩이나 꿀의 발효 작용을 억제한다. 고대에는 쌍방이 소금을 먹음으로 언약을 맺는 풍습이 있었다. 소금이란 변하지 않는 언약의 상징이다(민 18:19;대하 13:5).

㉠ 제물로 바치는 짐승의 몸을 일부만 제단 위에서 불사르고, 나머지는 제사 드리는 사람들이 나누어 먹음

3장 요약 화목제사는 하나님과 사람 사이의 화평을 위한 제사였기 때문에, 제물을 나누어 먹을 수 있는 유일한 제사이다. 이 제사의 기본 개념은 화평과 친교였으며, 종류에는 감사제(구원과 축복에 감사하는 제사)와 서원제(서원의 예물을 드리는 제사), 자원제(자발적으로 드리는 제사)가 있다.

3:1–17 화목제사(히. '제바 쉘라밈')에 대한 규례

레

든 기름기와,
4 두 콩팥과, 거기에 덮여 있는 허리께
의 기름기와, 콩팥을 떼어 낼 때에
함께 떼어 낸, 간을 덮고 있는 껍질
을, 나 주에게 살라 바치는 제물로
가져 와야 한다.
5 그러면 아론의 아들들이 그것들을
제단에서 불타는 장작 위에 올려놓
은 번제물 위에다 놓고 불사를 것이
다. 이것이, 제물을 불에 태워서 그
향기로 나 주를 기쁘게 하는, 살라
바치는 제사이다.
6 ○화목제물을 바치려는 사람이 제
사에서 양을 잡아 나 주에게 제물로
바치려면, 수컷이거나 암컷이거나,
흠이 없는 것을 골라서 바쳐야 한다.
7 그가 제물로 바칠 것이 양이면, 그는
그 양을 나 주에게 끌고 와서,
8 그 제물의 머리 위에 손을 얹은 다
음에, 회막 앞에서 그 제물을 잡아
야 한다. 그러면 아론의 아들들이
그 피를 제단 둘레에 뿌릴 것이다.
9 제물을 가져 온 사람은 화목제물 가
운데서 기름기, 곧 엉치뼈 가운데서
떼어 낸 꼬리 전부와, 내장 전체를
덮고 있는 기름기와, 내장 각 부분에
붙어 있는 모든 기름기와,
10 두 콩팥과, 거기에 덮여 있는 허리께
의 기름기와, 콩팥을 떼어 낼 때에
함께 떼어 낸, 간을 덮고 있는 껍질
을, 나 주에게 살라 바치는 제물로
가져 와야 한다.
11 그러면 제사장이 그것들을 제단으
로 가져 가서, 나 주에게 살라 바치
는 음식제물로 바칠 것이다.
12 ○그가 제물로 바칠 것이 염소면, 그
는 그 염소를 나 주에게 끌고 와서
13 그 제물의 머리 위에 손을 얹은 다
음에, 회막 앞에서 그 제물을 잡아
야 한다. 그러면 아론의 아들들이
그 피를 제단 둘레에 뿌릴 것이다.
14 제물을 가져 온 사람은 제물 가운데
서, 내장 전체를 덮고 있는 기름기와,
내장 각 부분에 붙어 있는 모든 기
름기와,
15 두 콩팥과, 거기에 덮여 있는 허리께
의 기름기와, 콩팥을 떼어 낼 때에
함께 떼어 낸, 간을 덮고 있는 껍질
을, 나 주에게 살라 바치는 제물로
가져 와야 한다.
16 그러면 제사장이 그것들을 제단으
로 가져 가서, 나 주에게 살라 바치
는 음식제물로 바칠 것이다. 이것이,
제물을 불에 태워서, 그 향기로 나
주를 기쁘게 하는, 살라 바치는 제
사이다. 기름기는 다 나 주에게 바쳐
야 한다.
17 이것은 너희가 어느 곳에서 살든지,
대대로 영원히 지켜야 할 규례이다.
너희는 어떤 기름기도, 어떤 피도 먹

가 자세히 적혀 있다(7:11–21,28–34). 화목제물의 종류는 소(1–5절)와 양(6–11절)과 염소(12–17절)로 구분하였다. 화목제사는 드려진 제물의 콩팥과 기름기만을 취하여 제단 위에서 불살랐다.

3:1 화목제사 (히) '셀렘'. '평화', '완전함'의 뜻을 지닌 (히) '샬롬'에서 유래했다. 화목제사는 '감사제'(감사의 뜻으로 드리는 화목제사_7:12–15), '서원제'(서약한 것을 지키려고 드리는 제사_7:16–18), '낙헌제'(그저 바치고 싶어서 스스로 바치는 제사_7:16–18)로 세 종류가 있다. 화목제사는 하나님과 사람 사이의 화평을 위한 제사로, 다른 제사들과 달리 바쳐진 제물을 회중들이 모두 나누어 먹을 수 있었다. 세 절기(무교절, 맥추절, 수장절) 때마다 온 백성이 성전에 모여 화목제사를 드리고 화목제물을 나누어 먹었다.

3:17 기름기는 생명을 유지시켜 주는 것이고, 피는 생명의 근원을 상징한다. 그래서 하나님께서는 기름기와 피는 먹지 말라고 명령하셨다.

어서는 안 된다."

속죄제를 드려야 할 경우

4 주님께서 모세에게 말씀하셨다.
2 "너는 이스라엘 자손에게 다음
과 같이 일러라.
○어떤 사람이 실수로 잘못을 저
질러, 나 주가 하지 말라고 명한 것
을 하나라도 어겼으면, 다음과 같이
하여야 한다.
3 ○특히, 기름부음을 받고 임명받은
제사장이 죄를 지어서, 그 벌이 백성
에게 돌아가게 되었을 경우에, 그 제
사장이 지은 죄를 용서받으려면, 소
떼 가운데서 흠 없는 수송아지 한
마리를 골라 속죄제물로 주에게 바
쳐야 한다.
4 그는 그 수송아지를 주 앞 곧 회막
어귀로 끌고 가서, 그 수송아지의 머
리 위에 손을 얹은 다음에, 주 앞에
서 그 송아지를 잡아야 한다.
5 그리고 기름부음을 받고 임명받은
제사장이, 그 수송아지의 피를 얼마
받아서, 그것을 회막 안으로 가지고
들어가서,
6 제사장이 직접 손가락으로 피를 찍
어, 주 앞 곧 성소에 친 ㉠휘장 앞에
서 일곱 번 뿌려야 한다.
7 제사장은 또 그 피의 얼마를 회막
안, 주 앞에 있는 분향단 뿔에 돌아
가면서 두루 바르고, 나머지 수송아
지의 피는 모두 회막 어귀에 있는 번
제단 밑바닥에 쏟아야 한다.
8 그런 다음에, 그는 속죄제물로 바친
그 수송아지에서 기름기를 모두 떼
어 내야 한다. 떼어 낼 기름기는 내
장 전체를 덮고 있는 기름기와, 내장
각 부분에 붙어 있는 모든 기름기와,
9 두 콩팥과, 거기에 덮여 있는 허리께
의 기름기와, 콩팥을 떼어 낼 때에
함께 떼어 낸, 간을 덮고 있는 껍질
이다.
10 마치 화목제물이 된 소에게서 기름
기를 떼어 낼 때와 같이 그렇게 떼어
내어, 제사장이 직접 그것들을 번제
단 위에 올려놓고 불살라야 한다.
11 수송아지의 가죽과 모든 살코기와
그 수송아지의 머리와 다리와 내장
과 똥과
12 그 수송아지에게서 나온 것은 모두
진 바깥, 정결한 곳 곧 재 버리는 곳
으로 가져 가서, 잿더미 위에 장작을
지피고, 그 위에 올려놓고 불살라야
한다. 그 수송아지는 재 버리는 곳에
서 불살라야 한다.
13 ○이스라엘 온 회중이, 실수로, 함께
책임을 져야 할 잘못을 저지르면, 그
것은 비록 깨닫지 못하였을지라도
죄가 된다. 나 주가 하지 말라고 명
한 모든 것을 하나라도 어겨서 벌을
받게 되면,

4장 요약 속죄제는 죄를 속함 받기 위해 드리는 제사로 대속물에 안수함으로써 제사드리는 자의 죄를 전가시키고, 그 대속물을 죽인다. 이 원리는 예수님의 대속의 죽음을 통해 성취되었다. 속죄제는 대제사장, 이스라엘 온 회중, 최고 통치자, 일반 평민을 위한 제사로 구분된다.

4:1–12 대제사장이 범죄하면, 그 재앙이 온 백성에게 돌아왔다. 그래서 대제사장이 범죄하면 의무적으로 수송아지를 제물로 바쳤다.

4:1–5:13 속죄제(히. '핫타트')에 대한 규례이다(6:24–30). 속죄제는 주로 '하나님의 계명'을 어겼을 경우에 드렸다(2절). 속죄제는 크게 네 가지로 구분된다. ① 대제사장의 속죄제(4:1–12) ② 온 회중의 속죄제(4:13–21) ③ 최고 통치자의 속죄제(4:22–26) ④ 평민 개인의 속죄제(4:27–35). 대제사장과 온 회중을 위한 속죄제의 경우에는 제물

㉠ 지성소와 성소를 구분하려고 친 것(출 26:31–33)

레

14 그들이 지은 죄를 그들 스스로가 깨
닫는 대로, 곧바로 총회는 소 떼 가
운데서 수송아지 한 마리를 골라 속
죄제물로 바쳐야 한다. 수송아지를
회막 앞으로 끌어 오면,
15 회중을 대표하는 장로들은, 주 앞에
서 그 수송아지의 머리 위에 손을
얹은 다음에, 주 앞에서 그 수송아
지를 잡아야 한다.
16 그리고 기름부음을 받고 임명받은
제사장은, 그 수송아지의 피를 얼마
받아서, 회막 안으로 가지고 들어가
서,
17 제사장이 직접 손가락으로 그 피를
찍어, 주 앞 곧 휘장 앞에서 일곱 번
뿌려야 한다.
18 그는 또 회막 안, 주 앞에 있는 제단
뿔에 그 피를 조금씩 바르고, 나머
지 피는 모두 회막 어귀에 있는 번제
단 밑바닥에 쏟아야 한다.
19 그런 다음에, 그는 그 수송아지에게
서 기름기를 모두 떼어 내게 하여,
그것을 받아, 제단 위에 올려놓고 불
살라야 한다.
20 그는 이렇게 수송아지를 다루면 된
다. 이 수송아지도 속죄제물로 바친
수송아지를 다루듯이 다루면 된다.
제사장이 이렇게 회중의 죄를 속하
여 주면, 그들은 용서를 받는다.
21 제사장은 그 수송아지를 진 바깥으
로 옮겨, 앞에서 말한 수송아지를 불
사를 때와 같이, 그렇게 그것을 불살
라야 한다. 이것이 바로 회중의 죄를
속하는 속죄제사이다.
22 ○최고 통치자가 실수로, 나 주 하나
님이 하지 말라고 명한 것을 하나라
도 어겨서, 그 허물로 벌을 받게 되
었을 때에는,
23 자기가 지은 죄를 깨닫는 대로 곧 흠
없는 숫염소 한 마리를 제물로 끌고
와서,
24 그 숫염소의 머리 위에 손을 얹은
다음에, 주 앞 번제물을 잡는 바로
그 곳에서 그 숫염소를 잡아야 한
다. 이것이 속죄제물이다.
25 제사장은 그 속죄제물의 피를 얼마
받아다가, 손가락으로 찍어서 번제
단의 뿔에 바르고, 나머지 피는 번제
단 밑바닥에 쏟아야 한다.
26 그런 다음에, 그는 화목제물의 기름
기를 다루듯이, 숫염소의 기름기를
제단 위에 올려놓고, 모두 불살라야
한다. 이렇게 하여, 제사장이 그 통
치자가 지은 죄를 속하여 주면, 그
통치자는 용서를 받는다.
27 ○일반 평민 가운데서 한 사람이 실
수로, 나 주가 하지 말라고 명한 것
가운데서 하나를 어겨서, 그 허물로
벌을 받게 되면,
28 그는 자기가 지은 죄를 깨닫는 대로,

의 피를 성소의 휘장과 분향단/제단 뿔에 발랐으나(6–7,17–18절) 최고 통치자와 평민 개인을 위한 속죄제의 경우에는 번제단 뿔에만 발랐다(25,30절). 속죄제물은 콩팥과 기름기만을 번제단에서 불살랐다. 대제사장과 온 회중을 위한 속죄제의 나머지 부분은 재 버리는 곳에서 모두 불살랐으나, 최고 통치자와 평민 개인을 위한 속죄제의 제물은 제사장들이 먹었다.

4:18 번제단 밑바닥에 쏟아야 한다 이는 모든 경우의 속죄제에서 동일하게 행해졌다. 예수님이 십자가에서 물과 피를 쏟으신 것에 대한 예표이다.

4:22 최고 통치자 (히) '나씨'. 이 명칭은 누구를 의미하는지 확실하지 않지만, '지파의 대표자'로 생각된다. 다스리는 자의 나쁜 본은 일반 평민들보다 심한 해를 끼치기 때문에 특별히 언급된다.

4:23 숫염소 낮은 지위일수록 더 값이 싼 제물을 드렸다. 대제사장과 온 이스라엘 회중을 위한 속죄제는 수송아지를, 최고 통치자를 위한 속죄

곧 자신이 지은 죄를 속하려고, 흠
없는 암염소 한 마리를 제물로 끌고
와서,
29 그 속죄제물의 머리 위에 손을 얹은
다음에, 번제물을 잡는 바로 그 곳
에서 그 속죄제물을 잡아야 한다.
30 그러면 제사장은 그 제물의 피를 얼
마 받아다가, 손가락으로 찍어서 번
제단의 뿔에 바르고, 나머지 피는 모
두 제단 밑바닥에 쏟아야 한다.
31 제물을 가져 온 사람이, 화목제물의
기름기를 떼어 내듯이, 기름기를 모
두 떼어 내면, 제사장은 그것을 받
아 제단에 올려놓고, 나 주가 그 향
기를 맡고 기뻐하도록 불살라야 한
다. 이렇게 하여, 제사장이, 제물을
가져 온 사람의 죄를 속하여 주면,
그는 용서를 받는다.
32 ○평민이 속죄제사 제물로 양을 가
져 오려면, 그는 흠 없는 암컷을 가
져 와서,
33 그 속죄제물의 머리 위에 손을 얹은
다음에, 번제물을 잡는 바로 그 곳
에서 그 암양을 잡아서 속죄제물로
삼아야 한다.
34 그러면 제사장은 그 속죄제물의 피
를 얼마 받아다가, 손가락으로 찍어
서 번제단의 뿔에 바르고, 나머지 피
는 모두 제단 밑바닥에 쏟아야 한
다.
35 제물을 가져 온 사람이, 화목제사의
제물에서 양의 기름기를 떼어 가져
오듯이, 기름기를 모두 떼어 가져 오
면, 제사장은 그 기름기를 받아서,
제단 위, 나 주에게 살라 바치는 제
물 위에 올려놓고 불살라야 한다.
이렇게 하여, 제사장이 제물을 가져
온 사람의 죄를 속하여 주면, 그는
용서를 받는다.

5 1 누구든지 증인 선서를 하고 증인
이 되어서, 자기가 본 것이나 알고
있는 것을 사실대로 증언하지 않으
면 죄가 되고, 그는 거기에 대하여 책
임을 져야 한다.
2 ○누구든지 부정한 모든 것, 곧 부정
한 들짐승의 주검이나, 부정한 집짐
승의 주검이나, 부정한 길짐승의 주
검에 몸이 닿았을 경우에는 모르고
닿았다고 하더라도, 그는 부정을 탄
사람이므로, 깨닫는 대로 그 죄를
속하여야 한다.
3 ○그가 사람 몸에 있는 어떤 부정한
것, 곧 그것이 무엇이든지, 그를 부정
하게 할 수 있는 것에 몸이 닿을 경
우에, 그런 줄을 모르고 닿았다고
하더라도 그는 부정을 탄 사람이므
로, 깨닫는 대로 그 죄를 속하여야
한다.
4 ○또 누구든지 생각없이 입을 놀려,
악한 일을 하겠다거나, 착한 일을 하

제의 경우는 숫염소를, 일반 평민 개인을 위한 속죄제의 경우에는 암염소를 각각 드렸다. 그러나 그 효력은 동일했다. 이를 통해 가난한 사람에게도 공평한 은혜를 베푸시는 하나님의 사랑을 알 수 있다.

4:27–35 일반 평민 개인이 지은 죄를 용서받기 위해 드리는 속죄제이다. 이 경우에는 암염소와 암양을 제물로 드렸다(비둘기나 고운 밀가루로 제물을 드리는 경우도 있었다_5:7–13).

5장 요약 전반부(5:1–13)는 속죄제를 드려야 하는 경우를 소개하며, 형편이 어려운 사람들을 위한 제물 규례를 첨가하였다. 후반부(5:14–6:7)는 속건제에 관한 규례로, 속건제를 드려야 하는 죄의 종류로는 거룩한 제물에 관한 죄, 하나님의 계명을 범한 죄, 사람들 사이의 범죄 등이 포함되었다.

5:1–6 증인 선서를 하고 거짓 증언을 했을 때(1절),

겠다고 맹세할 때에, 비록 그것이 생
각없이 한 맹세일지라도, 그렇게 말
한 사실을 잊고 있다가, 뒤늦게 알고
서 자기의 죄를 깨달으면, 그 죄를
속하여야 한다.
5 ○사람이 위에서 말한 것들 가운데
서 어느 하나에라도 잘못이 있으면,
그는 자기가 어떻게 죄를 지었는지
를 고백하여야 하고,
6 자기가 저지른 죄에 대한 보상으로,
주에게 속건제물을 바쳐야 한다. 그
는 양 떼 가운데서 암컷 한 마리나,
염소 떼 가운데서, 암컷 한 마리를
골라서, 속죄제물로 바쳐야 한다. 제
사장이 속죄제물을 바쳐서 그의 죄
를 속하여 주면, 그는 용서받는다.
7 ○그러나 그가 양 한 마리도 바칠 형
편이 못될 때에는, 자기가 저지른 죄
에 대한 보상으로, 산비둘기 두 마리
나 집비둘기 새끼 두 마리를 나 주에
게 바치는 제물로 가져다가, 하나는
속죄제물로 바치고 다른 하나는 번
제물로 바쳐야 한다.
8 그가 그것을 제사장에게로 가져 가
면, 제사장은 먼저 속죄제물로 가져
온 것을 받아서 속죄제물로 바친다.
그 때에 제사장은 그 제물의 목을
비틀어야 하는데, 목이 몸에서 떨어
지지 않도록 하여야 한다.
9 제사장은 그 속죄제물에서 나온 피
를 받아다가 얼마는 제단 둘레에 뿌
리고, 나머지 피는 제단 밑바닥에
쏟는다. 이것이 속죄제사이다.
10 번제물로 가져 온 제물은 규례를 따
라, 제사장이 번제물로 바쳐야 한다.
이렇게 하여 제사장이 그의 죄를 속
하여 주면, 그는 용서받는다.
11 ○그러나 그가 산비둘기 두 마리나
집비둘기 새끼 두 마리조차 바칠 형
편이 못될 때에는, 자기가 저지른 죄
에 대한 보상으로서, 주에게 바치는
속죄제물로 고운 밀가루 십분의 일
에바를 가져 와서, 제물로 바쳐야 한
다. 이것은 속죄제물인 만큼, 밀가루
에 기름을 섞거나 향을 얹어서는 안
된다.
12 그가 이렇게 준비해서, 제사장에게
가져 가면, 제사장은 그 제물에서
한 줌을 덜어 내어, 제물로 모두 바
치는 정성의 표시로 제단 위, 주에게
살라 바치는 제물 위에 얹어 불살라
야 한다. 이것이 속죄제사이다.
13 해서는 안 되는 것 가운데서 어느
하나라도 어겨 잘못을 저질렀을 때
에, 이렇게 하여 제사장이 그의 죄
를 속하여 주면, 그는 용서를 받는
다. 나머지 제물은 곡식제물에서처
럼 제사장의 몫이 된다."

속건제에 관한 규례

14 ○주님께서 모세에게 말씀하셨다.

부정한 것들과 접촉했을 때(2–3절), 생각없이 맹세했을 때(4절)에 속죄제를 드렸다.

5:4 생각없이 한 맹세에 관한 경고이다. 하나님의 백성은 모든 언사(言事)에 있어서 신중하라는 말씀이다.

5:7–13 하나님께서는 있는 대로 받으시며, 없는 것을 받으시지는 않는다(고후 8:12). 따라서 가난한 자들에게는 비둘기나 고운 밀가루로 속죄제물을 삼으라고 명하셨다.

5:14–6:7 속건제는 ① 거룩한 제물에 관한 죄(십일조나 첫 소산을 어긴 죄·제물의 분량을 속인 죄·성막 기구에 관한 죄) ② 부지중에 하나님의 계명을 범한 죄 ③ 남의 물건을 부당하게 취한 죄 등을 용서받기 위해 드렸다. 속건제물로는 주로 숫양을 드렸다. 또한 특별한 경우의 속건제는 악성 피부병 환자가 완치된 후(14:8–20)와 나실 사람이 부정한 허물을 용서받기 위한 경우(민 6:1–12) 등이 있다.

15 ○"누구든지 주에게 거룩한 제물을
바치는데, 어느 하나라도 성실하지
못하여, 실수로 죄를 저지르면, 그는,
주에게 바칠 속건제물로, 가축 떼에
서 흠 없는 숫양 한 마리를 가져 와
야 한다. 성소의 세겔 표준을 따르
면, 속건제물의 값이 은 몇 세겔이
되는지는, 네가 정하여 주어라.
16 그는 거룩한 제물을 소홀히 다루었
으므로, 그것을 보상하여야 한다.
그러려면, 그는 자기가 바쳐야 할 것
에 오분의 일을 보태어, 그것을 제사
장에게로 가져 가야 한다. 제사장이
속건제물인 숫양에 해당하는 벌금
을 받고서, 그의 죄를 속하여 주면,
그는 용서를 받는다.
17 ○나 주가 하지 말라고 명한 것 가운
데서 어떤 것을 하여 잘못을 저질렀
으면, 비록 그가 그것이 금지된 것인
줄을 몰랐다고 하더라도, 그에게는
허물이 있다. 그는 자기가 저지른 악
행의 결과에 책임을 져야 한다.
18 그는 가축 떼에서 흠 없는 숫양 한
마리를 제사장에게 가져 가야 한다.
속건제물로 바치는 값은 네가 정하
여 주어라. 그리하여 그가 알지 못하
고 실수로 저지른 잘못은, 제사장이
그의 죄를 속하여 주면, 그는 용서를
받는다.
19 이것이 속건제사이다. 그는 주를 거
역하였으니, 이 일에 책임을 져야 한
다."

6

1 주님께서 모세에게 말씀하셨
다.
2 ○"누구든지 나 주에게 성실하지 못
하여 죄를 지으면, 곧 이웃이 맡긴
물건이나 담보물을 속이거나, 도둑질
을 하거나, 이웃의 것을 강제로 빼앗
거나,
3 남이 잃어버린 물건을 줍고도 감추
거나, 거짓 증언을 하거나, 사람이 하
면 죄가 되는 일들 가운데서 어느
하나라도 하면,
4 그래서 그가 그런 죄를 짓고 유죄판
결을 받으면, 그는, 자기가 강도질을
하여 훔친 물건이든, 강제로 빼앗아
서 가진 물건이든, 맡고 있는 물건이
든, 남이 잃어버린 물건을 가지고 있
는 것이든,
5 거짓으로 증언하면서까지 자기의 것
이라고 우긴 물건이든, 모두 물어 내
야 한다. 그는 이 모든 것을 모자람
이 없이 다 갚아야 할 뿐 아니라, 물
어 내는 물건값의 오분의 일에 해당
하는 값을 보태어 본래의 임자에게
갚되, 속건제물을 바치는 날로 갚아
야 한다.
6 그는 주에게 바치는 속건제물을 제
사장에게 가져 가야 한다. 그것은
양 떼 가운데서 고른 흠 없는 숫양

※속죄제사와 속건제사의 다른 점 ① 속죄제사는 제물로 소, 염소, 양, 비둘기, 고운 밀가루를 드렸지만, 속건제사는 오로지 흠 없는 숫양을 드렸다. ② 속죄제사는 남은 피를 번제단 밑에 쏟았으나, 속건제사는 쏟지 않았다. ③ 속건제사는 개인적인 제사였지만, 속죄제사는 집단적인 제사도 포함한다. ④ 속건제사는 속죄제사와 달리, 맹세를 실천하지 못한 경우(4–13절)나 나실 사람이 부정한 허물을 용서받기 위해서도(민 6:1–12) 드렸다.

6장 요약 본장은 속건제사에 관한 규례와 5대 제사(번제, 곡식제사, 속죄제사, 속건제사, 화목제사)에 관한 구체적인 설명이 수록되어 있다. 번제는 제사장의 일을, 곡식제사는 고운 가루로 드리는 방법, 불로 태우는 방식을 언급했다.

6:6 제사장에게 속건제물은 하나님께 바치는 것이다. 이 제물은 제사장을 거치지 않고는 하나님

한 마리로서, 그 속건제물의 값은 네
가 정하여 주어라.
7 제사장이 주 앞에서 그의 죄를 속하
여 주면, 그는 사람이 하면 죄가 되
는 일들 가운데서 어느 하나라도 하
여 지은 그 죄를, 용서받게 된다."

번제를 드릴 때의 규례

8 ○주님께서 모세에게 말씀하셨다.
9 "너는 아론과 그의 아들들에게 다
음과 같이 일러라. ○번제를 드리는
규례는 다음과 같다. 번제물은 밤이
새도록 곧 아침이 될 때까지 제단의
석쇠 위에 있어야 하고, 제단 위의
불은 계속 타고 있어야 한다.
10 번제를 드리는 동안, 제사장은 모시
두루마기를 입고, 속에는 맨살에 모
시 고의를 입어야 한다. 제단 위에서
탄 번제물의 재는 쳐서 제단 옆에 모
아 두었다가,
11 다시 진 바깥, 정결한 곳으로 옮겨야
하며, 그 때에 제사장은 제단 앞에서
입은 그 옷을 벗고 다른 옷으로 갈
아입어야 한다.
12 제단 위의 불은 타고 있어야 하며, 꺼
뜨려서는 안 된다. 제사장은 아침마
다 제단 위에 장작을 지피고, 거기에
번제물을 벌여 놓고, 그 위에다 화목
제물의 기름기를 불살라야 한다.
13 제단 위의 불은 계속 타고 있어야 하
며 꺼뜨려서는 안 된다."

곡식제물을 바칠 때의 규례

14 ○"곡식제물을 바치는 규례는 다음
과 같다. 그 제물은 아론의 아들들
이 주 앞 곧 제단 앞에 바쳐야 한다.
15 그리고 그들 가운데서 한 제사장이
곡식제물에서 기름 섞인 고운 밀가
루 한 줌과 곡식제물에 얹어 바친
향을 모두 거두어서, 곡식제물을 모
두 바치는 정성의 표시로 그것을 제
단 위에서 불사르면, 그 향기가 주를
기쁘게 할 것이다.
16 나머지는 아론과 그의 아들들이 먹
을 몫이다. 누룩을 넣지 않고 거룩
한 곳에서 먹어야 한다. 곧 그들은
회막을 친 뜰 안에서 그것을 먹어야
한다.
17 절대로 누룩을 넣고 구워서는 안 된
다. 그것은 내게 살라 바치는 제물
가운데서 내가 그들의 몫으로 준 것
이다. 그것은 속죄제사나 속건제사
의 경우와 마찬가지로, 가장 거룩한
것이다.
18 아론의 자손들 가운데서 남자는 모
두 주에게 살라 바치는 이 제물에서
남은 것을 먹을 수 있다. 이것은 너
희가 대대로 영원히 지켜야 할 규례
이다. 이 제물을 만지는 사람은 누
구든지 거룩하게 될 것이다."
19 ○주님께서 모세에게 말씀하셨다.
20 ○"아론과 그의 아들들을 기름부어

께 바칠 수 없었다. 이는 오직 대제사장이신 그리스도로 말미암아 하나님 앞에 나아갈 수 있음을 보여 준다(히 5장).

6:8-13 번제를 드릴 때 제사장이 행할 규례이다. 번제단의 불이 꺼지지 않도록 관리하는 일은 제사장의 주요 임무 가운데 하나였다. 맨 처음 제사를 드릴 때 하나님께서 번제단에 하늘의 불을 내려 주셨다(9:24). 제사장은 그 불을 계속 보존하여 '하늘의 불'로만 제사를 드려야 했다(10:1-2).

6:10 제단 위에 올라가는 제사장은 반드시 겉옷을 긴 옷으로 입고, 속옷도 하체가 보이지 않도록 긴 속옷을 입어야 했다. 더운 지방이어서 제사장들은 평소에 긴 옷을 입지 않았을 것이다. 이것은 특별한 지시이다.

6:14-18 곡식제사를 드릴 때 제사장이 행할 규례이다. 곡식제물 가운데 정성의 표시(기념물)를 제외한 나머지는 모두 제사장의 몫이 되었다. 제사장은 자기 몫을 거룩한 장소, 곧 회막을 친 뜰에

세우는 날에, 제각기 주에게 바쳐야
할 제물은 다음과 같다. 늘 바치는
곡식제물에서와 같이, 고운 밀가루
십분의 일 에바를 가지고, 반은 아침
에, 그리고 반은 저녁에 바친다.
21 그 제물은 기름에 반죽하여 빵 굽는
판에다 구워야 한다. 너희는 그것을
기름으로 잘 반죽하여 가져 와야 하
고, 너는 그것을 곡식제물을 바칠
때와 같이 여러 조각으로 잘라, 그
향기로 주를 기쁘게 하는 제물로 바
쳐야 한다.
22 아론의 아들들 가운데서 아론의 뒤
를 이어 기름부어 세움을 받은 제사
장은, 영원히 이 규례를 따라 이렇게
주에게 제사를 드려야 한다. 주에게
바친 제물은 모두 불태워야 한다.
23 제사장이 바치는 곡식제물은 모두
불태워야 한다. 아무도 그것을 먹어
서는 안 된다."

속죄제물을 바칠 때의 규례

24 ○주님께서 모세에게 말씀하셨다.
25 "너는 아론과 그의 아들들에게 다
음과 같이 일러라. ○속죄제사를 드
리는 규례는 다음과 같다. 속죄제사
에 바치는 제물은 번제물을 잡는 자
리 곧 주 앞에서 잡아서 바쳐야 한
다. 그것은 가장 거룩한 제물이다.
26 제물을 가져 온 사람의 죄를 속하여
주려고 제사를 드리는 제사장이 그
제물을 먹는다. 그는 그것을 회막을
친 뜰 안, 거룩한 곳에서 먹어야 한
다.
27 그 고기에 닿는 것은 ㉠무엇이든지
거룩하게 된다. 그 제물의 피가 튀어
옷에 묻었을 때에는, 거기 거룩한 곳
에서 그 옷을 빨아야 한다.
28 그 제물을 삶은 오지그릇은 깨뜨려
야 한다. 그 제물을 놋그릇에 넣고
삶았다면, 그 놋그릇은 문질러 닦고
물로 씻어야 한다.
29 제사장으로 임명받은 사람은 모두
그 제물을 먹을 수 있다. 그것은 가
장 거룩한 제물이다.
30 그러나 성소에서 사람을 속죄해 주
려고 제물의 피를 회막 안으로 가져
왔을 때에는, 어떤 속죄제물도 먹어
서는 안 된다. 그 제물은 불에 태워
야 한다."

속건제물을 바칠 때의 규례

7 "속건제사를 드리는 규례는 다음
과 같다. 속건제사에 바칠 제물은
가장 거룩한 것이다.
2 그 제물은 번제물을 잡는 바로 그
곳에서 잡아야 하고, 제사장은 그
피를 제단 둘레에 뿌려야 한다.
3 제물에 붙어 있는 기름기는 모두 바
쳐야 한다. 기름진 꼬리와, 내장 전
체를 덮고 있는 기름기와,
4 두 콩팥과, 거기에 덮여 있는 허리께

서 먹었다. 먹는 행위도 제사의 일부분이었다. 신약 시대의 성도들이 제물 되시는 예수님의 피와 살을 믿음으로 먹는 것과 비교된다(요 6:53-58).

6:24-30 속죄제사를 드릴 때 제사장의 규례이다. 통치자와 평민을 위한 속죄제사에서 콩팥과 기름기를 제외한 모든 고기는 제사장의 몫이었다.

6:30 본절의 속죄제사는 기름 부음 받은 제사장(여기서는 대제사장을 가리킴)을 위한 속죄제사와 온 이스라엘 백성을 위한 속죄제사를 말한다.

7장 요약 1-7절은 속건제사를 드릴 때 제사장이 행할 규례이다. 이어 8-9절은 번제와 곡식제사 때 제사장에게 돌아가는 몫을, 11절부터는 화목제사에 관해 보충해서 설명하고 있다. 또한 28-36절은 화목제물 가운데 제사장에게 분배되는 몫에 대한 설명이고, 37-38절은 본서 1-7장의 요약이다.

㉠ 또는 '누구든지'

의 기름기와, 콩팥을 떼어 낼 때에
함께 떼어 낸, 간을 덮고 있는 껍질
을 모두 거두어서 바쳐야 한다.
5 제사장은 이것들을 제단 위에 올려
놓고, 주에게 살라 바치는 제사로 바
쳐야 한다. 이것이 속건제사이다.
6 제사장으로 임명받은 남자는 모두
그 제물을 먹을 수 있으나, 그것은
거룩한 곳에서만 먹어야 한다. 그 제
물은 가장 거룩한 것이다.
7 속건제물도 속죄제물과 같아서, 같
은 규정을 이 두 제물에 함께 적용
한다. 그 제물은 죄를 속하여 주는
제사장의 몫이다."

번제와 곡식제에서 제사장이 받을 몫

8 ○"어떤 사람의 번제를 맡아서 드린
제사장은, 번제물에서 벗겨 낸 가죽
을 자기 몫으로 차지한다.
9 화덕에서 구운 곡식제물이나, 솥이
나 빵 굽는 판에서 만든 제물들은,
모두 그것을 제단에 바친 제사장의
몫이다.
10 곡식제물은 모두, 기름에 반죽한 것
이나 반죽하지 않은 것이나를 가릴
것 없이, 아론의 모든 아들이 똑같
이 나누어서 가져야 한다."

화목제

11 ○"나 주에게 화목제사의 제물을 바
칠 때의 규례는 다음과 같다.
12 누구든지 감사의 뜻으로 화목제사
를 드리려면, 누룩을 넣지 않고 기름
으로 반죽하여 만든 과자와, 누룩을
넣지 않고 기름만 발라서 만든 과자
와, 고운 밀가루를 기름으로 반죽하
여 만든 과자를, 감사제사의 제물에
다가 곁들여서 바쳐야 한다.
13 감사의 뜻으로 드리는 화목제사의
제물에는, 누룩을 넣어 만든 빵도
곁들여서 바쳐야 한다.
14 준비된 여러 가지 과자와 빵 가운데
서 각각 한 개씩을, 주에게 높이 들
어 올려 바쳐야 한다. 그렇게 바치고
나면, 그것들은 화목제사에서 피를
뿌린 제사장의 몫이 될 것이다.
15 화목제사에서 감사제물로 바친 고기
는, 그것을 바친 그 날로 먹어야 하
고, 조금이라도 다음날 아침까지 남
겨 두어서는 안 된다.
16 ○그러나 그가 바치는 희생제물이
서약한 것을 지키려고 바치는 제물
이거나, 그저 바치고 싶어서 스스로
바치는 제물이면, 그는 그 제물을 자
기가 바친 그 날에 먹을 것이며, 먹
고 남은 것이 있으면, 그 다음날까지
다 먹어야 한다.
17 그러나 사흘째 되는 날까지도 그 희
생제물의 고기가 남았으면, 그것은
불살라야 한다.
18 그가 화목제물로 바친 희생제사의
고기 가운데서, 사흘째 되는 날까지

7:1-7 속건제사를 드릴 때 제사장이 행한 규례이다. 제사장은 속죄제사의 경우와 마찬가지로 모든 고기를 몫으로 받는다. 속건제물은 흠 없는 숫양으로 드렸다.

7:8-10 번제와 곡식제사 때 제사장에게 돌아가는 몫을 말한다. 특히 굽거나 부치거나 삶은 곡식제물은 그 제사를 집행하는 제사장만이 먹었다. 다른 경우는 여러 제사장들에게 균등히 분배되었다(민 18:8-20;고전 9:13). 하나님께서는 신령한 일을 행하는 자들에게 합당한 보수를 주신다.

7:11-21 화목제사에 대한 규례들이다. 화목제물은 헌납자도 같이 먹을 수 있었다. 제물로는 희생동물과 함께 무교병·무교전병·유교병을 바쳤다. '무교병'과 '무교전병'은 누룩을 넣지 않은 과자이고, '유교병'은 누룩을 넣어 만든 빵이다. 화목제사의 종류는 감사제·서원제·자원제(낙헌제)가 있다(3:1 주석 참조).

7:15-18 그 날로 먹어야 하고 제물을 오래 남겨 두

남은 것을 먹었으면, 나 주는 그것을
바친 사람을 기쁘게 생각하지 않을
것이며, 그가 드린 제사가 그에게 아
무런 효험도 나타내지 못할 것이다.
그뿐만 아니라, 그런 행위는 역겨운
것이어서, 날 지난 제물을 먹는 사람
은 벌을 받게 된다.
19 ○어떤 것이든지, 불결한 것에 닿은
제물 고기는 먹지 못한다. 그것은 불
에 태워야 한다. 깨끗하게 된 사람은
누구나 제물 고기를 먹을 수 있다.
20 그렇지만 주에게 화목제물로 바친
희생제사의 고기를 불결한 상태에서
먹는 사람이 있으면, 그는 백성에게
서 끊어지게 하여야 한다.
21 그리고 어떤 사람이 모든 불결한 것,
곧 불결한 사람이나 불결한 짐승이
나 어떤 불결한 물건에 닿고 나서,
주에게 화목제사로 바친 제물의 고
기를 먹으면, 백성에게서 끊어지게
하여야 한다."

피와 기름기는 먹지 못한다

22 ○주님께서 모세에게 말씀하셨다.
23 "이스라엘 자손에게 다음과 같이 일
러라. ○너희는 소든지, 양이든지, 염
소의 기름기는 어떤 것이든지 먹어
서는 안 된다.
24 저절로 죽은 동물의 기름기나 짐승
에게 찢겨 죽은 것의 기름기는, 다른
목적으로는 사용할 수 있으나, 어떠
한 경우에도 너희가 먹어서는 안 된
다.
25 나 주에게 제물로 살라 바친 동물의
기름기를 먹는 사람은 누구든지 백
성에게서 끊어지게 하여야 한다.
26 그뿐만 아니라, 너희가 어느 곳에 살
든지, 새의 피든지, 짐승의 피든지,
어떤 피든지 먹어서는 안 된다.
27 어떤 피든지 피를 먹는 사람이 있으
면, 백성에게서 끊어지게 하여야 한
다."

화목제에서 제사장이 받을 몫

28 ○주님께서 모세에게 말씀하셨다.
29 "이스라엘 자손에게 다음과 같이 일
러라. ○나 주에게 화목제사의 제물
을 바치려는 사람은 바칠 제물을 주
에게로 가져 와야 한다. 그가 바칠
화목제물에서
30 나 주에게 살라 바칠 제물을 자기
손으로 직접 가져 와야 한다. 제물
의 가슴에 붙은 기름기와 가슴 고기
를 가져 와야 한다. 그 가슴 고기는
흔들어서, 주 앞에 흔들어 바치는 제
물로 바쳐야 한다.
31 기름기는 제사장이 제단 위에다 놓
고 불사른다. 그리고 가슴 고기는
아론과 그의 아들들의 몫이 된다.
32 너희가 바치는 화목제사의 제물 가
운데서, 오른쪽 넓적다리를 높이 들
어 올려 제사장의 몫으로 주어라.

었다가 상하면 거룩한 제물을 소홀히 취급하는 일이 된다. 그래서 감사제물로 바친 고기는 그 당일에 먹도록 했으며 서약한 것을 지키기 위한 제물(서원제)은 삼 일을 넘기지 않도록 했다. 서원제의 제물을 이틀 동안 남겨 둘 수 있었던 이유는 이웃과 친지들과 음식을 나누어 먹도록 하기 위함이었다. 그러나 삼 일이 지나면 음식이 상하므로 불에 태워 버렸다(17절). 유월절에도 이 규정이 적용된다(출 12:10).

7:21 백성에게서 끊어지게 하여야 한다 죽음, 이스라엘 국적에서 제외됨, 진 밖으로 내어 쫓김 등의 의미이다.

7:22-27 제물을 무분별하게 먹지 않도록 하는 금령이다. '기름기'는 하나님께 바쳐지는 가장 좋은 것이고, '피'는 생명의 근원이므로 제사장은 이 두 가지는 먹을 수 없었다(참조. 3:16-17).

7:24 다른 목적 당시 동물의 기름은 등잔 기름·광택제 등 생활용품으로 사용되었다.

33 아론의 아들들 가운데서 화목제사
에서 피와 기름기를 바친 제사장은
그 제물의 오른쪽 넓적다리를 자기
몫으로 차지한다.
34 화목제사의 제물 가운데서, 너희가
주에게 흔들어 바친 가슴 고기와 들
어 올려 바친 넓적다리를 나 주가 이
스라엘 자손에게서 받아서, 그것들
을 제사장 아론과 그의 아들들에게
주었기 때문이다. 이것은 그들이 이
스라엘 자손에게서 영원히 받을 몫
이다."

맺는 말 (1)

35 ○이것은 주님께 살라 바치는 제물
가운데서, 아론과 그의 아들들이 주
님의 제사장으로 임명받은 날부터
받을 몫이다.
36 주님께서는, 그들이 기름부음을 받
아 임명되는 날부터 이것을 그들에
게 주도록, 이스라엘 자손에게 명하
셨다. 이것은 그들이 대대로 영원히
지켜야 할 규례이다.

맺는 말 (2)

37 ○이것은 번제와 곡식제와 속죄제와
속건제와 위임제와 화목제의 제물
에 관한 규례이다.
38 이 규례는, 이스라엘 자손에게 시내
광야에서 주님께 제사를 드리라고
명하시던 날에, 주님께서 시내 산에
서 모세에게 명하신 것이다.

아론과 그의 아들들의 제사장 위임식

8 주님께서 모세에게 말씀하셨다.
2 "너는 아론과 그의 아들들을 함
께 데리고 오너라. 또 그들에게 입힐
옷과, 거룩하게 하는 데 쓸 기름과,
속죄제물로 바칠 수소 한 마리와, 숫
양 두 마리와, 누룩을 넣지 않은 빵
한 바구니를 가지고 오너라.
3 또 모든 회중을 회막 어귀에 불러모
아라."
4 모세는 주님께서 자기에게 명하신
대로 회중을 회막 어귀에 불러모으
고
5 "주님께서 다음과 같이 하라고 명하
셨다" 하고 말하였다.
6 ○모세는 아론과 그의 아들들을 데
려다가 물로 씻게 하였다.
7 모세는 아론에게 속옷을 입혀 주고,
띠를 띠워 주고, 겉옷을 입혀 주고,
에봇을 걸쳐 주고, 그 에봇이 몸에
꼭 붙어 있도록 ㉠에봇 띠를 띠워 주
었다.
8 모세는 또 아론에게 가슴받이를 달
아 주고, 그 가슴받이 속에다가 ㉡우
림과 둠밈을 넣어 주었다.
9 모세는 아론의 머리에 관을 씌우고,
관 앞쪽에 금으로 만든 판 곧 성직
패를 달아 주었다. 이렇게 모세는 주
님께서 명하신 대로 하였다.
10 ○이렇게 한 다음에, 모세는, 거룩하

7:28–36 화목제물 가운데 제사장에게 분배되는 몫에 대한 설명이다. 제물의 가슴 부분은 '흔들어 바치는 제물(요제)'로 드린 후 제사장들이 공동 *분배하였다*. 제물의 오른쪽 넓적다리는 '들어 올려 바치는 제물(거제)'로 드린 후 그 제사를 주관하는 제사장의 몫이 되었다.

㉠ 조끼 모양의 옷, 우림과 둠밈을 넣는 주머니가 달림 ㉡ 이 둘은 제사장이 하나님의 뜻을 여쭐 때 사용한 것임. 사용 방법은 알려지지 않음

8장 요약 제사장 위임식은 일곱 단계로 요약된다. (1) 온 회중을 회막 앞에 소집함 (2) 제사장을 물로 씻음 (3) 예복을 입힘 (4) 기름을 부음 (5) 속죄제와 번제와 위임제를 드림 (6) 하나님과의 교제를 뜻하는 음식을 먹음 (7) 칠 일 동안 회막 안에 머무름. 끝으로, 하나님은 아론과 그의 아들들에게 순종을 명하신다.

8:6 물로 씻게 하였다 손과 발뿐만 아니라, 성막

게 구별하는 데 쓰는 기름을 가져다
가, 성막과 그 안에 있는 모든 기구
에 발라서, 그것들을 거룩하게 하였
다.
11 그는 또 그 기름의 얼마를 제단 위
에 일곱 번 뿌리고, 제단과 제단의
모든 기구를 거룩하게 하였다. 물두
멍과 그 밑받침에도 기름을 발라서,
거룩하게 하였다.
12 그리고 또 모세는, 거룩하게 구별하
는 기름 가운데서 얼마를 아론의 머
리에 붓고, 그에게 발라서, 아론을
거룩하게 구별하였다.
13 모세는 아론의 아들들을 데려다가,
그들에게 속옷을 입혀 주고, 띠를 띠
워 주고, 머리에 두건을 감아 주었
다. 이렇게 모세는 주님께서 명하신
대로 하였다.
14 ○그런 다음에, 모세는 속죄제물로
바칠 수소를 끌어 오게 하였다. 아
론과 그의 아들들이 속죄제물로 바
칠 수소의 머리 위에 손을 얹었다.
15 모세는 그 수소를 잡고, 그 피를 얼
마 받아다가, 손가락으로 찍어서 제
단의 뿔에 두루 돌아가며 발랐다.
그렇게 하여서, 모세는 제단을 깨끗
하게 하였으며, 또 나머지 피는 제단
의 밑바닥에 쏟아서 제단을 속하여
거룩하게 하였다.
16 모세는 또 내장 각 부분에 붙어 있
는 모든 기름기와 간을 덮고 있는 껍
질과 두 콩팥과 거기에 붙어 있는 기
름기를 떼어 내어, 제단 위에서 불살
랐다.
17 잡은 수소에서, 나머지 곧 가죽과 살
코기와 똥은 진 바깥으로 가져 가서
불에 태웠다. 이렇게 모세는 주님께
서 명하신 대로 하였다.
18 ○그런 다음에, 모세는 번제물로 바
칠 숫양을 끌어 오게 하였다. 아론
과 그의 아들들이 숫양의 머리 위에
손을 얹었다.
19 모세는 그 숫양을 잡고, 그 피를 제
단 둘레에 두루 뿌렸다.
20 그리고 숫양을 여러 조각으로 저민
다음에, 그 머리와 저민 고기와 기름
기를 불살랐다.
21 또한 모세는, 내장과 다리를 물로 씻
어서 숫양 전체를 번제물로 제단 위
에다 놓고 불살라, 그 향기로 주님을
기쁘게 하는, 살라 바치는 제물로 삼
았다. 이렇게 모세는 주님께서 명하
신 대로 하였다.
22 ○그렇게 한 다음에, 모세는 위임식
에 쓸 또 다른 숫양 한 마리를 끌어
오게 하였다. 아론과 그의 아들들이
그 숫양의 머리 위에 손을 얹었다.
23 모세는 그 제물을 잡고, 그 피를 얼
마 받아서, 아론의 오른쪽 귓불과
오른쪽 엄지손가락과 오른쪽 엄지발

뜰에서 온몸을 씻겼다. 성경에서 몸을 씻는 일은 영적인 정결함을 의미하기도 한다.

8:7 에봇 앞치마 모양의 겉옷으로, 제사장의 죄를 가려 준다는 상징적 의미이다(출 28:6-14).

8:8 우림과 둠밈 히브리어로 '빛과 완전함', 또는 '빛과 진리'란 뜻으로 왕과 백성의 지도자들이 하나님의 뜻을 알기 위해 사용하던 물건이었다.

8:10-13 본절은 출애굽기 29장의 내용을 확대하여 성막에 기름을 바르는 것에 대해 알려 준다. 기름을 발라 정결하게 하는 의식은 제사장뿐만 아니라 성막에도 마찬가지로 적용되었다. 이렇게 사람과 물건은 기름 부음을 통해 일상의 생활영역에서 구별되어 하나님을 섬기는 데 쓰이게 된다.

8:17 가죽은 언제나 제사장의 몫이었다. 그러나 제사장이 임명될 때 드리는 제사는 제사장을 위한 제사이기 때문에 이 부분을 불태웠다.

8:18-21 아론과 그의 아들들을 위한 번제에 대한 설명이다. 위임식에는 두 마리의 숫양이 사용

가락에 발랐다.
24 모세는 또 아론의 아들들을 오게
하여, 그 피를 오른쪽 귓불 끝과 오
른쪽 엄지손가락과 오른쪽 엄지발
가락에 발랐다. 모세는 남은 피를
제단 둘레에 뿌린 다음에,
25 기름기와 기름진 꼬리와 내장 각 부
분에 붙어 있는 모든 기름기와 간을
덮고 있는 껍질과 두 콩팥과 그것을
덮고 있는 기름기와 오른쪽 넓적다
리를 잘라 냈다.
26 또 모세는 주님께 바친 바구니, 곧
누룩을 넣지 않고 만든 빵을 담은
바구니에서, 누룩을 넣지 않고 만든
과자 한 개와, 기름을 섞어 만든 과
자 한 개와, 속이 빈 과자 한 개를 꺼
내어서, 기름기와 오른쪽 넓적다리
위에 올려놓았다.
27 그는 이 모든 것을 아론과 그의 아
들들의 손바닥 위에 얹어 놓고, 주님
앞에 흔들어 바치는 제물로 바쳤다.
28 그런 다음에, 모세는 그들의 손에서
그것들을 받아다가, 제단의 번제물
위에 놓고 위임식 제물로 불살라, 그
향기로 주님을 기쁘게 하는, 살라 바
치는 제물로 삼았다.
29 모세는 가슴 고기를 들고 흔들어서,
주님 앞에서 흔들어 바치는 예식을
하였다. 그 가슴 고기는 위임식에서
잡은 숫양에서 모세의 몫으로 정하
여 놓은 것이다. 이렇게 모세는 주님
께서 명하신 대로 하였다.
30 ○또 모세는 거룩하게 구별하는 기
름과 제단에 있는 피를 가져다가, 아
론 곧 제사장 예복을 입은 아론에게
뿌렸다. 그는 또 아론의 아들들 곧
제사장 예복을 입은 그의 아들들에
게도 뿌렸다. 이렇게 하여 모세는,
아론과 그의 옷 및 그의 아들들과
그들의 옷을 거룩하게 구별하였다.
31 ○모세는 아론과 아론의 아들들에
게 일렀다. "회막 어귀에서 고기를
삶아서, 위임식 제물로 바친 바구니
에 담긴 빵과 함께 거기에서 먹도록
하십시오. 주님께서 아론과 아론의
아들들이 그것을 먹어야 한다고 나
에게 명하셨습니다.
32 먹다가 남은 고기와 빵은 불에 태워
야 합니다.
33 위임식 절차가 끝나는 날까지 이레
동안은 회막 어귀 바깥으로 나가지
못합니다. 그대들의 제사장 위임식
은 이레가 걸리기 때문입니다.
34 주님께서는 그대들의 죄를 속하는
예식을, 오늘 한 것처럼 이렇게 하라
고 명하셨습니다.
35 그대들은 밤낮 이레를 회막 어귀에
머물러 있으면서, 주님께서 시키신
것을 하여야 합니다. 그렇게 하지 아
니하다가는 죽을 것입니다. 이것은

되었는데(2절), 그 가운데 한 마리는 번제물로 바쳐졌다. 번제는 인간의 죄에 대한 하나님의 진노를 가라앉히기 위해 드렸던 제사이다.

8:22-29 아론과 그의 아들들을 위한 위임식에 대한 내용이다. 두 마리의 숫양 가운데 나머지 한 마리가 위임식 제물로 바쳐졌다. 이 숫양의 피를 제사장의 귀와 손과 발에 발랐는데(23-24절), 이는 거룩한 성별과 온전한 헌신을 상징한다.

8:30-36 첫 번째 제사장의 위임식은 모세가 집례하였다. 위임식은 7일 동안 거행하였으며, 매일 첫날과 똑같은 제물을 드렸다. 7일이 지난 후에야 비로소 제사장으로 구별된다. 신약 시대의 성도들도 하나님께 예배를 드린 후에는 세상과 구별되어야 한다. 바울은 사도로 부름을 받고서 자신이 거룩하게 구별되었다고 말했다(롬 1:1).

8:33 이레 7이란 숫자는 이스라엘 사회에서 '완전'을 의미한다. 즉, 7일 동안 행하는 위임식은 완전한 의식이란 의미를 내포한다.

내가 받은 명입니다."
36 그래서 아론과 그의 아들들은, 주님
께서 모세를 시켜 명하신 것을 모두
그대로 하였다.

아론이 첫 제사를 드리다

9 여드레째 되는 날에, 모세는 아론
과 그의 아들들과 이스라엘의 장
로들을 불렀다.
2 모세가 아론에게 말하였다. "속죄제
물로 바칠 송아지 한 마리와 번제물
로 바칠 숫양 한 마리를, 흠 없는 것
으로 주님 앞으로 가져 오십시오.
3 그리고 이스라엘 자손에게 말하여,
속죄제물로 바칠 숫염소와 번제물로
바칠 일 년 된 송아지와 어린 양을,
각각 흠이 없는 것으로 한 마리씩 가
져 오게 하고,
4 또 화목제물로 바칠 수소와 숫양을
주님 앞으로 끌어 오게 하고, 기름
에 반죽하여 만든 곡식제물을 가져
오게 하십시오. 그리고 주님께서 오
늘 그들에게 나타나실 것이라고 이
르십시오."
5 ○이스라엘 자손은, 모세가 가져 오
라고 명령한 것들을 회막 앞으로 가
져 왔다. 온 회중이 주님 앞에 가까
이 와서 서니,
6 모세가 그들에게 말하였다. "이것은
주님께서 당신들더러 하라고 명하신
것입니다. 주님의 영광이 당신들에
게 나타날 것입니다."
7 그런 다음에, 모세는 아론에게 일렀
다. "형님은 제단으로 가까이 가셔
서, 형님과 백성의 죄를 속하도록, 속
죄제물과 번제물을 바치시기 바랍니
다. 백성이 드리는 제물을 바쳐서, 그
들의 죄도 속하여 주시기 바랍니다.
이것은 주님께서 명하신 것입니다."
8 ○이 때에 아론은 제단으로 나아가
서 자기의 죄를 속하려고, 속죄제물
로 바치는 송아지를 잡았다.
9 아론의 아들들이 피를 받아서 그에
게 가져 오니, 그는 손가락으로 피를
찍어서 제단 뿔에 발랐고, 나머지 피
는 제단 밑바닥에 쏟았다.
10 그러나 속죄제물에서 떼어 낸 기름
기와 콩팥과 간을 덮고 있는 껍질
은, 주님께서 모세에게 명하신 대로,
아론이 제단 위에서 불살랐다.
11 살코기와 가죽은 아론이 진 바깥으
로 가져 가서 불에 태웠다.
12 ○다음에 아론은 번제물을 잡았다.
아론의 아들들이 피를 받아서 그에
게 넘겨 주니, 아론이 그 피를 제단
둘레에 뿌렸다.
13 아론의 아들들이 번제물을 저며서
머리와 함께 아론에게 넘겨 주었고,
아론은 그것들을 제단 위에서 불살
랐다.
14 아론은 내장과 다리를 씻어서, 제단

9장 요약 칠 일간의 제사장 위임식 후, 여덟째 날에 제사장은 자신을 위해 속죄제사와 번제를 드린다. 이어 백성들을 위해 속죄제사, 번제, 곡식제사, 화목제사를 드렸다. 여기서 제사의 순서에 주의해야 한다. 이는 그리스도인들이 드리는 예배 순서와 일맥상통하기 때문이다(죄 사함-순종-교제).

9:1-7 대제사장을 위한 속죄제사와 번제, 그리고 온 회중을 위한 속죄제사와 번제와 화목제사와 곡식제사를 위하여 각 제사에 합당한 제물들이 준비되었다.

9:8-11 대제사장 아론을 위해 속죄제사를 드리는 모습이다. 제물은 수송아지였으며(4:3), 기름기와 콩팥을 제외한 모든 것들을 진 밖에서 불살랐다(4:12).

9:15-21 온 회중을 위한 속죄제사·번제·곡식제사·화목제사를 드리는 모습이다. 속죄제사의 경

위에서 번제물로 불살랐다.
15 ○다음에 아론은 백성을 위하여 희
생제물을 바쳤다. 아론은 백성을 속
하려고, 속죄제물로 바칠 숫염소를
끌어다가 잡아, 첫 번째 속죄제사에
서와 같이, 죄를 속하는 제물로 그것
을 바쳤다.
16 그런 다음에, 아론은 번제물을 가져
다가 규례대로 바쳤다.
17 아론은 이어서 곡식제물을 바쳤다.
한 줌 가득히 떠내어서, 그것을 아침
번제물과 함께 제단 위에서 불살랐
다.
18 ○아론은 백성을 위하여, 화목제사
의 제물인 수소와 숫양을 잡았다.
아론의 아들들이 피를 받아서 그에
게 넘겨 주니, 아론은 그 피를 제단
둘레에 뿌렸다.
19 그들은, 수소에게서 떼어 낸 기름기
와, 숫양에게서 떼어 낸 기름기와, 기
름진 꼬리와, 내장을 덮고 있는 기름
기와, 콩팥과 간을 덮고 있는 껍질을
떼내어,
20 그 기름기를 가슴 고기 위에 얹었다.
아론은 그 기름기를 제단 위에서 불
살랐고,
21 가슴 고기와 오른쪽 다리 고기는 흔
들어서, 주님 앞에서 흔들어 바치는
제물로 바쳤다. 이렇게 그는 모세가
명령한 대로 하였다.
22 ○그런 다음에, 아론은 백성을 보면
서 양 팔을 들어, 그들에게 복을 빌
어 주었다. 이렇게 아론은 속죄제와
번제와 화목제를 다 드리고 내려왔
다.
23 모세와 아론은 회막 안으로 들어갔
다. 그들이 바깥으로 나와서 백성에
게 복을 빌어 주니, 주님의 영광이
모든 백성에게 나타났다.
24 그 때에 주님 앞에서부터 불이 나와,
제단 위의 번제물과 기름기를 불살
랐다. 모든 백성은 그 광경을 보고,
큰소리를 지르며 땅에 엎드렸다.

나답과 아비후가 벌을 받아 죽다

10 아론의 아들 가운데서, 나답과
아비후가 제각기 자기의 향로
를 가져다가, 거기에 불을 담고 향을
피워서 주님께로 가져 갔다. 그러나
그 불은 주님께서 그들에게 명하신
것과는 다른 금지된 불이다.
2 주님 앞에서 불이 나와서 그들을 삼
키니, 그들은 주님 앞에서 죽고 말았
다.
3 모세가 아론에게 말하였다. "주님께
서 '내게 가까이 있는 이들에게 나의
거룩함을 보이겠고, 모든 백성에게
나의 위엄을 나타내리라' 하신 말씀
은, 바로 이것을 두고 하신 말씀입니
다." 아론은 아무 말도 못하였다.
4 ○모세는 미사엘과 엘사반을 불렀

우에는 4:13-21의 규례대로 드렸으며, 화목제사의 경우에는 7:28-34의 규례대로 가슴과 오른쪽 다리 고기를 제사장 몫으로 분배하였다(21절).

9:17 아침 번제물 번제는 매일 아침과 저녁에 두 번 드려졌다.

9:22-24 주님 앞에서부터 불이 나와 하나님의 영광이 '하늘에서 내려온 불'로 나타났다(참고. 4,6절). 제단 위에는 이미 불이 있었다. 그 불 위에 또 다른 불이 내려와 제물들을 완전히 태웠다.

10장 요약 1-7절에서 소개된 아론의 두 아들인 나답과 아비후의 사건은 큰 일을 맡은 자일수록 더욱 책임이 크다는 사실을 보여 준다(눅 12:48;약 3:1). 8-15절은 제사장이 지켜야 할 사항들과 제사 제물 가운데 그들에게 돌아가는 몫에 대한 설명이고, 16-20절에서는 속죄제물을 처리하는 방법이 소개된다.

10:1-7 아론의 아들 나답과 아비후가 하나님께

다. 그들은 아론의 삼촌 웃시엘의 아
들들이다. 모세는 그들에게 그들의
조카들의 시체를 성소에서 진 바깥
으로 옮기라고 하였다.
5 그들은 모세가 시킨 대로 가까이 가
서, 조카들의 옷을 잡아 끌어 진 바
깥으로 옮겼다.
6 ○모세는 아론과 그의 아들들 곧 엘
르아살과 이다말에게 말하였다. "당
신들은 머리를 풀거나 옷을 찢어 애
도를 해서는 안 됩니다. 그렇게 하다
가는 당신들마저 죽을 것입니다. 주
님의 진노가 모든 회중에게까지 미
치지 않도록 하십시오. 다만 당신들
의 동족 곧 온 이스라엘 집안만이,
주님의 진노로 타 죽은 이들을 생각
하며 애도할 것입니다.
7 당신들은 회막 어귀 바깥으로 나가
지 마십시오. 어기면, 당신들도 죽을
것입니다. 당신들은, 주님께서 기름
부어 거룩하게 구별하신 사람들입니
다." 그들은 모세가 시킨 대로 하였다.

회막에 들어올 때에 지켜야 할 규례

8 ○주님께서 아론에게 말씀하셨다.
9 "너의 아들들이 너와 함께 회막으로
들어올 때에는 포도주나 독주를 마
시지 말아라. 어기면 죽는다. 이것은
너희가 대대로 영원히 지켜야 할 규
례이다.
10 너희는 거룩한 것과 속된 것을 구별
하여야 하고, 부정한 것과 정한 것을
구별하여야 한다.
11 또 너희는 나 주가 모세를 시켜 말
한 모든 규례를 이스라엘 자손에게
가르쳐야 할 사람들이다."

제사장이 성소에서 먹을 제물

12 ○모세는, 아론 및 살아 남은 아론
의 두 아들 엘르아살과 이다말에게
말하였다. "주님께 살라 바치는 제사
를 드리고 남은 곡식제물은 형님과
형님의 아들들이 가지십시오. 누룩
을 넣지 않고 만든 것은 제단 옆에
서 먹도록 하십시오. 그것은 가장 거
룩한 제물이므로,
13 거룩한 곳에서만 먹어야 합니다. 그
것은 주님께 살라 바치는 제물 가운
데서, 형님과 형님의 아들들이 받은
몫이기 때문입니다. 주님께서 나에
게 그렇게 명하셨습니다.
14 그러나 흔들어 바치는 가슴 고기와
높이 들어 바치는 넓적다리 고기는,
정결한 곳이면 어느 곳에서든지, 형
님과 형님의 아들들과 형님의 딸들
도 함께 먹을 수 있습니다. 그것들은
이스라엘 자손이 바친 화목제사의
제물 가운데서, 형님과 형님의 아들
들의 몫으로 주신 것이기 때문입니
다.
15 기름기를 불에 살라 바치면서, 함께
높이 들어 바치는 넓적다리 고기와

서 내려 주신 '늘 피워 두는 번제단의 불'(6:12)을 사용하지 않고 '다른 불'을 사용하여 분향하다가 죽임을 당했다. 하나님께서는 큰 일을 맡은 사람일수록 엄하게 질책하신다(약 3:1;벧전 4:17). 그들의 죽음은 불순종의 대가이자, 앞으로는 그와 같은 불순종을 범하지 말라는 경고였다.

10:6 머리를 풀거나 옷을 찢어 이러한 행동은 극심한 슬픔을 나타내려고 할 때 이스라엘 백성들이 취하는 행동이었다(참조. 창 37:29;44:13).

10:8-11 제사장들이 지켜야 할 규례 레위기에서 하나님께서 아론에게 직접 말씀하신 유일한 장면이다. 하나님의 명령은 ① 술을 마시고 제사드리지 말 것(9절) ② 거룩한 것과 속된 것을 구별하고, 부정한 것과 정한 것을 분별할 것(10절;참조. 11장) ③ 하나님께서 모세에게 명하신 율법을 백성에게 가르칠 것(11절)이다. 제사장들은 제사뿐 아니라, 자기들이 배운 율법을 백성들에게 가르쳐야 했다.

흔들어 바치는 가슴 고기는, 주님 앞
에서 흔들어서 바치고 나면, 주님께
서 명하신 대로, 영원히 형님과 형님
의 아들들이 차지할 몫이 됩니다."
16 ○모세는 백성이 속죄제물로 바친
숫염소를 애써서 찾아 보았다. 그러
나 그것은 이미 타 버리고 없었다.
모세는 아론의 남은 두 아들, 엘르
아살과 이다말에게 화를 내면서 다
그쳤다.
17 "어찌하여 너희는 성소에서 먹어야
할 그 속죄제물을 먹지 않고 불살랐
느냐? 속죄제물은 가장 거룩한 것
이 아니냐? 너희가 주님 앞에서 회
중의 죄를 속하여 주어서 그들이 용
서받게 하려고, 이 제물을 너희에게
먹으라고 주신 것이 아니냐?
18 그것은 성소 안에까지 피를 가지고
들어가는 제물이 아니므로, 너희는
내가 명령한 대로, 그 제물을 성소
안에서 먹었어야만 했다."
19 이 말을 듣고, 아론이 모세에게 대
답하였다. "보십시오, 오늘 내 아들
들이 속죄를 받으려고 주님 앞에 속
죄제물과 번제물을 바쳤습니다. 그
런데 이런 참혹한 일이 오늘 나에게
닥쳤습니다. 그러니 내가 무슨 염치
로, 오늘 그들이 바친 속죄제물을 먹
는단 말이오? 내가, 그들이 제물로
바친 고기를 먹으면, 주님께서 정말
좋게 보아 주시리라고 생각합니까?"
20 이 말을 듣고 보니, 모세도 그렇겠다
는 생각이 들었다.

정한 동물과 부정한 동물

11 주님께서 모세와 아론에게 말
씀하셨다.
2 "너희는 이스라엘 자손에게 다음과
같이 일러라.
○땅에서 사는 모든 짐승 가운데
서, 너희가 먹을 수 있는 동물은 다
음과 같다.
3 짐승 가운데서 굽이 갈라진 쪽발이
면서 새김질도 하는 짐승은, 모두 너
희가 먹을 수 있다.
4 새김질을 하거나 굽이 두 쪽으로 갈
라졌더라도, 다음과 같은 것은 너희
가 먹지 못한다. 낙타는 새김질은 하
지만, 굽이 갈라지지 않았으므로 너
희에게는 부정한 것이다.
5 오소리도 새김질은 하지만, 굽이 갈
라지지 않았으므로 너희에게는 부정
한 것이다.
6 토끼도 새김질은 하지만, 굽이 갈라
지지 않았으므로 너희에게는 부정
한 것이다.
7 돼지는 굽이 두 쪽으로 갈라진 쪽발
이기는 하지만, 새김질을 하지 않으
므로 너희에게는 부정한 것이다.
8 너희는 이런 짐승의 고기는 먹지 말
고, 그것들의 주검도 만지지 말아라.

10:16–20 속죄제물을 처리하는 방법은 두 가지이다. 성소 안 '분향단'에 피를 바르는 속죄제물이 있고, '번제단'에 피를 바르는 속죄제물이 있다(참조. 4장). 전자의 고기는 모두 태웠으나, 후자의 고기는 제사장들이 먹었다. 여기에서 제사장이 먹는 행위도 역시 제사에 포함되었다. 그런데 새로운 집례자들인 엘르아살과 이다말이 이 규례를 어겼다. 그래서 모세가 그들을 꾸짖고 다시 한 번 규례를 설명해 주었다.

11장 요약 정한 짐승과 부정한 짐승의 분별에 대한 규례이다. 구약 시대에는 굽이 갈라지고 새김질하는 짐승과 지느러미와 비늘이 있는 물고기만 먹을 수 있었다. 이는 하나님의 백성이 타락한 세상과 구별되어야 함을 가르쳐 준다. 성도들은 이 규례를 통해, 성결한 삶을 살아야 한다는 교훈을 굳게 간직해야 한다.

11:1–12 11장은 정한 것과 부정한 것의 분별에 대

이것들은 너희에게는 부정한 것이
다.
9 ○물에서 사는 모든 것 가운데서 지
느러미가 있고 비늘이 있는 물고기
는, 바다에서 사는 것이든지 강에서
사는 것이든지, 무엇이든지 너희가
먹을 수 있다.
10 그러나 물 속에서 우글거리는 고기
떼나 물 속에서 살고 있는 모든 동
물 가운데서 지느러미가 없고 비늘
이 없는 것은, 바다에서 살든지 강에
서 살든지, 모두 너희가 피해야 한
다.
11 이런 것은 너희가 피해야 할 것이므
로, 너희는 그 고기를 먹어서는 안
된다. 너희는 그것들의 주검도 피해
야만 한다.
12 물에서 사는 것 가운데서 지느러미
가 없고 비늘이 없는 것은, 모두 너
희가 피해야 한다.
13 ○새 가운데서 너희가 피해야 할 것
은 다음과 같다. 곧 너희가 먹지 않
고 피해야 할 것은, 독수리와 수염수
리와 물수리와
14 검은소리개와 각종 붉은소리개와
15 각종 모든 까마귀와
16 타조와 올빼미와 갈매기와 각종 매
와
17 부엉이와 가마우지와 따오기와
18 백조와 펠리컨과 흰물오리와
19 고니와 각종 푸른해오라기와 오디새
와 박쥐이다.
20 ○네 발로 걷는 날개 달린 벌레는,
모두 너희가 피해야 할 것이다.
21 그러나 네 발로 걷는 날개 달린 곤
충 가운데서도, 발과 다리가 있어서,
땅 위에서 뛸 수 있는 것은, 모두 너
희가 먹어도 된다.
22 너희가 먹을 수 있는 것은 여러 가지
메뚜기와 방아깨비와 누리와 귀뚜라
미 같은 것이다.
23 이 밖에 네 발로 걷는 날개 달린 벌
레는, 모두 너희가 피해야 할 것이다.
24 ○이런 것들이 너희를 부정 타게 한
다. 그런 것들의 주검을 만지는 사람
은 누구나 저녁때까지 부정하다.
25 그 주검을 옮기는 사람은 누구나 자
기 옷을 빨아야 한다. 그는 저녁때까
지 부정하다.
26 굽이 있어도 갈라지지 않았거나 새
김질하지 않는 짐승은, 모두 너희에
게는 부정한 것이다. 그것들을 만지
는 사람은 누구나 부정하게 된다.
27 네 발로 걷는 모든 짐승 가운데서
발바닥으로 다니는 것은, 모두 너희
에게 부정한 것이다. 그런 짐승의 주
검을 만지는 사람은 누구나 저녁때
까지 부정하다.
28 그 주검을 옮기는 사람은 누구나 자
기 옷을 빨아야 한다. 그는 저녁때까

한 규례이다. 구약 시대에는 굽이 갈라지고 새김질하는 짐승과 지느러미와 비늘이 모두 있는 물고기만 먹을 수 있었다. 이는 성도가 세상과 구별되어야 한다는 것을 가르치는 규례이다(참조. 막 7:18-19;롬 14:15).

11:3 굽이 갈라진…새김질도 하는 짐승 소, 양, 염소, 사슴 등을 말한다. 이와 같은 동물들은 풀만 먹고 사는 초식 동물로서, 깨끗한 것으로 간주되어 인간이 먹을 수 있었다.

11:10 지느러미가 없고 비늘이 없는 것 뱀장어·새우·오징어·조개류 등을 말하며, 구약 시대에는 부정한 것이라 하여 먹지 않았다.

※레위기 11장과 신약 교회 하나님께서는 자신이 지으신 피조물을 보시고 매우 좋다고 말씀하셨다(창 1:31). 이는 부정한 것은 만드시지 않으셨다는 의미이다. 또한 하나님께서는 노아에게 피를 제거하면 모든 동물을 양식으로 삼아도 좋다고 허락하셨다(창 9:3-4). 그런데 왜 11장에서는 정한 것

지 부정하다. 그런 것들이 너희를 부
정 타게 한다.
29 ○땅에 기어 다니는 길짐승 가운데
서 너희에게 부정한 것은, 족제비와
쥐와 각종 큰도마뱀과
30 수종과 육지악어와 도마뱀과 모래도
마뱀과 카멜레온이다.
31 ○모든 길짐승 가운데서 이런 것들
은 너희에게 부정한 것이다. 이것들
이 죽었을 때에, 그것들을 만지는 사
람은 누구나 저녁때까지 부정하다.
32 이것들이 죽었을 때에, 나무로 만든
어떤 그릇에나, 옷에나, 가죽에나, 자
루에나, 여러 가지로 쓰이는 각종 그
릇에나, 이런 것에 떨어져서 닿으면,
그 그릇들은 모두 부정을 탄다. 이렇
게 부정을 탄 것은 물에 담가야 한
다. 그것은 저녁때까지 부정하다. 저
녁이 지나고 나면, 그것은 정하게 된
다.
33 그 죽은 것이 어떤 오지그릇에 빠지
면, 그 그릇 안에 있는 것은 다 부정
하게 된다. 너희는 그 그릇을 깨뜨려
야 한다.
34 요리가 된 젖은 음식이 그 안에 있었
다면, 그것도 모두 부정하게 된다.
어떤 그릇에 담겼든지, 물이나 다른
마실 것은 모두 부정을 탄다.
35 이런 것들의 주검이 어떤 물건에 떨
어지면, 그 물건은 부정을 탄다. 가
마든지, 화로든지, 모두 깨뜨려야 한
다. 그것들은 부정해서, 너희까지도
부정을 타게 할 것이다.
36 그렇지만 샘과 물웅덩이와 물이 고
인 곳은, 정한 채로 남아 있다. 그러
나 그것들의 주검을 만지면, 누구나
부정을 탄다.
37 뿌리려는 어떤 씨에 이런 것들의 주
검이 떨어져도, 그 씨는 부정을 타지
않는다.
38 그러나 그 씨가 물에 젖어 있을 때
에, 이런 것들의 주검이 그 씨에 떨
어지면, 그 씨는 너희에게는 부정한
것이 된다.
39 ○너희가 먹을 수 있는 짐승이 죽었
을 때에, 그 주검을 만진 사람은 저
녁때까지 부정하다.
40 죽은 고기를 먹은 사람은 입고 있던
옷을 빨아 입어야 한다. 그의 부정
한 상태는 저녁때까지 계속된다. 그
주검을 옮기는 사람도 옷을 빨아 입
어야 한다. 그 경우에도 그 부정한
상태는 저녁때까지 계속된다.
41 ○땅에 기어 다니는 모든 길짐승은
꺼려야 한다. 그것들을 먹어서는 안
된다.
42 기어 다니는 것, 곧 배로 기어 다니
든지, 네 발로나 여러 발로 땅을 기
어 다니는 것은, 모두 너희가 먹지
못한다. 그것은 피해야 할 것이기 때

과 부정한 것을 분리시켜 놓고, 부정한 것들을 먹지 못하게 하셨을까? 그 목적은 하나님의 거룩한 백성들이 우상 숭배자들인 이방 사람들과 마음대로 혼잡한 교류를 하지 못하도록 하기 위함이었다. 왜냐하면 11장의 결론이 '내가 거룩하니 너희도 거룩하게 되어야 한다'(44절)이기 때문이다. 곧 정한 것과 부정한 것은 이스라엘 백성과 이방 사람을 구별하는 수단이었다. 이 규례는 하나님께서 이스라엘을 선택하셨다는 상징이었다. 따라서 신약 교회가 이 규례를 문자적으로 지킬 필요는 없다. 그러나 성도들은 이 규례에서 세상과 짝하지 않고 '거룩한 삶'을 살아야 된다는 것을 깨달아야 한다. 거룩한 삶은 그리스도 안에서 영적·도덕적 순결을 지킴으로써 이루어진다.

11:44 몸을 구별하여 바쳐서, 거룩한 사람이 되어야 한다 레위기 전체의 주제이다. 이스라엘은 완전히 거룩하게 구별된 백성이었으므로 제사뿐만 아니라 모든 생활까지도 거룩하게 행해야만 했다.

문이다.
43 ○너희는, 기어 다니는 어떤 길짐승
에든 닿아, 너희 자신을 꺼려야 할
사람이 되게 하여서는 안 된다. 너희
는 그런 것으로 자신을 더럽혀 부정
을 타서는 안 된다. 그것들이 너희를
더럽히지 못하도록 하여라.
44 나는 주 너희의 하나님이다. 그러므
로 너희는 몸을 구별하여 바쳐서, 거
룩한 사람이 되어야 한다. 내가 거룩
하니, 너희도 거룩하게 되어야 한다.
땅에 기어 다니는 어떤 길짐승 때문
에, 너희가 자신을 부정하게 하여서
는 안 된다.
45 나는 너희 하나님이 되려고, 너희를
이집트 땅에서 데리고 나온 주다. 내
가 거룩하니, 너희도 거룩하게 되어
야 한다.
46 ○위에서 말한 것은, 짐승과 새와 물
속에서 우글거리는 모든 고기 떼와
땅에 기어 다니는 모든 것에 관한 규
례다.
47 이것은 부정한 것과 정한 것을 구별
하고, 먹을 수 있는 동물과 먹을 수
없는 동물을 구별하려고 만든 규례
다."

산모를 깨끗하게 하는 예식

12 주님께서 모세에게 말씀하셨
다.
2 "이스라엘 자손에게 일러라. 여자가
임신하여 아들을 낳으면, 그 여자는
이레 동안 부정하다. 마치 월경할 때
와 같이 부정하다.
3 여드레째 되는 날에는, 아이의 포피
를 잘라 할례를 베풀어야 한다.
4 그런 다음에도 산모는 피로 더럽게
된 몸이 깨끗하게 될 때까지, 산모는
삼십삼 일 동안, 집 안에 줄곧 머물
러 있어야 한다. 몸이 정결하게 되는
기간이 끝날 때까지, 산모는 거룩한
물건을 하나라도 만지거나 성소에
드나들거나 해서는 안 된다.
5 ○딸을 낳으면, 그 여자는 두 주일
동안 월경할 때와 같이 부정하다. 피
로 더럽게 된 몸이 깨끗하게 될 때까
지, 산모는 육십육 일 동안을 집 안
에 줄곧 머물러 있어야 한다.
6 아들을 낳았든지 딸을 낳았든지, 몸
이 정결하여지는 기간이 끝나면, 산
모는 번제로 바칠 일 년 된 어린 양
한 마리와, 속죄제로 바칠 집비둘기
새끼 한 마리나 산비둘기 한 마리를,
회막 어귀로 가져 가서 제사장에게
바쳐야 한다.
7 제사장은 그것을 받아 주 앞에 바쳐
그 여자를 속죄하여 주어서 깨끗하
게 하여야 한다. 그러면 그 여자는
피로 더럽게 된 몸이 깨끗하게 될 것
이다. 이것이 바로, 아들을 낳았든지
딸을 낳았든지, 산모가 아이를 낳은

12장 요약 산모를 깨끗하게 하는 예식이다. 출산 자체는 부정하지 않고 축복이다. 본문에서 산모가 부정하다 말하는 이유는 해산 후의 산혈과 분비물 때문이다. 한편, 남아 출산보다 여아 출산이 부정 기간이 더 긴 것은 단지 인류의 범죄사를 회고하는 의미에서 언급된 내용으로 이해될 수 있다.

12:3 포피를 잘라 태어난 지 8일 만에 사내 아이 생식기 끝의 포피를 끊어내는 종교적 관습, 즉 할례를 말한다. 할례를 받음으로써 하나님과 맺은 언약이 영원하다는 표를 피부에 지니고 다녔다.

12:8 가난한 사람을 위한 속죄제물은 산비둘기나 집비둘기였다. 그러나 아이를 낳은 여인은, 부자이든 가난한 사람이든 모두 비둘기를 속죄제물로 바쳤다(참조. 눅 2:22-24). 그 이유는 출산 후에 쏟는 피('산혈')가 산모를 부정하게 만들지만 큰 죄악으로 인한 것이 아니기 때문이다.

다음에 지켜야 할 규례이다.
8 ○그 여자가 양 한 마리를 바칠 형편
이 못 되면, 산비둘기 두 마리나 집
비둘기 새끼 두 마리를 가져다가, 한
마리는 번제물로, 한 마리는 속죄제
물로 바쳐도 된다. 그리하여 제사장
이 그 산모의 죄를 속하여 주면, 그
여자는 정결하게 될 것이다."

사람에게 생기는 악성 피부병

13 주님께서 모세와 아론에게 말
씀하셨다.
2 ○"누구든지 살갗에 부스럼이나 뾰
루지나 얼룩이 생겨서, 그 살갗이 악
성 피부병에 감염된 것 같거든, 사람
들은 그를 제사장 아론에게나 그의
아들 가운데 어느 제사장에게 데려
가야 한다.
3 그러면 제사장은 그의 살갗에 감염
된 병을 살펴보아야 한다. 감염된 그
자리에서 난 털이 하얗게 되고 그
감염된 자리가 살갗보다 우묵하게
들어갔으면, 그것은 악성 피부병에
감염된 것이니, 제사장은 다 살펴본
뒤에, 그 환자에게 '부정하다'고 선언
하여야 한다.
4 그러나 그의 살갗에 생긴 얼룩이 희
기만 하고, 살갗보다 우묵하게 들어
가지도 않고, 그 곳의 털이 하얗게
되지도 않았으면, 제사장은 그 환자
를 이레 동안 격리시키기만 한다.
5 이레가 되는 날에 제사장은 그 환부
를 살펴보고, 자기가 보기에 환부가
변하지 않고, 그 병이 그의 살갗에
더 퍼지지 않았으면, 제사장은 그를
다시 이레 동안 더 격리시킨다.
6 이레째 되는 날에 제사장은 그를 다
시 살펴보고, 그 병이 사라지고 그
의 살갗에 더 퍼지지 않았으면, 제사
장은 그에게 '정하다'고 선언하여야
한다. 그것은 단순한 뾰루지일 뿐이
므로, 옷을 빨아 입으면, 그는 깨끗
하여질 것이다.
7 그러나 제사장에게 보여서 제사장으
로부터 '정하다'는 선언을 받은 뒤에
라도, 그 뾰루지가 살갗에 퍼지면,
그는 다시 제사장에게 그것을 보여
야 한다.
8 제사장은 그것을 살펴보고, 그 뾰루
지가 살갗에 퍼졌으면, 제사장은 그
에게 '부정하다'고 선언하여야 한다.
그것은 악성 피부병이다.
9 ○사람이 악성 피부병에 감염되면,
그를 제사장에게 데리고 가야 하고,
10 제사장은 그를 살펴 보아야 한다. 그
의 살갗에 흰 부스럼이 생기고, 거기
에 난 털이 하얗게 되고, 부스럼에
생살이 생겼으면,
11 그의 살갗에 생긴 것은 이미 만성이
된 악성 피부병이다. 제사장은 그에
게 '부정하다'고 선언하여야 한다. 그

13장 요약 악성 피부병에 관한 규례이다. 이 병은 건물이나 옷에도 나타난다. 성경에서 악성 피부병을 심각하게 다룬 이유는, 죄의 무서운 속성을 상징적으로 보여 주기 때문이다. 2-46절은 악성 피부병이 사람에게 나타난 경우의 대처법이고, 47-59절은 악성 곰팡이가 의복에 나타난 경우에 관한 규례이다.

13:1 모세와 아론에게 본장은 진단에 관한 규례이다. 이러한 진단은 이방 나라의 관습에 따른 것이 아니라, 하나님이 직접 모세와 아론에게 알려 주신 규례였다. 제사장은 정결한 것과 부정한 것을 구별하고 가르쳐야 할 의무가 있다(10:10-11).

13:2-8 피부병의 일반적 증세인 종기·부스럼·색점·피부 함몰·체모 탈색 등이 나타나면 일단 제사장에게 진단을 받아야 했다.

13:9-17 악성 피부병에 대한 규례이다. 이 경우의 특징은 '생살'이다. 생살로 번역된 (히) '바사르

가 이미 부정하게 되었으므로, 제사
장은 그를 격리시킬 필요가 없다.
12 그리고 제사장이 보기에, 살갗에 생
긴 악성 피부병이 그 환자의 살갗을
모두 덮어서, 머리에서부터 발 끝까
지 퍼졌으면,
13 제사장은 그를 다시 살펴보아야 한
다. 그 악성 피부병이 그의 몸 전체
를 덮었으면, 제사장은 그 감염된 사
람에게 '정하다'고 선언하여야 한다.
그의 살갗 전체가 다 하얗게 되었으
므로, 그는 정하다.
14 아무 날이든 그에게 생살이 솟아오
르면, 그는 부정하게 된다.
15 그러면 제사장은 그 생살을 살펴 확
인한 뒤에, 그에게 '부정하다'고 선언
하여야 한다. 생살은 부정하다. 그것
은 악성 피부병이기 때문이다.
16 그러나 그 생살이 다시 변하여 하얗
게 되면, 그는 제사장에게 가야 한
다.
17 제사장이 그를 살펴보고, 그 감염된
곳이 하얗게 되었으면, 그 환자에게
'정하다'고 선언하여야 한다. 그는 정
한 사람이다.
18 ○살갗에 종기가 생겼다가 나은 뒤
에,
19 종기가 났던 바로 그 자리에 흰 부스
럼이나 희고 붉은 얼룩이 생기면, 그
는 제사장에게로 가서, 몸을 보여야
한다.
20 제사장이 살펴보고, 그 자리가 살갗
보다 우묵하게 들어갔고, 거기에 있
던 털이 하얗게 되었으면, 제사장은
그에게 '부정하다'고 선언하여야 한
다. 그것은 악성 피부병에 감염된 것
이다. 그것은 종기에서 생겨난 것이
다.
21 그러나 제사장이 살펴보고, 거기에
있던 털이 하얗게 되지도 않고, 그
자리가 살갗보다 우묵하게 들어가지
도 않았으며, 오히려 그것이 사그라
졌으면, 제사장은 그를 이레 동안 격
리시켜야 한다.
22 그것이 살갗에 퍼졌으면, 제사장은
그에게 '부정하다'고 선언하여야 한
다. 그것은 감염된 것이다.
23 그러나 그 얼룩이 한 곳에 머물러 있
고 퍼지지 않았으면, 그것은 종기의
흉터일 뿐이다. 제사장은 그에게 '정
하다'고 선언하여야 한다.
24 ○살갗을 불에 데었는데, 덴 자리의
살에 희고 붉은 얼룩이나 아주 흰
얼룩이 생기면,
25 제사장은 그것을 살펴보아야 한다.
그 얼룩에 난 털이 하얗게 되고 그
얼룩이 살갗보다 우묵하게 들어갔으
면, 그것은 악성 피부병이다. 그것은
덴 데서 생긴 것이다. 제사장은 그에
게 '부정하다'고 선언하여야 한다. 그

하이'는 '부풀어 오른 생살'이란 뜻이다. 곧 피부가 문드러져서 생살이 부풀어 오르는 상태가 악성 피부병이다. 오늘날의 백색 피부병, 혹은 건성 피부 습진의 증세와 비슷하다. 이러한 증세는 초기에 얼굴·손·어깻죽지·다리 등에 부분적으로 발생하다가 차츰 온몸으로 퍼진다. 온몸에 퍼진 후 자연적으로 사라지는 경우도 있다.

13:18-23 여기에 나타난 피부병의 특징은 종기의 뿌리가 피부 깊숙이 퍼지는 것이다.

13:20 **살갗보다 우묵하게 들어갔고** 종기가 나은 후, 그 자리에 상흔(傷痕)이 남아 본래의 피부보다 우묵하게 들어간 상태를 말한다.

13:21 **사그라졌으면** 만일 검은 털이 회색으로 변하면 7일 동안 격리시켰는데 화상의 경우도 마찬가지였다.

13:24-28 이 구절은 불에 덴 상처가 악성 피부병에 감염되었는지를 진단하고 있다. 감염된 경우에는 상처 주위가 우묵하게 낮아지며 흰 털이 돋

것은 악성 피부병에 감염된 것이다.
26 그러나 제사장이 살펴보고, 그 얼룩
에 난 털이 하얗게 되지도 않고, 그
자리가 살갗보다 우묵하게 들어가지
도 않았으며, 오히려 그것이 사그라
졌으면, 제사장은 그를 이레 동안 격
리시켜야 한다.
27 이레째 되는 날에 제사장이 그를 살
펴서, 얼룩이 살갗에 퍼졌으면, 그에
게 '부정하다'고 선언하여야 한다. 그
것은 악성 피부병에 감염된 것이다.
28 그러나 그 얼룩이 한 곳에 머물러 있
고 살갗에 퍼지지 않고 사그라졌으
면, 그것은 덴 데서 생긴 부스럼이
다. 제사장은 그에게 '정하다'고 선언
하여야 한다. 그것은 다만 덴 자국
일 따름이기 때문이다.
29 ○남자이든지 여자이든지, 머리나 턱
에 헌데가 생겼을 때에는,
30 제사장이 그 헌데를 살펴보고, 그것
이 살갗보다 우묵하게 들어가고, 거
기에 난 털이 누렇게 변하여 가늘어
졌으면, 제사장은 그에게 '부정하다'
고 선언하여야 한다. 그것은 머리나
턱에 생기는 악성 피부병인 백선이
다.
31 제사장이 그 백선이 난 자리를 진찰
하여 보아, 그 자리가 살갗보다 우묵
하게 들어가지 않고, 또 그 자리에
검은 털이 없으면, 제사장은 백선이
난 환자를 이레 동안 격리시켜야 한
다.
32 그러다가 이레째 되는 날에 제사장
이 그 병을 살펴보아, 백선이 퍼지지
않고, 그 자리에 누런 털도 생기지
않았으며, 백선이 난 자리가 살갗보
다 더 우묵하게 들어가지도 않았으
면,
33 제사장은 백선이 난 자리만 빼고 털
을 민 다음에, 백선이 생긴 그 환자
를 또다시 이레 동안 격리시켜야 한
다.
34 이레째 되는 날에 제사장은 그 백선
이 난 자리를 살펴보아, 백선이 살갗
에 더 퍼지지 않고, 살갗보다 더 우
묵하게 들어가지 않았으면, 제사장
은 그에게 '정하다'고 선언하여야 한
다. 그리고 환자는 입었던 옷을 빨아
입으면, 정하여진다.
35 그러나 그가 '정하다'는 선언을 받은
뒤에라도, 그 백선이 살갗에 퍼지면,
36 제사장은 그를 살펴보아야 한다. 그
래서 백선이 살갗에 퍼졌으면, 제사
장은 아픈 곳의 털이 누렇게 되었는
지를 살펴볼 필요도 없이, 이미 그는
부정한 상태이다.
37 그러나 제사장이 보기에, 백선이 그
치고 그 자리에서 검은 털이 자랐으
면, 백선은 이미 나았으며, 그는 정하
게 된 것이다. 제사장은 그에게 '정하

아나는 색점이 온몸에 퍼지게 된다.

13:29-37 머리나 턱에 발병한 피부병에 대한 규례이다. 이 경우에는 환부의 털은 남겨 두고 그 주위의 털을 모두 깎았다. 그 후 그 털이 누렇게 변하거나 환부가 퍼지면 부정하다고 진단했다.

13:30 **백선** 피부의 빛깔이 변하거나 동전만 한 크기의 상처가 생기는 피부병을 말한다.

13:37 **'정하다'고 선언** 제사장의 선언은 영원한 것이 아니었다. 병이 재발할 경우에는 언제라도 번복할 수 있었다. 그러나 그의 선언은 절대적이다. 왜냐하면 제사장은 이런 피부병이 이스라엘 전역에 전염되는 것을 막기 위하여 진단할 수 있는 절대적인 권위를 부여받았기 때문이다.

13:38-39 이 구절은 전염의 위험이 전혀 없는 가벼운 피부병 증세에 대하여 언급하고 있다.

13:40-44 대머리에 붉은 반점이 발생한 경우이다. 이런 경우는 머리털이 없기 때문에, 털 빛깔로는 진단할 수 없고 피부의 상태로 진단할 수밖

다'고 선언하여야 한다.
38 ○남자이든지 여자이든지, 살갗에
희끗희끗한 얼룩이 생겼을 때에는,
39 제사장은 그것을 살펴보아야 한다.
살갗에 생긴 얼룩 색깔이 희끄무레
하면, 그것은 살갗에 생긴 발진일 뿐
이므로 그는 정하다.
40 ○누구든지 머리카락이 다 빠지면,
그는 대머리가 된다. 그러나 그는 정
하다.
41 앞머리카락만 빠지면, 그는 이마 대
머리가 된다. 그래도 그는 정하다.
42 그러나 대머리가 된 정수리나 이마
에 희끗희끗하고 불그스레한 헌데가
생기면, 그것은 정수리 대머리나 이
마 대머리에 생긴 악성 피부병이다.
43 제사장은 그를 살펴보아야 한다. 감
염된 부스럼으로 정수리나 이마가
희끗희끗해지고 불그스레해져서, 마
치 살갗에 생긴 악성 피부병과 같아
보이면,
44 그는 악성 피부병 환자이므로 부정
하다. 제사장은 그에게 '부정하다'고
선언하여야 한다. 그는 악성 피부병
이 머리에 생긴 환자이다.
45 ○악성 피부병에 걸린 사람은 입은
옷을 찢고 머리를 풀어야 한다. 또한
그는 자기 코밑 수염을 가리고 '부정
하다, 부정하다' 하고 외쳐야 한다.
46 병에 걸려 있는 한, 부정한 상태에
머물러 있게 되므로, 그는 부정하다.
그는 진 바깥에서 혼자 따로 살아야
한다."

천이나 가죽 제품에 생기는 곰팡이

47 ○"곰팡이가 옷 곧 털옷이나 베옷에
묻었을 때에,
48 또는 베나 털로 짠 천의 날에나 씨
에, 또는 가죽에나 어떤 가죽 제품
에 묻었을 때에,
49 푸르스름하거나 불그스름한 자국
이, 그 옷에나, 가죽에나, 천의 날에
나 씨에나, 또는 어떤 가죽 제품에
생겼으면, 그것은 곰팡이가 퍼지고
있는 것이다. 그것을 제사장에게 보
여야 한다.
50 제사장은 그 자국을 살펴보고, 곰팡
이가 묻은 천이나 가죽을 이레 동안
따로 두었다가,
51 이레째 되는 날에 그 자국을 살펴보
아야 한다. 그 자국이 옷에나, 천의
날에나 씨에, 또는 어떤 용도로 쓰이
는 가죽 제품이든지 그 가죽에 퍼졌
으면, 그것은 악성 곰팡이이다. 그것
이 묻은 옷이나 천은 부정하다.
52 곰팡이가 묻은 것은 옷이든지, 털이
나 베로 짠 천의 날이나 씨든지, 또
는 어떤 가죽 제품이든지, 모두 불태
워야 한다. 그것은 악성 곰팡이이므
로, 불에 태워야 한다.
53 ○제사장이 살펴보아서, 그 옷에나,

에 없다.

13:45-46 부정하다고 진단받은 사람이 취하는 행동으로, 옷을 찢고 머리를 풀며 코밑 수염을 가렸다. 이러한 행위는 사람이 죽었을 때 취하는 행동과도 같았다(창 37:34;겔 24:17). 이러한 사람들은 마치 죽은 자와 같은 취급을 당하였다.

13:47-49 의복에 발생한 악성 곰팡이에 대한 규례이다. 부정하다고 판별된 옷은 태워 버렸으며, 깨끗하다고 인정된 옷은 다시 빨아서 사용하였다. 이스라엘의 우기는 10월부터 3월까지인데, 이 기간에는 습기가 많아서 옷이나 건물에 많은 곰팡이가 발생하였다. 이 곰팡이들이 결국은 사람에게 악성 피부병을 발병시키곤 했다. 악성 피부병에 대한 규례는 정결하고 거룩한 것을 식별하는 중요한 자료였다. 정결한 사람만이 하나님 앞에 나아가 제사를 드릴 수 있었다.

13:52 악성 곰팡이 본절에서 '악성'이란, '영원히 번식하다'란 뜻으로 일주일 동안 옷을 간직한 후에

천의 날에나 씨에, 또는 어떤 가죽
제품에 묻은 곰팡이가 퍼지지 않았
으면,
54 제사장은 곰팡이가 묻은 그 옷을 빨
도록 지시하여야 하고, 또다시 이레
동안 그것을 따로 두게 하여야 한다.
55 곰팡이가 묻은 옷을 빤 뒤에는, 제
사장이 그것을 살펴보아야 한다. 곰
팡이가 묻은 자리가 퍼지지 않았을
지라도, 묻은 얼룩의 색깔이 그대로
남아 있으면, 그것은 부정하다. 묻은
얼룩이 천 안쪽에 생겼든지 천 바깥
쪽에 생겼든지, 가릴 것 없이, 너희는
그것을 불에 태워야 한다.
56 그러나 천을 빤 다음에 제사장이 살
펴보아서, 그 곰팡이가 사그라졌으
면, 제사장은 옷에서든지 가죽에서
든지, 또는 옷감의 날에서든지 씨에
서든지, 그 얼룩 자리를 도려내야 한
다.
57 그렇게 하고 나서도, 옷에나, 천의 날
에나 씨에, 또는 어떤 가죽 제품에
곰팡이가 다시 나타나면, 그것은 곰
팡이가 퍼지고 있는 것이므로, 너희
는 곰팡이가 묻은 것을 불에 태워야
한다.
58 그러나 한 번 빨아서, 옷에나 천의
날에나 씨에나 어떤 가죽 제품에 묻
은 곰팡이가 없어졌으면, 한 번 더
빨면 정하게 된다.
59 ○위에서 말한 것은 악성 곰팡이가
털옷에나 베옷에, 또는 천의 날에나
씨에나, 또는 어떤 가죽 제품에 묻었
을 때에, 정한지 부정한지를 결정하
는 규례이다."

환자를 정하게 하는 예식

14 주님께서 모세에게 말씀하셨
다.
2 ○"다음은 악성 피부병에 걸린 환자
를 정하게 하는 날에 지켜야 할 규례
이다. 사람들이 악성 피부병에 걸린
환자를 제사장에게로 데려가면,
3 제사장은 진 바깥으로 나가서, 그를
살펴보아야 한다. 그 환자의 악성 피
부병이 나았으면,
4 제사장은 사람들을 시켜서, 그 환자
를 정하게 하는 데 쓸, 살아 있는 정
한 새 두 마리와 백향목 가지와 홍
색 털실 한 뭉치와 우슬초 한 포기를
가져 오게 한다.
5 그리고 제사장은 사람들을 시켜서,
그 두 마리 새 가운데서 한 마리를
잡아서, 생수가 담긴 오지그릇에 담
게 한다.
6 그렇게 한 다음에, 제사장은 백향목
가지와 홍색 털실 한 뭉치와 우슬초
한 포기와 그리고 그 살아 있는 나머
지 새를 가져다가, 생수가 섞인 죽은
새의 피에 찍어서,
7 악성 피부병에 걸렸다가 정하게 된

곰팡이가 많이 피었으면 악성 곰팡이으로 판별해 태워 버렸다.

13:58 깨끗하다고 인정받은 옷일지라도, 다시 빨아서 입도록 했다. 곰팡이 부분은 반드시 잘라내어 불에 태웠다.

13:59 곰팡이에 대한 규례는 죄의 속성을 상징적으로 보여 준다. 이스라엘 백성들의 위생적인 관점뿐만 아니라 하나님 백성의 정결이란 관점에서 매우 중요했다.

14장 요약 전반부는 악성 피부병이 나은 후의 정결 예식에 대한 규례이다. 악성 피부병이 나으면 정결 예식을 거쳐야 언약 백성 안에 다시 들어올 수 있다. 이는 언약 백성이 영육간의 성결함을 항상 유지해야 함을 상기시키는 것이다. 후반부는 건물에 발생하는 악성 곰팡이를 진단하고 정결하게 하는 의식에 관한 규례이다.

14:1–57 악성 피부병이 나은 후에 행한 정결 예

그 사람에게 일곱 번 뿌린다. 그런
다음에, 제사장은 그에게 '정하다'고
선언하고, 살아 있는 새는 들판으로
날려보낸다.
8 정하다는 선언을 받은 그 사람은 옷
을 빨고, 털을 모두 밀고, 물로 목욕
을 하면, 정하게 된다. 그리고 진으
로 돌아온 뒤에, 그는 이레 동안 장
막 바깥에서 살아야 한다.
9 이레째 되는 날에 그는 다시 털을 모
두 밀어야 한다. 머리카락과 수염과
눈썹까지, 털을 다 밀어야 한다. 그
런 다음에, 옷을 빨고 물로 목욕을
하면, 그는 정하게 된다.
10 ○여드레째 되는 날에, 그는 흠 없는
숫양 두 마리와, 흠 없는 일 년 된 어
린 암양 한 마리와, 곡식제물로 바칠
기름 섞은 고운 밀가루 십분의 삼 에
바와, 기름 한 록을 가져 와야 한다.
11 그를 정하게 할 제사장은, 정하게 되
려는 그 사람을 그 제물들과 함께
회막 어귀, 주 앞에 세운다.
12 제사장은 숫양 한 마리를 끌어다가,
그것을 기름 한 ㉠록과 함께 속건제
물로 바치는데, 그것은 주 앞에서 흔
들어 바치는 제물이므로, 제사장은
그것들을 흔들어야 한다.
13 제사장이 그렇게 하고 나면, 정하게
되려는 그 사람이 속죄제물과 번제
물을 잡는 바로 그 장소 곧 거룩한
곳에서, 나머지 숫양 한 마리를 잡는
다. 속건제물은 속죄제물과 마찬가
지로 제사장의 몫이 된다. 그것은
가장 거룩한 것이다.
14 제사장은 속건제물의 피를 받아다
가 정하게 되려는 사람의 오른쪽 귓
불과 오른손 엄지와 오른발 엄지에
발라야 한다.
15 그런 다음에, 제사장은 기름 한 록
에서 얼마를 덜어, 왼손 바닥에 붓
고,
16 오른쪽 손가락으로 왼손 바닥에 부
은 기름을 찍어, 그 손가락에 묻은
기름을 주 앞에서 일곱 번 뿌린다.
17 그리고 제사장은 손바닥에 남아 있
는 기름을, 정하게 되려는 그 사람의
오른쪽 귓불과 오른손 엄지와 오른
발 엄지에, 이미 발라 놓은 속건제물
의 피 위에 덧바른다.
18 그리고 나머지 기름, 곧 제사장의 손
바닥에 남아 있는 기름은, 정하게 되
려는 사람의 머리에 바른다. 그리고
나서, 제사장은, 주 앞에서 그 사람
의 죄를 속하여 주어야 한다.
19 부정한 상태에서 이제 정하게 되려
는 그 사람의 죄를 속하여 주려고,
제사장은 속죄제물을 바친다. 그렇
게 한 다음에, 정하게 되려는 그 사
람이 번제물을 잡으면,
20 제사장은 번제물과 곡식제물을 제

식에 대한 규례이다. 이 예식 속에 담긴 교훈은 그리스도로 말미암아 정결하게 된다는 사실이다.

14:1-20 악성 피부병이 다 나았을지라도 스스로 깨끗함을 얻을 수 없었다. 반드시 제사장 앞에서 정결 예식을 치러야 언약 백성 안에 들어올 수가 있었다. 그 정결 예식은 다음과 같다. 먼저 첫날에는 진영 밖에서 살아 있는 새 두 마리를 바친 후 몸의 털을 모두 밀고 목욕을 하였다. 이 의식을 마치고 나서 진으로 들어왔다. 그리고 7일 동안 장막 바깥에서 살다가, 일곱째 날에 다시 털을 밀고 목욕을 했다. 여덟째 날에는 숫양 두 마리(속건제물과 속죄제물)와 암양 한 마리(번제물), 그리고 곡식제물과 기름 한 록을 성막에서 바쳤다.

14:18 기름은, 정하게 되려는 사람의 머리에 바른다 제사장은 병에서 나은 사람을 깨끗하게 구별하기 위하여 기름을 발랐다(출 30:23-25). 기름을 바른다는 것은 깨끗하게 한다는 것을 의미한다.

㉠ 1록은 0.54리터(약 두 홉 반)

단에 바친다. 이렇게 하여, 제사장이
그의 죄를 속하여 주면, 그는 정하게
된다.
21 ○그러나 가난해서 그렇게 많은 것
을 바칠 수 없는 사람이, 자기의 죄
를 속하려 할 때에는, 그는, 제사장
이 흔들어 바칠 속건제물로는 숫양
한 마리를 가져 오고, 곡식제물로 바
칠 기름으로 반죽한 고운 밀가루는
십분의 일 에바만 가져 오면 된다.
기름은 마찬가지로 한 록이다.
22 힘이 닿는 대로, 산비둘기 두 마리나
집비둘기 새끼 두 마리를 가져다가,
한 마리는 속죄제물로, 다른 한 마
리는 번제물로 바치면 된다.
23 여드레째 되는 날에, 그는 정하게 되
려고 바치는 이 모든 제물을 제사장
에게로, 곧 회막 어귀의 주 앞으로
가져 와야 한다.
24 그러면 제사장은 속건제물로 바칠
숫양과 기름 한 록을 받아다가, 주에
게 흔들어 바치는 제물로 그것들을
흔들 것이다.
25 그런 다음에, 제물을 바치는 사람이
속건제물인 양을 잡으면, 제사장은
속건제물의 피를 받아다가, 정하게
되려는 사람의 오른쪽 귓불과 오른
손 엄지와 오른발 엄지에 바른다.
26 또 제사장은 기름 얼마를 왼손 바닥
에 붓고,
27 오른쪽 손가락으로 왼손 바닥에 부
은 기름을 조금 찍어, 주 앞에서 일
곱 번 뿌린다.
28 또 제사장은 손바닥에 남아 있는 기
름을, 정하게 되려는 사람의 오른쪽
귓불과 오른손 엄지와 오른발 엄지
곧 속건제물의 피를 바른 바로 그
곳에 덧바른다.
29 제사장의 손바닥에 남아 있는 기름
은, 정하게 되려는 사람의 머리에 바
른다. 이렇게 하는 것은, 제사장이
주 앞에서 그의 죄를 속하여 주려고
할 때에 하는 것이다.
30 제사장이 이렇게 하고 나면, 정하게
되려는 그 사람은, 자기의 힘이 닿는
대로 가져 온 산비둘기나 집비둘기
새끼 가운데서,
31 힘이 닿는 대로, 한 마리는 속죄제물
로, 다른 한 마리는 번제물로, 곡식
제물과 함께 바친다. 그러면 제사장
은 정하게 되려는 그 사람의 죄를 주
앞에서 속한다.
32 이상은 악성 피부병에 걸린 사람이
정하게 되는 예식을 치르면서, 넉넉
한 제물을 바칠 수 없을 때에 지킬
규례이다."

건물에 생기는 곰팡이

33 ○주님께서 모세와 아론에게 말씀하
셨다.
34 ○"나 주가 너희에게 유산으로 준

14:21-32 이 부분은 가난한 사람의 악성 피부병을 위한 정결 예식의 규례이다. 하나님께 바치는 제물은 그 양의 많고 적음이 중요한 것이 아니라, 자원하는 마음으로 '힘이 닿는 대로' 바치는 것이 중요하다. 가난한 환자들은 여덟째 날 드리는 제물로 숫양 한 마리와 비둘기 두 마리와 곡식제물 약간과 기름 한 록을 바쳤다.

14:33-47 건물에 발생하는 악성 곰팡이를 진단하는 규례이다. 이 규례를 지시받은 곳은 천막 생활을 하던 시내 광야였다. 그래서 '가나안 땅으로 너희가 들어가서'(34절) 지키라고 말씀하셨다. 건물에 곰팡이가 발생하면 진흙뿐 아니라 그 속에 있는 돌까지 빼내고 다른 돌을 끼웠다. 곰팡이가 심한 경우에는 집 전체를 헐어서 성 밖에 버렸다. 건물에 발생하는 곰팡이의 특징은 빛깔이 있다는 것(푸르거나 붉은 색)이다.

14:34 나 주가 내린 악성 곰팡이가…생기거든 '하나님'이 주어이다. 만물의 근원은 하나님이시다. 하

가나안 땅으로 너희가 들어가서 그
땅을 차지하였을 때에, 나 주가 내
린 ㉠악성 곰팡이가 너희가 유산으
로 받은 땅에 있는 어떤 집에 생기
거든,
35 그 집 임자는 제사장에게로 가서, 집
에 곰팡이가 보인다고 알려야 한다.
36 그러면 제사장은 그 곰팡이를 살피
러 가기에 앞서, 그 집안 사람들에게
지시하여, 그 집을 비우게 하여야 한
다. 그래야만 그 집 안에 있는 모든
물건이 부정하다는 선언을 받지 않
을 것이다. 제사장은, 집을 비운 다
음에, 집 안으로 들어가서 살펴보아
야 한다.
37 제사장은, 곰팡이가 퍼진 곳을 살펴
보아서, 그 집 벽에 곰팡이가 퍼져
있고, 그 자리에 푸르스름하거나 불
그스름한 점이 생겼고, 그 퍼진 자리
가 벽면보다 우묵하게 들어갔으면,
38 제사장은 그 집 문 바깥으로 나가
고, 그 집을 이레 동안 잠가 두게 하
여야 한다.
39 이레째 되는 날에 제사장이 다시 가
서 보고, 그 곰팡이가 그 집 벽에 퍼
졌으면,
40 제사장은 사람들에게 지시하여 곰
팡이가 묻은 돌을 빼내서, 마을 바
깥의 부정한 곳에 버리도록 하여야
한다.
41 제사장은 또 사람을 시켜서, 그 집
벽을 돌아가며 긁어 내게 하고, 그
긁어 낸 흙도 다 마을 바깥의 부정
한 곳에 버리도록 하여야 한다.
42 그러고 나면, 사람들은 다른 돌을
가져다가 그 빼내 버린 돌이 있던 자
리에 채워 넣고, 다른 흙을 가져다가
그 집 벽에 발라야 한다.
43 ○돌들을 바꾸고, 벽을 긁어 내어
다시 바른 다음에도, 곰팡이가 집
안에 다시 퍼졌으면,
44 제사장이 가서 보아야 한다. 곰팡이
가 정말 집 안에 퍼졌으면, 그것은
건물에 생긴 곰팡이이다. 그 집은 이
미 부정하게 되었다.
45 집 임자는 그 집을 헐고, 돌과 재목
과 집 건물의 흙을 모두 다 마을 바
깥의 부정한 곳에 내다 버려야 한다.
46 특히 그 집을 잠가 둔 동안 그 집에
들어간 사람은 그 날 저녁때까지 부
정하다.
47 그 집에서 누웠던 사람은 옷을 빨아
서 입어야 하고, 그 집에서 음식을
먹었어도 옷을 빨아서 입어야 한다.
48 ○그러나 제사장이 가서 살펴보고,
벽을 다시 바른 다음에 그 집에 곰
팡이가 다시 퍼지지 않았으면, 이미
곰팡이가 없어진 것이므로, 제사장
은 그 집을 '정하다'고 선언하여야 한
다.

나님은 빛도 만들고 어둠도 만들며 축복도 하고 저주도 하신다(사 45:7). 이와 같이 성경은 철저히 일원론을 말한다. 그러나 한 가지 분명한 것은 하나님께서는 어떠한 재앙이라도 마지막에는 그 재앙이 성도들에게 유익이 되게 하신다는 점이다(롬 8:28).

14:37 벽면보다 우묵하게 들어갔으면 곰팡이의 균이 깊이 침투하여 잠복해 있는 상태를 말한다.

14:42 고고학적인 자료에 의하면 이집트 사람들은 흙벽돌로 집을 지었지만, 이스라엘 사람들은 돌로 집을 짓고 그 위에 진흙을 발랐다. 그러나 우기(雨期; 10월부터 다음 해 3월까지)가 되면 이 진흙이 떨어지기 때문에 비가 그치면 다시 진흙을 발랐다. 겉에 바른 진흙뿐만 아니라 그 속에 있는 돌까지 빼내고 다른 돌을 끼우도록 했다(43절). 심한 경우에는 집 전체를 헐어서 성 밖에 버렸다(45절).

㉠ '피부병'과 같은 뜻으로 사용됨

49 이제 그 집을 정하게 하여야 하므
로, 제사장은 새 두 마리와 함께 백
향목 가지와 홍색 털실 한 뭉치와
우슬초 한 포기를 가져 오게 한다.
50 그 집 임자가 그 두 마리 새 가운데
서 한 마리를 잡아서, 생수가 담긴
오지그릇에 담으면,
51 제사장은 백향목 가지와 우슬초 한
포기와 홍색 털실 뭉치를, 살아 있는
새와 함께 그 죽은 새의 피와 생수
에 담갔다가, 그것으로 그 집에 일곱
번 뿌려야 한다.
52 이렇게 제사장은 새의 피와 생수와
살아 있는 새와 백향목 가지와 우슬
초와 홍색 털실로 그 집을 정하게
하여야 한다.
53 그런 다음에, 제사장은 살아 있는
새를 마을 바깥의 들판으로 날려 보
낸다. 그렇게 하여, 제사장이 그 집
의 죄를 속하면, 그 집은 정하게 될
것이다.
54 ○위에서 말한 것은, 모든 악성 피부
병과 백선,
55 옷이나 건물에 생기는 곰팡이,
56 또는 부스럼이나 뾰루지나 어루러기
에 관한 규례로서,
57 사람이나 물건이 언제 부정하게 되
고 또 언제 정하게 되는지를 밝히는
것이다. 이상은 악성 피부병에 관한
규례이다."

남자가 부정하게 되는 경우

15 주님께서 모세와 아론에게 말
씀하셨다.
2 "너희는 이스라엘 자손에게 말하여
라. 그들에게 이렇게 일러라.
○어떤 남자가 성기에서 고름을
흘리면, 그는 이 고름 때문에 부정하
다.
3 다음은 고름을 흘리는 남자와 관련
하여 부정하게 되는 경우들을 밝힌
규례이다. 그 남자의 몸에서 고름이
줄곧 흘러나오든지, 그 남자의 몸에
고름이 고여 있든지 하면, 그는 그것
때문에 부정하다.
4 고름을 흘리는 남자가 눕는 자리는
모두 부정하다. 그가 앉는 자리도 모
두 부정하다.
5 그의 잠자리에 닿는 사람은 모두 그
옷을 빨고, 물로 목욕을 하여야 한
다. 그래도 그는 저녁때까지 부정하
다.
6 고름을 흘리는 남자가 앉았던 자리
에 앉는 사람들도, 그 옷을 빨아야
하고, 물로 목욕을 하여야 한다. 그
래도 그는 저녁때까지 부정하다.
7 고름을 흘리는 남자의 몸에 닿는 사
람들도, 모두 그 옷을 빨고 물로 목
욕을 하여야 한다. 그래도 그는 저녁
때까지 부정하다.
8 고름을 흘리는 남자가 뱉은 침이 깨

14:50 생수가 담긴 오지그릇에 담으면 생수는 신선한 물을 의미한다. 곧 이 행위는 흐르는 시냇물이나 솟아나는 샘물을 오지그릇에 떠놓고, 그 위에서 새를 잡아 새의 피를 물과 섞는 행위를 말한다(참조. 5절).

14:54–57 13–14장의 요약이다. 제사장들이 먼저 가르침을 받고 그 다음에 백성들에게 가르쳤다. 하나님은 자녀들이 정결하고 온전함을 유지하며 살도록 하기 위해 이 규례를 주신 것이다.

15장 요약 유출병으로 인해 부정하게 되는 경우와 유출병에서 정결함을 받는 과정 등이 수록되어 있다. 유출병이란 생식기를 통해 정액이나 피 혹은 고름이 흘러나오는 병을 가리키며, 넓게는 월경과 정액을 방출하는 것도 포함되었다. 이 규례는 부정한 사람이 성막에 들어갔다가 죽임을 당하지 않게 하고자 기록되었다.

끗한 사람에게 튀면, 침 묻은 그 사
람은 옷을 빨고 물로 목욕을 하여야
한다. 그래도 그는 저녁때까지 부정
하다.
9 고름을 흘리는 남자가 타고 다니는
안장도 모두 부정하다.
10 그리고 그 고름을 흘리는 남자가 깔
았던 어떤 것에 닿은 사람은 누구든
지 저녁때까지 부정하다. 그런 물건
을 옮기는 사람도 그 옷을 빨고 물로
목욕을 하여야 한다. 그래도 그는 저
녁때까지 부정하다.
11 고름을 흘리는 남자가 그 손을 물로
씻지 않고 어느 누구를 만졌으면, 그
에게 닿은 사람은 그 옷을 빨고 물
로 목욕을 하여야 한다. 그래도 그
는 저녁때까지 부정하다.
12 고름을 흘리는 남자가 만진 오지그
릇은 깨뜨려 버려야 한다. 그가 만진
것이 나무그릇일 때에는 모두 물로
씻어야 한다.
13 ○고름을 흘리는 남자가 나아서 정
하게 되려면, 이레 동안 기다렸다가
옷을 빨고, 흐르는 물에 목욕을 하
여야 한다. 그런 다음에야 정하게 된
다.
14 여드레째 되는 날에, 그는 산비둘기
두 마리나 집비둘기 새끼 두 마리를
가지고, 주 앞 곧 회막 어귀로 와서,
제사장에게 주어야 한다.
15 그러면 제사장은 그것들을 받아서,
하나는 속죄제로 드리고, 나머지 하
나는 번제로 드린다. 제사장은 그렇
게 함으로써, 그 남자가 고름을 흘려
서 부정하게 된 것을 주 앞에서 속
하여 준다.
16 ○남자가 정액을 흘리면, 자기 온 몸
을 물로 씻어야 한다. 그래도 그 사
람은 저녁때까지 부정하다.
17 정액이 묻은 옷이나 가죽은 모두 물
로 빨아야 한다. 그는 저녁때까지 부
정하다.
18 남자가 여자와 동침하였다가 정액을
쏟으면, 두 사람이 다 물로 목욕을
하여야 한다. 그래도 그들은 저녁때
까지 부정하다."

여자가 부정하게 되는 경우

19 ○"여자가 몸에서 피를 흘릴 때에, 그
것이 그 여자의 몸에서 흐르는 월경
이면, 그 여자는 이레 동안 불결하
다. 그 여자에게 닿는 남자는 모두
저녁때까지 부정하다.
20 그 여자가 불결한 기간에 눕는 자리
는 모두 부정하다. 그 여자가 앉았던
모든 자리도 부정하다.
21 그 여자의 잠자리에 닿는 남자는, 모
두 옷을 빨고 물로 목욕을 하여야
한다. 그 남자는 저녁때까지 부정하
다.
22 그 여자가 앉았던 자리에 닿는 남자

15:1–33 남녀의 유출에 관한 규례이다. ① 남자의 장기적인 유출병(2–15절) ② 남자의 일시적인 설정(정액을 방출하는 것, 16–18절) ③ 여자의 월경(19–24절) ④ 여자의 장기적 유출병(25–30절).

15:3 고름을 흘리는 남자와 관련하여 부정하게 되는 경우 심한 유출병은 임질과 같은 성병으로서 전염성이 강한 병이다. 따라서 병자의 침상, 의자, 안장, 식기까지도 불결하게 취급되었다.

15:13–15 남자의 장기적인 유출병에 대한 규례이다. 임질과 같은 성병이 여기에 해당한다. 유출병자의 침상, 의자, 안장, 식기 등은 모두 불결하게 취급되었다. 유출병자와 접촉한 사람 역시 부정했지만, 제사는 드리지 않고 다만 옷을 빨고 몸을 씻음으로 깨끗하게 되었다.

15:16–18 남자가 정액을 흘렸을 때에 관한 규례이다. 이 규례가 실제로 적용되는 경우는 제사드릴 때와 전쟁에 나갈 때였다. 제사드릴 때와 전쟁에 나갈 때는 부부 사이의 성교도 금지되었다.

는, 누구나 옷을 빨고 물로 목욕을
하여야 한다. 그 남자는 저녁때까지
부정하다.
23 그 여자가 눕는 잠자리든 앉는 자리
든, 어떤 남자가 그 자리에 닿으면,
그 남자는 저녁때까지 부정하다.
24 어떤 남자가 그 여자와 동침하면, 그
여자의 불결한 상태가 그 남자에게
옮아서 이레 동안 부정하고, 그 남자
가 눕는 잠자리도 모두 부정하다.
25 ○어떤 여자가 자기 몸이 월경 기간
이 아닌데도, 여러 날 동안 줄곧 피
를 흘리거나, 월경 기간이 끝났는데
도, 줄곧 피를 흘리면, 피가 흐르는
그 기간 동안 그 여자는 부정하다.
몸이 불결한 때와 같이, 이 기간에
도 그 여자는 부정하다.
26 그 여자가 피를 흘리는 동안 눕는 잠
자리는 모두, 월경 기간에 눕는 잠자
리와 마찬가지로 부정하고, 그 여자
가 앉는 자리도, 월경 기간에 앉는
자리가 부정하듯이, 모두 부정하다.
27 누구나 이런 것들에 닿으면 부정하
다. 그는 옷을 빨고 물로 목욕을 하
여야 한다. 그는 저녁때까지 부정하
다.
28 그러나 흐르던 피가 멎고 나서도 정
하게 되려면, 그 여자는 이레 동안
기다려야 한다. 그런 다음에야 정하
게 된다.
29 여드레째 되는 날에, 그 여자는 산비
둘기 두 마리나 집비둘기 새끼 두 마
리를 회막 어귀의 제사장에게로 가
져 와야 한다.
30 그러면 제사장은 그것들을 받아서,
하나는 속죄제로 드리고, 나머지 하
나는 번제로 드린다. 제사장은 그렇
게 함으로써, 그 여자가 피를 흘려
부정하게 된 것을 주 앞에서 속하여
준다.
31 ○너희는 이스라엘 자손이 부정을
타지 않도록 하여라. 그들 가운데 있
는 나의 성막을 부정하게 하였다가
는, 그것 때문에 그들은 죽음을 면하
지 못한다.
32 ○위에서 말한 것은, 남자가 성기에
서 고름을 흘리거나 정액을 흘려서
부정하게 되었을 때에 지킬 규례로
서,
33 몸이 월경 상태에 있는 여자와, 부정
한 것을 흘리는 남녀와, 그리고 월경
상태에 있는 여자와 동침한 남자가
지켜야 할 규례이다."

속죄일

16 아론의 두 아들이 주님 앞에
가까이 갔다가 죽은 일이 있다.
그들이 그렇게 죽은 뒤에, 주님께서
모세에게 말씀하셨다.
2 다음은 그 때에 주님께서 모세에게
하신 말씀이다. ○"너는 너의 형 아

15:25-30 여자가 월경 기간이 아닌데, 심한 유출병을 앓는 경우에 관한 규례이다. 이러한 병을 앓는 여자는 신약에도 등장한다(막 5:25;눅 8:43). 유출이 그친 후 바치는 희생 제물은 출산 후의 정결 예물(12장), 악성 피부병의 정결 예물, 남자의 심한 유출병이 나은 후의 정결 예물과 같다.
15:31 이 구절은 부정한 사람이 자기의 부정을 스스로 알지 못한 채로 거룩한 성막에 들어가서 죽임을 당하지 않도록 하기 위한 경고이다.

16장 요약 속죄일은 일 년 중 가장 중요한 날로서 온 백성이 안식하며 금식한다. 대제사장은 자신과 제사장 가문을 위해 수소를 속죄제물로 드리고, 백성을 위해 숫염소를 속죄제물로 드렸다. 두 염소 중 남은 한 마리를 빈 들로 보낸 것(22절)은 그들의 죄 문제가 온전히 처리되었음을 의미했다.

16:1-34 16장의 구조는 다음과 같다. ① 서론

론에게 '죽지 않으려거든, 보통 때에
는 휘장 안쪽 ㉠거룩한 곳 곧 법궤를
덮은 덮개 앞으로 나아가지 말라'고
일러라. 내가 구름에 휩싸여 있다가
그 덮개 위에서 나타나기 때문이다.
3 ○아론이 거룩한 곳으로 들어가려
고 할 때에는 다음과 같이 하여야
한다. 소 떼 가운데서 수송아지 한
마리를 골라서 속죄제물로, 숫양 한
마리를 번제물로 바쳐야 한다.
4 그는 모시로 만든 거룩한 속옷을 입
고, 그 안에는 맨살에다 모시로 만
든 홑옷을 입어야 한다. 모시로 만
든 띠를 띠고 모시로 만든 관을 써
야 한다. 이것들이 모여서 거룩한 옷
한 벌이 된다. 그는 먼저 물로 몸을
씻고 나서, 그 다음에 이 옷들을 입
어야 한다.
5 그런 다음에야, 그는 이스라엘 자손
의 회중이 속죄제물로 바치는 숫염
소 두 마리와 번제물로 바치는 숫양
한 마리를 받을 수 있다.
6 ○아론은 자신을 속하는 속죄제물
로 수소를 바쳐, 자기와 자기 집안의
죄를 속하여야 한다.
7 또한 그는 숫염소 두 마리를 끌어다
가, 회막 어귀에, 주 앞에 세워 놓고,
8 그 숫염소 두 마리를 놓고서 제비를
뽑아서, 주에게 바칠 염소와 ㉡아사
셀에게 바칠 염소를 결정하여야 한
다.
9 아론은 주의 몫으로 뽑힌 숫염소를
끌어다가 속죄제물로 바치고,
10 ㉡아사셀의 몫으로 뽑힌 숫염소는
산 채로 주 앞에 세워 두었다가, 속
죄제물을 삼아, 빈 들에 있는 아사
셀에게 보내야 한다.
11 ○아론이 자신을 속하는 속죄제물
로 수소를 바쳐, 자기와 자기 집안의
죄를 속하는 예식은 다음과 같다.
그는 먼저 수소를 잡아 자신을 속하
는 속죄제물로 바쳐야 한다.
12 그리고 주 앞의 제단에 피어 있는 숯
을 향로에 가득히 담고, 또 곱게 간
향기 좋은 향가루를 두 손으로 가
득 떠서, 휘장 안으로 가지고 들어가
서,
13 주 앞에서 향가루를 숯불에 태우고,
그 향 타는 연기가 ㉢증거궤 위의 ㉣덮
개를 가리우게 하여야 한다. 그래야
만 그가 죽지 않는다.
14 그런 다음에, 그는 수소의 피를 얼마
받아다가 손가락으로 찍어서, 덮개
너머 곧 덮개 동쪽 부분에 한 번 뿌
리고, 손가락으로 피를 찍어서 덮개
앞에 일곱 번 뿌려야 한다.
15 이어서 아론은 백성이 속죄제물로
바친 숫염소를 잡아, 그 피를 휘장
안으로 가지고 들어가서, 수소의 피
를 뿌릴 때와 마찬가지로, 덮개 너머

(1–2절) ② 속죄일 제사에 필요한 희생 동물들과 대제사장의 특별 예복(3–5절) ③ 속죄일 제사에 대한 개요(6–10절) ④ 속죄일 제사에 대한 자세한 설명(11–28절)–피 뿌리는 예식(11–19절), 광야로 보내는 아사셀 염소(20–22절), 속죄일 제사에 참여했던 제사장들의 정결(23–28절) ⑤ 일반 백성들이 속죄일에 지켜야 될 규례(29–34절).

16:6–10 제물로 바친 두 마리의 염소 중 한 마리만 속죄제물로 드리고 다른 한 마리는 '아사셀에게 바칠 염소'(8절) 즉, '속죄 염소'(20–22절)로 삼아 광야로 보낸다. 학자들의 일반적인 견해는 아사셀 염소를 통한 상징적 예식을 통하여 이스라엘의 죄의 문제를 처리하였다고 본다.

16:11–19 속죄제에서 가장 중요한 것은 사람 대신 제물로 바치는 짐승의 피다. 아론은 먼저 자기

㉠ 지성소를 가리킴(출 26:31–35) ㉡ 또는 '속죄의 염소를'. 아사셀은 들 귀신의 이름(26절에서도) ㉢ 또는 '법궤' ㉣ 또는 '속죄소' 또는 '시은좌'(14–15절에서도)

와 덮개 앞에 뿌려야 한다.
16 이렇게 하여, 그는 성소를 성결하게
하여야 한다. 이스라엘 자손이 부정
을 탔고, 그들이 온갖 죄를 지었으므
로, 성소마저 부정을 탔기 때문이다.
그는 같은 방법으로 회막도 성결하
게 하여야 한다. 부정 탄 백성이 드
나들어서, 회막도 부정을 탔기 때문
이다.
17 아론이, 자기와 자기 집안과 이스라
엘 온 회중의 죄를 속하려고, 성소
안으로 들어가서 예식을 올리는 동
안에는, 아무도 회막 안에 있어서는
안 된다.
18 성소 안에서 치르는 예식이 끝나면,
아론은 주 앞에 있는 제단으로 나아
가서, 그 제단을 성결하게 하는 예식
을 올리고, 잡은 수소의 피와 숫염소
의 피를 받아다가, 제단 뿔에 돌아가
면서 발라야 한다.
19 그리고 그는 그 피를 자기 손가락으
로 찍어 제단 위에 일곱 번 뿌려서,
부정하게 된 이스라엘 자손 때문에
같이 부정하게 된 제단을 정하게 하
고, 거룩하게 하여야 한다.
20 이렇게 하여, 아론은 성소와 회막과
제단을 성결하게 하는 예식을 마치
게 된다. 다음에 아론은 살려 둔 숫
염소를 끌고 와서,
21 살아 있는 그 숫염소의 머리 위에 두
손을 얹고, 이스라엘 자손이 저지른
온갖 악행과 온갖 반역 행위와 온갖
죄를 다 자백하고 나서, 그 모든 죄
를 그 숫염소의 머리에 씌운다. 그런
다음에, 기다리고 있는 사람의 손에
맡겨, 그 숫염소를 빈 들로 내보내야
한다.
22 그 숫염소는 이스라엘 자손의 온갖
죄를 짊어지고 황무지로 나간다. 이
렇게 아론은 그 숫염소를 빈 들로
내보낸다.
23 ○그런 다음에, 아론은 회막으로 들
어간다. 그 때에, 그는 성소에 들어
갈 때에 입은 모시 옷은 벗어서 거기
놓아 두고,
24 성소 안에서 물로 목욕하고 난 다음
에, 다시 그 옷을 입고 바깥으로 나
가서, 자기의 번제물과 백성의 번제
물을 바쳐, 자신과 백성의 죄를 속하
여야 한다.
25 속죄제물로 바친 기름기는 제단 위
에다 놓고 불살라야 한다.
26 ○㉠염소를 아사셀에게로 보낸 그 사
람도, 자기 옷을 빨고 물로 목욕을
하여야 한다. 그는 그렇게 한 다음에
야, 진 안으로 들어올 수 있다.
27 속죄제물로 희생된 수소와 숫염소의
피를 가져다가, 성소에서 죄를 속하
는 예식을 마친 다음에는, 그것들을
진 바깥으로 끌어내고, 그 가죽과

와 자기 가족(집안)을 속죄하는 속죄제를 지내야 한다(11-14절). 거룩하신 하나님이 나타나시는 것을 보다가 죽지 않도록 아론은 향의 연기로 *증거궤 위의 덮개를 가렸다*(12-13절). 이후 아론은 백성을 위한 속죄예식을 거행한다(15-19절).

16:18 주 앞에 있는 제단 번제단을 말한다. 제단은 성막 뜰에 있는 번제단과 성소 안에 있는 분향단이 있다.

16:29 일곱째 달 (티쉬리 월, 현대력으로는 9월 중순~10월 중순) 추수가 끝나고 축제(절기)를 즐기는 달이었다. 초하루는 나팔절, 10일은 속죄일, 15일부터 7일 동안은 초막절(장막절)로 지켰다.

※ 속죄일과 신약 교회 하나님의 아들인 예수 그리스도께서 이 땅에 오심으로 성막에서 행했던 모든 제사 제도는 그리스도 안에서 온전히 이루어졌다. 곧 예수님은 속죄제 때 드렸던 동물의 피가 아닌 자신의 피를 가지고 '단 한 번'(그러나 완전하

㉠ 또는 "염소를 속죄 염소로 보낸 그 사람도"

살코기와 똥을 불에 태워야 한다.
28 이것들을 태운 사람도 자기 옷을 빨
고 물로 목욕을 하여야 한다. 그는
그렇게 한 다음에야, 진 안으로 들어
올 수 있다.
29 ○다음은 너희가 길이 지켜야 할 규
례이다. ㉠ 일곱째 달, 그 달 십일은 너
희가 스스로 고행을 하는 날이니,
아무 일도 하여서는 안 된다. 이것
은, 이스라엘 사람이거나 너희와 함
께 사는 외국 사람이거나, 다 지켜야
한다.
30 이 날은 너희의 죄를 속하는 날, 너
희가 깨끗하게 되는 날이기 때문이
다. 너희가 지은 온갖 죄가 주 앞에
서 씻기는 날이다.
31 이 날은 너희가 엄격하게 지켜야 할
안식일이다. 너희가 스스로 고행을
하는 날이다. 이것은 너희가 길이 지
킬 규례이다.
32 ○기름부음을 받고 임명받은 제사
장, 곧 그의 아버지를 대신하여 제사
장으로 거룩하게 구별된 제사장이
속죄예식을 맡는다. 그는 모시로 만
든 거룩한 예복을 입는다.
33 그는 지성소를 성결하게 하여야 하
며, 회막과 제단을 성결하게 하여야
하고, 제사장들과 회중 곧 모든 백성
의 죄를 속하여야 한다.
34 위에서 말한 것은 너희가 이스라엘
자손의 모든 죄를 속하려 할 때에,
한 해에 한 번씩 길이 지켜야 할 규
례다." 이렇게 모세는 주님께서 분부
하신 대로 아론에게 일러주었다.

17

1 주님께서 모세에게 말씀하
셨다.
2 "아론과 그의 아들들에게, 그리고
온 이스라엘 자손에게 일러라.
○이것은 나 주가 명하는 것이다.
3 ○이스라엘 집안에 속한 사람은, 누
구든지 소나 양이나 염소를 잡을 때
에는, 진 안에서 잡든지 진 바깥에
서 잡든지,
4 그것을 회막 어귀로 가져 와서, 주의
성막 앞에서 주에게 제물로 바쳐야
만 한다. 그렇게 하지 아니하면, 그
짐승을 잡은 사람은 실제로 피를 흘
린 것이므로 죄를 면하지 못한다. 그
런 사람은 백성 가운데서 끊어져야
한다.
5 그렇기 때문에, 이스라엘 자손은 들
판에서 죽이려고 한 짐승을 주에게
가져 와야만 한다. 그들은 그 짐승
을 회막 어귀의 제사장에게로 끌고
가서, 주에게 바치는 화목제물로 그
짐승을 죽여야 한다.
6 그러면 제사장은 그 피를 회막 어귀
에서 주의 제단쪽으로 뿌린다. 기름
기는 불살라서, 그 향기로 주를 기
쁘게 하여야 한다.

게) 지성소에 들어가셔서, 해마다 드리는 속죄일의 모든 예식을 완성시키셨다. 그리스도의 육신이 찢기울 때에, 지성소의 휘장이 둘로 찢어졌다(마 27:51;막 15:38;눅 23:45). 이제 모든 성도들은 예수님을 영접했기 때문에 떳떳하게 지성소 안으로(하나님 앞으로) 들어갈 수 있게 되었다(히 10:19). 더구나 레위기의 속죄제사로는 도저히 깨끗함을 받을 수 없던 우리의 양심까지도 깨끗함을 받았다(히 10:22).

17장 요약 본장부터 마지막 장까지는, 하나님의 성민이 실제로 어떻게 살아야 하는지를 가르치는 '성결 법전'이며, 본장은 전후를 연결시키는 다리 역할을 한다. 먼저 1-9절은 하나님께 드릴 희생제물을 반드시 회막 어귀에서 잡아야 할 것을 가르치고, 10-16절은 피를 먹지 말라고 가르친다.

㉠ 히. '티스리' 월, 양력 구월 중순 이후

7 백성은 더 이상, 그들이 잡은 짐승을
숫염소 ㉠귀신들에게 제물로 바치는
음행을 저질러서는 안 된다. 이것은
그들이 대대로 영원히 지켜야 할 규
례이다.
8 ○너는 또 그들에게 다음과 같이 일
러라. 이스라엘 집안에 속한 사람이
나 그들과 함께 사는 외국 사람이,
번제물이나 어떤 희생제물을 잡고자
할 때에는,
9 그 짐승을 회막 어귀로 끌고 가서,
주에게 제물로 바쳐야만 한다. 그렇
게 하지 않을 때에는, 그런 사람은
백성에게서 끊어진다."

피는 먹지 못한다

10 ○"이스라엘 집안에 속한 사람이나
또는 그들과 함께 사는 외국 사람
이, 어떤 피든지 피를 먹으면, 나 주
는 그 피를 먹은 사람을 그대로 두
지 않겠다. 나는 그를 백성에게서 끊
어 버리고야 말겠다.
11 생물의 생명이 바로 그 피 속에 있기
때문이다. 피는 너희 자신의 죄를 속
하는 제물로 삼아 제단에 바치라고,
너희에게 준 것이다. 피가 바로 생명
을 지니고 있기 때문에, 죄를 속하는
것이다.
12 그러므로 나 주가 이스라엘 자손에
게 이미 말한 바와 같이, 너희 가운
데 어느 누구도 피를 먹어서는 안 된
다. 그뿐만 아니라, 너희와 함께 살고
있는 어떤 외국 사람도, 피를 먹어서
는 안 된다.
13 이스라엘 집안에 속한 사람이나 그
들과 함께 살고 있는 외국 사람이
사냥을 하여, 먹어도 좋은 어떤 짐승
이나 새를 잡았을 때에는, 그 피를
땅에 쏟고 흙으로 덮어야 한다.
14 피는 곧 모든 생물의 생명이기 때문
이다. 그렇기 때문에, 나는 이스라엘
자손에게 '너희는 어떤 생물의 피도
먹지 말라'고 한 것이다. 피는 곧 그
생물의 생명이니, 누구든지 피를 먹
으면, 나의 백성에게서 끊어진다.
15 ○저절로 죽었거나 야수에게 물려
찢겨 죽은 것을 먹은 사람은, 본토
사람이든지 외국 사람이든지, 자기
옷을 빨아야 하고 물로 목욕을 하여
야 한다. 그 부정한 상태는 저녁때까
지 계속되다가, 저녁이 지나면 깨끗
해진다.
16 그러나 그가 옷을 빨지도 않고 목욕
을 하지도 않으면, 그는 죄값을 치러
야 한다."

성 관계에 관한 규례

18 주님께서 모세에게 말씀하셨
다.
2 "너는 이스라엘 자손에게 말하여라.
그들에게 이렇게 일러라.
○내가 주 너희의 하나님이다.

17:1-9 하나님께 드릴 희생제물은 반드시 성막 앞에서 제물을 드려야 한다는 규례이다. 이는 우상 숭배를 막는 하나님의 조치였다(7절).
17:10-16 피를 먹는 것을 금지하는 규례이다. 그리고 피가 다 빠지지 않은 고기를 먹는 것도 금지했다(14절). 하나님께서는 노아에게 이 규례를 명하셨다(창 9:4). 모든 제사 때마다 피를 뿌리거나 발랐는데, 이는 생명을 바친다는 뜻이었다. 그리스도의 속죄를 예시해 주는 규례이다(요 6:54).

18장 요약 본장부터 하나님과 동행하는 성결한 삶을 구체적으로 언급하는데, 이런 삶을 살아야 하는 것은 하나님이 거룩하시므로 그 백성들도 거룩해야 하기 때문이다(2,4절). 성결한 삶을 위한 규례로 먼저 부도덕한 성행위를 금지하였다. 이것은 당시의 우상 숭배와 밀접한 연관성을 지녔다는 점에서 엄격히 금지되었다.

㉠ 또는 '우상들'

3 너희는 너희가 살던 이집트 땅의 풍
속도 따르지 말고, 이제 내가 이끌고
갈 땅, 가나안의 풍속도 따르지 말
아라. 너희는 그들의 규례를 따라 살
지 말아라.
4 그리고 너희는 내가 명한 법도를 따
르고, 내가 세운 규례를 따라 살아
라. 내가 주 너희의 하나님이다.
5 ○그러므로 너희는 내가 세운 규례
와 내가 명한 법도를 지켜라. 어떤
사람이든 이것을 지키기만 하면, 그
것으로 그 사람이 살 수 있다. 나는
주다.
6 ○너희 가운데 어느 누구도 가까운
살붙이에게 접근하여 그 몸을 범하
면 안 된다. 나는 주다.
7 ○너는 네 아버지의 몸이나 마찬가지
인 네 어머니의 몸을 범하면 안 된
다. 그는 네 어머니인 만큼, 너는 그
의 몸을 범하면 안 된다.
8 ○너는 네 아버지가 데리고 사는 여
자의 몸을 범하면 안 된다. 그 여자
는 네 아버지의 몸이기 때문이다.
9 ○너는 네 누이의 몸을 범하면 안 된
다. 네 아버지의 딸이든지 네 어머니
의 딸이든지, 집에서 낳았든지 낳아
서 데리고 왔든지, 그 여자의 몸을
범하면 안 된다.
10 ○너는 네 아들이 낳은 딸이나, 네
딸이 낳은 딸의 몸을 범하면 안 된
다. 그들의 몸은 네 자신의 몸이나
마찬가지이기 때문이다.
11 ○너는 네 아버지가 데리고 사는 여
자가 네 아버지와 관계하여 낳은 딸
의 몸을 범하면 안 된다. 그 딸은 바
로 네 누이이기 때문이다.
12 ○너는 네 아버지의 누이 곧 고모의
몸을 범하면 안 된다. 그 여자는 네
아버지의 가까운 살붙이이기 때문이
다.
13 ○너는 네 어머니의 형제 곧 이모의
몸을 범하면 안 된다. 그 여자는 네
어머니의 가까운 살붙이이기 때문이
다.
14 ○너는 네 아버지의 형제 곧 네 삼촌
이 데리고 사는 여자에게 가까이하
여 범하면 안 된다. 그 여자를 범하
는 것은 곧 네 삼촌의 몸을 부끄럽
게 하는 것이기 때문이다. 그 여자
는 네 숙모이다.
15 ○너는 네 며느리의 몸을 범하면 안
된다. 그 여자는 네 아들의 아내이기
때문이다. 그러므로 너는 그 여자의
몸을 범하면 안 된다.
16 ○너는 네 형제의 아내 곧 형수나 제
수의 몸을 범하면 안 된다. 그 여자
는 네 형제의 몸이기 때문이다.
17 ○너는 한 여자를 데리고 살면서, 그
여자의 딸의 몸을 아울러 범하면 안
된다. 너는 또한 그 여자의 친손녀나

18:1-5 18장부터는 하나님과 동행하는 성결한 삶이 무엇인지를 구체적으로 가르쳐 준다. 특별히 본문에는 하나님의 백성들이 거룩한 삶을 살아야 하는 근본적인 이유가 제시되어 있다. 그 이유는 '내가 주 너희의 하나님이다'(2,4절) 하신 말씀에서 찾을 수 있다. 하나님께서 거룩하시기 때문에 그 백성들도 거룩해야 한다.

18:2 내가 주 너희의 하나님이다 하나님께서 자신의 이름을 밝히신 이유이다. ① 이집트에서 구원해 주신 것을 상기시키기 위해(출 6:6-7) ② 이스라엘 백성들이 하나님처럼 거룩하게 되기 위해(레 11:44) ③ 하나님의 은혜에 감사하며 율법을 잘 지키게 하기 위해서였다(레 19:3-4).

18:6-30 거룩한 삶에 대한 첫 번째 규례가 부도덕한 성행위를 금지하는 것이다. 그 당시 부도덕한 성행위는 우상 숭배와 직접적인 관계가 있었다. 우상 숭배자들은 도덕적으로나 윤리적으로 매우 문란하였고 그 문란함이 음란한 성관계로 표출되었

외손녀를 아울러 데려다가 그 몸을
범하면 안 된다. 그 여자의 딸이나
손녀들은 바로 그의 살붙이이기 때
문이다. 그들을 범하는 일은 악한 일
이다.
18 ○너는 네 아내가 살아 있는 동안에
는, 네 아내의 형제를 첩으로 데려다
가 그 몸을 범하면 안 된다.
19 ○너는, 여자가 월경을 하고 있어서
몸이 불결한 기간에는, 여자에게 가
까이하여 그 몸을 범하면 안 된다.
20 ○너는 이웃의 아내와 동침하여 정
액을 쏟아서는 안 된다. 그 여자와
간통하면 네가 더럽게 되기 때문이
다.
21 ○너는 네 자식들을 ㉠몰렉에게 희생
제물로 바치면 안 된다. 그렇게 하는
것은 네 하나님의 이름을 더럽게 하
는 일이다. 나는 주다.
22 ○너는 여자와 교합하듯 남자와 교
합하면 안 된다. 그것은 망측한 짓이
다.
23 ○너는 어떤 종류의 짐승과도 교접
하면 안 된다. 그렇게 하는 것은 네
자신을 더럽게 하는 일이다. 여자들
도 또한 어떤 짐승하고든 교접하면
안 된다. 그렇게 하는 것은 성을 문
란하게 하는 행위이다.
24 ○위에서 말한 것 가운데 어느 하나
라도 저지르면, 이것은 너희가 스스
로를 더럽히는 일이니, 그런 일이 없
도록 하여라. 내가 너희 앞에서 쫓아
낼 민족들이, 바로 그런 짓들을 하다
가 스스로 자신을 더럽혔다.
25 따라서 그들이 사는 땅까지 더럽게
되었다. 그러므로 나는 그 악한 땅
을 벌하였고, 그 땅은 그 거주자들
을 토해 내게 되었다.
26 너희는 모두 내가 세운 규례와 내가
명한 법도를 잘 지켜서, 온갖 역겨운
짓 가운데, 어느 하나라도 범하지 않
도록 하여라. 본토 사람이나 너희와
함께 사는 외국 사람이나 다 마찬가
지이다.
27 너희보다 앞서 그 땅에서 살던 사람
들은, 이 역겨운 모든 짓을 하여, 그
땅을 더럽히고 말았다.
28 너희가 그 땅을 더럽히면, 마치, 너희
보다 앞서 그 땅에 살던 민족을 그
땅이 토해 냈듯이, 너희를 토해 낼
것이다.
29 누구든지 위에서 말한 역겨운 짓 가
운데 어느 하나라도 범하면, 백성은
그런 짓을 한 그 사람과는 관계를
끊어야 한다.
30 ○그러므로 너희는, 내가 지키라고
한 것을 꼭 지켜서, 너희보다 앞서
그 곳에 살던 사람들이 저지른 역겨
운 풍습 가운데 어느 하나라도 따라
가는 일이 없도록 하여라. 그런 짓들

다. 이 부분의 구조는 다음과 같다. ① 근친 상간에 대한 언급(6-18절) ② 성적인 부도덕과 관련된 또 다른 가나안의 풍속에 대한 경고(19-23절) ③ 이 규례를 어긴 자들이 받게 될 징벌들(24-30절).

18:19-30 21절의 '몰렉'은 '통치자'란 의미로, 암몬 족속의 민족 우상이다. 몰렉을 섬기는 사람은 자기 자녀를 죽인 후(렘 7:31;겔 16:20), 그 시체를 불 속에 태워서 제물로 바쳤다(21절에 '희생제물로 바친다'는 것은 불에 태웠다는 뜻이다). 훗날 솔로몬이 몰렉의 신당을 지었고, 므낫세도 그의 자녀들을 몰렉에게 제물로 바쳤다(왕하 16:3;21:6). 22-23절의 동성 혹은 짐승과의 성행위는 가나안 종교 의식에서 비롯된 것으로 이러한 음행이 때때로 이스라엘 안으로 침투해 왔다(신 23:17;왕상 14:24;왕하 23:7). 이러한 음란한 죄를 저지르는 사람들은 결국 이전에 가나안 땅에 살던 사람들의 운명(25절)처럼 하나님께 징벌을 받게 된다.

㉠ 암몬 사람들의 신(왕상 11:7)

을 하여, 너희가 스스로를 더럽히는
일이 없도록 하여라. 내가 주 너희의
하나님이다."

거룩한 백성이 되어라

19 주님께서 모세에게 말씀하셨
다.
2 "이스라엘 자손 온 회중에게 말하여
라. 너는 그들에게 이렇게 일러라.
○너희의 하나님인 나 주가 거룩
하니, 너희도 거룩해야 한다.
3 ○너희는 저마다 어머니와 아버지를
공경하여라. 너희는 또 내가 명한 여
러 안식일을 다 지켜라. 내가 주 너
희의 하나님이다.
4 ○너희는 우상들을 의지해서는 안
된다. 쇠를 녹여 너희가 섬길 신상들
을 만들어서도 안 된다. 내가 주 너
희의 하나님이다.
5 ○너희가 나 주에게 화목제로 희생
제물을 가져 올 때에는, 너희가 드리
는 그 제사를 나 주가 즐거이 받게
드려라.
6 제물은 너희가 나 주에게 바친 그 날
로 다 먹어야 하지만, 그 다음날까지
는 두고 먹어도 된다. 그러나 사흘째
되는 날까지 남는 것은 불에 태워 버
려야 한다.
7 사흘째 되는 날에 그 남은 제물을 먹
으면, 그 행위 자체가 역겨운 일이다.
제물의 효력이 없어지고 말 것이다.
8 날 지난 제물을 먹는 사람은 누구나
벌을 면하지 못한다. 나 주에게 바친
거룩한 것을 그가 더럽혔기 때문이
다. 그런 사람은 자기 백성에게서 끊
어질 것이다.
9 ○밭에서 난 곡식을 거두어들일 때
에는, 밭 구석구석까지 다 거두어들
여서는 안 된다. 거두어들인 다음에,
떨어진 이삭을 주워서도 안 된다.
10 포도를 딸 때에도 모조리 따서는 안
된다. 포도밭에 떨어진 포도도 주워
서는 안 된다. 가난한 사람들과 나그
네 신세인 외국 사람들이 줍게, 그것
들을 남겨 두어야 한다. 내가 주 너
희의 하나님이다.
11 ○도둑질하지 못한다. 사기하지 못한
다. 서로 이웃을 속이지 못한다.
12 나의 이름으로 거짓 맹세를 하여 너
희 하나님의 이름을 더럽혀서는 안
된다. 나는 주다.
13 ○너는 이웃을 억누르거나 이웃의
것을 빼앗아서는 안 된다. 네가 품
꾼을 쓰면, 그가 받을 품값을 다음
날 아침까지, 밤새 네가 가지고 있어
서는 안 된다.
14 ○듣지 못하는 사람을 저주해서는
안 된다. 눈이 먼 사람 앞에 걸려 넘
어질 것을 놓아서는 안 된다. 너는
하나님 두려운 줄을 알아야 한다.
나는 주다.

19장 요약 여기서는 하나님께 대한 종교적 의무와 이웃에 대한 사랑의 의무, 그리고 영적 순결과 공정한 거래를 지킬 의무 등이 폭넓게 거론된다. 이와 같은 제반 규례들을 지켜야 하는 이유는 '나 주가 거룩하니, 너희도 거룩해야 한다'(2절)는 말씀 속에 분명히 제시되어 있다.

19:1-37 하나님의 백성들이 지켜야 할 사회·윤리·의식(儀式)적인 규례들이다. 이 규례를 지켜야 하는 이유는 이스라엘이 일반 국가들과 달리 신앙 공동체이기 때문이다. 하나님께서는 모세를 통해 '나 주가 거룩하니, 너희도 거룩해야 한다'(2절)고 말씀하셨다. 19장은 크게 세 부분으로 나눌 수 있다. ① 종교적인 의무(1-8절) ② 이웃에 대한 의무(9-18절) ③ 순결에 대한 의무(19-37절).

19:9-10 가난한 사람과 외국인 나그네에게 자비를 베풀어야 한다는 규례이다. 가난한 사람과 외국인 나그네의 공통점은 자기 소유의 땅이 없다

15 ○재판할 때에는 공정하지 못한 재
판을 해서는 안 된다. 가난한 사람
이라고 하여 두둔하거나, 세력이 있
는 사람이라고 하여 편들어서는 안
된다. 이웃을 재판할 때에는 오로지
공정하게 하여라.
16 이 사람 저 사람에게 남을 헐뜯는
말을 퍼뜨리고 다녀서는 안 된다. 너
는 또 네 이웃의 ㉠생명을 위태롭게
하면서까지 이익을 보려 해서는 안
된다. 나는 주다.
17 ○너는 동족을 미워하는 마음을 품
어서는 안 된다. 이웃이 잘못을 하
면, 너는 반드시 그를 타일러야 한
다. 그래야만 너는 그 잘못 때문에
질 책임을 벗을 수 있다.
18 한 백성끼리 앙심을 품거나 원수 갚
는 일이 없도록 하여라. 다만 너는
너의 이웃을 네 몸처럼 사랑하여라.
나는 주다.
19 ○너희는 내가 세운 규례를 지켜라.
○너는 가축 가운데서 서로 다른 종
류끼리 교미시켜서는 안 된다. 밭에
다가 서로 다른 두 종류의 씨앗을
함께 뿌려서는 안 된다. 서로 다른
두 가지의 재료를 섞어 짠 옷감으로
만든 옷을 입어서는 안 된다.
20 ○한 남자가 여자와 동침하였는데,
만일 그 여자가 노예의 신분이고, 다
른 남자에게 가기로 되어 있는 여자
이고, 그 여자 노예를 데리고 갈 남
자가 몸값을 치르지 않아서, 그 여자
가 아직 자유의 몸이 되지 못한 상
태면, 그 두 사람은 벌을 받기는 하
지만, 사형은 당하지 않는다. 그 여
자는 아직 노예의 신분을 벗지 못하
였기 때문이다.
21 그 여자와 동침한 그 남자는 회막
어귀, 주 앞으로, 속건제물을 가져
와야 한다. 이 때의 속건제물은 숫
양이어야 한다.
22 제사장이 그 숫양을 속건제물로 바
쳐, 그 남자가 저지른 죄를 주 앞에
서 속하여 주면, 그 남자는 자기가
지은 죄를 용서받게 된다.
23 ○너희가 그 땅으로 들어가 온갖 과
일나무를 심었을 때에, 너희는 그 나
무의 과일을 ㉡따서는 안 된다. 과일
이 달리는 처음 세 해 동안은 그 과
일을 ㉡따지 말아라. 너희는 그 과일
을 먹어서는 안 된다.
24 넷째 해의 과일은 거룩하게 여겨, 그
달린 모든 과일을 주를 찬양하는 제
물로 바쳐야 한다.
25 그러나 과일을 맺기 시작하여 다섯
째 해가 되는 때부터는, 너희가 그
과일을 먹어도 된다. 이렇게 하기만
하면, 너희는 더욱 많은 과일을 거두
어들이게 될 것이다. 나는 주 너희의
하나님이다.

는 점이다. 본문이 적용된 실례가 룻기 2장에 나타나 있다.

19:18 바리새파 사람들은 본문에 대하여 '네 이웃은 사랑하지만 네 원수는 미워하라'고 해석한다. 이것은 잘못이다. 신약 시대에 와서 예수님은 이 본문의 계시(啓示)를 완전히 밝혀주시기 위하여 '너희 원수를 사랑하고, 너희를 박해하는 사람을 위하여 기도하라'고까지 말씀하셨다(마 5:43-44). 예수님은 이웃과 관련된 하나님의 사랑에 대하여 더욱 깊고, 넓고, 분명하게 우리에게 알려 주신 것이다.

19:19-25 하나님께서는 이스라엘 백성들이 가나안 원주민들과 뚜렷이 구별되기를 원하셨다. 동식물이나 옷감 등을 서로 다른 종류와 혼합시키는 것을 금지하신 것은 바로 선민의 구별된 삶을 가르치시기 위함이었다.

19:23-25 처음 세 해 동안은 그 과일을 따지 말아라 소나 양은 태어난 지 8일이 지나야 제물로 바쳤고

㉠ 히, '피' ㉡ 히, '할례받지 못한 것으로 여겨라'

26 ○너희는 어떤 고기를 먹든지 피째
로 먹어서는 안 된다. ○너희는 점을
치거나, 마법을 쓰지 못한다.
27 ○ⓖ관자놀이의 머리를 둥글게 깎거
나, 구레나룻을 밀어서는 안 된다.
28 ○죽은 사람을 애도한다고 하여, ⓖ너
희 몸에 상처를 내거나 너희 몸에
문신을 새겨서는 안 된다. 나는 주
다.
29 ○너는 네 딸을 ⓛ창녀로 내놓아서,
그 몸을 더럽혀서는 안 된다. 딸을
창녀로 내놓으면, 이 땅은 온통 음란
한 풍습에 젖고, 망측한 짓들이 온
땅에 가득하게 될 것이다.
30 ○너희는 내가 정하여 준 안식의 절
기들을 지켜라. ○나에게 예배하는
성소를 속되게 해서는 안 된다. 나는
주다.
31 ○너희는 혼백을 불러내는 여자에게
가거나 점쟁이를 찾아 다니거나 해
서는 안 된다. 그들이 너희를 더럽히
기 때문이다. 나는 주 너희의 하나님
이다.
32 ○백발이 성성한 어른이 들어오면
일어서고, 나이 든 어른을 보면 그를
공경하여라. 너희의 하나님을 두려
워하여라. 나는 주다.
33 ○외국 사람이 나그네가 되어 너희
의 땅에서 너희와 함께 살 때에, 너
희는 그를 억압해서는 안 된다.
34 너희와 함께 사는 그 외국인 나그네
를 너희의 본토인처럼 여기고, 그를
너희의 몸과 같이 사랑하여라. 너희
도 이집트 땅에 살 때에는, 외국인
나그네 신세였다. 내가 주 너희의 하
나님이다.
35 ○재판할 때에나, 길이나 무게나 양
을 잴 때에, 잘못을 저지르지 않도록
하여라.
36 너희는 바른 저울과 바른 추와 바른
에바와 바른 힌을 사용하여라. 내가
바로 너희를 이집트 땅에서 이끌어
낸 주 너희의 하나님이다.
37 ○너희는 내가 세운 위의 모든 규례
와 내가 명한 모든 법도를 지켜 그대
로 살아야 한다. 나는 주다."

사형에 해당되는 죄

20 주님께서 모세에게 말씀하셨
다.
2 "너는 이스라엘 자손에게 다음과 같
이 일러라.
○이스라엘 자손 가운데서 어떤
사람이든지, 또는 이스라엘에서 나
그네로 사는 외국 사람 가운데서 어
떤 사람이든지, 제 자식을 몰렉에게
제물로 준다면, 그를 반드시 사형에
처해야 한다. 그 지방 사람이 그를
돌로 쳐죽여야 한다.
3 나도 바로 그런 자에게 진노하여, 그
를 자기 백성에게서 끊어지게 하겠

(출 22:30), 어린아이도 태어난 지 8일째에 할례를 받았다(창 17:12). 과일도 처음 몇 해의 보잘것없는 열매는 제물로 합당하지 않아 3년이 지난 후에야 하나님께 바칠 수 있었다.

19:35-36 공정한 거래에 대한 규례이다. 후에 이 규례가 제대로 지켜지지 않아서 예언자들은 이 규례를 자주 강조하였다(암 8:5;미 6:10-11).

ⓖ 가나안 사람들의 습관. 이방 종교의 의식 ⓛ 이 여자들은 가나안 사람들이 풍요의 농경신을 섬기는 성소에서 일하였음

20장 요약 본장에 수록된 규례들의 대부분은 이미 18-19장에서 다루어졌다. 그러나 18-19장에 기록된 규례들은 금지하거나 명령하는 경고에 그쳤지만, 본장에서는 이 규례들을 어겼을 때 받아야 하는 형벌들을 제시한다. 22절 이하는 하나님께서 그 모든 규례와 법도를 지켜 행하라고 재차 당부하시는 말씀이다.

다. 그가 자식을 몰렉에게 주어 나의
성소를 더럽히고, 나의 거룩한 이름
을 욕되게 하였기 때문이다.
4 그 지방 사람이, 자식을 몰렉에게 준
자를 눈감아 주고, 그를 사형에 처하
지 않으면,
5 내가 직접 그와 그의 가문에 진노를
부어서 그는 물론이고, 그를 따라 몰
렉을 섬기며 음란한 짓을 한 자들
을, 모조리 자기 백성에게서 끊어지
게 하겠다.
6 ○어느 누가, 혼백을 불러내는 여자
와 마법을 쓰는 사람에게 다니면서,
그들을 따라 음란한 짓을 하면, 나
는 바로 그자에게 진노하여 그를 자
기 백성에게서 끊어지게 하겠다.
7 그러므로 너희는 몸가짐을 깨끗하게
하고 거룩한 사람이 되어야 한다. 나
는 주 너희의 하나님이기 때문이다.
8 내가 정한 규례를 지켜 그대로 하여
야 한다. 나는 너희를 거룩하게 한
주다.
9 ○아버지나 어머니를 저주하는 사람
은 반드시 사형에 처해야 한다. 그가
아버지와 어머니를 저주하였으니, 그
는 자기 죄값으로 죽는 것이다.
10 ○남자가 다른 남자의 아내 곧 자기
의 이웃집 아내와 간통하면, 간음한
두 남녀는 함께 반드시 사형에 처해
야 한다.
11 제 아버지의 아내와 동침한 자는, 아
버지의 몸을 부끄럽게 한 것이다. 그
두 사람은 반드시 사형에 처해야 한
다. 그들은 자기 죄값으로 죽는 것이
다.
12 시아버지가 며느리와 동침하면 둘
다 반드시 사형에 처해야 한다. 그들
이 한 짓은 망측한 짓이다. 그들은
자기 죄값으로 죽는 것이다.
13 남자가 같은 남자와 동침하여, 여자
에게 하듯 그 남자에게 하면, 그 두
사람은 망측한 짓을 한 것이므로 반
드시 사형에 처해야 한다. 그들은 자
기 죄값으로 죽는 것이다.
14 남자가 자기 아내와 함께 아내의 어
머니까지 아울러 취하는 것은 악한
짓이다. 그 남자와 두 여자를 모두
불에 태워 처형해야 한다. 그렇게 해
야만, 너희 안에 역겨운 짓이 다시는
생기지 않을 것이다.
15 남자가 짐승과 교접하면, 그는 반드
시 사형에 처해야 한다. 그리고 너희
는 그 짐승도 죽여야 한다.
16 여자가 어떤 짐승에게 가까이하여
그것과 교접하면, 너희는 그 여자와
그 짐승을 반드시 사형에 처해야 한
다. 그 여자와 그 짐승은 자기 죄값
으로 죽는 것이다.
17 ○남자가, 아버지의 딸이든 제 어머
니의 딸이든, 누이를 데려다가 그 여

20:2–6 종교적인 죄악들에 대한 징벌이다. 몰렉을 섬기는 자들과 혼백을 불러내는 여자와 마법을 쓰는 사람들을 따라 음란한 짓을 하는 자들은 *'백성에게서 끊어지는'* 형벌을 받았다.

20:7–8 거룩한 생활에 대한 권면이다. 거룩한 생활은 레위기의 중요한 주제이다. 선민은 거룩하신 하나님의 백성이기 때문에 하나님을 닮아 거룩하게 살아야 한다. 거룩한 생활이란 하나님의 규례들을 날마다 지키는 생활이다.

20:15–16 옛날이나 오늘이나 성적으로 타락한 사회에서 사람과 동물 사이의 음란한 성행위가 성행했다. 이러한 행위는 가나안 원주민의 풍속이었다. 본문은 당시 가나안 사회가 얼마나 타락하였는가를 알려 준다. 하나님께서 가나안 원주민을 징벌한 이유 중의 하나는 그들의 죄악이 온 땅에 가득 찼기 때문이었다(참고. 창 15:16). 이 구절은 가나안 원주민의 죄악이 얼마나 절정에 이르렀나를 보여 주는 좋은 예이다.

자의 벗은 몸을 보고, 그 여자 또한
오라비의 벗은 몸을 보면, 이것은 부
끄러운 짓이다. 둘 다 백성에게서 끊
어지게 하여야 한다. 그는 누이의 몸
을 벗겼으니, 자기 죄를 자기가 짊어
져야 한다.
18 남자가 월경을 하는 여자와 동침하
여 그 여자의 몸을 범하면, 그는 그
여자의 피 나는 샘을 범한 것이고,
그 여자도 자기의 피 나는 샘을 열어
보인 것이므로, 둘 다 백성에게서 끊
어지게 하여야 한다.
19 너는 또 네 이모들의 몸이나, 네 고
모들의 몸을 범해서는 안 된다. 그렇
게 하는 것은 곧 제 살붙이의 몸을
범하는 것이므로, 그 벌을 면할 길이
없다.
20 숙모와 동침하면, 그는 제 숙부의 몸
을 부끄럽게 하는 것이다. 그 둘은
벌을 받아, 자손을 보지 못하고 죽
을 것이다.
21 형수나 제수를 데리고 살면, 이것 또
한 역겨운 짓이다. 자기 형제의 몸을
부끄럽게 한 것이므로, 그들 역시 자
손을 보지 못할 것이다.
22 ○그러므로 너희는, 내가 세운 모든
규례와 내가 명한 모든 법도를 지켜,
그대로 하여야 한다. 그래야만 내가
너희를 데리고 들어가서 살게 할 그
땅이, 너희를 토해 내지 않을 것이다.
23 너희는, 내가 너희 앞에서 쫓아낼 민
족의 풍속을 따라서는 안 된다. 그
들이 바로 그런 풍속을 따라 살았기
때문에, 내가 그들을 싫어하였다.
24 내가 전에 너희에게 말하였다. 너희
가, 그들이 살던 땅을 물려받게 될
것이다. 나는 그 땅을 너희가 가지도
록 주겠다. 그 땅은 젖과 꿀이 흐르
는 땅이다. 나는 너희를 여러 백성
가운데서 골라 낸 주 너희의 하나님
이다.
25 그러므로 너는 정한 짐승과 부정한
짐승을 구별하여야 한다. 부정한 새
와 정한 새를 구별하여야 한다. 내가
너희에게 부정하다고 따로 구별한
그런 짐승이나 새나 땅에 기어 다니
는 어떤 것으로도, 너희 자신을 부
정하게 해서는 안 된다.
26 나 주가 거룩하니, 너희도 나에게 거
룩한 사람이 되어야 한다. 나는 너희
를 뭇 백성 가운데서 골라서, 나의
백성이 되게 하였다.
27 ○혼백을 불러내는 사람이나 마법을
쓰는 사람은, 남자이든지 여자이든
지, 모두 돌로 쳐서 반드시 사형시켜
야 한다. 그들은 자기 죄값으로 죽
는 것이다."

제사장이 지켜야 할 규례

21 주님께서 모세에게 말씀하셨
다. "아론의 혈통을 이어받은

20:22-26 이 부분에는 이스라엘의 국가 형성에 대한 역사가 기록되고 있다. 먼저 이스라엘 건국(建國)에 대한 하나님의 언약이 기록되어 있다(24절;창 15:7-8;28:4). 그리고 이스라엘 백성이 가나안 원주민을 추방하고 가나안 땅을 점령하게 되리라는 예언의 재선포가 기록되어 있다(22-24절). 끝으로 이스라엘은 하나님이 선택하신 민족으로서, 우상을 섬기는 이방 나라들과 구별되어 거룩하게 살 것이 규정되어 있다(25-26절).

21장 요약 제사장들의 거룩한 생활에 대한 규례이다. 제사장들에 대한 규례는 백성들에 대한 것보다 더욱 엄격했다. 1-9절에는 제사장들의 장례 참석과 결혼에 대한 규례가 언급되어 있고, 10-15절은 제사 집례시 제사장들의 자격과 지켜야 할 규례 등이 언급되어 있다.

21:1-9 21장은 제사장들의 거룩한 생활에 대한 규례이다. 제사장들에 대한 규례는 백성들보다

제사장들에게 알려라. 너는 그들에
게 다음과 같이 일러라.
○제사장은 누구든지, 백성의 주
검을 만져 자신의 몸을 더럽히는 일
이 없도록 하여라.
2 가장 가까운 살붙이 곧 어머니나 아
버지나 아들이나 딸이나 형제의 주
검은 괜찮다.
3 또한 시집가지 못하고 죽은 친누이
의 주검도 괜찮다. 그 여자에게 남편
이 없기 때문이다. 이들의 주검을 만
져 몸을 더럽히는 것은 괜찮다.
4 그러나 제사장은 백성의 어른이므
로, 스스로 더럽혀 욕되게 해서는
안 된다.
5 ○제사장은 머리털을 깎아 대머리같
이 하거나, 구레나룻을 밀거나, 제
몸에 칼자국을 내서는 안 된다.
6 ○그들은 하나님께 거룩하게 구별된
사람들이니, 그들이 섬기는 하나님
의 이름을 욕되게 해서는 안 된다.
그들은 주에게 제물을 살라 바치는
이들 곧 하나님께 음식을 바치는 이
들이기 때문에, 그들은 거룩하여야
한다.
7 제사장은 창녀나, 이미 몸을 버린 여
자와 결혼해서는 안 된다. 이혼한 여
자와도 결혼하지 않아야 한다. 제사
장은 하나님께 거룩하게 구별된 사
람이기 때문이다.
8 너희는 제사장을 거룩하게 생각하여
야 한다. 그는 너희가 섬기는 하나님
께 음식제물을 바치는 사람이기 때
문이다. 제사장은 너희에게도 거룩
한 사람이다. 너희를 거룩하게 하는
나 주가 거룩하기 때문이다.
9 제사장의 딸이 창녀짓을 하여 제 몸
을 더럽히면, 제 아버지를 더럽히는
것이나 마찬가지이므로, 그 여자는
불태워 죽여야 한다.
10 ○형제 제사장들 가운데서 으뜸되는
대제사장은, 임명될 때에 머리에 기
름을 부었고, 또 예복을 입고 거룩하
게 구별되었으므로, 머리를 풀거나
옷을 찢으며 애도해서는 안 된다.
11 그는 어떤 주검에도 가까이해서는
안 된다. 자기 아버지나 어머니가 죽
었을 때에도, 그 주검에 가까이하여
몸을 더럽혀서는 안 된다.
12 대제사장은 절대로 성소에서 떠나서
는 안 된다. 그가 섬기는 하나님의
성소를 더럽혀서는 안 된다. 그는 남
달리, 하나님이 기름부어 거룩하게
구별하고, 대제사장으로 임명하였기
때문이다. 나는 주다.
13 대제사장은 처녀를 아내로 맞이하여
야 한다.
14 과부나 이혼한 여자나 이미 몸을 버
린 여자나 창녀와 결혼해서는 안 된
다. 그는 다만 자기 백성 가운데서

엄격했으며, 대제사장의 규례는 일반 제사장들보다 더욱 엄격하였다. 본문은 제사장들의 장례 참석과 결혼에 관한 규례이다.

21:10-15 대제사장에 대한 규정은 다른 제사장의 경우보다 한층 더 엄격하다. 대제사장이 성막에서 제사를 집례하고 있을 때에는, 부모의 초상을 당했을지라도 장례에 참석하지 말고 계속 제사를 드려야만 했다. 인간의 죽음은 하나님의 섭리 가운데서 일어나기 때문이었다. 그리고 대제사장은 인격적으로나 육체적으로 결함이 없는 이스라엘 '처녀' 중에서 아내로 맞이해야만 했다. 이는 제사장직의 성결성, 곧 예배의 순결성을 유지하고 그의 자손까지도 거룩성을 유지하도록 하기 위함이었다.

21:10 하나님과 이스라엘의 중보자인 대제사장은 머리에 기름을 부어 임명했고, 장엄하고 화려한 예복을 입어 일반 백성과 구별되었다. 따라서 대제사장 스스로 머리를 푼다거나 옷을 찢는 일

처녀를 아내로 맞이하여야 한다.
15 그래야만, 그는 더러워지지 않은 자
녀를 자기 백성 가운데 남기게 될 것
이다. 그를 거룩하게 한 이는 주다."
16 ○주님께서 모세에게 말씀하셨다.
17 "너는 아론에게 이렇게 말하여라.
○대대로, 너의 자손 가운데서 몸
에 흠이 있는 사람은 하나님께 음식
제물을 바치러 나올 수 없다.
18 몸에 흠이 있어서 하나님께 가까이
나아갈 수 없는 사람은, 눈이 먼 사
람이나, 다리를 저는 사람이나, 얼굴
이 일그러진 사람이나, 몸의 어느 부
위가 제대로 생기지 않은 사람이나,
19 팔다리가 상하였거나 손발을 다쳐
장애인이 된 사람이나,
20 곱사등이나, 난쟁이나, 눈에 백태가
끼어 잘 보지 못하는 사람이나, 가려
움증이 있는 환자나, 종기를 앓는 환
자나, 고환이 상한 사람들이다.
21 제사장 아론의 자손 가운데서 이처
럼 몸에 흠이 있는 사람은, 누구든
지 주에게 가까이 나아와 살라 바치
는 제사를 드릴 수 없다. 몸에 흠이
있는 사람은 하나님께 음식제물을
바치러 나올 수 없다.
22 그러나 그 사람도 하나님께 바친 음
식 곧 가장 거룩한 제물과 거룩한
일반제물을 먹을 수는 있다.
23 다만 몸에 흠이 있으므로, 그는 휘
장 안으로 들어가거나 제단에 가까
이 나아와, 내가 거룩하게 한 물건들
을 더럽히는 일만은 삼가야 한다. 그
것들을 거룩하게 한 이가 바로 나 주
이기 때문이다."
24 ○모세는 이 말을, 아론과 아론의
아들들과 온 이스라엘 자손에게 전
하였다.

제사음식을 먹는 규례

22 주님께서 모세에게 말씀하셨
다.
2 "너는 아론과 그의 아들들에게 일
러, 이스라엘 자손이 나에게 바친 거
룩한 제사음식을 함부로 다루지 못
하게 하여라. 제사음식을 함부로 다
루는 것은 곧 나의 거룩한 이름을
욕되게 하는 것이다. 나는 주다.
3 너는 그들에게 다음과 같이 일러라.
○너희는 자손 대대로, 어느 누구
든 몸이 부정할 때에는, 이스라엘 자
손이 나 주에게 바친 거룩한 제사음
식에 가까이해서는 안 된다. 이것을
어기는 사람은 다시는 내 앞에 서지
못할 것이다. 나는 주다.
4 ○아론의 자손 가운데서 ㉠악성 피
부병을 앓는 환자나 성기에서 고름
을 흘리는 환자는, 그 병이 깨끗해질
때까지는 거룩한 제사음식을 먹지
못한다. 누구든지 죽은 것을 만지거
나 정액을 흘린 남자와 몸이 닿거나

은 대제사장의 신성함을 더럽히는 일이다. 대제사장을 임명하는 기름은 특별히 제조된 향기 나는 거룩한 기름이다(참조. 출 30:22–25).

21:16–24 본문은 몸에 흠이 있는 사람은 제사장의 자격이 없다는 규정이다. 레위기는 불결한 행위를 금지함은 물론, 육체적으로 완전하고 장애가 없는 상태를 '거룩'이라고 본다.

㉠ 전통적으로 나병으로 알려져 왔으나, 히브리어로는 여러 가지 악성 피부병을 뜻함

22장 요약 전반부는(1–16절) 제사음식에 대한 규례이고 후반부는(17–33절) 합당한 제물에 관한 규례이다. 제사장일지라도 부정한 상태에 처한 자는 제사음식을 먹을 수 없었으며, 흠이 있는 짐승은 제물로 사용될 수 없었다. 예수님께서는 우리 죄를 위해 자신의 몸을 하나님 앞에 흠 없는 제물로 드리셨다.

22:1–9 제사장일지라도 11–15장에 제시된 부정

하여 부정하게 된 사람,
5 또 어떤 길짐승에든지 닿아서 부정
하게 된 사람, 또는 어떤 부정이든지
부정을 탄 사람,
6 곧 이런 부정한 것에 닿은 사람은 해
가 질 때까지 부정하다. 해가 진 다
음에라도, 물로 목욕을 하지 않으
면, 그는 그 거룩한 제사음식을 먹
지 못한다.
7 해가 지고 정결하게 된 뒤에는, 자기
몫으로 받은 그 거룩한 제사음식을
먹을 수 있다.
8 저절로 죽었거나 짐승에게 물려 찢
겨 죽은 것은 먹지 못한다. 그것을
먹었다가는, 그것 때문에 부정하게
된다. 나는 주다.
9 그러므로 아론과 그의 아들들은 내
가 지키라고 한 것을 그대로 지켜야
한다. 이것을 가볍게 생각하여 욕되
게 하면, 그것은 곧 죄를 범하는 것
이고, 그것 때문에 그들은 죽는다.
나는 제사장들을 거룩하게 하는 주
다.
10 ○제사장이 아닌 여느 사람은 아무
도 그 거룩한 제사음식을 먹지 못한
다. 제사장이 데리고 있는 나그네나
그가 쓰는 품꾼도, 그 거룩한 제사
음식을 먹지 못한다.
11 그러나 제사장이 돈을 지불하고 자
기 재산으로 사들인 종은, 그 음식
을 먹을 수 있다. 제사장의 집에서
종의 자식으로 태어난 자들도, 자기
몫의 그 거룩한 제사음식을 먹을 수
있다.
12 제사장의 딸이라도 여느 남자에게
시집갔다면, 그 딸은 제물로 바친 그
거룩한 제사음식을 먹을 수 없다.
13 그러나 제사장의 딸이 과부가 되었
거나 이혼하여, 자식도 없이 다시 아
버지 집으로 돌아와, 시집가기 전처
럼 아버지 집에서 살 때에는, 아버지
가 먹는 제사음식을 먹을 수 있다.
그러나 여느 사람은 아무도 거룩한
제사음식을 먹지 못한다.
14 어떤 사람이 모르고 그 거룩한 제사
음식을 먹으면, 그는 그 음식값의 오
분의 일에 해당하는 값을 그 위에
더 보태어, 제사장에게 갚아야 한다.
15 제사장들은 이스라엘 자손이 바친
그 거룩한 제사음식 곧 그들이 주에
게 바친 제물을 더럽혀서는 안 된다.
16 제사장은, 자기들이 먹을 제사음식
을, 여느 사람들이 모르고 먹다가 죄
를 지어 벌을 받는 일이 없도록 조심
하여야 한다. 나는 그 음식을 거룩
하게 하는 주다."

하나님이 받으시는 제물

17 ○주님께서 모세에게 말씀하셨다.
18 "너는 아론과 그의 아들들과 온 이
스라엘 자손에게 말하여라. 그들에

을 범한 사람은 성물(제사 때 드린 예물 중에서 제사장의 가족들에게 돌아간 음식)을 먹을 수 없었다. 부정한 상태에서 성물을 먹는 것은 하나님을 *욕되게 하는 일(제3계명)*이다. 거룩한 음식인 성물을 먹는 것까지도 제사 의식에 포함되기 때문이다. 거룩과 부정은 반드시 구분되어야 한다.

22:10-13 제사장의 권속 중에서 제사음식을 먹을 수 있는 자들에 대한 구체적인 규례이다. 그 권속으로는 제사장이 외국 사람 중 돈으로 산 종들과 제사장의 딸들이 포함된다. 제사장의 종들이 제사음식을 먹을 수 있는 이유는 종은 주인의 영원한 소유물이기 때문이다. 이렇듯 제사음식은 제사장 가족에 속한 사람만 먹을 수 있었고, 그 밖에 계속적이든 일시적이든 제사장의 집에 머물러 사는 사람은 먹을 수 없었다.

22:14-16 일반 백성이 잘 모르고 제사음식을 먹었을 경우에는, 반드시 하나님께 속건제를 드리고 제사장에게는 음식값의 1/5을 더하여 주어야

게 다음과 같이 일러라.
○이스라엘 집안에 속한 사람이
나 이스라엘 사람과 함께 사는 외국
인 나그네가, 제물을 바치고자 할 때
에는, 그것이, 서약한 것을 갚으려고
해서 바치는 것이거나, 자유로운 뜻
에서 나 주에게 번제물로 바치려는
것이거나, 모두,
19 나 주가 즐거이 받도록, 소나 양이나
염소 가운데서 수컷으로, 흠이 없는
것을 바쳐야 한다.
20 너희는 어떤 것이든지, 흠이 있는 것
을 바쳐서는 안 된다. 그런 것을 바
치면, 나 주가 너희를 반기지 않을
것이다.
21 ○누구든지 서약한 것을 갚으려 하
거나, 자유로운 뜻으로 제물을 바치
려고 하여, 소 떼나 양 떼에서 제물
을 골라 나 주에게 화목제물을 바칠
때에는, 나 주가 즐거이 받도록, 흠이
없는 것으로 골라서 바쳐야 한다. 제
물로 바칠 짐승에 어떤 흠도 있어서
는 안 된다.
22 눈이 먼 것이나, 다리를 저는 것이나,
어떤 부위가 잘린 것이나, 고름을 흘
리는 것이나, 옴이 난 것이나, 종기가
난 것을 나 주에게 바쳐서는 안 된
다. 그런 것들을 제단 위에다 놓고
불살라, 나 주에게 바치는 제물로 삼
아서는 안 된다.
23 자유로운 뜻에서 바치는 제물이면,
소나 양 가운데서 한쪽 다리는 길고
다른 한쪽은 짧은 것이라도 괜찮다.
그러나 서원한 것을 갚는 제사에서
는, 나 주가 그런 것을 즐거이 받지
않는다.
24 짐승 가운데서 고환이 터졌거나 으
스러졌거나 빠지거나 잘린 것은 나
주에게 바칠 수 없다. 너희가 사는
땅에서는, 너희가 이런 것들을 제물
로 삼아서는 안 된다.
25 너희는 또한 외국인 자손에게서도
이런 불구나 병신이 된 짐승을 받아
다가 너희가 섬기는 하나님에게 음
식으로 바쳐서는 안 된다. 이런 불구
나 병신인 것을 제물로 바치면, 나 주
가 너희를 반기지 않을 것이다."
26 ○주님께서 모세에게 말씀하셨다.
27 "소나 양이나 염소가 태어나면, 이레
동안은 그 어미 품에 그대로 두어야
한다. 여드레째 되는 날부터는 그것
을 제물로 삼아 나 주에게 살라 바
칠 수 있다. 나 주도 그것을 즐거이
받을 것이다.
28 그 어미가 암소거나 암양이거나 간
에, 너희는 그 어미와 새끼를 같은
날에 죽여서는 안 된다.
29 ○너희가 나 주에게 감사의 제물을
바칠 때에, 너희가 바치는 그 제물을
나 주가 기쁨으로 받게 바쳐야 한다.

만 형벌을 면할 수 있었다(5:14-16).

22:17-25 제사장과 희생제물 모두가 온전하고 흠이 없어야만 하나님께서 그 제사를 받으셨다. 그러나 특별히 자원제 때만은 약간의 흠이 있는 제물도 허락하셨다(23절).

22:18 본절은 화목제사를 말한다. 화목제사의 종류는 감사제(29-30절), 서원제(18-25절), 낙헌제(18-25절)가 있다. 이러한 화목제사는 다른 제사와 달리 제사의 음식을 이웃과 나눠 먹을 수 있다.

22:26-30 28절은 가나안의 제사 풍습을 막으려는 규정으로 보인다. 이러한 규정은 짐승에게라도 지나친 잔혹 행위를 금하고, '생육하고 땅에서 번성하게 하여라'(창 8:17)는 축복을 유지시키기 위한 것이다. 또한 제물은 거룩한 음식이기 때문에 상하게 하지 말 것을 명하였다.

22:31-33 이스라엘이 거룩한 삶을 살아야 하는 근거이다. 그 근거는 하나님의 거룩하심과 하나님의 구원의 은총이다.

30 제물로 바친 것은 그 날로 너희가 다
먹고, 다음날 아침까지 남겨 두어서
는 안 된다. 나는 주다.
31 ○너희는 내가 명한 것을 지켜, 그대
로 하여야 한다. 나는 주다.
32 내가 이스라엘 자손 가운데서 나의
거룩함을 나타낼 것이니, 너희는 나
의 거룩한 이름을 욕되게 해서는 안
된다. 나는 너희를 거룩하게 하는 주
다.
33 나는 너희의 하나님이 되려고, 너희
를 이집트 땅에서 이끌어 내었다. 나
는 주다."

여러 절기

23 주님께서 모세에게 말씀하셨
다.
2 "너는 이스라엘 자손에게 말하여라.
그들에게 다음과 같이 일러라.
○너희가 거룩한 모임을 열어야
할 주의 절기들 곧 내가 정한 절기들
은 다음과 같다."

안식일

3 ○"엿새 동안은 일을 하여라. 그러나
이렛날은 반드시 쉬어야 하는 안식
일이다. 거룩한 모임을 열어야 하고,
어떤 일도 해서는 안 된다. 이 날은
너희가 살고 있는 모든 곳에서 지킬
주의 안식일이다."

유월절과 무교절

4 ○"정하여 놓은 때를 따라, 너희가
거룩한 모임을 열고 주 앞에서 지켜
야 할 절기들은 다음과 같다.
5 첫째 달 열나흗날 ㉠해 질 무렵에는
주의 유월절을 지켜야 하고,
6 같은 달 보름에는 주의 무교절을 지
켜야 하는데, 이레 동안 누룩을 넣
지 않은 빵을 먹어야 한다.
7 첫날에는 거룩한 모임을 열고, 생업
을 돕는 일은 아무것도 해서는 안
된다.
8 그러나 주에게 살라 바치는 제사는
이레 동안 줄곧 드려야 한다. 이레째
되는 날에는 다시 거룩한 모임을 열
고, 생업을 돕는 일은 아무것도 해
서는 안 된다."

곡식단을 바치는 절기

9 ○주님께서 모세에게 말씀하셨다.
10 "너는 이스라엘 자손에게 말하여라.
그들에게 다음과 같이 일러라.
○너희는, 주가 주는 그 땅으로 들
어가, 곡식을 거둘 때에, 너희가 거둔
첫 곡식단을 제사장에게 가져 가야
한다.
11 그러면 제사장이 그 곡식단을 주 앞
에서 흔들어서 바칠 것이며, 주가 너
희를 반길 것이다. 제사장은 그것을
안식일 다음날 흔들어서 바쳐야 한
다.
12 너희가 곡식단을 흔들어서 바치는
날에, 너희는 일 년 된 흠 없는 어린

23장 요약 일곱 절기(안식일, 유월절, 무교절, 칠칠절, 나팔절, 속죄일, 초막절)가 소개되어 있다. 무교절은 이스라엘이 이집트에서 황급히 빠져나온 사실을 기념하고, 칠칠절은 풍성한 수확을 허락하신 하나님께 감사하는 절기였으며, 초막절은 이집트에서 탈출한 후의 광야 생활을 기념하는 절기였다.

㉠ 히, '두 저녁 사이에는'

23:3 안식일에 대한 규례이다. 안식일은 그리스도께서 오심으로 완성되었다(골 2:16-17). 오늘날에는 안식일 대신 그리스도의 부활을 기념하는 '주의 날'을 지키고 있다.

23:5 유월절에 대한 규례이다. 이집트의 노예 생활에서 해방된 것을 기념하는 날이다. 곧 죄의 노예된 상태에서 구원받을 것을 상징하는 절기이다.

23:6-8 무교절에 대한 규례이다. 무교절은 유대력으로 1월 15일부터 21일까지, 7일 동안 지켰다.

숫양 한 마리를 주에게 번제물로 바
쳐야 한다.
13 그것과 함께 바칠 곡식제물로는 기
름에 반죽한 고운 밀가루 십분의 이
에바를 바치면 된다. 그것을 불에 태
워 주에게 바치면, 그 향기가 주를
기쁘게 할 것이다. 또 부어 드리는
제물로는 포도주 사분의 일 힌을 바
치면 된다.
14 너희가 이렇게 너희의 하나님께 제
물을 바칠 바로 그 날까지는, 빵도,
볶은 곡식도, 햇곡식도 먹지 못한
다. 이것은 너희가 사는 모든 곳에서
너희가 대대로 길이 지켜야 할 규례이
다."

두 번째 거둔 곡식을 바치는 절기

15 ○"너희가 안식일 다음날 곧 곡식단
을 흔들어서 바친 그 날로부터 일곱
주간을 꼭 차게 세고,
16 거기에다가 일곱 번째 안식일 다음
날까지 더하면 꼭 오십 일이 될 것이
다. 그 때에 너희는 햇곡식을 주에게
곡식제물로 바쳐야 한다.
17 너희는 너희가 살고 있는 곳에서, 주
에게 맏물로 흔들어 바칠 햇곡식으
로 만든 빵 두 개를 가져 와야 한다.
그 빵은 밀가루 십분의 이 에바를
가지고 만들어야 하고, 고운 밀가루
에 누룩을 넣어 반죽하여 구운 것이
어야 한다.
18 이 빵과 함께, 너희는, 일 년 된 흠
없는 어린 양 일곱 마리와, 소 떼 가
운데서 수송아지 한 마리와, 숫양 두
마리를 끌어다가, 주에게 번제물로
바쳐야 한다. 이 때에 곡식제물과 부
어 드리는 제물도 함께 바쳐야 한다.
이것이, 제물을 태워서 그 향기로 주
를 기쁘게 하는, 살라 바치는 제사이
다.
19 너희는 또 숫염소 한 마리는 속죄제
물로 바치고, 일 년 된 어린 숫양 두
마리는 화목제물로 바쳐야 한다.
20 제사장은 그것들을 받아 첫 이삭으
로 만들어 바치는 빵과 함께, 주 앞
에서 그것들을 흔들어서, 두 마리 양
과 함께 바쳐야 한다. 이것들은 주에
게 바친 거룩한 제물로서 제사장의
몫이다.
21 바로 그 날에 너희는 모임을 열어야
한다. 그 모임은 너희에게 거룩한 것
이므로, 그 날은 생업을 돕는 어떤
일도 하지 않아야 한다. 이것은 너희
가 사는 모든 곳에서 대대로 길이 지
켜야 할 규례이다.
22 ○너희가 밭에서 난 곡식을 거두어
들일 때에는, 밭 구석구석까지 다 거
두어들이지 말고, 또 거두어들인 다
음에, 떨어진 이삭을 줍지 말아라.
그 이삭은 가난한 사람들과 나그네
신세인 외국 사람들이 줍게 남겨 두

23:9–14 보리건이 한 첫 곡식을 갖다 바치는 명절을 '초실절'이라고 한다. 첫 곡식단을 하나님께 드리는 것은 하나님께서 수확의 복을 내리신 분으로 경배한다는 의미이다.

23:15–22 칠칠절에 대한 규례이다. 칠칠절은 오순절·맥추절 등으로도 불렸다(출 23:16;34:22;민 28:26). 곡식 수확과 관련된 절기로, 새 곡식으로 만든 첫 빵을 바친다. 곡식을 수확하기 시작한 때부터 7주를 세면 칠칠절이 된다. 일곱이란 숫자는 완전함을 뜻하는 숫자이자, 언약의 숫자이다.

23:16 일곱 번째 안식일이란 곡식단을 가져온 첫째 달 16일째부터 세 번째 달 6일째까지를 말한다. 햇곡식을 주에게 곡식제물로 처음 추수한 밀로 드리는 곡식제사를 말한다.

23:24 나팔을 불어 기념일임을 알리고 이 날(유대력 7월 1일)은 은으로 만든 큰 나팔을 불어 나팔절을 선포하면 하루를 안식하며 성회에 참석하였다.

어야 한다. 내가 주 너희의 하나님이
다."

칠월 초하루 안식일

23 ○주님께서 모세에게 말씀하셨다.
24 "너는 이스라엘 자손에게 다음과 같
이 일러라. 일곱째 달, 그 달 초하루
를 너희는 쉬는 날로 삼아야 한다.
나팔을 불어 기념일임을 알리고, 거
룩한 모임을 열어야 한다.
25 이 날 너희는 생업을 돕는 일은 아
무것도 하지 말고, 주에게 살라 바치
는 제물을 바쳐야 한다."

속죄일

26 ○주님께서 모세에게 말씀하셨다.
27 "일곱째 달 열흘날은 ㉠속죄일이다.
너희는 이 날에, 거룩한 모임을 열고
고행하며, 주에게 살라 바치는 제물
을 바쳐야 한다.
28 이 날은 속죄일 곧 주 너희의 하나님
앞에서 속죄예식을 올리는 날이므
로, 이 날 하루 동안은 어떤 일도 해
서는 안 된다.
29 이 날에 고행하지 않는 사람은 누구
든지 자기 백성에게서 끊어지게 하
여야 한다.
30 누구든지 이 날에 어떤 일이라도 하
면, 내가 그를 백성 가운데서 끊어
버리겠다.
31 이 날 너희는 어떤 일도 해서는 안
된다. 이것은 너희가 사는 모든 곳에
서, 너희가 대대로 영원히 지켜야 할
규례이다.
32 이 날은 너희가 반드시 쉬어야 할 안
식일이며, 고행을 하여야 하는 날이
다. 그 달 아흐렛날 저녁부터 시작하
여 그 다음날 저녁까지, 너희는 아무
일도 하지 말고 쉬어야 한다."

초막절

33 ○주님께서 모세에게 말씀하셨다.
34 "너는 이스라엘 자손에게 다음과 같
이 일러라.
○일곱째 달의 보름날부터 이레 동
안은 주에게 예배하는 ㉡초막절이다.
35 초막절 첫날에는 거룩한 모임을 열
고 생업을 돕는 일은 아무것도 해서
는 안 된다.
36 이레 동안 매일 너희는 주에게 살라
바치는 제사를 드려야 한다. 여드레
째 되는 날에는 다시 거룩한 모임을
열고 주에게 살라 바치는 제사를 드
려야 한다. 이것은 가장 거룩한 모임
이므로, 이 날에 너희는 생업을 돕
는 일은 아무것도 해서는 안 된다.
37 ○이 절기들은 주가 명한 절기들이
다. 이 절기들이 다가올 때마다 너희
는 거룩한 모임을 열고, 번제물과 곡
식제물과 각종 희생제물과 부어 드
리는 제물을, 각각 그 해당되는 날에
주에게 살라 바치는 제사로 드려야
한다.

23:26-32 속죄일에 대한 규례이다. 이 날은 온 백성이 거룩한 모임으로 모여 금식하고 회개하며 속죄예식을 드렸다. 속죄예식의 특징은 '아사셀 염소'가 있다는 점이다. 또한 일 년에 단 한 번 속죄일에만 대제사장이 지성소 안에 들어갈 수 있었다(16:1-34).

23:33-43 초막절(장막절 또는 수장절)에 대한 규례이다. 초막절이 끝난 다음 날(36절)에는 '거룩한 모임'으로 모였는데 이 날은 일 년 동안 지킨 모든 절기를 결산하는 의미를 지닌다. 따라서 37-38절에 나타난 규례는 초막절뿐만 아니라 다른 절기에도 지켜야 할 규례이다. 초막절에는 일주일 동안 집 밖에 임시로 초막을 짓고 그 속에서 살았다. 이것은 이집트 탈출 당시의 광야 생활을 되살리면서 구원의 은혜를 기억하도록 하기 위한 것이었다(신 6:10-12).

23:37-38 각각 그 해당되는 날에 본문에 기록된

㉠ 히. '욤 킵푸르' ㉡ 또는 '장막절'

38 이것들은 모두, 주가 명한 안식일을
지키는 것 외에 지켜야 할 것들이다.
위의 여러 절기 때에 너희가 바치는
제물들은, 각종 제물과, 너희가 바치
는 각종 맹세의 제물과, 너희가 자유
로운 뜻에서 바치는 각종 제물 외에,
별도로 주에게 바치는 것이다.
39 ○밭에서 난 곡식을 다 거두고 난
다음, 너희는 일곱째 달 보름날부터
이레 동안 주에게 절기를 지켜야 한
다. 첫날은 안식하는 날이다. 여드렛
날도 안식하는 날이다.
40 첫날 너희는 좋은 나무에서 딴 열매
를 가져 오고, 또 종려나무 가지와
무성한 나뭇가지와 갯버들을 꺾어
들고, 주 너희의 하나님 앞에서 이레
동안 절기를 즐겨라.
41 너희는 해마다 이렇게 이레 동안 주
에게 절기를 지켜야 한다. 이것은 너
희가 대대로 길이 지켜야 할 규례이
다. 일곱째 달이 되면, 너희는 이 절
기를 지켜야 한다.
42 이레 동안 너희는 초막에서 지내야
한다. 이 기간에 이스라엘의 본토 사
람은 누구나 초막에서 지내야 한다.
43 이렇게 하여야 너희의 자손이, 내가
이스라엘 자손을 이집트 땅에서 인
도하여 낼 때에, 그들을 초막에서 살
게 한 것을 알게 될 것이다. 나는 주
너희의 하나님이다."
44 ○이렇게 모세는 주님께서 명하신
여러 절기를 이스라엘 자손에게 일
러주었다.

성소 안에 켜 둘 등불

24 주님께서 모세에게 말씀하셨
다.
2 "너는 이스라엘 자손에게 명하여,
올리브를 찧어서 짜낸 깨끗한 기름
을 가져다가 등불을 켜게 하되, 그
등불을 늘 켜 두어라.
3 아론을 시켜 회막 안 ㉠증거궤 앞에
쳐 있는 휘장 바깥에 그 등불을 켜
두어, 저녁부터 아침까지 주 앞에 계
속 켜 두게 하여라. 이것은 너희가
대대로 길이 지켜야 할 규례이다.
4 아론은 주 앞에서, 순금 등잔대 위
에 그 등불을 늘 켜 두어야 한다."

상

5 ○"너는 고운 밀가루를 가져다가, 과
자 한 개당 밀가루 십분의 이 ㉡에바
를 들여, 과자 열두 개를 구워,
6 한 줄에 여섯 개씩 두 줄로, 주의 앞,
순금 상 위에 차려 놓아라.
7 그리고 각 줄에 하나씩 순전한 향을
얹어라. 이 향은 과자 전부를 바치는
정성의 표시로 주에게 살라 바치는
제물이 된다.
8 안식일이 올 때마다, 아론은 이스라
엘 자손을 대신하여, 이 음식을 주
앞에 늘 차려 놓아야 한다. 이것은

규례는 모든 절기에 적용된다. 모든 절기 때마다, 그 절기에 해당하는 제물을 따로 바치라는 뜻이다. **맹세의 제물** 화목제의 한 종류로서, 서원(誓願) 드린 것이 성취되었을 때 드린 제물이다. **자유로운 뜻에서 바치는 각종 제물** 화목제의 한 종류로서, 축복이나 구원에 관계없이 자발적으로 드린 제물이다. 이 경우에는 소나 양에 약간의 흠이 있어도 허용되었다(22:23).

㉠ 또는 '법궤' ㉡ 1에바는 약 4.5리터

24장 요약 본장에는 성소 관리에 대한 규례(1-9절)와 하나님을 모독하는 자에 대한 처벌(10-16절), 그리고 동해보복법(동일한 상해나 배상 원칙_출 21:23-25;레 24:17-21;신 19:21) 등이 수록되어 있다. 이 가운데서 성소 관리에 대한 규례는 순금 등잔대와 순금 상을 관리하는 규례를 설명함으로써 하나님과의 관계를 항상 최우선시하며 살아갈 것을 촉구한다.

영원한 언약이다.
9 이 제물은 아론과 그의 아들들의 몫
이다. 이것은 주에게 살라 바치는 제
물 가운데서도 가장 거룩한 것인 만
큼, 그들은 이것을 거룩한 곳에서 먹
어야 한다. 이것은 그들이 길이 지켜
야 할 규례이다."

외국 사람에 대한 법

10 ○이스라엘 자손 가운데 한 아들이
있었는데, 그의 어머니는 이스라엘
사람이고, 아버지는 이집트 사람이
다. 이스라엘 여자에게서 난 그 아
들이, 한번은 진에서 어떤 이스라엘
남자와 싸웠다.
11 이스라엘 여자에게서 난 아들이 주
님의 이름을 모독하면서 저주하는
말을 하였다. 그래서 사람들은 그를
끌고 모세에게로 왔다. 그의 어머니
이름은 슬로밋인데, 단 지파에 속하
는 디브리라는 사람의 딸이다.
12 사람들은 그를 가두어 놓고, 주님의
뜻이 그들에게 밝혀질 때까지 기다
렸다.
13 주님께서 모세에게 말씀하셨다.
14 "나 주를 저주하는 말을 한 그를 너
는 진 바깥으로 끌어내라. 나에게 저
주하는 말을 들은 사람들이 모두 그
자의 머리 위에 손을 얹은 다음에,
온 회중은 그를 돌로 쳐라.
15 그리고 너는 이스라엘 자손에게, 하
나님을 저주하는 사람은 누구든지
그 벌을 면하지 못한다고 일러라.
16 주의 이름을 모독하는 사람은 반드
시 사형에 처해야 한다. 온 회중이
그를 돌로 쳐죽여야 한다. 주의 이름
을 모독하는 사람은 이스라엘 사람
은 말할 것도 없고 외국 사람이라
하여도 절대로 살려 두어서는 안 된
다."

같은 정도로 물어주어라

17 ○"남을 죽인 사람은 반드시 사형에
처해야 한다.
18 짐승을 죽인 사람은, 생명으로 생명
을 갚아야 하므로, 살아 있는 것으
로 물어주어야 한다.
19 자기 이웃에게 상처를 입혔으면, 피
해자는 가해자가 입힌 만큼 그 가해
자에게 상처를 입혀라.
20 부러뜨린 것은 부러뜨린 것으로, 눈
은 눈으로, 이는 이로 갚아라. 상처
를 입힌 사람은 자기도 그만큼 상처
를 받아야 한다.
21 남의 짐승을 죽인 사람은 그것을 물
어주어야 하고, 사람을 죽인 사람은
반드시 사형에 처해야 한다.
22 이 법은 이스라엘 사람에게는 말할
것도 없고, 함께 사는 외국 사람에
게도 같이 적용된다. 나는 주 너희
의 하나님이다."
23 모세가 이렇게 이스라엘 자손에게

24:1–9 성소 관리에 대한 규례이다. 성막은 크게 세 부분으로 나누인다. 곧 성막 뜰과 성소와 지성소이다. 성소와 지성소는 휘장으로 나누어져 있는데, 성소 안에는 분향단·순금 등잔대·순금 상(진설병을 차려 놓는 진설대)이 있으며, 지성소 안에는 증거궤가 놓여 있었다. 본문은 성소 안의 순금 등잔대를 관리하는 규례(2–4절)와 순금 상을 관리하는 규례(5–9절)가 기록되어 있다.
24:10–16 하나님의 이름을 모독하며 저주하는 사람은 외국 사람이건 이스라엘 사람이건 돌로 쳐서 죽였다. 또한 저주의 말을 들은 사람도 하나님을 모독한 사람과 같은 형벌을 받았다. 그러나 저주의 말을 들은 사람이 주님을 모독한 사람 머리 위에 '안수'를 하면, 들어서 부정하게 된 죄를 당사자에게 전가해 형벌을 면할 수 있었다.
24:17–22 동해보복법에 대한 규례이다. 이는 지나친 보복을 방지하기 위한 규례로, 모든 일에 공의로 판단하시는 하나님의 뜻이 담겨 있다.

말을 전하니, 사람들은 주님을 저주
한 그를 진 바깥으로 끌어내서, 돌로
쳐죽였다. 이렇게 이스라엘 자손은
주님께서 모세에게 명하신 그대로
하였다.

안식년

25 주님께서 시내 산에서 모세에
게 말씀하셨다.
2 "너는 이스라엘 자손에게 말하여라.
그들에게 다음과 같이 일러라.
○내가 너희에게 주기로 한 그 땅
으로 너희가 들어가면, 나 주가 쉴
때에, 땅도 쉬게 하여야 한다.
3 여섯 해 동안은 너희가 너희 밭에 씨
를 뿌려라. 여섯 해 동안은 너희가
포도원을 가꾸어 그 소출을 거두어
라.
4 그러나 일곱째 해에는 나 주가 쉬므
로, 땅도 반드시 쉬게 하여야 한다.
그 해에는, 밭에 씨를 뿌려도 안 되
며, 포도원을 가꾸어도 안 된다.
5 거둘 때에, 떨어져 저절로 자란 것들
은 거두지 말아야 하며, 너희가 가꾸
지 않은 포도나무에서 저절로 열린
포도도 따서는 안 된다. 이것이 땅의
안식년이다.
6 땅을 이렇게 쉬게 해야만, 땅도 너희
에게 먹거리를 내어 줄 것이다. 너뿐
만 아니라, 남종과 여종과 품꾼과 너
와 함께 사는 나그네에게도, 먹거리
를 줄 것이다.
7 또한 너의 가축도, 너의 땅에서 사
는 짐승까지도, 땅에서 나는 모든 것
을 먹이로 얻게 될 것이다."

희년

8 ○"안식년을 일곱 번 세어라. 칠 년
이 일곱 번이면, 안식년이 일곱 번
지나, 사십구 년이 끝난다.
9 일곱째 달 열흘날은 속죄일이니, 너
희는 뿔나팔을 크게 불어라. 나팔을
불어, 너희가 사는 온 땅에 울려 퍼
지게 하여라.
10 너희는 오십 년이 시작되는 이 해를
거룩한 해로 정하고, 전국의 모든 거
민에게 자유를 선포하여라. 이 해는
너희가 희년으로 누릴 해이다. 이 해
는 너희가 유산 곧 분배받은 땅으로
돌아가는 해이며, 저마다 가족에게
로 돌아가는 해이다.
11 오십 년이 시작되는 해는, 너희가 희
년으로 지켜야 하는 해이다. 희년에
는 씨를 뿌리지 말고, 저절로 자란
것을 거두어서도 안 되며, 너희가 가
꾸지 않은 포도나무에서 저절로 열
린 포도도 따서는 안 된다.
12 그 해는 희년이다. 너희는 그 한 해
를 거룩하게 보내야 한다. 너희는 밭
에서 난 것을 먹게 될 것이다.
13 이렇게 희년이 되면, 너희는 저마다
유산 곧 분배받은 땅으로 돌아가야

25장 요약 본장은 안식년(1-7절)과 희년에 대한 규례(8-55절)로 나누어지며, 가난한 이웃과 종으로 팔린 이스라엘 사람에 관한 설명이 후반부에 첨가되어 있다(35절 이하). 이는 하나님이 이스라엘을 평등한 사랑의 공동체로 존속시키기 위한 의도에서 마련하신 것이다.

25:1-7 일곱째 해마다 토지를 쉬도록 규정한 안식년에 대한 규례이다. 당시에 토지는 부의 상징이었다. 그러나 이 토지가 개인의 소유가 아니라 하나님의 소유임을 반드시 기억하도록 하기 위해, 하나님께서는 안식년을 제정하셨다. 후에, 이스라엘 백성들은 가나안 풍속에 물들어 안식년을 제대로 지키지 않았다.

25:8-55 희년(히. '요벨')에 대한 규례이다. '요벨'은 '뿔나팔'이란 뜻이다. 곧 뿔나팔은, 나팔을 불어 자유를 선포하고 새로운 시작을 알린다는 의미가 있다. 희년이 되면 토지와 집과 가족까지도

한다."

부당한 이익을 삼갈 것

14 ○"너희가 저마다 제 이웃에게 무엇
을 팔거나, 또는 이웃에게서 무엇을
살 때에는, 부당하게 이익을 남겨서
는 안 된다.
15 네가 네 이웃에게서 밭을 사들일 때
에는, 희년에서 몇 해가 지났는지를
계산하여야 한다. 파는 사람은, 앞으
로 그 밭에서 몇 번이나 더 소출을
거둘 수 있는지, 그 햇수를 따져서
너에게 값을 매길 것이다.
16 소출을 거둘 햇수가 많으면, 너는 값
을 더 치러야 한다. 희년까지 남은
햇수가 얼마 되지 않으면, 너는 값을
깎을 수 있다. 그가 너에게 실제로
파는 것은 거기에서 거둘 수 있는
수확의 횟수이기 때문이다.
17 너희는 서로 이웃에게서 부당하게
이익을 남기려고 해서는 안 된다. 너
희는 하나님 두려운 줄을 알아야 한
다. 나는 주 너희의 하나님이다.
18 그러므로 너희는 내가 세운 규례를
따라서 살고, 내가 명한 법도를 지켜
서 그대로 하여야 한다. 그래야만 그
땅에서 너희가 안전하게 살 수 있을
것이다.
19 땅은 소출을 낼 것이고, 그것으로 너
희가 넉넉히 먹을 수 있을 것이며, 거
기에서 안전하게 살 수 있을 것이다.
20 ○'일곱째 해에는 씨를 뿌려도 안 되
고, 소출을 거두어들여도 안 된다
면, 그 해에 우리는 무엇을 먹을까?'
하고 너희는 물을 것이다.
21 그러나 여섯째 해에, 내가 너희에게
복을 베풀어, 세 해 동안 먹을 소출
이 그 한 해에 나게 하겠다.
22 여덟째 해 곧 너희가 다시 씨를 뿌리
는 그 해에, 너희는 묵은 곡식을 먹
을 것이다. 아홉째 해가 되어서 햇곡
식이 날 때까지, 너희는 묵은 곡식을
먹을 것이다.
23 ○땅을 아주 팔지는 못한다. 땅은 나
의 것이다. 너희는 다만 나그네이며,
나에게 와서 사는 임시 거주자일 뿐
이다.
24 ○너희는 유산으로 받은 땅 어디에
서나, 땅 무르는 것을 허락하여야 한
다.
25 네 친척 가운데 누가 가난하여, 그
가 가진 유산으로 받은 땅의 얼마를
팔면, 가까운 친척이 그 판 것을 무
를 수 있게 하여야 한다.
26 그것을 무를 친척이 없으면, 형편이
좋아져서 판 것을 되돌려 살 힘이 생
길 때까지 기다려야 한다.
27 판 땅을 되돌려 살 때에는, 그 땅을
산 사람이 그 땅을 이용한 햇수를
계산하여 거기에 해당하는 값을 빼
고, 그 나머지를 산 사람에게 치르면

모두 되돌려 주어서 새로운 삶을 다시 시작하게 했다. 하나님은 희년 제도를 통하여 '신앙 공동체'인 이스라엘 안에 다음과 같은 결과를 의도하셨다. ① 토지를 본주인에게 돌려줌으로써 빈부의 격차를 막으려 하셨고 ② 종들에게 토지와 가족과 자유를 줌으로써 세습적인 노예 제도를 방지하려 하셨다. 하나님은 이스라엘이 평등한 사랑의 공동체가 되기를 원하셨다. 그러나 이 희년법 역시 제대로 지켜지지 않았다.

25:13–17 토지를 매매할 때도 희년까지 몇 해나 남았는가 하는 것이 토지 값의 기준이 되었다.

25:18–22 희년이 안식년의 뒤를 잇게 되기 때문에, 48년째 되는 해에 풍성한 수확을 거두게 하여 연 3년 동안 먹을 양식을 주시겠다고 약속하셨다. 이는 그들의 토지와 그들의 수확이 하나님께로서 온 선물임을 상기시키기 위함이었다.

25:27 그 땅을 이용한 햇수를 계산하여 토지나 종을 살 때의 기준년도는 언제나 '희년'이었다. 다가

된다. 그렇게 하고 나면, 땅을 판 그
사람이 자기가 유산으로 받은 그 땅
을 다시 차지한다.
28 그러나 그가 그 땅을 되돌려 살 힘
이 없을 때에는, 그 땅은 산 사람이
희년이 될 때까지 소유한다. 희년이
되면, 땅은 본래의 임자에게 되돌아
간다. 땅을 판 사람은, 그 때에 가서
야 유산 곧 분배받은 그 땅을 다시
차지할 수 있다.
29 ○성곽 안에 있는 집을 팔았을 때에
는, 한 해 안에는 언제든지 되돌려
살 수 있다. 집을 판 사람은 한 해 동
안은 그것을 무를 수 있는 권리가 있
다.
30 그러나 판 사람이 그것을 한 해 안
에 되돌려 사지 못하면, 성곽 안에
있는 그 집은 아주 산 사람의 소유
가 되어, 대대로 그 자손에게 넘어간
다. 희년이 되어도, 본래의 집 임자
에게 돌아가지 않는다.
31 그러나 성곽이 없는 마을에 지은 집
은, 그것들을 토지와 같이 여겨, 판
사람이 언제든지 무를 수 있고, 되
돌려 살 힘이 없을 때에는, 희년이
될 때까지 기다렸다가, 본래의 임자
가 그것을 다시 차지한다.
32 ○그러나 레위 사람의 성읍 곧 그들
이 유산으로 받은 성읍 안에 있는
집은 그렇지 않다. 레위 사람은 성읍
안에 있는 집을 팔았어도, 언제든지
그것을 다시 무를 수 있다.
33 그가 무르지 않으면, 성읍 안에 있는
그 팔린 집은, 희년이 되면, 본래의
임자에게 되돌아간다. 레위 사람의
성읍 안에 있는 집은, 이스라엘 자손
이 레위 사람의 유산으로 준 것이기
때문이다.
34 레위 사람의 성읍에 딸린 땅도 또
한, 영원히 레위 사람의 유산이기 때
문에 팔 수 없다.
35 ○너희 동족 가운데, 아주 가난해서,
도저히 자기 힘만으로는 살아갈 수
없는 사람이 너희의 곁에 살면, 너희
는 그를 돌보아 주어야 한다. 너희는
그를, 나그네나 임시 거주자처럼, 너
희와 함께 살도록 하여야 한다.
36 그에게서는 이자를 받아도 안 되고,
어떤 이익을 남기려고 해서도 안 된
다. 너희가 하나님 두려운 줄을 안다
면, 너희의 동족을 너희의 곁에 데리
고 함께 살아야 한다.
37 너희는 그런 사람에게, 이자를 받을
목적으로 돈을 꾸어 주거나, 이익을
볼 셈으로 먹거리를 꾸어 주어서는
안 된다.
38 나는 너희의 하나님이 되려고, 너희
에게 가나안 땅을 주고, 너희를 이집
트 땅에서 이끌어 낸 주 너희의 하
나님이다.

올 희년으로부터 멀리 떨어진 해일수록 값이 비쌌다. 다시 돌려받을 때에도 희년과 멀면 많은 값을 주었고, 희년과 가까우면 적은 값을 주었다. 본문의 거기에 해당하는 값은 돌아올 희년으로부터 남은 값을 뜻한다.

25:29-34 촌락(농촌)의 집과 레위 사람의 집은 생계의 필수적인 요소였기 때문에 희년에 다시 본주인에게 돌려주었다. 그러나 성읍(도시)의 집은 여기에서 제외되었다.

25:35-38 가난한 이웃에게 자비를 베풀라는 규례이다. 하나님께서 먼저 그들을 구원해 주시고 가나안 땅을 주셨으므로, 그들도 당연히 가난한 이웃에게 사랑을 베풀어야 했다.

25:35 너희 동족 가운데, 아주 가난해서 본문의 동족은 주로 자기 가문의 친척을 말한다. '가까운 친척을 돕지 못하는 사람이 어떻게 다른 지파 사람과 외국 사람들을 도울 수 있겠는가'라는 의미이다.

39 ○너희 곁에 사는 동족 가운데서, 누
군가가 가난하게 되어서 너희에게
종으로 팔려 왔어도, 너희는 그를 종
부리듯 해서는 안 된다.
40 너희는 그를, 품꾼이나 임시 거주자
처럼, 너희의 곁에서 살도록 하여야
한다. 너희는 희년이 될 때까지만 그
에게 일을 시키다가,
41 희년이 되면, 그가 자식들과 함께 너
희를 떠나, 자기 가족이 있는 조상에
게서 받은 유산의 땅으로 돌아가도
록 하여야 한다.
42 그들은 내가 이집트 땅에서 이끌어
낸 나의 품꾼이므로, 너희가 그들을
종으로 팔 수 없다.
43 너희는 그를 고되게 부려서도 안 된
다. 모름지기 너희는 하나님 두려운
줄을 알아야 한다.
44 ○너희가 남종이나 여종을 두려면,
너희의 주변에 있는 여러 나라에서
남종이나 여종을 사들일 수 있다.
45 너희는 또, 너희와 함께 사는 외국인
거주자의 자손 가운데서나, 너희의
땅에서 태어나서 너희와 함께 사는
그들의 가족 가운데서 종을 사서, 너
희의 소유로 삼을 수 있다.
46 너희는 또 그 종들을 너희의 자손에
게 영원한 유산으로 물려줄 수도 있
다. 바로 이들은 너희가 종으로 부려
도 된다. 그러나 너희의 동포 이스라
엘 자손들끼리 서로 고되게 부려서
는 안 된다.
47 ○너희와 함께 사는, 나그네 신세 된
외국 사람이나 임시 거주자 가운데
는 부자로 사는 사람이 있는데, 마
침 그 이웃에 너희의 동족이 살고
있다가 가난하게 되어서, 그 외국 사
람에게나, 너희와 같이 사는 임시 거
주자에게나, 그 가족 가운데 누구에
게, 종으로 팔렸다고 하자.
48 종으로 팔려 간 다음이라 하더라도,
그는 종으로 팔릴 때에 받은 값을
되돌려 주고 풀려 날 권리가 있다.
그의 친척 가운데 누군가가 값을 대
신 치르고 그를 데려올 수 있으며,
49 삼촌이나 사촌이 그를 데리고 나올
수도 있고, 그의 가문에 속한 살붙
이가 그를 데리고 나올 수도 있다.
그 사람이 넉넉하게 된 뒤에, 스스
로 그 값을 치르고 나올 수도 있다.
50 그 경우에 그는, 종으로 팔렸던 그
해로부터 희년이 될 해까지의 햇수
를 자기를 산 사람과 함께 계산하
여, 그 햇수에 따라 돌려줄 값을 정
하여야 한다. 그 가운데서 그가 주
인을 섬기며 일한 기간은, 그가 이미
주인에게 일을 하여 준 기간이므로,
값의 일부를 치른 것으로 계산하여
야 한다.
51 아직 희년까지 남은 햇수가 많으면,

25:39-43 같은 이스라엘 백성이 종으로 팔려 왔을 때는 결코 종으로 대하지 못하게 했다. **고되게 부려서도 안 된다** 이 말은 출애굽기 1:12-14에 나오는 '혹독하게 부리다'는 말과 같은 뜻이다. '부리다'는 말의 문자적인 뜻은 '지배하다'이다.

25:47-55 종으로 팔린 이스라엘 사람들에 대한 규례이다. 하나님께서는 이스라엘을 이집트의 종살이에서 구원하여 하나님의 품꾼으로 삼으셨다. 그래서 이스라엘 사람은 사람의 종이 될 수가 없었다. 하나님의 기업인 이스라엘 사람은 종으로 팔렸을지라도 품꾼과 같이 인격적인 대우를 받았다.

※희년의 네 가지 교훈 ① 사회 정의: 빈부의 격차가 없는 평등한 사회 ② 참된 예배: 하나님께서는 자비를 베푸는 생활과 함께 드리는 제사를 원하신다. ③ 선행: '이웃을 네 몸같이 사랑하라'는 말씀이 희년법의 기본 윤리이다. ④ 메시아의 예표: 예수님은 '은혜의 해'(희년)를 전파하셨다(눅 4:19).

남은 햇수 만큼 많이 내고 나와야
한다. 그는 종으로 팔릴 때에 받은
몸값에서, 그 집에서 일한 햇수의 품
삯을 떼낸 나머지를 무르는 값으로
치르면 된다.
52 희년까지 남은 햇수가 얼마 되지 않
으면, 그 햇수를 따져서 그만큼 적게
치르면 된다. 이 때에도 그는 일한
햇수와 남은 햇수를, 자기를 종으로
산 주인과 함께 계산하여, 무르는 값
을 정하여야 한다.
53 ○주인은 그를 해마다 고용하는 것
으로 하고, 그를 품꾼으로 대접하여
야 한다. 어떤 주인이라도 그 종을
심하게 부려서는 안 된다.
54 위에서 말한 여러 방법 가운데 어느
하나로도 풀려 날 길이 없다 하더라
도, 희년이 되면 그는 풀려 날 수 있
다. 자기만이 아니라 자식들도 그와
함께 풀려 난다.
55 이스라엘 자손은 나에게 속한 나의
품꾼이기 때문이다. 그들은 내가 이
집트 땅에서 이끌어 낸 나의 품꾼이
다. 내가 주 너희의 하나님이다.

26

1 너희는 우상을 만들거나 조
각한 신상을 세우거나 돌기둥
을 세워서는 안 된다. 또 너희가 사
는 땅에 조각한 석상을 세우고 그것
들에게 절해서는 안 된다. 나는 주
너희의 하나님이다.
2 너희는 내가 정하여 준 안식의 절기
들을 지켜야 한다. 너희는 나에게 예
배하는 성소를 속되게 해서는 안 된
다. 나는 주다."

상과 벌

3 ○"너희가, 내가 세운 규례를 따르
고, 내가 명한 계명을 그대로 받들어
지키면,
4 나는 철 따라 너희에게 비를 내리겠
다. 땅은 소출을 내고, 들의 나무들
은 열매를 맺을 것이다.
5 너희는, 거두어들인 곡식이 너무 많
아서 포도를 딸 무렵에 가서야 타작
을 겨우 끝낼 것이며, 포도도 너무
많이 달려서 씨앗을 뿌릴 때가 되어
야 포도 따는 일을 겨우 끝낼 것이
다. 너희는 배불리 먹고, 너희 땅에
서 안전하게 살 것이다.
6 내가 땅을 평화롭게 하겠다. 너희는
두 다리를 쭉 뻗고 잘 것이며, 아무
도 너희를 위협하지 못할 것이다. 나
는 그 땅에서 사나운 짐승들을 없애
고, 칼이 너희의 땅에서 설치지 못하
게 하겠다.
7 너희의 원수들은 너희에게 쫓기다
가, 너희가 보는 앞에서 칼에 맞아
쓰러지고 말 것이다.
8 그들 백 명이 너희 다섯 명에게 쫓기
고, 그들 만 명이 너희 백 명에게 쫓
길 것이다. 너희의 원수들이, 너희가

26장 요약 레위기 전체의 결론격인 본장에는 순종에 따른 축복과 불순종에 따른 저주가 천명되어 있다. 그리고, 설령 저주를 당한다고 해도 즉시 회개함으로써 다시 구원과 회복의 은총을 받을 수 있다는 약속이 첨가되어 있다. 여기서 저주에 관한 경고가 긴 이유는 불순종하는 자의 경각심을 고취시키고자 함이다.

26:1-2 우상 숭배를 하지 말 것과 안식의 절기를 지키고 하나님을 예배하는 성소를 소중히 할 것을 말씀하신다. 이는 19:1-4과 비슷한 말씀이다.

26:3-13 하나님의 말씀에 순종하는 자들이 받을 축복들이 약속되어 있다. 첫 번째 축복은(4-5절) 비를 적절히 내리사 풍년을 주시겠다는 것이다. 두 번째 축복은(6-10절) 전쟁 없이 평화를 누리게 하시겠다는 것이다. 세 번째 축복은(11-13절) 이스라엘 안에 성막을 세워 하나님께서 항상 함께 계시겠다는 약속이며 이것은 축복의 절정이

보는 앞에서 칼에 맞아 쓰러지고 말
것이다.
9 나는 너희를 보살펴, 자손을 낳게 하
고, 자손이 많게 하겠다. 너희와 세
운 언약을 나는 꼭 지킨다.
10 너희는, 지난 해에 거두어들인 곡식
을 미처 다 먹지도 못한 채, 햇곡식
을 저장하려고, 해묵은 곡식을 바깥
으로 퍼내야만 할 것이다.
11 너희가 사는 곳에서 나도 같이 살겠
다. 나는 너희를 싫어하지 않는다.
12 나는 너희 사이에서 거닐겠다. 나는
너희의 하나님이 되고, 너희는 나의
백성이 될 것이다.
13 내가 주 너희의 하나님이다. 나는 너
희를 이집트 땅에서 이끌어 내어, 그
들의 노예가 되지 않도록 하였다.
또, 나는 너희가 메고 있던 멍에의
가름대를 부수어서, 너희가 얼굴을
들고 다니게 하였다.
14 ○그러나 너희가, 내가 하는 말을 듣
지 않고, 이 모든 명령을 지키지 않
거나,
15 내가 정하여 준 규례를 지키지 않고,
내가 세워 준 법도를 싫어하여, 나의
모든 계명을 그대로 실천하지 않고,
내가 세운 언약을 어기면,
16 나는 너희에게 다음과 같이 보복하
겠다. 갑작스런 재앙 곧 폐병과 열병
을 너희에게 보내서, 너희의 눈을 어
둡게 하고, 기운이 쏙 빠지게 하겠
다. 너희가 씨를 뿌려도, 너희의 원
수들이 와서 먹어 버릴 것이다.
17 내가 성난 얼굴로 너희를 쏘아보는
동안에, 너희는 원수들에게 얻어맞
을 것이다. 너희를 미워하는 그자들
이 너희를 다스릴 것이다. 너희는 쫓
는 사람이 없어도 도망다니는 신세
가 될 것이다.
18 너희가 이 지경이 되어도 나의 말을
듣지 않으면, 이번에는 너희가 지은
죄를 일곱 배로 벌하여,
19 너희가 자랑하는 그 힘을 꺾겠다. 너
희의 하늘을 쇠처럼, 너희의 땅을 놋
쇠처럼 단단하게 만들겠다.
20 그러면 너희가 아무리 힘을 써도, 너
희의 땅은 소출을 내지 못할 것이며,
땅에 심은 나무도 열매를 맺지 못할
것이다.
21 ○너희가 나를 거역하여 나의 말에
순종하지 않으면, 나도 너희에게 너
희가 지은 죄보다 일곱 배나 벌을 더
내리겠다.
22 들짐승을 보내서 너희에게 대들게
하겠다. 그 짐승들은 너희의 아이들
을 움켜가고, 너희의 가축 떼를 죽일
것이며, 너희의 수가 줄어서 너희가
다니는 길도 한산할 것이다.
23 일이 이 지경이 될 때까지도, 너희가
나에게로 마음을 돌이키지 않고, 여

다. 예수님께서도 승천하시기 전에 세상 끝 날까지 함께 계시겠다고 약속하셨다(마 28:20).

26:14-39 하나님의 말씀에 불순종하는 사람들에 대한 저주의 규례이다. 예언서를 보면 이곳에 기록된 저주들이 포로기 동안에 그대로 이루어졌음을 알 수 있다. 이러한 저주의 목적은 회개하여 다시 순종의 삶을 살게 하기 위한 것이었다.

26:14-17 첫 번째 저주는 몸의 질병이다. 하나님의 규례를 불순종하는 것은 바로 하나님과의 언약을 깨뜨리는 것이다(15절).

26:18-20 두 번째 저주는 가뭄과 흉년이었다. 19절 표현은 4절과 대칭이 되는데, 곧 하늘을 닫아서 가뭄이 있게 하고 땅을 저주하여 경작하기 어렵게 만든다는 뜻이다. 하나님의 징벌은 사랑의 표현이다. 징벌을 통해 잘못된 길에서 올바른 길로 돌아서게 하기 위함이다.

26:21-22 세 번째 저주는 들짐승의 습격이었다. 사무엘기상 17:34-36과 열왕기하 17:25-26의

전히 나를 거역하면,
24 나도 너희를 거역할 수밖에 없다. 나
역시 너희가 지은 죄를 일곱 배로 보
복하겠다.
25 내가 너희에게 전쟁을 보내어서, 너
희가 언약을 어긴 것을 보복하겠다.
너희가 여러 성읍으로 피하면, 너희
에게 재앙을 뒤따라 보내서라도, 너
희를 원수의 손에 넘겨 주겠다.
26 내가 먹거리를 끊어 버리면, 열 여인
이 너희가 먹을 빵을 한 화덕에서
구울 것이며, 그 여인들은 빵을 저울
에 달아 너희에게 줄 것이다. 그러면
너희는, 먹기는 먹어도 여전히 배가
고플 것이다.
27 ○이렇게까지 하여도, 너희가 나의
말을 듣지 않고, 여전히 나를 거역하
면,
28 나는 더욱 노하여 너희를 거역할 것
이며, 너희는 너희가 지은 죄보다 일
곱 배나 더 벌을 받게 될 것이다.
29 그렇게 되면, 너희는 너희 아들의 살
과 딸의 살이라도 먹을 것이다.
30 내가 높은 곳에 있는 너희의 산당들
을 모조리 부수며, 분향단들을 다
헐고, 너희의 시체를 너희가 섬기는
그 우상들의 시체 위에다 쌓아 놓을
것이다. 나는 도저히 너희를 불쌍히
여길 수 없다.
31 너희가 살던 마을들을 폐허로 만들
고, 너희가 드나들던 성소들을 황량
하게 만들 것이다. 너희가 바치는 향
도 기쁘게 받지 않을 것이다.
32 나는 또 땅을 황폐하게 할 것이다.
거기에서 사는 너희의 원수들은, 거
칠고 못쓰게 된 그 땅을 보고 놀랄
것이다.
33 나는 너희를 여러 민족 사이로 흩어
버리고, 칼을 뽑아 너희 뒤를 쫓게
할 것이다. 너희가 살던 땅은 버려진
채, 거칠고 쓸모 없이 될 것이며, 너
희가 살던 마을들은 폐허가 될 것이
다.
34 그 때에야 비로소, 땅은 안식을 누릴
것이다. 땅이 그렇게 폐허로 버려져
있는 동안, 곧 너희가 원수들의 나라
로 잡혀가 있는 동안에, 비로소 땅
은 쉴 것이며, 제 몫의 안식을 누릴
것이다.
35 너희가 그 땅에 사는 동안에는, 안식
년이 되어도 땅이 쉬지 못하였지만,
폐허로 버려져 있는 동안에는, 땅이
쉴 것이다.
36 ○너희 가운데 살아 남은 사람들이
원수의 땅에 끌려가 사는 동안에, 내
가 그들의 마음에 공포심을 일으켜,
바람에 나뭇잎 떨어지는 소리만 나
도, 칼을 피해 도망가듯, 기겁하고 달
아나게 하겠다. 그들은, 아무도 뒤쫓
지 않아도 달아나다 넘어질 것이다.

사건들은 모두 불순종에 대한 저주였다.

26:23-26 네 번째 저주는 전쟁과 굶주림이었다. 이스라엘과 대항하여 싸운 나라들은 하나님께서 보내신 징벌의 수단이었다. 이는 이스라엘이 다시 순종의 길로 돌아오게 하기 위한 도구이다.

26:26 열 여인이…구울 것 본절은 하나님의 징계로 인해서 열 가정이 한 화덕에서 빵을 구워 나눠 먹을 만큼 어려워진 것을 나타낸다.

26:27-39 다섯 번째 저주는 가나안 땅의 황폐와 그 땅에서의 추방이었다. 지금까지 경고한 징벌들을 받은 후에도 순종의 길로 돌아오지 않을 경우에는 최후로 이스라엘을 가나안 땅에서 쫓아내시겠다는 것이다.

26:34 안식년은 하나님과 언약을 맺은 징표이다. 안식년을 지키지 않는 것은 하나님과의 언약을 어기는 일이다. 하나님께서는 이 언약을 어길 때 땅이 거주자들을 토해 내게 하고(18:25,28), 땅이 안식을 누리게 하시겠다고 말씀하신다.

37 아무도 뒤쫓지 않아도, 칼날을 피하
여 도망가듯, 서로 엎치락뒤치락 비
틀거릴 것이다. 너희는 절대로 너희
의 원수들과는 맞설 수 없다.
38 마침내 너희는 망하여, 다른 민족 사
이에 흩어질 것이며, 원수들의 땅이
너희를 삼킬 것이다.
39 너희 가운데 살아 남아 원수의 땅으
로 끌려간 사람들은, 그 지은 죄 때
문에 힘이 약해질 것이다. 조상들이
지은 죄 때문에도, 그들은 힘이 약
해질 것이다.
40 그러나 그들이, 자기들이 지은 죄와
조상들이 지은 죄, 곧 그들이 나를
배신하고 나에게 반항한 허물을 고
백하면, 또 그들이 나를 거슬렀으므
로,
41 내가 그들을 거스르지 않을 수 없었
다는 것과, 그래서 내가 그들을 원수
가 사는 땅으로 보냈다는 것을 깨닫
고, 할례 받지 못한 그들의 마음이
겸손해져서, 자기들이 지은 죄로 벌
을 기꺼이 받으면,
42 나는, 야곱과 맺은 언약과 이삭과 맺
은 언약과 아브라함과 맺은 언약을
기억하고, 또 그 땅도 기억하겠다.
43 그들에게 버림받은 그 땅은, 오히려
그들이 없는 동안 폐허로 있으면서,
안식을 누릴 것이다. 그 기간에 그들
은 내가 명한 법도를 거역한 죄값과
내가 세운 규례를 지키지 않은 죄값
을 치를 것이다.
44 비록 그들이 죄값을 치르고 있더라
도, 그들이 원수의 땅에 잡혀가 있
는 동안에, 나는 절대로 그들을 버리
지 않겠다. 미워하지도 않고 멸망시
키지도 않겠다. 그래서 그들과 세운
나의 언약을 깨뜨리지 않겠다. 내가
주 그들의 하나님이기 때문이다.
45 그들을 돌보려고, 나는, 내가 이집트
땅에서 이끌어 낸 그 첫 세대와 맺
은 언약을 기억할 것이다. 나는 그들
의 하나님이 되려고, 뭇 민족이 보는
앞에서 그들을 이끌어 내었다. 나는
주다."
46 ○이상은 주님께서 시내 산에서 모
세를 시켜, 주님과 이스라엘 자손 사
이에 세우신 여러 가지 규례와 법도
와 율법이다.

서약예물의 값

27 주님께서 모세에게 말씀하셨
다.
2 "너는 이스라엘 자손에게 말하여라.
그들에게 다음과 같이 일러라.
○어느 누구든지, 주에게 사람을
드리기로 서약하고, 그 사람에 해당
되는 값을 돈으로 환산하여 드리기
로 하였으면,
3 그 값은 다음과 같다. 스무 살로부
터 예순 살까지의 남자의 값은, 성소

26:40-46 이스라엘의 회복에 대한 약속이다. 하나님께서 이스라엘을 징벌하시는 이유는 그들이 '택한 백성'(암 3:2)이기 때문이다. 따라서 그들이 자신의 죄를 회개하고 겸손한 마음을 가지면, 옛 족장들과의 언약대로 다시 축복해 주신다.

26:41 할례 받지 못한 그들의 마음 할례는 하나님의 말씀을 대대로 순종하겠다는 언약의 표시이다. 마음이 할례 받지 않았다는 것은 교만하여 순종하지 않았다는 것을 뜻한다.

27장 요약 서약에 관한 규례(1-29절)와 십일조에 관한 규례(30-34절)로써 본서는 마무리된다. 서약이 시내 산 언약의 본질은 아니었지만 순종과 헌신의 표현이기 때문에 십일조에 관한 규례와 함께 맨 마지막에 수록된 듯하다. 위기의 순간에만 서약하고 그 순간이 지나면 그 서약을 무시하는 태도를 경고하고 있다.

27:2 서약(히. '네데르')이란 말은 본래 '입에서 나

에서 사용되는 세겔로 쳐서 은 오십
세겔이고,
4 여자의 값은 삼십 세겔이다.
5 다섯 살에서부터 스무 살까지는, 남
자의 값은 이십 세겔이고, 여자는 십
세겔이다.
6 난 지 한 달 된 아이에서부터 다섯
살까지는, 남자의 값은 은 오 세겔이
고, 여자의 값은 은 삼 세겔이다.
7 예순 살이 넘은 사람들은, 남자의
값은 십오 세겔이고, 여자의 값은 십
세겔이다.
8 서약한 사람이 너무 가난해서, 정한
값을 내지 못할 경우에는, 바치기로
한 그 사람을 제사장에게로 데리고
가고, 제사장은 서약한 사람이 감당
할 수 있는 능력을 따라서, 그에게
값을 정하여 준다.
9 ○그가 서약한 것이, 주에게 제물로
바치는 짐승이면, 주에게 바친 짐승
은 모두 거룩하게 된다.
10 그는 그것을 다른 것과 바꾸지 못한
다. 좋은 것을 나쁜 것으로 바꾸지
도 못하고, 나쁜 것을 좋은 것으로
바꾸지도 못한다. 이미 바친 짐승을
다른 짐승과 바꾸면, 본래의 것과
바꾼 것이 둘 다 거룩하게 바친 것이
된다.
11 바칠 짐승이 부정한 짐승 곧 주에게
제물로 바칠 수 없는 짐승일 경우에
는, 그 짐승을 제사장에게로 끌고 가
고,
12 제사장은 좋은지 나쁜지 그 질을 판
정하여야 한다. 제사장이 값을 얼마
매기든지, 그가 매긴 것이 그대로 그
값이 된다.
13 소유자가 그 짐승을 무르고 싶으면,
그는 그 짐승값에 오분의 일을 더
보태서 내야 한다.
14 ○어떤 사람이 자기 집을 거룩하게
구별하여 주에게 바칠 때에는, 제사
장이 그 집을 보고, 많든 적든 그 값
을 제사장이 매긴다. 제사장이 값을
얼마 매기든지, 그가 매긴 것이 그대
로 그 값이 된다.
15 자기 집을 바쳤다가, 그 사람이 집을
도로 무르고자 하면, 그는 본래의
그 집값에 오분의 일을 더 얹어서 물
어야 한다. 그렇게 하면, 그 집은 다
시 자기의 것이 된다.
16 ○어떤 사람이 유산으로 물려받은
밭에서 얼마를 거룩하게 구별하여
주에게 바치려고 하면, 그 밭의 값은
그 밭에 뿌릴 씨앗의 분량에 따라
매기게 된다. 예를 들면, 그 밭이 한
호멜의 보리씨를 뿌릴 만한 밭이면,
그 값은 은 오십 세겔이다.
17 그가 희년 때부터 그의 밭을 거룩하
게 구별하여 바치고자 하면, 그 값은
위에서 말한 그대로이다.

가다'는 뜻이다. 곧 맹세하여 말로 약속하는 것을 가리킨다.

27:2-8 주에게 사람을 드리기로 서약하고 이 말은 '한 사람이 성막이나 성전에서 하나님의 종이 되어 일하겠다고 결심하였으면'이다(참조. 삼하 15:8;시 116:14-19). 그러나 성막이나 성전에서 일할 수 있는 특권은 제사장과 레위 사람들밖에 없었다. 따라서 제사장이나 레위 사람이 아닌 자가 성막이나 성전에서 일하려면 몸값을 성소의 세겔로 대신 치러야 했다. **성소에서 사용되는 세겔** 세겔은 원래 무게를 잴 때 사용하는 단위이다. 하지만 은(銀)을 기준으로 측정할 때는 화폐 단위로도 사용했다. 일반적으로 통용되는 세겔보다 성소의 세겔이 값이 더 비쌌다. 성소의 한 세겔은 은 약 11.5g에 해당한다. 한 세겔이 한 달 품삯에 해당한다는 학설도 있다.

27:11-13 서약한 동물이 부정해졌을 경우에는 동물 대신 제사장이 정해 준 값으로 바꿔서 바쳤다.

18 그러나 그가, 어느 때든지 희년이 지
난 다음에, 자기의 밭을 바쳐 거룩하
게 하고자 하면, 제사장은 다음 희
년 때까지 남은 햇수를 계산하고, 거
기에 따라, 처음 정한 값보다는 적게
매기게 된다.
19 밭을 바친 사람이 그것을 다시 무르
고자 할 때에는, 매긴 값의 오분의
일을 더 얹어 물어야 하고, 그렇게
하면, 그 밭은 다시 그의 것이 된다.
20 그러나 바친 밭을 그가 다시 사들이
지 않아서, 그것을 다른 이에게 팔
면, 그 밭은 다시는 그 주인이 되살
수 없다.
21 희년이 되어 그 밭이 해약되더라도,
그것은 주에게 바친 밭처럼, 여전히
거룩한 것으로서 제사장의 소유가
된다.
22 ○어떤 사람이, 상속받은 유산의 일
부가 아니라, 자기가 산 밭을 거룩하
게 구별하여 주에게 바치려면,
23 제사장이 희년까지 햇수를 계산하
여 그 값을 매겨야 한다. 밭을 바칠
사람은, 바로 그 날, 매겨 있는 그 값
을 주에게 거룩한 것으로 바쳐야 한
다.
24 희년이 되면 그 밭은, 그것을 판 사
람 곧 유산으로 받은 그 땅의 본래
소유자에게 돌아간다.
25 ○이제까지 말한 모든 값은 이십 게
라를 일 세겔로 계산하는, 성소에서
쓰는 세겔로 매겨야 한다."

짐승의 맏배

26 ○"짐승의 맏배는 새삼스레 거룩한
것으로 바칠 것이 없다. 맏배는 이미
나 주의 것이기 때문이다. 소든지 양
이든지 그것들은 다 나 주의 것이다.
27 그러나 그가 바치려는 것이 부정한
짐승이면, 그는 매겨 있는 값에다 오
분의 일을 더 얹어 그것을 무를 수
있다. 그가 그것을 무르지 않으면,
그것은 제사장이 매긴 값으로 팔아
야 한다."

무를 수 없는 제물

28 ○"사람이 자기에게 있는 것 가운데
서, 어떤 것을 주에게 바쳐 그것이
가장 거룩한 것이 되었을 때에는, 사
람이든 짐승이든 또는 유산으로 물
려받은 가문에 속한 밭이든, 그것들
을 팔거나 무르거나 할 수 없다. 그
것들은 이미 주에게 가장 거룩한 것
으로 모두 바친 것이기 때문이다.
29 주에게 바친 사람도 다시 무를 수 없
다. 그는 반드시 죽여야 한다."

주님께 바친 십분의 일

30 ○"땅의 십분의 일 곧 땅에서 난 것
의 십분의 일은, 밭에서 난 곡식이든
지, 나무에 달린 열매이든지, 모두
주에게 속한 것으로서, 주에게 바쳐
야 할 거룩한 것이다.

27:16-24 서약한 토지는 원래의 주인이 관리했다. 그리고 해마다 정한 값을 제사장에게 주었다. 토지의 경우에는 희년이 되면 다시 원래의 주인에게 돌려주었다. 그러나 서약한 토지를 다른 사람에게 팔았을 경우에는, 희년이 되어도 자기 것이 되지 못하고 영영히 제사장의 것이 되었다. 취소할 때에는 20%의 벌칙금이 가산되었다.

27:26-29 이미 하나님의 것인 '맏배'(26절)는 사람이 새삼스럽게 하나님께 구별하여 드리지 못한다(참조. 출 13:2,11-13). 또한 하나님께 온전히 바친 사람이나 물건은 결코 다시 무르거나 어떤 경우에도 돈으로 바꾸어 드릴 수 없다(28-29절).

27:29 주에게 바친 사람 하나님의 진노의 대상으로, 죽임을 당하게 될 사람을 가리킨다. 이 말은 가나안 원주민과 이스라엘의 대적들에게 자주 사용되었다. 후에 사울 왕이 아말렉을 진멸시키지 않은 것은 바로 본문에 대한 불순종이었다(삼상 15장).

31 누가 그 십분의 일을 꼭 무르고자
하면, 그 무를 것의 값에다 오분의
일을 더 얹어야만 한다.
32 소 떼와 양 떼에서도, 각각 십분의
일을 나 주에게 거룩하게 바쳐야 한
다. 목자의 지팡이 밑으로 짐승을
지나가게 하여, 열 번째 것마다 바쳐
야 한다.
33 나쁜 것들 가운데서 좋은 것을 골라
내거나 바꿔치기를 하거나 해서는
안 된다. 그가 꼭 바꾸어야만 하겠
다는 생각으로 어떤 것을 바꾸었다
면, 처음 그 짐승과 바꾼 짐승이 둘
다 거룩하게 되어, 도저히 무를 수
없게 된다."
34 이것은 주님께서 시내 산에서 모세
더러, 이스라엘 자손에게 이르라고
내리신 명이다.

27:32 십분의 일 이스라엘 백성들은 세 가지 십일조를 바쳤다. ① 일반적인 십일조 ② 온 가족이 예배장소에 모여서 같이 먹고 즐기는 십일조(신 14: 22-27) ③ 3년마다 가난한 사람들을 위해 바치는 십일조(신 14:28-29). 예수님도 십일조에 관하여 마태복음서 23:23과 누가복음서 11:42에서 말씀하셨다. 이 말씀은 십일조를 드리라는 계명을 반대하신 것이 아니라, 그것만으로 다 된 줄 아는 형식주의를 반대하신 것이다. 십일조는 먼저 그 행실이 사랑과 공의와 믿음으로 채워진 후에, 감사와 자원의 마음으로 바쳐야만 한다. 초대교회 성도들은 이것에 대한 본을 보여 주었다(행 4:32-35;고후 8:10-15;9장).

27:33 본문의 내용은 소나 양을 십일조로 하나님께 드렸을 때, 이미 드린 것을 다시 가져오고 다른 것을 바치겠다고 바꿔치기했을 경우를 말한다. 이 경우에는 둘 다 하나님께 바쳐야 한다는 뜻이다(참조. 10절).

민수기

NUMBERS

저자 모세

저작 연대 B.C. 1450–1400년경

기록 장소와 대상 모세가 이스라엘 백성을 약속의 땅으로 인도하면서 시내 산과 광야에서 기록하였다. 본서는 이스라엘 백성을 대상으로 기록되었다.

핵심어 및 내용 민수기의 핵심어는 '방황', '인구 조사' 등이다. 민수기에서 강조된 내용은 이집트 탈출 제1세대에게 인구 조사를 실시했던 때부터 이집트 탈출 제2세대에게 인구 조사를 실시했던 때까지, 광야에서 계속되었던 이스라엘 백성의 방황이다.

내용 분해

1. 시내 산에서: 약속의 땅을 향하여 출발하기 위한 준비(1:1–10:10)
2. 시내 산에서 가데스까지(10:11–12:16)
3. 가데스에서: 백성의 반역으로 인한 가나안 입성 지연(13:1–20:13)
4. 가데스에서 모압 평지까지(20:14–22:1)
5. 모압 평지에서: 약속의 땅을 취할 것을 기대하면서(22:2–36:13)

첫 번째 병적 조사

1 이스라엘 자손이 이집트 땅에서
나온 지 이 년이 되던 해 ㉠둘째
달 초하루에, 주님께서 시내 광야의
㉡회막에서 모세에게 말씀하셨다.
2 "㉢너희는 이스라엘 자손의 온 회중
을 각 가문별, 가족별로 인구를 조
사하여라. 남자의 경우는 그 머리 수
대로 하나하나 모두 올려 명단을 만
들어라.
3 너는 아론과 함께, 이스라엘 사람
가운데서 스무 살이 넘어 군대에 입
대할 수 있는 남자들을, 모두 각 부
대별로 세어라.
4 각 지파에서 한 사람씩, 곧 한 가족
에서 지도자가 한 사람씩 나오게 하
여 너희를 돕게 하여라.
5 다음은 너희 곁에 서서 너희를 도울
사람들의 이름이다." ○"르우벤 지파
에서는 스데울의 아들 엘리술이요,
6 ○시므온 지파에서는 수리삿대의 아
들 슬루미엘이요,
7 ○유다 지파에서는 암미나답의 아
들 나손이요,
8 ○잇사갈 지파에서는 수알의 아들
느다넬이요,
9 ○스불론 지파에서는 헬론의 아들
엘리압이요,
10 ○요셉의 아들들 가운데, 에브라임
지파에서는 암미훗의 아들 엘리사
마요, 므낫세 지파에서는 브다술의
아들 가말리엘이요,
11 ○베냐민 지파에서는 기드오니의 아
들 아비단이요,
12 ○단 지파에서는 암미삿대의 아들
아히에셀이요,
13 ○아셀 지파에서는 오그란의 아들
바기엘이요,
14 ○갓 지파에서는 ㉣르우엘의 아들 엘
리아삽이요,
15 ○납달리 지파에서는 에난의 아들
아히라이다."
16 ○이들은 회중이 추대하여, 조상
때부터 내려온 각 지파의 지도자가
된 사람들이다. 이 사람들이 바로 이
스라엘 군대 각 부대의 지휘관이다.
17 ○모세와 아론은 임명받은 이 사람
들을 거느리고

㉠ 시브월, 양력 사월 중순 이후 ㉡ 하나님이 백성을 만나시는 곳 ㉢ 모세와 아론 ㉣ 히, '드우엘', 2:14절을 따름

18 둘째 달 초하루에 전체 회중을 불러
모았다. 회중들은 모두 가문별, 가족
별로 등록하였다. 스무 살이 넘은 남
자는, 모두 그 머리 수대로 하나하나
명단에 올렸다.
19 이것은 주님께서 모세에게 명하신
대로 한 것이다. 모세가 시내 광야에
서 그들의 수를 세었다.
20 ○이스라엘의 맏아들 르우벤의 자
손 가운데서, 군대에 입대할 수 있
는, 스무 살이 넘은 모든 남자를, 각
각 가문별, 가족별로, 그 머리 수대
로, 하나하나 명단에 올렸다.
21 르우벤 지파에서 등록된 사람의 수
는 사만 육천오백 명이다.
22 ○시므온의 자손 가운데서, 군대에
입대할 수 있는, 스무 살이 넘은 모
든 남자를, 각각 가문별, 가족별로,
그 머리 수대로, 하나하나 명단에 올
렸다.
23 시므온 지파에서 등록된 사람의 수
는 오만 구천삼백 명이다.
24 ○갓의 자손 가운데서, 군대에 입대
할 수 있는, 스무 살이 넘은 모든 남
자를, 각각 가문별, 가족별로 명단에
올렸다.
25 갓 지파에서 등록된 사람의 수는 사
만 오천육백오십 명이다.
26 ○유다의 자손 가운데서, 군대에 입
대할 수 있는, 스무 살이 넘은 모든
남자를, 각각 가문별, 가족별로 명단
에 올렸다.
27 유다 지파에서 등록된 사람의 수는
칠만 사천육백 명이다.
28 ○잇사갈의 자손 가운데서, 군대에
입대할 수 있는, 스무 살이 넘은 모
든 남자를, 각각 가문별, 가족별로
명단에 올렸다.
29 잇사갈 지파에서 등록된 사람의 수
는 오만 사천사백 명이다.
30 ○스불론의 자손 가운데서, 군대에
입대할 수 있는, 스무 살이 넘은 모
든 남자를, 각각 가문별, 가족별로
명단에 올렸다.
31 스불론 지파에서 등록된 사람의 수
는 오만 칠천사백 명이다.
32 ○요셉의 아들 에브라임의 자손 가
운데서, 군대에 입대할 수 있는, 스무
살이 넘은 모든 남자를, 각각 가문
별 가족별로 명단에 올렸다.
33 에브라임 지파에서 등록된 사람의
수는 사만 오백 명이다.
34 ○므낫세의 자손 가운데서, 군대에
입대할 수 있는, 스무 살이 넘은 모
든 남자를, 각각 가문별, 가족별로
명단에 올렸다.
35 므낫세 지파에서 등록된 사람의 수
는 삼만 이천이백 명이다.
36 ○베냐민의 자손 가운데서, 군대에
입대할 수 있는, 스무 살이 넘은 모

1장 요약 이스라엘이 행한 인구 조사는 광야 여정에서 효율성을 높이는 조직체의 구성과 가나안 정복 전쟁을 대비한 군사 체제를 갖추기 위한 조치였다.

1:3–43 하나님은 자신의 백성을 위해 반드시 적들과 싸우실 것이나, 이스라엘도 앞으로 만나게 될 적들을 대비하여 인력을 배치해야 한다. 하나님께서는 각 지파 사람을 명단에 올려 그 지파에 맞는 일을 분배하도록 명하셨다. 광야에서 새로 편성된 이스라엘 백성의 조직은 가나안 땅에서도 그대로 활용되었다(여호수아기 참조).

1:27 유다 지파 야곱과 레아 사이에서 태어난 유다가 조상이다(창 29:15–35). 르우벤을 대신하여 이 지파가 장자 지파가 되었으며(창 49:3–12), 가나안 정복전쟁을 이끌었다(삿 1:1–19). 다윗 왕이 이 지파에서 세워졌으며(삼하 2:1–11), 후일 남 유다 왕국에서 주도적인 역할을 했다(왕상 14:21–

민

든 남자를, 각각 가문별, 가족별로
명단에 올렸다.
37 베냐민 지파에서 등록된 사람의 수
는 삼만 오천사백 명이다.
38 ○단의 자손 가운데서, 군대에 입대
할 수 있는, 스무 살이 넘은 모든 남
자를, 각각 가문별, 가족별로 명단
에 올렸다.
39 단 지파에서 등록된 사람의 수는 육
만 이천칠백 명이다.
40 ○아셀의 자손 가운데서, 군대에 입
대할 수 있는, 스무 살이 넘은 모든
남자를, 각각 가문별, 가족별로 명단
에 올렸다.
41 아셀 지파에서 등록된 사람의 수는
사만 천오백 명이다.
42 ○납달리의 자손 가운데서, 군대에
입대할 수 있는, 스무 살이 넘은 모
든 남자를, 각각 가문별, 가족별로
명단에 올렸다.
43 납달리 지파에서 등록된 사람의 수
는 오만 삼천사백 명이다.
44 ○이 사람들은, 모세와 아론이, 각
집안에서 한 사람씩 뽑힌 이스라엘
의 열두 지도자들과 함께 조사하여
등록시킨 사람들이다.
45 이스라엘 군대에 입대할 수 있는, 스
무 살이 넘은 모든 이스라엘 자손
이, 각 집안별로 등록되었다.
46 등록된 이들은 모두 육십만 삼천오
백오십 명이다.
47 그러나 레위 사람은, 조상의 지파별
로, 그들과 함께 등록되지 않았다.

레위 지파의 병역 면제

48 ○주님께서 모세에게 이렇게 분부하
여 이르셨다.
49 "레위 지파만은 인구조사에서 빼고
이스라엘 징집자 명단에 올리지 말
아라.
50 그 대신 너는 레위 사람을 시켜, ㉠증
거궤가 보관된 성막을 보살피게 하
여라. 모든 기구와 그 안에 있는 모
든 비품을 그들이 관리할 것이다. 그
들은 성막을 옮기는 일과 그 안에
있는 모든 기구를 옮기는 일을 맡을
것이다. 그들은 성막을 돌보며, 성막
둘레에 진을 치고 살아야 한다.
51 성막을 옮길 때마다 레위 사람이 그
것을 거두어야 하고, 성막을 칠 때에
는 레위 사람만이 그것을 세워야 한
다. 다른 사람들이 거기에 다가갔다
가는 죽을 것이다.
52 이스라엘 자손은 각기 부대별로, 각
기 자기 진 안의 부대기를 중심으로
장막을 쳐야 한다.
53 그러나 레위 사람은 ㉠증거궤가 보관
된 성막 둘레에 진을 쳐서, 나의 진
노가 이스라엘 자손의 회중에게 내
리지 않게 해야 한다. 레위 사람은
㉠증거궤가 보관된 성막을 보호할

22). 또한 다윗의 가문에서 세상을 구원할 메시아도 탄생하였다.

1:44-46 이스라엘은 거대한 조직체를 구성하게 되었다. 그러므로 이스라엘에 속한 각 개인들은 공동체가 필요로 하는 일을 충실하게 수행할 책임을 지게 된다. 한편, 총계 603,550명이란 수는, 이집트로 내려갈 당시의 70명이란 수(출 1:5)와 비교해 볼 때 이들이 얼마나 왕성하게 번성해 왔는지를 입증해 주고 있다. 이것은 하나님께서 아브라함과의 약속을 지키셨다는 증거이다.

1:47-54 레위 사람을 명단에 올리지 말라고 하신 것은 하나님이 허용하신 사람 외에는 어느 누구도 하나님께 접근할 수 없음을 가르쳐 주시기 위함이었다.

1:50 증거궤가 보관된 성막 돌판에 새겨진 십계명을 증거판이라 하였고, 이 증거판이 들어 있는 법궤를 증거궤라고 하였다.

㉠ 또는 '법막' 또는 '증거막'

임무를 맡는다."
54 ○이스라엘 자손은, 주님께서 모세
에게 명하신 모든 것을 다 그대로 하
였다.

부대 편성 및 행군 순서

2 주님께서 모세와 아론에게 말씀하
셨다.
2 "이스라엘 자손이 진을 칠 때에는,
회막을 중심으로 하여 그 둘레에 진
을 치되, 각기 자기가 속한 부대기가
있는 곳에다 자기 가문의 깃발을 함
께 세우고 진을 쳐야 한다.
3 ○동쪽, 곧 해 뜨는 쪽에 진을 칠 부
대는 유다 진영의 깃발 아래에 소속
된 부대들이다. 유다 자손의 지휘관
은 암미나답의 아들 나손이다.
4 그가 이끌 부대의 군인 수는 칠만
사천육백 명이다.
5 유다 자손의 한쪽 옆에는 잇사갈 지
파가 진을 친다. 잇사갈 자손의 지휘
관은 수알의 아들 느다넬이다.
6 그가 이끌 부대의 군인 수는 오만 사
천사백 명이다.
7 유다 자손의 또 다른 한쪽 옆에는
스불론 지파가 진을 친다. 스불론
자손의 지휘관은 헬론의 아들 엘리
압이다.
8 그가 이끌 부대의 군인 수는 오만 칠
천사백 명이다.
9 유다 진영에 소속된 각 부대의 군인
수는 모두 더하여 십팔만 육천사백
명이다. 행군할 때에는 유다 진영이
첫 번째로 출발한다.
10 ○남쪽에 진을 칠 부대는 르우벤 진
영의 깃발 아래 소속된 부대들이다.
르우벤 자손의 지휘관은 스데울의
아들 엘리술이다.
11 그가 이끌 부대의 군인 수는 사만
육천오백 명이다.
12 ○르우벤 자손의 한쪽 옆에는 시므
온 지파가 진을 친다. 시므온 자손의
지휘관은 수리삿대의 아들 슬루미
엘이다.
13 그가 이끌 부대의 군인 수는 오만 구
천삼백 명이다.
14 르우벤 자손의 또 다른 한쪽 옆에는
갓 지파가 진을 친다. 갓 자손의 지휘
관은 르우엘의 아들 엘리아삽이다.
15 그가 이끌 부대의 군인 수는 모두
더하여 사만 오천육백오십 명이다.
16 르우벤 진영에 소속된 각 부대의 군
인 수는 모두 더하여 십오만 천사백
오십 명이다. 행군할 때에는 르우벤
진영이 두 번째로 출발한다.
17 ○다음에는 회막이 레위 사람의 진
영과 함께 출발하여, 모든 군대의 가
운데 서서 나아간다. 각 부대는 진을
칠 때와 같은 순서로 출발하되, 각기
자기의 부대기를 앞세우고 제자리를
지켜야 한다.

2장 요약 본장은 하나님의 지시대로 각 지파의 진을 배치한 기록이다. 회막을 중심으로 동쪽에는 유다, 잇사갈, 스불론 지파가, 남쪽에는 르우벤, 시므온, 갓 지파가, 서쪽에는 에브라임, 므낫세, 베냐민 지파가, 북쪽에는 단, 아셀, 납달리 지파가 배치되었다. 이러한 배치도는 항상 회막이 중앙에 위치하였음을 보여 준다.

2:1–34 하나님께서 정하신 순서대로 각 지파의 위치가 정해졌다. 그리고 회막은 진을 치고 있을 때나 행군할 때 항상 이스라엘 군대의 가운데에 있도록 하였다. 이것은 하나님께서 언제나 이스라엘 가운데 임재하심을 뜻한다. 하나님께서는 자신의 임재와 거룩함을 보여 주시고, 그들에게 자신을 경외하도록 가르치신다. 회막은 전에는 진영 밖에 있었으나(출 33:7), 이제는 가운데에 있다. 그러므로 이스라엘 백성들은 이제부터 회막 중심 즉 하나님 중심으로 살아가야 한다.

민

18 ○서쪽에 진을 칠 부대는 에브라임
진영의 깃발 아래 소속된 부대들이
다. 에브라임 자손의 지휘관은 암미
훗의 아들 엘리사마이다.
19 그가 이끌 부대의 군인 수는 사만
오백 명이다.
20 ○에브라임 자손의 한쪽 옆에는 므
낫세 지파가 진을 친다. 므낫세 자손
의 지휘관은 브다술의 아들 가말리
엘이다.
21 그가 이끌 부대의 군인 수는 삼만
이천이백 명이다.
22 에브라임 자손의 또 다른 한쪽 옆에
는 베냐민 지파가 진을 친다. 베냐민
자손의 지휘관은 기드오니의 아들
아비단이다.
23 그가 이끌 부대의 군인 수는 삼만
오천사백 명이다.
24 에브라임 진영에 소속된 각 부대의
군인 수는 모두 더하여 십만 팔천백
명이다. 행군할 때에는 에브라임 진
영이 세 번째로 출발한다.
25 ○북쪽에 진을 칠 부대는 단 진영의
깃발 아래 소속된 부대들이다. 단
자손의 지휘관은 암미삿대의 아들
아히에셀이다.
26 그가 이끌 부대의 군인 수는 육만
이천칠백 명이다.
27 단 자손의 한쪽 옆에는 아셀 지파가
진을 친다. 아셀 자손의 지휘관은
오그란의 아들 바기엘이다.
28 그가 이끌 부대의 군인 수는 사만
천오백 명이다.
29 ○단 자손의 또 다른 한쪽 옆에는
납달리 지파가 진을 친다. 납달리 자
손의 지휘관은 에난의 아들 아히라
이다.
30 그가 이끌 부대의 군인 수는 오만 삼
천사백 명이다.
31 단 진영에 소속된 각 부대의 군인 수
는 모두 더하여 십오만 칠천육백 명
이다. 행군할 때에는 단 진영이 그들
의 부대기를 앞세우고 마지막으로
출발한다."
32 ○다음은 이스라엘 자손 가운데
서 집안별로 병적부에 오른 사람들
의 숫자이다. 모든 진영 각 부대에
소속된 군인의 수는 모두 더하여 육
십만 삼천오백오십 명이다.
33 그러나 이스라엘 자손 가운데서 레
위 사람들은, 주님께서 모세에게 명
하신 대로, 병적부에 올리지 않았다.
34 ○이처럼 이스라엘 자손은, 주님께
서 모세에게 명하신 대로 다 하였다.
그리하여 그들은 각기 가문별, 가족
별로, 자기들의 깃발 아래에, 진도
치고 행군도 하였다.

아론의 아들들

3 주님께서 시내 산에서 모세에게
말씀하시던 때에, 아론과 모세에

2:32–34 이스라엘 자손들은 모세를 통해 주어진 하나님의 명령에 순종하여 모든 인구 조사를 마치고 진 배치까지 마무리하였다.

※ *교회 질서와 자기 위치(2장)* 하나님께서는 이스라엘 백성들이 광야를 행군할 때나 머물러 있을 때, 각 지파의 위치를 지정해 주셨다. 그래서 모든 것이 질서 있게 진행되도록 하셨다. 그리고 하나님은 오늘날에도 교회 내에 질서를 두셔서, 교회가 혼란스럽지 않도록 하셨다.

3장 요약 레위 사람들의 임무와 등록 내용이다. 레위 지파 중 아론과 그의 아들들은 제사장직을 수행하고, 나머지는 제사장들을 도와 성막에서 일한다. 한편 앞서 인구 조사와 달리 레위 사람들은 태어난 지 한 달이 넘은 남자들이 등록되었다. 이는 이스라엘 맏아들의 수와 레위 사람들의 수를 비슷하게 맞추기 위해서였을 것이다.

게 아들들이 있었다.
2 아론의 아들들의 이름은, 맏아들은
나답이요, 다음은 아비후와 엘르아
살과 이다말이다.
3 그들은, 아론의 아들들로서 제사장
의 임무를 맡도록, 기름부어 제사장
으로 거룩하게 구별된 사람들이다.
4 나답과 아비후는, 시내 광야에서 주
님께 금지된 불을 드리다가 주님 앞
에서 죽었는데, 아들이 없이 죽었기
때문에, 엘르아살과 이다말만이 그
들의 아버지 아론 앞에서 제사장 일
을 맡아 하였다.

제사장을 돕는 레위 사람

5 ○주님께서 모세에게 말씀하셨다.
6 "너는 레위 지파를 불러내어, 그들을
제사장 아론 밑에 두고 그를 돕게
하여라.
7 레위 지파 사람은 성막에서 봉사하
는 사람들로서, 아론과 온 회중이
회막 앞에서 제사를 드릴 때에, 그
일을 돌볼 사람들이다.
8 그들은 성막에서 봉사하는 사람들
로서, 회막 안에 있는 모든 기구를
보살피고, 이스라엘 자손이 해야 할
일을 돌보아야 한다.
9 너는 레위 사람을 아론과 그 아들들
에게 맡겨라. 그들은 이스라엘 자손
가운데서 뽑혀, 아론에게 아주 맡겨
진 사람들이다.
10 너는 아론과 그의 아들들을 제사장
으로 임명하여, 그 직무를 맡아 보
게 하여라. 다른 사람이 성소에 가
까이하였다가는 죽을 것이다."
11 ○주님께서 모세에게 말씀하셨다.
12 "나는 이스라엘 자손 가운데서 레위
사람을 택하여, 처음 태어나는 모든
맏아들, 곧 이스라엘 자손 가운데서
태를 처음 열고 나오는 사람을 대신
하게 하였다. 레위 사람은 나의 것이
다.
13 처음 난 것은 모두 나의 것이기 때문
이다. 내가 이집트 땅에서 첫 번째로
난 모든 것을 칠 때에, 사람이든지
짐승이든지, 이스라엘에서 처음 난
것은 모두 거룩하게 구별하여 나의
것으로 삼았다. 나는 주다."

레위 사람 인구조사

14 ○주님께서 시내 광야에서 모세에게
말씀하셨다.
15 "너는 레위 자손을 가족별, 가문별
로 등록시켜라. 그들 가운데서 태어
난 지 한 달이 넘은 남자는 모두 등
록시켜라."
16 모세는 주님의 명을 따라, 지시받은
대로 그들을 등록시켰다.
17 레위의 아들들의 이름은 게르손과
고핫과 므라리이다.
18 게르손의 아들들의 이름은, 가문별
로는 립니와 시므이이다.

3:1-10 레위 지파는 성소의 제사장 직분을 맡은 아론과 그의 아들들, 그리고 제사장들을 도와 성막에서 기타의 직무를 행하는 사람들로 구분된다. 제사장들은 완전하신 하나님과 죄 있는 인간 사이에서 중보자적 역할을 담당함으로써, 백성들을 안전하게 보호하는 책무를 수행해야 한다.
3:3 출애굽기 28장에 아론과 그의 아들들에게 기름을 부어서 제사장으로 삼으라는 하나님의 명령이 있었다. 또한 왕들도 하나님께 특별히 봉사하기 위해 기름 부음을 받았다. 히브리어로 '기름 부음'이라는 뜻의 '마쉬아흐'에서 나중에 '메시아(그리스도)'라는 특별한 말이 나왔다.
3:11-13 이 세상의 모든 생물은 하나님의 것이다. 이러한 뜻을 담아 모든 생물을 대표하여 처음 난 것은 하나님께 드렸다(출 22:29;34:19). 그리고 이스라엘의 맏아들은 모두 성막에서 봉사하도록 구별하였는데, 본문에서는 하나님께서 레위 사람들이 이스라엘의 맏아들을 대신할 것이라 말씀하

민

19 고핫의 아들들은, 가문별로는 아므
람과 이스할과 헤브론과 웃시엘이
다.
20 므라리의 아들들은, 가문별로는 마
흘리와 무시이다. ○레위의 가족들
을 가문별로 들어 보면 다음과 같다.
21 ○게르손에게서는 립니 자손 가족과
시므이 자손 가족이 나왔다. 이들이
게르손 자손의 가족들이다.
22 태어난 지 한 달이 넘은 남자를 등
록시키니, 모두 칠천오백 명이었다.
23 게르손 자손의 가족들은 성막 뒤 서
쪽에 진을 치게 되어 있었다.
24 게르손 자손 가문의 원로는 라엘의
아들 엘리아삽이다.
25 게르손 자손이 회막에서 맡은 일은,
성막과 장막과 그 덮개와 회막 어귀
에 치는 휘장과
26 뜰의 휘장과 성막과 그 가운데 제단
을 둘러싼 뜰의 어귀에 치는 휘장과
이 모든 것에 쓰는 여러 가지 줄들
을 보살피는 것이다.
27 ○고핫에게서는 아므람 자손 가족과
이스할 자손 가족과 헤브론 자손 가
족과 웃시엘 자손 가족이 나왔다.
이들이 고핫 자손의 가족들이다.
28 태어난 지 한 달이 넘은 남자의 수
는 모두 팔천육백 명이다. 이들은 성
소의 일을 맡았다.
29 고핫 자손의 가족들은 성막의 남쪽
에 진을 치게 되어 있었다.
30 고핫 가문 가족의 원로는 웃시엘의
아들 엘리사반이다.
31 그들의 임무는 ㉠법궤와 상과 등잔대
와 제단들과 제사드릴 때에 쓰는 거
룩한 도구들과 휘장과, 이것들에 관
련된 모든 예식을 보살피는 것이다.
32 레위 사람의 최고 원로는 제사장 아
론의 아들 엘르아살이고, 그는 성소
의 일을 맡은 이들을 감독하는 책임
을 맡았다.
33 ○므라리에게서는 마흘리 자손 가
족과 무시 자손 가족이 나왔다. 이
들이 므라리의 가족들이다.
34 태어난 지 한 달이 넘은 남자를 등
록시키니, 모두 육천이백 명이다.
35 므라리 자손 가문의 원로는 아비하
일의 아들 수리엘이다. 그들은 성막
북쪽에 진을 치게 되어 있었다.
36 므라리 자손에게 부여된 임무는, 성
막의 널빤지들과 가로다지들과 기둥
들과 밑받침들과 거기에 딸린 모든
기구와, 이것들에 관련된 모든 예식
을 보살피는 것이다.
37 이 밖에도, 뜰 둘레에 세우는 기둥
들과 밑받침들과 말뚝들과 여러 가
지 줄들을 보살피는 일이 있다.
38 ○모세와 아론과 아론의 아들들은
성막 앞, 곧 회막 정면, 해 뜨는 동쪽
에 진을 치게 되어 있었다. 그들은

신다. 그 이유는 금송아지 사건 때 레위 사람들이 하나님의 편을 들었기 때문이다(출 32:25-29).

3:25-26 게르손 집안 사람들이 해야 할 일은 성막 덮개와 출입구 휘장과 성막과 제단을 두른 포장과 뜰 출입구 막과 밧줄을 맡아 관리하고, 이와 관련된 제반 업무를 돕는 것이었다. 성막에는 세 개의 막이 있었다. ① 회막 어귀에 치는 휘장(출입구의 막_31절;4:25) ② 뜰의 어귀에 치는 휘장(뜰 입구의 막_26절;4:26) ③ 칸막이 휘장(성소와 지성소 사이의 막_4:5).

3:26 휘장 장막을 만드는 데 사용되는 천으로, 장막과 같은 뜻으로도 사용된다. 신약에서는 항상 지성소를 가리는 성전의 휘장을 뜻한다.

※ 이스라엘 지파 이스라엘 민족은 열두 지파로, 각각 야곱의 열두 아들로부터 발단되었다. 가나안 땅에 들어갔을 때, 각 지파는 그 땅의 일부를 할당받았다. 그러나 세월이 지나며 지파 간의 구

㉠ 또는 '증거궤'

이스라엘 자손의 직무를 대신하여
성소에서 직무를 맡은 이들이다. 여
느 사람이 가까이 갔다가는 죽었다.
39 등록된 모든 레위 사람, 곧 주님께서
분부하신 대로, 모세와 아론이 가족
별로 등록시킨 사람들은, 태어난 지
한 달이 넘은 남자들인데, 모두 ㉠이
만 이천 명이었다.

레위 사람이 맏아들 구실을 하다

40 ○주님께서 모세에게 말씀하셨다.
"이스라엘 자손 가운데서, 태어난 지
한 달이 넘은 맏아들은 모두 등록시
키고, 명단을 작성하여라.
41 나는 주다. 너는 이스라엘 자손의
모든 맏아들 대신 레위 사람을 구별
하여 세우고, 또 이스라엘 자손의
모든 가축 맏배 대신 레위 사람의
가축 맏배를 구별하여 세워서, 나의
몫으로 삼아라."
42 모세는, 주님께서 자기에게 명하신
대로, 이스라엘 자손 가운데 있는
모든 맏아들을 다 등록시켰다.
43 태어난 지 한 달이 넘은 이들로서,
명단에 등록된 맏아들은 모두 이만
이천이백칠십삼 명이었다.
44 ○주님께서 모세에게 말씀하셨다.
45 "너는 이스라엘 자손의 모든 맏아들
대신 레위 사람을 구별하여 세우고,
이스라엘 자손의 가축 맏배 대신 레
위 사람의 가축 맏배를 구별하여 세
워라. 레위 사람은 나의 몫이다. 나
는 주다.
46 이스라엘 자손의 맏아들은, 그 수효
가 레위 사람보다 이백칠십삼 명이
더 많으므로, 나머지 사람은 그 수
만큼 속전, 곧 물어 내는 값을 치러
야 한다.
47 한 사람에 오 세겔씩 물도록 하여라.
세겔은 성소에서 따르는 방식대로
이십 게라를 한 세겔로 계산하여라.
48 그 돈은, 아론과 그 아들들에게 주
어서, 나머지 사람을 물어내기 위하
여 치른 속전으로 삼아라."
49 그리하여 모세는 레위 사람을 대신
세워 속하고, 그 나머지 사람에게서
속전을 거두었다.
50 그가 이스라엘 자손의 맏아들에게
서 거둔 속전은 성소의 세겔로 천삼
백육십오 세겔이었다.
51 주님께서 말씀하신 대로, 모세는 그
속전을 아론과 그의 아들들에게 주
었다. 모세는 이처럼 주님께서 명하
신 대로 하였다.

고핫 자손의 임무

4 주님께서 모세와 아론에게 말씀하
셨다.
2 ○"레위 자손 가운데서 고핫 자손을
따로 구별하여, 가문별, 가족별로 인
구를 조사하여라.
3 서른 살에서 쉰 살까지 군대에 입대

별은 불분명해지고, 다윗의 전성기를 계기로 유다 지파가 점점 두각을 나타내게 되면서 급기야 베냐민 지파를 흡수하였다. 그리고 분열 왕국의 몰락과 포로기를 거치면서 이스라엘 민족의 지파 구분은 실질적으로 사라지게 되었다.

3:38 해 뜨는 동쪽 가장 영예로운 곳을 뜻한다. 모세와 아론은 이스라엘 백성의 대표로 이곳에 위치한다.

㉠ 22, 28, 34절의 전체 숫자는 '이만 이천삼백 명'

4장 요약 본문은 모세가 하나님의 지시대로 레위 사람들의 업무를 보다 세분하였음을 보여준다. 고핫 자손은 성소에서 가장 거룩한 물건을 보살피는 일을 맡았다. 게르손 자손은 성막의 휘장과 회막을 관리하였으며, 므라리 자손은 널빤지와 기둥, 가로다지를 관리하였다.

4:1-20 고핫 자손은 조직적이며 치밀하게 성소의 기구를 다루어야 했다. 그들은 제사장들이 지성

할 수 있는 이들로서, 회막 일을 맡
을 수 있는 사람의 수를 조사하여
라.
4 고핫 자손은 회막 안에서 가장 거룩
한 물건을 보살피는 일을 맡아야 한
다.
5 ○진을 이동할 때에는, 아론과 그의
아들들이 안으로 들어가서, 칸막이
휘장을 걷어내려, 그것으로 ㉠증거궤
를 덮고,
6 그 위에다 돌고래 가죽 덮개를 덮고,
또 그 위에다가는 순청색 보자기를
덮은 다음에 채를 꿴다.
7 ○다음에는 늘 차려 놓는 상 위에다
가 청색 보자기를 펴고, 그 위에다
대접들과 종지들과 부어 드리는 제
물을 담는 병과 잔들을 놓고, 늘 차
려 놓는 빵도 그 위에 놓는다.
8 이것들은 진홍색 보자기로 덮고, 그
위에 다시 돌고래 가죽 덮개를 덮은
다음에 채를 꿴다.
9 ○그런 다음에는 청색 보자기를 가
져다가, 불 켜는 등잔대와 등잔과 부
집게와 불똥접시와, 그것들과 함께
쓰는 모든 기름그릇을 싸고,
10 그 등잔대와 거기에 딸린 모든 기구
를 다시 돌고래 가죽 덮개로 덮어서,
들것 위에 얹는다.
11 ○다음에는 금제단 위에 청색 보자
기를 깔고, 그 위에 돌고래 가죽 덮
개를 덮은 다음에 채를 꿴다.
12 성소 예식에 쓰는 그 밖의 모든 기구
는 청색 보자기로 싸고, 돌고래 가죽
덮개를 덮어 들것에 얹는다.
13 제단의 경우는 거기에 담긴 재를 모
두 쳐내고, 그 위에 자주색 보자기
를 깔고,
14 거기에다 예식에 쓰는 모든 기구, 곧
불 옮기는 그릇들과 고기를 집는 갈
고리들과 부삽들과 쟁반 등 제단에
사용하는 모든 기구를 얹고, 돌고래
가죽 덮개로 덮은 다음에 채를 꿴다.
15 ○진 이동을 앞두고, 이렇게 아론과
그의 아들들이 ㉡거룩한 물건들과
그 물건에 딸린 모든 기구를 다 싸
놓으면, 비로소 고핫 자손이 와서 그
것들을 둘러메고 간다. 이 때에 거룩
한 물건들이 그들의 몸에 닿았다가
는 죽는다. 이처럼 회막의 거룩한 물
건들을 옮기는 일은 바로 고핫 자손
이 맡는다.
16 ○불 켜는 기름과 분향에 쓰이는 향
품과 늘 바치는 곡식제물과 성별하
는 데 쓰는 기름을 비롯하여, 온 성
막과 그 안에 있는, 거룩하게 구별하
여 쓰는 모든 것과, 거기에 딸린 기
구들은, 제사장 아론의 아들 엘르아
살이 맡는다."
17 ○주님께서 모세와 아론에게 말씀하
셨다.

소에 들어가 거룩한 물건을 싸 놓은 후에 이것들을 옮길 수 있었고, 지성소에 들어가거나 거룩한 물건을 직접 만지는 일은 금지되었다. 이런 일을 통하여 고핫 자손은 하나님의 거룩하심을 지키면서 그분의 거룩하심을 배울 수 있었다.

4:3 회막 일을 맡을 수 있는 사람 고핫 자손 인구조사의 목적은 회막을 철거하여 운반하고 다시 세우는 일을 맡기기 위해서였다. 회막을 다루는 일이었으므로 건장한 사람이 필요했던 것이다.

4:9 등잔대 (히) '메노라'. 등잔을 올려놓기 위한 스탠드로서, 구조는 가운데 줄기를 중심으로 양쪽으로 대칭되어 각각 세 개씩 가지가 뻗어 있다.

4:16 곡식제물 성결한 생애를 하나님 앞에 약속하는 표시로서 태워 드린 한 홉의 밀가루와 기름과 유향, 그리고 구운 빵을 말한다.

4:21-33 게르손 자손은 므라리 자손과 더불어 회막을 옮기는 일을 감당하였다. 게르손 자손은

㉠ 또는 '법궤' ㉡ 또는 '성소와 성소에 딸린'

18 "너희는 고핫 가족들로 이루어진 갈
래를 레위 사람 가운데서 끊어지지
않게 하여라.
19 가장 거룩한 물건에 가까이 갈 때에,
그들이 죽지 않고 살게 하려면, 아론
과 그의 아들들이 함께 들어가서,
그들 각자에게 할 일과 그들이 옮길
짐을 하나하나 정해 주어야만 한다.
20 그래서 그들이 함부로 성소 안으로
들어갔다가, 순간적으로나마 ㉠거룩
한 물건들을 보게 되어 죽는 일이
없게 하여야 한다."

게르손 자손의 임무

21 ○주님께서 모세에게 말씀하셨다.
22 "너는 게르손 자손도 가족별, 가문
별로 인구를 조사하여라.
23 서른 살에서 쉰 살까지 군대에 입대
할 수 있는 이들로서, 회막 일을 맡
을 수 있는 사람을 모두 등록시켜라.
24 게르손 자손의 가족들이 맡아서 해
야 할 일과 메어야 할 짐은 다음과
같다.
25 그들이 메어서 나를 짐은, 성막에 치
는 여러 가지 천과, 회막과 그 덮개
와, 그 위에 덮는 돌고래 가죽 덮개
와, 회막 어귀에 치는 휘장과,
26 뜰의 휘장과, 성막과 제단을 둘러싼
뜰의 문 어귀에 치는 휘장과 거기에
딸린 줄과, 일하는 데 필요한 모든 장
비와 거기에 딸린 모든 기구들이다.
그들은 바로 이런 일을 해야 한다.
27 게르손 자손이 해야 하는 모든 일,
곧 짐 나르는 일과 그 밖의 일은 모
두 아론과 그의 아들들의 지시를 받
아서 해야 한다. 그러므로 너희는 게
르손 자손이 짊어지고 갈 모든 짐을
그들에게 일러주어야 한다.
28 이것들이 게르손 자손 가족이 회막
에서 맡은 일이다. 그들은 제사장 아
론의 아들 이다말의 감독 아래 이
임무를 수행하여야 한다."

므라리 자손의 임무

29 ○"너는 므라리 자손도 가문별, 가
족별로 등록시켜야 한다.
30 서른 살에서 쉰 살까지 군대에 나갈
수 있는 이들로서, 회막 일을 맡을
수 있는 사람을 모두 등록시켜라.
31 그들이 회막에서 하여야 할 모든 일
은 다음과 같은 것들을 맡아서 옮기
는 것이다. 그것들은 곧 성막 널빤지
들과 가로다지들과 기둥들과 밑받침
들과
32 뜰 둘레에 세우는 기둥들과 밑받침
들과 말뚝들과 줄들과 거기에 딸린
모든 기구와 그들이 일하는 데 필요
한 모든 것이다. 너희는 그들이 옮겨
야 할 물품의 목록을 작성하여, 그
들에게 맡겨야 한다.
33 이 일들은 므라리 자손 가족들이 해
야 할 일이다. 그들이 회막에서 맡은

성막의 휘장과 회막의 일체를(21-28절), 므라리 자손은 널빤지들과 기둥과 가로다지 등을 다루었다(29-33절). 어떤 의미에서는 게르손 자손의 임무가 고핫 자손의 임무보다 더 작고, 므라리 자손의 임무는 게르손 자손의 임무보다 더 작다고 생각될지도 모른다. 하지만 성소에서 봉사하는 일에는 크고 작은 것이 없으며, 귀하거나 천한 직책이 있을 수 없다. 하나님께서 할당하신 임무는 각기 특별한 위치와 사명이 있기 마련이다. 마찬가지로 모든 지파들의 임무는 하나님의 공동체 안에서 동일한 중요성을 가진다.

4:34-49 본문의 인구 조사는 3:14-39의 레위 지파의 인구 조사와 그 목적이 다르다. 태어난 지 한 달이 넘은 남자를 등록한 3장과 달리 여기에서는 회막을 운반할 서른 살에서 쉰 살 사이의 건장한 남자를 가족별로 등록시켰다. 또한 본장에서 서른 살 이상을 조사한 것과 달리 1장의 인구

㉠ 또는 '성소를'

여러 가지 일은 모두 제사장 아론의
아들 이다말의 감독을 받으며 해야
한다."

레위 사람 인구조사

34 ○모세와 아론과 회중의 원로들은
가문별, 가족별로 고핫 자손을 등록
시켰다.
35 서른 살에서 쉰 살까지 군대에 입대
할 수 있는 이들로서, 회막 일을 맡
을 수 있는 사람을
36 가족별로 등록시키니, 이천칠백오십
명이었다.
37 이들이 바로 고핫 가족에서 등록된
모든 이들로서, 회막에서 일할 사람
이었다. 모세와 아론은, 주님께서 모
세를 시켜 명하신 대로, 그들을 등
록시켰다.
38 ○게르손 자손 가운데서 가족별, 가
문별로 등록된 이들은,
39 서른 살에서 쉰 살까지 군대에 입대
할 수 있는 이들로서, 회막 일을 맡
을 수 있는 사람이었다.
40 가족과 가문을 따라 등록된 이들은
이천육백삼십 명이었다.
41 이들이 바로 게르손 자손 가족에서
등록된 모든 이들로서, 회막에서 일
할 사람이었다. 모세와 아론은, 주님
께서 명하신 대로 그들을 등록시켰
다.
42 ○므라리 자손 가족 가운데서 가족
과 가문별로 등록된 이들은,
43 서른 살에서 쉰 살까지 군대에 입대
할 수 있는 사람으로서, 회막 일을
맡을 수 있는 사람들이었다.
44 가족별로 등록된 이들은 삼천이백
명이었다.
45 이들이 바로 므라리 자손 가족에서
등록된 사람들로서, 주님께서 모세
를 시켜 명하신 대로, 모세와 아론
이 등록시킨 이들이었다.
46 ○모세와 아론과 이스라엘 원로들
은 모든 레위 사람을 가문과 가족별
로 등록시켰다.
47 그들은 모두 서른 살에서 쉰 살까지
일을 감당할 수 있는 이들로서, 회막
의 짐을 운반할 사람이었다.
48 등록된 사람은 모두 팔천오백팔십
명이었다.
49 주님께서 모세를 시켜 말씀하신 대
로, 한 사람 한 사람에게 할 일과 운
반할 짐을 맡겼다. 주님께서 모세에
게 명하신 대로, 그들을 등록시킨 것
이다.

부정한 사람의 처리

5 주님께서 모세에게 말씀하셨다.
2 "너는 이스라엘 자손에게, ㉠악
성 피부병 환자와 고름을 흘리는 사
람과 주검에 닿아 부정을 탄 사람은
모두 진에서 내보내야 한다고 지시
하여라.

조사에서는 이스라엘의 자손 중에 스무 살 이상 남자를 등록시켰는데, 이는 무장하여 전투에 참여할 수 있는 나이를 고려해서였다. 본문의 레위 자손의 인구 조사는 신중성과 침착성을 고려하여 스무 살보다 더 성숙한 나이인 서른 살 이상이 되어야 했고, 쉰 살 이하로 제한함으로써, 노년에 있을 비활동성과 태만함을 배제한다.

㉠ 전통적으로 나병으로 알려져 왔으나 히브리어로는 여러 가지 악성 피부병을 뜻함

5장 요약 본장과 다음 장에서는 일반 백성에게 해당하는 정결 규례가 주어져 있다. 거룩하신 하나님이 이스라엘 진에 함께 계시므로 그분의 백성 역시 신체적으로나, 이웃과의 관계에서나 그리고 부부 관계에 있어서 성결해야 했다. 이를 위해 하나님은 각종 부정 행위를 엄격히 다스리셨다.

5:2 부정을 탄 성막과 하나님께 드리는 정결한 제

3 남자나 여자나 가릴 것 없이 똑같이
진 바깥으로 내보내어, 내가 머물고
있는 진을 더럽히지 않도록 하여라."
4 ○이스라엘 자손은, 그 말씀대로 그
런 사람을 진 바깥으로 내보냈다. 이
스라엘 자손은 주님께서 모세에게
말씀하신 대로 하였다.

잘못에 대한 보상

5 ○주님께서 모세에게 말씀하셨다.
6 "너는 이스라엘 자손에게 일러라. 남
자나 여자를 가릴 것 없이, 남에게
어떤 잘못이든지 저질러서 그 일로
주를 배신하였을 때에, 그런 사람은
자기의 잘못을 깨닫는 대로,
7 자기가 저지른 잘못을 고백하고, 피
해자에게 본래의 값에다가 오분의
일을 더 얹어서 갚아야 한다.
8 그 피해자에게 대신 보상을 받을 근
친이 없으면, 그 배상액은 죄를 속량
하려고 바치는 속죄양과 함께 주님
께로 돌아가, 제사장의 몫이 된다.
9 또한 이스라엘 자손이 바치는 거룩
한 제물 가운데서, 흔들어서 바치는
것도 모두 제사장의 몫이 된다.
10 각자가 가지고 온 거룩한 제물은 가
져 온 그 사람의 것이다. 그러나 그
가 일단 그것을 어떤 제사장에게 주
었으면, 그것은 제사장의 것이다."

아내의 간통을 밝히는 절차

11 ○주님께서 모세에게 말씀하셨다.
12 "이스라엘 자손에게 말하여라. 네가
그들에게 전할 말은 이렇다.
○어떤 남편이든지, 아내가 잘못
을 저질러 남편을 배반하여,
13 남편 몰래 다른 남자와 동침하였는
데, 아내가 그 사실을 숨기고 있고,
그 여인이 강요받음 없이 스스로 몸
을 더럽혔는데도 증인마저 없고, 현
장에서 붙들리지도 않았을 경우에,
14 남편이, 자기 아내가 몸을 더럽혔으
므로 화가 나서 아내를 의심하게 되
거나, 또는 아내가 전혀 몸을 더럽히
지 않았는데도, 다만 남편이 의처증
에 걸려 아내에게 미운 감정이 생기
면,
15 그 남편은 아내를 제사장에게 데리
고 가서 아내의 몫으로 보릿가루 십
분의 일 에바를 제물로 바쳐야 한다.
그 제물에는 기름을 붓거나 향을 얹
을 필요가 없다. 그것은 미움 때문에
바치는 곡식제물이며, 잘못을 상기
하여 기억하게 하는 곡식제물이기
때문이다.
16 ○제사장은 그 여인을 앞으로 나오
게 하여 주님 앞에 세운다.
17 제사장은 거룩한 물을 오지 그릇에
한 그릇 떠다가, 성막 바닥의 흙을
긁어서 그 물에 탄다.
18 제사장은 그 여인을 주 앞에 서게
한 다음, 그 여인의 머리채를 풀게 하

사를 오염시킬 가능성이 있는 것을 말한다. 부정하다는 것은 추상적이거나 이론적인 것이 아니라 악성 피부병·고름을 흘리는 병 등과 같은 구체적인 것이다. '부정'(不淨)이란 말은 구약에서 대단히 중요한 말이다. ① 부정한 사람들은 하나님 앞에서 부정한 것이고, 하나님 앞에 합당하지 않게 된다. ② 그들의 부정이 다른 사람들에게 옮겨질 수 있으므로 공동체 전체가 위험했다. ③ 가장 중요한 점은 하나님은 부정한 곳에 거하시지 않는다는 사실이다(레 15:31).

5:11-31 본문은 앞의 두 단락과 연결되며, 공개적이고 분명한 죄들에서, 더욱더 개인적이고 감추어진 죄들로 이어지고 있다. 즉, 이스라엘 백성들의 정결 문제에서 부부간의 정절에 대한 문제로 넘어간다. 이는 오로지 남편의 의심에서 시작된 재판이다. 그 판단 여부는 매우 복잡하고 불명확하여, '쓴 물, 곧 저주를 내리는 물'(18절)에 의한 주술적인 방법까지 동원된다. 당시 간음죄

고, 기억하게 하는 곡식제물, 곧 미
움 때문에 바치는 곡식제물을 그 여
인에게 주어서 들고 있게 하고, 제사
장 자신은 쓴 물, 곧 저주를 내리는
물을 자기 손에 들고서,
19 그 여인에게 다음과 같이 말하면서
맹세를 시킨다. '어떤 남자와도 동침
한 일이 없고, 지금의 남편과 결혼한
이래 그를 배반하여 몸을 더럽힌 일
이 없으면, 저주를 내리는 이 쓴 물
이 네게 아무런 해가 되지 않을 것이
다.
20 그러나 네가 남편과 함께 사는 동안
그를 배반하여 네 몸을 더럽혔으면,
곧 네 남편이 아닌 다른 남자와 동
침한 일이 있으면,
21 (이 때에 제사장은 그 여인에게, 저
주를 받아도 좋다는 맹세를 하게 한
다.) 주님께서는 네 ㉠허벅지를 마르
게 하고 네 배가 부어 오르게 하는
저주를 내려, 네 겨레 가운데서 너를
본보기로 삼으실 것이다.
22 저주를 불러일으키는 이 물이 네 몸
속으로 들어가서, 네 배를 부어 오
르게 하고, 네 허벅지를 마르게 할
것이다.' 이렇게 제사장이 맹세를 시
키면, 그 여인은 '아멘, 아멘!' 하고 응
답하여야 한다.
23 ○그러면 제사장은 위에서 한 저주
의 말을 글로 써서, 그 쓴 물에 담가
씻는다.
24 (이 쓴 물은 저주를 불러일으키는 물
로서, 제사장이 그 여인에게 마시게
하는 물이다. 저주를 불러일으키는
그 물이 그 여인의 몸 속으로 들어
가면, 그 여인은 쓰라린 고통을 겪게
된다.)
25 제사장은 그 여인의 손에서 미움 때
문에 바치는 그 곡식제물을 받아서,
주 앞에서 흔들고, 제단으로 가져간
다.
26 제사장은 그 곡식제물에서 정성의
표시로 한 움큼만 집어 내어 제단에
서 불사른다. 이 일이 끝나면, 마지
막으로 제사장은, 그 준비된 물을 여
인에게 주어 마시게 한다.
27 ○제사장이 여인에게 물을 주어 마
시게 했을 때에, 그 여인이 자기 남
편을 배반하고 제 몸을 더럽힌 일이
있다면, 저주를 불러일으키는 그 물
이 그 여인의 몸에 들어가면서, 여인
은 쓰라린 고통과 함께 배가 부어
오르고, 허벅지가 마른다. 그러면 그
여인은 겨레 가운데서 저주받은 자
가 된다.
28 그러나 그 여인이 제 몸을 더럽힌 일
이 없이 깨끗하면, 아무런 해도 없
고, 임신에도 지장이 없다.
29 ○이것은 여인이 남편을 두고도, 그
를 배신하여 제 몸을 더럽혀, 남편에

는 가장 큰 죄로 묘사되는데, 이는 남편에 대하여 그의 명예를 도둑질하고, 진리를 따돌리며, 그의 가계에 가짜 혈육을 들여놓아 그 기업을 분리하는 *범죄이고*, 그와 함께 언을 언약을 파괴하는 것이다.

5:21 네 허벅지를 마르게 하고 네 배가 부어 오르게 하는 저주를 내려 이 묘사(22,27절)는 여성이 아이를 밸 능력을 잃어버리는 것을 뜻한다. 이것은 죄를 범한 여인의 심판 결과였다(28절). 구약 시대 당시에는 아이를 낳지 못하는 것을 큰 재앙으로 여겼다(창 15장;30장;삼상 1:8). 자녀를 낳아야만 비로소 여자로 인정받는 문화였기 때문이다.

5:29-30 결혼의 순결이 얼마나 중요한가를 극적으로 나타내고 있다. 모든 결혼은 하나님과 인간 사이의 관계를 나타내는 그림자이다. 그러므로 결혼은 우리에게, 하나님께서 그분의 종들에게 신실함을 요구하신다는 것을 생각하게 한다.

㉠ 성기를 말함

게서 미움을 받을 때에 하는 의식이
다.
30 때로는 남편이 공연히 의처증이 생
겨 자기 아내를 미워하는 경우에도,
여인은 주님 앞에 서야 하고, 제사장
은 이 의식을 그 여인에게 행하여야
한다.
31 남편이 아내에게 이렇게 하여도 남
편에게는 잘못이 없다. 그러나 아내
에게 죄가 있으면, 아내는 그 책임을
져야 한다."

나실 사람 규율

6 주님께서 모세에게 말씀하셨다.
2 "이스라엘 자손에게 말하여라.
너는 그들에게 다음과 같이 일러라.
○남자나 여자가 ㉠나실 사람이 되
어 나 주에게 헌신하기로 하고, 특별
한 서약을 했을 때에는,
3 그는 포도주와 독한 술을 삼가야 한
다. 포도주로 만든 시큼한 술이나 독
한 술로 만든 시큼한 술을 마셔서는
안 된다. 포도즙도 마시지 못한다.
날 것이든 마른 것이든, 포도도 먹어
서는 안 된다.
4 그는, 나실 사람으로 헌신하는 그 기
간에는, 포도나무에서 난 것은 어떤
것도, 씨나 껍질조차도 먹어서는 안
된다.
5 ○그는, 나실 사람으로 서원하고 헌
신하는 그 모든 기간에는, 자기 머리
를 삭도로 밀어서는 안 된다. 나 주
에게 헌신하는 그 기간이 다 찰 때
까지는 거룩한 몸이므로, 머리털이
길게 자라도록 그대로 두어야 한다.
6 ○그는, 나 주에게 헌신하기로 한 그
모든 기간에는, 죽은 사람에게 가까
이 가서도 안 된다.
7 아버지나 어머니나 형제나 누이가
죽었을 때에라도, 그들의 주검에 가
까이하여 몸을 더럽혀서는 안 된다.
하나님께 헌신하는 표를 그 머리에
지니고 있기 때문이다.
8 나실 사람으로 헌신하는 그 모든 기
간에는, 그는 나 주에게 거룩하게 구
별된 사람이다.
9 ○누군가가 그 사람 앞에서 갑자기
죽어, 그 주검에 몸이 닿아, 헌신한
표로 기른 머리털을 더럽혔을 때에
는, 몸을 정결하게 하는 날, 그 머리
털을 밀어야 한다. 곧 그는 이레 동
안을 기다렸다가 머리털과 수염을
밀어야 한다.
10 그리고 여드렛날에는, 산비둘기 두
마리나 집비둘기 새끼 두 마리를 회
막 어귀로 가져 와서, 제사장에게 주
어야 한다.
11 그러면 제사장은 한 마리는 속죄제
물로 삼고, 나머지 한 마리는 번제물
로 삼아, 주검을 만진 그의 죄를 속
해야 한다. 바로 그 날로 그는 다시

6장 요약 나실 사람이란 일정 기간 동안 자신을 구별하여 하나님께 헌신하는 남녀를 말한다. 나실 사람 제도는 레위 사람이 아닌 사람들을 위한 제도로 나실 사람들이 금기 사항을 어겼을 시에는 다시 정결 규례를 행해야 했다. 그리고 서원한 기간이 다 차면 정상적인 생활로 복귀할 수 있었다.

㉠ 주님께 자기를 봉헌하기로 서약하고 '구별'된 사람

6:1-21 나실 사람 서원 제도는 남자와 여자 모두에게 적용될 수 있었다. 이 제도의 목적은 서원이란 수단을 통하여 하나님께 특별히 봉사하도록 하는 데 있었다. 이렇게 함으로써 나실 사람은 하나님의 거룩을 닮을 수가 있는 것이다. 기한이 차면, 특별한 의식을 행한 다음 정상적인 생활로 다시 돌아올 수 있었다(13-21절). 레위 사람이 아니더라도 누구나 목적을 위해 일정 기간 전적으로 자신을 구별하여 하나님께 드릴 수가 있었다. 이

자기 머리털을 거룩하게 바쳐야 한
다.
12 헌신하기로 작정한 기간 동안, 그는
나 주에게 자신을 새롭게 헌신해야
하므로, 일 년 된 새끼 숫양을 가져
다가 속건제물로 바쳐야 한다. 나실
사람으로 한번 구별된 그의 몸이 이
일로 더럽게 되었기 때문에, 새로 헌
신하기로 한 경우에는, 그 이전까지
의 기간은 무효가 된다.
13 ○헌신하기로 작정한 기간이 다 찼
을 때에, 나실 사람이 지켜야 할 법
은 이러하다. 그는 먼저 회막 어귀로
가서
14 나 주에게 제물을 바쳐야 한다. 일
년 된 흠 없는 새끼 숫양 한 마리는
번제물로 바치고, 일 년 된 흠 없는
새끼 암양 한 마리는 속죄제물로 바
치고, 흠 없는 숫양 한 마리는 화목
제물로 바쳐야 한다.
15 이 밖에도 누룩을 넣지 않고 만든
빵, 곧 고운 밀가루에 기름을 섞어
만든 과자와, 역시 누룩을 넣지 않고
겉에 기름을 발라 만든 속 빈 과자
들을 한 광주리 담아, 곡식제물과 부
어 드리는 제물과 함께 바쳐야 한다.
16 ○제사장은 이것들을 주 앞에 가져
다 놓고, 속죄제물과 번제물로 바친
다.
17 또 숫양에다가 누룩을 넣지 않은 빵
한 광주리를 곁들여 나 주에게 화목
제물로 바친다. 제사장은 또한, 그
나실 사람이 가지고 온 곡식제물과
부어 드리는 제물도 함께 바친다.
18 그렇게 한 다음, 나실 사람은 그가
바친 자기 머리털을 회막 어귀에서
밀고, 바친 그 머리털은 화목제물 밑
에서 타고 있는 불 위에 얹어 태운
다.
19 ○나실 사람이 바친 그 머리털을 다
밀고 나면, 제사장은, 삶은 숫양의
어깨 고기와 광주리에서 꺼낸 누룩
을 넣지 않고 만든 과자 한 개와, 누
룩을 넣지 않고 만든 속 빈 과자 한
개를 모두 그 나실 사람의 두 손에
얹었다가,
20 그것들을 흔들어서, 그것을 나 주에
게 드리는 흔들어 바치는 제물이 되
게 하여야 한다. 그것들은, 흔들어
바친 가슴 고기와 높이 들어올려 바
친 넓적다리 고기와 함께, 제사장이
받을 거룩한 몫이다. 이런 절차가 다
끝나면, 그 나실 사람은 포도주를
마셔도 된다.
21 ○이것이 바로 나실 사람이 지켜야
할 법이다. 그러나 만일 한 나실 사
람이 나실 사람이 될 때에, 나 주에
게 제물을 바치기로 서약하였고, 더
나아가 그가 바쳐야 하는 것 말고도
더 바치기로 서약하였으면, 그는 나

렇게 하나님은 나실 사람 서원 제도를 통하여 모든 백성을 거룩하게 만드시기를 원하셨다.

※ 구약 시대에 나실 사람 규정은 높이 평가되었다. 삼손(삿 13:5,14), 사무엘(삼상 1:11), 아모스(암 2:11) 등이 서원을 하였다. 이러한 나실 사람의 서원은 사도행전 18:18과 역사가 요세푸스의 기록에도 있다. 세례자 요한도 나실 사람이었는데, 나실 사람은 또한 주님의 사역을 예시하기도 한다(마 2:23).

6:13–21 '헌신하기로 작정한 기간'(13절)이 끝나면 상당한 양의 제물을 바쳐야 한다. 그 까닭은 명시되어 있지 않다. 헌신하기로 작정한다는 것은 본디 평생에 해당하는 것이어서 몸값을 치르고 자기의 몸을 되찾아야 하기 때문일 수 있다.

6:24–26 각 절에 두 개의 동사가 있다. 두 번째 동사는 첫 번째 동사의 의미를 확장시킨다(복을 주시고–지켜 주시다, 밝은 얼굴로 대하시고–은혜를 베푸시다, 고이 보시어서–평화를 주시다).

실 사람이 지켜야 할 이 법을 따라,
그가 서약한 것을 그대로 실천하여
야 한다."

제사장의 축복 선언

22 ○주님께서 모세에게 말씀하셨다.
23 "너는 아론과 그 아들들에게 말하
여라. 그들이 이스라엘 자손에게 복
을 빌 때에는 다음과 같이 빌라고
하여라.
24 '주님께서 당신들에게 복을 주
시고, 당신들을 지켜 주시며,
25 주님께서 당신들을 밝은 얼굴로
대하시고, 당신들에게 은혜를 베
푸시며,
26 주님께서 당신들을 고이 보시어
서, 당신들에게 평화를 주시기를
빕니다.'
27 ○그들이 나의 이름으로 이스라
엘 자손에게 이렇게 축복하면, 내가
친히 이스라엘 자손에게 복을 주겠
다."

지도자들이 바친 제물

7 모세는 성막을 세우고 나서, 성막
에 기름을 부어 성막과 그 안에
있는 모든 기구를 거룩하게 하였다.
제단과 거기에 딸린 모든 기구에도
기름을 부어, 그것들을 거룩하게 하
였다.
2 이스라엘 지도자들, 곧 각 가문의
우두머리들이 제물을 바쳤다. 그들
은 지파의 지도자들로서 직접 나서
서 인구조사를 한 사람들이었다.
3 그들이 주님 앞에 제물을 가져 왔는
데, ㉠덮개가 있는 수레 여섯 대와 황
소 열두 마리였다. 수레는 지도자 두
사람에 한 대씩이고, 황소는 각자
한 마리씩이었다. 그들이 제물을 성
막 앞으로 가져 왔을 때에,
4 주님께서 모세에게 말씀하셨다.
5 "너는 그들에게 제물을 받아서 레위
사람에게 주고, 각자 자기 맡은 일에
따라 회막 일에 쓰도록 하여라."
6 ○그리하여 모세는 수레와 황소를
받아다가 레위 사람에게 주었다.
7 게르손 자손에게는 수레 두 대와 황
소 네 마리를 주어서, 그들이 맡은
일을 하게 하였다.
8 므라리 자손에게는 수레 네 대와 황
소 여덟 마리를 주고, 아론 제사장
의 아들 이다말의 지휘를 받으면서,
맡은 일을 하게 하였다.
9 그러나 모세가 고핫 자손에게는, 그
들이 맡은 거룩한 임무가 어깨로 메
고 다니는 일이었으므로, 수레도 황
소도 주지 않았다.
10 ○제단에 기름을 부어 거룩하게 하
던 날, 지도자들은 제단 봉헌 제물
을 가져 와서 제단 앞에 바쳤다.
11 주님께서 모세에게 말씀하셨다. "하
루에 지도자 한 사람씩, 하루에 지

7장 요약 본장에서는 열두 지파의 족장들이 성막 봉헌시에 제물을 바친 내용이 기록되어 있다. 역사상 성막 봉헌식은(출 40:17) 인구 조사(1:1)보다 선행하는 사건이나 '하나님께 대한 헌신과 성결'의 주제에 입각해 족장들이 봉헌 제물을 바친 의의를 밝히기 위해서 순서를 바꾸어 기록하였다.

㉠ 또는 '짐수레'

7:1-9 성막은 이집트를 탈출한 후 '제 이 년 첫째 달 초하루'에(출 40:17) 세워졌다. 그리고 인구 조사는 '이집트 땅에서 나온 지 이 년이 되던 해 둘째 달 초하루'에(1:1) 실시되었다. 따라서, 7장의 사건은 1장보다 선행된 사건이다. 다시 말해서 출애굽기 40장부터 민수기 6장까지는 성막을 세울 때부터 인구 조사 때까지 일어난 일을 기록하고 있으며, 7장은 인구 조사 이전으로 돌아가 그때 있었던 일을 기록하고 있다. 본문에서는 족장들

도자 한 사람씩 제단 봉헌 제물을
가지고 오게 하여라."
12 ○첫째 날 제물을 바친 사람은, 유다
지파 소속 암미나답의 아들 나손이
다.
13 그가 바친 제물은, 성소의 세겔로 백
삼십 세겔 나가는 은쟁반 하나와, 칠
십 세겔 나가는 은대접 하나이다. 그
두 그릇에는 기름으로 반죽한, 고운
밀가루 곡식제물을 가득 담았다.
14 십 세겔 나가는 금잔에는 향을 가득
담았다.
15 수송아지 한 마리와 숫양 한 마리와
일 년 된 새끼 숫양 한 마리는 번제
물로 바치고,
16 숫염소 한 마리는 속죄제물로 바쳤
다.
17 화목제물로는 황소 두 마리와 숫양
다섯 마리와 숫염소 다섯 마리와 일
년 된 새끼 숫양 다섯 마리를 바쳤
다. 이것이 암미나답의 아들 나손이
바친 제물이다.
18 ○둘째 날에는 잇사갈의 지도자, 수
알의 아들 느다넬이 제물을 바쳤다.
19 그가 바친 제물은, 성소의 세겔로 백
삼십 세겔 나가는 은쟁반 하나와, 칠
십 세겔 나가는 은대접 하나이다. 그
두 그릇에는 기름으로 반죽한, 고운
밀가루 곡식제물을 가득 담았다.
20 십 세겔 나가는 금잔에는 향을 가득
담았다.
21 수송아지 한 마리와 숫양 한 마리와
일 년 된 새끼 숫양 한 마리는 번제
물로 바치고,
22 숫염소 한 마리는 속죄제물로 바쳤
다.
23 화목제물로는 황소 두 마리와 숫양
다섯 마리와 숫염소 다섯 마리와 일
년 된 새끼 숫양 다섯 마리를 바쳤
다. 이것이 수알의 아들 느다넬이 바
친 제물이다.
24 ○셋째 날에는 스불론 자손의 지도
자, 헬론의 아들 엘리압이 제물을 바
쳤다.
25 그가 바친 제물은, 성소의 세겔로 백
삼십 세겔 나가는 은쟁반 하나와, 칠
십 세겔 나가는 은대접 하나이다. 그
두 그릇에는 기름으로 반죽한, 고운
밀가루 곡식제물을 가득 담았다.
26 십 세겔 나가는 금잔에는 향을 가득
담았다.
27 수송아지 한 마리와 숫양 한 마리와
일 년 된 새끼 숫양 한 마리는 번제
물로 바치고,
28 숫염소 한 마리는 속죄제물로 바쳤
다.
29 화목제물로는 황소 두 마리와 숫양
다섯 마리와 숫염소 다섯 마리와 일
년 된 새끼 숫양 다섯 마리를 바쳤
다. 이것이 헬론의 아들 엘리압이 바

이 봉헌 제물을 드리는 일(12절 이하)과 레위 사람의 정결 의식(8장)에 앞서 레위 사람의 직무를 상세히 알려 주고 있다.

7:10-88 제단의 봉헌을 위해서 각 지파의 족장들이 제물을 드린 사건이 기록되어 있다. 각 지파의 이름과 족장의 이름만 바꾸어서 같은 사건의 내용이 단조롭게 반복되어 있다. 제단이란 날마다 드리는 예배의 중심지이다. 그러므로 제단을 위한 봉헌은 첫 예배를 시작하기에 앞서 행하는 중요한 행사이다. 여기서 열두 지파가 드린 제물을 동일하게 반복하여 기록한 까닭은, 모든 지파가 균등하게 하나님을 예배하는 일에 참여하고 있음을 보여 주기 위함이며, 또한 각 지파가 서로 협동하여 성막과 제사장직을 받들었음을 보여 주기 위함이었다.

7:25 제물을 담아 드리는 은쟁반은 (히) '케아라케셉'으로 빵을 반죽할 때 사용했다. 은대접은 (히) '미즈라크게셉'으로 피를 담아 제단에 드릴 때 사

친 제물이다.
30 ○넷째 날에는 르우벤 자손의 지도
자, 스데울의 아들 엘리술이 제물을
바쳤다.
31 그가 바친 제물은, 성소의 세겔로 백
삼십 세겔 나가는 은쟁반 하나와, 칠
십 세겔 나가는 은대접 하나이다. 그
두 그릇에는 기름으로 반죽한, 고운
밀가루 곡식제물이 가득 담겨 있었
다.
32 십 세겔 나가는 금잔에는 향을 가득
담았다.
33 수송아지 한 마리와 숫양 한 마리와
일 년 된 새끼 숫양 한 마리는 번제
물로 바치고,
34 숫염소 한 마리는 속죄제물로 바쳤
다.
35 화목제물로는 황소 두 마리와 숫양
다섯 마리와 숫염소 다섯 마리와 일
년 된 새끼 숫양 다섯 마리를 바쳤
다. 이것이 스데울의 아들 엘리술이
바친 제물이다.
36 ○다섯째 날에는 시므온 자손의 지
도자, 수리삿대의 아들 슬루미엘이
제물을 바쳤다.
37 그가 바친 제물은, 성소의 세겔로 백
삼십 세겔 나가는 은쟁반 하나와, 칠
십 세겔 나가는 은대접 하나이다. 그
두 그릇에는 기름으로 반죽한, 고운
밀가루 곡식제물을 가득 담았다.
38 십 세겔 나가는 금잔에는 향을 가득
담았다.
39 수송아지 한 마리와 숫양 한 마리와
일 년 된 새끼 숫양 한 마리는 번제
물로 바치고,
40 숫염소 한 마리는 속죄제물로 바쳤
다.
41 화목제물로는 황소 두 마리와 숫양
다섯 마리와 숫염소 다섯 마리와 일
년 된 새끼 숫양 다섯 마리를 바쳤
다. 이것이 수리삿대의 아들 슬루미
엘이 바친 제물이다.
42 ○여섯째 날에는 갓 자손의 지도자,
르우엘의 아들 엘리아삽이 제물을
바쳤다.
43 그가 바친 제물은, 성소의 세겔로 백
삼십 세겔 나가는 은쟁반 하나와, 칠
십 세겔 나가는 은대접 하나이다. 그
두 그릇에는 기름으로 반죽한, 고운
밀가루 곡식제물을 가득 담았다.
44 십 세겔 나가는 금잔에는 향을 가득
담았다.
45 수송아지 한 마리와 숫양 한 마리와
일 년 된 새끼 숫양 한 마리는 번제
물로 바치고,
46 숫염소 한 마리는 속죄제물로 바쳤
다.
47 화목제물로는 황소 두 마리와 숫양
다섯 마리와 숫염소 다섯 마리와 일
년 된 새끼 숫양 다섯 마리를 바쳤

용하는 은그릇이다. 고운 밀가루는 곡식제사의 주요 제물이다(레 2장).

7:26 금잔 (히) '카프케셉'으로 문자적으로는 '손바닥'이란 뜻이고, 손바닥 모양의 작은 그릇이다.

7:43 곡식제물 다른 제물보다 먼저 곡식제물이 언급되고 있다. 보통 곡식제물은 번제물과 함께 드려진다. 곡식제물은 제사장의 식생활의 주요 공급원이었다. 그러므로 곡식제물을 첫 번째로 언급함으로써, 족장들이 제사장의 사역을 뒷받침한다는 것을 강조하게 된다.

7:46 속죄제물 속죄제사는 동물 제사의 한 형태로서 제물의 고기는 성전 또는 성막 구역의 바깥에서 불살라야 했다. 속죄제물의 피는 지성소의 장 앞에 뿌리고, 분향단의 뿔에 발랐으며, 또한 번제단 앞에 부었다. 제물의 기름은 번제단 위에서 불살랐다. 제단을 봉헌하는 것이 기쁘고 즐거운 일이지만, 제물을 드리는 가운데 지을 수 있는 죄를 위하여 드렸다.

다. 이것이 르우엘의 아들 엘리아삽
이 바친 제물이다.
48 ○일곱째 날에는 에브라임 자손의
지도자, 암미훗의 아들 엘리사마가
제물을 바쳤다.
49 그가 바친 제물은, 성소의 세겔로 백
삼십 세겔 나가는 은쟁반 하나와, 칠
십 세겔 나가는 은대접 하나이다. 그
두 그릇에는 기름으로 반죽한, 고운
밀가루 곡식제물을 가득 담았다.
50 십 세겔 나가는 금잔에는 향을 가득
담았다.
51 수송아지 한 마리와 숫양 한 마리와
일 년 된 새끼 숫양 한 마리는 번제
물로 바치고,
52 숫염소 한 마리는 속죄제물로 바쳤
다.
53 화목제물로는 황소 두 마리와 숫양
다섯 마리와 숫염소 다섯 마리와 일
년 된 새끼 숫양 다섯 마리를 바쳤
다. 이것이 암미훗의 아들 엘리사마
가 바친 제물이다.
54 ○여덟째 날에는 므낫세 자손의 지
도자, 브다술의 아들 가말리엘이 제
물을 바쳤다.
55 그가 바친 제물은, 성소의 세겔로 백
삼십 세겔 나가는 은쟁반 하나와, 칠
십 세겔 나가는 은대접 하나이다. 그
두 그릇에는 기름으로 반죽한, 고운
밀가루 곡식제물을 가득 담았다.
56 십 세겔 나가는 금잔에는 향을 가득
담았다.
57 수송아지 한 마리와 숫양 한 마리와
일 년 된 새끼 숫양 한 마리는 번제
물로 바치고,
58 숫염소 한 마리는 속죄제물로 바쳤
다.
59 그리고 화목제물로는 황소 두 마리
와 숫양 다섯 마리와 숫염소 다섯
마리와 일 년 된 새끼 숫양 다섯 마
리를 바쳤다. 이것이 브다술의 아들
가말리엘이 바친 제물이다.
60 ○아홉째 날에는 베냐민 자손의 지
도자, 기드오니의 아들 아비단이 제
물을 바쳤다.
61 그가 바친 제물은, 성소의 세겔로 백
삼십 세겔 나가는 은쟁반 하나와, 칠
십 세겔 나가는 은대접 하나이다. 그
두 그릇에는 기름으로 반죽한, 고운
밀가루 곡식제물을 가득 담았다.
62 십 세겔 나가는 금잔에는 향을 가득
담았다.
63 수송아지 한 마리와 숫양 한 마리와
일 년 된 새끼 숫양 한 마리는 번제
물로 바치고,
64 숫염소 한 마리는 속죄제물로 바쳤
다.
65 화목제물로는 황소 두 마리와 숫양
다섯 마리와 숫염소 다섯 마리와 일
년 된 새끼 숫양 다섯 마리를 바쳤

7:49 고운 밀가루는 곡식제의 주요 요소이다(레 2장). 7장에서는 곡식제·번제·화목제·속죄제가 다 드려졌지만, 특별히 무거운 죄를 지었을 경우에 드리는 속건제는 드리지 않았다.

7:50 향 제단에 피우는 물건으로 성막에서 쓰던 향은 소합향, 나감향, 풍자향에 유향을 섞어서 만들었다(출 30:34).

※ 족장들이 드린 제물 ① 자원하여 드린 제물이다. 하나님께서 그들과 함께 계신다는 증거에 대한 특별한 경배와 감사이다. ② 열두 족장이 드린 제물이 똑같다. 각 지파나 족장 간에 빈부의 차이는 있었겠지만, 똑같이 드린 이유는 이스라엘의 모든 지파가 하나님을 예배할 때 동일한 몫을 담당해야 함을 나타낸다. ③ 제물은 똑같지만 각 지파마다 같은 말로 열두 번이나 반복되었다.

※ 열두 지파 족장들의 이름의 뜻: 나손 뱀. **느다넬** 하나님이 주셨다. **엘리압** 하나님은 아버지이시다. **엘리술** 하나님은 반석이시다. **슬루미엘** 하나님은

다. 이것이 기드오니의 아들 아비단
이 바친 제물이다.
66 ○열째 날에는 단 자손의 지도자, 암
미삿대의 아들 아히에셀이 제물을
바쳤다.
67 그가 바친 제물은, 성소의 세겔로 백
삼십 세겔 나가는 은쟁반 하나와, 칠
십 세겔 나가는 은대접 하나이다. 그
두 그릇에는 기름으로 반죽한, 고운
밀가루 곡식제물을 가득 담았다.
68 십 세겔 나가는 금잔에는 향을 가득
담았다.
69 수송아지 한 마리와 숫양 한 마리와
일 년 된 새끼 숫양 한 마리는 번제
물로 바치고,
70 숫염소 한 마리는 속죄제물로 바쳤
다.
71 화목제물로는 황소 두 마리와 숫양
다섯 마리와 숫염소 다섯 마리와 일
년 된 새끼 숫양 다섯 마리를 바쳤
다. 이것이 암미삿대의 아들 아히에
셀이 바친 제물이다.
72 ○열한째 날에는 아셀 자손의 지도
자, 오그란의 아들 바기엘이 제물을
바쳤다.
73 그가 바친 제물은, 성소의 세겔로 백
삼십 세겔 나가는 은쟁반 하나와, 칠
십 세겔 나가는 은대접 하나이다. 그
두 그릇에는 기름으로 반죽한, 고운
밀가루 곡식제물을 가득 담았다.
74 십 세겔 나가는 금잔에는 향을 가득
담았다.
75 수송아지 한 마리와 숫양 한 마리와
일 년 된 새끼 숫양 한 마리는 번제
물로 바치고,
76 숫염소 한 마리는 속죄제물로 바쳤
다.
77 화목제물로는 황소 두 마리와 숫양
다섯 마리와 숫염소 다섯 마리와 일
년 된 새끼 숫양 다섯 마리를 바쳤
다. 이것이 오그란의 아들 바기엘이
바친 제물이다.
78 ○열두째 날에는 납달리 자손의 지
도자, 에난의 아들 아히라가 제물을
바쳤다.
79 그가 바친 제물은, 성소의 세겔로 백
삼십 세겔 나가는 은쟁반 하나와, 칠
십 세겔 나가는 은대접 하나이다. 그
두 그릇에는 기름으로 반죽한, 고운
밀가루 곡식제물을 가득 담았다.
80 십 세겔 나가는 금잔에는 향을 가득
담았다.
81 수송아지 한 마리와 숫양 한 마리와
일 년 된 새끼 숫양 한 마리는 번제
물로 바치고,
82 숫염소 한 마리는 속죄제물로 바쳤
다.
83 화목제물로는 황소 두 마리와 숫양
다섯 마리와 숫염소 다섯 마리와 일
년 된 새끼 숫양 다섯 마리를 바쳤

평화이시다. **엘리아삽** 하나님은 더하게 하신다. **엘리사마** 하나님은 들으신다. **가말리엘** 하나님은 상급이시다. **아비단** 내 아버지는 재판관이시다. **아히에셀** 내 형제는 도움이다. **바기엘** 하나님과 만남. **아히라** 형제는 친구의 하나이다. 이들의 이름에는 하나님의 이름인 '엘샤다이', 또는 '압'(아버지)·'암'(친족)·'아'(형제) 등의 요소가 포함되었다. 이와 같이 이름을 문장투로 지은 것은 B.C. 2-1세기경의 셈 족의 공통적인 풍습이었다.

※ **제사법-번제** 제물을 모두 태워 드리는 제사로, 하나님께 완전한 헌신·복종을 의미한다. **곡식제** 유일하게 피 없이 드리는 제사로 곡식으로 드린다. **화목제** 하나님과 인간 사이의 화평을 위한 제사로 감사제·서원제·낙헌제 등 세 종류가 있다. **속죄제** 알지 못하는 중에 지은 죄를 깨끗하게 하기 위해서 드린다. **속건제** 거룩한 물건에 대한 죄와 일반적인 허물을 범했을 때 드리는 제사이다.
7:84-88 제물의 총계를 덧붙인 것은 하나님이

다. 이것이 에난의 아들 아히라가 바
친 제물이다.
84 ○제단에 기름을 부어서 제단을 거
룩하게 하던 날, 이스라엘 지도자들
이 바친 제단 봉헌 제물은 모두 은
쟁반이 열둘, 은대접이 열둘, 금잔이
열둘이다.
85 은쟁반 하나의 무게가 백삼십 세겔
이고, 은대접 하나의 무게가 칠십 세
겔이므로, 그릇의 은은 성전 세겔로
모두 이천사백 세겔이다.
86 향을 가득 담은 금잔은 모두 열둘인
데, 금잔 하나가 성소의 세겔로 십
세겔씩 나가는 것이므로, 금잔은 모
두 백이십 세겔이다.
87 ○번제물로 바친 짐승은, 수송아지
가 열두 마리, 숫양이 열두 마리, 일
년 된 숫양이 열두 마리이다. 이 밖
에도 곡식제물이 있다. 숫염소 열두
마리는 속죄제물로 바친 것이다.
88 화목제물로 바친 짐승은 황소가 스
물네 마리, 숫양이 예순 마리, 숫염
소가 예순 마리, 일 년 된 숫양이 예
순 마리이다. 이것이 제단에 기름을
부어서 제단을 거룩하게 한 다음에
바친 제단 봉헌 제물이다.
89 ○모세는, 주님께 말씀드릴 일이 있
을 때마다 회막으로 갔다. 그 때마
다 모세는, ㉠증거궤와 ㉡속죄판 위
에서, 곧 두 ㉢그룹 사이에서 자기에
게 말씀하시는 그 목소리를 듣곤 하
였다. 이렇게 주님께서는 모세에게
말씀하셨다.

등잔을 차려 놓는 방식

8 주님께서 모세에게 말씀하셨다.
2 "아론에게 말하여라. 너는 그에
게, 등잔을 밝힐 때에는, 등잔 일곱
개가 등잔대 앞 맞은쪽을 비추게 차
려 놓으라고 일러라."
3 아론은 그대로 하여 주님께서 모세
에게 명하신 대로, 등잔이 등잔대
앞 맞은쪽을 비추게 차려 놓았다.
4 ○등잔대는 금을 두드려서 만들었
다. 줄기뿐만 아니라 꽃잎 모양 받침
도, 모두 망치로 두드려서 만들었다.
주님께서 모세에게 보여 주신 견본
대로 등잔대를 만들었다.

레위 사람 봉헌식

5 ○주님께서 모세에게 말씀하셨다.
6 "너는 이스라엘 자손 가운데서 레위
사람을 데려다가, 그들을 정결하게
하여라.
7 그들을 정결하게 할 때에는 이렇게
하여라. 속죄의 물을 그들에게 뿌린
다음에, 온몸의 털을 삭도로 다 밀
고, 옷을 빨아 입게 하면, 그들은 정
결하게 된다.
8 그들더러 수송아지 한 마리를 번제
물로 가져 오게 하고, 곡식제물로는
기름에 반죽한 고운 밀가루를 가져

스스로 원해서 드린 제물을 매우 기뻐하신다는 것을 나타내기 위해서이다.

7:89 제단이 봉헌된 후, 하나님께서 실제로 회막 가운데 거하시게 됨으로써, 이제 회막은 이스라엘 공동체의 예배 중심지가 되었다. 그룹 하나님의 보좌를 지키는 천사로 증거궤의 양 끝에 서서 날개로 증거궤를 가리고 있다.

㉠ 또는 '법궤' ㉡ 또는 '속죄소' 또는 '시은좌' ㉢ 날개를 가진 피조물. 하나님의 임재와 관련된 상징

8장 요약 본장은 성막 안의 어둠을 밝히는 등잔대와 속죄 제사를 드리고 물로 정결하게 하는 레위 사람의 정결 의식을 다룬다. 이것은 그들을 일반 백성과 구별하여 하나님께 헌신하도록 하기 위한 것이다.

8:2 등잔대에 불을 켜는 일은 아론과 그의 아들들의 책임이다(출 27:21). 등잔을 늘 켜두는 것은 하나님께서 영원히 임재하신다는 것을 상징한다.

오게 하여라. 너는 다른 수송아지
한 마리를 가져다 속죄제물로 삼아
라.
9 그리고 너는 레위 사람을 회막 앞에
세우고, 이스라엘 자손의 온 회중을
모아라.
10 네가 레위 사람을 주 앞에 세우면,
이스라엘 자손이 레위 사람에게 그
들의 손을 얹을 것이다.
11 그러면 아론이 이스라엘 자손을 위
하여 레위 사람을 흔들어 바치는 제
물로 주 앞에 바쳐야 한다. 이렇게
한 다음에야, 레위 사람이 주를 섬
기는 일을 맡아 할 수 있다.
12 너는, 레위 사람이 수송아지 머리 위
에 손을 얹은 다음에, 한 마리는 속
죄제물로, 한 마리는 번제물로 나 주
에게 바쳐서, 레위 사람의 죄를 속하
도록 하여라.
13 너는 또 레위 사람을 아론과 그의
아들들 앞에 세우고, 나 주에게 흔
들어 바치는 제물로 그들을 바쳐라.
14 ○이렇게 하여, 너는 이스라엘 자손
가운데서 레위 사람을 따로 갈라 세
워야 한다. 그러면 레위 사람은 나의
것이 된다.
15 네가 이렇게 레위 사람을 정결하게
하고, 흔들어 바치는 제물로 그들을
바친 다음에야, 그들은 맡은 일을 하
러 회막에 나아갈 수 있다.
16 이스라엘 자손 가운데서, 레위 사람
은 온전히 나에게 바쳐진 사람이다.
모태를 처음 열고 나온 모든 맏이
대신에, 이스라엘 자손 가운데서 그
들을 나의 것으로 삼았다.
17 이스라엘 자손 가운데서 모든 맏이
는 나의 것이다. 사람뿐만 아니라 짐
승도 마찬가지이다. 내가 이집트 땅
에서 모든 맏이를 쳐서 죽이던 날,
내가 그들을 나의 몫으로 거룩하게
구별하였다.
18 나는, 이스라엘 자손 가운데서, 모든
맏이 대신에, 레위 사람을 나의 것으
로 삼았다.
19 내게 바쳐진 그 레위 사람을, 이제
내가 이스라엘 자손 가운데서 구별
하여, 이스라엘 자손을 대신하여 회
막에서 맡은 일을 하게 하려고, 또
이스라엘 자손의 죄를 속하여 주어,
이스라엘 자손이 성소에 접근할 때
에라도 재앙을 받지 않게 하려고, 아
론과 그의 자손에게 레위 사람을 주
었다."
20 ○모세와 아론과 이스라엘 자손 온
회중은, 주님께서 모세를 시켜 레위
사람에게 해주라고 지시하신 대로,
레위 사람에게 다 해주었다. 이스라
엘 자손이 그들에게 그대로 해주었
다.
21 레위 사람은 죄를 벗어 자신들을 정

8:5-26 신학적으로 이 본문은 하나님의 거룩이란 주제하에서, 특별히 레위 사람에게 주어진 사역의 중요성을 강조하고 있다. 그러나 레위 사람들이 공동체 안에서 따로 분리되는 것은 아니다. 공동체 사람들이 레위 사람들에게 손을 얹음으로써, 레위 사람들은 백성을 대신하여 하나님을 섬기는 일을 맡게 되는 것이다.

8:6 정결하게 하여라 정결 의식의 처음 부분은 외적인 정결을 의미하는 것이다(21절). 레위 사람의 정결 의식과 제사장의 위임식을 비교해 보면 다음과 같다(8:5-13;레 8:1-13). ① 제사장은 거룩하게 되나, 레위 사람은 깨끗하게 된다. ② 제사장은 기름 부음을 받고 물로 씻지만, 레위 사람은 물을 뿌린다. ③ 제사장은 새로운 제사장 의복을 받아 입지만, 레위 사람은 자기들의 옷을 빨아서 입는다. ④ 제사장의 위임에는 제물의 피가 사용되지만, 레위 사람의 정결에는 흔들어 바치는 제사가 적용된다.

결하게 하고, 옷을 빨아 입었다. 아
론은 그들을 주님 앞에 흔들어 바치
는 제물로 바쳤고, 그들의 죄를 속하
여 그들을 정결하게 하였다.
22 그렇게 하고 나서, 비로소 레위 사람
은, 아론과 그의 아들들이 보는 데
에 나서서, 그들이 맡은 회막 일을
할 수 있었다. 주님께서 모세를 시
켜, 레위 사람에게 해주라고 지시하
신 그대로, 그들에게 다 해주었다.
23 ○주님께서 모세에게 말씀하셨다.
24 "레위 사람에게는 다음과 같은 법이
적용된다. 스물다섯 살이 되는 남자
는, 회막에 들어와서 맡은 일을 하기
시작한다.
25 쉰 살부터는 회막 일을 하지 않는다.
26 다만 그들은, 동료들이 회막에서 맡
은 직무를 수행할 때에 그들을 도울
수는 있어도, 그들이 직접 그 일을
맡아서 하지는 못한다. 너는, 레위
사람이 이와 같이 직무를 수행하게
하여라."

두 번째 유월절 행사

9 이스라엘 자손이 이집트 땅에서
나온 이듬해 ㉠첫째 달에, 주님께
서 시내 광야에서 모세에게 말씀하
셨다.
2 "이스라엘 자손은 정해진 때에 유월
절을 지켜야 한다.
3 그 정해진 때 곧 이 달 십사일 해거
름에, 모든 율례와 규례에 따라서 유
월절을 지켜야 한다."
4 ○모세는 이스라엘 자손에게 유월절
을 지키라고 말하였다.
5 그래서 정월 곧 그 달 십사일 해거름
에, 주님께서 시내 광야에서 모세를
시켜 명하신 대로, 모든 이스라엘 자
손이 따랐다.
6 ○그런데 주검에 몸이 닿아 부정을
타서, 그 날 유월절을 지킬 희생제물
을 바칠 수 없는 사람이 생겼다. 그
날, 그들이 모세와 아론 앞으로 나와
서,
7 모세에게 물었다. "우리가 비록 주검
때문에 부정을 타긴 했지만, 그렇다
고 해도, 지정된 때에 이스라엘 자손
이 주님께 제물을 바치는데, 우리만
못 바칠 까닭이 어디에 있습니까?"
8 모세가 그들에게 대답하였다. "기다
리시오. 주님께서 당신들에게 어떻
게 지시를 내리실지, 들어 봐야겠
소."
9 ○주님께서 모세에게 말씀하셨다.
10 "너는 이스라엘 자손에게 다음과 같
이 일러라.
○너희들이나 너희 자손들은, 주
검을 만져 더럽게 되었을 때나 먼 길
을 떠나 있을 때나, 모두 주 앞에 유
월절을 지켜야 한다.
11 그러한 사람들은 다음 달 십사일 해

9장 요약 이스라엘은 가나안을 향한 행군을 재개하기에 앞서 두 번째로 유월절을 지켰다. *유월절은 하나님이 이스라엘을 구속(救贖)하신 것을 기념하는 절기이다.* 하나님께서 큰 권능으로 자신의 백성을 불러내신 것이다. 이것은 단지 이집트에서의 해방만이 아닌 죄악으로부터의 구속을 기리는 것이다.

9:1–14 본문은 새로운 조직과 제도로 탄생된 공동체에서 행하는 유월절 행사에 대해 언급하고 있다. 앞부분에서는 모든 지파의 인구 조사(1–2장)·레위 사람에 대한 인구 조사(3장)·레위 사람의 임무(4장)·제사장의 책무(5–6장)·새로운 제도에 대한 공동체의 봉사(7장)·레위 사람의 정결 의식(8장)이 기록되어 있다. 이런 맥락에서 이 두 번째 유월절은 이스라엘 공동체의 새로운 출발에 선행된 귀중한 행사가 되었다. 곧 새롭게 조직된

㉠ 아빕월, 양력 삼월 중순 이후

거름에 유월절 예식을 행하면서, 누
룩을 넣지 않고 만든 빵과 쓴 나물
과 함께 유월절 양을 먹도록 하여라.
12 다음날 아침까지는 아무것도 남겨서
는 안 되며, 희생제물의 뼈를 부러뜨
려서도 안 된다. 유월절의 모든 율례
대로 그렇게, 그들은 유월절을 지켜
야 한다.
13 그러나 정결한 사람이나 길을 떠나
지 않은 사람이 유월절을 지키지 않
으면, 그 사람은 자기 백성에게서 끊
어질 것이다. 나 주에게 바치는 제물
을, 정해진 때에 가져 오지 않았기
때문이다. 그는 자기의 잘못에 대해
벌을 받아야만 한다.
14 ○너희들과 함께 살고 있는 외국인
이 나 주에게 유월절을 지키고자 할
때에도, 그는 유월절의 율례와 규례
를 따라야 한다. 그 땅에 몸붙여 사
는 외국인에게나 그 땅에서 난 본토
인에게나 같은 율례가 적용되어야
한다."

길을 안내한 구름 (출 40:34-38)

15 ○성막을 세우던 날, 구름이 성막,
곧 ㉠증거궤가 보관된 성막을 덮었
다. 저녁에는 성막 위의 구름이 불처
럼 보였으며, 아침까지 그렇게 계속
되었다.
16 그것은 늘 그러하였다. 구름이 성막
을 덮고 있었으며, 밤에는 그 구름이
불처럼 보였다.
17 구름이 성막 위로 걷혀 올라갈 때
면, 이스라엘 자손은 그것을 보고
난 다음에 길을 떠났고, 구름이 내려
와 머물면, 이스라엘 자손은 바로
그 자리에 진을 쳤다.
18 이스라엘 자손은 이렇게 주님의 지
시에 따라 길을 떠났고, 또한 주님의
지시에 따라 진을 쳤다. 구름이 성막
위에 머물러 있는 날 동안에는, 진에
머물렀다.
19 그 구름이 성막 위에 여러 날 동안
오래 머물면, 이스라엘 자손은 주님
의 명을 지켜 길을 떠나지 않았다.
20 구름이 성막 위에 며칠만 머무를 때
도 있었다. 그 때에는 그 때대로 주
님의 지시에 따라서 진을 치고, 또
주님의 지시에 따라 길을 떠나곤 하
였다.
21 구름이 저녁부터 아침까지만 머물러
있을 때도 있었다. 그럴 때에는 아침
이 되어 구름이 걷혀 올라가면, 그들
은 길을 떠났다. 낮이든지 밤이든지
구름만 걷혀 올라가면, 그들은 길을
떠났다.
22 때로는 이틀이나 한 달이나 또는 몇
달씩 계속하여 구름이 성막 위에 머
물러 있으면, 이스라엘 자손은 그
곳에 진을 친 채 길을 떠나지 않았
다. 그들은 구름이 걷혀 올라가야만

이스라엘은 시내 산에서 가나안 땅까지의 여정에 앞서 유월절 행사를 함으로써, 상호 간의 동질성을 확인하고 신앙의 역사적인 뿌리를 재음미하게 되었던 것이다. 그러므로 이 행사에는 누구나 참여할 수 있도록 예외 규정을 두었다.

9:15-23 시내 광야에서 약속의 땅인 가나안까지 진군해 가는 동안, 하나님은 구름으로 자신의 임재를 보이시면서 이스라엘 백성을 인도해 가셨다. 구름은 하나님께서 그분의 백성과 함께 계심을 입증해 주는 가시적인 수단이었다. 그러므로 백성들은 하나님의 인도와 보호하심에 순종하면서 믿음으로 나아가기만 하면 되었다.

9:18 주님의 지시 성막 위의 구름은 하나님께서 이스라엘 백성과 함께하시고 인도하신다는 신호였다. 구름이 위로 걷혀 올라가거나 내려와 머무는 것이 하나님의 명령이다. 백성들은 이러한 주님의 지시에 따라 길을 떠났고 진을 쳤다.

㉠ 또는 '법막' 또는 '증거막'

길을 떠났다.
23 이렇게 그들은 주님의 지시에 따라
진을 쳤고, 주님의 지시에 따라 길을
떠났다. 그들은, 주님께서 모세를 시
켜 분부하신 대로, 주님의 명령을 지
켰다.

나팔 신호

10 주님께서 모세에게 말씀하셨
다.
2 "너는 은나팔 두 개를 만들되 은을
두드려서 만들어라. 그것들은 네가
회중을 불러모을 때와 진을 출발시
킬 때에 필요한 것들이다.
3 두 개를 한꺼번에 길게 불면, 모든
회중이 회막 어귀에 모여 너에게로
나올 것이다.
4 그러나 하나만 길게 불면, 지휘관들,
곧 이스라엘의 천부장들만이 너에
게로 나올 것이다.
5 그러나 나팔을 짧게 급히 불면, 동
쪽에 진을 친 부대들이 진을 뜬다.
6 두 번째로 짧게 불면, 남쪽에 진을
친 부대들이 진을 뜬다. 진을 뜰 때
에는 나팔을 이렇게 짧게 불어라.
7 총회를 소집할 때에는 나팔을 길게
불어야 한다. 짧게 불어서는 안 된다.
8 나팔은 아론의 혈통을 이어받은 제
사장들만이 불 수 있다. ○이것은 너
희가 대대로 길이 지킬 율례이다.
9 너희의 땅에서 너희를 공격해 온 침
략자들에 대항하여 전쟁에 나설 때
에는, 나팔을 짧게 급히 불어라. 그
러면 주 너희의 하나님이 너희를 기
억하고, 너희 원수들에게서 너희를
구해 줄 것이다.
10 너희들이 즐기는 경축일과 너희들이
정기적으로 모이는 날과 매달 초하
루에는, 너희가 번제물과 화목제물
을 바치며 나팔을 불어라. 그러면 너
희 주 하나님이 너희를 기억할 것이
다. 내가 주 너희의 하나님이다."

떠날 준비

11 ○제 이년 둘째 달, 그 달 이십일에
㉠증거궤가 보관된 그 성막에서 비
로소 구름이 걷혔다.
12 이스라엘 자손은, 시내 광야를 떠나
서 구름이 바란 광야에 머물 때까지,
여러 곳을 거쳐 행군을 계속하였다.
13 ○이것은 주님께서 모세를 시켜 지
시하신 명령을 따라서 한 첫 번째 행
군이었다.
14 맨 앞에는 유다 자손이 진의 부대기
를 앞세우고, 부대별로 정렬하여 출
발하였다. 유다 부대는 암미나답의
아들 나손이 이끌었고,
15 뒤이어 따라나선 잇사갈 자손 지파
부대는 수알의 아들 느다넬이 이끌
었고,
16 그 다음에 나선 스불론 자손 지파
부대는 헬론의 아들 엘리압이 이끌

10장 요약 하나님은 나팔을 불어서 출발과 정지, 각종 모이는 날을 알리는 신호로 삼으라고 명령하셨다. 따라서 나팔은 하나님의 명령에 즉각 순종할 것을 촉구하는 청각적 도구의 의미를 지닌다. 한편 이스라엘은 시내 광야를 떠나 바란 광야로 행군하기 시작했다.

10:10 초하루 매달 첫날을 말하며, 월삭이라고 표현하기도 한다. 매달 초하루는 새달이라고 해서 특별한 번제, 화목제, 속죄제를 드리고(28:11-15), 제물 외에 나팔을 불어야 했다. 크게 모이는 달인 7월 초하루는 나팔을 부는 날로 일반적인 월삭에 드리는 제물보다 더 많은 제물을 드려, 안식하며 지켜야 했다(29:1-6).

10:11-28 최종적인 모든 준비가 끝나자, 이스라엘 백성은 시내 광야를 떠나 바란 광야로 이동하기 시작했다. 본문에서는 특별히 이스라엘 지파

㉠ 또는 '법막' 또는 '증거막'

었다.
17 ○뒤따라 성막 운반을 맡은 게르손
자손과 므라리 자손이 성막을 걷어
가지고 출발하였다.
18 ○다음으로는 르우벤 자손이 진의
부대기를 앞세우고, 부대별로 정렬
하여 출발하였다. 르우벤 부대는 스
데울의 아들 엘리술이 이끌었고,
19 뒤이어 따라나선 시므온 자손 지파
부대는 수리삿대의 아들 슬루미엘
이 이끌었고,
20 그 다음에 나선 갓 자손 지파 부대
는 르우엘의 아들 엘리아삽이 이끌
었다.
21 ○뒤따라 고핫 자손들이 성막 기구
들을 메고 출발하였다. 게르손 자손
과 므라리 자손은 고핫 자손들이 도
착하기 전에 성막을 세워야만 했다.
22 ○그 다음으로는, 에브라임 자손이
진의 부대기를 앞세우고, 부대별로
정렬하여 출발하였다. 에브라임 부
대는 암미훗의 아들 엘리사마가 이
끌었고,
23 뒤이어 따라나선 므낫세 자손 지파
부대는 브다술의 아들 가말리엘이
이끌었고,
24 그 다음에 나선 베냐민 자손 지파
부대는 기드오니의 아들 아비단이
이끌었다.
25 ○맨 마지막으로는, 단 자손이 진의
부대기를 앞세우고, 앞선 모든 부대
의 후방 경계를 맡은 부대들이 부대
별로 정렬하여 출발하였다. 단 부대
는 암미삿대의 아들 아히에셀이 이
끌었고,
26 뒤이어 따라나선 아셀 자손 지파 부
대는 오그란의 아들 바기엘이 이끌
었고,
27 그 다음에 나선 납달리 자손 지파
부대는 에난의 아들 아히라가 이끌
었다.
28 ○이것은, 이스라엘 자손이 부대별
로 정렬하여 행군할 때의 행군 순서
이다.
29 ○모세가 미디안 사람 르우엘의 아
들 ㉠호밥에게 청하였다. 그는 모세
의 장인이었다. "우리는 이제 주님께
서 우리에게 주시겠다고 약속하신
곳으로 떠납니다. 장인께서도 우리
와 같이 길을 떠나 주시기 바랍니다.
주님께서 이스라엘에게 잘 해주시겠
다고 약속하셨으니, 우리가 장인 어
른을 잘 대접해 드리겠습니다."
30 ○호밥이 모세에게 말하였다. "나는
가지 못하네. 나는 내 고향 내 친척
에게로 가야 하네."
31 모세가 다시 간청하였다. "제발 우리
만 버려 두지 마십시오. 우리가 광야
어디에 진을 쳐야 할지, 장인 어른만
큼 아는 사람이 없습니다. 그러니 장

가 진영을 옮기는 방법에 대하여 서술한다(비교. 2장). 진영을 이동할 때의 형태는 머물고 있을 때의 형태와 마찬가지로, 각 지파들이 성막 주위를 둘러싼 모습으로 진행하였다. 이것은 이스라엘의 모든 지파가 하나님을 중심으로 온전한 질서를 이루면서 조화롭게 살아야 함을 보여 준다.

10:29-36 강제가 아닌 설득에 의해 호밥은 이스라엘 백성과 동행하게 된다(참조. 삿 1:16). 그러나 이스라엘의 인도자는 사람이 될 수 없다. 이스라엘을 인도하시는 분은 언제나 하나님 한 분뿐이시다(33-34절). 또한 하나님은 전사로서, 보호자로서의 역할도 수행해 나가시는 분이시다(35-36절).

10:31 우리의 길 안내자가 되어 주셔야 합니다 하나님께서는 구름 기둥으로 행군할 때와 진을 칠 때를 지시하셨을 뿐만 아니라, 대략적인 방향까지도 알려 주셨다.

㉠ 모세의 장인은 민 10:29 및 삿 1:16과 4:11에서는 호밥이고, 출 2:21에서는 르우엘이고, 출 18장에서는 이드로이다

인께서는 우리의 길 안내자가 되어
주셔야 합니다.
32 우리와 함께 가시기만 한다면, 주님
께서 우리에게 주시는 좋은 것은, 무
엇이든지 장인 어른께 나누어 드리
겠습니다."

행군 시작

33 ○그들은 주님의 산을 떠나 사흘 길
을 갔다. 주님의 언약궤를 앞세우고
사흘 길을 가면서, 쉴 곳을 찾았다.
34 낮이 되어 그들이 진을 떠날 때면,
주님의 구름이 그들 위를 덮어 주었
다.
35 ○궤가 떠날 때에 모세가 외쳤다.
"주님, 일어나십시오. 주님의 원수들
을 흩으십시오. 주님을 미워하는 자
들을 주님 앞에서 쫓으십시오."
36 ○궤가 쉴 때에도 모세가 외쳤다.
"주님, 수천만 이스라엘 사람에게로
돌아오십시오."

다베라

11 주님께서 들으시는 앞에서 백
성들이 심하게 불평을 하였다.
주님께서 듣고 진노하시어, 그들 가
운데 불을 놓아 진 언저리를 살라
버리셨다.
2 백성이 모세에게 부르짖었다. 모세
가 주님께 기도드리니 불이 꺼졌다.
3 그래서 사람들은 그 곳 이름을 ㉠다
베라라고 불렀다. 주님의 불이 그들
가운데서 타올랐기 때문이다.

모세가 장로 일흔 명을 뽑다

4 ○이스라엘 자손 가운데 섞여 살던
무리들이 먹을 것 때문에 탐욕을 품
으니, 이스라엘 자손들도 또다시 울
며 불평하였다. "누가 우리에게 고기
를 먹여 줄까?
5 이집트에서 생선을 공짜로 먹던 것
이 기억에 생생한데, 그 밖에도 오이
와 수박과 부추와 파와 마늘이 눈에
선한데,
6 이제 우리 눈에 보이는 것이라고는
이 만나밖에 없으니, 입맛마저 떨어
졌다."
7 ○만나의 모양은 ㉡깟 씨와 같고, 그
빛깔은 브돌라와 같았다.
8 백성이 두루 다니면서 그것을 거두
어다가, 맷돌에 갈거나 절구에 찧고,
냄비에 구워 과자를 만들었다. 그
맛은 기름에 반죽하여 만든 과자 맛
과 같았다.
9 밤이 되어 진에 이슬이 내릴 때면,
만나도 그 위에 내리곤 하였다.
10 ○모세는, 백성이 각 가족별로, 제각
기 자기 장막 어귀에서 우는 소리를
들었다. 주님께서 이 일로 대단히 노
하셨고, 모세는 그 앞에서 걱정이 태
산 같았다.
11 모세가 주님께 여쭈었다. "어찌하여
주님께서는 주님의 종을 이렇게도

11장 요약 이집트 탈출 이후 조금만 힘들어도 하나님께 불평하던 사람들이 본문에도 언급되어 있다. 그들은 먹을 것을 가지고 또다시 불평하였다. 이에 하나님은 역경 중에 처한 모세를 돕도록 장로 일흔 명을 세워 주시고, 백성들에게는 메추라기를 공급하셨다.

11:1 불은 하나님의 활동을 상징한다.

11:6 만나 이스라엘 백성이 광야 생활 중에 주식으로 먹던 것으로, 그 이름은 그들이 만나를 처음으로 발견하고 '이게 무엇이냐'고 물은 데서 비롯되었다. 만나는 이스라엘 백성이 광야에 이르렀을 때 처음으로 주어졌으며, 가나안에 이르러 가나안 땅의 열매를 먹게 될 때까지 계속 주어졌다(출 16:15;수 5:12).

11:10-15 모세의 고민 모세는 이스라엘 백성이 참지 못하고 하나님께 불평하고 반역했으며 하나님

㉠ '불사름' ㉡ 식물의 일종

괴롭게 하십니까? 어찌하여 저를 주
님의 눈 밖에 벗어나게 하시어, 이
모든 백성을 저에게 짊어지우십니
까?
12 이 모든 백성을 제가 배기라도 했습
니까? 제가 그들을 낳기라도 했습니
까? 어찌하여 저더러, 주님께서 그들
의 조상에게 맹세하신 땅으로, 마치
유모가 젖먹이를 품듯이, 그들을 품
에 품고 가라고 하십니까?
13 백성은 저를 보고 울면서 '우리가 먹
을 수 있는 고기를 달라!' 하고 외치
는데, 이 모든 백성에게 줄 고기를,
제가 어디서 구할 수 있습니까?
14 저 혼자서는 도저히 이 모든 백성을
짊어질 수 없습니다. 저에게는 너무
무겁습니다.
15 주님께서 저에게 정말로 이렇게 하
셔야 하겠다면, 그리고 제가 주님의
눈 밖에 나지 않았다면, 제발 저를
죽이셔서, 제가 이 곤경을 당하지 않
게 해주십시오."
16 ○주님께서 모세에게 대답하셨다.
"이스라엘 장로들 가운데서, 네가 백
성의 장로들 또는 그 지도자라고 알
고 있는 사람들 일흔 명을 나에게로
불러 오너라. 너는 그들을 데리고 회
막으로 와서 그들과 함께 서라.
17 내가 내려가 거기에서 너와 말하겠
다. 그리고 너에게 내려 준 영을 그
들에게도 나누어 주어서, 백성 돌보
는 짐을, 그들이 너와 함께 지게 하
겠다. 그러면 너 혼자서 애쓰지 않아
도 될 것이다.
18 ○너는 또 백성에게 이렇게 말하여
라.
○내일을 맞이하여야 하니, 너희
는 스스로를 거룩하게 하여라. 너희
가 고기를 먹게 될 것이다. '누가 우
리에게 고기를 먹이려나? 이집트에
서는 우리가 참 좋았었는데' 하고 울
며 한 말이 나 주에게 들렸다. 이제
나 주가 너희에게 고기를 줄 터이니,
너희가 먹게 될 것이다.
19 하루만 먹고 그치지는 아니할 것이
다. 이틀만도 아니고, 닷새만도 아니
고, 열흘만도 아니고, 스무 날 동안
만도 아니다.
20 한 달 내내, 냄새만 맡아도 먹기 싫
을 때까지, 줄곧 그것을 먹게 될 것
이다. 너희가 너희 가운데 있는 나
주를 거절하고, 내 앞에서 울면서 '우
리가 왜 이집트를 떠났던가?' 하고
후회하였기 때문이다."
21 ○모세가 되물었다. "저를 둘러싸고
있는 백성의 보행자가 육십만 명입니
다. 그런데 주님께서는 '그들에게 내
가 고기를 주어, 한 달 내내 먹게 하
겠다' 하고 말씀하시나,
22 그들을 먹이려고 양 떼와 소 떼를 잡

께서도 이스라엘 백성에게 진노하셨기 때문에 몹시 괴로워했다. 백성의 불평은 모세의 고민이 되어 엄청난 무게로 그를 짓눌렀다. 모세는 그 짐을 더 이상 혼자 질 수 없어서 이스라엘의 아버지이신 하나님께 내려놓는다.

11:16-23 하나님의 응답이 주어졌다. ① 모세에게 내려 주신 영을 장로 일흔 명에게도 나누어 주셔서 모세의 짐을 함께 지게 하셨다. ② 하나님께서 일으키신 바람(히. '루아흐')이 메추라기 떼를 몰아 오셨다(31절). 이를 통해 백성들이 고기를 요구한 것과 모세가 영적인 조력자를 얻기 위해 기도한 것 사이에 연관이 있음을 강조한다.

11:20 냄새만 맡아도 먹기 싫을 때까지 하나님께서는 진노하시며 백성들이 싫증 날 정도로 많은 고기를 주신다. ① 하나님께서 주신 만나를 경멸하여 하나님을 멸시하고 ② 하나님께서 준비하신 가나안을 열망하기보다는 이집트를 떠나온 것을 후회하는 백성들을 향해 내리는 징계이다.

은들, 그들이 만족해 하겠습니까?
바다에 있는 고기를 모두 잡은들, 그
들이 만족해 하겠습니까?"
23 ○주님께서 모세에게 대답하셨다.
"나의 손이 짧아지기라도 하였느
냐? 이제 너는 내가 말한 것이 너에
게 사실로 이루어지는지 그렇지 아
니한지를 볼 것이다."
24 ○모세가 나가서 주님께서 하신 말
씀을 백성에게 전달하였다. 그는 백
성의 장로들 가운데서 일흔 명을 불
러모아, 그들을 장막에 둘러세웠다.
25 그 때에 주님께서 구름에 휩싸여 내
려오셔서 모세와 더불어 말씀하시
고, 모세에게 내린 영을 장로들 일흔
명에게 내리셨다. 그 영이 그들 위에
내려와 머물자, 그들이 예언하였다.
이것은 처음이자 마지막이다. 그들
은 다시는 예언하지 않았다.
26 ○그런데 두 남자가 진 안에 남아 있
었다. 하나의 이름은 엘닷이고, 다
른 하나의 이름은 메닷이었다. 그들
은 명단에 올라 있던 이들이지만, 장
막으로 가지 않았다. 그런데 영이 그
들 위로 내려와 머물자, 그들도 진에
서 예언하였다.
27 한 소년이 모세에게 달려와서, 엘닷
과 메닷이 진에서 예언하였다고 알
렸다.
28 ○그러자 젊었을 때부터 모세를 곁
에서 모셔 온 눈의 아들 여호수아가
나서서, 모세에게 말하였다. "어른께
서는 이 일을 말리셔야 합니다."
29 ○그러자 모세가 그에게 말하였다.
"네가 나를 두고 질투하느냐? 나는
오히려 주님께서 주님의 백성 모두
에게 그의 영을 주셔서, 그들 모두가
예언자가 되었으면 좋겠다."
30 모세와 이스라엘 장로들은 함께 진
으로 돌아왔다.

주님께서 메추라기를 보내시다

31 ○주님께서 바람을 일으키셨다. 주
님께서 ㉠바다 쪽에서 메추라기를 몰
아, 진을 빙 둘러 이쪽으로 하룻길
될 만한 지역에 떨어뜨리시어, 땅 위
로 두 자쯤 쌓이게 하셨다.
32 백성들이 일어나 바로 그 날 온종일,
그리고 밤새도록, 그리고 그 이튿날
도 온종일 메추라기를 모았는데, 적
게 모은 사람도 열 호멜은 모았다.
그들은 그것들을 진 주변에 널어 놓
았다.
33 고기가 아직 그들의 이 사이에서 씹
히기도 전에, 주님께서 백성에게 크
게 진노하셨다. 주님께서는 백성을
극심한 재앙으로 치셨다.
34 바로 그 곳을, 사람들은 ㉡기브롯 핫
다아와라 불렀다. 탐욕에 사로잡힌
백성을 거기에 묻었기 때문이다.
35 ○백성은 기브롯 핫다아와를 떠나,

11:24-30 하나님은 일흔 명의 장로들을 불러서 모세가 받았던 하나님의 영을 주셨다(24-25절). 그런데 하나님은 같이 참석하지 않고 있었던 두 남자에게도 하나님의 영을 주어 예언하도록 하셨다. 여호수아는 그들이 모세의 중재 없이 예언하는 것은 모세의 권위를 떨어뜨리는 것으로 생각하였다(27-28절). 하지만 모세는 여호수아에게 하나님은 모든 사람이 예언의 영을 받아 하나님의 목적에 합당하게 쓰임받기를 원하신다고 가르쳤다(29-30절).

11:31-35 모세의 너그러운 예언자적 태도와는 대조적으로, 자신의 이익만을 추구하는 탐욕스러운 백성들은 하나님의 공의의 심판을 받았다.

11:31 자 이 말의 유래로 볼 때 팔꿈치에서 가운데 손가락 끝까지의 길이를 말한다. 신명기 3:11에서 '그것은, 보통 자로 재어서'라고 언급되어 있는 것으로 알 수 있다. 그 길이는 약 45cm이다.

㉠ 아카바 만 쪽이라고 추측됨 ㉡ '탐욕의 무덤'

하세롯으로 행군하였다. 그들은 하
세롯에서 멈추었다.

미리암이 벌을 받다

12 모세가 ㉠구스 여인을 데리고
왔는데, 미리암과 아론은 모세
가 그 구스 여인을 아내로 맞았다고
해서 모세를 비방하였다.
2 ○"주님께서 모세와만 말씀하셨느
냐? 우리와도 말씀하시지 않았느
냐!" 그들이 이렇게 말하는 것을 주
님께서 들으셨다.
3 모세로 말하자면, 땅 위에 사는 모
든 사람 가운데서 가장 겸손한 사람
이다.
4 ○주님께서는 모세와 아론과 미리암
을 당장 부르셨다. "너희 셋은 회막
으로 나오너라." 세 사람이 그리로
나갔다.
5 주님께서 구름기둥 가운데로 내려오
시어 장막 어귀에 서시고, 아론과 미
리암을 부르셨다. 그 두 사람이 나가
서자
6 말씀하셨다.
"너희는 나의 말을 들어라. ㉡너
희 가운데 예언자가 있으면, 나 주
가 환상으로 그에게 알리고, 그에
게 꿈으로 말해 줄 것이다.
7 나의 종 모세는 다르다. 그는 나의
온 집을 충성스럽게 맡고 있다.
8 그와는 내가 얼굴을 마주 바라보
고 말한다. 명백하게 말하고, 모호
하게 말하지 않는다. 그는 나 주의
모습까지 볼 수 있다. 그런데 너희
는 어찌하여 두려움도 없이, 나의
종 모세를 비방하느냐?"
9 ○주님께서 그들에게 진노하시고
떠나가셨다.
10 ○구름이 장막 위에서 걷히고 나니,
아, 미리암이 악성 피부병에 걸려서,
눈처럼 하얗게 되어 있는 것이 아닌
가! 아론이 미리암에게로 다가갔다.
살펴보니, 그 여인은 악성 피부병에
걸린 것이었다.
11 아론이 모세에게 말하였다. "참으로
애석합니다. 우리들이 어리석었던 죄
와, 우리가 저지른 죄를, 부디 우리에
게 벌하지 마십시오.
12 미리암을, 모태에서 나올 때에 살이
반이나 썩은 채 죽어 나온 아이처
럼, 저렇게 두지는 마십시오."
13 ○모세가 주님께 부르짖어 아뢰었다.
"하나님, 비옵니다. 제발 미리암을
고쳐 주십시오."
14 주님께서 모세에게 말씀하셨다. "미
리암의 얼굴에 그의 아버지가 침을
뱉었어도, 그가 이레 동안은 부끄러
워하지 않겠느냐? 그러니 그를 이레
동안 진 밖에 가두었다가, 그 뒤에
돌아오게 하여라."
15 그래서 미리암은 이레 동안 진 밖에

12장 요약 백성들이 모세에게 불평한 데 이어 아론과 미리암까지 모세를 비방하였다. 이것은 하나님이 부여하신 모세의 권위에 대한 도전이다. 이에 대해 탁월한 겸손함을 보였던 모세를 위하여 하나님은 이 사건에 직접 개입하셔서 모세의 권위를 지켜 주시고 미리암을 엄히 징계하여 백성들의 경계거리로 삼으셨다.

㉠ 미디안(합 3:7) 또는 에티오피아 ㉡ 고대역을 따름

12:1-16 모세의 누나와 형인 미리암과 아론은 모세가 일흔 명의 장로들과 함께 이스라엘을 다스리는 것을 보면서 동생의 지위를 시기했을지도 모른다. 그렇지만 표면적인 비방의 원인은 모세가 이방 여인인 구스 여인을 아내로 맞았기 때문에 일어났던 것이다(1-3절). 그러나 하나님께서는 직접 이 문제에 개입하셔서 미리암과 아론을 책망하시고 진노하심으로 모세의 권위를 지켜 주셨다(6-8절).

갇혀 있었다. 백성은 미리암이 돌아
올 때까지 행군을 하지 않았다.
16 그가 돌아온 뒤에, 백성은 하세롯에
서 떠나, 바란 광야에 이르러 진을
쳤다.

가나안 땅 탐지 (신 1:19-33)

13 주님께서 모세에게 말씀하셨
다.
2 "너는 사람들을 보내어, 내가 이스라
엘 자손에게 준 가나안 땅을 탐지하
게 하여라. 각 조상의 지파 가운데
서 지도자를 한 사람씩 보내어라."
3 ○모세는 주님의 분부대로 바란 광
야에서 그들을 보냈다. 그 사람들은
모두 이스라엘 자손의 우두머리들
이었다.
4 그들의 이름은 다음과 같다. 르우벤
지파에서는 삭굴의 아들 삼무아요,
5 시므온 지파에서는 호리의 아들 사
밧이요,
6 유다 지파에서는 여분네의 아들 갈
렙이요,
7 잇사갈 지파에서는 요셉의 아들 이
갈이요,
8 에브라임 지파에서는 눈의 아들 호
세아요,
9 베냐민 지파에서는 라부의 아들 발
디요,
10 스불론 지파에서는 소디의 아들 갓
디엘이요,
11 요셉 지파 곧 므낫세 지파에서는 수
시의 아들 갓디요,
12 단 지파에서는 그말리의 아들 암미
엘이요,
13 아셀 지파에서는 미가엘의 아들 스
둘이요,
14 납달리 지파에서는 웝시의 아들 나
비요,
15 갓 지파에서는 마기의 아들 그우엘
이다.
16 모세가 땅을 탐지하라고 보낸 사람
들의 이름이 이와 같다. 모세는 눈
의 아들 ㉠호세아를 여호수아라고
불렀다.
17 ○모세는 가나안 땅을 탐지하라고
그들을 보내면서, 이렇게 일렀다. "너
희는 저기 네겝 지방에도 올라가 보
고, 산간지방에도 올라가 보아라.
18 그 땅이 어떠한지 탐지하여라. 그 땅
에 사는 백성이 강한지 약한지, 적은
지 많은지를 살펴보아라.
19 그리고 그들이 사는 그 땅이 좋은지
나쁜지, 그들이 사는 마을들은 장막
촌인지 요새화된 성읍인지,
20 토지는 어떠한지, 기름진지 메마른
지, 거기에 나무가 있는지 없는지를
살펴보아라. 담대하게 행동하여라.
그리고 그 땅의 과일을 가져 오너
라." 때는 바야흐로 포도가 처음 익
을 무렵이었다.

13장 요약 이스라엘 백성이 가나안 땅을 눈앞에 두고도 광야에서 사십 년을 방황하게 된 가데스 바네아 사건이다. 이 곳에서 하나님은 사람들을 보내어 가나안을 탐지하게 하셨다. 그 중 갈렙과 여호수아만이 그 땅을 점령할 수 있다는 긍정적인 보고를 하였다.

㉠ 호세아와 여호수아는 같은 이름의 두 형태로서 '주님께서 구원하시다'라는 뜻. 여기에서 그리스어 이름 '예수'가 나옴(마 1:21)

13:1-24 하나님은 각 지파에서 한 사람씩 선발하여 약속의 땅 가나안을 탐지하도록 명령하셨다. 하나님께서는 이스라엘이 상황을 판단하여 가나안 땅의 점령 여부를 자유롭게 선택할 수 있게 하셨다. 지금까지 이스라엘 역사를 주도해 오신 하나님을 신뢰하고 가나안을 점령하든지, 두려워 물러서든지, 그것은 그들의 선택에 달려 있었다.

13:4-16 인구 조사 때와 제단을 봉헌할 때의 족장들은 각 지파를 대표하는 원로들이었고, 가나

21 ○그들은 올라가서 신 광야에서부터
하맛 어귀 르홉에 이르기까지, 그 땅
을 탐지하였다.
22 그들은 또 네겝 지방으로 올라가, 헤
브론에 이르렀다. 거기에는 아낙 자
손인 아히만 부족과 세새 부족과 달
매 부족이 있었다. 헤브론은 이집트
의 소안보다 일곱 해 먼저 세운 곳이
다.
23 그들은 에스골 골짜기에 이르러, 거
기에서 포도 한 송이가 달린 가지를
꺾어서, 두 사람이 막대기에 꿰어 둘
러메었다. 석류와 무화과도 땄다.
24 이스라엘 자손이 거기에서 포도송
이를 땄기 때문에, 사람들은 그 곳
을 가리켜 ㉠에스골 골짜기라고 불렀
다.
25 ○그들은 그 땅을 탐지하러 갔다가
사십 일 만에 돌아왔다.
26 그들은 곧바로 바란 광야 가데스에
있는 모세와 아론과 이스라엘 자손
의 온 회중에게로 갔다. 그들은 모
세와 아론과 온 회중에게 보고하면
서, 그 땅에서 가져 온 과일을 보여
주었다.
27 그들은 모세에게 다음과 같이 설명
하였다. "우리에게 가라고 하신 그
땅에, 우리가 갔었습니다. 그 곳은
정말 젖과 꿀이 흐르는 곳입니다. 이
것이 바로 그 땅에서 난 과일입니다.
28 그렇지만 그 땅에 살고 있는 백성은
강하고, 성읍들은 견고한 요새처럼
되어 있고, 매우 큽니다. 또한 거기에
서 우리는 아낙 자손도 보았습니다.
29 아말렉 사람은 네겝 지방에 살고 있
고, 헷 사람과 여부스 사람과 아모리
사람은 산악지대에 살고 있습니다.
가나안 사람은 바닷가와 요단 강 가
에 살고 있습니다."
30 ○갈렙이 모세 앞에서 백성을 진정
시키면서 격려하였다. "올라갑시다.
올라가서 그 땅을 점령합시다. 우리
는 반드시 그 땅을 점령할 수 있습니
다."
31 ○그러나 그와 함께 올라갔다 온 사
람들은 말하였다. "우리는 도저히
그 백성에게로 쳐올라가지 못합니
다. 그 백성은 우리보다 더 강합니
다."
32 그러면서 그 탐지한 땅에 대하여 나
쁜 소문을 퍼뜨렸다. 그들은 이스라
엘 자손에게 그 땅에 대해 이렇게
말하였다. "우리가 탐지하려고 두루
다녀 본 그 땅은, 그 곳에 사는 사람
들을 삼키는 땅이다. 또한 우리가 그
땅에서 본 백성은, 키가 장대 같은
사람들이다.
33 거기에서 우리는 또 네피림 자손을
보았다. 아낙 자손은 네피림의 한 분
파다. 우리는 스스로가 보기에도 메

안 땅을 탐지하는 일은 재빠르고 많은 힘을 필요로 하였으므로 좀 더 젊은 족장들이 선택되었다.

13:20 포도가 처음 익을 무렵 팔레스타인에서 포도가 익기 시작하는 것은 7-8월경이다. 그러므로 이스라엘 백성이 시내 광야를 떠난 지는 2개월 정도 되었다.

13:25-33 가나안 땅을 탐지한 사람들 중 열 명은 그 땅을 절대로 점령할 수 없다고 보고하였으나 갈렙과 여호수아는 이스라엘이 그 땅을 점령할 수 있다고 주장하였다. 이는 갈렙과 여호수아가 어려움을 능히 극복할 수 있다는 시각으로 탐지하였음을 알려 준다(30절).

13:30 갈렙 '공격자'라는 뜻의 이름으로 그는 신앙적인 판단에 따라 탐지 내용을 담대히 보고하였으며, 가나안 정복에 대한 확신을 피력하였다(히 11:1). 그의 이러한 결단력과 용기는 가나안 정복 때까지 계속되었다(수 14:6-15).

㉠ '송이'

뜨기 같았지만, 그들의 눈에도 그렇
게 보였을 것이다."

백성의 불평

14 온 회중이 소리 높여 아우성쳤
다. 백성이 밤새도록 통곡하였
다.
2 온 이스라엘 자손이 모세와 아론을
원망하였다. 온 회중이 그들에게 말
하였다. "차라리 우리가 이집트 땅
에서 죽었더라면 더 좋았을 것이다.
아니면 차라리 우리가 이 광야에서
라도 죽었더라면 더 좋았을 것이다.
3 그런데 주님은 왜 우리를 이 땅으로
끌고 와서, 칼에 맞아 죽게 하는가?
왜 우리의 아내들과 자식들을 사로
잡히게 하는가? 차라리 이집트로
돌아가는 것이 좋겠다!"
4 그들은 또 서로 말하였다. "우두머리
를 세우자. 그리고 이집트로 돌아가
자."
5 ○모세와 아론은 이스라엘 자손의
온 회중 앞에서 얼굴을 땅에 대고
엎드렸다.
6 그러자 그 땅을 탐지하고 돌아온 이
들 가운데서, 눈의 아들 여호수아와
여분네의 아들 갈렙이 슬픔에 겨워
자신들의 옷을 찢으며,
7 이스라엘 자손 온 회중에게 말하였
다. "우리가 탐지하려고 두루 다녀
본 그 땅은 매우 좋은 땅입니다.
8 주님께서 우리를 사랑하신다면, 그
땅으로 우리를 인도하실 것입니다.
젖과 꿀이 흐르는 그 땅을 우리에게
주실 것입니다.
9 다만 여러분은 주님을 거역하지만
마십시오. 여러분은 그 땅 백성을 두
려워하지 마십시오. 그들은 우리의
밥입니다. 그들의 방어력은 사라졌
습니다. 주님께서 우리와 함께 계시
니, 그들을 두려워하지 마십시오."
10 그러나 온 회중은 그들을 돌로 쳐죽
이려고 하였다. 그 때에 주님의 영광
이 회막에서 온 이스라엘 자손에게
나타났다.

모세가 백성을 두고 기도하다

11 ○주님께서 모세에게 말씀하셨다.
"언제까지 이 백성이 나를 멸시할 것
이라더냐? 내가 이 백성 가운데서
보인 온갖 표적들이 있는데, 언제까
지 나를 믿지 않겠다더냐?
12 내가 전염병으로 이들을 쳐서 없애
고, 너를 이들보다 더 크고 힘센 나
라가 되게 하겠다."
13 ○모세가 주님께 말씀드렸다. "이집
트 사람이 들으면 어떻게 합니까?
주님께서는 이미 주님의 능력으로
이 백성을 이집트 사람 가운데서 이
끌어 내셨습니다.
14 이집트 사람이 이 땅에 사는 사람들
에게 말하면, 어떻게 합니까? 이 땅

14장 요약 가나안 땅을 탐지한 사람들의 보고를 들은 백성들은 밤새 통곡하며 모세를 원망하고 이집트로 돌아가기로 결심했다. 이는 하나님의 약속을 믿지 않고 그분의 뜻을 정면으로 거스르는 행위였다. 하나님은 이들을 모두 없애려 하셨으나 모세의 필사적인 중보 기도를 들으시고 진노를 거두셨다.

14:1–3 대다수의 백성들은 잘못된 보고를 선택하였다. 이처럼 하나님은 인간에게 자유 의지를 주셨다. 그러나 자신의 선택에 대해서는 반드시 책임을 져야 하는 것이다.

14:7 매우 좋은 땅 히브리어 본문에 '매우'에 해당하는 '메오드'가 두 번 반복되어서 땅이 좋다는 것을 강조하고 있다.

14:9 그들은 우리의 밥입니다 13:32에서 탐지한 다른 사람들이 가나안 땅을 가리켜 '그 곳에 사는 사람들을 삼키는 땅'이라고 말한 것과 매우 대조

에 사는 사람들은, 주 하나님이 이
백성 가운데 계시다는 것과, 주 하나
님이 얼굴과 얼굴을 마주하여 보이
셨다는 것과, 주님의 구름이 그들 위
에 머물고, 주님께서 낮에는 구름기
둥 가운데 계시고, 밤에는 불기둥
가운데 계셔서, 그들 맨 앞에서 걸어
가신다는 것을 이미 들었습니다.
15 그런데 이제 주님께서 이 백성을 한
사람을 처리하듯 단번에 죽이시면,
주님께서 하신 일을 들은 나라들은
16 '그들의 주가 자기 백성에게 주기로
맹세한 땅으로 그들을 데리고 갈 능
력이 없어서, 그들을 광야에서 죽였
다' 하고 말할 것입니다.
17 그러니 이제 주님께서는, 이미 말씀
하신 대로, 주님의 권능을 나타내 보
이시기 바랍니다.
18 '나 주는 노하기를 더디하고, 사랑
이 넘치어서 죄와 허물을 용서한
다. 그러나 나는 죄를 벌하지 않은
채 그냥 넘기지는 아니한다. 나는,
아버지가 죄를 지으면 본인뿐만
아니라 자손 삼사 대까지 벌을 내
린다'
하고 말씀하셨으니,
19 이집트를 떠날 때부터 이제까지 주
님께서 이 백성을 용서하신 것처럼,
이제 주님의 그 크신 사랑으로 이 백
성의 죄를 용서하여 주시기 바랍니
다."
20 ○주님께서 말씀하셨다. "너의 말대
로 용서하겠다.
21 그러나 내가 살아 있는 한, 그리고
나 주의 영광이 온 땅을 가득 채우
고 있는 한,
22 나의 영광을 보고도, 내가 이집트와
광야에서 보여 준 이적을 보고도,
열 번이나 거듭 나를 시험하고 내 말
에 순종하지 않은 사람들은, 어느
누구도,
23 내가 그들의 조상들에게 주기로 맹
세한 그 땅을 못 볼 것이다. 나를 멸
시한 사람은, 어느 누구도 그 땅을
못 볼 것이다.
24 그러나 나의 종 갈렙은 그 마음이
남과 다르고, 또 전적으로 나를 따
랐으므로, 나는, 그가 다녀 온 그 땅
으로 그를 데리고 가겠고, 그의 자
손은 그 땅을 유산으로 받을 것이
다.
25 아말렉 사람과 가나안 사람이 골짜
기에 살고 있으니, 내일 너는 돌이켜
홍해로 가는 길을 따라서 광야 쪽으
로 나아가거라."

주님께서 불평하는 백성을 벌하시다

26 ○주님께서 모세와 아론에게 말씀하
셨다.
27 "나를 원망하는 이 악한 회중이 언
제까지 그럴 것이냐? 나를 원망하

적이다. 하나님께서 함께 계신다는 믿음을 가진 사람들의 담대한 용기를 볼 수 있다.

14:11-19 하나님의 진노를 막는 모세 본문의 모세와 하나님의 대화는 이스라엘이 타락하여 시내산에서 금송아지를 만든 뒤 벌어진 대화(출 32:7-14)와 비슷하다. 모세는 계속 불순종하고 있는 이스라엘 백성을 당장 없애시겠다는 하나님께 중보의 기도를 드린다. 모세는 하나님의 명예와 약속에 의지하여(13-16절), 그리고 하나님의 권능과 자비에 의지하여(17-18절) 백성의 죄를 용서하여 달라고(19절) 기도하였다.

14:24 전적으로 나를 따랐으므로 문자적으로는 '전적으로 하나님의 뒤를 따라 걸어갔으므로'의 의미이다. 선택에는 반드시 순종이 요청된다. 갈렙은 온전히 하나님께 순종했기 때문에 언약의 땅으로 들어갈 수 있도록 허락받았다.

14:26-35 백성들은 '광야에서라도 죽었더라면 더 좋았을 것이다'(2절)라고 원망했고, 하나님께서는

는 이스라엘 자손의 원망을 내가 들
었다.
28 너는 그들에게 이렇게 말하여라.
○나 주의 말이다. 내가 나의 삶을
두고 맹세한다. 너희가 나의 귀에 들
리도록 말한 그대로, 내가 반드시 너
희에게 하겠다.
29 너희 가운데 스무 살이 넘은 사람으
로, 인구조사를 받은 모든 사람들,
곧 나를 원망한 사람들은, 이 광야
에서 시체가 되어 뒹굴게 될 것이다.
30 나는 너희에게 땅을 주어 살게 하겠
다고, 손을 들어 맹세하였다. 그러나
이제 너희는 그 땅으로 들어가지 못
할 것이다. 다만 여분네의 아들 갈렙
과 눈의 아들 여호수아만이 들어갈
것이다.
31 너희가, 사로잡혀 갈 것이라고 걱정
한 너희의 어린 것들은, 내가 이끌고
너희가 거절한 그 땅으로 들어가겠
다. 그 땅이 그들의 고향이 될 것이
다.
32 그러나 너희는 이 광야에서 시체가
되어 뒹굴 것이다.
33 너희 자식들은 사십 년 동안 광야에
서 ㉠양을 치면서, 너희의 시체가 썩
어 없어질 때까지, 너희가 저지른 죄
를 대신 짊어질 것이다.
34 너희가 그 땅을 사십 일 동안 탐지
하였으니, 그 날 수대로 하루를 일
년으로 쳐서, 너희는 사십 년 동안
너희의 죄의 짐을 져야 한다. 그제서
야 너희는 내가 너희를 싫어하면 너
희가 어떻게 되는지를 알게 될 것이
다.
35 나 주가 말한다. 한데 어울려 나를
거역한, 이 악한 온 회중에게, 내가
말한 대로 반드시 하고야 말겠다. 그
들은 이 광야에서 종말을 맞이할 것
이다. 그들은 여기서 죽는다!"
36 ○모세가 그 땅을 탐지하라고 보냈
던 사람들은 돌아와서, 그 땅에 대
하여 나쁜 소문을 퍼뜨리면서, 온 회
중을 선동하여, 모세를 원망하게 하
였다.
37 그 땅에 대하여 나쁜 소문을 퍼뜨린
사람들은, 주님 앞에서 재앙을 받아
죽었다.
38 그 땅을 탐지하러 갔던 사람들 가운
데서, 다만 눈의 아들 여호수아와 여
분네의 아들 갈렙만이 살아 남았다.

첫 번째 점령 시도 (신 1:41-46)

39 ○모세가, 주님께서 하신 말씀을 온
이스라엘 자손에게 일러주니, 백성
들은 매우 슬퍼하였다.
40 다음날, 그들은 일찍 일어나 산꼭대
기로 올라가면서 외쳤다. "주님께서
말씀하신 그 곳으로 올라가자. 우리
가 잘못했다."
41 그러나 모세는 말렸다. "어찌자고 주

네 번이나 '너희는 이 광야에서 시체가 되어 뒹굴게 될 것'이라고 경고하셨다(29,32,33,35절). 약속의 땅으로 들어가기를 거절한 백성들은 하나님께서 *계획하셨*던 바를 막았고, 하나님과의 언약을 파기하였다. 하나님의 뜻과 계획을 지연시킨 백성들은 이에 상응하는 대가를 받아야 마땅하였다.
14:36-45 36-38절은 광야 생활 중에서 하나님의 말씀이 그대로 성취되었음을 간단하게 보도하고 있다. 하나님의 말씀이 전달되자 백성들은 매우 슬퍼하였으나, 불행하게도 그들이 잘못을 자각하기에는 너무 늦었다. 이미 하나님의 심판은 선포되었기 때문이다. 모세는 맹목적으로 길을 나서려 하는 백성들의 무모한 행동을 저지했지만, 그들은 모세의 경고를 따르지 않았다. 죄 때문에, 그들은 자신들의 행동에 대한 결과를 전혀 생각하지도 않았다. 결국 계속되는 죄악은 이스라엘을 영적·도덕적 장님으로 만들어 버린 것이다.

㉠ 또는 '방황하면서'

님께서 하신 말씀을 거역하려는 것
입니까? 이 일은 결코 성공하지 못
합니다.
42 올라가지 마십시오. 주님께서 당신
들 가운데 계시지 않습니다. 당신들
은 적에게 패합니다.
43 아말렉 사람과 가나안 사람이 거기
에서 당신들을 기다리고 있습니다.
당신들은 칼을 맞고 쓰러집니다. 당
신들이 주님을 등지고 돌아섰으니,
주님께서 당신들과 함께 계시지 않
습니다."
44 ○그들은 더 생각하지도 않고 산꼭
대기로 올라갔다. 그러나 주님의 언
약궤와 모세는 진 안에서 움직이지
않았다.
45 그 때에 바로 그 산간지방에 살던 아
말렉 사람과 가나안 사람이 내려와
서 그들을 무찌르고, 호르마까지 그
들을 추격하였다.

희생제사

15 주님께서 모세에게 말씀하셨다.
2 "너는 이스라엘 자손에게 일
러라. 그들에게 이렇게 말하여라.
○이제 너희는 내가 너희에게 줄
땅, 곧 너희가 살 곳으로 들어갈 것
이다.
3 그러면 너희는 소 떼나 양 떼 가운데
서 제물을 골라, 나 주에게 불살라
바치는 제사, 곧 주를 기쁘게 하는
향기를 드리게 될 것이다. 서원한 것
을 갚으려고 드리든, 자원해서 바치
는 제물을 드리든, 너희가 지키는 여
러 절기에 드리는 번제나 희생제를
드릴 것이다.
4 ○나 주에게 제물을 바칠 사람은 고
운 가루 십분의 일 에바에 기름 사
분의 일 힌을 반죽한 곡식제물을 함
께 주에게 바쳐야 한다.
5 번제나 희생제에 드리는 제물이 어
린 양 한 마리면, 부어 드리는 제물
로는 사분의 일 힌의 포도주를 준비
해야 한다.
6 ○제물이 숫양 한 마리면, 곡식제물
로는 고운 가루 십분의 이 에바에
기름 삼분의 일 힌을 반죽한 것을
준비해야 하며,
7 부어 드리는 제물로는 삼분의 일 힌
의 포도주를 준비해야 한다. 그것들
을 제물 타는 향기로 주를 기쁘게
하는 제사로 드려라.
8 ○서원한 것을 갚으려고 하거나, 주
에게 화목제사를 드리려고 하여, 번
제물이나 희생제물로 수송아지를 준
비할 때에는,
9 고운 가루 십분의 삼 에바에 기름
반 힌을 반죽한 곡식제물을 그 수송
아지와 함께 가져 와야 하고,
10 부어 드리는 제물로는 포도주 반 힌
을 가져 오면 된다. 이것이 불살라

15장 요약 본장에서는 이스라엘이 장차 가나안 땅에서 지켜야 할 제사 제도와 안식일 규례, 그리고 옷자락의 술에 관한 규정을 기록하고 있다. 이 모든 규례는 하나님이 이스라엘 자손을 반드시 가나안 땅으로 인도해 들이실 것임을 강력히 시사해 준다.

15:1-16 이곳에 기록된 제사법들은 하나님이 그의 백성을 가나안으로 인도하시리라는 사실을 매우 강조해서 거듭 나타낸다. 곧 이 규정들은 가나안 땅에 들어갈 때를 기대하게 하고, 광야에서 쉽게 구할 수 없는 고운 가루·기름·포도주를 동물 제사와 함께 드리라고 함으로써 이스라엘 백성이 가나안 땅에 들어갈 것임을 암시한다. 이처럼 하나님은 제사 의식을 통해 이스라엘 백성과 교통하는 길을 마련해 놓으셨다.

15:3 자발적으로 즐거운 마음으로 드리는 제사에 관한 설명이다. 서원한 것을 갚는 서원제와 스스

바치는 제사, 곧 제물 타는 향기로
주를 기쁘게 하는 제사가 될 것이
다.
11 ○수소 한 마리나, 숫양 한 마리나,
양 떼나 염소 떼 가운데서 작은 짐
승 한 마리나, 이렇게 한 마리씩만
바칠 때에는, 위에 말한 것과 같이
해야 한다.
12 그러나 너희가 준비하는 것이 한 마
리가 넘을 때에는, 그 수효에 따라서
함께 바치는 제물의 수도 많아질 것
이다.
13 누구든지 본토에서 난 사람들이, 주
를 기쁘게 하는 향기로 불살라 바치
는 제물을 가져 올 때에는, 위에서
말한 대로 해야 한다.
14 ○너희 가운데 몸붙여 사는 외국인
이나 대대로 너희 가운데 섞여 사는
사람들은, 주를 기쁘게 하는 향기로
불살라 바치는 제물을 바칠 때에는,
너희가 하는 것과 꼭같이 그렇게 하
여야 한다.
15 회중에게는, 너희에게나 너희 가운
데 살고 있는 외국인에게나, 같은 율
례가 적용된다. 이것은 오고오는 세
대에 언제나 지켜야 할 율례이다. 외
국인들도 주 앞에서는 너희와 같을
것이다.
16 같은 법과 같은 규례가 너희에게와
너희 가운데 살고 있는 외국인들에
게 함께 적용될 것이다."
17 ○주님께서 모세에게 말씀하셨다.
18 "너는 이스라엘 자손에게 말하여라.
그들에게 이렇게 일러라. ○내가 너
희를 데리고 갈 그 땅에 너희가 들어
가면,
19 너희는 그 땅에서 난 양식을 먹게 될
터인데, 그 때에 너희는 나 주에게
헌납물을 바쳐야 한다.
20 너희가 처음 거두어들인 곡식으로
만든 과자를 헌납물로 바쳐라. 그것
을 타작 마당에서 타작한 헌납물로
바쳐라.
21 너희가 처음 거두어들인 곡식에서
떼어 낸 헌납물을 너희 대대로 나
주에게 바쳐라.
22 ○너희가 실수하여, 나 주가 모세에
게 말한 이 모든 명령을 실천하지 못
하였을 때에,
23 곧 나 주가 모세를 시켜 너희에게 명
한 모든 것을 나 주가 명한 그 날 이
후부터, 너희 대대로 실천하지 못하
였을 때에,
24 그것이 회중이 모르는 가운데 실수
로 저지른 것이면, 온 회중은 수송아
지 한 마리를 번제물, 곧 주를 기쁘
게 하는 향기로 불살라서 바치고,
거기에 딸린 곡식제물과 부어 드리
는 제물도 규례대로 바쳐야 한다. 또
숫염소 한 마리를 속죄제물로 바쳐

로 원해서 하나님께 드리는 자원제를 낙헌제라고 한다.

15:17–21 이스라엘이 결국 약속의 땅을 차지하리라는 하나님의 계획이 다시 강조되어 있다. 이스라엘의 불신앙에도 불구하고, 그 땅에서의 종교적인 삶은 계속 이어질 것이다.

15:22–31 약속의 땅에서 살 때에 회중 전체나 개인이 실수로 죄를 지을 경우가 생길 수 있다. 그럴 경우에 회중 전체와 개인은 각기 하나님이 지시하시는 방법대로 하나님 앞에서 속죄를 받아야 한다. 특히 이스라엘 가운데서 살고 있는 외국인들도 이 규례를 지켜야 한다. 하나님의 율례는 모든 사람들을 위한 것이기 때문에, 예외에 해당하는 사람은 있을 수 없다. 속죄를 받는 방법과 구원을 얻는 방법도 마찬가지이다.

15:22–23 실수하여 하나님의 명령 중에서 하나라도 실천하지 못하였으면 속죄제를 드려야 한다. 그러나 실수로 지은 죄에만 용서를 받았다(24–

야 한다.
25 이렇게 제사장이 이스라엘 자손 온
회중의 죄를 속하여 주면, 그들은 속
죄를 받게 된다. 그것은 실수로 저지
른 것이기 때문이다. 그들은 자신들
의 실수로 잘못을 저질렀으니, 나 주
에게 불살라 바치는 제물과 속죄제
물을 주 앞에 가져 와야 한다.
26 모든 백성이 실수로 잘못을 저지른
것이기 때문에, 이스라엘 자손 온 회
중과 그들과 함께 살고 있는 외국인
들이 함께 용서받게 될 것이다.
27 ○만일 한 개인이 실수로 잘못을 저
질렀다면, 그는 일 년 된 암염소 한
마리를 속죄제물로 가져 와야 한다.
28 그러면 제사장은 주 앞에서 실수로
죄를 지은 그 사람의 죄를 속해 주
어야 한다. 제사장이 그의 죄를 속
해 주면, 그는 속죄를 받게 될 것이
다.
29 실수하여 죄를 지은 사람에게는, 그
가 본토 출신 이스라엘 자손이든 그
들 가운데서 살고 있는 외국인이든,
같은 법이 적용된다.
30 ○그러나 본토 사람이든 외국인이
든, 일부러 죄를 지은 사람은 주를
모독한 것이므로, 그런 사람은 그의
백성 가운데서 쫓아내야 한다.
31 나 주의 말을 경멸하고 그의 명령을
어겼으므로, 그런 사람은 반드시 쫓
아내야 한다. 자기의 죄는 자기가 짊
어져야 한다."

안식일에 일을 한 사람

32 ○이스라엘 자손이 광야에 있을 때
였다. 한 사람이 안식일에 나무를 하
다 들켰다.
33 나무하는 이를 본 사람들은, 그를
모세와 아론과 온 회중에게로 데리
고 갔다.
34 그에게 어떻게 하여야 한다는 명확
한 설명이 없었기 때문에, 그들은 그
를 그냥 가두어 두었다.
35 그 때에 주님께서 모세에게 말씀하
셨다. "그 사람은 반드시 죽여야 한
다. 온 회중은 진 밖에서 그를 돌로
쳐야 한다."
36 그래서 온 회중은, 주님께서 모세에
게 명하신 대로, 그를 진 밖으로 끌
어내어, 돌로 쳐죽였다.

옷자락에 다는 술

37 ○주님께서 모세에게 말씀하셨다.
38 "너는 이스라엘 자손에게 말하여라.
그들에게 일러라.
○너희는 대대손손 옷자락 끝에
술을 만들어야 하고, 그 옷자락 술
에는 청색 끈을 달아야 한다.
39 너희는 이 술을 볼 수 있게 달도록
하여라. 그래야만 너희는 주의 모든
명령을 기억하고, 그것들을 실천할
것이다. 그래야만 너희는, 마음 내키

29절). 속죄제는 사람의 연약함으로 인해 지은 죄를 용서받기 위한 것이다.

15:27 한 개인이 실수로 잘못을 저지르면 암염소 한 마리를 제물로 바쳤다. 회중의 범죄로 인해 바치는 제물은 수송아지(24절)였다. 이러한 제물의 차이는 개인의 범죄보다 공동체의 범죄가 더 심각한 죄악임을 보여 준다(레 4:27–5:13).

15:32–36 언약의 상징인 안식일에 일을 하는 것은 특별히 심각한 죄였다. 하나님께서는 안식일에 일하는 사람은 죽이라고 하셨다(출 31:15;35:2–3). 안식일에는 불을 피우는 것도 금지였는데(출 35:3), 땔감을 모은다는 것은 불을 피우려는 의도가 있었다는 것이므로 그를 죽이라고 명령하신 것이다.

15:37–41 옷자락에 다는 술은 백성들로 하여금 하나님의 계명에 순종하도록 하는 기능을 하였다. 하나님의 구원 행위를 기억하는 일은(41절) 순종하는 데에 강한 동기를 부여해 준다.

는 대로 따라가거나 너희 눈에 좋은
대로 따라가지 아니할 것이고, 스스
로 색욕에 빠지는 일이 없을 것이다.
40 그리고 너희가 나의 모든 명령을 기
억하고 실천할 것이며, 너희의 하나
님 앞에 거룩하게 될 것이다.
41 나는 주 너희의 하나님이다. 너희의
하나님이 되려고, 너희를 이집트 땅
에서 이끌어 내었다. 내가 주 너희의
하나님이다."

고라와 다단과 아비람의 반역

16 이스할의 아들 고라가 반기를
들었다. 그는 고핫의 손자이며
레위의 증손이다. 엘리압의 아들인
다단과 아비람, 그리고 르우벤의 손
자이며 벨렛의 아들인 온도 고라와
합세하였다.
2 그들이 모세를 거역하여 일어서니,
이스라엘 자손 가운데서 이백오십
명의 남자들이 합세하였는데, 그들
은 회중의 대표들로 총회에서 뽑힌
이들이었으며, 잘 알려진 사람들이
었다.
3 그들이 모세와 아론에게 대항하여
모여서 항의하였다. "당신들은 분에
넘치는 일을 하고 있소. 온 회중 각
자가 다 거룩하고, 그들 가운데 주님
께서 계시는데, 어찌하여 당신들은
주님의 회중 위에 군림하려 하오?"
4 ○모세가 이 말을 듣고 땅에 엎드려
기도하고 나서,
5 고라와 고라가 데리고 있는 모든 사
람에게 이렇게 말하였다. "내일 아침
에 주님께서는, 누가 하나님께 속한
사람이며, 누가 거룩하며, 누가 그에
게 가까이 나아갈 수 있는지를 알려
주실 것이오. 주님께서는 친히 택하
신 그 사람만을 주님께 가까이 나오
게 하실 것이오.
6 이렇게 하시오. 당신들, 고라와 고라
가 데리고 있는 모든 사람들은 향로
를 가지고 나오시오.
7 내일 주님 앞에서 그 향로에 불을 담
고, 거기다가 향을 피우도록 하시오.
그 때에 주님께서 한 사람을 택하실
것이오. 그가 바로 거룩한 사람이
오. 레위의 자손이라고 하는 당신들
이야말로 분에 넘치는 일을 하고 있
소."
8 ○모세가 고라에게 말하였다. "당신
들 레위의 자손은 들으시오.
9 이스라엘의 하나님이 당신들을 이스
라엘 회중 가운데서 구별하셔서, 주
님께로 가까이 나오게 하셨소. 그리
고 주님의 성막 일을 하게 하셨소.
그뿐만 아니라, 당신들을 회중 앞에
세워, 그들을 돌보게 하셨소. 그런데
이것이 당신들에게 부족하단 말이
오?
10 주님께서는 당신의 모든 동료 레위

16장 요약 고라는 추종 세력을 규합해 모세와 아론을 반역하고 권력을 찬탈하려다 하나님의 진노를 샀다. 아마도 고라는 레위 사람으로서 제사장이 될 수 있다는 착각을 했고, 다단과 아비람, 온이 고라에게 동조한 것은 자신들이 이스라엘의 장자 지파인 르우벤 출신으로 정권을 차지할 수 있다는 판단을 하였을 것이다.

16:1–35 고라의 사역의 시작이 언제부터인지는 분명하지 않지만, 이 사건은 옷술에 관한 규례와 연관되어 있음이 분명하다. 곧, 이스라엘 백성은 옷술을 보고 자신들이 '제사장 나라'요, '거룩한 백성'이라는 사실을 기억하곤 했으며, 모세와 아론을 대적한 고라의 말은 이 사실에 근거하고 있다(3절).

16:10 레위 자손이 맡은 일 ① 하나님을 섬김(신 10:8) ② 제사장 직무를 행함(3:5–10) ③ 성소의

의 자손을 당신과 함께 주님께로 가
까이 불러 내셨소. 그런데 이제 당신
들은 제사장직까지도 요구하고 있
소.
11 그러므로 당신과 당신의 사람들이
결속한 것은, 주님을 거역하는 것이
오. 아론이 어떤 사람인데, 감히 그
를 거역하여 불평을 한단 말이오?"
12 ○모세는 또 사람을 시켜, 엘리압의
아들 다단과 아비람을 불렀다. 그러
나 그들은 이렇게 말하였다. "우리는
가지 않겠소!
13 우리를 젖과 꿀이 흐르는 땅에서 이
끌어 내어, 이 광야에서 죽이는 것
으로도 부족하단 말이오? 이제 당신
은 우리 위에 군주처럼 군림하기까
지 할 셈이오?
14 더욱이 당신은 우리를, 젖과 꿀이 흐
르는 땅으로 인도하지도 못했소. 밭
과 포도원도 우리에게 유산으로 주
지 못하였소. 당신은 이 사람들의
눈을 ㉠뺄 작정이오? 우리는 못 가
오."
15 ○모세는 몹시 화가 나서 주님께 아
뢰었다. "저 사람들이 바치는 제물
은 바라보지도 마십시오. 저는 저
사람들에게서 나귀 한 마리도 빼앗
은 일이 없습니다. 저들 가운데 어느
한 사람에게도 잘못한 일이 없습니
다."
16 ○모세가 고라에게 말하였다. "당신
과 당신의 모든 사람은 내일 주님 앞
에 나오시오. 당신과 그들과 아론이
함께 설 것이오.
17 각자 자기의 향로를 들고, 그 안에
향을 담아가지고, 주님 앞으로 나와
야 하오. 각자가 향로를 가지고 오
면, 향로는 모두 이백오십 개가 될
것이오. 당신과 아론도 각자 향로를
가져 와야 하오."
18 그래서 각자 자기의 향로를 가지고
와서, 거기에 불을 피우고, 그 안에
향을 넣어서, 회막 어귀에 섰다. 모
세와 아론도 함께 있었다.
19 고라는 온 회중을 모두 회막 어귀에
모아 두 사람과 대결하게 하였다.
○갑자기 주님의 영광이 온 회중에
게 나타났다.
20 주님께서 모세와 아론에게 다음과
같이 말씀하셨다.
21 "너희는 이 회중에게서 따로 떨어져
라. 내가 그들을 순식간에 없애 버리
겠다."
22 그러나 모세와 아론이 땅에 엎드려
부르짖었다. "하나님, 모든 육체에
숨을 불어넣어 주시는 하나님, 죄는
한 사람이 지었는데, 어찌 온 회중에
게 진노하십니까?"
23 ○주님께서 모세에게 말씀하셨다.
24 "너는 회중에게 고라와 다단과 아비

직무를 행함(18:3) ④ 언약궤와 기물의 이동(4:1-16) ⑤ 십일조를 나눠주는 일(대하 31:11-19) ⑥ 신령한 노래와 연주를 함(대상 25:1-7) ⑦ 군대에 앞서서 찬양을 함(대하 20:20-21).

16:12 우리는 가지 않겠소! 여기에서 '간다'는 말은 (히) '알라'이다. 이 말은 모든 야영지의 가장 높은 곳의 성막으로 올라가는 것을 말할 때 쓰이거나, 민족의 지도자인 모세 앞에 나아오는 것을 말할 때 쓰인다.

16:16-19 고라·다단·아비람은 각각 그들의 불평에 걸맞은 심판을 받게 된다. 모세는 제사장직을 요구했던 고라 일당에게 향을 드리는 것으로 그들이 하나님께 부르심을 받았는지를 시험해 보도록 제안하였다. 결국 하나님께로부터 불이 나와 그들을 태워버림(35절)으로 택함 받지 못했다는 것이 입증됐다. 그리고 다단과 아비람은 모세가 그들을 광야에서 죽이려고 이집트에서 끌어냈다

㉠ 히, '꿰뚫을'

람의 거처 가까이에서 떠나라고 하
여라."
25 ○모세가 일어나 다단과 아비람에게
로 가니, 이스라엘 장로들도 그를 따
랐다.
26 그는 회중에게 경고하였다. "당신들
은 이 악한 사람들의 장막에서 물러
서시오! 그들에게 딸린 어느 것 하나
도 건드리지 마시오. 건드렸다가는,
그들의 죄에 휘말려 함께 망할 것이
오."
27 그러자 회중은 고라와 다단과 아비
람의 거처 주변에서 물러섰다. ○다
단과 아비람은 밖으로 나와서, 그들
의 장막 어귀에 섰다. 그들의 아내와
아이들과 어린 것들도 함께 섰다.
28 그 때에 모세가 말하였다. "당신들
은 이제 곧 이 모든 일이 내 뜻대로
된 것이 아니라, 이 모든 일을 하도
록 주님께서 나를 보내셔서 된 일임
을 알게 될 것이오.
29 이 사람들이 보통 사람이 죽는 것과
같이 죽는다면, 곧 모든 사람이 겪
는 것과 같은 죽음으로 죽는다면,
주님께서 나를 보내신 것이 아니오.
30 그러나 주님께서, 당신들이 듣도 보
도 못한 일을 일으켜서, 땅이 그 입
을 벌려, 그들과 그들에게 딸린 모든
것을 삼켜, 그들이 산 채로 스올로
내려가게 되면, 그 때에 당신들은 이
사람들이 주님을 업신여겨서 벌을
받았다는 것을 알게 될 것이오."
31 ○그가 이 모든 말을 마치자마자, 그
들이 딛고 선 땅바닥이 갈라지고,
32 땅이 그 입을 벌려, 그들과 그들의
집안과 고라를 따르던 모든 사람과
그들의 모든 소유를 삼켜 버렸다.
33 그리고 그들과 합세한 모든 사람도
산 채로 스올로 내려갔고, 땅은 그들
을 덮어 버렸다. 그들은 이렇게 회중
가운데서 사라졌다.
34 그들의 아우성 소리에, 주변에 있던
모든 이스라엘 사람들은 "땅이 우리
마저 삼키려 하는구나!" 하고 소리치
며 달아났다.
35 ○주님께로부터 불이 나와, 향을 바
치던 이백오십 명을 살라 버렸다.

향로

36 ○주님께서 모세에게 말씀하셨다.
37 "너는 제사장 아론의 아들 엘르아
살에게 일러서, 불 탄 자리에서 향로
들을 모으게 하고, 타다 남은 불은
다른 곳에 쏟게 하여라. 이 향로들
은 아무나 만져서는 안 된다.
38 그 향로를 가지고 있던 사람들은 죄
를 짓고 목숨을 잃었지만, 그 향로는
그들이 주 앞에 드렸던 것으로, 이미
거룩하게 된 것인 만큼, 향로를 망치
로 두들겨 펴서 제단에 씌우도록 하
여라. 이스라엘 자손에게 이것이 경

고 비난하더니, 믿음 없이 탐지한 사람들처럼 광야에서 죽게 되었다(31-33절).

16:22 모든 육체에 숨을 불어넣어 주시는 하나님 이는 *하나님이* 모든 육체에 생명과 호흡을 주시는 창조주요, 또한 보존자이심을 나타내 준다. 그러므로 하나님은 진노하여 자신이 지으신 피조물을 진멸하시지 않으신다. 왜냐하면 이러한 행위는 하나님의 사랑과 자비에 어긋나기 때문이다.

16:30 당신들이 듣도 보도 못한 일을 일으켜서 하나님이 특별한 이적을 행하신다는 뜻이다.

16:32 고라를 따르던 모든 사람 고라와 그의 종들을 가리킨다(26:10-11). 고라의 아들들은 아버지의 반역에 가담하지 않아 죽지 않고 번성하였으며, 고라의 자손은 다윗 시대에 성전에서 노래하는 자들이 되었다(대상 6:33;대하 20:19).

16:33 스올 히브리어로, 개역한글성경에서는 '음부'라 번역되었다. 이것은 구약에서 66회 사용되었다. 스올의 의미는 ① 무덤 ② 선인·악인을 불

고가 될 것이다."
39 ○제사장 엘르아살이, 불에 타 죽은
사람들이 주님께 드렸던 그 놋향로
들을 거두어다가, 망치로 두들겨 펴
서 제단 위에 씌웠다.
40 엘르아살은, 주님께서 모세를 시켜
말씀하신 대로 다 하였다. 그가 이렇
게 한 것은, 아론 자손이 아닌 다른
사람들은, 어느 누구도 절대로 주
앞에 가까이 가서 분향할 수 없다는
것과, 누구든지 그렇게 하였다가는
고라와 그와 합세하였던 사람들처럼
된다는 것을, 이스라엘 자손에게 상
기시키려 한 것이다.

아론이 백성을 구하다

41 ○이튿날, 이스라엘 자손의 온 회중
이 모세와 아론에게 항거하면서 말
하였다. "당신들이 주님의 백성을 죽
였소."
42 온 회중이 모세와 아론을 규탄할 때
에, 모세와 아론이 회막 쪽을 바라
보니, 회막에 갑자기 구름이 덮이고,
주님의 영광이 거기에 나타났다.
43 모세와 아론이 회막 앞으로 가니,
44 주님께서 모세에게 말씀하셨다.
45 "너희 두 사람은 이 회중에게서 떠
나라. 그들을 내가 순식간에 없애 버
리겠다." 이 말을 듣고, 두 사람이 땅
에 엎드렸다.
46 모세가 아론에게 말하였다. "형님께
서는, 향로에 제단 불을 담고, 그 위
에 향을 피워, 빨리 회중에게로 가
서, 그들을 위하여 속죄의 예식을 베
푸십시오. 주님께서 진노하셔서, 재
앙이 시작되었습니다."
47 아론이 모세의 말을 듣고, 향로를 가
지고 회중에게로 달려갔다. 백성 사
이에는 이미 염병이 번지고 있었다.
아론이 백성에게 속죄의 예식을 베
풀었다.
48 아론이 살아 있는 사람과 죽은 사람
사이에 서니, 재앙이 그쳤다.
49 이 염병으로 죽은 사람이 만 사천칠
백 명이나 되었다. 이것은 고라의 일
로 죽은 사람 수는 뺀 것이다.
50 재앙이 그치자, 아론은 회막 어귀에
있는 모세에게로 돌아왔다.

아론의 지팡이

17 주님께서 모세에게 말씀하셨
다.
2 "너는 이스라엘 자손에게 말하여 그
들에게서 지팡이를 모아라. 각 종족
별로 지팡이 하나씩, 곧 각 종족마
다 한 지도자에게서 하나씩, 지팡이
가 열두 개이다. 너는 각자의 이름을
그 지팡이 위에 써라.
3 레위의 지팡이 위에는 아론의 이름
을 써라. 각 종족별로 우두머리마다
지팡이가 하나씩 있어야 하기 때문
이다.

문하고 죽은 자들이 있는 지하 세계 ③ 죽은 상태 등의 의미로 변천하였다. 또한 땅 속(시 86:13; 겔 31:15)·흙(욥 17:16)·어둠(욥 10:21)·침묵(시 94:17) 등의 뜻으로도 사용되었다.

16:39–40 반역을 일으킨 사람들이 드렸던 향로를 거두어서, 제단 위에 씌우는 놋판을 만들었다. 이것은 사람들이 이 놋판을 볼 때마다 죄를 지은 사람들의 비참한 최후를 생각나게 하여, 죄를 짓지 못하도록 하기 위한 것이었다.

17장 요약 하나님은 아론의 지팡이에서 감복숭아 열매를 맺게 하심으로 그가 하나님이 세우신 지도자임을 증거해 주셨다. 이처럼 죽은 나무가 열매를 맺었다는 것은 목격자의 입을 다물게 하기에 충분하였다.

17:1–13 고라 사건 이후에도 백성들 가운데 불평은 여전히 남아 있었다. 그래서 하나님은 모세에게 각 종족의 지도자를 대표하는 지팡이를 취하

4 너는 그것들을 회막 안, 내가 너희에
게 나 자신을 알리는 곳인 그 ㉠증거
궤 앞에 두어라.
5 내가 택하는 바로 그 한 사람의 지
팡이에서는 움이 돋아날 것이다. 너
희를 거역하여 불평하는 이스라엘
자손의 불만을 내가 없애고야 말겠
다."
6 ○모세가 이스라엘 자손에게 말하
니, 각 지도자마다 지팡이 하나씩을
그에게 주었다. 각 종족마다 한 지도
자에 지팡이가 하나씩이므로, 지팡
이는 열두 개였다. 아론의 지팡이도
그 지팡이들 가운데에 있었다.
7 모세는 그 지팡이들을 증거의 장막
안, 주님 앞에 놓았다.
8 ○이튿날이 되어, 모세가 증거의 장
막 안으로 들어갔다. 레위 집안 아
론의 지팡이에는 움이 돋았을 뿐 아
니라, 싹이 나고, 꽃이 피고, 감복숭
아 열매까지 맺은 것이 아닌가!
9 모세는 모든 지팡이를, 주 앞에서 이
스라엘 자손 모두에게로 가지고 나
왔다. 그들은 그것들을 보았다. 저마
다 자신의 지팡이를 집어들었다.
10 ○주님께서 모세에게 말씀하셨다.
"아론의 지팡이는 증거궤 앞으로 도
로 가져다 놓아, 반역하는 사람들에
게 표적이 되도록 잘 간직하여라. 너
는 다시는 그들이 나를 거역하여 원
망하지 못하게 하여라. 그래야만 그
들이 죽지 아니할 것이다."
11 모세는 주님께서 명하신 대로 하였
다.
12 ○이스라엘 자손이 모세에게 다음
과 같이 말하였다. "우리는 죽게 되
었습니다. 망하게 되었습니다. 다 망
하게 되었습니다.
13 가까이 가는 사람, 곧 주님의 성막에
가까이 가는 사람은 모두 죽을 터이
니, 우리가 이렇게 망하는 것으로 끝
장이 나야 합니까?"

제사장과 레위 사람의 의무

18 주님께서 아론에게 말씀하셨
다. "성소를 범한 죄에 대해서
는, 너와 너의 아들들과 너와 함께
있는 네 아버지 집 식구들이 책임을
진다. 그리고 제사장 직분을 범한 죄
에 대해서는, 너와 너에게 딸린 아들
들만이 책임을 진다.
2 너는 레위 지파, 곧 네 아버지의 지
파에 속한 친족들을 데려다가, 네 가
까이에 있게 하여, 너와 너에게 딸린
아들들이 ㉡증거의 장막 앞에서 봉
사할 때에, 그들이 너를 돕게 하여
라.
3 그들은 네가 시키는 일만 해야 하며,
장막 일과 관련된 모든 일을 맡아서
해야 한다. 그러나 그들은 성소의 여
러 기구나 제단에 가까이하여서는

여 열두 종족의 족장들의 이름을 적으라고 하셨다. 그리고 그 열두 지팡이를, 하나님께서 모세와 만나시는 증거궤 앞에 놓게 하셨다(1-7절). 이튿날 *하나님이 택하신 지도자*, 곧 레위 종족의 아론의 지팡이에는 움이 돋아났으며, 감복숭아 열매까지 맺었다. 아론 집안 출신 제사장들의 특별한 지위가 하나님의 표적을 통해 확실해졌다. 이제 백성들은 자신들이 성막 안으로 들어가면 죽음을 면치 못할 것이라고 깨닫게 되었다(12-13절).

18장 요약 레위 사람과 제사장의 직무와 그들의 분깃에 대한 규정이다. 하나님이 이들의 몫을 보장해 주신 이유는 그들이 가나안 땅을 유산으로 받지 못한 대신 하나님이 친히 그들의 유산이 되셨기 때문이다. 하나님은 그들을 자신의 소유로 먹이심으로 생계를 걱정하지 않고 백성들을 위한 봉사에 전념하도록 하셨다.

㉠ 또는 '법궤' ㉡ 또는 '법의'

안 된다. 그렇게 하였다가는, 그들뿐
만 아니라 너희마저 죽게 될 것이다.
4 그들만이 너와 함께 할 것이고, 회막
에서 시키는 일을 할 것이며, 장막에
서 하는 모든 의식을 도울 것이다.
다른 사람은 너희에게 접근할 수 없
다.
5 성소 안에서 하는 일, 제단에서 하
는 일은 너희만이 할 수 있다. 그래
야만 이스라엘 자손에게, 다시는 진
노가 내리지 아니할 것이다.
6 ○나는 이스라엘 자손 가운데서 너
희의 친족인 레위 사람을 너희에게
줄 선물로 선택하였다. 그들은 회막
일을 하도록 나 주에게 바쳐진 사람
들이다.
7 그러나 제단과 관련된 일이나 휘장
안에서 일을 하는 제사장 직무는,
너와 너에게 딸린 아들들만이 할 수
있다. 너희의 제사장 직무는, 내가
너희만 봉사하라고 준 선물이다. 다
른 사람이 성소에 접근하면, 죽임을
당할 것이다."

제사장의 몫

8 ○주님께서 아론에게 말씀하셨다.
"내가 제물로 받은 것, 이스라엘 자
손이 거룩히 구별하여 나에게 바치
는 것은, 모두 너에게 준다. 나는 그
것들을, 너와 너의 아들들의 몫으
로, 언제나 지켜야 할 규례로 준다.
9 ○다음은 아주 거룩한 것으로서, 너
의 것이 될 것이다. 그들이 바친 모
든 제물, 곧 그들이 나의 것이라고
하여 나에게 바친 모든 곡식제물과,
그들이 바친 온갖 속죄제물과, 그들
이 바친 온갖 속건제물 가운데서, 불
태워서 바치고 남은 것은 아주 거룩
한 것으로서, 너와 너의 자손이 받
을 몫이다.
10 너는 그것을 아주 거룩한 곳에서만
먹도록 하여라. 그것은 남자들만 먹
는다. 그것은 너에게 아주 거룩한 것
이다.
11 ○다음은 너의 것이다. 즉 이스라엘
자손의 제물 가운데서, 들어 올려
바친 것과 그들이 흔들어 바친 것은
모두 너의 것이다. 그것들을 내가 너
에게 딸린 아들딸들에게 영원한 분
깃으로 주었으니, 너의 집에 있는 정
결한 사람은 모두 그것을 먹을 수 있
다.
12 가장 좋은 기름과 가장 좋은 포도주
와 곡식과 그들이 나 주에게 바치는
첫 과일 모두를, 내가 너에게 준다.
13 그들의 땅에서 난 처음 익은 열매 가
운데서, 그들이 나 주에게 가져 오는
것은 모두 너의 것이다. 너희 집에
있는 정결한 사람은 모두 그것을 먹
을 수 있다.
14 이스라엘 안에서 나의 몫으로 바쳐

18:1-7 제사장과 레위 사람의 직무 이스라엘 백성의 외침(17:12-13)에 대한 하나님의 응답이 아론에게 주어졌다. 다른 곳에서는 하나님의 지시가 모세를 거쳐서 아론에게 전달되었던 것(6:23;8:2)을 생각해 볼 때, 아론에게 직접적으로 임한 이 응답은 좀 특이한 것이다(8,20절;레 10:8). 레위 사람의 직무는 이스라엘의 다른 지파 사람들이 성막에 접근하여 하나님의 진노가 온 백성 위에 임하는 것을 막기 위해 성막을 지키는 일이다(3-4절). 한편 제사장들은 레위 사람이 제사장의 일을 하거나 성막에 들어오는 것을 금지해야 했다(3절).

18:7 너희의 제사장 직무는, 내가 너희만 봉사하라고 준 선물이다 제사장에게는 거룩한 곳에 가까이 나아가 하나님 앞에서 성직을 담당하는 특권이 있다. 제사장 직무는 제사장에게나 이스라엘 백성에게나 모두 하나님이 은혜로 주신 선물이다.

18:8-32 이스라엘 공동체는 제사장들, 레위 사람들, 보통 사람들로 구성되어 있다고 할 수 있

진 것은 다 너의 것이다.
15 그들이 나 주에게 바치면, 사람이거
나 짐승이거나, 어떤 것이든지 살아
있는 것들의 태를 처음 열고 나온 것
은, 모두 너의 것이다. 그러나 사람
의 맏이는 네가 속전을 받고 반드시
되돌려 주어야 한다. 부정한 짐승의
맏배도 속전을 받고 되돌려 주어야
한다.
16 나에게 바친 것이 속전을 받고 되돌
려 줄 것이면, 난 지 한 달 만에 되돌
려 주어야 한다. 속전은 한 세겔 당
스무 게라 나가는 성소의 세겔에 따
라서 네가 은 다섯 세겔로 정해 주어
라.
17 그러나 암소의 맏배나, 양의 맏배나,
염소의 맏배는 속전을 받고 되돌려
주지 못한다. 그것들은 거룩한 것이
다. 너는, 그것들의 피는 제단 위에
뿌리고, 그것들의 기름기는 불태워
바치는 제물로 불살라서, 나 주를 기
쁘게 하는 향기로 나 주에게 바쳐
라.
18 그러나 흔들어 바친 가슴 고기와 오
른쪽 넓적다리가 너의 것인 것처럼,
그것들의 고기도 너의 것이다.
19 이스라엘 자손이 들어 올려 나 주에
게 바친 거룩한 제물은, 내가 너와
너에게 딸린 아들딸들에게 영원한
분깃으로 모두 준다. 이것은 너와 너
의 자손을 위하여 주 앞에서 대대로
지켜야 하는 소금 언약이다."
20 ○주님께서 아론에게 말씀하셨다.
"너는 그들의 땅에서는 아무런 유산
도 없다. 그들과 더불어 함께 나눌
몫이 너에게는 없다. 이스라엘 자손
가운데서 네가 받은 몫, 네가 차지할
유산은 바로 나다."

레위 사람의 몫

21 ○"나는 레위 자손에게는 이스라엘
안에서 바치는 열의 하나를 모두 그
들이 받을 유산으로 준다. 이것은 그
들이 회막 일을 거드는 것에 대한 보
수이다.
22 이제부터 이스라엘 자손은 회막에
접근하여서는 안 된다. 그렇게 하다
가는 그 죄값을 지고 죽을 것이다.
23 회막 일은 레위 사람들이 한다. 이것
을 어긴 죄값은 레위 사람이 진다.
이것은 오고오는 세대에 언제나 지
켜야 할 율례이다. 그들은 이스라엘
자손 사이에서 아무런 유산이 없다.
24 그 대신에 나는 그들에게, 이스라엘
자손이 나에게 들어 올려 바치는 제
물, 곧 열의 하나를 그들의 유산으로
준다. 그러므로 나는, 그들은 이스라
엘 자손 사이에서 아무런 유산도 없
다고 그들에게 말하였다."

레위 사람의 십일조

25 ○주님께서 모세에게 다음과 같이

다. 본문에는 특별히 제사장들의 특권(8-20절)과 레위 사람들의 특권(21-32절)이 서술되어 있다. 제사장 전체를 비롯하여 레위 지파 모두가 땅*을 유산으로 받지 못했다*(23절). 이는 하나님께서 아론과 그의 아들들, 곧 제사장들뿐만 아니라 전체 레위 사람들의 유산이 되셨기 때문이다(신 10:9;수 13:33). 하나님께서 이스라엘 백성을 자신의 소유로 삼으셨으며, 그 중에서도 레위 사람은 하나님의 특별한 소유였다. 그러므로 하나님께서 레위 사람의 유산이 되어 주신 것은 그 어느 것보다 더 좋은 것을 소유한 것이다.

18:19 소금 언약 보통 팔레스타인에서는 소금이 협정을 확정짓는 구실을 하였다. 이때 소금은 견실함과 영구함의 상징으로 쓰였다. 본절에서는 제사장이 받는 보수에 관한 규정이 영원한 규정임을 강조하는 데 '소금 언약'이라는 표현이 쓰였다(참조. 대하 13:5). 레위기 2:13에서는 곡식제물을 바칠 때 반드시 소금을 넣어야 하는데 이것을

말씀하셨다.
26 "레위 사람에게 말하여라. 너는 그
들에게 일러라.
○너희가 이스라엘 자손에게서,
내가 너희에게 유산으로 주는 열의
하나를 받을 때에, 너희는 열의 하나
받은 것에서 열째 몫을, 나 주에게
들어 올려 바치는 제물로 드려라.
27 나는 너희가 바치는 그 제물을, 너희
가 타작 마당에서 떼어 낸 곡식처럼,
포도 짜는 틀에서 떠낸 포도주처럼
여길 것이다.
28 이렇게 너희는 이스라엘 자손에게서
받는 모든 것에서 열의 하나를 떼어,
나 주에게 들어 올려 바치는 제물로
드리고, 나 주에게 드린 그 제물은
제사장 아론의 몫으로 돌려라.
29 너희는 주의 몫으로는 너희가 받는
모든 것 가운데서 가장 좋고 가장
거룩한 부분을, 들어 올려 바치는 제
물로 모두 바쳐야 한다.
30 ○너는 또 그들에게 말하여라.
○너희가 가장 좋은 부분을 들어
올려 바칠 때에, 나는 그것을 레위
사람이 타작 마당이나 포도 짜는 틀
에서 나온 것을 바치는 것처럼 여길
것이다.
31 그 나머지는 너희와 너희 집안 사람
이 어디에서나 먹어라. 그것은 너희
가 회막에서 하는 일에 대한 보수이
기 때문이다.
32 가장 좋은 부분을 들어 올려 바침으
로써, 너희는 이 일에 죄를 짓지 아
니할 것이다. 너희는 이스라엘이 바
친 거룩한 제물을 더럽히지 않도록
하여라. 그래야만 너희가 죽지 않는
다."

붉은 암송아지의 재

19 주님께서 모세와 아론에게 말
씀하셨다.
2 "다음은 나 주가 명하는 법의 율례
다. ○너는 이스라엘 자손에게 말하
여, 흠 없는 온전한 붉은 암송아지,
곧 아직 멍에를 메어 본 일이 없는
것을, 너에게 끌고 오게 하여라.
3 너는 그것을 제사장 엘르아살에게
주어라. 그러면 그는 그것을 진 밖으
로 끌고 가서, 자기가 보는 앞에서
잡게 할 것이다.
4 제사장 엘르아살은 그 피를 손가락
에 찍고, 그 피를 회막 앞쪽으로 일
곱 번 뿌려야 한다.
5 그 암송아지는 제사장이 보는 앞에
서 불살라야 하며, 그 가죽과 고기
와 피와 똥을 불살라야 한다.
6 제사장은 백향목과 우슬초와 홍색
털실을 가져 와서, 암송아지를 사르
고 있는 그 불 가운데 그것들을 던
져야 한다.
7 그런 다음에 제사장은 자기의 옷을

언약의 소금이라고 부르고 있다. 그러므로 소금 언약이란 결코 깨질 수 없는 언약을 말한다.

18:25-32 레위 사람의 십일조 레위 사람은 그들이 받은 백성들의 십일조에서 다시 십일조를 떼어 제사장에게 바쳐야 했다. 그리고 그들이 받은 것 중에서 가장 좋은 부분을 바쳐야 했다(29절). 하나님은 레위 사람이 드리는 십일조가 백성들에게서 받은 것이지만, 레위 사람 스스로 땀 흘려 수고하여 얻은 것으로 여겨 주신다(27절).

19장 요약 지금까지 하나님을 원망하고 반역하던 사람들의 죽음으로 인해 온 이스라엘이 부정하게 되었다. 그래서 하나님은 '정결하게 하는 물'로 그들의 부정을 깨끗하게 하셨는데, 이 물은 흠 없는 온전한 붉은 암송아지를 태운 재로 만든다. 정결 규례에 관한 구체적인 내용은 레위기 12-15장을 참조하라.

19:1-22 하나님은 이스라엘이 부정에서 깨끗하게

빨고, 물로 몸을 씻어야 한다. 그렇
게 한 다음에야 그는 진 안으로 들
어올 수 있다. 그 제사장의 부정한
상태는 저녁때까지 계속될 것이다.
8 그 암송아지를 불사른 사람도 물로
자기의 옷을 빨고, 물로 몸을 씻어야
한다. 그의 부정한 상태는 저녁때까
지 계속될 것이다.
9 암송아지 재는 정결한 사람이 거두
어서, 진 바깥 정결한 곳에 보관하여
야 한다. 그것은, 이스라엘 자손 회
중이 죄를 속하려 할 때에, 부정을
씻어내는 물에 타서 쓸 것이므로, 잘
보관하여야 한다.
10 암송아지 재를 거둔 사람도 자기의
옷을 빨아야 한다. 그의 부정한 상태
는 저녁때까지 계속될 것이다. ○이
것은 이스라엘 자손 및 그들과 함께
사는 외국인들이 언제까지나 지켜야
할 율례이다."

주검에 닿은 경우

11 ○"어느 누구의 주검이든, 사람의 주
검에 몸이 닿은 사람은 이레 동안
부정하다.
12 ㉠그는 사흘째 되는 날과 이레째 되
는 날, 붉은 암송아지를 불사른 재
를 탄 물로 스스로 정결하게 하여야
한다. 그러면 정하게 될 것이다. 그러
나 그가 사흘째 되는 날과 이레째
되는 날에 자기의 몸을 정결하게 하
지 않으면, 그냥 부정하다.
13 누구든지 주검, 곧 죽은 사람의 몸
에 닿고도 스스로 정결하게 하지 않
은 사람은, 주의 성막을 더럽히는 사
람이다. 그 사람은 반드시 이스라엘
에서 끊어져야 한다. 정결하게 하는
물을 그 몸에 뿌리지 아니하여 자신
의 부정을 씻지 못하였으므로, 그의
부정이 여전히 그에게 남아 있기 때
문이다.
14 ○다음은 장막에서 사람이 죽을 때
에 지켜야 할 법이다. 그 장막 안으로
들어가는 사람이나 그 장막 안에 있
는 사람은, 모두 이레 동안 부정하
다.
15 어떤 그릇이든지, 그 위의 뚜껑을 열
어 놓고 덮지 아니한 그릇들도 부정
하게 된다.
16 들판에 있다가 칼에 맞아 죽은 사람
이나, 그냥 죽은 사람이나, 그 죽은
사람의 뼈나, 아니면 그 무덤에라도
몸이 닿은 사람은, 누구나 이레 동안
부정하다.
17 그렇게 부정하게 되었을 때에는, 붉
은 암송아지를 불사른 재를 그릇에
떠다가, 거기에 생수를 부어 죄를 씻
는 물을 만든다.
18 그렇게 한 다음에, 정한 사람이 우슬
초를 가져 와서, 그것으로 이 물을
찍어, 장막 위에와, 모든 기구 위에

되는 수단을 주셨는데, 그것은 이른바 정결하게 하는 물이었다(20절). 이런 정결 의식을 통하여 이스라엘 공동체는 거룩을 유지해 나갈 수 있었다.

※ **붉은 암송아지(19장)** 붉은 암송아지를 잡은 주된 이유는 그것을 태우고 남은 재에 있었다. 이 재는 정결 의식에 쓰일 물을 만드는 데 이용되었다. 따라서 이 송아지는 제사장이나 레위 사람들에게 줄 것을 하나도 남기지 않고 완전히 태워졌다. 그리고 붉은 암송아지는 흠이 없어야 했고 한 번도 농사일에 쓰여진 적이 없어야 했다.

19:18 **우슬초** 작고 털이 많은 식물로서 벽이나 바위 틈에서 자라는 식물인 것 같다(왕상 4:33). 유월절 때 문지방에 피를 뿌리는 도구였으며(출 12:22), 악성 피부병의 정결 예식(레 14:4,6,49,51–52) 등에 사용되었다.

㉠ 히, '그가 사흘째 되는 날 스스로를 정결하게 하면, 이레째 되는 날 그는 정하게 될 것이다. 그러나 그가 사흘째 되는 날 스스로를 정결하게 하지 않으면, 이레째 되는 날 그는 정하게 되지 못할 것이다'

와, 거기에 있는 사람들 위에와, 뼈
나 살해당한 자나 죽은 자나 무덤에
몸이 닿은 사람 위에 뿌린다.
19 정한 사람이 사흘째 되는 날과 이레
째 되는 날에, 부정한 사람에게 이
잿물을 뿌려 준다. 그러면 이레째 되
는 날, 부정을 탄 그 사람은 정하게
된다. 그는 옷을 빨고 물로 몸을 씻
는다. 저녁때가 되면, 그는 정하게 된
다.
20 그러나 부정을 탄 사람이, 그 부정을
씻어 내지 아니하면, 그 사람은 총회
에서 제명되어야 한다. 정결하게 하
는 물을 그의 위에 뿌리지 아니하여
그 더러움을 씻지 못하면, 주의 성소
를 더럽히는 것이기 때문이다.
21 ○이것은 그들이 언제까지나 지켜야
할 율례이다. 정결하게 하는 물을 뿌
린 사람도 자기의 옷을 빨아야 한
다. 정결하게 하는 물에 몸이 닿아
도, 그는 저녁때까지 부정하다.
22 부정한 사람이 닿은 것은 무엇이든
지 부정하며, 그것에 몸이 닿은 사람
도 저녁때까지 부정하다."

가데스에서 생긴 일 (출 17:1-7)

20 첫째 달에, 이스라엘 자손 온
회중이 신 광야에 이르렀다.
백성은 가데스에 머물렀다. 미리암
이 거기서 죽어 그 곳에 묻혔다.
2 ○회중에게는 마실 물이 없었다. 백
성은 모세와 아론을 비방하려고 함
께 모였다.
3 백성은 모세와 다투면서 이렇게 말
하였다. "우리의 동족이 주님 앞에서
죽어 넘어졌을 때에, 우리도 죽었더
라면 좋을 뻔하였소.
4 어쩌자고 당신들은 주님의 총회를
이 광야로 끌고 와서, 우리와 우리의
가축을 여기에서 죽게 하는 거요?
5 어찌하여 당신들은 우리를 이집트에
서 끌어내어, 이 고약한 곳으로 데리
고 왔소? 여기는 씨를 뿌릴 곳도 못
되오. 무화과도 포도도 석류도 없
고, 마실 물도 없소."
6 ○모세와 아론이 총회 앞을 떠나 회
막 어귀로 가서, 얼굴을 땅에 대고
엎드렸다. 주님의 영광이 그들 위에
나타났다.
7 그 때에 주님께서 모세에게 말씀하
셨다.
8 "너는 지팡이를 잡아라. 너와 너의
형 아론은 회중을 불러모아라. 그들
이 보는 앞에서 저 바위에게 명령하
여라. 그러면 그 바위가 그 속에 있
는 물을 밖으로 흘릴 것이다. 너는
바위에서 물을 내어, 회중과 그들의
가축 떼가 마시게 하여라."
9 ○모세는, 주님께서 그에게 명하신
대로, 주님 앞에서 지팡이를 잡았
다.

20장 요약 광야에서 방랑한 지 38년이 되는 해에 가데스 바네아로 되돌아온 백성은 마실 물이 없자 지도자를 원망했다. 이에 모세는 '우리가…물을 나오게 하리오?' 하며 지팡이로 바위를 쳐 물을 내었다. 이로 인해 모세와 아론은 가나안 땅에 들어가지 못하게 된다. 한편, 에돔 왕은 이스라엘이 자국 영토를 통과하는 것을 거부했다.

20:1 미리암의 죽음과 가데스에 묻힌 기록이다. 이 기록은 이집트를 탈출한 세대 중 스무 살이 넘은 사람은 가나안 땅에 들어가지 못하고 광야에서 죽게 될 것이라는 하나님의 말씀(14:29-30)을 상기시킨다.

20:3-13 이 이야기는 출애굽기 17:1-7에 기록된 사건과 유사하다. 그러나 이 두 사건은 각각 다른 사건이다. 그 이유는 ① 출애굽기 17장에서는 모세만 언급하고 있으나, 여기에서는 모세와 아론 두

10 모세와 아론은 총회를 바위 앞에 불
러모았다. 모세가 그들에게 말하였
다. "반역자들은 들으시오. 우리가
이 바위에서, 당신들이 마실 물을 나
오게 하리오?"
11 모세는 팔을 높이 들고, 그의 지팡이
로 바위를 두 번 쳤다. 그랬더니 많
은 물이 솟아나왔고, 회중과 그들의
가축 떼가 마셨다.
12 ○주님께서 모세와 아론에게 말씀하
셨다. "너희는 이스라엘 자손이 보
는 앞에서 나의 거룩함을 나타낼 만
큼 나를 신뢰하지 않았다. 그러므로
너희는, 내가 이 총회에게 주기로 한
그 땅으로 그들을 데리고 가지 못할
것이다."
13 ○여기에서 이스라엘 자손이 주님과
다투었으므로, 이것이 바로 ㉠므리바
샘이다. 주님께서 그들 가운데서 거
룩함을 나타내 보이셨다.

에돔이 이스라엘의 통과를 거절하다

14 ○모세는 가데스에서 에돔 왕에게
사신들을 보냈다. "임금님의 형제 이
스라엘은 다음과 같이 요청하는 바
입니다. 임금님께서는 우리가 겪은
온갖 고난에 대하여 알고 계실 줄
압니다.
15 일찍이 우리의 조상이 이집트로 내
려갔고, 우리는 오랫동안 이집트에
서 살았습니다. 그런데 이집트 사람
이 우리와 우리 조상들을 학대하였
습니다.
16 그래서 우리가 주님께 부르짖었더니,
주님께서는 우리의 부르짖음을 들으
시고, 천사를 보내셔서 우리를 이집
트에서 이끌어 내셨습니다. 이제 우
리는 임금님의 영토 경계에 있는 성
읍, 가데스에 와 있습니다.
17 바라옵기는, 우리가 임금님의 땅을
지나가도록 허락하여 주십시오. 밭
이나 포도원에는 들어가지 않겠습니
다. 샘물도 마시지 않겠습니다. 우리
는 다만 ㉡'왕의 길'만 따라가겠습니
다. 임금님의 영토 경계를 다 지나갈
때까지, 오른쪽으로나 왼쪽으로 벗
어나지 않겠습니다."
18 ○그러나 에돔 왕은 모세에게 다음
과 같이 회답하였다. "당신은 절대
로 나의 땅을 지나가지 못할 것이오.
지나가려고 꾀한다면, 우리는 칼을
들고 당신을 맞아 싸우러 나갈 것이
오."
19 ○이스라엘 자손은 다시 그에게 부
탁하였다. "우리는 큰 길로만 지나가
겠습니다. 그리고 우리나 우리의 가
축 떼가 임금님의 물을 마시면, 우리
가 그 값을 치를 것입니다. 우리는
다만 걸어서 지나가기만을 바랍니
다. 그 밖에는 아무것도 바라지 않
습니다."

사람을 언급하고 있다. ② 3절은 출애굽기 17:12-13을 암시하고 있다. ③ 출애굽기 17장에서 모세는 바위를 치라는 명령을 받았으나 여기에서는 바위를 친 행동이 모세의 불순종의 핵심이었다.

20:12 나의 거룩함을 나타낼 만큼…않았다 문자적으로 '나를 거룩한 분으로 존경하도록 인도하지 않았다'이다. 그 결과 모세와 아론은 가나안 땅에 들어갈 수 없게 되었다.

20:17 왕의 길 다마스쿠스에서 아카바 만까지 남북으로 뚫린 주요 도로를 말한다. 요단 계곡 동쪽에 위치해 있었으며 국제 무역에 있어서 중요한 대상로 역할을 하였다.

20:22-29 모세와 아론이 하나님의 명령을 거역했기 때문에 그 땅에 들어갈 수 없다는 책망(12절)은, 아론의 죽음으로써 현실로 드러났다. 아론의 죽음으로 인해 백성들은 자신들이 마땅히 죽

㉠ '다툼' ㉡ '주요 도로'. 사해 동남쪽으로 나 있음. 아카바 만의 북단 엘랏으로부터 시리아에 이르기까지 북쪽으로 난 큰 길

20 ○다시 그가 답변을 보내왔다. "당신
은 지나가지 못하오." 그런 다음에
에돔 왕은 많은 군대를 무장시켜서,
그들을 맞아 싸우러 나왔다.
21 에돔 왕이 이스라엘을 그 영토 경계
로 지나가지 못하게 하였기 때문에,
이스라엘은 그들에게서 돌아서야만
하였다.

아론의 죽음

22 ○이스라엘 온 회중이 가데스를 출
발하여 호르 산에 이르렀다.
23 에돔 땅 경계 부근의 호르 산에서,
주님께서 모세와 아론에게 말씀하
셨다.
24 "이제 아론은 그의 조상 곁으로 간
다. 므리바 샘에서 너희들이 나의 명
령을 거역하여 나와 다투었기 때문
에, 아론은, 내가 이스라엘 자손에게
준 그 땅으로 들어가지 못한다.
25 너는 아론과 그의 아들 엘르아살을
데리고 호르 산으로 올라가서,
26 아론의 옷을 벗겨 그의 아들 엘르아
살에게 입혀라. 아론은 그의 조상
곁으로 간다. 그는 거기서 죽을 것이
다."
27 ○그리하여 모세는 주님께서 명하신
대로 하였다. 그들은 온 회중이 보는
앞에서 호르 산으로 올라갔다.
28 모세는 아론의 옷을 벗겨, 그것을 그
의 아들 엘르아살에게 입혔다. 아론
은 그 산꼭대기에서 죽었다. 모세와
엘르아살은 산에서 내려왔다.
29 아론이 세상을 뜬 것을 온 회중이
알았을 때에, 이스라엘 온 집은 아
론을 애도하여 삼십 일 동안 애곡하
였다.

호르마를 점령하다

21 네겝 지방에 살고 있던 가나안
사람 아랏 왕은, 이스라엘이
㉠아다림 길로 오고 있다는 소식을
듣고 나와서, 이스라엘과 맞서 싸워,
그들 가운데서 얼마를 포로로 사로
잡았다.
2 그 때에 이스라엘이 주님께 다음과
같은 말로 서약하였다. "주님께서 이
백성을 우리 손에 붙이시면, 우리는
그들의 성읍들을 전멸시키겠습니
다."
3 주님께서 이스라엘의 간구를 들으시
고, 그 가나안 사람을 그들의 손에
붙이시니, 이스라엘이 그들과 그들
의 성읍들을 전멸시켰다. 그리하여
사람들은 그 곳 이름을 ㉡호르마라
고 부르게 되었다.

구리 뱀으로 백성을 구하다

4 ○그들은 에돔 땅을 돌아서 가려고,
호르 산에서부터 홍해 길을 따라 나
아갔다. 길을 걷는 동안에 백성들은
마음이 몹시 조급하였다.
5 그래서 백성들은 하나님과 모세를

어야 할 존재임을 깨닫게 되었다. 그러나 대제사장의 직무는 전적으로 하나님의 은혜로 주어지기 때문에, 이 직무는 아론의 아들인 엘르아살에게로 이어졌다.

20:24 아론은 그의 조상 곁으로 간다 이것은 의인이 고령으로 죽었을 때 사용한 문구이다. 이 말은 아브라함·이스마엘·이삭·야곱·모세에게 사용되었다(창 25:8,17;35:29;49:33;민 31:2).

㉠ '정탐' ㉡ '완전히 멸함'

21장 요약 전반부는 에돔의 거부로 먼 길로 가게 된 백성들이 모세를 원망하다가 불뱀에 물려 죽은 사건이다. 그러나 기둥 위에 달린 구리 뱀을 쳐다보면 살아났다. 후반부는 이스라엘을 가로막고 대적하던 아랏과 시혼, 옥이 도리어 이스라엘에게 격퇴당한 사건이다.

21:1-3 이 짧은 기록은 가나안 족속을 처음 이긴 사건을 묘사하고 있다. 가나안 땅을 주시겠다는

원망하였다. "어찌하여 우리를 이집
트에서 데리고 나왔습니까? 이 광야
에서 우리를 죽이려고 합니까? 먹을
것도 없습니다. 마실 것도 없습니다.
이 보잘것없는 음식은 이제 진저리
가 납니다."
6 ○그러자 주님께서 백성들에게 불뱀
을 보내셨다. 그것들이 사람을 무니,
이스라엘 백성이 많이 죽었다.
7 백성이 모세에게 와서 간구하였다.
"주님과 어른을 원망함으로써 우리
가 죄를 지었습니다. 이 뱀이 우리에
게서 물러가게 해 달라고 주님께 기
도하여 주시기 바랍니다." 그리하여
모세가 백성들을 살려 달라고 기도
하였다.
8 ○주님께서 모세에게 말씀하셨다.
"너는 불뱀을 만들어 기둥 위에 달
아 놓아라. 물린 사람은 누구든지
그것을 보면 살 것이다."
9 그리하여 모세는 구리로 뱀을 만들
어서 그것을 기둥 위에 달아 놓았
다. 뱀이 사람을 물었을 때에, 물린
사람은 구리로 만든 그 뱀을 쳐다보
면 살아났다.

호르 산에서 모압 골짜기까지

10 ○이스라엘 자손은 그 곳을 떠나서
는 오봇에 이르러 진을 쳤다.
11 오봇을 떠나서는 이예아바림에 이르
러 진을 쳤다. 그 곳은 모압 맞은편,
해 돋는 쪽 광야이다.
12 또 그 곳을 떠나서는 세렛 골짜기에
이르러 진을 쳤다.
13 또 그 곳을 떠나서는 아르논 강에 이
르러 북쪽 강변을 따라 진을 쳤다.
그 곳은 아모리 사람의 경계로 이어
지는 광야이다. 아르논 강은 모압과
아모리 사이에 있는 모압 경계이다.
14 그래서 ㉠'주님의 전쟁기'에도 다음과
같은 말이 있다.

"……수바 지역의 와헙 마을과
아르논 골짜기와
15 모든 골짜기의 비탈은 아르 고을
로 뻗어 있고 모압의 경계에 닿아
있다."

16 ○그들은 그 곳을 떠나서 ㉡브엘에
이르렀다. 브엘은 주님께서 모세에게
"백성을 모아라. 내가 그들에게 물
을 주마" 하고 말씀하신, 바로 그 샘
이 있는 곳이다.
17 ○그 때에 이스라엘은 이런 노래를
불렀다.

"샘물아, 솟아나라. 모두들 샘물
을 노래하여라.
18 지도자들이 파고, 백성의 원로들
이 왕의 통치 지팡이들로 터뜨린
샘물이다."

○그들은 그 광야를 떠나 맛다나
에 이르렀다.
19 맛다나를 떠나서는 나할리엘에 이

하나님의 약속은 40년이나 연기되어 왔었는데 이제 그 40년이 거의 다 끝나가고 있었다. 그러므로 하나님은 가나안 정복이 곧 시작되리라는 예표적 *사건*으로 이스라엘 백성에게 첫 승리를 주신 것이다. 그것도 40년 전에 쓰라린 패배를 맛보았던 호르마에서 첫 승리를 주셨다(14:39–45).

21:4–9 본문은 20:22–29에서 이스라엘이 호르 산에 머문 이야기의 연장이다. 이스라엘은 에돔 사람들의 땅을 통과하지 못하고 광야에 머무는 시간이 길어지자 다시 원망을 하게 되었다. 곧바로 형벌이 임하지만, 백성이 뉘우치자 하나님은 진노를 거두신다(17:6–13). 이스라엘에서는 뱀을 부정한 것으로 보았다(창 3장;레 11:41–42). 그런데 모세는 구리 뱀을 만들어 불뱀에게 물린 사람들을 치료하는 수단으로 사용하고 있다.

21:10–20 이스라엘 백성들이 약속의 땅에 가까이 갈수록 행진 속도는 점점 빨라져 갔다. 어렵고

㉠ 고대의 전쟁시를 모은 책. 지금은 분실되고 없음 ㉡ '우물'

르고, 나할리엘을 떠나서는 바못에
이르렀다.
20 바못을 떠나서는 비스가 산 꼭대기
부근, ㉠광야가 내려다보이는 모압
고원지대의 한 골짜기에 이르렀다.

요단 동쪽을 점령하다 (신 2:26-3:11)

21 ○거기에서 이스라엘은 아모리 왕 시
혼에게 사신들을 보내어 요청하였
다.
22 "우리가 임금님의 땅을 지나가도록
허락하여 주십시오. 밭이나 포도원
에는 들어가지 않겠습니다. 샘물도
마시지 않겠습니다. 임금님의 영토
경계를 다 지나갈 때까지 우리는 '왕
의 길'만 따라가겠습니다."
23 ○그러나 시혼은 이스라엘이 자기
영토를 지나가는 것을 허락하지 않
았다. 오히려 그는 이스라엘을 맞아
싸우려고 군대를 모두 이끌고 광야
로 나왔다. 그는 야하스에 이르러
이스라엘을 맞아 싸웠다.
24 그러나 이스라엘이 도리어 그를 칼
로 쳐죽이고 아르논에서부터 얍복
에 이르기까지 그 땅을 차지하였다.
이스라엘이 거의 암몬 자손에게까지
이르렀으나, 암몬 자손의 국경은 수
비가 막강하였다.
25 이스라엘은 아모리 사람의 성읍을
모두 점령하고, 헤스본과 그 주변 모
든 마을을 포함한 아모리의 모든 성
읍에 자리를 잡았다.
26 ○헤스본은 아모리 사람의 왕 시혼
의 도성이었다. 시혼은 모압의 이전
왕과 싸워, 아르논에 이르기까지, 그
가 가지고 있던 땅을 모두 빼앗았던
왕이다.
27 ○그래서 시인들은 이렇게 읊었다.
"헤스본으로 오너라. 시혼의 도
성을 재건하여라. 그것을 굳게 세
워라.
28 헤스본에서 불이 나오고, 시혼의
마을에서 불꽃이 나와서, 모압의
아르를 삼키고, 아르논 높은 산당
들을 살랐다.
29 모압아, 너에게 화가 미쳤다. 그모
스 신을 믿는 백성아, 너는 망하였
다. 아모리 왕 시혼에게 꼼짝없이,
아들들이 쫓겨가고 딸들이 끌려
갔다.
30 그러나 우리는 그들을 넘어뜨렸
다. 헤스본에서 디본에 이르기까
지, 메드바에서 가까운 노바에 이
르기까지, 우리는 그들을 쳐부수
었다."
31 ○이렇게 이스라엘은 아모리 사람
의 땅에 자리를 잡았다.
32 모세는 야스엘로 사람을 보내어 탐
지하게 한 다음, 그 주변 촌락들을
점령하고 거기에 있던 아모리 사람
들을 내쫓았다.

거친 길을 따라 백성들은 순종함으로 행진하였다. 그리고 하나님이 베풀어 주셨던 축복을 생각하며 하나님께 감사의 찬미를 드린다.

21:14 주님의 전쟁기 초기 이스라엘의 전쟁을 기념하는 노래 수집서로, 야살의 책과 비슷하다.

21:21-35 아모리 왕 시혼과 바산 왕 옥을 물리친 사건은 상징적으로나, 역사적으로 큰 의의가 있다. 이스라엘은 하나님을 진정한 인도자로 모실 때에 모든 일이 순조롭게 풀려 나간다는 사실을 깨달았다. 한편 승리를 거둔 지역들은 이스라엘 지파들이 첫 번째로 정착한 지역이었다(32장). 그리고 이들이 정착한 사실은 장차 이스라엘이 약속의 땅을 정복하게 될 것을 보증하고 있다.

21:29 그모스 모압 족속이 섬기는 신의 이름으로 모압 백성을 그모스 백성이라고 부르기도 한다. 아이들을 불태워 바치는 인신 제사가 종교 의식의 일부를 차지하기도 했다.

㉠ 히, '여시몬이'

33 ○그 다음에 그들은 방향을 바꾸어
서, 바산 길로 올라갔다. 그러자 바
산 왕 옥이 자기의 군대를 모두 거느
리고, 그들을 맞아 싸우려고 에드레
이로 나왔다.
34 그 때에 주님께서 모세에게 말씀하
셨다. "그를 두려워하지 말아라. 내
가 그와 그의 온 군대와 그의 땅을
너의 손에 넘겼으니, 전에 헤스본에
사는 아모리 왕 시혼을 무찌른 것처
럼 그를 무찔러라."
35 ○그리하여 그들은 그와 그의 아들
들과 그의 온 군대를, 생존자 하나도
남기지 않고, 다 때려 눕혔다. 그리
고 그들은 그 땅을 차지하였다.

모압의 왕이 발람을 불러오다

22 이스라엘 자손이 길을 떠나 모
압 평지에 진을 쳤다. 그 곳은
요단 강 건너, 곧 여리고 맞은편이다.
2 ○십볼의 아들 발락은 이스라엘이
아모리 사람에게 한 모든 일을 보았
다.
3 모압 사람들은 이스라엘 백성의 수
가 대단히 많아서 몹시 무서워하였
다. 모압 사람들은 이스라엘 자손이
나타난 것 때문에 두려워하였다.
4 ○모압 사람들이 미디안 장로들에게
말하였다. "이제 이 큰 무리들이 우
리 주변에 있는 모든 것을 먹어치우
고 있습니다. 마치 소가 들판의 풀
을 뜯어먹듯 합니다." 십볼의 아들
발락은 그 당시 모압의 왕이었다.
5 그는 브올의 아들 발람을 불러오려
고 사신들을 브돌로 보내어 말을 전
하게 하였다. 그 때에 발람은 큰 강
가, 자기 백성의 자손들이 사는 땅
브돌에 있었다. 발락이 한 말은 다
음과 같다.

"한 백성이 이집트에서 나와서,
온 땅을 덮고 있습니다. 드디어 바
로 나의 맞은편에까지 와서 자리
잡았습니다.
6 이제 오셔서, 나를 보아서 이 백성
을 저주하여 주시기 바랍니다. 그
들은 너무 강해서, 나로서는 도저
히 감당할 수 없습니다. 그렇게만
해주신다면, 나는 그들을 쳐부수
어서 이 땅에서 쫓아낼 수 있을
것입니다. 그대가 복을 비는 이는
복을 받고, 그대가 저주하는 이는
저주를 받는다는 것을, 나는 알고
있습니다."
7 ○모압 장로들과 미디안 장로들은
길을 떠났다. 그들은 복채를 가지고
갔다. 발람에게 이르렀을 때에, 그들
은 발락이 자기들에게 한 말을 전하
였다.
8 그러자 발람이 그들에게 말하였다.
"오늘 밤은 여기에서 지내십시오. 주
님께서 나에게 하시는 그 말씀을 들

22장 요약 본장부터 36장까지는 모압 평지에서 일어난 사건들을 기록하고 있다. 그 중에도 24장까지는 발락과 발람에 관한 내용이다. 발락은 이스라엘을 꺾기 위해 발람을 재물로 유혹하여 이스라엘을 저주하도록 했지만, 하나님은 나귀를 통해 발람에게 경고를 주심으로 도리어 이스라엘을 축복하도록 하셨다.

22:1 이스라엘 백성은 모압 평지에 진을 쳤다. 그 곳은 약속의 땅과는 요단 강 하나만을 사이에 두고 있는 곳이었다. 그러나 이 경계선을 넘기 전에 준비해야 할 것이 많이 있었다. ① 이스라엘 모든 백성은 후손들에게 매우 중요한 의미를 갖는 시험을 통과해야만 했다(바알브올 사건, 25:1-18). ② 모세는 죽기 직전에 법률을 제정해야만 했다. 하나님이 약속하신 유산의 정복에 대한 규례, 가나안 땅의 분배, 하나님의 율법을 이스라엘 백성의 마음에 심어 주는 일 등이 그것이다.

어 본 다음에 알려 드리겠습니다."
그리하여 모압 고관들은 발람과 함
께 머물렀다.
9 ○하나님이 발람에게 오셔서 물으셨
다. "너와 함께 있는 이 사람들이 누
구냐?"
10 발람이 하나님께 아뢰었다. "십볼의
아들 발락 곧 모압 왕이 저에게 보
낸 사신들입니다.
11 이집트에서 한 백성이 나왔는데, 그
들이 온 땅을 덮었다고 합니다. 저더
러 와서 발락에게 유리하도록 그 백
성을 저주하여 달라는 부탁을 하였
습니다. 그렇게만 해준다면, 발락은
그 백성을 쳐부수어서, 그들을 쫓아
낼 수 있겠다는 것입니다."
12 하나님이 발람에게 말씀하셨다. "너
는 그 사신들과 함께 가지 말아라.
이집트에서 나온 그 백성은 복을 받
은 백성이니 저주하지도 말아라."
13 다음날 아침에 발람이 일어나, 발락
이 보낸 고관들에게 말하였다. "당
신들의 나라로 돌아가시기 바랍니
다. 주님께서는 내가 당신들과 함께
가는 것을 허락하지 않으십니다."
14 그리하여 모압 고관들은 일어나 발
락에게로 돌아가서 보고하였다. "발
람이 우리와 함께 오기를 거절하였
습니다."
15 ○발락은 사람들을 더 보냈다. 수도
늘리고 처음 갔던 이들보다 직위도
높은 사람들이었다.
16 그들이 발람에게 가서 말하였다. "십
볼의 아들 발락이 말합니다. '아무것
도 거리끼지 말고 나에게로 오시기
바랍니다.
17 내가 그대에게 아주 후하게 보답하
겠고, 또 그대가 나에게 말씀하시는
것이면 무엇이든지 하겠습니다. 꼭
오셔서, 나에게 좋도록, 저 백성에게
저주를 빌어 주시기 바랍니다.'"
18 그러나 발람이 발락의 신하들에게
이렇게 대답하였다. "발락이 비록
그의 궁궐에 가득한 금과 은을 나에
게 준다 해도, 주 나의 하나님의 명
을 어기고서는, 크든 작든, 아무 일
도 할 수 없습니다.
19 그대들은 오늘 밤은 이 곳에서 묵으
십시오. 주님께서 나에게 무엇을 더
말씀하실지 알아보겠습니다."
20 그 날 밤에 하나님이 발람에게 오셔
서 말씀하셨다. "이 사람들이 너를
부르러 왔으니, 너는 일어나 그들과
함께 가거라. 그러나 내가 너에게 하
는 말만 하도록 하여라."

발람과 그의 나귀

21 ○발람은 아침에 일어나 자기 나귀
에 안장을 얹고, 모압 고관들을 따
라서 길을 나섰다.
22 그러나 그가 길을 나서는 것 때문에

22:6 발락은 제사장·점쟁이가 말한 저주의 능력과 작용을 믿었다. 그러나 발람의 능력은 이방신의 권능이 아닌 그가 고백한 대로 하나님에게서 온 것이었다(8절). 발람의 저주는 이스라엘에게 실제로 해를 끼칠 수 있었다. 사실 발람의 마음은 모압 왕 발락의 요청을 수락하는 쪽으로 기울어져 있었다. 그러나 발람의 마음은 하나님의 성령의 권능 앞에 압도되었다. 하나님은 발람의 말에 귀를 기울이시지 않고, 오히려 저주가 축복으로 변하게 하셨다(신 23:5;수 24:10;느 13:2;미 6:5).

22:18-20 발락은 더 높은 고관들을 보내어 발람이 함께 오기를 청하였다. 이에 발람은 처음과 같이 하나님의 말씀을 기다렸다가 '함께 가거라'(20절)라는 말씀을 듣고 요청을 승낙한다.

22:22 그가 길을 나서는 것 때문에 하나님이 크게 노하셨다 모압 왕 발락의 고관들의 안내로 목적지에 가까이 가게 될수록, 발람은 곧 얻게 될 부귀와 명예를 더욱더 바라게 되었다. 결국 발람은 하

하나님이 크게 노하셨다. 주님의 천
사가 그의 대적자가 되어서, 길에 서
서 가로막았다. 발람은 자기 나귀를
탄 채로 있었고, 그의 두 종이 그와
함께 있었다.
23 나귀는 주님의 천사가 칼을 빼어 손
에 들고 길에 선 것을 보고, 길을 벗
어나 밭으로 들어갔다. 발람은 나귀
를 때려 다시 길로 들어서게 하였다.
24 그러자 주님의 천사가 이번에는 두
포도원 사이의 좁은 길을 막아섰다.
길 이쪽에도 담이 있고, 길 저쪽에
도 담이 있었다.
25 나귀는 주님의 천사를 보자, 이쪽 벽
으로 몸을 바짝 붙여, 발람의 발을
벽에 긁히게 하였다. 그러자 발람이
나귀를 한 대 더 때렸다.
26 그 때에 주님의 천사가 앞으로 더 나
아가, 오른쪽으로도 왼쪽으로도 피
할 수 없는 좁은 곳에 섰다.
27 나귀는 주님의 천사를 보고는, 발람
을 태운 채로 주저앉았다. 발람은 화
가 나서 지팡이로 나귀를 때렸다.
28 그 때에 주님께서 그 나귀의 입을 여
시니, 그 나귀가 발람에게 말하였다.
"제가 주인 어른께 무슨 잘못을 하
였기에, 저를 이렇게 세 번씩이나 때
리십니까?"
29 발람이 나귀에게 대답하였다. "너는
나를 놀림감으로 여기느냐? 내가
칼을 가지고 있었더라면, 이 자리에
서 너를 죽였을 것이다."
30 나귀가 발람에게 말하였다. "저야말
로 오늘까지 어른께서 늘 타시던 어
른의 나귀가 아닙니까? 제가 언제
이처럼 버릇없이 군 적이 있었습니
까?" 발람이 대답하였다. "없었다."
31 ○그 때에 주님께서 발람의 두 눈을
열어 주셨다. 그제야 그는, 주님의
천사가 칼을 빼어 손에 들고 길에 선
것을 보았다. 발람은 머리를 숙이고
엎드렸다.
32 주님의 천사가 그에게 물었다. "너는
왜 너의 나귀를 이렇게 세 번씩이나
때리느냐? 네가 가서는 안 될 길이
기에 너를 막으려고 이렇게 왔다.
33 나귀는 나를 보고, 나에게서 세 번
이나 비켜섰다. 다행히 나귀가 비켜
섰기에 망정이지, 그렇지 않았더라면
내가, 나귀는 살렸겠지만, 너는 분명
히 죽였을 것이다."
34 발람이 주님의 천사에게 말하였다.
"제가 잘못하였습니다. 천사께서 저
를 만나시려고 길에 서 계신 것을 몰
랐습니다. 제가 가는 것이 잘못이면,
저는 되돌아가겠습니다."
35 주님의 천사가 발람에게 말하였다.
"저 사람들하고 같이 가거라. 그러나
너는 내가 말해 주는 것만 말하여
라." 그리하여 발람은 발락이 보낸

나님이 이스라엘을 저주하지 말라고 하신 명령을 다 잊게 되는 순간까지 이르렀다. 하나님이 크게 노하신 것은 발람의 욕심 때문이었다.

22:28 **주님께서 그 나귀의 입을 여시니** 발람은 모든 정신을 그가 받게 될 불의한 재물에 쏟고 있었기 때문에 영적인 눈이 멀어버렸다. 그래서 ① 발람은 주님의 천사가 서 있는 것을 볼 수 없었다. ② 더구나 그는 나귀의 행동에서 아무런 의미도 찾을 수 없었다. 결국 하나님은 발람이 자기의 눈이 멀었음을 알게 하시기 위하여 말 못하는 짐승의 입을 여셨다. '하나님은 천사를 통하여 발람을 꾸짖으실 수도 있었다. 그러나 발람으로 하여금 큰 수치를 느끼게 하시기 위해서 하나님은 짐승으로 그를 가르치게 하셨다'(Calvin).

22:36–41 모압 왕 발락은 발람이 도착했을 때에, 그가 이스라엘 백성을 저주할 것이라고 생각했다. 그러나 발람은 하나님에게서 받은 경고를 계속 마음에 두고 있었다(38절).

고관들과 함께 갔다.

발락이 발람을 환영하다

36 ○발락은 발람이 오고 있다는 소식
을 듣고, 그를 맞이하러, 그의 영토
가 끝나는 아르논 강 경계에 있는 모
압의 한 성읍까지 나아갔다.
37 발락은 발람에게 말하였다. "내가
당신을 불러오려고 사신을 보내고
또 보내지 않았습니까? 어찌하여 곧
바로 나에게 오지 않으셨습니까? 내
가 당신을 존귀하게 대접할 능력이
없다고 생각하셨습니까?"
38 발람이 발락에게 대답하였다. "보십
시오, 이렇게 제가 임금님께 왔습니
다. 그러나 제가 무슨 말을 할 수 있
겠습니까? 하나님이 저의 입에 넣어
주시는 말씀, 그것이 무엇이든지, 저
는 그것만을 말하겠습니다."
39 발람은 발락과 함께 갔다. 그들은
후솟 마을까지 갔다.
40 발락은 소와 양을 잡아 제사를 드리
고, 발람과 그를 데리고 온 고관들
에게 고기 얼마를 보내 주었다.

발람의 첫 번째 예언

41 ○다음날 아침이 되니, 발락은 발람
을 데리고 바알 산당으로 올라갔다.
거기에서 발람은 이스라엘 백성이
친 진의 끝부분을 보았다.

23

1 발람이 발락에게 말하였다.
"저에게 필요하니, 이 곳에다가
제단 일곱을 만들어 주시기 바랍니
다. 그리고 저에게 필요하니, 이 곳에
다가 수송아지 일곱 마리와 숫양 일
곱 마리를 준비하여 주시기 바랍니
다."
2 그리하여 발락은, 발람이 말한 대로
하였다. 발락과 발람은 제단마다 수
송아지와 숫양을 한 마리씩 바쳤다.
3 발람이 발락에게 말하였다. "임금님
께서는 제물 곁에 서 계시기 바랍니
다. 저는 가볼 데가 있습니다. 어쩌
면 주님께서 저를 만나러 오실지도
모르겠습니다. 주님께서 저에게 밝
히 나타내 주시는 것이면, 어떤 말씀
이든지 제가 임금님께 말씀드리겠습
니다." 그러면서 발람은 오솔길을 걸
어갔다.
4 ○하나님이 발람에게 나타나셨다.
발람이 하나님께 아뢰었다. "일곱 제
단을 제가 준비하였습니다. 그리고
각 제단마다 수송아지와 숫양을 한
마리씩 바쳤습니다."
5 주님께서는 발람의 입에 말씀을 넣
어 주시면서, 발락에게로 돌아가서
그대로 말하라고 하셨다.
6 발람이 발락에게로 돌아와서 보니,
발락이 번제물 곁에 그대로 서 있었
다. 모압 고관들도 모두 그와 함께
있었다.
7 발람이 예언을 선포하였다.

23장 요약 발락은 발람이 이스라엘을 저주하지 않고 도리어 축복한 이유를, 그가 이스라엘의 광대한 진영을 보고 겁이 났기 때문이라고 착각했다. 그래서 발락은 두 번이나 장소를 바꾸어가면서 발람을 회유하였다. 하지만 장소가 바뀔 때마다 발람이 또다시 이스라엘을 축복함으로 이 역시 수포로 돌아가고 말았다.

23:1–12 발람은 하나님에게서 들은 것만을 전달하도록 이미 지시를 받았다(22:35). 그리하여 하나님은 발람을 통해 이스라엘을 축복해 주셨다(7–10절). 이와 같이 어느 누구도 하나님에 의해 선택된 축복받은 민족을 저주할 수 없다. 여기에서도 이스라엘은 하나님께서 선택하신 나라로, 다른 나라들과는 구별된 민족임이 다시 확인된다.

23:13–26 처음 올라간 바알의 산당, 곧 바모트 바알에서는 이스라엘 진을 전부 볼 수 있었기 때문에(22:41) 발락은 발람이 이스라엘의 광대한

"발락이 나를 ㉠시리아에서 데
려왔다. 모압의 왕이 나를 동쪽
산골에서 데려왔다. 와서, 자기에
게 유리하게 야곱을 저주하라 하
고 와서 이스라엘을 규탄하라 하
였지만,
8 하나님이 저주하지 않으시는데,
내가 어떻게 저주하며, 주님께서
꾸짖지 않으시는데, 내가 어떻게
꾸짖으랴!
9 바위 산꼭대기에서 나는 그들을
내려다본다. 언덕 위에서 나는 그
들을 굽어본다. 홀로 사는 저 백
성을 보아라. 그들 스스로도 자신
들을 여느 민족들 가운데 하나라
고 생각하지는 않는다.
10 티끌처럼 많은 야곱의 자손을 누
가 셀 수 있겠느냐? ㉡먼지처럼 많
은 이스라엘의 자손을 누가 셀 수
있겠느냐? 나는 정직한 사람이
죽듯이 죽기를 바란다. 나의 마지
막이 정직한 사람의 마지막과 같
기를 바란다."
11 ○발락이 발람에게 말하였다. "지
금 무엇을 하고 있는 거요? 대적들
을 저주해 달라고 당신을 데려왔습
니다. 그런데 당신은 그들에게 복을
빌어 주었습니다!"
12 발람이 대답하였다. "주님께서 나의
입에 넣어 주시는 말씀을 말하지 말
란 말입니까?"

발람의 두 번째 예언

13 ○발락이 그에게 말하였다. "나와 함
께 다른 곳으로 가서 보시기 바랍니
다. 거기에서는 그들의 일부만 보일
것입니다. 그들이 전부 다 보이지는
않을 것이니, 거기에서 나에게 유리
하도록 그들을 저주하여 주시기 바
랍니다."
14 그리하여 발락은 발람을 소빔 들판
비스가 산 꼭대기로 데리고 갔다. 거
기에다가 그는 일곱 제단을 만들고
각 제단마다 수송아지와 숫양을 한
마리씩 바쳤다.
15 ○발람이 발락에게 말하였다. "임금
님은 번제물 곁에 그대로 서 계시기
바랍니다. 나는 지난번처럼 주님을
만나 뵈어야 합니다."
16 ○주님께서는 발람을 만나셔서, 그
의 입에 말씀을 넣어 주시면서 발락
에게로 돌아가서 그대로 말하라고
하셨다.
17 발람이 발락에게로 와서 보니, 발락
이 번제물 곁에 그대로 서 있었다.
모압의 고관들도 그와 함께 있었다.
발락이 그에게 물었다. "주님께서 무
슨 말씀을 하셨습니까?"
18 ○발람이 예언을 선포하였다.
"발락은 와서 들어라. 십볼의
아들은 나에게 귀를 기울여라.

진영을 보고 겁이 났었던 것이라고 생각했다. 그래서 이번에는 이스라엘 백성의 일부만 볼 수 있도록 그를 비스가 산으로 데리고 갔다(13–14절). 그러나 발람은 또다시 이스라엘을 축복하였다(18–24절). 이처럼 하나님은 변함없이 신실하시다. 이방 사람들은 신들에게 예물을 바치면 자기들의 뜻을 들어준다고 생각했다. 그러나 이스라엘의 하나님은 한번 약속하신 말씀을 끝까지 지키시며 언약을 반드시 이행하신다.

23:19 어찌 약속하신 것을 이루지 아니하시랴? 이 말씀은 문맥을 고려할 때, 특별히 하나님이 발람을 통해 말씀하신 첫 번째 말씀(9–10절)에 적용해야 한다.

23:21 주님을 임금으로 떠받드는 소리 이스라엘 백성의 큰 기쁨을 의미한다. 즉 하나님께서 임금으로 그들 가운데 임재해 계시고, 또한 그들을 다스리신다는 사실을 즐거워한다는 것이다(출 15:18).

㉠ 또는 '메소포타미아' ㉡ 히, '이스라엘의 사분의 일'

19 하나님은 사람이 아니시다. 거짓
말을 하지 아니하신다. 사람의 아
들이 아니시니, 변덕을 부리지도
아니하신다. 어찌 말씀하신 대로
하지 아니하시랴? 어찌 약속하신
것을 이루지 아니하시랴?
20 나는 축복하라 하시는 명을 받았
다. 주님께서 복을 베푸셨으니, 내
가 그것을 바꿀 수 없다.
21 주님께서는 야곱에게서 아무런
죄도 찾지 못하셨다. 주님께서는
이스라엘에게서 어떤 잘못도 발견
하지 못하셨다. 그들의 주 하나님
이 그들과 함께 계신다. 주님을 임
금으로 떠받드는 소리가 그들에게
서 들린다.
22 하나님이 그들을 이집트에서 이끌
어 내셨다. 그에게는 들소와 같은
힘이 있다.
23 야곱에 맞설 마술은 없다. 이스라
엘에 맞설 술법도 없다. 이제는 사
람들이 야곱과 이스라엘에게 물
을 것이다. '하나님이 하신 일이
어찌 그리 크냐?'고.
24 보아라, 그 백성이 암사자처럼 일
어난다. 그들이 수사자처럼 우뚝
선다. 짐승을 잡아 먹지 아니하고
는 짐승을 찔러 그 피를 마시지
아니하고는 눕지 아니할 것이다."
25 ○발락이 발람에게 말하였다. "그
들에게 저주도 빌지 말고, 그들에게
복도 빌지 마시오!"
26 발람이 발락에게 이렇게 대답하였
다. "무엇이든 주님께서 내게 말씀하
신 것만을 말하겠다고, 내가 말씀드
리지 않았습니까?"

발람의 세 번째 예언

27 ○발락이 발람에게 말하였다. "함께
가시기 바랍니다. 내가 당신을 다른
곳으로 데리고 가겠습니다. 하나님
보시기에 올바른 일이면, 거기에서,
나에게 유리하도록 그들을 저주하
여 주시기 바랍니다."
28 발락은 발람을 ㉠광야가 내려다보이
는 브올 산 꼭대기로 데리고 갔다.
29 발람이 발락에게 말하였다. "저에게
필요하니, 이 곳에다가 제단 일곱을
만들어 주시기 바랍니다. 그리고 저
에게 필요하니, 이 곳에다가 수송아
지 일곱 마리와 숫양 일곱 마리를
준비하여 주시기 바랍니다."
30 그리하여 발락은, 발람이 말한 대로
하였다. 제단마다 수송아지와 숫양
을 한 마리씩 바쳤다.

24

1 발람은 자기가 이스라엘에
게 복을 빌어 주는 것이 주님
의 눈에 좋게 보였다는 것을 알고는,
매번 으레 하던 것처럼 마술을 쓰려
하지 않고, 대신 광야 쪽으로 얼굴
만 돌렸다.

23:22 그들을 이집트에서 이끌어 내셨다 (히) '모치암'. 분사로서 과거의 일을 말하는 것이 아니라, 계속 진행되고 있는 사실을 말한다. 즉 하나님은 이스라엘을 이집트에서 구원해 내셨다. 그러나 여기에서 그치지 않고, 이스라엘 백성이 가나안 땅에 들어가기까지 인도하신다는 것을 나타내고 있다.

23:28 브올 산 벳브올 근처 아바림 산맥 북쪽 부분의 산으로, 당시 이스라엘 백성이 진을 치고 있던 모압 평지 맞은편에 있었다.

24장 요약 본장은 하나님이 발람의 입술을 통해 이스라엘을 축복하고 그들의 장래에 관해 예언하신 내용을 기록하고 있다. 이로써 발람을 통해 이스라엘을 저주하려던 발락의 음모는 완전히 좌절되고 말았다. 한편, 발람이 예언한 바, 곧 하나님의 백성을 대적하는 모든 원수를 정복할 왕은 메시아를 말한다(17절).

㉠ 히, '여시몬이'

2 발람은 눈을 들어, 지파별로 진을
친 이스라엘을 바라보았다. 그 때에
그에게 하나님의 영이 내렸다.
3 그는 예언을 선포하였다.
"브올의 아들 발람의 말이다. 눈
을 뜬 사람의 말이다.
4 하나님의 말씀을 듣는 사람의 말
이다. 환상으로 ㉠전능자를 뵙고
넘어졌으나, 오히려 두 눈을 밝히
뜬 사람의 말이다.
5 야곱아, 너의 장막이 어찌 그리도
좋으냐! 이스라엘아, 너의 사는 곳
이 어찌 그리도 좋으냐!
6 계곡처럼 뻗었구나. 강가의 동산
같구나. 주님께서 심으신 침향목
같구나. 냇가의 백향목 같구나.
7 물통에서는 물이 넘치고, 뿌린 씨
는 물을 흠뻑 먹을 것이다. 그들의
임금은 아각을 누르고, 그들의 나
라는 널리 위세를 떨칠 것이다.
8 하나님이 그들을 이집트에서 이끌
어 내셨다. 그에게는 들소와 같은
힘이 있다. 그는 나라들, 곧 대적
들을 집어삼키고, 대적들의 뼈를
짓부수며, 활을 쏘아 대적들을 꿰
뚫을 것이다.
9 엎드리고 웅크린 모양이 수사자
같기도 하고, 암사자 같기도 하니,
누가 감히 일으킬 수 있으랴! 너에
게 복을 비는 이마다 복을 받을
것이요, 너를 저주하는 자마다 저
주를 받을 것이다."
10 ○발락은 발람에게 크게 분노하
여, 주먹을 불끈 쥐고 떨면서 말하였
다. "내가 당신을 부른 것은 내 대적
을 저주하여 달라고 부른 것이었소.
그러나 보시오! 당신은 오히려 이렇
게 세 번씩이나 그들에게 복을 빌어
주었소.
11 이제 곧 당신이 떠나왔던 그 곳으로
빨리 가 버리시오. 나는 당신에게 후
하게 보답하겠다고 말하였소. 그러
나 보시오! 주님께서 당신이 후하게
보답받는 것을 막으셨소."
12 발람이 발락에게 말하였다. "나에게
보내신 사신들에게도 내가 이미 말
하지 않았습니까?
13 발락 임금님께서 비록 그의 궁궐에
가득한 금과 은을 나에게 준다 해
도, 좋은 일이든 나쁜 일이든 간에,
주님의 명을 어기고 나의 마음대로
할 수 있는 일은 아무것도 없습니다.
나는 다만 주님께서 말씀하신 것만
말해야 합니다."

발람의 마지막 예언

14 ○"이제 나는 나의 백성에게로 갑니
다. 그러나 들어 보십시오. 앞으로
이 백성이 임금님의 백성에게 어떻
게 할 것인지, 내가 감히 말씀드리고
자 합니다."

24:1-2 매번 으레 하던 것처럼 마술을 쓰려 하지 않고 발람은 이방 마술사들이 흔히 사용하는 마술을 사용해 왔다(23:23;24:1). 그러나 하나님은 이렇게 불의한 자에게도 영을 부어 하나님의 목적에 맞게 사용하신다. 이처럼 하나님의 영은 자유롭게 사람을 선택하셔서, 그분의 말씀을 선포하도록 하신다(빌 1:15-18).

24:10-25 이스라엘을 저주하려던 음모가 좌절되자, 발락은 크게 노하여 발람을 내쫓는다(11-12절). 여기서 발람은 하나님의 백성을 대적하는 모든 원수들을 정복하시는 자, 곧 영원한 왕이신 메시아에 대해 예언한다(17절). 그리고 이스라엘 백성들이 광야를 지날 때 처음으로 이스라엘을 공격한 아말렉의 멸망을 예언함으로써, 하나님의 백성을 대적하는 자의 종말을 경고한다(20절). 결국 이 세상을 다스리는 통치자는 이스라엘에서 나올 것이며, 하나님의 통치는 사람의 꾀나 음모

㉠ 히, '샤다이'

15 발람이 예언을 선포하였다.
"브올의 아들 발람의 말이다.
눈을 뜬 사람의 말이다.
16 하나님 말씀을 듣는 사람의 말이
다. 가장 높으신 분께서 주신 지
식을 가진 사람의 말이다. 환상으
로 전능자를 뵙고 넘어졌으나, 오
히려 두 눈을 밝히 뜬 사람의 말
이다.
17 나는 한 모습을 본다. 그러나 당
장 나타날 모습은 아니다. 나는
그 모습을 환히 본다. 그러나 가
까이에 있는 모습은 아니다. 한 별
이 야곱에게서 나올 것이다. 한
통치 지팡이가 이스라엘에서 일어
설 것이다. 그가 모압의 이마를 칠
것이다. ㉠셋 자손의 영토를 칠 것
이다.
18 그는 에돔을 차지할 것이다. 대적
세일도 그의 차지가 될 것이다. 이
렇게 이스라엘이 힘을 떨칠 것이
다.
19 야곱에게서 통치자가 나와서, 그
성읍에 살아 남은 자들을 죽일 것
이다."
20 ○또 그는 아말렉을 바라보면서
예언을 선포하였다.
"아말렉은 민족들 가운데서 으
뜸이었으나, 마침내 그는 망할 것
이다."
21 ○또 그는 겐 족속을 바라보면서,
예언을 선포하였다.
"네가 사는 곳은 든든하다. 너
희 보금자리는 바위 위에 있다.
22 그러나 가인은 쇠약하여질 것이
다. 앗시리아의 포로가 될 것이
다."
23 ○또 그는 예언을 선포하였다.
"큰일이다. 하나님이 이 일을 하
실 때에, 누가 살아 남을 수 있으
랴?
24 함대들이 ㉡키프로스 쪽에서 온
다. 그것들이 앗시리아를 괴롭히
고, 에벨도 괴롭힐 것이다. 그러나
그것들마저도 망하고야 말 것이
다."
25 발람은 급히 길을 떠나서, 그가 살던
곳으로 돌아갔다. 발락도 제가 갈
곳으로 갔다.

브올에서 생긴 일

25 이스라엘이 싯딤에 머무는 동
안에, 백성들이 모압 사람의 딸
들과 음행을 하기 시작하였다.
2 모압 사람의 딸들이 자기 신들에게
바치는 제사에 이스라엘 백성을 초
대하였고, 이스라엘 백성은 거기에
가서 먹고, 그 신들에게 머리를 숙였
다.
3 그래서 이스라엘은 바알브올과 결합
하였다. 주님께서는 이스라엘에게

에 의해 방해될 수도 없는 것이다.
24:18 에돔 에서의 별명이다. 에돔 족속은 에서의 자손이다(창 36:1–19). 야곱이 밧단아람에서 가나안으로 돌아왔을 때, 에서는 원주민 호리 족속을(창 14:6;36:20–30) 추방하고 이미 에돔 땅을 점령하고 있었다(창 32:6–8;신 2:4–5;수 24:4). 세일 아라바 저지대의 동쪽이며, 사해 남쪽 끝부분을 동남쪽으로 뻗어 내려가는 산지이다. 종종 에돔 전체를 가리키는 데 쓰이는 말이다.

25장 요약 이 사건은 시내 광야에서 일어난 금송아지 사건(출 32장)과 유사하다. 두 사건은 모두 하나님의 말씀을 무시한 죄악이었고, 다른 신을 숭배하였으며, 여기에 참여한 자들은 모두 즉각 죽임을 당했다. 이 사건은 비느하스의 헌신적 행위로 수습되었고, 이 일로 비느하스는 영원한 제사장 직분을 약속받았다.

㉠ '소동하는' ㉡ 히, '깃딤'

크게 진노하셨다.
4 ○주님께서 모세에게 말씀하셨다.
"너는 백성의 우두머리들을 모두 잡
아다가, ㉠해가 환히 비치는 대낮에,
주 앞에서 그것들의 목을 매달아라.
그래야만 나 주의 진노가 이스라엘
에서 떠날 것이다."
5 모세는 이스라엘 재판관들에게 말
하였다. "당신들은 제각기 당신들의
남자들 가운데서 바알브올과 결합
한 자들을 죽이시오!"
6 ○이스라엘 자손이 회막 어귀에서
통곡하고 있을 때에, 이스라엘 자손
가운데서 한 남자가, 모세와 이스라
엘 자손 온 회중이 보는 앞에서 한
미디안 여자를 데리고 집으로 들어
갔다.
7 아론의 손자이자 엘르아살의 아들
인 제사장 비느하스가 이것을 보고
회중 가운데서 나와, 창을 들고,
8 그 두 남녀를 따라 장막 안으로 들
어가, 이스라엘 남자와 미디안 여자
의 배를 꿰뚫으니, 염병이 이스라엘
자손 사이에서 그쳤다.
9 그러나 그 염병으로 이미 죽은 사람
이 이만 사천 명이었다.
10 ○주님께서 모세에게 말씀하셨다.
11 "아론의 손자이자 엘르아살의 아들
인 제사장 비느하스가 한 일을 보아
서, 내가 더 이상 이스라엘 자손에게
화를 내지 않겠다. 그는, 이스라엘
자손이 나 밖의 다른 신을 섬기는
것을 결코 용납하지 않았다. 그러므
로 나는, 이스라엘 자손을 홧김에 멸
하는 일은 삼갔다.
12 그러므로 너는, 내가 비느하스와 평
화의 언약을 맺으려 한다고 말하여
라.
13 그와 그 뒤를 잇는 자손에게, 영원한
제사장 직분을 보장하는 언약을 세
우겠다. 그는 나 밖의 다른 신을 섬
기는 것을 용납하지 않았고, 그렇게
함으로써 이스라엘 자손의 죄를 속
해 주었기 때문이다."
14 ○미디안 여자와 함께 죽은 그 이스
라엘 남자는, 시므온 가문의 지도자
인 살루의 아들 시므리이다.
15 그와 함께 죽은 미디안 여자는, 미디
안에 있는 한 가문의 종파 우두머리
인 수르의 딸 고스비이다.
16 ○주님께서 모세에게 다음과 같이
말씀하셨다.
17 "너희는 미디안 사람을 원수로 여겨,
그들을 쳐죽여라.
18 그들은 브올에서 생겼던 일과, 미디
안의 한 우두머리의 딸, 곧 브올에서
생긴 일로 염병이 돌던 때에 처형당
한 그들의 누이 고스비의 일로 너희
를 속였고, 그렇게 너희를 속였을 때
에, 이미 너희에게 고통을 주었기 때

25:1-18 모압 평지에서 일어난 음행 사건과 시내 산 밑에서 일어난 금송아지 사건에서 이스라엘은 다른 신을 숭배하였고, 이들은 곧바로 죽임을 당했다. 두 사건 모두 하나님의 계시가 주어진 직후 발생된 일로서, 백성들은 언약의 기본 원칙을 무시하였다. 두 사건을 통한 공통적인 교훈이 있는데, 그것은 인간의 실패가 궁극적으로 하나님의 선하신 목적을 방해할 수 없다는 것이다. 따라서 가나안 땅을 정복하게 될 새로운 세대는 하나님의 선하심을 깨달아야 할 것이다.

25:13 제사장은 백성에게 하나님의 예표인 동시에 하나님 앞에서 백성을 대표한다. 이스라엘은 이방신을 섬겨서 언약을 깨뜨렸지만, 비느하스가 언약을 회복하였다. 그래서 비느하스는 '영원한 제사장 직분을 보장하는 언약'을 상으로 받게 되었다. 이 언약으로 대제사장 직분이 항상 비느하스의 가계를 따라 계승되게 되었다(대상 6:4).

㉠ 또는 '여러 사람 앞에'

문이다."

두 번째 인구조사

26 염병이 지나간 뒤에, 주님께서
모세와 아론의 아들 제사장 엘
르아살에게 말씀하셨다.
2 "이스라엘 자손의 온 회중의 머리
수를 세어라. 스무 살부터 그 위로,
이스라엘에서 군대에 나갈 수 있는
이들을 모두 조상의 가문별로 세어
라."
3 모세와 제사장 엘르아살은 여리고
건너편 요단 강 가의 모압 평지에서
백성에게 이 사실을 알리고, 이렇게
지시하였다.
4 "주님께서 모세에게 명하신 대로, 스
무 살부터 그 위로 남자의 수를 세
시오." ○이집트 땅에서 나온 이스라
엘 자손은 다음과 같다.
5 ○이스라엘의 맏아들은 르우벤이다.
르우벤의 자손은, 하녹에게서 난 하
녹 가족과, 발루에게서 난 발루 가
족과,
6 헤스론에게서 난 헤스론 가족과, 갈
미에게서 난 갈미 가족이다.
7 이들은 르우벤 가족이며, 등록된 이
들은 사만 삼천칠백삼십 명이다.
8 ○발루의 아들 가운데는 엘리압이
있었다.
9 엘리압의 아들은 느무엘과 다단과
아비람이다. 다단과 아비람은, 바로
모세와 아론에게 맞서 반역한 자들
로서, 고라의 무리가 주님께 대항하
여 반역할 때에 그들 가운데 있던
자들이며, 회중에서 부름받은 자들
이다.
10 땅이 그 입을 벌려, 고라와 함께 그
들도 삼켰다. 그 무리가 죽을 때에,
불이 사람 이백오십 명을 살랐는데,
그들은 본보기가 되었다.
11 그렇지만 고라의 자손은 죽지 않았
다.
12 ○시므온 자손은 가족별로, 느무엘
에게서 난 느무엘 가족과, 야민에게
서 난 야민 가족과, 야긴에게서 난
야긴 가족과,
13 세라에게서 난 세라 가족과, 사울에
게서 난 사울 가족이다.
14 이들은 시므온 가족이며, 등록된 이
들은 이만 이천이백 명이다.
15 ○갓 자손은 가족별로, 스본에게서
난 스본 가족과, 학기에게서 난 학기
가족과, 수니에게서 난 수니 가족과,
16 오스니에게서 난 오스니 가족과, 에
리에게서 난 에리 가족과,
17 아롯에게서 난 아롯 가족과, 아렐리
에게서 난 아렐리 가족이다.
18 이들은 갓 자손의 가족이며, 등록된
이들은 사만 오백 명이다.
19 ○유다의 아들들은 에르와 오난이
다. 에르와 오난은 가나안 땅에서 죽

26장 요약 가나안 정복이 임박한 시점에서 실시된 제2차 인구 조사이다. 이것은 이스라엘 공동체를 재정비하고, 아울러 각 지파의 인구수에 따라 가나안 땅을 분배하기 위한 준비 작업이었다.

26:1-4 이번에 실시되는 인구 조사는 흐트러진 이스라엘 공동체를 재구성하는 데 일차적인 목적이 있었다. 이스라엘 공동체는 다가오는 전쟁을 대비하고, 약속의 땅에 정착하기 위한 준비가 필요하였다.

26:5-51 모압 평지에서 실시한 제2차 인구 조사는 시내 광야에서 실시한 제1차 인구 조사와 비교할 때, 총 인구 수가 1,820명이 감소되었다. 곧 일곱 지파(유다, 잇사갈, 스불론, 므낫세, 베냐민, 단, 아셀 지파)는 인구가 증가했고, 다섯 지파(르우벤, 시므온, 갓, 에브라임, 납달리 지파)는 감소했다. 특별히 주목해야 할 점은 시므온 지파의 인

었다.
20 ○유다 자손은 가족별로, 셀라에게
서 난 셀라 가족과, 베레스에게서 난
베레스 가족과, 세라에게서 난 세라
가족이다.
21 베레스 자손은 헤스론에게서 난 헤
스론 가족과, 하물에게서 난 하물
가족이다.
22 이들은 유다 가족이며, 등록된 이들
은 칠만 육천오백 명이다.
23 ○잇사갈 자손은 가족별로, 돌라에
게서 난 돌라 가족과, 부와에게서
난 부니 가족과,
24 야숩에게서 난 야숩 가족과, 시므론
에게서 난 시므론 가족이다.
25 이들은 잇사갈 가족이며, 등록된 이
들은 육만 사천삼백 명이다.
26 ○스불론 자손은 가족별로, 세렛에
게서 난 세렛 가족과, 엘론에게서 난
엘론 가족과, 얄르엘에게서 난 얄르
엘 가족이다.
27 이들은 스불론 가족이며, 등록된 이
들은 육만 오백 명이다.
28 ○요셉 자손은, 가족별로는 므낫세
와 에브라임으로 나뉜다.
29 ○므낫세 자손은, 마길에게서 난 마
길 가족과, 마길의 아들인 길르앗에
게서 난 길르앗 가족이다.
30 길르앗 자손은, 이에셀에게서 난 이
에셀 가족과, 헬렉에게서 난 헬렉 가
족과,
31 아스리엘에게서 난 아스리엘 가족
과, 세겜에게서 난 세겜 가족과,
32 스미다에게서 난 스미다 가족과, 헤
벨에게서 난 헤벨 가족이다.
33 헤벨의 아들 슬로브핫에게는 아들
이 없다. 그에게는 오직 딸들만 있는
데, 그 딸들의 이름은 말라와 노아
와 호글라와 밀가와 디르사이다.
34 이들은 므낫세 가족이며, 등록된 이
들은 오만 이천칠백 명이다.
35 ○에브라임 자손은 가족별로, 수델
라에게서 난 수델라 가족과, 베겔에
게서 난 베겔 가족과, 다한에게서 난
다한 가족이다.
36 수델라 자손은 에란에게서 난 에란
가족이다.
37 이들은 에브라임 자손 가족이다. 등
록된 이들은 삼만 이천오백 명이다.
이것은 요셉 자손을 그 가족별로 나
누어 본 것이다.
38 ○베냐민 자손은 가족별로, 벨라에
게서 난 벨라 가족과, 아스벨에게서
난 아스벨 가족과, 아히람에게서 난
아히람 가족과,
39 스부밤에게서 난 스부밤 가족과, 후
밤에게서 난 후밤 가족이다.
40 벨라 자손은 아룻과 나아만이다. 아
룻에게서 난 아룻 가족과, 나아만에
게서 난 나아만 가족이다.

구가 37,100명이나 감소되었다는 사실이다. 이것은 아마도 바알브올의 음행 사건 때에 시므온 지파가 염병으로 가장 많이 죽었기 때문일 것이다. 왜냐하면, 그 당시 시므온 지파의 지도자였던 시므리가 사건의 주모자이기 때문이다(25:14).

26:33 슬로브핫…그 딸들의 이름 딸이 성경의 족보에 언급되는 것은 매우 드물다. 보통, 딸이 언급될 때는 특별히 기록해야만 하는 사건이 있을 때이다. 여기에서 슬로브핫의 딸들이 언급되는 것도 이유가 있어서이다. 슬로브핫은 아들이 없었다. 그러므로 약속의 땅을 상속할 수 있는가 하는 법적인 문제가 생기게 되었다. 그것은 바로 딸들이 땅을 상속할 수 있는가 하는 문제였다(33절). 이 문제에 대한 해결책은 27,36장에서 더 자세히 논의되고 있다.

26:52-56 인구 조사가 끝나자, 가나안 땅을 분배하는 원칙을 기록하고 있다. 하나님은 그 땅을 정복할 새로운 세대에게 그들의 불신앙적 태도

41 이들은 가족별로 본 베냐민 자손이
며, 등록된 이들은 사만 오천육백
명이다.
42 ○다음은 단 자손을 가족별로 본 것
이다. 수함에게서 수함 가족이 났
다. 이들은 가족별로 본 단 가족들
이다.
43 이들은 모두 수함 가족이며, 등록된
이들은 육만 사천사백 명이다.
44 ○아셀 자손은 가족별로 보면, 임나
에게서 난 임나 가족과, 이스위에게
서 난 이스위 가족과, 브리아에게서
난 브리아 가족이다.
45 브리아 자손은, 헤벨에게서 난 헤벨
가족과, 말기엘에게서 난 말기엘 가
족이다.
46 아셀에게는 딸이 있었는데, 그 이름
은 세라이다.
47 이들은 아셀 가족이며, 등록된 이들
은 오만 삼천사백 명이다.
48 ○납달리 자손은 가족별로, 야스엘
에게서 난 야스엘 가족과, 구니에게
서 난 구니 가족과,
49 예셀에게서 난 예셀 가족과, 실렘에
게서 난 실렘 가족이다.
50 이들은 가족별로 본 납달리 가족이
며, 등록된 이들은 사만 오천사백
명이다.
51 ○이들과 같이 등록된 이스라엘 자
손은, 모두 육십만 천칠백삼십 명이
었다.
52 ○주님께서 모세에게 말씀하셨다.
53 "땅은 사람 수에 따라서, 그들의 유
산으로 나누어 주어야 한다.
54 사람이 많으면 유산을 많이 주어야
하고, 사람이 적으면 유산을 적게 주
어야 한다. 유산은 등록된 사람 수에
따라서, 각기 나누어 주어야 한다.
55 유산으로 받는 땅은 오직 제비를 뽑
아 나누어야 하고, 그들은 그것을
조상 때부터 내려오는 지파의 이름
으로 물려받아야 한다.
56 각 유산은 제비를 뽑아 나누어야 한
다. 사람 수가 많은 지파들은 큰 땅
을, 사람 수가 적은 지파들은 적은
땅을 놓고 추첨하여야 한다."
57 ○가족별로 등록된 레위 사람은, 게
르손에게서 난 게르손 가족과, 고핫
에게서 난 고핫 가족과, 므라리에게
서 난 므라리 가족이다.
58 다음은 레위 가족인데, 립니 가족과
헤브론 가족과 마흘리 가족과 무시
가족과 고라 가족이다. 고핫은 아므
람을 낳았으며,
59 아므람의 아내의 이름은 요게벳인
데, 그는 레위가 이집트에서 얻은 딸
이다. 요게벳은 아므람에게서 아론
과 모세와 그 누이 미리암을 낳았
다.
60 아론에게서는 나답과 아비후와 엘르

(25:1-15)에도 불구하고, 자신의 언약을 성취해 나가신다는 사실을 알려 주신다. 곧 각 지파는 각자의 크기에 따라 몫을 분배받게 되는 것이다. 그런데 각 지파의 유산 할당은 사람에 의해 분배되는 것이 아니라, 각 지파가 제비 뽑은 대로 하나님께서 친히 할당하시는 것이다.

26:56 유산 가나안 땅을 각 지파에게 분배해 준 것과 관련해서 '분할받은 땅'이란 의미로 쓰였다. 이스라엘 자체가 하나님의 유산이 된다.

26:57-65 제1차 인구 조사 때처럼(3:14-39), 레위 사람에 대한 제2차 인구 조사도 다른 지파와 구별하여 실시되었다. 그런데 본문에서는 레위 지파 중에서 특별히 모세와 아론의 가계를 등장시켜(59절) 엘르아살과 이다말의 제사장직을 강조하고 있다(60-61절). 이집트에서 나온 사람들 중에는 오직 갈렙과 여호수아만이 생존하였다(63-65절). 이제 이스라엘 공동체는 새로운 세대의 지도자들에 의해 운영되어 갈 것이다.

아살과 이다말이 태어났다.
61 그러나 나답과 아비후는 금지된 불
을 주 앞에 드리다가 죽었다.
62 ○난 지 한 달 된 사람으로부터 그
위로 등록된 모든 레위 남자는 이만
삼천 명이다. 이스라엘 자손 가운데
서 그들에게만은 땅을 유산으로 주
지 않았기 때문에, 그들은 다른 이
스라엘 자손이 등록된 명부에는 오
르지 않았다.
63 ○이들은, 모세와 제사장 엘르아살
이 여리고 맞은편 요단 강 가 모압
평지에서 이스라엘 자손의 인구를
조사할 때에, 그들이 등록시킨 이들
이다.
64 등록된 사람들 가운데는, 모세와 제
사장 아론이 시내 광야에서 이스라
엘 자손의 인구를 조사할 때에 등록
시켰던 사람은 한 명도 들어 있지 않
았다.
65 주님께서, 그들이 광야에서 반드시
죽을 것이라고 말씀하셨기 때문이
다. 여분네의 아들 갈렙과 눈의 아
들 여호수아를 제외하고는, 그들 가
운데서 어느 한 사람도 살아 남지
못하였다.

슬로브핫의 딸들

27 슬로브핫의 딸들이 나아왔다.
슬로브핫은 요셉의 아들인 므
낫세의 가족으로서, 헤벨의 아들이
요, 길르앗의 손자요, 마길의 증손이
요, 므낫세의 현손이다. 그의 딸들의
이름은 말라와 노아와 호글라와 밀
가와 디르사이다.
2 그들은 회막 어귀에서 모세와 제사
장 엘르아살과 지도자들과 온 회중
앞에 서서 호소하였다.
3 "우리의 아버지는 광야에서 돌아가
셨습니다. 그러나 주님을 거역하여
모였던 고라의 무리 속에 끼지는 않
으셨습니다. 아버지께서는 다만 자
신의 죄로 돌아가셨습니다. 그런데
아버지께는 아들이 없습니다.
4 그러나 아들이 없다는 이유로 아버
지의 가족 가운데서 아버지의 이름
이 없어져야 한다니, 어찌 이럴 수가
있습니까? 우리 아버지의 남자 친족
들이 유산을 물려받을 때에, 우리에
게도 유산을 주시기 바랍니다."
5 ○모세가 그들의 사정을 주님께 아
뢰었다.
6 주님께서 모세에게 말씀하셨다.
7 "슬로브핫의 딸들이 한 말이 옳다.
그 아버지의 남자 친족들이 유산을
물려받을 때에, 너는 그들에게도 반
드시 땅을 유산으로 주어라. 너는
그들의 아버지가 받을 유산이 그 딸
들에게 돌아가게 하여라.
8 너는 또 이스라엘 자손에게 이렇게
일러두어라. 어떤 사람이 아들이 없

27장 요약 가나안 땅은 제비 뽑아 조상 지파의 이름을 따라 나누도록 되어 있다(26:55). 그러나 슬로브핫의 딸들은 집안에 상속권을 가진 남자가 없기 때문에 여자들에게도 상속권을 달라고 문제를 제기하였다. 이 호소는 받아들여져 남자 상속자가 없을 경우, 여자도 상속받을 수 있는 유산 분배를 보장받게 되었다.

27:1-11 본문은 슬로브핫의 딸들이 요구한 재산권에 대해 하나님으로부터 법적 지위를 보장받는 내용이다. 아직 가나안 땅이 정복되지 않았지만 슬로브핫의 딸들은 믿음으로 그 때를 바라보면서, 유산을 받지 못할 경우(4절)의 자신들의 처지에 대해 모세에게 하소연하였다. 그 결과 이들은 유산 분배를 보장받게 되었다(6-11절). 하나님의 공동체 안에서는 남녀가 동등하므로 사람은 땅의 주인으로서가 아닌 청지기로서 동등한 삶의 터전을 소유할 권리가 있는 것이다.

이 죽으면, 그 유산을 딸에게 상속시
켜라.
9 만일 딸이 없으면, 그 유산을 고인의
형제들에게 주어라.
10 그에게 형제마저도 없으면, 그 유산
을 아버지의 형제들에게 상속시켜
라.
11 아버지의 형제들마저도 없으면, 그
유산을 그의 가문에서 그와 가장
가까운 친족에게 주어서, 그가 그것
을 물려받게 하여라. 나 주가 모세에
게 명한 것인 만큼, 여기에서 말한
것은 이스라엘 자손이 지켜야 할 율
례이다."

모세의 후계자 여호수아 (신 31:1-8)

12 ○주님께서 모세에게 말씀하셨다.
"너는 여기 아바림 산줄기를 타고
올라가서, 내가 이스라엘 자손에게
준 땅을 바라보아라.
13 그 땅을 본 다음에는, 너의 형 아론
이 간 것같이, 너 또한 너의 ㉠조상에
게로 돌아갈 것이다.
14 너희 둘이 신 광야에서 나의 명을
어겼기 때문에, 그 땅에는 들어가지
못한다. 온 회중이 므리바에서 나를
거역하여 반란을 일으켰을 때에, 너
희들은 물을 터뜨려 회중이 보는 앞
에서, 나의 거룩한 권능을 보였어야
만 하였는데, 너희는 그렇게 하지 않
았다." 이것은 신 광야에 있는 가데
스의 므리바에서 물이 터질 때의 일
을 두고 말씀하신 것이다.
15 ○모세가 주님께 이렇게 아뢰었다.
16 "모든 사람에게 영을 주시는 주 하나
님, 이 회중 위에 한 사람을 임명하
여 주시기를 바랍니다.
17 그가 백성 앞에서 나가기도 하고, 백
성 앞에서 들어오기도 할 것입니다.
백성을 데리고 나가기도 하고, 데리
고 들어오기도 할 것입니다. 주님의
회중이 목자 없는 양 떼처럼 되지 않
도록 하여 주십시오."
18 ○주님께서 모세에게 말씀하셨다.
"너는 눈의 아들 여호수아를 데리고
오너라. 그는 영감을 받은 사람이다.
너는 그에게 손을 얹어라.
19 너는 그를 제사장 엘르아살과 온 회
중 앞에 세우고, 그들이 보는 앞에
서 그를 후계자로 임명하여라.
20 너는 그에게 네가 가지고 있는 권위
를 물려주어서, 이스라엘 자손 온 회
중이 그에게 복종하게 하여라.
21 그는, 상의할 일이 있을 때마다 제사
장 엘르아살 앞에 가서 설 것이며,
여호수아를 대신하여, 엘르아살이
우림의 판결을 사용하여 나 주에게
여쭐 것이다. 그러면 여호수아와 그
와 함께 있는 온 이스라엘 자손, 곧
온 총회는 그의 말에 따라서 나가기
도 하고, 그의 말에 따라서 들어오

27:12-23 하나님은 그분의 영을 여호수아에게 주어 이스라엘 백성을 인도하게 하셨다. 그는 모세의 사환으로 봉사했고(11:28), 가나안을 탐지하고 온 사람들 중의 한 사람이다(13:8).

27:16 모든 사람에게 영을 주시는 주 하나님 고라의 죄 때문에 온 민족이 죽게 되었을 때 드린 모세의 기도 가운데 나왔던 구절과 같다(16:22). 하나님은 모든 생명체에 생명을 주신 분이시다.

27:21 우림의 판결 '우림과 둠밈의 판결법'이라고 하는 표현이 정확한 표현이다. '우림'을 (히) '아라'(저주하다)와 연관시켜 '부정적인 대답'으로, 그리고 '둠밈'을 (히) '타맘'(완전케 되다)과 관련시켜 '긍정적인 대답'으로 해석하기도 한다.

27:23 모세가 여호수아의 머리에 손을 올린 이유는 직분을 위임하기 위해서이다. 창세기 48:14에는 야곱이 에브라임과 므낫세를 축복하기 위하여 자기의 손을 그들의 머리에 얹었다.

㉠ 히, '백성'

기도 할 것이다."
22 ○모세는 주님께서 그에게 명하신
대로 하였다. 모세는 여호수아를 데
려다가 제사장 엘르아살과 온 회중
앞에 세우고,
23 주님께서 말씀하신 대로 자기의 손
을 여호수아에게 얹어서, 그를 후계
자로 임명하였다.

제사 (출 29:38-46)

28 주님께서 모세에게 말씀하셨
다.
2 "너는 이스라엘 자손에게 명령하여
라. 너는 그들에게 말하여라.
○정해진 절기에 따라서, 너희는,
내가 받을 제물, 내가 먹을 음식, 곧
나에게 불살라 바쳐서 나를 기쁘게
하는 향기의 희생제사를 어김없이
바치도록 하여라."

날마다 바치는 번제물

3 ○"너는 또 그들에게 말하여라.
○너희가 나 주에게 바쳐야 할 불
살라 바치는 제사는 다음과 같다.
○일 년 된 흠 없는 어린 숫양을 날
마다 두 마리씩, 날마다 바치는 번제
로 바쳐라.
4 숫양 한 마리는 아침에 바치고, 다른
한 마리는 저녁에 바쳐라.
5 첫째 숫양을 바칠 때에 함께 바칠
곡식제물은, 찧어 짠 기름 사분의
일 힌을 섞어서 반죽한, 고운 밀가루
십분의 일 에바이다.
6 날마다 바치는 번제는 기쁘게 하는
향기, 곧 나 주에게 불살라 바치는
제물로 바치는 것이며, 이것은 시내
산에서 이미 정한 것이다.
7 이것과 함께 바칠 부어 드리는 제물
은, 숫양 한 마리마다 사분의 일 힌
으로 한다. 너는 거룩한 곳에서 독
한 술을 나 주에게 부어 바쳐라.
8 저녁에 둘째 숫양을 바칠 때에도, 아
침에 한 것처럼 그렇게 곡식제물과
부어 드리는 제물을 바쳐라. 이것은
향기로 주를 기쁘게 하는 살라 바치
는 제사이다."

안식일 제물

9 ○"안식일에도 일 년 된 흠 없는 어린
숫양 두 마리를, 기름으로 반죽한 고
운 밀가루 십분의 이 에바의 곡식제
물과, 거기에 맞는 부어 드리는 제물
과 함께 바쳐라.
10 안식일에는, 날마다 바치는 번제와
부어 드리는 제물 외에, 안식일 번제
를 따로 바쳐야 한다."

초하루 제물

11 ○"너희의 달력으로 매달 초하루마
다, 너희는 나 주에게 번제를 바쳐라.
수송아지 두 마리와 숫양 한 마리와
일 년 된 어린 숫양 일곱 마리를 흠
없는 것들로 바쳐라.
12 수소 한 마리마다 그것과 함께 바칠

28장 요약 본장과 다음 장에는 제사와 절기가 언급되어 있다. 본문은 날마다 바치는 번제와 안식일, 초하루, 절기에 관한 규례이다. 날마다 바치는 번제는 성도가 날마다 하나님께 헌신하고 감사하는 삶을 살아야 함을 나타내고, 안식일은 인간이 새로운 피조물이 된 것을 기념하는 것이다. 끝으로 유월절과 칠칠절에는 번제와 곡식제물을 바쳐야 했다.

28:1-15 본문에는 특정한 날에 하나님께 드리는 제물에 대한 규정이 나와 있다. 여기에서는 광야 생활 중에서 쉽게 구할 수 없는 제물들이 소개되어 있다. 그 이유는 이스라엘 백성이 가나안 땅에 들어간 후 광야 생활 중에서 구하기 어려웠던 여러 가지 제물을 하나님께 바치게 되리라는 약속을 하시기 위함이었다.
28:9-10 안식일에는 노동을 하지 않고 쉬는 날로 거룩하게 지켰다. 그러나 이스라엘 백성이 가나안

곡식제물은 기름에 반죽한 고운 밀
가루 십분의 삼 에바씩이다. 숫양
한 마리와 함께 바칠 곡식제물은 기
름에 반죽한 고운 밀가루 십분의 이
에바이다.
13 어린 숫양 한 마리마다 그것과 함께
바칠 곡식제물은 기름에 반죽한 고
운 밀가루 십분의 일 에바씩이다. 이
것이 번제, 곧 기쁘게 하는 향기로
나 주에게 불살라 바치는 제사이다.
14 이것과 함께 바칠 부어 드리는 제물
은, 수소의 경우에는 한 마리에 반
힌씩이고, 숫양 한 마리에는 삼분의
일 힌씩이고, 어린 숫양의 경우에는
한 마리에 사분의 일 힌씩이다. 이것
이 일 년 내내 매달 바쳐야 하는 초
하루 번제이다.
15 날마다 바치는 번제와 거기에 딸린
부어 드리는 제물 외에도, 숫염소 한
마리를 속죄제물로 나 주에게 바쳐
야 한다."

유월절 제사 (레 23:5-14)

16 ○"첫째 달, 그 달 열나흗날은 나 주
의 유월절이다.
17 같은 달 보름부터는 절기가 시작되
니, 이레 동안은 누룩을 넣지 않고
만든 빵을 먹어야 한다.
18 첫날에는 거룩한 모임을 열고, 생업
을 돕는 일은 아무것도 하지 말아
라.
19 너희는 살라 바치는 제사 곧 번제를
나 주에게 바쳐라. 수송아지 두 마리
와 숫양 한 마리와 일 년 된 어린 숫
양 일곱 마리를 흠 없는 것들로 골라
서 바쳐라.
20 이와 함께 너희는 기름에 반죽한 고
운 밀가루를 곡식제물로 바치되, 수
소 한 마리마다 십분의 삼 에바씩을
바치고, 숫양 한 마리에는 십분의 이
에바를 바치고,
21 어린 숫양 일곱 마리의 경우에는 어
린 숫양 한 마리마다 십분의 일 에
바씩을 바쳐라.
22 또 숫염소 한 마리를 속죄제물로 바
쳐, 너희의 죄를 속하여라.
23 이것들은 아침 번제, 곧 날마다 바치
는 번제 외에 따로 바쳐야 하는 것들
이다.
24 너희는 이레 동안 날마다 이렇게, 내
가 받을 음식을, 나 주에게 불살라
바치는 제사, 곧 기쁘게 하는 향기로
바쳐라. 이것은, 날마다 바치는 번제
와 거기에 딸린 부어 드리는 제물 외
에 따로 바쳐야 한다.
25 이레째 되는 날에, 너희는 다시 거룩
한 모임을 열고, 생업을 돕는 일은
아무것도 하지 말아라."

칠칠절 제사

26 ○"햇곡식의 날, 곧 새 곡식제물을
나 주에게 가져오는 ㉠칠칠절에는 거

땅에 들어오기 직전에 주신 계명에서는 구원을 기억하는 날로 그 의미를 새롭게 했다(신 5:15).

28:11-15 매달 초하루에 제물을 드릴 때, 제사장은 제물을 바치며 나팔을 불었다. 이것은 하나님이 이스라엘 백성을 기억하신다는 증거였다(10:10). 나팔을 부는 것은 이스라엘 백성이 하나님께 기도한다는 것을 나타낸다. 그리고 하나님은 그들의 기도를 들으시고 죄를 용서해 주신다.

28:16-31 본문은 유월절과 칠칠절(맥추절)에 드리는 제물에 대해서 기록하고 있다. 여기서 주목해야 할 사실은 번제가 항상 중심 제사이며, 곡식제물이 이에 곁들여진다는 점이다. 번제는 헌신을 상징하며, 곡식제물은 성결된 삶을 상징한다. 그러므로 이스라엘 공동체는 가나안 땅에 도착하여 매 절기에 드리는 제사의 진정한 가치를 깨닫고 하나님 앞에서 정결한 삶을 살아가야 할 것이다.

㉠ 유월절 이후 오십일(레 23:15-16)

룩한 모임을 열고, 생업을 위한 일은
아무것도 하지 말아라.
27 너희는 나 주를 향기로 기쁘게 하는
번제로, 수송아지 두 마리와 숫양
한 마리와 일 년 된 어린 숫양 일곱
마리를 바쳐라.
28 이와 함께 너희는 기름에 반죽한 고
운 밀가루를 곡식제물로 바치되, 수
소 한 마리마다 십분의 삼 에바씩을
바치고, 숫양 한 마리에는 십분의 이
에바를 바치고,
29 어린 숫양 일곱 마리의 경우에는, 어
린 숫양 한 마리마다 십분의 일 에
바씩을 바쳐라.
30 또 숫염소 한 마리를 바쳐, 너희의
죄를 속하여라.
31 이러한 제물은 거기에 맞게, 부어 드
리는 제물과 함께 흠 없는 것으로 바
치되, 날마다 바치는 번제와 거기에
딸린 곡식제물 외에 따로 바치는 것
이다."

신년 제사 (레 23:23-25)

29 "㉠일곱째 달, 그 달 초하루에
는 거룩한 모임을 열고, 생업을
돕는 일은 아무것도 하지 말아라.
그 날은 나팔을 부는 날이다.
2 너희는 나 주를 향기로 기쁘게 하는
번제로, 수송아지 한 마리와 숫양
한 마리와 일 년 된 어린 숫양 일곱
마리를 흠 없는 것들로 바쳐라.
3 이와 함께 너희는 기름에 반죽한 고
운 밀가루를 곡식제물로 바치되, 수
소 한 마리에는 십분의 삼 에바를
바치고, 숫양 한 마리에는 십분의 이
에바를 바치고,
4 어린 숫양 일곱 마리의 경우에는, 어
린 숫양 한 마리마다 십분의 일 에
바씩을 바쳐라.
5 또 숫염소 한 마리를 속죄제물로 바
쳐, 너희의 죄를 속하여라.
6 이러한 제사는, 나 주에게 불살라 바
치는 나를 기쁘게 하는 향기 제사로
서, 새 달에 바치는 번제와 거기에
딸린 곡식제물과, 날마다 바치는 번
제와 거기에 딸린 곡식제물과, 거기
에 딸린 부어 드리는 제물 외에 따
로 바치는 것이다."

속죄일 제사 (레 23:26-32)

7 ○"같은 달, 곧 일곱째 달 열흘날에
도 너희는 거룩한 모임을 열고 고행
하여라. 너희는 아무 일도 해서는 안
된다.
8 너희는 나 주를 향기로 기쁘게 하는
번제로, 수송아지 한 마리와 숫양
한 마리와 일 년 된 어린 숫양 일곱
마리를 골라서 바쳐라.
9 이와 함께 너희는 기름에 반죽한 고
운 밀가루를 곡식제물로 바치되, 수
소 한 마리에는 십분의 삼 에바를
바치고, 숫양 한 마리에는 십분의 이

29장 요약 본장은 매년 7월에 정기적으로 지키던 절기에 관한 규례이다. 나팔절은 7월 1일에 모든 백성이 거룩한 모임을 열고 감사하며 안식하는 날이다. 속죄일은 7월 10일에 온 백성의 죄를 속하기 위한 날이다. 장막절은 7월 15일에 시작되어 한 주간이나 계속되며, 광야에서의 장막 생활을 기념하는 절기이다.

29:1-40 본문은 나팔절(1-6절)과 속죄일(7-11절)과 장막절(초막절, 12-40절)에 드리는 제물에 대하여 기록하고 있다. 여기에서 강조점은 번제를 통한 예배의 중요성과 곡식제물을 통한 공동체의 삶에 있다. 헌신과 정결한 삶은 예배의 기초이다. 따라서 예배에 앞서 공동체는 제물로 바쳐져야 하며 이와 같이 용서함을 받을 때에야 비로소 하나님과의 관계가 계속 유지될 수 있는 것이다.

29:1-6 이스라엘에서 매달 초하루는 거룩한 날

㉠ '티스리'월, 양력 구월 중순 이후

에바를 바치고,
10 어린 숫양 일곱 마리의 경우에는, 어
린 숫양 한 마리마다 십분의 일 에
바씩을 바쳐라.
11 또 숫염소 한 마리를 속죄제물로 바
치는데, 이것은, 죄를 속하는 속죄제
물과 날마다 바치는 번제와 거기에
딸린 곡식제물과 부어 드리는 제물
외에 따로 바치는 것이다."

장막절 제사 (레 23:33-44)

12 ○"일곱째 달 보름날에도 거룩한 모
임을 열고 생업을 돕는 일은 아무것
도 하지 말아라. 이레 동안 주 앞에
서 절기를 지켜라.
13 제물을 불에 태워, 나 주를 향기로
기쁘게 하는 번제를 바쳐라. 소 곧
수송아지 열세 마리와 숫양 두 마리
와 일 년 된 어린 숫양 열네 마리를
바치되, 다 흠 없는 것으로 바쳐야
한다.
14 이와 함께 기름에 반죽한 고운 밀가
루를 곡식제물로 바치되, 열세 마리
의 수송아지에는 수송아지 한 마리
마다 십분의 삼 에바씩 바치고, 숫양
두 마리에는 숫양 한 마리마다 십분
의 이 에바씩 바치고,
15 열네 마리의 숫양에는 숫양 한 마리
마다 십분의 일 에바씩 바쳐라.
16 또 숫염소 한 마리를 속죄제물로 바
쳐라. 이것은, 날마다 바치는 번제와
거기에 딸린 곡식제물과 부어 드리
는 제물 외에 따로 바치는 것이다.
17 ○둘째 날에는 소 곧 수송아지 열두
마리와 숫양 두 마리와 일 년 된 어
린 숫양 열네 마리를 다 흠 없는 것
으로 바쳐라.
18 수송아지와 숫양과 어린 숫양과 함
께 바치는 곡식제물과 부어 드리는
제물은, 제각기 그 짐승 수효에 따라
규례대로 바쳐야 한다.
19 또 숫염소 한 마리는 속죄제물로 바
쳐라. 이것은, 날마다 바치는 번제와
거기에 딸린 곡식제물과 부어 드리
는 제물 외에 따로 바치는 것이다.
20 ○셋째 날에는 수송아지 열한 마리
와 숫양 두 마리와 일 년 된 어린 숫
양 열네 마리를 흠 없는 것으로 바쳐
라.
21 수송아지와 숫양과 어린 숫양과 함
께 바치는, 곡식제물과 부어 드리는
제물은, 제각기 그 짐승 수효에 따라
규례대로 바쳐야 한다.
22 또 숫염소 한 마리를 속죄제물로 바
쳐라. 이것은, 날마다 바치는 번제와
거기에 딸린 곡식제물과 부어 드리
는 제물 외에 따로 바치는 것이다.
23 ○넷째 날에는 수송아지 열 마리와
숫양 두 마리와 일 년 된 어린 숫양
열네 마리를 흠 없는 것으로 바쳐라.
24 수송아지와 숫양과 어린 숫양과 함

로 지키기 위해 번제·화목제사·속죄제사를 드렸다(10:10;28:11-15). 유대력에 의하면 한 해를 시작하는 새해는 이른 봄인 일곱 번째 달이다. 7월 첫날은 나팔절로, 매달 초하루에 드리는 제물보다 더 많은 번제물과 속죄제물을 드려야 했다. 이 날은 나팔을 불어 새해를 맞이한다(레 23:24).

29:7 일곱째 달 열흘날 속죄일로 지키는 성일(聖日)이고, 일 년 중에서 가장 중요한 날 중의 하나이다. 대제사장이 속죄의 피를 들고 지성소에 들어갈 수 있는 유일한 날이다. 온 백성이 안식을 하면서도 스스로 고행을 해야 하는 날이었다(레 16:29). 고행을 한다는 것은 주로 '금식'을 의미하며(시 35:13;사 58:3), 고행을 하며 지키도록 특별히 명령한 날은 속죄일뿐이다.

29:12-34 장막절은 7월 15일에 시작되어 일주일간 계속된다. 이스라엘 백성은 7일간 나뭇가지를 엮어 초막을 지어(레 23:40;느 8:15) 살았다. 이것은 하나님께서 이스라엘을 이집트에서 인도하여

께 바치는 곡식제물과 부어 드리는
제물은, 제각기 그 짐승 수효에 따라
규례대로 바쳐야 한다.
25 또 숫염소 한 마리를 속죄제물로 바
쳐라. 이것은, 날마다 바치는 번제와
거기에 딸린 곡식제물과 부어 드리
는 제물 외에 따로 바치는 것이다.
26 ○다섯째 날에는 수송아지 아홉 마
리와 숫양 두 마리와 일 년 된 어린
숫양 열네 마리를 흠 없는 것으로 바
쳐라.
27 수송아지와 숫양과 어린 숫양과 함
께 바치는 곡식제물과 부어 드리는
제물은, 제각기 그 짐승 수효에 따라
규례대로 바쳐야 한다.
28 또 숫염소 한 마리를 속죄제물로 바
쳐라. 이것은, 날마다 바치는 번제와
거기에 딸린 곡식제물과 부어 드리
는 제물 외에 따로 바치는 것이다.
29 ○여섯째 날에는 수송아지 여덟 마
리와 숫양 두 마리와 일 년 된 어린
숫양 열네 마리를 흠 없는 것으로 바
쳐라.
30 수송아지와 숫양과 어린 숫양과 함
께 바치는 곡식제물과 부어 드리는
제물은, 제각기 그 짐승 수효에 따라
규례대로 바쳐야 한다.
31 또 숫염소 한 마리를 속죄제물로 바
쳐라. 이것은, 날마다 바치는 번제와
거기에 딸린 곡식제물과 부어 드리
는 제물 외에 따로 바치는 것이다.
32 ○일곱째 날에는 수송아지 일곱 마
리와 숫양 두 마리와 일 년 된 어린
숫양 열네 마리를 흠 없는 것으로 바
쳐라.
33 수송아지와 숫양과 어린 숫양과 함
께 바치는 곡식제물과 부어 드리는
제물은, 제각기 그 짐승 수효에 따라
규례대로 바쳐야 한다.
34 또 숫염소 한 마리를 속죄제물로 바
쳐라. 이것은, 날마다 바치는 번제와
거기에 딸린 곡식제물과 부어 드리
는 제물 외에 따로 바치는 것이다.
35 ○여덟째 날에는 거룩한 모임을 열
고, 생업을 돕는 일은 아무것도 하
지 말아라.
36 제물을 불에 태워 주를 기쁘게 하는
향기 곧 번제로 바쳐라. 수송아지 한
마리와 숫양 한 마리와 일 년 된 어
린 숫양 일곱 마리를 모두 흠 없는
것으로 바쳐야 한다.
37 수송아지와 숫양과 어린 숫양과 함
께 바치는 곡식제물과 부어 드리는
제물은, 제각기 그 짐승 수효에 따라
규례대로 바쳐야 한다.
38 또 숫염소 한 마리를 속죄제물로 바
쳐라. 이것은, 날마다 바치는 번제와
거기에 딸린 곡식제물과 부어 드리
는 제물 외에 따로 바치는 것이다.
39 ○정한 절기가 오면, 위에서 말한 번

내어 거하게 하신 광야의 장막 생활을 기억하게 하는 것이다(레 23:43). 또 장막절은 1년 동안 수고한 모든 곡식을 거두고 나서 지키는 절기이므로(레 23:39), 수장절이라고도 한다(출 23:16;34:22). 이 절기는 특별히 하나님께서 허락해 주신 풍성한 수확을 감사하며 기쁨으로 지키는 절기이다(신 16:14-15). 장막절에 드리는 제물의 양은 하나님이 자기 백성을 얼마나 크게 축복하셨는지를 보여 준다. 이때 드려지는 제물의 총수는 수송아지 70마리·숫양 14마리·어린 숫양 98마리이다(날마다 바치는 번제의 제물 제외). 초막은 하나님의 보호하심과 축복을 나타내고, 초막의 나뭇잎은 하나님께 받은 유산의 풍성함을 나타낸다.

29:26 흠 없는 장막절을 설명하는 기사에서 여덟 번 나온다(13,17,20,23,26,29,32,36절). 하나님께 드리는 제물이 얼마나 완전해야 하는가를 단적으로 보여 준다. '흠'은 (히) '뭄'인데, '상처·상처를 입다'는 뜻으로 사용되었다(레 21:17;22:20).

제와 곡식제물과 부어 드리는 제물
과 화목제물을 바쳐라. 이것은, 너희
가 자원제와 서원제 말고, 따로 나
주에게 바쳐야 하는 것들이다."
40 ○이렇게 모세는, 주님께서 그에게
명하신 모든 것을 이스라엘 자손에
게 말하였다.

주님께 서원한 것

30 모세는 이스라엘 자손 각 지파
우두머리들에게 말하였다. "이
것은 주님께서 명하신 것입니다."
2 ○"남자가 나 주에게 서원하였거
나 맹세하여 스스로를 자제하기로
서약하였으면, 그는 자기가 한 말을
어겨서는 안 된다. 그는 입으로 한
말을 다 지켜야 한다.
3 여자가 아직 어린 나이에, 아버지의
집에 있으면서 나 주에게 서원하였
거나 스스로를 자제하기로 서약하였
을 경우에는,
4 그의 아버지가 자기 딸의 서원이나
딸이 스스로를 자제하기로 서약한
것을 듣고도 딸에게 아무 말도 하지
않았으면, 그 모든 서원은 그대로 살
아 있다. 그가 한 서원과 스스로를
자제하기로 한 서약은 모두 그대로
성립된다.
5 그러나 딸이 스스로를 자제하기로
한 모든 서약과 서원을 아버지가 듣
고서 그 날로 말렸으면, 그것은 성립
되지 않는다. 아버지가 딸의 서원을
말렸기 때문에, 나 주는 그 딸에게
책임을 묻지 않는다.
6 ○그러나 여자가 결혼한 다음에 서
원하였거나, 급하게 입술을 놀려 스
스로를 자제하기로 경솔하게 선언하
였을 때에는,
7 그의 남편이 그것을 듣고서 들은 그
날로 아내에게 아무 말도 하지 않았
으면, 그 서원은 그대로 살아 있다.
그가 한 서원과 스스로를 자제하기
로 한 그 서약이 그대로 성립된다.
8 그러나 그의 남편이 그것을 들은 그
날로 아내를 말렸으면, 그의 아내가
스스로 한 서원과 자신을 자제하기
로 입술로 경솔하게 선언한 것은 무
효가 된다. 나 주는 그 여자에게 책
임을 묻지 않는다.
9 과부나 이혼당한 여자가 서원한 것,
곧 자신을 자제하기로 한 모든 서약
은 그대로 그 여자에게 적용된다.
10 남편의 집에서 같이 살면서 서원하
거나, 자신을 자제하기로 맹세하고
서약하였을 때에는,
11 그의 남편이 그것을 듣고도 그 아내
에게 아무 말도 하지 않았고, 아내를
말리지 않았으면, 그 모든 서원은 그
대로 살아 있다. 그가 한 서원과 자
신을 자제하기로 한 서약은 모두 그
대로 성립된다.

30장 요약 본장에서는 레위기 27장에도 나와 있는 서원 규례를 기록하고 있다. 그러나 여기서는 결혼하지 않은 딸과 남편이 있는 아내가 서원한 경우 어떻게 해야 하는지를 설명한다. 서원이란 어떤 일을 하거나 하지 않겠다고 하나님께 자발적으로 하는 약속이다.

30:1–16 남자는 가정에 대한 법적 책임을 가지고 있어, 딸이나 아내가 한 맹세에 대해 동의할 수도 있으며 거부할 수도 있다. 남자는 맹세를 듣는 순간 결단을 내려야 한다. 남자가 침묵을 했을 경우에는 맹세에 동의한 것으로 간주되었다. 다만 여자가 과부나 이혼녀로 혼자 살고 있는 경우에는, 여자가 최종적인 법적 권위를 가졌다.

30:12 입술에서 나온 이스라엘 사람들은 말을 매우 중요하게 여겼다. 입 밖으로 나온 말은 진실하고 무시할 수 없는 것으로 보았다. 더욱이 남자의 말은 하나님 앞에서 반드시 책임을 져야 했다.

12 그러나 그의 남편이 듣는 그 날로 그
것들을 파기하면, 그 아내의 입술에
서 나온 서원과 서약은 아무것도 성
립되지 않는다. 그의 남편이 이렇게
파기하면, 나 주는 그 여자에게 책임
을 묻지 않는다.
13 그의 남편은, 그의 아내가 한 어떤
서원이나 자신을 부인하고 자제하기
로 한 어떤 서약의 맹세라도 성립시
키거나 파기할 수 있다.
14 그러나 만일 그의 남편이 아내의 서
원에 대하여 하루가 지날 때까지 아
무 말도 하지 않으면, 남편은 아내의
서원과 아내가 자신을 자제하기로
한 서약을 확인하는 것이 된다. 그것
들은 그대로 효력을 지니게 된다. 들
은 바로 그 날에 남편이 아내에게 아
무 말도 하지 않았기 때문이다.
15 그러나 만일 남편이 그가 들은 날로
부터 얼마 지나서 그것들을 파기한
다면, 아내의 죄는 남편이 떠맡게 된
다."
16 ○이것들은 주님께서 모세에게 명하
신 것으로서, 남편과 아내 사이에,
아버지와 아버지 집에 살고 있는 어
린 딸 사이에 지켜야 할 율례이다.

미디안에게 주님의 원수를 갚다

31 주님께서 모세에게 이렇게 말
씀하셨다.
2 "너는 미디안 사람에게 이스라엘 자
손의 원수를 갚아라. 그렇게 하고
난 다음에, 너는 ㉠조상에게로 돌아
갈 것이다."
3 ○모세가 백성에게 말하였다. "당신
들 가운데서 전쟁에 나갈 사람들을
무장시키시오. 미디안을 쳐서, 미디
안에 대한 주님의 원수를 갚아야 하
오.
4 이스라엘 모든 지파는 각 지파마다,
어느 지파도 예외 없이, 천 명씩을
전쟁에 내보내야 하오."
5 ○그리하여 이스라엘 모든 족속에서
각 지파마다 천 명씩이 전쟁에 나가
려고 무장을 하고 나섰는데, 그 수
는 만 이천 명이었다.
6 모세는, 각 지파에서 천 명씩 뽑혀온
이들을 전쟁에 내보내면서, 제사장
엘르아살의 아들 비느하스에게 성
소의 기구들과 신호용 나팔을 들려,
그들과 함께 전쟁에 나가게 하였다.
7 그들은, 주님께서 모세에게 명하신
대로 미디안을 쳐서, 남자는 모조리
죽여 버렸다.
8 그들은 군인들만 죽였을 뿐 아니라,
미디안의 왕들도 죽였다. 에위와 레
겜과 수르와 후르와 레바 등 미디안
의 다섯 왕을 죽였고, 브올의 아들
발람도 칼로 쳐죽였다.
9 ○이스라엘 자손은 미디안 여인들과
그 아이들을 사로잡고 짐승과 가축

31장 요약 이스라엘이 발람의 사주(16절)로 자신들을 타락하게 한 미디안 족속을 진멸하고 그 영광을 하나님께 돌린 기록이다. 이것은 단순한 보복전이 아니라, 다른 신을 섬기게 하는 악의 세력을 제하는 거룩한 전쟁이었다.

31:1-18 26장에서 이스라엘 백성은 재편성되었으며, 27-30장에서 장차 약속의 땅에서 누리게 될 유산과 예배에 대한 약속의 말씀이 주어져 있다. 이런 과정이 있은 후에야 하나님은 모세에게 미디안 족속을 공격하게 하셨다. 이 명령은 이미 25:16-18에서 주셨던 명령이었다. 하나님의 백성을 그분에게서 돌아서게 하여 다른 신들을 섬기게 하는 자들은 한 분이신 하나님을 대항하는 원수이다. 따라서 하나님의 목적에 반항하고, 그분의 백성을 꾀어내는 자들은 하나님으로부터 오는 심판을 결코 피할 수가 없는 것이다.

㉠ 히, '백성'

떼와 재산을 모두 약탈한 다음에,
10 그들이 살던 성읍과 촌락들은 다 불
질렀고,
11 사람과 짐승은 다 노략질하여 모두
전리품으로 삼았다.
12 그들은 포로와 노략질한 전리품을
이끌고, 모세와 제사장 엘르아살과
이스라엘 자손의 회중이 있는 여리
고 근처 요단 강 가 모압 평야의 진
으로 왔다.

군대가 이기고 돌아오다

13 ○모세와 제사장 엘르아살과 회중의
대표들이 모두 그들을 맞으러 진 밖
으로 나갔다.
14 그러나 모세는 전선에서 막 돌아오
는, 군지휘관인 천부장들과 백부장
들을 보고 화를 내었다.
15 모세가 그들을 꾸짖었다. "어쩌자고
여자들을 모두 살려 두었소?
16 이 여자들이야말로 브올에서의 그
사건 때에, 발람의 말을 듣고 이스라
엘 자손을 꾀어, 주님을 배신하게 하
고, 주님의 회중에 염병이 일어나게
한, 바로 그 사람들이오.
17 그러니 이제 아이들 가운데서 남자
는 다 죽이시오. 남자와 동침하여
사내를 안 일이 있는 여자도 다 죽이
시오.
18 여자들 가운데서 남자와 동침하지
않아 사내를 안 일이 없는 처녀는,
당신들이 차지할 몫으로 살려 두시
오.
19 그리고 당신들은 진 밖에서 이레 동
안 머물러 있어야 하오. 사흘째 되
는 날과 이레째 되는 날에는, 사람을
죽인 사람과 시체에 닿은 사람과, 당
신들만이 아니라 당신들이 사로잡은
포로들도 모두, 부정탄 것을 벗는 예
식을 올려야 하오.
20 그뿐만 아니라 모든 옷가지들, 모든
가죽제품들, 염소털로 짠 모든 것들,
나무로 만든 모든 것들도 부정탄 것
을 벗겨야 하오."
21 ○제사장 엘르아살이 전쟁에 나갔다
돌아온 군인들에게 말하였다. "이것
은 주님께서 모세에게 명하신 법의
율례이오.
22 오직 금, 은, 구리, 쇠, 주석, 납 등
23 불에 타지 않는 것들은 모두 불에 넣
었다가 꺼내면 깨끗하게 되지만, 정
결하게 하는 물로도 깨끗하게 해야
하오. 그러나 불에 타는 물건은, 모두
물에 담갔다가 꺼내기만 해도 되오.
24 당신들이 입고 있는 옷은 이레째 되
는 날에 빨아서 깨끗하게 해야 하
오. 그렇게 한 다음에야 당신들은
진 안으로 들어올 수 있소."

전리품 분배

25 ○주님께서 모세에게 말씀하셨다.
26 "너는 제사장 엘르아살과 회중의 집

31:17 사내를 안 일이 있는 여자도 여기서 '안다'는 말로 번역된 (히) '야다'는 ① 부부 간의 성관계를 가리키는 데 주로 사용되었다(창 4:1). ② 또는 부부 관계와 같이 밀접한 관계를 말할 때도 이 단어를 사용했다(모세와 하나님의 관계, 출 33:17).

31:19-24 미디안 족속을 진멸시킨 것은 하나님의 명령에 따라 행해진 거룩한 전쟁이었다. 그런데 군인들은 시체를 접촉하게 되어 부정하여졌으므로, 깨끗하게 될 때까지 진 밖에 머물러 있어야 했다. 군인들은 정결 예식을 통하여 깨끗하게 된 후에 비로소 공동체에 들어올 수 있었다. 이처럼 하나님의 공동체는 거룩하기 때문에, 부정한 것은 결코 공동체 안으로 들어올 수가 없다.

31:25-47 **전리품의 분배** 모든 전리품은 사람이든지 양이든지 소든지 반으로 나눈다. 반으로 나눈 것 중에서 하나를 전쟁에 참여했던 군인들에게 주고, 나머지 반은 전체 백성의 몫으로 준다. 군

안 우두머리들과 함께 전리품의 수
와 포로로 잡아온 사람과 짐승의 머
리 수를 세어라.
27 너는 전리품으로 가져 온 것들을 반
으로 나누어서, 반은 전쟁에 나갔다
온 군인들에게 주고, 반은 모든 회
중에게 주어라.
28 전쟁에 나갔다 온 사람들에게서는
나 주에게 바칠 세금 몫을 떼어 내
어라. 사람이든 소든 나귀든 양 떼
든, 그 오백분의 일을,
29 그들에게 나누어 준 절반에서 떼어
내어, 나 주에게 바치는 제물로 제사
장 엘르아살에게 주어라.
30 이스라엘 자손에게 나누어 준 절반
에서는, 사람이든지 소든지 나귀든
지 양이든지, 그 어떤 가축이든지,
오십분의 일을 떼어 내어 주의 성막
을 보살피는 레위 사람에게 주어라."
31 ○모세와 제사장 엘르아살은 주님께
서 모세에게 명하신 대로 하였다.
32 ○군인들이 제각기 약탈하여 자기
것으로 삼은 약탈물 말고도, 그들이
빼앗아 온 전리품은, 양이 육십칠만
오천 마리,
33 소가 칠만 이천 마리,
34 나귀가 육만 천 마리였으며,
35 처녀는 모두 삼만 이천 명이었는데,
그들은 남자와 동침하지 않아 사내
를 안 일이 없는 처녀들이었다.
36 ○이 가운데서 절반이 전쟁에 나갔
던 군인들의 몫으로 돌아갔다. 양은
삼십삼만 칠천오백 마리가 그들의
몫이 되었다.
37 그 양 가운데서 육백일흔다섯 마리
는 주님께 드리는 세금으로 바쳤다.
38 소는 삼만 육천 마리이고, 그 가운데
서 주님께 드린 세금은 일흔두 마리
이다.
39 나귀는 삼만 오백 마리이고, 그 가
운데서 주님께 드린 세금은 예순한
마리이다.
40 사람은 만 육천 명이고, 그 가운데
서 서른두 명을 주님께 세금으로 드
렸다.
41 모세는 주님께 제물로 드린 세금을
제사장 엘르아살에게 주었다. 이렇
게 모세는 주님께서 명하신 대로 하
였다.
42 ○모세가 전쟁에 나갔던 군인들에게
서 떼어 이스라엘 자손에게 나누어
준 몫,
43 곧 회중들이 얻은 절반은 다음과 같
다. 양이 삼십삼만 칠천오백 마리,
44 소가 삼만 육천 마리,
45 나귀는 삼만 오백 마리이고,
46 사람이 만 육천 명이다.
47 모세는, 이스라엘 자손이 받은 절반
에서 사람과 짐승을 오십분의 일씩
떼어, 주님의 성막을 보살피는 레위

인들은 자신들의 몫에서 500분의 1(0.2%)을 제물로 하나님께 바친다(이것은 제사장들의 몫이다). 전체 백성은 자신들의 몫에서 50분의 1(2%)을 레위 사람에게 준다(인구 조사를 할 때 레위 사람은 이스라엘 전체 백성의 수에 포함시키지 않았다). 전쟁에서 얻은 전리품을 전쟁에 나가지 않았던 사람들에게도 나누어 주는 것은 일반적인 규정이었다(수 22:8;삼상 30:24-25).

31:48-54 전쟁에 나갔던 군인들이 한 사람도 죽지 않았다. 이것은 하나님이 이스라엘을 보호하신다는 사실을 입증하는 것이다. 군지휘관들은 이와 같은 기적적인 하나님의 보호에 감사해서 하나님께 예물을 드렸다.

31:50 주님 앞에서 우리 자신이 죄를 벗고자 하여 군지휘관들이 하나님께 예물을 가져 와서 드린 것은 자신들이 그와 같이 놀라운 하나님의 은혜를 받을 만한 자격이 없다고 생각하여 그렇게 한 것이었다.

사람에게 주었다. 이렇게 모세는 주
님께서 명하신 대로 하였다.
48 ○군지휘관들, 곧 천부장들과 백부
장들이 모세에게 와서
49 보고하였다. "소관들이 이끄는 부하
들을 세어 보았는데, 우리 쪽에서는
한 사람도 실종되지 않았기에,
50 주님께 예물을 가져 왔습니다. 주님
앞에서 우리 자신이 죄를 벗고자 하
여, 금으로 만든 것들, 곧 발목걸이,
팔찌, 인장, 가락지, 귀고리, 목걸이
를, 우리가 저마다 얻은 대로 이렇게
가져 왔습니다."
51 모세와 제사장 엘르아살은 그들에
게서 금으로 만든 온갖 세공품을 다
받았다.
52 천부장들과 백부장들이 주님께 예
물로 드린 금은 모두 만 육천칠백오
십 세겔이나 되었다.
53 군인들은 저마다 사사로이 약탈한
전리품들도 가지고 있었다.
54 모세와 제사장 엘르아살은, 천부장
들과 백부장들에게서 금을 받아서,
회막으로 가져 가서 주님 앞에 놓
고, 이스라엘 자손을 위한 기념물로
삼았다.

요단 강 동쪽 지파들 (신 3:12-22)

32 르우벤 자손과 갓 자손에게는
가축 떼가 셀 수 없을 만큼 많
았다. 그들이 야스엘 땅과 길르앗 땅
을 둘러보니, 가축 떼를 놓아 먹이기
에는 아주 적절한 곳이었다.
2 그리하여 갓 자손과 르우벤 자손은
모세와 제사장 엘르아살과 회중 대
표들을 찾아가 요청하였다.
3 "아다롯과 디본과 야스엘과 니므라
와 헤스본과 엘르알레와 스밤과 느
보와 브온은,
4 주님께서 이스라엘 모든 자손 앞에
서 정복하신 땅으로서, 가축 떼가
많은 우리에게는 목축하기에 알맞은
곳입니다.
5 우리를 좋게 여기신다면, 이 땅을 우
리에게 주셔서 우리의 차지가 되게
하시고, 우리는 요단 강을 ㉠건너가지
않도록 하여 주시기를 바랍니다."
6 ○모세가 갓 자손과 르우벤 자손에
게 말하였다. "당신들의 동족 이스
라엘은 전쟁하러 나가는데, 당신들
만은 여기에 머물러 살겠다는 말이
오?
7 이스라엘 자손이 주님께서 주신 땅
으로 가려고 하는데, 어찌하여 당신
들은 동족의 사기를 꺾으시오?
8 내가 가데스바네아에서 당신들의 아
버지들더러 그 땅을 살펴보고 오라
고 하였을 때에, 당신들의 아버지들
도 그렇게 하였소.
9 그들은 기껏 에스골 골짜기까지 올
라가서 그 땅을 둘러보고 와서는, 이

32장 요약 르우벤과 갓 지파는 시혼과 옥을 진멸하고 정복한 요단 강 동쪽 땅을 자신들의 재산으로 달라고 요구하였다. 이에 모세가 그들을 훈계하자 그들은 자신의 전사들이 가나안 정복을 완수할 때까지 요단 강 동쪽으로 돌아오지 않겠다는 제의를 했다. 모세는 이 제의를 받아들여 문제를 일단락 지었다.

㉠ 서쪽으로 도강하는 것을 뜻함

32:1-42 르우벤과 갓 지파가 모세에게 요구한 땅은 소위 '트랜스 요르단'이라고 부르는 곳으로, 약속의 땅 가나안 밖에 있었다. 이들이 하나님께서 족장들에게 약속하신 땅 밖에서 거주할 생각을 했다는 사실에서, 하나님의 약속의 말씀에 무관심했다는 것을 알 수 있다. 이렇게 갑자기 르우벤과 갓 지파가 요단 강을 건너가려 하지 않으므로(1-5절), 하나님이 주신 땅을 정복하려던 이스라엘 백성은 주춤할 수밖에 없었다. 르우벤과 갓 지

스라엘 자손의 사기를 떨어뜨려, 주
님께서 주신 그 땅으로 들어갈 수
없게 하였소.
10 그리하여 그 날 주님께서 진노하셔
서 이렇게 맹세하셨소.
11 '그들이 나를 철저히 따르지 아니하
니, 이집트에서 나온 이들 가운데서
지금 스무 살이 된 사람으로부터 시
작하여 그 위로는, 어느 누구도, 내
가 아브라함과 이삭과 야곱에게 주
기로 맹세한 그 땅을 볼 수 없을 것
이다.
12 다만 그나스 사람 여분네의 아들 갈
렙과 눈의 아들 여호수아는, 나 주
를 철저히 따랐으므로 예외이다.'
13 주님께서는 이렇게 이스라엘에게 진
노하셔서, 주님께서 보시는 앞에서
못된 짓을 한 그 세대 전체가 다 죽
을 때까지, 사십 년 동안이나 그들
을 광야에서 떠돌게 하셨소.
14 그런데 이제 당신들마저 당신들 아
버지들을 따라서, 같은 무리의 죄인
들이 되어, 주님께서 이스라엘에게
더욱더 진노하시게 하였소.
15 당신들이 주님을 따르지 않고 돌아
선다면, 주님께서는 다시 이 모든 백
성을 광야에 버려 두실 것이오. 우
리 백성 모두가 멸망하면, 그것이 바
로 당신들 때문인 줄 아시오!"
16 ○그러자 그들이 모세 앞으로 와서
말하였다. "그러면 우리가 이렇게 하
겠습니다. 먼저 여기에다가 가축을
기를 우리를 만들고, 또 우리에게 딸
린 어린 것들이 살 성을 쌓겠습니다.
17 이 땅 원주민들도 있고 하니, 우리에
게 딸린 어린 것들이 안전하게 머물
수 있도록 성을 단단하게 쌓은 다음
에, 모두가 무장을 하고, 이스라엘
자손의 선발대가 되어, 그들이 가야
할 곳까지 그들을 이끌고 가겠습니
다.
18 이스라엘 자손 각자가 받을 몫의 토
지 재산을 차지하기 전까지는, 우리
가 집으로 돌아오지 않겠습니다.
19 또한 요단 강 동쪽, 해 뜨는 쪽에서
우리 몫의 토지를 재산으로 차지하
였으니, 요단 강 서쪽에서는 우리가
땅을 재산으로 나누어 받지 않겠습
니다."
20 ○그러자 모세가 그들에게 대답하였
다. "만일 당신들이 말한 대로 한다
면, 당신들이 전쟁에 나가려고 주님
앞에서 무장을 하고,
21 주님께서 그의 대적을 그 앞에서 몰
아 낼 때까지, 당신들 모두가 무장한
채로 주님 앞에서 요단 강을 건넌다
면,
22 그 땅이 주님 앞에서 정복되는 날,
당신들은 돌아갈 수 있고, 주님과 이
스라엘에 대한 당신들의 의무에서

파는 그들도 공동체의 일원임을 분명히 깨달아야 했다. 그러나 그들은 자신들의 이익 때문에 공동체의 목적을 등한시하였을 뿐 아니라 하나님의 말씀도 경시했다. 하나님의 공동체는 공동의 목적을 위해 구성되었으므로, 상호 책임을 지고 서로 도와줄 필요가 있는 것이다.

32:17 모두가 무장을 하고…그들을 이끌고 가겠습니다 르우벤·갓 지파는 그들이 이스라엘 진의 제일 앞에서 공격의 최전방에 서겠다고 제의했다. 2:16에 보면 르우벤·갓 지파는 행군할 때 두 번째 그룹에 속해 있었다. 그리고 그들은 다른 지파들이 가나안에서 땅을 얻게 될 때까지 그들의 집으로 돌아오지 않겠다는 약속을 했다.

32:19 요단 강 서쪽에서는 우리가 땅을 재산으로 나누어 받지 않겠습니다 여기서 '요단 강 서쪽'은 가나안 땅을 말하는 것이다. 왜냐하면 이스라엘 백성은 지금 요단 강 동쪽에 있고, 르우벤·갓 지파는 자기들이 현재 서 있는 위치를 기준으로 말하고

벗어날 수 있소. 그리고 지금 이 땅
은 주님 앞에서 당신들의 소유가 될
것이오.
23 그러나 만일 당신들이 이렇게 하지
않으면, 당신들은 주님께 죄를 짓는
것이오. 이러한 죄를 짓고서는, 당신
들이 절대로 그 죄에서 벗어나지 못
할 줄 아시오.
24 당신들에게 딸린 어린 것들을 보호
할 성을 쌓으시오. 가축을 가둘 우
리도 만드시오. 그리고 당신들이 약
속한 것을 그대로 실행하도록 하시
오!"
25 ○갓 자손과 르우벤 자손이 모세에
게 말하였다. "어른의 종인 우리는,
어른께서 명령하신 대로 따르겠습니
다.
26 우리에게 딸린 어린 것들, 우리에게
딸린 여인들, 우리가 가진 가축 떼와
모든 짐승은 여기 길르앗 여러 성읍
에 남게 하겠습니다.
27 그러나 어른의 종인 우리는, 말씀하
신 대로, 모두 각자 무장을 하고, 요
단 강을 건너가 주님 앞에서 싸우겠
습니다."
28 ○모세는 제사장 엘르아살과 눈의
아들 여호수아와 이스라엘 자손 각
지파의 가족 우두머리들에게 명령
을 내렸다.
29 모세는 그들에게 다음과 같은 명령
을 내렸다. "갓 자손과 르우벤 자손
이 모두 각자 무장을 하고, 당신들과
함께 주님 앞에서 싸우려고 요단 강
을 건너면, 당신들 앞에서 그 땅이
정복되는 날, 이 길르앗 땅을 그들의
소유로 주십시오.
30 그러나 그들이, 당신들과 함께 무장
을 하고 요단 강을 건너지 않으면,
가나안에서 당신들과 함께 재산을
받게 하십시오."
31 ○갓 자손과 르우벤 자손이 대답하
였다. "어른의 종인 우리는 주님께서
말씀하신 대로 하겠습니다.
32 우리는 주님 앞에서 무장을 하고, 요
단 강을 건너 가나안 땅으로 들어가
겠습니다. 그러나 우리는 요단 강 이
쪽에서만 우리의 소유가 될 땅을 차
지하겠습니다."
33 ○모세는, 갓 자손과 르우벤 자손과
요셉의 아들 므낫세의 반쪽 지파에
게, 아모리의 시혼 왕국과 바산의 옥
왕국을 주었다. 그것은 그 땅 전체와
거기에 딸린 성읍들과 주변 영토를
포함한 것이다.
34 갓 자손이 건축한 성읍들은, 디본과
아다롯과 아로엘과
35 아다롯소반과 야스엘과 욕브하와
36 벳니므라와 벳하란 등인데, 요새화
된 성읍들이다. 가축을 기를 우리도
만들었다.

있기 때문이다. 그들은 지리학적인 입장에서 말하고 있는 것이 아니다.

32:22 가나안 정복 전쟁에서 물러나는 것은 이스라엘 백성에게 가나안 땅을 줄테니 그 땅을 정복하라고 하신 하나님께 범죄하는 것이다. 그리고 그 약속을 믿고 명령대로 행하던 다른 지파에도 죄를 짓는 것이다.

32:30 가나안에서 당신들과 함께 재산을 받게 하십시오 르우벤·갓 지파가 요단 강을 건너서 가나안 정복 전쟁에 참여하지 않는다면, 강제로 요단 강을 건너게 하고 요단 강 동쪽 땅을 주지 말라는 것이다. 이것은 민족이 분리되는 것을 방지할 목적에서 명령한 것이다.

32:33–42 원래 길르앗을 비롯한 요단 강 동쪽 땅을 재산으로 달라고 요청한 것은 르우벤과 갓 지파뿐이었다(2절). 모세는 므낫세 지파의 일부가 길르앗과 바산을 정복한 사실(39절)을 묵과할 수 없어서 르우벤·갓·므낫세 반 지파에 땅을 주었다.

37 르우벤 자손이 건축한 성읍은, 헤스
본과 엘르알레와 기랴다임과
38 느보와 나중에 이름이 바뀐 바알므
온과 십마 성읍 등이다. 그들은 성
을 다 쌓은 다음에, 그들이 세운 성
읍들에 새 이름을 붙였다.
39 ○므낫세의 아들 마길의 자손들은
길르앗으로 갔다. 거기에 있던 아모
리 사람을, 더러는 사로잡고 더러는
내쫓았다.
40 그리하여 모세가 길르앗을 므낫세의
아들 마길에게 주었으며, 그들은 거
기서 정착하였다.
41 므낫세의 아들 야일은 정착할 곳을
차지하고서, 그 곳을 ㉠하봇야일이라
고 불렀다.
42 노바는 그낫과 그 주변의 주민들을
정복하고, 자기 이름을 따서 그 곳
을 노바라고 불렀다.

이집트에서 모압까지

33 이스라엘 자손이 모세와 아론
의 지휘를 받아 부대를 편성하
여, 이집트에서 나와서 행군한 경로
는 다음과 같다.
2 모세는 주님의 명에 따라, 머물렀다
가 떠난 출발지를 기록하였다. 머물
렀다가 떠난 출발지는 다음과 같다.
3 ○이스라엘 자손이 라암셋을 떠난
것은 첫째 달 십오일, 곧 유월절 다
음날이었다. 그들은 모든 이집트 사
람이 훤히 보는 앞에서, 팔을 휘저으
며 당당하게 행군하여 나왔다.
4 그 때에 이집트 사람은 주님께서 쳐
죽이신 자기들의 맏아들들의 장례
를 치르고 있었다. 주님께서는 이집
트 사람이 섬기는 신들에게도 큰 벌
을 내리셨다.
5 ○이스라엘 자손은 라암셋을 떠나
숙곳에 이르러 진을 쳤다.
6 숙곳을 떠나서는 광야가 시작되는
에담에 이르러 진을 쳤다.
7 에담을 떠나서는 비하히롯으로 돌
아갔다. 바알스본의 동쪽으로 가서
믹돌 부근에 이르러 진을 쳤다.
8 비하히롯을 떠나서는 ㉡바다 한가운
데를 지나 광야로 빠졌다. 에담 광
야에서는 사흘 길을 들어가서 마라
에 이르러 진을 쳤다.
9 마라를 떠나서는 엘림으로 갔다. 거
기에는 샘이 열두 곳이나 있고, 종려
나무가 일흔 그루나 있어서, 거기에
진을 쳤다.
10 엘림을 떠나서는 홍해 부근에 이르
러 진을 쳤다.
11 홍해 부근을 떠나서는 신 광야에 이
르러 진을 쳤다.
12 신 광야를 떠나서는 돕가에 이르러
진을 쳤다.
13 돕가를 떠나서는 알루스에 이르러
진을 쳤다.

33장 요약 이스라엘이 라암셋에서 이집트를 탈출하여 모압 평야에 이르기까지의 여정을 회고하는 내용이다. 라암셋에서 모압 평야까지는 일주일이면 도달할 수 있는 거리였다. 그런데도 이스라엘 백성은 하나님께 반역하고 불순종한 탓에 40년 만에 비로소 이곳에 당도하였다.

33:1–49 본문은 이스라엘 백성이 진을 쳤던 40개 장소를 기록하고 있다. 첫 번째 부분(3–17절)은 진을 친 장소뿐만 아니라, 그곳에서 일어났던 중요한 사건까지 언급하고 있다. 그리고 두 번째 부분(18–37절)은 단순히 진을 쳤던 장소만 언급하고 있다. 세 번째 부분(38–49절)은 첫째 부분처럼 장소와 사건을 같이 기록하고 있다. 여기서는 이스라엘 백성들을 하나님께서 도와주셔서 어려운 문제를 얼마나 잘 극복하게 해주셨는지를 나타내고 있고, 여기까지 도우신 하나님께서 그

㉠ '야일의 촌락' ㉡ '홍해'. 히, '얌 쑤프'

14 알루스를 떠나서는 르비딤에 이르러
진을 쳤다. 그러나 거기에는 백성이
마실 물이 없었다.
15 르비딤을 떠나서는 시내 광야에 이
르러 진을 쳤다.
16 시내 광야를 떠나서는 기브롯핫다
아와에 이르러 진을 쳤다.
17 기브롯핫다아와를 떠나서는 하세롯
에 이르러 진을 쳤다.
18 하세롯을 떠나서는 릿마에 이르러
진을 쳤다.
19 릿마를 떠나서는 림몬베레스에 이르
러 진을 쳤다.
20 림몬베레스를 떠나서는 립나에 이르
러 진을 쳤다.
21 립나를 떠나서는 릿사에 이르러 진
을 쳤다.
22 릿사를 떠나서는 그헬라다에 이르러
진을 쳤다.
23 그헬라다를 떠나서는 세벨 산에 이
르러 진을 쳤다.
24 세벨 산을 떠나서는 하라다에 이르
러 진을 쳤다.
25 하라다를 떠나서는 막헬롯에 이르
러 진을 쳤다.
26 막헬롯을 떠나서는 다핫에 이르러
진을 쳤다.
27 다핫을 떠나서는 데라에 이르러 진
을 쳤다.
28 데라를 떠나서는 밋가에 이르러 진
을 쳤다.
29 밋가를 떠나서는 하스모나에 이르
러 진을 쳤다.
30 하스모나를 떠나서는 모세롯에 이
르러 진을 쳤다.
31 모세롯을 떠나서는 브네야아간에
이르러 진을 쳤다.
32 브네야아간을 떠나서는 홀하깃갓에
이르러 진을 쳤다.
33 홀하깃갓을 떠나서는 욧바다에 이르
러 진을 쳤다.
34 욧바다를 떠나서는 아브로나에 이르
러 진을 쳤다.
35 아브로나를 떠나서는 에시온게벨에
이르러 진을 쳤다.
36 에시온게벨을 떠나서는 신 광야의
가데스에 이르러 진을 쳤다.
37 가데스를 떠나서는 에돔 땅 국경 호
르 산에 이르러 진을 쳤다.
38 ○제사장 아론이 주님의 명을 따라
호르 산으로 올라가 죽으니, 그 때는
이스라엘 자손이 이집트 땅에서 나
온 지 사십 년 되던 해 다섯째 달, 그
달 초하루였다.
39 아론이 호르 산에서 죽을 때의 나이
는 백이십삼 세이다.
40 ○가나안 사람으로서 가나안 땅 네
겝 지방에서 살고 있던 아랏의 왕은
이스라엘 자손이 온다는 소문을 들
었다.

들을 목적지인 가나안 땅으로 인도하실 것이라는 확신을 갖게 한다.

33:4 본절은 이집트에서 일어난 열 가지 재앙을 가리킨다. 이집트 사람들의 숭배 대상이었던 나일 강, 곤충, 태양 등은 하나님 앞에서 아무것도 아니라는 사실이 드러났다.

33:5–37 출애굽기 12장에서 민수기 12장까지의 여정을 요약해 놓았다. 이 단락에서는 단순히 진을 쳤던 장소만 언급하고 있다.

33:38–39 이집트를 탈출한 지 40년째 되던 5월 1일에 제사장 아론이 호르 산에서 죽었다. 이는 하나님의 명령에 의한 것이었다.

33:40–49 아론이 죽은 호르 산에서 이집트 탈출 여정의 회고가 계속된다. 43절 이후의 마지막 여정은 21:10–22:1의 경우와 같다.

33:40 네겝 지방 (히) '네게브'. 이 지역은 팔레스타인 서부지역의 남쪽에 있어서 '네게브'란 말은 보통 남쪽을 뜻하게 되었다.

41 ○이스라엘 자손은 호르 산을 떠나
서는 살모나에 이르러 진을 쳤다.
42 살모나를 떠나서는 부논에 이르러
진을 쳤다.
43 부논을 떠나서는 오봇에 이르러 진
을 쳤다.
44 오봇을 떠나서는 모압 국경지대의 이
예아바림에 이르러 진을 쳤다.
45 그 폐허를 떠나서는 디본갓에 이르
러 진을 쳤다.
46 디본갓을 떠나서는 알몬디블라다임
에 이르러 진을 쳤다.
47 알몬디블라다임을 떠나서는 느보 앞
아바림 산에 이르러 진을 쳤다.
48 아바림 산을 떠나서는 여리고 부근
요단 강 가 모압 평야에 이르러 진을
쳤다.
49 요단 강 가를 따라서 모압 평야에
친 진은, 벳여시못에서부터 아벨싯딤
에까지 이르렀다.

가나안 땅 분할 지시

50 ○여리고 건너편 요단 강 가 모압 평
야에서 주님께서 모세에게 말씀하셨
다.
51 "너는 이스라엘 자손에게 말하여라.
그들에게 다음과 같이 일러라.
○너희가 요단 강을 건너 가나안
땅에 들어가거든,
52 너희는 직접 그 땅 주민을 다 쫓아내
어라. 새겨 만든 우상과 부어 만든
우상을 다 깨뜨려 버리고, 산당들도
다 헐어 버려라.
53 내가 그 땅을 너희의 소유로 준 것이
니, 너희는 그 땅을 차지하고 거기에
서 정착하여라.
54 땅은 주사위를 던져, 가족별로 나누
어 가지도록 하여라. 큰 쪽에는 큰
땅덩어리를 유산으로 주고, 작은 쪽
에는 작은 땅덩어리를 유산으로 주
어라. 주사위를 던져 나오는 대로,
각자 자기 것으로 삼도록 하여라. 땅
을 나눌 때에는 같은 조상을 둔 지
파들끼리 나누어 가지도록 하여라.
55 너희가 그 땅의 주민을 다 쫓아내지
아니하고, 너희와 함께 있도록 허락
하였다가는, 그들이 너희 눈에 가시
가 되고, 옆구리를 찌르는 바늘이 되
어서, 너희가 살아갈 그 땅에서 너희
를 괴롭힐 것이다.
56 그뿐만 아니라, 나는 그들에게 하기
로 계획한 것을 그대로 너희에게 하
겠다."

가나안 땅의 경계

34 주님께서 모세에게 말씀하셨
다.
2 "이스라엘 자손에게 명하여라. 그들
에게 다음과 같이 말하여라.
○너희는 이제 곧 가나안 땅에 들
어가게 된다. 이 땅은 너희가 유산으
로 받을 땅인데, 다음과 같이 사방

33:50-56 광야에 있는 동안 이방 민족들과 분리되어 있던 이스라엘은 이제 요단 강을 건너면 우상 숭배의 유혹 속으로 들어가게 된다. 이스라엘은 그 땅의 주민을 다 쫓아내고, 우상 숭배의 흔적을 완전히 없애야 했다(51-52절). 이스라엘 백성이 하나님의 말씀대로 행하면, 하나님은 약속의 땅을 주시겠다고 하셨다(53-54절). 그러나 우상이나 우상 숭배자를 남겨 두면, 매우 큰 벌을 받게 될 것이라고 경고하셨다(55-56절).

34장 요약 가나안 땅의 경계와 유산을 나눌 열두 지파의 대표자들의 명단이 나온다. 하나님은 아브라함 때부터 이집트 강에서 유프라테스 강까지 이르는 넓은 땅을 주시겠다고 약속하셨는데(창 15:18), 그 약속대로 다윗과 솔로몬 당시, 이스라엘의 영토는 유프라테스 강까지 확장되었다(대하 9:26).

34:1-15 본문은 가나안 땅의 경계를 기록하고

경계를 정한 가나안 땅 전체를 일컫
는다.
3 너희 영토의 남쪽은 에돔의 경계선
과 맞닿는 신 광야에서부터 시작된
다. 그러므로 너희 영토의 남쪽 경계
는 동쪽의 사해 끝에서부터 시작된
다.
4 너희의 경계선은 아그랍빔 비탈 남
쪽을 돌아, 신을 지나 가데스바네아
남쪽 끝까지 갔다가, 또 하살아달로
빠져 아스몬까지 이른다.
5 경계선은 더 연장되어, 아스몬에서
부터 이집트 국경지대의 강을 따라,
지중해가 시작되는 곳까지 이른다.
6 ○서쪽 경계는 지중해와 그 해안선
이다. 이것이 너희의 서쪽 경계가 될
것이다.
7 ○너희의 북쪽 경계는 다음과 같다.
지중해에서부터 호르 산까지 너희는
경계선을 그어라.
8 또 호르 산에서부터는 하맛 어귀로
경계선을 그어 스닷 끝까지 이르면,
9 경계선은 거기에서 다시 시브론을
거쳐서 하살에난 끝까지 이른다. 이
것이 너희 영토의 북쪽 경계이다.
10 ○너희의 영토의 동쪽 경계를 하살
에난에서부터 스밤까지 그어라.
11 경계선은 여기에서 더 연장되어, 스
밤에서부터 아인 동쪽 리블라까지
내려갔다가, 동쪽의 긴네렛 바다 해
변까지 더 내려간다.
12 거기에서 다시 경계는 요단으로 내
려가, 사해 끝에서 멈춘다. 이것이 너
희 땅의 사방 경계이다."
13 ○모세는 이스라엘 자손에게 명령하
였다. "당신들 아홉 지파와 반쪽 지
파는 주님께서 당신들에게 주도록
명하신 이 땅을 제비 뽑아 나누어
가지십시오.
14 르우벤 자손의 지파와 갓 자손의 지
파와 므낫세 반쪽 지파는 조상 집안
을 따라 유산을 받았습니다.
15 이 두 지파와 반쪽 지파는 자기들의
유산을 해 뜨는 쪽 여리고 맞은편
요단 강 동쪽에서 이미 차지하였습
니다."

각 지파의 유산 분할 책임자

16 ○주님께서 모세에게 말씀하셨다.
17 "너희에게 유산으로 땅을 나누어 줄
사람들의 이름은, 제사장 엘르아살
과 눈의 아들 여호수아이다.
18 너희는 또 땅을 유산으로 나누어 줄
사람을 지파마다 한 사람씩 대표로
뽑아라."
19 다음은 그 사람들의 명단이다. 유다
지파에서는 여분네의 아들 갈렙이
요,
20 시므온 지파에서는 암미훗의 아들
스므엘이요,
21 베냐민 지파에서는 기슬론의 아들

있다. 이 땅은 하나님께서 주신 선물이다. 더욱이 이 선물은 하나님의 마음 속에만 존재해 있는 개념이 아니라, 아주 신중하게 계획되어진 실제적인 땅이었다. 하나님께서 이스라엘에게 주실 이 유산은 족장들에게 말씀하셨던 그 땅이었다. 하나님은 시내 산에서 가나안 땅의 경계선에 이르기까지의 여정을 계획하셨다. 이와 마찬가지로 이 땅에 대한 점령과 정착의 과정도 계획하실 것이다. 이제 이스라엘이 취해야 할 올바른 태도는 이 계획을 받아들이고 순종하는 일이다.

34:11 긴네렛 갈릴리 바다의 북서 해변에 있는 작은 평지이다. 게네사렛 호수로도 불린다(눅 5:1).

34:16-29 본문은 가나안 땅을 나누게 될 족장들의 명단이 기록되어 있다. 이 일이 얼마나 중요한지 하나님이 직접 이들을 지명하셨다. 한편 열 지파의 족장만 언급되어 있는데, 그것은 르우벤과 갓 지파가 이미 그들의 정착지를 분배 받았기 때문이다(32:33).

엘리닷이요,
22 단 자손 지파에서는 요글리의 아들
북기 족장이요,
23 요셉 자손 가운데 므낫세 자손의 지
파에서는 에봇의 아들 한니엘 족장
이요,
24 에브라임 자손의 지파에서는 십단
의 아들 그므엘 족장이요,
25 스불론 자손의 지파에서는 바르낙
의 아들 엘리사반 족장이요,
26 잇사갈 자손 지파에서는 앗산의 아
들 발디엘 족장이요,
27 아셀 자손의 지파에서는 슬로미의
아들 아히훗 족장이요,
28 납달리 자손의 지파에서는 암미훗
의 아들 브다헬 족장이다.
29 ○이들은 가나안 땅에서 이스라엘
자손에게 유산을 나누어 주도록 주
님께 명령을 받은 이들이다.

레위 사람에게 준 성읍

35 여리고 건너편 요단 강 가 모압
평야에서, 주님께서 모세에게
말씀하셨다.
2 "너는 이스라엘 자손에게, 그들이
유산으로 받는 땅에서 레위 사람이
살 성읍들을 떼어 주라고 명령하여
라. 레위 사람에게는 성읍과 함께
그 주변의 ㉠목초지도 함께 주어라.
3 그래야만 그들이 그들의 재산인 가
축 떼와 모든 짐승들을 그 목초지에
서 기르면서, 그 여러 성읍에서 살게
될 것이다.
4 너희가 레위 사람에게 줄 성읍 둘레
의 목초지의 범위는 각 성에 다같이
성벽 둘레로부터 ㉡이천 자까지의 지
역이어야 한다.
5 성을 중심으로 하여, 성 밖 동쪽으
로 이천 자, 남쪽으로 이천 자, 서쪽
으로 이천 자, 북쪽으로 이천 자씩
을 재어라. 이것이 각 레위 사람의
성읍에 딸린 목초지이다.
6 ○너희가 레위 사람에게 줄 성읍들
가운데서 여섯은 도피성으로 만들
어서, 사람을 죽인 자가 그리로 도피
할 수 있게 하고, 이 밖에 별도로 레
위 사람에게 마흔두 성읍을 주어라.
7 너희는 레위 사람에게 모두 마흔여
덟 성읍과 거기에 딸린 목초지를 주
어야 한다.
8 이스라엘 자손이 가지고 있는 땅을
떼어서, 그것을 레위 사람에게 줄 때
에는, 각 지파들이 받은 몫의 비율대
로 떼어 내도록 하여라. 많이 가진
지파에서는 많은 성읍을 떼어 내고,
적게 가진 지파에서는 적게 떼어 내
어라."

도피성 (신 19:1-13; 수 20:1-9)

9 ○주님께서 모세에게 말씀하셨다.
10 "너는 이스라엘 자손에게 말하여라.
그들에게 다음과 같이 일러라.

35장 요약 본장은 레위 사람들의 유산과 도피성의 규례에 관한 기록이다. 하나님은 각 지파들이 약간의 성읍을 레위 사람들에게 주어 생활하게 하셨다. 한편 하나님은 실수로 살인한 자들을 긍휼히 여겨 도피성으로 피하도록 하셨다.

35:1-8 땅 분배에 대한 지시를 내리고 나서(34장) 레위 사람을 취급하고 있다. 제사장과 레위 사람은 이스라엘 백성을 대신하여 하나님을 섬기기 위해 선택되었다. 그러므로 다른 지파들은 레위 사람의 생활을 책임져야 했다. 레위 사람에게 주어진 땅은 매우 작았다. 그것은 약 40㎢로 가나안 땅의 0.1%밖에 되지 않았다. 이렇게 레위 사람이 가나안 땅에서 유산을 받지 못한 것은 하나님이 그들의 유산이 되었기 때문이다(18:20,23).

35:2 살 성읍 레위 사람이 성읍 전부를 그들의 소

㉠ 또는 '들' ㉡ 히, '천 자'

○너희가 앞으로 곧 요단 강을 건
너 가나안 땅에 들어가게 되거든,
11 성읍들 가운데서 얼마를 도피성으
로 정하여, 실수로 사람을 죽게 한
자가 그 곳으로 도피하게 하여라.
12 그 성읍들을 복수자를 피하는 도피
처로 삼아서, 사람을 죽게 한 자가
회중 앞에서 재판을 받기 전에 죽는
일이 없도록 하여야 한다.
13 ○너희가 레위 사람에게 줄 성읍들
가운데서, 이들 여섯 성읍을 너희의
도피성으로 삼아라.
14 그 가운데 세 성읍은 요단 강 동쪽
에 두고, 나머지 세 성읍은 가나안
땅에 두어 도피성이 되게 하여라.
15 이들 여섯 성읍은, 이스라엘 자손은
물론이려니와 외국인이나 너희와 함
께 사는 본토인이면 누구든지, 실수
로 사람을 죽게 한 자가 도피하는
곳이 될 것이다.
16 ○만일 쇠붙이 같은 것으로 사람을
쳐서 죽게 하였으면, 그는 살인자이
다. 그러한 살인자는 반드시 죽여야
한다.
17 사람을 죽일 만한 돌을 들고 있다가,
그것으로 사람을 쳐서 죽게 하였으
면, 그는 살인자이다. 그러한 살인자
는 반드시 죽여야 한다.
18 만일 사람을 죽일 만한 나무 연장을
들고 있다가, 그것으로 사람을 쳐서
죽게 하였으면, 그는 살인자이다. 그
러한 살인자는 반드시 죽여야 한다.
19 이러한 경우에 그 살인자를 죽일 사
람은 피해자의 피를 보복할 친족이
다. 그는 그 살인자를 만나는 대로
죽일 수 있다.
20 ○미워하기 때문에 밀쳐서 죽게 하거
나, 몰래 숨어 있다가 무엇을 던져서
죽게 하거나,
21 원한이 있어서 주먹으로 쳐서 사람
을 죽게 하였으면, 그는 살인자이다.
그러한 살인자는 반드시 죽여야 한
다. 피를 보복할 친족은, 어디서 그
를 만나든지 그를 죽일 수 있다.
22 ○그러나 아무런 원한도 없이 사람
을 밀치거나, 몰래 숨어 있다가 무엇
을 던지거나 한 것이 아니고,
23 잘못 보고 굴린 돌이 사람에게 맞아
그를 죽게 하였으면, 그 가해자가 피
해자의 원수가 아니고, 더욱이 그를
해칠 의사가 전혀 없었던 것이므로,
24 회중은 이러한 규례에 따라서, 그 가
해자와 피를 보복할 친족 사이를 판
단해야 한다.
25 회중은 그 살인 혐의를 받은 사람이
피를 보복할 피해자의 친족에게서
보복을 당하지 않도록, 그 살인 혐의
자를 그가 도피한 도피성으로 돌려
보내야 한다. 그리고 그는, 거룩한 기
름을 부어 성직에 임명된 대제사장

유로 받은 것은 아니었다. 레위 사람은 다른 지파들과 섞여 살면서 자신들이 필요한 정도의 집만 소유했던 것이다. 그리고 그 집은 자손에게 물려주었다. 만약 레위 사람이 그 집을 팔면, 다른 레위 사람이 언제든지 무를 수 있었다.

35:9-34 본문에서는 고의로 살인한 자를 취급하는 규정(9-21절)과 실수로 살인한 자를 취급하는 규정(22-28절)과 도피성에 관한 규정(29-32절)을 기록하고 있다.

35:25 대제사장이 죽을 때까지 거기에 머물러야 한다 피를 흘리는 죄와 그로 인한 땅의 오염은 반드시 죄값을 치러야 했다. 왜냐하면 거룩하신 하나님이 자기 백성 가운데 계시므로, 이스라엘 백성도 거룩해야 하기 때문이다. 즉 그들은 그 땅을 모든 부정한 것에서 깨끗하게 보존해야 하는 것이다. 죄값은 ① 살인자를 죽임으로써(계획적인 살인의 경우) ② 또는 대제사장의 자연적인 죽음으로써(실수로 살인한 경우) 치러야 했다. 이와 같

이 죽을 때까지 거기에 머물러야 한
다.
26 도피성으로 피한 그 살인자가 도피
성의 경계 밖으로 나갔을 때에,
27 마침 피를 보복할 친척이 그를 알아
보고 도피성의 경계 밖에서 죽였으
면, 그 친척에게는 아무런 살인죄도
적용되지 않는다.
28 살인자는 반드시 대제사장이 죽을
때까지 도피성에 머물러 있어야 하
고, 대제사장이 죽은 다음에야 비로
소 자기 소유지가 있는 땅으로 돌아
갈 수 있다.
29 ○위에서 말한 율례는, 너희가 어디
에 가서 살든지, 자자손손 모든 세대
에 적용되는 율례이다.
30 ○누구든지 사람을 죽인 사람은 살
인자이므로, 반드시 죽여야 한다. 그
러나 거기에는 증인들이 있어야 한
다. 오직 한 증인의 증언만으로는 어
느 누구도 죽이지 못한다.
31 살인죄를 지었을 때에는, 살인범에게
서 속전을 받고 목숨을 살려 주어서
는 안 된다. 그는 반드시 죽여야 한
다.
32 대제사장이 죽기 전에는, 도피성으
로 피한 사람에게 속전을 받고 그를
제 땅으로 돌려보내어 살게 해서는
안 된다.
33 너희가 사는 땅을 더럽히지 말아라.
피가 땅에 떨어지면, 땅이 더러워진
다. 피가 떨어진 땅은 피를 흘리게
한 그 살해자의 피가 아니고서는 깨
끗하게 되지 않는다.
34 너희가 사는 땅, 곧 내가 머물러 있
는 이 땅을 더럽히지 말아라. 나 주
가 이스라엘 자손과 더불어 함께 머
물고 있다."

결혼한 여자의 유산

36 요셉 자손 가문 가운데 므낫세
의 손자이자 마길의 아들인 길
르앗 자손 가문이 있는데, 바로 길르
앗 자손에 속한 각 가문의 우두머리
들이 나서서, 모세와 이스라엘 자손
의 지도자들인 각 가문의 우두머리
앞에 나와서 이렇게 말하였다.
2 "이 땅을 제비뽑아 이스라엘 자손에
게 분배하여 유산을 삼게 하라고 주
님께서 어른께 명하셨을 때에, 주님
께서는 어른께 우리의 친족 슬로브
핫의 토지 유산을 그의 딸들에게 주
라고 명하셨습니다.
3 그러나 그 딸들이 이스라엘 자손의
다른 지파 남자들과 결혼할 때에는,
그 딸들이 받은 유산은 우리 조상
대대로 물려 온 유산에서 떨어져 나
가, 그 딸들이 시집간 그 지파의 유
산이 될 것입니다. 그렇게 된다면 우
리 지파의 몫으로 분배된 유산의 일
부를 우리는 잃고 맙니다.

이 대제사장의 죽음을 대가로 죄를 속하는 것은 그리스도의 죽음을 예표하는 것이다(히 4-9장).

35:30-32 살인은 무거운 죄로 간주되어 생명의 *보상으로 지불되는 값인* '속전'으로 속죄할 수 없었다. 살인자를 처벌할 때 오판이 없도록 다수의 증인을 요구한다.

35:33 피가 땅에 떨어지면, 땅이 더러워진다 이 구절은 신명기 21:8을 상기시킨다. 살인은 살인이 일어난 땅과 그곳에 사는 주민까지 더럽힌다.

36장 요약 27장에서 슬로브핫의 딸들의 상속 사건에는 땅을 상속받은 딸이 다른 지파의 남자와 결혼하면 그 땅도 다른 지파로 넘어가게 되는 문제가 남아 있었다. 그리하여 땅을 상속받은 딸들은 자기 지파의 남자와만 결혼해야 한다는 규례가 제정되어, 이스라엘 백성은 물려받은 땅을 대대로 지켜 나갈 수 있게 되었다.

36:1-13 본장에서 슬로브핫의 딸들에 대한 기사

4 이스라엘 자손이 누리는 ㉠희년이
되어도, 그 딸들이 물려받은 유산은
그 딸들의 시집 지파의 유산에 합쳐
질 것이므로, 결국 우리는 조상 대대
로 물려받은 지파 유산에서 그만큼
의 유산을 잃는 것입니다."
5 ○주님의 명을 받들어, 모세가 이스
라엘 자손에게 명령하였다. "요셉 자
손 지파의 말이 옳소.
6 주님께서는 슬로브핫 딸들의 경우를
두고 이렇게 명하셨소. 그 딸들은 자
기들의 마음에 드는 남자가 있으면
누구하고든지 결혼할 수는 있소. 그
러나 그들이 속한 조상 지파의 가족
에게만 시집갈 수 있소.
7 이스라엘 자손의 지파 유산이 이 지
파에서 저 지파로 옮겨지는 일이 없
어야, 이스라엘 자손이 제각기 자기
조상으로부터 물려받은 지파의 유
산을 그대로 간직할 수 있을 것이오.
8 이스라엘 자손의 지파 가운데서 유
산을 받은 딸들은 누구나, 자기 조
상 지파의 가족에게로 시집가야 하
오. 그래야만 이스라엘 자손이 지파
마다 조상으로부터 물려받은 유산
을 간직할 수 있을 것이오.
9 지파의 유산이 한 지파에서 다른 지
파로 옮겨지는 일이 없어야, 이스라
엘 자손 각 지파가 제각기 물려받은
유산을 그대로 간직할 수 있을 것이
오."
10 ○그리하여 슬로브핫의 딸들은 주님
께서 모세에게 명하신 대로 하였다.
11 슬로브핫의 딸들, 곧 말라와 디르사
와 호글라와 밀가와 노아는 모두 자
기 사촌 오라버니들과 결혼하였다.
12 그 딸들이 모두 요셉의 아들인 므낫
세 자손 가문과 결혼하였기 때문에,
그들이 받은 유산은 자기 조상의 가
문과 지파에 그대로 남아 있었다.
13 ○이것은 주님께서 여리고 건너편 요
단 강 가 모압 평지에서 모세를 시켜
이스라엘 자손에게 말씀하신 명령
과 규례이다.

가 나오는데, ① 이것은 후세들에게 하나님이 모세에게 하신 마지막 명령(27:12–21)을 기억하게 하고, 그 명령이 성취되기를 기대하게 하고 있다. ② 또한 슬로브핫의 딸들에 대한 기사는 민수기의 결론으로 매우 적절하다.

※**민수기**는 그리스도 안에서 날마다 승리의 삶을 살아가기 원하는 그리스도인에게 기본적인 진리를 제공해 준다. 이스라엘 백성들은 시내 산을 떠나올 때에는 좋은 믿음을 가지고 있었으나, 그들은 하나님을 믿고 그분의 말씀에 순종하는 궁극적인 시험에 실패하였다. 그 결과, 그들은 약속의 땅을 받을 권리를 상실하고 광야에서 앞으로 남은 인생을 보내야 하는 심판을 받게 되었다. 그러나 새로운 세대를 위한 새날과 새 출발이 시작되었다. 그들은 새로운 지도자 여호수아와 함께 약속된 땅을 향한 진군을 새롭게 시작하게 될 것이다.

㉠ 레 25:8–17을 볼 것

신명기

DEUTERONOMY

저자 모세

저작 연대 B.C. 1410–1395년경

기록 장소와 대상 모압 땅에 위치한 요단 강 근처의 평원에서 기록하였다. 신명기는 가나안 땅에 들어가게 될 새로운 세대의 이스라엘 백성을 위해 쓰여졌다.

핵심어 및 내용 신명기의 핵심어는 '기억하라', '언약', '순종' 등이다. 모세는 신명기를 통하여 억압의 상태에서 그들을 구원해 주셨고 광야에서 지켜 주신 하나님과 족장들이 맺었던 그 언약을 잊지 말고 지키라고 이스라엘 백성에게 계속해서 권면한다. 이처럼 구원받을 만한 아무런 자격도 없는 이스라엘을 구원하신 하나님께 그들이 할 수 있는 최선의 보답은, 주저함 없이 하나님의 말씀에 순종하는 것이다.

내용 분해

1. 머리말(1:1–5)
2. 역사적인 서언: 모세의 첫 번째 설교(1:6–4:43)
3. 율법: 모세의 두 번째 설교(4:44–26:19)
4. 축복과 저주: 모세의 세 번째 설교(27:1–30:20)
5. 언약의 연속성(31:1–34:12)

서론

1 이것은 모세가 ㉠요단 강 동쪽 광
야에서 모든 이스라엘 사람에게
선포한 말씀이다. 그 때에 그들은 숩
가까이에 있는 요단 계곡에 있었다.
한쪽에는 바란 마을이 있고, 다른 한
쪽에는 도벨과 라반과 하세롯과 디
사합의 여러 마을이 있는데, 바로 그
사이에 이스라엘 사람들이 있었다.
2 (호렙에서 세일 산을 지나 가데스바
네아까지는 열하루 길이다.)
3 이집트에서 나온 지 사십 년째가 되
는 해의 ㉡열한째 달 초하루에, 모세
는 주님께서 이스라엘 자손에게 말
하라고 명하신 모든 것을 그들에게
말하였다.
4 이 때는 모세가 헤스본에 사는 아모
리 왕 시혼을 치고, 아스다롯과 에
드레이에 사는 바산 왕 옥을 무찌른
다음이었다.
5 모세는 요단 강 동쪽 모압 땅에서
이 율법을 설명하기 시작하였다.
6 ○"우리가 호렙 산에 있을 때에, 주
우리의 하나님이 우리에게 다음과
같이 말씀하셨습니다." ○"너희는 이
산에서 오랫동안 머물렀으니,
7 이제 방향을 바꾸어 나아가, 아모리
사람의 산지로 가거라. 그 인근 모든
지역, 곧 아라바와 산지와 평지와 남
부 지역과 해변으로 가거라. 또 가나
안 사람의 땅과 레바논과 저 멀리
있는 큰 강, 유프라테스 강까지 가거
라.
8 내가 너희 앞에 보여 주는 이 땅은,
나 주가 너희에게 주겠다고, 너희 조
상 아브라함과 이삭과 야곱에게 맹
세한 땅이니, 너희는 그리로 가서 그
땅을 차지하여라."

모세가 지도자를 임명하다
(출 18:13-17)

9 ○"그 때에 내가 당신들에게 말하였
습니다. '당신들을 지도할 책임을 나
혼자서 질 수 없습니다.
10 주 당신들의 하나님이 당신들을 불
어나게 하셔서, 오늘날 당신들이 하
늘의 별처럼 많아졌기 때문입니다.
11 주 당신들의 조상의 하나님이 당신
들을 천 배나 더 많아지게 하시고,
약속하신 대로 당신들에게 복을 주

㉠ 히, '요단 강 저편' ㉡ 세밧월, 양력 일월 중순 이후

실 것입니다.
12 그러니 나 혼자서 어떻게 당신들의
문제와 당신들의 무거운 짐과 당신
들의 시비를 다 감당할 수 있겠습니
까?
13 당신들은 각 지파에서 지혜가 있고
분별력이 있고 경험이 많은 사람들
을 뽑으십시오. 그러면 내가 그들을
당신들의 지도자로 세우겠습니다.'
14 ○그러자 당신들이 나에게 대답하기
를 '말씀하신 대로 하는 것이 좋겠습
니다' 하였습니다.
15 그래서 나는 당신들 가운데서 뽑은,
지혜가 있고 경험이 많은 사람을 당
신들 각 지파의 대표로 세워서, 그들
을 각 지파의 천부장과 백부장과 오
십부장과 십부장으로 삼았고, 각 지
파의 지도자로 삼았습니다.
16 그 때에 내가 당신들 재판관들에게
명령하였습니다. '당신들 동족 사이
에 소송이 있거든, 잘 듣고 공정하게
재판하시오. 동족 사이에서만이 아
니라, 동족과 외국인 사이의 소송에
서도 그렇게 하시오.
17 재판은 하나님께 속한 것이니, 재판
을 할 때에는 어느 한쪽 말만을 들
으면 안 되오. 말할 기회는 세력이
있는 사람에게나 없는 사람에게나
똑같이 주어야 하오. 어떤 사람 앞
에서도 두려워하지 마시오. 그리고
당신들이 판단하기 어려운 것이 있
거든, 나에게로 가져 오시오. 내가
들어 보겠소.'
18 그 때에 나는, 당신들이 해야 할 일
을 모두 가르쳐 주었습니다."

정찰대를 보내다 (민 13:1-33)

19 ○"우리는 주 우리의 하나님이 우리
에게 명하신 대로 하였습니다. 호렙
을 떠나, 우리가 본 그 크고 무서운
광야를 지나서, 아모리 사람의 산지
로 가는 길을 따라 가데스바네아까
지 이르렀습니다.
20 그 때에 내가 당신들에게 일렀습니
다. '이제 당신들은 주 우리의 하나님
이 우리에게 주시는 아모리 사람의
산지까지 왔습니다.
21 보십시오, 주 당신들의 하나님이 주
신 땅이 당신들 앞에 있습니다. 주
당신들 조상의 하나님이 당신들에게
말씀하신 대로, 올라가서 차지하십
시오. 두려워하지도 말고, 겁내지도
마십시오.'
22 ○그러나 당신들은 다 나에게 와서
이렇게 말하였습니다. '땅을 탐지할
사람들을 먼저 보내서, 우리가 올라
갈 길과 우리가 쳐들어갈 성읍들이
어떠한지, 그 땅을 정찰하여 우리에
게 보고하게 하자.'
23 내가 듣기에도 그 말은 옳은 말이어
서, 나는 각 지파에서 한 사람씩 열

1장 요약 신명기의 세 차례에 걸친 모세의 설교 중 첫 번째 설교인 본장은 호렙 산으로부터 가데스 바네아에 이르는 여정 중에 있었던 일을 회고한다.

1:1-5 신명기의 서론으로 신명기의 역사적 배경을 알려 준다. 내용을 나눠보면 표제(1절), 호렙에서 가데스 바네아까지 걸린 기간(2절), 도입 첫 부분(3-4절), 도입 둘째 부분(5절)의 네 부분으로 나눌 수 있다.

1:6 이스라엘 백성이 하나님으로부터 율법을 받기 위하여 일 년이라는 긴 세월을 여기에서 보냈다.

1:19-25 이스라엘은 가데스 바네아에 진을 치고 열두 정찰대(민 13:4-15)를 보냈다. 백성들은 그들에게 정복로와 정복할 성읍을 정찰하여 보고하도록 하였다(22절). 아마도 모세는 이것을 지혜로운 처사로 좋게 여긴 듯하다(23절).

1:22 탐지 정찰대를 앞서 보낸 이유는 약속의 땅

두 사람을 뽑았습니다.
24 뽑힌 사람들은 산지로 올라가서, 에
스골 골짜기에 이르기까지, 그 땅을
두루 다니면서 탐지하였습니다.
25 그들은 그 땅에서 난 열매들을 따
가지고 내려와서 우리에게 보고하기
를, '주 우리의 하나님이 우리에게 주
신 땅이 좋다'고 하였습니다.
26 ○그러나 당신들은 주 당신들의 하
나님의 말씀을 거역하고, 올라가려
고 하지 않았습니다.
27 당신들은 장막 안에서 원망하면서
말하였습니다. '주님께서 우리를 미
워하신다. 아모리 사람의 손에 우리
를 내주어 전멸시키려고, 우리를 이
집트 땅에서 이처럼 이끌어 내셨다.
28 우리가 왜 그 곳으로 가야 한단 말
이냐? 무모한 일이다. 그 땅을 탐지
하고 돌아온 우리의 형제들은, 그 곳
사람들이 우리보다 힘이 훨씬 더 세
고 키가 크며, 성읍은 하늘에 닿을
듯이 높은 성벽으로 둘러싸여 있다.
거기에는 아낙 자손들까지 산다고
하지 않았느냐?'
29 ○그 때에 내가 당신들에게 이렇게
말하였습니다. '그들을 무서워하지도
말고 두려워하지도 마시오.
30 당신들 앞에서 당신들을 인도하여
주시는 주 당신들의 하나님은, 이집
트에서 당신들이 보는 앞에서 당신
들을 대신하여 모든 일을 하신 것과
같이, 이제도 당신들을 대신하여 싸
우실 것이오.
31 또한 당신들은, 주 당신들의 하나님
이, 마치 아버지가 아들을 돌보는 것
과 같이, 당신들이 이 곳에 이를 때
까지 걸어온 그 모든 길에서 줄곧 당
신들을 돌보아 주시는 것을, 광야에
서 직접 보았소.'
32 그런데도 당신들은 아직도 주 당신
들의 하나님을 믿지 않습니다.
33 당신들이 진 칠 곳을 찾아 주시려고
당신들 앞에서 당신들을 인도하여
주셨는데도, 그리고 당신들이 갈 길
을 보여 주시려고 밤에는 불기둥으
로 낮에는 구름기둥으로 인도하여
주셨는데도, 당신들은 아직도 주 당
신들의 하나님을 믿지 않습니다."

주님께서 이스라엘을 벌하시다
(민 14:20-45)

34 ○"주님께서는 당신들의 말을 들으시
고, 진노하셔서 맹세하여 말씀하시
기를
35 '이 악한 세대의 사람들 가운데는,
내가 너희의 조상에게 주기로 맹세
한 좋은 땅을 볼 사람이 하나도 없
을 것이다.
36 다만 여분네의 아들 갈렙만이 그 땅
을 볼 것이다. 그가 정성을 다 기울
여 나 주를 따랐으므로, 나는 그와

을 어떻게 정복해야 할 것인가를 파악하기 위한 것이지, 그 땅의 정복을 시작할 것인지 말아야 할 것인지를 결정하기 위해 보낸 것은 아니었다.

1:29-33 탐지 사건 이후 모세의 격려 모세는 백성들에게 두려워하지 말 것을 권고한다. 이는 하나님께서 이집트에서 나올 때처럼 이스라엘을 위해 싸우실 것이기 때문이다.

1:34-46 이 부분은 두 가지 사실을 적고 있다. 불신앙에 대한 징계로서, 갈렙과 여호수아와 어린 아이들만이 약속의 땅에 들어가게 되고(36-39절), 나머지 백성은 다 죽게 된다는 사실과, 이러한 하나님의 징벌을 받아들이지 않고 백성들이 아모리 사람의 산지로 올라가 싸운 사실이다. 그들은 하나님의 처음 명령을 거역했을 뿐만 아니라(26절), 이제 그 곳을 정복하지 말라는 하나님의 두 번째 명령도 거역하였다(43절). 그들은 자기 힘으로 가나안을 정복하여 하나님의 뜻을 이루려고 했지만 결국 실패한다.

그 자손에게 그가 밟은 땅을 주겠다'
하셨습니다.
37 주님께서는 당신들 때문에 나에게까
지 진노하셔서 말씀하시기를 '너 모
세도 그리로 들어가지 못한다.
38 그러나 너의 ㉠보좌관 눈의 아들 여
호수아는 그리로 들어갈 것이다. 그
는 이스라엘을 그 땅으로 인도하여
그 땅을 유산으로 차지하게 할 사람
이니, 너는 그에게 용기를 불어넣어
주어라' 하셨습니다.
39 ○주님께서는 또 우리에게 이르시기
를 '적에게 사로잡혀 갈 것이라고 너
희가 말한 어린 아이들, 곧 아직 선
악을 구별하지 못하는 너희의 아들
딸들은, 그리로 들어갈 것이다. 나는
그들에게 그 땅을 줄 것이며, 그들은
그것을 차지할 것이다.
40 너희는 발길을 돌려서, 홍해로 가는
길을 따라 광야로 가거라' 하셨습니
다.
41 그러자 당신들이 나에게 말하기를
'우리가 우리 주님께 죄를 지었으니,
주 우리의 하나님이 우리에게 명하
신 대로 다 올라가 싸우자' 하였습니
다. 그리고는 각자 자기의 무기를 들
고, 경솔하게 그 산지로 올라갔습니
다.
42 ○그 때에 주님께서 나에게 말씀하
시기를 '그들에게 전하여라. 너희는
올라가지도 말고 싸우지도 말아라.
내가 너희 가운데 있지 않으니, 너희
가 적에게 패할 것이다' 하셨습니다.
43 내가 이 말씀을 당신들에게 전하였
지만 당신들은 듣지 않았고, 주님의
말씀을 거역하고서, 당신들 마음대
로 산지로 올라갔습니다.
44 그러자 그 산지에 살던 아모리 사람
이 당신들을 보고, 벌떼 같이 쫓아
나와서, 세일에서 호르마까지 뒤쫓으
면서 당신들을 쳤습니다.
45 당신들이 돌아와 주님 앞에서 통곡
을 했지만, 주님께서는 당신들의 소
리를 듣지 않으시고, 귀도 기울이지
않으셨습니다."

이스라엘이 광야에서 보낸 해

46 ○"우리가 가데스에 머무르며 그렇게
많은 날을 보내고 난 뒤에,

2 1 우리는, 주님께서 명하신 대로
방향을 바꾸어서 홍해로 가는 길
을 따라 광야에 들어섰으며, 여러 날
동안 세일 산 부근에서 떠돌았습니
다.
2 ○그 때에 주님께서 나에게 말씀하
시기를
3 '너는 이 백성을 데리고 오랫동안 이
산 부근에서 떠돌았으니, 이제는 방
향을 바꾸어서 북쪽으로 가거라' 하
셨습니다.
4 또 백성에게 지시하라고 하시면서

1:38 그 땅을 유산으로 차지하게 하나님께서 이스라엘 백성에게 약속의 선물로 주신 가나안 땅을 말한다.

1:40 너희는 발길을 돌려서 이스라엘은 홍해 길로 여행하였고, 거기서부터 여러 날 동안 세일 산을 두루 여행하였다. 그 여정 동안 하나님을 불신했던 자들은 아모리 사람과의 전투에서 패했다(민 14:39-45).

㉠ 히, '앞에 서 있는 사람'

2장 요약 본장에서는 38년 가량의 광야 여정을 과감히 생략한 채, 이스라엘이 다시금 가데스 바네아에 이르러 거기서 헤스본에 이르렀던 여정을 회상한다. 여기서는 이스라엘 백성이 하나님의 명령에 순종한 사실이 많이 언급된다.

2:1 모세는 가데스 바네아에서 홍해 길로 방향을 바꾼 사실과 광야 생활을 간략히 언급한다.

말씀하시기를 '너희가 세일에 사는
에서의 자손 곧 너희 친족의 땅 경계
를 지나갈 때에는, 그들이 너희를 두
려워할 터이니, 매우 조심하여라.
5 그들의 땅은 한 치도 너희에게 주지
않았으니, 그들과 다투지 말아라. 세
일 산은 내가 에서에게 유산으로 주
었다.
6 먹거리가 필요하면 그들에게 돈을
주고 사서 먹어야 하고, 물이 필요하
면 돈을 주고 사서 마셔야 한다' 하
셨습니다.
7 ○주 당신들의 하나님이 당신들이
하는 모든 일에 복을 내려 주시고,
이 넓은 광야를 지나는 길에서, 당신
들을 보살펴 주셨으며, 지난 사십 년
동안 주 당신들의 하나님이 당신들
과 함께 계셨으므로, 당신들에게는
부족한 것이 아무것도 없었습니다.
8 그래서 우리는 엘랏과 에시온게벨에
서 시작되는 아라바 길을 따라 세일
에 사는 우리의 친족인 에서의 자손
이 사는 곳을 비켜 지나왔습니다.
○우리가 방향을 바꾸어 모압 광야
에 이르는 길로 들어섰을 때에,
9 주님께서 나에게 말씀하시기를 '모압
을 괴롭히지도 말고, 싸움을 걸지도
말아라. 그 땅은 내가 너에게 유산
으로 주기로 한 땅이 아니다. 아르
지역은 내가 이미 롯의 자손에게 유
산으로 주었기 때문이다.
10 (옛적에 그 곳에는 에밈 사람이 살고
있었는데, 그들은 강하고 수도 많았
으며, 아낙 족속처럼 키도 컸다.
11 그들은 아낙 족속처럼 르바임으로
알려졌으나, 모압 사람들은 그들을
불러서 에밈이라 하였다.
12 세일 지방에도 호리 사람이 살고 있
었으나, 에서의 자손이 그들을 쳐부
수고 그 땅을 차지하였다. 이것은 이
스라엘 백성이 주님께서 유산으로
주신 땅을 차지한 것과 같은 것이
다.)
13 이제 일어나서 세렛 개울을 건너거
라!' 하셨습니다. ○그래서 우리는 세
렛 개울을 건넜습니다.
14 가데스바네아를 떠나서 세렛 개울
을 건너기까지, 삼십팔 년 세월이 지
나는 동안에, 주님께서 이스라엘 백
성에게 맹세하신 대로, 그 때의 모든
군인들이 진 가운데서 다 죽었습니
다.
15 주님의 손이 그들을 내리쳐서, 진 가
운데서 그들을 완전히 멸하셨기 때
문입니다.
16 ○백성 가운데서 군인들이 하나도
남김없이 다 죽은 뒤에,
17 주님께서 나에게 말씀하셨습니다.
18 '오늘 너는 모압 땅의 경계인 아르를
지나,

그리고 2절부터 가나안 정복을 위해 전진하라고 말한다.

2:7 주 당신들의 하나님이…복을 내려 주시고 하나님께서 이스라엘 백성에게 많은 소유물들을 주셨기 때문에 그들은 남의 것을 훔칠 필요가 없었다. 또한 그들은 자신들이 필요로 하는 양식을 살 충분한 양의 금과 은을 가지고 있었기 때문에 하나님께서는 그들이 폭력을 휘둘러 남의 물건을 빼앗는 것을 허용치 않으셨다.

2:13 세렛 개울 아라바 광야 동쪽에서 흘러 나와서 사해 남쪽 끝으로 흐르는 개울이다. 이 개울은 모압과 암몬 간의 경계선이 되기도 한다(민 21:13).

2:19 롯의 자손 롯의 두 딸이 자신들의 아버지와 동침하여 낳은 자식들의 후손으로 큰 딸의 후손은 모압 족속의 조상이 되었고, 작은 딸의 후손은 암몬 족속의 조상이 되었다(창 19:36-38).

2:20 삼숨밈 신명기 기자에 의하면, 삼숨밈은

19 암몬 자손이 사는 곳에 다다를 것이
니, 너는 그들을 괴롭히지도 말고,
싸우지도 말아라. 암몬 족속의 땅은
내가 너에게 유산으로 주기로 한 땅
이 아니다. 그 곳은 내가 이미 롯의
자손에게 유산으로 주었기 때문이
다.
20 (이 곳도 르바임 땅으로 알려진 곳이
다. 전에는 거기에 르바임이 살았는
데, 암몬 사람은 그들을 불러서 삼숨
밈이라고 하였다.
21 그 백성은 강하고 수도 많고 아낙
족속처럼 키도 컸으나, 주님께서 그
들을 암몬 사람들 앞에서 진멸시키
셨으므로, 암몬 사람이 그 곳을 차
지하고, 그들 대신에 그 곳에 살았
다.
22 이는 마치 주님께서 세일에 사는 에
서의 자손에게 하신 일과 같다. 주님
께서 에서의 자손 앞에서 호리 사람
을 멸망시키시니, 그들이 그 땅을 차
지하고, 오늘날까지 호리 사람의 뒤
를 이어서 거기에서 산다.
23 이것은 또, 크레테에서 온 크레테 사
람이, 가사 지역에 살던 아위 사람을
쳐부수고, 그들의 뒤를 이어서 그 곳
에서 산 것과 마찬가지이다.)
24 너는 일어나서 떠나거라. 그리고 아
르논 개울을 건너라. 보아라, 내가
아모리 사람 헤스본 왕 시혼과 그의
땅을 너희의 손에 넘겼으니, 싸워서
차지하여라.
25 오늘 내가, 하늘 아래의 모든 백성이
너희를 무서워하고 두려워하게 할
것이니, 너의 소문을 듣는 사람마다
떨며, 너희 때문에 근심할 것이다.'"

이스라엘이 시혼을 치다 (민 21:21-30)

26 ○"그래서 나는 그데못 광야에서 헤
스본 왕 시혼에게 사절을 보내어 좋
은 말로 요청하였습니다.
27 '임금님의 땅을 지나가게 하여 주십
시오. 오른쪽으로나 왼쪽으로 벗어
나지 아니하고, 길로만 따라 가겠습
니다.
28 우리가 먹을 것이 필요하면, 임금님
께서 우리에게 돈을 받고 파는 것만
을 먹고, 마실 것이 필요하면, 임금
님께서 돈을 받고 파는 것만을 마시
겠습니다. 다만, 걸어서 지나가게만
하여 주시기를 바랍니다.
29 세일 지역에 사는 에서의 자손과 아
르 지역에 사는 모압 사람이 우리를
지나가게 하여 주었으니, 우리가 요
단 강 건너, 우리의 하나님 주께서
우리에게 주시는 땅에 이르도록, 우
리를 지나가게 하여 주시기를 바랍
니다.'
30 그러나 헤스본 왕 시혼은 우리를 그
땅으로 지나가게 하지 않았습니다.
이것은, 주 당신들의 하나님이 오늘

B.C. 2천년대 초 동방의 왕들(창 14:1-3)에 의해 심한 타격을 받았던 거인족인 르바임의 후손들이라고 한다. 르바임 족이 이방에 의해 심한 타격을 받은 후 암몬 족속이 살고 있던 트랜스 요르단에 건너와 사는 바람에 그 후손 삼숨밈 족도 그곳에서 살게 되었는데, 암몬 족속은 자신들의 영토를 침범한 그들을 쫓아내기 위해 노력해야만 했다.

2:23 가사 예루살렘 남쪽 73km에 있는 블레셋의 큰 성이다. 노아 시대에도 있던 성으로(창 10:19), '견고함'이란 뜻을 지녔다.

2:24-37 모세는 이제 요단 건너편 지역에서 이루어진 정복 사실을 상기시킨다. 이스라엘 백성이 헤스본을 점령한 것은 약소국에 대한 강대국의 정복과는 다르게, 주님의 명령에 기인한 것이었다(24,31절). 하나님은 언약 백성의 명성을 천하 만민이 알도록 의도하셨다(25절).

2:24 아르논 아라비아 산에서 시작되어 모압과 아

처럼 그를 당신들의 손에 넘겨 주시
려고, 그의 마음을 완고하게 하시고
성질을 거세게 하셨기 때문입니다.
31 ○주님께서 나에게 말씀하시기를 '보
아라, 내가 시혼과 그의 땅을 너에게
주었으니, 너는 이제부터 그 땅을 점
령하여 유산으로 삼아라' 하셨습니
다.
32 시혼이 그의 군대를 이끌고 우리와
싸우려고 야하스로 나왔습니다.
33 그러나 주 우리 하나님이 그를 우리
손에 넘겨 주셨으므로, 우리는 그와
그의 아들들과 그의 온 군대를 쳐부
술 수가 있었습니다.
34 그 때에 우리는 모든 성읍을 점령하
고, 모든 성읍에서 남자 여자 어린
아이 할 것 없이 한 사람도 남기지
않고 전멸시켰습니다.
35 오직 가축과 성읍에서 탈취한 물건
만은 우리의 소유로 삼았습니다.
36 주 우리의 하나님은 우리가 아르논
골짜기 끝에 있는 아로엘의 모든 성
읍과 아르논 골짜기 가운데 있는 성
읍을 포함하여, 저 멀리 길르앗에 이
르기까지 차지하게 하셨습니다. 그
래서 그 일대에서 우리가 빼앗지 못
한 성읍이 하나도 없었습니다.
37 그러나 우리는, 암몬 자손의 땅과 얍
복 강 가와 산지에 있는 성읍들과
또 우리 주 하나님이 우리에게 가지
말라고 하신 곳은, 어느 곳에도 접근
하지 않았습니다."

이스라엘이 바산 왕 옥을 쳐부수다

(민 21:31-35)

3 "그 다음에 우리는 방향을 바꾸어
서 바산 길로 올라갔습니다. 그러
나 바산 왕 옥이 우리를 맞아 싸우
려고, 자기의 군대를 모두 거느리고
에드레이로 나왔습니다.
2 그 때에 주님께서 나에게 말씀하시
기를 '그를 두려워하지 말아라. 내가
그와 그의 온 군대와 그의 땅을 너
의 손에 넘겼으니, 전에 헤스본에 사
는 아모리 왕 시혼을 무찌른 것처럼
그를 무찔러라' 하셨습니다.
3 ○주 우리의 하나님은 바산 왕 옥과
그의 백성을 모두 우리 손에 넘겨 주
셨으므로, 우리는 그들을 한 사람도
남김없이 쳐죽였습니다.
4 그 때에 우리는 그의 성읍을 하나도
남김없이 다 점령하였는데, 바산 왕
국의 옥이 다스린 아르곱 전 지역의
성읍은 예순 개나 되었습니다.
5 이 성읍은 모두 높은 성벽과 성문과
빗장으로 방비되어 있었습니다. 그
리고 그 밖에 성벽이 없는 마을들도
많았습니다.
6 우리는 헤스본 왕 시혼에게 한 것처
럼 그들을 전멸시키고, 모든 성읍에
서 남자 여자 어린 아이 할 것 없이

모리 사이를 흘러 사해로 들어가는 강이다. 이 강은 모압과 아모리 사이의 경계가 된다(민 21:13).

2:32 야하스 목초지가 딸린 요단 강 동편에 위치한 성읍이다. 디본 근처인 아르논의 북쪽에 위치했었다는 것만 밝혀졌을 뿐 그 이상은 밝혀지지 않고 있다. 또한 이 곳은 이스라엘 백성들이 아모리 왕 시혼을 패배시켰던 곳인데 모세는 이 땅을 르우벤 지파에게 허락했다(수 13:18). 훗날 이 땅은 모압 사람에게 돌아왔다(사 15:4).

3장 요약 헤스본 왕 시혼을 정복한 이스라엘은 북으로 더 전진하여 바산 왕 옥의 영토와 그 거민을 철저히 정복했다. 모세는 정복한 요단 동편 땅을 하나님의 명령에 따라 르우벤, 갓, 므낫세 반 지파에게 분배하고 그 지파들이 요단 서편 땅 정복의 선봉이 되어야 할 것을 주지시켰다.

3:1-11 모세는 광야 생활에서 태어난 제2세대들

전멸시켰습니다.
7 그러나 성읍에서 노획한 모든 집짐
승과 물건들은 우리의 전리품으로
삼았습니다.
8 ○그 때에 우리는, 요단 강 동쪽 아르
논 개울 가에서 헤르몬 산까지의 땅
을, 두 아모리 왕의 손에서 빼앗았습
니다.
9 (시돈 사람들은 헤르몬을 시룐이라
하였고, 아모리 사람들은 스닐이라
고 하였다.)
10 우리가 빼앗은 땅은, 고원지대의 모
든 성읍과, 온 길르앗과 바산의 온
땅, 곧 바산 왕 옥이 다스리는 성읍
인 살르가와 에드레이까지입니다."
11 ○(르바임 족속 가운데서 살아 남은
사람은 오직 바산 왕 옥뿐이었다. 쇠
로 만든 그의 ㉠침대는, 지금도 암몬
자손이 사는 랍바에 있다. 그것은,
㉡보통 자로 재어서, 길이가 아홉 자
요 너비가 넉 자나 된다.)

요단 강 동쪽에 자리잡은 지파들
(민 32:1-42)

12 ○"우리가 그 땅을 차지하였을 때에,
나는 르우벤 자손과 갓 자손에게 아
르논 골짜기 곁에 있는 아로엘에서부
터 길르앗 산지의 반쪽과 거기에 있
는 성읍들을 주었습니다.
13 므낫세 반쪽 지파에게는, 길르앗의
남은 땅과 옥의 나라인 온 바산 지
역을 주었습니다." (아르곱의 모든 지
역 곧 바산을 옛적에는 르바임의 땅
이라고 하였다.
14 므낫세의 아들 야일은 그술 족속과
마아갓 족속 경계까지 이르는 아르
곱 땅을 모두 차지하였다. 그래서 오
늘날까지 그의 이름을 따라, 이 바
산 지역을 ㉢하봇야일이라고 한다.)
15 ○"므낫세 지파의 한 가문인 마길에
게는 길르앗을 주었습니다.
16 그리고 르우벤 자손과 갓 자손에게
는, 길르앗에서 계곡 중앙을 경계로
한 아르논 계곡까지와 암몬 자손의
경계인 얍복 강까지를 주었습니다.
17 그들이 차지한 지역은 서쪽으로는
요단 강까지 이르고, 북쪽으로는 긴
네렛 호수까지 이르고, 남쪽으로는
사해까지 이르고, 동쪽으로는 비스
가 산 기슭까지 이릅니다.
18 ○그 때에 내가 당신들에게 명령하
였습니다. '주 당신들의 하나님은 당
신들에게 요단 강 동쪽에 있는 이
땅을 주셔서 차지하게 하셨습니다.
그러므로 당신들은, 당신들의 동기
인 이스라엘의 다른 지파들도 땅을
차지할 수 있도록 도와주어야 합니
다. 당신들의 용사들은 무장을 하고
이스라엘의 다른 지파들보다 앞서서
요단 강을 건너가십시오.
19 다만 당신들의 아내와 어린 아이들

에게, 이스라엘에게 약속된 가나안 땅을 정복할 열쇠는 오직 믿음뿐이라는 것을 주지시키기 위해 믿음으로 정복한 헤스본 왕 시혼과 바산 왕 옥의 사건을 상기시킨다.

3:14 그술 족속과 마아갓 족속 그술 족속은 바산의 북동쪽에 위치한 소(小)시리아의 한 성인 그술에 사는 사람들을 가리킨다(수 12:5;13:2,11). 마아갓 족속은 아람 통제하에 있는 헤르몬 산 남동쪽에 위치한 작은 국가의 족속들 중의 하나인 아람인을 가리킨다. 하봇야일 그 뜻은 '야일의 마을'이다. 이 마을은 길르앗 산과 야르묵 강 사이의 산지에 위치했던 것 같다. 이 지역의 마을이 60성읍(4절;수 13:30)이었고, 이 성들을 므낫세의 아들 야일이 점령하여 하봇야일로 명명했다.

3:18 이스라엘의 다른 지파들보다 앞서서 르우벤과 갓 지파 그리고 므낫세 지파 절반은 점령지를 분배받았다. 이 때 모세는 그 지파들에게 특별한 명

㉠ 또는 '관' ㉡ 히, '사람의 자로 재어서' ㉢ '야일의 촌락'

은 여기에 남아 있게 하십시오. 그리
고 당신들에게 집짐승이 많다는 것
은 내가 알고 있으니, 그 집짐승도 당
신들의 가족과 함께, 내가 당신들에
게 나누어 준 성읍에 머물러 있게
하십시오.
20 주님께서는 당신들과 마찬가지로 당
신들의 동기들에게도 편히 쉴 곳을
주실 것이니, 그들이 주 당신들의 하
나님이 요단 강 서쪽에 마련하여 주
신 땅을 차지한 다음에라야, 당신들
은 제각기 내가 당신들에게 준 이 땅
으로 돌아올 수 있습니다.'
21 ○그 때에 내가 여호수아에게 말하
였습니다. '너는, 주 ㉠우리의 하나님
이 이 두 아모리 왕에게 어떻게 하였
는가를, 두 눈으로 똑똑히 보았다.
주님께서는, 네가 지나가는 모든 나
라에서도 이와 같이 하실 것이다.
22 그들을 두려워하지 말아라. 주 ㉠우
리의 하나님이 너를 대신하여 싸우
실 것이다.'"

모세가 가나안 진입을 허락받지 못하다

23 ○"그 때에 내가 주님께 간구하였습
니다.
24 '주 하나님, 주님께서는 주님의 크심
과 권능을 주님의 종에게 나타내 보
이셨습니다. 하늘과 땅 사이에 어떤
신이 주님께서 권능으로 하신 것과
같은 일을 할 수 있겠습니까?
25 부디 저를 건너가게 하여 주십시오.
그래서 요단 저쪽 아름다운 땅과 아
름다운 산과 레바논을 보게 하여 주
십시오.'
26 ○그러나 주님께서는, 당신들 때문에
나에게 진노하셔서, 나의 간구를 들
어 주지 않으셨습니다. 주님께서 나
에게 말씀하셨습니다. '이것으로 네
게 족하니, 이 일 때문에 더 이상 나
에게 말하지 말아라.
27 너는 이 요단 강을 건너가지 못할 것
이니, 저 비스가 산 꼭대기에 올라가
서, 너의 눈을 들어, 동서남북 사방
을 바라보아라.
28 너는 여호수아에게 너의 직분을 맡
겨서, 그를 격려하고, 그에게 용기를
주어라. 그는 이 백성을 이끌고 건너
갈 사람이며, 네가 보는 땅을 그들에
게 유산으로 나누어 줄 사람이다.'
29 ○그 때에 우리는 벳브올 맞은쪽 골
짜기에 머물러 있었습니다."

지켜야 할 하나님의 규례들

4 "이스라엘 자손 여러분, 지금 내가
당신들에게 가르쳐 주는 규례와
법도를 귀담아 듣고, 그대로 지키십
시오. 그러면 당신들이 살아서 주 당
신들 조상의 하나님이 당신들에게
주시는 땅에 들어가서, 그 곳을 차지
하게 될 것입니다.
2 내가 당신들에게 명령한 말에 한 마

령을 내렸다. 아직 땅을 유산으로 받지 못한 지파들의 선봉이 되어 요단 강을 건너라는 것이다. 이 명령은 온 이스라엘의 일체성을 강조한다.

3:23-25 모세의 기도 모세는 기도를 시작하면서, 상대방을 극존칭으로 부를 때 사용하는 '주(아도나이)'를 합쳐서 '주 하나님'으로 하나님을 부른다. 히브리어 본문의 모음은 '아도나이 아도나이'로 중복되어 읽는 것을 피하기 위해 '아도나이 엘로힘'으로 읽도록 필기되어 있다.

4장 요약 모세는 역사에 대한 회고를 바탕으로 하나님의 위대함과 율법의 완전함에 기초하여, 이스라엘 백성에게 순종할 것을 권고하였다(1-8절). 또한 모세는 이스라엘이 목도해 온 하나님의 놀라운 일들과 호렙 산에서 이스라엘이 겪은 일을 기억하라고 당부하며(9-14절) 우상 숭배를 경고한다(15-40절).

㉠ 히, '당신들의 하나님'

디도 더하거나 빼서는 안 됩니다. 당
신들은 내가 당신들에게 알려 준 주
당신들의 하나님의 명령을 지켜야
합니다.
3 주님께서 브올 산에서 하신 일을 당
신들은 눈으로 직접 보았습니다. 주
당신들의 하나님은, 브올에서 바알
신을 따라간 모든 사람을 당신들 가
운데서 쓸어 버리셨습니다.
4 그러나 주 당신들의 하나님을 충실
하게 따른 당신들은 오늘까지 모두
살아 있습니다.
5 ○보십시오, 내가, 주 나의 하나님이
나에게 명하신 대로, 당신들에게 규
례와 법도를 가르쳐 주었습니다. 당
신들이 들어가 차지할 땅에서 당신
들이 그대로 지키도록 하려고 그렇
게 가르쳤습니다.
6 당신들은 이 규례와 법도를 지키십
시오. 그러면 여러 민족이, 당신들이
지혜롭고 슬기롭다는 것을 알게 될
것입니다. 그들이 이 모든 규례에 관
해서 듣고, 이스라엘은 정말 위대한
백성이요 지혜롭고 슬기로운 민족이
라고 말할 것입니다.
7 ○주 우리의 하나님은 우리가 기도
할 때마다 우리 가까이에 계시는 분
이십니다. 이와 같은 하나님을 모신
위대한 민족이 어디에 또 있겠습니
까?
8 오늘 내가 당신들에게 주는 이 모든
율법과 같은 바른 규례와 법도를 가
진 위대한 민족이 어디에 또 있겠습
니까?
9 ○당신들은 오로지 삼가 조심하여,
당신들의 눈으로 본 것들을 잊지 않
도록 정성을 기울여 지키고, 평생 동
안 당신들의 마음 속에서 사라지지
않도록 하십시오. 또한 그것을 당신
들의 자손에게 길이 알리십시오.
10 당신들이 호렙 산에서 당신들의 하
나님이신 주님 앞에 섰던 날에, 주님
께서 나에게 말씀하셨습니다. '이 백
성을 나에게로 불러 모아라. 내가 그
들에게 나의 말을 들려주어서, 그들
이 이 땅에서 사는 동안에 나를 경
외하는 것을 배우고, 또 이것을 그들
의 아들딸에게 가르치게 하려고 한
다.'
11 ○그리하여 당신들이 산기슭에 가까
이 와서 서자, 하늘 한가운데까지 높
이 치솟는 불길이 그 산을 휩싸고,
어둠과 검은 구름이 산을 덮었습니
다.
12 주님께서 불길 속에서 당신들에게
말씀하셨으므로, 당신들은 말씀하
시는 소리만 들었을 뿐, 아무 형상도
보지 못하였습니다. 당신들은 오직
소리를 들었을 뿐입니다.
13 그 때에 주님께서 당신들에게 지키

4:1–40 모세는 이스라엘 백성에게 하나님의 율법을 순종하라고 요구한다. 그들이 순종하면 위대한 백성이 되며(6절), 그들과 그 자손이 복을 받아 하나님께서 주시는 땅에서 오래 살리라고 한다(40절).

4:6 위대한 백성 모세는 이스라엘이 위대한 백성이 될 것을 기대했다. 그러나 위대한 백성의 이상은 이집트나 고대 근동 다른 나라들의 이상과는 다르게, 위대하다는 기준이 국가의 번영이나 군사력에 있지 않았다. 이스라엘의 위대함은 율법을 순종함으로 드러날 그들의 지혜와 지식에 있었다.

4:9–14 모세는 이스라엘 백성에게 호렙 산에서 나타나셨던 하나님에 대해 상기시킨다. 산에 불이 붙어 불길이 치솟고 어둠과 검은 구름이 덮인 가운데 영광과 위엄 중에 나타나신 하나님은(11절) 그들에게 그의 말씀을 알게 하셨고, 자신을 아무 형상으로는 제시하지 않으셨다. 이스라엘은

라고 명하시면서, 그 언약을 선포하
셨으니, 이것이 곧 그가 두 돌판에
손수 쓰신 ㉠십계명입니다.
14 그 때에 주님께서 나에게 명하시기
를, 너희가 건너가서 차지할 땅에서
너희가 지켜야 할 규례와 법도를 가
르쳐 주라고 하셨습니다."

우상숭배 금지 경고

15 ○"주님께서 호렙 산 불길 속에서 당
신들에게 말씀하시던 날, 당신들은
아무 형상도 보지 못했다는 사실을
깊이 명심하십시오.
16 남자의 형상이든지, 여자의 형상이
든지, 당신들 스스로가 어떤 형상이
라도 본떠서, 새긴 우상을 만들지 않
도록 하십시오. 우상을 만드는 것은
스스로 부패하는 것입니다.
17 땅 위에 있는 어떤 짐승의 형상이나,
하늘에 날아다니는 어떤 새의 형상
이나,
18 땅 위에 기어 다니는 어떤 동물의 형
상이나, 땅 아래 물 속에 있는 어떤
물고기의 형상으로라도, 우상을 만
들어서는 안 됩니다.
19 눈을 들어서 하늘에 있는 해와 달과
별들, 하늘의 모든 천체를 보고 미혹
되어서, 절을 하며 그것들을 섬겨서
는 안 됩니다. 하늘에 있는 해와 달
과 별과 같은 천체는 주 당신들의 하
나님이 이 세상에 있는 다른 민족들
이나 섬기라고 주신 것입니다.
20 그러나 당신들은, 주님께서 용광로
와 같은 이집트에서 건져내셔서, 오
늘 이렇게 자기의 소유로 삼으신 백
성입니다.
21 ○주님께서는 당신들 때문에 나에게
분노하셨습니다. 그래서 내가 요단
강을 건너가지 못하게 하신 것이며,
주 당신들의 하나님이 당신들에게
유산으로 주기로 하신 그 아름다운
땅에도 들어가지 못하게 하겠다고
맹세하신 것입니다.
22 나는 이 땅에서 죽을 것이므로 요단
강을 건너가지 못하겠지만, 당신들
은 건너가서 그 좋은 땅을 차지할 것
입니다.
23 당신들은, 주 당신들의 하나님이 당
신들과 세우신 언약을 잊지 말고 지
켜야 합니다. 그리고 주 당신들의 하
나님이 당신들에게 금하신 대로, 어
떤 형상의 우상도 만들어서는 안 됩
니다.
24 주 당신들의 하나님은 삼키는 불이
시며, 질투하는 하나님이십니다.
25 ○당신들이 자식을 낳고, 또 그 자식
이 자식을 낳아, 그 땅에서 오래 산
뒤에, 어떤 형상의 우상이든, 우상을
만들어 섬기거나, 주 당신들의 하나
님의 눈에 거슬리는 행동을 하면,
26 오늘 내가 하늘과 땅을 증인으로 세

이 사실을 경험했다. 이것은 구속받은 언약 백성이 지녀야 할 확실한 신관(神觀)에 관한 것이었다. 신관이 그릇되면 사람은 우상 숭배에 빠지게 된다.

4:20 용광로 이스라엘이 이집트에서 400년 동안 노예 생활한 것을 비유하고 있다.

4:27 주님께서는 당신들을 여러 민족 사이에 흩으실 것입니다 하나님은 이스라엘 백성이 언약의 내용을 어길 때 여러 민족 중에 흩으실 것이라고 하셨다. 이스라엘 백성은 이를 앗시리아(B.C. 722–721년)와 바빌론에게서(B.C. 586년) 포로로 잡혀갈 때 경험하였다.

4:30 당신들이 환난을 당하고…귀를 기울일 것입니다 이 말은 아직도 이스라엘이 큰 환난을 당하지 않을 수도 있다는 가능성을 밝힌다. 만일 그들이 하나님이 주신 율법을 경건하게 지킨다면, 만일 그들이 스스로 낮아져 야곱의 하나님 앞에 무릎

㉠ 히, '열 가지 말씀'

울 것이니, 당신들이 요단 강을 건너
가 차지하는 땅에서 반드시 곧 멸망
할 것입니다. 그 땅에서 오래 살지
못하고, 반드시 망할 것입니다.
27 주님께서는 당신들을 여러 민족 사
이에 흩으실 것입니다. 주님께서 당
신들을 쫓아보내실 그 곳 백성 사이
에서 살아 남을 사람이 많지 않을
것입니다.
28 당신들은 거기에서, 사람이 나무와
돌로 만든 신, 즉 보지도 못하고 듣지
도 못하고 먹지도 못하고 냄새도 맡
지 못하는 신을 섬기게 될 것입니다.
29 거기에서 당신들은 당신들의 하나님
이신 주님을 찾을 것입니다. 당신들
이 하나님을 찾되 마음과 성품을 다
하여 하나님을 찾으면 만날 것입니
다.
30 당신들이 환난을 당하고, 마지막 날
에 이 모든 일이 당신들에게 닥치면,
그 때에 가서야 비로소 당신들은 주
당신들의 하나님께로 돌아와, 그에
게 귀를 기울일 것입니다.
31 주 당신들의 하나님은 자비로운 하
나님이시니, 당신들을 버리시거나 멸
하시지 않고, 또 당신들의 조상과 맺
으신 언약을 잊지도 않으실 것입니
다.
32 ○당신들이 태어나기 전에, 하나님이
이 땅 위에 사람을 창조하신 날부터
이제까지, 지나간 때를 깊이 생각하
여 보십시오. 하늘 이 끝에서 저 끝
에 이르기까지, 온 세계를 깊이 생각
하여 보십시오. 그리고 이런 큰 일을
본 적이 있는지, 들은 적이 있는지
물어 보십시오.
33 당신들처럼, 불 가운데서 말씀하시
는 하나님의 음성을 듣고도 살아 남
은 백성이 있습니까?
34 주 당신들의 하나님이 이집트에서
당신들이 보는 앞에서 하신 것처럼,
온갖 시험과 표징과 기사와 전쟁과
강한 손과 펴신 팔과 큰 두려움으로
한 민족을 다른 민족의 억압에서 이
끌어 내시려고 애쓰신, 그러한 신이
어디에 있습니까?
35 그러나 당신들에게 이것을 나타내셨
으니, 그것은 주님이 곧 하나님이시
고, 그분 밖에는 다른 신이 없음을
알게 하시려는 것입니다.
36 주님께서는 당신들을 단련하시려고,
당신들에게 하늘로부터 그의 음성
을 들려주시고, 땅 위에서는 그의 큰
불을 보여 주셨습니다. 그래서 당신
들은 불 가운데서 그의 말씀을 들었
던 것입니다.
37 주님께서는 당신들의 조상을 사랑하
셨으므로, 뒤에 그 자손을 택하셨
고, 그 크신 힘으로 몸소 당신들을
이집트에서 이끌어 내셨습니다.

꿇는다면, 만일 그들이 예의를 가지고 공중 예배를 인도한다면, 만일 그들이 도덕적인 악을 피하려고 노력을 한다면, 만일 그들이 시온 성을 바라보며 그 곳을 향해 나간다면, 구원이 가까이에 있음을 그들은 알게 될 것이다. 그러나 그들은 그렇게 하지 못했고, 바빌론에 의해 멸망을 당한 후 포로에서 귀환한 뒤에야 하나님의 법을 지키려고 하였다.

4:32-40 모세는 백성들에게 하나님께서 이스라엘을 이집트에서 이끌어 내시기 위해 행하신 일들(34절)과 하나님께서 시내 산에서 불 가운데 임하사 말씀하신 일(33절)을 거론하면서, 이것들을 비길 데 없는 역사적 사건들이라고 지적한다. 이러한 특별한 사건들을 행하신 목적은, 이스라엘 백성들이 하나님 외에는 다른 신이 없는 줄을 알게 하기 위함이었다(35,39절).

4:34 시험 하나님께서 바로의 마음을 강퍅하게 하시고 이스라엘의 믿음을 연단시키기 위해 취하

38 그리고 당신들보다 크고 강한 민족
을 당신들의 앞에서 쫓아내시고, 당
신들을 그 땅으로 이끌어 들이시고,
그 땅을 유산으로 주어서 오늘에 이
르게 하신 것입니다.
39 오늘 당신들은 마음에 새겨 분명히
알아 둘 것이 있으니, 주님은 위로는
하늘에서도 아래로는 땅에서도 참
하나님이시며, 그 밖에 다른 신은 없
다는 것입니다.
40 당신들은 오늘 내가 당신들에게 알
려 주는 주님의 규례와 명령을 지키
십시오. 그러면 당신들과 당신들의
자손이 잘 살게 되고, 주 당신들의
하나님이 당신들에게 영원히 주시는
땅에서 길이 살 것입니다."

요단 강 동쪽의 도피성

41 ○그 때에 모세는 ㉠요단 강 동쪽 해
뜨는 편에 세 성읍을 지정하였다.
42 그 곳은, 어떤 사람이든지 전에 미워
한 일이 없는 이웃을 실수로 죽였을
경우에, 가해자가 이 성읍 가운데 하
나로 피신하면 목숨을 건지게 되는
곳이다.
43 그 지정된 성읍들 가운데 하나는 르
우벤 지파가 차지한 평원지대 광야
에 있는 베셀이고, 또 하나는 갓 지
파가 차지한 길르앗에 있는 라못이
고, 나머지 하나는 므낫세 지파가 차
지한 바산에 있는 골란이다.

하나님의 율법을 소개하다

44 ○모세가 이스라엘 자손에게 선포한
율법은 다음과 같다.
45 이스라엘 자손이 이집트에서 나올
때에, 한 곳에 이르러서 모세가 그들
에게 아래와 같은 훈령과 규례와 법
도를 선포하였는데,
46 그 곳은 요단 강 동쪽 벳브올 맞은
쪽 골짜기로, 헤스본에 사는 아모리
왕 시혼의 땅이다. 시혼은 모세와
이스라엘 자손이 이집트에서 나올
때에 쳐서 멸한 왕이다.
47 이스라엘 백성은 시혼이 다스린 땅
과 바산 왕 옥이 다스린 땅을 차지
하였는데, 이 두 왕은 해 뜨는 쪽인,
요단 강 동쪽에 살던 아모리 족의
왕이다.
48 이스라엘 백성이 차지한 지역은 아
르논 강 어귀에 있는 아로엘에서 헤
르몬이라고 하는 ㉡시리온 산까지와,
49 요단 강 동쪽에 있는 온 아라바 지
역과, 비스가 산 밑에 있는 아라바
바다까지이다.

십계명 (출 20:1-17)

5 모세가 온 이스라엘을 불러모으
고 그들에게 말하였다. "이스라엘
자손 여러분, 내가 오늘 당신들에게
말하는 규례와 법도를 귀담아 듣고,
그것을 익히고 지키십시오.
2 주 우리의 하나님은 호렙 산에서 우

셨던 여러 가지 방법들을 가리킨다. **강한 손과 펴신 팔** 이 말은 하나님께서 역사 가운데 개입하셔서 활동하심을 나타내는 말이다. 손과 팔이라는 말은 하나님의 능력과 인도하심을 상징한다.

4:45 훈령은 이집트에서 나온 이후 하나님이 이스라엘 백성과 언약을 맺으신 내용을 가리킨다. **규례**는 (히) '후킴'으로서, 기록되거나 새겨진 법을 뜻한다. **법도**는 (히) '미쉬파팀'으로, 재판관의 판결 내용을 가리킨다.

5장 요약 4:44-26:19은 모세의 두 번째 설교로서, 언약 신앙의 본질이 무엇이며(5:1-11:32) 또한 상세한 언약 규정이 무엇인지를(12:1-26:19) 주로 다룬다. 본장에서 모세는 호렙 산에서 두 돌판을 받는 광경을 회고하며 그 돌판에 새겨진 십계명을 소개하고 있는데, 십계명은 하나님과 이스라엘이 맺은 언약의 기초이다.

㉠ 히, '요단 강 저편' ㉡ 시리아어역과 신 3:9를 따름. 히, '시온'

리와 언약을 세우셨습니다.
3 주님께서 이 언약을 우리 조상과 세
우신 것이 아니라, 오늘 여기 살아
있는 우리 모두와 세우신 것입니다.
4 주님께서는 그 산 불 가운데서, 당신
들과 함께 서로 얼굴을 마주 보고
말씀하셨습니다.
5 그 때에 당신들이 그 불을 무서워하
여 산에 올라가지 못하였으므로, 내
가 주님과 당신들의 사이에 서서, 주
님의 ㉠말씀을 당신들에게 전하여 주
었습니다. 주님께서 말씀하셨습니
다.
6 ○'나는 너희를 이집트 땅, 종살이하
던 집에서 이끌어 낸 주 너희의 하나
님이다.
7 ○너희는 내 앞에서 다른 신들을 섬
기지 못한다.
8 ○너희는 너희가 섬기려고 위로 하
늘에 있는 것이나, 아래로 땅에 있는
것이나, 땅 아래 물 속에 있는 어떤
것이든지, 그 모양을 본떠서 우상을
만들지 못한다.
9 너희는 그것들에게 절하거나, 그것들
을 섬기지 못한다. 나, 주 너희의 하
나님은 질투하는 하나님이다. 나를
미워하는 사람에게는 그 죄값으로,
본인뿐만 아니라 삼사 대 자손에게
까지 벌을 내린다.
10 그러나 나를 사랑하고 나의 계명을
지키는 사람에게는 수천 대 자손에
이르기까지 한결같은 사랑을 베푼
다.
11 ○너희는 주 너의 하나님의 이름을
㉡함부로 부르지 못한다. 주는 자기
이름을 함부로 일컫는 사람을 죄 없
다고 하지 않는다.
12 ○너희는 안식일을 거룩하게 지켜라.
이것은 주 너희의 하나님이 너희에
게 명한 것이다.
13 너희는 엿새 동안 모든 일을 힘써 하
여라.
14 그러나 이렛날은 주 너희 하나님의
안식일이니, 너희는 어떤 일도 해서
는 안 된다. 너나, 너의 아들이나 딸
이나, 너희의 남종이나 여종뿐만 아
니라, 너희의 소나 나귀나, 그 밖에
모든 집짐승이나, 너희의 집안에 머
무르는 식객이라도, 일을 해서는 안
된다. 너희의 남종이나 여종도 너와
똑같이 쉬게 하여야 한다.
15 너희는 기억하여라. 너희가 이집트
땅에서 종살이를 하고 있을 때에,
주 너희의 하나님이 강한 손과 편 팔
로 너희를 거기에서 이끌어 내었으
므로, 주 너희의 하나님이 너에게 안
식일을 지키라고 명한다.
16 ○너희 부모를 공경하여라. 주 너희
하나님이 명하신 것이다. 그래야 너
희는, 주 너희의 하나님이 너희에게

5:2 언약의 중요성은 하나님께서 그들의 하나님이 되고 그들은 하나님의 백성이 된다는 데 있다. 언약을 맺으면 하나님은 그들의 절대 주권자가 되며 그의 율법은 그들의 삶의 방편이 된다. 그러므로 언약을 지키면 복을 받지만, 언약을 어기면 저주를 받는다.

5:6-21 십계명은 하나님과 이스라엘의 관계에 기초와 핵심이 될 뿐만 아니라, 후대 역사에 미친 영향 또한 매우 크다. 십계명은 서양 역사에서 도덕적 원리의 기초를 이루며, 참되신 하나님이 믿음과 예배와 행위의 측면에서 그의 백성에게 기대하신 바가 무엇인지 요약되어 있다.

5:12 안식일 (히) '샤바트'. 이 말은 '멈추다, 중지하다, 쉬다'라는 뜻을 지녔다. 모세는 '주님의 거룩한 안식일'(출 16:23)이며 하나님께서 선물로 이스

㉠ 마소라 본문에는 단수, 사해 사본과 사마리아 오경과 칠십인역과 시리아어역과 불가타와 타르굼에는 복수 ㉡ 또는 '잘못 사용하지 말아라'

준 땅에서 오래 살면서 복을 누린다.
17 ○살인하지 못한다.
18 ○간음하지 못한다.
19 ○도둑질하지 못한다.
20 ○이웃을 모함하는 거짓 증언을 하
지 못한다.
21 ○이웃의 아내를 탐내지 못한다. 이
웃의 집이나 밭이나, 남종이나 여종
이나 소나 나귀나 할 것 없이, 너희
이웃의 소유는 어떤 것도 탐내지 못
한다.'
22 ○주님께서는 이 말씀을 구름이
덮인 캄캄한 산 위 불 가운데서, 큰
목소리로 당신들 온 총회에 선포하
시고, 이 말씀에 조금도 보탬이 없
이, 그대로 두 돌판에 새겨서 나에게
주셨습니다."

백성이 두려워하다 (출 20:18-21)

23 ○"산이 불에 탈 때에, 캄캄한 어둠
속에서 들려 오는 음성을 당신들이
듣고, 당신들 지파의 모든 두령과 장
로들이 나에게 다가와서,
24 이렇게 말하였습니다. '보십시오, 주
우리의 하나님은 그의 영광과 위엄을
우리에게 보여 주시고, 우리는 불 가
운데서 들려 오는 하나님의 음성을
들었습니다. 그리고 하나님이 사람과
말씀하셨는데도 그 사람이 여전히 살
아 있음을, 오늘 우리는 보았습니다.
25 그런데 지금은 이 큰 불길이 우리를
삼키려고 하고 있으니, 어찌하여 우
리가 죽음의 위협을 받아야 합니
까? 우리가 주 우리 하나님의 음성
을 다시 듣는다면, 우리는 죽을 것입
니다.
26 살아 계시는 하나님이 불 가운데서
하시는 말씀을 듣고도 우리처럼 산
사람이, 육체를 가진 사람 가운데 누
가 있겠습니까?
27 그러니 직접 가까이 나아가셔서, 주
우리의 하나님이 말씀하시는 것을
모두 들으시고, 주 우리의 하나님이
하신 모든 말씀을 우리에게 다 전달
하여 주시기를 바랍니다. 그러면 우
리가 듣고 그대로 하겠습니다.'
28 ○당신들이 나에게 한 이 말을 주님
께서 모두 들으셨습니다. 주님께서
나에게 이렇게 말씀하셨습니다. '이
백성이 너에게 말하는 것을 내가 들
으니, 그들의 말이 모두 옳다.
29 그들이 언제나 이런 마음을 품고 나
를 두려워하며, 나의 모든 명령을 지
켜서, 그들만이 아니라 그 자손도 길
이길이 잘 살게 되기를 바란다.
30 가서 그들에게 저마다 자기의 장막
으로 돌아가라고 말하여라.
31 그러나 너만은 여기에서 나와 함께
있다가, 내가 너에게 일러주는 이 모
든 명령과 규례와 법도를 받아서 그
들에게 가르쳐 주어라. 그들은 내가

라엘에게 주신 날임을 말한다. 안식일에는 어떠한 일도 행해서는 안 되었다(출 20:10;23:12).

5:21 **탐내지 못한다** 이 계명은 인간의 외적인 행위보다는 내적인 상태와 밀접한 관계가 있다. '탐내다'는 (히) '하마드'인데, 이 동사는 물질을 획득하고자 하는 욕심을 나타낼 때 쓰는 말이다(눅 12:15). 곧 다른 사람의 소유물에 대하여 부당한 욕망을 품는 것을 의미할 때 사용된다. 예수님께서도 이것을 지적하셨다(눅 6:45). 하나님께서는 인간의 외면보다는 내면의 진실성을 원하신다.

5:22-27 하나님께서 영광과 위엄 가운데서 십계명을 말씀하실 때 백성의 대표들(23절)은 "이 큰 불길이 우리를 삼키려고 하고 있으니…죽을 것입니다"(25절)라고 두려워하며, 모세에게 중재자가 되어 주기를 간청한다(27절). 이스라엘은 두려움에도 불구하고, 하나님을 그들의 주님으로 섬기고 복종하겠다고 한다. 하나님은 이 간청을 받아들이시고 모세를 통해 백성들에게 말씀하신다.

그들에게 유산으로 주는 땅에서 그
것을 그대로 실행하여야 한다.'
32 ○그러므로 당신들은 주 당신들의
하나님이 당신들에게 명하신 모든
것을 성심껏 지켜야 하며, 오른쪽으
로나 왼쪽으로나 벗어나지 말아야
합니다.
33 당신들은 주 당신들의 하나님이 명
하신 그 모든 길만을 따라가야 합니
다. 그러면 당신들이 차지할 땅에서
풍성한 복을 얻고, 오래오래 잘 살
것입니다."

큰 계명

6 "이것은 주 당신들의 하나님이 당
신들에게 가르치라고 나에게 명하
신 명령과 규례와 법도입니다. 당신
들은 건너가서 차지할 땅에서 이것
을 지키십시오.
2 당신들이 주 당신들의 하나님을 경
외하며, 내가 당신들에게 명한 모든
주님의 규례와 법도를 잘 지키면, 당
신들과 당신들 자손이 오래오래 잘
살 것입니다.
3 그러니 이스라엘 자손 여러분, 이 모
든 말을 듣고 성심껏 지키면, 주 당
신들 조상의 하나님이 당신들에게
약속하신 대로, 젖과 꿀이 흐르는
땅에서 당신들이 잘 되고 크게 번성
할 것입니다.
4 ○이스라엘은 들으십시오. ㉠주님은
우리의 하나님이시요, 주님은 오직
한 분뿐이십니다.
5 당신들은 마음을 다하고 뜻을 다하
고 힘을 다하여, 주 당신들의 하나님
을 사랑하십시오.
6 내가 오늘 당신들에게 명하는 이 말
씀을 마음에 새기고,
7 자녀에게 부지런히 가르치며, 집에
앉아 있을 때나 길을 갈 때나, 누워
있을 때나 일어나 있을 때나, 언제든
지 가르치십시오.
8 또 당신들은 그것을 손에 매어 표로
삼고, 이마에 붙여 기호로 삼으십시
오.
9 집 문설주와 대문에도 써서 붙이십
시오."

불순종에 대한 경고

10 ○"주 당신들의 하나님이, 당신들의
조상 아브라함과 이삭과 야곱에게
맹세하여 당신들에게 주기로 약속하
신 그 땅에, 당신들을 이끌어들이실
것입니다. 거기에는 당신들이 세우
지 않은 크고 아름다운 성읍들이 있
고,
11 당신들이 채우지 않았지만 온갖 좋
은 것으로 가득 찬 집이 있고, 당신
들이 파지 않았지만 이미 파놓은 우
물이 있고, 당신들이 심지 않았지만
이미 가꾸어 놓은 포도원과 올리브
밭이 있으니, 당신들은 거기에서 마

6장 요약 본장에는 신명기 전체의 주제이기도 한 하나님을 사랑하라는 명령으로 가득 차 있다. 특히, 유대 사람들은 전통적으로 4-9절을 '쉐마'('들으라'는 뜻)라 하여, 경건한 사람들이 날마다 낭송하는 신앙 고백으로 삼았다.

6:4-9 하나님을 사랑하라는 명령의 내용이다. '주님은 오직 한 분뿐이십니다'(4절)라는 유일신관은 이스라엘 종교의 근본적 진리이며, '마음을 다하고 뜻을 다하고 힘을 다하여, 주 당신들의 하나님을 사랑하십시오'(5절)라는 것은 그런 신관에 기초를 둔 근본적 의무였다. 그리고 언약 백성의 부모들은 이 진리를 그 마음에 새겨야 할 뿐 아니라 자기 자녀들에게 부지런히 가르쳐 이 신앙을 계속 보존시켜야 했다(6-9절). 이런 신앙이 이스

㉠ 또는 '주 우리의 하나님, 주님은 한 분이시다.' 또는 '주 우리의 하나님은 한 주님이시다.' 또는 '주님은 우리의 하나님이시다. 오직 주님만이'

음껏 먹게 될 것입니다.
12 당신들이 그렇게 될 때에, 당신들은
이집트 땅 종살이하던 집에서 당신
들을 이끌어 내신 주님을 잊지 않도
록 주의하십시오.
13 당신들은 주 당신들의 하나님을 경
외하며, 그를 섬기며, 그의 이름으로
만 맹세하십시오.
14 당신들은, 당신들 가까이에 있는 백
성이 섬기는 신들 가운데에, 그 어떤
신도 따라가서는 안 됩니다.
15 당신들 가운데 계시는 주 당신들의
하나님은 질투하는 하나님이시니, 주
당신들의 하나님이 분노하시면, 당신
들을 땅 위에서 멸하실 것입니다.
16 ○당신들이 맛사에서 시험한 것처럼,
주 당신들의 하나님을 시험하면 안
됩니다.
17 주 당신들의 하나님의 명령과 그가
명한 훈령과 규례를 철저히 지켜야
합니다.
18 당신들은 주님께서 보시는 앞에서
올바르고 선한 일을 하십시오. 그러
면 당신들이 잘 되고, 주님께서 당신
들의 조상에게 맹세하신 저 좋은 땅
에 들어가서, 그 곳을 차지하게 될
것이며,
19 주님께서 말씀하신 대로, 당신들 앞
에서 당신들의 모든 원수를 쫓아낼
수 있을 것입니다.
20 ○나중에 당신들의 자녀가, 주 당신
들의 하나님이 당신들에게 명하신
훈령과 규례와 법도가 무엇이냐고
당신들에게 묻거든,
21 당신들은 자녀에게 이렇게 일러주십
시오. '옛적에 우리는 이집트에서 바
로의 노예로 있었으나, 주님께서 강
한 손으로 우리를 이집트에서 이끌
어 내셨다.
22 그 때에 주님께서는 우리가 보는 데
서, 놀라운 기적과 기이한 일로 이집
트의 바로와 그의 온 집안을 치셨다.
23 주님께서는 우리를 거기에서 이끌어
내시고, 우리의 조상에게 맹세하신
대로, 이 땅으로 우리를 데려오시고,
이 땅을 우리에게 주셨다.
24 주님께서 우리에게 이 모든 규례를
명하여 지키게 하시고, 주 우리의 하
나님을 경외하게 하셨다. 우리가 그
렇게만 하면, 오늘처럼 주님께서 언
제나 우리를 지키시고, 우리가 잘 살
게 하여 주실 것이다.
25 우리가 주 우리의 하나님 앞에서, 그
가 우리에게 명하신 대로 이 모든 명
령을 충실하게 지키면, 그것이 우리
의 의로움이 될 것이다.'"

주님께서 선택하신 백성 이스라엘

(출 34:11-16)

7 "주 당신들의 하나님이, 당신들이
들어가 차지할 땅으로 당신들을

라엘 내에 존속하지 않는다면 하나님 앞에서 이스라엘의 존재 가치는 사라지게 된다.

6:10-25 하나님께서 과거에 베푸신 자비와 구원하신 행위를 잊지 않고 기억한다는 것은 성경적 신앙의 근본이 된다. 이 부분에서 기억해야 할 중요한 두 가지는 ① 이집트 땅 종살이하던 집에서 인도하여 내신 하나님을 잊지 말라는 것이며(10-19절) ② 이집트에서 구원하신 큰 사실을 자녀에게 전수하라는 것이다(20-25절).

7장 요약 본장은 이스라엘이 가나안 정복 과정에서나 거기 정착하여 살아가는 가운데, 하나님의 거룩한 백성답게 행해야 할 것을 지적하는 내용이다. 이를 위해 이스라엘은 먼저 우상 숭배로 가득한 이방 세력들로부터 스스로를 철저히 분리하고 그들을 철저히 진멸해야 했다.

7:4 그들의 신들 가나안 종교의 특징은 윤리 의식

이끌어 들이시고, 당신들 앞에서 여
러 민족 곧 당신들보다 강하고 수가
많은 일곱 민족인 헷 족과 기르가스
족과 아모리 족과 가나안 족과 브리
스 족과 히위 족과 여부스 족을 다
쫓아내실 것입니다.
2 주 당신들의 하나님은 그들을 당신
들의 손에 넘겨 주셔서, 당신들이 그
들을 치게 하실 것이니, 그 때에 당
신들은 그들을 전멸시켜야 합니다.
그들과 어떤 언약도 세우지 말고, 그
들을 불쌍히 여기지도 마십시오.
3 그들과 혼인관계를 맺어서도 안 됩
니다. 당신들 딸을 그들의 아들과 결
혼시키지 말고, 당신들 아들을 그들
의 딸과 결혼시키지도 마십시오.
4 그렇게 했다가는 그들의 꾐에 빠져
서, 당신들의 아들이 주님을 떠나 그
들의 신들을 섬기게 될 것이며, 그렇
게 되면 주님께서 진노하셔서, 곧바
로 당신들을 멸하실 것입니다.
5 그러므로 당신들은 그들에게 이렇게
하여야 합니다. 그들의 제단을 허물
고 석상을 부수고 ㉠아세라 ㉡목상
을 찍고 우상들을 불사르십시오.
6 당신들은 주 당신들의 하나님의 거
룩한 백성이요, 주 당신들의 하나님
이 땅 위의 많은 백성 가운데서 선택
하셔서, 자기의 보배로 삼으신 백성
이기 때문입니다.
7 ○주님께서 당신들을 사랑하시고 택
하신 것은, 당신들이 다른 민족들보
다 수가 더 많아서가 아닙니다. 오히
려 당신들은 모든 민족 가운데서 수
가 가장 적은 민족입니다.
8 그런데도 주님께서는 당신들을 사랑
하시기 때문에, 당신들 조상에게 맹
세하신 그 약속을 지키시려고, 강한
손으로 당신들을 이집트 왕 바로의
손에서 건져내시고, 그 종살이하던
집에서 이끌어 내어 주신 것입니다.
9 그러므로 당신들은 주 당신들의 하
나님이 참 하나님이시며 신실하신
하나님이심을 알아야 합니다. 주님
을 사랑하고 주님의 계명을 지키는
사람에게는, 천 대에 이르기까지 그
의 언약을 지키시며, 또 한결같은 사
랑을 베푸시는 신실하신 하나님이심
을 알아야 합니다.
10 그러나 주님을 미워하는 사람에게는
당장에 벌을 내려서 그를 멸하십니
다. 주님께서는 자기를 미워하는 사
람에게는 징벌을 늦추지 아니하십니
다.
11 그러므로 당신들은 오늘 내가 당신
들에게 내리는 명령과 규례와 법도
를 잘 지켜야 합니다."

순종함으로 받는 복 (신 28:1-14)

12 ○"당신들이 이 법도를 듣고 잘 지키
면, 주 당신들의 하나님도 당신들의

이 결여되었다는 점이며, 대표적으로 바알신을 섬겼다.

7:6 당신들은 주 당신들의 하나님의 거룩한 백성이요 히브리어 원문에는 문장 처음에 '왜냐하면'이라는 접속사가 나온다. 이 접속사는 이스라엘에 대한 하나님의 요구(2-3,5절)가 왜 그렇게 비타협적일 수밖에 없는지 그 이유를 밝혀 준다. 이스라엘이 하나님의 거룩한 백성이며, 자기 기업의 백성이기 때문이었다. 그러므로 그들은 하나님의 편에 서서 그분의 뜻을 이루기 위해 가나안 족속들과 종교를 철저히 전멸시켜야 했다. 이것이 역사적 상황에서 이스라엘에게 주어진 과제로 확실히 인식되어야 했다.

7:12-16 순종함으로 받는 복 이 단락에서는 하나님의 명령에 대한 순종의 결과를 분명히 묘사한다. 하나님을 섬기며 다른 신들이 아닌 하나님에

㉠ 가나안 종교의 풍요의 여신, 바알은 그 상대역인 남신 ㉡ 아세라 여신의 상징

조상에게 맹세하여 세우신 언약을
지키시고, 한결같은 사랑을 베푸실
것입니다.
13 또 당신들을 사랑하고 복을 주셔서
번성하게 하실 것입니다. 당신들에
게 주시겠다고 당신들의 조상에게
맹세하신 땅에서, 당신들에게 복을
주셔서 자식을 많이 보게 하시고,
땅에 복을 주셔서 열매와 곡식과 새
술과 기름을 풍성하게 내게 하시고,
소와 양에게도 복을 주셔서 새끼를
많이 낳게 하여 주실 것입니다.
14 당신들은 그 어느 백성보다도 더 복
을 받을 것이며, 당신들 가운데 아이
를 낳지 못하는 남녀가 없고, 또 당
신들 짐승 가운데도 새끼를 낳지 못
하는 암수가 없을 것입니다.
15 주님께서 모든 질병을 당신들에게서
멀리 떠나게 하시며, 이미 이집트에
서 당신들이 알고 있는 어떤 나쁜 질
병에도 걸리지 않게 하여 주실 것입
니다. 그러나 당신들을 미워하는 사
람은 모두 그러한 질병에 걸리게 하
실 것입니다.
16 당신들은 주 당신들의 하나님이 당
신들에게 넘겨 준 모든 민족을 전멸
시켜야 합니다. 그들에게 동정을 베
풀어도 안 되고, 그들의 신을 섬겨서
도 안 됩니다. 그것이 당신들에게 올
가미가 될 것이기 때문입니다.
17 ○당신들이 혼자 생각에 '그 민족들
이 우리보다 많은데, 어떻게 우리가
그들을 쫓아낼 수 있겠는가?' 하고
걱정할 수도 있을 것입니다.
18 그러나 그들을 두려워하지 말고, 주
당신들의 하나님이 바로와 모든 이
집트 사람에게 하신 일을 잘 기억하
십시오.
19 주 당신들의 하나님은, 당신들이 당
신들의 눈으로 본 대로, 큰 재앙과
표징과 기적을 일으키시며, 강한 손
과 편 팔로 당신들을 이끌어 내셨습
니다. 주 당신들의 하나님은, 지금 당
신들이 두려워하는 모든 민족에게
도 그와 같이 하실 것입니다.
20 또한 주 당신들의 하나님은 ㉠말벌
을 그들 가운데로 보내시어, 아직 살
아남은 사람들과 당신들을 피하여
숨어 있는 사람들까지도 멸하실 것
입니다.
21 당신들은 그들을 두려워하지 마십시
오. 당신들 가운데 계신 주 당신들의
하나님은 진정으로 두렵고 위대한
하나님이십니다.
22 주 당신들의 하나님은 그 민족들을
당신들 앞에서 차츰차츰 쫓아내실
것입니다. 당신들은 그들을 단번에
다 없애지 마십시오. 그렇게 하였다
가는 들짐승이 번성하여 당신들을
해칠지도 모릅니다.

게서 복을 받기를 기대하는 사람들에게 하나님은 넘치는 복을 주신다.

7:13 곡식과 새 술과 기름 팔레스타인 지방의 3대 소산물이다. 히브리 사람들은 이것을 하나님께서 특별히 내리시는 선물로 생각했다.

7:16 올가미 새나 짐승을 잡는 데 쓰는 도구이다. 본문에서는 가나안 우상이 이스라엘 백성을 넘어뜨리는 올가미라고 비유한다.

7:20 말벌 하나님이 이스라엘의 원수를 패배시킬 때 사용하신 어떤 강력한 대리권(代理權)을 나타낸다(참조. 출 23:28;수 24:12).

7:22 당시 이스라엘 백성들의 수(數)는 일곱 민족이 차지하고 있던(1절) 가나안 땅 전체를 채우기에는 충분하지 못했다. 그리고 그 땅에 거민들이 없다면 사나운 들짐승 수가 많아질 것이다. 그래서 하나님은 당장 그 민족들을 추방할 수 있었지만 천천히 그들을 추방하기로 작정하셨다.

㉠ 또는 '재앙' 또는 '전염병'

23 ○주 당신들의 하나님은 그들을 당
신들에게 넘겨 주어, 그들을 큰 혼란
에 빠지게 하시고, 마침내 그들을 징
벌하실 것입니다.
24 주님께서 그들의 왕들을 당신들의
손에 넘기실 것이니, 당신들은 그 이
름을 하늘 아래에서 없애버려, 아무
도 기억하지 못하게 할 것입니다. 당
신들은 당신들과 맞설 사람이 하나
도 없을 때까지 그들을 다 진멸시킬
것입니다.
25 당신들은 그들의 신상을 불살라버리
고, 그 위에 입힌 금이나 은을 탐내
지 말며 빼앗지도 마십시오. 그것 때
문에 당신들이 올가미에 걸릴까 두
렵습니다. 그런 행위는 주 당신들의
하나님이 미워하시는 것입니다.
26 당신들은 주님께서 미워하시는 것을
당신들의 집에 끌어들이지 마십시
오. 그러다가는 당신들도 그것과 함
께 망할 것입니다. 당신들은 철저히
그것을 미워하고 꺼려야 합니다. 그
것은 모두 없애야 할 것이기 때문입
니다."

이스라엘이 차지할 좋은 땅

8 "당신들은 오늘 내가 당신들에게
명하는 모든 명령을 잘 지키십시
오. 그러면 당신들이 살아서 번성할
것이며, 주님께서 당신들 조상에게
약속하신 땅에 들어가서 그 땅을 차
지할 것입니다.
2 당신들이 광야를 지나온 사십 년 동
안, 주 당신들의 하나님이 당신들을
어떻게 인도하셨는지를 기억하십시
오. 그렇게 오랫동안 당신들을 광야
에 머물게 하신 것은, 당신들을 단련
시키고 시험하셔서, 당신들이 하나님
의 계명을 지키는지 안 지키는지, 당
신들의 마음 속을 알아보려는 것이
었습니다.
3 주님께서 당신들을 낮추시고 굶기시
다가, 당신들도 알지 못하고 당신들
의 조상도 알지 못하는 만나를 먹이
셨는데, 이것은, 사람이 먹는 것으로
만 사는 것이 아니라 주님의 입에서
나오는 모든 말씀으로 산다는 것을,
당신들에게 알려 주시려는 것이었습
니다.
4 지난 사십 년 동안, 당신들의 몸에
걸친 옷이 해어진 일이 없고, 발이
부르튼 일도 없었습니다.
5 당신들은, 사람이 자기 자녀를 훈련
시키듯이, 주 당신들의 하나님도 당
신들을 훈련시키신다는 것을 마음
속에 새겨 두십시오.
6 당신들은 주 당신들의 하나님의 명
령을 잘 지키고, 그의 길을 따라가
며, 그를 경외하십시오.
7 주 당신들의 하나님이 당신들을 데
리고 가시는 땅은 좋은 땅입니다. 골

8장 요약 모세는 먼저 하나님이 이스라엘을 어떻게 인도하사 어떻게 풍성한 축복을 베푸셨는지를 주지시킨다. 하나님의 주된 관심은 언약 백성을 축복의 길로 인도하시는 데 있었다. 이어서 모세는 이스라엘이 가나안에서 빠질 수 있는 자만심을 각별히 경계시켰다.

8:1 이스라엘은 광야생활을 통해서 하나님의 약속이 얼마나 귀한 것이며 그의 능력이 얼마나 큰 것인가를 깨닫게 되었다. 이제 그들이 하나님의 명령을 지키기만 한다면 그 신실하시고 능력 많으신 하나님이 내리시는 축복을 받게 될 것이다.

8:10 하나님은 그의 자녀들이 그분이 베푸신 축복을 누리며 기뻐하고 즐거워하기를 바라신다(참조. 시 42:4;67:4;사 12:3;61:3;요 15:11;빌 4:4). 성경은 인간의 그릇된 욕망을 부인하고 하나님의 뜻에 따라 풍성하고 즐거운 생활을 할 것을 요구한다. 율법을 지키며 살라는 말씀은 금욕적인 생

짜기와 산에서 지하수가 흐르고 샘
물이 나고 시냇물이 흐르는 땅이며,
8 밀과 보리가 자라고 포도와 무화과
와 석류가 나는 땅이며, 올리브 기름
과 꿀이 생산되는 땅이며,
9 먹을 것이 모자라지 않고 아무것도
부족함이 없는 땅이며, 돌에서는 쇠
를 얻고 산에서는 구리를 캐낼 수 있
는 땅입니다.
10 주 당신들의 하나님이 당신들에게
주신 옥토에서, 당신들은 배불리 먹
고 주님을 찬양할 것입니다."

주님을 잊지 말라는 경고

11 ○"오늘 내가 당신들에게 전하여 주
는 주님의 명령과 법도와 규례를 어
기는 일이 없도록 하고, 주 당신들의
하나님을 잊지 않도록 하십시오.
12 당신들이 배불리 먹으며, 좋은 집을
짓고 거기에서 살지라도,
13 또 당신들의 소와 양이 번성하고, 은
과 금이 많아져서 당신들의 재산이
늘어날지라도,
14 혹시라도 교만한 마음이 생겨서, 당
신들을 이집트 땅 종살이하던 집에서
이끌어 내신 주 당신들의 하나님을
잊어버리는 일이 없도록 하십시오.
15 주님께서는 넓고 황량한 광야 곧 불
뱀과 전갈이 우글거리는 광야와 물
이 없는 사막에서 당신들을 인도하
여 주시고, 차돌 바위에서 샘물이 나
게 하신 분이십니다.
16 광야에서는 당신들의 조상도 알지
못하던 만나를 당신들에게 먹이셨습
니다. 이것이 다 당신들을 단련시키
고 시험하셔서, 나중에 당신들이 잘
되게 하시려는 것이었습니다.
17 당신들이 마음 속으로 '이 재물은 내
능력과 내 손의 힘으로 모은 것이라'
고 생각할 것 같아서 걱정이 됩니다.
18 그러나 주 당신들의 하나님이, 당신
들의 조상에게 맹세하신 그 언약을
이루시려고 오늘 이렇게 재산을 모
으도록 당신들에게 힘을 주셨음을,
당신들은 기억해야 합니다.
19 내가 오늘 당신들에게 다짐합니다.
당신들이 주 당신들의 하나님을 참
으로 잊어버리고, 다른 신들을 따라
가서 그들을 섬기며 절한다면, 당신
들은 반드시 멸망할 것입니다.
20 당신들이 주 당신들의 하나님의 음
성을 듣지 않으면, 주님께서는, 당신
들 앞에서 멸망시킨 민족들과 똑같
이, 당신들도 망하게 하실 것입니다."

백성의 불순종

9 "이스라엘은 들으십시오. 오늘 당
신들이 요단 강을 건너가서, 당신
들보다 강대한 민족들을 쫓아내고,
하늘에 닿을 듯이 높은 성벽으로 둘
러싸인 큰 성읍들을 차지할 것입니
다.

활을 강요하는 것은 아니다.

8:11-20 이 단락은 하나님을 잊지 않도록 조심하라는 권고와 경고이다. 11-18절까지는 하나님을 잊지 않도록 조심하라는 권고이고, 19-20절은 하나님을 잊지 말라는 엄중한 경고이다. 이스라엘은 자신들의 번영이 누구의 덕택인지 잊어버리지 말고 광야의 시험 기간을 떠올려야 한다. 이러한 번영과 축복은 자신들의 힘이 아니라, 하나님이 그 조상들과 맺으신 언약에 근거한 것이다.

9장 요약 모세는 이스라엘이 가나안 땅을 차지하게 된 것이 하나님의 은혜로우신 섭리 때문임을 밝히기 위해, 가나안 족속들이 이스라엘보다 더 강하다는 점을 지적한다(1-5절). 또한 이집트를 나온 이후 이스라엘이 거듭하여 범했던 반역과 불순종의 자취들(6-24절) 및 모세 자신의 중보 기도를 상기시킨다(25-29절).

9:1-29 여기서 모세는 이스라엘 백성이 가나안

2 거기에 있는 사람들, 힘이 세고 키가
큰 이 민족은, 당신들이 아는 그 아
낙 자손입니다. '누가 아낙 자손과
맞설 수 있겠느냐?' 하는 말을 당신
들은 들었을 것입니다.
3 그러나 당신들이 아시는 대로, 오늘
주 당신들의 하나님이 맹렬한 불이
되어 당신들 앞에서 건너가시며, 몸
소 당신들 앞에서 그들을 멸하셔서,
그들이 당신들 앞에 무릎을 꿇게 하
실 것입니다. 주님께서 당신들에게
말씀하신 대로, 그들을 빨리 몰아내
고 멸망시키실 것입니다.
4 ○주 당신들의 하나님이 그들을 당
신들 앞에서 내쫓으신 다음에, 행여
'내가 착하기 때문에 주님께서 나를
이끌어들여 이 땅을 차지하게 하셨
다'고 생각하지 마십시오. 주님께서
이 민족을 당신들 앞에서 내쫓은 것
은, 그들이 악하기 때문입니다.
5 당신들이 마음이 착하고 바르기 때
문에 당신들이 들어가서 그들의 땅
을 차지하도록 하신 것이 아니라, 여
기에 있는 이 민족들이 악하기 때문
에 주 당신들의 하나님이 그들을 당
신들 앞에서 내쫓으신 것입니다. 이
렇게 하여, 주님께서는 당신들의 조
상 아브라함과 이삭과 야곱에게 맹
세하신 그 말씀을 이루신 것입니다.
6 ○주 당신들의 하나님이 이 좋은 땅
을 당신들에게 주어 유산으로 차지
하게 하신 것이, 당신들이 착하기 때
문이 아님을, 당신들은 알아야 합니
다. 오히려 당신들은 고집이 센 백성
입니다.
7 당신들은 광야에서 주 당신들의 하
나님을 얼마나 노엽게 하였던가를
잊지 말고 기억하십시오. 당신들은
이집트 땅에서 나오던 날부터 이 곳
에 이르기까지 줄곧 주님을 거역하
였습니다.
8 ○당신들은 이미 호렙 산에서 주님
을 노엽게 하였으며, 그래서 주님께
서는 진노하셔서, 당신들을 멸하려
고 하셨습니다.
9 그 때에 나는 돌판 곧 주님께서 당신
들과 세우신 언약을 쓴 돌판을 받으
려고 산에 올라가, 그 산에서 밤낮
사십 일을 살면서, 밥도 먹지 않고
물도 마시지 않았습니다.
10 그 때에 주 하나님이 돌판 둘을 나
에게 주셨는데, 그 돌판의 글은 하나
님이 손수 쓰신 것입니다. 그 두 돌
판에는 당신들 총회 날에 주님께서
그 산꼭대기의 불길 속에서 당신들
에게 하신 모든 말씀이 그대로 기록
되어 있습니다.
11 밤낮 사십 일이 지난 다음에, 주님께
서는 나에게 두 돌판 곧 언약의 돌
판을 주셨습니다.

땅의 주인이 되는 것은 자신들의 공로에 의해서가 아니라, 하나님의 특별하신 은혜로 말미암아 된다는 점을 밝히고 있다.

9:4 그들이 악하기 때문입니다 하나님께서 이스라엘에게 가나안을 정복하라고 하신 것은 단순한 침략 전쟁이 아니라, 악을 제거하고 심판하는 거룩한 전쟁이었다(5절).

9:6–24 이스라엘 백성은 가나안 땅을 차지할 만큼 의롭지 못했고, 오히려 광야 길을 오는 동안 하나님을 거슬러 왔다. 이 단락에서는 그러한 이스라엘의 반역을 지나간 사건들을 통해 회상한다.

9:7 잊지 말고 기억하십시오 여기서는 이스라엘 백성들이 호렙 산에서 하나님을 노엽게 했던 사건을 다시 한번 회상시키고 있다. 하나님께서 그렇게 하신 이유는 이스라엘 백성들로 하여금 그들 자신들에게는 가나안 땅을 소유할 만한 충분한 의로움이 없음을 깨닫게 하기 위해서였다.

9:9 언약을 쓴 돌판 십계명이 기록된 증거판이다.

12 그리고 주님께서는 나에게 이르시기
를 '일어나서 여기에서 빨리 내려가
거라. 이집트에서 이끌어 낸 너의 백
성이 타락하여, 내가 명한 길에서 이
미 떠났으며, 자기들이 섬길 우상을
만들었다' 하셨습니다.
13 주님께서 또 나에게 말씀하시기를
'이 백성을 보니, 정말 고집이 센 백
성이구나.
14 나를 말리지 말아라. 내가 그들을
멸하여, 하늘 아래에서 그들의 이름
을 없애버리겠다. 그 대신에 내가 그
들보다 강한 많은 민족을 너에게서
나오게 하겠다' 하셨습니다.
15 ○내가 발길을 돌려서 산에서 내려
오는데, 산에는 불이 타고 있었고,
나는 두 손으로 두 언약 돌판을 들
고 있었습니다.
16 그 때에 내가 보니, 당신들이 주 당
신들의 하나님께 죄를 짓고, 당신들
이 섬길 송아지 우상을 만들어서, 주
님께서 당신들에게 명한 길에서 이
미 떠나 있었습니다.
17 그래서 내가, 당신들이 보는 앞에서,
두 돌판을 두 손으로 번쩍 들어 내
던져 깨뜨려 버렸습니다.
18 그리고 내가 전과 같이 밤낮 사십
일을 밥도 먹지 않고 물도 마시지 않
고 주님 앞에 엎드려 있어야만 한 것
은, 당신들이 주님 보시기에 나쁜 일
을 저질러서 그를 노엽게 하는 온갖
죄를 지었기 때문입니다.
19 주님께서 당신들을 두고 크게 분노
하셔서 당신들을 죽이려고 하셨으
므로, 나는 두려웠습니다. 그러나 주
님께서는 다시 한 번 나의 애원을 들
어주셨습니다.
20 주님께서 아론에게도 몹시 분노하셔
서 그를 죽이려고 하셨으므로, 그
때에도 나는 아론을 살려 달라고 기
도하였습니다.
21 당신들이 지은 죄 곧 당신들이 만든
그 금송아지를 불에 넣어 녹여서 산
산이 부수고, 먼지 같은 가루로 만
들어서, 산에서 흘러 내려오는 개울
물에 띄워 보냈습니다.
22 ○당신들은 다베라와 맛사와 기브롯
핫다아와에서도 주님을 노엽게 하였
습니다.
23 주님께서 당신들을 가데스바네아로
보내실 때에, 당신들에게 이르시기
를 '올라가서 내가 너희에게 준 땅을
차지하여라' 하셨습니다. 그러나 당
신들은 주 당신들의 하나님의 명령
을 거역하고, 그를 믿지 않고 그의
말씀을 듣지 않았습니다.
24 내가 당신들을 알게 된 날부터 지금
까지, 당신들은 주님을 거역하기만
하였습니다.
25 ○그 때에 주님께서 당신들을 멸하

9:12 내가 명한 길에서 이미 떠났으며 모세가 시내 산에 올라가 금식하며 기도하고 있는 동안에, 이스라엘 백성은 하나님의 말씀을 떠나 우상을 만들었다. 이처럼 이스라엘 백성이 배은망덕한 행위를 한 때는 그들이 이집트를 떠난 지 3개월이 되고 시내 산에 도착한 지 3일이 되던 때로서 하나님의 강림 이후였다(출 19:1,16). 기적을 경험했던 이스라엘 백성이 그토록 빨리 하나님을 저버린 것으로 보아 이스라엘 백성들이 얼마나 경솔한 백성인가를 깨닫게 된다.

9:17 두 돌판을 두 손으로…깨뜨려 버렸습니다 모세가 분노한 나머지 마침 손에 들었던 두 돌판을 던져버렸다고 보아서는 안 된다. 이것은 금송아지를 만든 이스라엘의 행위로 하나님께서 모세를 통해 주신 언약이 깨어졌음을 상징한다. 즉, 하나님께서 모세에게 주셨던 언약이 백성들에게 공포되기도 전에 그 백성들에 의해 깨어졌음을 암시하기 위해, 모세가 그 돌판을 던지게 하신 것이다.

22 당신들의 조상이 이집트로 내려갈
때에는 모두 일흔 명밖에 되지 않았
지만, 주 당신들의 하나님은 이제 당
신들을 하늘의 별과 같이 많게 하셨
습니다."

주님의 위대하심

11 "그러므로 당신들은 주 당신들
의 하나님을 사랑하며, 그의 직
임과 법도와 규례와 명령을 항상 지
키십시오.
2 주 하나님의 위엄과 강한 손과 편
팔을 기억해야 할 사람은, 당신들의
자녀가 아니라 바로 당신들입니다.
당신들의 자녀들은 주 당신들의 하
나님이 하신 일과 내리신 명령을 보
지도 못하고 듣지도 못하였습니다.
3 당신들이 또 기억해야 할 것은, 주님
께서 이집트의 바로 왕과 그의 온 땅
에 기적과 표징을 일으키신 것과,
4 주님께서, 당신들 뒤를 쫓아온 이집
트의 군대와 군마와 병거를 ㉠홍해
바닷물로 휩쓸어, 오늘에 이르기까
지 흔적도 없이 멸하신 일과,
5 또 당신들이 이 곳에 이르기까지 광
야에서 당신들에게 하신 일과,
6 르우벤의 손자요 엘리압의 아들인
다단과 아비람에게 하신 일, 곧 땅
이 입을 벌려 온 이스라엘 가운데서
그들과 그들의 집안과 장막과 제 발
로 걸어다니는 모든 짐승을 함께 삼
켜버리게 하신 일입니다.
7 당신들은 주님께서 하신 이 위대한
모든 일을 당신들 눈으로 보았습니
다."

약속의 땅

8 ○"그러니 당신들은 오늘 내가 당신
들에게 내리는 모든 명령을 지키십
시오. 그러면 당신들은 힘을 얻고,
당신들이 건너가 차지하려는 땅에
들어가서, 그 땅을 실제로 차지할 것
입니다.
9 또한 주님께서 당신들 조상과 그 자
손에게 주시기로 약속하신 땅 곧 젖
과 꿀이 흐르는 땅에서 오래 살 것
입니다.
10 당신들이 들어가서 차지할 땅은 당
신들이 나온 이집트 땅과는 다릅니
다. 이집트에서는 채소밭에 물을 줄
때처럼, 씨를 뿌린 뒤에 발로 물을
댔지만,
11 당신들이 건너가서 차지할 땅에는
산과 골짜기가 많아서, 하늘에서 내
린 빗물로 밭에 물을 댑니다.
12 주 당신들의 하나님이 몸소 돌보시
는 땅이고, 주 당신들의 하나님의 눈
길이 해마다 정초부터 섣달 그믐날
까지 늘 보살펴 주시는 땅입니다.
13 ○당신들이, 오늘 내가 당신들에게
명하는 ㉡그의 명령들을 착실히 듣
고, 주 당신들의 하나님을 사랑하며,

11장 요약 하나님을 사랑하고 순종하라는 내용의 주제가 이어진다. 모세는 백성들에게 이집트를 나올 때와 광야 생활 중에 드러난 하나님의 권능을 상기시키고 순종과 불순종에 따른 축복과 저주를 극명하게 대조시켜 양자택일을 강조하고 있다(26–32절).

11:2–7 모세는 계속해서 청중들에게 하나님의 섭리와 구원을 강조하고 있다. 5:3에서 하나님께서는 언약을 열조와만 맺은 것이 아니라 당시의 백성들과도 맺은 것임을 강조하셨다. 그리고 여기에서는 하나님의 큰 기적을 본 자들뿐만 아니라, 기적을 보지 못한 그들의 후손들과도 언약을 맺으셨다고 말씀하신다.

11:8–12 이스라엘은 하나님의 계명을 순종해야만

㉠ 히, '얌 쑤프'. 다음과 같은 지역을 암시하고 있음. (1)수에즈만과 지중해의 하구 사이에 있는 호수들과 늪지대 (2)수에즈 만 (3)아카바 만 ㉡ 칠십인역을 따름. 히, '나의'

온 마음과 정성을 다하여 주님을 섬
기면,
14 ㉠주님께서 당신들 땅에 ㉡가을비와
봄비를 철 따라 내려 주셔서, 당신들
이 곡식과 포도주와 기름을 거두게
하실 것이며,
15 들에는 당신들의 가축이 먹을 풀을
자라게 하여 주실 것이며, 그리하여
당신들은 배불리 먹고 살 것입니다.
16 당신들은, 유혹을 받고 마음이 변하
여, 다른 신들을 섬기거나 그 신들
앞에 엎드려서 절을 하는 일이 없도
록 주의하십시오.
17 당신들이 다른 신들을 섬기면, 주님
께서는 당신들에게 진노하셔서, 하
늘을 닫고 비를 내리지 않으실 것이
며, 당신들은 밭에서 아무것도 거두
지 못할 것입니다. 그렇게 되면 당신
들은, 주님께서 주신 기름진 땅에서
도 순식간에 망할 것입니다.
18 ○그러므로 당신들은, 내가 한 이 말
을 마음에 간직하고, 골수에 새겨두
고, 또 그것을 손에 매어 표로 삼고,
이마에 붙여 기호로 삼으십시오.
19 또 이 말을 당신들 자녀에게 가르치
며, 당신들이 집에 앉아 있을 때나
길을 갈 때나, 누워 있을 때나 일어
나 있을 때나, 언제든지 가르치십시
오.
20 당신들의 집 문설주와 대문에도 써
서 붙이십시오.
21 그러면 주님께서 당신들 조상에게
주겠다고 맹세하신 땅에서, 당신들
과 당신들 자손이 오래오래 살 것입
니다. 당신들은 하늘과 땅이 없어질
때까지 길이길이 삶을 누릴 것입니
다.
22 ○당신들이, 내가 당신들에게 명한
이 모든 명령을 정성껏 지키며, 주 당
신들의 하나님을 사랑하고, 그의 모
든 길을 따르며, 그에게 충성하면,
23 주님께서 이 모든 민족을 당신들 앞
에서 다 쫓아내실 것입니다. 그리고
당신들은 당신들보다 강대한 나라
들을 차지할 것입니다.
24 당신들의 발바닥이 닿는 곳은 어디
든지 다 당신들의 소유가 될 것입니
다. 남쪽의 광야에서부터 북쪽 레바
논 산간지방까지, 동쪽의 큰 강인 유
프라테스 강으로부터 서쪽의 지중해
에 이르기까지, 모두 당신들의 영토
가 될 것입니다.
25 주 당신들의 하나님은, 당신들에게
말씀하신 대로, 당신들이 가는 곳
어디에서나, 모두들 당신들을 두려워
하게 하며 당신들이 무서워서 떨게
하실 터이니, 아무도 당신들 앞길을
가로막지 못할 것입니다.
26 ○보십시오, 내가 오늘 당신들 앞에
복과 저주를 내놓습니다.

약속의 땅에 들어가 그 땅에서 풍요롭게 살 수 있다. 가나안 땅은 물이 풍성하여 많은 수확을 얻을 수 있는 좋은 땅이다. 이집트의 땅은 인공적으로 물을 *끌어와야만 농사*를 지을 수 있었으나(10절), 가나안 땅은 비가 많이 와 물이 풍족했다(11절).

11:19 모세는 부모들에게 자녀들을 가르칠 책임이 있음을 강조하고 있다. 부모는 자녀들에게 하나님의 말씀(율법)을 가르치고 양육해야 한다.

11:28 하나님의 명령을 귀담아 듣지 않고 명령은 우리가 알고 있는 현재의 법처럼, 그 자체가 구속력 유무(有無)의 성격을 지닌 것이 아님을 알 수 있다. 다시 말해, 하나님의 명령은 그의 백성들을 위해 이미 하나님께서 만들어 놓으신 좋은 삶의 방법일 뿐이라는 것이다. 그러므로 그 명령에 불순종하는 사람은 하나님과 분리된 자이므로, 예정된 행복과 번영이 가득한 삶을 살 수 없게 된다.

㉠ 사마리아 오경과 칠십인역과 불가타를 따름. 히, '내가' ㉡ 히, '이른 비와 늦은 비'

27 오늘 내가 당신들에게 명하는 주 당
신들의 하나님의 명령을 귀담아 듣
는 사람은 복을 받을 것이며,
28 주 당신들의 하나님의 명령을 귀담
아 듣지 않고, 오늘 내가 당신들에게
명한 그 길을 떠나, 당신들이 알지
못하는 다른 신들을 따르는 사람은
저주를 받을 것입니다.
29 ○주 당신들의 하나님이, 당신들이
들어가서 차지할 땅으로 당신들을
인도하여 들이실 때에, 당신들은 그
리심 산에서는 축복을 선포하고, 에
발 산에서는 저주를 선포하십시오.
30 이 두 산은 요단 강 서쪽에 있습니
다. 모레 상수리나무 곁, 길갈 맞은
쪽, 요단 강에서 서쪽으로 얼마만큼
들어간 곳에 있고, 요단 계곡 아라
바에 살던 가나안 사람의 영토에 속
합니다."

선택된 예배 처소

31 ○"당신들은 이제 요단 강을 건너가
서, 주 당신들의 하나님이 당신들에
게 주시는 땅을 차지하려고 합니다.
당신들이 그 땅을 차지하고 자리를
잡거든,
32 당신들은 오늘 내가 당신들에게 준
모든 규례와 법규를 성심껏 지키십
시오.

12

1 당신들이 땅 위에서 사는 날
동안, 주 당신들 조상의 하나님
이 당신들에게 차지하게 하신 땅에
서, 당신들이 지켜야 할 규례와 법도
는 다음과 같습니다.
2 ○당신들은 당신들이 쫓아낼 민족들
이 뭇 신을 섬기는 곳은, 높은 산이
든지 낮은 언덕이든지 무성한 나무
아래이든지, 어느 곳이든지 다 허물
어야 합니다.
3 거기에 있는 제단을 허물고, 석상을
부수고, 아세라 목상을 불태우고,
신상들을 부수고, 그들의 이름을 그
곳에서 지워서 아무도 기억하지 못
하게 하여야 합니다.
4 ○그러나 당신들은 주 당신들의 하
나님을 섬길 때에 이방 민족들이 그
들의 신들을 섬기는 방식으로 섬겨
서는 안 됩니다.
5 당신들은, 주 당신들의 하나님이 자
기의 이름을 두려고 거처로 삼으신,
당신들 모든 지파 가운데서 택하신
그 곳으로 찾아가서 예배를 드려야
합니다.
6 당신들은, 번제물과 화목제물과 십
일조와 높이 들어 바치는 곡식제물
과 서원제물과 자원제물과 소나 양
의 처음 난 것을, 그 곳으로 가져다
가 바쳐야 합니다.
7 당신들은 주 당신들의 하나님이 계
시는 그 앞에서 먹도록 하십시오. 그
리고 주 당신들의 하나님이 당신들

12장 요약 본장에서 16:17까지는, 거룩한 백성이 하나님께 드리는 예배에 관한 규정이다. 본장은 예배 처소에 관한 규정(2–14절)과 고기 먹는 규정(15–28절) 및 우상 숭배에 대한 경고(29–32절) 등으로 구분된다. 이스라엘은 구별된 제사장 나라로서 하나님께서 정하신 장소에서만 제사를 드려야 했다.

12:2 허물어야 모세는 이스라엘 백성들에게, 가나안에 들어가면 그 땅 거민들이 숭배하던 음란한 우상들이 있는 곳은 완전히 파괴하라고 명한다.

12:2–14 예배 처소에 관한 율법을 말하고 있다. 이 부분은 2–7절과 8–14절로 구분되며, 후반부는 전반부(5–7절)를 다시 자세히 설명하여 강조하고 있다. 이방 백성은 자기들이 청한 곳에서 제사를 드리고 즐거워했지만, 구별된 제사장 나라는 하나님께서 정하신 곳에서 제사를 드려야 했다. 이렇게 하나님께서 정하신 곳을 중심으로 한

이 수고한 일에 복을 주신 것을 생
각하면서, 가족과 함께 즐거워하십
시오.
8 ○오늘 여기에서는 우리가 저마다 자
기의 소견대로 예배를 드리지만, 거
기에 가서는 그렇게 하지 못합니다.
9 주 당신들의 하나님이 당신들에게
유산으로 주시는 땅에 아직 이르지
못하고, 그 곳에서 누릴 안식을 아직
얻지 못한 지금은, 당신들이 소견대
로 합니다.
10 그러나 당신들이 요단 강을 건너가
서, 주 당신들의 하나님이 당신들에
게 유산으로 주시는 땅에 정착할 때
에는, 또 주님께서 사방에 있는 모든
적들의 위협을 물리치시고, 당신들
에게 안식을 주셔서, 당신들을 평안
히 살게 하실 그 때에는,
11 당신들은, 내가 당신들에게 명한 모
든 것 곧 번제물과 화목제물과 십일
조와 높이 들어 바치는 곡식제물과
주님께 바치기로 서원한 모든 서원
제물을 주 당신들의 하나님이 그의
이름을 두려고 선택하신 그 곳으로
가지고 가서 바쳐야 합니다.
12 거기에서 당신들은 주 당신들의 하
나님을 앞에 모시고 즐거워하십시
오. 당신들만이 아니라, 당신들의 자
녀들, 남종과 여종, 당신들처럼 차지
할 몫이나 유산도 없이 성 안에서
사는 레위 사람을 다 불러서 함께
즐거워하십시오.
13 ○당신들은 당신들이 택한 아무 곳
에서나 번제를 드리는 일이 없도록
조심하십시오.
14 주님께서 당신들의 지파 가운데서
한 곳을 택하실 터이니, 그 곳으로 가
서 번제를 드리고, 내가 당신들에게
명령한 다른 모든 것을 지키십시오.
15 ○당신들은, 주 하나님이 당신들에
게 베풀어 주신 복을 따라서, 마음
에 내키는 대로, 성 안 어디서든지
짐승을 잡아먹을 수 있습니다. 정한
사람이든지 부정을 탄 사람이든지,
모두 다 노루나 사슴 고기를 먹듯
이, 잡은 짐승의 고기를 먹을 수 있
습니다.
16 그러나 피는 먹지 못합니다. 물처럼
땅에 쏟아 버려야 합니다.
17 당신들이 십일조로 바친 곡식과 포
도주와 기름과 소와 양의 처음 난
것과 서원하고 드린 갖가지 서원제
물과 자원제물과 높이 들어 바치는
곡식제물은, 성 안에서는 먹을 수 없
습니다.
18 그것은 주 당신들의 하나님이 택하
신 곳으로 가지고 가서, 주 당신들의
하나님을 앞에 모시고 먹도록 하십
시오. 당신들과 당신들의 자녀와 남
종과 여종과 성 안에 사는 레위 사

종교 생활은, 종교적·민족적 통일성을 가지게 해 줄 것이다. 때문에, 그 땅의 이방 제단들과 우상들을 완전히 척결하도록 명하셨다. 그러나 왕국 *분열 이후*, *북 이스라엘의* 창시자 여로보암은 왕권을 강화하기 위해 이 원칙을 무시하고 베델과 단을 중심으로 한 종교 생활로 백성을 잘못 이끌었다(참조. 왕상 12:28–33).

12:12 레위 사람들은 토지의 소산물을 가지고 있지 않았다. 그러나 여러 지파 가운데 흩어져 그들에게 부여된 성읍에서 살면서, 다른 지파 사람들이 가져오는 소산물을 먹으며 살았다.

12:15 정한 사람이든지 부정을 탄 사람이든지 하나님께서는 이스라엘 백성에게 부정한 사람에 관한 규례를 정해 주셨다. 이스라엘 백성들이 가나안 땅에 들어가 살 때 이방 사람들과 구별된 삶을 살게 하기 위해서였다. 레위기 13–15장에 의하면 악성 피부병·고름/피를 흘리는 병·죽은 것을 만진 경우에 부정하다. 또한 우상을 숭배하는 자들도

람과 함께 먹고, 주 당신들의 하나님
앞에서 높이 들어 바친 모든 것을 즐
거워하십시오.
19 부디 당신들은 그 땅에 사는 동안에
레위 사람을 저버리지 않도록 하십
시오.
20 ○주 당신들의 하나님이 당신들에게
약속하신 대로, 당신들의 땅의 경계
를 넓혀 주신 뒤에, 당신들이 고기
생각이 나서 고기를 먹겠다고 하면,
당신들은 언제든지 마음껏 고기를
먹을 수 있습니다.
21 주 당신들의 하나님이 그의 이름을
두려고 택하신 곳이 당신들이 있는
곳에서 멀거든, 내가 당신들에게 명
한 대로, 주님께서 당신들에게 주신
소나 양을 잡아서, 당신들의 마음에
내키는 대로 성 안에서 먹도록 하십
시오.
22 정한 사람이든지 부정을 탄 사람이
든지, 모두 다 노루나 사슴 고기를
먹듯이, 성 안에서 잡은 그 고기를
먹을 수 있습니다.
23 그러나 어떤 일이 있어도 피는 먹어
서는 안 됩니다. 피는 생명이고, 생명
을 고기와 함께 먹어서는 안 되기 때
문입니다.
24 피는 먹지 못합니다. 물처럼 땅에 쏟
아 버려야 합니다.
25 그것을 먹어서는 안 됩니다. 당신들
이 주님 보시기에 바른 일을 하여야,
당신들과 당신들의 자손도 잘 될 것
입니다.
26 그러나 당신들이 바치고자 하는 거
룩한 제물이나 서원제물만은, 주님
께서 택하신 그 곳으로 가지고 가야
합니다.
27 당신들이 번제를 드릴 때에는, 고기
와 피를 주 당신들의 하나님의 제단
에 드리십시오. 그리고 당신들이 바
친 제물의 피는 주 당신들의 하나님
의 제단 곁에 붓고, 고기는 당신들이
먹도록 하십시오.
28 ○내가 당신들에게 명하는 이 모든
말을 잘 들어서 지키고, 또 주 당신
들의 하나님 앞에서 선과 의를 행하
면, 당신들뿐만 아니라 당신들의 자
손도 영원토록 복을 받을 것입니다."

우상숭배 경고

29 ○"주 당신들의 하나님은 당신들이
들어가서 차지하려는 곳에 사는 민
족들을 당신들 앞에서 없애버리실
것이며, 당신들은 그들이 살던 땅을
차지하고, 그 곳에서 살게 될 것입니
다.
30 그들이 당신들 앞에서 멸망한 뒤에,
당신들이 그들의 종교적인 관습을
따르다가 올무에 걸리는 일이 없도
록 조심하십시오. '이 민족들이 자기
들의 신들을 어떻게 섬겼을까? 나도

부정한 사람으로 간주한다(시 106:38-39).

12:23 피 생명은 하나님께서 주신 신성한 것이다. 또한 생명의 상징인 피 역시 신성하고 존귀한 것임이 구약 성경에서 여러 번 언급되었다(창 9:4). 성경이 피를 먹지 말라고 명령하신 이유는 육체의 생명은 피에 있기 때문이다(레 17:11,14). 하나님께서는 노아 홍수 이후 육식은 허락하셨지만 생명 그 자체는 하나님께 속한 것임을 가르치기 위하여 피를 먹는 것은 계속 금하셨다.

12:26 서원제물 하나님께 맹세하며 드리는 제사의 제물로, 서원제사를 드리는 사람은 신실한 하나님의 백성으로 여겨졌다.

12:28 하나님의 명령에 순종하는 일은 축복을 받기 위한 중요한 선행 조건이 된다. 본절은 이스라엘이 하나님의 목전에서 선과 의를 행하면 당대는 물론 그 후손들까지도 축복을 받게 된다는 사실을 교훈한다. 하나님의 명령과 함께 축복을 받으리라는 말씀은 신명기가 갖는 독특한 특징이다.

한 번 그렇게 해 보았으면 좋겠다' 하
면서, 그들의 신들을 섬기는 일이 없
도록 하십시오.
31 당신들은 주 당신들의 하나님을 섬
길 때에 이방 민족들이 그들의 신들
을 섬기는 방식으로 섬겨서는 안 됩
니다. 주님께서는 그들이 신들을 섬
길 때에 사용하는 모든 의식을 싫어
하시고 역겨워하십니다. 그들은 자
기들의 아들이나 딸마저도 불에 살
라 신에게 바칩니다.
32 ○당신들은 내가 당신들에게 명한
이 모든 것을 지키고, 거기에 한 마
디도 더하거나 빼서는 안 됩니다.

13

1 당신들 가운데 예언자나 꿈
으로 점치는 사람이 나타나서,
당신들에게 표징과 기적을 일으킬
수 있다고 말하고,
2 실제로 그 표징과 기적을 그가 말한
대로 일으키면서 말하기를 '너희가
지금까지 알지 못하던 다른 신을 따
라가, 그를 섬기자' 하더라도,
3 당신들은 그 예언자나 꿈으로 점치
는 사람의 말을 듣지 마십시오. 이것
은 주 당신들의 하나님이, 당신들이
정말 마음을 다하고 정성을 다하여
주 당신들의 하나님을 사랑하는지
를 알고자 하셔서, 당신들을 시험해
보시는 것입니다.
4 당신들은 주 당신들의 하나님만을
따르고 그분만을 경외하며, 그분의
명령을 잘 지키며, 그분의 말씀을 잘
들으십시오. 그분만을 섬기고, 그분
에게만 충성을 다하십시오.
5 예언자나 꿈으로 점치는 자들은 당
신들을 미혹하는 자들입니다. 그들
은, 이집트 땅에서 당신들을 인도해
내시고 그 종살이하던 집에서 당신
들을 속량하여 주신 주 당신들의 하
나님을 배반하게 하며, 주 당신들의
하나님이 가라고 명하신 길에서 당
신들을 떠나게 하는 자들입니다. 그
러므로 그런 자들은 죽여야 합니다.
그렇게 하여서 당신들은 당신들 가
운데서 그런 악을 뿌리째 뽑아버려
야 합니다.
6 ○당신들의 동복 형제나 아들이나
딸이나 당신들의 품에 안기는 아내
나, 당신들이 목숨처럼 아끼는 친구
가운데 누구든지, 당신들에게 은밀
히 말하기를 '우리와 우리 조상이 일
찍이 알지 못하던 신들에게 가서, 그
신들을 섬기자' 하고 꾀거나,
7 '우리가 가서, 땅의 이 끝에서 저 끝
까지, 사방 원근 각처에 있는 민족들
의 신을 섬기자' 하더라도,
8 그 말에 귀를 기울이지도 말고, 듣지
도 말고, 그런 사람을 불쌍하게 여기
지도 말며, 가엾게 여기지도 말고, 덮
어서 숨겨 줄 생각도 하지 마십시오.

13장 요약 앞장에서 우상 숭배에 대한 경고가 짧게 언급되었다면, 본장은 단호하고도 과감한 우상 숭배 척결을 명하는 내용이다. 1–11절은 각종 우상 숭배자들을 처단하라는 명령이며, 12–18절은 우상 숭배에 빠진 성읍 전체를 멸하라는 명령이다.

13:1 예언자 우리는 성경을 통해 예언과 꿈은 하나님의 뜻을 백성들에게 알리는 수단으로 사용되고 있음을 알 수 있다. 그런데 바로 그 예언의 말씀을 전하고 꿈을 해석하는 자들을 성경은 예언자라고 부르고 있다. 그러나 이러한 사명을 감당해야 할 예언자들이 하나님께 대한 백성들의 충성심을 빼앗아 버린다면(5절), 그는 거짓 예언자가 될 수밖에 없다. 하나님께서는 그 거짓 예언자들의 말은 듣지 말라고 경고하셨다.

13:6 형제나…친구 가운데 누구든지 가까운 친척이나 형제·자매, 심지어 아내나 남편도 유혹자가

9 반드시 죽여야 합니다. 증인이 맨 먼
저 돌로 치고, 그 다음에 모든 백성
이 뒤따라서 돌로 치게 하십시오.
10 그는 당신들을 꾀어 이집트 땅 종살
이하던 집에서 건져내 주신 주 당신
들의 하나님으로부터 당신들을 떠나
게 하려는 사람이니, 돌로 쳐서 죽여
야 합니다.
11 그러면 온 이스라엘이 그 소식을 듣
고 두려워하여, 이런 악한 일을 저지
르는 사람이 당신들 가운데서 생기
지 않을 것입니다.
12 ○주 당신들의 하나님이 당신들에게
살라고 주신 한 성읍에 대하여 당신
들에게 소문이 들리기를
13 당신들 가운데서 ㉠불량한 사람들
이 나타나서 그 성읍의 주민을 유혹
하여 이르기를 '가서 다른 신들을 섬
기자' 하면서 당신들이 알지 못하던
신을 섬기게 하여 주민들로 배교자
가 되게 하면,
14 당신들은 그 일을 자세히 조사하고
잘 알아보아서, 당신들 안에서 그런
역겨운 일이 있었다는 것이 사실로
드러나면,
15 당신들은 그 성읍에 사는 주민을 칼
로 쳐서 모두 죽이고, 그 성읍과 그
안에 있는 모든 것과 집짐승도 칼로
쳐서 죽이십시오.
16 전리품은 모두 거리에 모아 놓고, 온
성읍과 그 전리품을 함께 불살라서,
주 당신들의 하나님께 바치십시오.
그 성읍을 영원한 폐허로 남겨 두
고, 다시는 거기에 성읍을 건축하지
마십시오.
17 당신들은 이 없애버릴 물건에 손을
대지 마십시오. 그래야 주님께서 분
노를 푸시고 당신들을 불쌍하게 여
기셔서, 당신들의 조상에게 맹세한
대로 자비를 베푸시고, 당신들을 번
성하게 하여 주실 것입니다.
18 당신들이 주 당신들의 하나님의 말
씀을 듣고, 오늘 내가 당신들에게 명
하는 모든 명령을 지켜, 주 당신들의
하나님 앞에서 정직하게 살면, 주 하
나님이 당신들에게 자비를 베푸시
고, 당신들을 번성하게 하여 주실 것
입니다."

금지된 애도 풍속

14 "당신들은 주 당신들의 하나님
의 자녀이니, 죽은 사람을 애도
할 때에 몸에 상처를 내거나 앞머리
를 밀어서는 안 됩니다.
2 당신들은 주 당신들의 하나님의 거
룩한 백성입니다. 주님께서 땅 위에
있는 많은 백성 가운데서 당신들을
선택하여, 자기의 귀중한 백성으로
삼으셨습니다."

정한 짐승과 부정한 짐승 (레 11:1-47)

3 ○"당신들은 주님께서 부정하다고

될 수 있음을 가르쳐 주는 말이다. 유혹자는 먼 데 있는 것이 아니라, 오히려 가까운 데 있다.

13:14 그 일을 자세히 조사하고 잘 알아보아서 당시 우상 숭배자들에 대한 형벌은 가혹했다. 그러므로 의혹이 가는 사람이 정말 우상을 숭배했는지 또는 남까지도 유혹했는지 자세히 알아보아야 했다. 본 구절은 당시에 이미 법 질서가 잡혀 있었음을 보여 준다.

㉠ 히, '브네 블리야알'

14장 요약 여기서는 먼저 당시 고대 근동 지방에서 행해지던 이교적인 악습, 곧 죽은 사람을 위해 자해(自害)하던 관습을 금하며, 정한 음식과 부정한 음식을 철저히 구별할 것을 명하고 있다(3-21절). 22-29절은 십일조에 관한 규정이다.

14:1 죽은 사람을…안 됩니다 이것은 고대 근동 지방의 죽음을 애도하는 의식으로 이러한 관행을

하신 것은 어떤 것도 먹어서는 안 됩
니다.
4 당신들이 먹을 수 있는 짐승은, 소와
양과 염소와
5 사슴과 노루와 꽃사슴과 들염소와
산염소와 들양과 산양과 같이
6 굽이 두 쪽으로 갈라진 쪽발이면서,
새김질도 하는 모든 짐승입니다. 이
것들은 당신들이 먹을 수 있습니다.
7 새김질을 하거나 굽이 두 쪽으로 갈
라졌더라도, 다음과 같은 것들은 당
신들이 먹지 못합니다. 낙타와 토끼
와 오소리와 같은 짐승은, 새김질은
하지만 굽이 갈라지지 않았으므로
당신들에게 부정한 것입니다.
8 돼지는 굽은 갈라졌지만 새김질을
하지 않으므로 당신들에게 부정한
것입니다. 당신들은 이런 짐승의 고
기를 먹어서는 안 되고, 그것들의 주
검도 만져서는 안 됩니다.
9 ○물에서 사는 모든 것 가운데서 지
느러미가 있고 비늘이 있는 물고기
는, 무엇이든지 당신들이 먹을 수 있
습니다.
10 그러나 지느러미가 없고 비늘이 없
는 것은, 어떤 것이든지 당신들에게
부정한 것이니, 당신들이 먹어서는
안 됩니다.
11 ○깨끗한 새는 무엇이든지 당신들이
먹을 수 있습니다.
12 그러나 당신들이 먹지 못하는 새가
있습니다. 그것은, 독수리와 수염수
리와 물수리와
13 매와 붉은소리개와 각종 소리개와
14 각종 모든 까마귀와
15 타조와 올빼미와 갈매기와 각종 매
와
16 부엉이와 따오기와 백조와
17 펠리컨과 흰물오리와 가마우지와
18 고니와 각종 푸른 해오라기와 오디
새와 박쥐입니다.
19 ○날기도 하고 기어 다니기도 하는
곤충은 당신들에게 부정한 것이니,
먹어서는 안 됩니다.
20 그러나 깨끗한 날벌레는 당신들이
먹을 수 있습니다.
21 ○당신들은 주 당신들의 하나님의
거룩한 백성이므로, 저절로 죽은 것
을 먹어서는 안 됩니다. 그런 것은
당신들이 사는 성에 있는 나그네에
게 먹으라고 주거나, 이방 사람에게
파십시오. ○㉠당신들은 새끼 염소
를 제 어미의 젖에 삶지 마십시오."

십일조 규정

22 ○"당신들은 해마다 밭에서 거둔 소
출의 십일조를 드려야 합니다.
23 당신들은, 곡식과 포도주와 기름의
십일조를, 처음 난 소와 양의 새끼와
함께, 주 당신들의 하나님이 자기의
이름을 두려고 택하신 곳으로 가지

금지한 것은 이교적 관습에 빠져서 그들의 몸을 잘못 사용하지 않게 함이었다.

14:3-21 하나님께서는 이스라엘 백성이 약속의 *땅에 들어가면 거기서 생축을 잡아* 고기를 먹을 수 있도록 허락하셨다. 그런데 본문에서는 먹지 말아야 할 부정한 것들을 짐승(3-8절), 물고기(9-10절), 새(11-20절)로 분류하여 열거하였다. 이 같은 허용과 금지의 근본적 원칙은 무엇인가? 이에 대해, 위생상의 문제와 종교적인 문제의 차원에서 논의되어 왔지만, 종교적인 문제의 차원에서 생각하는 것이 더 타당하다. 그것들은 이방 종교와 관련된 것이기에 부정한 것들로 규정한 것일 뿐, 창조 때부터 부정한 것은 아니었다.

14:22-27 십일조(레 27:30;민 18:21)에는 ① 레위 사람들의 생계유지를 위해 바치는 십일조와 ② 절기 때 하나님께서 택하신 곳에 가지고 와서

㉠ 가나안 토착민의 풍요제에서는 새끼 염소를 어미의 젖으로 삶는 의식이 있었음

고 가서, 주님 앞에서 먹어야 합니
다. 이렇게 함으로써 당신들은 주 당
신들의 하나님을 두려워하는 것을
배우게 됩니다.
24 그러나 주 당신들의 하나님이 그의
이름을 두려고 택하신 곳이, 당신들
이 있는 곳에서 너무 멀고, 가기가
어려워서, 그것을 가지고 갈 수 없거
든,
25 당신들은 그것을 ㉠돈으로 바꿔서,
그 돈을 가지고 주 당신들의 하나님
이 택하신 곳으로 가서,
26 그 돈으로 마음에 드는 것을 사십시
오. 소든지 양이든지 포도주든지 독
한 술이든지, 어떤 것이든지 먹고 싶
은 것을 사서, 주 당신들의 하나님
앞에서 당신들과 당신들의 온 가족
이 함께 먹으면서 즐거워하십시오.
27 그러나 성 안에서 당신들과 함께 사
는 레위 사람은, 유산도 없고 차지할
몫도 없는 사람들이니, 그들을 저버
리지 않도록 하십시오.
28 ○당신들은 매 삼 년 끝에 그 해에
난 소출의 십일조를 다 모아서 성 안
에 저장하여 두었다가,
29 당신들이 사는 성 안에, 유산도 없
고 차지할 몫도 없는 레위 사람이나
떠돌이나 고아나 과부들이 와서 배
불리 먹게 하십시오. 그러면 주 당신
들의 하나님은 당신들이 경영하는
모든 일에 복을 내려 주실 것입니
다."

빚을 면제해 주는 해 (레 25:1-7)

15 "매 칠 년 끝에는 빚을 면제하
여 주십시오.
2 면제 규례는 이러합니다. 누구든지
이웃에게 돈을 꾸어 준 사람은 그
빚을 면제하여 주십시오. ㉡주님께
서 면제를 선포하였기 때문에 이웃
이나 동족에게 빚을 갚으라고 다그
쳐서는 안 됩니다.
3 이방 사람에게 준 빚은 갚으라고 할
수 있으나, 당신들의 동족에게 준 빚
은 면제해 주어야 합니다.
4 ○당신들 가운데 가난한 사람이 없
게 하십시오. 그러면 주 당신들의 하
나님이 당신들에게 유산으로 주어
차지하게 하시는 땅에서 당신들이
참으로 복을 받을 것입니다.
5 주 당신들의 하나님의 말씀을 잘 듣
고, 오늘 내가 당신들에게 명한 이
모든 명령을 다 지키면,
6 주 당신들의 하나님이 당신들에게
말씀하신 대로 복을 내려 주실 것입
니다. 당신들이 많은 민족에게 돈을
꾸어 주기는 하겠지만 꾸지는 않겠
고, 또 당신들이 많은 민족을 다스리
기는 하겠지만 다스림을 받지는 않
을 것입니다.
7 ○주 당신들의 하나님이 당신들에게

㉠ 히, '은으로' ㉡ 또는 '주님의 면제년이 선포되었기 때문에'

드리는 십일조, ③ 삼 년에 한 번씩 구제를 위해 드리는 십일조 등 세 가지가 있다. 이 단락은 두 번째 경우의 십일조에 대한 규례이다.

14:28-29 삼 년에 한 번씩 구제를 위해 드리는 십일조에 관한 내용이다. 이스라엘 사람들은 매 삼 년 끝에는 절기마다 드리는 십일조를 성소에 가져가지 않고 레위 사람과 가난한 사람, 고아와 과부에게 주었다.

15장 요약 약자들을 위한 면제와 해방의 규례이다. 7년을 주기로 하여 그 마지막 해는 주님의 면제년이 되었다. 이 해에는 동족의 빚을 탕감해 주고, 종으로 팔린 히브리 사람을 해방시켰다. 이는 언약 백성이 하나님의 사랑 안에서 사랑의 공동체로 결속되기 위한 조치였다.

15:1-23 칠 년마다 돌아오는 면제년에 대한 규례가 기록되어 있다. 이 면제년의 제정은 단순한 휴

주시는 땅의 어느 한 성읍 가운데에
가난한 동족이 살고 있거든, 당신들
은 그를 인색한 마음으로 대하지 마
십시오. 그 가난한 동족에게 베풀지
않으려고 당신들의 손을 움켜 쥐지
마십시오.
8 반드시 당신들의 손을 그에게 펴서,
그가 필요한 만큼 넉넉하게 꾸어 주
십시오.
9 당신들은 삼가서 마음에 악한 생각
을 품지 마십시오. 빚을 면제하여
주는 해인 일곱째 해가 가까이 왔다
고 해서, ㉠인색한 마음으로 가난한
동족을 냉대하며, 아무것도 꾸어 주
지 않아서는 안 됩니다. 그가 당신들
을 걸어 주님께 호소하면, 당신들이
죄인이 될 것입니다.
10 당신들은 반드시 그에게 꾸어 주고,
줄 때에는 아깝다는 생각을 하지 마
십시오. 그러면 주 당신들의 하나님
이 당신들이 하는 모든 일과 당신들
이 손을 대는 모든 일에 복을 내려
주실 것입니다.
11 당신들은 반드시 손을 뻗어, 당신들
의 땅에서 사는 가난하고 궁핍한
동족을 도와주십시오. 그렇다고 하
여, 당신들이 사는 땅에서 가난한
사람이 없어지지는 않겠지만, 이것
은 내가 당신들에게 내리는 명령입
니다."

종을 대우하는 법 (출 21:1-11)

12 ○"당신들 동족 히브리 사람이 남자
든지 여자든지, 당신들에게 팔려 와
서 여섯 해 동안 당신들을 섬겼거든,
일곱째 해에는 그에게 자유를 주어
서 내보내십시오.
13 자유를 주어서 내보낼 때에, 빈 손으
로 내보내서는 안 됩니다.
14 당신들은 주 당신들의 하나님으로부
터 복을 받은 대로, 당신들의 양 떼
와 타작 마당에서 거둔 것과 포도주
틀에서 짜낸 것을 그에게 넉넉하게
주어서 내보내야 합니다.
15 당신들이 이집트 땅에서 종살이한
것과 주 당신들의 하나님이 당신들
을 거기에서 구속하여 주신 것을 생
각하십시오. 그러므로 내가 오늘 이
러한 것을 당신들에게 명하는 것입
니다.
16 ○그러나 그 종이 당신들과 당신들
의 가족을 사랑하고, 당신들과 함께
있는 것을 좋아하여 '나는 이 집을
떠나가지 않겠습니다' 하고 당신들에
게 말하거든,
17 당신들은 그의 귀를 문에 대고 송곳
으로 그 귓불을 뚫으십시오. 그러면
그는 영원히 당신들의 종이 될 것입
니다. ○여종도 그렇게 하십시오.
18 ○남녀 종에게 자유를 주어서 내보
내는 것을 언짢게 생각하지 마십시

식의 목적뿐 아니라, 이스라엘 민족의 영적 생활을 재정비한다는 데 더 큰 목적이 있었다. 면제년은 그리스도로 말미암아 만물까지도 안식으로 들어갈 시대를 예표한다. 면제년에는 모든 멍에를 멘 자들이 그 멍에로부터 해방될 수 있었다.

15:7–11 여기에서, 하나님께서는 이스라엘 백성이 가난한 동족들에게 넉넉히 꾸어 주어 그들로 궁핍하지 않게 해야 할 의무가 있음을 가르치신다.

15:12–18 면제년에는 이스라엘이 종들을 해방시켜야 될 것을 가르친다.

15:17 본절의 행위는 다음과 같은 중요한 의미를 내포하고 있는 의식이었다. ① 귀에 구멍이 뚫린 종은 한 집안에 복속된 자이다. ② 귀에 구멍이 뚫린 종은 그 주인의 모든 명령을 들어야 할 뿐 아니라, 그 명령을 정확히 이행해야 한다. 귀에 구멍을 뚫는 이 의식은 고대 근동 지방에서 유행하던 관습이었다.

㉠ 히, '궁핍한 형제에게 악한 눈을 들며'

오. 그들은 여섯 해 동안 품팔이꾼
이 받을 품삯의 두 배는 될 만큼 당
신들을 섬겼습니다. 그렇게 내보내
야만 주 당신들의 하나님이 당신들
이 하는 모든 일에 복을 내려 주실
것입니다."

처음 난 소와 양의 새끼

19 ○"당신들은 소나 양의 처음 난 수컷
은 구별하여 주 당신들의 하나님께
바쳐야 합니다. 처음 난 황소는 부리
지 말아야 하고, 처음 난 양은 털을
깎지 말아야 합니다.
20 해마다 당신들과 당신들의 가족은
주 당신들의 하나님 앞 곧 주님께서
택하신 곳에서 그것을 먹어야 합니
다.
21 그 짐승에 흠이 있어서, 다리를 절거
나, 눈을 못 보거나, 그 밖에 무슨 흠
이 있으면, 그것은 주 당신들의 하나
님께 잡아 바치지 못합니다.
22 그런 경우에는, 노루나 사슴을 잡아
먹듯이, 정한 사람이든지 부정한 사
람이든지 모두 성 안에서 그것들을
잡아먹을 수 있습니다.
23 그러나 피는 먹지 말고, 물처럼 땅에
쏟아 버려야 합니다."

유월절 (출 12:1-20)

16 "당신들은 ㉠아빕월을 지켜 주
당신들의 하나님께 유월절 제
사를 드려야 합니다. 이는 아빕월 어
느 날 밤에, 주 당신들의 하나님이
당신들을 이집트에서 건져 내셨기
때문입니다.
2 당신들은 주님께서 자기의 이름을
두려고 택하신 그 곳에서 양과 소를
잡아, 주 당신들의 하나님께 유월절
제물로 바쳐야 합니다.
3 누룩을 넣은 빵을 이 제물과 함께
먹으면 안 됩니다. 이레 동안은 누룩
을 넣지 않은 빵 곧 고난의 빵을 먹
어야 합니다. 이는 당신들이 이집트
땅에서 나올 때에 급히 나왔으므로,
이집트 땅에서 나올 때의 일을 당신
들이 평생토록 기억하게 하려 함입
니다.
4 이레 동안은 당신들의 땅의 경계 안
어디에서도 누룩이 눈에 띄어서도
안 되고, 첫날 저녁에 잡은 제물 고
기를 다음날 아침까지 남겨 두어서
도 안 됩니다.
5 ○유월절 제사는, 주 당신들의 하나
님이 당신들에게 주시는 성읍이라
해서, 아무데서나 다 드릴 수 있는
것은 아닙니다.
6 유월절 제물로 드릴 것은, 당신들의
주 하나님께서 자기의 이름을 두려
고 택하신 곳에서만 잡을 수 있으
며, 잡는 때는 당신들이 이집트를 떠
난 바로 그 시각 곧 초저녁 해가 질
무렵입니다.

16장 요약 이스라엘의 세 절기들, 곧 유월절, 칠칠절, 초막절에 관한 내용이다. 유월절은 가장 큰 절기로서 이집트의 속박으로부터 해방을 기념하는 데에 초점이 맞추어져 있다. 칠칠절과 초막절은 가나안 땅에 정착한 이스라엘이 받은 축복에 초점이 맞추어져 있다.

16:1 유월절 유월절은 이스라엘 민족이 이집트에서 구원된 사건을 기념하기 위해 지키는 절기로 그리스도인들이 그리스도로 말미암아 이 세상에서 구원을 받음을 예표하는 절기가 되기도 한다.

16:3 하나님은 이스라엘 백성에게 유월절에 누룩 없는 빵을 먹도록 명하셨다. 이것은 다음과 같은 의미를 지닌다. ① 이스라엘 백성이 이집트에서 당한 고생을 기념한다. 그래서 누룩 없는 빵을 고난의 빵이라고 부른다. ② 하나님의 백성으로서, 부패를 떠난 성결한 생활을 의미한다.

㉠ 유다인의 정월. 후에 닛산이라고 부름. 양력 삼월 중순 이후

7 주 당신들의 하나님이 택하신 곳에
서 고기를 구워서 먹고, 아침이 되면
당신들의 장막으로 돌아가십시오.
8 엿새 동안은 누룩을 넣지 않은 빵을
먹고, 이렛날은 주 당신들의 하나님
앞에서 성회로 모이십시오. 당신들
은 어떤 일도 해서는 안 됩니다."

칠칠절 (출 34:22; 레 23:15-21)

9 ○"그로부터 일곱 이레를 세는데, 밭
에 있는 곡식에 낫을 대는 첫날부터
시작하여 일곱 이레를 세십시오.
10 그리고 주 당신들의 하나님이 당신
들에게 주신 복을 따라, 마음에서
우러나오는 예물을 가지고 와서, 주
당신들의 하나님께 칠칠절을 지키십
시오.
11 당신들은 주 당신들의 하나님이 그
의 이름을 두려고 택하신 그 곳에
서, 당신들과 당신들의 아들과 딸과
남종과 여종과, 성 안에서 같이 사
는 레위 사람과 떠돌이와 고아와 과
부까지도 함께 주 당신들의 하나님
앞에서 즐거워해야 합니다.
12 당신들은 이집트에서 종살이하던 것
을 기억하고, 이 모든 규례를 어김없
이 잘 지키십시오."

초막절 (레 23:33-43)

13 ○"당신들은 타작 마당과 포도주 틀
에서 소출을 거두어들일 때에, 이레
동안 초막절을 지켜야 합니다.
14 당신들은 이 절기에 당신들과 당신
들의 아들과 딸과 남종과 여종과 성
안에서 같이 사는 레위 사람과 떠돌
이와 고아와 과부까지도 함께 즐거
워해야 합니다.
15 당신들은 주 당신들의 하나님이 택
하신 곳에서 이레 동안 초막절을 지
켜야 합니다. 당신들은, 주 당신들의
하나님이 당신들의 모든 소출과 당
신들이 손을 댄 모든 일에 복을 주
셨기 때문에 즐거워하는 것입니다.
16 ○모든 남자는 한 해에 세 번, 무교
절과 칠칠절과 초막절에, 주 당신들
의 하나님이 택하신 곳으로 가서 주
님을 뵈어야 합니다. 그러나 빈 손으
로 주님을 뵈러 가서는 안 됩니다.
17 저마다 주 당신들의 하나님으로부터
받은 복에 따라서 그 힘대로 예물을
가지고 나아가야 합니다."

공정한 재판

18 ○"당신들은 주 당신들의 하나님이
각 지파에게 주시는 모든 성읍에 재
판관과 지도자를 두어, 백성에게 공
정한 재판을 하도록 하십시오.
19 당신들은 재판에서 공정성을 잃어서
도 안 되고, 사람의 얼굴을 보아주
어서도 안 되며, 재판관이 뇌물을
받아서도 안 됩니다. 뇌물은 지혜 있
는 사람의 눈을 어둡게 하고, 죄 없
는 사람을 죄인으로 만듭니다.

16:4 제물 고기를…남겨 두어서도 안 됩니다 제물로 드린 고기가 부패하는 것을 방지하기 위한 명령이다. 팔레스타인 지방의 더운 기후 조건에서는 음식물이 부패하기 쉬웠다. 하나님께서는 이처럼 세밀한 부분까지도 교훈하셨다.

16:8 어떤 일도 해서는 안 됩니다 칠일째 되는 날에 노동을 금하신 것은 그 안식을 통해 미래에 올 영원한 안식을 기대하게 하기 위해서였다.

16:18-19 재판관과 지도자를 두어 재판관이 지금의 판사에 비교된다면, 지도자는 법을 집행하는 경찰에 비교될 수 있다. 하나님께서는 그들을 백성들의 여러 가지 사건들을 해결하는 자들로 임명하시고 그들에게 3가지 재판의 원칙을 주셨다. ① 공정성을 잃지 말라. ② 사람을 외모로 보지 말라. ③ 뇌물을 받지 말라. 특히 판결하기 어려운 재판 건이 생기면 그들은 하나님께서 택하신 곳에 올라가서 제사장이나 재판관들에게 물어 해결해야 한다.

20 당신들은 오직 정의만을 따라야 합
니다. 그래야만 당신들이 살고, 주
당신들의 하나님이 당신들에게 주시
는 땅을 당신들이 차지할 것입니다.
21 ○당신들은, 당신들이 만든 주 당신
들의 하나님의 제단 옆에, 어떤 나무
로라도 아세라 목상을 만들어 세워
서는 안 됩니다.
22 그리고 주 당신들의 하나님이 미워
하시는 석상을 만들어 세워서도 안
됩니다.

17 1 당신들은 흠이 있거나 악질이
있는 소나 양을 주 당신들의 하
나님께 제물로 바쳐서는 안 됩니다.
그런 것은 주 당신들의 하나님이 역
겨워하시는 것입니다.
2 ○주 당신들의 하나님이 당신들에게
주시는 성읍 안에서나 당신들 가운
데서, 남자이든 여자이든, 주 당신들
의 하나님의 눈에 거슬리는 악한 일
을 하여, 그의 언약을 깨뜨리고,
3 다른 신들을 찾아가서 섬기며, 내가
명하지 않은 해나 달이나 하늘의 모
든 천체에 엎드려 절하는 사람이 생
길 것입니다.
4 이런 일이 당신들에게 보고되어 당
신들이 알게 되거든, 당신들은 이것
을 잘 조사해 보아야 합니다. 그래서
이스라엘 안에서 이런 역겨운 일을
한 것이 사실로 드러나면,
5 당신들은, 남자이든 여자이든, 이런
악한 일을 한 사람을 당신들 성문
바깥으로 끌어내어 돌로 쳐서 죽여
야 합니다.
6 그런데 사람을 죽일 때에는 한 사람
의 증언만으로는 죽일 수 없으며, 두
세 사람의 증언이 있어야 합니다.
7 죽일 때에는 증인이 맨 먼저 돌로 쳐
야 하고, 그 다음에 모든 백성이 뒤
따라서 돌로 쳐야 합니다. 그렇게 하
여, 이런 악한 일을 당신들 가운데서
뿌리를 뽑아야 합니다.
8 ○당신들이 사는 성 안에서, ㉠피 흘
리는 싸움이나, 서로 다투는 일이나,
폭행하는 일로 당신들에게 판결하기
어려운 분쟁이 생기거든, 주 당신들
의 하나님이 택하신 곳으로 그 사건
을 가지고 올라가서,
9 제사장인 레위 사람과 그 때에 직무
를 맡고 있는 재판관에게 가서 재판
을 요청하면, 그들이 당신들에게 그
것에 대한 판결을 내려 줄 것입니다.
10 당신들은 주님께서 택하신 곳에서
그들이 당신들에게 내려 준 판결에
복종해야 하고, 당신들에게 일러준
대로 지켜야 합니다.
11 그들이 당신들에게 내리는 지시와
판결은 그대로 받아들여서 지켜야
합니다. 그들이 당신들에게 내려 준
판결을 어겨서, 좌로나 우로나 벗어

17장 요약 두 가지 재판 규례에 대해 언급한다(1–13절). 우상 숭배자들은 극형에 처함이 마땅하되, 두세 사람의 증인들을 세우는 증거 재판주의의 취지가 최대한 고려되었다. 한편, 하나님은 이스라엘이 왕을 요구할 것을 예견하시고, 이방 국가의 왕정과 구별되는 제도를 알려 주셨다(14–20절).

㉠ 또는 '살인 사건이나, 민사 사건이나, 구타 사건으로'

17:2 언약을 깨뜨리고 하나님은 우리의 아버지시고 우리는 그의 자녀라는 언약으로 하나님은 인간과 관계를 맺으셨으나 이스라엘 백성은 우상을 숭배함으로 언약의 관계를 깨뜨렸다.

17:8–13 본문에서는 ① 피 흘리는 싸움 ② 서로 다투는 일 ③ 폭행하는 일 등과 같이 각 지파의 재판관들이 다루기 어렵다 판단한 분쟁은 레위 사람 재판관에게 판결을 요청할 수 있었다.

17:14–20 창세기 17:16의 아브라함에게 말씀하

나면 안 됩니다.
12 주 당신들의 하나님을 섬기는 제사
장이나 재판관의 말을 듣지 않고 거
역하는 사람이 있으면, 죽여야 합니
다. 그렇게 하여서 이스라엘에서 그
런 악한 일은 뿌리를 뽑아야 합니
다.
13 그러면 온 이스라엘 백성이 듣고 두
려워하며, 다시는 아무도 재판 결과
를 하찮게 여기지 않을 것입니다."

이스라엘의 왕도

14 ○"주 당신들의 하나님이 주시는 그
땅에 들어가서 그 땅을 차지하고 살
때에, 주위의 다른 모든 민족같이 당
신들도 왕을 세우고 싶다는 생각이
들거든,
15 당신들은 반드시 주 당신들의 하나
님이 택하신 사람을 당신들 위에 왕
으로 세워야 합니다. 당신들은 겨레
가운데서 한 사람을 왕으로 세우고,
같은 겨레가 아닌 외국 사람을 당신
들의 왕으로 세워서는 안 됩니다.
16 왕이라 해도 군마를 많이 가지려고
해서는 안 되며, 군마를 많이 얻으려
고 그 백성을 이집트로 보내서도 안
됩니다. 이는 주님께서 다시는 당신
들이 그 길로 되돌아가지 못한다고
말씀하셨기 때문입니다.
17 왕은 또 많은 아내를 둠으로써 그의
마음이 다른 데로 쏠리게 하는 일이
없어야 하며, 자기 것으로 은과 금을
너무 많이 모아서도 안 됩니다.
18 왕위에 오른 사람은 레위 사람 제사
장 앞에 보관되어 있는 ㉠이 율법책
을 두루마리에 옮겨 적어,
19 평생 자기 옆에 두고 읽으면서, 자기
를 택하신 주 하나님 경외하기를 배
우며, 이 율법의 모든 말씀과 규례를
성심껏 어김없이 지켜야 합니다.
20 마음이 교만해져서 자기 겨레를 업
신여기는 일도 없고, 그 계명을 떠나
서 좌로나 우로나 치우치지도 않으
면, 그와 그의 자손이 오래도록 이스
라엘의 왕위에 앉게 될 것입니다."

제사장과 레위 사람의 몫

18 "레위 사람 제사장과 모든 레
위 지파 사람은 이스라엘 가운
데서 몫이나 유산으로 받은 땅이 없
으므로, 주님께 불살라 바친 제물과
주님께 바친 예물을 유산으로 받아,
먹고 살 것입니다.
2 그들이 그 겨레 가운데서 차지할 유
산이 없다는 것은, 주님께서 그들에
게 말씀하신 대로, 주님께서 친히 그
들의 유산이기 때문입니다.
3 ○백성이 소나 양을 제물로 바칠 때
에, 제사장이 그들에게서 받을 몫이
있는데, 앞다리와 턱과 위는 제사장
에게 주어야 합니다.
4 또 처음 거둔 곡식과 포도주와 기름

신 이스라엘에 왕정(王政)은 하나님께서 이스라엘 왕이 되신다는 뜻이었다. 사사 시대의 이스라엘은 하나님의 대변자인 사사의 다스림을 받는 신정 체제에서 왕을 세우는 왕정 제도로 변화를 가져오려 하였다. 하나님께서 지시하시는 대로 왕을 선택하고(15절), 그 왕은 하나님께서 지시하시는 삶의 원칙을 가지고 살아야 했다(16-19절).

㉠ '이 율법책의 복사본'을 칠십인역이 그리스어로 '듀테로노미온'이라고 번역하였고, 여기에서 '신명기'라는 책 이름이 나옴

18장 요약 제사장들과 레위 사람들의 몫(1-8절) 및 예언자들(9-22절)에 관한 규정이다. 이스라엘은 이방 민족들의 점쟁이, 무당, 귀신을 불러 물어 보는 사람 등을 철저히 물리치고 하나님께서 세우시는 예언자의 메시지에 순종해야 했으며, 궁극적으로는 예언자이신 그리스도를 대망해야 했다(참조. 요 1:21).

18:2 주님께서 친히 그들의 유산이기 때문입니다 레

과 처음 깎은 양털도 제사장에게 주
어야 합니다.
5 이것은 주 당신들의 하나님이 모든
지파 가운데서 그를 택하여 세우셔
서, 그와 그의 자손이 대대로 주님의
이름으로 섬기는 일을 하게 하셨기
때문입니다.
6 ○레위 사람은 이스라엘의 온 땅 어
느 성읍에 살든지, 그에게 간절한 소
원이 있어서 살던 곳을 떠난다 하더
라도, 그가 주님께서 택하신 곳에 이
르면, 그 곳이 어디든지,
7 하나님 앞에 서서 섬기는 다른 모든
레위 사람 형제와 다름없이, 주 하나
님의 이름으로 직무를 수행할 수 있
습니다.
8 그는 조상에게서 물려받은 것을 팔
아서 얻는 수입이 있다고 하더라도,
다른 제사장과 같이 몫을 나누어
받아야 합니다."

이교 풍속에 관한 경고

9 ○"당신들은 주 당신들의 하나님이
당신들에게 주시는 땅에 들어가거
든, 그 곳에 사는 민족들이 하는 역
겨운 일들을 본받지 마십시오.
10 당신들 가운데서 자기 아들이나 딸
을 ㉠불 가운데로 지나가게 하는 사
람과 점쟁이와 복술가와 요술객과
무당과
11 주문을 외우는 사람과 귀신을 불러
물어 보는 사람과 박수와 혼백에게
물어 보는 사람이 있어서는 안 됩니
다.
12 이런 일을 하는 사람은 모두 주님께
서 미워하십니다. 주 당신들의 하나
님은 이런 역겨운 일 때문에 당신들
앞에서 그들을 몰아내시는 것입니
다.
13 당신들은 주 당신들의 하나님 앞에
서 완전해야 합니다."

예언자를 보낼 약속

14 ○"당신들이 쫓아낼 민족들은 점쟁
이나 복술가들의 이야기를 듣지만,
주 당신들의 하나님은 당신들에게
그런 것을 용납하지 않으십니다.
15 주 당신들의 하나님은 당신들의 동
족 가운데서 나와 같은 예언자 한
사람을 일으켜 세워 주실 것이니, 당
신들은 그의 말을 들어야 합니다.
16 ○이것은 당신들이 호렙 산에서 총
회를 가진 날에 주 당신들의 하나님
께 청한 일입니다. 그 때에 당신들이
말하기를 '주 우리 하나님의 소리를
다시는 듣지 않게 하여 주시며, 무서
운 큰 불도 보지 않게 하여 주십시오.
우리가 죽을까 두렵습니다' 하였습니
다.
17 그 때에 주님께서 내게 말씀하시기
를 '그들이 한 말이 옳다.
18 나는 그들의 동족 가운데서 너와 같

위 지파의 일은 농업이나 상업, 어업이 아니라 하나님을 섬기는 일이었으므로 그들의 생계는 하나님께서 책임을 지셨다. 즉, 하나님께 바쳐진 이스라엘의 십일조가 그들에게 돌려졌던 것이다. 이것은 레위 사람의 유산이 바로 하나님 자신이셨다는 사실을 말해 준다.

18:10 불 가운데로 지나가게 하는 사람은 우상을 숭배하는 의식을 행하는 제사장을 가리킨다.

18:18 나의 말을 그의 입에 담아 줄 것 예언자는 하나님의 대변자가 되어 하나님의 말씀을 백성들에게 선포하는 자이다. 그러므로 예언자의 말을 듣지 아니하는 자는 하나님의 말씀에 불순종하는 자이므로 벌을 받게 된다.

18:20-22 거짓 예언자들의 특징에 대해 언급하고 있다. 이들은 하나님께서 명령하지 않은 말을 하며(20절), 그렇기 때문에 그 선포한 말이 성취되지 않는다는 것이다(22절).

㉠ 또는 '불살라 제물로 바치는 사람과'

은 예언자 한 사람을 일으켜 세워,
나의 말을 그의 입에 담아 줄 것이
다. 그는, 내가 명한 모든 것을 그들
에게 다 일러줄 것이다.
19 그가 내 이름으로 말할 때에, 내 말
을 듣지 않는 사람은, 내가 벌을 줄
것이다.
20 또 내가 말하라고 하지 않은 것을,
제 마음대로 내 이름으로 말하거나
다른 신들의 이름으로 말하는 예언
자는, 죽임을 당할 것이다' 하셨습니
다.
21 ○그런데 당신들이 마음 속으로, 그
것이 주님께서 하신 말씀인지 아닌
지를 어떻게 알겠느냐고 말하겠지
만,
22 예언자가 주님의 이름으로 말한 것
이 그대로 이루어지지 않으면, 그 말
은 주님께서 하신 말씀이 아닙니다.
그러니 당신들은 제멋대로 말하는
그런 예언자를 두려워하지 마십시
오."

도피성 (민 35:9-28; 수 20:1-9)

19 "주 당신들의 하나님이, 당신들
에게 주시기로 한 그 땅, 거기에
살고 있는 원주민을 주 당신들의 하
나님이 멸망시키시고, 당신들이 그
들을 쫓아내어, 그 성읍과 집에서 살
게 될 때에,
2 당신들은 주 당신들의 하나님이 당
신들에게 차지하라고 주신 땅에서
성읍 셋을 따로 구별하여 놓아야 합
니다.
3 주 당신들의 하나님이 당신들에게
주신 땅을 세 영역으로 구분하여 길
을 닦아, 모든 살인자가 그 곳으로
피신할 수 있게 하십시오.
4 ○살인자가 구별된 성읍으로 도피하
여 살 수 있는 경우는 다음과 같습
니다. 일찍이 미워한 일이 없는 이웃
을 뜻하지 않게 죽였거나,
5 어떤 사람이 이웃과 함께 나무하러
숲 속으로 들어가서 나무를 찍다가
도끼가 자루에서 빠져 나가 친구를
쳐서 그가 죽었을 경우에, 죽인 그
사람이 그 구별된 세 성읍 가운데
한 곳으로 피신하면 살 수가 있습니
다.
6 도피성은 평소에 이웃을 미워한 일
이 없는 사람이 실수로 이웃을 죽게
하였을 때에 자기의 생명을 구할 수
있는 곳이므로, 그 곳까지의 거리가
너무 멀면 ㉠피살자의 친척이 복수심
에 불타서 살인자를 따라가서 죽일
터이니, 거리가 너무 멀어서는 안 됩
니다.
7 내가 세 성읍을 따로 떼어 놓으라고
당신들에게 명령한 이유가 바로 여
기에 있습니다.
8 ○주 당신들의 하나님이, 당신들의

19장 요약 도피성 제도(1-13절)와 증인에 관한 법(15-21절)이 언급된다. 고의적으로 살인을 저지른 자는 사형이지만, 뜻하지 않게 사람을 죽인 경우에는 도피성에 피신함으로 생명을 보존할 수 있었다. 이는 피의 보복이 악순환되는 것을 막기 위한 조치였다. 한편, 위증죄에 대한 형벌은 동일 보복법에 따라 시행되었다.

㉠ 히. '고엘 핫담(피의 보수자)'

19:1-21 본문은 약속의 땅에 들어가서 시행해야 할 형법에 관해 언급하고 있다. 도피성 제도(1-13절), 증인(15-21절)에 관한 법이 규정된다.

19:1-13 살인자가 도피성에 피한 두 가지 경우를 취급한다. ① 원한이 없이 뜻하지 않게 사람을 죽인 경우(4-5절)와 ② 미워하여 고의로 사람을 죽인 경우(11절)를 다룬다. 전자의 경우는 그 살인자의 생명이 보호를 받지만, 후자의 경우는 하나님께서 주신 은혜의 법을 악용한 자로서 그 생명을

조상에게 맹세하신 대로, 당신들 땅
의 경계를 넓혀 주시고 당신들의 조
상에게 약속한 모든 땅을 당신들에
게 주실 때에는,
9 또 내가 오늘 당신들에게 명하는 이
모든 명령을 당신들이 성심껏 지키
고, 주 당신들의 하나님을 사랑하며,
그가 가르쳐 주신 길을 잘 따라갈
때에는, 이 세 성읍 말고 또 다른 세
성읍을 구별해야 합니다.
10 그리하여 주 당신들의 하나님이 당
신들에게 유산으로 주신 땅에서는,
죄 없는 사람이 살인죄를 지고 죽는
일이 없도록 하여야 합니다. 그러면
살인죄 때문에 당신들이 책임을 지
는 일은 없을 것입니다.
11 ○그러나 어떤 사람이 그의 이웃을
미워하여서 해치려고 숨었다가, 일어
나 이웃을 덮쳐서 그 생명에 치명상
을 입혀 죽게 하고, 이 여러 성읍 가
운데 한 곳으로 피신하면,
12 그가 살던 성읍의 장로들이 사람을
보내어, 그를 거기에서 붙잡아다가
복수자의 손에 넘겨 주어 죽이게 하
여야 합니다.
13 당신들은 그런 사람에게 동정을 베
풀어서는 안 됩니다. 이스라엘 안에
서, 죄 없는 사람이 죽임을 당하는
일이 없어야만, 당신들이 복을 받을
것입니다."

이웃의 경계를 침범하지 말 것

14 ○"당신들은, 주 하나님이 당신들에
게 유산으로 주어 차지한 땅에서, 이
미 조상이 그어 놓은 당신들 이웃의
경계선을 옮기지 마십시오."

증인에 대한 규정

15 ○"어떤 잘못이나 어떤 범죄라도, 한
사람의 증언만으로는 판정할 수 없
습니다. ㉠두세 사람의 증언이 있어
야만 그 일을 확정할 수 있습니다.
16 남에게 죄를 뒤집어 씌우려는 나쁜
증인이 나타나면,
17 소송을 하는 양쪽은 주님 앞에 나
아와, 그 당시의 제사장들과 재판관
앞에 서서 재판을 받아야 합니다.
18 재판관들은 자세히 조사한 뒤에, 그
증인이 그 이웃에게 거짓 증언을 한
것이 판명되거든,
19 그 증인이 그 이웃을 해치려고 마음
먹었던 대로 그 이웃에게 갚아 주어
야 합니다. 그래서 당신들 가운데서
그런 악의 뿌리를 뽑아야 합니다.
20 그러면 남은 사람들이 이 말을 듣고
두려워하여서, 이런 악한 일을 하는
사람이 당신들 가운데서 다시는 생
기지 않을 것입니다.
21 당신들은 이런 일에 동정을 베풀어
서는 안 됩니다. 목숨에는 목숨으로,
눈에는 눈으로, 이에는 이로, 손에는
손으로, 발에는 발로 갚으십시오."

보호받지 못했다. 도피성 제도는 출애굽기 21:12-14에 나타난 율법의 확대로 생각된다.

19:6-7 이방 나라에도 이스라엘과 마찬가지로 도피성 제도가 있다. 그러나 이스라엘의 도피성 제도는 우발적으로 살인을 한 자만 도피성 혜택을 받게 한다는 점이 특징이다.

19:14 당신들 이웃의 경계선을 옮기지 마십시오 땅의 경계선은 하나님께서 정하셨다. 이웃의 땅을 침범하는 것은 타인의 소유는 물론 하나님의 소유를 침범하는 죄와 같다.

19:15-21 재판에서 증인을 세울 때의 규정을 기록하고 있다. ① 법정에서 증인을 세울 때에는 한 사람만으로 증인을 세울 수 없으며 두 사람 혹은 세 사람이라야 한다(15절). ② 쌍방 모두가 증거를 제시해야 한다. ③ 판단하여 위증자는 엄히 처벌한다(16-19절). 당시 이스라엘 법정의 판결은 대단히 공정했음을 알 수 있다.

㉠ 히. '두 증인의 입이나 세 증인의 입이 있어야만'

전쟁에 관한 법

20 "당신들이 적군과 싸우려고 나
가서, 당신들보다 많은 적군이
말과 병거를 타고 오는 것을 보더라
도, 그들을 두려워하지 마십시오. 이
집트 땅에서 당신들을 인도하여 주
신 주 당신들의 하나님이 당신들과
함께 계십니다.
2 당신들이 싸움터에 나가기 전에 제
사장을 불러서, 군인들에게 격려의
말을 하게 하여야 합니다.
3 제사장은 군인들을 다음과 같이 격
려하십시오.
○'이스라엘아, 들어라. 오늘 너희
가 너희의 대적과 싸우러 나갈 때에,
마음에 겁내지 말며, 무서워하지 말
며, 당황하지 말며, 그들 앞에서 떨
지 말아라.
4 주 너희의 하나님은 너희와 함께 싸
움터에 나가서, 너희의 대적을 치시
고, 너희에게 승리를 주시는 분이시
다.'"
5 ○"그 다음에, 장교들은 군인들에
게 다음과 같이 지시하십시오.
○'너희 가운데 집을 짓고 준공식
을 하지 못한 사람이 있으면, 누구든
지 집으로 돌아가거라. 그가 전사함
으로써 다른 사람이 준공식을 하는
일이 없도록 하여라.
6 또 포도원을 만들어 놓고 아직 그
열매를 맛보지 못한 사람이 있으면,
그런 사람도 누구든지 집으로 돌아
가거라. 그가 전사함으로써 다른 사
람이 그 열매를 맛보는 일이 없도록
하여라.
7 또 너희 가운데 여자와 약혼하고 아
직 결혼하지 못한 사람이 있으면, 그
런 사람도 집으로 돌아가거라. 그가
전사함으로써 다른 사람이 그 여자
와 결혼하는 일이 없도록 하여라.'
8 ○장교들은 군인들에게 또 이렇게
지시하십시오.
○'전쟁이 두려워서 겁이 나면, 누
구든지 집으로 돌아가거라. 그런 사
람이 있으면 다른 형제의 사기만 떨
어진다.'
9 ○장교들이 군인들에게 이런 지시
를 다 끝마치면, 군인들 위에 지휘자
를 임명하십시오.
10 ○당신들이 어떤 성읍에 가까이 가
서 공격할 때에는, 먼저 그 성읍에
평화를 청하십시오.
11 만일 그 성읍 백성이 평화 제의를 받
아들이고, 당신들에게 성문을 열거
든, 그 성 안에 있는 백성을 당신들
의 노비로 삼고, 당신들을 섬기게 하
십시오.
12 그들이 당신들의 평화 제의를 거부
하고 싸우러 나오거든, 당신들은 그
성읍을 포위하고 공격하십시오.

20장 요약 이스라엘은 언약 백성으로서 침략 전쟁이 아닌 거룩한 전쟁을 수행해야 한다. 본 장에는 전쟁 때에 유의해야 할 점들이 기록되어 있다. 5-9절은 병역 면제자들에 대한 규정, 10-18절은 적군의 성읍들을 다루는 방법을 언급한다. 19-20절은 적군의 성읍에서의 벌목금지 규정이다.

20:1-20 전쟁 때에 유의할 점에 대한 기록이다. 비슷한 주제가 이미 7장에 언급되어 있다.

20:1-9 적군과 싸우려고 나가서 본 구절에서 하나님께서는 약속의 땅 가나안 정복을 눈앞에 둔 이스라엘 제사장들에게 충고의 말씀을 들려 주시고 있다. ① 하나님이 함께 하시니 전쟁을 두려워하지 말라. ② 제사장은 군인들을 격려하라. ③ 장교들은 율법대로 병역 면제자들을 돌려 보내라. ④ 군인들 위에 지휘자를 임명하라.

20:6 포도나무는 심은 지 4년째 되는 해에 열매

13 주 당신들의 하나님이 그 성읍을 당
신들의 손에 넘겨 주셨으니, 거기에
있는 남자는 모두 칼로 쳐서 죽이십
시오.
14 여자들과 아이들과 가축과 그 밖에
성 안에 있는 모든 것은 전리품으로
가져도 됩니다. 당신들이 당신들의
대적에게서 빼앗은 것은 주 당신들
의 하나님이 당신들에게 주신 것이
니, 당신들의 마음대로 먹고 쓸 수가
있습니다.
15 당신들의 주변 민족들의 성읍에 딸
리지 아니한, 당신들로부터 먼 거리
에 있는 성읍들에도 이렇게 하여야
합니다.
16 ○그러나 주 당신들의 하나님이 당신
들에게 유산으로 주신 땅에 있는 성
읍을 점령하였을 때에는, 숨쉬는 것
은 하나도 살려 두면 안 됩니다.
17 곧 헷 사람과 아모리 사람과 가나안
사람과 브리스 사람과 히위 사람과
여부스 사람은 주 당신들의 하나님
이 당신들에게 명하신 대로 전멸시
켜야 합니다.
18 그렇지 않으면, 그들이 그들의 신을
섬기는 온갖 역겨운 일을 당신들에
게 가르쳐서, 당신들이 주 당신들의
하나님께 죄를 짓게 할 것입니다.
19 ○당신들이 한 성읍을 점령하려고
둘러싸서 공격하는데 오랜 기간이
걸리더라도, 거기에 있는 과일나무
를 도끼로 마구 찍어서는 안 됩니다.
과일은 따서 먹도록 하십시오. 그러
나 나무를 찍어 버리지는 마십시오.
들에 있는 나무가 원수라도 된단 말
입니까? 어찌 그 나무들을 포위하겠
습니까?
20 다만, 먹을 열매를 맺지 못하는 나
무는 당신들이 알고 있으니, 그런 나
무는 찍어도 좋습니다. 당신들은 그
런 나무를 찍어서, 당신들과 싸우는
성읍을 점령할 때까지, 성읍을 포위
하는 데 필요한 장비를 만들어서 쓰
도록 하십시오."

범인을 알 수 없는 살인 사건

21 "주 당신들의 하나님이 당신들
에게 주셔서 차지하게 하시는
땅에서, 누구에게 살해되었는지 알
수 없는 사람의 주검이 들에서 발견
될 때에는,
2 장로들과 재판관들이 현장에 나가
서, 그 주검 주위에 있는 성읍들에
이르는 거리를 재십시오.
3 그 주검에서 가장 가까운 성읍이 있
을 터이니, 그 성읍의 장로들은 아직
멍에를 메고 일한 적이 없는 암송아
지 한 마리를 끌고 와서,
4 물이 늘 흐르는 골짜기, 갈지도 심지
도 않은 골짜기로 그 암송아지를 끌
고 내려가, 물가에서 암송아지의 목

가 맺히는데 첫 열매는 하나님께 드리고, 5년째 되는 해의 열매부터 심은 자가 먹을 수 있었다.
20:11 당신들의 노비로 삼고 종주권 계약에 의해 종속국이 종주국에게 조공을 바치는 것을 말한다.
20:16–18 여기에서 하나님께서는 가나안의 여섯 족속들(17절)을 진멸하라고 명하신다(참조. 수 7:21–26;11:10–15;삿 7:25). 그 민족들이 이런 심판을 받게 된 것은 하나님께 불순종하면서 우상을 숭배했기 때문이다(참조. 삼상 15장).

21장 요약 범인을 알 수 없는 살인 사건의 해결책과(1–9절) 전쟁에서 포로로 잡은 여자를 아내로 맞는 규정, 맏아들의 상속권, 불효 자식에게 내리는 형벌 등과 같이 가정에서 일어날 수 있는 여러 가지 문제들의 처리 방법(10–21절) 등이 자세하게 설명되어 있다.

21:1–9 살인 사건의 범인을 알 수 없을 때 시체가 발견된 장소에서 가장 가까운 성의 장로들이 종

을 꺾어서 죽이십시오.
5 그 때에 레위 자손 제사장들도 그
곳으로 나와야 합니다. 그들은 주 당
신들의 하나님이 선택하셔서, 주님을
섬기며 주님의 이름으로 축복하는
직책을 맡은 사람으로서, 모든 소송
과 분쟁을 판결할 것입니다.
6 이 때에 피살자의 주검이 발견된 곳
에서 가장 가까운 성읍의 장로들은
물가에서, 목이 꺾인 암송아지 위에
냇물로 손을 씻고,
7 아래와 같이 증언하십시오.
○'우리는 이 사람을 죽이지 않았
고, 이 사람이 살해되는 현장을 목
격하지도 못하였습니다.
8 주님, 주님께서 속량하여 주신 주님
의 백성 이스라엘의 죄를 사하여 주
시고, 주님의 백성 이스라엘 사람에
게 무죄한 사람을 죽인 살인죄를 지
우지 말아 주십시오.'
○이렇게 하면, 그들은 살인의 책
임을 벗게 됩니다.
9 이렇게 해서 당신들은 당신들에게
지워진 살인의 책임을 벗으십시오.
이렇게 하는 것은 주님께서 보시기
에 옳은 일입니다."

여자 포로를 아내로 맞는 규정

10 ○"당신들이 적군과 싸울 때에, 주
당신들의 하나님이 적군을 당신들의
손에 넘겨 주셔서 당신들이 그들을
사로잡았을 때에,
11 그 포로들 가운데서 마음에 드는 아
리따운 여자가 있으면 그를 아내로
삼아도 됩니다.
12 그 여자를 아내로 삼을 남자는 그
여자를 자기 집으로 데리고 가서, 그
머리를 밀고 손톱을 깎고,
13 잡혀 올 때에 입었던 포로의 옷을 벗
게 하여야 합니다. 그리고 한 달 동
안 집 안에 있으면서, 자기의 부모를
생각하면서 애곡하게 하여야 합니
다. 그런 다음에라야 동침할 수 있습
니다. 이렇게 하여 부부가 됩니다.
14 그 뒤에 그 여자가 더 이상 남편의
마음에 들지 않으면 그 여자의 마음
대로 가게 하여야 하며, 돈을 받고
팔아서는 안 됩니다. 남편이 그 여자
를 욕보였으므로, 종으로 팔아서는
안 됩니다."

맏아들의 상속권

15 ○"어떤 사람에게 두 아내가 있는데,
한 사람은 사랑을 받고 다른 한 사
람은 사랑을 받지 못하다가, 사랑받
는 아내와 사랑받지 못하는 아내가
다 같이 아들을 낳았는데, 맏아들이
사랑받지 못하는 아내의 아들일 경
우에,
16 남편이 자기의 재산을 아들에게 물
려 주는 날에, 사랑받지 못하는 아
내에게서 난 맏아들을 제쳐놓고 사

교의식을 거행하여 그 사건을 처리한다.

21:5 레위 자손 제사장들도 그곳으로 나와야 합니다 송아지의 목을 꺾는 자리에 레위 자손 제사장들*이 함께 한다*는 것은 하나님의 권위가 그 자리에 임한다는 것을 의미한다.

21:6 손을 씻고 지방의 대표자인 장로들이 손을 씻는 것은 그들이 살인 사건과 관계가 없다는 것을 나타내는 의미로 행해졌다. 성읍 사람들의 대표로 장로가 손을 씻었기 때문에 그 성읍의 사람들도 다 손을 씻은 것이 된다.

21:10–23 전쟁 포로를 아내로 맞는 규정(10–14절), 맏아들의 상속권(15–17절), 반항하고 고집센 아들에게 내리는 벌(18–21절), 처형된 사람의 주검을 나무에 달았을 때 처리하는 규정(22–23절)들이 있다. 주로 가정에서 일어날 수 있는 문제들의 처리 방법을 설명한다.

21:10–14 전리품으로 사로잡아온 여자에 대한 대우 규정이다. 그 여자를 아내로 삼으면 일반적인

랑받는 아내의 아들에게 장자권을
줄 수는 없습니다.
17 반드시 사랑받지 못하는 아내의 아
들을 맏아들로 인정하고, 자기의 모
든 재산에서 두 몫을 그에게 주어야
합니다. 그 아들은 정력의 첫 열매이
기 때문에, 맏아들의 권리가 그에게
있는 것입니다."

불효 자식에게 내리는 벌

18 ○"어떤 사람에게, 아버지의 말이나
어머니의 말을 전혀 듣지 않고, 반항
만 하며, 고집이 세어서 아무리 타일
러도 듣지 않는 아들이 있거든,
19 그 부모는 그 아들을 붙잡아, 그 성
읍의 장로들이 있는 성문 위의 회관
으로 데리고 가서,
20 그 성읍의 장로들에게 '우리의 아들
이 반항만 하고, 고집이 세어서 우리
의 말을 전혀 듣지 않습니다. 방탕한
데다가 술만 마십니다' 하고 호소하
십시오.
21 그러면 그 성읍의 모든 사람이 그를
돌로 쳐서 죽일 것입니다. 이렇게 하
여서 당신들 가운데서 악을 뿌리 뽑
아야 합니다. 그래야만 온 이스라엘
이 그 일을 듣고 두려워할 것입니다."

기타 규정

22 ○"죽을 죄를 지어서 처형된 사람의
주검은 나무에 매달아 두어야 합니
다.
23 그러나 당신들은 그 주검을 나무에
매달아 둔 채로 밤을 지내지 말고,
그 날로 묻으십시오. 나무에 달린
사람은 하나님께 저주를 받은 사람
이기 때문입니다. 당신들은 주 당신
들의 하나님이 당신들에게 유산으로
준 땅을 더럽혀서는 안 됩니다.

22

1 당신들은 길 잃은 이웃의 소
나 양을 보거든, 못 본 체하지
말고, 반드시 끌어다가 그 이웃에게
돌려주어야 합니다.
2 또 당신들은 그 이웃이 가까이에 있
지 않거나, 누구인지 알지 못한다 해
도, 그 짐승을 당신들의 집에 끌어다
두었다가, 그 주인이 찾을 때에 돌려
주어야 합니다.
3 나귀도 그렇게 하고, 옷도 그렇게 하
십시오. 그 밖에도 이웃이 잃은 것
이 무엇이든지, 당신들이 발견하거든
그렇게 하고, 못 본 체하지 마십시
오.
4 ○이웃의 나귀나 소가 길에 쓰러져
있는 것을 보거든, 못 본 체하지 마
십시오. 당신들은 반드시 그 이웃을
도와 그것을 일으켜 주어야 합니다.
5 ○여자는 남자의 옷을 입지 말고, 남
자는 여자의 옷을 입지 마십시오.
주 당신들의 하나님은 이렇게 하는
사람을 싫어하십니다.
6 ○당신들은 길을 가다가, 어떤 나무

경우와 달리 쉽게 그 여자를 저버릴 수 있지만, 더 이상 종의 신분으로는 되돌릴 수 없다. 전쟁 포로로 잡혀온 여자는 가나안 사람이 아니라, 먼 거리에 있던 성읍의 이방 여자(20:13-15)이다. 이 여자는 30일의 애도 기간과 상징적 행동을 통해 혼인에 앞서 이전 생활과 전쟁의 슬픔을 벗어야 한다(21:12-13). 이는 이방 사회로부터 이스라엘 가정으로 들어온다는 것과 전쟁에서 죽은 부모를 위해 애곡한다는 이중의 상징적 의미를 가진다.

22장 요약 일상 생활에서 일어날 수 있는 갖가지 경우들에 대한 규례들(1-12절)에 이어 성도덕에 관한 규례를 중점적으로 다루고 있다(13-30절). 특히, 성도덕에 대한 강조는 하나님이 영육간의 순결을 각별히 여기신다는 사실을 분명히 보여 준다.

22:1-4 여기서는 형제가 잃어버린 것을 발견했을 때 그것을 돌려주라는 명령이 기록되어 있다. 더

에서나 땅에서 어미 새가 새끼나 알
을 품고 있는 것을 만나거든, 새끼를
품은 어미를 잡지 마십시오.
7 어미 새는 반드시 날려 보내야 합니
다. 그 새끼는 잡아도 됩니다. 그래
야만 당신들이 복을 받고 오래 살 것
입니다.
8 ○당신들은 집을 새로 지을 때에 지
붕에 난간을 만들어야 합니다. 그렇
게 하면, 사람이 떨어져도 그 살인죄
를 당신들 집에 지우지 않을 것입니
다.
9 ○당신들은 포도나무 사이사이에
다른 씨를 뿌리지 마십시오. 그렇게
하면, 씨를 뿌려서 거둔 곡식도 포
도도 성물이 되어 먹지 못합니다.
10 ○당신들은 소와 나귀에게 한 멍에
를 메워 밭을 갈지 마십시오.
11 ○당신들은 양털과 무명실을 함께
섞어서 짠 옷을 입지 마십시오.
12 ○당신들은 당신들이 입은 겉옷 자
락 네 귀퉁이에 술을 달아야 합니
다."

순결에 관한 법

13 ○"어떤 남자가 여자를 아내로 맞아
동침한 뒤에, 그 여자가 미워져서
14 '이 여자를 아내로 맞아 가까이 하
여 보았더니, ㉠처녀가 아니었다' 하고
비방하며, 누명을 씌워 소문을 퍼뜨
렸을 때에,
15 그 여자의 부모는, 그 여자가 처녀임
을 증명하는 증거물을 가지고 성문
위의 회관에 있는 그 성읍의 장로들
에게 가십시오.
16 그 여자의 아버지는 장로들에게 이
렇게 말해야 합니다. '내 딸을 이 사
람에게 아내로 주었더니, 그가 내 딸
을 미워하며,
17 내 딸이 처녀가 아니었다고 비방하
였습니다. 그러나 이것이 내 딸이 처
녀임을 증명하는 표입니다.' 그리고
그 성읍의 장로들 앞에 그 자리옷을
펴 보이십시오.
18 그러면 그 성읍의 장로들은 그 남자
를 붙잡아 때린 뒤에,
19 이스라엘 처녀에게 누명을 씌운 대
가로, 그 남자에게서 벌금으로 은 백
세겔을 받아서, 그 여자의 아버지에
게 주십시오. 그 여자는 계속하여
그의 아내가 되고, 그는 평생 그 여
자를 내보낼 수 없습니다.
20 ○그의 주장이 참되어서, 그 여자가
처녀임이 증명되지 않거든,
21 그 여자를 그 아버지의 집 문 앞에
끌어내고, 그 성읍의 사람들은 그
여자를 돌로 쳐서 죽이십시오. 그 여
자가 자기 아버지 집에 있을 때에 음
행을 하여, 이스라엘 안에서 수치스
러운 일을 하였기 때문입니다. 그러
므로 당신들은 당신들 가운데서 이

나아가 그것이 원수의 것일지라도 이 규례를 적용해야 한다.

22:5 여자는 남자의 옷을…입지 마십시오 이 율법은 가나안 사회에 만연해 있던 성도착(性倒錯)과 문란한 성 문화로 일어나는 성 범죄를 방지하기 위해 주어졌다. 그러나 하나님께서 이러한 법을 주신 좀 더 깊은 뜻은, 남녀를 각각 다르게 지으신 하나님의 창조적 질서를 보존하기 위함이다(참조. 레 18:22;20:13). 창조적 질서를 파괴하는 것은 죄악이다. 하나님께서는 그 같은 죄악을 범하는 자를 가증스럽게 여기신다.

22:12 네 귀퉁이에 술을 달아야 합니다 이 주제에 대한 규례가 민수기 15:37-41에 자세히 언급되어 있다. 이스라엘 백성은 하나님의 말씀에 따라서 그들의 겉옷 네 귀퉁이에 술(손으로 꼬은 실)을 달았다. 술을 다는 것의 상징적인 의미는 이스라엘 백성이 하나님을 사랑하고, 그분의 계명을 준

㉠ 또는 '그가 처녀라는 표적을 보지 못하였다'

런 악의 뿌리를 뽑아야 합니다.
22 ○어떤 남자가 남의 아내와 정을 통
하다가 들켰을 때에는, 정을 통한 남
자와 여자를 다 죽여서, 이스라엘에
서 이런 악의 뿌리를 뽑아야 합니다.
23 ○한 남자와 약혼한 처녀를 다른 남
자가 성 안에서 만나서 정을 통하였
을 경우에,
24 두 사람을 다 성문 밖으로 끌어다
놓고, 돌로 쳐서 죽여야 합니다. 그
처녀는 성 안에 있으면서도 소리를
지르지 않았기 때문이요, 그 남자는
이웃의 아내를 범하였기 때문입니
다. 그리하여 당신들은 당신들 가운
데서 이런 악의 뿌리를 뽑아야 합니
다.
25 ○어떤 남자와 약혼한 처녀를 다른
남자가 들에서 만나서 욕을 보였을
때에는, 욕을 보인 그 남자만 죽이십
시오.
26 그 처녀에게는 아무 벌도 주지 마십
시오. 그 여자에게는 죽일 만한 죄
가 없습니다. 욕을 보인 남자의 경우
는, 사람이 이웃을 해치려고 일어나
그 이웃을 살해한 것이나 마찬가지
입니다.
27 그 처녀는 들에서 그 남자를 만났으
므로, 약혼한 그 처녀가 소리를 질러
도 구하여 줄 사람이 없었을 것입니
다.
28 ○어떤 남자가 약혼하지 않은 처녀에
게 욕을 보이다가 두 사람이 다 붙
잡혔을 때에는,
29 그 남자는 그 처녀의 아버지에게 은
오십 세겔을 지불해야 합니다. 그리
고 그 여자에게 욕을 보인 대가로 그
여자는 그의 아내가 되고, 그는 평
생 동안 그 여자와 이혼할 수 없습니
다.
30 ○아무도 자기 아버지의 아내를 취
하지 못하며, 어느 누구도 ㉠아버지
의 아내와 동침하지 못합니다."

주님의 총회 회원이 될 수 없는 사람들

23 "고환이 터졌거나 음경이 잘린
사람은, 주님의 총회 회원이 되
지 못합니다.
2 ○사생아도 주님의 총회 회원이 되
지 못하고, 그 자손은 십 대에 이르
기까지 주님의 총회 회원이 되지 못
합니다.
3 ○암몬 사람과 모압 사람은 주님의
총회 회원이 되지 못합니다. 그 자손
은 십 대가 아니라, 영원히 주님의 총
회 회원이 되지 못합니다.
4 그들은 당신들이 이집트에서 나올
때에, 먹을 것과 마실 것을 가지고
와서 당신들을 맞아들이기는커녕,
당신들을 저주하려고 브올의 아들
발람에게 뇌물을 주어 메소포타미
아 지방의 브돌에서 그를 불러온 사

행하며, 자신들이 하나님의 백성임을 항상 확인하게 하기 위함이다.

22:13-30 순결을 존중하라는 규례가 주어진다. 결혼 이외의 성관계에 대해 사형에 처하도록 규정한다. 하나님께서 세우신 결혼 제도(창 2:24)가 무시될 때, 아름다운 가정은 결단코 형성될 수 없다.

22:18 붙잡아 때린 뒤에 사십 대를 때리는 벌을 말한다(참고. 25:3).

㉠ 히, '아버지의 옷자락을 벗기지 못한다'

23장 요약 1-8절에는 주님의 총회에 참여할 수 없는 사람들이 언급된다. 9-14절은 전쟁을 앞둔 가운데서도 위생 및 정결에 대해 당부하는 내용이다. 외국인 노예에 대한 인도적인 배려, 창녀와 남창을 근절시키라는 당부, 기타 상호관계에 대한 규례 등이 소개된다.

23:1-8 주님의 총회에 들어간다는 것은 참 이스라엘 사람이 주님을 경배하는 데 참여하는 것을

람들입니다.
5 그러나 주 당신들의 하나님이 당신
들을 사랑하시기 때문에, 주님께서
발람의 말을 듣지 않으시고, 오히려
그 저주를 복으로 바꾸셨습니다.
6 당신들은 당신들의 평생에 그들이
조금이라도 번영하거나 성공할 틈을
주어서는 안 됩니다.
7 ○당신들은 에돔 사람을 미워해서는
안 됩니다. 그들은 당신들의 친족입
니다. 이집트 사람을 미워해서도 안
됩니다. 당신들이 그들의 땅에서 나
그네로 살았기 때문입니다.
8 그들에게서 태어난 삼 대 자손들은
주님의 총회 회원이 될 수 있습니다."

진을 깨끗하게 하는 법

9 ○"당신들이 진을 치고 적과 맞서고
있는 동안에는, 어떤 악한 일도 스
스로 삼가야 합니다.
10 당신들 가운데 누가 밤에 몽설하여
부정을 탔을 때에, 그 사람은 진 밖
으로 나가서 머물러 있어야 합니다.
11 해가 질 무렵에 목욕을 하고, 해가
진 다음에 진으로 들어올 수 있습니
다.
12 ○당신들은 진 바깥의 한 곳에 변소
를 만들어 놓고, 그 곳에 갈 때에는,
13 당신들의 연장 가운데서 삽을 가지
고 가야 합니다. 용변을 볼 때에는
그것으로 땅을 파고, 돌아설 때에는
배설물을 덮으십시오.
14 주 당신들의 하나님은 당신들을 구
원하시고 당신들의 대적들을 당신들
에게 넘겨 주시려고, 당신들의 진 안
을 두루 다니시기 때문에, 당신들의
진은 깨끗하게 유지되어야 합니다.
주님께서 당신들 가운데로 다니시다
가 더러운 것을 보시면 당신들에게
서 떠나시고 말 것이니, 그런 일이 일
어나지 않도록 당신들의 진을 성결
하게 하십시오."

기타 규정

15 ○"어떤 종이 그의 주인을 피하여 당
신들에게로 도망하여 오거든, 당신
들은 그를 주인에게 돌려보내서는
안 됩니다.
16 성 안에서 그가 좋아하는 곳을 택하
게 하여, 당신들과 함께 당신들 가운
데서 살게 하여 주고, 그를 압제하지
않도록 하십시오.
17 ○이스라엘의 딸은 창녀가 될 수 없
습니다. 또 이스라엘의 아들들도
㉠남창이 될 수 없습니다.
18 창녀가 번 돈이나 ㉡남창이 번 돈은,
주 당신들의 하나님의 성전에 서원
을 갚는 헌금으로 드릴 수 없습니다.
이 두 가지가 다 주 당신들의 하나님
이 미워하시는 것입니다.
19 ○당신들은 동족에게 꾸어 주었거
든 이자는 받지 마십시오. 돈이든지

의미한다. 본문에서는 주님의 총회에 들어갈 수 없는 네 부류의 사람이 언급된다. 그들은 고환이 터졌거나 음경이 잘린 사람, 사생아, 암몬 사람과 모압 사람, 에돔 사람과 이집트 사람들이다.

23:9–14 진을 깨끗하게 하는 법 이 단락은 대적과 전쟁을 하려고 진군할 때의 정결 문제를 다룬다. 야영장에서 전투를 앞둔 이스라엘 백성은 하나님 앞에 거룩하기 위하여(14절) 몇 가지 경우(몽설, 배변)에 있어서 정결 규정을 지켜야 한다.

23:15–16 이 단락에서는 그의 주인으로부터 도망하여, 이스라엘 땅으로 피신처를 찾은 외국인 노예를 어떻게 대우할 것인가에 관해서 언급한다. 당시 국가 간에 도망한 노예에 대한 인도 협정이 체결되기도 했었다. 그러나 하나님은 이스라엘이 비인도적인 관행을 따르지 말 것을 명하신다.

23:17–18 이 단락에서는 두 가지 규례가 언급되

㉠ 가나안의 풍요 종교에는 신전 창녀와 신전 남창이 있어서 풍요의 신을 숭배하였음 ㉡ 히, '개의 소득'

곡식이든지, 이자가 나올 수 있는 어
떤 것이라도 이자를 받아서는 안 됩
니다.
20 외국 사람에게는 꾸어 주고서 이자
를 받아도 좋습니다. 그러나 동족에
게서는 이자를 받지 못합니다. 그래
야만 당신들이 들어가 차지할 땅에
서 당신들이 하는 모든 일에, 주 당
신들의 하나님이 복을 주실 것입니
다.
21 ○주 당신들의 하나님께 맹세하여서
서원한 것은 미루지 말고 지켜야 합
니다. 주 당신들의 하나님은 반드시
그것을 당신들에게 요구하실 것입니
다. 그러니 미루는 것은 당신들에게
죄가 됩니다.
22 맹세하지 않은 것은 당신들에게 죄
가 되지 않습니다.
23 그러나 한 번 당신들의 입으로 맹세
한 것은 반드시 지켜야 합니다. 당신
들이 주 당신들의 하나님께 입으로
스스로 약속한 것은 서원한 대로 하
여야 합니다.
24 ○당신들이 이웃 사람의 포도원에
들어가서 먹을 만큼 실컷 따먹는 것
은 괜찮지만, 그릇에 담아가면 안 됩
니다.
25 ○당신들이 이웃 사람의 곡식밭에
들어가 이삭을 손으로 잘라서 먹는
것은 괜찮지만, 이웃의 ㉠곡식에 낫
을 대면 안 됩니다."

이혼과 재혼

24 "남녀가 결혼을 하고 난 다음
에, 남편이 아내에게서 수치스
러운 일을 발견하여 아내와 같이 살
마음이 없을 때에는, 아내에게 이혼
증서를 써주고, 그 여자를 자기 집에
서 내보낼 수 있습니다.
2 그 여자가 그의 집을 떠나가서 다른
남자의 아내가 되었는데,
3 그 둘째 남편도 그 여자를 싫어하여
이혼증서를 써주고 그 여자를 자기
집에서 내보냈거나, 그 여자와 결혼
한 둘째 남편이 죽었을 경우에는,
4 그 여자가 이미 몸을 더럽혔으므로,
그를 내보낸 첫 번째 남편은 그를 다
시 아내로 맞아들일 수 없습니다. 이
런 일은 주님 앞에서 역겨운 일입니
다. 당신들은 주 당신들의 하나님이
당신들에게 유산으로 주신 땅을 죄
로 물들게 해서는 안 됩니다."

기타 규정

5 ○"아내를 맞은 새신랑을 군대에 내
보내서는 안 되고, 어떤 의무도 그에
게 지워서는 안 됩니다. 그는 한 해
동안 자유롭게 집에 있으면서, 결혼
한 아내를 기쁘게 해주어야 합니다.
6 ○맷돌은, 전부나 그 위짝 하나라도,
저당을 잡을 수 없습니다. 이것은 사
람의 생명을 저당잡는 것과 마찬가

었다. 첫째, 언약의 백성 이스라엘에는 창녀와 남창이 있어서는 안 된다. 둘째, 그들이 음행으로 번 돈은 혐오스러워서 하나님께 바쳐질 수 없다.

23:18 창녀가 번 돈이나 남창이 번 돈 창녀와 남창은 이방 종교의 음란 행위에 습관적으로 가담하는 자를 가리킨다.

23:19–20 하나님께서는 이스라엘 백성에게, 돈을 빌려줄 경우 외국 사람에게는 이자를 받되 동족에게는 이자를 받지 말라고 명하셨다.

24장 요약 본장은 사회적 약자들에 대한 보호를 주요 내용으로 하는 규례들이다. 1–9절에는 가정사에 관계된 규례 등이 소개된다. 10절 이하로는 가난한 이웃과 품꾼, 외국 사람, 고아, 과부와 같이 약자들을 보호하는 규례들을 언급하는데, 이것은 언약공동체 내에 사랑과 공의가 고갈되지 않도록 하기 위한 조치였다.

㉠ 히, '곡식 밭에'

지이기 때문입니다.
7 ○어떤 사람이 같은 겨레인 이스라
엘 사람을 유괴하여 노예로 부리거
나 판 것이 드러나거든, 그 유괴한
사람은 죽여야 합니다. 당신들은 당
신들 가운데서 그러한 악의 뿌리를
뽑아야 합니다.
8 ○㉠악성 피부병에 걸린 사람에 대하
여는, 레위 사람 제사장들이 당신들
에게 가르쳐 주는 대로, 모든 것을
철저히 지켜야 합니다. 내가 그들에
게 명령한 대로 지키십시오.
9 당신들이 이집트에서 나오던 길에,
주 당신들의 하나님이 미리암에게
하신 일을 기억하십시오.
10 ○당신들은 이웃에게 무엇을 꾸어
줄 때에, 담보물을 잡으려고 그의 집
에 들어가지 마십시오.
11 당신들은 바깥에 서 있고, 당신들에
게서 꾸는 이웃이 담보물을 가지고
당신들에게로 나아오게 하십시오.
12 그 사람이 가난한 사람이면, 당신들
은 그의 담보물을 당신들의 집에 잡
아 둔 채 잠자리에 들면 안 됩니다.
13 해가 질 무렵에는 그 담보물을 반드
시 그에게 되돌려주어야 합니다. 그
래야만 그가 담보로 잡혔던 그 겉옷
을 덮고 잠자리에 들 것이며, 당신들
에게 복을 빌어 줄 것입니다. 이렇게
하는 것이 주 당신들의 하나님이 보
시기에 옳은 일입니다.
14 ○같은 겨레 가운데서나 당신들 땅
성문 안에 사는 외국 사람 가운데
서, 가난하여 품팔이하는 사람을 억
울하게 해서는 안 됩니다.
15 그 날 품삯은 그 날로 주되, 해가 지
기 전에 주어야 합니다. 그는 가난한
사람이기 때문에 그 날 품삯을 그
날 받아야 살아갈 수 있습니다. 그
가 그 날 품삯을 못받아, 당신들을
원망하면서 주님께 호소하면, 당신
들에게 죄가 돌아갈 것입니다.
16 ○자식이 지은 죄 때문에 부모를 죽
일 수 없고, 부모의 죄 때문에 자식
을 죽일 수 없습니다. 사람은 저마다
자기가 지은 죄 때문에만 죽임을 당
할 것입니다.
17 ○외국 사람과 고아의 소송을 맡아
억울하게 재판해서는 안 됩니다. 과
부의 옷을 저당잡아서는 안 됩니다.
18 당신들은 이집트에서 종살이하던 것
과 주 당신들의 하나님이 당신들을
거기에서 속량하여 주신 것을 기억
하십시오. 내가 당신들에게 이런 명
령을 하는 까닭도 바로 여기에 있습
니다.
19 ○당신들이 밭에서 곡식을 거둘 때
에, 곡식 한 묶음을 잊어버리고 왔거
든, 그것을 가지러 되돌아가지 마십
시오. 그것은 외국 사람과 고아와

24:13 해가 질 무렵에는…되돌려주어야 합니다 이스라엘 백성으로서 그 동족에게 무엇인가를 꾸어 줄 때 그에게서 이자를 받아서는 안 된다(23:19–20). 단지 담보물을 받는 것만 허용되었다. 그런데 담보물이 저녁에 덮고 잘 옷이라면 가난한 사람이 잠잘 때 쓸 수 있도록 해가 질 무렵에는 돌려주라는 것이다.

24:16 개인의 죄에 대한 책임을 가족 전체에 지우는 것을 금한다.

24:19 곡식 한 묶음을 잊어버리고 왔거든 밭에서 추수하다가 곡식단 하나를 잊어버리고 돌아온 경우에, 그것을 가난한 사람들을 위해 남겨 두라는 말씀이다. 만약 어떤 사람이 그것을 가져갔다 하더라도 그는 도둑으로 인정되지 않았다. 인정이 많은 농부는 일부러 곡식 몇 단을 가난한 사람들을 위해 남겨 두었다고 한다.

㉠ 전통적으로 나병으로 알려져 왔으나 히브리어로는 여러 가지 악성 피부병을 뜻함

과부에게 돌아갈 몫입니다. 그래야
만 주 당신들의 하나님이 당신들이
하는 모든 일에 복을 내려 주실 것
입니다.
20 당신들은 올리브 나무 열매를 딴 뒤
에 그 가지를 다시 살피지 마십시오.
그 남은 것은 외국 사람과 고아와
과부의 것입니다.
21 당신들은 포도를 딸 때에도 따고 난
뒤에 남은 것을 다시 따지 마십시오.
그 남은 것은 외국 사람과 고아와
과부의 것입니다.
22 당신들은 이집트 땅에서 종살이하
던 때를 기억하십시오. 내가 당신들
에게 이런 명령을 하는 까닭도 바로
여기에 있습니다.

25 1 사람들 사이에 분쟁이 생겨
서, 그들이 법정에 서게 되면,
재판장은 그들을 재판하여, 옳은 사
람에게는 무죄를, 잘못한 사람에게
는 유죄를 선고해야 합니다.
2 유죄를 선고받은 사람이 매를 맞을
사람이면, 재판관은 그를 자기 앞에
엎드리게 하고, 죄의 정도에 따라 매
를 때리게 해야 합니다.
3 그러나 매를 마흔 대가 넘도록 때려
서는 안 됩니다. 마흔이 넘도록 때려
서, 당신들의 겨레가 당신들 앞에서
천히 여김을 받아서는 안 됩니다.
4 ○곡식을 밟으면서 타작하는 소의
입에 망을 씌우지 마십시오."

죽은 형제에 대한 의무

5 ○"형제들이 함께 살다가, 그 가운데
한 사람이 아들이 없이 죽었을 때
에, 그 죽은 사람의 아내는 딴 집안
의 남자와 결혼하지 못합니다. 남편
의 형제 한 사람이 그 여자에게 가
서, 그 여자를 아내로 맞아, 그의 남
편의 형제된 의무를 다해야 합니다.
6 그래서 그 여자가 낳은 첫 아들은
죽은 형제의 이름을 이어받게 하여,
이스라엘 가운데서 그 이름이 끊어
지지 않게 해야 합니다.
7 그 남자가 자기 형제의 아내와 결혼
하는 것을 기뻐하지 않을 경우에, 홀
로 남은 그 형제의 아내는 성문 위의
회관에 있는 장로들에게 가서 '남편
의 형제가 자기 형제의 이름을 이스
라엘 가운데서 잇기를 바라지 않으
며, 남편의 형제의 의무도 나에게 하
지 않고 있습니다' 하고 호소해야 합
니다.
8 그러면 그 성읍의 장로들이 그를 불
러다가 권면하십시오. 그래도 듣지
않고, 그 여자와 결혼할 마음이 없다
고 하면,
9 홀로 남은 그 형제의 아내가, 장로들
이 보는 앞에서 그에게 나아가서, 그
의 발에서 신을 벗기고, 그의 얼굴에
침을 뱉으면서 말하기를 '제 형제의

25장 요약 본장에서는 태형(1–3절)과 짐승에 대한 배려(4절), 수혼법과 이 의무를 거부하는 자에 대한 규정(5–10절), 남자의 생식기를 다치게 할 경우의 처벌(11–12절), 공정한 상거래(13–16절) 등의 내용을 소개한다. 17절 이하는 하나님을 두려워하기를 거부했던 아말렉 사람을 진멸하라는 명령이다.

25:5–10 본문은 죽은 형제에 대한 의무인, 수혼법(嫂婚法) 또는 계대 결혼법의 언급이다. 형이 죽었는데 가문을 이을 아들이 없을 경우에 적용되는 법으로, 동생이 형수를 취하여 가문을 이었다. 이것은 수혼법을 통해 앞으로 태어날 첫아들이 죽은 사람의 재산을 이어받고, 하나님의 언약을 그 자신과 후손에게 이어 준다는 의미가 있다. 따라서 이 계대 결혼을 통한 번영의 예비는 하나님과 이스라엘 사이에 맺은 언약과 조화를 이룬다. 이 단락은 ① 수혼법(5–6절)의 성립 요건과

가문 세우기를 원하지 않는 사람은
이렇게 된다' 하십시오.
10 그 다음부터는 이스라엘 가운데서
그의 이름이 '신 벗긴 자의 집안'이라
고 불릴 것입니다."

다른 법

11 ○"두 남자가 싸울 때에, 한쪽 남자
의 아내가 얻어맞는 남편을 도울 생
각으로 가까이 가서, 손을 내밀어 상
대방의 음낭을 잡거든,
12 당신들은 그 여인의 손을 자르십시
오. 조금도 동정심을 가지지 마십시
오.
13 ○당신들은 주머니에 크고 작은 다
른 저울추를 두 개 가지고 있어서는
안 됩니다.
14 당신들의 집에 크고 작은 다른 되가
두 개 있어서도 안 됩니다.
15 당신들은 바르고 확실한 저울추와
바르고 확실한 되를 사용하십시오.
그러면 주 당신들의 하나님이 주시는
땅에서 당신들이 오래 살 것입니다.
16 틀리는 추와 되를 가지고 속임수를
쓰는 사람은, 누구든지 주 당신들의
하나님이 싫어하십니다."

아말렉 사람을 치라는 명령

17 ○"당신들이 이집트에서 나오던 길
에, 아말렉 사람이 당신들에게 한
일을 기억하십시오.
18 그들은 당신들이 피곤하고 지쳤을
때에, 길에서 당신들을 만나, 당신들
뒤에 처진 사람들을 모조리 쳐죽였
습니다. 그들은 하나님을 두려워할
줄 모르는 자들입니다.
19 주 당신들의 하나님이 유산으로 주
셔서 당신들로 차지하게 하시는 땅
에서, 주 당신들의 하나님이 당신들
사방의 적들을 물리치셔서 당신들로
안식을 누리게 하실 때에, 당신들은
하늘 아래에서 아말렉 사람을 흔적
도 없이 없애버려야 합니다. 이것을
잊지 말아야 합니다."

햇곡식 예물

26 "주 당신들의 하나님이 당신들
에게 유산으로 주시는 그 땅에
당신들이 들어가서 그것을 차지하고
살 때에,
2 당신들은 주 당신들의 하나님이 당
신들에게 주시는 땅에서 거둔 모든
농산물의 첫 열매를 광주리에 담아
서, 주 당신들의 하나님이 자기의 이
름을 두려고 택하신 곳으로 가지고
가십시오.
3 거기에서 당신들은 직무를 맡고 있
는 제사장에게 가서 '주님께서 우리
조상에게 주시겠다고 맹세하신 대
로, 내가 이 땅에 들어오게 되었음
을, 제사장께서 섬기시는 주 하나님
께 오늘 아룁니다' 하고 보고를 하십
시오.

② 이 법을 따르지 않는 남자를 대하는 방법(7–10절)을 말하고 있다.

25:10 신 벗긴 자의 집안 장로들 앞에서 형수가 남*편의 동생의* 신을 벗기는 것은 그 동생이 형수와 결혼하여 죽은 형을 대신해서 가문을 잇는 책임을 포기한다는 의미가 된다. 그러므로 '신 벗긴 자의 집안'이란 그 집에 계속 살려고 하는 동생에게 수치를 주며, 죽은 형을 대신하여 가문을 이을 대리자가 없는 집이라는 의미가 되었다.

26장 요약 모세는 이스라엘이 가나안 땅을 차지하자마자 실행해야 할 의식에 관해 언급한다. 하나는 그 땅의 첫 열매를 하나님께 바치는 것과(1–11절), 다른 하나는 3년마다 모든 소출의 십일조를 레위 사람과 고아나 과부 등과 같은 사회적 약자들에게 나누어 주는 일이다(12–15절).

26:1–11 이스라엘은 가나안을 유산으로 받을 것

4 ○제사장이 당신들의 손에서 그 광
주리를 받아 주 당신들의 하나님의
제단 앞에 놓으면,
5 당신들은 주 당신들의 하나님 앞에
서 다음과 같이 아뢰십시오.
○'내 조상은 떠돌아다니면서 사
는 아람 사람으로서 몇 안 되는 사
람을 거느리고 이집트로 내려가서,
거기에서 몸붙여 살면서, 거기에서
번성하여, 크고 강대한 민족이 되었
습니다.
6 그러자 이집트 사람이 우리를 학대
하며 괴롭게 하며, 우리에게 강제노
동을 시켰습니다.
7 그래서 우리가 주 우리 조상의 하나
님께 살려 달라고 부르짖었더니, 주
님께서 우리의 울부짖음을 들으시
고, 우리가 비참하게 사는 것과 고역
에 시달리는 것과 억압에 짓눌려 있
는 것을 보시고,
8 강한 손과 편 팔과 큰 위엄과 이적
과 기사로, 우리를 이집트에서 인도
하여 내셨습니다.
9 주님께서 우리를 이 곳으로 인도하
셔서, 이 땅 곧 젖과 꿀이 흐르는 땅
을 우리에게 주셨습니다.
10 주님, 주님께서 내게 주신 땅의 첫
열매를 내가 여기에 가져 왔습니다.'
○그리고 당신들은 그것을 주 당
신들의 하나님 앞에 놓고, 주 당신들
의 하나님께 경배드리고,
11 레위 사람과, 당신들 가운데서 사는
외국 사람과 함께, 주 당신들의 하나
님이 당신들과 당신들의 집안에 주
신 온갖 좋은 것들을 누리십시오.
12 ○세 해마다 십일조를 드리는 해가
되면, 당신들은 당신들의 모든 소출
에서 열의 하나를 따로 떼어서, 그것
을 레위 사람과 외국 사람과 고아와
과부에게 나누어 주고, 그들이 당신
들이 사는 성 안에서 마음껏 먹게
하십시오.
13 그렇게 할 때에 당신들은 하나님께
이렇게 아뢰십시오.
○'우리는 주님께서 우리에게 명하
신 대로, 우리 집에서 성물을 내어
레위 사람과 외국 사람과 고아와 과
부에게 다 나누어 주어서, 주님의 명
령을 잊지 않고 어김없이 다 실행하
였습니다.
14 우리는 애곡하는 날에, 이 거룩한 열
의 한 몫을 먹지 않았고, 부정한 몸
으로 그것을 떼놓지도 않고, 죽은
자에게 그것을 제물로 바친 적도 없
습니다. 우리는 주 우리의 하나님께
순종하여서, 십일조에 관하여 명령
하신 것을 그대로 다 지켰습니다.
15 주님의 거룩한 처소 하늘에서 굽어
살피시고, 주님의 백성 이스라엘에
게 복을 주시며, 주님께서 우리의 조

이며 거기서 첫 열매를 거두면 하나님께 그것을 바쳐야 했다. 이 의식은 하나님께서 이스라엘에게 감사와 헌신을 요구하는 것이었다. 첫 열매의 드림은 가나안의 새 생활의 시작이 전적으로 하나님의 은혜로 말미암아 주어졌음을 인정하는 것이요, 그들이 하나님의 축복 아래에서만 즐거워할 수 있음을 고백하는 드림이 되어야 했다.

26:8 이적과 기사 이스라엘을 건지시기 위한 열 가지 재앙과 광야에서의 인도하심을 가리킨다.

26:16-19 이 부분은 언약 규정(12-25장)에 대한 결론 부분이다. 이스라엘 백성은 제시된 언약 규정을 전심으로 지켜 행하라는 권고를 받는다. 이스라엘이 주님의 소중한 백성이자 하나님의 거룩한 백성이 되는 결정적인 증거는 주님을 그들의 하나님으로 인정하고 이제까지 모세를 통해 베푼 언약 규정을 지켜 행할 때 나타나게 된다는 것이다. 이렇게 할 때 언약 백성은 국가적 삶에서 하나님의 영광을 나타낼 것이다(19절).

상에게 약속하신 대로, 우리에게 주
신 땅 곧 젖과 꿀이 흐르는 땅에 복
을 내려 주십시오.'"

하나님의 백성

16 ○"오늘 주 당신들의 하나님이 이 규
례와 법도를 지키라고 당신들에게
명령하시니, 당신들은 마음을 다하
고 목숨을 다하여 이 모든 계명을
지키십시오.
17 오늘 당신들은 당신들의 주님을 하
나님으로 모시고, 그의 길을 따르며,
그의 규례와 명령과 법도를 지키며,
그에게 순종하겠다고 약속하였습니
다.
18 주님께서 당신들에게 약속하신 대
로, 오늘 당신들을 주님의 소중한 백
성으로 받아들이고, 그의 모든 명령
을 다 지켜야 한다고 선언하셨습니다.
19 주님께서는, 그가 지으신 모든 백성
보다 당신들을 더욱 높이셔서, 당신
들이 칭찬을 받고 명예와 영광을 얻
게 하시고, 또 말씀하신 대로, 당신
들을 주 당신들의 하나님의 거룩한
백성이 되게 하실 것입니다."

돌에 새긴 율법

27 모세는 이스라엘 장로들과 함
께, 백성에게 명령하였다. "오
늘 내가 당신들에게 하는 모든 명령
을, 당신들은 지켜야 합니다.
2 당신들이 요단 강을 건너가서, 주 당
신들의 하나님이 당신들에게 주시는
땅에 들어가는 날이 오거든, 큰 돌
들을 세우고 석회를 바르십시오.
3 주 당신들 조상의 하나님이 말씀하
신 대로, 주 당신들의 하나님이 당신
들에게 주시는 땅 곧 젖과 꿀이 흐
르는 땅에 들어가면, 이 모든 율법의
말씀을 그 돌들 위에 기록하십시오.
4 당신들이 요단 강을 건너거든, 내가
오늘 당신들에게 명한 대로, 이 돌
들을 에발 산에 세우고, 그 위에 석
회를 바르십시오.
5 또 거기에서 주 당신들의 하나님께
드리는 제단을 만들되, 쇠 연장으로
다듬지 않은 자연석으로 제단을 만
드십시오.
6 당신들은 다듬지 않은 자연석으로
주 당신들의 하나님의 제단을 만들
고, 그 위에 번제물을 올려 주 당신
들의 하나님께 드려야 합니다.
7 또 ㉠화목제를 드리고 거기에서 먹으
며, 주 당신들의 하나님 앞에서 즐거
워하십시오.
8 당신들은 이 돌들 위에 이 모든 율법
의 말씀을 분명하게 기록하십시오."
9 ○모세와 레위 사람 제사장들이 온
이스라엘 백성에게 선포하였다. "이
스라엘 자손 여러분, 우리가 하는 말
에 귀를 기울이십시오. 오늘 당신들
은 주 당신들의 하나님의 백성이 되

27장 요약 모세는 이스라엘 백성에게, 약속의 땅으로 들어가는 날, 율법을 기록한 큰 돌들을 *에발 산에 세우고 하나님께 제단을 쌓아* 번제와 화목제를 드리라고 명했다. 율법은 순종의 필요성을 깨우치기 위함이며, 제단은 불순종할 경우의 유일한 회복 방법으로 제시한 것이다.

27:1–8 모세는 이스라엘 백성에게 요단을 건너 약속의 땅에 들어가는 날 큰 돌들을 에발 산에 세우고 번제와 화목제를 드리라고 명한다. 그 큰 돌에는 '모든 율법의 말씀'(3절)을 기록해야 했다. 번제는 하나님을 위한 것으로서 온전히 불로 태워 드렸고(레 1:1–17), 화목제는 다른 제사들과는 달리 바쳐진 예물을 경배자들과 함께 나누어 먹으며 즐거워하는 제사였다(레 3:1–17). 이러한 제

㉠ 제물로 바치는 짐승의 몸을 일부만 제단 위에서 불사르고, 나머지는 제사드리는 사람들이 나누어 먹음

없습니다.
10 그러므로 당신들은 주 당신들의 하
나님께 순종하고, 오늘 우리가 당신
들에게 명한 그의 명령과 규례를 지
키십시오."

에발 산에서 선포한 저주

11 ○그 때에 모세가 백성에게 명령하
였다.
12 ○"당신들이 요단 강을 건넌 뒤에,
백성에게 축복을 선포하려고 그리
심 산에 설 지파들은 시므온과 레위
와 유다와 잇사갈과 요셉과 베냐민
지파입니다.
13 그리고 저주를 선포하려고 에발 산
에 설 지파들은 르우벤과 갓과 아셀
과 스불론과 단과 납달리 지파입니
다.
14 그리고 레위 사람들은 큰소리로 온
이스라엘 모든 백성에게 다음과 같
이 외치십시오.
15 ○'대장장이를 시켜서, 주님께서 역
겨워하시는 우상을 새기거나 부어
만들어서, 그것을 은밀한 곳에 숨겨
놓는 자는 저주를 받는다' 하면, 모
든 백성은 '아멘' 하고 응답하십시
오.
16 ○'아버지와 어머니를 업신여기는 자
는 저주를 받는다' 하면, 모든 백성
은 '아멘' 하십시오.
17 ○'이웃의 땅 경계석을 옮기는 자는
저주를 받는다' 하면, 모든 백성은
'아멘' 하십시오.
18 ○'눈이 먼 사람에게 길을 잘못 인도
하는 자는 저주를 받는다' 하면, 모
든 백성은 '아멘' 하십시오.
19 ○'외국 사람과 고아와 과부의 재판
을 공정하게 하지 않는 자는 저주를
받는다' 하면, 모든 백성은 '아멘' 하
십시오.
20 ○'아버지의 아내와 동침하는 것은
그 아버지의 침상을 모독하는 것이
니, 그런 자는 저주를 받는다' 하면,
모든 백성은 '아멘' 하십시오.
21 ○'짐승과 교접하는 자는 저주를 받
는다' 하면, 모든 백성은 '아멘' 하십
시오.
22 ○'자매, 곧 아버지의 딸이나 어머니
의 딸과 동침하는 자는 저주를 받는
다' 하면, 모든 백성은 '아멘' 하십시
오.
23 ○'장모와 동침하는 자는 저주를 받
는다' 하면, 모든 백성은 '아멘' 하십
시오.
24 ○'이웃을 암살하는 자는 저주를 받
는다' 하면, 모든 백성은 '아멘' 하십
시오.
25 ○'뇌물을 받고 죄 없는 사람을 죽이
는 자는 저주를 받는다' 하면, 모든
백성은 '아멘' 하십시오.
26 ○'이 율법 가운데 하나라도 실행하

사는 시내 산에서 언약을 맺을 때에도 드려졌으며(출 24:3-8), 역사서에도 나타난다(삼하 6:17; 왕상 3:15).

27:4 에발 산 그리심 산과 마주 보고 있는 산으로, 해발 940m이며 세겜 북쪽에 위치한다. 예루살렘에서 북쪽으로 약 84km 떨어진 곳에 있다.

27:11-26 열두 지파 대표는 세겜을 기준으로 하여, 여섯 지파 대표는 그리심 산에, 다른 여섯 지파 대표는 에발 산에 서게 했다. 그리고 레위 제사장은 큰 소리로 열두 가지 저주를 선창하고 그 대표들은 아멘으로 응답해야 했다. 그 선포될 저주를 몇 가지로 분류하여 보면 ① 우상의 금지(15절) ② 자식의 의무(16절) ③ 소유권 침해(17절) ④ 인권 유린(18-19절) ⑤ 성적으로 부당한 네 경우(20-23절) ⑥ 살인에 관한 두 경우(24-25절) ⑦ 율법에 순종하지 않는 죄(26절)와 관련한 것들이다. 이 열두 가지 저주는 세겜의 십계명으로 불린다.

지 않는 자는 저주를 받는다' 하면,
모든 백성은 '아멘' 하십시오."

순종하여 받는 복

(레 26:3-13; 신 7:12-24)

28 "당신들이 주 당신들의 하나님
의 말씀을 귀담아 듣고, 내가
오늘 당신들에게 명한 그 모든 명령
을 주의 깊게 지키면, 주 당신들의
하나님이 당신들을 세상의 모든 민
족 위에 뛰어나게 하실 것입니다.
2 당신들이 주 당신들의 하나님의 말
씀에 순종하면, 이 모든 복이 당신
들에게 찾아와서 당신들을 따를 것
입니다.
3 ○당신들은 성읍에서도 복을 받고,
들에서도 복을 받을 것입니다.
4 ○당신들의 태가 복을 받아 자식을
많이 낳고, 땅이 복을 받아 열매를
풍성하게 내고, 집짐승이 복을 받아
번식할 것이니, 소도 많아지고 양도
새끼를 많이 낳을 것입니다.
5 ○당신들의 곡식 광주리도 반죽 그
릇도 복을 받을 것입니다.
6 ○당신들은 들어와도 복을 받고, 나
가도 복을 받을 것입니다.
7 ○당신들에게 대항하는 적들이 일어
나도, 주님께서는 당신들이 보는 앞
에서 그들을 치실 것이니, 그들이 한
길로 쳐들어왔다가, 일곱 길로 뿔뿔
이 도망칠 것입니다.
8 ○주님께서 명하셔서, 당신들의 창고
와 당신들의 손으로 하는 모든 일에
복이 넘치게 하실 것입니다. 그리하
여 주 당신들의 하나님이 당신들에
게 주시는 땅에서 당신들에게 복을
주실 것입니다.
9 ○당신들이 주 당신들의 하나님의
명령을 지키고 그 길로만 걸으면, 주
님께서는 당신들에게 맹세하신 대
로, 당신들을 자기의 거룩한 백성으
로 삼으실 것입니다.
10 이 땅의 모든 백성이, 주님께서 당신
들을 택하셔서 자기의 백성으로 삼
으신 것을 보고, 당신들을 두려워할
것입니다.
11 주님께서는, 당신들에게 주시겠다고
당신들의 조상에게 약속하신 이 땅
에서, 당신들 몸의 소생과 가축의 새
끼와 땅의 소출이 풍성하도록 하여
주실 것입니다.
12 주님께서는, 그 풍성한 보물 창고 하
늘을 여시고, 철을 따라서 당신들
밭에 비를 내려 주시고, 당신들이 하
는 모든 일에 복을 주실 것입니다.
그러므로 당신들은 많은 민족에게
꾸어 주기는 하여도 꾸지는 않을 것
입니다.
13 오늘 내가 당신들에게 명령하는 바,
당신들이 주 당신들의 하나님의 명
령을 진심으로 지키면, 주님께서는

28장 요약 본장은 다시 모압 평지에서 선포된 상세한 언약 규정(12-26장)과 관련시켜, 하나님의 말씀에 순종하는 경우에 임할 축복(1-14절)과 하나님의 말씀에 불순종할 경우에 따르는 저주(15-68절)를 거듭 상기시키는 내용이다.

28:2 당신들에게 찾아와서 복을 의인화시켜서 순종하는 이들에게 찾아가는 중재자로 묘사했다.

28:3-6 하나님의 축복은 삶의 모든 영역에 미치게 될 것이다. 즉 성읍 생활과 전원 생활(3절), 생육 번식(4절), 가족 필수품 마련(5절), 사람이 감당할 수 있는 매일의 활동(6절)에 미치게 될 것이다. 이러한 축복은 형식적인 측면에서 16-19절에 나타난 저주와 아주 흡사하다.

28:7-14 이 구절에서는 3-6절의 내용을 좀 더 상세히 지적하여 서술한다. 외국과의 관계에서(7절, 12하반절, 13상반절), 국내의 일들 가운데서(8절, 11절, 12상반절) 하나님의 축복을 보게 될

당신들을 머리가 되게 하고, 꼬리가
되게 하지 않으시며, 당신들을 오직
위에만 있게 하고, 아래에 있게 하지
는 않으실 것입니다.
14 당신들은, 좌로든지 우로든지, 내가
오늘 당신들에게 명하는 이 모든 말
씀을 벗어나지 말고, 다른 신들을
따라가서 섬기지 마십시오."

불순종하여 받는 저주

15 ○"그러나 당신들이 주 당신들의 하
나님의 말씀을 듣지 않고, 또 내가
오늘 당신들에게 명한 모든 명령과
규례를 지키지 않으면, 다음과 같은
온갖 저주가 당신들에게 닥쳐올 것
입니다.
16 ○당신들은 성읍에서도 저주를 받
고, 들에서도 저주를 받을 것입니다.
17 ○당신들의 곡식 광주리도 반죽 그
릇도 저주를 받을 것입니다.
18 ○당신들의 몸에서 태어난 자녀와
당신들 땅의 곡식과 소 새끼와 양 새
끼도 저주를 받을 것입니다.
19 ○당신들은 들어와도 저주를 받고,
나가도 저주를 받을 것입니다.
20 ○당신들이 악한 일을 하고 ㉠주님을
잊게 될 때에, 주님께서는 당신들이
손을 대는 일마다 저주하고 혼돈시
키고 책망하실 것이니, 당신들이 순
식간에 망할 것입니다.
21 주님께서는, 당신들이 들어가 차지
하려는 땅에서, 당신들의 몸이 전염
병에 걸리게 하셔서, 마침내 죽게 하
실 것입니다.
22 주님께서는 폐병과 열병과 염증과
무더위와 한발과 열풍과 썩는 재앙
을 내려서, 당신들이 망할 때까지 치
실 것입니다.
23 당신들 머리 위에 있는 하늘은 놋이
되어서 비를 내리지 못하고, 당신들
아래에 있는 땅은 메말라서 쇠가 될
것입니다.
24 주님께서는 하늘로부터 당신들 땅으
로 모래와 티끌을 비처럼 내려서, 마
침내 당신들을 망하게 하실 것입니
다.
25 ○주님께서는 당신들을 맞아 싸우
는 적에게 당신들이 패하게 하실 것
입니다. 당신들이 한 길로 치러 나갔
다가, 그들 앞에서 일곱 길로 도망하
는 것을 보고, 땅 위에 있는 모든 나
라가 놀라서 떨 것입니다.
26 당신들의 주검이 공중의 온갖 새와
땅의 짐승들의 먹이가 될 것이나, 그
것들을 쫓아줄 사람이 없을 것입니
다.
27 주님께서 이집트의 악성 종기와 치
질과 옴과 습진을 내려 당신들을 치
실 것이니, 당신들이 고침을 받지 못
할 것입니다.
28 주님께서는 당신들을 미치게도 하시

것이다.

28:15-68 불순종할 때 임할 저주가 다음의 세 부분으로 나뉘어 언급된다. ① 45-46절의 경고로 결론짓는 부분(15-44절) ② 이스라엘의 원수로부터 당하게 될 위험을 언급하는 부분(47-57절) ③ 이스라엘의 추방과 황폐에 대해 경고하는 부분(58-68절).

28:22 일곱 가지 재앙이 기록되어 있다. 그 중에 넷은 인간과, 셋은 식물과 관련된 재앙이다. 오늘날의 어떠한 질병과 같은 것인지 확실히 알 수는 없지만, 이 질병들은 인간의 생명을 빼앗아 가는 무서운 것들이다.

28:23 본절은 극심한 무더위와 가뭄을 은유적으로 표현한 것이다(레 26:19). 이 구절에서 '땅'은 저주받은 땅으로 12절에 기록된 축복받은 땅과 현저한 대조를 이룬다.

28:25-26 불순종하면 전쟁에서 패배할 것이며,

㉠ 히, '나를'

고, 눈을 멀게도 하시고, 정신착란
증을 일으키게도 하실 것입니다.
29 당신들은, 마치 눈이 먼 사람이 어둠
속에서 더듬는 것처럼, 대낮에도 더
듬을 것입니다. 당신들의 앞길이 막
혀서 사는 날 동안 압제를 받고 착
취를 당하겠지만, 당신들을 구원해
줄 사람이 없을 것입니다.
30 ○당신들이 한 여자와 약혼해도 다
른 남자가 그 여자를 욕보이고, 집을
지어도 그 집에서 살지 못하며, 포도
원을 가꾸어도 그것을 따먹지 못할
것입니다.
31 당신들의 소를 당신들이 눈 앞에서
잡아도 당신들이 먹지 못할 것이요,
당신들의 나귀가 당신들의 눈 앞에
서 강탈을 당해도 도로 찾지 못할
것입니다. 당신들의 양 떼를 당신들
의 원수에게 빼앗겨도 당신들을 도
와줄 사람이 없을 것입니다.
32 당신들은 자녀들을 다른 민족에게
빼앗기고, 눈이 빠지도록 그들을 기
다리다 지칠 것이며, 손에 힘이 하나
도 없을 것입니다.
33 당신들의 땅에서 거둔 곡식과 당신
들의 노력으로 얻은 모든 것을, 당신
들이 알지 못하는 백성이 다 먹을 것
입니다. 당신들은 사는 날 동안 압제
를 받으며, 짓밟히기만 할 것입니다.
34 당신들은 당신들의 눈으로 보는 일
때문에 미치고 말 것입니다.
35 주님께서는 당신들의 무릎과 발에
당신들이 고칠 수 없는 악성 종기가
나게 하셔서, 발바닥으로부터 머리
꼭대기까지 번지게 하실 것입니다.
36 ○주님께서는, 당신들을 다른 민족
에게 넘기실 것이니, 당신들이 받들
어 세운 왕과 함께, 당신들도 모르
고 당신들 조상도 알지 못하던 민족
에게로 끌어 가실 것이며, 당신들은
거기에서 나무와 돌로 만든 다른 신
들을 섬길 것입니다.
37 당신들은, 주님께서 당신들을 끌어
가신 곳의 모든 백성 가운데서, 놀램
과 속담과 조롱거리가 될 것입니다.
38 ○당신들이 밭에 많은 씨앗을 뿌려
도, 메뚜기가 먹어 버려서 거둘 것이
적을 것이며,
39 당신들이 포도를 심고 가꾸어도, 벌
레가 갉아먹어서 포도도 따지 못하
고 포도주도 마시지 못할 것이며,
40 당신들의 온 나라에 올리브 나무가
있어도, 그 열매가 떨어져서 당신들
은 그 기름을 몸에 바를 수 없을 것
입니다.
41 당신들이 아들딸을 낳아도, 그들이
포로로 잡혀 가서 당신들의 자식이
되지 못할 것입니다.
42 당신들의 모든 나무와 땅의 곡식을
메뚜기가 먹을 것입니다.

비참한 죽음을 맛보게 될 것이다. 이 저주는 7절의 축복과 대조를 이룬다.

28:32 다른 민족에게 빼앗기고 하나님의 백성이 *이방 민족의 노예로 팔리게* 됨을 의미한다. 이방 민족은 이스라엘이 수고하므로 쌓아 놓은 모든 열매를 다 먹어 버릴 것이다. 그러므로 이스라엘의 수고는 헛된 것이 되고 말 것이다.

28:36 왕 17:14–20에 이스라엘 왕들에 관한 규례가 나타난다. 알지 못하던 민족 하나님이 이스라엘을 멸망시키기 위해 도구로 사용하실 나라를 가리킨다. 북 이스라엘은 B.C. 722년에 앗시리아에, 남 유다는 B.C. 586년에 바빌론에 의해 멸망하였다.

28:38–44 이 부분은 하나님의 저주가 이스라엘의 경제와 관계가 있음을 보여 준다. 이스라엘은 농업과 상업에 실패할 것이다. 즉 메뚜기와 벌레가 농작물과 포도를 먹고 올리브 나무의 열매가 떨어지므로 이스라엘은 경제적으로 큰 손해를 볼 것이며 이스라엘의 자녀들은 포로가 될 것이다.

43 ○당신들 가운데 사는 외국 사람은
당신들보다 점점 높아지고, 당신들
은 점점 낮아질 것입니다.
44 당신들은 외국 사람에게 꾸기는 하
여도, 꾸어 주지는 못할 것입니다. 그
들은 머리가 되고, 당신들은 꼬리가
될 것입니다.
45 ○이 모든 저주가 당신들에게 내릴
것입니다. 그 저주가 당신들을 따르
고 당신들에게 미쳐서 당신들이 망
할 것입니다. 당신들이 주 당신들의
하나님의 말씀에 순종하지 않았고
당신들에게 명하신 그 명령과 규례
를 지키지 않은 까닭입니다.
46 이 모든 저주는 당신들과 당신들의
자손에게 영원토록 표징과 경고가
될 것입니다.
47 ○모든 것이 넉넉한데도 당신들이
기쁘고 즐거운 마음으로 주 당신들
의 하나님을 섬기지 않기 때문에,
48 당신들은 굶주리고 목 마르고 헐벗
고 모든 것이 부족하게 될 것이며,
그뿐만 아니라 주님께서 보내신 원
수들을 당신들이 섬기게 될 것입니
다. 그들이 당신들의 목에 쇠멍에를
지울 것이며, 당신들은 마침내 죽고
말 것입니다.
49 주님께서 땅 끝 먼 곳에서 한 민족
을 보내셔서, 독수리처럼 당신들을
덮치게 하실 것입니다. 그들은 당신
들이 모르는 말을 쓰는 민족입니다.
50 그들은 생김새가 흉악한 민족이며,
노인을 우대하지도 않고, 어린 아이
를 불쌍히 여기지도 않습니다.
51 그들이 당신들의 집짐승 새끼와 당
신들 땅의 소출을 먹어 치울 것이니,
당신들은 마침내 망하고 말 것입니
다. 그들이 곡식과 포도주와 기름과
소 새끼나 양 새끼 한 마리도 남기지
않아서, 마침내 당신들은 멸망하고
말 것입니다.
52 그들은 당신들 온 땅에서 성읍마다
포위하고, 당신들이 굳게 믿고 있던
높고 튼튼한 성벽을 헐며, 주 당신들
의 하나님이 당신들에게 주시는 땅
의 모든 성읍에서 당신들을 에워쌀
것입니다.
53 ○당신들의 원수가 당신들을 에워싸
서 당신들에게 먹거리가 떨어지면,
당신들은 당신들의 뱃속에서 나온
자식 곧 주 당신들의 하나님이 당신
들에게 주신 당신들의 아들딸을 잡
아서, 그 살을 먹을 것입니다.
54 당신들 가운데 아무리 온순하고 고
귀한 남자라 하여도, 굶게 되면 그
형제와 그 품의 아내와 남아 있는
자식까지 외면할 것이며,
55 자기가 먹는 자식의 살점을 어느 누
구에게도 나누어 주지 않을 것입니
다. 이것은 당신들의 원수가 당신들

28:46 표징과 경고 하나님을 배반한 이스라엘에 보이실 하나님의 심판을 뜻한다. 이스라엘에 내려진 저주를 보고, 모든 나라가 하나님의 살아 계심과 그의 공의를 두려워할 것이다.

28:47-57 이스라엘이 언약을 깨뜨리고 배교하면, 그들에게 다음과 같은 일들이 일어날 것이다. 무엇보다도 먼저 하나님과 맺은 언약이 '쇠멍에'(48절)로 대체될 것이며(47-48절), 그들에게 주신 모든 성읍이 이방 세력에 의해 포위될 것이다(49-52절). 이 때 이스라엘 사람들은 자기 자녀까지 잡아먹게 되는 극심한 타락상을 보이게 될 것이다(53-57절). 이 예언적 저주는 후대 이스라엘 역사에서 그대로 성취되었다(왕하 6:24-29; 애 2:20;4:10).

28:47 모든 것이 넉넉한데도 이 말은 이스라엘이 하나님의 축복으로 큰 나라를 이루고 국력이 왕성해진 후에 교만해져서 하나님을 떠나게 될 모습을 가리킨다. 이와 같은 말씀은 32:15에도 나

의 모든 성읍을 에워싸서, 당신들에
게는 아무것도 남은 것이 없기 때문
입니다.
56 당신들 가운데 아무리 온순하고 고
귀한 부녀자라도, 곧 평소에 호강하
며 살아서 발에 흙을 묻히지 않던
여자라도, 굶게 되면 그 품의 남편과
자식을 외면할 것입니다.
57 당신들은 제 다리 사이에서 나온 어
린 자식을 몰래 잡아먹을 것입니다.
이것은, 당신들의 원수가 당신들의
성읍을 포위하고, 당신들을 허기지
게 하고, 당신들에게 아무것도 먹을
것이 없게 하였기 때문입니다.
58 ○당신들이 이 책에 기록된 율법의
모든 말씀을 성심껏 지키지 않고, 주
당신들의 하나님의 영광스럽고 두려
운 이름을 경외하지 않으면,
59 주님께서 당신들과 당신들의 자손에
게 큰 재앙을 내리실 것입니다. 그 재
난이 크고 그치지 않을 것이며, 그 질
병이 심하고 오래 계속될 것입니다.
60 주님께서는, 당신들이 그렇게 무서워
하던 이집트의 모든 질병을 가져다
가, 당신들에게 달라붙게 하실 것입
니다.
61 또한 주님께서는, 이 율법책에 기록
도 되지 않은 온갖 질병과 재앙을,
당신들이 망할 때까지 당신들에게
내리실 것입니다.
62 당신들이 하늘의 별같이 많아져도,
주 당신들의 하나님의 말씀을 듣지
않으면, 마지막에는 몇 사람밖에 남
지 않을 것입니다.
63 주님께서는 당신들을 잘 되게 하여
주시고 기뻐하신 것처럼, 또 당신들
이 번성하는 것을 보시고서 기뻐하
신 것처럼, 당신들이 멸망하는 것을
보시고서도 기뻐하실 것입니다. 그
렇게 되면 당신들은, 당신들이 들어
가서 차지할 그 땅에서 뿌리가 뽑히
고 말 것입니다.
64 ○주님께서는, 땅 이 끝에서 저 끝까
지, 모든 민족 가운데 당신들을 흩으
실 것이니, 당신들은 그 곳에서 당신
들과 당신들의 조상이 알지 못하던
나무와 돌로 된 우상을 섬길 것입니
다.
65 당신들은 그 민족들 가운데서 쉴 틈
을 찾지 못하고, 발을 쉴 만한 곳도
찾지 못할 것입니다. 오히려 주님께
서는 당신들의 마음에 두려움을 주
시고, 눈을 침침하게 하며, 정신을
몽롱하게 하실 것입니다.
66 당신들은 언제나 생명의 위협을 느
낄 것이며, 밤낮 두려워하여, 자신의
목숨을 건질 수 있을지조차도 확신
할 수 없을 것입니다.
67 당신들이 두려움과 공포에 사로잡혀
서 당신들의 눈으로 보는 것마다 무

타나는데, 그들의 교만한 모습은 배은망덕한 행위이다. 그 결과 하나님께서도 그들을 버리시고, 이방 나라에 이스라엘을 넘기신다.

28:49 땅 끝 먼 곳에서 한 민족 이스라엘이 언약을 어겼을 때 그들을 패망시킬 민족에 대해서 언급한다. 이 민족은 독수리가 하강하여 먹이를 낚아채는 것처럼 성공할 것이다. 이런 비유는 이스라엘이 언약을 어겼던 말기에 나타난 예언들에서도 나타난다(합 1:8). 여기서는 그 나라를 앗시리아·바빌론으로 해석한다.

28:58 이 책에 기록된 여기서 '이 책'이란 신명기를 가리키지 않고 시내 산 언약의 책(출 24:7)을 가리키는 것으로 보인다. 따라서 31:24–26에 나타난 '이 율법책'과는 동일하지 않을 것이다.

28:64 이 절은 예언적인 어투로 기록되어 있다. 하나님의 약속으로 얻게 될 가나안 땅에서 이스라엘 백성이 추방되어 흩어지는 것은 하나님의 처벌에 의한 자연스러운 결과이다.

서워서, 아침에는 저녁이 되었으면
좋겠다고 하고, 저녁에는 아침이 되
었으면 좋겠다고 할 것입니다.
68 주님께서는 '다시는 그 길을 보지 않
게 하겠다' 하고 약속하신 그 길로,
당신들을 배에 태워 이집트로 끌고
가실 것입니다. 거기에서는, 당신들
이 당신들 몸뚱이를 원수들에게 남
종이나 여종으로 팔려고 내놓아도,
사는 사람조차 없을 것입니다."

모압 땅에서 세우신 언약

29 이것은, 주님께서 호렙에서 이
스라엘 자손과 세우신 언약에
덧붙여서, 모세에게 명하여, 모압 땅
에서 이스라엘 자손과 세우신 언약
의 말씀이다.
2 ○모세가 온 이스라엘을 불러모으
고 그들에게 말하였다. "주님께서 이
집트 땅에서 하신 일, 당신들이 지켜
보는 가운데 바로와 그 신하들 앞과
그 온 땅에서 하신 모든 일을, 당신
들은 똑똑히 보았습니다.
3 당신들은 그 큰 시험과 굉장한 표징
과 기적을 당신들의 눈으로 직접 보
았습니다.
4 그러나 바로 오늘까지, 주님께서는
당신들에게 깨닫는 마음과 보는 눈
과 듣는 귀를 주지 않으셨습니다.
5 ('나는 사십 년 동안 광야에서 너희
를 인도하였다. 그래서 너희 몸에 걸
친 옷이 해어지지 않았고, 너희 발에
신은 신이 닳지 않았다.
6 너희는 빵도 먹지 못했고, 포도주나
독한 술도 마시지 못했다. 그러나 나
는 너희에게 필요한 것을 주어서, 내
가 바로 주 너희의 하나님임을, 너희
에게 알리고자 하였다.')
7 이 곳에 이르렀을 때에, 헤스본 왕
시혼과 바산 왕 옥이 우리를 맞아서
싸우러 나왔지만, 우리가 그들을 쳐
부수었습니다.
8 우리는 그들의 땅을 점령하고, 그 땅
을 르우벤과 갓과 므낫세 반쪽 지파
에게 유산으로 주었습니다.
9 그러므로 당신들은 이 언약의 말씀
을 지키십시오. 그러면 당신들이 하
는 일마다 성공할 것입니다.
10 ○오늘 당신들은, ㉠각 지파의 지도
자들과 장로들과 관리들을 비롯하
여, 온 이스라엘 사람,
11 곧 당신들의 어린 아이들과 아내들
과 당신들의 진 가운데서 함께 사는
외국 사람과 당신들에게 장작을 패
주는 사람과, 나아가서는 물을 길어
오는 사람에 이르기까지, 주 당신들
의 하나님 앞에 모두 모였습니다.
12 당신들은 오늘 여기에 서서, 주 당신
들의 하나님이 당신들과 세우시는
그 언약에 참여하게 됩니다. 당신들
은 그 언약에 들어 있는 의무를 지

29장 요약 모세는 모압 땅에서 호렙에서의 언약을 새롭게 갱신한다. 이 언약 총회에 이스라엘의 남자들뿐만 아니라 모든 여자들과 유아들 및 외국 사람들과 종들까지 참석할 수 있게 함으로써, 언약에 참여하는 일이 본질적으로는 개방되어 있음을 알렸다(10–15절).

29:2–9 하나님께서 베푸신 과거의 구원 역사를 회상한다. 이집트 땅에 보이신 능력(2–3절), 광야 40년 동안 의식(衣食)의 문제를 해결하여 주심(5–6절), 그리고 최근에 일어난 전투에서의 승리(7–8절)를 회상한다.

29:4 주지 않으셨습니다 이스라엘은 하나님의 은총과 능력 가운데서 살았지만, 하나님께서 베푸신 사건에 깔려 있는 심오한 의미를 식별하는 깊은 통찰력은 부족했다.

㉠ 칠십인역과 시리아어역을 따름. 히, '지도자들과 지파와 장로들과 관리들을'

켜야 합니다.
13 주님께서 당신들에게 약속하시고,
당신들의 조상 아브라함과 이삭과
야곱에게 맹세하신 대로, 오늘 당신
들을 자기의 백성으로 삼으시고, 주
님께서 몸소 당신들의 하나님이 되
시려는 것입니다.
14 이 언약과 맹세는 주님께서 당신들
하고만 세우는 것이 아닙니다.
15 이 언약은, 오늘 주 우리의 하나님
앞에 우리와 함께 서 있는 사람들만
이 아니라, 오늘 여기 우리와 함께 있
지 않은 자손과도 함께 세우는 것입
니다.
16 ○(당신들은 우리가 이집트 땅에서
어떻게 살아왔는지, 또 여러 나라를
어떻게 지나왔는지를 기억하십시오.
17 당신들은 그들 가운데 있는 역겨운
것과, 나무와 돌과 은과 금으로 만
든 우상을 보았습니다.)
18 당신들 가운데 남자나 여자나 가족
이나 지파가, 주 우리 하나님으로부
터 마음을 멀리하여, 다른 민족의
신들을 섬기려고 해서는 안 됩니다.
당신들 가운데 독초나 쓴 열매를 맺
는 뿌리가 있어서는 안 됩니다.
19 그러한 사람은 이런 저주의 말을 들
으면서도 속으로 자기를 달래면서
'내 고집대로 하여도 만사가 형통할
것이다' 할 것입니다. (당신들이 그런
사람을 그대로 두면, 맹렬한 재난을
만나서 파멸되고 말 것입니다.)
20 주님께서는 그런 사람을 용서하지
않으십니다. 주님께서는 그런 사람
에게 주님의 분노와 질투의 불을 퍼
부으실 뿐만 아니라, 이 책에 기록되
어 있는 모든 저주를 그에게 내리게
하실 것입니다. 그리하여 주님께서
는 마침내 그의 이름을 하늘 아래에
서 지워 버려서, 아무도 그를 기억하
지 못하게 하실 것입니다.
21 주님께서는 그런 사람을 이스라엘의
모든 지파 가운데서 구별하여, 이 율
법책의 언약에 나타나 있는 온갖 저
주대로, 그들에게 재앙을 내리실 것
입니다.
22 ○당신들의 뒤를 이어 태어나는 자
손과 먼 나라에서 온 외국 사람들
이, 주님께서 이 땅에 내리신 재앙과
질병을 보고,
23 또 온 땅이 유황불에 타며, 소금이
되어 아무것도 뿌리지 못하고 나지
도 않으며, 아무 풀도 자라지 않아
서, 주님께서 맹렬한 분노로 멸망시
키신 소돔과 고모라와 아드마와 스
보임과 같이 된 것을 보면서, 물을
것입니다.
24 모든 민족이 묻기를 '어찌하여 주님
께서는 이 땅에서 이런 참혹한 일을
하셨을까? 이토록 심한 분노를 일으

29:16-28 언약의 저주는 이스라엘 백성들이 하나님과의 언약을 저버리고 배교하여 다른 신들을 섬길 때 일어날 것이라고 경고한다. 하나님께서 약속의 땅에 내리신 저주를 그들의 후손과 멀리서 온 외국 사람이 보게 될 것이다. 그리고 온 세상 사람들이 '어찌하여 주님께서는 이 땅에서 이런 참혹한 일을 하셨을까?'라고 물으면, 이집트에서 인도하여 내실 때 세우신 언약을 버리고 다른 신들을 섬긴 까닭이라 대답할 것이다.

29:18 독초나 쓴 열매를 맺는 뿌리 독초는 악독한 교훈을 의미하며, 쓴 열매를 맺는 뿌리는 회개하지 아니하면서 끝까지 마음을 완악하게 하는 자들을 가리킨다(참조. 히 12:15).

29:22-29 유황불에 타며, 소금이 되어 이것은 소돔과 고모라의 멸망을 기억하게 하는 하나님의 진노에 대한 은유적 표현이다. 하나님께서 이러한 심판을 내리시는 경우는 ① 시내 산 언약을 저버리고(25절) ② 다른 신들을 섬길 때이다(26절).

키신 것은 무엇 때문일까?' 할 것입
니다.
25 그러면 사람들이 대답할 것입니다.
'그들은, 주님께서 이집트 땅에서 그
들의 조상을 인도하여 내실 때에, 주
조상의 하나님과 세운 언약을 버리
고,
26 그들이 알지도 못하고 주님께서 허
락하시지도 아니한 신들을 따라가
서, 섬기고 절하였다.
27 그래서 주님께서 이 땅을 보고 진노
하셔서, 이 책에 기록된 모든 저주를
내리신 것이다.
28 주님께서 크게 분노하시고 진노하시
고 격분하셔서, 오늘과 같이 그들을
이 땅에서 송두리째 뽑아다가 다른
나라로 보내 버리신 것이다.'
29 ○이 세상에는 주 우리의 하나님이
숨기시기 때문에 알 수 없는 일도 많
습니다. 그것은 주님의 것입니다. 그
러나 하나님은 그의 뜻이 담긴 율법
을 밝히 나타내 주셨으니, 이것은 우
리의 것입니다. 우리와 우리의 자손
은 길이길이 이 율법의 모든 말씀에
순종해야 합니다."

복 받는 길

30 "나는 당신들에게 당신들이 받
을 수 있는 모든 복과 저주를
다 말하였습니다. 이 모든 일이 다
이루어져서, 당신들이 주 당신들의
하나님이 쫓아내신 모든 나라에 흩
어져서 사는 동안에, 당신들의 마음
에 이 일들이 생각나거든,
2 당신들과 당신들의 자손은 주 당신
들의 하나님께로 돌아와서, 마음을
다하고 정성을 다하여 오늘 내가 당
신들에게 명령한 주님의 모든 말씀
을 순종하십시오.
3 그러면 주 당신들의 하나님이 마음
을 돌이키시고, 당신들을 불쌍히 여
기셔서, 포로생활에서 돌아오게 하
여 주실 것입니다. 그리고 주 당신들
의 하나님이 당신들을, 그 여러 민족
가운데로 흩으신 데서부터 다시 모
으실 것입니다.
4 쫓겨난 당신들이 하늘 끝에 가 있을
지라도, 주 당신들의 하나님은, 거기
에서도 당신들을 모아서 데려오실
것입니다.
5 주 당신들의 하나님이 당신들을 당
신들의 조상이 차지했던 땅으로 돌
아오게 하시어, 당신들이 그 땅을 다
시 차지하게 하실 것이며, 당신들의
조상보다 더 잘 되고 더 번성하게 하
여 주실 것입니다.
6 ○주 당신들의 하나님이 당신들의
마음과 당신들 자손의 마음에 할례
를 베푸셔서 순종하는 마음을 주실
것입니다. 그리하여 당신들이 마음
을 다하고 정성을 다하여 주 당신들

30장 요약 1-10절에서 모세는 이스라엘 백성들이 포로로 잡혀갈지라도 회개하여 회복의 은혜를 받기를 당부하고 있다. 이스라엘이 불순종한다 해도 그들을 향한 하나님의 구속 역사는 결코 좌절될 수 없었다. 모세는 순종의 길을 택함으로써 생명과 축복을 누리라고 이스라엘에게 간곡히 호소했다(11-20절).

30:1-10 비록 역사적으로 이스라엘이 실패한다 할지라도, 이스라엘을 향한 하나님의 구속 계획은 실패하지 않을 것이다. 만일 포로 기간 중에라도 그 백성이 하나님께 다시 돌아온다면 그들을 불쌍히 여기시고 회복시키시어 더 큰 복을 누리게 하실 것이다.

30:3-10 이스라엘이 회개함으로 받게 될 축복은 아래와 같다. ① 하나님께서 불쌍히 여기신다(3절). ② 하나님께서 먼 나라에 흩어졌던 그들을 돌아오게 하신다(3-5절). ③ 그들의 조상보다 그

의 하나님을 사랑하며 살 수 있게
하실 것입니다.
7 주 당신들의 하나님은 당신들의 원
수와 당신들을 미워하고 괴롭히는
사람들에게 이 모든 저주를 내리실
것입니다.
8 그 때에 당신들은 돌아와서 주님의
말씀을 순종하며, 내가 오늘 당신들
에게 명한 모든 명령을 지킬 것입니
다.
9 그러면 주 당신들의 하나님은 당신
들이 하는 모든 일에 복을 주시고,
당신들 몸의 소생과, 가축의 새끼와
땅의 소출을 풍성하게 하실 것입니
다. 주님께서, 기쁜 마음으로 당신들
의 조상이 잘 되게 하신 것처럼, 기
쁜 마음으로 당신들도 잘 되게 하실
것입니다.
10 당신들이 주 하나님의 말씀을 잘 듣
고, 이 율법책에 기록된 명령과 규례
를 지키고, 마음을 다하고 정성을 다
하여 주 당신들의 하나님께로 돌아
오면, 그런 복을 받게 될 것입니다.
11 ○오늘 내가 당신들에게 내리는 이
명령은, 당신들이 실천하기 어려운
것도 아니고, 당신들의 능력이 미치
지 못하는 것도 아닙니다.
12 이 명령은 하늘 위에 있는 것이 아니
므로, 당신들은 '누가 하늘에 올라가
서 그 명령을 받아다가, 우리가 그것
을 듣고 지키도록 말하여 주랴?' 할
것도 아닙니다.
13 또한 이 명령은 바다 건너에 있는 것
도 아니니 '누가 바다를 건너가서 명
령을 받아다가, 우리가 그것을 듣고
지키도록 말하여 주랴?' 할 것도 아
닙니다.
14 그 명령은 당신들에게 아주 가까운
곳에 있습니다. 당신들의 입에 있고
당신들의 마음에 있으니, 당신들이
그것을 실천할 수 있습니다.
15 ○보십시오. 내가 오늘 생명과 번영,
죽음과 파멸을 당신들 앞에 내놓았
습니다.
16 내가 오늘 당신들에게 명하는 대로,
당신들이 주 당신들의 하나님을 사
랑하고, 그의 길을 따라가며, 그의
명령과 규례와 법도를 지키면, 당신
들이 잘 되고 번성할 것입니다. 또
당신들이 들어가서 차지할 땅에서,
주 당신들의 하나님이 당신들에게
복을 주실 것입니다.
17 그러나 당신들이 마음을 돌려서 순
종하지 않고, 빗나가서 다른 신들에
게 절을 하고 섬기면,
18 오늘 내가 당신들에게 경고한 대로,
당신들은 반드시 망하고 맙니다. 당
신들이 요단 강을 건너가서 차지할
그 땅에서도 오래 살지 못할 것입니
다.

들이 더 번성하게 된다(5하반절). ④ 그들의 마음에 은혜를 주신다(6절). ⑤ 그들의 원수에게 저주가 내려진다(7절). ⑥ 하나님께 순종하는 은혜를 받는다(8절). ⑦ 물질의 은혜를 받는다(9–10절).

30:11–20 여기서는 하나님의 말씀에 순종하는 것이 어렵지 않다고 말한다. 그러므로 모세는 언약 백성 이스라엘에게 사망과 저주 대신에 생명과 복을 택하여 그 조상 아브라함과 이삭과 야곱에게 주리라고 맹세하신 땅에서 살 것을 호소한다(15–20절).

30:15–20 그러면 당신들이 살 것입니다 하나님 말씀에 대한 순종 여부는 인간의 생사화복과 관련이 있다. ① 하나님께서는 생사화복을 그들 앞에 두시고(15,19절) ② 하늘과 땅을 증인으로 삼았다. ③ 살기 위하여 생명을 택해야 하며(19절) ④ 그의 말씀을 들으며 그를 따르는 것이 바로 하나님을 모시는 길이다(20절). 이스라엘 백성이 율법을 순종할 때 그들의 하나님이 되어 주신다.

19 나는 오늘 하늘과 땅을 증인으로 세
우고, 생명과 사망, 복과 저주를 당
신들 앞에 내놓았습니다. 당신들과
당신들의 자손이 살려거든, 생명을
택하십시오.
20 주 당신들의 하나님을 사랑하십시
오. 그의 말씀을 들으며 그를 따르십
시오. 그러면 당신들이 살 것입니다.
주님께서 당신들의 조상 아브라함과
이삭과 야곱에게 주시겠다고 맹세하
신 그 땅에서 당신들이 잘 살 것입니
다."

여호수아가 모세의 후계자가 되다

31 모세가 온 이스라엘 백성에게
계속하여 말하였다.
2 모세가 그들에게 말하였다. "이제
내 나이 백스무 살입니다. 이제 더
이상 당신들 앞에 서서 당신들을 지
도할 수 없습니다. 주님께서는, 내가
요단 강을 건너는 것을 허락하지 않
으셨습니다.
3 주 당신들의 하나님이 당신들 앞에
서 건너가셔서, 몸소 저 민족들을 당
신들 앞에서 멸하시고, 당신들이 그
땅을 차지하게 하실 것입니다. 주님
께서 말씀하신 대로, 여호수아가 지
휘관이 되어 당신들 앞에서 건너갈
것입니다.
4 이미 주님께서 아모리 왕 시혼과 옥
과 그들의 땅을 멸하신 것과 같이,
그들도 멸하실 것입니다.
5 주님께서 그들을 당신들에게 넘겨
주실 것입니다. 당신들은 내가 당신
들에게 명한 대로 그들에게 하여야
합니다.
6 마음을 강하게 하고 용기를 내십시
오. 그들 앞에서, 두려워하지도 말고
무서워하지도 마십시오. 주 당신들
의 하나님이 당신들과 함께 가시면
서, 당신들을 떠나지도 않으시고 버
리지도 않으실 것입니다."
7 ○모세가 여호수아를 불러서, 온 이
스라엘이 보는 앞에서 그에게 말하
였다. "그대는 마음을 강하게 하고
용기를 내시오. 그대는, 주님께서 그
대의 조상에게 주시기로 맹세하신
땅으로 이 백성과 함께 가서, 그들이
그 땅을 유산으로 얻게 하시오.
8 주님께서 친히 그대 앞에서 가시며,
그대와 함께 계시며, 그대를 떠나지
도 않으시고 버리지도 않으실 것이
니, 두려워하지도 말고 겁내지도 마
시오."

일곱 해마다 회중에게 율법을 읽어 주라

9 ○모세가 이 율법을 기록하여, 주님
의 언약궤를 메는 레위 자손 제사장
들과 이스라엘의 모든 장로에게 주
었다.
10 모세가 그들에게 명령하였다. "일곱
해가 끝날 때마다, 곧 빚을 면제해

31장 요약 모세의 마지막 행적과 죽음을 다루고 있다. 모세는 자신의 죽음이 임박한 사실을 깨닫고서, 백성들에게 가나안 정복을 당부하고(1–6절) 여호수아를 새 지도자로 임명했다(7–8절). 14절 이하는 32장에 수록된 '모세의 노래'가 지어지게 된 배경을 하나님께서 설명하시는 내용이다.

31:1–13 모세는 그의 죽음이 다가오자 백성(1–6절)과 여호수아(7–8절)와 제사장들(9–13절)에게 일련의 임무를 부여했다.

31:9–13 모세는 이스라엘 백성에게 7년마다 정기 면제년(15:1–11)의 초막절에 율법을 낭독하도록 하였다. 이것은 현세대뿐만 아니라 계속 이어지는 세대들도 하나님을 경외하도록 하기 위한 것이다. 하나님께서는 언약 백성 이스라엘 안에서 계속하여 주권자가 되시기 원하신다.

31:10 빚을 면제해 주는 해 온 이스라엘 백성들에

주는 해의 초막절에,
11 온 이스라엘이 주 당신들의 하나님
을 뵈려고 그분이 택하신 곳으로 나
오면, 당신들은 이 율법을 온 이스라
엘 백성 앞에서 읽어서, 그들의 귀에
들려주십시오.
12 당신들은 이 백성의 남녀와 어린 아
이만이 아니라 성 안에서 당신들과
같이 사는 외국 사람도 불러모아서,
그들이 율법을 듣고 배워서, 주 당신
들의 하나님을 경외하며, 이 율법의
모든 말씀을 지키도록 하십시오.
13 당신들이 요단 강을 건너가서 차지
하는 땅에 살게 될 때에, 이 율법을
알지 못하는 당신들의 자손도 듣고
배워서, 주 당신들의 하나님을 경외
하게 하십시오."

주님께서 모세에게 하신 마지막 지시

14 ○주님께서 모세에게 말씀하셨다.
"이제 네가 죽을 날이 가까이 왔으
니, 여호수아를 불러 함께 회막으로
나아오너라. 내가 그에게 명을 내리
겠다." 그래서 모세와 여호수아가 회
막으로 나아갔다.
15 그 때에 주님께서 구름기둥 가운데
서 장막에 나타나시고, 구름기둥은
장막 어귀 위에 머물러 있었다.
16 ○주님께서 모세에게 말씀하셨다.
"너는 네 조상과 함께 잠들 것이다.
그러나 이 백성은, 들어가서 살게 될
그 땅의 이방 신들과 더불어 음란한
짓을 할 것이다. 그들은 나를 버리
고, 나와 세운 그 언약을 깨뜨릴 것
이다.
17 그 날에 내가 그들에게 격렬하게 진
노하여, 그들을 버리고 내 얼굴을 그
들에게서 숨길 것이다. 그래서 그들
은, 온갖 재앙과 고통이 덮치는 날,
이렇게 말할 것이다. '우리 하나님이
우리 가운데 계시지 않기 때문에 이
런 재앙이 덮치고 있다' 하고 탄식할
것이다.
18 그들이 돌아서서 다른 신을 섬기는
온갖 악한 짓을 할 것이니, 그 날에
내가 틀림없이 내 얼굴을 그들에게
서 숨기겠다.
19 ○이제 이 노래를 적어서, 이스라엘
백성에게 가르쳐 부르게 하여라. 이
노래가 이스라엘 자손에게 내가 무
엇을 가르쳤는지를 증언할 것이다.
20 내가 그들의 조상에게 맹세한, 젖과
꿀이 흐르는 땅에 그들을 인도하여
들인 뒤에, 그들이, 살이 찌도록 배
불리 먹으면, 눈을 돌려 다른 신들
을 섬기며 나를 업신여기고, 나와 세
운 언약을 깨뜨릴 것이다.
21 그리하여 그들이 온갖 재앙과 환난
을 당하게 될 것이다. 그러나 사람들
이 이 노래를 부르는 한, 이 노래가
그들을 일깨워 주는 증언이 될 것이

게 자유를 선포하는 해이다(레 25:10).

31:14-23 이 구절에는 두 가지의 주제가 있다. 하나는 32장에 나오는 모세의 노래가 왜 지어져 백성들에게 불리게 되었는가를 밝히는 것이며, 다른 하나는 여호수아를 모세의 후계자로 세우시는 것이었다. 하나님께서는 이스라엘 백성이 언약을 파기하리라고(16절) 예상하셨다. 이스라엘에게 언약의 파기는 곧 저주를 의미했다. 재앙과 환난이 그들에게 임할 것이다. 그때 그들은 자신들이 언약을 파기한 것은 망각하고, 도리어 하나님이 그들과 함께 계시지 않는다고 불평할 것이다(17절). 즉, 그들은 자신들의 언약 준수 여부와는 상관없이 하나님은 늘 그들에게 복과 평안을 주셔야 할 분이라고 생각할 것이다. 때문에 모세로 하여금 노래를 지어서 이스라엘 자손에게 증거로 삼게 하사(19,21절), 그들의 그릇된 신관을 질타하시겠다는 것이다.

31:24-30 모세는 장래 이스라엘이 타락할 것을

다. 비록 내가 아직 약속한 땅으로
그들을 인도하기 전이지만, 지금 그
들이 품고 있는 생각이 무엇인지를
나는 알고 있다."
22 ○그 날에 모세는 이 노래를 적어 이
스라엘 백성에게 가르쳐 주었다.
23 ○주님께서 눈의 아들 여호수아에게
말씀하셨다. "너는 이스라엘 자손을
인도하여 내가 그들에게 약속한 땅
으로 들어갈 것이니, 마음을 강하게
먹고 용기를 내어라. 내가 너와 함께
있겠다."
24 ○모세는 이 율법의 말씀을 다 책에
기록한 뒤에,
25 주의 언약궤를 메는 레위 사람들에
게 말하였다.
26 "이 율법책을 가져다가 주 당신들의
하나님의 언약궤 옆에 두어서, 당신
들에게 증거가 되게 하시오.
27 내가 당신들의 반항심과 센 고집을
알고 있소. 지금 내가 살아 있어서
당신들과 함께 있는데도 당신들이
주님을 거역하거늘, 내가 죽은 다음
에야 오죽하겠소!
28 각 지파의 장로들과 관리들을 모두
내 앞에 불러모으시오. 내가 이 말
씀을 그들의 귀에 들려주고, 하늘과
땅을 증인으로 세우겠소.
29 나는 압니다. 내가 죽은 뒤에 당신들
은 스스로 부패하여, 내가 지시하는
길에서 벗어날 것이오. 당신들이 주
님 앞에서 악한 일을 하고, 당신들
이 손대는 온갖 일로 주님을 노엽게
하다가, 마침내 훗날에 당신들이 재
앙을 받게 될 것이오."

모세의 노래

30 ○모세가 이스라엘 총회에 모인 모
든 사람에게, 이 노래를 끝까지 들려
주었다.

32

1 하늘아, 나의 말에 귀를 기
울여라. 땅아, 나의 입에서 나오
는 말을 들어라.
2 나의 교훈은 내리는 비요, 풀밭을
적시는 소나기다. 나의 말은 맺히
는 이슬이요, 채소 위에 내리는
가랑비다.
3 내가 주님의 이름을 선포할 때에,
너희는 '우리의 하나님 위대하시
다' 하고 응답하여라.
4 하나님은 반석, 하시는 일마다
완전하고, 그의 모든 길은 올곧다.
그는 거짓이 없고, 진실하신 하나
님이시다. 의로우시고 곧기만 하
시다.
5 그러나 너희가 하나님께 맞서 악
한 짓을 하니, 수치스럽게도 너희
는 이미 그의 자녀가 아니요, 비뚤
어지고 뒤틀린 세대이다.
6 어리석은 백성아, 이 미련한 민족
아, 너희는 어찌하여 주님께 이처

확실히 알았다(27,29절). 그래서 모세는 이스라엘의 타락을 경고하기 위하여 두 가지 일을 했다. ① 율법책을 언약궤 옆에 보관케 했다(24-26절). 그 이유는 현재의 이스라엘 백성들로 하여금 장차 이스라엘 백성들이 범할 죄에 대한 책임을 느끼게 하기 위해서였다. 이런 의미에서 율법은 증거의 역할을 한다(26절). ② 이스라엘의 타락에 대한 예언을 노래로 써서 가르치게 했다. 이 노래는 32장에 나온다.

32장 요약 본장에 수록된 모세의 노래(1-43절)는 언약 갱신의 증거가 되었다. 이 노래의 주제는 하나님의 선하심과 위대하심(10-14,39절), 우상의 허구성(16-21절), 이스라엘의 완악성과 불순종(5-6,15-21절), 하나님의 심판(35-42절) 등이다.

32:1 하늘·땅 하늘과 땅은 언약 갱신 때 말없는 증인의 역할을 했다(4:26;30:19;31:28). 여기서도 모

럼 갚느냐? 그는 너희를 지으신
아버지가 아니시냐? 너희를 만드
시고 일으키신 분이 아니시냐?
7 아득한 옛날을 회상하여 보아
라. 조상 대대로 내려온 세대를 생
각하여 보아라. 너희의 아버지에
게 물어 보아라. 그가 일러줄 것이
다. 어른들에게 물어 보아라. 그들
이 너희에게 말해 줄 것이다.
8 가장 높으신 분께서 여러 나라에
땅을 나누어 주시고, 인류를 갈라
놓으실 때에 ㉠이스라엘 자손의
수효대로 민족들의 경계를 갈라
놓으셨다.
9 그러나 주님의 몫은 그의 백성이
니, 야곱은 그가 차지하신 유산이
다.
10 주님께서 광야에서 야곱을 찾
으셨고, 짐승의 울음소리만 들려
오는 황야에서 그를 만나, 감싸 주
고, 보호하고, 당신의 눈동자처럼
지켜 주셨다.
11 마치 독수리가 그 보금자리를 뒤
흔들고 새끼들 위에서 퍼덕이며,
날개를 펴서 새끼들을 받아 그 날
개 위에 업어 나르듯이,
12 주님께서만 홀로 그 백성을 인도
하셨다. 다른 신은 옆에 있지도
않았다.
13 주님께서 그 백성에게 고원지
대를 차지하게 하시며, 밭에서 나
온 열매를 먹게 하시며, 바위에서
흘러내리는 꿀을 먹게 하시며, 단
단한 바위에서 흘러내리는 기름
을 먹게 하셨다.
14 소젖과 양젖과 어린 양의 기름과,
바산의 숫양과 염소 고기와, 잘 익
은 밀과 붉은 빛깔 포도주를 마시
게 하셨다.
15 ㉡이스라엘은 부자가 되더니, 반
역자가 되었다. 먹거리가 넉넉해지
고, 실컷 먹고 나더니, 자기들을
지으신 하나님을 저버리고, 자기
들의 반석이신 구원자를 업신여겼
다.
16 그들은 이방 신을 섬겨서 주님께
서 질투하시게 하였으며, 역겨운
짓을 하여 주님께서 진노하시게
하였다.
17 너희는 하나님도 아닌 신들에게
제사를 드렸다. 너희가 알지도 못
하는 신들, 새롭게 나타난 새 신
들, 너희 조상이 섬기지 않던 신들
이다.
18 너희는 너희를 낳은 바위를 버리
고, 너희를 낳은 하나님을 잊었다.
19 주님께서는 이것을 보시고 격분
하셔서, 당신의 자녀들과 인연을
끊으시고서,
20 이렇게 말씀하신다. '그들에게 나

세는 하늘과 땅을 언약의 증인으로 부르고 있다.

32:8 가장 높으신 분 (히) '엘욘'. 이 명칭은 모든 나라에 대한 하나님의 주권과 권위를 강조하는 말이다.

32:11 독수리 독수리가 새끼를 훈련시키며 보호하는 모습에 하나님께서 이스라엘을 연단시키는 모습을 비유하였다.

32:13 단단한 바위에서 흘러내리는 기름을 올리브 나무는 올리브 산과 같이 암석이 많은 언덕의 중턱에서도 자랐다. 그러므로 이 표현은 이런 곳에서 자라나는 올리브 나무를 가리키는 듯하다.

32:15 이스라엘 칠십인역에는 '사랑 받은 자'로 번역되어 있다. 이 말은 (히) '야솰'에서 나온 것인데, 그 뜻은 '옳은 자'이다. 이것은 이스라엘을 가리키는 말이다. 이스라엘은 옳은 자로서 마땅히 의롭게 살아야 할 터인데 타락했기 때문에, 모세는 탄

㉠ 사해 사본과 칠십인역에는 '하나님의 아들들의 수효대로' ㉡ 히, '여수룬(의인 또는 정직한 사람)'

의 얼굴을 숨기겠다. 그들이 마침
내는 어떻게 되는지, 두고 보겠다.
그들은 타락한 세대, 진실이라고
는 털끝만큼도 없는 자들이다.
21 우상을 섬겨서 나를 격분시켰고,
신이 아닌 것들을 신이라고 섬겨
서 나의 질투에 불을 붙였다. 그러
니 이제 나도, 내 백성이 아닌 딴
백성을 내 백성으로 삼아서, 그들
의 질투심에 불을 붙이고, 어리석
은 민족을 내 백성으로 만들어 그
들을 격분시키겠다.
22 나의 분노에서 나오는 불꽃이 저
아래 스올까지 타들어 가며, 땅
위에 있는 모든 것들을 삼켜 버리
고, 멧부리까지 살라 버릴 것이다.
23 내가 온갖 재앙을 그들에게 퍼붓
고, 나의 화살을 모조리 그들에게
쏘겠다.
24 나는 그들을 굶겨서 죽이고, 불
같은 더위와 열병으로 죽이고, 짐
승의 이빨에 찢겨서 먹히게 하고,
티끌 속을 기어 다니는 독사의 독
을 그들에게 보내겠다.
25 바깥에서는 칼에 맞아 죽고, 방
안에서는 놀라서 죽으니, 총각과
처녀, 젖먹이와 노인, 모두가 다 같
은 꼴을 당할 것이다.
26 본래는 내가 나의 백성을 다 흩어
버려서 아무도 그들을 기억할 수
없게 하려고 하였으나,
27 그렇게까지는 하지 않았으니, 원
수들이 자랑하는 것을 내가 차마
볼 수 없기 때문이다. 나 주가 내
백성을 징벌한 것인데도, 원수들
은 마치 저희의 힘으로 내 백성을
패배시킨 것처럼 자랑할 터이니,
그 꼴이 보기가 싫어서 내가 내
백성을 전멸시키지는 않았다.'
28 이스라엘은 어리석은 백성, 깨
닫지도 못하는 백성이다.
29 자기들이 왜 패배를 당하였는지
를 깨달을 지혜라도 있었으면 좋
으련만! 그들의 종말이 어떻게 될
지, 깨닫기만이라도 했으면 좋으련
만!
30 주님께서 자기의 백성을 포기하지
않으셨다면, 그들의 반석께서 당
신의 백성을 원수에게 팔아 넘기
지 않으셨다면, 어떻게 원수 한 사
람이 이스라엘 사람 천 명을 물리
치고, 둘이서 만 명을 도망치게 할
수 있었겠는가?
31 우리의 원수까지도 자기들의 반석
이 우리의 반석보다 약함을 안다.
32 그들의 포도는 소돔의 포도나무
에서 온 것이며, 고모라의 밭에서
온 것이다. 그들의 포도에는 독이
있어서, 송이마다 쓰디쓰다.
33 그들의 포도주는 뱀의 독으로 담

식하며 이스라엘을 본절에서 언급한다(참조. 33:5,26;사 44:2).

32:20 나의 얼굴을 숨기겠다 이 구절은 하나님의 진노(31:18)뿐 아니라 슬픔을 가리키는 말이다. 하나님은 진실하신 분이지만(4절), 자녀들이 죄를 지음으로써 스스로 하나님께로부터 멀어졌다.

32:24 독사의 독 광야에서 이스라엘이 하나님을 원망할 때 하나님께서는 독 있는 불뱀을 보내어 그들을 징계하셨다(민 21:4–9).

32:28–33 여기에서 모세는 이스라엘의 분별력이 결여된 것을 지적하고 있다. 하나님께서 자기 백성을 심판하시는 것은 그들이 하나님께 대한 분별력을 상실했기 때문이다. 그들이 지혜가 있다면(29절), 그들은 조상들의 종말을 생각할 수 있을 것이다. 하나님의 심판의 시작은 숨겨져 있는 것이 아니라, 드러나 있는 것이다. 그 징조는 표적들을 통해 나타나기 때문이다. 참 비극과 슬픔은 하나님의 역사하심을 깨닫지 못하는 데 있다.

근 독한 술이요, 독사의 독이 그
득한 술이다.
34 '이 독한 포도주는 내가 쓸 데가
있어서 숨겨 놓았던 것, 나중에 쓰
려고 곳간에 보관하여 둔 것이다.
35 원수 갚는 것은 내가 하는 일이
니, 내가 갚는다. 원수들이 넘어질
때가 곧 온다. 재난의 날이 가깝
고, 멸망의 때가 그들에게 곧 덮친
다.'
36 그들이 기진맥진 하고, 갇힌 사
람도 놓인 사람도 하나도 남지 않
았을 때에, 주님께서는 당신의 백
성을 심판하시고, 당신의 종들을
불쌍히 여기실 것이다.
37 그 때에 주 하나님이 말씀하신다.
'그들의 신들이 어디에 있느냐?
그들이 피난처로 삼던 그 반석은
어디에 있느냐?
38 그들이 제물로 바친 그 기름을 먹
고, 부어 바친 포도주를 받아 마
시던 그 신들이 어디에 있느냐?
그들이 일어나 너희를 돕게 하고,
그들이 너희의 피난처가 되게 하
여라.
39 그러나 이제는 알아라. 나, 오직
나만이 하나님이다. 나 밖에는 다
른 신이 없다. 나는 죽게도 하고
살게도 한다. 나는 상하게도 하고
낫게도 한다. 아무도 내가 하는
일을 막지 못한다.
40 내가 하늘로 손을 들고, 내가 나
의 영원한 삶을 두고 맹세한다.
41 나는 나의 칼을 날카롭게 갈아서,
내 손으로 재판을 주관하며, 내
원수들에게 보복할 것이다. 나를
미워하는 자들에게 보응하겠다.
42 피살자와 포로들의 피, 적장의 머
리에서 나온 피, 내 화살이 이 피
를 취하도록 마시고, 내 칼이 그
고기를 실컷 먹을 것이다.'
43 ㉠모든 나라들아, 주님의 백성
과 함께 즐거워하여라. 주님께서
그 종들의 피를 흘린 자에게 원수
를 갚으시고 당신의 대적들에게
복수하신다. 당신의 땅과 백성이
지은 죄를 속하여 주신다.

모세의 마지막 말

44 ○모세는 눈의 아들 여호수아와 함
께 가서, 백성에게 이 노래를 모두
다 들려주었다.
45 모세가 이 모든 말을 온 이스라엘
사람에게 한 뒤에,
46 그들에게 말하였다. "오늘 내가 당신
들에게 증언한 모든 말을, 당신들은
마음에 간직해 두고, 자녀에게 가르
쳐, 이 율법의 모든 말씀을 지키게
하십시오.
47 율법은 단지 빈 말이 아니라, 바로 당
신들의 생명입니다. 이 말씀을 순종

32:32-33 원수의 특징이 생생한 은유로 묘사된다. 그 나라에는 소돔과 고모라에 견줄 만한 악이 깊이 뿌리내려 있고, 거기서 맺은 죄악의 열매는 아주 유독하다.

32:34 본절은 하나님께서 원수들의 악독이 충만함을 기억하시고 멀지 않은 장래에 심판하실 것을 언급하는 말이다.

32:43 즐거워하여라 하나님께서는 모든 나라들에게 이스라엘의 원수를 갚아 주신 일을 보고 즐거워하라고 말씀하신다.

32:46 마음으로 번역된 히브리어는 '인격의 중심', '의지의 좌소' 등을 뜻한다. 즉, 이 모든 말을 마음에 간직해 두라는 모세의 당부는 새로운 세대에게 충실하게 전하라는 의미이다.

㉠ 사해 사본과 칠십인역에는 '하늘아, 주님의 백성을 찬양하여라. 모든 신들아, 주님을 섬겨라! 주님께서 그 자녀의 피를 흘린 자에게 원수를 갚으시고, 당신의 대적들에게 복수하신다. 주님께서는 주님을 미워하는 자들에게 보복하시고, 그의 백성의 땅을 정결하게 하신다'

하십시오. 그래야만 당신들이 요단
강을 건너가 차지하는 땅에서 오래
오래 살 것입니다."
48 ○바로 같은 날, 주님께서 모세에게
말씀하셨다.
49 "너는 여리고 맞은쪽 모압 땅에 있
는 아바림 산줄기를 타고 느보 산
꼭대기에 올라가서, 내가 이스라엘
자손에게 소유로 준 가나안 땅을 바
라보아라.
50 너의 형 아론이 호르 산에서 죽어
백성에게로 돌아간 것 같이, 너도,
네가 오른 이 산에서 죽어서 조상에
게로 돌아갈 것이다.
51 이는, 네가 신 광야에 있는 가데스의
므리바 샘에서 물이 터질 때에, 이스
라엘 자손이 보는 데서 믿음 없는
행동을 하고, 이스라엘 자손에게 나
의 거룩함을 나타내지 않았기 때문
이다.
52 너는, 내가 이스라엘 자손에게 주는
저 땅을 눈으로 바라보기만 하고,
그리로 들어가지는 못할 것이다."

모세의 축복

33 하나님의 사람 모세는 죽기 전
에, 이스라엘 자손에게 다음과
같이 복을 빌어 주었다.
2 주님께서 시내 산에서 오시고,
세일 산에서 해처럼 떠오르시고,
바란 산에서부터 당신의 백성을
비추신다. 수많은 천사들이 그를
옹위하고, 오른손에는 활활 타는
불을 들고 계신다.
3 주님께서 ㉠뭇 백성을 사랑하시
고, 그에게 속한 모든 성도를 보호
하신다. 그러므로 우리가 주님의
발 아래에 무릎을 꿇고, 주님의
말씀에 귀를 기울인다.
4 우리는 모세가 전하여 준 율법을
지킨다. 이 율법은 야곱의 자손이
가진 소유 가운데서, 가장 으뜸가
는 보물이다.
5 연합한 지파들이 모이고, 백성의
지도자들이 모인 가운데서, 주님
께서 이스라엘의 왕이 되셨다.
6 ㉡"르우벤은 비록 그 수는 적으
나, 잘 살게 하여 주십시오. 절대
로 망하지 않게 하여 주십시오."
7 그가 유다를 두고서 이렇게 말
하였다. "주님, 유다가 살려 달라
고 부르짖을 때에 들어 주십시오.
유다 지파가 다른 지파들과 다시
하나가 되게 하여 주십시오. ㉢주
님, 유다를 대신하여 싸워 주십시
오. 그들의 원수를 치시어 그들을
도와 주십시오."
8 레위 지파를 두고서, 그는 이렇
게 말하였다. "레위에게 주님의
㉣둠밈을 주십시오. 주님의 경건
한 사람에게 ㉣우림을 주십시오.

33장 요약 본장은 이스라엘 열두 지파에게 남긴 모세의 유언적인 축복이다. 그 내용은 이집트를 나온 이후로부터 늘 함께 해주신 하나님의 크신 위엄을 묘사함으로 시작해서 이스라엘 지파들에 대한 축복을 예언하며, 모든 축복의 근원이신 이스라엘의 하나님의 유일성을 찬양하는 것으로 마감된다.

33:2-4 모든 성도는 이스라엘 사람들을 가리킨다(참조. 7:6;14:2;26:19;28:9).

33:5 이스라엘의 왕이 되셨다 이스라엘에 왕이 있었다는 것은 하나님께서 이스라엘을 다스리는 왕으로 계셨다는 뜻이다. 이때는 이스라엘에 왕을 세우기 이전이었다.

33:8 둠밈·우림 둠밈과 우림이란 말의 뜻은 각

㉠ 또는 '그의 백성' ㉡ 모세가 르우벤 지파를 두고 하는 말 ㉢ 히. '유다가 그 손으로 자기를 위하여 싸우게 하시고 주님께서 도우사 그로 그 대적을 치게 하시기를 원합니다' ㉣ 제사장들이 하나님의 뜻을 여쭐 때 사용한 것임. 그 사용 방법은 알려져 있지 않음

주님께서 이미 그를 맛사에서 시
험하시고, 므리바 물가에서 그와
다투셨습니다.
9 그는 자기의 부모를 보고서도 '그
들을 모른다'고 하였고 형제자매
를 외면하고, 자식마다 모르는 체
하면서, 주님의 계명에 순종하였
으며, 주님의 언약을 성실하게 지
켰습니다.
10 그들은 주님의 백성 야곱에게 주
님의 바른 길을 가르치며, 이스라
엘에게 주님의 율법을 가르치며,
주님 앞에 향을 피워 올리고, 주
님의 제단에 번제 드리는 일을 계
속 하고 있습니다.
11 주님, 그들이 강해지도록 복을 베
풀어 주시고, 그들이 하는 모든
일을 기쁘게 받아 주십시오. 그들
과 맞서는 자들의 허리를 꺾으시
고, 그들을 미워하는 자들을 다시
는 일어나지 못하게 하여 주십시
오."
12 베냐민 지파를 두고서, 그는 이
렇게 말하였다. "주님께서 사랑하
시는 베냐민은 주님의 곁에서 안
전하게 산다. 주님께서 베냐민을
온종일 지켜 주신다. 베냐민은 주
님의 등에 업혀서 산다."
13 요셉 지파를 두고서, 그는 이렇
게 말하였다. "주님께서 그들의 땅
에 복을 내리실 것이다. 위에서는
하늘의 보물 이슬이 내리고, 아래
에서는 지하의 샘물이 솟아오른
다.
14 햇빛을 받아 익은 온갖 곡식과,
달빛을 받아 자라나는 온갖 과실
이, 그들의 땅에 풍성할 것이다.
15 태고적부터 있는 언덕은 아주 좋
은 과일로 뒤덮일 것이다.
16 불타는 떨기나무 가운데서 말씀
하시는 주님, 선하신 주님께서 그
들의 땅에 복을 베푸시니, 그 땅
이 온갖 좋은 산물로 가득할 것이
다. 요셉이 그 형제 가운데 지도
자였으니 이런 복을 요셉 지파가
받을 것이다.
17 그들은 ㉠첫 수송아지와 같은 힘
으로, 황소의 뿔과 같은 위력으
로, 그 뿔로 만방을 들이받아 땅
끝까지 휩쓸 것이니, 에브라임의
자손은 만만이요, 므낫세의 자손
은 천천이다."
18 스불론 지파와 잇사갈 지파를
두고서, 그는 이렇게 말하였다.
"스불론은 해상무역을 하여 번성
하고 잇사갈은 집에 재산을 쌓는
다.
19 그들은 외국 사람을 그들의 산마
을로 초청하여, 거기서 의의 제사
를 드린다. 바다 속에서 얻는 것으

각 '온전함'과 '빛'이다(출 28:30). 둠밈과 우림이 어떤 용도로 사용되었는지는 확실하지 않다. 대제사장의 판결 가슴받이 주머니 안에 들어 있던 둠밈과 우림은 하나님의 뜻을 물을 때 사용되었다.

33:12 주님의 곁에서 안전하게 산다 이것은 베냐민 지파가 예루살렘 성전 근처의 땅을 차지한다는 예언이다.

33:16 땅에 복을 베푸시니 하나님의 복을 받은 요셉의 땅은 가나안 중부에 위치하고 있으며 몹시 비옥하여 소출이 매우 풍부하였다.

33:18-19 스불론과 잇사갈에 대한 축복 스불론 지파는 해변 지역을 차지하므로 무역을 위해 해외로 나가게 될 것이고, 잇사갈 지파는 농업에 종사할 것이므로 장막에 머물게 될 것을 예언한다.

33:20-21 갓 지파는 모세가 모압에서 언약을 갱

㉠ 사해 사본과 칠십인역과 시리아어역과 불가타를 따름. 히, '그의 첫 수송아지'

로 부자가 되고, 바닷가 모래 속에
서도 감추어져 있는 보물을 취한
다."
20 갓 지파를 두고서, 그는 이렇게
말하였다. "갓 지파의 땅을 넓혀
주신 하나님을 찬송하여라. 갓은
사자처럼 누웠다가, 사로잡은 먹이
의 팔과 머리를 찢는다.
21 그들은 가장 좋은 땅을 차지하였
다. 한 지도자의 몫이 그들에게
배정되었다. 이스라엘의 지도자들
이 함께 모였을 때에, 그들은 주님
의 공의를 지키고 율법에 복종하
였다."
22 단 지파를 두고서, 그는 이렇게
말하였다. "단은 바산에서 뛰어나
오는 사자 새끼와 같다."
23 납달리 지파를 두고서, 그는 이
렇게 말하였다. "은혜를 풍성히 받
은 납달리야, 주님께서 주시는 복
을 가득 받은 납달리야! 너희는
㉠서쪽과 남쪽을 차지하고 살아
라."
24 아셀 지파를 두고서, 그는 이렇
게 말하였다. "아셀 지파는 다른
어느 지파보다 복을 더 많이 받은
지파다. 그들은 형제들에게서 귀
여움을 받으며, 그들의 땅은 올리
브 나무로 가득히 찬다.
25 쇠와 놋으로 만든 문빗장으로 너
희의 성문을 채웠으니, 너희는 안
전하게 산다."
26 "이스라엘 백성아, 너희의 하나
님과 같은 신은 달리 없다. 하나님
이 너희를 도우시려고, 하늘에서
구름을 타시고 위엄 있게 오신다.
27 옛부터 하나님은 너희의 피난처가
되시고, 그 영원한 팔로 너희를 떠
받쳐 주신다. 너희가 진격할 때에
너희의 원수를 쫓아내시고, 진멸
하라고 명령하신다.
28 곡식과 포도주가 가득한 이 땅에
서, 하늘에서 내리는 이슬에 흠뻑
젖는 이 땅에서, 이스라엘이 평화
를 누린다. 야곱의 자손이 안전하
게 산다.
29 이스라엘아, 너희는 복을 받았다.
주님께 구원을 받은 백성 가운데
서 어느 누가 또 너희와 같겠느
냐? 그분은 너희의 방패이시요,
너희를 돕는 분이시며, 너희의 영
광스런 칼이시다. 너희의 원수가
너희 앞에 와서 자비를 간구하나,
너희는 그들의 등을 짓밟는다."

모세의 죽음

34 모세가 모압 평원, 여리고 맞
은쪽에 있는 느보 산의 비스
가 봉우리에 오르니, 주님께서는 그
에게, 단까지 이르는 ㉡길르앗 지방
온 땅을 보여 주셨다.

신하기 이전에 땅을 분배받았다(3:12-16). 그 이유는 그들이 '법을 세운 자' 곧 모세의 명령에 순종한 자들이기 때문이다.

33:29 영광스런 칼 이 구절은 이스라엘을 승리하게 하시는 하나님의 임재를 상징한다. **그들의 등을 짓밟는다** 가나안 땅의 지형은 중앙 산지가 북에서 남으로 뻗어 있다. 바로 이 중앙 산지에 거하는 가나안 거민들과 성읍들을 이스라엘이 점령하게 될 것을 가리킨다.

34장 요약 본장은 여호수아가 기록한 것으로 추정된다. 모세가 죽고, 여호수아가 그 뒤를 이어 지도자의 자리를 계승하는 내용이 수록되어 있다. 모세는 죽었지만 이스라엘 백성을 위한 하나님의 사역은 중단될 수 없었다. 하나님은 여호수아를 새로 세우시고 필요한 능력과 권위를 그에게 부여해 주셨다.

㉠ 갈릴리 바다의 서쪽과 남쪽 ㉡ 요단 동편

2 또 온 납달리와 에브라임과 므낫세
의 땅과 서해까지 온 유다 땅과
3 네겝과 종려나무의 성읍 여리고 골
짜기에서 소알까지 평지를 보여 주
셨다.
4 그리고 주님께서 그에게 말씀하셨
다. "이것은 내가 아브라함과 이삭과
야곱에게 맹세하여 그들의 자손에
게 주겠다고 약속한 땅이다. 내가 너
에게 이 땅을 보여 주기는 하지만,
네가 그리로 들어가지는 못한다."
5 주님의 종 모세는, 주님의 말씀대로
모압 땅에서 죽어서,
6 모압 땅 벳브올 맞은쪽에 있는 골짜
기에 묻혔는데, 오늘날까지 그 무덤
이 어디에 있는지를 아는 사람은 아
무도 없다.
7 모세가 죽을 때에 나이가 백스무 살
이었으나, 그의 눈은 빛을 잃지 않았
고, 기력은 정정하였다.
8 이스라엘 백성은, 모압 평원에서 모
세의 죽음을 애도하는 기간이 끝날
때까지, 모세를 생각하며 삼십 일 동
안 애곡하였다.
9 ○모세가 눈의 아들 여호수아에게
안수하였으므로, 여호수아에게 지
혜의 영이 넘쳤다. 이스라엘 자손은,
주님께서 모세에게 명하신 대로, 여
호수아의 말을 잘 듣고 그를 따랐다.
10 ○그 뒤에 이스라엘에는 모세와 같
은 예언자가 다시는 나지 않았다. 주
님께서는 얼굴과 얼굴을 마주 대고
모세와 말씀하셨다.
11 주님께서는 그를 이집트의 바로와
그의 모든 신하와 그의 온 땅에 보내
셔서, 놀라운 기적과 기이한 일을 하
게 하셨다.
12 온 이스라엘 백성이 보는 앞에서, 모
세가 한 것처럼, 큰 권능을 보이면서
놀라운 일을 한 사람은 다시 없다.

34:1-4 네가 그리로 들어가지는 못한다 모세의 눈길이 남쪽에서 요단 동쪽 땅을 거쳐 북으로, 그 다음 요단 서쪽 땅의 북쪽에서 남쪽 끝까지 갔다가 다시 곡선을 그리며 출발점으로 돌아온다. 모세가 약속의 땅에 들어가지 못하는 이유는 민수기 20:12에 나와 있다.

34:9-12 여호수아에게 계승된 지도자의 길과 모세에 대한 회상으로 마무리된다. 모세는 하나님께서 이스라엘을 이집트에서 이끌어 내시기 위해 행하신 일들과 더불어 이스라엘의 존재와 역사의 토대가 되는 인물이다. 하나님은 모세를 택하셨고, 친구를 대하듯 그와 얼굴과 얼굴을 마주 대고 말씀하셨다.

34:9 지혜의 영은 '성령'을 말한다. 여호수아에게 성령이 임한 것은 모세가 안수하였기 때문이다. 하지만 안수라는 물리적 수단 때문에 성령이 임한 것이 아니다. 하나님의 은혜가 안수라는 방편을 통해서 역사한 것이다.

여호수아기

JOSHUA

저자 여호수아

저작 연대 여호수아기에서 베니게 사람들이 시돈 사람(13:4–6)이라고 불려지고 있는 것으로 보아, 이 책은 다윗 시대(B.C. 12세기) 이전에 두로가 시돈을 지배하던 시기에 쓰여졌음이 분명하다. 여호수아 시대에는 블레셋 사람들이 이스라엘에게 위협적인 존재가 아니었다. 그러므로 이 책은 블레셋 사람들이 빈번히 침략했을 때 이후의 책이다. 대부분의 학자들은 이 책이 옷니엘이 사사로 활약했던 시대에 완성되었다고 생각한다. 따라서 저작 연대는 B.C. 1370–1330년 사이로 본다.

기록 장소와 대상 정복 전쟁 이전에 요단 강 동편과 정복 전쟁이 시작된 이후에 요단 강 서편 가나안 땅에서 기록되었다. 기록 대상은 이스라엘 백성이다.

핵심어 및 내용 여호수아기의 핵심어는 '선택하라'와 '섬기라'이다. 여호수아는 그의 설교를 통해 이 두 가지를 다 강조하였다. "당신들이 어떤 신들을 섬길 것인지를 오늘 선택하십시오. 나와 나의 집안은 주님을 섬길 것입니다"(24:15).

내용 분해

1. 약속된 땅에 들어감(1:1–5:12)
2. 약속된 땅의 정복(5:13–12:24)
3. 약속의 땅의 분배(13:1–22:34)
4. 여호수아의 고별 인사와 죽음(23:1–24:33)

여호수아에게 가나안으로 가라고 하시다

1 주님의 종 모세가 죽은 뒤에, 주님
께서, 모세를 보좌하던 눈의 아들
여호수아에게 말씀하셨다.
2 "나의 종 모세가 죽었으니, 이제 너
는 이스라엘 자손 곧 모든 백성과
함께 일어나, ㉠요단 강을 건너서, 내
가 그들에게 주는 땅으로 가거라.
3 내가 모세에게 말한 대로, 너희 발
바닥이 닿는 곳은 어디든지 내가 너
희에게 주겠다.
4 ㉡광야에서부터 ㉢레바논까지, ㉣큰
강인 유프라테스 강에서부터 헷 사
람의 땅을 지나 서쪽의 지중해까지,
모두 너희의 영토가 될 것이다.
5 네가 사는 날 동안 아무도 너의 앞
길을 가로막지 못할 것이다. 내가 모
세와 함께 하였던 것과 같이 너와
함께 하며, 너를 떠나지 아니하며, 버
리지 아니하겠다.
6 굳세고 용감하여라. 내가 이 백성의
조상에게 주기로 맹세한 땅을, 이 백
성에게 유산으로 물려줄 사람이 바
로 너다.
7 오직 너는 크게 용기를 내어, 나의
종 모세가 너에게 지시한 모든 율법
을 다 지키고, 오른쪽으로나 왼쪽으
로 치우치지 않도록 하여라. 그러면
네가 어디를 가든지 성공할 것이다.
8 이 율법책의 말씀을 늘 읽고 밤낮으
로 그것을 ㉤공부하여, 이 율법책에
씌어진 대로, 모든 것을 성심껏 실천
하여라. 그리하면 네가 가는 길이 순
조로울 것이며, 네가 성공할 것이다.
9 내가 너에게 굳세고 용감하라고 명
하지 않았느냐! 너는 두려워하거나
낙담하지 말아라. 네가 어디로 가든
지, 너의 주, 나 하나님이 함께 있겠
다."

여호수아가 백성에게 명령을 내리다

10 ○그리하여 여호수아는 백성의 지도
자들에게 명령을 내렸다.
11 "진을 두루 다니며 백성들에게 알리
시오. 양식을 예비하고, 지금부터 사
흘 안에 우리가 이 요단 강을 건너,
주 우리 하나님이 우리에게 주셔서

㉠ 요단 강 동쪽에서 서쪽으로 ㉡ 남쪽 경계 ㉢ 북쪽 경계 ㉣ 동쪽 경계 ㉤ 또는 '묵상하다', '사색하다', '낮은 소리로 읊조리다'

우리가 소유하게 될 땅으로 들어가,
그 땅을 차지할 것이라고 말하시오."
12 ○여호수아는 르우벤 지파와 갓 지
파와 므낫세 반쪽 지파에게 말하였
다.
13 "주님의 종 모세가 당신들에게 이르
기를, 주 당신들의 하나님이 당신들
에게 ㉠요단 강 동쪽의 이 땅을, 당신
들이 편히 쉴 곳으로 주실 것이라고
하였으니, 당신들은 이 말을 기억하
십시오.
14 당신들의 아내들과 어린 아이들과
집짐승들은, 모세가 당신들에게 준
㉡요단 강 동쪽 땅에 머물러 있게 하
십시오. 그러나 당신들의 모든 용사
들은 무장을 하고, 당신들의 동족들
보다 앞서 건너가서, 그들을 도와주
십시오.
15 주님께서 당신들과 마찬가지로 당신
들 동기들에게도 편히 쉴 곳을 주실
때까지, 그리고 그들도 주 당신들의
하나님이 마련해 주신 땅을 차지할
때까지 그들을 도우십시오. 그런 다
음에 당신들은 당신들의 소유지 곧
주님의 종 모세가 당신들에게 준 요
단 강 동쪽 해 돋는 땅으로 돌아가
서, 그 곳을 차지하도록 하십시오."
16 ○그들이 여호수아에게 대답하였다.
"지금 우리에게 명령하신 것은 무엇
이든지 다 하고, 어디로 보내시든지
그리로 가겠습니다.
17 우리는 모두, 모세에게 복종하였던
것과 같이, 모세의 뒤를 이어 우리의
지도자가 되신 분께도 복종하겠습니
다. 오직 주 하나님이 모세와 함께
계셨던 것과 같이, 여호수아 어른과
도 함께 계시기만 바랍니다.
18 여호수아 어른의 명령을 거역하고,
지시하는 말에 복종하지 않는 사람
은, 누구든지 모두 죽임을 당할 것입
니다. 여호수아 어른께서는 오직 굳
세고 용감하시기를 바랍니다."

여호수아가 여리고에 정탐꾼을 보내다

2 눈의 아들 여호수아가 싯딤에서
정탐꾼 두 사람을 보내며 일렀다.
"가서, 몰래 그 땅을 정탐하여라. 특
히 여리고 성을 잘 살펴라." 그들은
그 곳을 떠나, 어느 창녀의 집에 들
어가 거기에서 묵었다. 그 집에는 이
름이 라합이라고 하는 ㉢창녀가 살
고 있었다.
2 그 때에 여리고 왕은 이런 보고를 받
았다. "아뢰니다. 이스라엘 자손 가
운데서 몇 사람이 오늘 밤에 이 모
든 땅을 정탐하려고 이 곳으로 왔습
니다."
3 여리고 왕이 라합에게 전갈을 보냈
다. "너에게 온 사람들 곧 네 집에
온 사람들을 데려오너라. 그들은 이
온 땅을 정탐하려고 왔다."

1장 요약 본서는 신명기의 마지막 장과 연결된다. 하나님은 이스라엘의 새 지도자로 세우신 여호수아에게 가나안 땅을 정복할 것과 율법을 지킬 것을 명하셨다.

1:16 가나안 정복은 이스라엘 백성 전체가 참여해야 할 성질의 것이었다. 이들의 자발적인 참여는, 앞으로 하나님의 약속이 어떻게 성취되는가를 개개인으로 하여금 실제로 체험하게 해줄 것이다.

2장 요약 가나안 정복의 첫걸음이 될 여리고 성 정복을 위하여 여호수아가 정탐꾼을 파송한 내용이다. 창녀 라합이 이스라엘 정탐꾼들을 선대한 것은 하나님만이 참 신이심을 믿었기 때문이다. 이방 여인인 라합이 그리스도의 직계 조상이 된 것(마 1:5-16)은 하나님의 오묘하신 섭리이다.

㉠ 히. '이 땅을' ㉡ 히. '요단 이편의' ㉢ 요세푸스. '여관 주인'

4 ○그러나 그 여인은 두 사람을 데려
다가 숨겨 놓고, 이렇게 말하였다.
"그 사람들이 저에게로 오기는 했습
니다만, 그들이 어디서 왔는지 저는
알지 못합니다.
5 그리고 그들은 날이 어두워 성문을
닫을 때쯤 떠났는데, 그들이 어디로
갔는지 저는 알지 못합니다. 빨리 사
람을 풀어 그들을 뒤쫓게 하시면, 따
라잡을 수도 있을 것입니다."
6 그러나 그 때는, 그 여인이 그들을
지붕으로 데리고 올라가, 자기네 지
붕 위에 널어 놓은 삼대 속에 숨겨
놓은 뒤였다.
7 뒤쫓는 사람들이 요단 길을 따라 나
루터까지 그들을 뒤쫓았고, 뒤쫓는
사람들이 나가자마자 성문이 닫혔다.
8 ○정탐꾼들이 잠들기 전에, 라합은
지붕 위에 있는 그들에게 올라가서
9 말하였다. "나는 주님께서 이 땅을
당신들에게 주신 것을 압니다. 우리
는 당신들 때문에 공포에 사로잡혀
있고, 이 땅의 주민들은 모두 하나
같이 당신들 때문에 간담이 서늘했
습니다.
10 당신들이 이집트에서 나올 때에, 주
님께서 당신들 앞에서 어떻게 ㉠홍해
의 물을 마르게 하셨으며, 또 당신들
이 요단 강 동쪽에 있는 아모리 사람
의 두 왕 시혼과 옥을 어떻게 ㉡전멸
시켜서 희생제물로 바쳤는가 하는
소식을, 우리가 들었기 때문입니다.
11 우리는 그 말을 듣고 간담이 서늘했
고, 당신들 때문에 정신을 잃고 말
았습니다. 위로는 하늘에서 아래로
는 땅 위에서, 과연 주 당신들의 하
나님만이 참 하나님이십니다.
12 내가 당신들에게 은혜를 베풀었으
니, 이제 당신들도 내 아버지의 집안
에 은혜를 베푸시겠다고 주님 앞에
서 맹세를 하시고, 그것을 지키겠다
는 확실한 징표를 나에게 주십시오.
13 그리고 나의 부모와 형제자매들과
그들에게 속한 모든 식구를 살려 주
시고, 죽지 않도록 우리의 생명을 구
하여 주십시오."
14 ○정탐꾼들이 그 여인에게 말하였
다. "㉢우리가 목숨을 내놓고라도,
약속한 것은 지키겠소. 우리가 한 일
을 어느 누구에게도 일러바치지 않
는다면, 주님께서 우리에게 이 땅을
주실 때에, 우리는 친절과 성실을 다
하여 그대를 대하겠소."
15 ○라합은 성벽 위에 있는 집에 살고
있었기 때문에, 창문으로 밧줄을 늘
어뜨려 그들을 달아내려 주었다.
16 그리고 여인은 그들에게 말하였다.
"뒤쫓는 사람들이 당신들과 마주치
지 않도록 산으로 가십시오. 거기에
서 사흘 동안 숨어 있다가, 뒤쫓는

2:4 라합이 거짓말한 행위가 도덕적으로 잘못된 것이라고 어떤 이들은 주장한다. 그러나 그녀가 취한 행동은 이스라엘의 하나님이 행하신 능력에 바탕을 둔 믿음의 행위였다(히 11:31;약 2:25). 따라서 라합은 왕의 명령보다 하나님의 뜻에 우선을 두어 행동한 것이다.

2:6 숨겨 놓은 이 행위도 국가를 배반한 행위가 아니다. 라합은 소문을 통하여 하나님이 행하신 일을 듣고, 자신에게 하나님께서 맡기신 믿음의 행동을 행한 것이다.

2:8-14 나는 주님께서 이 땅을 당신들에게 주신 것을 압니다 창녀 라합은 주님만이 유일한 하나님이심을 믿고 고백한다. 히브리서 11:31에서는 그녀

㉠ 히, '얌 쑤프' ㉡ 히브리어 '헤렘'은 사람이나 물건을 완전히 파멸시켜 주님께 바치는 것을 뜻함(6:17, 18, 21; 7:1, 11, 12, 13, 15; 8:26; 10:1, 28, 35, 37, 39, 40; 11:11, 12, 20, 21; 22:20). 가지면 안 되는 것, 손을 대었다가는 멸망받게끔 저주받은 것. '전멸시켜 주님께 제물로 바치다', '전멸시켜서 희생제물로 바치다', '전멸시켜서 바치는 희생제물', '전멸시켜서 주님께 바쳐야 할 물건', '전멸시켜야 할 물건' 등으로 번역함 ㉢ 히, '우리의 생명은 너희의 생명'

사람들이 돌아간 다음에 당신들이
갈 길을 가십시오."
17 ○그 사람들이 그 여인에게 말하였
다. "당신이 우리와 맺은 이 맹세에
대하여 우리가 허물이 없게 하겠소.
18 이렇게 합시다. 여기 홍색 줄이 있으
니, 우리가 이 땅으로 들어올 때에,
당신이 우리를 달아 내렸던 그 창문
에 이 홍색 줄을 매어 두시오. 그리
고 당신의 아버지와 어머니와 오라버
니들과 아버지 집안의 모든 식구를
다 당신의 집에 모여 있게 하시오.
19 누구든지 당신의 집 대문에서 밖으
로 나가서 죽으면, 그 죽음에 대한
책임은 죽은 사람 자신이 져야 하
며, 우리는 책임을 지지 않겠소. 그러
나 우리가 당신과 함께 집 안에 있
는 사람에게 손을 대서 죽으면, 그
죽음에 대한 책임은 우리가 질 것이
오.
20 그러나 당신이, 우리가 한 일을 누설
하면, 당신이 우리와 맺은 맹세에 대
하여 우리는 아무런 책임이 없소."
21 그러자 라합은, 그들의 말대로 하겠
다고 대답하고, 그들을 보냈다. 그들
이 간 뒤에, 라합은 홍색 줄을 창에
매달았다.
22 ○그들은 그 곳을 떠나 산에 다다라
서, 사흘 동안 거기에 머물러 있었
다. 뒤쫓는 사람들은 모든 길을 수
색하였으나, 정탐꾼들을 찾지 못하
고 되돌아갔다.
23 두 사람은 산에서 다시 내려와 ㉠강
을 건넜고, 눈의 아들 여호수아에게
이르러서, 그들이 겪은 모든 일을 보
고하였다.
24 그들이 여호수아에게 말하였다. "주
님께서 그 땅을 모두 우리 손에 넘겨
주셨으므로 그 땅의 모든 주민이 우
리를 무서워하고 있습니다."

이스라엘 백성이 요단 강을 건너다

3 여호수아는 아침 일찍 일어나, 모
든 이스라엘 자손과 함께 싯딤을
떠나 요단 강까지 왔다. 그들은 강을
건너기 전에 그 곳에 진을 쳤다.
2 사흘 뒤에 지휘관들이 진을 두루 다
니며,
3 백성에게 명령하였다. "당신들은, 레
위 사람 제사장들이 주 당신들 하나
님의 언약궤를 들어서 메는 것을 보
거든, 진을 철수하여 제사장들의 뒤
를 따르시오.
4 당신들이 이전에 가 보지 않았던 길
을 가기 때문에, 제사장들이 당신들
이 가는 길을 안내할 것이오. 그러
나 당신들과 언약궤 사이는, 이천 보
쯤의 거리를 띄우고, 그 궤에 가까이
가지 마시오."
5 ○여호수아가 백성에게 말하였다.
"당신들은 자신을 성결하게 하시오.

의 과거 삶에 대해서는 조금도 언급하지 않고서, 믿음의 선조들 가운데에 그녀를 넣고 있다. 이처럼, 믿음의 결단과 고백은 사람의 생애에 있어서 *가장 값진 것이 된다.*

2:24 모든 주민이…무서워하고 있습니다 정탐꾼들은 적들이 하나님에 대한 소문을 듣고서 모두 심적으로 이미 패배해 있음을 탐지하고 돌아왔다. 탐지된 이런 내용은 여호수아와 백성들에게 큰 용기와 힘을 주었을 것이다.

3장 요약 이스라엘 백성이 요단 강을 건너 가나안에 진입하는 장면이다. 선두에는 하나님의 임재를 상징하는 언약궤가 앞장섰다. 이는 가나안 정복 전쟁을 주도하실 분이 하나님이심을 나타낸다. 따라서 백성들은 앞에서 인도하시는 하나님께 순종하며 그분의 뒤를 따르기만 하면 되었다.

㉠ 요단 강 동쪽으로 돌아옴

주님께서 내일 당신들 가운데서 놀
라운 일을 이루실 것입니다."
6 여호수아가 제사장들에게 언약궤를
메고 백성보다 앞서 건너가라고 명
령하자, 그들은 언약궤를 메고 백성
들 앞에서 나아갔다.
7 ○주님께서 여호수아에게 말씀하셨
다. "바로 오늘부터 내가 너를 모든
이스라엘 사람이 보는 앞에서 위대
한 지도자로 세우고, 내가 모세와 함
께 있던 것처럼 너와 함께 있다는 사
실을 그들이 알게 하겠다.
8 이제 너는 언약궤를 멘 제사장들에
게, 요단 강의 물 가에 이르거든 요
단 강에 들어가서 서 있으라고 하여
라."
9 ○여호수아가 이스라엘 자손에게 말
하였다. "이 곳으로 와서, 주 당신들
하나님의 말씀을 들으십시오."
10 여호수아가 말을 계속하였다. "이제
이루어질 이 일을 보고, 당신들은,
살아 계신 하나님이 당신들 가운데
계셔서, 가나안 사람과 헷 사람과 히
위 사람과 브리스 사람과 기르가스
사람과 아모리 사람과 여부스 사람
을 당신들 앞에서 쫓아내신다는 것
을 알게 될 것입니다.
11 온 땅의 주권자이신 주님의 언약궤
가 당신들 앞에서 요단 강을 건널 것
입니다.
12 이제 이스라엘의 각 지파마다 한 사
람씩 열두 사람을 뽑으십시오.
13 온 땅의 주권자이신 주님의 궤를 멘
제사장들의 발바닥이 요단 강 물에
닿으면, 요단 강 물 곧 위에서부터
흘러 내리던 물줄기가 끊기고, 둑이
생기어 물이 고일 것입니다."
14 ○백성이 요단 강을 건너려고 자기들
의 진을 떠날 때에, 언약궤를 멘 제
사장들이 백성 앞에서 나아갔다.
15 그 궤를 멘 사람들이 요단 강까지
왔을 때에는, 마침 추수기간이어서
제방까지 물이 가득 차 올랐다. 그
궤를 멘 제사장들의 발이 요단 물
가에 닿았을 때에,
16 위에서부터 흐르던 물이 멈추었다.
그리고 멀리 사르단 근처의 아담 성
읍에 둑이 생겨, 아라바의 바다 곧
사해로 흘러가는 물줄기가 완전히
끊겼다. 그래서 백성들은 여리고 맞
은쪽으로 건너갈 수 있었다.
17 온 이스라엘 백성이 마른 땅을 밟고
건너서, 온 백성이 모두 요단 강을 건
널 때까지, 주님의 언약궤를 멘 제사
장들은 요단 강 가운데의 마른 땅
위에 튼튼하게 서 있었다.

기념비를 세우다

4 온 백성이 모두 요단 강을 건넜을
때에, 주님께서 여호수아에게 말
씀하셨다.

3:5 하나님의 뒤를 따르려면 자신을 성결하게 해야 한다. 이것은 마음을 순결하게 갖는 영적인 성결을 말하는 것이다. 성결(거룩)하신 하나님은 성결(거룩)한 백성만을 인도하신다.

3:14-17 가나안 땅으로 들어가는 선두에는 하나님의 임재를 상징하는 언약궤가 섰다. 어느 누구도 하나님보다 앞서 나아갈 수 없다. 언약궤를 멘 제사장들이 요단 강에 들어서자 강물이 그치고 마른 땅이 드러나 온 백성이 강을 건너게 되었다.

4장 요약 기적적인 방법으로 요단 강을 건넌 백성들은 하나님의 지시대로 요단 강에서 열두 개의 돌을 취해 그날 자신들이 머무를 곳인 길갈까지 운반하여 그곳에 세웠다. 이것들은 이스라엘 12지파를 상징하는 것으로 이스라엘에게 베푸신 하나님의 은혜를 기억하고 순종하게 하기 위함이었다.

4:3 제사장들의 발이 굳게 선 요단 강을 건넌 사건

2 “너는 백성 가운데서 각 지파마다
한 사람씩 열두 사람을 뽑아서 세워
라.
3 그리고 그들에게, 제사장들의 발이
굳게 선 그 곳 요단 강 가운데서 돌
열두 개를 가져다가, 오늘 밤 그들이
머무를 곳에 두라고 하여라.”
4 ○여호수아는 이스라엘 자손 가운
데서 각 지파마다 한 사람씩 세운
그 열두 사람을 불러서,
5 그들에게 말하였다. “주 당신들 하나
님의 언약궤 앞을 지나 요단 강 가
운데까지 들어가서, 이스라엘 자손
의 지파 수대로 돌 하나씩을 각자의
어깨에 메고 오십시오.
6 이것이 당신들에게 기념물이 될 것
입니다. 훗날 당신들 자손이 그 돌들
이 지닌 뜻이 무엇인지를 물을 때에,
7 주님의 언약궤 앞에서 요단 강 물이
끊기었다는 것과, 언약궤가 요단 강
을 지날 때에 요단 강 물이 끊기었으
므로 그 돌들이 이스라엘 자손에게
영원토록 기념물이 된다는 것을, 그
들에게 말해 주십시오.”
8 ○그래서 이스라엘 자손은 여호수아
가 명령한 대로 하였다. 그들은 주
님께서 여호수아에게 말씀하신 대
로, 이스라엘 자손의 지파 수에 따
라 요단 강 가운데서 돌 열두 개를
메고 나와서, 그것들을 그들이 머무
르려는 곳까지 가져다가 그 곳에 내
려놓았다.
9 여호수아는 요단 강 가운데, 언약궤
를 메었던 제사장들의 발이 머물렀
던 곳에 ㉠다른 열두 개의 돌을 세웠
다. (그 돌들이 오늘까지 거기에 있
다.)
10 주님께서 여호수아를 시켜 백성에게
명령하신 일 곧 모세가 여호수아에
게 지시한 일이 그대로 다 이루어지
기까지, 궤를 멘 제사장들이 요단 강
가운데 서 있었다. ○백성은 서둘러
강을 건넜다.
11 백성이 모두 건너기를 마치자, 주님
의 궤와 그 궤를 멘 제사장들이 백
성이 보는 앞에서 건넜다.
12 르우벤 자손과 갓 자손과 므낫세의
반쪽 지파는, 모세가 그들에게 지시
한 대로 이스라엘 자손보다 앞서서
무장하고 건넜다.
13 약 사만 명이 되는 이들은 무장을
하고, 주님 앞에서 전투를 벌이려고
여리고 평원으로 건너갔다.
14 그 날 주님께서, 온 이스라엘 백성이
보는 앞에서 여호수아를 위대한 지
도자로 세우셨으므로, 그들은, 모세
가 살아 있는 동안 모세를 두려워하
였던 것처럼, 여호수아를 두려워하
였다.
15 ○주님께서 여호수아에게 말씀하셨

에서 언약궤(하나님의 임재를 상징)의 역할을 거듭 강조한다(비교. 3:3,14–15;4:5,7). 돌 열두 개를 가져다가 돌 열두 개를 취하는 것은 하나님이 행하신 그 일을 영원히 기념하기 위함이다(7절). 하나님이 지시하신 명령(3:12)을 보충 설명하는 것으로 이해함이 좋다. 오늘 밤 그들이 머무를 이 말로 미루어 보아, 이스라엘 백성이 한 날에 요단 강을 모두 건넜음을 알 수 있다.

4:6 기념물 (히) '오트'로서, '서약, 이적, 징조'를 의미한다. 이 기념물의 목적은 미래를 위한 것이라는 뜻이 '훗날'이라는 말에 담겨 있다(비교. 출 12:26–27;신 6:20–25).

4:10–18 요단 강 한가운데 있는 언약궤를 보고, 백성들은 신뢰감을 가졌다. 이스라엘 백성들이 요단 강을 무사히 건넌 후 가나안 땅에 진입하자 강물이 원래대로 흘러내리기 시작하였다. 이것은 완전한 하나님의 초자연적인 능력을 보여 주는

㉠ 칠십인역과 불가타역을 따름. 히, '열두 개의 돌'

다.
16 "증거궤를 메고 있는 제사장들에게
명령하여 요단 강에서 올라오게 하
여라."
17 그래서 여호수아가 제사장들에게 요
단 강에서 올라오라고 명령을 내렸
다.
18 주님의 언약궤를 멘 제사장들이 요
단 강 가운데서 올라와서 제사장들
의 발바닥이 마른 땅을 밟는 순간,
요단 강 물이 다시 원래대로 흘러 전
과 같이 강둑에 넘쳤다.
19 ○백성이 첫째 달 열흘에 요단 강을
건너 여리고 동쪽 변두리 길갈에 진
을 쳤다.
20 여호수아는 요단 강에서 가져 온 돌
열두 개를 길갈에 세우고
21 이스라엘 자손에게 이렇게 말하였
다. "당신들 자손이 훗날 그 아버지
들에게 이 돌들의 뜻이 무엇인지를
묻거든,
22 당신들은 자손에게 이렇게 알려 주
십시오. '이스라엘 백성이 이 요단
강을 마른 땅으로 건넜다.
23 우리가 홍해를 다 건널 때까지, 주
우리의 하나님이 우리 앞에서 그것
을 마르게 하신 것과 같이, 우리가
요단 강을 다 건널 때까지, 주 우리
의 하나님이 요단 강 물을 마르게
하셨다.
24 그렇게 하신 것은, 땅의 모든 백성
이 주님의 능력이 얼마나 강하신가
를 알도록 하고, 우리가 영원토록
주 우리의 하나님을 경외하도록 하
려는 것이다.'"

5

1 요단 강 서쪽에 있는 아모리 사
람의 모든 왕과, 해변에 있는 가나
안 사람의 모든 왕이, 주님께서 이스
라엘 자손 앞에서 그들이 요단 강을
다 건널 때까지 그 강물을 말리셨다
는 소식을 듣고 간담이 서늘했고, 이
스라엘 자손 앞에서 아주 용기를 잃
고 말았다.

이스라엘이 길갈에서 할례를 받다

2 ○그 때에 주님께서 여호수아에게
말씀하셨다. "너는 돌칼을 만들어,
이스라엘 자손에게 다시 할례를 베
풀어라."
3 그래서 여호수아는 돌칼을 만들어
㉠기브앗 하아라롯 산에서 이스라엘
자손에게 할례를 베풀었다.
4 여호수아가 할례를 베푼 데는 이런
이유가 있었다. 이집트에서 나온 모
든 백성 가운데서 남자 곧 전투할
수 있는 모든 군인은, 이집트를 떠난
다음에 광야를 지나는 동안에 다
죽었다.
5 그 때에 나온 백성은 모두 할례를
받았으나, 이집트에서 나온 다음에
광야를 지나는 동안에 태어난 사람

결정적인 단서가 되며 동시에 이스라엘 백성들을 향한 하나님의 은혜와 사랑을 보여 주는 것이다.

4:20 길갈에 세운 열두 돌은, 요단에 세웠던 열두 돌(9절)과는 또 다른 의미를 갖는다. 그것은 하나님의 살아 계심과 능력이 온 땅으로 퍼져 나가야 한다는 의미이기 때문이다(24절). 하나님의 존재는 이스라엘에만 국한되지 않는다. 하나님은 온 우주의 하나님이시며, 전 세계의 모든 인류에게 반드시 전파되어야 하는 분이시다.

5장 요약 가나안 정복 전쟁 전에 하나님이 백성들에게 할례를 명하신다. 이것은 적의 기습을 초래할 수 있는 일이었지만, 하나님은 이스라엘이 주님만을 의지하길 원하셨기에 이스라엘은 할례를 행하고 구속의 역사를 기리는 유월절을 지켰다. 이때 완전무장을 한 주님의 군대 사령관이 여호수아 앞에 나타났다.

㉠ '할례 산'

은 아무도 할례를 받지 못하였다.
6 이스라엘 자손 가운데서 이집트를
떠날 때에 징집 연령에 해당하던 남
자들은, 사십 년을 광야에서 헤매는
동안에 그 광야에서 다 죽고 말았
다. 주님께서는, 우리에게 젖과 꿀이
흐르는 땅을 주시겠다고 우리의 조
상에게 맹세하셨지만, 이집트를 떠
난 조상이 주님의 말씀을 순종하지
않았기 때문에, 그들이 젖과 꿀이
흐르는 그 땅을 볼 수 없게 하겠다
고 맹세하셨다.
7 그들을 대신하여 자손을 일으켜 주
셔서, 여호수아가 그들에게 할례를
베풀었는데, 그것은, 광야를 지나는
동안에 그들에게 할례를 베풀지 않
아서, 그들이 무할례자가 되었기 때
문이다.
8 ○백성이 모두 할례를 받고 나서 다
낫기까지 진 안에 머물러 있었다.
9 주님께서 여호수아에게 말씀하셨다.
"너희가 이집트에서 받은 수치를, 오
늘 내가 ㉠없애 버렸다." 그리하여 그
곳 이름을 오늘까지 ㉡길갈이라고 한
다.
10 ○이스라엘 자손은 길갈에 진을 치
고, 그 달 열나흗날 저녁에 여리고
근방 평야에서 유월절을 지켰다.
11 유월절 다음날, 그들은 그 땅의 소출
을 먹었다. 바로 그 날에, 그들은 누
룩을 넣지 않은 빵과 볶은 곡식을
먹었다.
12 그 땅의 소출을 먹은 다음날부터 만
나가 그쳐서, 이스라엘 자손은 더 이
상 만나를 얻지 못하였다. 그들은
그 해에 가나안 땅에서 나는 것을
먹었다.

칼을 든 사람

13 ○여호수아가 여리고에 가까이 갔을
때에 눈을 들어서 보니, 어떤 사람이
손에 칼을 빼 들고 자기 앞에 서 있
었다. 여호수아가 그에게 다가가서
물었다. "너는 우리 편이냐? 우리의
원수 편이냐?"
14 ○그가 대답하였다. "아니다. 나는
주님의 군사령관으로 여기에 왔다."
그러자 여호수아는 얼굴을 땅에 대
고 절을 한 다음에 그에게 물었다.
"사령관님께서 이 부하에게 무슨 말
씀을 하시렵니까?"
15 ○주님의 군대 사령관이 여호수아에
게 말하였다. "네가 서 있는 곳은 거
룩한 곳이니, 너의 발에서 신을 벗어
라." 여호수아가 그대로 하였다.

여리고 성의 함락

6 여리고 성은 이스라엘 자손을 막
으려고 굳게 닫혀 있었고, 출입하
는 사람이 없었다.
2 주님께서 여호수아에게 말씀하셨다.
"내가 여리고와 그 왕과 용사들을

5:10 이스라엘은 전쟁을 시작하기 전에 유월절 의식을 행하였다(출 12:1-14;왕하 23:21-23). 여호수아는 이집트 탈출 후 광야에서 난 2세대들에게 할례를 베풀어 그들이 하나님의 언약을 받아들이게 했다. 언약의 의식으로 유월절을 지켰다.
5:15 신을 벗어라 가나안 정복은 하나님이 함께하시는 거룩한 전쟁임을 강조한 말이다.

㉠ 히, '갈랄' ㉡ 길갈은 '굴리다', '없애다'라는 뜻을 가진 갈랄과 발음이 비슷함

6장 요약 이 장은 가나안 정복의 첫 관문인 여리고 성 정복에 관한 기사이다. 이스라엘은 상식적으로 이해되지 않는 하나님의 명령에 온전히 순종하여 여리고 성을 정복한다. 하나님은 함락된 여리고 성을 내버려 둘 것을 지시하셨다. 이는 하나님께서 심판하심을 교훈하기 위함이었다(26절).

6:2-5 하나님은 이스라엘의 힘을 원하시는 것이

너의 손에 붙인다.
3 너희 가운데서 전투를 할 수 있는 모
든 사람은, 엿새 동안 그 성 주위를
날마다 한 번씩 돌아라.
4 제사장 일곱 명을, 숫양 뿔 나팔 일
곱 개를 들고 궤 앞에서 걷게 하여
라. 이레째 되는 날에, 너희는 제사
장들이 나팔을 부는 동안 성을 일곱
번 돌아라.
5 제사장들이 숫양 뿔 나팔을 한 번
길게 불면, 백성은 그 나팔 소리를
듣고 모두 큰 함성을 질러라. 그러
면 성벽이 무너져 내릴 것이다. 그 때
에 백성은 일제히 진격하여라."
6 ○눈의 아들 여호수아가 제사장들
을 불러서 말하였다. "언약궤를 메
고 서시오. 그리고 일곱 제사장은 제
각기 일곱 숫양 뿔 나팔을 들고 주님
의 궤 앞에 서시오."
7 또 그는 백성에게 말하였다. "앞으
로 나아가거라! 성을 돌아라! 무장
한 선발대는 주님의 궤 앞에 서서
행군하여라!"
8 ○여호수아가 백성에게 명령한 대
로, 제각기 숫양 뿔 나팔을 든 일곱
제사장은 주님 앞에서 행군하며 나
팔을 불었고, 주님의 언약궤는 그 뒤
를 따랐다.
9 또한 무장한 선발대는 나팔을 부는
제사장들보다 앞서서 나갔고, 후발
대는 궤를 따라갔다. 그 동안 제사
장들은 계속하여 나팔을 불었다.
10 여호수아가 또 백성에게 명령하였
다. "함성을 지르지 말아라. 너희 목
소리가 들리지 않게 하여라. 한 마디
도 입 밖에 내지 말고 있다가, 내가
너희에게 '외쳐라' 하고 명령할 때에,
큰소리로 외쳐라."
11 이처럼 여호수아는 주님의 궤를 메
고 성을 한 바퀴 돌게 한 다음에 진
에 돌아와서, 그 밤을 진에서 지내게
하였다.
12 ○다음날 아침에 여호수아가 일찍
일어났다. 제사장들도 다시 주님의
궤를 메었다.
13 제각기 숫양 뿔 나팔을 든 일곱 제
사장은 주님의 궤 앞에 서서, 계속
행군하며 나팔을 불었고, 무장한 선
발대는 그들보다 앞서서 나아갔으
며, 후발대는 주님의 궤를 뒤따랐다.
그 동안 제사장들은 계속하여 나팔
을 불었다.
14 이튿날도 그들은 그 성을 한 바퀴 돌
고 진으로 돌아왔다. 그들은 엿새
동안 이렇게 하였다.
15 ○드디어 이렛날이 되었다. 그들은
새벽 동이 트자 일찍 일어나서 전과
같이 성을 돌았는데, 이 날만은 일
곱 번을 돌았다.
16 일곱 번째가 되어서, 제사장들이 나

아니다. 다만 자신만을 신뢰하여 자신의 말을 따르기를 원하신다(대하 20:22).

6:4 일곱 번 돌아라 일곱은 하나님에게 속한 완전수이다. 성 주위를 도는 동안, 하나님의 전능하심과 도우심을 올바로, 온전히 믿어야 함을 강조한다. 이처럼 하나님의 백성은 하나님을 온전히 믿고 따르는 것이 필요하다.

6:8-9 성을 돌 때의 순서는 ① 무장한 선발대 ② 일곱 숫양 뿔 나팔을 가진 일곱 제사장들 ③ 언약궤를 멘 제사장들 ④ 나머지 후발대이다. 이 순서는 광야에서 행군할 때와 일치한다.

6:11 하나님께서 함께하심을 상징하는 언약궤의 역할이 계속된다. 10절의 침묵의 행진은 가나안 사람들에게 공포였고, 이스라엘 백성에게는 하나님이 함께하시는 행진이었다(비교. 2:9;5:1).

6:12-14 하루에 한 바퀴씩 6일 동안을 반복하는 행위는 이스라엘의 싸움이 거룩한 싸움이므로 하나님의 방법에 순종해야 한다는 것을 의미한다.

팔을 불 때에, 여호수아가 백성에게
이렇게 명령하였다. "큰소리로 외쳐
라! 주님께서 너희에게 이 성을 주셨
다.
17 이 성과 이 안에 있는 모든 것을 ㉠ 전
멸시켜서, 그것을 주님께 제물로 바
쳐라. 그러나 창녀 라합과 그 여인의
집에 있는 사람은 모두 살려 주어라.
그 여인은 우리가 보낸 정탐꾼들을
숨겨 주었다.
18 너희는, 전멸시켜서 바치는 희생제물
에 손을 댔다가 스스로 파멸당하는
일이 없도록 주의하여라. 너희가 전
멸시켜서 바치는 그 제물을 가지면,
이스라엘 진은 너희 때문에 전멸할
것이다.
19 모든 은이나 금, 놋이나 철로 만든
그릇은, 다 주님께 바칠 것이므로 거
룩하게 구별하여, 주님의 금고에 넣
도록 하여라."
20 ○제사장들이 나팔을 불었다. 그 나
팔 소리를 듣고서, 백성이 일제히 큰
소리로 외치니, 성벽이 무너져 내렸
다. 백성이 일제히 성으로 진격하여
그 성을 점령하였다.
21 성 안에 있는 사람을, 남자나 여자나
어른이나 아이를 가리지 않고 모두
전멸시켜서 희생제물로 바치고, 소나
양이나 나귀까지도 모조리 칼로 전
멸시켜서 희생제물로 바쳤다.
22 ○여호수아는 그 땅을 정탐하러 갔
던 두 사람에게 말하였다. "그 창녀
의 집으로 들어가서, 너희가 맹세한
대로, 그 여인과 그에게 딸린 모든
사람을 그 곳에서 데리고 나오너라."
23 정탐하러 갔던 젊은이들이 가서, 라
합과 그의 아버지와 어머니와 오라
버니들과 그에게 딸린 모든 사람을
데리고 나왔다. 라합의 식구들을 모
두 이끌어 내어, 이스라엘 진 밖으로
데려다 놓았다.
24 그리고 그들은 그 성읍과 그 안에
있는 모든 것을 불로 태웠다. 그러나
은이나 금이나 놋이나 철로 만든 그
릇만은 주님의 집 금고에 들여 놓았
다.
25 여호수아는 창녀 라합과 그의 아버
지 집과 그에게 딸린 사람을 다 살
려 주었다. 라합이 오늘날까지 이스
라엘 백성 가운데 살고 있는데, 그것
은 여호수아가 여리고를 정탐하도록
보낸 사람들을 그가 숨겨 주었기 때
문이다.
26 ○그 때에 여호수아가 이렇게 맹세
하였다. "이 여리고 성을 일으켜 다
시 세우겠다고 하는 자는, 주님 앞
에서 저주를 받을 것이다.

성벽 기초를 놓는 자는 맏아들
을 잃을 것이요, 성문을 다는 자
는 막내 아들을 잃을 것이다."

6:21 소나 양이나 나귀까지도 모조리 칼로 전멸시켜서 동물까지 죽이라고 명하신 이유는 가나안 땅의 극심한 죄악 때문이었다. 사람들은 짐승들과 교합하였다. 극악한 불법은 마땅히 심판을 받아 도말되어야 한다.

6:26 이제 하나님의 소유가 된 여리고가 과거 얼마나 죄악의 성읍이었던가를, 그 폐허를 남겨 둠으로써 증거물이 되게 하여야 한다. 곧 죄는 하나님이 반드시 심판한다는 증거이다. 이런 증거를 없애는 자, 다시 말해 이 성읍을 다시 세우려는 자는 하나님의 일을 방해하는 자가 된다. 여기에 기록된 저주는 500년 후 B.C. 9세기 아합 시대에 그대로 이루어져 베델의 히엘이 여리고 성을 재건하다가 그의 두 아들을 잃었다(왕상 16:34). 이 저주는, 이스라엘이 정복한 가나안 땅은 하나님께 속한다는 것과 죄악에 물든 가나안 땅에 대한 하나님의 심판을 기억해야 한다는 것을 의미한다.

㉠ 2:10 주를 볼 것

27 ○주님께서 여호수아와 함께 계셨
으므로 그의 명성이 온 땅에 두루
퍼졌다.

아간의 죄

7 이스라엘 자손이, ㉠전멸시켜서 주
님께 바쳐야 할 물건을 잘못 다루
었다. 유다 지파에서, 세라의 증손이
요 삽디의 손자요 갈미의 아들인 아
간이, 전멸시켜서 주님께 바쳐야 할
물건을 가져 갔기 때문에, 주님께서
이스라엘 자손들에게 진노하셨다.
2 ○여호수아가 여리고에서 ㉡베델 동
쪽 ㉢벳아웬 곁에 있는 ㉣아이 성으
로 사람들을 보내면서, 그들에게 올
라가서 그 땅을 정탐하라고 지시하
니, 그 사람들이 올라가서 아이 성
을 정탐하였다.
3 그들이 여호수아에게 돌아와서 이렇
게 말하였다. "모든 백성을 다 올라
가게 할 필요가 없을 것 같습니다.
이천 명이나 삼천 명만 올라가도 아
이 성을 칠 수 있습니다. 모든 백성
이 그 성을 치느라고 다 수고할 필요
가 없을 것 같습니다. 성 안에 있는
사람들의 수가 얼마 되지 않습니
다."
4 백성 가운데서 약 삼천 명이 그리로
올라갔다. 그러나 그들은 도리어 아
이 성 사람에게 패하여 도망쳐 왔
다.
5 아이 성 사람은 이스라엘 사람을 서
른여섯 명쯤 죽이고, 성문 앞에서부
터 스바림까지 추격하여 비탈길에서
그들을 쳤으므로, 백성의 간담이 서
늘해졌다.
6 ○여호수아는 슬퍼하면서 옷을 찢
고, 주님의 궤 앞에서 얼굴을 땅에
대고 엎드려서 저녁때까지 있었다.
이스라엘의 장로들도 그를 따라 슬
픔에 젖어, 머리에 먼지를 뒤집어썼
다.
7 여호수아가 아뢰었다. "주 하나님, 우
리 백성을 요단 강 서쪽으로 잘 건너
게 하시고는, 왜 우리를 아모리 사람
의 손에 넘기어 멸망시키려 하십니
까? 차라리 우리가 요단 강 동쪽에
서 그대로 살았더라면 좋을 뻔하였
습니다.
8 주님, 이스라엘이 원수 앞에서 패하
여 되돌아왔으니, 이제 제가 무슨 말
을 할 수 있겠습니까?
9 가나안 사람과 그 땅에 사는 모든
주민이 이 소식을 듣고 우리를 에워
싸고, 이 땅에서 우리의 이름을 없애
버릴 터인데, 주님께서는 주님의 위
대한 명성을 어떻게 지키시겠습니
까?"
10 ○주님께서 여호수아에게 말씀하셨
다. "일어나거라. 어찌하여 이렇게 엎
드려 있느냐?

7장 요약 이스라엘은 아이 성 정복에 실패하였다. 그 이유는 승리에 도취된 그들의 자만과 방심 때문이기도 했지만, 보다 주된 원인은 아간의 탐욕 때문이었다. 한 사람의 범죄로 온 이스라엘이 고통을 당한 것은 언약 백성들에게 요구되는 공동체적 책임을 일깨워 준다.

7:3–4 이스라엘 백성이 아이 성에서 패배한 원인은 자신의 힘을 의존한 나머지 하나님의 도우심을 바라보지 않았던 데에 있다. 그러나 보다 근본적인 원인은 하나님이 이스라엘 자손에게 진노하심으로(1절) 그들의 계획을 무산시키신 데에 있다.

7:7 주 하나님,…왜 우리를 이스라엘 백성이 광야에서 불평하는 것과 비슷하나 아이 성 패배에 대한 자책(自責)도 포함된다.

㉠ 2:10 주를 볼 것 ㉡ '하나님의 집' ㉢ '악한 자의 집'. 히브리어 본문에서는 벳아웬(악한 자의 집)과 베델(하나님의 집)이 대조되어 나옴. 칠십인역에는 '베델 곁에 있는 아이 성으로'임 ㉣ '폐허'

11 이스라엘이 죄를 지었다. 나와 맺은
언약, 지키라고 명령한 그 언약을 그
들이 어겼고, 전멸시켜서 나 주에게
바쳐야 할 물건을 도둑질하여 가져
갔으며, 또한 거짓말을 하면서 그 물
건을 자기들의 재산으로 만들었다.
12 그래서 이스라엘 자손은 원수를 대
적할 수 없었고, 원수 앞에서 패하여
물러섰다. 그들이 자청하여 저주를
불러들여서, 그들 스스로가 전멸시
켜야 할 물건이 되었기 때문이다. 너
희들 가운데에서 전멸시켜 나 주에
게 바쳐야 할 물건을 없애지 아니하
면, 내가 다시는 너희와 함께 있지
않겠다.
13 일어나서 백성을 성결하게 하여라.
너는 그들에게 말하여라. '너희는 스
스로 성결하게 하여, 내일을 맞이할
준비를 하여라. 주 이스라엘의 하나
님께서 이렇게 말씀하신다. 이스라
엘아, 너희 가운데 전멸시켜서 주님
께 바쳐야 할 물건이 있다. 그것을
너희 가운데서 제거하기 전에는, 너
희의 원수를 너희가 대적할 수 없다.
14 너희는 아침에 지파별로 나오너라.
주님께서 주사위로 뽑으신 지파는
가문별로 가까이 나오고, 주님께서
주사위로 뽑으신 가문은 집안별로
가까이 나오고, 또한 주님께서 주사
위로 뽑으신 집안은 장정별로 가까
이 나오너라.
15 전멸시켜서 주님께 바쳐야 할 물건
을 가져 간 사람이 주사위로 뽑히
면, 그에게 딸린 모든 것과 함께 그
를 불에 태우겠다. 그가 주님의 언약
을 어기고, 이스라엘에서 수치스러
운 일을 저질렀기 때문이다.'"
16 ○여호수아가 아침 일찍 일어나서
이스라엘 백성을 그 지파별로 나오
게 하였더니, 유다 지파가 뽑혔다.
17 유다 지파를 가문별로 나오게 하였
더니 세라의 가문이 뽑혔고, 세라의
가문에서 장정들을 나오게 하였더
니 삽디가 뽑혔다.
18 삽디의 집안의 장정들을 차례대로
나오게 하였더니 유다 지파에서 세
라의 증손이요 삽디의 손자요 갈미
의 아들인 아간이 뽑혔다.
19 여호수아가 아간에게 말하였다. "나
의 아들아, 주 이스라엘의 ㉠하나님
께 영광을 돌리고, ㉡그에게 사실대
로 고백하여라. 네가 무엇을 하였는
지 숨기지 말고 나에게 말하여라."
20 ○아간이 여호수아에게 대답하였다.
"제가 진실로 주 이스라엘의 하나님
께 죄를 지었습니다. 제가 저지른 일
을 말씀드리겠습니다.
21 제가, 전리품 가운데에서, 시날에서
만든 아름다운 외투 한 벌과 은 이
백 세겔과 오십 세겔이 나가는 금덩

7:13 너희는 스스로 성결하게 하여, 내일을 맞이할 준비를 하여라 성결은 하나님께 나아가는 필수적인 요소이다. 하나님 앞에는 부정(不淨)한 것이 *서 있을 수가 없다*(출 19:7-15). 언약 백성이 범죄하여 거룩함을 상실했으므로 성결하게 해야 할 필요가 있었다.

7:19 하나님께 영광을 돌리고 아간은 즉시 처형을 당하지 않는다. 여호수아는 먼저 아간이 자기 죄를 공개적으로 자백하도록 권유한다. 그렇게 되면 하나님께서 아간을 뽑으신 일(14-18절)이 옳았음이 증명되기 때문이다. 따라서 아간은 하나님의 불꽃 같은 공의를 스스로 인정하고, 백성들에게 이 점을 알려야 한다.

7:21 탐이 나서 가졌습니다 아간이 죄를 범한 과정이 잘 나타나 있다. 아간은 하나님께 바쳐진 물건을 보는 순간 그 물건의 아름다움에 탐이 났다. 그는 마음속에 탐욕이 일어나자 구체적인 행동으

㉠ 진실을 말하게 하는 엄숙한 명령 ㉡ 또는 '그를 찬양하여라'

이 하나를 보고, 탐이 나서 가졌습
니다. 보십시오, 그 물건들을 저의
장막 안 땅 속에 감추어 두었는데,
은을 맨 밑에 두었습니다."
22 ○여호수아가 사람들을 그리로 보냈
다. 그들이 장막으로 달려가 보니,
물건이 그 장막 안에 감추어져 있
고, 은이 그 밑에 있었다.
23 그들은 그것을 그 장막 가운데서 파
내어, 여호수아와 모든 이스라엘 자
손이 있는 데로 가져 와서, 주님 앞
에 펼쳐 놓았다.
24 여호수아는, 세라의 아들 아간과 그
은과 외투와 금덩이와 그 아들들과
딸들과 소들과 나귀들과 양들과 장
막과 그에게 딸린 모든 것을 이끌고
아골 골짜기로 갔으며, 온 이스라엘
백성도 그와 함께 갔다.
25 여호수아가 말하였다. "너는 어찌하
여 우리를 괴롭게 하느냐? 오늘 주
님께서 너를 괴롭히실 것이다." 그러
자 온 이스라엘 백성이 그를 돌로 쳐
서 죽이고, 남은 가족과 재산도 모
두 돌로 치고 불살랐다.
26 그들은 그 위에 큰 돌무더기를 쌓았
는데, 그것이 오늘까지 있다. 이렇게
하고 나서야 주님께서 맹렬한 진노
를 거두셨다. 그래서 그 곳 이름을
오늘까지도 ㉠아골 골짜기라고 부른
다.

아이 성의 붕괴

8 주님께서 여호수아에게 말씀하셨
다. "두려워하지 말아라! 겁내지
말아라! 군인들을 다 동원하여 아
이 성으로 쳐올라가거라. 보아라, 내
가 아이의 왕과 백성과 성읍과 땅을
다 네 손에 넘겨 주었다.
2 너는 아이 성과 그 왕에게도 여리고
와 그 왕에게 한 것처럼 하고, 오직
전리품과 가축은 너희가 가져라. 성
뒤쪽에 군인들을 매복시켜라."
3 ○여호수아가 군인들을 다 동원하
여, 아이 성으로 쳐올라갔다. 여호수
아는 용사 삼만 명을 뽑아 밤을 틈
타 보내면서,
4 그들에게 명령을 내렸다. "너희들은
성 뒤로 가서, 성에서 너무 멀지 않
은 곳에 매복하고, 모두들 공격할 준
비를 갖추어라.
5 나와 함께 있는 모든 군인은 그 성으
로 접근하겠다. 아이 성 사람들이
우리와 싸우려고 나오면, 우리는 지
난번과 같이 뒤돌아서 도망칠 것이
다.
6 그들은 우리를 뒤쫓고, 우리는 그들
을 성 밖으로 이끌어 낼 것이다. 그
들은 도망하는 우리를 보고서, 자기
들끼리, 지난번과 같이 우리 앞에서
도망한다고 말할 것이다. 우리가 그
들 앞에서 도망하거든,

로 옮겼다. 그러나 성경은 탐욕을 금하고 있다(출 20:17;신 5:21). 아간은 죄를 범한 후 그 죄를 감추기 위해 철저하게 행동했다.

7:26 돌무더기 두 개의 기념비가 가나안 땅에 세워졌다. 하나는 길갈의 승리를 기념하는 돌이요, 다른 하나는 아간의 죄악에 의한 아이 성 패배를 기념하는 돌로 이것은 서로 대조를 이루며, 하나님의 명령에 순종하는 것이 매우 중요함을 가르치고 있다.

8장 요약 이스라엘은 하나님의 말씀에 순종하여 아이 성을 함락시켰다. 이로써 그들은 가나안 중부를 공략하고 남부와 북부로 진격할 수 있는 교두보를 확보하게 되었다. 아이 성을 정복한 이스라엘은 가나안 중심부에 위치한 에발 산과 그리심 산에서 하나님의 율법을 철저히 지킨다는 서약식을 가졌다.

㉠ '고통'. 아골은 '괴롭히다'(25절)라고 번역된 '아갈'과 같은 어원임

7 너희는 매복하고 있던 곳에서 일어
나서, 그 성을 점령하여라. 주 너희
하나님이 그 성을 너희의 손에 넘겨
주실 것이다.
8 성을 점령하거든, 주님께서 하신 말
씀을 따라서 그 성을 불태워라. 내
가 너희에게 내린 명령이니, 명심하
여라."
9 여호수아가 그들을 보내니, 그들이
매복할 곳으로 가서, 아이 성 서쪽,
베델과 아이 성 사이에 자리를 잡았
다. 여호수아는 그 날 밤에 군인들
과 함께 잤다.
10 ○여호수아는 아침 일찍 일어나서
군인들을 점호하고, 이스라엘 장로
들과 함께, 그들 앞에서 아이 성을
향하여 쳐올라갔다.
11 그와 함께 있던 군인들이 모두 쳐올
라가서 성 앞에 다다랐다. 그들은
아이 성의 북쪽에 진을 쳤다. 그와
아이 성 사이에는 한 골짜기가 있었
다.
12 그는 오천 명을 뽑아서 아이 성의 서
쪽, 베델과 아이 성 사이에 매복시켰
다.
13 이렇게 군인들은 모두 성 북쪽에 본
진을 치고, 복병은 성의 서쪽에 배치
하였다. 여호수아는 그 날 밤을 골짜
기에서 보냈다.
14 아이 성의 왕이 여호수아의 군대를
보고, 그 성의 장정들과 함께 서둘러
일찍 일어나서, 이스라엘과 맞서 싸
우려고 모두 아라바 앞의 싸움터로
나아갔다. 그러나 그는 성 뒤에 그를
칠 복병이 있는 줄은 미처 알지 못하
였다.
15 여호수아와 이스라엘 온 군대가 그
들 앞에서 패하는 척하며 광야 길로
도망쳤다.
16 그러자 성 안에 있는 모든 백성이 동
원되어, 그들을 따라잡으려고 여호
수아의 뒤를 쫓았다. 그들은 성으로
부터 멀리 떨어졌다.
17 아이 성과 ㉠베델에는, 이스라엘 군대
를 추격하지 않고 남아 있는 사람이
하나도 없었다. 그들은 성문을 열어
둔 채 이스라엘 군대를 추격하였다.
18 ○주님께서 여호수아에게 말씀하셨
다. "네가 쥐고 있는 단창을 들어 아
이 성 쪽을 가리켜라. 내가 그 성을
네 손에 넘겨 준다." 여호수아는 들
고 있던 단창을 들어, 아이 성 쪽을
가리켰다.
19 그가 손을 쳐든 순간, 복병들이 잠복
하고 있던 그 곳에서 재빨리 일어나
서 돌진하여 들어가 성을 점령하고,
순식간에 그 성에 불을 놓았다.
20 아이 성 사람들이 뒤를 돌아보니, 연
기가 그 성에서 하늘로 치솟고 있었
다. 그들은 어느 곳으로도 도망할

8:3-17 이스라엘 군대가 패배를 가장하고 후퇴하자 기고만장한 아이 성 사람들이 성문을 열어 두고 추격해 왔다. 그 순간 매복해 있던 이스라엘 *복병들이 아이 성을 쳐서 대승리를 거두었다.*

8:8-9 여호수아기는 가나안 정복을 하나님께서 주도하신다는 사실을 자주 강조한다. '하나님의 주도하심'이 본서의 주제라고 볼 수 있다. 그들이 비록 철저한 작전을 세우고 용병술에 능하여 아이 성을 점령했다고 하더라도 그것은 하나님의 인도하심에 의한 것이므로 모든 영광을 하나님께 돌리는 것이 마땅하다. 가나안 정복이 하나님의 주도하심에 있는 만큼, 이스라엘 백성들은 철저하게 하나님의 말씀에 따라야 한다.

8:17 베델 아이 성 근처의 보잘것없는 소도시로서 이곳 주민들은 자체 방어 능력이 없어 모든 군사력을 아이 성에 집결했던 듯하다.

8:18-23 아이 성의 함락 하나님의 섭리와 은총으

㉠ 칠십인역에는 '베델'이 없음

수 없게 되었다. 광야로 도망하는 척
하던 이스라엘 군대는 뒤쫓던 사람
들에게로 돌아섰다.
21 여호수아와 온 이스라엘 사람은, 복
병이 그 성을 점령하고, 연기가 그
성에서 치솟는 것을 보고는, 돌이켜
서 아이 성의 사람들을 무찔렀다.
22 복병들도 아이 성의 사람들과 맞서
려고 성 안에서 나왔다. 이제 아이
성 사람들은 앞 뒤에 있는 이스라엘
사람들의 가운데 놓이게 되었다. 이
스라엘 사람들은 그들을 쳐죽였으
며, 그들 가운데서 살아 남거나 도망
한 사람이 없었다.
23 그러나 이스라엘 사람들은 아이 성
의 왕만은 사로잡아 여호수아에게
로 끌고 왔다.
24 ○이스라엘 사람은 광야 벌판에서
자기들을 뒤쫓던 모든 아이 성 주민
을 다 죽였다. 그들이 모두 칼날에
쓰러지자, 온 이스라엘 군대는 아이
성으로 돌아와서, 성에 남은 사람을
칼로 죽였다.
25 그 날 아이 성 사람 남녀 만 이천 명
을 모두 쓰러뜨렸다.
26 여호수아는, 아이 성의 모든 주민을
㉠전멸시켜서 희생제물로 바칠 때까
지, 단창을 치켜든 그의 손을 내리지
않았다.
27 오직 가축과 그 성의 전리품은, 주님
께서 여호수아에게 명하신 말씀대
로 이스라엘이 차지하였다.
28 여호수아는 아이 성을 불질러서 황
폐한 흙더미로 만들었는데, 오늘날
까지 그대로 남아 있다.
29 여호수아는 아이 성의 왕을 저녁때
까지 나무에 매달아 두었다가, 해가
질 때에 사람들에게 명령을 내려, 나
무에서 그의 주검을 끌어내려 성문
어귀에 내버리게 하였다. 사람들이
주검 위에 큰 돌무더기를 쌓았는데,
그것이 오늘날까지 남아 있다.

에발 산에서 율법을 낭독하다

30 ○그 뒤에 여호수아는 에발 산 위에
주 이스라엘의 하나님을 섬기려고
제단을 쌓았다.
31 그것은 주님의 종 모세가 이스라엘
자손에게 명령한 대로, 또 모세의
율법책에 기록된 대로, 쇠 연장으로
다듬지 아니한 자연석으로 쌓은 제
단이다. 그들은 그 위에서 번제와 화
목제를 주님께 드렸다.
32 거기에서 여호수아는, 이스라엘 자
손이 보는 앞에서 모세가 쓴 모세의
율법을 그 돌에 새겼다.
33 온 이스라엘 백성은 장로들과 지도
자들과 재판장들과 이방 사람과 본
토 사람과 함께 궤의 양쪽에 서서,
주님의 언약궤를 멘 레위 사람 제사
장을 바라보고 서 있었다. 백성의 절

로 아이 성은 완전히 함락되었고, 이스라엘은 온전한 승리를 거두었다. 그것은 각자가 맡은 바를 성실히 수행한 결과였다.

8:29 아이 성의 왕을 나무에 매달아 둔 것은 하나님의 저주가 내렸기 때문이란 것을 보여 주기 위해서이다(신 21:22-23).

8:31 여호수아가 에발 산에서 번제와 화목제를 드린 것은 시내 산에서 하나님과 이스라엘 백성 사이에 맺은 언약을 상기시키려는 목적이 있다 (신 27:1-10). 번제는 이스라엘 전체가 하나님께 속해 있음을 나타내 주며, 화목제는 이스라엘이 하나님의 회중으로 살아가야 함을 의미한다.

8:34 축복과 저주의 말 그리심 산에 오른 자들은 율법에 순종하는 자들을 예표하며, 에발 산에 오른 자들은 율법에 불순종하는 자들을 예표한다. 하나님께 어떤 태도를 갖느냐에 따라 축복, 또는 저주가 결정된다.

㉠ 2:10 주를 볼 것

반은 그리심 산을 등지고 서고, 절반
은 에발 산을 등지고 섰는데, 이것은
전에 주님의 종 모세가 이스라엘 백
성을 축복하려고 할 때에 명령한 것
과 같았다.
34 그 뒤에 여호수아는 율법책에 기록
된 축복과 저주의 말을 일일이 그대
로 낭독하였다.
35 모세가 명령한 것 가운데서, 이스라
엘 온 회중과 여자들과 아이들, 그리
고 그들 가운데 같이 사는 이방 사
람들 앞에서, 여호수아가 낭독하지
않은 말씀은 하나도 없었다.

기브온 사람들이 여호수아를 속이다

9 요단 강 서쪽의 야산과 평원지대
와 지중해 연안에서 레바논에 이
르는 곳에 사는 헷 사람과 아모리
사람과 가나안 사람과 브리스 사람
과 히위 사람과 여부스 사람의 모든
왕이 이 소식을 듣고,
2 함께 모여서, 여호수아와 이스라엘
에 맞서서 싸우기로 뜻을 모았다.
3 ○히위 사람인 기브온 주민들은, 여
호수아라는 사람이 여리고 성과 아
이 성에서 한 일을 듣고서,
4 여호수아를 속이기로 결정하였다.
그들은 낡은 부대와 해어지고 터져
서 기운 가죽 포도주 부대를 나귀에
싣고서, 외모를 사절단처럼 꾸미고
길을 떠났다.
5 발에는 낡아서 기운 신을 신고, 몸
에는 낡은 옷을 걸쳤으며, 마르고 곰
팡이 난 빵을 준비하였다.
6 그들은 길갈 진에 있는 여호수아에
게 와서, 그와 이스라엘 사람들에게
말하였다. "우리는 먼 곳에서 왔습니
다. 이제 우리와 조약을 맺어 주십시
오."
7 ○이스라엘 사람들이 이 히위 사람
들에게 말하였다. "당신들은 우리
근처에 사는 듯한데, 어떻게 우리가
당신들과 조약을 맺을 수 있겠소?"
8 ○그들이 여호수아에게 말하였다.
"우리를 종으로 삼아 주십시오." ○여
호수아가 그들에게 물었다. "당신들
은 누구이며, 어디에서 왔소?"
9 ○그들이 여호수아에게 대답하였다.
"종들은 주 하나님의 명성을 듣고서,
아주 먼 곳에서 왔습니다. 우리는 주
님께서 이집트에서 하신 모든 일을
들었으며,
10 또 주님께서 요단 강 동쪽 아모리 사
람의 두 왕 곧 헤스본 왕 시혼과 아
스다롯에 있는 바산 왕 옥에게 하신
일을 모두 들었습니다.
11 그래서 우리 땅에 살고 있는 장로들
과 모든 주민이 우리를 이리로 보냈
습니다. 우리 기브온 주민은, 종이
될 각오가 되어 있다는 것을 말씀드
리고, 우리와 평화조약을 맺어 달라

9장 요약 본문은 기브온 사람들이 속임수로 이스라엘과 맺은 화친에 대한 기록이다. 여호수아가 그들과의 화친 조약을 파기하지 못한 까닭은 변개치 못할 하나님의 이름으로 맹세했기 때문이다. 덕분에 기브온 사람들은 가나안의 다른 족속들이 진멸당할 때에 목숨을 보존할 수 있었다(10장).

9:6 조약을 맺어 주십시오 조약의 내용은 15절에 있다. 하나님은 가나안 사람들이나 그 신들과 조약을 맺지 말라고 명령하셨다(출 23:32;34:12;민 33:55;신 7:2). 그러나 기브온 주민들이 변장을 하고 찾아와 조약을 맺자고 했을 때 이스라엘 백성은 하나님께 묻지도 않고(14절), 모세의 율법을 거역하면서(비교. 1:7) 조약을 맺었다. 따라서 이 사건이 전환점이 되어 이스라엘 백성은 하나님이 주신 땅에서 가나안 족속을 영원히 몰아내지 못하고 가나안 땅을 완전히 소유하지도 못한다.

고 하는 부탁을 하려고, 길에서 먹
을 양식을 준비해 가지고 이렇게 왔
습니다.
12 우리가 가져 온 이 빵을 보십시오.
우리가 이리로 오려고 길을 떠나던
날, 집에서 이 빵을 쌀 때만 하더라
도 이 빵은 따뜻하였습니다. 그러나
보십시오, 지금은 말랐고, 곰팡이가
났습니다.
13 우리가 포도주를 담은 이 가죽부대
도 본래는 새것이었습니다. 그런데
보십시오, 낡아서 찢어졌습니다. 우
리의 옷과 신도 먼 길을 오는 동안
이렇게 낡아서 해어졌습니다."
14 ○이스라엘 사람들은, 어떻게 해야
할지를 주님께 묻지도 않은 채, 그들
이 가져 온 양식을 넘겨받았다.
15 여호수아는 그들과 화친하여, 그들
을 살려 준다는 조약을 맺고, 회중
의 지도자들은 그 조약을 지키기로
엄숙히 맹세하였다.
16 ○이스라엘 사람들은, 그들과 조약
을 맺은 지 사흘이 지난 뒤에, 자기
들과 조약을 맺은 사람들이 가까운
이웃이고, 자기들 가까이에서 사는
사람들임을 알게 되었다.
17 이스라엘 자손은 그리로 가서 보려
고 길을 떠났는데, 겨우 사흘 만에
자기들과 조약을 맺은 사람들이 살
고 있는 여러 성읍에 이르렀다. 그들
이 살고 있는 성읍은 기브온과 그비
라와 브에롯과 기럇여아림이었다.
18 그러나 이스라엘 자손은, 회중의 지
도자들이 주 이스라엘의 하나님의
이름을 두고 조약을 지키기로 그들
에게 맹세하였기 때문에, 그들을 칠
수 없었다. 그래서 온 회중이 지도자
들을 원망하였다.
19 그러나 모든 지도자들이 온 회중에
게 말하였다. "우리가 주 이스라엘
하나님의 이름을 두고 그들에게 맹
세하였으므로, 그들을 해칠 수 없습
니다.
20 우리가 그들에게 할 일이라고는, 그
들을 살려 두어서, 우리가 그들에게
맹세한 맹세 때문에 받게 될 진노가
우리에게 내리지 않게 하는 것뿐입
니다.
21 그러나 비록 그들을 살려 둔다 하더
라도, 우리 가운데서 나무 패는 자
와 물 긷는 자로 살아가도록 그들을
제한할 것입니다." 지도자들이 이렇
게 제안한 것을 회중이 받아들였다.
22 ○여호수아가 그들을 불러다가 말하
였다. "당신들은 우리 가까이에 살면
서, 어찌하여 아주 멀리서 왔다고 말
하여 우리를 속였소?
23 당신들이 이렇게 우리를 속였기 때
문에, 당신들은 저주를 받아서, 영원
히 종이 되어, 우리 하나님의 집에서

9:14 하나님의 뜻을 알아보는 방법은 두 가지가 있다. 하나는 제사장 엘르아살이 우림과 둠밈이란 기구를 가지고 아는 것이며(민 27:21), 다른 하나는 아간의 경우와 같이 제비를 뽑아 아는 것이다(7:16-19). 그런데 여기서는 하나님께 묻지 않은 사실에 강조를 두고 있다.

9:17 기럇여아림 블레셋 사람들이 돌려보낸 법궤가 20년간 이곳에 있었다. 후에 다윗이 예루살렘으로 옮겨 갔다(대상 13:5-8).

9:18 지도자들을 원망하였다 백성들이 지도자들을 원망한 이유는 그들이 하나님께 묻지 아니하고 일을 처리한 데에 있다(14-15절). 지도자들은 하나님께 묻지 아니하고 자신들의 권위로 행동해서는 안 된다. 이들이 이런 무신론적 태도로 행동할 때에 백성들은 지도자들을 따르지 않는다.

9:20 진노 (히) '케체프'. 하나님의 거룩함이 인간에 의해 손상될 때, 하나님 편에서 행하시는 징벌이다.

나무를 패고 물을 긷는 일을 하게
될 것이오."
24 ○그들이 여호수아에게 대답하였다.
"우리가 그렇게 속일 수밖에 없었던
까닭은, 주 하나님이 그의 종 모세에
게 명하신 것이 참으로 사실임을 우
리가 알았기 때문입니다. 하나님이
이 땅을 다 이스라엘 사람에게 주라
고 명하셨고, 이스라엘 사람이 보는
앞에서 이 땅에 사는 모든 사람을
다 죽이라고 명하셨다는 것을, 우리
가 들어서 알았습니다. 우리가 속임
수를 쓸 수밖에 없었던 것은, 우리가
이스라엘 사람 때문에 목숨을 잃을
까 두려워하였기 때문입니다.
25 이제 우리를 마음대로 하실 수 있으
니, 처분만을 기다리겠습니다."
26 여호수아는 그들을 보호하기로 결정
을 내리고, 이스라엘 사람들이 그들
을 죽이지 못하게 하였다.
27 바로 그 날로 여호수아는 그들을, 회
중을 섬기고 주님의 제단을 돌보는
종으로 삼아, 나무를 패고 물을 긷
는 일을 맡게 하였다. 그들은 오늘까
지 주님께서 택하신 곳에서 그 일을
하고 있다.

여호수아가 기브온을 건지다

10 예루살렘 왕 ㉠아도니세덱은,
여호수아가 아이 성을 점령하
면서, 여리고 성과 그 왕에게 한 것
과 꼭 같이 아이 성과 그 왕을 ㉡전
멸시켜서 희생제물로 바쳤다는 소식
과, 또 기브온 주민이 이스라엘과 화
친하고 그들과 함께 살고 있다는 소
식을 듣고,
2 몹시 놀랐다. 기브온으로 말하면 왕
이 있는 도성처럼 큰 성읍이고, 아이
성보다도 더 큰 성인데다가, 기브온
주민은 모두 용맹한 전사들이었기
때문이다.
3 그래서 예루살렘 왕 아도니세덱은
헤브론 왕 호함과 야르뭇 왕 비람과
라기스 왕 야비아와 에글론 왕 드빌
에게 전갈을 보냈다.
4 "내게로 와서, 나를 도와주십시오.
우리가 함께 기브온을 칩시다. 기브
온이 여호수아와 이스라엘 자손과
화친하였다고 합니다."
5 그리하여 아모리 족속의 다섯 왕 곧
예루살렘 왕과 헤브론 왕과 야르뭇
왕과 라기스 왕과 에글론 왕이 연합
하여, 그들의 모든 군대를 거느리고
올라와서, 기브온을 공격하려고 진
을 쳤다.
6 ○기브온 사람들은 길갈 진에 있는
여호수아에게 전갈을 보냈다. "이
종들을 버리지 마십시오. 속히 우리
에게로 와서 우리를 구출하여 주십
시오. 우리를 도와주십시오. 산간지
방에 거주하는 아모리 왕들이 연합

10장 요약 본문은 여호수아가 아모리 연합군에게 대승을 거둔 내용이다. 이로써 이스라엘은 가나안 남부 지방도 수중에 넣게 된다. 이 전쟁 중에 하나님께서 태양과 달을 멈추는 이적을 베푸사 이스라엘에게 승리를 주신 일은 과학적으로는 해명할 수 없는 전대미문의 사건이다.

10:1-11 남부 지방의 왕들은 기브온 사람들의 배반을 응징하기 위하여 서로 동맹을 맺고 기브온 사람들을 치러 온다(1-5절). 이에 당황한 기브온 사람들은 여호수아에게 구원을 요청하였으며, 여호수아는 이에 즉각적으로 응한다(6-9절). 여호수아가 이 전쟁에 개입한 이유는 조약으로 인해 기브온 사람들이 이미 이스라엘 공동체의 일원으로 소속되었기 때문이다.

10:8 가나안 정복 사건은 '거룩한 전쟁' 혹은 '하

㉠ '의의 주' ㉡ 2:10 주를 볼 것

군을 이끌고 우리를 공격하였습니
다."
7 ○여호수아는 정예부대를 포함한 전
군을 이끌고, 길갈에서 진군하여 올
라갔다.
8 그 때에 주님께서 여호수아에게 말
씀하셨다. "그들을 두려워하지 말아
라. 내가 그들을 너의 손에 넘겨 주
었다. 그들 가운데서 한 사람도 너를
당할 수 없을 것이다."
9 길갈에서 떠난 여호수아의 군대는,
밤새도록 진군하여 기습작전을 폈
다.
10 주님께서 이스라엘 군대 앞에서 그
들을 혼란에 빠지게 하시니, 여호수
아는 기브온에서 그들을 크게 무찔
러 승리하였다. 그는 벳호론의 오르
막길을 따라서 아세가와 막게다까
지 추격하여 그들을 무찔렀다.
11 그들이 이스라엘 군대 앞에서 도망
하여 벳호론의 내리막길에 이르렀
을 때에, 주님께서, 거기에서부터 아
세가에 이르기까지, 하늘에서 그들
에게 큰 우박을 퍼부으셨으므로, 많
은 사람이 죽었다. 우박으로 죽은 자
가 이스라엘 자손의 칼에 찔려서 죽
은 자보다 더 많았다.
12 ○주님께서 아모리 사람들을 이스라
엘 자손에게 넘겨 주신 날에, 여호수
아가 주님께 아뢰었다. 이스라엘 백
성이 보는 앞에서 그가 외쳤다.
"태양아, 기브온 위에 머물러라!
달아, 아얄론 골짜기에 머물러
라!"
13 백성이 그 원수를 정복할 때까지 태
양이 멈추고, 달이 멈추어 섰다. ㉠'야
살의 책'에 해가 중천에 머물러 종일
토록 지지 않았다고 한 말이, 바로
이것을 두고 한 말이다.
14 주님께서 사람의 목소리를 이 날처
럼 이렇게 들어주신 일은, 전에도 없
었고 뒤에도 없었다. 주님께서는 이
처럼 이스라엘을 편들어 싸우셨다.
15 여호수아 및 그와 함께 한 모든 이스
라엘 군대가 길갈에 있는 진으로 돌
아왔다.

아모리의 다섯 왕을 사로잡다

16 ○아모리의 다섯 왕은 도망하여 막
게다의 굴에 숨어 있었다.
17 누군가가 여호수아에게 그 다섯 왕
이 막게다의 굴에 숨어 있다고 알려
왔다.
18 여호수아가 명령을 내렸다. "큰 돌을
굴려 그 굴 어귀를 막고, 그 곁에 사
람을 두어서 지켜라.
19 너희는 지체 말고 적을 추격하여 그
후군을 치고, 그들이 성으로 들어가
는 것을 막아라. 주 너희 하나님이
그들을 너희 손에 넘겨 주셨다."
20 ○여호수아와 이스라엘 자손이 그들

나님의 전쟁'이라고 불린다. 이 전쟁은 하나님께 속했으므로 승리는 이미 보장되어 있었다.

10:9 여호수아의 군대는, 밤새도록 진군하여 여호수아 진영의 총본부인 길갈에서 기브온까지는 약 35km 정도의 가파른 고갯길이었다. 이렇게 험난한 길을 밤새도록 달려온 이유는 언약의 백성이 된 기브온 사람의 전쟁이 바로 이스라엘 자신의 전쟁이었기 때문이다.

10:11 우박은 악한 자를 심판하기 위한 수단으로 사용되었다(사 30:30;32:19). 이집트에서 하나님이 행하신 일곱 번째 재앙도 우박이었다. '우박으로 죽은 자가 이스라엘 자손의 칼에 찔려서 죽은 자보다 더 많았다'는 것은 이스라엘 자신들의 능력보다 하나님의 능력이 더 크다는 사실을 말해 준다.

10:12-14 주님의 이적 기브온과 아얄론은 태양과

㉠ '의로운 자의 책'. 영웅담을 수록한 책, 현존하지 않음. 삼하 1:18에도 인용되었음

을 아주 크게 무찔러 거의 전멸시켰
다. 적 가운데서 살아 남은 몇몇은
요새화된 자기들의 성으로 들어갔
다.
21 여호수아의 모든 군대는 막게다 진
에 있는 여호수아에게 무사히 돌아
왔다. ○그 땅에서는 어느 누구도 감
히 혀를 놀려 이스라엘 자손을 헐뜯
지 못하였다.
22 ○그 때에 여호수아가 명령을 내렸
다. "굴 입구를 열어라. 저 다섯 왕을
굴에서 끌어내어, 내 앞으로 데려오
너라."
23 그들은 명령대로 그 다섯 왕을 굴에
서 끌어내어, 여호수아에게로 끌고
왔다. 그 다섯 왕은 예루살렘 왕과
헤브론 왕과 야르뭇 왕과 라기스 왕
과 에글론 왕이다.
24 그들이 이 다섯 왕을 여호수아에게
끌고 오자, 여호수아가 모든 이스라
엘 사람을 불러모으고, 그와 함께
전투에 나갔던 지휘관들에게 명령
하였다. "가까이 와서, 너희 발로 이
왕들의 목을 밟아라." 그러자 그들
은 가까이 나아가서, 발로 왕들의
목을 밟았다.
25 여호수아가 지휘관들에게 말하였다.
"두려워하지 말고 놀라지 마시오. 굳
세고 용감하시오. 주님께서 당신들
이 대항하여 싸우는 모든 원수에게
다 이와 같이 하실 것이오."
26 그런 다음에 여호수아는 그들을 쳐
죽여서 나무 다섯 그루에 매달아서,
저녁때까지 나무 위에 그대로 달아
두었다.
27 해가 질 무렵에 여호수아가 지시하
니, 사람들은 나무에서 그들을 끌어
내려 그들이 숨어 있던 그 굴에 던지
고, 굴 어귀를 큰 돌로 막았다. 그 곳
은 오늘날까지 그대로 있다.
28 ○그 날에 여호수아가 막게다 성읍
을 점령하고, 칼로 성읍과 그 왕을
무찌르고, 그 성 안에 있는 모든 사
람을 전멸시켜서 희생제물로 바쳤으
며, 산 사람이라고는 하나도 남기지
않았다. 그는 여리고 성의 왕에게 한
것과 꼭 같이 막게다 성의 왕을 무
찔렀다.
29 ○여호수아는 자기를 따르는 모든
이스라엘 사람과 더불어 막게다에
서 립나로 건너가서, 립나와 싸웠다.
30 주님께서 립나도 그 왕과 함께 이스
라엘의 손에 넘겨 주셨기 때문에, 여
호수아가 칼로 그 성과 그 성 안에
있는 모든 사람을 무찔러서, 그 안에
산 사람이라고는 하나도 남기지 않
았다. 여호수아는 여리고 성의 왕에
게 한 것과 같이 립나의 왕도 무찔렀
다.
31 ○또 여호수아는 자기를 따르는 모

달이 뜨는 곳으로, 여호수아가 전쟁한 곳은 기브온 서쪽이고, 태양은 기브온 동쪽에서 비춘 것 같다. 본문의 '머무르다'에 해당하는 (히) '다말'은 *사무엘기상* 14:9에서처럼 어떤 활동에서 중지하고, 가만히 서 있게 붙든다는 뜻이다.

10:24 너희 발로 이 왕들의 목을 밟아라 여호수아의 명령은 고대 사회에서 그렇게 야만적인 행동은 아니었다(비교. 신 33:29;왕상 5:3). 가나안 땅의 왕들도 잔인한 행동을 스스럼없이 하였다(참고. 사 1:7). 여기서 이스라엘 백성이 왕의 목을 밟는 행동은 결국 가나안 땅에 사는 백성들이 완전히 굴복할 것임을 상징한다.

10:25 주님께서…다 이와 같이 하실 것이오 여호수아가 아얄론 골짜기에서 드린 기도를 하나님께서 들으시고 응답하셨으므로(12–14절), 이제 여호수아는 하나님과 사람 앞에서 신임받는 지도자로 인정받게 되었다. 여호수아는 그의 부하 지휘관들에게 적장의 목을 밟게 함으로써(24절), 그들도

든 이스라엘 사람과 더불어 립나에
서 라기스로 건너가서, 진을 치고 전
투를 벌였다.
32 주님께서 라기스를 이스라엘 사람의
손에 넘겨 주셨기 때문에, 그 이튿날
이스라엘은 그 성을 점령하였고, 립
나에서 한 것과 꼭 같이, 칼로 성과
그 안에 있는 모든 사람을 무찔렀
다.
33 그 때에 게셀 왕 호람이 라기스를 도
우려고 올라왔다. 여호수아는 그 왕
과 그 백성을, 살아 남은 사람이 한
사람도 없을 때까지 무찔렀다.
34 ○여호수아는 자기를 따르는 모든
이스라엘 사람과 더불어 라기스에서
에글론으로 건너가서, 진을 치고 전
투를 벌였다.
35 그들은 그 날 그 성을 점령하고, 칼
로 그 성과 그 안에 있는 모든 사람
을 무찌르고, 라기스에서 한 것과 꼭
같이, 그들을 전멸시켜서 희생제물
로 바쳤다.
36 ○여호수아는 자기를 따르는 모든
이스라엘 사람과 더불어 에글론에
서 헤브론으로 쳐올라가서, 그들과
맞서서 전투를 벌였다.
37 그들이 그 성을 점령하고, 에글론에
서와 꼭 같이, 그 왕과 온 성과 그 안
에 사는 모든 사람을 한 사람도 살
려 두지 않고 칼로 무찔렀다. 그들은
그 성과 그 성 안에 사는 모든 사람
을 전멸시켜서 희생제물로 바쳤다.
38 ○여호수아는 자기를 따르는 모든
이스라엘 사람과 더불어 드빌로 돌
아와서, 전투를 벌였다.
39 그는 그 성과 왕과 그의 모든 성읍
들을 점령하고, 칼로 쳐서, 그 안에
사는 모든 사람을 전멸시켜서 희생
제물로 바쳤으며, 한 사람도 살려 두
지 않았다. 그는 헤브론과 립나와
그 왕에게 한 것과 꼭 같이 드빌과
그 왕을 무찔렀다.
40 ○이와 같이 여호수아는 온 땅 곧 산
간지방과 네겝 지방과 평지와 경사
지와 그들의 모든 왕을 무찔러 한 사
람도 살려 두지 않았으며, 이스라엘
의 주 하나님의 명을 따라, 살아서
숨쉬는 것은 모두 전멸시켜서 희생
제물로 바쳤다.
41 또한 여호수아는 가데스바네아에서
가사까지, 그리고 온 고센 땅뿐만 아
니라 기브온에 이르기까지 모두 무
찔렀다.
42 주 이스라엘 하나님이 이스라엘의
편이 되어 싸우셨기 때문에, 여호수
아는 단번에 이 모든 왕과 그 땅을
손에 넣었다.
43 여호수아는 자기를 따르는 모든 이
스라엘 사람과 더불어 길갈에 있는
진으로 돌아왔다.

자신처럼 용감한 지도력을 발휘하도록 해준다. 이런 행동은 이스라엘로 하여금 적들에 대한 두려움을 제거하도록 해줄 뿐만 아니라 온전히 지도자를 따르도록 해준다. 남아 있는 다른 적들도 모두 이와 같이 처해질 것이다.

10:28-43 여호수아는 가나안의 남부 지역을 정복함에 있어서 조금도 지체하지 않았다. 그는 어느 한순간도 승리의 잔치를 베풀면서 시간을 낭비하지 않았다. 하나님의 일을 할 때에, 그 시기를 절대로 놓쳐서는 안 된다(엡 5:16).

10:40 이스라엘의 주 하나님의 명을 따라 '가나안 백성을 모두 전멸시키라'고 하는 하나님의 명령에서 우리는 죄악을 용납하지 않으시고 철저히 근절시키시려는 하나님의 공의로우심을 엿볼 수 있다.

10:42 단번에 횟수로 단 한 번이 아니라 하나님의 도우심으로 쉽게 승리하였음을 강조하는 말이다(참조. 11:18).

가나안 북방을 정복하다

11 하솔 왕 야빈이 이 소식을 듣
고, 마돈 왕 요밥과 시므론의
왕과 악삽의 왕과,
2 북방 산간지방과 긴네롯 남쪽 아라
바와 평지와 서쪽으로 도르의 높은
지역에 사는 왕들과,
3 동서쪽의 가나안 사람과 아모리 사
람과 헷 사람과 브리스 사람과 산간
지방의 여부스 사람과 미스바 땅의
헤르몬 산 밑에 사는 히위 사람의
왕들에게 전갈을 보냈다.
4 이 왕들이 자기들의 군대를 모두 출
동시켰는데, 그 군인의 수효가 마치
바닷가의 모래와 같이 많고, 말과 병
거도 셀 수 없이 많았다.
5 이 왕들이 모두 만날 장소를 정하
고, 이스라엘과 싸우려고 나와서, 메
롬 물 가에 함께 진을 쳤다.
6 ○그 때에 주님께서 여호수아에게
말씀하셨다. "그들 앞에서 두려워하
지 말아라. 내일 이맘 때에 내가 그
들을 이스라엘 앞에서 다 죽이겠다.
너는 그들의 말 뒷발의 힘줄을 끊
고, 그들의 병거를 불태워라."
7 여호수아는 자기를 따르는 모든 군
인과 더불어 갑작스럽게 메롬 물 가
로 들이닥쳐서, 그들을 덮쳤다.
8 주님께서 그들을 이스라엘의 손에
넘겨 주셨기 때문에, 이스라엘은 그
들을 무찌르고, 큰 시돈과 ㉠미스르
봇마임과, 동쪽으로 미스바 골짜기
까지 추격하고, 살아 남은 사람이
한 사람도 없을 때까지 그들을 쳐서
죽였다.
9 여호수아는 주님께서 자기에게 명하
신 대로 하여, 그들의 말 뒷발의 힘
줄을 끊고 그들의 병거를 불살랐다.
10 ○그 때에 여호수아는 돌아서서 하
솔을 점령하고, 그 왕을 칼로 쳤다.
그 때만 하여도 하솔은, 이들 왕국
들 가운데에서 가장 강한 나라였
다.
11 그 하솔 성 안에 있는 모든 사람을,
㉡전멸시켜서 바치는 희생제물로 삼
아 칼로 쳤고, 호흡이 있는 사람은
하나도 남겨 두지 않았으며, 그 성은
불질렀다.
12 ○여호수아는 이 모든 왕의 도성을
점령하고, 그 왕들을 모두 잡아 칼
로 쳐서, 주님의 종 모세의 명령을
따라 그들을 전멸시켜서 희생제물로
바쳤다.
13 그러나 이스라엘 사람들은, 여호수
아가 불태운 하솔을 제외하고는, 언
덕 위에 세운 성들을 하나도 불태우
지 않았다.
14 이 성들에서 탈취한 노략물과 가축
은 이스라엘 자손이 모두 차지하였
고, 사람들만 칼로 쳐서 모두 죽이

11장 요약 이스라엘의 하솔 정복 기사이다. 다른 족속들의 몰락 소식을 들은 가나안 북부 지역의 족속들이 라합이나 기브온 사람들처럼 하나님의 권능을 깨닫고 하나님께로 돌아왔다면 구원을 얻었을 것이다. 그러나 그들은 이집트의 바로처럼 마음을 완악하게 하여 이스라엘을 대적하다가 진멸당했다.

㉠ '불타는 물'. 온천지대를 말함 ㉡ 2:10 주를 볼 것

11:6 내가…다 죽이겠다 하나님은 항상 전투에 있어, 승리를 약속하시는 말씀 중에 반드시 "내가 하겠다"(I will)고 말씀하신다. 이스라엘은 어느 한 순간이라도 자기의 힘으로 승리한다고 자만해서는 안 된다. 적들을 정복하여 그들의 땅을 차지하게 해 주시는 분은 바로 하나님이시다.

11:7 메롬 갈릴리 호수 북방 16km 지점에 위치한 작은 호수이다. 현재의 후레 호수인 듯하다. **갑작스럽게…들이닥쳐서** 적은 수의 병력으로 많은 군

고, 숨쉬는 사람은 한 사람도 남겨
두지 않았다.
15 모세는 주님께서 자기에게 명하신
대로 여호수아에게 명하였고, 여호
수아는 그대로 실행하여, 주님께서
모세에게 명하신 것 가운데서 실행
하지 않고 남겨 둔 것은 하나도 없었
다.

여호수아가 정복한 지역

16 ○이렇게 여호수아는 이 모든 땅 곧
산간지방과 네겝 지방과 모든 고센
땅과 평지와 아라바와 이스라엘의
산간지방과 평지를 다 점령하였다.
17 그리고 세일로 올라가서, 할락 산에
서부터 헤르몬 산 아래 레바논 계곡
에 있는 바알갓까지, 모든 왕을 사로
잡아서 쳐죽였다.
18 여호수아는 여러 날 동안 이 모든 왕
과 싸웠다.
19 기브온 주민인 히위 사람 말고는 이
스라엘 자손과 화친한 성읍 주민이
하나도 없었다. 나머지 성읍은 이스
라엘이 싸워서 모두 점령하였다.
20 여호수아가 이들 원주민을 조금도
불쌍하게 여기지 않고 전멸시켜서
희생제물로 바친 까닭은, 주님께서
그 원주민들이 고집을 부리게 하시
고, 이스라엘에 대항하여 싸우다가
망하도록 하셨기 때문이다. 그래서
여호수아는, 주님께서 모세에게 명령
하신 대로, 그들을 전멸시킨 것이다.
21 ○그 때에 여호수아가 가서, 산간지
방과 헤브론과 드빌과 아납과 유다
의 온 산간지방과 이스라엘의 온 산
간지방에서 아낙 사람을 무찌르고,
그 성읍들을 전멸시켜서 희생제물로
바쳤다.
22 이스라엘 자손의 땅에서는, 오직 가
사와 가드와 아스돗을 제외하고는,
아낙 사람으로서 살아 남은 사람이
하나도 없었다.
23 ○여호수아는, 주님께서 모세에게
말씀하신 대로, 모든 땅을 점령하고,
그것을 이스라엘 지파의 구분을 따
라 유산으로 주었다. ○그래서 그 땅
에서는 전쟁이 그치고, 사람들은 평
화를 누리게 되었다.

모세가 정복한 왕들

12 이스라엘 자손이 요단 강 동쪽
해 돋는 쪽 곧 아르논 골짜기에
서부터 헤르몬 산까지, 동쪽 온 아라
바를 무찌르고 점령하였는데, 그 땅
의 왕들은 다음과 같다.
2 하나는 헤스본에 사는 아모리 사람
의 왕 시혼이다. 그는 아르논 골짜기
끝에 있는 아로엘에서 골짜기 중간
과 길르앗의 반쪽과 더 나아가서 암
몬 자손의 경계인 얍복 강까지를 다
스렸다.
3 그는 또한 아라바 동쪽 방면의 긴네

대를 무찌르는 방법으로 여호수아는 하나님이 함께하심을 바라보고 이 방법을 써서 승리를 거두었다.

11:18 여호수아는 여러 날 동안…싸웠다 여호수아는 수년 동안 왕들과 전쟁을 계속하였다. 11:16-23까지는 분명히 가나안 땅의 다른 지역과 다른 왕들에 대한 언급이다. 여호수아의 사명 중 한 부분인 가나안 정복은 일단락되었으나 아직도 해야 할 일이 많이 남아 있었다.

12장 요약 이집트를 나온 후 이스라엘이 지금까지 정복한 성읍과 왕들에 대해 정리한 내용이다. 이 중 전반부는 모세 당시에 정복한 요단 동편 땅과 그곳 왕들에 대한 기록이며, 후반부는 여호수아의 지도하에 정복한 요단 서편 땅과 그곳 왕들에 대한 기록이다.

12:1-6 하나님은 모세를 통하여 하나님께서 직접 이스라엘을 위해 싸우시겠다고 하셨다(신

롯 바다까지와 아라바의 바다, 곧 동
쪽 방면의 사해, 벳여시못으로 통하
는 길까지와 남쪽으로는 비스가 산
기슭까지 다스렸다.
4 ○또 하나는 바산 왕인 옥이다. 그는
르바 족 가운데서 살아 남아, 아스
다롯과 에드레이에서 살고 있었다.
5 그는 헤르몬 산과 살르가와 온 바산
과 그술 사람과 마아가 사람과 길르
앗의 반쪽과, 그리고 더 나아가서 헤
스본 왕 시혼이 다스리는 땅의 경계
선까지 다스렸다.
6 ○이 두 왕은 바로 주님의 종 모세와
이스라엘 자손이 무찌른 사람들이
다. 주님의 종 모세가 그 땅을 르우
벤 지파와 갓 지파와 므낫세 반쪽 지
파에게 주어서 소유로 삼도록 하였
다.

여호수아가 정복한 왕들

7 ○여호수아와 이스라엘 자손이 요단
강 동쪽에 있는 서쪽 레바논 골짜기
의 바알갓에서부터 세일로 올라가
는 곳인 할락 산까지, 그 땅의 왕을
모두 무찔렀다. 여호수아가 이스라
엘의 지파들에게 그 지파의 구분을
따라 그 땅을 나누어 주어서 가지게
하였다.
8 그 땅은 산간지방과 평지와 아라바
와 경사지와 광야로서, 헷 사람과 아
모리 사람과 가나안 사람과 브리스
사람과 히위 사람과 여부스 사람이
사는 남쪽에 있다.
9 그들이 무찌른 왕들은 다음과 같다.
여리고 왕이 하나, 베델 근처의 아이
왕이 하나,
10 예루살렘 왕이 하나, 헤브론 왕이
하나,
11 야르뭇 왕이 하나, 라기스 왕이 하나,
12 에글론 왕이 하나, 게셀 왕이 하나,
13 드빌 왕이 하나, 게델 왕이 하나,
14 호르마 왕이 하나, 아랏 왕이 하나,
15 립나 왕이 하나, 아둘람 왕이 하나,
16 막게다 왕이 하나, 베델 왕이 하나,
17 답부아 왕이 하나, 헤벨 왕이 하나,
18 아벡 왕이 하나, 랏사론 왕이 하나,
19 마돈 왕이 하나, 하솔 왕이 하나,
20 시므론므론 왕이 하나, 악삽 왕이 하
나,
21 다아낙 왕이 하나, 므깃도 왕이 하나,
22 게데스 왕이 하나, 갈멜의 욕느암 왕
이 하나,
23 도르 언덕의 도르 왕이 하나, 길갈의
고임 왕이 하나,
24 디르사 왕이 하나이다. 이 왕들은
모두 서른한 명이다.

정복하지 못한 지역

13 여호수아가 늙고 나이가 많아
졌다. 주님께서 그에게 말씀하
셨다. "너는 늙었고 나이가 많은데,
정복하여야 할 땅은 아직도 많이 남

3:22). 본 단락은 하나님의 그 말씀이 이루어졌음과 조상들에게 약속하셨던 가나안 땅을 유산으로 주신 사실을 정복당한 왕들을 열거함으로써 강조하고 있다.

12:9 열거된 왕들은 일반적으로 정복된 순서에 따른 것이다.

12:10 예루살렘 (히) '예루살렘'으로 '평안함', '평안의 기초'란 뜻이다. 팔레스타인에서 가장 중요한 도시이다.

13장 요약 가나안 정복 전쟁이 일단락되고 여호수아가 할 일은 정복한 땅을 각 지파에게 분배하여 정착하게 하고 미정복지로 남은 곳을 완전히 정복하도록 하는 것이다. 여호수아는 미정복지를 밝힌 다음 요단 동편의 땅이 이미 모세 생전에 르우벤, 갓, 므낫세 반쪽 지파에게 분배되었음을 보도한다.

13:1 군인으로서 여호수아의 일은 끝났지만, 이

아 있다.
2 남아 있는 땅은 이러하다. 블레셋 사
람과 그술 사람의 모든 지역과,
3 이집트의 동쪽에 있는 시홀 시내로
부터 북쪽 에그론 경계까지에 이르
는 가나안 땅과, 가사와 아스돗과 아
스글론과 가드와 에그론 등 블레셋
의 다섯 왕의 땅과, 아위 사람의 땅
과,
4 남쪽으로 가나안의 모든 땅과, 시돈
의 므아라로부터 아모리 사람의 변
경 아벡까지,
5 또 그발 사람의 땅과, 동쪽의 레바논
땅 전체와 헤르몬 산 남쪽 바알갓에
서 하맛에 이르는 곳까지이다.
6 그리고 레바논에서부터 미스르봇마
임에 이르는 산간지방에 사는 모든
사람 곧 시돈 사람을, 내가 이스라엘
자손 앞에서 모두 쫓아낼 터이니, 너
는 오직 내가 너에게 지시한 대로,
그 땅을 이스라엘 자손에게 유산으
로 나누어 주어라.
7 너는 이제 이 땅을 아홉 지파와 므낫
세의 반쪽 지파에게 유산으로 나누
어 주어라."

요단 강 동쪽 지역의 분할

8 ○므낫세 반쪽 지파와 함께 르우벤
사람과 갓 사람은 모세가 요단 강
동쪽에서 그들에게 준 유산을 이미
받았다. 주님의 종 모세가 그들에게
준 유산은 이러하다.
9 그들은 아르논 골짜기의 끝에 있는
아로엘에서부터, 그 골짜기 가운데에
있는 성읍과 메드바에서 디본까지에
이르는 모든 평원지대와,
10 헤스본에서 다스린 아모리 사람의
왕 시혼의 모든 성읍 곧 암몬 자손
의 경계까지와,
11 길르앗과 그술 사람과 마아갓 사람
의 경계와, 헤르몬의 온 산간지방과
살르가까지에 이르는 바산의 모든
지역,
12 곧 르바의 마지막 남은 족속으로서,
아스다롯과 에드레이에서 다스린 바
산 왕 옥의 온 나라를 차지하였다.
모세가 이미 그들을 정복하고 그들
의 땅을 차지하였지만,
13 이스라엘 자손이 그술 사람과 마아
갓 사람은 쫓아내지 않았기 때문에,
그술과 마아갓 사람들이 오늘날까
지 이스라엘 자손 가운데 섞여서 살
고 있다.
14 ○모세는 레위 지파에게만 유산을
주지 않았는데, 그것은 하나님께서
그에게 말씀하신 대로, ㉠주 이스라
엘의 하나님께 불살라서 드리는 제
물이 그들의 유산이기 때문이다.

르우벤 지파의 땅

15 ○다음은 모세가 르우벤 자손 지파
에게 각 가문을 따라 나누어 준 땅

제 정치가로서 수행해야 할 일이 있었다. 그는 제비로 결정되는 땅을 각 지파가 불평 없이 받아들이도록 하고, 빨리 이 땅에 정착하여 남은 주민들을 쫓아내는 중요한 일을 해야 한다.

13:2–7 서쪽 해안과 남쪽 광야 지대와 북쪽 산악지대는 아직 손이 미치지 못하고 있다. 이스라엘은 이 땅을 대체로 정복한 것이지, 완전하게 정복한 것은 아니므로 점령되지 못한 가나안 땅이 열거된 것은 최종적이고도 영원한 안식이 미래에 남아 있다는 사실을 예표해 준다(히 4:8–9).

13:13 **쫓아내지 않았기 때문에** 여호수아가 가나안을 정복하여 놓았다 하더라도, 각 지파는 남아 있는 적들과 싸워 그들을 몰아내야 했다. 그러나 그들은 그 땅을 평정하는 데에 열심을 내지 않았다. 그것은 아마도 하나님의 일보다는 자신들의 일에 더 열심을 내었기 때문일 것이다.

㉠ 칠십인역에는 '주 이스라엘의 하나님께서 그들의 유산이시기 때문이다'

이다.
16 그들의 지역은, 아르논 골짜기의 끝
에 있는 아로엘에서부터, 그 골짜기
가운데에 있는 성읍과 메드바에 있
는 모든 평원지대와,
17 헤스본과 그 평원지대에 있는 모든
성읍, 곧 디본과 ㉠바못바알과 ㉡벳바
알므온과
18 야하스와 그데못과 메바앗과
19 ㉢기랴다임과 십마와 골짜기의 언덕
에 있는 세렛사할과
20 벳브올과 비스가 기슭과 벳여시못과
21 평지의 모든 성읍과 헤스본에서 다
스리던 아모리 사람의 왕 시혼이 다
스리던 모든 왕국이다. 모세는 시혼
에게 한 대로 에위와 레겜과 수르와
훌과 레바를 모두 무찔렀다. 그들은
미디안의 우두머리로서, 그 땅에 살
면서 시혼의 밑에서 통치하던 자들
이다.
22 이스라엘 자손이 그들을 살육할 때
에, 브올의 아들인 점쟁이 발람도 다
른 여러 사람과 함께 칼에 맞아서
죽었다.
23 르우벤 자손의 서쪽 경계선은 요단
강이다. 르우벤 자손이 그 가문을
따라 유산으로 받은 성읍과 마을은
위와 같다.

갓 지파의 땅

24 ○다음은 모세가 갓 지파 곧 갓 자
손에게 그 가문을 따라 나누어 준
땅이다.
25 그들이 차지한 지역은 야스엘과 길
르앗의 모든 성읍과 랍바 앞의 아로
엘까지 이르는 암몬 자손의 땅 반쪽
과
26 헤스본에서 라맛미스바와 브도님까
지와 ㉣마하나임에서 드빌 경계선까
지인데,
27 요단 강 계곡에 있는 벳하람과 벳니
므라와 숙곳과 사본 곧 헤스본 왕
시혼의 나라의 남은 땅도 그들의 것
이 되었다. 갓 지파의 서쪽 경계는
요단 강인데, 북쪽으로는 긴네렛 바
다까지 이른다.
28 이것이 갓 자손이 그 가문을 따라
유산으로 받은 성읍과 마을들이다.

동쪽 므낫세 지파의 땅

29 ○모세가 므낫세의 반쪽 지파에게
몫으로 주어서, 므낫세 자손의 반쪽
지파가 가문을 따라 받은 땅은 다음
과 같다.
30 그들이 차지한 지역은 마하나임에서
부터 바산의 온 땅 곧 바산 왕 옥의
왕국 전체와, 바산에 있는 야일의 주
거지 전체인 예순 성읍과,
31 길르앗의 반쪽과, 바산 왕 옥의 왕국
에 있는 두 성읍인 아스다롯과 에드
레이이다. 이 성읍들은 므낫세의 아
들 마길의 자손 곧 마길 자손의 반

13:25 암몬 자손의 땅 반쪽 이스라엘 백성이 암몬 자손을 다 몰아내지 못했다는 것을 암시해 준다. 이 적들은 이스라엘의 의지와 믿음을 시험할 것이다. 이스라엘이 하나님만을 신뢰하여 이들을 쫓아낼 수 있을지 아니면 이들의 유혹에 빠져 암몬의 신을 섬길 것인지는 이스라엘의 태도 여하에 달려 있다(삿 10:6 이하;왕상 11:7,33).

13:26 라맛미스바 길르앗 라못이라고도 불린다(20:8). 여섯 도피성 중의 한 성이다.

13:29-31 므낫세는 야곱의 아들인 요셉의 맏아들이다. 이 후손들의 절반은 요단 강 동쪽 옥 왕이 다스리던 바산의 모든 땅에 거하였고, 다른 절반은 요단 강 서쪽에 거하였다.

13:32-33 하나님이 정하신 바대로(민 18:20) 레위 지파에는 모세가 유산을 주지 않았다. 이들은 모두 흩어져 살았으며 다른 모든 지파로부터 생계유지를 위한 제물을 받아야 했다.

㉠'바알의 산당' ㉡'바알 므온의 집' ㉢'두 성읍' ㉣'두 진영'

쪽이 가문을 따라 받은 것이다.
32 ○이상이 모세가 여리고 동쪽 곧 요
단 강 동쪽의 모압 평지에서 두 지파
와 반쪽 지파에게 유산으로 나누어
준 땅이다.
33 그러나 레위 지파에게는 모세가 유
산을 주지 않았다. 하나님이 그들에
게 말씀하신 대로, 주 이스라엘의
하나님이 바로 그들의 유산이기 때
문이다.

요단 강 서쪽 지역의 분할

14 이스라엘 자손이 가나안 땅에
서 받은 유산을, 제사장 ㉠엘르
아살과 눈의 아들 여호수아와 이스
라엘 자손의 각 지파 우두머리들이
다음과 같이 분배하였다.
2 주님께서 모세에게 명령하신 대로,
그들은 제비를 뽑아서 아홉 지파와
둘로 나뉜 한 지파의 반쪽에게 땅을
유산으로 나누어 주었다.
3 모세가 이미 요단 강 동쪽에서, 두
지파와 둘로 나뉜 한 지파의 반쪽에
게 땅을 유산으로 주었으나, 레위 지
파에게는 분깃을 주지 않았다.
4 요셉 지파는 므낫세와 에브라임 두
지파로 갈리었다. 레위 지파에게는
거주할 여러 성읍과, 그들의 가축과
가축을 기를 목장 외에는 분깃을 주
지 않았다.
5 이스라엘 자손은, 주님께서 모세에
게 명하신 대로, 그 땅을 나누었다.

갈렙이 헤브론을 차지하다

6 ○유다 자손이 길갈에 있는 여호수
아에게 다가왔을 때에, 그니스 사람
여분네의 아들 갈렙이 여호수아에
게 말하였다. "당신은 주님께서 나
와 당신에 대하여 가데스바네아에서
하나님의 사람 모세에게 하신 말씀
을 알고 계십니다.
7 내가 마흔 살이 되었을 때에, 주님의
종 모세가 가데스바네아에서 나를
보내어, 그 땅을 정탐하게 하였습니
다. 나는 돌아와서, 내가 확신하는
바를 그에게 보고하였습니다.
8 나와 함께 올라갔던 나의 형제들은
백성을 낙심시켰지만, 나는 주 나의
하나님을 충성스럽게 따랐습니다.
9 그래서 모세는 그 날 ㉡'네가 주 나
의 하나님께 충성하였으므로, 너의
발로 밟은 땅이 영원히 너와 네 자
손의 유산이 될 것이다' 하고 맹세하
였습니다.
10 이제 보십시오, 주님께서 모세에게
이 일을 말씀하신 때로부터 이스라
엘 백성이 광야에서 생활하며 마흔
다섯 해를 지내는 동안, 주님께서는
약속하신 대로 나를 살아 남게 하셨
습니다. 보십시오, 이제 나는 여든다
섯 살이 되었습니다.
11 모세가 나를 정탐꾼으로 보낼 때와

14장 요약 유다 지파부터 시작하여 이스라엘은 드디어 요단 서편 땅을 분배받게 된다. 이러한 땅 분배는 제비뽑기 방법으로 시행되었다. 한편, 갈렙은 여호수아에게 헤브론을 유산으로 달라고 청원하여 승낙받았다(민 14:24). 이는 그가 모세로부터 그 땅을 유산으로 약속받은 지 40여 년 만에 성취된 것이다.

㉠ '하나님이 도우셨다' ㉡ 신 1:36

14:6 그니스 사람…갈렙 갈렙의 신앙적인 행동에 대해서는 민수기 13–14장에 나와 있는데, 갈렙은 이스라엘 백성에게 돌로 맞을 각오를 하고 하나님이 주신 약속의 땅을 칠 것을 권장했었다(민 14:6–10). 갈렙의 혈통은 창세기 15:19에 언급된 바 있는 가나안 원주민 그니스 사람이라고 추정되나(14:14), 민수기 32:12에는 '그나스 사람'으로 표기되어 있어 갈렙이 이방 사람이었는지 아닌지에 대한 논란이 아직도 그치지 않고 있다.

같이, 나는 오늘도 여전히 건강하며,
그 때와 마찬가지로 지금도 힘이 넘
쳐서, 전쟁하러 나가는 데나 출입하
는 데에 아무런 불편이 없습니다.
12 이제 주님께서 그 날 약속하신 이 산
간지방을 나에게 주십시오. 그 때에
당신이 들은 대로, 과연 거기에는 아
낙 사람이 있고, 그 성읍은 크고 견
고합니다. 그러나 주님께서 나와 함
께 하시기만 한다면, 주님께서 말씀
하신 대로, 나는 그들을 쫓아낼 수
있습니다."
13 ○여호수아가 여분네의 아들 갈렙을
축복하고, 헤브론을 유산으로 그에
게 주었다.
14 그래서 헤브론은 그니스 사람 여분
네의 아들 갈렙의 유산이 되어 오늘
날까지 이른다. 그것은 그가 주 이스
라엘의 하나님을 충성스럽게 따랐기
때문이다.
15 헤브론의 옛 이름은 기럇아르바였
는데, 아르바는 아낙 사람 가운데서
가장 위대한 인물이었다. ○드디어
그 땅에 평화가 깃들었다.

유다 지파의 땅

15 유다 자손 지파에게 가문을 따
라 제비를 뽑아서 나누어 준
땅은 다음과 같다. 유다 지파가 차지
한 땅은 남쪽으로는 에돔의 경계선
과 만나는 지역 곧 남쪽 맨 끝에 있
는 신 광야에까지 이른다.
2 남쪽의 가로 경계선은 사해의 남쪽
끝 곧 남쪽으로 난 하구에서부터
3 아그랍빔 비탈 남쪽을 지나 신에 이
르고, 가데스바네아 남쪽으로 내려
가서 헤스론을 지나 앗달로 올라가
갈가로 뻗어가다가,
4 거기에서 아스몬에 이르고, 이집트
국경지대의 강을 따라가다가 지중해
에 이르러서 그 경계가 끝난다. 이것
이 유다의 남쪽 경계선이다.
5 ○동쪽 경계선은 요단 강 하구, 사해
북단부터 남단까지이다. 북쪽 경계
선은 요단 강이 끝나는 곳, 요단 강
의 하구와 사해 바다가 만나는 곳에
서 시작하여
6 벳호글라로 뻗고, 벳아라바의 북쪽
을 지나, 르우벤의 아들 보한의 돌이
있는 곳에 이른다.
7 그리고 그 경계선은 다시 아골 골짜
기에서 드빌을 지나 북쪽으로 올라
가, 강의 남쪽에 있는 아둠밈 비탈
맞은쪽의 길갈에 이르고, 거기에서
다시 ㉠엔세메스 물을 지나서 엔 로
겔에 이른다.
8 그 경계선은 다시 힌놈의 아들 골짜
기로 올라가서, 여부스 곧 예루살렘
의 남쪽 비탈에 이르고, 또 힌놈의
골짜기 앞 서쪽 산꼭대기에 이르는
데, 이 곳은 르바임 골짜기의 북쪽

15장 요약 유다 지파는 가장 먼저 제비 뽑았을 뿐 아니라 요단 서편의 1/3이 넘는 넓은 땅을 유산으로 받았다. 이는 유다가 형제들 가운데서 으뜸이 되리라고 한 야곱의 예언(창 49:8)의 성취이다. 그러나 가장 중심지인 예루살렘에는 여부스 사람이 살고 있었다.

15:1–12 땅의 분배는 일찍이 하나님이 모세에게 지시하셨던 대로(민 26:52–56;33:54;34:16–29) 면밀하게 이루어진다. 땅의 분배는 완전히 하나님의 계획에 따른 것으로서, 하나님의 백성을 위한 것이었다.

15:7 아둠밈 비탈 예루살렘에서 여리고로 가는 도상에 위치한 비탈이다. 이곳은 신약의 예수님께서 말씀하신 선한 사마리아 사람 이야기의 배경이 된 장소이다(눅 10:30–37).

15:13–19 갈렙은 유다 지파에 편입된 이방 사람

㉠ '태양의 샘'

끝이다.
9 그 경계선은 다시 산꼭대기로부터
넵도아 샘물까지 이르러 에브론 산
성읍들에 미치고, 또 바알라 곧 기
럇여아림에 이른다.
10 그 경계선은 다시 바알라에서 서쪽
으로 돌아서 세일 산에 이르고, 여
아림 산 곧 그살론 북쪽 비탈에 미
쳐, ㉠벳세메스로 내려가서 딤나에
이르고,
11 그 경계선은 다시 에그론 북쪽 비탈
로 나아가 식그론에 이르고, 바알라
산을 지나 얍느엘에 미쳐, 그 끝이
바다에 이른다.
12 서쪽 경계선은 지중해와 그 연안이
다. ○이것이 유다 지파에 속한 여러
가문이 나누어 받은 땅의 사방 경계
선이다.

갈렙이 헤브론과 드빌을 정복하다

(삿 1:11-15)

13 ○주님께서 여호수아에게 명하신 대
로, 여호수아가 여분네의 아들 갈렙
에게 유다 자손의 분깃 가운데서, 아
르바에 가지고 있던 성읍 헤브론을
주었는데, 아르바라는 사람은 아낙
사람의 조상이다.
14 갈렙은 거기에서 아낙의 세 아들 곧
아낙이 낳은 세새와 아히만과 달매
를 쫓아내었다.
15 거기에서 그들은 드빌 주민을 치러
올라갔다. 드빌은 일찍이 기럇세벨
이라고 불리던 곳이다.
16 그 때에 갈렙이, 기럇세벨을 쳐서 점
령하는 사람은 그의 딸 악사와 결혼
시키겠다고 말하였다.
17 갈렙의 형제 그나스의 아들인 옷니
엘이 그 곳을 점령하였으므로, 갈렙
은 그를 자기의 딸 악사와 결혼시켰
다.
18 결혼을 하고 나서, ㉡악사는 자기의
남편 옷니엘에게 아버지에게서 밭을
얻어내라고 재촉하였다. 악사가 나
귀에서 내리자, 갈렙이 딸에게 물었
다. "뭐 더 필요한 것이 있느냐?"
19 악사가 대답하였다. "저의 부탁을 하
나 들어주시기 바랍니다. 아버지께
서 저에게 이 ㉢메마른 땅을 주셨으
니, 샘 몇 개만이라도 주시기 바랍니
다." 그는 딸에게 윗샘과 아랫샘을
주었다.

유다의 성읍들

20 ○이 땅이 유다 자손의 지파에 속한
여러 가문이 나누어 받은 유산이다.
21 유다 자손 지파가 차지한 성읍들 가
운데서 에돔 경계선 가까이 가장 남
쪽에 있는 성읍들은, 갑스엘과 에델
과 야굴과
22 기나와 디모나와 아다다와
23 게데스와 하솔과 잇난과
24 십과 델렘과 브알롯과

이었다. 그도 하나님으로부터 분깃을 받는데(13절), 이것은 혈통에 의한 것이 아니다. 갈렙이 이스라엘의 하나님을 충성스럽게 따랐기 때문에(14:8,14) 축복을 받은 것이다. 하나님의 사람들은 하나님께서 주신 방법대로 삶을 살아가야 한다. 인간이 이기적인 욕심으로 계획한 방법으로 살아가서는 안 된다. 궁극적으로, 축복은 하나님을 온전히 따르는 사람에게 주어진다.

15:13 여분네 여호수아와 함께 이스라엘 백성을 거느리고 가나안 땅에 들어가게 된 갈렙의 부친 이름이다.

15:19 메마른 땅 (히) '네게브'이다. 문자적 의미는 가나안 땅의 남쪽 지역이란 뜻이지만(21절), '메마르고 건조한 땅'이란 의미로도 쓰인다.

㉠ '태양의 집' ㉡ 히브리어 본문과 칠십인역 사본 가운데 몇몇은 악사가 그의 남편 옷니엘을 시켜 갈렙에게서 밭을 얻어내라고 재촉한 것으로 되어 있으나, 칠십인역 사본 가운데 더러는 옷니엘이 그의 아내 악사를 시켜 장인 갈렙에게서 밭을 얻어내라고 재촉함 ㉢ 히. '네겝 땅' 또는 '남방 땅'

25 하솔하닷다와 그리욧헤스론, 곧 하
솔과
26 아맘과 세마와 몰라다와
27 하살갓다와 헤스몬과 벳벨렛과
28 하살수알과 브엘세바와 비스요다와
29 바알라와 이임과 에셈과
30 엘돌랏과 그실과 호르마와
31 시글락과 맛만나와 산산나와
32 르바옷과 실힘과 아인과 림몬, 이렇
게 모두 스물아홉 성읍과 그 주변
마을들이다.
33 ○유다 지파가 차지한 평지의 성읍
들은, 에스다올과 소라와 아스나와
34 사노아와 엔간님과 답부아와 에남과
35 야르뭇과 아둘람과 소고와 아세가
와
36 사아라임과 아디다임과 그데라와 그
데로다임, 이렇게 열네 성읍과 그 주
변 마을들이다.
37 스난과 하다사와 믹달갓과
38 딜르안과 미스바와 욕드엘과
39 라기스와 보스갓과 에글론과
40 갑본과 라맘과 기들리스와
41 그데롯과 벳다곤과 나아마와 막게
다, 이렇게 열여섯 성읍과 그 주변
마을들도 있었다.
42 립나와 에델과 아산과
43 입다와 아스나와 느십과
44 그일라와 악십과 마레사, 이렇게 아
홉 성읍과 그 주변 마을들도 있었다.
45 에그론과 그 변두리 촌락과 주변 부
락들,
46 에그론에서 바다까지, 아스돗에 인
접한 모든 성읍과 주변 마을들도 있
었다.
47 아스돗과 그 변두리 촌락과 주변 마
을들도 있었다. 또 이집트 국경지대
의 강과 지중해와 그 해안 일대에 있
는 가사와 그 변두리 촌락과 주변
마을들도 있었다.
48 유다 지파가 차지한 산간지방의 성
읍들은, 사밀과 얏딜과 소고와
49 단나와 기럇산나 곧 드빌과
50 아납과 에스드모와 아님과
51 고센과 홀론과 길로, 이렇게 열한 성
읍과 그 주변 마을들이다.
52 이 밖에도 아랍과 두마와 에산과
53 야님과 벳답부아와 아베가와
54 훔다와 기럇아르바 곧 헤브론과 시
올, 이렇게 아홉 성읍과 그 주변 마
을들이 있었다.
55 그리고 마온과 갈멜과 십과 윳다와
56 이스르엘과 욕드암과 사노아와
57 가인과 기브아와 딤나, 이렇게 열 성
읍과 그 주변 마을들이 있었다.
58 그리고 할훌과 벳술과 그돌과
59 마아랏과 벳아놋과 엘드곤, 이렇게
여섯 성읍과 그 주변 마을들도 있었
다.
60 기럇바알 곧 기럇여아림과 랍바, 이

15:21-63 유다의 성읍들 본문의 내용을 잘 이해하기 위해서는 고도의 지정학적인 지식이 필요하다. 어떤 면에서는 여호수아기 전체를 이해하는데 본문은 상대적으로 덜 중요할 수도 있다. 그러나 이 단락에서 지리적인 사실만을 기록한 이유는 가나안 땅을 주시겠다는 하나님의 약속이 성취되었음을 구체적으로 표현하기 위해서였다.

15:32 스물아홉 성읍 실제로 언급된 성읍은 36개이지만 본절에서는 모두 29개 성읍이라고 소개하고 있다. 몇몇 성읍들이 실제로는 너무 작아서 성읍과 촌락으로 불리기 곤란한 경우로 보인다.

15:63 이스라엘이 가나안 땅에서 가나안 주민들을 다 몰아내야 하는 것은 하나님의 명령이었다(민 33:50-56). 그러므로 여부스 사람을 다 쫓아내지 못했다는 본문의 기록은 이스라엘 백성이 하나님의 명령을 따르지 않아 생기게 될 결과에 대한 책임이 이스라엘에게 있음을 암시한다.

두 성읍과 그 주변 마을들도 있었
다.
61 유다 지파가 차지한 사막지대의 성
읍들은, 벳아라바와 밋딘과 스가가
와
62 닙산과 소금 성읍과 엔게디, 이렇게
여섯 성읍과 그 주변 마을들이다.
63 ○그러나 유다 자손이 예루살렘 성
에 살던 여부스 사람을 쫓아내지 못
하였으므로, 여부스 사람과 유다 자
손이 오늘날까지 예루살렘 성에 함
께 살고 있다.

에브라임과 서쪽 므낫세 반쪽 지파의 땅

16 요셉 자손이 제비를 뽑아 나누
어 받은 땅의 남쪽 경계는, ㉠여
리고의 요단 강에서부터 여리고의
샘 동편에 이르고, 여리고에서부터
베델 산간지방으로 올라가는 광야
에 이른다.
2 그리고 ㉡베델에서부터 루스로 나아
가서, 아렉 사람의 경계선을 지나 아
다롯에 이른다.
3 서쪽으로는 야블렛 사람의 경계선
으로 내려가서, 아래쪽 벳호론 경계
선을 지나 게셀에 이르고, 그 끝은
지중해에 미친다.
4 ○요셉의 자손 곧 므낫세와 에브라
임이 이 지역을 유산으로 받았다.

에브라임 지파의 땅

5 ○에브라임 자손에 속한 여러 가문
이 받은 땅의 경계선은 다음과 같
다. 그들이 받은 유산의 경계선은 동
쪽으로 아다롯앗달에서 위쪽 벳호
론에 이르고,
6 또 그 경계선은 서쪽으로 나아가 북
쪽 믹므다에 이르고, 동쪽으로 돌아
서 다아낫실로에 이르고, 그 곳을
지나 야노아 동쪽을 지난다.
7 야노아에서부터는 아다롯과 나아라
로 내려가다가, 여리고에 미쳐서는
요단 강으로 나아가고,
8 또 답부아에서부터 서쪽으로 가서,
가나 개울을 따라 바다에 이르러 그
끝이 된다. 이것이 에브라임 자손의
지파에 속한 여러 가문이 받은 유산
이다.
9 므낫세 자손의 유산 가운데는 에브
라임 자손 몫으로 구별된 성읍들과
그 주변의 마을들도 있었다.
10 그러나 그들이 게셀에 사는 가나안
사람을 쫓아내지 않았으므로, 가나
안 사람들이 오늘날까지 에브라임
지파와 함께 살며 종노릇을 하고 있
다.

서쪽 므낫세 반쪽 지파의 땅

17 요단 강 서쪽 땅 일부는 요셉의
맏아들인 므낫세 지파가 제비
를 뽑아서 나누어 가졌다. 길르앗의
아버지 마길은 므낫세의 맏아들이
며 전쟁 영웅이었으므로, 요단 강

16장 요약 본장과 다음 장에는 요셉 자손이 분배받은 유산의 경계가 언급되어 있다. 이 땅은 가나안 북쪽의 중앙 지대로서 땅이 비옥하다. 본문은 에브라임 지파가 받은 유산의 경계이다. 이는 에브라임이 므낫세의 동생이지만 아우가 형보다 큰 자가 되리라고 한 야곱의 축복(창 48:19)의 성취이다.

17장 요약 므낫세 지파 중 절반은 요단 동편 땅을 유산으로 받았다. 본문은 남은 반쪽 지파가 서편 땅을 받은 데 대한 기록이다. 슬로브핫의 딸들은 실제로 유산을 얻었다. 한편, 에브라임과 므낫세 지파는 두 지파로 인정되었지만 유산 분배에 있어서는 하나의 제비만을 뽑아 한 몫만 받은 데 대해 불평하였다.

㉠ 히. '여리고의 요단', 요단 강의 옛날 이름이었음 ㉡ 칠십인역에는 '베델 곧 루스에서부터'

동쪽에 있는 길르앗과 바산을 이미
자기의 몫으로 차지하였다.
2 요단 강 서쪽 땅은 므낫세의 남은 자
손 가운데서 ㉠아비에셀과 헬렉과
아스리엘과 세겜과 헤벨과 스미다와
같은 이들의 가문이 차지하였다. 이
들은 요셉의 아들 므낫세의 남자 자
손으로서, 가문을 이룬 이들이다.
3 므낫세 자손 가운데 슬로브핫이라
는 사람이 있었다. 므낫세의 아들 마
길은 길르앗을 낳았고, 길르앗의 아
들 헤벨은 슬로브핫을 낳았는데, 슬
로브핫은 딸만 낳았으며, 아들이 없
었다. 그 딸들의 이름은 말라와 노아
와 호글라와 밀가와 디르사이다.
4 그들이 제사장 엘르아살과 눈의 아
들 여호수아와 지도자들 앞에 나아
와서 말하였다. "주님께서 모세에게,
우리 남자 친족이 유산을 받을 때
에, 우리도 그 가운데 끼워 주라고
명령하셨습니다." 그래서 여호수아
는 주님의 명대로, 그들의 아버지의
남자 친족들이 유산을 받을 때에 그
들을 그 가운데 끼워 주었다.
5 그래서 요단 강 동쪽의 길르앗과 바
산 땅 밖에도, 므낫세에게 열 몫이
더 돌아갔다.
6 므낫세 지파의 딸들이 아들들 가운
데 끼어 유산을 받았기 때문이다.
길르앗 땅은 므낫세의 남은 자손들
의 몫이 되었다.
7 ○므낫세의 경계선은, 아셀에서부터
세겜의 동쪽에 있는 믹므닷에 이르
고, 남쪽으로 가서 엔답부아 주민이
살고 있는 땅에까지 미친다.
8 답부아 주변의 땅은 므낫세의 소유
이나, 경계선에 있는 답부아 성읍은
에브라임 자손의 소유이다.
9 또 그 경계선은 가나 개울로 내려간
다. 그 개울 남쪽으로 성읍들이 있
는데, 이것들은 므낫세의 지역 가운
데 있지만, 에브라임에 딸린 것이다.
므낫세의 경계선은 그 개울의 북쪽
으로부터 시작하여 지중해에 이르
러 끝난다.
10 그 남쪽은 에브라임의 소유이고, 북
쪽은 므낫세의 소유인데, 지중해가
그들의 서쪽 경계이다. 그 땅이 북서
쪽으로는 아셀에 맞닿고, 북동쪽으
로는 잇사갈에 맞닿았다.
11 벳산과 그 변두리 마을, 이블르암과
그 변두리 마을, 해안에 있는 도르
의 주민과 그 변두리 마을, 엔돌의
주민과 그 변두리 마을, 다아낙 주민
과 그 변두리 마을, 므깃도의 주민과
그 변두리 마을은(셋째는 나벳인데),
잇사갈과 아셀의 지역 안에 있는 므
낫세의 소유이다.
12 므낫세 자손이 이 성읍들의 주민을
쫓아내지 못하였으므로, 가나안 사

17:2 아비에셀 '내 아버지가 도우신다'란 뜻이다. 므낫세 지파의 일파로 기드온이 이에 속한다.

17:4 엘르아살·여호수아·지도자 땅을 공평하게 분배하기 위해 일시적으로 세워진 감독관이었다.

17:8 답부아 세겜 남쪽 약 13km 지점에 위치한 땅으로, 답부아 주변 일대는 므낫세에 속했다.

17:11 벳산·므깃도 오랫동안 정복되지 않고 남아 있었던 강력한 도시로서 잇사갈과 아셀 지파의 영토 변방, 므낫세 지파의 영토 경계에 위치해 있었다. 이스라엘의 초대왕 사울이 전사했을 때 블레셋은 그의 시체를 거두어 벳산 성벽에 못박아 걸어 두었다.

17:12-13 이스라엘 백성이 다 몰아내지 못한 가나안 족속들은 하나님의 말씀대로 이스라엘 백성의 눈에 가시가 되고, 옆구리를 찌르는 바늘이 될 것이다(민 33:55;삿 1:27-28). 현재는 가나안 족속들이 무력한 존재들이지만, 사사기에서는 이

㉠ '나의 아버지는 도움이시다'

람들은 그 땅에서 살기로 마음을 굳
혔다.
13 이스라엘 자손이 강성해진 다음에
가나안 사람에게 노동을 시켰으나,
그들을 다 쫓아내지는 않았다.

에브라임과 므낫세 지파가 땅을 더 요구함

14 ○요셉 자손이 여호수아에게 말하였
다. "주님께서 지금까지 우리에게 복
을 주셔서 우리가 큰 무리가 되었는
데, 어른께서는 왜 우리에게, 한 번
만 제비를 뽑아서 한 몫만 유산으로
가지게 하십니까?"
15 ○여호수아가 그들에게 말하였다.
"당신들이 큰 무리이어서 에브라임
산간지방이 당신들에게 작다면, 거
기에서 브리스 사람과 르바임 사람
의 땅인 삼림지대로 올라가서 그 곳
을 개간하시오."
16 ○요셉 자손이 말하였다. "그 산간지
방은 우리에게 넉넉하지 못하고, 그
골짜기 땅 곧 벳산과 그 변두리 마을
과 이스르엘 골짜기에 사는 가나안
사람들에게는 다 철 병거가 있습니
다."
17 ○여호수아가 다시 요셉 족속인 에
브라임 지파와 서쪽 므낫세 지파에
게 말하였다. "당신들은 큰 무리요,
큰 세력도 가졌으니, 한 몫만 가질
일이 아닙니다.
18 산간지방도 당신들의 것이 될 것이
오. 산간지방이라 하더라도, 그 곳을
개간하여 이 끝에서 저 끝까지 차지
하시오. 가나안 사람들이 철 병거를
가져서 강하다 하더라도, 당신들은
그들을 쫓아낼 수 있소."

나머지 땅 분할

18 이스라엘 자손이 그 땅을 정복
한 뒤의 일이다. 이스라엘 자
손 온 회중이 실로에 모여서, 거기에
회막을 세웠다.
2 그러나 이스라엘 자손 가운데 유산
을 아직도 받지 못한 지파가 일곱이
나 남아 있었다.
3 그래서 여호수아가 이스라엘 자손에
게 이렇게 말하였다. "당신들은 어
느 때까지 주 당신들 조상의 하나님
이 당신들에게 주신 땅을 차지하러
가기를 미루겠소?
4 당신들은 각 지파에서 세 사람씩을
선출하시오. 내가 그들을 그리로 보
내겠소. 그들이 가서 그 땅을 두루
다닌 뒤에, 자기 지파가 유산으로 받
을 땅의 모양을 그려서 내게로 가져
오도록 하겠소.
5 그 땅은 일곱 몫으로 나눌 것이오.
유다는 남쪽의 자기 영토에 머물고,
요셉 족속은 북쪽의 자기 영토에 머
물도록 하시오.
6 당신들은 그 땅을 일곱 몫으로 나
누어서 지도를 그리고, 그것을 여기

스라엘 백성 전체를 괴롭히는 자들로 성장한다.

17:14-18 요셉 자손은 받은 몫에 대하여 불만을 나타낸다. 물론, 땅을 요구한다는 점에 있어서는 14:6-15과 비슷한 것 같으나 그 내용은 큰 대조를 이룬다. 14장에서 갈렙은 하나님의 약속의 말씀에 근거한 신앙으로 땅을 요구하고 있는 반면, 요셉 자손들은 하나님이 주신 몫(땅)에 대하여 만족하지 못하고 있다. 그러나 그 땅을 소유하고 다스리시는 분은 하나님이시다.

18장 요약 나머지 일곱 지파에 대한 땅 분배 과정은 여기서 잠시 지체된다. 그 이유는 아마 그들이 남아 있는 땅을 분배받기 싫어했기 때문일 것이다. 여호수아는 그들을 하나님의 회막이 있는 실로로 모아 독려하고 남은 땅을 조사하고, 7등분하여 제비를 뽑아 나누어 주었다.

18:1-10 지파들의 땅 분배는 여기서 잠시 지체된다(7절). 그것은 아마도 남은 일곱 지파들이 남

나에게로 가져 오시오. 그러면 내가
여기 주 우리 하나님 앞에서 제비를
뽑아서, 당신들의 몫을 결정하겠소.
7 그러나 당신들 가운데서 레위 사람
은 받을 몫이 없소. 주님의 제사장
이라는 직분이 곧 그들의 유산이기
때문이오. 또한 갓과 르우벤과 므낫
세 반쪽 지파는, 주님의 종 모세가
요단 강 건너 동쪽에서 그들에게 준
유산을 이미 받았소."
8 ○그 땅의 모양을 그리러 가는 사람
들이 떠나려 할 때에, 여호수아가 그
들에게 지시하였다. "가서 그 땅을
두루 다녀 보고, 그 지도를 그려서
내게로 돌아오시오. 내가 여기 실로
에서 주님 앞에서 제비를 뽑아서 당
신들의 몫을 결정하겠소."
9 그 사람들이 가서 그 땅을 두루 다
니며 성읍의 명단을 작성하여, 책에
일곱 몫으로 그려서, 실로의 진에 있
는 여호수아에게 돌아왔다.
10 실로에서 여호수아는 주님 앞에서
제비를 뽑고, 거기에서 그는 이스라
엘 자손의 각 지파에게 그 땅을 나
누어 주었다.

베냐민 지파의 땅

11 ○첫 번째로 베냐민 자손 지파의 각
가문의 몫을 결정할 제비를 뽑았다.
제비로 뽑은 땅의 경계선은 유다 자
손과 요셉 자손의 중간이었다.
12 그들의 북쪽 경계선은 요단 강에서
부터 여리고 북쪽 비탈로 올라가서,
서쪽 산간지방을 지나 벳아웬 광야
에 이르고,
13 또 그 경계선은 거기에서부터 루스
로 나아가서, 루스 남쪽 비탈에 이르
는데, 루스는 베델이라고도 부른다.
그 경계선은 다시 아다롯앗달로 내
려가서, 벳호론 남쪽 산간지방으로
지난다.
14 그 경계선은 또 남쪽으로 벳호론 맞
은쪽 산에서부터 서쪽을 따라 남쪽
으로 돌아서, 유다 자손의 성읍인
기럇바알 곧 기럇여아림에 이르러
끝난다. 이것이 서쪽 경계선이다.
15 남쪽 경계선은 기럇여아림 끝에서
서쪽으로 나아가서 넵도아 샘의 수
원에 이르고,
16 르바임 골짜기 북쪽에 있는 힌놈의
아들 골짜기 맞은쪽 산기슭으로 내
려가고, 다시 힌놈 골짜기로 내려가
서는, 여부스 남쪽 비탈을 지나서 엔
로겔로 내려간다.
17 그 경계선은 다시 북쪽으로 나아가
엔세메스에 이르고, 아둠밈 비탈 맞
은편의 글릴롯으로 나간 다음에, 르
우벤의 아들 보한의 돌까지 내려간
다.
18 이어서 북쪽으로 아라바 맞은쪽의
비탈까지 내려가, 아라바에 이른다.

아 있는 땅을 분배받기 싫어했기 때문일 것이다. 왜냐하면 유다, 에브라임, 므낫세 반쪽 지파가 이미 요단 강 서쪽의 비옥하고도 드넓은 땅을 다 차지했기 때문이다. 그러나 땅 분배는 하나님의 뜻에 따라 제비뽑기로 이루어졌기에 아무도 불평할 수 없었다. 그래서 여호수아는 온 이스라엘을 회막이 있는 실로로 모이게 했다. 그것은 지금도 하나님이 그들과 함께 계심을 보여 주기 위해서였다.

18:9 실로의 진 이스라엘 백성이 가나안 땅에서 마지막으로 진을 친 곳이 실로였다. 성소는 실로에 세워졌으며 사사 시대까지 그곳에 존속해 있었다.

18:28 여부스 예루살렘의 원래 이름이 아니라 그곳에 살았던 종족의 이름에서 유래된 지명이다. 여부스 사람은 산지에 살았고, 바닷가와 요단 강가에서 살던 가나안 사람들에게 둘러싸여 있었다(민 13:29).

19 다시 북쪽으로 벳호글라 비탈을 지
나, 요단 강 남쪽 끝 곧 요단 강 물을
끌어들이는 사해의 북쪽 어귀가 그
경계선의 끝이다. 이것이 남쪽 경계
선이다.
20 동쪽 경계선은 요단 강이다. 이것이
베냐민 자손이 그 가문을 따라 얻은
유산의 사방 경계선이다.
21 ○베냐민 자손의 지파가 그들의 가
문을 따라 차지한 성읍은, 여리고와
벳호글라와 에멕그시스와
22 벳아라바와 스마라임과 베델과
23 아윔과 바라와 오브라와
24 그발암모니와 오브니와 게바, 이렇게
열두 성읍과 그 주변 마을들,
25 또 기브온과 라마와 브에롯과
26 미스바와 그비라와 모사와
27 레겜과 이르브엘과 다랄라와
28 셀라와 엘렙과 여부스 곧 예루살렘
과 기부앗과 기럇, 이렇게 열네 성읍
과 그 주변 마을들이다. 이것이 베
냐민 자손이 그 가문을 따라 얻은
유산이다.

시므온 지파의 땅

19 두 번째로 시므온 곧 시므온
자손 지파의 각 가문의 몫을
결정할 제비를 뽑았다. 그들의 유산
은 유다 자손의 몫 가운데서 차지하
였다.
2 다음은 그들이 차지한 유산이다. 브
엘세바 곧 세바와 몰라다와
3 하살수알과 발라와 에셈과
4 엘돌랏과 브둘과 호르마와
5 시글락과 벳말가봇과 하살수사와
6 벧르바옷과 사루헨, 이렇게 열세 성
읍과 그 주변 마을들,
7 또 아인과 림몬과 에델과 아산, 이렇
게 네 성읍과 그 주변 마을들,
8 또 남쪽 라마 곧 바알랏브엘까지, 이
성읍들을 둘러 있는 모든 마을이 시
므온 자손의 지파가 그 가문을 따라
받은 유산이다.
9 시므온 자손은 유다 자손의 몫 가운
데서 그들의 유산을 받았다. 유다 자
손의 몫이 필요 이상으로 크기 때문
에, 시므온 자손이 그들의 몫을 유다
지파의 유산 가운데서 받은 것이다.

스불론 지파의 땅

10 ○세 번째로 스불론 자손의 각 가문
의 몫을 결정할 제비를 뽑았다. 그들
이 받은 유산의 경계선은 사릿까지
미치고,
11 거기서 서쪽으로 올라가서 마랄라
에 이르고, 답베셋을 만나서 욕느암
맞은쪽 개울에 미친다.
12 그 경계선이 사릿에서부터는 동쪽으
로 돌아서 해 뜨는 쪽으로 기슬롯다
볼의 경계선에 이르고, 다브랏까지
나아가서 야비아로 올라간다.
13 거기에서부터 동쪽으로 가드헤벨을

19장 요약 시므온 지파는 유다 지파의 지경에서 유산을 얻었다(창 49:7). 스불론 지파는 지중해에 가까운 지대를 받았다(창 49:13). 잇사갈과 아셀, 납달리 지파는 비옥한 땅을 차지하였으며(창 49:15,20-21) 단 지파는 레바논 골짜기의 레셈을 정복함으로써 야곱의 예언(창 49:17)처럼 용맹을 떨쳤다.

19:1-9 시므온은 야곱과 레아 사이에서 태어난 두 번째 아들이다(창 29:33). 그런데 시므온 지파는 이집트에서 탈출한 후, 광야에서 인원이 반으로 줄어들었다(민 1:23;26:14). 이렇게 한 지파로서의 존립이 어려운 상황하에서, 이 지파는 유다 지파 내에 유산을 얻는다(1절). '이스라엘 백성 사이에 흩어 버릴 것이다'라는 야곱의 예언대로(창 49:7), 시므온 지파는 점차 유다 지파로 흡수된다(대상 4:24-43, 특히 4:27).

19:10-16 스불론은 야곱과 레아 사이에서 태어난

지나서 엣가신에 이르고, 림몬으로
나와서 네아 쪽으로 구부러진다.
14 거기에서 경계선은 북쪽으로 돌아서
한나돈까지 가고, 입다엘 골짜기에
이르러서 그 끝이 된다.
15 또 갓닷과 나할랄과 시므론과 이달
라와 베들레헴, 이렇게 열두 성읍과
그 주변 마을들이 여기에 포함된다.
16 이 성읍들과 그 주변 마을은, 스불
론 자손이 그 가문을 따라 얻은 유
산이다.

잇사갈 지파의 땅

17 ○네 번째로 잇사갈 곧 잇사갈 자손
의 각 가문의 몫을 결정할 제비를
뽑았다.
18 그들이 받은 땅은 이스르엘과 그술
롯과 수넴과
19 하바라임과 시온과 아나하랏과
20 랍빗과 기시온과 에베스와
21 레멧과 언간님과 엔핫다와 벳바세스
이다.
22 그 경계선은 다볼과 사하수마와 벳
세메스와 맞닿고, 그 경계선의 끝은
요단 강이다. 모두 열여섯 성읍과 그
주변 마을들이다.
23 이것이 잇사갈 자손의 지파가 그 가
문을 따라 유산으로 받은 성읍들과
그 주변 마을들이다.

아셀 지파의 땅

24 ○다섯 번째로 아셀 자손 지파의 각
가문의 몫을 결정할 제비를 뽑았다.
25 그들이 받은 땅은 헬갓과 할리와 베
덴과 악삽과
26 알람멜렉과 아맛과 미살이며, 서쪽
으로는 갈멜과 시홀림낫과 만난다.
27 거기에서 해 뜨는 쪽으로 벳다곤을
돌아서 북쪽으로 스불론과 입다엘
골짜기를 만나고, 벳에멕과 느이엘
에 이르러서 왼쪽으로 가불을 지나
며,
28 에브론과 르홉과 함몬과 가나를 거
쳐 큰 시돈에까지 이른다.
29 또 그 경계선은 라마 쪽으로 돌아서
요새화된 성읍 두로에까지 이르고,
호사로 돌아서 악십 지방에 이르러,
지중해가 그 끝이 된다.
30 또 움마와 아벡과 르홉이라는 스물
두 성읍과 그 주변 마을들이다.
31 이것이 아셀 자손의 지파가 그 가문
을 따라 유산으로 받은 성읍과 그
주변 마을들이다.

납달리 지파의 땅

32 ○여섯 번째로 납달리 자손 차례가
되어, 납달리 자손의 각 가문의 몫
을 결정할 제비를 뽑았다.
33 그 경계선은 헬렙과 사아난님의 상
수리나무로부터 아다미네겝과 얍느
엘을 지나 락굼까지이며, 그 끝은 요
단 강이다.
34 또 그 경계선은 서쪽으로 아스놋다

여섯 번째 아들이다(창 30:19-20). 스불론 지파가 받은 땅은 팔레스타인 북쪽으로서 이스르엘 계곡의 북부 지대이다. 야곱은 '스불론은 바닷가에 살며'라고 예언했는데(창 49:13), 실제로 스불론 지파의 땅은 사면이 육지로 둘러싸여 있는 곳이다. 그러나 지중해에서 15km밖에 떨어져 있지 않으므로 해외 무역을 하기에 알맞았다(신 33:18-19).

19:17-23 잇사갈은 야곱과 레아 사이에서 태어난 다섯 번째 아들이다(창 30:17-18). '뼈만 남은 나귀'라는 야곱의 예언과 같이(창 49:14-15), 잇사갈 지파는 더 이상 크게 발전하지 못하였다.

19:24-31 아셀은 레아의 몸종 실바에게서 난 두 번째 아들이다(창 30:12-13). '아셀에게서는 먹거리가 넉넉히 나올 것이니'라고 말한 야곱의 예언처럼(창 49:20), 아셀 지파의 땅은 비옥하였다.

19:32-39 라헬의 몸종 빌하가 두 번째로 낳은 아들이 납달리이다(창 30:7-8). 이 지파는 갈릴리 호수 북쪽에 있는 산지에 다소 고립되어 있었

볼을 돌아서 그 곳에서 훅곡에 이르
고, 남쪽으로는 스불론을 만나고, 서
쪽으로는 아셀을 만나며, 해 돋는 요
단 강 쪽으로는 유다와 만난다.
35 요새화된 성읍들로는 싯딤과 세르
와 함맛과 락갓과 긴네렛과
36 아다마와 라마와 하솔과
37 게데스와 에드레이와 엔하솔과
38 이론과 믹다렐과 호렘과 벳아낫과
벳세메스, 이렇게 모두 열아홉 성읍
과 그 주변 마을들이다.
39 이것이 납달리 자손의 지파가 그 가
문을 따라 유산으로 얻은 성읍과 그
주변 마을들이다.

단 지파의 땅

40 ○일곱 번째로 단 자손 지파의 각 가
문의 몫을 결정할 제비를 뽑았다.
41 그들이 받은 유산의 경계선은 소라
와 에스다올과 이르세메스와
42 사알랍빈과 아얄론과 이들라와
43 엘론과 딤나와 에그론과
44 엘드게와 깁브돈과 바알랏과
45 여훗과 브네브락과 가드림몬과
46 메얄곤과 락곤과 욥바 맞은쪽 지역
이다.
47 그러나 단 자손은 그들의 땅을 잃었
을 때에 레센까지 올라가서, 그 주민
들과 싸워 칼로 쳐서 무찌르고, 그
곳을 점령하였다. 그들은 거기에 살
면서, 그들의 조상 단의 이름을 따라
레센을 단이라고 불렀다.
48 이것이 단 자손의 지파가 그 가문을
따라 유산으로 얻은 성읍과 그 주변
마을들이다.

땅 분할 완료

49 ○이스라엘 자손이 이렇게 그들의
경계선을 따라 땅 나누기를 마친 다
음에, 그들은 눈의 아들 여호수아에
게 자기들의 땅에서 얼마를 떼어 여
호수아의 유산으로 주었다.
50 그들은 주님께서 말씀하신 대로, 여
호수아가 요구한 에브라임 산간지방
에 있는 성읍 딤낫세라를 그에게 주
었다. 여호수아는 거기에 성읍을 세
우고, 그 곳에서 살았다.
51 ○이것이 엘르아살 제사장과 눈의
아들 여호수아와 이스라엘 자손 지
파의 족장들이 실로의 회막 문 곧
주님 앞에서 제비를 뽑아서 나눈 유
산이다. 이와 같이 하여 땅 나누기
를 모두 마쳤다.

도피성 제도

20 주님께서 여호수아에게 말씀
하셨다.
2 "너는 이스라엘 자손에게 이렇게 일
러라. '내가 모세를 시켜 너희에게
말한 도피성을 지정하여,
3 고의가 아니라 실수로 사람을 죽인
사람을 그 곳으로 피하게 하여라. 그
곳은 죽은 사람에 대한 복수를 하

기 때문에, 야곱의 예언대로(창 49:21) 암사슴처럼 자유로웠다고 말할 수 있다.

19:50 인간적인 판단으로서는, 여호수아가 지도자이므로 백성들보다 먼저 유산을 분배받는 것이 합당할 것이라고 여기겠지만 여호수아는 이스라엘 자손들이 모두 땅을 분배받은 다음(49절) 한 지역을 분배받았다. 이를 통해 가나안 땅의 진정한 지도자가 누구인지 드러난다. 오직 하나님만이 이스라엘 백성의 진정한 지도자이시다.

20장 요약 열두 지파에 대한 유산 분배가 완료됨으로 이제 남은 일은 백성들이 하나님과의 언약대로 그분의 계명과 규례를 준수하는 일이다. 이에 여호수아는 먼저 가나안 땅에 여섯 개의 도피성을 지정하였다. 이는 하나님이 모세에게 주셨던 명령(민 35:9-34;신 19:1-13)을 이행한 것이다.

20:1-9 실수로 사람을 죽인 사람은 일단 도피성

려는 사람을 피하는 곳이 될 것이
다.
4 살인자는 이 성읍들 가운데 한 곳으
로 가서, 그 성문 어귀에 서서, 그 성
의 장로들에게 자신이 저지른 사고
를 설명하여야 한다. 그러면 그들은
그를 성 안으로 받아들이고, 그가
있을 곳을 마련해 주어, 함께 살도록
해야 한다.
5 죽은 사람에 대한 복수를 하려는 사
람이 뒤쫓아온다 할지라도, 그 사람
의 손에 살인자를 넘겨 주어서는 안
된다. 그가 전부터 그의 이웃을 미워
한 것이 아니고, 실수로 그를 죽였기
때문이다.
6 그 살인자는 그 성읍에 머물러 살다
가, 회중 앞에 서서 재판을 받은 다
음, 그 당시의 대제사장이 죽은 뒤에
야 자기의 성읍 곧 자기가 도망 나왔
던 성읍에 있는 자기의 집으로 돌아
갈 수 있다.'"
7 ○그래서 그들은 요단 강 서쪽 지역
에서는 납달리 산간지방에 있는 갈
릴리의 게데스와 에브라임 산간지방
의 세겜과 유다 산간지방의 기럇아
르바 곧 헤브론을 도피성으로 구별
하여 지정하였다.
8 또 여리고 동쪽, 요단 강 동쪽 지역
에서는 르우벤 지파의 평지 광야에
있는 베셀과 갓 지파의 길르앗 라못
과 므낫세 지파의 바산 골란을 도피
성으로 구별하여 지정하였다.
9 이 성읍들이, 이스라엘의 모든 자손
이나 그들 가운데 살고 있는 외국인
가운데서 누구든지 실수로 사람을
죽였을 때에, 그 곳으로 피하여 회중
앞에 설 때까지, 죽은 사람에 대한
복수를 하려는 사람의 손에 죽지 않
도록 하려고, 구별하여 지정한 도피
성이다.

레위 사람의 성읍

21 그 때에 레위 지파의 족장들이
제사장 엘르아살과 눈의 아들
여호수아와 이스라엘 자손의 다른
지파 족장들에게 나아왔다.
2 그 곳 가나안 땅 실로에서 레위 지파
의 족장들이 그들에게 말하였다.
"주님께서 모세를 시켜서, 우리가 거
주할 성읍과 우리의 가축을 먹일 목
장을 우리에게 주라고 명하셨습니
다."
3 그래서 이스라엘 자손은 주님의 명
을 따라, 그들의 유산 가운데서 다
음의 성읍들과 목장을 레위 사람에
게 주었다.
4 ○고핫 가문의 몫을 결정할 제비를
뽑았는데, 레위 사람 가운데 아론 제
사장의 자손에게는 유다 지파와 시
므온 지파와 베냐민 지파의 몫에서
열세 성읍이 돌아갔다.

성문 앞에서 사건의 경위를 설명하고 장로들의 허락을 받아 성안으로 들어간다. 그는 회중 앞에서 재판을 받게 되는데, 이때 고의성이 인정되면, 사형에 처해진다(출 21:14;민 35:16–21;신 19:11–12). 그런데 무죄가 증명되더라도, 그는 대제사장이 죽기까지 사실상의 죄인으로 머물러 있어야 했다(민 35:22–28). 이것은 보복자의 손으로부터 생명을 보호하기 위한 것이다. 따라서 도피성은 법의 권위와 인간 생명의 존엄성을 가르쳐 준다.

21장 요약 레위 사람들은 특별히 구별된 자들로 모든 지파가 하나님을 섬길 수 있도록 봉사하는 직무를 부여받았다. 그러므로 여호수아는 열두 지파에게서 할당받은 48개의 성읍을 레위 사람들에게 주어 그들로 전국에 흩어져 살며 봉사할 수 있게 하였다. 이 역시 하나님이 모세에게 주신 명령(민 35:1–8)을 이행한 것이다.

21:1–7 레위 지파의 몫에 대하여 여러 번 언급된

5 고핫의 남은 자손에게는 에브라임
지파 가문과 단 지파와 므낫세의 반
쪽 지파의 몫에서 열 성읍이 돌아갔
다.
6 ○게르손 자손에게는 잇사갈 지파
가문과 아셀 지파와 납달리 지파와
바산에 있는 므낫세의 반쪽 지파의
몫에서 열세 성읍이 돌아갔다.
7 ○므라리 자손에게는 그 가문을 따
라 르우벤 지파와 갓 지파와 스불론
지파의 몫에서 열두 성읍이 돌아갔
다.
8 ○이스라엘 자손이 제비를 뽑아서,
주님께서 모세에게 명하신 대로, 레
위 사람들에게 이러한 성읍들과 목
장을 주었다.
9 ○유다 자손의 지파와 시므온 자손
의 지파의 몫에서 다음과 같은 성읍
이 아론의 자손에게 돌아갔다.
10 레위 자손 가운데서도 고핫 가문에
속한 아론 자손이 첫 번째로 제비를
뽑았는데,
11 아낙의 아버지인 아르바가 가지고
있던 기럇아르바 곧 유다 산간지방
에 있는 헤브론과 그 주변 목장을
얻게 되었다.
12 그러나 성읍에 딸린 밭과 그 주변
마을은 여분네의 아들인 갈렙에게
로 돌아가서, 그의 차지가 되었다.
13 ○유다와 시므온 지파는 제사장 아
론의 자손에게, 살인자가 피할 도피
성인 헤브론과 거기에 딸린 목장과,
립나와 거기에 딸린 목장과,
14 얏딜과 거기에 딸린 목장과, 에스드
모아와 거기에 딸린 목장과,
15 홀론과 거기에 딸린 목장과, 드빌과
거기에 딸린 목장과,
16 아인과 거기에 딸린 목장과, 윳다와
거기에 딸린 목장과, 벳세메스와 거
기에 딸린 목장, 이렇게 아홉 성읍을
주었다.
17 또 베냐민 지파에서는 기브온과 거
기에 딸린 목장과, 게바와 거기에 딸
린 목장과,
18 아나돗과 거기에 딸린 목장과, 알몬
과 거기에 딸린 목장, 이렇게 네 성
읍을 그들에게 주었다.
19 제사장 아론 자손에게는 모두 열세
성읍과 거기에 딸린 목장이 돌아갔
다.
20 ○레위 사람들 가운데서 나머지 곧
고핫 자손 가문의 레위 사람은 에브
라임 지파에게서 성읍을 몫으로 받
았다.
21 에브라임 지파가 그들에게 준 성읍
은, 살인자의 도피성인 에브라임 산
간지방의 세겜과 거기에 딸린 목장
과, 게셀과 거기에 딸린 목장과,
22 깁사임과 거기에 딸린 목장과, 벳호
론과 거기에 딸린 목장, 이렇게 네

다(13:14;18:7). 이들은 제사장과 여호수아 그리고 각 지파의 족장들에게 나아와 갈렙이 했던 것과 마찬가지로 모세를 통해 하나님께서 말씀하신 유산을 요구했다. 레위 지파는 고핫, 게르손, 므라리 자손으로 구성되어 있다(민 1-4장).

21:8-42 레위 사람 레위 자손들은 이스라엘 전 지역의 48개의 성읍과 목장을 분배받았다.

21:9-19 유다·시므온·베냐민 지파에게서 아론의 자손이 분배받은 성읍은 열세 성읍이었다. 이 지역은 주로 가나안 땅 남부 지역이었다. 레위 자손 레위 사람을 레위 자손이라고 쓴 것은 제사장직을 담당하는 어떤 기능이나 신분과 연결되기보다는 지파나 계보에 더 강조를 두기 위함이다.

21:11 헤브론 옛 이름은 기럇아르바이다. 갈렙이 유산으로 받은 성읍이다(14:13-15). 제사장들과 레위 사람들은 각 지파들에게서 성읍을 할당받았지만 다른 지파의 주민들과 함께 살았다.

21:13 립나 블레셋 지역과 인접하여 있는 변방의

성읍이다.
23 단 지파에서 준 것은, 엘드게와 거기
에 딸린 목장과, 깁브돈과 거기에 딸
린 목장과,
24 아얄론과 거기에 딸린 목장과, 가드
림몬과 거기에 딸린 목장, 이렇게 네
성읍이다.
25 므낫세 반쪽 지파에서 준 것은, 다아
낙과 거기에 딸린 목장과, 가드림몬
과 거기에 딸린 목장, 이렇게 두 성
읍이다.
26 고핫 자손의 나머지 가문에게는, 모
두 열 성읍과 거기에 딸린 목장이
돌아갔다.
27 ○레위 지파 가문에 속한 게르손 자
손에게는, 동쪽 므낫세의 반쪽 지파
에서 살인자의 도피성인 바산의 골
란과 거기에 딸린 목장과, 브에스드
라와 거기에 딸린 목장, 이렇게 두
성읍을 주었다.
28 잇사갈 지파에서는 기시온과 거기에
딸린 목장과, 다브랏과 거기에 딸린
목장과,
29 야르뭇과 거기에 딸린 목장과, 언간
님과 거기에 딸린 목장, 이렇게 네
성읍을 게르손 자손에게 주었다.
30 아셀 지파에서는 미살과 거기에 딸
린 목장과, 압돈과 거기에 딸린 목장
과,
31 헬갓과 거기에 딸린 목장과, 르홉과
거기에 딸린 목장, 이렇게 네 성읍을
게르손 자손에게 주었다.
32 납달리 지파에서는 살인자의 도피성
인 갈릴리의 게데스와 거기에 딸린
목장과, 함못돌과 거기에 딸린 목장
과, 가르단과 거기에 딸린 목장, 이렇
게 세 성읍을 게르손 자손에게 주었
다.
33 이와 같이 게르손 사람은 그 가문을
따라 모두 열세 성읍과 그 목장을
얻었다.
34 ○레위 사람 가운데서 나머지 므라
리 자손의 가문에게는, 스불론 지파
에서 욕느암과 거기에 딸린 목장과,
가르다와 거기에 딸린 목장과,
35 딤나와 거기에 딸린 목장과, 나할랄
과 거기에 딸린 목장, 이렇게 네 성
읍을 주었다.
36 르우벤 지파에서는 베셀과 거기에
딸린 목장과, 야하스와 거기에 딸린
목장과,
37 그데못과 거기에 딸린 목장과, 므바
앗과 거기에 딸린 목장, 이렇게 네
성읍을 므라리 자손에게 주었다.
38 또한 갓 지파에서는 살인자의 도피
성인 길르앗 라못과 거기에 딸린 목
장과, 마하나임과 거기에 딸린 목장
과,
39 헤스본과 거기에 딸린 목장과, 야스
엘과 거기에 딸린 목장, 이렇게 모두

성읍이다. 후에 이 성읍은 유다에 반역한다(왕하 8:22;19:8). 본문은 11절을 되풀이하여 설명하면서 헤브론이 도피성이란 사실을 덧붙이고 있다.

21:27-33 게르손 자손은 팔레스타인 북쪽과 북동쪽 끝에 자리잡은 지파들에게서 성읍과 목장을 얻었다. 요단 강 동쪽 므낫세에서 둘(27절), 서쪽 잇사갈에서 넷(28-29절), 아셀에서 넷(30-31절), 납달리에서 셋(32절)을 취하였다.

21:34 므라리 레위의 셋째 아들로, 말리와 무시의 아버지이다. 므라리 자손은 스불론·르우벤·갓 지파에서 각각 네 성읍과 목장을 유산으로 취하였다.

21:45 하나도 어긋남이 없이 그대로 다 이루어졌다 이스라엘 조상들에게 하신 하나님의 약속은 이제 성취되었다. 역사의 주관자이신 하나님은 자신이 하신 약속을 신실하게 지키시는 분이시다. 하나님의 말씀과 행위는 반드시 일치할 뿐만 아니라 그 모든 것은 그분의 백성들을 위한 것이다.

네 성읍을 므라리 자손에게 주었다.
40 이것이 레위 가문의 나머지 곧 므라
리 자손이 그 가문을 따라 받은 성
읍으로서, 모두 열두 성읍이 그들의
몫이 되었다.
41 ○이스라엘 자손이 차지한 유산의
땅 가운데서, 레위 사람이 얻은 것은
모두 마흔여덟 개의 성읍과 거기에
딸린 목장이었다.
42 성읍마다 예외 없이 거기에 딸린 목
장이 있었다.

이스라엘이 약속된 땅을 차지하다

43 ○이와 같이 주님께서 이스라엘 백
성의 조상에게 주시겠다고 맹세하신
모든 땅을 이스라엘 백성에게 주셨
으므로, 그들은 그 땅을 차지하여
거기에 자리 잡고 살았다.
44 주님께서는 그들의 조상에게 맹세
하신 대로, 사방에 평화를 주셨다.
또한 주님께서는 그들의 모든 원수
를 그들의 손에 넘기셨으므로, 그들
의 원수 가운데서 어느 누구도 그들
에게 대항하지 못하였다.
45 주님께서 이스라엘 사람에게 약속
하신 모든 선한 말씀이, 하나도 어긋
남이 없이 그대로 다 이루어졌다.

여호수아가 동쪽 지파들을 돌려보내다

22 그 때에 여호수아가 르우벤 사
람과 갓 사람과 므낫세의 반쪽
지파 사람들을 불러 놓고,
2 그들에게 일렀다. "당신들은 주님의
종 모세가 당신들에게 명령한 것을
모두 지켰고, 또 나에게 순종하여,
내가 명령한 모든 것을 다 지켰습니
다.
3 당신들은 오늘까지 이렇게 오랫동안
당신들의 겨레를 저버리지 않고, 주
당신들의 하나님이 명하신 것을 성
심껏 다 지켰습니다.
4 이제는 주 당신들의 하나님이 약속
하신 대로 당신들 겨레에게 안식을
주셨으니, 당신들은 이제 주님의 종
모세가 요단 강 동쪽에서 당신들에
게 준, 당신들 소유의 땅 당신들의
거처로 돌아가십시오.
5 당신들은 오직 주님의 종 모세가 당
신들에게 명령한 계명과 율법을 열
심히 좇아서 지키십시오. 주 당신들
의 하나님을 사랑하고, 언제나 주님
께서 지시하시는 길로 가며, 주님의
명령을 지키며, 주님을 가까이 하고,
당신들의 온 마음과 온 정성을 다하
여 주님을 섬기십시오."
6 여호수아가 그들을 축복하여 보내
니, 그들이 자기들의 장막으로 돌아
갔다.
7 동쪽의 므낫세 반쪽 지파에게는 이
미 모세가 요단 강 동쪽에서 바산에
있는 땅을 주었고, 그 나머지 서쪽의
므낫세 반쪽 지파에게는, 여호수아

22장 요약 모세와의 약속(민 32:16-27)대로 가나안 정복 전쟁을 성공적으로 수행한 르우벤, 갓, 므낫세 반쪽 지파는 요단 동편으로 돌아갈 수 있었다. 본문은 이들이 요단 강가에 제단을 쌓아서 생긴 요단 서편 지파들의 오해와 분쟁의 위험이 신앙적으로 해결되었음을 보여 준다.

※ 22장의 구분 ① 1-8: 르우벤·갓·므낫세 반쪽 지파가 여호수아에게 축복을 받고 자기네들 지역으로 떠나감 ② 9-10: 이들이 요단 저편으로 건너감 ③ 11-20: 이들이 요단 강변에 제단을 쌓자, 다른 지파의 대표들이 그들을 방문함 ④ 21-31: 다른 지파들의 대표들에게 이들이 대답함 ⑤ 32-34: 대표들이 가나안으로 돌아와 보고함.

22:1-9 르우벤·갓·므낫세 반쪽 지파가 각기 그들의 거처로 돌아가 안식을 누리기 전에, 여호수아는 그들에게 반드시 하나님의 계명을 준수해야

가 다른 지파들에게 준 것과 같이,
요단 강 서쪽에서 땅을 주었다. 여호
수아는 그들을 그들의 거처로 보내
며 축복하였다.
8 "당신들은, 많은 재산과 아주 많은
가축과 금과 은과 동과 철과 아주
많은 의복을 가지고, 당신들의 거처
로 돌아가십시오. 당신들의 원수들
에게서 빼앗은 전리품을 다른 지파
들과 더불어서 나누어 가지십시오."
9 ○르우벤 자손과 갓 자손과 요단 강
동쪽에 정착한 므낫세의 반쪽 지파
가 그들의 소유지로 돌아갔다. 그들
은 가나안 땅의 실로에서 이스라엘
자손을 떠나서, 주님께서 모세에게
내리신 명대로, 그들이 얻어 소유하
게 된 땅 곧 길르앗 땅으로 돌아갔
다.

요단 강 가에 제단을 쌓다

10 ○그들이 가나안 땅의 요단 강 가까
이에 있는 그릴롯에 이르렀다. 르우
벤 자손과 갓 자손과 동쪽의 므낫세
반쪽 지파가 요단 강 서쪽 지역의 강
가에 단을 쌓았는데, 그 단은 보기
에 아주 큰 단이었다.
11 이스라엘 자손이 이 소식을 듣고 말
하였다. "르우벤 자손과 갓 자손과
동쪽의 므낫세 반쪽 지파가 우리들
이 있는 요단 강 서쪽 지역의 강 가
까운 그릴롯에 단을 쌓았다."
12 이스라엘 자손이 이 말을 듣고, 온
회중이 동쪽 지파들에게 대항하여
싸우려고 실로에 모였다.
13 ○이스라엘 자손은, 엘르아살의 아
들인 비느하스 제사장을, 길르앗 땅
에 있는 르우벤 자손과 갓 자손과
동쪽의 므낫세 반쪽 지파에게 보냈
다.
14 요단 강 서쪽에 자리 잡은 이스라엘
각 지파에서 한 사람씩 열 명의 대
표가 비느하스와 함께 갔다. 그들은
각기 이스라엘의 천천만만 백성의
가문을 대표하는 사람들이었다.
15 그들이 길르앗 땅으로 가서 르우벤
자손과 갓 자손과 동쪽의 므낫세 반
쪽 지파에게 말하였다.
16 "주님의 온 회중이 하는 말이오. 당
신들이 어찌하여 이스라엘의 하나님
께 이런 악한 일을 하였소? 어찌하
여 당신들이 오늘날 주님을 떠나서,
제멋대로 단을 쌓아 주님을 거역하
였소?
17 우리가 브올에서 지은 범죄 때문에
주님의 회중에 재앙이 내렸고, 우리
는 아직도 그 죄를 다 씻지 못하고
있소. 그것으로도 부족하단 말이
오?
18 당신들은 오늘에 와서 주님을 따르
지 않고 등을 돌렸소. 오늘 당신들
이 주님을 거역하였으니, 내일은 주

하고 자기들의 의무를 망각하지 말 것을 강조하고 있다. 하나님의 계명을 지키는 일은 전쟁이 끝난 평화 시에도 똑같이 중요한 일이다.

22:10-12 요단 강 동쪽 지파들이 요단 강에 이르렀을 때, 그들은 서둘러 강 서쪽에 큰 제단을 쌓았다. 이 일은 이스라엘 자손들 간에 오해가 되어 요단 강 서쪽 지파들은 하나님께 제사를 드리는 장소가 두 곳이 되었다고 생각했다.

22:17 브올에서 지은 범죄 이스라엘 백성이 모압 여자와 음행을 하고 모압의 우상들을 숭배한 결과, 이스라엘 백성 24,000명이 죽었던 사건의 죄악을 가리키는 것이다(참조. 민 25장).

22:19 우리의 소유를 나누어 가지시오 요단 강 서쪽의 대표자들이 요단 강 동쪽의 백성들에게 이 말을 한 것은, 요단 강 동쪽의 땅이 엄격한 의미에 있어서 하나님이 약속하신 땅이 아니었기 때문이다. 하나님이 아브라함과 이삭과 야곱에게 약속하신 땅은 가나안 땅이었다. 그렇기 때문에

님께서 온 이스라엘의 회중에게 진
노하실 것이오.
19 만일 당신들의 소유지가 깨끗하지
못하거든, 주님의 성막이 있는 주님
의 소유지로 건너와서, 우리의 소유
를 나누어 가지시오. 주 우리 하나님
의 단 외에 당신들이 함부로 단을
쌓음으로써, 주님을 거역하거나 우리
를 거역하지 마시오.
20 세라의 아들 아간이, ㉠주님께 전멸
시켜 바칠 물건에 대하여 큰 죄를 지
어서, 이스라엘의 온 회중 위에 진노
가 내리지 않았소? 그의 죄 때문에
죽은 사람이 어디 그 한 사람뿐이
오?"
21 ○르우벤 자손과 갓 자손과 동쪽의
므낫세 반쪽 지파가 이스라엘의 천
천만만 백성의 가문 대표들에게 대
답하였다.
22 "㉡주 하나님은 전능하십니다! 주 하
나님은 전능하십니다! 우리가 왜 그
렇게 하였는지, 주님은 아십니다. 같
은 이스라엘 겨레인 여러분도 알아
주시기를 바랍니다. 우리가 한 이 일
이 주님을 반역하거나, 주님을 거역
하는 일이었다면, 주님께서 우리를
이렇게 살려 두지 않으셨을 것입니
다.
23 우리는 주님을 따르지 않고 등을 돌
리려고 이 단을 쌓은 것이 아닙니다.
또 드리는 이 단을 번제와 곡식제사
와 화목제사를 드리는 제단으로 사
용하지는 않을 것입니다. 우리가 만
일 이 단을 제단으로 쓸 목적으로
쌓았다면 주님께서 벌써 우리를 벌
하셨을 것입니다.
24 그러나 사실은 그렇지 않습니다. 우
리가 여기에 단을 쌓은 것은, 훗날
당신들의 자손이 우리의 자손에게
'너희가 주 이스라엘의 하나님과 무
슨 상관이 있느냐?
25 너희 르우벤 자손과 갓 자손아! 주
님께서 우리와 너희 사이에 요단 강
을 경계선으로 삼으셨으니, 너희는
주님에게서 받을 몫이 없다' 하고 말
하면서, 당신들의 자손이 우리의 자
손을 막아서, 주님을 경외하지 못하
게 할까 염려가 되어서,
26 우리가 이 단을 쌓은 것입니다. 이것
은 번제물을 드리거나 다른 어떤 제
물을 드리려고 쌓은 것이 아닙니다.
27 오히려 이 단은, 우리와 당신들 사이
에, 그리고 우리의 자손 사이에, 우
리의 믿음을 증명하려고 세운 것입
니다. 우리도 번제물과 다른 제물과
화목제물을 가지고 주님을 진정으
로 섬기는 사람들이라는 것을 증명
하려는 것입니다. 그래서 먼 훗날에,
당신들의 자손이 우리의 자손에게
'너희는 주님에게서 받을 몫이 없다'

가나안 땅에 정착한 이스라엘 지파가 요단 강 동쪽의 지파에게 그들의 소유지를 버리고 자기들과 같이 거주하자고 이야기하고 있다.

22:21-34 요단 강 동쪽 지파들이 제단을 쌓은 것은 훗날 이스라엘 지파들끼리 연대감이 사라질까 두려워하여 세운 것이다. 곧 요단 강 동쪽 지파들은 요단 강 서쪽 지파들과 같은 공동체라는 것을 증거하기 위해 세운 것이다(10절). 처음에는 요단 강 동쪽의 지파들이 세운 제단으로 오해한 요단 강 서쪽의 지파들과 분쟁이 생겼지만(12절), 대화를 통하여(15-29절) 상호 간의 오해는 해소되었다. 이러한 분쟁은 요단 강 서쪽 지파들이 이스라엘 공동체와 하나님과의 교제를 끊을 수 없다는 강한 관심으로 인한 것이었다. 과거의 브올의 죄악이나 아간의 죄악으로 인하여 이스라엘 공동체에 내려진 하나님의 징벌을 잊지 않고 있었기 때

㉠ 2:10 주를 볼 것 ㉡ 잘못한 일이 없음을 강조하여 맹세의 형식을 빌어 말할 때에, 하나님을 반복해서 부름

고 말하지 못하게 하려는 것입니다.
28 우리가 말한 대로, 훗날 당신들의 자
손이 우리에게나 우리 자손에게 그
같이 말한다면 '보아라, 이것은 우리
조상이 만든 주님의 제단의 모형일
뿐이다. 이것은 우리가 여기에서 번
제물을 드리거나, 다른 제물을 드리
려고 만든 것이 아니다. 이것은 다만
우리와 당신들 사이의 관계를 증명
하려는 것일 뿐이다' 하고 대답할 수
있을 것입니다.
29 우리는, 번제나 곡식제사를 아무데
서나 함부로 드리는 일이나, 다른 제
물을 바칠 불법적인 단을 만듦으로
써 주님을 거역하거나 배반하는 일
은, 결코 하지 않을 것입니다. 우리는
주 우리 하나님의 성막 앞에 있는
그 합법적인 단 외에는 어떤 제단도
쌓지 않을 것입니다."
30 ○제사장 비느하스와 회중의 대표
자들 곧 그와 함께 간 이스라엘의
천천만만 백성의 가문 대표들이, 르
우벤 자손과 갓 자손과 동쪽의 므낫
세 자손의 그 말을 듣고 기뻐하였다.
31 제사장 엘르아살의 아들인 비느하
스가 르우벤 자손과 갓 자손과 동쪽
의 므낫세 자손에게 말하였다. "당
신들이 이번 일로 주님께 반역한 것
이 아니기 때문에, 우리는 오늘 주님
께서 우리 가운데 계심을 알았소.
이제 당신들은 이스라엘 자손을 주
님의 손에서 건져 내었소."
32 ○제사장 엘르아살의 아들인 비느
하스와 백성의 대표들이 길르앗 땅
에 있는 르우벤 자손과 갓 자손을
만나 본 다음에, 가나안 땅으로 돌
아와서, 이스라엘 자손에게 그대로
보고하였다.
33 이스라엘 자손은 그 보고를 듣고 기
뻐하면서, 이스라엘 자손의 하나님
을 찬송하였다. 그래서 '르우벤 자손
과 갓 자손이 거주하는 땅으로 쳐올
라가서 그들을 멸하자' 하는 말을 다
시는 하지 않았다.
34 ○㉠르우벤 자손과 갓 자손은 이 단
을 일컬어 '주님께서 하나님이심을
우리 모두에게 증명함'이라고 하였
다.

여호수아의 고별사

23 주님께서 주변의 모든 원수를
멸하시어 이스라엘에게 안식
을 주신 뒤에, 오랜 세월이 흘러서
여호수아도 나이가 많이 들었고 늙
었다.
2 여호수아는 온 이스라엘 곧 장로들
과 우두머리들과 재판장들과 관리
들을 불러서, 그들에게 말하였다.
"나는 나이가 많이 들었고, 이렇게
늙었습니다.
3 당신들은 주 당신들의 하나님이 당

문이다(17–20절). 이 사건으로 하나님께 대한 신앙과 공동체 의식을 다시 새롭게 인식함으로써 서로를 더욱 신뢰하게 되었고 모두 하나님을 찬송하였다. 한편 이스라엘 백성들은 하나님께서 각 지파 간의 연합을 위해 준비하셨던 실로의 회막(18:1)의 의미를 깨닫지 못했음이 틀림없다.

㉠ 시리아어역에는 "르우벤 자손과 갓 자손은 '이 단이 주님께서 하나님이심을 우리 사이에서 증명한다'고 하면서 그 이름을 엣이라고 하였다"

23장 요약 본장과 다음 장은 여호수아가 행한 고별 설교이다. 여호수아는 임종을 앞두고 사회 지도급 인사들과 백성에게 당부한다. 그 요지는 그들이 가나안을 이스라엘에게 주신 하나님을 계속 믿고 섬기면 그 땅에서 영원토록 살게 될 것이지만 다른 신을 섬기면 그 땅을 잃어버릴 것이라는 내용이다.

23:4–5 하나님이 약속한 땅이 요단 서편의 가나

신들의 편이 되시어 이 모든 이방 나
라에게 어떻게 하셨는지, 그 모든 일
을 잘 보셨습니다. 과연 주 당신들의
하나님은 당신들의 편이 되시어 싸
우셨습니다.
4 보십시오. 요단 강으로부터 해 지는
지중해까지, 아직 남아 있는 모든 나
라와 이미 정복한 모든 나라를, 나
는 당신들의 각 지파에게 유산으로
나누어 주었습니다.
5 주 당신들의 하나님이 친히 당신들
앞에서 그들까지 마저 쫓아내실 것
입니다. 주님께서 당신들이 보는 앞
에서 그들을 몰아내실 터인데, 그 때
에 당신들은 주 하나님이 약속하신
그 땅을 소유하게 될 것입니다.
6 그러므로 모세의 율법책에 기록된
모든 것을 아주 담대하게 지키고 행
하십시오. 그것을 벗어나 좌로나 우
로나 치우치지 마십시오.
7 당신들과 이웃한, 남아 있는 이 나라
들과 사귀지 말며, 그 신들의 이름
을 부르거나 그 이름으로 맹세하지
도 마십시오. 그것을 섬기거나 경배
하지도 마십시오.
8 오직 당신들은 지금까지 해 온 대로,
주 당신들의 하나님만 가까이하십시
오.
9 주님께서 당신들 앞에서 크고 강한
나라들을 몰아내셨으므로, 지금까
지 당신들을 당할 사람이 없었던 것
입니다.
10 주 당신들의 하나님이 약속하신 대
로 당신들의 편을 들어서 몸소 싸우
셨기 때문에, 당신들 가운데서 한 사
람이 원수 천 명을 추격할 수 있었
던 것입니다.
11 그러므로 삼가 조심하여 주 당신들
의 하나님을 사랑하십시오.
12 만일 당신들이 이것을 어기고, 당신
들 가운데 살아 남아 있는 이 이방
민족들을 가까이하거나, 그들과 혼
인관계를 맺으며 사귀면,
13 주 당신들의 하나님이 당신들 앞에
서 다시는 이 민족들을 몰아내지 아
니하실 것이라는 사실을 분명히 아
십시오. 그들이 당신들에게 올무와
덫이 되고, 잔등에 채찍이 되며, 눈
에 가시가 되어, 끝내 당신들은 주
당신들의 하나님이 주신 이 좋은 땅
에서 멸망하게 될 것입니다.
14 ○나는 이제 온 세상 사람이 가는
길로 갈 때가 되었습니다. 당신들은
주 하나님이 약속하신 모든 선한 말
씀 가운데서 이루어지지 않은 것이
하나도 없음을, 당신들 모두의 마음
과 모두의 양심 속에 분명히 알고 있
습니다. 그 가운데서 한 말씀도 어김
이 없이 다 이루어졌습니다.
15 주 하나님이 약속하신 모든 선한 말

안 땅임을 말해 준다. 하나님께서 그 땅에 남은 가나안 족속들을 결국 몰아내실 것이다.

23:7 부르거나 그 이름으로 맹세하지도 마십시오 여기에서 '부르다'는 (히) '자카르'로서, 문자적으로 '기억하다'란 뜻을 가지고 있다. 본문의 뜻은 이방 신들을 아예 생각하지 말라는 것이다.

23:11 삼가 조심하여 이 말의 문자적 의미는 '네 영혼을 조심하라'이다(비교. 신 4:15). 곧 이 말은 하나님을 마음과 정성을 다하여 사랑할 것을 말한다. 신명기 6:5;10:12;11:13에는 '하나님을 사랑하라'는 말이 이미 기록되어 있다. 이것은 삶의 첫째 되는 것이며 가장 먼저 행해야 할 것이다.

23:15–16 언약을 어기면 하나님이 주신 모든 선한 것이 완전히 뒤바뀔 것을 강조한다. 언약은 율법과 밀접하게 관련되어 있다(비교. 신 4:13). 하나님이 은혜로 이스라엘 백성을 이집트에서 구원하고 율법을 주셨지만, 그 율법을 지킬 의무는 바로 은혜를 받은 이스라엘 백성에게 있는 것이다.

씀을 여러분에게 그대로 이루셨지
만, 그 반대로 주님께서는 모든 해로
운 일도 여러분에게 미치게 하여, 주
하나님이 당신들에게 주신 이 좋은
땅에서 여러분을 없애 버리실 수도
있음을 명심하십시오.
16 그러므로 여러분이, 주 하나님이 여
러분에게 지키라고 명하신 언약을
어기고, 가서 다른 신을 섬기고 경배
하면, 주님의 진노가 여러분에게 내
려, 당신들은 그가 주신 좋은 땅에
서 곧 망하게 될 것입니다."

여호수아가 세겜에 모인 백성에게 당부함

24 여호수아가 이스라엘의 모든
지파를 세겜에 모이게 하였다.
그가 이스라엘의 장로들과 그 우두
머리들과 재판관들과 공직자들을
불러내니, 그들이 하나님 앞에 나와
서 섰다.
2 그 때에 여호수아가 온 백성에게 말
하였다. "주 이스라엘의 하나님이 이
렇게 말씀하셨습니다. ○'옛날에 아
브라함과 나홀의 아비 데라를 비롯
한 너희 조상은 유프라테스 강 건너
에 살면서 다른 신들을 섬겼다.
3 그러나 내가 너희 조상 아브라함을
강 건너에서 이끌어 내어, 그를 가나
안 온 땅에 두루 다니게 하였으며,
자손을 많이 보게 하였다. 내가 그에
게 이삭을 주었고,
4 이삭에게는 야곱과 에서를 주었다.
그리고 에서에게는 세일 산을 주어
차지하게 하였다. 야곱과 그의 아들
들이 이집트로 내려갔지만,
5 내가 모세와 아론을 보내서, 이집트
에 재앙을 내려 그들을 치고, 너희를
그 곳에서 이끌어 내었다. 내가 그들
에게 어떻게 하였는지는, 너희가 이
미 잘 알고 있다.
6 이집트에서 구출된 너희의 조상이
홍해에 다다랐을 때에, 이집트 사람
들이 병거와 마병을 거느리고 홍해
까지 너희 조상을 추격하였다.
7 너희의 조상이 살려 달라고 나 주에
게 부르짖을 때에, 내가 너희들과 이
집트 사람들 사이에 흑암이 생기게
하고, 바닷물을 이끌어 와서 그들을
덮었다. 너희는 내가 이집트에서 한
일을 너희 눈으로 직접 보았다. 너희
가 광야에서 오랫동안 지낸 뒤에,
8 나는 너희를 요단 강 동쪽에 살고 있
는 아모리 사람들의 땅으로 들어가
게 하였다. 그 때에 그들이 너희에게
대항하여 싸웠으나, 내가 그들을 너
희 손에 넘겨 주었으므로, 너희가 그
땅을 차지하였다. 나는 그들을 너희
가 보는 앞에서 멸망시켰다.
9 그 때에 모압의 십볼의 아들 발락
왕이 일어나서, 이스라엘에 대항하
여 싸웠다. 발락은 사람을 보내어 브

24장 요약 여호수아는 고별사를 마무리하며 이스라엘의 역사를 회고한다. 이는 백성들이 그들을 위해 베푸신 하나님의 능력과 은혜를 깨닫고 그분만을 섬기도록 하기 위해서였다. 한편, 본서 전체의 마지막 부분은 여호수아, 요셉, 엘르아살의 죽음과 매장 기사로 끝난다.

24:7 부르짖을 때에 하나님께 구원을 요청하는 모습을 묘사한 것으로, 상한 자, 눌린 자의 상태를 말할 때도 있다(비교. 출 22:23).

24:9–10 십볼의 아들 발락 발락의 저주 사건은 이스라엘 백성에게 오랫동안 기억되었다. 심지어 신약에서도 그 사건을 언급한다(벧후 2:15;계 2:14). 이 사건을 통해 하나님께서는 자신의 백성이 해를 당하는 것을 허락지 않는다는 사실을 보여 준다(민 22:12;23:8,23). 하나님의 초자연적인 간섭으로 발람의 저주는 무산된다. 저주 안에는 어떤 강한 악령의 세력이 있을 가능성이 있다. 예를 들

올의 아들 발람을 불러다가, 너희를
저주하려 하였다.
10 그러나 내가 발람의 말을 들어주지
않았으므로, 발람이 오히려 너희를
축복하였고, 나는 너희를 발락의 손
에서 구출해 주었다.
11 너희가 요단 강을 건너서 여리고에
이르렀을 때에, 여리고 사람과 아모
리 사람과 브리스 사람과 가나안 사
람과 헷 사람과 기르가스 사람과 히
위 사람과 여부스 사람이 너희를 대
항하여 싸웠으므로, 내가 그들을 너
희 손에 넘겨 주었다.
12 내가 너희보다 앞서 말벌을 보내어,
아모리 사람의 두 왕을 너희 앞에서
쫓아냈다. 이 두 왕을 몰아낸 것은
너희의 칼이나 활이 아니다.
13 너희가 일구지 아니한 땅과 너희가
세우지 아니한 성읍을 내가 너희에
게 주어서, 너희가 그 안에서 살고
있다. 너희는 너희가 심지도 아니한
포도밭과 올리브 밭에서 열매를 따
먹고 있는 것이다.'
14 ○이렇게 말씀하셨으니, 당신들은 이
제 주님을 경외하면서, 그를 성실하
고 진실하게 섬기십시오. 그리고 여
러분은 여러분의 조상이 강 저쪽의
메소포타미아와 이집트에서 섬기던
신들을 버리고, 오직 주님만 섬기십
시오.
15 주님을 섬기고 싶지 않거든, 조상들
이 강 저쪽의 메소포타미아에서 섬
기던 신들이든지, 아니면 당신들이
살고 있는 땅 아모리 사람들의 신들
이든지, 당신들이 어떤 신들을 섬길
것인지를 오늘 선택하십시오. 나와
나의 집안은 주님을 섬길 것입니다."
16 ○백성들이 대답하였다. "주님을 저
버리고 다른 신들을 섬기는 일은 우
리가 절대로 하지 않겠습니다.
17 주 우리 하나님이 친히 우리와 우리
조상을 이집트 땅 종 되었던 집에서
이끌어 내시고, 우리가 보는 앞에서
그 큰 기적을 일으키셨습니다. 또 우
리가 이리로 오는 동안에 줄곧 우리
를 지켜 주셨고, 우리가 여러 민족들
사이를 뚫고 지나오는 동안에 줄곧
우리를 지켜 주셨습니다.
18 그리고 주님께서는 이 모든 민족을,
이 땅에 사는 아모리 사람까지도, 우
리 앞에서 쫓아내셨습니다. 그러므
로 우리는 주님을 섬기겠습니다. 오직
그분만이 우리의 하나님이십니다."
19 ○그러나 여호수아는 백성들에게 이
렇게 말하였다. "당신들은 주님을 섬
기지 못할 것입니다. 그분은 거룩하
신 하나님이시며, 질투하시는 하나님
이시기 때문에, 당신들의 허물과 죄
를 용서하지 않을 것입니다.
20 만일 당신들이 주님을 저버리고 이

면, 다니엘서 후반부에 나타난 영계에서의 전투를 연상할 수 있다(단 10:12-13).

24:12 말벌 출애굽기 23:28과 신명기 7:20의 성취이다. 실제 벌을 의미하는지는 정확하게 모르지만, 고대 근동 아시아에서는 벌들을 전쟁 무기로 사용한 적이 있다고 한다. 본문에 기록된 사건은 이스라엘 백성에게 가나안 땅을 주신 하나님의 은혜이자, 초자연적인 행위였다.

24:14-18 여호수아는 이스라엘 백성에게 신앙의 결단을 촉구한다. 백성들은 하나님의 인도하심을 기억하고 다른 신을 섬기지 않겠다고 고백한다.

24:19-28 여호수아는 신앙의 어려움에 대해 이야기한다(19절). 신앙, 곧 하나님을 섬기는 일은 실행 불가능한 일이 아니다. 여호수아는 신앙의 성공은 먼저 우상을 섬기지 않는 일에서 비롯된다고 설명한다. 비록 백성들이 지금은 하나님을 성실히 섬기겠노라고 고백하고 있지만(21절), 입술의 고백이 생활로 이어지기는 어렵다는 사실을

방 신들을 섬기면, 그는 당신들에게
대항하여 돌아서서, 재앙을 내리시
고, 당신들에게 좋게 대하신 뒤에라
도 당신들을 멸망시키시고 말 것입
니다."
21 ○그러자 백성들이 여호수아에게 말
하였다. "아닙니다. 우리는 주님만을
섬기겠습니다."
22 여호수아가 백성에게 말하였다. "당
신들이 주님을 택하고 그분만을 섬
기겠다고 한 말에 대한 증인은 바로
여러분 자신들입니다." 그러자 그들
은 말하였다. "우리가 증인입니다."
23 여호수아가 또 말하였다. "그러면 이
제 당신들 가운데 있는 이방 신들을
내버리고, 마음을 주 이스라엘의 하
나님께 바치십시오."
24 백성들이 여호수아에게 말하였다.
"우리가 주 우리의 하나님을 섬기며,
그분의 말씀을 따르겠습니다."
25 ○그 날 여호수아가 세겜에서 백성
들과 언약을 세우고, 그들이 지킬 율
례와 법도를 만들어 주었다.
26 여호수아가 이 모든 말씀을 하나님
의 율법책에 기록하고, 큰 돌을 가져
다가 주님의 성소 곁에 있는 상수리
나무 아래에 두고,
27 모든 백성에게 말하였다. "보십시오,
이 돌이 우리에게 증거가 될 것입니
다. 주님께서 우리에게 하신 모든 말
씀을 이 돌이 들었기 때문입니다. 여
러분이 여러분의 하나님을 모른다고
할 때에, 이 돌이 여러분이 하나님을
배반하지 못하게 하는 증거가 될 것
입니다."
28 여호수아는 백성들을 제각기 유산
으로 받은 땅으로 돌려보냈다.

여호수아와 엘르아살이 죽다

29 ○이 일을 마친 다음에, 주님의 종
눈의 아들 여호수아가 죽었다. 그의
나이는 백십 세였다.
30 사람들이 그를 그가 유산으로 받은
딤낫세라에 장사하였다. 그 곳은 가
아스 산 북쪽 에브라임 산간지방에
있다.
31 ○이스라엘은 여호수아의 생전에 줄
곧 주님을 섬겼고, 여호수아가 죽은
뒤에도 주님께서 이스라엘에게 베푸
신 모든 일을 아는 장로들이 살아
있는 날 동안에는 주님을 섬겼다.
32 ○이스라엘 자손은 이집트에서 가져
온 요셉의 유해를 세겜에 묻었다. 그
곳은 야곱이 세겜의 아버지 하몰의
자손에게 금 백 냥을 주고 산 땅인
데, 요셉 자손의 유산이 된 곳이다.
33 ○아론의 아들 엘르아살도 죽었다.
사람들은 그를, 그의 아들 비느하스
가 유산으로 받은, 에브라임의 산간
지방인 기브아에 장사하였다.

여호수아는 잘 알고 있었다. 그래서 그들과 언약을 맺는다.

24:27–28 하나님께서 이스라엘 백성에게 말씀하*신 것을 말없는 돌이 증거*한다. 2–13절 사이에 기록된 하나님의 구원 행위에 대한 표적으로서 세워졌다.

24:29–33 여호수아는 젊었을 때부터 하나님의 일에 충성을 다해 왔고, 하나님의 전쟁인 가나안 정복 전쟁을 승리로 이끄는 데 이바지했으며, 가나안 땅을 이스라엘 자손에게 분배하였다. 그는 흠이 없었고, 강하고 담대하게 하나님의 일을 감당하였으며, 충실히 모세의 율법을 지켜 행한 사람이다. 이런 신실한 여호수아에게 하나님은 신실함을 나타내셨다. 그의 앞에 항상 하나님이 행하셨으며, 심지어 그의 말을 듣고서 주님께서 그대로 응답하여 행하실 정도로(10:14) 여호수아는 참된 주님의 종(29절)이었다. 이런 의미에서 여호수아는 예수 그리스도를 예표한다.

사사기

JUDGES

저자 사무엘(확실치 않음)

저작 연대 탈무드에 의하면 사무엘이 사사기를 기록하였다고 하나 확실한 것은 알려져 있지 않다. 저작 연대에 관하여도 정확한 연도는 알 수 없지만 왕정 시대에 기록되었다는 것은 확실하다. "그 때에는 이스라엘에 왕이 없었으므로"(17:6)라는 표현은 이 책이 왕정 수립 이후에 기록되었다는 것을 알려 준다. 그리고 여부스 사람이 여전히 예루살렘을 장악하고 있다는 사실(1:21)은 다윗의 예루살렘 점령(B.C. 1000년경; 참고. 삼하 5:6) 이전에 사사기가 기록되었다는 것을 시사한다.

기록 장소와 대상 약속의 땅인 가나안에서 기록되었으며 이스라엘 백성을 대상으로 썼다.

핵심어 및 내용 사사기의 핵심어는 '불순종', '심판', '회개', '자비' 등이다. 이스라엘 백성은 반복되는 자신들의 타락에 대해서 회개하고 돌이키기보다는 계속해서 죄를 범하였다. 그들은 불순종함으로 말미암아 하나님의 심판을 받게 되었다. 그러나 고통 가운데에서 이스라엘 백성이 회개하자 하나님은 그의 자비로써 이스라엘 백성을 회복하고 그들에게 평안한 삶을 허락해 줄 지도자를 세우셨다.

내용 분해

1. 머리말: 불완전한 정복과 배교(1:1–3:6)
2. 압제와 구원(3:7–16:31)
3. 맺는 말: 종교적·도덕적 무질서(17–21장)

사사기

유다와 시므온 지파가 아도니베섹을 잡다

1 여호수아가 죽은 뒤에, 이스라엘
자손이 주님께 여쭈었다. "우리 가
운데 어느 지파가 먼저 올라가서 가
나안 사람과 싸워야 합니까?"
2 주님께서 대답하셨다. "유다 지파가
먼저 올라가거라. 내가 그 땅을 유다
지파의 손에 넘겨 주었다."
3 그 때에 유다 지파 사람들이 자기들
의 동기인 시므온 지파 사람들에게
제안하였다. "우리와 함께 우리 몫으
로 정해진 땅으로 올라가서, 가나안
사람을 치자. 그러면 우리도 너희 몫
으로 정해진 땅으로 함께 싸우러 올
라가겠다." 그리하여 시므온 지파가
유다 지파와 함께 진군하였다.
4 유다 지파가 싸우러 올라갔을 때에,
주님께서 가나안 사람과 브리스 사
람을 그들의 손에 넘겨 주셨으므로,
그들은 베섹에서 만 명이나 무찔렀
다.
5 그 곳 베섹에서 그들은 아도니베섹
을 만나서 그와 싸워, 가나안 사람
과 브리스 사람을 무찔렀다.
6 그들은 도망치는 아도니베섹을 뒤쫓
아가서 사로잡아, 그의 엄지손가락
과 엄지발가락을 잘라 버렸다.
7 그러자 아도니베섹은 "내가 일흔 명
이나 되는 왕들의 엄지손가락과 엄
지발가락을 잘라 내고, 나의 식탁 밑
에서 부스러기를 주워서 먹게 하였
더니, 하나님이, 내가 한 그대로 나에
게 갚으시는구나!" 하고 탄식하였다.
그는 예루살렘으로 끌려가서 거기
에서 죽었다.

유다 지파가 예루살렘과 헤브론을 치다

8 ○유다 자손이 예루살렘을 치고 점
령하여, 그 곳 주민을 칼로 죽이고,
그 성을 불태웠다.
9 그 다음에 유다 자손은 산간지방과
네겝 지방과 낮은 지대로 내려가서,
거기에 사는 가나안 사람과 싸웠다.
10 또 유다 자손은 헤브론에 사는 가나
안 사람을 쳤다. 헤브론은 전에 기
럇 아르바라고 불리던 곳이다. 거기
에서 그들은 세새와 아히만과 달매

를 무찔렀다.

옷니엘이 드빌을 정복하다 (수 15:13-19)

11 ○거기에서 그들은 드빌 주민을 치러
갔다. 드빌은 일찍이 기랏세벨이라고
불리던 곳이다.
12 그 때에 갈렙이, 기럇세벨을 쳐서 점
령하는 사람은, 그의 딸 악사와 결혼
시키겠다고 말하였다.
13 갈렙의 아우 그나스의 아들인 옷니
엘이 그 곳을 점령하였으므로, 갈렙
은 그를 자기의 딸 악사와 결혼시켰
다.
14 결혼을 하고 나서, ㉠악사는 자기의
남편 옷니엘에게 아버지에게서 밭을
얻으라고 재촉하였다. 악사가 나귀
에서 내리자 갈렙이 딸에게 물었다.
"뭐, 더 필요한 것이 있느냐?"
15 악사가 대답하였다. "제 부탁을 하나
들어주시기 바랍니다. 아버지께서
저에게 이 메마른 땅을 주셨으니, 샘
몇 개만이라도 주시기 바랍니다." 갈
렙은 딸에게 윗샘과 아랫샘을 주었
다.

유다와 베냐민 지파의 승리

16 ○㉡모세의 장인은 겐 자손인데, 그
의 자손이 유다 자손과 함께 종려나
무 성읍인 여리고로부터 아랏 ㉢남
쪽에 있는 유다 광야로 옮겨와서, 유
다 광야 ㉣백성 가운데 자리잡고 살
았다.
17 유다 지파 사람들이 그들의 동기인
시므온 지파 사람들과 함께, 스밧에
사는 가나안 족속에게 쳐들어가서,
그들을 무찌르고, 그 곳을 전멸시켰
다. 그래서 그 성읍의 이름을 ㉤호르
마라고 부른다.
18 또 유다 지파 사람들은, 가사와 그
지역 일대와, 아스글론과 그 지역 일
대와, 에그론과 그 지역 일대를 ㉥점
령하였다.
19 주님께서 유다 지파 사람들과 함께
계셨으므로, 그들은 산간지방을 차
지할 수 있었다. 그러나 낮은 지대에
살고 있는 거민들은, 철 병거로 방비
하고 있었기 때문에 쫓아내지 못하
였다.
20 그들은, 모세가 명령한 대로, 헤브론
을 갈렙에게 주었다. 갈렙은 거기서
아낙의 세 아들을 쫓아냈다. 그러나
21 베냐민 자손이 예루살렘에 사는 여
부스 사람을 쫓아내지 못하였으므
로, 여부스 사람이 오늘날까지 예루
살렘에서 베냐민 자손과 함께 살고
있다.

에브라임과 므낫세 지파가 베델을 치다

22 ○요셉의 집안 역시 베델을 치러 올
라갔다. 주님께서 그들과 함께 계셨
다.
23 요셉 가문이 베델을 정찰하였는데,
그 성읍 이름이 전에는 루스였다.

1장 요약 1:1–3:6은 본서의 서론에 해당한다. 본장에서는 여호수아가 죽은 후 미정복 상태로 남아 있었던 가나안 땅에 대한 정복 사실이 소개되고 있다. 이스라엘 백성은 하나님의 명령에 순종하지 않았고, 이는 이스라엘의 타락의 배경이 된다.

1:1–36 1장에서는 이스라엘 각 지파들이 여호수아가 죽은 후, 어떤 전투를 하였는가를 상세히 말해 주고 있다. 가나안 사람들과의 전투는 여호수아의 마지막 유언(수 23–24장)에 영향을 받아 다시 시작되었다. 하나님의 명령에 따라, 유다와 시므온 지파가 앞장을 섰고(1–20절), 이후 다른 지

㉠ 칠십인역 사본 가운데 더러는 옷니엘이 그의 아내 악사를 시켜 장인 갈렙에게서 밭을 얻어내라고 재촉함. 수 15:18 본문과 주를 볼 것 ㉡ 칠십인역에는 '장인 호밥은'. 모세의 장인은 민 10:29 및 삿 4:11에서는 호밥이고, 출 2:21에서는 르우엘이고, 출 18장에서는 이드로이다 ㉢ **히**, '네겝' ㉣ 칠십인역 사본 가운데 몇몇과 고대 라틴어역에는 '아말렉 백성 가운데'임. 삼상 15:6을 볼 것 ㉤ '전멸', '멸망' ㉥ 칠십인역에는 '점령하지 못하였다'

24 정찰병들이 그 성읍에서 나오는 한
사람을 붙들고 말하였다. "성읍으로
들어가는 길이 어디인지 알려 주십
시오. 은혜는 잊지 않겠습니다."
25 그 사람이 정찰병들에게 성읍으로
들어가는 길을 일러주니, 그들은 그
리로 가서 그 성읍을 칼로 무찔렀다.
그러나 그 남자와 그의 가족은 모두
살려 보냈다.
26 그 사람이 헷 사람들의 땅으로 가서
한 성읍을 세우고, 그 이름을 루스
라 하였는데, 오늘날까지도 그 이름
으로 불린다.

쫓아내지 않은 가나안 사람들

27 ○므낫세 지파가 벳산과 그 주변 마
을들과, 다아낙과 그 주변 마을들
과, 돌과 그 주변 마을들과, 이블르암
과 그 주변 마을들과, 므깃도와 그
주변 마을들에 사는 주민을 몰아내
지 못하였으므로, 가나안 사람들은
그 땅에서 살기로 마음을 굳혔다.
28 그런데 이스라엘 백성은 강성해진
다음에도 가나안 사람을 모조리 몰
아내지 않고, 그들을 부역꾼으로 삼
았다.
29 ○에브라임 지파가 게셀에 사는 가
나안 사람을 몰아내지 못하였으므
로, 가나안 사람이 아직도 게셀에서
그들 가운데 섞여 살고 있다.
30 ○스불론 지파가 기드론의 주민과
나할롤의 주민을 몰아내지 못하였
으므로, 가나안 사람들이 그들 가운
데 살면서 부역꾼이 되었다.
31 ○아셀 지파는 악고의 주민과 시돈의
주민과 알랍과 악십과 헬바와 ㉠아벡
과 르홉의 주민을 몰아내지 못하였
다.
32 아셀 지파가 그 땅의 주민인 가나안
사람과 섞여 산 까닭은, 그들을 쫓아
내지 못하였기 때문이다.
33 ○납달리 지파는 벳세메스 주민과
벳아낫 주민을 몰아내지 못하고, 그
땅의 주민인 가나안 사람과 섞여 살
면서, 벳세메스와 벳아낫 주민을 부
역꾼으로 삼았다.
34 ○아모리 사람은 단 지파 자손을 힘
으로 산간지방에 몰아넣어, 낮은 지
대로 내려오지 못하게 하였다.
35 그리고 아모리 사람은 헤레스 산과
아얄론과 사알빔에 살기로 마음을
굳혔으나, 요셉 가문이 강성하여지
니, 그들은 요셉 가문의 부역꾼이 되
었다.
36 ○㉡아모리 사람의 경계선은 아그랍
빔 비탈에 있는 바위에서부터 그 위
쪽이다.

보김에 나타난 주님의 천사

2 주님의 천사가 길갈에서 보김으로
올라와서 이렇게 말하였다. "나는
너희를 이집트에서 이끌어 내었고,

파들도 그 뒤를 따라 각 지파의 영토 안에 있는 가나안 사람들과 맞서 싸워 나갔다(21-36절). 하지만 사사기에는 이스라엘 지파들이 가나안 족속을 쫓아내지 않는 모습을 강조하고 있다. 사사기는 다음과 같은 도식을 따르고 있다. ① 하나님은 선을 행하신다(여호수아기). ② 이스라엘은 배교한다(2:12). ③ 하나님은 징벌하신다(2:14 이하). ④ 이스라엘은 하나님께 부르짖는다(3:9). ⑤ 하나님은 들으시고 그 뜻을 돌이키신다(2:18).

2장 요약 사사 시대 직전의 상황(1-5절)과 사사 시대 전반에 걸쳐 나타난 이스라엘의 패역한 모습(6-23절)을 요약하고 있다. 하나님은 우상 숭배로 인해 부패한 가나안 주민들을 쫓아내라고 명하셨으나, 그들은 그 명령을 거부하고 가나안 종교를 받아들여 불행을 자초한다.

㉠ 히, '아빅' ㉡ 칠십인역과 고대 라틴어역과 아랍어역과 시리아어역과 헥사플라에는 '에돔 사람'

또 너희 조상에게 맹세한 이 땅으로
너희를 들어오게 하였다. 내가 너희
에게 말하기를 '나는 너희와 맺은 언
약을 영원히 깨뜨리지 않을 것이니,
2 너희는 이 땅의 주민과 언약을 맺지
말고, 그들의 단을 헐어야 한다' 하였
다. 그러나 너희는 나의 말에 순종하
지 않았다. 너희가 어찌하여 이런 일
을 하였느냐?
3 내가 다시 말하여 둔다. 나는 그들
을 너희 앞에서 몰아내지 않겠다. 그
들은 결국 너희를 ㉠찌르는 가시가
되고, 그들의 신들은 너희에게, 우상
을 숭배할 수밖에 없도록 옭아매는
올무가 될 것이다."
4 주님의 천사가 온 이스라엘 자손에
게 이 말을 하였을 때에, 백성들은
큰소리로 울었다.
5 그래서 그들이 그 장소의 이름을 ㉡보
김이라 부르고, 거기에서 주님께 제
사를 드렸다.

여호수아가 죽다

6 ○여호수아가 모인 백성을 흩어 보낸
뒤에, 이스라엘 자손은 각각 자기가
유산으로 받은 땅으로 가서, 그 땅
을 차지하였다.
7 온 백성은 여호수아가 살아 있는 동
안 주님을 잘 섬겼다. 그들은 여호수
아가 죽은 뒤에도, 주님께서 이스라
엘에게 베푸신 큰 일을 모두 눈으로
직접 본 장로들이 살아 있는 동안에
는 주님을 잘 섬겼다.
8 주님의 종인 눈의 아들 여호수아는
백열 살에 죽었다.
9 그리하여 그들은, 그가 유산으로 받
은 땅의 경계선 안 에브라임 산간지
방인 가아스 산 북쪽 딤낫헤레스에
그를 묻었다.
10 그리고 그 세대 사람들도 모두 죽어
조상들에게로 돌아갔다. 그들이 죽
은 뒤에 새로운 세대가 일어났는데,
그들은 주님을 알지 못하고, 주님께
서 이스라엘을 돌보신 일도 알지 못
하였다.

이스라엘이 주님을 배반하다

11 ○이스라엘 자손이 바알 신들을 섬
기어, 주님께서 보시기에 악한 행동
을 일삼았으며,
12 이집트 땅에서 그들을 이끌어 내신
주 조상의 하나님을 저버리고, 주위
의 백성들이 섬기는 다른 신들을 따
르며 경배하여, 주님을 진노하시게
하였다.
13 그들은 이렇게 주님을 저버리고 바
알과 아스다롯을 섬겼다.
14 그러므로 주님께서 이스라엘 백성에
게 크게 분노하셔서, 그들을 약탈자
의 손에 넘겨 주셨으므로, 약탈자들
이 그들을 약탈하였다. 또 주님께서
는 그들을 주위의 원수들에게 팔아

2:1–5 이스라엘은 가나안 주민들을 동정해선 안 되며, 언약을 맺어서 이스라엘의 공동체로 끌어들이는 것은 더욱 안 된다(2절). 하나님은 자신에게 속한 백성을 택하여서, 그들이 자신의 명령대로 행함으로써 하나님의 나라를 건설하게 하신다. 하나님은 이런 계획 아래 이스라엘과 시내 산에서 언약을 맺으셨으며(출 19장), 지금도 그 언약은 유효하다. 그러나 이스라엘은 지금 이 언약을 깨뜨리고 있다(1–2절). 주님의 천사가 이런 사실에 대해 추궁을 하자 이스라엘은 울고만 있다(4절). 진정한 회개가 없는 눈물은 하나님 앞에서 아무런 소용이 없다.

2:6–23 이스라엘은 가나안 종교를 받아들임으로써 하나님께 대한 믿음이 약해져 갔다. 바알과 아스다롯을 신봉하면서(11–13절) 이스라엘은 하

㉠ 고대 라틴어역과 불가타와 칠십인역에는 '찌르는 가시' 또는 '적대자들'. 마소라 본문에는 '그들이 너희 편 안에 있고' ㉡ '우는 사람들'

넘기셨으므로, 그들이 다시는 원수
들을 당해 낼 수 없었다.
15 그들이 싸우러 나갈 때마다, 주님께
서 그들에게 말씀하시고 맹세하신
대로, 주님께서 손으로 그들을 쳐서
재앙을 내리셨으므로, 그들은 무척
괴로웠다.
16 ○그 뒤에 주님께서는 사사들을 일
으키셔서, 그들을 약탈자의 손에서
구하여 주셨다.
17 그러나 그들은 사사들의 말도 듣지
않고, 오히려 음란하게 다른 신들을
섬기며 경배하였다. 그들은 자기 조
상이 주님의 명령에 순종하며 걸어
온 길에서 빠르게 떠나갔다. 그들은
조상처럼 살지 않았다.
18 그러나 주님께서는 그들을 돌보시려
고 사사를 세우실 때마다 그 사사와
함께 계셔서, 그 사사가 살아 있는
동안에는 그들을 원수들의 손에서
구하여 주셨다. 주님께서, 원수들에
게 억눌려 괴로움을 당하는 그들의
신음소리를 들으시고, 그들을 불쌍
히 여기셨기 때문이다.
19 그러나 사사가 죽으면 백성은 다시
돌아서서, 그들의 조상보다 더 타락
하여, 다른 신들을 따르고 섬기며,
그들에게 경배하였다. 그들은 악한
행위와 완악한 행실을 버리지 않았
다.
20 그러므로 주님께서 이스라엘 백성에
게 크게 노하셔서, 이렇게 말씀하셨
다. "이 백성이, 내가 그들의 조상과
세운 언약을 어기고, 나에게 순종하
지 않았다.
21 그러므로 나도, 여호수아가 죽은 뒤
에도 남아 있는 민족들 가운데 어느
하나라도 더 이상 몰아내지 않겠다.
22 이렇게 하여서, 이스라엘 백성이 나
주가 가르쳐 준 길을 그들의 조상처
럼 충실하게 걸어가는지 가지 않는
지를 시험하여 보겠다."
23 그래서 주님께서는 다른 민족들을
얼른 몰아내지 않고, 그 땅에 남아
있게 하셨으며, 여호수아에게도 그
들을 넘겨 주지 않으셨던 것이다.

그 땅에 남아 있는 민족들

3 가나안 전쟁을 전혀 겪어 본 일이
없는 모든 이스라엘 백성을 시험
하시려고, 주님께서 그 땅에 남겨 두
신 민족들이 있다.
2 전에 전쟁을 겪어 본 일이 없는 이스
라엘 자손의 세대들에게, 전쟁이 무
엇인지 가르쳐 알게 하여 주려고 그
들을 남겨 두신 것이다.
3 그들은 바로 블레셋의 다섯 통치자
와 가나안 사람 모두와 시돈 사람과
히위 사람이다. 히위 사람은 바알헤
르몬 산으로부터 저 멀리 하맛 어귀
에까지 이르는 레바논 산에 사는 사

나님을 배신하였다. 하나님은 이에 상응하는 대가를 주셨다. 결국 하나님은 이스라엘의 원수들을 도구로 사용하셔서 자신의 백성을 징벌하시면서(14-15절), 그들이 하나님의 길로 나아가는지를 시험하셨다(22절).

2:16 사사 (히) '쇼페팀' 곧 '판결하는 이들, 다스리는 이들'이라는 뜻이다. 하나님께서 세우신 사사들은 왕정(王政)이 시작되기 전에 이스라엘을 다스리던 통치자이자 구원자였다.

3장 요약 본장 서두(1-6절)에서는 하나님이 가나안 땅에 이방 민족을 남겨 두신 이유가 간략히 제시되어 있다. 7절 이하는 옷니엘(7-11절), 에훗(12-30절), 그리고 삼갈(31절) 등과 같은 사사들의 활약상을 소개하는 내용이다.

3:1-6 하나님께서 이스라엘 자손을 시험하시려고 남겨 둔 나라는 3절에 나와 있는 나라들뿐이다. 하나님께서 의도적으로 이렇게 하신 이유는

람들이다.
4 주님께서 이스라엘 자손을 시험하셔
서, 그들이 과연 주님께서 모세를 시
켜 조상들에게 내리신 명령에 순종
하는지 순종하지 않는지를 알아보
시려고 이런 민족들을 남겨놓으신
것이다.
5 그래서 이스라엘 자손은 가나안 사
람과 헷 사람과 아모리 사람과 브리
스 사람과 히위 사람과 여부스 사람
과 함께 섞여 살았다.
6 그리고 이스라엘 자손은 그 여러 민
족의 딸을 데려다가 자기들의 아내
로 삼았고, 또 자기들의 딸을 그들의
아들에게 주었으며, 그들의 신들을
섬겼다.

사사 옷니엘

7 ○이스라엘 자손이 주 하나님을 저
버리고 바알과 아세라를 섬겨, 주님
께서 보시기에 악한 일을 저질렀다.
8 주님께서 이스라엘 백성에게 크게
분노하시고, 그들을 메소포타미아
왕 구산리사다임의 손에 넘겨 주셨
다. 이스라엘 자손이 구산리사다임
을 여덟 해 동안 섬겼다.
9 이스라엘 자손이 주님께 울부짖으
니, 주님께서 그들을 구하여 주시려
고 이스라엘 자손 가운데서 한 구원
자를 세우셨는데, 그가 곧 갈렙의
아우 그나스의 아들인 옷니엘이다.
10 주님의 영이 그에게 내리니, 옷니엘
은 이스라엘의 사사가 되어 전쟁터
에 싸우러 나갔다. 주님께서 메소포
타미아 왕 구산리사다임을 옷니엘
의 손에 넘겨 주셨으므로, 옷니엘은
구산리사다임을 쳐서 이길 수 있었
다.
11 그 땅은 그나스의 아들 옷니엘이 죽
을 때까지 사십 년 동안 전쟁이 없이
평온하였다.

사사 에훗

12 ○이스라엘 자손이 다시 주님께서
보시기에 악한 일을 저질렀다. 그들
이 이렇게 주님께서 보시기에 악한
일을 저질렀기 때문에, 주님께서는
모압 왕 에글론을 강적이 되게 하여
서 이스라엘을 대적하게 하셨다.
13 에글론은 암몬 자손과 아말렉 자손
을 모아 이스라엘을 공격하고, 종려
나무 성읍인 여리고를 점령하였다.
14 그래서 이스라엘 자손이 열여덟 해
동안이나 모압 왕 에글론을 섬겼다.
15 ○이스라엘 자손이 주님께 울부짖으
니, 주님께서 그들에게 한 구원자를
세우셨는데, 그가 곧 베냐민 지파 게
라의 아들인 왼손잡이 에훗이다. 이
스라엘 자손은 에훗을 시켜, 모압
왕 에글론에게 조공을 보냈다.
16 그러자 에훗은 길이가 한 자쯤 되는
양쪽에 날이 선 칼을 만들어서 오른

① 가나안 땅이 한꺼번에 정복됨으로써 방치된 상태에서 황폐해지는 것을 막기 위함이다. ② 이스라엘이 이방 민족들을 내쫓으라는 하나님의 명령에 따르는지를 보기 위함이다. ③ 아직 전쟁을 알지 못하던 세대가 앞으로 있을 전쟁에 대비하여 전쟁 기술을 배우게 하는 데 있다(2절).

3:7-11 옷니엘의 사건을 기록하면서 저자는 대사사들을 설명할 때 사용한 기본적인 문학 형식(곧 서언·반복되는 배교·압박·곤경·구원·결론)을 사용한다. 하나님이 가장 싫어하시는 것은 자신 외에 다른 신을 섬기는 것이다(출 20:3). 이것 때문에 하나님은 질투의 분노를 터뜨리면서, 이스라엘을 외부의 적에게 넘겨 버리신다. 이 적이 이스라엘을 압박하고 생존에 위협을 주자 비로소 이스라엘 자손은 하나님께 부르짖어 도움을 요청한다. 하나님은 자비로우셔서 그들을 위해 구원자를 세워 적을 물리치게 하신다(9-10절).

3:12-30 하나님은 이스라엘의 배신을 응징하시

쪽 허벅지 옷 속에 차고,
17 모압 왕 에글론에게 가서 조공을 바
쳤다. 에글론은 살이 많이 찐 사람
이었다.
18 에훗은 조공을 바친 뒤에, 그 조공
을 메고 온 사람들을 돌려보냈다.
19 그러나 에훗 자신은 길갈 근처 돌 우
상들이 있는 곳에서 되돌아와, 에글
론에게 "임금님, 제가 은밀히 드릴
말씀이 있습니다" 하고 아뢰었다. 왕
이, 모시고 섰던 부하들에게 물러가
라고 명령하자, 그들은 모두 물러갔
다.
20 ○에훗이 왕에게 다가섰을 때에, 마
침 왕은 시원한 그의 집 다락방에
홀로 앉아 있었다. 에훗이 "임금님께
전하여 드릴 하나님의 말씀이 있습
니다" 하니, 왕은 자리에서 일어섰
다.
21 그 때에 에훗은 왼손으로 오른쪽 허
벅지에서 칼을 뽑아 왕의 배를 찔렀
다.
22 칼자루까지도 칼날을 따라 들어가
서 칼 끝이 등 뒤로 나왔다. 에훗이
그 칼을 빼내지 않았으므로, 기름기
가 칼에 엉겨 붙었다.
23 에훗은 현관으로 나가, 뒤에서 다락
방 문을 닫고 걸어 잠갔다.
24 에훗이 나간 뒤에, 그의 부하들이 와
서 다락방 문이 잠겨 있는 것을 보
고, 왕이 그 시원한 다락방에서 ㉠용
변을 보고 있다고 생각하였다.
25 그러나 ㉡오랫동안 기다려도 왕이 끝
내 다락방 문을 열지 않으므로, 열
쇠를 가져다가 문을 열고 보니, 왕이
죽은 채로 바닥에 쓰러져 있었다.
26 ○그들이 기다리는 동안에 에훗은
몸을 피하여, 돌 우상들이 있는 곳
을 지나서 스이라로 도망쳤다.
27 그가 그 곳에 이르러 에브라임 산간
지방에서 소집 나팔을 불자, 이스라
엘 자손이 그를 따라 산간지방에서
쳐내려갔다. 에훗이 그들을 앞장섰
다.
28 "나를 따라라! 주님께서 너희 원수
모압을 너희 손에 넘겨 주셨다." 그
가 이렇게 외치자, 그들이 에훗을 따
라 내려가 모압으로 가는 요단 강 나
루를 점령하고 한 사람도 건너가지
못하게 하였다.
29 그 때에 그들이 쳐죽인 건장하고 용
맹스러운 모압 군인의 수는 모두 만
명이나 되었는데, 한 사람도 도망치
지 못하였다.
30 그 날 모압은 굴복하여 이스라엘의
통치를 받게 되었고, 그 뒤로 그 땅
에는 팔십 년 동안 전쟁이 없이 평온
하였다.

사사 삼갈

31 ○에훗 다음에는 아낫의 아들 삼갈

기 위하여 남쪽에 위치한 모압 족속을 자신의 막대기로 사용하신다. 모압 왕은 암몬과 아말렉 자손을 모아서 요단 강 동편 지역을 휩쓸고는 '종려나무 성읍'인 여리고를 그들의 주둔지로 삼았다. 이스라엘 자손은 18년 동안 모압의 노예로서 모압 왕 에글론에게 조공을 바쳤다. 그를 섬기는 일이 너무나 힘이 들기 때문에, 이스라엘은 마지못해 하나님께 부르짖어 자기들을 구원해 주기를 바랐다. 하나님은 자비하셔서 다시금 또 다른 사사 에훗을 세워 이스라엘을 구원하셨다.

3:31 삼갈은 드보라와 동시대 인물로 보기도 한다(5:6–7). 그는 소를 모는 막대기(끝에 쇠가 달려 있다)로 블레셋 사람 600명을 죽였는데, 이 사건을 통해 우리는 하나님의 능력을 볼 수 있다. 삼갈을 가리켜 '아낫의 아들'이라 한 것은 그가 '벳아낫'이란 도시 출신이거나 아니면 가나안 여신 '아낫'을 섬기는 집안 출신이었기 때문이다.

㉠ 히, '발을 가리다' ㉡ 히, '그들이 어찌할 바를 모르며 기다려도'

삿

이 사사가 되었다. 그는 소를 모는
막대기만으로 블레셋 사람 육백 명
을 쳐죽여 이스라엘을 구하였다.

사사 드보라

4 에훗이 죽은 뒤에, 이스라엘 자손
은 다시 주님께서 보시는 앞에서
악한 일을 저질렀다.
2 그래서 주님께서는 하솔을 다스리
는 가나안 왕 야빈의 손에 그들을
내주셨다. 그의 군지휘관은 이방인
의 땅 하로셋에 사는 시스라였다.
3 야빈은 철 병거 구백 대를 가지고 있
었으며, 이십 년 동안 이스라엘 자손
을 심하게 억압하였다. 그래서 이스
라엘 자손은 주님께 울부짖었다.
4 ○그 때에 이스라엘의 사사는 랍비
돗의 아내인 예언자 드보라였다.
5 그가 에브라임 산간지방인 라마와
베델 사이에 있는 '드보라의 종려나
무' 아래에 앉아 있으면, 이스라엘
자손은 그에게 나아와 재판을 받곤
하였다.
6 하루는 드보라가 사람을 보내어, 납
달리의 게데스에서 아비노암의 아들
바락을 불러다가, 그에게 말하였다.
"주 이스라엘의 하나님이 분명히 이
렇게 명하셨습니다. '너는 납달리 지
파와 스불론 지파에서 만 명을 이끌
고 다볼 산으로 가거라.
7 야빈의 군지휘관 시스라와 그의 철
병거와 그의 많은 군대를 기손 강
가로 끌어들여 너의 손에 넘겨 주겠
다.'"
8 바락이 드보라에게 대답하였다. "그
대가 나와 함께 가면 나도 가겠지만,
그대가 나와 함께 가지 않으면 나도
가지 않겠소."
9 그러자 드보라는 "내가 반드시 장군
님과 함께 가겠습니다. 그러나 주님
께서 시스라를 한 여자의 손에 내주
실 것이니, 장군께서는 이번에 가는
길에서는 영광을 얻지 못할 것입니
다" 하고 일어나, 바락과 함께 게데
스로 갔다.
10 바락이 스불론과 납달리 지파를 게
데스로 불러모았다. 바락이 만 명의
군사를 이끌고 쳐올라갔고, 드보라
도 그와 함께 떠났다.
11 ○그런데 ㉠모세의 장인 호밥의 자손
가운데 헤벨이라고 하는 겐 사람이
동족을 떠나, 게데스 부근에 있는
사아난님 상수리나무 곁에 장막을
치고 살았다.
12 ○시스라는 아비노암의 아들 바락
이 다볼 산으로 올라갔다는 소식을
전하여 듣고,
13 그의 전 병력 곧 구백 대의 철 병거
와 그가 거느린 온 군대를 이방인의
땅 하로셋에서 기손 강 가로 불러모
았다.

4장 요약 하솔에 거하며 이스라엘을 괴롭혔던 가나안 왕 야빈을 예언자이자 사사였던 드보라와 바락 그리고 겐 사람 헤벨의 아내인 야엘 등의 활약으로 물리쳤던 사실이 소개된다. 여기서 주목할 만한 것은 여자들의 활약이 돋보인다는 점이다.

4:1-16 인간이란 완악하여 지난 일을 잘 잊어버린다. 한 세대가 우상을 섬기어 하나님께 징계를 당하여도, 다음 세대는 또다시 지난 역사를 망각한다. 하나님은 가나안 왕 야빈의 손에 이스라엘을 맡겨버렸다. 그는 20년간 이스라엘을 심하게 억압하였다. 이제 다시 사사기의 도식이 전개된다. 이스라엘은 하나님께 부르짖게 되었고, 하나님은 이 호소에 응답하사 드보라를 사사로 세우셨다. 드보라는 하나님이 이스라엘의 역사를 어떻게 주도해 나가는지를 잘 알고 있는 통찰력 있는

㉠ 1:16의 주를 볼 것

14 드보라가 바락에게 말하였다. "자,
가십시오. 오늘이 바로 주님께서 시
스라를 장군님의 손에 넘겨 주신 날
입니다. 주님께서 친히 그대 앞에 서
서 싸우러 나가실 것입니다." 그래서
바락은 만 명의 병력을 이끌고, 다볼
산에서 쳐내려갔다.
15 주님께서 시스라와 그가 거느린 모
든 철 병거와 온 군대를 바락 앞에
서 칼날에 패하게 하시니, 시스라가
병거에서 내려서 뛰어 도망쳤다.
16 바락은 그 병거들과 군대를 이방인
의 땅 하로셋에까지 뒤쫓았다. 시스
라의 온 군대는 칼날에 쓰러져, 한
사람도 남지 않았다.
17 ○그러나 시스라는 뛰어서, 겐 사람
헤벨의 아내 야엘의 장막으로 도망
쳤다. 하솔 왕 야빈과 겐 사람 헤벨
의 가문과는 서로 가깝게 지내는 사
이였기 때문이다.
18 야엘이 나아가 시스라를 맞으며 "들
어오십시오. 높으신 어른! 안으로 들
어오십시오. 두려워하실 것 없습니
다" 하고 말하였다. 시스라가 그의
장막으로 들어오자, 야엘이 그를 이
불로 덮어 주었다.
19 "내가 목이 마르니, 물 좀 마시게 하
여 주시오" 하고 시스라가 간절히 청
하자, 야엘이 우유가 든 가죽부대를
열어 마시게 하고는 다시 그를 덮어
주었다.
20 시스라가 그에게 "장막 어귀에 서 있
다가, 만약 누가 와서 여기에 낯선
사람이 있느냐고 묻거든, 없다고 대
답하여 주시오" 하고 부탁하였다.
21 ○시스라는 지쳐서 깊이 잠이 들었
다. 헤벨의 아내 야엘은 장막 말뚝
을 가져와서, 망치를 손에 들고 가만
히 그에게 다가가서, 말뚝을 그의 관
자놀이에 박았다. 그 말뚝이 관자놀
이를 꿰뚫고 땅에 박히니 그가 죽었
다.
22 바로 그 때에 바락이 시스라를 뒤쫓
고 있었다. 야엘이 나가서 그를 맞으
며, 그에게 말하였다. "어서 들어가
십시오. 장군께서 찾고 계신 사람을
내가 보여 드리겠습니다." 바락이 그
의 장막으로 들어가 보니, 시스라가
죽어 쓰러져 있고, 그의 관자놀이에
는 말뚝이 박혀 있었다.
23 ○이렇게 하나님이 그 날에 이스라
엘 자손 앞에서 가나안 왕 야빈을
굴복시키셨다.
24 이스라엘 자손은 점점 더 강력하게
가나안 왕 야빈을 억압하였고, 마침
내 가나안 왕 야빈을 멸망시켰다.

드보라와 바락의 노래

5 그 날 드보라와 아비노암의 아들
바락이 이런 노래를 불렀다.
2 이스라엘의 영도자들은 앞장서

탁월한 예언자였다(7,14절). 하나님의 도우심으로 이스라엘은 큰 승리를 거두게 된다. 하나님의 백성은, 전쟁은 항상 하나님이 행하시며 이끄신다는 사실을 염두에 두어야 한다. 왜냐하면 역사는 하나님이 주관하시기 때문이다.

4:14 마치 왕이 그의 군대의 앞에 나가서 싸우듯이(삼상 8:20) 주님은 바락의 앞에서 행하셨다. 출애굽기 15:3은 주님을 '용사(전사)'라고 표현했다.

5장 요약 이 시는 이스라엘의 대적을 물리친 영광스러운 승리를 기념하여 부른 노래이다. 1-11절은 승리의 비결이 어디에 있었는지를 밝히는 믿음의 노래이다. 이어 12절 이하는 4장에 서술되어 있는 승리를 축하하는 노래로서, 전투에 적극적으로 참여하지 않은 자들에게 신랄한 저주성 책망이 선포되었다.

5:1-31 이 시는 이스라엘의 적인 가나안 군사를

서 이끌고, 백성은 기꺼이 헌신하
니, ㉠주님을 찬양하여라.
3 너희 왕들아, 들어라. 너희 통치자
들아, 귀를 기울여라. 나 곧 내가
주님을 노래하련다. 주 이스라엘
의 하나님을 찬양하련다.
4 주님, 주님께서 세일에서 나오실
때에, 주님께서 에돔 땅에서 출동
하실 때에, 땅은 흔들리고, 하늘
은 물을 쏟아내고, 구름은 비를
쏟았습니다.
5 산들이 주님 앞에서 진동하였고,
저 시내 산마저, 주 이스라엘의 하
나님 앞에서 진동하였습니다.
6 아낫의 아들 삼갈 때에도, 야엘
때에도, 큰길에는 발길이 끊어지
고, 길손들은 뒷길로 다녔다.
7 나 드보라가 일어나기까지, 이스
라엘의 어머니인 내가 일어나기까
지, 이스라엘에서는 용사가 끊어
졌다.
8 그들이 새 신들을 택하였을 때에,
성문에 전쟁이 들이닥쳤는데, 사
만 명 이스라엘 군인 가운데 방패
와 창을 가진 사람이 보였던가?
9 나의 마음이 이스라엘의 지휘관
들에게 쏠렸다. 그들은 백성 가운
데서 자원하여 나선 용사들이다.
너희는 주님을 찬양하여라.
10 흰 나귀를 타고 다니는 사람들아,
양탄자를 깔고 사는 사람들아, 길
을 걸어가는 행인들아, 사람들에
게 전하여라.
11 물 긷는 이들 사이에서 들리는 소
리, 활 쏘는 사람들의 요란한 저
소리, 거기서도 주님의 의로운 업
적을 들어 말하여라. 이스라엘 용
사들의 의로운 업적을 들어 말하
여라.
그 때에 주님의 백성이 성읍으
로 들어가려고 성문께로 내려갔
다.
12 일어나라, 일어나라, 드보라야. 일
어나라, 일어나서 노래를 불러라.
일어나라, 바락아. 포로들을 끌고
가거라, 아비노암의 아들아.
13 그 때에 살아 남은 이들이 ㉡백성
의 지도자들과 더불어 내려왔고,
주님께서 나를 도우시려고 용사
들 가운데 내려오셨다.
14 에브라임에게서는 ㉢아말렉에 뿌
리를 내린 사람들이 내려오고, 베
냐민의 뒤를 이어서는 너의 백성
이 내려오고, 마길에서는 지휘관
들이 내려오고 스불론에서는 지
휘봉 잡은 이들이 내려왔다.
15 잇사갈의 지도자들이 드보라와
합세하고, 잇사갈과 바락도 이에
합세하여, 그의 뒤를 따라 골짜기
로 달려갔다. 그러나 르우벤 지파

쳐부순 주님과 그분의 용사들의 영예로운 승리를 노래한 찬양시이다. 하나님의 백성은 하나님이 특이한 역사적 행위를 통하여 그분의 임재를 보여 주셨기 때문에 찬양하지 않을 수 없다. 이러한 찬양은 예배 처소에서뿐만 아니라 어디에서든지(11절) 불러야 한다. 이렇듯 거룩한 전쟁에 참여한 사람은 복을 받으나, 참여하지 않은 사람은 저주를 받는다(14–23절). 이런 사상은 31절에서 결론적으로 나타난다.

5:8 이스라엘이 하나님 외에 다른 신을 섬기면 영적 무기를 잃게 마련이다. 그 때에는 전쟁에 나설 수가 없다. 왜냐하면 거룩한 전쟁은 늘 하나님의 구속사적 계획과 그분의 백성들의 자발적인 참여와 결부되어 있기 때문이다.

5:11 성문께로 내려갔다 전쟁에서 승리한 주님의

㉠ 또는 '백성 가운데서 기꺼이 헌신하는 너희는 주님을 찬양하여라' ㉡ 또는 '백성의 지도자들에게로 내려왔고, 주님의 백성이 용사들과 함께 나에게로 왔다' ㉢ 칠십인역에는 '사람들이 계곡으로 내려왔고'

가운데서는 마음에 큰 반성이 있
었다.
16 어찌하여 네가 양의 우리에 앉아,
양 떼를 부르는 피리 소리나 듣고
있는가? 르우벤 지파에서는 마음
에 큰 반성을 하였다.
17 어찌하여 길르앗은 요단 강 건너
에 자리잡고 있고, 어찌하여 단은
배 안에 머물러 있는가? 어찌하여
아셀은 바닷가에 앉아 있는가?
또 그 부둣가에서 편히 쉬고 있는
가?
18 스불론은 죽음을 무릅쓰고 생명
을 아끼지 않고 싸운 백성이요,
납달리도 들판 언덕 위에서 그렇
게 싸운 백성이다.
19 여러 왕들이 와서 싸움을 돋우
었다. 가나안 왕들이 므깃도의 물
가 다아낙에서 싸움을 돋우었으
나, 그들은 탈취물이나 은을 가져
가지 못하였다.
20 별들이 하늘에서 시스라와 싸웠
고, 그 다니는 길에서 그와 싸웠
다.
21 기손 강물이 그들을 휩쓸어 갔고,
옛 강 기손의 물결이 그들을 휩쓸
어 갔다.
나의 영혼아! 너는 힘차게 진군
하여라.
22 그 때에 말발굽 소리가 요란하
였다. 군마가 달리는 소리, 그 달
리는 말발굽 소리가 요란하였다.
23 "메로스를 저주하여라." 주님의
천사가 말하였다. "그 안에 사는
주민들을 저주하고 저주하여라!
그들은 주님을 도우러 나오지 않
았다. 주님을 돕지 않았다. 적의
용사들과 싸우러 나오지 않았다."
24 겐 사람 헤벨의 아내 야엘은 어
느 여인보다 더 복을 받을 것이다.
장막에 사는 어떤 여인보다도 더
복을 받을 것이다.
25 시스라가 물을 달라고 할 때에 야
엘은 우유 곧 엉긴 우유를 귀한
그릇에 담아 주었다.
26 왼손에는 장막 말뚝을 쥐고, 오른
손에는 대장장이의 망치를 쥐고,
시스라를 쳐서 머리를 깨부수고,
관자놀이를 꿰뚫어 버렸다.
27 시스라는 그의 발 앞에 고꾸라져
서 쓰러진 채 누웠다. 그의 발 앞
에 고꾸라지며 쓰러졌다. 고꾸라
진 바로 그 자리에서 쓰러져서 죽
고 말았다.
28 시스라의 어머니가 창문으로 내
다보며, ㉠창살 틈으로 내다보며
울부짖었다. "그의 병거가 왜 이렇
게 더디 오는가? 그의 병거가 왜
이처럼 늦게 오는가?"
29 그의 시녀들 가운데서 가장 지혜

백성들은 적군을 피해 숨었던 곳에서 나와 자기들의 성문으로 다시 돌아갔다.

5:17 길르앗 갓 지파를 가리킨다.

5:20-21 별들이 하늘에서 시스라와 싸웠고 별들이 시스라와 싸웠다는 것은 하늘의 권능이 이스라엘을 위하여 싸운다는 것을 말하는 시적인 표현이다. 이는 시스라가 하나님과 그 백성들의 대적이었기 때문이다. **나의 영혼아** '나의 영혼'은 이스라엘을 대표하여 일컫는 말로서 하나님 편에 서 있던 이스라엘이 하나님의 도우심으로 강한 적군을 이길 수 있음을 시사한다.

5:31 하나님을 대하는 사람들의 두 가지 태도(대적하는 것과 사랑하는 것)가 소개되어 있다. 언약의 주이시며, 이스라엘의 머리이신 하나님께서는 마치 왕이 그의 백성들에게 사랑과 충성을 요구하듯, 이스라엘에게 사랑을 요구하신다.

㉠ 칠십인역과 타르굼에는 '창살 틈으로 내다 보았다'. 마소라 본문에는 '창살 틈으로 울부짖었다'

로운 시녀들이 대답하였겠고, 시
스라의 어머니도 그 말을 따라 이
렇게 혼잣말로 말하였을 것이다.
30 "그들이 어찌 약탈물을 얻지 못하
였으랴? 그것을 나누지 못하였으
랴? 용사마다 한두 처녀를 차지
하였을 것이다. 시스라가 약탈한
것은 채색한 옷감, 곧 수놓아 채
색한 옷감이거나, 약탈한 사람의
목에 걸칠 수놓은 두 벌의 옷감일
것이다."
31 주님, 주님의 원수들은 이처럼
모두 망하고, 주님을 사랑하는 사
람들은 힘차게 떠오르는 해처럼
되게 하여 주십시오.
그 뒤로 그 땅에는 사십 년 동안
전쟁이 없이 평온하였다.

사사 기드온

6 이스라엘 자손이 주님께서 보시는
앞에서 악한 일을 저질렀다. 그래
서 주님께서는 일곱 해 동안 그들을
미디안의 손에 넘겨 주셨다.
2 미디안 사람의 세력이 이스라엘을
억누르니, 이스라엘 자손은 미디안
사람들 때문에 산에 있는 동굴과 요
새에 도피처를 마련하였다.
3 이스라엘 자손이 씨앗을 심어 놓으
면, 미디안 사람과 아말렉 사람과 동
방 사람들이 쳐올라오는 것이었다.
4 그들은 이스라엘을 마주보고 진을
쳐놓고는, 가사에 이르기까지 온 땅
의 소산물을 망쳐 놓았다. 그리고
이스라엘에 먹을 것을 하나도 남기
지 않았으며, 양이나 소나 나귀까지
도 남기지 않았다.
5 그들은 가축 떼를 몰고 장막을 가지
고 메뚜기 떼처럼 쳐들어왔는데, 사
람과 낙타가 이루 셀 수 없을 만큼
많았다. 그들이 들어와서 온 땅을
황폐하게 만들었다.
6 이스라엘이 미디안 때문에 전혀 기
를 펴지 못하게 되자, 마침내 이스라
엘 자손이 주님께 울부짖었다.
7 ○이스라엘 자손이 미디안 사람들
때문에 주님께 울부짖을 때에,
8 주님께서 이스라엘 자손에게 한 예
언자를 보내어 말씀하셨다. "나 주
이스라엘의 하나님이 말한다. 바로
내가 너희를 이집트에서 나오게 하
였고, 종살이하던 집에서 너희를 이
끌어 내었다.
9 내가 너희를 이집트 사람과 또 너희
를 억압하는 모든 원수의 손에서 구
하여 내었다. 내가 그들을 너희가 보
는 앞에서 쫓아내었고 그 땅을 너희
에게 주었다.
10 그러면서 나는 너희에게 말하였다.
'나는 주 너희의 하나님이다. 너희가
아모리 사람의 땅에서 살고 있으나,
아모리 사람의 신들은 섬기지 말아

6장 요약 본장에서는 기드온이 이스라엘의 사사로 부름받는 과정과 미디안 족속과의 전투를 준비하는 과정을 상세히 보여 준다. 하나님은 이스라엘을 미디안의 압제로부터 해방시키기 전에 먼저 이스라엘에게 닥친 고난과 환난의 궁극적 원인인 우상 타파를 명하셨다.

6:1-10 이스라엘은 또다시 예전의 타락·형벌·회개·구원의 순환을 되풀이하고 있다. 미디안 사람들의 압제는 불과 7년이었지만, 이들이 약탈과 파괴를 마구 일삼았던 까닭에 이스라엘 공동체는 극도로 피폐해져 갔다. 이런 상태에서 벗어날 수 있는 유일한 방도는 하나님께 부르짖는 일밖에 없다.

6:8 한 예언자 이름이 밝혀지지 않은 예언자는 이스라엘이 현재 당하고 있는 고통의 이유를 말해 준다. 이스라엘 백성은 하나님께서 그들에게 베푸신 과거의 구원 역사를 망각하였고 하나님과의

라.' 이렇게 말하였으나, 너희는 내
말을 듣지 않았다."
11 ○주님의 천사가 아비에셀 사람 요
아스의 땅 오브라에 있는 상수리나
무 아래에 와서 앉았다. 그 때에 요
아스의 아들 기드온은, 미디안 사람
들에게 들키지 않으려고, 포도주 틀
에서 몰래 밀이삭을 타작하고 있었
다.
12 주님의 천사가 그에게 나타나서 "힘
센 장사야, 주님께서 너와 함께 계신
다" 하고 말하였다.
13 그러자 기드온이 그에게 되물었다.
"감히 여쭙습니다만, 주님께서 우리
와 함께 계신다면, 어째서 우리가 이
모든 어려움을 겪습니까? 우리 조상
이 우리에게, 주님께서 놀라운 기적
을 일으키시어 우리 백성을 이집트
에서 인도해 내셨다고 말하였는데,
그 모든 기적들이 다 어디에 있단 말
입니까? 지금은 주님께서 우리를 버
리시기까지 하셔서, 우리가 미디안
사람의 손아귀에 넘어가고 말았습니
다."
14 그러자 주님께서 그를 바라보시며
말씀하셨다. "너에게 있는 그 힘을
가지고 가서, 이스라엘을 미디안의
손에서 구하여라. 내가 친히 너를 보
낸다."
15 기드온이 주님께 아뢰었다. "감히 여
쭙습니다만, 내가 어떻게 이스라엘
을 구할 수 있습니까? 보시는 바와
같이 나의 가문은 므낫세 지파 가운
데서도 가장 약하고, 또 나는 아버
지의 집에서도 가장 어린 사람입니
다."
16 그러나 주님께서는 "내가 반드시 너
와 함께 있을 것이니, 네가 미디안
사람들을 마치 한 사람을 쳐부수듯
쳐부술 것이다" 하고 말씀하셨다.
17 기드온이 또 주님께 아뢰었다. "참으
로 나를 좋게 보아 주신다면, 지금
나에게 말씀하시는 분이 정말로 주
님이시라는 증거를 보여 주십시오.
18 내가 예물을 꺼내와서 가져다 놓겠
으니, 내가 돌아올 때까지 떠나지 마
십시오." 그러자 주님께서 대답하셨
다. "네가 돌아올 때까지, 내가 그대
로 머물러 있겠다."
19 ○기드온은 즉시 가서, 염소 새끼 한
마리로 요리를 만들고, 밀가루 한 에
바로 누룩을 넣지 않은 빵도 만들
고, 고기는 바구니에 담고, 국물은
그릇에 담아, 상수리나무 아래로 가
지고 가서 천사에게 주었다.
20 하나님의 천사가 그에게 말하였다.
"그 고기와 누룩 넣지 않은 빵을 가
져다가 이 바위 위에 놓고, 국물을
그 위에 부어라." 기드온이 그대로
하였더니,

언약 관계를 깨뜨렸다(참조. 2:1;출 20:2).

6:11-24 기드온은 이스라엘이 곤경에 처해 있는 데도 그들을 구원해 주시지 않는 하나님에 대해 무척 의아해 하고 있었다(11-13절). 물론 그도 조상들에게 행하셨던 하나님의 기적을 들어 알고 있었겠지만, 그의 세대는 하나님의 구원 사역을 체험해 보지 못하였기 때문에 하나님이 자기들을 포기해 버렸다고 생각했다. 그런데 갑자기 자신을 통해 이스라엘을 구원하시겠다는 주님의 천사의 말씀에, 기드온은 확실한 증거를 얻기를 원했다(14-18절). 자기가 드린 제사가 불로 태워져 올라감을 보고, 비로소 그는 자기가 주님의 천사와 대면하고 있음을 깨달았다. 이스라엘의 하나님을 직접 대면하자 그는 두려워하였다. 그러나 그가 만난 하나님은 평강의 하나님이셨다(19-24절). 하나님은 그분을 대적하는 자에게는 공의의 하나님이시며, 그분을 따르는 자에게는 사랑의 하나님이시다.

21 주님의 천사가 손에 든 지팡이 끝을
내밀어, 고기와 누룩 넣지 않은 빵
에 댔다. 그러자 불이 바위에서 나
와서, 고기와 누룩 넣지 않은 빵을
살라 버렸다. 그런 다음에 주님의 천
사는 그 앞에서 사라져서 보이지 않
았다.
22 기드온은 그가 주님의 천사라는 것
을 알고, 떨면서 말하였다. "주 하나
님, 내가 주님의 천사를 대면하여 뵈
었습니다."
23 그러자 주님께서 그에게 말씀하셨
다. "안심하여라. 두려워하지 말아
라. 너는 죽지 않는다."
24 기드온은 거기에서 주님께 제단을
쌓아 바치고는, 그 제단을 ㉠'여호와
샬롬'이라고 불렀다. (그 제단은 오늘
날까지도 아비에셀 사람의 땅인 오
브라에 서 있다.)
25 ○그 날 밤에 주님께서 기드온에게
말씀하셨다. "네 아버지의 외양간에
서 ㉡어린 수소 한 마리를 끌어오고,
또 일곱 해 된 수소도 한 마리를 끌
어오고, 네 아버지의 바알 제단을
허물고, 그 곁에 있는 아세라 상을
찍어라.
26 그런 다음에 이 산성 꼭대기에서 규
례에 따라 주 너의 하나님께 제단을
쌓고, ㉢그 둘째 수소를 잡고, 찍어
낸 아세라 목상으로 불을 살라 번제
를 드려라."
27 그리하여 기드온은 종들 가운데서
열 명을 데리고, 주님께서 말씀하신
대로 하였다. 그러나 그의 아버지 집
안 사람들과 성읍 사람들을 두려워
하여, 감히 그 일을 낮에 하지 못하
고 밤에야 하였다.
28 ○다음날 아침 일찍 성읍 사람들이
일어나 보니, 바알 제단이 헐려 있
고, 곁에 서 있던 아세라 상은 찍혀
있었으며, 새로 만든 제단 위에는 둘
째 수소가 번제로 타오르고 있는 것
이 아닌가!
29 "누가 이런 짓을 하였느냐?" 하고 그
들은 서로 물어 보았다. 그들이 캐묻
고 조사하다가, 요아스의 아들 기드
온이 이 일을 저질렀다는 것을 알았
다.
30 그래서 성읍 사람들은 요아스에게
말하였다. "당신의 아들을 끌어내시
오. 그는 죽어야 마땅하오. 그가 바
알의 제단을 헐고, 그 곁에 서 있던
아세라 상을 찍어 버렸소."
31 ○요아스가 자기를 둘러선 모든 사
람에게 이렇게 말하였다. "당신들이
바알의 편을 들어 싸우겠다는 것이
오? 당신들이 바알을 구할 수 있다
는 말이오? 누구든지 그의 편을 들
어 싸우는 사람은 내일 아침에 죽음
을 면하지 못할 것이오. 만일 바알

6:25–35 하나님께서는 거룩한 땅을 적들로부터 해방시키시기 전에, 자신만이 이 땅의 주(主)이시며 바알 신은 단지 헛된 우상임을 기드온에게 먼저 주지시키신다. 기드온은 그의 사사직을 자기의 고향에 침투해 있는 우상을 찍고 그 제단을 훼파하는 일과 더불어 시작한다. 이스라엘 조상들은 일찍이 광야에서 하나님 대신에 금송아지 우상을 섬긴 일이 있었다(출 32:1–7). 그런데 이 약속의 땅에 와서도 그 자손들은 또 다른 우상인 바알과 아세라를 섬기고 있다. 이처럼 사람은 늘 부패해 있다. 사람들은 세대마다 자신에게 걸맞는 시대적 우상을 만들어 섬기고 있다.

6:30 죽어야 마땅하오 이스라엘 사람들은 바알을 위하여 동족을 죽이는 데 열심을 낼 정도로 변절되어 있었다. 그들의 말은 '우상 숭배자들은 돌로 쳐죽이라'고 모세에게 명하신 하나님의 말씀과 대

㉠ 히. '아도나이 샬롬(주님은 평화)' ㉡ 또는 '수소 곧 일곱 해 된 수소를' ㉢ 또는 '그 수소를'

이 신이라면, 자기의 제단을 헌 사람
과 직접 싸우도록 놓아 두시오."
32 그래서 그 날 사람들은 기드온을
㉠여룹바알이라고 불렀다. 그가 바알
의 제단을 헐었으니, 바알이 직접 그
와 싸우게 하라는 말에서 그렇게 부
른 것이다.
33 ○그 때에 미디안 사람과 아말렉 사
람과 사막 부족이 모두 함께 모여 요
단 강을 건너와서, 이스르엘 평지에
진을 쳤다.
34 주님의 영이 기드온을 사로잡으니,
기드온은 나팔을 불어 아비에셀 족
을 모아 자기를 따르게 하고,
35 전령들을 온 므낫세 지파에 보내어
그들도 자기를 따르게 하였으며, 아
셀 지파와 스불론 지파와 납달리 지
파에도 전령들을 보내니, 그들도 그
와 합세하려고 올라왔다.
36 ○기드온이 하나님께 아뢰었다. "참
으로 주님께서는 말씀하신 대로 나
를 시켜서 이스라엘을 구하시려고
하십니까?
37 그러시다면, 내가 양털 한 뭉치를 타
작마당에 놓아 두겠습니다. 이슬이
이 양털뭉치에만 내리고 다른 땅은
모두 말라 있으면, 주님께서 말씀하
신 대로, 저를 시켜서 이스라엘을 구
하시려는 것으로 알겠습니다."
38 그러자 정말 그렇게 되었다. 기드온
이 다음날 아침 일찍 일어나서 양털
뭉치를 쥐어짜 보니 양털뭉치에 내
린 이슬이 쏟아져 그릇에 물이 가득
찼다.
39 기드온이 또 하나님께 여쭈었다. "주
님, 저에게 노하지 마십시오. 제가
한 번 더 말씀드리고자 합니다. 양털
뭉치로 한 번만 더 시험하여 보게 하
여 주십시오. 이번에는 양털은 마르
고, 사방의 모든 땅에는 이슬이 내리
게 하여 주십시오."
40 그 날 밤에 하나님은 그대로 하여
주셨다. 양털은 말라 있었고, 사방의
모든 땅만 이슬로 젖어 있었던 것이
다.

기드온이 미디안을 쫓아내다

7 여룹바알이라고도 하는 기드온과
그가 거느리는 모든 군대가 일찍
일어나, 하롯이라는 샘 곁에 진을
쳤는데, 미디안의 진은 거기에서 북
쪽 골짜기에 있는 모레 언덕에 있었
다.
2 주님께서 기드온에게 말씀하셨다.
"네가 거느린 군대의 수가 너무 많
다. 이대로는 내가 미디안 사람들을
네가 거느린 군대의 손에 넘겨 주지
않겠다. 이스라엘 백성이 나를 제쳐
놓고서, 제가 힘이 세어서 이긴 줄
알고 스스로 자랑할까 염려된다.
3 그러니 너는 이제라도 그들에게 말

조를 이룬다(신 13:6–11).

6:34 주님의 영이 기드온을 사로잡으니 '사로잡으니'를 직역하면 '기드온을 옷 입혔다'는 뜻이다. 곧 성령께서 기드온을 온전히 지배하셨다는 말이다. 이제 기드온은 하나님 말씀을 믿는 믿음으로 모든 것을 할 수 있었다. 그는 나팔을 불어 전쟁에 나갈 사람을 소집하였다. 처음으로 나선 사람들은 기드온이 속해 있던 지파의 사람들로, 불과 얼마 전에 기드온을 죽이려고 했던 자들이다.

7장 요약 삼백 명에 불과한 기드온의 군대가 미디안의 대군을 섬멸하였다. 물론 기드온의 탁월한 전략도 승리에 큰 보탬이 되었지만, 무엇보다도 하나님의 주도면밀한 도우심이 함께 하였기 때문에 이러한 승리가 가능했다. 하나님은 적은 숫자라도 순종하는 자가 승리한다는 것을 증거하셨다.

㉠ '바알이 싸우게 하여라'

하여, 두려워서 떨리는 사람은 누구
든지, 길르앗 산을 떠나서 돌아가게
하여라.” 기드온이 두려워서 떠는 자
를 돌아가게 하니, 그들 가운데서 이
만 이천 명이 돌아가고 만 명이 남았
다.
4 ○주님께서 또 기드온에게 말씀하셨
다. “군인이 아직도 많다. 그들을 물
가로 데리고 내려가거라. 내가 너를
도와 거기에서 그들을 시험하여 보
겠다. 내가 너에게 ‘이 사람이 너와
함께 나갈 사람’이라 일러주면, 너는
그 사람을 데리고 가거라. 내가 또
너에게 ‘이 사람은 너와 함께 나가지
못할 사람’이라 일러주면, 너는 그
사람은 데리고 가지 말아라.”
5 기드온이 군대를 물가로 데리고 내
려가니, 주님께서 기드온에게 이렇게
일러주셨다. “개가 핥는 것처럼 혀로
물을 핥는 사람과 무릎을 꿇고 물
을 마시는 사람을 모두 구별하여 세
워라.”
6 손으로 물을 움켜 입에 대고 핥는
사람의 수가 삼백 명이었고, 그 밖의
백성들은 다 무릎을 꿇고 물을 마셨
다.
7 주님께서 기드온에게 이르셨다. “물
을 핥아먹은 삼백 명으로 너희를 구
원하겠다. 미디안 사람들을 너의 손
에 넘겨주겠다. 나머지 군인은 모두
온 곳으로 돌려보내라.”
8 그래서 기드온은 물을 핥아먹은 삼
백 명만 남겨 두고 나머지 이스라엘
군대는 각자의 집으로 돌려보냈다.
남은 삼백 명은 돌아가는 군인들에
게서 식량과 나팔을 넘겨받았다. 미
디안의 진은 그 아래 골짜기에 있었
다.
9 ○그 날 밤 주님께서 기드온에게 말
씀하셨다. “너는 일어나서 적진으로
쳐내려가거라. 내가 그들을 너의 손
에 넘겨 주겠다.
10 네가 쳐내려가기가 두려우면, 너의
부하 부라와 함께 먼저 적진으로 내
려가 보아라.
11 그리고 적들이 무슨 말을 하는지 들
어보면, 네가 적진으로 쳐내려갈 용
기를 얻을 것이다.” 그는 자기의 부하
부라와 함께 적진의 끝으로 내려갔
다.
12 미디안 사람과 아말렉 사람과 사막
부족들이 메뚜기 떼처럼 그 골짜기
에 수없이 널려 있었으며, 그들의 낙
타도 바닷가의 모래알처럼 헤아릴
수 없이 많았다.
13 ○기드온이 그 곳에 이르렀을 때에,
마침 한 병사가 자기가 꾼 꿈 이야기
를 친구에게 하고 있었다. “내가 꿈
을 꾸었는데, 보리빵 한 덩어리가 미
디안 진으로 굴러 들어와 장막에 이

7:1-25 이스라엘의 최고 사령관이신 하나님께서는 군사의 수를 줄이셨다. 하나님께서 그렇게 하신 이유는 전쟁의 승리가 그들의 힘에 의해서가 *아니라*, 하나님의 힘에 의해 이루어지는 것임을 이스라엘에게 깨닫게 해 주기 위해서였다. 기드온과 삼백 명 용사의 승리는 모든 세대의 믿음의 사람들에게 궁극적인 힘이 하나님으로부터 나온다는 사실을 깨닫게 해준다. 하나님을 믿는 신앙과 용기와 불굴의 투지가 조화되면 하나님의 사람은 어디에서나 승리한다. 그러나 그 승리는 궁극적으로 하나님이 하신 일이다. 하나님이 가르쳐 주신 대로 기드온이 행하자(2-21절), 적들은 서로 동요되어 자신들끼리 서로 칼날로 쳤다. 이것은 하나님께서 하신 것이다(22절). 오직 하나님의 손에서 나오는 능력만이 그들에게 승리를 주시는 것이다(슥 4:6). 하나님의 승리는 수의 많고 적음에 달려 있는 것이 아니다. 제아무리 미약한 사람일지라도 하나님의 손에 붙잡히기만 하면, 하나님의 큰 일

르러서 그 장막을 쳐서 뒤엎으니, 그
만 막이 쓰러지고 말았다네" 하고
말하니까,
14 꿈 이야기를 들은 그 친구가 말하였
다. "그것은 다름이 아니라, 이스라
엘 사람 요아스의 아들인 기드온의
칼이 틀림없네. 하나님이 미디안과
그 모든 진을 그의 손에 넘기신다는
것일세."
15 ○기드온은 그 꿈 이야기와 해몽하
는 말을 듣고, 주님께 경배하였다.
그리고 그는 이스라엘 진으로 돌아
와서 "일어나라! 주님께서 미디안의
진을 너희 손에 넘겨 주셨다!" 하고
외쳤다.
16 그는 삼백 명을 세 부대로 나누고,
각 사람에게 나팔과 빈 항아리를 손
에 들려 주었다. 빈 항아리 속에는
횃불을 감추었다.
17 그리고 이렇게 지시하였다. "너희는
나를 보고 있다가, 내가 하는 대로
하여라. 내가 적진의 끝으로 가서 하
는 대로 따라 하여라.
18 나와 우리 부대가 함께 나팔을 불
면, 너희도 적진의 사방에서 나팔을
불면서 '주님 만세! 기드온 만세!' 하
고 외쳐라."
19 ○기드온과 그가 거느리는 군사 백
명이 적진의 끝에 다다른 것은, 미디
안 군대의 보초가 교대를 막 끝낸
한밤중이었다. 그들은 나팔을 불며
손에 든 항아리를 깨뜨렸다.
20 세 부대가 모두 나팔을 불며 단지를
깨고, 왼손에는 횃불을 들고, 오른
손에는 나팔을 들고 불면서 "주님의
칼이다! 기드온의 칼이다!" 하고 외
쳤다.
21 그리고 그들이 저마다 제자리에 서
서 적진을 포위하니, 적군은 모두 아
우성치며 달아났다.
22 삼백 명이 나팔을 불 때에, 주님께서
모든 적들이 저희들끼리 칼로 치게
하셨다. 적군은 도망하여, 스레라의
벳싯다와 또 답밧에 가까운 아벨므
홀라의 경계선까지 후퇴하였다.
23 ○납달리 지파와 아셀 지파와 온 므
낫세 지파에서 모인 이스라엘 사람
들이 미디안 군대를 추격하였다.
24 기드온은 에브라임 산간지방 전역에
전령들을 보내어서 말하였다. "너희
는 내려와서 미디안을 쳐라. 그들을
앞질러서, 벳바라와 요단 강에 이르
기까지의 나루들을 점령하여라." 그
러자 에브라임 사람이 모두 모여서
벳바라와 요단 강에 이르기까지의
나루들을 점령하였다.
25 그들이 미디안의 두 우두머리 오렙
과 스엡을 사로잡아, 오렙은 오렙 바
위에서 죽이고, 스엡은 스엡 포도주
틀에서 죽이고, 계속 미디안을 추격

꾼으로 사용될 수 있다.
7:13-14 미디안의 진에 있는 한 병사의 꿈 내용과 어떤 동료의 꿈 해석이다. 꿈속의 '보리빵'은 대체로 그 당시의 가난한 부류의 사람들이 먹는 음식으로, 당시 인간적으로는 열세에 놓여 있던 이스라엘을 상징한다. 그리고 '보리빵'이 굴러 들어와 한 장막에 이르러 장막을 무너뜨린 것은 미디안 군대가 싸움에 패하리라는 것을 상징한다. 하나님께서는 전쟁에서 승리할 것을 예고하셨음에도 두려워하는 기드온을 미디안 진으로 보내(11절) 병사들의 꿈 이야기를 듣게 하시고, 승리에 대한 용기를 불어넣으셨다(15절).
7:20-21 이스라엘 군인들이 사면에서 외쳤던 것은 미디안 군인들로 하여금 자신들이 큰 군대에 포위당하고 있다는 착각을 불러일으키게 하기 위해서였으며 항아리를 깨뜨린 것은 그들의 야영지가 이미 파괴되고 있다는 착각을 갖게 하기 위해서였다.

하였다. 그들이 오렙과 스엡의 머리
를 요단 강 동쪽 지역에 있는 기드온
에게 가져 왔다.

기드온이 죽인 미디안 왕들

8 그 때에 에브라임 사람들이 기드
온에게 말하였다. "장군께서는 미
디안과 싸우러 나가실 때에 우리를
부르지 않으셨는데, 어떻게 우리에
게 이렇게 하실 수 있습니까?" 그들
이 기드온에게 거세게 항의하니,
2 그가 그들에게 말하였다. "이번에 내
가 한 일이 당신들이 한 일에 비교나
되겠습니까? 에브라임이 떨어진 포
도를 주운 것이 아비에셀이 추수한
것 전부보다 낫지 않습니까?
3 하나님이 미디안의 우두머리 오렙과
스엡을 당신들의 손에 넘겨 주셨습
니다. 그러니 내가 한 일이 어찌 당
신들이 한 일에 비교나 되겠습니
까?" 기드온이 이 말을 하니, 그들의
노여움이 풀렸다.
4 ○기드온이 그가 거느리는 군사 삼
백 명과 함께 요단 강을 건너, 지친
몸이지만 계속 적들을 추격하였다.
5 기드온은 숙곳에 이르렀을 때에 그
곳 사람들에게 사정하였다. "나를
따르는 군인들이 지쳤으니, 그들에
게 빵 덩어리를 좀 주십시오. 나는
미디안의 두 왕 세바와 살문나를 추
격하고 있습니다."
6 이 말을 들은 숙곳의 지도자들은
"우리를 보고 당신의 군대에게 빵을
주라니, 세바와 살문나가 당신의 손
아귀에 들기라도 하였다는 말이오?"
하고 비아냥거렸다.
7 그러자 기드온이 대답하였다. "좋소!
주님께서 세바와 살문나를 나의 손
에 넘겨 주신 뒤에, 내가 들가시와
찔레로 당신들의 살을 찌르고야 말
겠소."
8 거기에서 기드온이 브누엘로 올라
가, 그 곳 사람들에게도 같은 사정
을 해보았지만, 브누엘 사람들의 대
답도 숙곳 사람들의 대답과 같았다.
9 그래서 그는 브누엘 사람들에게도
"내가 안전하게 성한 몸으로 돌아오
는 날, 이 망대를 헐어 버리고 말겠
소" 하고 말하였다.
10 ○그 때에 세바와 살문나는 겨우 만
오천 명의 군대를 데리고, 갈골에 진
을 치고 있었다. 이들은 모두 사막
부족의 군대 가운데서 살아 남은 자
들인데, 이미 칼 쓰는 군인 십이만
명이 전사하였다.
11 기드온은, 장막에 사는 사람들이 다
니는 길을 따라 동쪽으로 노바와 욕
브하까지 올라가서, 방심하고 있던
적군을 기습하였다.
12 미디안의 두 왕 세바와 살문나가 또
도망치니, 기드온이 그들을 추격하

8장 요약 기드온과 삼백 용사들은 추격의 고삐를 늦추지 않고 계속 적들을 쫓았다. 추격의 주 대상은 기드온의 형제들을 살해했던 세바와 살문나였다. 그들을 추격할 때, 요단 동편에 있는 성읍들(숙곳과 브누엘)은 협조 대신 조롱함으로써 징벌을 자초하였다.

8:1-3 이스라엘의 전(前) 지도자 여호수아는 에브라임 출신이었다(민 13:8). 그 이후로 에브라임 지파는 주도적인 역할을 담당하였을 것이다. 에브라임을 통한 하나님의 섭리를 언급한 기드온의 겸손한 답변(3절)은 호전적이며 명성을 얻기를 좋아하는 에브라임을 진정시킬 수 있었다.

8:4-21 기드온과 삼백 명은 추격의 고삐를 늦추지 않고 계속 적들을 쫓았다. 이 적들(미디안의 두 왕 세바와 살문나)은 기드온의 형제들을 살해한 자들(19절)이었기에 기드온과 삼백 명은 피곤함에도 불구하고 이들을 추격하였다(4절). 그러

여 세바와 살문나를 사로잡고, 온 군
대를 전멸시켰다.
13 ○요아스의 아들 기드온이 헤레스
비탈길에서 전쟁을 마치고 오다가,
14 숙곳 사람 젊은이 한 명을 포로로
잡아서 캐물으니, 그 젊은이가 일흔
일곱 명이나 되는 숙곳의 지도자들
과 장로들의 명단을 적어 주었다.
15 기드온은 숙곳에 이르러 그 곳 사람
들에게 말하였다. "여기 세바와 살문
나가 있다. 너희는 나에게 '우리를 보
고 당신의 지친 군대에게 빵을 주라
니, 세바와 살문나가 당신의 손아귀
에 들기라도 하였다는 말이오?' 하면
서 나를 조롱하였다."
16 기드온은 그 성읍의 장로들을 체포
한 다음에, 들가시와 찔레를 가져다
가, 숙곳 사람들을 응징하였다.
17 그리고 그는 브누엘의 망대도 헐고,
그 성읍 사람들을 죽였다.
18 ○그런 다음에 그는 세바와 살문나
에게 물었다. "너희가 다볼에서 죽
인 사람들은 어떻게 생겼더냐?" 그
들이 대답하였다. "그들은 당신처럼
하나 하나가 왕자와 같았습니다."
19 기드온이 말하였다. "그들은 나의 어
머니에게서 난 형제들이다. 주님의
살아 계심을 두고 맹세하지만, 너희
가 그들을 살려 주기만 하였더라도
내가 너희를 죽이지는 않을 것이다."
20 기드온은 맏아들 예델에게, 어서 그
들을 죽이라고 명하였다. 그러나 그
는 아직 어리고 두려워서 칼을 뽑지
못하였다.
21 그러자 세바와 살문나가 기드온에게
말하였다. "사내 대장부답게 네가 직
접 우리를 쳐라." 기드온이 일어나
세바와 살문나를 쳐서 죽이고, 그들
이 타던 낙타의 목에서 초승달 모양
의 장식을 떼어 가졌다.
22 ○그 뒤에 이스라엘 사람들이 기드
온에게 말하였다. "장군께서 우리를
미디안의 손에서 구하여 주셨으니,
장군께서 우리를 다스리시고, 대를
이어 아들과 손자가 우리를 다스리
게 하여 주십시오."
23 그러나 기드온은 그들에게 말하였
다. "나는 여러분을 다스리지 않을
것입니다. 나의 아들도 여러분을 다
스리지 않을 것입니다. 오직 주님께
서 여러분을 다스리실 것입니다."
24 기드온은 말을 계속하였다. "여러분
에게 한 가지 청이 있습니다. 각 사
람이 얻은 전리품 가운데서 귀고리
하나씩을 나에게 주십시오." 미디안
군은 이스마엘 사람들이므로, 모두
금 귀고리를 달고 있었다.
25 그들은 "기꺼이 드리겠습니다" 하고
말하면서, 겉옷을 펴고, 저마다 전리
품 가운데서 귀고리 하나씩을 거기

나 추격 도중에 요단 동편에 있는 성읍들(숙곳과 브누엘)은 기드온에게 아무런 후원도 하지 않았다(5-9절). 사실상, 이런 행동은 이스라엘의 동질성을 침해하는 일일 뿐만 아니라, 기드온을 그분의 도구로 사용하신 하나님으로부터 질책을 받아야 할 일이다. 이 때문에 이 성읍들은 기드온에 의하여 징벌을 받았다(13-17절). 또한 미디안의 두 왕도 죽임을 당했다. 기드온의 경우, 성경이 강조하고 있는 점은 기드온의 복수의 태도가 정당한가 아닌가에 있는 것이 아니라 살해자에 대한 형벌에 있다(출 20:13).

8:21 사내 대장부답게 네가 직접 우리를 쳐라 기드온의 맏아들 예델은 아직 어렸으므로 담력이 없었다. 그리고 세바와 살문나는 어차피 죽을 바에는 예델과 같은 소년의 칼에 죽임을 당하느니보다는 기드온과 같은 훌륭한 전사의 칼에 죽는 것이 영예롭다고 판단되어 이 말을 했다.

8:22-27 이스라엘 백성은 하나님의 왕권이 실제

에 던졌다.
26 그의 요청으로 들어온 금 귀고리의
무게가 금 천칠백 세겔이나 되었다.
그 밖에도 초승달 모양의 장식품과
패물들, 미디안 왕들이 입었던 자주
색 옷과 낙타 목에 둘렀던 사슬이
있었다.
27 기드온은 이것들을 가지고 에봇 하
나를 만들어, 자기가 사는 오브라
성읍에 두었다. 그러자 온 이스라엘
이 그 곳에서 그것을 음란하게 섬겨
서, 그것이 기드온과 그 집안에 올가
미가 되었다.
28 ○이와 같이 하여 미디안은 이스라
엘 사람에게 복종하게 되었고, 다시
는 고개를 들지 못하였다. 기드온이
사는 사십 년 동안, 그 땅은 전쟁이
없이 평온하였다.

기드온이 죽다

29 ○요아스의 아들 여룹바알은 자기
집으로 돌아가서 살았다.
30 그런데 기드온은 아내가 많아, 친아
들이 일흔 명이나 되었다.
31 또 세겜에 있는 첩과의 사이에서 아
들이 하나 태어났는데, 그 아들에게
는 아비멜렉이라는 이름을 지어 주
었다.
32 요아스의 아들 기드온은 나이가 많
을 때까지 잘 살다가, 죽어서 아비에
셀 사람의 땅 오브라에 있는 그의
아버지 요아스의 무덤에 묻혔다.
33 기드온이 죽으니, 이스라엘 자손이
다시 바알들을 음란하게 섬기고, 바
알브릿을 자기들의 신으로 삼았다.
34 이스라엘 자손은 주위의 모든 적으
로부터 자기들을 건져 내신 주 하나
님을 기억하지 않았다.
35 또 여룹바알이라고도 하는 기드온
이 이스라엘에게 선을 베풀었지만,
아무도 그 가족에게 은혜를 갚지 않
았다.

아비멜렉

9 여룹바알의 아들 아비멜렉이 세겜
에 있는 외가의 친척을 찾아가서
그들과 외조부의 온 가족에게 말하
였다.
2 "세겜 성읍의 모든 사람들에게 물어
보아 주십시오. 여룹바알의 아들 일
흔 명이 모두 다스리는 것 하고 한
사람이 다스리는 것 하고 어느 것이
더 좋은지 물어 보아 주십시오. 그리
고 내가 여러분들과 한 혈육이라는
것을 상기시켜 주십시오."
3 그의 외가 친척이 그의 부탁대로 세
겜 성읍의 모든 사람에게 그가 한
말을 모두 전하니, 그들의 마음이 아
비멜렉에게 기울어져서 모두 "그는
우리의 혈육이다" 하고 말하게 되었
다.
4 그들이 바알브릿 신전에서 은 일흔

적으로 실현되는 지상의 왕이 필요하다고 생각했다(22절;삼상 8장). 그러나 자신이 하나님의 도구임을 잘 알고 있는 기드온은 그와 그의 후손은 *왕이 될 수 없다고 거절한다*(23절). 그 대신에 그는 하나님의 왕권을 대신하는 에봇을 만들었다(24-27절). 그러나 점차 이것은 이스라엘에 대한 기드온의 지도력을 상징하는 기념물로 변해 갔다. 어떤 대상물에 대한 경배는 우상 숭배처럼 맹목적인 충성을 나타낸다(출 20:4;32:1 이하).

9장 요약 아비멜렉은 백성들을 선동하여 자신을 추대하게 했다. 이는 이스라엘의 왕이 오직 하나님이시라는 사실을 무시한 행위였다. 하지만 역사의 주관자요, 이스라엘의 진정한 왕이신 하나님은 기드온의 아들 중 유일한 생존자인 요담을 통해 아비멜렉에 대한 저주의 예언을 하게 하시고 또 그대로 성취시키셨다.

9:1-29 기드온은 에봇을 만들어 그의 고향 오브

냥을 꺼내어 아비멜렉에게 주니, 아
비멜렉이 그것으로 건달과 불량배를
고용하여 자기를 따르게 하였다.
5 그리고 그는 오브라에 있는 아버지
의 집으로 가서, 자기 형제들 곧 여
룹바알의 아들 일흔 명을 한 바위
위에서 죽였다. 그러나 여룹바알의
막내 아들 요담만은 숨어 있었으므
로, 살아 남았다.
6 세겜 성읍의 모든 사람들과 밀로의
온 집안이 세겜에 있는 돌기둥 곁의
상수리나무 아래로 가서 아비멜렉
을 왕으로 삼았다.
7 ○사람들이 이 소식을 요담에게 전
하니, 그가 그리심 산 꼭대기에 올라
가 서서, 큰소리로 그들에게 외쳤다.
"세겜 성읍 사람들은 내 말을 들으십
시오. 그래야 하나님이 여러분의 청
을 들어주실 것입니다.
8 ○하루는 나무들이 기름을 부어 자
기들의 왕을 세우려고 길을 나섰습
니다. 그들은 올리브 나무에게 가서
말하였습니다. '네가 우리의 왕이 되
어라.'
9 그러나 올리브 나무는 그들에게 대
답하였습니다. '내가 어찌 하나님과
사람을 영화롭게 하는, 이 풍성한
기름 내는 일을 그만두고 가서, 다른
나무들 위에서 날뛰겠느냐?'
10 그래서 나무들은 무화과나무에게
말하였습니다. '네가 와서 우리의 왕
이 되어라.'
11 그러나 무화과나무도 그들에게 대
답하였습니다. '내가 어찌 달고 맛있
는 과일맺기를 그만두고 가서, 다른
나무들 위에서 날뛰겠느냐?'
12 그래서 나무들은 포도나무에게 말
하였습니다. '네가 와서 우리의 왕이
되어라.'
13 그러나 포도나무도 그들에게 대답하
였습니다. '내가 어찌 하나님과 사람
을 즐겁게 하는 포도주 내는 일을
그만두고 가서, 다른 나무들 위에서
날뛰겠느냐?'
14 그래서 모든 나무들은 가시나무에
게 말하였습니다. '네가 와서 우리의
왕이 되어라.'
15 그러자 가시나무가 나무들에게 말
하였습니다. '너희가 정말로 나에게
기름을 부어, 너희의 왕으로 삼으려
느냐? 그렇다면, 와서 나의 그늘 아
래로 피하여 숨어라. 그렇게 하지 않
으면, 이 가시덤불에서 불이 뿜어 나
와서 레바논의 백향목을 살라 버릴
것이다.'
16 ○이제 여러분이 아비멜렉을 세워
왕으로 삼았으니, 이 일이 어찌 옳고
마땅하다고 할 수 있겠습니까? 이
일이 어찌 여룹바알과 그 집안에게
고마움을 표시하는 일이라고 하겠

라에 둠으로써 사적(私的)인 예배 장소를 만들었다(8:27). 기드온 사후, 결국 이 일은 다음 세대에 와서 나쁜 열매를 맺는다. 아비멜렉은 이스라엘에서 아주 우스꽝스러운 존재였다. 하나님으로부터 오는 소명도 없이 그는 통치자로 자처하였다. 그의 통치 목적은 가나안과 이스라엘 사이의 중재를 노린 것처럼 보인다. 아비멜렉은 이런 상호 선린에 반대하는 이스라엘 사람들, 곧 자기 형제들을 한꺼번에 잔인하게 죽였다. 반(半)가나안 출신인 아비멜렉은 가나안의 왕이 되었다. 이 모든 일은 세겜 땅에서 벌어졌는데, 이곳은 일찍이 여호수아가 이스라엘과 언약을 맺었던 장소이며(수 24장), 하나님의 복과 저주가 생생하게 남아 있는 장소이다(신 11:29;수 8:30 이하). 아비멜렉의 시도는 처음부터 성공하지 못한다. 그것은 기드온의 막내 아들인 요담이 유일하게 생존하여 그리심 산 꼭대기에서 하나님의 저주를 아비멜렉의 악한 행위에 비추어 선포했기 때문이다(7-20절).

으며, 그가 이룬 업적에 보답하는 것
이라 하겠습니까?
17 나의 아버지가 여러분을 살리려고
싸웠으며, 생명을 잃을 위험을 무릅
쓰고 여러분을 미디안 사람들의 손
에서 구하여 내지 않았습니까?
18 그런데도 이제 여러분은 나의 아버
지의 집을 대적하여 일어나, 일흔 명
이나 되는 그의 아들들을 한 바위
위에서 죽이고, 우리 아버지의 여종
의 아들 아비멜렉을 여러분의 혈육
이라고 하여서, 오늘 세겜 성읍 사람
을 다스릴 왕으로 삼았습니다.
19 여러분이 오늘 여룹바알과 그 집안
에게 한 일이 옳고 마땅하다면, 여러
분은 아비멜렉과 더불어 기쁨을 누
리고, 그도 여러분과 더불어 기쁨을
누리게 하십시오.
20 그러나 그렇지 않다면, 아비멜렉에
게서 불이 뿜어 나와서 세겜 성읍
사람들과 밀로의 집안을 살라 버릴
것이며, 세겜 성읍 사람들과 밀로의
집안에서도 불이 뿜어 나와서 아비
멜렉을 살라 버릴 것입니다."
21 ○요담은 도망하여 브엘로 가서 피
하였다. 그는 자기의 형 아비멜렉이
두려워서, 거기에 머물러 살았다.
22 ○아비멜렉이 이스라엘을 세 해 동
안 다스렸다.
23 그 때에 하나님이 악령을 보내셔서,
아비멜렉과 세겜 성읍 사람들 사이
에 미움이 생기게 하시니, 세겜 성읍
사람들이 아비멜렉을 배반하였다.
24 하나님은 아비멜렉이 여룹바알의 아
들 일흔 명에게 저지른 포악한 죄과
를 이렇게 갚으셨는데, 자기의 형제
들을 죽인 피값을, 아비멜렉에게, 그
리고 형제들을 죽이도록 아비멜렉을
도운 세겜 성읍 사람들에게 갚으신
것이다.
25 세겜 성읍 사람들이 아비멜렉을 괴
롭히려고 산꼭대기마다 사람을 매복
시키고, 그 곳을 지나가는 모든 사
람을 강탈하게 하자, 이 소식이 아비
멜렉에게 들렸다.
26 ○에벳의 아들 가알이 자기 친족과
더불어 세겜으로 이사왔는데, 세겜
성읍 사람들에게 신망을 얻었다.
27 마침 추수 때가 되어, 세겜 성읍 사
람들은 들로 나가 그들의 포도원에
서 포도를 따다가, 포도주를 만들고
잔치를 베풀었다. 그들은 신전에 들
어가 먹고 마시면서, 아비멜렉을 저
주하였다.
28 에벳의 아들 가알이 말하였다. "우
리 세겜 성읍 사람들이 어떤 사람들
입니까? 왜 우리가 아비멜렉을 섬겨
야 합니까? 도대체 아비멜렉이 누굽
니까? 여룹바알의 아들입니다! 스
불은 그가 임명한 자입니다. 그런데

이처럼 하나님의 언약은 시공을 초월하여 항상 유효하다. 하나님은 세겜 사람들이 아비멜렉에 대해 배반하게 함으로써(23절 이하) 이 저주를 성취시키신다.

9:19-20 요담은 아비멜렉을 왕으로 삼은 그들의 행위가 옳고 진실한 것이라면 그들과 아비멜렉의 관계가 좋을 것이지만, 그렇지 않은 경우에는 서로 멸망시키는 일이 일어날 것이라고 예언한다. 요담의 이 예언은 그들의 죄악된 행위를 근거로 한 것이었다. 요담은 그들의 행위가 악하다는 것을 알았기 때문에 그들에게 하나님의 진노가 임할 것을 예견했다.

9:23 하나님이 악령을 보내셔서 악령은 사탄의 수종자인 귀신으로서, 이 말씀은 하나님께서 그 악령을 직접 부리셨다는 뜻이 아니라, 아비멜렉과 세겜 사람들 사이를 이간시키기 위한 악령의 활동을 방임하셨다는 의미이다. 사울 왕을 격동시킨 악령의 역사도 이같은 맥락에서 이해해야 할

왜 우리가 그를 섬겨야 합니까? 여
룹바알과 그의 심복 스불은 세겜의
아버지 하몰을 섬기던 사람들입니
다. 왜 우리가 아비멜렉을 섬겨야 합
니까?
29 나에게 이 백성을 통솔할 권한을 준
다면, 아비멜렉을 몰아내겠습니다.
㉠그리고 아비멜렉에게 군대를 동원
하여 나오라고 해서 싸움을 걸겠습
니다."
30 ○그 때에 그 성읍의 통치자인 스불
이 에벳의 아들 가알의 말을 전하여
듣고, 화가 치밀어,
31 몰래 전령을 시켜, 아루마에 있는 아
비멜렉에게 알렸다. "보십시오, 에벳
의 아들 가알과 그의 친족이 세겜으
로 이사오더니, 임금님을 대적하려고
온 성읍 사람들을 충동질하고 있습
니다.
32 그러니 이제 임금님께서는 밤중에
부하들과 함께 들에 매복하셨다가,
33 아침 일찍 동틀녘에 일어나서 성읍
을 기습하시는 것이 좋을 듯합니다.
가알이 그의 무리를 이끌고 나올 때
를 기다렸다가, 그들을 습격하십시
오."
34 ○아비멜렉과 그와 함께 한 모든 군
대가 밤에 일어나, 세겜 옆에 네 무
리로 나누어 매복하였다.
35 에벳의 아들 가알이 나와서 성문 어
귀에 서니, 아비멜렉과 그의 군대가
매복한 곳에서 나왔다.
36 가알이 그 군대를 보고 스불에게 말
하였다. "보시오! 사람들이 산꼭대기
에서 아래로 내려오고 있소!" 그러
자 스불이 그에게 대꾸하였다. "산
그림자가 사람들처럼 보이는 것이겠
지요."
37 다시 가알이 말하였다. "보시오! 사
람들이 높은 지대에서 내려오고, 또
한 떼는 므오느님 상수리나무쪽에
서 내려오고 있소!"
38 그제야 스불이 그에게 말하였다.
"'아비멜렉이 누구이기에 우리가 그
를 섬기겠는가?' 하고 큰소리치던 그
용기는 지금 어디로 갔소? 저들이 바
로 당신이 업신여기던 사람들 아니
오? 어서 나가서 싸워 보시오!"
39 ㉡가알은 세겜 성읍 사람들을 거느
리고 앞장서 나가 아비멜렉과 싸웠
다.
40 그러나 그는 아비멜렉에게 쫓기어
그 앞에서 도망하였고, 많은 사상자
가 성문 앞까지 널렸다.
41 아비멜렉은 아루마로 돌아가고, 스
불은 가알과 그의 친족을 쫓아내어
세겜에서 살지 못하게 하였다.
42 ○그 다음날 아비멜렉은 세겜 사람
들이 들로 나갔다는 소식을 들었다.
43 그는 자기 군대를 이끌고 나가서, 세

것이다(참조. 삼상 16:14;18:10;삼하 24:1;왕상 22:23;대상 21:1;고후 12:7). **아비멜렉을 배반하였다** 반역으로 왕국을 세운 아비멜렉은 반역으로 망한다.

9:30-57 아비멜렉에 대한 모반은 순식간에 발생한다. 물론 그 당시 아비멜렉의 통치 영역은 세겜을 넘어 이스라엘 지파에까지 미치고 있었음이 분명하다(22,55절). 그러나 분열은 가나안 족속 내부에서 일어났다. 세겜 사람들로부터 점점 신망을 얻게 된 가알은 아비멜렉을 대적하다가 패하여 도망가 버린다(26-41절). 아비멜렉은 잔존 세력인 세겜 망대의 사람들을 불로써 잔인하게 죽인다(46-49절). 이렇게 하여 '아비멜렉에게서 불이 뿜어 나와서 세겜 성읍 사람들과 밀로의 집안을 살라 버릴 것이며'(20절)라고 했던 요담의 예

㉠ 칠십인역에는 "그리고 나서 그는 아비멜렉에게 말하였다. '네 군대를 모두 동원하여 나오너라!'" ㉡ 또는 '가알은 세겜 성읍 사람들이 보는 앞에서 앞장서 나가'

떼로 나누어 들에 매복하고 있다가,
그들이 성읍을 나서는 것을 보고 일
제히 일어나 그들에게 달려들어 그
들을 쳐죽였다.
44 아비멜렉과 그가 이끄는 한 떼는 앞
으로 쳐들어가 성문 어귀를 지키고,
다른 두 떼는 들에 있는 모든 사람
을 공격하여 그들을 쳐죽였다.
45 아비멜렉은 그 날 종일 그 성읍 사람
들과 싸워서 그 성읍을 점령하였다.
그는 그 성읍 안에 있는 백성을 죽
이고 나서, 성읍을 헐고, 거기에 소
금을 뿌렸다.
46 ○세겜 망대에 있던 성읍 지도자들
이 모두 이 소식을 듣고, 엘브릿 신
전에 있는 지하 동굴로 피하였다.
47 아비멜렉은, 세겜 망대에 있던 사람
들이 모두 지하 동굴에 모여 있다는
소식을 들었다.
48 아비멜렉은 군대를 모두 이끌고 살
몬 산으로 올라갔다. 아비멜렉은 손
에 도끼를 들고서, 나뭇가지들을 찍
어 어깨에 메고, 그와 함께 있는 백
성에게 지시하였다. "내가 하는 것
을 보았으니, 너희도 빨리 그대로 하
여라."
49 그래서 저마다 나뭇가지들을 찍어가
지고 아비멜렉을 따라가서, 지하 동
굴 앞에 나무를 쌓아 놓고, 그 지하
동굴에 있는 사람들 쪽으로 불을 질
렀다. 이렇게 해서 세겜 망대에 있던
성읍 사람들도 모두 죽었는데, 죽은
남녀가 천 명쯤 되었다.
50 ○그 뒤에 아비멜렉은 데베스로 갔
다. 그는 데베스에 진을 치고, 그 곳
을 점령하였다.
51 그러나 그 성읍 안에는 견고한 망대
가 하나 있어서, 남녀 할 것 없이 온
성읍 사람들이 그 곳으로 도망하여,
성문을 걸어 잠그고 망대 꼭대기로
올라갔다.
52 아비멜렉은 그 망대에 이르러 공격
에 나섰고, 망대 문에 바짝 다가가서
불을 지르려고 하였다.
53 그러나 그 때에 한 여인이 맷돌 위짝
을 아비멜렉의 머리에 내리던져, 그
의 두개골을 부숴 버렸다.
54 아비멜렉은 자기의 무기를 들고 다니
는 젊은 병사를 급히 불러, 그에게
지시하였다. "네 칼을 뽑아 나를 죽
여라! 사람들이 나를 두고, 여인이
그를 죽였다는 말을 할까 두렵다."
그 젊은 병사가 아비멜렉을 찌르니,
그가 죽었다.
55 이스라엘 사람들은 아비멜렉이 죽
은 것을 보고, 저마다 자기가 사는
곳으로 떠나갔다.
56 ○하나님은 아비멜렉에게 자기 형제
일흔 명을 죽여 자기 아버지에게 저
지른 죄의 값을 이렇게 갚으셨고,

언이 그대로 성취되었다. 그러나 결국 아비멜렉도 데베스 전투에서 한 여인이 던진 맷돌에 맞아 죽는다(50-55절). 이 일련의 사건에서는 신앙이나 *예배에 관한* 문제는 조금도 언급되어 있지 않다. 그 대신 정치·군사적 모반과 잔인한 살육 행위가 묘사되어 있다. 따라서 이 모든 일은 악행하는 자들에 대한 하나님의 보응이었다. 이 사건들의 해석인 56-57절은 이 일을 주도하신 분이 하나님임을 역설하고 있다. 이스라엘의 진정한 왕이신 하나님은 역사를 주관하시는 분이시며, 아비멜렉을 심판하고 세겜 사람에 대한 요담의 저주를 실현시키시는 분이시다. 한편, 9장의 주된 인물인 아비멜렉은 무슨 수를 써서라도 왕권을 획득하려고 한 사악한 자였던 반면에, 8장의 기드온은 왕권을 거절한 경건한 지도자였다.

9:54 자기의 무기를 들고 다니는 젊은 병사 장군들은 대개 창과 방패를 들어 주는 젊은 부하를 데리고 다녔다.

57 또 세겜 사람들의 죄악도 그들에게
모두 갚으셨다. 여룹바알의 아들 요
담의 저주가 이렇게 그들에게 그대
로 이루어졌다.

사사 돌라

10 아비멜렉 다음에는 잇사갈 지
파 사람 도도의 손자이며 부아
의 아들인 돌라가 일어나 이스라엘
을 구원하였는데, 그는 에브라임의
산간지방에 있는 사밀에 살고 있었
다.
2 그는 이스라엘의 사사로 이십삼 년
동안 있다가, 죽어서 사밀에 묻혔다.

사사 야일

3 ○그 뒤에 길르앗 사람 야일이 일어
나서, 이십이 년 동안 이스라엘의 사
사로 있었다.
4 그에게는 아들이 서른 명이 있었는
데, 그들은 서른 마리의 나귀를 타고
다녔고, 성읍도 길르앗 땅에 서른 개
나 가지고 있었다. 그 성읍들은 오늘
날까지도 ㉠하봇야일이라 불린다.
5 야일은 죽어서 가몬에 묻혔다.

사사 입다

6 ○이스라엘 자손이 다시 주님께서
보시는 앞에서 악을 저질렀다. 그들
은 바알 신들과 아스다롯과 시리아
의 신들과 시돈의 신들과 모압의 신
들과 암몬 사람의 신들과 블레셋 사
람의 신들을 섬기고, 주님을 저버려,
더 이상 주님을 섬기지 않았다.
7 그러므로 주님께서 이스라엘 백성에
게 진노하시어, 그들을 블레셋 사람
과 암몬 사람의 손에 내어주시니,
8 그 해에 그들이 이스라엘 자손을 억
압하고 학대하니, 요단 강 동쪽 길르
앗 지방 아모리 사람의 땅에 사는
온 이스라엘 자손이 열여덟 해 동안
이나 그렇게 억압을 당하였다.
9 암몬 자손이 또 유다와 베냐민과 에
브라임 지파를 치려고 요단 강을 건
너왔으므로, 이스라엘 백성은 고통
이 막심하였다.
10 ○그 때에야 비로소 이스라엘 자손
이 주님께 부르짖었다. "우리가 우리
하나님을 저버리고 바알을 섬기어,
주님께 죄를 지었습니다."
11 주님께서 이스라엘 자손에게 말씀
하셨다. "내가 너희를 이집트 사람과
아모리 사람과 암몬 사람과 블레셋
사람에게서 구원하지 아니하였느
냐?
12 시돈 사람과 아말렉 사람과 마온 사
람이 너희를 압제할 때에도 너희가
나에게 부르짖었으므로, 내가 너희
를 그들의 손아귀에서 구원하여 주
었다.
13 그런데도 너희는 나를 저버리고 다
른 신들을 섬겼다. 그러므로 내가 다
시는 너희를 구원하여 주지 않을 것

10장 요약 본장은 서두에서 두 사사(돌라와 야일)의 행적을 소개한 후(1–5절), 6절 이하로는 이스라엘이 우상 숭배로 인해 암몬 사람들에게 고통을 당하는 광경을 보도하고 있다. 이는 사사 입다의 출현을 야기시키는 배경이 된다.

10:6–16 남서쪽에 위치한 블레셋 사람과 동쪽에 있는 암몬 자손으로 인한 학대 때문에(7–9절), 이스라엘은 하나님께 구원을 요청한다. 하지만 이스라엘에는 하나님의 구원의 손길이 이르지 않았다. 이스라엘 자손이 하나님을 버리고 다른 신을 섬기고 있기 때문이다(14절;사 59:1 이하;렘 2:28). 그러나 이스라엘이 죄를 인정하고 회개하자 하나님은 이를 받아들이신다(16절). 하나님은 자신이 선택하신 백성들이 곤경에 처해 있는 것을 진심으로 아파하시며, 새로운 은총을 베풀어 주심으로써 죄에 대한 형벌은 유예된다.

㉠ '야일의 촌락들'

이니,
14 너희가 선택한 신들에게나 가서 부
르짖어라. 너희가 괴로울 때에 그들
에게 가서 구원하여 달라고 해라."
15 그러자 이스라엘 자손이 주님께 말
씀드렸다. "우리가 죄를 지었습니다.
주님의 뜻대로 다 하십시오. 그러나
오늘만은 우리를 구출하여 주십시
오."
16 그리고 그들이 자기들 가운데 있는
이방 신들을 제거하고 주님을 섬기
니, 주님께서 이스라엘이 겪는 고통
을 보고만 계실 수 없으셨다.
17 ○그 때에 암몬 자손이 집결하여 길
르앗에 진을 치니, 이스라엘 자손도
모여서 미스바에 진을 쳤다.
18 그 때에 백성과 길르앗의 지도자들
이 서로 이렇게 말하였다. "누가 먼
저 나가서 암몬 자손과 싸우겠느
냐? 그 사람이 길르앗에 사는 모든
사람의 통치자가 될 것이다."

11

1 길르앗 사람 입다는 굉장한
용사였다. 그는 길르앗이 창녀
에게서 낳은 아들이다.
2 길르앗의 본처도 여러 아들을 낳았
는데, 그들이 자라서 입다를 쫓아내
며 그에게 말하였다. "너는 우리의
어머니가 아닌 다른 여인의 아들이
므로, 우리 아버지의 유산을 이어받
을 수 없다."
3 그래서 입다는 자기의 이복 형제들
을 피하여 도망가서, 돕이라는 땅에
서 살았는데, 건달패들이 입다에게
모여들어 그를 따라다녔다.
4 ○얼마 뒤에 암몬 자손이 이스라엘
을 쳐들어왔다.
5 암몬 자손이 이스라엘을 쳐들어오
자, 길르앗의 장로들이 입다를 데려
오려고 돕 땅에 가서
6 그에게 말하였다. "와서 우리의 지휘
관이 되어 주시오. 그래야 우리가 암
몬 자손을 칠 수 있겠소."
7 그러나 입다는 길르앗의 장로들에게
말하였다. "당신들이 나를 미워하
여, 우리 아버지 집에서 나를 쫓아낼
때는 언제이고, 어려움을 당하고 있
다고 해서 나에게 올 때는 또 언제
요?"
8 그러자 길르앗의 장로들이 입다에게
대답하였다. "바로 그렇기 때문에 우
리가 당신을 찾아온 것이오. 우리와
함께 가서 암몬 자손과 싸운다면,
당신은 모든 길르앗 사람의 통치자
가 될 것이오."
9 입다가 길르앗 장로들에게 물었다.
"당신들이 나를 데리고 가서 암몬
자손과 싸울 때에, 주님께서 그들을
나에게 넘겨 주신다면, 과연 당신들
은 나를 통치자로 받들겠소?"
10 그러자 길르앗의 장로들이 입다에게

11장 요약 입다는 외교적 담판을 통해 평화적으로 문제를 해결하고자 했으나 실패하자 마침내 무력으로 암몬을 제압한다. 그러나 가나안의 인신제사에 뿌리를 둔 서원으로 말미암아 그는 자신의 무남독녀를 잃고 마는 엄청난 비극을 맛본다.

11:1–11 암몬과의 대치 상태에서 입다가 통치자와 지휘관으로 선출되었다. 입다는 하나님께서 인정하시는 통치자가 되기를 원했다. 그래서 미스바 지방의 성소에서 행해진 엄숙한 예식을 통해서 입다와 길르앗 장로들 사이에 계약이 맺어진다. 곧 언약의 하나님이 이 협약의 증인이 되신 것이다. 그러므로 입다의 사사직은 합법적이다.

11:11 장로들의 제안은 백성들에 의해서 확증되었다. 이러한 절차는 사울(삼상 11:15)과 르호보암(왕상 12:1), 그리고 여로보암(왕상 12:20)이 지도자로 선택될 때도 있었다.

다짐하였다. "주님께서 우리 사이의
증인이십니다. 당신이 말한 그대로
우리가 할 것입니다."
11 ○입다가 길르앗의 장로들을 따라가
니, 백성이 그를 자기들의 통치자와
지휘관으로 삼았다. 입다는 그가 나
눈 모든 말을 미스바에서 주님께 말
씀드렸다.
12 ○입다가 암몬 자손의 왕에게 사절
을 보내어 말을 전하였다. "우리 사
이에 무엇이 잘못되었기에, 나의 영
토를 침범하십니까?"
13 암몬 자손의 왕이 입다의 사절에게
말하였다. "이스라엘이 이집트에서
올라올 때에 아르논 강에서부터 얍
복 강과 요단 강에 이르는 나의 땅
을 점령하였습니다. 그러니 이제 말
썽을 일으키지 말고 그 땅을 내놓으
시기 바랍니다."
14 ○입다는 다시 암몬 자손의 왕에게
사절을 보냈다.
15 사절이 그에게 말을 전하였다. "나
입다는 이렇게 답변합니다. 이스라
엘이 모압 땅이나 암몬 자손의 땅을
빼앗은 것이 아닙니다.
16 이스라엘이 이집트에서 나와, 광야
를 지나고 ㉠홍해를 건너 가데스에
이르렀을 때에,
17 이스라엘이 에돔 왕에게 사절을 보
내어 에돔 왕의 영토를 지나가게 허
락하여 달라고 부탁을 한 일이 있었
습니다. 그러나 에돔의 왕은 이 부탁
을 들어주지 않았습니다. 이스라엘
은 모압 왕에게도 사절을 보내었으
나, 그도 우리의 요청을 들어주려고
하지 않았습니다. 그래서 이스라엘
은 가데스에 머물러 있다가,
18 광야를 지나 에돔과 모압 땅을 돌아
서 모압 땅 동쪽으로 가서, 아르논
강 건너에 진을 쳤으며, 모압 땅에는
들어가지 않았습니다. 아르논 강이
모압 땅의 국경이기 때문이었습니다.
19 이스라엘은 또 헤스본에서 통치하던
아모리 사람의 왕 시혼에게도 사절
을 보내어, 우리가 갈 곳에 이르기까
지 그의 영토를 지나가게 허락하여
달라고 간절히 부탁하였습니다.
20 그런데 시혼은 이스라엘이 자기의
영토를 지나가는 것을 허락하지 않
을 뿐만 아니라, 오히려 그의 온 군
대를 모아 야하스에 진을 치고 이스
라엘에게 싸움을 걸어왔습니다.
21 그래서 이스라엘의 주 하나님이 시
혼과 그의 온 군대를 이스라엘의 손
에 넘겨 주셨습니다. 이스라엘이 그
들을 쳐서 이기고, 아모리 사람의 모
든 땅 곧 그들이 사는 그 영토를 차
지하게 되었는데,
22 이렇게 하여서 이스라엘은 아르논
강에서 얍복 강까지와 또 광야에서

11:12-28 입다는 길르앗 사람과 함께 암몬 자손에 대항하여 싸우기 전에 사절을 보내어 암몬 왕에게 물러갈 것을 종용하였다. 그러나 암몬 왕은 그 땅이 본래 자기들의 것이기 때문에 그 땅을 되찾는 것은 그들의 권리라고 주장하였다. 이에 입다는 그 땅이 이스라엘의 것임을 세 가지 이유를 들어 설명하였다. ① 이스라엘이 그 땅을 빼앗은 것은 아모리 왕 시혼에게서였지 암몬 사람들에게서가 아니었다(15-22절). ② 하나님께서 그 땅을 이스라엘에게 주셨다(23-25절). ③ 이스라엘은 오랫동안 이 땅을 소유해 왔다(26-27절).

11:16 가데스 이스라엘이 광야에서 가장 오래 체류했던 가데스바네아를 말한다.

11:20 지나가는 것을 허락하지 않을 뿐만 아니라 이스라엘은 전쟁을 원하지 않았다. 그러나 아모리 왕 시혼이 먼저 공격하였다.

11:21 이스라엘의 주 하나님 전쟁은 군사적 의미뿐

㉠ 히, '얌 쑤프'

요단 강까지 이르는 아모리 사람의
온 영토를 차지하였습니다.
23 주 이스라엘의 하나님이 그의 백성
이스라엘 앞에서 이렇게 아모리 사
람을 몰아내셨습니다. 그런데 이제
와서 당신이 이 땅을 차지하겠다는
것입니까?
24 당신은 당신이 섬기는 신 그모스가
당신의 몫으로 준 땅을 차지하지 않
았습니까? 우리는 주 우리 하나님이
우리 앞에서 원수를 몰아내고 주신
모든 땅을 차지한 것입니다.
25 이제 당신이 모압 왕 십볼의 아들 발
락보다도 뛰어나다고 생각합니까?
그가 감히 이스라엘과 다투거나 싸
웠습니까?
26 이스라엘이 헤스본과 그 주변 마을
들과, 아로엘과 그 주변 마을들과, 아
르논 강변의 모든 성읍에 삼백 년
동안이나 살았는데, 왜 당신은 그 동
안에 이 지역들을 되찾지 않았습니
까?
27 나로서는 당신에게 잘못한 것이 전
혀 없는데도 당신이 나를 해치려고
쳐들어왔으니, 심판자이신 주님께서
오늘 이스라엘 자손과 암몬 자손 사
이를 판가름해 주실 것입니다."
28 ○그러나 암몬 자손의 왕은 입다가
자기에게 전하여 준 말에 전혀 귀를
기울이지 않았다.
29 ○주님의 영이 입다에게 내렸다. 그
는 길르앗과 므낫세 지역을 돌아보
고, 길르앗의 미스바로 돌아왔다가,
길르앗의 미스바에서 다시 암몬 자
손이 있는 쪽으로 나아갔다.
30 그 때에 입다가 주님께 서원하였다.
"하나님이 암몬 자손을 내 손에 넘
겨 주신다면,
31 내가 암몬 자손을 이기고 무사히 돌
아올 때에, 누구든지 내 집 문에서
먼저 나를 맞으러 나오는 그 사람은
주님의 것이 될 것입니다. 내가 번제
물로 그를 드리겠습니다."
32 그런 다음에 입다는 암몬 자손에게
건너가서, 그들과 싸웠다. 주님께서
그들을 입다의 손에 넘겨 주시니,
33 그는 아로엘에서 민닛까지 스무 성
읍을 쳐부수고, 아벨그라밈까지 크
게 무찔렀다. 그리하여 암몬 자손은
이스라엘 자손 앞에 항복하고 말았
다.

입다의 딸

34 ○입다가 미스바에 있는 자기 집으
로 돌아올 때에, 소구를 치고 춤추
며 그를 맞으려고 나오는 사람은 바
로 그의 딸이었다. 그는 입다의 무남
독녀였다.
35 입다는 자기 딸을 보는 순간 옷을
찢으며 부르짖었다. "아이고, 이 자
식아, 네가 이 아버지의 가슴을 후벼

만 아니라 신들 간의 경쟁의 의미도 포함했다.

11:24 그모스가…차지하지 않았습니까? 입다가 그모스의 존재를 인정했다는 의미가 아니다. 이것은 조롱의 말이다. 하나님이 자신의 백성을 위해 땅을 주신 것처럼, 암몬의 신인 그모스가 참 신이라면 그렇게 해야 하지 않겠느냐는 뜻이다.

11:27 심판자이신 주님 직역하면 '재판관 주님', '사사 주님'이라는 말이다. 입다는 최종적인 판결자로서 주님을 초청한다. 사사기에서 '사사'가 단수 형태로 쓰인 곳은 여기뿐인데, 이것은 이스라엘의 진정한 사사는 주님이라는 사실을 깨닫게 해 준다.

11:32 주님께서 그들을 입다의 손에 넘겨 주시니 암몬 자손이 그 땅의 권리를 문제 삼는 행위는 그 땅의 진정한 소유주인 하나님께 도전하는 것이 된다. 하나님은 그분의 능력과 존엄을 입증하기 위해서라도 이 싸움에 개입하시지 않을 수 없다. 곧 그것은 요단 강 동편의 땅이 하나님의 것임을

파는구나. 나를 이렇게 괴롭히는 것
이 하필이면 왜 너란 말이냐! 주님께
서원한 것이어서 돌이킬 수도 없으
니, 어찌한단 말이냐!"
36 그러자 딸이 아버지에게 말하였다.
"아버지, 아버지께서 입으로 주님께
서원하셨으니, 서원하신 말씀대로
저에게 하십시오. 이미 주님께서는
아버지의 원수인 암몬 자손에게 복
수하여 주셨습니다."
37 딸은 또 아버지에게 말하였다. "한
가지만 저에게 허락하여 주시기 바
랍니다. 두 달만 저에게 말미를 주십
시오. 처녀로 죽는 이 몸, 친구들과
함께 산으로 가서 실컷 울도록 해주
시기 바랍니다."
38 입다는 딸더러 가라고 허락하고, 두
달 동안 말미를 주어 보냈다. 딸은
친구들과 더불어 산으로 올라가서,
처녀로 죽는 것을 슬퍼하며 실컷 울
었다.
39 두 달 만에 딸이 아버지에게로 돌아
오자, 아버지는 주님께 서원한 것을
지켰고, 그 딸은 남자를 알지 못하
는 처녀의 몸으로 죽었다. ○이스라
엘에서 한 관습이 생겼다.
40 이스라엘 여자들이 해마다 산으로
들어가서, 길르앗 사람 입다의 딸을
애도하여 나흘 동안 슬피 우는 것이
다.

입다와 에브라임 지파

12 에브라임 지파 사람이 싸울 준
비를 하고 요단 강을 건너 사
본으로 와서, 입다에게 말하였다.
"너는 왜 암몬 자손을 치러 건너갈
때에 우리를 불러 같이 가지 않았느
냐? 우리가 너와 네 집을 같이 불태
워 버리겠다."
2 그러자 입다가 그들에게 말하였다.
"나와 나의 백성이 암몬 자손과 힘
겹게 싸울 때에, 내가 너희를 불렀으
나, 너희는 나를 그들의 손에서 구하
여 주려고 하지 않았다.
3 너희가 구하러 오지 않는 것을 보
고, 내가 목숨을 걸고 암몬 자손에
게 쳐들어가니, 주님께서는 그들을
나의 손에 넘겨 주셨다. 그런데 어찌
하여 오늘 너희가 이렇게 올라와서
나를 대항하여 싸우려고 하느냐?"
4 입다는 길르앗 사람들을 모두 불러
모아, 에브라임 지파 사람들과 싸워
무찔렀다. (에브라임 사람들은 평소
에 늘 길르앗 사람들을 보고 "너희
길르앗 사람은 본래 에브라임에서
도망친 자들이요, 에브라임과 므낫
세에 속한 자들이다!" 하고 말하였
다.)
5 길르앗 사람들은 에브라임 사람을
앞질러서 요단 강 나루를 차지하였
다. 도망치는 에브라임 사람이 강을

만천하에 공포하는 것이 된다. 그래서 입다는 대승을 거두게 된다(33절).

11:34-40 입다가 실제로 딸을 번제물로 바쳤는가에 대해서는 크게 두 가지 설이 있다. 하나는 입다가 실제로 딸을 죽여서 번제로 드렸다는 견해이며, 다른 하나는 다만 입다의 딸이 평생토록 결혼하지 못하고 처녀로 성막에서 봉사하도록 바쳐졌다는 견해이다. 성경은 이 점에 대하여 뚜렷하게 밝히고 있지 않다.

12장 요약 본장은 이스라엘의 비극적인 동족상잔을 보도한다. 기드온 때처럼(8:1), 에브라임 사람들은 입다가 승리했을 때에도 시기심을 드러내었다. 이에 입다는 기드온과는 달리 무력으로 그들을 징계하였다. 이 사건은 당시 이스라엘의 분열상을 잘 보여 준다.

12:4 너희 길르앗 사람은…속한 자들이다 본절은 에브라임 사람들이 '도망한 자'(11:1-3)라는 입다

건너가게 해 달라고 하면, 길르앗 사
람들은 그에게 에브라임 사람이냐
고 물었다. 그가 에브라임 사람이
아니라고 하면,
6 그에게 쉬볼렛이라는 말을 발음하게
하였다. 그러나 그가 그 말을 제대로
발음하지 못하고 시볼렛이라고 발음
하면, 길르앗 사람들이 그를 붙들어
요단 강 나루터에서 죽였다. 이렇게
하여 그 때에 죽은 에브라임 사람의
수는 사만 이천이나 되었다.
7 ○길르앗 사람 입다는 여섯 해 동안
이스라엘의 사사로 있었다. 입다는
죽어서 길르앗에 있는 한 성읍에 묻
혔다.

사사 입산

8 ○그 뒤에 베들레헴의 입산이 이스
라엘의 사사가 되었다.
9 그에게는 아들 서른 명과 딸 서른 명
이 있었는데, 딸들은 다른 집안으로
출가시키고, 며느리들도 다른 집안
에서 서른 명을 데려왔다. 그는 일곱
해 동안 이스라엘의 사사로 있었다.
10 입산은 죽어서 베들레헴에 묻혔다.

사사 엘론

11 ○그 뒤에 스불론 사람 엘론이 이스
라엘의 사사가 되었다. 그는 십 년
동안 사사로 있으면서 이스라엘을
다스렸다.
12 스불론 사람 엘론은 죽어서 스불론
땅에 있는 아얄론에 묻혔다.

사사 압돈

13 ○그 뒤에 비라돈 사람 힐렐의 아들
압돈이 이스라엘의 사사가 되었다.
14 그에게는 마흔 명의 아들과 서른 명
의 손자가 있었는데, 그들은 나귀 일
흔 마리를 타고 다녔다. 그는 여덟
해 동안 사사로 있으면서 이스라엘
을 다스렸다.
15 비라돈 사람 힐렐의 아들 압돈은 죽
어서 아말렉 사람의 산간지방에 있
는 에브라임의 땅 비라돈에 묻혔다.

삼손의 출생

13 이스라엘 자손이 다시, 주님께
서 보시는 앞에서 악한 일을
저질렀다. 그래서 주님께서는 그들
을 사십 년 동안 블레셋 사람들의
손에 넘겨 주셨다.
2 ○그 때에 소라 땅에 단 지파의 가족
가운데 마노아라는 사람이 있었는
데, 그의 아내는 임신할 수 없어서
자식을 낳지 못하였다.
3 주님의 천사가 그 여인에게 나타나
말하였다. "보아라, 네가 지금까지는
임신할 수 없어서 아이를 낳지 못하
였으나, 이제는 임신하여 아들을 낳
게 될 것이다.
4 그러므로 이제부터 조심하여, 포도
주나 독한 술을 마시지 말아라. 부
정한 것은 어떤 것도 먹어서는 안

의 신분을 염두에 두고 모욕한 말이다.

12:6 길르앗 사람들은 여린 시옷(ㅅ)을 발음하지 못하는 에브라임 사람들의 언어적 특성을 이용하여, 그들을 구별하는 데 성공했다. '쉬볼렛'의 뜻은 '홍수', '폭풍우'이다.

12:7 입다는 아비멜렉(9장)과 대조를 이룬다. 아비멜렉은 무자비한 정치를 편 통치자이다. 반면, 입다는 요청에 의하여 합법적으로 통치자가 되어 지도력을 발휘한 신앙의 사람이다(히 11:32).

13장 요약 13-16장에는 사사 삼손의 행적이 수록되어 있다. 본장은 삼손의 출생과 관련된 기록이다. 다른 사사들의 경우와는 달리 삼손의 이야기는 출생 통보로부터 시작된다. 이는 그가 하나님의 특별한 섭리 가운데서 출생했고 날 때부터 성별된 자로서 복을 받았음을 나타낸다.

13:1-25 블레셋은 오랫동안 이스라엘을 괴롭혔

된다.
5 네가 임신하여 아들을 낳을 것인데,
그 아이의 머리에 ㉠면도칼을 대어서
는 안 된다. 그 아이는 모태에서부터
이미 하나님께 바쳐진 나실 사람이
기 때문이다. 바로 그가 블레셋 사람
의 손에서 이스라엘을 구하는 일을
시작할 것이다."
6 ○여인은 곧바로 남편에게 가서 말
하였다. "하나님의 사람이 나에게
오셨는데, 그분의 모습이 하나님의
천사의 모습과 같아서, 너무나 두려
웠습니다. 그래서 나는 그분이 어디
서 오셨는지 감히 묻지도 못하였고,
또 그분도 나에게 자기 이름을 일러
주지 않았습니다.
7 그런데 그분이 내게 말하기를, 내가
임신하여 아들을 낳을 것이니, 이제
부터 포도주와 독한 술을 마시지 말
고, 부정한 것은 어떤 것도 먹어서는
안 된다고 말했습니다. 그 아이는 모
태에서부터 죽는 날까지 하나님께
바쳐진 나실 사람으로 살아야 하기
때문이라고 했습니다."
8 ○이 말을 듣고 마노아가 주님께 기
도드렸다. "주님, 우리에게 보내셨던
하나님의 사람을 우리에게 다시 오
게 하셔서, 태어날 아이에게 어떻게
하여야 할지를 우리에게 가르치게
하여 주십시오."
9 주님께서 마노아의 기도를 들어주셔
서, 주님의 천사가 다시 여인에게 왔
다. 그 때에 그 여인은 밭에 앉아 있
었는데, 남편 마노아는 아내와 함께
있지 않았다.
10 그래서 그 여인은 급히 달려가 남편
에게 말하였다. "와 보세요. 저번에
나에게 오셨던 그분이 지금 나타나
셨어요."
11 마노아는 일어나 곧 아내를 따라가
서, 그 사람에게 이르렀다. 마노아가
그를 보고서, 저번에 자기의 처에게
말하던 그분이냐고 물었다. 그가 그
렇다고 대답하자,
12 마노아는 그에게, 지난번에 한 그 말
이 이루어질 때에 그 아이가 지켜야
할 규칙은 무엇이며, 또 그 아이가
할 일은 무엇이냐고 물었다.
13 주님의 천사가 마노아에게 일러주었
다. 주님의 천사가 마노아의 아내에
게 일러준 모든 것을 그 아이가 지켜
야 하고,
14 마노아의 아내는 포도나무에서 나
는 것은 어떤 것도 먹어서는 안 되
고, 포도주와 독한 술을 마시지 않
아야 하며, 부정한 것은 어떤 것도
먹어서는 안 되고, 주님의 천사가 마
노아의 아내에게 명령한 모든 것을
마노아의 아내가 지켜야 한다고 말
해 주었다.

다. 이것은 물론 이스라엘이 하나님 외에 다른 우상을 섬기고 있었기 때문이다(10:6-7). 블레셋은 가나안에 들어와 살기 위해 비옥한 남쪽 해안을 근거지로 하여 이스라엘을 괴롭혔다. 이때 삼손이 이스라엘을 블레셋의 손에서 구원하기 위하여 태어난다(5절). 처음부터 하나님은 삼손의 배후에 계셨다. 단 지파의 가족 중 아이를 낳지 못하는 한 여자가 아이를 선물로 받게 되었다(비교. 창 18장;삼상 1장). 이 아이는 태어나기 전부터 이미 전생애가 하나님의 계획 아래 놓여 있었다(사 49:1;렘 1:5;눅 1:31 이하). 그 때문에 이 아이는 하나님께 바쳐진 자(나실 사람)로서 성장해야 한다(4,7,13절;암 2:11 이하). 그런데 이런 하나님의 뜻을 알려 준 주님의 천사는, '비밀'이란 이름을 가지고 있는 성육신 이전의 그리스도이다(사 9:6). 이렇게 삼손은 하나님의 특별하신 섭리 가운데 출생하였고, 날 때부터 성별된 자로서 남다른 복

㉠ 삭도를

15 ○그러자 마노아가 주님의 천사에게,
새끼 염소를 한 마리 잡아 대접할 터
이니, 잠시 기다려 달라고 하였다.
16 그러나 주님의 천사는 마노아에게,
기다리라면 기다릴 수는 있으나 음
식은 먹지 않겠다고 하면서, 마노아
가 번제를 준비한다면, 그것은 마땅
히 주님께 드려야 할 것이라고 말하
였다. 마노아는 그가 주님의 천사라
는 것을 전혀 알지 못하였다.
17 그래서 마노아가 또 주님의 천사에
게, 이름만이라도 알려 주면, 말한
바가 이루어질 때에 그에게 그 영광
을 돌리고 싶다고 하였다.
18 그러나 주님의 천사는 어찌하여 그
렇게 자기의 이름을 묻느냐고 나무
라면서 자기의 이름은 비밀이라고
하였다.
19 ○마노아는 새끼 염소 한 마리와 곡
식예물을 가져다가, 바위 위에서 주
님께 드렸다. 주님께서는 마노아와
그의 아내가 보고 있는 데서 신기한
일을 일으키셨다.
20 제단에서 불길이 하늘로 치솟자, 주
님의 천사가 제단의 불길을 타고 하
늘로 올라갔다. 마노아와 그의 아내
는 이것을 보고, 얼굴을 땅에 대고
엎드렸다.
21 주님의 천사가 마노아와 그의 아내
에게 다시 나타나지 않자, 그제야 마
노아는 비로소 그가 주님의 천사인
줄 알았다.
22 마노아는 아내에게 말하였다. "우리
가 하나님을 보았으니, 우리는 틀림
없이 죽을 것이오."
23 그러자 그의 아내가 그에게 말하였
다. "만일 주님께서 우리를 죽이려
하셨다면 우리의 손에서 번제물과
곡식예물을 받지 않으셨을 것이며,
또 우리에게 이런 모든 일을 보이거
나 이런 말씀을 하시지도 않으셨을
겁니다."
24 ○그 여인이 아들을 낳고서, 이름을
삼손이라고 하였다. 그 아이는 주님
께서 내리시는 복을 받으면서 잘 자
랐다.
25 그가 소라와 에스다올 사이에 있는
마하네단에 있을 때에, 주님의 영이
처음으로 그에게 내렸다.

삼손과 딤나의 처녀

14 삼손이 딤나로 내려갔다가, 딤
나에 있는 어떤 블레셋 처녀를
보았다.
2 그가 돌아와서 자기 부모에게 말하
였다. "내가 딤나에 내려갔다가, 블
레셋 처녀를 하나 보았습니다. 장가
들고 싶습니다. 주선해 주십시오."
3 그러자 그의 아버지와 어머니가 그
를 타일렀다. "네 친척이나 네 백성
의 딸들 가운데는 여자가 없느냐?

을 받았다(24–25절).

13:18 자기의 이름은 비밀이라고 하였다 이 말은 인간이 다 이해할 수 없는 신성을 나타내는 말(시 *139:6)이며*, 전능하신 하나님에게 사용한다. 이사야서 9:6에서는 장차 오실 메시아의 이름을 '놀라우신 조언자'라고 하였다.

13:24 삼손은 '태양·광채'를 뜻하는 히브리어에서 유래됐다. 아이는…잘 자랐다 비슷한 표현이 사무엘(삼상 2:26)과 예수(눅 2:52)에도 사용되었다.

14장 요약 삼손은 아스글론의 블레셋 주민 30인을 도륙함으로써 이스라엘과 블레셋 간의 싸움에 불을 당긴다. 이 사건은 블레셋을 징벌하시려는 하나님의 섭리에서 기인하지만, 삼손의 입장에서 본다면 인간적인 동기에서 되어진 일이다.

14:1–4 삼손은 단 지파의 자손이었으며, 더군다나 나실 사람이었다. 이런 신분을 가졌음에도 불

왜 너는 할례도 받지 않는 블레셋
사람을 아내로 맞으려고 하느냐?"
그래도 삼손은 자기 아버지에게 말
하였다. "꼭 그 여자를 색시로 데려
와 주십시오. 그 여자는 첫눈에 내
맘에 쏙 들었습니다."
4 그의 부모는, 주님께서 블레셋 사람
을 치실 계기를 삼으려고 이 일을 하
시는 줄을 알지 못하였다. 그 때에
블레셋 사람이 이스라엘을 지배하
고 있었다.
5 ○삼손이 부모와 함께 딤나로 내려
가서, 딤나에 있는 어떤 포도원에 이
르렀다. 그런데 갑자기 어린 사자 한
마리가 으르렁거리며 그에게 달려들
었다.
6 그 때에 주님의 영이 삼손에게 세차
게 내리덮쳤으므로 손에 아무것도
가진 것 없이, 그 사자를 염소 새끼
찢듯이 찢어 죽였다. 그러나 그는 이
일을 부모에게 말하지 않았다.
7 ○그는 그 여자에게로 내려가, 그와
이야기를 나누었다. 삼손은 그 여자
를 무척 좋아하였다.
8 얼마 뒤에 삼손은 그 여자를 아내로
맞으러 그 곳으로 다시 가다가, 길을
벗어나 자기가 죽인 사자가 있는 데
로 가 보았더니, 그 죽은 사자의 주
검에 벌 떼가 있고 꿀이 고여 있었
다.
9 그는 손으로 꿀을 좀 떠다가 걸어가
면서 먹고, 부모에게도 가져다 주었
으나, 그 꿀이 사자의 주검에서 떠온
것이라고는 말하지 않았다.
10 ○그의 아버지는 사돈 될 사람의 집
으로 갔다. 삼손은, 신랑들이 장가
갈 때 하는 풍습을 따라서, 거기에
서 잔치를 베풀었다.
11 블레셋 사람들이 그를 보자, 젊은이
서른 명을 데려다가 그와 한 자리에
앉게 하였다.
12 그 때에 삼손이 그들에게 한 제안을
하였다. "내가 여러분에게 수수께끼
를 하나 내려고 하는데, 잔치가 계속
되는 이레 동안에 알아맞히어 보십
시오. 여러분이 알아맞히면 내가 모
시옷 서른 벌과 겉옷 서른 벌을 내놓
고,
13 맞히지 못하면 여러분이 나에게 모
시옷 서른 벌과 겉옷 서른 벌을 주도
록 하는 것이 어떻겠습니까?" 그들
이 말하였다. "좋습니다! 어디, 그 수
수께끼를 한번 들어봅시다."
14 그래서 삼손이 그들에게 수수께끼를
내놓았다.

"먹는 자에게서 먹는 것이 나오
고, 강한 자에게서 단 것이 나왔
다."

그러나 그들은 사흘이 지나도록 수
수께끼를 풀 수가 없었다.

구하고, 그는 종교적으로나 문화적으로나 전혀 다른 블레셋 여자와 결혼하고자 하였다. 삼손이 블레셋 여자를 아내로 맞이하고자 한 이유는 단지 그 여자가 그를 기쁘게 해준다는 사실 때문이었다. 그러나 하나님은 이런 사건을 이용하셔서 삼손이 블레셋을 치도록 유도하신다(4,19절). 궁극적으로 하나님은 삼손의 이기심을 블레셋에게서 이스라엘을 구원하는 일에 사용하신 것이다.

14:6 주님의 영이 삼손에게 세차게 내리덮쳤으므로 이 구절과 19절 초두가 같다. 여기서 '주님의 영'은 성령(히. '루아흐')을 가리킨다. 성령은 삼손에게 신체적으로 초능력의 힘을 주셨다. 그런데 삼손이 그의 힘을 사자나 애꿎은 사람들을 죽이는 데 사용함으로써(6,19절) 맹목적인 힘의 과시나 울분의 표현으로 잘못 사용했다는 느낌도 받을 수 있다. 그렇지만 하나님의 목적은 삼손으로 하여금 이스라엘의 적인 블레셋을 쳐부수어 그분의 백성을 보호하고자 함에 있다.

15 ○[㉠]이레째가 되던 날 그들은 삼손
의 아내를 을러대었다. "신랑을 꾀어
서, 그가 우리에게 낸 그 수수께끼의
해답을 알아내서 우리에게 알려주시
오. 그렇지 않으면 새댁과 새댁의 친
정 집을 불살라 버리겠소. 우리가 가
진 것을 빼앗으려고 우리를 초대한
것은 아니지 않소?"
16 그래서 삼손의 아내는 삼손에게 울
며 말하였다. "당신은 나를 미워할
뿐이지, 사랑하지는 않아요. 그러니
까 당신이 나의 나라 사람들에게
수수께끼를 내놓고도, 나에게는 해
답을 가르쳐 주지 않았지요." 삼손
이 아내에게 말하였다. "이것 봐요.
내 부모에게도 알려드리지 않았는
데, 어떻게 당신에게 말할 수 있겠
소?"
17 그러나 그의 아내는 삼손에게 이레
나 계속되는 잔치 기간에 계속 울면
서 졸라댔다. 이레째 되던 날 삼손
은 드디어 아내에게 수수께끼의 해
답을 말해 버리고 말았다. 그러자 아
내가 그 해답을 자기 동족 사람들에
게 알려 주었다.
18 이레째 되던 날 해가 지기 전에 그
성읍 사람들이 삼손에게 말하였다.

"무엇이 꿀보다 더 달겠으며, 무엇
이 사자보다 더 강하겠느냐?"

삼손이 그들에게 대답하였다.

"나의 암소로 밭을 갈지 않았더라
면, 이 수수께끼의 해답을 어찌
찾았으랴."

19 ○그 때에 주님의 영이 삼손에게 세
차게 내리덮쳤다. 삼손이 아스글론
으로 내려가서 그 곳 주민 서른 명
을 죽이고, 그들에게서 노략한 옷을
가져다가, 수수께끼를 푼 사람들에
게 주었다. 그리고는 몹시 화가 나
서, 자기 아버지의 집으로 돌아가 버
렸다.
20 그러자 삼손의 아내는 삼손의 들러
리로 왔던 한 친구의 아내가 되었다.

15 1 이런 일이 있은 지 얼마 뒤에
밀 추수 때가 되었을 때에, 삼
손은 새끼 염소 한 마리를 가지고
아내를 찾아가서, 장인에게 아내의
침실로 들어가게 해 달라고 부탁하
였으나, 장인은 그가 아내 방에 들어
가는 것을 허락하지 않았다.
2 그리고 장인은 다른 제안을 하였다.
"나는 자네가 그 애를 몹시 미워한
다고 생각하고, 자네 친구에게 아내
로 주었다네. 사실은 동생이 언니보
다 더 예쁘니, 부디 그 애를 아내로
삼아 주게."
3 그러자 삼손이 그들에게 "이번만은
내가 블레셋 사람들에게 어떤 손해
를 끼친다 해도 나를 나무라지 못할
것이오" 하고 말하면서,

14:15-20 수수께끼를 풀지 못한 블레셋 사람들이 삼손의 아내를 이용해 해답을 알아내어 수수께끼를 풀자, 이를 안 삼손은 아스글론 사람들을 30명이나 죽이고 그들의 재물을 노략질하였다.
14:18 암소 삼손의 아내를 가리킨다. 밭을 갈 때 암소를 사용하지 않으므로, 삼손의 이러한 말은 블레셋 사람들의 공정치 못함을 지적하고 있다.
14:19-20 하나님께서 블레셋 사람들을 굴복시키기 위해서 삼손에게 성령을 부어 주셨다.

15장 요약 블레셋 사람들에 대한 삼손의 개인적인 보복과 그들에 대한 하나님의 징벌이 묘한 대비를 이루며 전개되어 간다. 자기 아내가 친구에게 시집가 버린 사실을 안 삼손은 블레셋 사람들의 밭에 불을 질렀다. 이에 격노하여 삼손에게 대항한 일천 명의 블레셋 병사들은 삼손에게 죽임을 당한다.

㉠ 칠십인역과 시리아어역에는 '나흘째가 되던 날'

4 나가서 여우 삼백 마리를 잡아, 꼬리
에 꼬리를 서로 비끄러매고는, 그 두
꼬리 사이에 가지고 간 홰를 하나씩
매달았다.
5 그는 그 홰에 불을 붙여 블레셋 사
람의 곡식 밭으로 여우를 내몰아서,
이미 베어 쌓아 놓은 곡식가리에 불
을 놓았다. 불은 곡식가리뿐 아니라
아직 베지 않은 곡식과 포도원과 올
리브 농원까지 다 태워 버렸다.
6 블레셋 사람들은 누가 그렇게 하였
는지 알아 보았다. 마침내 사람들
은, 딤나 사람 곧 삼손의 장인이 삼
손의 아내를 빼앗아 들러리 섰던 친
구에게 아내로 주었기 때문에, 삼손
이 저지른 일임을 알게 되었다. 블레
셋 사람들이 딤나로 올라가서, 그 여
자와 그 아버지를 불에 태워 죽였
다.
7 ○그러자 삼손이 그들에게 말하였
다. "너희가 이렇게 하였으니, 내가
너희에게 원수를 갚기 전에는 가만
히 있지 않겠다."
8 그는 블레셋 사람들을 닥치는 대로
㉠마구 무찌르고, 내려가서 에담 바
위 동굴에서 쉬고 있었다.

삼손이 블레셋을 치다

9 ○블레셋 사람들이 쳐올라와서 유
다 땅에 진을 치고는, 레히 지방을
짓밟았다.
10 유다 사람들이 그들에게 말하였다.
"당신들은 무엇 때문에 우리를 치러
올라왔소?" 그들이 대답하였다. "삼
손을 잡으러 왔소. 삼손이 우리에게
한 대로, 우리도 그에게 갚아 주겠
소."
11 그래서 유다 사람 삼천 명이 에담 바
위 동굴에 내려가서 삼손에게 말하
였다. "블레셋 사람들이 우리를 지배
하고 있다는 것을 당신은 잘 알지 않
소? 그런데 당신이 어찌하여 우리에
게 이런 일이 미치게 하오?" 삼손이
그들에게 대답하였다. "그들이 나에
게 한 대로 나도 그들에게 갚아 주었
을 뿐이오."
12 그러자 그들이 삼손에게 말하였다.
"우리는 당신을 묶어 블레셋 사람들
에게 넘겨 주려고 왔소." 삼손이 그
들에게 말하였다. "그렇다면 나를
죽이지 않겠다고 맹세하시오."
13 그들은 삼손에게 다짐하였다. "결코
죽이지 않겠소. 우리는 당신을 묶어
서 그들에게 넘겨만 주겠소. 결코
우리가 당신을 죽이지는 않겠소." 그
리고 그들은 새 밧줄 두 개로 그를
묶어서, 바위 동굴에서 데리고 나왔
다.
14 ○삼손이 레히에 이르자, 블레셋 사
람들이 마주 나오며, 그에게 소리를
질렀다. 그 때에 주님의 영이 그에게

15:1-20 이 당시 이스라엘 남서부는 블레셋 군대의 관할하에 있었던 것으로 나타난다(11절). 하나님의 영에 감동된 삼손은 이 같은 블레셋의 멍에를 질 필요가 없었다. 그래서 삼손은 모든 기회를 다 이용하여 블레셋을 응징하였다(3-5,7절 이하). 블레셋은 이에 맞서 삼손에게 복수하기 위하여 유다 사람들에게 나아갔다(10절). 삼손은 굴욕적으로 적에게 인도되었지만, 하나님의 능력 안에 있는 삼손은 무장 해제되었음에도 불구하고 다시 블레셋 사람을 일천 명이나 죽인다(14절 이하). 이것은 하나님께서 주신 힘이지 삼손 개인의 힘은 아니다. 그도 어쩔 수 없는 한 인간임에 불과하다는 사실은 그가 목이 말라 애타했다는 사실에서 잘 드러난다(18절 이하).

15:6 블레셋 사람들이 삼손의 아내와 장인을 불사른 행위는 삼손의 분노를 달래기 위한 것이 아니고 삼손의 행위에 대해 잔인하게 복수하기 위

㉠ 히, '정강이 넓적다리를 치고'

세차게 내리니, 그의 팔을 동여매었
던 밧줄이 불에 탄 삼 오라기같이
되어서, 팔에서 맥없이 끊어져 나갔
다.
15 마침 삼손은 싱싱한 당나귀 턱뼈 하
나가 있는 것을 보고, 그것을 손에
집어 들고, 블레셋 사람을 천 명이나
쳐죽이고 나서,
16 이렇게 외쳤다.

㉠나귀 턱뼈 하나로 ㉡주검을 ㉢무
더기로 쌓았다. 나귀 턱뼈 하나로
천 명이나 쳐죽였다.

17 이렇게 외치고 나서, 삼손은 손에
든 턱뼈를 내던지고, 그 곳 이름을
㉣라맛레히라고 불렀다.
18 ○삼손은 목이 너무 말라서 주님께
부르짖었다. "주님께서 친히 이 크나
큰 승리를 주님의 종의 손에 허락하
셨습니다. 그런데 이제 제가 목이 타
서 저 할례받지 못한 자들의 손에
붙잡혀 죽어야 하겠습니까?"
19 하나님이 레히에 있는 한 우묵한 곳
을 터지게 하시니, 거기에서 물이
솟아나왔다. 삼손이 그 물을 마시
자, 제정신이 들어 기운을 차렸다.
그래서 그 샘 이름을 ㉤엔학고레라
고 하였는데, 오늘날까지도 레히에
있다.
20 ○삼손은 블레셋 사람들이 다스리
던 시대에 이십 년 동안 이스라엘의
사사로 있었다.

삼손이 가사에 가다

16 삼손이 가사에 가서, 창녀를 하
나 만나 그의 집으로 들어갔
다.
2 삼손이 거기에 왔다는 말을 들은 가
사 사람들은, 그 곳을 에워싸고 밤
새도록 성문에 숨어 그를 기다렸다.
동이 틀 때를 기다렸다가 그를 죽이
려고 생각한 그들은 밤새 가만히 있
었다.
3 그러나 삼손은 밤늦도록 누워 있다
가, 밤중에 일어나서 성 문짝을 양
쪽 기둥과 빗장째 뽑았다. 그는 그것
을 어깨에 메고 헤브론 맞은편 산꼭
대기에 올라가, 거기에다 버렸다.

삼손과 들릴라

4 ○그 뒤에 삼손은 소렉 골짜기에 사
는 어떤 여자를 사랑하게 되었는데,
그의 이름은 들릴라였다.
5 블레셋 사람의 통치자들이 그 여자
를 찾아와서 말하였다. "당신은 그
를 꾀어 그의 엄청난 힘이 어디에서
나오는지, 그리고 우리가 어떻게 하
면 그를 잡아 묶어서 꼼짝 못 하게
할 수 있는지 알아내시오. 그러면 우
리가 각각 당신에게 은 천백 세겔씩
주겠소."
6 ○그래서 들릴라가 삼손에게 물었다.
"당신의 그 엄청난 힘은 어디서 나오

한 것이었다. 그러나 이것은 삼손에게 그들을 다시 공격할 수 있는 명분을 제공해주었다.
15:19 거기에서 물이 솟아나왔다 하나님께서는 광야에서 이스라엘 백성에게 물을 주어 살아나게 하신 것처럼(출 17:1-7;민 20:2-13) 삼손에게 생명의 물을 주심으로 그를 구원하셨다.

㉠ 히, '하모르' ㉡ 또는 '한 무더기, 두 무더기를 쌓았다' ㉢ 히, '하모라'. 나귀를 가리키는 히브리어와 '무더기'를 가리키는 히브리어의 발음이 같음 ㉣ '나귀 턱뼈 언덕' ㉤ '부르짖는 사람의 샘'

16장 요약 삼손의 생애를 보면 방만한 여자 관계가 얼마나 큰 고통과 낭패를 야기시키는지를 알 수 있다. 삼손은 들릴라에게 나실 사람의 비밀을 말해버림으로 결국 두 눈을 뽑힌 채 연자맷돌을 돌리는 신세로 전락했다. 그러나 그가 회개하고 하나님께로 돌아왔을 때 하나님은 그를 사용하셔서 블레셋과 그들의 우상 다곤을 크게 징벌하셨다.

지요? 어떻게 하면 당신을 묶어 꼼
짝 못 하게 할 수 있는지 말해 주세
요."
7 삼손이 그에게 말해 주었다. "마르지
않은 푸른 칡 일곱 매끼로 나를 묶으
면, 내가 힘이 빠져서 여느 사람처럼
되지."
8 그리하여 블레셋 사람의 통치자들
이 마르지 않은 푸른 칡 일곱 매끼
를 그 여자에게 가져다 주었고, 그
여자는 그것으로 삼손을 묶었다.
9 미리 옆 방에 사람들을 숨겨 놓고
있다가, 그에게 "삼손, 블레셋 사람들
이 당신에게 들이닥쳤어요!" 하고 소
리쳤다. 그러나 삼손은 그 밧줄을
불에 탄 삼 오라기를 끊듯이 끊어
버렸다. 그의 힘의 비밀은 여전히 알
려지지 않았다. 그러자
10 들릴라가 삼손에게 말하였다. "이것
봐요. 당신은 나를 놀렸어요. 거짓말
까지 했어요. 무엇으로 당신을 묶어
야 꼼짝 못 하는지 말해 주세요."
11 삼손이 그에게 말하였다. "한 번도
쓰지 않은 새 밧줄로 나를 꽁꽁 묶
으면, 내가 힘이 빠져서 여느 사람처
럼 되지."
12 들릴라는 새 밧줄을 가져다가 그것
으로 그를 묶었다. 미리 옆 방에 사
람들을 숨겨 놓고 있다가, 그에게 "삼
손, 블레셋 사람들이 당신에게 들이
닥쳤어요!" 하고 소리쳤다. 그러나
삼손은 자기 팔을 묶은 새 밧줄을
실오라기 끊듯이 끊어 버렸다.
13 그러자 들릴라가 삼손에게 말하였
다. "당신은 여전히 나를 놀리고 있
어요. 여태까지 당신은 나에게 거짓
말만 했어요! 무엇으로 당신을 묶어
야 꼼짝 못 하는지 말해 주세요." 삼
손이 그에게 말하였다. ㉠"내 머리칼
일곱 가닥을 베틀 날실에 섞어서 짜
면 되지."
14 그 여자는 그것을 말뚝에 꽉 잡아
매고, 그에게 "삼손, 블레셋 사람들
이 당신에게 들이닥쳤어요!" 하고 소
리쳤다. 그러자 삼손이 잠에서 깨어
나 말뚝과 베틀과 천을 뽑아 올렸
다.
15 ○들릴라가 그에게 또 말하였다. "당
신은 마음을 내게 털어놓지도 않으
면서, 어떻게 나를 사랑한다고 말할
수가 있어요? 이렇게 세 번씩이나 당
신은 나를 놀렸고, 그 엄청난 힘이
어디서 나오는지 아직 나에게 말해
주지 않았어요."
16 들릴라가 같은 말로 날마다 끈질기
게 졸라대니까, 삼손은 마음이 괴로
워서 죽을 지경이 되었다.
17 하는 수 없이 삼손은 그에게 속마음
을 다 털어 놓으면서 말하였다. "나
의 머리는 ㉡면도칼을 대어 본 적이

16:1-22 들릴라는 블레셋 통치자들에게서 돈을 받고서 삼손의 힘의 비결이 무엇인지를 캐내려고 하였다(4절 이하). 그렇지만 삼손은 세 번씩이나 블레셋 사람들을 조롱한다(6절 이하;10절 이하;13절 이하). 그러나 나중에는 재촉에 못이겨 들릴라에게 하나님이 주신 자신의 비밀을 발설하게 되고(17절), 결국에는 하나님의 능력을 잃어버리게 된다. 삼손은 나실 사람의 신성을 상실하게 되었고, 그 결과 하나님은 그에게서 떠나가 버리신다(20절). 삼손은 나실 사람의 비밀을 말해 버림으로 인해 하나님이 주신 성별된 증표를 잃게 된다. 하나님은 삼손이 비밀을 말하기 전까지는 그의 잘못된 모든 행위를 참아 주셨으나, 이제는

㉠ 칠십인역에는 "'내 머리칼 일곱 가닥을 베틀 날실에 섞어 짜서 그것을 베틀 말뚝에 꽉 잡아매면 나는 힘이 빠져서 여느 사람처럼 되지' 그래서 그가 자고 있는 동안에 들릴라가 그의 머리칼 일곱 가닥을 베틀 날실에 섞어 짜고, 14. 그것을 베틀 말뚝에 꽉 잡아매었다. 그리고 삼손에게 '삼손, ……' 하고 소리쳤다. 그러자 삼손이 잠에서 깨어나 베틀 말뚝과 베틀과 머리칼이 섞여 짜여진 천을 함께 끌어 올렸다." ㉡ 삭도를

없는데, 이것은 내가 모태에서부터
하나님께 바쳐진 나실 사람이기 때
문이오. 내 머리털을 깎으면, 나는
힘을 잃고 약해져서, 여느 사람처럼
될 것이오."
18 들릴라는 삼손이 자기에게 속마음
을 다 털어놓은 것을 보고, 사람을
보내어 블레셋 사람의 통치자들에
게 전하였다. "한 번만 더 올라오십
시오. 삼손이 나에게 속마음을 다
털어놓았습니다." 그러자 블레셋 사
람의 통치자들이 약속한 돈을 가지
고 그 여자에게 올라왔다.
19 들릴라는 삼손을 자기 무릎에서 잠
들게 한 뒤에, 사람을 불러 일곱 가
닥으로 땋은 그의 머리털을 깎게 하
였다. 그런 다음에 그를 괴롭혀 보았
으나, 그의 엄청난 힘은 이미 그에게
서 사라졌다.
20 그 때에 들릴라가 "삼손! 블레셋 사
람들이 들이닥쳤어요!" 하고 소리쳤
다. 삼손은 잠에서 깨어나 "내가 이
번에도 지난 번처럼 뛰쳐 나가서 힘
을 떨쳐야지!" 하고 생각하였으나,
주님께서 이미 자기를 떠나신 것을
미처 깨닫지 못하였다.
21 블레셋 사람들은 그를 사로잡아, 그
의 두 눈을 뽑고, 가사로 끌고 내려
갔다. 그들은 삼손을 놋사슬로 묶
어, 감옥에서 연자맷돌을 돌리게 하
였다.
22 그러나 깎였던 그의 머리털이 다시
자라기 시작하였다.

삼손이 죽다

23 ○블레셋 사람의 통치자들이 그들의
신 다곤에게 큰 제사를 바치려고 함
께 모여 즐거워하며 떠들었다.

"우리의 원수 삼손을 우리의 신이
우리의 손에 넘겨 주셨다!"

24 백성도 그를 보고 그들의 신을 찬양
하며 소리쳤다.

"우리 땅을 망쳐 놓은 원수, 우리
백성을 많이 죽인 원수를 우리의
신이 우리 손에 넘겨 주셨다."

25 그들은 마음이 흐뭇하여, 삼손을 그
곳으로 불러다가 자기들 앞에서 재
주를 부리게 하라고 외쳤다. 사람들
이 삼손을 감옥에서 끌어내었고, 삼
손은 그들이 보는 앞에서 재주를 부
리게 되었다. 그들은 삼손을 기둥 사
이에 세워 두었다.
26 그러자 삼손은 자기 손을 붙들어 주
는 소년에게 "이 신전을 버티고 있는
기둥을 만질 수 있는 곳에 나를 데
려다 다오. 기둥에 좀 기대고 싶다"
하고 부탁하였다.
27 그 때에 그 신전에는 남자와 여자로
가득 차 있었는데, 블레셋 사람의 통
치자들도 모두 거기에 있었다. 옥상
에도 삼천 명쯤 되는 남녀가 삼손이

스스로 성별의 표를 내버렸기 때문에 더 이상 그와 함께하실 아무런 이유가 없으셨던 것이다. 자신의 용맹을 과시했던 가사에서(1-3절) 삼손은 *두 눈을 뽑힌 채, 동물처럼* 연자맷돌을 돌리는 신세로 전락하고 말았다(21절).

16:23-31 역사를 움직이시는 하나님의 손길을 때로는 느끼지 못할 경우가 있다. 하나님을 믿지 않는 자들은 자신들의 신이 역사를 주장하고 있다고 여길 것이다(23-25절). 그러나 하나님은 방관하시지 않으신다. 하나님은 삼손을 마지막으로 사용하셔서, 다곤 신이 아무런 능력도 없는 헛된 우상임을 증명해 보이셨다(28-30절). 비록 삼손이 나실 사람의 서약을 깨뜨리고 힘을 잃어버렸지만, 결국 그는 하나님께로 돌아왔다(28절). 하나님은 그의 간구하는 바를 들으셨으며, 그의 힘을 예전처럼 회복시켜 주셨다. 하나님은 인간이 연약하고 부패하며 불완전한 존재일지라도, 회개하는 자에게는 반드시 그의 기도에 응답해 주신다.

재주 부리는 것을 구경하려고 모여
있었다.
28 ○그 때에 삼손이 주님께 부르짖으
며 간구하였다. "주 하나님, 나를 기
억하여 주시기를 간절히 바랍니다.
하나님, 이번 한 번만 힘을 주시기를
간절히 바랍니다. 나의 두 눈을 뽑
은 블레셋 사람들에게 단번에 원수
를 갚게 하여 주십시오."
29 그런 다음에 삼손은 그 신전을 버티
고 있는 가운데의 두 기둥을, 하나
는 왼손으로 또 하나는 오른손으로
붙잡았다.
30 그리고 그가 "블레셋 사람들과 함께
죽게 하여 주십시오!" 하고 외치며,
있는 힘을 다하여 기둥을 밀어내니,
그 신전이 무너져 내려 통치자들과
모든 백성이 돌더미에 깔렸다. 삼손
이 죽으면서 죽인 사람이, 그가 살
았을 때에 죽인 사람보다도 더 많았
다.
31 ○그의 형제들과 아버지의 집안 온
친족이 내려와서 그의 주검을 가지
고 돌아가서, 소라와 에스다올 사이
에 있는 그의 아버지 마노아의 무덤
에 묻었다. 그는 스무 해 동안 이스
라엘의 사사로 있었다.

미가 집의 제사장

17 에브라임 산간지방에 미가라
는 사람이 있었다.
2 그가 어머니에게 말하였다. "누군가
가 은돈 천백 냥을 훔쳐 갔을 때에,
어머니는 그 훔친 사람을 저주하셨
습니다. 나도 이 귀로 직접 들었습니
다. 보십시오, 그 은돈이 여기 있습
니다. 바로 내가 그것을 가져 갔습니
다." 그러자 그의 어머니는 도리어 이
렇게 말하였다. "얘야, 주님께서 너에
게 복 주시기를 바란다."
3 그는 은돈 천백 냥을 어머니에게 내
놓았다. 그러자 그의 어머니가 말하
였다. "나의 아들이 저주를 받지 않
도록, 이 은돈을 주님께 거룩하게 구
별하여 바치겠다. 이 돈은 은을 입힌
목상을 만드는 데 쓰도록 하겠다. 그
러니 이 은돈을 너에게 다시 돌려
주마."
4 그러나 미가는 그 돈을 어머니에게
돌려 주었다. 그의 어머니가 은돈 이
백 냥을 은장이에게 주어, 조각한
목상에 은을 입힌 우상을 만들게 하
였는데, 그것을 미가의 집에 놓아 두
었다.
5 ○미가라는 이 사람은 개인 신당을
가지고 있었다. 에봇과 드라빔 신상
도 만들고, 자기 아들 가운데서 하
나를 제사장으로 삼았다.
6 그 때에는 이스라엘에 왕이 없었으
므로, 사람들은 저마다 자기의 뜻에
맞는 대로 하였다.

17장 요약 사사 시대에 이스라엘 백성은 제 소견대로 행했다. 본장으로부터 마지막 장까지는 사사 시대의 종교적 타락(17–18장)과 도덕적 타락(19–21장)을 극명하게 보여 준다. 그 중 본장은 신앙을 한 개인의 우상 숭배로 대체했던 미가라고 하는 사람의 어리석고 패역한 행태를 보여 준다.

17:1–21:25 여기에서는 사사기를 마무리 짓는 두 가지 이야기가 등장한다. 이 사건들은 사사 시대의 초기에 발생한 것들이지만, 시기에 관계없이 뒷부분에 기록되어 있다. 이 사건들에서는 이스라엘이 각각 제 소견대로 행하던 시대의 종교적 타락(17–18장)과 도덕적 타락(19–21장)이 묘사되어 있다.

17:6 '그 때에는 이스라엘에 왕이 없었으므로, 사람들은 저마다 자기의 뜻에 맞는 대로 하였다'(18:1;19:1;21:25). 이스라엘은 하나님에 대한 참된 예

7 ○유다 지파에 속한 유다 땅 베들레
헴에 한 젊은이가 있었는데, 그는 레
위 사람으로서 그 곳에서 잠시 살고
있었다.
8 그 사람이 자기가 살던 유다 땅 베
들레헴을 떠나서 있을 곳을 찾다가,
에브라임 산간지방까지 와서, 미가
의 집에 이르렀다.
9 미가가 그에게 물었다. "젊은이는 어
디서 오시는 길이오?" 그가 대답하
였다. "나는 유다 땅 베들레헴에 사
는 레위 사람인데, 있을 곳을 찾아다
니고 있습니다."
10 미가가 그에게 말하였다. "우리 집에
살면서, 어른이 되어 주시고, 제사장
이 되어 주십시오. 일 년에 은돈 열
냥을 드리고, 옷과 먹거리를 드리겠
습니다." 이 말을 듣고 그 젊은 레위
사람은 안으로 들어갔다.
11 그 젊은 레위 사람은 미가와 함께 살
기로 하고, 미가의 친아들 가운데
하나처럼 되었다.
12 미가가 그 레위 사람을 거룩하게 구
별하여 세우니, 그 젊은이는 미가 집
안의 제사장이 되어, 그의 집에서 살
았다.
13 그래서 미가는, 자기가 이제 레위 사
람을 제사장으로 삼았으니, 주님께
서 틀림없이 자기에게 복을 주실 것
이라고 생각하였다.

미가와 단 지파

18 그 때에 이스라엘에 왕이 없었
고, 단 지파는 이스라엘의 지
파들 가운데서 아직 그들이 유산으
로 받을 땅을 얻지 못하였으므로, 그
들이 자리잡고 살 땅을 찾고 있었다.
2 그래서 단 지파 자손은 소라와 에스
다올에 살고 있는 지파의 온 가문에
서 용감한 사람 다섯 명을 뽑아서
땅 정찰 임무를 맡기고, 땅을 탐지하
고 살피도록 보냈다. 그들은 에브라
임 산간지방으로 들어섰다가, 미가의
집에 이르러 거기서 하룻밤을 묵었
다.
3 미가의 집에 머무는 동안 그들은 그
젊은 레위 사람의 억양과 말씨를 알
아 듣고, 그에게 다가가서 물었다.
"누가 당신을 이리로 데려왔습니까?
당신은 여기에서 무슨 일을 하십니
까? 무엇 때문에 여기에 있습니까?"
4 그러자 그는 그들에게 대답하였다.
"미가가 나에게 조건을 제시하고 나
를 고용하여 자기의 제사장으로 삼
았습니다."
5 그들이 그에게 말하였다. "하나님께
물어 보아서, 우리가 가고 있는 이
길이 성공할 것인지, 우리에게 알려
주십시오."
6 그 제사장이 그들에게 "평안히 가십
시오. 주님께서 여러분이 가는 그 길

배를 무시하였고, 하나님께서 역사를 통하여 베풀어 주신 구원의 손길을 망각해 갔다.

17:7-13 미가는 신상을 만들고, 권위를 부여하고 합법화할 목적으로 제사장을 세웠다. 그러나 아론의 자녀들만이 감당할 수 있는 제사장의 직분에 일반 레위 사람을 세움으로 모세의 율법을 어기는 결과를 초래했다. 그런데도 미가는 자신의 행위를 정당하게 여기고 하나님께서 자기에게 복을 주실 것이라 믿었다.

18장 요약 본장은 미가의 신상과 레위 사람이 단 지파 자손에게로 옮겨지는 과정을 보도한다. 단 지파 자손은 약속된 땅을 분배받지만, 이방 세력들을 몰아내지 못하고 두려워하여 유산을 내팽개친다. 이어 북쪽의 평화로운 백성들을 습격하고 그 곳에 거주하였다.

18:1-31 단 지파 자손은 이미 하나님으로부터 약속된 땅을 분배받았지만(수 19:40 이하), 그 땅을

을 인도하실 것입니다" 하고 일러주
었다.
7 ○그래서 그 다섯 사람은 길을 떠나
라이스로 갔다. 그들은 그 곳 사람
들이, 한가하고 평화롭게 사는 시돈
사람들처럼, 안전하게 살고 있는 것
을 보았다. 그리고 그 땅에는 어느
누구도 권력을 쥐고 그들을 해치는
자가 없었다. 그들은 시돈 사람들과
도 멀리 떨어져 있어서, 어느 누구와
도 접촉이 없었다.
8 ○다섯 사람이 소라와 에스다올로
돌아와 그들의 백성에게 이르렀다.
그들이 그 다섯 사람에게 정찰한 내
용을 물으니,
9 그들이 이렇게 대답하였다. "어서 가
서, 그들을 치도록 합시다. 우리가
본 그 땅은 정말 좋은 땅입니다. 우
리가 이렇게 가만히 있을 때가 아닙
니다. 망설이지 말고 빨리 쳐들어가
서, 그 땅을 차지합시다.
10 우리가 거기에 가기만 하면, 넓은 땅
에서 평안하게 살고 있는 백성들을
보게 될 것입니다. 하나님이 그 땅을
우리의 손에 넘겨 주셨습니다. 무엇
하나 부러울 것이 없고, 부족한 것이
없는 곳입니다."
11 ○단 지파 가족들 가운데서, 육백 명
이 무기를 들고, 소라와 에스다올에
서 길을 떠났다.
12 그들은 유다 땅에 있는 기럇여아림
에까지 가서 진을 쳤다. 그래서 그
곳 이름이 오늘날까지도 마하네단이
라 불리고 있는데, 그 곳은 바로 기
럇여아림 서쪽에 있다.
13 그들은 그 곳에서 에브라임 산간지
방으로 올라가서 미가의 집에 이르
렀다.
14 ○전에 라이스 땅을 탐지하러 갔던
그 다섯 사람이 같이 간 사람들에게
말하였다. "여기 여러 채의 집이 있
는데, 이 가운데 어느 한 집에 은을
입힌 목상이 보관되어 있다는 것을,
당신들은 알고 있을 것이오. 목상뿐
만 아니라 드라빔과 에봇도 있소. 우
리가 해야 할 일이 무엇이겠소?"
15 그런 다음에 그 다섯 사람은 젊은
레위 사람이 사는 집 곧 미가의 집
으로 들어가서, 그에게 안부를 물었
다.
16 단 자손 육백 명이 무기를 들고 문
어귀를 지키고 있었다.
17 그 땅을 탐지하러 갔던 다섯 사람이
그리로 들어가서 은을 입힌 목상과
에봇과 드라빔과 부어 만든 우상을
챙기는 동안, 제사장은 무기를 지닌
육백 명과 함께 문 어귀에 서 있었
다.
18 ○미가의 집에 들어간 다섯 사람이
은을 입힌 목상과 에봇과 드라빔과

끝까지 지키지 못했다(1:34). 주위의 이방 세력들 때문에 단 지파 자손은 하나님이 주신 유산을 버리고, 북쪽에 있는 평화로운 백성들을 습격하여 거주하였다(7-10,27-29절). 이런 행위는 벌써 하나님이 정해 주신 규례와 법도를 무시하고 있다는 증거가 된다. 왜냐하면 하나님이 실로의 회막에서 계시로 주신(수 18:1 이하) 이스라엘 각 지파의 유산은, 사람이 마음대로 옮기거나 팔 수 없는 성격의 것이기 때문이다(민 36:6-9;왕상 21:3). 한편, 단 지파 자손은 자기들이 빼앗아 얻게 될 땅에 대한 확고한 신념을 갖기 위하여, 미가가 이기적인 목적을 위해 데리고 있었던 젊은 레위 사람과 신상을 빼앗아 간다(14-26절). 이렇게 한 것은 젊은 레위 사람이 전에 이 지파의 행동을 찬성하는 예언을 말했기 때문이다(6,10절). 이처럼, 이 당시의 이스라엘 사람들에게 있어서 신앙이란 자기들의 이기적인 목적에 부합하도록 사용된 한갓 장식에 불과하였다.

부어 만든 신상을 가지고 나올 때
에, 제사장이 그들에게 어떻게 된 일
이냐고 물었다.
19 그들이 그에게 대답하였다. "조용히
하십시오. 아무 말 말고 우리를 따
라나서십시오. 우리의 어른과 제사
장이 되어 주십시오. 이 집에서 한
가정의 제사장이 되는 것보다야 이
스라엘의 한 지파와 한 가문의 제사
장이 되는 것이 더 낫지 않겠습니
까?"
20 제사장은 그 제안이 마음에 들어,
에봇과 드라빔과 은을 입힌 목상을
받아들고, 그 무리들 가운데로 들어
갔다.
21 ○그들은 발길을 돌려 길을 떠났다.
어린 아이들과 가축과 값나가는 소
유물을 앞세웠다.
22 그들이 미가의 집에서 떠나 멀리 갔
을 때에, 미가와 이웃집 사람들이 함
께 모여서, 단 지파 자손을 뒤쫓아
왔다.
23 그들이 부르는 소리를 듣고, 단 지파
자손이 돌아서서 미가에게 물었다.
"무슨 일이 있기에 이렇게들 모여서
오시오?"
24 미가가 말하였다. "뭐요? 내가 만든
신상과 제사장을 빼앗아 가면서 무
슨 일이 있느냐고? 그게 말이나 되
는 소리요? 나에게 남은 것이 무엇
이오?"
25 그러자 단 지파 자손이 그에게 말하
였다. "더 이상 아무 말도 하지 말고
가만히 있는 게 좋을거요. 이 사람
들이 성이 나서 당신들을 치고, 당신
과 당신의 가족의 생명을 빼앗을까
염려되오."
26 미가는 상대가 자기보다 더 강한 것
을 알고 발길을 돌려 집으로 돌아갔
고, 단 지파 자손도 가던 길을 갔다.
27 ○단 지파 자손은, 미가가 만든 신상
과 함께 그에게 딸린 제사장을 데리
고, 한가하고 평화롭게 사는 라이스
백성에게 가서, 그들을 칼로 쳐서 죽
이고, 그들의 성을 불살라 버렸다.
28 그런데도 라이스를 구하여 주는 자
가 아무도 없었던 것은, 그 성읍이
베드르홉 부근의 골짜기에 있어서,
시돈에서 멀리 떨어져 있고, 또 어느
누구와도 접촉이 없었기 때문이다.
단 지파 자손은 허물어진 성을 다시
쌓고, 그 곳에서 살았다.
29 그들은 이스라엘에게서 태어난 그들
의 조상 단의 이름을 따라, 그 성을
단이라고 불렀다. 그 성의 본래 이름
은 라이스이다.
30 단 지파 자손은 자기들이 섬길 신상
을 세웠다. 그리고 모세의 손자이며
게르손의 아들인 요나단과 그의 자
손이 단 지파의 제사장이 되어, 그

18:20 제사장은 그 제안이 마음에 들어 선악을 분간하지 못하는 종교 지도자의 모습을 여실히 보여 주는 구절이다. 일찍이 미가가 제안한 재물에 *팔렸던 그는 더 큰 재물에* 마음이 끌려 도적의 무리에게 기쁨으로 가담한다.

18:24 나에게 남은 것이 무엇이오? 미가는 자신을 보호해 주지도 못하는 신상을 빼앗긴 사실로 인해 크게 염려하면서 '나에게는 아무것도 남지 않았다'라고 울부짖었다. 그는 도울 힘이 없는 신을 굳게 믿고 있었던 것이다.

18:27-31 단 지파는 라이스 땅을 취하고 정착하여 미가에게서 탈취한 신상을 섬기기 시작하였다. 정복한 땅에 성을 쌓고, 단이라 이름 붙였다.

18:31 실로의 파괴에 관해서는 시편 78:60과 예레미야서 7:12,14을 보라. 고고학적인 자료를 통해 실로가 B.C. 1050년에 파괴된 사실과 그 뒤로 수 세기 동안 그곳에 사람이 거주하지 않았던 사실을 알 수 있다.

땅 사람들이 포로로 잡혀갈 때까지
그 일을 맡았다.
31 그들은, 하나님의 집이 실로에 있는
동안, 내내 미가가 만든 우상을 그대
로 두고 섬겼다.

한 레위 사람과 그의 첩

19 이스라엘에 왕이 없던 때에, 한
레위 남자가 에브라임의 산골
에 들어가서 살고 있었다. 그는 유다
땅의 베들레헴에서 한 여자를 첩으
로 데려왔다.
2 그러나 무슨 일로 화가 난 그 여자
는, 그를 떠나 유다 땅의 베들레헴에
있는 자기 친정 집으로 돌아가서, 넉
달 동안이나 머물러 있었다.
3 그래서 그 남편은 그 여자의 마음을
달래서 데려오려고, 자기의 종과 함
께 나귀 두 마리를 끌어내어 길을
떠났다. 그 여자가 그를 자기 아버지
의 집으로 데리고 들어가자, 그 젊은
여자의 아버지가 그를 보고 기쁘게
맞이하였다.
4 그의 장인 곧 그 젊은 여자의 아버지
가 그를 붙들므로, 그는 사흘 동안
함께 지내며 먹고 마시면서, 거기에
머물러 있었다.
5 나흘째 되는 날, 그가 아침 일찍 깨
어 떠나려고 일어서니, 그 젊은 여자
의 아버지가 사위에게 말하였다.
"빵을 좀 더 먹고서 속이 든든해지
거든 떠나게."
6 그래서 그들 두 사람은 또 앉아서 함
께 먹고 마셨다. 그 젊은 여자의 아
버지가 사위에게 말하였다. "부디 오
늘 하룻밤 더 여기서 묵으면서 기분
좋게 쉬게."
7 그 사람은 일어나 가려고 하였으나,
그의 장인이 권하여 다시 거기에서
하룻밤을 묵었다.
8 닷새째 되는 날 아침에 그가 일찍 일
어나 떠나려고 하니, 그 젊은 여자의
아버지가 권하였다. "우선 속이 든든
해지도록 무얼 좀 먹고 쉬었다가, 한
낮을 피하여 천천히 떠나게." 그들
둘은 또 음식을 먹었다.
9 그 사람이 일어나 자기의 첩과 종을
데리고 떠나려고 하니, 그의 장인인
그 젊은 여자의 아버지가 그에게 권
하였다. "자, 오늘은 이미 날이 저물
어 가니, 하룻밤만 더 묵어 가게. 이
제 날이 저물었으니, 여기서 머물면
서 기분좋게 쉬고, 내일 아침 일찍
일어나서 길을 떠나, 자네의 집으로
가게."
10 그러나 그 사람은 하룻밤을 더 묵을
생각이 없어서, 일어나서 나귀 두 마
리에 안장을 지우고, 첩과 함께 길을
떠나, 여부스의 맞은쪽에 이르렀다.
(여부스는 곧 예루살렘이다.)
11 그들이 여부스 가까이에 이르렀을

19장 요약 본장은 베냐민과의 처절한 동족상잔을 야기시킨 한 사건에 관한 기록이다. 한 레위 사람이 기브아의 불량배들에 의해 윤간당하고 죽게 된 첩의 주검을 열두 부분으로 나누어 이스라엘 각지로 보냈다. 이런 사실은 당시 이스라엘의 도덕적, 영적 부패 상황을 짐작하게 한다.

19:1-21 이제 사사기의 마지막 이야기가 서술되기 시작한다. 19장에서 사사기 저자는 기브아 사람들의 가증한 행위를 언급함으로써, 이스라엘 자손들이 가나안에 정착한 후 얼마나 도덕적으로 타락했는지에 대한 일면을 예시하고 있다. 이 당시 이스라엘은 이스라엘 공동체의 인도자가 되시는 하나님을 저버리고 죄악으로 가득한 가나안 족속들의 신들을 섬김으로써, 하나님이 원하시는 생활 방식을 따르지 않았다. 따라서 영적 타락은 부도덕한 생활로 연결되었다. 본문에 기록된 이

때에, 벌써 하루 해가 저물고 있었
다. 그의 종이 주인에게 말하였다.
"이제 발길을 돌려 여부스 사람의 성
읍으로 들어가, 거기에서 하룻밤 묵
어서 가시지요."
12 ○그러나 그의 주인이 그에게 대답
하였다. "안 된다. 이스라엘 자손이
아닌 이 이방 사람의 성읍으로 들어
갈 수는 없다. 기브아까지 가야 한
다."
13 그는 종에게 또 말하였다. "기브아나
라마, 두 곳 가운데 어느 한 곳에 가
서 묵도록 하자."
14 그래서 그들이 그 곳을 지나 계속
나아갈 때에, 베냐민 지파의 땅인 기
브아 가까이에서 해가 지고 말았다.
15 그들은 기브아에 들어가서 묵으려고
그리로 발길을 돌렸다. 그들이 들어
가 성읍 광장에 앉았으나, 아무도 그
들을 집으로 맞아들여 묵게 하는 사
람이 없었다.
16 ○마침 그 때에 해가 저물어 밭에서
일을 마치고 돌아오는 한 노인이 있
었다. 그는 본래 에브라임 산간지방
사람인데, 그 때에 그는 기브아에서
살고 있었다. (기브아의 주민은 베냐
민 자손이다.)
17 그 노인이 성읍 광장에 나그네들이
있는 것을 알아보고, 그들에게, 어디
로 가는 길인지, 어디서 왔는지를 물
었다.
18 레위 사람이 그에게 대답하였다. "우
리는 유다 땅의 베들레헴에서 길을
떠나, 내가 사는 에브라임 산골로
가는 길입니다. 나는 유다 땅의 베들
레헴에 갔다가 집으로 돌아가는 길
인데, 이 곳에서는 아무도 나를 맞
아들이는 사람이 없습니다.
19 우리에게는 나귀에게 먹일 먹이도
있고, 또 나와 나의 처와 종이 함께
먹을 빵과 포도주도 있습니다. 부족
한 것이라고는 아무것도 없습니다."
20 노인이 말하였다. "잘 오셨소. 우리
집으로 갑시다. 내가 잘 돌보아 드리
리다. 광장에서 밤을 새워서는 안 되
지요."
21 노인은 그들을 자기 집으로 데리고
들어가서 나귀에게 먹이를 주었다.
그들은 발을 씻고 나서, 먹고 마셨
다.
22 ○그들이 한참 즐겁게 쉬고 있을 때
에, 그 성읍의 불량한 사내들이 몰
려와서, 그 집을 둘러싸고, 문을 두
드리며, 집 주인인 노인에게 소리질
렀다. "노인의 집에 들어온 그 남자
를 끌어내시오. 우리가 그 사람하고
관계를 좀 해야겠소."
23 ○그러자 주인 노인이 밖으로 나가서
그들에게 말하였다. "여보시오, 젊은
이들, 제발 이러지 마시오. 이 사람

레위 사람은, 친정으로 돌아간 첩을 데려오기 위해 유다 베들레헴으로 갔다(1–3절). 그곳에서 장인의 중재로 화해가 되어, 장인의 융숭한 대접을 받고 닷새를 머무른다(4–9절). 레위 사람은 닷새 후 그곳을 떠나 자기 집으로 가던 중, 베냐민의 기브아 땅에 유숙하게 된다(10–21절).

19:22–30 베냐민 사람들의 사악하고 타락한 죄상은 극심하였다. 그들은 손님을 대접하기는커녕, 자신들의 정욕의 노리개로 취급하였다. 이 베냐민의 불량배들은 레위 사람의 첩을 윤간하였으며, 그 결과 살인까지 저지르게 되었다. 이들의 잔혹한 행위는 이 당시 이스라엘에서 하나님의 율법이 완전히 땅에 떨어져 있음을 생생하게 반영해 준다. 이스라엘은 친히 하나님의 인도 아래 한 공동체로서 이집트에서 나와 이 약속의 땅에 정착하였다. 그런데 이와 같은 잔악한 행위는 열두 지파의 공동체를 분열시키는 치욕적인 사건이었다.

19:25 레위 사람은 자기 첩을…내보내어 불량배들

은 우리 집에 온 손님이니, 그에게 악
한 일을 하지 마시오. 제발 이런 수
치스러운 일을 하지 마시오.
24 여기 처녀인 내 딸과 그 사람의 첩을
내가 끌어내다 줄 터이니, 그들을 데
리고 가서 당신들 좋을 대로 하시
오. 그러나 이 남자에게만은 그런 수
치스러운 일을 하지 마시오."
25 그러나 그 불량배들은 노인의 말을
들으려 하지 않았다. 그래서 그 레위
사람은 자기 첩을 밖으로 내보내어
그 남자들에게 주었다. 그러자 그 남
자들이 밤새도록 그 여자를 윤간하
여 욕보인 뒤에, 새벽에 동이 틀 때
에야 놓아 주었다.
26 ○동이 트자, 그 여자는, 자기 남편
이 있는 그 노인의 집으로 돌아와,
문에 쓰러져서, 아침이 밝아올 때까
지 거기에 있었다.
27 그 여자의 남편이 아침에 일어나서,
그 집의 문을 열고 떠나려고 나와
보니, 자기 첩인 그 여자가 두 팔로
문지방을 잡고 문간에 쓰러져 있었
다.
28 일어나서 같이 가자고 말하였으나,
아무 대답이 없었다. 그는 그 여자의
주검을 나귀에 싣고, 길을 떠나 자기
고장으로 갔다.
29 집에 들어서자마자 칼을 가져다가,
첩의 주검을 열두 토막을 내고, 이스
라엘 온 지역으로 그것을 보냈다.
30 그것을 보는 사람들마다 이구 동성
으로 말하였다. "이스라엘 자손이
이집트에서 나온 날부터 오늘까지
이런 일은 일어난 적도 없고, 또 본
일도 없다. 이 일을 깊이 생각하여
보고 의논한 다음에, 의견을 말하기
로 하자."

이스라엘이 전쟁준비를 하다

20 그리하여 북쪽의 단에서부터
남쪽의 브엘세바에 이르기까
지, 또 동쪽의 길르앗 땅에서도, 모
든 이스라엘 자손이 쏟아져 나와서,
온 회중이 한꺼번에 미스바에서 주
님 앞에 모였다.
2 이 때에 온 백성 곧 이스라엘 온 지
파의 지도자들도 하나님의 백성의
총회에 참석하였다. 칼을 찬 보병도
사십만 명이나 모였다.
3 베냐민 자손은 모든 이스라엘 자손
이 미스바로 올라왔다는 소식을 들
었다. ○그 때에 이스라엘 자손이 그
레위 사람에게 물었다. "이런 수치스
러운 일이 어떻게 일어났는지 말하
여 보시오."
4 그러자 죽은 여자의 남편인 그 레위
사람이 대답하였다. "나는 첩을 데
리고 베냐민 사람의 땅에 있는 기브
아로 간 적이 있습니다. 하룻밤을 묵
을 셈이었습니다.

이 집 주인의 말을 들으려 하지 않자, 레위 사람은 자기 첩을 억지로 문 밖으로 내보냈다. 이 사건은 기브아 사람들의 도덕적 타락성을 보여 줄 뿐 만 아니라, 자신을 보호하기 위해 힘없는 여인을 강제로 내쫓은 레위 사람의 비정한 이기주의를 또한 고발하고 있다.

19:29 **열두 토막** 주검을 나누는 일은 어떤 일을 호소할 때 취하는 행동이다. 사울도 비슷한 방법으로 이스라엘 각 지파를 소집했다(삼상 11:7-8).

20장 요약 기브아에서의 사건으로 베냐민 지파와 다른 모든 지파들 간에 전쟁이 벌어졌으며, 그 결과 베냐민 지파는 멸절의 위기에 직면한다. 모든 이스라엘 자손은 평화적 해결을 위해 범죄자를 내어 주도록 베냐민 지파에게 부탁하나 거절당한다. 그리하여 동족상잔이 시작된다.

20:1 **주님 앞에 모였다** 이스라엘은 먼저, 하나님

5 그 날 밤에 기브아 사람들이 몰려와
서, 나를 해치려고, 내가 묵고 있던
집을 둘러쌌습니다. 그들은 나를 죽
이려 하였으나, 나 대신에 내 첩을
폭행하여, 그가 죽었습니다.
6 내가 나의 첩의 주검을 토막 내어 이
스라엘이 유산으로 받은 모든 지역
으로 보낸 것은, 그들이 이스라엘에
서 이처럼 음란하고 수치스러운 일
을 하였기 때문입니다.
7 여러분은 모두 이스라엘 자손이 아
니십니까? 이제 여러분의 생각과 대
책을 내놓으십시오!"
8 ○그러자 모든 사람이 한꺼번에 일
어나서 외쳤다. "우리 가운데서 한
사람도 자기 장막으로 가서는 안 된
다. 아무도 집으로 돌아가서는 안 된
다.
9 이제 기브아 사람들에게 우리가 할
일은 이렇다. 제비를 뽑아 그들을 치
자.
10 이스라엘의 모든 지파에서 백 명마
다 열 명을, 천 명마다 백 명을, 만
명마다 천 명을 뽑아서, 그들에게 군
인들이 먹을 양식을 마련하게 하고,
군인들은 베냐민 땅에 있는 기브아
로 가서, 기브아 사람이 이스라엘 안
에서 저지른 이 모든 수치스러운 일
을 벌하게 하자."
11 그리하여 모든 이스라엘 사람이 하
나같이 뭉쳐서, 그 성읍을 치려고 모
였다.
12 ○이스라엘의 지파들이 베냐민 온
지파에게 사람을 보내어, 이렇게 말
을 전하였다. "당신들 가운데서 이
런 악한 일이 일어나다니, 어찌 된
일이오?
13 그러니 당신들은 이제 기브아에 있
는 그 불량배들을 우리 손에 넘겨
서, 우리가 그들을 죽여 이스라엘에
서 이런 악한 일을 없애게 하시오."
그러나 베냐민 자손은 그들의 친족
인 이스라엘 자손의 말을 들으려 하
지 않았다.
14 오히려 베냐민 자손은 이스라엘 자
손과 싸우러 나가려고, 모든 성읍에
서 기브아로 모여들었다.
15 그 날에 모여든 베냐민 자손은, 기브
아의 주민들 가운데서 뽑은 칠백 명
외에도, 각 성읍에서 나온, 칼을 쓸
줄 아는 사람 이만 육천 명이 합세
하였다.
16 이 모든 사람 가운데서 뽑힌 칠백
명 왼손잡이들은, 무릿매로 돌을 던
져 머리카락도 빗나가지 않고 맞히
는 사람들이었다.
17 이스라엘 사람들에게는, 베냐민 자
손을 제외하고도, 칼을 쓸 줄 아는
사람이 사십만 명이나 있었는데, 그
들은 모두 잘 싸우는 용사였다.

앞에 정치적 문제를 해결받기 위해 나아갔다. 국가와 하나님의 나라가 반드시 일치되는 것은 아니다. 그러나 하나님의 백성은 만유의 하나님 앞에 나아가서 어떤 문제라도 그 해결을 부탁할 수 있다.

20:2-23 이스라엘 지파는 먼저 사건의 경위를 듣고 난 뒤, 평화적 해결을 위해 베냐민 지파에게 범죄자를 내주도록 부탁하지만 거절당한다. 베냐민 지파가 죄를 응징하고 악을 제거하는 일을 거부하고, 오히려 그들의 형제인 '이스라엘 자손과 싸우러 나가려고'(14절) 한 것은 또 다른 죄였다. 베냐민 지파가 전쟁을 준비하자(15-16절), 이스라엘 자손은 하나님께 가서 물었다. 이것은 올바른 처사이다. 그러나 하나님은 첫 번째 전쟁에서 이스라엘 자손이 베냐민 지파에게 패배하도록 하셨다(21절). 그 이유는 그들이 하나님의 의가 아닌 자기의 의로 이기고자 하였기 때문이다(22절).

20:13 이스라엘에서…없애게 하시오 한 사람의 죄

베냐민 지파와의 전쟁

18 ○이스라엘 자손이 일어나 베델로
올라가서, 하나님께 여쭈었다. "우리
가운데 어느 지파가 먼저 올라가서
베냐민 자손과 싸워야 합니까?" 주
님께서 말씀하셨다. "유다 지파가 먼
저 올라가거라."
19 ○다음날 아침에 이스라엘 자손이
출동하여, 기브아 맞은편에 진을 쳤
다.
20 이스라엘 사람은 베냐민 자손과 싸
우려고 나가서, 기브아를 마주 보고
전투태세를 갖추었다.
21 그러자 베냐민 자손이 기브아에서
나와, 그 날에 이스라엘 사람 이만
이천 명을 땅에 쓰러뜨렸다.
22 그래서 이스라엘 자손은 베델로 올
라가서, 주님 앞에서 날이 저물도록
23 목놓아 울면서 여쭈었다. "우리가 다
시 가서, 우리의 동기 베냐민 자손과
싸워도 되겠습니까?" 그 때에 주님
께서 "올라가서 싸워라!" 하고 말씀
하셨다. 이스라엘 사람들은 스스로
용기를 내어, 첫날 대열을 갖추었던
그 곳으로 가서, 다시 전투태세를 갖
추었다.
24 ○그 이튿날에 이스라엘 자손이 베
냐민 자손을 치려고 가까이 나아갔
다.
25 베냐민 자손은 이튿날에도 그들을
대항하려고 기브아에서 나와서, 이
스라엘 자손 만 팔천 명을 땅에 쓰
러뜨렸는데, 죽은 이들은 모두 칼을
쓸 줄 아는 사람들이었다.
26 그러자 온 이스라엘 자손은 베델로
올라가서, 주님 앞에서 목놓아 울었
다. 그들은 거기에 앉아서 날이 저물
도록 금식하고, 주님께 화목제와 번
제를 드리고,
27 주님께 여쭈었다. (그 때는 하나님의
언약궤가 베델에 있었고,
28 아론의 손자이며 엘르아살의 아들
인 비느하스가 제사장으로 있는 때
였다.) "우리가 또다시 올라가서 우리
의 동기 베냐민 자손과 싸워도 되겠
습니까, 아니면 그만두어야 하겠습
니까?" 주님께서 말씀하셨다. "올라
가거라. 내일은 틀림없이 내가 그들
을 너희 손에 넘겨 주겠다."
29 ○이스라엘이 기브아 둘레에 군인들
을 매복시켰다.
30 사흘째 되는 날 이스라엘 자손은 베
냐민 자손을 치러 올라가서, 전과 마
찬가지로 기브아 쪽으로 전투태세를
갖추었다.
31 베냐민 자손도 그들을 대항하려고
나왔으나, 꾐에 빠져 성읍에서 멀리
떠나게 되었다. 베냐민 자손은, 한
쪽은 베델로 올라가는 길과 만나고
다른 한 쪽은 기브아로 가는 길과

는 이스라엘 전체의 죄와 관련이 있다. 죄를 지은 몇몇 백성들은 다른 백성들로 하여금 하나님을 섬기지 못하도록 유혹할지도 모르므로 이스라엘 백성들은 죄지은 백성들을 철저히 벌하라는 명령을 받았다(신 13:5;17:7;19:19-20).

20:24-28 이스라엘 자손은 두 번째 전투에서도 패배하였다. 물론 이스라엘 자손은 주님보다는 그들의 수적 우세를 더욱 과신한 것 같다. 그러나 그들이 패한 근본적인 이유는 그들이 주님의 심판의 대리자로서 전쟁에 임한 것이 아니라, 자신들이 베냐민보다는 낫다는 영적 교만을 품고 전쟁에 임하였기 때문이다. 그래서 하나님께서는 두 번째 전투에서도 이들을 패하게 하심으로써 이들의 자만을 심판하신 것이다. 이제 이스라엘 자손은 겸손한 마음을 갖고서 베냐민 지파에 대한 주님의 심판을 수행하는 대리자가 되어야 했다. 이스라엘 자손들은 울며, 금식하면서 주님께 번제와 화목제를 드렸다(24-26절). 겸손이란 하

만나는 큰 길과 들에서, 전과 같이
이스라엘 자손을 치기 시작하여, 그
들을 서른 명 가량 죽였다.
32 그러자 베냐민 자손은 이스라엘 자
손이 처음과 같이 자기들에게 지고
있다고 생각하였다. 그러나 이스라
엘 자손은 "우리가 도망치는 척하여
그들을 성읍에서 큰 길까지 꾀어 내
자" 하고 말하였다.
33 그 때에 모든 이스라엘 주력부대는
자기들이 있던 자리에서 일어나 바
알다말에서 대열을 갖추었으며, 이
스라엘의 매복부대는 기브아 주변에
숨어 있다가 거기에서 쏟아져 나왔
다.
34 온 이스라엘에서 뽑힌 만 명이 기브
아 정면에 이르자 전투는 치열해졌
다. 그러나 베냐민 자손은 자기들에
게 재앙이 미친 것을 알지 못하였다.
35 주님께서 이스라엘 앞에서 베냐민을
치셨으므로, 그 날 이스라엘 자손이
칼을 쓸 줄 아는 베냐민 사람 이만
오천백 명을 모두 쳐죽였다.
36 그제서야 베냐민 자손은 자기들이
패한 것을 알았다.

이스라엘이 승리한 방법

○이스라엘의 주력부대가 자기들이
있던 자리를 베냐민에게 내주고 물
러선 것은, 기브아 둘레에 매복시켜
둔 병력을 믿었기 때문이다.
37 매복한 군인들이 급히 나와 기브아
로 돌격하여 사방으로 흩어져서, 칼
날로 기브아의 성읍 주민을 다 쳐죽
였다.
38 이스라엘 주력부대와 매복부대 사이
에서는, 성읍에서 큰 연기가 구름기
둥처럼 치솟는 것으로 신호를 삼자
는 약속이 이미 되어 있었다.
39 이스라엘 사람들이 싸우다가 물러
서자, 베냐민 사람들은 이스라엘 사
람들 서른 명 가량을 쳐죽이면서, 이
스라엘 사람들이 지난번 싸움에서
처럼 자기들에게 꼼짝없이 진다고
생각하였다.
40 그러나 성읍에서 연기가 구름기둥처
럼 치솟아오를 때에 베냐민 사람들
이 뒤돌아보니, 온 성읍이 불바다가
되어 불길이 하늘로 치솟는 것이 아
닌가!
41 이스라엘 사람들이 반격하니, 베냐
민 사람들은 패색이 짙은 것을 깨닫
고, 몹시 겁에 질렸다.
42 그들은 이스라엘 사람들 앞에서 물
러나 광야길로 방향을 돌렸으나, 퇴
로가 막혔다. 그들은 이스라엘 주력
부대와 성읍을 치고 나온 부대 사이
에 끼여 협살당하고 말았다.
43 이스라엘 사람들은 베냐민 사람들
을 포위하고, 쉬지 않고 동쪽으로 기
브아 맞은쪽에 이르기까지 추격하

나님 앞에서 자신을 완전히 굴복시키는 일이다. 그리고 회개가 반드시 뒤따르게 되어 있다. 어느 지파가 먼저 베냐민 지파를 응징해야 하는가에 *관심을 기울였던 이스라엘 백성*들은(18절) 이제 형제 지파인 베냐민과 정말 싸워야 하는가에 대해 주님께 묻게 된다(28절). (아론의 손자인 비느하스가 등장(28절)하는 이 사건(19-20장)은 17-18장의 사건보다 먼저 있었던 일이다.)

20:29-48 승리를 보장받은 이스라엘 자손들은 매복 작전으로 승리를 거둔다. 그러나 베냐민의 악을 징치(懲治)하는 이스라엘의 자세는 너무나 악하였다. 그들은 마치 이방 자손을 멸하듯이 형제 지파인 베냐민 자손을 죽였다(42-48절). 베냐민 지파에 속해 있는 자는 남녀 노소를 불문하고 죽음을 면치 못했다(48절). 이것은 가증한 죄악에 대한 하나님의 심판이었다(호 9:9;10:9). 림몬 바위까지 도망했던 600명만 살아서 이스라엘 자손의 분노가 누그러질 때까지 피신해 있었다(47절).

며 쳐부수었다.
44 그 때에 베냐민 사람들이 만 팔천
명이나 쓰러졌는데, 그들은 모두 용
사였다.
45 베냐민의 나머지 패잔병은 방향을
바꾸어 광야 쪽 림몬 바위 있는 데
까지 도망쳤으나, 이스라엘 사람들
이 큰 길에서 오천 명을 이삭 줍듯
이 모조리 죽이고, 기돔에까지 쫓아
가서 덮쳐 또 이천 명을 죽였다.
46 베냐민 사람들 가운데서 칼을 쓸 줄
아는 사람 이만 오천 명이 그 날 모
두 쓰러졌는데, 그들은 모두 용사들
이었다.
47 ○그러나 육백 명은 방향을 돌려 광
야 쪽 림몬 바위까지 도망쳐서, 넉
달을 그 림몬 바위 있는 곳에서 숨
어 살았다.
48 이스라엘 사람들은 다시 베냐민 자
손에게로 돌아와서, 그 성읍에서 사
람이나 가축 할 것 없이 닥치는 대
로 모두 칼로 쳐서 죽였다. 그들은
그 일대의 성읍도 모두 불살랐다.

베냐민 사람들의 아내

21 이스라엘 사람들은 이미 미스
바에서 "우리 가운데서는 아무
도 딸을 베냐민 사람과 결혼시키지
않도록 하자!" 하고 맹세한 일이 있
었다.
2 이스라엘 백성은 베델에 이르러, 거
기에서 저녁이 되도록 하나님 앞에
앉아 소리를 높여 크게 통곡하였다.
3 그들은 울부짖었다. "주 이스라엘의
하나님, 어찌하여 이런 일이 이스라
엘에서 일어났습니까? 오늘 한 지파
가 끝내 이스라엘에서 없어지고 말
았습니다."
4 다음날 아침이 되자, 백성은 일찍 일
어나 거기에 한 제단을 쌓고 번제와
화목제를 드렸다.
5 그런 다음에 이스라엘 자손은 이스
라엘 모든 지파 가운데서 어느 지파
가 주님 앞에 모인 그 총회에 참석하
지 않았는지 알아보았다. 누구든지
미스바에 올라와서 주님 앞에 나아
오지 않으면, 죽이기로 굳게 맹세하
였기 때문이다.
6 이스라엘 자손은 그들의 동기 베냐
민 자손에 대하여 측은한 마음이 생
겨서 "오늘 이스라엘에서 지파 하나
가 없어져 버렸다.
7 우리 스스로가 이미 우리 딸을 그들
과는 결혼시키지 않기로 주님께 맹
세하였으니, 우리가 어떻게 해야 그
살아 남은 사람들에게 아내를 구해
줄 수 있겠는가?" 하고 걱정하였다.
8 ○그래서 그들은 이스라엘 지파 가
운데 어느 지파가 미스바에 올라오
지 않았는지, 주님 앞에 나아오지
않았는지를 알아보았다. 그러자 길

21장 요약 동족상잔의 결과, 이스라엘 열두 지파 중 한 지파가 사라질 위기에 처했다. 후에 이를 후회한 이스라엘 자손은, 베냐민 지파의 아내를 구하기 위해 또 다른 살상과 납치극을 벌여야 했다(8–12,23절). 25절은 당시 이스라엘의 전반적인 영적, 도덕적 실태를 한마디로 요약하고 있다.

21:1–25 열두 지파 중에서 한 지파가 없어진다는 것은 이스라엘이 더 이상 언약의 백성으로 존재할 수 없음을 뜻한다. 왜냐하면 각 지파는 하나님으로부터 동일하게 부르심을 받았으며, 공평하게 기업을 분배받아 같은 공동체로 살아가야 했기 때문이다(창 49:28;출 24:4;민 1:5–16;수 4:2–5;마 19:28). 이스라엘이 이런 상태가 된 것은, 이스라엘 자손이 림몬 바위로 피한 600명의 베냐민 남자를 제외한 모든 베냐민 사람들을 죽였기 때문이다. 그뿐 아니라 베냐민 자손에 대한 분노로

르앗의 야베스에서는 한 사람도 진
으로 오지도 않고, 이 총회에도 참석
하지 않은 사실이 드러났다.
9 그들이 백성을 일일이 살펴보니, 정
말 길르앗의 야베스 주민은 한 사람
도 없었다.
10 그래서 회중은 가장 용감한 군인 만
이천 명을 그리로 보내면서 명령하
였다. "너희는 가서 길르앗의 야베스
주민을, 여자나 어린 아이 할 것 없
이, 칼로 쳐서 죽여라.
11 너희가 할 일은, 남자를 모두 죽이
고, 남자와 동침한 일이 있는 여자도
모조리 죽이는 것이다."
12 그들은 길르앗의 야베스 주민 가운
데서 아직 남자와 한번도 동침하지
않은 처녀 사백 명을 찾아내어, 가나
안 땅의 실로에 있는 진으로 데리고
왔다.
13 ○그리고 나서 온 회중은 림몬 바위
에 숨어서 사는 베냐민 자손에게 사
람을 보내어 그들과 화친을 선언한
다는 말을 전하였다.
14 그 때에 베냐민 자손이 돌아오니, 이
스라엘 사람들은 길르앗의 야베스
의 여자들 가운데서 살려둔 여자들
을 그들과 결혼시켰다. 그러나 여자
의 수가 모자랐다.
15 ○주님께서 이스라엘 지파들 가운데
서 한 지파가 비어 틈이 생기게 하셨
으므로, 이스라엘 백성은 베냐민 지
파가 딱하다는 생각이 들었다.
16 그 때에 회중의 장로들이 걱정하였
다. "베냐민 지파 가운데서 여자들
이 다 죽었으니, 이제 우리가 어떻게
하여야 살아 남은 남자들에게 아내
를 짝지어 줄 수 있겠습니까?"
17 그들이 또 말하였다. "베냐민 지파
에서 살아 남은 남자들에게도 유산
이 있어야, 이스라엘 가운데서 한 지
파가 없어지지 않을 것입니다.
18 그러나 이미 이스라엘 자손이, 자기
딸을 베냐민 사람과 결혼시키는 사
람은 누구든지 저주를 받을 것이라
고 맹세하였으니, 우리는 아무도 우
리의 딸들을 그들과 결혼시킬 수 없
습니다."
19 그래서 그들은 한 묘안을 생각해 냈
다. "그렇다! 실로에서 해마다 열리
는 주님의 축제가 곧 다가온다." (실
로는 베델 북쪽, 르보나 남쪽, 베델
에서 세겜으로 올라가는 큰 길 동쪽
에 있다.)
20 그리고 그들은 베냐민 자손에게 이
렇게 지시하였다. "당신들은 가서 포
도원에 숨어서
21 살피다가, 실로의 처녀들이 춤을 추
러 나오면, 포도원에서 달려나와, 그
실로의 처녀들 가운데서 하나씩 붙
들어 아내를 삼아, 베냐민 땅으로

말미암아, 이스라엘 사람들이 자기들의 딸들을 베냐민 사람에게 시집보내지 않기로 미스바에서 성급히 맹세하였기 때문이다(1,5,7,18절). 따라서 결국 이스라엘은 거의 쓰러져 가는 베냐민 지파를 보충하기 위하여 또다시 잔인성을 발휘해야 했으며(8-12절), 폭력적인 수단에 호소하지 않을 수가 없었다(13-23절). 이렇게 된 이유는 하나님의 공의가 실현될 수 있도록 해 주는 하나님의 대리자, 곧 왕이 없었기 때문이다(25절). 따라서 각자가 자기의 뜻에 맞는 대로 행하였기 때문에 죄악은 늘 상존해 있었으며, 죄악을 징치하는 방법도 악할 수밖에 없었다.

21:22 아버지들이나 오라버니들이 우리에게 와서 시비를 걸면 이스라엘에는 유린당한 처녀의 아버지나 형제들이 범죄자들에게 책임을 추궁하는 관습이 있었다(창 34:7-31;삼하 13:20-38). 그래서 장로들은 이런 일에 대비하여 여자의 가족들로부터 협조를 얻어낼 구실을 마련해야 했다.

돌아가시오.
22 그들의 아버지들이나 오라버니들이
우리에게 와서 시비를 걸면, 우리가
그들에게 '전쟁에서 여자를 잡아다
가 아내로 삼듯 여자들을 빼앗아 온
것이 아니니, 딸들을 그들의 아내로
삼도록 하여 주시오. 또 당신들이 딸
들을 그들에게 준 것이 아니니, 당신
들이 맹세한 것을 스스로 깨뜨린 것
도 아니오' 하고 답변해 주겠소."
23 그래서 베냐민 자손은 그 지시대로
하였다. 그들은, 춤추는 여자들 가
운데서 자신들의 수효만큼 여자들
을 붙들어 아내로 삼고, 자기들이 유
산으로 얻은 땅으로 돌아가서, 성읍
들을 재건하고, 거기에서 살았다.
24 그 때에야 이스라엘 자손도 그 곳을
떠나, 각자 자기 지파와 자기 가족에
게로 돌아갔다. 곧 각자가 그 곳에
서 떠나 자기가 유산으로 얻은 땅으
로 돌아간 것이다.
25 ○그 때에는 이스라엘에 왕이 없었
으므로, 사람들은 저마다 자기의 뜻
에 맞는 대로 하였다.

21:25 이 마지막 구절은 이스라엘에 불법 행위가 일어난 이유를 설명해 준다. 당시에는 이스라엘 사회의 무질서를 바로잡아 줄 왕이 없었기 때문에 백성들은 각각 자기의 뜻에 맞는 대로 행동하였다. 이스라엘에 공의로 다스려지는 왕정이 있었다면 베냐민 자손과의 전쟁이나 길르앗의 야베스 주민들을 전멸함과 같은 무법한 일이 일어나지 않았을 것이라는 사실을 암시한다. 여기서 말하는 왕은 일차적으로 하나님을 대신하여 백성들을 다스리는 사람 통치자를 말한다. 본문은 동시에 이스라엘이 하늘의 통치자를 인정하지도 않고 순종하지 않음을 말하고 있다. 17-21장 사건은 하나님의 말씀과 통치를 거부한 이스라엘의 타락이 묘사되어 있다. 그러나 하나님께서는 긍휼하심으로, 범죄한 백성들을 멸하지 않으시고 그들이 회개하고 돌아올 때마다 구원자를 통해 구원하신다. 왕이 없으므로 혼란의 상태에 놓인 이스라엘은 하나님의 마음에 합한 의로운 통치자를 기다린다.

룻기

RUTH

저자 미상

저작 연대 B.C. 1011–931년경(확실치 않음)

기록 장소와 대상 기록 장소는 어디인지 모른다(아마도 유다에서 기록했을 것이다). 룻기는 이스라엘 백성을 대상으로 기록했으며, 사사 시대에 베들레헴에 살았던 한 경건한 가정의 슬픔과 기쁨을 통해, 그 속에서 활동하시는 하나님의 구원 역사를 조감하고 있다.

핵심어 및 내용 룻기의 핵심어는 '집안간으로서 책임을 져야 할 사람', '조상' 등이다. 보아스는 나오미의 친척으로서 나오미의 유산에 대한 권리를 회복시켜 주기 위하여 기꺼이 책임을 졌다. 그래서 그는 룻과 결혼을 하였고 아들을 낳아 나오미 집안의 가계를 이어 주었다. 이렇게 하여서 룻은 다윗의 족보 속에 들어갔다. 보아스와 룻은 다윗의 증조부와 증조모가 되었다.

내용 분해

1. 서론: 공허한 나오미(1:1–5)
2. 모압에서 돌아온 나오미(1:6–22)
3. 추수 밭에서 만난 룻과 보아스(2:1–23)
4. 타작 마당의 보아스에게 간 룻(3:1–18)
5. 룻과 결혼하기 위해 문제를 해결한 보아스(4:1–12)
6. 결론: 가득 채워진 나오미(4:13–17)
7. 후기: 다윗의 족보(4:18–22)

엘리멜렉과 그 가족의 모압 이주

1 ㉠사사 시대에 그 땅에 기근이 든
일이 있었다. 그 때에 유다 베들레
헴 태생의 한 남자가, 모압 지방으로
가서 임시로 살려고, 아내와 두 아
들을 데리고 길을 떠났다.
2 그 남자의 이름은 ㉡엘리멜렉이고,
아내의 이름은 ㉢나오미이며, 두 아
들의 이름은 ㉣말론과 ㉤기룐이다. 그
들은 유다 베들레헴 태생으로서, 에
브랏 가문 사람인데, 모압 지방으로
건너가 거기에서 살았다.
3 그러다가 나오미의 남편 엘리멜렉
이 죽고, 나오미와 두 아들만 남았
다.
4 두 아들은 다 모압 여자를 아내로
맞이하였는데, ㉥한 여자의 이름은
㉦룻이고, 또 한 여자의 이름은 ㉧오
르바였다. 그들은 거기서 십 년쯤 살
았다.
5 그러다가 아들 말론과 기룐이 죽으
니, 나오미는 남편에 이어 두 아들마
저 잃고, 홀로 남았다.

룻이 베들레헴으로 오다

6 ○모압 지방에서 사는 동안에, 나오
미는 주님께서 백성을 돌보셔서 고
향에 풍년이 들게 하셨다는 말을 듣
고, 두 며느리와 함께 모압 지방을
떠날 채비를 차렸다.
7 나오미가 살던 곳을 떠날 때에, 두
며느리도 함께 떠났다. 그들은 유다
땅으로 돌아가려고 길을 나섰다.
8 길을 가다가, 나오미가 두 며느리에
게 말하였다. "너희는 제각기 친정
으로 돌아가거라. 너희가, 죽은 너희
의 남편들과 나를 한결같이 사랑하
여 주었으니, 주님께서도 너희에게
그렇게 해주시기를 빈다.
9 너희가 각각 새 남편을 만나 행복한
가정을 이루도록, 주님께서 돌보아
주시기를 바란다." 나오미가 작별하

㉠ 또는 '사사들이 활동하던 시대에', '사사들이 다스리던 시대에'. 사사 또는 재판관 : 왕 제도가 있기 전에 이스라엘을 다스리던 지도자들 ㉡ '나의 하나님이 왕이시다' ㉢ '기쁨' ㉣ '질병' ㉤ '황폐' ㉥ 히, '한 여자의 이름은 오르바이고, 또 한 여자의 이름은 룻이었다'. 말론과 룻, 기룐과 오르바의 부부 관계의 혼란을 막으려고 기록 순서를 바꿈(4:10 룻은 말론의 아내임) ㉦ '아름다움', '친구' ㉧ '이마 갈기', '후방'

려고 그들에게 입을 맞추니, 며느리
들이 큰소리로 울면서
10 말하였다. "아닙니다. 우리도 어머님
과 함께 어머님의 겨레에게로 돌아
가겠습니다."
11 그러나 나오미는 말렸다. "돌아가 다
오, 내 딸들아. 어찌하여 나와 함께
가려고 하느냐? ㉠아직, 내 뱃속에
아들들이 들어 있어서, 그것들이 너
희 남편이라도 될 수 있다는 말이냐?
12 돌아가 다오, 내 딸들아. 제발 돌아
가거라. 재혼을 하기에는, 내가 너무
늙었다. 설령, 나에게 어떤 희망이
있다거나, 오늘 밤 내가 남편을 맞아
들여 아들들을 낳게 된다거나 하더
라도,
13 너희가, 그것들이 클 때까지 기다릴
셈이냐? 그 때까지 재혼도 하지 않
고, 홀로들 지내겠다는 말이냐? 아
서라, 내 딸들아. 너희들 처지를 생
각하니, 내 마음이 너무나 괴롭구나.
주님께서 손으로 나를 치신 것이 분
명하다."
14 ○그들은 다시 한 번 큰소리로 울었
다. 마침내 오르바는 시어머니에게
입맞추면서 작별 인사를 드리고 떠
났다. 그러나 룻은 오히려 시어머니
곁에 더 달라붙었다.
15 그러자 나오미가 다시 타일렀다. "보
아라, 네 동서는 저의 겨레와 신에게
로 돌아갔다. 너도 네 동서의 뒤를
따라 돌아가거라."
16 ○그러자 룻이 대답하였다.
"나더러, 어머님 곁을 떠나라거
나, 어머님을 뒤따르지 말고 돌아
가라고는 강요하지 마십시오. 어
머님이 가시는 곳에 나도 가고, 어
머님이 머무르시는 곳에 나도 머
무르겠습니다. 어머님의 겨레가
내 겨레이고, 어머님의 하나님이
내 하나님입니다.
17 어머님이 숨을 거두시는 곳에서
나도 죽고, 그 곳에 나도 묻히겠습
니다. 죽음이 어머님과 나를 떼어
놓기 전에 내가 어머님을 떠난다
면, 주님께서 나에게 벌을 내리시
고 또 더 내리신다 하여도 달게
받겠습니다."
18 나오미는 룻이 자기와 함께 가기로
굳게 마음먹은 것을 보고, 더 이상
말리지 않았다.
19 ○그 두 사람은 길을 떠나서, 베들레
헴에 이르렀다. 그들이 베들레헴에
이르니, 온 마을이 떠들썩하였다. 아
낙네들이 "이게 정말 나오미인가?"
하고 말하였다.
20 나오미가 그들에게 대답하였다. "나
를 ㉡나오미라고 부르지들 마십시오.
㉢전능하신 분께서 나를 몹시도 괴롭
게 하셨으니, 이제는 나를 ㉣마라라

룻

1장 요약 기근을 피해 모압 지방으로 이주한 나오미는 남편과 두 아들을 잃는다. 베들레헴으로 돌아가기로 결심한 나오미는 며느리들을 돌려보내려 하나 룻은 나오미를 따른다.

1:6–14 가나안 여인들과의 혼인 금지는 명문화되었지만(신 7:3) 모압 여인들에 대한 규정은 없었다. 단지 모압 사람이 이스라엘의 회중(총회)에 영입되는 것만 금지되었다(신 23:3–4). 그런데 두 며느리에 대해 나오미는(8–9절) 이러한 사실을 인식하지 못하고 단지 며느리들의 재혼을 뒷받침할 만한 힘이 없음을 염두에 두고 형사 취수제(형이 죽으면 그 동생이 형수를 아내로 맞아 의무를 다하는 제도_창 38장;신 25:5–6)를 이유로 들며 만류하고 있음을 보여 준다.

㉠ 형이 자식을 두지 못하고 죽을 때에 동생이 형수와 결혼하여 형의 가문을 이어주는 법을 염두에 둔 것(신 25:5–10) ㉡ '기쁨' ㉢ 히, '샤다이' ㉣ '괴로움'

고 부르십시오.
21 나는 가득 찬 채로 이 곳을 떠났습
니다. 그러나 주님께서는 나를 텅 비
어서 돌아오게 하셨습니다. 주님께
서 나를 치시고, ㉠전능하신 분께서
나를 ㉡불행하게 하셨는데, 이제 나
를 나오미라고 부를 까닭이 어디에
있겠습니까?"
22 이렇게 하여 나오미는 모압 여인인
며느리 룻과 함께 모압 지방에서 돌
아왔다. 그들이 베들레헴에 이르렀
을 때는 보리를 거두기 시작할 무렵
이었다.

룻이 보아스를 만나다

2 나오미에게는 남편 쪽으로 친족이
한 사람 있었다. 그는 엘리멜렉과
집안간으로서, 재력이 있는 사람이
었다. 그의 이름은 ㉢보아스이다.
2 ○어느 날 모압 여인 룻이 나오미에
게 말하였다. "밭에 나가 볼까 합니
다. 혹시 나에게 잘 대하여 주는 사
람을 만나면, 그를 따라다니면서 떨
어진 이삭을 주울까 합니다." 나오미
가 룻에게 대답하였다. "그래, 나가
보아라."
3 그리하여 룻은 밭으로 나가서, 곡식
거두는 일꾼들을 따라다니며 이삭
을 주웠다. ○그가 간 곳은 우연히
도, 엘리멜렉과 집안간인 보아스의
밭이었다.
4 그 때에 마침 보아스가 베들레헴 성
읍에서 왔다. 그는 "주님께서 자네들
과 함께 하시기를 비네" 하면서, 곡
식을 거두고 있는 일꾼들을 격려하
였다. 그들도 보아스에게 "주님께서
주인 어른께 복을 베푸시기 바랍니
다" 하고 인사하였다.
5 보아스가 일꾼들을 감독하는 젊은
이에게 물었다. "저 젊은 여인은 뉘
집 아낙인가?"
6 일꾼들을 감독하는 젊은이가 대답
하였다. "저 젊은 여인은 나오미와
함께 모압 지방에서 돌아온 모압 사
람입니다.
7 일꾼들의 뒤를 따라다니면서, 곡식
단 사이에서 떨어진 이삭을 줍도록
허락해 달라고 하더니, 아침부터 와
서 지금까지 저렇게 서 있습니다. 아
까 여기 밭집에서 잠깐 쉬었을 뿐입
니다."
8 보아스가 룻에게 말하였다. "여보시
오, 새댁, 내가 하는 말을 잘 들으시
오. 이삭을 주우려고 다른 밭으로
가지 마시오. 여기를 떠나지 말고, 우
리 밭에서 일하는 여자들을 바싹
따라다니도록 하시오.
9 우리 일꾼들이 곡식을 거두는 밭에
서 눈길을 돌리지 말고, 여자들의 뒤
를 따라다니면서 이삭을 줍도록 하
시오. 젊은 남자 일꾼들에게는 댁을

2장 요약 룻과 보아스의 극적인 만남이 소개된다. 하나님은 보리 이삭을 주우러 간 룻을 보아스의 밭으로 인도하셨다. 룻의 신앙과 인품은 보아스를 감동시켰다. 나오미는 룻에게 보아스가 룻의 죽은 남편과 가까운 친족으로 집안간으로서 그들을 맡아야 할 사람 중 하나라고 설명한다.

2:1–7 룻의 신앙과 인품은 식량 문제 해결뿐만 아니라 혈통과 재산에 있어서의 권리 승계 및 언약사적 관점에서 중요한 위치로 부상하고 있다.

2:8–16 룻의 신앙과 인품은 보아스를 감동시켰다(11절). 그리하여 시어머니 나오미를 섬기기 위한 이삭 줍기에 있어서 보아스로부터 큰 편의를 제공받는다. ① 다른 곳으로 가지 말고 자기 밭에서만 줍도록 확신을 준다. ② 곡식 거두는 일꾼들 가까이에서 주울 수 있도록 배려한다. ③ 룻을 해

㉠ 히, 샤다이 ㉡ 또는 '쳐서 시험하셨는데' ㉢ '빠름', '쾌속'

건드리지 말라고 단단히 일러두겠
소. 목이 마르거든 주저하지 말고 물
단지에 가서, 젊은 남자 일꾼들이 길
어다가 둔 물을 마시도록 하시오."
10 그러자 룻은 엎드려 이마를 땅에 대
고 절을 하면서, 보아스에게 말하였
다. "저는 한낱 이방 여자일 뿐인데,
어찌하여 저같은 것을 이렇게까지
잘 보살피시고 생각하여 주십니
까?"
11 보아스가 룻에게 대답하였다. "남편
을 잃은 뒤에 댁이 시어머니에게 어
떻게 하였는지를, 자세히 들어서 다
알고 있소. 댁은 친정 아버지와 어머
니를 떠나고, 태어난 땅을 떠나서, 엊
그제까지만 해도 알지 못하던 다른
백성에게로 오지 않았소?
12 댁이 한 일은 주님께서 갚아 주실 것
이오. 이제 댁이 주 이스라엘의 하나
님의 날개 밑으로 보호를 받으러 왔
으니, 그분께서 댁에게 넉넉히 갚아
주실 것이오."
13 룻이 대답하였다. "어른께서 이토록
잘 보살펴 주시니, 몸둘 바를 모르겠
습니다. 어른께서 거느리고 계신 여
종들 축에도 끼지 못할 이 종을 이
처럼 위로하여 주시니, 보잘것없는
이 몸이 큰 용기를 얻습니다."
14 ○먹을 때가 되어서, 보아스가 그에
게 말하였다. "이리로 오시오. 음식
을 듭시다. 빵 조각을 초에 찍어서
드시오." 룻이 일꾼들 옆에 앉으니,
보아스는 그 여인에게 볶은 곡식을
내주었다. 볶은 곡식은 룻이 배불리
먹고도 남았다.
15 룻이 이삭을 주우러 가려고 일어서
자, 보아스가 젊은 남자 일꾼들에게
일렀다. "저 여인이 이삭을 주울 때
에는 곡식단 사이에서도 줍도록 하
게. 자네들은 저 여인을 괴롭히지 말
게.
16 그를 나무라지 말고, 오히려 단에서
조금씩 이삭을 뽑아 흘려서, 그 여인
이 줍도록 해주게."
17 ○룻은 저녁때까지 밭에서 이삭을
주웠다. 주운 이삭을 떠니, 보리가
한 에바쯤 되었다.
18 룻은 그것을 가지고 성읍으로 돌아
갔다. 룻은 주워 온 곡식을 시어머니
에게 내보였다. 배불리 먹고 남은 볶
은 곡식도 꺼내서 드렸다.
19 시어머니가 그에게 물었다. "오늘 어
디서 이삭을 주웠느냐? 어디서 일을
하였느냐? 너를 이처럼 생각하여 준
사람에게, 하나님이 복을 베푸시기
를 바란다." 그러자 룻은 시어머니에
게, 자기가 누구네 밭에서 일하였는
지를 말하였다. "오늘 내가 가서 일
한 밭의 주인 이름은 보아스라고 합
니다."

하지 못하도록 안전을 보장해 준다. ④ 일꾼들의 물을 마실 수 있도록 배려해 준다.

2:11 친정 아버지와 어머니를 떠나고, 태어난 땅을 떠나서 보아스는 아브라함을 염두에 두고, 룻의 신앙과 인품을 격찬한다.

2:17-23 보아스의 배려는 율법의 요구(레 19:9-10;23:22;신 24:19-22) 이상으로 특별한 것이었다. 율법대로 하면 곡식 단을 다 묶고 난 후에야 이삭을 주울 수 있었다. 뿐만 아니라 그녀의 신변의 안전을 염려하면서 보리와 밀의 추수를 마치기까지 두 과부를 곁에 있게 하였다(22-23절).

2:23 보리 거두기뿐만 아니라 밀 거두기가 끝날 때까지도 보리 추수는 4월 중순에 시작되며, 밀 추수는 보리 추수보다 2주일 정도 뒤에 시작되는데 7주 동안 계속된다. 따라서 룻이 이삭을 주울 수 있는 기간도 두 달 이상으로 보인다. 두 달이면 보아스가 룻을 살펴볼 수 있는 충분한 기간이었을 것이다.

20 나오미가 며느리에게 말하였다. "그
는 틀림없이 주님께 복받을 사람이
다. 그 사람은, 먼저 세상을 뜬 우리
식구들에게도 자비를 베풀더니, 살
아 있는 우리에게도 한결같이 자비
를 베푸는구나." 나오미가 그에게 말
을 계속하였다. "그 사람은 우리와
가까운 사이다. 그는 집안간으로서
우리를 맡아야 할 사람이다."
21 모압 여인 룻이 말하였다. "그뿐이
아닙니다. 그가 데리고 있는 젊은 남
자 일꾼들이 곡식 거두기를 다 끝낼
때까지, 그들을 바싹 따라다니라고
하였습니다."
22 나오미가 며느리 룻에게 일렀다. "얘
야, 그가 데리고 있는 젊은 여자들과
함께 다니는 것이 좋겠구나. 젊은 남
자 일꾼들에게 시달림을 받다가 다
른 밭으로 가지 않아도 되니 말이
다."
23 그리하여 룻은, 보리 거두기뿐만 아
니라 밀 거두기가 끝날 때까지도, 보
아스 집안의 젊은 여자들을 바싹 따
라다니면서 이삭을 주웠다. 그러면
서 룻은 시어머니를 모시고 살았다.

룻이 보아스와 가까워지다

3 시어머니 나오미가 룻에게 말하였
다. "얘야, 네가 행복하게 살 만한
안락한 가정을, 내가 찾아보아야 하
겠다.
2 생각하여 보렴. 우리의 친족 가운데
에 보아스라는 사람이 있지 아니하
냐? 네가 요즈음 그 집 여자들과 함
께 일하고 있다. 잘 들어 보아라. 오
늘 밤에 그가 타작 마당에서 보리를
까부를 것이다.
3 너는 목욕을 하고, 향수를 바르고,
고운 옷으로 몸을 단장하고서, 타작
마당으로 내려가거라. 그 사람이 먹고
마시기를 마칠 때까지, 너는 그가 눈
치 채지 못하도록 조심하여야 한다.
4 그가 잠자리에 들 때에, 너는 그가
눕는 자리를 잘 보아 두었다가, 다가
가서 그의 발치를 들치고 누워라. 그
러면 그가 너의 할 일을 일러줄 것이
다."
5 룻이 시어머니에게 대답하였다. "어
머님께서 일러주신 대로 다 하겠습
니다."
6 ○그는 타작 마당으로 내려가서, 시
어머니가 시킨 대로 다 하였다.
7 보아스는 실컷 먹고 마시고 나서, 흡
족한 마음으로 낟가리 곁으로 가서
누웠다. 룻이 살그머니 다가가서, 보
아스의 발치를 들치고 누웠다.
8 한밤중이 되었을 때에, 보아스는 으
시시 떨면서 돌아눕다가, 웬 여인이
자기 발치께에 누워 있는 것을 보고
깜짝 놀라면서
9 "누구요?" 하고 물었다. 룻이 대답하

3장 요약 보아스는 룻의 청혼에 자신보다 더 가까운 친족이 있다는 점을 알고 책임자의 우선순위를 신중하게 고려했다. 그가 룻의 청혼을 받아들이기 위해서는 더 가까운 친족이 집안간으로서 책임을 질 권리를 포기해야 했다. 그래서 그는 이에 따르는 적법한 절차를 밟겠다고 말했다(12–13절).

3:1–7 룻의 장래에 대한 나오미의 염려는 단지 젊은 과부이기 때문에 재혼시켜야겠다는 것이 아니다. 나오미는 이스라엘의 율법에 입각한 혈통 승계 및 재산 회복의 권리 행사에 관심이 있었다. 그리하여 보아스와의 혈연 관계를 가르치면서 그에 대한 권리를 이행하도록 며느리를 독려한다.
3:8–13 보아스가 이행하여야 할 의무는 땅(재산)에 대한 회복(레 25:8–28)과 룻을 아내로 맞이하여 남편의 도리를 다하는 것이었다(참조. 1:11–13; 창 38장;신 25:5–6). 그런데 이 문제에 있어서 룻

였다. "어른의 종 룻입니다. 어른의
품에 이 종을 안아 주십시오. 어른
이야말로 집안 어른으로서 저를 맡
아야 할 분이십니다."
10 보아스가 룻에게 말하였다. "이봐
요, 룻, 그대는 주님께 복받을 여인
이오. 가난하든 부유하든 젊은 남자
를 따라감직한데, 그렇게 하지 않으
니, 지금 그대가 보여 준 갸륵한 마
음씨는, 이제까지 보여 준 것보다 더
욱더 값진 것이오.
11 이제부터는 걱정하지 마시오, 룻. 그
대가 바라는 것이라면 무엇이든지
다 들어주겠소. 그대가 정숙한 여인
이라는 것은 온 마을 사람들이 다
알고 있소.
12 내가 집안간으로서 그대를 맡아야
할 책임이 있다는 것은 틀림없소. 하
지만 그대를 맡아야 할 사람으로,
나보다 더 가까운 친족이 한 사람
있소.
13 오늘 밤은 여기서 지내고, 날이 밝거
든 봅시다. 그가 집안간으로서 그대
를 맡겠다면, 좋소. 그렇게 하도록
합시다. 그러나 그가 그렇게 하지 않
겠다면, 그 때에는 내가 그대를 맡겠
소. 이것은 내가, 살아 계신 주님을
두고 맹세하는 것이오. 아침까지 여
기 누워 있으시오."
14 ○룻은 새벽녘까지 그의 발치에 누
워 있다가, 서로 얼굴을 알아보기 어
려운 이른 새벽에 일어났다. 이것은
보아스가, 그 여인이 타작 마당에 와
서 있었다는 것을 남들이 알아서는
안 된다고 말하였기 때문이다.
15 보아스가 말하였다. "걸치고 있는 겉
옷을 이리 가지고 와서, 펴서 꼭 잡
으시오." 보아스는, 룻이 겉옷을 펴
서 잡고 있는 동안, 보리를 여섯 번
되어서 그에게 이워 주고는 ㉠성읍으
로 들어갔다.
16 ○룻이 시어머니에게 돌아오니, 시어
머니가 물었다. "얘야, 어찌 되었느
냐?" 룻은 그 남자가 자기에게 한
일을 시어머니에게 낱낱이 말하고,
17 덧붙여서 말하였다. "여섯 번이나 되
어서 준 이 보리는, 어머님께 빈 손
으로 가서는 안 된다고 하면서, 바로
그가 손수 담아 준 것입니다."
18 그러자 시어머니가 일렀다. "얘야, 일
이 어떻게 될지 확실해질 때까지, 너
는 가만히 기다리고 있거라. 아마 그
사람은 지금쯤 가만히 있지 않을 거
다. 이 일을 마무리 짓는 데, 오늘을
넘기지는 않을 것이다."

룻이 보아스와 결혼하다

4 보아스가 성문 위 회관으로 올라
가서 앉아 있는데, 그가 말하던,
집안간으로서의 책임을 져야 할 바
로 그 사람이 마침 지나가고 있었다.

룻

에게는 보아스보다 더 가까운 친족이 있었으므로 일단 그에게 우선권 내지 책무가 있음을 알리게 된다(12-13절).

3:14-18 보아스는 룻의 평판에 누를 끼칠까 봐 날이 밝기 전에 돌려보냈다. 그리고 룻을 그냥 보내지 않고 곡식을 넉넉하게 들려 보냈다.

㉠ 대다수의 히브리어 사본들은 '(보아스가) 성읍으로 들어갔다'고 함. 그러나 다른 히브리어 사본들과 불가타와 시리아어역에는 '(룻이) 성읍으로 들어갔다'고 되어 있음

4장 요약 보아스는 가장 가까운 친족이 집안간으로서의 져야 할 책임을 포기하자, 합법적으로 책임자가 되어 룻과 결혼하였다. 룻과 보아스 사이에서 태어난 오벳이 바로 다윗의 할아버지였다. 룻은 이방 여인이지만 주 이스라엘 하나님께 순종함으로써 다윗과 나아가 예수 그리스도의 조상이 되었다.

4:1-12 보아스는 집안간으로서 책임을 져야 할

보아스가 그에게 "여보시오, 이리로
좀 올라와서 앉으시오" 하고 말하였
다. 그러자 그가 올라와서 앉았다.
2 보아스는 성읍 원로 열 사람을 청하
여, 그 자리에 함께 앉도록 하였다.
그 사람들이 모두 자리에 와서 앉자
3 보아스가 집안간으로서 책임을 져야
할 사람에게 말하였다. "모압 지방에
서 돌아온 나오미가 우리의 친족 엘
리멜렉이 가지고 있는 밭을 팔려고
내놓았소.
4 나는 이 사실을 분명히 알려 드리
오. 여기 앉아 계시는 분들과 우리
마을 어른들께서 보시는 앞에서, 나
는 당신이 그 밭을 사라고 말씀드리
오. 당신이 집안간으로서의 책임을
지겠다면, 그렇게 하시오. 그러나 집
안간으로서의 책임을 지지 않겠다
면, 그렇게 하지 않겠다고 분명히 말
하여 주시오. 당신이 집안간으로서
의 책임이 있는 첫째 사람이오. 나
는 그 다음이오." 그러자 그가 대답
하였다. "내가 집안간으로서의 책임
을 지겠소."
5 보아스가 다시 말하였다. "그렇다면,
㉠ 나오미의 손에서 그 밭을 사는 날
로, 고인의 아내인 모압 여인 룻도
아내로 맞아들여야 하오. 그렇게 하
여야만, 그가 물려받은 그 유산이 고
인의 이름으로 남게 될 것이오."
6 그러자 집안간으로서의 책임이 있는
그 사람이 말하였다. "그런 조건이라
면 나는 집안간으로서의 책임을 질
수 없소. 잘못하다가는 내 재산만
축나겠소. 나는 그 책임을 질 수 없
으니, 당신이 내가 져야 할 집안간으
로서의 책임을 지시오."
7 ○옛적에 이스라엘에는, 유산매매나
물물교환과 같은 일을 법적으로 분
명히 할 때에는, 한쪽 사람이 다른
한쪽 사람에게 자기의 신을 벗어서
주는 관습이 있었다. 이스라엘에서
는 이렇게 함으로써 일이 확정된다
는 증거를 삼았다.
8 집안간으로서의 책임이 있는 그 사
람이 보아스에게 "당신이 사시오" 하
면서, 자기의 신을 벗어 주었다.
9 그러자 보아스가 원로들과 온 마을
사람들에게 선언하였다. "여러분은
오늘 이 일의 증인입니다. 나는 엘리
멜렉이 가지고 있던 모든 것과, 기룐
과 말론이 가지고 있던 모든 것을 나
오미의 손에서 사겠습니다.
10 나는 말론의 아내인 모압 여인 룻도
아내로 맞아들여서, 그 유산이 고인
의 이름으로 남아 있도록 하겠습니
다. 그렇게 하여, 고인의 이름이 그
의 고향 마을에서도 끊어지지 않고,
친족들 사이에서도 끊어지지 않도록
하겠습니다. 여러분은 오늘 이 일의

사람을 불러 성읍의 원로들 앞에서 공적으로 일을 처리한다. 보아스는 나오미가 팔려고 내놓은 엘리멜렉의 밭을 사라고 요구했다. 동시에 엘리멜렉의 밭을 산 사람은 룻과 결혼하여 고인의 이름을 그 유산에 남겨야 했다(1–5절). 그러자 그는 조건 때문에 집안간으로서의 책임을 포기하였다(6절). 그래서 보아스는 모인 회중 앞에서 룻과 결혼하고, 또한 고인의 이름을 유산에 남기는 의무를 수행할 것을 선언하였다(8–12절).

4:6 집안간으로서의 책임이 있는 그 사람 (히) '고엘'. 일반적으로는 친척을 가리키는 말이다. 여기서는 당시 이스라엘 관습으로서 형제가 없을 때에 가까운 친족이 남편을 잃은 그 여자와 결혼하게 되어 있었던 것을 나타낸다.
4:13–22 결국, 보아스는 룻과 결혼하여 아들 오

㉠ 고대 라틴어역과 불가타와 시리아어역을 따름. 히, '나오미와 고인의 아내인 모압 여인 룻의 손에서 그 밭을 사는 날에, 고인의 이름으로 그 유산이 이어지도록 하시오'

증인입니다."
11 그러자 성문 위 회관에 모인 온 마
을 사람들과 원로들이 대답하였다.
"우리가 증인입니다. 주님께서, 그대
의 집안으로 들어가는 그 여인을, 이
스라엘 집안을 일으킨 두 여인 곧
라헬과 레아처럼 되게 해주시기를
빕니다. 에브랏 가문에서 그대가 번
성하고, 또한 베들레헴에서 이름을
떨치기를 빕니다.
12 주님께서 그 젊은 부인을 통하여 그
대에게 자손을 주셔서, 그대의 집안
이 다말과 유다 사이에서 태어난 아
들 베레스의 집안처럼 되게 하시기
를 빕니다."
13 ○보아스는 룻을 아내로 맞이하였
다. 그 여인이 자기 아내가 되자, 그
는 그 여인과 동침하였다. 주님께서
그 여인을 보살피시니, 그가 임신하
여 아들을 낳았다.
14 그러자 이웃 여인들이 나오미에게
말하였다. "주님께 찬양을 드립니다.
주님께서는 오늘 이 집에 자손을 주
셔서, 대가 끊어지지 않게 하셨습니
다. 그의 이름이 이스라엘에서 늘 기
리어지기를 바랍니다.
15 시어머니를 사랑하는 며느리, 아들
일곱보다도 더 나은 며느리가 아기
를 낳아 주었으니, 그 아기가 그대에
게 생기를 되찾아 줄 것이며, 늘그막
에 그대를 돌보아 줄 것입니다."
16 나오미가 그 아기를 받아 자기 품에
안고 어머니 노릇을 하였다.
17 이웃 여인들이 그 아기에게 이름을
지어 주면서 "나오미가 아들을 보았
다!" 하고 환호하였다. 그들은 그 아
기의 이름을 오벳이라고 하였다. 그
가 바로 이새의 아버지요, 다윗의 할
아버지이다.
18 ○다음은 베레스의 계보이다. 베레
스는 헤스론을 낳고,
19 헤스론은 람을 낳고, 람은 암미나답
을 낳고,
20 암미나답은 나손을 낳고, 나손은 살
몬을 낳고,
21 살몬은 보아스를 낳고, 보아스는 오
벳을 낳고,
22 오벳은 이새를 낳고, 이새는 다윗을
낳았다.

벳을 낳는다. 오벳의 탄생은 '다말이 유다에게 낳아 준 베레스'(창 38:29)와 같은 경우로서 이 베레스는 보아스의 조상이었다(18–22절).

4:15 아들 일곱보다도 더 나은 며느리 일곱은 완전수로, 한 가정에 일곱 아들이 있다는 것은 그 가정이 축복받은 가정임을 암시한다(삼상 2:5;욥 1:2;42:13). 룻이 나오미에게 베푼 헌신적인 사랑을 높이 평가하는 말이다.

4:18–22 사사 시대와는 대조를 이루는 다윗 시대를 생각나게 한다. 즉 이 족보는 나오미가 룻과 보아스의 헌신적인 사랑을 통해, 공허한 삶을 살다가 안식이 가득한 삶을 살았던 것처럼, 이스라엘 백성들을 위한 다윗의 헌신적인 사랑을 통해, 그들이 안식 없는 삶에서 안식의 삶으로 변화되었던 사실을 암시한다. 신약에서 이 족보의 마지막에 기록된 분은 예수 그리스도로서, 그분은 예언을 이루시고 하나님의 백성들을 영원한 안식으로 인도하시는 다윗의 자손(마 1:1)이시다.

사무엘기 상

1 SAMUEL

저자 사무엘로 추정

저작 연대 본서는 B.C. 1050–931년 사이에 기록했을 것이다. 그러나 B.C. 930–722년 사이의 어느 시점에 이르러서야 한 권의 책으로 완성되었다.

기록 장소와 대상 기록 장소는 어디인지 모른다(아마도 이스라엘에서 기록했을 것이다). 사무엘기상은 이스라엘 백성을 대상으로 기록하였다. 본서는 이스라엘 왕정의 설립과 이에 대한 사무엘의 역할에 관한 기사를 서술한 것인데, 이것은 왕정 제도의 수립 과정에 대하여 기록하고 있을 뿐만 아니라 이런 통치 제도가 하나님으로부터 온 것이라는 점을 지적해 주는 역할도 한다.

핵심어 및 내용 사무엘기상의 핵심어는 '시기'와 '마음'이다. 이 책은 시기심으로 가득 차 있다. 이스라엘은 이웃 나라들에게 왕이 있는 것을 보고 그것을 시기하였다. 또한 사울은 다윗이 승리하는 것을 시기하였다. 하지만 하나님은 사람의 마음을 감찰하시기 때문에 사람들이 생각하는 방식대로 하나님의 사람을 선택하시지는 않는다.

내용 분해

1. 사무엘의 생애와 사역(1:1–7:17)
2. 사울 왕의 통치(8:1–15:35)
3. 사울 왕정의 몰락과 다윗 왕정의 수립(16:1–31:13)

엘가나의 실로 순례

1 에브라임 지파에 속한 숩의 자손
엘가나라는 사람이, 에브라임의
산간지방에 있는 라마다임에 살고
있었다. 그의 아버지는 여로함이고,
할아버지는 엘리후이고, 그 윗대는
도후이고, 그 윗대는 숩이다.
2 엘가나에게는 두 아내가 있었는데,
한 아내의 이름은 ㉠한나요, 또 한
아내의 이름은 ㉡브닌나였다. 브닌나
에게는 자녀들이 있었지만, 한나에
게는 자녀가 하나도 없었다.
3 엘가나는 매년 한 번씩 자기가 사는
성읍에서 실로로 올라가서, 만군의
주님께 경배하며 제사를 드렸다. 그
곳에는 엘리의 두 아들인 홉니와 비
느하스가 주님의 제사장으로 있었다.
4 ○엘가나는 제사를 드리고 나서는,
늘 아내 브닌나와 그가 낳은 모든
아들딸에게 제물을 각각 한 몫씩 나
누어 주곤 하였다.
5 그러나 한나에게는 두 몫을 주었다.
비록 주님께서 한나의 태를 닫아 놓
으셨지만, 엘가나는 한나를 사랑하
였다.
6 주님께서 한나의 태를 닫아 놓으셨
으므로, 그의 적수인 브닌나는 한나
를 괴롭히고 업신여겼다.
7 이런 일이 매년 거듭되었다. 한나가
주님의 집으로 올라갈 때마다, 브닌
나가 한나의 마음을 늘 그렇게 괴롭
혔으므로, 한나는 울기만 하고, 아
무것도 먹지 않았다.
8 그럴 때마다 남편 엘가나가 한나를
위로하였다. "여보, 왜 울기만 하오?
왜 먹지 않으려 하오? 왜 늘 그렇게
슬퍼만 하는 거요? 당신이 열 아들
을 두었다고 해도, 내가 당신에게 하
는 만큼 하겠소?"

한나와 엘리

9 ○한번은 엘가나 일행이 실로에 있
는 주님의 집에서 음식을 먹고 마신
뒤에, 한나가 일어나서 자리를 떴다.
그 때에 제사장 엘리는 ㉢주님의 성
전 문설주 곁에 있는 의자에 앉아
있었다.

㉠ '풍성한 은혜' ㉡ '홍보석' ㉢ 히, '헤칼 아도나이'. 솔로몬의 성전이 건축되기 이전이므로, '성막'을 가리킴

10 한나는 괴로운 마음으로 주님께 나
아가, 흐느껴 울면서 기도하였다.
11 한나는 서원하며 아뢰었다. "만군의
주님, 주님께서 주님의 종의 이 비천
한 모습을 참으로 불쌍히 보시고,
저를 기억하셔서, 주님의 종을 잊지
않으시고, 이 종에게 아들을 하나
허락하여 주시면, 저는 그 아이의
한평생을 주님께 바치고, 삭도를 그
의 머리에 대지 않도록 하겠습니다."
12 ○한나가 주님 앞에서 계속 기도를
드리고 있는 동안에, 엘리는 한나의
입술을 지켜보고 있었다.
13 한나가 마음 속으로만 기도를 드리
고 있었으므로, 입술만 움직이고 소
리는 내지 않았다. 그러므로 엘리는,
한나가 술에 취한 줄로 생각하고,
14 그를 꾸짖었다. "언제까지 술에 취해
있을 것이오? 포도주를 끊으시오."
15 한나가 대답하였다. "제사장님, 저는
술에 취한 것이 아닙니다. 포도주나
㉠독한 술을 마신 것이 아닙니다. 다
만 슬픈 마음을 가눌 길이 없어서,
저의 마음을 주님 앞에 쏟아 놓았을
뿐입니다.
16 이 종을 ㉡나쁜 여자로 여기지 마시
기 바랍니다. 너무나도 원통하고 괴
로워서, 이처럼 기도를 드리고 있습
니다."
17 그러자 엘리가 말하였다. "그렇다면
평안한 마음으로 돌아가시오. 이스
라엘의 하나님이, 그대가 간구한 것
을 이루어 주실 것이오."
18 한나가 대답하였다. "제사장님, 이
종을 좋게 보아 주시기 바랍니다."
한나는 그 길로 가서 음식을 먹었다.
그리고 다시는 얼굴에 슬픈 기색을
띠지 않았다.
19 다음날 아침, 그들은 일찍 일어나 주
님께 경배를 드리고 나서, 라마에 있
는 집으로 돌아왔다.

사무엘의 출생과 봉헌

○엘가나가 아내 한나와 동침하니,
주님께서 한나를 기억하여 주셨다.
20 한나가 임신을 하고, 달이 차서 아
들을 낳았다. 한나는, 주님께 구하
여 얻은 아들이라고 하여, 그 아이
의 이름을 ㉢사무엘이라고 지었다.
21 ○남편 엘가나가 자기의 온 가족을
데리고 주님께 매년제사와 서원제사
를 드리러 올라갈 때가 되었을 때에,
22 한나는 함께 올라가지 않고, 자기 남
편에게 이렇게 말하였다. "나는 아
이가 젖을 뗄 때까지 기다렸다가, 젖
을 뗀 다음에, 아이를 주님의 집으
로 데리고 올라가서, 주님을 뵙게 하
고, 아이가 평생 그 곳에 머물러 있
게 하려고 합니다. ㉣나는 그 아이를
평생 나실 사람으로 바치겠습니다."
23 남편 엘가나가 그에게 대답하였다.

1장 요약 한나는 자녀를 얻기 위해 기도하면서, 그 자녀를 하나님께 나실 사람으로 헌신케 할 것을 서원하였다. 결국 한나는 아들을 낳았고 서원대로 하나님께 바쳤다.

1:9–18 한나의 기도와 서원은 이스라엘사에서 중요한 역사적 의미를 갖는다. 왜냐하면 신정 정치를 어떤 왕보다도 잘 실천함으로써 모든 왕의 평가 기준이 된 다윗 왕을 세운 사무엘의 출생과 직접 관계되기 때문이다.

1:21 서원제사 서원은 구약 시대 성도의 경건 생활에 흔히 있는 일로서, 보통 감사 제물과 찬양이 수반되었다(레 7:16;시 50:14;56:12;66:13–15;116:17–18;사 19:21).

㉠ 곡식이나 과일로 만든 도수가 높은 술(**히**, 세카르) ㉡ **히**, '밧 블리야알(블리야알의 딸)', '악한 여자' ㉢ '하나님이 들으셨다', '그의 이름은 하나님이시다', '그의 이름에 권능이 있다' 또는 '하나님에게 간구하였다' ㉣ 사해 사본에는 이 말이 더 있음. 나실 사람은 '구별된 사람', '거룩하게 바쳐진 사람'

"당신 생각에 그것이 좋으면, 그렇게
하시오. 그 아이가 젖을 뗄 때까지
집에 있으시오. 주님께서 ㉠당신의 말
대로 이루어 주시기를 바라오." 그래
서 그의 아내는 아들이 젖을 뗄 때까
지 집에 머무르면서 아이를 길렀다.
24 ○마침내 아이가 젖을 떼니, 한나는
아이를 데리고, ㉡삼 년 된 수소 한
마리를 끌고, 밀가루 한 에바와 포도
주가 든 가죽부대 하나를 가지고,
실로로 올라갔다. 한나는 어린 사무
엘을 데리고 실로에 있는 주님의 집
으로 갔다.
25 그들이 수소를 잡고 나서, 그 아이를
엘리에게 데리고 갔다.
26 한나가 엘리에게 말하였다. "제사장
님, 나를 기억하시겠습니까? 내가,
주님께 기도를 드리려고 이 곳에 와
서, 제사장님과 함께 서 있던 바로
그 여자입니다.
27 아이를 낳게 해 달라고 기도하였는
데, 주님께서 내가 간구한 것을 이루
어 주셨습니다.
28 그래서 나도 이 아이를 주님께 바칩
니다. 이 아이의 한평생을 주님께 바
칩니다." ○㉢그런 다음에, 그들은 거
기에서 주님께 경배하였다.

한나의 기도

2 한나가 기도로 아뢰었다.
"주님께서 나의 마음에 기쁨을
가득 채워 주셨습니다. ㉣이제 나는
㉤주님 앞에서 얼굴을 들 수 있습니
다. ㉥원수들 앞에서도 자랑스럽습니
다. 주님께서 나를 구하셨으므로,
내 기쁨이 큽니다.
2 주님과 같으신 분은 없습니다.
주님처럼 거룩하신 분은 없습니
다. 우리 하나님같은 반석은 없습
니다.
3 너희는 교만한 말을 늘어 놓지
말아라. 오만한 말을 입 밖에 내
지 말아라. 참으로 주님은 모든
것을 아시는 하나님이시며, 사람
이 하는 일을 저울에 달아 보시는
분이시다.
4 용사들의 활은 꺾이나, 약한 사
람들은 강해진다.
5 한때 넉넉하게 살던 자들은 먹고
살려고 품을 팔지만, 굶주리던 자
들은 다시 굶주리지 않는다. 자식
을 못 낳던 여인은 일곱이나 낳지
만, 아들을 많이 둔 여인은 홀로
남는다.
6 주님은 사람을 죽이기도 하시고
살리기도 하시며, 스올로 내려가
게도 하시고, 거기에서 다시 돌아
오게도 하신다.
7 주님은 사람을 가난하게도 하시
고, 부유하게도 하시고, 낮추기도
하시고, 높이기도 하신다.

2장 요약 한나의 기도는 신약에 나오는 마리아의 찬가(눅 1:46–55)와 유사해 '구약의 찬가'로 불린다. 여기서 한나는 하나님을 거룩하신 유일자로 고백하며 메시아의 도래까지 예고한다(10절). 한편, 엘리 아들들의 가증스러운 죄악상은 경건하게 성장하는 사무엘의 모습과 대조를 이룬다.

2:1 한나가 기도로 아뢰었다 한나의 기도는 찬양과 감사의 노래이다(시 72:20에서는 다윗의 시들을 '기도'라고 칭한다). 한나는 아들 사무엘을 통한 왕권 수립으로 말미암아 이스라엘 역사에 중대하고 새로운 전환기를 맞게 되리라는 것을 예언

㉠ 사해 사본과 칠십인역과 시리아어역을 따름. 마소라 본문에는 '주님의 말씀대로' ㉡ 사해 사본과 칠십인역과 시리아어역을 따름. 마소라 본문에는 '수소 세 마리' ㉢ 칠십인역(사해 사본 참조)에는, '그(한나)는 그(사무엘)를 거기에 두어 주님을 섬기게 하였다' ㉣ 또는 '주님 안에서 내 힘이 높아졌다'. 히, '주님 안에서 내 뿔이 높아졌다'. '뿔'은 '힘'을 상징함 ㉤ 칠십인역에는 '하나님' ㉥ 히, '내 입이 내 원수들을 향하여 크게 열렸다'

8 가난한 사람을 티끌에서 일으키
시며 궁핍한 사람을 거름더미에
서 들어올리셔서, 귀한 이들과 한
자리에 앉게 하시며 영광스러운
자리를 차지하게 하신다. 이 세상
을 떠받치고 있는 기초는 모두 주
님의 것이다. 그분이 땅덩어리를
기초 위에 올려 놓으셨다.
9 주님께서는 성도들의 발걸음을 지
켜 주시며, 악인들을 어둠 속에서
멸망시키신다. 사람이 힘으로 이
길 수가 없다.
10 주님께 맞서는 자들은 산산이
깨어질 것이다. 하늘에서 벼락으
로 그들을 치실 것이다. 주님께서
땅 끝까지 심판하시고, 세우신 왕
에게 힘을 주시며, 기름부어 세우
신 왕에게 ㉠승리를 안겨 주실 것
이다."
11 ○엘가나는 라마에 있는 자기의
집으로 돌아갔으나, 사무엘은 제사
장 엘리 곁에 있으면서 주님을 섬기
는 사람이 되었다.

엘리의 탐욕스러운 아들들

12 ○엘리의 아들들은 ㉡행실이 나빴다.
그들은 주님을 무시하였다.
13 제사장이 백성에게 지켜야 하는 규
정이 있었는데, 그들은 그것도 무시
하였다. 누군가가 제사를 드리고 그
고기를 삶고 있으면, 그 제사장의 종
이 살이 세 개 달린 갈고리를 들고
와서,
14 냄비나 솥이나 큰 솥이나 가마솥에
갈고리를 찔러 넣어서, 그 갈고리에
걸려 나오는 것은 무엇이든지 제사
장의 몫으로 가져갔다. 실로에 와서
주님께 제물을 바치는 이스라엘 사
람이 모두 이런 일을 당하였다.
15 그뿐 아니라, 사람들이 아직 기름을
떼내어 태우지도 않았는데, 제사장
의 종이 와서, 제물을 바치는 사람에
게 "제사장님께 구워 드릴 살코기를
내놓으시오. 그분이 원하는 것은 삶
은 고기가 아니라 날고기요!" 하고
말하곤 하였다.
16 제물을 바치는 사람이 그 종에게
"먼저 기름을 태우도록 되어 있으니,
그렇게 하고 난 다음에 원하는 것을
가져 가시오!" 하고 말하면, 그는 "아
니오. 당장 내놓으시오. 그렇지 않으
면 강제로라도 가져 가겠소!" 하고
대답하였다.
17 엘리의 아들들은, 주님께서 보시는
앞에서 이렇듯 심하게 큰 죄를 저질
렀다. 그들은 주님께 바치는 제물을
이처럼 함부로 대하였다.

실로에 머문 사무엘

18 ○한편, 어린 사무엘은, 모시 에봇을
입고 주님을 섬겼다.
19 사무엘의 어머니는 해마다 남편과

삼상

하고 있다.

2:9–10 한나는 하나님께서 성도들을 지켜 주시며, 악인들을 멸망시키시며, 땅 끝까지 심판하시며, 세우신 왕에게 힘을 주실 것이라는 확신에 찬 말로 끝을 맺는다.

2:12–26 엘리의 두 아들과 사무엘의 행동이 교차적으로 언급되고 비교된다. 이는 히브리어 본문에 있는 '그러나'를 통해 더욱 분명해진다. 홉니와 비느하스는 하나님께 바치는 제물을 함부로 대하였고(12–17절), 회막 어귀에서 일하는 여인들과 동침하는 악행을 저질렀다(22절). 이에 반해 어린 사무엘은 모시 에봇을 입고 하나님을 섬겼고(18절), 커 갈수록 하나님과 사람들에게 더욱 사랑을 받았다(26절). 하나님께서 이러한 사실로써 언약의 나라 이스라엘에 해악이 되는 엘리의 두 아들은 제하시고, 이스라엘을 영적으로 흥왕

㉠ 히, '뿔을 높이실 것이다' ㉡ 히, '브네 블리야알(악한 남자)'. 1:16 '나쁜 여자', '밧 블리야알'과 비교

함께 매년제사를 드리러 성소로 올
라가곤 하였다. 그 때마다 그는 아
들에게 작은 겉옷을 만들어서 가져
다 주었다.
20 그리고 엘리는 엘가나와 그의 아내
에게 "주님께 간구하여 얻은 아들을
다시 주님께 바쳤으니, 주님께서 두
분 사이에, 이 아이 대신에 다른 자
녀를 많이 주시기를 바랍니다" 하고
복을 빌어 주었다. 그들은 이렇게 축
복을 받고서, 고향으로 돌아가곤 하
였다.
21 주님께서 한나를 돌보아 주셔서, 한
나는 임신하여 아들 셋과 딸 둘을
더 낳았다. 어린 사무엘도 주님 앞
에서 잘 자랐다.

엘리와 그의 아들들

22 ○엘리는 매우 늙었다. 그는 자기 아
들들이 모든 이스라엘 사람에게 저
지른 온갖 잘못을 상세하게 들었고,
회막 어귀에서 일하는 여인들과 동
침까지 한다는 소문을 들었다.
23 그래서 그는 그들을 타일렀다. "너희
가 어쩌자고 이런 짓을 하느냐? 너
희가 저지른 악행을, 내가 이 백성
모두에게서 듣고 있다.
24 이놈들아, 당장 그쳐라! 주님의 백성
이 이런 추문을 옮기는 것을 내가 듣
게 되다니, 두려운 일이다.
25 사람끼리 죄를 지으면 ㉠하나님이 중
재하여 주시겠지만, 사람이 주님께
죄를 지으면 누가 변호하여 주겠느
냐?" 아버지가 이렇게 꾸짖어도, 그
들은 아버지의 말을 듣지 않았다. 주
님께서 이미 그들을 죽이려고 하셨
기 때문이다.
26 한편, 어린 사무엘은 커 갈수록 주님
과 사람들에게 더욱 사랑을 받았다.

엘리의 집안에 내린 저주

27 ○하나님의 사람이 엘리를 찾아와서
말하였다. "나 주가 말한다. 네 조상
의 집이 이집트에서 바로의 집에 ㉡속
하였을 때에, 내가 그들에게 나를 분
명하게 ㉢나타내 주지 않았느냐?
28 그 때에 내가 이스라엘의 모든 지파
가운데서 네 조상 아론을 선택해서,
나의 제사장으로 삼아, 나의 제단에
올라와 분향을 하게 하며, 에봇을 입
고 내 앞으로 나아와 내 뜻을 듣도
록 하지 않았느냐? 또 나는, 이스라
엘 자손이 드리는 불살라 바치는 제
물을 모두 너희의 몫으로 차지할 권
리를, 네 조상의 집안에 주지 않았느
냐?
29 그런데 너희는 어찌하여, 나의 처소
에서 나에게 바치라고 명한 나의 제
물과 예물을 ㉣멸시하느냐? 어찌하
여 너는 나보다 네 자식들을 더 소
중하게 여기어, 나의 백성 이스라엘
이 나에게 바친 모든 제물 가운데서

케 할 경건한 사무엘을 등장시키는 객관적 증거를 삼으신다.

2:27–36 하나님의 사람이 와서 엘리 계통의 제*사장이 끊어질 것*을 예언하였다. 결국 이 예언은 엘리의 아들들이 사망하고(4:11), 놉에서 엘리의 자손들이 사울에 의해 학살당하고(22:18–19), 아비아달이 제사장직에서 물러나 사독 계열이 등장함으로써(왕상 2:26–27) 성취되었다.

2:30 약속하였지만, 이제는 더 이상 그렇게 하지 않겠다 아론의 집에 속한 제사장직에 대한 언약이 폐기된다는 뜻이 아니다. 엘리와 그의 집이 그들의 범죄로 인해 이 특권에 참여하지 못하게 됨을 가리킨다. 나를 존중하는 사람들만 존중하고 영적인 특권은 책임과 의무를 수반한다. 하나님을 존중하지 않는 엘리 계통의 제사장은 사라진다.

㉠ 또는 '법관이' ㉡ 사해 사본과 칠십인역에는 '노예였을 때에' ㉢ 칠십인역과 타르굼과 시리아어역에는 '나타내 주었다' ㉣ 사해 사본과 칠십인역에는 '탐내느냐?'

가장 좋은 것들만 골라다가, 스스로
살찌도록 하느냐?
30 그러므로 나 주 이스라엘의 하나님
이 말한다. 지난 날 나는, 너의 집과
너의 조상의 집이 제사장 가문을 이
루어 언제까지나 나를 섬길 것이라
고 분명하게 약속하였지만, 이제는
더 이상 그렇게 하지 않겠다. 이제는
내가 나를 존중하는 사람들만 존중
하고, 나를 경멸하는 자들은 수치를
당하게 할 것이다. 나 주의 말이다.
31 ㉠내가 네 자손과 네 족속의 자손의
대를 끊어서, 너의 집안에 오래 살아
나이를 많이 먹는 노인이 없게 할 날
이 올 것이다.
32 너는 고통을 받으면서, 내가 이스라
엘의 모든 백성에게 베푸는 복을
㉡시샘하며 바라볼 것이다. 네 가문
에서는 어느 누구도 오래 살지 못할
것이다.
33 그러나 나는 네 자손 가운데서 하나
만은 끊어 버리지 않고 살려 둘 터인
데, 그가 제사장이 되어 나를 섬길
것이다. 그러나 ㉢그는 맹인이 되고,
희망을 다 잃고, 그의 자손들은 모
두 젊은 나이에 ㉣변사를 당할 것이
다.
34 네 두 아들 홉니와 비느하스도 한
날에 죽을 것이며, 이것은 내가 말한
모든 것이 반드시 이루어진다는 표
징이 될 것이다.
35 나는 나의 마음과 나의 생각을 따라
서 행동하는 충실한 제사장을 세우
겠다. 내가 그에게 자손을 주고, 그
들이 언제나 내가 기름부어 세운 왕
앞에서 제사장 일을 보게 하겠다.
36 그 때에 너의 집에서 살아 남는 자
들은, 돈 몇 푼과 빵 한 덩이를 얻어
먹으려고, 그에게 엎드려서 '제사장
자리나 하나 맡겨 주셔서, 밥이나 굶
지 않고 살게 하여 주십시오' 하고
간청할 것이다."

주님께서 사무엘에게 나타나시다

3 어린 사무엘이 엘리 곁에서 주님
을 섬기고 있을 때이다. 그 때에는
주님께서 말씀을 해주시는 일이 드
물었고, 환상도 자주 나타나지 않았
다.
2 어느 날 밤, 엘리가 잠자리에 누워
있을 때였다. 그는 이미 눈이 어두워
져서 잘 볼 수가 없었다.
3 사무엘은 하나님의 궤가 있는 주님
의 성전에서 잠자리에 누워 있었다.
이른 새벽, 하나님의 등불이 아직 환
하게 밝혀져 있을 때에,
4 주님께서 ㉤"사무엘아, 사무엘아!" 하
고 부르셨다. 그는 "제가 여기 있습
니다" 하고 대답하고서,
5 곧 엘리에게 달려가서 "부르셨습니
까? 제가 여기 왔습니다" 하고 말하

2:35 충실한 제사장을 세우겠다 다윗 시대에 제사장 직무를 수행하였고(삼하 8:17;15:24,35;20:25), 솔로몬 시대에 대제사장 아비아달을 대신하였던(왕상 2:35;대상 29:22) 사독이라는 인물에게서 일차적으로 실현되었다.

㉠ 히, '내가 네 팔과 네 조상의 집의 팔을 끊어서' 또는 '내가 네 기운 곧 네 가문의 기운을 끊어서' ㉡ 사해 사본과 칠십인역을 따름. 히, '멸시할 것이다' ㉢ 사해 사본과 칠십인역을 따름. 히, '너도' ㉣ 사해 사본과 칠십인역을 따름. 히, '죽을 것이다' ㉤ 사해 사본과 칠십인역을 따름. 마소라 본문에는 '주님께서 사무엘을 부르셨다'

3장 요약 하나님은 엘리 가계에 대한 심판을 어린 사무엘에게 계시하심으로써 그를 예언자로 부르셨다. 하나님께 불충하였던 엘리 가계를 폐하시고 사무엘을 등장시켜 계시를 밝히 드러내고자 하신 하나님의 의지가 더욱 확고히 드러났다.

3:1-21 하나님께서는 어린 사무엘에게 엘리 제사장 집안에 대한 심판을 계시하신다(10-14절). 엘

였다. 그러나 엘리는 "나는 너를 부
르지 않았다. 도로 가서 누워라" 하
고 말하였다. 사무엘이 다시 가서 누
웠다.
6 주님께서 다시 "사무엘아!" 하고 부
르셨다. 사무엘이 일어나 엘리에게
가서 "부르셨습니까? 제가 여기 왔
습니다" 하고 말하였다. 그러나 엘리
는 "얘야, 나는 너를 부르지 않았다.
도로 가서 누워라" 하고 말하였다.
7 이 때까지 사무엘은 주님을 알지 못
하였고, 주님의 말씀이 그에게 나타
난 적도 없었다.
8 주님께서 사무엘을 세 번째 부르셨
다. 사무엘이 일어나 엘리에게 가서
"부르셨습니까? 제가 여기 왔습니
다" 하고 말하였다. 그제야 엘리는,
주님께서 그 소년을 부르신다는 것
을 깨닫고,
9 사무엘에게 일러주었다. "가서 누워
있거라. 누가 너를 부르거든 '주님,
말씀하십시오. 주님의 종이 듣고 있
습니다' 하고 대답하여라." 사무엘이
자리로 돌아가서 누웠다.
10 ○그런 뒤에 주님께서 다시 찾아와
곁에 서서, 조금 전처럼 "사무엘아,
사무엘아!" 하고 부르셨다. 사무엘은
"말씀하십시오. 주님의 종이 듣고
있습니다" 하고 대답하였다.
11 주님께서 사무엘에게 말씀하셨다.
"내가 이제 이스라엘에서 어떤 일을
하려고 한다. 그것을 듣는 사람마다
무서워서 귀까지 멍멍해질 것이다.
12 때가 오면, 내가 엘리의 집을 두고
말한 모든 것을, 처음부터 끝까지 다
이루겠다.
13 엘리는, 자기의 아들들이 스스로 저
주받을 일을 하는 줄 알면서도, 자
식들을 책망하지 않았다. 그 죄를
그는 이미 알고 있다. 그래서 나는,
그의 집을 심판하여 영영 없애 버리
겠다고, 그에게 알려 주었다.
14 그러므로 나는 엘리의 집을 두고 맹
세한다. 엘리의 집 죄악은, 제물이나
예물로도 영영 씻지 못할 것이다."
15 ○사무엘은 아침이 밝을 때까지 누
워 있다가, 주님의 집 문들을 열었
다. 그러나 사무엘은 자기가 환상으
로 보고 들은 것을 엘리에게 알리기
를 두려워하였다.
16 엘리가 사무엘을 불렀다. 그는 "내
아들 사무엘아!" 하고 불렀다. "예,
제가 여기에 있습니다" 하고 사무엘
이 대답하였다.
17 엘리가 물었다. "주님께서 너에게 무
슨 말씀을 하시더냐? 나에게 아무
것도 숨기지 말아라. 주님께서 너에
게 하신 말씀 가운데서 한 마디라도
나에게 숨기면, 하나님이 너에게 심
한 벌을 내리고 또 내리실 것이다."

리의 집안은 폐하시고 사무엘을 통해 하나님의 뜻을 펼쳐 가시겠다는 확고한 의지를 볼 수 있다. 이후 사무엘이 선포하는 말들이 모두 이루어지는 *것을 통해서(19절)*, 온 이스라엘은 사무엘이 주님께서 세우신 예언자임을 알게 되었다(20절).

3:3 등불 성소에서 거룩한 빵이 놓인 상 맞은편에 있는 등잔대로(출 25:31–40), 밤에는 계속 켜 놓았다가 아침에 저절로 꺼지게 했다(출 27:20–21;레 24:3–4;대하 13:11;잠 31:18).

3:11–14 한 예언자의 경고(2:27 이하)는 열매를 맺지 못했다. 엘리는 하나님의 경고의 말씀을 분명히 알고 있었지만, 자녀를 향한 지나친 연민 때문에 엄하게 훈계하지 못했다. 이것이 두 아들을 하나님보다 높인 결과를 낳고 말았다(눅 14:26). 결국 한 제사장의 잘못으로 인하여 온 백성은 하나님의 말씀을 잃게 되었다.

3:15 주님의 집 문들을 열었다 사무엘은 성전 문지기 담당으로 보인다(참조. 대상 15:23–24).

18 사무엘은 그에게 하나도 숨기지 않
고 모든 것을 말하였다. 엘리가 말하
였다. "그분은 주님이시다! 그분께서
는 ㉠뜻하신 대로 하실 것이다."
19 ○사무엘이 자랄 때에, 주님께서 그
와 함께 계셔서, 사무엘이 한 말이
하나도 어긋나지 않고 다 이루어지
게 하셨다.
20 그리하여 단에서 브엘세바까지 온
이스라엘은, 사무엘이 주님께서 세
우신 예언자임을 알게 되었다.
21 주님께서는 실로에서 계속하여 자신
을 나타내셨다. 거기에서 주님께서
는 사무엘에게 나타나셔서 말씀하셨
다.

4 1 사무엘이 말을 하면, 온 이스라
엘이 귀를 기울여 들었다.

언약궤를 빼앗기다

○그 무렵에 블레셋 사람이 이스라
엘을 치려고 모여들었다. 이스라엘
사람은 블레셋 사람과 싸우려고 나
가서 에벤에셀에 진을 쳤고, 블레셋
사람은 아벡에 진을 쳤다.
2 블레셋 사람이 전열을 갖추고 이스
라엘 사람을 치자, 치열한 싸움이 벌
어졌다. 이스라엘은 이 싸움에서 블
레셋에게 졌고, 그 벌판에서 죽은 이
스라엘 사람은 사천 명쯤 되었다.
3 이스라엘의 패잔병들이 진으로 돌
아왔을 때에, 장로들이 말하였다.
"주님께서 오늘 우리가 블레셋 사람
에게 지도록 하신 까닭이 무엇이겠
느냐? 실로에 가서 주님의 언약궤를
우리에게로 모셔다가 우리 한가운데
에 있게 하여, 우리를 원수의 손에서
구하여 주시도록 하자!"
4 그래서 이스라엘 백성이 실로로 사
람들을 보냈다. 그들이 거기 그룹들
사이에 앉아 계시는 만군의 주님의
언약궤를 메고 왔다. 하나님의 언약
궤를 가져올 때에 엘리의 두 아들 홉
니와 비느하스도 함께 왔다.
5 ○주님의 언약궤가 진으로 들어올
때에 모든 이스라엘 백성이 땅이 진
동할 정도로 크게 환호성을 올렸다.
6 블레셋 사람이 그 환호하는 소리를
듣고 "저 히브리 사람의 진에서 저렇
게 환호하는 소리가 들리는 까닭이
무엇이냐?" 하고 묻다가, 주님의 궤
가 진에 들어갔기 때문이라는 것을
알았다.
7 블레셋 사람이 두려워하면서 말하였
다. "이스라엘 진에 그들의 신이 들
어갔다." 그래서 그들은 외쳤다. "이
제 우리에게 화가 미쳤다. 일찍이 이
런 일이 없었다.
8 우리에게 화가 미쳤는데, 누가 저 강
력한 신의 손에서 우리를 건질 수가
있겠느냐? 그 신들은 광야에서 온
갖 재앙으로 이집트 사람을 쳐서 죽

4장 요약 홉니와 비느하스의 죽음, 하나님의 언약궤를 빼앗김, 늙은 엘리의 죽음 등은 2:31-34의 예언이 성취된 것이다. 전투에서 진 이스라엘은 하나님의 임재를 상징하는 언약궤를 부적처럼 여겼다. 그 결과, 이스라엘은 블레셋에게 크게 지고 언약궤마저 빼앗기고 말았다.

4:1 블레셋 '이주자'란 뜻의 블레셋은 동부 지중해 연안으로 이주해 와서, 팔레스타인 남부 연안에 정착했다. 그들은 군사적 강국으로, 사무엘, 사울, 다윗 시대에 이르기까지 이스라엘을 위협하였다.

4:4 그룹들 사이에 앉아 계시는 '보좌에 앉아 계시다'의 뜻을 가지고 있다. 언약궤의 속죄판 사방 끝은 금으로 만든 그룹 형상이 날개를 펴 궤를 덮고 있다(출 25:17-22). 하나님은 이 그룹 사이의 공간에 특별한 방법으로 그분의 백성에게 임하신

㉠ 히. '선하신 소견대로'

게 한 신들이다.
9 블레셋 사람들아, 대장부답게 힘을
내어라! 그렇지 않으면, 히브리 사람
이 우리의 종이 되었던 것처럼, 우리
가 그들의 종이 될 것이다. 너희는
대장부답게 나가서 싸워라!"
10 그런 다음에 블레셋 사람이 전투에
임하니, 이스라엘이 져서 제각기 자
기 장막으로 달아났다. 이스라엘은
이 때에 아주 크게 져서, 보병 삼만
명이 죽었다.
11 하나님의 궤를 빼앗겼고, 엘리의 두
아들 홉니와 비느하스도 이 때 전사
하였다.

엘리가 죽다

12 ○어떤 베냐민 사람이 싸움터에서
빠져 나와, 그 날로 실로에 이르렀는
데, 슬픈 나머지 옷을 찢고, 머리에
는 티끌을 뒤집어쓰고 있었다.
13 그 사람이 왔을 때에, 엘리는 길가
의자에 앉아서 길을 내다보면서, 마
음 속으로 하나님의 궤를 걱정하고
있었다. 그 사람이 성읍에 이르러서
소식을 전하니, 온 성읍이 두려워하
며 슬피 울부짖었다.
14 엘리가 그 울부짖는 소리를 듣고 물
었다. "저 소리가 무슨 소리냐?" 그
사람이 급히 달려와서 엘리에게 소
식을 전하였다.
15 그 무렵, 엘리는 아흔여덟 살된 노인
으로서, 눈이 어두워져서 앞을 거의
볼 수 없었다.
16 그 사람이 엘리에게 말하였다. "저는
전쟁터에서 도망쳐 나온 사람입니
다. 전쟁터에서 오늘 도망쳐 오는 길
입니다." 엘리가 물었다. "젊은이, 무
슨 일이 일어났소?"
17 소식을 전하는 그 사람이 대답하였
다. "이스라엘 백성은 블레셋 사람
앞에서 도망쳤고, 백성 가운데는 죽
은 사람이 매우 많습니다. 제사장님
의 두 아들 홉니와 비느하스도 전사
하였고, 하나님의 궤는 빼앗겼습니
다."
18 그가 하나님의 궤에 대한 소식을 전
할 때에, 엘리는 앉아 있던 의자에서
뒤로 넘어져, 문 곁으로 쓰러져서 목
이 부러져 죽었다. 늙은데다가 몸까
지 무거웠기 때문이다. 그는 마흔 해
동안 이스라엘의 사사로 있었다.

비느하스의 아내가 죽다

19 ○그 때에 엘리의 며느리인 비느하
스의 아내는 임신 중이었으며, 출산
할 때가 가까웠는데, 하나님의 궤를
빼앗겼고 자기의 시아버지와 남편도
죽었다는 소식을 듣자, 갑자기 진통
이 일어나, 구부리고 앉은 채 몸을
풀었다.
20 그러다가 그는 거의 죽게 되었다. 그
때에 곁에 서 있던 여인들이 "아들

다. 그 속죄판은 마치 이스라엘의 신성한 왕이 앉으신 보좌처럼 보였다(삼하 6:2).

4:11 언약궤는 이 사건 후에 실로로 돌아오지 않았다. 과거 실로는 언약궤가 안치되어 있었던 종교의 중심지였으나, 그 후 사무엘은 라마에 제단을 쌓고 그곳을 새로운 중심지로 삼았다(7:16–17). 언약궤는 기럇여아림에 20여 년 동안 있다가 다윗 왕국 시대에 예루살렘으로 옮겨졌다. 솔로몬이 성전을 완공한 후에는 성전에 보관하여(왕상 8장;대상 22:19), 바빌론에 의해 예루살렘이 함락될 때까지 거기에 보존되었다.

4:18 엘리는…죽었다 제사장 엘리의 죽음은 여호수아 및 여호수아를 추종했던 장로들(수 24:29–31)의 죽음과 더불어 시작되었던 한 시대의 종말을 나타내고 있다. 즉 노(老) 제사장의 죽음은 비극적 종말을 고하게 될 패역한 세대의 한 상징이다. 그는 또한 미래에 전개될 다윗의 재위 기간과 현격한 대조를 이루고 있다.

을 낳았으니 걱정하지 말아요!" 하고
말해 주었다. 그러나 산모는 대답도
없고, 관심도 보이지 않다가,
21 그 아이의 이름을 ㉠이가봇이라고 지
어 주며, "이스라엘에서 영광이 떠났
다" 하는 말만을 남겼다. 하나님의
궤를 빼앗긴 데다가, 시아버지도 죽
고 남편도 죽었기 때문이었다.
22 거기에다가 하나님의 궤까지 빼앗겼
기 때문에, 이스라엘에서 영광이 떠
났다고 말했던 것이다.

블레셋 사람에게 빼앗긴 법궤

5 블레셋 사람들은 하나님의 궤를
빼앗아서, 에벤에셀에서 아스돗으
로 가져 갔다.
2 블레셋 사람들은 하나님의 궤를 다
곤 신전으로 가지고 들어가서, 다곤
신상 곁에 세워 놓았다.
3 그 다음날 아스돗 사람들이 아침에
일찍 일어나서 보니, 다곤이 주님의
궤 앞에 엎어져 땅바닥에 얼굴을 박
고 있었다. 그들은 다곤을 들어서
세운 다음에, 제자리에 다시 가져다
놓았다.
4 그 다음날도 그들이 아침 일찍 일어
나서 가 보니, 다곤이 또 주님의 궤
앞에 엎어져서 땅바닥에 얼굴을 박
고 있었다. 다곤의 머리와 두 팔목이
부러져서 문지방 위에 나뒹굴었고,
다곤은 몸통만 남아 있었다.
5 그래서 오늘날까지도 다곤의 제사
장들과 다곤 신전에서 예배하는 사
람들은, 아스돗에 있는 다곤 신전에
들어갈 때에, 문지방 위를 밟지 않고
넘어서 들어간다.
6 ○주님께서 아스돗 사람들을 무섭
게 내리치셨다. 주님께서 그들에게
악성 종양 재앙을 내리셔서, 아스돗
과 그 지역 사람들을 망하게 하셨
다.
7 아스돗 사람들이 이것을 보고 "이스
라엘의 신이 우리와 우리의 신 다곤
을 무섭게 내리치니, 그 신의 궤를
우리가 있는 곳에 두어서는 안 되겠
다" 하고 말하면서,
8 사람을 보내어 블레셋 통치자들을
모두 불러모아 놓고, 이스라엘 신의
궤를 어떻게 해야 좋을지를 물었다.
블레셋 통치자들이 이스라엘 신의
궤를 가드로 옮기자고 하였으므로,
아스돗 사람들은 이스라엘 신의 궤
를 가드로 옮겼다.
9 아스돗 사람들이 그 궤를 가드로 옮
긴 뒤에, 주님께서 또 그 성읍을 내
리쳐서, 사람들이 큰 혼란에 빠졌다.
주님께서 그 성읍의 사람들을, 어린
아이나 노인이나 할 것 없이 모두 쳐
서, 악성 종양이 생기게 하셨다.
10 그러자 그들이 하나님의 궤를 에그
론으로 보냈다. 그러나 하나님의 궤

5장 요약 블레셋 사람들은 다곤이 하나님보다 우월함을 나타내기 위해 언약궤를 빼앗아 가서 아스돗에 있는 다곤 신상 곁에 세워 놓았다. 하지만 하나님은 다곤 신상을 언약궤 앞에 엎어지게 하고 아스돗 전역에 악성 종양을 내리셔서 크신 권능을 이방 땅에 드러내셨다.

5:1–5 이 사건은 다곤 우상에 대한 하나님의 심판이었고, 더 나아가서 이스라엘에게는 언약궤와 함께하시는 진정한 하나님의 임재와 능력을 보여 줌으로써 이스라엘의 근본적인 범죄를 새삼 강조하는 것이었다.

5:6–12 악성 종양 재앙으로 인해 이스라엘의 하나님은 그분의 살아 계심과 능력을 블레셋 땅에서 힘있게 나타내셨다. 이것은 자신이 이방의 어떤 신보다도 크시고 유일하신 참 하나님임을 보이시는 데 그 의도가 있었다.

㉠ '영광이 없음'

가 에그론에 이르렀을 때에, 에그론
주민들은 "아스돗 사람들이 이스라
엘 신의 궤를 우리에게로 가져 와서
우리와 우리 백성을 죽이려고 한다"
하면서 울부짖었다.
11 그래서 그들은 또 사람들을 보내어
블레셋 통치자들을 모두 불러모아
놓고 "이스라엘 신의 궤를 돌려 보내
어, 그 있던 자리로 돌아가게 하고,
우리와 우리 백성이 죽지 않게 해주
시오!" 하고 요청하였다. 하나님이
거기에서 그들을 그렇게 무섭게 내
리치셨기 때문에, 온 성읍 사람들이
죽을 지경에 이르러, 큰 혼란에 빠졌
다.
12 죽지 않은 사람들은 악성 종양이 생
겨서, 온 성읍에서 비명소리가 하늘
에 사무쳤다.

법궤가 돌아오다

6 주님의 궤가 블레셋 사람의 지역
에 머무른 지 일곱 달이 되었을 때
의 일이다.
2 블레셋 사람들이 제사장들과 점쟁
이들을 불러 놓고 물었다. "우리가
㉠이스라엘 신의 궤를 어떻게 해야
좋겠습니까? 우리가 그것을 어떤 방
법으로 제자리에 돌려보내야 하는
지 알려 주십시오."
3 그들이 대답하였다. "이스라엘 신의
궤를 돌려보낼 때, 그냥 보내서는 안
됩니다. 반드시 그 신에게 속건제물
을 바쳐야 합니다. 그러면 병도 나을
것이고, 그 신이 왜 여러분에게서 형
벌을 거두지 않았는지도 알게 될 것
입니다."
4 사람들이 다시 "그 신에게 무슨 속
건제물을 바쳐야 좋겠습니까?" 하고
물었다. 그들이 대답하였다. "블레셋
통치자들의 수대로, 금으로 만든 악
성 종양 모양 다섯 개와 금으로 만
든 쥐의 모양 다섯 개를 바쳐야 합니
다. 여러분과 여러분의 통치자들이
모두 똑같이 재앙을 당하였기 때문
입니다.
5 그러므로 여러분은 악성 종양 모양
과 이 땅을 해치는 쥐의 모양을 만
들어서 바치고, 이스라엘의 신에게
예를 차리십시오. 그러면 그분이 혹
시 여러분과 여러분의 신과 여러분
의 땅을 내리치시던 손을 거두실지
도 모릅니다.
6 왜 여러분은 이집트 백성과 이집트
의 왕 바로처럼 고집을 부리려고 합
니까? 이집트 사람이 이스라엘 사람
을 가게 한 것은, 주님께서 그들에게
온갖 재앙을 내리신 뒤가 아니었습
니까?
7 그러므로 이제 새로 수레를 하나 만
들고, 아직 멍에를 메어 본 일이 없
는 어미 소 두 마리를 끌어다가 그

6장 요약 블레셋의 종교 지도자들은 속건제물을 바치고 언약궤를 이스라엘로 돌려보내기로 했다. 여기서 그들은 악성 종양 재앙을 이집트 탈출 당시 이집트에 임했던 재앙들과 같은 맥락에서 이해했다(6절). 그러나 언약궤를 불경스러운 호기심을 가지고 본 벳세메스 사람들은 무더기로 죽음을 당했다.

㉠ 히, '주님의 궤'

6:1 언약궤는 이스라엘에게 하나님의 임재를 상징하기 때문에, 블레셋은 자신의 영토 안에 언약궤를 두어 다곤의 우월성을 증명하려 하였다. 그러나 오히려 고통과 환난이 시작되었고, 그들이 하나님의 교훈을 깨닫기까지 7개월이 걸렸다.
6:2 블레셋 사람들이 우상 종교의 제사장들과 점쟁이들을 불러 모아 하나님의 궤에 대한 해결책을 상의하였다. 왜냐하면 블레셋 사람들 기준에서 그들이 당대의 세상사에 대한 전문가요, 명

수레에 메우고, 그 송아지들은 떼어
서 집으로 돌려보내십시오.
8 그런 다음에, 주님의 궤를 가져다가
그 수레에 싣고, 여러분이 궤를 가져
온 허물을 벗으려면, 속건제물로 보
내는, 금으로 만든 물건들은 작은 상
자에 모두 담아 궤 곁에 두고, 그 소
두 마리가 가고 싶은 대로 수레를 끌
고 가도록 하십시오.
9 두고 보다가, 그 소가 그 궤가 본래
있던 지역인 벳세메스로 올라가면,
이렇게 큰 재앙은 그분이 직접 우리
에게 내린 것입니다. 그러나 소가 다
른 곳으로 가면 그것은 그분이 우리
를 친 것이 아니라, 우리가 우연히 그
런 재앙을 당한 것임을 알 수 있습니
다."
10 ○그래서 사람들은, 시키는 대로 새
끼에게 젖을 빨리는 암소 두 마리를
끌어다가 수레를 메우고, 그 송아지
들은 우리에 가두었다.
11 수레에는 주님의 궤를 싣고, 금 쥐와
그들의 악성 종양 모양을 본떠서 만
든 물건들도 상자에 담아 실었다.
12 그 암소들은 벳세메스 쪽으로 가는
길로 곧장 걸어갔다. 그 소들은 큰길
에서 오른쪽으로나 왼쪽으로나 벗어
나지 않고, 울음소리를 내면서 똑바
로 길만 따라서 갔고, 그 뒤로 블레
셋 통치자들이 벳세메스의 경계까지
따라서 갔다.
13 ○그 때에 벳세메스 사람들은 들에
서 밀을 베고 있다가, 고개를 들어
궤를 보고는 기뻐하였다.
14 수레는 벳세메스 사람 여호수아의
밭에 와서 멈추었는데, 그 곳에는 큰
바위가 있었다. 그들은 나무 수레를
쪼개어 장작으로 삼고, 그 소들을 번
제물로 살라서 주님께 바쳤다.
15 레위 사람들이 수레에서 주님의 궤
와 그 곁에 있는, 금으로 만든 물건
들이 든 상자를 내려다가, 그 큰 바
위 위에 올려 놓았다. 그 날 벳세메
스 사람들은 주님께 번제물을 바치
고, 다른 제물도 바쳤다.
16 블레셋의 다섯 통치자들도 이것을
다 보고 나서, 그 날로 에그론으로
돌아갔다.
17 ○블레셋 사람들이 주님께 속건제물
로 바친 악성 종양 모양의 금덩이들
은, 아스돗 몫으로 하나, 가사 몫으
로 하나, 아스글론 몫으로 하나, 가
드 몫으로 하나, 에그론 몫으로 하나
였다.
18 금 쥐도 바쳤는데, 그 수는 요새화
된 성읍과 성곽이 없는 마을 곧 다
섯 통치자가 다스리던 블레셋의 모
든 성읍의 수와 같았다. 사람들이
주님의 궤를 올려 놓았던 그 큰 바
위, 곧 벳세메스 사람 여호수아의 밭

성이 탁월한 사람들이었기 때문이다(신 18:10;사 2:6;겔 21:21).

6:7–9 블레셋이 새로 수레를 하나 만들고, 아직 멍에를 메어 본 일이 없는 어미 소를 사용하여 언약궤를 이스라엘로 돌려보내기로 한 것은 모세의 율법과 어긋난다. 언약궤는 제사장들이 메고 가도록 되어 있다(민 4:15). 블레셋이 이스라엘의 규정을 따르려고 노력한 것처럼 보이나, 그들의 종교 관습상 예의와 정성을 잘 갖추어 현재의 재앙을 모면하자는 최선책이었을 뿐이다.

6:19 벳세메스 사람들이…들여다 보았기 때문에 벳세메스 사람들이란 이스라엘 가운데 있는 레위 사람과 제사장들을 가리키며, 이들은 불경한 호기심을 가지고 궤를 들여다봄으로써 심판을 받게 되었다. 하나님께서 그분의 임재를 언약궤와 밀접히 연관시켜 나타내셨기 때문에, 백성들은 언약궤를 경외심과 존경심을 가지고 대해야 했다(민 4:17–20;삼하 6:7).

에 있던 그 큰 바위는, 오늘날까지도
거기에 그대로 있다.

기럇여아림으로 간 법궤

19 ○그 때에 벳세메스 사람들이 주님
의 궤 속을 들여다보았기 때문에, 주
님께서는 그 백성 가운데서 오만 칠
십 명이나 쳐서 죽이셨다. 주님께서
그 백성을 그렇게 크게 치셨기 때문
에, 그들은 슬피 울었다.
20 벳세메스 사람들이 말하였다. "이렇
게 거룩하신 주 하나님을 누가 감히
모실 수 있겠는가? 이 궤를 어디로
보내어 우리에게서 떠나가게 할까?"
21 그들은 기럇여아림 주민들에게 전령
들을 보내어, 블레셋 사람들이 주님
의 궤를 돌려보냈으니, 내려와서 가
지고 가라고 하였다.

7 1 기럇여아림 사람들이 와서 주님
의 궤를 옮겨, 언덕 위에 있는 아비
나답의 집에 들여 놓고, 그의 아들
엘리아살을 거룩히 구별해 세워서,
주님의 궤를 지키게 하였다.

사무엘이 이스라엘을 다스리다

2 ○궤가 기럇여아림에 머문 날로부터
약 스무 해 동안, 오랜 세월이 지났
다. 이 기간에 이스라엘의 온 족속
은 주님을 사모하였다.
3 사무엘이 이스라엘 온 족속에게 말
하였다. "여러분이 온전한 마음으로
주님께 돌아오려거든, 이방의 신들
과 아스다롯 여신상들을 없애 버리
고, 주님께만 마음을 두고 그분만을
섬기십시오. 그러면 주님께서 여러
분을 블레셋 사람의 손에서 건져 주
실 것입니다."
4 이 말을 듣고 이스라엘 자손이 바알
과 아스다롯 신상들을 없애 버리고,
주님만을 섬겼다.
5 ○그 때에 사무엘이 이스라엘 사람
들을 모두 미스바로 모이게 하였다.
그들의 죄를 용서하여 달라고 주님
께 기도를 드리려는 것이었다.
6 그들은 미스바에 모여서 물을 길어
다가, 그것을 제물로 삼아 주님 앞에
쏟아붓고, 그 날 종일 금식하였다.
그리고 거기에서 "우리가 주님을 거
역하여 죄를 지었습니다!" 하고 고백
하였다. 미스바는, 사무엘이 이스라
엘 자손 사이의 다툼을 중재하던 곳
이다.
7 ○이스라엘 자손이 미스바에 모였다
는 소식이 블레셋 사람에게 들어가
니, 블레셋 통치자들이 이스라엘을
치려고 올라왔다. 이스라엘 자손은
그 소식을 듣고, 블레셋 사람들을
두려워하였다.
8 그들이 사무엘에게 가서 "주 우리의
하나님이 우리를 블레셋 사람의 손
에서 건져내 주시도록, 쉬지 말고 기
도하여 주시기 바랍니다" 하고 간청

7장 요약 사무엘에 의해 주도된 영적 각성과 회개 운동에 힘입어, 이스라엘은 블레셋을 물리치고 잃었던 땅을 되찾았다(3-17절). 블레셋은 이스라엘의 미스바 성회 소식을 듣고서 그것을 침략의 호기로 여겼지만, 그들의 침략은 도리어 이스라엘 백성에게 신앙의 힘이 얼마나 위대한지를 깨닫게 했다.

7:1-17 사무엘이 사사로서 활동하던 시기에는 영적 각성과 믿음의 활동이 엘리 시대와는 확실히 달랐다(2,4,8,17절). 언약 백성 이스라엘이 하나님께로 돌아와 그분만을 섬기게 된 것이다. 이스라엘은 본래적 사명(출 19:5-6)을 회복하게 되었다. 이 시기에 일어난 '미스바 성회'는 이를 증명하는 중요한 사건이다. 미스바 성회 소식을 들은 블레셋은 그것을 좋은 기회로 삼고 당장 쳐들어왔지만 그들의 침략은 도리어 이스라엘 백성의 회복된 신앙이 어느 정도인지를 입증할 좋은 기회가

하였다.
9 사무엘이 젖 먹는 어린 양을 한 마
리 가져다가 주님께 온전한 번제물
로 바치고, 이스라엘을 구원하여 달
라고 주님께 부르짖으니, 주님께서
그의 기도를 들어 주셨다.
10 사무엘이 번제를 드리고 있을 때에,
블레셋 사람이 이스라엘과 싸우려
고 다가왔다. 그러나 그 때에 주님께
서 큰 천둥소리를 일으켜 블레셋 사
람을 당황하게 하셨으므로, 그들이
이스라엘에게 패하였다.
11 이스라엘 사람이 미스바에서 나와
서, 블레셋 사람을 벳갈 아래까지 뒤
쫓으면서 무찔렀다.
12 ○사무엘이 돌을 하나 가져다가 미
스바와 센 사이에 놓고 "우리가 여기
에 이르기까지 주님께서 우리를 도
와 주셨다!" 하고 말하면서, 그 돌의
이름을 에벤에셀이라고 지었다.
13 그래서 블레셋 사람들이 무릎을 꿇
고, 다시는 이스라엘 지역으로 들어
오지 않았다. 사무엘이 살아 있는
동안에는 주님의 손이 블레셋 사람
을 막아 주셨다.
14 블레셋 사람이 이스라엘에게서 빼
앗아 간 성읍들 곧 에그론과 가드
사이에 있는 성읍들도 이스라엘에
되돌아왔으며, 성읍에 딸린 지역도
이스라엘이 블레셋 사람의 손에서
되찾았다. 이스라엘은 또 아모리 사
람과도 평화롭게 지냈다.
15 ○사무엘은 살아 있는 동안 이스라
엘을 다스렸다.
16 그는 해마다 베델과 길갈과 미스바
지역을 돌면서, 그 모든 곳에서 이스
라엘 사람 사이의 분쟁을 중재하였
다.
17 그리고는 자기 집이 있는 라마로 돌
아와서, 거기에서도 이스라엘의 사
사로 활동하였다. 그는 라마에 주님
의 제단을 쌓았다.

백성이 왕을 요구하다

8 사무엘은 늙자, 자기의 아들들을
이스라엘의 사사로 세웠다.
2 맏아들의 이름은 요엘이요, 둘째 아
들의 이름은 아비야다. 그들은 브엘
세바에서 사사로 일하였다.
3 그러나 그 아들들은 아버지의 길을
따라 살지 않고, 돈벌이에만 정신이
팔려, 뇌물을 받고서, 치우치게 재판
을 하였다.
4 ○그래서 이스라엘의 모든 장로가
모여서, 라마로 사무엘을 찾아갔다.
5 그들이 사무엘에게 말하였다. "보십
시오, 어른께서는 늙으셨고, 아드님
들은 어른께서 걸어오신 그 길을 따
라 살지 않습니다. 그러므로 이제 모
든 이방 나라들처럼, 우리에게 왕을
세워 주셔서, 왕이 우리를 다스리게

되었다. 비록 이스라엘 백성이 비무장한 연고로 두려워했을지라도, 그들은 하나님께 구원을 청했고 하나님은 블레셋을 패하게 하셨다.

7:5 미스바는 예루살렘 북쪽 11.2km에 위치한 군사 전략상의 요충지이며, 기도와 경배의 장소(10:17)로 베냐민 지파에게 속한 성읍이었다. 미스바 성회는 블레셋의 종속국으로서의 조약을 파기하는 혁신적인 성격으로, 사무엘에 의해 이스라엘 역사의 새로운 장이 전개되는 집회였다.

8장 요약 이스라엘이 왕을 요구한 것은 450년간의 사사 시대를 결산하겠다는 뜻으로 보인다. 즉 사사 시대 동안 이스라엘에는 강력한 구심점이 없어 외세에 시달리는 경우가 많았다는 것이다. 하지만 외세 침입의 궁극적 원인은 유일한 왕이신 하나님에 대한 불신에 있었다.

8:7 이스라엘이 왕을 요구한 것이 죄가 된 것은 왕권 자체가 악한 전통이었기 때문이 아니다. 오

하여 주십시오."
6 그러나 사무엘은 왕을 세워 다스리
게 해 달라는 장로들의 말에 마음이
상하여, 주님께 기도를 드렸더니,
7 주님께서 사무엘에게 말씀하셨다.
"백성이 너에게 한 말을 다 들어 주
어라. 그들이 너를 버린 것이 아니
라, 나를 버려서 자기들의 왕이 되지
못하게 한 것이다.
8 그들은 내가 이집트에서 데리고 올
라온 날부터 오늘까지, 하는 일마다
그렇게 하여, 나를 버리고 다른 신들
을 섬기더니, 너에게도 그렇게 하고
있다.
9 그러니 너는 이제 그들의 말을 들어
주되, 엄히 경고하여, 그들을 다스릴
왕의 권한이 어떠한 것인지를 알려
주어라."
10 ○사무엘은 왕을 세워 달라고 요구
하는 백성들에게, 주님께서 하신 모
든 말씀을 그대로 전하였다.
11 "당신들을 다스릴 왕의 권한은 이러
합니다. 그는 당신들의 아들들을 데
려다가 그의 병거와 말을 다루는 일
을 시키고, 병거 앞에서 달리게 할
것입니다.
12 그는 당신들의 아들들을 천부장과
오십부장으로 임명하기도 하고, 왕
의 밭을 갈게도 하고, 곡식을 거두어
들이게도 하고, 무기와 병거의 장비
도 만들게 할 것입니다.
13 그는 당신들의 딸들을 데려다가, 향
유도 만들게 하고 요리도 시키고 빵
도 굽게 할 것입니다.
14 그는 당신들의 밭과 포도원과 올리
브 밭에서 가장 좋은 것을 가져다가
왕의 신하들에게 줄 것이며,
15 당신들이 둔 곡식과 포도에서도 열
에 하나를 거두어 왕의 관리들과 신
하들에게 줄 것입니다.
16 그는 당신들의 남종들과 여종들과
㉠가장 뛰어난 젊은이들과 나귀들을
끌어다가 왕의 일을 시킬 것입니다.
17 그는 또 당신들의 양 떼 가운데서 열
에 하나를 거두어 갈 것이며, 마침내
당신들까지 왕의 종이 될 것입니다.
18 그 때에야 당신들이 스스로 택한 왕
때문에 울부짖을 터이지만, 그 때에
주님께서는 당신들의 기도에 응답하
지 않으실 것입니다."
19 ○이렇게 일러주어도 백성은, 사무엘
의 말을 듣지 않고 말하였다. "그렇
지 않습니다. 우리에게도 왕이 있어
야 되겠습니다.
20 우리도 모든 이방 나라들처럼, 우리
의 왕이 우리를 다스리며, 그 왕이
우리를 이끌고 나가서, 전쟁에서 싸
워야 할 것입니다."
21 사무엘이 백성의 모든 말을 듣고 나
서, 주님께서 들으시도록 다 아뢰니,

히려 왕을 요구한 그들의 사고 방식과 속마음에 문제가 있었다. 그들의 소원은, 하나님께서 진정한 왕이 되시며 그들은 그분의 거룩한 백성이 된다는 *언약 관계를 거부한 결과*가 되었기 때문이다. 그들은 '모든 이방 나라들처럼'(20절) 하나님의 통치에 대적하는 왕을 요구해 언약을 깨뜨리고 말았다. 이렇게 이방의 방식을 따른 것은 당시 이스라엘의 영적 타락상을 의미한다.

8:22 그들의 말을 받아들여서 그들에게 왕을 세워 주어라 이스라엘이 왕을 세움은 분명 하나님의 예정하신 섭리 가운데 있다. 그러나 옳지 못한 동기와 내용으로 왕을 구했던 이스라엘의 방식은 하나님의 교훈적인 뜻(preceptive will)은 아니다. 다만 하나님은 그분의 주권 안에서 목적을 이루시기 위해 사람의 악한 행위까지도 허용하시기 때문에 허용적 뜻(permissive will) 안에서 허락하신 것이다.

㉠ 칠십인역에는 '너희가 가진 가장 좋은 짐승들과'

22 주님께서 사무엘에게 말씀하셨다.
"너는 그들의 말을 받아들여서 그들
에게 왕을 세워 주어라." 그래서 사
무엘은 이스라엘 사람들에게, 각자
자기의 성읍으로 돌아가라고 일렀
다.

사울이 사무엘을 만나다

9 베냐민 지파에 기스라고 하는 유
력한 사람이 있었다. 그의 아버지
는 아비엘이고, 할아버지는 스롤이
고, 그 윗대는 베고랏이고, 그 윗대
는 아비아인데, 베냐민 사람이다.
2 그에게는 사울이라고 하는 아들이
있었는데, 잘생긴 젊은이였다. 이스
라엘 사람들 가운데 그보다 더 잘생
긴 사람이 없었고, 키도 보통 사람들
보다 어깨 위만큼은 더 컸다.
3 ○그런데 사울의 아버지 기스는 자
기가 기르던 암나귀들 가운데서 몇
마리를 잃고서, 자기 아들 사울에
게, 종을 하나 데리고 가서 암나귀
들을 찾아 보라고 말하였다.
4 사울은 종을 데리고 에브라임 산간
지역과 살리사 지방으로 두루 다녀
보았으나, 찾지 못하였다. 사알림 지
방까지 가서 두루 다녀 보았으나 거
기에도 없었다. 베냐민 지방도 다녀
보았으나 거기에서도 찾지 못하였다.
5 그들이 숩 지방으로 들어섰을 때에,
사울이 자기가 데리고 다니던 종에
게 말하였다. "그만 돌아가자. 아버
지께서 암나귀들보다 오히려 우리
걱정을 하시겠다."
6 그러자 그 종이 그에게 말하였다.
"보십시오, 이 성읍에는 하나님의 사
람이 한 분 계시는데, 존경받는 분이
십니다. 그가 말하는 것은 모두 틀림
없이 이루어진다고 합니다. 그러니
이제 그리로 가 보시는 것이 어떨는
지요? 혹시 그가 우리에게, 우리가
가야 할 길을 알려 줄지도 모릅니다."
7 사울이 종에게 말하였다. "그래, 한
번 가 보자. 그런데 우리가 그분에게
무엇을 좀 가지고 가야겠는데, 우리
주머니에는 빵 하나도 남아 있지 않
으니, 하나님의 사람에게 드릴 예물
이 없구나. 우리에게 뭐 남아 있는
것이 좀 있느냐?"
8 종이 다시 사울에게 대답하였다.
"아, 나에게 은전 한 푼이 있습니다.
이것을 하나님의 사람에게 드리고,
우리가 갈 길을 가르쳐 달라고 하겠
습니다."
9 (옛적에 이스라엘에서 사람들이 하
나님께 물으려고 할 때에는, 선견자
에게 가자고 말하였다. 오늘날 우리
가 '예언자'라고 하는 이들을 옛적에
는 '선견자'라고 불렀다.)
10 사울이 종에게 말하였다. "좋은 생
각이다. 어서 가자!" 그리하여 그들

9장 요약 본장은 사울이 하나님의 섭리에 따라 이스라엘의 초대 왕으로 택함받는 과정을 보여 준다. 사울은 베냐민 지파에 속한 사람으로서 잘생긴 젊은이였다. 또한 그는 사무엘이 하나님의 계시에 따라 그를 윗자리에 앉힐 때 몸둘 바를 몰라할 정도로 겸손한 사람이었다(21절).

9:1–2 사울의 족보가 기록된 것은, 구약과 신약에 등장하는 모든 족보가 그렇듯이(창 5:1–32; 10:1–32;11:10–29;25:19–20;36:1–30;출 6:14–25;마 1:1–17) 역사의 요약이다. 이는 역사의 새로운 전환점을 제시하고자 하는 것이다. 사울은 베냐민 지파의 부유하고 권세 있는 집안에서 태어나 새 왕조의 첫 인물이 되었다.

9:4–5 사울이 암나귀들을 찾아다닌 것은 하나님의 섭리에 따른 인도였다.

9:16 너는 그에게 기름을 부어 기름 부음은 특별한

은 하나님의 사람이 있는 성읍으로
갔다.
11 ○그들은, 성읍으로 가는 비탈길로
올라가다가, 물 길러 내려오는 처녀
들을 만나 "선견자께서 성읍에 계십
니까?" 하고 물었다.
12 처녀들이 그들에게 대답하였다. "예,
계십니다. 지금 막 저 앞으로 가셨습
니다. 서둘러서 가시면, 따라가서 만
나실 수 있습니다. 오늘 사람들이
산당에서 제사를 드리기 때문에, 그
분이 방금 성읍으로 들어가셨습니
다.
13 그러니까 두 분께서 성읍으로 들어
가시면, 그분이 식사하러 산당으로
올라가시기 전에, 틀림없이 그분을
만날 것입니다. 그분이 도착할 때까
지는 아무도 먹지 않습니다. 그분이
제물을 축사한 다음에야 초대받은
사람들이 먹기 때문입니다. 그러니
지금 올라가시면, 그분을 만날 수 있
습니다."
14 그들이 성읍으로 올라가 성읍 안으
로 들어가서 보니, 사무엘이 마침 산
당으로 올라가려고 맞은쪽에서 나
오고 있었다.
15 ○사울이 오기 하루 전에 주님께서
사무엘에게 알리셨다.
16 "내일 이맘때에 내가 베냐민 땅에서
온 한 사람을 너에게 보낼 것이니,
너는 그에게 기름을 부어 나의 백성,
이스라엘의 영도자로 세워라. 그가
나의 백성을 블레셋 사람의 손에서
구해 낼 것이다. ㉠나의 백성이 겪는
고난을 내가 보았고, 나의 백성이 살
려 달라고 울부짖는 소리를 내가 들
었다."
17 ○사무엘이 사울을 보았을 때에, 주
님께서 그에게 말씀하셨다. "이 젊은
이가, 내가 너에게 말한 바로 그 사
람이다. 이 사람이 나의 백성을 다스
릴 것이다."
18 사울이 성문 안에 있는 사무엘에게
다가가서 말하였다. "선견자의 집이
어디에 있는지 알려 주십시오."
19 사무엘이 사울에게 대답하였다. "바
로 내가 그 선견자요. 앞장 서서 산
당으로 올라가시지요. 두 분은 오늘
나와 함께 저녁을 듭시다. 물어 보시
려는 것은, 내일 아침에 다 말씀드리
겠습니다. 그리고 나서 두 분을 보내
드리겠습니다.
20 사흘 전에 잃어버린 암나귀들은 이
미 찾았으니, 그것은 걱정하지 마십
시오. 지금, 온 이스라엘 사람들의
기대가 누구에게 걸려 있는지 아십
니까? 바로 그대와 그대 아버지의
온 집안입니다!"
21 사울이 대답하였다. "저는 이스라엘
지파들 가운데서도 가장 작은 베냐

사명을 수행하기 위하여 특별한 자격을 구비한다는 의미를 함께 지니고 있다. 즉 백성의 대표자이며 통치자인 왕과 하나님 사이에 특별한 관계를 *확립하는 거룩한 의식을 치른다*. **나의 백성, 이스라엘의 영도자** (히) '나기드'는 '특별히 뛰어나다' 또는 '분명하게 선포하다'라는 뜻의 어원을 가졌다. 따라서 '나기드'는 특별한 목적을 위해 세움 받은 탁월한 카리스마적 영도자, 통치자를 가리킨다. 본문에서는 하나님께 임명을 받아 사사 시대로부터 왕정 시대로 변천해 가는 과도기의 영도자를 가리킨다. 따라서 일반적으로 '왕'을 나타내는 히브리어 '멜렉'과는 다르다.

9:21 가장 작은 베냐민 지파…가장 보잘것없는데 베냐민 지파는 사사 시대 말기에 첩의 살인 사건으로 인해 인구가 현저하게 감소하였다(삿 20:46-48). 사울은 자신의 연약함과 부족함을 드러내어, 하나님께서 세우시는 왕국의 쓸모 있는 자는

㉠ 칠십인역을 따름. 히. '나의 백성을 보았고'

민 지파 사람이 아닙니까? 그리고
저의 가족은 베냐민 지파의 모든 가
족 가운데서도 가장 보잘것없는데,
어찌 저에게 그런 말씀을 하십니
까?"
22 ○사무엘은 사울과 그의 종을 데리
고 방으로 들어가서, 초대받은 사람
들의 윗자리에 앉혔다. 거기에 모인
사람들은 서른 명쯤 되었다.
23 사무엘이 요리사에게 일렀다. "내가
자네에게 잘 간수하라고 부탁하며
맡겨 두었던 부분을 가져 오게."
24 요리사가 넓적다리와 거기에 붙어
있는 것을 가져다가 사울 앞에 놓으
니, 사무엘이 말하였다. "보십시오,
준비해 두었던 것입니다. 앞에 놓고
드십시오. 내가 사람들을 초청할 때
부터, 지금 이렇게 드리려고 보관해
두었던 것입니다." ○그래서 그 날 사
울은 사무엘과 함께 먹었다.
25 그들은 산당에서 내려와 성읍으로
들어갔다. ㉠침실이 지붕에 준비되어
있었으므로, 사무엘과 ㉡사울은 거
기에서 누워서 잤다.

사무엘이 사울을 지도자로 세우다

26 ○다음날 동틀 무렵에, 사무엘이 지
붕에서 사울을 깨웠다. "일어나십시
오. 바래다 드리겠습니다." 사울이
일어나니, 사무엘은 사울과 함께 바
깥으로 나갔다.
27 성읍 끝에 이르렀을 때에, 사무엘이
사울에게 "저 종을 앞에 먼저 보내
십시오" 하고 말하였다. 그 종이 한
참 앞서서 가니, 사무엘이 다시 사울
에게 "내가 하나님의 말씀을 들려
드리겠으니, 잠깐 서 계십시오" 하고
말하였다.

10

1 사무엘이 기름병을 가져다가
사울의 머리에 붓고, 그에게 입
을 맞춘 다음에, 이렇게 말하였다.
"주님께서 그대에게 기름을 부으시
어, 주님의 소유이신 이 백성을 다스
릴 영도자로 세우셨습니다. ㉢
2 오늘 나를 떠나서 가시다가 베냐민
지역 셀사에 이르시면, 라헬의 무덤
근처에서 두 사람을 만나실 터인데,
그들은, 그대의 부친이 찾으러 다니
던 암나귀들은 벌써 찾았고, 부친께
서는 암나귀들 걱정은 놓으셨지만,
이제 오히려 아들과 종의 일이 걱정
이 되어 찾고 계신다고 말할 것입니
다.
3 또 거기에서 더 가다가 다볼의 상수
리나무에 이르면, 거기에서 하나님
을 뵈려고 올라가는 세 사람을 만날
것입니다. 한 사람은 염소 새끼 세
마리를 데리고 가고, 한 사람은 빵
세 덩이를 가지고 가고, 또 한 사람
은 포도주 가죽부대를 하나 메고 갈
것입니다.

어떠한 자인가를 보여 준다.

9:26 지붕 팔레스타인에서는 지붕이 평평하기 때문에 날씨가 무더운 계절에 지붕 위에서 잠을 잘 수 있다. 평소에는 휴식처, 기도나 친교의 장소, 파수대, 곡물 말리는 곳으로 이용된다.

㉠ 칠십인역을 따름. **히**, '사무엘이 사울과 이야기를 하였다' ㉡ 칠십인역을 따름 ㉢ 칠십인역과 불가타에는 1절 끝에 '이제 그대는 주님의 백성을 다스리고, 모든 적에게서 이 백성을 보호하십시오. 이제, 주님께서 그대를 택하셔서 당신의 백성을 다스릴 통치자로 삼으신 증거를 보여 드리겠습니다'의 내용이 더 있음

10장 요약 사무엘은 하나님 앞에서 사울에게 기름을 부었으며, 그를 왕으로 선택하신 하나님의 뜻을 확신케 할 세 가지 증거가 나타났다. 사무엘은 사울을 이스라엘의 왕으로 선포하기 위해, 미스바에 온 백성을 소집하였다. 거기서 사울은 제비뽑기에 의해 왕으로 선택되었다.

10:1 기름 부음은 왕의 직무를 담당하기 전에 성별한다는 의미를 지니고, 하나님으로부터 통치권

4 그들이 그대에게 안부를 묻고, 빵 두
덩이를 줄 것이니, 그것을 받으십시
오.
5 그런 다음에 그대는 하나님의 산으
로 가십시오. 그 곳에는 블레셋 수
비대가 있습니다. 그 곳을 지나 성읍
으로 들어갈 때에, 거문고를 뜯고 소
구를 치고 피리를 불고 수금을 뜯으
면서 예배 처소에서 내려오는 예언
자의 무리를 만날 것입니다. 그들은
모두 춤을 추고 소리를 지르면서 예
언을 하고 있을 것입니다.
6 그러면 그대에게도 주님의 영이 강
하게 내리어, 그들과 함께 춤을 추고
소리를 지르면서 예언을 할 것이며,
그대는 전혀 딴 사람으로 변할 것입
니다.
7 이런 일들이 그대에게 나타나거든,
하나님이 함께 계시는 증거이니, 하
나님이 인도하시는 대로 따라 하십
시오.
8 그대는 나보다 먼저 길갈로 내려가
십시오. 그러면 나도 뒤따라 그대에
게 내려가서 번제와 화목제물을 드
릴 것이니, 내가 갈 때까지 이레 동
안 기다려 주십시오. 그 때에 가서
하셔야 할 일을 알려 드리겠습니다."
9 ○사울이 사무엘에게서 떠나려고
몸을 돌이켰을 때에, 하나님이 사울
에게 새 마음을 주셨다. 그리고 사
무엘이 말한 그 모든 증거들이 그 날
로 다 나타났다.
10 사울이 종과 함께 산에 이르자, 예언
자의 무리가 그를 맞아 주었다. 그
때에 하나님의 영이 그에게 세차게
내리니, 사울이 그들과 함께, 춤추며
소리를 지르면서 예언을 하였다.
11 이전부터 그를 알던 모든 사람들이
보니, 사울이 과연 예언자들과 함께
그렇게 예언을 하는 것이 아닌가! 그
래서 그들이 "기스의 아들에게 무슨
일이 일어났는가? 사울이 예언자가
되었는가?" 하고 서로 말하였다.
12 거기에 사는 한 사람이 "다른 예언
자들은 어떻습니까? 그들의 아버지
가 누구라고 생각하십니까?" 하고
물었으므로, "사울마저도 예언자가
되었는가?" 하는 속담이 생겼다.
13 사울은 예언을 마치고 나서, 산당으
로 갔다.
14 ○사울의 삼촌이 사울과 그 종에게
"어디를 갔었느냐?" 하고 물었다.
사울이 대답하였다. "암나귀들을 찾
으러 갔지만, 찾을 수가 없어서 사무
엘에게 갔었습니다."
15 사울의 삼촌이 또 말하였다. "사무엘
이 너희에게 무슨 말씀을 하시더
냐? 나에게 말하여라."
16 사울이 삼촌에게 말하였다. "암나귀
들은 이미 찾았다고 우리에게 일러

을 위임받는다는 표시이다.

10:5 하나님의 산 (히)기브앗 엘로힘. '하나님의 기브아'란 뜻으로 여기에서만 사용되었다. 이는 기브아 땅이 지금은 블레셋의 세력권 내에 있으나 원래 하나님께 속한 땅임을 의미하기 위함이다.

10:8 길갈 여리고 부근에 있던 장소로서, 가나안 정복 기간과 왕정 초기에 두드러지게 언급되고 있다. 사무엘 당시에 가장 중요한 곳이었던 이곳은 제사 의식의 중심지로 사울의 왕권이 공식적으로 백성들에게 인정받는 곳이 되었다.

10:17 사무엘이 백성을 미스바로 불러 주님 앞에 모아 놓고 사울이 사무엘에게서 아무도 모르게 왕으로 임명되어 기름 부음을 받은 후(9:1-10,16), 사무엘은 하나님의 뜻을 이스라엘 백성에게 선포하기 위하여 백성들을 미스바로 모이게 하였다. 미스바는 사무엘 당시의 정치·종교·군사의 중심지로(7:5), 이곳에서 사울의 즉위식이 거행되었다.

10:20-24 제비뽑기는 신구약에서 하나님의 뜻

주셨습니다." 그러나 사무엘이 사울
자신에게 왕이 될 것이라고 말한 것
은, 그에게 알려 주지 않았다.

사울이 왕으로 뽑히다

17 ○사무엘이 백성을 미스바로 불러
주님 앞에 모아 놓고,
18 이스라엘 자손에게 하나님이 하신
말씀을 전하였다. "나 주 이스라엘
의 하나님이 말한다. 내가 이스라엘
을 이집트에서 데리고 올라왔고, 내
가 너희를 이집트 사람의 손과, 너희
를 학대하던 모든 나라의 손에서 건
져 내었다.
19 그러나 오늘날 너희는, 너희를 모든
환난과 고난 속에서 건져 낸 너희 하
나님을 버리고, 너희에게 왕을 세워
달라고 나에게 요구하였다. 좋다, 이
제 너희는 지파와 집안별로, 나 주
앞에 나와 서거라!"
20 ○사무엘이 이스라엘의 모든 지파를
앞으로 나오게 하니, 주님께서 베냐
민 지파를 뽑으셨다.
21 사무엘이 베냐민 지파를 각 집안별
로 앞으로 나오게 하니, 마드리의 집
안이 뽑혔고, 마드리의 집안 남자들
을 앞으로 나오게 하니, 기스의 아들
사울이 뽑혔다. 사람들이 그를 찾았
지만, 보이지 않았다.
22 그래서 사람들이 다시 주님께 여쭈
어 보았다. "그 사람이 여기에 와 있
습니까?" 주님께서 말씀하셨다. "그
는 짐짝 사이에 숨어 있다."
23 사람들이 달려가 거기에서 그를 데
리고 나왔다. 그가 사람들 가운데
섰는데, 다른 사람들보다 어깨 위만
큼은 더 커 보였다.
24 사무엘이 온 백성에게 말하였다. "주
님께서 뽑으신 이 사람을 보아라. 온
백성 가운데 이만한 인물이 없다."
그러자 온 백성이 환호성을 지르며
"임금님 만세!" 하고 외쳤다.
25 ○사무엘이 왕의 제도를 백성에게
알려 준 다음, 그것을 책에 써서 주
님 앞에 보관하여 두고, 온 백성을
각자의 집으로 돌아가게 하였다.
26 사울이 기브아에 있는 자기의 집으
로 돌아갈 때에, 하나님께 감동을
받은 용감한 사람들이 사울을 따라
갔다.
27 그러나 몇몇 불량배들은 "이런 사람
이 어떻게 우리를 구할 수 있겠느
냐?" 하고 떠들면서 그를 업신여기
고, 그에게 예물도 바치지 않았다.
그러나 사울은 못 들은 척하였다.

사울이 암몬 족속을 물리치다

11 ㉠암몬 사람 나하스가 올라와
서, 길르앗의 야베스를 포위하
였다. 그러자 야베스 사람들이 모두
나하스에게 "우리와 조약을 맺읍시
다. 우리가 당신을 섬기겠습니다" 하

을 알기 위한 신앙의 행위였다. 사무엘은 사울이 하나님께서 선택하신 왕임을 이스라엘 백성에게 확인시키고자 이 방법을 택하였다. 우림과 둠밈은 이 목적을 위해 사용되었다(출 28:30).

㉠ 사해 사본에는 1절 앞에 다음 내용이 있음. '암몬 족속의 나하스 왕은 갓 사람들과 르우벤 사람들을 가혹하게 억압하였다. 두 지파 사람들의 오른쪽 눈을 다 도려내고, 어느 누구도 이스라엘을 구해 내지 못하게 하였다. 요단 동편에 살던 사람치고, 암몬 족속의 나하스 왕에게 오른쪽 눈을 뽑히지 않은 사람은 하나도 없었다. 그러나 암몬 족속에게서 탈출한 사람 칠천 명이 있었는데, 그들이 길르앗의 야베스로 들어갔다. 약 한 달 뒤에'

11장 요약 본장은 사울이 길르앗의 야베스 전투를 계기로 자신의 왕권을 확립하게 된 사실을 보도한다. 암몬의 습격을 받자 사울에게 하나님의 영이 내려서, 사울은 전국적으로 군대를 모집하여 앞장섰고 그 결과 대승을 거두었다. 그리고 사울은 승리의 영광을 하나님께 돌리는 겸손을 보였다.

11:5 사울이 밭에서 소를 몰고 오다가 사울은 왕으

고 제안하였다.
2 그러나 암몬 사람 나하스는 "내가
너희의 오른쪽 눈을 모조리 빼겠다.
온 이스라엘을 이같이 모욕하는 조
건에서만 너희와 조약을 맺겠다" 하
고 대답하였다.
3 야베스 장로들이 또 그에게 제안하
였다. "우리에게 이레 동안만 말미를
주셔서, 우리가 이스라엘 모든 지역
으로 전령들을 보내도록 하여 주십
시오. 우리를 구하여 줄 사람이 아
무도 없으면, 우리가 항복하겠습니
다."
4 전령들이, 사울이 살고 있는 기브아
에 가서 백성에게 그 사실을 알리니,
백성들이 모두 큰소리로 울었다.
5 ○마침 사울이 밭에서 소를 몰고 오
다가, 무슨 일이 일어났기에 백성이
울고 있느냐고 물었다. 사람들은 야
베스에서 온 전령들이 한 말을 그에
게 일러주었다.
6 이 말을 듣고 있을 때에, 사울에게
하나님의 영이 세차게 내리니, 그가
무섭게 분노를 터뜨렸다.
7 사울은 겨릿소 두 마리를 잡아서 여
러 토막으로 자른 다음에, 그것을 전
령들에게 나누어 주고, 이스라엘 모
든 지역으로 말을 전하라고 보냈다.
"누구든지 사울과 사무엘을 따라나
서지 않으면, 그 집의 소들도 이런
꼴을 당할 것이다." 주님께서 온 백
성을 두려움에 사로잡히게 하시니,
모두 하나같이 그를 따라나섰다.
8 사울이 그들을 베섹에 모으고 수를
세어 보니, 이스라엘에서 ㉠삼십만 명
이 왔고 유다에서 삼만 명이 왔다.
9 기브아 사람들이 야베스에서 온 전
령들에게 말하였다. "길르앗의 야베
스 사람들에게 가서, 내일 햇볕이 뜨
겁게 내리쬘 때쯤에는 구출될 것이
라고 전하여라." 전령들이 돌아가서
야베스 사람들에게 소식을 전하니,
그들이 모두 기뻐하였다.
10 그래서 야베스 사람들이 암몬 사람
들에게 회답하였다. "우리가 내일 당
신들에게 나아가 항복하겠습니다.
그 때 가서는 우리에게 하고 싶은 대
로 하시오."
11 ○다음날 아침 일찍 사울은 군인들
을 세 부대로 나누어 가지고, 새벽녘
에 적진 한복판으로 들어가서, 날이
한창 뜨거울 때까지 암몬 사람들을
쳐서 죽였다. 살아 남은 사람들은
다 흩어져서, 두 사람도 함께 있는
일이 없었다.

사무엘이 길갈에서 사울을 왕으로 세우다

12 ○백성이 사무엘에게 와서 말하였
다. "사울이 어떻게 우리의 왕이 될
수 있느냐고 떠들던 자들이 누구입
니까? 그런 자들을 내주십시오. 우

로 추대되지만(10:24) 중앙집권적인 어떤 국권 체제를 갖추고 궁정에서 통치하고 있지 않았다. 그는 평상시처럼 자기의 일을 하고 있었다. 이러한 *사울의 태도는 그가 왕이 되는 것을 원하지 않았*다는 것과, 왕의 역할을 단지 백성을 침략에서 구원하고 옳고 그름을 재판하는 사사 역할 정도로만 인식했던 당시의 보편적인 생각을 반영하는 것이 아닌가 생각된다. 혹은 사사 시대에서 왕정 시대로 진입하는 과도기적인 현상으로 보인다. 어쨌든 야베스 장로들은 사울에게 전령들을 보내어 암몬의 위협(2절)을 알렸다.

11:14–15 11장의 절정을 이룬다. 사울은 자신의 임무를 깨닫고 기브아에서 70km 이상 북쪽으로 올라가 베섹에 이르러 삼십삼만의 군대를 이끌고 암몬 사람을 쳐서 패주시켰다. 사무엘은 이 기회를 선용하여 사울 왕권을 공고히 하였고 온 백성은 화목제물을 바치며 기뻐하였다.

㉠ 사해 사본과 칠십인역에는 '칠십만'

리가 그들을 쳐서 죽이겠습니다."
13 그러자 사울이 나서서 말하였다. "오
늘은 주님께서 이스라엘 백성을 구
원하여 주신 날이오. 오늘은 사람을
죽이지 못하오."
14 ○사무엘이 백성들에게 말하였다.
"우리가 길갈로 가서, 사울이 우리의
왕이라는 것을 거기에서 새롭게 선
포합시다."
15 그래서 온 백성이 길갈로 가서 그 곳
길갈에 계시는 주님 앞에서 사울을
왕으로 세웠다. 그들은 거기에서 짐
승을 잡아서 주님께 화목제물로 바
쳤다. 거기에서 사울과 모든 이스라
엘 사람들이 함께 크게 기뻐하였다.

사무엘의 고별사

12 사무엘이 온 이스라엘 백성에
게 말하였다. "나는 당신들이
나에게 요청한 것을 다 들어 주어
서, 백성을 다스릴 왕을 세웠습니다.
2 그러니 이제부터는 왕이 백성들을
인도할 것입니다. 나는 이제 늙어서
머리가 희게 세었고, 나의 아들들이
이렇게 당신들과 함께 있습니다. 나
는 젊어서부터 오늘까지 당신들을
지도하여 왔습니다.
3 내가 여기 있으니, 주님 앞에서, 그리
고 주님께서 기름부어 세우신 왕 앞
에서, 나를 고발할 일이 있으면 하십
시오. 내가 누구의 소를 빼앗은 일
이 있습니까? 내가 누구의 나귀를
빼앗은 일이 있습니까? 내가 누구를
속인 일이 있습니까? 누구를 억압한
일이 있습니까? 내가 누구한테서 뇌
물을 받고 눈감아 준 일이 있습니
까? 그런 일이 있다면, ㉠나를 고발
하십시오. 내가 당신들에게 갚겠습
니다."
4 이스라엘 백성이 대답하였다. "우리
를 속이시거나 억압하신 적이 없습
니다. 누구에게서든지 무엇 하나 빼
앗으신 적도 없습니다."
5 사무엘이 그들에게 말하였다. "당신
들이 나에게서 아무런 잘못도 찾지
못한 것에 대하여 오늘 주님께서 증
인이 되셨고, 주님께서 기름부어 세
우신 왕도 증인이 되셨습니다." 그러
자 온 백성이 "그렇습니다. 주님께서
우리의 증인이 되셨습니다!" 하고 대
답하였다.
6 ○사무엘이 백성에게 말하였다. "모
세와 아론을 세우시고, 당신들의 조
상을 이집트 땅에서 데리고 올라오
신 ㉡분이 바로 주님이십니다.
7 그러니 그대로 서 있으십시오. 내가,
주님께서 당신들과 당신들의 조상을
구원하려고 하신 그 의로운 일을 주
님 앞에서 증거로 제시하고자 합니
다.
8 야곱이 가족을 데리고 이집트로 내

12장 요약 사무엘은 자신의 통치권을 사울에게 이양하는 의미의 고별 설교를 하였다. 이 설교의 요점은, 비록 왕정 체제를 갖춘다 하더라도 왕이 이방 민족의 침략에 대한 근본적인 해결책이 되지는 못한다는 것이다. 그것은 통치 방식이 바뀌더라도 하나님이 이스라엘의 영원한 왕이심을 나타낸다.

㉠ 칠십인역을 따름 ㉡ 칠십인역에는 '주님이 바로 증인이시다'

12:1–17 이제 사사 시대는 끝이 나고 왕정 시대가 도래한다. 이 시점에서 사무엘은 고별 설교를 한다. 먼저 그는 사사로서 공의롭게 행한 것을 술회하고(3–5절), 백성의 근본적인 죄악을 '백성은 주 그들의 하나님을 잊어버리고 말았습니다'(9절)라는 한 마디 말로 요약한다. 하나님을 경외하지 않고 하나님의 말씀을 거역하면, 사사 시대에 이방 민족을 들어 징벌하신 것처럼, 왕정 시대의 이스라엘도 징벌하실 것이라고 말한다(13–15절).

려간 다음에, ㉠(이집트 사람들이 야
곱의 가족을 억압할 때에,) 그들은
주님께 매달려 살려 달라고 부르짖
었습니다. 그래서 주님께서는 모세
와 아론을 보내셨고, 조상을 이집트
에서 인도해 내셨고, 그들을 이 땅에
정착시키셨습니다.
9 그런데도 백성은 주 그들의 하나님
을 잊어버리고 말았습니다. 그래서
주님께서는 조상들을 블레셋 사람
과 모압 왕과 하솔 왕 야빈의 군사령
관인 시스라에게 넘기시고, 우리 조
상들을 쳐서 정복하게 하셨습니다.
10 조상들은 주님께 살려 달라고 부르
짖으면서 '우리는 주님을 버리고, 바
알 신들과 아스다롯 여신들을 섬기
는 죄를 지었습니다. 이제 원수들에
게서 우리를 건져 주시기 바랍니다.
그러면 우리가 주님만을 섬기겠습니
다' 하고 호소하였습니다.
11 주님께서 이 호소를 들으시고 여룹
바알과 베단과 입다와 나 사무엘을
보내셔서, 사방으로 에워싼 원수들
에게서 우리를 건져 주셔서, 안전하
게 살 수 있도록 하셨습니다.
12 그런데도 암몬 왕 나하스가 우리를
치러 오자, 주 하나님이 우리의 왕인
데도, 그것을 보았을 때에 당신들은,
'안 되겠습니다. 우리를 다스릴 왕이
꼭 있어야 하겠습니다' 하고 나에게
말하였습니다.
13 이제 당신들이 뽑은 왕, 당신들이 요
구한 왕이 여기에 있습니다. 주님께
서 주신 왕이 여기에 있습니다.
14 만일 당신들이 주님을 두려워하여
그분만을 섬기며, 그분에게 순종하
여 주님의 명령을 거역하지 않으며,
당신들이나 당신들을 다스리는 왕
이 다 같이 주 하나님을 따라 산다
면, 모든 일이 잘 될 것입니다.
15 그러나 주님께 순종하지 않고 주님
의 명령을 거역한다면, 주님께서 손
을 들어 ㉡조상들을 치신 것처럼, 당
신들을 쳐서 멸망시키실 것입니다.
16 당신들은 그대로 서서, 주님께서 이
제 곧 하실 큰 일을 눈으로 직접 보
십시오.
17 지금은 밀을 거두어들이는 때가 아
닙니까? 그렇더라도 내가 주님께 아
뢰면, 주님께서 천둥을 일으키시고
비를 내리실 것입니다. 그러면 왕을
요구한 것이, 주님께서 보시기에 얼
마나 큰 죄악이었는지를 밝히 알게
될 것입니다."
18 ○사무엘이 주님께 아뢰니, 바로 그
날로 주님께서 천둥을 보내시고, 비
를 내리셨다. 온 백성이 주님과 사무
엘을 매우 두려워하였다.
19 모든 백성이 사무엘에게 간청하였
다. "종들을 생각하시고 주 하나님

12:13-15 사무엘은 이스라엘 백성의 잘못된 요구에도 하나님께서 자신의 통치를 실현시키고자 왕을 대리자로 세우도록 허락하신 뜻을 전한다. 동시에 왕으로 세움을 받은 사람이나 복종의 의무를 지닌 백성이나 다 같이 그들의 진정한 왕 되신 하나님을 따라야 한다는 대원칙을 선언한다.

12:19 우리가 우리의 모든 죄에…악을 더하였습니다 이 표현은 죄의 심각성이 무엇인지를 분명히 자각하고 회개하는 말이다. 이스라엘 백성은 왕을 세워 이방 국가처럼 강력한 국가로 존재하고 싶었다. 그러나 택함 받은 그들의 본래적 목표와 사명은 하나님의 보물·제사장 나라·거룩한 민족으로 존재하는 데 있었다(출 19:5-6). 이 사실을 외면한 채 왕을 요구한 것은 언약을 파기하는 것이므로 죄악 중의 죄악이었다.

12:23 사무엘은 이스라엘이 하나님을 전혀 신뢰

㉠ 칠십인역에는 괄호 속의 본문이 있음 ㉡ 칠십인역에는 '너희와 너희의 왕을 쳐서'

께 기도하셔서, 우리가 죽지 않게 해
주십시오. 우리가 우리의 모든 죄에
왕을 구하는 악을 더하였습니다."
20 사무엘이 백성에게 말하였다. "두려
워하지 마십시오! 당신들이 이 모든
악행을 저지른 것은 사실이나, 이제
부터는 주님을 따르는 길에서 벗어
나지 말고, 마음을 다 바쳐 주님을
섬기십시오!
21 도움을 주지도 못하고 구원하지도
못하는 쓸데없는 우상에게 반하여,
그것을 따르는 일이 없도록 하십시
오. 그것들은 헛된 것입니다.
22 주님께서는 당신들을 기꺼이 자기의
백성으로 삼아 도와 주시기로 하셨
기 때문에, 주님께서는 자기의 귀한
명예를 지키기 위해서라도, 자기의
백성을 버리지 않으실 것입니다.
23 나는 당신들이 잘 되도록 기도할 것
입니다. 내가 기도하는 일을 그친다
면, 그것은 내가 하나님께 죄를 짓는
것입니다. 그런 일은 없을 것입니다.
오히려 나는, 당신들이 가장 선하고
가장 바른길로 가도록 가르치겠습니
다.
24 당신들은 주님만을 두려워하며, 마
음을 다 바쳐서 진실하게 그분만을
섬기십시오. 주님께서 당신들을 생
각하시고 얼마나 놀라운 일들을 하
셨는가를 기억하십시오.
25 만일 당신들이 여전히 악한 행동을
한다면, 당신들도 망하고 왕도 망할
것입니다."

사울이 블레셋과 싸우다

13 사울이 왕이 되었을 때에, 그
의 나이는 ㉠서른 살이었다. 그
가 이스라엘을 다스린 것은 ㉡마흔
두 해였다.
2 그는 이스라엘에서 삼천 명을 뽑아
서, 그 가운데서 이천 명은 자기와
함께 믹마스와 베델 산지에 있게 하
고, 일천 명은 요나단과 함께 베냐민
지파의 땅 기브아로 보내고, 나머지
군대는 모두 각자의 집으로 돌려보
냈다.
3 요나단이 게바에 있는 블레셋 사람
의 수비대를 치자, 블레셋 사람들이
그 소식을 들었다. 사울이 온 나라
에 나팔을 불어서, 히브리 사람 소집
령을 내렸다.
4 온 이스라엘 백성은, 사울이 블레셋
수비대를 쳐서, 이스라엘이 블레셋
사람들의 미움을 사게 되었다는 말
을 듣고, 길갈로 모여 와서 사울을
따랐다.
5 ○블레셋 사람들도 이스라엘과 싸
우려고 모였는데, 병거가 삼만에다
가, 기마가 육천이나 되었고, 보병은
바닷가의 모래알처럼 많아서 셀 수
가 없었다. 블레셋 군대는 벳아웬의

하지 않고 기도하지 않는 죄를 인식하고 있었다. 따라서 하나님을 의지하여 선하고 의로운 길을 책임 있게 제시하고, 자신만이라도 그렇게 살겠다는 입장을 천명한 것이다.

㉠ 히브리어 본문에는 나이를 밝히는 숫자가 없음. 칠십인역에는 1절 전체가 없음. 여기 '서른 살'이라고 한 것은 칠십인역 후대 사본에 나와 있는 것임. '개역한글판'에는 '사십 세' ㉡ 히브리어 본문의 '둘(두)'은 앞의 10단위가 빠져 있는 것임. 그가 대략 40년 동안 왕위에 있었던 것에 근거하여(행 13:21), 최근의 역본들을 따라 '마흔 두 해'라고 함

13장 요약 블레셋이 이스라엘에 대대적인 침공을 감행하자 사울은 사무엘을 기다리지 않고 스스로 제사장 직무인 제사를 드리는 실책을 범했다. 한편 블레셋이 이스라엘 내에 대장장이를 없애 버린 기사는(19-22절), 14장에 언급되는 이스라엘의 승리가 오직 하나님의 섭리와 은총에 따른 것임을 암시한다.

13:2 믹마스 베델 남동쪽, 기브아의 북동쪽, 예루

동쪽 믹마스로 올라와서 진을 쳤다.
6 이스라엘 사람들은, 자기들이 위급
하게 되었다는 것과 군대가 포위되
었다는 것을 알고는, 저마다 굴이나
숲이나 바위틈이나 구덩이나 웅덩이
속으로 기어들어가 숨었다.
7 히브리 사람들 가운데서 더러는 요
단 강을 건너, 갓과 길르앗 지역으로
달아났다. ○사울은 그대로 길갈에
남아 있었고, 그를 따르는 군인들은
모두 떨고 있었다.
8 사울은 사무엘의 말대로 이레 동안
사무엘을 기다렸으나, 그는 길갈로
오지 않았다. 그러자 백성은 사울에
게서 떠나 흩어지기 시작하였다.
9 사울은 사람들을 시켜 번제물과 화
목제물을 가지고 오라고 한 다음에,
자신이 직접 번제를 올렸다.
10 사울이 막 번제를 올리고 나자, 사무
엘이 도착하였다. 사울이 나가 그를
맞으며 인사를 드리니,
11 사무엘이 꾸짖었다. "임금님이 어찌
하여 이런 일을 하셨습니까?" 사울
이 대답하였다. "백성은 나에게서
떠나 흩어지고, 제사장께서는 약속
한 날짜에 오시지도 않고, 블레셋
사람은 믹마스에 모여들고 있었습니
다.
12 이러다가는 제가 주님께 은혜를 구
하기도 전에, 블레셋 사람이 길갈로
내려와서 칠 것 같은 생각이 들어서,
할 수 없이 번제를 드렸습니다."
13 사무엘이 사울에게 말하였다. "해서
는 안 될 일을 하셨습니다. 주 하나
님이 명하신 것을 임금님이 지키지
않으셨습니다. 명령을 어기지 않으셨
더라면, 임금님과 임금님의 자손이
언제까지나 이스라엘을 다스리도록
주님께서 영원토록 굳게 세워 주셨
을 것입니다.
14 그러나 이제는 임금님의 왕조가 더
이상 계속되지 못할 것입니다. 주님
께서 임금님께 명하신 것을 임금님
이 지키지 않으셨기 때문에, 주님께
서는 달리 마음에 맞는 사람을 찾아
서, 그를, 당신의 백성을 다스릴 영도
자로 세우셨습니다."
15 ○사무엘이 일어나서 ㉠길갈을 떠나,
베냐민 땅의 기브아로 올라갔다. 사
울이 자기와 함께 있는 백성들을 세
어 보니, 약 육백 명쯤 되었다.
16 사울과 그의 아들 요나단은 자기들
과 함께 있는 백성들을 거느리고 베
냐민 땅 게바에 머물고 있었고, 블레
셋 군대는 믹마스에 진을 치고 있었
다.
17 블레셋 진영에서는 이미 특공대를
셋으로 나누어 습격하려고 출동하
였다. 한 부대는 수알 땅 오브라 쪽
으로 가고,

살렘의 북동쪽 약 11.2km에 위치한 베냐민 지파의 성읍이다. 산악 지역으로 군사 전략상의 요충지였다.

13:13 해서는 안 될 일을 하셨습니다 사울 왕의 행동(9,12절)에 대한 사무엘의 질책이다. 사울 왕은 백성의 동요를 막고 전쟁을 승리로 이끌기 위해 제사장 직분을 취하여 제사를 드렸다. 그는 초대 왕으로서 왕정 제도를 바로 확립하고 모범을 제시해야 했지만 망령된 행동을 한 것이다. 사울의 행동은 하나님의 통치를 거부하는 행위이다.

13:19 이스라엘 땅에는 대장장이가 한 명도 없었다 블레셋은 이스라엘의 저항을 철저히 근절시키기 위해 대장장이까지 없애 버렸다. 그래서 이스라엘은 철제 무기와 연장에 있어 블레셋에게 의존할 수밖에 없었다(20절).

㉠ 칠십인역에는 '길갈을 떠나 자기의 갈 길로 갔고, 나머지 백성들은 사울을 따라 군대에 합세하였고, 길갈을 떠나 베냐민 땅의 기브아로 올라갔다'

18 다른 한 부대는 벳호론 쪽으로 가
고, 나머지 한 부대는 스보임 골짜기
와 멀리 광야가 내려다보이는 경계
선 쪽으로 떠났다.
19 ○당시 이스라엘 땅에는 대장장이가
한 명도 없었다. 히브리 사람이 칼이
나 창을 만드는 것을, 블레셋 사람들
이 허용하지 않았기 때문이다.
20 이스라엘 사람들은 보습이나 곡괭
이나 도끼나 낫을 벼릴 일이 있으면,
블레셋 사람에게로 가야만 하였다.
21 보습이나 곡괭이를 벼리는 데는 ㉠삼
분의 이 세겔이 들었고, 도끼나 낫
을 가는 데는 ㉡삼분의 일 세겔이 들
었다.
22 그래서 전쟁이 일어났을 때에, 사울
과 요나단을 따라나선 모든 군인의
손에는 칼이나 창이 없었다. 오직
사울과 그의 아들 요나단의 손에만
그런 무기가 있었다.
23 ○블레셋 군대의 전초부대는 이미
믹마스 어귀에 나와 있었다.

블레셋을 습격한 요나단

14 하루는 사울의 아들 요나단이
자기의 무기를 든 젊은 병사에
게 말하였다. "우리가 저 건너편에
있는 블레셋 군대의 전초부대로 건
너가자." 그러나 요나단은 이 일을 자
기의 아버지에게는 알리지 않았다.
2 사울은 그 때에 기브아에서 그리 멀
지 않은, 미그론에 있는 석류나무 아
래에 머물러 있었다. 사울을 따라나
선 군인들은 그 수가 약 육백 명쯤
되었다.
3 (㉢아히야가 에봇을 입고 제사장 일
을 맡고 있었는데, 그의 아버지는 이
가봇의 형제인 아히둡이고, 할아버
지는 비느하스이고, 그 윗대는 실로
에서 주님을 모시던 제사장 엘리이
다.) 그들 가운데 아무도 요나단이
떠난 것을 알지 못하였다.
4 요나단이 블레셋 군대의 전초부대로
들어가려면 꼭 지나야 하는 길목이
있었는데, 거기에는 양쪽으로 험한
바위가 있었다. 한쪽 바위의 이름은
보세스이고, 다른 한쪽 바위의 이름
은 세네이다.
5 바위 하나는 북쪽에서 거대한 기둥
처럼 치솟아올라 믹마스를 바라보
고 있었고, 다른 하나는 남쪽에서
치솟아올라 게바를 바라보고 있었
다.
6 ○요나단이 무기를 든 젊은 병사에
게 말하였다. "저 할례받지 않은 이
방인의 전초부대로 건너가자. 주님
께서 도와 주시면 승리를 거둘 수도
있다. 주님께서 허락하시는 승리는
군대의 수가 많고 적음에 달려 있지
않다."
7 그의 무기를 든 병사가 대답하였다.

14장 요약 블레셋과의 전투가 이스라엘의 승리로 마감된다. 이 승리는 굳건한 신앙으로 무장했던 요나단의 용맹성에 힘입었지만, 결국 이스라엘을 높이시려는 하나님의 크신 은혜로 말미암은 것이다. 또한 요나단의 신앙적 용기와는 대조적으로 실수를 거듭하는 사울의 비신앙적인 모습이 폭로되고 있다.

14:1 아버지에게는 알리지 않았다 이 구절은 요나단이 오직 하나님만을 의지하고(6,8–10절) 아버지의 작전과는 상관없이 작전을 수행한 그의 신앙적 의지로 보인다. 이는 사울이 전쟁 초부터 불신앙적이었고(13:9,13), 하나님의 통치를 인정하고 대리적 왕권을 행사해야 함에도 그러지 않은 사실에서도 찾을 수 있다.

14:4 여기서는 적진의 상황과 지형을 그리고 있

㉠ 히, '2/3핌' 1/4온스 (약 8그램) ㉡ 히, '1/3핌' 1/8온스 (약 4그램) ㉢ '주님의 형제'

"무엇이든 하시고자 하는 대로 하십
시오. 무엇을 하시든지 그대로 따르
겠습니다."
8 요나단이 말하였다. "우리가 저 사람
들에게로 건너가서 그들에게 우리를
드러내 보이자.
9 그 때에 그들이 우리에게, 꼼짝 말고
서서 자기들이 올 때까지 기다리라
고 하면, 우리는 올라가지 않고 있던
그 자리에 그대로 선다.
10 그러나 그들이 우리를 자기들에게로
올라오라고 하면, 우리는 올라간다.
이것을, 주님께서 그들을 우리에게
넘겨 주셨다는 징조로 알자."
11 그 두 사람이 블레셋 사람의 전초부
대에게 자기들을 드러내 보이니, 블
레셋 군인들이 소리쳤다. "저기 보아
라! 히브리 사람들이 그 숨어 있는
굴에서 나온다."
12 전초부대의 군인들이 요나단과 그의
무기를 든 병사에게 소리쳤다. "이리
로 올라오너라. 너희에게 보여 줄 것
이 있다." 요나단이 자기의 무기를
든 병사를 돌아보며 말하였다. "너
는 나를 따라 올라오너라. 주님께서
그들을 이스라엘의 손에 넘겨 주셨
다."
13 요나단이 손과 발로 기어올라갔고,
그의 무기를 든 병사도 그 뒤를 따
라 올라갔다. 요나단이 블레셋 군인
들을 쳐서 쓰러뜨렸고, 그의 무기를
든 병사도 그 뒤를 따라가면서, 닥치
는 대로 쳐죽였다.
14 이렇게 요나단이 자기의 무기를 든
병사와 함께, 겨릿소 한 쌍이 반나절
에 갈아엎을 만한 들판에서, 처음으
로 쳐죽인 사람은 스무 명쯤 되었다.
15 이 때에 블레셋 군인들은, 진 안에
있는 군인들이나 싸움터에 있는 군
인들이나 전초부대의 군인들이나 특
공대의 군인들이나, 모두가 공포에
떨고 있었다. 땅마저 흔들렸다. 하나
님이 보내신 크나큰 공포가 그들을
휘감았다.

서로 쳐죽이는 블레셋 군인들

16 ○베냐민 지역의 기브아에서 망을
보는 사울의 파수꾼들이 건너다 보
니, 수많은 블레셋 군인들이 아우성
을 치며 이리저리 몰려다니고 있었
다.
17 그러자 사울이 자기와 함께 있는 군
인들에게 명령하였다. "우리 가운데
서 누가 빠져 나갔는지 조사하여 밝
혀 내어라!" 사람들이 조사하여 보
니, 요나단과 그의 무기를 드는 병사
가 없었다.
18 그러자 사울은 아히야에게 하나님
의 ㉠궤를 가지고 오라고 말하였다.
그 때에는 하나님의 궤가 이스라엘
자손과 함께 있었다.

다. 보세스는 반질반질하여 '미끄러움'이라는 뜻이며, 세네는 '뾰족한 것' 또는 '가시'라는 뜻이다. 이것은 그곳의 지형이 험난하다는 것을 뜻한다. 그러므로 이런 험난한 지세는 요나단과 블레셋 사이의 전쟁이 결코 요나단 일행의 전략이나 계략에 의한 것이 아님을 암시해 준다. 오히려 이스라엘에게 아주 불리한 형세라는 것을 보여 준다.

14:8-12 요나단은 블레셋과의 전쟁이 하나님의 전권에 달린 전쟁임을 알고, 자기 심복과 함께 징조(10절)를 구했다. 그는 자기의 행동을 하나님께서 알려 주시는 대로 확신있게 하기 위해 그것을 구했다.

14:15 하나님께서는 요나단의 믿음의 결행을 보시고(13-14절) 블레셋 군대를 두려움과 공포에 떨게 하시는 한편 그 땅도 흔들리게 하셨다. 그것은 하나님께서 이스라엘에게 구원을 주시려고 베

㉠ 칠십인역에는 '에봇'

19 사울이 제사장에게 말을 하고 있는
동안에, 블레셋 진영에서 일어난 아
우성 소리가 점점 더 크게 들려왔다.
그래서 사울은 제사장에게 궤를 가
지고 오지 말라고 하였다.
20 사울과 그를 따르는 온 백성이 함께
함성을 지르며 싸움터로 달려가 보
니, 블레셋 군인들이 칼을 뽑아들고
저희끼리 서로 정신없이 쳐죽이고
있었다.
21 블레셋 사람들 편을 들어 싸움터에
까지 나왔던 히브리 사람들도, 이제
는 돌이켜서 사울과 요나단이 지휘
하는 이스라엘 편이 되었다.
22 또 전에 에브라임 산간지방으로 들
어가 숨었던 이스라엘 사람들도, 블
레셋 사람들이 지고 달아난다는 소
식을 듣고, 모두 뛰어나와 블레셋 군
인들을 뒤쫓으며 싸웠다.
23 그 날 주님께서 이렇게 이스라엘을
구원하셨다.

사울의 맹세와 요나단의 실수

○전쟁은 벳아웬 너머에까지 번졌
다.
24 그 날 이스라엘 사람들은 허기에 지
쳐 있었다. 사울이 군인들에게 "내
가 오늘 저녁에 적군에게 원수를 갚
을 때까지, 아무것이라도 먹는 사람
은 누구든지 저주를 받을 것이다"
하고 맹세시켰기 때문에, 군인들이
모두 아무것도 먹지 못하였다.
25 ㉠거기에 있던 모든 군인들이 숲으로
들어갔다. 들녘의 땅바닥에는 꿀이
있었다.
26 군인들이 숲에 이르러서 보니, 벌집
에서 꿀이 흘러나오고 있었다. 군인
들은 맹세한 것이 두려웠기 때문에
아무도 그것을 손가락으로 찍어다
입에 대지 않았다.
27 그러나 요나단은 자기의 아버지가
군인들에게 그런 맹세를 시킬 때에
듣지 못하였으므로, 손에 들고 있던
막대기를 내밀어 그 끝으로 벌집에
든 꿀을 찍어서 빨아먹었다. 그러자
그는 눈이 번쩍 뜨이고 생기가 넘쳤
다.
28 그 때에 군인들 가운데 어떤 사람이
나서서, 그에게 알려 주었다. "임금님
이 누구든지 오늘 무엇을 먹는 사람
은 저주를 받을 것이라고 하시면서,
모든 군인들에게 철저히 금식하도록
맹세를 시키셨습니다. 그래서 군인
들이 이렇게 지쳐 있습니다."
29 그러자 요나단이 탄식하였다. "나의
아버지께서 이 나라를 어렵게 만드
셨구나. 생각하여 보아라. 이 꿀을
조금 찍어서 맛만 보았는데도 눈이
번쩍 뜨이고 생기가 넘치는데,
30 오늘 우리 군인들이 적에게서 빼앗
은 것을 먹고 싶은 대로 먹었더라면,

푸신 신적 간섭이었다. 이런 간섭은 다른 곳에도 나타난다(7:10;수 10:11-14;시 77:18).

14:24-46 저자는 하나님께서 주신 승리를 기록하면서 왕으로서 적절하지 못했던 사울의 행동을 주목한다. 전투가 있기 전에 사울이 내린 어리석은 맹세(24절)는, 승리에 기여하기보다는 요나단이 "나의 아버지께서 이 나라를 어렵게 만드셨구나"(29절)라고 한 것처럼 오히려 군대를 고통 가운데 몰아넣었다. 나중에 사울은 하나님의 거절로 블레셋을 추격하지 못하여 전투 성과가 그에게 불리하게 되자(37절), 그가 맹세한 저주를 구실 삼아 요나단을 죽이려고 했다. 모든 사람이 인정하는 대로(45절) 요나단은 큰 공로를 세웠음에도 불구하고 처형당할 위기에 처하게 된 것이다. 점점 싹트기 시작한 사울의 이기주의는 이스라엘을 위협하는 아주 소모적인 열정으로 변해 가고 있었다. 사실상 사울은 하나님과 자기 백성을 위

㉠ 또는 '그 땅의 모든 백성이'

얼마나 더 좋았겠느냐? 그랬더라면
블레셋 사람들을 더 많이 죽이지 않
았겠느냐?"
31 ○이스라엘 군인들은 바로 그 날, 믹
마스에서 아얄론까지 쫓아가며 블
레셋 사람들을 쳐죽였으므로 몹시
지쳐 있었다.
32 그래서 군인들은 약탈하여 온 것에
달려들어, 그 가운데서 양과 소와
송아지를 마구 끌어다가, 땅바닥에
서 잡고, 피째로 고기를 먹었다.
33 사람들이 이 사실을 사울에게 알렸
다. "보십시오, 백성들이 피째로 고
기를 먹어, 주님께 죄를 지었습니다."
사울이 말하였다. "당신들은 하나님
을 배신하였소! 큰 돌 하나를 여기
나 있는 곳으로 굴려 오시오!"
34 사울이 또 지시하였다. "당신들은
백성에게 두루 다니며 알리시오. 이
제부터는 누구든지, 소나 양을 내게
로 끌고 와서, 이 돌 위에서 잡아서
먹도록 하고, 고기를 피째로 먹어서
주님께 범죄하지 않도록 하라고 이
르시오." 그 날 밤에 백성들은 제각
기 자기들이 차지한 소를 끌어다가
거기에서 잡았다.
35 그리하여 사울이 주님께 제단을 하
나 쌓았는데, 이것이 그가 주님께 쌓
은 첫 제단이었다.
36 ○사울이 말하였다. "우리가 이 밤에
블레셋 군대를 쫓아 내려가서 동이
틀 때까지 그들을 약탈하고, 한 사람
도 남김없이 모조리 죽이도록 합시
다." 그들이 대답하였다. "임금님이
좋으시다면, 그대로 하시기 바랍니
다." 그러자 제사장이 사울에게 말
하였다. "우리가 먼저 하나님께 나아
가 여쭈어 보아야 합니다."
37 그래서 사울이 하나님께 여쭈었다.
"내가 블레셋 사람을 뒤쫓아 내려가
도 되겠습니까? 주님께서 그들을 우
리 이스라엘의 손에 넘겨 주시겠습
니까?" 그러나 하나님은 그 날 사울
에게 아무 대답도 하지 않으셨다.
38 그러자 사울이 이렇게 말하였다. "주
님께서 우리에게 응답하지 않으시
니, 군지휘관은 모두 앞으로 나오시
오. 오늘 이 허물이 누구에게 있는
지 알아보겠소.
39 이스라엘을 구원하신 주님의 살아
계심을 두고 맹세합니다. 허물이 나
의 아들 요나단에게 있다고 하더라
도, 그는 반드시 죽을 것입니다." 그
러나 군인들 가운데 어느 한 사람도
감히 그에게 대답하는 사람이 없었
다.
40 사울은 온 이스라엘 군인에게 계속
해서 말하였다. "귀관들은 모두 이
쪽에 서시오. 나와 나의 아들 요나
단은 저쪽에 서겠소." 군인들이 모두

해 봉사하는 하나님의 대리 통치자로서가 아니라 열방의 왕처럼 행동했다.

14:24 내가…적군에게 원수를 갚을 사울은 블레셋 사람과의 싸움을 하나님의 영광과 그의 백성의 안전을 위한 전투로 생각하지 않고 도리어 개인적인 복수로 인식하고 있다(참조. 15:12).

14:25 꿀 팔레스타인 지방에는 야생 벌들이 많은데, 이 벌들은 바위틈이나 나무 줄기의 빈구멍에 꿀을 저장하였다. 본문의 경우에는 나무가 넘어졌거나 또는 꿀이 너무 많이 저장된 탓에 넘쳐서 땅에 흘렀다고 추측하기도 하고, 야생 땅벌들이 있었다고 주장하기도 한다.

14:35 쌓은 첫 제단 이스라엘 족장들은 가는 곳마다 제단을 쌓았는데 사울 자신은 신앙적인 문제에 관심이 별로 없었음을 보여 준다. 오직 그의 관심은 전쟁에서 승리하는 것이었다.

14:45 큰 승리를 안겨 준 요나단을 죽여서야 되겠습니까? 요나단은 맹세를 어긴 죄로, 재판권을 가

사울에게 "임금님이 좋으시다면 그
대로 하시기 바랍니다" 하고 대답하
였다.
41 사울이 주 이스라엘의 하나님께 아
뢰었다. ㉠"오늘 저에게 응답하지 않
으시니, 웬일이십니까? 주 이스라엘
의 하나님, 그 허물이 저에게나 저의
자식 요나단에게 있다면 우림이 나
오게 하시고, 그 허물이 주님의 백성
이스라엘에게 있다면 둠밈이 나오게
하십시오." 그러자 요나단과 사울이
걸리고, 백성들의 혐의는 벗겨졌다.
42 사울이 말하였다. "제비를 뽑아서,
나와 나의 아들 요나단 가운데서 누
가 죄인인지를 가려 내시오." 그러자
요나단이 걸렸다.
43 ○사울이 요나단에게 물었다. "네가
무슨 일을 하였는지 나에게 말하여
라!" 요나단이 그에게 대답하였다.
"손에 들고 있던 막대기 끝으로 꿀
을 찍어서 조금 맛보았습니다. 죽을
각오를 하고 있습니다."
44 사울이 선언하였다. "요나단, 너는
죽음을 피할 수 없다. 내가 너를 처
형하지 않는다면, 하나님이 나에게
천벌을 내리시고 또 내리실 것이다."
45 이 때에 온 백성이 사울에게 호소하
였다. "이스라엘에게 이렇게 큰 승리
를 안겨 준 요나단을 죽여서야 되겠
습니까? 절대로 그럴 수는 없습니
다! 주님께서 살아 계심을 걸고 맹세
합니다. 그의 머리털 하나도 땅에 떨
어져서는 안 됩니다. 그는 오늘 하나
님과 함께 이 일을 이루어 놓은 사
람이기 때문입니다." 백성들이 이렇
게 요나단을 살려 내어, 그는 죽지
않았다.
46 사울은 블레셋 사람을 더 이상 뒤쫓
지 않고 돌아섰고, 블레셋 사람도 자
기들의 본 고장으로 돌아갔다.

사울의 업적과 그의 집안

47 ○사울은 이스라엘을 다스릴 왕권
을 얻은 다음부터, 사방에 있는 원
수들과 전쟁을 하였다. 그는 모압과
암몬 자손과 에돔과 소바 왕들과 블
레셋 사람들과 맞서 싸웠는데, 어느
쪽으로 가서 싸우든지 ㉡늘 이겼다.
48 그는 아말렉까지 쳐서 용맹을 떨쳤
다. 이렇게 그는 침략자들에게서 이
스라엘을 건져 내었다.
49 ○사울에게는, 요나단과 리스위와
말기수아라는 아들이 있었다. 딸도
둘이 있었는데, 큰 딸의 이름은 메랍
이고 작은 딸의 이름은 미갈이다.
50 사울의 아내의 이름은 아히노암인
데, 아히마아스의 딸이다. 사울의 군
사령관은 아브넬인데, 사울의 숙부
넬의 아들이다.
51 사울의 아버지는 기스요, 아브넬의
아버지는 넬인데, 둘 다 아비엘의 아

진 사울 왕의 재판 집행으로 인하여 죽음을 면치 못하게 되었다. 그러나 온 백성의 탄원으로 요나단은 목숨을 건지게 되었다. 백성들은 요나단이 이스라엘의 적을 크게 물리치고 큰 승리를 안겨 준 근거를 들어 요나단을 옹호하고 있다. 이러한 승리는 하나님께서 함께 역사하심을 의미한다.

14:47-48 사울이 전쟁에서 승리한 것을 간략히 요약한다. 동으로는 모압과 암몬 자손을, 남으로는 에돔과 아말렉 사람을, 서로는 블레셋 사람을, 북으로는 소바를 쳐서 이겼다.

14:49-51 사울의 계보의 언급은 사울 당대의 이스라엘 역사를 요약해서 말하는 것이다. 한 인물을 중심으로 역사를 요약한 기사의 등장은 이스라엘 역사에 있어서 어떤 전환점, 또는 새로운 사건의 도래를 의미한다.

㉠ 칠십인역과 불가타를 따름. 마소라 본문에는 '저에게 둠밈을 보여주십시오' ㉡ 칠십인역을 따름. 히브리어 본문에는 '그들에게 형벌을 과하였다'

들이다.
52 ○사울은 일생 동안 블레셋 사람과
치열하게 싸웠다. 그래서 사울은, 용
감한 사람이나 힘 센 사람은, 눈에 보
이는 대로 자기에게로 불러 들였다.

아말렉과의 전쟁

15 사무엘이 사울에게 말하였다.
"주님께서 나를 보내셔서, 임금
님에게 기름을 부어, 주님의 백성 이
스라엘을 다스릴 왕으로 세우게 하
셨습니다. 이제 주님께서 하시는 말
씀을 들으시기 바랍니다.
2 ○'만군의 주가 말한다. 이스라엘이
이집트에서 나올 때에, 아말렉이 이
스라엘에게 한 일 곧 길을 막고 대적
한 일 때문에 아말렉을 벌하겠다.
3 너는 이제 가서 아말렉을 쳐라. 그들
에게 딸린 것은 모두 전멸시켜라. 사
정을 보아 주어서는 안 된다. 남자와
여자, 어린아이와 젖먹이, 소 떼와 양
떼, 낙타와 나귀 등 무엇이든 가릴
것 없이 죽여라.'"
4 ○사울이 백성을 불러모으고 들라
임에서 그 수를 헤아려 보니, 보병이
이십만 명이었다. 유다에서 온 사람
도 만 명이나 되었다.
5 사울은 아말렉 성읍에 이르러서, 물
마른 개울에 군인들을 매복시켰다.
6 사울이 겐 사람들에게 경고하였다.
"당신들은 어서 거기에서 떠나시오.
내가 아말렉 사람들을 칠 때에, 당
신들을 함께 치지 않도록, 그들 가운
데서 떠나시오. 당신들은 이스라엘
자손이 이집트에서 올라올 때에, 그
들에게 친절을 베푼 사람들이오." 그
러자 겐 사람들이 아말렉 사람들
가운데서 빠져 나갔다.
7 ○그런 다음에 사울은, 하윌라에서
부터 이집트의 동쪽에 있는 수르 지
역에 이르기까지, 아말렉 사람을 쳤
다.
8 아말렉 왕 아각은 사로잡았고, 나머
지 백성은 모조리 칼로 쳐서 없애 버
렸다.
9 그러나 사울과 그의 군대는, 아각뿐
만 아니라, 양 떼와 소 떼 가운데서
도 가장 좋은 것들과 가장 기름진
짐승들과 어린 양들과 좋은 것들은,
무엇이든지 모두 아깝게 여겨 진멸
하지 않고, 다만 쓸모없고 값없는 것
들만 골라서 진멸하였다.

주님께서 사울을 버리시다

10 ○주님께서 사무엘에게 말씀하셨다.
11 "사울을 왕으로 세운 것이 후회된다.
그가 나에게서 등을 돌리고, 나의
명령을 따르지 않는다." 그래서 사무
엘은 괴로운 마음으로 밤새도록 주
님께 부르짖었다.
12 사무엘은 사울을 만나려고 아침에
일찍 일어났다. 누군가가, 사울이 갈

15장 요약 사울이 불순종의 길을 걸음으로 인해 왕권을 박탈당하리라는 예언을 듣게 된다. 그는 아말렉을 진멸하라는 하나님의 명령을 어기고 탐심을 채울 생각으로 아말렉의 살찐 가축들을 남겼다가 하나님의 심판 선고를 들었다.

15:2-3 사무엘을 통하여 사울에게 주신 이 명령은 아말렉을 향하여 하신 하나님의 맹세와 밀접한 관계가 있다(출 17:16). 아말렉은 이집트를 탈출하여 가나안으로 진입하려 하는 이스라엘 백성을 공격한 첫 이방 나라였다(출 17:8-13). 이스라엘은 하나님의 능력을 힘입어 아말렉을 쳐서 크게 승리했고, 또한 "주님께서 대대로 아말렉과 싸우실 것이다"(출 17:16)라는 말씀을 받게 된다. 그러므로 사울은 침략 전쟁과는 다른 '거룩한 전쟁'에 참여하게 된다. 하나님의 명령에 따라 그를 대신하여 심판을 수행하는 거룩한 전쟁이었다.

멜로 가서 승전비를 세우고 나서, 거
기에서 떠나 계속 행진하여 길갈로
내려갔다고 전해 주었다.
13 ○사무엘이 사울이 있는 곳에 이르
니, 사울이 그를 보고 인사를 하며
말하였다. "주님께서 주시는 복을 받
으시기 바랍니다. 나는 주님의 명령
대로 다 하였습니다."
14 그러자 사무엘이 물었다. "나의 귀에
들리는 이 양 떼의 소리와 내가 듣
는 소 떼의 소리는 무엇입니까?"
15 사울이 대답하였다. "그것은 아말렉
사람에게서 빼앗은 것입니다. 우리
군인들이 예언자께서 섬기시는 주
하나님께 제물로 바치려고, 양 떼와
소 떼 가운데서 가장 좋은 것들을
남겼다가 끌어왔습니다. 그러나 나
머지 것들은 우리가 진멸하였습니
다."
16 사무엘이 사울을 꾸짖었다. "그만두
십시오! 지난 밤에 주님께서 나에게
말씀하신 것을 내가 알려 드리겠습
니다." 사울이 대답하였다. "말씀하
십시오."
17 사무엘이 말하였다. "임금님이 스스
로를 하찮은 사람이라고 생각하시
던 그 무렵에, 주님께서 임금님께 기
름을 부어 이스라엘의 왕으로 세우
셨습니다. 그래서 임금님이 이스라
엘 모든 지파의 어른이 되신 것이 아
닙니까?
18 주님께서는 임금님을 전쟁터로 내보
내시면서, 저 못된 아말렉 사람들을
진멸하고, 그들을 진멸할 때까지 그
들과 싸우라고 하셨습니다.
19 그런데 어찌하여 주님께 순종하지
아니하고, 약탈하는 데만 마음을 쏟
으면서, 주님께서 보시는 앞에서 악
한 일을 하셨습니까?"
20 사울이 사무엘에게 대답하였다. "나
는 주님께 순종하였습니다. 주님께
서 보내시는 대로 전쟁터로 나갔고,
아말렉 왕 아각도 잡아왔고, 아말렉
사람도 진멸하였습니다.
21 다만 우리 군인들이 전리품 가운데
서 양 떼와 소 떼는 죽이지 않고 길
갈로 끌어왔습니다. 그러나 그것은
예언자께서 섬기시는 주 하나님께
제물로 바치려고, 진멸할 짐승들 가
운데서 가장 좋은 것으로 골라온 것
입니다."
22 사무엘이 나무랐다.
"주님께서 어느 것을 더 좋아하시
겠습니까? 주님의 말씀에 순종하
는 것이겠습니까? 아니면, 번제나
화목제를 드리는 것이겠습니까?
잘 들으십시오. 순종이 제사보다
낫고, 말씀을 따르는 것이 숫양의
기름보다 낫습니다.
23 거역하는 것은 점을 치는 죄와 같

전쟁의 승리는 하나님의 것이므로 군대의 물질적 이득과 상관없이 모든 것을 철저히 진멸해야 했다. 그러나 사울은 하나님의 대리 통치자로서의 소임을 망각하고 그 명령을 소홀히 생각하여 아말렉을 진멸시키지 않았다(8–9절).

15:7 하윌라에서부터 이집트의 동쪽에 있는 수르 지역에 이르기까지 하윌라는 아라비아 북서쪽에 위치하고 수르는 이집트의 동쪽 변방에 위치한다. 아말렉이 점유하고 있던 팔레스타인 남부 동쪽 끝에서 서쪽 끝까지를 가리킨다.

15:11 사울을…후회된다…주님께 부르짖었다 (히) '나캄'은 '후회하다', '회개하다', '유감으로 생각하다'라는 뜻이다. 여기에서는 하나님께서 사울의 반역 행위에 대하여 분노와 슬픔을 표현하신 것이다. 사울에 대한 하나님의 이런 표현은, 사울을 왕으로 요구한 이스라엘 백성 전체에 대한 하나님의 진노를 의미한다.

15:22 순종이 제사보다 낫고 순종이 결여된 제사

고, 고집을 부리는 것은 우상을
섬기는 죄와 같습니다. 임금님이
주님의 말씀을 버리셨기 때문에,
주님께서도 임금님을 버려 왕이
되지 못하게 하셨습니다."
24 ○사울이 사무엘에게 간청하였다.
"내가 죄를 지었습니다. 주님의 명령
과 예언자께서 하신 말씀을 어겼습
니다. 내가 군인들을 두려워하여, 그
들이 하자는 대로 하였습니다.
25 제발 나의 죄를 용서해 주시고, 나와
함께 가셔서, 내가 주님께 경배할 수
있도록 해주시기 바랍니다."
26 사무엘이 사울에게 대답하였다. "나
는 함께 돌아가지 않겠습니다. 임금
님께서 주님의 말씀을 버리셨기 때
문에, 주님께서도 이미 임금님을 버
리셔서, 임금님이 더 이상 이스라엘
을 다스리는 왕으로 있을 수 없도록
하셨습니다."
27 ○사무엘이 거기서 떠나려고 돌아설
때에, 사울이 그의 겉옷자락을 붙잡
으니, 옷자락이 찢어졌다.
28 사무엘이 그에게 말하였다. "주님께
서 오늘 이스라엘 나라를 이 옷자락
처럼 찢어서 임금님에게서 빼앗아,
임금님보다 더 나은 다른 사람에게
주셨습니다.
29 이스라엘의 영광이신 하나님은 거짓
말도 안 하시거니와, 뜻을 바꾸지도
않으십니다. 하나님은 사람이 아니
십니다. 그러므로 하나님은 뜻을 바
꾸지 않으십니다."
30 사울이 간청하였다. "내가 죄를 지었
습니다. 그러나 나의 백성 이스라엘
과 백성의 장로들 앞에서, 제발 나의
체면을 세워 주시기 바랍니다. 나와
함께 가셔서, 내가, 예언자께서 섬기
시는 주 하나님께 경배할 수 있도록
하여 주십시오."
31 사무엘이 사울을 따라 돌아가니, 사
울이 주님께 경배를 드렸다.

사무엘이 아각을 처형하다

32 ○사무엘이 아말렉의 아각 왕을 끌
어내라고 명령하였다. 아각은 ㉠행여
죽을 고비를 넘겼나 싶어 좋아하면
서 사무엘 앞에 나왔다.
33 ○사무엘이 말하였다.
"당신의 칼에 뭇 여인이 자식을
잃었으니 당신의 어머니도 뭇 여
인과 같이 자식을 잃을 것이오."
사무엘은 길갈 성소의 주님 앞에서
아각을 칼로 난도질하여 죽였다.
34 ○그런 다음에 사무엘은 라마로 돌
아갔고, 사울은 사울기브아에 있는
자기 집으로 올라갔다.

다윗이 왕이 되다

35 ○그 다음부터 사무엘은, 사울 때문
에 마음이 상하여, 죽는 날까지 다
시는 사울을 만나지 않았고, 주님께

는 무의미하다. 왜냐하면 제사의 본질적인 의미가 하나님께 향한 자기 헌신을 포함하고 있기 때문이다. 합당한 제사는 먼저 순종하는 삶이 선행되어야 하는 것이다.

15:24 군인들을 두려워하여 사울만의 단독 범죄가 아니고 이스라엘 백성 전체가 관련된 공동 범죄임을 보여 준다. 그럴지라도 이스라엘 전체에 대한 사울 왕의 책임이 모면되지 않는다. 사울의 핑계일 뿐 아니라 엄연한 사실이기도 하다.

15:30 사울은 그에게 있어서 마지막 가능성인 회개까지도 이기적인 목적으로 이용했다. 그에게는 아직도 하나님을 경배하는 합당한 자세가 갖춰지지 않았다. 평소에 하나님께 깊이 순종하고 따르는 삶이 아니면 자기 생명을 좌우하는 위기에서도 정확한 판단과 처신을 할 수 없다. 사울은 자기에게 주어진 회개의 유일한 기회마저도 이기적인 자기 정당화에 급급하고 만 것이다.

㉠ 사해 사본과 칠십인역에는 '이제는 죽었구나 하고 주저하면서'

서도 사울을 이스라엘의 왕으로 세
우신 것을 후회하셨다.

16

1 주님께서 사무엘에게 말씀
하셨다. "사울이 다시는 이스
라엘을 다스리지 못하도록, 내가 이
미 그를 버렸는데, 너는 언제까지 사
울 때문에 괴로워할 것이냐? 너는
어서 뿔병에 기름을 채워 가지고 길
을 떠나, 베들레헴 사람 이새에게로
가거라. 내가 이미 그의 아들 가운데
서 왕이 될 사람을 한 명 골라 놓았
다."
2 사무엘이 여쭈었다. "내가 어떻게 길
을 떠날 수 있겠습니까? 사울이 이
소식을 들으면, 나를 죽일 것입니다."
주님께서 대답하셨다. "너는 암송아
지를 한 마리 끌고 가서, 주님께 희
생제물을 바치러 왔다고 말하여라.
3 그리고 이새를 제사에 초청하여라.
그 다음에 해야 할 일은, 내가 거기
에서 너에게 일러주겠다. 너는 내가
거기에서 일러주는 사람에게 기름
을 부어라."
4 사무엘이 주님께서 시키신 대로 하
여 베들레헴에 이르니, 그 성읍의 장
로들이 떨면서 나와 맞으며 물었다.
"좋은 일로 오시는 겁니까?"
5 사무엘이 대답하였다. "그렇소. 좋은
일이오. 나는 주님께 희생제물을 바
치러 왔소. 여러분은 몸을 성결하게
한 뒤에, 나와 함께 제사를 드리러
갑시다." 그런 다음에 사무엘은, 이새
와 그의 아들들만은, 자기가 직접 성
결하게 한 뒤에 제사에 초청하였다.
6 ○그들이 왔을 때에 사무엘은 엘리
압을 보고, 속으로 '주님께서 기름부
어 세우시려는 사람이 정말 주님 앞
에 나와 섰구나' 하고 생각하였다.
7 그러나 주님께서 사무엘에게 이르셨
다. "너는 그의 준수한 겉모습과 큰
키만을 보아서는 안 된다. 그는 내가
세운 사람이 아니다. 나는 사람이
판단하는 것처럼 그렇게 판단하지는
않는다. 사람은 겉모습만을 따라 판
단하지만, 나 주는 중심을 본다."
8 다음으로 이새가 아비나답을 불러,
사무엘 앞으로 지나가게 하였다. 그
러나 사무엘은 이 아들도 주님께서
뽑으신 사람이 아니라고 하였다.
9 이번에는 이새가 삼마를 지나가게
하였으나, 사무엘은 이 아들도 주님
께서 뽑으신 사람이 아니라고 하였
다.
10 이런 식으로 이새가 자기 아들 일곱
을 모두 사무엘 앞으로 지나가게 하
였으나, 사무엘은 이새에게 "주님께
서는 이 아들들 가운데 어느 하나도
뽑지 않으셨소" 하고 말하였다.
11 ○사무엘이 이새에게 "아들들이 다
온 겁니까?" 하고 물으니, 이새가 대

16장 요약 다윗은 '겉모습만을 따라 판단하지 않고 중심을 보시는'(7절) 하나님이 택하신 인물로, 장차 이스라엘 통일 왕국의 기틀을 확립한다. 본장 후반부(14–23절)는 하나님의 영이 떠나심으로 악한 영에 시달리는 사울과 하나님의 영에 충만한 다윗의 모습이 대조된다. 한편 다윗은 사울 앞에 발탁되어 왕궁으로 들어간다.

16:1–23 사무엘기서 저자는 바로 앞에서(15장) 사울이 하나님께 거절당한 사건에 대해 기록하나, 여기서는 다윗이 왕으로 기름 부음 받은 사실과 사울 왕궁에서의 그의 활동에 대해 기록한다. 이 대비를 통해 왕조에 대한 하나님의 뜻이 다윗가(家)로 향하는 것을 보여 준다.

16:7 나 주는 중심을 본다 이는 하나님의 관점이 사람의 관점과 다르다는 것을 의미한다. **중심**은 원어상 '마음'을 뜻하며, 자기 인생의 모든 것을

답하였다. "막내가 남아 있기는 합
니다만, 지금 양 떼를 치러 나가고
없습니다." 사무엘이 이새에게 말하
였다. "어서 사람을 보내어 데려오시
오. 그가 이 곳에 오기 전에는 ㉠ 제
물을 바치지 않겠소."
12 그래서 이새가 사람을 보내어 막내
아들을 데려왔다. 그는 눈이 아름답
고 외모도 준수한 홍안의 소년이었
다. 주님께서 말씀하셨다. "바로 이
사람이다. 어서 그에게 기름을 부어
라!"
13 사무엘이 기름이 담긴 뿔병을 들고,
그의 형들이 둘러선 가운데서 다윗
에게 기름을 부었다. 그러자 주님의
영이 그 날부터 계속 다윗을 감동시
켰다. 사무엘은 거기에서 떠나, 라마
로 돌아갔다.

사울을 섬기게 된 다윗

14 ○사울에게서는 주님의 영이 떠났
고, 그 대신에 주님께서 보내신 악한
영이 사울을 괴롭혔다.
15 신하들이 사울에게 아뢰었다. "임금
님, 하나님이 보내신 악한 영이 지금
임금님을 괴롭히고 있습니다.
16 임금님은 신하들에게, 수금을 잘 타
는 사람을 하나 구하라고, 분부를
내려 주시기 바랍니다. 하나님이 보
내신 악한 영이 임금님께 덮칠 때마
다, 그가 손으로 수금을 타면, 임금
님이 나으실 것입니다."
17 사울이 신하들에게 명령을 내렸다.
"그러면 수금을 잘 타는 사람을 찾아
보고, 있으면 나에게로 데려오너라."
18 젊은 신하 가운데 한 사람이 대답하
였다. "제가 베들레헴 사람 이새에게
그런 아들이 있는 것을 보았습니다.
그는 수금을 잘 탈 뿐만 아니라, 용
사이며, 용감한 군인이며, 말도 잘하
고, 외모도 좋은 사람인데다가, 주님
께서 그와 함께 계십니다."
19 그러자 사울이 이새에게 심부름꾼
들을 보내어, 양 떼를 치고 있는 그
의 아들 다윗을 자기에게 보내라고
명령하였다.
20 이새는 곧 나귀 한 마리에, 빵과 가
죽부대에 담은 포도주 한 자루와 염
소 새끼 한 마리를 실어서, 자기 아
들 다윗을 시켜 사울에게 보냈다.
21 그리하여 다윗은 사울에게 와서, 그
를 섬기게 되었다. 사울은 다윗을 매
우 사랑하였으며, 마침내 그를 자기
의 무기를 들고 다니는 사람으로 삼
았다.
22 사울은 이새에게 사람을 보내어 일
렀다. "다윗이 나의 마음에 꼭 드니,
나의 시중을 들게 하겠다."
23 그리하여 하나님이 보내신 악한 영
이 사울에게 내리면, 다윗이 수금을
들고 와서 손으로 탔고, 그 때마다

판단·결정하는 자리를 가리킨다. 겉모습은 사람의 눈으로 보는 판단을 뜻한다. 하나님의 사람은 인간의 객관적인 판단에 출중해 보이는 자가 아니라 하나님의 감동으로 마음, 곧 전 생애의 중심 사상이 하나님 편에 속한 사람을 가리킨다.

16:14 사울에게서는…악한 영이 사울을 괴롭혔다 주님의 영이 사울을 떠난 사실은 그의 왕권 또한 실제적으로 상실했음을 의미한다. 그는 악한 영으로 말미암아 고통을 당한다. 그 고통은 보이지 않는 악의 세력에 의해 당하는 고통이요, 하나님의 심판이었다.

16:18 다윗이 수금을 들고 와서 손으로 탔고 사울에게 다윗을 처음으로 소개하는 장면이다. 완고하고 무지한 가운데 고통을 당하는 사울의 모습은 이스라엘 백성의 영적 상태를 그대로 보여 준다. 또한 이러한 사울의 고통을 치유해준 다윗의 역할은 온 이스라엘에 대한 다윗의 사역을 상징한다.

㉠ 몇몇 칠십인역 사본에는 '앉지 않겠소'

사울에게 내린 악한 영이 떠났고,
사울은 제정신이 들었다.

골리앗이 이스라엘에 도전하다

17 블레셋 사람들이 또 전쟁을 일
으키려고 군인을 모두 모아, 유
다의 소고에 집결시키고, 소고와 아
세가 사이에 있는 에베스담밈에 진
을 쳤다.
2 사울도 이스라엘 군인들을 집결시켜
엘라 평지에 진을 친 뒤에, 블레셋
군인들과 맞서서 싸울 전열을 갖추
었다.
3 그리하여 블레셋과 이스라엘이 골짜
기를 사이에 두고, 이쪽 저쪽 산 위
에서 맞서서 버티고 있었다.
4 블레셋 진에서 가드 사람 골리앗이
라는 장수가 싸움을 걸려고 나섰다.
그는 키가 ㉠여섯 규빗 하고도 한 뼘
이나 더 되었다.
5 머리에는 놋으로 만든 투구를 쓰고,
몸에는 비늘 갑옷을 입었는데, 그 갑
옷의 무게는 놋 오천 세겔이나 되었
다.
6 다리에는 놋으로 만든 각반을 차고,
어깨에는 놋으로 만든 창을 메고 있
었다.
7 그의 창자루는 베틀의 용두머리만
큼 굵었고, 그 창날의 무게는 쇠 육
백 세겔이나 되었다. 그의 앞에서는
방패를 든 사람이 걸어 나왔다.
8 ○골리앗이 나와서, 이스라엘 전선
을 마주 보고 고함을 질렀다. "너희
는 어쩌자고 나와서 전열을 갖추었
느냐? 나는 블레셋 사람이고, 너희
는 사울의 종들이 아니냐? 너희는
내 앞에 나설 만한 사람을 하나 뽑
아서 나에게 보내어라.
9 그가 나를 쳐죽여 이기면, 우리가 너
희의 종이 되겠다. 그러나 내가 그를
쳐죽여 이기면, 너희가 우리의 종이
되어서 우리를 섬겨야 한다."
10 이 블레셋 사람이 다시 고함을 질렀
다. "내가 오늘 이스라엘 군대를 이
처럼 모욕하였으니, 너희는 어서 나
에게 한 사람을 내보내어 나하고 맞
붙어 싸우게 하여라."
11 사울과 온 이스라엘은 그 블레셋 사
람이 하는 말을 듣고, 몹시 놀라서
떨기만 하였다.

사울의 진에 나타난 다윗

12 ○다윗은 유다 땅 베들레헴에 있는
에브랏 사람 이새의 아들이다. 이새
에게는 모두 아들이 여덟 명 있었는
데, 사울이 다스릴 무렵에, 이새는
이미 나이가 매우 많은 노인이었다.
13 이새의 큰 아들 셋은 사울을 따라
싸움터에 나가 있었다. 군대에 가 있
는 그 세 아들의 이름은, 맏아들이
엘리압이요, 둘째가 아비나답이요,
셋째가 삼마였다.

17장 요약 다윗은 블레셋의 거인 골리앗을 쓰러뜨림으로써 일약 이스라엘의 영웅으로 부상하였다. 다윗이 골리앗에 맞서 싸웠던 것은, 하나님이 함께하시는 한 어떤 대적도 물리칠 수 있다는 믿음 때문이었다.

17:1–54 공포와 겁에 질렸던 이스라엘은 다윗으로 말미암아 블레셋과의 전쟁에서 대승한다. 하나님께서는 기름 부어 세운 다윗을 사울의 뒤를 이을 왕으로 인식시키려고 백성들 앞에서 도구로 쓰셨다. 그런 도구로 쓰임은 하나님에 대한 믿음과 사랑, 그리고 백성에 대한 깊은 애정에서 비롯된 것이다(26,36–37,45–47절).

17:10 이스라엘 군대를 이처럼 모욕하였으니 당시 고대 근동 지방에서 민족 간의 전쟁은 자기 민족이 섬기는 신들의 전쟁이라고 인식했다. 전쟁의 승패가 신의 강세 여부에 따라 결정되는 것이었

㉠ 약 3미터. 사해 사본과 칠십인역에는 '네 규빗'

14 다윗은 여덟 형제 가운데서 막내였
다. 위로 큰 형들 셋만 사울을 따라
싸움터에 나가 있었고,
15 다윗은 사울이 있는 곳과 베들레헴
사이를 오가며, 아버지의 양 떼를 치
고 있었다.
16 ○그 블레셋 사람은 아침 저녁으로
가까이 나아와서, 계속 싸움을 걸어
왔고, 그런 지가 벌써 사십 일이나
되었다.
17 ○이 때에 이새가 자기 아들 다윗에
게 일렀다. "여기에 있는 볶은 곡식
한 에바와 빵 열 덩어리를 너의 형들
에게 가져다 주어라. 너는 그것을 가
지고 빨리 진으로 가서, 너의 형들에
게 주어라.
18 그리고 이 치즈 열 덩이는 부대장에
게 갖다 드리고, 너의 형들의 안부를
물은 뒤에, 형들이 잘 있다는 증거물
을 가지고 오너라."
19 그 무렵 사울은, 다윗의 형들을 비
롯하여 이스라엘 군인을 모두 거느
리고, 엘라 평지에서 블레셋 사람과
싸우고 있었다.
20 ○다음날 아침에 다윗은 일찍 일어
나서, 양 떼를 다른 양치기에게 맡기
고, 아버지 이새가 시킨 대로 짐을
가지고 길을 떠났다. 그가 진영에 이
르렀을 때에, 군인들은 마침 전선으
로 나아가면서, 전투 개시의 함성을
올리고,
21 이스라엘과 블레셋 군인이 전열을
지어 서로 맞서 있었다.
22 다윗은, 가지고 온 짐을 군수품 담당
자에게 맡기고, 전선으로 달려가, 자
기의 형들에게 이르러 안부를 물었
다.
23 다윗이 형들과 이야기하고 있는 동
안에, 마침 블레셋 사람 쪽에서 가
드 사람 골리앗이라는 장수가 그 대
열에서 나와서, 전과 똑같은 말로 싸
움을 걸어왔다. 다윗도 그 소리를 들
었다.
24 ○이스라엘 사람들은 그를 보고 무
서워하며, 모두 그 사람 앞에서 달아
났다.
25 "저기 올라온 저 자를 좀 보게." 군
인들이 서로 말하였다. "또 올라와
서 이스라엘을 모욕하고 있어. 임금
님은, 누구든지 저 자를 죽이면 많
은 상을 내리실 뿐 아니라, 임금님의
사위로 삼으시고, 그의 집안에는 모
든 세금을 면제해 주시겠다고 하셨
네."
26 다윗이 곁에 서 있는 사람들에게 물
었다. "저 블레셋 사람을 죽이고 이
스라엘이 받는 치욕을 씻어내는 사
람에게는, 어떻게 해준다구요? 저
할례도 받지 않은 블레셋 녀석이 무
엇이기에, 살아 계시는 하나님을 섬

다. 따라서 이스라엘 군대를 멸시하고 모욕함은 이스라엘의 하나님에 대한 도전으로 능히 적개심을 유발하는 근거가 되었다. 전쟁 수행의 정당한 *이유가 된 것이다.*

17:24 이스라엘 사람들은…무서워하며 이 구절은 앞의 11절과 유사하다. 그러나 11절은 사울 왕의 두려움을 묘사한다. 즉 이스라엘의 거인 용사(9:2;10:23) 사울은 블레셋의 싸움을 거는 사람 앞에서 기가 죽는다. 사울과 그 군대의 두려움(24, 32절)은 하나님의 언약하신 약속에 대한 믿음을 상실한 데서 나타난 것이다(출 23:22;신 3:22;20:1–4). 그 두려움은 하나님의 존재와 능력보다도 세상의 힘을 더 크게 믿은 불신에서 나온 것이다. 또한 그 두려움은 인간 왕에게서 안전을 찾으려 한 이스라엘 백성의 의도가 실패했음을 여실히 보여 주는 것이다.

17:25 임금님의 사위로 삼으시고 왕족으로 삼겠다는 의미이다. 모든 세금을 면제해 왕에 대한 복종

기는 군인들을 이렇게 모욕하는 것
입니까?"
27 군인들은 앞에서 말한 내용과 같이,
저 자를 죽이는 사람에게는 이러이
러한 상이 내릴 것이라고 대답해 주
었다.
28 ○다윗이 군인들과 이렇게 이야기하
는 것을 맏형 엘리압이 듣고, 다윗에
게 화를 내며 꾸짖었다. "너는 어째
자고 여기까지 내려왔느냐? 들판에
있는, 몇 마리도 안 되는 양은 누구
에게 떠맡겨 놓았느냐? 이 건방지고
고집 센 녀석아, 네가 전쟁 구경을
하려고 내려온 것을, 누가 모를 줄
아느냐?"
29 다윗이 대들었다. "내가 무엇을 잘못
하였다는 겁니까? 물어 보지도 못합
니까?"
30 그런 다음에 다윗은, 몸을 돌려 형
옆에서 떠나 다른 사람 앞으로 가
서, 똑같은 말로 또 물어 보았다. 거
기에서도 사람들이 똑같은 말을 하
였다.
31 ○다윗이 한 말이 사람들에게 알려
지고, 누군가가 그것을 사울에게 알
렸다. 그러자 사울이 그를 데려오게
하였다.
32 다윗이 사울에게 말하였다. "누구든
지 저 자 때문에 사기를 잃어서는 안
됩니다. 임금님의 종인 제가 나가서,
저 블레셋 사람과 싸우겠습니다."
33 그러나 사울은 다윗을 말렸다. "그
만두어라. 네가 어떻게 저 자와 싸운
단 말이냐? 저 자는 평생 군대에서
뼈가 굵은 자이지만, 너는 아직 어린
소년이 아니냐?"
34 그러나 다윗은 굽히지 않고 사울에
게 말하였다. "임금님의 종인 저는
아버지의 양 떼를 지켜 왔습니다. 사
자나 곰이 양 떼에 달려들어 한 마
리라도 물어가면,
35 저는 곧바로 뒤쫓아가서 그 놈을 쳐
죽이고, 그 입에서 양을 꺼내어 살
려 내곤 하였습니다. 그 짐승이 저에
게 덤벼들면, 그 턱수염을 붙잡고 때
려 죽였습니다.
36 제가 이렇게 사자도 죽이고 곰도 죽
였으니, 저 할례받지 않은 블레셋 사
람도 그 꼴로 만들어 놓겠습니다. 살
아 계시는 하나님의 군대를 모욕한
자를 어찌 그대로 두겠습니까?"
37 다윗은 말을 계속하였다. "사자의 발
톱이나 곰의 발톱에서 저를 살려 주
신 주님께서, 저 블레셋 사람의 손에
서도 틀림없이 저를 살려 주실 것입
니다." 그제서야 사울이 다윗에게 허
락하였다. "그렇다면, 나가도 좋다.
주님께서 너와 함께 계시길 바란다."
38 ○사울은 자기의 군장비로 다윗을
무장시켜 주었다. 머리에는 놋투구

의 의무로 부과된 징세와 강제 노역으로부터 해방되는 것을 말한다. 왕의 지위와 버금가는 특권을 허락한다는 의미이다.

17:26 살아 계시는 하나님을 섬기는 군인들을 이렇게 모욕 하나님이 세우신 참된 왕으로서 다윗의 사역은 하나님의 명예와 위신에 관계된 것이었고, 또한 이스라엘의 승패는 하나님의 승패로 직결되는 중대한 문제였다. 이 싸움은 하나님과 대적 세력 간의 전쟁을 의미한다.

17:32 다윗의 용기는 사울의 불신앙에 대한 지적이기도 하다. 다윗이 목동 시절에 체험한 하나님의 인도와 권능은 전쟁터에 섰을 때 하나님을 신뢰하게 하는 바탕이 된다. 이때 사울은 다윗과 골리앗을 '소년'과 '군대에서 뼈가 굵은 자'로 비교하였다(33절). 반면에 다윗은 이 전쟁이 '하나님을 모욕한 이방 군대'와 '하나님의 군대'의 대결임을 상기시키는데(36절), 이러한 차이점은 전쟁의 성격을 파악하는 관점이 전혀 다르다는 사실을

를 씌워 주고, 몸에는 갑옷을 입혀
주었다.
39 다윗은, 허리에 사울의 칼까지 차고,
시험삼아 몇 걸음 걸어 본 다음에,
사울에게 "이런 무장에는 제가 익숙
하지 못합니다. 이렇게 무장을 한 채
로는 걸어갈 수도 없습니다" 하고는
그것을 다 벗었다. 그렇게 무장을 해
본 일이 없었기 때문이다.
40 그런 다음에, 다윗은 목동의 지팡이
를 들고, 시냇가에서 돌 다섯 개를
골라서, 자기가 메고 다니던 목동의
도구인 주머니에 집어 넣은 다음, 자
기가 쓰던 무릿매를 손에 들고, 그
블레셋 사람에게 가까이 나아갔다.

다윗이 골리앗을 이기다

41 ○그 블레셋 사람도 방패 든 사람을
앞세우고 다윗에게 점점 가까이 다
가왔다.
42 그 블레셋 사람은 다윗을 보고 나
서, 그가 다만 잘생긴 홍안 소년에
지나지 않는다는 것을 알고는, 그를
우습게 여겼다.
43 그 블레셋 사람은 다윗에게 "막대기
를 들고 나에게로 나아오다니, 네가
나를 개로 여기는 것이냐?" 하고 묻
고는, 자기 신들의 이름으로 다윗을
저주하였다.
44 그 블레셋 사람이 다윗에게 말하였
다. "어서 내 앞으로 오너라. 내가 너
의 살점을 공중의 새와 들짐승의 밥
으로 만들어 주마."
45 ○그러자 다윗이 그 블레셋 사람에
게 말하였다. "너는 칼을 차고 창을
메고 투창을 들고 나에게로 나왔으
나, 나는 네가 모욕하는 이스라엘 군
대의 하나님 곧 만군의 주님의 이름
을 의지하고 너에게로 나왔다.
46 주님께서 너를 나의 손에 넘겨 주실
터이니, 내가 오늘 너를 쳐서 네 머리
를 베고, 블레셋 사람의 주검을 모
조리 공중의 새와 땅의 들짐승에게
밥으로 주어서, 온 세상이 이스라엘
의 하나님을 알게 하겠다.
47 또 주님께서는 칼이나 창 따위를 쓰
셔서 구원하시는 것이 아니라는 것
을, 여기에 모인 이 온 무리가 알게
하겠다. 전쟁에서 이기고 지는 것은
주님께 달린 것이다. 주님께서 너희
를 모조리 우리 손에 넘겨 주실 것이
다."
48 ○드디어 그 블레셋 사람이 몸을 움
직여 다윗에게 점점 가까이 다가오
자, 다윗은 재빠르게 그 블레셋 사
람이 서 있는 대열 쪽으로 달려가면
서,
49 주머니에 손을 넣어 돌을 하나 꺼낸
다음, 그 돌을 무릿매로 던져서, 그
블레셋 사람의 이마를 맞히었다. 골
리앗이 이마에 돌을 맞고 땅바닥에

드러낸다.

17:41-58 다윗이 골리앗을 이기다 다윗은 골리앗을 물리치고 전쟁에서 승리한다. 이것은 다윗이 *기름 부음을 받은 후 실제적으로 왕의 사역*을 수행한 것이다. 단순히 싸움에서 이겼기 때문이 아니다. 다윗은 하나님을 의지하고 그분을 힘입어 승리했던 것이다. 하나님의 권세가 왕을 통해서 백성에게 제대로 전해질 때 백성은 진정으로 복된 삶을 누리게 된다.

17:47 전쟁에서 이기고 지는 것은 주님께 달린 것이다 히브리 원본을 직역하면 '이 전쟁에 하나님께서 함께하신다'는 뜻이다. 따라서 하나님 편에 속한 자가 이 전쟁의 승자가 될 수 있다. 이스라엘의 모든 백성이 사울과 함께 불신앙과 패역, 배교로 빠져들었다. 그러나 하나님께서 경건한 다윗을 통하여 온 이스라엘을 구원하여 하나님의 백성으로 온전케 하신 것이다. 드디어 그 땅에 평화와 복락의 가능성이 다윗을 통한 하나님의 은혜로

쓰러졌다.
50 이렇게 다윗은 무릿매와 돌 하나로
그 블레셋 사람을 이겼다. 그는 칼도
들고 가지 않고 그 블레셋 사람을
죽였다.
51 다윗이 달려가서, 그 블레셋 사람을
밟고 서서, 그의 칼집에서 칼을 빼어
그의 목을 잘라 죽였다. ○블레셋 군
인들은 자기들의 장수가 이렇게 죽
는 것을 보자 모두 달아났다.
52 이스라엘과 유다 사람들이 일어나
함성을 지르며 블레셋 사람들을 쫓
아서, 가이를 지나 에그론 성문에까
지 이르렀다. 그리하여 칼에 찔려 죽
은 블레셋 사람의 주검이, 사아라임
에서 가드와 에그론에 이르기까지
온 길에 널렸다.
53 이스라엘 자손은 블레셋 군대를 쫓
다가 돌아와서, 블레셋 군대의 진을
약탈하였다.
54 ○다윗은, 그 블레셋 사람의 머리는
예루살렘으로 가지고 갔으나, 그의
무기들은 자기 장막에 간직하였다.

다윗이 사울 앞에 서다

55 ○사울은, 다윗이 그 블레셋 사람에
맞서서 나가는 것을 보면서, 군사령
관 아브넬에게 물었다. "아브넬 장
군, 저 소년이 누구의 아들이오?" 아
브넬이 대답하였다. "임금님, 황공하
오나 저도 잘 모릅니다."
56 왕이 명령하였다. "저 젊은이가 누구
의 아들인지 직접 알아보시오."
57 마침내 다윗이 그 블레셋 사람을 죽
이고 돌아오자, 아브넬이 그를 데리
고 사울 앞으로 갔다. 다윗의 손에
는 여전히 그 블레셋 사람의 머리가
들려 있었다.
58 사울이 다윗에게 물었다. "너는 누
구의 아들이냐?" 다윗이 대답하였
다. "베들레헴 사람, 임금님의 종 이
새의 아들입니다."

18 1 다윗이 사울과 이야기를 끝
냈다. 그 뒤에 요나단은 다윗에
게 마음이 끌려, 마치 제 목숨을 아
끼듯 다윗을 아끼는 마음이 생겼다.
2 사울은 그 날로 다윗을 자기와 함께
머무르게 하고, 다시 아버지의 집으
로 돌아가지 못하게 하였다.
3 요나단은 제 목숨을 아끼듯이 다윗
을 아끼어, 그와 가까운 친구로 지내
기로 굳게 언약을 맺고,
4 자기가 입고 있던 겉옷을 벗어서 다
윗에게 주고, 칼과 활과 허리띠까지
모두 다윗에게 주었다.
5 다윗은, 사울이 어떤 임무를 주어서
보내든지, 맡은 일을 잘 해냈다. 그
래서 사울은 다윗을 장군으로 임명
하였다. 온 백성은 물론 사울의 신
하들까지도 그 일을 마땅하게 여겼
다.

제시된 것이다.

17:55 저 소년이 누구의 아들이오 16:14-23에서 궁정 악사로 초대되어 소개를 했으나 사울은 깊은 관심을 쏟지 않았음이 분명하다. 또 다윗이 사울의 왕궁에 계속 거주한 것이 아니라는 사실도 알 수 있다. 이 사건을 통해 사울은 다윗의 전사로서의 특이한 능력을 보게 되었을 것이다. 사울의 다윗에 대한 무관심은 영적 분별력이 없기 때문이고, 곧 하나님께 대한 무관심을 상징하고 있다.

18장 요약 다윗이 이스라엘의 지도자로 급부상하자 사울의 시기심도 날로 더해갔다. 반면에 요나단은 아버지와는 반대로 다윗을 아끼고 존중하였다. 그가 다윗을 가까이한 것은, 신앙에 근거한 행동으로써 맹목적인 혈육 관계보다 진실을 더 중요시하는 인품을 반영한다.

18:3 요나단은…언약을 맺고 다윗의 큰 승리 이후, 요나단이 주도하여 언약을 맺었다. 요나단도 다

사울이 다윗을 시기하다

6 ○다윗이 블레셋 사람을 쳐죽이고
군인들과 함께 돌아올 때에, 이스라
엘의 모든 성읍에서 여인들이 소구
와 꽹과리를 들고 나와서, 노래하고
춤추고 환호성을 지르면서 사울 왕
을 환영하였다.
7 이 때에 여인들이 춤을 추면서 노래
를 불렀다.
"사울은 수천 명을 죽이고, 다윗
은 수만 명을 죽였다."
8 이 말에 사울은 몹시 언짢았다. 생
각할수록 화가 치밀어올랐다. "사람
들이 다윗에게는 수만 명을 돌리고,
나에게는 수천 명만을 돌렸으니, 이
제 그에게 더 돌아갈 것은 이 왕의
자리밖에 없겠군!" 하고 투덜거렸다.
9 그 날부터 사울은 다윗을 시기하고
의심하기 시작하였다.
10 바로 그 다음날, 하나님이 보내신 악
한 영이 사울에게 내리덮치자, 사울
은 궁궐에서 미친 듯이 헛소리를 질
렀다. 다윗은 여느날과 같이 수금을
탔다. 그 때에 사울은 창을 가지고
있었는데,
11 그가 갑자기 다윗을 벽에 박아 버리
겠다고 하면서, 다윗에게 창을 던졌
다. 다윗은 사울 앞에서 두 번이나
몸을 피하였다.
12 주님께서 자기를 떠나 다윗과 함께
계시는 것을 안 사울은, 다윗이 두려
워졌다.
13 그리하여 사울은 다윗을 천부장으
로 임명하여 자기 곁에서 떠나게 하
였다. 다윗은 부대를 이끌고 출전하
였다.
14 주님께서 그와 함께 계셨기 때문에,
어디를 가든지 그는 항상 이겼다.
15 다윗이 이렇게 큰 승리를 거두니, 사
울은 그것을 보고, 다윗을 매우 두
려워하였다.
16 그러나 온 이스라엘과 유다는 다윗
이 늘 앞장 서서 싸움터에 나가는
것을 보고, 모두 그를 좋아하였다.

다윗이 사울의 사위가 되다

17 ○사울은 (자기의 손으로 다윗을 직
접 죽이지 않고, 블레셋 사람의 손
에 죽게 하려고 마음먹고,) 다윗에
게 말하였다. "내가 데리고 있는 나
의 맏딸 메랍을 너의 아내로 줄 터이
니, 너는 먼저, 주님께서 앞장 서서
싸우시는 '주님의 싸움'을 싸워서, 네
가 정말 용사인 것을 나에게 보여
라."
18 다윗이 사울에게 말하였다. "제가
누구이며, 제 혈통이나 제 아버지 집
안이 이스라엘에서 무엇이기에, 제
가 감히 임금님의 사위가 될 수 있겠
습니까?" 하고 사양하였다.
19 그런데 사울은 딸 메랍을 다윗에게

윗과 같은 전쟁 승리의 경험이 있었다(14:1-46). 그들은 분명 동일한 언약 신앙의 소유자로서 그것을 확인하고 장래 이스라엘을 걱정하며 언약을 맺었을 것이다. 요나단은 적어도 다윗을 자신과 동일 선상에 놓았다. 이는 4절에 기록된 그의 행동에서 나타나며, 또한 그 행동은 그를 대신하여 다윗이 사울의 계승자가 된다는 것을 의미할 수도 있다(20:14-15,31;23:17).

18:5 사울이 어떤 임무를 주어서 보내든지 다윗은 사울에 의해 골리앗을 물리친 출정(出征) 외에도, 다른 싸움터에 여러 차례 보내졌다. 다윗은 가는 곳마다 맡은 일을 잘 해내므로 온 백성과 사울의 신하들까지 마땅하게 여겼다. 여기서 왕으로 기름부음을 받은 다윗의 삶의 증거가 나타났다.

18:18-23 제가 누구이며…쉬운 일로 보입니까 사울의 간교한 흉계를 모른 채, 다윗은 자신이 보잘것없는 사람이며 감히 왕가에 들지 못할 비천한 집안 출신의 신분임을 밝혔다. 다윗은 사울 왕의 사

주기로 하고서도, 정작 때가 되자 사
울은 그의 딸을 므홀랏 사람 아드리
엘과 결혼시키고 말았다.
20 ○사울의 딸 미갈이 다윗을 사랑하
였다. 누군가가 이것을 사울에게 알
리니, 사울은 잘 된 일이라고 여기
고,
21 그 딸을 다윗에게 주어서, 그 딸이
다윗에게 올무가 되게 하여, 그를 블
레셋 사람의 손에 죽게 해야 하겠다
고 혼자 생각하였다. 그래서 사울은
다윗에게, 다시 그를 사위로 삼겠다
고 말하였다.
22 사울이 신하들에게 지시하였다. "당
신들은 다윗에게 내가 다윗을 좋아
한다고 말하시오. 그리고 당신들도
모두 다윗을 좋아한다고 말하시오.
이처럼 우리 모두가 다윗을 좋아하
니, 임금의 사위가 되라고 슬쩍 말하
시오."
23 사울의 신하들이 부탁받은 대로 그
런 말을 다윗의 귀에 들어가게 하니,
다윗은 "나는 가난하고 천한 사람인
데, 어떻게 내가 임금님의 사위가 될
수 있겠습니까? 그것이 그렇게 쉬운
일로 보입니까?" 하고 말하였다.
24 사울의 신하들은 다윗이 한 말을 사
울에게 전하였다.
25 이 말을 들은 사울은 "당신들은 다
윗에게 내가 결혼 선물로 아무것도
바라지 않으며, 다만 나의 원수 블레
셋 남자의 포피 백 개를 가져와서 나
의 원수를 갚아 주는 것만을 바라더
라고 하시오" 하고 시켰다. (사울은
이렇게 하여, 다윗을 블레셋 사람의
손에 죽게 할 셈이었다.)
26 사울의 신하들이 이 말을 그대로 다
윗에게 전하였다. 다윗은 왕의 사위
가 되는 것도 좋겠다고 생각하였다.
그래서 ㉠결혼 날짜를 잡기도 전에,
27 왕의 사위가 되려고, 자기 부하들을
거느리고 출전하여, 블레셋 남자 이
백 명을 쳐죽이고 그들의 포피를 가
져다가, 요구한 수대로 왕에게 바쳤
다. 사울은 자기의 딸 미갈을 그에게
아내로 주었다.
28 사울은 주님께서 다윗과 함께 계시
다는 것을 알았고, 자기 딸 미갈마저
도 다윗을 사랑하는 것을 보고서,
29 다윗을 더욱더 두려워하게 되어, 마
침내 다윗과 평생 원수가 되었다.
30 ○그 무렵에 블레셋 지휘관들이 군
대를 이끌고 침입해 와서 싸움을 걸
곤 하였는데, 그 때마다 다윗이 사울
의 장군들보다 더 큰 전과를 올렸기
때문에, 다윗은 아주 큰 명성을 얻었
다.

사울이 다윗을 박해하다

19 사울은, 자기의 아들 요나단과
자기의 모든 신하들이 듣는 데

위 자리를 탐내지 않고, 겸손히 사양한 것이다. 다윗은 이미 자신의 위치와 사명에 대하여 잘 알고 있었다.

18:30 그 때마다…큰 전과를 올렸기 때문에 블레셋의 지도자들과 화친 조약을 맺을 때에도 다윗은 탁월한 경륜을 발휘하여 명성이 더욱 높아졌다. 사울의 어떤 신하보다도 탁월한 외교적 수완을 발휘한 것이다. 이는 이스라엘 국가의 실질적인 대표권이 다윗에게 넘겨져 행사되는 것을 뜻한다.

19장 요약 다윗을 죽이려는 사울의 의지가 노골화됨에 따라, 다윗의 망명 생활이 시작되었다. 사울은 그를 잡아오도록 부하들을 세 차례나 보내었지만, 그들 모두 하나님의 영에 사로잡혀 예언을 하였다. 사울 자신도 마찬가지였다. 이는 하나님이 다윗을 특별히 보호하심을 나타내는 상징적인 표적이었다.

㉠ 또는 '시효가 지나기 전에'

서, 다윗을 죽이겠다고 말하였다. 사
울의 아들 요나단은 다윗을 매우 좋
아하고 있었으므로,
2 다윗에게 이것을 귀띔하여 주었다.
"나의 아버지 사울이 자네를 죽이려
하니, 나의 말을 듣게. 자네는 내일
아침 일찍 몸을 피하여 외진 곳으로
가서 숨어 있게.
3 자네가 숨어 있는 들로 아버지를 모
시고 나가서, 내가 아버지 곁에 붙어
다니다가, 기회를 보아 자네 일을 아
버지께 여쭈어 보고, 거기에서 있었
던 일을 내가 곧 자네에게 알려 주겠
네."
4 ○요나단은 아버지 사울 앞에서 다
윗의 좋은 점들을 이야기하였다. 그
는 사울에게 말하였다. "아버지께서
는 아버지의 신하 다윗을 해치려고
하십니다만, 이런 죄를 지으시면 안
됩니다. 다윗은 아버지께 죄를 지은
일이 없습니다. 오히려 다윗은 아버
지를 도와서, 아주 좋은 일들만 했
습니다.
5 그는 자기 목숨을 아끼지 않고 블레
셋 장군을 쳐죽였고, 그래서 주님께
서 온 이스라엘에게 이렇게 큰 승리
를 안겨 주셨습니다. 아버지께서도
그것을 직접 보고 기뻐하셨습니다.
그런데 지금 무엇 때문에 이유도 없
이 다윗을 죽여, 죄없는 피를 흘려
죄를 지으려고 하십니까?"
6 사울이 요나단의 말을 듣고 맹세하
였다. "그래, 주님께서 확실히 살아
계심을 두고 맹세하마. 내가 결코 다
윗을 죽이지 않겠다."
7 요나단이 다윗을 불러다가, 이 모든
일을 알려 주고 나서, 다윗을 사울에
게 데리고 가서, 전처럼 왕을 모시게
하였다.

다윗이 죽을 고비를 넘다

8 ○또 전쟁이 일어나니, 다윗은 출전
하여 블레셋 사람들과 싸웠다. 다윗
이 그들을 쳐서 크게 무찌르니, 블레
셋 사람들이 다윗 앞에서 도망쳤다.
9 ○그런데 사울이 창을 들고 궁중에
앉아 있을 때에, 주님께서 보내신 악
한 영이 또 사울을 강하게 사로잡았
다. 다윗이 수금을 타고 있는데,
10 사울이 창으로 다윗을 벽에 박으려
고 하였다. 다윗이 사울 앞에서 피
하였으므로, 창만 벽에 박혔다. 다
윗은 도망하여 목숨을 건졌다. ○바
로 그 날 밤에,
11 사울이 다윗의 집으로 부하들을 보
내어, 그를 지키고 있다가, 아침에 죽
이라고 시켰다. 그러나 다윗의 아내
미갈이 그에게 "당신은 오늘 밤에
피하지 않으면, 내일 틀림없이 죽습
니다" 하고 경고하였다.
12 미갈이 다윗을 창문으로 내려보내

19:1-17 요나단은 하나님께서 함께 하시는 다윗 편에 서서 동역자로서 일하지만(1-7절), 반면 사울은 다윗을 원수로서 대적한다(8-17절). 사울은 전에 언약 신앙을 신실히 믿는 그의 아들 요나단도 죽이려 했고(14:6,12,44), 이제는 다윗도 살해하려다 실패한다.

19:8 사울은 불신앙 때문에 블레셋의 침략을 물리치지 못했다. 따라서 다윗만이 이 전쟁을 승리로 이끌 유일한 자임을 시사한다. 즉 하나님에게 속한 전쟁은 하나님의 사람에 의하지 않고는 결코 승리할 수 없다는 것을 보여 준다.

19:10-12 다윗이 거기에서 달아나서, 목숨을 건졌다 다윗이 당하는 위기와 환난 속에서 하나님은 다윗의 방패와 요새와 피난처가 되어 주신다. 다윗이 피신한 것은 사울이 무서워 겁먹은 것이라기보다는 사울을 향한 하나님의 은혜로운 간섭을 기대한 행위이다. 시편 59편에서 다윗은 이러한 심정을 토로한다.

니, 다윗이 거기에서 달아나서, 목숨
을 건졌다.
13 한편, 미갈은, 집 안에 있는 ㉠우상을
가져다가 침대에 누이고, 그 머리에
는 염소털로 짠 망을 씌우고, 그 몸
에는 옷을 입혔다.
14 사울의 부하들이 다윗을 잡으러 오
자, 미갈은 남편이 병이 들어서 누워
있다고 말하였다.
15 그러자 사울은 다윗이 정말 아픈지
확인하여 보라고 그 부하들을 다시
보내면서, 자기가 직접 죽일 터이니,
그를 침대째로 자기에게 들고 오라
고 하였다.
16 부하들이 와서 보니, 침대에는 집 안
에 있던 ㉠우상이 누워 있었다. 머리
에 염소털로 짠 망을 씌운 채 뉘어
놓은 것이었다.
17 사울이 미갈에게 호통을 쳤다. "네가
왜 나를 속이고, 원수가 빠져 나가서
살아날 수 있게 하였느냐?" 그러자
미갈은, 다윗을 빠져 나가지 못하게
하였다가는 다윗이 자기를 죽였을 것
이라고 사울에게 대답하였다.
18 다윗은 그렇게 달아나서 살아난 다
음에, 라마로 사무엘을 찾아가서, 그
동안 사울이 자기에게 한 일을 모두
이야기하였다. 그러자 사무엘은 곧
다윗을 데리고 나욧으로 가서 살았
다.
19 다윗이 라마의 나욧에 있다는 소식
이 곧 사울에게 들어갔다.
20 사울은 다윗을 잡아 오라고 부하들
을 보냈다. 그들이 가서 보니, 예언자
들 한 무리가 사무엘 앞에서 춤추고
소리치며, 예언을 하고 있었다. 그 순
간 그 부하들에게도 하나님의 영이
내리니, 그들도 춤추고 소리치며, 예
언을 하였다.
21 사람들이 사울에게 이 소식을 알리
니, 사울이 다른 부하들을 보냈으
나, 그들도 춤추고 소리치면서, 예언
을 하는 것이었다. 사울이 다시 세
번째로 부하들을 보내니, 그들도, 마
찬가지로 춤추고 소리치면서, 예언을
하였다.
22 드디어 사울이 직접 라마로 갔다. 그
는 세구에 있는 큰 우물에 이르러,
사무엘과 다윗이 어디에 있는지를
물었다. 사람들은, 그 두 사람이 라
마의 나욧에 있다고 대답하였다.
23 사울이 거기에서 라마의 나욧으로
가는데, 그에게도 하나님의 영이 내
려서, 그는 라마의 나욧에 이를 때까
지 계속하여 춤추고 소리치며, 열광
상태에서 예언을 하며 걸어갔다.
24 사무엘 앞에 이르러서는, 옷까지 벗
어 버리고 춤추고 소리치면서 예언
을 하고 나서, 그 날 하루 밤낮을 벗
은 몸으로 쓰러져 있었다. ("사울도

19:13 우상 (히) '드라빔'(창 31:19,34). 고대 근동 지역에서 가정의 수호신으로 섬겼던 우상인데 사람의 형상으로 만들어졌다. 크기나 형태는 여러 가지가 있었던 듯하다. 모세의 율법은 우상 숭배를 엄격히 금지하고 있었다. 그럼에도 불구하고 우상이 사울 왕가에서 발견된 것은, 이스라엘 지도자인 사울의 집안에까지도 우상 숭배가 편만해 있었다는 사실을 가르쳐 준다. 이러한 관습은 점복 및 사술과 관련되어 집안의 재산과 권위를 보호, 인정받는 징표였다(삿 17:5;왕하 23:24;슥 10:2).

19:18-24 사무엘에게 도피한 다윗을 잡으러 간 사울의 부하들이 하나님의 영에 감동하는 사건이 발생한다. 하나님의 영에 의한 이 사건은 다윗 왕가를 통하여 이스라엘을 부흥시키고자 하는 운동을 암시한다. 하나님의 뜻은 하나님의 방법으로 반드시 실현된다. 사울이 직접 라마의 나욧에 내려왔으나 결과는 마찬가지였다.

㉠ 히, '테라빔'

예언자가 되었는가?" 하는 말이 여
기에서 나왔다.)

요나단이 다윗의 탈출을 도와 주다

20 다윗이 라마의 나욧에서 빠져
나와 집으로 돌아온 다음에,
요나단에게 따져 물었다. "내가 무
슨 못할 일을 하였느냐? 내가 무슨
몹쓸 일이라도 하였느냐? 내가 자네
의 아버님께 무슨 잘못을 저질렀기
에, 아버님이 이토록 나의 목숨을 노
리시느냐?"
2 요나단이 그에게 대답하였다. "자네
를 죽이시다니, 결코 그런 일은 없을
걸세. 내가 분명히 말하지만, 우리
아버지는 큰 일이든지 작은 일이든
지, 나에게 알리지 않고서는 하시지
를 않네. 그런데 우리 아버지가 이
일이라고 해서 나에게 숨기실 까닭
이 무엇이겠는가? 그럴 리가 없네."
3 그러나 다윗은 맹세까지 하면서 말
하였다. "자네가 나를 지극히 아낀
다는 것은, 자네의 아버님도 잘 알고
계시지 않은가? 그렇기 때문에 이
일만은 자네에게 알려서는 안 된다
고 생각하셨을 걸세. 자네가 알면
매우 슬퍼할 테니까 말일세. 주님께
서 살아 계시니, 내가 자네에게 분명
히 말하겠네. 나와 죽음 사이는 한
발짝밖에 되지 않네."
4 요나단이 다윗에게 제안하였다. "자
네의 소원을 말해 보게. 자네를 돕
는 일이면, 무엇이든지 하겠네."
5 ○다윗이 요나단에게 대답하였다.
"내일은 초하루일세. 내가 임금님과
함께 앉아서 식사를 해야 하는 날일
세. 그러나 내가 외출을 할 수 있도
록 주선하여 주게. 나가서 모레 저녁
때까지 들녘에 숨어 있겠네.
6 그랬다가 만일 자네의 아버님이 내
가 왜 안 보이느냐고 물으시거든, 그
때 자네는, 내가 우리 고향 베들레헴
으로 가서 온 가족과 함께 거기에서
매년제를 드릴 때가 되어, 급히 가 보
아야 한다고, 말미를 달라고 해서,
허락해 주었다고 말씀드려 주게.
7 그 때에 자네의 아버님이 잘 했다고
말씀하시면, 나에게 아무런 화가 미
치지 않겠지만, 자네의 아버님이 화
를 내시면, 나를 해치려고 결심하신
것으로 알겠네.
8 자네는 이미 주님 앞에서 나와 가까
운 친구로 지내기로 ㉠굳게 약속하였
으니, 나에게 친구의 의리를 꼭 지켜
주게. 그러나 나에게 무슨 허물이 있
다면, 자네가 직접 나를 죽이게. 나
를 자네의 아버님께로 데려갈 까닭
이 없지 않은가?"
9 요나단이 대답하였다. "결코 그런 일
은 없을 걸세. 우리 아버지가 자네를
해치려는 결심을 한 줄을 알고서야,

20장 요약 다윗은 요나단의 도움으로 자신을 죽이려는 사울의 결심을 알게 되었다. 요나단이 다윗에게 하나님의 인자를 베풀 것을 구한 사실은(14-15절), 그가 사울 왕가의 후계자이면서도 다윗을 왕으로 세우고자 하신 하나님의 뜻을 겸허하게 받아들였음을 시사한다.

20:1 라마의 나욧 '라마'는 사무엘의 고향이고, '나욧'은 주거지를 뜻한다. 라마에 있던 숙소, 즉 사무엘의 예언자 수련생들이 공동생활을 하는 예언자 학교를 가리키는 듯하다. 다윗은 이곳으로 사무엘을 찾아갔다(19:18). 하지만 사울이 다윗을 잡으러 쫓아오자 다윗은 라마의 나욧을 떠난다.

20:5 초하루 이스라엘에서 매월 첫날 행해지는 종교 축제이다. 안식일과 같이 중요시되는 정기 의식으로, 이 날에는 특별한 제사를 드려 이스라엘을 성별하게 하고 나팔을 불며 온 회중이 즐거

㉠ 또는 '거룩한 언약을 맺었으니'

내가 어찌 그것을 자네에게 곧 알려
주지 않겠는가?"
10 그러나 다윗은 요나단에게 물었다.
"혹시 자네의 아버님이 자네에게 화
를 내면서 대답하시면, 누가 그것을
나에게 알려 주겠는가?"
11 ○요나단이 다윗에게 말하였다. "자,
가세. 들로 나가세." 둘은 함께 들로
나갔다.
12 요나단이 다윗에게 약속하였다. "주
이스라엘의 하나님이 우리의 증인이
시네. 내가 내일이나 모레 이맘때에
아버지의 뜻을 살펴보고, 자네에게
대하여 좋게 생각하신다면, 사람을
보내어 알리겠네.
13 아버지가 자네를 해치려 한다는 것
을 내가 알고도, 그것을 자네에게 알
리지 않아서, 자네가 안전하게 피신
하지 못하게 된다면, 주님께서 이 요
나단에게 무슨 벌을 내리셔도 달게
받겠네. 주님께서 나의 아버지와 함
께 계셨던 것처럼, 자네와도 함께 계
시기를 바라네.
14 그 대신 내가 살아 있는 동안은, 내
가 주님의 인자하심을 누리며 살 수
있게 해주게. 내가 죽은 다음에라
도,
15 주님께서 자네 다윗의 원수들을 이
세상에서 다 없애 버리시는 날에라
도, 나의 집안과 의리를 끊지 말고
지켜 주게."
16 그런 다음에 요나단은 다윗의 집안
과 언약을 맺고 말하였다. "주님께서
다윗의 원수들에게 보복하여 주시
기를 바라네."
17 ○요나단은 다윗을 제 몸처럼 아끼
는 터라, 다윗에게 다시 맹세하였다.
18 요나단이 다윗에게 약속하였다. "내
일은 초하루이니, 아버지가 자네의
자리가 빈 것을 보시면, 틀림없이, 자
네가 왜 자리를 비웠는지 물으실 걸
세.
19 모레까지 기다리다가, 저번 일이 있
었을 때에 숨었던 그 곳으로 내려가
서, 에셀 바위 곁에 숨어 있게.
20 그러면 내가, 연습삼아 어떤 표적을
놓고 활을 쏘는 것처럼, 그 바위 곁
으로 화살을 세 번 쏘겠네.
21 그런 다음에, 내가 데리고 있는 종을
보내어, 그 화살을 다 찾아오라고 말
하겠네. 그 때에 내가 그 종에게 큰
소리로 '너무 멀리 갔다. 이쪽으로 오
면서 다 주워 오너라' 하고 말하면,
주님께서 살아 계심을 걸고 맹세하
겠네, 자네에게는 아무 일도 없을 것
이니, 안심하고 나오게.
22 그러나 내가 그 종에게 '아직 더 가
야 된다. 화살은 더 먼 곳에 있다' 하
고 말하면, 주님께서 자네를 멀리 보
내시는 것이니, 떠나가게.

워했다(민 10:10;28:11-15). 제사 규례상 정결하지 못한 자는 참석할 수 없었다(레 11,15장).

20:8 친구의 의리를 꼭 지켜 주게 히브리 본문을 직역하면 '인자를 행할지니라'이다. '인자'로 번역된 (히) '헤세드'는 구약에서 독특한 언약 사상을 나타낼 때 사용되는 말이다. 곧 단순한 친절과 자비가 아니라, 하나님께서 사랑과 자비를 베푸시고, 그에 대한 감사로 백성은 충성과 헌신을 드린다는 언약 관계를 표시한다. 그러므로 '인자'라는 말에는 사랑과 충성의 의미가 담겨 있다. 즉, 다윗은 요나단에게 충성을 요구하고, 동시에 요나단은 다윗으로부터 은혜를 약속받고 있는 것이다. 다윗은 요나단과의 이 언약을 '하나님의 언약'(히브리어 본문)이라 부르고 있다. 이는 단순히 하나님 앞에서의 맹세가 아니라 그들의 생사가 달려 있음을 의미한다.

20:16 요나단은 다윗의 집안과 언약을 맺고 사울 왕가의 후계자라 할 수 있는 요나단이 왕권의 승

23 오직 우리가 함께 약속한 말에 대해
서는, 주님께서 길이길이 자네와 나
사이에 ㉠증인이 되실 걸세."
24 ○이리하여 다윗은 들녘에 숨어 있
었다. 초하루가 되었을 때에, 왕이
식사를 하려고 식탁에 앉았다.
25 왕이 언제나 하듯이 벽을 등진 자리
에 앉자, ㉡요나단이 왕의 맞은쪽에
앉았고, 아브넬은 사울 곁에 앉았다.
다윗의 자리는 비어 있었다.
26 그런데도 그 날은, 사울이 아무 말도
하지 않았다. 사울은 다윗에게 뜻하
지 않은 일이 생겨, 몸이 부정을 타
서 아직 깨끗하여지지 않았는가 하
고 생각하였다.
27 그런데 초하루가 지난 다음날 곧 그
이튿날에도 다윗의 자리가 여전히
비어 있는 것을 보고, 사울이 자기
아들 요나단에게 물었다. "어째서 이
새의 아들이 어제도 오늘도 식사하
러 나오지 않느냐?"
28 요나단이 사울에게 대답하였다. "다
윗이 저에게 베들레헴에 다녀올 수
있도록 허락하여 달라고 간곡히 요
청하였습니다.
29 자기 집안이 베들레헴 성읍에서 제
사를 드리는데, 자기 형이 다녀가라
고 했다고 하면서, 제가 자기를 아낀
다면 자기 형을 만나게 해 달라고,
저에게 간청을 하였습니다. 그래서
그가 지금 임금님의 식탁에 나오지
못하였습니다."
30 ○사울이 요나단에게 화를 내면서
소리쳤다. "이 패역무도한 계집의 자
식아, 네가 이새의 아들과 단짝이 된
것을 내가 모를 줄 알았더냐? 그런
녀석과 단짝이 되다니, 너에게도 부
끄러운 일이고 너를 낳은 네 어미를
발가벗기는 망신이 될 뿐이다.
31 이새의 아들이 이 세상에 살아 있는
한은, 너도 안전하지 못하고, 너의
나라도 안전하지 못할 줄 알아라. 빨
리 가서 그 녀석을 당장에 끌어 오너
라. 그 녀석은 죽어야 마땅하다."
32 요나단이 자기 아버지 사울에게 "그
가 무슨 못할 일을 하였기에 죽어야
합니까?" 하고 항의하니,
33 그 순간, 사울이 요나단을 찔러 죽이
려고 창을 뽑아 겨냥하였다. 그제서
야 요나단은 자기 아버지가 다윗을
죽이려고 단단히 벼르고 있다는 것
을 알아차렸다.
34 요나단도 화가 치밀어 식탁에서 일
어섰다. 그리고 요나단은 자기 아버
지가 다윗을 모욕한 것이 가슴 아파
서, 그 달의 이틀째가 되던 그 날은
하루 종일 아무것도 먹지 않았다.
35 ○그 다음날 아침에 요나단은 어린
종을 하나 데리고 들녘으로 나가서,
다윗과 약속한 장소로 갔다.

계를 포기하고 오히려 다윗 왕가에 대하여 충성과 헌신을 서약하고 있다. 그리고 동시에 자신의 집안에 대해 계속 의리를 지켜 달라고 간청한다. 고대 근동의 이방 국가에서는 왕조가 바뀔 때 이전 왕가를 완전히 멸족시키는 것이 일반적인 사례였다. 그래서 요나단은 다윗에게 이러한 조건으로 언약을 맺은 것이다. 다윗은 후에 이 약속을 지켜, 요나단의 아들 므비보셋을 왕자처럼 대접하였다(삼하 9:9-13).

20:23 우리가 함께 약속한 말 15-17절에 언급된 협약뿐만 아니라, 그들의 우정 관계를 새롭게 한 것을 포함하여 지금까지 맹세하고 언약한 모든 내용을 말한다. 주님께서 길이길이…증인이 되실 걸세 두 사람 중 어느 하나가 언약을 깨는 경우에 하나님께서 증인과 재판장이 되신다는 뜻이다.

20:31 너도 안전하지 못하고, 너의 나라도 안전하지

㉠ 칠십인역에는 '증인이'가 있음 ㉡ 칠십인역을 따름. 히, '요나단은 섰고'

36 거기에서 요나단은 자기가 데리고
온 어린 종에게 "너는 막 달려가서
내가 지금 쏘는 화살을 주워 오너
라!" 하고 시켰다. 어린 종이 달려가
자, 요나단은 그의 머리 위로 화살을
쏘았다.
37 요나단이 쏜 화살이 떨어진 곳으로
그 어린 종이 달려가자, 요나단이 그
의 뒤에다 대고 소리쳤다. "아직도
덜 갔다! 화살이 더 먼 곳에 있지 않
느냐?"
38 요나단이 그 소년의 뒤에다 대고 계
속 소리쳤다. "빨리 빨리! 서 있지 말
고 빨리 달려!" 요나단의 어린 종은
화살을 주워다가 자기 상전에게 바
쳤다.
39 그러나 그 어린 종은 아무것도 눈치
채지 못하였다. 요나단과 다윗만이
그 일을 알았다.
40 그런 다음에 요나단은 데리고 왔던
그 어린 종에게 자기의 무기를 주면
서, 그것을 들고 성읍 안으로 들어가
라고 말하였다.
41 그 어린 종이 성읍 안으로 들어가니,
다윗이 그 숨어 있던 바위 ㉠곁에서
일어나, 얼굴을 땅에 대면서 세 번
큰 절을 하였다. 그리고 그들은 서로
끌어안고 함께 울었는데, 다윗이 더
서럽게 울었다.
42 ○그러자 요나단이 다윗에게 말하였
다. "잘 가게. 우리가 서로 주님의 이
름을 걸고 맹세한 것은 잊지 않도록
하세. 주님께서 나와 자네 사이에서
뿐만 아니라, 나의 자손과 자네의 자
손 사이에서도, 길이길이 그 증인이
되실 걸세." 다윗은 일어나 길을 떠
났고, 요나단은 성 안으로 들어갔다.

다윗이 사울을 피하여 도망가다

21 다윗은 놉으로 가서 제사장 아
히멜렉에게 이르렀다. 아히멜렉
이 떨면서 나와서, 다윗을 맞으며 물
었다. "동행자도 없이 어떻게 혼자
오셨습니까?"
2 다윗이 제사장 아히멜렉에게 대답하
였다. "나는 임금님의 명령을 띠고
길을 떠났습니다. 임금님이 나에게
임무를 맡기면서 부탁하시기를, 나
에게 맡기신 임무를 어느 누구에게
도 알리지 말라고 하셨습니다. 그래
서 부하들과는 약속된 곳에서 만나
기로 하였습니다.
3 그런데 지금 제사장님이 혹시 무엇
이든 가까이 가지신 것이 좀 없습니
까? 빵 다섯 덩이가 있으면 저에게
주십시오. 그렇게 안 되면, 있는 대
로라도 주십시오."
4 그러자 제사장이 다윗에게 말하였
다. "지금 보통 빵은 내게 없고, 있는
것은 거룩한 빵뿐입니다. 그 젊은이
들이 여자만 가까이하지 않았다면,

못할 줄 알아라 사울은 만일 다윗을 죽이지 않는다면 그가 왕위를 계승할 것이라 확신하며, 왕위 계승에 대한 요나단의 무관심을 이해하지 못한다. 하나님의 뜻과 상관없이 자신의 왕가가 언약의 나라에서 존속되어야 한다는 사울의 생각은 하나님을 대적하는 인간의 교만한 뜻이다.

20:42 요나단과 다윗이 작별을 고한다. 두 사람은 하나님의 은혜로 누리는 평화를 맹세했다.

㉠ 칠십인역을 따름. 히, '남쪽에서'

21장 요약 다윗은 놉과 가드로 도망간다. 놉은 예루살렘 북동쪽에 위치한 베냐민 지파에 속한 성읍이었고, 가드는 블레셋의 5대 성읍 중 하나였다. 다윗은 놉에서 제사장 아히멜렉에게서 음식과 무기를 얻고, 가드로 도망가서는 미치광이인 체하여 죽음을 모면했다.

21:2 다윗이 왜 아히멜렉을 속이면서 호소했는지는 분명치 않다. 아마도 아히멜렉을 그의 도피 사

줄 수가 있습니다."
5 다윗이 제사장에게 말하였다. "원정
길에 오를 때에 늘 그렇게 하듯이,
이번에도 우리는 이삼일 전부터 여
자와 가까이하지 않았습니다. 비록
이번 출정이 보통의 사명을 띤 길이
기는 하지만, 제가 출정할 때에 이미
부하들의 몸은 정결했습니다. 그러
니 오늘쯤은 그들의 몸이 얼마나 더
정결하겠습니까?"
6 제사장은 그에게 거룩한 빵을 주었
다. 주님 앞에 차려 놓은 빵 말고는,
다른 빵이 달리 더 없었기 때문이다.
그 빵은 새로 만든 뜨거운 빵을 차
려 놓으면서, 주님 앞에서 물려 낸
것이었다.
7 ○(그런데 바로 그 날 사울의 신하
가운데 한 사람이 그 곳에 있었는
데, 그는 주님 앞에서 하여야 할 일
이 있어서 거기에 머물러 있었다. 그
의 이름은 도엑인데, 에돔 사람으로
서 사울의 목자 가운데서 우두머리
였다.)
8 ○다윗이 아히멜렉에게 또 한 가지
를 물었다. "제사장님은 지금 혹시
창이나 칼을 가지고 계신 것이 없습
니까? 저는 임금님의 명령이 너무도
급하여서, 나의 칼이나 무기를 가져
오지 못했습니다."
9 제사장이 대답하였다. "그대가 엘라
골짜기에서 쳐죽인 블레셋 사람 골
리앗의 칼을, 보자기에 싸서 여기 에
봇 뒤에 두었습니다. 여기에 이것 말
고는 다른 칼이 없으니, 이 칼을 가
지고 싶으면 가지십시오." 다윗이 말
하였다. "그만한 것이 어디에 또 있
겠습니까? 그것을 나에게 주십시
오."

블레셋 족속에게 망명한 다윗

10 ○다윗이 거기를 떠나, 그 날로 사울
에게서 도망하여, 가드 왕 아기스에
게로 갔다.
11 아기스의 신하들이 왕에게 보고하
였다. "이 사람은 분명히 저 나라의
왕 다윗입니다. 이 사람을 두고서,
저 나라의 백성이 춤을 추며, 이렇게
노래하였습니다.

'사울은 수천 명을 죽이고, 다윗
은 수만 명을 죽였다.'"

12 다윗은 이 말을 듣고 가슴이 뜨끔했
다. 그는 가드 왕 아기스 옆에 있는
것도 안전하지 못하다는 생각이 들
었다.
13 그래서 그는 그들이 보는 앞에서는
미친 척을 하였다. 그들에게 잡혀 있
는 동안 그는 미친 사람처럼 행동하
여 성문 문짝 위에 아무렇게나 글자
를 긁적거리기도 하고, 수염에 침을
질질 흘리기도 하였다.
14 그러자 아기스가 신하들에게 소리쳤

건에 연루시키지 않고 보호하려는 의도에서 나온 것이라고 할 수 있다. 그렇다면 다윗의 전략은 성공한 것이 아니다.

21:4 거룩한 빵 매주 안식일마다 누룩을 넣지 않고 만든 열두 개의 빵을 성소의 빵을 차리는 상에 두 줄로 차렸다. 이 빵은 성결한 헌신을 상징한다. 아히멜렉은 긍휼의 법, 곧 생명을 보존하는 도덕적 의무가 의식법에 우선한다는 판단하에 거룩한 빵을 다윗과 함께한 자들에게 내어 주었다.

21:10-15 다윗은 사울을 피해 남서 방향으로 약 50km 가량 이동한다. 블레셋 가드 왕 아기스에게로 망명한 것이다. 그러나 그는 즉시 골리앗과 싸워 이긴 자로 밝혀져 생명의 위협을 느낀다. 그는 미치광이인 체하며 죽음을 모면한다. 이때 그의 심정과 하나님의 보호와 구원의 은혜를 노래로 토로한 것이 시편 34편, 52편, 56편에 기록되어 있다. 또한 여기서 '아비멜렉'은 블레셋 왕을 통칭하는 말이다.

다. "아니, 미친 녀석이 아니냐? 왜
저런 자를 나에게 끌어 왔느냐?
15 나에게 미치광이가 부족해서 저런
자까지 데려다가 내 앞에서 미친 짓
을 하게 하느냐? 왕궁에 저런 자까
지 들어와 있어야 하느냐?"

사울이 놉의 제사장들을 학살하다

22 다윗은 거기에서 떠나, 아둘람
굴 속으로 몸을 피하였다. 그
러자 형들과 온 집안이 그 소식을 듣
고, 그 곳으로 내려가, 그에게 이르렀
다.
2 그들뿐만이 아니라, 압제를 받는 사
람들과 빚에 시달리는 사람들과 원
통하고 억울한 일을 당한 사람들도,
모두 다윗의 주변으로 몰려들었다.
이렇게 해서 다윗은 그들의 우두머
리가 되었는데, 사백여 명이나 되는
사람들이 그를 따랐다.
3 다윗은 거기에서 모압의 미스바로
가서 모압 왕에게 간청하였다. "내가
해야 할 일이 무엇인가를 하나님이
나에게 알려 주실 때까지, 나의 부모
가 이 곳으로 들어와 임금님과 함께
머물도록 허락하여 주시기 바랍니
다."
4 그리하여 다윗은 자기의 부모를 모
압 왕에게 부탁하였다. 다윗이 산성
에 머물러 있는 동안에, 다윗의 부모
는 모압 왕과 함께 살았다.
5 그 때에 갓이라는 예언자가 다윗에
게, 그 산성에 머물러 있지 말고 어
서 유다 땅으로 들어가라고 재촉하
였다. 그래서 다윗은 그 곳을 떠나
서, 헤렛 숲으로 들어갔다.
6 ○하루는 사울이 기브아 산등성이
의 에셀 나무 아래에서 창을 들고
앉아 있었다. 그의 신하들은 모두
그의 곁에 둘러 서 있었다. 거기에서
사울은 다윗이 부하들을 거느리고
나타났다는 말을 들었다.
7 사울이 둘러 서 있는 신하들에게 호
통을 쳤다. "이 베냐민 사람들아, 똑
똑히 들어라. 이새의 아들이 너희 모
두에게 밭과 포도원을 나누어 주고,
너희를 모두 천부장이나 백부장으
로 삼을 줄 아느냐?
8 그래서 너희가 모두 나를 뒤엎으려
고 음모를 꾸몄더냐? 내 아들이 이
새의 아들과 맹약하였을 때에도, 그
것을 나에게 귀띔해 준 자가 하나도
없었다. 또 내 아들이 오늘 나의 신
하 하나를 부추겨서 나를 죽이려고
매복시켰는데도, 너희들 가운데는
나를 염려하여 그것을 나에게 미리
귀띔해 준 자가 하나도 없었다."
9 ○바로 그 때에 사울의 신하들 가운
데 끼여 있던 에돔 사람 도엑이 나서
서 보고하였다. "제가 이새의 아들
을 보았습니다. 그가 놉으로 와서 아

22장 요약 다윗은 아둘람 굴과 모압의 미스바로 도피하였고, 예언자 갓의 조언에 따라 유다 땅(헤렛 숲)으로 들어갔다. 한편 6절 이하는 도엑의 밀고로 인해 놉에 있는 제사장들과 그 가족들이 몰살당한 끔찍한 사건을 보도한다.

22:2 압제를 받는 사람들과 빚에 시달리는 사람들과 원통하고 억울한 일을 당한 사람들 사울의 태만과 폭정으로 온 백성이 도탄(塗炭)에 빠졌음을 의미한다. 이스라엘의 민심이 이미 흉흉해진 상태를 지적한다.

22:5 유다 땅으로 들어가라 예언자 갓은 사무엘의 예언자 학교로부터 온 듯하다. 그는 다윗에게 은신처를 이스라엘 나라 밖에서 찾지 말라고 조언한다. 이 조언은 다윗이 선조의 땅과 이스라엘 백성에게서 떨어져 있어서는 안 될 뿐만 아니라, 그의 유일한 은신처와 산성으로서 하나님만을 전적으로 신뢰하라는 의미를 내포하고 있다.

허둡의 아들 아히멜렉과 만날 때였
습니다.
10 그 때에 아히멜렉이, 다윗이 해야 할
일을 주님께 여쭈어 보고 나서, 그에
게 먹을 것도 주고, 블레셋 사람 골
리앗의 칼도 주었습니다."
11 그러자 왕은 아히둡의 아들 제사장
아히멜렉은 물론, 놉에 있는 그의 집
안 제사장들을 모두 불러들였다. 그
리하여 그들이 모두 왕에게로 나아
왔다.
12 사울이 호통을 쳤다. "아히둡의 아들
은 똑똑히 들어라!" 아히멜렉이 대답
하였다. "임금님, 말씀하십시오!"
13 사울이 그를 꾸짖었다. "네가 왜 이
새의 아들과 함께 공모하여 나에게
맞서려고 하였느냐? 네가 왜 그에게
빵과 칼을 주고, 왜 그가 하여야 할
일을 하나님께 물어서, 그가 오늘날
과 같이 일어나서 나를 죽이려고 매
복하도록 하였느냐?"
14 ○그러자 아히멜렉이 왕에게 대답하
였다. "임금님의 모든 신하들 가운데
서 다윗만큼 믿을 만한 사람이 누구
입니까? 더구나 그는 임금님의 사위
인 동시에 경호실장이며, 이 궁중에
서 매우 존귀한 사람이 아닙니까?
15 그가 할 일을 하나님께 여쭙는 일을,
제가 오늘에 와서 처음으로 시작한
것입니까? 전혀 그렇지 않습니다. 임
금님은 이 종이나 이 종의 온 집안
에 아무 허물도 돌리지 말아 주십시
오. 이 종은 이런 일은 전혀 아는 바
가 없습니다."
16 그런데도 왕은 이런 선언을 내렸다.
"아히멜렉은 들어라. 너는 어쨌든 너
의 온 집안과 함께 죽어 마땅하다."
17 그리고 왕은 자기 곁에 둘러 서 있던
호위병들에게 명령하였다. "너희는
당장 달려들어 주님의 제사장들을
죽여라. 그들은 다윗과 손을 잡고 공
모하였으며, 다윗이 도망하는 줄 알
았으면서도 나에게 귀띔해 주지 않
았기 때문이다." 그러나 왕의 신하들
은 손을 들어 주님의 제사장들을 살
해하기를 꺼렸다.
18 그러자 왕이 도엑에게 명하였다. "네
가 달려들어서 저 제사장들을 죽여
라." 그러자 에돔 사람 도엑이 서슴없
이 달려들어서 그 제사장들을 죽였
는데, 그가 그 날 죽인 사람은 모시
에봇을 입은 제사장만도 여든다섯
명이나 되었다.
19 사울은 제사장들이 살던 성읍 놉에
까지 가서, 주민을 다 칼로 쳐죽였
다. 그는 남자와 여자, 어린이와 젖먹
이, 소 떼나 나귀 떼나 양 떼를 가리
지 않고, 모두 칼로 쳐서 죽였다.
20 ○아히둡의 손자이며 아히멜렉의 아
들인 아비아달은, 거기서 피하여 다

22:6-23 사울이 제사장들을 죽인 사건은 하나님께 대한 적극적인 도전을 의미한다. 사울은 자신의 지위와 신변에 불안을 느낀 나머지 분별력을 상실하였다. 특히 '주님'이란 말조차도 제대로 입에 올리지 못했던 사울이 제사장을 일컬어 '주님의 제사장'이라 칭하였다(17절). 이는 자기의 권력으로 하나님께서 세운 자들을 넘어뜨리겠다는 뜻으로 하나님께 대한 반역을 의미한다.

22:6 기브아 사울 통치 시절의 이스라엘의 수도이며, 베냐민 지파에 할당된 사울의 고향이다.

22:18-19 놉 성읍은 아히멜렉으로부터 가축에 이르기까지 모두 멸절당한다. 이것은 마치 하나님의 공의의 심판이 수행되는 듯한 모습의 성격을 띤다. 그러나 그것은 사울 왕권을 정치적 권력으로 공고히 하기 위한 포학한 수단에 불과하다. 그는 이스라엘 백성에게 평안보다는 도리어 저주의 수단이 되고 있다. 그러나 이러한 사울의 악행이 더해질수록 다윗의 신앙은 더욱 견고해졌다.

윗에게로 도망하였다.
21 아비아달은 다윗에게, 사울이 주님
의 제사장들을 몰살시켰다는 소식
을 전하였다.
22 다윗이 아비아달에게 말하였다. "그
날 내가 에돔 사람 도엑을 거기에서
보고서, 그가 틀림없이 사울에게 고
자질하겠다는 것을 그 때에 이미 짐
작하였소. 제사장의 집안이 몰살당
한 것은, 바로 내가 책임져야 하오.
23 이제 두려워하지 말고, 나와 함께 지
냅시다. 이제 나의 목숨을 노리는 사
람이 바로 당신의 목숨을 노리는 사
람이기도 하니, 나와 함께 있으면 안
전할 것이오."

다윗이 그일라 주민을 구출하다

23 다윗은, 블레셋 사람이 그일라
를 치고, 타작한 곡식을 마구
약탈하여 간다는 소식을 들었다.
2 그래서 다윗은 주님께 여쭈었다. "내
가 출전하여 이 블레셋 사람을 쳐도
되겠습니까?" 그러자 주님께서 다윗
에게 허락하셨다. "그렇게 하여라.
어서 출전하여 블레셋 족속을 치고,
그일라를 구해 주도록 하여라."
3 그러나 다윗의 부하들이 반대하고
나섰다. "우리는 여기 유다에서도 이
미 가슴을 졸이며 살고 있는데, 우리
가 그일라로 출전하여 블레셋 병력
과 마주친다면, 얼마나 더 위험하겠
습니까?"
4 다윗이 주님께 다시 여쭈어 보았다.
그런데도 주님께서는 똑같이 대답하
셨다. "너는 어서 그일라로 가거라.
내가 블레셋 족속을 너의 손에 넘겨
주겠다."
5 그래서 다윗이 그일라로 출전하여
블레셋 사람과 싸웠다. 결국 그들을
쳐서 크게 무찔렀으며, 블레셋 사람
의 집짐승들을 전리품으로 몰아 왔
다. 다윗은 이렇게 그일라 주민을 구
원해 주었다.
6 ○(아히멜렉의 아들 아비아달은 그
일라에 있는 다윗에게로 도망할 때
에 에봇을 가지고 갔었다.)
7 ○한편 다윗이 그일라에 들어왔다는
소식이 사울에게 전해지니, 사울이
외쳤다. "이제는 하나님이 그 자를
나의 손에 넘겨 주셨다. 성문과 빗장
이 있는 성읍으로 들어갔으니, 독 안
에 든 쥐다."
8 그래서 사울은 군대를 소집하여, 그
일라로 내려가서 다윗과 그의 부하
들을 포위하게 하였다.
9 다윗은 사울이 자기를 해치려고 음
모를 꾸미고 있다는 사실을 알고서,
제사장 아비아달에게 에봇을 가져
오게 하였다.
10 다윗이 하나님께 아뢰었다. "주 이스
라엘의 하나님, 사울이 나를 잡으려

23장 요약 다윗은 자신의 피신처가 사울에게 노출되는 위험 부담을 무릅쓰고서, 블레셋 군대와 싸워 그일라 주민을 구원해 주었다. 그러나 그일라 주민은 은혜를 저버리고 다윗의 피신처를 사울에게 밀고하였다. 그들은 사울을 두려워하여 다윗의 피신처를 알려 주었던 것이다.

23:1–5 그일라를 구하는 것은 다윗에게 곤혹스러운 일이었다. 기름 부음을 받은 자로써 백성의 위태로움을 지나칠 수 없었고, 그렇다고 구하러 가기엔 목숨이 위태로웠다. 하지만 이 일은 하나님 나라의 대리적 통치자의 자격을 다윗에게 부여하기 위한 연단 과정이었다. 동시에 이스라엘 백성들이 다윗의 통치를 소망하도록 만들었다.

23:6 에봇을 가지고 갔었다 이것은 단순한 에봇이 아니라 하나님의 뜻을 묻고 응답받을 때 사용하던 대제사장의 에봇이다.

23:12 넘겨 줄 것이다 '막다', '둘러싸다', '봉쇄하다'

고 그일라로 와서 이 성읍을 멸망시
키기로 결심하였다는 소식을, 이 종
이 확실하게 들었습니다.
11 ㉠그일라 주민이 나를 사울의 손에
넘겨 주겠습니까? 이 종이 들은 소
문 그대로 사울이 내려오겠습니까?
주 이스라엘의 하나님, 이 종에게 대
답하여 주십시오." 주님께서 대답하
셨다. "그가 내려올 것이다."
12 다윗이 다시 한 번 여쭈었다. "그일
라 주민이 정말로 나를 나의 부하들
과 함께 사울의 손에 넘겨 주겠습니
까?" 주님께서 대답하셨다. "넘겨
줄 것이다."
13 그래서 다윗은 육백 명쯤 되는 부하
를 거느리고, 그일라에서 벗어나 떠
돌아다녔다. 다윗이 그일라에서 빠
져 나갔다는 소식이 사울에게 알려
지니, 사울은 출동하려다가 그만두
었다.

다윗이 산성으로 피하다

14 ○그리하여 다윗은 광야의 산성을
찾아다니며 숨어서 살았다. 그는 바
로 십 광야의 산간지역에서 살았다.
그 동안 사울은 날마다 다윗을 찾
았지만, ㉡하나님이 다윗을 사울의
손에 넘겨 주지 않으셨다.
15 그래서 사울이 다윗의 목숨을 노리
고 출동할 때마다, 다윗이 그것을 다
알고서 피하였다. ○다윗이 십 광야
의 호레스에 있을 때에,
16 사울의 아들 요나단이 호레스로 다
윗을 찾아와서, ㉡하나님을 굳게 의
지하도록 격려하였다.
17 그는 다윗에게 말하였다. "전혀 두려
워하지 말게. 자네를 해치려는 나의
아버지 사울의 세력이 자네에게 미
치지 못할 걸세. 자네는 반드시 이스
라엘의 왕이 될 걸세. 나는 자네의
버금가는 자리에 앉고 싶네. 이것은
나의 아버지 사울도 아시는 일일세."
18 이리하여 이 두 사람은 다시 주님 앞
에서 우정의 언약을 맺었다. 그리고
다윗은 계속 호레스에 머물렀으나,
요나단은 다시 집으로 돌아갔다.
19 ○십 사람 몇이 기브아로 사울을 찾
아 올라가서 밀고하였다. "다윗은 분
명히, 우리가 있는 호레스 산성 속에
숨어 있습니다. 바로 여시몬 남쪽에
있는 하길라 산 속에 숨어 있습니다.
20 임금님이 지금 당장 내려가기를 원
하신다면, 그렇게 하시기 바랍니다.
그를 잡아서 임금님의 손에 넘기는
일은, 저희가 맡아서 하겠습니다."
21 사울이 말하였다. "당신들이 나를
생각하여 그토록 정성을 보였으니,
주님이 주시는 복을 받기를 바라오.
22 당신들은 가서 빈틈없이 준비하시
오. 그 자가 도망다니는 곳이 어디이
며, 누가 어디서 그 자를 보았는지,

라는 뜻으로, 다윗이 그일라 주민 곧 그일라의 지도자들의 술책으로 갇히게 될 것이라는 뜻이다. 그들은 사울의 공격과 악행을 두려워하여 다윗을 배반하고 사울에게 넘겨 줄 것이었다. 선한 일을 행하고도 쫓겨 도망다니는 다윗의 생애는 우리에게 깊은 교훈을 준다.

23:13 육백 명 22:2과 비교했을 때, 다윗에게 충성을 맹세하고 따르기로 한 신하가 200명이 더 늘었다. 그일라에서 벗어나 떠돌아다녔다 다윗이 어떤 구체적인 목표 없이, 곧 정처 없이 발 닿는 대로 걸어갔다는 의미이다. 하나님의 뜻을 알면서도 그 때를 기다리는 과정은 결코 순탄하지는 않다. 하나님의 뜻을 향한 구체적인 확신과 소망이 없이는 나그네와 방랑자의 생활을 감당해 낼 수 없다.

23:21 당신들이…주님이 주시는 복을 받기를 바라오

㉠ 여기 나오는 첫 질문이 사해 사본에는 없음 ㉡ 사해 사본과 칠십인역에는 '주님'

자세히 알아보시오. 내가 듣는 바로
는, 그는 매우 교활하오.
23 당신들은 그가 숨을 만한 모든 은신
처를 자세히 살펴본 다음에, 틀림없
는 정보를 가지고 나를 찾아오시오.
그러면 내가 당신들과 함께 가겠소.
그가 이 나라 안에 있기만 하면, 내
가 유다의 마을들을 남김없이 다 뒤
져서라도 그를 찾아내고야 말겠소."
24 ○이리하여 그들이 일어나 사울보다
먼저 십 광야로 떠나갔다. 이 때에
다윗과 그의 부하들은, 여시몬 남쪽
의 아라바에 있는 마온 광야에 있었
다.
25 사울도 부하들을 거느리고 다윗을
찾아 나섰다. 누가 이 사실을 다윗
에게 알려 주니, 그가 마온 광야에
있는 바위로 내려갔다. 사울이 이
소식을 듣고, 곧 마온 광야로 가서
다윗을 추격하였다.
26 이리하여 사울은 산 이쪽에서 쫓아
가고, 다윗과 그의 부하들은 산 저
쪽에서 도망하게 되었다. 이렇게 다
윗은 사울을 피하여 급히 도망하고,
사울과 그의 부하들은 다윗과 그의
부하들을 잡으려고 포위를 하는데,
27 갑자기 전령 한 사람이 사울에게 와
서, 블레셋 족속이 쳐들어왔으니, 어
서 돌아가야 한다고 보고하였다.
28 사울은 다윗을 추격하다 말고 돌아
가서, 블레셋 족속을 맞아 싸우러
나갔다. 그리하여 그 곳 이름을 ㉠셀
라하마느곳이라고 부른다.

다윗이 사울을 살려 주다

29 ○㉡다윗은 엔게디 산성에 올라가 거
기에 머물러 있었다.

24

1 블레셋 사람과 싸우고 돌아
온 사울은, 다윗이 엔게디 광
야에 있다는 소식을 듣고,
2 온 이스라엘에서 삼천 명을 뽑아 거
느리고, 다윗과 그의 부하들을 찾으
러 '들염소 바위' 쪽으로 갔다.
3 사울이 길 옆에 양 우리가 많은 곳
에 이르렀는데, 그 곳에 굴이 하나
있었다. 사울이 ㉢뒤를 보려고 그리
로 들어갔는데, 그 굴의 안쪽 깊은
곳에 다윗과 그의 부하들이 숨어 있
었다.
4 다윗의 부하들이 그에게 말하였다.
"드디어 주님께서 대장님에게 약속
하신 바로 그 날이 왔습니다. '내가
너의 원수를 너의 손에 넘겨 줄 것이
니, 네가 마음대로 그를 처치하여라'
하신 바로 그 날이 되었습니다." 다
윗이 일어나서 사울의 겉옷자락을
몰래 잘랐다.
5 다윗은 자기가 사울의 겉옷자락만
을 자른 것 뿐인데도 곧 양심에 가
책을 받게 되었다.
6 그래서 다윗은 자기 부하들에게 타

사울의 이기적인 신앙을 간접적으로 표현한 말이다. 경건의 모양은 있으나 경건의 능력은 부인한 가증한 모습이다. 즉, 유명무실(有名無實)한 사울의 신앙 때문에 오히려 멸망당하였다.

23:29 엔게디 유다 광야의 동쪽 끝이며 오아시스 지역으로 야자수와 포도원으로 유명하다. 또한 석회동굴이 많아 피신에 유리한 곳이기도 하다.

㉠ '도피의 바위' 또는 '분리의 바위' ㉡ 히브리어 본문에서는 여기에서 24장이 시작됨 ㉢ 히, '발을 가리려고'

24장 요약 다윗에게 사울을 죽일 수 있는 기회가 왔다. 하지만 다윗은 사울의 겉옷자락만 잘랐다. 사울을 죽이지 않더라도 하나님의 섭리로 사울이 제거되리라고 확신했기 때문이다. 이 사실을 알게 된 사울은 양심의 가책을 받아 울었고, 다윗에게 왕권이 넘겨지리라는 것을 인정하였다.

24:4 드디어 주님께서 대장님에게 약속하신…바로

일렀다. "내가 감히 손을 들어, 주님
께서 기름부어 세우신 우리의 임금
님을 치겠느냐? 주님께서 내가 그런
일을 하지 못하도록 나를 막아 주시
기를 바란다. 왕은 바로 주님께서 기
름부어 세우신 분이기 때문이다."
7 다윗은 이런 말로 자기의 부하들을
타이르고, 그들이 일어나 사울을 치
지 못하게 하였다. ○마침내 사울이
일어나서 굴 속에서 나가 길을 걸어
갔다.
8 다윗도 일어나 굴 속에서 밖으로 나
가서, 사울의 뒤에다 대고 외쳤다.
"임금님, 임금님!" 사울이 뒤를 돌아
다보자, 다윗이 땅에 엎드려 절을 하
였다.
9 그런 다음에, 다윗이 사울에게 말하
였다. "임금님은 어찌하여, 다윗이
왕을 해치려 한다고 주장하는 사람
들의 말만 들으십니까?
10 보십시오, 주님께서 오늘 저 굴 속에
서 임금님을 나의 손에 넘겨 주셨다
는 사실을, 이제 여기에서 직접 확인
하실 수 있습니다. 임금님을 살려 보
내지 말라고 말하는 사람도 있었지
만, ㉠나는 임금님을 아꼈습니다. 절
대로, 손을 들어 우리의 임금님을 치
지 않겠다고 다짐하였습니다. 임금
님은 바로 주님께서 기름부어 세우
신 분이기 때문입니다!
11 아버지, 지금 내가 들고 있는 임금님
의 겉옷자락을 보십시오. 내가 이 겉
옷자락만 자르고, 임금님께 손을 대
지 않았습니다. 이것을 보시면, 나의
손에 악이나 죄가 없으며, 임금님께
반역하거나 잘못한 일이 없다는 것
도 아실 것입니다. 그런데도 임금님
은 나를 죽이려고, 찾아다니십니다.
12 이제는 주님께서, 나와 임금님 사이
에서 재판관이 되시고, 나의 억울한
것을 주님께서 직접 풀어 주시기 바
라겠습니다. 나의 손으로는 직접 임
금님께 해를 끼치지 않겠습니다.
13 옛날 속담에 '악인에게서 악이 나온
다' 하였으니, 나의 손으로는 임금님
을 해치지 않겠습니다.
14 이스라엘의 임금님은 누구를 잡으려
고 이렇게 나오셨습니까? 임금님이
누구를 잡으려고 쫓아다니십니까?
한 마리 죽은 개를 쫓아다니십니까?
한 마리 벼룩을 쫓아다니십니까?
15 그러므로 주님께서 재판관이 되셔
서, 나와 임금님 사이를 판결하여 주
시기를 빌겠습니다. 주님께서 굽어
보시고 나의 억울함을 판결하여 주
시며, 나를 임금님의 손에서 건져 주
시기를 빌겠습니다."
16 ○다윗이 말을 끝마치자, 사울은 "나
의 아들 다윗아, 이것이 정말 너의
목소리냐?" 하고 말하면서, 목놓아

그 날이 되었습니다 다윗에게 사울을 직접 죽일 수도 있는 절호의 기회가 주어진다. 이 기회에 대해 다윗의 부하들은 하나님께서 약속하신 바로 그 *날이라고 판단했다.* 다윗도 처음에는 그들의 판단을 어느 정도 수긍하고 상징적 의미로서 겉옷자락을 잘랐지만, 양심의 가책을 받아 사울을 해칠 수 없다는 이유를 밝힌다(6,12절). 그는 사울의 행위에 대해 재판관이신 하나님의 판결에 맡기는 위대한 신앙심을 보여 준다. 즉 다윗이 승리한 것이다.

24:14 한 마리 죽은 개를…한 마리 벼룩을 쫓아다니십니까 여기서 '죽은 개'는 히브리어의 관용적 표현으로 가장 모욕적인 멸시이다. '왕에 비해 세력도 없고 왕에게 위협이 될 만한 존재가 아닙니다' 라고 겸손하게 이야기한다. 다윗이 장군으로서 이런 말을 한다는 것은 쉽지 않았을 것이다.

㉠ 칠십인역과 시리아어역과 타르굼과 불가타를 따름. 히, '그것(나의 눈)이 임금님을 아꼈습니다'

울었다.
17 사울이 다윗에게 말하였다. "나는
너를 괴롭혔는데, 너는 내게 이렇게
잘 해주었으니, 네가 나보다 의로운
사람이다.
18 주님께서 나를 네 손에 넘겨 주셨으
나, 너는 나를 죽이지 않았다. 이것
하나만으로도 오늘 너는, 네가 나를
얼마나 끔찍이 생각하는지를 내게
보여 주었다.
19 도대체 누가 자기의 원수를 붙잡고
서도 무사히 제 길을 가도록 놓아 보
내겠느냐? 네가 오늘 내게 이렇게
잘 해주었으니, 주님께서 너에게 선
으로 갚아 주시기 바란다.
20 나도 분명히 안다. 너는 틀림없이 왕
이 될 것이고, 이스라엘 나라가 네
손에서 굳게 설 것이다.
21 그러므로 너는 이제 주님의 이름으
로 내게 맹세하여라. 너는 내 자손
을 멸절시키지도 않고, 내 이름을 내
아버지의 집안에서 지워 버리지도
않겠다고, 내게 맹세하여라."
22 다윗이 사울에게 그대로 맹세하였
다. 사울은 자기의 왕궁으로 돌아갔
고, 다윗과 그의 부하들은 산성으로
올라갔다.

사무엘의 죽음

25 사무엘이 죽었다. 온 이스라엘
백성이 모여 그의 죽음을 슬퍼
하며 울고, 그의 고향 라마에 그를
장사하였다.

다윗과 아비가일

○그 뒤에 다윗은 ㉠바란 광야로 내
려갔다.
2 그 무렵에 마온에 어떤 사람이 살았
는데, 갈멜에 목장을 가지고 있었고,
아주 잘 사는 사람이었다. 그가 가
진 가축은 양 떼가 삼천 마리, 염소
떼가 천 마리였다. 그는 마침 갈멜에
와서 양털을 깎고 있었다.
3 그 사람의 이름은 나발이며, 그 아내
의 이름은 아비가일이었다. 이 여인
은 이해심도 많고 용모도 아름다웠
으나, 그 남편은 고집이 세고 행실이
포악하였다. 그는 갈렙 족속이었다.
4 그런데 나발이 양털을 깎는다는 소
식을 다윗이 광야에서 듣고,
5 자기 부하들 가운데서 젊은이 열 사
람에게 임무를 주어서 그에게 보냈
다. "너희는 갈멜로 올라가 나발을
찾아가서, 나의 이름으로 안부를 전
하여라.
6 너희는 그에게 이렇게 나의 말을 전
하여라. '만수무강을 빕니다. 어른도
평안하시고, 집안이 모두 평안하시
기를 빕니다. 어른의 모든 소유도 번
창하기를 빕니다.
7 지금 일꾼들을 데리고 양털을 깎고
계시다는 소식을 들었습니다. 어른

25장 요약 마침내 사무엘은 세상을 하직한다(1절). 이어지는 기사에서는 갈렙 족속인 나발의 완악함과 다윗의 분노, 그리고 나발의 아내 아비가일의 지혜로운 개입으로 인해 다윗이 살상극을 단념하게 되고 아비가일을 아내로 맞이하는 등의 이야기들이 극적으로 전개된다.

25:1 사무엘이 죽었다 사무엘은 당대 이스라엘 국가의 탁월한 지도자로서 진정한 왕권이 공고히 수립될 때까지 생존해 있었다. 사울이 스스로 다윗 왕권을 인정하게 되자(24:20), 사무엘의 역할은 그 소임(所任)을 다하게 된 것이다.

25:2 갈멜 마온과 십 광야 중간에 위치한 성읍으로서, 이스라엘 북쪽 갈릴리 가까이의 갈멜 산을 가리키는 것이 아니다. 헤브론 남쪽 11.2km 지점에 있다. 양털을 깎고 있었다 양을 치는 사람이 양털을 깎는 것은 농민이 추수하는 것과 같다(창

㉠ 칠십인역 사본 가운데 더러는 '마온'

의 목자들이 우리와 함께 있었는데,
우리는 그들을 괴롭힌 일도 없으며,
그들이 갈멜에 있는 동안에 양 한
마리도 잃어버린 것이 없었습니다.
8 일꾼들에게 물어 보시면, 그들이 사
실대로 대답할 것입니다. 그리고 우
리들이, 잔치를 벌이는 좋은 날에 어
른을 찾아왔으니, 제가 보낸 젊은이
들을 너그럽게 보시고, 부디 어른의
종들이나 다름이 없는 저의 부하들
과, 아들이나 다름이 없는 이 다윗
을 생각하셔서, 먹거리를 좀 들려 보
내 주십시오.'"
9 ○다윗의 젊은이들이 도착하여, 다
윗의 이름으로 나발에게 이 모든 말
을 그대로 전하고, 조용히 기다렸다.
10 드디어 나발이 다윗의 젊은이들에게
대답하였다. "도대체 다윗이란 자가
누구며, 이새의 아들이 누구냐? 요
즈음은 종들이 모두 저마다 주인에
게서 뛰쳐나가는 세상이 되었다.
11 그런데 내가 어찌, 빵이나 물이나, 양
털 깎는 일꾼들에게 주려고 잡은 짐
승의 고기를 가져다가, 어디서 왔는
지도 모르는 자들에게 주겠느냐?"
12 다윗의 젊은이들이, 갔던 길로 돌아
서서 다윗에게로 돌아와, 그 모든 말
을 그대로 전하였다.
13 다윗이 자기의 부하들에게 명령하였
다. "모두 허리에 칼을 차거라!" 그들
이 저마다 허리에 칼을 차니, 다윗도
허리에 자기의 칼을 찼다. 사백 명쯤
되는 사람들이 다윗을 따라 쳐올라
가고, 이백 명은 남아서 물건을 지켰
다.
14 ○그러는 사이에 나발의 일꾼들 가
운데서 한 사람이 그의 아내 아비가
일에게 가서 말하였다. "실은, 다윗
이 광야에서 부하들을 보내어 주인
께 문안을 드렸는데, 주인께서 그들
에게 호통만 쳐서 보냈습니다.
15 그러나 그들은 우리에게 매우 잘 하
여 준 사람들입니다. 우리가 들에서
양을 칠 때에 그들과 함께 지낸 일이
있었는데, 그 동안 내내 그들이 우리
를 괴롭힌 일도 없고, 양 떼를 훔쳐
간 일도 없었습니다.
16 오히려 우리가 그들과 함께 있으면서
양을 칠 동안에는, 그들이 밤이나
낮이나 우리를 성벽과 같이 잘 보살
펴 주었습니다.
17 그러므로 이제 마님께서 무엇을 어
떻게 하셔야 할지, 어서 생각하여 보
시기 바랍니다. 다윗의 부하가 틀림
없이 주인 어른께 앙갚음을 할 텐데,
주인 어른의 성격이 불 같으시니, 말
도 붙일 수 없습니다."
18 ○아비가일이 서둘러 빵 이백 덩이
와 포도주 두 가죽부대와 이미 요리
하여 놓은 양 다섯 마리와 볶은 곡

38:12;삼하 13:23-27). 이 때에는 번영을 감사하고 기원하는 축제가 베풀어진다. 이 세상에서 재물이 풍부하다는 것은 하나님께서 주신 선물이기 때문이다.

25:10 다윗이 장차 이스라엘의 왕이 될 신분으로서 그의 생명과 재산을 보호해 주었음에도 불구하고 나발은 다윗을 주인에게서 마음대로 떠난 불량한 종의 하나로 간주했다. 사울 왕의 체제에서 특권을 누리며 살아온 나발이 그 체제가 전복되지 않기를 바라는 것은 당연하다. 나발은 자신의 판단으로 역성혁명(易姓革命)을 일으키려는 다윗에 대하여 반감을 품었다. 그 감정은 다윗에 대한 멸시로 드러난다.

25:17 주인 어른의 성격이 불 같으시니 아비가일이 자기 남편을 평가하는 말이다. 히브리어로는 '벨리알의 아들'이란 뜻이다. '벨리알'은 사악하고 무가치한 존재를 뜻하는 말로 일반적으로 '벨리알의 아들들'로 표현되며, 구약의 배교 세력을 뜻한

식 다섯 세아와 건포도 뭉치 백 개
와 무화과 뭉치 이백 개를 가져다가,
모두 나귀 여러 마리에 싣고,
19 자기의 일꾼들에게 말하였다. "나는
뒤따라 갈 터이니, 너희가 앞장 서
라." 아비가일은 이 일을 자기의 남
편 나발에게는 전혀 알리지 않았다.
20 벌써 다윗이 부하들을 거느리고 그
여인의 맞은편에서 내려오고 있었으
므로, 나귀를 타고 산굽이를 돌아
내려가는 아비가일이 그들과 마주쳤
다.
21 다윗은 단단히 벼르고 있었다. "내
가 저 광야에서 그에게 속한 것은 무
엇이든지 지켜 주어, 그의 모든 재산
가운데서 아무것도 잃어버리지 않도
록 하였으나, 그것이 모두 헛일이었
다. 그는 나에게 선을 악으로 갚았
다.
22 내가 내일 아침까지, 그에게 속한 모
든 사람들 가운데서, 남자들을 하나
라도 남겨 둔다면, ㉠나 다윗은 하나
님께 무슨 벌이라도 받겠다."
23 아비가일이 다윗을 보고 급히 나귀
에서 내려서, 다윗 앞에 엎드려, 얼
굴을 땅에 대고 절을 하였다.
24 그런 다음에 아비가일이 다윗의 발
앞에 엎드려 애원하였다. "죄는 바로
나에게 있습니다. 이 종이 말씀드리
는 것을 허락해 주시고, 이 종의 말
에 귀를 기울여 주십시오.
25 장군께서는 나의 몹쓸 남편 나발에
게 조금도 마음을 쓰지 마시기 바랍
니다. 그 사람은 정말 이름 그대로,
못된 사람입니다. 이름도 ㉡나발인데
다, 하는 일도 어리석습니다. 그런데
다가 장군께서 보내신 젊은이들이
왔을 때에는, 내가 거기에 있지 않아
서, 그들을 만나지도 못하였습니다.
26 장군께서 사람을 죽이시거나 몸소
원수를 갚지 못하도록 막아 주신 분
은 주님이십니다. 주님도 살아 계시
고, 장군께서도 살아 계십니다. 장군
님의 원수들과 장군께 해를 끼치려
고 하는 자들이 모두 나발과 같이
되기를 바랍니다.
27 여기에 가져온 이 선물은 장군님을
따르는 젊은이들에게 나누어 주시라
고, 내가 가져온 것입니다.
28 이 종의 허물을 용서해 주시기 바랍
니다. 장군께서는 언제나 주님의 전
쟁만을 하셨으니, 주님께서 틀림없
이 장군님의 집안을 영구히 세워 주
시고, 장군께서 사시는 동안, 평생토
록 아무런 재난도 일어나지 않도록
도와 주실 것입니다.
29 그러므로 어느 누가 일어나서 장군
님을 죽이려고 쫓아다니는 일이 있
더라도, 장군님의 생명은 장군께서
섬기시는 주 하나님이 생명 보자기

다. 하나님의 통치를 거부하는 세력이 여기서는 다윗의 요청을 거부하는 모습으로 등장한다. 사울 체제하의 대표적 인물인 나발을 이렇게 묘사하는 것은 그 세력하의 모든 백성이 하나님께 반역하고 배교하였음을 암시하고 있다.

25:21 그는 나에게 선을 악으로 갚았다 다윗의 요청에 나발이 취한 모욕과 거부에 대하여 판단하는 말이다. 24:19에서 다윗의 선대함을 받고 사울이 기원한 말과 대조를 이룬다. 다윗은 사울의 악을 선으로 갚았다.

25:26 아비가일은 다윗에게 충언하여 다윗의 실수를 막았다. 다윗은 개인적인 복수심에 이끌려 나발의 오만불손한 거절을 처리하고자 하였다. 그러나 하나님께서 다윗을 통하여 이루시고자 하는 하나님의 왕국은 무력을 통한 정복으로 이루어지는 것이 아니었다.

㉠ 칠십인역과 시리아어역을 따름. 히, '다윗의 원수들은' ㉡ '어리석음'

에 싸서 보존하실 것이지만, 장군님
을 거역하는 원수들의 생명은, 주님
께서, 돌팔매로 던지듯이 팽개쳐 버
리실 것입니다.
30 이제 곧 주님께서 장군께 약속하신
대로, 온갖 좋은 일을 모두 베푸셔
서, 장군님을 이스라엘의 영도자로
세워 주실 터인데,
31 지금 공연히 사람을 죽이신다든지,
몸소 원수를 갚으신다든지 하여, 왕
이 되실 때에 후회하시거나 마음에
걸리는 일이 없도록 하시기 바랍니
다. 주님께서 그처럼 좋은 일을 장군
께 베풀어 주시는 날, 이 종을 기억
해 주시기 바랍니다."
32 ○다윗이 아비가일에게 말하였다.
"주 이스라엘의 하나님이 오늘 그대
를 보내어 이렇게 만나게 하여 주셨
으니, 주님께 찬양을 드리오.
33 내가 오늘 사람을 죽이거나 나의 손
으로 직접 원수를 갚지 않도록, 그대
가 나를 지켜 주었으니, 슬기롭게 권
면하여 준 그대에게도 감사하오. 하
나님이 그대에게 복을 베풀어 주시
기를 바라오.
34 그대에게 아무런 해도 입히지 못하
도록 나를 막아 주신 주 이스라엘의
하나님이 확실히 살아 계심을 두고
분명하게 말하지만, 그대가 급히 와
서 이렇게 나를 맞이하지 않았더라
면, 나발의 집안에는 내일 아침이 밝
을 때까지 남자는 하나도 살아 남지
못할 뻔하였소."
35 그리고 다윗은 그 여인이 자기에게
가져온 것들을 받고서, 이렇게 말하
였다. "평안히 집으로 돌아가시오.
내가 그대의 말대로 할 터이니, 걱정
하지 마시오."
36 ○아비가일이 나발에게 돌아와 보
니, 그는 자기 집에서 왕이나 차릴
만한 술잔치를 베풀고, 취할 대로 취
하여서, 흥겨운 기분이 되어 있었다.
그래서 아비가일은 다음날 아침이
밝을 때까지, 큰 일이든 작은 일이
든, 나발에게 아무 말도 하지 않았
다.
37 아침이 되어 나발이 술에서 깨었을
때에, 그의 아내는 그 동안에 있었던
일을 모두 그에게 말하였다. 그러자
그는 갑자기 심장이 멎고, 몸이 돌처
럼 굳어졌다.
38 열흘쯤 지났을 때에, 주님께서 나발
을 치시니, 그가 죽었다.
39 ○나발이 죽었다는 소문을 듣고, 다
윗이 말하였다. "주님을 찬양하여라!
나발이 나를 모욕하였으나, 주님께
서 그 원수를 갚아 주시고, 이 종이
직접 무슨 악을 행하지 않게 막아
주셨다. 주님께서는 나발이 저지른
죄악을 나발의 머리로 돌려보내 주

25:28 장군님의 집안을 영구히 다윗 왕가가 세워져 대대로 존속하게 될 것을 의미한다. 그리고 다윗의 후손들이 신실한 왕의 가계로 확실히 이어질 것을 말한 것이다.

25:36 왕이나 차릴 만한 술잔치 다윗은 생활의 기본적인 필요조차 궁핍함을 느꼈다. 반면 나발은 왕이나 차릴 만한 술잔치를 베풀 정도로 물질을 낭비하는 향락에 빠져 있었다. 그는 하늘에 보물을 쌓는 믿음이 없이 세상의 향락만을 좇았다. 그렇기 때문에 그는 다윗을 중심으로 전개되는 하나님 나라의 방향과 다윗의 존재에 대해 무감각하고 무지했다.

25:42-44 그의 아내가 되었다 구약의 결혼 관념은 일부일처제가 확립되기 전이었기 때문에, 다윗의 결혼은 다윗 왕가를 세우는 데 의미가 있었다. 다윗 왕가에 속하게 됨은 당시에 있어서 큰 구원과 영광을 얻는 것이었다. 그러나 사울의 둘째 딸 미갈은 여기에 속하지 못하게 되었다.

셨다." ○다윗은 아비가일을 자기의
아내로 삼으려고, 그 여인에게 사람
을 보내어 그 뜻을 전하였다.
40 다윗의 종들이 갈멜로 아비가일을
찾아가서 그 뜻을 전하였다. "다윗
어른께서 댁을 모셔다가 아내로 삼
으려고 우리를 보내셨습니다."
41 아비가일이 일어나, 얼굴이 땅에 닿
도록 절을 한 다음에 말하였다. "이
몸은 기꺼이 그분의 종이 되어, 그를
섬기는 종들의 발을 씻겠습니다."
42 아비가일이 일어나서, 서둘러 나귀
를 타고 길을 떠나니, 그 뒤로 그 여
인의 몸종 다섯이 따라나섰다. 아비
가일은 이렇게 다윗의 시종들을 따
라가서, 그의 아내가 되었다.
43 ○다윗은 이미 이스르엘 여인 아히
노암을 아내로 맞이하였기 때문에,
이제는 두 사람이 다 그의 아내가
되었다.
44 본래 다윗의 아내는 사울의 딸 미갈
이었으나, 사울이 이미 다윗의 아내
를 갈림 사람 라이스의 아들 발디에
게 주었다.

다윗이 또 사울을 살려 주다

26 십 광야의 주민이 기브아로 사
울을 찾아와서 밀고하였다.
"다윗은 ㉠여시몬 맞은쪽 하길라 산
속에 숨어 있는 것이 확실합니다."
2 그래서 사울이 일어나, 이스라엘에
서 삼천 명을 골라 거느리고, 십 광
야에 있는 다윗을 찾으러 직접 십
광야로 내려갔다.
3 사울은 여시몬 맞은쪽 하길라 산 속
으로 들어가 길 가에 진을 쳤다. 이
때에 다윗은 바로 그 광야에 있었기
때문에, 사울이 자기를 잡으려고 그
광야로 쫓아온 것을 알게 되었다.
4 다윗은 곧 정찰대원들을 파견하여,
사울이 와 있는 장소가 어디인가를
확인하게 한 다음에,
5 사울이 진을 친 곳으로 가 보았다.
다윗이 그 곳에 와 보니, 사울과 넬
의 아들 아브넬 군사령관이 자고 있
었는데, 사울은 진의 한가운데서 자
고, 그의 둘레에는 군인들이 사방으
로 진을 치고 있었다.
6 ○그래서 다윗이, 헷 사람 아히멜렉
과 스루야의 아들 요압의 아우인 아
비새에게, 누가 자기와 함께 사울의
진으로 내려가겠느냐고 물으니, 아비
새가 나서서, 자기가 다윗과 함께 내
려가겠다고 대답하였다.
7 이리하여 다윗이 아비새를 데리고
밤에 군인들이 있는 곳으로 가 보니,
사울이 진의 한가운데서 누워 자고,
그의 머리맡에는 그의 창이 땅바닥
에 꽂혀 있고, 아브넬과 군인들은 그
의 둘레에 사방으로 누워 있었다.
8 아비새가 다윗에게 자청하였다. "하

26장 요약 다윗은 사울을 처치할 수 있는 절호의 기회를 또다시 맞았다. 하지만 이번에도 다윗은 사울을 용서하고서 그의 창과 물병만 몰래 가져왔다. 이는 자신의 손으로 피를 흘리지 않고 공의의 보복을 하나님께 맡기는 깊은 신앙에 근거한 행동이요, 선으로 악을 갚는 차원 높은 모습이었다.

㉠ 또는 '황폐한 땅 맞은쪽'

26:1 십 광야의 주민이 기브아로 사울을 찾아와서 밀고하였다 다윗을 향한 십 광야 주민의 반역은 아직도 그들이 사울을 추종하고 있음을 뜻한다(참고. 23:19). 이 정보로 인해 다윗에 대한 사울의 제3차 추격이 시작되었다. 그럼에도 불구하고 다윗의 신앙과 태도는 더욱 의연하고 분명해진다.
26:6 헷 사람 철기 문명을 받아들여 B.C. 1100년경 팔레스타인 북쪽의 광대한 영토를 소유한 제국이었다. 다윗 당시 군소 국가로 쇠퇴, 팔레스타

나님이 오늘, 이 원수를 장군님의 손
에 넘겨 주셨습니다. 제가 그를 당장
창으로 찔러 땅바닥에 박아 놓겠습
니다. 두 번 찌를 것도 없이, 한 번이
면 됩니다."
9 그러나 다윗은 아비새에게 타일렀
다. "그를 죽여서는 안 된다. 그 어느
누구든지, 주님께서 기름부어 세우
신 자를 죽였다가는 벌을 면하지 못
한다."
10 다윗이 말을 계속하였다. "주님께서
확실히 살아 계심을 두고 말하지만,
주님께서 사울을 치시든지, 죽을 날
이 되어서 죽든지, 또는 전쟁에 나갔
다가 죽든지 할 것이다.
11 주님께서 기름부어 세우신 이를 내
가 쳐서 죽이는 일은, 주님께서 금하
시는 일이다. 그러므로 이제 우리는
그의 머리맡에 있는 창과 물병만 가
지고 가자."
12 다윗이 사울의 머리맡에 있던 창과
물병을 들고 아비새와 함께 빠져 나
왔으나, 보는 사람도 없고, 눈치채는
사람도 없고, 깨는 사람도 없었다.
주님께서 그들을 깊이 잠들게 하셔
서, 그들이 모두 곤하게 잠들어 있었
기 때문이다.
13 ○다윗이 맞은편으로 건너가 멀리
산꼭대기에 섰다. 다윗과 사울 사이
의 거리가 꽤 멀어졌다.
14 여기서 다윗이 사울의 부하들과 넬
의 아들 아브넬에게 소리쳤다. "아브
넬은 대답을 하여라!" 아브넬이 대답
하였다. "네가 누구이기에 감히 소리
를 쳐서 임금님을 깨우느냐?"
15 ○다윗이 아브넬에게 호통을 쳤다.
"너는 사내 대장부가 아니냐? 이스
라엘 천지에서 너만한 대장부가 어
디에 또 있느냐? 그런데 네가 어째
서 너의 상전인 임금님을 잘 보호하
여 드리지 않았느냐? 백성 가운데
한 사람이 너의 상전인 임금님을 범
하려고 이미 들어갔었다.
16 너는 이번에 너의 책임을 다하지 못
했다. 주님께서 확실히 살아 계심을
두고 말하지만, 너희가 주님께서 기
름부어 세우신 너희의 상전을 보호
해 드리지 못했으니, 너희는 이제 죽
어 마땅하다. 그러므로 너는 이제 왕
의 창이 어디로 갔으며, 왕의 머리맡
에 있던 물병이 어디로 갔는지, 어서
찾아 보도록 하여라."
17 ○사울이 다윗의 목소리를 알아듣
고 말하였다. "나의 아들 다윗아, 이
것이 정말로 너의 목소리냐?" 다윗
이 대답하였다. "나의 상전이신 임금
님, 그러합니다."
18 그런 다음에, 다윗이 말하였다. "나
의 상전이신 임금님은 어찌하여 이
렇게 임금님의 종을 사냥하러 나오

인에 잔존한 이방 민족이다.

26:8 엔게디 동굴에서 다윗 일행이 사울을 처치할 수 있는 절호의 기회(24:3-4)가 있었다. 그 후 *이와 비슷한 또 다른 기회가 주어진다.* 아비새는 이 기회를 하나님께서 허락하신 정한 때로 이해한다. 그러나 다윗은 엔게디 동굴 사건과 나발 사건을 통해 원수 갚는 일은 하나님께 속한 것임을 명확히 깨닫고 아비새의 요청을 단호히 물리친다(9-10절).

26:19 나는 기꺼이 희생제물이 되겠습니다 다윗은 하나님께서 자기에게 노하실 까닭이 전혀 없음을 알고 있다. 그러나 사울이 자신을 죽이려고 애쓰는 배후에 하나님께서 역사하고 계신다면, 하나님께서 노여움을 푸시는 제사를 요구하는 것으로 알고 회개하는 마음으로 잡혀가겠다는 뜻이다. 주님께서 유산으로 주신 땅에서 내가 받을 몫을 받지 못하도록 하고 하나님의 백성과의 친교로부터 떨어지게 하고 하나님께서 주신 땅에서 평화

셨습니까? 내가 무슨 잘못을 저질렀
습니까? 내 손으로 저지른 죄악이
무엇입니까?
19 나의 상전이신 임금님은 이 종이 하
는 말에 귀를 기울여 주시기 바랍니
다. 임금님을 충동하여 나를 치도록
시키신 분이 주님이시면, ㉠나는 기
꺼이 희생제물이 되겠습니다. 그러
나 임금님을 충동하여 나를 치도록
시킨 것이 사람이면, 그들이 주님에
게서 저주를 받기를 바랍니다. 주님
께서 유산으로 주신 땅에서 내가 받
을 몫을 받지 못하도록 하고, 나더러
멀리 떠나가서 다른 신들이나 섬기
라고 하면서, 나를 쫓아낸 자들이
바로 그들이기 때문입니다.
20 그러니 이제, 주님으로부터 멀리 떨
어진 이 이방 땅에서, 내가 살해당하
지 않게 하여 주시기를 바랍니다. 어
찌하여 이스라엘의 임금님이, 사냥
꾼이 산에서 메추라기를 사냥하듯
이, 겨우 벼룩 한 마리 같은 나를 찾
으러 이렇게 나서셨습니까?"
21 ○사울이 대답하였다. "내가 잘못했
다. 나의 아들 다윗아, 돌아오너라.
네가 오늘 나의 생명을 귀중하게 여
겨 주었으니, 내가 다시는 너에게 해
를 끼치지 않겠다. 정말 내가 어리석
은 일을 하여, 아주 큰 잘못을 저질
렀다."
22 다윗이 말하였다. "여기에 임금님의
창이 있습니다. 젊은이 하나가 건너
와서 가져가게 하십시오.
23 주님께서 각 사람에게 그 공의와 진
실을 따라 갚아 주시기를 바랍니다.
주님께서 오늘 임금님을 나의 손에
넘겨 주셨지만, 나는, 주님께서 기름
부어 세우신 임금님께 손을 대지 않
았습니다.
24 그러므로 내가 오늘 임금님의 생명
을 귀중하게 여겼던 것과 같이, 주님
께서도 나의 생명을 귀중하게 여기
시고, 어떠한 궁지에서도 나를 건져
내어 주실 것입니다."
25 사울이 다윗에게 말하였다. "나의
아들 다윗아, 하나님이 너에게 복 주
시기를 바란다. 너는 참으로 일을 해
낼 만한 사람이니, 매사에 형통하기
를 바란다." ○다윗은 자기의 길로 가
고, 사울도 자기의 궁으로 돌아갔다.

다윗이 다시 아기스 왕에게 망명하다

27 다윗이 혼자서 생각하였다. "이
제 이러다가, 내가 언젠가는 사
울의 손에 붙잡혀 죽을 것이다. 살아
나는 길은 블레셋 사람의 땅으로 망
명하는 것뿐이다. 그러면 사울이 다
시 나를 찾으려고 이스라엘의 온 땅
을 뒤지다가 포기할 것이며, 나는 그
의 손에서 벗어나게 될 것이다."
2 그래서 다윗은 일어나서, 자기를 따

롭게 살지 못하게 축출한다는 뜻이다.
26:25 매사에 형통하기를 바란다는 것은 사울 자신이 아니라, 궁극적으로 다윗에게만 모든 가능성이 열려 있음을 강조하는 표현이다. 다윗이 자기의 길로 간 것은 어떤 시련과 막힘에도 주저하지 않고 자신에게 맡겨진 사명의 삶을 계속한다는 의미이다. 이와는 대조적으로 사울은 다시 자기의 궁 즉 원래의 삶의 모습으로 되돌아갔음을 보여 준다.

27장 요약 아무리 신앙이 좋은 인물도 때로는 눈앞의 두려움에 사로잡혀 실수를 범한다. 유다 광야에서의 괴로운 도피 생활이 계속됨에 따라 다윗은 몸도 마음도 지쳤다. 그래서 내린 결론이 블레셋으로 망명하는 것이었으나, 이 결정은 하나님의 구원을 끝까지 신뢰하지 못한 행위였다.

㉠ 히, '주님께서 제물을 받으시기를 원합니다'

르는 부하 육백 명을 거느리고, 가드
왕 마옥의 아들 아기스에게로 넘어
갔다.
3 그리하여 다윗은 가드에 있는 아기
스에게로 가서 거처를 정하였다. 다
윗과 그의 부하들은 저마다 가족을
거느리고 살았는데, 다윗이 거느린
두 아내는 이스르엘 여인 아히노암
과 나발의 아내였던 갈멜 여인 아비
가일이었다.
4 다윗이 가드로 도망갔다는 소식이
사울에게 전하여지니, 그가 다시는
다윗을 찾지 않았다.
5 ○다윗이 아기스에게 간청하였다.
"임금님이 나를 좋게 보신다면, 지방
성읍들 가운데서 하나를 나에게 주
셔서, 내가 그 곳에 정착할 수 있도
록 해주시기를 바랍니다. 이 종이 어
떻게 감히 임금님과 함께, 임금님이
계시는 도성에 살 수가 있겠습니
까?"
6 그러자 아기스는 그 날 당장 시글락
을 다윗에게 주었다. 그래서 시글락
이 이 날까지 유다 왕들의 소유가 되
었다.
7 다윗이 블레셋 사람의 지역에서 거
주한 기간은 일 년 넉 달이었다.
8 ○바로 그 기간에, 다윗은 부하들을
거느리고 다니면서, 그술 사람과 기
르스 사람과 아말렉 사람을 습격하
곤 하였다. 그 사람들은 오래 전부
터 수르 광야와 이집트 국경선에 이
르는 전 지역에서 살고 있었다.
9 다윗은, 그들이 사는 지역을 칠 때에
는, 남녀를 가리지 않고 한 사람도
살려 두지 않고, 양과 소와 나귀와
낙타와 옷을 약탈하였다. 약탈물을
가지고 아기스에게로 돌아가면,
10 아기스는 으레 "그대들이 오늘은 ㉠어
디를 습격하였소?" 하고 묻고, 그럴
때마다 다윗은, 유다의 남쪽 지역을
털었다느니, 여라무엘 족속의 남쪽
지역을 털었다느니, 또는 겐 족속의
남쪽 지역을 털었다느니, 하는 식으
로 대답을 하곤 하였다.
11 다윗이 남녀를 가리지 않고 죽이고
가드로 데려가지 않은 것은, 그들이
다윗의 정체를 알아, 다윗이 그런 일
을 하였다고 폭로할까 두려웠기 때
문이다. 다윗은 블레셋 사람의 지역
에 거주하는 동안, 언제나 이런 식으
로 처신하였다.
12 아기스는 다윗의 말만 믿고서, 다윗
이 자기 백성 이스라엘에게서 그토
록 미움받을 짓을 하였으니, 그가 영
영 자기의 종이 될 것이라고 생각하
였다.

28

1 그럴 즈음에 블레셋 사람이
이스라엘에 쳐들어가려고 모
든 부대를 집결시켰다. 그러자 아기

27:1 내가 언젠가는 사울의 손에 붙잡혀 죽을 것이다…망명하는 것뿐이다 인간 다윗의 믿음과 인내의 한계를 보여 준다.

27:10 블레셋 가드 왕 아기스 수하로 들어간 다윗은 아기스에게 충성하여야 했다. 그러나 다윗 자신이 하나님의 뜻을 거역할 수도 없었다. 그래서 다윗은 유다 족속 및 이스라엘과 친분이 있는 족속을 쳤노라고 허위 보고를 하게 되었다.

㉠ 사해 사본과 칠십인역과 불가타에는 '누구를 습격하였소?'

28장 요약 본장 이후부터는 사울 왕가의 비극적 최후에 관한 기록이 주종을 이루고 있다. 블레셋 군대와 마주한 사울은 두려운 나머지 여자 무당을 찾아갔다. 무당과 박수를 쫓아냈던 사울이었지만(3절) 위기의 순간에 다시 그러한 가증스러운 힘에 의존하려 했다.

28:1-2 귀관은 부하들을 거느리고 직접 출정하시오 다윗 일행이 블레셋으로 피신하여 당하게 된 난

스가 다윗에게 말하였다. "귀관이
나와 함께 출정하여야 한다는 것을
알고 있을 줄 아오. 귀관은 부하들
을 거느리고 직접 출정하시오."
2 다윗이 아기스에게 대답하였다. "그
렇게 하겠습니다. 이 종이 무엇을 할
수 있는지, 임금님이 아시게 될 것입
니다." 아기스가 다윗에게 말하였다.
"좋소! 귀관을 나의 종신 경호대장
으로 삼겠소."

사울이 무당을 찾아가다

3 ○사무엘이 이미 죽어서 온 이스라
엘 백성이 그의 죽음을 슬퍼하며, 그
를 그의 고향 라마에 장사지낸 뒤였
다. 그리고 사울이 나라 안에서 무
당과 박수를 모조리 쫓아낸 때였다.
4 ○바로 그 때에 블레셋 군대가 모여
서 수넴에 진을 쳤다. 사울도 온 이
스라엘 군을 집결시켜, 길보아 산에
진을 쳤다.
5 사울은 블레셋 군의 진을 보고, 두
려워서 마음이 몹시 떨렸다.
6 사울이 주님께 물었으나, 주님께서
는 그에게 꿈으로도, 우림으로도, 예
언자로도, 대답하여 주지 않으셨다.
7 그래서 사울은 자기의 신하들에게
명령하였다. "망령을 불러올리는 여
자 무당을 한 사람 찾아 보아라. 내
가 그 여인을 찾아가서 물어 보겠
다." 사울의 신하들이 그에게 말하였
다. "엔돌에 망령을 불러올리는 무
당이 한 사람 있습니다."
8 ○사울은 다른 옷으로 갈아 입고 변
장한 다음에, 두 신하를 데리고 갔
다. 밤에 그들이 그 여인에게 이르렀
는데, 사울이 그에게 말하였다. "망
령을 부르는 술법으로, 내가 당신에
게 말하는 사람을 나에게 불러올려
주시오."
9 그러나 그 여인이 그에게 대답하였
다. "이것 보시오. 사울이 이 나라에
서 무당과 박수를 모조리 잡아 죽인
것은, 당신도 잘 아시지 않습니까?
그런데 왜 당신은 나의 목에 올가미
를 씌워, 나를 죽이려고 하십니까?"
10 사울이 주님의 이름을 걸고 그 여인
에게 맹세하였다. "주님께서 확실히
살아 계심을 걸고 맹세하지만, 당신
이 이 일로는 아무런 벌도 받지 않
을 것이오."
11 그 여인이 물었다. "내가 당신에게
누구를 불러올릴까요?" 사울이 대
답하였다. "나에게 사무엘을 불러올
리시오."
12 ○그 여인은 사무엘이 올라온 것을
보고, 놀라서 큰소리를 질렀다. 그런
다음에, 그 여인은 사울에게 항의하
였다. "사울 임금님이 몸소 오셨으면
서도 왜 저를 속이셨습니까?"
13 왕이 그 여인에게 말하였다. "무서워

처한 상황이다. 하나님의 백성 이스라엘을 위하여 싸워야 할 다윗 일행이 오히려 이스라엘을 대적하여 싸우게 된 것이다. 단 한 번 현실과의 타협이 하나님의 백성 이스라엘을 대적하는 엄청난 결과를 가져왔다.

28:3 무당 강신술 즉, 주술에 의해 죽은 사람의 영을 불러내어 그 뜻을 알아내는 자이다. 모세 율법은 이러한 자들과 접하는 것을 금하고 있다(레 19:31;20:6,27;신 18:11). 박수 (히) '야다'(알다)에서 기원한 명사로, 미래의 일에 대하여 알아 맞히는 점쟁이나 무당을 가리킨다. 미래사의 모든 것이 역사의 창조주인 하나님께 속한 것인데, 그것을 억지로 알려고 하는 행위는 하나님을 멸시하고, 모욕하는 우상 숭배 행위이다.

28:7 엔돌 수넴 북서쪽 약 10km 지점, 다볼 산과 모래 언덕 사이에 있다. 여기에 사울의 숙청(3절)을 피해 여자 무당이 숨어 살고 있었다. 이는 사울의 종교 개혁이 형식적임을 보여 준다.

하지 말아라. 네가 무엇을 보고 있느
냐?" 여인이 사울에게 대답하였다.
"땅 속에서 ㉠영이 올라온 것을 보고
있습니다."
14 사울이 그 여인에게 물었다. "그 모
습이 어떠하냐?" 여인이 대답하였
다. "한 노인이 올라오는데, 겉옷을
걸치고 있습니다." 사울은 그가 사무
엘인 것을 알아차리고, 얼굴이 땅에
닿도록 엎드려 절을 하였다.
15 ○사무엘이 사울에게 물었다. "당신
이 왜 나를 불러올려 귀찮게 하시
오?" 사울이 대답하였다. "제가 매
우 궁지에 몰려 있습니다. 블레셋 사
람이 지금 저를 치고 있는데, 하나님
이 이미 저에게서 떠나셨고, 예언자
로도, 꿈으로도, 더 이상 저에게 응
답을 하지 않으십니다. 그래서 제가
무엇을 어떻게 해야 하는지 알고 싶
어서, 이처럼 어른을 뵙도록 해 달라
고 부탁하였습니다."
16 사무엘이 책망하였다. "주님께서는
이미 당신에게서 떠나 당신의 원수
가 되셨는데, 나에게 더 묻는 이유가
무엇이오?
17 주님께서는, 나를 시켜 전하신 말씀
그대로 당신에게 하셔서, 이미 이 나
라의 왕위를 당신의 손에서 빼앗아
당신의 가까이에 있는 다윗에게 주
셨소.
18 당신은 주님께 순종하지 아니하고,
주님의 분노를 아말렉에게 쏟지 아
니하였소. 그렇기 때문에 주님께서
오늘 당신에게 이렇게 하셨소.
19 주님께서는 이제 당신과 함께 이스
라엘도 블레셋 사람의 손에 넘겨 주
실 터인데, 당신은 내일 당신 자식들
과 함께 내가 있는 이 곳으로 오게
될 것이오. 주님께서는 이스라엘 군
대도 블레셋 사람의 손에 넘겨 주실
것이오."
20 ○그러자 사울은 갑자기 그 자리에
쓰러져 땅바닥에 벌렁 넘어졌다. 사
무엘의 말을 듣고서, 너무나 두려웠
기 때문이다. 게다가 그는 그 날 하
루 종일, 그리고 밤새도록 굶었으므
로, 힘마저 쭉 빠져 있었다.
21 그 여인이 사울에게 가까이 와서, 그
가 아주 기진맥진해 있는 것을 보
고, 그에게 말하였다. "보십시오, 이
종은 임금님의 분부를 다 따랐습니
다. 저는 목숨을 내놓고, 임금님이
저에게 명령하신 대로 다 이루어 드
렸습니다.
22 그러므로 이제는 임금님도 이 종의
말씀을 들어 주시기 바랍니다. 제가
임금님께 음식을 좀 대접하여 드리
겠습니다. 임금님이 길을 더 가시려
면 기운을 차리셔야 하니, 음식을 드
시기 바랍니다."

28:16 주님께서는 이미 당신에게서 떠나 당신의 원수가 되셨는데 결국 사울과 하나님은 서로 대적하는 원수 관계가 되었다. 어 무렵, 사울은 하나님을 *대적하는* 사탄의 세력을 힘입고 있었던 것이다. 사울의 모든 삶은 하나님에 대한 종교 관념과 종교 의식으로 채워져 있었다. 그러나 모든 것이 형식에 불과하고, 정작 그분의 통치는 거부하는 가증한 모습이었다. 하나님의 뜻을 분별치 못함이 하나님께 불순종하는 결과를 낳았고, 곧 하나님을 대적하는 행위가 된 것이다.

28:17 이 나라의 왕위를 당신의 손에서 빼앗아 당신의 가까이에 있는 다윗에게 주셨소 하나님의 나라가 사울의 손, 즉 사울의 권세와 통치로부터 다윗의 권세와 통치로 넘어가게 된 것을 말한다. 가까이에 있는 '친구, 동료'라는 뜻으로 사울에 버금가는 자, 특히 사울이 가장 잘 아는 친숙한 관계에 있음을 지적하는 말이다.

㉠ 또는 '신' 또는 '신들'

23 그러나 사울은 "아무것도 먹고 싶지
않다!" 하고 말하면서, 그 여인의 청
을 거절하였다. 그러나 사울의 신하
들까지 그 여인과 함께 사울에게 권
하니, 사울이 그들의 말을 듣고, 땅
바닥에서 일어나 평상에 앉았다.
24 그 여인에게는 집에서 키운 살진 송
아지가 한 마리 있었는데, 서둘러서
그것을 잡고, 밀가루를 가져다가 반
죽하여 누룩을 넣지 않은 빵을 구워
서,
25 사울과 그의 신하들 앞에 차려 놓으
니, 그들은 그 음식을 먹고 일어나
서, 그 밤에 떠났다.

다윗이 블레셋 사람들에게 배척을 당하다

29 블레셋 사람은 모든 부대를 아
벡에 집결시켰고, 이스라엘 사
람은 이스르엘에 있는 샘가에 진을
쳤다.
2 블레셋 사람의 지도자들은 수백 명,
수천 명씩 거느리고 나아갔으며, 다
윗도 부하를 거느리고, 그 행렬의 맨
뒤에서 아기스와 함께 나아갔더니,
3 블레셋 사람의 지휘관들이 항의하
였다. "이 히브리 사람들이 무엇 때
문에 여기에 와 있습니까?" 아기스
가 블레셋 사람의 지휘관들에게 말
하였다. "귀관들도 알다시피, 이 사
람은 이스라엘 왕 사울의 종이었던
다윗이오. 그가 나와 함께 지낸 지
가 이미 한두 해가 지났지만, 그가
망명하여 온 날부터 오늘까지, 나는
그에게서 아무런 허물도 찾지 못하
였소."
4 그러나 블레셋 족속의 지휘관들은
다윗에게 분노를 터뜨렸다. 블레셋
족속의 지휘관들이 아기스에게 강요
하였다. "저 사람을 돌려 보내십시
오. 임금님께서 그에게 지정하여 준
그 곳으로 그를 돌려보내시고, 우리
와 함께 싸움터에 나가지 않도록 하
여 주십시오. 싸움터에 나가서 그가
우리의 대적으로 돌변할지도 모르는
일입니다. 그가 무엇을 가지고 자기
의 주인과 화해할 수가 있겠습니까?
우리 군인들의 머리를 잘라다 바쳐
서 하지 않겠습니까?
5 그가 바로, 이스라엘 백성이 춤을 추
면서,

'사울은 수천 명을 죽이고, 다윗
은 수만 명을 죽였다!'

하고 추켜세우던 그 다윗이 아닙니
까?"
6 ○마침내 아기스가 다윗을 불러 말
하였다. "주님께서 확실히 살아 계심
을 걸고 맹세하지만, 장군은 정직하
였소. 나에게로 온 날부터 오늘까지,
나는 장군에게서 아무런 허물도 찾
지 못하였기 때문에, 장군이 나와
함께 이 부대에 들어와서 출전하는

29장 요약 블레셋으로 망명했던 다윗은 아기스를 도와 이스라엘과 싸워야 할 처지에 놓이게 되었으나, 하나님의 간섭으로 인해 그 전투에서 빠져나올 수 있었다. 즉 블레셋 군대가 아벡에 진 치고 있을 때, 다윗 일행을 견제하였던 블레셋 지휘관들이 그들을 함께 출정시키지 말자고 아기스에게 강력히 항의했던 것이다.

29:3 망명하여 (히) '나팔'은 '떨어지다'라는 말로 다윗이 블레셋으로 도망해 내려간 것을 가리킨다. 또한 이 단어는 '타락'의 의미도 가진다.

29:4 싸움터에 나가서 그가 우리의 대적으로 돌변할지도 모르는 일입니다 아기스의 변호에도 불구하고 블레셋 지휘관들은 다윗의 진정한 모습을 의식하고 있었다. 이는 하나님께서 다윗을 보호하고, 블레셋으로부터 분리시키려는 하나님의 방법이었다. 여기서 대적이라는 말의 히브리어는 '사탄'인데, 서로가 본질적으로 화해될 수 없는 관계를

것을 좋게 생각하였소. 그런데 저 지
휘관들은 장군을 못마땅해 하오.
7 그러니 이제 장군은, 블레셋 사람의
지도자들의 눈에 거슬리는 일을 더
이상 하지 말고, 평안히 돌아가기를
바라오."
8 ○이번에는 다윗이 아기스에게 항의
하였다. "내가 잘못한 일이 무엇입
니까? 임금님을 섬기기 시작한 날부
터 오늘에 이르기까지, 임금님께서
말씀하신 대로 종에게서 아무런 허
물이 드러나지 않았다면, 왜 이 종
이 이제 나의 상전이신 임금님의 원
수들과 싸우러 나갈 수가 없습니
까?"
9 아기스가 다윗에게 대답하였다. "장
군이 정직하다는 것을 나는 잘 아
오. 나는 장군을 하나님의 천사처럼
여기오. 그런데 블레셋 사람의 지휘
관들이 장군과 함께는 싸움터에 나
가지 않겠다고 말하오.
10 그러니, 이제 장군은, 장군이 데리고
있는 옛 주인의 종들과 더불어, 내일
아침 일찍 일어나시오. ㉠내일 아침
에 일찍 일어나서, 해가 뜨는 대로
떠나도록 하시오."
11 그리하여 다윗은 다음날 아침에 일
찍 일어나, 부하들과 함께 출발하여
블레셋 사람의 땅으로 돌아오고, 블
레셋 족속은 이스르엘로 올라갔다.

다윗이 아말렉과 싸우다

30 다윗이 부하들과 함께 사흘 만
에 시글락으로 돌아왔을 때에
는, 아말렉 사람이 이미 남부 지역과
시글락을 습격하고 떠난 뒤였다. 그
들은 시글락에 침입하여 성에 불을
지르고,
2 여자를 비롯하여, 그 성읍 안에 있
는 모든 사람을, 어린 아이나 노인
할 것 없이 사로잡아, 한 사람도 죽
이지 않고 끌고 갔다.
3 다윗이 부하들을 거느리고 그 성읍
으로 들어와 보니, 성은 불타 버렸
고, 아내들과 아이들이 모두 사로잡
혀 갔다.
4 다윗과 그의 부하들은 목놓아 울었
다. 모두들 더 이상 울 힘이 없어 지
칠 때까지 울었다.
5 다윗의 두 아내인 이스르엘 여인 아
히노암과 나발의 아내였던 갈멜 여
인 아비가일도 사로잡혀 갔다.
6 ○군인들이 저마다 아들딸들을 잃
고 마음이 아파서, 다윗을 돌로 치자
고 말할 정도였으니, 다윗은 큰 곤경
에 빠졌다. 그러나 다윗은 자기가 믿
는 주 하나님을 더욱 굳게 의지하였
다.
7 ○다윗이 아히멜렉의 아들 제사장
아비아달에게 말하였다. "어서 나에
게 에봇을 가져다 주시오!" 아비아

뜻한다. 일반적으로는 하나님의 원수인 영적 존재를 상징하는 말이다.

29:9 하나님의 천사 히브리 원어로 '신의 사자'라고 *해석할 수 있다. 문맥상 블레셋 왕* 아기스가 다윗을 '신이 보낸 자'로 지극히 존경하고 우대하였다고 보는 것이 타당하다.

㉠ 칠십인역에는 '장군은 내가 살라고 지정해 준 그 곳으로 가도록 하시오. 장군께서는 내 앞에서 늘 잘 하셨으니 나쁜 소식에 너무 마음 쓰지 않도록 하시오. 내일 아침에 일찍 일어나서 해가 뜨는 대로 떠나도록 하시오'

30장 요약 다윗이 시글락으로 돌아왔을 때, 그 곳은 아말렉 사람들의 침입으로 초토화된 상태였다. 그러나 하나님의 도우심으로 다윗은 곧장 아말렉을 추격하여 크게 물리쳤다. 그리고 전리품을 출전하지 않은 사람들과 함께 나누는 관용을 보여 줌으로써, 다윗은 유다에서 왕으로 등극하게 되는 길을 마련하였다.

30:1-10 아말렉이 시글락을 치다 다윗은 사울에게

달이 에봇을 다윗에게 가져오니,
8 다윗이 주님께 문의하였다. "제가 이
강도들을 추격하면 따라잡을 수 있
겠습니까?" 주님께서 그에게 대답하
셨다. "네가 틀림없이 따라잡고, 또
틀림없이 되찾을 것이니, 추격하여
라!"
9 ○다윗은 데리고 있는 부하 육백 명
을 거느리고 출동하였다. 그들이 브
솔 시내에 이르렀을 때에, 낙오자들
이 생겨서 그 자리에 머물렀다.
10 그래서 브솔 시내를 건너가지 못할
만큼 지친 사람 이백 명은 그 자리
에 남겨 두고, 다윗은 사백 명만을
거느리고 계속 추격하였다.
11 ○군인들이 들녘에서 한 이집트 사
람을 발견하여 다윗에게로 데리고
왔다. 그들은 그에게 빵을 주어 먹게
하고, 물도 주어 마시게 하였다.
12 그들은 또 그에게 무화과 뭉치 한 개
와 건포도 뭉치 두 개를 주었다. 그
는 밤낮 사흘 동안 빵도 먹지 못하
고 물도 마시지 못하였으므로, 이렇
게 먹고서야 제정신을 차렸다.
13 다윗이 그에게 물어 보았다. "너의
주인은 누구이며, 네가 사는 곳은 어
디냐?" 그가 대답하였다. "저는 이
집트 소년으로서, 아말렉 사람의 노
예로 있었습니다. 사흘 전에 제가 병
이 들자, 저의 주인이 저를 버리고
갔습니다.
14 우리가 습격한 지역은 그렛 사람의
남부 지역과 유다 지역과 갈렙 사람
의 남부 지역이며, 시글락도 우리가
불질렀습니다."
15 다윗이 그에게 또 물었다. "네가 나
를 그 습격자들이 있는 곳으로 데려
다 주겠느냐?" 그가 대답하였다.
"저를 죽이지 아니하시고, 저를 주인
의 손에 넘기지도 아니하시겠다고,
하나님의 이름으로 저에게 맹세하시
면, 그 습격자들이 있는 곳으로 모시
고 가겠습니다!"
16 그는 다윗을 인도하여 내려갔다. ○그
습격자들은 블레셋 족속의 땅과 유
다 땅에서 약탈하여 온 그 많은 전
리품을 가지고, 사방으로 흩어져서
먹고 마시며, 큰 잔치를 벌이고 있었
다.
17 다윗이 새벽부터 그 이튿날 저녁때
까지 그들을 치니, 그들 가운데서 낙
타를 탄 젊은이 사백 명이 도망친
것 말고는, 한 사람도 살아 남지 못
하였다.
18 이리하여 다윗은 아말렉 사람에게
약탈당하였던 모든 것을 되찾았다.
두 아내도 되찾았다.
19 다윗의 부하들도 잃어버린 것을 모
두 찾았다. 다윗은 어린 아이로부터
나이 많은 노인에 이르기까지, 아들

쫓기는 신세를 면하기 위해 약속의 땅을 떠나 이방 블레셋 땅에 거하였다. 다윗이 자리를 비운 사이에 시글락 성이 아말렉의 보복(27:8)으로 멸망당하였고 가족마저 포로로 잡혀가 버렸다.

30:8 다윗이 주님께 문의하였다 다윗은 특별한 인도가 필요했을 때, 제사장 아비아달에게 에봇을 가져오도록 청할 수가 있었다. 다윗은 불신앙에서 돌이켜 하나님의 뜻을 알고 그 뜻대로 따르려고 하나님께 문의하게 된다. 하나님께서 사울에게는 아무 응답도 주시지 않았지만(28:6), 다윗에게는 "네가 틀림없이 따라잡고, 또 틀림없이 되찾을 것이니, 추격하여라"라는 응답을 주신다.

30:11-15 여기에 기록된 사건은 하나님께서 다윗으로 하여금 아말렉 사람을 추격하라는 그분의 뜻을 성취하시는 섭리적 증거의 사건임에 틀림없다. 아말렉 사람의 노예였으나 병들었다는 이유로 버림받은 이집트 소년을 만나 아말렉 군대에게로 인도받을 수 있는 중요한 정보를 얻게 된 것

과 딸, 그리고 전리품에서부터 아말
렉 사람이 약탈하여 간 모든 것에
이르기까지, 그 모든 것을 되찾았다.
20 다윗은 또 양 떼와 소 떼도 모두 되
찾았다. 부하들은 가축을 몰고 다윗
보다 앞서서 가면서 "다윗의 전리품
이다!" 하고 외쳤다.
21 ○다윗이 브솔 개울 가까이에 이르
니, 전에 다윗을 따라갈 수 없을 만
큼 지쳐서 그 곳에 남아 있던 낙오
자 이백 명이 나와서, 다윗을 환영하
고, 다윗과 함께 오는 군인들도 환영
하였다. 다윗도 그 군인들에게 가까
이 나아가, 따뜻하게 문안하였다.
22 그러나 다윗과 함께 출전하였던 군
인들 가운데서 악하고 야비한 사람
들은, 거기에 남아 있던 이들이 못마
땅하여, 자기들과 함께 출전하지 않
았던 군인들에게는 되찾은 물건을
하나도 돌려 주지 말고, 다만 각자의
아내와 자식들만 데리고 가게 하자
고 우겼다.
23 그러나 다윗은 그들을 달랬다. "동지
들, 주님께서 우리를 지켜 주시고, 우
리에게 쳐들어온 습격자들을 우리
의 손에 넘겨 주셨소. 주님께서 우리
에게 선물로 주신 것을 가지고, 우리
가 그렇게 처리해서는 안 되오.
24 또 동지들이 제안한 이 말을 들을
사람은 아무도 없소. 전쟁에 나갔던
사람의 몫이나, 남아서 물건을 지킨
사람의 몫이나, 똑같아야 하오. 모두
똑같은 몫으로 나누어야 하오."
25 다윗이 이 때에 이스라엘에서 정한
것이 율례와 규례가 되어, 그 때부터
오늘날까지 지켜지고 있다.
26 ○시글락으로 돌아온 다윗은 전리
품 가운데서 얼마를 떼어, 그의 친
구들 곧 유다의 장로들에게 보내면
서, 그것이 주님의 원수들에게서 약
탈한 전리품 가운데서 떼어내어 선
물로 보내는 것이라고 밝혔다.
27 베델과 라못네겝과 얏딜과
28 아로엘과 십못과 에스드모아와
29 라갈과 여라므엘 사람의 성읍들과
겐 사람의 성읍들과
30 호르마와 고라산과 아닥과
31 헤브론과, 다윗이 부하들을 거느리
고 드나들던 모든 지방에 있는 사람
들에게, 그는 그 선물을 보냈다.

사울과 요나단의 최후 (대상 10:1-14)

31 블레셋 사람이 이스라엘에 싸
움을 걸어 왔다. 이스라엘 사
람들은 블레셋 사람 앞에서 도망하
다가 길보아 산에서 죽임을 당하여
쓰러졌다.
2 블레셋 사람들은 사울과 그의 아들
들을 바싹 추격하여, 사울의 아들
요나단과 아비나답과 말기수아를
죽였다.

은 결코 우연이 아니다.
30:19 다윗은…그 모든 것을 되찾았다 다윗이 하나님을 의지하지 않고 자기 뜻대로 행하였을 때 큰 불행이 따랐다. 그러나 하나님을 의지하였을 때 하나님의 은혜로 아말렉에게 빼앗겼던 아내와 자녀 그리고 모든 물품들을 다시 찾게 되었다.
30:21-30 다윗은 승리를 하나님께 돌리면서 전리품을 모두가 함께 나누어야 한다고 선언한다(24절). 다윗의 처사는 후대의 군율(軍律)이 되었다.

31장 요약 길보아 전투의 결과 이스라엘이 참패를 당하고 사울과 그의 아들들은 죽음을 맞게 되었다. 블레셋 사람들은 사울의 목을 자르고 갑옷을 벗겨 블레셋 지역 내에 두루 보내었다. 하나님의 뜻을 거역하던 사울은 죽어서도 이방 사람들에 의해 큰 모욕을 당하였다.

31:1 이스라엘은 전략상 유리한 고지인 길보아 산을 차지했음에도 불구하고 참패를 당한다. 이것

3 싸움이 치열해지면서, 전세가 사울
에게 불리해졌다. 활을 쏘는 군인들
이 사울을 알아보고 활을 쏘자, 그
가 화살을 맞고 중상을 입었다.
4 사울이 자기의 무기 담당 병사에게
명령하였다. "네 칼을 뽑아서 나를
찔러라. 저 할례받지 못한 이방인들
이 와서 나를 찌르고 능욕하지 못하
도록 하여라." 그러나 그 무기 담당
병사는 너무 겁이 나서, 찌르려고 하
지 않았다. 그러자 사울은 자기의
칼을 뽑아서, 그 위에 엎어졌다.
5 그 무기 담당 병사는 사울이 죽는
것을 보고, 자기도 자기의 칼을 뽑아
그 위에 엎어져서, 사울과 함께 죽었
다.
6 ○사울과 그의 세 아들과 사울의 무
기 담당 병사가 이렇게 죽었다. 사울
의 부하도 그 날 다 함께 죽었다.
7 골짜기 건너편과 요단 강 건너편에
살던 이스라엘 사람들은, 이스라엘
군인들이 도망친 것과 사울과 그의
아들들이 죽은 것을 보고, 살던 성
읍들을 버리고 도망쳤다. 그래서 블
레셋 사람이 여러 성읍으로 들어와
서 거기에서 살았다.
8 ○그 이튿날, 블레셋 사람이 죽은 사
람들의 옷을 벗기러 왔다가, 사울과
그의 세 아들이 길보아 산에 쓰러져
있는 것을 발견하였다.
9 그들은 사울의 목을 자르고, 그의
갑옷을 벗긴 다음에, 블레셋 땅 사
방으로 전령들을 보내어, 자기들이
섬기는 우상들의 신전과 백성에게
승리의 소식을 전하였다.
10 그런 다음에 그들은, 사울의 갑옷을
아스다롯의 신전에 보관하고, 사울의
주검은 벳산 성벽에 매달아 두었다.
11 ○길르앗 야베스의 주민들은 블레셋
사람들이 사울에게 한 일을 전해들
었다.
12 그래서 그들의 용사들이 모두 나서
서, 밤새도록 걸어 벳산까지 가서,
사울의 주검과 그 아들들의 시체를
성벽에서 내려 가지고 야베스로 돌
아와, 그 주검을 모두 거기에서 화장
하고,
13 그들의 뼈를 거두어다가 야베스에
있는 에셀 나무 아래에 묻고, 이레
동안 금식하였다.

은 하나님께서 블레셋을 들어 이스라엘 백성을 징계하신 것이다.

31:2 사울의 가계가 거의 멸망하였다. 살아 있는 사울의 아들은 이스보셋('에스바알'_대상 8:33; 9:39) 뿐이었다.

31:7 사울 군대의 참패로 이스라엘 백성은 약속의 땅을 블레셋에게 다 내어주고 도망가게 되었다. 하나님의 약속을 완전히 포기함으로써 더 이상 하나님의 백성이 되지 못했다. 스스로 하나님께 속한 자이기를 포기해 버림으로써 하나님과 상관없는 자들이 되어 버렸다.

※ 사무엘기상은 시골 여인 한나의 이야기로 시작하여 이스라엘 최초의 왕인 사울의 멸망으로 끝을 맺는다. 백성의 추대로 왕이 된 사울이 세운 나라는 하나님의 나라가 아니었고, 사무엘의 정신을 이어받은 다윗이 세운 나라가 하나님의 나라였다. 이러한 정신은 한나·사무엘·다윗의 계보로 이어진다.

사무엘기 하

2 SAMUEL

저자 갓과 나단으로 추정

저작 연대 본서는 아마도 B.C. 1010–931년 사이에 기록되었을 것이다. 그러나 B.C. 930–722년 사이의 어느 시점에 이르러서야 한 권의 책으로 완성되었다.

기록 장소와 대상 기록 장소는 어디인지 모른다(아마도 이스라엘 내에서 기록했을 것이다). 본서는 이스라엘 백성을 대상으로 기록하였다.

핵심어 및 내용 사무엘기하의 핵심어는 '기름 부음 받은 자', '다윗' 등이다. 이 책의 전체 내용은 기름 부음을 받은 다윗의 일생을 중심으로 전개되고 있다. 전쟁에서 승리하거나 좌절하고 범죄했던 다윗의 모든 삶은 하나님이 그에게 베풀어 주신 중요한 직분의 차원에서 이해해야 한다.

내용 분해

1. 다윗의 즉위(1:1–5:5)
2. 다윗의 통치와 왕권 성립(5:6–9:13)
3. 다윗 왕정의 실패(10–20장)
4. 다윗의 말년(21–24장)

사울이 죽었다는 소식을 다윗이 듣다

1 사울이 죽은 뒤에, 다윗이 아말렉
을 치고, 시글락으로 돌아와서 이
틀을 지냈다.
2 사흘째 되던 날, 한 젊은 사람이 사
울의 진에서 왔다. 그는 옷을 찢고,
머리에 흙을 뒤집어 써서, 애도의 표
시를 하고 있었다. 그가 다윗에게 와
서, 땅에 엎드려서 절을 하니,
3 다윗이 그에게 물었다. "너는 어디에
서 왔느냐?" 그가 다윗에게 대답하
였다. "저는 이스라엘 진에서 가까
스로 살아서 빠져 나왔습니다."
4 다윗이 그에게 다시 물었다. "무슨
일이 일어났는지, 어서 나에게 알려
라." 그가 대답하였다. "우리의 군인
들이 싸움터에서 달아나기도 하였
고, 또 그 군인들 가운데는 쓰러져
죽은 사람도 많습니다. 사울 임금님
과 요나단 왕자께서도 전사하셨습니
다."
5 다윗이 자기에게 소식을 전하는 그
젊은이에게 다그쳐 물었다. "사울 임
금님과 요나단 왕자께서 전사한 줄
을 네가 어떻게 알았느냐?"
6 다윗에게 소식을 전하는 젊은이가
설명하였다. "제가 우연히 길보아 산
에 올라갔다가, 사울 임금님이 창으
로 몸을 버티고 서 계신 것을 보았습
니다. 그 때에 적의 병거와 기병대가
그에게 바짝 다가오고 있었습니다.
7 사울 임금님이 뒤로 고개를 돌리시
다가, 저를 보시고서, 저를 부르셨습
니다. 그래서 제가, 왜 그러시느냐고
여쭈었더니,
8 저더러 누구냐고 물으셨습니다. 아
말렉 사람이라고 말씀드렸더니,
9 사울 임금님이 저더러 '어서 나를 죽
여 다오. 아직 목숨이 붙어 있기는
하나, 괴로워서 견딜 수가 없다' 하고
말씀하셨습니다.
10 제가 보기에도, 일어나서 사실 것 같
지 않아서, 다가가서 명령하신 대로
하였습니다. 그런 다음에, 저는 머리
에 쓰고 계신 왕관을 벗기고, 팔에
끼고 계신 팔찌를 빼어서, 이렇게 가
져 왔습니다."
11 ○그러자 다윗이 슬픔을 억누르지
못하여, 자기의 옷을 잡아 찢었고,
그와 같이 있던 사람들도 모두 그렇

게 하였다.
12 그리고 그들은, 사울과 그의 아들 요
나단과 주님의 백성 이스라엘 가문
이 칼에 맞아 쓰러진 것을 슬퍼하면
서, 해가 질 때까지 울며 금식하였
다.
13 다윗이 자기에게 소식을 전하여 준
젊은이에게 "너는 어디 사람이냐?"
하고 물으니, "저는 이스라엘 땅에
거주하는 아말렉 사람, 곧 외국인의
아들입니다" 하고 그가 대답하였다.
14 다윗이 그에게 호통을 쳤다. "네가
어떻게 감히 겁도 없이 손을 들어서,
주님께서 기름을 부어서 세우신 분
을 살해하였느냐?"
15 그리고 다윗이 부하 가운데서 한 사
람을 불러서 "가까이 가서, 그를 쳐
죽여라" 하고 명령하였다. 명령을 받
은 그 사람이 그를 칼로 치니, 그가
죽었다.
16 그 때에 다윗이 죽어 가는 그를 두
고, 이렇게 말하였다. "네가 죽는 것
은 너의 탓이다. 네가 너의 입으로
'주님께서 기름을 부어서 세우신 분
을 제가 죽였습니다' 하고 너의 죄를
시인하였다."

다윗이 사울과 요나단을 두고 지은 조가

17 ○다윗이 사울과 그의 아들 요나단
의 죽음을 슬퍼하여, 조가를 지어서
부르고,
18 그것을 '활 노래'라 하여, 유다 사람
들에게 가르치라고 명령하였다. '야
살의 책'에 기록되어 있는 그 조가는
다음과 같다.
19 이스라엘아, ㉠우리의 지도자들
이 산 위에서 죽었다. 가장 용감
한 우리의 군인들이 언덕에서 쓰
러졌다.
20 이 소식이 가드에 전해지지 않게
하여라. 이 소식이 아스글론의 모
든 거리에도 전해지지 않게 하여
라. 블레셋 사람의 딸들이 듣고서
기뻐할라. 저 할례받지 못한 자들
의 딸들이 환호성을 올릴라.
21 길보아의 산들아, 너희 위에는
이제부터 이슬이 내리지 아니하
고, 비도 내리지 아니할 것이다.
밭에서는 제물에 쓸 곡식도 거둘
수 없을 것이다. 길보아의 산에서,
용사들의 방패가 치욕을 당하였
고, 사울의 방패가 녹슨 채로 버
려졌기 때문이다.
22 원수들을 치고 적들을 무찌를 때
에, 요나단의 활이 빗나간 일이 없
고, 사울의 칼이 허공을 친 적이
없다.
23 사울과 요나단은 살아 있을 때
에도 그렇게 서로 사랑하며 다정
하더니, 죽을 때에도 서로 떨어지
지 않았구나! 독수리보다도 더 재

삼하

1장 요약 다윗은 비록 자신을 죽이려고 한 사울이었지만 그와 그의 아들 요나단의 죽음을 진심으로 슬퍼했고, 사울과 요나단을 위한 조가(弔歌)를 직접 지었다.

1:1 사울이 죽은 뒤에 역사적인 한 인물의 죽음은, 한 시대의 종말을 고하고 새로운 시대가 전개됐다는 것을 의미한다(수 1:1;삿 1:1).

1:19–27 다윗은 사울의 패망 원인을 명백히 알고 있었지만 그것을 논하지 않고 사울의 장점과 요나단의 용기를 칭송한다.

1:20 승전의 축제에서 모든 블레셋 여자들이 노래하며 춤추는 광경을 상상케 하는 구절이다. 이스라엘의 패배로 인한 블레셋의 축제는 하나님께 대한 멸시와 모욕이라 할 수 있다.

1:26 이스라엘에 대한 다윗의 애정이 요나단을 향한 비탄함으로 표현되었다.

㉠ 히, '너의 영광이 산 위에 누워 있다'

빠르고, 사자보다도 더 힘이 세더
니!
24 이스라엘의 딸들아, 너희에게
울긋불긋 화려한 옷을 입혀 주
고, 너희의 옷에 금장식을 달아
주던, 사울을 애도하며 울어라!
25 아, 용사들이 전쟁에서 쓰러져 죽
었구나! 요나단, 어쩌다가 산 위에
서 죽어 있는가?
26 나의 형 요나단, 형 생각에 나의
마음이 아프오. 형이 나를 그렇게
도 아껴 주더니, 나를 끔찍이 아껴
주던 형의 사랑은 여인의 사랑보
다도 더 진한 것이었소.
27 어쩌다가 두 용사가 엎드러졌으
며, 무기들이 버려져서, 쓸모 없이
되었는가?

삼하

다윗이 유다의 왕이 되다

2 이런 일이 일어난 뒤에, 다윗이 주
님께 "제가 유다에 있는 성읍으로
올라가도 됩니까?" 하고 여쭈었다.
주님께서 그에게 올라가라고 하셨
다. 다윗이 다시 여쭈었다. "어느 성
읍으로 올라가야 합니까?" 주님께서
헤브론으로 올라가라고 알려 주셨
다.
2 그리하여 다윗이 그 곳으로 올라갔
고, 그의 두 아내 이스르엘 여인 아
히노암과, 갈멜 사람 나발의 아내였
던 아비가일도 함께 올라갔다.
3 다윗은 자기의 부하들과 그들의 온
가족을 데리고 함께 올라가서, 헤브
론의 여러 성읍에서 살도록 하였다.
4 유다 사람들이 찾아와서, 그 곳에서
다윗에게 기름을 부어서, 유다 사람
의 왕으로 삼았다. ○사울을 장사지
낸 사람들이 길르앗의 야베스 사람
들이라는 소식이 다윗에게 전해지
니,
5 다윗이 길르앗의 야베스 주민에게
사절을 보내어서, 그들에게 이와 같
이 전하였다. "야베스 주민 여러분이
사울 왕의 장례를 잘 치러서, 왕에
게 의리를 지켰으니, 주님께서 여러
분에게 복을 주시기 바랍니다.
6 여러분이 그러한 일을 하였으니, 이
제는 주님께서 여러분을 친절과 성
실로 대하여 주시기를 바랍니다. 나
도 여러분을 잘 대접하겠습니다.
7 비록 여러분의 왕 사울 임금님은 세
상을 떠나셨으나, 유다 사람이 나에
게 기름을 부어서 왕으로 삼았으니,
여러분은 이제 낙심하지 말고, 용기
를 내기를 바랍니다."

이스보셋이 이스라엘의 왕이 되다

8 ○넬의 아들 아브넬은 사울의 군대
사령관인데, 그가 사울의 아들 이스
보셋을 데리고, 마하나임으로 건너
갔다.
9 거기에서 그는 이스보셋을 왕으로

2장 요약 다윗이 유다의 왕으로 즉위하자 아브넬은 사울의 아들 이스보셋을 이스라엘의 왕으로 삼아 다윗과 대치했다. 이로 인해 다윗 군대와 이스보셋 군대 간에 접전이 벌어졌다. 비록 다윗 군대의 승리로 마감되지만, 아브넬이 요압의 아우인 아사헬을 살해하는 불상사가 발생하였다.

2:1 다윗이 주님께…여쭈었다 1장에 기록된 사건이 있은 후 다윗은 성급히 행동하지 않고 그의 장래에 대한 계획을 주님께 묻는다. 주님의 응답은 유다 지파의 중심지요, 아브라함 때부터 유서깊은 헤브론으로 올라가라는 것이었다.

2:4 다윗에게 기름을…왕으로 삼았다 다윗은 이미 사무엘에게 기름 부음을 받았다(삼상 16:13). 첫 번째 기름 부음은 다윗에게 하나님의 목적을 계시해 준 의식이고 두 번째 기름 부음은 하나님의 목적이 성취되어 유다의 왕이 되는 의식이다.

삼아서, 길르앗과 아술과 이스르엘
과 에브라임과 베냐민과 온 이스라
엘을 다스리게 하였다.
10 사울의 아들 이스보셋은, 이스라엘
의 왕이 될 때에 마흔 살이었다. 그
는 두 해 동안 다스렸다. 유다 족속
은 다윗을 따랐는데,
11 다윗이 유다 족속의 왕으로 헤브론
에서 다스린 기간은 일곱 해 여섯 달
이다.

이스라엘과 유다의 전쟁

12 ○어느 날, 넬의 아들 아브넬이 사울
의 아들 이스보셋의 부하들을 거느
리고, 마하나임을 떠나 기브온으로
갔다.
13 스루야의 아들 요압도 다윗의 부하
들을 거느리고 나서서, 두 장군이 기
브온 연못을 사이에 두고, 서로 맞붙
게 되었다. 한 편은 연못의 이쪽에,
또 한 편은 연못의 저쪽에 진을 쳤
다.
14 그 때에 아브넬이 요압에게 이런 제
안을 하였다. "젊은이들을 내세워
서, 우리 앞에서 겨루게 합시다." 요
압도 그렇게 하자고 찬성하였다.
15 젊은이들이 일어나서, 일정한 수대
로 나아갔는데, 사울의 아들 이스보
셋 쪽에서는 베냐민 사람 열두 명이
나왔고, 다윗의 부하들 가운데서도
열두 명이 나왔다.
16 그들은 서로 상대편 사람의 머리카
락을 거머쥐고, 똑같이 상대편 사람
의 옆구리를 칼로 찔러서, 모두 함께
쓰러져 죽었다. 그래서 기브온에 있
는 그 곳을 헬갓핫수림, 곧 '칼의 벌
판'이라고 부른다.
17 그 날에 싸움은 가장 치열하게 번져
나갔고, 결국 아브넬이 거느린 이스
라엘 군대가 다윗의 군대에게 졌다.
18 ○마침 그 곳에는, 스루야의 세 아들
요압과 아비새와 아사헬이 있었는
데, 아사헬은 들에 사는 노루처럼 달
음박질을 잘 하였다.
19 아사헬이 아브넬을 뒤쫓기 시작하
여, 오른쪽으로나 왼쪽으로 빗나가
지 아니하고, 아브넬만을 바싹 뒤쫓
았다.
20 아브넬이 뒤를 돌아보면서 "아사헬,
바로 너였구나!" 하고 말하니, 아사
헬이 "그래, 바로 나다!" 하고 말하였
다.
21 그러자 아브넬이 그를 타일렀다. "나
를 그만 뒤쫓고, 돌아서서 가거라.
여기 나의 좌우에 있는 젊은이나 한
사람 붙잡아서, 그의 군복을 벗겨
가지고 가거라." 그러나 아사헬은 그
가 뒤쫓던 길에서 물러가려고 하지
않았다.
22 아브넬이 다시 한 번 아사헬을 타일
렀다. "너는 나를 그만 뒤쫓고, 물러

삼하

2:7 이 구절은 길르앗의 야베스 사람이 사울에게 충성을 보였다면 다윗에게도 충성을 보여야 한다는 것을 말한다. 그런데 사울의 아들을 왕으로 삼으려는 것이 백성들의 태도였다. 이것은 하나님께 대한 반역이다. 왜냐하면 하나님께서 다윗을 왕으로 세우셨으므로, 그러한 세력의 위협을 받을지라도 낙심하지 말고 용기를 내어 하나님을 바로 따르는 것이 현명한 길이라고 그들에게 전하고 있다.

2:8–10 아브넬이 사울의 아들 이스보셋을 마하나임에서 이스라엘 왕으로 삼는다. 다윗이 즉위한 것을 알면서도 다른 왕을 세운 것은 하나님을 대적하는 행동이다.

2:12–32 기브온 연못을 사이에 두고 이스보셋 군대와 다윗 군대 사이에 일어난 싸움과 그 이후 과정을 상세히 기록한다. 이 과정에서 요압의 형제 아사헬이 아브넬을 추격하다 전사하고, 아브넬이 휴전을 요청함으로써 전투는 일단락된다.

2:28 더 이상 그들과 싸우지 않았다 성경은 당시의

가거라. 내가 너를 쳐죽여서, 너를 땅
바닥에 쓰러뜨려야 할 까닭이 없지
않느냐? 내가 너를 죽이고, 어떻게
너의 형 요압을 보겠느냐?"
23 그런데도 아사헬이 물러가기를 거절
하니, 아브넬이 창 끝으로 아사헬의
배를 찔렀다. 창이 그의 등을 뚫고
나왔으며, 그는 그 자리에서 쓰러져
죽었다. 아사헬을 따르던 사람들이,
그가 쓰러진 곳에 이르러서, 모두 멈
추어 섰다.
24 ○그러나 나머지 두 형제 요압과 아
비새는 아브넬을 계속 뒤쫓았다. 그
들이 기브온 광야로 들어가는 길 가
의 기아 건너쪽에 있는 암마 언덕에
이르렀을 때에, 날이 저물었다.
25 그 때에 아브넬을 따르는 베냐민 족
속의 군인들은, 언덕 위에서 아브넬
을 호위하고 버티었다.
26 거기에서 아브넬이 요압에게 휴전을
제의하였다. "우리가 언제까지 이렇
게 싸워야 하겠소? 이렇게 싸우다가
는, 마침내 우리 둘 다 비참하게 망
하고 말지 않겠소? 우리가 얼마나
더 기다려야, 장군이 장군의 부하들
에게 동족을 추격하지 말고 돌아가
라고 명령하겠소?"
27 요압이 대답하였다. "하나님의 살아
계심을 두고 맹세하오. 장군이 이런
제안을 하지 않으셨으면, 내 군대가
내일 아침까지 추격을 해서, 장군을
잡았을 것이오."
28 요압이 나팔을 부니, 모든 군인이 멈
추어 섰다. 그들은 더 이상 이스라엘
을 추격하지 않고, 더 이상 그들과
싸우지 않았다.
29 아브넬과 그의 부하들이 그 날, 밤이
새도록 아라바를 지나갔다. 그들은
요단 강을 건너고, 비드론 온 땅을
거쳐서 마하나임에 이르렀다.
30 ○요압도 아브넬을 뒤쫓던 길에서 돌
아와서, 군인들을 점호하여 보니, 다
윗의 부하 가운데서 열아홉 명이 없
고, 아사헬도 없었다.
31 그러나 다윗의 부하들은, 아브넬의
부하 가운데서 베냐민과 아브넬 군
인을 삼백육십 명이나 쳐죽였다.
32 요압과 그 부하들은 아사헬의 주검
을 메어다가, 그의 아버지가 묻혀 있
는 베들레헴의 무덤에 장사하였다.
그리고 그들이 밤이 새도록 걸어서
헤브론에 이르렀을 때에, 아침 해가
떠올랐다.

3 1 사울 집안과 다윗 집안 사이에
전쟁이 오래 계속되었다. 그러나
다윗 집안은 점점 더 강해지고, 사울
집안은 점점 더 약해졌다.

다윗의 아들들 (대상 3:1-4)

2 ○다윗이 헤브론에서 낳은 아들은
다음과 같다. 맏아들은 이스르엘 여

삼하

다윗 일행의 영적 수준을 평가하고 있다. 그들은 아브넬의 제안에 넘어가서 무모한 싸움만 계속하다가 정작 싸워야 할 싸움은 아예 포기해 버렸다. *표면적으로 전쟁은 그쳤*으나 진정한 평화가 도래하지는 않았다. 오히려 아브넬 일행은 암적 존재로 남아 있게 된 것이다.

2:29 아라바 갈릴리 바다로부터 요단 강과 사해를 통해 아카바 만으로 이어지는 침하된 땅이다(참조. 겔 47:8).

3장 요약 2-5절에 언급된 다윗 아들들의 출생 기사는 다윗 집안의 강성함을 보여 주려는 의도에서 소개되었다. 한편, 사울의 군대 사령관이었던 아브넬은 사울의 후궁과 통간하고 다윗 편으로 전향하였다. 다윗은 아브넬에게 관대하게 대하나 동생의 일로 불만을 품고 있던 요압은 아브넬을 살해하고 말았다.

3:1 전쟁이 오래 계속되었다 양 왕가의 싸움이 오

인 아히노암에게서 태어난 암논이
고,
3 둘째 아들은 갈멜 사람 나발의 아내
였던 아비가일에게서 태어난 길르압
이고, 셋째 아들은 그술 왕 달매의
딸 마아가에게서 태어난 압살롬이
고,
4 넷째 아들은 학깃에게서 태어난 아
도니야이고, 다섯째 아들은 아비달
에게서 태어난 스바댜이고,
5 여섯째 아들은 다윗의 아내 에글라
에게서 태어난 이드르암이다. 이들
이 다윗이 헤브론에서 살 때에 낳은
아들이다.

아브넬이 이스보셋을 배반하다

6 ○사울 집안과 다윗 집안 사이에 전
쟁이 계속되는 동안에, 사울 집안에
서는 아브넬이 점점 더 세력을 잡았
다.
7 사울의 후궁 가운데 리스바라는 여
인이 있는데, 아야의 딸이었다. 이스
보셋이 아브넬에게 "장군은 어찌하
여 나의 아버지의 후궁을 범하였
소?" 하고 꾸짖었다.
8 그러자 아브넬이 이스보셋의 말에
몹시 화를 내면서 대답하였다. "임금
께서는 내가, 유다에 빌붙어 살아가
는 개로밖에 보이지 않습니까? 나는
오늘날까지 임금님의 아버지 사울
집안과 그의 형제들과 친구들에게
충성을 다하였고, 임금님을 다윗의
손에 넘겨 주지도 않았습니다. 그런
데도 임금님께서 오늘 이 여자의 그
릇된 행실을 두고, 나에게 누명을 씌
우시려는 것입니까?
9 주님께서는 이미 다윗에게 약속하신
것이 있습니다. 이제 저는 다윗 편을
들어서 하나님의 뜻대로 하겠습니
다. 그렇게 하지 않는다면, 하나님이
이 아브넬에게 벌을 내리시고 또 내
리셔도 좋습니다.
10 하나님은 이 나라를 사울과 그의 자
손에게서 빼앗아, 다윗에게 주실 것
입니다. 하나님이 다윗을 이스라엘
과 유다의 왕으로 삼으셔서, 북쪽 단
에서부터 남쪽 브엘세바에 이르기까
지 다스리게 하실 것입니다."
11 이 말을 듣고, 이스보셋은 아브넬이
두려워서, 그에게 다시는 말 한 마디
도 하지 못하였다.
12 ○아브넬은 다윗에게 사람을 보내어
서, 이렇게 전하였다. "이 나라가 누
구의 것입니까? 그러니 임금님이 저
와 언약만 세우시면, 내가 임금님의
편이 되어서, 온 이스라엘이 임금님
에게 돌아가도록 하겠습니다."
13 다윗이 대답하였다. "좋소! 내가 장
군과 언약을 세우겠소. 그런데 나는
장군에게 한 가지만 요구하겠소. 그
대는 나를 만나러 올 때에 사울의

래 계속되었다는 것이 아니라, 서로 오래 대치하고 있었다는 것을 뜻한다.

3:2–5 헤브론에서 낳은 다윗의 여섯 아들은 사울의 집안에 대한 다윗 집안의 강성함을 보여 주는 증거로 제시되고 있다. 다윗이 일부다처제 풍습을 따른 것은, 성경의 가르침(창 2:24;신 24:1–4)과는 어긋나지만 당시 사회의 일반적 통념을 받아들인 것이다. 이 시대의 수준이 그만큼 낮았다는 것을 알 수 있다. 그러나 신약의 목회 서신은 감독이나 집사는 한 아내의 남편이어야 한다고 말씀한다(딤전 3:2,12).

3:3 길르압 '다니엘'이라는 이름으로도 불리던 다윗의 둘째 아들이다(대상 3:1). '다니엘'의 뜻은 '하나님은 나의 재판자'이다. 압살롬 '평화의 아버지'라는 뜻이다.

3:12–21 아브넬은 점차 북쪽 세력이 약해져 가며 다윗에 의해 통일 국가가 이룩됨을 보고 다윗에게로 가겠다고 말한다. 아브넬은 기회주의자였다.

딸 미갈을 데리고 오시오. 그렇지 않
으면, 내 얼굴을 볼 생각을 하지 마
시오."
14 그런 다음에 다윗은 사울의 아들 이
스보셋에게 사람을 보내어서, 이렇
게 전하였다. "나의 아내 미갈을 돌
려 주시오. 미갈은 내가 블레셋 사람
의 포피 백 개를 바치고 맞은 아내
요."
15 그러자 이스보셋이 사람을 보내어
서, 미갈을 그의 남편인 라이스의
아들 발디엘에게서 빼앗아 오도록
하였다.
16 그 때에 그 여인의 남편은 계속 울면
서 바후림까지 자기 아내를 따라왔
는데, 아브넬이 그에게 "당신은 그만
돌아가시오" 하고 말하니, 그가 돌아
갔다.
17 ○아브넬이 이스라엘의 장로들과 상
의하였다. "여러분은 이미 전부터 다
윗을 여러분의 왕으로 모시려고 애
를 썼습니다.
18 이제 기회가 왔습니다. 주님께서 이
미 다윗을 두고 '내가 나의 종 다윗
을 시켜서, 나의 백성 이스라엘을 블
레셋 사람의 지배와 모든 원수의 지
배에서 구하여 내겠다' 하고 약속하
여 주셨기 때문입니다."
19 아브넬은 베냐민 사람들과도 상의한
뒤에, 이스라엘과 베냐민 사람 전체
가 한데 모은 뜻을 다윗에게 전하려
고, 헤브론으로 떠났다.
20 ○아브넬이 부하 스무 명을 거느리
고 헤브론에 이르러서, 다윗을 찾아
가니, 다윗이 아브넬과 그를 따라온
사람들에게 잔치를 베풀었다.
21 잔치가 끝나자 아브넬이 다윗에게
말하였다. "이제 그만 일어나 가서,
온 이스라엘을 높으신 임금님 앞에
모아 놓고서, 임금님과 언약을 세우
게 하겠습니다. 그러면 임금님이 원
하시는 어느 곳에서나, 원하시는 대
로, 왕이 되셔서 다스리실 수 있습니
다." 다윗이 아브넬을 떠나 보내니,
그가 평안히 떠나갔다.

아브넬이 살해되다

22 ○그 때에, 다윗의 부하들이 요압을
따라 습격하러 나갔다가, 많은 노략
물을 가지고 돌아왔다. 그러나 아브
넬은 그 때에 다윗과 함께 헤브론에
있지 않았다. 다윗이 이미 그를 보내
어서, 그가 무사하게 그 곳을 떠나갔
기 때문이다.
23 요압이, 함께 데리고 나갔던 군인을
모두 데리고 돌아오자, 누군가가 그
에게 알려 주었다. "넬의 아들 아브
넬이 임금님을 찾아왔는데, 임금님
이 그를 그냥 보내셔서, 그가 무사하
게 이 곳을 떠나갔습니다."
24 이 말을 듣고, 요압이 곧바로 왕에게

아브넬은 이스라엘 장로들과 베냐민 사람들(사울 왕가가 속한)과 의견을 교환한 후 사울 왕가의 판도를 다윗에게 양도하겠다고 말한다(17-21절).

3:22-30 요압이 전쟁에서 돌아와 아브넬이 무사하게 돌아갔다는 전갈을 받는다. 요압은 이것에 대해 다윗에게 항의하고 아브넬을 은밀히 헤브론으로 데려와 살해한다. 이것은 아사헬의 복수(27절)를 하려는 것과 그가 자신의 경쟁자로 부상할 것을 염려하여 취한 행동이었다.

3:28 다윗 왕국은 이 사건에 대하여 아무런 책임이 없음을 선언한다. 하나님께서는 다윗 왕국을 의와 평강이 넘치는 복된 나라로 만들고자 은혜와 사랑의 방법을 정하셨다. 그런데도 요압은 왕의 명령도 없이 임의로 사적인 보복을 한 것이다. 이러한 행위는 신하로서도 반역적인 행위이며, 하나님의 뜻에도 거슬리는 악한 짓이었다.

3:29 고름을 흘리는 병자 오줌의 빛깔이 뿌옇고 걸쭉해지는 병에 걸린 사람을 말한다. 또는 피부에

로 가서 항의하였다. "임금님이 어찌
하여 이렇게 하실 수 있습니까? 아
브넬이 임금님께 왔는데, 임금님은
어찌하여 그를 그냥 보내어서, 가게
하셨습니까?
25 넬의 아들 아브넬은, 임금님께서 잘
아시다시피, 임금님을 속이려고 온
것이며, 임금님이 드나드는 것을 살
피고, 임금님이 하고 계시는 일도 모
조리 알려고 온 것입니다."
26 ○요압은 다윗에게서 물러나오자마
자 사람들을 보내어서 아브넬을 뒤
쫓게 하였다. 그들은 시라 우물이 있
는 곳에서 그를 붙잡아서, 데리고 돌
아왔다. 그러나 다윗은 그 일을 전
혀 몰랐다.
27 아브넬이 헤브론으로 돌아오니, 요압
이 그와 조용히 이야기를 하려는 듯
이, 성문 안으로 그를 데리고 들어갔
다. 요압은 거기에서, 동생 아사헬의
원수를 갚으려고, 아브넬의 배를 찔
러서 죽였다.
28 ○다윗이 그 소식을 듣고서 외쳤다.
"넬의 아들 아브넬이 암살당하였으
나, 나와 나의 나라는 주님 앞에 아
무 죄가 없다.
29 오직 그 죄는 요압의 머리와 그 아버
지의 온 집안으로 돌아갈 것이다. 앞
으로 요압의 집안에서는, 고름을 흘
리는 병자와, 나병환자와, 지팡이를
짚고 다니는 다리 저는 사람과, 칼을
맞아 죽는 자들과, 굶어 죽는 사람
이 끊어지지 않을 것이다."
30 요압과 그의 동생 아비새가 아브넬
을 죽인 것은, 아브넬이 그들의 동생
아사헬을 기브온 전투에서 죽였기
때문이다.

아브넬의 장례식

31 ○다윗은 요압을 비롯하여 자기와
함께 있는 온 백성에게 명령하였다.
"백성은 옷을 찢고, 허리에 굵은 베
옷을 두른 뒤에, 아브넬의 상여 앞에
서 걸어가면서 애도하여라." 그리고
다윗 왕도 몸소 상여를 뒤따라갔다.
32 백성이 아브넬을 헤브론에 장사지내
니, 다윗 왕이 아브넬의 무덤 앞에서
목을 놓아 울었고, 온 백성도 울었
다.
33 다윗 왕은 아브넬을 두고, 이렇게 조
가를 지어 불렀다.
"어찌하여 어리석은 사람이 죽
듯이, 그렇게 아브넬이 죽었는가?
34 그의 손이 묶이지도 않았고, 발이
쇠고랑에 채이지도 않았는데, 악
한들에게 잡혀 죽듯이, 그렇게 쓰
러져서 죽었는가?"
그러자 온 백성이 아브넬의 죽음
을 슬퍼하며, 다시 한 번 울었다.
35 ○날이 아직 채 저물지 않았을 때에,
온 백성이 다윗에게 와서 음식을 들

터진 곳, 문드러진 곳, 종기, 화농이 있어 계속적으로 피나 고름이 나오는 유출병이나 성병에 걸린 사람을 지칭하기도 한다.

3:36-37 다윗은 아브넬 사건으로 백성들이 동요하면 통치가 어렵게 될 것을 생각하고 분명히 자신의 태도를 밝혔다(28-29,31절). 백성들은 다윗의 행동을 보면서 비로소 그가 아브넬을 죽이지 않았다고 생각한다. 그들은 다윗이 불의한 방법으로 이스라엘에 대한 권세를 얻으려는 욕심을 갖지 않았음을 알았다.

3:38 오늘 이스라엘에서 훌륭한 장군이 죽었소 다윗이 아브넬을 높여주는 말이다. 과거 이스라엘에서의 그의 경력과 공적을 인정하여 그에 합당하게 예우하고 있다. 여태까지의 아브넬의 적대행위를 불문에 붙이고 아브넬의 과거 행적에서 장점만을 열거한 다윗의 태도는 넓은 도량을 구비한 통치자로서의 면모와 함께 이스라엘 통일 왕국에 대한 그의 지대한 관심을 반영하고 있다.

도록 권하니, 다윗이 맹세하였다. "오
늘 해가 지기 전에, 내가 빵이나 그
어떤 것을 맛이라도 보면, 하나님이
나에게 어떤 벌을 내리셔도 마땅하
다."
36 온 백성이 그것을 보고서, 그 일을
좋게 여겼다. 다윗 왕이 무엇을 하든
지, 온 백성이 마음에 좋게 받아들
였다.
37 그 때에야, 비로소 넬의 아들 아브넬
을 죽인 것이 왕에게서 비롯된 일이
아님을, 온 백성과 온 이스라엘이 깨
달아 알았다.
38 그런 다음에 왕은 신복들에게 말하
였다. "그대들이 아는 대로, 오늘 이
스라엘에서 훌륭한 장군이 죽었소.
39 스루아의 아들들이 나보다 더 강하
니, 비록 내가 기름부음을 받은 왕
이라고 하지만, 보다시피 이렇게 약
하오. 그러므로 이런 악을 저지른 사
람에게, 주님께서 그 죄악에 따라 갚
아 주시기만 바랄 뿐이오."

이스보셋이 살해됨

4 사울의 아들 이스보셋은, 아브넬
이 헤브론에서 죽었다는 소식을
듣고서, 그만 맥이 풀리고 말았다.
이스라엘 온 백성도 두려움에 사로
잡혔다.
2 이 때에 사울의 아들 이스보셋에게
는 군지휘관이 두 사람 있었는데, 한
사람의 이름은 바아나요, 또 한 사
람의 이름은 레갑이었다. 그들은 브
에롯 사람 림몬의 아들로서, 베냐민
사람이다. (브에롯 사람도 베냐민 족
속으로 여김을 받았는데,
3 일찍이 브에롯 주민이 깃다임으로
도망가서, 오늘날까지 거기에 머물
러 살고 있기 때문이다.)
4 ○사울의 아들 요나단에게는 두 다
리를 저는 아들이 하나 있었다. 사
울과 요나단이 죽었다는 소식이 이
스르엘에 전해졌을 때에, 그는 겨우
다섯 살이었다. 유모가 그를 업고 도
망할 때에, 서둘러 도망하다가, 그가
떨어져서 발을 절게 되었다. 그의 이
름이 므비보셋이다.
5 ○브에롯 사람 림몬의 두 아들 레갑
과 바아나가 이스보셋이 있는 왕궁
으로 갔다. 그들은 한창 더운 대낮
에 그 곳에 도착하였는데, 때마침 이
스보셋은 낮잠을 자고 있었다.
6 그들은 밀을 가지러 온 사람처럼 꾸
미고, 대궐 안으로 들어가서, 그의
배를 찔러서 죽였다. 그런 다음에 레
갑과 그의 동생 바아나는 도망하였
는데,
7 그들이 대궐로 들어갔을 때에, 왕은
침실에서 침대에 누워서 자고 있었
다. 그래서 그들은 왕을 죽이고, 그
의 머리를 잘라 낼 수가 있었다. 그

4장 요약 사울 집안의 내분과 몰락은 가속화되고, 이스보셋은 바아나와 레갑에 의해 피살되었다. 그들은 이스보셋의 머리를 베어 다윗을 찾아가나 다윗은 그들을 처단하였다. 이는 통일 왕국을 이룩함에 있어 사람의 권모술수나 폭력이 아닌 하나님의 은혜와 공의를 그 바탕으로 삼고자 한 다윗의 의중을 표현한 것이다.

4:1-12 레갑과 바아나는 이스보셋을 암살하고(5-7절), 다윗을 찾아가 자기들의 행위가 하나님의 뜻에 따른 것이라고 주장하였다(8절). 그들 나름대로 경건의 모양을 취함으로써, 자신들의 행위를 정당화하려 한 것이다. 그러나 사람에게 보이기 위한 것일 뿐, 하나님의 뜻에 순종한 것은 아니었다. 진정한 경건이란 겉모양이 아니라 하나님의 뜻에 순종하는 삶이다.

4:2 브에롯 원래 여호수아와 협약하고 가나안 땅에 공존한 기브온 족속에 속한 4대 성읍 중의 하

들은 그의 머리를 가지고 나와, 밤새
도록 아라바 길을 걸어서,
8 헤브론으로 갔다. 거기에서 그들은
이스보셋의 머리를 다윗에게로 들고
가서 말하였다. "임금님의 생명을 노
리던 원수 사울의 아들 이스보셋의
머리를 여기에 가져 왔습니다. 주님
께서 높으신 임금님을 도우시려고,
오늘에야 사울과 그의 자손에게 벌
을 내려서 원수를 갚아 주셨습니다."
9 ○그러나 다윗은 브에롯 사람 림몬
의 아들 레갑과 그의 동생 바아나에
게 이와 같이 대답하였다. "온갖 죽
을 고비에서 나의 생명을 건져 주신
확실히 살아 계신 주님을 두고 맹세
한다.
10 전에, 사울이 죽었다는 소식을 나에
게 전하여 주고, 자기는 좋은 소식
을 전한 것으로 여긴 자가 있었다.
나는 그를 붙잡아서, 시글락에서 죽
였다. 이것이 내가 그에게 준 보상이
었다.
11 하물며, 흉악한 자들이, 자기 집 침
상에서 잠자는 어진 사람을 죽였으
니, 내가 어찌 너희의 살인죄를 벌하
지 않을 수가 있겠느냐? 그러므로
나는 이제 너희를 이 땅에서 없애 버
리겠다."
12 다윗이 젊은이들에게 명령하니, 젊
은이들이 그 두 사람을 죽이고, 그
들의 손과 발을 모조리 잘라 낸 다
음에, 그들의 주검을 헤브론의 연못
가에 달아 매었다. 그러나 이스보셋
의 머리는 가져다가, 헤브론에 있는
아브넬의 무덤에 묻었다.

다윗이 온 이스라엘의 왕이 되다

(대상 11:1-3)

5 이스라엘의 모든 지파가 헤브론으
로 다윗을 찾아가서 말하였다. "우
리는 임금님과 한 골육입니다.
2 전에 사울이 왕이 되어서 우리를 다
스릴 때에, 이스라엘 군대를 거느리
고 출전하였다가 다시 데리고 돌아
오신 분이 바로 임금님이십니다. 그
리고 주님께서 '네가 나의 백성 이스
라엘의 목자가 될 것이며, 네가 이스
라엘의 통치자가 될 것이다' 하고 말
씀하실 때에도 바로 임금님을 가리
켜 말씀하신 것입니다."
3 그리하여 이스라엘의 모든 장로가
헤브론으로 왕을 찾아오니, 다윗 왕
이 헤브론에서 주님 앞으로 나아가
그들과 언약을 세웠다. 그리고 그들
은 다윗에게 기름을 부어서, 이스라
엘의 왕으로 삼았다.
4 ○다윗은 서른 살에 왕이 되어서, 사
십 년 동안 다스렸다.
5 그는 헤브론에서 일곱 해 여섯 달 동
안 유다를 다스리고, 예루살렘에서
서른세 해 동안 온 이스라엘과 유다

나였다. 후에 베냐민 족속이 차지했다.

4:4 므비보셋 히브리어 뜻은 '부끄러움을 벗어난 자'이다. 원래 이름은 므립바알로서 '바알로 만족하는 자'란 뜻이다.

4:11 내가 어찌 너희의 살인죄를 벌하지 않을 수가 있겠느냐? 다윗은 인간적인 지혜나 권모술수, 또는 사람의 피를 근거로 하여 이스라엘을 세우는 것이 아니라, 하나님의 나라를 공의에 근거하여 건설하겠다는 것이다.

5장 요약 이스라엘 왕이 된 다윗은 자신을 왕으로 세우신 분이 하나님이시라는 사실과 자신에게 주어진 왕권이 선민 이스라엘을 위한 하나님의 섭리를 이루기 위한 것임을 잘 알고 있었다. 그는 예루살렘을 정복하고 블레셋을 물리침으로써 통일 왕국의 기반을 점차로 다져 나갔다.

5:1-3 이스라엘 온 지파의 대표들은 다윗을 왕

를 다스렸다.

다윗이 시온을 정복하여 수도로 삼다

(대상 11:4-9; 14:1-2)

6 ○다윗 왕이 부하들을 거느리고 예
루살렘으로 가서, 그 땅에 사는 여
부스 사람을 치려고 하니, 그들이 다
윗에게 말하였다. "너는 여기에 들어
올 수 없다. 눈 먼 사람이나 다리 저
는 사람도 너쯤은 물리칠 수 있다."
그들은, 다윗이 그 곳으로는 들어올
수 없을 것이라고 생각한 것이다.
7 (그러나 다윗이 시온 산성을 점령하
였으므로, 그 곳의 이름을 '다윗 성'
이라고 하였다.)
8 그 날, 다윗이 이렇게 명령을 내렸다.
"누구든지 여부스 사람을 치려거든,
물을 길어 올리는 바위벽을 타고 올
라가서, 저 여부스 사람들 곧 다윗이
몹시 미워하는 저 '다리 저는 자들'
과 '눈 먼 자들'을 쳐죽여라!" (그래
서 '눈 먼 사람과 다리 저는 사람은
왕궁에 들어갈 수 없다'는 속담이 생
겼다.)
9 ○다윗은 그 산성을 점령하고 나서,
그 산성에 살면서, 그 이름을 '다윗
성'이라고 하였다. 그가 성을 쌓았는
데, 밀로에서부터 안쪽으로 성을 쌓
았다.
10 만군의 주 하나님이 다윗과 함께 계
시므로, 다윗이 점점 강대해졌다.
11 ○두로 왕 히람이 다윗에게, 사절단
과 함께 백향목과 목수와 석수를 보
내어서, 다윗에게 궁궐을 지어 주게
하였다.
12 다윗은, 주님께서 자기를 이스라엘
의 왕으로 굳건히 세워 주신 것과,
그의 백성 이스라엘을 번영하게 하
시려고 자기의 나라를 높여 주신 것
을, 깨달아 알았다.

다윗의 자녀들 (대상 14:3-7)

13 ○다윗은, 헤브론에서 떠나온 뒤에,
예루살렘에 와서 더 많은 후궁과 아
내들을 맞아들여서, 또 자녀를 낳았
다.
14 그가 예루살렘에서 낳은 아이들의
이름은, 삼무아와 소밥과 나단과 솔
로몬과
15 입할과 엘리수아와 네벡과 야비아와
16 엘리사마와 엘리아다와 엘리벨렛이
다.

다윗이 블레셋과 싸워서 이기다

(대상 14:8-17)

17 ○다윗이 기름부음을 받아 이스라
엘의 왕이 되었다는 소식을 블레셋
사람이 듣고, 온 블레셋 사람이 다
윗을 잡으려고 올라왔다. 다윗이 이
말을 듣고서, 요새로 내려갔다.
18 블레셋 사람들이 이미 몰려와서, 르
바임 골짜기의 평원을 가득히 메우
고 있었다.

으로 인정하는 세 가지 이유를 열거했다. ① 우리는 왕의 골육이다(1절). ② 그는 이스라엘을 거느리고 출전했던 자, 곧 이스라엘 군을 지휘한 사람이다(2절). ③ 주님께서 그를 이스라엘의 목자와 통치자로 세우셨다(2절).

5:6 예루살렘은 삼면이 깊은 골짜기로 둘러싸인 고지대에 위치하기 때문에 천연의 요새였다. 그러므로 여부스 사람들은 쉽게 방어할 수 있다는 자신감이 있었다.

5:7 시온 예루살렘의 남동쪽 언덕이다. 일반적으로 예루살렘 도성 전체를 가리킴으로써, 하나님이 임재하는 하나님의 도성을 상징하게 되었다(시 126:1;사 1:27;10:24).

5:13-16 다윗의 자녀들의 이름을 열거·소개하며 다윗 왕의 진정한 후계자를 미리 암시한다. 3:2-5에서 제시한 가계에 뒤이은 것으로서, 왕좌를 쟁취하려는 암투를 시사하고 있다. 고대 사회에서 국가 간의 유대 강화는 왕족의 정략적인 결혼

19 다윗이 주님께 아뢰었다. "제가 저
블레셋 사람들을 치러 올라가도 되
겠습니까? 주님께서 그들을 저의 손
에 넘겨 주시겠습니까?" 주님께서
다윗에게 대답하셨다. "올라가거라.
내가 저 블레셋 사람들을 반드시 너
의 손에 넘겨 주겠다."
20 그래서 다윗이 바알브라심으로 쳐
들어갔다. 다윗이 거기에서 블레셋
사람들을 쳐서 이기고 나서, 이렇게
말하였다. "홍수가 모든 것을 휩쓸
어 버리듯이, 주님께서 나의 원수들
을 내 앞에서 그렇게 휩쓸어 버리셨
다." 그래서 사람들이 그 곳 이름을
바알브라심이라고 한다.
21 블레셋 사람들이 그들의 온갖 우상
을 그 곳에 버리고 도망하였으므로,
다윗이 부하들과 함께 그 신상들을
치웠다.
22 ○블레셋 사람들이 또 올라와서, 르
바임 골짜기의 평원을 가득 메웠다.
23 다윗이 주님께 또 아뢰니, 주님께서
대답하셨다. "너는 정면으로 그들 쪽
으로 올라가지 말고, 그들의 뒤로 돌
아가서 숨어 있다가, 뽕나무 숲의 맞
은쪽에서부터 그들을 기습하여 공
격하여라.
24 뽕나무 밭 위쪽에서 행군하는 소리
가 나거든, 너는 곧 진격하여라. 그러
면, 나 주가 너보다 먼저 가서, 블레
셋 군대를 치겠다."
25 ○다윗은 주님께서 명하신 대로, 게
바에서 게셀에 이르기까지 쫓아가면
서, 블레셋 군대를 무찔렀다.

하나님의 궤를 예루살렘으로 옮기다
(대상 13:1-14; 15:25-16:6, 43)

6 다윗이 다시 이스라엘에서 정병
삼만 명을 징집하여서,
2 그들을 모두 이끌고 유다의 바알라
로 올라갔다. 거기에서 하나님의 궤
를 옮겨 올 생각이었다. 그 궤는 그
룹들 위에 앉아 계신 만군의 주님의
이름으로 부르는 궤였다.
3 그들이 언덕 위에 있는 아비나답의
집에서 하나님의 궤를 꺼내서, 새 수
레에 싣고 나올 때에, 아비나답의 두
아들 웃사와 아히요가 그 새 수레를
몰았다.
4 그들이 산에 있는 아비나답의 집에
서 하나님의 궤를 싣고 나올 때에,
아히요는 궤 앞에서 걸었고,
5 다윗과 이스라엘의 모든 가문은, 온
힘을 다하여서, 잣나무로 만든 온갖
악기와 수금과 거문고를 타며, 소구
와 꽹과리와 심벌즈를 치면서, 주님
앞에서 기뻐하였다.
6 ○그들이 나곤의 타작 마당에 이르
렀을 때에, 소들이 뛰어서 궤가 떨어
지려고 하였으므로, 웃사가 손을 내
밀어 하나님의 궤를 꼭 붙들었는데,

을 통해서 이루어졌다. 다윗이 많은 첩과 자녀를 둔 것도 이러한 관점에서 설명할 수 있다.

5:17–25 블레셋은 다윗이 유다 왕으로 있는 동안, 그를 경계하지 않았다. 그러나 그가 온 이스라엘 왕으로 강력히 신임을 받자, 왕권을 약화시키기 위하여 두 차례(18,22절)나 침공해 왔다. 그들은 예루살렘에서 볼 수 있는 르바임 골짜기까지 깊숙이 쳐들어왔지만 하나님께서 이스라엘을 도우셔서 패배하였다.

6장 요약 다윗은 자신의 왕권과 이스라엘의 존재 이유가 하나님께 있음을 알았으므로, 왕위에 오른 후 하나님의 임재를 상징하는 언약궤를 예루살렘으로 옮기는 일을 추진했다. 언약궤를 옮기려는 첫 번째 시도는 실패하였지만 나중에는 레위 사람이 어깨에다 메어 운반함으로써 무사히 예루살렘으로 옮길 수 있었다.

6:3 하나님의 궤를 꺼내서, 새 수레에 싣고 본래 하

7 주 하나님이 웃사에게 진노하셔서
거기에서 그를 치시니, 그가 거기 하
나님의 궤 곁에서 죽었다.
8 주님께서 그렇게 급격히 웃사를 벌
하셨으므로, 다윗이 화를 내었다.
그래서 그 곳 이름을 오늘날까지
㉠베레스 웃사라고 한다.
9 ○그 날 다윗은 이 일 때문에 주님이
무서워서 "이래서야 내가 어떻게 주
님의 궤를 내가 있는 곳으로 옮길
수 있겠는가?" 하였다.
10 그래서 다윗은 주님의 궤를 '다윗 성'
으로 옮기지 않고, 가드 사람 오벳에
돔의 집으로 실어 가게 하였다.
11 그래서 주님의 궤가 가드 사람 오벳
에돔의 집에서 석 달 동안 머물렀는
데, 그 때에 주님께서 오벳에돔과 그
의 온 집안에 복을 내려 주셨다.
12 ○누군가가, 오벳에돔의 집에 하나님
의 궤를 보관하였기 때문에, 주님께
서 오벳에돔의 집과 그에게 딸린 모
든 것에 복을 내려 주셨다는 소식
을, 다윗 왕에게 전하였다. 그리하여
다윗은 기쁜 마음으로 가서, 하나님
의 궤를 오벳에돔의 집에서 '다윗 성'
으로 가지고 올라왔다. 궤를 옮길
때에 그는 큰 축제를 벌였다.
13 다윗은, 주님의 궤를 멘 사람들이 여
섯 걸음을 옮겼을 때에, 행렬을 멈추
게 하고, 소와 살진 양을 제물로 잡
아서 바쳤다.
14 그리고 다윗은 모시로 만든 에봇만
을 걸치고, 주님 앞에서 온 힘을 다
하여 힘차게 춤을 추었다.
15 다윗과 온 이스라엘 가문은 환호성
을 올리고, 나팔 소리가 우렁찬 가운
데, 주님의 궤를 옮겨 왔다.
16 ○주님의 궤가 '다윗 성'으로 들어올
때에, 사울의 딸 미갈이 창 밖을 내
다보다가, 다윗 왕이 주님 앞에서 뛰
면서 춤을 추는 것을 보고, 마음 속
으로 그를 업신여겼다.
17 그들이 주님의 궤를 들어다가, 다윗
이 궤를 두려고 쳐 놓은 장막 안 제
자리에 옮겨 놓았을 때에, 다윗이 주
님 앞에 번제와 화목제를 드렸다.
18 다윗은 번제와 화목제를 드리고 나
서, 만군의 주님의 이름으로 백성에
게 복을 빌어 주고,
19 그 곳에 모인 온 이스라엘 백성에게,
남녀를 가리지 않고, 각 사람에게,
빵 한 덩이와 고기 한 점과 건포도
과자 한 개씩을 나누어 주었다. 그런
다음에 온 백성이 각각 자기들의 집
으로 돌아갔다.
20 ○다윗이 자기의 집안 식구들에게
복을 빌어 주려고 궁전으로 돌아가
니, 사울의 딸 미갈이 다윗을 맞으러
나와서, 이렇게 말하였다. "오늘 이스
라엘의 임금님이, 건달패들이 맨살

나님의 궤를 운반하려면 레위 사람 중에서도 선택된 제사장들이 어깨에 메어서 운반해야 했다(신 31:9;수 3:3). 이렇게 수레에다 언약궤를 싣는 방식은 하나님께서 내리신 규례에 어긋났다. 오히려 이것은 하나님의 심판에 당황한 블레셋 사람들이 취급했던 방식이었다(삼상 6:7). 다윗과 그에 의해 선발된 사람들의 지휘로 이 일이 수행되었음에도, 하나님의 궤를 취급하는 방법과 태도에 있어서 중대한 실수를 저지른 것이다. 이 일이 진행되는 과정에서 율법에 대한 무지가 드러나고 있다.

6:21-22 나는 언제나 주님 앞에서 기뻐하며 뛸 것이오 하나님의 궤를 옮기는 일에 있어서 다윗의 기쁨과 감격은 시편 24편에서 찬양과 환희로 표현되어 있다. **내가 스스로를 보아도 천한 사람처럼 보이지만** 다윗이 자신을 이렇게 묘사한 것은 오직 하나님만이 자신을 높이 세우셨으며 앞으로도 그러하실 것이라고 깊이 확신했기 때문이다.

㉠ '웃사를 침'

을 드러내고 춤을 추듯이, 신하들의
아내가 보는 앞에서 몸을 드러내며
춤을 추셨으니, 임금님의 체통이 어
떻게 되었겠습니까?"
21 다윗이 미갈에게 대답하였다. "그렇
소. 내가 주님 앞에서 그렇게 춤을
추었소. 주님께서는, 그대의 아버지
와 그의 온 집안이 있는데도, 그들
을 마다하시고, 나를 뽑으셔서, 주님
의 백성 이스라엘을 다스리도록, 통
치자로 세워 주셨소. 그러니 나는 주
님을 찬양할 수밖에 없소. 나는 언
제나 주님 앞에서 기뻐하며 뛸 것이
오.
22 내가 스스로를 보아도 천한 사람처
럼 보이지만, 주님을 찬양하는 일 때
문이라면, 이보다 더 낮아지고 싶소.
그래도 그대가 말한 그 여자들은 나
를 더욱더 존경할 것이오."
23 ○이런 일 때문에 사울의 딸 미갈은
죽는 날까지 자식을 낳지 못하였다.

나단의 예언 (대상 17:1-15)

7 주님께서 사방에 있는 모든 원수
에게서 다윗 왕을 안전하게 지켜
주셨으므로, 왕은 이제 자기의 왕궁
에서 살게 되었다.
2 하루는, 왕이 예언자 나단에게 말하
였다. "나는 백향목 왕궁에 사는데,
하나님의 궤는 아직도 휘장 안에 있
습니다."
3 나단이 왕에게 말하였다. "주님께서
임금님과 함께 계시니, 가셔서, 무슨
일이든지 계획하신 대로 하십시오."
4 ○그러나 바로 그 날 밤에 주님께서
나단에게 말씀하셨다.
5 "너는 내 종 다윗에게 가서 전하여
라. '나 주가 말한다. 내가 살 집을
네가 지으려고 하느냐?
6 그러나 나는, 이스라엘 자손을 이집
트에서 데리고 올라온 날로부터 오
늘에 이르기까지, 어떤 집에서도 살
지 않고, 오직 장막이나 성막에 있으
면서, 옮겨 다니며 지냈다.
7 내가 이스라엘 온 자손과 함께 옮겨
다닌 모든 곳에서, 내가 나의 백성
이스라엘을 돌보라고 명한 이스라엘
그 어느 ㉠지파에게라도, 나에게 백
향목 집을 지어 주지 않은 것을 두
고 말한 적이 있느냐?'
8 ○그러므로 이제 너는 나의 종 다윗
에게 전하여라. '나 만군의 주가 말
한다. 양 떼를 따라다니던 너를 목
장에서 데려다가, 내 백성 이스라엘
의 통치자로 삼은 것은, 바로 나다.
9 나는, 네가 어디로 가든지, 언제나
너와 함께 있어서, 네 모든 원수를
네 앞에서 물리쳐 주었다. 나는 이제
네 이름을, 세상에서 위대한 사람들
의 이름과 같이, 빛나게 해주겠다.
10 이제 내가 한 곳을 정하여, 거기에

7장 요약 하나님이 나단을 통해 다윗에게 세 가지 약속을 하셨다. 첫째, 항상 다윗과 함께하셔서 그를 위대하게 해주시겠다는 약속이다(9절). 둘째, 다윗의 아들이 성전을 지을 것이라는 약속이다(13절). 셋째, 다윗 집안과 그 나라가 영원히 굳건하게 하시겠다는 약속이다(16절).

7:1-3 다윗 성으로 하나님의 궤를 옮겨온 다윗은 이제 하나님의 전을 건축할 계획을 세운다. 다윗의 생각을 들은 나단은 동의한다.

7:7 가나안 입성 이후, 하나님께서는 어느 지파에게도 왜 성전을 건축하지 않느냐고 책망하신 일이 한 번도 없으셨다. 따라서 본절은 성전을 건축하지 않은 것이 어떠한 허물도 되지 않는다는 의미로 말씀하신 것이다.

7:9 세상에서…빛나게 해주겠다 하나님을 위해서 집을 지을 것이 없다고 말씀하시며, 장차 다윗의

㉠ 또는 '지도자에게도' 또는 '지파 지도자에게도'(대상 17:6 참조)

내 백성 이스라엘을 심어, 그들이 자
기의 땅에서 자리잡고 살면서, 다시
는 옮겨 다닐 필요가 없도록 하고,
이전과 같이 악한 사람들에게 억압
을 받는 일도 없도록 하겠다.
11 이전에 내가 나의 백성 이스라엘에
게 사사들을 세워 준 때와는 달리,
내가 너를 너의 모든 원수로부터 보
호하여서, 평안히 살게 하겠다. 그뿐
만 아니라, 나 주가 너의 집안을 한
왕조로 만들겠다는 것을 이제 나 주
가 너에게 선언한다.
12 너의 생애가 다하여서, 네가 너의 조
상들과 함께 묻히면, 내가 네 몸에
서 나올 자식을 후계자로 세워서, 그
의 나라를 튼튼하게 하겠다.
13 바로 그가 나의 이름을 드러내려고
집을 지을 것이며, 나는 그의 나라의
왕위를 영원토록 튼튼하게 하여 주
겠다.
14 나는 그의 아버지가 되고, 그는 나의
아들이 될 것이다. 그가 죄를 지으
면, 사람들이 저의 자식을 매로 때리
거나 채찍으로 치듯이, 나도 그를 징
계하겠다.
15 내가, 사울에게서 나의 총애를 거두
어, 나의 앞에서 물러가게 하였지만,
너의 자손에게서는 총애를 거두지
아니하겠다.
16 네 집과 네 나라가 ㉠내 앞에서 영원
히 이어 갈 것이며, 네 왕위가 영원
히 튼튼하게 서 있을 것이다.'"
17 ○나단은 이 모든 말씀과 계시를, 받
은 그대로 다윗에게 말하였다.

다윗의 감사 기도 (대상 17:16-27)

18 ○다윗 왕이 성막으로 들어가서, 주
님 앞에 꿇어앉아, 이렇게 기도하였
다. "주 하나님, 내가 누구이며 또 내
집안이 무엇이기에, 주님께서 나를
이러한 자리에까지 오르게 해주셨습
니까?
19 주 하나님, 그런데도 주님께서는 이
것도 오히려 부족하게 여기시고, 주
님의 종의 집안에 있을 먼 장래의 일
까지 말씀해 주셨습니다. 주 나의 하
나님, 이것이 어찌 주님께서 사람을
대하시는 일상적인 방법이겠습니까?
20 주 하나님, 주님께서 주님의 종을 잘
아시니, 이 다윗이 주님께 무슨 말씀
을 더 드릴 필요가 있겠습니까?
21 주님께서 세우신 뜻과 목적대로 주
님께서는 이렇게 크나큰 일을 하시
고, 또 그것을 이 종에게까지 알려
주셨습니다.
22 주 하나님, 주님은 위대하십니다. 우
리의 귀로 다 들어 보았습니다만, 주
님과 같은 분이 또 계시다는 말은
들어 본 적이 없고, 주님 밖에 또 다
른 하나님이 있다는 말도 들어 본 적
이 없습니다.

이름을 빛나게 하시겠다는 약속을 주신다. 다윗에게 하시는 것은 곧 백성을 위해 하시는 것이다.

7:13 그가 나의 이름을 드러내려고 집을 지을 것이며 성전이란 하나님께서 임재하시고 거처하시라고 사람이 마련한 곳이 아니다. 오히려 하나님께서 자비와 긍휼을 베푸셔서 자기 백성을 위하여 거룩한 곳을 정하여 임하시는 장소이다. 이러한 사실은 하나님께서 어떤 특정한 장소에 한정되어 그곳에서만 임하신다는 것이 아니라 그 백성에게 은혜를 베푸시고자 하나님께서 직접 절차와 장소를 정하신다는 것을 뜻한다.

7:14-16 네 왕위가 영원히 튼튼하게 서 있을 것이다 이 약속은 단지 이스라엘의 지상 왕국에 국한되는 것이 아니다. 이것은 다윗의 후손 예수 그리스도로 말미암아 성취될 약속이다. 죄를 범하지 않고 의만 행하는 왕이라면 그 나라는 영원히 튼튼

㉠ 몇몇 히브리어 사본과 칠십인역을 따름. 대다수의 히브리어 사본에는 '네'

23 이 세상에서 어떤 민족이 주님의 백
성 이스라엘과 같겠습니까? 하나님
이 직접 찾아가셔서, 이스라엘을 구
하여 내시고, 주님의 백성으로 삼아
서, 주님의 명성을 드러내셨습니다.
그들을 이집트에서 구하여 내시려고
큰 일을 하셨고, 주님의 백성이 보는
앞에서, 다른 민족들과 그 신들에게
서 그들을 친히 구원하시려고 이렇
게 큰 일을 하시었고, 주님의 땅에서
놀라운 일을 하셨습니다.
24 주님께서는 이렇게 주님의 백성 이
스라엘을 튼튼히 세우셔서, 영원히
주님의 백성으로 삼으셨습니다. 또
주님께서 그들의 하나님이 되셨습니
다.
25 ○주 하나님, 주님께서 주님의 종과
이 종의 집안에 약속하여 주신 말씀
이 영원히 변하지 않게 하여 주십시
오.
26 그래서 사람들이 '만군의 주님께서
이스라엘의 하나님이시다!' 하고 외
치며, 주님의 이름을 영원토록 높이
게 하시고, 주님의 종 다윗의 집안도
주님 앞에서 튼튼히 서게 해주시기
를 바랍니다.
27 만군의 주, 이스라엘의 하나님, 주님
께서 몸소 이 계시를 이 종에게 주
시고 '내가 너의 집안을 세우겠다!'
하고 말씀하여 주셨으므로, 주님의
종이 감히 주님께 이러한 간구를 드
릴 용기를 얻었습니다.
28 ○그리고 이제 주 나의 하나님, 주님
께서는 참으로 하나님이십니다. 주
님께서는 언제나 약속을 지키십니
다. 그리고 주님께서 주님의 종에게
이와 같이 놀라운 약속을 하셨습니
다.
29 그러므로 이제 주님의 종의 집안에
기꺼이 복을 내리셔서, 나의 자손이
주님 앞에서 영원토록 대를 잇게 해
주시기를 바랍니다. 주 하나님, 주님
께서 직접 그렇게 약속하여 주셨으
니, 주님의 종의 집안이 영원토록, 주
님께서 내리시는 복을 받게 해주십
시오."

다윗 왕국의 성립과 그 판도

(대상 18:1-17)

8 그 뒤에 다윗이 블레셋 사람을 쳐
서, 그들을 굴복시키고, 블레셋 사
람의 손에서 메덱암마를 빼앗았다.
2 ○다윗은 또 모압을 쳤다. 그는 모압
포로들을 줄을 지어 세운 다음에,
그들을 땅에 엎드리게 하고, 매 석
줄 중에 두 줄은 죽이고, 한 줄은 살
려주었다. 모압 사람들은 다윗의 종
이 되어 그에게 조공을 바쳤다.
3 ○르홉의 아들, 소바 왕 하닷에셀이
유프라테스 강 유역에서 자기 세력
을 되찾으려고 출정하였을 때에, 다

하게 서게 될 것이다.
7:18-29 다윗은 분에 넘치는 큰 은혜에 접하고 나서 하나님 앞에 나아가 기도한다. 이 기도는 감사의 내용(18-24절)과 소원을 구하는 내용(25-29절)으로 구성된다.
7:23 다윗은 하나님이 친히 이스라엘을 자기 백성으로 삼으시고 그들의 하나님이 되는 특별한 관계를 전무후무(前無後無)하며 전대미문(前代未聞)의 영원한 약속임을 확신하고 있다.

8장 요약 다윗은 공(公)과 의(義)를 원칙으로 서쪽으로는 블레셋(1절), 동쪽으로는 모압(2절), 북쪽으로는 소바와 다마스쿠스와 하맛(3-12절), 그리고 남쪽으로는 에돔(13-14절)을 복속시킴으로써, 국경을 한층 확장시켰다. 이처럼 다윗은 밖을 향한 정복사업과 아울러 내치(內治)에도 힘썼다.

8:1 그 뒤에 이 순서는 시간적인 연결이라기보다

윗이 그를 치고,
4 그에게서 기마병 천칠백 명과 보병
이만 명을 포로로 사로잡았다. 다윗
은 또 병거를 끄는 말 가운데서도
백 필만 남겨 놓고, 나머지는 모조리
다리의 힘줄을 끊어 버렸다.
5 ○다마스쿠스의 시리아 사람들이 소
바 왕 하닷에셀을 도우려고 군대를
보내자, 다윗은 시리아 사람 이만 이
천 명을 쳐죽이고,
6 시리아의 다마스쿠스에 주둔군을
두니, 시리아도 다윗의 종이 되어 그
에게 조공을 바쳤다. 다윗이 어느 곳
으로 출전하든지, 주님께서 그에게
승리를 안겨 주셨다.
7 그 때에 다윗은 하닷에셀의 신하들
이 가지고 있는 금방패를 다 빼앗아
서, 예루살렘으로 가져 왔다.
8 또 다윗 왕은, 하닷에셀의 두 성읍
베다와 베로대에서는, 놋쇠를 아주
많이 빼앗아 왔다.
9 ○하맛 왕 도이는, 다윗이 하닷에셀
의 온 군대를 쳐서 이겼다는 소식을
들었다.
10 그는 자기의 아들 요람을 다윗 왕에
게로 보내서 문안하게 하고, 다윗이
하닷에셀과 싸워서 이긴 것을 축하
하게 하였다. 하닷에셀은 도이와 서
로 싸우는 사이였다. 요람은 은과 금
과 놋으로 만든 물건을 많이 가지고
다윗에게로 왔다.
11 다윗 왕은 이것들도 따로 구별하여
서, 이미 정복한 모든 민족에게서 가
져온 것에서 따로 구별하여 둔 은금
과 함께 주님께 바쳤는데,
12 그것들은, 그가 ㉠에돔과 모압과 암
몬 사람들과 블레셋 사람들과 아말
렉에게서 가져온 은금과, 르홉의 아
들인 소바 왕 하닷에셀에게서 빼앗
아 온 물건 가운데서, 따로 떼어놓은
은과 금이었다.
13 ○다윗은 돌아오는 길에 '소금 골짜
기'에서 ㉠에돔 사람 만 팔천 명을 쳐
죽이고, 이름을 떨쳤다.
14 그 때에 다윗이 에돔에 주둔군을 두
기 시작하여서, 온 에돔에 주둔군을
두니, 마침내 온 에돔 사람이 다윗의
종이 되었다. 다윗이 어느 곳으로 출
전하든지, 주님께서 그에게 승리를
안겨 주셨다.
15 ○다윗이 왕이 되어서 이렇게 온 이
스라엘을 다스릴 때에, 그는 언제나
자기의 백성 모두를 공평하고 의로
운 법으로 다스렸다.
16 스루야의 아들 요압은 군사령관이
되고, 아힐룻의 아들 여호사밧은 역
사 기록관이 되고,
17 아히둡의 아들 사독과 아비아달의
아들 아히멜렉은 제사장이 되고, 스
라야는 서기관이 되고,

는 다윗 왕국의 발전과 진행 순서로, 하나님께서 다윗과 언약하신 이후를 말한다.

8:3 되찾으려고 사울은 소바 왕국을 굴복시켜 그 통치 영역을 유프라테스 강 근처까지 확대한 일이 있었다.

8:15 공평하고 의로운 법으로 다스렸다 다윗이 어떻게 백성을 다스렸는가를 보여 주는 표현이다. 그는 통치자로서 백성에게 원망을 들을 만한 일이 없도록 행하였다는 것이다.

8:17 서기관 중요한 정치 사건 기록을 보관하면서 국내외적으로 서신 연락을 하였으며, 또 다양한 행정 기능을 담당한 직책이었을 것이다(왕하 12:10–12).

8:18 제사장 일 본문에서 말하는 '제사장 일'은 왕이 국사를 상의하는 자문위원의 역할이다.

㉠ 몇몇 히브리어 사본과 칠십인역과 시리아어역을 따름(대상 18:11, 12 참조). 대다수의 히브리어 사본에는 '아람'. 히브리어 자음 본문에서 에돔과 아람은 혼동되기 쉬움

18 여호야다의 아들 브나야는 그렛 사
람과 블렛 사람의 지휘관이 되었다.
다윗의 아들들은 제사장 일을 보았
다.

다윗과 므비보셋

9 하루는 다윗이 물었다. "사울의 집
안에 살아 남은 사람이 있느냐?
요나단을 보아서라도, 남아 있는 자
손이 있으면, 잘 보살펴 주고 싶구
나."
2 마침 사울의 집안에서 종노릇 하는
시바라는 사람이 있어서, 사람들이
그를 불러 다윗에게로 데리고 왔다.
왕이 그에게 "네가 시바냐?" 하고
물으니 "그러합니다" 하고 그가 대답
하였다.
3 왕이 물었다. "사울의 집안에 남은
사람이 없느냐? 있으면 내가 하나님
의 은총을 그에게 베풀어 주고 싶
다." 그러자 시바가 왕에게 대답하였
다. "요나단의 아들이 하나 남아 있
습니다. 두 다리를 접니다."
4 왕이 그에게 물었다. "그는 지금 어
디에 있느냐?" 시바가 왕에게 대답
하였다. "그는 지금 로드발에 있는
암미엘의 아들 마길의 집에서 삽니
다."
5 ○다윗 왕이 사람을 보내어서, 로드
발에 있는 암미엘의 아들 마길의 집
에서 그를 데려왔다.
6 사울의 손자이며 요나단의 아들인
므비보셋은 다윗에게 와서 엎드려
절하였다. 다윗이 "네가 므비보셋이
냐?" 하고 물었다. 그가 대답하였
다. "예, 임금님의 종, 므비보셋입니
다."
7 다윗이 그에게 말하였다. "겁낼 것
없다. 내가 너의 아버지 요나단을 생
각해서 네게 은총을 베풀어 주고 싶
다. 너의 할아버지 사울 임금께서 가
지고 계시던 토지를 너에게 모두 돌
려주겠다. 그리고 너는 언제나 나의
식탁에서 함께 먹도록 하여라."
8 므비보셋이 엎드려 아뢰었다. "이 종
이 무엇이기에 죽은 개나 다름없는
저를 임금님께서 이렇게까지 돌보아
주십니까?"
9 ○다윗 왕은 사울의 종 시바를 불러
서 일렀다. "사울과 그의 온 집안이
가졌던 모든 것을, 내가 이제 너의
상전의 손자인 므비보셋에게 주었
다.
10 그러니 너는 너의 아들들과 종들과
함께 모두 그 땅을 갈고 거두어서,
너의 상전의 집안이 먹을 양식을 대
도록 하여라. 그러나 너의 상전의 손
자인 므비보셋은 언제나 나의 식탁
에서 음식을 먹을 것이다." (시바에
게는 아들 열다섯과 종 스무 명이
있었다.)

9장 요약 요나단의 깊은 우정에 대해 각별한 고마움을 가지고 있던 다윗은 안팎으로 나라를 튼튼하게 다진 시점에 이르러 사울 집안을 보살피고자 했다. 수소문 끝에 요나단의 아들 므비보셋을 찾은 그는, 사울의 토지를 모두 돌려주고 평생 자신의 식탁에서 함께 먹을 수 있도록 배려하였다.

9:4 로드발 요단 강 동쪽 갈릴리 호수 남쪽에 있는 성읍으로, 드빌(수 13:26)과 같은 지역으로 추정된다. **마길** 므비보셋을 후원하던 부자로서, 다윗이 압살롬의 반란으로 인해 요단 강 동쪽으로 피했을 때 그를 숨겨 준 사람(17:27)이다.

9:7 너는 언제나 나의 식탁에서 함께 먹도록 하여라 다윗은 므비보셋에게 사울에게 속했던 모든 재산을 돌려줌으로써 경제적인 부를 주었을 뿐 아니라, 다윗 왕의 식탁에서도 왕자로서 동일한 대접을 받게 함으로써 그의 명예를 회복시켰다.

11 시바가 왕에게 대답하였다. "높으신
임금님께서 이 종에게 명령하신 그
대로, 이 종이 모두 하겠습니다." 그
리하여 므비보셋은 왕자들과 다름없
이, 언제나 다윗 왕의 식탁에서 음식
을 먹었다.
12 므비보셋에게는 미가라는 어린 아
들이 하나 있었다. 시바의 집에 사는
사람들은 모두 므비보셋의 종이 되
었다.
13 므비보셋은 언제나 왕의 식탁에서
먹었으며, 예루살렘에서만 살았다.
그는 두 다리를 다 절었다.

암몬과의 전쟁 (대상 19:1-19)

10 그 뒤에 암몬 사람의 왕이 죽
고, 그의 아들 하눈이 그를 이
어서 왕이 되었다.
2 다윗은 "하눈의 아버지 나하스가 나
에게 은혜를 베풀었으니, 나도 나하
스의 아들 하눈에게 은혜를 베풀어
야겠다" 하고서, 신하들을 보내어,
고인에게 조의를 표하게 하였다. 그
래서 다윗의 신하들이 암몬 사람의
땅에 이르렀다.
3 그러나 암몬 사람의 대신들이 자기
들의 상전인 하눈에게 말하였다.
"다윗이 임금님께 조문 사절을 보낸
것이 임금님의 부친을 존경하기 때
문이라고 생각하십니까? 오히려 이
도성을 두루 살피고 정탐하여, 함락
시키려고, 다윗이 임금님께 자기의
신하들을 보낸 것이 아닙니까?"
4 그래서 하눈은 다윗의 신하들을 붙
잡아서, 그들의 한쪽 수염을 깎고,
입은 옷 가운데를 도려내어, 양쪽 엉
덩이가 드러나게 해서 돌려보냈다.
5 사람들은 이 일을 다윗에게 알렸다.
조문 사절이 너무나도 수치스러운
일을 당하였으므로, 다윗 왕은 사람
을 보내어 그들을 맞으며, 수염이 다
시 자랄 때까지 여리고에 머물러 있
다가, 수염이 다 자란 다음에 돌아오
라고 하였다.
6 ○암몬 사람들은 자기들이 다윗에게
미움을 사게 된 줄을 알았다. 암몬
사람들은 사람을 보내어서, 벳르홉
의 시리아 사람과 소바의 시리아 사
람에게서 보병 이만 명과, 마아가의
왕에게서 천 명과, 돕 사람들에게서
만 이천 명을 용병으로 고용하였다.
7 다윗은 이 소식을 듣고, 요압에게 전
투부대를 맡겨서 출동시켰다.
8 암몬 사람도 나와서, 성문 앞에서 전
열을 갖추었으며, 소바와 르홉의 시
리아 사람들과 돕과 마아가의 용병
들도 각각 들녘에서 전열을 갖추었
다.
9 ○요압은 적이 자기 부대의 앞뒤에서
전열을 갖추어 포진한 것을 보고, 이
스라엘의 모든 정예병 가운데서 더

10장 요약 다윗은 암몬과 시리아 등의 연합군과 두 차례에 걸친 전쟁에서 그들을 물리쳤다. *이 전쟁은, 암몬 왕 나하스를 조문하러 간 다윗의 신하들을 그 아들 하눈 왕이 모욕한 데서 비롯되었다.* 하지만 당시 신흥 강국으로 부상한 다윗 왕국에 대한 암몬의 경계심이 그 바탕에 깔려 있었을 것이다.

10:2 하눈의 아버지 나하스가 나에게 은혜를 베풀었으니 여기서 '은혜를 베푼'이란 히브리어의 배후에는 언약에 충실한다는 의미가 포함되어 있다(참조. 9:1,3). 따라서 암몬 왕 나하스와 이스라엘 사이에 화친 조약이 있었음을 알 수 있다.

10:6 벳르홉 ① 팔레스타인 북부 레바논과 안티레바논 산맥 사이에 놓여 있는 평원 르홉(민 13:21) ② 헤르몬 산 아래 단 근처의 성읍 베드르홉(삿 18:28) ③ 어떤 학자는 다마스쿠스 북동쪽 40km 지점의 르호봇(창 36:37)과 동일 지명이라

엄격하게 정예병을 뽑아서, 시리아
군대와 싸울 수 있도록 전열을 갖추
었다.
10 남은 병력은 자기의 아우 아비새에
게 맡겨, 암몬 군대와 싸우도록 전열
을 갖추게 하고서,
11 이렇게 말하였다. "시리아 군대가 나
보다 더 강하면, 네가 와서 나를 도
와라. 그러나 암몬 군대가 너보다 더
강하면, 내가 가서 너를 돕겠다.
12 용기를 내어라. 용감하게 싸워서 우
리가 우리 민족을 지키고, 우리 하나
님의 성읍을 지키자. 주님께서 좋게
여기시는 대로 이루어 주실 것이다."
13 ○그런 다음에 요압이 그의 부대를
거느리고 시리아 사람들과 싸우러
나아가니, 시리아 군인들이 요압 앞
에서 도망하여 버렸다.
14 암몬 군인들은 시리아 군인들이 도
망하는 것을 보고서, 그들도 아비새
앞에서 도망하여, 성으로 들어가 버
렸다. 요압은 암몬 군대와 싸우기를
그치고, 예루살렘으로 돌아왔다.
15 ○시리아 군인들은 자기들이 이스라
엘에게 패한 것을 알고서, 온 군대를
다시 집결시켰다.
16 그 때에 하닷에셀이 사람을 보내어
서, 유프라테스 강 동쪽에 있는 시리
아 군대를 동원시켰으므로, 그들이
헬람으로 왔다. 하닷에셀의 부하 소
박 사령관이 그들을 지휘하였다.
17 다윗이 이 소식을 듣고, 온 이스라엘
군대를 모아서 거느리고, 요단 강을
건너서, 헬람으로 진군하였다. 시리
아 군대가 다윗과 싸우려고 전열을
갖추고 있다가, 맞붙어 싸웠으나,
18 시리아는 이스라엘 앞에서 도망하
고 말았다. 다윗은 시리아 군대를 쳐
서, 병거를 모는 칠백 명과 기마병
사만 명을 죽이고, 소박 사령관도 쳐
서, 그를 그 자리에서 죽였다.
19 하닷에셀의 부하인 모든 왕은, 자기
들이 이스라엘에게 패한 것을 알고
서, 이스라엘과 화해한 뒤에, 이스라
엘을 섬겼다. 그 뒤로 시리아는, 이
스라엘이 두려워서, 다시는 암몬 사
람을 돕지 못하였다.

다윗과 밧세바

11 그 다음 해 봄에, 왕들이 출전
하는 때가 되자, 다윗은 요압에
게 자기의 부하들과 온 이스라엘의
군인들을 맡겨서 출전시켰다. 그들
은 암몬 사람을 무찌르고, 랍바를
포위하였다. 그러나 다윗은 예루살
렘에 머물러 있었다.
2 ○어느 날 저녁에, 다윗은 잠깐 눈을
붙였다가 일어나, 왕궁의 옥상에 올
라가서 거닐었다. 그 때에 그는 한 여
인이 목욕하는 모습을 옥상에서 내
려다 보았다. 그 여인은 아주 아름다

고 주장하기도 한다.

10:11–12 '강하다'와 '용감하다'는 히브리어로 같은 단어이다. 이방 세력의 강함(11절)과 하나님 백성의 용감함(12절)이 겨루게 되었다. 현실적으로 유다가 약세에 몰려 있지만 중요한 것은 이 전쟁의 승패가 하나님께 달려 있다는 것이다.

10:19 본절은 주변 나라와 이스라엘이 화친한 사실을 보여 준다. 8장의 정복 사건을 보면 이스라엘은 중동 지방에서 강국으로 부상한 것 같다.

11장 요약 다윗은 목욕하는 밧세바의 외모에 반하여 그녀를 불러 동침하였고, 나중에 그녀의 임신 사실을 알고는 그 남편 우리야를 싸움터에서 불러들여 밧세바와 동침시키려 하였다. 그러나 충직한 신하였던 우리야는 자신만 편히 집으로 가기를 거부했고, 이에 다윗은 요압에게 전갈을 보내어 우리야를 전사시키게 했다.

11:1 다윗이 어떠한 때에 범죄하였는가에 대한 상

웠다.
3 다윗은 신하를 보내서, 그 여인이 누
구인지 알아 보게 하였다. 다녀온 신
하가, 그 여인은 엘리암의 딸로서, 헷
사람 우리야의 아내 밧세바라고 하
였다.
4 그런데도 다윗은 사람을 보내어서
그 여인을 데려왔다. 밧세바가 다윗
에게로 오니, 다윗은 그 여인과 정을
통하였다. (그 여인은 마침 부정한
몸을 깨끗하게 씻고 난 다음이었다.)
그런 다음에 밧세바는 다시 자기의
집으로 돌아갔다.
5 ○얼마 뒤에 그 여인은 자기가 임신
한 것을 알고, 다윗에게 사람을 보내
서, 자기가 임신하였다는 사실을 알
렸다.
6 다윗이 그 소식을 듣고는, 요압에게
전갈을 보내서, 헷 사람 우리야를 왕
궁으로 보내게 하였다. 요압이 우리
야를 다윗에게 보내니,
7 우리야가 다윗에게로 왔다. 다윗은
요압의 안부와 군인들의 안부를 묻
고, 싸움터의 형편도 물었다.
8 그런 다음에 다윗은 우리야에게 말
하였다. "이제 그대의 집으로 내려가
서 목욕을 하고 쉬어라." 우리야가
어전에서 물러가니, 왕은 먹을 것을
함께 딸려서 보냈다.
9 그러나 우리야는 자기 상전의 종들
과 함께 대궐 문간에 누워서 자고,
자기 집으로는 내려가지 않았다.
10 다윗은 우리야가 자기 집으로 내려
가지 않았다는 말을 듣고, 원정 길
에서 돌아왔는데, 왜 집으로 내려가
지 않는지를, 우리야에게 물었다.
11 우리야가 다윗에게 대답하였다. "언
약궤와 이스라엘과 유다가 모두 장
막을 치고 지내며, 저의 상관이신 요
압 장군과 임금님의 모든 신하가 벌
판에서 진을 치고 있습니다. 그런데
어찌, 저만 홀로 집으로 돌아가서,
먹고 마시고, 나의 아내와 잠자리를
같이 할 수가 있겠습니까? 임금님이
확실히 살아 계심과, 또 임금님의 생
명을 걸고 맹세합니다. 그런 일은 제
가 하지 않겠습니다."
12 다윗이 우리야에게 말하였다. "그렇
다면, 오늘은 날도 저물었으니, 여기
에서 지내도록 하여라. 그러나 내일
은 내가 너를 보내겠다." 그리하여 우
리야는 그 날 밤을 예루살렘에서 묵
었다. 그 다음날,
13 다윗이 그를 불러다가, 자기 앞에서
먹고 마시고 취하게 하였다. 그러나
저녁때에 그는 여전히 왕의 신하들
과 함께 잠자리에 들고, 자기 집으로
는 내려가지 않았다.
14 ○다음날 아침에 다윗은 요압에게
편지를 써서, 우리야의 편에 보냈다.

황 설명이다. 이때는 암몬과의 제3차 전쟁이 진행되고 있었고, 이스라엘이 힘차게 전진하는 강성한 시기였다. 그 다음 해 봄에 암몬 족속과 이스라엘과의 전쟁이 계속되어 한 해가 지났음을 의미한다.

11:3 엘리암 '백성의 하나님'이란 뜻으로, 역대지상 3:5에 나타난 암미엘 곧 '내 백성의 하나님'과 같은 이름이다. 엘리암은 23:34에 나오는 '아히도벨'의 아들이다. **헷 사람 우리야** 다윗의 외국인 용병이었거나 다윗에 귀순한 장군 중 하나이다. '하나님의 빛'이란 뜻으로, 개종한 흔적을 볼 수 있다.

11:11 헷 사람 우리야의 충정어린 고백이다. 다윗의 죄를 감추려는 은폐 계획은 일차적으로 수포로 돌아갔다. 다윗의 불륜 행각과 우리야의 충성스러운 태도가 극적인 대조를 이룬다.

11:15 그가 맞아서 죽게 하여라 우리야를 밧세바와 동침시키려던 자신의 계획이 수포로 돌아가자,

15 다윗은 그 편지에 다음과 같이 썼
다. "너희는 우리야를, 전투가 가장
치열한 전선으로 앞세우고 나아갔다
가, 너희만 그의 뒤로 물러나서, 그
가 맞아서 죽게 하여라."
16 요압은 적의 성을 포위하고 있다가,
자기가 알고 있는 대로 적의 저항 세
력이 가장 강한 곳에 우리야를 배치
하였다.
17 그 성의 사람들이 나가서 요압의 군
인들과 싸우는 동안에, 다윗의 부하
들 쪽에서 군인 몇 사람이 쓰러져서
죽었고, 그 때에 헷 사람 우리야도
전사하였다.
18 ○요압이 다윗에게 사람을 보내서
전쟁의 상황을 모두 전하였다.
19 요압은 전령에게 이렇게 지시하였다.
"네가 이번 전쟁의 상황을 모두 임
금님께 말씀드리고 났을 때에,
20 임금님이 화를 내시며 네게 말씀하
시기를 '너희가 왜 그토록 성에 가까
이 가서 싸웠느냐? 적의 성벽 위에
서 적병들이 활을 쏠 줄도 몰랐단
말이냐?
21 여룹베셋의 아들 아비멜렉을 누가
쳐서 죽였느냐? 어떤 여자가 성벽
위에서 그의 머리 위로 맷돌 위짝을
던져서, 그가 데벳스에서 죽지 않았
느냐? 그런 것을 알면서, 너희가 무
엇 때문에 그토록 성벽에 가까이 갔
느냐?' 하시면, 너는 '임금님의 부하
헷 사람 우리야도 죽었습니다' 하고
대답하여라."
22 ○전령이 떠나, 다윗에게 이르러서,
요압이 심부름을 보내면서 일러준
말을 모두 전하였다.
23 전령은 다윗에게 이렇게 말하였다.
"우리의 적은 우리보다 강하였습니
다. 적이 우리와 싸우려고 평지로 나
왔으므로, 우리는 적들을 성 안으로
밀어 넣으려고, 성문 가까이까지 적
들을 밀어붙였습니다.
24 그 때에 성벽 위에 있는 적들이 임금
님의 부하들에게 활을 쏘았습니다.
그래서 임금님의 부하들 가운데서
몇 사람이 죽었고, 임금님의 부하인
헷 사람 우리야도 죽었습니다."
25 ○그러자 다윗이 전령에게 말하였
다. "너는 요압에게, 칼은 이 편도 죽
이고 저 편도 죽이기 마련이니, 이번
일로 조금도 걱정하지 말라고 전하
여라. 오히려 그 성을 계속 맹렬히
공격하여서 무너뜨리라고 전하여, 요
압이 용기를 잃지 않도록 하여라."
26 ○우리야의 아내는, 우리야가 죽었
다는 소식을 듣자, 자기의 남편을 생
각하여 슬피 울었다.
27 애도하는 기간이 지나니, 다윗이 사
람을 보내어서, 그 여인을 왕궁으로
데려왔다. 그 여인은 이렇게 하여서

다윗은 더 무서운 흉계를 꾸민다. 이 일로 다윗 왕국이 쇠퇴의 길로 놓이게 되는 전환점이 된다.

11:21 군대 장관 요압은 사사기 9:1–57의 한 여인이 망대 위에서 던진 맷돌에 맞아 죽은 아비멜렉의 사건을 말하고 있다. 이것은 치열한 전선에서 싸우던 우리야가 죽자, 그의 죽음을 정당화하기 위해 든 비유이다. 요압은 다윗 왕의 지령에 따랐을 뿐, 전략이나 전술의 실패가 아니라 우리야를 죽이려는 계략이었음을 알리고 있다.

11:27 주님께서 보시기에 다윗이 한 이번 일은 아주 악하였다 다윗은 자신의 소욕은 채웠으나 그 결과는 간음과 살인에 의한 한 가정의 완전한 파괴를 가져왔다. 그는 왕권을 남용하여 자기 백성을 해쳤다. 이방 같으면 왕의 이런 소행이 별 문제가 되지 않았겠지만, 하나님의 관점에서는 악하다는 평가가 내려졌다. 하나님 나라의 법을 중시해야 할 이스라엘의 왕에게는 그것이 사소한 일로 끝나지 않는다는 것을 알 수 있다.

다윗의 아내가 되었고, 그들 사이에
서 아들이 태어났다. 그러나 주님께
서 보시기에 다윗이 한 이번 일은 아
주 악하였다.

나단의 책망과 다윗의 회개

12 주님께서 예언자 나단을 다윗에
게 보내셨다. 나단은 다윗을 찾
아와서, 이런 이야기를 하였다. ○"어
떤 성읍에 두 사람이 살았습니다.
한 사람은 부유하였고, 한 사람은
가난하였습니다.
2 그 부자에게는 양과 소가 아주 많았
습니다.
3 그러나 그 가난한 사람에게는, 사다
가 키우는 어린 암양 한 마리 밖에
는, 아무것도 없었습니다. 그는 이 어
린 양을 자기 집에서 길렀습니다. 그
래서 그 어린 양은 그의 아이들과
함께 자라났습니다. 어린 양은 주인
이 먹는 음식을 함께 먹고, 주인의
잔에 있는 것을 함께 마시고, 주인의
품에 안겨서 함께 잤습니다. 이렇게
그 양은 주인의 딸과 같았습니다.
4 그런데 그 부자에게 나그네 한 사람
이 찾아왔습니다. 그 부자는 자기를
찾아온 손님을 대접하는 데, 자기의
양 떼나 소 떼에서는 한 마리도 잡기
가 아까웠습니다. 그래서 그는 그 가
난한 사람의 어린 암양을 빼앗아다
가, 자기를 찾아온 사람에게 대접하
였습니다."
5 ○다윗은 그 부자가 못마땅하여, 몹
시 분개하면서, 나단에게 말하였다.
"주님께서 확실히 살아 계심을 두고
서 맹세하지만, 그런 일을 한 사람은
죽어야 마땅합니다.
6 또 그가 그런 일을 하면서도 불쌍히
여기는 마음이 전혀 없었으니, 그는
마땅히 그 어린 암양을 네 배로 갚
아 주어야 합니다."
7 ○나단이 다윗에게 말하였다. "임금
님이 바로 그 사람입니다. 주 이스라
엘의 하나님이 이렇게 말씀하십니
다. ○'내가 너에게 기름을 부어서,
이스라엘의 왕으로 삼았고, 또 내가
사울의 손에서 너를 구하여 주었다.
8 나는 네 상전의 왕궁을 너에게 넘겨
주고, 네 상전의 아내들도 네 품에
안겨 주었고, 이스라엘 사람들과 유
다 나라도 너에게 맡겼다. 그것으로
도 부족하다면, 내가 네게 무엇이든
지 더 주었을 것이다.
9 그런데도 너는, 어찌하여 나 주의 말
을 가볍게 여기고, 내가 악하게 여기
는 일을 하였느냐? 너는 헷 사람 우
리야를 전쟁터에서 죽이고 그의 아
내를 빼앗아 네 아내로 삼았다. 너
는 그를 암몬 사람의 칼에 맞아서
죽게 하였다.
10 너는 이렇게 나를 무시하여 헷 사람

12장 요약 다윗은 자신의 범죄로 밧세바의 몸에서 난 아들이 죽은 데 대해 가슴이 찢어질듯 아팠지만 하나님의 징계를 받아들이며 하나님을 경배했다. 이 시기에 지어진 것이 바로 시편 51편이다. 여기서 우리는 회개하고 돌아서는 한 인간의 진실한 신앙을 엿볼 수 있다.

12:1 주님께서 예언자 나단을 다윗에게 보내셨다 하나님께서는 일 년 동안을 다윗이 하는 대로 방관하셨다. 이러한 내용은 다윗이 밧세바에게서 아들을 낳게 되었다는 기록에서 확인할 수 있다. 그 아들의 출생은 다윗의 죄악을 부인하거나 은폐할 수 없는 확실한 근거가 되었다. 하나님은 다윗의 행위에 대해 전혀 무관심하신 것이 아니다. 그동안 그로 하여금 양심의 큰 고통을 겪게 하심으로써, 예언자의 책망을 받아들일 수 있도록 마음 상태를 준비시키신 것이다. 다윗이 겪은 양심의 가책과 심령의 고통은 시편 32편에 생생히 묘사

우리야의 아내를 빼앗아다가 네 아
내로 삼았으므로, 이제부터는 영영
네 집안에서 칼부림이 떠나지 않을
것이다.'
11 ○주님께서 또 이렇게 말씀하십니
다. '내가 너의 집안에 재앙을 일으
키고, 네가 보는 앞에서 내가 너의
아내들도 빼앗아 너와 가까운 사람
에게 주어서, 그가 대낮에 너의 아내
들을 욕보이게 하겠다.
12 너는 비록 몰래 그러한 일을 하였지
만, 나는 대낮에 온 이스라엘이 바라
보는 앞에서 이 일을 하겠다.'"
13 ○그 때에 다윗이 나단에게 자백하
였다. "내가 주님께 죄를 지었습니
다." 나단이 다윗에게 말하였다. "주
님께서 임금님의 죄를 용서해 주실
것입니다. 그러므로 임금님은 죽지
는 않으실 것입니다.
14 그러나 임금님은 이번 일로 주님의
원수들에게 우리를 비방할 빌미를
주셨으므로, 밧세바와 임금님 사이
에서 태어난 아들은 죽을 것입니다."
15 나단은 자기 집으로 돌아갔다.

다윗의 아들이 죽다

○주님께서, 우리야의 아내와 다윗
사이에서 태어난 아이를 치시니, 그
아이가 몹시 앓았다.
16 다윗이 그 어린 아이를 살리려고, 하
나님께 간절히 기도를 드리면서 금
식하였다. 그는 왕궁으로 돌아와서
도 밤을 새웠으며, 맨 땅에 누워서
잠을 잤다.
17 다윗 왕궁에 있는 늙은 신하들이 그
에게로 가까이 가서, 그를 땅바닥에
서 일으켜 세우려고 하였으나, 그는
일어나려고 하지도 않고, 또 그들과
함께 음식을 먹으려고도 하지 않았
다.
18 그러다가, 이레째 되는 날에 그 아이
가 죽었다. 그러나 다윗의 신하들은,
아이가 죽었다는 것을 다윗에게 알
리기를 두려워하였다. "어린 왕자가
살아 계실 때에도 우리가 드리는 말
씀을 듣지 않으셨는데, 왕자께서 돌
아가셨다는 소식을, 우리가 어떻게
전하여 드릴 수 있겠소? 그런 소식
은 임금님의 몸에 해로울지도 모르
오."
19 그러나 다윗은, 신하들이 서로 수군
거리는 것을 보고서, 아이가 죽은
줄 짐작하고, 신하들에게 "아이가
죽었느냐?" 하고 물었다. 신하들이
대답하였다. "돌아가셨습니다."
20 그러자 다윗은 땅바닥에서 일어나
서, 목욕을 하고, 몸에 기름을 바르
고, 옷을 갈아 입은 뒤에, 성전으로
들어가서 주님께 경배하였다. 그는
왕궁으로 돌아오자, 음식을 차려오
게 하여서 먹었다.

되어 있다. 하나님의 백성은 자신의 죄악에 대해 본성적으로 갈등과 고민을 일으키게 된다. 그것은 하나님의 생명이 그 안에 있기 때문이다.

12:11-12 너는 비록 몰래…이 일을 하겠다 다윗이 자신의 죄악을 은폐하려던 그 죄까지 철저하게 심판하실 것을 선언한다. 남의 아내를 빼앗은 사실에 대해서는 다윗도 아내를 빼앗기게 될 것이고, 은폐하려던 악행의 대가로 환한 대낮에 다윗이 수치를 당하게 되리라는 것이었다. 하나님의 공의로운 섭리에는 예외가 없다.

12:16-23 다윗의 아들이 죽다 밧세바의 몸에서 난 아들이 죽었다는 소식을 접한 다윗은 자기의 범죄에 대한 하나님의 징계임을 분명히 깨닫고 자신의 죄악들을 솔직하게 인정하는 단계에 이른다. 또한 자기를 살려 주시고 회개하게 하시는 하나님의 긍휼하심을 깊이 체험하고, 그 하나님께 자신을 새롭게 드리는 의미로 경배하였다.

12:24-31 솔로몬의 출생(24-25절)과 랍바의 승

21 신하들이 다윗에게 물었다. "왕자가
살아 계실 때에는 임금님께서 식음
을 전폐하고 슬퍼하시더니, 이제 왕
자가 돌아가시자 임금님께서 일어나
셔서 음식을 드시니, 이것이 어떻게
된 일이십니까?"
22 다윗이 대답하였다. "아이가 살아
있을 때에 내가 금식하면서 운 것은,
혹시 주님께서 나를 불쌍히 여겨 주
셔서, 그 아이를 살려 주실지도 모른
다고 생각하였기 때문이오.
23 그러나 이제는 그 아이가 죽었는데,
무엇 때문에 내가 계속 금식하겠소?
내가 그를 다시 돌아오게 할 수가 있
겠소? 나는 그에게로 갈 수 있지만,
그는 나에게로 올 수가 없소."

솔로몬이 태어나다

24 ○그 뒤에 다윗이 자기의 아내 밧세
바를 위로하고, 동침하니, 그 여인이
아들을 낳았다. 다윗이 그의 이름을
솔로몬이라고 하였다. 주님께서도
그 아이를 사랑해 주셔서,
25 예언자 나단을 보내셔서, 주님께서
사랑하신다는 뜻으로, 그의 이름을
여디디야라고 부르게 하셨다.

다윗이 랍바를 점령하다 (대상 20:1-3)

26 ○요압이 암몬 사람의 도성 랍바를
쳐서, 그 왕의 도성을 점령하고서,
27 다윗에게 전령들을 보내어서, 이렇
게 말하였다. "제가 랍바를 치고, 도
성으로 들어가는 급수지역을 점령하
였습니다.
28 이제 임금님께서 남은 군인들을 불
러모아서, 이 도성을 공격할 진을 치
시고, 이 도성을 직접 점령하시기 바
랍니다. 제가 이 도성을 점령하기보
다는, 임금님께서 이 도성을 점령하
셔서, 임금님의 이름이 승리자의 이
름으로 기록되게 해주시기 바랍니
다."
29 다윗이 모든 군인을 불러모으고, 랍
바로 가서, 그 도성을 쳐서 점령하였
다.
30 그는 암몬 왕의 머리에서 금관을 벗
겨 왔는데, 그 무게가 금 한 달란트
나 나갔고, 금관에는 보석이 박혀 있
었다. 다윗은 그 금관을 가져다가,
자기가 썼다. 다윗은 그 도성에서 아
주 많은 전리품을 약탈하였으며,
31 그 도성에 사는 백성도 끌어다가, 톱
질과 곡괭이질과 도끼질과 벽돌 굽
는 일을 시켰다. 그는 암몬 사람의
모든 성읍에 이와 똑같이 한 뒤에,
모든 군인을 거느리고 예루살렘으
로 돌아왔다.

암논과 다말

13 그 뒤에 이런 일이 있었다. 다
윗의 아들 압살롬에게는 아직
결혼하지 않은 아름다운 누이가 있
는데, 이름은 다말이었다. 그런데 다

리(26-31절)를 기록한다. 이 두 사건은 다윗을 용서하시고 그의 왕조를 계속 존속하시겠다는 하나님의 의지의 표명이자 은혜의 증거로 보인다. 밧세바를 통하여 주신 솔로몬은 하나님께서 은혜로 용서하셨다는 증거이다. 다윗은 마음의 해방을 얻고 그 아이를 솔로몬이라 이름한다.

12:26 다윗 왕국의 회복과 함께 그에 따른 암몬과의 전쟁이 끝났다. 이 전쟁 기간 동안 다윗의 범죄와 하나님의 심판이 있었다.

13장 요약 계속해서 다윗의 집안에 임한 재앙들이 소개된다. 다윗의 장자 암논은 이복 누이 다말을 강간하였다. 그 소식을 들은 압살롬은 자기 친누이의 고통에 격분하여 암논을 살해했다. 다윗이 암논을 징계했더라면 이런 일은 일어나지 않았을 것이다. 한편, 암논을 죽인 압살롬은 외조부의 나라인 그술 땅으로 도피하였다.

윗의 다른 아들 암논이 그를 사랑하
였다.
2 암논은 자기의 누이 다말을 사랑하
였으나, 처녀이므로 어찌할 수 없는
줄을 알고, 병이 나고 말았다.
3 암논에게는 요나답이라고 하는 친구
가 있었는데, 그는 다윗의 형 시므아
의 아들이다. 요나답은 아주 교활한
인물이었다.
4 마침 그가 암논에게 물었다. "왕자
님, 나날이 이렇게 안색이 수척해지
시는데, 웬일이십니까? 나에게 그 까
닭을 알려 주지 않으시겠습니까?"
암논이 그에게 말하였다. "나의 아
우 압살롬의 누이 다말을, 내가 사랑
하고 있기 때문이오."
5 그러자 요나답이 그에게 제안하였
다. "왕자님은 침상에 누워서, 병이
든 체 하십시오. 부왕께서 문병하러
오시면, 누이 다말을 보내 달라고 하
십시오. 누이 다말이 와서 왕자님이
드실 음식을 요리하게 하면 좋겠다
고 말씀하십시오. 다말이 왕자님 앞
에서 음식을 요리하면, 왕자님이 그
것을 보면서, 그의 손에서 직접 받아
먹고 싶다고 말씀드리십시오."
6 그리하여 암논이 침상에 누워서, 병
든 체 하고 있으니, 과연 다윗 왕이
그를 문병하러 왔다. 그 때에 암논이
왕에게 요청하였다. "누이 다말을 보
내 주십시오. 제가 보는 앞에서, 누
이가 맛있는 빵 몇 개라도 만들어
서, 그것을 저에게 직접 먹여 주게
하여 주십시오."
7 ○다윗은 다말의 집으로 사람을 보
내어서 지시하였다. "어서 네 오라비
암논의 집으로 가서, 그에게 먹을 것
을 좀 만들어 주어라."
8 다말이 자기의 오라버니 암논의 집
으로 가서 보니, 그가 침상에 누워
있었다. 다말이 밀가루를 가져다가,
이겨서, 그가 보는 앞에서 맛있는 빵
몇 개를 빚어, 잘 구웠다.
9 그리고 다말이 냄비째 가져다가 암
논 앞에서 그릇에 담아 주었으나, 암
논은 먹을 생각은 하지 않고, 사람
들을 다 밖으로 내보내라고 말하고
는, 사람들이 모두 밖으로 나간 뒤
에,
10 다말에게 말하였다. "그 빵을 이 침
실로 가지고 들어와서, 네가 손수 나
에게 먹여 다오." 그래서 다말은 손
수 만든 빵을 들고, 자기의 오라버니
암논의 침실로 들어갔다.
11 다말이 그에게 먹여 주려고 다가서
니, 그는 다말을 끌어안고, 함께 눕
자고 하였다.
12 다말이 그에게 말하였다. "이렇게 하
지 마십시오, 오라버니! 이스라엘에
는 이러한 법이 없습니다. 제발 나에

13:1–19 암논과 다말 족장 시대에는 이복 남매 간의 근친 결혼의 예가 많이 나타난다(창 11:29;20:12). 그러나 모세 이후에는 율법으로 남매나 이복 남매 간의 혼인을 금하였다(레 18:9). 암논이 다말을 범한 죄악은 다윗의 집안에 임할 재앙의 시작이다.

13:1 그 뒤에 이런 일이 있었다 '그 뒤'란 암몬 족속과의 전쟁과 그 기간 중에 있었던 다윗의 범죄와 그에 대한 하나님의 심판, 그리고 긍휼을 베푸시어 솔로몬을 주신 뒤를 가리킨다. 13장의 이 서두는 12장의 배경에 의한 사건임을 예시(豫示)하고 있다. 이 시점은 다윗 왕국이 새로운 출발을 시작하는 한편, 이미 돌이킬 수 없는 하나님의 심판이 다윗 집안에 쏟아지기 시작하는 때였다. 다윗의 범죄는 다윗 왕가에 치명적인 상처를 입히게 되었다.

13:12 이런 악한 일을 저지르지 말아 주십시오 자신의 정욕을 절제하지 못하고 누이의 정조를 빼앗

게 욕을 보이지 마십시오. 제발 이런
악한 일을 저지르지 말아 주십시오.
13 오라버니가 나에게 이렇게 하시면,
내가 이런 수치를 당하고서, 어디로
갈 수 있겠습니까? 오라버니도 또한
이스라엘에서 아주 정신 빠진 사람
들 가운데 하나와 똑같이 되고 말
것입니다. 그러니 이제라도 제발 임
금님께 말씀을 드려 보십시오. 나를
오라버니에게 주기를 거절하지 않으
실 것입니다."
14 다말이 이렇게까지 말하는데도, 암
논은 다말이 애원하는 소리를 들으
려고 하지도 않고, 오히려 더 센 힘
으로 그를 눕혀서, 억지로 욕을 보였
다.
15 ○그렇게 욕을 보이고 나니, 암논은
갑자기 다말이 몹시도 미워졌다. 이
제 미워하는 마음이 기왕에 사랑하
던 사랑보다 더하였다. 암논이 그에
게, 당장 일어나 나가라고, 소리를 버
럭 질렀다.
16 그러자 다말이 암논에게 말하였다.
"그렇게 하시면 안 됩니다. 이제 나
를 쫓아내시면, 이 악은 방금 나에
게 저지른 악보다 더 큽니다." 그런데
도 암논은 다말의 말을 들으려고 하
지도 않고,
17 오히려 자기의 시중을 드는 하인을
불러다가 명령하였다. "어서 이 여자
를 내 앞에서 내쫓고, 대문을 닫고
서 빗장을 질러라."
18 암논의 하인은 공주를 바깥으로 끌
어내고, 대문을 닫고서, 빗장을 질렀
다. 그 때에 다말은 소매에 색동으로
수를 놓은 긴 옷을 입고 있었다. 공
주들은 시집가기 전에는 옷을 그렇
게 입었다.
19 이제 다말은 머리에 재를 끼얹고, 입
고 있는 색동 소매 긴 옷도 찢고, 손
으로 얼굴을 감싼 채로, 목을 놓아
울면서 떠나갔다.
20 ○다말의 오라버니 압살롬이 다말을
보고 물었다. "네 오라비 암논이 너
를 건드렸지? 얘야, 암논도 네 오라
비이니, 지금은 아무 말도 입 밖에
내지 말아라. 이 일로 너무 근심하
지 말아라." 그리하여 다말은 그의
오라버니 압살롬의 집에서 처량하게
지냈다.
21 ○다윗 왕은 이 이야기를 모두 듣고
서, 몹시 분개하였다.
22 압살롬은 암논이 누이 다말에게 욕
을 보인 일로 그가 미웠으므로, 암논
에게 옳다거나 그르다는 말을 전혀
하지 않았다.

압살롬의 복수

23 ○두 해가 지난 어느 날, 압살롬은
에브라임 근처의 바알하솔에서 양
털을 깎고 있었다. 이 때에 압살롬이

은 암논의 행위는 하나님의 율법 위에 세워진 이스라엘 사회에서 도저히 용납될 수 없는 것이었다(레 18:9;20:17;신 27:22).

13:20 처량하게 지냈다 '처량하게'로 번역된 히브리어는 '황량하다, 질겁하다'는 뜻이다. 이 표현은 다말이 어떤 소망과 의욕도 상실한 채로 두려운 가운데 살고 있음을 나타낸다.

13:21 몹시 분개하였다 다윗은 분개할 뿐 아무 징계도 암논에게 내리지 않았다. 율법에 의하면 암논은 죽어야 한다. 그런데 다윗은 2년이 흐르도록 그냥 놓아두었다. 다윗은 왕과 아버지로서의 자기 책임을 등한히 하고 있었다. 그 결과, 암논의 죽음과 압살롬의 반역이 일어나게 되었다. 이처럼 다윗 왕가가 흔들린 것은 다윗이 암논을 징계하지 아니하고, 하나님께서 그 일에 대해 압살롬을 사용하여 직접 징계하심으로 발생된 것이다.

13:23 바알하솔 예루살렘에서 북편 약 30km 떨어진 곳으로, '에브라임' 근처에 있는 압살롬의 소

왕자들을 모두 초대하였다.
24 압살롬은 다윗 왕에게도 찾아가서
말하였다. "임금님, 제가 이번에 양
털을 깎게 되었으니, 임금님도 신하
들을 거느리시고, 이 아들과 함께 내
려가셔서, 잔치에 참석해 주시기를
바랍니다."
25 왕이 압살롬에게 말하였다. "아니다,
내 아들아. 우리가 모두 따라가면,
너에게 짐이 될 터이니, 우리는 가지
않으마." 압살롬이 계속하여 간청을
하였지만, 왕은 함께 가고 싶지 않아
서, 복을 빌어 주기만 하였다.
26 그러자 압살롬이 말하였다. "그러면
맏형 암논이라도 우리와 함께 가도
록 허락하여 주시기 바랍니다." 왕이
그에게 물었다. "암논이 너와 함께
가야 할 이유가 무엇이냐?"
27 그래도 압살롬이 계속하여 왕에게
간청하니, 왕은 암논과 다른 왕자들
이 모두 그와 함께 가도 좋다고 허락
하였다.
28 ○압살롬은 이미 자기의 부하들에게
명령을 내렸다. "암논이 술을 마시고
기분이 좋아질 때를 잘 지켜 보아
라. 그러다가 내가 너희에게 암논을
쳐죽이라고 하면, 너희는 겁내지 말
고 그를 죽여라. 내가 너희에게 직접
명령하는 것이니, 책임은 내가 진다.
다만, 너희는 용감하게, 주저하지 말
고 해치워라!"
29 마침내 압살롬의 부하들은 압살롬
의 명령을 따라서, 하라는 그대로 암
논에게 하였다. 그러자 다른 왕자들
은 저마다 자기 노새를 타고 달아났
다.
30 ○그들이 아직도 길에서 달아나는
동안에, 다윗에게는, 압살롬이 왕자
들을 모조리 쳐죽여서, 한 사람도
살아 남지 못하였다는 소식이 들어
갔다.
31 왕은 자리에서 일어나서, 입고 있는
옷을 찢고 땅바닥에 누워 버렸고,
그를 모시고 서 있는 신하들도 다
옷을 찢었다.
32 그 때에 다윗의 형 시므아의 아들인
요나답이 나서서 말하였다. "임금님,
젊은 왕자들이 모두 살해되지는 않
았습니다. 암논 한 사람만 죽었습니
다. 암논이 압살롬의 누이 다말을
욕보인 날부터, 압살롬은 그런 결심
을 하고 있었습니다.
33 그러니 이제 높으신 임금님께서는,
왕자들이 다 죽었다고 하는 뜬소문
을 듣고 상심하지 마십시오. 암논 한
사람만 죽었을 따름입니다."
34 ○그 사이에 압살롬은 도망쳐 버렸
다. ○바로 그 때에 예루살렘의 보초
병 하나가, 호로나임 쪽에서 많은 사
람이 언덕을 타고 내려오는 것을 보

유지였다. 양털을 깎고 있었다 목양을 하는 유목민에게는 농경민의 '추수' 때와도 같은 큰 축제였다(삼상 25:2,8). 따라서 당시의 이스라엘에는 그 날에 큰 잔치를 베푸는 풍속이 있었다.

13:31 옷을 찢고 지극한 슬픔을 나타내는 이스라엘의 풍속으로 과거 자기의 죄악에 대한 다윗의 깊은 상처를 나타내는 것이다. 왕은 자리에서 일어나서, 입고 있는 옷을 찢고 땅바닥에 누워 버렸고 다윗의 모든 왕자가 죽었다는 것은, 곧 다윗 왕가의 멸족을 뜻한다. 다윗이 옷을 찢고 땅에 엎드린 모습은 자식을 모두 잃은 슬픔 때문이라기보다는 자기의 죄악에 대한 하나님의 엄위(嚴威)로운 심판 앞에 두려워 떨며 낮아진 모습이다.

13:39 오히려 압살롬을 보고 싶어 하는 마음이 점점 간절해졌다 왕위 계승 문제에 있어서 다윗의 심중에 내정하고 있는 계승자가 압살롬임을 암시하는 말이다. 그러나 하나님이 선택하신 사람은 압살롬이 아니라 솔로몬이었다.

고서, 왕에게 알렸다.
35 그러자 요나답이 왕에게 아뢰었다.
"틀림 없습니다. 왕자님들이 돌아오
시는 것입니다. 이 종이 이미 말씀드
리지 않았습니까?"
36 요나답이 말을 막 마치는데, 왕자들
이 들어와서, 목을 놓아 울기 시작하
였다. 왕도 통곡하고, 모든 신하도
통곡하였다.
37 ○압살롬은 도망하여 그술 왕 ㉠암미
훗의 아들 달매에게로 갔고, 다윗은
죽은 아들 암논 때문에 슬픈 나날을
보냈다.
38 압살롬은 도망한 뒤에 그술로 가서,
그 곳에 세 해 동안 머물러 있었다.
39 그러는 사이에 다윗 왕은 암논을 잃
었을 때에 받은 충격도 서서히 가라
앉았고, 오히려 압살롬을 보고 싶어
하는 마음이 점점 간절해졌다.

압살롬을 예루살렘으로 돌아오게 하다

14 왕의 마음이 압살롬에게로 쏠
리는 것을, 스루야의 아들 요압
이 알았다.
2 요압이 드고아로 사람을 보내어, 거
기에서 슬기로운 여인 한 사람을 데
리고 와서 부탁하였다. "그대는 초상
당한 여인처럼 행동하시오. 몸에는
상복을 입고, 머리에는 기름도 바르
지 말고, 이미 오랫동안, 죽은 사람
을 애도한 여인처럼 꾸민 다음에,
3 임금님 앞으로 나아가서, 내가 일러
주는 대로 호소하시오." 요압은 그
여인에게, 할 말을 일러주었다.
4 ○드고아에서 온 그 여인은 왕에게
로 나아가서, 얼굴이 땅에 닿도록 엎
드려서 절을 한 뒤에 "임금님, 저를
살려 주십시오" 하고 애원하였다.
5 왕이 여인에게 "무슨 일이냐?" 하고
물으니, 그 여인이 이렇게 하소연하
였다. "저는 남편이 죽어서, 가련한
과부가 되었습니다.
6 이 여종에게 두 아들이 있는데, 들에
서 서로 싸우다가, 말리는 사람이 없
으므로, 아들 하나가 다른 아들을
죽였습니다.
7 그런데 이제는 온 집안이 들고 일어
나서, 이 종에게, 형제를 때려 죽인
그 아들을 내놓으라고 합니다. 죽은
형제의 원수를 갚고, 살인자를 죽여
서, 상속자마저 없애 버리겠다고 합
니다. 그들은 저에게 남아 있는 불씨
마저도 꺼 버려서, 제 남편이 이 땅
에 이름도 자손도 남기지 못하게 하
려고 합니다."
8 ○다 듣고 난 왕은 여인에게 말하였
다. "이 문제를 두고서는, 내가 직접
명령을 내리겠으니, 집으로 돌아가거
라."
9 그러나 드고아 여인은 왕에게 아뢰
었다. "우리의 높으신 임금님께서 무

14장 요약 압살롬 때문에 고민하는 다윗의 심정을 간파한 요압은 드고아의 한 여인을 보내어 다윗을 설득하게 하였다. 그녀는 다윗이 하나님께 은혜를 입은 사실을 상기시키면서 압살롬을 용서하는 것이 좋다고 설득하였다(14절). 이에 왕은 압살롬의 귀환을 허락하였지만, 2년간이나 그와 대면하지 않았다.

㉠ 히, '암미훌'

14:1-24 요압의 도움으로 압살롬이 돌아오다 이스라엘 왕국의 군대 장관이었던 요압은 다윗과 동고동락한 인물로서 다윗의 심정을 쉽게 파악할 수가 있었다. 그리하여 그는 압살롬을 왕 곁으로 데려오기 위한 연극을 꾸미게 된다(3절). 이 일은 성공하였으나 요압이 이스라엘의 한 직분자로서 하나님께서 원하시는 공의와 인도하시는 역사의 방향을 몰랐던 것은 큰 잘못이었다.

14:5 가련한 과부가 되었습니다 어떤 의지처나 도

엇을 하시든지, 이 일에 있어서 허물
은 저와 제 아버지의 집안에 있습니
다. 임금님과 왕실에는 아무런 허물
이 없습니다."
10 왕이 대답하였다. "누구든지 너를
위협하거든, 그를 나에게로 데리고
오너라. 아무도 너를 괴롭히지 못하
게 하겠다."
11 여인은 또 간청하였다. "그러면 임금
님, 임금님께서 섬기시는 주 하나님
께 간구하셔서, 저의 죽은 아들의 원
수를 갚으려고 하는 집안 사람들이
살아 있는 저의 아들까지 죽이는 크
나큰 범죄를 저지르지 못하게 막아
주시기를 바랍니다." 왕이 대답하였
다. "주님께서 확실히 살아 계심을
두고 맹세하지만, 네 아들의 머리카
락 하나도 땅에 떨어지지 않게 하겠
다."
12 ○그 여인이 또 간청하였다. "이 종
이 높으신 임금님께 한 말씀만 더 드
리도록 허락하여 주시기 바랍니다."
왕이 그렇게 하라고 하니,
13 그 여인이 이렇게 말하였다. "어찌하
여 임금님께서는 하나님의 백성에게
그처럼 그릇된 일을 하셨습니까? 임
금님께서는 임금님의 친아들인 왕자
님이 이 나라로 돌아오는 것을 허락
하지 않으셨습니다. 이러한 처사는
지금까지 이 종에게 말씀하신 것과
는 다릅니다. 임금님께서는 그렇게
말씀만 하시고, 왕자님을 부르지 않
으셨으니, 이것은 잘못된 일이라고
생각합니다.
14 우리는 다 죽습니다. 땅에 쏟으면,
다시 담을 수 없는 물과 같습니다.
그러나 하나님은 생명을 빼앗지 않
으시고 방책을 베푸셔서 비록 내어
쫓긴 자라 하더라도 어떻게 해서든
지 하나님께 버림받은 자가 되지 않
게 하십니다.
15 높으신 임금님, 제가 지금 임금님을
찾아 뵙고서 이런 말씀을 드리게 된
까닭은, 제가 친척들의 위협을 받으
면서, 이 문제를 임금님께 아뢰면, 임
금님께서 제가 간구하는 바를 들어
주실 것이라는 확신이 섰기 때문입
니다.
16 저의 집안 사람들이 저와 저의 아들
을 죽이려 하고, 하나님이 주신 이
땅에서 끊어 버리려고 하지마는, 임
금님께서 저의 사정을 들어서 아시
면, 구원하여 주실 것이라고 생각하
였습니다.
17 이 종은 또, 높으신 임금님께서는 말
씀으로 저를 안심시켜 주실 것이라
고 믿었습니다. 임금님은 바로 하나
님의 천사와 같은 분이시니까, 저의
호소를 들으시고 선악을 가려내실
것이라고도 생각하였습니다. 임금님

움받을 길이 없을 뿐 아니라 스스로 생활 능력도 없고, 재혼할 나이도 지난 과부라는 의미이다. 과부는 당시 구약의 사회에서도 멸시와 천대를 받는 계층 중 하나였다. 구약의 율법은 이러한 자에게도 가장 기본적인 생존권을 보장해야 한다고 규정하고 있다(신 14:29).

14:14 다윗이 압살롬을 용서하도록 하기 위해서, 드고아 여인은 인생의 덧없음과 하나님의 긍휼을 그에게 상기시킨다. 땅에 쏟아진 물을 다시 모으지 못함같이 사람이 한번 죽으면 되돌릴 수가 없는 것이다. 압살롬의 경우도 예외일 수는 없다. 그러나 하나님께서는 자비로우셔서 죄인의 생명을 거두어 가지도 않고 버려두지도 않으실 것이라고 한다. 이러한 여인의 말 가운데는 압살롬의 회개가 없이도 하나님께서 자비를 베푸실 것이라는 모순이 있다.

14:19 오른쪽으로든 왼쪽으로든, 피할 길이 없습니다 왕의 말씀 그대로가 사실이라는 뜻이다. 즉 왕의

이 섬기시는 주 하나님께서 늘 임금
님과 함께 계시기를 바랍니다."
18 ○마침내 왕이 그 여인에게 물었다.
"너는 내가 묻는 말을, 내 앞에서 조
금도 숨기지 말고 대답하여라." 그 여
인이 대답하였다. "높으신 임금님의
분부대로 하겠습니다."
19 왕이 물었다. "너에게 이 모든 일을
시킨 사람은 바로 요압이렷다?" 여
인이 대답하였다. "높으신 임금님, 임
금님께서 확실히 살아 계심을 두고
맹세하지만, 높으신 임금님께서 무
슨 말씀을 하시면, 오른쪽으로든 왼
쪽으로든, 피할 길이 없습니다. 저에
게 이런 일을 시킨 사람은 임금님의
신하 요압입니다. 그가 이 모든 말을
이 종의 입에 담아 주었습니다.
20 왕자님의 일을 잘 되게 하여 보려고,
임금님의 신하 요압이 이런 일을 꾸
민 것은 사실입니다. 그러나 임금님
께서는 하나님의 천사처럼 슬기로우
시므로, 일어난 모든 일을 다 아실
줄 압니다."
21 ○그러자 왕이 직접 요압에게 명령
을 내렸다. "보시오, 내가 장군의 뜻
대로 하기로 결심하였으니, 가서, 그
어린 아이 압살롬을 데려오시오."
22 요압이 얼굴을 땅에 대고 절을 하면
서 말하였다. "하나님께서 임금님께
복을 베푸시기를 빕니다. 높으신 임
금님이 이 종의 간청을 이렇게 들어
주시니, 이 종이 임금님의 총애를 입
은 줄을 오늘에야 알았습니다."
23 그리고는 요압이 일어나 그술로 가
서, 압살롬을 데리고 예루살렘으로
왔다.
24 ○그러나 왕의 지시는 단호하였다.
"그를 집으로 돌아가게 하여라. 그러
나 내 얼굴은 볼 수 없다." 그리하여
압살롬은 아버지에게 인사도 하지
못하고, 자기 집으로 돌아갔다.

다윗과 압살롬이 화해하다

25 ○온 이스라엘에, 압살롬처럼, 머리
끝에서 발끝까지 흠 잡을 데가 하나
도 없는 미남은 없다고, 칭찬이 자자
하였다.
26 그는 머리 숱이 많아 무거워지면, 해
마다 연말에 한 번씩 머리를 깎았는
데, 머리를 깎고 나서 그 머리카락을
달아 보면, 왕궁 저울로 이백 세겔이
나 되었다.
27 압살롬에게는 아들 셋과 딸 하나가
있었다. 그 딸의 이름은 다말인데,
생김새가 아주 예뻤다.
28 ○압살롬은 예루살렘으로 돌아와서
두 해를 지냈는데도, 왕의 얼굴을
한 번도 뵙지 못하였다.
29 압살롬이 요압을 왕에게 보내 보려
고 요압에게 사람을 보냈으나, 요압
은 압살롬을 방문하지 않았다. 두

말씀의 절대적인 권위를 표현하는 말이다.

14:20 왕자님의 일을 잘 되게 하여 보려고…꾸민 것은 사실입니다 현대인의 성경에는 '이 일을 자기가 *시키지 않은 것처럼 꾸미려 하였으나*'라고 번역하고 있다.

14:24 그러나 내 얼굴은 볼 수 없다 다윗이 압살롬을 데려오도록 허용했지만, 그를 어전에 들어오지 못하게 하였다. 그것은 다윗이 비록 그를 사랑하고 있었지만(1절) 그에 대해 분노하고 있었고 그의 죄와 허물을 용서하지 않았다는 증거이다.

14:25-33 다윗과 압살롬의 화해 압살롬이 예루살렘으로 돌아와서 2년이 지났는데 아직 아버지 다윗 왕을 만나지 못했다. 압살롬은 요압에게 압력을 넣어 다윗을 만나게 된다. 그리고 표면적으로는 진심 어린 화해를 하게 되지만, 15장에 일어나는 후속 사건에 의하면 이것이 진정한 압살롬의 회개가 아니었음을 알 수 있다.

14:26 세겔 약 11.4g의 무게를 나타내면 200세겔

번째로 다시 사람을 보냈으나, 그는
여전히 오지 않았다.
30 그러자 압살롬이 자기의 종들을 불
러다가 지시하였다. "내 밭 곁에 요압
의 밭이 있다. 그가 거기에 보리 농
사를 지어 놓았으니, 너희는 가서, 그
밭에다가 불을 질러라." 그래서 압살
롬의 종들이 그 밭에 불을 질렀다.
31 ○그러자 요압이 압살롬의 집으로
찾아가서 따졌다. "어찌하여 종들을
시켜, 나의 밭에다가 불을 질렀습니
까?"
32 압살롬이 요압에게 대답하였다. "이
것 보시오. 나는 이미 장군에게 사
람을 보내어서, 좀 와 달라고 부탁을
하였소. 장군을 임금님께 보내어서,
나를 왜 그술에서 돌아오게 하였는
지, 여쭈어 보고 싶었소. 여기에서
이렇게 살 바에야, 차라리 그 곳에
그대로 있는 것이 더욱 좋을 뻔 하였
소. 이제 나는 임금님의 얼굴을 뵙
고 싶소. 나에게 아직도 무슨 죄가
남아 있으면, 차라리 죽여 달라고 하
더라고 말씀을 드려 주시오."
33 그래서 요압이 왕에게 나아가서, 이
일을 상세히 아뢰니, 왕이 압살롬을
불렀다. 압살롬이 왕에게 나아가서,
왕 앞에서 얼굴이 땅에 닿도록 절을
하자, 왕이 압살롬에게 입을 맞추었
다.

압살롬이 반란을 일으키다

15 그 뒤에 압살롬은 자기가 탈 수
레와 말 여러 필을 마련하고,
호위병도 쉰 명이나 거느렸다.
2 그리고 압살롬은 아침마다 일찍 일
어나서, 성문으로 들어오는 길 가에
서 있곤 하였다. 그러다가, 소송할 일
이 있어서, 판결을 받으려고 왕을 찾
아오는 사람이 있으면, 압살롬은 그
를 불러서, 어느 성읍에서 오셨느냐
고 묻곤 하였다. 그 사람이 자기의
소속 지파를 밝히면,
3 압살롬은 그에게 "듣고 보니, 다 옳
고 정당한 말이지만 그 사정을 대신
말해 줄 사람이 왕에게는 없소" 하
고 말하였다. 압살롬은 늘 이런 식
으로 말하곤 하였다.
4 더욱이 압살롬은 이런 말도 하였다.
"누가 나를 이 나라의 재판관으로
세워 주기만 하면, 누구든지 소송 문
제가 있을 때에 나를 찾아와서 판결
을 받을 수가 있을 것이고, 나는 그
에게 공정한 판결을 내려 줄 것이
오."
5 또 누가 가까이 와서 엎드려서 절을
하려고 하면, 그는 손을 내밀어서 그
를 일으켜 세우고, 그의 뺨에 입을
맞추곤 하였다.
6 압살롬은, 왕에게 판결을 받으려고
오는 모든 이스라엘 사람에게 이런

은 약 2.2kg의 무게이다.

14:30 내 밭 곁에 히브리어의 뜻은 '내 손 가까이' 즉 쉽게 좌우할 수 있는 거리에 있다는 말이다. 압살롬이 임의대로 실력을 행사할 수 있는 여건에 있음을 가리킨다.

14:32 나에게 아직도 무슨 죄가 남아 있으면…말씀을 드려 주시오 이 말속에는 자신이 저지른 죄로부터 해방되기를 바라는 마음과 더불어 아버지 다윗 왕에 대한 원망도 들어 있다.

15장 요약 압살롬이 헤브론에서 반란을 일으키자, 다윗은 그를 피해 도피한다. 그는 이 시련과 고통의 책임이 자신에게 있음을 통감하고 있었다. 그러나 하나님의 뜻이 있다면 자신이 돌아올 수 있으리라고 생각하고서, 제사장 사독과 언약궤를 예루살렘으로 되돌려 보내었다.

15:4 공정한 판결을 내려 줄 것이오 압살롬의 위선이 백성에게 통한다는 사실은 다윗의 통치가 공

식으로 하였다. 압살롬은 이렇게 하
여 이스라엘 사람의 마음을 ㉠사로잡
았다.
7 ○이렇게 ㉡네 해가 지났을 때에 압
살롬이 왕에게 아뢰었다. "제가 주님
께 서원한 것이 있으니, 헤브론으로
내려가서 저의 서원을 이루게 하여
주십시오.
8 이 종이 시리아의 그술에 머물 때에,
주님께서 저를 다시 예루살렘으로
돌려보내 주기만 하시면, 제가 헤브
론으로 가서 주님께 예배를 드리겠
다고 서원을 하였습니다.
9 왕이 그에게 평안히 다녀오라고 허
락하니, 압살롬은 곧바로 헤브론으
로 내려갔다.
10 ○그러나 압살롬은 이스라엘의 모든
지파에게 첩자들을 보내서, 나팔 소
리가 나거든 "압살롬이 헤브론에서
왕이 되었다!" 하고 외치라고 하였
다.
11 그 때에 이백 명이 압살롬과 함께 예
루살렘에서 헤브론으로 내려갔다.
그들은 손님으로 초청받은 것일 뿐
이며, 압살롬의 음모를 전혀 알지 못
한 채로, 그저 따라가기만 한 사람
들이다.
12 ㉢압살롬은 또 사람을 보내어서, 다
윗의 참모이던 길로 사람 아히도벨
을 그의 성읍인 길로에서 올라오라
고 초청하였다. 아히도벨은 길로에
서 정규적인 제사 일을 맡아 보고
있었다. 이렇게 반란 세력이 점점 커
지니, 압살롬을 따르는 백성도 점점
더 많아졌다.

다윗이 요단 강 쪽으로 도망하다

13 ○전령 한 사람이 다윗에게 와서 보
고하였다. "이스라엘 백성의 마음이
모두 압살롬에게로 기울어졌습니
다."
14 그러자 다윗은 예루살렘에 있는 모
든 신하에게 말하였다. "서둘러서 모
두 여기에서 도망가자. 머뭇거리다가
는 아무도 압살롬의 손에서 살아 남
지 못할 것이다. 어서 이 곳을 떠나
가자. 그가 곧 와서 우리를 따라잡으
면, 우리에게도 재앙을 입히고, 이
도성도 칼로 칠 것이다."
15 왕의 신하들이 왕에게 대답하였다.
"모든 일은 임금님께서 결정하신 대
로 하시기 바랍니다. 이 종들은 그대
로 따르겠습니다."
16 왕은 왕궁을 지킬 후궁 열 명만 남
겨 놓고, 온 가족을 거느리고 예루
살렘을 떠났다.
17 ○왕이 먼저 나아가니, 모든 백성이
그의 뒤를 따라 나섰다. 그들은 ㉣'먼
궁'에 이르자, 모두 멈추어 섰다.
18 왕의 신하들이 모두 왕 곁에 서 있
는 동안에, 모든 그렛 사람과 모든

의롭지 못했음을 뒷받침해 준다.

15:5-6 이스라엘 사람의 마음을 사로잡았다 압살롬은 민심을 끌기 위해 수단과 방법을 가리지 않는다. 그는 이스라엘 백성을 자기 통치하에 두고 속박하려는 야망이 있었기에, 백성들의 마음을 사로잡아 그들을 속여 왕권을 쟁취하려고 한다.

15:7 네 해가 지났을 때에 압살롬은 그술에서 예루살렘으로 돌아와 2년 후에 아버지 다윗 왕을 만났다(14:33). 그 후 압살롬은 4년 동안 백성들의 대다수가 자기를 지지하고 있음을 확신하고 다윗에게 헤브론으로 가게 해 달라고 요청했다. 그곳에서 그는 왕이 됨을 선포했다. 반란 세력은 점차 확대되어(12절) 다윗을 위협하게 되었는데, 이때 그의 나이는 약 30세가량이었다.

15:10 나팔 소리 헤브론에서 나팔을 불었다는 것

㉠ 히, '도적하였다' ㉡ 칠십인역과 시리아어역을 따름. 히, '마흔 해' ㉢ 또는 '제사를 드리는 동안, 압살롬은 사람을 보내어 다윗의 참모이던 길로 사람 아히도벨을 그의 성읍인 길로에서 올라오라고 초청하였다. 이렇게 반란 세력이……' ㉣ 히, '벳메르학'

블렛 사람이 왕 앞으로 지나가고, 가
드에서부터 왕을 따라 온 모든 가드
군인 육백 명도 왕 앞으로 지나갔다.
19 왕이 가드 사람 잇대에게 말하였다.
"어찌하여 장군은 우리와 함께 가려
고 하오? 돌아가 있다가, 새 왕을 모
시고 지내도록 하시오. 장군은 외국
인이기도 하고, 장군의 본 고장을 두
고 보더라도, 쫓겨난 사람이니, 그렇
게 하시오.
20 장군이 온 것이 바로 엊그제와 같은
데, 오늘 내가 그대를 우리와 함께
떠나게 하여서야 되겠소? 더구나 나
는 지금 정처없이 떠나는 사람이 아
니오? 어서 장군의 동족을 데리고
돌아가시오. 주님께서 은혜와 진실
하심으로 장군과 함께 계셔 주시기
를 바라오."
21 그러나 잇대는 왕에게 대답하였다.
"주님께서 확실히 살아 계시고, 임금
님께서도 확실히 살아 계심을 두고
맹세합니다만, 그럴 수는 없습니다.
임금님께서 가시는 곳이면, 살든지
죽든지, 이 종도 따라가겠습니다."
22 그러자 다윗이 잇대에게 말하였다.
"그러면 먼저 건너 가시오." 그리하
여 가드 사람 잇대도 자기의 부하들
과 자기에게 딸린 아이들을 모두 거
느리고 건너 갔다.
23 이렇게 해서 다윗의 부하들이 모두
그의 앞을 지나갈 때에, 온 땅이 울
음 바다가 되었다. 왕이 기드론 시내
를 건너 가니, 그의 부하도 모두 그
의 앞을 지나서, 광야 쪽으로 행군하
였다.
24 ○그런데 그 곳에는, 하나님의 언약
궤를 메고 온 모든 레위 사람과 함
께, 사독도 와 있었다. 그들은 거기
에다가 하나님의 궤를 내려놓았다.
아비아달도 따라 올라와서, 다윗의
부하가 도성에서 나아와서, 왕의 앞
을 모두 지나갈 때까지 거기에 있었
다.
25 그런 뒤에 왕이 사독에게 말하였다.
"하나님의 궤를 다시 도성 안으로 옮
기시오. 내가 주님께 은혜를 입으면,
주님께서 나를 다시 돌려보내 주셔
서, 이 궤와 이 궤가 있는 곳을 다시
보게 하실 것이오.
26 그러나 주님께서 나를 싫다고 하시
면, 오직 주님께서 바라시는 대로 나
에게서 이루시기를 빌 수밖에 없소."
27 ○왕이 또 제사장 사독에게 말하였
다. "사독 제사장님께서는 선견자가
아니십니까? 성 안으로 평안히 돌아
가시기 바랍니다. 제사장께서는 아
비아달 제사장과 함께 두 분의 아들
곧 제사장님의 아들 아히마아스와
아비아달 제사장의 아들 요나단을
데리고 가십시오.

은 압살롬의 즉위를 선포하는 의식을 의미한다 (20:1;왕상 1:34).

15:12 다윗의 참모이던 길로 사람 아히도벨 다윗 왕정에서 다윗을 보좌하여 정사(政事)를 결정하던 핵심적 인물마저 압살롬의 편이 되었다. 이렇게 됨으로써 다윗 왕정의 실질적인 통치 기능이 마비되어 통치 능력을 상실케 되었음을 시사한다.

15:14 다윗은 압살롬에게 대항할 힘이 없었으므로, 예루살렘 성에서 싸우면 많은 사람이 죽게 될 것을 염려하여 전략상 도피한다. 그는 하나님의 징계를 이렇게 겪어야 했다.

15:24-25 언약궤는 하나님께서 그 백성을 만나시는 곳이었으므로, 언약궤의 향방에 민심이 쏠리게 된다. 다윗은 언약궤를 예루살렘에 두기를 원했고 그러면서 환도(還都)의 소망을 나타낸다.

15:26 여기에서 징계받는 다윗의 심정이 토로된다. 그는 하나님의 선하신 판결대로 순종하는 것이 옳다고 믿었다. 그는 압살롬과는 달리 야심 없

28 두 분께서 나에게 소식을 보내 올 때
까지는, 내가 광야의 나루터에서 머
물고 있을 터이니, 이 점을 명심하십
시오."
29 그리하여 사독은, 아비아달과 함께
하나님의 궤를 다시 예루살렘으로
옮겨다 놓고서, 그 곳에 머물러 있었
다.
30 ○다윗은 올리브 산 언덕으로 올라
갔다. 그는 올라가면서 계속하여 울
고, 머리를 가리고 슬퍼하면서, 맨발
로 걸어서 갔다. 다윗과 함께 있는
백성들도 모두 머리를 가리고 울면
서, 언덕으로 올라갔다.
31 그 때에 누가 다윗에게, 압살롬과 함
께 반역한 사람들 가운데는 아히도
벨도 끼여 있다는 말을 전하자, 다윗
이 기도하였다. "주님, 부디, 아히도
벨의 계획이 어리석은 것이 되게 하
여 주십시오."
32 ○다윗이, 사람들이 하나님을 경배
하는 산 꼭대기에 다다르니, 아렉 사
람 후새가 슬픔을 못이겨서 겉옷을
찢고, 머리에 흙을 뒤집어 쓴 채로
나아오면서, 다윗을 맞았다.
33 다윗이 그에게 말하였다. "그대가 나
와 함께 떠나면, 그대는 나에게 짐만
될 것이오.
34 그러니 그대는 이제 성으로 돌아가
서, 압살롬을 만나거든, 그를 임금님
으로 받들고, 이제부터는 새 임금의
종이 되겠다고 말하시오. 이제까지
는 임금의 아버지를 섬기는 종이었
으나, 이제부터는 그의 아들, 새 임금
의 종이 되겠다고 말하시오. 그것이
나를 돕는 길이고, 아히도벨의 계획
을 실패로 돌아가게 하는 길이오.
35 그 곳에 가면, 두 제사장 사독과 아
비아달이 그대와 합세할 것이오. 그
러므로 그대가 왕궁에서 듣는 말은,
무엇이든지 두 제사장 사독과 아비
아달에게 전하시오.
36 그들은 지금 자기들의 아들 둘을 그
곳에 데리고 있소. 사독에게는 아히
마아스가 있고, 아비아달에게는 요
나단이 있으니, 그대들이 듣는 말은
무엇이든지, 그들을 시켜서 나에게
전하여 주시오."
37 ○그리하여 다윗의 친구인 후새는
성으로 들어갔다. 같은 시간에 압살
롬도 예루살렘에 도착하였다.

다윗과 시바

16 다윗이 산꼭대기에서 떠난 지
얼마 안 되어서, 므비보셋의 하
인 시바가 와서 그를 맞이하였다. 시
바는 나귀 두 마리에 안장을 얹고,
그 위에다가는 빵 이백 개와 건포도
뭉치 백 덩이와 여름 과일 백 개와
포도주 한 가죽부대를 싣고 왔다.
2 왕이 시바에게 물었다. "네가 무엇

이 하나님의 뜻을 따르는 자였다. 다윗은 일생을 대체로 이런 심정으로 살았다.

15:31 아히도벨의 계획이 어리석은 것이 되게 하여 주십시오 다윗 왕정의 내막을 상세히 알고 있는 아히도벨은, 다윗 왕정을 붕괴시키려는 압살롬의 거사에 있어서 실질적인 역할을 수행하였다. 하나님은 다윗의 이 기도에 즉각 응답하셨다. 즉, 후새로 하여금 다윗에게 충성하게 하여 아히도벨의 계획을 실패하게 하신 것이다.

16장 요약 시바는 므비보셋을 모함하고 그 재산을 자신이 차지하였다. 또 시므이는 다윗을 저주하였으나 다윗은 하나님 앞에서 겸손하게 자신을 돌아본다. 한편, 예루살렘으로 들어간 압살롬은 다윗의 후궁들과 동침함으로 밧세바 사건에 대한 나단의 예언이 성취되었다(12:11).

16:3 이스라엘 사람이…자기에게 되돌려 준다고 므비보셋의 하인 시바가 압살롬의 반란을 기회로

때문에 이것을 가지고 왔느냐?" 시
바가 대답하였다. "이 나귀들은 임금
님의 가족들이 타고, 빵과 여름 과
일은 신하들이 먹고, 포도주는 누구
나 광야에서 기진할 때에 마시고, 이
렇게 하시라고 가져 왔습니다."
3 왕이 또 물었다. "그런데, 네가 섬기
는 상전의 손자는 지금 어디에 있느
냐?" 시바가 왕에게 대답하였다.
"그는 지금 예루살렘에 머물러 있습
니다. 이제야 이스라엘 사람이 자기
할아버지의 나라를 자기에게 되돌
려 준다고 생각하고 있습니다."
4 왕이 시바에게 말하였다. "므비보셋
의 재산을 네가 모두 가져라." 시바
가 대답하였다. "임금님의 은혜에 감
사드립니다. 언제나 임금님의 은총
을 입는 몸이 되기를 바랍니다."

다윗과 시므이

5 ○다윗 왕이 바후림 마을에 가까이
이르렀을 때에, 갑자기 어떤 사람이
그 마을에서 나왔는데, 그는 사울
집안의 친척인 게라의 아들로서, 이
름은 시므이였다. 그는 거기에서 나
오면서, 줄곧 저주를 퍼부었다.
6 다윗 왕의 모든 부하와 모든 용사가
좌우에 서서 왕을 호위하고 가는데
도, 그는 다윗과 그의 모든 신하에
게 계속하여 돌을 던졌다.
7 시므이가 다윗을 저주하여 말하였
다. "영영 가거라! 이 피비린내 나는
살인자야! 이 불한당 같은 자야!
8 네가 사울의 집안사람을 다 죽이고,
그의 나라를 차지하였으나, 이제는
주님께서 그 피 값을 모두 너에게 갚
으신다. 이제는 주님께서 이 나라를
너의 아들 압살롬의 손에 넘겨 주셨
다. 이런 형벌은 너와 같은 살인자가
마땅히 받아야 할 재앙이다."
9 ○그러자 스루야의 아들 아비새가
왕에게 아뢰었다. "죽은 개가 높으신
임금님을 저주하는데, 어찌하여 그냥
보고만 계십니까? 제가 당장 건너가
서 그의 머리를 잘라 버리겠습니다."
10 ○왕은 대답하였다. "스루야의 아들
아, 나의 일에 너희가 왜 나서느냐?
주님께서 그에게, 다윗을 저주하라
고 분부하셔서 그가 저주하는 것이
라면, 그가 나를 저주한다고, 누가
그를 나무랄 수 있겠느냐?"
11 ○그런 다음에 다윗이 아비새와 자
기의 모든 신하에게 말하였다. "생각
하여 보시오. 나의 몸에서 태어난
자식도 나의 목숨을 노리고 있는데,
이러한 때에, 하물며 저 베냐민 사람
이야 더 말해 무엇하겠소. 주님께서
그에게 그렇게 하라고 시키신 것이
니, 그가 저주하게 내버려 두시오.
12 혹시 주님께서 나의 이 비참한 모습
을 보시고, 오늘 시므이가 한 저주

자기 주인인 므비보셋을 모함한다. 이는 므비보셋에게 속한 모든 재산을 탐낸 데서 나온 말이다.

16:4 은총을 입는 몸이 되기를 바랍니다 '므비보셋의 재산을 차지하게 하옵소서'라는 말이다. 다윗은 아부하는 자를 잘 가려내어 징계하였으나, 시바의 행동에 대해서는 공정한 판단을 내리지 못하고 그의 꾀에 넘어갔다.

16:5-13 다윗은 시므이의 저주의 말을 잘 참았다. 그는 터무니없는 시므이의 말에 대해 시비를 가리려 하지 않고, 하나님 앞에서 자신을 돌아보면서 그것을 하나님께로부터 오는 징계로 인식하고 잘 인내하였다.

16:7 이 피비린내 나는 살인자야! 이 불한당 같은 자야! 히브리어 본문을 직역하면 '꺼져라 꺼져라 그 피들의 사람아 벨리알의 사람아'이다.

16:10 나의 일에 너희가 왜 나서느냐? 아비새는 다윗을 저주하는 시므이를 죽이겠다고 한다(9절). 그러나 다윗은 아비새의 요청에 동의할 수 없다

대신에 오히려 나에게 좋은 것으로
갚아 주실지, 누가 알겠소?"
13 다윗과 그 부하들은 계속하여 길을
갔다. 그래도 시므이는 여전히 산비
탈을 타고 다윗을 따라 오면서 저주
하며, 그 곁에서 돌을 던지고, 흙먼
지를 뿌렸다.
14 ○왕과 그를 따르는 온 백성이 요단
강에 이르렀을 때에, 그들은 ㉠ 매우
지쳤으므로, 거기에서 쉬면서, 기운
을 되찾았다.

압살롬의 입성과 후새의 위장 전향

15 ○압살롬은 그를 따르는 이스라엘
백성의 큰 무리를 거느리고 예루살
렘으로 입성하였으며, 아히도벨도
그와 함께 들어왔다.
16 그 때에 다윗의 친구인 아렉 사람
후새가 압살롬을 찾아와서, 압살롬
을 보고, "임금님 만세! 임금님 만
세!" 하고 외쳤다.
17 그러자 압살롬이 후새에게 물었다.
"이것이 친구를 대하는 그대의 우정
이오? 어찌하여 그대의 친구를 따라
서 떠나지 않았소?"
18 후새가 압살롬에게 대답하였다. "그
렇지 않습니다. 오히려 저는, 주님께
서 뽑으시고 이 백성과 온 이스라엘
사람이 뽑아 세운 분의 편이 되어
서, 그분과 함께 지낼 작정입니다.
19 제가 다른 누구를 또 섬길 수 있겠
습니까? 당연히 부왕의 아드님을 섬
겨야 하지 않겠습니까? 그러므로 제
가 전에 부왕을 섬긴 것과 같이, 이
제는 임금님을 섬기겠습니다."
20 ○압살롬이 아히도벨에게 물었다.
"이제 우리가 무슨 일부터 해야 될지
의견들을 내어 보시오."
21 아히도벨이 압살롬에게 말하였다.
"부왕이 왕궁을 지키라고 남겨 둔
후궁들과 동침하십시오. 이렇게 임
금님께서 부왕에게 미움받을 일을
하였다는 소문을 온 이스라엘이 들
으면, 임금님을 따르는 모든 사람이
더욱 힘을 낼 것입니다."
22 그리하여 사람들이 옥상 위에 압살
롬이 들어갈 장막을 차려 주니, 온
이스라엘이 보는 앞에서, 압살롬이
자기 아버지의 후궁들과 동침하였
다.
23 사람들은 아히도벨이 베푸는 모략
은, 무엇이든지, 마치 하나님께 여쭈
어서 받은 말씀과 꼭 같이 여겼다.
다윗도 그러하였지만, 압살롬도 그
러하였다.

압살롬이 아히도벨의 제안을 따르지 않다

17 아히도벨은 압살롬에게 또 이
와 같이 말하였다. "부디 내가
만 이천 명을 뽑아서 출동하여, 오늘
밤으로 당장 다윗을 뒤쫓도록 허락
하여 주십시오.

고 말한다.

16:21 후궁들과 동침하십시오 아히도벨의 이 모략은 압살롬이 역적의 길로 빠르게 가게 만들고 있다. 만약 압살롬이 뉘우치고 항복하면 그 신하들은 반역죄를 짓게 되므로, 압살롬이 반역의 길에 깊이 빠지게 하려는 것이다. 압살롬은 아히도벨의 악한 꾀를 받아들임으로써 다윗의 밧세바 사건에 대한 나단의 예언이 성취된다.

㉠ 또는 '아예빔에 이르러'

17장 요약 당대 최고의 모략가인 아히도벨이 지친 다윗을 기습공격하여 죽이자는 주장을 폈다. 과연 그의 모략은 탁월한 것이었다. 하지만 이와 정반대의 모략을 제시한 후새의 모략이 받아들여지자 아히도벨은 스스로 자결하였다.

17:1-14 다윗은 예루살렘 도성을 떠나면서 아히도벨의 모략이 어리석은 것이 되기를 기도했다(15:31). 아히도벨의 모략은 정예병 일만 이천으로

2 그가 지쳐서 힘이 없을 때에, 내가
그를 덮쳐서 겁에 질리게 하면, 그를
따르는 모든 백성이 달아날 것입니
다. 그 때에 내가 왕만을 쳐서 죽이
면 됩니다.
3 그렇게만 되면, 내가 온 백성을 다시
임금님께로 돌아오게 할 수 있습니
다. ㉠아내가 남편에게 돌아오듯이,
백성이 그렇게 임금님께로 돌아올
것입니다. 임금님께서 노리시는 목숨
도 오직 한 사람의 목숨입니다. 나머
지 백성은 안전할 것입니다."
4 압살롬만이 아니라, 이스라엘의 모
든 장로도 이 말을 옳게 여겼다.
5 ○그러나 압살롬은, 아렉 사람 후새
도 불러다가, 그가 하는 말도 들어
보자고 하였다.
6 후새가 압살롬에게 오니, 압살롬은
그에게, 아히도벨이 한 말을 일러주
고서, 그 말대로 해야 할지 말아야
할지를 묻고, 또 다른 의견이 있으면
말하라고 하였다.
7 후새는 압살롬에게 아히도벨이 베푼
모략이 좋지 않다고 말하고,
8 그 까닭을 설명하였다. "임금님의 부
친과 그 신하들은, 임금님께서 잘 아
시는 바와 같이, 용사들인데다가, 지
금은 새끼를 빼앗긴 들녘의 곰처럼
무섭게 화가 나 있습니다. 더구나 임
금님의 부친은 노련한 군인이어서,
밤에는 백성들과 함께 잠도 자지 않
습니다.
9 틀림없이 그가 지금쯤은 벌써 어떤
굴 속이나 다른 어떤 곳에 숨어 있
을 것입니다. 우리의 군인 가운데서
몇 사람이라도, 처음부터 그에게 죽
기라도 하면, 압살롬을 따르는 군인
들이 지고 말았다는 소문이 삽시간
에 퍼질 것입니다.
10 그러면 사자처럼 담력이 센 용사도
당장 낙담할 것입니다. 임금님의 부
친도 용사요, 그의 부하들도 용감한
군인이라는 것은, 온 이스라엘이 다
알고 있기 때문입니다.
11 그러므로 저의 의견은 이렇습니다.
단에서부터 브엘세바에 이르기까지,
온 이스라엘을 임금님에게로 불러모
아서, 바닷가의 모래알처럼 많은 군
인을, 임금님께서 친히 거느리고 싸
움터로 나가시는 것입니다.
12 그래서 우리는, 다윗이 있는 곳이면
어느 곳이든지 들이닥쳐서, 마치 온
땅에 내리는 이슬처럼 그를 덮쳐 버
리는 것입니다. 그러면 그는 물론이
려니와, 그와 함께 있는 모든 사람
가운데서, 한 사람도 살아 남지 못
할 것입니다.
13 또 그가 어떤 성읍으로 물러 나면,
온 이스라엘이 굵은 밧줄을 가져다
가, 그 성읍을 동여매어, 계곡 아래

다윗을 엄습하여 다윗만을 죽이고 도망친 백성들은 압살롬에게 오게 하는 것이었다(1-4절). 그러나 후새는 다윗이 격분한 상태이고 그가 병법에 익숙하므로(8절), 온 이스라엘을 모은 다음 그를 치자는 지연 작전을 내세웠다. 이러한 후새의 모략은 다윗 군대가 싸울 준비가 되어 있지 않은 것을 알고 시간을 주기 위함이었다. 하나님께서 아히도벨의 모략을 좌절시키신 것(14절)은 그가 하나님의 언약에 대항했기 때문이었다.

17:5 후새는 베냐민 지파의 한 씨족인 아렉 사람이다(참조. 수 16:2). 그는 '다윗의 친구'(16:16)로, 다윗의 특권을 같이 누리며 그 영광을 함께하였고, 왕에게 조언하는 고문의 역할을 수행하였다(대상 27:33). 그의 아들 '바아나'는 솔로몬 왕이 임명한 열두 장관 중 한 사람이다(왕상 4:7,16).

㉠ 칠십인역을 따름. 히, '백성 전체가 임금님께 돌아오고 안오고 하는 문제는 임금님께서 노리시는 그 사람에게 달려 있습니다' 또는 '임금님께서 찾으시는 그 사람만 죽이면 백성은 모두 임금님께로 돌아옵니다'

로 끌어내려서, 성이 서 있던 언덕에
돌멩이 하나도 찾아볼 수 없게 하시
는 것입니다."
14 ○그러자 압살롬과 온 이스라엘 사
람이, 아렉 사람 후새의 모략이 아히
도벨의 모략보다 더 좋다고 찬성하
였다. 주님께서 이미 압살롬이 재앙
을 당하게 하시려고, 아히도벨의 좋
은 모략을 좌절시키셨기 때문이다.

후새의 작전과 아히도벨의 자살

15 ○후새는 곧 사독 제사장과 아비아
달 제사장에게, 아히도벨이 압살롬
과 이스라엘의 장로들에게 어떤 모
략을 베풀었는지, 그리고 자기가 또
어떤 모략을 베풀었는지를 알리고
서,
16 다음과 같이 말하였다. "이제 빨리
다윗 왕께 사람을 보내서, 오늘 밤을
광야의 나루터에서 묵지 마시고, 빨
리 강을 건너가시라고 전하십시오.
그렇지 않으면, 임금님만이 아니라,
임금님과 함께 있는 백성까지 모두
전멸을 당할 것입니다."
17 ○한편, 아비아달의 아들 요나단과
사독의 아들 아히마아스는, 예루살
렘 바깥의 ㉠엔 로겔 샘터에서 대기
하고 있었다. 그들은 사람들의 눈에
뜨이지 않으려고 성 안으로 드나드
는 것을 삼갔다. 거기에 있다가, 여종
이 그들에게 가서 소식을 전하여 주
면, 그들이 그 소식을 받아서 직접
다윗 왕에게 전하곤 하였다.
18 그런데 그만 한 젊은이가 그들을 보
고서, 압살롬에게 가서 일러 바쳤다.
탄로가 난 줄을 알고서, 그 두 사람
은 재빨리 그 곳을 떠나 바후림 마
을로 가서, 어떤 사람의 집으로 들어
갔다. 그 집 마당에는 우물이 있었
는데, 그들은 그 속으로 내려갔다.
19 그 집 여인은, 덮을 것을 가져다가
우물 아귀에 펴 놓고, 그 위에 찧은
보리를 널어놓아서, 아무도 눈치를
채지 못하게 하였다.
20 압살롬의 종들이 그 집으로 들어와
서 그 여인에게 물었다. "아히마아스
와 요나단이 어디에 있느냐?" 그 여
인이 그들에게 대답하였다. "그들은
방금 저 강을 건너갔습니다." 그들이
뒤쫓아 갔으나, 찾지 못하고 예루살
렘으로 돌아갔다.
21 ○그들이 돌아간 뒤에, 그 두 사람이
우물 속에서 올라와, 다윗 왕에게
가서, 이 소식을 전하였다. 그들은
다윗에게, 아히도벨이 다윗 일행을
해치려고 어떤 계획을 세웠는지를
알리고, 어서 일어나서 강을 건너가
라고 재촉하였다.
22 그러자 다윗이 자기와 함께 있는 온
백성을 거느리고 거기에서 떠나, 요
단 강을 건너갔는데, 날이 샐 때까지

17:15 사독 아론의 아들 엘르아살의 후손, 아히둡의 아들이다(8:17;대상 9:11;24:3). 다윗 시대에는 아비아달과 함께, 솔로몬 시대에는 혼자서 대제사장직을 수행했다. 아비아달 엘리 제사장의 현손, 아히멜렉의 아들이다(삼상 22:20). '도엑 사건'(삼상 22:9-19), 즉 사울에 의해 아히멜렉과 85명의 제사장 후손들이 몰살당할 때 기적적으로 살아 남았던 자이다. 그 후 다윗과 함께 동고동락(同苦同樂)하면서 대제사장직을 수행하였으나 솔로몬 왕 때, '아도니야의 반란 사건'(왕상 1장)에 연루되어 파면당했다.

17:17-18 여종과 한 젊은이가 대조적으로 등장한다. 정치적 혼란기에 어떤 이는 다윗 편에, 어떤 이는 압살롬 편에 서서 행동한다. 온 이스라엘이 다윗에 대해 반역하는데도, 이름 없이 다윗을 도움으로 다윗 왕국을 보존케 하는 이들이 있는 것을 볼 수 있다.

㉠ '로겔 샘'

요단 강을 건너지 못한 사람은 하나
도 없었다.
23 ○아히도벨은 자기의 모략대로 이루
어지지 않는 것을 보자, 나귀에 안장
을 지워서 타고 거기에서 떠나, 자기
의 고향 집으로 돌아갔다. 거기에서
그는 집안 일을 정리한 뒤에, 목을
매어서 죽었다. 그는 이렇게 죽어서,
자기 아버지의 무덤에 묻혔다.
24 ○다윗이 마하나임에 이르렀을 때에
야, 압살롬이 비로소 이스라엘의 온
군대를 직접 거느리고 요단 강을 건
넜다.
25 압살롬은 요압 대신에 아마사를 군
지휘관으로 세웠는데, 아마사는 이
드라라는 ㉠이스마엘 사람의 아들이
다. 이드라는 나하스의 딸 아비갈과
결혼하여 아마사를 낳았는데, 아비
갈은 요압의 어머니 스루야의 여동
생이다.
26 이렇게 온 이스라엘과 압살롬이 길
르앗 땅에 진을 쳤다.
27 ○다윗이 마하나임에 다다르니, 암몬
족속의 도성 랍바에서 나하스의 아
들 소비가 찾아오고, 로데발에서는
암미엘의 아들 마길이 찾아오고, 로
글림에서는 길르앗 사람 바르실래가
찾아왔다.
28 그들이 침대와 이부자리와 대야와
질그릇도 가지고 오고, 밀과 보리와
밀가루와 볶은 곡식과 콩과 팥과 볶
은 씨도 가지고 왔다.
29 그들은, 그 많은 사람이 광야에서
굶주리고 지치고 목말랐을 것이라고
생각하고서, 꿀과 버터와 양고기와
치즈도 가져다가 다윗과 그를 따르
는 사람들에게 주었다.

압살롬의 패전

18 다윗은 자기와 함께 있는 백성
을 점검하여 보고, 그들 위에
천부장들과 백부장들을 세웠다.
2 다윗은 또 모든 백성을 세 떼로 나
눈 뒤에, 삼분의 일은 요압에게 맡기
고, 또 삼분의 일은 스루야의 아들
이며 요압의 동생인 아비새에게 맡
기고, 나머지 삼분의 일은 가드 사람
잇대에게 맡겼다. 그런 다음에 왕이
온 백성에게 자기도 그들과 함께 싸
움터로 나가겠다고 선언하니,
3 온 백성이 외쳤다. "임금님께서 나가
시면 안 됩니다. 우리가 도망을 친다
하여도, 그들이 우리에게는 마음을
두지 않을 것이며, 우리가 절반이나
죽는다 하여도, 그들은 우리에게 마
음을 두지 않을 것입니다. 임금님은
우리들 만 명과 다름이 없으십니다.
그러니 임금님은 이제 성 안에 계시
면서, 우리를 도우시는 것이 더 좋겠
습니다."
4 그러자 왕은 그들의 의견을 따르겠

17:23 목을 매어서 죽었다 아히도벨의 모략은 받아들여지지 않고, 다윗 일행은 요단 강을 건너 안전한 곳으로 도피한다. 아히도벨은 당대의 모략가답게 이 사실을 중시하고 역사의 전개 방향을 내다보면서 자기의 일생을 스스로 정리한다.

17:27 바르실래 바실래. 마하나임 지방의 부자로 다윗 일행에게 양식과 생활 필수품을 공급했고 다윗이 예루살렘으로 돌아갈 때 길을 안내했다.

18장 요약 압살롬의 반역은 실패로 끝났고, 다윗은 압살롬을 죽이지 말라고 당부했다. 그러나 요압은 압살롬을 찔러 죽였다. 이 비보를 접한 다윗은 크게 슬퍼하며 울었다. 한편, 요압은 승전보를 전하려는 아히마아스를 제지하려 했다. 이외에도 요압은 여러 번 다윗의 뜻과는 반대되는 일을 행했다(3:39;18:5,14;왕상 2:5–6).

㉠ 히, '이스라엘' 또는 '이스르엘'(대상 2:17 참조)

다고 말하고 성문 곁에 서 있으니,
온 백성이 백 명씩, 천 명씩, 부대별
로 나아갔다.
5 그 때에 왕이 요압과 아비새와 잇대
에게 부탁하였다. "나를 생각해서라
도, 저 어린 압살롬을 너그럽게 대하
여 주시오." 왕이 압살롬을 너그럽게
대하여 달라고 모든 지휘관에게 부
탁하는 말을, 온 백성이 다 들었다.
6 ○다윗의 군대가 이스라엘 사람과
싸우려고 들녘으로 나아가서, 에브
라임 숲 속에서 싸움을 하였다.
7 거기에서 이스라엘 백성이 다윗의
부하들에게 패하였는데, 그들은 그
날 거기에서 크게 패하여서, 이만 명
이나 죽었다.
8 싸움이 온 땅 사방으로 번져 나가자,
그 날 숲 속에서 목숨을 잃은 군인
이 칼에 찔려서 죽은 군인보다 더
많았다.
9 ○압살롬이 어쩌다가 다윗의 부하들
과 마주쳤다. 압살롬은 노새를 타고
있었는데, 그 노새가 큰 상수리나무
의 울창한 가지 밑으로 달려갈 때
에, 그의 머리채가 상수리나무에 휘
감기는 바람에, 그는 공중에 매달리
고, 그가 타고 가던 노새는 빠져나갔
다.
10 어떤 사람이 이것을 보고서, 요압에
게 알려 주었다. "압살롬이 상수리
나무에 매달려 있습니다."
11 요압이 자기에게 소식을 전하여 준
그 사람에게 물었다. "네가 그를 보
았는데도, 왜 그를 당장에 쳐서 땅
에 쓰러뜨리지 않았느냐? 그랬더라
면, 내가 너에게 은 열 개와 띠 하나
를 주었을 것이다."
12 그 사람이 요압에게 대답하였다. "비
록 은 천 개를 달아서 저의 손에 쥐
어 주신다고 하여도, 저는 감히 손
을 들어 임금님의 아들을 치지 않을
것입니다. 임금님께서 우리 모두가
듣도록, 장군님과 아비새와 잇대에
게, 누구든지 어린 압살롬을 보호하
여 달라고 부탁하셨기 때문입니다.
13 제가 임금님을 속이고, 그의 생명을
해치면, 임금님 앞에서는 아무 일도
숨길 수가 없기 때문에, 장군님까지
도 저에게서 등을 돌릴 것입니다."
14 ○그러자 요압은 "너하고 이렇게 꾸
물거릴 시간이 없다" 하고 말한 뒤
에, 투창 세 자루를 손에 들고 가서,
아직도 상수리나무의 한가운데 산
채로 매달려 있는 압살롬의 심장을
꿰뚫었다.
15 요압의 무기를 들고 다니는 젊은이
열 명도 모두 둘러싸고서, 압살롬을
쳐서 죽였다.
16 ○그런 다음에 요압이 나팔을 부니,
백성이 이스라엘 사람을 뒤쫓다가

18:5 너그럽게 대하여 주시오 다윗의 이 심정은 반항하고 불순종하는 죄인에 대한 하나님의 사랑을 보여 준다.
18:6 에브라임 숲 속 요단 강 동쪽 마하나임에서 가까운 곳으로, 바위가 많고 숲이 우거진 지역이다.
18:9–18 압살롬의 긴 머리카락은 왕다운 자태와 위용의 상징이었다(14:26). 그러나 인간적인 장점은 올바르게 사용되지 않고 오용될 때, 오히려 걸림돌이 되어 스스로의 멸망을 불러들이게 된다. 압살롬 또한 왕권을 상징했던 머리카락이 오히려 그를 죽게 만들었다(9절).
18:11 띠 가죽이나 여러 가지 고급 천에 금·은·보석 등으로 장식하여 권위와 명예를 상징하였다.
18:14–15 압살롬의 심장을 꿰뚫었다…쳐서 죽였다 압살롬을 죽이는 것은 반역을 잠재우는 가장 용이하고 확실한 방법이다. 이 잔인한 처형은 압살롬을 미워하는 사람들의 깊은 원한의 표시이다. 요압의 행동과 관심은 다윗의 뜻과 항상 일치하

돌아왔다. 요압이 백성에게 싸움을
그치게 하였기 때문이다.
17 그들은 압살롬을 들어다가 숲 속의
깊은 구덩이에 집어던지고, 그 위에
다가 아주 큰 돌무더기를 쌓았다.
온 이스라엘 사람들은 도망하여서,
저마다 자기 장막으로 돌아갔다.
18 ○평소에 압살롬은, 자기의 이름을
후대에 남길 아들이 없다고 생각하
여, 살아 있을 때에 이미 자기 비석
을 준비하여 세웠는데, 그것이 지금
'왕의 골짜기'에 있다. 압살롬이 그
돌기둥을 자기의 이름을 따서 불렀
기 때문에, 사람들은 그것을 오늘날
까지도 '압살롬의 비석'이라고 한다.

다윗이 압살롬의 죽음을 슬퍼하다

19 ○그 때에 사독의 아들 아히마아스
가 요압에게 말하였다. "제가 임금님
에게로 달려가서, 주님께서 임금님
을 원수에게서 구원하셨다는 이 기
쁜 소식을 전하겠습니다."
20 그러나 요압이 말렸다. "오늘은 아무
리 좋은 소식이라도, 네가 전하여서
는 안 된다. 너는 다른 날 이 좋은
소식을 전하여도 된다. 그러나 오늘
은 날이 아니다. 오늘은 임금님의 아
들이 죽은 날이다."
21 그리고는, 요압이 에티오피아 사람
에게 명령하였다. "네가 가서, 본 대
로 임금님께 아뢰어라." 그러자 그 에
티오피아 사람이 요압에게 절을 하
고 달려갔다.
22 사독의 아들 아히마아스가 또다시
요압에게 말하였다. "저에게 무슨 일
이 일어나도 좋으니, 저도 저 에티오
피아 사람과 같이 가서 보고할 수
있도록 허락하여 주십시오." 그러나
요압은 또 말렸다. "아히마아스야,
네가 왜 가려고 하는지 모르겠구나.
네가 가 보아야, 이 소식으로는 아무
상도 받지 못한다."
23 아히마아스가 또다시 말하였다. "저
에게 무슨 일이 일어나도 좋으니, 저
도 가겠습니다." 요압이 그에게 말하
였다. "그렇다면, 더 말리지 않겠다."
아히마아스는 요단 계곡을 지나는
길로 달려서, 그 에티오피아 사람을
앞질렀다.
24 ○그 때에, 다윗은 두 성문 곧 안문
과 바깥문 사이에 앉아 있었는데,
파수꾼이 성문의 지붕 위로 올라가
서, 성벽 위에서 멀리 바라보고 있다
가, 어떤 사람이 혼자 달려오는 것을
보았다.
25 파수꾼이 큰소리로 이 사실을 왕에
게 알리니, 왕은 "혼자 오는 사람이
면 좋은 소식을 전하는 사람이다"
하고 대답하였다. 그 사람이 점점 더
가까이에 이르렀다.
26 파수꾼이 보니, 또 한 사람이 달려

지는 않았다.

18:17 돌무더기 오랫동안 기억할 만한 가치가 있는 사건을 기념하기 위해 쌓기도 하고, 저주받은 표시로 시체 위에 쌓기도 했다.

18:18 자기의 이름을…생각하여 이스라엘에서 대(代)가 끊기는 것은 그 가계의 멸망과 수치를 뜻하는 것이었다. 압살롬의 한탄은 이런 이유에 있었을 것이다. 왕의 골짜기 예루살렘 동쪽 기드론 계곡에 있다(창 14:17).

18:20 오늘은…네가 전하여서는 안 된다 요압은 자기의 행위가 어떤 결과를 불러올 것인지를 예상하였다. 압살롬의 죽음은 전쟁의 승리에 대한 소식이었지만, 한편으로는 다윗의 명령이 이루어지지 않았음을 뜻했다. 따라서 그 소식을 전하는 자의 신변에 위험이 있을 수 있었다. 그리하여 요압은 사독의 아들을 보호하였던 것이다.

18:24 성문의 지붕 '지붕이 있는 성문 누각'으로 파수꾼이 감시하는 망대를 가리킨다.

오고 있었다. 파수꾼이 큰소리로 문
지기에게 "또 한 사람이 달려온다"
하고 외치니, 왕은 "그도 좋은 소식
을 전하는 사람이다" 하고 말하였
다.
27 파수꾼이 또 알렸다. "제가 보기에,
앞서서 오는 사람은 달리는 것이, 사
독의 아들 아히마아스가 달리는 것
과 같습니다." 그러자 왕이 대답하였
다. "그는 좋은 사람이니, 좋은 소식
을 전하러 올 것이다."
28 ○아히마아스가 왕에게 가까이 이
르러서 "평안하시기를 빕니다" 하고
인사를 드리며, 얼굴이 땅에 닿도록
왕에게 절을 하며 아뢰었다. "높으신
임금님께 반역한 자들을 없애 버리
시고, 임금님께 승리를 안겨 주신,
임금님의 주 하나님을 찬양합니다."
29 왕이 "그 어린 압살롬도 평안하더
냐?" 하고 물으니, 아히마아스는 "임
금님의 신하 요압이 ㉠이 종을 보낼
때에, 큰 소동이 있었습니다마는, 무
슨 일인지는 모르겠습니다."
30 왕이 "물러나서 곁에 서 있어라" 하
고 말하니, 그는 곁으로 물러나서 서
있었다.
31 ○바로 그 때에 그 에티오피아 사람
이 들어왔다. 에티오피아 사람이 왕
에게 아뢰었다. "높으신 임금님께 기
쁜 소식을 가져 왔습니다. 주님께서
오늘 임금님께 반역한 자들을 없애
버리시고, 임금님께 승리를 안겨 주
셨습니다."
32 왕이 에티오피아 사람에게 물었다.
"그 어린 압살롬이 평안하더냐?" 에
티오피아 사람이 대답하였다. "높으
신 임금님의 원수들을 비롯하여, 임
금님께 반역한 자들이 모조리 그 젊
은이와 같이 되기를 바랍니다."
33 왕은 이 말을 듣고, 마음이 찢어질
듯이 아파서, 성문 위의 다락방으로
올라가서 울었다. 그는 올라갈 때에
"내 아들 압살롬아, 내 아들아, 내
아들 압살롬아, 너 대신에 차라리 내
가 죽을 것을, 압살롬아, 내 아들아,
내 아들아!" 하고 울부짖었다.

요압이 다윗에게 항의하다

19 왕이 목놓아 울면서 압살롬의
죽음을 슬퍼하고 있다는 소문
이 요압에게 전해졌다.
2 그래서 모든 군인에게도 그 날의 승
리가 슬픔으로 바뀌었다. 왕이 자기
의 아들 때문에 몹시 슬퍼한다는 소
문이, 그 날 모든 군인에게 퍼졌기
때문이다.
3 그래서 그 날 군인들은, 마치 싸움터
에서 도망쳐 나올 때에 부끄러워서
빠져 나가는 것처럼, 슬며시 성 안으
로 들어왔다.
4 그런데도 왕은 두 손으로 여전히 얼

18:29 그 어린 압살롬도 평안하더냐? 전쟁에서 승리했다는 보고에는 아랑곳없이, 다윗은 압살롬의 안부부터 물었다. 이 전쟁에 대한 다윗의 관심은 승리 여부가 아니라 오로지 압살롬의 생사 여부였다. 다윗의 이러한 관심은 단순히 자기 자식에 대한 연민만이 아니었다. 밧세바 사건 이후 피의 보복이 그치기를 바라는 간절한 소망이기도 하였다. 곧 하나님의 심판이 돌이켜지기를 기대한 다윗의 신앙이었다.

19장 요약 압살롬의 반역 사건으로 다윗은 아들을 잃었고 이스라엘 지파와의 관계가 소원해졌으며 요압과의 감정도 극히 나빠졌다. 다윗은 자신의 왕위 복귀 문제와 관련하여 유다 지파에게 주도권을 주었는데, 이는 지혜로운 처사가 아니었다. 그의 이러한 조치는 다른 지파들의 시기심을 유발하였다(41–42절).

㉠ 히, '임금님의 종'

굴을 가린 채로, 큰소리로 "내 아들
압살롬아, 내 아들아, 내 아들 압살
롬아!" 하고 울부짖었다.
5 ○마침내 요압이 집으로 왕을 찾아
가서 항의하였다. "임금님, 모든 부하
가 오늘 임금님의 목숨을 건지고, 임
금님의 아들들과 딸들의 목숨도 건
지고, 모든 왕비의 목숨과 후궁들의
목숨까지 건져 드렸습니다. 그런데
임금님께서는 오히려 오늘 부하들을
부끄럽게 만드셨습니다.
6 임금님께서는 어찌하여 임금님을 반
역한 무리들은 사랑하시고, 임금님
께 충성을 바친 부하들은 미워하시
는 겁니까? 우리 지휘관들이나 부하
들은 임금님께는 있으나마나 한 사
람들입니까? 임금님께서는 오늘 임
금님의 본심을 드러내셨습니다. 차
라리 오늘, 압살롬이 살고, 우리가
모두 죽었더라면, 임금님께서는 더
기뻐하셨을 것입니다. 그렇지 않으
시다면,
7 이제라도 일어나 밖으로 나가셔서,
임금님의 부하들을 위로의 말로 격
려해 주십시오. 제가 주님의 이름을
걸고 맹세하지만, 지금 임금님께서
밖으로 나가지 않으시면, 오늘 밤에
한 사람도 임금님 곁에 남아 있지 않
을 것입니다. 그러면 임금님께서 젊
은 시절부터 이제까지 당한 그 모든
환난보다도 더 무서운 환난을 당하
실 것입니다."
8 그러자 왕이 일어나서 성문 문루로
나와 앉았다. "임금님께서 성문 문
루에 앉아 계신다!" 하는 소식이 모
든 부하에게 전해지니, 모든 부하가
왕의 앞으로 나아왔다.

다윗의 귀환 준비

○그 사이에 이스라엘 사람들은 모
두 도망하여, 저마다 자기 집으로 돌
아갔다.
9 이스라엘 백성은 지파마다 서로 의
논이 분분하였다. "다윗 왕은 우리
를 원수들의 손아귀에서 구해 주었
다. 블레셋 사람의 손아귀에서도 우
리를 건져 주었다. 그러나 지금은 압
살롬을 피해서 이 나라에서 떠나 있
다.
10 우리가 기름을 부어서 왕으로 세운
압살롬은 싸움터에서 죽었다. 그러
니 이제 우리가 다윗 왕을 다시 왕
궁으로 모셔 오는 일을 주저할 필요
가 어디에 있는가?"
11 ○온 이스라엘이 하는 말이 다윗 왕
에게 전달되었다. 다윗 왕은 두 제사
장 사독과 아비아달에게 사람을 보
내서, 이렇게 말하였다. "유다 장로
들에게 나의 말을 전하여 주십시오.
그들이 어찌하여 왕을 다시 왕궁으
로 모시는 일에 맨 나중이 되려고

19:2 그 날의 승리가 슬픔으로 바뀌었다 '승리'로 번역된 히브리어는 '예수아'와 어원이 같은데, '구원' 또는 '해방'이라는 뜻이다(3:18;삼상 9:16;11:3). 즉 압살롬의 반역에 대한 다윗의 승리가 다윗 왕정을 붕괴하려는 세력으로부터의 구원이라는 뜻이다. 다윗 왕의 슬픔이 곧 백성 전체의 슬픔이 되었다는 사실은, 통치자와 백성이 긴밀히 연합되어 있는 다윗 왕국의 일체성을 보여 주고 있다.
19:6 반역한 무리들은 사랑하시고,…충성을 바친 부하들은 미워하시는 겁니까? 다윗의 태도가 불의함을 지적한 말이다. 압살롬의 죽음에 대한 슬픔으로 다윗의 분별력이 희미해졌음을 가리킨다.
19:9-10 한때 다윗 왕을 대적한 이스라엘 백성은 이제 그를 다시 예루살렘으로 모셔 오는 것에 대해 의견이 분분하였다. 그들이 압살롬에게 기름 부어 왕으로 삼았던 것은, 곧 다윗의 폐위를 의미한다. 이러한 과거의 잘못이 마음에 걸려 다윗의 복귀를 주저하고 있다.

하는지,
12 그들은 나의 친족이요 나의 골육지
친인데, 어찌하여 왕을 다시 모셔 오
는 일에 맨 나중이 되려고 하는지,
물어 보시기 바랍니다.
13 그리고 아마사에게는, 그가 나의 골
육지친이면서도, 요압을 대신하여
군대 사령관이 되지 않는다면, 하나
님이 나에게 무슨 벌을 내리시더라
도, 내가 달게 받겠다고 하더라고 알
려 주십시오."
14 이렇게 다윗이 모든 유다 사람의 마
음을 하나같이 자기쪽으로 기울게
하니, 그들이 왕에게 사람을 보내서
말하였다. "임금님께서는 부하들을
모두 거느리고, 어서 빨리 돌아오시
기를 바랍니다."
15 ○다윗 왕이 돌아오는 길에 요단 강
가에 이르렀는데, 유다 사람들이 왕
을 맞이하여 요단 강을 건너게 하려
고, 이미 길갈에 와 있었다.
16 바후림에 사는 베냐민 사람으로 게
라의 아들인 시므이도 급히 와서, 다
윗 왕을 맞이하려고, 모든 유다 사
람들과 함께 내려왔다.
17 그는 베냐민 사람 천 명을 거느리
고, 사울 집안의 종 시바와 함께 왔
는데, 시바도 자기의 아들 열다섯 명
과 자기의 종 스무 명을 다 데리고
나아왔다. 이들은 요단 강을 건너
서, 왕 앞으로 나아왔다.
18 그들은 왕의 가족이 강을 건너는 일
을 도와서, 왕의 환심을 사려고, 나
룻배로 건너갔다.

다윗과 시므이

○왕이 요단 강을 건너려고 할 때에,
게라의 아들 시므이가 왕 앞에 엎드
려서
19 말하였다. "임금님, 이 종의 허물을
마음에 두지 말아 주십시오. 높으신
임금님께서 예루살렘에서 떠나시던
날, 제가 저지른 죄악을, 임금님께서
는 기억하시거나 마음에 품지 말아
주십시오.
20 바로 제가 죄를 지은 줄을, 이 종이
잘 알고 있습니다. 그렇기 때문에, 제
가 오늘 요셉 지파의 모든 사람 가
운데서 맨 먼저 높으신 임금님을 맞
으러 내려왔습니다."
21 스루야의 아들 아비새가 그 말을 받
아서, 왕에게 말하였다. "주님께서
기름 부어 세우신 분을 시므이가 저
주하였으니, 그것만으로도 시므이는
죽어야 마땅한 줄 압니다."
22 그러나 다윗이 말하였다. "스루야의
아들들은 들어라. 나의 일에 왜 너
희가 나서서, 오늘 나의 ㉠대적이 되
느냐? 내가 오늘에서야, 온 이스라
엘의 왕이 된 것 같은데, 이런 날에,
이스라엘에서 사람이 처형을 받아서

19:11-14 여기서 다윗의 경솔한 조치 두 가지를 볼 수 있다. 왕위 복귀 문제와 관련하여 유다 사람에게 주도권을 준 것과 반란군 군지휘관 아마사를 요압 대신 군대 사령관으로 삼겠다고 약속한 사실이다. 전자의 약속은 다른 지파의 질투심을 불러일으켰고(41-42절), 후자의 약속에는 무례한 요압을 제거하려는 다윗의 개인적 동기가 들어 있었다.

19:15-20 다윗이 예루살렘 성으로 개선한다는 소식이 전해지자, 압살롬을 지지했던 모든 이스라엘 사람들이 몹시 당황하였다. 압살롬의 반역에 가담했거나 다윗에게 잘못을 저지른 자들이 누구보다도 먼저 살 길을 모색한 것이다.

19:24 므비보셋이 보인 행동은 다윗의 피신에 대해 깊은 슬픔에 잠겼다는 표징에 해당한다.

19:26-27 종이 그만 저를 속였습니다…모함까지 하였습니다 여기서 '종'은 므비보셋의 종 시바를 가리

㉠ 히, '사탄이'

야 되겠느냐?"
23 왕이 시므이에게 맹세하였다. "너는
처형을 당하지 않을 것이다."

다윗과 므비보셋

24 ○그 때에 사울의 손자 므비보셋도
왕을 맞으러 내려왔다. 그는, 왕이
떠나간 날부터 평안하게 다시 돌아
오는 날까지, 발도 씻지 않고, 수염
도 깎지 않고, 옷도 빨아 입지 않았
다.
25 그가 예루살렘에서 와서 왕을 맞이
하니, 왕이 그에게 물었다. "므비보셋
은 어찌하여 나와 함께 떠나지 않았
느냐?"
26 그가 대답하였다. "높으신 임금님,
저는 다리를 절기 때문에, 나귀를 타
고 임금님과 함께 떠나려고, 제가 탈
나귀에 안장을 얹으라고 저의 종에
게 일렀으나, 종이 그만 저를 속였습
니다.
27 그리고는 그가 임금님께 가서, 이 종
을 모함까지 하였습니다. 임금님은
하나님의 천사와 같은 분이시니, 임
금님께서 좋게 여기시는 대로 처분
하시기를 바랍니다.
28 제 아버지의 온 집안은 임금님에게
죽어도 마땅한 사람들뿐인데, 임금
님께서는 이 종을 임금님의 상에서
먹는 사람들과 함께 먹도록 해주셨
으니, 이제 저에게 무슨 염치가 있다
고, 임금님께 무엇을 더 요구하겠습
니까?"
29 그러나 왕은 그에게 말하였다. "네가
어찌하여 그 이야기를 또 꺼내느냐?
나는 이렇게 결정하였다. 너는 시바
와 밭을 나누어 가져라!"
30 므비보셋이 왕에게 아뢰었다. "높으
신 임금님께서 안전하게 왕궁으로
돌아오시게 되었는데, 이제 그가 그
밭을 다 차지한들 어떻습니까?"

다윗과 바르실래

31 ○그 때에 길르앗 사람 바르실래도
로글림에서 내려와서, 왕이 요단 강
을 건너는 일을 도우려고, 요단 강
가에 이르렀다.
32 바르실래는 아주 늙은 사람으로, 나
이가 여든 살이나 되었다. 그는 큰
부자였으므로, 왕이 마하나임에 머
물러 있는 동안에 왕에게 음식을 공
급하였다.
33 왕이 바르실래에게 말하였다. "노인
께서는 나와 함께 건너가시지요. 나
와 같이 가시면 내가 잘 대접하겠습
니다."
34 그러나 바르실래는 왕에게 아뢰었
다. "제가 얼마나 더 오래 산다고, 임
금님과 함께 예루살렘으로 올라가
겠습니까?
35 제 나이가 지금 여든입니다. 제가 이
나이에 좋은 것과 나쁜 것을 어떻게

킨다. 시바는 므비보셋의 재산을 차지하기 위해, 그의 주인이 압살롬의 반란에 편승하여 사울의 왕권을 다시 회복하려고 예루살렘에 남아 있다고 모함하였다.

19:29 너는 시바와 밭을 나누어 가져라 이 말은 9:7에 있는 약속과 9:9에 있는 선언에 일치하지 않는다. 다윗은 므비보셋에게 내린 성급한 결정(16:4)에 대한 잘못을 인정하고 수정하는 차원에서 그것을 철회했다. 그러나 이 결정도 충분한 정당성을 갖는다고 할 수 없다.

19:35 이 종이 높으신 임금님께 다시 짐이 되어서야 되겠습니까? 바르실래는 다윗이 마하나임에 피신해 있을 때 식량을 비롯한 생활 필수품을 공급하였다. 이 은혜에 보답하기 위해 다윗은 바르실래에게 예루살렘 왕궁으로 같이 갈 것을 권면한다. 그러나 그는 나이를 이유 삼아 거절한다. 이러한 그의 봉사와 충성이 다윗 왕국을 위태한 상황에서 든든하게 보존하는 역할을 했다.

가릴 줄 알겠습니까? 이 종이 무엇
을 먹고 무엇을 마신들, 그 맛을 알
기나 하겠습니까? 노래하는 남녀가
아름다운 노래를 부른들, 제가 이
나이에 잘 알아듣기나 하겠습니까?
그러니 이 종이 높으신 임금님께 다
시 짐이 되어서야 되겠습니까?
36 이 종은 임금님을 모시고 요단 강을
건너려는 것 뿐인데, 어찌하여 임금
님께서는 이러한 상을 저에게 베푸
시려고 하십니까?
37 부디 이 종을 돌아가게 하셔서, 고향
마을에 있는 제 아버지와 어머니의
무덤 곁에서 죽게 하여 주시기를 바
랍니다. 그 대신에 ㉠이 종의 아들 김
함이 여기에 있으니, 그가 높으신 임
금님을 따라가게 하시고, 임금님께
서 바라시는 대로, 그에게 잘 대하여
주시기를 바랍니다."
38 ○그러자 왕이 약속하였다. "물론,
내가 김함을 데리고 가겠소. 그리고
노인께서 보시기에 만족하도록, 내가
그에게 잘 대하여 주겠고, 또 나에게
특별히 부탁한 것은 무엇이든지, 내
가 다 이루어 드리겠소."
39 ○드디어 온 백성이 요단 강을 건넜
고, 왕도 건너갔다. 왕이 바르실래에
게 입을 맞추고 복을 빌어 주니, 바
르실래가 자기의 고장으로 돌아갔
다.
40 왕이 길갈로 건너갈 때에 김함도 왕
을 따라서 건너갔다.

남북 분쟁의 재연

○온 유다 백성과 이스라엘 백성의
절반이나 왕을 따라서, 요단 강을 건
너갔다.
41 그런데 갑자기 온 이스라엘 사람이
왕에게 몰려와서, 이렇게 말하였다.
"어찌하여 우리의 형제인 유다 사람
들이 우리와 의논도 없이, 임금님을
몰래 빼돌려 임금님과 임금님의 가
족과 다윗 왕의 모든 신하를 모시고
건넜습니까?"
42 그러자 온 유다 사람이 이스라엘 사
람에게 대답하였다. "우리가 임금님
과 더 가깝기 때문이다. 너희가 이런
일로 그렇게 화를 낼 이유가 무엇이
냐? 우리가 임금님께 조금이라도 얻
어 먹은 것이 있느냐? 임금님이 우
리에게 조금이라도 주신 것이 있어
서 그러는 줄 아느냐?"
43 그러나 이스라엘 사람은 유다 사람
에게 이렇게 말하였다. "우리는 임금
님께 요구할 권리가 너희보다 열 갑
절이나 더 있다. 그런데 어찌하여 너
희는 우리를 무시하였느냐? 높으신
임금님을 우리가 다시 모셔와야 되
겠다고 맨 먼저 말한 사람이, 바로
우리가 아니었느냐?" 그래도 유다
사람의 말이 이스라엘 사람의 말보

19:37 고향 마을에 있는 제 아버지와 어머니의 무덤 곁에서 죽게 하여 주시기를 바랍니다 원문을 직역하면 '내가 나의 성(城) 안에서 나의 부모의 묘에 함께 죽으리라'는 말이다. 이스라엘 사람들은 조상들이 묻힌 가족 묘에 장사되는 것이 전통적인 관습이었다(창 49:29–31). 그들의 이러한 소원은 하나님이 약속한 땅에서 영원한 안식을 누리려는 소망을 표현하는 것이다.

19:40–43 유다 지파와 이스라엘 족속 사이에 어느 족속이 다윗의 왕통을 승계하느냐는 정통성에 대한 시비가 붙었다. 다윗은 유다 지파의 출신이었으며, 유다 족속은 가장 먼저 다윗을 왕으로 삼아 기름을 부었다. 다윗은 전략적으로 유다를 지지했고, 이러한 그의 인간적인 판단은 다윗 왕국의 통일을 저해하는 요소가 되었다. 이때로부터 약 50년 후에 다윗 왕국은 남쪽 유다와 북쪽 이스라엘 두 왕국으로 분열되었다(왕상 12:16).

㉠ 칠십인역과 시리아어역을 따름. 히, '임금님의 종 김함'

다 더 강경하였다.

세바의 반란

20 그 즈음에 불량배 한 사람이
그 곳에 있었는데, 그의 이름
은 세바였다. 그는 비그리의 아들로
서, 베냐민 사람이었다. 그는 나팔을
불면서, 이렇게 외쳤다.
"우리가 다윗에게서 얻을 몫은
아무것도 없다. 우리가 이새의 아
들에게서 물려받을 유산은 아무
것도 없다. 그러니 이스라엘 사람
들아, 모두들 자기의 집으로 돌아
가자!"
2 이 말을 들은 온 이스라엘 사람은
다윗을 버리고, 비그리의 아들 세바
를 따라갔다. 그러나 유다 사람은 요
단 강에서 예루살렘에 이르기까지,
줄곧 자기들의 왕을 따랐다.
3 ○다윗은 예루살렘의 왕궁으로 돌
아온 뒤에, 예전에 왕궁을 지키라고
남겨 둔 후궁 열 명을 붙잡아서, 방
에 가두고, 감시병을 두었다. 왕이
그들에게 먹을 것만 주고, 더 이상
그들과 잠자리를 함께 하지 않았으
므로, 그들은 죽을 때까지 갇혀서,
생과부로 지냈다.
4 ○왕이 아마사에게 명령하였다. "장
군은 유다 사람을 사흘 안에 모아
나에게 데려 오고, 그대도 함께 오시
오."
5 아마사가 유다 사람을 모으러 갔으
나, 왕이 그에게 정하여 준 기간을
넘겼다.
6 그래서 다윗은 아비새에게 명령하였
다. "이제 비그리의 아들 세바가 압
살롬보다도 더 우리를 해롭게 할 것
이오. 그러므로 장군은 나의 부하들
을 데리고 그를 뒤쫓아 가시오. 혹시
라도 그가 잘 요새화된 성읍들을 발
견하여 그리로 피하면, 우리가 찾지
못할까 염려되오."
7 그래서 요압의 부하들과 그렛 사람
과 블렛 사람과 모든 용사가, 비그리
의 아들 세바를 뒤쫓아 가려고, 아
비새를 따라 예루살렘 밖으로 나갔
다.
8 ○그들이 기브온의 큰 바위 곁에 이
르렀을 때에, 아마사가 그들의 앞으
로 다가왔다. 요압은 군복을 입고,
허리에 띠를 띠고 있었는데, 거기에
는 칼집이 달려 있고, 그 칼집에는
칼이 들어 있었다. 요압이 나아갈 때
에, 칼이 빠져 나와 있었다.
9 요압은 아마사에게 "형님, 평안하시
오?" 하고 말하면서, 오른손으로 아
마사의 턱수염을 붙잡고 입을 맞추
었다.
10 요압이 다른 손으로 칼을 빼어 잡았
는데, 아마사는 그것을 눈치채지 못
하였다. 요압이 그 칼로 아마사의 배

20장 요약 세바의 반란 사건 과정에서 요압은 다윗이 자신 대신 아마사를 군대 사령관으로 임명한 것에 대한 분노로 아마사를 살해했다. 또한 요압이 세바의 거점이었던 아벨 성을 함락시키려 했으나, 세바의 머리가 요압에게 인계됨으로써, 피비린내 나는 살육전이 예방되었다.

20:1 우리가 다윗에게서 얻을 몫은 아무것도 없다… 자기의 집으로 돌아가자! 다윗에게는 자신들이 누릴 몫이나 유산이 없다고 선언한 반역 슬로건이다. 이 표어는 하나님이 다윗에게 하신 언약(7:8–16)을 멸시하고 거부하는 의미를 담고 있으며, 후에 북쪽 지파들의 반란의 표어가 되기도 했다(왕상 12:16;대하 10:16).

20:10 요압이 그 칼로 아마사의 배를 찔러서 요압은 반란군 진압 명령을 받은 아마사를 살해한다. 이것은 다윗의 군대 사령관으로서 그의 지위를 확실히 하기 위해 두 번째로 자행한 일이다(왕상

를 찔러서, 그의 창자가 땅바닥에 쏟
아지게 하니, 다시 찌를 필요도 없이
아마사가 죽었다. ○그런 다음에 요
압은 자기 동생 아비새와 함께 비그
리의 아들 세바를 뒤쫓아 갔다.
11 그 때에 요압의 부하 한 사람이 아마
사의 주검 곁에 서서 외쳤다. "요압
을 지지하는 사람과 다윗 쪽에 선
사람은 요압 장군을 따르시오."
12 그러나 아마사가 큰 길의 한가운데
서 피투성이가 되어 있었으므로, 지
나가는 모든 군인이 멈추어 서는 것
을, 요압의 부하가 보고, 아마사를
큰 길에서 들판으로 치워 놓았다. 그
런데도 그의 곁으로 지나가는 군인
마다 멈추어 서는 것을 보고, 요압의
부하가 아마사의 주검을 옷으로 덮
어 놓았다.
13 그가 큰 길에서 아마사를 치우자, 군
인들이 모두 요압을 따라서, 비그리
의 아들 세바를 뒤쫓아 갔다.
14 ○세바가 모든 이스라엘 지파 가운
데로 두루 다니다가, 아벨 지역과 벳
마아가 지역과 베림의 온 지역까지
이르렀다. 그 곳 사람들이 모두 모여
서, 그의 뒤를 따랐다.
15 요압을 따르는 군인들은 그 곳에 이
르러서, 벳마아가의 아벨을 포위하
고, 세바를 치기 시작하였다. 그들이
성읍을 보면서 둔덕을 쌓으니, 이 둔
덕이 바깥 성벽의 높이만큼 솟아올
랐다. 요압을 따르는 모든 군인이 성
벽을 무너뜨리려고 부수기 시작하
니,
16 그 성읍에서 슬기로운 여인 하나가
이렇게 외쳤다. "제 말을 들어 보십
시오. 좀 들어 보시기 바랍니다. 제
가 장군께 드릴 말씀이 있으니, 요압
장군께, 이리로 가까이 오시라고, 말
씀을 좀 전하여 주십시오!"
17 요압이 그 여인에게 가까이 가니, 그
여인이 "요압 장군이십니까?" 하고
물었다. 요압이 "그렇소" 하고 대답
하니, 그 여인이 요압에게 "이 여종
의 말을 좀 들어 보시기 바랍니다"
하였다. 요압이 말하였다. "어서 말
하여 보시오."
18 그 여인이 말하였다. "옛날 속담에도
'물어 볼 것이 있으면, 아벨 지역에
가서 물어 보아라' 하였고, 또 그렇
게 해서 무슨 일이든지 해결하였습
니다.
19 저는 이스라엘에서 평화롭고 충실하
게 사는 사람들 가운데 하나입니다.
그런데 장군께서는 지금 이스라엘에
서 어머니와 같은 성읍을 하나 멸망
시키려고 애쓰십니다. 왜 주님께서
주신 유산을 삼키려고 하십니까?"
20 요압이 대답하였다. "나는 절대로 그
러는 것이 아니오. 정말로 그렇지가

2:5). 이런 요압의 행동은 왕명을 무시한 오만한 처사일 뿐만 아니라, 반역죄에 버금가는 행위이다.

20:15 요압을 따르는 군인들은 세바가 있던 성읍 앞에 진을 치고, 둔덕을 쌓아 성벽을 무너뜨리고자 하였다. 성이 무너지는 것은 그 성의 완전한 멸망으로 저주와 심판을 의미했다.

20:16-22 아벨 성의 한 지혜로운 여인의 활약으로 반란의 우두머리를 제거한다. 그녀는 요압에게 아벨이 옛부터 전통을 가지고 있는 성읍이며(18절), 다윗 왕정에 충성하고 있고, 그 성읍 사람들은 하나님께서 주신 유산이라고 말한다(19절). 가나안에서 이스라엘 국가의 성립 기초가 되었던 핵심적 이념에 호소하여 요압의 무력 진압을 저지한다. 그리고 현 상황을 바로 이야기하여 그 성읍 사람으로 하여금 세바의 머리를 베어 요압에게 인계한다. 이와 같은 한 여인의 지혜로운 상황 판단으로 사람들의 생명을 구하고 안정을 되찾게

않소. 나는 삼키거나 멸망시키려는
것이 아니오.
21 그 일이 그런 것이 아니오. 사실은
에브라임 산간지방 출신인 비그리의
아들 세바라는 사람이, 다윗 왕에게
반기를 들어서 반란을 일으켰소. 여
러분이 그 사람만 내주면, 내가 이
성읍에서 물러가겠소." 그 여인이 요
압에게 말하였다. "그렇다면, 그의
머리를 곧 성벽 너머로 장군께 던져
드리겠소."
22 그런 다음에, 그 여인이 온 주민에게
돌아가서 슬기로운 말로 설득시키
니, 그들이 비그리의 아들 세바의 머
리를 잘라서, 요압에게 던져 주었다.
요압이 나팔을 부니, 모든 군인이 그
성읍에서 떠나, 저마다 자기 집으로
흩어져서 돌아갔다. 요압은 왕이 있
는 예루살렘으로 돌아왔다.

다윗의 관리들

23 ○요압은 온 이스라엘의 군대 사령
관이 되고, 여호야다의 아들 브나야
는 그렛 사람과 블렛 사람으로 이루
어진 경호원들의 지휘를 맡고,
24 아도니람은 부역 감독관이 되고, 아
힐룻의 아들 여호사밧은 역사 기록
관이 되고,
25 스와는 서기관이 되고, 사독과 아비
아달은 제사장이 되고,
26 야일 사람 이라는 다윗의 제사장이
되었다.

다윗이 기브온 사람의 소원을 들어 주다

21 다윗 시대에 세 해 동안이나 흉
년이 들었다. 다윗이 주님 앞에
나아가서 그 곡절을 물으니, 주님께
서 대답하셨다. "사울과 그의 집안
이 기브온 사람을 죽여 살인죄를 지
은 탓이다."
2 다윗은 기브온 사람을 불러다가 물
어 보았다. (기브온 사람은 본래 이
스라엘 백성의 자손이 아니라, 아모
리 사람 가운데서 살아 남은 사람들
이며, 이미 이스라엘 백성이 그들을
살려 주겠다고 맹세하였는데도, 사
울은 이스라엘과 유다 백성을 편파
적으로 사랑한 나머지, 할 수 있는
대로 그들을 다 죽이려고 하였다.)
3 다윗이 기브온 사람에게 물었다. "내
가 당신들에게 어떻게 하면 좋겠소?
내가 무엇으로 보상을 하여야, 주님
의 소유인 이 백성에게 복을 빌어 주
시겠소?"
4 기브온 사람들이 그에게 말하였다.
"사울이나 그의 집안과 우리 사이의
갈등은 은이나 금으로 해결할 문제
가 아닙니다. 우리는 이스라엘 사람
을 죽일 생각은 없습니다." 다윗이
그들에게 물었다. "그러면 당신들의
요구가 무엇이오? 내가 들어 주겠
소."

20:23-26 다윗 왕정이 조직과 체제를 정비하였다. 압살롬과 세바의 반역을 진압함으로써 본격적인 왕정 체제를 회복하고 수립한 것이다. 즉 왕권 투쟁 이전의 체제를 보완하여 다윗 왕을 중심으로 위계질서가 확립되게 되었다.

20:24 감독관 다윗 통치 후반기에 새로 만들어진 직책으로, 속국으로부터 공물을 모으고, 전쟁 노예를 부리는 부역과 세금을 관장했다.

21장 요약 본장 1-14절에서는 다윗 시대에 있었던 3년 흉년에 관한 내용이다. 사울이 여호수아가 하나님의 이름으로 기브온 사람들과 맺은 조약을 무시했기 때문이다(수 9:15,26-27). 그러나 다윗이 적절히 조처함으로 하나님의 징계는 그쳤다. 이어지는 내용(15-22절)은 다윗의 용사들에 관한 이야기를 요약한 것이다.

21:1-14 다윗은 3년 동안 계속되는 흉년을 하나

5 그들이 왕에게 말하였다. "사울은
우리를 학살한 사람입니다. 그는, 이
스라엘의 영토 안에서는, 우리가 어
느 곳에서도 살아 남지 못하도록, 우
리를 몰살시키려고 계획한 사람입니
다.
6 그의 자손 가운데서 남자 일곱 명을
우리에게 넘겨 주시기를 바랍니다.
그러면 주님께서 택하신 왕 사울이
살던 기브아에서, 우리가 주님 앞에
서 그들을 나무에 매달겠습니다." 왕
이 약속하였다. "내가 그들을 넘겨
주겠소."
7 그러나 다윗은 사울의 아들인 요나
단과 그들 사이에 계시는 주님 앞에
서 맹세한 일을 생각하여, 사울의 손
자요 요나단의 아들인 므비보셋은,
아껴서 빼놓았다.
8 그 대신에 왕은 아야의 딸 리스바가
사울과의 사이에서 낳은 두 아들인
알모니와 므비보셋을 붙잡고, 또 사
울의 딸 메랍이 므홀랏 사람 바르실
래의 아들인 아드리엘과의 사이에서
낳은 아들 다섯을 붙잡아다가,
9 기브온 사람의 손에 넘겨 주었다. 기
브온 사람이 주님 앞에서 그들을 산
에 있는 나무에 매달아 놓으니, 그 일
곱이 다 함께 죽었다. 그들이 처형을
받은 것은 곡식을 거두기 시작할 무
렵, 곧 보리를 거두기 시작할 때였다.
10 ○그 때에 아야의 딸 리스바가 굵은
베로 만든 천을 가져다가 바윗돌 위
에 쳐 놓고, 그 밑에 앉아서, 보리를
거두기 시작할 때로부터 하늘에서
그 주검 위로 가을 비가 쏟아질 때
까지, 낮에는 공중의 새가 그 주검
위에 내려 앉지 못하게 하고, 밤에는
들짐승들이 얼씬도 하지 못하게 하
였다.
11 아야의 딸이며 사울의 첩인 리스바
가 이렇게 하였다는 소문이 다윗에
게 전해지니,
12 다윗이 길르앗의 야베스로 가서, 사
울의 뼈와 그의 아들 요나단의 뼈를
그 주민에게서 찾아왔다. (블레셋 사
람이 길보아 산에서 사울을 죽일 때
에, 블레셋 사람이 사울과 요나단의
시신을 벳산의 광장에 매달아 두었
는데, 거기에서 그 시신을 몰래 거두
어 간 이들이 바로 길르앗의 야베스
주민이다.)
13 다윗이 이렇게 사울의 뼈와 그의 아
들 요나단의 뼈를 거기에서 가지고
올라오니, 사람들이 나무에 매달아
죽인 다른 사람들의 뼈도 모아서,
14 사울의 뼈와 그의 아들 요나단의 뼈
와 함께, 베냐민 지파의 땅인 셀라
에 있는 사울의 아버지 기스의 무덤
에 합장하였다. 사람들이, 다윗이 지
시한 모든 명령을 따라서 그대로 한

님의 징계로 인식하고, 그 징계의 원인에 대해 하나님께 물었다. 그 징계의 원인은 사울 왕이 기브온 사람을 죽인 데 있었다(1절). 여호수아가 하나님의 이름으로 기브온 사람들을 이스라엘에게서 보호받을 수 있도록 조약을 맺었는데(수 9:15,26-27) 사울이 이 조약을 파기하고 그들을 죽인 것이다. 그것은 하나님과 조약한 것을 파기한 것이기 때문에 하나님의 이름을 모독하는 것이 된다. 하나님께서는 이 죄에 대하여 물으시고 흉년의 징계를 내리신 것이다.

21:6 자손 가운데서 남자 일곱 명을…바랍니다 다윗은 기브온 자손의 원통함을 신원할 뿐 아니라 보상해주기 위해 그들의 요구사항을 물었다. 그러자 기브온 자손들은 사울의 자손 중 남자 일곱 명을 주면 스스로 보복하리라고 대답하였다. 그러자 다윗은 요나단과의 맹세를 기억하고 그 아들 므비보셋을 제외하고 나머지 중에서 일곱을 넘겨 주었다. 하나님의 공의로운 심판이 조상의

뒤에야, 하나님이, 그 땅을 돌보아 주
시기를 비는 그들의 기도를 들어주
셨다.

블레셋의 거인들을 죽인 다윗의 용장들

(대상 20:4-8)

15 ○블레셋과 이스라엘 사이에 다시
전쟁이 일어나서, 다윗이 군대를 거
느리고 내려가서, 블레셋 사람과 싸
웠다. 블레셋 사람과 싸우는 전투에
서 다윗이 몹시 지쳐 있을 때에,
16 ㉠거인족의 자손인 이스비브놉이라
는 사람이 삼백 세겔이나 되는 청동
창을 들고, 허리에는 새 칼을 차고,
다윗을 죽이려고 덤벼들었다.
17 그러자 스루야의 아들 아비새가 그
블레셋 사람을 쳐죽이고, 다윗을 보
호하였다. 그런 다음에는, 다윗의 부
하들이 다윗에게, 다시는 자기들과
함께 싸움터에 나가지 않겠다고 약
속을 받고서 그에게 말하였다. "임금
님은 이스라엘의 등불이십니다. 우
리는 우리의 등불이 꺼지지 않도록
지키고자 합니다."
18 ○그 뒤에 다시 곱에서 블레셋 사람
과 전쟁이 일어났다. 그 때에 후사
사람 십브개가 ㉠거인족의 자손인
삽을 쳐죽였다.
19 또 곱에서 블레셋 사람과 전쟁이 일
어났다. 그 때에는 베들레헴 사람인
야레오르김의 아들 엘하난이 가드
사람 골리앗을 죽였는데, 골리앗의
창자루는 베틀 앞다리같이 굵었다.
20 또 가드에서 전쟁이 벌어졌을 때에
거인이 하나 나타났는데, 그는 손가
락과 발가락이 여섯 개씩 모두 스물
넷이었다. 이 사람도 거인족의 자손
가운데 하나였다.
21 그가 이스라엘을 조롱하므로, 다윗
의 형 삼마의 아들 요나단이 그를
쳐죽였다.
22 이 네 사람은 모두 가드에서 태어난
거인족의 자손인데, 다윗과 그 부하
들에게 모두 죽었다.

다윗의 승전가 (시 18)

22 주님께서 다윗을 그의 모든 원
수의 손과 사울의 손에서 건져
주셨을 때에, 다윗이 이 노래로 주님
께 아뢰었다.
2 그는 이렇게 노래하였다.
주님은 나의 반석, 나의 요새,
나를 건지시는 분,
3 나의 하나님은 나의 반석, 내가 피
할 바위, 나의 방패, ㉡나의 구원
의 뿔, 나의 산성, 나의 피난처, 나
의 구원자이십니다. 주님께서는
언제나 나를 포악한 자에게서 구
해 주십니다.
4 나의 찬양을 받으실 주님, 내가 주
님께 부르짖었더니, 주님께서 나를
원수들에게서 건져 주셨습니다.

죄를 후손에게 미치게 하였다. 이 내용은 조상 탓을 조장하려는 것이 아니요, 후손에 대한 책임을 강조하는 교훈을 준다.

21:17 다윗의 부하들은 그를 '이스라엘의 등불'로 인정하였다. 이스라엘의 안전과 존속을 위해 다윗을 의존한다는 점에서 이런 은유가 사용되고 있다. 한편 다윗은 감사의 노래에서 '주님, 진실로 주님은 나의 등불이십니다'(22:29)라고 고백한다.

㉠ 히, '라파' ㉡ 힘을 상징함. '나의 보호자'

22장 요약 시편 18편과 유사한 내용으로 하나님의 크신 구원을 찬양한 시이다. 다윗은 자신의 위치와 지난날을 회고하며 이스라엘의 번영이 오직 하나님의 도우심과 구원의 은혜 때문임을 절감하였다.

22:1 이 노래 다윗이 왕으로서 과거를 돌아보며 찬송한 시이다. 시편 18편과 내용이 비슷하다. 서론(2–4절), 대적의 손에서 구하심(5–20절), 이 구

5 죽음의 물결이 나를 에워싸고,
파멸의 파도가 나를 덮쳤으며,
6 스올의 줄이 나를 동여 묶고, 죽
음의 덫이 나를 낚았다.
7 내가 고통 가운데서 주님께 부르
짖고, 나의 하나님을 바라보면서
부르짖었더니, 주님께서 그의 성전
에서 나의 간구를 들으셨다. 주님
께 부르짖은 나의 부르짖음이 주
님의 귀에 다다랐다.
8 주님께서 크게 노하시니, 땅이
꿈틀거리고, 흔들리며, 하늘을 받
친 산의 뿌리가 떨면서 뒤틀렸다.
9 그의 코에서 연기가 솟아오르고,
그의 입에서 모든 것을 삼키는 불
을 뿜어 내시니, 그에게서 숯덩이
들이 불꽃을 튕기면서 달아올랐
다.
10 주님께서 하늘을 가르고 내려오
실 때에, 그 발 아래에는 짙은 구
름이 깔려 있었다.
11 주님께서 그룹을 타고 날아오셨
다. 바람 날개를 타고 오셨다.
12 어둠으로 그 주위를 둘러서 장막
을 만드시고, 빗방울 머금은 먹구
름과 짙은 구름으로 둘러서 장막
을 만드셨다.
13 주님 앞에서는 광채가 빛나고, 그
빛난 광채 속에서 이글거리는 숯
덩이들이 쏟아졌다.
14 주님께서 하늘로부터 천둥소리
를 내시며, 가장 높으신 분께서 그
목소리를 높이셨다.
15 주님께서 화살을 쏘아서 원수들
을 흩으시고, 번개를 번쩍이셔서
그들을 혼란에 빠뜨리셨다.
16 주님께서 꾸짖으실 때에, 바다의
밑바닥이 모조리 드러나고, 주님
께서 진노하셔서 콧김을 내뿜으실
때에, 땅의 기초도 모두 드러났다.
17 주님께서 높은 곳에서 손을 내
밀어, 나를 움켜 잡아 주시고, 깊
은 물에서 나를 건져 주셨다.
18 주님께서 원수들에게서, 나보다
더 강한 원수들에게서, 나를 살려
주시고, 나를 미워하는 자들에게
서, 나를 살려 주셨다.
19 내가 재난을 당할 때에 원수들이
나에게 덤벼들었으나, 주님께서는
오히려 내가 의지할 분이 되어 주
셨다.
20 이렇게, 나를 좋아하시는 분이시
기에, 나를 넓고 안전한 곳으로 데
리고 나오셔서, 나를 살려 주셨다.
21 내가 의롭게 산다고 하여, 주님
께서 나에게 상을 내려 주시고, 나
의 손이 깨끗하다고 하여, 주님께
서 나에게 보상해 주셨다.
22 진실로 나는, 주님께서 가라고 하
시는 그 길에서 벗어나지 아니하

원의 근거(21–23절), 하나님께서 주신 도움을 다시 열거함(31–46절), 결론(47–51절)으로 구성된다. 이 노래는 다윗이 이방 대적들을 이긴 후(8:1–14), 밧세바와 범죄하기 전(21–25절;왕상 15:5)에 쓰인 것으로 추정된다.

22:2–3 구원하신 하나님을 여러 가지 이름을 들어 찬송한다. 반석은 딛고 서서 나아갈 수 있는 든든함을, 요새는 높은 곳에 안전하게 서서 적을 무찌를 수 있음을, 방패는 화살을 피할 수 있음을, 뿔은 대적을 물리칠 수 있는 도구로써의 힘을 나타낸다.

22:7–16 다윗이 고통 가운데서 하나님께 부르짖었는데 하나님은 이를 들으셨다. 이것은 기이한 일이다. 8–16절은 하나님의 생생한 응답을 시적으로 표현한 것이다. 하나님께서 모든 힘을 다하여 응답하신 것을 신인 동형어법(神人同形語法–인간의 신체 구조를 빌려 하나님을 묘사하는 표현법)으로 묘사한다.

고, 무슨 악한 일을 하여서, 나의
하나님으로부터 떠나지도 아니하
였다.
23 주님의 모든 법도를 내 앞에 두고
지켰으며, 주님의 모든 법규를 내
가 버리지 아니하였다.
24 그 앞에서 나는 흠 없이 살면서
죄짓는 일이 없도록 나 스스로를
지켰다.
25 그러므로 주님께서는 내가 의롭게
산다고 하여, 나에게 상을 주시며,
주님의 눈 앞에서 깨끗하게 보인
다고 하여, 나에게 상을 주셨다.
26 주님, 주님께서는, 신실한 사람
에게는 주님의 신실하심으로 대하
시고, 흠 없는 사람에게는 주님의
흠 없으심을 보이시며,
27 깨끗한 사람에게는 주님의 깨끗
하심을 보이시며, 간교한 사람에
게는 주님의 교묘하심을 보이십니
다.
28 주님께서는 불쌍한 백성은 구하
여 주시고, 교만한 사람은 낮추십
니다.
29 아, 주님, 진실로 주님은 나의 등
불이십니다. 주님은 어둠을 밝히
십니다.
30 참으로 주님께서 나와 함께 계셔
서 도와주시면, 나는 날쌔게 내달
려서, 적군도 뒤쫓을 수 있으며,
높은 성벽이라도 뛰어넘을 수 있
습니다.
31 하나님께서 하시는 일은 완전하
며, 주님께서 하시는 말씀은 신실
하다. 주님께로 피하여 오는 사람
에게 방패가 되어 주신다.
32 주님 밖에 그 어느 누가 하나님이
며, 우리의 하나님 밖에 그 어느
누가 구원의 반석인가?
33 하나님께서 나의 견고한 요새이시
다. 하나님께서는 내가 걷는 길을
안전하게 하여 주신다.
34 하나님께서는 나의 발을 암사슴
의 발처럼 튼튼하게 만드시고, 나
를 높은 곳에 안전하게 세워 주신
다.
35 하나님께서 나에게 전투 훈련을
시키시니, 나의 팔이 놋쇠로 된 강
한 활을 당긴다.
36 주님, 주님께서 구원의 방패로
나를 막아 주시며, 주님께서 안전
하게 지켜 주셔서, 나의 담력을 키
워 주셨습니다.
37 내가 발걸음을 당당하게 내딛도
록 주님께서 힘을 주시고, 발목이
떨려서 잘못 디디는 일이 없게 하
셨습니다.
38 나는 원수들을 뒤쫓아가서 다 죽
였으며, 그들을 전멸시키기까지
돌아서지 않았습니다.

22:11 그룹 (히) 케룹. 날개가 달린 천상의 피조물이다. ① 에덴 동산을 수호하는 천사(창 3:24) ② 하나님 현현 때 등장하는 살아 있는 수레(시 18:10) ③ 만군의 주님이 앉으신 보좌(6:2;삼상 4:4) ④ 지성소가 하나님의 시은좌임을 알리는 영물(출 26:1;왕상 6:29-35) 등을 가리킨다.

22:21-30 본문은 다윗의 실제 체험 속에서 우러나온 고백이다. 환난과 역경 가운데 그가 취한 태도를 고백한다. 또한 하나님께서 구원의 은혜를 베푸셔서 다윗을 의롭고 온전케 하셨다고 고백하고 있다. 뿐만 아니라 다윗이 이 구원을 경험함으로써 얻은 교훈을 기록하였다.

22:31 하나님께서 하시는 일은 완전하며, 주님께서 하시는 말씀은 신실하다 이 고백은 다윗이 실제 인생을 살아가면서 우러나온 고백이다. 자신이 하나님의 말씀을 믿고 그대로 따랐더니 하나님으로부터 은혜와 구원을 얻었다는 것이다. 하나님께서 하나님의 말씀에 대한 믿음으로 갖게 하시는

39 그들이 나의 발 아래에 쓰러져서
아주 일어나지 못하도록, 그들을
내가 무찔렀습니다.
40 주님께서 나에게 싸우러 나갈 용
기를 북돋우어 주시고, 나를 치려
고 일어선 자들을 나의 발 아래에
서 무릎 꿇게 하셨습니다.
41 주님께서는 나의 원수들을 내 앞
에서 도망가게 하시고, 나를 미워
하는 자들을 내가 진멸하게 하셨
습니다.
42 그들이 아무리 둘러보아도 그들
을 구해 줄 사람이 하나도 없고,
주님께 부르짖었지만 끝내 응답하
지 않으셨습니다.
43 그래서 나는 그들을 산산이 부수
어서, 땅의 먼지처럼 날려 보내고,
길바닥의 진흙처럼 짓밟아서 흩었
습니다.
44 주님께서는 반역하는 백성에게
서 나를 구하여 주시고, 나를 지
켜 주셔서 뭇 민족을 다스리게 하
시니, 내가 모르는 백성들까지 나
를 섬깁니다.
45 이방 사람이 나에게 와서 굽실거
리고, 나에 대한 소문만 듣고서도
모두가 나에게 복종합니다.
46 이방 사람이 사기를 잃고, 그들의
요새에서 떨면서 나옵니다.
47 주님은 살아 계신다. 나의 반석
이신 주님을 찬양하여라. 나의 구
원의 반석이신 하나님을 높여라.
48 하나님께서 나의 원수를 갚아
주시고, 뭇 백성을 나의 발 아래
에 굴복시켜 주셨습니다.
49 원수들에게서 나를 구하여 주셨
습니다.
나를 치려고 일어서는 자들보다
나를 더욱 높이셔서, 포악한 자들
에게서도 나를 건지셨습니다.
50 그러므로 주님, 뭇 백성이 보는 앞
에서 내가 주님께 감사를 드리며,
주님의 이름을 찬양합니다.
51 주님은 손수 세우신 왕에게 큰 승
리를 안겨 주시는 분이십니다. 손
수 기름을 부어 세우신 다윗과 그
의 자손에게 한결같은 사랑을 영
원무궁 하도록 베푸시는 분이십니
다.

다윗의 마지막 말

23 이것은 다윗이 마지막으로 남
긴 말이다.
이새의 아들 다윗이 말한다. 높
이 일으켜 세움을 받은 용사, 야
곱의 하나님이 기름 부어 세우신
왕, 이스라엘에서 아름다운 시를
읊는 사람이 말한다.
2 주님의 영이 나를 통하여 말씀
하시니, 그의 말씀이 나의 혀에 담
겼다.

것 자체가 은혜이며, 더 큰 은혜의 초석이 된다.
22:47-51 주님은 살아 계신다 이 모든 구원 역사의 유일한 근거가 살아 계신 하나님이심을 찬양함으로써 이 시편을 결론짓는다. 하나님께서 다윗과 왕국을 보전하신 목적이 있었다. 흑암과 죄악이라는 적대 세력을 완전히 멸망시키고 온 천하를 하나님께 돌아오게 함으로써, 영원한 하나님의 왕국을 건설하시려는 것이었다. 이것이 다윗에게 베푼 구원의 완성점이요, 절정이다.

23장 요약 1-7절에 수록된 다윗의 마지막 말은, 하나님의 통치를 대리하는 자로서의 합당한 자세와 이에 따른 축복을 노래하고, 사악한 자에게 임할 징벌을 경고하고 있다. 내용은 매우 짧지만, 다윗의 심경이 잘 요약되어 있다. 8절 이하는 다윗을 도와 이스라엘을 일으켜 세운 탁월한 용사들에 관한 기록이다.

3 이스라엘의 하나님이 말씀하셨다.
이스라엘의 반석께서 나에게 이르
셨다. 모든 사람을 공의로 다스리
는 왕은, 하나님을 두려워하면서
다스리는 왕은,
4 구름이 끼지 않은 아침에 떠오르
는 맑은 아침 햇살과 같다고 하시
고, 비가 온 뒤에 땅에서 새싹을
돋게 하는 햇빛과도 같다고 하셨
다.
5 진실로 나의 왕실이 하나님 앞
에서 그와 같지 아니한가? 하나님
이 나로 더불어 영원한 언약을 세
우시고, 만사에 아쉬움 없이 잘
갖추어 주시고 견고하게 하셨으
니, 어찌 나의 구원을 이루지 않으
시며, 어찌 나의 모든 소원을 들어
주지 않으시랴?
6 그러나 악한 사람들은 아무도 손
으로 움켜 쥘 수 없는 가시덤불과
같아서,
7 쇠꼬챙이나 창자루가 없이는 만질
수도 없는 것, 불에 살라 태울 수
밖에 없는 것들이다.

다윗의 용사들 (대상 11:10-47)

8 ○다윗이 거느린 용사들의 이름은
이러하다. 첫째는 다그몬 사람 요셉
밧세벳인데, 그는 세 용사의 우두머
리이다. 그는 팔백 명과 싸워서, 그
들을 *한꺼번에 쳐죽인 사람이다.*
9 ○세 용사 가운데서 둘째는 아호아
사람 도도의 아들인 엘르아살이다.
그가 다윗과 함께 블레셋에게 대항
해서 전쟁을 할 때에, 이스라엘 군인
이 후퇴한 일이 있었다.
10 그 때에 엘르아살이 혼자 블레셋 군
과 맞붙어서 블레셋 군인을 쳐죽였
다. 나중에는 손이 굳어져서, 칼자루
를 건성으로 잡고 있을 뿐이었다. 주
님께서 그 날 엘르아살에게 큰 승리
를 안겨 주셨으므로, 이스라엘 군인
이 다시 돌아와서, 엘르아살의 뒤를
따라가면서 약탈하였다.
11 ○세 용사 가운데서 셋째는, 하랄 사
람으로서, 아게의 아들인 삼마이다.
블레셋 군대가 레히에 집결하였을
때에, 그 곳에는 팥을 가득 심은 팥
밭이 있었는데, 이스라엘 군대가 블
레셋 군대를 보고서 도망하였지만,
12 삼마는 밭의 한가운데 버티고 서서,
그 밭을 지키면서, 블레셋 군인을 쳐
죽였다. 주님께서 그에게 큰 승리를
안겨 주셨다.
13 ○수확을 시작할 때에, 블레셋 군대
가 르바임 평원에 진을 치니, 삼십인
특별부대 소속인 이 세 용사가 아둘
람 동굴로 다윗을 찾아갔다.
14 그 때에 다윗은 산성 요새에 있었
고, 블레셋 군대의 진은 베들레헴에
있었다.

23:1 다윗이 솔로몬에게 최후의 교훈과 경고를 하던 시기에 쓰여진 것으로 보인다(왕상 2:1-9).

23:3 이 구절에서 다스리는 왕은 '공의'와 '하나님을 두려워함'으로 통치하는 자이다. 공의와 두려워함이 함께 붙어다니는 것은 하나님을 두려워하는 것이 계명을 지키는 것과 관련되기 때문이다.

23:4 맑은 아침 햇살, 새싹을 돋게 하는 햇빛 이것은 광명한 아침을 표현한 말이다. 이 구절의 내용은 하나님이 아니라, 3절에 언급된 공의로 다스리고 하나님을 두려워하는 왕 다윗을 가리킨다.

23:8-39 다윗이 거느린 용사들 다윗의 용사들에 대한 기록이다(비교. 대상 11:10-47). 특히 이 부분은 다윗의 용사 중 출중하고 탁월한 3인, 곧 요셉밧세벳, 엘르아살, 삼마를 소개하고 그들의 전적(戰績)을 약술한다. 성경의 이 기록은 영웅전(英雄傳)이라기보다는 그 승리가 하나님께서 이루신 역사임을 증거하는 기록이다.

23:13 이 세 용사가 여기서 나오는 세 용사는 앞

15 다윗이 간절하게 소원을 말하였다.
"누가 베들레헴 성문 곁에 있는 우
물물을 나에게 길어다 주어, 내가
마실 수 있도록 해주겠느냐?"
16 그러자 그 세 용사가 블레셋 진을 뚫
고 나가, 베들레헴의 성문 곁에 있는
우물물을 길어 가지고 와서 다윗에
게 바쳤다. 그러나 다윗은 그 물을
마시지 않고, 길어 온 물을 주님께
부어 드리고 나서,
17 이렇게 말씀드렸다. "주님, 이 물을
제가 어찌 감히 마시겠습니까! 이것
은, 목숨을 걸고 다녀온 세 용사의
피가 아닙니까!" 그러면서 그는 물
을 마시지 않았다. 이 세 용사가 바
로 이런 일을 하였다.
18 ○스루야의 아들이며 요압의 아우인
아비새는, ㉠삼십인 특별부대의 우두
머리였다. 바로 그가 창을 휘둘러서,
삼백 명을 쳐죽인 용사이다. 그는 세
용사와 함께 유명해졌다.
19 그는 ㉡삼십인 특별부대 안에서 가
장 뛰어난 용사였다. 그는 삼십인 특
별부대의 우두머리가 되기는 하였으
나, 세 용사에 견줄 만하지는 못하였
다.
20 ○여호야다의 아들인 브나야는 갑스
엘 출신으로, 공적을 많이 세운 용
사였다. 바로 그가 사자처럼 기운이
센 모압의 장수 아리엘의 아들 둘을
쳐죽였고, 또 눈이 내리는 어느 날,
구덩이에 내려가서, 거기에 빠진 사
자를 때려 죽였다.
21 그는 또 이집트 사람 하나를 죽였는
데, 그 이집트 사람은 풍채가 당당하
였다. 그 이집트 사람은 창을 들고
있었으나, 브나야는 막대기 하나만
을 가지고 그에게 덤벼들어서, 오히
려 그 이집트 사람의 손에서 창을
빼앗아, 그 창으로 그를 죽였다.
22 여호야다의 아들 브나야가 이런 일
을 해서, 그 세 용사와 함께 유명해
졌다.
23 그는 삼십인 특별부대 안에서 뛰어
난 장수로 인정을 받았으나, 세 용사
에 견줄 만하지는 못하였다. 다윗은
그를 자기의 경호대장으로 삼았다.
24 ○삼십인 특별부대에 들어 있는 다
른 용사들로서는, 다음과 같은 사람
들이 더 있다. 요압의 아우 아사헬
과, 베들레헴 사람 도도의 아들 엘
하난과,
25 하롯 사람 삼마와, 하롯 사람 엘리
가와,
26 발디 사람 헬레스와, 드고아 사람 익
게스의 아들 이라와,
27 아나돗 사람 아비에셀과, 후사 사람
므분내와,
28 아호아 사람 살몬과, 느도바 사람 마
하래와,

에 언급된 요셉밧세벳, 엘르아살, 삼마를 가리키는 것이 아니라 아비새, 브나야 그리고 또 한 인물을 말한다(18-23절).

23:17 이것은, 목숨을 걸고 다녀온 세 용사의 피가 아닙니까! 다윗 개인의 갈증을 위해서 희생적인 헌신으로 충성을 다한 용사들은 하나님께서 다윗에게 준 선물이었다. 그래서 다윗은 그 물을 하나님께 감사 제물로 드렸다.

23:39 모두 합하여 서른일곱 명 다윗의 출중한 용사가 30명이었던 것은 분명하다. 24-39절에서 별도로 32명의 이름이 등장하고, 다시 37명이 총계(8-12절까지 3명, 18-23절까지 2명)로 기록된 이유는 사고가 있을 때마다 결원된 만큼 보충하였기 때문인 것으로 여겨진다. 역대지상 11:26-47에는 더 많은 인물이 기록되어 있다.

㉠ 두 히브리어 사본과 시리아어역을 따름. 마소라 본문에는 '삼인의 우두머리' ㉡ 시리아어역을 따름(대상 11:25 참조). 히, '삼인 안에서 제일 뛰어난'

29 느도바 사람 바아나의 아들 헬렙과,
베냐민 자손으로 기브아 사람 리배
의 아들 잇대와,
30 비라돈 사람 브나야와, 가아스 시냇
가에 사는 힛대와,
31 아르바 사람 아비알본과, 바르훔 사
람 아스마웻과,
32 사알본 사람 엘리아바와 야센의 아
들들과, 요나단과,
33 하랄 사람 삼마와, 아랄 사람 사랄
의 아들 아히암과,
34 마아가 사람의 손자로 아하스배의
아들 엘리벨렛과, 길로 사람 아히도
벨의 아들 엘리암과,
35 갈멜 사람 헤스래와, 아랍 사람 바
아래와,
36 소바 사람으로 나단의 아들 이갈과,
갓 사람 바니와,
37 암몬 사람 셀렉과, 스루야의 아들 요
압의 무기를 들고 다니는 브에롯 사
람 나하래와,
38 이델 사람 이라와, 이델 사람 가렙
과,
39 헷 사람 우리야까지, 모두 합하여 서
른일곱 명이다.

인구조사 (대상 21:1-27)

24 주님께서 다시 이스라엘에게
진노하셔서, 백성을 치시려고,
다윗을 부추기셨다. "너는 이스라엘
과 유다의 인구를 조사하여라."
2 그래서 왕은 데리고 있는 군사령관
요압에게 지시하였다. "어서 단에서
부터 브엘세바에 이르기까지, 이스
라엘의 모든 지파를 두루 다니며 인
구를 조사하여서, 이 백성의 수를
나에게 알려 주시오."
3 그러나 요압이 왕에게 말하였다. "임
금님의 주 하나님이 이 백성을, 지금
보다 백 배나 더 불어나게 하여 주셔
서, 높으신 임금님께서 친히 그것을
보게 되시기를 바랍니다. 그러나 높
으신 임금님께서, 어찌하여 감히 이
런 일을 하시고자 하십니까?"
4 그러나 요압과 군대 사령관들이 더
이상 왕을 설득시킬 수 없었으므로,
요압과 군대 사령관들이 이스라엘
의 인구를 조사하려고, 왕 앞에서
떠나갔다.
5 ○그들은 요단 강을 건너서, 갓 골짜
기의 한가운데 있는 성읍인 아로엘
남쪽에서부터 인구를 조사하였다.
다음에는 야스엘 성읍쪽으로 갔고,
6 그 다음에는 길르앗을 거쳐서, 닷딤
훗시 땅에 이르렀고, 그 다음에 다
냐안에 이르렀다가, 거기에서 시돈
으로 돌아섰다.
7 그들은 또 두로 요새에 들렀다가, 히
위 사람과 가나안 사람의 모든 성읍
을 거쳐서, 유다의 남쪽 브엘세바에
까지 이르렀다.

24장 요약 자만심에 빠져 인구 조사를 한 다윗에게 하나님은 세 가지 징벌 중에 하나를 택하라고 명하셨다. 결국 전염병으로 칠만 명이 죽었다. 다윗은 예언자 갓의 권면대로 아라우나의 타작 마당을 사서 하나님을 위해 제단을 쌓고 제사를 드림으로써 죄 사함 받는 의식을 거행했다.

24:1-9 요압의 충고에도 불구하고 인구 조사에 대한 다윗의 고집은 강경하였다(3-4절). 다윗은 더욱 부국강병한 나라를 세우기 위하여 세금 징수와 징병 자료를 파악하고자 한 것이었다. 다윗의 엄명과 독촉에 따라 요압은 인구 조사의 실무를 맡아 진행하였고 그 결과를 보고하였다(9절).

24:1 주님께서 다시 이스라엘에게 진노하셔서 여기서 '다시'라는 말은 이전에도 하나님의 징벌이 어떤 죄로 인해 내려졌음을 암시한다. 그런데 하나님께서는 징벌을 더하시려고 또 다른 죄를 짓도

8 그들은 온 땅을 두루 다니고, 아홉
달 스무 날 만에 드디어 예루살렘에
이르렀다.
9 요압이 왕에게 백성의 수를 보고하
였다. 칼을 빼서 다룰 수 있는 용사
가, 이스라엘에는 팔십만이 있고, 유
다에는 오십만이 있었다.
10 ○다윗은 이렇게 인구를 조사하고
난 다음에 스스로 양심의 가책을 받
았다. 그래서 다윗이 주님께 자백하
였다. "내가 이러한 일을 해서, 큰 죄
를 지었습니다. 그러나 주님, 이제 이
종의 죄를 용서해 주시기를 빕니다.
참으로 내가 너무나도 어리석은 일
을 하였습니다."
11 다윗이 다음날 아침에 일어났을 때
에, 다윗의 선견자로 있는 예언자 갓
이 주님의 말씀을 받았다.
12 "너는 다윗에게 가서 전하여라. '나
주가 말한다. 내가 너에게 세 가지를
내놓겠으니, 너는 그 가운데서 하나
를 택하여라. 그러면 내가 너에게 그
대로 처리하겠다.'"
13 갓이 다윗에게 가서, 그에게 말하여
알렸다. "임금님의 나라에 일곱 해
동안 흉년이 들게 하는 것이 좋겠습
니까? 아니면, 임금님께서 왕의 목
숨을 노리고 쫓아다니는 원수들을
피하여 석 달 동안 도망을 다니시는
것이 좋겠습니까? 아니면, 임금님의
나라에 사흘 동안 전염병이 퍼지는
것이 좋겠습니까? 이제 임금님께서
는, 저를 임금님께 보내신 분에게 제
가 무엇이라고 보고하면 좋을지, 잘
생각하여 보시고, 결정하여 주시기
바랍니다."
14 그러자 다윗이 갓에게 대답하였다.
"괴롭기가 그지없습니다. 그래도 주
님은 자비가 많으신 분이니, 차라리
우리가 주님의 손에 벌을 받겠습니
다. 사람의 손에 벌을 받고 싶지는
않습니다."
15 ○그리하여 그 날 아침부터 정하여
진 때까지, 주님께서 이스라엘에 전
염병을 내리시니, 단에서부터 브엘세
바에 이르기까지, 백성 가운데서 죽
은 사람이 칠만 명이나 되었다.
16 천사가 예루살렘 쪽으로 손을 뻗쳐
서 그 도성을 치는 순간에, 주님께서
는 재앙을 내리신 것을 뉘우치시고,
백성을 사정없이 죽이는 천사에게
"그만하면 됐다. 이제 너의 손을 거
두어라" 하고 명하셨다. 그 때에 주
님의 천사는 여부스 사람 아라우나
의 타작 마당 곁에 있었다.
17 ○그 때에 다윗이 백성을 쳐죽이는
천사를 보고, 주님께 아뢰었다. "바
로 내가 죄를 지은 사람입니다. 바로
내가 이런 악을 저지른 사람입니다.
백성은 양 떼일 뿐입니다. 그들에게

록 허용하고 계신다. 그것은 인구 조사를 하게 하신 것이다. 하나님께서는 사람이 하나님을 인정하기를 싫어하면 해서는 안 될 일을 하도록 놓아두신다(롬 1:28). 이것은 참으로 무서운 일이다.

24:10-25 다윗은 인구 조사가 하나님 앞에 무서운 범죄가 되는 것을 깨달았다. 자신의 권력을 과시하는 교만과 하나님의 권능을 불신한 죄는, 더 이상 하나님과 아무런 관계가 없다는 말과 조금도 다름이 없었기 때문이다.

24:10 내가 이러한 일을 해서…어리석은 일을 하였습니다 인구 조사가 죄를 짓는 일로 다윗에게 인식된다. 그것은 다윗에게 전쟁에서 하나님보다도 사람의 수를 의지하겠다는 동기가 있었기 때문이다. 다윗은 이스라엘이 언약의 나라로서 이런 일을 해서는 안 됨을 곧 깨달았다.

24:14 우리가 주님의 손에 벌을 받겠습니다 하나님의 심판에 의하여 다윗과 이스라엘 전체가 멸망당할 위기에 놓이게 되었다. 인간 제국을 건설하

는 아무런 잘못도 없습니다. 나와 내
아버지의 집안을 쳐 주십시오."
18 ○그 날 갓이 다윗에게 와서 말하였
다. "여부스 사람 아라우나의 타작
마당으로 올라가셔서, 거기에서 주님
께 제단을 쌓으십시오."
19 다윗은 갓이 전하여 준 주님의 명령
에 따라서, 그 곳으로 올라갔다.
20 마침 아라우나가 내다보고 있다가,
왕과 신하들이 자기에게로 올라오는
것을 보았다. 아라우나는 곧 왕의
앞으로 나아가서, 얼굴이 땅에 닿도
록 절을 하였다.
21 그런 다음에 물었다. "어찌하여 높으
신 임금님께서 이 종에게 오십니
까?" 다윗이 대답하였다. "그대에게
서 이 타작 마당을 사서, 주님께 제
단을 쌓아서, 백성에게 내리는 재앙
을 그치게 하려고 하오."
22 아라우나가 다윗에게 말하였다. "높
으신 임금님께서는, 무엇이든지 좋게
여기시는 대로 골라다가 제물로 바
치시기 바랍니다. 보십시오, 여기에
번제로 드릴 소도 있고, 땔감으로는
타작기의 판자와 소의 멍에가 있습
니다.
23 임금님, 아라우나가 이 모든 것을 임
금님께 바칩니다." 그리고 아라우나
는 또 왕에게 이와 같이 말하였다.
"주 임금님의 하나님이 임금님의 제
물을 기쁜 마음으로 받아 주시기를
바랍니다."
24 그러나 왕은 아라우나에게 말하였
다. "그렇게 해서는 안 되오. 내가 꼭
값을 지불하고서 사겠소. 내가 거저
얻은 것으로 주 나의 하나님께 번제
를 드리지는 않겠소." 그래서 다윗은
은 쉰 세겔을 주고, 그 타작 마당과
소를 샀다.
25 거기에서 다윗은 주님께 제단을 쌓
아, 번제와 화목제를 드렸다. 다윗이
땅을 돌보아 달라고 주님께 비니, 주
님께서 그의 기도를 들어 주셔서, 이
스라엘에 내리던 재앙이 그쳤다.

려 했던 다윗은 자신의 실수를 깊이 깨달았다. 이러한 상황에서 그는 마지막 희망을 하나님의 긍휼에 두었다. '주님의 손'은 하나님의 전권을 의미한다. 다윗이 자신의 영광만을 위했던 불신앙의 극치에서 죽어도 하나님 손에 죽겠다는 신앙의 극치로 변화되었다. 다윗의 태도의 변화로 다윗 왕국이 멸망의 위기 속에서 구원받게 되었다.

24:17 나와 내 아버지의 집안을 쳐 주십시오 이 기도는 다윗의 회개가 진실한 것이었음을 보여 준다. 다윗은 비로소 다윗 왕국에 있어서 자신의 역할을 회복하게 된 것이다. 이스라엘 왕으로서 모든 백성을 하나님의 공의와 화평으로 인도해야 할 중보자적 책임을 깨닫게 된 것이다.

24:25 화목제 언약 관계를 회복하기 위하여, 다윗의 회개 및 중보 기도와 함께 드려진 제사이다. 기도를 들어 주셔서 그 땅에 재앙이 그치게 되었다. 즉 하나님과 화목이 되어 하나님께서 이스라엘 백성과 교통하셨다는 의미이다.

열왕기상

저자 일반적으로 가장 인정받고 있는 학설은 예레미야가 본서의 저자라는 것이다.

저작 연대 B.C. 561–538년경으로 추정

기록 장소와 대상 기록 장소는 어디인지 모른다(아마도 유다와 이집트에서 기록했을 것이다). 이스라엘 백성을 대상으로 기록하였다.

저작 목적 저자는 동족들에게 임한 참상, 그들의 성전 파괴, 왕가의 굴욕, 그리고 열조의 땅에서 쫓겨나 타국에 포로로 끌려가는 데까지 이른 비운의 원인이 그들 자신의 죄악과 하나님에 대한 배반의 결과였다는 사실을 가르치려 했다. 따라서 포로로 잡혀왔지만 신앙을 저버리지 말고 이제라도 하나님께로 돌아와 모든 죄악과 우상을 버리고 옛 신앙을 회복하라는 의도로 본서를 기록했다.

핵심어 및 내용 열왕기상의 핵심어는 '지혜', '분열' 등이다. 솔로몬은 자신이 등극했을 때 인간적인 명예나 부를 하나님께 간구하지 않고 이스라엘 백성을 잘 다스릴 수 있는 지혜를 달라고 간구했다. 하지만 말년에 그의 이방 첩들의 나쁜 영향으로 말미암아 그의 마음은 하나님을 떠나게 되었다. 이 결과로 그의 왕국은 분열되었다.

내용 분해

1. 통일 왕국 시대(1:1–11:43)
2. 분열 왕국 시대(12:1–22:53)

다윗의 말년

1 다윗 왕이 나이 많아 늙으니, 이불
을 덮어도 따뜻하지 않았다.
2 신하들이 왕에게 말하였다. "저희가
임금님께 젊은 처녀를 한 사람 데려
다가, 임금님 곁에서 시중을 들게 하
겠습니다. 처녀를 시중드는 사람으
로 삼아 품에 안고 주무시면, 임금님
의 몸이 따뜻해질 것입니다."
3 신하들은 이스라엘 온 나라 안에서
젊고 아름다운 처녀를 찾다가, 수넴
처녀 아비삭을 발견하고, 그 처녀를
왕에게로 데려왔다.
4 그 어린 처녀는 대단히 아름다웠다.
그 처녀가 왕의 시중을 드는 사람이
되어서 왕을 섬겼지마는, 왕은 처녀
와 관계를 하지는 않았다.

아도니야가 왕이 되고자 하다

5 ○그 때에 다윗과 학깃 사이에서 태
어난 아들 아도니야는, 자기가 왕이
될 것이라고 하면서, 후계자처럼 행
세하고 다녔다. 자신이 타고 다니는
병거를 마련하고, 기병과 호위병 쉰
명을 데리고 다녔다.
6 그런데도 그의 아버지 다윗은 아도
니야를 꾸짖지도 않고, 어찌하여 그
런 일을 하느냐고 한 번도 묻지도 않
았다. 그는 압살롬 다음으로 태어난
아들로서, 용모가 뛰어났다.
7 아도니야가 스루야의 아들 요압과
아비아달 제사장을 포섭하니, 그들
이 아도니야를 지지하였다.
8 그러나 사독 제사장과 여호야다의
아들 브나야와 나단 예언자와 시므
이와 ㉠레이와 다윗을 따라다닌 장
군들은, 아도니야에게 동조하지 않
았다.
9 ○아도니야가 엔 로겔 가까이에 있
는 소헬렛 바위 옆에서, 양과 소와 살
진 송아지를 잡아서 잔치를 베풀고,
자기의 형제인 왕자들과 유다 사람
인 왕의 모든 신하들을 초청하였다.
10 그러나 나단 예언자와 브나야와 왕
의 경호병들과 동생 솔로몬은 초청
하지 않았다.

㉠ 또는 '그의 친구들과'

솔로몬이 왕이 되다

11 ○나단이 솔로몬의 어머니 밧세바에
게 물었다. "우리의 왕 다윗 임금님
도 모르시는 사이에, 이미 학깃의 아
들 아도니야가 왕이 되었다고 합니
다. 혹시 듣지 못하셨습니까?
12 제가 이제 마님의 목숨과 마님의 아
들 솔로몬의 목숨을 구할 수 있는
좋은 계획을 알려 드리겠습니다.
13 어서 다윗 임금님께 들어가셔서, 이
렇게 말씀하십시오. '임금님, 임금님
께서는 일찍이 이 종에게 이르시기
를, 이 몸에서 난 아들 솔로몬이 반
드시 임금님의 뒤를 이어서 왕이 될
것이며, 그가 임금님의 자리에 앉을
것이라고 맹세하시지 않으셨습니까?
그런데 어떻게 아도니야가 왕이 되
었습니까?'
14 마님께서 이렇게 임금님과 함께 말
씀을 나누고 계시면, 저도 마님의 뒤
를 따라 들어가서, 마님께서 말씀하
시는 것을 도와드리겠습니다."
15 ○밧세바는 침실에 있는 왕에게로
갔다. 왕은 매우 늙어서, 수넴 여자
아비삭이 수종을 들고 있었다.
16 밧세바가 엎드려서 절을 하니, 왕은
"무슨 일이오?" 하고 물었다.
17 ○그가 왕에게 대답하였다. "임금님,
임금님께서는 임금님의 주 하나님을
두고 맹세하시며, 이 종에게 이르시
기를, 이 몸에서 태어난 아들 솔로몬
이 임금님의 뒤를 이어서 왕이 될 것
이며, 그가 임금의 자리에 앉을 것이
라고 말씀하셨습니다.
18 그런데 지금 아도니야가 왕이 되었
는데도, 임금님께서는 이 일을 알지
못하고 계십니다.
19 아도니야가 소와 송아지와 양을 많
이 잡아 제사를 드리고, 왕의 모든
아들과 아비아달 제사장과 군사령
관 요압을 초청하였습니다. 그러나
임금님의 종 솔로몬은 청하지 않았
습니다.
20 임금님께서는 통촉하시기 바랍니다.
온 이스라엘 사람이 임금님을 주시
하고 있고, 임금님의 뒤를 이어서 임
금의 자리에 앉을 사람이 누구인지
를, 임금님께서 알려 주시기를 고대
하고 있습니다.
21 그렇게 하지 않으시면, 임금님께서
돌아가셔서 조상과 함께 누우실 때
에, 나와 솔로몬은 반역자가 될 것입
니다."
22 ○이렇게 밧세바가 왕과 함께 말을
나누고 있을 때에, 예언자 나단이 들
어왔다.
23 그러자 신하들이 "예언자 나단이 드
십니다" 하고 왕에게 알렸다. 그는
왕 앞에 나아가서, 얼굴을 땅에 대
고 크게 절을 하였다.

1장 요약 본장에서는 다윗의 연로함을 틈타 왕위를 노린 아도니야를 물리치고 솔로몬이 이스라엘의 3대 왕으로 등극하였음을 보여 준다.

1:9 엔 로겔 '로겔(정탐꾼)의 샘'이란 뜻이다. 예루살렘 근처 기드온 골짜기에 있다. **소헬렛 바위** 소헬렛은 '뱀'이란 뜻이다. 곧 '뱀의 바위'를 말한다.

1:11-31 아도니야의 소식을 들은 나단 예언자는, 다윗에게 가장 자유롭게 접근할 수 있는 밧세바에게 이 사실을 알려 주었다. 나단은 항상 하나님의 말씀대로 순종하고자 애썼던 진실한 예언자였다. 나단의 충고를 들은 밧세바는 다윗 앞에 나아가, 솔로몬이 왕이 될 것이라고 했던 다윗의 옛 맹세를 상기시켜 주었다. 이 때 나단 예언자도 다윗 앞에 나아와, 다윗이 혹시 자기 몰래 아도니야를 후계자로 지명한 적이 있는지를 물었다(24절). 그리고 다윗에게 아도니야의 왕위 찬탈 음모 가담자들에 대하여 보고하였다. 나단과 밧세바의

24 나단이 말하였다. "임금님께 여쭙니
다. 아도니야가 왕이 되어서, 임금님
의 뒤를 이어 임금의 자리에 앉을 것
이라고 말씀하신 적이 있으십니까?
25 아도니야가 오늘 내려가서, 소와 송
아지와 양을 많이 잡아서, 제사를
드리고, 모든 왕자와 ㉠군사령관과
아비아달 제사장을 초청하였습니다.
그들은 아도니야 앞에서 먹고 마시
고는 '아도니야 임금님 만세'를 외쳤
습니다.
26 그러나 임금님의 종인 저와 사독 제
사장과 여호야다의 아들 브나야와
임금님의 종 솔로몬은 초청하지 않
았습니다.
27 이 일이 임금님께서 하신 일이면, 임
금님의 뒤를 이어서 임금의 자리에
앉을 사람이 누구인지를, 임금님의
종인 저에게만은 알려 주실 수 있었
을 것입니다."
28 ○이에 다윗 왕이 대답하였다. "밧세
바를 이리로 부르시오." 밧세바가 들
어와서 왕의 앞에 서니,
29 왕은 이렇게 맹세하였다. "나를 모든
재난에서부터 구원하여 주신 주님
의 살아 계심을 두고 맹세하오.
30 내가 전에 이스라엘의 주 하나님을
두고 분명히 그대에게 맹세하기를
'그대의 아들 솔로몬이 임금이 될 것
이며, 그가 나를 이어서 임금의 자리
에 앉을 것이다' 하였으니, 이 일을
오늘 그대로 이행하겠소."
31 ○밧세바가 얼굴을 땅에 대고 엎드
려서, 크게 절을 하며 "임금님, 다윗
임금님, 만수무강 하시기를 빕니다"
하고 말하였다.
32 ○다윗 왕이 사독 제사장과 나단 예
언자와 여호야다의 아들 브나야를
불러 오라고 하였다. 그들이 왕 앞으
로 나아오니,
33 왕이 그들에게 말하였다. "그대들은
나의 신하들을 거느리고, 내가 타던
노새에 나의 아들 솔로몬을 태워서,
기혼으로 내려가도록 하십시오.
34 사독 제사장과 나단 예언자는 거기
에서 그에게 기름을 부어 이스라엘
의 왕으로 삼고, 그런 다음에 뿔나
팔을 불며 '솔로몬 왕 만세!' 하고 외
치십시오.
35 그리고 그를 따라 올라와, 그를 모시
고 들어가서, 나를 대신하여 임금의
자리에 앉히십시오. 그러면 그가 나
의 뒤를 이어서 왕이 될 것입니다.
그를 내가 이스라엘과 유다의 통치
자로 임명하였습니다."
36 ○여호야다의 아들 브나야가 왕에
게 대답하였다. "아멘, 임금님의 하
나님이신 주님께서도 그렇게 말씀하
시기를 바랍니다.
37 주님께서 임금님과 함께 계신 것처

말을 모두 들은 다윗은, 솔로몬이 그의 뒤를 이어 왕이 되리라는 이전의 맹세가 변함이 없다는 것을 다시 한번 엄숙히 선포하였다. 결국 아도니야의 음모는 분쇄되었으며, 40년에 걸친 다윗의 통치 역시 막을 내리게 되었다.

1:29 나를 모든 재난에서부터 구원하여 주신(참조. 삼하 4:9) 다윗의 진심에서 우러나오는 신앙 고백이다. 다윗은 지난날 온갖 죽을 고비를 넘겼었다. 그가 이러한 재난 속에서 구원받은 것은 오로지 하나님의 도우심이었다는 것을 다시 한번 고백하고 있다.

1:32–33 사독 제사장·나단 예언자·브나야 솔로몬의 취임식을 위해 꼭 필요한 인물들이었다. 제사장 사독은 솔로몬의 머리에 기름을 부어야 했고, 예언자 나단은 하나님의 말씀으로 복을 빌어 주어야 했다. 그리고 브나야는 군사적인 호위와 경비를 맡아야 했다.

㉠ 칠십인역에는 '요압 사령관'

럼, 솔로몬과도 함께 계셔서, 그의
자리가 우리 다윗 임금님의 자리보
다 더 높게 되기를 바랍니다."
38 ○사독 제사장과 나단 예언자와 여
호야다의 아들 브나야와 그렛 사람
과 블렛 사람이 내려가서, 솔로몬을
다윗 왕의 노새에 태워서, 기혼으로
데리고 갔다.
39 사독 제사장이 장막에서 기름을 넣
은 뿔을 가지고 와서, 솔로몬에게 기
름을 부었다. 그리고 뿔나팔을 부니,
모든 백성이 "솔로몬 왕 만세!" 하고
외쳤다.
40 모든 백성이 그의 뒤를 따라 올라와,
피리를 불면서, 열광적으로 기뻐하
였는데, 그 기뻐하는 소리 때문에 세
상이 떠나갈 듯 하였다.
41 ○아도니야와 그의 초청을 받은 모
든 사람이 먹기를 마칠 때에, 이 소
리를 들었다. 요압이 뿔나팔 소리를
듣고서 "왜 이렇게 온 성 안이 시끄
러운가?" 하고 물었다.
42 그의 말이 다 끝나기도 전에, 아비아
달 제사장의 아들 요나단이 들어왔
다. 아도니야가 말하였다. "어서 들
어오게. 그대는 좋은 사람이니, 좋은
소식을 가져 왔겠지."
43 ○요나단은 아도니야에게 대답하였
다. "아닙니다. 우리의 다윗 임금님께
서 솔로몬을 왕으로 삼으셨습니다.
44 임금님께서는 사독 제사장과 나단
예언자와 여호야다의 아들 브나야
와 그렛 사람과 블렛 사람을 솔로몬
과 함께 보내셨는데, 그들이 솔로몬
을 왕의 노새에 태웠습니다.
45 그리고 사독 제사장과 나단 예언자
가 기혼에서 그에게 기름을 부어서,
왕으로 삼았습니다. 그래서 그들이
그 곳에서부터 기뻐하면서 올라오는
바람에, 성 안이 온통 흥분으로 들
떠 있습니다. 여러분께서 들으신 소
리는 바로 그 소리입니다.
46 솔로몬이 임금 자리에 앉았으며,
47 임금님의 신하들도 들어와서, 우리
의 다윗 임금님께 축하를 드리면서
'임금님의 하나님께서 솔로몬의 이름
을 임금님의 이름보다 더 좋게 하시
며, 그의 자리를 임금님의 자리보다
더 높게 하시기를 바랍니다' 하고 축
복하였습니다. 임금님께서도 친히
침상에서 절을 하시며,
48 '주님께서 오늘 내 자리에 앉을 사람
을 주시고, 또 이 눈으로 그것을 보
게 하시니, 주 이스라엘의 하나님께
찬양을 드립니다' 하고 말씀하셨다
고 합니다."
49 ○그 말을 듣고, 아도니야의 초청을
받아서 와 있던 모든 사람들이, 황
급히 일어나서, 모두 제 갈 길로 가
버렸다.

1:38 그렛 사람과 블렛 사람 그레데 섬 사람과 블레셋 사람으로, 다윗 왕의 친위대를 가리킨다. 이들은 해적 출신으로 매우 용감했다.

1:41-53 아도니야 일당의 잔치가 거의 끝날 즈음에, 솔로몬이 다윗 왕의 공식적인 후계자로 왕위에 올랐으며 모든 신하들과 백성들은 그를 대대적으로 환영했다는 소식이 전해졌다. 아도니야의 잔치는 엉망이 되었으며, 그의 일당들은 자신의 안전을 위해 뿔뿔이 흩어져 버렸다(49절). 홀로 남은 아도니야는 생명의 위협을 느끼고 도피처인 제단 뿔 곁으로 피하였다. 제단 뿔은 고의가 아닌 실수로 살인한 자들이 피신할 수 있도록 하나님께서 정해 주신 도피처였다(출 21:13-14). 이곳에서 아도니야는 솔로몬 왕에게 목숨을 위해 간청하였다. 솔로몬은 그가 형이며 또한 이번 일이 첫 번째 음모임을 고려하여 선대해 주었다. 그러나 다시 한번 왕위를 빼앗으려는 음모를 꾸미면 처단하겠노라고 선포하였다(52절).

50 아도니야는, 솔로몬이 두려워서, 일
어나 가서, ㉠제단 뿔을 붙잡았다.
51 사람들이 솔로몬에게 말하였다. "아
도니야가 솔로몬 임금님을 두려워하
여서, 지금 제단 뿔을 붙잡고 솔로몬
임금님께서 임금님의 종인 아도니야
를 칼로 죽이지 않겠다고 맹세해 주
시기를 바라고 있습니다."
52 ○솔로몬이 말하였다. "그가 충신이
면, 그의 머리카락 하나도 땅에 떨어
지지 않을 것이다. 그러나 그에게서
악이 발견되면 그는 죽을 것이다."
53 솔로몬 왕이 사람을 보내어 그를 제
단에서 끌어오게 하니, 그가 와서,
솔로몬 왕에게 절을 하였다. 그러자
솔로몬은 그에게 집에 가 있으라고
하였다.

다윗이 솔로몬에게 마지막으로 지시하다

2 다윗은 세상을 떠날 날이 가까워
서, 아들 솔로몬에게 유언을 하였
다.
2 "나는 이제 세상 모든 사람이 가는
길로 간다. 너는 굳세고 장부다워야
한다.
3 그리고 너는 주 너의 하나님의 명령
을 지키고, 모세의 율법에 기록된 대
로, 주님께서 지시하시는 길을 걷고,
주님의 법률과 계명, 주님의 율례와
증거의 말씀을 지켜라. 그리하면, 네
가 무엇을 하든지, 어디를 가든지,
모든 일이 형통할 것이다.
4 또한 주님께서 전에 나에게 '네 자손
이 내 앞에서 마음과 정성을 다 기
울여서, 제 길을 성실하게 걸으면, 이
스라엘의 임금 자리에 오를 사람이
너에게서 끊어지지 않을 것이다' 하
고 약속하신 말씀을 이루실 것이다.
5 ○더욱이 너는 스루야의 아들 요압
이 나에게 한 것, 곧 그가 이스라엘
군대의 두 사령관인, 넬의 아들 아브
넬과 예델의 아들 아마사에게 한 일
을 알고 있을 것이다. 요압이 그들을
살해함으로써, 평화로운 때에 전쟁
을 할 때나 흘릴 피를 흘려서, 내 허
리띠와 신에 전쟁의 피를 묻히고 말
았다.
6 그러므로 너는 지혜롭게 행동을 하
여, 그가 백발이 성성하게 살다가 평
안히 ㉡스올에 내려가도록 내버려 두
지 말아라.
7 ○그러나 길르앗 사람인 바르실래의
아들들에게는 자비를 베풀어서, 네
상에서 함께 먹는 식구가 되게 하여
라. 그들은 내가 네 형 압살롬을 피
하여 도망할 때에 나를 영접해 주었
다.
8 ○또 바후림 출신으로 베냐민 사람
인 게라의 아들 시므이가 너와 같이
있다. 그는, 내가 마하나임으로 가던
날에 나를 심하게 저주하였지만, 그

2장 요약 다윗은 임종을 앞두고 솔로몬에게 하나님의 명령을 철저히 지키며, 국가의 안위를 위태롭게 할 자들을 처단하라는 유언을 남겼다. 솔로몬은 다윗이 죽은 후 그의 유언을 따라 정적(政敵)들을 제거함으로써 왕국이 안정되고 번영할 수 있는 기틀을 놓았다.

2:5 요압이 나에게 한 것 이것은 요압이 과거에 다윗의 소중한 사람들을 죽인 일을 말한다. 다윗의 편이 되려던 사울 왕의 총사령관 아브넬을 죽인 일(삼하 3:6-39)과 항복해 온 압살롬의 군사령관 아마사를 다윗이 요압 대신 군대 사령관으로 삼자(삼하 19:13), 요압이 아마사를 죽인 일(삼하 20:9-10)을 말한다. **평화로운 때에…묻히고** 죄 없는 사람들의 피를 흘리게 하고서도 마치 전쟁터에서 죽은 것처럼 꾸며 다윗을 속였다는 뜻이다.

2:7 바르실래 다윗이 압살롬의 반란군에게 쫓길

㉠ 주님의 장막에 있는 제단 뿔 ㉡ 또는 '무덤' 또는 '죽음'

가 요단 강으로 나를 맞으려고 내려
왔을 때에 내가 주님을 가리켜 맹세
하기를, '너를 칼로 죽이지 않겠다'
하고 말한 일이 있다.
9 그러나 너는 그에게 죄가 없다고 여
기지 말아라. 너는 지혜로운 사람이
니, 그를 어떻게 처리해야 하는지 잘
알 것이다. 너는 그의 백발에 피를
묻혀 스올로 내려가게 해야 한다."

다윗이 죽다

10 ○다윗은 죽어서, 그의 조상과 함께
'다윗 성'에 안장되었다.
11 다윗 왕이 이스라엘을 다스린 기간
은 마흔 해이다. 헤브론에서 일곱 해
를 다스리고, 예루살렘에서 서른세
해를 다스렸다.
12 솔로몬은 그의 아버지 다윗이 앉았
던 자리에 앉아서, 그 왕국을 아주
튼튼하게 세웠다.

아도니야가 죽다

13 ○학깃의 아들 아도니야가 솔로몬의
어머니 밧세바를 찾아왔다. 밧세바
가 "좋은 일로 왔느냐?" 하고 물으
니, 그는 "좋은 일로 왔습니다" 하고
대답하였다.
14 그러면서 그가 말하였다. "드릴 말씀
이 있습니다." 밧세바가 대답하였다.
"말하여라."
15 ○그러자 그가 말하였다. "어머니께
서도 아시다시피, 임금 자리는 저의
것이었고, 모든 이스라엘 사람은, 제
가 임금이 되기를 바라고 있었습니
다. 그런데 그 임금 자리는, 주님의
뜻이 있어서, 이제는 아우의 것이 되
었습니다.
16 이제 어머니께 한 가지 청할 것이 있
습니다. 거절하지 말아 주시기 바랍
니다." 밧세바가 그에게, 말하라고 하
였다.
17 ○아도니야가 말하였다. "임금이 어
머니의 청을 거절하지는 않을 것입
니다. 그러니 솔로몬 임금에게 말씀
하셔서, 수넴 여자 아비삭을 나의 아
내로 삼게 해주십시오."
18 ○밧세바가 말하였다. "좋다. 내가 너
를 대신하여, 임금께 말하여 주마."
19 ○그리하여 밧세바는 아도니야의 청
을 대신 말하여 주려고, 솔로몬 왕
을 찾아갔다. 왕은 어머니를 맞이하
려고, 일어나서 절을 한 뒤에 다시
자리에 앉았다. 그리고는 어머니에
게 자리를 권하여, 자기 옆에 앉게
하였다.
20 그러자 밧세바가 말하였다. "나에게
한 가지 작은 소원이 있는데, 거절하
지 않으면 좋겠소." 왕이 대답하였
다. "어머니, 말씀하여 보십시오. 거
절하지 않겠습니다."
21 ○밧세바가 말하였다. "수넴 여자 아
비삭과 임금의 형 아도니야를 결혼

때 마하나임에서 많은 식량을 공급해 준 부자 노인이다. **네 상에서…되게 하여라** 생활비, 즉 연금을 지급해 주라는 뜻이다.

2:10-11 다윗의 죽음과 장사에 대한 기록이다. 다윗은 30세에 왕이 된 후 40년 동안 통치하다가 70세에 죽었다.

2:12-25 드디어 솔로몬이 이스라엘의 제3대 왕으로 즉위하였다. 그의 왕권에 대해 최초로 도전한 자는 아도니야였다. 아도니야는 아직도 왕위 찬탈에 대한 야심을 버리지 못했다. 그는 왕위가 본래 자기 것이었다고 믿었으며, 온 백성들이 자기를 왕으로 삼으려 했다고 믿고 있었다(15절). 그래서 그는 먼저 수넴 여자 아비삭을 아내로 삼아 왕위 계승의 권리를 확보하려 했다. 아비삭은 실제로 다윗의 후궁이요, 첩이었다. 압살롬도 아버지의 후궁들과 동침함으로써 왕권을 획득하고자 했던 적이 있다(삼하 16:21). 그러나 지혜로운 솔로몬 왕은 아도니야의 야심을 알아차리고 그를

시키면 좋겠소."
22 ○그러자 솔로몬 왕이 어머니에게 대
답하였다. "아도니야를 생각하신다
면, 어찌하여 수넴 여자 아비삭과 결
혼시키라고만 하십니까? 그는 나의
형이니, 차라리 그에게 임금의 자리
까지 내주라고 하시지 그러십니까?
또 아도니야만을 생각하여서 청하
실 것이 아니라, 그를 편든 아비아달
제사장과 스루야의 아들 요압을 생
각하여서도 그렇게 하시지 그러십니
까?"
23 솔로몬 왕은 주님을 가리켜 맹세하
였다. "아도니야가 자기 목숨을 걸고
이런 말을 하였으니, 그의 목숨을 살
려 두면, 하나님이 나에게 벌을 내리
시고, 또 내리실지도 모릅니다.
24 이제 주님께서 나를 세워 아버지 다
윗의 자리에 앉게 하시고, 말씀하신
대로 나를 시켜서 왕실을 세워 주셨
으니, 주님의 살아 계심을 두고 맹세
합니다. 오늘 아도니야는 반드시 처
형당할 것입니다."
25 ○솔로몬 왕이 여호야다의 아들 브
나야를 보내니, 그가 아도니야를 쳐
죽였다.

아비아달의 추방과 요압의 죽음

26 ○솔로몬 왕은 아비아달 제사장에게
이렇게 말하였다. "제사장께서는 상
속받은 땅 아나돗으로 가시오. 제사
장께서는 이미 죽었어야 할 목숨이
지만, 나의 아버지 다윗 앞에서 제사
장으로서 주 하나님의 법궤를 메었
고, 또 나의 아버지께서 고통을 받으
실 때에 그 모든 고통을 함께 나누었
기 때문에, 오늘은 내가 제사장을
죽이지는 않겠소."
27 솔로몬은 아비아달을 주님의 제사장
직에서 파면하여 내쫓았다. 이렇게
하여서, 주님께서는 실로에 있는 엘
리의 가문을 두고 하신 말씀을 이루
셨다.
28 ○이런 소문이 요압에게 들렸다. 비
록 그는 압살롬의 편을 들지는 않았
으나, 아도니야의 편을 들었으므로,
주님의 장막으로 도망하여, 제단 뿔
을 잡았다.
29 요압이 이렇게 주님의 장막으로 도
망하여 제단 곁에 피하여 있다는 사
실이, 솔로몬 왕에게 전해지니, 솔로
몬은 여호야다의 아들 브나야를 보
내면서 "가서, 그를 쳐죽여라!" 하였
다.
30 브나야가 주님의 장막에 들어가서,
그에게 말하였다. "어명이오. 바깥으
로 나오시오." 그러자 그가 말하였
다. "못 나가겠소. 차라리 나는 여기
에서 죽겠소." 브나야가 왕에게 돌아
가서, 요압이 한 말을 전하니,
31 왕이 그에게 말하였다. "그가 말한

제거하여 자신의 왕권을 더욱 공고히 했다.

2:23 하나님이 나에게 벌을 내리시고, 또 내리실지도 이것은 구약 시대에 맹세할 때 사용한 일상적인 표현법이었다.

2:26–27 아도니야를 지지했던 대제사장 아비아달의 파면에 대한 기록이다. 아비아달은 다윗 왕에게 보인 충성 때문에 죽음을 당하지 않고 파면만 당했다. 아비아달의 파면으로, 이스라엘의 대제사장직은 사독 한 사람에게만 맡겨졌다. 이 사건은 사무엘기상 2:30–36의 성취였다. 아비아달은 엘리 집안 최후의 대제사장이었기 때문이다.

2:26 고통 아비아달의 아버지인 아히멜렉이 다윗을 도와주었다는 이유로 사울 왕에게 처형당할 때 아비아달은 다윗에게로 도망쳐 왔다. 여기서는 그때 일을 말한다.

2:31 죄 없는 아브넬과 아마사를 죽인 것은 요압 자신의 피로 갚아야 한다는 뜻이다.

2:36–46 다윗이 쫓겨 다닐 때 다윗을 저주하고

대로, 그를 쳐서 죽인 뒤에 묻어라.
그리하면 요압이 흘린 죄 없는 사람
의 피를, 나와 나의 가문에서 지울
수 있을 것이다.
32 주님께서, 요압이 흘린 그 피를 그에
게 돌리실 것이다. 그는 나의 아버지
다윗께서 모르시는 사이에, 자기보
다 더 의롭고 나은 두 사람, 곧 넬의
아들인 이스라엘 군사령관 아브넬
과, 예델의 아들인 유다의 군사령관
아마사를, 칼로 죽인 사람이다.
33 그들의 피는 영원히 요압과 그의 자
손에게로 돌아갈 것이며, 다윗과 그
의 자손과 그의 왕실과 그의 왕좌에
는, 주님께서 주시는 평화가 영원토
록 있을 것이다."
34 ○이에 여호야다의 아들 브나야가
올라가서, 그를 쳐죽였다. 요압은 광
야에 있는 그의 ㉠땅에 매장되었다.
35 왕은 요압 대신에 여호야다의 아들
브나야를 군사령관으로 삼고, 아비
아달의 자리에는 사독 제사장을 임
명하였다.

시므이가 죽다

36 ○그 뒤에 왕은 사람을 보내어서, 시
므이를 불러다 놓고, 이렇게 말하였
다. "당신은 예루살렘에다가 당신이
살 집을 짓고, 거기에서만 살도록 하
시오. 다른 어느 곳으로든지, 한 발
짝도 나가서는 안 되오.
37 바깥으로 나가서 기드론 시내를 건
너는 날에는, 당신은 반드시 죽을 것
이오. 당신이 죽는 것은 바로 당신
죄 때문임을 명심하시오."
38 그러자 시므이는 "임금님께서 하신
말씀은 지당하신 말씀입니다. 임금
님의 종은 그대로 이행할 따름입니
다" 하고 대답하고, 오랫동안 예루살
렘을 떠나지 않고, 거기에서 지냈다.
39 ○그로부터 거의 세 해가 지났을 무
렵에, 시므이의 종들 가운데서 두 사
람이 가드 왕 마아가의 아들 아기스
에게로 도망하였다. 어떤 사람들이
시므이에게, 그 종들이 가드에 있다
고 알려 주었다.
40 그래서 시므이는 나귀에 안장을 얹
고, 자기의 종들을 찾아 오려고 가드
에 있는 아기스에게로 갔다. 시므이
가 직접 내려가, 가드에서 자기 종들
을 데리고 왔다.
41 시므이가 이와 같이, 예루살렘에서
가드로 내려갔다가 돌아왔다는 소
식이 솔로몬에게 전해지니,
42 왕은 사람을 보내어서, 시므이를 불
러다 놓고 문책하였다. "내가 당신에
게, 주님을 가리켜 맹세하게 하고, 당
신에게 경고하기를, 당신이 바깥으
로 나가서 어느 곳이든지 가는 날에
는, 반드시 죽을 것이라고 하지 않았
소? 당신도 나에게 좋다고 하였고,

조롱했던 시므이의 죽음에 대한 기록이다. 솔로몬은 시므이에게 예루살렘 안에서만 거주하라고 명령했다. 그러나 시므이는 이 명령을 어겼기 때문에 처형당했다. 그의 주거지를 제한시킨 것은 반란을 주모할 여지가 많았기 때문인 것 같다. 아도니야 일당과 시므이를 제거함으로써 이스라엘은 솔로몬 치하에서 견고히 세워져 갔다(46절).

2:37 기드론 시내를 건너는 날에는 기드론 골짜기는 예루살렘 동쪽 성벽 아래에 있었다. 시므이의 고향 바후림은 예루살렘 동쪽에 있었으므로 이와 같이 명했다.

2:39 가드 왕 마아가의 아들 아기스 가드는 블레셋의 5대 도시 중의 하나이다. 소년 다윗과 싸운 골리앗도 가드 사람이었다(삼상 17:4). 특히 가드는 다윗이 사울을 피하여 망명한 곳이었다(삼상 21:10;27:2). 다윗이 망명할 당시에도 아기스 왕이 가드를 다스렸었다.

㉠ 또는 '무덤'

내 말에 순종하겠다고 하지 않았소?
43 그런데 어찌하여, 주님께 맹세한 것
과, 내가 당신에게 명령한 것을, 당신
은 지키지 않았소?"
44 왕은 계속하여 시므이에게 말하였
다. "당신은, 당신이 나의 아버지 다
윗 왕에게 저지른 그 모든 일을, 스
스로 잘 알고 있을 것이오. 그러므
로 주님께서 당신이 저지른 일을 당
신에게 갚으실 것이오.
45 그러나 나 솔로몬 왕은 복을 받고,
다윗의 보좌는 주님 앞에서 영원토
록 견고하게 서 있을 것이오."
46 ○왕이 여호야다의 아들 브나야에
게 명령하니, 그가 바깥으로 나가서,
시므이를 쳐죽였다. 솔로몬은 권력
을 완전히 장악하였다.

솔로몬이 지혜를 간구하다 (대하 1:3-12)

3 솔로몬은, 이집트 왕 바로와 혼인
관계를 맺고, 바로의 딸을 아내로
맞았다. 그리고 그는 자신의 집과 주
님의 성전과 예루살렘 성벽의 건축
을 모두 끝낼 때까지, 그 아내를 다
윗 성에 있게 하였다.
2 주님께 예배드릴 성전이 그 때까지
도 건축되지 않았으므로, 백성은 그
때까지 여러 곳에 있는 산당에서 제
사를 드렸다.
3 솔로몬은 주님을 사랑하였으며, 자
기 아버지 다윗의 법도를 따랐으나,
그도 여러 산당에서 제사를 드리며
분향하였다.
4 ○기브온에 제일 유명한 산당이 있
었으므로, 왕은 늘 그 곳에 가서 제
사를 드렸다. 솔로몬이 그 때까지 그
제단에 바친 번제물은, 천 마리가 넘
을 것이다. 한 번은, 왕이 그리로 제
사를 드리러 갔는데,
5 그 날 밤에 기브온에서, 주님께서 꿈
에 솔로몬에게 나타나셨다. 하나님
께서 말씀하시기를 "내가 너에게 무
엇을 주기를 바라느냐? 나에게 구하
여라" 하셨다.
6 ○솔로몬이 대답하였다. "주님께서
는, 주님의 종이요 나의 아버지인 다
윗이, 진실과 공의와 정직한 마음으
로 주님을 모시고 살았다고 해서, 큰
은혜를 베풀어 주시고, 또 그 큰 은
혜로 그를 지켜 주셔서, 오늘과 같이
이렇게 그 보좌에 앉을 아들까지 주
셨습니다.
7 그러나 주 나의 하나님, 주님께서는,
내가 아직 어린 아이인데도, 나의 아
버지 다윗의 뒤를 이어서, 주님의 종
인 나를 왕이 되게 하셨습니다. 나
는 아직 나가고 들어오고 하는 처신
을 제대로 할 줄 모릅니다.
8 주님의 종은, 주님께서 선택하신 백
성, 곧 그 수를 셀 수도 없고 계산을
할 수도 없을 만큼 큰 백성 가운데

3장 요약 솔로몬이 기브온 산당에서 드린 번제물을 받으신 하나님께서 솔로몬의 꿈에 나타나셨다. 솔로몬은 하나님께 지혜를 구하고, 하나님께서는 솔로몬이 구하지 않은 부귀와 영화까지 주신다. 16절 이하에는 솔로몬이 하나님이 주신 지혜로 판결하는 내용이 소개된다.

3:1-2 솔로몬 왕은 국력을 견고히 하기 위하여 이집트와 결혼 동맹을 맺었다. 그러나 이와 같은 행위는 하나님의 명령을 어기는 일이었다(11:2). 이 일로 인하여 이스라엘에는 이방 우상들이 가득 차게 되었다. 또한 솔로몬 왕은 산당에서 제사를 드림으로 하나님의 명령을 어겼다(민 33:52;신 12장). 산당 제사는 혼합주의의 온상지였다.

3:7 나가고 들어오고 하는 처신을 제대로 할 줄 모릅니다 어떻게 왕의 직무를 행해야 할지 잘 모른다는 뜻이다. 이것은 솔로몬의 겸손함을 나타내는 고백이다.

하나일 뿐입니다.
9 그러므로 주님의 종에게 지혜로운
마음을 주셔서, 주님의 백성을 재판
하고, 선과 악을 분별할 수 있게 해
주시기를 바랍니다. 이렇게 많은 주
님의 백성을 누가 재판할 수 있겠습
니까?"
10 ○주님께서는 솔로몬이 이렇게 청한
것이 마음에 드셨다.
11 그러므로 하나님께서 그에게 말씀하
셨다. "네가 스스로를 생각하여 오
래 사는 것이나 부유한 것이나 원수
갚는 것을 요구하지 아니하고, 다만
재판하는 데에, 듣고서 무엇이 옳은
지 분별하는 능력을 요구하였으므
로,
12 이제 나는 네 말대로, 네게 지혜롭고
총명한 마음을 준다. 너와 같은 사
람이 너보다 앞에도 없었고, 네 뒤에
도 없을 것이다.
13 나는 또한, 네가 달라고 하지 아니한
부귀와 영화도 모두 너에게 주겠다.
네 일생 동안, 왕 가운데서 너와 견
줄 만한 사람이 없을 것이다.
14 그리고 네 아버지 다윗이 한 것과 같
이, 네가 나의 길을 걸으며, 내 법도
와 명령을 지키면, 네가 오래 살도록
해주겠다."
15 ○솔로몬이 깨어나서 보니, 꿈이었
다. 그는 곧바로 예루살렘으로 가
서, 주님의 언약궤 앞에 서서, 번제
와 화목제를 드리고, 모든 신하에게
잔치도 베풀어 주었다.

솔로몬의 재판

16 ○하루는 창녀 두 사람이 왕에게 와
서, 그 앞에 섰다.
17 그 가운데서 한 여자가 나서서 말을
하였다. "임금님께 아뢵니다. 저희
두 사람은 한 집에 살고 있습니다.
제가 아이를 낳을 때에 저 여자도 저
와 함께 있었습니다.
18 그리고 제가 아이를 낳은 지 사흘
만에 저 여자도 아이를 낳았습니다.
그 집 안에는 우리 둘만 있을 뿐이
고, 다른 사람은 아무도 없었습니다.
19 그런데 저 여자가 잠을 자다가, 그만
잘못하여 자기의 아이를 깔아 뭉개
었으므로, 그 아들은 그 날 밤에 죽
었습니다.
20 그런데 이 종이 깊이 잠든 사이에,
저 여자가 한밤중에 일어나서 아이
를 바꾸었습니다. 저의 옆에 누워 있
는 저의 아들을 데리고 가서 자기
품에 두고, 자기의 죽은 아들은 저
의 품에 뉘어 놓았습니다.
21 제가 새벽에 저의 아들에게 젖을 먹
이려고 일어나서 보니, 아이가 죽어
있었습니다. 아침에 제가 자세히 들
여다 보았는데, 그 아이는 제가 낳은
아들이 아니었습니다."

3:14 하나님께서는 솔로몬에게 부귀와 영화를 조건 없이 주시겠다고 약속하셨다. 그러나, 장수(長壽)만은 하나님의 율법을 지킬 때에 주시겠다고 약속하셨다. 이러한 장수의 약속은 이루어지지 않았다. 왜냐하면 하나님께서 제시한 조건을 솔로몬이 지키지 못했기 때문이다.

3:15 주님의 언약궤는 다윗 성에 있었다. 솔로몬은 기브온에서 꿈을 꾼 후에 예루살렘으로 돌아와서 다윗 성에 있는 성막에서 번제와 화목제를 드렸다. 그리고 잔치를 베풀어 하나님께 받은 축복을 신하들과 백성들과 함께 기뻐하였다.

3:16-28 솔로몬이 하나님께 받은 지혜를 실제로 사용한 예이다. 그 당시에는 백성들이 왕에게 직접 찾아와서 재판을 받았다. 솔로몬의 지혜로운 재판은 백성들이 솔로몬의 복에 동참하는 기회라고 할 수 있다. 이스라엘 백성들은 솔로몬의 지혜가 바로 하나님께서 그들을 지키고 보호하시기 위하여 허락하신 것이라는 사실을 알게 되었다.

22 그러자 다른 여자가 대들었다. 그렇
지 않다는 것이었다. 살아 있는 아이
가 자기의 아들이고, 죽은 아이는
다른 여자의 아들이라고 우겼다. 먼
저 말을 한 여자도 지지 않고, 살아
있는 아이가 자기 아들이고, 죽은
아이는 자기의 아들이 아니라고 맞
섰다. 그들은 이렇게 왕 앞에서 다투
었다.
23 ○왕은 속으로 생각하였다. '두 여자
가 서로, 살아 있는 아이를 자기의
아들이라고 하고, 죽은 아이를 다른
여자의 아들이라고 한다. 그렇다면
좋은 수가 있다.'
24 왕은 신하들에게 칼을 가져 오게 하
였다. 신하들이 칼을 왕 앞으로 가
져 오니,
25 왕이 명령을 내렸다. "살아 있는 이
아이를 둘로 나누어서, 반쪽은 이
여자에게 주고, 나머지 반쪽은 저 여
자에게 주어라."
26 ○그러자 살아 있는 그 아이의 어머
니는, 자기 아들에 대한 모정이 불타
올라, 왕에게 애원하였다. "제발, 임
금님, 살아 있는 이 아이를, 저 여자
에게 주시어도 좋으니, 아이를 죽이
지는 말아 주십시오." 그러나 다른
여자는 "어차피, 내 아이도 안 될 테
고, 네 아이도 안 될 테니, 차라리 나
누어 가지자" 하고 말하였다.
27 그 때에 드디어 왕이 명령을 내렸다.
"살아 있는 아이를 죽이지 말고, 아
이를 양보한 저 여자에게 주어라. 저
여자가 그 아이의 어머니이다."
28 ○모든 이스라엘 사람이, 왕이 재판
한 판결 소식을 들었다. 그리고 백성
들은, 왕이 재판할 때에 하나님께서
주시는 지혜로 공정하게 판단한다
는 것을 알고, 왕을 두려워하였다.

솔로몬이 거느린 관리들

4

솔로몬 왕이 온 이스라엘을 다스
리는 왕이 되었을 때에,
2 그가 거느린 고급 관리들은 다음과
같다. ○사독의 아들 아사랴는 제사
장이고,
3 시사의 아들 엘리호렙과 아히야는
서기관이고, 아힐룻의 아들 여호사
밧은 역사 기록관이고,
4 여호야다의 아들 브나야는 군사령
관이고, 사독과 아비아달은 제사장
이고,
5 나단의 아들 아사랴는 관리를 지휘
하는 장관이고, 나단의 아들 사붓
은 제사장 겸 왕의 개인 자문관이
고,
6 아히살은 궁내 대신이고, 압다의 아
들 아도니람은 강제노역 책임자였다.
7 ○솔로몬은 온 이스라엘 지역에다
가, 관리를 지휘하는 장관 열둘을 두
었는데, 그들은 각각 한 사람이 한

솔로몬의 지혜로운 판결은 악한 자들에게 두려움을 주었으며, 정직한 자들에게는 평안함을 주었다(28절).

3:26 모정이 불타올라 아들을 사랑하는 애타는 감정이 그 아들의 어머니에게 치솟아 올랐다는 뜻이다.

3:28 이스라엘 백성들은 하나님께서 그들을 지키고 보호하기 위해 솔로몬에게 지혜를 주신 것을 알게 되었다.

4장 요약 본장은 솔로몬 왕국의 번영을 보여준다. 솔로몬은 국가 행정 체제를 조직적으로 정비하였으며 각 분야에서는 안정과 풍요의 시대를 열었다. 이는 앞서 솔로몬에게 부귀와 영화도 주시겠다고 하신 하나님의 약속(3:13)의 성취이다.

4:7–20 솔로몬은 이스라엘을 12행정 구역으로 나누고, 각 구역들로 하여금 한 달씩 왕실에 식량

해에 한 달씩, 왕과 왕실에서 쓸 먹
거리를 대는 책임을 졌다.
8 그들의 이름은 다음과 같다. ○에브
라임 산간지역은 벤훌이 맡았다.
9 마가스와 사알빔과 벳세메스와 엘론
벳하난 지역은 벤데겔이 맡았다.
10 아룹봇과 소고와 헤벨 전 지역은 벤
헤셋이 맡았다.
11 ㉠돌의 고지대 전 지역은 벤아비나
답이 맡았는데, 그는 솔로몬의 딸 다
밧의 남편이다.
12 다아낙과 므깃도와 이스르엘 아래
사르단 옆에 있는 벳산 전 지역과 저
멀리 아벨므홀라와 욕느암에 이르는
지역은 아힐룻의 아들 바아나가 맡
았다.
13 길르앗의 라못 지역과 길르앗에 있
는 므낫세의 아들 야일의 모든 동네
와 바산에 있는 아르곱 지역의 성벽
과 놋빗장을 갖춘 예순 개의 큰 성
읍은 벤게벨이 맡았다.
14 마하나임 지역은 잇도의 아들 아히
나답이 맡았다.
15 납달리 지역은 솔로몬의 딸 바스맛
의 남편 아히마아스가 맡았다.
16 아셀과 아롯 지역은 후새의 아들 바
아나가 맡았다.
17 잇사갈 지역은 바루아의 아들 여호
사밧이 맡았다.
18 베냐민 지역은 엘라의 아들 시므이
가 맡았다.
19 길르앗 땅은 우리의 아들 게벨이 맡
았다. 이 곳 길르앗은 아모리 사람의
왕 시혼과 바산 왕 옥의 땅이었다.
○이 열둘 밖에도, 온 땅을 맡아서
관리하는 장관이 따로 있었다.

솔로몬의 영화

20 ○유다와 이스라엘에는 인구가 늘어
나서, 마치 바닷가의 모래알처럼 사
람이 많아졌지만, 먹고 마시는 것에
모자람이 없었으므로, 백성들이 잘
지냈다.
21 솔로몬은 유프라테스 강에서부터 블
레셋 영토에 이르기까지, 또 이집트
의 국경에 이르기까지, 모든 왕국을
다스리고, 그 왕국들은 솔로몬이 살
아 있는 동안, 조공을 바치면서 솔로
몬을 섬겼다.
22 ○솔로몬이 쓰는 하루 먹거리는 잘
빻은 밀가루 서른 섬과 거친 밀가루
예순 섬과
23 살진 소 열 마리와 목장 소 스무 마
리와 양 백 마리이고, 그 밖에 수사
슴과 노루와 암사슴과 살진 새 들이
었다.
24 ○솔로몬은 유프라테스 강 이쪽에
있는 모든 지역 곧 딥사에서부터 가
사에 이르기까지, 유프라테스 강 서
쪽의 모든 왕을 다스리며, 주위의 모
든 민족과 평화를 유지하였다.

을 공급하도록 하였다. 솔로몬이 나눈 행정 구역은 여호수아 때 나눈 각 지파의 구역과 약간 차이가 있다. 그것은 ① 각 지파의 분리 의식(특히, 이스라엘과 유다의 분리 의식)을 해소시키기 위한 지혜로운 의도에서 비롯되었으며 ② 각 지파의 인원과 농산물을 고려하여 작은 지파들이 너무 과중한 부담을 지지 않도록 하기 위한 정책의 배려였다. 이와 같은 솔로몬의 지혜로운 정책으로 인하여 모든 백성들은 평안과 부를 누렸다(20절).

4:19 길르앗 땅은 우리의 아들 게벨이 맡았다 본문에 기록된 땅은 무척 넓은 땅이었다. 그런 땅을 '게벨' 혼자서 관리했다는 뜻이다.

4:20-28 솔로몬 왕국의 번영에 대한 기록이다. 영토는 넓었고 공물의 양도 많았으므로, 왕의 신하들과 백성들은 풍족한 가운데 평안을 누렸다.

4:25 단에서부터…브엘세바에 이르기까지 단은 이스라엘의 북쪽 끝 곧 요단강의 수원지가 있는 곳

㉠ 또는 '나봇 돌'

25 그래서 솔로몬의 일생 동안에 단에
서부터 브엘세바에 이르기까지, 유
다와 이스라엘의 모든 사람은 저마
다 자기의 포도나무와 무화과나무
아래에서 평화를 누리며 살았다.
26 ○솔로몬은 전차를 끄는 말을 두는
마구간 ㉠사만 칸과 군마 만 이천 필
을 가지고 있었다.
27 그리고 솔로몬의 관리들은 각자 자
기가 책임진 달에, 솔로몬 왕과 솔로
몬 왕의 식탁에 참석하는 모든 사람
이 먹을 수 있도록, 부족하지 않게
먹거리를 조달하였다.
28 또한 군마와 역마에게 먹일 보리와
보리짚도 각각 자기의 분담량에 따
라서, 말이 있는 곳으로 가져 왔다.
29 ○하나님께서 솔로몬에게 지혜와 총
명과 넓은 마음을 바닷가의 모래알
처럼 한없이 많이 주시니,
30 솔로몬의 지혜는 동양의 어느 누구
보다도, 또 이집트의 어느 누구보다
도 더 뛰어났다.
31 그는 어느 누구보다도 더 지혜로웠
다. 예스라 사람 에단과 마홀의 아
들 헤만과 갈골과 다르다보다도 더
지혜로웠으므로, 그의 명성은 주위
의 모든 민족 가운데 자자하였다.
32 그는 삼천 가지의 잠언을 말하였고,
천다섯 편의 노래를 지었고,
33 레바논에 있는 백향목으로부터 벽
에 붙어서 사는 우슬초에 이르기까
지, 모든 초목을 놓고 논할 수 있었
고, 짐승과 새와 기어다니는 것과 물
고기를 두고서도 가릴 것 없이 논할
수 있었다.
34 그래서 그의 지혜에 관한 소문을 들
은 모든 백성과 지상의 모든 왕은,
솔로몬의 지혜를 들어서 배우려고
몰려 왔다.

솔로몬이 성전 건축을 준비하다

(대하 2:1-18)

5 두로의 히람 왕은 평소에 늘 다윗
을 좋아하였는데, 솔로몬이 그의
아버지 다윗의 뒤를 이어 왕으로 기
름 부음을 받았다는 소식을 듣고,
솔로몬에게 자기의 신하들을 보냈
다.
2 그래서 솔로몬은 히람에게 사람을
보내어, 말을 전하였다.
3 "임금님께서 아시다시피, 나의 아버
지 다윗 임금은 주 하나님을 섬기면
서도, 주님께서 원수들을 ㉡그의 발
바닥으로 짓밟을 수 있게 하여 주실
때까지 전쟁을 해야 했으므로, 자기
의 하나님이신 주님의 이름을 찬양
할 성전을 짓지 못하였습니다.
4 그런데 이제는 주 나의 하나님께서
내가 다스리는 지역 온 사방에 안정
을 주셔서, 아무런 적대자도 없고,
불상사가 일어날 일도 없습니다.

이다. 브엘세바는 이스라엘의 가장 남쪽에 위치한 성읍이다. '단에서부터 브엘세바에 이르기까지'라는 말은 이스라엘의 전 지역을 가리키는 말이다(참조. 삿 20:1).

4:29-34 하나님께서 주신 솔로몬의 지혜는 세상의 어떤 지혜보다 뛰어났다. 솔로몬은 탁월한 철학자요, 도덕가요, 시인이며, 학자였다.

5장 요약 솔로몬의 업적 중 가장 뛰어난 것은 다윗이 건축하지 못한 성전을 완공한 일이다. 이에 관한 기사가 8장까지 나오는데, 본문은 솔로몬이 성전 건축을 위해 준비한 사실과 두로 왕 히람이 이 일에 조력하였음을 보여 준다.

5:1-12 솔로몬은 왕권을 견고하게 확립한 후, 즉시 성전을 건축하기 위한 준비를 시작하였다. 그는 먼저 두로 왕 히람과 무역 협정을 맺고 백향목

㉠ 몇몇 칠십인역 사본에는 '사천' ㉡ 칠십인역과 타르굼과 불가타에는 '그(다윗)의', 마소라본문에는 '그의' 또는 '나의'

5 이제 나는 주님께서 나의 아버지 다
윗 임금에게 '내가 네 왕위에 너를
대신하여 오르게 할 네 아들이, 내
이름을 기릴 성전을 지을 것이다' 하
고 말씀하신 대로, 주 나의 하나님
의 이름을 기릴 성전을 지으려고 합
니다.
6 그러므로 이제 명령을 내리셔서, 성
전 건축에 쓸 레바논의 백향목을 베
어서 주시기 바랍니다. 나의 종들이
임금님의 종들과 함께 일을 할 것이
고, 임금님의 종들에게 줄 품삯은,
임금님께서 정하시는 대로 지불하겠
습니다. 임금님께서도 잘 아시다시
피, 우리쪽에는 시돈 사람처럼 벌목
에 능숙한 사람이 없습니다."
7 ○히람이 솔로몬의 말을 전하여 듣
고, 크게 기뻐하면서, 이렇게 말하였
다. "오늘 다윗에게 이 큰 백성을 다
스릴 지혜로운 아들을 주신 주님께
찬양을 드리자."
8 그리고 히람은 솔로몬에게 회신을
보내어서, 이렇게 말하였다. "임금님
께서 나에게 보내 주신 전갈은 잘
들었습니다. 백향목뿐만 아니라, 잣
나무도 원하시는 대로 드리겠습니
다.
9 나의 종들이 레바논에서부터 바다
에까지 나무를 운반하고, 바다에 뗏
목으로 띄워서, 임금님께서 나에게
말씀하신 곳까지 보내고, 그 곳에서
그 나무를 풀어 놓을 것입니다. 그러
면 임금님께서는 끌어올리기만 하시
면 됩니다. 그리고 그 값으로 내가
바라는 것은, 나의 왕실에서 쓸 먹거
리를 제공하여 주시는 것입니다."
10 이렇게 하여서, 히람은 백향목 재목
과 잣나무 재목을 솔로몬이 원하는
대로 다 보내 주었다.
11 솔로몬은 히람에게, 왕실에서 쓸 먹
거리로, 밀 이만 섬과 짜낸 기름 ㉠스
무 섬을 보내 주었다. 솔로몬은 해마
다 히람에게 이렇게 하였다.
12 주님께서는, 약속하신 그 말씀대로,
솔로몬에게 지혜를 주셔서, 히람과
솔로몬 사이에는 평화가 있었다. 그
리고 그 둘은 조약도 맺었다.
13 ○솔로몬 왕은 이스라엘 전국에서
노무자를 불러 모았는데, 그 수는 삼
만 명이나 되었다.
14 그는 그들을 한 달에 만 명씩 번갈
아 레바논으로 보내어, 한 달은 레바
논에서 일을 하게 하고, 두 달은 본
국에서 일을 하게 하였다. 노역부의
책임자는 아도니람이었다.
15 솔로몬에게는, 짐을 운반하는 사람
이 칠만 명이 있었고, 산에서 채석하
는 사람이 팔만 명이 있었다.
16 그 밖에 작업을 감독하는 솔로몬의
관리 가운데는 책임자만 해도 ㉡삼

과 잣나무를 수입하였다. 두로는 다윗 시대부터 이스라엘과 우호 관계를 맺어 왔기 때문에 이 일에 대해서도 매우 협조적이었다.

5:5 내 이름 하나님의 이름은 그의 거룩하신 성품을 사람들에게 알려 주시기 위함이다(출 20:24;신 12:5).

5:7 본절은 히람 왕의 진정한 신앙고백이 아니다. 히람은 바알 신을 섬기는 다신론자였다. 아합의 왕비 이세벨은 두로의 공주였다. 다신론자들은 상대방이 섬기는 신을 인정하는 것을 예의라고 생각했다. 히람 왕은 이스라엘과 좋은 외교 관계를 유지하기 위해 하나님을 찬양했다(참조. 대하 2:12).

5:13-18 성전 건축에 필요한 모든 것이 조달되고 잘 짜여진 근로 조직과 관리를 통해 마침내 사전 준비가 완료되는 장면이 기술되어 있다.

㉠ 칠십인역에는 '이만'(대하 2:10에서도) ㉡ 칠십인역에는 '삼천육백'(대하 2:2, 18에서도)

천삼백 명이 있었다. 그들은 공사장
에서 노동하는 사람을 통솔하였다.
17 왕은 명령을 내려서, 다듬은 돌로 성
전의 기초를 놓으려고, 크고 값진 돌
을 채석하게 하였다.
18 그리하여 솔로몬의 건축자들과 히람
의 건축자들과 ㉠그발 사람들은 돌
을 다듬었고, 성전을 건축하는 데
쓸 목재와 석재를 준비하였다.

솔로몬이 성전을 짓다

6 이스라엘 자손이 이집트 땅에서
나온 지 ㉡사백팔십 년, 솔로몬이
이스라엘의 왕이 된 지 사 년째 되
는 해 ㉢시브월 곧 둘째 달에, 솔로
몬은 주님의 성전을 짓기 시작하였
다.
2 솔로몬 왕이 주님께 지어 바친 성전
은, 길이가 예순 자이고, 너비가 스
무 자이고, 높이가 서른 자이다.
3 성전의 본당 앞에 있는 현관은, 그
길이가 스무 자로서, 그 본당의 너비
와 똑같고, 그 너비는 성전 본당 밖
으로 열 자를 더 달아냈다.
4 그리고 그는 성전 벽에다가 붙박이
창을 만들었는데, 바깥쪽을 안쪽보
다 좁게 만들었다.
5 그리고 그 사방에 골방을 만들었다.
성전의 벽 곧 본당 양 옆과 뒤로는,
쭉 돌아가면서 삼층으로 다락을 만
들었다.
6 아래층에 있는 다락은 그 너비가 다
섯 자이고, 가운데 층에 있는 다락
은 그 너비가 여섯 자이고, 삼 층에
있는 다락은 그 너비가 일곱 자이다.
이것은 성전 바깥으로 돌아가면서
턱을 내어서, 골방의 서까래가 성전
의 벽에 박히지 않게 하였다.
7 ○돌은 채석장에서 잘 다듬어낸 것
을 썼으므로, 막상 성전을 지을 때에
는, 망치나 정 등, 쇠로 만든 어떠한
연장 소리도, 성전에서는 전혀 들리
지 않았다.
8 ○가운데 층에 있는 골방으로 들어
가는 문은 성전의 남쪽 측면에 있으
며, 나사 모양의 층계를 따라서, 가
운데 층으로 올라가게 하였다. 또 가
운데 층에서부터 삼층까지도 나사
모양의 층계를 따라서 올라가게 하
였다.
9 이렇게 해서 그는 성전 짓기를 완성
하였다. 성전의 천장은 백향목 서까
래와 널빤지로 덮었다.
10 또한 성전 전체에다가 돌아가면서
높이가 저마다 다섯 자씩 되는 다락
을 지었는데, 백향목 들보로 성전에
연결하였다.
11 ○주님께서 솔로몬에게 말씀하셨다.
12 "드디어 네가 성전을 짓기 시작하였
구나. 네가 내 법도와 율례를 따르
고, 또 나의 계명에 순종하여, 그대

6장 요약 모든 준비가 끝나자 솔로몬은 본격적으로 성전을 건축하였다. 하나님은 성전의 *구조를 이미 다윗에게 일러 주셨다.* 다윗은 생전에 그 설계도를 솔로몬에게 넘겨 주었고(대상 28:11-19) 솔로몬은 그 양식에 따라 공사를 진행했다.

6:1-10 성전의 외부 건축에 관한 기록이다. 성전은 크게 세 부분, 곧 지성소·성소·주랑으로 나누어졌다. 성전의 옆면과 뒷면에는 많은 방들을 3층으로 지었다. 이 방들은 성전 기구들을 보관하는 장소로 사용되었으며, 제사장들의 집무실로 이용되기도 했다. 성전이 세워진 곳은 다윗 시대에 재앙이 멈추었던 아라우나의 타작 마당(모리아 산)이었다(삼하 24:16-25).

6:15-36 성전의 내부 장식에 대한 기록이다. 성

㉠ 곧 비블로스 ㉡ 칠십인역에는 '사백사십 년' ㉢ 양력 사월 중순 이후

로 그것을 지키면, 내가 네 아버지
다윗에게 약속한 바를 네게서 이루
겠다.
13 또한 나는 이스라엘 자손과 더불어,
그들 가운데서 함께 살겠고, 내 백성
이스라엘을 결코 버리지 않겠다."
14 ○솔로몬이 성전 짓기를 마쳤다.

성전 내부 장식 (대하 3:8-14)

15 ○성전의 안쪽 벽에는 바닥에서 천
장에 닿기까지 벽 전체에 백향목 널
빤지를 입히고, 성전의 바닥에는 잣
나무 널빤지를 깔았다.
16 성전 뒤쪽에서 앞쪽으로 스무 자를
재어서, 바닥에서부터 천장의 서까
래에 이르기까지 백향목 널빤지로
가로막아서, 성전의 내실 곧 지성소
를 만들었다.
17 내실 앞에 있는 성전의 외실은, 그
길이가 마흔 자였다.
18 성전 안쪽 벽에 입힌 백향목에는, 호
리병 모양 박과 활짝 핀 꽃 모양을
새겼는데, 전체가 백향목이라서, 석
재는 하나도 보이지 않았다.
19 ○성전 안에는, 주님의 언약궤를 놓
아 둘 내실을 마련하였다.
20 성전의 내실 곧 지성소는 길이가 스
무 자, 너비가 스무 자, 높이가 스무
자이고, 순금으로 입혔으며, 백향목
제단에도 순금으로 입혔다.
21 솔로몬은 성전 내부도 순금으로 입
히고, 지성소 앞에는 금사슬을 드리
웠으며, 그 지성소를 모두 금으로 입
혔다.
22 그래서 그는 온 성전을, 빠진 곳이
전혀 없도록, 금으로 입혔다. 심지어
는 성소에 속하여 있는 제단들까지
도, 모두 금으로 입혔다.
23 ○그는 지성소 안에 올리브 나무로
두 개의 그룹을 만들었는데, 높이는
각각 열 자이다.
24 그 한 그룹의 한쪽 날개는 다섯 자,
그룹의 다른 쪽 날개 역시 다섯 자
이다. 그 날개의 한쪽 끝으로부터 다
른 쪽 날개의 끝까지는 열 자이다.
25 두 번째 그룹도 열 자이며, 두 그룹
이 같은 치수와 같은 모양이었다.
26 이쪽 그룹의 높이도 열 자이고, 저쪽
것도 열 자이다.
27 솔로몬은 그 그룹들을 지성소의 가
장 깊숙한 곳에 놓았다. 그룹들의
날개는 펴져 있어서, 이쪽 그룹의 한
날개가 저쪽 벽에 닿았고, 저쪽 그룹
의 한 날개는 이쪽 벽에 닿았다. 그
리고 지성소의 중앙에서 그들의 다
른 날개들은 서로 닿아 있었다.
28 그는 이 그룹에도 금으로 입혔다.
29 ○그는 성전의 지성소와 외실의 벽
으로 돌아가면서, 그룹의 형상과 종
려나무와 활짝 핀 꽃 모양을 새겼
다.

전의 내부 천장과 벽은 백향목으로 덮고 금을 입혔으며, 바닥은 잣나무로 덮고 금을 입혔다(15,30절). 지성소 안쪽 벽에는 날개를 편 두 천사 모양의 그룹들을 조각해 놓았으며, 지성소와 성소의 양쪽 벽에는 종려나무와 활짝 핀 꽃 모양을 새겨 놓았다. 그리고 성소와 지성소 사이에는 올리브 나무에 금을 입힌 쌍문을 달았다. 이 문은 항상 열려 있으며 금사슬을 대신 쳐 놓았다. 성소와 주랑 사이에도 잣나무에 금을 입힌 쌍문을 달아 놓았다. 지성소에는 언약궤가 있었으며, 언약궤의 뚜껑 부분을 속죄소라 칭하였다. 주랑 바깥은 성전 안뜰이었다.

6:23 그룹 하나님의 시종으로 날개가 달린 천사를 말한다. 이는 이방 사람들이 경배하기 위해 신상을 만들던 것과는 다른 개념으로, 제2계명을 어기는 것이 아니다. 지성소 안에 그룹을 새긴 일은 이스라엘 하나님의 종들과 수종드는 자들, 곧 거룩한 천사를 나타내기 위한 것이었다.

30 또 그 성전의 지성소와 외실 마루에
도 금으로 입혔다.
31 ○지성소 어귀에는 올리브 나무로
문을 두 짝 만들고, 그 인방과 문설
주는 오각형으로 만들었다.
32 그리고 올리브 나무로 만든 문 두
짝에는, 그룹의 형상과 종려나무와
활짝 핀 꽃 모양을 새겼는데, 그룹
모양과 종려나무 모양 위에도 금으
로 입혔다.
33 또 올리브 나무로 본당의 외실 어귀
를 만들었는데, 그 문설주는 사각형
으로 만들었다.
34 그리고 잣나무로 만든 두 개의 문이
있는데, 한 쪽의 문도 두 부분으로
접히고, 다른 문도 두 부분으로 접히
게 되어 있었다.
35 그 위에 그룹들과 종려나무와 활짝
핀 꽃 모양을 새겼는데, 그 위에 고
루고루 금을 입혔다.
36 ○또 성전 앞에다가 안뜰을 만들었
는데, 안뜰 벽은 잘 다듬은 돌 세 켜
와 두꺼운 백향목 판자 한 켜로 벽
을 쳤다.
37 ○주님의 성전 기초를 놓은 것은 솔
로몬의 통치 제 사년 시브월이고,
38 성전이 그 세밀한 부분까지 설계한
대로 완공된 것은 제 십일년 ㉠불월
곧 여덟째 달이다. 솔로몬이 성전을
건축하는 데는 일곱 해가 걸렸다.

솔로몬의 궁전

7 솔로몬은, 자기의 궁을 건축하기
시작하여 그것을 완공하는 데, 열
세 해가 걸렸다.
2 그는 '레바논 수풀 궁'을 지었는데,
그 길이는 백 자이고, 그 너비는 쉰
자이고, 그 높이는 서른 자이다. 백
향목 기둥을 네 줄로 세우고, 그 기
둥 위에는 백향목 서까래를 얹었다.
3 지붕에는, 한 줄에 열다섯 개씩, 모
두 마흔다섯 개의 서까래를 대고,
백향목 판자로 덮었다.
4 창틀은 세 줄로 되어 있고, 그 창문
들은 세 단으로 되어서, 서로 마주
보고 있었다.
5 문과 문설주는 모두 네모난 모양이
고, 창문은 창문끼리 세 줄로 마주
보고 있었다.
6 ○그는 기둥들을 나란히 세워 주랑
을 만들었다. 그것은 길이가 쉰 자이
고 너비가 서른 자인, 벽이 없는 복
도였다. 주랑 앞에는 현관이 있고,
현관 앞에 또 기둥들이 있고, 그 기
둥들 위에는 차양이 걸려 있었다.
7 ○또 그는 '옥좌실' 곧 '재판정'을 짓
고, 그 마루를 모두 백향목으로 깔
았다.
8 ○자기가 있을 왕궁은, '재판정' 뒤에
있는 다른 뜰에 지었는데, 그 건축
양식은 다른 건물들의 건축 양식과

6:29 그룹의 형상과 종려나무와 활짝 핀 꽃 모양 이러한 조각들은 에덴 동산을 회상하게 하기 위해서 새겨놓았다. 이것들은 죄 사함을 받은 사람만이 낙원에 다시 들어갈 수 있다는 상징적인 조각들이다.

6:37-38 성전 완공 '시브월'과 '불월'은 이스라엘력으로 2월, 8월이며 현대력으로 4-5월, 10-11월을 뜻한다.

㉠ 양력 시월 중순 이후

7장 요약 솔로몬은 성전을 건축한 후 성전 기구들을 제작했다. 전반부는 그 중간의 삽입 기사로서 솔로몬이 자신의 왕궁을 건축한 사실에 관한 기록이다. 수도 예루살렘에 성전과 궁전이 건축됨으로 이스라엘은 하나님이 다스리시는 왕국의 모습을 갖추게 되었다.

7:1 자기의 궁을 건축하기 시작하여 솔로몬이 자신의 왕궁을 짓는 기간은 성전을 짓는 기간보다 약

서로 비슷하였다. 또 솔로몬은 이것
과 같은 궁전을, 그가 결혼하여 아내
로 맞아들인 바로의 딸에게도 지어
주었다.
9 ○왕궁을 포함한 모든 건물은, 치수
를 재어서 깎은 귀한 돌, 앞뒤를 톱
으로 자른 값진 돌들로 지었는데, 기
초에서부터 갓돌까지, 또 바깥은 물
론이고, 건물 안의 큰 뜰까지, 다 그
러한 재료를 써서 지었다.
10 기초를 놓을 때에도 값진 큰 돌들을
놓았는데, 어떤 돌은 열 자나 되고,
어떤 돌은 여덟 자나 되었다.
11 기초를 다진 다음에는, 그 위에다가
치수를 재어서, 잘 다듬은 값진 돌과
백향목으로 벽을 올렸다.
12 왕궁 뜰의 담이나, 주님의 성전 안뜰
의 담이나, 성전의 어귀 현관의 담
은, 모두 잘 다듬은 돌 세 켜와 두꺼
운 백향목 판자 한 켜를 놓아서 쌓
았다.

후람의 임무

13 ○솔로몬 왕은 사람을 보내어서, 두
로에서 ㉠후람을 불러 왔는데,
14 그는 납달리 지파에 속한 과부의 아
들이다. 그의 아버지는 두로 사람으
로서, 놋쇠 대장장이이다. 그는, 놋쇠
를 다루는 일에는, 뛰어난 지혜와 기
술과 전문 지식을 두루 갖춘 사람이
었다. 그가 솔로몬 왕에게 불려와서,
공사를 거의 도맡아 하였다.

두 놋쇠 기둥 (대하 3:15-17)

15 ○그는 두 개의 놋쇠 기둥을 만들었
다. ㉡둘 다 열여덟 자 높이에, 열두
자 둘레였다.
16 그는 또, 그 두 기둥의 꼭대기에 얹
어 놓을 두 개의 기둥 머리를, 놋을
녹여 부어서 만들었는데, 그 기둥 머
리는 둘 다 꼭 같이 높이가 다섯 자
이다.
17 기둥 꼭대기에 얹은 기둥 머리를 장
식하려고, 바둑판 모양으로 얽은 그
물과 사슬 모양의 고리를 각각 일곱
개씩 만들었다.
18 이렇게 두 기둥을 만들고 나서, 기둥
꼭대기에 얹은 기둥 머리를 장식하
였다. 놋쇠로 석류를 만들고, 그물에
다가 석류를 두 줄로 늘어뜨려서 기
둥 머리를 장식하였다.
19 기둥 꼭대기에 얹은 기둥 머리는 그
높이가 넉 자이다. 나리꽃 모양으로
만들었는데,
20 사슬 장식 위에 둥그렇게 돌출된 부
분에다가 얹었다. 기둥 머리에는 놋
쇠로 만든 석류 이백 개가 둥그렇게
열을 지어 있었다. 다른 기둥 머리도
마찬가지였다.
21 ○후람은 이렇게 해서 만든 두 기둥
을 성전의 현관에다가 세웠다. 오른
쪽 기둥을 세우고, 그 이름을 ㉢야긴

6년이 더 걸렸다. 그 크기와 규모도 약 4배가 넘는다.

7:7 재판하는 광경은 항상 온 국민에게 공개되었다. 따라서 재판정(재판하는 주랑)은 솔로몬 왕궁의 입구 쪽에 마련되었다.

7:9 모든 건물은 '레바논 수풀 궁(2절)·기둥을 세운 복도(6절)·옥좌가 있는 재판정(7절)·솔로몬 궁과 바로의 딸의 궁(8절)'을 가리킨다.

7:15-22 성전 입구에 세워질 놋쇠 기둥에 대한 기록이다. 이 놋쇠 기둥은 두 개였으며, 그 이름이 각각 '야긴'(그가 세우셨다)과 '보아스'(그 안에 능력이 있다)였다. 이 놋쇠 기둥의 높이는 약 8.1m였고 둘레는 각각 약 5.4m 정도였다. 놋쇠 기둥의 머리 부분은 그물·나리꽃·석류 모양으로 장식하였다.

7:17 바둑판 모양으로 얽은 그물 이 말의 원어는

㉠ 히, '히람' ㉡ 히, '한 기둥은 높이가 열여덟 자, 또 다른 기둥은 둘레가 열두 자였다' ㉢ '그가 세우다'

이라고 하였고, 왼쪽 기둥을 세우고,
그 이름을 ㉠보아스라고 하였다.
22 그 다음에 기둥들의 꼭대기에는 나
리꽃 모양으로 만든 기둥 머리를 얹
었는데, 이렇게 해서, 후람은 기둥
세우는 일을 마쳤다.

놋쇠 물통 (대하 4:2-5)

23 ○그 다음에 후람은 놋쇠를 부어서
바다 모양 물통을 만들었는데, 그 바
다 모양 물통은, 지름이 열 자, 높이
가 다섯 자, 둘레가 서른 자이고, 둥
근 모양을 한 물통이었다.
24 그 가장자리 아래로는, 돌아가면서,
놋쇠로 만든 호리병 모양의 박이 있
는데, 이것들은 놋쇠를 부어서 바다
모양 물통을 만들 때에, 두 줄로 부
어서 만든 것이다.
25 또한 열두 마리의 놋쇠 황소가 바다
모양 물통을 떠받치고 있는데, 세 마
리는 북쪽을 바라보고, 세 마리는
서쪽을 바라보고, 세 마리는 남쪽을
바라보고, 세 마리는 동쪽을 바라보
고 서 있었고, 등으로 바다 모형을
떠받치고 있었다. 황소는 모두 엉덩
이를 안쪽으로 향하고 있었다.
26 그 놋쇠로 된 바다 모양 물통의 두
께는 손 너비 만하였다. 그 테두리는
나리꽃 봉오리 모양으로, 잔의 테두
리처럼 둥글게 만들었다. 그 용량은
물을 이천 말 정도 담을 수 있는 것
이었다.

놋쇠 받침대와 대야

27 ○그는 또 놋으로 받침대를 열 개 만
들었는데, 받침대마다 길이가 넉 자,
너비가 넉 자, 높이가 석 자이다.
28 받침대의 구조는 다음과 같다. 받침
대는 판자 테두리를 가지고 있고, 그
테두리는 틀 사이에 끼어 있었다.
29 틀 사이에 낀 판자 테두리 위에다가
는, 사자와 소와 그룹을 그려 넣었
다. 사자와 소의 위 아래로는 화환
무늬를 새겨 넣었다.
30 그리고 각 받침대에는, 네 개의 놋쇠
바퀴와 놋쇠 축과 네 개의 다리를
달았다. 그 네 개의 다리는 놋쇠 대
야 아래에서 어깨 모양의 받침두리
를 괴고 있었다. 이 받침두리들은 화
환 무늬의 맞은쪽에서 녹여 부어서
만든 것이었다.
31 그 아가리는 받침두리 안에서 위로
한 자 높이로 솟아나와 있었는데, 그
아가리는 지름이 한 자 반으로, 둥
글게 받침두리와 같은 모양으로 되
어 있고, 그 아가리에는 돌아가면서,
새긴 것이 있었다. 그러나 그 테두리
판자들은 네모지고, 둥글지 않았다.
32 그 테두리 판자의 아래에는 네 개의
바퀴를 달고, 바퀴의 축은 받침대
안에다 넣었다. 바퀴 하나의 높이는
한 자 반이었다.

(히) '쎄바카'이다. 이 말은 원래 격자식(格子式) 창문이란 뜻이다. 따라서 본문은 격자식(格子式)으로 엮은 놋그물을 기둥 머리 부분에 감아 놓은 것을 가리킨다. 이 놋그물 위에 석류 모양의 조각들을 장식했다.

7:23-26 바다 모양 물통(물탱크)에 대한 기록이다. 바다 모양 물통으로 번역된 (히) '하얌'은 처음에 '바다'라는 뜻으로만 사용하였으나, 차츰 기름이나 물을 담아두는 곳을 지칭하는 데도 사용하였다. 바다 모양 물통에 저장해 놓은 물은 대야(이동식 물통)에 담아서, 희생 제물을 씻거나 제사장들의 몸을 씻을 때 사용하였다. 바다 모양 물통의 둘레에는 호리병 모양의 박 모형을 달아 놓았으며, 그 밑에는 열두 마리의 놋쇠 황소를 받쳐 놓았다. 하나님의 전을 위해서 물 긷는 일을 했던 기브온 사람들과 느디님 사람들이 그것을 채우는 일을 맡았다.

㉠ '그에게 힘이 있다'

33 그 바퀴의 구조는 말이 끄는 전차
바퀴의 구조와 같았다. 바퀴의 축과
테두리와 바퀴살과 그 축의 통은 모
두 놋쇠를 녹여 부어서 만든 것이었
다.
34 그리고 받침대의 네 귀퉁이에는, 어
깨 모양의 받침두리가 네 개 붙어 있
는데, 그 받침대에서 받침두리가 잇
따라 나와 있었다.
35 받침대 꼭대기에는 반 자 높이의 테
두리가 둥글게 둘려 있고, 또 받침대
의 아래에는 바퀴축인 버팀대와 테
두리 판자들이 연결되어 있었다.
36 바퀴축인 버팀대 판자와 테두리 판
자 위의 빈 곳에는, 그룹과 사자와
종려나무를 활짝 핀 꽃 모양과 함께
새겼다.
37 그는 이러한 방식으로 받침대 열 개
를 만들었는데, 모두가 같은 치수와
같은 양식으로, 일일이 부어서 만들
었다.
38 ○또 그는 놋쇠로 대야 열 개를 만들
었다. 대야마다 물을 마흔 말씩 담
을 수 있었다. 대야들의 지름은 넉
자이다. 받침대 열 개에는 모두 대야
하나씩을 달았다.
39 받침대 다섯 개는 성전의 오른쪽에,
다섯 개는 성전의 왼쪽에 놓았고, 바
다 모양 물통은 성전 오른쪽의 동남
쪽 모퉁이에 놓았다.

성전 기구 (대하 4:11-5:1)

40 ○㉠후람은 또 솥과 부삽과 피 뿌리
는 대접을 만들었다. 이렇게 ㉠후람
은, 솔로몬 왕이 주님의 성전에다가
해 놓으라고 시킨 모든 일을 마쳤다.
41 그가 만든 것들은, 두 기둥과, 그 두
기둥 꼭대기에 얹은 둥근 공 모양을
한 기둥 머리 둘과, 그 두 기둥 꼭대
기에 있는 공 모양을 한 기둥 머리에
씌운 그물 두 개와,
42 기둥 꼭대기에 있는 공 모양을 한 기
둥 머리에 씌운 각 그물에다가 두 줄
로 장식한 석류 사백 개와,
43 또 받침대 열 개와, 받침대 위에 놓
을 대야 열 개와,
44 바다 모양 물통 한 개와, 그 바다 모
양 물통 아래에 받쳐 놓은 황소 모
양 열두 개와,
45 솥과 부삽과 피 뿌리는 대접 들이다.
○㉠후람이 솔로몬 왕을 도와서 만
든 주님의 성전의 이 모든 기구는 모
두 광택나는 놋쇠로 만든 것이다.
46 왕은 이 기구들을, 숙곳과 사르단
사이에 있는 요단 계곡의 진흙에 부
어서 만들게 하였다.
47 이 기구들이 너무 많아서, 솔로몬이
그 무게를 달지 못하였으므로, 여기
에 사용된 놋쇠의 무게는 아무도 모
른다.
48 ○솔로몬은 또 주님의 성전 안에다

7:27–39 열 개의 대야와 그것을 얹을 이동식 받침대에 대한 기록이다. 희생 제물을 씻을 때(레 1:9, 13) 이 대야를 사용하였다. 대야 다섯 개는 성전 오른편에, 다섯 개는 성전 왼편에 두었다(대하 4:6).

7:40–47 후람이 만든 놋제품에 관한 기록이다. 역대지하 4:11–18에 이 내용이 다시 한번 반복되어 있다. 이 놋제품들은 요단 평지에서 주조한 후에 성전으로 가져왔다. 놋제품을 주조할 때는 먼저 찰흙으로 모형을 떠서 그 속에 놋물을 붓는 방법을 사용하였다.

7:40 솥 이 단어는 히브리어로는 '키오로트'이다. 이 솥은 화목 제물을 삶는 데 사용되었을 것이다. 부삽 번제단에서 숯불이나 재를 담아 옮기는 데 쓰는 도구였다. 대접 희생 제물의 피를 담는 데 사용하였다(출 27:3).

7:48–51 성전 내부에 비치해 둘 기구들에 대한 기록이다. 모두 금으로 만들어졌다.

㉠ 히, '히람'

가 둘 기구를 만들었는데, 곧 금 제
단과, 빵을 늘 차려 놓는 금으로 만
든 상과,
49 또 등잔대들, 곧 지성소 앞의 오른쪽
에 다섯 왼쪽에 다섯 개씩 놓을 순
금 등잔대들과, 금으로 만든 꽃 장식
과, 등잔과, 부집게와,
50 순금으로 된 잔과, 심지 다듬는 집게
와, 피 뿌리는 대접과, 향로와, 불 옮
기는 그릇과, 내실 곧 지성소 문에
다는 금돌쩌귀와, 성전의 바깥 문에
다는 금돌쩌귀 들이다.
51 ○이렇게 해서, 솔로몬 왕은 주님의
성전을 짓는 모든 일을 완성하였다.
솔로몬은 그의 아버지 다윗이 거룩
하게 구별해서 바친 성물 곧 은과 금
과 기구들을 가져다가, 주님의 성전
창고에 넣었다.

언약궤를 성전으로 옮기다 (대하 5:2-6:2)

8 솔로몬은 주님의 언약궤를 시온
곧 '다윗 성'에서 성전으로 옮기려
고, 이스라엘 장로들과 이스라엘 자
손의 각 가문의 대표인 온 지파의
지도자들을 예루살렘에 있는 자기
앞으로 불러모았다.
2 이스라엘의 모든 남자는, 일곱째 달
곧 ㉠에다님월의 절기에, 솔로몬 왕
앞으로 모였다.
3 이스라엘의 모든 장로가 모이니, 제
사장들이 궤를 메어 옮겼다.
4 주님의 궤와 회막과 장막 안에 있는
거룩한 기구를 모두 옮겨 왔는데, 제
사장들과 레위 사람들이 그것을 날
랐다.
5 솔로몬 왕과 왕 앞에 모인 온 이스라
엘 회중이 왕과 함께 궤 앞에서, 양
과 소를, 셀 수도 없고 기록할 수도
없을 만큼 많이 잡아서 제물로 바쳤
다.
6 제사장들은 주님의 언약궤를 제자
리 곧 성전 내실 지성소 안, 그룹들
의 날개 아래에 가져다가 놓았다.
7 그룹들이, 궤가 놓인 자리에 날개를
펼쳐서, 궤와 채를 덮게 하였다.
8 궤에서 삐죽 나온 두 개의 채는 길어
서, 그 끝이 지성소의 정면에 있는
성소에서도 보였다. 그러나 성소 밖
에서는 보이지 않았다. (그 채는 오
늘날까지 그 곳에 그대로 놓여 있
다.)
9 궤 속에는 호렙에서 모세가 넣어 둔
두 개의 돌판 말고는, 아무것도 없었
다. 이 두 돌판은, 이스라엘 자손이
이집트 땅에서 나온 뒤에, 주님께서
호렙에서 그들과 언약을 세우실 때
에, 모세가 거기에 넣은 것이다.
10 ○제사장들이 성소에서 나올 때에,
주님의 성전에 구름이 가득 찼다.
11 주님의 영광이 주님의 성전을 가득
채워서, 구름이 자욱하였으므로, 제

8장 요약 성전이 완공되자 솔로몬은 봉헌식을 거행한다. 솔로몬은 봉헌 기도에서 성전 건축이 *다윗에게 하신 하나님의 약속*(삼하 7:4-16)의 성취였다고 고백하며 하나님을 찬양한다. 또한 하나님께 순종하는 자들에게는 복을, 불순종하는 자들에게는 저주를 내려 달라고 간구하였다.

8:1-11 성전 건축과 내부 장식이 끝나자, 솔로몬은 먼저 가장 중요한 언약궤를 가져왔다. 언약궤는 일찍이 모세 시대에 시내 산에서 만들었다. 그 후 실로 성막에 있다가 블레셋·아비나답의 집·오벧에돔의 집·다윗 성을 거쳐 드디어 솔로몬 성전에 자리잡게 된 것이다. 언약궤는 축제의 달인 7월 초막절에 옮겨졌는데, 이 때 성막에서 사용하던 거룩한 기구들도 함께 옮겼다. 언약궤는 성전의 지성소 안에 놓여졌다.

㉠ 양력 구월 중순 이후

사장들은 서서 일을 볼 수가 없었다.
12 그런 가운데 솔로몬이 주님께 아뢰
었다.
"주님께서는 캄캄한 구름 속에 계
시겠다고 말씀하셨습니다.
13 이제 주님께서 계시기를 바라서,
이 웅장한 집을 지었습니다. 이 집
은 주님께서 영원히 계실 곳입니
다."

솔로몬의 연설 (대하 6:3-11)

14 ○그런 다음에, 왕은 얼굴을 돌려 거
기에 서 있는 이스라엘 온 회중을
둘러 보며, 그들에게 복을 빌어 주었
다.
15 ○그는 말하였다. ○"주 이스라엘의
하나님을 찬양하십시오. 주님께서
는 나의 아버지 다윗에게 친히 말씀
하신 것을 모두 그대로 이루어 주셨
습니다. 주님께서 말씀하시기를
16 '내가 내 백성 이스라엘을 이집트에
서 이끌어 낸 날로부터 오늘에 이르
기까지, 내가 내 이름을 기릴 집을
지으려고, 이스라엘의 어느 지파에
서 어느 성읍을 택한 일이 없다. 다
만, 다윗을 택하여서 내 백성 이스라
엘을 다스리게 하였다' 하셨습니다.
17 ○내 아버지 다윗께서는 주 이스라
엘의 하나님의 이름을 기릴 성전을
지으려고 생각하셨으나,
18 주님께서 나의 아버지 다윗에게 이르
시기를 '네가 내 이름을 기릴 성전을
지으려는 마음을 품은 것은 아주 좋
은 일이다.
19 그런데 그 집을 지을 사람은 네가 아
니다. 네 몸에서 태어날 네 아들이
내 이름을 기릴 성전을 지을 것이다'
하셨습니다.
20 주님께서 말씀하신 대로, 아버지 다
윗의 뒤를 이어서, 이렇게 내가 이스
라엘의 왕위를 이었으며, 주 이스라
엘의 하나님의 이름을 기릴 이 성전
을 지었으니, 주님께서는 이제 그 약
속을 이루셨습니다.
21 주님께서는 이집트 땅에서 우리의
조상을 이끌어 내실 때에, 그들과 언
약을 세우셨는데, 나는 주님의 언약
이 들어 있는 궤를 놓아 둘 장소를,
이렇게 마련하였습니다."

솔로몬의 기도 (대하 6:12-42)

22 ○그런 다음에 솔로몬은, 이스라엘
온 회중이 보는 데서, 주님의 제단
앞에 서서 하늘을 바라보면서, 두 팔
을 들어서 펴고,
23 이렇게 기도하였다. ○"주 이스라엘
의 하나님, 위로 하늘에나 아래로 땅
에나, 그 어디에도 주님과 같은 하나
님은 없습니다. 주님은, 온 마음을 다
기울여 주님의 뜻을 따라 사는 주님
의 종들에게는, 세우신 언약을 지키
시고 은혜를 베푸시는 분이십니다.

8:12–21 성전 봉헌식 때 행한 솔로몬의 설교이다. 이 설교의 요지는, 성전 건축이 하나님의 말씀을 성취한 사건이라는 것이다. 하나님께서는 진정한 이스라엘의 왕이시다. 이스라엘을 통하여 하나님께서 어떻게 자신의 말씀을 성취하시는지를 다루는 것이 성경의 역사서이다. 솔로몬은 성전 건축이 자신의 의도에서 비롯된 것이 아니라, 하나님의 지시에 따라 이루어진 것임을 강조하였다.

8:20 주님께서는 이제 그 약속을 이루셨습니다 나단 예언자를 통해 다윗에게 하신 말씀이 이루어졌다는 뜻이다(삼하 7:4–16). 하나님께서는 언약으로써 이스라엘의 실제적인 왕이 되셨다. 따라서 열왕기서의 주제는 하나님의 왕국을 통해 그분의 말씀이 어떻게 이루어지는가 하는 것이다(참조. 삼하 7장).

8:22–26 솔로몬은 무릎을 꿇고 두 팔을 들어서 편 자세로 기도하였다(54절;대하 6:13). 그는 먼저 주 이스라엘의 하나님만이 유일하신 하나님임을

24 주님께서는 주님의 종인 내 아버지
다윗 임금에게 약속하신 것을 지키
셨으며, 주님께서 친히 그에게 말씀
하신 것을 오늘 이렇게 손수 이루어
주셨습니다.
25 이제 주 이스라엘의 하나님, 주님께
서 주님의 종인 내 아버지 다윗 임금
에게 말씀하시기를 '네 자손이 저마
다 길을 삼가서, 네가 내 앞에서 살
아온 것 같이 그렇게 살면, 네 자손
가운데서 이스라엘의 왕위에 앉을
사람이, 내 앞에서 끊어지지 않게 하
겠다' 하고 약속하신 것을, 지켜 주시
기를 바랍니다.
26 그러므로 이제 이스라엘의 하나님,
주님의 종인 제 아버지 다윗 임금에
게 약속하신 말씀을 주님께서 이루
어 주시기를 빕니다.
27 ○그러나 하나님, 하나님께서 땅 위
에 계시기를, 우리가 어찌 바라겠습
니까? 저 하늘, 저 하늘 위의 하늘
이라도 주님을 모시기에 부족할 터
인데, 제가 지은 이 성전이야 더 말
하여 무엇 하겠습니까?
28 그러나 주 나의 하나님, 주님의 종이
드리는 기도와 간구를 돌아보시며,
오늘 주님의 종이 주님 앞에서 부르
짖으면서 드리는 이 기도를 들어주
십시오.
29 주님께서 밤낮으로 눈을 뜨시고, 이
성전을 살펴 주십시오. 이 곳은 주님
께서 '내 이름이 거기에 있을 것이다'
하고 말씀하신 곳입니다. 주님의 종
이 이 곳을 바라보면서 기도할 때에,
이 종의 기도를 들어주십시오.
30 그리고 주님의 종인 나와 주님의 백
성 이스라엘이 이 곳을 바라보며 기
도할 때에, 그 기도를 들어주십시오.
주님께서 계시는 곳, 하늘에서 들으
시고, 들으시는 대로 용서해 주십시
오.
31 ○사람이 이웃에게 죄를 짓고, 맹세
를 하게 되어, 그가 이 성전 안에 있
는 주님의 제단 앞에 나와서 맹세를
하거든,
32 주님께서는 하늘에서 들으시고 주님
의 종들을 심판하시되, 악행을 저지
른 사람은 죄가 있다고 판결하셔서
벌을 주시고, 옳은 일을 한 사람은
죄가 없다고 판결하셔서 옳음을 밝
혀 주십시오.
33 ○주님의 백성 이스라엘이 주님께
죄를 지어 적에게 패배하였다가도,
그들이 뉘우치고 주님께로 돌아와
서, 주님의 이름을 인정하고, 이 성전
에서 주님께 빌며 간구하거든,
34 주님께서는 하늘에서 들으시고, 주
님의 백성 이스라엘의 죄를 용서해
주십시오. 그리고 그들의 조상에게
주신 땅으로, 그들을 다시 돌아오게

고백하였으며(23절), 하나님의 말씀과 언약으로 기도의 근거를 삼았다. 하나님께서는 신실하신 분이므로 반드시 약속을 지키신다. 따라서 솔로몬의 기도는 하나님을 신뢰하는 믿음의 기도였다.
8:27-30 솔로몬은 하나님께서 성전 안에만 계시는 분이 아니라는 것을 잘 알고 있었다(27절). 그러나 하나님의 명령대로 지은 성전이기 때문에, 이 성전에서 드리는 제사와 기도를 꼭 받아주시기를 간구한 것이다. 온 우주에 편만해 계시면서도 성전에 임재해 계시는 하나님에 대한 솔로몬의 신앙관이 나타나 있다.
8:30 이 곳을 바라보며 기도할 때에 이스라엘 백성들이 성전까지 올라가지 못할 경우에는 성전 쪽을 향하여 기도했다(단 6:10). 28-30절은 성전에서 기도하는 사람들의 소원을 들어주시기를 간구하는 내용이다.
8:31-32 범죄에 대한 충분한 증거가 없을 경우에는 하나님 앞에 와서 자기의 무죄함을 맹세하

해주십시오.
35 ○또 그들이 주님께 죄를 지어서, 그
벌로 주님께서 하늘을 닫고 비를 내
려 주시지 않을 때에라도, 그들이 이
곳을 바라보며 기도하고, 주님의 이
름을 인정하고, 그 죄에서 돌이키거
든,
36 주님께서 하늘에서 들으시고, 주님
의 종들과 주님의 백성 이스라엘의
죄를 용서해 주시고, 그들이 살아갈
올바른 길을 그들에게 가르쳐 주시
며, 주님의 백성에게 유산으로 주신
주님의 땅에 비를 다시 내려 주십시
오.
37 ○이 땅에서 기근이 들거나, 역병이
돌거나, 곡식이 시들거나, 깜부기가
나거나, 메뚜기 떼나 누리 떼가 곡식
을 갉아먹거나, 적들이 이 땅으로 쳐
들어와서 성읍들 가운데 어느 하나
를 에워싸거나, 온갖 재앙이 내리거
나, 온갖 전염병이 번질 때에,
38 주님의 백성 이스라엘 가운데 어느
한 사람이나 혹은 주님의 백성 전체
가, 재앙이 닥쳤다는 것을 마음에 깨
닫고, 이 성전을 바라보며 두 팔을
펴고 간절히 기도하거든,
39 주님께서는, 주님께서 계시는 곳 하
늘에서 들으시고 판단하셔서, 그들
을 용서해 주십시오. 주님께서는 각
사람의 마음을 아시니, 주님께서 각
사람에게 그 행위대로 갚아 주십시
오. 주님만이 모든 사람의 마음을
아십니다.
40 그렇게 하시면, 그들은, 주님께서 우
리의 조상에게 주신 이 땅 위에서
사는 동안, 주님을 경외할 것입니다.
41 ○그리고 또 주님의 백성 이스라엘
에 속하지 아니한 이방인이라도, 주
님의 크신 이름을 듣고, 먼 곳에서
이리로 오면,
42 그들이야말로 주님의 큰 명성을 듣
고, 또 주님께서 강한 손과 편 팔로
하신 일을 전하여 듣고, 이 곳으로
와서, 이 성전을 바라보면서 기도하
거든,
43 주님께서는, 주님께서 계시는 곳 하
늘에서 들으시고, 그 이방인이 주님
께 부르짖으며 간구하는 것을 그대
로 다 들어 주셔서, 땅 위에 있는 모
든 백성이 주님의 이름을 알게 하시
고, 주님의 백성 이스라엘처럼 주님
을 경외하게 하시며, 내가 지은 이 성
전이 주님의 이름을 부르는 곳임을
알게 하여 주십시오.
44 ○주님의 백성이 적과 싸우려고 전선
에 나갈 때에, 주님께서 그들을 어느
곳으로 보내시든지, 그 곳에서, 주님
께서 선택하신 이 도성과, 내가 주님
의 이름을 기리려고 지은 성전을 바
라보며, 그들이 주님께 기도하거든,

도록 하는 율례가 있었다(출 22:10-13). 이런 경우, 하나님께서 의로운 맹세자에게는 복을 주시고 거짓 맹세자에게는 저주하여 주시기를 바라는 솔로몬의 간구이다.

8:33-40 장차 당할지도 모를 재난을 위한 기도이다. 재난은 언약에 대한 불순종의 결과이다. 본문에 나타난 패전(33절), 가뭄(35절), 기근과 흉작과 전염병(37절)은 신명기 28장에 예언되었다.

8:36 살아갈 올바른 길 언약에 따른 순종을 의미한다(신 6:18-19;12:25;13:18).

8:41-43 이방인 이들은 이스라엘 안에 사는 이방인이 아니라 타국에서 온 이방인들로, 외국인(9:7-9), 스바 여왕(10:1), 라합(수 2:9-11) 등을 가리킨다. 솔로몬은 하나님께서 이방인들의 기도를 들어주심으로써 모든 민족들이 하나님을 섬기게 해달라고 기도했다.

8:44-45 전쟁에 나가는 사람들을 위한 기도이다. 솔로몬은 전쟁의 승패가 하나님께 달려 있음

45 주님께서는 하늘에서 그들의 기도와
간구를 들으시고, 그들의 사정을 살
펴 보아 주십시오.
46 ○죄를 짓지 아니하는 사람은 없습
니다. 이 백성이 주님께 죄를 지어
서, 주님께서 진노하셔서 그들을 원
수에게 넘겨 주시게 될 때에, 멀든지
가깝든지, 백성이 원수의 땅으로 사
로잡혀 가더라도,
47 그들이 사로잡혀 간 그 땅에서라도,
마음을 돌이켜 회개하고, 그들을 사
로잡아 간 사람의 땅에서 주님께 자
복하여 이르기를 '우리가 죄를 지었
고, 우리가 악행을 저질렀으며, 우리
가 반역하였습니다' 하고 기도하거
든,
48 또 그들이 사로잡혀 간 원수의 땅에
서라도, 마음을 다하고 정성을 다하
여 주님께 회개하고, 주님께서 그들
의 조상에게 주신 땅과 주님께서 선
택하신 이 도성과 내가 주님의 이름
을 기리려고 지은 이 성전을 바라보
면서 기도하거든,
49 주님께서는, 주님께서 계시는 곳인
하늘에서, 그들의 기도와 간구를 들
으시고, 그들의 사정을 살펴 보아 주
십시오.
50 주님께 죄를 지은 주님의 백성을 용
서하여 주십시오. 주님을 거역하여
저지른 모든 반역죄까지도 용서하여
주십시오. 그들을 사로잡아 간 사람
들 앞에서도 불쌍히 여김을 받게 하
셔서, 사로잡아 간 사람들도 그들을
불쌍히 여기게 하여 주십시오.
51 그들은, 주님께서 쇠용광로와 같은
이집트로부터 이끌어 내신 주님의
백성이며, 주님의 소유입니다.
52 ○종의 간구와 주님의 백성 이스라
엘의 간구를 살펴보시고, 부르짖을
때마다 응답해 주십시오.
53 주 하나님, 주님께서 우리 조상을 이
집트로부터 이끌어 내실 때에, 주님
의 종 모세를 시켜서 말씀하신 것과
같이, 주님께서는 그들을 주님의 소
유가 되도록, 세상의 모든 백성과 구
별하셨습니다."

솔로몬의 축복

54 ○솔로몬이 무릎을 꿇고서, 하늘을
바라보며, 두 손을 펴고, 이렇게 간
절히 기도를 드린 다음, 주님의 제단
앞에서 일어나서,
55 이스라엘의 온 회중을 바라보며, 큰
소리로 축복하여 주었다.
56 ○"주님께서, 말씀하신 대로, 그의 백
성 이스라엘에게 안식을 주셨으며,
그의 종 모세를 시켜서 하신 선한
말씀을, 한 마디도 빠뜨리지 아니하
시고 다 이루어 주셨으니, 주님은 찬
양을 받으실 분이십니다.
57 주 우리의 하나님께서 우리의 조상

을 믿고 있었다.

8:46–53 백성들이 포로로 잡혀 갈 경우를 위한 솔로몬의 기도이다. 포로로 잡혀 가는 일도 언약에 불순종했을 때 받는 저주이다. 솔로몬의 모든 기도는 예언적인 의미가 담겨 있다. 이스라엘 백성들은 실제로 이 기도 속에 나타난 저주를 모두 당하였다. 그리고 이스라엘이 실제로 바빌론에 포로로 잡혀 가서는 솔로몬이 기도한 대로(48절) 성전을 향하여 기도하는 것이 예배의 중요한 요소가 되었다(단 6:10). 솔로몬은 다윗의 언약에 근거하여 기도를 시작하고, 시내 산 언약에 근거하여 기도를 끝마쳤다.

8:54–61 솔로몬은 하나님과 이스라엘 사이에 맺은 언약이 영원히 계속되기를 축원하였으며, 앞에서 드린 이스라엘을 위한 기도가 반드시 응답되기를 축원하였다. 그리고 백성들에게는 하나님께 대한 자신들의 의무를 잘 지킬 것을 권면하였다.

8:62–66 성전 봉헌식은 14일 동안 계속되었다.

과 함께 계시던 것과 같이, 우리와도
함께 계시기를 바랍니다. 주님께서
우리를 버리지도 마시고, 포기하지
도 마시기를 바랍니다.
58 우리의 마음을 주님께 기울이게 하
셔서, 주님께서 지시하신 그 길을 걷
게 하시며, 주님께서 우리 조상에게
내리신 계명과 법도와 율례를 지키
게 하여 주시기를 바랍니다.
59 오늘 주님 앞에 드린 이 간구와 기도
를, 주 우리의 하나님께서 낮이나 밤
이나 늘 기억해 주시기를 바랍니다.
하나님께서 주님의 종과 주님의 백
성 이스라엘에게, 날마다 그 형편에
맞게 자비를 베풀어 주시기를 바랍
니다.
60 그렇게 해서, 세상의 모든 백성이, 주
님만이 하나님이시고 다른 신은 없
다는 것을, 알게 되기를 바랍니다.
61 그러므로 그의 백성인 여러분도 주
우리의 하나님과 한 마음이 되어서,
오늘과 같이 주님의 법도대로 걸으
며, 주님의 계명을 지키기를 바랍니
다."

성전 봉헌 (대하 7:4-10)

62 ○이렇게 한 다음에, 왕 및 왕과 함
께 있는 모든 이스라엘 사람이 주님
앞에 제사를 드렸다.
63 솔로몬은 화목제를 드렸는데, 그가
주님의 제사에 드린 것은, 소가 이만
이천 마리이고, 양이 십이만 마리였
다. 이와 같이 해서, 왕과 이스라엘
의 모든 백성이 주님의 성전을 봉헌
하였다.
64 그리고 바로 그 날, 왕은 주님 앞에
있는 놋제단이, 번제물과 곡식제물
과 화목제물의 기름기를 담기에는
너무 작았으므로, 주님의 성전 앞뜰
한가운데를 거룩하게 구별하고, 거
기에서 번제물과 곡식예물과 화목제
의 기름기를 드렸다.
65 ○그 때에 솔로몬이 이렇게 절기를
지켰는데, ㉠하맛 어귀에서부터 이집
트 접경을 흐르는 강에 이르는 넓은
지역에 사는 큰 회중인 온 이스라엘
이 그와 함께, 주 우리의 하나님 앞
에서 ㉡이레 동안을 두 번씩 열나흘
동안 절기를 지켰다.
66 둘째 이레가 끝나고, 여드레째 되는
날에 그가 백성을 돌려보내니, 그들
은 왕에게 복을 빌고, 주님께서 그
의 종 다윗과 그 백성 이스라엘에게
베푸신 온갖 은혜 때문에 진심으로
기뻐하며, 흐뭇한 마음으로, 각자 자
기의 집으로 돌아갔다.

하나님께서 솔로몬에게 다시 나타나시다

9 솔로몬이 주님의 성전과 왕궁 짓
는 일과, 자기가 이루고 싶어 한 모
든 것을 끝마치니,
2 주님께서는, 기브온에서 나타나신

처음 7일은 봉헌 축제로, 그 다음 7일은 초막절로 지켰다. 바쳐진 제물들이 많았기 때문에, 성전 뜰에 특별 번제단을 설치하여 제사를 드렸다.
8:64 번제물 희생 동물을 모두 태워서 드리는 제사로, 하나님께 대한 온전한 헌신을 표하는 제사이다. 곡식제물 곡식과 향으로 드리는, 피가 없는 제사로, 구원받은 사람이 매일매일의 생활을 모두 하나님께 바치는 것을 뜻하는 제사이다.

㉠ 또는 '르보 하맛' ㉡ 칠십인역에는 '이레 동안 절기를 지켰다'

9장 요약 본장은 솔로몬의 봉헌 기도에 대한 응답으로 하나님이 직접 나타나셔서 솔로몬과 언약을 맺는 내용이다. 후반부는 솔로몬이 성전과 궁전을 건축한 일 외에 행한 다른 여러 건축 사업들과 조선 사업을 소개하고 있다.

9:1-9 솔로몬의 기도에 대한 하나님의 응답이다. 솔로몬 시대(B.C. 946년)에는 하나님의 말씀을 대언하는 예언자들의 활동이 잠잠했었다. 그 대

것과 같이, 두 번째로 솔로몬에게 나
타나셔서,
3 그에게 말씀하셨다. "네가 나에게
한 기도와 간구를 내가 들었다. 그러
므로 나는 네가 내 이름을 영원토록
기리려고 지은 이 성전을 거룩하게
구별하였다. 따라서 내 눈길과 마음
이 항상 이 곳에 있을 것이다.
4 너는 내 앞에서 네 아버지 다윗처럼
살아라. 그리하여 내가 네게 명한 것
을 실천하고, 내가 네게 준 율례와
규례를 온전한 마음으로 올바르게
지켜라.
5 그리하면 내가 네 아버지 다윗에게,
이스라엘의 왕좌에 앉을 사람이 그
에게서 끊어지지 아니할 것이라고
약속한 대로, 이스라엘을 다스릴 네
왕좌를, 영원히 지켜 주겠다.
6 그러나 ㉠너와 네 자손이 나를 따르
지 아니하고 등을 돌리거나, 내가 네
게 일러준 내 계명과 율례를 지키지
아니하고, 곁길로 나아가서, 다른 신
들을 섬겨 그들을 숭배하면,
7 나는, 내가 준 그 땅에서 이스라엘을
끊어 버릴 것이고, 내 이름을 기리도
록 거룩하게 구별한 성전을 외면하
겠다. 그러면 이스라엘은 모든 민족
사이에서, 한낱 속담거리가 되고, 웃
음거리가 되고 말 것이다.
8 이 성전이 한때 아무리 존귀하게 여
김을 받았다고 하더라도, 이 곳을 지
나가는 사람마다 놀랄 것이고 '어찌
하여 주님께서 이 땅과 이 성전을 이
렇게 되게 하셨을까?' 하고 탄식할
것이다.
9 그러면서 그들은 '이스라엘 백성이
자기들의 조상을 이집트 땅으로부터
이끌어 내신 주 그들의 하나님을 버
리고, 다른 신들에게 미혹되어, 그
신들에게 절하여 그 신들을 섬겼으
므로, 주님께서 이 온갖 재앙을 그
들에게 내리셨다' 하고 말할 것이다."

솔로몬과 히람의 거래 (대하 8:1-2)

10 ○솔로몬은, 주님의 성전과 왕궁, 이
두 건물을 다 짓는 데 스무 해가 걸
렸다.
11 두로의 히람 왕이 백향목과 잣나무
와 금을, 솔로몬이 원하는 대로 모두
보내왔으므로, 솔로몬 왕은 갈릴리
땅에 있는 성읍 스무 개를 히람에게
주었다.
12 히람이 두로에서부터 와서, 솔로몬
이 그에게 준 성읍을 보았는데, 그
성들이 마음에 차지 않아서,
13 "나의 형제여, 그대가 나에게 준 성
읍들이 겨우 이런 것들이오?" 하고
말하였다. 그래서 오늘날까지 그 곳
을 ㉡가불의 땅이라고 한다.
14 사실 이 일이 있기 전에, 히람이 솔
로몬 왕에게 보낸 금액은 금 백이십

신 하나님께서 직접 솔로몬에게 나타나셔서 솔로몬과 언약을 맺으셨다. 언약의 내용은, 솔로몬이 모든 계명을 신실히 준행하면 그의 왕위를 영화롭게 할 것이지만, 다른 우상을 섬긴다면 약속의 땅에서 추방시키신다는 것이었다. 솔로몬은 하나님께 받은 복을 유지하기 위해서는 언약에 순종해야만 했다. 그러나 자신이 누리는 부귀영화로 인하여 교만해진 솔로몬은 하나님의 경고를 무시하고 배반하였다.

9:6 다른 신들을 섬겨 우상 숭배를 가리킨다. 우상이라고 번역되는 히브리어만 해도 15가지나 된다. 우상에 대한 가장 일반적인 히브리어는 '엘릴림'이다. 그 뜻은 '헛 것, 없는 것'이다. 구약에 나타난 가장 오래된 우상은 야곱의 아내 라헬이 훔친 '드라빔'이다(창 31:19).

9:10-14 성전과 왕궁 건축 사업에 많은 물품을 지원해 주었던 히람 왕과의 합의에 관한 기록이

㉠ 히. '너희' ㉡ '쓸모 없는'

달란트나 되었다.

솔로몬의 나머지 업적 (대하 8:3-18)

15 ○솔로몬 왕이 강제 노역꾼을 동원
할 수밖에 없었던 까닭은, 주님의 성
전과 자기의 궁전과 밀로 궁과 예루
살렘 성벽을 쌓고, 하솔과 므깃도와
게셀의 성을 재건하는 데, 필요하였
기 때문이다.
16 (이집트 왕 바로가 올라와서, 게셀을
점령하여 불로 태워 버린 일이 있었
다. 그는 그 성 안에 살고 있는 가나
안 사람들을 살해하고, 그 성을 솔
로몬의 아내가 된 자기의 딸에게 결
혼 지참금으로 주었다.
17 그래서 솔로몬은 게셀을 재건하였
다.) 솔로몬은 강제 노역꾼을 동원하
여서, 낮은 지대에 있는 벳호론을 재
건하였다.
18 또 바알랏과 유다 광야에 있는 다드
몰을 세웠다.
19 그리고 솔로몬은 자기에게 속한 모
든 양곡 저장 성읍들과 병거 주둔
성읍들과 기병 주둔 성읍들을 세웠
다. 그래서 솔로몬은 예루살렘과 레
바논과, 그가 다스리는 모든 지역 안
에, 그가 계획한 것을 다 만들었다.
20 이스라엘 자손이 아닌 아모리 사람
과 헷 사람과 브리스 사람과 히위
사람과 여부스 사람 가운데서 살아
남은 백성이 있었다.
21 솔로몬은 그들을 노예로 삼아서, 강
제 노역에 동원하였다. 그들은, 이스
라엘 자손이 다 진멸할 수 없어서
그 땅에 그대로 남겨 둔 백성들이었
다. 그래서 그들은 오늘날까지도 노
예로 남아 있다.
22 그러나 솔로몬은, 이스라엘 사람 가
운데서는, 어느 누구도 노예로 삼지
않았다. 이스라엘 사람은 군인, 신
하, 군사령관, 관리 병거대 지휘관,
기병대원이 되었다.
23 ○솔로몬의 일을 지휘한 관리 책임
자들은 오백오십 명이다. 그들은 작
업장에서 일하는 백성을 감독하는
사람들이다.
24 ○바로의 딸은 다윗 성에서 올라와
서, 솔로몬이 지어 준 자기의 궁으로
갔다. 그 때에 솔로몬이 밀로 궁을
완공하였다.
25 ○솔로몬은, 한 해에 세 번씩 주님의
제단에서 번제물과 화목제물을 드
리고, 또 주님 앞에서 분향하였다.
이렇게 그는 성전 짓는 일을 완수하
였다.
26 ○솔로몬 왕은 또 에돔 땅 ㉠홍해변
엘롯 근방에 있는 에시온게벨에서
배를 만들었다.
27 히람은 자기 신하 가운데서 바다를
잘 아는 뱃사람들을 보내서, 솔로몬
의 신하들을 돕게 하였다.

다. 솔로몬은 지원의 대가로 히람 왕에게 이스라엘 북부 변방의 성읍을 주었다. 그러나 히람 왕은 이 땅을 탐탁하지 않게 생각하고 다시 돌려주었다(참조. 대하 8:2).

9:15-19 솔로몬의 건축 사업에 대한 개요이다. 솔로몬은 성전과 왕궁을 지은 후에 왕의 성읍인 예루살렘 성을 건축했고, 그 다음으로 나라의 주요 성읍들을 건축하였다. 하솔과 다드몰은 북쪽 시리아의 침입을 막기 위한 요새지이며, 게셀·벳호론·바알랏은 서쪽 블레셋의 침입을 막기 위한 요새지였다.

9:20-23 건축 사업에 동원된 일꾼들과 신하들에 대한 기록이다. 이방 사람들만을 노예의 일에 종사시키고 이스라엘 사람은 노예로 삼지 않았다. 단지 일정 기간만 부역을 하도록 했다(참조. 레 25:42).

9:26 에돔 땅 에서의 후손이 거주하는 땅이다.

㉠ 히, '얌 쑤프'

28 그들이 오빌에 이르러, 거기서 사백
이십 달란트의 금을 솔로몬 왕에게
로 가져 왔다.

스바 여왕의 방문 (대하 9:1-12)

10 스바 여왕이, 주님의 이름 때문
에 유명해진 솔로몬의 명성을
듣고서, 여러 가지 어려운 질문으로
시험해 보려고, 솔로몬을 찾아왔다.
2 여왕은 수많은 수행원을 데리고 또
여러 가지 향료와 많은 금과 보석을
낙타에 싣고 예루살렘으로 왔다. 그
는 솔로몬에게 이르러서, 마음 속에
품고 있던 온갖 것을 다 물어 보았
다.
3 솔로몬은, 여왕이 묻는 온갖 물음에
척척 대답하였다. 솔로몬이 몰라서
여왕에게 대답하지 못한 것은 하나
도 없었다.
4 스바의 여왕은, 솔로몬이 온갖 지혜
를 갖추고 있는 것을 확인하고, 또
그가 지은 궁전을 두루 살펴 보고,
5 또 왕의 식탁에다가 차려 놓은 요리
와, 신하들이 둘러 앉은 모습과, 그
의 관리들이 일하는 모습과, 그들이
입은 제복과, 술잔을 받들어 올리는
시종들과, 주님의 성전에서 드리는
번제물을 보고, 넋을 잃었다.
6 여왕이 왕에게 말하였다. "임금님께
서 이루신 업적과 임금님의 지혜에
관한 소문을, 내가 나의 나라에서
이미 들었지만, 와서 보니, 과연 들
은 소문이 모두 사실입니다.
7 내가 여기 오기 전까지는 그 소문을
믿지 않았는데, 내 눈으로 직접 확인
하고 보니, 오히려 내가 들은 소문은
사실의 절반도 안 되는 것 같습니다.
임금님께서는, 내가 들은 소문보다,
지혜와 복이 훨씬 더 많습니다.
8 임금님의 ㉠백성은 참으로 행복한 사
람들입니다. 임금님 앞에 서서, 늘
임금님의 지혜를 배우는 임금님의
신하들 또한 참으로 행복하다고 하
지 아니할 수 없습니다.
9 임금님의 주 하나님께 찬양을 돌립
니다. 하나님께서는 임금님을 좋아
하셔서, 임금님을 이스라엘을 다스
리는 왕좌에 앉히셨습니다. 주님께
서는 이스라엘을 영원히 사랑하셔
서, 임금님을 왕으로 삼으시고, 공평
과 정의로 다스리게 하셨습니다."
10 ○그런 다음에 여왕은 금 일백이십
달란트와 아주 많은 향료와 보석을
왕에게 선사하였다. 솔로몬 왕은, 스
바 여왕에게서 받은 것처럼 많은 향
료를, 어느 누구에게서도 다시는 더
받아 본 일이 없다.
11 ○(오빌에서부터 금을 싣고 온 히람
의 배들은, 대단히 많은 백단목과 보
석을 가지고 왔는데,
12 왕은 이 백단목으로 주님의 성전과

10장 요약 솔로몬이 힘쓴 해상 무역은 먼 나라에까지 그의 지혜와 왕국의 부강함을 전하는 계기가 되었다. 솔로몬을 방문한 스바 여왕은 솔로몬의 지혜와 복이 하나님으로 말미암은 것임을 알고 하나님을 찬양하였다. 후반부에는 솔로몬의 부와 명성이 어느 정도였는지 기록하고 있다.

㉠ 칠십인역과 시리아어역에는 '부인들'

10:1-13 스바 여왕의 방문 목적은 솔로몬의 부와 지혜를 시험해 보기 위함이었으나, 또 한 가지 중요한 목적은 스바의 무역선이 이스라엘의 상선대에 의해 위협받지 않도록 교섭하기 위함이었다. 스바의 여왕뿐만 아니라 모든 이방 국가들이 솔로몬의 지혜가 하나님으로부터 온 은혜라는 것을 알고 있었을 것이다. 스바 여왕이 솔로몬에게 어려운 문제를 가지고 시험한 것은 악의가 아니고 하나님의 지혜를 구하기 위함이었다.

왕궁의 계단을 만들고, 합창단원이
쓸 수금과 하프를 만들었다. 이와 같
은 백단목은 전에도 들여온 일이 없
고, 오늘까지도 이런 나무는 본 일이
없다.)
13 ○솔로몬 왕은 스바의 여왕에게 왕
의 관례에 따라 답례물을 준 것 밖
에도, 그 여왕이 요구하는 대로, 가
지고 싶어하는 것은 모두 주었다. 여
왕은 신하들과 함께 자기 나라로 돌
아갔다.

솔로몬의 부요함 (대하 9:13-29)

14 ○해마다 솔로몬에게 들어오는 금
은, 그 무게가 육백육십육 달란트였
다.
15 이 밖에도 상인들로부터 세금으로
들어온 것과, 무역업자와의 교역에서
얻는 수입과, 아라비아의 모든 왕들
과 국내의 지방장관들이 보내 오는
금도 있었다.
16 ○솔로몬 왕은, 금을 두드려 펴서 입
힌 큰 방패를 이백 개나 만들었는
데, 방패 하나에 들어간 금만 하여
도 육백 세겔이나 되었다.
17 그는 또, 금을 두드려 펴서 입힌 작
은 방패를 삼백 개를 만들었는데,
그 방패 하나에 들어간 금은 삼 마
네였다. 왕은 이 방패들을 '레바논
수풀 궁'에 두었다.
18 ○왕은 상아로 큰 보좌를 만들고,
거기에다 잘 정련된 금을 입혔다.
19 보좌로 오르는 층계에는 계단이 여
섯이 있었으며, 보좌의 꼭대기는 뒤
가 둥그렇게 되어 있었으며, 그 앉는
자리 양쪽에는 팔걸이가 있고, 그 팔
걸이 양 옆에는 각각 사자 상이 하나
씩 서 있었다.
20 여섯 개의 계단 양쪽에도, 각각 여섯
개씩 열두 개의 사자 상이 서 있었
다. 일찍이, 어느 나라에서도 이렇게
는 만들지 못하였다.
21 ○솔로몬 왕이 마시는 데 쓰는 모든
그릇은 금으로 되어 있었고, '레바논
수풀 궁'에 있는 그릇도 모두 순금이
며, 은으로 된 것은 하나도 없었다.
솔로몬 시대에는, 은은 귀금속 축에
들지도 못하였다.
22 왕은 다시스 배를 바다에 띄우고, 히
람의 배와 함께 해상무역을 하게 하
였다. 세 해마다 한 번씩, 다시스의
배가 금과 은과 상아와 원숭이와 공
작새들을 실어 오고는 하였다.
23 ○솔로몬 왕은 재산에 있어서나, 지
혜에 있어서나, 이 세상의 그 어느
왕보다 훨씬 뛰어났다.
24 그래서 온 세계 사람은 모두, 솔로몬
을 직접 만나서, 하나님께서 그의 마
음에 넣어 주신 지혜의 말을 들으려
고 하였다.
25 그래서 그들은 각각 은그릇과 금그

10:2 마음 속에 품고 있던 온갖 것을 다 솔로몬에게 심령의 문제까지 상담한 것을 뜻한다.

10:14-25 솔로몬이 누리던 부귀와 영화에 대한 기록이다. 솔로몬의 주요 수입원은 외국과의 무역 거래였다(14절). 이스라엘에는 남북을 연결하는 무역로가 있어서 통행료와 조공물을 많이 받을 수 있었다(15상반절). 또한 이스라엘의 열두 지역에서 매월 일 회씩 세금을 걷어 왔다. 솔로몬은 거의 모든 장식품을 금으로 만들었다. 심지어 그릇까지도 모두 금으로 만들 정도였다(16-21절).

10:26-29 솔로몬은 이스라엘의 전략적인 위치를 이용하여 중계 무역을 하였다. 그는 이집트에서 많은 말과 병거를 수입하여 자국의 병력을 보강하였으며, 그 나머지를 시리아·두로·암몬 등지로 수출하였다. 솔로몬의 중계 무역처럼 왕이 병거와 말을 모으는 일은 하나님보다 군대의 병력을 더 신뢰하게 될 수 있기 때문에, 모세의 율법에는 금지된 일이었다(신 17:16).

룻과 옷과 갑옷과 향료와 말과 노새
를 예물로 가지고 왔는데, 해마다 이
런 사람의 방문이 그치지 않았다.
26 ○솔로몬이 병거와 기병을 모으니,
병거가 천사백 대, 기병이 만 이천
명에 이르렀다. 솔로몬은 그들을, 병
거 주둔성과 왕이 있는 예루살렘에
다가 나누어서 배치하였다.
27 왕 덕분에 예루살렘에는 은이 돌처
럼 흔하였고, 백향목은 세펠라 평원
지대의 뽕나무만큼이나 많았다.
28 솔로몬은 말을 이집트와 구에로부터
수입하였는데, 왕실 무역상을 시켜
서, 구에에서 사들였다.
29 병거는 이집트에서 한 대에 은 육백
세겔을, 그리고 말은 한 필에 은 백
오십 세겔을 주고 들여와서, 그것을
헷 족의 모든 왕과 시리아 왕들에게
되팔기도 하였다.

솔로몬이 하나님에게서 돌아서다

11 솔로몬 왕은 외국 여자들을 좋
아하였다. 이집트의 바로의 딸
말고도, 모압 사람과 암몬 사람과 에
돔 사람과 시돈 사람과 헷 사람에게
서, 많은 외국 여자를 후궁으로 맞
아들였다.
2 주님께서 일찍이 이 여러 민족을 두
고, 이스라엘 자손에게 경고하신 일
이 있다. "너희는 그들과 결혼을 하
고자 해서도 안 되고, 그들이 청혼
하여 오더라도 받아들여서는 안 된
다. 분명히 그들은 너희의 마음을,
그들이 믿는 신에게로 기울어지게
할 것이다" 하고 말씀하셨다. 그런데
도 솔로몬은 외국 여자들을 좋아하
였으므로, 마음을 돌리지 못하였다.
3 그는 자그마치 칠백 명의 후궁과 삼
백 명의 첩을 두었는데, 그 아내들이
그의 마음을 사로잡았다.
4 솔로몬이 늙으니, 그 아내들이 솔로
몬을 꾀어서, 다른 신들을 따르게 하
였다. 그래서 솔로몬은, 자기의 주 하
나님께 그의 아버지 다윗만큼은 완
전하지 못하였다.
5 솔로몬이 시돈 사람의 여신 아스다
롯과 암몬 사람의 우상 ㉠밀곰을 따
라가서,
6 주님 앞에서 악행을 하였다. 그의 아
버지 다윗은 주님께 충성을 다하였
으나, 솔로몬은 그러하지 못하였다.
7 솔로몬은 예루살렘 동쪽 산에 모압
의 혐오스러운 우상 그모스를 섬기
는 산당을 짓고, 암몬 자손의 혐오
스러운 우상 몰렉을 섬기는 산당도
지었는데,
8 그는 그의 외국인 아내들이 하자는
대로, 그들의 신들에게 향을 피우며,
제사를 지냈다.
9 ○이와 같이, 솔로몬의 마음이 주 이
스라엘의 하나님을 떠났으므로, 주

11장 요약 본장에서부터 솔로몬의 타락과 쇠퇴의 길을 걷게 되는 이스라엘의 역사가 전개된다. 솔로몬은 외교 정책의 일환으로 이방 여인들을 아내로 맞이하였다. 그 결과 이스라엘 내에서 우상 숭배가 공공연히 행해지게 되었다. 하나님은 이러한 솔로몬에게 대적을 일으켜 그를 징벌하겠다고 선언하셨다.

㉠ 또는 '몰렉'

11:1–8 솔로몬의 시작은 아름다웠다. 그러나 그의 종말은 불미스러웠다. 그는 외교 정책의 일환으로 이방의 많은 여인들을 아내로 맞았다. 이러한 정책은 하나님을 배신하는 행위였다. 이방 여인들은 각각 자기들의 신들을 몰래 가지고 와서 섬겼으며, 나중에는 솔로몬 자신도 이방 신들을 위해 산당을 지어 주었다. 솔로몬은 이스라엘 안에 우상 숭배를 공공연히 행하게 만든 최초의 왕이었다.
11:9–13 하나님은 솔로몬에게 다윗의 언약에 근거

님께서 솔로몬에게 진노하셨다. 주
님께서는 두 번씩이나 솔로몬에게
나타나셔서,
10 다른 신들을 따라가지 말라고 당부
하셨지만, 솔로몬은 주님께서 하신
말씀에 순종하지 않았다.
11 그러므로 주님께서 솔로몬에게 이렇
게 말씀하셨다. "네가 이러한 일을
하였고, 내 언약과 내가 너에게 명령
한 내 법규를 지키지 아니하였으니,
내가 반드시 네게서 왕국을 떼어서,
네 신하에게 주겠다.
12 다만 네가 사는 날 동안에는, 네 아
버지 다윗을 보아서 그렇게 하지 않
겠지만, 네 아들 대에 이르러서는, 내
가 이 나라를 갈라 놓겠다.
13 그러나 이 나라를 갈라서, 다 남에
게 내주지는 않고, 나의 종 다윗과
내가 선택한 예루살렘을 생각해서,
한 지파만은 네 아들에게 주겠다."

솔로몬의 적

14 ○이렇게 해서, 주님께서는, 에돔 출
신으로 에돔에 살고 있는 왕손 하닷
을 일으키셔서, 솔로몬의 대적이 되
게 하셨다.
15 전에 다윗이 에돔에 있을 때에, 군사
령관 요압 장군이 살해당한 사람들
을 묻으려고 그 곳으로 내려갔다가,
에돔에 있는 모든 남자를 다 쳐죽인
일이 있다.
16 요압은 온 이스라엘 사람과 함께, 에
돔에 있는 모든 남자를 다 진멸할
때까지, 여섯 달 동안 거기에 머물러
있었다.
17 그러나 하닷은 자기 아버지의 신하
이던 에돔 사람들을 데리고서, 이집
트로 도망하였다. 그 때에 하닷은
아직 어린 소년이었다.
18 그들은 미디안에서 출발하여 바란
에 이르렀고, 그 곳에서 장정 몇 사
람을 데리고 이집트로 내려가서, 이
집트 왕 바로에게로 갔다. 이집트 왕
바로는 그에게, 집과 얼마만큼의 음
식을 내주고, 땅도 주었다.
19 하닷이 바로의 눈에 들었으므로, 바
로는 자기의 처제 곧 다브네스 왕비
의 동생과 하닷을 결혼하게 하였다.
20 다브네스의 동생은 아들 그누밧을
낳았는데, 다브네스는 그를 바로의
궁 안에서 양육하였으므로, 그누밧
은 바로의 궁에서 바로의 아들들과
함께 자랐다.
21 그 뒤에 하닷은, 다윗과 군사령관 요
압 장군이 죽었다는 것을 이집트에
서 듣고서, 고국 땅으로 돌아가게 허
락해 달라고 바로에게 요청하였다.
22 그러자 바로는 그에게 "나와 함께 있
는 것이 무엇이 부족해서, 그렇게도
고국으로 가려고만 하오?" 하면서
말렸다. 그러나 하닷은, 부족한 것은

하여 징벌을 내리셨다. 징계의 내용은 에돔 사람 하닷·다마스쿠스의 르손·에브라임 지파의 여로보암이 솔로몬을 대적한다는 것이었다(14-40절).

11:14-22 에돔 사람 하닷의 대적에 대한 기록이다. 본래 하닷은 에돔의 왕손이었다. 다윗이 에돔을 점령했을 때(삼하 8:13-14), 그는 어린 소년이었다. 에돔 왕의 신하들은 그를 구출하여 이집트로 피난시켰다. 그러나 이제 그가 장성한 후 자기의 본국 에돔으로 돌아와 다윗의 아들 솔로몬에게 보복 행위를 시작한 것이다. 하닷은 이스라엘의 남쪽을 괴롭히는 원수가 되었다.

11:23-25 본문은 다마스쿠스 왕 르손의 침공에 대한 기록이다. 르손은 소바 왕국의 대신이었는데, 다윗의 침공 때 다마스쿠스로 도망쳤다. 그 후 다마스쿠스 왕이 된 르손은 다윗 때에 있었던 옛 일을 보복하기 위해 솔로몬에게 쳐들어왔다. 하나님의 뜻을 거역한 외교 정책은 결코 안정과 번영을 가져오지 못한다.

아무것도 없지만, 보내 달라고 간청
하였다.
23 ○하나님께서는 솔로몬의 또 다른
대적자로서, 엘리아다의 아들 르손
을 일으키셨다. 그는 자기가 섬기던
소바 왕 하닷에셀에게서 도망한 사
람이다.
24 다윗이 소바 사람들을 죽일 때에, 그
는 사람들을 모으고, 그 모은 무리
의 두목이 되어서, 다마스쿠스로 가
서 살다가, 마침내 다마스쿠스를 다
스리는 왕이 되었다.
25 르손은 솔로몬의 일생 동안에 이스
라엘의 대적자가 되었다. 그렇지 않
아도, 솔로몬은 하닷에게 시달리고
있었는데, 엎친 데 덮친 격으로, 르
손에게도 시달렸다. 르손은 시리아
를 다스리는 왕이 되어서, 계속하여
이스라엘을 괴롭혔다.

여로보암에게 하신 하나님의 약속

26 ○느밧의 아들 여로보암은 에브라임
족의 스레다 사람으로서, 한동안은
솔로몬의 신하였다. 이 사람까지도
솔로몬 왕에게 반기를 들어서 대적
하였다. 그의 어머니는 과부 스루아
이다.
27 그가 왕에게 반기를 든 사정은 이러
하다. 솔로몬이 밀로를 건축하고, 그
의 아버지 다윗 성의 갈라진 성벽
틈을 수리할 때이다.
28 그 사람 여로보암은 능력이 있는 용
사였다. 솔로몬은, 이 젊은이가 일
처리하는 것을 보고는, 그에게 요셉
가문의 부역을 감독하게 하였다.
29 그 무렵에 여로보암이 예루살렘에
서 나아오다가, 길에서 실로의 아히
야 예언자와 마주쳤다. 아히야는 새
옷을 걸치고 있었고, 들에는 그들 둘
만 있었는데,
30 아히야는 그가 입고 있는 새 옷을
찢어서, 열두 조각을 내고,
31 여로보암에게 말하였다. ○"열 조각
은 그대가 가지십시오. 주 이스라엘
의 하나님께서 그대에게 이렇게 말
씀하셨습니다. '자, 내가 솔로몬의 왕
국을 찢어서, 열 지파를 너에게 준
다.
32 그리고 한 지파는 내 종 다윗을 생
각해서, 그리고 이스라엘의 모든 지
파 가운데서 내가 선택한 성읍 예루
살렘을 생각해서, 솔로몬이 다스리
도록 그대로 남겨 둔다.
33 ㉠솔로몬은 나를 버리고, 시돈 사람
의 여신인 아스다롯과 모압의 신 그
모스와 암몬 자손의 신 밀곰에게 절
하며, 그의 아버지 다윗과는 달리,
내 앞에서 바르게 살지도 않고, 법도
와 율례를 지키지도 않았지만,
34 내가 택한 나의 종 다윗이 내 명령과
법규를 지킨 것을 생각해서, 솔로몬

11:26-40 솔로몬에게 치명적인 타격을 주었던 여로보암의 반란에 대한 기록이다. 여로보암은 솔로몬의 신임을 얻었던 유능한 인물이었으나 열 *지파의 왕이 되리라는 아히야* 예언자의 예고를 듣고서, 남·북 지파의 갈등과 과중한 부역에 대한 백성들의 불만을 이용하여 반란을 일으켰다.

11:29 실로 하나님의 법궤와 성막이 있던 거룩한 땅이다. 그러나 이스라엘이 죄악에 빠지자 하나님께서 블레셋을 통하여 실로를 멸망시키셨다. 이는 예루살렘에 대한 경고로, 이스라엘 백성들에게 예루살렘도 범죄하면 멸망한다는 의미였다. 아히야 실로 출신의 예언자이다. 훗날 여로보암의 파멸을 예언하며(14:1-18), 그가 따로 기록한 예언서는 열왕기의 원자료가 되었다(대하 9:29).

11:33-36 하나님께서 솔로몬 왕국을 둘로 나누시는 구체적인 이유이다.

㉠ 칠십인역과 불가타와 시리아어역을 따름. 히, '그들이 나를 버리고……'

이 살아 있는 동안에는, 그 온 왕국
을 그의 손에서 빼앗지 아니하고, 그
가 계속해서 통치하도록 할 것이다.
35 그렇지만 그의 아들 대에 가서는, 내
가 그 나라를 빼앗아서, 그 가운데
서 열 지파를 너에게 주고,
36 한 지파는 솔로몬의 아들에게 주어
서 다스리게 할 것이다. 그러면 그
가, 내 이름을 기리도록 내가 선택한
도성 예루살렘에서 다스릴 것이고,
내 종 다윗에게 준 불씨가 꺼지지 않
을 것이다.
37 여로보암아, 내가 너를 이스라엘의
왕으로 삼겠다. 너는 네가 원하는 모
든 지역을 다스릴 것이다.
38 네가, 나의 종 다윗이 한 것과 같이,
내가 명령한 모든 것을 따르고, 내가
가르친 대로 살며, 내 율례와 명령을
지켜서, 내가 보는 앞에서 바르게 살
면, 내가 너와 함께 있을 것이며, 내
가 다윗 왕조를 견고하게 세운 것
같이, 네 왕조도 견고하게 세워서, 이
스라엘을 너에게 맡기겠다.
39 솔로몬이 지은 죄 때문에 내가 다윗
자손에게 이러한 형벌을 줄 것이지
만, 항상 그러하지는 않을 것이다.'"
40 ○솔로몬이 여로보암을 죽이려고 하
니, 여로보암은 일어나서 이집트 왕
시삭에게로 도망하여, 솔로몬이 죽
을 때까지 이집트에 머물러 있었다.

솔로몬이 죽다 (대하 9:29-31)

41 ○솔로몬의 나머지 행적과 그가 한
모든 일과 그의 지혜는 모두 '솔로몬
왕의 실록'에 기록되어 있다.
42 솔로몬은 예루살렘에서 사십 년 동
안 온 이스라엘을 다스렸다.
43 솔로몬은 죽어서, 그의 아버지 다윗
의 성에 묻혔다. 그의 아들 르호보
암이 그의 뒤를 이어, 왕이 되었다.

북쪽 지파들의 반항 (대하 10:1-19)

12 온 이스라엘이 르호보암을 왕
으로 세우려고 세겜에 모였으
므로, 르호보암도 세겜으로 갔다.
2 느밧의 아들 여로보암도 이 소문을
들었다. (그 때에 그는 솔로몬 왕을
피하여 이집트로 가서 있었다.) 이집
트에서
3 사람들이 여로보암을 불러내니, 그
가 이스라엘의 모든 회중과 함께 르
호보암에게로 가서, 이렇게 말하였
다.
4 "임금님의 아버지께서는 우리에게
무거운 멍에를 메우셨습니다. 이제
임금님께서는, 임금님의 아버지께서
우리에게 지워 주신 중노동과 그가
우리에게 메워 주신 이 무거운 멍에
를 가볍게 해주십시오. 그러면 우리
가 임금님을 섬기겠습니다."
5 르호보암이 그들에게 말하였다. "돌
아갔다가, 사흘 뒤에 나에게로 다시

11:37 이스라엘 북쪽 열 지파를 가리킨다. 이 당시 북쪽 열 지파를 대표하는 지파는 에브라임 지파였다(여로보암이 에브라임 지파 출신이었다). 그래서 호세아 같은 예언자는 북쪽 이스라엘의 별명으로 '에브라임'이라는 국호를 사용하였다.

11:38 여로보암은 다윗이나 솔로몬이 받은 복의 언약과 동일한 복을 약속받았다(2:3-4;6:12-13). 그러나 여로보암에게 다윗에게 약속된 영원한 왕위를 주겠다는 뜻은 아니다.

12장 요약 르호보암의 포악한 정치와 여로보암의 집권 야욕 때문에 이스라엘은 분열되었다. 과중한 세금과 노역을 견디지 못한 백성들은 선처를 요구하나 르호보암은 이를 무시하였다. 이에 여로보암을 중심으로 이스라엘 열 지파가 반란을 일으켜 왕국은 분열되고 만다.

12:1-5 르호보암이 41세에 왕위에 오르자, 북쪽 열 지파 동맹은 세겜에서 르호보암과 협상을 요

오도록 하시오." 이 말을 듣고서, 백
성들은 돌아갔다.
6 ○르호보암 왕은 부왕 솔로몬이 살
아 있을 때에, 부왕을 섬긴 원로들과
상의하였다. "이 백성에게 어떤 대답
을 해야 할지, 경들의 충고를 듣고
싶소."
7 그들은 르호보암에게 이렇게 대답
하였다. "임금님께서 이 백성의 종이
되셔서, 그들을 섬기려고 하시면, 또
그들이 요구한 것을 들어 주시겠다
고 좋은 말로 대답해 주시면, 이 백
성은 평생 임금님의 종이 될 것입니
다."
8 원로들이 이렇게 충고하였지만, 그는
원로들의 충고를 무시하고, 자기와
함께 자란, 자기를 받드는 젊은 신하
들과 의논하면서,
9 그들에게 물었다. "백성들이 나에게,
부왕께서 메워 주신 멍에를 가볍게
하여 달라고 요청하고 있소. 이 백성
에게 내가 어떤 말로 대답하여야 할
지, 그대들의 충고를 듣고 싶소."
10 왕과 함께 자란 젊은 신하들이 그에
게 말하였다. "이 백성은, 임금님의
아버지께서 그들에게 메우신 무거운
멍에를 가볍게 해 달라고, 임금님께
요청하였습니다. 그러나 임금님께서
는 이 백성에게 이렇게 말씀하십시
오. '내 새끼 손가락 하나가 내 아버
지의 허리보다 굵다.
11 내 아버지가 너희에게 무거운 멍에
를 메웠다. 그러나 나는 이제 너희에
게 그것보다 더 무거운 멍에를 메우
겠다. 내 아버지는 너희를 가죽 채찍
으로 매질하였지만, 나는 너희를 쇠
채찍으로 치겠다' 하고 말씀하십시
오."
12 ○왕이 백성에게 사흘 뒤에 다시 오
라고 하였으므로, 여로보암과 온 백
성은 사흘째 되는 날에 르호보암 앞
에 나아왔다.
13 왕은 원로들의 충고는 무시하고, 백
성에게 가혹한 말로 대답하였다.
14 그는 젊은이들의 충고대로 백성에게
말하였다. "내 아버지가 당신들에게
무거운 멍에를 메웠소. 그러나 나는
이제 그것보다 더 무거운 멍에를 당
신들에게 메우겠소. 내 아버지는 당
신들을 가죽 채찍으로 매질하였지
만, 나는 당신들을 쇠 채찍으로 치겠
소."
15 왕이 이렇게 백성의 요구를 들어 주
지 않은 것은 주님께서 일을 그렇게
뒤틀리게 하셨기 때문이다. 이것은
주님께서 실로 사람 아히야를 시켜
서, 느밧의 아들 여로보암에게 하신
말씀을 이루시려는 것이었다.
16 ○온 이스라엘은, 왕이 자기들의 요
구를 전혀 듣지 않는 것을 보고, 왕

구하였다. 이 때 열 지파 동맹의 대표자는 여로보암이었다. 협상 내용은 과중한 세금과 부역을 감소시켜 달라는 것이었다. 솔로몬은 그의 통치 말년에 타락하게 되어, 백성을 사랑하는 것보다는 자신의 부귀영화를 위하여 백성들을 혹사시켰을 것이다.

12:6–15 르호보암은 원로들의 지혜로운 충고는 무시하고 젊고 교만한 신하들의 조언을 받아들였다. 결국 이스라엘은 분열 위기에 처했고 하나님은 르호보암의 과오를 통하여, 솔로몬이 우상 숭배로 언약을 깨뜨린 죄를 징계하셨다.

12:11 내 아버지는 너희를 가죽 채찍으로…쇠 채찍으로 쇠 채찍은 가죽 위에 쇠못을 박은 채찍이다. 백성들에게 무거운 짐을 부과할 뿐만 아니라 그것에 대하여 불평하는 자를 엄하게 처벌하겠다는 뜻이다.

12:16–20 협상이 결렬되자 북쪽 열 지파는 반란을 일으켜 여로보암을 왕으로 추대하였다. 르호

에게 외쳤다.
"우리가 다윗에게서 받을 몫이 무
엇인가? 이새의 아들에게서는 받
을 유산이 없다. 이스라엘아, 저마
다 자기의 장막으로 돌아가라. 다
윗아, 이제 너는 네 집안이나 돌보
아라."
○그런 다음에 이스라엘 백성은 저
마다 자기의 장막으로 돌아갔다.
17 ○그러나 유다의 여러 성읍에 살고
있는 이스라엘 자손은, 르호보암의
통치 아래에 남아 있었다.
18 르호보암 왕이 강제노동 감독관 ㉠아
도니람을 이스라엘 자손에게 보내
니, 온 이스라엘이 모여서, 그를 돌로
쳐죽였다. 그러자 르호보암 왕은 급
히 수레에 올라서서, 예루살렘으로
도망하였다.
19 이렇게 이스라엘은 다윗 왕조에 반
역하여서, 오늘에 이르렀다.
20 ○이 무렵에 온 이스라엘 백성은 여
로보암이 돌아왔다는 소식을 듣고
서, 사람을 보내어 그를 총회로 불러
왔으며, 그를 온 이스라엘을 다스리
는 왕으로 추대하였다. 그리하여 유
다 지파만 제외하고는, 어느 지파도
다윗 가문을 따르지 않았다.

스마야의 예언 (대하 11:1-4)

21 ○르호보암이 예루살렘에 이르러서,
온 유다의 가문과 베냐민 지파에 동
원령을 내려, 정병 십팔만 명을 선발
하였다. 그래서 이스라엘 가문과 싸
워서, 왕국을 다시 솔로몬의 아들
르호보암에게 돌리려고 하였다.
22 그러나 그 때에 하나님께서 하나님
의 사람 스마야에게 말씀하셨다.
23 "너는 유다 왕 솔로몬의 아들 르호
보암과, 유다와 베냐민의 모든 가문
과, 그 밖에 나머지 모든 백성에게,
이 말을 전하여라.
24 '나 주가 말한다. 일이 이렇게 된 것
은, 내가 시킨 것이다. 너희는 올라가
지 말아라. 너희의 동족인 이스라엘
자손과 싸우지 말고, 저마다 자기 집
으로 돌아가거라.'" 그들은 이러한
주님의 말씀을 듣고, 주님의 말씀에
순종하여 모두 귀향하였다.

여로보암이 하나님에게서 돌아서다

25 ○여로보암이 에브라임의 산지에 있
는 세겜 성을 도성으로 삼고, 얼마
동안 거기에서 살다가, 브누엘 성을
세우고, 그리로 도성을 옮겼다.
26 그런데 여로보암의 마음에, 잘못하
면 왕국이 다시 다윗 가문으로 돌
아갈지도 모른다는 생각이 들었다.
27 이 백성이 예루살렘에 있는 주님의
성전으로 제사를 드리려고 올라갔다
가, 그들의 마음이 그들의 옛 주인인
유다 왕 르호보암에게로 돌아가게
되는 날이면, 그들이 자기를 죽이고,

보암은 뒤늦게 여로보암의 동료였던 아도니람을 보내어 재협상을 시도했다. 그러나 여로보암은 이를 거절하였다. 왕국이 완전히 분열되자 많은 북 이스라엘 사람들이 유다 성읍으로 건너왔는데, 이는 성전이 예루살렘에 있었기 때문이었다.

12:22 하나님의 사람 스마야 하나님의 사람은 구약에서는 예언자를, 신약에서는 성도를 가리킨다. 스마야 예언자는 르호보암 왕의 역사책을 저술하였다(대하 12:15).

12:25-33 여로보암은 자신의 나라를 튼튼하게 만들기 위해 세 가지 치명적인 악한 정책을 실시하였다. ① 베델과 단에 두 금송아지를 만들어 놓고 섬기게 한 일 ② 레위 자손이 아닌 사람들을 제사장으로 임명한 일 ③ 절기의 달을 7월에서 8월로 옮긴 일. 이 세 가지 정책은 북 이스라엘 백성들이 남 유다로 넘어가는 것을 막기 위한 정책이었다(27절). 그러나 이것들은 하나님의 율법

㉠ 히, '아도람'

유다 왕 르호보암에게 돌아갈지도
모른다는 생각이 들었다.
28 왕은 궁리를 한 끝에, 금송아지 상
두 개를 만들었다. 그리고는 백성에
게 이렇게 말하였다. "예루살렘으로
올라가는 일은, 너희에게는 너무 번
거로운 일이다. 이스라엘 백성들아,
너희를 이집트에서 구해 주신 신이
여기에 계신다."
29 그리고 그는 금송아지 상 두 개를,
하나는 베델에 두고, 다른 하나는
단에 두었다.
30 그런데 이 일은 이스라엘 안에서 죄
가 되었다. 백성들은 저 멀리 단까지
가서 거기에 있는 그 한 송아지를 섬
겼다.
31 여로보암은 또 여러 높은 곳에 산당
들을 짓고, 레위 자손이 아닌 일반
백성 가운데서, 제사장을 임명하여
세웠다.

베델 제단 규탄

32 ○여로보암은 유다에서 행하는 절기
와 비슷하게 하여, 여덟째 달 보름날
을 절기로 정하고, 베델에다 세운 제
단에서, 그가 만든 송아지들에게 제
사를 드렸으며, 그가 만든 베델의 산
당에서 제사를 집행할 제사장들도
임명하였다.
33 왕은 자기 마음대로 정한 여덟째 달
보름날에, 베델에 세운 제단에서 제
사를 드렸다. 그는 이스라엘 자손이
지켜야 할 절기를 이렇게 제정하고,
자기도 그 제단에 분향을 하려고 올
라갔다.

13

1 여로보암이 제단 곁에 서서
막 분향을 하려고 하는데, 바로
그 때에 하나님의 사람이 주님의 말
씀을 전하려고 유다로부터 베델로
왔다.
2 그리고 그는 그 제단 쪽을 보고서,
주님께 받은 말씀을 외쳤다. ○"제단
아, 제단아, 나 주가 말한다. 다윗의
가문에서 한 아들이 태어난다. 그
이름은 요시야다. 그가 너의 위에 분
향하는 산당의 제사장들을 너의 위
에서 죽여서 제물로 바칠 것이며, 또
그가 너의 위에서 그 제사장들의 뼈
를 태울 것이다."
3 바로 그 때에 그는 한 가지 징표를
제시하며, 이렇게 말하였다. "이것은
나 주가 말한 징표다. 이 제단이 갈
라지고, 그 위에 있는 재가 쏟아질
것이다."
4 여로보암 왕은, 하나님의 사람이 베
델에 있는 제단 쪽에 대고 외치는 말
을 듣고, 제단 위로 손을 내밀면서
"저 자를 잡아라" 하고 소리를 쳤다.
그러자 그 사람에게 내어 뻗은 여로
보암의 손이 마비되어서, 다시 오므
릴 수 없었다.

(제2계명)에 어긋나는 정책이었기 때문에 결국은 이 일로 인하여 큰 징벌을 받았다. 북 이스라엘의 왕들은 여로보암의 악한 정책을 그대로 본받아 실시하였다.

12:32 유다의 7월은 절기의 달로, 초막절은 7월 15일부터 21일까지였다(레 23:34). 그리고 7월 1일은 나팔절, 7월 10일은 대속죄일이다(레 23장;민 29장). 북 이스라엘 왕 여로보암은 유다의 절기와 비슷하게 만든 '여덟째 달'을 지켰다.

13장 요약 하나님을 두려워하지 않고 금송아지를 세운 여로보암에게 하나님은 하나님의 사람을 보내어 경고하셨다. 하나님은 그에게 베델에서는 아무런 음식도 먹지 말고 왔던 길로 되돌아가지도 말라고 명하였으나 그는 늙은 예언자의 거짓말에 넘어가 하나님의 명령을 어겨 죽고 만다.

13:4 손이 마비되어서 손이 마비되다라는 말은 히

5 그리고 곧 이어서, 하나님의 사람이
주님의 말씀으로 제시한 징표대로,
그 제단은 갈라지고, 그 제단으로부
터는 재가 쏟아져 내렸다.
6 그러자 왕은 하나님의 사람에게 "제
발 그대의 주 하나님께 은총을 빌어
서, 내 손이 회복되도록 기도하여 주
시오" 하고 청하였다. 하나님의 사람
이 주님께 은총을 비니, 왕의 손이
회복되어서, 예전과 같이 되었다.
7 이에 왕은 하나님의 사람에게 말하
였다. "나와 함께 집으로 가서, 피곤
을 풀도록 합시다. 그대에게 선물도
주고 싶소."
8 그러나 하나님의 사람은 왕에게 이
렇게 말하였다. "비록 임금님께서 저
에게 왕실 재산의 절반을 주신다고
하여도, 나는 임금님과 함께 갈 수
없습니다. 이 곳에서는 밥도 먹지 않
겠으며, 물도 마시지 않겠습니다.
9 주님께서 나에게 명하시기를, 밥도
먹지 말고, 물도 마시지 말고, 온 길
로 되돌아가지도 말라고 하셨습니
다."
10 그런 다음에, 그는 베델에 올 때에
온 길로 돌아가지 않고, 다른 길로
돌아갔다.

베델의 늙은 예언자

11 ○그 무렵에 늙은 예언자가 베델에
살고 있었다. 그의 아들들 가운데
하나가 와서, 그 날 베델에서 하나님
의 사람이 한 일과, 그가 왕에게 말
한 내용을, 모두 아버지에게 말하였
다.
12 그러자 그들의 아버지가 그들에게
"그가 어느 길로 돌아갔느냐?" 하고
물었다. 그의 아들들은, 유다로부터
온 하나님의 사람이 돌아간 길을 말
하였다.
13 그 말을 듣고서, 그들의 아버지는 곧
그의 아들들에게 말하였다. "내가
타고 갈 나귀에 안장을 얹어 다오."
그들이 아버지가 타고 갈 나귀에 안
장을 얹으니, 그는 나귀를 타고서,
14 하나님의 사람을 뒤쫓아 갔다. 마침
내, 그는 상수리나무 아래에 앉아 있
는 하나님의 사람을 보고 물었다.
"그대가 유다로부터 온 하나님의 사
람이오?" ○그러자 그가 대답하였
다. "그렇습니다."
15 그는 하나님의 사람에게 말하였다.
"함께 우리 집으로 가서, 무엇을 좀
잡수시고 가시지요."
16 하나님의 사람은 대답하였다. "나는
노인 어른과 함께 돌아가서 노인 어
른의 집에 들어갈 수 없습니다. 또
이 곳에서는 누구와 함께 밥을 먹어
도 안 되고, 물을 마셔도 안 됩니다.
17 주님께서 나에게 명하시기를, 여기에
서는 밥도 먹지 말고, 물도 마시지

브리어로 '야베스'이다. 이는 '신경의 마비 증세'를 가리킨다.

13:7 왕은…그대에게 선물도 주고 싶소 여로보암은 하나님 앞에 회개하는 일보다 이와 같은 방법으로 자신의 권위를 회복시키고자 하였다.

13:8-10 하나님께서는 하나님의 사람에게 밥도 먹지 말고 물도 마시지 말며, 왔던 길로 되돌아가지도 말라고 명령하셨다. 이는 그를 꾀어내지 못하도록 하기 위한 하나님의 지시였다. 또한 베델은 금송아지가 있던 저주스러운 장소였다. 하나님의 이러한 지시는, 하나님께서 그 당시 얼마나 철저하게 베델을 배격하셨는지를 알려 준다.

13:11-19 하나님의 사람은 왕이 자신에게 보상을 약속했음에도 불구하고 단호하게 그의 초대를 거절하였다. 그러나 그는 한 늙은 예언자에게 속아 그와 함께 되돌아가 베델에서 식사를 함으로 하나님께서 그에게 명하신 것을 범하고 말았다.

말고, 온 길로 되돌아가지도 말라고
하셨습니다."
18 그래서 그는 하나님의 사람에게 이
렇게 말하였다. "나도 그대와 같은
예언자요. 주님께서 천사를 보내셔
서, 나에게 말씀하시기를, 그대를 내
집으로 데리고 가서, 밥도 대접하고
마실 물도 대접하라고 하셨소." 그런
데 그것은 거짓말이었다.
19 이렇게 해서, 하나님의 사람은 이 늙
은 예언자와 함께 가서, 그의 집에서
밥을 먹고, 물도 마셨다.
20 그들이 이렇게 식탁에 함께 앉아 있
는데, 주님의 말씀이 하나님의 사람
을 데려온 그 예언자에게 내렸다.
21 그는 유다에서 온 그 하나님의 사람
에게 이렇게 외쳤다. "주님께서 말씀
하십니다. 당신은 주님의 말씀을 어
기고, 당신의 주 하나님께서 당신에
게 말씀하신 명령을 지키지 않았습
니다.
22 당신은 주님께서 밥도 먹지 말고, 물
도 마시지 말라고 말씀하신 곳에서,
밥도 먹고, 물도 마셨습니다. 그러므
로 당신의 주검은 당신 조상의 무덤
에 묻히지 못할 것입니다."
23 ○그 늙은 예언자는 하나님의 사람
이 밥을 먹고 물을 마신 뒤에, 나귀
등에 안장을 얹어 주었다.
24 이에 그 사람이 길을 떠났다. 그는
길을 가다가 사자를 만났는데, 그 사
자가 그를 물어 죽였다. 그리고 그
주검은 길가에 버려 두었으며, 나귀
와 사자는 그 주검 옆에 서 있었다.
25 길을 지나가는 사람들은 길가에 버
려 둔 주검과 그 주검 가까이에서
어슬렁거리는 사자를 보았다. 그들
은, 그 늙은 예언자가 사는 성읍으로
돌아와서, 이 사실을 널리 알렸다.
26 길을 가는 하나님의 사람을 자기 집
으로 데리고 간 그 늙은 예언자가,
이 말을 듣고 말하였다. "그는 틀림
없이 주님의 말씀을 어긴 그 하나님
의 사람일 것이다. 주님께서는 전에
그에게 말씀하신 대로, 그를 사자에
게 내주셔서, 사자가 그를 찢어 죽이
게 하신 것이다."
27 그리고 그는 또 자기의 아들들에게,
나귀에 안장을 지우라고 하였다. 그
들이 나귀에 안장을 지워 놓으니,
28 그는 곧 가서, 길가에 있는 그 주검
을 찾아 내었다. 나귀와 사자가 그
주검 가까이에 서 있었는데, 사자는
그 주검을 먹지 않았을 뿐만 아니라,
나귀도 물어 죽이지 않았다.
29 예언자는 하나님의 사람의 주검을
나귀 등에 싣고, 자기의 성읍으로 옮
겨 와서, 곡을 한 뒤에 묻어 주었다.
30 그 주검을 자기의 무덤에 안장하고
나서, 그 늙은 예언자는 "아이고, 내

13:18 나도 그대와 같은 예언자요 늙은 예언자가 비록 여로보암 앞에서 침묵하며 살았지만 이 말은 진실이었다. 비록 그는 자신이 예언자의 사명을 제대로 감당치 못하고 있다는 사실을 알고 있었지만 그렇다고 자신이 예언자임을 숨기지 않았다. 예언자는 히브리어로 '나비'이다. 이 뜻은 '하나님의 대변자', 혹은 '하나님을 위한 대변자'이다.

13:25 그 늙은 예언자가 사는 성읍 여로보암이 금송아지를 만들어 놓은 '베델'을 말한다.

13:29 곡을 한 뒤에 묻어 주었다 이 말은 히브리어로 '싸파드'이다. 곧, 문자적으로는 '가슴을 치다'라는 뜻이다. 이스라엘 장례 문화로 가슴을 치며 슬퍼하였다. 베델의 늙은 예언자는 사실상 유다에서 온 하나님의 사람이 징계를 받도록 만든 유혹자였다. 그런데 왜 그는 사자에게 물리지 아니했을까? 이는 하나님이 사람의 죄를 벌하시는 방법이 모두 동일하지는 않다는 것을 알게 한다.

형제여!" 하면서 통곡을 하였다.
31 장사를 마친 뒤에, 그는 자기 아들들
에게 말하였다. "내가 죽거든, 너희
는 나를, 이 하나님의 사람이 묻힌
곳에 같이 묻어 다오. 나의 뼈를 그
의 뼈 옆에 두어라.
32 그가 주님의 말씀을 받아서, 베델에
있는 제단과 사마리아 성읍 안에 있
는 모든 산당을 두고 외친 그 말씀
이, 그대로 이루어질 것이다."

여로보암의 죄

33 ○이런 일이 생긴 뒤에도, 여로보암
은 여전히 그 악한 길에서 돌아서지
아니하고, 오히려 일반 백성 가운데
서, 원하는 사람은 누구든지 산당의
제사장으로 임명하였다.
34 그런 일 때문에 여로보암 가문은 죄
를 얻었으며, 마침내 땅에서 흔적도
없이 사라졌다.

여로보암의 아들의 죽음

14 그 때에 여로보암의 아들 아비
야가 병들어 누웠다.
2 여로보암이 자기 아내에게 말하였다.
"변장을 하고 나서시오. 당신이 여로
보암의 아내라는 것을 사람들이 알
아차리지 못하도록 하고, 실로로 가
시오. 거기에는 아히야 예언자가 있
소. 그가 바로 내게, 이 백성을 다스
리게 될 것이라고 말한 예언자요.
3 당신은 빵 열 개와 과자와 꿀 한 병
을 들고, 그에게로 가시오. 그리하면
그는, 이 아이에게 어떤 일이 일어날
것인지를 당신에게 알려 줄 것이오."
4 여로보암의 아내는 그와 같이 하고
실로로 가서, 아히야의 집에 이르렀
다. 아히야는, 나이가 들어서 눈이
어두워졌으므로, 사람을 잘 알아 보
지 못하였다.
5 주님께서 아히야에게 미리 말씀하셨
다. "여로보암의 아내가 자기의 병든
아들의 일을 물으려고, 네게로 올 것
이다. 너는 그에게 내가 일러준 대로
말하여라. 그는 올 때에 변장을 하
고, 다른 사람인 것 같이 차릴 것이
다."
6 ○왕의 아내가 문에 들어설 때에, 아
히야는 그의 발소리를 듣고 이렇게
말하였다. "여로보암의 부인께서 오
신 줄 알고 있습니다. 들어오십시오.
그런데 어찌하여, 다른 사람인 것처
럼 변장을 하셨습니까? 불행하게도
좋지 않은 소식을 전해야 하겠습니
다.
7 집으로 돌아가셔서, 여로보암에게
이 말을 전하십시오. '나 주 이스라
엘의 하나님이 말한다. 내가 너를 백
성 가운데서 높여서, 내 백성 이스라
엘의 지도자로 임명하였고,
8 다윗의 가문으로부터 왕국을 쪼개
어서 네게 주었지만, 너는 내 종 다

14장 요약 본장에서부터는 북 이스라엘과 남 유다의 역사가 번갈아 가면서 기술되고 있다. 전반부에는 죄악으로 인해 하나님의 심판을 선고받은 북 이스라엘의 여로보암과 그 아들 아비야의 죽음에 대해, 후반부에는 우상 숭배와 하나님 보시기에 악한 일들을 행한 남 유다의 르호보암에 대해 기술한다.

14:6 좋지 않은 소식 (히) '카사'. 이 말은 '죄로 인하여 그 마음이 완악해진 사람이 당하는 괴로운 징벌'이란 뜻으로 해석된다.

14:7 내 백성 이스라엘 예언자 아히야가 이스라엘을 가리켜 '내 백성'이라고 말한 이유는, 이스라엘이 정치적인 세상 국가라기보다는 하나님께서 통치하시는 국가임을 강조하기 위해서였다. 이스라엘이 둘로 분리되었지만 여전히 그들은 하나님의 백성이었다.

14:10 종이거나 자유인이거나 '결혼한 자와 독신자'

윗처럼 살지 않았다. 다윗은 내 명령
을 지키고, 내가 보기에 올바르게 행
동하였으며, 마음을 다해서 나를 따
랐다.
9 그러나 너는, 너보다 앞서 있던 모든
왕들보다 더 악한 일을 하여서, 다
른 신들을 만들고, 우상을 부어 만
들어서, 나의 분노를 격발시켰다. 결
국 너는 나를 배반하고 말았다.
10 그러므로 내가 여로보암의 가문에
재난을 내리겠다. 여로보암 가문에
속한 남자는, 종이거나 자유인이거
나 가리지 않고, 이스라엘 가운데서
모두 끊어 버리겠다. 마치 사람이 쓰
레기를 깨끗이 쓸어 버리듯이, 여로
보암 가문에 사람을 하나도 남기지
아니하고, 다 쓸어 버리겠다.
11 여로보암에게 속한 사람으로서, 성
읍 안에서 죽은 사람들은 개들이 먹
어 치울 것이고, 성읍 바깥의 들에
서 죽은 사람들은 하늘의 새들이 와
서 쪼아 먹을 것이다. 이것은 나 주
가 하는 말이다.'
12 ○이제 일어나서, 집으로 돌아가십시
오. 부인이 성읍 안에 들어설 때에
아이는 곧 죽을 것입니다.
13 그런데 온 이스라엘은 그의 죽음을
애도하며 장사를 지낼 것입니다. 여
로보암 가문에서는 그 아이만이 주
이스라엘의 하나님께서 보시기에 착
하게 살았으므로, 여로보암의 가문
에 속한 사람 가운데서, 그 아이만
제대로 무덤에 묻힐 수 있을 것입니
다.
14 주님께서는 이스라엘을 다스릴 또
다른 한 왕을 세우실 터인데, 그가
여로보암의 가문을 끊어 버릴 것입
니다. 이 일은 오늘, 지금 이 순간에
일어날 것입니다.
15 주님께서는 이스라엘을 쳐서, 물가
의 갈대가 흔들리듯이 흔들리게 하
실 것이며, 그들이 아세라 목상을 만
들어서 주님의 분노를 샀으므로, 조
상들에게 주신 이 좋은 땅에서부터
이스라엘을 뿌리째 뽑아 내어서, ㉠유
프라테스 강 저쪽으로 흩으실 것입니
다.
16 여로보암은 자기도 죄를 지었을 뿐
만 아니라, 이스라엘까지 죄를 짓게
하였으므로, 주님께서는 여로보암의
죄 때문에 이스라엘을 버리실 것입
니다."
17 ○여로보암의 아내는 일어나서, 그
곳을 떠나 디르사로 돌아갔다. 그가
집 안으로 들어설 때에 그 아이가
죽었다.
18 온 이스라엘은 그를 장사지내고, 그
의 죽음을 슬퍼하며 애곡하였다. 모
든 것은, 주님께서 그의 종 아히야
예언자를 시켜서 하신 말씀대로 되

로 해석하거나, '자유민과 종'으로 해석하기도 한다. 그러나 여기에서는 '우상 숭배의 죄를 범한 자든지, 혹은 범하지 아니한 자든지 간에'라고 보는 것이 타당하다(Schwally). **모두 끊어 버리겠다** 여로보암은 자기의 왕위를 견고하게 하려고 취했던 그 수단 때문에 결국 파멸당하고 말았다. 하나님의 말씀을 떠나서 정책이나 책략을 꾸밀 때, 그것은 겉으로는 형통한 것처럼 보일지 모르나, 결국은 그 정책으로 인하여 멸망을 당하고 만다. **쓰레기를 깨끗이 쓸어 버리듯이…다 쓸어 버리겠다** 이 말은 혐오와 멸시를 나타내는 표현으로서 여로보암 왕가의 '종식'을 뜻한다. 여로보암의 아들 나답이 왕위에 오른 지 2년 만에 바아사에게 죽임을 당함으로써 이 예언이 성취되었다.

14:19-20 여로보암은 22년간(B.C. 931-910년) 통치하다 죽었다. 역대지하 13:20에는 여로보암이 하나님께 벌을 받았다고 기록되어 있다.

㉠ 히, '그 강'

었다.

여로보암의 죽음

19 ○여로보암의 나머지 행적 곧 그가
전쟁을 어떻게 하고 또 나라를 어떻
게 다스렸는가 하는 것은, '이스라엘
왕 역대지략'에 기록되어 있다.
20 여로보암은 스물두 해 동안 다스린
뒤에, 조상들과 함께 잠들고, 그의
아들 나답이 그의 뒤를 이어서 왕이
되었다.

유다 왕 르호보암 (대하 11:5-12:15)

21 ○또한 솔로몬의 아들 르호보암은
유다를 다스렸다. 르호보암이 즉위
할 때의 나이는 마흔한 살이었는데,
그는, 주님께서 자신의 이름을 두시
려고 택하신 성읍 예루살렘에서 열
일곱 해를 다스렸다. 그 어머니의 이
름은 나아마이며, 암몬 여자이다.
22 ○유다도 주님께서 보시기에 악한
일을 하였다. 그들이 지은 죄는 조상
들이 저지른 죄보다 더 심하여서, 주
님의 진노를 격발하였다.
23 그들도 높은 언덕과 푸른 나무 아래
마다, 산당과 돌 우상과 아세라 목
상을 만들었다.
24 그 땅에는 신전 남창들도 있었다. 이
와 같이 이스라엘 자손은, 주님께서
그들 앞에서 내쫓으신 나라들이 지
킨 그 혐오스러운 관습을 그대로 본
받았다.
25 ○르호보암이 즉위한 지 오 년째 되
는 해에, 이집트의 시삭 왕이 예루살
렘을 치러 올라와서,
26 주님의 성전에 있는 보물과 왕궁의
보물을 다 털어 갔다. 하나도 남기지
않고 다 가져 갔다. 솔로몬이 만든
금방패들도 가져 갔다.
27 그래서 르호보암 왕은 금방패 대신
에 놋방패를 만들어서, 대궐 문을 지
키는 경호 책임자들의 손에 그것을
맡겼다.
28 왕이 주님의 성전으로 들어갈 때마
다, 경호원들이 그 놋방패를 들고 가
서 경호하다가, 다시 경호실로 가져
오곤 하였다.
29 ○르호보암의 나머지 행적과 그가
한 모든 일은 '유다 왕 역대지략'에
기록되어 있다.
30 르호보암과 여로보암이 살아 있는
동안에, 그들 사이에는 늘 전쟁이 있
었다.
31 르호보암이 죽으니, 조상들과 함께
'다윗 성'에다가 장사하였다. 그의 어
머니 나아마는 암몬 여자이다. 그의
아들 ㉠아비야가 그의 뒤를 이어서
왕이 되었다.

유다 왕 아비야 (대하 13:1-14:1)

15

느밧의 아들 여로보암 왕 제 십
팔년에, ㉠아비야가 유다 왕이
되었다.

14:21-24 르호보암은 다윗보다 말년의 솔로몬에게 더 많은 영향을 받아, 문란하도록 우상을 섬겼다. 그가 신앙적으로 타락한 주요 원인은 이방 여인인 어머니의 영향 탓이었을 것이다.

14:25-28 이집트의 왕 시삭의 유다 침공에 대한 기록이다. 하나님이 시삭에게 예루살렘을 정복하게 하신 이유는 ① 유다가 하나님을 떠나 우상들을 섬겼고 ② 하나님의 통치와 세상 왕의 통치의 차이를 그들에게 체험하게 하기 위함이었다.

15장 요약 아사는 분열 이후 최초로 종교 개혁을 단행한 왕이지만, 바아사와의 전쟁에서 하나님 대신 시리아를 의지하고, 이 일로 그를 책망한 예언자 하나니를 감옥에 가두는 잘못을 범한다. 한편, 북 이스라엘에서는 바아사가 여로보암의 아들 나답에게 반란을 일으켜 왕권을 탈취했다.

㉠ 칠십인역과 몇몇 히브리어 사본을 따름. 히. '아비얌'

2 그는 삼 년 동안 예루살렘에서 다스
렸다. 그의 어머니는 아비살롬의 딸
마아가이다.
3 ㉠아비야는 그의 아버지가 지은 죄
를 모두 그대로 따라 갔으며, 그의
조상 다윗의 마음과는 달라서, 주
하나님 앞에서 온전하지 못하였다.
4 그러나 주 하나님께서는 다윗을 생
각하셔서, 예루살렘에다가 한 등불
을 주시고, 그의 뒤를 이을 아들을
세우셔서, 예루살렘을 굳게 세워 주
셨다.
5 다윗은 주님께서 보시기에 올바르게
살았고, 헷 사람 우리아의 사건 말고
는, 그 생애 동안에 주님의 명령을
어긴 일이 없었다.
6 여로보암과 르호보암 사이에는 그들
이 살아 있는 동안 늘 전쟁이 있었
고,
7 ㉠아비야와 여로보암 사이에도 전쟁
이 있었다. ㉠아비야의 나머지 행적
과 그가 한 모든 일이, '유다 왕 역대
지략'에 모두 기록되어 있다.
8 ○㉠아비야가 죽어서, 그의 조상들
과 함께 잠드니, '다윗 성'에 장사지
냈고, 그의 아들 아사가 그의 뒤를
이어서 왕이 되었다.

유다 왕 아사 (대하 15:16-16:6)

9 ○이스라엘의 여로보암 왕 제 이십
년에, 아사가 유다 왕이 되어서,
10 예루살렘을 마흔한 해 동안 다스렸
다. 그의 할머니는 아비살롬의 딸 마
아가이다.
11 아사는 그의 조상 다윗과 같이 주님
께서 보시기에 정직하게 행하였다.
12 그는 성전 남창들을 나라 밖으로 몰
아내고, 조상이 만든 모든 우상을
없애 버렸다.
13 그리고 그는, 자기 할머니 마아가가
아세라를 섬기는 혐오스러운 상을
만들었다고 해서, 자기의 할머니를
왕 대비의 자리에서 물러나게 하였
다. 아사는, 할머니가 만든 혐오스러
운 상을 토막내어서, 기드론 시냇가
에서 불살라 버렸다.
14 그렇다고 해서 산당이 모두 제거된
것은 아니지만, 주님을 사모하는 아
사의 마음은 평생 한결같았다.
15 그는 자기의 아버지와 자기가 거룩하
게 구별해서 바친 은과 금과 그릇들
을, 주님의 성전에 들여놓았다.
16 ○아사와 이스라엘 왕 바아사 사이
에는, 그들이 살아 있는 동안에 늘
전쟁이 있었다.
17 이스라엘 왕 바아사가 유다를 치러
올라와서, 라마를 건축하고, 어느 누
구도 유다 왕 아사에게 왕래하지 못
하게 하였다.
18 그러자 아사는, 주님의 성전 창고와
왕실 창고에 남아 있는 모든 은과

15:1-8 유다 왕 아비야의 통치에 대한 기록이다. 아비야 역시 르호보암과 같은 죄를 범하였으나, 하나님께서 다윗과의 언약을 기억하시고 여로보암의 군대를 무찌르게 하셔서 예루살렘을 지켜 주셨다. 열왕기와는 달리 역대지에서는 아비야의 경건한 설교(대하 13:4-12)와 겸손한 신앙심(대하 13:13-19)에 대하여 자세히 언급하고 있다.

15:9-15 유다 왕 아사의 종교 개혁에 대한 기록이다. 아사는 개혁을 시행했지만, 안타깝게도 산당만은 전부 없애지 못하였다. 그의 마음이 하나님을 의지하였기 때문에 하나님께서는 에티오피아와의 전쟁에서 승리하게 하셨다(대하 14:6-15).

15:16-24 아사 왕이 저지른 말년의 실정(失政)에 대한 기록이다. 종교 개혁을 일으킨 아사 왕이 북 이스라엘의 바아사와의 전쟁에서는 하나님 대신 시리아를 의지하는 잘못을 저질렀다. 아사 왕의 뇌물을 받은 시리아는 북 이스라엘의 북방 경

㉠ 칠십인역과 몇몇 히브리어 사본을 따름. 히, '아비얌'

금을 모아, 그의 신하들의 손에 들려
서, 다마스쿠스에 있는 시리아의 헤
시온 왕의 아들인 다브림몬의 아들
벤하닷에게 보내면서 말하였다.
19 "나의 아버지와 그대의 아버지가 서
로 동맹을 맺은 것과 같이, 나와 그
대도 서로 동맹을 맺읍시다. 여기에
그대에게 은과 금을 선물로 보냅니
다. 부디 가셔서, 이스라엘 왕 바아
사와 맺은 동맹을 파기하시고, 그를
여기에서 떠나게 하여 주십시오."
20 벤하닷이 아사 왕의 청을 받아들이
고, 이스라엘 성읍들을 치려고 자기
의 군사령관들을 보내어서, 이욘과
단과 아벨벳마아가와 긴네렛 전 지
역과 납달리 전 지역을 치게 하였다.
21 바아사는 이 소문을 듣고는, 라마
건축을 멈추고, 디르사로 거처를 옮
겼다.
22 그리고 아사 왕은 모든 유다 사람에
게 명령하여, 한 사람도 빼놓지 않고
모두, 바아사가 라마를 건축할 때에
쓰던 돌과 재목을 가져 오게 하였다.
아사 왕은 이것으로 베냐민의 게바
와 미스바를 보수하였다.
23 ○아사의 나머지 행적과 그의 권세
와, 그가 한 일과 그가 건축한 모든
일이, '유다 왕 역대지략'에 다 기록되
어 있다. 그는 늘그막에 이르러서,
발에 병이 났다.
24 아사가 죽어서 조상들과 함께 잠드
니, 그의 조상 '다윗 성'에 조상들과
함께 장사지냈다. 그리고 그의 아들
여호사밧이 그의 뒤를 이어 왕이 되
었다.

이스라엘 왕 나답

25 ○유다의 아사 왕 제 이년에 여로보
암의 아들 나답이 이스라엘 왕이 되
어서, 두 해 동안 이스라엘을 다스렸
다.
26 그러나 그는 주님께서 보시기에 악
한 일을 하였다. 그도 그의 부친이
걷던 그 악한 길을 그대로 걸었으며,
또 이스라엘에게 죄를 짓게 하는 그
잘못을 그대로 따랐다.
27 ○잇사갈 가문의 아히야의 아들인
바아사가 그에게 반기를 들고 일어
났다. 나답과 모든 이스라엘이 깁브
돈을 포위하였으므로, 바아사는 블
레셋의 영토인 깁브돈에서 나답을
쳤다.
28 바아사는 나답을 죽이고, 그를 대신
하여서 왕이 되었는데, 때는 유다의
아사 왕 제 삼년이 되는 해였다.
29 바아사는 왕이 되자, 여로보암 가문
을 쳤는데, 숨 쉬는 사람은 누구든
지, 하나도 남기지 않고 모두 전멸시
켰다. 주님께서 실로 사람인, 주님의
종 아히야에게 말씀하신 대로 이루
어진 것이다.

계 지역을 침공하여 아사 왕을 승리하게 만들었다. 이 때 하나니 예언자가 이 일을 책망하자 아사는 그를 감옥에 가두어 버렸다(대하 16:10). 결국 아사는 하나님의 징계를 받아 발에 병이 들어 죽었다.

15:17 아사 왕이 종교 개혁을 일으켰다는 소문을 들은 많은 북 이스라엘 사람들이 신앙을 위하여 남 유다로 이주해 왔다(대하 15:9). 바아사는 이것을 막으려고 라마 성을 건축하였다.

15:25-31 여로보암의 아들 나답의 악한 정책에 대한 기록이다. 나답은 블레셋에 빼앗긴 깁브돈을 다시 탈환하려고 출정했다가 부하인 바아사의 반란으로 피살되었다. 아히야 예언자의 예언대로(14:10) 여로보암 왕가는 2대 만에 전멸하였다.

15:33 디르사 세겜에서 동북쪽으로 약 60마일 가량 떨어진 성읍으로, 여로보암 때부터 오므리에 이르기까지 북 이스라엘의 수도였다. 훗날 므나헴의 반란 근거지가 되었다(왕하 15:14-16).

30 여로보암이 자기만 죄를 지은 것이
아니라, 이스라엘까지도 죄를 짓게
하였으므로, 주 이스라엘의 하나님
께서 이렇게 진노하셨다.
31 ○나답의 나머지 행적과 그가 한 모
든 일은 '이스라엘 왕 역대지략'에 다
기록되어 있다.
32 아사와 이스라엘 왕 바아사 사이에
는, 그들이 살아 있는 동안에 늘 전
쟁이 있었다.

이스라엘 왕 바아사

33 ○유다의 아사 왕 제 삼년에 아히야
의 아들 바아사가 이스라엘의 왕이
되어서, 디르사에서 스물네 해 동안
다스렸다.
34 그는 주님께서 보시기에 악한 일을
하였고, 여로보암이 걸은 길을 그대
로 걸었으며, 이스라엘에게 죄를 짓
게 하는 그 죄도 그대로 따라 지었
다.

16 1 주님의 말씀이 하나니의 아
들 예후에게 내려서, 바아사를
두고 이렇게 말씀하셨다.
2 "나는 너를 먼지 속에서 이끌어 내
어서, 내 백성 이스라엘의 통치자로
삼았다. 그런데 너는 여로보암과 같
은 길을 걸어서, 내 백성 이스라엘로
하여금 죄를 짓게 하고, 그 죄 때문
에 내 분노를 사는구나.
3 내가 바아사와 그의 가문을 쓸어 버
리겠다. 그리하여 네 가문을 느밧의
아들 여로보암의 가문처럼 만들겠
다.
4 바아사에게 속한 사람으로서, 성 안
에서 죽는 사람은 개들이 먹어 치울
것이고, 성 바깥의 들에서 죽는 사
람은 하늘의 새들이 쪼아 먹을 것이
다."
5 ○바아사의 나머지 행적과 그가 한
것과 그의 권세, 이 모든 것은 '이스
라엘 왕 역대지략'에 다 기록되어 있
다.
6 바아사가 조상들과 함께 잠들어서,
디르사에 묻혔다. 아들 엘라가 그의
뒤를 이어 왕이 되었다.
7 ○주님께서 예언자 하나니의 아들
예후를 시키셔서, 바아사와 그의 가
문에게 말씀하셨다. 바아사가 여로
보암의 가문처럼 주님께서 보시기에
악한 일을 하므로, 주님의 노를 격동
하였을 뿐만 아니라, 여로보암의 가
문을 치기까지 했기 때문이다.

이스라엘 왕 엘라

8 ○유다의 아사 왕 제 이십육년에, 바
아사의 아들 엘라가 이스라엘의 왕
이 되어서, 디르사에서 두 해 동안
다스렸다.
9 그러나 엘라의 신하이며 병거부대의
절반을 지휘하는 시므리 장군이, 엘
라에게 반기를 들었다. 그 때에 엘라

16장 요약 하나님은 여로보암을 징벌하기 위해서 바아사를 왕으로 세우셨다. 그러나 그 역시 여로보암의 죄악을 그대로 행하며 예언자 예후의 경고를 듣고도 회개하지 않았다. 그 결과 엘라, 시므리에 이어 오므리가 권력을 장악함으로 이스라엘의 제3대 왕조인 오므리 왕조가 들어섰다.

16:1-7 바아사는 철저한 우상 숭배자였고, 결국 그는 하나님의 심판을 받아 죽음을 맞게 되었다.

16:8-14 북 이스라엘의 제4대 왕 엘라(B.C. 887-886년)의 통치에 대한 기록이다. 엘라 왕도 제2대 왕 나답처럼 깁브돈을 탈환하기 위해 주력 부대를 출정시켰다. 그리고 자기는 디르사에서 술에 취해 있었다. 이때 신하인 시므리 장군이 반란을 일으켜 엘라를 살해하였다. 엘라의 죽음과 동시에 바아사 왕가는 전멸하고 말았다.

16:13 바아사 왕가도 여로보암의 죄악을 그대로

는, 디르사에 있는 아르사 궁내대신
의 집에서 술을 마시고, 취해 있었는
데,
10 시므리가 들어가서, 엘라를 쳐죽였
다. 유다의 아사 왕 제 이십칠년에,
시므리가 엘라를 대신하여 이스라엘
의 왕이 되었다.
11 ○시므리는 왕위에 올라서, 바아사
가문에 딸린 사람은 모두 죽였는데,
바아사 가문의 남자는, 일가 친척이
든지 친구이든지, 한 사람도 남겨 두
지 않았다.
12 시므리는, 주님께서 예후 예언자를
시키셔서 바아사에게 말씀하신 대
로, 바아사 가문의 모든 사람을 멸
망시켰다.
13 이것은 바아사와 그의 아들 엘라가
지은 모든 죄 때문이다. 그들은 자기
들만 죄를 지은 것이 아니라, 우상을
만들어서 이스라엘에게 죄를 짓게
하였으므로, 이스라엘의 주 하나님
의 분노를 샀다.
14 엘라의 나머지 행적과 그가 한 일은
'이스라엘 왕 역대지략'에 다 기록되
어 있다.

이스라엘 왕 시므리

15 ○유다의 아사 왕 제 이십칠년에, 시
므리는 디르사에서 이스라엘의 왕
이 되었으나, 그의 통치는 칠 일 만
에 끝났다. 시므리가 엘라를 살해하
고서 왕위를 차지할 그 무렵에, 이스
라엘 군대는 블레셋에 속한 깁브돈
을 치려고 포진하고 있었다.
16 그러나 진을 치고 있던 군대는, 시므
리가 반역하여 왕을 살해하였다는
소식을 듣고서, 바로 그 진에서 그
날로 군사령관인 오므리 장군을 온
이스라엘의 왕으로 세웠다.
17 오므리는 온 이스라엘을 이끌고 깁
브돈으로부터 올라와서, 디르사를
포위하였다.
18 이 때에 시므리는, 그 성읍이 함락될
것을 알고는, 왕궁의 요새로 들어가
서, 그 왕궁에 불을 지르고, 그 불길
속으로 들어가서, 자기도 불에 타 죽
었다.
19 이것은 시므리가, 주님께서 보시기에
악행을 하고, 여로보암의 길을 따라
가서, 이스라엘에게 죄를 짓게 한 그
죄 때문에 생긴 일이다.
20 시므리의 나머지 행적과 그가 꾀한
모반에 관한 것은 '이스라엘 왕 역대
지략'에 기록되어 있다.

이스라엘 왕 오므리

21 ○그 때에 이스라엘 백성은 둘로 나
뉘어, 그 절반은 기낫의 아들 디브니
를 따라 가서 그를 왕으로 삼았고,
그 나머지는 오므리를 따랐다.
22 그러나 오므리를 따르는 백성이 기
낫의 아들 디브니를 따르는 백성보

답습했음을 보여 주는 구절이다.

16:15-20 시므리가 디르사에서 반란을 일으켜 왕이 되었을 때, 오므리는 깁브돈에서 블레셋과 전쟁을 하고 있었다. 시므리의 반란 소식을 듣자 오므리는 즉시 깁브돈을 포기하고 본국의 수도인 디르사로 진격하였다. 성읍은 함락되고 시므리는 왕궁에 불을 지르고 자살해 버렸다. 시므리의 통치 기간은 불과 7일로 이스라엘 역사상 가장 단명한 왕이었다.

16:21-27 오므리는 사마리아를 건설한 것으로 유명하다. 그는 은 두 달란트로 이곳을 샀다. 그리고 이곳은 이전 소유자인 세멜의 이름을 따서 사마리아 혹은 (히) '쇼므론'으로 불렸다. 이스라엘의 왕들은 도성을 여러 번 옮겼는데 처음에는 세겜, 다음에는 디르사, 그리고 이제는 사마리아로 옮긴 것이다. 한편 오므리는 악한 일을 하기로 이전 모든 왕들보다 더욱 악한 왕이었다. 그는 강압적으로 백성들이 범죄하게 만들었다.

다 강하여서, 디브니는 살해되고, 오
므리는 왕이 되었다.
23 유다의 아사 왕 제 삼십일년에 오므
리는 이스라엘의 왕이 되어서 열두
해 동안 다스렸는데, 여섯 해 동안은
디르사에서 다스렸다.
24 그는 세멜에게서 은 두 달란트를 주
고, 사마리아 산지를 사들였다. 그리
고 그 산에다가 도성을 건설하였는
데, 그 산의 소유자인 세멜의 이름을
따라서 그 도성의 이름을 사마리아
라고 하였다.
25 ○오므리가 주님께서 보시기에 악한
일을 하였는데, 그 일의 악한 정도는
그의 이전에 있던 왕들보다 더 심하
였다.
26 그는 느밧의 아들 여로보암이 걸은
모든 길을 그대로 따랐다. 오므리는
이스라엘에게 죄를 짓게 하고, 또 우
상을 만들어서, 이스라엘의 하나님
께서 진노하시게 하였다.
27 오므리가 한 나머지 행적과 그가 부
린 권세는, '이스라엘 왕 역대지략'에
모두 기록되어 있다.
28 오므리는 그의 조상들과 함께 잠들
어서 사마리아에 묻히고, 그의 아들
아합이 그의 뒤를 이어서 왕이 되었
다.

이스라엘 왕 아합

29 ○유다의 아사 왕 제 삼십팔년에 오
므리의 아들 아합이 이스라엘의 왕
이 되어서, 사마리아에서 이스라엘
을 스물두 해 동안 다스렸다.
30 오므리의 아들 아합은 그 이전에 있
던 왕들보다 더 심하게, 주님께서 보
시기에 악한 일을 하였다.
31 그는 느밧의 아들 여로보암의 죄를
따라 가는 정도가 아니라, 오히려 더
앞질렀다. 그는 시돈 왕 엣바알의 딸
인 이세벨을 아내로 삼았으며, 더 나
아가서 바알을 섬기고 예배하였다.
32 또 그는 사마리아에 세운 바알의 신
전에다가 바알을 섬기는 제단을 세
우고,
33 아세라 목상도 만들어 세웠다. 그래
서 그는 그 이전의 이스라엘 왕들보
다 더 심하게 주 이스라엘의 하나님
을 진노하시게 하였다.
34 ○아합 시대에 베델 사람 히엘이 여
리고를 건축하였다. 주님께서 눈의
아들 여호수아를 시켜서 하신 주님
의 말씀대로, 그는 그 성의 기초를
놓으면서는 그의 맏아들 아비람을
잃었고, 성문을 달면서는 그의 막내
아들 스굽을 잃었다.

엘리야와 가뭄

17 길르앗의 디셉에 사는 디셉 사
람 엘리야가 아합에게 말하였
다. "내가 섬기는 주 이스라엘의 하
나님께서 살아 계심을 두고 맹세합

16:28–34 이스라엘 역사상 가장 악한 영향을 끼쳤던 아합 왕에 대한 기록이다. 아합은 막강한 시리아의 남하 정책을 저지시키기 *위해 베니게와 결혼 동맹을* 맺었다. 하나님 대신 이방 세력을 의지한 이 정책은 결국 북 이스라엘 최대의 신앙적 위기를 초래했다. 그가 아내로 맞이한 이세벨은 철저한 바알 숭배자였다. 결국 아합은 이러한 이세벨의 영향을 받아 북 이스라엘을 우상 숭배의 온상지로 만들어 버렸다.

17장 요약 영적 암흑기인 아합 시대에 하나님은 예언자 엘리야를 보내어 말씀을 전하게 하셨다. 그는 이스라엘이 자신들의 죄값으로 기근을 당할 것이라고 선포한 후 기근을 피해 사르밧으로 갔다. 그곳에서 도리어 한 이방 여인이 하나님께 순종한 결과 놀라운 축복을 받는다.

17:1–7 아합 왕 시대는 '하나님의 왕국'과 '사탄의 왕국'이 전투를 벌인 접전장이라 할 수 있다. 이

니다. 내가 다시 입을 열기까지 앞으
로 몇 해 동안은, 비는 커녕 이슬 한
방울도 내리지 않을 것입니다."
2 ○주님께서 엘리야에게 말씀하셨다.
3 "이 곳을 떠나서, 동쪽으로 가거라.
그리고 거기 요단 강 동쪽에 있는 그
릿 시냇가에 숨어서 지내며,
4 그 시냇물을 마셔라. 내가 까마귀에
게 명하여서, 네게 먹을 것을 날라다
주게 하겠다."
5 ○엘리야는 주님의 말씀대로 가서,
그대로 하였다. 그는 곧 가서, 요단
강 앞에 있는 그릿 시냇가에 머물렀
다.
6 까마귀들이 아침에도 빵과 고기를
그에게 가져다 주었고, 저녁에도 빵
과 고기를 그에게 가져다 주었다. 그
리고 물은 그 곳 시냇물을 마셨다.
7 그런데 그 땅에 비가 내리지 않으므
로, 얼마 있지 않아서, 시냇물까지
말라 버렸다.

엘리야와 사르밧 과부

8 ○주님께서 엘리야에게 말씀하셨다.
9 "이제 너는, 시돈에 있는 사르밧으로
가서, 거기에서 지내도록 하여라. 내
가 그 곳에 있는 한 과부에게 명하
여서, 네게 먹을 것을 주도록 일러두
었다."
10 엘리야는 곧 일어나서, 사르밧으로
갔다. 그가 성문 안으로 들어설 때
에, 마침 한 과부가 땔감을 줍고 있
었다. 엘리야가 그 여인을 불러서 말
하였다. "마실 물을 한 그릇만 좀 떠
다 주십시오."
11 그 여인이 물을 가지러 가려고 하니,
엘리야가 다시 여인을 불러서 말하
였다. "먹을 것도 조금 가져다 주시
면 좋겠습니다."
12 그 여인이 말하였다. "어른께서 섬기
시는 주 하나님께서 살아 계심을 두
고 맹세합니다. 저에게는 빵 한 조각
도 없습니다. 다만, 뒤주에 밀가루가
한 줌 정도, 그리고 병에 기름이 몇
방울 남아 있을 뿐입니다. 보시다시
피, 저는 지금 땔감을 줍고 있습니
다. 이것을 가지고 가서, 저와 제 아
들이 죽기 전에 마지막으로, 남아 있
는 것을 모두 먹으려고 합니다."
13 엘리야가 그 여인에게 말하였다. "두
려워하지 말고 가서, 방금 말한 대로
하십시오. 그러나 음식을 만들어서,
우선 나에게 먼저 가지고 오십시오.
그 뒤에 그대와, 아들이 먹을 음식을
만들도록 하십시오.
14 주님께서 이 땅에 다시 비를 내려 주
실 때까지, 그 뒤주의 밀가루가 떨어
지지 않을 것이며, 병의 기름이 마르
지 않을 것이라고, 주 이스라엘의 하
나님께서 말씀하셨습니다."
15 그 여인은 가서, 엘리야의 말대로 하

전투에서 하나님 왕국의 군병은 엘리야와 엘리사였다. 본문에서 엘리야는 이스라엘이 자신들의 죄값으로 기근을 당할 것이라고 선포한다.

17:8-16 엘리야는 하나님의 인도하심을 따라 기근을 피하여 사르밧으로 갔다. 이 사건으로 엘리야는 최초로 이방에 복음을 전파한 선교사가 되었다(눅 4:25-26). 가난하지만 자비로운 사르밧 과부는 예언자의 약속(14절)을 믿고 순종하여 놀라운 이적을 체험하게 되었다. 이스라엘 백성들은 하나님과의 약속을 저버리고 바알을 숭배하였다. 그러나 이방 여인은 하나님의 말씀대로 순종하는 것이 생명길로 들어가는 것임을 깨달았다.

17:13 두려워하지 말고 가서 우리의 신앙심을 나약하게 만드는 것은 두려움이다. 엘리야는 이 여인에게 확신을 가지라고 격려하고 있다.

17:15 엘리야의 말대로 하였다 믿음에 따라 순종함으로써 이 여인은 약속된 복을 받았다. 하나님과의 약속을 저버린 이스라엘 백성과 달리, 이방 나

였다. 과연 그 여인과 엘리야와 그
여인의 식구가 여러 날 동안 먹었지
만,
16 뒤주의 밀가루가 떨어지지 않고, 병
의 기름도 마르지 않았다. 주님께서
엘리야를 시켜서 하신 주님의 말씀
대로 되었다.
17 ○이런 일이 있은 뒤에, 이 집 여주인
의 아들이 병이 들었다. 그의 병은
매우 위중하여서, 끝내는 숨을 거두
고 말았다.
18 그러자 그 여인은 엘리야에게 이렇
게 말하였다. "하나님의 사람이신
어른께서 저와 무슨 상관이 있다고,
이렇게 저에게 오셔서, 저의 죄를 기
억나게 하시고, 제 아들을 죽게 하십
니까?"
19 엘리야가 그 여인에게 아들을 달라
고 하면서, 그 여인의 품에서 그 아
이를 받아 안고, 자기가 머물고 있는
다락으로 올라갔다. 그리고 그를 자
기의 침대 위에 뉘어 놓고,
20 주님께 부르짖었다. "주 나의 하나님,
어찌하여 내가 머물고 있는 이 집의
과부에게 이렇게 재앙을 내리시어,
그 아들을 죽게 하십니까?"
21 그는 그 아이의 몸 위에 세 번이나
엎드려서, 몸과 몸을 맞춘 다음, 주
님께 또 부르짖었다. "주 나의 하나
님, 제발 이 아이의 호흡이 되돌아오
게 하여 주십시오!"
22 주님께서 엘리야가 부르짖는 소리를
들으시고, 그 아이의 호흡을 되돌아
오게 하여 주셔서, 그 아이가 살아
났다.
23 ○엘리야는, 그 아이를 안고 다락에
서 내려와서, 아이를 돌려주면서 말
하였다. "보시오, 아들이 살아났습니
다."
24 그 여인이 엘리야에게 말하였다. "이
제야 저는, 어른이 바로 하나님의 사
람이시라는 것과, 어른이 하시는 말
씀은 참으로 주님의 말씀이라는 것
을 알았습니다."

엘리야와 바알 예언자들

18 많은 날이 흘러서, 삼 년이 되
던 해에, 주님께서 엘리야에게
말씀하셨다. "가서, 아합을 만나거
라. 내가 땅 위에 비를 내리겠다."
2 엘리야가 곧 아합을 만나러 갔다.
○그 때에 사마리아에는 기근이 심
하였다.
3 아합이 오바댜 궁내대신을 불렀다.
오바댜는 주 하나님을 깊이 경외하
는 사람으로서,
4 이세벨이 주님의 예언자들을 학살
할 때에, 예언자 백 명을 쉰 명씩 동
굴에 숨기고서, 먹을 것과 물을 대준
사람이다.
5 아합이 오바댜에게 말하였다. "이

라의 이 여인은 하나님의 말씀대로 순종하는 것이 생명으로 들어가는 길인 것을 깨달았다.

17:18 저의 죄를 기억나게 하시고 이 여인은 아들의 죽음을 통하여 자신의 죄를 깨달았다. 그녀는 눈앞에 벌어진 재앙을 보고 먼저 하나님과 자신과의 관계를 떠올렸고, 아들의 죽음이 자기의 죄에 대한 징계라고 생각했다.

17:22 그 아이의 호흡을 되돌아오게 하여 주셔서 성경에서 죽은 사람이 살아난 첫 번째 기록이다.

18장 요약 아합은 기근의 책임을 엘리야에게 물었으나 엘리야는 기근의 원인이 아합과 그 집안의 죄악과 우상 숭배 때문임을 선포하며 바알 예언자들과 대결을 벌였다. 승리한 엘리야는 바알 예언자들을 모두 죽였다. 한편 하나님은 엘리야의 기도에 응답하여 마침내 이스라엘에 비를 내려 주셨다.

18:1-6 오바댜의 헌신 '오바댜'라는 이름은 '하나

땅 곳곳으로 다 다니며, 물이 있을
만한 샘과 시내를 샅샅이 찾아 보도
록 합시다. 어쩌다가 풀이 있는 곳을
찾으면, 말과 나귀를 살릴 수 있을
거요. 짐승들이 죽는 것을 이대로
보고 있을 수만은 없소."
6 왕과 오바댜는 물을 찾으려고, 전 국
토를 둘로 나누어서, 한 쪽은 아합
이 스스로 담당하고, 다른 한 쪽은
오바댜가 담당하여, 제각기 길을 나
섰다.
7 ○오바댜가 길을 가고 있는데, 마침
엘리야가 그를 만나려고 오고 있었
다. 오바댜가 엘리야를 알아 보고,
머리를 숙여서 인사를 하였다. "엘리
야 어른이 아니십니까?"
8 엘리야가 그에게 말하였다. "그렇소.
가서, 엘리야가 여기에 있다고 그대
의 상전에게 말하시오."
9 그러나 오바댜는 두려워하며 말하였
다. "제가 무슨 죄를 지었기에, 저를
아합의 손에 넘겨 죽이려고 하십니
까?
10 예언자께서 섬기시는 주 하나님께서
살아 계심을 두고 맹세합니다. 제 상
전은 어른을 찾으려고, 모든 나라,
모든 왕국에 사람들을 풀어 놓았습
니다. 그러나 그들이 돌아와서, 엘리
야가 없다고 보고하면, 제 상전은,
그 나라와 왕국에게 어른을 정말 찾
지 못하였다고, 맹세하게 하였습니
다.
11 그런데 지금 어른께서는 저더러 가
서, 어른께서 여기에 계시다고 말하
라는 말씀이십니까?
12 제가 어른을 떠나가면, 주님의 영이
곧 어른을 제가 알지 못하는 곳으로
데려 가실 것입니다. 제가 가서, 아
합에게 말하였다가, 그가 와서 어른
을 찾지 못하면, 반드시 저를 죽일
것입니다. 어른의 종인 저는 어릴 때
부터 주님을 경외하여 왔습니다.
13 이세벨이 주님의 예언자들을 학살
할 때에 제가 한 일과, 제가 주님의
예언자 백 명을 쉰 명씩 동굴에 감추
고 그들에게 먹을 것과 마실 것을
대준 일을, 어른께서는 듣지도 못하
셨습니까?
14 그런데 지금 어른께서는, 저더러 가
서, 저의 상전에게, 어른께서 여기 계
시다고 말하라는 것입니까? 그러면
제 상전은 반드시 저를 죽일 것입니
다."
15 그러자 엘리야가 말하였다. "내가 섬
기는 만군의 주님께서 살아 계심을
두고 맹세하오. 나는 오늘 꼭 아합
을 만날 것이오."
16 오바댜가 아합에게로 가서, 이 사실
을 알리니, 아합이 엘리야를 만나러
왔다.

님의 종'이라는 뜻이다. 그는 하나님을 경외했으며 하나님께 신실한 자였다. 왕궁을 관리하던 오바댜는 하나님의 예언자들을 보호하는 데 자신의 지위를 사용하였다. 핍박이 격렬해졌을 때 그는 예언자 100명을 두 동굴에 나누어 숨겨 먹을 것과 마실 것을 먹였다. 이러한 그의 행동을 통해 악한 정치 밑에서도 하나님을 섬기는 지혜를 배울 수 있다.

18:7-15 엘리야와 오바댜의 만남 엘리야는 성령의 인도하심으로 오바댜 앞에 나타났다. 그리고 오바댜는 엘리야의 사신이 되어 엘리야의 말을 아합에게 전달하였다.

18:12 주님의 영이 곧 어른을 제가 알지 못하는 곳으로 데려 가실 것입니다 오바댜는 엘리야가 갑자기 사라지고 나타나는 것을 성령께서 함께 하시는 일이라고 믿었다. 오바댜뿐만 아니라, 그 당시 많은 사람들도 그렇게 생각했다.

18:15 만군의 주님 (히) '야웨 체바옷' 곧 '천지를 주

17 ○아합은 엘리야를 만나서, 이렇게
말하였다. "그대가 바로 이스라엘을
괴롭히는 자요?"
18 엘리야가 대답하였다. "내가 이스라
엘을 괴롭히는 것이 아니라, 임금님
과 임금님 아버지의 가문이 괴롭히
는 것입니다. 임금님께서는 주님의
계명을 내버리고, 바알을 섬기십니
다.
19 이제 사람을 보내어, 온 이스라엘을
갈멜 산으로 모아 주십시오. 그리고
이세벨에게 녹을 얻어 먹는 바알 예
언자 사백쉰 명과 아세라 예언자 사
백 명도 함께 불러 주십시오."
20 아합은 모든 이스라엘 자손을 부르
고, 예언자들을 갈멜 산으로 모았
다.
21 ○그러자 엘리야가 그 모든 백성 앞
에 나서서, 이렇게 말하였다. "여러
분은 언제까지 양쪽에 다리를 걸치
고 머뭇거리고 있을 것입니까? 주님
이 하나님이면 주님을 따르고, 바알
이 하나님이면 그를 따르십시오." 그
러나 백성들은 한 마디도 그에게 대
답하지 못하였다.
22 그래서 엘리야는 백성들에게 다시
이렇게 말하였다. "주님의 예언자라
고는 나만 홀로 남았습니다. 그런데
바알의 예언자는 사백쉰 명이나 됩
니다.
23 이제, 소 두 마리를 우리에게 가져다
주십시오. 바알 예언자들이 소 한
마리를 선택하여 각을 떠서, 나뭇단
위에 올려 놓되, 불을 지피지는 않게
하십시오. 나도 나머지 한 마리의 소
를 잡아서, 나뭇단 위에 올려 놓고,
불은 지피지 않겠습니다.
24 그런 다음에, 바알의 예언자들은 바
알 신의 이름을 부르십시오. 나는 주
님의 이름을 부르겠습니다. 그 때에,
불을 보내셔서 응답하는 신이 있으
면, 바로 그분이 하나님이십니다." 그
러자 모든 백성들은, 그렇게 하는 것
이 좋겠다고 대답하였다.
25 ○엘리야가 바알의 예언자들에게 말
하였다. "당신들은 수가 많으니, 먼
저 시작하시오. 소 한 마리를 골라
놓고, 당신들의 신의 이름을 부르시
오. 그러나 불은 지피지 마시오."
26 그들은 가져 온 소 한 마리를 골라
서 준비하여 놓은 뒤에, 아침부터 한
낮이 될 때까지 "바알은 응답해 주
십시오" 하면서 부르짖었다. 그러나
응답은 커녕, 아무런 소리도 없었다.
바알의 예언자들은 제단 주위를 돌
면서, 춤을 추었다.
27 한낮이 되니, 엘리야가 그들을 조롱
하면서 말하였다. "더 큰소리로 불
러보시오. 바알은 신이니까, 다른 볼
일을 보고 있을지, 아니면 용변을 보

관하시며, 전쟁에서 승리를 주시는 전능하신 하나님'을 뜻한다(창 2:1;삼상 17:45).

18:17 이스라엘을 괴롭히는 자요? 성경에서 이 단어가 사용된 또 하나의 예는 아간의 경우이다. 곧 아간 때문에 이스라엘이 재앙을 당했던 것처럼 엘리야 때문에 이스라엘이 기근으로 시달리고 있다는 뜻이다.

18:18 바알 각 지방마다 각각 그 지방의 바알이 있었다(예: 바알세붑-세붑의 바알, 바알브올-브올의 바알).

18:20-29 하나님의 예언자 엘리야와 바알 예언자들의 대결 장면 중 일부이다. 이는 참 하나님을 밝혀내기 위한 신앙적인 대결이었다. 수적으로 훨씬 우세하였던 바알 예언자들은 매우 요란하고 거창하게 기도와 의식을 시작하였다. 백성들은 광적인 바알 예언자들의 모습을 보고 어떤 일이 일어날 것이라고 기대했을 것이다. 그러나 거짓된 우상에 불과한 바알은 아무런 응답이 없었다.

고 있을지, 아니면 멀리 여행을 떠났
을지, 그것도 아니면 자고 있으므로
깨워야 할지, 모르지 않소!"
28 그들은 더 큰소리로 부르짖으면서,
그들의 예배 관습에 따라, 칼과 창으
로 피가 흐르도록 자기 몸을 찔렀다.
29 한낮이 지나서 저녁 제사를 드릴 시
간이 될 때까지, 그들은 미친 듯이
날뛰었다. 그러나 아무런 소리도 없
고, 아무런 대답도 없고, 아무런 기
척도 없었다.
30 ○이 때에 엘리야가 온 백성들에게
가까이 오라고 하였다. 백성들이 가
까이 오니, 그는 무너진 주님의 제단
을 고쳐 쌓았다.
31 그리고 엘리야는, 일찍이 주님께서
이스라엘이라고 이름을 고쳐 주신
야곱의 아들들의 지파 수대로, 열두
개의 돌을 모았다.
32 이 돌을 가지고 엘리야는 주님께 예
배할 제단을 다시 쌓고, 제단 둘레에
는 두 세아 정도의 곡식이 들어갈
수 있는 넓이의 도랑을 팠다.
33 그 다음에, 나뭇단을 쌓아 놓고, 소
를 각을 떠서, 그 나뭇단 위에 올려
놓고, 물통 네 개에 물을 가득 채워
다가, 제물과 나뭇단 위에 쏟으라고
하였다. 사람들이 그대로 하니,
34 엘리야가 한 번 더 그렇게 하라고 하
였다. 그들이 그렇게 하니, 그는 또
그렇게 하라고 하였다. 그들이 세 번
을 그렇게 하니,
35 물이 제단 주위로 넘쳐 흘러서, 그
옆 도랑에 가득 찼다.
36 ○제사를 드릴 때가 되니, 엘리야 예
언자가 앞으로 나서서, 이렇게 기도
하였다. "아브라함과 이삭과 이스라
엘을 돌보신 주 하나님, 주님께서 이
스라엘의 하나님이시고, 나는 주님
의 종이며, 내가 오직 주님의 말씀대
로만 이 모든 일을 하고 있다는 것
을, 오늘 저들이 알게 하여 주십시
오.
37 주님, 응답하여 주십시오. 응답하여
주십시오. 이 백성으로 하여금, 주님
이 주 하나님이시며, 그들의 마음을
돌이키게 하시는 주님이심을 알게
하여 주십시오."
38 ○그러자 주님의 불이 떨어져서, 제
물과 나뭇단과 돌들과 흙을 태웠고,
도랑 안에 있는 물을 모두 말려 버렸
다.
39 온 백성이 이것을 보고, 땅에 엎드려
서 말하였다. "그가 주 하나님이시
다! 그가 주 하나님이시다!"
40 엘리야가 그들에게 말하였다. "바알
의 예언자들을 잡아라. 한 사람도
도망가게 해서는 안 된다." 백성은
곧 그들을 사로잡았고, 엘리야는 그
들을 데리고 기손 강 가로 내려가서,

18:26 제단 주위를 돌면서, 춤을 추었다 이것은 우상 숭배 종교에서 흔히 볼 수 있는 광신자들의 춤이다.

18:27 다른 볼 일을 보고 있을지…깨워야 할지 이러한 행위는 신이 아닌 인간들이 취하는 행동이다. 바알 신화를 살펴보면 바알의 인간적인 성격에 관한 이야기들이 많이 나온다. 엘리야는 이러한 점들을 조롱하면서 바알이 거짓으로 꾸며진 우상임을 증명하고 있다.

18:30 무너진 주님의 제단 북 이스라엘 백성 중에 신실한 사람들은 산 위에 제단을 쌓고 하나님께 제사를 드렸다. 정치적인 이유로 예루살렘 성전까지 갈 수 없기 때문이었다. 하지만 아합과 아세라는 이러한 제단까지도 모두 헐었다(19:10).

18:38 주님의 불이 떨어져서 이 불은 초자연적인 불이다(참조. 24절). 이 이적을 통하여 천지를 주관하시는 분은 바알이 아니라 주님이신 것이 뚜렷하게 증명되었다(시 29:3-9;104:3-24).

거기에서 그들을 모두 죽였다.

가뭄이 그침

41 ○엘리야가 아합에게 말하였다. "빗
소리가 크게 들리니, 이제는 올라가
셔서, 음식을 드십시오."
42 아합이 올라가서, 음식을 먹었다. 엘
리야는 갈멜 산 꼭대기로 올라가서,
땅을 바라보며 몸을 굽히고, 그의
얼굴을 무릎 사이에 넣었다.
43 그리고는 그의 시종에게, 올라가서
바다쪽을 살펴 보라고 하였다. 시종
은 올라가서 보고 와서, 아무것도 보
이지 않는다고 말하였다. 엘리야가
다시 그의 시종에게, 일곱 번을 그렇
게 더 다녀오라고 하였다.
44 일곱 번째가 되었을 때에, 그 시종은
마침내, 사람의 손바닥만한 작은 구
름이 바다에서부터 떠올라 오고 있
다고 말하였다. 그러자 엘리야는 아
합에게 사람을 보내어서, 비가 와서
길이 막히기 전에 어서 병거를 갖추
고 내려가라는 말을 전하라고 하였
다.
45 ○그러는 동안에 이미 하늘은 짙은
구름으로 캄캄해지고, 바람이 일더
니, 곧 큰 비가 퍼붓기 시작하였다.
아합은 곧 병거를 타고 이스르엘로
내려갔다.
46 주님의 능력이 엘리야와 함께 하였
기 때문에, 엘리야는 허리를 동여 매
고, 아합을 앞질러서, 이스르엘 어귀
에까지 달려갔다.

시내 산의 엘리야

19 아합은, 엘리야가 한 모든 일
과, 그가 칼로 모든 예언자들을
죽인 일을, 낱낱이 이세벨에게 알려
주었다.
2 그러자 이세벨은 엘리야에게 심부름
꾼을 보내어 말하였다. "네가 예언
자들을 죽였으니, 나도 너를 죽이겠
다. 내가 내일 이맘때까지 너를 죽이
지 못하면, 신들에게서 천벌을 달게
받겠다. 아니, 그보다 더한 재앙이라
도 그대로 받겠다."
3 엘리야는 ㉠두려워서 급히 일어나,
목숨을 살리려고 도망하여, 유다의
브엘세바로 갔다. 그 곳에 자기 시종
을 남겨 두고,
4 자신은 홀로 광야로 들어가서, 하룻
길을 더 걸어 어떤 로뎀 나무 아래로
가서, 거기에 앉아서, 죽기를 간청하
며 기도하였다. "주님, 이제는 더 바
랄 것이 없습니다. 나의 목숨을 거두
어 주십시오. 나는 내 조상보다 조금
도 나을 것이 없습니다."
5 그런 다음에, 그는 로뎀 나무 아래에
누워서 잠이 들었는데, 그 때에 한
천사가, 일어나서 먹으라고 하면서,
그를 깨웠다.
6 엘리야가 깨어 보니, 그의 머리맡에

18:41–46 바알과의 대결에서 승리한 엘리야는 더 욱 큰 확신을 가지고 간절하고 끈질기게 비를 구하는 기도를 드렸다. 하나님께서는 이번에도 구름과 바람과 큰 비로 응답해 주셨다. 하나님께서는 엘리야에게 또 한번 비상한 능력을 주셔서 약 60km 거리를 아합의 병거 앞에서 달리게 하셨다. 아합은 이러한 이적들을 목격하고도 하나님 앞에 돌아오지 않았다. 하나님 앞에서 인간이 품는 교만은, 교만한 마음 그 자체가 곧 저주이다.

19장 요약 바알 예언자들이 모두 죽임당한 일로 분노한 이세벨은 엘리야를 죽이려 한다. 생명의 위협을 느낀 엘리야는 광야로 도피하였다. 하나님은 낙심한 엘리야를 위로하시고 시리아의 하사엘과 이스라엘의 예후, 엘리사에게 기름을 부어 왕과 예언자로 세우라는 새로운 사명을 주셨다.

㉠ 또는 '보고서'

는 뜨겁게 달군 돌에다가 구워 낸 과
자와 물 한 병이 놓여 있었다. 그는
먹고 마신 뒤에, 다시 잠이 들었다.
7 주님의 천사가 두 번째 와서, 그를 깨
우면서 말하였다. "일어나서 먹어라.
갈 길이 아직도 많이 남았다."
8 엘리야는 일어나서, 먹고 마셨다. 그
음식을 먹고, 힘을 얻어서, 밤낮 사
십 일 동안을 걸어, 하나님의 산인
호렙 산에 도착하였다.
9 엘리야는 거기에 있는 동굴에 이르
러, 거기에서 밤을 지냈다. ○그 때에
주님께서 그에게 말씀하셨다. "엘리
야야, 너는 여기에서 무엇을 하고 있
느냐?"
10 엘리야가 대답하였다. "나는 이제까
지 주 만군의 하나님만 열정적으로
섬겼습니다. 그러나 이스라엘 자손
은 주님과 맺은 언약을 버리고, 주님
의 제단을 헐었으며, 주님의 예언자
들을 칼로 쳐서 죽였습니다. 이제
나만 홀로 남아 있는데, 그들은 내
목숨마저도 없애려고 찾고 있습니
다."
11 주님께서 말씀하셨다. "이제 곧 나
주가 지나갈 것이니, 너는 나가서, 산
위에, 주 앞에 서 있어라." 크고 강한
바람이 주님 앞에서 산을 쪼개고,
바위를 부수었으나, 그 바람 속에 주
님께서 계시지 않았다.
12 그 바람이 지나가고 난 뒤에 지진이
일었지만, 그 지진 속에도 주님께서
계시지 않았다. 지진이 지나가고 난
뒤에 불이 났지만, 그 불 속에도 주
님께서 계시지 않았다. 그 불이 난
뒤에, 부드럽고 조용한 소리가 들렸
다.
13 엘리야는 그 소리를 듣고서, 외투 자
락으로 얼굴을 감싸고 나가서, 동굴
어귀에 섰다. 바로 그 때에 그에게
소리가 들려 왔다. "엘리야야, 너는
여기에서 무엇을 하고 있느냐?"
14 엘리야가 대답하였다. "나는 이제까
지 주 만군의 하나님만 열정적으로
섬겼습니다. 그러나 이스라엘 자손
은 주님과 맺은 언약을 버리고, 주님
의 제단을 헐었으며, 주님의 예언자
들을 칼로 쳐죽였습니다. 이제 나만
홀로 남아 있는데, 그들은 내 목숨마
저도 없애려고 찾고 있습니다."
15 주님께서 그에게 말씀하셨다. "너는
돌이켜, 광야길로 해서 다마스쿠스
로 가거라. 거기에 이르거든, 하사엘
에게 기름을 부어서, 시리아의 왕으
로 세우고,
16 또 님시의 아들 예후에게 기름을 부
어서, 이스라엘의 왕으로 세워라. 그
리고 아벨므홀라 출신인 사밧의 아
들 엘리사에게 기름을 부어서, 네 뒤
를 이을 예언자로 세워라.

19:1-8 이세벨의 협박을 피하여 호렙 산으로 도피하는 엘리야의 나약한 모습이 기록되어 있다. 엘리야는 갈멜 산에서 놀라운 승리를 체험하였다. 그럼에도 불구하고 하나님을 바라보지 않고 눈앞의 상황에 마음을 빼앗겨, 이와 같이 좌절과 허탈감에 빠지게 되었다. 우리의 믿음은 하나님을 바라보고 그분만을 의지할 때만 강해질 수 있다.

19:9-14 낙심 중에 있는 엘리야를 위로해 주시기 위해 하나님께서 찾아오셨다. 하나님께서는 크고 강한 바람이나 지진이나 불 가운데서 말씀하시지 않으시고, '부드럽고 조용한 소리' 가운데서 자기를 나타내 보여 주셨다. 엘리야는 하나님의 심판이 크고 강한 바람과 지진과 불처럼 임하기를 원했을 것이다. 그러나 하나님께서는 온화한 사랑으로 다스리신다는 것을 알려 주시기 위해 이 이적을 보여 주셨다.

19:13 외투 자락으로 얼굴을 감싸고 이는 하나님을

17 하사엘의 칼을 피해서 도망하는 사
람은 예후가 죽일 것이고, 예후의 칼
을 피해서 도망하는 사람은 엘리사
가 죽일 것이다.
18 그러나 나는 이스라엘에 칠천 명을
남겨 놓을 터인데, 그들은 모두 바알
에게 무릎을 꿇지도 아니하고, 입을
맞추지도 아니한 사람이다."

엘리야가 엘리사를 부르다

19 ○엘리야가 그 곳을 떠나서, 길을 가
다가, 사밧의 아들 엘리사와 마주쳤
다. 엘리사는 열두 겨릿소를 앞세우
고 밭을 갈고 있었다. 열한 겨리를
앞세우고, 그는 열두째 겨리를 끌고
서, 밭을 갈고 있었다. 엘리야가 엘리
사의 곁으로 지나가면서, 자기의 외
투를 그에게 던져 주었다.
20 그러자 엘리사는 소를 버려 두고, 엘
리야에게로 달려와서 말하였다. "아
버지와 어머니에게 작별 인사를 드
린 뒤에, 선생님을 따르겠습니다." 그
러자 엘리야가 말하였다. "돌아가거
라. 내가 네게 무엇을 하였기에 그러
느냐?"
21 엘리사는 엘리야를 떠나 돌아가서,
겨릿소를 잡고, 소가 메던 멍에를 불
살라서 그 고기를 삶고, 그것을 백성
에게 주어서 먹게 하였다. 그런 다음
에, 엘리사는 곧 엘리야를 따라가서,
그의 제자가 되었다.

시리아와의 전쟁

20 시리아 왕 벤하닷은 군대를 모
두 모았다. 지방 영주 서른두
명과 기마병과 병거들이 모이자, 그
는 올라가서, 사마리아 성을 포위하
고, 공격하였다.
2 그는 그 성 안에 있는 이스라엘 왕
아합에게 사절들을 보내어,
3 그에게 말하였다. "나 벤하닷이 말
한다. 너의 은과 금은 모두 나의 것
이다. 그리고 네 아리따운 아내들과
자녀도 모두 나의 것이다."
4 이스라엘 왕이 회답을 보내어 말하
였다. "나의 상전이신 임금님, 임금님
의 말씀대로, 나와 내가 소유하고 있
는 것은 모두 임금님의 것입니다."
5 사절들이 다시 아합에게 와서, 벤하
닷의 말을 전하였다. ○"나 벤하닷이
말한다. 내가 전에 사절을 보내어서
전달한 것은, 너의 은과 금과 아내들
과 자녀들을 모두 나에게로 보내라
는 말이었다.
6 내일 이맘때쯤에 내가 내 신하들을
보내겠다. 그들이 네 집과 신하들의
집을 뒤져서, ㉠그들의 눈에 드는 것
은 무엇이나 가져 올 것이니, 그리 알
아라."
7 ○그래서 이스라엘 왕은 나라 안의
모든 원로들을 모아 놓고 의논하였
다. "벤하닷이라는 사람이 꾀하고

경외한다는 표시였다. 천사들도 하나님 앞에서는 경외하는 표시로서 그 얼굴을 가렸다(사 6:2).

19:15–18 엘리야를 영적으로 새롭게 각성시키신 하나님께서는 그에게 새로운 사명을 주셨다. 시리아의 하사엘과 이스라엘의 예후와 엘리사에게 기름을 부어, 각각 왕들과 예언자로 임명하는 일이었다. 하나님의 징벌이 하사엘과 예후와 엘리사를 통하여 임하게 될 것이다.

㉠ 칠십인역과 시리아어역과 불가타를 따름. 히. '네 눈에'

20장 요약 아합은 하나님의 도우심으로 시리아 왕 벤하닷의 침공을 두 차례나 물리쳤다. 하지만 아합은 어리석게도 하나님이 심판하려 하신 벤하닷을 놓아주고 만다. 이 일로 훗날 그는 시리아와의 3차 전쟁에서 죽게 된다.

20:1 지방 영주 서른두 명 시리아의 벤하닷은 막강한 왕이었다. 그는 각 지방마다 영주를 두고 넓은 영토를 다스렸다.

있는 일이 얼마나 악한 일인지, 잘
생각해 보시오. 그가 나에게 왕비들
과 자녀들을 내놓으라고 하고, 또 은
과 금까지 요구하고 있는데, 나로서
는 이것을 거절할 수가 없소."
8 그러나 모든 원로와 백성들은 왕에
게, 벤하닷의 말을 듣지도 말고, 요
구한 것을 보내지도 말라고 간언하
였다.
9 그래서 그는 벤하닷의 사절들에게
말하였다. "임금님께 가서, 첫 번째
요구는 내가 듣겠지만, 두 번째 요구
는 내가 들어 줄 수 없다고 전하시
오." 사절들은 돌아가서, 그대로 보
고하였다.
10 벤하닷은 다시 전갈을 보내어서 말
하였다. "내가 네 사마리아 성을 잿
더미로 만들어서, 깨어진 조각 하나
도 남지 않게 하겠다. 내가 이끄는
군인들이, 자기들의 손에 깨어진 조
각 하나라도 주울 수 있으면, 신들이
나에게, 천벌이 아니라 그보다 더한
재앙을 내려도, 내가 달게 받겠다."
11 이스라엘 왕이 회신을 보냈다. "너의
왕에게 가서, 참 군인은 갑옷을 입
을 때에 자랑하지 아니하고, 갑옷을
벗을 때에 자랑하는 법이라고 일러
라."
12 벤하닷은 지방 영주들과 함께 막사
에서 술을 마시고 있다가, 이 말을
듣고는, 신하들에게 공격 준비를 갖
추라고 명령을 내렸다. 그들은 곧
㉠사마리아 성을 공격할 준비를 갖추
었다.
13 ○그 때에 예언자 한 사람이 이스라
엘 왕 아합에게 와서 말하였다. "나
주가 말한다. 네가 이렇게 큰 군대를
본 적이 있느냐? 그러나 내가 오늘
그들을 네 손에 넘겨 줄 것이니, 너
는, 내가 주인 줄 알게 될 것이다."
14 아합이 물었다. "진 앞에는 누가 섭
니까?" 예언자가 대답하였다. "주님
께서 말씀하시기를, 지방장관들의
젊은 부하들을 앞세우라고 하셨습
니다." 그러자 아합은 다시 물었다.
"누가 총지휘를 합니까?" 그 예언자
가 대답하였다. "임금님이십니다."
15 그래서 아합이 지방장관들의 젊은
부하들을 점검하여 보니, 그들은 모
두 이백서른두 명이었다. 그런 다음
에, 그가 이스라엘 군대를 모두 점검
하여 보니, 모두 칠천 명이었다.
16 ○정오가 되자, 아합의 군대가 공격
을 시작하였다. 그 때에 벤하닷은 자
기를 돕는 지방 영주 서른두 명과
함께 막사에서 술에 취해 있었다.
17 지방장관들의 젊은 부하들이 먼저
공격을 시작하였다. 벤하닷의 정찰
병들이 벤하닷에게, 적군들이 사마
리아 성에서 나오고 있다고 보고하

20:4 나와 내가 소유하고 있는 것은 모두 임금님의 것입니다 벤하닷의 요구에 대한 아합의 이와 같은 대답은, 이스라엘의 국방력으로는 도저히 시리아 동맹군을 이길 승산이 없다는 것을 암시한다. 시리아 군은 단번에 사마리아까지 쳐들어와 포위할 수 있었다(참조. 1절).

20:9 두 번째 요구는 내가 들어 줄 수 없다 시리아에 조공을 바칠 수는 있지만, 이스라엘 자체를 완전히 양도할 수는 없다는 뜻이다. 1절에 나타난 32인의 지방 영주들도 조공을 바치고 있었다.

20:11 참 군인은 갑옷을…자랑하는 법 그 당시의 속담으로, '싸워 보지도 않고 미리 장담하지 말라, 길고 짧은 것은 대 보아야 안다'는 뜻이다.

20:13-21 하나님께서는 이 싸움에서 젊은 부하 232명을 통해 시리아의 대군을 쳐부수었다. 이는 싸움의 승리가 군사의 많고 적음에 있지 않고 하나님의 능력에 있음을 깨닫게 하기 위함이었다.

㉠ 히, '성을'

였다.
18 보고를 받은 벤하닷은, 그들이 화친
을 하러 나왔더라도 사로잡고, 싸움
을 하러 나왔더라도 사로잡으라고
명령하였다.
19 ○그러나 지방장관의 젊은 부하들과
그들을 뒤따르는 군대는 이미 성읍
바깥으로 나와서,
20 저마다 닥치는 대로 벤하닷의 군대
를 무찔렀다. 그래서 시리아 군인들
은 다 도망하였고, 이스라엘 군대가
그들을 추격하였다. 시리아 왕 벤하
닷도 기병들과 함께 말을 타고 도망
하였다.
21 이렇게 해서 이스라엘 왕은, 첫 싸움
에서 많은 말과 병거를 격파하고, 시
리아 군대를 크게 무찔렀다.
22 ○그 예언자가 다시 이스라엘 왕에
게 와서, 이렇게 말하였다. "임금님
께서는 힘을 키우시고, 앞으로 하셔
야 할 일이 무엇인지를 생각해 두십
시오. 내년에 시리아 임금이 다시 임
금님을 치려고 올라올 것입니다."

시리아 군대의 두 번째 공격

23 ○시리아 왕의 신하들이 자기들의
왕에게 말하였다. ○"이스라엘의 신
은 산의 신입니다. 저번에는 산에서
싸웠으므로, 우리가 졌습니다. 그러
나 평지에서 싸우면, 우리가 그들을
반드시 이길 것입니다.
24 그러므로 임금님께서는 이렇게 하시
는 것이 좋을 줄 압니다. 지방 영주
를 모두 그 자리에서 물러나게 하시
고, 그 대신에 군사령관들을 그 자
리에 임명하십시오.
25 잃은 수만큼, 군대와 기마와 병거를
보충하십시오. 그런 다음에 평지에
서 싸우면, 틀림없이 우리가 이길 것
입니다." 왕은 그들의 말을 듣고, 그
대로 하였다.
26 ○해가 바뀌었다. 벤하닷은 시리아
군대를 소집하고, 이스라엘과 싸우
려고 아벡으로 올라갔다.
27 이스라엘 군대도 소집이 되어서, 식
량을 배급받고는, 그들과 싸우려고
나아갔다. 이스라엘 군대가 그들 앞
에 진을 쳤으나, 이스라엘 군대는 시
리아 군대에 비하면, 마치 작은 염소
두 떼와 같았고, 시리아 군대는 그
땅을 가득 채울 만큼 많았다.
28 그 때에 하나님의 사람이 가까이 와
서, 이스라엘 왕에게 말하였다. "주
님께서 이렇게 말씀하셨습니다. '시
리아 사람이 말하기를, 내가 산의 신
이지, 평지의 신은 아니라고 하니, 내
가 이 큰 군대를 모두 네 손에 내주
겠다. 이제 너희는 곧, 내가 주인 줄
알게 될 것이다.'"
29 ○양쪽 군대는 서로 대치하여서, 이
레 동안 진을 치고 있었다. 드디어

20:18 그들이 화친을 하러 나왔더라도 벤하닷은 232명의 젊은 부하들을 보고 화친하러 오는 줄로 착각하여 방심한 태도를 보였다. 그 틈을 타서 *젊은 부하들이 맹렬히* 돌격하였다.

20:22–30 하나님께서 아합을 도우셔서 시리아와의 전쟁에서 두 번째 승리를 거두게 하셨다. 사마리아에서 패배한 시리아 군은 군사령관을 개편하고(24–25절) 작전을 변경하여 평지인 아벡에 진을 쳤다. 이번에도 이스라엘의 군사력은 미약했으며 시리아의 군사력은 막강하였다(27절). 이들은 7일 동안 대치한 후 접전을 벌였는데, 역시 하나님의 도우심으로 이스라엘은 시리아 군대를 완전히 참패시켰다. 하나님께서는 아합과 이스라엘에게 신앙의 확신을 주기 위하여 승리의 증거를 주셨던 것이다. 그러나 어리석은 아합은 여전히 악한 길에서 돌이키지 않았다.

20:31–34 하나님께서는 아합을 통하여 벤하닷을 심판하시고자 작정하셨다. 그런데 아합이 그

이레째 되는 날 전투가 벌어졌는데,
이스라엘 군대가 시리아 군대를 쳐
서 하루만에 보병 십만 명을 무찔렀
다.
30 그 나머지는 아벡 성으로 도망하였
으나, 성벽이 무너져서, 나머지 이만
칠천 명을 덮쳐 버렸다. ○벤하닷도
도망하여서, 그 성 안의 어느 골방으
로 들어갔다.
31 그의 신하들이 그에게 말하였다. "이
스라엘 왕가의 왕들은 모두 인정이
많은 왕이라고 들었습니다. 우리가
굵은 베로 허리를 묶고, 목에 줄을
동여 매고, 이스라엘 왕에게 가면,
어쩌면 그가 임금님의 생명을 살려
줄지도 모릅니다."
32 그래서 그들은 굵은 베로 허리를 묶
고, 목에 줄을 동여 매고 이스라엘
왕에게 나아가서 "왕의 종 벤하닷
이, 제발 목숨만은 살려 달라고 애원
하고 있습니다." 하고 말하니, 아합
왕이 말하였다. "아직도 그가 살아
있느냐? 그는 나의 형제다."
33 그들은 이것을 좋은 징조로 여기고,
얼른 말을 받아서 대답하였다. "예,
벤하닷은 임금님의 형제입니다." 그
러자 왕이 말하였다. "가서 그를 데
려오너라." 벤하닷이 아합 왕에게 나
아오니, 왕은 그를 자기 병거에 올라
타게 하였다.
34 벤하닷은 아합에게 말하였다. "나의
부친이 왕의 부친에게서 빼앗은 성
들을 다 돌려드리겠습니다. 나의 부
친이 사마리아 안에 상업 중심지인
광장을 만든 것 같이, 임금님께서도
손수 다마스쿠스 안에 그러한 광장
들을 만드십시오." 그러자 아합은
"그러면 나는 그런 조약을 조건으로
하고, 당신을 보내드리겠소" 하고 말
한 뒤에, 그와 조약을 맺고서, 벤하
닷을 놓아 주었다.

한 예언자가 아합을 규탄하다

35 ○㉠ 예언자의 무리 가운데서 어떤 예
언자가 주님의 명령을 받고서, 동료
에게 자기를 때리라고 말하였으나,
그 동료가 때리기를 거절하니,
36 그 예언자가 말하였다. "네가 주님의
말씀에 순종하지 않았으니, 네가 나
를 떠날 때에 사자가 너를 죽일 것이
다." 과연 그 사람이 그를 떠날 때에
사자가 나타나서 그를 죽였다.
37 ○그 예언자가 또 다른 사람을 만나
서, 자기를 때리라고 말하였다. 그러
자 그 사람은 예언자를 때려서, 심한
상처를 입혔다.
38 그 예언자는 붕대로 눈을 감아서 위
장하고는, 길목으로 가서, 왕을 기다
렸다.
39 왕이 그대로 지나치려고 하니, 예언
자는 왕을 부르며 말하였다. "임금님

를 놓아 주었다. 벤하닷을 놓아준 이유 가운데 하나는 아합의 교만이었다. 하나님께서 승리케 하셨음에도 불구하고, 막상 승리하게 되자 그는 하나님의 은혜를 망각하였다. 그리고 하나님의 예언자에게 의논도 하지 않고 벤하닷을 놓아주었다. 또 한 가지 이유는 벤하닷과 동맹을 맺어 신흥 세력인 앗시리아를 대항하고자 함이었다. 그는 승리가 하나님께로부터 온다는 사실을 믿지 않고, 눈 앞에 보이는 군사력에만 의지하려 했다. 결국 그는 시리아와의 전투에서 죽임을 당한다.

20:32 굵은 베로…동여 매고 자기 목숨이 상대방의 손에 달려 있을 때 자신의 죄를 고하고 용서를 빌 때 취하는 태도로써 당시의 풍습이었다.

20:35 예언자의 무리 직역하면 '예언자의 아들들'로, 이들은 사무엘 시대부터 있었고, 아합 시대에는 길갈, 베델, 여리고 등에 있었다(참조. 왕하 2:1-5).

㉠ 히, '예언자의 아들들 가운데서'

의 종인 제가 전쟁터에 갔습니다. 그
런데 어떤 사람이 저에게로 포로 한
명을 데리고 와서는, 그 사람을 감시
하라고 하였습니다. 포로가 도망을
하면, 제가 대신 죽든지, 아니면 은
한 달란트를 물어 내야 한다고 하였
습니다.
40 그런데 임금님의 종인 소인이 이 일
저 일을 하는 동안에, 그 포로가 없
어지고 말았습니다." 그러자 이스라
엘 왕이 그에게 말하였다. "네가 받
아들인 것이니, 벌금을 물어야 한
다."
41 그 예언자는 그의 눈에 감은 붕대를
급히 풀었다. 그 때에야 이스라엘 왕
은, 그가 예언자 가운데 한 사람임
을 알았다.
42 그 예언자는 왕에게 이렇게 말하였
다. "주님께서 이렇게 말씀하셨습니
다. '내가 멸망시키기로 작정한 사람
을 네가 직접 놓아 주었으니, 너는
그 목숨을 대신하여서 죽게 될 것이
고, 네 백성은 그의 백성을 대신하여
서 멸망할 것이다.'"
43 이스라엘 왕은, 마음이 상하여 화를
내면서, 사마리아에 있는 자기의 궁
으로 돌아갔다.

나봇의 포도원

21 그 뒤에 이런 일이 있었다. 이
스르엘 사람 나봇이 이스르엘
땅에 포도원을 하나 가지고 있었는
데, 그 포도원은 사마리아의 왕 아합
의 궁 근처에 있었다.
2 아합이 나봇에게 말하였다. "그대의
포도원이 나의 궁 가까이에 있으니,
나에게 넘기도록 하시오. 나는 그것
을 정원으로 만들려고 하오. 내가
그것 대신에 더 좋은 포도원을 하나
주겠소. 그대가 원하면, 그 값을 돈
으로 계산하여 줄 수도 있소."
3 나봇이 아합에게 말하였다. "제가
조상의 유산을 임금님께 드리는 일
은, 주님께서 금하시는 불경한 일입
니다."
4 아합은, 이스르엘 사람 나봇이 그
포도원을 조상의 유산이라는 이유
로 양도하기를 거절하였으므로, 마
음이 상하였다. 화를 내며 궁으로
돌아와서, 침대에 누워 얼굴을 돌리
고, 음식도 먹지 않았다.
5 그러자 그의 아내 이세벨이 그에게
로 와서, 무슨 일로 그렇게 마음이
상하여 음식까지 들지 않는지를 물
었다.
6 왕이 그에게 대답하였다. "내가 이스
르엘 사람 나봇에게, 그의 포도원을
내게 넘겨 주면, 그 값을 돈으로 계
산해 주든지, 그가 원하면 그 대신
다른 포도원을 주든지 하겠다고 했
는데, 그는 자기의 포도원을 내게 줄

21장 요약 나봇의 포도원을 탐낸 아합은 이세벨과 공모하여 나봇을 죽이고 그 포도원을 빼앗았다. *하나님은 엘리야를 통해 그들의 죄악*을 지적하고 그들이 비참한 죽임을 당하리라고 저주하셨다. 한편, 이런 저주를 선고받은 아합이 회개하자 하나님은 심판을 잠시 미뤄두셨다.

21:1–4 가나안 땅은 특별한 의미에서 하나님의 땅이다. 이스라엘은 하나님과의 언약 아래 각 유산을 분배 받았기 때문에, 비록 왕이라 할지라도 다른 사람의 땅을 강제로 살 수 없었다. 그런데도 악한 우상들의 영향을 받은 아합은 욕심에 이끌려 나봇에게 포도원을 팔라고 제안하였다. 나봇은 하나님의 말씀을 두렵게 여겼기에 이 제안을 거절했다.

21:5–16 이세벨의 음모로 나봇은 죽임을 당하고 포도원은 아합의 소유가 되었다. 이세벨은 신앙의 이름으로 악한 음모를 진행시켰다. 곧 금식과

수가 없다고 하였소. 그 때문이오."
7 그러자 그의 아내 이세벨이 그에게
말하였다. "당신은 현재 이스라엘을
다스리는 임금님이 아니십니까? 일
어나셔서 음식을 드시고, 마음을 좋
게 가지십시오. 내가 이스르엘 사람
나봇의 포도원을 임금님의 것으로
만들어 드리겠습니다."
8 ○그런 다음에, 이세벨은 아합의 이
름으로 편지를 써서, 옥쇄로 인봉하
고, 그 편지를 나봇이 살고 있는 성
읍의 원로들과 귀족들에게 보냈다.
9 그는 편지에 이렇게 썼다. "금식을
선포하고, 나봇을 백성 가운데 높이
앉게 하시오.
10 그리고 건달 두 사람을 그와 마주
앉게 하고, 나봇이 하나님과 임금님
을 저주하였다고 증언하게 한 뒤에,
그를 끌고 나가서, 돌로 쳐서 죽이시
오."
11 그 성 안에 살고 있는 원로들과 귀족
들은, 이세벨이 편지에 쓴 그대로 하
였다.
12 그들은 금식을 선포하고, 나봇을 백
성 가운데 높이 앉게 하였다.
13 건달 둘이 나와서, 그와 마주 앉았
다. 그리고 그 건달들은 백성 앞에서
나봇을 두고, 거짓으로 "나봇이 하
나님과 임금님을 욕하였다" 하고 증
언하였다. 그렇게 하니, 그들은 나봇
을 성 바깥으로 끌고 가서, 돌로 쳐
서 죽인 뒤에,
14 이세벨에게 나봇이 돌에 맞아 죽었
다고 알렸다.
15 ○이세벨은 나봇이 돌에 맞아 죽었
다는 소식을 듣고, 곧 아합에게 말
하였다. "일어나십시오. 돈을 주어도
당신에게 넘기지 않겠다고 하던 이
스르엘 사람 나봇의 포도원을 차지
하십시오. 나봇은 살아 있지 않습니
다. 죽었습니다."
16 아합은, 나봇이 죽었다는 말을 듣고
일어나서, 이스르엘에 있는 나봇의
포도원을 차지하려고 내려갔다.
17 ○주님께서 디셉 사람 엘리야에게
말씀하셨다.
18 "일어나 사마리아에 있는 이스라엘
왕 아합을 만나러 내려가거라. 그가
나봇의 포도원을 차지하려고 그 곳
으로 내려갔다.
19 너는 그에게 다음과 같이 전하여라.
'나 주가 말한다. 네가 살인을 하고,
또 재산을 빼앗기까지 하였느냐? 나
주가 말한다. 개들이 나봇의 피를
핥은 바로 그 곳에서, 그 개들이 네
피도 핥을 것이다.'"
20 아합은 엘리야를 보자, 이렇게 말하
였다. "내 원수야, 네가 또 나를 찾
아왔느냐?" 그러자 엘리야가 대답
하였다. "그렇습니다. 이렇게 또 찾

기도를 선포하고(9절), 모세의 율법으로 위장하여(10절) 나봇을 처형하였다. 나봇의 죄명은 하나님을 저주했다는 것이었다. 결국 율법에 따라(레 24:15-16) 나봇은 돌에 맞아 죽었다. 물론 나봇의 아들들도 그와 함께 돌에 맞아 죽었을 것이다(참조. 왕하 9:26). 나봇에게는 상속자가 없다는 명분 아래, 포도원은 아합의 소유가 되었다. 이세벨은 악한 종교의 영향과 전통에 젖어 있었기 때문에 아무런 양심의 가책 없이 이러한 음모를 꾸밀 수 있었던 것이다. 본래 모든 우상 종교는 그 근본을 이기적인 탐욕에 두고 있다(골 3:5).

21:17-26 엘리야는 아합과 이세벨의 죄악을 책망하고 그들에게 멸망이 임할 것을 예언하였다. 나봇 사건은 하나님의 언약과 율법을 무시한 영적인 범죄였다(3절). 따라서 아합에게 선포된 저주는 하나님의 언약적 권리를 멸시하는 자를 어떻게 징벌하시는지를 보여 주는 예이다.

21:26 아모리 사람이…혐오스러운 일을 하였다 여기

아왔습니다. 임금님께서는 목숨을
팔아 가면서까지, 주님께서 보시기
에 악한 일만 하십니다.
21 ㉠'내가 너에게 재앙을 내려 너를 쓸
어 버리되, 너 아합 가문에 속한 남
자는 종이든지 자유인이든지, 씨도
남기지 않고, 이스라엘 가운데서 없
애 버리겠다.
22 네가 이스라엘 사람에게 죄를 짓게
해서 나를 분노하게 하였으니, 내가
네 가문을, 느밧의 아들 여로보암의
가문처럼, 또 아히야의 아들 바아사
의 가문처럼 되게 하겠다.'
23 주님께서는 또 이세벨을 두고서도
'개들이 이스르엘 성 밖에서 이세벨
의 주검을 찢어 먹을 것이다' 하고
말씀하셨습니다.
24 아합 가문에 속한 사람은, 성 안에
서 죽으면 개들이 찢어 먹을 것이고,
성 밖에서 죽으면 하늘의 새들이 쪼
아 먹을 것이라고 하셨습니다."
25 ○(자기 아내 이세벨의 충동에 말려
든 아합처럼, 주님께서 보시기에 이
렇게 악한 일을 하여 자기 목숨을
팔아 버린 사람은, 일찍이 없었다.
26 아합은, 주님께서 이스라엘 자손의
눈 앞에서 쫓아내신 그 아모리 사람
이 한 것을 본받아서, 우상을 숭배
하는 매우 혐오스러운 일을 하였다.)
27 ○아합은 이 말을 듣고는, 자기 옷을
찢고 맨몸에 굵은 베 옷을 걸치고
금식하였으며, 누울 때에도 굵은 베
옷을 입은 채로 눕고, 또 일어나서
거닐 때에도 슬픈 표정으로 힘없이
걸었다.
28 그 때에 주님께서 디셉 사람 엘리야
에게 말씀하셨다.
29 "너는, 아합이 내 앞에서 겸손해진
것을 보았느냐? 그가 내 앞에서 겸
손해졌기 때문에, 나는, 그가 살아
있는 동안에는 그에게 재앙을 내리
지 않고, 그의 아들 대에 가서 그 가
문에 재앙을 내리겠다."

예언자 미가야가 아합에게 경고하다

(대하 18:2-27)

22 시리아와 이스라엘 사이에는
세 해 동안이나 전쟁이 없었다.
2 그런데 삼 년째 되는 해에, 유다의
여호사밧 왕이 이스라엘 왕을 찾아
갔다.
3 이스라엘 왕은 자기의 신하들에게
말하였다. "길르앗에 있는 라못은
우리 땅인데도, 우리가 그 땅을 시리
아 왕의 손에서 다시 찾아올 생각조
차 하지 않고 있소. 경들은 이것을
알고 있었소?"
4 그리고 그는 또 여호사밧에게도 말
하였다. "길르앗의 라못을 치러 나
와 함께 올라가시겠습니까?" 그러자
여호사밧이 이스라엘 왕에게 대답

에서 아모리 사람은 가나안의 일곱 족속을 통괄하여 지칭한다. 하나님께서 가나안 일곱 족속을 모두 멸절하라고 명하신 이유는, 그들의 우상 숭배 사상을 이스라엘이 본받지 못하도록 하기 위함이었다.

21:27-29 비록 아합이 수십 년 동안 하나님을 배반해 왔지만 멸망의 경고를 듣고 회개하자, 하나님은 그를 용서해 주시고 재앙을 연기하셨다.

㉠ 주님의 말

22장 요약 아합은 길르앗의 라못을 되찾기 위해 유다 왕 여호사밧과 동맹을 맺고 시리아를 공격한다. 아합은 이 전쟁에서 예언자 미가야가 예언한 대로 적군이 쏜 화살에 맞아 죽고 말았다. 이 사건은 아합에 대한 하나님의 저주(20:42)가 실제로 성취되었음을 보여 준다.

22:1-4 이스라엘이 남북으로 분열된 후 두 왕국은 계속 적대 관계에 놓여 있었는데 아합과 여호

하였다. "나의 생각이 바로 임금님의
생각이며, 내가 통솔하는 군대가 곧
임금님의 군대이고, 내가 부리는 말
이 곧 임금님의 말입니다."
5 그러면서도 여호사밧은 이스라엘 왕
에게 말하였다. "그러나 먼저 주님의
뜻을 알아 봄이 좋을 것 같습니다."
6 ○그러자 이스라엘 왕은 예언자 사
백 명 가량을 모아 놓고서, 그들에게
물었다. "내가 길르앗의 라못을 치
러 올라가는 것이 좋겠소, 아니면 그
만두는 것이 좋겠소?" 그러자 예언
자들은 대답하였다. "올라가십시오.
주님께서 그 성을 임금님의 손에 넘
겨 주실 것입니다."
7 여호사밧이 물었다. "이 밖에 우리가
물어 볼 만한 주님의 예언자가 또 없
습니까?"
8 이스라엘 왕은 여호사밧에게 대답
하였다. "주님의 뜻을 물어 볼 사람
으로서, 이믈라의 아들 미가야라고
하는 예언자가 있기는 합니다만, 나
는 그를 싫어합니다. 그는 한 번도
나에게 무엇인가 길한 것을 예언한
적이 없고, 언제나 흉한 것만 예언하
곤 합니다." 여호사밧이 다시 제안하
였다. "임금님께서 예언자를 두고 그
렇게 말씀하시면 안 됩니다."
9 그러자 이스라엘 왕은 신하를 불러
서 명령하였다. "이믈라의 아들 미가
야를 빨리 데려 오너라."
10 ○그 때에 이스라엘 왕과 유다의 여
호사밧 왕은 왕복을 입고, 사마리아
성문 어귀에 있는 타작 마당에 마련
된 보좌에 앉아 있고, 예언자들은
모두 그 두 왕 앞에서 예언을 하고
있었다.
11 그 예언자들 가운데서, 그나아나의
아들 시드기야는 자기가 만든 철뿔
들을 가지고 나와서 말하였다. "주님
께서 이렇게 말씀하십니다. '철로 만
든 이 뿔을 가지고, 너 아합은 사람
들을 찌르되, 그들이 모두 파멸될 때
까지 그렇게 할 것이다' 하십니다."
12 다른 예언자들도 모두 그와 같은 예
언을 하면서 말하였다. "길르앗의 라
못으로 진군하십시오. 승리는 임금
님의 것입니다. 주님께서 이미 그 성
을 임금님의 손에 넘기셨습니다."
13 ○미가야를 데리러 간 신하가 미가
야에게 말하였다. "이것 보시오. 다
른 예언자들이 모두 한결같이 왕의
승리를 예언하였으니, 예언자께서도
그들이 한 것 같이, 왕의 승리를 예
언하시는 것이 좋을 것이오."
14 미가야가 대답하였다. "주님께서 살
아 계심을 두고 맹세하지만, 나는 다
만 주님께서 말씀하신 것만을 말하
겠습니다."
15 그가 왕 앞에 나아가니, 왕이 그에게

사밧이 우호 동맹을 맺으면서 관계가 호전되었다.
22:5-12 남북 왕국은 연합하여 각 지파의 땅이었던 길르앗 지방을 회복하고자 시리아와 전쟁을 벌였다. 이 때, 여호사밧은 먼저 참된 주님의 예언자에게 하나님의 뜻을 묻게 해달라고 아합에게 요구하였다. 아합은 '주님의 뜻을 물어 볼 사람'(8절) 미가야를 소개하였다. 당시 아합의 승리를 예언했던 많은 예언자들은 금송아지를 섬기던 일과 관련된 자들이었다.

22:11 철로 만든 이 뿔을 이것은 힘의 상징이다. 모세가 요셉 지파를 축복할 때에도 뿔을 힘의 상징으로 언급하였다(신 33:17).
22:13-23 미가야는 아합이 죽게 될 것이며, 그가 죽을지라도 군사들과 백성들은 큰 피해를 당하지 않고 무사히 돌아올 것이라고 예언하였다. 그리고 자기가 본 환상, 곧 거짓말하는 영이 거짓 예언자들을 책동하여 아합을 유혹할 것이라는 환상을 담대히 전하였다. 미가야가 왕에게 이와

물었다. "미가야는 대답하시오. 우
리가 길르앗의 라못을 치러 올라가
는 것이 좋겠소, 아니면 그만 두는
것이 좋겠소?" 미가야가 대답하였
다. "올라가십시오. 승리는 임금님의
것입니다. 주님께서 그 곳을 왕의 손
에 넘겨 주실 것입니다."
16 그러자 왕은 그에게 다시 말하였다.
"그대가 주님의 이름으로 나에게 말
을 할 때에는, 진실을 말해야 한다고
누차 일렀거늘, 내가 얼마나 더 똑같
은 말을 되풀이해야 하겠소?"
17 미가야가 대답하였다. "내가 보니,
온 이스라엘이 이산 저산에 흩어져
있습니다. 마치 목자 없는 양 떼와
같습니다. '나 주가 말한다. 이들에
게는 인도자가 없다. 제각기 집으로
평안히 돌아가게 하여라' 하십니다."
18 ○이스라엘 왕이 여호사밧에게 말
하였다. "보십시오, 그는 나에게, 길
한 것은 예언하지 않고, 흉한 것만을
예언한다고 말씀드리지 않았습니
까?"
19 미가야가 말을 계속하였다. "그러므
로 이제는 주님의 말씀을 들으십시
오. 내가 보니, 주님께서 보좌에 앉
으시고, 그 좌우 옆에는, 하늘의 모
든 군대가 둘러 서 있는데,
20 주님께서 물으십니다. '누가 아합을
꾀어 내어서, 그로 길르앗의 라못으
로 올라가서 죽게 하겠느냐?' 그러
자 그들은 '이렇게 하자' 또는 '저렇게
하자' 하며, 저마다 자기의 의견을 말
하는데,
21 한 영이 주님 앞에 나서서 말합니다.
'제가 가서, 그를 꾀어 내겠습니다.'
그러자 주님께서는 그에게 물으십니
다. '그를 어떻게 꾀어 내겠느냐?'
22 그러자 그는 대답합니다. '제가 거짓
말하는 영이 되어, 아합의 모든 예언
자들의 입에 들어가서, 그들이 모두
거짓말을 하도록 시키겠습니다.' 그러
자 주님께서 말씀하십니다. '네가 그
를 꾀어라. 틀림없이 성공할 것이다.
가서, 곧 그렇게 하여라.'
23 그러므로 이제 보십시오. 주님께서
거짓말하는 영을 여기에 있는 임금
님의 예언자들의 입에 들어가게 하
셨으니, 주님께서는 임금님께 이미
재앙을 선언하신 것입니다."
24 ○그러자 그나아나의 아들 시드기야
가 다가와서, 미가야의 뺨을 치면서
말하였다. "주님의 영이 어떻게 나를
떠나 네게로 건너가서 말씀하시더
냐?"
25 미가야가 대답하였다. "네가 골방으
로 들어가서 숨는 바로 그 날에, 너
는 모든 것을 알게 될 것이다."
26 이스라엘 왕은 명령하였다. "미가야
를 잡아다가, 아몬 성주와 요아스 왕

같이 선포하기 위해서는 말씀에 대한 확신과 담대한 용기가 필요했을 것이다.

22:23 예언자들의 입에 들어가게 하셨으니 하나님께서 *400여 명의 예언자에게* '거짓말하는 영'이 머무르도록 허락하셨다. 이는 그들이 진리를 사랑하지 아니하며 탐욕에 사로잡혀 있었기 때문이다(렘 14:14;23:16,26). 모세 당시 바로의 마음을 고집스럽게 하신 것과 비교할 수 있다(출 7:3). 하나님께서 부드러운 바로의 마음을 고집스럽게 변화시킨 것이 아니라 고집스러운 바로의 마음을 그대로 버려두신 것이다. 본문에서도 예언자들의 마음이 진리를 떠나 있었기 때문에 하나님께서는 '거짓말하는 영'이 머무르게 허락하신 것이다. 이는 아합에 대한 하나님의 공의를 실현하시기 위함이었다.

22:25 그 날에 미가야는 모세의 법(신 18:22)에 의하여 참과 거짓이 분별될 것을 믿었다.

22:29–40 아합은 전쟁에서 치명적인 부상을 당

자에게로 끌고 가거라.
27 그리고 내가 명하는 것이니, 이 자를
감옥에 가두고, 내가 평안히 돌아올
때까지, 빵과 물을 죽지 않을 만큼
만 먹이라고 하여라."
28 미가야가 말하였다. "임금님께서 정
말로 평안히 돌아오실 수 있으면, 주
님께서 나를 시켜서 이런 말씀을 하
시지도 않으셨을 것입니다." 미가야
는 한 마디 더 붙였다. "여기에 있는
모든 백성은 나의 말을 잘 기억하여
두시오!"

아합의 죽음 (대하 18:28-34)

29 ○이스라엘 왕 아합과 유다의 여호
사밧 왕은 시리아와 싸우려고 길르
앗의 라못으로 올라갔다.
30 이스라엘의 아합 왕은 여호사밧에
게 말하였다. "나는 변장을 하고 싸
움터로 들어갈 터이니, 임금께서는
왕복을 그대로 입고 나가십시오." 이
스라엘 왕은 변장을 하고, 싸움터로
들어갔다.
31 시리아 왕은 그와 함께 있는 서른두
사람의 병거대 지휘관들에게 말하
였다. "너희는 작은 자나 큰 자를 상
대하여 싸우지 말고, 오직 이스라엘
왕만 공격하여라."
32 병거대 지휘관들이 여호사밧을 보더
니 "저 자가 이스라엘의 왕이다." 하
며, 그와 싸우려고 달려들었다. 여호
사밧이 기겁을 하여서 소리치니,
33 병거대 지휘관들은, 그가 이스라엘
의 왕이 아님을 알고서, 그를 추적하
기를 그만두고 돌아섰다.
34 ○그런데 군인 한 사람이 무심코 활
을 당긴 것이 이스라엘 왕에게 명중
하였다. 화살이 갑옷 가슴막이 이음
새 사이를 뚫고 들어간 것이다. 왕은
자기의 병거를 모는 부하에게 말하였
다. "병거를 돌려서, 이 싸움터에서
빠져 나가자. 내가 부상을 입었다."
35 그러나 특히 그 날은 싸움이 격렬하
였으므로, 왕은 병거 가운데 붙들려
서서, 시리아 군대를 막다가 저녁 때
가 되어 죽었는데, 그의 병거 안에는
왕의 상처에서 흘러나온 피가 바닥
에 흥건히 고여 있었다.
36 해가 질 즈음에 "각각 자기의 성읍으
로, 각각 자기의 고향으로!" 하고 외
치는 명령이 진영에 전달되었다.
37 ○왕은 죽고, 사람들은 그 주검을
사마리아로 가지고 가서, 그 곳에 묻
었다.
38 그리고 사마리아의 연못에서 왕의
병거와 갑옷을 씻을 때에 개들이 그
피를 핥았고, 창녀들이 그 곳에서
목욕을 하였다. 이렇게 해서 모든 것
은 주님께서 말씀하신 대로 되었다.
39 ○아합의 나머지 행적과 그가 한 모
든 일과, 그가 건축한 상아 궁과, 그

하였다. 그에게 활을 쏜 시리아 사람은 아합을 특별히 겨냥한 것이 아니라 무심코 쐈던 것이다. 그러나 하나님의 손 안에 들어 있기에, 정확히 맞아야 할 사람을 맞게 하신 것이다.

22:31 오직…왕만 공격하여라 이 말은 '너희의 병기를 왕을 향해 겨냥하라'는 뜻이다. 고대 전투에서는 지휘관이 죽거나 사로잡히면 전쟁이 끝나는 경우가 많았다.

22:34 병거를 모는 부하 병거에는 두 명이 탔는데 한 명은 투사이며 또 한 명은 병거를 모는 자였다.

22:38 주님께서 말씀하신 대로 21:19에 기록된 엘리야의 예언을 가리킨다. 그러나 아합이 회개했기 때문에, 그가 이스르엘에 있는 나봇의 포도원에서 죽임당할 수밖에 없었던 저주는 그의 아들 아하시야에게로 옮겨지게 되었다.

22:39 아합은 정치적으로 많은 업적을 남겼다. 특히 그는 남 유다의 솔로몬 궁전과 견주기 위해 사마리아에 상아 궁을 건축하였다.

가 세운 성읍들에 관한 모든 사실
이, '이스라엘 왕 역대지략'에 다 기
록되어 있다.
40 아합이 조상들과 함께 묻히니, 그의
뒤를 이어서 그의 아들 아하시야가
왕이 되었다.

유다 왕 여호사밧 (대하 20:31-21:1)

41 ○이스라엘의 아합 왕 제 사년에 아
사의 아들 여호사밧이 유다의 왕이
되었다.
42 여호사밧은 왕이 될 때에 서른다섯
살이었고, 예루살렘에서 스물다섯
해 동안 다스렸다. 그의 어머니 아수
바는 실히의 딸이다.
43 여호사밧은 자기의 아버지 아사가
걸어간 길에서 벗어나지 아니하고,
그 길을 그대로 걸어서, 주님께서 보
시기에 정직하게 행하였으나, 그가
산당만은 헐어 버리지 않아서, 백성
은 여전히 산당에서 제사를 드리며
분향하였다.
44 여호사밧은 이스라엘 왕과 평화롭
게 지냈다.
45 ○여호사밧의 나머지 행적과, 그가
보여 준 권세와, 그가 치른 전쟁에
관한 것들이, 모두 '유다 왕 역대지
략'에 기록되어 있다.
46 그는 그의 아버지 아사 시대까지 남
아 있던 성전 남창들을 그 땅에서
내쫓았다.
47 ○그 때에 에돔에는 왕이 없었고, 유
다의 왕이 임명한 대리자가 다스리
고 있었다.
48 여호사밧이 오빌에서 금을 가져오려
고 다시스 선단을 만들었으나, 그 배
들이 에시온게벨에서 파선하였으므
로, 가지 못하였다.
49 그러자 아합의 아들 아하시야가 여
호사밧에게 "나의 신하들이 임금님
의 신하들과 같은 배를 타고 가게 하
겠습니다" 하고 제의하였으나, 여호사
밧은 이 제의를 받아들이지 않았다.
50 ○여호사밧이 숨을 거두니, '다윗 성'
에다가 조상들과 함께 그를 장사하
였다. 그의 뒤를 이어서, 그의 아들
여호람이 왕이 되었다.

이스라엘 왕 아하시야

51 ○유다의 여호사밧 왕 제 십칠년에,
아합의 아들 아하시야가 사마리아
에서 이스라엘의 왕이 되었다. 그는
두 해 동안 이스라엘을 다스렸다.
52 그는 주님께서 보시기에 이스라엘을
죄에 빠뜨리게 한 그의 아버지와 어
머니가 걸은 길과 느밧의 아들 여로
보암이 걸은 길을 그대로 따라갔다.
53 그는 바알을 섬기고, 그것에 절을 하
여서, 그의 아버지가 한 것과 마찬가
지로, 주 이스라엘의 하나님께서 진
노하시게 하였다.

22:41-50 유다 왕 여호사밧의 통치 기록이다. 여호사밧은 경건한 인물로서, 부왕인 아사가 시작한 종교 개혁 운동을 계속 실시하였다. 그는 종교 지도자들에게 백성들을 순회하며 하나님의 말씀을 가르치게 했으며, 성전 남창들을 쫓아냈다. 그러나 일부 산당은 남겨 두는 실수를 범했다. 또한, 여호사밧은 경제적 부를 일으키려고 시도하였으나, 상선들이 파선되어 그 꿈을 이루지 못하였다. 예언자 엘리에셀을 통하여 상선의 파선을 이미 경고하신 바 있다(대하 20:37).

22:51-53 아하시야의 통치 아하시야는 여로보암의 우상 숭배를 계속했을 뿐만 아니라 바알 숭배도 마찬가지로 계속했다. 그는 여로보암 가문의 파멸에 대해서 들었고 거짓 예언자들로 판명된 바알의 예언자들 때문에 자신의 아버지가 파멸한 것을 보았다. 그럼에도 불구하고 그는 여전히 사악한 아버지의 전철을 밟았으며 아버지보다 더 악한 어머니 이세벨의 권고를 따랐다.

열왕기하

2 KINGS

저자 본서의 저자가 누구인가 하는 문제는 난제 중의 하나이다. 그러나 일반적으로 가장 인정받고 있는 학설은 예레미야가 본서의 저자였을 것이라는 설이다.

저작 연대 B.C. 561–538년경으로 추정

기록 장소와 대상 기록 장소는 어디인지 모른다(아마도 유다와 이집트에서 기록했을 것이다). 이스라엘 백성을 대상으로 기록하였다.

역사적 배경 솔로몬 당시 이스라엘 주위에는 이렇다 할 강대국이 없었다. 그러다 앗시리아가 디글랏빌레셀(앗시리아의 불 왕_15:19; B.C. 745–727년) 치하에서 갑자기 강성해지기 시작해 사르곤 왕 때인 B.C. 722년에 북 이스라엘을 정복하였다. 한편, 앗시리아의 남쪽에서는 신흥 바빌로니아가 서서히 등장하기 시작했다. 드디어 바빌로니아는 갈그미스 전투에서 앗시리아와 이집트의 연합군을 전멸시키고 최강대국으로 부상한 후 곧이어 팔레스타인을 침공했으며 예루살렘을 세 번씩이나 공격하였고, 마침내 B.C. 586년에는 남 유다를 정복했다.

핵심어 및 내용 열왕기하의 핵심어는 '심판', '포로생활'이다. 열왕기하의 일반적인 흐름은 특별히 하나님 및 그분과 맺은 언약과 관련하여 각 왕의 삶을 평가하고 심판한다.

내용 분해

1. 북 이스라엘의 멸망(1:1–17:41)
2. 남 유다의 멸망(18:1–25:30)

엘리야와 아하시야 왕

1 아합이 죽은 뒤에, 모압이 이스라
엘에게 반역하였다.
2 ○아하시야가 사마리아에 있는 그
의 다락방 난간에서 떨어져 크게 다
쳤다. 그래서 그는 사절단을 에그론
의 신 ㉠바알세붑에게 보내어, 자기
의 병이 나을 수 있을지를 물어 보
게 하였다.
3 ○그 때에 주님의 천사가 나타나서,
디셉 사람 엘리야를 보고, 사마리아
왕의 사절단을 만나서 이렇게 전하
라고 명령하였다. "너희가 에그론의
신 바알세붑에게 물으러 가다니, 이
스라엘에 하나님이 계시지 않느냐?
4 그러므로 나 주가 말한다. 네가, 올
라가 누운 그 병상에서 일어나 내려
오지 못하고, 죽고 말 것이다." ○엘
리야는 천사가 시키는 대로 하였다.
5 그리하여 사절들은 가던 길에서 돌이
켜서, 왕에게 되돌아갔다. 왕이 그들
에게 왜 그냥 돌아왔는지를 물었다.
6 그들은 왕에게 사실대로 대답하였
다. "길을 가다가 웬 사람을 만났습
니다. 그는 우리를 보고, 우리를 보
내신 임금님께 돌아가서, 주님께서
하신 말씀을 전하라고 하였습니다.
그러면서 하는 말이 '네가 에그론의
신 바알세붑에게 사람을 보내어 물
으려 하다니, 이스라엘에 하나님이
계시지 않느냐? 그러므로 너는, 네
가 올라가 누운 그 병상에서 일어나
내려오지 못하고, 분명히 거기에서
죽고 말 것이다' 하였습니다."
7 왕이 그들에게 물었다. "너희들을
만나서 그러한 말을 한 그 사람이
어떻게 생겼더냐?"
8 그들이 왕에게 대답하였다. "털이 많
고, 허리에는 가죽 띠를 띠고 있었습
니다." 그러자 왕은 "그는 분명히 디
셉 사람 엘리야다" 하고 외쳤다.
9 ○그리하여 왕은 오십부장에게 부하
쉰 명을 딸려서 엘리야에게 보냈다.
그 오십부장은 엘리야가 산꼭대기에

㉠ '파리들의 주', '바알 왕자'를 뜻하는 '바알세불'에 대칭되는 모욕적인 이름

앉아 있는 것을 보고, 그에게 소리쳤
다. "어명이오. 하나님의 사람께서는
내려오시오!"
10 엘리야가 그 오십부장에게 말하였
다. "내가 하나님의 사람이라면, 불
이 하늘에서 내려와서, 너와 네 부하
쉰 명을 모두 태울 것이다." 그러자
불이 하늘에서 내려와서, 그와 그의
부하 쉰 명을 태워 버렸다.
11 ○왕이 다시 다른 오십부장에게 부
하 쉰 명을 딸려서 엘리야에게 보냈
다. 그 오십부장은 엘리야에게 말하
였다. "어명이오. 하나님의 사람께서
는 내려오시오!"
12 엘리야가 그들에게 말하였다. "내가
하나님의 사람이라면, 불이 하늘에
서 내려와서, 너와 네 부하 쉰 명을
모두 태울 것이다." 그러자 하나님의
불이 하늘에서 내려와서, 그와 그의
부하 쉰 명을 태웠다.
13 ○왕이 세 번째로 또 다른 오십부장
에게 부하 쉰 명을 딸려서 보냈다.
그 세 번째 오십부장은 올라가서, 엘
리야 앞에 무릎을 꿇고, 애원하며
말하였다. "하나님의 사람께서는 우
리의 청을 물리치지 말아 주십시오.
나의 목숨과 어른의 종들인, 이 쉰
명의 목숨을 귀하게 여겨 주십시오.
14 보십시오, 하늘에서 불이 내려와서,
이미 오십부장 두 명과 그들의 부하
백 명을 모두 태워 죽였습니다. 그러
니 이제 나의 목숨을 귀하게 여겨
주십시오."
15 그 때에 주님의 천사가 엘리야에게
말하였다. "그와 함께 내려가거라.
그 사람을 두려워하지 말아라." 그리
하여 엘리야가 일어나서, 그와 함께
왕에게 내려갔다.
16 엘리야가 왕에게 말하였다. "주님께
서 말씀하시기를 '네가, 에그론의 신
바알세붑에게 네 병에 관하여 물어
보려고 사절들을 보내다니, 이스라
엘에 네가 말씀을 여쭈어 볼 하나님
이 계시지 않더란 말이냐? 그러므
로 너는, 네가 올라가 누운 그 병상
에서 일어나 내려오지 못하고, 죽고
말 것이다' 하셨습니다."
17 엘리야가 전한 주님의 말씀대로, 북
왕국 이스라엘에서는 아하시야 왕
이 죽었다. 그에게 아들이 없었으므
로, ㉠그의 동생 여호람이 그의 뒤를
이어 왕이 되었다. 때는 남왕국 유다
에서 여호사밧의 아들 여호람이 즉
위하여 다스린 지 이년이 되던 해였
다.
18 ○아하시야가 한 나머지 일들은 '이스
라엘 왕 역대지략'에 기록되어 있다.

엘리야가 승천하다

2 주님께서 엘리야를 회오리바람에
실어 하늘로 데리고 올라가실 때

1장 요약 아합이 죽은 후 즉위한 아하시야는 바알 숭배에 몰두하였다. 하나님의 경고로 병이 든 그는 예언자 엘리야의 말을 듣고도 회개하지 않았고, 결국 죽고 말았다.

1:1–8 열왕기하의 서두(序頭)는 열왕기상 22:51–53의 부연 설명으로 시작된다.

1:18 이스라엘 왕 역대지략 북 이스라엘 왕들의 사적을 광범위하게 다루어 놓은 왕조실록이다.

2장 요약 엘리야가 사역을 끝내고 승천한 것과 엘리사가 그 뒤를 이은 것에 대한 기록이다. 엘리야의 승천은 장차 그리스도의 재림시 성도들이 휴거할 것을 예시해 준다. 또한 갑절의 능력이 엘리사에게 임한 것은 하나님의 말씀이 계속해서 증거되기 위함이다.

㉠ 칠십인역과 시리아어역을 따름. 히브리어 본문에는 '그의 동생' 없음

가 되니, 엘리야가 엘리사를 데리고
길갈을 떠났다. 길을 가다가,
2 엘리야가 엘리사에게 말하였다. "나
는 주님의 분부대로 베델로 가야 한
다. 그러나 너는 여기에 남아 있거
라." 그러나 엘리사는 "주님께서 살
아 계심과 스승께서 살아 계심을 두
고 맹세합니다. 나는 결코 스승님을
떠나지 않겠습니다" 하고 말하였다.
그리하여 그들은 함께 베델까지 내
려갔다.
3 베델에 살고 있는 ㉠예언자 수련생들
이 엘리사에게 와서 물었다. "선생님
의 스승을 주님께서 오늘 하늘로 데
려가려고 하시는데, 선생님께서는
알고 계십니까?" 엘리사가 말하였
다. "나도 알고 있으니, 조용히 하시
오."
4 ○엘리야가 엘리사에게 말하였다.
"나는 주님의 분부대로 여리고로 가
야 한다. 그러나 너는 여기에 남아
있거라." 그러나 엘리사는 "주님께서
살아 계심과 스승께서 살아 계심을
두고 맹세합니다. 나는 결코 스승님
을 떠나지 않겠습니다" 하고 말하였
다. 그리하여 그들은 함께 여리고로
갔다.
5 여리고에 살고 있는 예언자 수련생
들이 엘리사에게 와서 물었다. "선생
님의 스승을 주님께서 오늘 하늘로
데려가려고 하시는데, 선생님께서는
알고 계십니까?" 엘리사가 말하였
다. "나도 알고 있으니, 조용히 하시
오."
6 ○엘리야가 엘리사에게 말하였다.
"나는 주님의 분부대로 요단 강으로
가야 한다. 그러나 너는 여기에 남아
있거라." 그러나 엘리사는 "주님께서
살아 계심과 스승께서 살아 계심을
두고 맹세합니다. 나는 결코 스승님
을 떠나지 않겠습니다" 하고 말하였
다. 그리하여 두 사람은 함께 길을
떠났다.
7 ㉠예언자 수련생들 가운데서 쉰 명
이 요단 강까지 그들을 따라갔다. 엘
리야와 엘리사가 요단 강 가에 서니,
따르던 제자들도 멀찍이 멈추어 섰
다.
8 그 때에 엘리야가 자기의 겉옷을 벗
어 말아서, 그것으로 강물을 치니,
물이 좌우로 갈라졌다. 두 사람은
물이 마른 강바닥을 밟으며, 요단 강
을 건너갔다.
9 ○요단 강 맞은쪽에 이르러, 엘리야
가 엘리사에게 말하였다. "주님께서
나를 데려가시기 전에 내가 네게 어
떻게 해주기를 바라느냐?" 엘리사
는 엘리야에게 "스승님이 가지고 계
신 능력을 제가 갑절로 받기를 바랍
니다" 하고 대답하였다.

2:1-11 우상 숭배가 만연하던 시대에 하나님의 군사로 활약하던 엘리야의 승천에 관한 기록이다. 엘리야와 엘리사는 길갈의 예언자 학교에(4:38) 머물러 있었다. 하나님께서는 엘리야에게 베델과 여리고에 있는 예언자 수련생들과 작별 인사를 나누기 위한 여행을 하도록 지시하셨다. 엘리야는 자신의 승천 장면을 엘리사가 목격해도 되는지 알 수 없었기 때문에, 따라가려는 엘리사를 만류했다. 이것은 엘리야의 겸손한 심정을 나타낸다. 그러나 엘리사는 스승의 승천을 목격함으로써 하나님의 크신 능력을 체험하고 견고한 믿음을 얻기 위해 끝까지 따라가고자 했다. 엘리야는 산 채로 회오리바람을 타고 승천하였다.

2:7 쉰 명 이들은 엘리야와 엘리사가 각각 요단강을 가르는 기적을 행할 때에 곁에서 보았던 증인들이었다. 본문은 또한 예언자 학교의 규모를 짐작하게 해준다.

㉠ 히. '예언자들의 아들들'

10 엘리야가 말하였다. "너는 참으로 어
려운 것을 요구하는구나. 주님께서
나를 너에게서 데려가시는 것을 네
가 보면, 네 소원이 이루어지겠지만,
그렇지 않으면 그것이 이루어지지
않을 것이다."
11 그들이 이야기를 하면서 가고 있는
데, 갑자기 불병거와 불말이 나타나
서, 그들 두 사람을 갈라 놓더니, 엘
리야만 회오리바람에 싣고 하늘로
올라갔다.
12 엘리사가 이 광경을 보면서 외쳤다.
"나의 아버지! 나의 아버지! 이스라
엘의 병거이시며 마병이시여!" 엘리
사는 엘리야를 다시는 볼 수 없었다.
○엘리사는 슬픔에 겨워서, 자기의
겉옷을 힘껏 잡아당겨 두 조각으로
찢었다.
13 그리고는 엘리야가 떨어뜨리고 간
겉옷을 들고 돌아와, 요단 강 가에
서서,
14 엘리야가 떨어뜨리고 간 그 겉옷으
로 강물을 치면서 "엘리야의 주 하
나님, 주님께서는 어디에 계십니
까?" 하고 외치고, 또 물을 치니, 강
물이 좌우로 갈라졌다. 엘리사가 그
리로 강을 건넜다.
15 그 때에 여리고에서부터 따라 온 예
언자 수련생들이 강 건너에서 이 광
경을 보고는 "엘리야의 능력이 엘리
사 위에 내렸다" 하고 말하면서, 엘
리사를 맞으러 나와, 땅에 엎드려 절
을 하였다.
16 그리고 엘리사에게 말하였다. "보십
시오, 여기에 선생님의 제자들이 쉰
명이나 있습니다. 우리들은 모두 힘
있는 사람입니다. 우리들을 보내셔
서, 선생님의 스승을 찾아보도록 하
십시오. 주님의 영이 그를 들어다가,
산 위에나 계곡에 내던졌을까 염려
됩니다." 그러나 엘리사는, 보낼 필요
가 없다고 말하였다.
17 그러다가 그들이 하도 성가시게 간
청하자, 엘리사는 사람을 보내어 엘
리야를 찾아보라고 하였다. 그러나
그들이 사람 쉰 명을 보내어 사흘
동안이나 찾아보았으나, 엘리야를 발
견하지 못하고,
18 여리고에 머물고 있는 엘리사에게로
돌아왔다. 엘리사가 그들에게 말하
였다. "내가 너희들에게 가지 말라고
하지 않더냐?"

엘리사의 기적

19 ○그 성읍 사람들이 엘리사에게 말
하였다. "보십시오, 선생님께서도 보
시는 바와 같이, 이 성읍이 차지하고
있는 자리는 좋지만, 물이 좋지 않아
서, 이 땅에서는 사람들이 아이를
유산합니다."
20 그러자 그는 새 대접에 소금을 조금

2:10 어려운 것을 요구하는구나 엘리사의 요구를 들어주는 것은 엘리야의 권한이 아니고 하나님의 권한이었다. 그래서 엘리야는 이 문제를 주님께 맡기고 '*주님께서 나를 너에게서 데려가시*는 것을 네가 보면'이라는 조건을 단 것이다.

2:12-18 엘리야가 승천하자 엘리사가 그의 직무와 능력을 물려받았다. 하나님께서는 엘리사에게 확신을 주고 예언자의 제자들과 모든 백성들에게 엘리사가 엘리야의 후계자임을 선포하기 위하여, 요단 강이 갈라지는 기적을 허락하셨다. 그러나 예언자 수련생들은 엘리야의 승천을 믿지 못하였다.

2:19-22 여리고 성읍의 물을 변화시킨 기적이다. 이 기적은 하나님께 불순종한 자들에게도 은혜를 베푸사 그들의 심령을 새롭게 하실 것이라는 하나님의 자비를 상징한다. 이 때 여리고 성읍은 패역한 온 이스라엘 전체를 의미한다.

2:20 새 대접은 성령께서 역사하실 새 창조를 말하고, 소금은 하나님의 신실하신 언약의 상징이다.

담아 가지고 오라고 하였다. 그들이
그것을 가져 오니,
21 엘리사는 물의 근원이 있는 곳으로
가서, 소금을 그 곳에 뿌리며 말하였
다. "주님께서 이렇게 말씀하신다.
'내가 이 물을 맑게 고쳐 놓았으니,
다시는 이 곳에서 사람들이 물 때문
에 죽거나 유산하는 일이 없을 것이
다.'"
22 그 곳의 물은, 엘리사가 말한 대로,
그 때부터 맑아져서 오늘에 이르렀
다.
23 ○엘리사가 그 곳을 떠나 베델로 올
라갔다. 그가 베델로 올라가는 길
에, 어린 아이들이 성읍에서 나와 그
를 보고 "대머리야, 꺼져라. 대머리
야, 꺼져라" 하고 놀려 댔다.
24 엘리사는 돌아서서 그들을 보고, 주
님의 이름으로 저주하였다. 그러자
곧 두 마리의 곰이 숲에서 나와서,
마흔두 명이나 되는 아이들을 찢어
죽였다.
25 엘리사는 그 곳을 떠나 갈멜 산으로
갔다가, 거기에서 다시 사마리아로
돌아갔다.

이스라엘과 모압의 전쟁

3 유다의 여호사밧 왕 제 십팔년에
아합의 아들 ㉠요람이 사마리아에
서 이스라엘을 열두 해 동안 다스렸
다.
2 그는 주님 보시기에 악을 행하였지
만, 그의 부모처럼 악하지는 않았다.
그는, 아버지가 만든 바알의 우상들
을 철거하였다.
3 그러나 이스라엘을 죄에 빠뜨린 느
밧의 아들 여로보암이 저지른 것과
같은 죄에서는 벗어나지 못하고, 그
로부터 완전히 돌아서지도 못하였
다.
4 ○모압 왕 메사는 양을 치는 사람이
었는데, 이스라엘 왕에게 암양 십만
마리의 털과 숫양 십만 마리의 털을
조공으로 바쳤다.
5 그러다가 아합이 죽은 뒤에, 모압 왕
이 이스라엘 왕을 배반하였다.
6 그 때에 ㉠요람 왕은 그 날로 사마리
아로부터 행군하여 나와서, 이스라
엘 군대 전체를 점검한 다음에,
7 전쟁터로 가면서, 유다의 여호사밧
왕에게 사절을 보내어 물었다. "모압
왕이 나를 배반하였습니다. 나와 함
께 모압을 치러 올라가시겠습니까?"
여호사밧이 대답하였다. "물론 함께
올라가겠습니다. 우리는 서로 한 몸
이나 다름없는 처지가 아닙니까? 나
의 군대가 곧 임금의 군대이고, 나의
군마가 곧 임금의 군마가 아닙니
까?"
8 이에 ㉠요람이 "그러면 우리가 어느
길로 올라가는 것이 좋겠습니까?"

3장 요약 이스라엘 왕 요람이 유다 왕 여호사밧과 동맹하여 모압을 정벌한 내용이다. 모압이 이스라엘을 배반하자, 요람은 모압을 정벌하고자 하였다. 그러나 연합군은 패전의 위기에 처하고, 엘리사를 통해 하나님의 도움을 구했다. 하나님은 엘리사의 믿음을 보시고, 연합군의 승리를 예고하셨다.

3:1–3 요람은 선왕(先王) 아하시야의 동생이었다. 그는 부모와 달리 바알 종교를 제거하려 하였다. 그러나 완전히 근절하지는 못했다. 오히려 요람 시대 후기에는 바알 종교가 더욱 파렴치한 모습으로 다시 고개를 들고 나타났다(10:18 이하). 그 큰 이유는 이세벨이 요람의 통치 기간 동안 계속 살아 있었기 때문이었다(9:30).

3:4–5 모압의 배반 모압은 아합 시대까지 이스라

㉠ 히, '여호람'. 히브리 이름 '요람'과 '여호람'은 서로 바꾸어 쓸 수 있음

하고 물으니, 여호사밧은 에돔의 광
야 길로 가는 것이 좋겠다고 말하였
다.
9 ○그래서 이스라엘 왕과 유다 왕과
에돔 왕이 함께 출정하였다. 그러나
그들이 길을 돌아 행군하는 이레 동
안에, 군대와 함께 간 가축들이 마
실 물이 바닥났다.
10 이스라엘 왕이 탄식하였다. "아, 큰
일났구나! 주님께서 우리 세 왕을 모
압의 손에 넘겨 주시려고 불러내신
것이 아닌가!"
11 그러나 여호사밧은 "여기에는 주님
의 예언자가 없습니까? 이 일을 주님
께 물을 예언자가 없습니까?" 하고
물었다. 그 때에 이스라엘 왕의 신하
가운데 하나가 대답하였다. "사밧의
아들 엘리사라는 사람이 여기에 있
습니다. 그는 엘리야의 시중을 들던
사람입니다."
12 그러자 여호사밧이 말하였다. "그에
게서 주님의 말씀을 들을 수 있을
것 같습니다." 그래서 이스라엘의 왕
과 여호사밧과 에돔 왕이 그에게로
내려갔다.
13 그러나 엘리사는 이스라엘 왕에게
말하였다. "무슨 일로 나에게 오셨습
니까? 임금님의 아버지와 어머니의
예언자들에게나 가 보십시오" 하고
말하였다. 이스라엘 왕이 그에게 말
하였다. "그런 말씀은 마십시오. 주
님께서 우리들 세 왕을 불러내셔서,
모압의 손에 넘겨 주시려고 하십니
다."
14 그제야 엘리사는 말하였다. "내가
섬기는 만군의 주님께서 살아 계심
을 두고 맹세합니다. 내가 유다 왕
여호사밧의 체면을 생각하지 않았
더라면, 요람 임금님을 염두에 두지
도 않았을 뿐만 아니라, 임금님을 쳐
다보지도 않았을 것입니다.
15 이제 나에게 거문고를 타는 사람을
데려 오십시오." 그리하여 거문고 타
는 사람이 와서 거문고를 타니, 주님
의 권능이 엘리사에게 내렸고,
16 엘리사는 예언을 하기 시작하였다.
"주님께서 이렇게 말씀하십니다. '이
계곡에 도랑을 많이 파라.'
17 주님께서 또 이렇게 말씀하십니다.
'너는 바람이 부는 것도 보지 못하
고, 비가 내리는 것도 보지 못하겠지
만, 이 계곡은 물로 가득 찰 것이며,
너희와 너희의 가축과 짐승이 마시
게 될 것이다.'
18 그렇습니다. 이런 일쯤은 주님께서
보시기에는 너무나 가벼운 일입니
다. 그러므로 주님께서는 모압을 임
금님들의 손에 넘겨 주셨습니다.
19 그러므로 임금님들께서는 요새화된
모든 성읍과 모든 아름다운 성읍을

엘의 속국이었다. 그런데 아하시야 시대에 이르러 모압이 반란을 일으킨 것이다(1:1).

3:11 시중을 들던 이것은 종이 주인에게, 아들이 *아버지에게, 주인이 손님에게*, 제자가 스승에게 행하던 일이었다.

3:21-27 모압 군대가 착각을 일으켜 스스로 방어진을 풀고 경솔한 작전을 펼쳤기 때문에, 이스라엘 연합군은 쉽게 모압을 정복할 수 있었다. 그러나 모압의 수도인 길하레셋만은 점령하지 못했다. 멸망의 위기를 당한 모압 왕은 자기 아들을 산 제물로 바치는 잔인하고 극악한 짓을 자행함으로써, 이스라엘 연합군의 믿음을 위축시켜 퇴각하게 만들었다. 연합군의 퇴각은 불신앙적인 행위였다.

3:26 에돔 왕이 있는 쪽으로 에돔 왕이 지휘하고 있는 쪽의 포위망을 뚫으려 했다는 뜻이다. 이는 그 쪽으로 가야 가장 적게 공격을 당하리라고 추측하였기 때문으로 보인다.

치실 것이고, 모든 좋은 나무를 쓰러
뜨리며, 물이 솟는 모든 샘을 막을
것이며, 모든 옥토를 돌짝밭으로 만
드실 것입니다."
20 그 다음날 아침에 제물을 드릴 때
에, 물이 에돔 쪽을 따라 흘러내려
서, 그 땅을 물로 가득 채웠다.
21 ○다른 한편, 모든 모압 사람들은,
여러 왕들이 자기들과 싸우려고 올
라왔다는 소식을 들었다. 그래서 군
복을 입을 만한 사람, 징집 연령이
된 사람은 모두 소집되어서, 위로 올
라와, 국경에서 그 왕들과 대치하였
다.
22 모압 사람들이 이튿날 아침 일찍 일
어나 보니, 해가 물 위에 비쳐서, 반
대편 물이 온통 피와 같이 붉게 물
든 것을 보았다.
23 그래서 그들은 "아, 이것은 피다! 분
명 저쪽 왕들이 서로 싸우고 서로
치다가 흘린 피일 것이다. 자, 모압
사람들아, 약탈하러 가자!" 하고 소
리쳤다.
24 그러나 막상 그들이 이스라엘 진에
이르니, 이스라엘 군인들이 일제히
일어나서 모압 군인들을 쳤다. 그래
서 그들이 이스라엘 앞에서 도망하
니, 이스라엘 군인들은 모압 진 안에
까지 쳐들어가서, 모압 군인들을 무
찔렀다.
25 그들은 또 성읍들을 파괴하고, 옥토
에는 모두 돌을 던져서, 돌로 가득
채웠다. 물이 나는 샘을 모두 메우
고, 좋은 나무를 모두 쓰러뜨려서
길하레셋의 돌담만 남겼는데, 그 곳
도 무릿매꾼들이 포위하고 공격하
였다.
26 ○그제야 모압 왕은, 전쟁이 자기에
게 불리하다는 것을 알고, 칼 잘 쓰
는 사람 칠백 명을 뽑아서, 에돔 왕
이 있는 쪽으로 돌파하여 나가려고
하였으나, 그 일도 뜻대로 되지 않았
다.
27 그래서 모압 왕은, 자기를 대신하여
왕이 될 장자를 죽여, 성벽 위에서
번제로 드렸다. 이것을 본 이스라엘
사람들은 크게 당황하여, 그 곳을
버리고 고국으로 돌아갔다.

과부의 기름 병

4 ㉠예언자 수련생들의 아내 가운데
서 남편을 잃은 어느 한 여인이, 엘
리사에게 부르짖으며 호소하였다.
"예언자님의 종인 저의 남편이 죽었
습니다. 예언자님께서도 아시다시피
그는 주님을 경외하는 사람이었습니
다. 그런데 빚을 준 사람이 와서, 저
의 두 아들을 자기의 노예로 삼으려
고 데려가려 합니다."
2 엘리사가 그 여인에게 말하였다. "내
가 어떻게 하면 도움이 되겠는지 알

3:27 장자를…번제로 드렸다 모압의 민족 신은 그모스(몰렉, 밀곰이라고도 불린다)였다. 모압 사람들은 자기 자녀를 그모스 우상에게 불살라 바침으로써, 자신의 소원을 이룰 수 있다고 믿었다. 모압 왕 메사는 이러한 자기 나라 풍습에 따라, 그모스 우상의 도움을 얻기 위해 장자를 번제로 바쳤던 것이다. 그러나 하나님은 이러한 행위를 엄하게 금지하셨다(레 18:21;20:3).

㉠ 히, '예언자들의 아들들'

4장 요약 엘리사가 행한 기름 사건과 수넴 여인의 임신, 그녀의 아들의 죽음과 소생, 예언자 수련생들을 위한 해독 기적 등은 엘리사의 능력의 원천이 하나님께 있음을 보여 준다. 이러한 엘리사의 사역은 하나님의 진노와 심판을 주로 선고하였던 엘리야의 사역과는 대비된다.

4:1-7 주님을 경외하던 한 예언자 수련생이 죽어, 그의 가족이 경제적인 어려움에 시달리게 되었

려 주시오. 집 안에 무엇이 남아 있
소?" 그 여인이 대답하였다. "집 안
에는 기름 한 병 말고는 아무것도 없
습니다."
3 엘리사가 말하였다. "나가서 이웃 사
람들에게 빈 그릇들을 빌려 오시오.
되도록 많이 빌려 와서,
4 두 아들만 데리고 집으로 들어가, 문
을 닫고, 그 그릇마다 모두 기름을
부어서, 채워지는 대로 옆으로 옮겨
놓으시오."
5 ○그 여인은 엘리사 곁을 떠나, 두 아
들과 함께 집으로 들어가 문을 닫
고, 그 아들들이 가져 온 그릇에 기
름을 부었다.
6 그릇마다 가득 차자, 그 여인은 아들
들에게 물었다. "그릇이 더 없느
냐?" 아들들은 그릇이 이제 더 없다
고 대답하였다. 그러자 기름은 더 이
상 나오지 않았다.
7 여인은 하나님의 사람에게로 가서,
이 사실을 알렸다. 하나님의 사람이
그에게 말하였다. "가서 그 기름을
팔아 빚을 갚고, 그 나머지는 모자
의 생활비로 쓰도록 하시오."

엘리사와 수넴 여인

8 ○하루는 엘리사가 수넴 마을을 지
나가게 되었는데, 그 곳에 한 부유한
여인이 있었다. 그가 엘리사에게 음
식을 대접하고 싶어하여, 엘리사는
그 곳을 지나칠 때마다 거기에 들러
서 음식을 먹곤 하였다.
9 그 여인이 자기 남편에게 말하였다.
"여보, 우리 앞을 늘 지나다니는 그
가 거룩한 하나님의 사람인 것을 내
가 압니다.
10 이제 옥상에 벽으로 둘러친 작은 다
락방을 하나 만들어서, 거기에 침대
와 탁자와 의자와 등잔을 갖추어 놓
아 둡시다. 그래서 그가 우리 집에
들르실 때마다, 그 곳에 들어가서 쉬
시도록 합시다."
11 ○하루는 엘리사가 거기에 갔다가,
그 다락방에 올라가 누워 쉬게 되었
다.
12 엘리사가 자기의 젊은 시종 게하시에
게, 수넴 여인을 불러오라고 하였다.
게하시가 그 여인을 불러오니, 그 여
인이 엘리사 앞에 섰다.
13 엘리사가 게하시에게 말하였다. "부
인께 이렇게 여쭈어라. '부인, 우리를
돌보시느라 수고가 너무 많소. 내가
부인에게 무엇을 해드리면 좋겠소?
부인을 위하여 왕이나 군사령관에
게 무엇을 좀 부탁해 드릴까요?'" 그
러나 그 여인은 대답하였다. "저는
저의 백성과 한데 어울려 잘 지내고
있습니다."
14 엘리사가 게하시에게 물었다. "그러
면 내가 이 부인에게 무엇을 해주면

다. 이 때 엘리사는 기적을 통하여 그들의 어려움을 해결해 주었다. 엘리야의 사역이 하나님의 진노와 심판에 관한 것으로 특징된다면, 엘리사의 사역은 하나님의 명령에 얼마만큼 순종해야 하며 또한 하나님을 향해 우리의 마음을 얼마나 열어 놓아야 할 것인지를 가르쳐 준다. 하나님의 은혜는 순종하는 만큼, 열려진 마음만큼 우리에게 채워진다.

4:8-16 엘리사는 사역 초기에 왕이나 귀족들을 자주 만나 신앙적인 충고를 했던 것 같다. 그래서 갈멜 산과 이스르엘 사이를 자주 왕래하였다. 그 길목에 수넴 마을이 있었는데, 이 마을에 사는 한 부유한 여인이 엘리사를 매우 공손하게 환대하였다. 엘리사는 자기를 하나님의 사람으로 섬겨 주던 이 여인에게 아들이 없음을 알고, 아들을 갖게 될 것이라고 축복해 주었다. 그 당시 아들이 없다는 것은 여인의 큰 수치였다. 이 여인은 하나님의 사람을 환대함으로써 이 수치를 면하게

좋을까?" 게하시가 대답하였다. "생
각나는 것이 있습니다. 이 부인에게
는 아들이 없습니다. 그의 남편은 너
무 늙었습니다."
15 엘리사는 게하시에게 그 여인을 다
시 불러오게 하였다. 게하시가 그 여
인을 부르니, 그 여인이 문 안에 들
어섰다.
16 엘리사가 말하였다. "내년 이맘때가
되면, 부인께서는 품에 한 아들을 안
고 있을 것이오." 여인이 대답하였
다. "그런 말씀 마십시오. 예언자님!
하나님의 사람께서도 저 같은 사람
에게 농담을 하시는 것입니까?"
17 그러나 그 여인은 임신하였고, 엘리
사가 말한 대로 다음해 같은 때에
아들을 낳았다.
18 ○그 아이가 자랐는데, 하루는 그 아
이가, 자기 아버지가 곡식 베는 사람
들과 함께 곡식을 거두고 있는 곳으
로 나갔다.
19 갑자기 그 아이가 "아이고, 머리야!
아이고, 머리야!" 하면서, 아버지가
듣는 데서 비명을 질렀다. 그의 아버
지는 함께 있는 젊은 일꾼더러, 그
아이를 안아서, 어머니에게 데려다
주라고 일렀다.
20 그 일꾼은 그 아이를 안아서, 그의
어머니에게로 데리고 갔다. 그 아이
는 점심 때까지 어머니의 무릎에 누
워 있다가, 마침내 죽고 말았다.
21 그러자 그 여인은 옥상으로 올라가
서, 하나님의 사람이 눕던 침대 위에
그 아들을 눕히고, 문을 닫고 나왔
다.
22 그리고 그 여인은 남편을 불러서 이
렇게 말하였다. "일꾼 한 사람과 암
나귀 한 마리를 나에게 보내 주십시
오. 내가 얼른 하나님의 사람에게 다
녀오겠습니다."
23 남편이 말하였다. "왜 하필 오늘 그
에게 가려고 하오? 오늘은 초하루도
아니고 안식일도 아니지 않소?" 그
러나 그의 아내는 걱정하지 말라고
대답하며,
24 나귀에 안장을 지우고, 일꾼에게 말
하였다. "내가 말하기 전까지는 늦추
지 말고, 힘껏 달려가자."
25 이 여인은 곧 갈멜 산에 있는 하나님
의 사람에게 이르렀다. ○때마침 하
나님의 사람이 멀리서 그 여인을 보
고, 그의 시종 게하시에게 말하였다.
"저기 수넴 여인이 오고 있구나.
26 달려가서 맞아라. 부인께 인사를 하
고, 바깥 어른께서도 별고 없으신지,
그리고 아이도 건강한지 물어 보아
라." ○게하시가 달려가서 문안하자,
그 여인은 모두 별고 없다고 대답하
였다.
27 그런 다음에 곧 그 여인은 산에 있

되었다.

4:16 예언자님…농담을 하시는 것입니까? 이는 엘리사의 말을 믿지 못하겠다는 뜻이 아니라 자식에 대한 그녀의 깊은 열망을 역설적으로 표현한 말이다.

4:17-31 하나님의 약속으로 얻은 아들이 어느 날 갑자기 병이 들어 죽고 말았다. 엄청난 시련을 당한 수넴 여인은 즉시 갈멜 산으로 엘리사를 찾아가 아들의 죽음을 알렸다. 그녀는 엘리사의 도움으로 아들이 다시 살 것이라고 확신했다.

4:18 곡식 베는 사람 수넴 여인의 남편을 가리키는 것이 아니라 품삯을 받고 일하는 사람을 가리킨다.

4:21 하나님의 사람이…문을 닫고 하나님의 축복으로 얻은 아들을 엘리사가 다시 살릴 수 있을 것이라고 그녀는 확신했다. 그래서 아들의 죽음을 아무에게도 알리지 않았다.

4:23 초하루 (히) '호데스'. 매월 초하루는 나팔을

는 하나님의 사람에게로 가서, 그의
발을 꼭 껴안았다. 게하시가 그 여인
을 떼어 놓으려고 다가갔으나, 하나
님의 사람이 말리면서 말하였다. "그
대로 두어라. 부인의 마음 속에 무엇
인가 쓰라린 괴로움이 있는 것 같구
나. 주님께서는, 그가 겪은 고통을
나에게는 감추시고, 알려 주지 않으
셨다."
28 여인이 엘리사에게 말하였다. "예언
자님, 제가 언제 아들을 달라고 하였
습니까? 저는 오히려 저 같은 사람
에게 농담을 하지 마시라고 말씀드
리지 않았습니까?"
29 엘리사가 게하시에게 말하였다. "허
리를 단단히 묶고, 내 지팡이를 들고
가거라. 길을 가다가 어떤 사람을 만
나도 인사를 해서는 안 된다. 인사
를 받더라도 그에게 대꾸를 해서는
안 된다. 그리고 가거든, 내 지팡이
를 그 아이의 얼굴 위에 놓아라."
30 그러나 아이의 어머니는 말하였다.
"주님의 살아 계심과 예언자님의 목
숨이 살아 계심을 두고 맹세합니다.
저는 어떤 일이 있어도 예언자님을
떠나지 않겠습니다." 엘리사는 하는
수 없이 일어나서, 그 부인을 따라
나섰다.
31 ○게하시가 그들보다 먼저 가서, 그
아이의 얼굴에 지팡이를 올려놓아
보았으나, 아무런 소리도 없었고, 아
무런 기척도 없었다. 게하시가 엘리
사를 맞으려고 되돌아와서, 그에게
말하였다. "아이가 깨어나지 않습니
다."
32 엘리사가 집 안에 들어가서 보니, 그
아이는 죽어 있었고, 그 죽은 아이
는 엘리사가 눕던 침대 위에 뉘어 있
었다.
33 엘리사는 방 안으로 들어가서 문을
닫았다. 방 안에는 엘리사와 그 죽
은 아이 둘뿐이었다. 엘리사는 주님
께 기도를 드린 다음에,
34 침대 위로 올라가서, 그 아이 위에
몸을 포개어 엎드렸다. 자기 입을 그
아이의 입 위에 두고, 자기 눈을 그
아이의 눈 위에 두고, 자기의 손을
그 아이의 손 위에 놓고, 그 아이 위
에 엎드리니, 아, 아이의 몸이 따뜻
해지기 시작하는 것이 아닌가!
35 엘리사가 잠시 내려앉았다가, 집 안
이곳 저곳을 한 번 거닌 뒤에 다시
올라가서, 그 아이의 몸 위에 몸을
포개어 엎드리니, 마침내 그 아이가
일곱 번이나 재채기를 한 다음에 눈
을 떴다.
36 엘리사가 게하시를 불러서, 수넴 여
인을 불러오게 하였다. 게하시가 그
여인을 불렀다. 그 여인이 들어오니,
엘리사가 그 여인에게 아들을 데리

부는 날이다. 특히 7월 1일은 나팔절이다.

4:29 허리를 단단히 묶고…인사를 해서는 안 된다…대꾸를 해서는 안 된다 이러한 지시는 게하시의 사명이 절박하므로 신속하게 돌아가라는 뜻이다.

4:30 예언자님의 목숨이 살아 계심을 두고 맹세합니다 '목숨'은 '생명'을 뜻한다. 사람의 생명을 두고 맹세하는 행위는 매우 드물다.

4:31 아무런 소리도…없었다 죽은 아이에게 생명이 없었다는 뜻이다.

4:32-37 엘리사의 간절한 기도와 수넴 여인의 믿음이 결국 죽은 아이를 다시 살릴 수 있었다. 하나님께서는 능력을 베푸실 때 인간을 도구로 사용하신다. 이러한 도구로서의 역할을 감당하기 위하여 엘리사가 죽은 아이 위에 엎드린 것이다. 죽은 아이는 엘리사의 능력이 아닌 하나님의 능력으로 다시 살아났다. 이 능력을 나타내시기 위하여 하나님께서는 엘리사의 기도와 수넴 여인의 믿음을 필요로 하셨다.

고 가라고 하였다.
37 그 여인은 들어와서, 예언자의 발에
얼굴을 대고, 땅에 엎드려 큰 절을
하고, 아들을 데리고 나갔다.

두 가지 기적

38 ○엘리사가 길갈로 돌아왔다. 그 곳
은 엘리사가 ㉠예언자 수련생들을
데리고 사는 곳이었다. 마침 그 때에
그 땅에 흉년이 들었다. 엘리사가 한
종에게, 큰 솥을 걸어 놓고 예언자
수련생들이 먹을 국을 끓이라고 하
였다.
39 한 사람이 나물을 캐려고 들에 나갔
다가 들포도덩굴을 발견하고서, 그
덩굴을 뜯어, 옷에 가득 담아 가지
고 돌아와서, 그것이 무엇인지도 잘
모르는 채로 국솥에 썰어 넣었다.
40 그들이 각자 국을 떠다 먹으려고 맛
을 보다가, 깜짝 놀라 하나님의 사람
을 부르며, 그 솥에 사람을 죽게 하
는 독이 들어 있다고 외쳤다. 그래서
그들이 그 국을 먹지 못하고 있는
데,
41 엘리사가 밀가루를 가져 오라고 하
여, 그 밀가루를 솥에 뿌린 뒤에, 이
제는 먹어도 되니 사람들에게 떠다
주라고 하였다. 그러고 나니 정말로
솥 안에는 독이 전혀 없었다.
42 ○어떤 사람이 바알살리사에서 왔
다. 그런데 맨 먼저 거둔 보리로 만
든 보리빵 스무 덩이와, 자루에 가득
담은 햇곡식을, 하나님의 사람에게
가지고 왔다. 엘리사가 그것을 사람
들에게 주어서 먹게 하라고 하였더
니,
43 그의 시종은 백여 명이나 되는 사람
들 앞에 그것을 어떻게 내놓겠느냐
고 하였다. 그러나 엘리사가 말하였
다. "사람들에게 주어서 먹게 하여
라. 주님께서 말씀하시기를, 먹고도
남을 것이라고 하셨다."
44 그리하여 그것을 백 명이나 되는 사
람들 앞에 내놓으니, 주님의 말씀처
럼 사람들이 배불리 먹고도 남았다.

나아만이 고침을 받다

5 시리아 왕의 군사령관 나아만 장
군은, 왕이 아끼는 큰 인물이고,
존경받는 사람이었다. 주님께서 그
를 시켜 시리아에 구원을 베풀어 주
신 일이 있었다. 나아만은 강한 용
사였는데, 그만 ㉡나병에 걸리고 말
았다.
2 시리아가 군대를 일으켜서 이스라엘
땅에 쳐들어갔을 때에, 그 곳에서 어
린 소녀 하나를 잡아 온 적이 있었
다. 그 소녀는 나아만의 아내의 시중
을 들고 있었다.
3 그 소녀가 여주인에게 말하였다. "주
인 어른께서 사마리아에 있는 한 예
언자를 만나 보시면 좋겠습니다. 그

4:38-41 엘리사는 예언자 수련생들을 위하여, 독이 있는 음식을 먹을 수 있는 음식으로 바꾸는 기적을 행하였다. 이 때 엘리사가 사용한 가루 자체가 효력이 있었던 것은 아니다. 단지 밀가루는 성령의 역사를 일으키기 위한 도구로 사용되었을 뿐이다.

㉠ 히. '예언자들의 아들들' ㉡ 히브리어 '차라앗'이나 '메초라'는 각종 악성 피부질환을 가리키는 말로서, 반드시 '나병'만을 뜻하는 말은 아님

5장 요약 엘리사가 시리아 왕의 군사령관인 나아만의 나병을 치유해 준 사건이다. 나아만이 친히 엘리사를 찾아와 부하들의 권고대로 순복한 것은 예수님도 칭찬하신 겸손한 행위였다(눅 4:27). 엘리사의 시종 게하시가 나아만의 사례품을 착복하여 나병에 걸린 사건은 탐심을 경계케 한다.

5:1-3 이방 사람 나아만이 나병을 고침받게 되는

분이라면 어른의 ㉠나병을 고치실
수가 있을 것입니다."
4 이 말을 들은 나아만은 시리아 왕에
게 나아가서, 이스라엘 땅에서 온 한
소녀가 한 말을 보고하였다.
5 시리아 왕은 기꺼이 허락하였다. "내
가 이스라엘 왕에게 편지를 써 보내
겠으니, 가 보도록 하시오." ○나아만
은 은 열 달란트와 금 육천 개와 옷
열 벌을 가지고 가서,
6 왕의 편지를 이스라엘 왕에게 전하
였다. 그 편지에는 이렇게 씌어 있었
다. "내가 이 편지와 함께 나의 신하
나아만을 귀하에게 보냅니다. 부디
그의 ㉠나병을 고쳐 주시기 바랍니
다."
7 이스라엘 왕은 그 편지를 읽고 낙담
하여, 자기의 옷을 찢으며, 주위를
둘러보고 말하였다. "내가 사람을
죽이고 살리는 신이라도 된다는 말
인가? 이렇게 사람을 보내어 ㉠나병
을 고쳐 달라고 하니 될 말인가? 이
것은 분명, 공연히 트집을 잡아 싸울
기회를 찾으려는 것이니, 자세히들
알아보도록 하시오."
8 이스라엘 왕이 낙담하여 옷을 찢었
다는 소식을, 하나님의 사람 엘리사
가 듣고, 왕에게 사람을 보내어 말하
였다. "어찌하여 옷을 찢으셨습니
까? 그 사람을 나에게 보내 주십시
오. 이스라엘에 예언자가 있음을 그
에게 알려 주겠습니다."
9 나아만은 군마와 병거를 거느리고
와서, 엘리사의 집 문 앞에 멈추어
섰다.
10 엘리사는 사환을 시켜서 나아만에
게, 요단 강으로 가서 몸을 일곱 번
씻으면, 장군의 몸이 다시 깨끗하게
될 것이라고 말하였다.
11 ○나아만은 이 말을 듣고 화가 나서
발길을 돌렸다. "적어도, 엘리사가 직
접 나와서 정중히 나를 맞이하고,
주 그의 하나님의 이름을 부르며 상
처 위에 직접 안수하여, ㉠나병을 고
쳐 주어야 도리가 아닌가?
12 다마스쿠스에 있는 아마나 강이나
바르발 강이, 이스라엘에 있는 강물
보다 좋지 않다는 말이냐? 강에서
씻으려면, 거기에서 씻으면 될 것 아
닌가? 우리 나라의 강물에서는 씻기
지 않기라도 한다는 말이냐?" 하고
불평하였다. 그렇게 불평을 하고 나
서, 나아만은 발길을 돌이켜, 분을
참지 못하며 떠나갔다.
13 ○그러나 부하들이 그에게 가까이
와서 말하였다. "장군님, 그 예언자
가 이보다 더한 일을 하라고 하였다
면, 하지 않으셨겠습니까? 다만 몸
이나 씻으시라는데, 그러면 깨끗해
진다는데, 그것쯤 못할 까닭이 어디

기적의 발단 부분이다. 나아만이 하나님의 예언자 엘리사에 대하여 알게 된 것은 어린 여종의 지혜로운 충고 때문이었다.

5:3 사마리아에 있는 한 예언자 엘리사의 주요 거처는 갈멜 산(4:25)과 사마리아 성읍(9절;2:25;6:19)이었다. 엘리사는 그의 스승과 달리 광야로 도망다니거나 극한적인 투쟁을 벌인 일이 없었다. 그는 종종 궁중의 왕들과도 자주 왕래하였다. 그리고 엘리사는 자기 주위 사람들의 요구에 따라 병을 고치거나 불쌍한 자들을 돕는 일 등 일상생활에 관계된 일들을 많이 행하였다. **고치실 수가 있을 것입니다** (히) '아사프'. 이 말의 원뜻은 '다시 받다'이다. 이스라엘에서는 나병에 걸리면 성읍 밖으로 쫓아냈다. 그리고 병이 나으면 '다시 받아들였다'. 그래서 '다시 받다'라는 단어를 사용하였다(참조. 민 12:14–15).

5:4–14 나아만은 병 고침을 받고자 엘리사를 찾

㉠ 5:1의 주를 볼 것

에 있습니까?"
14 그리하여 나아만은 하나님의 사람
이 시킨 대로, 요단 강으로 가서 일
곱 번 몸을 씻었다. 그러자 그의 살
결이 어린 아이의 살결처럼 새 살로
돌아와, 깨끗하게 나았다.
15 ○나아만과 그의 모든 수행원이 하
나님의 사람에게로 되돌아와, 엘리
사 앞에 서서 말하였다. "이제야 나
는 온 세계에서 이스라엘 밖에는 하
나님이 계시지 않다는 것을 알게 되
었습니다. 부디, 예언자님의 종인 제
가 드리는 이 선물을 받아 주십시
오."
16 그러나 엘리사는 "내가 섬기는 주님
께서 살아 계심을 두고 맹세하지만,
나는 그것을 받을 수가 없소" 하고
사양하였다. 나아만이 받아 달라고
다시 권하였지만, 엘리사는 끝내 거
절하였다.
17 나아만이 말하였다. "정 그러시다
면, 나귀 두어 마리에 실을 만큼의
흙을 예언자님의 종인 저에게 주시
기 바랍니다. 예언자님의 종인 저는,
이제부터 주님 이외에 다른 신들에
게는 번제나 희생제를 드리지 않겠
습니다.
18 그러나 한 가지만은 예언자님의 종
인 저를 주님께서 용서하여 주시기
를 바랍니다. 제가 모시는 왕께서 림
몬의 성전에 예배드리려고 그 곳으
로 들어갈 때에, 그는 언제나 저의
부축을 받아야 하므로, 저도 허리를
굽히고 림몬의 성전에 들어가야 합
니다. 그러므로 제가 림몬의 성전에
서 허리를 굽힐 때에, 주님께서 이
일 때문에 예언자님의 종인 저를 벌
하지 마시고, 용서해 주시기를 바랍
니다."
19 그러자 엘리사가 나아만에게 말하
였다. "좋소, 안심하고 돌아가시오."
○이렇게 하여 나아만은 엘리사를
떠나 얼마쯤 길을 갔다.
20 그 때에 하나님의 사람 엘리사의 시
종인 게하시가 이런 생각을 하였다.
'나의 주인께서는 이 시리아 사람
나아만이 가져와 손수 바친 것을 받
지 않으셨구나. 주님께서 살아 계심
을 두고 맹세하지만, 내가 그를 뒤쫓
아 가서 무엇이든 좀 얻어 와야 하
겠다.'
21 그래서 게하시는 곧 나아만을 뒤쫓
아 달려갔다. 나아만은 자기를 뒤쫓
아 달려오는 사람을 보고, 그를 맞
이하려고 수레에서 내려 "별일 없지
요?" 하고 물었다.
22 게하시가 대답하였다. "별일은 없습
니다만, 지금 주인께서 나를 보내시
면서, 방금 에브라임 산지에서 예언
자 수련생 가운데서 두 젊은이가 왔

아갔다. 그는 처음에 엘리사의 말을 듣고 화가 났으나, 지혜로운 부하들의 조언으로 돌이켜 엘리사의 명령에 순종함으로써 놀라운 기적을 체험하였다. 사실 나아만은 이와 같은 은혜를 받을 만한 자격이 없는 이방 사람이었다. 따라서 이 사건은 그 당시 이스라엘 백성들에게 큰 의미가 있었다. 이방 사람도 이러한데, 하물며 이스라엘 백성들이 회개하고 주님께 돌아온다면 얼마나 큰 복이 주어질 것인지를 가르쳐 주는 교훈적 사건이었다.

5:15 선물 5절에 나오는 은 열 달란트와 금 육천 개와 옷 열 벌을 가리킨다.

5:20-27 게하시의 죄와 그 죄의 형벌에 대한 기록이다. 엘리사의 시종 게하시는 나아만이 준비했던 선물로 인하여 탐심이 일어났다. 결국 그는 탐심을 채우기 위하여 거짓말을 했으며, 그로 인하여 저주를 받게 되었다. 게하시 사건은 아간의 사건과 초대 교회의 아나니아와 삽비라 사건처럼, 우리에게 탐심에 대한 경각심을 일깨워 준다.

는데, 그들에게 은 한 달란트와 옷
두 벌을 주면 좋겠다고 말씀하셨습
니다."
23 그러자 나아만은 "드리다뿐이겠습니
까? 두 달란트를 드리겠습니다" 하
고는, 게하시를 강권하여, 은 두 달
란트를 두 자루에 넣고, 옷 두 벌을
꺼내어서 두 부하에게 주어, 게하시
앞에서 메고 가게 하였다.
24 언덕에 이르자, 게하시는 그들의 손
에서 그것을 받아 집 안에 들여 놓
고, 그 사람들을 돌려보냈다.
25 ○그리고 그가 들어가서 주인 앞에
서자, 엘리사가 그에게 물었다. "게하
시야, 어디를 갔다 오는 길이냐?" 그
러자 그는 "예언자님의 종인 저는 아
무데도 가지 않았습니다" 하고 말하
였다.
26 그러나 엘리사는 게하시에게 이렇게
말하였다. "어떤 사람이 너를 만나려
고 수레에서 내릴 때에, 내 마음이
너와 함께 거기에 가 있지 않은 줄
알았느냐? 지금이 은을 받고 옷을
받고, 올리브 기름과 포도나무와 양
과 소와 남녀 종을 취할 때냐?
27 그러므로 나아만의 ㉠나병이 네게로
옮아갈 것이고, 네 자손도 영원히
그 병을 앓을 것이다." 게하시가 엘리
사에게서 물러나오니, ㉠나병에 걸
려, 피부가 눈처럼 하얗게 되었다.

도끼를 찾다

6 ㉡예언자 수련생들이 엘리사에게
말하였다. "보십시오, 우리들이 예
언자님을 모시고 살고 있는 이 곳이,
우리에게는 너무 좁습니다.
2 우리가 요단으로 가서, 거기에서 들
보감을 각각 하나씩 가져다가, 우리
가 살 곳을 하나 마련하는 것이 좋
겠습니다." 이 말을 듣고 엘리사는
그렇게 하는 것이 좋겠다고 대답하
였다.
3 한 사람이, 엘리사도 함께 가는 것이
좋겠다고 하니, 엘리사도 같이 가겠
다고 나서서,
4 그들과 함께 갔다. 그들이 요단에 이
르러, 나무를 자르기 시작하였다.
5 그 때에 한 사람이 들보감을 찍다가
도끼를 물에 빠뜨렸다. 그러자 그는
부르짖으며 "아이고, 선생님, 이것은
빌려 온 도끼입니다" 하고 소리쳤다.
6 하나님의 사람이 물었다. "어디에 빠
뜨렸느냐?" 그가 그 곳을 알려 주
니, 엘리사가 나뭇가지를 하나 꺾어
서 그 곳에 던졌다. 그랬더니 도끼가
떠올랐다.
7 엘리사가 "그것을 집어라" 하고 말하
니, 그가 손을 내밀어 그 도끼를 건
져 내었다.

시리아의 군대를 물리치다

8 ○시리아 왕이 이스라엘과 전쟁을

5:26 내 마음이…알았느냐 이는 게하시가 나아만을 만날 때, 엘리사가 영으로 그곳에 가서 사건의 처음부터 끝까지 지켜보았다는 말이다.

5:27 나병에 걸려, 피부가 눈처럼 하얗게 되었다 여기서 '나병'은 악성 피부병으로, 악성 피부병에는 여러 종류의 증세가 있다(레 13:2–46). 게하시의 나병은 미리암에게 내린 것처럼(민 12:10), 가장 심한 증세의 악성 피부병이었다.

㉠ 5:1의 주를 볼 것 ㉡ 히, '예언자들의 아들들'

6장 요약 엘리사가 예언자 수련생의 물에 빠진 도끼를 기적적으로 건져 준 사건은 하나님께서 택한 백성의 삶을 돌아보시며 필요를 채워 주시는 분임을 시사하고 있다. 또한 엘리사와 시리아 군대 사건은 하나님의 권능을 나타내 보여 이스라엘로 하여금 회개케 하기 위함이었다.

6:1–7 요단 강 근처에 세워진 여리고 예언자 학교의 학생 수가 점차 증가하였다. 그래서 새로운 거

하고 있던 무렵이다. 그가 신하들과
은밀하게 의논하며 이러이러한 곳에
진을 치자고 말하였다.
9 그러자 하나님의 사람이 이스라엘
왕에게 사람을 보내어, 시리아 사람
들이 거기에 진을 칠 곳이 이러이러
한 지역이니, 그 곳으로 지나가는 것
은 삼가라고 말하였다.
10 이러한 전갈을 받은 이스라엘 왕은,
하나님의 사람이 자신에게 말한 그
곳에 사람을 보내어, 그 곳을 엄하게
경계하도록 하였다. 그와 같이 경계
한 일이 한두 번이 아니었다.
11 이 일 때문에 시리아 왕은 화가 머리
끝까지 나서, 신하들을 불러모아 추
궁하였다. "우리 가운데서 이스라엘
왕과 내통하는 자가 없고서야, 어찌
이런 일이 있을 수 있단 말이냐?"
12 신하 가운데서 한 사람이 말하였다.
"높으신 임금님, 그런 것이 아닙니다.
이스라엘에는 엘리사라는 예언자가
있어서, 임금님께서 침실에서 은밀히
하시는 말씀까지도 다 알아서, 일일
이 이스라엘 왕에게 알려 줍니다."
13 시리아 왕이 말하였다. "그가 어디에
있는지, 가서 찾아보아라. 내가 사람
을 보내어 그를 붙잡을 것이다." 어
떤 사람이 그 예언자가 도단에 있다
고 왕에게 보고하였다.
14 왕은 곧 그 곳에 기마와 병거와 중
무장한 강한 군대를 보내어서, 밤을
틈타 그 성읍을 포위하였다.
15 ○하나님의 사람의 시종이 아침에
일찍 일어나서 밖으로 나가 보니, 강
한 군대가 말과 병거로 성읍을 포위
하고 있는 것이 아닌가! 그 시종이
엘리사에게 와서 이 사실을 알리면
서 걱정하였다. "큰일이 났습니다. 선
생님, 어떻게 하면 좋습니까?"
16 엘리사가 말하였다. "두려워하지 말
아라! 그들의 편에 있는 사람보다는
우리의 편에 있는 사람이 더 많다."
17 그렇게 말한 다음에 엘리사는 기도
를 드렸다. "주님, 간구하오니, 저 시
종의 눈을 열어 주셔서, 볼 수 있도
록 해주십시오." 그러자 주님께서 그
시종의 눈을 열어 주셨다. 그가 바
라보니, 온 언덕에는 불 말과 불 수
레가 가득하여, 엘리사를 두루 에워
싸고 있었다.
18 시리아 군대들이 산에서 엘리사에게
로 내려올 때에, 엘리사가 주님께 기
도하였다. "주님, 이 백성을 쳐서, 눈
을 멀게 해주시기를 간구합니다." 그
러자 주님께서는 엘리사의 말대로
그들을 쳐서 눈을 멀게 하셨다.
19 엘리사가 그들에게 말하였다. "이 길
은 당신들이 가려는 길이 아니며, 이
성읍도 당신들이 찾는 성읍이 아니
니, 나를 따라오시오. 내가, 당신들

처를 증축하기 위해 엘리사와 수련생들이 요단 계곡으로 벌목하러 나섰다. 벌목 도중, 한 수련생이 빌려 온 도끼가 강물에 빠졌다. 이 때 엘리사는 도끼가 떠오르게 하는 기적을 베풀었다.

6:8-19 엘리사가 시리아 군대의 모든 전략을 미리 알아내어 이스라엘 왕에게 고했기 때문에, 시리아 왕은 번번이 이스라엘에 패하고 말았다. 그래서 시리아 왕은 엘리사를 잡으려고 군대를 보내어 엘리사가 거주하는 도단 성읍을 포위하였다. 성읍을 포위한 시리아 군대를 보고 시종이 두려워하자, 엘리사는 시종의 눈을 열어 하나님의 군대가 더욱 강함을 보게 해주었다. 엘리사는 시리아 군대의 눈을 멀게 한 후, 사마리아 성읍으로 데리고 가서 모두 포로로 잡아들였다. 이 일은 하나님의 전능하심을 보여 주심으로써 이스라엘로 하여금 두려움을 느껴 회개케 하기 위한 사건이었으며, 또한 군사적인 힘으로는 도저히 하나님의 능력에 대항할 수 없다는 것을 시리아 백성들

이 찾는 그 사람에게로 데려다 주겠
소." 이렇게 하여 엘리사는, 그들을
사마리아로 데리고 갔다.
20 ○그들이 사마리아에 들어서자, 엘
리사가 "주님, 이들의 눈을 열어서,
보게 해주십시오!" 하고 기도하였다.
주님께서는 그들의 눈을 열어 주셨
다. 그들은 비로소 자기들이 사마리
아 한가운데에 있는 것을 알게 되었
다.
21 이스라엘 왕이 그들을 보고 엘리사
에게 말하였다. "이스라엘의 아버지
께서는 말씀해 주십시오. 그들이 눈
을 뜨고 보게 되면, 쳐서 없애 버려
도 됩니까?"
22 엘리사가 말하였다. "쳐서는 안 됩니
다. 그들을 칼과 활을 가지고 사로잡
았습니까? 어찌 임금님께서 그들을
쳐죽이시겠습니까? 차라리 밥과 물
을 대접하셔서, 그들이 먹고 마시게
한 다음에, 그들의 상전에게 돌려보
내시는 편이 좋겠습니다."
23 그리하여 왕이 큰 잔치를 베풀어서
그들에게 먹고 마시게 한 다음에 그
들을 보내니, 그들이 자기들의 상전
에게로 돌아갔다. 그로부터 시리아
의 무리들이 다시는 이스라엘 땅을
침략하지 못하였다.

포위된 사마리아에 기근이 들다

24 ○그러나 그런 일이 있은 지 얼마 뒤
에, 시리아 왕 벤하닷이 또다시 전군
을 소집하여 올라와서, 사마리아를
포위하였다.
25 그들이 성을 포위하니, 사마리아 성
안에는 먹거리가 떨어졌다. 그래서
나귀 머리 하나가 은 팔십 세겔에 거
래되고, 비둘기 똥 사분의 일 갑이
은 다섯 세겔에 거래되는 형편이었
다.
26 어느 날 이스라엘 왕이 성벽 위를 지
나가고 있을 때에, 한 여자가 왕에게
부르짖었다. "높으신 임금님, 저를 좀
살려 주십시오."
27 왕이 대답하였다. "주님께서 돕지 않
으시는데, 내가 어찌 부인을 도울 수
가 있겠소? 내가 어찌 타작 마당에
서 곡식을 가져다 줄 수가 있겠소,
포도주 틀에서 술을 가져다 줄 수가
있겠소?
28 도대체 무슨 일로 그러오?" 그 여자
가 말하였다. "며칠 전에 이 여자가
저에게 말하기를 '네 아들을 내놓아
라. 오늘은 네 아들을 잡아서 같이
먹고, 내일은 내 아들을 잡아서 같
이 먹도록 하자' 하였습니다.
29 그래서 우리는 우선 제 아들을 삶아
서, 같이 먹었습니다. 다음날 제가
이 여자에게 '네 아들을 내놓아라.
우리가 잡아서 같이 먹도록 하자' 하
였더니, 이 여자가 자기 아들을 숨기

이 깨닫도록 하기 위한 사건이었다.
6:20-23 엘리사는 그들에게 자비를 베풂으로써 하나님의 선하심으로 감화받은 자임을 드러냈다.
6:24-29 사마리아가 시리아에게 포위되어 굶주림에 처한 비참한 상황을 묘사하고 있다. 굶주림으로 자식을 잡아먹은 일은 언약적인 성격의 저주이다(레 26:29). 곧 우상 숭배와 불순종에 대한 하나님의 형벌이었다.
6:30-33 전쟁과 굶주림의 징벌을 당하면서도 요람 왕은 조금도 회개의 빛을 보이지 않고, 오히려 모든 책임을 엘리사에게 돌리고 하나님을 원망하였다. 왜냐하면 엘리사가 시리아 군사령관 나아만을 치료해 주었고 사로잡은 시리아 군대를 풀어 주었기 때문이다. 그래서 요람은 엘리사를 저주하며 죽이려 했다.
6:32 살인자의 아들 이세벨의 잔인한 행위들을 허용했으며, 당시에 주님을 믿는 사람들을 수없이 죽인 아합 왕의 아들인 요람을 가리킨다.

고 내놓지 않습니다."
30 왕은 이 여자의 말을 듣고는, 기가
막혀서 자기의 옷을 찢었다. 왕이 성
벽 위를 지나갈 때에 백성들은, 왕이
겉옷 속에 베옷을 입고 있는 것을 보
았다.
31 왕이 저주받을 각오를 하고 결심하
여 말하였다. "사밧의 아들 엘리사
의 머리가 오늘 그대로 붙어 있다면,
하나님이 나에게 벌 위에 더 벌을 내
리신다 하여도 달게 받겠다."
32 ○그 때에 엘리사는 원로들과 함께
자기 집에 앉아 있었다. 왕이 전령을
엘리사에게 보냈다. 그 전령이 이르
기 전에 엘리사가 원로들에게 말하
였다. "여러분은 살인자의 아들이 나
의 머리를 베려고 사람을 보낸 것을
알고 계십니까? 전령이 오거든 문을
단단히 걸어 잠그고 그를 들어오지
못하게 하십시오. 그를 보내 놓고 뒤
따라 오는 그 주인의 발자국 소리가
벌써 들려 오고 있지 않습니까?"
33 엘리사가 원로들과 함께 말하고 있
는 동안에, 왕이 엘리사에게 와서
말하였다. "우리가 받은 이 모든 재
앙을 보시오. 이런 재앙이 주님께로
부터 왔는데, 내가 어찌 주님께서 우
리를 도와주시기를 기다리겠소?"

7
1 엘리사가 말하였다. "주님의 말
씀을 들으십시오. 주님께서 이렇
게 말씀하시었습니다. '내일 이맘때
쯤에 사마리아 성문 어귀에서 고운
밀가루 한 스아를 한 세겔에 사고,
보리 두 스아를 한 세겔에 살 수 있
을 것이다' 하셨습니다."
2 그러자 왕을 부축하고 있던 시종무
관이 하나님의 사람에게 대답하였
다. "비록 주님께서 하늘에 있는 창
고 문을 여신다고 할지라도, 어찌 그
런 일이 일어날 수 있겠습니까?" 엘
리사가 말하였다. "당신은 분명히 그
런 일이 생기는 것을 눈으로 직접 볼
것이오. 그렇지만 당신이 그것을 먹
지는 못할 것이오."

시리아의 군대가 도망가다

3 ○그 무렵에 ㉠나병 환자 네 사람이
성문 어귀에 있었는데, 그들이 서로
말을 주고받았다. "우리가 어찌하여
여기에 앉아서 죽기만을 기다리겠느
냐?
4 성 안으로 들어가 봐도 성 안에는
기근이 심하니, 먹지 못하여 죽을 것
이 뻔하고, 그렇다고 여기에 그대로
앉아 있어 봐도 죽을 것이 뻔하다.
그러니 차라리 시리아 사람의 진으
로 들어가서 항복하자. 그래서 그들
이 우리를 살려 주면 사는 것이고,
우리를 죽이면 죽는 것이다."
5 ○그리하여 그들은 황혼 무렵에 일
어나서 시리아 진으로 들어갔는데,

7장 요약 본장은 멸망 직전에 놓인 사마리아 성에 관한 엘리사의 기적적인 예언과 그 성취에 대한 기록이다. 그러나 왕의 시종무관 중 한 사람은 구원의 기쁜 소식을 전하는 엘리사의 말을 믿지 않고 조롱하였다. 이는 당시 이스라엘 백성의 불신앙을 대변한다.

7:1 스아 곡물의 양을 재는 단위로, 약 7.3ℓ이다.
7:2 하늘에 있는 창고 문 '노아의 홍수 때에 하나님께서 비를 쏟으신 것처럼 곡식을 쏟아 내신들 이런 일이 어찌 일어날 수 있겠는가?'라는 조롱과 비웃음을 나타내기 위해 쓰인 용어이다.
7:3–15 하나님께서는 초자연적인 방법을 사용하셔서 시리아 군대를 철수케 하셨다. 시리아 군대는 황급히 퇴각하느라고 모든 군수품과 군량미를 그대로 남겨 두었다. 시리아 군대의 퇴각 소식은 네 명의 나병환자에 의해 전달되었다. 그러나

㉠ 5:1의 주를 볼 것

시리아 진의 끝까지 가 보았지만, 어
찌된 일인지, 그 곳에는 한 사람도
보이지 않았다.
6 주님께서 시리아 진의 군인들에게,
병거 소리와 군마 소리와 큰 군대가
쳐들어오는 소리를 듣게 하셨기 때
문에, 시리아 군인들은, 이스라엘 왕
이 그들과 싸우려고, 헷 족속의 왕
들과 이집트의 왕들을 고용하여 자
기들에게 쳐들어온다고 생각하고는,
7 황혼녘에 일어나서, 장막과 군마와
나귀들을 모두 진에 그대로 남겨 놓
은 채, 목숨을 건지려고 도망하였던
것이다.
8 이들 ㉠나병 환자들이 적진의 끝까
지 갔다가, 한 장막 안으로 들어가서
먹고 마신 뒤에, 은과 금과 옷을 가
지고 나와서 숨겨 두고는, 또 다른
장막으로 들어가서 거기에서도 물건
을 가지고 나와, 그것도 역시 숨겨 두
었다.
9 그런 다음에 그들은 서로 말하였다.
"우리들이 이렇게 하는 것은 올바른
일이 아니다. 오늘은 좋은 소식을 전
하는 날이다. 이것을 전하지 않고 내
일 아침 해 뜰 때까지 기다린다면,
벌이 오히려 우리에게 내릴 것이다.
그러니 이제 왕궁으로 가서, 이것을
알리도록 하자."
10 그리하여 그들은 성으로 돌아와, 문
지기들을 불러서 알려 주었다. "우리
들은 지금 시리아 진에서 오는 길인
데, 그 곳엔 사람은커녕 인기척도 없
으며, 다만 말과 나귀만 묶여 있을
뿐, 장막도 버려진 채 그대로 있습니
다."
11 이 말을 들은 성문지기들은 기뻐 소
리치며, 왕궁에 이 사실을 보고하였
다.
12 ○왕은 밤중에 일어나서 신하들과
의논하였다. "시리아 사람들이 우리
에게 이렇게 한 것이 무슨 뜻이겠소.
내 생각에는, 그들이 분명 우리가 못
먹어 허덕이는 줄 알고 진영을 비우
고 들에 숨어 있다가, 우리가 성 밖
으로 나오면 우리를 생포하고, 이 성
안으로 쳐들어오려고 생각한 것 같
소."
13 그러자 신하 가운데 하나가 의견을
내놓았다. "이 성 안에 아직 남아 있
는 다섯 필의 말은, 이 성 안에 남아
있는 이스라엘 모든 사람의 운명과
마찬가지로 어차피 굶어 죽고야 말
것이니, 이 말에 사람을 태워 보내어
서, 정찰이나 한번 해 보시는 것이
어떻겠습니까?"
14 그래서 그들이 말 두 필이 끄는 병거
를 끌어내니, 왕은 그들을 시리아 군
의 뒤를 쫓아가도록 내보내면서, 가
서 알아 보라고 하였다.

요람은 이 일을 시리아 왕의 군사적 전략으로 평가하였다. 몇 시간 전에 엘리사의 예언을 들었음에도 불구하고, 요람은 이 퇴각이 예언의 성취인 *것을 깨닫지 못*하였다. 북왕국이 얼마나 깊은 불신과 교만에 빠져 있는지를 잘 보여 주는 예이다.
7:3 율법에 의하면 나병 환자들은 성 안에 거주하는 것이 금지되어 있었다(민 5:3). 그들의 식량은 대개 성 안에 있는 그들의 친족들에 의해 공급되었다. 그러기에 그들은 성문 어귀에 모여 있었다. 예루살렘의 나병 환자들은 시온 성문 옆에 그들의 장막을 치고 있어야만 했다.
7:13 이 말의 의미는 정찰하러 나가지 아니해도 성 안에 남아서 굶어 죽을 것은 뻔한 일이므로, 설사 정찰하러 나갔다가 시리아 군대의 손에 죽임을 당하더라도 어차피 마찬가지라는 뜻이다.
7:14-15 정탐꾼들은 사마리아에서 요단 강까지 정찰했다. 그 결과 요단 강까지 이르는 도로에서

㉠ 5:1의 주를 볼 것

15 그들이 시리아 군대를 뒤따라 요단
강까지 가 보았지만, 길에는 시리아
사람들이 급히 도망치느라 던져 버
린 의복과 군 장비만 가득하였다.
군인들은 돌아와서 이 사실을 왕에
게 보고하였다.
16 ○그러자 백성들은 밖으로 나가서
시리아 진영을 약탈하였다. 그리하
여 주님의 말씀대로 고운 밀가루 한
스아를 한 세겔에, 보리 두 스아를
한 세겔에 거래할 수 있게 되었다.
17 그래서 왕은 자신을 부축한 그 시종
무관을, 성문 관리로 임명하였다. 그
러나 백성이 성문에서 그를 밟아 죽
였는데, 왕이 그의 부축을 받으며 하
나님의 사람을 죽이려고 왔을 때에,
하나님의 사람이 예언한 그대로 그
가 죽은 것이다.
18 그 때에 하나님의 사람이 왕에게 말
하였다. "내가, 내일 이맘때 쯤이면
사마리아 성 어귀에서는, 보리 두 스
아를 한 세겔에, 고운 밀가루 한 스
아를 한 세겔에 거래할 것이라고 말
하였을 때에,
19 그 시종무관은 하나님의 사람에게
'비록 주님께서 하늘에 있는 창고 문
을 여신다고 할지라도, 어찌 이런 일
이 일어날 수 있겠느냐?' 하고 큰소
리를 쳤습니다. 그래서 내가 말하기
를 '당신은 분명히 그런 일이 생기는
것을 눈으로 직접 볼 것이오. 그렇지
만 당신이 그것을 먹지는 못할 것이
오' 하고 말하였습니다.
20 그래서 그에게 이런 일이 일어나게
된 것이며, 그가 성문 어귀에서 백성
에게 짓밟혀 죽은 것입니다."

수넴 여인이 돌아오다

8 엘리사가 이전에 한 여인의 죽은
아들을 살려 준 일이 있었는데, 그
아이의 어머니에게 이렇게 말했었
다. "부인은 가족을 데리고 이 곳을
떠나서, 가족이 몸붙여 살 만한 곳
으로 가서 지내시오. 주님께서 기근
을 명하셨기 때문에, 이 땅에 일곱
해 동안 기근이 들 것이오."
2 그 여인은 하나님의 사람이 한 그 말
을 따라서, 온 가족과 함께 일곱 해
동안 블레셋 땅에 가서 몸붙여 살았
다.
3 일곱 해가 다 지나자, 그 여인은 블
레셋 땅에서 돌아와서, 자기의 옛 집
과 밭을 돌려 달라고 호소하려고 왕
에게로 갔다.
4 마침 그 때에 왕은 하나님의 사람의
시종인 게하시와 이야기를 나누고
있었다. 왕이 게하시에게 엘리사가
한 큰 일들을 말해 달라고 하였다.
5 그래서 게하시는 왕에게, 엘리사가
죽은 사람을 살려 준 일을 설명하고
있었다. 바로 그 때에 엘리사가 아들

시리아 사람들이 급히 도망치느라 던져 버린 의복과 군 장비를 잔뜩 발견했다. 본문은 시리아 군대가 요단 강을 건너 완전히 퇴각해 버렸다는 사실을 알려 준다.

7:17 굶주린 백성들이 시리아 사람의 진에 나가 약탈하려 하여 큰 혼란이 일어났다. 그래서 왕은 2절에 언급된 시종무관을 성문 관리로 임명하였다. 그러나 너무나 무질서했기 때문에 그는 군중들에게 밟혀 죽고 말았다.

8장 요약 전반부는 수넴 여인이 일곱 해 동안의 기근 후 자신의 유산을 돌려 받은 사건을 기록했다. 이는 하나님을 경외하는 사람은 결단코 상급을 잃지 않게 됨을 일깨워 준다. 후반부는 엘리사의 예언대로 하사엘이 시리아 왕이 된 사건과 유다 왕 여호람과 아하시야의 패역한 행적을 보여 준다.

8:1–6 본문은 과거의 일이 삽입된 부분이다. 이

을 살려 준 그 여인이 왕에게 와서,
자기의 집과 밭을 돌려 달라고 호소
한 것이다. 게하시는 "높으신 임금
님, 이 여인이 바로 그 여인입니다.
그리고 이 아이가, 엘리사가 살려 준
바로 그 아들입니다" 하고 말하였
다.
6 왕이 그 여인에게 그것이 사실인지
를 묻자, 그 여인은 사실대로 왕에게
말하였다. 왕은 신하 한 사람을 불
러서, 이 여인의 일을 맡기며 명령을
내렸다. "이 여인의 재산을 모두 돌
려 주고, 이 여인이 땅을 떠난 그 날
부터 지금까지 그 밭에서 난 소출을
모두 돌려 주어라."

엘리사와 시리아 왕 벤하닷

7 ○엘리사가 다마스쿠스에 갔을 때에
시리아 왕 벤하닷은 병이 들어 있었
는데, 어떤 사람이 왕에게 하나님의
사람이 이 곳에 와 있다는 소식을
전하였다.
8 왕이 하사엘에게 말하였다. "예물을
가지고 가서, 하나님의 사람을 만나
시오. 그리고 그에게, 내가 이 병에
서 회복될 수 있겠는지를, 주님께 물
어 보도록 부탁을 드려 주시오."
9 하사엘은 다마스쿠스에서 제일 좋
은 온갖 예물을 낙타 마흔 마리에
가득 싣고, 몸소 예를 갖추어 하나
님의 사람을 만나러 갔다. 그리고 그
의 앞에 서서 말하였다. "예언자님의
아들 같은 시리아 왕 벤하닷이 나를
예언자님에게 보냈습니다. 왕은, 자
신이 이 병에서 회복되겠는가를 여
쭈어 보라고 하였습니다."
10 ○엘리사가 그에게 말하였다. "가서,
왕에게는 ㉠회복될 것이라고 말하시
오. 그러나 주님께서는, 그가 반드시
죽을 것이라고 내게 계시해 주셨소."
11 그런 다음에 하나님의 사람은, 하사
엘이 부끄러워 민망할 정도로 얼굴
을 쳐다 보다가, 마침내 울음을 터뜨
렸다.
12 그러자 하사엘이 "예언자님, 왜 우십
니까?" 하고 물었다. ○엘리사는 다
음과 같이 말하였다. "나는, 그대가
이스라엘 자손에게 어떤 악한 일을
할지를 알기 때문이오. 그대는 이스
라엘 자손의 요새에 불을 지를 것이
고, 젊은이들을 칼로 살해하며, 어린
아이들을 메어쳐 죽일 것이고, 임신
한 여인의 배를 가를 것이오."
13 ○하사엘이 물었다. "그러나 개보다
나을 것이 없는 나 같은 사람이, 어
떻게 그런 엄청난 일을 저지를 수 있
겠습니까?" 그러자 엘리사가 말하였
다. "주님께서, 그대가 시리아 왕이
될 것을 나에게 계시하여 주셨소."
14 ○그는 엘리사를 떠나서 왕에게로
돌아갔다. 벤하닷 왕이 그에게 물었

스라엘 땅에 일곱 해 동안의 기근이 선포되었다. 이 사건은 수넴 여인이 엘리사를 통한 하나님의 말씀에 순종함으로써, 기근 가운데서도 하나님의 복을 누린다는 것을 보여 주고 있다. 왕과 게하시가 수넴 여인에 관한 이야기를 나누고 있을 때 그녀가 와서 호소하게 된 것은 우연이 아니라 하나님의 섭리였다.

8:7–15 엘리사가 시리아의 수도 다마스쿠스에서 하사엘에게 왕이 될 것을 예고하는 장면이다. 이는 이미 엘리야 때에 예언된 일이었다(왕상 19:15–18). 하나님께서 하사엘을 왕위에 앉히신 것은 이스라엘을 징벌하는 도구로 사용하시기 위함이었다. 엘리사가 다마스쿠스에 찾아간 시기는 B.C. 843년 경으로 추정된다. 같은 해에 하사엘은 병든 벤하닷 2세를 죽이고 시리아 왕이 되었다.

8:16–24 유다 왕 여호람의 아내는 북왕국 아합의 딸인 아달랴였다. 그는 아달랴에게 설복을 당

㉠ 또는 '회복되지 않을 것이라고 말하시오. 왜냐하면 주님께서……'

다. "엘리사가 그대에게 무엇이라고
말하였소?" 그가 대답하였다. "엘리
사는, 왕께서 틀림없이 회복될 것이
라고 말하였습니다."
15 그 다음날, 하사엘은 담요를 물에 적
셔서 벤하닷의 얼굴을 덮어, 그를 죽
였다. ○하사엘이 벤하닷의 뒤를 이
어 시리아의 왕이 되었다.

유다 왕 여호람 (대하 21:1-20)

16 ○이스라엘 왕 아합의 아들 요람 제
오년에 ㉠여호사밧이 아직도 유다의
왕일 때에, 여호사밧의 아들 여호람
이 다스리기 시작하였다.
17 그는 서른두 살에 왕이 되어, 여덟
해 동안 예루살렘에서 다스렸다.
18 그는 아합의 딸을 아내로 맞아들였
기 때문에, 아합 가문이 한 대로, 이
스라엘 왕들이 간 길을 갔다. 이와
같이 하여, 그는 주님 보시기에 악한
일을 하였다.
19 그러나 주님께서는 자기의 종 다윗
을 생각하셔서 유다를 멸망시키려고
는 하지 않으셨다. 주님께서는 이미
다윗과 그의 자손에게서 왕조의 등
불이 영원히 꺼지지 않게 하시겠다
고 약속하셨기 때문이다.
20 ○여호람이 다스린 시대에, 에돔이
유다의 통치에 반기를 들고 자기들
의 왕을 따로 세웠다.
21 그래서 여호람은 모든 병거를 출동
시켜 사일로 건너갔다가, 그만 에돔
군대에게 포위를 당하고 말았다. 그
러나 여호람은 병거대장들과 함께,
밤에 에돔 군대의 포위망을 뚫고 빠
져 나왔다. 군인들은 모두 흩어져
각자의 집으로 갔다.
22 이와 같이 에돔은 유다에 반역하여
그 지배를 벗어나 오늘날까지 이르
렀고, 그 때에 립나 역시 반역을 일
으켰다.
23 ○여호람의 나머지 행적과 그가 한
모든 일은 '유다 왕 역대지략'에 기록
되어 있다.
24 여호람이 죽어, 그의 조상과 함께
'다윗 성'에 장사되었다. 그의 아들
아하시야가 그의 뒤를 이어 왕이 되
었다.

유다 왕 아하시야 (대하 22:1-6)

25 ○이스라엘의 아합 왕의 아들 요람
제 십이년에 여호람의 아들 아하시
야가 유다 왕이 되었다.
26 아하시야가 왕이 될 때의 나이는 스
물두 살이었고, 그는 한 해 동안 예
루살렘에서 다스렸다. 그의 어머니
아달랴는 이스라엘 오므리 왕의 딸
이었다.
27 그는 아합 가문의 사위였으므로, 아
합 가문의 길을 걸었으며, 아합 가문
처럼 주님 보시기에 악한 일을 하였
다.

해, 유다의 여러 산에 우상을 위한 산당을 세우고 바알 숭배를 장려하였다. 에돔과 립나의 반역은 여호람의 이와 같은 죄악에 대한 하나님의 징벌이었다. 여호람이 북왕국의 왕들과 똑같은 죄악을 저질렀지만 북왕국 왕들처럼 그 가문이 진멸되지 않은 이유는 하나님과 다윗 사이에 맺은 언약(삼하 7:12-17) 때문이었다.

8:25-29 유다 왕 아하시야(여호아하스)의 통치에 대한 기록이다. 그는 막내였으나 형들이 모두 블레셋으로 끌려 갔기 때문에 왕위에 올랐다. 아하시야는 어머니 아달랴의 영향을 받아 우상 숭배 정책을 폈으며 즉위 일년 만에 예후의 손에 죽임을 당하였다(대하 22장).

8:29 라마는 '높은 곳'이란 뜻으로, 본문의 '라마'는 사무엘의 고향(삼상 1:19)이나 라헬의 무덤이 있는 곳(렘 31:15)이 아닌, '길르앗의 라못'이다.

㉠ 칠십인역과 시리아어역에는 '여호사밧이 아직도 유다의 왕일 때에'가 없음

28 ○그는 아합의 아들 요람과 함께, 시
리아 왕 하사엘과 싸우려고 길르앗
의 라못으로 갔다. 그 싸움에서 시
리아 군대가 요람을 쳐서, 부상을 입
혔다.
29 요람 왕이 시리아 왕 하사엘과 싸우
다가, 라마에서 시리아 사람들에게
입은 상처를 치료하려고 이스르엘로
돌아갔다. 그 때에 아합의 아들 요
람이 병이 들었으므로, 여호람의 아
들인 유다의 아하시야 왕이, 문병을
하려고 이스르엘로 내려갔다.

예후가 이스라엘의 왕이 되다

9 예언자 엘리사가 ㉠예언자 수련생
들 가운데서 한 사람을 불러 말하
였다. "너는 허리를 단단히 묶고, 손
에 이 기름병을 들고, 길르앗의 라못
으로 가거라.
2 거기에 가면, 그 곳에서 님시의 손자
이며 여호사밧의 아들인 예후를 만
나게 될 것이다. 그러면 안에 들어
가, 그의 동료들 사이에서 그를 불러
내어 밀실로 데리고 들어가거라.
3 그리고 기름병을 기울여 그의 머리
에 부으며 '나 주가 말한다. 내가 너
를 이스라엘의 왕으로 세웠다' 하고
말하여라. 그렇게 말한 다음에 너는
문을 열고 속히 도망하여라. 지체해
서는 안 된다."
4 ○그리하여 예언자의 시종인 그 젊
은이가 길르앗의 라못으로 갔다.
5 그가 도착하였을 때에, 그 곳에는 군
대의 장군들이 둘러앉아 회의를 하
고 있었다. 그가 그들에게 말하였다.
"장군님! 드릴 말씀이 있습니다." 그
러자 예후가 말하였다. "우리들 가운
데 누구에게 말하고 있는 겁니까?"
그 시종이 말하였다. "바로 장군님
께 말씀을 드리고 있습니다."
6 예후가 일어나서 집 안으로 들어가
자, 예언자의 시종인 그 젊은이는 그
의 머리에 기름을 부으며 말하였다.
"나 주 이스라엘의 하나님이 말한
다. 내가 너에게 기름을 부어, 주님
의 백성 이스라엘의 왕으로 세웠다.
7 너는 네가 섬기는 상전 아합의 가문
을 쳐라. 나는 내 종들인 예언자들
의 피와 또 주님의 다른 종들의 모
든 피를 이세벨에게 갚으려고 한다.
8 나는 아합의 가문을 모두 다 멸망시
킬 것이다. 그렇다. 아합에게 속한
사람은 매인 사람이건 놓인 사람이
건 가릴 것 없이, 남자는 누구나 이
스라엘 안에서 끊어 버릴 것이다.
9 나는 아합의 가문을 느밧의 아들 여
로보암의 가문과 같이 만들고, 아히
야의 아들 바아사의 가문과 같이
만들 것이다.
10 그리고 개들이 이스르엘 땅 안에서
이세벨을 뜯어 먹을 것이다. 그를 매

9장 요약 예후가 북왕국의 왕으로 등극하기까지의 과정을 보여 준다. 엘리사가 예언자 수련생을 시켜 예후에게 기름 부은 것은 예언(왕상 19:16)의 성취였다. 예후는 요람에게 반란을 일으켜 요람과 유다 왕 아하시야, 아합의 아내인 이세벨을 차례로 죽이고 왕위를 찬탈하였다. 이미 선택되어 있었다(왕상 19:16). 약 20년 전 엘리야의 예언을 엘리사가 제자를 시켜 집행하였다. 예후가 반란을 일으킨 때는 시리아와 이스라엘이 '길르앗의 라못'을 서로 탈취하기 위해 전쟁을 벌이던 때였다. 예후 왕가는 5대(예후·여호아하스·요아스·여로보암 2세·스가랴)에 걸쳐 89년간 통치했다.

9:1-10 예후가 북왕국의 왕으로 기름 부음을 받는 모습이다. 예후는 오므리 왕가의 심판 도구로 9:3 그의 머리에 부으며 기름 부음을 받아서 위임

㉠ 히, '예언자들의 아들들'

장할 사람조차 없을 것이다." 그리고
난 뒤에 예언자의 시종인 그 젊은이
는 문을 열고 도망하였다.
11 ○예후가 왕의 신하들이 있는 데로
나오자, 한 사람이 그에게 물었다.
"좋은 소식이었소? 그 미친 녀석이
장군께는 무슨 일로 왔었소?" 예후
가 그들에게 말하였다. "장군들께서
도 그 사람이 누구고, 그가 쓸데없
이 떠들고 간 말이 무엇인지 짐작하
고 있을 것이라 믿소."
12 그러나 그들이 말하였다. "슬쩍 넘어
가지 마시오. 우리에게 사실을 말해
주시오." 예후가 대답하였다. "그의
말이, 주님께서 나를 이스라엘의 왕
으로 기름 부어 세웠다고 말씀하시
었다고 하였소."
13 그러자 그들은 황급히 일어나, 각자
자기의 옷을 벗어서, 섬돌 위 예후의
발 아래에 깔고, 나팔을 불며 "예후
께서 임금님이 되셨다" 하고 외쳤다.

이스라엘 왕 요람이 살해되다

14 ○그리하여 님시의 손자이며 여호사
밧의 아들인 예후는, 요람을 칠 모
의를 하게 되었다. 그 때에 요람은
이스라엘 전군을 이끌고, 시리아 왕
하사엘과 맞서서 길르앗의 라못을
지키고 있었다.
15 요람 왕이 시리아 왕 하사엘과 싸울
때, 시리아 사람에게 다친 상처를 치
료하려고 이스르엘로 돌아와 있을
때였다. 마침내 예후가 말하였다.
"장군들이 나와 뜻을 같이 한다면,
아무도 이 성읍을 빠져 나가서, 이스
르엘에 이 사실을 알리는 일이 없도
록 해주시오."
16 그런 다음에 예후는, 병거를 타고 이
스르엘로 갔다. 요람이 그 곳에서 병
으로 누워 있었다. 유다의 아하시야
왕은 요람을 문병하려고 벌써 거기
에 와 있었다.
17 ○이스르엘의 망대 위에 서 있는 파
수병이, 예후의 군대가 오는 것을 보
고 "웬 군대가 오고 있습니다" 하고
외쳤다. 그러자 요람이 말하였다.
"기마병을 보내어 그들을 만나, 평화
의 소식이냐고 물어 보아라."
18 ○그리하여 기마병은 그들을 만나러
가서 말하였다. "임금님께서 평화의
소식이냐고 물어 보라 하셨소." 그러
자 예후가 말하였다. "평화의 소식인
지 아닌지가 너와 무슨 상관이 있느
냐? 너는 내 뒤를 따르라." 파수병이
왕에게 보고하였다. "그들에게 간 전
령이 돌아오지 않습니다."
19 그리하여 왕이 두 번째 기마병을 보
내자, 그가 그들에게 가서 말하였다.
"임금님께서 평화의 소식이냐고 물
어 보라 하셨소." 그러자 예후가 말
하였다. "평화의 소식인지 아닌지가

이 되는 직무는 제사장(레 8:12)·왕(삼상 16:12)·예언자(왕상 19:16)였다. '그리스도'란 뜻은 '기름 부음을 받은 자'이다. 예수 그리스도는 이 세 가지 직무를 모두 가지셨다.

9:9 여로보암의 가문…바아사의 가문 여로보암은 북이스라엘 제1대 왕조의 창시자였고, 바아사는 제2대 왕조의 창시자였다. 이들은 우상 숭배로 인하여 자손이 하나도 남지 않고 멸절당했다.

9:11–20 예후는 길르앗의 라못에서 반란을 일으켰다. 그 당시 북 이스라엘 요람 왕은 전쟁 중 다쳐서 이스르엘 성읍에서 상처를 치료받고 있었다. 일선 부대 장군들의 지지를 얻은 예후는, 아직 일이 끝난 것이 아니므로 이 반란에 대한 소문을 퍼뜨리지 말라고 당부하였다. 그리고 그는 요람 왕이 있는 이스르엘 성읍으로 쳐들어갔다. 이스르엘 성읍에는 외삼촌의 병문안을 온 남 유다의 아하시야 왕이 요람과 함께 있었다. 요람 왕은 아직도 예후의 반란 소식을 듣지 못하고 있었다.

너와 무슨 상관이 있느냐? 너는 내
뒤를 따르라."
20 ○파수병이 왕에게 또 보고하였다.
"그들에게 간 전령이 또 돌아오지 않
습니다. 그런데 미친 듯이 말을 모는
모습이, 님시의 아들 예후와 비슷합
니다."
21 ○이 말을 듣자, 요람은 "병거를 준비
하라!" 하고 명령하였다. 병거를 준
비하니, 이스라엘 왕 요람과 유다 왕
아하시야가 각각 자기의 병거를 타
고 예후를 만나러 나가서, 이스르엘
사람 나봇의 땅에서 그를 만났다.
22 요람이 예후를 보고 "예후 장군, 평
화의 소식이오?" 하고 물었다. 예후
는 "당신의 어머니 이세벨이 저지른
음행과 마술 행위가 극에 달하였는
데, 무슨 평화가 있겠소?" 하고 대답
하였다.
23 ○요람이 그의 손에 쥔 말고삐를 급
히 돌려 도망하면서, 아하시야에게
소리쳤다. "아하시야 임금님, 반역이
오."
24 예후가 힘껏 활을 당겨 요람의 등을
겨누어 쏘자, 화살이 그의 가슴을
꿰뚫고 나갔다. 그는 병거 바닥에 엎
드러졌다.
25 예후가 요람의 빗갈 시종무관에게
말하였다. "그 주검을 들고 가서, 이
스르엘 사람 나봇의 밭에 던지시오.
당신은, 나와 당신이 그의 아버지 아
합의 뒤에서 나란히 병거를 타고 다
닐 때에, 주님께서 그를 두고 선포하
신 말씀을 그대로 기억할 것이오.
26 주님께서 아합에게 '내가 어제, 나봇
과 그의 아들들이 함께 흘린 피를
분명히 보았다. 바로 이 밭에서 내가
너에게 그대로 갚겠다. 이것은 나 주
의 말이다' 하고 말씀하셨소. 이제
당신은 그 주검을 들고 가서, 주님의
말씀대로 그 밭에 던지시오."

유다 왕 아하시야가 살해되다

27 ○유다의 아하시야 왕은 이것을 보
고 ㉠벳하간으로 가는 길로 도망하
였으나, 예후가 그의 뒤를 추적하며
"저 자도 죽여라" 하고 외치니, 이블
르암 부근 구르 오르막길에서 예후
의 부하들이, 병거에 타고 있는 아하
시야를 찔러 상처를 입혔다. 그는 므
깃도까지 도망하여, 그 곳에서 죽었
다.
28 그의 부하들이 그를 병거에 실어 예
루살렘으로 운반하고, 그를 '다윗
성'에 있는 그의 조상들의 묘지에 함
께 장사지냈다.
29 ○아합의 아들 요람 왕 제 십일년에
아하시야가 유다를 다스리는 왕이
되었다.

이세벨 왕후가 살해되다

30 ○예후가 이스르엘에 이르렀을 때

9:21–26 예후는 자기를 마중 나온 요람 왕을 살해하였다. 요람이 죽음으로써 오므리 왕가는 4대(오므리·아합·아하시야·요람) 만에 막을 내렸다. *오므리 왕가*는 44년간(B.C. 885–841년) 북왕국을 통치하였다. 요람의 시체는 엘리야의 예언대로, 나봇의 포도원으로 만든 왕의 정원에 버려졌다(왕상 21:19). 예후가 엘리야의 예언을 기억할 수 있었던 것은, 수년 전 그가 아합의 군대 장군으로 있을 당시 엘리야가 아합에게 찾아왔던 사건을 직접 목격하였기 때문이었다(25절).

9:27–29 외삼촌 요람에게 병문안 왔던 유다 왕 아하시야가 살해당한다. 역대지하 22:9에 '아하시야는 사마리아로 가서 숨어 있었으나'라고 되어 있다. 이 구절의 '사마리아'라는 말은 성읍이 아니라 북 이스라엘 전체를 가리키는 말로 보아야 한다. 아하시야는 유다로 도망가지 못하고 북왕국에 숨어 있다가 예후의 부하들에게 피살되었다.

㉠ '정원의 집'

에, 이세벨이 이 소식을 듣고, 눈 화
장을 하고 머리를 아름답게 꾸미고
는, 창문으로 내려다보았다.
31 예후가 문 안으로 들어오자, 이세벨
이 소리쳤다. "제 주인을 살해한 시
므리 같은 자야, 그게 평화냐?"
32 ○예후가 얼굴을 들어 창문을 쳐다
보며 소리쳤다. "내 편이 될 사람이
누구냐? 누가 내 편이냐?" 그러자
두세 명의 내관이 그를 내려다보았
다.
33 예후가 그들에게 명령하였다. "그 여
자를 아래로 내던져라." 그들이 그
여자를 아래로 내던지니, 피가 벽과
말에게까지 튀었다. 예후가 탄 말이
그 여자의 주검을 밟고 지나갔다.
34 예후가 궁으로 들어가서, 먹고 마시
다가 말하였다. "이제 저 저주받은
여자를 찾아다가 장사를 지내 주어
라. 그래도 그 여자는 왕의 딸이었
다."
35 그들이 그 여자를 장사지내 주려고
찾아 나섰으나, 그 여자의 해골과 손
발밖에는 아무것도 발견할 수가 없
었다.
36 그들이 돌아와서 그에게 그렇게 보
고하니, 그가 말하였다. "주님께서,
주님의 종 디셉 사람 엘리야를 시켜
서 말씀하신 대로, 이루어졌다. 주님
께서 말씀하시기를 '이스르엘의 밭
에서 개들이 이세벨의 주검을 뜯어
먹을 것이며,
37 이세벨의 주검은 이스르엘에 있는
밭의 거름처럼 될 것이므로, 이것을
보고 이세벨이라고 부를 사람은 아
무도 없을 것이다' 하셨는데, 그대로
되었다."

아합의 자손이 살해되다

10 아합의 아들 일흔 명이 사마리
아에 살고 있었다. 예후가 편지
를 써서 사본을 만들어, 사마리아에
있는 ㉠이스르엘의 관리들과 원로들
과 아합의 ㉡아들들을 보호하고 있
는 사람들에게 보냈다.
2 "너희는 너희가 섬기는 상전의 아들
들을 데리고 있다. 병거와 말과 요새
화된 성읍과 무기도 가지고 있다. 이
제 이 편지가 너희에게 가거든,
3 너희는 너희 상전의 아들들 가운데
서 가장 훌륭하고 적합한 인물을 찾
아서 그의 아버지의 왕좌에 앉히고,
너희는 너희가 섬기는 상전의 가문
을 편들어서 싸우도록 하여라."
4 ○이에 사마리아의 지도급 인사들은
두려워하며 말하였다. "저 두 왕도
그를 당하지 못하였는데, 우리가 무
슨 수로 그와 맞설 수 있겠소?"
5 그리하여 왕가를 지키는 사람들과
성읍을 다스리는 사람들과 장로들
과 왕자들을 보호하는 사람들이, 예

9:30-37 아합의 아내인 악한 왕후 이세벨의 죽음에 대한 기록이다. 엘리야의 예언대로(왕상 21:23), 그녀의 주검은 개들에게 뜯어 먹혔다.
9:30 이세벨은 최후의 순간까지 사치스럽고 위압감을 드러내기 위해 자신을 꾸몄다.
9:34 왕의 딸 이세벨은 시돈 왕 엣바알의 딸이었다(왕상 16:31).

㉠ 칠십인역과 불가타에는 '성읍의' ㉡ 칠십인역 히브리어 본문에는 '아들들'이 없음

10장 요약 예후는 아합 왕가의 남은 자손들까지 모두 처단하였다. 이처럼 아합 왕가가 진멸당한 것은 예언의 성취이자(왕상 21:24) 하나님의 심판이다. 한편 왕이 된 예후는 바알 종교를 근절하였다. 그러나 자신의 권좌를 유지하려는 목적으로 베델과 단의 금송아지는 파괴하지 않았다.

10:3 너희는 너희가 섬기는 상전의 가문을 편들어서

후에게 다음과 같은 전갈을 보냈다.
"우리는 장군의 신하입니다. 장군께
서 우리에게 말하는 것은, 무엇이든
지 모두 그대로 하겠습니다. 우리는
어떠한 왕도 세우지 않겠습니다. 장
군께서 보시기에 좋은 대로 하십시
오."
6 ○예후가 그들에게 다음과 같이 두
번째 편지를 써서 보냈다. "너희가
내 편이 되어 내 명령을 따르겠다면,
너희 군주의 아들들의 목을 베어서,
내일 이맘때까지, 이스르엘에 있는
나에게로 가져 오너라." ○그 때에 왕
자들 일흔 명은 그들을 키워 준 그
성읍의 지도자들과 함께 있었다.
7 편지가 성읍의 지도자들에게 전달되
자, 그들은 그 왕자들을 잡아서 일
흔 명을 모두 죽인 다음에, 그들의
머리를 광주리에 담아서, 이스르엘
에 있는 예후에게 보냈다.
8 ○전령이 와서 예후에게, 그들이 왕
자들의 머리를 가져 왔다고 알리니,
예후가 말하였다. "그 머리들을 두
무더기로 나누어, 아침까지 성읍 어
귀에 두어라."
9 아침이 되었을 때에, 예후는 나가서
모든 백성에게 말하였다. "나는 내
옛 주인에게 역모를 꾀하여, 그를 죽
였습니다. 백성에게는 아무 잘못이
없습니다. 그러나 여기에 있는 이 모
든 사람은 누가 죽였습니까?
10 백성 여러분은 아합의 가문을 두고
말씀하신 주님의 말씀이, 그 어느 것
하나도 땅에 떨어지지 않았다는 사
실만은 알아야 합니다. 주님께서는
그의 종 엘리야를 시켜 하신 말씀을
모두 이루셨습니다."
11 그런 다음에 예후는, 이스르엘에 남
아 있는 아합 가문에 속한 사람을
모두 쳐죽였다. 또 아합 가문의 관리
들과 친지들과 제사장들을 하나도
남기지 않고 모두 죽였다.

아하시야 왕의 친족이 살해되다

12 ○그 다음에 예후가 이스르엘을 떠
나 사마리아로 가는 길에 벳에켓하
로임에 이르렀다.
13 예후는 거기에서 이미 살해된 유다
의 아하시야 왕의 친족들을 만나, 그
들이 누구인지를 물었다. 그들이 대
답하였다. "우리는 아하시야의 형제
들로서, 이세벨 왕후와 왕자들과 왕
의 친족들에게 문안을 드리러 내려
왔습니다."
14 그러자 예후는 그들을 생포하라고
명령하였다. 부하들은 그들을 생포
하여, 벳에켓의 한 구덩이에 넣어 죽
였는데, 무려 마흔두 명이나 되는 사
람을 한 사람도 살려 두지 않았다.

아합의 나머지 친족이 살해되다

15 ○예후가 그 곳을 떠나서 가다가, 그

싸우도록 하여라 예후는 뛰어난 계략가였다. 그는 이렇게 함으로써 사마리아에 사는 주요 인사들의 생각을 알아보고자 했던 것이다. 왜냐하면 *그들의 내심을 알지 못하고서는* 거기 사는 아합 왕가의 남은 친족들을 멸절할 수 없었기 때문이다.

10:9 본절은 예후가 일반 백성들 앞에서 그의 반란을 정당화하려는 장면이다. 아합의 자손들을 죽인 자들은 예후 자신이나 예후의 부하들이 아니라, 아합 왕조에 충성을 바쳤던 사람들이었다는 것을 강조하고 있다.

10:11-14 예후가 아합의 모든 측근자들과 유다의 왕족들을 살해한 일은 신앙적인 행위가 아닌 정치적인 야욕에서 비롯된 것이다. 곧 자신에게 대항할 정치 세력들을 미리 제거하기 위하여 예후는 무자비한 숙청을 감행하였다.

10:17 예후는 북 이스라엘 수도 사마리아에 입성하여 공식적인 왕이 되었다. 이스르엘에서 사마리아까지의 거리는 약 32km쯤 된다.

를 만나러 오는 레갑의 아들 여호나
답을 만났다. 예후가 그에게 안부를
물으며 말하였다. "내가 그대를 진심
으로 믿듯이, 그대도 그러하오?" 그
러자 여호나답이, 그렇다고 대답하
였다. 예후는, 그렇다면 손을 내밀라
고 하였다. 그가 손을 내미니, 그를
수레에 올라오게 하였다.
16 그런 다음에 ㉠예후가 말하였다. "나
와 함께 가서, 주님을 향한 나의 열
심이 어느 정도인지를 보도록 하시
오." 예후는 여호나답을 자기의 병거
에 태워 나란히 앉았다.
17 그리고 그는 사마리아에 이르러서,
거기에 남아 있는 아합의 지지자를
모두 죽였다. 이 모든 것은 주님께서
엘리야에게 말씀하신 대로 이루어진
것이다.

바알 숭배자들이 살해되다

18 ○예후는 백성을 다 모아 놓고 말하
였다. "아합은 바알을 조금밖에 섬기
지 않았지만, 이 예후는 그보다 더
열심으로 섬기겠습니다.
19 그러니 이제 바알의 예언자들과 종
들과 제사장들을 모두 나에게 불러
다 주십시오. 바알에게 성대하게 제
사를 드리려고 합니다. 그러므로 한
사람도 빠져서는 안 됩니다. 빠지는
사람은 어느 누구든지 살아 남지 못
할 것입니다." 예후는 바알의 종들을
진멸하려고 이러한 계책을 꾸민 것
이다.
20 예후가 계속하여 말하였다. "바알을
섬길 거룩한 집회를 열도록 하시오."
그러자 집회가 공포되었다.
21 예후가 이스라엘 모든 곳에 사람을
보냈으므로, 바알의 종들이 하나도
빠지지 않고 모두 왔다. 그들이 바알
의 신전으로 들어가자, 바알의 신전
은 이 끝에서부터 저 끝까지 가득
찼다.
22 예후가 예복을 관리하는 사람에게
거기 모인 바알의 종들이 입을 예복
을 모두 가져 오라고 명령하였다. 그
들에게 입힐 예복을 가져 오니,
23 예후와 레갑의 아들 여호나답은 바
알의 신전으로 들어가서, 바알의 종
들에게 말하였다. "여기 여러분 가
운데 주 하나님을 섬기는 종들이 있
지나 않은지 살펴보십시오. 여기에
는 다만 바알의 종들만 있어야 합니
다."
24 이렇게 하여 그들이 제사와 번제를
드리려고 신전 안으로 들어갔을 때
에, 예후는 밖에서 여든 명의 군인을
포진시켜 놓고, 말하였다. "내가 너
희 손에 넘겨 준 사람을 하나라도
놓치는 사람은, 그가 대신 목숨을 잃
을 것이다."
25 ○번제를 드리는 일이 끝나자, 예후

10:15-17 예후는 여호나답과 우의를 나눔으로써 백성들에게 호의를 얻고 자신의 위치를 더욱 견고히 하려 했다. 여호나답은 모세의 장인 이드로의 자손인 레갑의 아들이며, 검소하고 의로운 생활로 인하여 이스라엘 백성들에게 존경을 받고 있었다. 여호나답의 후손들(레갑 족속)은 훗날 '하나님을 영원히 섬길 사람들'이라는 복을 받았다(렘 35:19).

10:18-27 예후는 바알의 예언자들과 또 바알을 열심히 섬기던 종들을 모조리 진멸하였다. 그리고 바알 신전에 세워 놓은 모든 우상들을 불태우고 바알 신전을 헐어서 변소로 만들었다. 바알 신전은 아합이 이세벨의 말을 따라 사마리아에 건축했던 거대한 신전이었다. 북왕국에서 지금까지 일어났던 반란은(바아사·시므리·오므리에 의해) 단지 왕조만 바뀐 것이었으나, 예후는 과감하게 바알 종교의 멸절을 실행하였다.

㉠ 칠십인역과 시리아어역과 타르굼을 따름. 히, '그들은'

는 호위병들과 시종무관들에게 말
하였다. "들어가서 그들을 쳐라. 하
나도 살아 나가지 못하게 하여라."
그러자 호위병들과 시종무관들은
그들을 칼로 쳐서 바깥으로 내던졌
다. 그리고는 바알 신전의 지성소에
까지 들어가서,
26 바알 신전의 우상들을 끌어내어 불
태웠다.
27 바알의 우상들을 깨뜨렸을 뿐만 아
니라, 바알의 신전을 헐어서 변소로
만들기까지 하였는데, 이것이 오늘까
지도 그대로 있다.
28 ○이렇게 하여 예후는 바알 종교를
이스라엘로부터 쓸어 내었다.
29 그러나 예후는, 베델과 단에 세운 금
송아지를 섬겨 이스라엘로 하여금
죄를 짓게 한 느밧의 아들 여로보암
의 죄로부터, 완전히 돌아서지는 못
하였다.
30 주님께서 예후에게 말씀하셨다. "너
는, 내가 보기에 일을 바르게 잘 하
여, 내 마음에 들도록 아합의 가문
을 잘 처리하였으니, 네 사 대 자손
까지는 이스라엘의 왕위를 지키게
될 것이다."
31 그러나 예후는, 주 이스라엘의 하나
님의 율법을 지키는 일에 마음을 다
기울이지는 못하였고, 이스라엘로
죄를 짓게 한 여로보암의 죄로부터
돌아서지는 못하였다.

예후가 죽다

32 ○이 때부터 주님께서는 이스라엘을
조금씩 찢어 내기 시작하셨다. 그래
서 하사엘이 이스라엘의 국경 사방
에서 공격해 왔다.
33 그는 요단 강 동쪽 지역인, 갓 사람
과 르우벤 사람과 므낫세 사람이 있
는 길르앗의 모든 땅 곧 아르논 강에
맞붙어 있는 아로엘에서부터 길르앗
과 바산까지 공격하였다.
34 ○예후의 나머지 행적과 그가 한 모
든 일과, 그가 권세를 누린 일들은
'이스라엘 왕 역대지략'에 모두 기록
되었다.
35 예후가 죽으니, 사마리아에 안장하
였고, 그의 아들 여호아하스가 그의
뒤를 이어 왕이 되었다.
36 예후는 사마리아에서 스물여덟 해
동안 이스라엘을 다스렸다.

유다의 아달랴 여왕

(대하 22:10-23:15)

11 아하시야의 어머니 아달랴는
아들이 죽는 것을 보자, 왕족
을 다 죽이기 시작하였다.
2 그러나 왕자들이 살해되는 가운데
서도, ㉠여호람 왕의 딸이요 아하시
야의 누이인 여호세바가, 아하시야
의 아들 요아스를 몰래 빼내어, 유모
와 함께 침실에 숨겼다. 이 때에 사

10:28-31 예후는 진정한 개혁을 단행하지 못하고 중도에 그치고 말았다. 그는 베델과 단의 금송아지도 파괴했어야 했다. 설혹 이스라엘 백성들이 *예루살렘 성전으로 제사드리러* 가는 일 때문에 정치적인 위기를 맞는다 할지라도, 그는 금송아지를 없애야 했던 것이다.

10:32-36 예후 시대에 있었던 시리아 왕 하사엘의 침공은, 금송아지를 섬기는 북왕국에 대한 하나님의 예고된 징벌이었다(왕상 19:17).

11장 요약 유다 왕 아하시야가 살해되자, 그의 어머니인 아달랴가 왕권을 장악했다. 그녀는 바알 종교를 확산시키고, 다윗의 후손들을 진멸하려 하였다. 그러나 극적으로 목숨을 부지한 아하시야의 아들 요아스가 왕으로 옹립되고 결국 아달랴는 비참한 죽음을 당하고 말았다.

㉠ 히, '요람'. 히브리 이름 '여호람'과 '요람'은 서로 바꾸어 쓸 수 있음

람들이, 아달랴가 모르도록 그를 숨
겼으므로, 그는 죽음을 면할 수 있
었다.
3 요아스는 그의 고모 여호세바와 함
께 여섯 해 동안을 주님의 성전에 숨
어 지냈으며, 그 동안 나라는 아달랴
가 다스렸다.
4 ○일곱째 해가 되자, 여호야다 제사
장이 사람을 보내어 가리 사람의 백
부장들과 호위병의 백부장들을 불
러왔다. 그리고 그들을 주님의 성전
에 있는 왕자에게로 데리고 가서, 그
들과 더불어 언약을 맺고, 또 주님의
성전에서 맹세를 하게 한 뒤에, 그들
에게 왕자를 보여 주었다.
5 그리고는 그들에게 이렇게 명령을
내렸다. "이제 여러분이 해야 할 일
을 말하겠습니다. 여러분 가운데서
안식일 당번을 세 반으로 나누어, 삼
분의 일은 왕궁을 지키고,
6 다른 삼분의 일은 수르 성문을 지키
고, 나머지 삼분의 일은 호위병들의
뒤에 있는 문을 지키십시오. 이와 같
이 하여 왕궁을 철저히 지키게 하도
록 하십시오.
7 그리고 안식일 비번은 모두 두 반으
로 나누어서, 임금님께서 계신 주님
의 성전을 지키도록 하십시오.
8 각자 무기를 들고 임금님을 호위할
것이며, 누구든지 ㉠대열 안으로 들
어오려는 사람은 반드시 죽이고, 임
금님께서 나가고 드실 때에는 반드
시 경호하도록 하십시오."
9 ○백부장들은 여호야다 제사장이
명령한 것을 그대로 다 하였다. 그리
고 그들은 안식일 당번인 사람들과
안식일 비번인 사람들을 데리고 여
호야다 제사장에게로 왔다.
10 제사장이 백부장들에게 창과 방패
를 나누어 주었다. 그것은 다윗 왕
의 것으로서, 주님의 성전 안에 간직
되어 있던 것들이다.
11 그리하여 호위병들은 각각 손에 무
기를 들고, 성전 오른쪽에서부터 왼
쪽까지 제단과 성전 주위를 감시하
며, 왕을 호위하였다.
12 그런 다음에 여호야다 제사장이 왕
세자를 데리고 나와서, 그에게 왕관
을 씌우고, 왕의 직무를 규정한 규례
서를 주고, 기름을 부어 왕으로 삼으
니, 백성이 손뼉을 치며 "임금님, 만
세!" 하고 외쳤다.
13 ○아달랴가 호위병들과 백성의 소리
를 듣고, 주님의 성전에 모여 있는
백성에게 가서
14 보니, 왕이 대관식 규례에 따라 기둥
곁에 서 있고, 관리들과 나팔수들도
왕을 모시고 서 있고, 나라의 모든
백성이 기뻐하며 나팔을 불고 있었
다. 아달랴가 분을 참지 못하고 옷

11:1-3 아하시야가 예후에게 살해되자, 아하시야의 어머니 아달랴가 남 유다의 정권을 장악하였다. 아달랴의 집권으로 다윗 계통의 왕가가 끊기는 위기를 맞게 되었다. 아달랴는 이세벨처럼 바알 숭배자였으며, 남편 여호람과 아들 아하시야를 자기 마음대로 조정하여 유다 왕국에 바알 숭배를 확산시킨 인물이었다.

11:4-12 고모 여호세바의 손에서 몰래 키워진 요아스가 7세 되던 해에, 여호야다 제사장은 반란을 일으켰다. 이 반란은 모든 족장과 군대 지휘관들과 레위 사람들의 호응을 얻어 성공하였으며, 다윗의 후손인 요아스가 남 유다의 왕이 되었다.

11:12 왕의 직무를 규정한 규례서 여호야다 제사장이 왕이 될 요아스에게 '규례서'를 준 이유는 왕이 자신의 생각대로 백성들을 다스리는 것이 아니라, 하나님의 율례에 따라 다스려야 함을 가르치기 위해서였다. 이스라엘 왕들이 하나님의 율례

㉠ 또는 '구역'

을 찢으며 "반역이다! 반역이다!" 하
고 외쳤다.
15 ○그 때에 여호야다 제사장이 군대
를 거느린 백부장들에게 명령을 내
렸다. "저 여자를 ㉠대열 밖으로 끌어
내시오. 그리고 저 여자를 따르는 사
람은 누구든지 칼로 쳐죽이시오." 여
호야다가, 주님의 성전에서는 그 여
자를 죽이지 말라고 하였으므로,
16 그들은 그 여자를 끌어내어, 군마가
드나드는 길을 통해 왕궁으로 들어
가, 거기에서 그 여자를 처형하였다.

여호야다의 개혁 (대하 23:16-21)

17 ○여호야다는, 이스라엘 백성이 주
님의 백성이 되는 언약을, 주님과 왕
과 백성 사이에 맺게 하고, 동시에
왕과 백성 사이에도 언약을 맺게 하
였다.
18 그렇게 하고 난 다음에, 그 땅의 온
백성이 바알의 신전으로 몰려가서,
그 신전을 허물고, 제단을 뒤엎고,
신상들을 완전히 부수어 버렸다. 또
그들은 제단 앞에서 바알의 제사장
맛단을 죽였다. ○그리고 여호야다
제사장은 주님의 성전에 경비병들을
세웠다.
19 그리고 그는 백부장들과 가리 사람
들과 호위병들과 그 땅의 모든 백성
을 거느리고, 왕을 인도하여 주님의
성전에서 데리고 나와서, 호위병들이
지키는 문을 지나, 왕궁으로 행진하
여 들어갔다. 왕이 왕좌에 오르자,
20 그 땅의 모든 백성이 기뻐하였다. 아
달랴가 왕궁에서 칼에 맞아 살해된
뒤로, 도성은 평온을 되찾았다.
21 ○요아스가 왕위에 올랐을 때에 그
는 일곱 살이었다.

유다 왕 요아스 (대하 24:1-16)

12 예후 제 칠년에 요아스가 왕이
되어, 마흔 해 동안을 예루살렘
에서 다스렸다. 그의 어머니 시비아
는 브엘세바 사람이었다.
2 요아스는 여호야다 제사장이 가르
쳐 준 대로 하였으므로, 일생 동안
주님께서 보시기에 올바른 일을 하
였다.
3 다만 산당을 제거하지 않아서, 백성
이 여전히 산당에서 제사를 지내고
향을 피웠다.
4 ○요아스가 제사장들에게 말하였다.
"주님의 성전에 들어오는 모든 헌금,
곧 일반 헌금과 의무적으로 부과된
헌금과 자원하여 주님의 성전에 가
져 오는 헌금을 모두,
5 제사장들이 각 담당 회계로부터 받
아서, 성전에 수리할 곳이 발견되는
대로 그 수리할 곳을 모두 고치도록
하십시오."
6 ○그러나 요아스가 왕이 된 지 스물
세 해가 지나도록, 제사장들은 그 성

에 따라 나라를 다스려야 한다는 성경 구절은 신명기 17:18-20과 열왕기상 2:3, 열왕기하 23:3을 참고하라.

11:17-21 아달랴를 죽인 후 왕이 입궁하기까지는 두 가지 사건이 일어났다. ① 언약의 갱신. 왕과 백성들이 주님만을 섬기겠다는 서약이다. ② 아달랴가 세워 놓은 바알 신전의 파괴. 아달랴의 통치 기간에는 성전 예배는 중단되고 바알 제사가 행해졌다.

12장 요약 요아스는 통치 초기에는 선정을 펼쳤지만 말년에는 패역을 일삼았다. 그가 성전을 수리하고 영적 부흥을 이룬 것은 제사장 여호야다의 영향 때문이었다. 그러나 여호야다가 죽고 나자 우상 숭배를 허용하였으며, 이를 경고한 스가랴 예언자를 처형했다. 하나님의 징계로 요아스는 신하들에게 살해당한다.

㉠ 또는 '구역'

전의 수리할 곳을 고치지 않았다.
7 요아스 왕이 여호야다 제사장과 다
른 제사장들을 모두 불러서, 그들에
게 말하였다. "어찌하여 아직 성전의
수리할 곳을 고치지 않고 있습니까?
이제는 더 이상 담당 회계로부터 돈
을 받아 두지 말고, 성전을 수리하는
데 쓰도록 직접 넘기게 하십시오."
8 제사장들은 이 일에 동의하여, 제사
장들이 백성으로부터 돈을 받거나
성전을 직접 수리하거나 하는 일을
하지 않기로 하였다.
9 ○제사장 여호야다는 궤를 하나 가
져다가, 그 뚜껑에 구멍을 뚫어 주님
의 성전으로 들여와서, 오른쪽 곧 제
단 곁에 그것을 놓았다. 그래서 문을
지키는 제사장들이, 주님의 성전으
로 가져 오는 모든 헌금을 그 궤에
넣게 하였다.
10 그 궤가 헌금으로 가득 찰 때마다,
왕실 서기관과 대제사장이 와서 주
님의 성전에 헌납된 헌금을 쏟아 내
어 계산하였다.
11 계산이 끝나면, 그 헌금은 주님의 성
전 공사를 맡은 감독관들에게 전달
되었고, 그것은 다시 주님의 성전을
수리하는 목수들과 건축자들에게
지불되었고,
12 또 미장이와 석수에게도 지불되었으
며, 주님의 성전을 수리하는 데 드는
나무와 돌을 사는 데와, 그 밖에 성
전을 수리하는 데 필요한 경비로 쓰
였다.
13 주님의 성전에 헌납된 그 헌금은 주
님의 성전에서 쓸 은대접들과 부집
게와 대접들과 나팔 등의 금그릇이
나 은그릇을 만드는 데 쓰이지는 않
았다.
14 그 헌금은 오직 일꾼들에게 주어, 그
것으로 주님의 성전을 수리하는 데
만 사용하였다.
15 또 돈을 받아 일꾼들에게 주는 감독
관들에 대한 회계 감사를 하지 않았
는데, 그것은 그들이 성실하게 일하
고 있었기 때문이다.
16 그리고 속건제와 속죄제에 바친 돈
은, 주님의 성전의 수입으로 계산하
지 않았다. 그것은 제사장들의 몫이
었기 때문이다.
17 ○그 무렵에 시리아 왕 하사엘이 가
드를 공격하여 함락시켰다. 그런 다
음에 하사엘은 또 예루살렘도 치려
고 하였기 때문에,
18 유다 왕 요아스는, 앞서 유다를 다스
린 여호사밧과 여호람과 아하시야가
주님께 바친 모든 물건과, 또 자신이
주님께 바친 것들을 비롯하여, 주님
의 성전과 왕실 창고에 있는 모든 금
을, 시리아 왕 하사엘에게 보냈다. 그
러자 하사엘은 예루살렘을 치지 않

12:1–3 여호야다가 살아 있는 동안에, 요아스는 유다를 영적으로 부흥시켰다. 그러나 여호야다가 죽자 바알을 숭배하고 포악한 정치를 베풀었다.

12:4–16 요아스는 제사장들에게 헌금을 모금하여 성전을 수리하라고 명했다. 그러나 레위 사람들이 임무를 게을리하여 성전 수리 기금이 모아지지 않았다(대하 24:5). 그래서 요아스는 헌금자가 직접 성전에 나와 헌금을 바치는 방법을 채택했다. 그 결과는 매우 좋았으며, 얼마 후에 성전 수리가 끝났다(참조. 22:3–7).

12:17–21 여호야다가 죽자 유다의 방백들은 요아스 왕에게 우상을 섬기게 해달라고 간청하였는데, 왕은 그 일을 허락하였다. 그리고 그것을 경고하는 스가랴 예언자를 처형했다. 이러한 죄를 징벌하기 위해 하나님은 하사엘로 유다를 침공케 하셨다(대하 24:15–27). 결국 많은 보물을 주어 시리아 군대를 되돌려 보냈으나, 요아스 왕은 신하들의 역모로 살해되었다.

고 물러갔다.
19 ○요아스의 나머지 행적과 그가 한
모든 일은 '유다 왕 역대지략'에 기록
되어 있다.
20 ○요아스의 신하들이 역모를 꾸며,
실라로 내려가는 길에 있는 밀로의
궁에서 요아스를 살해하였다.
21 그를 살해한 신하는 시므앗의 아들
요사갈과 소멜의 아들 여호사바드였
다. 그가 죽으니, 그의 조상들과 함
께 '다윗 성'에 장사하였다. 그의 아
들 아마샤가 그의 뒤를 이어 왕이
되었다.

이스라엘 왕 여호아하스

13 유다 왕 아하시야의 아들 요아
스 왕 제 이십삼년에 예후의 아
들 여호아하스가 이스라엘을 다스리
는 왕이 되어, 사마리아에서 열일곱
해 동안 다스렸다.
2 그러나 그는 주님 보시기에 악한 행
동을 하였고, 이스라엘로 죄를 짓게
한 느밧의 아들 여로보암의 죄를 따
라가, 그 길에서 돌아서지 않았다.
3 그리하여 주님께서는 이스라엘에게
진노하셔서, 시리아의 하사엘 왕의
손에 그들을 넘기시고, 계속해서 하
사엘의 아들 벤하닷의 손에 넘기셨
다.
4 그러나 여호아하스가 주님께 간절히
용서를 구하니, 주님께서 그의 간구
를 들어주셨다. 이스라엘이 시리아
왕의 억압으로 고난을 받고 있음을
보셨기 때문이다.
5 그래서 주님께서는 이스라엘에 구원
자를 보내어, 시리아의 손에서부터
벗어나게 하셨고, 이스라엘 자손은
예전처럼 그들의 장막에서 편안하게
살았다.
6 그럼에도 이스라엘 자손은, 이스라
엘로 죄를 짓게 한 여로보암 가문의
죄로부터 돌아서지 않고, 여전히 그
길을 그대로 걸으며, 사마리아에는
아세라 목상까지도 그냥 세워 두었
다.
7 ○시리아 왕이 여호아하스의 군대를
공격하여 타작 마당의 먼지같이 만
들었기 때문에, 여호아하스에게는
겨우 기마병 오십 명과 병거 열 대와
보병 만 명만이 남았다.
8 ○여호아하스의 나머지 행적과 그가
한 모든 일과, 그가 누린 권세는 '이
스라엘 왕 역대지략'에 기록되어 있
다.
9 여호아하스가 죽으니, 사마리아에
안장하였고, 그의 아들 여호아스가
그의 뒤를 이어 왕이 되었다.

이스라엘 왕 여호아스

10 ○유다의 요아스 왕 제 삼십칠년에
여호아하스의 아들 여호아스가 이
스라엘의 왕이 되어, 사마리아에서

13장 요약 본장에서는 유다 왕 요아스 당시 북왕국에서 일어난 사건들을 열거한다. 여호아하스가 하나님 앞에서 겸비한 태도를 보였을 때 시리아의 침공을 물리친 것과, 그 아들 여호아스가 우상 숭배 중에도 예언자 엘리사를 극진히 대접하여 잃어버린 영토를 되찾은 사건 등이다.

13:1-9 예후의 아들 여호아하스의 북왕국 통치에 대한 기록이다. 여호아하스도 선왕처럼 금송아지 우상을 섬겼으며, 아세라 목상까지 남겨 두었다. 그래서 하나님께서는 그의 통치 기간 내내 시리아의 계속적인 침공을 허락하셨다. 시리아는 이스라엘을 자기 예속국으로 삼고 이스라엘의 군사력까지 제한시켰다. 이 때 여호아하스는 하나님께 구원을 호소하여 하나님의 응답을 받았다.
13:10-13 여호아스의 북왕국 통치에 관한 기록이다. 그도 역시 여로보암이 만든 금송아지 우상

열여섯 해 동안 다스렸다.
11 그는, 주님께서 보시기에 악을 행하
였고, 이스라엘로 죄를 짓게 한 느밧
의 아들 여로보암의 모든 죄로부터
돌아서지 않고, 그 길을 그대로 걸었
다.
12 여호아스의 나머지 행적과 그가 한
모든 일, 또 그가 유다 왕 아마샤와
싸운 용맹은, '이스라엘 왕 역대지략'
에 기록되어 있다.
13 여호아스가 죽으니, 이스라엘의 역
대 왕들과 함께 사마리아에 안장하
였고, 여로보암이 그의 뒤를 이어 왕
좌에 올랐다.

엘리사가 죽다

14 ○엘리사가 죽을 병이 들자, 이스라
엘 왕 여호아스가 그에게로 내려왔
다. 그리고 그 앞에서 눈물을 흘리
며 말하였다. "나의 아버지, 나의 아
버지, 이스라엘의 병거와 마병이시
여!"
15 ○엘리사가 그에게 말하였다. "활과
화살을 가져 오십시오." 그가 활과
화살을 가져 오자,
16 엘리사가 이스라엘 왕에게 말하였
다. "활을 잡으십시오." 그가 활을 잡
으니, 엘리사가 그의 손 위에 자기의
손을 얹었다.
17 엘리사가 말하였다. "동쪽 창문을
여십시오." 왕이 창문을 열자, 엘리사
가 말하였다. "쏘십시오." 그가 활을
쏘자, 엘리사가 말하였다. "주님의 승
리의 화살입니다. 시리아를 이길 승
리의 화살입니다. 임금님께서는 아
벡에서 시리아를 쳐서, 완전히 진멸
하실 것입니다."
18 ○엘리사가 또 말하였다. "화살을 집
으십시오." 왕이 화살을 집자, 엘리
사가 이스라엘 왕에게 말하였다.
"땅을 치십시오." 왕이 세 번을 치고
는 그만두었다.
19 하나님의 사람이 그에게 화를 내며
말하였다. "임금님께서 대여섯 번 치
셨으면 시리아 군을 진멸할 때까지
쳐부술 수 있었을 터인데, 고작 세
번입니까? 이제 임금님께서는 겨우
세 번만 시리아를 칠 수 있을 것입니
다."
20 ○그런 다음에 엘리사가 죽으니, 거
기에 장사하였다. ○그 뒤에 모압의
도적 떼가 해마다 이스라엘 땅을 침
범하였다.
21 한 번은 장사지내는 사람들이 어떤
사람의 주검을 묻고 있다가, 이 도적
떼를 보게 되었다. 그러자 그들은
놀라서 그 주검을 엘리사의 무덤에
내던지고 달아났는데, 그 때에 그
사람의 뼈가 엘리사의 뼈에 닿자,
그 사람이 살아나서 제 발로 일어섰
다.

을 섬겼다. 그러나 그는 엘리사 예언자를 극진히 대접했던 것 같다. 여호아스는 재위 중에 시리아와 유다를 물리치고 차츰 국세를 회복시켰다.

13:14-19 엘리사는 상징적인 행동을 통하여 여호아스가 시리아에게 승리를 얻을 것이라고 예언하였다. 그러나 그가 미온적인 태도로 엘리사의 지시를 따랐기 때문에, 완전한 승리를 얻지 못하였다. 시리아에 대한 완전한 승리는 여호아스의 아들인 여로보암 2세가 거두었다.

13:14 나의 아버지…마병이시여 이 말은 엘리야가 승천할 때 엘리사가 했던 말과 똑같다(2:12). 여호아스 왕은 엘리사 예언자가 이스라엘의 참된 보호자였음을 고백하고 있다. 그는 엘리사의 예언이 이스라엘의 전쟁을 승리로 이끄는 능력이 됨을 깨달았던 것이다.

13:20-21 엘리사는 죽은 후에도 사람을 살리는 기적을 행하였다. 이 기적은 그가 선포했던 예언들은 앞으로도 반드시 성취될 것임을 나타낸다.

이스라엘과 시리아의 전쟁

22 ○시리아의 하사엘 왕은 여호아하스
가 다스리는 동안에 줄곧 이스라엘
을 억압하였다.
23 그러나 주님께서 이스라엘에게 은혜
를 베푸셔서, 그들을 불쌍히 여기시
고, 그들을 굽어살피셨다. 이는 아브
라함과 이삭과 야곱과 맺으신 언약
때문이었다. 그래서 그들을 멸망시키
지 않으시고, 이제까지 주님 앞에서
쫓아내지 않으셨다.
24 ○시리아의 하사엘 왕이 죽고, 그의
아들 벤하닷이 그의 뒤를 이어 왕이
되었다.
25 이 때에 여호아하스의 아들 여호아
스가 하사엘의 아들 벤하닷의 손에
서 성읍들을 도로 되찾았다. 이 성
읍들은 부왕 여호아하스가 전쟁으
로 빼앗겼던 것이다. 여호아스는 세
번이나 벤하닷을 쳐서, 이스라엘의
성읍들을 도로 되찾았다.

유다 왕 아마샤 (대하 25:1-24)

14 이스라엘 왕 여호아하스의 아
들 여호아스 제 이년에 유다 왕
요아스의 아들 아마샤가 유다 왕이
되었다.
2 그는 스물다섯 살에 왕위에 올라, 예
루살렘에서 스물아홉 해 동안 다스
렸다. 그의 어머니 여호앗단은 예루
살렘 태생이다.
3 아마샤는 주님께서 보시기에 올바
른 일을 하기는 하였으나, 그의 조상
다윗만큼은 하지 못하였고, 아버지
요아스가 한 것만큼 하였다.
4 그리하여 산당은 제거되지 않은 채
로, 백성은 여전히 산당에서 제사를
드리며 분향을 하고 있었다.
5 왕권을 확고하게 장악한 다음에, 아
마샤는 부왕을 살해한 신하들을 처
형하였다.
6 그러나 그는 처형한 신하의 자녀는
죽이지 않았다. 그것은 모세의 율법
서에 기록된 말씀을 따른 것이다. 거
기에는 "아버지가 자녀 대신에 처형
되어서도 안 되고, 또 자녀가 아버지
대신에 처형되어서도 안 된다. 오직
각 사람은 자신이 지은 죄에 따라
처형되어야 한다" 하고 말씀하신 주
님의 명령이 있다.
7 ○아마샤는 '소금 계곡'에서 에돔 사
람 만 명을 쳐죽이고, 또 셀라를 쳐
서 점령한 다음에, 그 이름을 욕드엘
이라고 하였는데, 오늘까지 그렇게
불리고 있다.
8 ○그 때에 아마샤가, 예후의 손자요
여호아하스의 아들인 이스라엘의
여호아스 왕에게 전령을 보내어, 서
로 직접 만나 힘을 겨루어 보자고 제
안하였다.
9 이스라엘의 여호아스 왕은, 유다의

14장 요약 유다 왕 아마샤와 이스라엘 왕 여로보암 2세에 대한 기록이다. 아마샤는 초기에 하나님 앞에서 올바른 일을 하기는 하였으나, 말년에는 교만으로 실정(失政)을 거듭하였다. 한편 여로보암 2세는 역사상 북왕국을 가장 부강하게 만든 인물이다. 그러나 그들은 번영을 누리면서 점차 교만해져 죄악을 일삼았다.

14:1-14 아마샤는 유다 왕이 되자, 부왕을 살해한 신하들을 처형하고 약해진 왕권을 다시 회복하였다. 그는 에돔을 쳐서 다시 유다에게 복속시켰으며, 그 기세를 몰아 북왕국까지 침공하였다. 그러나 결국 아마샤는 북왕국에 포로로 잡혀가게 된다. 북왕국과의 전쟁으로 인하여 예루살렘 성벽의 일부가 파괴되었으며, 유다 왕궁과 예루살렘 성전의 보물들을 약탈당하였다.

14:3 아마샤는 에돔의 우상을 가져다가 자기의 신으로 섬겼으며, 그 죄를 책망하는 예언자도 멸

아마샤 왕에게 사람을 보내어, 이렇
게 회답하였다. "레바논의 가시나무
가 레바논의 백향목에게 전갈을 보
내어 백향목의 딸을 며느리로 달라
고 청혼하는 것을 보고, 레바논의
들짐승이 지나가다 그 가시나무를
짓밟은 일이 있다.
10 네가 에돔을 쳐서 이기더니, 너무 오
만해진 것 같다. 차라리 왕궁에나
머물면서, 네가 누리는 영화를 만족
하게 여겨라. 어찌하여 너는, 너 자
신과 유다를 함께 멸망시킬 화근을,
스스로 불러들이느냐?"
11 ○그러나 아마샤가 끝내 듣지 않자,
이스라엘의 여호아스 왕이 올라와
서, 유다 왕 아마샤를 맞아, 유다의
영토인 벳세메스에서 대치하였다.
12 그러나 유다 군대는 이스라엘 군대
에게 패하여, 뿔뿔이 흩어져 각자 자
기의 집으로 도망하였다.
13 이스라엘의 여호아스 왕은 벳세메스
에서 아하시야의 손자요 요아스의
아들인 유다의 아마샤 왕을 사로잡
아서, 예루살렘으로 들어왔다. 그는
예루살렘 성벽을 에브라임 문에서
부터 성 모퉁이 문에 이르기까지, 사
백 자를 허물어 버렸다.
14 그는 또 주님의 성전과 왕궁의 보물
창고에 있는 금과 은과 모든 그릇을
약탈하고, 사람까지 볼모로 잡아서,
사마리아로 돌아갔다.
15 ○여호아스의 나머지 행적과 그가
누린 권세와, 그가 유다의 아마샤 왕
과 싸운 일에 관한 것은 '이스라엘
왕 역대지략'에 기록되어 있다.
16 여호아스가 죽으니, 사마리아에 있
는 이스라엘 왕들의 묘실에 안장하
였고, 그의 아들 여로보암이 그의
뒤를 이어 왕이 되었다.

유다 왕 아마샤가 죽다 (대하 25:25-28)

17 ○유다의 요아스 왕의 아들 아마샤
는, 이스라엘의 여호아하스 왕의 아
들 여호아스가 죽은 뒤에도 열다섯
해를 더 살았다.
18 아마샤의 나머지 행적은 '유다 왕 역
대지략'에 기록되어 있다.
19 ○예루살렘에서 반란이 일어나자,
아마샤는 라기스로 도망하였다. 그
러나 반란을 일으킨 사람들은 라기
스에까지 사람을 보내어, 거기에서
그를 죽였고,
20 그의 주검을 말에 싣고 와서, 예루살
렘 안의 '다윗 성'에 그의 조상과 함
께 장사지냈다.
21 유다의 온 백성은 아사랴를 왕으로
삼아 그의 아버지 아마샤의 뒤를 잇
게 하였다. 그가 왕이 되었을 때에,
그의 나이는 열여섯이었다.
22 아마샤 왕이 죽은 뒤에, 아사랴는 엘
랏을 재건하여 유다에 귀속시켰다.

시하였다. 아마샤가 에돔 우상을 섬긴 이유는 아마도 에돔 우상이 에돔 땅에 있으면 계속해서 에돔을 도울 것이라는 염려 때문이었을 것이다.

14:7 욕드엘 '하나님에 의해 정복되었다'라는 뜻이다.

14:15-22 북 이스라엘의 왕 여호아스가 죽자 아마샤는 다시 유다로 돌아와 열다섯 해를 더 다스렸다. 그러나 우상 숭배와 교만과 허세에 빠져 결국 아마샤는 백성들에게 살해되었다.

14:21 유다의 온 백성은 아사랴를 아사랴의 등극은 온 국민의 지지를 받았다. 남 유다는 반란이 일어나도 왕만은 반드시 다윗의 후손으로 세웠다. 아사랴는 북 이스라엘을 크게 부강시켰던 여로보암 2세와 비견되는 인물이었다. 그는 다른 곳에서(15:13;대하 26:1) '웃시야'라고도 불렸다. 아사랴의 뜻은 '주님은 나를 도우신다'라는 뜻이고, 웃시야는 '주님은 나의 능력이시다'란 뜻이다.

14:23-29 여로보암 2세(B.C. 793-753년)에 대

이스라엘 왕 여로보암 이세

23 ○유다의 요아스 왕의 아들 아마샤
제 십오년에, 이스라엘의 여호아스
왕의 아들 여로보암이 왕이 되어,
사마리아에서 마흔한 해 동안 다스
렸다.
24 그는 주님께서 보시기에 악을 행하
고, 이스라엘로 죄를 짓게 한 느밧의
아들 여로보암의 죄에서 떠나지 아
니하고, 그것을 그대로 본받았다.
25 그러나 그는 이스라엘의 국경을 ㉠하
맛 어귀로부터 ㉡아라바 바다까지 회
복하였다. 이것은 주 이스라엘의 하
나님께서 그의 종인 가드헤벨 사람
아밋대의 아들 요나 예언자에게 말
씀하신 그대로였다.
26 ○주님께서는 이스라엘의 고난이 너
무 심하여, 매인 사람이나 자유로운
사람이나 할 것 없이 한 사람도 남
아 있지 않아, 이스라엘을 돕는 사람
이라고는 아무도 없는 것을 보셨다.
27 주님께서는 이스라엘의 이름을 하
늘 아래에서 지워 없애겠다고 말씀
하시지 않았기 때문에, 여호아스의
아들 여로보암을 시켜서 그들을 구
원하신 것이다.
28 ○여로보암의 나머지 행적과, 그가
한 모든 일과, 그가 전쟁에서 보인
능력과, 유다에 속하였던 다마스쿠
스와 하맛을 이스라엘에게 되돌려
준 일들은 '이스라엘 왕 역대지략'에
기록되어 있다.
29 여로보암이 그의 조상인 이스라엘
의 왕들과 함께 누워 잠드니, 그의
아들 스가랴가 그의 뒤를 이어 왕이
되었다.

유다 왕 아사랴 (대하 26:1-23)

15 이스라엘의 여로보암 왕 제 이
십칠년에 유다의 아마샤 왕의
아들 아사랴가 왕이 되었다.
2 그가 왕이 되었을 때에, 그의 나이는
열여섯이었다. 그는 예루살렘에서
쉰두 해 동안 다스렸다. 그의 어머니
여골리야는 예루살렘 태생이다.
3 그는 자기의 아버지 아마샤가 한 모
든 일을 본받아, 주님께서 보시기에
올바른 일을 하였으나,
4 산당만은 제거하지 않아서, 그 때까
지 백성은 여전히 산당에서 제사를
드리고 분향을 하였다.
5 그리하여 주님께서 왕을 치셨으므
로, 왕은 죽을 때까지 ㉢나병 환자가
되었고, 격리된 궁에서 살았다. 왕자
요담이 왕실을 관리하며 나라의 백
성을 다스렸다.
6 ○아사랴의 나머지 행적과 그가 한
모든 일은, '유다 왕 역대지략'에 기
록되어 있다.
7 아사랴가 죽어 그의 조상과 함께 잠
드니, '다윗 성'에 조상과 함께 장사

한 기록이다. 여로보암이 통치하던 시대에 북 이스라엘은 하나님의 긍휼과 은혜로 근동 지방에서 가장 강력한 왕국이 되었다. 그런데 번영을 누리면 누릴수록, 북왕국의 지도자들과 백성들은 점점 더 거만해져서 타락의 길로 빠져들어갔다. 이때 그들을 깨우치기 위하여 하나님께서 보내신 예언자들이 호세아와 아모스와 요나였다.

㉠ 또는 '하맛 어귀' 또는 '르보 하맛' ㉡ 사해를 일컬음 ㉢ 5:1의 주를 볼 것

15장 요약 유다가 아사랴 왕의 통치하에 국력 신장을 꾀하던 때에 북왕국에서는 왕위 쟁탈전이 되풀이된다. 한편 아사랴는 예언자 스가랴가 살아 있는 동안 하나님을 경외한다. 그러나 그가 죽자 교만해져 자신이 제사장 직무까지 수행하려 하고, 결국 하나님의 저주를 받아 나병에 걸려 죽는다.

15:1–7 남 유다의 아사랴(웃시야)는, 북왕국의 여

지냈다. 왕자 요담이 그의 뒤를 이어
왕이 되었다.

이스라엘 왕 스가랴

8 ○유다의 아사랴 왕 제 삼십팔년에
여로보암의 아들 스가랴가 이스라
엘의 왕이 되어서, 사마리아에서 여
섯 달 동안 다스렸다.
9 그도 또한 조상이 한 것처럼 주님께
서 보시기에 악을 행하고, 이스라엘
로 죄를 짓게 한 느밧의 아들 여로보
암의 죄에서 떠나지 아니하고, 그것
을 그대로 본받았다.
10 야베스의 아들 살룸이 역모를 꾀하
여 ㉠백성 앞에서 그를 죽이고, 그의
뒤를 이어 왕이 되었다.
11 ○스가랴의 나머지 행적은 '이스라
엘 왕 역대지략'에 기록되어 있다.
12 ○주님께서 예후에게, 그에게서 난
자손이 사 대까지 이스라엘의 왕좌
에 앉을 것이라고 말씀하신 그대로
된 것이다.

이스라엘 왕 살룸

13 ○야베스의 아들 살룸이 유다의 웃
시야 왕 제 삼십구년에 이스라엘 왕
이 되어, 사마리아에서 한 달 동안
다스렸다.
14 ○그 때에 가디의 아들 므나헴이 디
르사에서부터 사마리아로 올라와서,
거기에서 야베스의 아들 살룸을 쳐
죽이고, 그를 대신하여 왕이 되었다.
15 살룸의 나머지 행적과 그가 역모를
꾀한 일은 '이스라엘 왕 역대지략'에
기록되어 있다.
16 그 때에 므나헴은 디르사에서부터
진격하여 와서, 딥사와 그 안에 있는
모든 사람을 쳐죽이고, 사방 모든
곳을 공격하였다. 그들이 그에게 성
문을 열어 주지 않았다고 하여, 그는
그 곳을 치고, 임신한 여자들의 배
를 갈라 죽이기까지 하였다.

이스라엘 왕 므나헴

17 ○유다의 아사랴 왕 제 삼십구년에
가디의 아들 므나헴이 이스라엘의
왕이 되어, 사마리아에서 열해 동안
다스렸다.
18 그는 주님께서 보시기에 악을 행하
였다. 그는 이스라엘로 죄를 짓게 한
느밧의 아들 여로보암의 죄에서 일
생 동안 떠나지 아니하고, 그것을 그
대로 본받았다.
19 앗시리아의 ㉡불 왕이 그 땅을 치려
고 올라오니, 므나헴은 불에게 은 천
달란트를 주었다. 이렇게 한 것은, 그
의 도움을 받아서 자기 왕국의 통치
권을 굳게 하려 함이었다.
20 므나헴은, 앗시리아 왕에게 바치려
고, 이스라엘의 모든 부자에게 한 사
람당 은 쉰 세겔씩을 바치게 하였다.
그러자 앗시리아 왕은 더 이상 그 땅
에 머물지 않고 되돌아갔다.

로보암 2세가 죽은 후 주변 여러 나라들에게는 여로보암 2세의 위치로 부상한 왕이었다. 그는 통치 초기에는 하나님을 열심히 찾았다.

15:4 산당만은…않아서 남 유다 왕들의 공통된 죄악은, 성전이 건축된 후에는 한결같이 금지된 산당을 헐지 않은 것이었다. 그리고 북왕국 왕들의 공통적인 죄악은 금송아지 숭배였다.

15:8–12 여로보암 2세의 아들 스가랴는 즉위한 지 6개월 만에 살해당하였다. 스가랴가 사망함으로써 예후 왕가는 5대 만에 종식되었다. 이때부터 북왕국은 급격하게 멸망의 길로 치달았다.

15:17–22 므나헴이 왕위에 올랐을 때 앗시리아가 북왕국을 공격하였다. 므나헴은 앗시리아에게 많은 돈을 바치고 자신의 왕위를 지켰다. 이때부터 북왕국은 서서히 앗시리아 세력에 종속되기 시작했다.

15:19 앗시리아의 불 왕(디글랏빌레셀 Ⅲ세) 이 왕

㉠ 몇몇 칠십인역 사본에는 '이블르암에서' ㉡ 디글랏빌레셀

21 ○므나헴의 나머지 행적과 그가 한
모든 일은 '이스라엘 왕 역대지략'에
기록되어 있다.
22 므나헴이 그의 조상과 함께 누워 잠
드니, 그의 아들 브가히야가 뒤를 이
어 왕이 되었다.

이스라엘 왕 브가히야

23 ○유다 왕 아사랴 제 오십년에 므나
헴의 아들 브가히야가 이스라엘의
왕이 되어, 사마리아에서 두 해 동
안 다스렸다.
24 그는 주님께서 보시기에 악을 행하
였다. 그는 이스라엘로 죄를 짓게 한
느밧의 아들 여로보암의 죄에서 떠
나지 아니하고, 그대로 본받았다.
25 그의 부관인 르말리야의 아들 베가
가, 아르곱과 아리에와 길르앗 사람
쉰 명과 더불어 반란을 일으켜서, 사
마리아에 있는 왕궁의 요새에서 왕
을 죽이고, 그를 대신하여 왕이 되었
다.
26 ○브가히야의 나머지 행적과 그가
한 모든 일은 '이스라엘 왕 역대지략'
에 기록되어 있다.

이스라엘 왕 베가

27 ○유다의 아사랴 왕 제 오십이년에
르말리야의 아들 베가가 이스라엘
의 왕이 되어, 사마리아에서 스무
해 동안 다스렸다.
28 그는 주님께서 보시기에 악을 행하
였으며, 이스라엘로 죄를 짓게 한 느
밧의 아들 여로보암의 죄에서 떠나
지 아니하고, 그것을 그대로 본받았
다.
29 ○이스라엘의 베가 왕 시대에 앗시리
아의 디글랏빌레셀 왕이 쳐들어와
서, 이욘과 아벨벳마아가와 야노아
와 게데스와, 하솔과 길르앗과 갈릴
리와 납달리의 온 지역을 점령하고,
주민들을 앗시리아로 사로잡아 갔
다.
30 ○엘라의 아들 호세아가 르말리야의
아들 베가에게 반역하여 그를 살해
하고, 웃시야의 아들 요담 제 이십년
에 그의 뒤를 이어 왕이 되었다.
31 베가의 나머지 행적과 그가 한 모든
일은 '이스라엘 왕 역대지략'에 기록
되어 있다.

유다 왕 요담 (대하 27:1-9)

32 ○이스라엘의 르말리야 왕의 아들
베가 제 이년에 웃시야의 아들 요담
이 유다의 왕이 되었다.
33 그가 왕이 되었을 때에, 그의 나이는
스물다섯 살이었다. 그는 예루살렘
에서 열여섯 해 동안 다스렸다. 그의
어머니 여루사는 사독의 딸이다.
34 그는, 아버지 웃시야가 한 것을 그대
로 본받아, 주님께서 보시기에 올바
른 일을 하였다.
35 그러나 산당만은 제거하지 않아서,

은 앗시리아를 당시 최대 강국으로 끌어올린 왕이었다. B.C. 722년에 북 이스라엘을 멸망시킨 살만에셀 Ⅳ세는 불 왕의 아들이었다.

*15:23-26 브가히야의 북왕국 통치*에 대한 기록이다. 브가히야는 2년 만에 그의 부하 베가에 의해 살해되었다. 므나헴 왕가는 2대 만에 종식되었다.

15:27-31 베가의 통치 베가는 반앗시리아 정책을 내세웠기 때문에 반란에 성공할 수 있었다. 그는 20년 동안 한결같이 반앗시리아 정책을 고수하였으나 결국 친앗시리아파인 호세아에 의하여 살해당하였다.

15:32-38 유다 왕 요담의 통치 요담은 부왕 웃시야의 좋은 점을 본받아 선정을 베풀었다. 그러나 물질적 번영으로 인한 백성들의 신앙적 타락을 바로잡지는 못하였다. 이와 같이 유다가 신앙적으로 타락의 길을 걷자, 하나님께서는 시리아와 북왕국을 보내어 유다를 치셨다.

백성들이 여전히 산당에서 제사를
지내고 분향을 하였다. 그는 주님의
성전의 윗 대문을 세웠다.
36 ○요담의 나머지 행적과 그가 한 모
든 일은 '유다 왕 역대지략'에 기록되
어 있다.
37 이 때부터 주님께서는, 시리아의 르
신 왕과 르말리아의 아들 베가를 보
내어, 유다를 치기 시작하셨다.
38 요담은 죽어 그의 조상 다윗의 성에
조상들과 함께 안장되었고, 그의 아
들 아하스가 그의 뒤를 이어 왕이
되었다.

유다 왕 아하스 (대하 28:1-27)

16 르말리아의 아들 베가 제 십칠
년에 유다의 요담 왕의 아들 아
하스가 왕이 되었다.
2 아하스가 왕이 되었을 때에, 그의
나이는 스무 살이었다. 그는 예루살
렘에서 열여섯 해 동안 다스렸다. 그
러나 그는 주 하나님께서 보시기에
올바른 일을 하지 않았다. 그는 그
의 조상 다윗이 한 대로 하지 않았
다.
3 오히려 그는 이스라엘의 왕들이 걸
어간 길을 걸어갔고, 자기의 ㉠아들
을 불에 태워 제물로 바쳤다. 이것
은, 주님께서 이스라엘 자손이 보는
앞에서 쫓아내신 이방 민족의 역겨
운 풍속을 본받은 행위였다.
4 그는 직접 산당과 언덕과 모든 푸른
나무 아래에서 제사를 지내고 분향
하였다.
5 ○그 때에 시리아의 르신 왕과 이스
라엘의 르말리야의 아들 베가 왕이
예루살렘을 치려고 올라와서, 아하
스를 포위하기는 하였으나, 정복하지
는 못하였다.
6 그 때에 시리아의 르신 왕이, 시리아
에게 엘랏을 되찾아 주었고, 엘랏에
서 유다 사람들을 몰아내었으므로,
시리아 사람들이 이 날까지 엘랏에
와서 살고 있다.
7 아하스는 앗시리아의 디글랏빌레셀
왕에게 전령을 보내어, 이렇게 말하
였다. "나는 임금님의 신하이며 아
들입니다. 올라오셔서, 나를 공격하
고 있는 시리아 왕과 이스라엘 왕의
손에서, 나를 구원하여 주십시오."
8 그런 다음에 아하스는 주님의 성전
과 왕궁의 보물 창고에 있는 금과 은
을 모두 꺼내어, 앗시리아의 왕에게
선물로 보냈다.
9 앗시리아의 왕이 그의 요청을 듣고,
다마스쿠스로 진군하여 올라와서는
그 성을 함락시켰다. 그리고 그 주민
을 길로 사로잡아 가고, 르신은 살해
하였다.
10 ○아하스 왕은 앗시리아의 디글랏빌
레셀 왕을 만나려고 다마스쿠스로

16장 요약 아하스는 하나님을 떠나 가나안의 모든 우상들을 섬긴 유다의 가장 악한 왕이었다. 그는 금송아지와 바알, 몰렉을 섬기며 성전을 폐쇄하고 하나님께 드리는 제사를 금하였다. 또 새로운 산당을 세우고, 하나님의 도우심 대신 앗시리아를 의지하는 죄악을 범하였다.

16:1-9 유다 왕 아하스가 친앗시리아 정책을 폈기 때문에 반앗시리아국인 시리아와 북 이스라엘이 연합하여 유다를 공격하였다. 아하스는 앗시리아에 보물을 보내고 도움을 요청했다. 이때 이사야 예언자는 앗시리아를 의지하지 말고 하나님께 간청하라고 아하스를 권면하였다(사 7장).

16:3 이스라엘의 왕들이 걸어간 길 바알과 금송아지 우상을 섬긴 일을 가리킨다. **불에 태워 제물로 바쳤다** 힌놈의 아들 골짜기에서 자기 자식들을 불에 태워 몰렉 우상에게 바치는 죄악을 가리킨

㉠ 또는 '아들을 불로 지나가게 하였다'

갔다. 그는 그 곳 다마스쿠스에 있
는 제단을 보고, 그 제단의 모형과
도본을 세밀하게 그려서, 우리야 제
사장에게 보냈다.
11 그래서 우리야 제사장은, 아하스 왕
이 다마스쿠스로부터 보내 온 것을
따라서, 제단을 만들었다. 우리야 제
사장은 아하스 왕이 다마스쿠스로
부터 돌아오기 전에 제단 건축을 모
두 완성하였다.
12 왕은 다마스쿠스로부터 돌아와서,
그 제단을 보고 제단으로 나아가 그
위로 올라갔다.
13 그리고 거기에서 그가 직접 번제물
과 곡식제물을 드렸고, '부어 드리는
제물'을 따르기도 하였다. 또 제단 위
에 화목제물의 피도 뿌렸다.
14 그리고 그는 주님 앞에 놓여 있는
놋제단을 성전 앞에서 옮겼는데, 새
제단과 주님의 성전 사이에 있는 놋
제단을 새 제단 북쪽에 갖다 놓았
다.
15 아하스 왕은 우리야 제사장에게 명
령하였다. "아침 번제물과 저녁 곡식
예물, 왕의 번제물과 곡식예물, 또
이 땅의 모든 백성의 번제물과 곡식
예물과 부어 드리는 예물을, 모두
이 큰 제단 위에서 드리도록 하고,
번제물과 희생제물의 모든 피를, 그
위에 뿌리시오. 그러나 그 놋제단은,
내가 주님께 여쭈어 볼 때에만 쓰겠
소."
16 우리야 제사장은 아하스 왕이 명령
한 대로 이행하였다.
17 ○아하스 왕은 대야의 놋쇠 테두리
를 떼어 버리고, 놋대야를 그 자리에
서 옮기고, 또 놋쇠 소가 받치고 있
는 놋쇠 바다를 뜯어 내어 돌받침
위에 놓았다.
18 또 그는 앗시리아 왕에게 경의를 표
하려고, 주님의 성전 안에 만들어
둔 왕의 안식일 전용 통로와 주님의
성전 바깥에 만든 전용 출입구를 모
두 없애 버렸다.
19 ○아하스가 행한 나머지 모든 일은
'유다 왕 역대지략'에 기록되어 있다.
20 아하스가 죽어 잠드니, 그를 그의 조
상과 함께 '다윗 성'에 장사하였고,
그의 아들 히스기야가 그의 뒤를 이
어 왕이 되었다.

이스라엘 왕 호세아

17 유다의 아하스 왕 제 십이년에
엘라의 아들 호세아가 사마리
아에서 왕이 되어, 이스라엘을 아홉
해 동안 다스렸다.
2 그는 주님께서 보시기에 악을 행하
였으나, 그 이전의 이스라엘 왕들만
큼 악하지는 않았다.
3 앗시리아의 살만에셀 왕이 그를 치
러 올라오니, 호세아 왕은 그에게 항

다. 몰렉 우상은 앗시리아의 국가 신이었다.

16:10-20 아하스 왕은 다마스쿠스에 있는 우상의 제단을 본떠서 예루살렘 성전에 제단을 만들게 했다. 이외에도 성전을 폐쇄하고 하나님께 드리는 분향과 제사를 금하였으며, 새로운 산당을 많이 세웠다. 그는 하나님의 길을 떠나 가나안의 모든 우상들을 섬긴 악한 왕이었다. 이사야 예언자가 표현한 대로, 아하스 왕은 백성뿐만 아니라 하나님의 인내까지 시험하던 자였다(사 7:13).

17장 요약 호세아는 앗시리아의 후원을 얻어 북왕국의 왕이 되나, 디글랏 빌레셀이 죽자 앗시리아의 지배에서 벗어나려고 이집트와 동맹을 맺었다. 이에 분노한 살만에셀이 북왕국을 침공, 3년여 만에 수도 사마리아를 함락시켰다. 계속해서 앗시리아는 사마리아에 이민족을 이주시켜 혼혈족을 형성, 대항 세력을 근절하고자 하였다.

복하고 조공을 바쳤다.
4 그러나 앗시리아 왕은, 호세아가 이
집트의 소 왕에게 사절들을 보내어
반역을 기도하고, 해마다 하던 것과
는 달리, 앗시리아 왕에게 조공을 내
지 않는 것을 알고 나서는, 호세아를
잡아 감옥에 가두었다.

앗시리아 왕이 사마리아를 점령하다

5 ○그리고 난 뒤에 앗시리아의 왕이
이스라엘 전역으로 밀고 들어와서,
사마리아로 올라와 세 해 동안이나
도성을 포위하였다.
6 드디어 호세아 제 구년에 앗시리아
왕은 사마리아를 점령하고, 이스라
엘 사람들을 앗시리아로 끌고 가서,
할라와 고산 강 가에 있는 하볼과
메대의 여러 성읍에 이주시켰다.
7 ○이렇게 된 것은, 이스라엘 자손이
자기들을 이집트 땅에서 이끌어 내
어 이집트 왕 바로의 손아귀로부터
구원하여 주신 주 하나님을 거역하
여, 죄를 짓고 다른 신들을 섬겼기
때문이며,
8 또 주님께서 이스라엘 자손의 면전
에서 내쫓으신 이방 나라들의 관습
과, 이스라엘의 역대 왕들이 잘못한
것을, 그들이 그대로 따랐기 때문이
다.
9 이스라엘 자손은 또한 주님이신 그
들의 하나님을 거역하여 옳지 못한
일을 저질렀다. 곧, 망대로부터 요새
화된 성읍에 이르기까지, 온 성읍 안
에 그들 스스로 산당을 세웠으며,
10 또 높은 언덕과 푸른 나무 아래에는
어느 곳에나 돌기둥들과 아세라 목
상들을 세웠으며,
11 주님께서 그들의 면전에서 내쫓으신
이방 나라들처럼, 모든 산당에서 분
향을 하여 주님의 진노를 일으키는
악한 일을 하였으며,
12 또한 주님께서 그들에게 하지 말라
고 하신 우상숭배를 하였다.
13 ○그런데도 주님께서는 이스라엘과
유다에 여러 예언자와 선견자를 보
내어서 충고하셨다. "너희는 너희의
그 악한 길에서부터 돌아서서, 내가
너희 조상에게 명하고, 또 나의 종
예언자들을 시켜 내가 너희에게 준
그 모든 율법에 따라, 나의 명령과
나의 율례를 지켜라."
14 그러나 그들은 끝내 듣지 아니하였
고, 주님이신 그들의 하나님께 신실
하지 못하였던 그들의 조상들처럼,
완고하였다.
15 그리고 주님의 율례와, 주님께서 그
들의 조상과 세우신 언약과, 그들에
게 주신 경고의 말씀을 거절하고, 헛
된 것을 따라가며 그 헛된 것에 미혹
되었으며, 주님께서 본받지 말라고
명하신 이웃 나라들을 본받았다.

17:1-6 북왕국 최후의 왕 호세아에 대한 기록이다. 호세아는 앗시리아의 후원을 얻어 반앗시리아파인 베가를 제거하고 왕이 되었다. 그러나 앗시리아의 왕 디글랏빌레셀이 죽자, 앗시리아에서 벗어나려고 이집트와 동맹을 맺었다. 이에 앗시리아의 살만에셀은 북 이스라엘을 침공하여 3년 동안 사마리아 성을 포위하였다. 결국 호세아 9년에 사마리아는 함락되고 북왕국의 역사는 완전히 끝나고 말았다.

17:2 호세아가 선왕들과 다른 점은, 금송아지 우상 외에 새로운 우상을 받아들이지 않았으며, 또한 자기 신하들이 예루살렘 성전으로 내려가 절기 예배를 드릴 수 있도록 허락했다는 것이다(대하 30:11,18).

17:7-18 북왕국의 멸망 원인이 기록되어 있다. 북왕국은 초기부터 멸망하기까지 금송아지 우상을 섬겼다. 뿐만 아니라, 바알·아세라·몰렉 숭배 외에도 하늘의 별 숭배와 복술·사술 등을 행하

16 또 그들은 주님이신 그들의 하나님
께서 주신 그 모든 명을 내버리고,
쇠를 녹여 부어 두 송아지 형상을
만들었으며, 아세라 목상을 만들어
세우고, 하늘의 별들에게 절하며, 바
알을 섬겼다.
17 그들은 또한 자기들의 자녀들을 ㉠불
살라 제물로 바치는 일도 하였다. 그
리고 복술도 하고, 주문도 외우며,
주님께서 보시기에 악한 일을 함으
로써 주님께서 진노하시게 하였다.
18 그러므로 주님께서는 이스라엘에게
크게 진노하셨고, 그들을 그 면전에
서 내쫓으시니 남은 것은 유다 지파
뿐이었다.
19 ○그러나 유다도 또한 그들의 주님이
신 하나님의 명령을 잘 지키지 아니
하고, 이스라엘 사람들이 만든 규례
를 그대로 따랐다.
20 그리하여 주님께서는 이스라엘의 모
든 자손을 내쫓으시고, 그들을 징계
하여 침략자들의 손에 넘겨 주셔서,
마침내는 주님의 면전에서 내쫓기까
지 하셨다.
21 ○그래서 이스라엘은 다윗의 집으로
부터 갈라졌으며, 이스라엘은 느밧
의 아들 여로보암을 왕으로 삼았고,
여로보암은 또한 이스라엘이 주님을
버리고 떠나서 큰 죄를 짓도록 만들
었다.
22 이렇게 하여 이스라엘 자손은, 여로
보암이 지은 그 모든 죄를 본받아 그
대로 따라갔고, 그 죄로부터 돌이키
려고 하지 않았다.
23 마침내 주님께서는, 그 종 예언자들
을 보내어 경고하신 대로, 이스라엘
을 그 면전에서 내쫓으셨다. 그래서
이 날까지 이스라엘은 자기들의 땅
에서 앗시리아로 사로잡혀 가 있게
된 것이다.

앗시리아 사람들이 이스라엘에 정착하다

24 ○이스라엘 자손을 사마리아에서
쫓아낸 앗시리아 왕은 바빌론과 구
다와 아와와 하맛과 스발와임으로
부터 사람들을 데려와서, 이스라엘
자손을 대신하여 사마리아 성읍에
살게 하였다. 그러자 그들은 사마리
아를 자기들의 소유로 삼았으며, 이
스라엘 성읍들 안에 정착하여 살았
다.
25 그들은 그 곳에 정착하면서, 처음에
는 주님을 경외하지 않았다. 그래서
주님께서는 사나운 사자들을 그들
가운데 풀어 놓으셔서, 그들을 물어
죽이게 하셨다.
26 그러므로 그들이 앗시리아 왕에게
이 사실을 알리면서 이렇게 말하였
다. "임금님께서 우리를 사마리아로
이주시키셔서, 이 성읍에서 살게 하
셨습니다. 그렇지만 이리로 이주한

였다. 또한 북왕국은 하나님께서 보내신 예언자들의 경고를 무시하고 그들을 배척하였다.

17:24-41 북왕국을 멸망시킨 앗시리아는 사마리아 땅에 이방 민족들을 강제로 이주시켰다. 이것은 이스라엘 백성들과 이방 사람들의 혼혈로 새로운 종족을 형성하여 앗시리아에 대항하는 독립 운동을 근절시키기 위한 정책이었다. 이방 사람들은 나라마다 그 나라를 지켜 주는 신이 있다고 믿었다. 따라서 이스라엘에서는 마땅히 주님을 섬겨야 한다고 생각하고 자기들이 이전에 섬기던 우상과 주님을 함께 섬겼다. 이것이 혼합주의 신앙이다. 곧 주님을 유일하신 하나님으로 섬긴 것이 아니라, 하나의 '지방 신'(local god)으로 섬긴 것이다.

17:24 앗시리아 왕 사마리아 땅에 최초의 이민 정책을 펼친 왕은 사르곤 왕(B.C. 722-705년)이었다. 그러나 그후 에살핫돈 왕(B.C. 681-669년)과 앗수르바니팔 왕(B.C. 669-627년)도 계속해서

㉠ 또는 '불로 지나가게 하였다'

민족들은 이 지역의 신에 관한 관습
을 모릅니다. 그래서 그 신이 우리들
가운데 사자를 보내어, 우리들을 계
속 물어 죽이게 하였습니다. 이것은
이 땅의 신에 대한 관습을 모르기
때문에 일어난 일인 줄 압니다."
27 그래서 앗시리아 왕은 부하들에게
다음과 같은 지시를 하였다. "그 곳
에서 사로잡아 온 제사장 한 명을
그 곳으로 돌려보내어라. 그가 그 곳
에 살면서, 그 지역의 신에 대한 관
습을 새 이주민에게 가르치게 하여
라."
28 그리하여 사마리아로부터 사로잡혀
온 제사장 가운데 한 사람이, 그리
로 돌아가 베델에 살면서, 주님을 경
외하는 방법을 그들에게 가르쳤다.
29 ○그러나 각 민족은 제각기 자기들
의 신들을 만들어 섬겼다. 그래서
각 민족은 그들이 살고 있는 성읍
안에서 만든 신들을 사마리아 사람
들이 만든 산당 안에 가져다 놓았
다.
30 바빌론 사람들은 숙곳브놋을 만들
고, 구다 사람들은 네르갈을 만들
고, 하맛 사람들은 아시마를 만들었
다.
31 아와 사람들은 닙하스와 다르닥을
만들었으며, 스발와임 사람들은 자
기들의 신인 아드람멜렉과 아남멜렉
에게 그들의 자녀를 불살라 바치기
도 하였다.
32 그러면서도 그들은 주님을 공경하기
도 하였다. 그리하여 그들은 그들 가
운데서 산당 제사장을 뽑아 세워,
산당에서 제사를 드리게 하였다.
33 이렇게 그들은 주님도 경외하면서,
다른 한편으로는 그들이 잡혀오기
전에 살던 그 지역의 관습을 따라,
그들 자신들이 섬기던 신도 섬겼다.
34 ○그들은 오늘날까지도 그들의 옛
관습을 따르고 있어서, 주님을 바르
게 경외하는 사람이 없다. 그들은 주
님께서 이스라엘이라고 이름을 지어
주신 야곱의 자손에게 명하신, 그
율례와 법도와 율법과 계명을 지키
지 않는다.
35 옛날에 주님께서 야곱의 자손과 언
약을 세우시고 명하셨다. "너희는
다른 신들을 경외하지 못한다. 그들
에게 절하지 못하며, 그들을 섬기지
못하며, 그들에게 제사드리지 못한
다.
36 오직 큰 능력으로 팔을 펴시어 너희
를 이집트 땅에서 이끌어 내신 그분
주님만을 경외하고, 그분에게만 절
하고 제사를 드려야 한다.
37 주님께서 몸소 기록하셔서 너희에게
주신 율례와 법도와 율법과 계명을
항상 지키고, 다른 신을 경외하지 않

이 정책을 실시하였다.

17:30–31 숙곳브놋은 원래 '딸들의 오두막들'이란 뜻으로, '천막 신전'으로 이해하기도 한다. 그러나 랍비들에 의하면 '암탉의 형상을 한 우상'이라고 한다. 후자가 더욱 타당한 것 같다. 네르갈 '전쟁의 신'이며, '수탉' 형상을 한 우상이다. 아시마 하맛 백성의 우상으로서 랍비들은 '털이 벗겨진 수탉 형상'이라고 말한다. 베니게의 에스문, 페르시아의 아수만과 같은 우상이라고 추측하고 있다. 닙하스는 개의 형상을 한 우상이라고 추측되며, 다르닥은 당나귀의 형상을 한 우상이라고 추측된다. 아드람멜렉과 아남멜렉 이 우상들의 제사 때에는 어린 아이들을 불로 태워 바쳤다. 이것들은 모두 '몰렉' 우상과 같은 종류인 것 같다.

17:35 언약 (히) '베리트'. 맹세함으로써 구속력이 생기는 엄숙한 약속이다. 상징적 행동 또는 구두 형식으로, 언약을 맺은 자가 약속을 이행하게 하는 공식적인 구속력을 가지고 있다.

아야 한다.
38 내가 너희와 세운 언약을 잊어서는
안 된다. 다른 신들을 경외하지 못한
다.
39 오직 너희는 주 너희의 하나님만을
경외하여야 한다. 그분만이 너희를
모든 원수의 손에서 구원하여 주실
것이다."
40 그러나 그들은 이 명령을 들으려 하
지 않고, 그들의 옛 관습만을 그대
로 지키려고 하였다.
41 ○그리하여 이주해 온 민족들은 한
편으로는 주님을 경외하면서도, 다
른 한편으로는 그들이 부어 만든 우
상들을 또한 섬겼다. 그들의 자녀와
자손도 그들의 조상이 한 것을 오늘
날까지도 그대로 따라 하고 있다.

유다 왕 히스기야 (대하 29:1-2; 31:1)

18 이스라엘의 엘라 왕의 아들 호
세아 제 삼년에, 아하스의 아들
히스기야가 유다 왕이 되었다.
2 그가 왕이 되었을 때에, 그는 스물다
섯 살이었다. 그는 예루살렘에서 스
물아홉 해 동안 다스렸다. 그의 어머
니 아비는 스가랴의 딸이다.
3 그는 조상 다윗이 한 모든 것을 그대
로 본받아, 주님께서 보시기에 올바
른 일을 하였다.
4 그는 산당을 헐어 버렸고, 돌기둥들
을 부수었으며, 아세라 목상을 찍어
버렸다. 그는 또한 모세가 만든 구리
뱀도 산산조각으로 깨뜨려 버렸다.
이스라엘 자손이 그 때까지도 ㉠느
후스단이라고 부르는 그 구리 뱀에
게 분향하고 있었기 때문이다.
5 그는 주님이신 이스라엘의 하나님
만을 신뢰하였는데, 유다 왕 가운데
는 전에도 후에도 그만한 왕이 없었
다.
6 그는 주님에게만 매달려, 주님을 배
반하는 일이 없이, 주님께서 모세에
게 명하신 계명들을 준수하였다.
7 어디를 가든지, 주님께서 그와 같이
계시므로, 그는 늘 성공하였다. 그는
앗시리아 왕에게 반기를 들고, 그를
섬기지 않았다.
8 그는 가사와 그 전 경계선까지, 또
망대로부터 요새화된 성읍에 이르
기까지, 블레셋을 모두 쳐부수었다.
9 ○히스기야 왕 제 사년 곧 이스라
엘의 엘라의 아들 호세아 왕 제 칠년
에, 앗시리아의 살만에셀 왕이 사마
리아를 포위하여,
10 세 해 만에 그 도성을 함락시켰다.
곧 히스기야 제 육년과, 이스라엘의
호세아 왕 제 구년에 그들이 사마리
아를 함락시킨 것이다.
11 앗시리아 왕은 이스라엘 사람들을
앗시리아로 사로잡아 가서, 그들을
할라와 고산 강 가의 하볼과 메대의

18장 요약 본장부터 마지막 장까지는 히스기야에서 유다 멸망까지의 역사이다. 히스기야는 산당과 각종 우상을 제거하고 정치적으로는 반앗시리아 정책을 펼쳐 나갔다. 특히 본문은 이로 인해 앗시리아의 침공을 당한 유다 백성들이 히스기야와 하나님을 신뢰하였음을 보여 준다.

㉠ '느후스단'은 히브리어 '구리(느호셋)'와 '뱀(나하쉬)'의 발음과 비슷함

18:1-8 선한 왕 히스기야가 남 유다의 왕이 되었다. 그는 부왕 아하스로부터 약화되고 타락한 정권을 물려받았다. 그러나 그는 굳건한 신앙을 바탕으로 통치함으로써 유다 왕국을 강력한 위치로 올려놓았다. 그 당시 유다의 가장 큰 대적은 앗시리아로, 히스기야는 반앗시리아 정책을 폈다.

18:13-16 북왕국을 정복한 앗시리아는 그 여세를 몰아 남 유다까지 침공하였다. 그 당시 히스기야 왕은 주변 국가들과 더불어 반앗시리아 동맹

여러 성읍에 이주시켰다.
12 ○이렇게 된 것은, 그들이 자기들의
하나님이신 주님의 말씀을 듣지 않
고, 그의 언약을 깨뜨렸으며, 주님의
종 모세가 명령한 모든 것을, 순종하
지도 않고 실천하지도 않았기 때문
이다.

앗시리아 사람들이 예루살렘을 위협하다
(대하 32:1-19; 사 36:1-22)

13 ○히스기야 왕 제 십사년에 앗시리아
의 산헤립 왕이 올라와서, 요새화된
유다의 모든 성읍을 공격하여 점령
하였다.
14 그래서 유다의 히스기야 왕은 라기
스에 와 있는 앗시리아 왕에게 전령
을 보내어 말하였다. "우리가 잘못하
였습니다. 철수만 해주시면, 요구하
시는 것은 무엇이나 드리겠습니다."
그러자 앗시리아 왕은 유다의 히스
기야 왕에게 은 삼백 달란트와 금
삼십 달란트를 요구하였다.
15 그리하여 히스기야는 주님의 성전과
왕궁의 보물 창고에 있는 은을 있는
대로 다 내주었다.
16 그 때에 유다의 히스기야 왕은, 주님
의 성전 문과 기둥에 자신이 직접 입
힌 금을 모두 벗겨서, 앗시리아 왕에
게 주었다.
17 그런데도 앗시리아 왕은 다르단과 랍
사리스와 랍사게에게 많은 병력을
주어서, 라기스에서부터 예루살렘으
로 올려보내어 히스기야 왕을 치게
하였다. 그들은 예루살렘으로 올라
가서, 윗 저수지의 수로 곁에 있는
빨래터로 가는 큰 길 가에 포진하였
다.
18 그들이 왕을 부르자, 힐기야의 아들
엘리야김 궁내대신과 셉나 서기관과
아삽의 아들 요아 역사기록관이 그
들을 맞으러 나갔다.
19 랍사게가 그들에게 말하였다. "히스
기야에게 전하여라. 위대한 왕이신
앗시리아의 임금님께서 이렇게 말씀
하신다. '네가 무엇을 믿고 이렇게 자
신만만하냐?
20 전쟁을 할 전술도 없고, 군사력도 없
으면서 입으로만 전쟁을 할 수 있다
고 생각하느냐? 네가 지금 누구를
믿고 나에게 반역하느냐?
21 그러니 너는 부러진 갈대 지팡이 같
은 이집트를 의지한다고 하지만, 그
것을 믿고 붙드는 자는 손만 찔리게
될 것이다. 이집트의 바로 왕을 신뢰
하는 자는 누구나 이와 같이 될 것
이다.
22 너희는 또 나에게, 주 너희의 하나님
을 의지한다고 말하겠지마는, 유다
와 예루살렘에 사는 백성에게, 예루
살렘에 있는 이 제단 앞에서만 경배
하여야 한다고 하면서, 산당과 제단

을 맺고 있었다. 그러나 앗시리아가 침공하자 히스기야는 비굴하게 공물을 바치고 타협해 버렸다. 이때 이사야 예언자는 히스기야에게 하나님을 신뢰하고 싸우라고 충고하였다(사 10:24-26).

18:18 역사기록관 각 왕의 통치 기간 중에 일어난 사건들을 연대기에 기록하여 후세에 전하는 사람을 말한다.

18:19-25 앗시리아 군의 대변인 랍사게의 말이다. 랍사게는 교묘한 말로 유다의 사기를 꺾으려 했다. 첫째로, 그는 이집트를 의지해도 소용이 없다고 말했다. 실제로, 그 당시 이집트는 몰락해 가고 있었다. 둘째로, 그는 산당을 헐어 버린 일을 내세워 유다의 내부 분열을 선동하였다. 그 당시 히스기야의 개혁을 반대하는 사람도 많이 있었기 때문이다. 셋째로, 그는 앗시리아의 유다 침공이 하나님의 뜻이라고 말했다. 사실 많은 예언자들이 앗시리아의 침공을 예언했었다(사 7:17-24;욜 2:1-11). 그러나 앗시리아는 징계의 도구로

들을 모두 헐어 버린 것이, 바로 너
히스기야가 아니냐!'
23 이제 나의 상전이신 앗시리아의 임금
님과 겨루어 보아라. 내가 너에게 말
이천 필을 준다고 한들, 네가 그 위
에 탈 사람을 내놓을 수 있겠느냐?
24 그러니 네가 어찌 내 상전의 부하들
가운데서 하찮은 병사 하나라도 물
리칠 수 있겠느냐? 그러면서도 병거
와 기병의 지원을 받으려고 이집트
를 의존하느냐?
25 이제 생각하여 보아라. 내가 이 곳
을 쳐서 멸망시키려고 오면서, 어찌
너희가 섬기는 주님의 허락도 받지
않고 왔겠느냐? 너희의 주님께서 내
게 말씀하시기를, 그 땅을 치러 올라
가서, 그 곳을 멸망시키라고, 나에게
친히 이르셨다."
26 ○힐기야의 아들 엘리야김과 셉나와
요아가 랍사게에게 말하였다. "성벽
위에서 백성들이 듣고 있으니, 우리
에게 유다 말로 말씀하지 말아 주십
시오. 이 종들에게 시리아 말로 말
씀하여 주십시오. 우리가 시리아 말
을 알아듣습니다."
27 ○그러나 랍사게가 그들에게 대답하
였다. "나의 상전께서, 나를 보내셔
서, 이 말을 하게 하신 것은, 다만 너
희의 상전과 너희만 들으라고 하신
것이 아니다. 너희와 함께, 자기가
눈 대변을 먹고 자기가 본 소변을 마
실, 성벽 위에 앉아 있는 저 백성에
게도 이 말을 전하라고 나를 보내셨
다."
28 ○랍사게가 일어나서 유다 말로 크
게 외쳤다. "너희는 위대한 왕이신
앗시리아의 임금님께서 하시는 말씀
을 들어라!
29 임금님께서 이렇게 말씀하신다. '히
스기야에게 속지 말아라. 그는 너희
를 내 손에서 구원해 낼 수 없다.
30 히스기야가 너희를 속여서, 너희의
주가 너희를 구원할 것이며, 이 도성
을 앗시리아 왕의 손에 절대로 넘겨
주지 않으실 것이라고 말하면서, 너
희로 주님을 의지하게 하려 하여도,
너희는 그 말을 믿지 말아라.
31 히스기야의 말을 듣지 말아라.' 앗시
리아의 임금님께서 이렇게 말씀하신
다. '나와 평화조약을 맺고, 나에게
로 나아오너라. 그리하면 너희는 각
각 자기의 포도나무와 자기의 무화
과나무에서 난 열매를 따 먹게 될 것
이며, 각기 자기가 판 샘에서 물을
마시게 될 것이다.
32 내가 다시 와서 너희의 땅과 같은
땅, 곧 곡식과 새 포도주가 나는 땅,
빵과 포도원이 있는 땅, 올리브 기름
과 꿀이 흐르는 땅으로 너희를 데려
가서, 거기에서 살게 하고, 죽이지

사용될 뿐이다.

18:28-35 랍사게의 두 번째 위협이다. 그는 유다 백성들에게 하나님과 히스기야를 의지하지 말고 강력한 앗시리아에 항복하라고 위협했다. 만약 항복하면 다른 지방으로 이주시켜 평안하고 행복한 생활을 보장해 주겠다고 유혹하였다. 그는 또한 하나님께서 북 이스라엘을 건져 내지 못했으니 남 유다 역시 구원해 내지 못할 것이라는 논리로 유다 백성들을 설득하려 했다.

18:31 너희는 각각 자기의 포도나무와 자기의 무화과나무에서 난 열매를…마시게 될 것이다 평온하고 행복하게 사는 모습을 가리킨다. 그 당시는 외적의 침입으로 자기가 농사 지은 곡식도 제대로 먹을 수가 없었다. 그래서 자기의 포도와 무화과를 먹을 수 있다면, 그것이 평안이었다.

18:36-37 랍사게의 위협과 설득과 유혹에도, 백성들은 조금도 요동하지 않았다. 유다 백성들은 하나님과 히스기야 왕을 굳게 믿었다.

않겠다. 그러므로 히스기야의 말을
듣지 말아라. 너희의 주가 너희를 구
원할 것이라고 너희를 설득하여도,
히스기야의 말을 듣지 말아라.
33 뭇 민족의 신들 가운데서 어느 신이
앗시리아 왕의 손에서 자기 땅을 구
원한 일이 있느냐?
34 하맛과 아르밧의 신들은 어디에 있
으며, 스발와임과 헤나와 아와의 신
들은 또 어디에 있느냐? 그들이 사
마리아를 내 손에서 건져 내었느냐?
35 여러 민족의 신들 가운데서, 그 어느
신이 내 손에서 자기 땅을 구원한 일
이 있기에, 주 너희의 하나님이 내
손에서 예루살렘을 구원해 낸다는
말이냐?'"
36 ○백성은 한 마디도 대답하지 않고
조용히 있었다. 그에게 아무런 대답
도 하지 말라는 왕의 명령이 있었기
때문이다.
37 힐기야의 아들 엘리야김 궁내대신과
셉나 서기관과 아삽의 아들 요아 역
사기록관이, 울분을 참지 못하여 옷
을 찢으며 히스기야에게 돌아와서,
랍사게의 말을 그대로 전하였다.

왕이 이사야의 충고를 듣고자 하다
(사 37:1-7)

19 히스기야 왕도 이 말을 듣고,
울분을 참지 못하여 자기의 옷
을 찢고, 베옷을 두르고, 주님의 성
전으로 들어갔다.
2 그는 엘리야김 궁내대신과 셉나 서
기관과 원로 제사장들에게 베옷을
두르게 한 뒤에, 이 사람들을 아모
스의 아들 이사야 예언자에게 보냈
다.
3 그들이 이사야에게 가서 히스기야
왕의 말씀이라고 하면서, 이렇게 말
하였다. "오늘은 환난과 징계와 굴
욕의 날입니다. 아이를 낳으려 하
나, 낳을 힘이 없는 산모와도 같습니
다.
4 주 예언자님의 하나님께서는, 랍사게
가 한 말을 다 들으셨을 것입니다.
랍사게는, 살아 계신 하나님을 모욕
하려고, 그의 상전인 앗시리아 왕이
보낸 자입니다. 주 예언자님의 하나
님께서 그가 하는 말을 들으셨으니,
그를 심판하실 것입니다. 예언자님께
서는 여기에 남아 있는 우리들이 구
원받도록 기도하여 주십시오."
5 ○히스기야 왕의 신하들이 이사야
에게 가서 이렇게 말하니,
6 이사야가 그들에게 대답하였다. "당
신들의 왕에게 이렇게 전하십시오.
주님께서 이렇게 말씀하십니다. '앗
시리아 왕의 부하들이 나를 모욕하
는 말을 네가 들었다고 하여, 그렇게
두려워하지 말아라.
7 내가 그에게 한 영을 내려 보내어, 그

19장 요약 앗시리아의 침략으로 인해 국가적 위기 상황에 처한 히스기야는 예언자 이사야에게 기도를 요청하고 자신도 하나님께 무릎 꿇고 기도하였다. 그 내용은 하나님만이 천지만물을 주관하시는 분이니 하나님의 영광을 위하여 유다를 구원해 달라는 것이었다. 이에 하나님은 앗시리아의 철군을 약속하셨다.

19:1–7 경건한 왕 히스기야는 국가의 위기를 당하여 예언자 이사야에게 기도를 요청하였다. 북왕국이 똑같은 위기를 당했을 때, 호세아 왕은 오히려 예언자들을 배척하였다(암 6:12–13). 이사야는 앗시리아 군이 곧 철수할 것이며 산헤립 왕이 피살될 것이라고 예언하면서 백성들의 신앙을 북돋아 주었다.

19:7 영 (히) '루아흐'. 이 말은 본래 '바람'이란 뜻이다. 여기에서는 '두렵게 하는 압박감'을 뜻한다.

칼에 맞아 죽게 할 것이다 이 말은 37절에서 성취되

가 뜬소문을 듣고 자기의 나라로 돌
아가게 할 것이며, 거기에서 칼에 맞
아 죽게 할 것이다.'"

앗시리아가 또 다른 협박을 해 오다

(사 37:8-20)

8 ○랍사게는 자기의 왕이 라기스를 떠
났다는 소식을 듣고 후퇴하여, 립나
를 치고 있는 앗시리아 왕과 합세하
였다.
9 그 때에 앗시리아 왕은 ㉠에티오피아
의 디르하가 왕이 자기와 싸우려고
출전하였다는 말을 들었다. 그리하
여 그는 히스기야에게 다시 사신들
을 보내어, 이렇게 말하였다.
10 "너희는 유다의 히스기야 왕에게 이
렇게 전하여라. '네가 의지하는 네
하나님이 예루살렘을 앗시리아 왕의
손에 넘어 가게 하지 않을 것이라고
해도, 너는 그 말에 속지 말아라.
11 너는 앗시리아의 왕들이 다른 모든
나라를 멸하려고 어떻게 하였는지
를 잘 들었을 것이다. 그런데 너만은
구원을 받을 수 있을 것이라고 믿느
냐?
12 나의 선왕들이 멸망시킨 고산과 하
란과 레셉과, 그리고 들라살에 있는
에덴 족을 그 민족들의 신들이 구하
여 낼 수 있었느냐?
13 하맛의 왕, 아르밧의 왕, 스발와임 도
성의 왕, 그리고 헤나와 이와의 왕들
이 모두 어디로 갔느냐?'"
14 ○히스기야는 사신들에게서 이 편지
를 받아 읽었다. 그리고는 주님의 성
전으로 올라가서, 주님 앞에 편지를
펴 놓은 뒤에,
15 주님께 기도하였다. "그룹들 위에 계
시는 주 이스라엘의 하나님, 주님만
이 이 세상의 모든 나라를 다스리시
는 오직 한 분뿐인 하나님이시며, 하
늘과 땅을 만드신 분이십니다.
16 주님, 귀를 기울여 들어 주십시오.
주님, 눈여겨 보아 주십시오. 살아
계신 하나님을 모욕하는 말을 전한
저 산헤립의 망언을 잊지 마십시오.
17 주님, 참으로 앗시리아의 왕들이 여
러 나라와 그 땅을 마구 짓밟아 버
렸습니다.
18 여러 민족이 믿는 신들을 모두 불에
던져 태웠습니다. 물론 그것들은 참
신이 아니라, 다만 나무와 돌로 만든
것이었기에, 앗시리아 왕들에게 멸망
당할 수밖에 없었습니다마는,
19 주 우리의 하나님, 이제 그의 손에서
우리를 구원하여 주셔서, 세상의 모
든 나라가, 오직 주님만이 홀로 주
하나님이심을 알게 하여 주십시오."

이사야가 왕에게 전한 말

(사 37:21-38)

20 ○아모스의 아들 이사야가 히스기
야에게 사람을 보내어, 이렇게 말하

었다. 산헤립의 피살은 그가 살아 계신 하나님을 모독한 죄와 결부되어 있다.

19:9-13 히스기야에게 보낸 앗시리아 왕 산헤립의 편지이다. 에티오피아 *왕 디르하가*가 앗시리아로 진군했다는 소식을 들은 산헤립은 사태가 자기에게 불리하다는 것을 깨닫고 히스기야에게 다시 한번 협박하는 편지를 보냈다. 디르하가를 이기기 위해서는 무엇보다도 유다를 정복해 두는 것이 필요했기 때문이다.

19:14-19 히스기야는 하늘과 땅을 만드시고 다스리시는 분은 오직 하나님 한 분뿐이심을 고백한 후에, 하나님의 영광을 위하여 유다를 구해 달라고 간구하였다. 그는 세상 사람들이 섬기는 우상들은 사람이 손으로 만든 죽은 헛것이라는 사실을 잘 알고 있었다. 그 당시 우상들에 대해 이렇게 생각한다는 것은 참으로 놀라운 신앙이었다.

19:21-28 하나님께서는 앗시리아 왕의 교만함을

㉠ 또는 '누비아'. 히. '구스'. 나일 강 상류 지역

였다. "주 이스라엘의 하나님께서는,
임금님께서 앗시리아의 산헤립 왕의
일 때문에 주님께 올린 그 기도를 주
님께서 들으셨다고 말씀하시면서,
21 앗시리아 왕을 두고 다음과 같이 말
씀하셨습니다.
'처녀 딸 시온이 오히려 너 산헤
립을 경멸하고 비웃을 것이다. 딸
예루살렘이 오히려 물러나는 네
뒷모습을 보면서 머리를 흔들 것
이다.
22 네가 감히 누구를 모욕하고 멸
시하였느냐? 네가 누구에게 큰소
리를 쳤느냐? 나 이스라엘의 거룩
한 자에게 감히 네 눈을 부릅떴느
냐?
23 네가 전령들을 보내어 나 주를 조
롱하며 말하기를, 내가 수많은 병
거를 몰아 높은 산 이 꼭대기에서
저 꼭대기까지 레바논의 막다른
곳까지 깊숙히 들어가서 키 큰 백
향목과 아름다운 잣나무를 베어
버리고, 울창한 숲 속 깊숙히 들어
가서 그 끝까지 들어갔고,
24 그리고는 땅을 파서 다른 나라의
물을 마시며, 발바닥으로 밟기만
하고서도 이집트의 모든 강물을
말렸다고 하였다.
25 그러나 산헤립아, 너는 듣지 못
하였느냐? 그런 일은 이미 내가
오래 전에 결정한 것들이고, 이미
내가 아득한 옛날부터 계획한 것
들이다. 이제 내가 그것을 이루었
을 뿐이다. 그래서 네가 견고한 요
새들을 돌무더기로 만들고,
26 여러 민족의 간담을 서늘하게 하
고, 공포에 질리게 하고, 부끄럽게
하였다. 민족들은 초목과 같고 자
라기도 전에 말라 버리는 풀포기
나 지붕 위의 잡초와 같았다.
27 나는 다 알고 있다. 네가 앉고
서는 것, 네가 나가고 들어오는
것, 네가 내게 분노를 품고 있다
는 것도, 나는 모두 다 알고 있다.
28 네가 내게 품고 있는 분노와 오만
을, 이미 오래 전에 내가 직접 들
었기에, 내가 네 코에 쇠 갈고리를
꿰고, 네 입에 재갈을 물려, 네가
왔던 그 길로 너를 되돌아가게 하
겠다.
29 히스기야야, 너에게 증거를 보이
겠다. 백성이 금년에 들에서 저절
로 자라난 곡식을 먹고, 내년에도
들에서 저절로 자라난 곡식을 먹
을 것이다. 그러나 내후년에는 백
성이 씨를 뿌리고 곡식을 거둘 것
이며, 포도밭을 가꾸어서 그 열매
를 먹게 될 것이다.
30 유다 사람들 가운데서 환난을 피
하여 살아 남은 사람들이 다시 땅

꾸짖으시고, 앗시리아가 머지않아 멸망당할 것을 선포하셨다. 또한 앗시리아가 포로들을 잔인하게 다룬 것처럼, 그들 역시 잔인하게 멸망당할 것을 경고하였다.

19:21 처녀 딸 시온…예루살렘 성경에서는 성읍과 그 주민들을 의인화시켜서 처녀 혹은 딸로 표현하였다. 특히 '처녀'는 감히 접근할 수 없는 난공불락의 요새를 상징한다.

19:23 전령 랍사게를 가리킨다(18:19).

19:28 고대 앗시리아의 비문들에는 본문의 묘사대로 끌려가고 있는 포로들의 모습이 새겨져 있다. 앗시리아 사람들은 포로들을 잔인하게 다루었다. 결국 그들은 훗날 본문의 포로들처럼 잔인하고 완전히 파멸당하였다.

19:29-34 하나님께서 히스기야 왕에게 하신 약속의 말씀이다. 곧 금년과 내년에는 앗시리아가 침공해 오지만 제3년째는 앗시리아가 철군할 것이며, 다시 다윗 왕가가 견고하게 서리라는 약속

아래로 깊이 뿌리를 내리고, 위로
열매를 맺을 것이다.
31 살아 남은 사람들이 예루살렘에
서부터 나오고, 환난을 피한 사람
들이 시온 산에서부터 나올 것이
다.
나 주의 열심이 이 일을 이룰 것
이다.'
32 ○그러므로 앗시리아의 왕을 두
고, 주님께서 이렇게 말씀하십니다.
'그는 이 도성에 들어오지 못하며, 이
리로 활 한 번 쏴 보지도 못할 것이
다. 방패를 앞세워 접근하지도 못하
며, 성을 공격할 흙 언덕을 쌓지도
못할 것이다.
33 그는 왔던 길로 되돌아간다. 이 도성
안으로는 결코 들어오지 못한다. 이
것은 나 주의 말이다.
34 나는 내 명성을 지키기 위해서라도
이 도성을 보호하여 구원하고, 내
종 다윗을 보아서라도 그렇게 하겠
다.'"

산헤립의 최후

35 ○그 날 밤에 주님의 천사가 나아가
서, 앗시리아 군의 진영에서 십팔만
오천 명을 쳐죽였다. 다음날 아침이
밝았을 때에 그들은 모두 주검으로
발견되었다.
36 ○앗시리아의 산헤립 왕이 그 곳을
떠나, 니느웨 도성으로 돌아가서 머
물렀다.
37 그러던 어느 날, 그가 자기의 신 니
스록의 신전에서 예배하고 있을 때
에, 그의 아들 아드람멜렉과 사레셀
이 그를 칼로 쳐죽이고, 아라랏 땅
으로 도망하였다. 그의 아들 에살핫
돈이 뒤를 이어 왕이 되었다.

히스기야의 발병과 회복

(대하 32:24-26; 사 38:1-8, 21-22)

20 그 무렵에 히스기야가 병이 들
어 거의 죽게 되었는데, 아모스
의 아들 이사야 예언자가 그에게 와
서 말하였다. "주님께서 이렇게 말씀
하십니다. '네가 죽게 되었으니 네 집
안의 모든 일을 정리하여라. 네가 다
시 회복되지 못할 것이다.'"
2 이 말을 듣고서, 히스기야는 그의 얼
굴을 벽쪽으로 돌리고, 주님께 기도
하여
3 아뢰었다. "주님, 주님께 빕니다. 제
가 주님 앞에서 진실하게 살아온 것
과, 온전한 마음으로 순종한 것과,
주님께서 보시기에 선한 일을 한 것
을, 기억해 주십시오." 이렇게 기도하
고 나서, 히스기야는 한참 동안 흐
느껴 울었다.
4 이사야가 궁전 안뜰을 막 벗어나려
할 때에, 주님께서 이사야에게 말씀
하셨다.
5 "너는 되돌아가서 내 백성의 주권자

이다.

19:34 내 종 다윗 주님은 언약을 반드시 지키시는 신실하신 하나님이시다. 하나님께서는 다윗에게 *영원하고 견고한 왕권을 주시겠다*고 약속하셨다(삼하 7:13-16;왕상 11:13). 하나님께서는 예루살렘을 앗시리아의 손에서 구원해 주셨다.

19:35-37 이사야의 예언대로 앗시리아 군은 퇴각하였다. 그리고 앗시리아의 왕 산헤립은 자기 아들들에게 살해당하였다.

20장 요약 히스기야는 하나님으로부터 병 고침을 받았으나, 유다와 동맹을 맺고 앗시리아를 대항하려 한 바벨로니아 사절단에게 유다의 부강함을 자랑하였다. 이사야는 그런 히스기야를 책망하고 훗날 유다가 바벨로니아에 멸망당할 것을 예언하였다.

20:1-11 히스기야는 재위 14년째, 곧 그의 나이 39세 되던 해에 중한 병에 걸려 죽게 되었다. 이

인 히스기야에게 전하여라. '네 조상
다윗을 돌본 나 주 하나님이 말한
다. 네가 기도하는 소리를 내가 들었
고, 네가 흘리는 눈물도 내가 보았
다. 내가 너를 고쳐 주겠다. 사흘 뒤
에는 네가 주의 성전으로 올라갈 수
있을 것이다.
6 내가 너의 목숨을 열다섯 해 더 연
장시키고, 너와 이 도성을 앗시리아
왕의 손에서 구하여서, 이 도성을 보
호하겠다. 내 명성을 지키기 위해서
라도, 그리고 내 종 다윗을 보아서라
도, 내가 이 도성을 보호하겠다.'"
7 ○그리고 이사야가 왕의 신하들에
게, 무화과 반죽을 가져 오라고 하였
다. 신하들이 그것을 가져 와서 왕
의 상처 위에 붙이니, 왕의 병이 나
았다.
8 히스기야가 이사야에게 말하였다.
"주님께서 나를 고치셔서, 사흘 뒤에
는 내가 주님의 성전에 올라갈 수 있
게 된다고 하셨는데, 그 증거가 무엇
입니까?"
9 이사야가 대답하였다. "주님께서 그
약속하신 바를 그대로 이루실 것을
보여 주는 증거가 여기에 있습니다.
해 그림자를 십 도 앞으로 나아가게
할지, 십 도 뒤로 물러나게 할지, 어
떻게 하는 것이 좋을지 말씀해 주십
시오."
10 히스기야가 대답하였다. "해 그림자
를 십 도 더 나아가게 하는 것은 쉬
운 일인 것 같습니다. 그러므로 그림
자가 십 도 뒤로 물러나게 해주십시
오."
11 이사야 예언자가 주님께 기도를 드
린 뒤에, 아하스의 해시계 위로 드리
운 그 그림자를 뒤로 십 도 물러나
게 하였다.

바빌로니아에서 온 사절단 (사 39:1-8)

12 ○그 때에 발라단의 아들 바빌로니
아의 므로닥발라단 왕이, 히스기야
가 병들었다는 소식을 듣고, 친서와
예물을 히스기야에게 보내 왔다.
13 ㉠ 히스기야는 그들을 반가이 맞아들
이고, 보물 창고에 있는 은과 금과
향료와 향유와 무기고와 창고 안에
있는 모든 것을 그들에게 다 보여 주
었다. 히스기야는 그들에게 궁궐과
나라 안에 있는 것을 하나도 빠짐없
이 모두 다 보여 주었다.
14 ○그 때에 이사야 예언자가 히스기
야에게 와서 물었다. "이 사람들이
무슨 말을 하였습니까? 이 사람들
은 어디에서 온 사람들입니까?" 히
스기야가 대답하였다. "그들은 먼
나라 바빌로니아에서 온 사람들입니
다."
15 이사야가 또 물었다. "그들이 임금님
의 궁궐에서 무엇을 보았습니까?"

때는 앗시리아가 첫 번째로 침공하던 때로 히스기야에게는 아직 왕위를 계승시킬 후계자도 없었다. 히스기야는 하나님께 눈물로 간절히 치유를 간구하였다. 하나님께서는 그의 간절한 기도를 들으시고, 이사야를 통하여 그의 병이 나아서 생명이 연장될 것이라는 약속을 주셨다. 하나님께서는 이 약속의 증거로서 해시계의 그림자를 뒤로 십 도 물러나게 하는 기적을 보이셨다. 히스기야는 병이 나은 후 15년간 생명이 연장되었다.

20:11 아하스의 해시계 해시계는 (히) '마아로트'인데, 그 뜻은 '층계·계단'이다. 해시계는 한가운데 수직으로 세워진 시계바늘이 해의 방향에 따라, '계단들' 위에 각기 다른 그림자들을 남기며 시간을 가리킨다. 뒤로 십 도 물러가게 하였다 문자적으로는 '뒤로 열 계단 이동케 하셨다'이다.

20:12-19 이사야 예언자는 세속의 힘을 의지하

㉠ 칠십인역과 불가타와 시리아어역을 따름. 히, '히스기야가 그들에 관하여 들었을 때에'

히스기야가 대답하였다. "그들은 나
의 궁궐 안에 있는 모든 것을 보았
고, 나의 창고 안에 있는 것도, 그들
이 못 본 것은 하나도 없습니다."
16 이사야가 히스기야에게 말하였다.
"주님의 말씀을 들으십시오.
17 '그 날이 다가오고 있다. 그 날이 오
면, 네 왕궁 안에 있는 모든 것과, 오
늘까지 네 조상이 저장하여 놓은 모
든 보물이, 남김없이 바빌론으로 옮
겨 갈 것이다.' 주님께서 또 말씀하십
니다.
18 '너에게서 태어날 아들 가운데서 더
러는 포로로 끌려가서, 바빌론 왕궁
의 환관이 될 것이다.'"
19 히스기야가 이사야에게 말하였다.
"예언자께서 전하여 준 주님의 말씀
은 지당한 말씀입니다." 히스기야는
자기가 살아 있는 동안만이라도 평
화와 안정이 계속된다면, 그것만으
로도 다행이라고 생각하였다.

히스기야 통치의 끝 (대하 32:32-33)

20 ○히스기야의 나머지 행적과, 그가
누린 모든 권력과, 어떻게 그가 저수
지를 만들고 수로를 만들어서 도성
안으로 물을 끌어들였는지는 '유다
왕 역대지략'에 기록되어 있다.
21 히스기야가 그의 조상과 함께 누워
잠드니, 그의 아들 므낫세가 그의 뒤
를 이어 왕이 되었다.

유다 왕 므낫세 (대하 33:1-20)

21 므낫세는 왕이 되었을 때에 열
두 살이었다. 그는 예루살렘에
서 쉰다섯 해 동안 다스렸다. 그의
어머니는 헵시바이다.
2 므낫세는 주님께서 보시기에 악한
일을 하였다. 그는, 주님께서 이스라
엘 자손이 보는 앞에서 쫓아내신 이
방 사람들의 역겨운 풍속을 따랐다.
3 그는 아버지 히스기야가 헐어 버린
산당들을 다시 세우고, 바알을 섬기
는 제단을 쌓았으며, 이스라엘 왕 아
합이 한 것처럼, 아세라 목상도 만들
었다. 그는 또 하늘의 별을 숭배하고
섬겼다.
4 또 그는, 주님께서 일찍이 "내가 예
루살렘 안에 나의 이름을 두겠다"
하고 말씀하신 주님의 성전 안에도
이방신을 섬기는 제단을 만들었다.
5 주님의 성전 안팎 두 뜰에도 하늘의
별을 섬기는 제단을 만들어 세웠다.
6 그래서 그는 자기의 아들들을 ㉠불
살라 바치는 일도 하고, 점쟁이를 불
러 점을 치게도 하고, 마술사를 시
켜 마법을 부리게도 하고, 악령과 귀
신을 불러내어 물어 보기도 하였다.
이렇게 하여 그는, 주님께서 보시기
에 악한 일을 많이 하여, 주님께서
진노하시게 하였다.
7 그는 자신이 손수 새겨 만든 아세라

는 히스기야를 책망하고, 후일에 유다가 바빌로니아에게 멸망당할 것을 예언하였다.

20:20-21 히스기야 왕은 기드론 골짜기에 있는 기혼 샘물을 예루살렘 성 안으로 끌어들이기 위해 긴 수로를 팠다. 이는 성이 포위되었을 때 성 안에서 물을 사용하기 위함이었다. 그가 죽자, 기도로 생명을 연장 받은 후 태어난 아들 므낫세가 왕위를 이어받았다.

㉠ 또는 '불로 지나가게 하고'

21장 요약 므낫세와 아몬이 우상 숭배에 몰두하고 백성들을 배교의 길로 인도한 것은 하나님이 이미 선언하신 유다의 멸망이 돌이킬 수 없는 것임을 시사한다. 계속된 유다의 배교 행위는 결국 멸망의 도화선이 되고 만 것이다.

21:7 아세라 목상을 성전 안에 세웠다 우상을 성전 안에 세워 놓은 일이 이전에는 없었다. 이는 므낫세의 극에 달한 죄악상을 나타낸다. 다른 왕들은

목상을 성전 안에 세웠다. 그러나
이 성전은, 일찍이 주님께서 이 성전
을 두고 다윗과 그의 아들 솔로몬에
게 말씀하실 때에 "내가 이스라엘의
모든 지파 가운데서 선택한 이 성전
과, 이 예루살렘 안에 영원토록 내
이름을 두겠다.
8 그리고 그들이, 내가 그들에게 명한
계명과 내 종 모세가 그들에게 명령
한 율법을 성실히 지키기만 하면, 이
스라엘이 다시는, 내가 그들의 조상
에게 준 이 땅을 떠나서 방황하지 않
게 하겠다" 하고 말씀하신 그 곳이
다.
9 그러나 그 백성들은 이 말씀에 복종
하지 않았다. 오히려 므낫세는, 주님
께서 이스라엘 자손의 면전에서 멸
망시키신 그 이방 민족들보다 더 악
한 일을 하도록 백성을 인도하였다.
10 ○그래서 주님께서는 주님의 종, 예
언자들을 시켜서 이렇게 말씀하셨
다.
11 "유다의 므낫세 왕이 이러한 역겨운
풍속을 따라, 그 옛날 아모리 사람
이 한 것보다 더 악한 일을 하고, 우
상을 만들어, 유다로 하여금 죄를 짓
도록 잘못 인도하였으므로,
12 주 이스라엘의 하나님이 말한다. 내
가 예루살렘과 유다에 재앙을 보내
겠다. 이 재앙의 소식을 듣는 사람
은 누구나 가슴이 내려앉을 것이다.
13 내가 사마리아를 잰 줄과 아합 궁을
달아 본 추를 사용하여, 예루살렘을
심판하겠다. 사람이 접시를 닦아 엎
어 놓는 것처럼, 내가 예루살렘을 말
끔히 닦아 내겠다.
14 내가 내 소유인, 내 백성 가운데서
살아 남은 사람을 모두 내버리겠고,
그들을 원수의 손에 넘겨 주겠다. 그
러면 그들이 원수들의 먹이가 될 것
이고, 그 모든 원수에게 겁탈을 당할
것이다.
15 그들은 내가 보기에 악한 일을 하였
고, 그들이 이집트에서 나온 조상 때
로부터 오늘까지, 나를 분노하게 만
들었다.
16 ○더욱이 므낫세는, 유다로 하여금
나 주가 보기에 악한 일을 하도록 잘
못 인도하는 죄를 지었으며, 죄 없는
사람을 너무 많이 죽여서, 예루살렘
이 이 끝에서부터 저 끝에 이르기까
지, 죽은 이들의 피로 흠뻑 젖어 있
다."
17 ○므낫세의 나머지 행적과, 그가 저
질러 놓은 일과, 그가 지은 모든 죄
는 '유다 왕 역대지략'에 기록되어 있
다.
18 므낫세가 죽어서 그의 조상과 함께
누워 잠드니, 그의 궁궐 안에 있는
웃사의 정원에 장사지냈다. 그리고

이것들을 성전 맞은편 언덕이나(왕상 11:7) 다른 곳에 지은 신전에(11:18) 세워 놓았다.

21:16 많은 경건한 사람들과 예언자들이 므낫세의 우상 숭배 정책을 반대하다가 죽임을 당했다.

21:17 므낫세의 나머지 행적 므낫세에게 하나님의 무서운 징계가 임했다. 그는 쇠사슬로 묶이고 갈고리에 꿰여 앗시리아 왕에게 잡혀갔다. 그리고 앗시리아 왕에게 충성을 맹세한 후 다시 유다로 돌아왔다. 유다로 돌아온 그는 깊이 회개하고서, 모든 우상을 없애 버리고 하나님의 제단을 다시 고치고 백성들에게 하나님만을 섬기라고 명령했다(대하 33:12-19).

21:19-26 아몬의 유다 통치에 대한 기록이다. 므낫세는 통치 말기에 이르러 우상을 없애 버리려고 하였으나, 아몬은 즉위하자마자 다시 적극적으로 우상을 숭배하는 정책을 폈다. 결국 그는 즉위 2년 만에 궁 안에서 신하들의 반역으로 죽임을 당하였다.

그의 아들 아몬이 그의 뒤를 이어
왕이 되었다.

유다 왕 아몬 (대하 33:21-25)

19 ○아몬은 왕이 되었을 때에 스물두
살이었다. 그는 예루살렘에서 두 해
동안 다스렸다. 그의 어머니 므술레
멧은 욧바 출신 하루스의 딸이다.
20 그는 아버지 므낫세처럼 주님께서
보시기에 악한 일을 하였고,
21 그의 아버지가 걸어간 길을 모두 본
받았으며, 그의 아버지가 섬긴 우상
을 받들며 경배하였다.
22 그리고 조상 때부터 섬긴 주 하나님
을 잊어버리고, 주님의 길을 따르지
아니하였다.
23 결국 아몬 왕의 신하들이 그를 반역
하고, 궁 안에 있는 왕을 살해하였
다.
24 그러나 그 땅의 백성은 아몬 왕을
반역한 신하들을 다 죽이고, 아몬의
뒤를 이어서, 그의 아들 요시야를 왕
으로 삼았다.
25 아몬이 한 나머지 모든 일은 '유다
왕 역대지략'에 기록되어 있다.
26 그는 웃사의 정원에 있는 그의 묘지
에 안장되었다. 그의 아들 요시야가
그의 뒤를 이어 왕이 되었다.

유다 왕 요시야 (대하 34:1-2)

22 요시야는 왕이 되었을 때에 여
덟 살이었다. 그는 예루살렘에
서 서른한 해 동안 다스렸다. 그의
어머니 여디다는 보스갓 출신 아다
야의 딸이다.
2 요시야는 주님께서 보시기에 올바른
일을 하였고, 그의 조상 다윗의 모
든 길을 본받아, 곁길로 빠지지 않았
다.

율법책을 발견하다 (대하 34:8-28)

3 ○요시야 왕 제 십팔년에 왕은, 아살
랴의 아들이요 므술람의 손자인 사
반 서기관을, 주님의 성전으로 보내
며 지시하였다.
4 "힐기야 대제사장에게 올라가서, 백
성이 주님의 성전에 바친 헌금, 곧 성
전 문지기들이 백성으로부터 모은
돈을 모두 계산하도록 하고,
5 그 돈을 주님의 성전 공사 감독관들
에게 맡겨, 일하는 인부들에게 품삯
으로 주어 주님의 성전에 파손된 곳
을 수리하게 하시오.
6 목수와 돌 쌓는 사람과 미장이에게
품삯을 주고, 또 성전 수리에 필요한
목재와 석재도 구입하게 하시오.
7 그들은 모두 정직하게 일하는 사람
들이니, 일단 돈을 넘겨 준 다음에
는 그 돈을 계산하지 않도록 하시
오."
8 ○힐기야 대제사장이 사반 서기관에
게, 주님의 성전에서 율법책을 발견
하였다고 하면서, 그 책을 사반에게

22장 요약 본장과 다음 장은 경건한 왕인 요시야에 대한 기록이다. 성전을 수리하다가 발견된 율법책의 내용을 들은 그는 율법에 경고된 저주가 유다에 임할 것임을 깨닫고 통회하였다.

22:1–7 유다 왕국 최후의 종교 개혁을 일으킨 요시야 왕에 대한 기록이다. 요시야의 탄생은 이미 360년 전에 예언자에 의하여 예언되었다(왕상 13:2). 그는 경건하고 신실한 왕이었다. 그가 왕이 된 후 8년째부터는 종교 개혁을 단행했으며, 12년째부터는 6년 동안 모든 우상들을 나라 안에서 제거하고, 18년째부터는 성전을 수리하였다.

22:4 모은 돈 아합의 딸 아달랴가 우상 숭배 정책을 쓴 후, 요아스가 성전 수리를 위해서 헌금을 모았었다(12:4–14). 이와 마찬가지로 므낫세와 아몬이 우상 숭배 정책을 쓴 후, 요시야도 성전 수리를 위하여 같은 방법으로 헌금을 모았다.

22:8–14 요시야의 종교 개혁은 율법책을 발견함

넘겨 주었으므로, 사반이 그 책을
읽어 보았다.
9 사반 서기관은 그 책을 읽어 본 다
음에, 왕에게 가서 "임금님의 신하
들이 성전에 모아 둔 돈을 쏟아 내
어, 작업 감독관, 곧 주님의 성전 수
리를 맡은 감독들에게 넘겨 주었습
니다" 하고 보고하였다.
10 사반 서기관은 왕에게, 힐기야 대제
사장이 자기에게 책 한 권을 건네 주
었다고 보고한 다음에, 그 책을 왕
앞에서 큰소리로 읽었다.
11 왕이 그 율법책의 말씀을 듣고는, 애
통해 하며 자기의 옷을 찢었다.
12 왕은 힐기야 대제사장과 사반의 아
들 아히감과 미가야의 아들 악볼과
사반 서기관과 왕의 시종 아사야에
게 명령하였다.
13 "그대들은 주님께로 나아가서, 나를
대신하여, 그리고 이 백성과 온 유다
를 대신하여, 이번에 발견된 이 두루
마리의 말씀에 관하여 주님의 뜻을
여쭈어 보도록 하시오. 우리의 조상
이 이 책의 말씀에 복종하지 아니하
고, 우리들이 지키도록 규정된 이 기
록대로 하지 않았으므로, 우리에게
내리신 주님의 진노가 크오."
14 ○그리하여 힐기야 제사장과 아히감
과 악볼과 사반과 아사야가 살룸의
아내 훌다 예언자에게 갔다. 살룸은
할하스의 손자요 디과의 아들로서,
궁중 예복을 관리하는 사람이었다.
훌다는 예루살렘의 제 이 구역에서
살고 있었는데, 그들이 그에게 가서
왕의 말을 전하였다.
15 그러자 훌다가 그들에게 말하였다.
"주 이스라엘의 하나님께서 이렇게
말씀하시니, 그대들을 나에게 보낸
그에게 가서 전하시오.
16 '나 주가 말한다. 유다 왕이 읽은 책
에 있는 모든 말대로, 내가 이 곳과
여기에 사는 주민에게 재앙을 내리
겠다.
17 그들이 나를 버리고 다른 신들에게
분향하고, ㉠그들이 한 모든 일이 나
의 분노를 격발하였기 때문이다. 그
러므로 나의 분노를 이 곳에 쏟을
것이니, 아무도 끄지 못할 것이다.'
18 주님의 뜻을 주님께 여쭈어 보라고
그대들을 나에게로 보낸 유다 왕에
게 또 이 말도 전하시오. '나 주 이스
라엘의 하나님이 말한다. 네가 들은
말을 설명하겠다.
19 이 곳이 황폐해지고 이 곳의 주민이
저주를 받을 것이라는 나의 말을 들
었을 때에, 너는 깊이 뉘우치고, 나
주 앞에 겸손하게 무릎을 꿇고, 옷
을 찢고, 내 앞에서 통곡하였다. 그
러므로 내가 네 기도를 들어 준다.
나 주가 말한다.

으로써 절정에 이르렀다. 율법을 듣고 통회한 그는, 아직도 유다가 하나님의 은혜를 입을 수 있는지 여예언자 훌다에게 묻게 했다.

22:14 훌다 예언자에게 갔다 그 당시 활동했던 예언자는 스바냐와 예레미야였다. 이 때 예레미야는 소명을 받았지만 연소한 관계로, 제사장의 일행은 여예언자 훌다에게 갔던 것 같다. 구약 시대에는 훌다 외에 미리암(출 15:20), 드보라 등의 여예언자가 있었다(참조. 신약의 안나_눅 2:36).

22:15-20 여예언자 훌다의 예언이다. 훌다는 먼저 우상 숭배하는 자들에게 내릴 재앙을 선포했고(16-17절), 둘째로 하나님 앞으로 돌아온 요시야 왕은 이 재앙에서 제외될 것이라고 선포했다(18-20절).

22:19 황폐해지고…저주를 받을 것이라 유다 백성들이 가나안 땅에서 축출될 것을 가리킨다. 레위기 26장과 신명기 28장에 예언되어 있다.

㉠ 또는 '그들이 만든 우상으로'

20 그러므로 내가 이 곳에 내리기로 한
모든 재앙을, 네가 죽을 때까지는 내
리지 않겠다. 내가 너를 네 조상에게
로 보낼 때에는, 네가 평안히 무덤에
안장되게 하겠다.'" ○그들이 돌아와
서, 이 말을 왕에게 전하였다.

요시야가 이방 예배를 없애다

(대하 34:3-7, 29-33)

23 왕이 사람을 보내어, 유다와 예
루살렘의 모든 장로를 소집하
였다.
2 왕이 주님의 성전에 올라갈 때에, 유
다의 모든 백성과 예루살렘의 모든
주민과 제사장들과 예언자들과, 어
른으로부터 아이에 이르기까지, 모
든 백성이 그와 함께 성전으로 올라
갔다. 그 때에 왕은, 주님의 성전에
서 발견된 언약책에 적힌 모든 말씀
을, 크게 읽어서 사람들에게 들려 주
도록 하였다.
3 왕은 기둥 곁에 서서, 주님을 따를
것과, 온 마음과 목숨을 다 바쳐 그
의 계명과 법도와 율례를 지킬 것과,
이 책에 적힌 언약의 말씀을 지킬 것
을 맹세하는 언약을, 주님 앞에서 세
웠다. 온 백성도 그 언약에 동참하였
다.
4 ○왕은 힐기야 대제사장과 부제사장
들과 문지기들에게, 바알과 아세라
와 하늘의 별을 섬기려고 하여 만든
기구들을, 주님의 성전으로부터 밖
으로 내놓도록 명령하였다. 그리고
그는, 예루살렘 바깥 기드론 들판에
서 그것들을 모두 불태우고, 그 태
운 재를 베델로 옮겼다.
5 그는 또, 유다의 역대 왕들이 유다의
성읍들과 예루살렘 주위에 있는 산
당에서 분향하려고 임명한, 우상을
숭배하는 제사장들을 내쫓았다. 그
리고 바알과 태양과 달과 성좌들과
하늘의 별에게 제사지내는 사람들
을 모두 몰아냈다.
6 그는 아세라 목상을 주님의 성전에
서 예루살렘 바깥 기드론 시내로 들
어 내다가, 그 곳에서 불태워 가루로
만들어서, 그 가루를 일반 백성의
공동묘지 위에 뿌렸다.
7 왕은 또 주님의 성전에 있던 남창의
집을 깨끗이 없애었다. 이 집은 여인
들이 아세라 숭배에 쓰이는 천을 짜
는 집이었다.
8 ○그는 유다의 모든 성읍으로부터
모든 제사장을 철수시켜 예루살렘
으로 불러들였다. 그리고 게바로부
터 브엘세바에 이르기까지, 그 제사
장들이 제사하던 산당들을 모두 부
정하게 하였다. 그리고 이 성읍 성
주의 이름을 따서 '여호수아의 문'이
라고 부르는 문이 있었는데, 그 문
의 어귀에 있는 산당들 곧 그 성문

23장 요약 유다가 하나님을 배역한 탓에 멸망 당할 것을 안 요시야는 종교 개혁을 단행하고 모든 우상을 제거한다. 또한 유월절을 다시 지켰다. 한편 요시야는 이집트 왕 바로 느고와의 전쟁에서 전사하였다.

23:4-14 요시야의 개혁은 히스기야의 개혁보다 더욱 철저하였다. 그는 솔로몬 시대부터 시작되어 므낫세 시대에 극성을 이루었던 모든 우상들을 철저히 부서뜨렸다. 심지어 우상들을 태운 재마저도 부정하다고 여겨서 성 밖 공동묘지와 베델에 버렸다. 그리고 남왕국의 고질적인 죄악인 산당을 모두 제거해 버렸으며, 산당 제사를 주관하던 레위 계통 제사장들의 직분을 박탈해 버렸다. 또한 그 당시 널리 퍼져 있던 태양신 숭배를 금지시켰고, 사람을 제물로 바치던 몰렉·그모스·밀곰 신들의 신전을 모조리 부서뜨렸다. 본문은 그 당시 남 유다의 우상 숭배가 얼마나 극에 달했는지

왼쪽에 있는 산당들을 모두 헐어 버
렸다.
9 산당의 제사장들은 예루살렘에 있
는 주님의 제단에 올라가지 못하게
하였으나, 누룩이 들지 않은 빵은 다
른 제사장들과 함께 나누어 먹게 하
였다.
10 그는 또 '힌놈의 아들 골짜기'에 있는
도벳을 부정한 곳으로 만들어, 어떤
사람도 거기에서 자녀들을 몰렉에게
㉠ 불태워 바치는 일을 하지 못하게
하였다.
11 또 그는, 유다의 왕들이 주님의 성전
어귀, 곧 나단멜렉 내시의 집 옆에
있는, 태양신을 섬기려고 하여 만든
말의 동상을 헐어 버리고, 태양수레
도 불태워 버렸다.
12 또 그는, 유다 왕들이 만든 아하스
의 다락방 옥상에 세운 제단들과,
므낫세가 주님의 성전 안팎 뜰에 세
운 제단들을 모두 제거해서 부순 뒤
에, 가루로 만들어 기드론 시내에 뿌
렸다.
13 또 그는 이스라엘 왕 솔로몬이, 시돈
사람들의 우상인 아스다롯과 모압
사람들의 우상인 그모스와 암몬 사
람들의 혐오스러운 ㉡밀곰을 섬기려
고, 예루살렘 정면 '멸망의 산' 오른
쪽에 지었던 산당들도 모두 허물었
다.
14 그리고 석상들은 깨뜨리고, 아세라
목상들은 토막토막 자르고, 그 곳을
죽은 사람의 뼈로 가득 채웠다.
15 ○왕은 또 느밧의 아들 여로보암이
베델에다 만든 제단 곧 이스라엘로
죄를 짓게 한 그 제단과 산당도 헐었
다. 그는 산당을 불태워 가루로 만
들었고, 아세라 목상도 불태웠다.
16 요시야는 또 산 위에 무덤이 있는 것
을 보고, 사람을 보내어 그 무덤 속
의 뼈들을 꺼내어서, 제단 위에 모아
놓고 불태웠다. 그렇게 하여 그 제단
들을 부정하게 만들었다. 그래서 한
때 하나님의 사람이 이 일을 두고 예
언한 주님의 말씀대로 되었다.
17 요시야가 물었다. "저기 보이는 저
비석은 무엇이냐?" 그 성읍의 백성
이 그에게 대답하였다. "유다에서 온
어느 하나님의 사람의 무덤입니다.
그는 베델의 제단에 관하여 임금님
께서 이런 일들을 하실 것이라고 미
리 예언하였던 분입니다."
18 왕이 말하였다. "그 무덤은 그대로
두어라. 그리고 아무도 그의 유해를
만지지 못하게 하여라." 이렇게 하여
그들은, 그의 뼈와 사마리아에서 온
예언자의 뼈는 그대로 두었다.
19 이스라엘 왕들이 사마리아 도성의
언덕마다 세워 주님의 분노를 돋우
었던 모든 산당을, 요시야가 이렇게

를 보여 준다.

23:8 게바는 유다의 북방 변경에 있었으며 브엘세바는 유다의 남방 변경에 있었다. '게바로부터 브엘세바에 이르기까지'라는 말은 유다의 모든 성읍을 가리킨다.

23:12 아하스 왕과 므낫세 왕이 세운 제단은 하늘의 별을 숭배하기 위해 세운 제단들이었다. 유다는 멸망 직전까지 천체를 섬겼다.

23:14 그 곳을 죽은 사람의 뼈로 가득 채웠다 우상의 장소를 영구히 더럽히기 위해 부정하게 여겨지는 죽은 사람의 뼈로 채웠다.

23:15-20 요시야는 개혁 정책을 남왕국에만 국한시키지 않고 북왕국에까지 넓혀 나갔다. 그가 자신을 언약 국가 전체의 왕으로 간주했기 때문에 이러한 정책을 수행할 수 있었다. 요시야가 북왕국을 개혁하리라는 것은 이미 300년 전에 예언된 사실이었다(왕상 13:1-32). 요시야는 산당에

㉠ 또는 '불로 지나가게 하는 일을' ㉡ 또는 '몰렉'

헐었다. 그는 베델에서 한 것처럼 하
였다.
20 더욱이 그는 그 곳 산당에 있는 제
사장들을 모두 제단 위에서 죽이고,
사람의 뼈를 함께 그 위에서 태운 뒤
에, 예루살렘으로 돌아갔다.

요시야 왕이 유월절을 지키다
(대하 35:1-19)

21 ○왕이 온 백성에게 명령을 내렸다.
"이 언약책에 기록된 대로, 주 당신
들의 하나님께 감사드리는 유월절을
준비하십시오."
22 사사들이 이스라엘을 다스리던 시
대로부터 이스라엘과 유다 왕들의
시대에 이르기까지, 어느 시대에도
이와 같은 유월절을 지킨 일은 없었
다.
23 요시야 왕 제 십팔년에 이르러서야,
비로소 예루살렘에서 주님을 기리
는 유월절을 지켰다.

요시야의 나머지 개혁

24 ○요시야는 대제사장 힐기야가 주님
의 성전에서 발견한 책에 기록된 율
법의 말씀을 지키려고, 유다 땅과 예
루살렘에서 신접한 자와 박수와 드
라빔과 우상과 모든 혐오스러운 것
들을, 눈에 보이는 대로 다 없애 버
렸다.
25 이와 같이 마음을 다 기울이고 생명
을 다하고 힘을 다 기울여 모세의
율법을 지키며 주님께로 돌이킨 왕
은, 이전에도 없었고 그 뒤로도 다시
나타나지 않았다.
26 ○그러나 주님께서는 유다에게 쏟으
시려던 그 불타는 진노를 거두어들
이시지는 않으셨다. 므낫세가 주님
을 너무나도 격노하시게 하였기 때
문이다.
27 그래서 주님께서는 이렇게 말씀하셨
다. "이스라엘을 내가 외면하였듯이,
유다도 내가 외면할 것이요, 내가 선
택한 도성 예루살렘과 나의 이름을
두겠다고 말한 그 성전조차도, 내가
버리겠다."

요시야 통치의 끝 (대하 35:20-36:1)

28 ○요시야의 나머지 행적과 그가 한
모든 일은 '유다 왕 역대지략'에 기록
되어 있다.
29 그가 다스리고 있던 때에, 이집트의
바로 느고 왕이 앗시리아 왕을 도우
려고 유프라테스 강 쪽으로 올라갔
다. 요시야 왕이 그를 맞아 싸우려
고 므깃도로 올라갔으나, 바로 느고
에게 죽고 말았다.
30 요시야의 신하들은 죽은 왕을 병거
에 실어 므깃도에서 예루살렘으로
옮겨 와서, 그의 무덤에 안장하였다.
그 땅의 백성이 요시야의 아들 여호
아하스를 데려다가, 그에게 기름을
붓고, 아버지의 뒤를 잇게 하였다.

있는 제사장들을 단호하게 처단하였다. 그 이유는 그들이 모두 레위 지파에 속하지 않은 자들이었고, 금송아지 우상을 섬겼기 때문이었다.

23:21-23 요시야는 율법에 정해진 대로 유월절을 성대히 지켰다. 유월절은 이집트의 노예 상태로부터 해방됨을 기념하는 날이었다. 요시야는 유월절을 준수함으로써 유다가 불순종에서 벗어날 새로운 계기를 삼고자 했던 것이다.

23:24-27 요시야 왕이 종교 개혁을 실시했음에도 불구하고 하나님의 진노가 유다 위에 여전히 남아 있었다. 그 이유는 왕의 개혁에도 아랑곳하지 않고 백성들은 여전히 죄악 가운데 머물러 있었기 때문이다. 이와 같은 백성들의 상태가 예레미야서와 스바냐서에 잘 나타나 있다.

23:29 앗시리아 왕을 도우려고 그 당시 신흥 바빌로니아는 앗시리아의 하란을 공략하였다. 이 때 이집트의 바로 느고는 신흥 바빌로니아가 강성해지는 것이 두려웠기 때문에 앗시리아를 도우려고

유다 왕 여호아하스 (대하 36:2-4)

31 ○여호아하스는 왕이 되었을 때에
스물세 살이었다. 그는 예루살렘에
서 석 달 동안 다스렸다. 그의 어머
니 하무달은 립나 출신인 예레미야
의 딸이다.
32 여호아하스는 조상의 악한 행위를
본받아, 주님께서 보시기에 악한 일
을 하였다.
33 이집트의 바로 느고 왕이 그를 하맛
땅에 있는 리블라에서 사로잡아, 예
루살렘에서 다스리지 못하게 하고,
유다가 이집트에 은 백 달란트와 금
한 달란트를 조공으로 바치게 하였
다.
34 또 바로 느고 왕은 요시야를 대신하
여 요시야의 아들 엘리야김을 왕으
로 삼고, 그의 이름을 여호야김으로
바꾸게 하였다. 여호아하스는 이집
트로 끌려가, 그 곳에서 죽었다.

유다 왕 여호야김 (대하 36:5-8)

35 ○여호야김은 바로의 요구대로 그에
게 은과 금을 주었다. 그는 바로의
명령대로 은을 주려고 백성에게 세
금을 부과하였고, 백성들은 각자의
재산 정도에 따라 배정된 액수대로,
바로 느고에게 줄 은과 금을 내놓아
야 하였다.
36 ○여호야김은 왕이 되었을 때에 스
물다섯 살이었다. 예루살렘에서 열
한 해 동안 다스렸다. 그의 어머니
스비다는 루마 출신 브다야의 딸이
다.
37 그는 조상의 악한 행위를 본받아, 주
님께서 보시기에 악한 일을 하였다.

24

1 여호야김이 다스리던 해에,
바빌로니아의 느부갓네살 왕
이 쳐들어왔다. 여호야김은 그의 신
하가 되어 세 해 동안 그를 섬겼으
나, 세 해가 지나자, 돌아서서 느부갓
네살에게 반역하였다.
2 주님께서는 바빌로니아 군대와 시리
아 군대와 모압 군대와 암몬 자손의
군대를 보내셔서, 여호야김과 싸우
게 하셨다. 이와 같이 주님께서 그들
을 보내신 것은, 자기의 종 예언자들
을 시켜서 하신 말씀대로, 유다를
쳐서 멸망시키려는 것이었다.
3 이것은, 므낫세가 지은 그 죄 때문에
그들을 주님 앞에서 내쫓으시겠다고
하신 주님의 말씀이, 유다에게서 성
취된 일이었다.
4 더욱이 죄 없는 사람을 죽여 예루살
렘을 죄 없는 사람의 피로 가득 채
운 그의 죄를, 주님께서는 결코 용서
하실 수 없으셨기 때문이다.
5 여호야김의 나머지 행적과 그가 한
모든 일은 '유다 왕 역대지략'에 기록
되어 있다.
6 여호야김이 그의 조상과 함께 누워

군대를 출정시켰다. 그러나 반앗시리아 정책을 폈던 요시야 왕은 앗시리아를 도우려는 이집트를 막기 위해 므깃도에서 전투를 벌였다.

23:31-34 요시야에게는 세 아들이 있었다. 그 중에서 둘째인 여호아하스가 먼저 왕이 되었고, 그 다음으로 맏형인 여호야김이 왕위에 올랐으며, 끝으로 시드기야가 왕이 되었다. 이들의 운명은 모두 비참했다. 본문은 3개월 만에 이집트 왕에 의해 폐위된 여호아하스의 통치에 대한 기록이다.

24장 요약 마침내 하나님의 심판이 시작되었다. 유다는 바빌로니아의 제1,2차 침공을 받아 멸망의 길에 들어서게 된다. 여호야김(엘리야김) 이후에 왕이 된 여호야긴을 포로로 잡아간 바빌로니아는 여호야긴의 삼촌 시드기야를 유다 왕으로 임명하였다.

24:8-16 여호야긴이 왕위에 올랐을 때, 유다는 몹시 불안정한 위기에 처해 있었다. 그는 위기 속

잠드니, 그의 아들 여호야긴이 그의
뒤를 이어 왕이 되었다.
7 바빌로니아 왕이 이집트의 강에서부
터 유프라테스 강까지, 이집트 왕에
게 속한 땅을 모두 점령하였으므로,
이집트 왕은 다시는 더 국경 밖으로
나오지 못하였다.

유다 왕 여호야긴 (대하 36:9-10)

8 ○여호야긴은 왕이 되었을 때에 열
여덟 살이었다. 그는 예루살렘에서
석 달 동안 다스렸다. 그의 어머니
느후스다는 예루살렘 출신인 엘라
단의 딸이다.
9 여호야긴은 조상이 하였던 것처럼,
주님께서 보시기에 악한 일을 하였
다.
10 ○그 때에 바빌로니아의 느부갓네살
왕의 군대가 예루살렘을 치러 올라
와서, 이 도성을 포위하였다.
11 이렇게 그의 군대가 포위하고 있는
동안에, 바빌로니아의 느부갓네살
왕이 이 도성에 도착하였다.
12 그리하여 유다의 여호야긴 왕은 그
의 어머니와 신하들과 지휘관들과
내시들과 함께 바빌로니아 왕을 맞
으러 나갔다. 그러나 바빌로니아 왕
은 오히려 여호야긴을 사로잡아 갔
다. 때는 바빌로니아 왕 제 팔년이었
다.
13 그리고 느부갓네살은 주님의 성전
안에 있는 보물과 왕궁 안에 있는
보물들을 모두 탈취하여 갔고, 이스
라엘의 솔로몬 왕이 만든 주님의 성
전의 금그릇들을 모두 산산조각 내
어서 깨뜨려 버렸다. 이것은 주님께
서 미리 말씀하신 대로 된 일이다.
14 더욱이 그는 예루살렘의 모든 주민
과, 관리와 용사 만 명 뿐만 아니라,
모든 기술자와 대장장이를 사로잡아
갔다. 그래서 그 땅에는 아주 가난한
사람들 말고는 하나도 남지 않았다.
15 ○느부갓네살은 여호야긴 왕을 바빌
론으로 사로잡아 갔다. 그의 어머니
와 왕비들과 내시들과 그 땅의 고관
들을 모두 예루살렘에서 바빌론으
로 사로잡아 갔다.
16 또 칠천 명의 용사와 천 명의 기술자
와 대장장이를 바빌론으로 사로잡
아 갔는데, 이들은 모두 뛰어난 용사
요, 훈련된 전사들이었다.
17 바빌로니아 왕이 여호야긴의 삼촌
맛다니야를 여호야긴 대신에 왕으로
세우고, 그의 이름을 시드기야로 고
치게 하였다.

유다 왕 시드기야

(대하 36:11-12; 렘 52:1-3상)

18 ○시드기야가 왕이 되었을 때에, 그
는 스물한 살이었다. 그는 예루살렘
에서 열한 해 동안 다스렸다. 그의
어머니 하무달은 립나 출신으로 예

에서 주님을 의뢰하기보다는 오히려 우상 숭배의 죄악을 그대로 답습하였다. 결국 3개월 후에 유다는 바빌로니아의 제2차 침공을 당했으며, 왕을 비롯하여 왕족들·정치가·군인·기술자들이 바빌론에 포로로 잡혀 가게 되었다(B.C. 597년). 또한 성전의 금은(金銀) 그릇 일부를 약탈당했다.

24:14 관리 예루살렘 상류층을 말한다(렘 25:18).

24:17-20 여호야긴을 사로잡아 간 바빌로니아 왕은 여호야긴의 삼촌 시드기야를 왕으로 세웠다. 그러나 엄격한 의미에서 그는 왕이 아니라 섭정자였으므로 유다 최후의 왕은 여호야긴으로 보는 것이 옳다(25:27;겔 1:2). 시드기야 역시 이러한 위기 속에서 혼합주의적인 우상 숭배의 길을 답습하였다(19절). 그는 예레미야의 충고를 무시한 채(렘 34:1-5;38:14-23), 바빌로니아를 배반하고 친이집트 정책을 택하였다. 결국 이 정책은 바빌로니아 군대를 예루살렘으로 불러들이는 결과를 낳았다.

레미야의 딸이다.
19 그는 여호야김이 하였던 것과 똑같
이, 주님께서 보시기에 악한 일을 하
였다.
20 예루살렘과 유다가 주님을 그토록
진노하시게 하였기 때문에, 주님께
서는 마침내 그들을 주님 앞에서 쫓
아내셨다.

예루살렘의 멸망

(대하 36:13-21; 렘 52:3하-11)

○시드기야가 바빌로니아 왕에게 반
기를 들었으므로,

25 1 시드기야 왕 제 구년 열째
달 십일에 바빌로니아 느부갓
네살 왕이 그의 모든 군대를 거느리
고 예루살렘을 치러 올라와서 도성
을 포위하고, 도성 안을 공격하려고
성벽 바깥 사방에 흙 언덕을 쌓았
다.
2 그리하여 이 도성은 시드기야 왕 제
십일년까지 포위되어 있었다.
3 (그 해 넷째 달) 구일이 되었을 때에,
도성 안에 기근이 심해져서, 그 땅
백성의 먹을 양식이 다 떨어지고 말
았다.
4 ○드디어 성벽이 뚫리니, 이것을 본
왕은, ㉠바빌로니아 군대가 도성을 포
위하고 있는데도, 밤을 틈타서 모든
군사를 거느리고 왕의 정원 근처, 두
성벽을 잇는 통로를 빠져 나와 ㉡아
라바 쪽으로 도망하였다.
5 그러나 ㉠바빌로니아 군대가 시드기
야 왕을 추격하여, 여리고 평원에서
그를 사로잡으니, 시드기야의 군사
들은 모두 그를 버리고 흩어졌다.
6 바빌로니아 군대가 시드기야 왕을
체포해서, 리블라에 있는 바빌로니
아 왕에게로 끌고 가니, 그가 시드기
야를 심문하고,
7 시드기야가 보는 앞에서 그의 아들
들을 처형하고, 시드기야의 두 눈을
뺀 다음에, 쇠사슬로 묶어서 바빌론
으로 끌고 갔다.

성전 붕괴 (렘 52:12-33)

8 ○바빌로니아의 느부갓네살 왕 제
십구년 다섯째 달 칠일에, 바빌로니
아 왕의 부하인 느부사라단 근위대
장이 예루살렘으로 왔다.
9 그는 주님의 성전과 왕궁과 예루살
렘의 모든 건물 곧 큰 건물은 모두
불태워 버렸다.
10 근위대장이 지휘하는 ㉠바빌로니아
의 모든 군대가 예루살렘의 사면 성
벽을 헐어 버렸다.
11 느부사라단 근위대장은 도성 안에
남아 있는 나머지 사람들과 바빌로
니아 왕에게 투항한 사람들과 나머
지 수많은 백성을, 모두 포로로 잡
아갔다.
12 그러나 근위대장은, 그 땅에서 가장

25장 요약 바빌로니아의 제3차 침략으로 유다가 멸망한 것은 불순종에 대한 하나님의 심판이다. 본문은 여호야긴이 바빌로니아의 새 왕이 왕위에 오른 후 특별 사면된 기사로 끝난다. 이는 하나님이 다윗과의 언약을 잊지 않고 계시므로 포로 된 자들이 훗날 반드시 구원받을 날이 도래할 것임을 암시한다.

㉠ 또는 '갈대아' ㉡ 또는 '요단 계곡'

25:1-21 유다의 멸망에 관한 기록이다. 유다는 B.C. 586년 바빌로니아에 의해 멸망했다. 이 때는 북 이스라엘이 멸망한 지 약 130년 후이다.
25:1-7 바빌로니아 군대는 18개월 동안 예루살렘을 포위한 후에, 성벽을 뚫고 공격하여 함락시켰다(B.C. 586년). 에돔 쪽으로 도망하던 시드기야는 사로잡혀 두 눈을 뽑힌 채 바빌론으로 끌려가 옥사하고 말았다. 성전이 있던 예루살렘의 함락은 유다 사람들에게 충격적인 일이었다. 그 당

가난한 백성 가운데 일부를 남겨 두
어서, 포도원을 가꾸고 농사를 짓게
하였다.
13 ○[ㄱ]바빌로니아 군대는 주님의 성전
에 있는 놋쇠 기둥과 받침대, 또 주
님의 성전에 있는 놋바다를 부수어
서, 놋쇠를 바빌론으로 가져 갔다.
14 또 솥과 부삽과 부집게와 향접시와
제사를 드릴 때에 쓰는 놋쇠 기구를
모두 가져 갔다.
15 근위대장은 또 화로와 잔도 가져 갔
다. 금으로 만든 것은 금이라고 하여
가져 갔고, 은으로 만든 것은 은이라
고 하여 가져 갔다.
16 솔로몬이 주님의 성전에 만들어 놓
은, 놋쇠로 만든 두 기둥과, 놋바다
하나와 놋받침대를 모두 가져 갔다.
그가 가져 간 이 모든 기구의 놋쇠
는, 그 무게를 달아 볼 수도 없을 정
도로 많았다.
17 기둥 한 개의 높이는 열여덟 자이고,
그 위에는 놋쇠로 된 기둥 머리가 있
고, 그 기둥 머리의 높이는 석 자이
다. 그리고 놋쇠로 된 기둥 머리 위
에는 그물과 석류 모양의 장식이 얹
혀 있는데, 다 놋이었다. 다른 기둥
도 똑같이 그물로 장식되어 있었다.

유다 백성이 바빌로니아로 잡혀가다
(렘 52:24-27)

18 ○근위대장은 스라야 대제사장과 스
바냐 부제사장과 성전 문지기 세 사
람을 체포하였다.
19 이 밖에도 그가 도성 안에서 체포한
사람은, 군대를 통솔하는 내시 한
사람과, 도성 안에 그대로 남은 왕의
시종 다섯 사람과, 그 땅의 백성을
군인으로 징집하는 권한을 가진 군
대 참모장과, 도성 안에 남은 그 땅
의 백성 예순 명이다.
20 느부사라단 근위대장은 그들을 체
포하여, 리블라에 머물고 있는 바빌
로니아 왕에게 데리고 갔다.
21 바빌로니아 왕은 하맛 땅 리블라에
서 그들을 처형하였다. ○이렇게 유
다 백성은 포로가 되어서 그들의 땅
에서 쫓겨났다.

유다 총독 그달리야 (렘 40:7-9; 41:1-3)

22 ○바빌로니아의 느부갓네살 왕은, 자
기가 유다 땅에 조금 남겨 놓은 백
성을 다스릴 총독으로, 사반의 손자
요 아히감의 아들인 그달리야를 임
명하였다.
23 군대의 모든 지휘관과 부하들은, 바
빌로니아 왕이 그달리야를 총독으
로 임명하였다는 소식을 들었다. 그
리하여 느다니야의 아들 이스마엘,
가레아의 아들 요하난, 느도바 사람
단후멧의 아들 스라야, 마아가 사람
의 아들 야아사냐와 그의 부하들이
모두 미스바에 있는 그달리야 총독

시 거짓 예언자들은 예루살렘 도성이 결코 무너지지 않을 것이라고 예언했었다(렘 7:4).

25:8-12 예루살렘 도성이 폐허화되는 구체적인 *모습이다. 바빌로니아의 '제3차 포로들'*이 이 때 끌려갔다(B.C. 586년).

25:10 예루살렘의 사면 성벽을 헐어 버렸다 후에 무너진 성벽을 다시 쌓기 위해 느헤미야가 페르시아로부터 귀향했다. 그는 52일 만에 이 무너진 성벽들을 모두 재건하였다(느 2:5;6:15).

25:13-17 바빌로니아가 성전의 나머지 기물들을 약탈해 가는 모습이다. 이미 두 차례에 걸친 성전 약탈(B.C. 605년과 B.C. 597년)이 있었기 때문에 놋제품밖에 남아 있지 않았다. 이와 같은 성전 약탈 사건은 이사야와 예레미야에 의해 이미 예언되었다(사 39:6;렘 15:13).

25:18-21 바빌로니아 근위대장 느부사라단은 예루살렘 도성 안에 남아 있던 반바빌로니아파 인

ㄱ) 또는 '갈대아'

에게로 모여들었다.
24 그 때에 그달리야는 그들과 그 부하
들에게 맹세를 하면서, 이렇게 당부
하였다. "㉠바빌로니아 관리들을 두
려워하지 마시오. 이 땅에 살면서 ㉠바
빌로니아 왕을 섬기시오. 그렇게 하
는 것이 여러분에게 이로울 것이오."
25 ○그러나 일곱째 달이 되었을 때에,
엘리사마의 손자이며 느다니야의
아들로서 왕족인 이스마엘이 부하
열 사람을 데리고 와서, 그달리야를
쳐죽이고, 또 그와 함께 미스바에
있는 유다 사람과 ㉠바빌로니아 사
람들을 죽였다.
26 그런 다음에 ㉠바빌로니아 사람들을
두려워한 나머지, ㉡높은 사람 낮은
사람 할 것 없이, 모든 백성과 군대
지휘관이 다 일어나 이집트로 내려
갔다.

여호야긴이 석방되다 (렘 52:31-34)

27 ○유다의 여호야긴 왕이 포로로 잡
혀간 지 서른일곱 해가 되는 해 곧
바빌로니아의 ㉢에윌므로닥 왕이 왕
위에 오른 그 해 ㉣열두째 달 이십칠
일에, 에윌므로닥 왕은 유다의 왕 여
호야긴 왕에게 특사를 베풀어, 그를
옥에서 석방하였다.
28 그는 여호야긴에게 친절하게 대접하
여 주면서, 그와 함께 있는 바빌로니
아의 다른 왕들의 자리보다 더 높은
자리를 여호야긴에게 주었다.
29 그래서 여호야긴은 죄수복을 벗고,
남은 생애 동안 늘 왕과 한 상에서
먹었다.
30 왕은 그에게 평생 동안 계속해서 매
일 일정하게 생계비를 대주었다.

물들을 리블라로 끌고 가 처형했다. 하맛 땅 리블라에는 바빌로니아 군의 주둔 사령부가 있었다.
25:22-26 바빌로니아 왕은 유다에 남은 사람들을 다스리기 위해 그달리야를 총독으로 임명했다. 그달리야는 미스바에 본부를 정하고, 흩어졌던 유다 사람들을 다시 모았다. 그들은 대부분 반바빌로니아주의자들이었다. 그달리야는 그들에게 바빌로니아에 충성하자고 권면하였다. 그러자 그들의 두목인 이스마엘은 그달리야의 초대를 받고 식사를 나누던 도중, 그달리야를 죽이고 그를 따르던 사람들까지 죽였다(렘 41:1-7). 후에 이스마엘은 요하난에게 죽임을 당했으며, 요하난과 유다 백성들은 바빌로니아의 보복이 두려워서 이집트로 건너갔다. 이 때 예레미야 예언자는 유다 백성들이 이집트로 건너가는 것을 극구 만류했다(렘 42:10-22).

㉠ 또는 '갈대아' ㉡ 또는 '젊은이 노인 할 것 없이' ㉢ '아멜 마르둑'이라고도 함 ㉣ 아달월, 양력 이월 중순 이후

역대지상

저자 미상('에스라'가 기록했을 가능성이 있음)

저작 연대 B.C. 450-400년경으로 추정(이 책은 전해 내려오던 자료들을 모아서 편집한 것이다)

기록 장소와 대상 기록 장소는 어디인지 모른다(예루살렘에서 기록했을 가능성이 있다). 바빌론 포로 생활에서 돌아온 유다의 남은 자들을 위해서 기록했다.

신학과 역사관 저자의 독특한 관점과 기록 목적에 따라 이스라엘을 중심으로 온 인류 역사를 재구성한 역사서가 역대지이다. 저자는 역대지를 기록함으로써 일차적 독자인 당대의 하나님 백성에게 소망을 주고, 그들의 삶을 역사가 제시하는 근본 방향과 목적을 향하여 돌이키게 할 뿐 아니라 그 역사의 의미에 따라 신실하게 살 것을 권면하고자 하였다.

핵심어 및 내용 역대지상의 핵심어는 '왕가의 족보'와 '헌신'이다. 역대지상은 예수 그리스도의 절대 왕권에 이르게 되는 다윗 왕가의 족보를 특별히 자세하게 설명하고 있다.

내용 분해

1. 창조로부터 회복기까지의 족보(1:1-9:44)
2. 다윗의 통치(10:1-29:30)

아담에서 아브라함까지
(창 5:1-32; 10:1-32; 11:10-26)

1 아담, 셋, 에노스,
2 게난, 마할랄렐, 야렛,
3 에녹, 므두셀라, 라멕, 노아.
4 ㉠노아의 아들들은 셈과 함과 야벳
이다.
5 ○야벳의 자손은 고멜과 마곡과 마
대와 야완과 두발과 메섹과 디라스
이고,
6 고멜의 자손은 아스그나스와 ㉡디밧
과 도갈마이고,
7 야완의 자손은 엘리사와 ㉢스페인과
㉣키프로스와 ㉤로도스이다.
8 ○함의 자손은 구스와 이집트와 리
비아와 가나안이고,
9 구스의 자손은 쓰바와 하윌라와 삽
다와 라아마와 삽드가이고, 라아마
의 자손은 스바와 드단이다.
10 구스가 또 니므롯을 낳았는데, 그는
이 세상의 첫 장사가 되었다.
11 이집트에게서 루드 족과 아남 족과
르합 족과 납두 족과
12 바드룻 족과 가슬루 족과 크레테 족
이 나왔다. (가슬루 족에서 블레셋
족이 나왔다.)
13 가나안은 맏아들 시돈을 낳고, 그
아래로 헷을 낳았다.
14 가나안에게서 여부스 족과 아모리
족과 기르가스 족과
15 히위 족과 알가 족과 신 족과
16 아르왓 족과 스말 족과 하맛 족이
나왔다.
17 ○셈의 자손은 엘람과 앗수르와 아
르박삿과 룻과 아람이다. ㉥아람의
자손은 우스와 훌과 게델과 메섹이
다.
18 아르박삿은 셀라를 낳고, 셀라는 에
벨을 낳았다.
19 에벨은 두 아들을 낳았는데, 그 때
에 세계 인종이 나뉘었다고 해서, 한
아들의 이름을 ㉦벨렉이라고 하였다.
그 아우의 이름은 욕단이다.
20 욕단은 알모닷과 셀렙과 하살마웻
과 예라와
21 하도람과 우살과 디글라와
22 에발과 아비마엘과 스바와
23 오빌과 하윌라와 요밥을 낳았다. 이

㉠ 칠십인역을 따름 ㉡ 많은 히브리어 사본과 불가타에는 '리밧' ㉢ 히, '다시스' ㉣ 히, '깃딤' ㉤ 히, '도다님' ㉥ 한 히브리어 사본과 몇몇 칠십인역 사본을 따름(창 10:23에서도) ㉦ '나뉨'

들은 모두 욕단의 자손이다.
24 ○셈, 아르박삿, 셀라,
25 에벨, 벨렉, 르우,
26 스룩, 나홀, 데라,
27 아브람 곧 아브라함.

이스마엘의 자손 (창 25:12-16)

28 ○아브라함의 아들은 이삭과 이스마
엘이다.
29 이들의 족보는 다음과 같다. 이스마
엘의 맏아들은 느바욧이고, 그 아래
로 게달과 앗브엘과 밉삼과
30 미스마와 두마와 맛사와 하닷과 데
마와
31 여두르와 나비스와 게드마가 태어났
다. 이들이 이스마엘의 아들들이다.
32 ○아브라함의 첩 그두라가 낳은 아
들은 시므란과 욕산과 므단과 미디
안과 이스박과 수아이다. 욕산의 아
들은 스바와 드단이다.
33 미디안의 아들은 에바와 에벨과 하
녹과 아비다와 엘다아이다. 이들은
모두 그두라의 자손이다.

에서의 자손 (창 36:1-19)

34 ○아브라함이 이삭을 낳았다. 이삭
의 아들은 에서와 이스라엘이다.
35 에서의 아들은 엘리바스와 르우엘
과 여우스와 얄람과 고라이다.
36 엘리바스의 아들은 데만과 오말과
스비와 가담과 그나스와 딤나와 아
말렉이다.
37 르우엘의 아들은 나핫과 세라와 삼
마와 밋사이다.

에돔의 원주민 (창 36:20-30)

38 ○세일의 아들은 로단과 소발과 시
브온과 아나와 디손과 에셀과 디산
이다.
39 로단의 아들은 호리와 호맘이며, 로
단의 누이는 딤나이다.
40 소발의 아들은 알랸과 마나핫과 에
발과 스비와 오남이다. 시브온의 아
들은 아야와 아나이다.
41 아나의 아들은 디손이고, 디손의 아
들은 하므란과 에스반과 이드란과
그란이다.
42 에셀의 아들은 빌한과 사아완과 야
아간이다. 디산의 아들은 우스와 아
란이다.

에돔의 왕들 (창 36:31-43)

43 ○이스라엘 자손을 다스리는 왕이
있기 전에 에돔 땅을 다스린 왕은
다음과 같다. 브올의 아들 벨라가 딘
하바에 도읍을 정하고 왕이 되었다.
44 벨라가 죽으니, 보스라 사람 세라의
아들 요밥이 그의 뒤를 이어 왕이
되었고,
45 요밥이 죽으니, 데만 지방의 사람 후
삼이 그의 뒤를 이어 왕이 되었고,
46 후삼이 죽으니, 브닷의 아들 하닷이
그의 뒤를 이어 왕이 되었는데, 그는
모압 평지에서 미디안을 쳐서 무찌

1장 요약 아담으로부터 이스라엘(야곱)에 이르는 족보와(1–34절), 에서로부터 나온 에돔 족속의 족보(35–42절)와 에돔의 왕과 족장들(43–54절)이 소개된다.

1:1–9:44 역대지 저자는 하나님의 구원의 물줄기인 족보를 포로 생활에서 해방되어 돌아온 이스라엘의 공동체에 연결시킴으로써, 태초부터 있었던 하나님의 계획(구원)이 지금도 이스라엘 역사 속에 진행되고 있다는 사실을 인식시키려 한다.

1:27–54 이스마엘의 족보가 소개(29–31절)되고, 아브라함의 첩의 자손이 소개(32–33절)되는 것은 아브라함으로부터 정통 족보인 이삭의 자손(34절)을 강조하기 위함이다. 또한 에서의 자손들이 소개되는 것(35–42절)도 같은 맥락에서 이해할 수 있다. 오직 아브라함과 이삭 그리고 이스라엘(야곱_창 35:10)의 자손만이 하나님의 택하신 족속이었다.

른 사람이다. 그는 도읍을 아윗으로
옮겼다.
47 하닷이 죽으니, 마스레가 사람 삼라
가 그의 뒤를 이어 왕이 되었고,
48 삼라가 죽으니 유프라테스 강 가에
살던 르호봇 사람 사울이 그의 뒤를
이어 왕이 되었고,
49 사울이 죽으니, 악볼의 아들 바알하
난이 그의 뒤를 이어 왕이 되었고,
50 바알하난이 죽으니, 하닷이 그의 뒤
를 이어 왕이 되었는데, 그는 도읍을
바이로 옮겼다. 그의 아내의 이름은
므헤다벨인데, 그는 마드렛의 딸이
요, 메사합의 손녀이다.
51 하닷이 죽었다. ○에돔의 족장은, 딤
나 족장과 알랴 족장과 여뎃 족장과
52 오홀리바마 족장과 엘라 족장과 비
논 족장과
53 그나스 족장과 데만 족장과 밉살 족
장과
54 막디엘 족장과 이람 족장이다. 이들
이 에돔의 족장이다.

2

1 이스라엘의 아들은 르우벤과 시
므온과 레위와 유다와 잇사갈과
스불론과
2 단과 요셉과 베냐민과 납달리와 갓
과 아셀이다.

유다의 자손

3 ○유다의 아들은 에르와 오난과 셀
라이며, 이 셋은 가나안 사람 수아
의 딸과 유다 사이에서 태어난 아들
이다. 유다의 맏아들 에르는 주님께
서 보시기에 악하였으므로, 주님께
서 그를 죽이셨다.
4 유다의 며느리 다말과 유다 사이에
서는 베레스와 세라가 태어났다. 유
다의 아들은 모두 다섯이다.
5 ○베레스의 아들은 헤스론과 하물
이다.
6 세라의 아들은 시므리와 에단과 헤
만과 갈골과 다라로서, 모두 다섯이
다.
7 가르미의 아들은 ㉠아갈인데, 그는
하나님께 ㉡전멸시켜 바쳐야 하는 물
건 때문에 범죄하여 이스라엘을 고
통에 빠뜨린 자다.
8 ○에단의 아들은 아사랴이다.

다윗의 가계

9 ○헤스론에게서 태어난 아들은 여라
므엘과 람과 글루배이다.
10 ○람은 암미나답을 낳고, 암미나답
은 유다 자손의 지도자 나손을 낳
고,
11 나손은 살몬을 낳고, 살몬은 보아스
를 낳고,
12 보아스는 오벳을 낳고, 오벳은 이새
를 낳았다.
13 ○이새는 그의 맏아들 엘리압과 둘
째 아비나답과 셋째 시므아와
14 넷째 느다넬과 다섯째 랏대와

2장 요약 본장은 야곱부터 다윗까지 이르는 족보를 보여 준다. 1-2절에서는 야곱의 열두 아들의 이름이, 곧이어 야곱의 아들 유다로부터 다윗에게로 이어지는 족보가 나열된다(3-17절). 18절 이하는 다윗 이외의 유다 자손에 관한 언급이다.

2:1-2 야곱의 열두 아들이 기록되었다. 저자는 야곱을 '이스라엘'이라고 칭하고 있는데, 이는 하나님께서 야곱에게 복을 약속하시면서 주신 이름으로, 하나님의 약속과 관련하여 부르고 있다. 따라서 이제 기술해 나갈 역사는 하나님의 약속이 구체적으로 실현되어 가는 과정으로서의 역사, 곧 '이스라엘'의 역사일 것임을 암시한다.

2:3-15 유다 지파의 족보를 통하여 다윗이 등장

㉠ '고통'. 여호수아기에서는 '아간' ㉡ 완전히 파멸시켜 주님께 바쳐야 하는 물건이나 생명. 가지면 안되는 것. 손을 대었다가는 멸망을 받게끔 저주받은 것. 동사는 '전멸시키다' 또는 '전멸시켜 바치다'

15 여섯째 오셈과 일곱째 다윗을 낳았
다.
16 이들의 누이는 스루야와 아비가일이
다. ○스루야의 아들은 아비새와 요
압과 아사헬, 이렇게 셋이다.
17 아비가일은 아마사를 낳았는데, 아
마사의 아버지는 이스마엘 사람 예
델이다.

헤스론의 자손

18 ○헤스론의 아들 갈렙은 그의 아내
아수바와 여리옷에게서 아들을 낳
았다. 아수바가 낳은 아들은 예셀과
소밥과 아르돈이다.
19 아수바가 죽자, 갈렙은 또 에브랏과
결혼하였고, 에브랏과 갈렙 사이에
서는 훌이 태어났다.
20 훌은 우리를 낳고, 우리는 브살렐을
낳았다.
21 ○그 뒤에 헤스론은 예순 살에 길르
앗의 아버지 마길의 딸에게로 가서,
그와 결혼하였다. 그들 사이에서 스
굽이 태어났다.
22 스굽은 야일을 낳았다. 야일은 길르
앗 지방의 성읍 스물세 개를 차지하
였다.
23 그러나 그술과 아람이, 그낫과 그 주
변의 성읍 예순 개와 야일의 마을을,
그들에게서 빼앗았다. 이들은 모두
길르앗의 아버지 마길의 자손이다.
24 헤스론이 갈렙 에브라다에서 죽은
뒤에, 그의 아내 아비야는 그의 아
들, 드고아의 ㉠아버지 아스훌을 낳
았다.

여라므엘의 자손

25 ○헤스론의 맏아들 여라므엘의 아
들은 맏아들 람과, 그 아래로 브나
와 오렌과 오셈과 아히야이다.
26 여라므엘에게 또 다른 아내가 있는
데, 그의 이름은 아다라이며, 오남의
어머니이다.
27 여라므엘의 맏아들 람의 아들은 마
아스와 야민과 에겔이다.
28 오남의 아들은 삼매와 야다이며, 삼
매의 아들은 나답과 아비술이다.
29 ○아비술의 아내의 이름은 아비하일
이며, 아비술과의 사이에서 아반과
몰릿을 낳았다.
30 나답의 아들은 셀렛과 압바임이며,
셀렛은 아들을 낳지 못하고 죽었다.
31 압바임의 아들은 이시이고, 이시의
아들은 세산이고, 세산의 아들은 알
래이다.
32 ○삼매의 아우 야다의 아들은 예델
과 요나단이며, 예델은 아들을 낳지
못하고 죽었다.
33 요나단의 아들은 벨렛과 사사이다.
이들이 여라므엘의 자손이다.
34 ○세산은 아들이 없고 딸뿐이다. 세
산에게는 이집트 사람인 종이 있었
는데, 그의 이름은 야르하이다.

한다. 다윗 왕의 언급은 하나님께서 백성을 다스리게 하기 위하여 택정하신 왕족이 유다 지파임을 시사한다. 특히 이스라엘의 열두 아들을 기록(1–2절)한 데 이어 바로 유다 지파를 언급한 것은, 이스라엘 역사의 초점과 방향을 제시하려는 것이다. 즉 이 족보를 기록할 때 저자가 가졌던 관점은, '누가 진정한 이스라엘의 왕이냐'라는 메시아적 관점으로 요약된다. 메시아가 유다 지파에서 나오리라는 것은 성경에 여러 차례에 걸쳐 언급된 사실이다(창 49:8–10;히 7:14;계 5:5). 이런 하나님의 계획 때문에 하나님께서는 유다 지파에 대해 특별한 간섭을 하셨다(3절). 유다의 아들을 죽이신 이유는 하나님의 뜻을 가장 적극적으로 방해하였기 때문이다. 결국 하나님께서는 며느리 다말을 통해서라도 유다 지파를 존속시키셨다.

2:18–55 다윗의 9대 조상인 헤스론의 아들 갈렙(18–20,42–55절)과 스굽(21–24절), 그리고 맏아

㉠ 또는 '성읍 지도자' 또는 '군지휘관'을 뜻하기도 함

35 세산이 그의 종 야르하에게 자기 딸
을 결혼시켰고, 그들 사이에서 앗대
가 태어났다.
36 앗대는 나단을 낳고, 나단은 사밧을
낳았다.
37 사밧은 에블랄을 낳고, 에블랄은 오
벳을 낳았다.
38 오벳은 예후를 낳고, 예후는 아사랴
를 낳았다.
39 아사랴는 헬레스를 낳고, 헬레스는
엘르아사를 낳았다.
40 엘르아사는 시스매를 낳고, 시스매
는 살룸을 낳았다.
41 살룸은 여가먀를 낳고, 여가먀는 엘
리사마를 낳았다.

갈렙의 다른 자손

42 ○여라므엘의 아우 갈렙의 맏아들
은 메사이며, 그는 십의 ㉠아버지이
고, 그의 아들은 마레사이며, 헤브
론의 아버지이다.
43 헤브론의 아들은 고라와 답부아와
레겜과 세마이다.
44 세마는 요르그암의 아버지 라함을
낳고, 레겜은 삼매를 낳았다.
45 삼매의 아들은 마온이며, 마온은 벳
술의 ㉠아버지이다.
46 ○갈렙의 첩 에바는 하란과 모사와
가세스를 낳고, 하란도 가세스라는
아들을 낳았다.
47 (야대의 아들은 레겜과 요담과 게산
과 벨렛과 에바와 사압이다.)
48 ○갈렙의 첩 마아가는 세벨과 디르
하나를 낳고,
49 또 맛만나의 ㉠아버지 사압을 낳고,
또 막베나와 기브아의 ㉠아버지 스
와를 낳았다. 갈렙에게는 악사라는
딸도 있었다.
50 ○갈렙의 자손은, 곧 에브라다의 맏
아들 훌의 아들인 기랴여아림의 ㉠아
버지 소발과,
51 베들레헴의 ㉠아버지 살마와, 벳가델
의 ㉠아버지 하렙이다.
52 ○기랴여아림의 ㉠아버지 소발의 자
손은 하로에와 므누훗 족의 절반이
니,
53 기랴여아림 족은 이델 족과 붓 족과
수맛 족과 미스라 족이다. (이들에게
서 소라 족과 에스다올 족이 나왔
다.)
54 ○살마의 자손은 베들레헴과 느도
바 족과 아다롯벳요압과 마하낫 족
의 절반과 소라 족이다.
55 ○(야베스에 사는 서기관 족은 디랏
족과 시므앗 족과 수갓 족이며, 이들
이 레갑 가문의 조상 함맛에게서 나
온 겐 족이다.)

다윗 왕의 자녀

3 다윗이 헤브론에서 낳은 아들은
다음과 같다. 이스르엘 여인 아히
노암에게서 낳은 맏아들 암논과, 갈

들 여라므엘(25–41절)의 가계를 열거하고 있다. 이는 또 한 아들 람의 가계(2:10–17;3장) 곧 다윗에게 이르는 족보와 대조를 이루고 있다. 역대지 저자의 관심은 람(10–17절), 갈렙(18–20절), 여라므엘(25–33절)로 진행되다가 다시 여라므엘(34–41절), 갈렙(42–55절), 그리고 람(3장)으로 초점을 맞추었다. 역대지는 유다 족보를 다윗 왕가의 가계를 중심으로 체계 있게 서술하고 있다.

㉠ 또는 '성읍 지도자' 또는 '군지휘관'을 뜻하기도 함

3장 요약 1절에서 3절까지는 다윗이 헤브론에서 낳은 아들들의 명단이고, 5절에서 9절까지는 예루살렘에서 낳은 아들들의 명단이다. 그리고 10절 이하는 포로기 이전까지와(10–16절) 포로기 이후의(17–24절) 솔로몬의 자손들에 관한 명단이다.

3:1–9 다윗 왕가의 왕족들을 기록한 것은 '누가 다윗 왕의 진정한 후계자인가'를 밝히려는 저자의

멜 여인 아비가일에게서 낳은 둘째
아들 다니엘과,
2 그술 왕 달매의 딸 마아가에게서 낳
은 셋째 아들 압살롬과, 학깃에게서
낳은 넷째 아들 아도니야와,
3 아비달에게서 낳은 다섯째 아들 스
바댜와, 다윗의 아내 에글라에게서
낳은 여섯째 아들 이드르암이다.
4 이 여섯은 다윗이 헤브론에서 낳은
아들이다. 다윗은 헤브론에서 일곱
해 여섯 달 동안 다스렸다. ○예루살
렘에서 서른세 해를 다스리는 동안
에,
5 다윗이 예루살렘에서 낳은 아들들
은 다음과 같다. ○시므아와 소밥과
나단과 솔로몬, 이 넷은 암미엘의 딸
㉠밧세바와의 사이에서 태어난 아들
이다.
6 ○또 입할과 엘리사마와 엘리벨렛과
7 노가와 네벡과 야비아와
8 엘리사마와 엘리아다와 엘리벨렛,
이렇게 아홉도
9 다윗의 아들들이다. 그 밖에 첩들이
낳은 여러 아들과 그들의 누이 다말
이 있다.

솔로몬 왕의 자손

10 ○솔로몬의 아들은 르호보암이요,
그 아들은 아비야요, 그 아들은 아
사요, 그 아들은 여호사밧이요,
11 그 아들은 ㉡여호람이요, 그 아들은
아하시야요, 그 아들은 요아스요,
12 그 아들은 아마샤요, 그 아들은 아
사랴요, 그 아들은 요담이요,
13 그 아들은 아하스요, 그 아들은 히
스기야요, 그 아들은 므낫세요,
14 그 아들은 아몬이요, 그 아들은 요
시야이다.
15 요시야의 아들은, 맏아들이 요하난
이요, 둘째가 여호야김이요, 셋째가
시드기야요, 넷째가 살룸이다.
16 여호야김의 아들은 ㉢여호야긴과 시
드기야이다.

여호야긴 왕의 자손

17 ○포로로 잡혀 간 여호야긴의 아들
은 스알디엘과
18 말기람과 브다야와 세낫살과 여가
먀와 호사마와 느다뱌이다.
19 브다야의 아들은 스룹바벨과 시므
이이다. 스룹바벨의 아들들은 므술
람과 하나냐이며, 슬로밋은 그들의
누이이다.
20 이 밖에도 스룹바벨에게는 하수바
와 오헬과 베레갸와 하사댜와 유삽
헤셋, 이렇게 다섯 아들이 더 있다.
21 ○하나냐의 아들은 블라댜와 여사
야이다. 여사야의 아들은 르바야요,
그 아들은 아르난이요, 그 아들은
오바댜요, 그 아들은 스가냐이다.
22 스가냐의 아들은 스마야이다. 스마
야의 아들은 핫두스와 이갈과 바리

의도가 숨겨져 있다. 이 질문은 '누가 진정으로 이스라엘을 하나님 왕국으로 인도할 메시아인가'라는 메시아 왕국에 대한 소망을 포함한 것이다. 역대지 저자는 다윗 왕국에서 일어난 불행한 사건들은 전혀 다루지 않았다(삼하 11-15장;17-18장; 왕상 1장). 이는 저자가 인간의 편에서가 아닌 하나님 편에서 본 다윗 왕국의 방향과 진로를 제시하고 있음을 알 수 있다.

3:15 요시야의 아들 성경의 다른 어디에도 **요하난**이 언급된 적 없다. 아마 요시야가 죽기 전에 죽었던 아들로 추정된다. 다른 세 아들 **여호야김**(왕하 23:36), **시드기야**(왕하 24:18), **살룸**(렘 22:11)은 모두 왕이 되었으므로 정상적인 왕위 계승이 아니었음을 알 수 있다. 요시야의 후대에는 다윗 왕가의 정통 계보가 중단되었음을 상징한다.

㉠ 하나의 히브리어 사본과 불가타를 따름. 대다수의 히브리어 사본에는 '밧수아' ㉡ 히, '요람'. 히브리 이름 '여호람'과 '요람'은 서로 바꾸어 쓸 수 있음 ㉢ 히, '여고냐'. 히브리 이름 '여호야긴'과 '여고냐'는 서로 바꾸어 쓸 수 있음

야와 느아랴와 사밧까지 다섯이다.
23 느아랴의 아들은 엘료에내와 히스
기야와 아스리감, 이렇게 셋이다.
24 엘료에내의 아들은 호다위야와 엘리
아십과 블라야와 악굽과 요하난과
들라야와 아나니, 이렇게 일곱이다.

유다의 자손

4 유다의 아들은 베레스와 헤스론
과 갈미와 훌과 소발이다.
2 소발의 아들 르아야는 야핫을 낳고,
야핫은 아후매와 라핫을 낳았는데,
이들이 소라 족이다.
3 ○에담의 ㉠아들은 이스르엘과 이스
마와 잇바스이며, 그들의 누이는 하
술렐보니이다.
4 그돌의 아버지 브누엘과 후사의 아
버지 에셀은, 에브라다의 맏아들 훌
의 아들인데, 훌은 베들레헴의 아버
지이다.
5 ○드고아의 아버지 아스훌에게는 헬
라와 나아라라는 두 아내가 있었다.
6 아스훌과 나아라 사이에서는 아훗
삼과 헤벨과 데므니와 하아하스다리
가 태어났다. 이들이 나아라의 아들
들이다.
7 아스훌과 헬라 사이에서는 세렛과
이소할과 에드난, 세 아들이 태어났
다.
8 ○고스는 아눕과 소베바를 낳았으
며, 하룸의 아들 아하헬 족을 낳았
다.
9 ○야베스는 그의 가족들 중에서 가
장 존경을 받았는데, 그의 어머니는
고통을 겪으면서 낳은 아들이라고
하여 그의 이름을 ㉡야베스라고 불
렀다.
10 야베스가 이스라엘 하나님께 "나에
게 복에 복을 더해 주시고, 내 영토
를 넓혀 주시고, 주님의 손으로 나
를 도우시어 불행을 막아 주시고, 고
통을 받지 않게 하여 주십시오" 하
고 간구하였더니, 하나님께서 그가
구한 것을 이루어 주셨다.

다른 족보

11 ○수하의 형제 글룹이 므힐을 낳았
는데, 그가 에스돈의 아버지이다.
12 에스돈은 베드라바와 바세아와 이르
나하스의 아버지 드힌나를 낳았는
데, 이들이 레가 사람이다.
13 ○그나스의 아들은 옷니엘과 스라야
이며, 옷니엘의 아들은 하닷과 ㉢므
오노대이다.
14 므오노대는 오브라를 낳았다. ○스
라야는 게하라심의 아버지 요압을
낳았는데, 그는 '기능공 마을'의 창시
자이다. 그 곳에 사는 사람들이 모
두 기능공이다.
15 여분네의 아들인 갈렙이 낳은 아들
은 이루와 엘라와 나암이고, 엘라의
아들은 그나스이다.

4장 요약 유다의 자손들과 시므온의 자손들에 관한 언급이다. 1절에는 유다의 직계 자손이 5대까지 소개되며, 2절에서 23절까지는 유다의 자손들이 단편적으로 소개된다. 이러한 기록은 2-3장에 나오는 족보를 보충하는 것이기도 하다. 24절 이하는 시므온 지파의 족보와 그들의 거주지 및 이동 상황에 대한 언급이다.

4:1-23 이 부분은 복잡한 듯이 보이지만, 저자는 유다 족보를 한눈에 살펴볼 수 있도록 신중하게 그 구조를 배려하고 있다. 즉 2:3에 유다의 아들 셀라를 언급하고 4:21-23에서 다시 셀라의 자손을 기록하였다. 다시 2:4-5에서 베레스를 언급하고 4:1-20에서 다시 그의 자손들을 열거한 것이다. 그리고 한가운데 부분(2:9-3:24)에 헤스론과 그의 자손들을 기록함으로써 헤스론의 족보, 즉

㉠ 칠십인역과 불가타를 따름. 히, '조상은' ㉡ '고통' ㉢ 칠십인역과 불가타를 따름

대상

16 ○여할렐렐의 아들은 십과 시바와
디리아와 아사렐이다.
17 ○에스라의 아들은 예델과 메렛과
에벨과 얄론이다. 메렛의 한 아내가
미리암과 삼매와 에스드모아의 아버
지 이스바를 낳았는데,
18 이들은 메렛과 결혼한 바로의 딸 비
디아의 아들이다. 또 유다 지파인 그
의 아내는 그돌의 아버지 예렛과 소
고의 아버지 헤벨과 사노아의 아버
지 여구디엘을 낳았다.
19 ○나함의 누이인 호디야의 아들은
가미 족인 그일라의 아버지와, 마아
가 족인 에스드모아이다.
20 ○시몬의 아들은 암논과 린나와 벤
하난과 딜론이다. ○이시의 아들은
소헷과 벤소헷이다.

셀라의 자손

21 ○유다의 아들 셀라의 자손은 레가
의 아버지 에르와, 마레사의 아버지
라아다와, 벳아스베아에서 고운 베
를 짜는 가문과,
22 모압과 야수비네헴을 다스리던 요김
과, 고세바 사람들과, 요아스와, 사랍
인데, 이 사실들은 옛 기록에 있다.
23 이들은 옹기 굽는 사람들로서, 왕을
섬기면서 느다임과 그데라에서 살았
다.

시므온의 자손

24 ○시므온의 아들은 느무엘과 야민과
야립과 세라와 사울이다.
25 사울의 아들은 살룸이고, 그 아들
은 밉삼이고, 그 아들은 미스마이
다.
26 미스마의 아들은 함무엘이고, 그 아
들은 삭굴이고, 그 아들은 시므이이
다.
27 시므이에게는 아들 열여섯과 딸 여
섯이 있었으나, 그의 형제들에게는
아들이 많지 않았으므로, 그들의 온
일족은 유다 자손만큼 퍼지지 못하
였다.
28 ○시므온 자손은 브엘세바와 몰라다
와 하살수알과
29 빌하와 에셈과 돌랏과
30 브두엘과 호르마와 시글락과
31 벳말가봇과 하살수심과 벳비리와
사아라임에 살았는데, 이 성읍들은
다윗 왕 때까지 그들에게 딸려 있었
다.
32 여기에 마을들이 딸려 있었는데, 에
담과 아인과 림몬과 도겐과 아산의
다섯 성읍과
33 ㉠바알까지 이르는 여러 성읍의 주
위에 마을들이 있었다. 이것이 그들
의 거주지로서 모두 족보에 기록되
었다.
34 ○또 메소밥과 야믈렉과 아마샤의
아들 요사와
35 요엘과 예후가 있는데, 예후는 요시

다윗 왕가를 중심으로 앞뒤가 조화와 균형을 이루도록 하였다.

4:1-2 이 족보는 직계 자손만 열거함으로써 수평적인 포괄성보다는 선형(線形)적인 족보의 방향을 제시하고 있다.

4:24-43 시므온 지파의 족보(24-27절)와 그들의 거주지(28-33절), 그리고 이동 상황이 서술되어 있다. 즉 시므온의 27대까지의 자손과 그들의 유산, 22명의 족장과 정복 사업에 관한 언급이다.

4:26 미스마의 아들 히브리어를 직역하면 '미스마의 아들들'이라는 복수 명사로 집합적인 의미가 있다. 25절에서 반복된 단수 명사 '그 아들'과는 다르게 묘사되어 있다. 이러한 두 가지의 표현 방식은 직계 자손을 말하는 아들, 손자, 증손, 고손, 현손 등을 언급할 때와 그 모두를 큰 단위의 한 가족으로 간주할 때의 차이인 듯하다.

4:28-33 시므온 지파가 거주하던 성읍들을 열거

㉠ 칠십인역에는 '바알랏'

비야의 아들이요, 스라야의 손자요,
아시엘의 증손이다.
36 그리고 엘료에내와 야아고바와 여소
하야와 아사야와 아디엘과 여시미
엘과 브나야와
37 시사가 있는데, 시사는 시비의 아들
이요, 알론의 손자요, 여다야의 증
손자요, 시므리의 현손이요, 스마야
의 오대 손이다.
38 이 명단에 오른 사람은 그 일족의
지도자들이다. ○그들의 가문은 많
이 불어나서 퍼졌으므로,
39 그들은 그들의 양을 칠 목장을 찾아
서 그돌 어귀에 있는 골짜기의 동쪽
에까지 이르렀다.
40 거기에서 기름진 좋은 목장을 발견
하였는데, 이 땅은 사방이 넓고 조용
하고 평화스러우며, 전에 함 족이 살
던 곳이었다.
41 ○이 명단에 기록된 사람들이 유다
왕 히스기야 시대에 이리로 와서, 함
족의 천막들과, 거기에 있는 므우님
족을 쳐부수어 그들을 ㉠전멸시키
고, 그들 대신 오늘까지 거기에 살고
있는데, 거기에 양을 칠 목장이 있기
때문이다.
42 시므온 자손 가운데서 오백 명이 이
시의 아들인 블라댜와 느아랴와 르
바야와 웃시엘을 두령으로 삼고 세
일 산으로 가서,
43 피하여 살아 남은 아말렉 사람을 쳐
부수고, 오늘까지 거기에서 살고 있
다.

르우벤의 자손

5 이스라엘의 맏아들 르우벤의 아
들은 다음과 같다. (르우벤은 맏
아들이지만, 그의 아버지의 잠자리
를 더럽혔으므로, 그의 맏아들의 권
리가 이스라엘의 아들인 요셉의 아
들들에게 넘어갔고, 족보에 맏아들
로 오르지 못하였다.
2 유다는 그의 형제들보다 세력이 크
고, 그에게서 영도자가 났으나, 맏아
들의 권리는 요셉에게 있었다.)
3 이스라엘의 맏아들 르우벤의 아들
은 하녹과 발루와 헤스론과 갈미이
다.
4 ○요엘의 아들은 스마야이고, 그 아
들은 곡이고, 그 아들은 시므이이
고,
5 그 아들은 미가이고, 그 아들은 르
아야이고, 그 아들은 바알이고,
6 그 아들은 브에라인데, 브에라는 앗
시리아의 디글랏빌레셀 왕에게 사로
잡혀 간 르우벤 지파의 지도자이다.
7 ○종족에 따라 족보에 오른 그의 형
제는 족장 여이엘과 스가랴와
8 벨라인데, 그는 아사스의 아들이요,
세마의 손자요, 요엘의 증손이다. 르
우벤 지파는 아로엘에서부터 느보와

하였다. 이 지역은 여호수아가 유산을 분배할 때, 유다 지파에게 할당된 영역이었다(수 19:1-9). 모두 18개 성읍이었는데, 13개 성과 5개 성 등 두 그룹으로 구분하여 기술하였다. 이 모두가 같은 순서로 그대로 여기에 기록된 것이다. 유일한 차이점은 후자의 다섯 성읍이 네 개의 성으로 기록된 점이다. 즉 '도겐' 성이 누락되었다. 이 모든 성읍이 유다 남쪽 지경에 위치하였다.

㉠ 2:7의 주를 볼 것

5장 요약 본장에서는 르우벤, 갓, 므낫세 등 세 지파의 자손들이 소개된다. 이들 지파들이 연합하여 하갈 족속 및 이스마엘 족속과의 전투에서 승리한다(18-22절). 그 승리의 원인은 그들이 싸울 때에 하나님을 의지하였기 때문이다(20절).

5:1-10 자연적 혈통상 이스라엘의 맏아들인 르우벤의 아들들에 대한 기록이다. 역대지 저자는

바알므온에까지 자리 잡아 살고,
9 동쪽으로는 유프라테스 강에서부터
사막에 이르는 지역에 걸쳐 살았는
데, 길르앗 땅에서 그들의 가축 떼가
많아졌기 때문이다.
10 ○이들은 사울 시대에 하갈 사람들
과 싸워서 그들을 항복하게 하고, 길
르앗 동쪽 모든 지역에 있는 그들의
천막에서 살았다.

갓의 자손

11 ○르우벤 자손 건너편에 있는 갓 자
손은 살르가에까지 이르는 바산 땅
에서 살았다.
12 요엘은 족장이고, 사밤은 부족장이
다. 야내와 사밧이 바산에 살았다.
13 그들 가문의 형제들은 미가엘과 므
술람과 세바와 요래와 야간과 시아
와 에벨, 이렇게 일곱이다.
14 이들은 아비하일의 자손인데, 그는
후리의 아들이요, 야로아의 손자요,
길르앗의 증손이요, 미가엘의 현손
이요, 여시새의 오대 손이요, 야도의
육대 손이요, 부스의 칠대 손이다.
15 압디엘의 아들이며 구니의 손자인
아히는 이들 가문의 족장이다.
16 이들은 길르앗과 바산과 거기에 딸
린 마을들과, 샤론의 모든 목초지
끝까지 퍼져 살았다.
17 이들은 모두 유다 왕 요담과 이스라
엘 왕 여로보암 시대에 족보에 오른
사람들이다.

동쪽 지파의 군대

18 ○르우벤 자손과 갓 사람과 므낫세
반쪽 지파 가운데서, 방패와 칼을 들
고 활을 당기며 싸움에 익숙하여 군
대에 나갈 만한 용사들은, 사만 사
천칠백육십 명이다.
19 그들이 하갈 사람과 여두르와 나비
스와 노답과 싸울 때에,
20 하나님께서 도우셔서 하갈 사람과
이들의 모든 동맹군을 그들의 손에
넘겨 주셨는데, 이것은 그들이 싸울
때에 하나님을 믿고 그에게 부르짖
었으므로, 하나님이 그들의 부르짖
음을 들어주셨기 때문이다.
21 그들은 적의 짐승 가운데서, 낙타 오
만 마리와 양 이십오만 마리와 나귀
이천 마리와 사람 십만 명을 사로잡
아 왔다.
22 이렇게 많은 적군이 죽어 넘어진 것
은, 하나님께서 이 싸움을 도우신 결
과이다. 포로로 잡혀 갈 때까지, 그
들은 거기에서 살았다.

동쪽 므낫세 지파 백성

23 ○므낫세 반쪽 지파의 자손은 바산
에서부터 바알헤르몬과 스닐과 헤르
몬 산에 이르는 지역에 살면서, 그들
의 숫자가 불어났다.
24 그들 가문의 족장은 에벨과 이시와
엘리엘과 아스리엘과 예레미야와 호

유다의 족보를 가장 먼저 기록함으로써 본질적인 맏아들은 르우벤도 요셉도 아닌 '유다'라고 암시한다(1–2절). 메시아 왕국을 유업으로 받게 될 진정한 후계자를 '맏아들'이라는 성격을 통하여 상징하고 있다.

5:11–17 갓 지파의 족보와 그들이 거주했던 땅을 기록하였다. 이 자료는 성경 다른 곳에는 없다. 다만 그의 일곱 아들만 제시할 뿐이다(창 46:16; 민 26:15–18). 역대지 저자는 이 기록이 유다 왕 요담(B.C. 750–732년)과 이스라엘 왕 여로보암 당시에 비롯되었음을 밝힌다(17절).

5:18–22 이 전쟁 기사는 이 족보가 군사적인 목적의 인구 조사에 의한 것임을 암시해 준다. 특별히 이 전쟁은 하나님께서 도우신 결과로 큰 승리를 거두었다(22절).

5:25–26 하나님을 의지함으로써 전쟁을 승리로 이끌었던 18–22절의 기록과는 대조적으로, 이곳에서는 하나님께 범죄한 내용을 언급하고 있다.

다위야와 야디엘이며, 이들은 용감
한 군인으로서 각 가문의 유명한 족
장이다.

동쪽 지파의 추방

25 ○그러나 그들은 그 조상의 하나님
을 배신하고, 하나님께서 그들 앞에
서 없애 버린 그 땅 백성의 신들을
섬겼으므로,
26 이스라엘의 하나님께서 앗시리아의
불 왕의 마음과 앗시리아의 디글랏
빌레셀 왕의 마음을 부추기셔서, 르
우벤과 갓과 므낫세 반쪽 지파를 사
로잡아, 할라와 하볼과 하라와 고산
강 가로 끌고 가게 하셨다. 그래서
그들이 오늘날까지 거기에 살고 있
다.

대제사장의 가계

6 레위의 아들은 게르손과 고핫과
므라리이다.
2 ○고핫의 아들은 아므람과 이스할과
헤브론과 웃시엘이다.
3 ○아므람의 자녀는 아론과 모세와
미리암이다. ○아론의 아들은 나답
과 아비후와 엘르아살과 이다말이
다.
4 ○엘르아살은 비느하스를 낳고, 비
느하스는 아비수아를 낳았다.
5 아비수아는 북기를 낳고, 북기는 웃
시를 낳고,
6 웃시는 스라히야를 낳고, 스라히야
는 므라욧을 낳고,
7 므라욧은 아마랴를 낳고, 아마랴는
아히둡을 낳고,
8 아히둡은 사독을 낳고, 사독은 아히
마아스를 낳고,
9 아히마아스는 아사랴를 낳고, 아사
랴는 요하난을 낳고,
10 요하난은 아사랴를 낳고, (그는 솔로
몬이 예루살렘에 지은 성전에서 제
사장으로 일하였다.)
11 아사랴는 아마랴를 낳고, 아마랴는
아히둡을 낳고,
12 아히둡은 사독을 낳고, 사독은 살룸
을 낳고,
13 살룸은 힐기야를 낳고, 힐기야는 아
사랴를 낳고,
14 아사랴는 스라야를 낳고, 스라야는
여호사닥을 낳았다.
15 주님께서 유다와 예루살렘 주민을
느부갓네살의 손을 빌려 사로잡아
가게 하실 때에, 여호사닥도 붙잡혀
갔다.

레위의 다른 자손

16 ○레위의 아들은 ㉠게르손과 고핫과
므라리이며,
17 ㉠게르손의 아들의 이름은 립니와 시
므이이다.
18 고핫의 아들은 아므람과 이스할과
헤브론과 웃시엘이고,
19 므라리의 아들은 마흘리와 무시이

6장 요약 본장은 레위 지파에 관한 기록이다. 1-15절은 레위의 아들 중 대제사장 아론의 계보를, 16-30절은 레위의 아들 중 아론의 계보 이외의 족보를 소개한다. 31-48절은 성전에서 찬양하는 자들의 계보를, 나머지는 이스라엘 전역에 분포한 레위 지파의 거주지들을 설명하고 있다.

㉠ 히, '게르솜', 게르손의 변형

6:1-81 레위 지파의 족보에 관한 기록이다. 하나님께서는 레위 지파가 성막의 모든 비품을 관리·사용하고, 제사를 집례하며, 이스라엘 백성을 위한 의무를 이행하도록 하셨다(민 3:5 이하). 특히 레위 족속은 하나님이 자기 백성에게 베푸시는 구원의 은혜를 전달하는 자들로 구별된 족속이었다. 첫 부분(1-15절)은 대제사장 아론의 족보를 바빌론 포로 시기까지 기록하였다. 둘째 부분(16-30절)은 기타 레위 족속에 대해 기록하였다. 셋째

다. 이들이 가문에 따른 레위 지파
의 일족들이다.
20 ㉠게르손에게는 아들 립니가 있는데,
그 아들은 야핫이고, 그 아들은 심
마이고,
21 그 아들은 요아이고, 그 아들은 잇
도이고, 그 아들은 세라이고, 그 아
들은 여아드래이다.
22 ○고핫의 아들은 암미나답이고, 그
아들은 고라이고, 그 아들은 앗실이
고,
23 그 아들은 엘가나이고, 그 아들은
에비아삽이고, 그 아들은 앗실이고,
24 그 아들은 다핫이고, 그 아들은 우
리엘이고, 그 아들은 웃시야이고, 그
아들은 사울이다.
25 ○엘가나의 아들은 아마새와 아히
못이다.
26 그 아들은 엘가나이고, 그 아들은
소배이고, 그 아들은 나핫이고,
27 그 아들은 엘리압이고, 그 아들은
여로함이고, 그 아들은 엘가나이고,
㉡그 아들은 사무엘이다.
28 ○사무엘의 아들은 맏아들 요엘과
둘째 아들 아비야이다.
29 ○므라리의 아들은 마흘리이고, 그
아들은 립니이고, 그 아들은 시므이
이고, 그 아들은 웃사이고,
30 그 아들은 시므아이고, 그 아들은
학기야이고, 그 아들은 아사야이다.

성전 찬양대

31 ○언약궤를 평안히 안치한 뒤에, 다
윗이 주님의 집에서 찬양할 사람들
을 임명하였는데,
32 그들은, 솔로몬이 예루살렘에 주님
의 집을 지을 때까지, 회막 곧 성막
앞에서 찬양하는 일을 맡았다. 그들
은 정하여진 순서대로 그들의 직무
를 수행하였다.
33 이 직무를 수행하는 사람과 그들의
자손은 다음과 같다. 고핫 족의 자
손 가운데서 헤만은 찬양대장인데,
그는 요엘의 아들이고, 요엘은 ㉡사
무엘의 아들이고,
34 ㉡사무엘은 엘가나의 아들이고, 엘가
나는 여로함의 아들이고, 여로함은
엘리엘의 아들이고, 엘리엘은 도아
의 아들이고,
35 도아는 숩의 아들이고, 숩은 엘가나
의 아들이고, 엘가나는 마핫의 아들
이고, 마핫은 아마새의 아들이고,
36 아마새는 엘가나의 아들이고, 엘가
나는 요엘의 아들이고, 요엘은 아사
랴의 아들이고, 아사랴는 스바냐의
아들이고,
37 스바냐는 다핫의 아들이고, 다핫은
앗실의 아들이고, 앗실은 에비아삽
의 아들이고, 에비아삽은 고라의 아
들이고,
38 고라는 이스할의 아들이고, 이스할

부분(31-48절)은 레위의 세 아들인 게르손, 고핫, 므라리 족속에게 다윗이 성전에서 찬양하는 일을 맡겼다는 내용이 있다. 넷째 부분(49-53절)은 아론에서부터 아히마아스에 이르기까지의 족보이다. 마지막 부분(54-81절)에는 제사장들과 레위 족속의 임무와 함께, 그들이 소유한 것들과 이 장의 결론이 서술되어 있다.

6:28 사무엘 사무엘기상 3장에 따르면 사무엘은 성막에 관련된 인물로서, 제사장들과 같은 직무를 수행하고 있었다(9:22;삼상 2:18;3:1). 이것은 그가 레위 족속에게 편입된 것임을 암시하고 있다.

6:31-48 레위의 세 족속이 각각 성전에서 찬양하는 일을 맡게 된 사실을 기록하였다. 찬양대의 역할을 수행한 세 족속은 고핫 족의 자손 가운데서 헤만(33절), 헤만의 형제이며 게르손의 자손인 아삽(39절), 그리고 므라리 자손 중 에단이었다(44절).

㉠ 히, '게르솜', 게르손의 변형 ㉡ 칠십인역 사본들을 따름.(삼상 1:19, 20에서도)

은 고핫의 아들이고, 고핫은 레위의
아들이고, 레위는 이스라엘의 아들
이다.
39 ○헤만의 형제 아삽은 그의 오른쪽
에 서게 되었다. 아삽은 베레갸의 아
들이고, 베레갸는 시므아의 아들이
고,
40 시므아는 미가엘의 아들이고, 미가
엘은 바아세야의 아들이고, 바아세
야는 말기야의 아들이고,
41 말기야는 에드니의 아들이고, 에드
니는 세라의 아들이고, 세라는 아다
야의 아들이고,
42 아다야는 에단의 아들이고, 에단은
심마의 아들이고, 심마는 시므이의
아들이고,
43 시므이는 야핫의 아들이고, 야핫은
㉠게르손의 아들이고, ㉠게르손은 레
위의 아들이다.
44 ○왼쪽에 서게 되어 있는 그들의 형
제 므라리 자손은 에단인데, 그는 기
시의 아들이고, 기시는 압디의 아들
이고, 압디는 말룩의 아들이고,
45 말룩은 하사뱌의 아들이고, 하사뱌
는 아마샤의 아들이고, 아마샤는 힐
기야의 아들이고,
46 힐기야는 암시의 아들이고, 암시는
바니의 아들이고, 바니는 세멜의 아
들이고,
47 세멜은 마흘리의 아들이고, 마흘리
는 무시의 아들이고, 무시는 므라리
의 아들이고, 므라리는 레위의 아들
이다.
48 ○그들의 형제 레위 사람은 하나님
의 집인 성막에서 하는 모든 일을
맡았다.

아론의 자손

49 ○아론과 그의 자손은 번제단과 분
향단 위에 제사드리는 일과 지성소
의 모든 일과 이스라엘을 위하여 속
죄하는 일을, 하나님의 종 모세가 지
시한 그대로 하였다.
50 아론의 자손은 다음과 같다. 그 아
들은 엘르아살이고, 그 아들은 비느
하스이고, 그 아들은 아비수아이고,
51 그 아들은 북기이고, 그 아들은 웃시
이고, 그 아들은 스라히야이고,
52 그 아들은 므라욧이고, 그 아들은
아마랴이고, 그 아들은 아히둡이고,
53 그 아들은 사독이고, 그 아들은 아
히마아스이다.

레위 사람의 정착지

54 ○그들이 장막을 치고 살던 지역은
다음과 같다. 아론의 자손, 곧 고핫
종족이 맨 먼저 제비를 뽑았다.
55 그들은 유다 지방의 헤브론과 그 주
변의 목초지를 나누어 받았다.
56 그러나 그 성읍에 딸린 밭과 마을들
은 여분네의 아들 갈렙에게 돌아갔
다.

아삽은 찬양대장 헤만의 오른쪽에, 에단은 그의 왼쪽에서 찬양하는 직무를 행하였다. 역대지 저자는 다윗에 의해 찬양대가 임명되고 조직되었다는 *사실을 여러 차례 언급하였다*(15:16,27;25:1-31;대하 29:25-26;느 12:45-47). 이 족보는 이스라엘의 회복기인 포로 귀환시에 다시 언급됨으로써, 레위 사람의 역할이 회복된 사실을 확정하고 있다(참조. 스 2:40-41;느 7:43-44;10:9-13,28-29;11:15-18;12:24-47).

6:48 그들의 형제 레위 사람 레위 지파의 족보를 끝맺음하는 말이다. 다윗에 의해 찬양대로 임명받은 자들을 제외한 나머지 모든 레위 사람들도 고유한 직무가 있었다. 그 직무를 한마디로 요약하여 하나님의 집인 성막에서 하는 모든 일로 표현한다. 여기서 '일'로 번역되는 히브리어는 '섬기다, 예배하다, 봉사하다'라는 뜻의 어원에서 비롯된 말이다. 따라서 찬양 이외의 허드렛일을 말하는

㉠ 히, '게르솜', 게르손의 변형

57 아론 자손은 다음과 같은 성읍을
나누어 받았다. 도피성 헤브론과 립
나와 그 목초지, 얏딜과 에스드모아
와 그 목초지,
58 힐렌과 그 목초지, 드빌과 그 목초
지,
59 아산과 그 목초지, 벧세메스와 그 목
초지를 받았다.
60 그들은 베냐민 지파의 영역에서도
얼마를 나누어 받았다. 게바와 그
목초지, 알레멧과 그 목초지, 아나돗
과 그 목초지를 받았다. 아론 자손
이 받은 성읍은 모두 열세 성읍이다.
61 고핫 자손의 남은 종족들은 므낫세
서쪽 지파의 영역에서 열 성읍을 제
비 뽑아 나누어 받았다.
62 ○㉠게르손 자손은 그 종족대로 잇
사갈 지파와 아셀 지파와 납달리 지
파와 바산에 있는 므낫세 지파의 영
역에서 열세 성읍을 받았다.
63 므라리 자손은 그 종족대로 르우벤
지파와 갓 지파와 스불론 지파의 영
역에서 제비를 뽑아 열두 성읍을 받
았다.
64 이런 식으로 이스라엘 자손이 레위
자손에게 성읍과 그 주변의 목초지
를 주었다.
65 (유다 자손의 지파와 시므온 자손의
지파와 베냐민 자손의 지파의 영역
에 있는 성읍들도 제비를 뽑아 나누
었다.)
66 ○고핫 자손의 다른 몇몇 종족은 에
브라임 지파의 영역에 있는 다음과
같은 성읍들을 그들의 거주지로 나
누어 받았다.
67 에브라임 산간지역에 있는 도피성
세겜과 그 목초지, 게셀과 그 목초
지,
68 욕므암과 그 목초지, 벧호론과 그 목
초지,
69 아얄론과 그 목초지, 가드림몬과 그
목초지를 나누어 받았다.
70 고핫 자손의 남은 종족은 므낫세 서
쪽 지파의 영역에서 아넬과 그 목초
지, 빌르암과 그 목초지를 나누어 받
았다.
71 ○㉠게르손 자손은 다음과 같은 성
읍과 주변의 목초지를 나누어 받았
다. ○므낫세 동쪽 지파 종족의 영역
에서 바산의 골란과 그 목초지, 아스
다롯과 그 목초지를 받았고,
72 잇사갈 지파의 영역에서는 게데스와
그 목초지, 다브랏과 그 목초지,
73 라못과 그 목초지, 아넴과 그 목초
지를 받았고,
74 아셀 지파의 영역에서는 마살과 그
목초지, 압돈과 그 목초지,
75 후곡과 그 목초지, 르홉과 그 목초지
를 받았고,
76 납달리 지파의 영역에서는 갈릴리의

것이 아니다. 오히려 하나님을 가장 가까이서 섬기는 거룩한 직책이었음을 의미한다.

6:49-53 4-8절까지의 족보를 반복하고 있다. 그렇지만 이 절에는 다른 관점과 기능이 있다. 즉 다윗과 솔로몬 시대에 이르기까지의 대제사장의 가계를 확정하고 정통성을 부여하고 있다. 레위 지파 중 오직 아론의 자손만이 대제사장 직무를 행할 수 있고 지성소의 일을 관장할 수 있었다.

6:54-81 레위 지파에게 할당된 유산을 기록하였다. 이 기록은 여호수아기 21장에서 언급된 내용과 거의 같다. 약간의 차이점은 사본상의 누락이나 오기(誤記)에서 비롯된 듯하다. 레위 자손들에게 준 성읍은 이스라엘 열두 지파에게서 제비를 뽑은 땅들이었다(63,65절). '제비를 뽑는다'는 것은 주는 자나 받는 자에게 선택권이 없다는 것을 상징한다. 오직 하나님께서 그들에게 주시는 은혜의 분깃임을 의미한다.

㉠ 히, '게르솜', 게르손의 변형

게데스와 그 목초지, 함몬과 그 목
초지, 기랴다임과 그 목초지를 받았
다.
77 ○므라리의 남은 자손은 다음과 같
은 성읍과 목초지를 나누어 받았다.
○스불론 지파의 영역에서는 림모노
와 그 목초지, 다볼과 그 목초지를
받았고,
78 여리고 맞은편 요단 강 건너 동쪽의
르우벤 지파의 영역에서는 사막에
있는 베셀과 그 목초지, 야사와 그
목초지,
79 그데못과 그 목초지, 메바앗과 그 목
초지를 받았고,
80 갓 지파의 영역에서는 길르앗의 라
못과 그 목초지, 마하나임과 그 목초
지,
81 헤스본과 그 목초지, 야스엘과 그 목
초지를 받았다.

잇사갈의 자손

7 잇사갈의 아들은 돌라와 부아와
야숩과 시므론, 이렇게 넷이다.
2 돌라의 아들은 웃시와 르바야와 여
리엘과 야매와 입삼과 스므엘인데,
이들은 돌라 가문의 족장들이다. 다
윗 시대에 족보에 오른 용감한 군인
들의 수는 이만 이천육백 명이다.
3 ○웃시의 아들은 이스라히야이며,
이스라히야의 아들은 미가엘과 오
바댜와 요엘과 잇시야, 이렇게 다섯
인데, 이들은 모두 족장이다.
4 이들의 각 가문에 따라 족보에 오른
전쟁 용사는 삼만 육천 명이나 되었
는데, 그들에게 아내와 자식이 많았
기 때문이다.
5 ○잇사갈의 모든 종족에 속한 그들
의 형제는 용감한 군인들이며, 팔만
칠천 명 모두가 족보에 올랐다.

베냐민의 자손

6 ○베냐민의 아들은 벨라와 베겔과
여디아엘, 이렇게 셋이다.
7 벨라의 아들은 에스본과 우시와 웃
시엘과 여리못과 이리, 이렇게 다섯
인데, 이들은 모두 다 각 가문의 족
장들이다. 그들의 족보에 오른 용감
한 군인들은 이만 이천삼십사 명이
다.
8 ○베겔의 아들은 스미라와 요아스와
엘리에셀과 엘료에내와 오므리와 여
레못과 아비야와 아나돗과 알레멧
이다. 이들은 모두 베겔의 아들이다.
9 그들의 족보에 각 가문의 족장들로
기록된 용감한 군인들은 이만 이백
명이다.
10 ○여디아엘의 아들은 빌한이고, 빌
한의 아들은 여우스와 베냐민과 에
훗과 그나아나와 세단과 다시스와
아히사할이다.
11 이들은 모두 여디아엘의 아들이요
각 가문의 족장들이며, 싸움에 나갈

7장 요약 유다의 북쪽에 위치한 지파들 중 언급되지 않은 나머지 지파들의 족보가 수록되어 있다: *잇사갈 지파(1-5절), 베냐민 지파(6-12절)*, 납달리 지파(13절), 므낫세 반 지파(14-19절), 에브라임 지파(20-29절), 그리고 아셀 지파(30-40절) 등의 순으로 언급된다.

7:1-5 잇사갈의 아들 잇사갈 지파의 족보는 창세기 46:13과 민수기 26:23-25에도 언급되었다. 저자가 여기에, 역대지상 21장과 사무엘기하 24장의 인구 조사 자료를 더 첨가한 것이 아닌가 추측된다. 잇사갈 지파는 '돌라'라는 인물을 중심으로 기록되었다(2절;삿 10:1). 저자는 하나님 왕국 완성을 위하여 쓰인 인물에 초점을 두었다.

7:6-12 베냐민의 아들과 그 족보 및 수효를 기록하였다. 베냐민의 아들들은 여기에서는 세 명, 창세기 46:21에서는 열 명, 그리고 민수기 26:38-39과 역대지상 8:1-2에서는 다섯 명이 언급되어 있

만한 용감한 군인들은 만 칠천이백
명이다.
12 이르의 자손은 숩빔과 훕빔이고, 아
헬의 아들은 후심이다.

납달리의 자손

13 ○납달리의 아들은 ㉠야스엘과 구니
와 예셀과 살룸인데, 이들은 빌하의
손자이다.

므낫세의 자손

14 ○므낫세의 아들은 그의 첩 아람 여
자가 낳은 아스리엘이다. 길르앗의
아버지 마길도 이 여자가 낳았다.
15 마길은 훕빔과 숩빔에게 아내를 얻
어 주었는데, 그 누이의 이름은 마아
가이다. 므낫세의 둘째 아들의 이름
은 슬로브핫인데, 슬로브핫은 딸만
낳았다.
16 ○마길의 아내 마아가는 아들을 낳
아, 그 이름을 베레스라고 불렀다.
그 아우의 이름은 세레스이며, 그
아들은 울람과 라겜이다.
17 울람의 아들은 브단이다. 이들이 므
낫세의 손자요, 마길의 아들인 길르
앗의 자손이다.
18 그의 누이 함몰레겟은 이스홋과 아
비에셀과 말라를 낳았다.
19 (스미다의 아들은 아히안과 세겜과
릭히와 아니암이다.)

에브라임의 자손

20 ○에브라임의 아들은 수델라이고,
그 아들은 베렛이고, 그 아들은 다
핫이고, 그 아들은 엘르아다이고,
그 아들은 다핫이고,
21 그 아들은 사밧이고, 그 아들은 수
델라이고, 또 에셀과 엘르앗이 있다.
그 땅의 토박이인 가드 사람이 그들
을 죽였는데, 그들이 가드 사람의 짐
승을 빼앗으려고 내려갔기 때문이
다.
22 그들의 아버지 에브라임이 여러 날
동안 슬퍼하였으므로, 그 친척들이
찾아와서 그를 위로하였다.
23 그 뒤에 에브라임이 아내와 동침하
였고, 그 아내가 임신하여 아들을
낳았다. 에브라임은 자기 집에 불행
한 일이 있었기 때문에, 아들의 이름
을 브리아라고 불렀다.
24 ○에브라임의 딸은 세에라인데, 그
는 아래 위 벧호론과 우센세에라 성
읍을 세웠다.
25 ○브리아의 아들은 레바와 레셉이
다. 레셉의 아들은 델라이고, 그 아
들은 다한이고,
26 그 아들은 라단이고, 그 아들은 암
미훗이고, 그 아들은 엘리사마이고,
27 그 아들은 눈이고, 그 아들은 여호
수아이다.
28 ○에브라임 자손의 소유지와 거주지
는 베델과 그 주변 마을들과, 동쪽
의 나아란과, 서쪽의 게셀 및 그 주

다. 이 세 부분에서 다 같이 공통적으로 등장하는 이름은 맏아들인 벨라뿐이다. 이러한 차이는 족보의 기록에 있어서 각기 다른 자료를 가지고 있든지, 아니면 기록 목적에 따라 다른 기능을 부여했든지 둘 중의 하나이다. 여기에서는 군사적인 기능 면에서 제시한 족보인 듯하다(7,9,11절).

7:13 납달리의 아들 본절은 납달리의 아들을 빌하의 손자로 특별히 언급한다. 비록 두드러진 인물이 없는 집안일지라도 하나님의 왕국에 속하여 은혜를 누리는 지파임을 강조하는 구절이다.

7:14 그의 첩 아람 여자는 이방 여인이지만, 하나님 나라에 소속되어 은혜로운 언약의 대상이었기에 이스라엘 족보에 들어가 있다.

7:20-29 에브라임의 자손들에 대한 기록은 민수기 26:35에도 등장한다. 만일 레바(25절)가 에브라임의 손자인 것이 확실하다면, 에브라임부터 여호수아까지는 10대의 기간이 된다. 이 기간은

㉠ 히. '야시엘'

변 마을들과, 세겜과 그 주변 마을
들이며, 또 아사와 그 주변 마을에까
지 이른다.
29 ○벳산과 그 주변 마을과, 다아낙과
그 주변 마을과, 므깃도와 그 주변
마을과, 돌과 그 주변 마을은 므낫
세 자손에게 돌아갔다. ○이 여러 곳
에 이스라엘의 아들 요셉의 자손이
살았다.

아셀의 자손

30 ○아셀의 아들은 임나와 이스와와
이스위와 브리아이며, 그들의 누이
는 세라이다.
31 ○브리아의 아들은 헤벨과 말기엘인
데, 말기엘은 비르사잇의 아버지이
다.
32 ○헤벨은 야블렛과 소멜과 호담과
그들의 누이 수아를 낳았다.
33 ○야블렛의 아들은 바삭과 빔할과
아스왓이니, 이들이 야블렛의 아들
이다.
34 ○소멜의 아들은 아히와 로가와 호
바와 아람이다.
35 ○소멜의 아우 헬렘의 아들은 소바
와 임나와 셀레스와 아말이다.
36 ○소바의 아들은 수아와 하르네벨과
수알과 베리와 이므라와
37 베셀과 홋과 사마와 실사와 이드란
과 브에라이다.
38 예델의 아들은 여분네와 비스바와
아라이다.
39 울라의 아들은 아라와 한니엘과 리
시아이다.
40 ○이들은 모두 아셀의 자손으로서,
각 가문의 족장들이요, 뽑힌 용감한
군인들이요, 지도자급 족장들이다.
싸움에 나갈 만한 군인으로서 족보
에 오른 사람의 수는 이만 육천 명
이다.

베냐민의 자손

8 베냐민은 맏아들 벨라와 둘째 아
스벨과 셋째 아하라와
2 넷째 노하와 다섯째 라바를 낳았다.
3 ○벨라에게 자손이 있는데, 그들은
앗달과 게라와 ㉠아비훗과
4 아비수아와 나아만과 아호아와
5 게라와 스부반과 후람이다.
6 ○에훗의 자손은 다음과 같다. 이들
은 게바에 사는 가문들의 족장들로
서, 게바 주민을 마나핫으로 사로잡
아 간
7 나아만과 아히야와 게라인데, 그들
을 사로잡아 간 게라가 웃사와 아히
훗을 낳았다.
8 ○사하라임은 모압 평지에서 자기의
아내 후심과 바아라를 내보낸 뒤에
아들을 낳았는데,
9 아내 호데스에게서 요밥과 시비야와
메사와 말감과
10 여우스와 사갸와 미르마를 낳았다.

이스라엘이 이집트에 노예로 있던 400여 년의 시간과 거의 일치한다. 여호수아가 에브라임 지파라는 기록은 민수기 13:8과 16절에도 언급되어 있다. 블레셋의 가드를 노략하려다가 실패한 사건은(21-22절) 가나안 정복 전에 이집트의 고센 땅에서 있었던 사건으로 추정된다.

7:30-40 아셀 지파의 족보는 창세기 46:17의 내용과 거의 같다. 이 족보 역시 군사적인 목적과 기능을 가지고 있음을 알 수 있다(40절).

8장 요약 베냐민 지파의 족보가 본장에서 다시 소개되고 있다. 1-28절에는 왕정 체제 이전의 베냐민 지파 족장들이 언급되어 있고, 29-40절은 베냐민 지파였던 사울 왕가의 족보를 소개한다. 저자가 베냐민 지파를 자세히 언급한 이유는 귀환 이후 그들이 이스라엘 내에서 차지했던 비중이 컸기 때문이다.

㉠ 또는 '에훗의 아버지'

이 아들들은 그들 가문의 족장들이
다.
11 ○또 사하라임은 아내 후심에게서
아비둡과 엘바알을 낳았다.
12 ○엘바알의 아들은 에벨과 미삼과
세멧인데, 이 세멧이 오노와 롯과 그
주변 마을들을 세웠다.

갓과 아얄론의 베냐민 사람

13 ○브리아와 세마는 아얄론에 사는
가문들의 족장으로서, 이들이 가드
주민을 내쫓았다.
14 아히요와 사삭과 여레못과
15 스바댜와 아랏과 에델과
16 미가엘과 이스바와 요하는 브리아의
아들이다.

예루살렘의 베냐민 사람들

17 ○스바댜와 므술람과 히스기와 헤벨
과
18 이스므래와 이슬리아와 요밥은 엘바
알의 아들이다.
19 ○야김과 시그리와 삽디와
20 엘리에내와 실르대와 엘리엘과
21 아다야와 브라야와 시므랏은 시므
이의 아들이다.
22 ○이스반과 에벨과 엘리엘과
23 압돈과 시그리와 하난과
24 하나냐와 엘람과 안도디야와
25 이브드야와 브누엘은 사삭의 아들
이다.
26 ○삼스래와 스하랴와 아달랴와
27 야아레시야와 엘리야와 시그리는 여
로함의 아들이다.
28 ○이들은 족보에 오른 각 가문의 족
장들이며 이 족장들은 예루살렘에
서 살았다.

기브온과 예루살렘의 베냐민 사람

29 ○기브온의 ㉠아버지 ㉡여이엘이 기
브온에 살았는데, 그 아내의 이름은
마아가이다.
30 그의 맏아들은 압돈이며, 그 아래로
수르와 기스와 바알과 나답과
31 그돌과 아히요와 세겔이 있다.
32 미글롯은 시므아를 낳았는데, 이들
도 다른 친족들을 마주 보며, 자기들
의 친족들과 함께 예루살렘에서 살
았다.

사울 왕의 가족

33 ○넬은 기스를 낳고, 기스는 사울을
낳고, 사울은 요나단과 말기수아와
아비나답과 ㉢에스바알을 낳았다.
34 요나단의 아들은 ㉣므립바알이며 므
립바알은 미가를 낳았다.
35 ○미가의 아들들은 비돈과 멜렉과
다레아와 아하스이다.
36 아하스는 여호앗다를 낳고, 여호앗
다는 알레멧과 아스마웻과 시므리
를 낳고, 시므리는 모사를 낳았다.
37 모사는 비느아를 낳았다. 비느아의
아들은 라바이고, 그 아들은 엘르아
사이고, 그 아들은 아셀이다.

8:1-40 베냐민의 족보가 7:6-12에 이어 두 번째 등장하였다. 이 족보가 강조되는 것은 이 지파의 중요성뿐 아니라, 저자의 관심이 베냐민 출신인 사울에 집중되어 있음을 보여 준다. 베냐민 지파는 유다 지파 및 시므온 지파의 남은 사람들과 함께 유다 왕국을 구성하였다(왕상 12:1-21).

8:6-27 이 부분은 오직 역대지에만 독특하게 언급되었다. 이는 일찍이 사사 시대에 약화된 베냐민 지파가 하나님의 약속대로 번성하게 된 사실을 강조하기 위함이다.

8:33-38 사울 이후 12대에 이르는 가계가 기록되어 있다. 역대지 저자가 사울의 족보를 길게 소개하는 동기는 사울이 이스라엘 왕국 건설의 일면을 보여 주기 때문이다. 하나님의 구원 사역을 통하여 세워질 하나님의 왕국의 진정한 면모가 사울 당대부터 서서히 드러나기 시작한 것이다.

㉠ 또는 '성읍 지도자' 또는 '군지휘관'을 뜻하기도 함 ㉡ 칠십인역 사본들을 따름 ㉢ 일명, '이스보셋' ㉣ 일명, '므비보셋'

38 ○아셀에게 여섯 아들이 있는데, 그
들의 이름은 아스리감과 보그루와
이스마엘과 스아랴와 오바댜와 하
난이다. 이 모두가 아셀의 아들이다.
39 아셀의 아우 에섹의 아들은, 맏아들
이 울람이고, 둘째가 여우스이고, 셋
째가 엘리벨렛이다.
40 ○울람의 아들은 활을 잘 쏘는 용감
한 군인들인데, 아들과 손자가 많아
서 모두 백오십 명이나 되었다. 이들
이 모두 베냐민의 자손이다.

포로 생활에서 돌아온 백성

9 이와 같이 온 이스라엘이 족보에
오르고, '이스라엘 열왕기'에 기록
되었다. ○유다는 배신하였으므로
바빌론으로 사로잡혀 갔는데,
2 맨 처음으로 자기들의 성읍 소유지
에 돌아와서 살림을 시작한 사람들
은 이스라엘 사람과 제사장과 레위
사람과 성전 막일꾼들이다.
3 유다 자손, 베냐민 자손, 그리고 에
브라임과 므낫세 자손 가운데서 예
루살렘에 자리 잡은 사람은 다음과
같다.
4 ○유다의 아들 베레스 자손 가운데
서는 우대가 살았는데, 그는 암미훗
의 아들이요, 오므리의 손자요, 이므
리의 증손이요, 바니의 현손이다.
5 실로 사람 가운데서는 맏아들 아사
야와 그 아들들이 살았다.
6 세라의 자손 가운데서는 여우엘과
그의 친족 육백구십 명이 살았다.
7 ○베냐민 자손 가운데서는 살루가
살았는데, 그는 므술람의 아들이요,
호다위아의 손자요, 핫스누아의 증
손이다.
8 그리고 여로함의 아들인 이브느야
와, 미그리의 손자요 웃시의 아들인
엘라와, 이브니야의 증손이요 르우
엘의 손자요 스바댜의 아들인 므술
람이 살았다.
9 ○이와 같이 족보에 오른 그들의 친
족은 모두 구백오십육 명이며, 이들
은 모두 각 가문의 족장이다.

예루살렘에 정착한 제사장들

10 ○제사장 가운데서는 여다야와 여호
야립과 야긴과
11 아사랴가 살았는데, 아사랴는 힐기
야의 아들이요, 므술람의 손자요,
사독의 증손이요, 므라욧의 현손이
요, 하나님의 성전 관리를 책임 진
아히둡의 오대 손이다.
12 ○또 아다야도 살았는데, 그는 여로
함의 아들이요, 바스훌의 손자요,
말기야의 증손이다. 그리고 마아새
도 살았는데, 그는 아디엘의 아들이
요, 야세라의 손자요, 므술람의 증손
이요, 므실레밋의 현손이요, 임멜의
오대 손이다.
13 ○또 그들의 친족이 있는데, 이들은

9장 요약 족보의 결론부인 본장은 이스라엘 공동체의 명단(1-34절) 및 사울 왕가의 족보(35-44절)를 수록하고 있다. 전반부는 성전에 대한 저자의 각별한 관심을, 후반부는 새로운 역사 전개의 발단으로 사울 왕가에 대해 언급하고 있다.

9:2-34 포로 귀환 후 회복된 이스라엘 공동체에 소속된 명단을 기록하였다. 저자는 그 명단을 계층별로 분류하여 기록하는데, 이는 그 당시의 사회 제도에 대한 저자의 관심을 반영한 것이다. 특히 성전 봉사 계층의 등장을 정당화하려는 의도가 있었다. 그는 3-9절에서 보편적인 이스라엘 사람(2절), 즉 평신도를 열거하고, 10-13절에서는 제사장들을, 14-34절까지는 레위 사람들의 계보와 역할 등을 나열하였다. 뿐만 아니라, 귀환자들 가운데 네 번째 계층으로 '성전 막일꾼(2절)'을 언급하였다. 이들은 전쟁 포로로서 성전에서 봉사

각 가문의 족장들이며, 하나님의 성
전을 돌보는 일에 유능한 사람들로
서, 그 수는 천칠백육십 명이다.

예루살렘에 정착한 레위 사람들

14 ○레위 사람들 가운데서는 므라리
자손인 스마야가 살았는데, 그는 핫
숩의 아들이요, 아스리감의 손자요,
하사뱌의 증손이다.
15 또 박박갈과 헤레스와 갈랄과 맛다
니야가 살았는데, 맛다니야는 미가
의 아들이요, 시그리의 손자요, 아삽
의 증손이다.
16 또 오바댜가 살았는데, 그는 스마야
의 아들이요, 갈랄의 손자요, 여두
둔의 증손이다. 그리고 베레갸도 살
았는데, 그는 아사의 아들이요, 느도
바 사람들의 마을에 살던 엘가나의
손자이다.

예루살렘에 정착한 성전 문지기

17 ○문지기는 살룸과 악굽과 달몬과
아히만과 그들의 친족들인데, 살룸
이 그 우두머리이다.
18 살룸은 이 때까지, 동쪽에 있는 '왕
의 문'의 문지기로 있다. 이들이 레
위 자손의 진영에 속한 문지기이다.
19 ○고라의 증손이요 에비아삽의 손자
요 고레의 아들인 살룸과, 그의 가
문에 속한 그의 친족들, 즉 고라 족
속은, ㉠성막 문을 지키는 임무를 맡
았다. 그들의 조상도 주님의 성막 문
을 지키는 사람이었다.
20 예전에는 엘르아살의 아들 비느하
스가 그들의 책임자였는데, 주님께
서 그와 함께 하셨다.
21 ○므셀레먀의 아들 스가랴는 ㉠회막
문의 문지기이다.
22 ○문지기로 뽑힌 사람은 모두 이백
십이 명이며, 마을별로 족보에 기록
되었다. 다윗과 사무엘 선견자가 그
들을 신실히 여겨 이 모든 일을 맡겼
다.
23 그들과 그 자손이 주님의 성전 문 곧
㉠성막 문을 지키는 일을 맡았는데,
24 이 문지기들은 동서 남북 사방에 배
치되었다.
25 마을에 사는 그들의 친족들은, 번갈
아 와서, 이레씩 그들을 도왔다.
26 레위 사람인 네 명의 책임자들은 신
실하여서, 하나님 성전의 방과 창고
들을 맡았다.
27 그들은 성전을 지키며 아침마다 문
을 여는 일을 맡았으므로, 하나님의
성전 주위에 머무르면서 밤을 지냈
다.

나머지 레위 사람들

28 ○그들 가운데 몇 사람은 성전에서
사용하는 기구를 맡았으므로, 그것
들을 세어서 들여오고, 세어서 내주
었다.
29 또 그들 가운데 몇 사람은 성전의 모

하는 사람이 되었기 때문에 명단이나 족보는 수록되어 있지 않다(참조. 수 9:23;스 8:20).

9:14–16 역대지 저자는 예루살렘에 거하는 레위 사람들을 기록함에 있어서도 므라리 자손(14절), 게르손 자손(15절), 고핫 자손(16절)을 체계적으로 분류하였다. 약간의 차이가 있지만 느헤미야기 11:15–18에도 이 내용이 수록되었다.

9:17–27 성전의 동서남북 사방에 있는 문을 지키는 직분과 역할이 기록되어 있다.

9:28–32 레위 사람들의 직무 레위 사람들은 성전 일과 매일 아침 문을 여는 책임뿐 아니라, 각 방과 방에 필요한 필수품을 저장하는 창고(23:28; 26:20–28)에 대한 관리 및 운용 책임도 맡고 있었다(참조.28:13–18;스 1:9–11). 더불어 제사 빵을 준비하는 일(출 25:30;레 2:5–7;7:9)도 수행하였다(32절). 그러나 제사에 쓰이는 향품, 즉 향기름과 향료는 제사장들만이 준비하였다(30절;출

㉠ 성전 문을 말함

든 기구와 그 밖의 기구들, 그리고
고운 밀가루와, 포도주와 기름과 유
향과 향품을 맡았다.
30 제사장 자손 가운데서 몇 사람은 향
료를 배합하여 향수를 만들었다.
31 ○레위 사람 맛디댜는 고라 자손 살
룸의 맏아들로서, 구워서 바치는 제
물을 준비하는 일을 맡았다.
32 고핫 자손 가운데서 그들의 친족 몇
사람은 안식일마다 차리는 빵을 준
비하는 일을 맡았다.
33 ○또 찬양을 맡은 사람도 있었다. 이
들은 레위 지파의 족장들로서, 성전
의 부속건물에 살면서, 밤낮으로 자
기들의 일만 해야 하였으므로, 다른
일은 하지 않았다.
34 ○이들이 족보에 오른 레위 사람 족
장들이다. 이 족장들은 예루살렘에
서 살았다.

사울의 족보 (8:29-38)

35 ○기브온의 조상 ㉠여이엘은 기브온
에 살았으며, 그 아내의 이름은 마아
가이다.
36 그 맏아들은 압돈이고, 그 아래로
수르와 기스와 바알과 넬과 나답과
37 그돌과 아히요와 스가랴와 미글롯
이 있다.
38 미글롯은 시므암을 낳았다. 이들은
다른 친족들을 마주 보며 자기들의
친족들과 함께 예루살렘에서 살았
다.
39 ○넬은 기스를 낳고, 기스는 사울을
낳고, 사울은 요나단과 말기수아와
아비나답과 에스바알을 낳았다.
40 요나단의 아들은 므립바알이며, 므
립바알은 미가를 낳았다.
41 미가의 아들은 비돈과 멜렉과 다레
아와 아하스이다.
42 아하스는 야라를 낳고, 야라는 알레
멧과 아스마웻과 시므리를 낳고, 시
므리는 모사를 낳고,
43 모사는 비느아를 낳았다. 비느아의
아들은 르바야이고, 그 아들은 엘르
아사이고, 그 아들은 아셀이다.
44 ○아셀에게는 여섯 아들이 있는데,
그들의 이름은 아스리감과 보그루
와 이스마엘과 스아랴와 오바댜와
하난이다. 이들이 아셀의 아들이다.

사울 왕의 죽음 (삼상 31:1-13)

10 블레셋 사람이 이스라엘에 싸
움을 걸어왔다. 이스라엘 사람
들은 블레셋 사람 앞에서 도망하다
가, 길보아 산에서 죽임을 당하여 쓰
러졌다.
2 블레셋 사람들이 사울과 그의 아들
들을 바싹 추격하여, 사울의 아들
요나단과 아비나답과 말기수아를
죽였다.
3 싸움이 치열해지면서, 전세가 사울
에게 불리해졌다. 활을 쏘는 군인들

30:23-33).

9:35-44 역대지 저자는 다윗 왕국을 통한 하나님 나라의 역사 진행을 기록하기에 앞서, 사울 왕국을 언급하고 있다. 사울 왕가는 다윗 왕국 수립에 있어 촉진제 역할인 동시에, 가장 적극적으로 방해한 대적 세력이기도 하였다. 이러한 관점에서, 저자는 사울 왕가의 역사를 요약함으로써 새로운 역사 전개의 발단으로 삼으려고 하였다.

㉠ 칠십인역 사본들을 따름

10장 요약 본장은 다윗 왕국의 역사라고 하는 주제의 도입부로서, 사울 왕국의 멸망을 언급한다. 13-14절에는 역대지 저자가 하나님 주권 사상을 철저히 따르는 사관(史觀)을 바탕에 깔고 있음이 드러난다.

10:1-6 1-9장까지 아담에서 사울에 이르는 긴 족보가 끝나고, 10장부터 다윗 왕국을 주제로 다루면서 그 도입부로서 사울의 죽음을 통한 사울 왕

이 사울을 알아보고 활을 쏘자, 그
가 화살을 맞고 중상을 입었다.
4 사울이 자기의 무기당번 병사에게
명령하였다. "네 칼을 뽑아서 나를
찔러라. 저 할례받지 못한 이교도들
이 나를 조롱하지 못하게 하여라."
그러나 그의 무기당번 병사는 너무
겁이 나서, 찌르려고 하지 않았다.
그러자 사울은 자기의 칼을 뽑아서,
그 위에 엎어졌다.
5 그의 무기당번 병사는 사울이 죽는
것을 보고, 자기도 자기의 칼을 뽑아
그 위에 엎어져서, 사울과 함께 죽었
다.
6 사울과 그의 세 아들과 그의 온 가
문이 함께 죽었다.
7 그 골짜기에 살던 모든 이스라엘 사
람은, 이스라엘 군인들이 도망 친 것
과 사울과 그의 아들들이 죽은 것
을 보고, 살던 성읍들을 버리고 도
망 쳤다. 그래서 블레셋 사람이 여러
성읍으로 들어와서 거기에서 살았
다.
8 ○그 이튿날, 블레셋 사람들이, 죽은
사람들의 옷을 벗기러 왔다가, 사울
과 그의 아들들이 길보아 산에 쓰러
져 있는 것을 발견하였다.
9 그들은 사울의 옷을 벗기고, 그의 머
리와 갑옷을 취한 다음에, 블레셋
땅 사방으로 전령들을 보내서, 자기
들의 우상과 백성에게 승리의 소식
을 전하였다.
10 그런 다음에 그들은 사울의 갑옷을
그들의 신전에 보관하고, 머리는 다
곤 신전에 매달아 두었다.
11 길르앗의 야베스의 모든 사람은 블
레셋 사람이 사울에게 한 모든 일을
전해 들었다.
12 그래서 그들의 용사들이 모두 나서
서, 사울의 주검과 그의 아들들의
주검을 거두어다가 야베스로 가져
가서, 야베스에 있는 상수리나무 아
래에 그들의 뼈를 묻고, 이레 동안
금식하였다.
13 ○사울이 주님을 배신하였기 때문
에, 이렇게 죽었다. 그는 주님의 말
씀을 지키지 않았고, 오히려 점쟁이
와 상의하며 점쟁이의 지도를 받았
다.
14 그는 주님께 지도를 받으려 하지 않
았다. 그래서 주님께서 그를 죽이시
고, 그의 나라를 이새의 아들 다윗
에게 맡기셨다.

다윗이 이스라엘과 유다의 왕이 되다

(삼하 5:1-10)

11 온 이스라엘이 헤브론에 있는
다윗에게 몰려와서 말하였다.
"우리는 임금님과 한 골육입니다.
2 전에 사울이 왕일 때에도, 이스라엘
군대를 거느리고 출전하셨다가 다시

국의 멸망을 다룬다. 본 단락은 사무엘기상 31장에도 언급되었다. 이스라엘이 블레셋에 패배한 것은 단순히 국가 간의 전쟁의 결과가 아니다. 하나님을 배반하고 말씀에 불순종하여 하나님의 심판이 임한 것으로, 이스라엘의 첫 왕가는 사라졌다.
10:7–14 사울이 죽은 후, 사울의 머리는 블레셋의 신, 다곤의 신전에 매달려졌다(10절). 역대지 저자는 사울의 종말의 이유가 하나님께 죄를 범한 결과임을 표현하고 있다(13–14절).

11장 요약 다윗이 헤브론에서 이스라엘의 왕으로 즉위한 사실(1–3절), 여부스 주민들을 쫓아내고 예루살렘을 정복하여 수도로 삼은 일(4–9절), 그리고 다윗 왕국을 세우는 일에 크게 공헌한 용사들의 업적과 위용(10–47절) 등에 관해 언급한다.

11:1–3 온 이스라엘이 헤브론에 모여 다윗에게 기름을 부어 이스라엘 왕을 삼은 기록으로, 사무

돌아오신 분이 바로 임금님이십니
다. 그리고 주 임금님의 하나님께서
'네가 나의 백성 이스라엘의 목자가
될 것이며, 네가 나의 백성 이스라엘
의 통치자가 될 것이다' 하고 말씀하
실 때에도 바로 임금님을 가리켜 말
씀하신 것입니다."
3 그리하여 이스라엘의 모든 장로가
헤브론으로 왕을 찾아오니, 다윗이
헤브론에서 주님 앞으로 나아가 그
들과 언약을 세웠다. 그리고 그들은,
주님께서 사무엘을 시켜서 말씀하신
대로, 다윗에게 기름을 부어 이스라
엘의 왕으로 삼았다.
4 ○다윗과 온 이스라엘이 예루살렘,
곧 여부스로 갔다. 그 땅에는 여부
스 사람이 살고 있었다.
5 여부스 주민이 다윗에게 말하였다.
"너는 여기에 들어올 수 없다." (그러
나 다윗이 시온 산성을 점령하였으므
로, 그 곳을 '다윗 성'이라고 하였다.)
6 다윗이 말하였다. "누구든지, 제일
먼저 여부스 사람을 치는 사람이 총
사령관과 장관이 될 것이다." 스루야
의 아들 요압이 제일 먼저 올라갔으
므로, 그가 총사령관이 되었다.
7 (다윗이 그 산성을 점령하고 거기에
사니, 사람들이 그 산성을 '다윗 성'
이라고 하였다.)
8 다윗이 성을 쌓았는데, 밀로에서부
터 시작하여, 한 바퀴 돌아가면서 성
을 쌓았고, 나머지 부분은 요압이
복구하였다.
9 만군의 주님께서 다윗과 함께 계시
므로, 다윗이 점점 강대해졌다.

다윗의 용사들 (삼하 23:8-39)

10 ○다윗이 거느린 용사들의 우두머리
는 다음과 같다. 이들은, 주님께서
이스라엘에 대하여 말씀하신 대로,
다윗이 왕이 될 수 있도록 그를 적극
적으로 도와, 온 이스라엘과 함께 그
를 왕으로 세운 사람들이다.
11 ○다윗이 거느린 용사들은 다음과
같다. 첫째는 학몬 사람의 아들 야
소브암인데, 그는 ㉠세 용사의 우두
머리이다. 그는 창을 휘두르며 삼백
명과 싸워, 그들을 한꺼번에 쳐죽인
사람이다.
12 세 용사 가운데서 둘째는 아호아 사
람 도도의 아들인 엘르아살이다.
13 블레셋 사람이 싸우려고 바스담밈
에 집결하였을 때에, 그도 다윗과 함
께 거기에 있었다. 거기에는 보리가
무성한 밭이 있었다. 이스라엘 군대
는 블레셋 군대를 보고 도망하였으
나,
14 그는 밭의 한가운데에 버티고 서서,
그 밭을 지키며, 블레셋 군인들을 쳐
죽였다. 주님께서 크게 승리하게 하
셔서 그들을 구원하여 주셨다.

엘기하 5:1-3과 병행되는 구절이다. 다윗의 즉위는 세상 왕국의 통치자가 왕좌에 오른 것과는 의미가 다르다. 이 일은 하나님께서 다윗을 온 인류*에게 복의 근원이 되는 제사장* 왕국의 중보자로 그 백성 위에 세우시는 것으로서, 생명의 유기적 공동체라는 것이 특징인 왕국이다(1절).

11:4-9 다윗이 온 이스라엘의 명실상부(名實相符)한 왕으로서 먼저 시온 산성을 정복한 사실이 기록되었다. 시온 산은 구약에서 하나님이 좌정하시는, 이스라엘과 온 우주를 통치하시는 보좌가 있는 곳을 상징한다. 다윗은 그 통치의 대행자로서 부름받아 세워진 자이다.

11:9 다윗이 점점 강대해졌다 다윗의 형통함은 하나님께서 그의 삶에 함께하셨기 때문이었다. 이러한 표현은 다윗 왕국이 세상 왕국과는 그 성격이 다른 하나님의 왕국임을 제시하는 것이다. 이 왕국의 진정한 주권자요, 통치자는 하나님 자신

㉠ 칠십인역을 따름. 히, '삼십인' 또는 '장교들'

15 ○블레셋 군대가 르바임 골짜기에
진을 치자, 삼십인 특별부대 소속인
이 세 용사가, 절벽에 있는 아둘람
동굴로 다윗을 찾아갔다.
16 그 때에 다윗은 산성 요새에 있었
고, 블레셋 군대의 진은 베들레헴에
있었다.
17 다윗이 간절하게 소원을 말하였다.
"누가 베들레헴 성문 곁에 있는 우
물물을 나에게 길어다 주어, 내가
마실 수 있도록 해주겠느냐?"
18 그러자 그 세 용사가 블레셋 진을 뚫
고 나가, 베들레헴의 성문 곁에 있는
우물물을 길어 가지고 와서 다윗에
게 바쳤다. 그러나 다윗은 그 물을
마시지 않고, 길어 온 물을 주님께
부어 드리고 나서,
19 이렇게 말하였다. "하나님께서 보고
계시는데, 내가 어찌 감히 이 물을
마실 수 있단 말이냐! 이 사람들의
생명의 피를 내가 어찌 마시겠느냐?
이것은 목숨을 걸고 다녀온 세 용사
의 피다." 그러면서 그는 물을 마시
지 않았다. 이 세 용사가 바로 이런
일을 하였다.
20 ○요압의 아우인 아비새는 ㉠삼십인
특별부대의 우두머리였다. 바로 그
가 창을 휘둘러 삼백 명을 쳐서 죽
인 용사이다. 그는 세 용사와 함께
유명해졌다.
21 그는 ㉠삼십인 특별부대 안에서 제일
뛰어난 용사였다. 그는 삼십인 특별
부대의 우두머리가 되기는 하였으
나, 세 용사에 견줄 만하지는 못하였
다.
22 ○여호야다의 아들인 브나야는 갑스
엘 출신으로, 공적을 많이 세운 용
사였다. 바로 그가 사자처럼 기운이
센 모압의 장수 아리엘의 아들 둘을
쳐죽였고, 또 눈이 내리는 어느 날,
구덩이에 내려가서, 거기에 빠진 사
자를 때려 죽였다.
23 그는 또 이집트 사람 하나를 죽였는
데, 그 이집트 사람은 키가 ㉡다섯 규
빗이나 되는 거인이었다. 그 이집트
사람은 베틀 다리 같은 굵은 창을
들고 있었으나, 브나야는 막대기 하
나만을 가지고 그에게 덤벼, 오히려
그 이집트 사람의 손에서 창을 빼앗
아, 그 창으로 그를 죽였다.
24 여호야다의 아들 브나야가 이런 일
을 해서, 그 세 용사와 함께 유명해
졌다.
25 그는 삼십인 특별부대 안에서 뛰어
난 장수로 인정을 받았으나, 세 용사
에 견줄 만하지는 못하였다. 다윗은
그를 자기의 경호대장으로 삼았다.
26 ○군대의 용사들로서는 다음과 같
은 사람들이 더 있다. 요압의 아우
아사헬과, 베들레헴 사람 도도의 아

임을 역대지 저자는 특별히 강조하였다.

11:10-47 다윗 왕정을 수립하는 데 공헌한 용사들에 대한 기록이다. 이들은 '주님께서 이스라엘에 대하여 말씀하신 대로' 준행하여, 하나님의 뜻에 따른 다윗 왕국을 세우는 데 있어 공로가 큰 자들이었다. 이 기록의 대부분은 사무엘기하 23:8-39에서 이미 언급되었지만 마지막 부분에 해당하는 41-47절은 역대지에만 기록되어 있다.

11:11-19 저자는 다윗 왕국 수립에 공헌한 용사들을 기록하는 데 있어, 수준에 따라 계층별로 분류하여 나열하였다. 먼저, 가장 크게 공을 세운 세 용사의 우두머리를 업적, 위용과 더불어 언급하였다. 특히 세 용사의 전적을 강조(11-19절; 삼하 23:8-12)하였다.

11:20-25 여기에서는 다윗의 용사들 가운데 제2급에 속한 둘째 3인의 업적과 공훈에 대하여 설명하였다. 3인 가운데 이름이 나타나 있지 않은

㉠ 시리아어역을 따름. 히, '세 용사' ㉡ 약 2.3미터

들 엘하난과,
27 하롤 사람 삼훗과, 블론 사람 헬레
스와,
28 드고아 사람 익게스의 아들 이라와,
아나돗 사람 아비에셀과,
29 후사 사람 십브개와, 아호아 사람 일
래와,
30 느도바 사람 마하래와, 느도바 사람
바아나의 아들 헬렛과,
31 베냐민 자손으로 기브아 사람 리배
의 아들 이대와, 비라돈 사람 브나
야와,
32 가아스 시냇가에 사는 후래와, 아르
바 사람 아비엘과,
33 바하룸 사람 아스마웻과, 사알본 사
람 엘리아바와,
34 기손 사람 하셈의 아들들과, 하랄
사람 사게의 아들 요나단과,
35 하랄 사람 사갈의 아들 아히암과, 울
의 아들 엘리발과,
36 므게랏 사람 헤벨과, 블론 사람 아히
야와,
37 갈멜 사람 헤스로와, 에스배의 아들
나아래와,
38 나단의 아우 요엘과, 하그리의 아들
밉할과,
39 암몬 사람 셀렉과, 스루야의 아들 요
압의 무기를 들고 다니는 브에롯 사
람 나하래와,
40 이델 사람 이라와, 이델 사람 가렙과,
41 헷 사람 우리야와, 알래의 아들 사밧
과,
42 르우벤 자손 시사의 아들로서 르우
벤 자손의 족장이며 서른 명을 거느
린 아디나와,
43 마아가의 아들 하난과, 미덴 사람 요
사밧과,
44 아스드랏 사람 웃시야와, 아로엘 사
람 호담의 아들들인 사마와, 여이엘
과,
45 시므리의 아들 여디아엘과, 그의 아
우 디스 사람 요하와,
46 마하위 사람 엘리엘과, 엘라암의 아
들 여리배와, 요사위야와, 모압 사람
이드마와,
47 엘리엘과, 오벳과, 므소바 사람 야아
시엘이다.

베냐민 지파에서 다윗을 따른 사람들

12 다윗이 기스의 아들 사울에게
쫓겨서 시글락에 있을 때에, 그
에게 와서 싸움을 도운 용사들은
다음과 같다.
2 이들은 좌우 양손으로 무릿매 돌도
던질 줄 알며 화살도 쏠 줄 아는 사
람들로서, 활로 무장을 한 사람들인
데, 베냐민 지파 사울의 일족이다.
3 그들의 우두머리는 아히에셀이고,
그 다음은 요아스인데, 이들은 기브
아 사람인 스마아의 두 아들이다.
아스마웻의 아들 여시엘과 벨렛과,

용사는 비록 다윗 왕국 수립에 공은 있었으나, 실록에 녹명되지 못할 만큼의 큰 실수를 범한 자로 추정할 수 있다.

*11:26-47 사무엘기하 23:39*에는 도합 37명이라고 총계를 기록하고 있는데, 여기서는 41-47절까지를 추가하면서 숫자에 대한 언급을 삭제하였다. 사무엘기가 역사적 사건과 상황을 강조했다면, 역대지는 하나님께서 세워서 쓰신 자들이 누구인가에 관심을 모으고 있다.

12장 요약 본서의 저자는 다윗의 즉위 과정과 왕정 체제 수립에 있어 그를 도왔던 자들을 소개하고 있다. 특히 베냐민 지파 출신으로서 다윗에게 충성한 자들의 명단인 1-7절은 사울이 죽기 전부터 다윗 왕정의 정통성이 인정되고 있었음을 보여 준다.

12장 11장에서, 다윗과 온 이스라엘 백성 사이에 맺어진 언약으로 인하여 다윗 왕국이 수립되었음

아나돗 사람인 브라가와 예후와,
4 서른 명 용사 가운데 하나이며, 서른
명의 우두머리인 기브온 사람 이스마
야이고, 또 예레미야와, 야하시엘과,
요하난과, 그데라 사람인 요사밧과,
5 엘루새와, 여리못과, 브아랴와, 스마
랴와, 하룹 사람인 스바댜와,
6 고라 사람인 엘가나와, 잇시야와, 아
사렐과, 요에셀과, 야소브암과,
7 그돌 사람으로, 여로함의 아들인 요
엘라와, 스바댜이다.

갓 지파에서 다윗을 따른 사람들

8 ○갓 지파 가운데서 광야에 있는 요
새로 다윗을 찾아간 사람들이 있었
다. 그들은 용맹스러운 용사들이요,
방패와 창을 다룰 줄 아는, 싸움에
익숙한 군인들이다. 그들의 얼굴은
사자의 얼굴과 같고 빠르기는 산의
노루와 같았다.
9 그들의 우두머리는 에셀이고, 둘째
는 오바댜이고, 셋째는 엘리압이고,
10 넷째는 미스만나이고, 다섯째는 예
레미야이고,
11 여섯째는 앗대이고, 일곱째는 엘리
엘이고,
12 여덟째는 요하난이고, 아홉째는 엘
사밧이고,
13 열째는 예레미야이고, 열한째는 막
반내이다.
14 ○이들은 갓 자손의 군대 지휘관으
로서, ㉠그 가운데 계급이 낮은 사람
은 백 명을 거느렸고, 높은 사람은
천 명을 거느렸다.
15 어느 해 첫째 달, 요단 강 물이 모든
강둑에 넘칠 때에, 그들은 강을 건너
가 골짜기에 사는 모든 사람을 쳐서
동서로 도망 치게 하였다.

베냐민과 유다에서 다윗을 따른 사람들

16 ○베냐민과 유다 자손 가운데서 요
새로 다윗을 찾아온 사람들이 있었
다.
17 다윗이 나가서 그들을 맞으며 말하
였다. "여러분이 나를 돕고 화친할
목적으로 왔다면, 나는 여러분과 연
합할 마음이 있소. 그러나 내게 아
무런 악행이 없는데도 여러분이 나
를 배반하여 적에게 넘긴다면, 우리
조상의 하나님께서 이를 보시고, 여
러분을 벌하시기를 바라오."
18 ○그 때에 삼십인의 우두머리인 아
마새가 하나님의 영에 사로잡혀 말
하였다.

"다윗 장군님, 우리는 장군님의
부하입니다. 이새의 아드님, 우리
는 장군님의 편입니다. 하나님이
장군님을 돕는 분이시니 평화에
평화를 누리십시오. 장군님을 돕
는 사람에게도 평화가 깃들기를
빕니다."

○다윗은 그들을 기꺼이 받아들

을 서술하였다. 이어서 저자는 즉위 과정에서 다윗을 도와 다윗 왕정 체제 수립에 이바지한 자들을 기록하고 있다. 특별히 다윗이 적대 세력의 박해로 인하여 곤경에 처해 있을 때, 하나님의 쓰임을 받은 사람들의 명단을 열거하고 있다(1–15절). 더 나아가 다윗 왕국이 이스라엘 모든 지파의 지지를 받아 가는 사실을 밝히고 있다.

12:1–7 사울의 심복이며 동족인 베냐민 지파 출신으로서 다윗에게 충성한 자들을 먼저 기록하고 있다. 이는 사울이 죽기 전부터 다윗 왕정의 정통성이 인정되고 있음을 드러내려는 의도이다(1–7,16–18,23,29절).

12:8–15 11장에서 다윗과 온 이스라엘 백성 사이에 맺어진 언약으로 다윗 왕국이 수립되었음을 서술했다. 이어서 다윗의 즉위 과정에서 다윗을 도와 다윗 왕정 체제의 수립에 이바지한 자들의 기록이다. 이들은 ① 사울의 동족 베냐민 지

㉠ 또는 '작은 자는 일당 백이요, 큰 자는 일당 천이었다'

여 군대장관으로 삼았다.

므낫세에서 다윗을 따른 사람들

19 ○**므낫세 지파에서도 다윗에게 온**
사람들이 있었다. 그 때에 다윗이 블
레셋과 함께 나아가 사울과 전쟁을
하려 하였지만, 그들을 도울 수가 없
었다. 블레셋 지도자들이 의논한 뒤
에 "그가 우리 머리를 베어서 그의
왕 사울에게 투항할 것이 아니냐?"
하고 말하면서, 다윗을 돌려보냈기
때문이다.
20 **다윗이 시글락으로 돌아갈 때에, 므**
낫세 지파에서 그에게 합세한 사람
은 아드나와 요사밧과 여디아엘과
미가엘과 요사밧과 엘리후와 실르대
이다. 이들은 모두 므낫세 지파의 천
부장이다.
21 **그들은 모두 다 용맹스러운 용사들**
이어서, 다윗을 도와 침략자들을 쳤
다. 이들은 모두 군대장관이 되었다.
22 **날마다 다윗을 도우려는 사람이 모**
여들어 하나님의 군대와 같은 큰 군
대를 이루었다.

다윗의 병력 목록

23 ○**싸우려고 무장하고 헤브론으로**
다윗을 찾아와서, 주님의 말씀대로,
사울의 나라가 다윗에게 돌아오도
록 공을 세운 사람의 수는 다음과
같다.
24 ○**유다 자손 가운데서 방패와 창으**
로 무장한 군인이 육천팔백 명이고,
25 **시므온 자손 가운데서 싸운 용맹스**
러운 용사는 칠천백 명이다.
26 ○**레위 자손 가운데서는 사천육백**
명인데,
27 **아론 가문의 영도자 여호야다가 거**
느린 사람은 삼천칠백 명이고,
28 **젊은 용사 사독과 그의 가문의 지휘**
관이 스물두 명이다.
29 ○**사울의 동족인 베냐민 자손 가운**
데서는 삼천 명이 나왔다. (그들 대
다수는 그 때까지 충실히 사울 가
문을 지켜 왔다.)
30 ○**에브라임 자손 가운데서는 이만**
팔백 명인데, 그들은 다 자기 가문에
서 유명한 사람들로서, 용맹스러운
용사들이다.
31 ○**므낫세 반쪽 지파 가운데서는 만**
팔천 명이 나왔는데, 그들은 다윗에
게 가서 그를 왕으로 추대하도록 지
명받은 사람들이다.
32 ○**잇사갈 자손의 우두머리 이백 명**
이 그들의 모든 부하를 이끌고 왔다.
(그들은 때를 잘 분간할 줄 알고, 이
스라엘이 하여야 할 바를 아는 사람
들이다.)
33 ○**스불론에서는 갖가지 무기로 무장**
하여 전투 채비를 갖추고, 두 마음
을 품지 않고 모여든 군인이 오만 명
이다.

파 출신으로 다윗에게 협력한 자들(1–7절) ② 갓 사람으로 다윗이 거친 땅에 있을 때 귀순한 자들(8–15절)로, 다윗 일행이 요단 강 도하 작전을 성공리에 마치게 하여 피신하게 한 자들이다(15절).

12:19–22 다윗이 블레셋 사람들에 의해 추방당할 때, 다윗을 따르며 도왔던 므낫세 지파의 사람들의 충절에 대하여 기록하였다. 블레셋 사람들과의 연합을 꾀했던 다윗이 그들로부터 거부를 당하였는데(삼상 28:1) 이것은 다윗 왕국의 순수성을 보존하려는 하나님의 은혜이다.

12:38–40 명실상부한 다윗 왕국이 수립되었고 하나님의 통치가 이스라엘에 회복되었다. 하나님의 통치를 받는 이스라엘 백성들이 기쁨과 복락을 누리게 된 사실을 보여 준다. 그들이 누리게 된 진정한 행복과 만족과 기쁨은, 단순히 정치적 안정과 번영에서가 아니라 오직 하나님의 통치에서 비롯된다는 사실을 암시하고 있다.

34 ○납달리에서는, 지휘관이 천 명이
고, 그들과 함께 창과 방패를 들고
온 사람이 삼만 칠천 명이다.
35 ○단에서는 전투 채비를 한 군인이
이만 팔천육백 명이 나왔다.
36 ○아셀에서는 전투 채비를 하고 나
온 군인이 사만 명이다.
37 ○요단 강 동쪽에 있는 르우벤과 갓
과 므낫세 반쪽 지파에서는 갖가지
무기를 가진 군인이 십이만 명이 나
왔다.
38 ○전투 채비를 한 이 모든 군인이,
다윗을 온 이스라엘의 왕으로 추대
하려고, 충성된 마음으로 헤브론으
로 왔다. 그 밖에 남은 이스라엘 사
람도 모두 다윗을 왕으로 추대하는
데 뜻을 같이하였다.
39 그들의 동족이 음식까지 마련하여
주어서, 그들은 거기에서 다윗과 함
께 사흘을 지내며, 먹고 마셨다.
40 또 그 근처에 있는 잇사갈과 스불론
과 납달리에서도, 사람들이 음식물
을 나귀와 낙타와 노새와 소에 실어
왔다. 밀가루 빵과 무화과 빵과 건
포도와 포도주와 소와 양을 많이 가
져 오니, 이스라엘에 기쁨이 넘쳤다.

언약궤를 옮기다 (삼하 6:1-11)

13 다윗이 천부장과 백부장과 그
밖의 모든 지도자와 의논하고,
2 이스라엘 온 회중에게 말하였다. "여
러분이 좋게 여기고 우리 주 하나님
께서 기뻐하신다면, 우리가 이스라
엘 온 땅에 남아 있는 우리 백성과
또 그들의 목초지에 있는 성읍들에
서 그들과 함께 살고 있는 제사장과
레위 사람에게 전갈을 보내어, 그들
을 우리에게로 모이게 합시다.
3 그런 다음에, 우리 모두 하나님의 궤
를 우리에게로 옮겨 오도록 합시다.
사울 시대에는 우리가 궤 앞에서 하
나님의 뜻을 여쭈어 볼 수가 없지
않았습니까!"
4 온 백성이 이 일을 옳게 여겼으므로
온 회중이 그렇게 하겠다고 대답하
였다.
5 ○그래서 다윗은 하나님의 궤를 기
럇여아림에서 옮겨 오려고, 이집트
의 시홀에서부터 하맛 어귀에 이르
기까지 온 이스라엘을 불러모았다.
6 다윗과 온 이스라엘이 하나님의 궤
를 옮겨 오려고, 바알라 곧 유다의
기럇여아림으로 올라갔다. 그 궤는,
그룹들 위에 앉아 계신 주님의 이름
으로 불리는 궤이다.
7 그들이 아비나답의 집에서 하나님의
궤를 꺼내서 새 수레에 싣고 나올 때
에, 웃사와 아히요가 그 수레를 몰았
다.
8 다윗과 온 이스라엘은 있는 힘을 다
하여 노래하며, 수금과 거문고를 타

13장 요약 언약궤를 예루살렘으로 옮기던 중 웃사의 실수로 인해 실패한 사실을 수록한 내용이다. 다윗이 즉위 직후에 언약궤를 옮겨 오도록 한 이유는, 언약궤가 하나님의 임재와 통치를 상징하는 것이었기 때문이다. 웃사는 언약궤를 실은 소들이 뛰자 손을 내밀어 그것을 붙들다가 즉사하고 말았다.

13:1-14 이 부분은 사무엘기(삼하 6:1-11)와 사건 순서의 차이가 있다. 사무엘기는 왕국 건립과 다윗의 가족 소개, 그리고 블레셋 정복의 기사가 수록된 이후에 하나님의 궤 이전을 착수한 내용이 기록되어 있다(삼하 5:11-25). 그러나 역대지 저자는 하나님의 궤, 즉 언약궤의 이전을 먼저 기록하고 왕궁 신축과 블레셋 정복을 언급하였다(14장). 이는 다윗 왕국의 특징을 보여 준다. 그것은 세상 왕국과는 달리 하나님의 언약이 성취된 하나님의 왕국이라는 사실을 시사하는 것이다.

며, 소구와 심벌즈를 치며, 나팔을
불면서, 하나님 앞에서 기뻐하였다.
9 ○그들이 기돈의 타작 마당에 이르
렀을 때에, 소들이 뛰어서 궤가 떨어
지려고 하였으므로, 웃사가 그 손을
내밀어 궤를 붙들었다.
10 웃사가 궤를 붙들었으므로, 주님께
서 웃사에게 진노하셔서 그를 치시
니, 그가 거기 하나님 앞에서 죽었다.
11 주님께서 그토록 급격하게 웃사를
벌하셨으므로, 다윗이 화를 냈다. 그
래서 그 곳 이름을 오늘날까지 ㉠베
레스 웃사라고 한다.
12 ○그 날 다윗은 이 일 때문에 하나님
이 무서워서 "이래서야 내가 어떻게
하나님의 궤를 내가 있는 곳으로 옮
길 수 있겠는가?" 하였다.
13 그래서 다윗은 그 궤를 자기가 있는
'다윗 성'으로 옮기지 않고, 가드 사
람 오벳에돔의 집으로 실어 가게 하
였다.
14 그래서 하나님의 궤가 오벳에돔의
집에서 그의 가족과 함께 석 달 동
안 머물렀는데, 그 때에 주님께서 오
벳에돔의 가족과 그에게 딸린 모든
것 위에 복을 내려 주셨다.

예루살렘에서 다윗이 활동하다

(삼하 5:11-16)

14 두로 왕 히람이 다윗에게, 사절
단과 함께 백향목과 석수와 목
수를 보내어서, 궁궐을 지어 주게 하
였다.
2 다윗은, 주님께서 자기를 이스라엘
의 왕으로 굳건히 세워 주신 것과,
그분의 백성 이스라엘을 번영하게
하시려고 그의 나라를 크게 높이신
것을 깨달아 알았다.
3 ○다윗은 예루살렘에서 또 아내들
을 맞아, 또 자녀를 낳았다.
4 그가 예루살렘에서 낳은 아이들의
이름은 삼무아와 소밥과 나단과 솔
로몬과
5 입할과 엘리수아와 엘벨렛과
6 노가와 네벡과 야비아와
7 엘리사마와 브엘랴다와 엘리벨렛이
다.

다윗이 블레셋을 이기다 (삼하 5:17-25)

8 ○다윗이 기름 부음을 받아 온 이스
라엘의 왕이 되었다는 소식을 블레
셋 사람이 듣고, 온 블레셋 사람이
다윗을 잡으려고 올라왔다. 다윗이
이 말을 듣고 그들을 맞아 공격하려
고 나갔다.
9 블레셋 사람들이 이미 몰려와서, 르
바임 평원을 침략하였다.
10 다윗이 하나님께 아뢰었다. "제가 저
블레셋 사람들을 치러 올라가도 되
겠습니까? 주님께서 그들을 저의 손
에 넘겨 주시겠습니까?" 주님께서
그에게 대답하셨다. "올라가거라. 내

14장 요약 두로 왕 히람이 다윗의 왕궁을 건축하기 위한 물자와 기술자들을 보낸 것(1–2절), 다윗의 자녀들이 더욱 많아진 사실(3–7절), 다윗 군대가 블레셋을 격파한 일(8–17절) 등 하나님의 축복으로 다윗 왕국이 더욱 강성해져 가는 모습이 소개된다. 본장을 전후로 언약궤의 이전 상황이 언급된다.

㉠ '웃사를 침'

14:1–17 역대지 저자는 다윗이 하나님의 축복을 받은 사실, 즉 그가 복을 얻게 된 것을(창 27:28–29) 기록하였다. 다윗이 받은 축복은 다윗의 경건이나 능력 때문이라기보다는 이스라엘을 향한 하나님의 은혜로운 통치의 결과였다. 언약궤가 오벳에돔의 집에 3개월 동안 머무른 후, 하나님의 축복이 다윗과 그의 왕국에 내려지기 시작한 것이다. 그 첫째가 왕궁의 건립(1–2절)이요, 다음이 그의 가계의 번창(3–7절)이며, 또한 블레셋과의

가 그들을 너의 손에 넘겨 주겠다."
11 ○그래서 그가 ㉠바알브라심으로 쳐
들어갔다. 다윗은 거기에서 블레셋
사람들을 쳐서 이기고 나서, 이렇게
말하였다. "홍수가 모든 것을 휩쓸
어 버리듯이, 하나님께서 나의 손으
로 나의 원수들을 그렇게 휩쓸어 버
리셨다." 그래서 사람들이 그 곳 이
름을 바알브라심이라고 부른다.
12 블레셋 사람이 그들의 온갖 신상을
거기에 버리고 도망 갔으므로, 다윗
은 그 신상들을 불태워 버리라고 명
령하였다.
13 ○블레셋 사람이 또다시 그 평원을
침략하였다.
14 다윗이 하나님께 또 아뢰니, 하나님
께서 그에게 대답하셨다. "너는 그
들을 따라 올라가 정면에서 치지 말
고, 그들의 뒤로 돌아가서 숨어 있다
가, 뽕나무 숲의 맞은쪽에서부터 그
들을 기습하여 공격하여라.
15 뽕나무 밭 위쪽에서 행군하는 소리
가 나거든, 너는 곧 나가서 싸워라.
그러면 나 하나님이 너보다 먼저 가
서, 블레셋 군대를 치겠다."
16 다윗은 하나님이 명하신 대로, 기브
온에서 게셀에 이르기까지 쫓아가면
서, 블레셋 군대를 무찔렀다.
17 다윗의 명성이 온 세상에 널리 퍼졌
고, 주님께서는, 모든 나라들이 다윗
을 두려워하게 하셨다.

언약궤를 옮길 준비

15 다윗이 '다윗 성'에 자기가 살
궁궐을 지었다. 또 하나님의 궤
를 둘 한 장소를 마련하고 궤를 안치
할 장소에 장막을 치고,
2 이렇게 말하였다. "레위 사람 말고는
아무도 하나님의 궤를 메어서는 안
된다. 주님께서 그들을 선택하여, 그
들이 하나님의 궤를 메고 영원히 하
나님을 섬기게 하셨기 때문이다."
3 다윗은 그가 마련한 장소에 주님의
궤를 옮겨 오려고, 온 이스라엘을 예
루살렘으로 불러모았다.
4 다윗이 불러모은 아론의 자손과 레
위 사람은 다음과 같다.
5 고핫 자손 가운데서 족장 우리엘과
그의 친족 백이십 명,
6 므라리 자손 가운데서 족장 아사야
와 그의 친족 이백이십 명,
7 ㉡게르손 자손 가운데서 족장 요엘
과 그의 친족 백삼십 명,
8 엘리사반 자손 가운데서 족장 스마
야와 그의 친족 이백 명,
9 헤브론 자손 가운데서 족장 엘리엘
과 그의 친족 여든 명,
10 웃시엘 자손 가운데서 족장 암미나
답과 그의 친족 백십이 명이다.
11 ○다윗은 제사장 사독과 아비아달
과 레위 사람 우리엘과 아사야와 요

전쟁에서 승리한 것(8-17절) 등이 하나님의 은혜요, 축복이었다.

14:3-7 본문에는 다윗이 헤브론에서 낳은 아들들의 이름이 없다(3:1-4;3:5-9;삼하 3:2-5;5:13-16). 저자는 다윗의 자녀 중 예루살렘에서 낳은 아이들에 한정시킴으로써, 이 중의 한 아들이 진정한 후계자로 선택된 자임을 암시하고 있다. 이는 하나님이 택하여 세운 자만이 다윗 왕가의 정통성이 부여된 자라는 것을 뜻한다.

15장 요약 본장은 마침내 언약궤를 예루살렘으로 옮겨 온 사실을 기록하고 있다. 다윗은 보다 철저히 율법에 맞추어 진행하였는데, 다윗 성에 장막을 마련하였고, 제사장들 및 레위 사람들과 상의하여 일을 진행시켰으며, 찬양대를 구성하였고, 언약궤를 지키는 문지기를 임명하였다.

㉠ '휩쓸어 버리는 주' ㉡ 히, '게르솜', 게르손의 변형

엘과 스마야와 엘리엘과 암미나답
을 불러,
12 그들에게 말하였다. "여러분은 레위
가문의 족장들입니다. 여러분 자신
과 여러분의 친족들을 성결하게 하
고, 주 이스라엘의 하나님의 궤를 내
가 마련한 장소로 옮기십시오.
13 지난번에는 여러분이 메지 않았으므
로, 주 우리 하나님께서 우리를 치셨
습니다. 우리가 그분께 규례대로 하
지 않아서 그렇게 된 것입니다."
14 ○그러자 제사장들과 레위 사람들
이 주 이스라엘의 하나님의 궤를 옮
겨 오려고, 스스로를 성결하게 하였
다.
15 레위 자손은, 모세가 명령한 하나님
의 말씀대로, 하나님의 궤를 채에 꿰
어 그들의 어깨에 메었다.
16 ○다윗은 레위 사람의 족장들에게
지시하여, 그들의 친족으로 찬양하
는 사람들에 임명하게 하고, 거문고
와 수금과 심벌즈 등 악기를 연주하
며, 큰소리로 즐겁게 노래를 부르게
하였다.
17 레위 사람은, 요엘의 아들 헤만과,
그의 친족 가운데서 베레갸의 아들
아삽과, 또 그들의 친족인 므라리 자
손 가운데서 구사야의 아들 에단을
임명하였다.
18 그들 말고, 두 번째 서열에 속한 그
들의 친족들은, 스가랴와 벤과 야아
시엘과 스미라못과 여히엘과 운니와
엘리압과 브나야와 마아세야와 맛
디디야와 엘리블레후와 믹네야와 문
지기 오벳에돔과 여이엘이다.
19 찬양대에 속한, 헤만과 아삽과 에단
은 놋 심벌즈를 치고,
20 스가랴와 아시엘과 스미라못과 여히
엘과 운니와 엘리압과 마아세야와
브나야는 알라못 방식으로 거문고
를 타고,
21 맛디디야와 엘리블레후와 믹네야와
오벳에돔과 여이엘과 아사시야는 스
미닛 방식으로 수금을 탔다.
22 ○레위 사람의 족장 그나냐는 지휘
를 맡았다. 그는 음악에 조예가 깊었
으므로 찬양하는 것을 지도하였다.
23 베레갸와 엘가나는 궤를 지키는 문
지기이다.
24 제사장인, 스바냐와 요사밧과 느다
넬과 아마새와 스가랴와 브나야와
엘리에셀은, 하나님의 궤 앞에서 나
팔을 불었다. 오벳에돔과 여히야는
궤를 지키는 문지기이다.

언약궤를 예루살렘으로 옮기다
(삼하 6:12-22)

25 ○다윗과 이스라엘 장로들과 천부장
들이 오벳에돔의 집에서 주님의 언
약궤를 옮겨 오려고 기쁜 마음으로
그리로 갔다.

15:1-24 하나님의 궤를 옮겨 오기 위한 계획은 율법에 준하여 세워졌다. 율법을 그대로 준수한 증거로써 이전을 준비하는 과정과 내용이 자세히 기록되었다. *첫째, 다윗 성에 궤를 안치할 장막을* 마련하였다(1절). 둘째, 다윗 왕이 제사장들과 레위 사람들과 율법에 따라 상의하여 결정된 일의 과정을 기록하였다(2-15절). 셋째, 언약궤의 이전과 더불어 찬양대를 구성하였다(16-22절). 넷째, 궤를 지키는 문지기를 임명하였다(23-24절).

15:16-22 언약궤를 이전할 때에 수행하는 찬양대도 역시 레위 사람들에 의해 운영되었다.

15:29 사무엘기하 6:16과 동일한 내용이다. 그런데 역대지 저자는 사건의 진상을 다 기록하지 않고(삼하 6:20-23) 누락시켰다. 사울의 딸 미갈의 태도는 사울 왕국의 가치관을 드러내고 있는 반면, 다윗의 기쁨과 만족은 새로운 왕국의 가치관을 상징하고 있다. 두 왕국의 사상과 가치관이 극적으로 대조를 이루도록 의도되고 있다.

26 하나님께서 주님의 언약궤를 운반하
는 레위 사람들을 도우셨으므로, 그
들이 수송아지 일곱 마리와 숫양 일
곱 마리를 제물로 잡아서 바쳤다.
27 다윗과, 하나님의 궤를 멘 레위 사람
들과, 찬양하는 사람들과, 찬양하는
사람들의 지휘자 그나냐가 모두 다
고운 모시로 만든 겉옷을 입고 있었
으며, 다윗은 모시로 만든 에봇을 입
고 있었다.
28 온 이스라엘은 환호성을 올리며, 뿔
나팔과 나팔을 불고, 심벌즈를 우렁
차게 치고, 거문고와 수금을 타면서,
주님의 언약궤를 메고 올라왔다.
29 ○주님의 언약궤가 '다윗 성'으로 들
어올 때에, 사울의 딸 미갈이 창 밖
을 내다보다가, 다윗 왕이 춤추며 기
뻐하는 것을 보고, 마음 속으로 그
를 업신여겼다.

16 1 그들이 하나님의 궤를 들어
다가, 다윗이 궤를 두려고 쳐
놓은 장막 안에 궤를 옮겨 놓고 나
서, 하나님 앞에 번제와 화목제를 드
렸다.
2 다윗은 번제와 화목제를 드리고 나
서, 주님의 이름으로 백성에게 복을
빌어 주고,
3 온 이스라엘 사람에게, 남녀를 가리
지 않고, 각 사람에게 빵 한 개와 고
기 한 점과 건포도 과자 한 개씩을
나누어 주었다.
4 ○다윗이 레위 사람을 임명하여, 주
님의 궤 앞에서 섬기며, 주 이스라엘
의 하나님을 기리며, 감사하며, 찬양
하게 하였다.
5 그 우두머리는 아삽이며, 그 밑에 스
가랴와 여이엘과 스미라못과 여히엘
과 맛디디아와 엘리압과 브나야와
오벳에돔과 여이엘이 있었다. 이들
은 거문고와 수금을 타고 아삽은 심
벌즈를 우렁차게 쳤다.
6 제사장 브나야와 야하시엘은 하나
님의 언약궤 앞에서 항상 나팔을 불
었다.
7 그 날에 처음으로, 다윗이 아삽과
그 동료들을 시켜, 주님께 감사를 드
리게 하였다.

감사 찬송

(시 105:1-15; 96:1-13; 106:47-48)

8 너희는 주님께 감사하면서, 그
의 이름을 불러라. 그가 하신 일
을 만민에게 알려라.
9 그에게 노래하면서, 그를 찬양하
면서, 그가 이루신 놀라운 일들을
㉠전하여라.
10 그의 거룩하신 이름을 찬양하여
라. 주님을 찾는 이들은 기뻐하여
라.
11 주님을 찾고, 그의 능력을 힘써 사
모하고, 언제나 그의 얼굴을 찾아

16장 요약 언약궤를 무사히 예루살렘에 옮겨 온 후에, 다윗은 번제와 화목제를 드리고(1-3절) 주님을 찬양하는 송축시를 불렀다(7-36절). 이 노래는 역사 속에서 언약을 변함없이 이루어오신 하나님께 감사하고 찬양하는 것을 주제로 하고 있다.

16:1-3 역대지 저자는 2절에서 다윗에 의하여 번제와 화목제가 드려진 것으로 밝히고 있다. 왕의 제사장직 역할에 대하여는 사무엘기, 열왕기, 시편 등에서도 명백히 언급되고 있다. 다윗이 나누어 준 음식은 화목제를 드린 후에 행해지는 제의적 식사이다(참조. 레 3:1-17;7:11-21).

16:8-36 이 부분은 시편의 여러 구절과 그 내용이 유사하다(8-22절은 시편 105:1-15에, 23-33절은 시편 96편에, 34-36절은 시편 106:1,47-48에 나타난다). 사무엘기에는 이 부분이 없고, 역

㉠ 또는 '묵상하여라'

예배하여라.
12 주님께서 이루신 놀라운 일을 기
억하여라. 그 이적을 기억하고, 내
리신 판단을 생각하여라.
13 그의 종 이스라엘의 자손아, 그가
택하신 야곱의 자손아!
14 그가 바로 주 우리의 하나님이
시다. 그가 온 세상을 다스리신다.
15 그는, 맺으신 언약을 영원히 기억
하시며, 자손 수천 대에 이루어지
도록 기억하신다.
16 그것은 곧 아브라함과 맺으신 언
약이요, 이삭에게 하신 맹세요,
17 야곱에게 세우신 율례요, 이스라
엘에게 지켜주실 영원한 언약이
다.
18 주님께서는 "내가 이 가나안 땅을
너희에게 줄 것이다" 하고 말씀하
셨다.
19 그 때에 너희의 수효가 극히 적
었고, 그 땅에서 나그네로 있었으
며,
20 이 민족에게서 저 민족에게로, 이
나라에서 다른 나라 백성에게로
떠돌아다녔다.
21 그러나 그 때에 주님께서는, 아무
도 너희를 억누르지 못하게 하셨
고, 너희를 두고 왕들에게 경고하
시기를
22 "내가 기름 부어 세운 사람에게 손
을 대지 말며, 나의 예언자들을
해하지 말아라" 하셨다.
23 온 땅아, 주님께 노래하여라. 그
의 구원을 날마다 전하여라.
24 그의 영광을 만국에 알리고, 그가
일으키신 기적을 만민에게 알려
라.
25 주님은 위대하시니, 그지없이
찬양 받으실 분이시다. 어떤 신들
보다 더 두려워해야 할 분이시다.
26 만방의 모든 백성이 만든 신은 헛
된 우상이지만, 주님은 하늘을 지
으신 분이시다.
27 주님 앞에는 위엄과 영광이 있고,
그의 처소에는 권능과 즐거움이
있다.
28 만방의 민족들아, 주님의 영광
과 권능을 찬양하여라.
29 주님의 이름에 어울리는 영광을
주님께 돌리어라. 예물을 들고, 그
앞에 들어가거라. 거룩한 옷을 입
고, 주님께 경배하여라.
30 온 땅아, 그의 앞에서 떨어라. 세
계는 굳게 서서, 흔들리지 않는다.
31 하늘은 즐거워하고, 땅은 기뻐서
외치며, '주님께서 통치하신다'고
만국에 알릴 것이다.
32 바다와 거기에 가득 찬 것들도 다
크게 외쳐라. 들과 거기에 있는 모
든 것도 다 기뻐하며 뛰어라.

대지 저자의 독자적인 사료에 근거한 기록이다. 즉, 역대지 저자는 시편 105편에서 강조되고 있는 아브라함과의 언약에 대한 하나님의 신실하심을 *포로 후에 귀환한 이스라엘 백성들에게* 상기시키고 있다(15–17절). 그리고 그들 또한 하나님의 약속 가운데서 가나안 땅으로 복귀하였다는 것을 다윗의 감사시를 통하여 암시적으로 말하고 있다(35절). 이 시편은 언약궤를 예루살렘으로 이전한 후 찬양대가 드린 제의적 시편이다.

16:23–36 이 찬양시에는 같은 의미로 사용되어 자주 등장하는 어휘들이 있다. 즉 '온 땅'(23,30절), '만민'(24절), '만방'(26절), '만방의 민족들'(28절), '하늘, 땅'(31절), '바다와 거기에 가득 찬 것들, 들과 거기에 있는 모든 것'(32절), '숲 속의 나무들'(33절), '여러 나라'(35절) 등이 그것이다. 이러한 것들은 이스라엘이 받은 구원이 온 세계와 우주에 그 효력이 미치는 위대한 사건임을 보여준다. 다시 말하면, 하나님의 우주적 구원이 일차

33 주님께서 땅을 심판하러 오실 것
이니, 숲 속의 나무들도 주님 앞에
서 즐거이 노래할 것이다.
34 주님께 감사하여라. 그는 선하
시며, 그의 인자하심은 영원하시
다.
35 너희는 부르짖어라. "우리 구원의
하나님, 우리를 구원하여 주십시
오. 여러 나라에 흩어진 우리를
모아서 건져주십시오. 주님의 거
룩한 이름에 감사하며, 주님을 찬
양하며, 영광을 돌리게 해주십시
오."
36 주 이스라엘의 하나님, 영원토록
찬송을 받아 주십시오.
그러자 온 백성은, 아멘으로 응답
하고, 주님을 찬양하였다.

예루살렘과 기브온에서 드린 예배

37 ○다윗은 아삽과 그의 동료들을 주
님의 언약궤 앞에 머물러 있게 하
여, 그 궤 앞에서 날마다 계속하여
맡은 임무를 수행하도록 하였다.
38 오벳에돔과 그의 동료 예순여덟 명
과 여두둔의 아들 오벳에돔과 호사
는 문지기로 세웠다.
39 ○제사장 사독과 그의 동료 제사장
들은 기브온 산당에 있는 주님의 성
막 앞에서 섬기게 하였다.
40 그들은, 이스라엘에게 명하신 주님
의 율법에 기록된 그대로, 번제단 위
에서 아침 저녁으로 계속하여 주님
께 번제를 드렸다.
41 그들과 헤만과 여두둔과, 선택되어
이름이 명부에 기록된 남은 사람들
은, 주님의 자비가 영원하심을 찬양
하게 하였다.
42 또 그들과 함께 헤만과 여두둔은 나
팔을 불고 심벌즈를 치며, 하나님을
찬양하는 악기를 우렁차게 연주하도
록 하였다. 그리고 여두둔의 아들은
문지기로 세웠다.
43 ○그런 다음에, 온 백성이 각각 자기
의 집으로 돌아갔고, 다윗도 자기의
집안 식구들에게 복을 빌어 주려고
왕궁으로 돌아갔다.

다윗에 대한 하나님의 약속

(삼하 7:1-17)

17 다윗은 자기의 왕궁에 살 때에
예언자 나단에게 말하였다.
"나는 백향목 왕궁에 살고 있는데,
주님의 언약궤는 아직도 휘장 밑에
있습니다."
2 나단이 다윗에게 말하였다. "하나님
께서 임금님과 함께 계시니, 무슨 일
이든지 계획하신 대로 하십시오."
3 ○그러나 바로 그 날 밤에, 하나님께
서 나단에게 말씀하셨다.
4 "너는 내 종 다윗에게 가서 전하여
라. '나 주가 말한다. 내가 살 집을
네가 지어서는 안 된다.

적으로 다윗 왕국에 의해서 실현된 것으로 볼 수 있다.

16:37-43 언약궤가 시온 산에 마련된 장막에 안치됨과 동시에, 다윗은 기브온에 있는 성막을 공식적인 예배 처소로 정하였다(39절). 그리고 종교적 직무를 담당할 자들을 임명하여 계속 봉사하게 하였다. 레위 사람들로 하여금 언약궤와 성막에 관한 모든 직무를 담당하게 하고, 율법에 기록된 대로 그 직무를 수행하게 한 것이다.

17장 요약 본장은 사무엘기하 7장에도 나오는 내용으로, 크게 세 단락으로 구분된다. 1-6절은 다윗이 성전 건축의 뜻을 밝히니 하나님께서 나단 예언자를 통해 그 일을 막으신 내용이다. 7-15절은 다윗에게 베푸신 하나님의 은혜로우신 언약이다. 16-27절은 다윗이 하나님의 은혜에 감사드리는 내용이다.

17:1-27 이 장에는 다윗과 맺은 하나님의 언약이

5 내가 이스라엘을 이끌어 낸 날로부
터 오늘까지, 나는 어떤 집에서도 살
지 아니하고, 이 장막에서 저 장막
으로, 이 성막에서 저 성막으로 옮
겨 다니며 지냈다.
6 내가 온 이스라엘과 함께 옮겨 다닌
모든 곳에서, 내가 내 백성을 돌보라
고 명한 이스라엘의 어떤 사사에게,
나에게 백향목 집을 지어 주지 않은
것을 두고 말한 적이 있느냐?'
7 그러므로 이제 너는 내 종 다윗에게
전하여라. '나 만군의 주가 말한다.
양 떼를 따라다니던 너를 목장에서
데려다가, 내 백성 이스라엘의 통치
자로 삼은 것은, 바로 나다.
8 나는, 네가 어디로 가든지 언제나 너
와 함께 있어서, 네 모든 원수를 네
앞에서 물리쳐 주었다. 나는 이제 네
이름을, 이 세상에서 위대한 사람들
의 이름과 같이 빛나게 해주겠다.
9 이제 내가 한 곳을 정하여, 거기에
내 백성 이스라엘을 심어, 그들이 자
기의 땅에서 자리 잡고 살면서, 다시
는 옮겨 다닐 필요가 없도록 하고,
이전과 같이 악한 사람들에게 억압
을 받는 일도 없도록 하겠다.
10 이전에 내가 내 백성 이스라엘에게
사사들을 세워 준 때와는 달리, 내
가 네 모든 적을 굴복시키겠다. 그뿐
만 아니라, 나 주가 네 집안을 한 왕
조로 세우겠다는 것을 이제 네게 선
언한다.
11 네 생애가 다하여서, 네가 너의 조상
에게로 돌아가게 되면, 내가 네 몸에
서 나올 네 아들 가운데서 하나를
후계자로 세워 그 나라를 튼튼하게
하겠다.
12 바로 그가 내게 집을 지어 줄 것이
며, 나는 그의 왕위를 영원토록 튼튼
하게 해주겠다.
13 나는 그의 아버지가 되고, 그는 나의
아들이 될 것이다. 내가 네 선임자에
게서는 내 총애를 거두었지만, 그에
게서는 내 총애를 거두지 아니하겠
다.
14 오히려 내가 그를 내 집과 내 나라
위에 영원히 세워서, 그의 왕위가 영
원히 튼튼하게 서게 하겠다.'"
15 ○나단이 이 모든 말씀과 계시를, 받
은 그대로 다윗에게 말하였다.

다윗의 감사 기도 (삼하 7:18-29)

16 ○다윗 왕이 성막으로 들어가서, 주
님 앞에 꿇어앉아, 이렇게 기도하였
다. "주 하나님, 내가 누구이며 내 집
안이 무엇이기에, 주님께서 나를 이
러한 자리에까지 오르게 해주셨습
니까?
17 하나님, 그런데도 주님께서는 이것도
오히려 부족하게 여기시고, 주님의
종의 집안에 있을 먼 장래의 일까지

기록되어 있다. 다윗은 하나님을 위한 전을 자기 보좌가 있는 왕궁처럼 짓기를 원하였다. 곧, 이스라엘 백성이 하나님을 경배할 수 있는 성전을 건축할 것을 소망한 것이다. 그러나 나단 예언자를 통한 하나님의 응답은 부정적이었다. 오히려 하나님께서는 다윗의 집, 곧 다윗 왕가를 영원토록 튼튼하게 세울 것을 약속하셨다. 즉, 다윗 왕가가 모든 죄악의 세력을 물리치고 궁극적으로 승리할 것을 약속함으로써 '다윗 언약'을 수립하셨다. 이 언약은 셈과 그의 자손(창 9:26-27), 아브라함과 그의 자손(창 12:2-3;13:16;15:5), 그리고 유다 족보(창 49:8-12)에 약속된 내용이며, 드디어 다윗 왕가에 초점이 맞춰진 것이다. 그리고 이 다윗 왕가를 통하여 하나님 백성의 구원을 완전히 성취할 메시아, 진정한 신정 통치자가 등장할 것을 예언하였다.

17:13 역대지 저자는 사무엘기 저자가 언급한 '사람들이 저의 자식을 매로 때리거나 채찍으로 치

말씀해 주셨습니다. 주 하나님, 주님
께서는 나를 존귀하게 만드셨습니
다.
18 주님께서 주님의 종을 아시고, 주님
의 종을 영화롭게 해주셨는데, 이
다윗이 주님께 무슨 말씀을 더 드릴
필요가 있겠습니까?
19 주님, 주님께서는 주님의 종을 살피
시어, 주님께서 세우신 뜻과 목적대
로 하셨습니다. 주님께서 이처럼 크
나큰 일을 하시고, 이 모든 일을 알
려 주셨습니다.
20 주님, 우리의 귀로 다 들어 보았습니
다만, 주님과 같은 분이 또 계시다는
말은 들어 본 적이 없고, 주님 밖에
또 다른 하나님이 있다는 말도 들어
본 적이 없습니다.
21 이 세상에서 어떤 민족이 주님의 백
성 이스라엘과 같겠습니까? 하나님
이 직접 찾아가셔서 이스라엘을 구
하여 내시고, 주님의 백성으로 삼아
서, 주님의 명성을 드러내셨습니다.
그들을 이집트에서 구하여 내시려고
크고 놀라운 일을 하셨고, 주님의
백성이 보는 앞에서 뭇 민족을 쫓아
내셨습니다.
22 주님께서는 이렇게 주님의 백성 이
스라엘을 영원히 주님의 백성으로
삼으셨고, 주님께서 그들의 하나님이
되셨습니다.
23 ○주님, 주님께서 주님의 종과 이 종
의 집안에 약속하여 주신 말씀이 영
원토록 이루어지게 해주십시오. 주
님께서 말씀하신 대로 해주십시오.
24 그리하여 사람들이 '이스라엘의 하
나님은 만군의 주요, 이스라엘을 지
키시는 하나님이시다!' 하고 외치며,
주님의 이름을 굳게 세우고, 영원토
록 높이게 하시고, 주님의 종 다윗의
집안도 주님 앞에서 튼튼히 서게 해
주시기 바랍니다.
25 나의 하나님, 주님께서 주님의 종에
게, 이 종의 집안을 한 왕조가 되게
하시겠다고 계시하셨기 때문에, 주
님의 종이 감히 주님께 이러한 간구
를 드릴 용기를 얻었습니다.
26 그리고 이제 주님, 주님께서는 참으
로 하나님이십니다. 주님께서는 주님
의 종에게 이와 같이 놀라운 약속
을 하셨습니다.
27 그러므로 이제 주님의 종의 집안에
기꺼이 복을 내리셔서, 나의 자손이
주님 앞에서 영원토록 대를 잇게 해
주시기 바랍니다. 주님, 주님께서 복
을 주셨으니, 그 복을 영원히 누리게
해주십시오."

다윗의 승전 기록 (삼하 8:1-18)

18 그 뒤에 다윗이 블레셋 사람을
쳐서, 그들을 굴복시켰다. 그래
서 그는 블레셋 사람의 손에서 가드

듯이'(삼하 7:14) 징계하시겠다는 내용을 생략하였다. 그뿐만 아니라, 사울에 관한 것도 기록하지 않았다. 그 이유는 저자의 관심의 초점이 사울이나 솔로몬에 있지 않다는 것을 보여 준다. 심지어 다윗이라는 인물 자체에도 있지 않다. 오직 진정한 메시아가 누구인가를 핵심적인 주제로 삼고 역사를 서술해 가고 있는 것이다. 인간을 위한 교훈보다는 하나님의 궁극적인 관심과 목적에 독자의 시선을 모으고 있다.

18장 요약 하나님의 축복으로 다윗 왕국이 확장된 사실을 보여 준다. 블레셋(1절), 모압(2절), 시리아 연합군(3-8절), 에돔(11-13절) 등을 격파함으로 이스라엘은 근동의 강국이 되었다. 말미 부분(14-17절)은 다윗이 내치(內治)의 일환으로서 행정 조직을 체계화한 내용이다.

18장 다윗의 주변 이방 국가 정복과 승리에 대하여는 사무엘기하와 마찬가지의 순서로 기술하였와 그 주변 마을을 빼앗았다.
2 다윗이 또 모압을 치니, 모압 사람들
이 다윗의 종이 되어 그에게 조공을
바쳤다.
3 ○소바 왕 하닷에셀이 유프라테스
강 쪽으로 가서 그의 세력을 굳히려
할 때에, 다윗이 하맛까지 가면서 그
를 무찔렀다.
4 다윗은 그에게서 병거 천 대를 빼앗
고, 기마병 칠천 명과 보병 이만 명
을 포로로 사로잡았다. 다윗은 또
병거를 끄는 말 가운데서도 백 필만
남겨 놓고, 나머지는 모조리 다리의
힘줄을 끊어 버렸다.
5 ○다마스쿠스의 시리아 사람들이 소
바 왕 하닷에셀을 도우려고 군대를
보내자, 다윗은 시리아 사람 이만 이
천 명을 쳐죽였다.
6 그리고 다윗이 시리아의 다마스쿠스
에 주둔군을 두니, 시리아도 다윗의
종이 되어 그에게 조공을 바쳤다. 다
윗이 어느 곳으로 출전하든지, 주님
께서 그에게 승리를 안겨 주셨다.
7 그 때에 다윗은 하닷에셀의 신하들
이 가지고 있던 금방패를 다 빼앗아
서, 예루살렘으로 가져 왔다.
8 또 다윗은, 하닷에셀의 두 성읍 디브
핫과 군에서는 놋쇠를 아주 많이 빼
앗아 왔다. 이것으로 솔로몬이 바다
모양 물통과 기둥과 놋그릇을 만들
었다.
9 ○하맛 왕 도이는, 다윗이 소바 왕
하닷에셀의 온 군대를 쳐서 이겼다
는 소식을 들었다.
10 그는 자기의 아들 요람을 다윗 왕에
게 보내어 문안하게 하고, 다윗이 하
닷에셀과 싸워서 이긴 것을 축하하
게 하였다. 하닷에셀은 도이와 서로
싸우는 사이였다. 요람은 금과 은과
놋으로 만든 물건들을 가져 왔다.
11 다윗 왕은 이것들도 따로 구별하여,
에돔, 모압, 암몬 사람, 블레셋 사람,
아말렉 등 여러 민족에게서 가져 온
은 금과 함께, 주님께 구별하여 바쳤
다.
12 ○스루야의 아들 아비새가 '소금 골
짜기'에서 에돔 사람 만 팔천 명을
쳐죽이고,
13 에돔에 주둔군을 두었다. 마침내 온
에돔 사람이 다윗의 종이 되었다.
다윗이 어느 곳으로 출전하든지, 주
님께서 그에게 승리를 안겨 주셨다.
14 ○다윗이 왕이 되어서 이렇게 온 이
스라엘을 다스릴 때에, 그는 언제나
자기의 백성 모두를 공평하고 의로
운 법으로 다스렸다.
15 스루야의 아들 요압은 군사령관이
되고, 아힐룻의 아들 여호사밧은 역
사 기록관이 되고,
16 아히둡의 아들 사독과 아비아달의

다. 이 내용은 다윗의 통치에 대한 하나님의 축복의 결과였음을 증거한다.

18:6 다윗이 어느 곳으로 출전하든지, 주님께서 그에게 승리를 안겨 주셨다 *18장에서 이 문장이* 사건의 끝마다 두 번 반복하여(13절) 강조하고 있다. 이 전쟁의 승리는 하나님께서 다윗에게 다윗 왕국을 튼튼히 세우리라고 약속한 것을 성취한 것이다. 대적을 정복한 것은 곧 하나님이 이스라엘을 구원하신 증거이다.

18:14-17 다윗의 행정 조직의 체계화 이스라엘이 강국이 되면서 국가 내부적인 행정 조직을 체계적으로 개편한다. 17절은 사무엘기하 8:18과 기록의 차이가 있다. 사무엘기하는 다윗의 아들들이 '제사장 일'을 보았다(삼하 8:18)고 기록한다. 여기서는 다윗의 아들들이 '왕을 모시는 대신'(히. 리숀)이 되었다(17절)고 하는데, 이는 역대지 저자 시대에는 레위 자손(6:1-30)만 제사장이 될 수 있었기 때문일 것이다.

아들 아히멜렉은 제사장이 되고, 사
워사는 서기관이 되고,
17 여호야다의 아들 브나야는 그렛 사
람과 블렛 사람의 지휘관이 되었다.
다윗의 아들들은 왕을 모시는 대신
이 되었다.

다윗이 암몬 및 시리아를 치다

(삼하 10:1-19)

19 그 뒤에 암몬 사람의 왕 나하
스가 죽고, 그 아들이 뒤를 이
어 왕이 되었다.
2 다윗은 "하눈의 아버지 나하스가 나
에게 은혜를 베풀었으니, 나도 나하
스의 아들 하눈에게 은혜를 베풀어
야겠다" 하고 말하며, 신하들을 보내
어, 고인에게 조의를 표하게 하였다.
○그래서 다윗의 신하들이 하눈을
조문하러 암몬 사람의 땅에 이르렀
다.
3 그러나 암몬 사람의 대신들이 하눈
에게 말하였다. "다윗이 임금님께
조문 사절을 보낸 것이 임금님의 부
친을 존경하기 때문이라고 생각하십
니까? 오히려 이 땅을 두루 살펴서
함락시키려고, 그의 신하들이 정탐
하러 온 것이 아닙니까?"
4 ○그래서 하눈은 다윗의 신하들을
붙잡아, 그들의 수염을 깎고, 입은
옷 가운데를 도려내어, 양쪽 엉덩이
가 드러나게 해서 돌려보냈다.
5 조문 사절이 그 곳을 떠나자, 사람들
이, 조문 사절이 당한 일을 다윗에게
알렸다. 조문 사절이 너무나도 수치
스러운 일을 당하였으므로, 다윗 왕
은 사람을 보내어 그들을 맞으며, 수
염이 다시 자랄 때까지 여리고에 머
물러 있다가, 수염이 다 자란 다음에
돌아오라고 하였다.
6 ○암몬 사람들은 자기들이 다윗에게
미움받을 짓을 한 것을 알았다. 하
눈과 암몬 사람들은 나하라임의 시
리아 사람과 마아가의 시리아 사람
과 소바에게서 병거와 기마병을 고
용하려고, 그들에게 은 천 달란트를
보냈다.
7 그래서 그들은 병거 삼만 이천 대를
빌리고, 마아가 왕과 그의 군대를 고
용하였다. 그들은 와서 메드바 앞에
진을 쳤다. 암몬 사람도 그들의 여러
성읍에서 모여들어서, 싸울 준비를
하였다.
8 ○다윗은 이 소식을 듣고, 요압에게
전투부대를 맡겨서 출동시켰다.
9 암몬 사람도 나와서 성문 앞에서 전
열을 갖추었으며, 도우러 온 왕들도
각각 들녘에서 전열을 갖추었다.
10 ○요압은 적의 전열이 자기 부대의
앞뒤에서 포진한 것을 보고, 이스라
엘의 모든 정예병 가운데서 더 엄격
하게 정예병을 뽑아, 시리아 군대와

19장 요약 암몬과의 전쟁을 다룬 본장은 다윗이 밧세바를 범한 사건을 제외했다(삼하 11:2-12:25). 역대지 저자는 이스라엘 역사를 하나님 언약의 성취사로 나타내기 원했으므로 왕국 내부보다는 외부적인 정복 사업에 초점을 맞추었다.

19:1-20:3 암몬 사람은 이스라엘을 대대로 괴롭혀 온 대적이었다(참조. 삿 3:13;10:7-9,17-11:33; 삼상 11:1-13;14:47;대하 20:1-2,23;27:5;렘 49:1-6;습 2:8-11). 심지어 바빌로니아로부터 귀환한 이후에도, 암몬 사람 도비야가 예루살렘을 괴롭혔다(느 2:19;4:3,7;6:1,12,14;13:4-9). 역대지 저자는 이 전쟁 기사를 다윗 전쟁의 마지막 사건으로 다루고 있는데 이는 다윗 왕국을 넘어뜨리려는 주변 이방 연합 세력의 적극적인 최후의 도전을 분쇄시킴으로써 다윗 왕국이 하나님께 속한 나라임을 증거하려는 것이다.

싸울 수 있도록 전열을 갖추었다.
11 남은 병력은 자기의 아우 아비새에
게 맡겨, 암몬 군대와 싸우도록 전열
을 갖추게 하고서,
12 이렇게 말하였다. "시리아 군대가 나
보다 강하면, 네가 와서 나를 도와
라. 그러나 암몬 군대가 너보다 더
강하면 내가 너를 돕겠다.
13 용기를 내어라. 용감하게 싸워서 우
리가 우리 민족을 지키고, 우리 하나
님의 성읍을 지키자. 주님께서 좋게
여기시는 대로 이루어 주실 것이다."
14 ○그런 다음에, 요압이 그의 부대를
거느리고, 싸우려고 시리아 군대 앞
으로 나아가니, 시리아 군인들이 요
압 앞에서 도망하여 버렸다.
15 암몬 군인들은 시리아 군인들이 도
망하는 것을 보고서, 그들도 요압의
아우 아비새 앞에서 도망하여, 성으
로 들어가 버렸다. 그래서 요압은 예
루살렘으로 돌아갔다.
16 ○시리아 군인들은, 자기들이 이스라
엘에게 패한 것을 알고서, 전령을 보
내어 유프라테스 강 동쪽에 있는 시
리아 군대를 동원시켰다. 하닷에셀
의 부하 소박 사령관이 그들을 지휘
하였다.
17 다윗이 이 소식을 듣고, 온 이스라엘
군대를 모아 거느리고, 요단 강을 건
너서 그들이 있는 곳에 이르러, 그들
을 향하여 전열을 갖추었다. 다윗이
시리아 사람들에 맞서 진을 치니, 그
들이 다윗과 맞붙어 싸웠으나,
18 시리아는 이스라엘 앞에서 도망하
고 말았다. 다윗은 시리아 병거를 모
는 칠천 명과 보병 사만 명을 죽이
고, 소박 사령관도 쳐서 죽였다.
19 하닷에셀의 부하들은 자기들이 이
스라엘에게 패한 것을 알고서, 다윗
과 화해한 뒤에, 그를 섬겼다. 그 뒤
로는 시리아가 다시는 암몬 사람을
도우려 하지 않았다.

다윗의 랍바 점령 (삼하 12:26-31)

20 그 다음해 봄에, 왕들이 출전
하는 때가 되자, 요압이 병력을
이끌고 나가서 암몬 사람의 땅을 무
찌르고, 더 가서 랍바를 포위하였다.
그러나 다윗은 예루살렘에 머물러
있었다. 요압이 랍바를 쳐서 함락시
켰다.
2 다윗이 암몬 왕의 머리에서 금관을
벗겨 왔는데, 달아 보니 그 무게가
금 한 달란트나 나갔고, 금관에는 보
석이 박혀 있었다. 다윗은 그 금관
을 가져다가, 자기가 썼다. 다윗은 그
도성에서 아주 많은 전리품을 약탈
하였으며,
3 그 도성에 사는 백성도 끌어다가, 톱
질과 곡괭이질과 도끼질을 시켰다.
다윗은 암몬 사람의 모든 성읍에 이

19:9 성문 앞 암몬의 수도인 랍바 성을 말한다.

19:16-19 다윗이 암몬에게 동조한 시리아 연합군을 진멸하였다. 특히 그 연합군의 군대사령관 *이었던 소박을 죽임으로써*, 전쟁을 승리로 확정지었다. 이에 그들이 다윗과 더불어 화해 조약을 맺었다. 이 화해는 대등한 조약이 아니라, 다윗 왕국에 항복하여 더 이상 다윗을 대적하지 않겠다는 의미였다. '섬기다'라는 말이 이 사실을 더욱 분명히 제시하고 있다.

20장 요약 19장에 이어 3절까지는 이스라엘 군대가 암몬의 랍바 성을 함락시킨 내용이다. 4절 이하는 블레셋과의 전쟁에서 큰 공을 세운 다윗의 용사들의 업적이다. 하나님의 도우심을 의지한 자들은 어떠한 강한 대적이라도 물리칠 수 있다는 교훈을 보여 준다.

20:3 랍바 성에서 다윗에게 투항한 암몬 자손에게 일거리를 주고, 훼파된 성읍을 재건하게 했다.

와 똑같이 한 뒤에, 모든 군인을 거
느리고 예루살렘으로 돌아왔다.

블레셋 거인과 싸우다 (삼하 21:15-22)

4 ○그 뒤에 게셀에서 블레셋 사람과
전쟁이 벌어졌다. 그 때에 후사 사람
십브개가 거인족의 자손 십배를 쳐
죽이자, 블레셋 사람이 항복하였다.
5 ○또 블레셋 사람과 전쟁이 벌어졌
다. 야일의 아들 엘하난이 가드 사
람 골리앗의 아우 라흐미를 죽였는
데, 라흐미의 창 자루는 베틀 앞다리
같이 굵었다.
6 ○또 가드에서 전쟁이 벌어졌을 때
에, 거인이 하나 나타났는데, 그는 손
가락 발가락이 각각 여섯 개씩 모두
스물넷이었다. 이 사람도 거인족의
자손 가운데 하나이다.
7 그가 이스라엘을 조롱하므로, 다윗
의 형 시므아의 아들 요나단이 그를
쳐죽였다.
8 ○이들은 모두 가드에서 태어난 거
인족의 자손인데, 다윗과 그 부하들
에게 모두 죽었다.

다윗의 인구조사 (삼하 24:1-25)

21 사탄이 이스라엘을 치려고 일
어나서, 다윗을 부추겨, 이스라
엘의 인구를 조사하게 하였다.
2 그래서 다윗은 요압과 군사령관들에
게 지시하였다. "어서 브엘세바에서
부터 단에 이르기까지, 이스라엘의
인구를 조사하여, 그들의 수를 나에
게 알려 주시오."
3 ○그러자 요압이 말하였다. "주님께
서 그의 백성을, 지금보다 백 배나
더 불어나게 하여 주시기를 원합니
다. 높으신 임금님, 백성 모두가 다
임금님의 종들이 아닙니까? 그런데
어찌하여 임금님께서 이런 일을 명
하십니까? 어찌하여 임금님께서는
이스라엘을 벌받게 하시려고 하십니
까?"
4 그러나 요압은, 더 이상 왕을 설득시
킬 수 없었으므로, 물러나와서 온
이스라엘을 두루 돌아다닌 다음에
예루살렘으로 돌아왔다.
5 요압이 다윗에게 백성의 수를 보고
하였다. 칼을 빼서 다룰 수 있는 사
람이 온 이스라엘에는 백십만이 있
고, 유다에는 사십칠만이 있었다.
6 그러나 요압은 왕의 명령을 못마땅
하게 여겨, 레위와 베냐민은 이 조사
에 포함시키지 않았다.
7 ○하나님께서 이 일을 악하게 보시
고, 이스라엘을 치셨다.
8 그래서 다윗이 하나님께 자백하였
다. "내가 이런 일을 하여, 큰 죄를
지었습니다. 그러나 이제, 이 종의 죄
를 용서해 주시기를 빕니다. 참으로
내가 너무나도 어리석은 일을 하였
습니다."

21장 요약 이스라엘의 인구 조사와 이에 대한 하나님의 징벌이 수록되어 있다. 동일한 내용이 사무엘기하 24장에도 나오지만, 여기서는 인구 조사를 성전 건축을 위한 다윗의 준비 과정으로 본다. 본문은 성전 건축에 대한 서론 역할을 하고 있다.

21:1-8 다윗의 인구 조사 내용은 사무엘기하 24장에도 등장한다. 사무엘기하에서는 다윗의 통치 기간에 있었던 이스라엘에 대한 하나님의 진노로 시작하고 끝을 맺는다. 그 이유는 두 왕의 범죄 행위인 ① 사울의 기브온 살상 행위(삼하 21장)와 ② 다윗의 불신앙적인 인구 조사(삼하 24장) 때문이다. 그러나 역대지 저자는 이것이 다윗의 범죄와 실수였지만 후에 성전이 세워질 터를 마련하게 된 계기임을 시사한다.

21:1 사탄이…일어나서 이제까지는 사탄이 이방 세력들을 사주하여 하나님 나라인 다윗 왕국을 방

9 ○주님께서 다윗의 선견자 갓에게
말씀하셨다.
10 "너는 다윗에게 가서 전하여라. '나
주가 말한다. 내가 너에게 세 가지를
제안하겠으니, 너는 그 가운데서 하
나를 택하여라. 그러면 내가 너에게
그대로 처리하겠다.'"
11 ○갓이 다윗에게 가서 말하였다. "주
님께서 말씀하십니다. '너는 선택하
여라.
12 삼 년 동안 기근이 들게 할 것인지,
원수의 칼을 피하여 석 달 동안 쫓
겨 다닐 것인지, 아니면 주님의 칼,
곧 전염병이 사흘 동안 이 땅에 퍼지
게 하여, 주님의 천사가 이스라엘 온
지역을 멸하게 할 것인지를 선택하
여라.' 이제 임금님께서는, 나를 임금
님께 보내신 분에게 내가 무엇이라
고 보고하면 좋을지, 결정하여 주십
시오."
13 ○그러자 다윗이 갓에게 대답하였
다. "괴롭기 그지없습니다. 그래도 주
님은 자비가 많은 분이시니, 차라리
내가 그의 손에 벌을 받겠습니다. 사
람의 손에 벌을 받고 싶지는 않습니
다."
14 ○그리하여 주님께서 이스라엘에 전
염병을 내리시니, 이스라엘 사람이
칠만 명이나 쓰러졌다.
15 하나님께서는 예루살렘을 멸망시키
려고 천사를 보내셨다. 그러나 주님
께서는, 천사가 예루살렘을 멸망시
키는 것을 보시고서, 재앙 내리신 것
을 뉘우치시고, 사정없이 죽이고 있
는 그 천사에게 "그만하면 됐다. 이
제 너의 손을 거두어라" 하고 명하셨
다. 그 때에 주님의 천사는 여부스
사람 오르난의 타작 마당 곁에 서
있었다.
16 ○다윗이 눈을 들어 보니, 주님의 천
사가 하늘과 땅 사이에 서서, 칼을
빼어 손에 들고 예루살렘을 겨누고
있었다. 그래서 다윗은 장로들과 함
께 굵은 베 옷을 입고, 얼굴을 땅에
대고 엎드렸다.
17 그 때에 다윗이 하나님께 아뢰었다.
"이 백성의 인구를 조사하도록 지시
한 사람은 바로 내가 아닙니까? 바
로 내가 죄를 짓고 이런 엄청난 악
을 저지른 사람입니다. 백성은 양 떼
일 뿐입니다. 그들에게야 무슨 잘못
이 있습니까? 주 나의 하나님! 나와
내 집안을 치시고, 제발 주님의 백성
에게서는 전염병을 거두어 주십시
오."
18 ○주님의 천사가 갓을 시켜, 다윗에
게 이르기를 "여부스 사람 오르난의
타작 마당으로 올라가서 주님의 제
단을 쌓아야 한다" 하였다.
19 다윗은, 갓이 주님의 이름으로 명령

해하였지만, 이제는 사탄이 직접 나서서 이스라엘을 대적하고 있다. 그래서 결국은 다윗을 실족하게 한다. 그러나 역대지 저자는 인간의 어떤 실패나 사탄의 어떤 공작에도 불구하고, 하나님이 자신의 뜻을 이루심에는 변함이 없음을 강조한다.

21:19 주님의 이름으로 명령한 말씀을 따라서 다윗의 행동 하나하나에 하나님의 명예가 걸려 있다는 것을 보여 준다. 왜냐하면 이름 자체는 이름을 가진 자의 명예와 그 됨됨이를 상징하기 때문이다. 다윗은 자신의 순종이 하나님의 뜻을 이루고 하나님의 영광을 위한 길임을 깨닫고, 자신의 본분을 다하게 된 것이다.

21:21 타작 마당 '타작'의 상징은 하나님의 심판과 구원이다. 타작 마당을 택하여 주님의 제단을 쌓은 것은 하나님 성전의 의미를 복합적으로 제시하시려는 하나님의 뜻이다. 성전은 인류와 역사를 통치하시는 하나님의 보좌이고, 주님의 제단으로부터 심판과 구원이 결정된다는 의미이다.

한 말씀을 따라서, 그 곳으로 올라갔
다.
20 그 때에 오르난은 밀을 타작하고 있
었다. 오르난은 뒤로 돌이키다가 천
사를 보고, 그의 네 아들과 함께 숨
었다.
21 그러나 다윗이 오르난에게 다가가
자, 오르난이 바라보고 있다가 다윗
인 것을 알아보고, 타작 마당에서
나와, 얼굴을 땅에 대고 다윗에게 절
하였다.
22 다윗이 오르난에게 말하였다. "이
타작 마당을 나에게 파시오. 충분한
값을 지불하겠소. 내가 주님의 제단
을 여기에 쌓으려 하오. 그러면 전염
병이 백성에게서 그칠 것이오."
23 ○오르난이 다윗에게 말하였다. "임
금님, 그냥 가지십시오. 높으신 임금
님께서 좋게 여기시는 대로 하십시
오. 보십시오, 제가, 소는 번제물로,
타작 기구는 땔감으로, 밀은 소제물
로, 모두 드리겠습니다."
24 ○그러나 다윗 왕은 오르난에게 말
하였다. "그렇게 해서는 안 되오. 내
가 반드시 충분한 값을 내고 사겠
소. 그리고 주님께 드릴 것인데, 내가
값을 내지도 않고, 그대의 물건을 그
냥 가져 가는 일은 하지 않겠소. 또
거저 얻은 것으로 번제를 드리지도
않겠소."
25 그래서 다윗은 그 터 값으로 금 육
백 세겔을 오르난에게 주고,
26 거기에서 주님께 제단을 쌓아, 번제
와 화목제를 드리고 주님께 아뢰었
다. 그러자 주님께서는 하늘로부터
불을 번제단 위에 내려서 응답하셨
다.
27 ○그리고 주님께서 천사에게 명하셔
서, 그의 칼을 칼집에 꽂게 하셨다.
28 그 때에 다윗은, 주님께서 여부스 사
람 오르난의 타작 마당에서 그에게
응답하여 주심을 보고, 거기에서 제
사를 드렸다.
29 그 때에, 모세가 광야에서 만든 주님
의 성막과 번제단이 기브온 산당에
있었으나,
30 다윗은 주님의 천사의 칼이 무서워,
그 앞으로 가서 하나님께 예배를 드
릴 수 없었다.

22
1 그 때에 다윗이 말하였다.
"바로 이 곳이 주 하나님의 성
전이요, 이 곳이 이스라엘의 번제단
이다."

성전 건축 준비

2 ○다윗은 이스라엘 땅에 있는 외국
인을 불러모으고, 석수들을 시켜서,
하나님의 성전을 지을 네모난 돌을
다듬도록 명령하였다.
3 그는 또 대문의 문짝에 쓸 못과 꺾
쇠를 만들 철을 무게를 달 수 없을

21:26 다윗은 통치자의 자격이 아니라 중보적인 제사장의 자격으로서 직무를 행하여 번제와 화목제를 드렸다. 이 사실을 통해 다윗 왕국의 통치자는 왕적 제사장이라는 복합적 성격을 볼 수 있다. 다윗은 타작 마당에 주님께 속한 제단을 세웠다. 즉 그곳은 다윗이 하나님께 나가는 곳인 동시에, 제사를 드리는 장소였다. 이렇게 제사 규례와 법도를 정하신 분이 하나님이시기에 효용이 있을 뿐, 장소 자체가 신비한 것은 아니다.

22장 요약 본장은 성전 건축 준비에 관한 부분이다. 성전 건축을 실질적으로 담당할 일꾼과 건축 자재가 준비되었고(2–5절), 솔로몬이 다윗으로부터 성전 건축의 소명을 받는 내용이 나온다(6–16절). 17–19절은 백성에게 성전 건축을 도우라고 권면하는 내용이다.

22:1–5 다윗은 하나님께서 오르난의 타작 마당에서 응답하시는 것을 확인하고(21:28), 그곳을

만큼 준비하고, 놋쇠도 무게를 달 수
없을 만큼 많이 준비하고,
4 또 백향목을 셀 수 없을 만큼 준비
하였다. 이 백향목은, 시돈 사람과
두로 사람이 다윗에게 운반하여 온
것이다.
5 다윗은 이런 혼잣말을 하였다. "나
의 아들 솔로몬이 어리고 연약한데,
주님을 위하여 건축할 성전은 아주
웅장하여, 그 화려한 명성을 온 세
상에 떨쳐야 하니, 내가 성전 건축
준비를 해 두어야 하겠다." 그래서
그는 죽기 전에 준비를 많이 하였다.
6 ○그런 다음에, 다윗이 그의 아들 솔
로몬을 불러서, 주 이스라엘의 하나
님을 모실 성전을 지으라고 부탁하
였다.
7 다윗이 아들 솔로몬에게 말하였다.
"아들아, 나는 주 나의 하나님의 이
름을 위하여 성전을 지으려고 하였
다.
8 그러나 주님께서 나에게 말씀하셨
다. '너는 많은 피를 흘려 가며 큰 전
쟁을 치렀으니, 나의 이름을 위하여
성전을 건축할 수 없다. 너는 내 앞
에서 많은 피를 땅에 흘렸기 때문이
다.
9 보아라, 너에게 한 아들이 태어날 것
인데, 그는 평안을 누리는 사람이 될
것이다. 내가 사방에 있는 그의 모든
적으로부터, 평안을 누리도록 해주
겠다. 그러므로 그의 이름을 ㉠솔로
몬이라 지어라. 그가 사는 날 동안,
내가 이스라엘에 평화와 안정을 줄
것이다.
10 그가 내 이름을 위하여 성전을 건축
할 것이다. 그는 내 아들이 되고, 나
는 그의 아버지가 되어, 이스라엘을
다스리는 그의 왕위가 영원히 흔들
리지 않고 튼튼히 서게 해줄 것이다.'
11 ○내 아들아, 이제 주님께서 너와 함
께 하셔서, 주님께서 너를 두고 말씀
하신 대로, 주 너의 하나님의 성전을
무사히 건축하기를 바란다.
12 그리고 부디 주님께서 너에게 지혜
와 판단력을 주셔서, 네가 주 하나님
의 율법을 지키며, 이스라엘을 잘 다
스릴 수 있도록 해주시기를 바란다.
13 네가 주님께서 모세를 시켜 이스라
엘에게 명하신 율례와 규례를 지키
면, 성공할 것이다. 강하고 굳건하여
라. 두려워하지 말고, 겁내지 말아
라.
14 내가 주님의 성전을 지으려고, 금 십
만 달란트와, 은 백만 달란트를 준비
하고, 놋과 쇠는 너무 많아서 그 무
게를 다 달 수 없을 만큼 준비하고,
나무와 돌도 힘들여 준비하였다. 그
러나 네가 여기에 더 보태야 할 것이
다.

성전이 세워질 건축 부지로 결정한다.

22:2-29:30 본문은 성전 건축 준비와 레위 및 제사장의 정통성, 그리고 왕위 계승에 관한 내용이다. 다윗과 솔로몬 왕정에서 이루어졌던 신정 통치, 곧 메시아 왕국의 예표적인 모습들을 다룬다.

22:2-19 이 내용은 성전 건축 준비에 관한 것으로 세 가지로 분류된다. 첫째, 성전 건축을 실질적으로 담당할 일꾼과 건축 자재의 준비(2-5절)이다. 둘째, 솔로몬이 다윗으로부터 성전 건축의 소명을 받는 것(6-16절)이다. 셋째, 이스라엘 백성에 대하여 성전 건축을 도우라는 권고(17-19절)이다. 특히 세 번째 부분에서 중요한 것은, 하나님께서 '전쟁의 승리'를 통하여 평화와 안식을 이스라엘에게 주심으로써 자신의 존재를 나타내 보이셨으며, (성전을 지음으로써) 이러한 안식을 통하여 자신의 백성들이 하나님을 찾고 예배할 수 있도록 기회를 허락하셨다는 점이다.

㉠ '평화'

15 너에게는 많은 일꾼이 있다. 채석공
과 석수와 목수와 또 모든 것을 능
숙히 다룰 줄 아는 만능 기능공들
이 있다.
16 금과 은과 놋과 쇠가 무수히 많으니,
일어나서 일을 시작하여라. 주님께
서 너와 함께 하시기를 빈다."
17 ○그런 다음에, 다윗은 이스라엘 모
든 지도자에게 그의 아들 솔로몬을
도우라고 당부하였다.
18 "주 당신들의 하나님께서 당신들과
함께 계셔서, 당신들에게 사방으로
평화를 주시지 않았습니까? 그리고
이 땅 주민을 나에게 넘겨 주어, 이
땅 사람들을 주님과 그의 백성 앞에
굴복시키셨습니다.
19 이제 당신들은 마음과 정성을 다하
여 주 당신들의 하나님을 찾고, 일어
나서 주 하나님의 성전을 건축하십
시오. 그래서 주님의 언약궤와 하나
님의 거룩한 기구들을 옮겨 와서, 주
님의 이름을 위하여 건축한 성전에
들여 놓도록 하십시오."

23

1 다윗은 나이를 많이 먹어서
늙었을 때에, 아들 솔로몬을 이
스라엘의 왕으로 세웠다.

레위 사람의 일

2 ○다윗 왕은 이스라엘 모든 지도자
와 제사장과 레위 사람을 불러모았
다.
3 서른 살이 넘은 레위 사람의 인구를
조사하였는데, 남자의 수가 모두 삼
만 팔천 명이었다.
4 이 가운데 이만 사천 명은 주님의 성
전 일을 맡은 사람이고, 육천 명은
서기관과 재판관이고,
5 사천 명은 문지기이고, 나머지 사천
명은, 다윗이 찬양하는 데 쓰려고
만든 악기로 주님을 찬양하는 사람
이다.
6 ○다윗은 레위의 자손 게르손과 고
핫과 므라리를, 족속을 따라 갈래별
로 나누었다.
7 ○게르손 족속에는 라단과 시므이가
있다.
8 라단의 아들은 족장 여히엘과 세담
과 요엘, 이렇게 세 사람이다.
9 시므이의 아들은 슬로밋과 하시엘과
하란, 이렇게 세 사람이고, 이들 모
두가 라단 가문의 족장이다.
10 또 시므이의 아들은 야핫과 시나와
여우스와 브리아이다. 이 네 사람도
시므이의 아들이다.
11 야핫은 족장이고, 그 다음은 시사이
다. 여우스와 브리아는 아들이 많지
않아서, 한 집안, 한 갈래로 간주되
었다.
12 ○고핫의 아들은 아므람과 이스할과
헤브론과 웃시엘, 이렇게 네 사람이
다.

23장 요약 성전을 위한 다윗의 준비는 단순히 건축 자재를 모으고 일꾼들을 구하는 데에 그치지 않고, 신정국 이스라엘의 통치 체제와 제사에 관한 모든 내용을 정비하는 데에까지 미쳤다. 특히 역대지 저자는 종교적이고 제의적(祭儀的)인 일들에 대해 자세한 관심을 표명하고 있다.

23:1-32 레위 가계(7-23절) 및 계수된 자들(2-5절), 그리고 그들의 직무(24-32절)가 기록되었다.

23:1 아들 솔로몬을 이스라엘의 왕으로 세웠다 솔로몬의 왕위 계승에 관한 내용은 28-29장에서 다시 전개된다. 역대지 저자는 왕위 계승 분쟁과 피의 숙청을 통한 왕권 확립 과정(왕상 1-2장)은 기록하지 않았다. 왜냐하면 다윗과 솔로몬의 왕적 지위에 손상이 가는 사건들이었기 때문이다.

23:7-23 이 부분에 대한 서론은 6절이며 결론은 24절로서 레위 자손을 계수한 내용을 기록하였

13 아므람의 아들은 아론과 모세이다.
아론을 성별하였는데, 그와 그의 아
들들은, 가장 거룩한 물건들을 영원
히 거룩하게 맡아서, 주님 앞에서 분
향하여 섬기며, 영원히 주님의 이름
으로 복을 빌게 하려고 성별하였다.
14 하나님의 사람 모세의 아들들은 레
위 지파에 등록되어 있다.
15 모세의 아들은 게르솜과 엘리에셀이
다.
16 게르솜의 아들 가운데서 스브엘은
족장이다.
17 엘리에셀의 아들 가운데서는 르하뱌
가 족장이다. 엘리에셀에게는 다른
아들이 없었지만, 르하뱌에게는 아
들이 아주 많았다.
18 ○이스할의 아들 가운데서 족장은
슬로밋이다.
19 헤브론의 아들 가운데서 족장은 여
리야이고, 그 다음은 아마랴이고,
셋째는 야하시엘이고, 넷째는 여가
므암이다.
20 웃시엘의 아들 가운데서 족장은 미
가이고, 그 다음은 잇시야이다.
21 ○므라리의 아들은 마흘리와 무시이
다. 마흘리의 아들로는 엘르아살과
기스가 있다.
22 엘르아살은 아들은 없이 딸들만 남
겨 두고 죽었다. 그래서 그의 조카인
기스의 아들들이 그의 딸들에게 장
가 들었다.
23 또 무시의 아들로는 마흘리와 에델
과 여레못, 이렇게 세 사람이 있다.
24 ○이들은, 각자의 가문별로 인구를
조사하여 이름이 기록된 레위의 자
손으로서, 주님의 성전에서 섬기는
일을 하는 스무 살이 넘은 각 가문
의 족장들이다.
25 ○다윗이 말하였다. "주 이스라엘의
하나님께서 그의 백성에게 평안을
주시고, 예루살렘에 영원히 계실 것
이므로,
26 레위 사람이 다시는 성막과 그를 섬
기는 모든 기구를 멜 필요가 없다."
27 다윗의 유언에 따라 스무 살이 넘은
레위 자손을 조사하였다.
28 그들의 임무는 아론의 자손을 도와
주님의 성전과 뜰과 방을 보살피고
모든 거룩한 물건을 깨끗이 닦는 일,
곧 하나님의 성전에서 섬기는 일과,
29 또 상 위에 늘 차려 놓는 빵과, 곡식
제물의 밀가루와, 누룩을 넣지 않고
만든 빵을 냄비로 굽는 일과, 반죽
하는 일과, 저울질을 하고 자로 재는
모든 일을 맡았다.
30 또 아침 저녁으로 주님께 감사와 찬
송을 드리며,
31 안식일과 초하루와 절기에 주님께
번제를 드리되, 규례에 따라 정한 수
대로, 거르지 않고 항상 주님 앞에

다. 특이한 점은 고핫 자손의 족보에서 모세와 아론의 족보만을 소개하고 있는 점이다(12-20절). 이는 하나님의 나라가 지니고 있는 제사장적인 *성격과 중보자적인 성격을 특징적*으로 드러내기 위한 것이다.

23:25-26 하나님의 전(殿)이 예루살렘에 정착하게 된 사실을 다윗이 선포하였다. 예루살렘에 영원히 거하시겠다는 하나님의 약속은, 인간의 죄로 말미암아 잃어버렸던 하나님과의 사귐이 예루살렘을 중심으로 하여 회복된다는 의미이다. 여기서 예루살렘(성전)은 하나님 계시의 결집으로, 이곳에서 하나님의 구원이 나타난다. 그러나 이 눈에 보이는 성전도 역시 참되고 영원한 성전은 아니다. 다만 장차 그리스도로 말미암아 나타날 새 예루살렘의 예표로서만 그 의미를 지닌다.

23:28-32 레위 자손의 임무는 아론 자손의 직무를 돕는 것이다(28절 상반절,32절). 곧, 속죄 사역의 중보자인 대제사장을 보좌하는 일이다.

드리는 일을 맡았다.
32 이렇게 그들은 회막과 성소를 보살
피는 책임과, 그들의 친족 아론 자손
을 도와 주님의 성전에서 섬기는 책
임을 맡았다.

제사장이 맡은 일

24 아론 자손의 갈래는 다음과
같다. 아론의 아들은 나답과
아비후와 엘르아살과 이다말이다.
2 나답과 아비후는, 아버지보다 먼저
죽었다. 그들에게는 아들이 없었으
므로, 엘르아살과 이다말이 제사장
이 되었다.
3 다윗은, 엘르아살의 자손 사독과 이
다말의 자손 아히멜렉과 함께 아론
자손의 갈래를 만들어서, 그들이 할
일에 따라 직무를 맡겼다.
4 엘르아살 자손 가운데서 족장이 될
만한 사람이 이다말 자손에서보다
더 많았으므로, 엘르아살 자손을 그
가문을 따라 열여섯 명의 족장으로,
그리고 이다말 자손은 그 가문을 따
라 여덟 명의 족장으로 나누었다.
5 성전에서 하나님의 일을 할 지도자
들이 엘르아살 자손과 이다말 자손
가운데 모두 다 있으므로, 이 두 가
문을 제비 뽑아, 공평하게 갈래를 나
누었다.
6 레위 사람 느다넬의 아들 서기관 스
마야가, 왕과 지도자들과 제사장 사
독과 아비아달의 아들 아히멜렉과
제사장과 레위 사람 가문의 지도자
들이 지켜 보는 앞에서, 엘르아살과
이다말 가문 가운데서 한 집씩 제비
를 뽑아, 그들의 이름을 기록하였다.
7 ○첫째로 제비 뽑힌 사람은 여호야
립이고, 둘째는 여다야이고,
8 셋째는 하림이고, 넷째는 스오림이
고,
9 다섯째는 말기야이고, 여섯째는 미
야민이고,
10 일곱째는 학고스이고, 여덟째는 아
비야이고,
11 아홉째는 예수아이고, 열째는 스가
냐이고,
12 열한째는 엘리아십이고, 열두째는
야김이고,
13 열셋째는 훕바이고, 열넷째는 예세
브압이고,
14 열다섯째는 빌가이고, 열여섯째는
임멜이고,
15 열일곱째는 헤실이고, 열여덟째는
합비세스이고,
16 열아홉째는 브다히야이고, 스무째
는 여헤스겔이고,
17 스물한째는 야긴이고, 스물두째는
가물이고,
18 스물셋째는 들라야이고, 스물넷째
는 마아시야이다.
19 ○그들은 하는 일에 따라 주님의 성

24장 요약 본장에는 24갈래에 따른 제사장들의 명단(1-19절)과 아론의 자손을 제외한 레위 지파의 족장들의 명단(20-31절)이 나온다. 본장의 레위 사람들도 제비로 뽑혔는데(31절), 이들은 제사장들을 도와 제사 직무에 관련된 일만 수행하였다.

24:1-19 포로기 이후의 제사장 계열을 기록했는데(6:3-15;9:10-13;스 2:36-39;느 10:1-8; 11:10-12;12:1-7,12-21), 아론의 네 아들 중 나답과 아비후가 제외된(참조. 레 10:1-3) 엘르아살과 이다말의 자손들로서 24갈래로 나누어졌다. 다윗 시대에 제사장은 사독과 아히멜렉이었다. 사독은 아론의 셋째 아들 엘르아살의 자손이었고, 아히멜렉은 아론의 넷째 아들 이다말의 자손이었다(3절). 이 두 제사장 가문의 대표로서, 사독과 아히멜렉이 참관하고 서기관 스마야가 두 가문에서 골고루 제비를 뽑아서, 뽑힌 순서대로 제사장

전에 들어가서, 주 이스라엘의 하나
님께서 그들의 조상 아론을 시켜서
지시하신 규례대로, 직무를 수행하
였다.

레위 사람 명단

20 ○나머지 레위 자손은, 아므람의 자
손인 수바엘과 수바엘의 자손인 예
드야와,
21 ○르하뱌의 가문에서 족장 르하뱌
의 자손인 잇시야와,
22 ○이스할의 가문에서 슬로못과 슬로
못의 자손인 야핫과,
23 ○헤브론의 아들 가운데서 맏아들
여리야와 둘째 아마랴와 셋째 야하
시엘과 넷째 여가므암이고,
24 ○웃시엘의 자손인 미가와, 미가의
자손인 사밀과,
25 ○미가의 아우 잇시야와, 잇시야의
자손인 스가랴와,
26 ○므라리의 자손인 마흘리와 무시이
다. 또 야아시야의 아들인 브노가
있다.
27 므라리의 자손 야아시야 가문에 브
노와, 소함과, 삭굴과, 이브리가 있
고,
28 마흘리 가문에는 엘르아살이 있다.
엘르아살에게는 아들이 없다.
29 기스 가문에 기스의 아들 여라므엘
이 있고,
30 무시의 자손으로 마흘리와 에델과
여리못이 있다. ○이들이 가문별로
등록된 레위 자손이다.
31 ○이들도 그들의 친족인 아론 자손
과 마찬가지로, 다윗 왕과 사독과
아히멜렉과 제사장과 레위 사람 가
문의 족장 앞에서 제비를 뽑았다.
가문의 종가이든 가장 작은 집이든,
공평하게 제비를 뽑았다.

성전 찬양대

25 다윗과 군대 지도자들은, 아삽
과 헤만과 여두둔의 자손들을
뽑아 세워, 수금과 거문고와 심벌즈
로 신령한 노래를 부르는 직무를 맡
겼다. 이 직무를 맡은 사람의 수는
다음과 같다.
2 ○아삽의 아들은 삭굴과 요셉과 느
다냐와 아사렐라이다. 이 아삽의 아
들들은 왕의 지시에 따라, 아삽의
지도를 받고 신령한 노래를 불렀다.
3 ○여두둔의 가문에는, 여두둔의 아
들인 그달리야와 스리와 여사야와
하사뱌와 맛디디야, 이렇게 여섯이
있다. 그들은 수금을 타면서 주님께
감사하며 찬양하며 예언하는 그들
의 아버지 여두둔의 지도를 받았다.
4 ○헤만 가문에는 헤만의 아들인 북
기야와 맛다니야와 웃시엘과 스브엘
과 여리못과 하나냐와 하나니와 엘
리아다와 깃달디와 로맘디에셀과 요
스브가사와 말로디와 호딜과 마하시

직무를 수행하였다(6절). 24갈래 중 16명은 엘르아살 자손이고, 8명은 이다말 자손이다(4절).

24:20–31 나머지 레위 자손들도 하나님 전에서 제사장을 보좌하는 역할을 담당하였다. 그들도 제비 뽑혔다는 사실을 특별히 언급하여, 그들이 오직 제사 직무에 관련된 일만을 수행하였음을 보여 준다. 25장의 찬양대, 26:1–19의 문지기 직책, 26:20–32에서 곳간을 맡은 자들과 서기관과 재판관에 대한 언급으로 이들의 직책을 보여 준다.

25장 요약 다윗은 레위 족속 중 찬양대를 담당할 아삽과 헤만과 여두둔의 자손 중 24갈래를 제비 뽑았다. 한 갈래마다 12명씩 참여하였으므로, 찬양대의 총 인원은 288명이었다. 저자가 제사장과 레위 사람들을 언급한 후에 찬양대를 조직한 사실을 기록한 것은 찬양의 제사적 의미를 암시하려는 의도이다.

25:1–31 제사장을 보좌하여 성전에서 봉사하는

옷이 있다.
5 이들은 모두 왕의 선견자 헤만의 아
들이다. 그의 뿔을 높이 들어 주시
겠다는 하나님의 말씀대로, 하나님
께서는 헤만에게 열네 아들과 세 딸
을 주셨다.
6 이들은 모두 그들의 아버지의 지도
를 받으며 심벌즈와 거문고와 수금
을 타면서, 주님의 성전에서 노래를
불렀다. 이들은 하나님의 성전에서
맡은 일을 할 때에, 왕과 아삽과 여
두둔과 헤만의 지도를 받았다.
7 ○이들과 이들의 친족의 수는 모두
이백팔십팔 명이다. 이들은 모두 주
님을 찬양하는 법을 배운, 능숙한
사람들이다.
8 ○이들이 제비를 뽑아서 책임을 맡
을 때에는, 대가나 초보자나, 스승이
나 배우는 사람이나, 구별을 두지 않
았다.
9 ○첫째로 제비 뽑힌 사람은 아삽 가
문의 요셉과 (㉠그 아들과 형제 ㉡열
두 명,) 둘째는 그달리야와 그 형제
와 아들 열두 명,
10 셋째는 삭굴과 그 아들과 형제 열두
명,
11 넷째는 이스리와 그 아들과 형제 열
두 명,
12 다섯째는 느다냐와 그 아들과 형제
열두 명,
13 여섯째는 북기야와 그 아들과 형제
열두 명,
14 일곱째는 여사렐라와 그 아들과 형
제 열두 명,
15 여덟째는 여사야와 그 아들과 형제
열두 명,
16 아홉째는 맛다니야와 그 아들과 형
제 열두 명,
17 열째는 시므이와 그 아들과 형제 열
두 명,
18 열한째는 아사렐과 그 아들과 형제
열두 명,
19 열두째는 하사뱌와 그 아들과 형제
열두 명,
20 열셋째는 수바엘과 그 아들과 형제
열두 명,
21 열넷째는 맛디디야와 그 아들과 형
제 열두 명,
22 열다섯째는 여레못과 그 아들과 형
제 열두 명,
23 열여섯째는 하나냐와 그 아들과 형
제 열두 명,
24 열일곱째는 요스브가사와 그 아들
과 형제 열두 명,
25 열여덟째는 하나니와 그 아들과 형
제 열두 명,
26 열아홉째는 말로디와 그 아들과 형
제 열두 명,
27 스무째는 엘리아다와 그 아들과 형
제 열두 명,

레위 사람들을 언급한 후에, 찬양대를 조직한 사실을 체계적으로 기록하였다. 이러한 편집을 통하여 저자는 찬양의 제사적 의미를 암시하고 있다(히 13:15). 실제로 찬양은 하나님의 은혜로운 구원을 전제하고 있으며, 그 구원은 희생적인 제사를 통해서만 가능하였다.

25:1 다윗은 가끔 군대 지도자들을 소집하여 정사를 의논하였다(11:10;12:32;28:1). 심지어 종교에 관한 일까지도(13:1;15:25) 더불어 상의하였다. 여기서 '군대 지도자'에 해당하는 히브리어는 '봉사를 위한 군대 지도자들'로 직역될 수 있다. 이러한 사실은 다윗 시대의 군대와 전쟁에 종교적 의미가 내포되어 있다는 것을 보여 준다.

25:8-31 각자의 아들들 및 친척(형제)들과 함께 12명씩 12계열을 이룬다. 이들의 복무 순서를 나이나 지위에 따라 정하지 않고 제비를 뽑아 정함으로써, 하나님의 주권 아래 평등함을 시사한다.

㉠ 칠십인역을 따름 ㉡ 7절을 볼 것

28 스물한째는 호딜과 그 아들과 형제
열두 명,
29 스물두째는 깃달디와 그 아들과 형
제 열두 명,
30 스물셋째는 마하시옷과 그 아들과
형제 열두 명,
31 스물넷째는 로맘디에셀과 그 아들과
형제 열두 명이 뽑혔다.

성전 문지기

26 문지기의 갈래는 다음과 같다.
고라 가문에서는, 아삽의 자손
인 고레의 아들 므셀레먀와,
2 므셀레먀의 아들인 맏아들 스가랴
와, 둘째 여디아엘과, 셋째 스바댜와,
넷째 야드니엘과,
3 다섯째 엘람과, 여섯째 여호하난과,
일곱째 엘여호에내이다.
4 ○오벳에돔의 아들은, 맏아들 스마
야와, 둘째 여호사밧과, 셋째 요아와,
넷째 사갈과, 다섯째 느다넬과,
5 여섯째 암미엘과, 일곱째 잇사갈과,
여덟째 브울래대이다. 하나님께서 오
벳에돔에게 이와 같이 복을 주셨다.
6 ○오벳에돔의 아들 스마야도 아들
들을 낳았다. 그들은 용맹스러운 사
람들이었으므로, 그들 가문의 지도
자가 되었다.
7 스마야의 아들은 오드니와 르바엘
과 오벳과 엘사밧이다. 엘사밧의 형
제 엘리후와 스마갸는 유능한 사람
이다.
8 ○이들이 모두 오벳에돔의 자손이
다. 그들과 그 아들과 형제들은 맡
은 일을 할 수 있는 능력을 가진 용
맹스러운 사람들이다. 오벳에돔 집
안에 딸린 사람은 예순두 명이다.
9 ○므셀레먀의 아들과 형제들도 용맹
스러운 사람들이며, 모두 열여덟 명
이다.
10 ○므라리의 자손인 호사의 아들 가
운데서는 시므리가 족장이다. 시므
리는 맏아들은 아니었으나, 그의 아
버지가 그를 우두머리로 삼았다.
11 둘째는 힐기야이고, 셋째는 드발리
야이고, 넷째는 스가랴이다. 호사의
아들과 형제는 모두 열세 명이다.
12 ○이 문지기 갈래의 우두머리들과
형제들 모두에게 주님의 성전을 섬
기는 임무를 맡겼다.
13 그들은 큰 가문이나 작은 가문을 가
리지 않고, 그들의 가문을 따라 제
비를 뽑아, 각 문을 맡았다.
14 셀레먀는 동쪽 문에 뽑혔고, 그의
아들 스가랴는 슬기로운 참모인데,
사람들이 제비를 뽑은 결과 북쪽 문
에 뽑혔다.
15 오벳에돔은 남쪽 문에 뽑히고, 그의
아들들은 곳간에 뽑혔다.
16 숩빔과 호사는 서쪽 문과 올라가는
길 가에 있는 살래겟 문의 문지기로

26장 요약 성전 출입을 통제하는 성전 문지기들(1–19절), 성전 곳간을 관리할 레위 사람들(20–28절), 재판이나 행정 등과 같이 성전 봉사직 외의 직무를 담당할 레위 사람들(29–32절) 등이 임명되었다. 성전 문지기의 갈래에 대해서는 역대지 저자가 가장 포괄적이고 상세하게 기록하였다.

26:4–8 본문에는 오벳에돔에게 특별히 자식이 많음을 언급하였다. 자식은 하나님께서 주신 복이다(참조. 25:5). 오벳에돔은 언약궤를 한동안 자기 집에 모시기도 하였다(13:13–14).

26:14–16 동쪽의 문은 성전의 정문으로, 다른 문에는 4명의 문지기가 세워진 데에 비해 6명이 세워졌다. 남쪽의 문은 다윗과 솔로몬의 왕궁이 있는 쪽으로, 왕이 사용하는 문이었다. 특히 이곳을 오벳에돔이 지키게 된 것은 그의 특별한 지위를 나타낸다(4–5절).

뽑혀, 두 문을 다 지켰다.
17 이렇게 하여, 레위 사람이 동쪽 문에
여섯 사람, 북쪽 문에 매일 네 사람,
남쪽 문에 매일 네 사람, 곳간에는
각각 두 사람씩,
18 서쪽 문의 회랑에 네 사람, 길가의
회랑에 두 사람이 배치되었다.
19 이들은 고라 자손과 므라리 자손의
문지기 갈래이다.

성전 관리인

20 ○레위 사람 가운데 다른 사람들은
하나님의 성전 곳간과 성물 곳간을
맡았다.
21 게르손 자손인 라단 자손 곧 게르손
사람 라단 가문의 족장은 여히엘리
이다.
22 여히엘리의 아들은 세담과 그 아우
요엘이며, 이들은 주님의 성전 곳간
을 맡았다.
23 ○아므람과 이스할과 헤브론과 웃시
엘의 자손에서는
24 모세의 아들인 게르솜의 자손 스브
엘이 곳간의 책임자이다.
25 그의 아우인 엘리에셀에게는 그의
아들 르하뱌와, 르하뱌의 아들 여사
야와, 여사야의 아들 요람과, 요람의
아들 시그리와, 시그리의 아들 슬로
못이 있다.
26 이 슬로못이 그의 가족들과 함께 성
물을 보관한 모든 곳간을 관리하였
다. 이 성물은 다윗 왕과 족장들과
천부장과 백부장과 군대 지휘관들
이 구별하여 바친 물건들이다.
27 그들은 전쟁에서 빼앗은 물건들을
주님의 성전 건축과 수리를 위하여
구별하여 바쳤다.
28 선견자 사무엘, 기스의 아들 사울,
넬의 아들 아브넬, 스루야의 아들 요
압이 구별하여 바친 모든 성물도 슬
로못과 그의 가족들이 관리하였다.

다른 레위 사람들의 직무

29 ○이스할 사람 그나냐와 그의 아들
들은 서기관과 재판관으로서, 이스
라엘의 일반 행정을 담당하였다.
30 ○헤브론 사람 하사뱌와 그의 형제
가운데서 유능한 사람 천칠백 명이
요단 강 서쪽의 이스라엘을 관리하
며, 주님의 모든 일과 왕을 섬기는
일을 담당하였다.
31 헤브론 사람의 족장은 여리야이다.
다윗이 통치한 지 사십 년이 되던 해
에, 헤브론의 족보와 가문을 따라,
길르앗의 야스엘에서 사람들을 조
사하여 용사를 찾아냈다.
32 그의 친족 이천칠백 명은 용사들이
며, 이들은 모두 족장이었다. 다윗
왕이 그들을 르우벤과 갓과 므낫세
반쪽 지파의 관리자로 세워, 하나님
의 모든 일과 왕의 일을 담당하게 하
였다.

26:20 레위 사람 중에서 성전의 곳간을 담당한 자들에 대해 상세하게 기록하였다. 하나님의 성전 곳간과 성물 곳간이 별도로 구분되어 있으므로 두 레위 계통의 사람들에게 나누어 임무를 맡겼다(22,26절). '하나님의 성전 곳간'은 게르손 자손인 라단 자손이 담당하였고, '성물 곳간'은 게르솜의 자손인 솔로몬과 그의 가족들이 담당하였다.

26:26 구별하여 이 말은 종류대로 분류하였다는 의미가 아니다. 히브리어는 '거룩하게 하다'는 말로 성별의 의미이다. 물질 자체에 있는 특징을 기준해서 구별된 것이라기보다는, 드리는 자의 마음과 정성이 하나님께 드린다는 의식과 자세를 가지고 드렸다는 것을 의미한다.

26:30,32 주님의 모든 일과 왕을 섬기는 일 신정 정치, 곧 하나님의 왕국에서는 세속적인 일과 거룩한 일의 구별이 없다. 본문은 하나님과 왕을 섬기는 데 서로 모순되거나 문제점이 발생하지 않음을 암시하고 있다(참조. 마 22:15-22;롬 13:1-7).

군대와 시민

27 이스라엘 자손 가운데서 각 갈
래에 부과된 모든 일을 하면서
왕을 섬기는, 각 가문의 족장과 천
부장과 백부장과 서기관의 수는 다
음과 같다. 그들은 한 해에 한 달씩
번갈아 가며 근무를 하였는데, 한
갈래는 이만 사천 명씩이다.
2 ○첫째 달에 복무할 첫째 갈래의 지
휘관은 삽디엘의 아들 야소브암이
며, 그의 갈래에는 이만 사천 명이
있다.
3 그는 베레스의 자손으로서, 정월에
복무하는 모든 부대 지휘관의 우두
머리이다.
4 둘째 달에 복무할 둘째 갈래의 지휘
관은 아호아 사람 도대이며, 그 갈래
의 부지휘관은 미글롯이다. 그의 갈
래에는 이만 사천 명이 있다.
5 셋째 달에 복무할 셋째 갈래의 지휘
관은 여호야다의 아들 브나야이다.
그의 갈래에는 이만 사천 명이 있다.
6 바로 이 브나야가 서른 명의 용사 가
운데 하나로서 서른 명을 지휘하였
다. 그의 아들 암미사밧은 그 갈래
의 부지휘관이다.
7 넷째 달에 복무할 넷째 갈래의 지휘
관은 요압의 동생 아사헬이다. 그의
아들 스바댜가 부지휘관이다. 그의
갈래에는 이만 사천 명이 있다.
8 다섯째 달에 복무할 다섯째 갈래의
지휘관은 이스라 사람 삼훗이다. 그
의 갈래에는 이만 사천 명이 있다.
9 여섯째 달에 복무할 여섯째 갈래의
지휘관은 드고아 사람 익게스의 아
들 이라이다. 그의 갈래에는 이만 사
천 명이 있다.
10 일곱째 달에 복무할 일곱째 갈래의
지휘관은 에브라임 자손인 발론 사
람 헬레스이다. 그의 갈래에는 이만
사천 명이 있다.
11 여덟째 달에 복무할 여덟째 갈래의
지휘관은 세라 족속에 속한 후사 사
람 십브개이다. 그의 갈래에는 이만
사천 명이 있다.
12 아홉째 달에 복무할 아홉째 갈래의
지휘관은 베냐민 지파의 아나돗 사
람 아비에셀이다. 그의 갈래에는 이
만 사천 명이 있다.
13 열째 달에 복무할 열째 갈래의 지휘
관은 세라 족속에 속한 느도바 사람
마하래이다. 그의 갈래에는 이만 사
천 명이 있다.
14 열한째 달에 복무할 열한째 갈래의
지휘관은 에브라임 자손인 비라돈
사람 브나야이다. 그의 갈래에는 이
만 사천 명이 있다.
15 열두째 달에 복무할 열두째 갈래의
지휘관은 옷니엘 자손의 느도바 사
람 헬대이다. 그의 갈래에는 이만 사

27장 요약 다윗 왕정의 모든 체제가 정비된 사실을 구체적으로 묘사하고 있다. 1-15절은 군대 조직이 정비되어 본격적으로 편성된 사실을, 16-34절은 이스라엘 각 지파를 이끌어 갈 영도자들과 다윗 왕의 재산 관리자를 비롯한 개인 고문 등의 내각 구성을 소개하고 있다.

27:1-15 군대 조직의 개편 군대 조직이 본격적인 체제를 갖추고 체계적으로 편성된 사실의 기록이다. 1절에서 '갈래'는 한 달씩 대기 근무하는 군부대를 가리킨다. 2절 이하부터 나오는 부대 편성에도 '12'와 '24'를 기본틀로 삼는다. 군인들의 숫자는 역대지상·하에 공통적으로 지나치게 많은데, '천'이나 '백'은 관용적인 표현이지 문자 그대로가 아닐 가능성도 있다.

27:16-22 역대지 저자의 관심이 '온 이스라엘'에 있음을 새삼 강조하고 있다. 다윗 왕국은 이제 온 이스라엘을 그 통치영역으로 삼고 있다는 증거이

천 명이 있다.

각 지파의 영도자들

16 ○이스라엘 각 지파의 영도자들은
다음과 같다. 르우벤 지파의 영도자
는 시그리의 아들 엘리에셀이고, 시
므온 지파의 영도자는 마아가의 아
들 스바댜이고,
17 레위 지파의 영도자는 그무엘의 아
들 하사뱌이고, 아론 지파의 영도자
는 사독이고,
18 유다 지파의 영도자는 다윗의 형 엘
리후이고, 잇사갈 지파의 영도자는
미가엘의 아들 오므리이고,
19 스불론 지파의 영도자는 오바댜의
아들 이스마야이고, 납달리 지파의
영도자는 아스리엘의 아들 여레못
이고,
20 에브라임 지파의 영도자는 아사시
야의 아들 호세아이고, 므낫세 반쪽
지파의 영도자는 브다야의 아들 요
엘이고,
21 길르앗에 있는 므낫세 반쪽 지파의
영도자는 스가랴의 아들 잇도이고,
베냐민 지파의 영도자는 아브넬의
아들 야아시엘이고,
22 단 지파의 영도자는 여로함의 아들
아사렐이다. 이들이 이스라엘 각 지
파의 영도자이다.
23 ○주님께서 이스라엘 사람을 하늘의
별만큼 많게 해주겠다고 약속하셨
기 때문에, 다윗이 스무 살 이하의
사람 숫자는 조사하지 않았다.
24 스루야의 아들 요압이 인구조사를
시작하였으나, 이 일 때문에 주님께
서 이스라엘에게 진노하셨으므로
끝마치지 못하였다. 그래서 인구조
사 결과가 다윗 왕의 실록에 기록되
지 못하였다.

왕실 재산 관리자

25 ○아디엘의 아들 아스마웻은 왕의
곳간을 맡고, 웃시야의 아들 요나단
은 들녘과 성읍과 마을과 요새에 있
는 곳간을 맡았다.
26 글룹의 아들 에스리는 밭에서 일하
는 농민을 관리하였다.
27 라마 사람 시므이는 포도원을 관리
하고, 스밤 사람 삽디는 포도원에서
포도주 곳간을 관리하였다.
28 게델 사람 바알하난은 평야의 올리
브 나무와 뽕나무를 관리하고, 요아
스는 기름 곳간을 관리하였다.
29 샤론 사람 시드래는 샤론에서 기르
는 소 떼를 관리하고, 아들래의 아
들 사밧은 골짜기에 있는 소 떼를 관
리하였다.
30 이스마엘 사람 오빌은 낙타를 관리
하고, 메로놋 사람 예드야는 나귀를
관리하고,
31 하갈 사람 야시스는 양 떼를 관리하
였다. 이들이 다윗 왕의 재산을 관

다. 이스라엘 열두 지파의 영도자들의 명단이 소개되었다. 그러나 갓과 아셀 지파는 언급되지 않았다. 대신 아론 지파와 길르앗에 있는 므낫세 반쪽 지파가 수록되었다. 포로기 이후 회복된 이스라엘 공동체에 대한 역대지 저자의 강조점은 하나님의 언약은 아직도 유효한가, 또는 하나님이 아직도 이스라엘에게 관심을 가지고 계시는가, 다윗 왕에 대한 하나님의 약속은 당대에 어떤 의미가 있는가 하는 점 등이다.

27:25-31 왕의 곳간 다윗 왕의 재산을 관리하는 자들을 각 분야별로 임명하였다. 이들은 왕실 재정을 포함한 다윗 왕정의 경제를 담당한 행정 관료로 볼 수 있다(31절).

27:32-34 다윗의 핵심적인 수석 보좌관 내지 내각의 각료나 비서진에 대한 설명이다. 18:14-17의 내각 구성을 보충하여 임명된 듯하다. 고문은 모략과 지혜를 베푸는 자로서 다윗 왕정의 정사를 의논하고 결정했던 핵심적인 인물들이다.

리하는 사람들이다.

다윗의 개인 고문

32 ○다윗의 삼촌 요나단은 고문이며
서기관이다. 그는 사리에 밝은 사람
이다. 학모니의 아들 여히엘은 왕자
들을 돌보았다.
33 아히도벨은 왕의 고문이고, 아렉 사
람 후새는 왕의 친구가 되었다.
34 브나야의 아들 여호야다와 아비아
달은 아히도벨의 후임자가 되고, 요
압은 왕의 군대 총사령관이 되었다.

다윗이 성전 건축을 지시하다

28 다윗이 이스라엘의 모든 지도
자, 곧 각 지파의 지도자와, 왕
을 섬기는 여러 갈래의 지휘관과, 천
부장과, 백부장과, 왕과 왕자의 재산
과 가축을 관리하는 사람과, 환관
과, 무사와, 모든 전쟁 용사를 예루
살렘으로 불러모았다.
2 ○다윗 왕이 일어서서 이렇게 말하
였다. "나의 형제자매인 백성 여러
분, 나의 말을 들으십시오. 나는 우
리 하나님의 발판이라 할 수 있는 주
님의 언약궤를 모실 성전을 지으려
고 준비를 하여 왔습니다.
3 그러나 하나님께서는 나에게 '너는
군인으로서 많은 피를 흘렸으므로,
나의 이름을 위하여 성전을 건축할
수 없다' 하고 말씀하셨습니다.
4 주 이스라엘의 하나님께서 나의 아
버지의 온 가문에서 나를 왕으로 택
하여, 이스라엘을 길이길이 다스리
도록 하셨습니다. 주님께서는 유다
를 영도자로 택하시고, 유다 지파의
가문 가운데서 우리 아버지의 가문
을 택하셨으며, 우리 아버지의 아들
가운데서 기꺼이 나를 온 이스라엘
의 왕으로 삼으셨습니다.
5 또 주님께서는 나에게 여러 아들을
주시고, 그 모든 아들 가운데서 나
의 아들 솔로몬을 택하여, 주님의 나
라 왕좌에 앉아 이스라엘을 다스리
게 하시고,
6 나에게 이렇게 말씀하셨습니다. '너
의 아들 솔로몬, 그가 나의 성전을
짓고 뜰을 만들 것이다. 내가 그를
나의 아들로 삼으려고 선택하였으
니, 나는 그의 아버지가 될 것이다.
7 그가 지금처럼 나의 계명과 나의 규
례를 힘써 지키면, 나는 그의 나라
를 길이길이 굳게 세워 줄 것이다.'
8 ○이제 여러분은 온 이스라엘, 곧 주
님의 회중이 보는 앞에서, 그리고 우
리의 하나님이 들으시는 가운데서,
주 당신들의 하나님의 모든 계명을
열심히 따르고 지키십시오. 그러면
이 아름다운 땅을 차지할 수 있을
것이고, 이 땅을 당신들의 자손에게
길이길이 물려줄 수 있을 것입니다."
9 ○"나의 아들 솔로몬아, 너는 네 아

28장 요약 본장과 다음 장은 다윗의 왕권이 솔로몬에게 넘겨지는 모습을 보여 준다. 본장에서 *다윗은 이스라엘의 모든 방백들 앞에서* 솔로몬을 자신의 후계자로 직접 천거함으로써, 왕위 계승을 둘러싼 잡음을 미연에 방지하고자 했다.

28:1–29:30 다윗의 통치권이 솔로몬에게로 넘겨지는 내용은 열왕기상 2장에도 나타나는데, 그 기록의 관점이 사뭇 다르다. 역대지 저자는 아도니야나 다른 왕자들의 반란을 기록하지 않으며, 오히려 왕권이 넘겨지는 것이 평화적이었고 정당하여 합법적인 정통성이 있음을 강조하고 있다(비교. 29:24–25;왕상 1:5–10). 또한 다윗과 솔로몬이 온 이스라엘(29:25), 즉 지도자들과 백성 전체의 지지를 받는 진정한 왕임을 증거하고자 하였다(28:1–2;29:6–9,21–25).

28:1–8 기타 왕실 재산의 관리자 및 각계 각층의

버지의 하나님을 바로 알고, 온전한
마음과 기쁜 마음으로, 정성을 다하
여 섬기도록 하여라. 주님께서는 모
든 사람의 마음을 살피시고, 모든
생각과 의도를 헤아리신다. 네가 그
를 찾으면 너를 만나 주시겠지만, 네
가 그를 버리면 그도 너를 영원히 버
리실 것이다.
10 주님께서 성소가 될 성전을 짓게 하
시려고 너를 택하신 사실을 명심하
고, 힘을 내어 일을 하여라."
11 ○다윗이 현관과 건물과 곳간과 다
락방과 내실과 속죄판 등의 설계도
를 그의 아들 솔로몬에게 주었다.
12 또 그가 영감으로 받은 모든 것 곧
하나님의 성전 뜰과 주위의 모든 방
과 하나님의 성전 곳간과 성물 곳간
의 설계도를 주었다.
13 또 제사장과 레위 사람의 갈래와, 주
님의 성전에서 예배드리는 모든 일
과, 예배에 쓰는 모든 기구도 설명하
여 주었다.
14 또 모든 예배에 쓸 여러 금기구를 만
드는 데 필요한 금의 무게와, 모든 예
배에 쓰는 여러 은기구를 만드는 데
필요한 은의 무게와,
15 또 금등잔대와 금등잔의 무게와, 각
등잔대와 그 등잔의 무게와, 은등잔
대도 마찬가지로 각 등잔대와 그 등
잔의 무게를, 그 등잔대의 용도에 따
라 알려 주었다.
16 또 상 위에 늘 차려 놓는 빵과, 차려
놓는 상을 만드는 데 필요한 금의 무
게와, 은상을 만드는 데에 필요한 은
의 무게도 알려 주었다.
17 또 고기를 건질 때에 쓰는 갈고리와,
대접과 주전자를 만드는 데 필요한
순금과, 금잔 곧 각 잔을 만드는 데
필요한 금의 무게와, 은잔 곧 각 은
잔을 만드는 데 필요한 은의 무게도
알려 주었다.
18 또 분향단을 만드는 데 필요한 정련
된 금의 무게와, 수레 곧 날개를 펴
서 주님의 언약궤를 덮고 있는 그룹
을 금으로 만드는 데 필요한 설계도
도 알려 주었다.
19 다윗이 말하였다. "이 모든 설계에
관한 것은 주님께서 친히 손으로 써
서 나에게 알려 주셨다."
20 ○다윗은 또 그의 아들 솔로몬에게
말하였다. "너는 힘을 내고, 담대하
게 일을 해 나가거라. 두려워하지 말
고 염려하지 말아라. 네가 주님의 성
전 예배에 쓸 것들을 다 완성하기까
지, 주 하나님, 나의 하나님이 너와
함께 계시며, 너를 떠나지 않으시며,
너를 버리지 않으실 것이다.
21 그리고 제사장과 레위 사람의 갈래
들이 하나님의 성전 예배에 관한 모
든 일을 도울 것이며, 온갖 일에 능

지도자들을 예루살렘으로 소집하여 성전 건축의 대명령을 하달하고 지지를 받았다.

28:8-9 구약의 여러 왕들 중, 다윗 이후에는 오직 솔로몬에게만 '택함'(5,10절)이라는 단어가 사용되었다. 이 같은 사실은 솔로몬 왕의 특성을 보여 주고 있다. 역대지 저자는 솔로몬도 다윗처럼 하나님의 선택과 계시에 따라 왕이 되었음을 강조하고 있다. 솔로몬이 왕좌에 오른 것도 온 이스라엘의 정당한 지지하에 올랐던 것이다(28-29장).

28:11-19 다윗이 솔로몬에게 성전의 모든 설계도와 재료를 일일이 인계해 주었다(11-18절). 그리하고 나서 이 모든 내용을 주님께서 친히 손으로 써서 나에게 알려 주셨다(19절)고 강조하였다. 물론 역대지 저자는 이 모든 사실이 하나님의 영감에 의한 내용인 것을 주지시키고자 하였다. 하나님의 손이 직접 기록한 모세의 경우처럼, 다윗도 이것이 하나님의 독특한 지혜와 방법에 따른 계시임을 밝히고자 한 것이다.

숙한 기술자들이 자원하여 너를 도
울 것이며, 지도자들과 모든 백성이
너의 명령을 따를 것이다."

성전 건축에 쓸 예물

29 다윗이 온 회중에게 말하였다.
"하나님께서 유일하게 선택하
신 나의 아들 솔로몬은, 아직 어리고
경험도 부족합니다. 그런데 이 공사
는 너무나 큽니다. 이 성전은 사람의
집이 아니고, 주 하나님의 성전이기
때문입니다.
2 나는 온 힘을 기울여, 내 하나님의
성전을 지으려고 준비하였습니다.
곧 금기구들을 만들 금과, 은기구들
을 만들 은과, 동기구들을 만들 동
과, 철기구들을 만들 철과, 목재 기
구들을 만들 목재와, 마노와 박을
보석과 꾸밀 보석과 여러 색깔의 돌
과 그 밖의 여러 보석과 대리석을 많
이 준비하였습니다.
3 또 내가 하나님의 성전을 사모하므
로, 내가 성전을 지으려고 준비한 이
모든 것 밖에, 나에게 있는 금과 은
도 내 하나님의 성전을 짓는 데에 바
쳤습니다.
4 오빌의 금 삼천 달란트와, 정련된 은
칠천 달란트를 바쳐 성전의 벽을 입
히며,
5 금기구와 은기구를 만들며, 기술공
이 손으로 만드는 모든 일에 쓰게 하
였습니다. 오늘 기꺼이 주님께 예물
을 바칠 분은 안 계십니까?"
6 ○그러자 각 가문의 장들과 이스라
엘 각 지파의 족장과 천부장과 백부
장과 왕실 업무 관리자들이 기꺼이
바쳤다.
7 그들이 하나님의 성전 건축에 쓰도
록, 금 오천 달란트와, 금 만 다릭과,
은 만 달란트와, 동 만 팔천 달란트
와, 쇠 십만 달란트를 바쳤다.
8 또 보석이 있는 사람은 저마다, 게르
손 사람 여히엘이 관리하는 주님의
성전 곳간에 가져다 바쳤다.
9 그들이 기꺼이 주님께 예물을 바쳤
으므로, 그들이 이렇게 기꺼이 바치
게 된 것을, 백성도 기뻐하고, 다윗
왕도 크게 기뻐하였다.

다윗의 감사 기도

10 ○그래서 다윗이 온 회중 앞에서 주
님을 찬양하였다. ○"주 우리 조상
이스라엘의 하나님, 길이길이 찬양
을 받아 주십시오!
11 주님, 위대함과 능력과 영광과 승리
와 존귀가 모두 주님의 것입니다. 하
늘과 땅에 있는 모든 것이 다 주님의
것입니다. 그리고 이 나라도 주님의
것입니다. 주님께서는 만물의 머리
되신 분으로 높임을 받아 주십시오!
12 ○부와 존귀가 주님께로부터 나오
고, 주님께서 만물을 다스리시며, 주

29장 요약 앞장에서 성전 건축 양식을 솔로몬에게 설명한 다윗은, 이제 성전 건축을 위한 예물을 바침으로써 자신의 삶을 정리하고 있다. 그리고 나서 다윗은 사후의 모든 일을 하나님께 의탁하는 감사와 찬양의 기도를 드렸다.

29:5,6,9 기꺼이…바칠 이 말은 14,17절에도 계속 나타난다. 역대지 저자는 모든 이스라엘 백성들이 성전 건축에 자발적으로 헌신, 참여하였음을 거듭 강조하고 있다. 성전 건축이라는 사명은 하나님의 소유된 자로서 왕과 백성이 자발적으로 자신의 인생을 드리는 작업이라는 교훈을 준다.

29:10-19 이 부분은 다윗이 하나님을 찬양할 뿐만 아니라, 사후의 모든 것을 하나님께 의탁하는 마지막 기도이기도 하다. 그는 하나님이 만유의 창조주로서 대주재가 되시며, 특별히 왕국의 주권자시라는 사실을 고백하면서(10-13절), 그 하나님이 이스라엘을 자신의 백성으로 삼으시고 지

님의 손에 권세와 능력이 있으시니,
사람이 위대하고 강하게 되는 것도
주님의 손에 달렸습니다.
13 우리 하나님, 우리가 지금 주님께 감
사하고, 주님의 영광스러운 이름을
찬양합니다.
14 ○제가 무엇이며, 저의 백성이 무엇
이기에, 우리가 이렇듯이 기쁜 마음
으로 바칠 힘을 주셨습니까? 모든
것을 주님께서 주셨으므로, 우리가
주님의 손에서 받은 것을 주님께 바
쳤을 뿐입니다.
15 주님 앞에서 우리는, 우리의 모든 조
상처럼, 나그네와 임시 거주민에 불
과하며, 우리가 세상에 사는 날이 마
치 그림자와 같아서, 의지할 곳이 없
습니다.
16 주 우리 하나님, 우리가 주님의 거룩
한 이름을 위하여 주님의 성전을 건
축하려고 준비한 이 모든 물건은, 다
주님의 손에서 받은 것이니, 모두 다
주님의 것입니다.
17 나의 하나님, 주님께서는 사람의 마
음을 헤아리시고, 정직한 사람을 두
고 기뻐하시는 줄을 제가 압니다. 나
는 정직한 마음으로 기꺼이 이 모든
것을 바쳤습니다. 이제 여기에 있는
주님의 백성이 주님께 기꺼이 바치
는 것을 보니, 저도 마음이 기쁩니
다.
18 주, 우리 조상 아브라함과 이삭과 이
스라엘의 하나님, 주님의 백성이 마
음 가운데 품은 이러한 생각이 언제
까지나 계속되도록 지켜 주시고, 그
들의 마음이 항상 주님을 향하게 해
주십시오.
19 또 나의 아들 솔로몬에게 온전한 마
음을 주셔서, 주님의 계명과 법도와
율례를 지키고, 이 모든 일을 할 수
있게 하시며, 내가 준비한 것으로 성
전을 건축하게 해주십시오."
20 ○그리고 다윗은 온 회중에게 "주 당
신들의 하나님을 찬양하십시오" 하
고 말하였다. 그러자 온 회중이 조상
의 하나님 주님을 찬양하고, 주님과
왕에게 무릎을 꿇고 경배하였다.
21 ○그 다음날 백성이 주님께 제사를
드리고 또 번제를 드렸다. 수소 천
마리와 숫양 천 마리와 어린 양 천
마리와 부어 드리는 제물 등의 풍성
한 제물로 온 이스라엘을 위하여 제
사를 드렸다.
22 그 날에, 그들은 주님 앞에서 먹고
마시며, 크게 기뻐하였다. ○그리고
그들은 다윗의 아들 솔로몬을 다시
왕으로 삼아 그에게 기름을 부어, 주
님께서 쓰실 지도자가 되게 하고, 사
독에게 기름을 부어 제사장으로 세
웠다.
23 솔로몬이 그의 아버지 다윗의 뒤를

금까지 다스려 오신 사실을 찬양하고 있다. 뿐만 아니라 성전 건축을 위해 예물을 드릴 수 있게 해 주신 은혜를 감사하였다(14–17절).

29:17 정직한 마음 하나님을 향한 다윗의 마음이 거리낌 없이 온전함을 뜻한다. 다윗의 이런 마음은 곧 백성들의 헌신된 마음으로 확산된 것이다. 다윗이 아들 솔로몬에게 온전한 마음(19절)을 주기를 간청한 것도 같은 의미이다. 더불어 솔로몬이 성전 건축을 위하여 어떤 삶의 자세로 임해야 할 것인가를 가르침이다. 온전하고 화평한 마음이 성전을 건축하는 본질적인 과정임을 제시한다.

29:20–22 하나님을 찬양하는 것을 끝으로, 다윗이 소집한 이스라엘 총회가 폐회되었다. 폐회 절차는 ① 찬양 ② 경배 ③ 제사 ④ 제사 음식을 나누어 먹음 ⑤ 솔로몬과 사독에게 기름을 부어 공식적으로 왕위 즉위식을 거행하는 순서로 진행되었다. 이로써 총회 석상에서 솔로몬의 왕위 계승과 성전 건축이 공식적으로 확인되었다.

이어, 주님께서 허락하신 왕좌에 앉
아 왕이 되었다. 그가 잘 다스렸으므
로, 온 이스라엘이 그에게 순종하였
다.
24 그리고 모든 지도자와 용사와 다윗
의 다른 아들들까지도 솔로몬 왕에
게 복종하였다.
25 주님께서, 온 이스라엘의 눈에 띄도
록 솔로몬을 크게 높여 주시고, 그
이전의 어떤 이스라엘 왕도 누리지
못한 왕국의 영화를 그에게 베풀어
주셨다.

다윗 통치의 요약

26 ○이새의 아들 다윗이 온 이스라엘
의 왕이 되어
27 이스라엘을 다스린 기간은 마흔 해
이다. 헤브론에서 일곱 해를 다스리
고, 예루살렘에서 서른세 해를 다스
렸다.
28 그가 백발이 되도록 부와 영화를 누
리다가, 수명이 다하여 죽으니, 그의
아들 솔로몬이 그의 뒤를 이어 왕위
에 올랐다.
29 다윗 왕의 역사는 처음부터 끝까지,
선견자 사무엘의 기록과 선지자 나
단의 기록과 선견자 갓의 기록에 다
올라 있는데,
30 그의 통치와 무용담 및 그와 이스라
엘과 세상 모든 나라가 겪은 그 시대
의 역사가 기록되어 있다.

29:23-25 솔로몬의 왕위 계승에 관한 내용이다. 솔로몬이 아버지 다윗 왕 대신 주님께서 허락하신 왕좌에 앉아 왕이 되었다. 온 이스라엘 백성이 솔로몬을 높이고, 모든 지도자와 용사와 다윗의 다른 아들들까지도 솔로몬 왕에게 복종하였다. 역대지 저자가 이러한 사실을 특별히 언급한 것은 아도니야의 반란으로 인해 생긴 분열을 화합하고 통일했음을 보여 준다.

29:26-30 다윗 왕의 죽음과 그의 통치 기간과 사적(史的) 자료들이 언급되어 있다. 세상 모든 나라는 다윗 왕국사와 긴밀한 관계가 있다. 이는 다윗 왕국이 단지 이 세상 속의 한 나라가 아니라, 온 인류를 구원하시기 위해 하나님의 그릇으로 하나님께서 세우신 은혜의 왕국이기 때문이다. 역대지 저자는 온 인류 역사의 중심에 다윗 왕국이 있음을 선포하고, 온 인류가 그 왕국으로부터 오실 메시아를 대망하도록 하기 위해 본서를 기록하고 있다.

역대지하

저자 미상

저작 연대 B.C. 450-400년경으로 추정(이 책은 전해 내려오던 자료들을 모아서 편집한 것이다)

기록 장소와 대상 기록 장소는 어디인지 모른다(유다에서 기록했을 가능성이 있다). 바빌로니아 포로 생활에서 돌아온 유다의 남은 자들을 위해서 기록했다.

역대지상과의 관계 역대지상·하는 다윗과 솔로몬의 비교로 특징지을 수 있다. 역대지상·하의 구분은 다윗의 죽음을 기점으로 하여 다윗 왕국에 관한 역사가 상권에, 솔로몬 왕국 이후에 관한 기사가 하권에 실려 있다. 즉, 역대지상에서는 다윗이 강조된 반면 역대지하에서는 솔로몬의 치세(B.C. 971-931년)와 르호보암에서(B.C. 931년) 시드기야까지(B.C. 586년) 유다의 모든 왕들의 역사가 전개된다.

핵심어 및 내용 역대지하의 핵심어는 '성전'과 '개혁'이다. 웅장하게 성전이 건축되었으나 이방 사람들의 침략으로 파괴되었다. 하지만 고레스의 조서에 의하여 성전 재건이 시작되었다. 또한 아사 왕, 여호사밧 왕, 요아스 왕, 히스기야 왕, 요시야 왕 등은 타락했던 유다 왕국을 개혁하는 운동을 일으켰다.

내용 분해

1. 솔로몬의 통치(1:1-9:31)
2. 유다 왕국의 역사(10:1-36:16)
3. 유다 왕국의 멸망 및 회복에 대한 예언 (36:17-23)

솔로몬 왕이 지혜를 구하다 (왕상 3:1-15)

1 다윗의 아들 솔로몬은, 자기의 왕
위를 튼튼히 굳혔다. 주 하나님께
서 그와 함께 계시며, 그를 크게 높
여 주셨다.
2 ○솔로몬은 온 이스라엘, 곧 천부장
과 백부장과 재판관들과 온 이스라
엘의 지도자들과 각 가문의 족장들
을 불렀다.
3 솔로몬은 온 회중을 데리고 기브온
에 있는 산당으로 갔는데, 거기에는
하나님의 회막, 곧 주님의 종 모세가
광야에서 만든 회막이 있었다.
4 그러나 하나님의 궤는, 다윗이 일찍
이 예루살렘에 궤를 모실 장막을 치
고, 기럇여아림에서 그리로 올려다
두었다.
5 다만 훌의 손자요 우리의 아들인 브
살렐이 만든 놋제단은, 기브온에 있
는 주님의 성막 앞에 있었다. 그래서
솔로몬은 회중과 함께 그리로 나아
간 것이다.
6 솔로몬은 거기 주님 앞, 곧 회막 앞
에 있는 놋제단으로 올라가, 번제물
천 마리를 바쳤다.
7 ○그 날 밤 하나님께서 솔로몬에게
나타나셔서 "내가 너에게 무엇을 주
기를 바라느냐? 나에게 구하여라"
하고 말씀하셨다.
8 ○솔로몬이 하나님께 여쭈었다. "주
님께서 나의 아버지 다윗에게 큰 은
혜를 베푸셨고, 또한 나로 하여금
아버지의 뒤를 이어 왕이 되게 하셨
습니다.
9 주 하나님, 이제 나의 아버지 다윗에
게 하신 말씀을 그대로 이루어 주십
시오. 주님께서 나를 땅의 티끌 같
이 많은 백성의 왕으로 삼으셨으니,
10 이제 지혜와 지식을 나에게 주셔서,
이 백성을 인도하게 하여 주십시오.
이렇게 많은 주님의 백성을 누가 다
스릴 수 있겠습니까?"
11 ○하나님께서 솔로몬에게 말씀하셨
다. "너의 소원이 그것이구나. 부와
재물과 영화를 달라고 하지 않고,
너를 미워하는 자들의 목숨을 달라

고 하지도 않고, 오래 살도록 해 달
라고 하지도 않고, 오직 내가 너를
왕으로 삼아 맡긴 내 백성을 다스
릴, 지혜와 지식을 달라고 하니,
12 내가 지혜와 지식을 너에게 줄 뿐만
아니라, 부와 재물과 영화도 주겠다.
이런 왕은 네 앞에도 없었고, 네 뒤
에도 다시 없을 것이다."

솔로몬의 부귀영화 (왕상 10:26-29)

13 ○그런 다음에, 솔로몬은 기브온 산
당에 있는 회막에서 떠나, 예루살렘
으로 돌아와서, 이스라엘을 다스렸
다.
14 솔로몬이 병거와 기병을 모으니, 병
거가 천사백 대, 기병이 만 이천 명
에 이르렀다. 솔로몬은 그들을 병거
주둔성과 왕이 있는 예루살렘에다
가 나누어 배치하였다.
15 왕의 덕분에 예루살렘에는 은과 금
이 돌처럼 흔하였고, 백향목은 ㉠세
펠라 평원 지대의 뽕나무만큼이나
많았다.
16 솔로몬은 말들을 이집트와 구에에
서 수입하였는데, 왕실 무역상들을
시켜 구에에서 사들였다.
17 병거도 이집트에서 사들였는데, 값
은 병거 한 대에 은 육백 세겔이고,
말 한 필에 백오십 세겔이었다. 그렇
게 들여와서, 그것을 헷 족의 모든
왕과 시리아 왕들에게 되팔기도 하
였다.

성전 건축을 준비하다 (왕상 5:1-18)

2 솔로몬은 주님의 이름을 받들어
모실 성전과 자기의 궁전을 짓기
로 작정하였다.
2 그래서 솔로몬은 짐꾼 칠만 명, 산에
서 돌을 떠낼 사람 팔만 명, 그들을
감독할 사람 삼천육백 명을 뽑았다.
3 ○솔로몬은 또 두로의 ㉡히람 왕에
게 사람을 보내서, 다음과 같이 부
탁을 하였다. "내 선친 다윗이 친히
거처할 궁을 지을 때에 임금님께서
백향목을 보내 주신 것처럼, 내게도
그렇게 해주시기를 바랍니다.
4 이제 나는 주 나의 하나님의 이름을
모실 성전을 지어 바치고, 그분 앞에
서 향기로운 향을 사르며, 늘 빵을
차려 놓으며, 안식일과 초하루와 주
우리의 하나님께서 정하여 주신 절
기마다, 아침 저녁으로 번제물을 바
치려고 합니다. 이것은 이스라엘이
언제까지나 지켜야 할 일입니다.
5 우리의 하나님은 모든 신들보다 크
신 분이시므로, 내가 지을 성전도 커
야 합니다.
6 하늘도, 하늘 위의 하늘마저도 그분
을 모시기에 좁을 터인데, 누가 하나
님을 모실 성전을 지을 수 있겠습니
까? 하물며, 내가 무엇이기에 그분
께 성전을 지어 드릴 수 있겠습니

1장 요약 솔로몬의 왕위가 점점 견고해져 갈 무렵, 그는 번제를 드려 하나님께로부터 *지혜를 선물받는다.*

1:14–17 역대지 저자는 열왕기상 10:26–29에 나와 있는 솔로몬의 부(富)에 관한 내용을 요약하여 옮겨 놓았다. 이 자료는 9:25–28에 다시 반복되는데, 솔로몬의 재산과 병력의 언급은 솔로몬에 대한 하나님의 약속(12절)의 성취를 의미한다.

2장 요약 솔로몬은 두로 왕 히람에게 성전 건축을 위한 기술자와 재목을 요청하였고(1–10절), 히람은 그 요청에 응답하였다(11–18절). 두로 왕 히람은 다윗에게 복속되었던 듯한데, 종교적인 측면에서도 깊이 교화되었음이 분명하다.

2:7 기능공 솔로몬이 히람 왕에게 사절을 보내어 성전 건축에 필요한 자재와 전문 기술자 파견을

㉠ 바다와 산 사이의 경사진 평지 ㉡ 히, '후람'

까? 다만 그분 앞에 향이나 피워 올
리려는 뜻밖에 없습니다.
7 **이제 임금님께서는, 금은과 놋쇠와**
쇠를 다룰 줄 알며, 자주색이나 홍
색이나 청색 천을 짤 줄 알며, 조각
도 할 줄 아는 기능공을 한 사람 보
내 주시기 바랍니다. 그러면 그가 여
기 유다와 예루살렘에 있는 나의 기
능공들을 데리고 일할 것입니다. 그
들은 내 선친 다윗께서 훈련시켜 둔
사람들입니다.
8 **또 레바논에서 백향목과 잣나무와**
백단목도 보내 주시기 바랍니다. 임
금님께서 나무를 잘 베는 기술자들
을 거느리고 있음을, 내가 잘 알고
있습니다. 내 부하들도 그들과 함께
일할 것입니다.
9 **내가 크고 화려한 성전을 지으려고**
하니, 재목을 많이 준비해 주시기 바
랍니다.
10 **나무를 베는 벌목꾼들에게는 양곡**
을 주겠습니다. 밀가루 이만 섬, 보
리 이만 섬, 포도주 이만 말, 기름 이
만 말을 임금님의 일꾼들에게 주겠
습니다."
11 **○두로의 ㉠히람 왕이 솔로몬에게 회**
신을 보냈다. "주님께서 그 백성을
사랑하셔서, 그대를 왕으로 세우시
고, 그들을 다스리게 하셨습니다."
12 **㉠히람의 글은 다음과 같이 이어졌**
다. "하늘과 땅을 만드신 주 이스라
엘의 하나님께서는 찬양을 받으실
분입니다. 그분은 다윗 왕에게 명철
과 총명을 고루 갖춘 슬기로운 아들
을 주셔서, 주님께 성전을 지어 바치
게 하시고, 자신의 왕국을 위하여
궁전을 짓게 하셨습니다.
13 **이제 총명을 갖춘 기능공 한 사람을**
보내 드리겠습니다. 이런 ㉡일의 전
문가인 후람이라는 사람입니다.
14 **이 사람은 단에 사는 여자 가운데**
한 여자가 낳은 아들입니다. 그의 아
버지는 두로 사람입니다. 이 사람은
금은과 놋쇠와 쇠와 보석과 나무를
다룰 줄 알며, 자주색과 청색 모시
와 홍색 천을 짤 줄 알며, 모든 조각
을 잘 합니다. 어떠한 것을 부탁받더
라도 모든 모양을 다 만들어 낼 수
있는 사람이니, 왕의 기능공들과, 내
상전이시며 임금님의 선왕이신 다윗
의 기능공들과, 함께 일을 하게 하
십시오.
15 **임금님께서 말씀하신 밀과 보리와**
기름과 포도주는 내 일꾼들에게 보
내 주십시오.
16 **우리가 레바논에서, 임금님께 필요**
한 만큼 나무를 베어 뗏목으로 엮어
서, 바다로 욥바까지 띄워 보낼 터이
니, 그 뗏목을 예루살렘까지 운반하
는 것은 임금님께서 하십시오."

대하

요청하였다. 열왕기에서는 이 내용이 뒤늦게 언급되었다(왕상 7:13). 그 이유는 모세 시대의 오홀리압과 평행 대조를 시키려는 것이다.

2:8 백향목 레바논에서 자라는 30m 높이의 나무이다. 궁전과 성전의 조각, 가구용으로 쓰인다.

2:10 성전 건축을 위해 자재와 용역을 제공한 히람 왕에게 보답하는 대가에 있어서 열왕기상 5:11과 차이가 있다. 열왕기에서는 왕가 식량 공급을 위한 총계인데 비해, 역대지에서는 벌목꾼들의 보수만을 지급한 것으로 이해할 수 있다. 솔로몬이 보낸 물품의 종류도 열왕기에는 밀과 기름만 기록되어 있다.

2:17–18 이스라엘 땅에 살던 이방인 이스라엘 영토 내에 거주하면서 이스라엘 사람이 아닌 자는 가나안 원주민의 후손들이거나, 주변 이방 국가들로부터 영입된 사람들이었다. 이들이 성전 건축의 실질적인 일을 담당하여 봉사하게 된 것이다.

㉠ 히, '후람' ㉡ 히, '후람아비'

성전 건축 시작 (왕상 6:1-38)

17 ○솔로몬의 아버지 다윗이 전에 이
스라엘 땅에 살던 이방인의 인구를
조사한 일이 있는데, 솔로몬이 다시
조사해 보니, 그 수가 모두 십오만
삼천육백 명이었다.
18 그 가운데서 칠만 명은 짐꾼으로 뽑
고, 팔만 명은 산에서 돌을 떠내게 하
였다. 그리고 삼천육백 명을 뽑아서,
백성이 하는 일을 감독하게 하였다.

3

1 솔로몬은 예루살렘 모리아 산
에 주님의 성전을 짓기 시작하였
다. 그 곳은 주님께서 그의 아버지
다윗에게 나타나셨던 곳이다. 본래
는 여부스 사람 오르난의 타작 마당
으로 쓰던 곳인데 다윗이 그 곳을
성전 터로 잡아놓았다.
2 성전을 짓기 시작한 때는, 솔로몬이
왕위에 오른 지 사 년째 되는 해 둘
째 달 초이틀이었다.
3 솔로몬이 짓는 하나님의 성전의 규
모는 다음과 같다. 옛날에 쓰던 자
로, 성전의 길이가 예순 자, 너비가
스무 자이다.
4 성전 앞 현관은 길이가 성전의 너비
와 같이 스무 자이고, 높이는 ㉠백스
무 자인데, 현관 안벽은 순금으로 입
혔다.
5 솔로몬은 또 본당 안벽에 잣나무 판
자를 대고, 순금을 입히고, 그 위에
종려나무 가지와 사슬 모양을 새겼
다.
6 그는 보석으로 성전을 꾸며서 화려
하게 하였는데, 그 금은 바르와임에
서 들여온 금이다.
7 그는 성전 안의 들보와 문지방과 벽
과 문짝에 금박을 입히고, 벽에는
그룹들을 아로새겼다.
8 그는 또 지성소를 지었다. 그 길이는
성전의 너비와 같이 스무 자이고, 너
비도 스무 자이다. 육백 달란트의
순금 금박을 내부에 입혔다.
9 못의 무게만 하여도 금 오십 세겔이
나갔다. 다락에 있는 방들도 금으로
입혔다.
10 ○그는 지성소 안에 두 개의 그룹 형
상을 만들어 놓고, 금으로 입혔다.
11 두 그룹이 날개를 편 길이를 서로
연결시키면 스무 자이다. 첫째 그룹
의 한쪽 날개 길이는 다섯 자인데,
그 끝이 성전 벽에 닿고, 다른 쪽 날
개 역시 그 길이가 다섯 자인데, 그
것은 다른 그룹의 날개에 닿았다.
12 둘째 그룹의 한쪽 날개 길이 역시
다섯 자인데, 그 끝이 성전 벽에 닿
고, 다른 쪽 날개 역시 그 길이가 다
섯 자인데, 그것은 첫 번째 그룹의
날개에 닿았다.
13 이 그룹들이 날개를 편 길이를 서로
연결시키면 스무 자이다. 그룹들은

3장 요약 마침내 솔로몬은 성전 건축을 시작하였다. 역대지 저자는 성전 건축 과정을 열왕기서에 비해 간략하게 설명하는 반면, 성전 기물과 내부 장비에 대해서는 상세히 기술하였다 (3:6-9;4:1,6-9).

3:3 하나님의 성전은 규모와 장비, 내부 장치 등 모두 모세 당시 성막과 거의 동일하다. 지성소, 성소, 성전 뜰의 주요 부분으로 나누어져 있었다.

3:10-13 지성소 안에 두 개의 그룹 형상 지성소는 하나님의 보좌를 상징한다. 하나님께서 자기 백성 가운데에 거하시기로 택한 장소이다. 언약궤 양측은 그룹들이 수호를 하고 있다. 더불어 두 그룹이 언약궤 위에 서 있었다. 그들은 각각 자기의 위치에서 속죄판을 덮고 있다(출 25:17-22). 그룹을 날개 달린 사람처럼 표현한 것은 고대 근동 지역에서 왕좌를 장식하는 방법과 유사하다.

㉠ 시리아어역과 몇몇 칠십인역에는 '스무 자'

대하

성전 본관쪽을 바라보고 서 있었다.
14 그는 또 청색 실과 자주색 실과 홍
색 실과 가는 베로 휘장을 짜고, 그
위에 그룹들의 모양을 수놓았다.

두 놋쇠 기둥 (왕상 7:15-22)

15 ○성전 앞에는 높이 서른다섯 자짜
리 기둥들을 세우고, 그것들의 꼭대
기에는 다섯 자 높이의 기둥 머리를
얹었다.
16 그는 또 목걸이 모양의 사슬을 만들
어서 두 기둥 머리에 두르고, 석류
모양 백 개를 만들어서 그 사슬에
달았다.
17 이렇게 그는 성전 본관 앞에 두 기
둥을 세웠는데, 하나는 오른쪽에,
다른 하나는 왼쪽에 세웠다. 오른쪽
에 세운 것은 ㉠야긴이라고 부르고,
왼쪽에 세운 것은 ㉡보아스라고 불렀
다.

성전 안에 있는 성물들 (왕상 7:23-51)

4 솔로몬이 놋으로 제단을 만들었
는데, 그 길이가 스무 자이고, 너
비가 스무 자이고, 높이가 열 자이
다.
2 그 다음에 후람은 또 놋쇠를 부어서
바다 모양 물통을 만들었는데, 그
바다 모양 물통은, 그 지름이 열 자,
높이가 다섯 자, 둘레가 서른 자이
고, 둥근 모양을 한 물통이었다.
3 그 가장자리 아래로는 돌아가면서,
놋쇠로 만든 황소 모양이 있는데, 이
것들은 놋쇠로 바다 모양 물통을 만
들 때에, 두 줄로 부어서 만든 것이
다.
4 또한 열두 마리의 놋쇠 황소가 바다
모양 물통을 떠받치고 있는데, 세
마리는 북쪽을 바라보고, 세 마리는
서쪽을 바라보고, 세 마리는 남쪽을
바라보고, 세 마리는 동쪽을 바라
보고 서 있는데, 등으로 바다 모형
을 떠받치고 있었다. 황소는 모두 엉
덩이를 안쪽으로 향하고 있었다.
5 그 놋쇠로 된 바다 모양 물통의 두
께는 손 너비만 하였다. 그 테두리는
나리꽃 봉오리 모양으로, 잔의 테두
리처럼 둥글게 만들었다. 그 용량은
물을 삼천 말 정도 담을 수 있는 것
이었다.
6 솔로몬은 또 씻을 물을 담는 대야
열 개를 만들어서, 다섯은 오른쪽에
두고, 다섯은 왼쪽에 두어, 번제물
을 씻는 데에 사용하게 하였다. 그러
나 바다 모양 물통에 담긴 물은 제
사장들이 씻을 물이었다.
7 ○그는 또 금등잔대 열 개를 규격대
로 만들어서 본당 안에 두었는데,
다섯은 오른쪽에, 다섯은 왼쪽에 두
었다.
8 그는 또 상 열 개를 만들어서 본당
안에 두었는데, 다섯은 오른쪽에, 다

4장 요약 본장은 성전 내의 기구들과 성전 뜰을 만든 사실을 기록하고 있다. 여기서 이 기구들의 구체적인 용도가 무엇이었는지를 일일이 나와 있지 않지만, 이것들이 모두 성전 제사를 위해 용도대로 사용되었다는 점은 분명하다.

4:1–10 성전 내의 거룩한 기구들과 성전 뜰에 관하여 언급하고 있다. 여기서는 그러한 것들의 각각의 의미보다는 성전에서 거행되는 제사 의식에 사용되는 기구들이었다는 것이 중시되고 있다. 이는 성물들의 필요성과 다양성만큼, 신자 각자가 그리스도의 지체로서 자기 본분과 책임 있는 삶을 완수하도록 가르치고 있다. 성전 기구들이 거룩한 것으로 구별되었듯이, 하나님께 속한 사람들은 모두가 거룩한 존재들이다.

4:2 바다 모양 물통 반구형의 놋대야로서 성전의 제단과 입구 사이에 두었다. 직경 4.5m, 깊이

㉠ '그(하나님)가 세우다' ㉡ '그(하나님)의 힘으로'

섯은 왼쪽에 두었다. 그는 또 금쟁반
백 개를 만들었다.
9 ○그는 또 제사장의 뜰과 큰 뜰을
만들고, 큰 뜰 대문에는 문짝들을
만들어서 달고, 놋쇠를 입혔다.
10 바다 모양 물통은 성전의 오른쪽 동
남쪽 모퉁이에 두었다.
11 ○후람은 또 솥과 부삽과 대접을 만
들었다. 이렇게 후람은, 솔로몬 왕이
하나님의 성전에다가 해 놓으라고
시킨 모든 일을 마쳤다.
12 그가 만든 것들은, 기둥과, 그 두 기
둥 꼭대기에 얹은 둥근 공 모양을
한 기둥 머리 둘과, 그 두 기둥 꼭대
기에 있는 공 모양을 한 기둥 머리
에 씌운 그물 두 개와,
13 기둥 꼭대기에 있는 공 모양을 한 기
둥 머리에 씌운 각 그물에다가 두 줄
로 장식한 석류 사백 개를 만들었
다.
14 또 그가 만든 것은, 받침대와 받침대
위에 놓을 대야와,
15 바다 모양 물통 한 개와 그 바다 모
양 물통 아래에 받쳐 놓은 황소 모
양 열두 개와,
16 솥과 부삽과 고기 갈고리였다. 이런
㉠일의 전문가인 후람이 주님의 성전
에서 쓸 것으로 솔로몬에게 바친 모
든 기구는, 광택 나는 놋쇠로 만든
것들이었다.
17 ○왕은 이 기구들을, 숙곳과 스레다
사이에 있는 요단 계곡의 진흙에 부
어서 만들게 하였다.
18 솔로몬이 이 모든 기구를 너무나 많
이 만들었으므로, 여기에 사용된 놋
쇠의 무게는 아무도 모른다.
19 ○솔로몬이 또 하나님의 성전 안에
다가 둘 기구를 만들었으니, 곧 금
제단과, 빵을 늘 차려 놓는 상들과,
20 지성소 앞에 규례대로 켜 놓을 순금
등잔들과, 등잔대들과,
21 순금으로 만든 꽃장식과 등잔과 부
집게와,
22 순금으로 만든 심지 다듬는 집게와,
대접과, 숟가락과, 불 옮기는 그릇과,
성전 어귀, 곧 성전의 맨 안쪽 지성
소의 문짝들과, 성전 본관의 문짝들
이었다. 이 문짝들도 금으로 입혔다.

5

1 이렇게 해서, 솔로몬은 주님의
성전을 짓는 모든 일을 완성하였
다. 솔로몬은 그의 아버지 다윗이
거룩하게 구별해서 바친 성물, 곧 은
과 금과 모든 기구를 가져다가, 하나
님의 성전 창고에 넣었다.

언약궤를 성전으로 옮기다 (왕상 8:1-9)

2 ○솔로몬은 주님의 언약궤를 시온,
곧 '다윗 성'에서 성전으로 옮기려
고, 이스라엘 장로들과 이스라엘 자
손의 각 가문의 대표인 온 지파의
지도자들을 예루살렘으로 불러모

2.28m, 원주 13.68m로 300배럴의 용량이다.
4:11-22 여러 성전 기구와 비품들의 목록의 기록으로, 열왕기상 7:40-50과 거의 같다. 11-18절에는 후람이 솔로몬 왕의 지시대로 놋제품을 만든 사실이 언급되어 있고, 19-22절에는 금으로 된 성소 기구와 문들에 관하여 설명한다. 놋제품은 성소 바깥인 성전 뜰에서 사용되었고, 금제품은 성소 안에서 사용된 기구들이다. 성전에서는 용도에 따라 재료를 달리하여 다양하게 쓰였다.

5장 요약 성전 건축이 완료된 후, 솔로몬은 하나님의 언약궤를 성전으로 옮겨 안치시켰다. 언약궤가 최종 목적지에 이르자, 모세 당시 성막이 완성되었을 때처럼 하나님의 영광의 임재가 구름 가운데 나타났다(출 40:34). 이는 이 성전을 하나님의 처소로 인정하고 열납하신다는 표시이다.

㉠ 히, '후람아비'

았다.
3 이스라엘의 모든 남자가 일곱째 달
절기에 왕 앞에 모였다.
4 이스라엘의 모든 장로가 모이니, 레
위 사람들이 궤를 메어 옮겼다.
5 궤와 회막과 장막 안에 있는 거룩한
기구를 모두 옮겨 왔는데, 제사장들
과 레위 사람들이 그것을 날랐다.
6 솔로몬 왕과 왕 앞에 모인 온 이스라
엘 회중이 궤 앞에서, 양과 소를, 셀
수도 없고 기록할 수도 없을 만큼
많이 잡아서 제물로 바쳤다.
7 ○제사장들은 주님의 언약궤를 제
자리, 곧 성전 내실 지성소 안, 그룹
들의 날개 아래에 가져다가 놓았다.
8 그룹들은 궤가 놓인 자리 위에 날개
를 펼쳐서, 궤와 채의 위를 덮었다.
9 궤에서 삐죽 나온 두 개의 채는 길
어서 그 끝이 지성소의 정면에 있는
성소에서도 보였다. 그러나 성소 밖
에서는 보이지 않았다. 그 채는 오늘
날까지 그 곳에 그대로 놓여 있다.
10 궤 속에는 호렙에서 모세가 넣어 둔
두 판 말고는 아무것도 없었다. 이
두 판은, 이스라엘 자손이 이집트에
서 나온 다음에 주님께서 호렙에서
그들과 언약을 세우실 때에, 모세가
거기에 넣은 것이다.

주님의 영광

11 ○제사장들이 성소에서 나올 때에,
(제사장들은 갈래의 순번을 가리지
않고, 모두가 이미 정결 예식을 마치
고 거기에 들어가 있었고,
12 노래하는 레위 사람들인 아삽과 헤
만과 여두둔과 그들의 아들들과 친
족들이 모두, 모시 옷을 입고 심벌
즈와 거문고와 수금을 들고 제단 동
쪽에 늘어서고, 그들과 함께 나팔
부는 제사장 백이십 명도 함께 서
있었다.)
13 나팔 부는 사람들과 노래하는 사람
들이 일제히 한 목소리로 주님께 찬
양과 감사를 드렸다. 나팔과 심벌즈
와 그 밖의 악기가 한데 어우러지
고,

"주님은 선하시다. 그 인자하심이
영원하다"

하고 소리를 높여 주님을 찬양할 때
에, 그 집, 곧 주님의 성전에는 구름
이 가득 찼다.
14 주님의 영광이 하나님의 성전을 가
득 채워서, 구름이 자욱하였으므로,
제사장들은 서서 일을 볼 수가 없었
다.

솔로몬의 성전 봉헌 (왕상 8:12-21)

6 그런 가운데 솔로몬이 주님께 아
뢰었다. "주님께서는 캄캄한 구름
속에 계시겠다고 말씀하셨습니다.
2 이제 주님께서 계시라고, 내가 이 웅
장한 집을 지었습니다. 이 집은 주님

5:11-14 이 봉헌식은 너무나 장엄하고 의미 깊은 행사였다. 따라서 제사장들의 정해진 순번대로 진행하지 않고, 스스로 정결하게 한 제사장들만 이 의식을 진행시킬 수 있었다.

5:12 아삽 성전에서 봉사하는 찬양대의 우두머리 중 한 사람(대상 16:5)으로 놋 심벌즈의 연주자(대상 15:19)였다. 헤만 왕의 선견자(대상 25:5)였고 찬양대장(대상 6:33)이었다. 여두둔 예언자이자 왕의 선견자이며, 찬양대원이기도 했다.

6장 요약 본장에서 솔로몬은 성전 건축을 완성하게 해주신 하나님의 은혜를 찬양하고(1-11절), 봉헌 기도를 드린다(12-42절). 하나님 백성의 최대 소망은 하나님의 영원한 임재이다. 솔로몬의 찬양은 성전 완공과 동시에 하나님의 임재를 확인한 데서 비롯되었다.

6:1-11 주님께서는 캄캄한 구름 속에 계시겠다고 구약 시대에 있어서 하나님께서 나타나시는 방법

께서 영원히 계실 곳입니다."
3 ○그런 다음에, 왕은 얼굴을 돌려,
거기에 서 있는 이스라엘 온 회중을
둘러보며, 그들에게 복을 빌어 주었
다.
4 그는 말하였다. ○"주 이스라엘의 하
나님을 찬양하십시오. 주님께서는
내 아버지 다윗에게 친히 말씀하신
것을 모두 그대로 이루어 주셨습니
다. 주님께서 말씀하시기를,
5 '내가 내 백성을 이집트 땅에서 이끌
어 낸 날부터 오늘에 이르기까지, 내
가 내 이름을 기릴 집을 지으려고,
이스라엘 어느 지파에서 어느 성읍
을 택한 일이 없다. 또 내 백성 이스
라엘을 다스릴 영도자를 삼으려고,
어느 누구도 택한 바가 없다.
6 그러나 이제는 내 이름을 둘 곳으로
예루살렘을 택하였고, 내 백성 이스
라엘을 다스릴 사람으로 다윗을 택
하였다' 하셨습니다.
7 ○내 아버지 다윗께서는 주 이스라
엘의 하나님의 이름을 기릴 성전을
지으려고 생각하셨으나,
8 주님께서 내 아버지 다윗에게 이르
시기를 '네가 내 이름을 기릴 성전을
지으려는 마음을 품은 것은 아주
좋은 일이다.
9 그런데 그 집을 지을 사람은 네가
아니다. 네 몸에서 태어날 네 아들
이 내 이름을 기릴 성전을 지을 것
이다' 하셨습니다.
10 ○주님께서 말씀하신 대로, 아버지
다윗의 뒤를 이어서, 이렇게 내가 이
스라엘의 왕위를 이었으며, 주 이스
라엘의 하나님의 이름을 기릴 성전
을 지었으니, 주님께서는 이제 그 약
속을 이루셨습니다.
11 그리고 나는, 주님께서 이스라엘 자
손과 더불어 세우신 언약을 넣은 궤
를 여기에 옮겨다 놓았습니다."

솔로몬의 봉헌 기도 (왕상 8:22-53)

12 ○그런 다음에, 솔로몬은 이스라엘
온 회중이 보는 데서, 주님의 제단
앞에 서서, 두 팔을 들어 폈다.
13 솔로몬이 일찍이 놋쇠로, 길이 다섯
자, 너비 다섯 자, 높이 석 자인 대를
만들어 뜰 가운데 놓았는데, 바로
그 대에 올라가서, 이스라엘 온 회중
앞에서 무릎을 꿇고 하늘을 바라보
며, 두 팔을 들어 펴고,
14 이렇게 기도하였다. ○"주 이스라엘
의 하나님, 하늘에나 땅에나, 그 어
디에도 주님과 같은 하나님은 없습
니다. 주님은, 온 마음을 다 기울여
주님의 뜻을 따라 사는 주님의 종들
에게는, 언약을 지키시고 은혜를 베
푸시는 분이십니다.
15 주님께서는 주님의 종인 내 아버지
다윗 임금에게 약속하신 것을 지키

중에 하나가 캄캄한 데 임하시는 것이다. 이는 흑암이라기보다는 짙은 구름을 표현하는 말이다(출 19:9;신 4:11). 하나님의 백성은 하나님과의 온전한 사귐 가운데서만 진정한 행복을 이룰 수 있다.

6:6 예루살렘을 택하였고 하나님께서는 하나님의 백성을 선택하셨을 뿐 아니라, 자기 백성을 만나시는 장소, 곧 그들을 통치하실 보좌가 있을 곳도 선택하셨다. 예루살렘의 선택은 다윗 왕가의 선택과 밀접한 관련을 가지고 있다. 다윗 왕가는 메시아 왕국이라는 신정 통치의 대리자로 선택된 집안이었다.

6:12-42 역대지상에서도 중요한 부분에는 기도가 나타났는데(대상 17:16-27;29:10-19), 이 부분에 기록된 솔로몬의 기도에도 역대지 저자의 구원 신학의 핵심이 포함되어 있다. 여기서 기도의 주제는 어떤 의미에서 기도 그 자체이다(19-21절). 성전의 일차적 기능인 희생 제사보다도 기도가 더 강조되고 있는 이유는, 기도가 성전의 존재

셨으며, 주님께서 친히 그에게 말씀
하신 것을 오늘 이렇게 손수 이루어
주셨습니다.
16 이제 주 이스라엘의 하나님, 주님께
서 주님의 종인 내 아버지 다윗 임
금에게 말씀하시기를 '네 자손이 저
마다 길을 삼가서, 네가 내 앞에서
살아온 것같이 내 율법대로 살기만
하면, 네 자손 가운데서 이스라엘
왕위에 앉을 사람이, 내 앞에서 끊
어지지 않게 하겠다' 하고 약속하신
것을, 지켜 주시기를 바랍니다.
17 이제 주 이스라엘의 하나님, 주님의
종인 다윗 임금에게 약속하신 말씀
을, 주님께서 이루어 주시기를 빕니
다.
18 ○그러나 하나님, 하나님께서 사람
과 함께 땅 위에 계시기를 우리가 어
찌 바라겠습니까? 저 하늘, 저 하늘
위의 하늘이라도 주님을 모시기에
부족할 터인데, 내가 지은 이 성전이
야 더 말해 무엇 하겠습니까?
19 그러나 주 나의 하나님, 주님의 종이
드리는 기도와 간구를 돌아보시며,
주님의 종이 주님 앞에서 부르짖으
며 드리는 이 기도를 들어주십시오.
20 주님께서 낮이나 밤이나 눈을 뜨시
고, 이 성전을 살펴 주십시오. 이 곳
은 주님께서 주님의 이름을 두시겠
다고 말씀하신 곳입니다. 주님의 종
이 이 곳을 바라보며 기도할 때에,
이 종의 기도를 들어주십시오.
21 그리고 주님의 종인 나와 주님의 백
성 이스라엘이 이 곳을 바라보며 기
도할 때에, 그 기도를 들어주십시오.
주님께서 계시는 곳, 하늘에서 들으
시고, 들으시는 대로 용서해 주십시
오.
22 ○사람이 이웃에게 죄를 짓고, 맹세
를 하게 되어, 그가 이 성전 안에 있
는 주님의 제단 앞에 나와서 맹세를
하거든,
23 주님께서는 하늘에서 들으시고 주님
의 종들을 심판하시되, 악행을 저지
른 사람은 죄가 있다고 판결하셔서
벌을 주시고, 옳은 일을 한 사람은
죄가 없다고 판결하셔서 그의 의로
움을 밝혀 주십시오.
24 ○주님의 백성 이스라엘이 주님께
죄를 지어 적에게 패배했다가도, 그
들이 뉘우치고 돌아와서, 주님의 이
름을 인정하고 이 성전에서 주님께
빌며 간구하거든,
25 주님께서는 하늘에서 들으시고, 주
님의 백성 이스라엘의 죄를 용서해
주십시오. 그리고 그들과 그들의 조
상들에게 주신 땅으로, 그들을 다시
돌아오게 해주십시오.
26 ○또 그들이 주님께 죄를 지어서, 그
벌로 주님께서 하늘을 닫고 비를 내

목적이라 할 수 있는 하나님과의 사귐의 방편으로 제시되고 있기 때문이다.

6:22-39 솔로몬이 성전 봉헌식 중에 행한 기도는, 일곱 가지의 간구로 내용을 분류할 수 있다. ① 맹세한 자의 범죄 여부 및 처벌 여부를 판단해 주실 것(22-23절) ② 백성이 범죄하여 전쟁에서 패했을 때, 회개하면 구원해 주실 것(24-25절) ③ 백성의 범죄로 인해서 기근의 형벌을 내리셨을 때, 회개하도록 가르치시고, 용서와 비를 내려 주실 것(26-27절) ④ 기근과 전염병과 전쟁이 백성의 죄악으로 임하였을 때, 백성의 회개 기도를 들어주실 것(28-31절) ⑤ 성전에서 드린 이방인의 기도를 들으실 것(32-33절) ⑥ 전쟁 수행 중에 하는 기도에 응답하셔서, 승리하게 하실 것(34-35절) ⑦ 포로로 잡혀갔을 때, 회개 기도에 응답하셔서, 귀환의 은혜를 베푸실 것(36-39절) 등이다. 이 모든 내용을 일관하고 있는 핵심 사항은 바로 백성의 범죄에 대한 용서라고 볼 수 있다. 이

려 주시지 않을 때에라도, 그들이
이 곳을 바라보며 기도하고, 주님의
이름을 인정하고, 그 죄에서 돌이키
거든,
27 주님께서는 하늘에서 들으시고, 주
님의 종들과 주님의 백성 이스라엘
의 죄를 용서해 주시고, 그들이 살
아갈 올바른 길을 그들에게 가르쳐
주시며, 주님의 백성에게 유산으로
주신 주님의 땅에 비를 다시 내려
주십시오.
28 ○이 땅에 기근이 들거나, 역병이 돌
거나, 곡식이 시들거나, 깜부기가 나
거나, 메뚜기 떼나 누리 떼가 곡식을
갉아먹거나, 또는 적들이 이 땅으로
쳐들어와서 성읍들 가운데 어느 하
나를 에워싸거나, 온갖 재앙이 내리
거나, 온갖 전염병이 번질 때에,
29 주님의 백성 이스라엘 가운데 어느
한 사람이나 혹은 주님의 백성 전체
가, 저마다 재앙과 고통을 깨닫고 이
성전을 바라보며 두 팔을 펴고 간절
히 기도하거든,
30 주님께서는, 주님께서 계시는 곳 하
늘에서 들으시고, 그들을 용서하여
주십시오. 주님께서는 각 사람의 마
음을 아시니, 주님께서 각 사람에게
그 행위대로 갚아 주십시오. 주님만
이 사람의 마음을 아십니다.
31 그렇게 하시면, 그들은, 주님께서 우
리 조상에게 주신 이 땅 위에서 사
는 동안, 언제나 주님을 경외하며,
주님의 길을 따라 살 것입니다.
32 ○그리고 또 주님의 백성 이스라엘
에 속하지 아니한 이방인이라도, 주
님의 크신 이름과 강한 손과 편 팔
로 하신 일을 듣고, 먼 곳에서 이리
로 와서, 이 성전을 바라보며 기도하
거든,
33 주님께서는, 주님께서 계시는 곳 하
늘에서 들으시고, 그 이방인이 주님
께 부르짖으며 간구하는 것을 그대
로 다 들어 주셔서, 땅 위의 모든 백
성이 주님의 이름을 알게 하시고, 주
님의 백성 이스라엘처럼 주님을 경
외하게 하시며, 내가 지은 이 성전이
주님의 이름을 부르는 곳임을 알게
하여 주십시오.
34 ○주님의 백성이 적과 싸우려고 전
선에 나갈 때에, 주님께서 그들을 어
느 곳으로 보내시든지, 그 곳에서,
주님께서 선택하신 이 도성과, 내가
주님의 이름을 기리려고 지은 이 성
전을 바라보며, 그들이 주님께 기도
하거든,
35 주님께서는 하늘에서 그들의 기도
와 간구를 들으시고, 그들의 사정을
살펴보아 주십시오.
36 ○죄를 짓지 아니하는 사람은 없습
니다. 이 백성이 주님께 죄를 지어

런 내용으로 미루어 볼 때, 성전의 핵심적 의미가 구속적 은혜를 베푸시는 시은좌(또는 속죄판)에 있음을 알 수 있다.

6:30 주님만 이 사람의 마음을 아십니다 '이 사람'으로 번역된 히브리 원문은 '아담의 아들들' 곧 '그 사람의 아들들'로 되어 있다. 인류 역사상에 존재했던 모든 인간의 상태를 적나라하게 아시는 분은 창조주이신 하나님뿐이시다. 그 가운데서도 하나님의 백성으로 선택받은 자들의 실패한 처지도 속속들이 아시는 분은 하나님뿐이시다.

6:37-38 우리가 죄를 지었고, 우리가 악행을 저질렀으며, 우리가 반역하였습니다 이스라엘의 죄악이 가득함에 대하여 하나님께서 가장 적극적으로 징계하신 방법은 바로 약속의 땅을 떠나게 하신 것이었다. 그래서 후에 이스라엘은 적국에 포로로 잡혀가게 된다. 솔로몬은 이런 상황을 예측하고 '죄, 악행, 반역'이라는 동의어를 반복하여 철저하게 부패된 상황을 강조하고 있다.

서, 주님께서 진노하셔서 그들을 원
수에게 넘겨 주시게 될 때에, 멀든지
가깝든지, 백성이 남의 나라로 사로
잡혀 가더라도,
37 그들이 사로잡혀 간 그 땅에서라도,
마음을 돌이켜 회개하고, 그들을 사
로잡아 간 사람의 땅에서 주님께 자
복하여 이르기를 '우리가 죄를 지었
고, 우리가 악행을 저질렀으며, 우리
가 반역하였습니다' 하고 기도하거
든,
38 또 그들이 자기들을 사로잡아 간 사
람들의 땅에서라도 마음을 다하고
정성을 다하여 주님께 회개하고, 주
님께서 그들의 조상에게 주신 땅과
주님께서 선택하신 이 도성과 내가
주님의 이름을 기리려고 지은 이 성
전을 바라보면서 기도하거든,
39 주님께서는, 주님께서 계시는 곳인
하늘에서, 그들의 기도와 간구를 들
으시고, 그들의 사정을 살펴보아 주
십시오. 주님께 죄를 지은 주님의 백
성을 용서하여 주십시오.
40 ○나의 하나님, 이 곳에서 사람들이
기도를 할 때마다, 주님께서 눈을 떠
살피시고, 귀를 기울여 들어 주십시
오.
41 주 하나님, 이제는 일어나셔서, 주
님께서 쉬실 곳으로 들어가십시
오. 주님의 능력이 깃든 궤와 함
께 가십시오. 주 하나님, 주님을
섬기는 제사장들에게 구원의 옷
을 입혀 주십시오. 주님을 믿는
신도들이 복을 누리며 기뻐하게
해주십시오.
42 주 하나님, 주님께서 기름 부어 세
우신 사람을 내쫓지 마시고, 주님
의 종 다윗에게 베푸신 은총을 기
억하여 주십시오."

성전 봉헌 (왕상 8:62-66)

7 솔로몬이 기도를 마치니, 하늘에
서 불이 내려와 번제물과 제물들
을 살라 버렸고, 주님의 영광이 그
성전에 가득 찼다.
2 주님의 영광이 주님의 성전에 가득
찼으므로, 제사장들도 주님의 성전
으로 들어갈 수가 없었다.
3 이렇게 불이 내리는 것과 주님의 영
광이 성전에 가득 찬 것을 보고, 이
스라엘 모든 자손은 돌을 깎아 포
장한 광장에 엎드려 경배하며, 주님
께 감사하여 이르기를
"주님은 선하시다. 그 인자하심이
영원하다" 하였다.
4 이렇게 한 다음에, 왕과 모든 백성이
주님 앞에 제사를 드렸다.
5 솔로몬 왕은 소 이만 이천 마리와
양 십이만 마리를 제물로 바쳤다. 이
와 같이 왕과 모든 백성이 하나님의
성전을 봉헌하였다.

6:40–42 역대지 저자는 열왕기에서 언급된 솔로몬의 마무리 기도(왕상 8:50–53)를 시편 132:8–10에 반복하여 인용함으로써 대체시켰다. 왜냐하면 시편은 성전에 언약궤를 가져갈 때 부른 찬양으로, 역대지의 주제와 일치하기 때문이다. 열왕기에서의 기도 내용은 모세의 인도로 이집트로부터 구출해 내신 것 같은 구원을 간구함으로 끝을 맺었다. 그에 비하여 역대지에서는 다윗에게 주신 영원한 언약에 근거하여 간구하고 있다.

7장 요약 솔로몬이 기도를 마쳤을 때 하나님께서 하늘에서 불을 내려 그 기도를 기쁘게 받으셨다(1–3절). 왕과 모든 백성은 성전 봉헌식을 거행하고(4–7절) 장막절을 지켰으며(8–10절), 하나님께서 솔로몬에게 언약의 말씀을 계시해 주셨다(11–22절).

7:1–3 역대지에서 하늘에서 불이 내려 제물을 태운 사건을 첨가한 것은, 하나님의 용납하심을 상

6 그 때에 제사장들은 직분에 따라 제
각기 자기 자리에 섰고, 레위 사람들
도 주님을 찬양하는 악기를 잡고 섰
다. 이 악기는 다윗 왕이 레위 사람
들을 시켜, 주님의 인자하심이 영원
함을 감사하게 하려고 만든 것이었
다. 제사장들이 레위 사람들 맞은편
에 서서 나팔을 부는 동안에, 온 이
스라엘은 서서 있었다.
7 ○솔로몬은, 자기가 만든 놋제단에,
그 많은 번제물과 곡식제물과 기름
기를 다 바칠 수가 없어서, 주님의
성전 앞뜰 한가운데를 거룩하게 구
별하고, 거기에서 번제물과 화목제
의 기름기를 드렸다.
8 ○그 때에 또 솔로몬은 이레 동안 절
기를 지켰는데, 하맛 어귀에서부터
이집트 접경을 흐르는 강에까지 이
르는 넓은 지역에 사는 대단히 큰
회중인 온 이스라엘이 그와 함께 모
였다.
9 첫 이레 동안은 제단을 봉헌하였고,
둘째 이레 동안은 절기를 지켰다. 그
리고 여드레째 되는 날, 마감 성회를
열었다.
10 왕이 백성들을 그들의 장막으로 돌
려보낸 것은 ㉠일곱째 달 이십삼일이
었다. 백성은, 주님께서 다윗과 솔로
몬과 주님의 백성 이스라엘에게 내
리신 은혜 때문에 진심으로 기뻐하
며, 흐뭇한 마음으로 돌아갔다.

하나님께서 솔로몬에게 다시 나타나시다
(왕상 9:1-9)

11 ○솔로몬은 주님의 성전과 왕궁을
다 짓고, 주님의 성전과 그의 왕궁
에 대하여 그가 마음 속으로 하고
자 한 모든 것을 성공적으로 다 이
루었다.
12 그 때에, 주님께서 밤에 솔로몬에게
나타나셔서 말씀하셨다. ○"내가 이
제 네 기도를 듣고, 이 곳을 택하여,
내가 제사를 받는 성전으로 삼았다.
13 들어라. 내가 하늘을 닫고 비를 내
리지 아니하거나, 메뚜기를 시켜 땅
을 황폐하게 하거나, 나의 백성 가운
데 염병이 돌게 할 때에,
14 내 이름으로 일컫는 나의 백성이 스
스로 겸손해져서, 기도하며 나를 찾
고, 악한 길에서 떠나면, 내가 하늘
에서 듣고 그 죄를 용서하여 주며,
그 땅을 다시 번영시켜 주겠다.
15 이제 이 곳에서 드리는 기도를, 내가
눈을 뜨고 살필 것이며, 귀담아 듣
겠다.
16 내가 이제, 내 이름이 이 성전에 길
이길이 머물게 하려고, 이 성전을 선
택하여 거룩하게 하였으니, 내 눈길
과 마음이 항상 이 곳에 있을 것이
다.
17 너는 내 앞에서 네 아버지 다윗처럼

징하고자 한 것이다. 특히 역대지에서는 솔로몬이 이스라엘 회중을 축복한 사실은 생략하고 이 기사를 삽입한 것이 특이하다(왕상 8:55-61).

7:4-11 성전의 봉헌식 열왕기상 8:62-66과 비슷하다. 6절은 레위 사람들과 제사장들의 직무를 다시 분명히 드러내기 위해 역대지 저자가 보충한 것으로 보인다. 날짜 기록이 정확하지 않지만, 처음 7일 동안은 봉헌식(낙성식)을 거행한 후에 다시 7일 동안 초막절을 지켜 초막절은 제8일의 성회로 마무리했다고 이해할 수 있다.

7:8-10 이레 동안 절기를 지켰는데 이 절기는 장막절로, 7월(오늘날 태양력 10월경) 15일부터 22일까지 진행되었다. 이스라엘의 3대 절기 중 하나로, 농사철이 끝나는 가을에 40년간의 광야 생활을 기억하며 언약을 새롭게 하는 절기이다.

7:13-15 역대지에만 있는 독특한 부분이다. 하나님의 조속한 징벌들을 강조하고 있다. 역대지 저

㉠ 에다님월, 양력 구월 중순 이후

살아라. 그래서 내가 네게 명한 것
을 실천하고, 내가 네게 준 율례와
규례를 지켜라.
18 그러면 내가 네 아버지 다윗에게 '네
자손 가운데서 이스라엘을 다스릴
사람이 끊어지지 않게 하겠다' 하고
언약한 대로, 네 나라의 왕좌를 튼
튼하게 해주겠다.
19 그러나 ㉠너희가 마음이 변하여 내
가 너희에게 일러준 나의 율례와 계
명을 버리고 다른 신들을 섬겨 숭배
하면,
20 비록 내가 이 땅을 너희에게 주었지
만, 내가 너희를 여기에서 뿌리째 뽑
아 버리고, 비록 내가 내 이름을 위
하여 이 성전을 거룩하게 구별하였
지만, 이 성전도 내가 버리겠다. 그러
면 너희는 모든 민족 사이에서, 한낱
속담거리가 되고 웃음거리가 되고
말 것이다.
21 ○이 성전이 지금은 존귀하지만, 그
때가 되면, 이리로 지나가는 사람들
마다 놀라서 '어찌하여 주님께서 이
땅과 이 성전을 이렇게 되게 하셨을
까?' 하고 탄식할 것이다.
22 그러면서 그들은 '이스라엘 백성이
자기들을 이집트 땅으로부터 이끌
어 내신 주 자기 조상의 하나님을 버
리고, 다른 신들에게 미혹되어, 그
신들에게 절하며, 그 신들을 섬겼으
므로, 주님께서 이 온갖 재앙을 내
리셨다' 하고 말할 것이다."

솔로몬의 업적 (왕상 9:10-28)

8 솔로몬이 주님의 성전과 자기의
궁전을 다 짓는 데에 스무 해가 걸
렸다.
2 곧 이어 솔로몬은 ㉡히람에게서 얻
은 성읍들도 다시 건축하여, 거기에
이스라엘 자손을 살게 하였다.
3 솔로몬은 또 하맛소바로 가서, 그 성
읍을 점령하였다.
4 그는 또 광야에 다드몰을 건축하고,
모든 양곡 저장 성읍들은 하맛에다
가 건축하였다.
5 또 윗 벳호론과 아랫 벳호론에 성벽
을 쌓고 문들을 만들어 달고 빗장
을 질러, 그 곳을 요새 성읍으로 만
들었다.
6 또 솔로몬은 자기에게 속한 바알랏
과 양곡 저장 성읍들과 병거 주둔
성읍들과 기병 주둔 성읍들을 세웠
다. 그래서 솔로몬은 예루살렘과 레
바논과 그가 다스리는 모든 지역 안
에, 그가 계획한 모든 것을 다 만들
었다.
7 ○이스라엘 자손이 아닌 헷 사람과,
아모리 사람과 브리스 사람과 히위
사람과, 여부스 사람 가운데서 살아
남은 백성이 있었다.
8 솔로몬은 이 사람들을 노예로 삼아

자는 하나님의 법칙을 드러내고 있다(22절).

7:14 내 이름으로 일컫는 나의 백성 하나님의 무조건적인 선택으로 하나님께 속한 백성들은 하나님의 백성다운 모습을 이루어 나가야 한다. 백성들의 삶의 모습은 하나님의 명예와 직결되기에, 그에 합당한 내용이 갖춰져 있어야 하는 것이다. 동시에 하나님께서는 그의 백성을 인도, 보호, 양육하실 책임을 가지신다.

㉠ 여기서부터는 '너'가 아니라 '너희' ㉡ 히, '후람'

8장 요약 본장에는 솔로몬 왕의 업적이 요약되어 있다. 전반부(1-11절)는 솔로몬이 이룩한 정복 사업에 대한, 후반부(12-18절)는 종교적, 경제적 측면에서 이룩한 업적에 관한 내용이다. 특히, 12-16절은 솔로몬의 통치가 언약적 정통성 위에 있음을 보여 준다.

8:1-11 역대지 저자는 열왕기에는 없는 북방의 시리아 왕국을 정복한 사건을 추가하였다(3-4

강제노동에 동원하였다. 그들은, 이
스라엘 자손이 다 멸하지 않고 그
땅에 남겨 둔 사람의 자손이다. 그
래서 그들은 오늘날까지도 노예로
남아 있다.
9 그러나 솔로몬은 이스라엘 사람들
가운데서는 어느 누구도, 노예로 삼
아 일을 시키지 않았다. 이스라엘
사람은 솔로몬의 군인, 관리들을 통
솔하는 최고 지휘관, 병거대 지휘관
과 기병대가 되었다.
10 솔로몬 왕의 일을 지휘한 관리 책임
자들은 이백오십 명이었다. 그들은
백성을 감독하는 권한을 가진 사람
들이다.
11 ○솔로몬은 바로의 딸을 '다윗 성'에
서 데려다가, 그가 살 궁을 따로 세
우고 그 궁에서 살게 하였다. 솔로
몬은, 이스라엘 왕 다윗의 궁은 주
님의 궤를 모신 거룩한 곳이므로,
그의 이방인 아내가 거기에서 살아
서는 안 된다고 생각한 것이다.
12 ○그 때에 솔로몬은, 자기가 현관 앞
에 세운 주님의 제단에서, 주님께 번
제를 드렸다.
13 그는 안식일과 새 달과 해마다 세
번 지키는 절기인 무교절과 칠칠절
과 초막절에 대하여, 모세가 명령한
제사의 일과를 그대로 하였다.
14 솔로몬은 또 자기의 아버지 다윗이
정한 법을 좇아, 제사장들에게는 갈
래를 따라 차례대로 봉사하게 하였
고, 레위 사람에게도 직책을 맡겨
서, 날마다 찬송하는 일과 제사장
들을 보좌하는 일을 하게 하였다.
그는 또 문지기들에게는 갈래를 따
라 여러 문을 지키게 하였다. 하나님
의 사람 다윗이 명령한 그대로였다.
15 제사장들과 레위 사람들은, 곳간 관
리에 이르기까지 온갖 일에 있어서,
다윗 왕이 명령한 것은 어느 것 하
나도 어기지 않고 따랐다.
16 ○이렇게 주님의 성전 기초가 놓인
날부터 시작하여 그 공사가 완성되
기까지, 솔로몬의 모든 건축 공사가
잘 진행되었으니, 주님의 성전이 비
로소 완공되었다.
17 ○그 때에 솔로몬이 에돔 땅의 성읍
인 에시온게벨 항구와 엘롯 항구로
갔더니,
18 ㉠히람이 신하들을 시켜서 솔로몬에
게 상선들을 보내고, 바다에 노련한
부하들도 보냈다. 그들은 솔로몬의
부하들과 함께 오빌로 가서, 거기에
서 금 사백오십 달란트를 실어다가
솔로몬에게 바쳤다.

스바의 여왕이 솔로몬을 찾아오다

(왕상 10:1-13)

9 스바의 여왕이 솔로몬의 명성을
듣고, 여러 가지 어려운 질문으로

절). 이 왕국의 정복으로 이스라엘 영토의 북방 경계선이 하맛 어귀까지 이르게 되었다. 역대지 저자는 솔로몬 왕국의 강성함을 강조하고 있다.

8:12–16 역대지에만 있는 내용으로, 역대지 저자의 관심이 성전과 제사에 있음을 부각한다. 이러한 언급은 솔로몬이 하나님께서 주셨던 시내 산 언약이나 다윗 언약과 맥락을 같이하는 언약 공동체에 속한 자임을 암시하는 것이다.

㉠ 히, '후람'

9장 요약 본장은 솔로몬의 지혜와 부, 그리고 명성이 어느 정도였던지를 기록하고 있다. 한편, 솔로몬은 40년 동안의 통치를 끝으로 죽음을 맞게 되고 그 아들 르호보암이 대신 왕위를 물려받았다.

9:1–12 역대지 저자가 스바 여왕의 방문을 기록하며 솔로몬의 지혜나 부귀에 관한 것을 부각시켰지만, 스바 여왕의 주된 목적은 상업적인 동기였

그를 시험하여 보려고, 예루살렘으
로 그를 찾아왔다. 그는 많은 수행
원을 데리고, 또 여러 가지 향료와
많은 금과 보석들을 낙타에 싣고 왔
다. 그는 솔로몬에게 이르자, 마음
속에 품고 있는 온갖 것들을 다 물
어 보았다.
2 솔로몬은 여왕이 묻는 모든 물음에
척척 대답하였다. 솔로몬이 몰라서
여왕에게 대답하지 못한 것은 하나
도 없었다.
3 스바의 여왕은, 솔로몬이 온갖 지혜
를 갖추고 있는 것을 확인하고, 그
가 지은 궁전을 두루 살펴보고,
4 또 왕의 상에 오른 요리와, 신하들
이 둘러 앉은 모습과, 그의 관리들
이 일하는 모습과, 그들이 입은 제복
과, 술잔을 받들어 올리는 시종들
과, 그들이 입은 제복과, 주님의 성전
에서 드리는 번제물을 보고 나서 넋
을 잃었다.
5 ○여왕이 왕에게 말하였다. "임금님
께서 이루신 업적과 임금님의 지혜
에 관한 소문을, 내가 내 나라에서
이미 들었지만, 와서 보니, 과연 들
은 소문이 모두 사실입니다.
6 내가 여기 오기 전까지는 그 소문을
믿지 못하였는데, 내 눈으로 직접 확
인하고 보니, 오히려 내가 들은 소문
은 사실의 절반도 안 되는 것 같습
니다. 임금님께서는, 내가 들은 소문
보다 훨씬 뛰어나신 분이십니다.
7 임금님의 백성은 참으로 행복한 사
람들입니다. 임금님 앞에 서서, 늘
임금님의 지혜를 배우는 임금님의
신하들 또한, 참으로 행복하다 아니
할 수 없습니다.
8 주 임금님의 하나님께 찬양을 돌립
니다. 하나님께서는 임금님을 좋아
하셔서 임금님을 그의 보좌에 앉히
시고, 주 하나님을 받드는 왕으로 삼
으셨습니다. 임금님의 하나님께서는
이스라엘을 사랑하셔서, 그들을 영
원히 굳게 세우시려고, 임금님을 그
들 위에 왕으로 세우시고, 공평과 정
의로 다스리게 하셨습니다."
9 ○그런 다음에, 여왕은, 금 백이십
달란트와 아주 많은 향료와 보석을
왕에게 선사하였다. 솔로몬 왕은, 스
바의 여왕에게서 받은 만큼, 그렇게
많은 향료를, 다시는 어느 누구에게
서도 더 받아 본 일이 없다.
10 ○(히람의 일꾼들과 솔로몬의 일꾼
들도 오빌에서 금을 실어 왔다. 그들
은 백단목과 보석도 가져 왔다.
11 왕은 이 백단목으로 주님의 성전과
왕궁의 계단을 만들고, 합창단원이
쓸 수금과 거문고를 만들었다. 이와
같은 백단목은 일찍이 유다 땅에서
는 본 일이 없었다.)

을 것이다. 그러나 소문을 눈으로 확인한 스바 여왕은 솔로몬의 지혜에 감탄하며, 하나님께 찬양과 영광을 돌렸다.

9:1-2 스바 여왕은 여러 가지 어려운 질문, 곧 수수께끼를 가지고 솔로몬의 지혜를 시험하였다. 그러나 솔로몬이 몰라서 대답하지 못하는 것은 없을 정도로 모든 물음에 대답하였다. 스바 여왕의 시험은 솔로몬과 그 왕국의 실정(實情)을 정탐하고 파악하려는 시도였다. 스바 여왕으로 상징되는 세상 지혜는 모순과 한계가 있으나, 위로부터 난 솔로몬의 지혜는 완전하고 탁월함을 보여 준다. 단순히 질문에 답을 하는 정도가 아니고, 스바 여왕의 의중까지 파악하여 답한 것이다.

9:8 주 임금님의 하나님께 찬양을 돌립니다 스바 여왕의 이런 고백은 깊은 감동과 깨달음 가운데 나온 말이다. 이스라엘이 하나님과 관계를 맺은 언약 백성, 즉 하나님의 백성임을 기꺼이 인정하고 찬양한 것이다.

12 ○솔로몬 왕은 스바의 여왕이 가져
온 것보다 더 많이 주었을 뿐만 아
니라, 여왕이 요구하는 대로, 가지고
싶어 하는 것은 모두 주었다. 여왕은
신하들과 함께 자기의 나라로 돌아
갔다.

솔로몬의 부귀 영화 (왕상 10:14-25)

13 ○해마다 솔로몬에게 들어오는 금의
무게가 육백육십육 달란트나 되었
다.
14 이 밖에도 관세 수입과 외국과의 무
역에서 벌어들인 것이 있고, 아라비
아의 모든 왕들과, 국내의 지방 장
관들이 보내오는 금도 있었다.
15 솔로몬 왕은 금을 두드려 펴서 입힌
큰 방패를 이백 개나 만들었는데,
방패 하나에 들어간 금만 해도 육백
세겔이나 되었다.
16 그는 또 금을 두드려 펴서 입힌 작
은 방패를 삼백 개 만들었는데, 그
방패 하나에 들어간 금은 삼백 세겔
이었다. 왕은 이 방패들을 '레바논
수풀 궁'에 두었다.
17 ○왕은 또 상아로 큰 보좌를 만들
고, 겉에 순금을 입혔다.
18 그 보좌로 오르는 층계는 계단이 여
섯이었으며, 보좌에 붙은 발받침대
는 금으로 만든 것이었다. 앉는 자
리 양쪽에는 팔걸이가 있고, 팔걸이
양 옆에는 사자 상이 하나씩 서 있
었다.
19 여섯 개의 계단 양쪽에도, 각각 여
섯 개씩 열두 개의 사자 상이 서 있
었다. 일찍이 어느 나라에서도 이렇
게는 만들지 못하였다.
20 ○솔로몬 왕이 마시는 데 쓰는 모든
그릇은 금으로 되어 있었고, '레바논
수풀 궁'에 있는 그릇도 모두 순금으
로 만든 것이었다. 솔로몬 시대에는,
은은 귀금속 축에 들지도 못하였다.
21 왕의 배들은 ㉠히람의 일꾼들을 태
우고 다시스로 다니며, 세 해마다 한
번씩 금과 은과 상아와 원숭이와 공
작새 들을 실어 오곤 하였다.
22 ○솔로몬 왕은 재산에 있어서나, 지
혜에 있어서나, 이 세상의 어떤 왕보
다 훨씬 뛰어났다.
23 그래서 세상의 모든 왕들은 솔로몬
을 직접 만나서, 하나님께서 그의 마
음 속에 넣어 주신 지혜의 말을 들
으려고 하였다.
24 그리하여 그들은 각자, 은그릇과 금그
릇과 옷과 갑옷과 향료와 말과 노새
를 예물로 가지고 왔는데, 해마다 이
런 사람들의 방문이 그치지 않았다.
25 ○병거 끄는 말을 매어 두는 마구간
만 하더라도, 솔로몬이 가지고 있던
것이 사천 칸이나 되었다. 기병은 만
이천 명에 이르렀다. 솔로몬은 그들
을, 병거 주둔성과 왕이 있는 예루

9:15 큰 방패 작고 둥근 일반적인 형태의 방패가 아니라, 몸 전체를 방어할 수 있는 직사각형 모양의 커다란 방패를 가리킨다. 특히 금으로 만든 이 *방패는 전쟁용이 아닌 행사나* 의식용으로, 이스라엘의 부귀와 영화를 상징했다. 솔로몬의 아들 르호보암이 즉위한지 오 년째 되는 해에 이집트 왕 시삭이 와서 이 금방패를 가져 갔다(왕상 14:25–26).

9:22–28 이 부분은 솔로몬의 통치가 당대 온 세계에 영향을 끼쳤다는 것을 암시한다. 세상의 모든 왕들이 솔로몬에게 예물을 바친 것도 종주권 계약을 상징하는 의전 절차이다. 하나님께서 천하를 진리로 통일하시려는 궁극적인 섭리가 솔로몬의 지혜와 통치에서 드러난 것으로 볼 수 있다.

9:29–31 역대지 저자는 솔로몬의 첩들과 그의 통치 말년의 반란에 대한 내용은 기록하지 않았다(왕상 11:1–40).

㉠ 히, '후람'

살렘에다가 나누어서 배치하였다.
26 그는 유프라테스 강에서부터 블레
셋 영토에 이르기까지, 또 이집트의
국경에 이르기까지 모든 왕을 다스
렸다.
27 왕의 덕분에 예루살렘에는 은이 돌
처럼 흔하였고, 백향목은 세펠라 평
원지대의 뽕나무만큼이나 많았다.
28 솔로몬은 이집트에서 그리고 다른
모든 나라에서 군마를 사들였다.

솔로몬의 통치 개요 (왕상 11:41-43)

29 ○솔로몬의 나머지 행적은 처음부터
끝까지, '나단 예언자의 역사책'과
'실로 사람 아히야의 예언서'와 '잇도
선견자의 묵시록', 곧 잇도가 느밧의
아들 여로보암에 대하여 쓴 책에 기
록되어 있다.
30 솔로몬은 예루살렘에서 마흔 해 동
안 온 이스라엘을 다스렸다.
31 솔로몬은 죽어서 그의 아버지 다윗
의 성에 묻혔다. 그의 아들 르호보
암이 그의 뒤를 이어 왕이 되었다.

북쪽 지파의 반란 (왕상 12:1-20)

10 온 이스라엘이 르호보암을 왕
으로 세우려고 세겜에 모였으
므로, 르호보암이 세겜으로 갔다.
2 느밧의 아들 여로보암이 이 소식을
들었다. 그는 솔로몬 왕을 피하여 이
집트에 가 있었는데, 이 소식을 듣고
이집트에서 돌아왔다.
3 사람들이 여로보암을 불러내니, 그
와 온 이스라엘이 르호보암에게 가
서, 이렇게 말하였다.
4 "임금님의 아버지께서는 우리에게
무거운 멍에를 메우셨습니다. 이제
임금님께서는, 임금님의 아버지께서
우리에게 메우신 중노동과, 그가 우
리에게 지우신 이 무거운 멍에를, 가
볍게 해주십시오. 그러면 우리가 임
금님을 섬기겠습니다."
5 ○르호보암이 그들에게 말하였다.
"사흘 뒤에 나에게 다시 오시오." 이
말을 듣고 백성들은 돌아갔다.
6 ○르호보암 왕은 그의 아버지 솔로
몬이 살아 있을 때에, 그의 아버지
를 섬긴 원로들과 상의하였다. "이
백성에게 내가 어떤 대답을 하여야
할지, 경들의 충고를 듣고 싶습니다."
7 ○그들은 르호보암에게 이렇게 대답
하였다. "임금님께서 이 백성에게 너
그럽게 대해 주시고, 백성을 반기셔
서 그들에게 좋은 말로 대답해 주시
면, 이 백성은 평생 임금님의 종이
될 것입니다."
8 ○원로들이 이렇게 충고하였지만, 그
는 원로들의 충고를 무시하고, 자기
와 함께 자라 자기를 받드는 젊은
신하들과 의논하며,
9 그들에게 물었다. "백성이 나에게,
선친께서 메워 주신 멍에를 가볍게

10장 요약 르호보암이 즉위하자마자 왕국이 분열된다. 여로보암을 앞세운 온 이스라엘 백성이 노역을 경감시켜 줄 것을 요구했으나 르호보암이 거부하자 온 이스라엘이 반역을 일으켰고, 르호보암은 유다 지역만 다스리게 되었다.

10:1–36:23 역대지에서는 분열 왕국사에 대하여 열왕기보다 훨씬 짧게 기술하고 있다. 이는 역대지 저자가 유다에 속한 남왕조 역사만을 수록하였기 때문이다. 역대지 저자는 자신의 독특한 자료로 유다 왕조에 대해 많은 지면을 할애해서 보다 세밀하게 전개한다.

10:1–19 열 지파의 반란과 왕국의 분열은 하나님께서 솔로몬 왕가의 우상 숭배를 징계하려는 섭리였다. 그럼에도 불구하고 역대지 저자는, 여로보암이 왕위를 차지한 것은 하나님이 제정하신 원칙, 곧 다윗 왕가에 의해서 왕위가 계승되어야 한다는 정통성에서 일탈한 것으로 파악하

해 달라고 요청하고 있소. 이 백성에
게 내가 어떤 대답을 해야 할지, 그
대들의 충고를 듣고 싶소."
10 ○왕과 함께 자라난 젊은 신하들이
그에게 말하였다. "이 백성이 임금님
의 아버지께서 그들에게 메우신 무
거운 멍에를 가볍게 해 달라고 임금
님께 요청하였습니다. 그러나 임금
님께서는 이 백성에게 이렇게 말씀
하십시오. '내 새끼 손가락 하나가
내 아버지의 허리보다 굵다.
11 내 아버지가 너희에게 무거운 멍에
를 메우셨으나, 나는 이제 너희에게
그것보다 더 무거운 멍에를 메우겠
다. 내 아버지께서는 너희를 가죽 채
찍으로 매질하셨으나, 나는 너희를
쇠 채찍으로 치겠다' 하고 말씀하십
시오."
12 ○왕이 백성에게 사흘 뒤에 다시 오
라고 하였으므로, 여로보암과 온 백
성이 사흘째 되는 날에 르호보암 앞
에 나아왔다.
13 왕은 원로들의 충고를 무시하고, 백
성에게 가혹하게 대답하였다.
14 르호보암 왕은 젊은 신하들의 충고
를 따라 백성에게 이렇게 대답하였
다. ○"내 아버지가 당신들에게 무거
운 멍에를 메우셨으나, 나는 이제 당
신들에게 그것보다 더 무거운 멍에
를 메우겠소. 내 아버지께서는 당신
들을 가죽 채찍으로 매질하셨으나,
나는 당신들을 쇠 채찍으로 치겠
소."
15 ○왕이 이처럼 백성의 요구를 들어
주지 않았으니, 하나님께서 일이 그
렇게 뒤틀리도록 시키셨던 것이다.
주님께서 이미 실로 사람 아히야를
시키셔서, 느밧의 아들 여로보암에
게 하신 말씀을 이루시려는 것이었
다.
16 ○온 이스라엘은, 왕이 그들의 요구
를 전혀 듣지 않는 것을 보고 왕에
게 외쳤다.

"우리가 다윗에게서 받을 몫이 무
엇이냐? 이새의 아들에게서는 받
을 유산이 없다. 이스라엘아, 각
자 자기의 장막으로 돌아가라. 다
윗이여, 이제 너는 너의 집안이나
돌보아라."

○그런 다음에, 온 이스라엘은 각자
자기들의 장막으로 돌아갔다.
17 그러나 유다의 여러 성읍에 살고 있
는 이스라엘 자손은 르호보암의 통
치 아래에 남아 있었다.
18 ○르호보암 왕이 강제노동 감독관
㉠하도람을 이스라엘 자손에게 보내
었더니, 이스라엘 자손이 그를 돌로
쳐서 죽였다. 그러자 르호보암 왕은
급히 수레에 올라서, 예루살렘으로
도망하였다.

고 있다. 더 나아가 여로보암이 불법적으로 산당을 세워 정치·종교적 독립을 모색함으로써 북왕조가 언약의 백성으로서 그 진정한 모습을 *상실하게 되었다고 비난한다(13:6-7;왕상 12:1-20).*

10:3 여로보암 문자적인 뜻은 '백성이 많아지다', 또는 '백성이 다투리라'는 뜻이다. 에브라임 사람 느밧의 아들로 솔로몬이 죽은 후, 왕국이 분열되어 성립된 북왕국의 첫 번째 왕이 되었다.

10:8 충고 이 말은 원어상 '모략'으로, 정사에 관한 책략을 가리킨다.

10:16 본절의 묘사는 북 이스라엘에 속하는 지파들이 다윗의 집안을 거부하는 내용이다. 이 구절은 역대지상 12:18에서 삼십인의 우두머리인 아미새가 다윗 장군에게 충성을 맹세하는 묘사와 대조된다. 아마도 남 유다 지파에 반대하는 세력의 결속을 위한 외침이다(참조. 삼하 20:1).

㉠ 아도니람의 변형

19 이렇게 이스라엘은 다윗 왕조에 반
역하여 오늘에 이르렀다.

스마야의 예언 (왕상 12:21-24)

11 르호보암이 예루살렘에 이르
러, 유다와 베냐민 가문에 동원
령을 내려서 정병 십팔만 명을 소집
하였다. 그는 이스라엘과 싸워서, 왕
국을 다시 르호보암에게 돌리려고
하였다.
2 ○그러나 그 때에, 주님께서 하나님
의 사람 스마야에게 말씀하셨다.
3 "너는, 솔로몬의 아들 유다의 르호
보암 왕과 유다와 베냐민 지방의 온
이스라엘에게 이 말을 전하여라.
4 '나 주가 말한다. 일이 이렇게 된 것
은 내가 시킨 것이다. 너희는 올라가
지 말아라. 너희의 동족과 싸우지
말고 각자 집으로 돌아가거라.'" 그
들은 이러한 주님의 말씀을 듣고,
여로보암을 치러가던 길을 멈추고,
돌아섰다.

르호보암이 요새를 만들다

5 ○르호보암은 예루살렘에 자리잡고
살면서, 유다 지방의 성읍들을 요새
로 만들었다.
6 베들레헴과 에담과 드고아와
7 벳술과 소고와 아둘람과
8 가드와 마레사와 십과
9 아도라임과 라기스와 아세가와
10 소라와 아얄론과 헤브론이 그가 유
다와 베냐민 지방에 세운 요새 성읍
들이었다.
11 그는 이 요새 성읍들을 강화하고,
거기에 책임자를 임명하고, 양식과
기름과 술을 저장하여 두었다.
12 각 성읍마다 방패와 창을 마련하여
두어, 성읍들을 크게 강화하였다.
이렇게 유다와 베냐민은 르호보암
의 통치하에 들어갔다.

제사장들과 레위인들이 유다로 오다

13 ○이스라엘 전국에 있던 제사장들
과 레위 사람들이 모두 자기들이 살
던 지역을 떠나, 르호보암에게로 왔
다.
14 레위 사람들이 목장과 소유지를 버
리고 유다와 예루살렘으로 온 것은,
여로보암과 그의 아들들이 그들에
게 주님을 섬기는 제사장 직분을 수
행하지 못하게 하고,
15 따로 제사장들을 세워서, 여러 산당
에서 숫염소 우상과 자기가 만든 송
아지 우상을 섬기게 하였기 때문이
다.
16 이 밖에도 이스라엘 모든 지파들 가
운데서 주 이스라엘의 하나님의 뜻
을 찾기로 마음을 굳힌 이들이, 주
조상의 하나님께 제사를 드리려고,
레위 사람을 따라 예루살렘에 왔다.
17 그들은 유다 나라를 강하게 하고,
솔로몬의 아들 르호보암의 왕권을

11장 요약 르호보암이 하나님께 순종함으로써 짧은 기간 동안이나마 축복을 누린 사실을 소개한다. 1-4절은 르호보암이 하나님의 말씀에 순종하여 여로보암을 치지 않았다는 내용이다. 5절 이하는 르호보암이 방어 성벽을 구축한 사실과 르호보암의 가족을 소개하는 내용이다.

11:3 유다와 베냐민 지방의 온 이스라엘 열왕기상 12:23의 표현과 약간 차이가 있다. 역대지 저자는 '이스라엘'이라는 말을 하나님 왕국의 백성으로 인식하고 '온 이스라엘'로 칭하는 것이다.

11:13-17 이 내용은 역대지에만 기록된 기사로, 성전과 성직자들에 대한 저자의 관심을 반영하고 있다. 그리고 유다 왕국이 온 이스라엘의 남은 자라는 사실을 가르친다.

11:15 제사장 구약에서 제사장은 하나님과 사람 사이의 중개자 역할을 담당했으나 여기서는 우상

확고하게 하여 주었다. 그러나 그것
은 삼 년 동안뿐이었다. 르호보암이
다윗과 솔로몬의 본을 받아 산 것이
삼 년 동안이었기 때문이다.

르호보암의 가족

18 ○르호보암은 마할랏을 아내로 맞
이하였다. 마할랏은 아버지 여리못
과 어머니 아비하일 사이에서 태어
난 딸이다. 그의 아버지 여리못은
다윗의 아들이고, 그의 어머니 아비
하일은 이새의 아들인 엘리압의 딸
이다.
19 마할랏과의 사이에서 세 아들 여우
스와 스마랴와 사함이 태어났다.
20 그 뒤에 르호보암은 압살롬의 딸 마
아가를 아내로 맞아들였는데, 마아
가와의 사이에서는 아비야와 앗대
와 시사와 슬로밋이 태어났다.
21 르호보암은 아내 열여덟 명과 첩 예
순 명을 거느렸고, 그들에게서 아들
스물여덟 명과 딸 육십 명을 보았지
만, 그는 다른 아내들이나 첩들보다
압살롬의 딸 마아가를 더욱 사랑하
였다.
22 르호보암은 마아가의 아들 아비야
를 자기의 후계자로 삼을 생각이었
으므로, 왕자들 가운데서 서열을 가
장 높게 하였다.
23 르호보암은 슬기롭게도, 자기 아들
들에게 유다와 베냐민 전 지역과 요
새 성읍들을 나누어 맡기고, 양식도
넉넉하게 대어 주었으며, 아내들도
많이 얻어 주었다.

이집트의 유다 침략 (왕상 14:25-28)

12 르호보암은 왕위가 튼튼해지
고 세력이 커지자, 주님의 율법
을 저버렸다. 온 ㉠이스라엘도 그를
본받게 되었다.
2 그들이 주님께 범죄한 결과로, 르호
보암 왕이 즉위한 지 오 년째 되던
해에, 이집트의 시삭 왕이 예루살렘
을 치러 올라왔다.
3 그는 병거 천이백 대, 기병 육만 명,
거기에다가 이루 헤아릴 수 없이 많
은 리비아와 숩과 ㉡에티오피아 군대
를 이끌고 이집트에서 쳐들어 왔다.
4 시삭은 유다 지방의 요새 성읍들을
점령하고, 예루살렘까지 진군하여
왔다.
5 ○그 때에 유다 지도자들이 시삭에
게 쫓겨 예루살렘에 모여 있었는데,
스마야 예언자가 르호보암과 지도
자들을 찾아 와서 말하였다. "주님
께서 이렇게 말씀하십니다. '너희가
나를 버렸으니, 나도 너희를 버려, 시
삭의 손에 내주겠다.'"
6 ○그러자 이스라엘 지도자들과 왕
은 자신들의 잘못을 뉘우치고 "주님
께서는 공의로우십니다" 하고 고백
하였다.

과의 중개자를 뜻한다.

11:18-22 르호보암의 가계 규모에 관한 기사는 하나님의 명령을 순종한 결과로 하나님이 복을 *주셨음을 강조하기 위한 것이다.* 그의 전 통치 기간 동안 일어난 사건들을 내용별로 요약하였다. 역대지 저자는 하나님이 복을 내린 표징으로써 많은 자손이 태어난 사실을 자주 언급하였다.

㉠ 남왕국 유다를 가리킴. 대하에서는 자주 남왕국 유다를 이스라엘이라고 함 ㉡ 히, '구스', 나일 강 상류지역

12장 요약 르호보암이 하나님을 거역함에 따라 이집트의 왕 시삭에게 침공을 당하였다. 그러나 왕과 지도자들이 회개함으로 말미암아 하나님의 진노가 거두어진다. 하나님이 징계하신 목적은 그들을 회개시키려 함에 있었다(7절).

12:1-14 열왕기는 시삭의 공격을 주로 기록하였는데, 역대지는 이 침략이 하나님의 율법을 버렸기 때문이라는 근본적인 이유를 제시하였다.

7 ○주님께서는, 그들이 이렇게 잘못
을 뉘우치는 것을 보시고, 다시 스
마야에게 말씀을 내리셨다. "이렇게
잘못을 뉘우치니, 내가 그들을 멸하
지는 않겠으나, 그들이 구원을 받기
는 해도 아주 가까스로 구원을 받
게 하겠다. 내가 내 분노를, 시삭을
시켜서 예루살렘에 다 쏟지는 않겠
으나,
8 그들이 시삭의 종이 되어 보아야, 나
를 섬기는 것과 세상 나라들을 섬기
는 것이 어떻게 다른지 깨닫게 될
것이다."
9 ○이집트의 시삭 왕이 예루살렘을
치러 올라와서, 주님의 성전 보물과
왕실 보물을 하나도 남기지 않고 다
털어 갔다. 솔로몬이 만든 금방패들
도 가져 갔다.
10 그래서 르호보암 왕은 금방패 대신
에 놋방패들을 만들어서, 대궐 문을
지키는 경호 책임자들에게 주었다.
11 왕이 주님의 성전에 들어갈 때마다
경호원들은 그 놋방패를 들고 가서
경호하다가, 다시 경호실로 가져 오
곤 하였다.
12 르호보암이 잘못을 뉘우쳤기 때문
에, 주님께서는 그에게서 진노를 거
두시고, 그를 완전히 멸하지는 않으
셨다. 그래서 유다 나라는 형편이
좋아졌다.

르호보암의 통치 개요

13 ○이렇게 하여, 르호보암 왕은 예루
살렘에서 세력을 굳혀 왕의 직무를
수행하였다. 르호보암이 왕위에 올
랐을 때에, 그는, 마흔한 살이었다.
그는 주님께서 이스라엘 모든 지파
가운데서 택하여 당신의 이름을 두
신 도성 예루살렘에서 십칠 년간 다
스렸다. 르호보암의 어머니 나아마
는 암몬 사람이다.
14 르호보암은 주님의 뜻을 찾는 일에
마음을 쓰지 않고, 악한 일을 하였
다.
15 ○르호보암의 행적은 처음부터 끝까
지, '스마야 예언자의 역사책'과 '잇
도 선견자의 역사책'에 기록되어 있
다. 르호보암과 여로보암은 사는 날
동안, 그들은 늘 싸웠다.
16 르호보암이 죽어서 '다윗 성'에 안장
되자, 그의 아들 아비야가 그의 뒤
를 이어 왕이 되었다.

아비야와 여로보암의 전쟁 (왕상 15:1-8)

13 여로보암 왕 십팔년에 아비야
가 유다의 왕이 되었다.
2 그는 예루살렘에서 세 해 동안 다스
렸다. 그의 어머니는 기브아 사람 우
리엘의 ㉠딸, ㉡미가야이다. ○아비야
와 여로보암 사이에 전쟁이 벌어졌
다.
3 아비야는 전쟁에 용감한 군인 사십

12:8 온 이스라엘 백성들이 시삭의 종이 됨으로써, 하나님의 통치와 세상 열왕의 통치의 차이점을 체험하게 된다는 뜻이다.

12:12 르호보암이 잘못을 뉘우쳤기 때문에 이 표현은 히브리어로 '르호보암이 낮춰졌다'는 말이다. 하나님은 잘못을 뉘우친 그에게 약속된 은혜를 베푸신다(7:14).

㉠ 또는 '손녀' ㉡ 칠십인역과 시리아어역에는 '마아가'(대하 11:20; 왕상 15:2을 볼 것)

13장 요약 본문은 열왕기서와는 달리(왕상 15:3) 아비야의 통치를 긍정적으로 평가했다. 기자는 아비야와 여로보암 간의 전쟁을 기록하면서, 아비야가 하나님의 도우심을 받아 여로보암을 격퇴시킨 사실에 초점을 맞추고 있다.

13:2 미가야는 아비야의 어머니로, 기브아 사람 우리에의 딸이다. 그리고 '마아가'라고 불리기도 했다(참조. 11:20;왕상 15:2).

만을 뽑아 싸우러 나갔고, 여로보암
역시 정예 군인 팔십만을 뽑아서 맞
섰다.
4 ○아비야가 에브라임 산간지역에 있
는 스마라임 산 위에 서서 소리쳤다.
"여로보암과 온 이스라엘은 내가 하
는 말을 들어라.
5 주 이스라엘의 하나님께서 다윗과
소금으로 파기될 수 없는 언약을 맺
으시고, 이스라엘을 다윗이 다스릴
나라로 영원히 그와 그의 자손에게
주신 것을, 너희들이 모를 리가 없을
것이다.
6 그런데 다윗의 아들 솔로몬의 신하
였던 느밧의 아들 여로보암이 일어
나서, 자기 임금에게 반역하였다.
7 건달과 불량배들이 여로보암 주변
으로 몰려들어, 솔로몬의 아들 르호
보암을 대적하였다. 그 때에 르호보
암은 아직 어리고 마음도 약하여,
그들을 막아 낼 힘이 없었다.
8 너희는 수도 많고, 또 여로보암이 너
희의 신이라고 만들어 준 금송아지
들이 너희와 함께 있다고 해서, 지금
다윗의 자손이 맡아 다스리는 주님
의 나라를 감히 대적하고 있다.
9 너희는 아론의 자손인 주님의 제사
장들뿐 아니라 레위 사람들까지 내
쫓고, 이방 나라의 백성들이 하듯
이, 너희 마음대로 제사장들을 임명
하지 않았느냐? 누구든지 수송아지
한 마리와 숫양 일곱 마리만 끌고
와서 성직을 맡겠다고 하면, 허수아
비 신의 제사장이 되는 것이 아니
냐?
10 ○그러나 우리에게는 주님만이 우리
의 하나님이다. 우리는 그를 저버리
지 않았다. 주님을 섬기는 제사장들
은 다 아론의 자손이다. 레위 사람
들도 자기들의 직무를 수행하고 있
다.
11 그들은 날마다 아침 저녁으로 주님
께 번제를 드리고, 향을 피워 드리
고, 깨끗한 상에 빵을 차려 놓고, 금
등잔대에는 저녁마다 불을 밝힌다.
이렇게 우리는 주님께서 정하여 주
신 법도를 지키고 있다. 그러나 너희
는 그 법도를 저버렸다.
12 똑똑히 보아라, 하나님은 우리와 함
께 계신다. 그가 우리의 우두머리이
시다. 그의 제사장들은 너희를 공격
할 때에 불려고, 비상 나팔을 들고
서 있다. 이스라엘 자손아, 너희 주
조상의 하나님과 싸울 생각은 하지
말아라. 이길 수 없는 싸움이 아니
겠느냐?"
13 ○그러나 여로보암은 이미 복병에
게, 유다 군 뒤로 돌아가 있다가 뒤
에서 나오라고 지시하여 두었다. 복
병이 매복하는 동안, 중심 공격 부

13:5 소금으로 파기될 수 없는 언약 소금은 제사 음식이 상하지 않도록 하는 데 사용되었다. 이 언약은 변하지 않는 하나님의 영원한 언약을 상징한다. *뿐만 아니라* 하나님의 백성의 지속적인 순종의 의무도 가리킨다.

13:9 허수아비 신의 제사장 북 이스라엘의 범죄인 우상 숭배에 관하여 단적으로 지적하는 말이다. '허수아비 신'으로 번역된 히브리어는 '신이 아닌', 또는 '하나님이 아닌 것'으로 직역할 수 있다. 그들은 헛된 우상을 숭배하기 위하여 임의로 제사장을 임명하고, 여러 가지 종교 절차를 담당하게 하였다.

13:11 주님께서 정하여 주신 법도 히브리어 본뜻은 '지켜야 할 것'으로, 여기서는 제사 규례를 가리킨다. 이 의식과 절차를 준행하는 것은 하나님께 경의를 표하는 구약적인 예배이다. 번제(출 29:38–46)와 분향단(출 30:7–10), 거룩한 빵(출 25:30), 등불(레 24:3–4)이 기본적인 절차이다.

대는 유다 군과 정면에서 대치하고
있었다.
14 유다 군이 둘러 보니, 앞뒤에서 공격
을 받고 있는 것이 아닌가! 그래서
그들은 주님께 부르짖고, 제사장들
은 나팔을 불었다.
15 유다 군이 함성을 지르고, 하나님께
서 여로보암과 온 이스라엘을 아비
야와 유다 군 앞에서 치시니,
16 이스라엘 군이 유다 군 앞에서 도망
하였다. 하나님께서 이처럼 이스라
엘 군을 유다 군의 손에 붙이셨으므
로
17 아비야와 그의 군대가 이스라엘 군
을 크게 무찔렀다. 이스라엘에서 뽑
혀 온 정예병 가운데에 죽어 쓰러진
병사가 오십만 명이나 되었다.
18 이렇게 이스라엘 군이 항복하고 유
다 군이 이긴 것은, 유다가 주 조상
의 하나님을 의지하였기 때문이다.
19 ○아비야는 여로보암을 뒤쫓아 가
서, 그의 성읍들, 곧 베델과 그 주변
마을들, 여사나와 그 주변 마을들,
에브론과 그 주변 마을들을 빼앗았
다.
20 여로보암은 아비야 생전에 다시 힘
을 회복하지 못하고, 주님께 벌을 받
아서 죽고 말았다.
21 ○그러나 아비야는 더 강해졌다. 그
는 아내 열넷을 두었으며, 아들 스
물둘과 딸 열여섯을 낳았다.
22 아비야 통치 때의 다른 사건들과 그
의 치적과 언행은 '잇도 예언자의 역
사책'에 기록되어 있다.

유다 왕 아사의 통치

14 아비야가 죽어서, 그의 조상들
과 함께 잠드니, '다윗 성'에 장
사하였고, 그의 아들 아사가 그의
뒤를 이어 왕이 되었다. 아사가 다스
리던 십 년 동안은 나라가 조용하였
다.
2 아사는 주 그의 하나님이 보시기에
좋은 일, 올바른 일을 하였다.
3 이방 제단과 산당을 없애고, 석상을
깨뜨리고, 아세라 목상을 부수었다.
4 그는 또 유다 백성에게 명령을 내려
서, 주 조상들의 하나님의 뜻을 찾
고 하나님의 율법과 명령을 실천하
게 하였으며,
5 또 유다의 모든 성읍에서 산당과 태
양상을 없애 버렸다. 그의 통치 아
래 나라는 조용하였다.
6 주님께서 아사에게 평안을 주셨으
므로 나라가 조용하였고, 여러 해
동안 아무도 그에게 싸움을 걸어 오
지 않았다. 그래서 아사는 유다 지
방에 요새 성읍들을 만들 수 있었
다.
7 그는 유다 백성에게 말하였다. "이
성읍들을 다시 세웁시다. 성벽을 둘

13:18-22 역대지 저자는 아비야와 여로보암을 적극적으로 대조하여 그 의미를 제시하고 있다. 유다 자손의 승리와 아비야의 강성함은 하나님만을 의지한 결과였다. 이와는 반대로 여로보암은 하나님을 반역한 결과 심판을 면하지 못하였다. 이 두 왕의 비교를 통하여 진정한 역사의 주관자가 누구인가가 강조된다. 역사 속에서 지속적으로 명맥을 유지하는 것은, 역사의 처음과 끝을 주관하시는 하나님의 주권에 달려 있는 것이다.

14장 요약 본장은 아사 왕의 순종하는 모습과 이에 따른 복을 묘사하고 있다. 그는 우상을 타파하고 견고한 요새 성읍을 건축하였고, 에티오피아 사람 세라의 침입에 대항하여 하나님의 도우심을 의지함으로 승리를 거두었다.

14:1-7 아사 왕의 첫 번째 공적인 우상 타파와 요새 성읍 건축에 관한 기사가 기록되었다. 언약의 내용 중 가장 중요한 특성은 바로 거룩함이다. 따

러 쌓고, 탑과 성문과 빗장을 만듭
시다. 우리가 주 하나님을 찾았으므
로, 주님께서 사방으로 우리에게 평
안을 주셨습니다." 그래서 그들은 성
읍들을 세우기 시작하여, 일을 잘 마
쳤다.
8 아사에게는 방패와 창으로 무장한
유다 출신 군인 삼십만이 있었고,
작은 방패와 활로 무장한 베냐민 출
신 군인 이십팔만이 있었다. 그들은
모두 용감한 정예병이었다.
9 ○에티오피아 사람 세라가 유다를
치려고, ㉠백만 대군에 병거 삼백 대
를 이끌고 쳐들어와서, 마레사에 이
르렀다.
10 아사가 그를 맞아 싸우려고 나아가,
마레사의 스바다 골짜기에 진을 치
고,
11 주 그의 하나님께 부르짖었다. "주
님, 주님께서 돕고자 하실 때에는,
숫자가 많고 적음이나 힘이 세고 약
함을 문제삼지 않으십니다. 우리가
주님을 의지하고, 주님의 이름으로
이 무리를 물리치러 왔으니, 주 우리
의 하나님, 우리를 도와주십시오.
주님, 주님은 우리의 하나님이십니다.
인간이 주님을 이기지 못하도록 해
주십시오!"
12 ○주님께서 에티오피아 군을 아사와
유다 군 앞에서 치시니, 에티오피아
군이 도망쳤다.
13 아사와 그를 따르는 군대가 그랄에
이르기까지, 에티오피아 군대를 추
격하며 무찔렀다. 에티오피아 군은
주님 앞에서와 주님의 군대 앞에서
패망하고 말았으므로, 한 사람도 살
아 남지 못하였다. 유다 군은 대단
히 많은 전리품을 얻었다.
14 주님께서 그랄 주변의 모든 성읍 백
성들을 두렵게 하시니, 유다 군이 그
모든 성읍을 치고 약탈하였다. 그
성읍들 안에는 전리품으로 가져 갈
물건들이 많이 있었다.
15 또 가축들을 지키는 자들의 장막을
덮쳐서 많은 양과 낙타를 사로잡았
다. 그런 다음에야 예루살렘으로 돌
아왔다.

아사의 개혁

15 하나님의 영이 오뎃의 아들 아
사랴에게 내리니,
2 그가 아사 앞에 나아가서 다음과 같
이 말하였다. "아사 임금님과 온 유
다와 베냐민은, 제가 하는 말을 들으
십시오. 임금님과 백성이 주님을 떠
나지 않는 한, 주님께서도 임금님과
백성을 떠나지 않으실 것입니다. 임
금님과 백성이 그를 찾으면, 그가 만
나 주실 것입니다. 그러나 임금님과
백성이 그를 버리면, 주님께서도 임
금님과 백성을 버리실 것입니다.

라서 이스라엘 왕국사는 거룩함을 지키느냐 지키지 못하느냐의 투쟁사로서, 우상 숭배와의 싸움이었다. 역대지 저자는 아사 왕이 우상들을 제거한 업적을 기록하여 하나님 왕국의 거룩함을 부각한다.

14:9-15 본문의 기록은 역대지에만 있다. 아사 왕은 적인 에티오피아의 우세한 전력을 겁내지 않고 하나님을 의지하여 전쟁에서 승리한다.

㉠ 많은 군대를 뜻함. 히, '천천만만'

15장 요약 아사 왕의 개혁 운동의 핵심은 우상 숭배의 전파자였던 태후 마아가를 폐위시킨 일이었다. 아사의 과감한 개혁에 대해 하나님은 온 유다에 평화를 허락하심으로써 그분의 언약을 지키셨다(19절).

15:2 임금님과 백성이 주님을 떠나지 않는 한…버리실 것입니다 유다 백성이 하나님의 언약 백성, 곧 하나님과 언약적인 관계에 있음을 요약한다. 이

3 이스라엘은 오랫동안 참 하나님이
없이 지내 왔습니다. 가르치는 제사
장도 없었고 율법도 없었습니다.
4 그러나 이스라엘이 어려운 일을 만
나서, 주 이스라엘의 하나님께 돌아
와 그를 찾으면, 주님께서는 그들을
만나 주셨습니다.
5 그 때에는 세상이 하도 어지러워서,
땅 위에 사는 모든 백성이 마음 놓
고 평안히 나들이도 못하였습니다.
6 나라와 나라가, 성읍과 성읍이 서로
치고 무찌르는 판이었습니다. 이것
은 하나님께서 사람들이 온갖 고난
속에서 고통을 받도록 버려 두셨기
때문이었습니다.
7 그러나 임금님과 백성은 기운을 내
십시오. 낙심하지 마십시오. 임금님
과 백성이 하는 수고에는 상급이 따
를 것입니다."
8 ○아사는 이 모든 말, 곧 ㉠오뎃의 아
들 아사랴 예언자가 전하여 주는 예
언을 듣고, 용기를 내어, 유다와 베
냐민 온 지방과 에브라임 산간지역
의 점령지역 성읍에서 역겨운 물건
들을 없애 버렸다. 그는 또 주님의
성전 현관 앞에 있는 주님의 제단을
보수하였다.
9 ○그는 또 유다와 베냐민의 모든 백
성을 불러모으고, 그들에게로 와서
함께 살고 있는, 에브라임과 므낫세
와 시므온 지파 소속의 백성도 모두
불러모았다. 주 하나님께서 아사와
함께 계시는 것을 보고, 이스라엘에
서도 많은 사람들이 아사에게로 모
여들었다.
10 그들이 예루살렘에 모인 것은 아사
왕 십오년이 되던 해 세 번째 달이었
다.
11 그 날 그들은 그들이 가져 온 전리
품 가운데서 소 칠백 마리와 양 칠
천 마리를 주님께 희생제물로 잡아
바치며,
12 마음을 다하고 정성을 다하여 주 조
상의 하나님만을 찾기로 하는 언약
을 맺었다.
13 주 이스라엘의 하나님을 찾지 아니
하는 자는, 젊은 사람이든지 나이
많은 사람이든지, 남자든지 여자든
지 가릴 것 없이, 누구든지 다 죽이
기로 하였다.
14 사람들은 함성과 쇠나팔 소리와 뿔
나팔 소리가 울려 퍼지는 가운데,
주님께 큰소리로 맹세하였다.
15 온 유다 백성은 이러한 맹세를 하는
것이 기쁘기만 하였다. 그들은 마음
을 다해 맹세하고, 정성을 다해 주님
을 찾았으므로, 주님께서 그들을 만
나 주셨고, 사방으로 그들에게 평안
을 주셨다.
16 ○아사 왕은 자기의 할머니 마아가

가르침은 모든 인류에게 처음부터 주어진 영원한 진리이다. 언약 백성은 하나님을 찾고 떠나거나 버리지 않는 삶을 살아야 한다. 그 과정에서 약함을 인정하고 스스로 낮아지면 하나님께서 긍휼과 자비를 풍성히 베푸시지만, 스스로 교만해지면 그에 대해 하나님께서는 징계하신다.

15:3-6 이 부분은 이스라엘 역사 중에 현저한 부패상을 지적하는 내용이다. 특히 사사 시대의 타락상을 요약하여 설명하고 있다. 그 때에는 이스라엘의 범죄로 말미암아 수많은 이방 민족의 침입 등 내우외환(內憂外患)이 끊이지 않았다.

15:8-19 아사의 개혁 운동이 있기까지 왕가의 혼란과 통치권의 위축, 신변의 위협, 현실적인 이권 포기 등 수많은 어려움이 눈앞에 있었다. 그럼에도 불구하고 그는 하나님의 약속을 신뢰하고 과감히 숙청 작업을 벌였다. 그 결과 하나님은 약속대로 무려 20년간 평화를 누리게 하셨다.

㉠ 불가타와 시리아어역을 따름. 히, '오뎃 예언자의 예언'

가 혐오스러운 아세라 목상을 만들
었다고 해서, 태후의 자리에서 물러
나게 하였다. 아사는 자기의 할머니
가 만든 혐오스러운 우상을 토막내
어 가루로 만들어서, 기드론 냇가에
서 불살라 버렸다.
17 그렇다고 산당이 모두 제거된 것은
아니었지만, 주님을 사모하는 아사
의 마음은 평생 한결같았다.
18 아사는 자기의 아버지와 자신이 거
룩하게 구별하여 바친, 은과 금과 그
릇들을 하나님의 성전에 들여놓았
다.
19 이 때부터 아사 왕 삼십오년까지 전
쟁이 없었다.

이스라엘과의 충돌 (왕상 15:17-22)

16 아사 왕 삼십육년에 이스라엘
왕 바아사가, 유다를 치러 올라
와서, 라마를 건축하고, 어느 누구도
유다의 아사 왕에게 왕래하지 못하
게 하였다.
2 그러자 아사는 주님의 성전 창고와
왕실 창고의 모든 은과 금을 모아
서, 다마스쿠스에 있는 시리아의 벤
하닷 왕에게 보내며 말하였다.
3 "나의 아버지와 그대의 아버지가 서
로 동맹을 맺었듯이, 나와 그대도 서
로 동맹을 맺도록 합시다. 여기 그대
에게 은과 금을 보냅니다. 부디 오셔
서 이스라엘의 바아사 왕과 맺은 동
맹을 파기하시고, 그가 여기에서 떠
나게 하여 주십시오."
4 ○벤하닷은 아사 왕의 청을 받아들
여, 자기의 군사령관들을 보내서, 이
욘과 단과 ㉠아벨마임과 납달리의
양곡 저장 성읍을 치게 하였다.
5 바아사가 이 소문을 듣고는, 라마 건
축을 멈추고, 그 공사를 포기하였
다.
6 그러자 아사 왕은 온 유다 백성을
불러서, 바아사가 라마를 건축할 때
에 쓰던 돌과 목재를 가져 오게 하
였다. 아사 왕은 이것으로 게바와
미스바를 보수하였다.

선견자 하나니

7 ○그 무렵 하나니 선견자가 유다의
아사 왕에게 와서 말하였다. "임금
님께서 시리아 왕을 의지하시고, 주
임금님의 하나님을 의지하지 않으셨
으므로, 이제 시리아 왕의 군대는
임금님의 손에서 벗어나 버렸습니
다.
8 ㉡에티오피아 군과 리비아 군이 강한
군대가 아니었습니까? 병거도 군마
도 헤아릴 수 없이 많지 않았습니
까? 그러나 임금님께서 주님을 의지
하시니까, 주님께서 그들을 임금님
의 손에 붙이지 않으셨습니까?
9 주님께서는 그 눈으로 온 땅을 두루
살피셔서, 전심전력으로 주님께 매

16장 요약 본장에서는 아사의 비신앙적인 행태가 열거된다. 북 이스라엘의 바아사가 남 유다를 침공했을때, 시리아 왕에게 도움을 청하였으며 이를 책망하는 선견자 하나니를 투옥시키고 죽을 지경에 이르러서도 의사들만 찾았다. 이것은 하나님 대신 이방 세력에 의지하는 지극히 불신앙적인 처사였다.

㉠ 또는 '아벨벳마아가' ㉡ 히, '구스', 나일 강 상류지역

16:1-4 북왕국 이스라엘의 제3대 왕인 '바아사'와 유다 왕 '아사'와의 전쟁 때, 아사는 불신앙적인 전략과 외교 정책을 강행하여 화를 자초했다.
16:11-14 아사가…발에 병이 나서 아사는 병이 생기자 하나님께 회개하고 간구한 것이 아닌, 이스라엘이 침공해 올 때처럼 인간적인 방법에만 의지하려 하였다. 이 병은 하나님께서 그의 불신앙을 책망하시며 그로 하여금 돌이키게 하시려는 마지막 기회였는지도 모른다.

달리는 이들을 힘있게 해주십니다.
이번 일에, 임금님께서는 어리석게
행동하셨습니다. 이제부터 임금님께
서는 전쟁에 휘말리실 것입니다."
10 아사는 선견자의 이 말에 화를 참을
수가 없어서, 그를 감옥에 가두어 버
렸다. 그 만큼 화가 치밀어 올랐던
것이다. 그 때에 아사는 백성들 가
운데서도 얼마를 학대하였다.

아사의 통치가 끝나다 (왕상 15:23-24)

11 ○아사의 행적은 처음부터 끝까지
'유다와 이스라엘 열왕기'에 기록되
어 있다.
12 아사가 왕이 된 지 삼십구 년이 되
던 해에, 발에 병이 나서 위독하게
되었다. 그렇게 아플 때에도 그는 주
님을 찾지 아니하고, 의사들을 찾았
다.
13 아사가 죽어서 그의 조상과 함께 잠
드니, 그가 왕이 된 지 사십일 년이
되던 해였다.
14 사람들은 그를 '다윗 성'에 장사하였
다. 그 무덤은 아사가 미리 파 둔 곳
이다. 사람들은 향 제조법 대로 만
든 온갖 향을 가득 쌓은 침상에 그
를 눕혀서 장사하고, 그의 죽음을
애도하려고 큰 불을 밝혔다.

여호사밧이 유다의 왕이 되다

17 아사의 아들 여호사밧이 그의
뒤를 이어 왕이 되었다. 그는
이스라엘의 침략을 막으려고 국방
을 튼튼하게 하였다.
2 그는 요새화된 유다의 모든 성읍에
군대를 배치하였고, 유다 전국과 그
의 아버지 아사가 정복한 에브라임
여러 성읍에 수비대를 배치하였다.
3 여호사밧이 왕이 되면서부터, 그의
조상 다윗이 걸어 간 그 길을 따랐
으므로, 주님께서 여호사밧과 함께
계셨다. 여호사밧은 바알 신들을 찾
지 아니하고,
4 다만 그의 아버지가 섬긴 하나님을
찾으며, 그 하나님의 계명을 따라 살
고, 이스라엘 사람의 행위를 따르지
않았으므로,
5 주님께서는 여호사밧이 다스리는
나라를 굳건하게 해주셨다. 온 유다
백성이 여호사밧에게 선물을 바치
니, 그의 부귀와 영광이 대단하였
다.
6 그는 오직 주님께서 지시하신 대로
살기로 다짐하고, 유다에서 산당과
아세라 목상을 없애 버렸다.
7 ○그는 왕이 된 지 삼 년째 되는 해
에, 지도자들인 벤하일과 오바댜와
스가랴와 느다넬과 미가야를 유다
여러 성읍에 보내어, 백성을 가르치
게 하였다.
8 그들과 함께 레위 사람들, 곧 스마
야와 느다냐와 스바댜와 아사헬과

17장 요약 여호사밧은 유다 왕국을 견고하게 세웠으며, 산당과 아세라 목상을 제거하였다. 또한 전국에 제사장과 레위 사람들과 지도자들을 보내어 율법 교육에 힘썼다. 이에 하나님은 유다 왕국을 축복하사 주위의 대적들의 위협에서 벗어나게 하셨다.

17:6 주님께서 지시하신 대로 히브리 본문을 직역하면 '하나님의 길들 안으로 그 마음을 다 쏟았다'가 된다. 하나님께서 제시하신 길, 즉 하나님의 뜻과 명령을 준행하였다는 말이다. 산당과 아세라 목상 여호사밧은 그의 아버지 아사의 종교 개혁 당시 척결하지 못했거나 다시 등장한 우상과 산당을 제거하였다. 하지만 생활 속에 침투해 있는 이방의 종교 풍속은 이미 너무 깊숙히 퍼져 있어서 여러 왕의 산당과 우상 타파 시도가 쉽게 성공하지 못했음을 추정할 수 있다(15:17).

17:7-9 이 행적은 19:4-11에서 자세히 언급된 개

스미라못과 여호나단과 아도니야와
도비야와 도바도니야, 이런 레위 사
람들을 보내고, 또 그들과 함께 제
사장 엘리사마와 여호람을 보냈다.
9 그들은 주님의 율법책을 가지고 유
다 전국을 돌면서 백성을 가르쳤다.
그들은 유다의 모든 성읍을 다 돌면
서 백성을 가르쳤다.

여호사밧의 위대성

10 ○유다의 주위에 있는 모든 나라는
유다를 보호하시는 주님이 두려워
서, 감히 여호사밧에게 싸움을 걸지
못하였다.
11 어떤 블레셋 사람들은 여호사밧에
게 조공으로 예물을 바쳤고, 아라비
아 사람들은 짐승 떼, 곧 숫양 칠천
칠백 마리와 숫염소 칠천칠백 마리
를 바쳤다.
12 여호사밧은 세력이 점점 커졌다. 그
는 유다 안에 요새들을 세우고, 양
곡 저장 성읍들을 세웠다.
13 이렇게 그는 유다 여러 성읍에 많은
일을 하여 놓았고, 예루살렘에는 전
투 병력과 용사들을 배치하였다.
14 가문별로 병적에 오른 수는 다음과
같다. 유다 가문에 속한 천부장 가
운데서는 천부장 아드나가 으뜸이
되어, 용사 삼십만 명을 거느렸고,
15 다음으로는 여호하난이 이십팔만
명을 거느렸고,
16 그 다음으로는 주님을 위하여 자원
하여 나선 시그리의 아들 아마사가
용사 이십만 명을 거느렸다.
17 베냐민 가문에서는 용장 엘리아다
가 활과 방패를 잡은 사람 이십만
명을 거느렸고,
18 다음으로는 여호사밧이 무장한 병
사 십팔만을 거느렸다.
19 이들은 모두 왕을 모시는 군인들이
었다. 왕은 이 밖에도 유다 전역 요
새에다가 군인들을 배치하였다.

예언자 미가야가 아합 왕에게 경고하다

(왕상 22:1-28)

18 여호사밧은 재물을 많이 모으
고, 큰 영예를 얻었다. 그는 아
합 가문과 혼인의 유대를 맺었다.
2 몇 해 뒤에 여호사밧이 사마리아로
가서 아합을 방문하니, 아합이 여호
사밧과 그를 수행하는 사람들을 대
접하려고 많은 양과 소를 잡았다.
아합은 여호사밧에게 함께 길르앗
라못을 치러 올라가자고 제안하였
다.
3 이스라엘의 아합 왕이 유다의 여호
사밧 왕에게 물었다. "길르앗의 라
못을 치러 나와 함께 올라가시겠습
니까?" 여호사밧이 대답하였다. "내
생각이 바로 임금님의 생각이고, 내
가 통솔하는 군대가 곧 임금님의 군
대입니다. 우리는 임금님과 함께 싸

혁 운동의 일부분이다. 신정 정치에서는 하나님의 율법이 국가 법률의 근간을 형성하고 있었다. 따라서 왕과 관리들, 제사장들과 레위 사람들은 하나님의 백성을 통치하는 자들로서 하나님의 왕권을 대리하여 일하는 자들이었다.

17:9 주님의 율법책 모세오경(토라)를 말한다.

17:10-19 여호사밧은 하나님의 축복으로 사방 대적들의 위협에서 벗어나고 블레셋의 조공을 받는 등 유다를 강성하게 만들었다.

18장 요약 여호사밧은 아합과 결혼 동맹을 맺었다. 이 때 아합이 시리아 공격을 제안하는데, 미가야 대신 거짓 예언자들의 조언이 채택된다. 결국 연합군은 시리아에게 패하였으며, 아합은 전사하고 여호사밧은 하나님의 도우심을 받아 피신하였다.

18:1-3 여호사밧과 아합의 결혼 동맹은 여호사밧의 아들 '여호람'과 아합의 딸 '아달랴'의 결혼으

우러 나가겠습니다."
4 그러면서도 여호사밧은 이스라엘
왕에게 말하였다. "그러나 먼저 주님
의 뜻을 알아봄이 좋을 듯합니다."
5 그러자 이스라엘 왕은 사백 명이나
되는 예언자들을 모아 놓고 그들에
게 물었다. "우리가 길르앗의 라못
을 치러 올라가는 것이 좋겠소, 아니
면 그만두는 것이 좋겠소?" 그러자
예언자들이 대답하였다. "올라가십
시오. 하나님께서 그 성을 임금님의
손에 넘겨 주실 것입니다."
6 ○여호사밧이 물었다. "우리가 물어
볼 만한 주님의 예언자가 여기에 또
없습니까?"
7 이스라엘 왕이 여호사밧에게 대답
하였다. "주님의 뜻을 물어 볼 만한
사람으로서 이믈라의 아들 미가야
라고 하는 예언자가 있기는 합니다
만, 나는 그를 싫어합니다. 그는 한
번도 나에게 무엇인가 길한 것을 예
언한 적이 없고, 언제나 흉한 것만
을 예언하곤 합니다." 여호사밧이 다
시 제안하였다. "임금께서 예언자를
두고 그렇게 말씀하시면 안 됩니다."
8 그러자 이스라엘 왕은 한 신하를 불
러서 명령하였다. "이믈라의 아들 미
가야를 속히 데려 오너라."
9 ○그 때에 이스라엘 왕과 유다의 여
호사밧 왕은 왕복을 입고 사마리아
성문 어귀 타작 마당에 마련된 보좌
에 앉아 있었고, 예언자들은 모두
그 두 왕 앞에서 예언을 하고 있었
다.
10 그 예언자들 가운데서 그나아나의
아들 시드기야는 자신이 만든 철뿔
들을 가지고 나와서 말하였다. "주
님께서 이렇게 말씀하십니다. '너 아
합은 철로 만든 이 뿔을 가지고 시
리아 사람들을 찌르되, 그들이 모두
파멸될 때까지 그렇게 할 것이다' 하
십니다."
11 그러자 다른 예언자들도 모두 그와
같은 예언을 하며 말하였다. "길르앗
의 라못으로 진군하십시오. 승리는
임금님의 것입니다. 주님께서 이미
그 성을 임금님의 손에 넘기셨습니
다."
12 ○미가야를 데리러 간 신하가 미가
야에게 말하였다. "이것 보십시오,
다른 예언자들이 모두 하나같이 왕
의 승리를 예언하였으니, 예언자께
서도 그들이 한 것 같이 왕의 승리
를 예언하시는 것이 좋을 것이오."
13 미가야가 대답하였다. "주님께서 살
아 계심을 두고 맹세하지만, 나는 다
만 내 하나님께서 말씀하신 것만을
말하겠습니다."
14 그가 왕 앞에 나오자, 왕이 그에게
물었다. "미가야는 대답하시오. 우

로 성취된 것이다(21:6). 이 동맹은 경제적 성격(20:35-37)과 군사적 성격(왕상 22:3-4)을 함축하고 있다. 특히 시리아 왕국과의 전쟁에 대해 연합 전선을 구축한 것이다. 그러나 유다 왕국은 이 결혼 동맹으로 인하여 심각한 위기에 직면하게 되었다. 아달랴는 유다 왕국에 페니키아의 우상을 소개하였을 뿐 아니라, 아하시야의 사후에 다윗 왕가의 후손을 멸족시키고 왕위를 찬탈하였다. 아달랴는 유일하게 살아남은 왕자 요아스가 하나님의 전에 숨어 있던 6년 동안 유다를 다스렸다(22:10-12). 결국 유다는 아합의 딸이자 여호사밧의 며느리인 아달랴로 인하여 13년간 암흑기(B.C. 848-835년)를 보내게 되었다.

18:16 목자 없는 양 떼 거짓 예언자가 득세하고 있는 상황은, 북 이스라엘의 종교적 부패가 현저함을 보여 주고 있다. 곧, 이스라엘의 지도층이 완전히 부패하여 지도력을 상실한 상태를 이러한 말로써 표현하는 것이다. 근본적으로는 하나님을

리가 길르앗의 라못을 치러 올라가
는 것이 좋겠소, 아니면 내가 그만두
는 것이 좋겠소?" 미가야가 대답하
였다. "올라가십시오. 승리는 임금님
의 것입니다. 그들은 이미 임금님의
손에 넘어온 것이나 다름 없습니다."
15 그러나 왕이 그에게 다시 말하였다.
"그대가 주님의 이름으로 나에게 말
을 할 때에는 진실을 말해야 한다고
누차 일렀는데, 내가 얼마나 더 똑같
은 말을 되풀이 해야 하겠소?"
16 ○미가야가 대답하였다. "내가 보니,
온 이스라엘이 이산 저산에 흩어져
있습니다. 마치 목자 없는 양 떼 같
습니다. 주님께서 말씀하시기를 '이
들에게는 인도자가 없다. 제각기 집
으로 평안히 돌아가게 하여라' 하십
니다."
17 이스라엘 왕이 여호사밧에게 말하
였다. "보십시오, 그는 나에게 늘 길
한 것은 예언하지 않고, 흉한 것만
을 예언한다고 말씀드리지 않았습니
까?"
18 미가야가 말을 계속하였다. "그러므
로 이제 주님의 말씀을 들으십시오.
내가 보니, 주님께서 보좌에 앉으시
고, 그 좌우에는 하늘의 모든 군대
가 둘러 서 있는데,
19 주님께서 물으십니다. '누가 이스라
엘의 아합 왕을 꾀어내어, 그로 하
여금 길르앗의 라못으로 올라가게
하여 거기에서 죽게 하겠느냐?' 그
러자 그들은 이렇게 하자, 또는 저렇
게 하자, 저마다 자기들의 의견을 말
하는데,
20 한 영이 주님 앞에 나서서 말합니다.
'내가 가서 그를 꾀어내겠습니다.' 그
러자 주님께서 그에게 물으십니다.
'어떻게 그를 꾀어내겠느냐?'
21 그러자 그가 대답합니다. '내가 가서
아합의 모든 예언자들이 모두 거짓
말을 하도록 시키겠습니다.' 그러자
주님께서 말씀하십니다. '그를 꾀어
라. 틀림없이 성공할 것이다. 가서
곧 그렇게 하여라'
22 그러므로 이제 보십시오, 이미 주님
께서 거짓말하는 영을, 여기에 있는
임금님의 예언자들의 입에 들어가게
하셨으니, 주님께서는 임금님께 재
앙을 선언하신 것입니다."
23 ○그러자 그나아나의 아들 시드기
야가 다가와서, 미가야의 뺨을 때리
며 말하였다. "주님의 영이 언제 나
를 떠나서, 어느 길로 너에게 건너가
서 말씀하시더냐?"
24 미가야가 대답하였다. "네가 골방으
로 들어가 숨는 바로 그 날에, 너는
모든 것을 알게 될 것이다."
25 ○이스라엘 왕이 명령하였다. "미가
야를 잡아서, 아몬 성주와 요아스

버린 그들의 비참한 상황을 그리고 있다.
18:18-27 미가야 예언자가 활동한 시대는 평안과 부귀가 최고조에 달하였다. 그러나 이런 부귀영화는 또 다른 위험을 안고 있었다(1절). 분명히 하나님께서는 남 유다 왕 여호사밧의 통치를 인정하고 축복하셨다. 그러나 여호사밧은 하나님과 더 긴밀한 관계를 맺지 않고, 북 이스라엘과의 정치·외교적인 통치 수단을 의지하여 왕국을 세우고자 하였다. 그럼으로써 내적인 곤경에 부딪히게 되었다. 하나님의 뜻을 묻는 일도 없이, 하나님의 백성으로 하여금 전쟁을 시작하게 하는 지경에 이르게 된 것이다(2-3절).
18:19-22 하나님께서는 적극적으로 미혹하게 하는 영을 허락하심으로써 사람들이 믿음에서 떠나 거짓을 믿게 하신다. 그것은 진리를 믿지 않고 악한 것과 불의를 좋아하는 사람들이 심판을 받도록 하기 위한 것이다.
18:28-34 북 이스라엘 왕 아합은 미가야의 경고

왕자에게로 끌고 가도록 하여라.
26 그리고 내가 명령하는 것이니, 이 자
를 감옥에 가두고, 내가 평안히 돌
아올 때까지 빵과 물을 죽지 않을
만큼만 먹이라고 하여라."
27 ○미가야가 말하였다. "임금님께서
정말로 평안히 돌아오실 수 있다면,
주님께서 나를 시켜서 이런 말씀을
하지 않으셨을 것입니다." 미가야는
한 마디 덧붙였다. "여기에 있는 모
든 백성은, 내 말을 잘 기억하여 두
시오!"

아합의 죽음 (왕상 22:29-35)

28 ○이스라엘의 아합 왕과 유다의 여
호사밧 왕은 시리아와 싸우려고 길
르앗의 라못으로 올라갔다.
29 이스라엘의 아합 왕이 여호사밧에
게 말하였다. "나는 변장을 하고 싸
움터로 들어갈 터이니, 임금님께서
는 왕복을 그대로 입고 나가십시
오." 그런 다음에, 이스라엘 왕은 변
장을 하였고, 그들은 싸움터로 들어
갔다.
30 ○시리아 왕은 자기와 함께 있는 병
거대 지휘관들에게 말하였다. "귀관
들은 작은 자나 큰 자를 상대하여
싸우지 말고, 오직 이스라엘 왕만
공격하시오."
31 병거대 지휘관들이 여호사밧을 보
고 "저 자가 이스라엘 왕이다" 하며,
그와 싸우려고 달려들었다. 여호사
밧이 기겁을 하여 소리를 쳤다. 주님
께서 그를 도우셨다. 하나님께서 그
들을 그에게서 떠나가게 하신 것이
다.
32 병거대 지휘관들은, 그가 이스라엘
왕이 아님을 알고, 그를 추적하기를
그만두고 돌아섰다.
33 그런데 한 군인이 무심코 활을 당긴
것이 이스라엘 왕을 명중시켰다. 화
살이 갑옷 가슴막이 이음새 사이를
뚫고 들어간 것이다. 왕은 자기의 병
거를 모는 부하에게 말하였다. "돌
아서서, 이 싸움터에서 빠져 나가자.
내가 부상을 입었다."
34 그러나 그 날은 특히 싸움이 격렬하
였으므로, 이스라엘 왕은 시리아 군
대를 맞이하여 그의 병거 안에서 저
녁때까지 겨우 힘을 지탱하다가, 해
거름에 죽고 말았다.

한 예언자가 여호사밧을 규탄하다

19 유다의 여호사밧 왕이 예루살
렘에 있는 그의 궁으로 무사히
돌아왔을 때에,
2 하나니의 아들 예후 선견자가 나가
서, 왕을 찾아가서 말하였다. "임금
님께서는, 악한 자를 돕고 주님을 싫
어하는 자들의 ㉠편을 드는 것이 옳
다고 생각하십니까? 임금님께서 그
렇게 하셨으므로 주님의 진노가 임

(19-22절)를 의식하여 자신의 목숨을 보전하려고 변장을 한다. 아합 왕의 술책에 빠진 남 유다 왕 여호사밧은 위기에 처하지만, 하나님께서 그를 구원하셨다. 결국 아합은 하나님의 경고를 무시한 형벌로 죽고 여호사밧은 살아남는다. 역대지 저자가 특별히 하나님의 도우심(31절)을 기록한 것은, 유다 왕국이 하나님의 왕국이며 하나님의 보호와 인도 가운데 있다는 사실을 강조하기 위함이다.

㉠ 또는 '사랑하는 것이'

19장 요약 비록 여호사밧이 아합과 동맹을 맺는 실책을 저질렀지만, 그의 신앙은 독실했다. 그는 아합과의 동맹을 책망하는 예후 선견자의 질책을 묵묵히 받아들이고서 다시 한번 신앙적, 사법적 개혁을 단행하였다.

19:1-3 여호사밧이 길르앗의 라못으로부터 예루살렘으로 안전하게 귀환하였다. 이스라엘 왕 아합의 죽음과는 대조적이었다. 이 대조적인 운명

금님께 내릴 것입니다.
3 그러나 임금님께서는 선한 일도 하
셨습니다. 아세라 목상을 이 땅에서
없애 버리시고, 마음을 오로지 하나
님 찾는 일에 쏟으신 일도 있으십니
다."

여호사밧의 개혁

4 ○여호사밧은 예루살렘에 살면서,
브엘세바에서부터 에브라임 산간지
역에 이르기까지 민정을 살피러 다
녔으며, 백성들을 주 그들의 조상의
하나님께 돌아오게 하였다.
5 그는 또 온 유다의 요새화된 성읍에
재판관들을 임명하여 세우고,
6 그들에게 말하였다. "그대들은 맡은
일을 할 때에 삼가 조심하여 하시
오. 그대들이 하는 재판은 단순히
사람을 기쁘게 하는 것이 아니라, 그
대들이 재판할 때에 그대들과 함께
계시는 주님을 기쁘시게 하는 것임
을 명심하시오.
7 주님을 두려워하는 일이 한 순간이
라도 그대들에게서 떠나지 않도록
하시오. 주 우리의 하나님께서는 불
의하지도 않으시며, 치우침도 없으
시며, 뇌물을 받지도 않으시니, 재판
할 때에 삼가 조심하여 하도록 하시
오."
8 ○이 밖에 예루살렘에서도 여호사
밧이 레위인들과 제사장들과 이스
라엘 가문의 족장들 가운데서 사람
을 뽑아 재판관으로 임명하여, 주님
의 법을 어긴 경우를 포함하여, 예
루살렘에 사는 모든 주민의 송사를
재판하게 하였다.
9 그는 재판관들에게 다음과 같은 명
령을 내렸다. "그대들은 이 일을, 주
님을 두려워하는 마음으로, 성실하
게, 온 마음을 다하여 수행해야 하
오.
10 어느 성읍에서든지, 동포가 사람을
죽이거나, 법이나 계명이나 율례나
규례를 어겨서 재판관들에게 송사
를 제기해 오면, 재판관들은 그들에
게 경고하여 주님께 범죄하지 않도
록 하시오. 그렇지 않으면, 주님의
진노가 그대들 재판관들 그대들의
동포에게 내릴 것이오. 내가 시킨 대
로 하면, 그대들에게 죄가 없을 것이
오.
11 주님께 예배드리는 모든 문제는, 아
마랴 대제사장이 최종 권위를 가지
고 결정을 내릴 것이며, 왕에게 속한
모든 문제에 관련된 것은, 유다 지파
의 우두머리 이스마엘의 아들 스바
다가 최종 권위를 가지고 결정을 내
릴 것이오. 레위 사람들은 법정에서
결정된 사항들이 실행되는 것을 감
독하는 관리의 책임을 질 것이오.
용기를 내어 이 모든 지시를 잘 실행

의 배후에는 하나님의 섭리가 있었다. 하나님께서 여호사밧을 살려 주신 것은 유다 백성 전체에게 회개할 기회를 주고자 함이었다.

19:4-11 예후 선견자의 경고를 들은 여호사밧은 유다 백성과 함께 회개하고, 율법에 따른 공의로운 통치 체제를 확립했다. 여호사밧이 두 번째 종교 개혁 및 부흥 운동에 착수한 것이다(17:6). 레위 사람과 제사장을 세워 재판을 담당시킨 것은 신정 정치의 특성을 보여 준다.

19:4 브엘세바에서부터 에브라임 산간지역에 이르기까지 이스라엘의 전 영토를 가리킬 때는 최남단인 브엘세바와 최북단인 단을 가리키지만(삼하 3:10;대상 21:2), 에브라임 산간지역은 남 유다와 북 이스라엘의 분단 이후 유다의 북방경계 지점을 가리킨다. 따라서 이 표현은 유다의 전 영역을 지칭하는 말이다.

19:5 재판관 이들의 직무는 재판하는 것이었으며, 당시 이스라엘 백성의 실질적인 지도자들이었다.

하시오. 주님께서는 공의를 이루는
사람들의 편을 드신다는 것을 명심
하시오."

에돔과의 전쟁

20 얼마 뒤에, 모압 자손과 암몬
자손이 마온 사람들과 결탁하
여, 여호사밧에게 맞서서 싸움을 걸
어왔다.
2 전령들이 와서 여호사밧에게 보고
하였다. "큰 부대가 사해 건너편 ㉠에
돔에서 임금님을 치러 왔습니다. 그
들은 이미 하사손다말 곧 엔게디에
쳐들어 왔습니다."
3 이에 놀란 여호사밧은, 주님께서 인
도하여 주실 것을 비는 기도를 드리
고, 온 유다 백성에게 금식령을 내렸
다.
4 백성이 유다 각 성읍에서 예루살렘
으로 모여, 주님의 뜻을 찾았다.
5 여호사밧이 주님의 성전 새 뜰 앞에
모인 유다와 예루살렘 회중 가운데
서서,
6 이렇게 기도하였다. "주 우리 조상의
하나님, 주님은 하늘에 계시는 하나
님이 아니십니까? 세계 만민의 모든
나라를 다스리는 분이 아니십니까?
권세와 능력이 주님께 있으니, 아무
도 주님께 맞설 사람이 없습니다.
7 우리 하나님, 주님께서는 전에 이 땅
에 사는 사람들을 주님의 백성 이스
라엘 앞에서 쫓아내시고, 그 땅을
주님의 벗 아브라함의 자손에게 길
이 주신 분이 아니십니까?
8 그래서 우리는 이 땅에 살면서 주님
의 이름을 빛내려고, 한 성소를 지
어 바치고, 이렇게 다짐한 바 있습니
다.
9 '전쟁이나 전염병이나 기근과 같은
재난이 닥쳐 온다면, 하나님 앞, 곧
주님의 이름을 빛내는 이 성전 앞에
모여 서서, 재난 가운데서 주님께 부
르짖겠고, 그러면 주님께서 들으시
고 구원하여 주실 것이다' 하고 말하
였습니다.
10 ○이제 보십시오, 암몬 자손과 모압
자손과 세일 산에 사는 사람들이
우리를 저렇게 공격하여 왔습니다.
옛적에 이스라엘이 이집트에서 나올
때에, 주님께서는 이스라엘이 그들
의 땅으로 들어가는 것을 허락하지
않으셨습니다. 그리하여 우리 조상
은 그들을 멸망시키지 않고 돌아와
야만 했습니다.
11 그런데 이제 그들이 우리에게 앙갚
음을 하는 것을 보십시오. 주님께서
우리에게 유산으로 주신 주님의 땅
에서, 우리를 쫓아내려 하고 있습니
다.
12 우리 편을 드시는 하나님, 그들에게
벌을 내리지 않으시렵니까? 우리를

20장 요약 연합군의 침입에 직면한 여호사밧이 금식하며 하나님께 기도하자 하나님이 응답하여 승리를 보장하셨다. 31절 이하는 여호사밧의 실정(失政)을 강력하게 지적하고 있다.

20:1 얼마 뒤에 여호사밧 왕과 유다 백성이 회개하고 신정 국가 체제를 확립함으로써 선정과 평화가 도래한 19장 이후를 말한다.

20:1-30 이 기사는 역대지 저자가 특별한 관심을 가지고 있는 문제였다. 왜냐하면 포로기 이후에 회복된 공동체도 주변 이방 국가의 후손들에 의해 침략을 당하고 있었기 때문이다(느 2:19;4:1-3,7-9;6:1-4). 역대지 저자는 그와 동시대에 살고 있는 하나님의 백성들에게 하나님과 그분의 예언자들을 신뢰하라고 권면하고자 했고, 이는 마치 다윗의 후손인 여호사밧이 당대의 유다 백

㉠ 한 히브리어 사본에서만 '에돔', 대다수의 히브리어 사본과 칠십인역과 불가타에는 '아람'

치러 온 저 큰 대군을 대적할 능력
이 우리에게는 없고, 어찌할 바도 알
지 못하고, 이렇게 주님만 바라보고
있을 뿐입니다."
13 ○유다 모든 백성은 아녀자들까지도
모두 주님 앞에 나와 서 있었다.
14 그 때에 마침 회중 가운데는, 야하시
엘이라는 레위 사람이 있었는데, 그
에게 주님의 영이 내리셨다. 그의 아
버지는 스가랴이고 할아버지는 브
나야이고 증조는 여이엘이고 고조
는 맛다니야이다.
15 그가 이렇게 말하였다. "온 유다와
예루살렘에 사는 사람들과 여호사
밧 임금님은 들으시기 바랍니다. 주
님께서 여러분에게 말씀하십니다.
'적군이 아무리 많다 하여도, 너희
들은 두려워하거나 겁내지 말아라.
이 전쟁은 너희가 하는 것이 아니라,
나 하나님이 맡아 하는 것이다.
16 너희는 내일 그들을 마주하여 내려
가라. 적군은 시스 고개로 올라올
것이다. 여루엘 들 맞은편에서 너희
가 그들을 만날 것이다.
17 이 전쟁에서는 너희가 싸울 것이 없
다. 너희는 대열만 정비하고 굳게 서
서, 나 주가 너희에게 승리를 가져다
주는 것을 보아라. 유다와 예루살렘
아, 너희는 두려워하지 말아라. 겁내
지 말아라. 내일 적들을 맞아 싸우
러 나가거라. 나 주가 너희와 함께
있겠다.'"
18 ○여호사밧이 몸을 굽혀 얼굴을 땅
에 대니, 온 유다 백성과 예루살렘
주민도 주님 앞에 엎드려 경배하고,
19 고핫 자손과 고라 자손에게 속한 레
위 사람들은, 서서 목소리를 높여,
주 이스라엘의 하나님을 찬양하였
다.
20 ○백성은 다음날 아침 일찍 일어나
서, 드고아 들로 나갔다. 나갈 때에,
여호사밧이 나서서 격려하였다. "유
다와 예루살렘 주민은 내가 하는 말
을 들으십시오. 주 우리의 하나님을
믿어야만 흔들리지 않습니다. 주님
께서 보내신 예언자들을 신뢰하십
시오. 우리는 반드시 이깁니다."
21 여호사밧은 백성들과 의논한 다음
에, 노래하는 사람들을 뽑아 거룩한
예복을 입히고, 군대 앞에서 행진하
게 하였다. 그는 또 노래하는 사람
들이 "주님께 감사하여라. 그의 인
자하심이 영원하다" 하면서, 주님을
찬양하게 하였다.
22 ○노래하는 사람들이 그렇게 노래
를 부르니, 주님께서 복병을 시켜서
유다를 치러 온 암몬 자손과 모압
자손과 세일 산에서 온 사람들을
치게 하셔서, 그들을 대파하셨다.
23 오히려 암몬 자손과 모압 자손이 짝

성들에게 권면한 것과 같은 내용을 적용하려는 것이다(20절).

20:14-19 레위 사람 야하시엘을 통해 하나님께서 여호사밧의 기도에 응답하신 내용이다. 역대지 저자는 야하시엘의 족보를 통해 하나님의 백성인 유다 왕국이 구원받게 되는 사실을 강조하고 있다.

20:15 이 전쟁은…하나님이 맡아 하는 것 암몬 자손이나 모압 자손과의 전쟁은 하나님께서 금하신 전쟁이었다(신 2:4-5,9,19). 따라서 이스라엘은 약속의 땅을 얻기 위한 정복 전쟁 때에도 이들과의 전쟁은 피하였다(10절). 이들은 오직 하나님께서 독특한 섭리로 처리해야 할 세력이었다. 하나님이 맡아 하는 것이라고 함은 하나님의 능력에 의하여 제거될 적대 세력임을 뜻한다(삼상 17:47). 오늘날에도 하나님의 백성이 적극적으로 싸워야 할 대상이 있고, 하나님의 능력에 의지하여 잠잠히 기다려야 할 대상이 있다(참조. 출 14:13-14).

이 되어서, 세일 산에서 온 사람들
을 모조리 쳐죽이는 것이 아닌가! 세
일 산에서 온 사람들을 쳐죽인 다
음에는, 암몬 자손과 모압 자손이
서로 쳐죽였다.
24 유다 사람들이 들판이 내려다 보이
는 망대에 이르러서 보니, 적군이 하
나도 살아 남지 못하고, 모두 주검
이 되어 땅에 엎어져 있었다.
25 ○여호사밧이 백성을 데리고 가서,
전리품을 거두어들였다. 전리품 가
운데는 상당히 많은 물건과 ㉠옷과
귀중품이 있었다. 그래서 각자가 마
음껏 탈취하였는데, 전리품이 너무
많아서 운반할 수가 없었다. 전리품
이 이처럼 많아서, 그것을 다 거두어
들이는 데에 사흘이나 걸렸다.
26 나흘째 되던 날에, 그들은 ㉡브라가
골짜기에 모여서, 거기서 주님을 찬
양하였다. 오늘날도 사람들은 그 곳
을 '찬양 (브라가) 골짜기'라고 부른
다.
27 유다와 예루살렘 모든 사람이 여호
사밧을 앞세우고, 기쁨에 넘쳐 예루
살렘으로 개선하였다. 이것은 주님
께서 원수들을 쳐서 이겨서, 유다 백
성을 기쁘게 해주셨기 때문이다.
28 사람들은 거문고와 수금과 나팔을
합주하며, 예루살렘에 이르러, 주님
의 성전으로 나아갔다.
29 이방 모든 나라가 주님께서 이스라
엘의 원수들을 치셨다는 소문을 듣
고, 하나님을 두려워하였다.
30 여호사밧이 다스리는 동안 나라가
태평하였다. 하나님께서 사방으로
그에게 평안함을 주셨기 때문이다.

여호사밧의 통치가 끝나다
(왕상 22:41-50)

31 ○여호사밧은 유다의 왕이 되었을
때에 서른다섯 살이었다. 그는 예루
살렘에서 스물다섯 해 동안 다스렸
다. 그의 어머니 아수바는 실히의
딸이다.
32 여호사밧은 자기의 아버지 아사가
걸어 간 길에서 벗어나지 아니하고,
그 길을 그대로 걸어, 주님께서 보시
기에 정직하게 행하였으나,
33 산당만은 헐어 버리지 않아서, 백성
이 조상의 하나님만을 섬기게 하지
는 못하였다.
34 ○여호사밧의 나머지 역사는 처음
부터 끝까지 '하나니의 아들 예후의
역사책'에 다 기록되었고, 그것은 '이
스라엘 열왕기'에 올랐다.
35 ○한번은 유다의 여호사밧 왕과 이
스라엘의 아하시야 왕 사이에 동맹
을 맺은 일이 있었는데, 아하시야는
악행을 많이 저지른 왕이었다.
36 아하시야의 권유로 여호사밧이 다
시스를 왕래할 상선을 만들었다. 배

20:20-30 열왕기에는 전혀 언급이 없는 이 구절에서 역대지 저자는 하나님 나라 백성의 특징적인 삶을 제시하고 있다. 곧 그들의 생존 의미는, 하나님을 신뢰하고 순종함으로써 나타나는 구원의 증시(證示)에 있다는 것이다. 하나님 앞과 대적 세력 앞에서 무기력하고 무능해진 이스라엘 백성이지만, 그들이 하나님의 백성이기에 이런 전적인 은혜를 주셨다. 그러므로 그들이 하나님을 의지하기만 하면, 하나님께서는 그들의 존재를 보장해 주셔서 하나님의 큰 구원을 세상 가운데 드러내시리라는 믿음이 표현되고 있다.

20:31-37 여호사밧의 통치에 관한 결론 부분이다. 이 내용은 열왕기상 22:41-51에도 기록되어 있다. 열왕기에 비해 역대지에서는 여호사밧의 실정(失政)에 관하여 예언자 엘리에셀을 통한 하나님의 지적이 강조되었다.

㉠ 불가타와 몇몇 히브리어 사본을 따름. 대다수의 히브리어 사본에는 '시체' ㉡ '찬양'

를 만든 곳은 에시온게벨이었다.
37 그 때에 마레사 사람 도다와후의 아
들 엘리에셀이 여호사밧에게 와서
"임금님께서 아하시야와 동맹을 맺
으셨으므로, 주님께서 임금님이 만
드신 상선을 부수실 것입니다" 하고
예언하였다. 그의 말대로, 그 배는
부서져서 다시스로 가지 못하였다.

21

1 여호사밧이 세상을 떠나서
그의 조상에게로 가니, '다윗
성'에 있는 왕실 묘지에 장사하였다.
그의 아들 여호람이 그의 뒤를 이어
왕이 되었다.

유다 왕 여호람 (왕하 8:17-24)

2 ○여호사밧의 아들 여호람에게는
아우들이 있었다. 그의 아우 아사랴
와 여히엘과 스가랴와 아사랴와 미
가엘과 스바댜는, 모두 ㉠ 이스라엘의
여호사밧 왕이 낳은 아들이었다.
3 여호람의 아버지 여호사밧은, 여호
람의 아우들에게는, 은 금과 보물과
요새화된 유다의 성읍들을 후하게
선물로 주었고, 여호람은 맏아들이
었으므로 왕의 자리를 내주었다.
4 그러나 여호람은, 아버지의 뒤를 이
어 왕위에 올라 세력을 굳히자, 자기
아우들을 모두 죽이고, 이스라엘 지
도자들 얼마도 함께 칼로 쳐죽였다.
5 ○여호람이 왕이 되었을 때에, 그는
서른두 살이었다. 그는 예루살렘에
서 여덟 해 동안 다스렸다.
6 그는 아합의 딸을 아내로 맞아들였
기 때문에, 아합 가문이 한 대로 곧
이스라엘 왕들이 간 길을 갔다. 이
와 같이 하여, 그는 주님께서 보시기
에 악한 일을 하였다.
7 그러나 주님께서는 다윗 왕가를 멸
망시키려고 하지 않으셨다. 일찍이
주님께서 그의 종 다윗과 언약을 맺
으시고, 다윗과 그 자손에게서 왕조
의 등불이 영원히 꺼지지 않게 하시
겠다고 약속하셨기 때문이다.
8 ○여호람이 다스리는 동안에, 에돔
이 유다에 반기를 들고, 자기들의 왕
을 따로 세웠다.
9 여호람은 지휘관들을 이끌고 병거대
를 모두 출동시켰다가, 병거대 지휘
관들과 함께 에돔 군대에게 포위를
당하고 말았다. 그러나 밤에 에돔
군대의 포위망을 뚫고 빠져 나왔다.
10 이와 같이, 에돔은 유다에 반역하여
그 지배를 벗어나 오늘날까지 이르
렀고, 립나 성읍이 반란을 일으켜
여호람의 지배에서 벗어난 것도 같
은 무렵이다. 그가 이런 변을 당한
것은 주 조상의 하나님을 저버렸기
때문이다.
11 그는 또 유다의 여러 산에 산당을
세우고, 예루살렘 주민에게 음행을
하게 하였고, 유다 백성을 그릇된 길

21장 요약 여호람은 즉위하자마자 자신의 아우들을 몰살시키고, 우상 숭배를 하는 등의 죄악을 범하였다. 후반절의 여러 가지 사건들은 여호람의 죄악에 대한 하나님의 준엄한 심판이다(8-10, 16-17절). 살해한 일이었다(2-4절). 그 밖의 치적에 관해서 언급한 5-10절은, 열왕기하 8:17-22에 기록된 것과 똑같다. 그러나 그 다음에 이어지는 하나님의 징벌에 관한 내용(12-19절)은 열왕기에서는 전혀 언급되지 않았다. 마지막 절(20절)의 내용은 열왕기하 8:24의 내용과 상응하는 부분이다.

21:1-20 여호사밧이 죽고 그 뒤를 이어 아들 여호람이 왕이 되었다. 여호람이 왕위를 계승하여 즉위한 후, 처음으로 행한 정책이 왕자들을 모두

21:7 등불 성경에서는 생명이나 진리를 상징하는

㉠ 남왕국 유다를 가리킴. 대하에서는 자주 남왕국 유다를 이스라엘이라고 함

로 가게 하였다.
12 ○그래서 엘리야 예언자가 그에게
다음과 같은 글을 보냈다. ○"임금님
의 조상 다윗의 주 하나님께서 이렇
게 말씀하십니다. '네가, 유다 왕 네
아버지 여호사밧이 가던 길과 네 할
아버지 아사가 가던 길을 따르지 아
니하고,
13 오히려 이스라엘 왕들이 걷던 길을
따라가고 있다. 유다와 예루살렘 주
민으로 음행을 하게 하기를, 마치 아
합 왕가가 하듯 하였다. 또 너는 네
아버지 집에서 난 자식들, 곧 너보다
착한 아우들을 죽였다.
14 이제 나 주가 네 백성과 네 자식들
과 네 아내들과 네 모든 재산에 큰
재앙을 내리겠다.
15 또 너는 창자에 중병이 들고, 그 병
이 날로 더 악화되어, 마침내 창자가
빠져 나올 것이다.'"
16 ○주님께서는 또 블레셋 사람과 에
티오피아에 인접하여 사는 아라비
아 사람들의 마음을 부추겨, 여호람
을 치게 하셨다.
17 그들이 유다로 쳐올라 와서 왕궁의
모든 재물을 탈취하였고, 여호람의
아들들과 아내들까지 잡아 갔다. 막
내 아들 ㉠아하시야 이외에는 아무
도 남겨 두지 않았다.
18 ○이런 일이 있은 뒤에, 주님께서 여
호람에게 벌을 내리셔서, 그의 창자
에 불치의 병이 들게 하셨다.
19 그는 오랫동안, 이 불치의 병으로 꼬
박 두 해를 앓다가, 창자가 몸 밖으
로 빠져 나와서, 심한 통증에 시달리
다가 죽고 말았다. 백성은, 왕들이
죽으면 으레 향을 피웠으나, 여호람
에게만은 향을 피우지 않았다.
20 ○여호람이 왕이 되었을 때에, 그는
서른두 살이었다. 그는 예루살렘에
서 여덟 해 동안 다스리다가, 그의
죽음을 슬프게 여기는 사람도 없이
세상을 떠났다. 사람들이 그를 '다
윗 성'에 묻기는 하였으나, 왕실 묘지
에 장사하지는 않았다.

유다 왕 아하시야
(왕하 8:25-29; 9:21-28)

22 예루살렘 사람들이 여호람의
막내 아들 아하시야를 왕으로
삼아, 왕위를 잇게 하였다. 전에 아
라비아 사람들과 함께 진영에 쳐들
어 왔던 침략군들에게 아하시야의
형들이 다 학살당하였으므로, 여호
람의 아들 아하시야가 유다의 왕이
되었다.
2 아하시야가 왕이 되었을 때에, 그는,
㉡스물두 살이었다. 그는 예루살렘
에서 한 해밖에 다스리지 못하였다.
그의 어머니 아달랴는 오므리의 손
녀이다.

의미로 등장된다. 고대 사상에서 빛과 생명은 연결된 개념이었다. 그리고 하나님의 임재(요 8:12; 요일 1:5;계 21:23;22:5)와도 관련되어 있고, 율법 또는 의의 사역(시 119:105;잠 6:23;마 5:15)을 상징하기도 한다. 특히 여기서는 다윗 왕조의 영원성을 묘사하는 말이다(왕상 11:36;15:4).

21:12-20 본문은 열왕기하 8장에는 언급되지 않은 부분이다. 엘리야 예언자는 여호람의 불순종에 일련의 조속한 심판이 있을 것을 경고한다.

22장 요약 여호람의 뒤를 이어 즉위한 아하시야(여호아하스)는 요람과 함께 시리아 왕과의 전투에 참가했다. 여기서 부상당한 요람과 그를 문병 갔던 아하시야는 모두 예후에 의해 살해당한다. 아하시야가 죽자 그의 어머니인 아달랴는 다윗 왕가를 진멸하고자 하나 실패한다.

㉠ 여호아하스의 변형 ㉡ 칠십인역과 시리아어역을 따름(왕하 8:26) 히, '마흔두 살'

3 아하시야 역시 아합 가문의 길을 따
라 가지 않을 수 없었다. 그의 어머
니가 그를 꾀어, 악을 행하게 하였기
때문이다.
4 그는 아합 가문을 따라 주님 앞에서
악을 행하였다. 그는 아버지가 죽은
다음에 아합 가문 사람들의 의견을
따라 다스리다가, 그만 망하고 말았
다.
5 그는 아합 가문 사람들의 의견을 따
라, 이스라엘의 아합의 아들 ㉠요람
왕과 함께 시리아의 하사엘 왕을 맞
아 싸우려고, 길르앗의 라못으로 올
라갔다. 그 싸움에서 시리아 군인이
요람을 쳐서 부상을 입혔다.
6 ㉠요람은, 시리아의 하사엘 왕과 ㉡라
마에서 싸울 때에 입은 부상을 치료
하려고, 이스르엘로 돌아갔다. 그
때에 아합의 아들 ㉠요람이 병이 들
었으므로, 유다의 여호람 왕의 아들
㉢아하시야가 문병을 하려고 이스르
엘로 내려갔다.
7 ○아하시야는 ㉠요람에게 문병을 갔
다가 오히려 해를 입게 되었다. 이것
은 이미 하나님께서 일을 그렇게 꾸
미셨기 때문이다. 아하시야가 병문
안을 하러 갔다가, 뜻밖에도 요람과
함께 나가서, 님시의 아들 예후와
맞닥뜨리게 되었다. 예후는 이미 주
님께서 아합 왕가를 멸망시키시려고
기름 부어 뽑아 세운 사람이었다.
8 예후는 아합 왕가를 징벌하면서, 유
다 군대의 지휘관들과, 아하시야를
섬기는 조카들까지, 닥치는 대로 죽
였다.
9 아하시야는 사마리아로 가서 숨어
있었으나, 예후가 그를 찾아 나섰다.
마침 예후의 부하들이 아하시야를
붙잡아 예후에게로 데리고 왔다. 예
후가 그를 죽이니, 사람들은 "그가
마음을 다하여 주님만 찾은 여호사
밧의 아들이었다" 하면서, 그를 묻
어 주었다. ○그리고 나니, 아하시야
의 가문에는 왕국을 지켜 갈 만한
능력을 가진 사람이 아무도 없었다.

유다의 여왕 아달랴 (왕하 11:1-3)

10 ○아하시야의 어머니 아달랴는 자
기 아들이 죽는 것을 보고, 유다 집
의 왕족을 다 죽이기 시작하였다.
11 그러나 왕자들이 살해되는 가운데
서도, 왕의 딸 ㉣여호세바가 아하시
야의 아들 요아스를 몰래 빼내어,
유모와 함께 침실에 숨겨서, 아달랴
에게서 화를 면하게 하였으므로, 아
달랴가 요아스는 죽이지 못하였다.
㉣여호세바는 여호람 왕의 딸이요,
여호야다 제사장의 아내이다. 아하
시야에게는 누이가 되는 사람이다.
12 요아스는 그들과 함께 여섯 해 동안
을 하나님의 성전에 숨어 지냈으며,

22:1-9 역대지 저자는 유다의 죄악에 대한 하나님의 어김없는 심판에 관심을 집중시키고 있다. 유다 왕 아하시야는 자신의 패역함과 북왕국의 배교 세력들과 맺은 동맹으로 하나님의 심판을 받았고, 결국 일 년 동안 왕위를 지키고 죽었다(6-9절).
22:5 길르앗의 라못 이곳은 북 이스라엘의 아합과 남 유다의 여호사밧 연합군이 시리아 군대와 전투한 장소이다(대하 18장;왕상 22장). 아합이 이곳에서 전사하였다(왕상 22:29,37).

22:10-12 아달랴의 살육은 왕위 찬탈을 넘어서 다윗 왕가의 진멸을 의도한 것이다. 본문은 아하시야의 아들 요아스를 아달랴의 손에서 살린 여호람의 딸이자, 제사장 여호야다의 아내인 여호세바의 공로를 강조하고 있다. 이는 23장의 제사장 여호야다의 등장과 연결된다.

㉠ 여호람의 변형 ㉡ 또는 '라못' ㉢ 몇몇 히브리어 사본과 칠십인역과 불가타와 시리아어역을 따름(왕하 8:29) 히, '아사랴' ㉣ 히, '여호사브앗'. 히브리 이름 '여호세바'와 '여호사브앗'은 서로 바꾸어 쓸 수 있음

그 동안에, 나라는 아달랴가 다스렸
다.

아달랴에 대한 반란 (왕하 11:4-16)

23 여섯 해를 기다린 여호야다 제
사장은, 일곱째 해가 되자, 드
디어 용기 있게 결단을 내리고, 군대
지휘관들인 백부장들, 곧 여로함의
아들 아사랴와, 여호하난의 아들 이
스마엘과, 오벳의 아들 아사랴와, 아
다야의 아들 마아세야와, 시그리의
아들 엘리사밧과 밀약을 맺었다.
2 이들 백부장들은 유다의 모든 성읍
으로 돌아다니며, 레위 사람들과 이
스라엘 각 가문의 족장들을 모아서,
예루살렘으로 데리고 왔다.
3 ○그들이 모두 하나님의 성전에 모
여, 왕의 아들 요아스와 언약을 세
웠다. 여호야다가 그들에게 말하였
다. "여기에 왕세자가 계십니다. 이
분이 왕이 되셔야 합니다. 이것은
다윗 자손이 왕이 되어야 한다는 주
님의 약속을 따르는 것입니다.
4 이제 여러분이 하여야 할 일을 말하
겠습니다. 이번 안식일에 맡은 일을
하러 오는 당번 제사장들과 레위 사
람들은, 여기 성전에 도착하여, 삼분
의 일은 성전 문을 지키고,
5 또 삼분의 일은 왕궁을 지키고, 나
머지는 '기초문'을 지키십시오. 일반
백성은 주님의 성전 뜰로 모입니다.
6 그 날 일을 맡은 제사장들과 그들을
돕는 레위 사람들 말고는, 어느 누
구도 성전 안으로 들어오지 못합니
다. 거룩하게 구별된 제사장들과 레
위 사람들만 주님의 성전 안으로 들
어오고, 그밖의 일반 백성은 주님께
서 지시하신 대로 성전 밖에 서 있
어야 합니다.
7 레위 사람들은 제각기 병기를 들고
왕을 호위하십시오. 임금님께서 드
나드실 때에는 반드시 경호하도록
하십시오. 그리고 어느 누구라도 이
성전 안으로 들어오려고 하면 모두
죽여야 합니다."
8 ○레위 사람들과 모든 유다 사람들
은, 여호야다가 명령한 것을 그대로
다 하였다. 여호야다 제사장이 안식
일에 맡은 일을 끝낸 사람들마저 집
으로 돌아가지 못하게 붙들어 두었
으므로, 지휘관들은 안식일 당번인
사람들과 비번인 사람들을 다 데리
고 있었다.
9 여호야다 제사장이 백부장들에게
창과 크고 작은 방패들을 나누어 주
었다. 그것들은 다윗 왕의 것으로
서, 하나님의 성전 안에 간직되어 있
던 것들이었다.
10 그는 또 일반 백성에게도 무기를 들
려, 성전 남쪽에서 북쪽 끝에 이르
기까지 전 지역에 그들을 배치시키

23장 요약 여호람의 사위였던 제사장 여호야다의 활약으로 인해, 요아스가 왕위에 오르고 아달랴가 제거된다. 이로써 진멸의 위기에 몰렸던 다윗 왕가가 회복되었다. 그는 성전에서 다윗 왕가의 전통적인 왕위 계승자인 요아스를 왕으로 세우고 유다 왕국을 회복하였다. 역대지 저자는 이 과정을 서술하며 다윗 왕가의 회복이 종교적인 부흥의 의미가 있음을 암시한다(23:4–11).

23:1–7 여호야다는 아달랴 시대의 대제사장이었으나, 그 당시 유다는 배교 현상이 두드러져 성전에서 예배드리는 일이 없었다. 따라서 그는 성전에서 특별히 맡은 직무와 권세가 없었다. 하지만

23:3 언약 온 회중과 왕이 하나님 앞에서 맺는 약속으로서 ① 십계명 ② 모세 언약 ③ 왕의 직무와 책임에 관한 규례(신 17:14–20) 등을 가리킨다. 여기에서는 ③에 해당할 가능성이 높다.

고, 제단 근처에서나 성전 안에서 왕
을 경호하게 하였다.
11 그런 다음에, 여호야다와 그의 아들
들이 요아스 왕세자를 데리고 와서,
그에게 왕관을 씌우고, 왕의 직무를
규정한 규례서를 그에게 주고, 기름
을 부어 왕으로 삼고 "임금님 만세!"
하고 외쳤다.
12 아달랴가, 백성들이 뛰어 다니며 왕
을 찬양하는 소리를 듣고, 주님의
성전에 모여 있는 백성에게로 가서,
13 보니, 왕이 성전 어귀 기둥 곁에 서
있고, 관리들과 나팔수들이 왕을 모
시고 서 있으며, 나라의 모든 백성이
기뻐하며 나팔을 불고 있고, 성전 성
가대원들이 각종 악기로 찬양을 인
도하고 있었다. 아달랴는 분을 참지
못하고 옷을 찢으며 "반역이다! 반
역이다!" 하고 외쳤다.
14 ○그 때에 여호야다 제사장이 군대
를 거느린 백부장들을 불러 내어,
그들에게 명령을 내렸다. "저 여자
를 대열 밖으로 끌어 내시오. 저 여
자를 따르는 사람도 모두 칼로 쳐죽
이시오." 여호야다는 주님의 성전 안
에서는 그 여자를 죽이지 말라고 하
였다.
15 ○그래서 그들은 그 여자를 이끌고
왕궁 '말의 문' 어귀로 들어가, 거기
에서 그 여자를 처형하였다.

여호야다의 개혁 (왕하 11:17-20)

16 ○그런 다음에 여호야다는, 자신과
백성과 왕이 주님의 백성이 되는 언
약을 세웠다.
17 그렇게 하고 난 다음에, 모든 백성이
바알 신전으로 몰려가서, 그 신전을
허물고, 제단들을 뒤엎고, 신상들을
완전히 부수어 버렸다. 또 그들은 거
기 제단 앞에서 바알의 맛단 제사장
을 죽였다.
18 여호야다는 주님의 성전을 돌보는
일을 정하여, 그것을 레위 사람 제
사장들이 관리하도록 맡겼다. 모세
의 율법에 기록된 대로, 주님께 번제
를 드리고 즐거운 노래로 주님을 찬
양하는 이러한 일들은, 본래 다윗이
성전 안에서 일하는 레위 사람 제사
장들에게 맡긴 임무였다.
19 여호야다는 또한 주님의 성전 문마
다 문지기를 두어, 부정한 사람은
아무도 들어오지 못하게 하였다.
20 ○여호야다는 백부장들과 귀족들과
백성의 지도자들과 그 땅의 모든 백
성들과 함께, 왕을 호위하여 주님의
성전에서 데리고 나와서, 윗문을 지
나 왕궁으로 가서, 왕을 왕좌에 앉
히니,
21 그 땅의 모든 백성들이 기뻐하였다.
아달랴가 살해된 뒤로, 도성은 평온
을 되찾았다.

23:8-11 여호야다의 치밀한 계획에 의해 요아스 왕이 대관식을 치르게 되었다. 요아스는 여호야다의 아내인 여호세바가 숨겨준 덕택에 아달랴의 *살육을 면하고 이때까지* 숨어 있었다. 요아스가 유다 왕위에 복귀한 것은 다윗 왕가의 정통성을 이어받는 것이며, 하나님께서 다윗 언약을 신실하게 지키시는 장면이다.

23:12-15 제사장 여호야다의 활약이 계속된다. 그는 군대를 일으켜 아달랴를 성전 밖 '말의 문'에서 죽인다. '말의 문'(15절)은 예루살렘 성전 남동쪽에 있는 문(느 3:28)으로, 왕실 전용이며 '군마가 드나드는 길'(왕하 11:16)과 동일한 장소로 추정된다.

23:16-21 역대지 저자는 언약의 갱신을 통하여 이스라엘 백성들의 정체(正體)를 확고히 표명한다. 그리고 이제는 하나님께 속한 언약 백성으로서 하나님께 나아가는 제사 의식의 회복이 급선무임을 인식하며 이 부분을 기록하고 있다.

유다 왕 요아스 (왕하 12:1-16)

24 요아스가 왕이 되었을 때에, 그
는 일곱 살이었다. 그는 예루
살렘에서 마흔 해 동안 다스렸다.
그의 어머니 시비아는 브엘세바 사
람이다.
2 여호야다 제사장이 살아 있는 동안
에는, 요아스가 주님 보시기에 올바
르게 다스렸다.
3 여호야다는 왕에게 두 아내를 추천
하였다. 왕과 그 두 아내 사이에서
아들 딸들이 태어났다.
4 ○얼마 뒤에 요아스는 주님의 성전
을 새롭게 단장할 마음이 생겨서,
5 제사장들과 레위 사람들을 불러 다
음과 같이 지시하였다. "유다의 여
러 성읍으로 두루 다니면서, 모든 이
스라엘 사람들에게서 해마다 돈을
거두어, 하나님의 성전을 보수하도
록 하시오. 지체하지 말고, 곧 실시
하시오." 그러나 레위 사람들이 곧바
로 움직이지 아니하자,
6 왕이 여호야다 대제사장을 불러 추
궁하였다. "대제사장은 왜 레위 사
람들에게 유다와 예루살렘에서 세
금을 거두어들이라고 요구하지 않
았소? 그 세금은 주님의 종 모세와
이스라엘 회중이 증거의 장막을 위
하여 백성에게 부과한 것이 아니
오?"
7 ○그 사악한 여인 아달랴가 자기 아
들들을 시켜서, 하나님의 성전을 부
수고 들어가게 하였고, 또 그 안에
있던 성물들까지 꺼내다가 바알에
게 바치게 하였기 때문에, 성전 보수
를 서둘러야만 하였다.
8 ○왕은 명령을 내려서, 궤 하나를 만
들어 주님의 성전 문 밖에 놓게 하
고,
9 유다와 예루살렘에 선포하여, 하나
님의 종 모세가 광야에서 이스라엘
이 바치도록 정한 세금을 주님께 드
리도록 하였다.
10 지도자들과 백성이 모두 기꺼이 돈
을 가지고 와서, 궤가 가득 찰 때까
지 거기에 돈을 던져 넣었다.
11 궤가 차면, 레위 사람들이 그 궤를
왕궁 관리들에게로 가지고 갔는데,
거기에 많은 액수의 돈이 찬 것을
그들에게 보여 주면, 왕실 서기관과
대제사장의 관리가 와서, 그 궤의
돈을 계산하였다. 그리고 나면, 레위
사람들은 다시 그 궤를 성전 밖 제
자리에 가져다 놓곤 하였다.
12 ○왕과 여호야다가 그 돈을 주님의
성전 공사 감독관들에게 넘겨 주면,
그들은 주님의 성전을 새롭게 단장
할 석수와 목수를 고용하고, 주님의
성전을 보수할 기능공들, 곧 쇠나 놋
쇠를 다룰 기술자들도 고용하였다.

24장 요약 제사장 여호야다가 사는 동안 요아스는 하나님을 섬기며 선정을 베풀었다. 그의 업적 중 가장 두드러지는 것은 성전을 보수한 일이다. 그러나 여호야다가 죽자 요아스는 우상 숭배에 빠져, 바른 말을 하는 스가랴를 성전 뜰 안에서 쳐죽이게 하였다. 그것은 하나님께 대한 모독이자, 도전이었다.

24:1–16 요아스의 통치 40년에 관한 내용은 열왕기하 12장에서와 마찬가지로 두 가지의 큰 사건으로 요약될 수 있다. 첫째는 성전 보수이고, 둘째는 예루살렘을 침략한 시리아 왕 하사엘과의 전쟁 기사이다. 첫 부분에 그의 통치 기간과 통치에 대한 평가가 기록되어 있고, 결론 부분에는 반역의 음모에 의해 요아스가 살해된 장면이 등장한다. 두 역사서가 필수적인 사건 진술에는 일치하나, 각각의 독특한 관점상 자료를 취사선택함으로써 상호보완적 기능을 하고 있다. 특히 요아스

13 ○일을 맡은 사람들이 부지런히 일
을 하는데다가, 그들이 하는 일마저
도 잘 진전이 되어서, 주님의 성전은
본래의 설계대로 견고하게 세워졌
다.
14 공사를 맡은 사람들이 공사를 마친
뒤에, 남은 돈을 왕과 여호야다에게
가져 오니, 왕이 그것으로 주님의 성
전에서 쓸 기구, 곧 예배 때에 쓸 기
구와, 번제를 드릴 때에 쓸 기구와,
숟가락과 금그릇이나 은그릇을 마련
하게 하였다.

여호야다의 정책이 뒤집히다

○여호야다가 살아 있는 동안에는
주님의 성전에서 번제를 드리는 일
이 끊이지 않았다.
15 여호야다가 늙어 나이가 차서 죽으
니, 그가 세상에서 누린 햇수는 백
삼십 년이었다.
16 그가 평생 이스라엘 백성과 하나님
과 성전을 위하여 좋은 일을 하였다
고 해서, 사람들은 그를 '다윗 성' 왕
실 묘지에 안장하였다.
17 ○여호야다 제사장이 죽으니, 유다
지도자들이 왕을 부추겨서 자기들
의 말을 듣도록 하였다.
18 백성은 주 조상의 하나님의 성전을
버리고 아세라 목상과 우상을 섬기
기 시작하였다. 이러한 죄 때문에
유다와 예루살렘에 하나님의 진노
가 내렸다.
19 주님께서는 백성을 주님께로 돌이키
도록 경고하시려고 예언자들을 보내
셨지만, 백성은 예언자의 말 듣기를
거절하였다.
20 여호야다 제사장의 아들 스가랴가
하나님의 영에 감동이 되어, 백성 앞
에 나서서 말하였다. "나 하나님이
말한다. 어찌하여 너희가 주님의 명
을 거역하느냐? 너희가 형통하지 못
할 것이다. 너희가 주님을 버렸으니,
주님께서도 너희를 버리셨다."
21 그러나 사람들은 그를 없앨 음모를
꾸몄고, 드디어 왕의 명령에 따라,
주님의 성전 뜰에서 그를 돌로 쳐죽
였다.
22 이렇듯 요아스 왕은, 스가랴의 아버
지 여호야다가 자기에게 보인 그 충
성을 생각하지 않고, 그의 아들을
죽였다. 스가랴는 죽으면서 "주님께
서 이 일을 굽어 보시고, 갚아 주십
시오" 하고 외쳤다.

요아스의 통치가 끝남

23 ○㉠해가 바뀔 무렵에, 시리아 군대
가 요아스를 치러 진군하였다. 그들
은 유다와 예루살렘을 점령하고, 백
성의 지도자들을 죽이고, 노략한 물
건은 다마스쿠스에 있는 자기들의
왕에게로 보냈다.
24 시리아 군대는 수가 얼마 되지 않았

의 결혼과 많은 자녀, 여호야다의 죽음과 장례에 관한 내용은 역대지에만 있는 독특한 내용이다.

24:17-22 여호야다의 사후, 요아스와 유다 백성들은 모두 우상 숭배에 빠졌다. 하나님께서는 스가랴를 통하여 경고하고 회개를 촉구하였다. 그러나 요아스는 지도자들과 백성의 신임을 얻어 왕권을 유지할 목적으로 스가랴를 성전 뜰 안에서 돌로 쳐죽였다. 성전에서 대제사장을 살해한 것은 하나님에 대한 완전한 멸시와 모독이었다.

24:23-27 여호야다의 아들 스가랴가 요아스 왕에게 죽임을 당하고 1년 후인 B.C. 796년에, 요아스 왕과 유다 지도자들의 죄악으로 하나님의 진노가 임했다. 우선 시리아 왕 하사엘의 침략을 통한 징벌이 내리어, 유다 지도자들 모두가 전멸되고, 요아스는 신복들의 반란에 의해서 살해되었다. 역대지 저자는 그의 묘지에 관한 기사를 언급하여(25절), 여호야다의 경우와 대조시켰다(16절).

㉠ 아마도 봄

다. 그러나 주님께서는 유다 백성이
주 조상의 하나님을 버린 것을 못마
땅하게 여기셔서, 그 적은 수의 시리
아 군대가 유다의 대군과 싸워 이기
게 하셨다. 이렇게 요아스에게 심판
이 내렸던 것이다.
25 시리아 군대는 요아스에게 심한 타
격을 입히고 물러갔다. 요아스의 신
복들은, 요아스가 여호야다의 아들
스가랴 제사장을 죽인 일에 반감을
품고, 요아스가 잠을 자고 있는 동
안에 그를 죽이고 말았다. 요아스는
이렇게 죽고 말았다. 그는 '다윗 성'
에 묻히기는 하였으나, 왕실 묘지에
안장되지는 못하였다.
26 요아스에게 반란을 일으킨 사람은,
암몬 여인 시므앗의 아들 사밧과 모
압 여인 시므릿의 아들 여호사밧이
다.
27 요아스의 아들들의 이야기와, 요아
스가 중대한 경책을 받은 것과, 하나
님의 성전을 보수한 사적은, 모두 '열
왕기 주석'에 기록되어 있다. 그의
아들 아마샤가 그의 뒤를 이어 왕이
되었다.

유다 왕 아마샤 (왕하 14:2-6)

25 아마샤가 왕이 되었을 때에,
그는 스물다섯 살이었다. 그는
예루살렘에서 스물아홉 해 동안 다
스렸다. 그의 어머니 여호앗단은 예
루살렘 사람이다.
2 그는 주님께서 보시기에 올바른 일
을 하였으나, 마음을 다하여 하지는
않았다.
3 왕권을 확고하게 장악한 뒤에, 그는
부왕을 살해한 신하들을 처형하였
으나,
4 처형받은 신하의 자녀는 죽이지 않
았으니, 그것은 그가 모세의 책, 곧
율법에 기록된 말씀을 따른 것이었
다. 거기에는 "아버지가 자녀 대신에
처형받아서는 안 되고, 또 자녀가 아
버지 대신에 처형받아서도 안 된다.
오직 각 사람은 자신이 지은 죄에
따라 처형받아야 한다" 하고 말씀하
신 주님의 명령이 있다.

에돔과의 전쟁 (왕하 14:7)

5 ○아마샤는 유다 지파와 베냐민 지
파 사람들을 그들이 소속된 가문별
로 군대 단위로 조직하고, 그들 위에
군대 지휘관인 천부장과 백부장을
임명하여 세웠다. 이 군대 조직에 편
성된 사람들은 스무 살 이상 된 남
자들로서, 모두 삼십만 명이나 되었
다. 이 사람들은 창과 방패로 무장
하고, 전쟁터에 나갈 수 있는 장정들
이었다.
6 이 밖에도 그는 은 백 달란트를 주
고, 북왕국 이스라엘에서 용감한 군
인 십만 명을 고용하였다.

25장 요약 아마샤는 세일 자손 만 명을 죽이는 큰 전과를 올렸다(1–13절). 그렇지만 후에 우상을 섬기는가 하면 이스라엘에 대해 선전포고도 했다. 결국 그는 남북 왕국 간의 전쟁에서 패배하고, 훗날 살해당한다(14–28절).

25:1–13 아마샤 왕도 처음에는 하나님의 명령에 순종하여 전쟁에서 승리하고 복을 받는다. 그러나 에돔과의 전쟁에서 아마샤는 유다 병력만으로는 충분하지 못하다고 생각하고 북왕국 이스라엘 출신 용병들을 충원하려고 군대 점검을 한다. 그러자 한 예언자(어떤 하나님의 사람_7절)가 하나님께서는 북 이스라엘 편에 계시지 않으시므로 군대를 돌려보내라는 말을 전한다. 그는 처음에은 백 달란트가 아까워 주저하였지만 마침내 하나님의 지시를 따른다. 반면, 용병들(되돌려보낸 북 이스라엘 군인들_13절)은 자기들 방식대로 손실을 메우고자 유다 성읍을 공격했는데, 이것이

7 그러나 어떤 하나님의 사람이 아마
샤에게 가서 말하였다. "임금님, 임
금님께서는 이스라엘 군대를 데리고
가지 마십시오. 주님께서는 북왕국
이스라엘, 곧 에브라임 자손과 함께
계시지 않으십니다.
8 그런데도 임금님께서 북 이스라엘
군대를 데리고 출동하시거든, 힘써
싸워 보십시오. 하나님께서는 임금
님이 대적들 앞에서 엎어지게 하실
것입니다. 하나님께서는 임금님을,
이기게도 하실 수 있고, 지게도 하
실 수 있습니다."
9 ○아마샤가 하나님의 사람에게 물
었다. "북 이스라엘 군인을 고용하느
라고 지불한 은 백 달란트는 어떻게
하면 좋겠습니까?" 하나님의 사람
이 대답하였다. "주님께서는 그것보
다 더 많은 것을 임금님께 주실 수
있습니다."
10 그래서 아마샤는 에브라임에서 온
군인들을 그들의 고향으로 돌려보
냈다. 그들은 유다 사람에 대하여
몹시 불쾌하게 생각하면서, 고향으
로 돌아갔다.
11 ○아마샤는 용기를 내어 출병하였
다. '소금 계곡'에 이르러서, 세일 자
손 만 명을 죽였다.
12 유다 군대가 또 별도로 만 명을 산
채로 붙잡아서, 절벽 위로 끌고 올라
가, 그 밑으로 떨어뜨리자, 그들의
몸이 으스러졌다.
13 ○그러는 동안에 아마샤가 전쟁에
함께 데리고 출동하지 않고 되돌려
보낸 북 이스라엘 군인들은, 사마리
아와 벳호론 사이에 있는 유다의 여
러 마을을 약탈하고, 사람을 삼천
명이나 죽이고, 물건도 많이 약탈하
였다.
14 아마샤는 에돔 사람들을 학살하고
돌아올 때에, 세일 자손의 신상들을
가져 와서 자기의 신으로 모시고, 그
것들 앞에 경배하며 분향하였다.
15 이 일로 주님께서 아마샤에게 크게
진노하셔서 예언자 한 사람을 보내
시니, 그가 가서 아마샤에게 말하였
다. "이 신들은 자기들을 섬기는 그
백성들을 임금님의 손에서 건져 내
지도 못하였는데, 임금님께서는 이
신들에게 비시니 어찌 된 일입니
까?"
16 ○예언자가 이렇게 말머리를 꺼내는
데, 왕이 그의 말을 가로막으면서,
"우리가 언제 너를 왕의 고문으로
추대하였느냐? 맞아 죽지 않으려거
든 그쳐라!" 하고 호통을 쳤다. ○그
러자 예언자는 이렇게 말하고 그쳤
다. "임금님께서 나의 충고를 받지
않고 이렇게 하시는 것을 보니, 하나
님께서 임금님을 망하게 하시기로

훗날(17절 이하) 남북 전쟁이 일어나는 계기가 되었을 것이다.

25:6 달란트 구약 시대에는 34.27㎏의 무게와 동일한 중량으로 사용되었고, 신약 시대에 와서는 돈의 단위로서 약 6,000 드라크마와 동일한 가치였다.

25:11-13 아마샤는 하나님의 명령에 순종하여 그를 의지한 결과, 엄청난 전과를 올리고 대승리를 거두었다. 역대지 저자는 엄청난 전적을 자세히 기록함으로써, 하나님을 순종하고 의지하는 자의 승리를 보여 주고자 하였다.

25:14-16 아마샤는 에돔과의 전쟁에서 승리하고 귀환하면서 세일 자손의 신상들을 가져왔다. 그것은 단순한 전리품이 아니라 자기의 신으로 삼아 숭배하려는 의도로 가져온 것이다. 이것은 이방의 신정 독재 체제를 도입하려는 아마샤의 교만이 빚은 결과이다. 하나님의 왕국이 중보자인 아마샤의 잘못된 신앙 때문에 인간 왕국으로 변질

결심하셨다는 것을 이제 알 것 같습
니다."

이스라엘과의 전쟁
(왕하 14:8-20)

17 ○유다 왕 아마샤가 참모들과 함께
이스라엘에 대항할 모의를 하고, 예
후의 손자요 여호아하스의 아들인
이스라엘의 여호아스 왕에게 전령
을 보내어서, 서로 직접 만나 힘을
겨루어 보자고 제안하였다.
18 이스라엘의 여호아스 왕은 유다의
아마샤 왕에게 사람을 보내어서 회
답하였다. "레바논의 가시나무가 레
바논의 백향목에게 전갈을 보내어
서 백향목의 딸을 며느리로 달라고
청혼하는 것을 보고, 레바논의 들짐
승이 지나가다가 그 가시나무를 짓
밟은 일이 있습니다.
19 당신은 에돔을 쳐부수었다는 것을
스스로 대견스럽게 여겨 자랑하면
서, 건방지게 우쭐대지만, 차라리 당
신 궁전에 그대로 머물러 있으면 별
탈이 없을 터인데, 어찌하여 당신은
당신 자신과 유다를 함께 멸망시킬
화근을 스스로 불러들이고 있습니
까?"
20 ○그가 이렇게 말하여도 아마샤는
들으려 하지 않았다. 그러나 이것은
하나님께서 하신 일이다. 유다 사람
들이 에돔 신들의 뜻을 물으므로,
하나님께서 유다 사람들을 여호아
스의 손에 넘겨 주시려고, 아마샤의
마음을 그렇게 만든 것이다.
21 이스라엘의 여호아스 왕이 올라와
서, 유다의 아마샤 왕을 맞아 유다
의 벳세메스에서 대치하였다.
22 그러나 유다 군대는 이스라엘 군대
에게 패하여, 뿔뿔이 흩어져 자기들
의 집으로 도망가고 말았다.
23 이스라엘의 여호아스 왕은 벳세메스
에서 ㉠아하시야의 손자요 요아스의
아들인 유다의 아마샤 왕을 사로잡
아서, 예루살렘으로 들어 왔다. 그
는 예루살렘 성벽을, 에브라임 문에
서부터 성 모퉁이 문에 이르기까지
사백 자 길이의 성벽을 허물어 버렸
다.
24 그는 또 하나님의 성전 안에서 오벳
에돔이 지키고 있는 모든 금과 은과
그릇들을 약탈하고, 왕궁의 보물 창
고를 약탈하고, 사람까지 볼모로 잡
아서 사마리아로 돌아갔다.
25 ○유다의 요아스의 아들 아마샤 왕
은 이스라엘의 여호아하스의 아들
여호아스 왕이 죽은 뒤에도 열다섯
해를 더 살았다.
26 아마샤가 다스리던 기간에 일어난
다른 사건들은, 처음부터 끝까지 '유
다와 이스라엘의 열왕기'에 기록되
어 있다.

될 위기에 처하게 되었다.

25:17-24 유다 왕 아마샤는 에돔 전쟁에서의 승리로 의기양양해져 이스라엘 왕 여호아스에게 선전 포고를 하고 도전하였다. 그러나 이 전쟁은 아마샤의 우상 숭배와 교만, 불순종에 대한 하나님의 심판이 나타나는 전쟁이 되고 말았다.

25:25-28 아마샤는 전쟁에 패한 후에 포로로 잡혀 갔다. 그는 석방 후에도 15년간이나 더 살았다. 이것은 회개의 기회가 될 수 있었으나 그는 끝까지 회개하지 않고 비참한 종말을 맞게 되었다.

25:27 라기스 예루살렘 남서쪽 약 40km 지점에 있는 유다 지파에 속한 성읍이다(수 10:3 이하; 15:39). 르호보암이 이곳을 요새화하였고(대하 11:9), 아사가 B.C. 900년 직전에 이 성을 강화했던 것으로 보인다(대하 14:7).

㉠ 히, '여호아하스'. 히브리 이름 '아하시야'와 '여호아하스'는 서로 바꾸어 쓸 수 있음

27 아마샤가 주님을 따르다가 등지고
돌아선 뒤에, 예루살렘에서 반란이
일어나자, 아마샤는 라기스로 도망
하였다. 그러나 반란을 일으킨 사람
들은 라기스에까지 사람을 보내어,
거기에서 그를 죽였고,
28 그의 주검을 말에 싣고 와서, 그의
조상들과 함께 '다윗 성'에 장사하였
다.

유다 왕 웃시야

(왕하 14:21-22; 15:1-7)

26 유다의 온 백성은 웃시야를 왕
으로 삼아, 그의 아버지 아마
샤의 뒤를 잇게 하였다. 그가 왕이
되었을 때에, 그는 열여섯 살이었다.
2 아마샤 왕이 죽은 뒤에, 웃시야는
엘랏을 재건하여 유다에 귀속시켰
다.
3 ○웃시야가 왕이 되었을 때에, 그는
열여섯 살이었다. 그는 예루살렘에
서 쉰두 해 동안 다스렸다. 그의 어
머니 여골리아는, 예루살렘 태생이
다.
4 그는 자기의 아버지 아마샤가 한 모
든 일을 본받아서, 주님께서 보시기
에 올바른 일을 하였다.
5 그의 곁에는 하나님을 경외하도록
가르쳐 주는 스가랴가 있었는데, 스
가랴가 살아 있는 동안, 웃시야는
하나님의 뜻을 찾았다. 그가 주님의
뜻을 찾는 동안은, 하나님께서 그가
하는 일마다 잘 되게 하여 주셨다.
6 ○웃시야가 전쟁을 일으켜 블레셋과
싸우고, 가드 성과 야브네 성과 아
스돗 성의 성벽들을 헐고, 아스돗
땅과 블레셋 지역 안에 성읍들을 세
웠다.
7 그는 하나님의 도움을 받아서, 블레
셋 사람과 구르바알에 사는 아라비
아 사람과 마온 사람을 쳤다.
8 암몬 사람이 웃시야에게 조공을 바
쳤다. 웃시야가 매우 강하게 되었으
므로, 그의 이름이 저 멀리 이집트
땅에까지 퍼졌다.
9 ○웃시야는 예루살렘의 '성 모퉁이
문'과 '골짜기 문'과 '성 굽이', 이 세
곳에 망대를 세우고, 그 곳을 요새
로 만들었다.
10 그에게는 기르는 가축이 많았다. 언
덕 지대와 평지에는 농부들을 배치
시켰고, 산간지방에는 포도원을 가
꾸는 농부도 두었다. 그는 농사를
좋아하여서 벌판에도 곳곳에 망대
를 세우고, 여러 곳에 물웅덩이도
팠다.
11 ○웃시야에게는, 언제든지 나가서
싸울 수 있는 큰 규모의 군대가 있
었다. 여이엘 병적 기록관과 마아세
야 병무담당 비서관이 이들을 징집
하여 병적에 올렸다. 이 두 사람은

26장 요약 웃시야의 통치 역시 두 부분으로 구분된다. 전반부는 선정에 관한 기록이요(1–15절), 후반부는 하나님의 도우심을 잊고 교만해진 웃시야의 실정(失政)에 관한 기록으로 그는 죽을 때까지 나병환자로 지냈다(16–23절).

26:2 엘랏 현재의 아카바(Aqabah) 시 부근에 있는 성읍으로 아카바 만의 북쪽 해안에 자리잡고 있었다. 종종 에시온게벨과 관련되어 언급되었기 때문에 같은 장소, 또는 그 근처로 추정한다.

26:4–15 역대지에만 기록된 웃시야의 업적이다. 역대지 저자는 웃시야의 순종과 충정에 대한 하나님의 축복과 도움을 자세하게 설명했지만(4–15절), 열왕기 저자는 그의 충성에 대해서만 간단히 언급한다(왕하 15:3). 역대지 본문을 통해 유다 왕국의 번영이 하나님의 은혜로 가능했음을 알 수 있다(5,7,15절).

26:16–22 웃시야의 실정(失政)과, 그의 교만에

왕의 직속 지휘관 가운데 한 사람인
하나냐의 지휘를 맡았다.
12 그 군대에는 이천육백 명의 장교가
있고,
13 그들의 밑에도, 왕의 명령이 떨어지
면 언제라도 대적과 싸워 이길 수
있는 삼십만 칠천오백 명의 군인들
이 있었다.
14 웃시야는 이 군대를 방패와 창과 투
구와 갑옷과 활과 무릿매로 무장시
켰다.
15 예루살렘에는 무기제조 기술자들을
두어 새로운 무기를 고안하여 만들
게 하였으니, 그 무기는 망대와 성곽
모서리 위에 설치하여 활과 큰 돌을
쏘아 날리는 것이었다. 그의 명성이
사방으로 퍼졌고, 하나님께서 그를
도우셨으므로, 그는 매우 강한 왕이
되었다.

웃시야가 벌을 받다

16 ○웃시야 왕은 힘이 세어지면서 교
만하게 되더니, 드디어 악한 일을 저
지르고 말았다. 주님의 성전 안에
있는 분향단에다가 분향을 하려고
그리로 들어간 것이다. 이것은 주 하
나님께 죄를 짓는 일이었다.
17 아사랴 제사장이, 용감하고 힘이 센
주님의 제사장 팔십 명을 데리고 왕
의 뒤를 따라 들어가면서,
18 웃시야 왕을 말렸다. 제사장들이 외
쳤다. "웃시야 임금님께서는 들으십
시오. 주님께 분향하는 일은 왕이
할 일이 아닙니다. 분향하는 일은,
이 직무를 수행하도록 거룩하게 구
별된 제사장들, 곧 아론의 혈통을
이어받은 제사장들만이 할 수 있는
일입니다. 이 거룩한 곳에서 어서 물
러나시기 바랍니다. 왕이 범죄하였
으니 주 하나님께 높임을 받지 못할
것입니다."
19 ○웃시야는 성전 안 분향단 옆에 서
서 향로를 들고 막 분향하려다가 이
말을 듣고 화를 냈다. 그가 제사장
들에게 화를 낼 때에 그의 이마에
㉠나병이 생겼다.
20 아사랴 대제사장과 다른 제사장들
이 그를 살펴보고 그의 이마에 나병
이 생긴 것을 확인하고, 그를 곧 그
곳에서 쫓아냈다. 주님께서 웃시야
를 재앙으로 치셨으므로 그는 급히
나갔다.
21 ○그는 죽는 날까지 나병을 앓았다.
주님의 성전을 출입하는 것도 허용
되지 않았으므로, 나병환자인 그는
별궁에 격리되어 여생을 보냈다. 왕
자 요담이 왕실을 관리하며 나라의
백성을 다스렸다.
22 ○웃시야의 통치 기간에 있었던 다
른 사건들은, 초기의 것에서부터 후
대의 것에 이르기까지, 아모스의 아

대한 하나님의 징계로 나병에 걸린 사실을 기록하였으며, 결론으로 그의 죽음과 장사에 대해 언급하였다. 역대지 저자는 통치자들이 하나님과 백성 사이의 중보자 역할에 계속 실패한 사실을 상세하게 기록함으로써, 진정한 통치자, 영원한 메시아의 등장을 학수고대하게 한 것이다.

26:16 분향단에다가 분향을 하려고 제단에 향을 피울 수 있는 자격은 오직 아론의 혈통을 이어받은 제사장에게만 주어졌다(18절;출 30:1-10;민 16:40;18:1-7). 하나님의 전에서 거행되는 제사 의식은 하나님께서 성별한 제사장과 레위 사람의 고유한 영역이었다. 그럼에도 불구하고 국력 신장을 기회로 교만해진 웃시야가 자기 권한 밖의 제사장들의 영역을 침범하여 주관하고자 했던 것이다. 하나님께 나아갈 때 '구별된 장소와 구별된 때에 구별된 사람만'이라는 세 조건이 일치하지 않으면 하나님의 위엄을 범하는 죄가 된다.

㉠ 히브리어에서는 여러가지 악성 피부병을 일컫는 말임

들 예언자 이사야가 기록하여 두었
다.
23 웃시야가 죽어서 그의 조상과 함께
잠드니, 그가 나병환자였다고 해서,
왕실 묘지에 장사하지 않고, 왕가에
속한 변두리 땅에 장사하였다. 왕자
요담이 아버지의 뒤를 이어서 왕이
되었다.

유다 왕 요담 (왕하 15:32-38)

27 요담이 왕이 되었을 때에, 그는
스물다섯 살이었다. 그는 예루
살렘에서 열여섯 해 동안 다스렸다.
그의 어머니 여루사는 사독의 딸이
다.
2 그는 아버지 웃시야가 한 것을 그대
로 본받아서, 주님께서 보시기에 올
바른 일을 하였으나, 그의 아버지와
는 달리, 주님의 성전에는 들어가지
않았다. 그러나 백성은 계속하여 악
한 일을 저질렀다.
3 ○그는 주님의 성전의 '북쪽 문'을 만
들어 세웠고, 오벨 성벽도 더 연장하
여 쌓았다.
4 유다의 산간지방에는 성읍들을 건
축하고, 산림지역에는 요새를 만들
고 망대를 세웠다.
5 더욱이 그는 암몬 자손의 왕들과 싸
워서 이겼다. 그 해에 암몬 자손은
은 백 달란트와, 밀 만 석과 보리 만
석을 조공으로 바쳤고, 그 다음 해
에도, 또 삼 년째 되는 해에도, 암몬
자손은 같은 양으로 조공을 바쳤다.
6 요담은, 주 그의 하나님 앞에서 바른
길을 걸으며 살았으므로 점점 강해
졌다.
7 요담이 다스리던 기간에 생긴 다른
사건들, 그가 전쟁에 나가 싸운 것과
그의 행적들은, '이스라엘과 유다 열
왕기'에 기록되어 있다.
8 그가 왕이 되었을 때에, 그는 스물
다섯 살이었다. 그는 예루살렘에서
열여섯 해 동안 다스렸다.
9 요담이 죽어서 그의 조상과 함께 잠
드니, '다윗 성'에 장사하였다. 그의
아들 아하스가 그의 뒤를 이어 왕
이 되었다.

유다 왕 아하스 (왕하 16:1-4)

28 아하스가 왕이 되었을 때에,
그는 스무 살이었다. 그는 예
루살렘에서 열여섯 해 동안 다스렸
다. 그러나 그는 주님께서 보시기에
올바른 일을 하지 않았다. 그는 그
의 조상 다윗이 한 대로 하지 않았
다.
2 오히려 그는 이스라엘의 왕들이 걸
어간 길을 걸어갔고, 심지어 바알 신
상들을 부어 만들기까지 하였다.
3 '힌놈의 아들 골짜기'에서 분향을 하
고, 자기 아들을 불에 태워 제물로
바쳤다. 이것은 주님께서 이스라엘

27장 요약 요담의 통치에 대한 평가는 긍정적이다. 그는 16년 동안 통치했으나 약 10년 가량은 웃시야의 섭정 기간이었다. 본장 내용은 병행 부분인 열왕기하 15:32-38에 비해, 건축 사업을 좀 더 상세히 다루고 있다.

28장 요약 아하스는 재위 초기부터 인신 제사를 드리는 등 가증스러운 우상 숭배에 열을 올렸다. 이에 하나님은 시리아와 이스라엘로 하여금 유다를 치게 하셨다. 또한 에돔과 블레셋 등에게 침입당하였다.

27:3-9 하나님의 법도에 순응하고 따르면 축복을 받는다. 내용 구조상으로 보면 전쟁에서의 승리와 번영은 하나님 앞에서 바르게 행한 결과였다.

28:3 힌놈의 아들 골짜기 예루살렘 남쪽에 있는 깊은 골짜기로, 베냐민 지파와 유다 지파의 경계선 구실을 한다. 기드론과 힌놈의 아들 골짜기의

자손이 보는 앞에서 쫓아내신 이방
민족들의 역겨운 풍속을 본받는 행
위였다.
4 그는 직접 산당과 언덕과 모든 푸른
나무 아래에서 제물을 잡아, 이방
신에게 제사를 지내고 분향하였다.

시리아와 이스라엘의 전쟁 (왕하 16:5)

5 ○그리하여 주 그의 하나님께서 그
를 시리아 왕의 손에 넘기시니, 시리
아 왕이 그를 치고, 그의 군대를 많
이 사로잡아 다마스쿠스로 이끌고
갔다. 또 주님께서 그를 이스라엘 왕
의 손에 넘기시니, 이스라엘 왕이 그
를 크게 쳐서, 수많은 사람들을 죽
였다.
6 이스라엘의 르말리야의 아들 베가
왕이 유다에서 하루 동안에 용사들
을 십이만 명이나 죽였다. 유다 사람
들이 조상의 주 하나님을 버렸기 때
문이다.
7 에브라임의 용사 시그리가 마아세
야 왕자와 아스리감 궁내대신과 엘
가나 총리대신을 죽였다.
8 이스라엘 군대는 그들의 동족인 유
다 사람들을, 아내들과 아이들까지
합쳐 무려 이십만 명이나 사로잡고,
물건도 많이 약탈하여 사마리아로
가져 갔다.

예언자 오뎃

9 ○사마리아에 오뎃이라고 하는 주님
의 예언자가 있었는데, 그가, 사마리
아로 개선하는 군대를 마중하러 나
가서, 그들을 보고 말하였다. "주 당
신들의 조상의 하나님께서 유다 백
성에게 진노하셔서, 그들을 당신들
의 손에 붙이신 것은 사실이오. 하
지만 당신들이 살기가 등등하여 그
들을 살육하고,
10 그것으로 성이 차지 않아서, 유다와
예루살렘의 남녀들까지 노예로 삼
을 작정을 하고 있소. 당신들도 주
하나님을 거역하는 죄를 지었다는
것을 알아야 하오.
11 당신들은 이제 내가 하는 말을 들으
시오. 당신들이 잡아 온 이 포로들
은 바로 당신들의 형제자매이니, 곧
풀어 주어 돌아가게 하시오. 그렇게
하지 않으면, 주님께서 진노하셔서
당장 당신들을 벌하실 것이오."
12 ○에브라임 자손의 지도자 네 사람,
곧 요하난의 아들 아사랴와 므실레
못의 아들 베레갸와 살룸의 아들 여
히스기야와 하들래의 아들 아마사
가 역시 싸우고 개선하는 군대를 막
아서서
13 그들에게 말하였다. "이 포로들을
이리로 끌어들이지 마시오. 이런 일
을 저질렀기 때문에, 우리가 모두 주
님 앞에서 죄인이 되었소. 당신들은
우리의 죄와 허물을 더욱 많게 하였

교차점에 위치하고 있는 '도벳'이라는 장소에서 바알과 몰렉을 위하여 자식들을 불살라 희생 제물로 삼았다(33:6;왕하 23:10;렘 32:35). 예레미야는 악명 높은 이곳을 '살육의 골짜기'라고 명명하기도 했다(렘 7:32).

28:5-8 북 이스라엘왕 '베가'와 시리아 왕 '르신'이 군사 동맹을 맺었다. 연합군의 동맹 목적은 신흥 북방 세력인 앗시리아의 남침을 저지하기 위함이었다. 일차적으로 남방 유다에 압력을 넣어 이일에 가담시킬 목적으로 연합 전선을 형성하여 남 유다로 침략한 것이다.

28:9-15 예언자 오뎃은 북 이스라엘 군대가 포로로 잡아온 남 유다 백성들을 풀어주도록 권고한다. 그 말을 들은 지휘관들은 죄를 깨닫고 남 유다의 포로들을 석방시킨다. 오뎃의 권고는 남 유다 백성에 대한 하나님의 보호를 뜻한다. 하나님의 백성은 하나님께 속한 거룩한 자들이며, 어떤 세력에 의해 함부로 침해당할 수 없기 때문이다.

소. 우리의 허물이 이렇게 많아져서,
우리 이스라엘이 주님의 진노를 피
할 수 없게 되었소."
14 무장한 군인들이 이 말을 듣고, 포
로와 전리품을 백성과 지도자들에
게 넘겼다.
15 사람들이 위의 네 지도자들에게, 포
로를 돌보아 주도록 임무를 맡기니,
그 네 사람이 전리품을 풀어서, 헐
벗은 이들을 입히고, 맨발로 걸어온
이들에게 신을 신기고, 먹을 것과
마실 것을 가져다 주고, 상처를 입
은 이들에게는 기름을 발라 치료하
여 주고, 환자들은 나귀에 태워 모
두 종려나무 성 여리고로 데리고 가
서, 그들의 친척에게 넘겨 주고, 사
마리아로 되돌아왔다.

아하스가 앗시리아에 구원을 요청함

(왕하 16:7-9)

16 ○한번은 유다 왕 아하스가 앗시리
아의 ㉠왕에게 사신을 보내어 도움
을 청한 일이 있다.
17 에돔 사람이 다시 와서, 유다를 치
고, 백성을 사로잡아 갔으며,
18 블레셋 사람도 유다의 평지와 남방
성읍들을 침략하여, 벳세메스와 아
얄론과 그데롯을 점령하고, 소고를
포함한 그 주변 성읍들과 딤나와 김
소와 그 인근 마을들을 점령하고,
거기에 정착하였기 때문이다.
19 ㉡이스라엘의 아하스 왕이 백성을
부추기어 주님께 크게 범죄하였으므
로, 주님께서 유다를 낮추셨던 것이
다.
20 앗시리아의 디글랏빌레셀 왕이 오기
는 왔으나, 아하스를 돕기는 커녕 도
리어 그를 쳐서 곤경에 빠뜨렸다.
21 아하스가 주님의 성전과 자기의 왕
궁과 대신들의 집에서 보물을 꺼내
어 앗시리아의 왕에게 바쳤으나, 별
효과가 없었다.

아하스의 죄

22 ○사태가 이렇게 악화되었는데도,
아하스 왕은 주님께 더욱 범죄하여,
23 자기를 친 다마스쿠스 사람들이 섬
기는 신들에게 제사를 지내면서 "시
리아 왕들이 섬긴 신들이 그 왕들
을 도왔으니, 나도 그 신들에게 제사
를 드리면, 그 신들이 나를 돕겠지"
하고 생각하였다. 그러나 이러한 일
이 오히려 아하스와 온 이스라엘을
망하게 하였다.
24 그뿐만 아니라, 아하스는 하나님의
성전 안에 있는 기구를 거두어다가
부수고, 또 주님의 성전으로 드나드
는 문들을 닫아 걸고, 예루살렘 이
곳 저곳에 제단을 쌓고,
25 유다의 각 성읍에 산당을 세우고,
다른 신들에게 분향하여, 조상 때부
터 섬겨 온 주 하나님을 진노케 하

28:16-21 북 이스라엘과 시리아 연합군은 남 유다를 침략하였다. 이 침략은 하나님께서 아하스 왕의 죄를 징계하실 수단으로 사용한 것이었다. *아하스는 회개하고 하나님께 올라와* 도움을 구하기는커녕, 오히려 앗시리아 왕 디글랏빌레셀에게 군사 원조를 요청하였다. 아하스는 이사야 예언자의 충고에도(사 7:3-9:8:5-8) 하나님을 의지하지 않고 세상 세력에 의지하였다. 그러나 오히려 그 세상 세력에 의하여 곤경에 처하는 위기를 맞았다.

28:24-25 하나님 왕국의 중보적 통치자로 세움을 받은 아하스 왕의 우상 숭배로 말미암아 유다 왕국은 거의 멸망하게 되었다. 역대지 저자는 아하스 통치하의 유다 왕국을 하나님 왕국의 면모가 완전히 와해된 상황으로 묘사하였다. 그래서 남은 것은 오직 하나님의 진노뿐이었다.

㉠ 한 히브리어 사본과 칠십인역과 불가타를 따름(왕하 16:17) 대다수의 히브리어 사본에는 '왕들' ㉡ 남왕국 유다를 가리킴. 대하에서는 자주 남왕국 유다를 이스라엘이라고 함

였다.
26 ○이것 말고도, 아하스가 한 모든 일
과 행위는, 처음부터 끝까지, '유다와
이스라엘 열왕기'에 기록되어 있다.
27 아하스가 그의 조상과 함께 잠드니,
그를 왕실 묘지에 장사하지 않고, 예
루살렘 성 안에 장사했다. 그의 아
들 히스기야가 그의 뒤를 이어 왕이
되었다.

유다 왕 히스기야 (왕하 18:1-3)

29 히스기야가 왕이 되었을 때에,
그는 스물다섯 살이었다. 그는
예루살렘에서 스물아홉 해 동안 다
스렸다. 그의 어머니 아비야는 스가
라의 딸이다.
2 그는 조상 다윗이 한 모든 것을 그
대로 본받아, 주님께서 보시기에 올
바른 일을 하였다.

성전 정화

3 ○그는 왕이 되던 그 첫 해 첫째 달
에, 닫혔던 주님의 성전 문들을 다시
열고 수리하였다.
4 그는 또 제사장들과 레위 사람들을
성전 동쪽 뜰에 모으고,
5 그들에게 말하였다. "레위 사람들은
나의 말을 잘 들으시오. 이제 그대
들 자신을 먼저 성결하게 하고, 또
그대들의 조상이 섬긴 주 하나님의
성전을 성결하게 하여, 더러운 것을
성소에서 말끔히 없애도록 하시오.
6 우리의 조상이 죄를 지어, 주 우리의
하나님 앞에서 악한 일을 하였소.
그들은 하나님을 버리고 얼굴을 돌
이켜서, 주님께서 거하시는 성소를
등지고 말았소.
7 그뿐만 아니라, 성전으로 드나드는
현관 앞 문들을 닫아 걸고, 등불도
끄고, 분향도 하지 않고, 성소에서
이스라엘의 하나님께 번제를 드리지
도 않았소.
8 이러한 까닭으로, 주님께서 유다와
예루살렘에 대해 진노하셔서, 우리
를 두려움과 놀람과 비웃음거리가
되게 하셨다는 것은, 여러분이 직접
보아서 알고 있는 사실이오.
9 조상들이 칼에 맞아 죽고, 우리의
자식들과 아내들이 사로잡혀 갔소.
10 이제 나는, 주 이스라엘의 하나님께
서 그 맹렬한 진노를 우리에게서 거
두시기를 바라며, 하나님과 언약을
세우기로 결심하였소.
11 여러분, 시간을 낭비하지 않도록 하
시오. 주님께서는 여러분을 선택하
셔서, 주님께 분향하게 하시고, 백성
을 인도하여 주님께 예배드리게 하
셨소."
12 ○레위 사람들이 나서니, 고핫의 자
손 가운데서는 아마새의 아들 마핫
과 아사랴의 아들 요엘이 나왔고,
므라리의 자손 가운데서는 압디의

29장 요약 히스기야는 즉위하자마자 성전 문들을 수리하였고, 우상 숭배로 얼룩진 성전 곳곳을 성결하게 하는 작업을 단행했다. 그는 그리고 나서 대제사장들을 명하여 온 이스라엘을 위한 속죄제를 드리고, 온 백성으로 하여금 번제물을 자발적으로 바치게 했다.

29:1 스물아홉 해 히스기야는 하나님의 은혜로 특별히 연장된 수명인 15년을 포함하여(왕하 20:6), 29년(B.C. 715-686년) 동안 통치하였다.

29:5-11 히스기야가 본격적인 성전 정화 작업을 시작하기에 앞서 행한 강론이다. 이 강론은 레위 사람들과 제사장들을 모아 그 앞에서 선포한 언약 갱신의 내용이다. 순종과 축복, 죄악과 심판이라는 인과응보적인 언약 사상은 이스라엘 역사에 일관된 법칙 중 하나이다.

29:12-19 레위 사람들과 제사장들이 히스기야의 권고를 듣고 성전을 깨끗하게 하고 아하스 왕

아들 기스와 여할렐렐의 아들 아사
랴가 나왔고, 게르손 자손 가운데서
는 심마의 아들 요아와 요아의 아들
에덴이 나왔고,
13 엘리사반의 자손 가운데서는 시므
리와 여우엘이 나왔고, 아삽의 자손
가운데서는 스가랴와 맛다니야가
나왔고,
14 헤만의 자손 가운데서는 여후엘과
시므이가 나왔고, 여두둔의 자손 가
운데서는 스마야와 웃시엘이 나왔
다.
15 ○이들이 동료 레위 사람들을 모아
성결 예식을 하고, 왕이 그들에게 명
령한 대로 성전 안으로 들어가서, 주
님의 율법에 따라 주님의 성전을 깨
끗하게 하였다.
16 제사장들이 주님의 성전을 깨끗하
게 하려고 그 안으로 들어가서, 주
님의 성전 안에 있는 모든 더러운
것들을 주님의 성전의 뜰로 끌어내
어 놓으면, 레위 사람들이 그것들을
성 밖 기드론 골짜기로 가져다 버렸
다.
17 ○첫째 달 초하루에 성전을 성결하
게 하는 일을 시작하여, 여드렛날에
는 주님의 성전 어귀에 이르렀으며,
또 여드레 동안 주님의 성전을 성결
하게 하는 일을 하여, 첫째 달 십육
일에 일을 다 마쳤다.

성전 재봉헌

18 ○레위 사람들이 히스기야 왕에게
돌아가서, 다음과 같이 보고하였다.
"주님의 성전 전체와, 번제단과 거기
에 딸린 모든 기구와, 거룩한 빵을
차리는 상과, 거기에 딸린 모든 기구
를, 깨끗하게 하였습니다.
19 아하스 왕께서 왕위에 계시면서 죄
를 범할 때에 버린 모든 기구를, 제
자리에 가져다 놓고, 다시 봉헌하였
습니다. 그 모든 기구를 주님의 단
앞에 가져다 놓았습니다."
20 ○히스기야 왕은, 다음날 아침에 일
찍 일어나서, 도성에 있는 대신들을
불러모아, 주님의 성전으로 올라갔다.
21 왕가의 죄와 유다 백성의 죄를 속죄
받으려고, 그는 황소 일곱 마리와 숫
양 일곱 마리와 어린 양 일곱 마리
와 숫염소 일곱 마리를 끌어다가, 속
죄제물을 삼고, 아론의 혈통을 이어
받은 제사장들에게 명령하여, 주님
의 단에 드리게 하였다.
22 사람들이 먼저 황소를 잡으니, 제사
장들이 그 피를 받아 제단에 뿌리
고, 다음에는 숫양을 잡아 그 피를
제단에 뿌리고, 다음에 어린 양을
잡아 그 피를 제단에 뿌렸다.
23 마지막으로, 속죄제물로 드릴 숫염
소를 왕과 회중 앞으로 끌어오니, 그
들이 그 위에 손을 얹고,

시대에 우상 숭배했던 기구들을 모두 끌어낸다 (19절). 역대지 저자는 히스기야의 치적(治積)을 기술해 나가는 방법 중 하나로 아하스와 적극적으로 대조시킨다. 먼저 아하스에 의해 더럽혀진 성전을 성결하게 한 후, 아하스의 불순종으로 인한 유다의 비극과 히스기야의 순종으로 인한 구원을 단적으로 비교한다.

29:20–30 유다 백성들은 속죄 제사를 드림으로써 성전에서의 예배를 다시 거행하였다. 히스기야 왕의 종교 개혁은 단순한 종교적 방면의 정화를 의미하는 것이 아니다. 과거 아하스 왕의 불신앙으로 파기된 하나님과의 언약을 갱신하여, 언약의 백성으로서 하나님과의 관계를 재수립하려는 의식이다. 특히 예루살렘에 있는 성소만이 합법적인 성소였기 때문에, 히스기야는 온 이스라엘을 위하여 모세 율법에 따라 번제와 속죄제를 드린 것이다. 역대지 저자는 유다 왕국이 합법적이고 정통성이 있는 진정한 이스라엘임을 암시한다.

24 제사장들이 제물을 잡아, 그 피를
속죄제물로 제단에 부어서, 온 이스
라엘의 죄를 속죄하였으니, 이것은,
번제와 속죄제를 드려서, 온 이스라
엘을 속하라는 어명이 있었기 때문
이었다.
25 ○왕은, 주님께서 다윗 왕에게 지시
하신 대로, 레위 사람들을 시켜서,
주님의 성전에서 심벌즈와 거문고와
수금을 연주하게 하였다. 이것은 주
님께서 다윗 왕의 선견자 갓과 나단
예언자를 시켜서, 다윗 왕에게 명령
하신 것이었다.
26 그리하여 레위 사람들은 다윗이 만
든 악기를 잡고, 제사장들은 나팔을
잡았다.
27 히스기야가 번제를 제단에 드리라
고 명령하니, 번제가 시작되는 것과
함께, 주님께 드리는 찬양과, 나팔
소리와 이스라엘의 다윗 왕이 만든
악기 연주 소리가 울려 퍼졌다.
28 온 회중이 함께 예배를 드렸다. 번제
를 다 드리기까지 노래하는 사람들
은 노래를 부르고, 나팔 부는 사람
들은 나팔을 불었다.
29 제사를 마친 다음에, 왕과 온 회중
이 다 엎드려 경배하였다.
30 그렇게 하고 난 다음에, 히스기야 왕
과 대신들이 레위 사람들을 시켜서,
다윗과 아삽 선견자가 지은 시로 주
님을 찬송하게 하니, 그들은 즐거운
마음으로 찬송하고, 몸을 굽혀 경배
하였다.
31 ○히스기야가 나서서 "이제 제사장
들이 몸을 깨끗하게 하여서, 주님께
거룩하게 구별되었습니다. 그러므로
백성들은 가까이 나아와, 제물과 감
사제물을 주님의 성전으로 가지고
오십시오" 하고 선포하니, 드디어 회
중이 제물과 감사제물을 가져 왔다.
더러는 그들의 마음에 내키는 대로
번제물을 가져 오기도 하였다.
32 회중이 가져 온 번제물의 수는, 수
소가 칠십 마리, 숫양이 백 마리, 어
린 양이 이백 마리였다. 이것은 다
주님께 번제물로 드리는 것이었다.
33 번제물과는 달리 구별하여 드린 제
물은, 소가 육백 마리, 양이 삼천 마
리였다.
34 그런데 번제로 바칠 짐승을 다 잡아
가죽을 벗기기에는 제사장의 수가
너무 모자라서, 이 일을 끝낼 때까
지, 성결 예식을 마친 제사장들이
보강될 때까지, 제사장들의 친족인
레위 사람들이 제물 잡는 일을 거들
었다. 사실, 자신들의 성결을 지키는
일에는, 제사장들보다는 레위 사람
들이 더욱 성실하였다.
35 제사장들은, 제물을 다 태워 바치는
번제물도 바쳐야 할 뿐 아니라, 이

29:23 그들이 그 위에 손을 얹고 희생제사 중에서 번제와 속죄제의 경우, 제물을 드리는 사람은 희생제물을 죽이기 전에 그 위에 손을 얹어야 했다(출 29:10;레 1:4;4:4,24,29,33;대하 29:23). 이러한 행동은 제물을 바치는 사람의 죄가 희생제물로 옮겨지는 것을 의미한다고 주장되어 왔다. 하지만 구약성경에는 오직 숫염소의 머리에 손을 얹는 경우에만 죄가 옮겨간다고 언급하고 있다(레 16:21). 속죄제는 단지 신성한 목적을 위해 희생제물을 따로 구별한다는 의미만 있다.

29:30 아삽 선견자 다윗과 솔로몬 통치하에서 찬양대의 지도자였던 베레갸의 아들이다. 레위 자손의 제사장 계열이면서 당대의 하나님의 뜻을 전하는 선견자였고, 동시에 시편 저자였다.

29:31-36 감사는 역사 안에 나타난 하나님의 구원에 대한 그 백성의 합당한 반응이다. 하나님의 구원의 사랑에 대한 자발적인 감사는 언약의 율법에 대한 순종의 각오로 나타난다.

밖에도 화목제물로 바치는 기름기
도 태워 바쳐야 하였다. 번제와 함께
드리는, 부어 드리는 제사도 제사장
들이 맡아서 하였다. ○이렇게 하여,
주님의 성전에서 예배를 드리는 일
이 다시 시작되었다.
36 일이 이렇듯이 갑작스럽게 되었어
도, 하나님이 백성을 도우셔서 잘 되
도록 하셨으므로, 히스기야와 백성
이 함께 기뻐하였다.

유월절 준비

30 히스기야는 온 이스라엘과 유
다에 전갈을 보내고, 에브라임
과 므낫세에는 각각 특별히 편지를
보내서, 예루살렘에 있는 주님의 성
전에서 이스라엘의 하나님이신 주님
을 기리며 유월절을 지키도록, 오라
고 초청하였다.
2 왕이 대신들과 예루살렘의 온 회중
과 더불어 의논하여, 둘째 달에 유
월절을 지키기로 한 것이다.
3 이처럼 유월절을 한 달이나 늦추어
지키기로 한 것은, 성결 예식을 치른
제사장도 부족한 데다가, 백성도 예
루살렘에 많이 모이지 못하였으므
로, 본래 정해진 첫째 달에 지킬 수
없었기 때문이다.
4 왕과 온 회중이 이 계획을 좋게 여겼
으므로,
5 왕은 브엘세바에서 단에 이르기까
지 이스라엘 전역에 명령을 선포하
여, 모두 함께 예루살렘으로 와서,
주 이스라엘의 하나님 앞에서 유월
절을 지키도록 하였다. 그들은 참으
로 오랫동안, 율법에 기록된 절차대
로 유월절을 지키는 것을 실천하지
못했던 것이다.
6 파발꾼들이 왕과 대신들의 편지를
받아 가지고, 어명을 따라, 온 이스
라엘과 유다에 두루 다니며, 다음과
같이 선포하였다. ○"이스라엘 자손
은 들으라, 백성들은 아브라함과 이
삭과 이스라엘을 돌보신 주 하나님
께로 돌아오라. 그러면 주님께서도
남아 있는 백성들, 곧 앗시리아 왕의
손에서 벗어난 당신들에게로 돌아오
실 것이다.
7 당신들은 조상이나 동포를 닮지 말
아라. 그들이 주 조상의 하나님께
범죄하였으므로, 주님께서 그들을
멸망하도록 버려 두신 것을, 당신들
은 직접 보았다.
8 당신들은 목이 곧은 조상과 같이 고
집을 부리지 말고, 주님께로 돌아오
라. 당신들은, 하나님께서 영원히 거
룩하게 하신 성전으로 들어가서, 주
당신들의 하나님을 섬겨라. 그래야
만 주님께서 당신들에게서 진노를
거두실 것이다.
9 당신들이 주님께로 돌아오면, 당신

30장 요약 히스기야의 주도로 대대적인 유월절 행사가 거행되었다. 남북 왕국 분열 이후 북왕국 백성들은 200여 년 동안 유월절에 참석하지 못하였는데 이때에 비로소 남북 왕국 전체를 포함한 온 이스라엘이 유월절을 지키게 되었다.

30:1 유월절 이스라엘의 예배력에 나타난 세 가지 커다란 축제 중의 첫 번째 것으로, 그 기원은 이집트에서 구출된 것을 기념하는 것이다. 이 축제는 봄에 지켜졌다. '유월절'이라는 용어는 총괄적으로는 축제(출 12:48)에, 특수하게는 제사(출 12:11,27;신 16:2)에 대해 사용되었다. 히브리어로는 '페싸흐'인데 '통과하다, 면제하다'(민 33:3)라는 뜻이다. 여기에서는 '무교절'(막 14:1)과 같은 의식을 가리키는 것으로 사용되었다. 그러나 본래 유월절은 절기 첫날의 전야, 즉 첫째 달 14일(레 23:5)을 가리키며, 그 날에 유월절 어린 양의 희생제물이 드려지고, 그 다음 7일 동안 누룩을 넣

들의 친족과 아이들을 사로잡아 간
자들이 당신들의 동포에게 자비를
베풀어서, 그들을 이 땅으로 돌려 보
낼 것이다. 주 당신들의 하나님은 은
혜로우시고 자비로우신 분이시므로,
당신들이 그에게로 돌아오기만 하
면, 당신들을 외면하지 않으실 것이
다."
10 ○파발꾼들이 에브라임과 므낫세
지방의 각 성읍으로 두루 다니며, 멀
리 스불론에까지 가서 이렇게 알렸
으나, 사람들은 파발꾼들을 비웃고,
놀려대기까지 하였다.
11 다만 아셀과 므낫세와 스불론 사람
들 가운데서, 몇몇 사람이 겸손하게
말을 듣고 예루살렘으로 왔다.
12 하나님이 또한, 유다에서도 역사하
셔서, 왕과 대신들이 주님의 말씀대
로 전한 그 명령을 유다 사람들이
한 마음으로 따르도록 감동시키셨
다.

유월절을 성대히 지키다

13 ○둘째 달에 백성이 무교절을 지키
려고 예루살렘에 모였는데, 그 수가
심히 많아서 큰 무리를 이루었다.
14 그들은 먼저, 예루살렘 도성에 있는,
희생제사를 지내던 제단들과, 향을
피우던 분향단들을 모두 뜯어 내어
기드론 냇가에 가져다 버렸다.
15 둘째 달 열나흗날에, 사람들이 유월
절 양을 잡았다. 미처 부정을 벗지
못하여 부끄러워하던 제사장들과
레위 사람들은 부정을 씻는 예식을
한 다음에 번제물을 주님의 성전으
로 가져 왔다.
16 그들은 하나님의 사람 모세의 율법
에 기록된 대로, 규례를 따라서 각
자의 위치에 섰다. 제사장들은 레위
사람들이 건네 준 피를 받아 뿌렸
다.
17 회중 가운데서 많은 사람이 성결 예
식을 치르지 못하였으므로, 레위 사
람들은 부정한 사람들을 깨끗하게
하려고, 유월절 양을 잡아서, 그러
한 사람들을 데리고 주님 앞에서 성
결 예식을 행하였다.
18 그러나 에브라임과 므낫세와 잇사갈
과 스불론에서 온 많은 사람들이,
자신들을 깨끗하게 하지 않은 채로
유월절 양을 먹어서, 기록된 규례를
어겼다. 그래서 히스기야가 그들을
두고 기도하였다. "선하신 주님, 용
서하여 주십시오.
19 비록 그들이 성소의 성결예식대로
스스로 깨끗하게 하지 못하였어도,
그들이 마음을 다하여 하나님, 곧
조상 때부터 섬긴 주 하나님께 정성
껏 예배를 드렸으니, 용서하여 주십
시오."
20 주님께서 히스기야의 기도를 들으시

지 않은 빵의 축제가 행해졌다.

30:1-12 히스기야는 '브엘세바에서 단에 이르기까지 이스라엘 전역'(5절)에 편지를 보내어 유월절 의식에 초청하였다. 이것은 단순한 축제 행사라기보다는 더 중요한 의미가 있다. 우상 숭배를 버리고 하나님께로 돌아오라는 회개 촉구와 그로 인한 언약의 갱신, 그리고 그 과정을 통한 하나님 왕국의 회복과 통일을 성취하고자 하는 뜻을 함축하고 있는 것이다(6-10절).

30:13-22 이 부분은 열왕기에는 나타나지 않는 내용이다. 그러나 역대지 저자는 자신이 처했던 시대적 상황(스 6:16-22)을 상세히 다루고 있다. 또한 히스기야의 기도를 기록함으로써 솔로몬의 성전 봉헌 기도를 연상하게 하고 있다(7:14). 더 나아가 기도가 응답되었다는 것은 하나님과 그 백성 사이의 언약 관계가 온전하게, 또는 실효성 있게 회복되었음을 보여 주는 증표가 된다.

30:13 무교절 이 말의 히브리어를 직역하면 '누룩

고, 백성의 아픈 마음을 고쳐 주셨
다.
21 예루살렘에 모인 이스라엘 자손은
크게 기뻐하면서 이레 동안 무교절
을 지켰고, 그 기간에 레위 사람들
과 제사장들은 날마다 주님을 찬양
하며, 웅장한 소리를 내는 악기로 주
님을 찬양하였다.
22 히스기야는 모든 레위 사람이 주님
을 섬기는 일을 능숙하게 하는 것을
보고, 그들을 격려하여 주었다.

두 번째 축제

○이렇게 이레 동안 주 조상의 하나
님을 찬송하며 제사를 드린 다음에,
23 온 회중은 다시 이레 동안의 절기를
지키기로 결정하고, 이레 동안 절기
를 즐겁게 지켰다.
24 유다의 히스기야 왕은 수송아지 천
마리와 양 칠천 마리를 회중에게 주
고, 대신들은 수송아지 천 마리와
양 만 마리를 회중에게 주었다. 제
사장들도 많은 수가 성결 예식을 치
렀다.
25 유다 온 회중과 제사장들과 레위 사
람들과 이스라엘에서 온 모든 회중
과 이스라엘 땅에서 온 외국인 나그
네와 유다에 사는 외국인 나그네가
다 함께 즐거워하였다.
26 다윗 왕의 아들 솔로몬의 날부터 이
제까지 이런 일이 없었으므로, 예루
살렘 장안이 온통 기쁨으로 가득
찼다.
27 레위인 제사장들이 일어나 백성을
축복하니, 그 축복의 말이 하나님께
이르렀고, 그들의 기도가 주님께서
계신 거룩한 곳, 하늘에까지 이르렀
다.

히스기야의 종교 개혁

31 거기에 있던 모든 이스라엘 사
람들은 이 모든 일을 마치고
나서, 각각 유다의 여러 성읍으로 돌
아 다니며 기둥 석상을 산산이 부수
고, 아세라 목상을 찍어 버리고, 유
다와 베냐민과 에브라임과 므낫세
온 땅에서 산당과 제단을 하나도 남
기지 않고 없앤 다음에, 각자의 고
향, 자기들의 유산이 있는 곳으로 돌
아갔다.
2 ○히스기야는 레위 사람들과 제사
장들을 갈래를 따라 다시 조직하여,
각자에게 특수한 임무를 맡겼다. 제
사장들과 레위 사람들은 각자 맡은
임무에 따라, 번제를 드리는 일, 화
목제를 드리는 일, 성전 예배에 참석
하는 일, 주님의 성전 여러 곳에서
찬양과 감사의 노래를 부르는 일을
하였다.
3 왕도 자기의 가축 떼 가운데서, 아침
저녁으로 드리는 번제에 쓸 짐승을
바치게 하고, 또 안식일과 초하루와

을 넣지 않은 빵의 축제'(출 23:15)라는 뜻이다. 이 절기는 히브리력 니산월(가나안력의 아빕월, 태양력의 3-4월)의 15-21일까지의 한 주간을 지키는 명절이다. 유월절 다음 날부터 7일 동안 누룩 없는 빵을 구워 먹으며, 이집트에서 구출해 주신 은혜를 감사하고 그 뜻을 되새기는 절기였다(출 12:17;23:15;34:18;레 23:6;스 6:22). 유월절은 이집트 탈출 사건을 대표하고 기념하는 절기로, 하나님의 구원을 상징한다.

31장 요약 히스기야는 제사장과 레위 사람들이 맡은 역할을 잘 감당하도록 하기 위해서 온 백성에게 십일조를 바치도록 명령하였다. 그렇게 거둔 십일조는 성전 내에 십일조를 간직할 방을 마련하고 그것을 관리할 자들을 임명할 정도로 풍부하였다.

31:3 민수기 28-29장에 따르면 매일 드리는 번제는 아침과 저녁에 각각 드리며 제사할 때마다 일

기타 절기의 번제에 쓸 짐승을 바치
게 하였으니, 모두 율법에 규정된 대
로 하였다.
4 ○그는, 제사장들과 레위 사람들이
주님의 율법을 지키는 일에만 전념
할 수 있게 하려고, 예루살렘에 사
는 백성에게 명령을 내려서, 제사장
들과 레위 사람들의 몫을 가져 오게
하였다.
5 왕이 명령을 내리니, 유다에 와서 사
는 이스라엘 자손이 곡식과 포도주
와 기름과 꿀과 각종 농산물의 첫
수확을 넉넉히 가져 왔고, 모든 것의
십일조를 많이 가져 왔다.
6 유다의 여러 성읍에 사는 이스라엘
자손과 유다 자손도 소와 양의 십일
조를 가져 왔고, 주 하나님께 거룩하
게 구별하여 드릴 물건의 십일조를
가져 왔다. 이렇게 가져 온 것을 차
곡차곡 더미가 되도록 쌓았다.
7 셋째 달에 쌓기 시작하여, 일을 끝
낸 것이 일곱째 달이었다.
8 히스기야와 대신들이 와서, 이 더미
를 보고서, 주님을 찬양하고, 백성
을 칭찬하였다.
9 히스기야 왕이 제사장들과 레위 사
람들에게 예물 더미에 대하여 묻자,
10 사독의 자손인 아사랴 대제사장이
왕에게 대답하였다. "백성이 주님의
성전에 예물을 드리기 시작하면서부
터, 우리는 먹을 것을 넉넉하게 공급
받았을 뿐 아니라, 남은 것이 이렇게
많습니다. 남은 것이 이렇게 많이 쌓
인 것은, 주님께서 그의 백성에게 복
을 베푸신 까닭인 줄로 압니다."
11 ○히스기야가 주님의 성전 안에 방
을 마련하도록 명령을 내리니, 곧 방
을 마련하고,
12 모든 예물과 십일조와 거룩한 물건
들을 각 방으로 날라다가, 정확하게
보관하였다. 이 일을 책임진 사람은
레위 사람 고나냐이고, 부책임자는
그의 아우 시므이이다. 이 두 사람
의 지시를 받으며 함께 일할 사람으
로는,
13 여히엘과 아사시야와 나핫과 아사헬
과 여리못과 요사밧과 엘리엘과 이
스마갸와 마핫과 브나야가 임명되었
다. 히스기야 왕과, 하나님의 성전을
관리하는 아사랴가, 레위 사람 열
명에게 이런 일을 맡겼다.
14 또 성전 '동쪽 문'을 지키는 레위 사
람 임나의 아들 고레는, 백성이 하나
님께 즐거이 드리는 예물을 받아서
주님께 드리는 일과, 가장 거룩한 것
을 제사장들에게 나누어 주는 일을
맡았다.
15 고레의 지시를 받아 함께 일할 사람
들로는 에덴과 미냐민과 예수아와
스마야와 아마랴와 스가냐가 임명

년 된 흠 없는 숫양 한 마리씩을 드려야 했다. 안식일에는 일 년 된 흠 없는 숫양 두 마리를, 매달 초하루에는 어린 숫양 일곱 마리, 숫양 한 마리, 수송아지 두 마리, 그리고 숫염소 한 마리를 드려야 했다. 무교절과 칠칠절(오순절) 기간에는 매달 초하루에 드리는 제물들을 매일 드려야 했다.

31:5 십일조 이스라엘 민족이 제사장을 봉양하거나 다른 종교적 목적을 위해 재산이나 생산물의 십분의 일을 바친 제도이다.

31:11-19 십일조에 대한 히스기야 왕의 명령에 따라, 곡식의 추수가 끝나가는 3월부터 과수원과 포도원의 수확이 끝나가는 7월까지 4개월 동안 모든 백성들이 자원하여 십일조 예물을 넘치도록 가져왔다. 그러자 히스기야 왕은 첫째, 성전 안에 십일조 예물을 간직할 만한 방을 마련하여 저장케 하고, 이를 관할할 열두 사람을 임명하였다. 둘째, 저장된 십일조 예물을 성전에서 봉사하는 레위 사람들과 제사장들뿐 아니라, 족보에 기록된 모든

되었다. 그들은 제사장들이 사는 성
읍으로 다니면서, 동료 레위 사람들
에게, 임무에 따라 공정하게 먹을
몫을 나누어 주었다.
16 세 살 이상으로, 족보에 기록된 모
든 남자들 외에도, 날마다 주님의
성전에 순서에 따라 들어가서, 책임
을 수행하는 남자들에게도 몫을 나
누어 주었다.
17 가문별로 족보에 기록된 제사장들
과, 그들의 갈래에 따라 임무를 맡
은, 스무 살이 넘은 레위 사람들에
게도 몫을 나누어 주었다.
18 또 족보에 기록된 온 회중의 자녀와,
아내가 딸린 식구들에게도, 먹을 몫
을 나누어 주었다. 그들 또한 언제라
도 필요하면, 그들의 신성한 임무를
수행할 준비를 하고 있어야 하기 때
문이다.
19 아론의 자손에게 할당된 성읍과 거
기에 딸린 목장에 살고 있는 제사장
들도 있었는데, 이들 제사장 가문의
모든 남자들과, 레위 사람으로 등록
된 남자들에게도 먹을 몫을 나누어
주었다.
20 ○히스기야는 유다 전역에서 이렇게
하였다. 그는 주 하나님 앞에서 선하
고 정직하고 진실하게 일을 처리하
였다.
21 그는 하나님의 성전을 관리하는 일
이나, 율법을 지키는 일이나, 하나님
을 섬기는 일이나, 하는 일마다 최선
을 다하였으므로, 하는 일마다 잘
되었다.

앗시리아 군대가 예루살렘을 위협하다
(왕하 18:13-37; 19:14-19, 35-37;
사 36:1-22; 37:8-38)

32 히스기야 왕이 이렇게 하나님
을 성실하게 섬기고 난 뒤에,
앗시리아의 산헤립 왕이 유다로 쳐
들어왔다. 산헤립은 요새화된 성읍
들을 공격하여 점령할 수 있을 것이
라고 생각하고 진을 쳤다.
2 히스기야는 산헤립이 결국은 예루
살렘까지 칠 것을 알고,
3 대신들과 장군들을 불러서, 성 밖에
있는 물줄기를 메워 버릴 것을 의논
하였다. 그들은 왕의 계획을 지지하
였다.
4 많은 인원을 동원하여, 모든 샘과
들판으로 흘러 나가는 물줄기를 막
았다. 앗시리아의 ㉠왕들이 진군하
여 오더라도 물을 얻지 못하게 할 생
각이었다.
5 히스기야는 힘을 내어 무너진 성벽
을 다시 쌓고, 망대들도 높이 쌓고,
성벽 밖에다 또 한 겹으로 성벽을
쌓았다. 다윗 성의 밀로를 견고한
요새로 만들고, 창과 방패도 많이
만들었다.

레위 사람들과 제사장들에게 분배하였다. 역대지 저자는 이 모든 상황을 전제로 하고 당대의 독자들에게 새로운 소망과 용기를 주고자 하였다.

31:12 *정확하게 이것의 히브리어는* '믿다', 또는 '신뢰하다'라는 뜻을 지닌 어원에서 비롯되었다. 따라서 '신실', '충성' 또는 '진실'한 마음이나 자세를 의미한다. 여기서는 온전히 하나님께 속한 참된 마음으로 십일조 예물을 관할하는 일을 수행하였다는 말이다.

32장 요약 앗시리아의 왕 산헤립이 침입하자, 히스기야는 이사야 예언자와 함께 하나님께 부르짖었다. 그러자 천사가 내려와 앗시리아의 용장들과 주요 지휘관들을 멸하였다. 이 전쟁은 신앙 공동체 대 세상 세력 간의 싸움으로 보여진다. 한편, 히스기야는 교만으로 인해 하나님의 진노를 유발한 때도 있었다(25절).

㉠ 칠십인역과 시리아어역에는 '왕'

6 군대를 지휘할 전투 지휘관들을 임
명한 다음에, 군대를 성문 광장에
불러모으고, 격려하였다.
7 "굳세고 담대하여야 한다. 앗시리아
의 왕이나 그를 따르는 무리를 보
고, 두려워하거나 놀라지 말아라. 우
리와 함께 계시는 분은 앗시리아의
왕과 함께 있는 자보다 더 크시다.
8 앗시리아의 왕에게 있는 것이라고는
군대의 힘뿐이다. 그러나 우리에게
는 우리를 도우시고 우리를 대신하
여 싸우시는 주 우리의 하나님이 계
신다." 백성은 유다 왕 히스기야의
말을 듣고, 힘을 얻었다.
9 ○얼마 뒤에 앗시리아의 산헤립 왕
이, 자기는 온 군대를 거느리고 라기
스를 치고 있으면서, 자기 부하들을
예루살렘으로 보내어, 유다의 히스
기야 왕과 예루살렘에 있는 유다 백
성에게 이렇게 말하였다.
10 "앗시리아의 산헤립 왕이 이같이 말
한다. 예루살렘은 포위되었다. 그런
데도 너희가 무엇을 믿고 버티느냐?
11 히스기야가 너희를 꾀어, 주 너희의
하나님이 너희를 앗시리아 왕의 손
에서 건져 줄 것이라고 한다마는, 이
것이 너희를 굶어 죽게 하고 목말라
죽게 하는 일이 아니고 무엇이냐?
12 주님의 산당들과 제단들을 다 없애
버리고, 유다와 예루살렘에 명령을
내려, 오직 하나의 제단 앞에서만 경
배하고 그 위에서만 분향하라고 한
것이, 히스기야가 아니냐?
13 나와 내 선왕들이 이 세상의 모든
백성에게 어떻게 하였는지를, 너희
가 알지 못하느냐? 그 여러 나라의
신들이 과연 그 땅을 내 손에서 건
져낼 수 있었느냐?
14 내 선왕들이 전멸시킨 그 여러 나라
의 그 여러 신들 가운데서, 누가 그
백성을 내 손에서 건져 낼 수 있었기
에, 너희의 하나님이 너희를 내 손에
서 건져 낼 수 있다고 생각하느냐?
15 그러니 너희는 히스기야에게 속지
말아라. 그의 꾀임에 넘어가지 말아
라. 그를 믿지도 말아라. 어떤 백성
이나 어떤 나라의 신도 그 백성을,
내 손에서, 내 선왕들의 손에서, 건
져 낼 수 없었는데, 하물며 너희의
하나님이 너희를 내 손에서 건져내
겠느냐?"
16 ○산헤립의 부하들은 주 하나님께,
그리고 주님의 종 히스기야에게 더
욱 비방하는 말을 퍼부었다.
17 산헤립은 주 이스라엘의 하나님을
욕하고 비방하는 편지를 써 보내기
도 하였다. 그는 "여러 나라의 신들
이 자기 백성을 내 손에서 구원하여
내지 못한 것 같이, 히스기야의 하
나님도 그의 백성을 내 손에서 구원

32:1 역대지 저자는 역사의 진술에 있어서 사건 중심의 연대기적 서술인 열왕기와는 달리, 교훈적이고 수사학적인 특성을 보여 준다. 열왕기하 18:13의 연대기적 서술(히스기야 왕 제 십사년) 대신에 이렇게 하나님을 성실하게 섬기고 난 뒤에라고 서론적 명제를 소개한 것이 단적인 예이다.

32:2–8 이 부분도 역대지에만 수록된 독특한 내용이다. 히스기야가 산헤립의 침략에 대비하여 예루살렘 성을 방어할 준비를 한 것은 자연스러운 일이다. 그럴지라도 역대지 저자는 준비 상황을 묘사하는 데 교훈을 담고 있다. 히스기야 왕의 전쟁을 앞둔 태도가 지극히 경건하고 신앙적임을 강조하는 것이다.

32:9–19 앗시리아의 산헤립이 유다를 침략하고 예루살렘을 위협한 사건을 기록하였다. 성경은 이 전쟁이 단순히 지상 국가 간의 충돌이 아니고, 유다 민족이 섬기는 하나님에 대하여 세상 세력인 앗시리아의 도전임을 제시하고 있다. 산헤립의

해 내지 못할 것이다." 하고 말하였
다.
18 산헤립의 부하들은 예루살렘 성 위
에 있는 백성을 보고 유다 말로 크
게 소리를 질러, 백성을 두렵게 하고
괴롭게 하면서, 그 성을 점령하려고
하였다.
19 그들은 예루살렘의 하나님을 두고
말하기를, 마치 사람이 손으로 만든
세상 다른 나라 백성의 신들을 두고
하듯이 거침없이 말하였다.
20 ○히스기야 왕과 아모스의 아들 이
사야 예언자가 함께 하늘을 바라보
며 부르짖어 기도하니,
21 주님께서 한 천사를 보내셔서 앗시
리아 왕의 진영에 있는 모든 큰 용사
와 지휘관과 장군을 다 죽여 버리셨
다. 앗시리아 왕은 망신만 당하고 자
기 나라로 되돌아갔다. 그가 그의
신전으로 들어갔을 때에, 제 몸에서
난 친자식들이 거기서 그를 칼로 죽
였다.
22 ○이처럼 주님께서 히스기야와 예루
살렘 주민을 앗시리아의 왕 산헤립
의 손과 모든 적국의 손에서 구하여
내셨다. 주님께서는 사방으로부터
그들을 보호하여 주셨다.
23 여러 나라 사람들이 예루살렘으로
예물을 가지고 와서 주님께 드리고,
유다 왕 히스기야에게 선물을 가져
왔다. 그 때부터 히스기야는 여러
나라에서 존경을 받았다.

히스기야의 병과 교만

(왕하 20:1-3, 12-19; 사 38:1-3; 39:1-8)

24 ○그 무렵에 히스기야가 병이 들어
거의 죽게 되었는데, 히스기야가 주
님께 기도하니, 주님께서 그에게 응
답하시고, 회복될 것이라고 하는 징
조를 보여 주셨다.
25 그러나 히스기야가 교만한 마음으
로, 받은 바 은혜에 감사하지 않으
므로, 하나님의 진노가 히스기야와
유다 백성과 예루살렘 주민에게 내
렸다.
26 드디어 히스기야가 교만하였던 자신
을 뉘우치고 예루살렘 주민도 함께
뉘우쳤으므로, 주님께서는 히스기
야가 살아 있는 동안에는 그들을 벌
하지 않으셨다.

히스기야의 부귀영화

27 ○히스기야는 대단히 부유하게 되었
고, 온 천하의 영화를 한 몸에 누리
게 되었다. 그는 귀중품 보관소를
만들어서, 은과 금과 보석과 향품과
방패와 온갖 귀중품을 보관하였으
며,
28 창고를 지어서, 곡식과 새 포도주와
기름 등의 농산물을 저장하였고, 짐
승 우리를 만들어 온갖 짐승을 길렀
으며, 양 우리를 만들어 양 떼를 먹

비방하는 말의 내용은 하나님을 모독하는 오만한 것이었다.

32:20-23 히스기야 왕과 이사야 예언자의 기도를 하나님께서 응답하시고 구원과 승리를 주신 내용을 기록하였다. 히스기야의 기도는 열왕기하 19:14-19과 이사야서 37:15-20에 구체적으로 언급되었다. 한편 이사야가 직접 기도한 내용은 기록이 없으나, 히스기야 왕이 이사야 예언자에게 사절을 보내어 유다 백성을 위하여 기도를 간청한 사실은 수록되어 있다(왕하 19:2 이하;사 37:2 이하).

32:24-26 이 내용은 열왕기하 20:1-18에 더 상세히 기록되어 있다. 역대지 저자는 히스기야의 실수를 지적하며, 세상 왕국과 이스라엘 왕국이 어떻게 다른가 하는 점과 하나님의 중보적 대리 통치자가 세상 권세자와는 달리 어떤 자세로 왕의 직무를 수행해야 하는가를 가르치고 있다.

32:27-31 이스라엘의 역사상 유례없는 부귀와

였다.
29 또 성읍들을 더 만들고, 양 떼와 많
은 소 떼를 치도록 하였으니, 하나님
이 그에게 재산을 그렇게 많이 주셨
던 것이다.
30 위쪽 기혼의 샘 물줄기를 막고, 땅
속에 굴을 뚫어서, 그 물줄기를 '다
윗 성' 서쪽 안으로 곧바로 끌어들인
것도 바로 히스기야가 한 일이다. 히
스기야는 하는 일마다 다 잘 되었
다.
31 심지어 바빌로니아의 사절단이 와서
그 나라가 이룬 기적을 물을 때에
도, 하나님은 그의 인품을 시험하시
려고, 히스기야가 마음대로 하게 두
셨다.

히스기야의 통치가 끝나다

(왕하 20:20-21)

32 ○히스기야 통치 때에 있었던 그의
나머지 행적과 그가 주님께 헌신한
일은, 아모스의 아들 예언자 '이사야
의 묵시록'과, '유다와 이스라엘 열왕
기'에 기록되어 있다.
33 히스기야가 죽어 그의 조상과 함께
잠드니, 유다와 예루살렘의 온 백성
이 그의 죽음을 애도하고, 그를 존
경하여 다윗 자손의 묘실 가운데서
도 제일 높은 곳에 장사하였다. 그
의 아들 므낫세가 그의 뒤를 이어
왕이 되었다.

유다 왕 므낫세 (왕하 21:1-9)

33 므낫세가 왕이 되었을 때에, 그
는 열두 살이었다. 그는 예루
살렘에서 쉰다섯 해 동안 다스렸다.
2 그는, 주님께서 보시기에 악한 일을
하였다. 그는, 주님께서 이스라엘 자
손이 보는 앞에서 쫓아내신, 이방
사람의 역겨운 풍속을 따랐다.
3 그는 아버지 히스기야가 헐어 버린
산당들을 오히려 다시 세우고, 바알
들을 섬기는 제단을 쌓고, 아세라
목상들을 만들고, 하늘의 별을 숭배
하여 섬겼다.
4 또 그는, 주님께서 일찍이 "내가 예
루살렘 안에 내 이름을 길이길이 두
겠다" 하고 말씀하신 주님의 성전
안에도 이방 신을 섬기는 제단을 만
들었다.
5 주님의 성전 안팎 두 뜰에도 하늘의
별을 섬기는 제단들을 만들어 세우
고,
6 아들들을 '힌놈의 아들 골짜기'에서
㉠번제물로 살라 바쳤으며, 점쟁이를
불러 점을 치게 하고, 마술사를 시
켜 마법을 부리게 하고, 악령과 귀신
들을 불러내어 묻곤 하였다. 이렇게
하여, 그는 주님께서 보시기에 악한
일을 많이 하여, 주님께서 진노하시
게 하였다.
7 그는 또 자기가 만든 아로새긴 목상

영화는 하나님께서 이스라엘에게 주신 구원과 축복의 결과였다. 그런데도 히스기야는 이스라엘의 기적에 대해 염탐하러 온 바빌로니아의 사절단에게 국방력을 모두 공개함으로써 불신앙과 교만함을 드러내었다. 이 모든 일은 사실 하나님께서 히스기야를 시험하신 내용이었다. 그러나 히스기야는 교만하여 실패하고 말았다. 이것은 이스라엘의 장래에 먹구름이 되었다.

㉠ 히, '불 가운데로 지나가게 하였으며'

33장 요약 본장은 므낫세와 아몬의 통치에 관한 기록이다. 므낫세는 백성들을 우상 숭배에 빠뜨렸다. 이로 인해 하나님은 앗시리아 군대를 통해 그를 사로잡아 가게 하셨다. 하지만 므낫세가 회개하였을 때, 하나님은 그를 예루살렘으로 돌아오게 해 주셨다.

33:1-20 므낫세의 회개에 관한 기록은 역대지 저자의 독특한 관점을 반영하고 있다. 역대지 저자

을 하나님의 성전 안에 가져다 놓았
다. 일찍이 하나님이 다윗과 그의
아들 솔로몬에게 이 성전을 두고 말
씀하실 때에 "내가 이스라엘의 모든
지파 가운데서 선택한 이 성전과 예
루살렘 안에 영원히 내 이름을 두겠
다.
8 이스라엘 백성이, 내가 명한 말, 곧
모세를 시켜 전한 율법과 율례와 규
례를 지켜 그대로 하면, 내가 그들
을 그들의 조상에게 준 이 땅에서
결코 쫓아내지 아니하겠다" 하셨다.
9 그런데 므낫세는 유다 백성과 예루
살렘 주민을 꾀어서, 악행을 저지르
게 한 것이다. 그들이 저지른 악은,
본래 이 땅에 살다가 이스라엘 자손
이 보는 앞에서 주님께 멸망당한, 그
여러 민족이 저지른 악보다 더욱 흉
악하였다.

므낫세가 회개하다

10 ○주님께서 므낫세와 그의 백성에게
말씀하셨으나, 그들이 듣지 않았으
므로,
11 앗시리아 왕의 군대 지휘관들을 시
켜, 유다를 치게 하시니, 그들이 므
낫세를 사로잡아 쇠사슬로 묶어, 바
빌론으로 끌어 갔다.
12 므낫세는 고통을 당하여 주 하나님
께 간구하였다. 그는 조상의 하나님
앞에서 아주 겸손해졌다.
13 그가 주님께 기도하니, 주님께서 그
기도를 받으시고, 그 간구하는 것을
들어 주셔서, 그를 예루살렘으로 돌
아오게 하시고, 다시 왕이 되어 다스
리게 하셨다. 그제서야 므낫세는 주
님만이 하나님이시라는 것을 깨달
았다.
14 ○이런 일이 있은 뒤에, 므낫세는 '다
윗 성' 밖, '기혼 샘' 서쪽 골짜기의
한 지점에서 '물고기 문'에 이르기까
지, 외곽 성을 쌓아 오벨을 감싸고,
그 성벽 높이를 한껏 올려 쌓았다.
그는 또 유다의 요새화된 성읍에 군
대 지휘관들을 배치하였다.
15 그는 또 성전 안에 있는 이방 신상
들과, 그가 가져다 놓은 목상들을
없애 버리고, 주님의 성전이 서 있는
산에다 만들어 놓은 이교의 제단과,
예루살렘 곳곳에 만들어 놓은 이교
의 제단을, 모두 성 밖으로 가져다
버렸다.
16 그는, 주님의 제단을 다시 고치고,
화목제와 감사제를 그 제단 위에서
드렸다. 그는 유다의 모든 백성에게,
주 이스라엘의 하나님을 섬기라는
명령을 내렸다.
17 비록 백성이 여전히 여러 산당에서
제사를 드리기는 하였으나, 그 제사
는 오직 주 그들의 하나님께만 드리
는 것이었다.

가 역사를 긍정적으로 서술하고 있는 까닭은 이스라엘로 하여금 소망을 갖도록 하기 위함이다.

33:6 번제물로 살라 바쳤으며 우상 숭배의 종교 의식 중의 하나로, 실제 자기 아들을 제물로 바치는 행위이다. 하나님의 형상대로 창조된 고귀한 인간의 가치가 우상의 제물로 전락해버린 비참한 상황을 상징하는 표현이다.

33:9 므낫세는 모든 백성을 우상 숭배의 길로 가게 하였다. 므낫세는 중보적 통치를 실패함으로 유다 왕국 몰락의 원인을 제공했다.

33:11–17 므낫세의 회개는 아무리 심한 도덕적 타락에 빠졌다 할지라도 회개하기만 하면 하나님께로 돌아갈 수 있음을 보여 준다. 또한 고통에 대한 므낫세의 반응(12절)은 오히려 하나님께 대한 반항을 증가시키기만 한 아하스의 반응과는 대조적으로(28:22) 매우 교훈적이다. 이로써 역대지 저자는 과거의 죄악이 미래에 대한 희망을 꺾지 못하도록 독자들을 격려하려 하고 있다.

므낫세의 통치가 끝나다 (왕하 21:17-18)

18 ○므낫세의 나머지 일들과, 그가 하
나님께 간구하여 바친 기도와, 선견
자가 주 이스라엘의 하나님의 이름
을 받들고 권면한 말씀은, 모두 '㉠이
스라엘 왕 역대지략'에 기록되어 있
다.
19 그가 기도를 드린 것과, 하나님이 그
기도를 받으신 것과, 그가 지은 모든
죄와 허물과, 그가 겸손해지기 전에
산당을 세운 여러 장소와, 아세라
목상과 우상을 세워 둔 여러 곳들
이, 모두 '호새의 역사책'에 기록되어
있다.
20 므낫세가 죽어서 그의 뭇 조상과 함
께 잠드니, 그의 궁에 장사하였다.
왕자 아몬이 그의 뒤를 이어 왕이
되었다.

유다 왕 아몬 (왕하 21:19-26)

21 ○아몬이 왕이 되었을 때에, 그는 스
물두 살이었다. 그는 예루살렘에서
두 해 동안 다스렸다.
22 그는 아버지 므낫세처럼, 주님께서
보시기에 악한 일을 하였고, 그의
아버지 므낫세가 만든 아로새긴 모
든 우상에게 제사를 드리며 섬겼다.
23 그의 아버지 므낫세는 나중에 스스
로 뉘우치고 주님 앞에서 겸손해졌
으나, 아몬은 주님 앞에서 스스로
겸손할 줄도 모르고, 오히려 더 죄를
지었다.
24 ○결국 신하들이 그를 반역하고, 궁
안에 있는 왕을 살해하였다.
25 그러나 그 땅의 백성은 아몬 왕에게
반역한 신하들을 다 죽이고, 아몬
의 뒤를 이어서 그의 아들 요시야를
왕으로 삼았다.

유다 왕 요시야 (왕하 22:1-2)

34 요시야가 왕이 되었을 때에,
그는 여덟 살이었다. 그는 예
루살렘에서 서른한 해 동안 다스렸
다.
2 그는, 주님께서 보시기에 옳은 일을
하였고, 그의 조상 다윗의 길을 본
받아서, 오른쪽으로나 왼쪽으로 곁
길로 벗어나지 않았다.

종교 개혁의 첫 단계

3 ○요시야는 왕이 된 지 여덟째 해
에, 아직도 매우 어린 나이에, 조상
다윗의 하나님을 찾기 시작하였다.
그의 통치 십이년이 되는 해에는, 산
당과 아세라 목상들과 아로새긴 우
상들과 부어 만든 우상들을 없애
고, 유다와 예루살렘을 깨끗하게 하
였다.
4 요시야의 지시로, 사람들은 바알 신
들을 섬기는 제단들을 헐었다. 요시
야는 제단 위에 있는 분향단들도 부
수게 하였다. 그는 또한 아세라 목
상들과 아로새긴 우상들과 부어 만

33:18-20 므낫세의 통치 기록의 결론이다. 특히 그의 기도의 응답은 역사가들의 중대한 관심사가 되었다. 하나님의 백성에게 당연한 일인 기도가 역사적으로 언급될 만큼, 므낫세 통치하의 이스라엘 왕국이 타락했음을 암시한다.

33:19 호새의 역사책 히브리어로 '호새'는 선견자들을 뜻하므로 70인역 등은 보통 명사인 '선견자들의 말씀들'로 번역하였다. 그러나 고유 명사일 경우는 '호새'라는 선견자를 가리킨다.

34장 요약 요시야는 유다와 이스라엘을 순회하며 우상들을 제거하였고, 성전 수리를 명하였다. 이 과정에서 하나님의 율법책이 발견되고, 요시야는 하나님의 자비를 구하며 회개하는 의미에서 언약 갱신의 위대한 의식을 거행하였다.

㉠ 남왕국 유다를 가리킴. 대하에서는 자주 남왕국 유다를 이스라엘이라고 함

든 우상들을 빻아, 가루로 만들어
서, 그 제단에서 제사를 드리던 자
들의 무덤에 뿌리고,
5 제사장들의 뼈를 제단 위에 불살라
서, 유다와 예루살렘을 깨끗하게 하
였다.
6 그는 같은 일을, 므낫세와 에브라임
과 시므온 지역과, 저 멀리 사방이
다 폐허가 된 납달리 지역에 이르기
까지, 직접 가서 행하였다.
7 그는 제단들을 헐고, 아세라 목상들
과 아로새긴 우상들을 빻아 가루로
만들고, 온 이스라엘 땅에 있는 분
향단도 모두 부수어 버리고 나서야,
예루살렘으로 돌아왔다.

율법서의 발견 (왕하 22:3-20)

8 ○요시야는 나라와 성전을 깨끗하
게 한 뒤에, 통치한 지 열여덟째 해
가 되는 때에, 아살랴의 아들 사반
과 마아세야 성주와 요아하스의 아
들 요아 서기관을 보내서, 주 그의
하나님의 성전을 수리하게 하였다.
9 이 세 사람은 힐기야 대제사장에게
가서, 하나님의 성전에 들어온 돈을
그에게 건네 주었다. 그 돈은, 므낫
세와 에브라임과 북 이스라엘의 나
머지 지역에 사는 백성과 유다와 베
냐민의 모든 백성과 예루살렘 주민
에게서 거두어들인 것으로서, 성전
문을 지키는 레위 사람들이 모아 둔
것이었다.
10 그들은 이 돈을 주님의 성전 수리를
맡은 이들에게 맡겼고, 그들은 또
그 돈을 주님의 성전 수리를 직접
맡아 건축하는 이들에게 주어서, 성
전을 수리하게 하였다.
11 그들은 그 돈을 목수와 돌 쌓는 이
들에게도 맡겨서, 채석한 돌과 도리
와 들보를 만들 나무를 사들여, 유
다의 왕들이 폐허로 만들어 버린 건
물들을 손질하게 하였다.
12 그 사람들은 일을 정직하게 하였다.
그들 위에 네 명의 감독이 있었다.
모두 레위 사람들인데, 므라리 자손
가운데서는 야핫과 오바댜, 고핫 자
손 가운데서는 스가랴와 무술람이
성전을 수리하는 일을 맡아 하였다.
이 레위 사람들은 모두 음악에 익숙
한 사람들이었다.
13 그들은 목도꾼을 감독하고, 각종 공
사 책임자들을 감독하였으며, 어떤
레위 사람은 기록원과 사무원과 문
지기의 일을 맡았다.
14 ○힐기야 제사장은, 주님의 성전에서
궤에 보관된 돈을 꺼내다가, 모세가
전한 주님의 율법책을 발견하고,
15 사반 서기관에게, 자기가 주님의 성
전에서 율법책을 발견하였다고 하면
서, 그 책을 사반에게 주었다.
16 사반이 그 책을 가지고 왕에게 나아

34:1-36:1 열왕기하 22:1-23:30과도 동일한 내용인 요시야 왕의 치적(B.C. 640-609년)에 관하여 기록하였다. 열왕기 저자는 공간적 차원에서, 역대지 저자는 연대기적 차원에서 기록하고 있다.
34:3-19 요시야의 종교 개혁에 관한 내용은 열왕기에 훨씬 더 상세하게 기술되었지만, 역대지 저자는 열왕기와는 달리 우상 타파 정책을 율법책의 발견보다 먼저 기록하고 있다. 곧 우상 타파로 인하여 하나님의 더 큰 은혜가 주어진 것을 생각할 수 있다. 그리고 이 율법책의 발견으로 요시야의 종교 개혁은 보다 높은 차원, 곧 언약 갱신의 차원으로 승화될 수 있게 되었다.
34:8 사반 요시야 왕의 서기관으로 아살랴의 아들이다. 사반은 요시야 왕 18년에 백성들이 바친 은으로 성전을 수리하라는 어명을 힐기야 대제사장에게 하달했다. 힐기야는 성전을 수리하던 중 약 800년 전에 모세가 기록하여 법궤 곁에 두었던 율법책을 발견하여 사반에게 주어 왕에게 보

가서 보고하였다. "임금님께서 종들
에게 명령하신 것을 종들이 그대로
다 하였습니다.
17 또 주님의 성전에 있는 돈을 다 쏟
아서, 감독들과 건축하는 사람들에
게 맡겼습니다." 이렇게 보고하고 나
서,
18 사반 서기관은, 힐기야 제사장이 자
기에게 책 한 권을 건네 주었다고 왕
에게 보고했다. 그리고 사반은 그
책을 왕 앞에서 큰소리로 읽었다.
19 ○왕은 율법의 말씀을 다 듣고는, 애
통해 하며 자기의 옷을 찢었다.
20 왕은 힐기야와 사반의 아들 아히감
과 미가의 아들 압돈과 사반 서기관
과 왕의 시종 아사야에게 명령하였
다.
21 "그대들은 주님께로 나아가서, 나를
대신하여, 그리고 아직 이스라엘과
유다에 살아 남아 있는 백성을 대신
하여, 이번에 발견된 이 두루마리의
말씀에 관하여 주님의 뜻을 여쭈어
보도록 하시오. 우리의 조상이 주님
의 말씀을 지키지 않고, 이 두루마
리에 기록된 모든 것을 지켜 따르지
않았으므로, 주님께서 우리에게 쏟
으신 진노가 크오."
22 ○힐기야가 왕의 명령을 받은 사람
들과 함께 훌다 예언자에게로 갔다.
그는 살룸의 아내였다. 살룸은 하스
라의 손자요 독핫의 아들로서, 궁중
예복을 관리하는 사람이었다. 훌다
는 예루살렘의 제 이 구역에 살고
있었는데, 그들이 그에게 가서 왕의
말을 전하니,
23 훌다가 그들에게 말하였다. "주 이스
라엘의 하나님께서 이렇게 말씀하시
니, 그대들을 나에게 보내어 주님의
뜻을 물어 보라고 한 그분에게 가서
전하시오.
24 '나 주가 이렇게 말한다. 유다 왕 앞
에서 낭독한 책에 기록된 모든 저주
대로, 내가 이 곳과 여기에 사는 주
민에게 재앙을 내리겠다.
25 그들이 나를 버리고 다른 신들에게
분향하여, 그들이 한 모든 일이 나
를 노엽게 하였기 때문이다. 그러므
로 내 분노를 여기에다 쏟을 것이니,
아무도 끄지 못할 것이다' 하셨소.
26 주님의 뜻을 주님께 여쭈어 보려고
그대들을 나에게로 보낸 유다 왕에
게는 이렇게 전하시오. '주 이스라엘
의 하나님이 이렇게 말한다. 네가
들은 말씀을 설명하겠다.
27 내가 이 곳과 이 곳에 사는 주민을
두고 말한 것을 네가 듣고, 마음에
느낀 바 있어서, 하나님 앞, 곧 내 앞
에서 겸손해져서, 네가 옷을 찢으며
통곡하였으므로, 내가 네 기도를 들
어주었다. 나 주가 말한다.

고하고 율법책을 읽게 했다. 왕은 이 말씀에 대하여 주님의 뜻을 여쭈어 보도록 훌다에게 사반을 파견하였다(왕하 22:14 이하).

34:13 목도꾼 무거운 짐을 나르는 일을 담당한 일꾼, 또는 잡역부를 가리킨다.

34:21 나를 대신하여,…이스라엘과 유다에 살아 남아 있는 백성 이 표현은 히스기야와 므낫세 통치시에 앗시리아로부터 침략을 당한 이후의 시대적 상황을 반영하고 있다. 따라서 하나님의 심판과 징계를 경험하고 살아남아 있는 자들을 가리킨다. 그들이 살아남아 있다는 사실은 곧 구원을 의미한다. 병행 구절인 열왕기하 22:13의 '나를 대신하여, 그리고 이 백성과 온 유다를 대신하여' 라는 표현보다 더 의미심장하고 명확하다고 볼 수 있다. 그런 남은 자들에게 율법을 근거로 심판을 경고하는 것이다.

34:24-28 훌다는 요시야 왕 시대에 제사장들의 예복을 관리하던 살룸의 아내이다(왕하 22:14).

28 그러므로 이 곳과 이 곳 주민에게 내
리기로 한 모든 재앙을, 네가 죽을
때까지는 내리지 않겠다. 내가 너를
네 조상에게로 보낼 때에는, 네가 평
안히 무덤에 안장되게 하겠다' 하셨
습니다." ○그들이 돌아와서, 이 말
을 왕에게 전하였다.

요시야가 주님께 순종하기로 하다
(왕하 23:1-20)

29 ○왕이 사람을 보내어 유다와 예루
살렘의 모든 장로를 불러모았다.
30 왕은 주님의 성전에 올라갈 때에, 유
다의 모든 백성과 예루살렘 주민과
제사장들과 레위 사람들과, 어른으
로부터 아이에 이르기까지, 모든 백
성을 다 데리고 주님의 성전으로 올
라갔다. 그 때에 왕은 주님의 성전에
서 발견된 언약책에 적힌 모든 말씀
을 사람들에게 크게 읽어 들려 주도
록 하였다.
31 왕은 자기의 자리에 서서, 주님을 따
를 것과, 마음과 목숨을 다 바쳐 그
의 계명과 법도와 규례를 지킬 것
과, 이 책에 적힌 언약의 말씀을 지
킬 것을 맹세하는 언약을, 주님 앞
에서 맺었다.
32 왕이 거기에 있는 예루살렘과 베냐
민 사람들도 이 언약에 참여하게 하
니, 예루살렘 주민이 하나님, 곧 조상
의 하나님이 세우신 언약을 따랐다.
33 이와 같이 요시야는 이스라엘 자손
에게 속한 모든 땅에서 혐오스러운
것들을 다 없애 버리고, 이스라엘의
모든 사람으로 주 하나님을 섬기게
하였으므로, 요시야가 살아 있는 동
안에는 백성이 주 조상의 하나님께
복종하고 떠나지 않았다.

요시야가 유월절을 지키다
(왕하 23:21-23)

35 요시야는 예루살렘에서, 주님
께 유월절을 지켰다. 사람들은
첫째 달 십사일에 유월절 어린 양을
잡았다.
2 왕은 제사장들에게 각자가 해야 할
임무를 맡기고, 주님의 성전에서 할
일들을 잘 하도록 격려하였다.
3 왕은 또, 주님께 거룩하게 구별되어
서, 온 이스라엘을 가르치는 레위 사
람들에게도 다음과 같이 지시하였
다. "거룩한 궤는 다윗의 아들, 이스
라엘의 솔로몬 왕이 지은 성전 안에
두도록 하십시오. 이제부터 당신들
은 그 궤를 어깨에 메어 옮기지 않아
도 됩니다. 당신들은 다만 주 당신들
하나님과 그의 백성 이스라엘을 섬
기는 일만을 맡게 됩니다.
4 당신들은, 이스라엘의 다윗 왕이 글
로 써서 지시한 것과 다윗의 아들
솔로몬이 글로 써서 지시한 것을 따
라, 가문별, 갈래별로 준비를 하고

여예언자 훌다는 발견된 율법책을 구체적으로 해석하여 요시야 왕에게 전하였다. 하나님 백성의 우상 숭배와 불순종으로 인해, 하나님의 진노가 하나님 왕국인 유다에게 임하리라는 예언이었다. 다만 요시야의 순종과 회개로 요시야 통치 시에는 이 모든 재앙이 내리지 않을 것이라는 내용이었다. 하나님께서는 유다 왕국이 율법을 배반하고 언약을 파기한 이상 그들이 하나님의 백성이 아님을 암시하신다.

35장 요약 요시야도 히스기야처럼 대대적인 유월절 의식을 거행하였다. 이 의식은 언약의 갱신 및 이에 따른 하나님과의 친교 관계 회복을 확정하기 위함이었다. 그러나 이후에 유다 왕국은 내리막길로 접어든다.

35:1-19 유월절 축제가 다시 거행된 사실을 수록하였다. 이 절기 의식은 언약의 갱신을 확인하고, 백성들이 하나님과 교제 관계에 있게 된 사실을

있다가,
5 성소에 나가서 당신들의 친족 되는
모든 사람의 가문의 서열을 따라서,
또는 레위 가문의 서열을 따라서, 일
을 맡도록 하십시오.
6 당신들은 유월절 어린 양과 염소를
잡아야 합니다. 그리고 당신들은 스
스로를 정결하게 하십시오. 그리고
동족을 위하여서도 준비하십시오.
이 모든 일은 주님께서 모세를 시켜
서 말씀하신 그대로 해야 합니다."
7 ○요시야는 자기가 가지고 있는 집
짐승 떼 가운데서, 어린 양과 어린
염소 삼만 마리와 수소 삼천 마리를
일반 백성들이 유월절 때에 제물로
쓰도록, 백성에게 거저 주었다.
8 왕의 신하들도 기꺼이 일반 백성과
제사장들과 레위 사람들에게 돌아
갈 제물을 자원하여 내놓았다. 하나
님의 성전의 최고 책임자인 힐기야
와 스가랴와 여히엘은, 제사장들이
유월절 기간에 제물로 쓰도록, 어린
양과 어린 염소 이천육백 마리와 수
소 삼백 마리를 내놓았다.
9 레위 사람의 지도자들, 곧 고나냐와
그의 동기들인 스마야와 느다넬과
하사뱌와 여이엘과 요사밧은, 레위
사람들이 유월절 제물로 쓰라고, 어
린 양과 어린 염소를 합하여, 오천
마리와 소 오백 마리를 내놓았다.
10 ○유월절을 지킬 제사 준비가 이렇
게 다 되었을 때에, 제사장들과 레
위 사람들은, 왕이 명령한 대로, 각
각 제자리에 섰다.
11 희생제물인 양과 염소를 잡은 뒤에,
레위 사람들은, 잡은 짐승의 가죽을
벗기고, 제사장들은 손으로 피를 받
아 제단에 뿌렸다.
12 그런 다음에, 레위 사람들은, 번제물
로 바칠 짐승을 백성에게 가문별로
나누어 주어서, 백성이 모세의 율법
에 기록되어 있는 대로 주님께 드리
게 하고, 소도 같은 방법으로 하였
다.
13 레위 사람들은 유월절 어린 양을 규
례에 따라서 불에 굽고, 나머지 거
룩한 제물은 솥과 가마와 냄비에 삶
아 모든 백성에게 속히 분배하였다.
14 이렇게 하고 난 뒤에, 그들은 자신들
과 아론의 자손 제사장들 몫을 준
비하였다. 그것은 제사장들이, 번제
로 바치는 짐승들을 불에 태우고,
희생제물의 기름기를 태우느라고,
밤까지 바빴기 때문이다. 그래서 레
위 사람들은 자신들과 아론의 자손
제사장들 몫을 준비하였던 것이다.
15 노래하는 사람들, 곧 아삽의 자손
은, 다윗과 아삽과 헤만과 왕의 선
견자 여두둔의 지시를 따라 각자 지
정된 자리에 서 있었고, 문지기들은

확정하기 위함이다. 내용별로 준비 상황을 파악해 보면 다음과 같다. 먼저, 축제 의식에 관계된 여러 가지 직무를 맡아 수행할 제사장들과 레위 사람들을 임명하였고(2–6절), 유월절 의식에 필요한 희생제물을 마련하였다(7–9절). 그런 다음 유월절 제물을 잡아 제사를 드리고, 제의적 식사를 준비하였다(10–15절). 마침내 유월절 의식을 거행하고, 마지막으로 유월절의 내력을 특징 있게 기록하였다(16–19절). 하나님의 백성들의 특징은 과거에 하나님께서 그들에게 보여 주신 신실하심을 알고 그것을 신뢰하며 미래의 안전도 보장해 주실 것이라는 희망을 갖는 데 있다. 유월절 의식의 참 뜻도 여기에서 찾을 수 있다.

35:18 예언자 사무엘 이후로…지켜 본 왕이 없었다 이집트를 탈출할 때 제정되었던 유월절 규례가 이스라엘 왕국사가 진행되는 동안 한번도 제대로 지켜지지 않았음을 지적하는 것으로, 이스라엘 백성의 불순종으로 인한 실패의 역사였음을 증거하

각자가 책임 맡은 문을 지키고 있었
다. 노래하는 사람들이나 문을 지키
는 사람들이 그들의 근무 장소에서
떠나지 않아도 되었던 것은, 그들의
친족 레위 사람들이 그들의 몫을 준
비하여 주었기 때문이다.
16 이와 같이, 그 날에 요시야 왕이 명
령한 대로, 모든 일이 다 잘 준비되
어 주님께 예배를 드릴 수 있었다.
사람들은 유월절을 지키며, 주님의
단에 번제를 드렸다.
17 그 때에 거기 모인 이스라엘 자손은
유월절을 지키고, 이어서 이레 동안
무교절을 지켰다.
18 예언자 사무엘 이후로 이스라엘 안
에서 이처럼 유월절을 지킨 예가 없
었고, 이스라엘의 역대 왕들 가운데
서도, 요시야가 제사장들과 레위 사
람들과 그 때에 거기 모인 온 유다
와 이스라엘 사람들과 예루살렘 주
민들과 함께 지킨 그런 유월절은, 일
찍이 지켜 본 왕이 없었다.
19 유월절을 이렇게 지킨 것은 요시야
가 나라를 다스린 지 열여덟째 해가
되던 때의 일이다.

요시야의 통치가 끝나다 (왕하 23:28-30)

20 ○이런 모든 일이 일어난 뒤, 곧 요
시야가 성전 정돈을 마치고 난 뒤
에, 이집트의 느고 왕이 유프라테스
강 가에 있는 갈그미스를 치려고 올
라왔으므로, 요시야가 그것을 막으
러 나갔다.
21 느고가 요시야에게 전령을 보내어
말하였다. "유다의 왕은 들으시오.
왕은 왜 나의 일에 관여하려고 하
오? 나는 오늘 왕을 치려고 온 것이
아니라, 나와 싸움이 벌어진 족속을
치려고 나선 것이오. 하나님께서 나
에게, 속히 가라고 명하셨소. 그러니
하나님이 나와 함께 계시오. 하나님
께 멸망을 당하지 아니하려거든, 하
나님을 거역하는 이 일을 어서 멈추
시오."
22 그러나 요시야는 그에게서 돌이켜
되돌아가지 않고, 느고와 싸우려고
변장까지 하였다. 이처럼 요시야는,
하나님께서 느고를 시켜서 하시는
말씀을 듣지 아니하고, 므깃도 평원
으로 진군하여 가서 싸웠다.
23 ○그 때에, 적군이 쏜 화살이 요시
야 왕에게 박혔다. 왕이 자기 부하
들에게 명령하였다. "내가 크게 다
쳤다. 내가 여기서 빠져 나가도록,
나를 도와라."
24 그는 부하들의 부축을 받으면서 자
기의 병거에서 내려, 그의 부사령관
의 병거를 타고 예루살렘으로 돌아
와, 숨을 거두었다. 사람들은 그를
그의 조상들의 묘에 장사하였다. 온
유다와 예루살렘 사람들이 그의 죽

는 것이다. 즉, 이집트 탈출로 나타난 구원의 은혜를 참되게 기념하지 않았고, 구원받은 백성으로서의 마땅한 도리를 다하지 아니함으로 유월절마저 지킬 수 없을 만큼 내우외환이 점철된 역사였음을 상징하고 있다. 이 내우외환의 역사는 이스라엘의 불순종과 불신앙, 즉 죄악의 결과였던 것이다. 요시야의 유월절 준수는 제2의 이집트 탈출, 또는 진정한 구원을 향한 디딤돌로써 예비하신 하나님의 은혜였다.

35:20-27 요시야 왕 통치의 결론과 이집트 왕 느고에 의한 죽음을 언급하고 있다. 요시야의 죽음은 후대의 역사 전개 과정에서 살펴볼 때 정치·군사적 오판의 결과였다. 하지만 역대지 저자는 우리에게 보다 심층적인 이유, 즉 요시야가 이 문제에 대해 하나님의 말씀을 듣기를 거부했기 때문이었다고 결론을 내리고 있다. 이집트 왕 느고는 하나님의 도구로 사용되었다. 요시야는 하나님의 경륜을 이해하지 못하고 대항하다 죽고 만다.

음을 슬퍼하였다.
25 ○예레미야 예언자가 요시야의 전사
를 애도하는 애가를 지었는데, 노래
하는 남녀가 요시야 왕을 애도할 때
에는, 이 애가를 부르는 것이 관례
가 되어 오늘까지 이른다. 그 가사
는 '애가집'에 기록되어 있다.
26 ○요시야의 남은 사적, 곧 그가 주님
의 율법에 기록된 대로 한 모든 선
한 일과,
27 그의 업적은, 처음부터 끝까지 '이스
라엘과 유다 열왕기'에 기록되어 있
다.

유다 왕 여호아하스
(왕하 23:30-35)

36 그 땅의 백성이 예루살렘에서
요시야의 아들 여호아하스를
세워, 그 아버지를 이어 왕으로 삼
았다.
2 여호아하스가 왕이 되었을 때에, 그
는 스물세 살이었다. 그가 예루살렘
에서 나라를 다스린 지 석 달 만에,
3 이집트의 왕이 예루살렘에서 여호
아하스를 폐위시키고, 유다로 하여
금 이집트에 은 백 달란트와 금 한
달란트를 조공으로 바치게 하였다.
4 이집트의 느고 왕은 여호아하스의
형제 엘리야김을 세워 유다와 예루
살렘의 왕으로 삼고, 엘리야김이라
는 이름을 여호야김으로 바꾸게 하
고, 왕이었던 그의 형제 여호아하스
는, 붙잡아서 이집트로 데려갔다.

유다 왕 여호야김 (왕하 23:36-24:7)

5 ○여호야김이 왕이 되었을 때에, 그
는 스물다섯 살이었다. 그는 예루살
렘에서 열한 해 동안 다스렸다. 그는
주 하나님께서 보시기에 악한 일을
하였다.
6 바빌로니아의 느부갓네살 왕이 올
라와서 그를 치고, 쇠사슬로 묶어서,
바빌로니아로 잡아갔다.
7 느부갓네살은 또 주님의 성전 안에
있는 온갖 기구를 바빌로니아로 가
지고 가서, 도성 바빌론에 있는 자기
의 궁전에다 들여놓았다.
8 여호야김의 나머지 사적과, 그가 저
지른 모든 역겨운 일과, 그가 저지른
악한 행위는 '이스라엘과 유다 열왕
기'에 기록되어 있다. 그의 아들 여
호야긴이 그의 뒤를 이어 왕이 되었
다.

유다 왕 여호야긴 (왕하 24:8-17)

9 ○여호야긴이 왕이 되었을 때에, 그
는 ㉠여덟 살이었다. 그는 예루살렘
에서 석 달 열흘 동안 다스렸다. 그
는 주님께서 보시기에 악한 일을 하
였다.
10 그 해 봄에, 느부갓네살 왕이 사람
을 시켜서 여호야긴을 바빌로니아로
잡아가고, 주님의 성전에 있는 값비

36장 요약 여호아하스로부터 유다의 마지막 왕 시드기야까지 이르는 통치 역사가 수록되어 있다. 또한, 예루살렘의 멸망과 유다 백성이 포로가 되어 바빌로니아로 추방된 사실이 기록되어 있다. 20절 이하에는 예언의 성취가 기록되어 있다.

36:9 여덟 살 병행 구절인 열왕기하 24:8에는 '열여덟 살'로 기록되어 있다. 칠십인역과 알렉산드리아 사본도 '열여덟 살'의 견해를 지지하고 있다. 이러한 사본상의 차이는 필사자의 오류로 보아, 보완된 자료를 분석하면(왕하 24:15;겔 19:5-9) 열여덟 살로 보는 것이 타당하다. 한편 여호야긴이 즉위할 때 그는 열여덟 살이였지만, 그때는 유다가 바빌로니아에 포로된 지 '8년째'라는 견해도 있다.

36:10 여호야긴을 바빌로니아로 잡아가고 B.C. 605

㉠ 칠십인역과 시리아어역에는 '열여덟 살'(왕하 24:8)

싼 온갖 기구도 함께 가져 갔으며,
여호야긴의 ㉠삼촌 시드기야를 세워
서 유다와 예루살렘의 왕으로 삼았
다.

유다 왕 시드기야

(왕하 24:18-20; 렘 52:1-3상)

11 ○시드기야가 왕이 되었을 때에, 그
는 스물한 살이었다. 그는 예루살렘
에서 열한 해 동안 다스렸다.
12 그는 주 하나님께서 보시기에 악한
일을 하였다. 그는 주님의 입에서 나
오는 말씀을 선포하는 예레미야 예
언자 앞에서 겸손하게 말씀을 받아
들이지 않았다.

예루살렘의 함락

(왕하 25:1-21; 렘 52:3하-11)

13 ○느부갓네살은 강제로, 시드기야가
하나님의 이름으로 충성을 맹세하
도록 하였다. 시드기야는 억지로 충
성을 맹세하였지만, 마침내 느부갓
네살 왕에게 반항하기까지 하였다.
다른 한 편으로, 시드기야는 고집을
부리며, 조금도 뉘우치지 않고, 주
이스라엘의 하나님께로 돌아오지
않았다.
14 지도급 인사들인 제사장들과 일반
백성도 크게 죄를 지어, 이방의 모든
역겨운 일을 따라 하였으며, 마침내
그들은 주님께서 자신의 것으로 거
룩하게 하신 예루살렘 성전을 더럽
히고 말았다.
15 그들의 조상의 하나님이신 주님께서
그들과 그 성전을 구원하실 뜻으로,
자신의 백성에게 예언자들을 보내
시고 또 보내셔서, 경고에 경고를 거
듭하셨지만,
16 그들은 하나님의 특사를 조롱하고,
하나님의 말씀을 무시하고, 하나님
의 예언자들을 비웃었다. 그러다가
마침내, 자신의 백성을 향한 주님의
분노가 치솟으시니, 백성을 바로 잡
을 길이 전혀 없었다.
17 ○하나님께서 바빌로니아의 왕을 불
러다가, 자신의 백성을 치게 하셨다.
그래서 그 왕은 유다의 젊은이들을
닥치는 대로 칼로 쳐죽였다. 심지어
는 성전 안에서도 그러한 살육을 삼
가지 않았다. 그 왕은 잔인하였다.
젊은이나 늙은이, 여자나 남자, 병약
한 사람이나 건강한 사람을 가리지
않았다. 하나님은 이렇게 자신의 백
성을 그 왕의 손에 넘기셨다.
18 바빌로니아 왕은 하나님의 성전 안
에 있는 크고 작은 기구와, 주님의
성전 안에 있는 보물과, 왕과 신하들
이 가지고 있는 보물을 모두 도성
바빌론으로 가져 갔다.
19 그 왕은 또 하나님의 성전을 불사르
고, 예루살렘 성벽을 헐고, 궁궐들
을 다 불사르고, 값진 그릇들을 다

년 제1차 포로 때에는 다니엘을 포함한 왕족과 귀족이 잡혀갔고, 이것은 제2차 포로로서 B.C. 597년에 일어난 사건이다. 이때 에스겔 예언자도 포로가 되었다. **삼촌 시드기야** 요시야의 셋째 아들. 첫째는 여호야김, 둘째는 여호아하스이다.

36:11-21 시드기야의 통치 내용과 예루살렘의 멸망, 그리고 유다 백성이 바빌로니아의 포로가 됨을 기록하였다. 역대지 저자는 이상의 내용과 더불어 성전이 완전히 파괴된 사실도 기록한다. 그러나 성전과 예루살렘 성읍이 파괴되고 백성이 사로잡혀 갔다고 해서 역대지가 끝난 것은 아니다. 다윗과 다윗 왕가에 말씀하신 하나님의 약속(대상 17:1-15)은 파기되지 않았다. 예레미야가 선포한 심판의 말씀(렘 25:8-11)이 이루어진 것처럼 그가 선포한 구원의 말씀도 이루어질 것이다.

36:16 바로 잡을 길이 전혀 없었다 이 표현은 하나님께서 자기 백성을 올바르게 돌이켜 구원의 길

㉠ 히, '형제'(왕하 24:17)

부수어 버렸다.
20 그는 또 칼에 맞아 죽지 않고 살아
남은 자들은, 바빌로니아로 데리고
가서, 왕과 왕자들의 노예로 삼았
다. 그들은 페르시아 제국이 일어서
기까지 거기서 노예 생활을 하였다.
21 그리하여 주님께서 예레미야를 시켜
서 "땅이 칠십 년 동안 황폐하게 되
어, 그 동안 누리지 못한 안식을 다
누리게 될 것이다" 하신 말씀이 이
루어졌다.

고레스의 귀국 명령 (라 1:1-4)

22 ○페르시아의 고레스 왕이 왕위에
오른 첫 해에, 주님께서는 예레미야
를 시켜서 하신 말씀을 이루시려고,
페르시아의 고레스 왕의 마음을 움
직이셨다. 고레스는 온 나라에 명령
을 내리고, 그것을 다음과 같이 조
서로 써서 돌렸다.
23 ○"페르시아의 고레스 왕은 다음과
같이 선포한다. 주 하늘의 하나님께
서 나에게 이 땅 위의 모든 나라를
주셔서 다스리게 하시고, 유다의 예
루살렘에 그의 성전을 지으라고 명
하셨다. 이 나라 사람 가운데, 하나
님을 섬기는 모든 백성에게, 하나님
께서 함께 계시기를 빈다. 그들을 모
두 올라가게 하여라."

로 갈 가능성이 전혀 없고, 이스라엘 백성들이 타락했음을 의미한다.

36:21-23 역대지 저자는 포로기 이후에 살고 있었기 때문에 바빌로니아 포로 사건을 하나님의 심판이라는 관점에서 돌이켜 볼 수 있었을 뿐 아니라, 미래를 향한 소망이라는 궁극적인 관점에서도 바라볼 수 있었을 것이다. 그래서 경건한 남은 자들이 거룩한 약속의 땅으로 돌아갈 것이라고 결론을 맺었다(22-23절). 따라서 이 내용은 다시 에스라기의 서론에 반복, 연결되어 새로운 역사로 진행된다.

36:22-23 **페르시아의 왕 고레스의 조서** 고레스의 조서로 이스라엘의 귀환이 이루어진다. 역대지의 마지막은 성전을 재건해야 한다는 것인데, 에스라기 1-6장에서 이에 대해 알려준다. 다윗에게 하신 하나님의 약속의 말씀은 성전에 보존되었기 때문에 역대지 저자는 왕가의 회복을 직접 체험할 수 있게 되었다.

에스라기

저자 에스라

저작 연대 에스라가 B.C. 444년에 예루살렘에 돌아온 느헤미야와 동시대 사람이었기 때문에(느 8:1–9:12:36), 에스라기 10장 17–44절의 사건이 일어난 B.C. 458년 4월에서 느헤미야가 도착한 B.C. 444년 여름까지 이 책을 완성할 시간이 있었을 것으로 본다.

기록 장소와 대상 예루살렘에서 쓰여졌으며 이스라엘 백성을 대상으로 기록했다.

핵심어 및 내용 에스라기의 핵심어는 '귀환'과 '재헌신'이다. 이스라엘 백성은 포로 생활에서 그들의 하나님을 섬기기 위해 그들의 땅으로 돌아왔다. 이제 그들은 이전에 다 잃어버렸던 성전, 제단, 하나님과 그분의 말씀에 대한 신앙을 다시 세우고 회복하기 위하여 스스로 재헌신을 해야만 했다.

내용 분해

1. 제1차 귀환과 성전의 재건(1:1–6:22)
2. 에스라의 귀환과 개혁(7:1–10:44)

고레스가 유다 포로 귀환을 허락하다

1 페르시아 왕 고레스가 왕위에 오
른 첫 해이다. 주님께서는, 예레미
야를 시켜서 하신 말씀을 이루시려
고, 페르시아 왕 고레스의 마음을
감동시키셨다. 고레스는 온 나라에
명령을 내리고, 그것을 다음과 같이
조서로 써서 돌렸다.
2 ○"페르시아 왕 고레스는 다
음과 같이 선포한다. 하늘의 주
하나님이 나에게 이 땅에 있는
모든 나라를 주셔서 다스리게
하셨다. 또 유다에 있는 예루살
렘에 그의 성전을 지으라고 명
하셨다.
3 이 나라 사람 가운데서, 하나님
을 섬기는 모든 사람은 유다에
있는 예루살렘으로 올라가서,
그 곳에 계시는 하나님 곧 주 이
스라엘의 하나님의 성전을 지어
라. 그 백성에게 하나님이 함께
계시기를 빈다.
4 잡혀 온 하나님의 백성 가운데
서, 누구든지 귀국할 때에 도움
이 필요한 사람이 있으면, 그 이
웃에 사는 사람은 그를 도와주
어라. 은과 금과 세간과 가축을
주고, 예루살렘에 세울 하나님
의 성전에 바칠 자원예물도 들
려서 보내도록 하여라."

유다 포로가 예루살렘으로 돌아오다

5 ○그 때에 유다와 베냐민 가문의 우
두머리들과 제사장들과 레위 사람
들과, 하나님께 감동을 받고 예루살
렘으로 올라가서 주님의 성전을 지
으려고 하는 모든 사람이, 길을 떠날
채비를 하였다.
6 이웃 사람들은, 자원예물 외에도 은
그릇과 금과 세간과 가축과 여러 가
지 진귀한 보물을 주어서, 그들을 도
왔다.
7 더욱이 고레스 왕은 주님의 성전에
속하여 있던 여러 가지 그릇까지 꺼
내어 오게 하였는데, 그것들은 느부
갓네살이 예루살렘에서 가지고 가
서 자기의 신전에 둔 것이다.
8 페르시아 왕 고레스는 재무관 미드
르닷을 시켜, 그 그릇들을 꺼내어 낱
낱이 세어서, 유다 총독 세스바살에
게 넘겨 주게 하였다.
9 넘겨 준 물품은 다음과 같다. 금접
시가 서른 개요, 은접시가 천 개요,

칼이 스물아홉 자루요,
10 금대접이 서른 개요, 다른 것으로 대
신 보충한 은대접이 사백열 개요, 그
밖에 다른 그릇이 천 개이니,
11 금그릇과 은그릇은 모두 오천사백
개이다. 세스바살은, 포로로 잡혀 간
이들을 바빌로니아에서 예루살렘으
로 데리고 올 때에, 이 그릇을 모두
가지고 왔다.

포로에서 풀려 난 사람들 (느 7:4-73)

2 바빌로니아 왕 느부갓네살에게 사
로잡혀 바빌로니아로 끌려간 사람
가운데서, 많은 사람이 바빌로니아
각 지방을 떠나, 저마다 고향 땅인
예루살렘과 유다로 돌아왔다.
2 그들은, 스룹바벨과 예수아와 느헤
미야와 스라야와 르엘라야와 모르
드개와 빌산과 미스발과 비그왜와
르훔과 바아나가 돌아올 때에 함께
돌아왔다. ○이스라엘 백성의 명단
과 수는 다음과 같다.
3 ○바로스 자손이 이천백칠십이 명이
요,
4 스바댜 자손이 삼백칠십이 명이요,
5 아라 자손이 칠백칠십오 명이요,
6 바핫모압 자손 곧 예수아와 요압 자
손이 이천팔백십이 명이요,
7 엘람 자손이 천이백오십사 명이요,
8 삿두 자손이 구백사십오 명이요,
9 삭개 자손이 칠백육십 명이요,
10 바니 자손이 육백사십이 명이요,
11 브배 자손이 육백이십삼 명이요,
12 아스갓 자손이 천이백이십이 명이
요,
13 아도니감 자손이 육백육십육 명이
요,
14 비그왜 자손이 이천오십육 명이요,
15 아딘 자손이 사백오십사 명이요,
16 아델 자손 곧 히스기야 자손이 구십
팔 명이요,
17 베새 자손이 삼백이십삼 명이요,
18 요라 자손이 백십이 명이요,
19 하숨 자손이 이백이십삼 명이요,
20 깁발 자손이 구십오 명이다.
21 ○베들레헴 사람이 백이십삼 명이요,
22 느도바 사람이 오십육 명이요,
23 아나돗 사람이 백이십팔 명이요,
24 아스마웻 사람이 사십이 명이요,
25 ㉠기랴다림과 그비라와 브에롯 사람
이 칠백사십삼 명이요,
26 라마와 게바 사람이 육백이십일 명
이요,
27 믹마스 사람이 백이십이 명이요,
28 베델과 아이 사람이 이백이십삼 명
이다.
29 느보 사람이 오십이 명이요,
30 막비스 사람이 백오십육 명이요,
31 다른 엘람 사람이 천이백오십사 명
이요,
32 하림 사람이 삼백이십 명이요,

1장 요약 하나님의 강권적인 섭리로 페르시아 왕 고레스가 이스라엘 포로들의 귀환을 허용하는 조서를 내렸다. 하나님께서는 남아 있는 백성을 회복시키심으로 이스라엘과 다윗 가문을 보존하시겠다고 하신 언약(삼하 7:16)을 성취하셨다.

1:1 조서 이스라엘 백성이 사용하던 언어(히브리어)로 기록되었다.

2장 요약 고레스의 칙령에 따라 예루살렘으로 돌아온 1차 포로 귀환자들의 명단이다. 귀환자들의 수, 혈통, 신분 등이 나와 있는 이 기록은 포로 귀환이 역사적 사건임을 증거해 준다.

2:1-7 이스라엘 백성의 명단과 수 저자는 가계와 지명, 특히 성전 직분에 따라서 귀환자들의 숫자를 정확히 기술하면서, 그들 사회의 민족적·종교

㉠ 칠십인역에는 '기랴여아림'

33 로드와 하딧과 오노 사람이 칠백이
십오 명이요,
34 여리고 사람이 삼백사십오 명이요,
35 스나아 사람이 삼천육백삼십 명이
다.
36 ○제사장은, 예수아 집안 여다야 자
손이 구백칠십삼 명이요,
37 임멜 자손이 천오십이 명이요,
38 바스훌 자손이 천이백사십칠 명이
요,
39 하림 자손이 천십칠 명이다.
40 ○레위 사람은, 호다위야의 자손들
인 예수아와 갓미엘 자손이 칠십사
명이요,
41 노래하는 사람은, 아삽 자손이 백이
십팔 명이요,
42 성전 문지기는 살룸 자손과 아텔 자
손과 달문 자손과 악굽 자손과 하디
다 자손과 소배 자손인데, 모두 백삼
십구 명이다.
43 ○ㄱ성전 막일꾼은, 시하 자손과 하
수바 자손과 답바옷 자손과
44 게로스 자손과 시아하 자손과 바돈
자손과
45 르바나 자손과 하가바 자손과 악굽
자손과
46 하갑 자손과 사믈래 자손과 하난
자손과
47 깃델 자손과 가할 자손과 르아야 자
손과
48 르신 자손과 느고다 자손과 갓삼 자
손과
49 웃사 자손과 바세아 자손과 베새 자
손과
50 아스나 자손과 므우님 자손과 느부
심 자손과
51 박북 자손과 하그바 자손과 할훌 자
손과
52 바슬룻 자손과 므히다 자손과 하르
사 자손과
53 바르고스 자손과 시스라 자손과 데
마 자손과
54 느시야 자손과 하디바 자손이다.
55 ○솔로몬을 섬기던 종들의 자손은,
소대 자손과 하소베렛 자손과 브루
다 자손과
56 야알라 자손과 다르곤 자손과 깃델
자손과
57 스바댜 자손과 핫딜 자손과 보게렛
하스바임 자손과 아미 자손이다.
58 ○이상 성전 막일꾼과 솔로몬을 섬
기던 종의 자손은 모두 삼백구십이
명이다.
59 ○이 밖에 델멜라와 델하르사와 그
룹과 앗단과 임멜 등 여러 곳에서
사람들이 왔지만, 가문이 밝혀지지
않아서, 그들이 이스라엘 자손인지
아닌지는 알 길이 없다.
60 ○그들은, 들라야 자손과 도비야 자
손과 느고다 자손인데, 모두 육백오

적 정통성을 주장하고 있다.

2:3-20 바빌로니아에서 유다로 돌아온 족속들의 이름과 그 수효가 열거되어 있다. 이와 같은 구체적인 기록을 통해 포로 귀환이 역사적인 사실임과 하나님의 뜻에 순종하고 돌아온 각 족속들의 결단력을 보게 된다. 이들 대부분은 스룹바벨에 의해(B.C. 536년) 인도되었다. 나머지는 훗날 에스라에 의해 인도된다(8,10장;느 10장).

2:40-42 레위 사람 이들은 새 성전에서 봉사를 했다. 또한 에스라와 함께 2차로 귀환한 레위 사람들은 장막절에 교사와 해석자의 임무를 감당함으로써 그들의 본래 기능을 회복했다.

2:43 성전 막일꾼은 성전에서 주님의 제단을 돌보는 종으로, 나무를 패는 일, 물 긷는 일 등을 하였다. 외국인으로서 미천한 대우를 받았으나 대부분 주님을 바라보는 신앙을 가졌다(수 9:27).

2:64 돌아온 회중의 수 본서나 느헤미야기(7:66),

ㄱ 히. '느디님'

십이 명이다.
61 ○제사장의 자손 가운데는, 호바야
자손과 학고스 자손과 바르실래 자
손도 있는데, 이들 가운데서 바르실
래는, 길르앗 지방 사람인 바르실래
집안으로 장가를 들어서, 장인의 이
름을 이어받은 사람이다.
62 족보를 뒤져보았지만, 그들은 그 조
상이 확인되지 않았다. 그래서, 제사
장 직분을 맡기에는 적합하지 않다
고 생각하여 그 직분을 맡지 못하게
하였다.
63 유다 총독은 그들에게, 우림과 둠밈
을 가지고 판결을 내릴 제사장이 나
타날 때까지는, 가장 거룩한 음식은
먹지 말라고 명령하였다.
64 ○돌아온 회중의 수는 모두 사만 이
천삼백육십 명이다.
65 그들이 부리던 남녀 종이 칠천삼백
삼십칠 명이고, 그 밖에 노래하는 남
녀가 이백 명이다.
66 또 말이 칠백삼십육 마리요, 노새가
이백사십오 마리요,
67 낙타가 사백삼십오 마리요, 나귀가
육천칠백이십 마리이다.
68 ○가문의 우두머리 가운데는, 예루
살렘에 있는 주님의 성전 터에 이르
러서, 하나님의 성전을 옛 터에 다시
세우는 일을 도우려고, 자원예물을
바치는 이들도 있었다.
69 저마다 힘 자라는 대로 건축 기금을
마련하니, 금이 육만 천 다릭, 은이
오천 마네, 제사장의 예복이 백 벌이
나 되었다.
70 ○제사장과 레위 사람과 백성 가운
데서, 일부는 ㉠(예루살렘과 그 부근
마을에 자리를 잡고,) 노래하는 이
들과 문지기들과 성전 막일꾼들은
그들의 고향 마을에 자리를 잡았다.
나머지 이스라엘 사람들은 저마다
고향에 자리를 잡았다.

예배를 다시 드리기 시작하다

3 이스라엘 자손은 여러 마을에 흩
어져서 자리를 잡은 지 ㉡일곱째
달이 되었을 때에, 일제히 예루살렘
으로 모였다.
2 요사닥의 아들 예수아와 그의 동료
제사장들과 스알디엘의 아들 스룹
바벨과 그의 동료들이 모여서, 하나
님의 사람 모세의 율법에 규정된 대
로 번제를 드릴 수 있도록, 이스라엘
의 하나님의 제단을 쌓았다.
3 그들은, 그 땅에 사는 백성들이 두렵
기는 하지만, 제단이 서 있던 옛 터
에 제단을 세우고, 거기에서 아침 저
녁으로 주님께 번제를 드렸다.
4 초막절이 되니, 기록된 대로 그 절기
를 지켰다. 그들은 또한 규례를 따라
서, 날마다 정해진 횟수대로 번제를
드렸다.

외경 에스드라 I서(5:41)의 기록이 모두 42,360명으로 일치한다. 그러나 실제 명기된 숫자는 각각 다르다. 본서에는 29,818명, 느헤미야기 31,089명, 에스드라 I서에는 32,600명이 기록되어 있다. 저자는 귀환한 족속들의 명단과 수를 혈통(2–20절), 지명(21–35절), 신분(36–58절)에 따라 상세히 기록함으로써 귀환의 역사성을 강조한다.

㉠ 괄호 안의 구절은 칠십인역을 따름 ㉡ '티스리월', 양력 구월 초순 이후

3장 요약 고국으로 귀환한 지 약 3개월 후에 이스라엘 자손은 제단을 쌓아 초막절을 지키고 이후 날마다 하나님께 번제를 드렸다. 그리고 다음 해 2월에 성전 재건 작업에 착수하여 성전 기초를 놓았다.

3:1–13 제1차로 귀환한 제사장들의 명수가 이후 귀환한 총계의 약 10%인 4,289명이나 된다는 사실은, 그들이 얼마나 귀환의 회복적 의미와 제의

5 그런 다음부터, 그들은 늘 드리는 번
제 외에도, 초하루 제사 때와, 거룩
하게 지켜야 하는 주님의 모든 절기
를 맞이할 때와, 주님께 자원예물을
바칠 때마다 번제를 드렸다.
6 주님의 성전 기초는 아직 놓지 않았
지만, 그들은 일곱째 달 초하루부터
주님께 번제를 드리기 시작하였다.
7 백성은, 석수와 목수에게는 삯을 주
어서 일을 시키고, 시돈 사람과 두로
사람에게는 먹을 것과 마실 것과 기
름을 주어서, 페르시아 왕 고레스가
그들에게 허락한 대로, 레바논에서
백향목을 베어 바닷길로 욥바까지
띄워 보내게 하였다.

성전을 다시 짓기 시작하다

8 ○백성이 하나님의 성전 터가 있는
예루살렘으로 돌아온 지 이태째가
되는 해 ㉠둘째 달에, 스알디엘의 아
들 스룹바벨과 요사닥의 아들 예수
아와, 그들의 나머지 동료 제사장과
레위 사람과, 사로잡혀 갔다가 예루
살렘으로 돌아온 모든 사람이 공사
를 시작하고, 스무 살이 넘은 레위
사람을 주님의 성전 건축 감독으로
세웠다.
9 예수아와 그의 아들들과 친족과, ㉡호
다위야의 자손 갓미엘과 그의 아들
들이, 한마음 한뜻으로 하나님의 성
전 짓는 일을 감독하였다. 레위 사람
헤나닷의 아들과 손자와 친족들도
그들과 함께 일을 하였다.
10 ○집 짓는 일꾼들이 주님의 성전 기
초를 놓을 때에, 예복을 입은 제사
장들은 나팔을 들고, 레위 사람 가
운데서 아삽 자손들은 자바라를 들
고, 이스라엘 왕 다윗이 지시한 대
로, 저마다 주님을 찬양하려고 자기
의 자리에 섰다.
11 그들은 서로 화답하면서 주님을 찬
양하고, 감사의 찬송을 불렀다.
"주님은 어지시다." "언제나 한결
같이 이스라엘을 사랑하신다."
주님의 성전 기초가 놓인 것을 본
온 백성도, 목청껏 소리를 높여서 주
님을 찬양하였다.
12 그러나 첫 성전을 본 나이 많은 제사
장들과 레위 사람들과 가문의 우두
머리들은, 성전 기초가 놓인 것을 보
고, 크게 통곡하였다. 또 다른 쪽에
서는, 많은 사람들이 기뻐하며 즐거
이 노래하였다.
13 환성과 통곡이 한데 뒤섞여서, 소리
가 너무나도 크고 시끄러웠다. 그 소
리는 멀리서도 들을 수 있었으나, 어
느 누구도 환성인지 통곡인지 구별
할 수 없었다.

사마리아 사람의 방해

4 유다와 베냐민의 대적은, 사로잡
혀 갔다가 돌아온 사람들이 주 이

적 신앙에 관심을 두었는가를 보여 준다. 본문은 귀환 후의 두려운 상황으로 인하여 성전 재건 작업이 신속히 착수되었음을 기록하고 있다.

3:11 성전 재건은 법궤도 없고 이전의 영광도 사라진 보잘것없는 공사였다(3:2;학 2:3;슥 4:10). 그러나 고국으로 귀환한 백성들에게는 언약을 성취하시는 하나님의 신실하심과 인자하심이 더할 나위 없는 감사와 찬송의 이유가 되었던 것이다.

㉠ '시브월', 양력 사월 중순 이후 ㉡ 히, '예후다' 또는 '유다'

4장 요약 본문은 예루살렘 성전 재건과 성벽 복구 사업에 방해하는 대적이 있었음을 보여 준다. 전자는 고레스와 아하수에로 때에 일어난 사건이고, 후자는 아닥사스다 I세 때에 일어난 사건이다. 성전 건축을 방해한 자들은 사마리아 사람들이었다.

4:1–24 4장에는 성전 재건 작업에 대한 방해 공작과 더불어 후대에 있을 성벽 재건 작업에 대한

스라엘의 하나님의 성전을 짓고 있
다는 말을 듣고서,
2 스룹바벨과 각 가문의 우두머리들
에게 와서 말하였다. "앗시리아 왕
에살핫돈이 우리를 여기로 데려왔
을 때부터 이제까지, 우리도 당신들
과 마찬가지로 당신들의 하나님을
섬기며, 줄곧 제사를 드려 왔으니, 우
리도 당신들과 함께 성전을 짓도록
하여 주시오."
3 스룹바벨과 예수아와 그 밖에 이스
라엘 각 가문의 우두머리들이 그들
에게 대답하였다. "당신들과는 관계
가 없는 일이오. 주 우리의 하나님께
성전을 지어 드리는 것은, 우리가 할
일이오. 페르시아 왕 고레스가 우리
에게 명령한 대로, 주 이스라엘의 하
나님의 성전을 짓는 것은, 오로지 우
리가 할 일이오."
4 이 말을 들은 그 땅 백성은 성전 짓
는 일을 방해하여, 유다 백성의 사기
를 떨어뜨렸다.
5 그들은 고문관들을 매수하면서까지
성전을 짓지 못하게 하였다. 이러한
방해는, 페르시아 왕 고레스가 다스
리던 모든 기간뿐만 아니라, 페르시
아 왕 다리우스가 통치하던 때까지
이어졌다.
6 ○아하수에로가 왕위에 오르니, 대
적들은 유다 주민과 예루살렘 주민
을 고발하는 글을 올렸다.
7 ○아닥사스다 때에도 비슬람과 미드
르닷과 다브엘과 그 밖의 동료 관리
들이 페르시아의 아닥사스다 왕에
게 글을 올렸다. 그 편지는 아람 글
로 적었고 ㉠번역이 되었다.
8 ○㉡르훔 사령관과 심새 서기관은 예
루살렘 주민을 고발하는 상소문을
아닥사스다 왕에게 썼다.
9 ○그 때에 상소를 올린 사람은, 르훔
사령관과 심새 서기관과 동료들과
그 밖에 디나 사람과 아바삿 사람과
다블래 사람과 아바새 사람과 아렉
사람과 바빌로니아 사람과 수산 사
람과 데해 사람과 엘람 사람과,
10 귀족 ㉢오스납발이 사마리아의 여러
성과 유프라테스 강 서쪽 여러 지방
에 이주시킨 민족들이다.
11 다음은 이들이 보낸 상소문의 내용
이다.
○"유프라테스 강 서쪽에 있
는 신하들이 아닥사스다 임금님
께 아룁니다.
12 임금님께서 다스리시는 여러 지
방에 흩어져서 살던 유다 사람
들이, 우리가 사는 예루살렘으
로 와서 자리를 잡고, 범죄와 반
역을 일삼던 악한 성읍 예루살
렘을 지금 다시 세우고 있습니
다. 기초를 다시 다지고, 성벽을

방해 사건이 뒤섞여 기술되어 있다. ① 1-5절은 고레스 왕의 통치 기간 중에 일어난 사건이고 ② 6절은 아하수에로 왕(B.C. 486-465년) 때에 ③ 7-23절은 아닥사스다 I세(B.C. 465-424년) 때의 사건이다. 그러나 에스라는 24절 이하에서 ④ 다리우스 I세(B.C. 522-486년) 때에 성전이 완성되었음을 언급해 준다(5:1-2;6:13-15;학 1-2장;슥 1:1-17;4:9). 여기에서 에스라는 회개와 결심으로 새 출발하는 신앙 공동체에 대하여 원수 마귀의 방해 공작이 얼마나 끈질긴가를 보여 주고 있다.

4:5-10 대적들의 훼방은 사회·정치적으로 유다 지역의 주도권과 종교적으로 제의적 우선권을 장악하기 위한 것과 혈통적인 열등감 등에서 발생한 처절한 갈등이었다. 이러한 갈등은 새로이 회복된 예루살렘 공동체의 순수성을 입증해 준다.

4:11-16 아닥사스다 왕에게 보낸 상소문의 내용

㉠ 또는 '아람어로 번역이 되었다' ㉡ 4:8-6:18은 아람어로 기록됨
㉢ 일명, '아슈르바니발'

라

쌓아 올리고 있습니다.
13 이 일을 임금님께 아룁니다. 성
벽 쌓는 일이 끝나고 그 성읍이
재건되면, 그들은 세금과 조공
과 관세를 바치지 아니할 것이
며, 틀림없이, 국고에 손해를 끼
칠 것입니다.
14 나라에서 녹을 타먹는 우리로
서, 임금님께 불명예스러운 일이
미칠 일을 그냥 보고만 있을 수
없어서, 이렇게 상소문을 올리어
서 임금님께 아룁니다.
15 조상이 남기신 기록들을 살펴
보시면, 임금님께서도 바로 이
성읍이 반역을 일삼던 곳이었음
을 아시게 될 것입니다. 예로부
터 이곳에서는 반란이 자주 일
어나서, 임금님들을 괴롭히고,
다른 여러 지방에까지 피해를
입혔습니다. 이 성읍을 없애 버
린 것은 바로 그러한 반역 때문
입니다.
16 이 성읍이 재건되고, 성벽 쌓는
일이 끝나면, 임금님께서는, 유
프라테스 강 서쪽 지역을 잃게
되신다는 것을 아뢰는 바입니
다."
17 ○이에 대하여 왕이 내린 회신은
다음과 같다.
○"르훔 사령관과 심새 서기관
과 사마리아와 유프라테스 강
서쪽에 사는 경들의 동료들에
게, 평안을 빌면서 이 조서를 내
린다.
18 경들이 우리에게 보낸 상소문
은, 번역이 되어 내 앞에서 낭독
되었다.
19 그것을 듣고서 조사해 보니, 과
연 그 성읍 사람들은 예로부터
왕실의 권위에 반기를 들어 왔
으며, 그 곳이 반란을 일으키는
자들의 소굴이었음이 밝혀졌다.
20 한때는 강한 왕들이 그 곳 예루
살렘을 다스리면서, 유프라테스
강 서쪽 지방을 장악하고, 조공
과 세금과 관세를 거두기도 하
였음이 확인되었다.
21 그러므로 경들은 그들에게 명령
을 내려서, 일을 중단시켜라. 다
음에 내가 다시 명령을 내릴 때
까지, 그들이 성읍을 재건하지
못하도록 하여라.
22 이 일에 착오가 없도록 유의하
여, 왕실이 화를 입거나 손해를
보는 일이 없도록 하여라."
23 ○르훔과 심새 서기관과 동료 관
리들은 아닥사스다 왕의 편지를 읽
고, 곧 예루살렘으로 올라가서, 유다
사람들이 일을 하지 못하게 무력을
써서 막았다.

이 소개된다. ① 예루살렘 성읍과 성벽 건축 공사가 끝나면 유다 사람들은 세금과 조공과 관세를 바치지 않을 것이다(13절). ② 페르시아 왕을 공경하지 않을 뿐만 아니라 모욕할 것이다(14절). ③ 그들의 반역으로 인해 페르시아의 영토 일부가 소실될 것이다(15–16절).

4:13 조공 페르시아의 각 지방으로부터 거둬들였는데, 바칠 양은 지방 장관들이 할당했다.

4:17–23 상소문을 읽은 아닥사스다 왕은 결국 공사를 중지하라고 명령한다. 그러자 르훔과 심새는 공사를 중지시킨 후, 일부 건축된 성벽을 파괴하고 성문들을 불태웠다. 이러한 강력한 조치는 조공 수입을 잃을까 하는 두려움 때문이었다.

4:24 1–23절의 성벽 재건을 위한 유다의 노력이 수포로 돌아간 사실에 대한 언급을 마치고, 다시 성전 건축에 관한 언급을 시작한다. 이처럼 에스라기의 저자는 성전 재건과 성벽 복구를 역사적인 순서에 상관없이 기록한다.

24 그래서 예루살렘에 있는 하나님의
성전 공사는 페르시아 왕 다리우스
이년에 이르기까지 중단되었다.

성전을 재건하다

5 그 때에 학개 예언자와 잇도의 아
들 스가랴 예언자가, 자기들이 받
들어 섬기는 이스라엘의 하나님의
이름으로, 유다와 예루살렘에 사는
유다 사람들에게 예언을 하기 시작
하였다.
2 같은 때에, 스알디엘의 아들 스룹바
벨과 요사닥의 아들 예수아가, 예루
살렘에 있는 하나님의 성전 건축 공
사에 착수하였다. 하나님의 두 예언
자도 그들을 도왔다.
3 ○바로 그 때에 유프라테스 강 서쪽
지방의 닷드내 총독이 스달보스내와
동료 관리들을 데리고 그들에게 와
서, 누가 그 성전을 다시 지으라고
하였는지, 누가 성벽 공사를 마치라
고 하였는지를 물었다.
4 ㉠그들은 또한 성전 재건을 돕는 사
람들의 이름도 밝히라고 요구하였
다.
5 그러나 하나님이 유다의 원로들을
돌보아 주셨으므로, 아무도 그 일을
막을 수 없었다. 페르시아 관리들은
이 일을 다리우스 왕에게 알리고, 회
답을 기다리는 수밖에 없었다.
6 ○유프라테스 강 서쪽 지방의 닷드
내 총독은, 스달보스내와 동료 관리
들인 유프라테스 강 서쪽 지방의 관
리들과 함께, 다리우스 왕에게 글을
올렸다.
7 그 글의 내용은 다음과 같다.
○"다리우스 임금님께서 평안
하시기를 빌며,
8 임금님께 아뢰니다. 저희가 유
다 지역에 갔을 때에, 그 곳 백
성이 크신 하나님을 모시려고
성전을 짓고 있는 것을 보았습
니다. 그들은 큰 돌을 떠다가 성
전을 지으며, 나무를 날라다가
벽을 쌓고 있었습니다. 감독관
들의 관리 아래, 공사는 빈틈없
이 잘 진행되어 가고 있었습니
다.
9 그래서 저희는 원로들에게, 누
가 그 성전을 다시 지으라고 하
였는지, 누가 성벽 공사를 마치
라고 하였는지를 물었습니다.
10 또한 임금님께 공사 책임자들의
명단을 만들어서 알려 드리려
고, 그들의 이름도 물었습니다.
11 그들이 우리에게 한 대답은 다
음과 같습니다.
○'우리는 하늘과 땅의 주이신
하나님을 섬기는 사람입니다.
우리는 지금, 허물어진 성전을
다시 짓고 있습니다. 이 성전은

5장 요약 사마리아 사람들의 방해 공작으로 중단된 성전 재건 작업은 예언자 학개와 스가랴를 통해 재개되었다. 본문은 이러한 상황에서 닷드내 총독이 성전 재건의 합법성을 확인하기 위해 다리우스 왕에게 보낸 편지 내용이다. 그가 유다 사람들의 성전 재건을 무조건 제지하지 않고 사실 여부를 알아본 것은 공정한 사건 처리였다.

5:1-2 사마리아 사람들의 방해로 인해 작업을 중단하게 된 귀환자들은 사리사욕에 빠져 징계까지 받게 된다(학 1:7-11). 그러나 하나님의 언약적 사랑은 격려와 용기의 말씀(학 2:1-5;슥 4:6-10)으로 끝까지 그들을 권고하신다.

5:6 다리우스 왕에게 글을 올렸다 총독 닷드내는 공정하게 사건을 처리한다. 닷드내는 성전 재건이

㉠ 칠십인역을 따름. 아람어 본문에는 '우리는 그들에게 성전 재건을 돕는 사람들의 이름을 밝혔다'

본래 옛날 이스라엘의 어떤 큰
왕이 짓기 시작하여 완공하였
던 것입니다.
12 그런데 우리의 조상이 하늘의
하나님을 노엽게 하였으므로,
하나님이 우리의 조상을 갈대아
사람 바빌로니아 왕 느부갓네살
의 손에 넘기셨습니다. 그가 이
전을 허물고, 백성을 바빌로니아
로 사로잡아 갔습니다.
13 그러나 고레스 왕께서 바빌로니
아 왕이 된 그 첫 해에, 하나님
의 성전을 지으라고 칙령을 내
렸습니다.
14 그뿐만 아니라, 그는 느부갓네살
이 예루살렘 성전에서 꺼내어서
바빌론 ㉠신전으로 가지고 간 성
전의 금그릇과 은그릇을 그 ㉠신
전에서 꺼내어 돌려주기까지 하
였습니다. 그 때에 고레스 왕께
서는 세스바살을 총독으로 임
명하고, 그 그릇들을 주면서,
15 그에게 그것들을 모두 예루살렘
으로 가지고 가서 성전에 두라
고 하셨습니다. 또 하나님의 성
전을 제자리에 다시 세우라고
말씀하셨습니다.
16 바로 그 세스바살이 예루살렘
으로 와서, 하나님의 성전 기초
를 놓았습니다. 그 때부터 오늘
까지 줄곧 일을 하였으나, 아직
다 마치지 못하였습니다.'
17 ○아뢰옵기 황송하오나, 임금님
께서 바빌론의 왕실 문서 창고
를 살펴보시고, 정말 고레스 왕
께서 예루살렘에다가 하나님의
성전을 다시 지으라고 칙령을
내리신 적이 있는지 알아 보시
는 것이 좋겠습니다. 그런 다음
에, 이 일을 어떻게 하면 좋을지
를 결정하시고 일러주시기 바랍
니다."

고레스의 칙령이 발견되다

6 이에 다리우스 왕이 명령을 내려,
바빌론에서 옛 귀중본들을 두는
서고들을 조사하도록 하였다.
2 메대 지방 악메다 궁에서 두루마리
가 하나 발견되었는데, 거기에는 다
음과 같이 적혀 있다.
3 ○"고레스 왕 일년에, 왕께서 예루살
렘에 있는 성전에 관하여 칙령을 내
리시다.
○희생제사를 드리던 바로 그
곳에 성전을 다시 세워라. 기초
를 튼튼히 다지고, 성전의 높이
와 너비는 각각 육십 자가 되게
하고,
4 벽은 돌 세 겹에 나무 한 겹씩
쌓아라. 비용은 국고에서 대주
어라.

고레스 왕의 조서에 근거했는지를 알아보기 위해 다리우스 왕에게 편지를 보낸다.

5:9–16 원로들은 페르시아 관리들의 질문에 '*고레스 왕의 명령*'이라고 간단하게 대답하지 않았다. 그 이유는 학개와 스가랴를 통하여 권고하신 격려의 말씀(학 2:1–5;슥 4:6–10)에 힘입어 하나님의 주권과 언약에 대한 믿음이 강해졌기 때문이다.

㉠ 또는 '궁전'

6장 요약 다리우스 왕은 성전 건축을 지원하여 조속히 완공하라는 조서를 내렸다. 어려움이 많았음에도 불구하고 작업을 시작한 지 20년 만에 성전은 완공될 수 있었다. 성전이 완공되자 온 백성은 최선을 다해 봉헌식을 거행하고 유월절을 지켰다.

6:1–12 조사해 본 결과, 성전 재건의 합법성이 입증되었다. 그리하여 다리우스 왕은 성전 건축에

5 느부갓네살이 예루살렘에 있는
성전에서 꺼내어서 바빌론으로
가지고 온 성전의 금그릇과 은그
릇을 돌려보내어, 예루살렘 성
전으로 옮기게 하고, 성전 안 본
래 있던 자리에 두도록 하여라."

다리우스 왕의 명령

6 ○이제 유프라테스 강 서쪽 지
방의 닷드내 총독과 스달보스내
와 경의 동료 관리들과 유프라
테스 강 서쪽 지방에 있는 관리
들은, 건축 공사 지역에 접근하
지 않도록 하여라.
7 성전 짓는 일을 막지 말고, 유다
의 총독과 원로들이 자기들의
성전을 옛 터에 짓도록 그대로
두어라.
8 내가 이제 지시한다. 경들은 성
전을 짓는 유다의 원로들을 도
와라. 성전 공사에 드는 비용은
국고에서 댈 터이니, 유프라테스
강 서쪽 지방에서 거둔 세금에
서 그 비용을 어김없이 주어서,
일이 중단되지 않게 하여라.
9 예루살렘의 제사장들이 하늘의
하나님께 번제를 드리는 데 필
요하다고 하는 것들은 무엇이든
지 내주어라. 수송아지든지 숫
양이든지 어린 양이든지, 또는
밀이든지 소금이든지 포도주든
지 기름이든지, 그들이 요구하
는 대로 어김없이 날마다 주도
록 하여라.
10 그래서 그들이, 하늘의 하나님
이 기뻐하시는 희생제사를 드리
게 하고, 왕과 왕자들이 잘 살
수 있도록 기도하게 하여라.
11 나는 또 다음과 같이 지시한다.
내가 내린 이 칙령을 고치는 자
는, 그의 집에서 들보를 뽑아서
내다 세우고, 거기에 그를 매달
아라. 그 집은 이에 대한 벌로
거름더미를 만들어라.
12 어떤 왕이나 어떤 민족이 나의
칙령을 거역하여, 이것을 고치거
나 예루살렘 성전을 파괴하면,
거기에 이름을 두신 하나님이
그들을 없애 버릴 것이다. 이것
은 나 다리우스의 명령이니, 경
들은 지체없이 실시하여라.

성전 봉헌

13 ○그래서 유프라테스 서쪽 지방의
닷드내 총독과 스달보스내와 동료
관리들은, 다리우스 왕이 내린 조서
에 지시된 대로, 신속하게 처리하였
다.
14 학개 예언자와 잇도의 아들 스가랴
가 성전 공사를 격려하였다. 유다의
원로들은 계속하여 성전을 지었고,
공사는 순조롭게 진행되었다. 그들

적극적으로 협력하여 빨리 완공하라는 강력한 조서를 내렸다.

6:3-5 고레스 왕이 내렸던 조서는 ① 성전 재건의 규모에 대한 서술 ② 소요 경비는 모두 왕실에서 부담할 것 ③ 가져왔던 성전 그릇들을 돌려보낼 것 등의 내용으로 되어 있다.

6:8-12 다리우스 왕은 고레스 왕의 조서 내용에 몇 가지를 더 추가시킨다. ① 매일 필요한 번제물을 공급할 것 ② 명령을 변경하는 자와 그 가문은 엄벌에 처할 것 ③ 특히, 성전을 허무는 자는 하나님께서 벌하시기를 원한다는 것이다.

6:11-12 매달아라 이 말은 '높이 올린다'는 뜻으로 '십자가에 단다'는 뜻과 동일하다. 이러한 처형 방법은 고대 근동 지방에서 보편적으로 행해졌던 방법이었다. 이 조서의 내용을 어긴 자는 페르시아 신에게 도전한 자로 간주되어 처형당했다.

6:16-22 규모에 있어서 솔로몬의 성전 봉헌식과 비교할 수는 없지만, 모든 이스라엘 지파를 위해

은 이스라엘의 하나님의 명과 페르
시아 왕 고레스와 다리우스와 아닥
사스다의 칙령을 따라서, 성전 짓는
일을 끝낼 수 있었다.
15 성전 건축이 끝난 것은 다리우스 왕
육년 ㉠아달월 삼일이다.
16 그 때에 제사장들과 레위 사람들과
사로잡혀 갔다가 돌아온 사람들과
모든 이스라엘 백성은, 기뻐하면서
하나님의 성전 봉헌식을 올렸다.
17 하나님께 이 성전을 바치면서, 그들
은 수소 백 마리와 숫양 이백 마리
와 어린 양 사백 마리를 바치고, 온
이스라엘을 위한 속죄제물로는, 이
스라엘 지파의 수대로 숫염소 열두
마리를 바쳤다.
18 그렇게 한 다음에, 그들은 갈래별로
제사장을 세우고, 무리별로 레위 사
람을 세워서, 모세의 책에 기록된 대
로, 예루살렘에서 하나님을 섬기는
일을 맡아 보게 하였다.

유월절

19 ○사로잡혀 갔다가 돌아온 이들은
첫째 달 십사일에 유월절을 지켰다.
20 제사장들과 레위 사람들은 일제히
몸을 씻고서 정결예식을 치렀다. 그
런 다음에, 레위 사람들은, 돌아온
이들 모두와 동료 제사장들과 자기
들이 먹을 유월절 양을 잡았다.
21 잡혀 갔다가 돌아온 이스라엘 자손
들이 그것을 먹었다. 그 땅에 살던
이방 사람들에게서 부정을 탔다가
그 부정을 떨어버리고, 주 이스라엘
의 하나님을 찾아온 이들도, 그들과
함께 유월절 양고기를 먹었다.
22 그들은 이레 동안 무교절을 즐겁게
지켰다. 주님께서 앗시리아 왕의 마
음을 돌이켜서, 그들에게 호의를 베
풀도록 하셨으므로, 그들은 힘을 얻
었다. 그들은, 주 이스라엘의 하나님
이신 하나님의 성전을 다시 지을 수
있었으므로, 한없이 기뻤다.

에스라가 예루살렘에 도착하다

7 이런 일들이 지나가고 난 다음이
다. 페르시아의 아닥사스다 왕이
다스리던 때에, 에스라라는 사람이
있었다. 그의 아버지는 스라야이고,
할아버지는 아사랴이며, 그 윗대는
힐기야요,
2 그 윗대는 살룸이요, 그 윗대는 사
독이요, 그 윗대는 아히둡이요,
3 그 윗대는 아마랴요, 그 윗대는 아
사랴요, 그 윗대는 므라욧이요,
4 그 윗대는 스라히야요, 그 윗대는 웃
시엘이요, 그 윗대는 북기요,
5 그 윗대는 아비수아요, 그 윗대는 비
느하스요, 그 윗대는 엘르아살이요,
그 윗대는 대제사장 아론이다.
6 바로 그 에스라가 바빌로니아에서
돌아왔다. 그는 주 이스라엘의 하나

속죄제(17절)를 거행함으로써 '진정한 이스라엘 신앙 공동체의 회복'이라는 중대한 의의를 갖는다. 제2성전 봉헌식에 뒤따른 유월절(19–22절)은 *속죄와 구원, 회복과 새 출발*이라는 이중의 의미를 지니며 즐거이 지켜졌다.

6:16 하나님의 성전 봉헌식 '봉헌'은 시리아어로는 '하누카'이다. 유다 사람들은 12월의 몇 날을 정해서 빼앗겼던 성전을 다시 찾아 봉헌한 것을 기념하는데 바로 이 기념일들도 하누카로 불렸다.

7장 요약 본장은 에스라의 족보와 그가 2차 포로 귀환민들과 함께 고국으로 돌아오게 된 경위를 밝히고 있다. 족보에는 몇몇 이름들이 생략되어 있으나, 에스라가 아론의 혈통을 지닌 제사장임을 보여 주는 중요한 문서이다. 그는 아닥사스다 왕이 2차 포로 귀환을 허용한 덕분에 귀환길에 오를 수 있었다.

㉠ 양력 이월 중순 이후

님이 주신 모세의 율법에 능통한 학
자이다. 주 하나님이 그를 잘 보살피
셨으므로, 왕은 에스라가 요청하는
것은 무엇이나 다 주었다.
7 아닥사스다 왕 칠년에, 일부 이스라
엘 자손들과 몇몇 제사장들과 레위
사람들과 노래하는 사람들과 성전
문지기들과 성전 막일꾼들이 예루
살렘으로 올라올 때에,
8 에스라도 그들과 함께 올라왔다. 그
가 예루살렘에 닿은 것은, 왕이 다스
린 지 칠년이 된 해의 다섯째 달이
다.
9 그가 바빌로니아를 떠난 것은 ㉠첫째
달 초하루이다. 하나님이 그를 잘 보
살펴 주셔서, ㉡다섯째 달 초하루에
예루살렘에 닿을 수 있었다.
10 에스라는 주님의 율법을 깊이 연구
하고 지켰으며, 또한 이스라엘 사람
들에게 율례와 규례를 가르치는 일
에 헌신하였다.

아닥사스다 왕이 칙령을 내리다

11 ○에스라는 제사장이면서 학자이며,
이스라엘이 받은 주님의 계명과 율
례를 많이 배운 사람이었다. 다음은
아닥사스다 왕이 에스라에게 보낸
칙령을 옮겨 적은 것이다.
12 ○"㉢왕 중의 왕 아닥사스다는 하늘
의 하나님의 율법에 통달한 학자 에
스라 제사장에게 칙령을 내린다.
13 ○나의 지시는 다음과 같다. 내
가 다스리는 나라에 사는 이스
라엘 사람 가운데서, 그대와 함
께 예루살렘으로 가고자 하는
사람은, 제사장이든지 레위 사
람이든지, 누구든지 가도 좋다.
14 나와 나의 일곱 보좌관이 그대
를 보내는 것이니, 그대가 잘 아
는 하나님의 율법에 따라서, 유
다와 예루살렘이 어떠한지를 살
펴보아라.
15 그뿐 아니라, 그대는, 나와 나의
보좌관들이 예루살렘에 계시는
이스라엘의 하나님께 기쁜 마음
으로 드리는 은과 금을 가지고
가거라.
16 또한 바빌로니아의 모든 지방에
서 그대가 얻을 은과 금도 가지
고 가고, 백성과 제사장들이 예
루살렘에 있는 하나님의 성전에
바치는 자원예물도 가지고 가거
라.
17 ○그 돈으로는 반드시 수송아지
와 숫양과 어린 양을 사고, 거기
에 곁들여 곡식제물과 부어 드리
는 제물도 사서, 그것들을 예루
살렘에 있는, 그대가 섬기는 하
나님의 성전의 제단 위에 함께
제물로 드려라.
18 그 나머지 은과 금은 그대가 섬

7:1–5 에스라의 족보가 소개된다. 그 목적은 에스라 자신이 비록 대제사장은 아니지만, 대제사장 아론의 혈통을 지닌 제사장임을 강조하려는 데 있다. 그런데 몇몇 이름들이 생략되어 있다. 즉 므라욧과 아사랴 사이(대상 6:7–14), 에스라와 스라야 사이(대상 6장), 사독과 아히둡 사이(대상 9:11)이다. 에스라와 스라야 사이에는 약 150~200년의 간격이 있다. 에스라는 아론의 27대 손이다.

7:6–10 모세의 율법에 능통한 학자인 에스라는 페르시아 궁내의 능숙한 서기관이자 유대 사람의 율법에 능통한 제사장이었다. 여기서는 율법 연구를 통하여 하나님의 구원 역사의 흐름과 언약 성취의 발자취를 깨닫고, 민족적 신앙 회복을 위한 자신의 역사적 사명에 대한 확신과 기대에 찬 에스라의 모습을 엿볼 수 있다.

㉠ '아빕월', 양력 삼월 중순 이후 ㉡ '아브월', 양력 칠월 중순 이후
㉢ 7:12–26은 아람어로 기록됨

기는 하나님의 뜻에 따라서, 그
대와 그대의 동료 유다 사람들
이 가장 좋다고 생각하는 일에
쓰도록 하고,
19 그대에게 맡긴 모든 그릇은 예
루살렘의 하나님께 바치되, 그
대가 섬기는 하나님의 성전에서
예배를 드릴 때에 쓰도록 하여
라.
20 그 밖에 그대가 섬기는 하나님의
성전에서 써야 할 것이 더 있으
면, 국고에서 공급받도록 하여
라.
21 ○이제 나 아닥사스다 왕은 유
프라테스 강 서쪽 지방의 모든
국고 출납관들에게 명령한다.
하늘의 하나님의 율법에 통달한
학자 에스라 제사장이 너희에게
요청하는 것은 무엇이든지 어김
없이 그에게 주도록 하여라.
22 은은 백 달란트까지, 밀은 백 고
르까지, 포도주는 백 밧까지, 기
름은 백 밧까지 주고, 소금은 제
한없이 주도록 하여라.
23 하늘의 하나님의 성전에 관하여
하늘의 하나님이 규정하신 것은,
하나도 어기지 말고 그대로 지켜
라. 나와 내 자손이 다스릴 나라
에 하나님의 분노가 내리도록
그대로 둘 수는 없기 때문이다.
24 그대들은 또한 제사장들이나 레
위 사람들이나 노래하는 사람들
이나 성전 문지기들이나 성전
막일꾼들이나 성전에서 일하는
다른 일꾼들에게, 조공이나 세
금이나 관세를 물려서는 안 된
다.
25 또 그대 에스라는, 그대가 섬기
는 하나님이 그대에게 주신 지혜
를 따라, 그대가 섬기는 하나님
의 율법을 잘 아는 사람들 가운
데서 법관들과 판사들을 뽑아
세워, 유프라테스 강 서쪽에 있
는 모든 백성의 재판을 맡아 보
게 하여라. 율법을 잘 알지 못하
는 사람들은 그대들이 가르쳐
라.
26 하나님의 율법과 왕의 명령대로
따르지 아니하는 자는, 반드시
죽이거나 귀양을 보내거나 재산
을 빼앗거나 옥에 가두거나 하
여, 엄하게 다스려라."

에스라가 하나님을 찬양하다

27 ○주 우리 조상의 하나님을 찬
양하여라. 하나님은 왕에게 예
루살렘에 있는 주님의 성전을
영화롭게 하려는 마음을 주셨
다.
28 나에게 자비를 베푸셔서, 내가,
왕과 보좌관들과 권세 있는 고

7:11-26 아닥사스다 왕의 조서는 이스라엘에 대해 적극적이고 철두철미한 도움을 주겠다는 내용을 담고 있다. 즉 하나님의 율법에 대한 존중, 유대 종교의 풍습에 대한 이해 및 권장, 예배에 대한 재정 보조, 성전 봉사자들에 대한 면세 조처, 특히 유대 지역에 대한 종교·정치적 통치권의 위임 등 아주 혁신적인 것들이었다. 이러한 조서를 내린 중대한 이유 중의 하나는, 아닥사스다 왕이 에스더의 의붓아들이었기 때문이기도 하다.

7:21 모든 국고 출납관들 이 말은 페르시아의 조세 제도의 일면을 보여 준다. 당시 페르시아 지방 장관(총독)들은 자신의 관할 구역 내에서 세금을 거두어 각 지방의 창고에 보관했다가 왕실로 상납하곤 했다.

7:27-28 에스라는 율법에 대한 연구와 귀환의 정황을 통하여 깨닫고 체험한 하나님의 구원 역사, 언약의 성취(사 60:7), 이스라엘에 대한 사랑 등에 감사하며 영광의 찬양을 올린다.

관들에게 총애를 받게 하여 주
셨다. 주 나의 하나님이 이처럼
나를 돌보아 주시므로, 나는 힘
을 얻어서, 이스라엘 백성 가운
데서 지도자들을 불러 모아, 함
께 예루살렘으로 올라올 수 있
었다.

에스라와 함께 돌아온 백성들

8 아닥사스다 왕이 다스릴 때에, 나
와 함께 바빌로니아를 떠나서 이
리로 올라온 각 가문의 우두머리와
그들의 계보는 다음과 같다.
2 ○비느하스 자손 가운데서는 게
르솜이요, 이다말 자손 가운데
서는 다니엘이요, 다윗 자손 가
운데서는 스가냐의 아들 핫두스
요,
3 바로스 자손 가운데서는 스가
랴 및 그와 함께 등록된 남자
백오십 명이요,
4 바핫모압 자손 가운데서는 스라
히야의 아들 엘여호에내 및 그
와 함께 등록된 남자 이백 명이
요,
5 ㉠삿두 자손 가운데서는 야하시
엘의 아들 스가냐와 그와 함께
등록된 남자 삼백 명이요,
6 아딘 자손 가운데서는 요나단
의 아들 에벳 및 그와 함께 등
록된 남자 오십 명이요,
7 엘람 자손 가운데서는 아달리
야의 아들 여사야 및 그와 함께
등록된 남자 칠십 명이요,
8 스바댜 자손 가운데서는 미가엘
의 아들 스바댜 및 그와 함께
등록된 남자 팔십 명이요,
9 요압 자손 가운데서는 여히엘의
아들 오바댜 및 그와 함께 등록
된 남자 이백십팔 명이요,
10 ㉡바니 자손 가운데서는 요시뱌
의 아들 슬로못 및 그와 함께
등록된 남자 백육십 명이요,
11 베배 자손 가운데서는 베배의
아들 스가랴 및 그와 함께 등록
된 남자 이십팔 명이요,
12 아스갓 자손 가운데서는 학가
단의 아들 요하난 및 그와 함께
등록된 남자 백십 명이요,
13 아도니감 자손 가운데서는 남은
아들들 곧 엘리벨렛과 여우엘과
스마야 및 이들과 함께 등록된
남자 육십 명이요,
14 비그왜 자손 가운데서는 우대
와 사붓 및 이들과 함께 등록된
남자 칠십 명이다.

에스라가 레위 사람을 찾다

15 ○나는 사람들을 아하와 강 가에 불
러모으고, 거기에다가 장막을 치고
사흘 동안 묵으면서, 그 곳에 모인
사람들을 살펴보았다. 백성과 제사

8장 요약 본문은 에스라와 함께 돌아온 2차 귀환자들의 명단과 귀환길에 오르기 전에 에스라가 취한 준비 조처 및 도착 후 행한 하나님께 대한 경배 행위를 보여 준다.

8:1–14 2차 귀환자들의 명단이다. 그러나 다음 몇 가지 점에서 1차 귀환자들 때(2:1–70)와 차이가 있다. ① 귀환한 인원수의 차이(1차–42,360명, 2차–약 5,000명) ② 강조점의 차이(1차–사독 계보의 제사장, 2차–아론 계보의 제사장) ③ 배열 순서상의 차이–2차 귀환자들의 명부는 제사장을 먼저 기록했다. 그 이유는 에스라 자신이 제사장이었기 때문이다.

8:3 함께 등록된 남자 에스라와 함께 유다에 들어온 자들의 명부에 그 이름이 기록된 남자들이다. 물론 여자들과 아이들도 있었지만, 개인이 아닌

㉠ 칠십인역을 따라서 '삿두'를 보충함 ㉡ 칠십인역을 따라서 '바니'를 보충함

장 가운데 레위 사람은 하나도 없었
다.
16 그래서 나는 지도급 인사인 엘리에
셀과 아리엘과 스마야와 엘라단과
야립과 엘라단과 나단과 스가랴와
므술람과, 학자인 요야립과 엘라단
을 불러서,
17 가시뱌 지방의 지도자 잇도에게 보
냈다. 나는 그들에게, 잇도와 가시뱌
지방에 사는 ㉠성전 막일꾼인 그의
친족들에게 부탁하여, 우리 하나님
의 성전에서 일할 일꾼들을 데려오
라고 하였다.
18 하나님이 우리를 잘 보살펴 주셔서,
갔던 이들이 사람들을 데려왔다. 그
들이 데려온 사람들은 레위의 아들
이며 이스라엘의 손자인 마흘리 자
손으로서, 아주 유능한 인재인 세레
뱌와 그의 아들 및 친족 열여덟 명
과,
19 하사뱌와 므라리 자손 가운데서 여
사야와 그의 형제들 및 그들의 아들
들 스무 명이다.
20 이 밖에도, 성전 막일꾼 이백이십 명
을 데려왔는데, 이들은 다윗과 그의
관리들이 레위 사람을 도우라고 임
명한 성전 막일꾼이다. 이들이 모두
등록을 하였다.

에스라가 금식하며 기도하다

21 ○그 곳 아하와 강 가에서 나는 모
두에게 금식하라고 선언하였다. 우
리는 하나님 앞에서, 우리와 우리 자
식들 모두가 재산을 가지고 안전하
게 돌아갈 수 있도록, 하나님이 보살
펴 주시기를 엎드려서 빌었다.
22 왕에게는 우리가 이미, 하나님을 찾
는 사람은 하나님이 잘 되도록 보살
펴 주시지만, 하나님을 저버리는 자
는 하나님의 큰 노여움을 피하지 못
한다고 말한 바가 있어서, 우리가, 돌
아가는 길에 원수들을 만나게 될지
도 모르니, 보병과 기병을 내어 달라
는 말은 부끄러워서 차마 할 수 없었
다.
23 그래서 우리는 금식하면서, 안전하게
귀국할 수 있도록 보살펴 주시기를
하나님께 간절히 기도드렸으며, 하
나님은 우리의 기도를 들어주셨다.

성전에 바친 예물

24 ○그 때에 나는 제사장들 가운데서
지도급에 속하는 사람 열둘, 곧 세레
뱌와 하사뱌와 그들의 형제 열 명을
뽑아 세우고,
25 금과 은과 그릇들을 달아서 그들에
게 맡겼다. 그것은, 왕과 보좌관들과
관리들과 거기에 있는 모든 이스라
엘 사람이, 주 우리 하나님의 성전을
짓는 데에 쓰라고 예물로 바친 것이
다.
26 내가 그들에게 달아 준 것은, 은이

전체를 대표하는 자들로서 남자들의 이름만 기록한 것이다.

8:6–8 아딘(6절), 엘람(7절), 스바댜(8절)의 자손 중에는 스룹바벨과 함께 1차 귀환 때 올라온 사람들이 있었다. 1차 귀환 때에 유다 백성들이 다 올라오지 않았다. 그 이유는 포로로 있는 동안에 광범위한 상업 활동을 통해 물질적으로 번창하여 생활 기반이 든든해진 자들이 본국으로 돌아가기를 주저했기 때문이다.

8:15–20 당대에나 스룹바벨 시대(2:40)에나 레위 사람들은 소수였다. 아닥사스다 왕의 도움으로 성전 예물은 풍부하였지만, 레위 사람이 없이는 제대로 사명을 감당할 수 없었다. 따라서 레위 사람을 급하게 찾아 모았다.

8:18–19 아주 유능한 인재의 의미는 '남을 깨닫게 하는 사람들'이다. 즉, '가르치는 레위 사람'(대하 35:3;느 8:7,9)을 말한다. 여기서는 이스라엘

㉠ 히, '느디님'

육백오십 달란트요, 은그릇이 백 달
란트요, 금이 백 달란트요,
27 전체의 무게가 천 다릭 나가는 금그
릇이 스무 개요, 귀한 금처럼 번쩍거
리는 놋그릇이 두 개였다.
28 ○나는 그들에게 일렀다. "여러분은
주님께 속한 거룩한 사람들입니다.
이 그릇들도 주님께 속한 거룩한 기
물입니다. 이 은과 금은, 사람들이
여러분의 조상이 섬긴 주 하나님께
바친 자원예물입니다.
29 여러분은 이것들을 예루살렘에 있
는 주님의 성전 창고로 가져 가십시
오. 거기에서 이것들을, 제사장 대표
들과 레위 사람들과 이스라엘 각 가
문의 족장들 앞에서 달아서 넘겨 줄
때까지, 삼가 잘 보살피도록 하십시
오."
30 그래서 제사장들과 레위 사람들은,
예루살렘에 있는 하나님의 성전으
로 가져 가려고 달아 놓은 은과 금
과 그릇들을 넘겨 받았다.

에스라가 예루살렘으로 돌아오다

31 ○첫째 달 십이일에 우리는 아하와
강을 떠나서, 예루살렘으로 가려고
길을 나섰다. 가는 길에 매복한 자
들의 습격을 받기도 하였지만, 하나
님이 우리를 잘 보살펴 주셔서 그들
의 손에서 벗어날 수 있었다.
32 예루살렘에 이르러서, 사흘 동안은
쉬었다.
33 나흘째 되는 날에, 우리는 하나님의
성전에서 은과 금과 그릇들을 달아
서, 우리야의 아들 므레못 제사장에
게 넘겨 주었다. 그자리에는 비느하
스의 아들 엘르아살과 레위 사람 예
수아의 아들 요사밧과 빈누이의 아
들 노아댜가 함께 있다가,
34 하나하나 갯수와 무게를 확인하고,
그자리에서 전체의 무게를 적었다.
35 ○사로잡혀 갔던 사람들의 자손, 곧
이방 땅에서 돌아온 사람들은, 그렇
게 하고 나서야, 비로소 이스라엘의
하나님께 번제를 드렸다. 온 이스라
엘을 위하여, 수송아지 열두 마리와
숫양 아흔여섯 마리와 어린 양 일흔
일곱 마리를 바치고 속죄제물로는
숫염소 열두 마리를 바쳤는데, 이것
을 모두 주님께 번제로 드렸다.
36 또한 그들은 왕의 칙령을 왕의 대신
들과 유프라테스 강 서쪽 지방의 총
독들에게 보냈다. 명령을 받은 관리
들은, 돌아온 사람들이 하나님의 성
전을 다시 지을 수 있도록 도왔다.

에스라의 회개 기도

9 이러한 일들을 마친 다음에, 지도
자들이 나에게 와서 말하였다.
"이스라엘 백성은, 제사장이나 레위
사람들마저도, 이방 백성과 관계를
끊지 않고, 가나안 사람과 헷 사람

의 손자인 마홀리 자손(18절)을 가리킨다.
8:34 그자리에서 전체의 무게를 적었다고 한 것은 양도받은 보물들의 증서를 아닥사스다에게 보내야 했기 때문일 것이다. 원래 바빌로니아의 실정법(함무라비 법전)에 따르면 매매와 결혼 등의 모든 거래 행위는 책에 기록하게 되어 있었다.
8:35–36 귀환자들은 조상들의 범죄로 멸망했던 수치를 되새기며, 이방 풍속에서 벗어나 깨끗한 생활을 결심하면서 속죄제를 드렸다.

9장 요약 1차 포로 귀환 후로부터 2차 포로 귀환이 이루어지는 동안에 마땅한 영적 지도자가 없던 상황에서 이스라엘 백성들은 이방 사람과 혼인을 맺고 그들의 우상을 숭배하는 죄악에 빠져 있었다. 본문은 이런 사실을 알게 된 에스라가 하나님께 드린 회개 기도이다.

9:1–10:44 본서의 결론 부분이다. 이방 사람과의 결혼으로 인하여 변질된 하나님 중심의 신앙과

과 브리스 사람과 여부스 사람과 암
몬 사람과 모압 사람과 이집트 사람
과 아모리 사람이 하는 역겨운 일을
따라서 합니다.
2 이방 사람의 딸을 아내로 또는 며느
리로 맞아들였으므로, 주변의 여러
족속의 피가 거룩한 핏줄에 섞여 갑
니다. 지도자와 관리라는 자들이 오
히려 이러한 일에 앞장을 섭니다."
3 ○이 말을 들은 나는, 너무나 기가
막혀서, 겉옷과 속옷을 찢고, 머리카
락과 수염을 뜯으면서 주저앉았다.
4 그러나 이스라엘의 하나님이 하시는
말씀을 두려워하는 사람들도 있었
다. 내가 저녁 제사 때까지 넋을 잃
고 앉아 있는 동안에, 그들은 포로
로 잡혀 갔다가 되돌아온 백성이 저
지른, 이렇게 큰 배신을 보고서, 나
에게로 모여들었다.
5 ○나는 슬픔을 가누지 못한 채로 앉
아 있다가, 저녁 제사 때가 되었을 때
에 일어나서, 찢어진 겉옷과 속옷을
몸에 그대로 걸치고, 무릎을 꿇고,
두 팔을 들고서, 주 나의 하나님께
6 기도를 드렸다.

○"하나님, 너무나도 부끄럽고
낯이 뜨거워서, 하나님 앞에서
차마 얼굴을 들 수 없습니다. 우
리가 지은 죄는, 우리 스스로가
감당할 수 없을 만큼 불어났고,
우리가 저지른 잘못은 하늘에까
지 닿았습니다.
7 조상 때로부터 오늘에 이르기까
지, 우리가 저지른 잘못이 너무
나도 큽니다. 우리가 지은 죄 때
문에, 우리뿐만 아니라 우리의
왕들과 제사장들까지도, 여러
나라 왕들의 칼에 맞아 죽거나
사로잡혀 가고, 재산도 다 빼앗
기고, 온갖 수모를 겪었습니다.
이런 일은 오늘에 와서도 마찬
가지입니다.
8 그러나 주 우리 하나님께서는,
비록 잠깐이기는 하지만, 우리에
게 자비를 베푸시어, 우리 가운
데서 얼마쯤을 살아 남게 하셨
습니다. 또한 주님께서 거룩하게
여기시는 곳에, 우리가 살아갈
든든한 터전을 마련하여 주셨습
니다. 하나님께서는, 우리 눈에
서 생기가 돌게 하시고, 잠시나
마 종살이에서 벗어나게 하여
주셨습니다.
9 우리가 종살이를 하였지만, 하
나님께서는 우리를 언제까지나
종살이를 하도록 내버려 두지
않으시고, 오히려 페르시아의
왕들에게 사랑을 받게 하여 주
시고, 또 우리에게 용기를 주셔
서, 하나님의 성전을 다시 짓고,

선택받은 민족으로서의 순수성 회복을 내용으로 하는 에스라의 개혁 운동이 소개된다.

9:2 딸들을 이방 사람에게 주는 것도 금지되어 *있지만*, 보통 이방 사람의 딸을 데려오는 것을 더욱 금하고 있음을 강조했다. 왜냐하면 시집간 딸은 이스라엘에게서 멀어지지만, 이방 사람의 딸은 이스라엘 가족들을 이교화시키기 때문이었다.

9:3–5 에스라는 범죄자들에 대하여 자신의 결백함을 주장하는 것이 아니라, 자신뿐 아니라 이스라엘 전체가 공통의 범죄를 저질렀다고 고백한다. 느헤미야가 언약 백성으로서의 개인적 역할을 강조한 반면, 에스라는 이스라엘의 공동체적 사명을 강조한다(비교. 느 1:6;13:23–27).

9:6 부끄럽고 낯이 뜨거워서 에스라는 하나님 앞에서는 내적인 부끄러움을, 그리고 백성들 앞에서는 외적인 수치를 느꼈다. **우리가 지은 죄…우리가 저지른 잘못** 이것은 에스라가 백성들의 죄는 곧 자신의 죄라는 의식과 아울러 그에 대한 책임을

무너진 곳을 다시 쌓아 올리게
하시어, 유다와 예루살렘에서
우리가 이처럼 보호를 받으면서
살아갈 수 있게 하셨습니다.
10 우리의 하나님, 주님께서 이렇게
까지 하여 주시는데, 주님의 계
명을 저버렸으니, 이제 우리가
무슨 말씀을 드릴 수 있겠습니
까?
11 주님께서는 일찍이, 주님의 종
예언자들을 시키셔서, 우리가
들어가서 차지할 땅은, 이방 백
성이 살면서 더럽힌 땅이라고
말씀하셨습니다. 거기에서 사는
자들이 역겨운 일을 하여서, 땅
의 구석구석까지 더러워지지 않
은 곳이 없다고 하셨습니다.
12 우리의 딸을 그들의 아들에게
시집 보내지도 말고, 그들의 딸
을 며느리로 맞아들이지도 말라
고 하셨습니다. 우리가 강해져
서, 그 땅에서 나는 좋은 것을
먹으며, 그 땅을 우리 자손에게
영원한 유산으로 물려주려면,
그 땅에 있는 백성이 번영하거
나 성공할 틈을 조금도 주지 말
아야 한다고 하셨습니다.
13 우리가 당한 일은 모두 우리가
지은 죄와 우리가 저지른 크나
큰 잘못 때문입니다. 그렇지만
주 우리의 하나님은, 우리가 지
은 죄에 비하여 가벼운 벌을 내
리셔서, 우리 백성을 이만큼이
나마 살아 남게 하셨습니다.
14 그러므로 다시는 주님의 계명을
어기지 않아야 하였습니다. 역
겨운 일을 저지르는 이방 백성
들과 결혼도 하지 않아야 하였
습니다. 이제 주님께서 분노하셔
서, 한 명도 남기지 않고 없애 버
리신다고 해도, 드릴 말씀이 없
습니다.
15 그렇지만, 주 이스라엘의 하나
님, 주님은 너그러우셔서 우리를
이렇게 살아 남게 하셨습니다.
진정, 우리는 우리의 허물을 주
님께 자백합니다. 우리 가운데
서, 어느 누구도 감히 주님 앞에
나설 수 없습니다."

이방인 아내와 자녀를 내쫓다

10 에스라가 하나님의 성전 앞에
엎드려 울면서 기도하며 죄를
자백하자, 이스라엘 사람도 남자, 여
자, 어린아이 할 것 없이, 많은 무리
가 에스라 주변에 모여서, 큰소리로
슬피 울었다.
2 그 때에 엘람의 자손 여히엘의 아들
스가냐가 에스라에게 말하였다. "우
리가 주변에 있는 이 땅의 백성에게
서 이방 여자를 데려와서 아내로 삼

강하게 느꼈던 것을 가르쳐 준다(7,13,15절). 6–15절 사이에 '우리'라는 말이 무려 20회가 넘게 나온 것을 봐도 이를 알 수 있다.

9:13 우리가 당한 일 나라를 잃고 성전과 예루살렘을 빼앗기고 오랫동안 이방 나라에 포로로 잡혀가서 고통과 수모를 당한 일들은 자신들의 악한 행실과 큰 죄로 인한 것이라고 고백한다. 그러면서 오히려 죄악에 비하여 형벌이 가볍다고 말할 정도로 겸손한 자세로 하나님께 감사드린다.

10장 요약 자신의 기도를 들은 백성들이 통곡하며 회개하자, 에스라는 철저한 개혁을 단행하였다. 즉 그는 이방 여자와 결혼한 사람들을 조사하여 그 명단을 공개하고 관계 청산을 요구하였다.

10:1–44 1인칭 화법의 회개(9장)에서 3인칭 화법으로 바뀌며, 율법에 의거한(3,11절) 공정하고도 철저한 개혁 작업이 객관적으로 서술되고 있다.

음으로써, 하나님께 죄를 지었지만,
아직도 이스라엘에 희망은 있습니
다.
3 이제 우리는 하나님의 명령을 두려
워하면서 받드는 분들의 권면과, 에
스라 제사장님의 가르침을 따라서,
이방 여자들과 그들에게서 난 아이
들을 다 보낼 것을 하나님 앞에서
언약하겠습니다. 율법대로 하겠습니
다.
4 그러므로 이제 일어나십시오. 이 모
든 일은 제사장님이 맡아서 하셔야
합니다. 우리가 제사장님을 도와 드
리겠습니다. 용기 있게 밀고 나가십
시오."
5 ○이 말을 듣고, 에스라가 일어나서,
지도급 제사장들과 레위 사람들과
온 이스라엘 사람에게 그들이 말한
대로 하겠다고 맹세하라고 요구하
니, 그들은 그대로 맹세하였다.
6 에스라는 하나님의 성전 앞에서 물
러 나와, 엘리아십의 아들 여호하난
의 방으로 들어가서, 포로로 잡혀
갔다가 돌아온 백성이 지은 죄 때문
에, ㉠밤이 새도록 밥도 먹지 않고,
물도 마시지 않으며, 슬피 울었다.
7 ○잡혀 갔다가 돌아온 백성은 모두
예루살렘으로 모이라는 명령이 예
루살렘과 온 유다 땅에 내렸다.
8 사흘 안에 오지 않는 사람은, 지도
자들과 원로들의 결정에 따라 재산
을 빼앗고, 잡혀 갔다가 돌아온 백성
의 모임에서 내쫓는다고 하니,
9 사흘 안에 유다와 베냐민 사람들이
모두 예루살렘에 모였다. 그 때가
㉡아홉째 달 이십일이다. 온 백성이
하나님의 성전 앞뜰에 모여 앉아서
떨고 있었다. 사태가 이러한 터에, 큰
비까지 내리고 있었기 때문이다.
10 드디어, 에스라 제사장이 나서서, 그
들에게 말하였다. "여러분은 이방 여
자들과 결혼하였으므로, 배신자가
되었습니다. 그것 때문에, 이스라엘
의 죄가 더욱 커졌습니다.
11 이제 주 여러분의 조상의 하나님께
죄를 자백하고, 그의 뜻을 따르십시
오. 이 땅에 있는 이방 백성과 관계
를 끊고, 여러분이 데리고 사는 이방
인 아내들과도 인연을 끊어야 합니
다."
12 ○온 회중이 큰 목소리로 대답하였
다. "옳으신 말씀입니다. 우리는 반
드시 말씀하신 대로 하겠습니다.
13 그렇지만 여기에 모인 사람들의 수
가 많고, 때가 장마철이므로, 이렇게
바깥에 서 있기가 어렵습니다. 더구
나 이 일은 우리의 잘못이 너무나 커
서, 하루 이틀에 처리될 문제가 아닙
니다.
14 그러므로 대표를 뽑아서, 모든 회중

10:3 이방 여자들과…다 보낼 것을 이방 여자와의 이혼을 말한다. 랍비들의 전승에 따르면 유다의 남편들은 사소한 문제로도 아내들에게 이혼 증서를 주곤 했었다. 스가냐의 이혼 제안은 아무 무리가 없다. 왜냐하면 백성들의 도덕과 신앙을 위해 그러한 조치는 필요했기 때문이다. 율법대로 하겠습니다 이 말은 데려온 이방 여자들에게 이혼 증서를 주어 다시 자유롭게 결혼할 수 있게 하라고 지시하는 에스라의 명령이다(참조. 신 24:1-2).

10:15 반대하였으며…동조하였을 뿐이다 '이 의견에 반대하였으며'(히. '아마두 알 조트')는 문맥상 회중 대표자들의 제안(13-14절)을 반대하는 것임에 틀림없다. 요나단과 야스야는 시간을 낭비하지 말고 즉각 시행할 것을 원한 것이다. 그런데 므술람과 삽브대가 도왔던 것은 대표자들의 제안(13-14절)이었거나, 요나단과 야스야의 입장일 수도

㉠ '밤이 새도록'은 칠십인역을 따름 ㉡ '기슬르월', 양력 십일월 중순 이후

의 일을 맡기는 것이 좋겠습니다. 마
을마다 이방 여자와 결혼한 사람들
에게는 날짜를 정하여 주어서, 그들
이 자기 마을의 원로들과 재판장들
과 함께 나오게 하고, 이 일 때문에
일어난 우리 하나님의 진노를 풀어
드리는 것이 좋겠습니다."
15 오직, 아사헬의 아들 요나단과 디과
의 아들 야스야만 이 의견에 반대하
였으며, 므술람과 레위 사람 삽브대
가 그들에게 동조하였을 뿐이다.
16 포로로 사로잡혀 갔다가 돌아온 백
성들은, 많은 쪽의 의견을 따르기로
하였다. 에스라 제사장은 각 가문의
갈래마다 한 사람씩을 우두머리로
뽑아서, 그들에게 책임을 맡겼다. 이
방 여자와 결혼한 사람들에 대한 조
사는, ㉠열째 달 초하루에 시작하여,
17 이듬 해 첫째 달 초하루에 끝났다.

이방 여자와 결혼한 남자들

18 ○제사장의 무리 가운데서 이방 여
자와 결혼한 사람들은 다음과 같다.
요사닥의 아들 예수아 및 그 형제들
의 자손 가운데서는 마아세야와 엘
리에셀과 야립과 그달리야이다.
19 그들은 모두 손을 들어서, 아내를 내
보내겠다고 서약하고, 지은 죄가 있
으므로, 각자 숫양 한 마리씩을 잡
아서 속죄제물로 바쳤다.
20 임멜의 자손 가운데서는 하나니와
스바댜요,
21 하림의 자손 가운데서는 마아세야
와 엘리야와 스마야와 여히엘과 웃
시야요,
22 바스훌의 자손 가운데서는 엘료에
내와 마아세야와 이스마엘과 느다
넬과 요사밧과 엘라사요,
23 레위 사람들 가운데서는 요사밧과
시므이와 글리다라고도 하는 글라
야와 브다히야와 유다와 엘리에셀이
요,
24 노래하는 사람들 가운데서는 엘리
아십이요, 성전 문지기들 가운데서
는 살룸과 델렘과 우리요,
25 이스라엘 일반인으로서, 바로스의
자손 가운데서는 라먀와 잇시야와
말기야와 미야민과 엘르아살과 말기
야와 브나야요,
26 엘람의 자손 가운데서는 맛다니야
와 스가랴와 여히엘과 압디와 여레
못과 엘리야요,
27 삿두의 자손 가운데서는 엘료에내
와 엘리아십과 맛다니야와 여레못과
사밧과 아시사요,
28 베배의 자손 가운데서는 여호하난
과 하나냐와 삽배와 아들래요,
29 바니의 자손 가운데서는 므술람과
말룩과 아다야와 야숩과 스알과 여
레못이요,
30 바핫모압의 자손 가운데서는 앗나

있다. 이와 관련하여 어떤 이는 요나단과 야스야가 이방 여자를 취했기 때문에 에스라의 개혁 자체를 반대했을 것이며, 같은 입장에 있던 므술람(비교. 29절)과 삽브대가 이에 동조했다고 생각하기도 한다. 그러나 므술람(느 10:7)과 삽브대(느 11:16)의 신분과 '그들에게 동조하였을 뿐이다'(히. '아짜룸')에 붙은 3인칭 복수 어미를 보아서 대표자들의 제안을 도운 것으로 보는 것이 더 설득력이 있다.

10:18–25 제사장의 무리(18절)로부터 시작해서 이방 여자와 결혼한 사람들은 모두 113명에 이른다. 노래하는 사람과 성전 문지기(24절)란 레위 사람들에게 부여된 직책을 말한다. 직책 부여는 다윗 때 처음으로 실시되었다(대상 25:1;26:1–19). 이스라엘 일반인으로서란 '제사장과 레위 사람들을 제외한 그 외의 사람들 중에서'를 말한다. 명부에는 회개하고 이방 여자들을 돌려보낸 사람들의 이름만

㉠ '데벳월', 양력 십이월 중순 이후

와 글랄과 브나야와 마아세야와 맛
다니야와 브살렐과 빈누이와 므낫세
요,
31 하림의 자손 가운데서는 엘리에셀
과 잇시야와 말기야와 스마야와 시
므온과
32 베냐민과 말룩과 스마랴요,
33 하숨의 자손 가운데서는 맛드내와
맛닷다와 사밧과 엘리벨렛과 여레매
와 므낫세와 시므이요,
34 바니의 자손 가운데서는 마아대와
아므람과 우엘과
35 브나야와 베드야와 글루히와
36 와냐와 므레못과 에랴십과
37 맛다니야와 맛드내와 야아수와
38 바니와 빈누이와 시므이와
39 셀레먀와 나단과 아다야와
40 막나드배와 사새와 사래와
41 아사렐과 셀레먀와 스마랴와
42 살룸과 아마랴와 요셉이요,
43 느보의 자손 가운데서는 여이엘과
맛디디야와 사밧과 스비내와 잇도와
요엘과 브나야이다.
44 이들은 모두 이방 여자와 결혼한 남
자이다. 이방 여자 가운데는 자식을
낳은 사람들도 있었다.

이 기록되어 있다.

10:26-44 성전 막일꾼(2:34-54)과 솔로몬을 섬기던 종들의 자손(2:55-57) 중에도 이방 여자와 결혼하여 죄를 범한 사람들이 많았다. 이들 중에 단 한 사람도 회개하지 않는 것은 놀라운 일이다.

10:29 말룩 성경에는 말룩이란 이름을 가진 자들이 여럿 나온다. ① 성전 찬양대에 속한 레위 지파 므라리 자손(대상 6:44), ② 포로 귀환 이후 이방 여자를 아내로 맞이했다가 이혼한 사람(스 10:29,32), ③ 느헤미야 때 새로 갱신한 언약에 서명 날인했던 제사장(느 10:4), ④ 스룹바벨과 함께 바빌로니아 포로에서 돌아온 제사장(느 12:2) 등이 있다.

10:43 느보 바빌로니아 신 느보(사 46:1)와 동일하다. 하지만 여기에서는 가문의 이름이다.

10:44 자녀까지 생긴 가정을 깨뜨리는 것은 하나님의 법을 깨뜨리는 것과 비교할 바가 못 된다. 인정(人情)보다 하나님 중심의 삶이 더 중요하다.

느헤미야기

저자 느헤미야

저작 연대 B.C. 420년경으로 추정

기록 장소와 대상 예루살렘에서 이스라엘 백성을 대상으로 기록했을 것이다.

주요 내용 본서에 나타난 주요 내용은 예루살렘 성벽의 재건과 하나님의 율법에 대한 충성이다. 예루살렘 성벽은 유다 사람들에게 있어서 성전과 더불어 민족의 상징이요, 생명과도 같은 것이었다. 원수들의 갖가지 조롱과 방해 공작에도 불구하고 일어나 건축하라는 나팔 소리는 결국 승리의 환호로 이어져, 죄악으로 인해 허물어졌던 성벽이 갖은 고초 가운데서 재건되었다. 이는 포로 후의 새 출발에 있어서 새 삶의 터전이 되었고 또한 신앙의 증거로서 후대에 큰 귀감이 되었다.

핵심어 및 내용 느헤미야기의 핵심어는 '목표'와 '재건'이다. 우리 모두는 하나님을 중심으로 인생의 비전을 반영하며 구체적으로 실천할 수 있는 목표를 가지고 있어야 한다. 느헤미야는 이러한 목표를 가지고 있었는데 그것은 예루살렘 성벽을 재건하는 일이었다. 완전한 성벽 재건이야말로 그에게 있어서 가장 큰 기쁨이었다.

내용 분해

1. 느헤미야의 첫 번째 사역(1:1–12:47)
2. 느헤미야의 두 번째 사역(13:1–31)

느헤미야가 예루살렘을 두고 기도하다

1 하가랴의 아들 느헤미야가 한 말
이다. ○이십년 ㉠기슬르월, 내가
도성 수산에 있을 때에,
2 나의 형제 가운데 하나인 하나니가
다른 사람들과 함께 유다에서 왔기
에, 이리로 사로잡혀 오지 않고, 그
곳에 남아 있는 유다 사람들은 어떠
한지, 예루살렘의 형편은 어떠한지
를 물어 보았다.
3 그들이 나에게 대답하였다. "사로잡
혀 오지 않고 그 지방에 남은 사람
들은, 거기에서 고생이 아주 심합니
다. 업신여김을 받습니다. 예루살렘
성벽은 허물어지고, 성문들은 다 불
에 탔습니다."
4 이 말을 듣고서, 나는 주저앉아서 울
었다. 나는 슬픔에 잠긴 채로 며칠
동안 금식하면서, 하늘의 하나님께
기도하여
5 아뢰었다.
○주 하늘의 하나님, 위대하
고 두려운 하나님, 주님을 사랑
하는 이들과 세운 언약, 주님의
계명을 지키는 이들과 세운 언
약을 지키시며 은혜를 베푸시는
하나님,
6 이제 이 종이 밤낮 주님 앞에서
주님의 종 이스라엘 자손을 위
하여 드리는 이 기도에 귀를 기
울이시고, 살펴 주십시오. 우리
이스라엘 자손이 주님을 거역하
는 죄를 지은 것을 자복합니다.
저와 저의 집안까지도 죄를 지
었습니다.
7 우리가 주님께 매우 큰 잘못을
저질렀습니다. 주님의 종 모세
를 시키시어, 우리에게 내리신
계명과 율례와 규례를 우리가
지키지 않았습니다.
8 주님의 종 모세를 시키시어 하
신 말씀을 기억하여 주십시오.
우리가 죄를 지으면, 주님께서
우리를 여러 나라에 흩어 버리
겠지만,
9 우리가 주님께로 돌아와서, 주님
의 계명을 지키고 실천하면, 쫓

㉠ 양력 십일월 중순 이후

겨난 우리가 하늘 끝에 가 있을
지라도, 주님께서 거기에서 우리
를 한데 모아서, 주님의 이름을
두려고 택한 곳으로 돌아가게
하겠다고 하신 그 말씀을, 이제
기억하여 주십시오.
10 이들은 주님께서 크신 힘과 강
한 팔로 건져내신 주님의 종이
며, 주님의 백성입니다.
11 주님, 종의 간구를 들어주십시
오. 주님의 이름을 진심으로 두
려워하는 주님의 종들의 간구
에 귀를 기울여 주십시오. 이제
주님의 종이 하는 모든 일을 형
통하게 하여 주시고 왕에게 자
비를 입게 하여 주십시오.
○그 때에 나는 왕에게 술잔을 받
들어 올리는 일을 맡아 보고 있었
다.

느헤미야가 예루살렘으로 가다

2 아닥사스다 왕 이십년 ㉠니산월에
나는 왕에게 술을 따르는 일을 맡
았다. 왕에게 술을 따라 드리는 어
느 날, 왕께서는 나의 안색이 평소와
는 달리 좋지 않은 것을 보시고는
2 "안색이 좋지 않구나. 아픈 것 같지
는 않은데, 무슨 걱정되는 일이라도
있느냐?" 하고 물으셨다. 나는 너무
나도 황공하여
3 "임금님, 만수무강 하시기를 빕니다.
소신의 조상이 묻힌 성읍이 폐허가
되고 성문들이 모두 불에 탔다는 소
식을 듣고서, 울적한 마음을 가누지
못한 탓입니다" 하고 아뢰었더니,
4 "네가 바라는 것이 무엇이냐?" 하
고, 왕께서 또 나에게 물으셨다. 나
는 하늘의 하나님께 기도를 드리고
나서,
5 왕에게 말씀드렸다. "임금님께서 좋
으시면, 임금님께서 소신을 좋게 여
기시면, 소신의 조상이 묻혀 있는 유
다의 그 성읍으로 저를 보내 주셔서,
그 성읍을 다시 세우게 하여 주시기
를 바랍니다."
6 ○그 때에 왕후도 왕 옆에 앉아 있었
다. 왕은 "그렇게 다녀오려면 얼마나
걸리겠느냐? 언제쯤 돌아올 수 있겠
느냐?" 하고 나에게 물으셨다. 왕이
기꺼이 허락하실 것 같은 생각이 들
어서, 나는 얼마가 걸릴지를 말씀드
렸다.
7 나는 왕에게 덧붙여서 말씀드렸다.
"임금님께서 좋으시다면, 소신이 유
다까지 무사히 갈 수 있도록 유프라
테스 서쪽 지방의 총독들에게 보내
는 친서를 몇 통 내려 주시기 바랍니
다.
8 또 왕실 숲을 맡아 보는 아삽에게
도, 나무를 공급하라고 친서를 내리
셔서, 제가 그 나무로 성전 옆에 있

1장 요약 느헤미야는 유다에서 온 하나니로부터 동족들의 고난과 예루살렘 성벽이 무너진 소식을 듣고, 금식 기도하며 동족들의 죄를 고백하고 하나님의 도우심을 간구하였다.

1:11 술잔을 받들어 올리는 일은 왕에게 올릴 술을 선정하고 독이 있나 없나 맛보는 업무이다(2:1). 느헤미야가 왕의 신임을 받고 있음을 알 수 있다.

㉠ 양력 삼월 중순 이후

2장 요약 느헤미야가 기도한 지 넉 달 만에 하나님은 그의 기도에 응답하셨다. 즉 그는 예루살렘 성벽 재건과 공사에 필요한 물자 공급을 아닥사스다 왕으로부터 허락받은 것이다. 이에 예루살렘으로 돌아온 그는 비밀리에 성벽 재건을 위한 사전 답사를 벌였다.

2:1–20 느헤미야의 기도가 응답되어 성벽 건축 작업이 착수되기까지의 과정을 살펴보면 느헤미

는 성채 문짝도 짜고, 성벽도 쌓고,
소신이 살 집도 짓게 하여 주시기 바
랍니다." 나의 하나님이 선하신 손길
로 나를 잘 보살펴 주셔서, 왕이 나
의 청을 들어주었다.
9 ○왕은 나에게 장교들과 기병대를
딸려 보내어, 나와 함께 가게 하였
다. 그래서 나는 길을 떠나, 유프라
테스 서쪽 지방의 총독들에게로 가
서, 왕의 친서를 전하였다.
10 호론 사람 산발랏과 종노릇을 하던
암몬 사람 도비야에게 이 소식이 들
어갔다. 그들은, 어떤 사람이 이스라
엘 자손의 형편을 좋게 하려고 오고
있다는 것을 알고서, 몹시 근심하였
다고 한다.

느헤미야가 성벽 재건을 격려하다

11 ○나는 예루살렘에 이르러, 거기에
서 사흘 동안 쉬고 나서,
12 밤에 수행원을 몇 명 데리고 순찰을
나섰다. 하나님이 나의 마음을 움직
이셔서 예루살렘에서 일하도록 하신
것을, 나는 그 때까지 어느 누구에게
도 말하지 아니하였다. 나에게 짐승
이라고는, 내가 탄 것밖에 없었다.
13 밤에 나는 '골짜기 문'을 나섰다. '㉠용
샘'을 지나 '거름 문'에 이르기까지
예루살렘 성벽을 살펴보니, 성벽은
다 허물어지고, 문들도 모두 불에
탄 채로 버려져 있었다.
14 '샘 문'과 '왕의 연못'에 이르렀을 때
에는, 내가 탄 짐승이 더 나아갈 길
이 없었다.
15 그래서 그 날 밤에 나는 계곡을 따
라 올라가면서, 성벽을 둘러보고, 다
시 '골짜기 문'을 지나 되돌아왔다.
16 그 때에 내가 유다 사람들이나, 제사
장들이나, 귀족들이나, 관리들이나,
그 밖에 직책을 가진 어느 누구에게
도 이것을 말하지 아니하였으므로,
관리들은, 내가 어디를 다녀왔는지,
무엇을 하였는지, 아무도 알지 못하
였다.
17 이렇게 돌아보고 난 다음에, 나는
비로소 관리들에게 말하였다. "여러
분이 아는 바와 같이, 우리는 지금
어려움에 빠져 있습니다. 예루살렘
은 폐허가 되고, 성문들은 불탔습니
다. 이제 예루살렘 성벽을 다시 쌓읍
시다. 남에게 이런 수모를 받는 일이
다시는 없어야 할 것입니다."
18 나는 또한 나의 하나님이 선하신 손
길로 나를 잘 보살펴 주신 일과, 왕
이 나에게 한 말을 그들에게 말하였
다. 그랬더니 그들은 공사를 시작하
겠다고 나에게 다짐하였고, 힘을 내
어, 기꺼이 그 보람있는 일을 시작하
였다.
19 ○그러나 이 일이 호론 사람 산발랏
과 종노릇을 하던 암몬 사람 도비야

야는 기도의 사람(1:11;2:4)이고, 언약 백성으로서의 긍지와 뜨거운 동족애의 소유자(1-3,17절)임을 알 수 있다. 또한 언약의 궁극적 성취를 위하여 섭리하시는 하나님의 선하신 손길을 철저히 신뢰하는 믿음의 사람임을 알 수 있다.

2:10 산발랏과 도비야가 느헤미야의 귀환을 근심하여 반대했던 것은 종교적이 아닌 정치적인 이유 때문이었다. 느헤미야가 오게 되면 자신의 사마리아 지역 통치권이 위협을 받기 때문이었다. 이들은 느헤미야가 예루살렘 성을 복원하면 자신들의 지위와 부에 피해를 보게 될 것이라 여겼다.

2:20 여기에서 우리는 느헤미야의 강력한 믿음을 본다. 그는 하늘의 하나님의 손길을 확신하고 있다. 즉 그는 그분의 종인 우리에 비교해 볼 때 방해하는 자들, 곧 침략자의 자손들은 예루살렘에 대한 소유권이나 통치권을 누릴 조그마한 명분도 없음을 단호하게 말하고 있다.

㉠ 또는 '뱀'

와 아랍 사람 게셈에게 알려지니, 그
들은 우리에게로 와서 "당신들은 지
금 무슨 일을 하고 있는 거요? 왕에
게 반역이라도 하겠다는 것이오?"
하면서, 우리를 업신여기고 비웃었
다.
20 내가 나서서 그들에게 대답하였다.
"하늘의 하나님이 우리를 위하여 이
일을 꼭 이루어 주실 것이오. 성벽을
다시 쌓는 일은 그분의 종인 우리가
해야 할 일이오. 예루살렘에서는 당
신들이 차지할 몫이 없소. 주장할
권리도 기억할 만한 전통도 없소."

예루살렘 성벽 재건

3 대제사장 엘리아십이 동료 제사장
들과 함께 나서서, '양 문'을 만들
어 하나님께 바치고, 문짝을 제자리
에 달았으며, '함메아 망대'와 '하나
넬 망대'까지 성벽을 쌓아서 봉헌하
였다.
2 그 다음은 여리고 사람들이 쌓았고,
또 그 다음은 이므리의 아들인 삭굴
이 쌓았다.
3 ○'물고기 문'은 하스나아의 자손이
세웠다. 문틀을 얹고 문짝을 달고,
빗장과 빗장둔테를 만들어 달았다.
4 그 다음은 학고스의 손자요 우리야
의 아들인 므레못이 보수하였고, 그
다음은 므세사벨의 손자요 베레갸
의 아들인 므술람이 보수하였으며,
그 다음은 바아나의 아들인 사독이
보수하였다.
5 그 다음은 드고아 사람이 보수하였
는데, 그들 집안의 어떤 유력자들은
공사 책임자들에게 협조하지 않았
다.
6 ○'옛 문'은 바세아의 아들인 요야다
와 브소드야의 아들인 므술람이 보
수하였다. 문틀을 얹고 문짝을 달
고, 빗장과 빗장둔테를 만들어 달았
다.
7 그 다음은 기브온 사람 믈라댜와 메
로놋 사람 야돈이 유프라테스 서쪽
지방의 총독 아래에 있는 기브온 사
람들과 미스바 사람들을 데리고 보
수하였다.
8 그 다음은 세공장이 할해야의 아들
웃시엘이 보수하였다. 그 다음은 향
품 제조업자 하나냐가 보수하였다.
그들은 '넓은 벽'에 이르기까지 예루
살렘을 복구하였다.
9 그 다음은 예루살렘의 반쪽 구역의
책임자이며 후르의 아들인 르바야
가 보수하였다.
10 그 다음은 하루맙의 아들인 여다야
가 보수하였는데, 그 곳은 바로 자기
집 맞은쪽이었다. 그 다음은 하삽느
야의 아들 핫두스가 보수하였다.
11 하림의 아들인 말기야와 바핫모압의
아들인 핫숩은 '풀무 망대'까지 합쳐

3장 요약 당시 예루살렘 성은 10개의 문과 4개의 망대가 성벽으로 연결된 구조였다. 본문은 이 성벽 재건 작업이 담당 공사 구간별로 나뉘어 약 40명의 책임자의 감독하에 진행되었음을 보여 준다. 이러한 점에서 느헤미야는 탁월한 행정가이자 유능한 감독자이기도 했다.

3:1–32 예루살렘의 지형지세에 관한 설명으로 약 45개 지역에서 진행된 재건 작업과 그 작업에 참여했던 주요 인물 약 40인이 소개되고 있다. 여기에 기록된 마을들은 유다 지방의 행정 중심지였다. 또한 적들의 공격 목표였던 문들을 보수하는 작업도 했다.

3:8 넓은 벽은 A.D. 1970–71년에 행해진 예루살렘에 대한 고고학적 발굴 작업에 의해, 성전 서쪽 구역에 위치했었음이 드러났다. 이것은 대략 B.C. 7세기경의 것으로 추정되며 히스기야(대하 32:5)에 의하여 건축된 것으로 본다.

서, 둘째 부분을 보수하였다.
12 그 다음은 예루살렘의 반쪽 구역의
책임자이며 할로헤스의 아들인 살
룸이 자기 딸들과 함께 보수하였다.
13 ○'골짜기 문'은 하눈과 사노아에 사
는 사람들이 보수하였다. 문틀을 얹
고 문짝을 달고, 빗장과 빗장둔테를
만들어 달았다. 그들은 또한 '거름
문'까지 성벽 천 자를 보수하였다.
14 ○'거름 문'은 벳학게렘 구역의 책임
자이며 레갑의 아들인 말기야가 보
수하였다. 문틀을 얹고 문짝을 달
고, 빗장과 빗장둔테를 만들어 달았
다.
15 ○'샘 문'은 미스바 구역의 책임자이
며 골호세의 아들인 살룬이 보수하
였다. 문틀을 얹고, 지붕을 덮은 다
음에, 문짝을 달고, 빗장과 빗장둔테
를 만들어 달았다. 그가 왕의 동산
옆 ㉠'셀라 연못' 가의 성벽을 다윗 성
에서 내려오는 층계까지 보수하였
다.
16 그 다음에 이어지는 부분 곧 다윗의
묘지 맞은쪽에서부터 인공 연못과
'용사의 집'까지는, 벳술 반쪽 구역의
책임자이며 아스북의 아들인 느헤미
야가 보수하였다.
17 그 다음에 이어지는 부분은 레위 사
람 바니의 아들 르훔이 보수하였다.
또 그 다음은 그일라의 반쪽 구역의
책임자인 하사뱌가 자기 구역을 맡
아서 보수하였다.
18 그 다음에 이어지는 부분은 그일라
의 다른 반쪽 구역의 책임자이며 헤
나닷의 아들인 바왜가 친족들과 함
께 보수하였다.
19 그 옆으로 이어지는 둘째 부분 곧 비
탈 맞은쪽에서부터 성 굽이에 있는
무기 창고까지는, 미스바 구역의 책
임자이며 예수아의 아들인 에셀이
보수하였다.
20 그 다음에 이어지는 둘째 부분 곧
성 굽이에서부터 대제사장 엘리아십
의 집 문까지는, 삽배의 아들 바룩
이 열심히 보수하였다.
21 그 다음에 이어지는 둘째 부분 곧
엘리아십의 집 문에서부터 엘리아십
의 집 맨 끝까지는, 학고스의 손자이
며 우리야의 아들인 므레못이 보수
하였다.
22 그 다음에 이어지는 부분은 그 구역
안에 사는 제사장들이 보수하였다.
23 그 다음에 이어지는 부분은 베냐민
과 핫숩이 보수하였는데, 그 곳은 그
들의 집 맞은쪽이다. 그 다음에 이어
지는 부분은 아나냐의 손자요 마아
세야의 아들인 아사랴가 보수하였
는데, 그 곳은 그의 집 옆쪽이다.
24 그 다음에 이어지는 둘째 부분 곧
아사랴의 집에서 성 굽이를 지나 성

3:12 딸들 성벽 재건 작업에 여성들이 참여했다는 유일한 구절이다. 고대의 기록에 의하면, 페르시아인들이 아테네의 성벽을 파괴했을 때 아테네 정부는 "모든 시민들(남녀 노소)이 성벽 건축 공사에 참여해야 한다"는 조서를 내렸다고 한다.

3:14 벳학게렘은 '포도원'이란 뜻이다. 이곳은 고지대로서 횃불 신호를 보냈던 곳인데, 이곳은 현재의 예루살렘 남방 약 3km 지점인 라맛 라헬에 해당된다. 또한 일명 프랑크 산이라고도 하는 이 지역은 페르시아 시대에 이 지역 통치자들의 거주지이기도 했던 것 같다.

3:15 셀라 연못 실로암 연못과 동일한 곳으로 '아랫못'(사 22:9)을 가리킨다.

3:16 다윗의 묘지 여기에는 다윗의 후대 히스기야 왕까지 매장되어 있다(왕상 2:10;대하 21:20;32:33;행 2:29). 이는 성전 부근(겔 43:7-9)에 위치하고 있는데 석굴로 되어 있다.

㉠ '실로아', 곧 '실로암'

모퉁이까지는, 헤나닷의 아들인 빈
누이가 보수하였다.
25 우새의 아들 발랄은, 성 굽이 맞은
쪽과 윗대궐에서 쑥 내민 망대 맞은
쪽 곧 시위청에서 가까운 부분을 보
수하였다. 그 다음에 이어지는 부분
은, 바로스의 아들인 브다야와
26 오벨에 살고 있는 성전 막일꾼들이,
동쪽 수문 맞은쪽, 쑥 내민 망대가
있는 곳까지 보수하였다.
27 그 다음에 이어지는 둘째 부분 곧
쑥 내민 큰 망대에서 오벨 성벽까지
는, 드고아 사람들이 보수하였다.
28 ○'말 문' 위로는 제사장들이 각각 자
기 집 맞은쪽을 보수하였다.
29 그 다음에 이어지는 부분은, 임멜의
아들인 사독이 보수하였는데, 자기
집 맞은쪽이다. 그 다음에 이어지는
부분은, 동문 문지기인 스가냐의 아
들인 스마야가 보수하였다.
30 그 다음에 이어지는 둘째 부분은, 셀
레먀의 아들인 하나냐와 살랍의 여
섯째 아들인 하눈이 보수하였다. 그
다음에 이어지는 부분은, 베레갸의
아들인 므술람이 보수하였는데, 그
곳은 자기 방 맞은쪽이다.
31 그 다음에 이어지는 부분 곧 '점호
문' 맞은쪽, 성전 막일꾼들과 상인들
의 숙소가 있는 데까지, 그리고 성
모퉁이 누각까지는, 세공장이 말기
야가 보수하였다.
32 성 모퉁이 누각에서 '양 문'까지는,
세공장이와 상인들이 보수하였다.

방해를 물리치다

4 우리가 성벽을 다시 쌓아 올리고
있다는 소식을 들은 산발랏은, 몹
시 분개하며 화를 내었다. 그는 유다
사람을 비웃으며,
2 자기 동료들과 사마리아 군인들이
듣는 데에서 "힘도 없는 유다인들이
도대체 무슨 일을 하는 거냐? 이 성
벽을 다시 쌓는다고? 여기에서 제사
를 지내겠다는 거냐? 하루 만에 일
을 끝낸다는 거냐? 불타 버린 돌을
흙무더기 속에서 다시 꺼내서 쓸 수
있다는 거냐?" 하고 빈정거렸다.
3 ○그의 곁에 서 있는 암몬 사람 도비
야도 한 마디 거들었다. "다시 쌓으
면 뭘 합니까? 돌로 성벽을 쌓는다
지만, 여우 한 마리만 기어올라가도
무너지고 말 겁니다."
4 ○"우리의 하나님, 들어주십시오. 우
리가 이렇게 업신여김을 받고 있습니
다. 제발, 우리에게 퍼붓는 그 욕이
그들에게 되돌아가게 하여 주십시
오. 그들이 노략을 당하게 하시고,
남의 나라로 끌려가게 하여 주십시
오.
5 그들의 죄를 용서하지 마시고, 그들
의 죄를 못 본 체하지 마십시오. 그

3:25 윗대궐 다윗 왕의 옛 궁전으로 성전이 있는 언덕 위에 자리하고 있었다.

3:26 성전 막일꾼 성전에서 가장 천한 직무를 담당하는 성전의 종으로, 포로로 잡혀온 이방인들로 구성되었다. 오벨 '돌출부', '언덕'이란 뜻으로 성전의 남쪽 구역에 해당한다. 동쪽 수문 예루살렘의 주요 식수원인 기혼 샘으로 연결되는 문이다.

3:32 양 문까지 공사가 진행되었다는 것은 성벽 재건 계획이 완성되었음을 나타낸다(비교. 1절).

4장 요약 유다 사람과 사마리아 사람들 간의 마찰은 이미 예루살렘 성전 재건 때부터 있었다(스 4장). 느헤미야가 성벽 재건 공사를 잘 진행해 나가자 이번에도 산발랏 일당이 방해를 해왔다. 그러나 느헤미야는 하나님의 뜻대로 재건 공사가 시작된 것처럼 하나님의 도우심으로 공사가 완료될 것이라는 사실을 믿었다.

4:1–3 탁월한 지도자 느헤미야의 영도하에 성벽

들이야말로 성을 쌓고 있는 우리 앞
에서 주님을 모욕한 자들입니다."
6 ○우리는 성 쌓는 일을 계속하였다.
백성이 마음을 모아서 열심히 일하
였으므로, 성벽 두르기는 마칠 수
있었으나, 높이는 반밖에 쌓지 못하
였다.
7 그 때에 산발랏과 도비야와 아랍 사
람들과 암몬 사람들과 아스돗 사람
들은, 예루살렘 성벽 재건이 잘 되어
가고 있으며, 군데군데 무너진 벽을
다시 잇기 시작하였다는 소식을 듣
고서, 몹시 화를 내면서,
8 한꺼번에 예루살렘으로 올라와서
성을 치기로 함께 모의하였다. 우리
를 혼란에 빠뜨리려는 것이었다.
9 그래서 우리는, 한편으로는 우리의
하나님께 기도를 드리고, 다른 한편
으로는 경비병을 세워, 밤낮으로 지
키게 하였다.
10 그런데 유다 사람들 사이에서 이런
노래가 퍼지고 있었다.

흙더미는 아직도 산더미 같은
데, 짊어지고 나르다 힘이 다 빠졌
으니, 우리 힘으로는 이 성벽 다
쌓지 못하리.

11 ○한편 우리의 원수들은, 쥐도 새
도 모르게 쳐들어와서 우리를 죽여
서, 일을 못하게 하려고 계획하고 있
었다.
12 그들 가까이에서 사는 유다 사람들
이 우리에게 올라와서, 그들이 사방
에서 우리를 치려고 한다고, 열 번이
나 일러주었다.
13 그래서 나는 백성 가운데서 얼마를
가문별로, 칼과 창과 활로 무장시켜
서, 성벽 뒤 낮은 빈터에 배치하였다.
14 백성이 두려워하는 것을 보고, 나는
귀족들과 관리들과 그 밖의 백성들
을 격려하였다. "그들을 두려워하지
말아라. 위대하고 두려운 주님을 기
억하고, 형제자매와 자식과 아내와
가정을 지켜야 하니, 싸워라."
15 드디어 우리의 원수들은 자기들의
음모가 우리에게 새나갔다는 것을
알게 되었다. 하나님이 그들의 음모
를 헛되게 하셨으므로, 우리는 모두
성벽으로 돌아와서, 저마다 하던 일
을 계속하였다.
16 ○그 날부터 내가 데리고 있는 젊은
이 가운데서 반은 일을 하고, 나머
지 반은 창과 방패와 활과 갑옷으로
무장을 하였다. 관리들은 성벽을 쌓
고 있는 유다 백성 뒤에 진을 쳤다.
17 짐을 나르는 이들은, 한 손으로는 짐
을 나르고, 다른 한 손으로는 무기
를 잡았다.
18 성벽을 쌓는 이들은 저마다 허리에
칼을 차고 일을 하였다. 나팔수는
나의 곁에 있게 하였다.

재건 공사가 계속 진행되자, 산발랏 일당들은 온갖 수단과 방법을 동원하여 방해하려 든다.

4:4-6 대적들의 조롱과 방해는 곧 하나님께 대한 도전이었다. 그리하여 믿음의 사람 느헤미야는 공의의 하나님께 호소한다.

4:14 두려워하지 말아라…주님을 기억하고라는 말은 당시의 상황에서뿐 아니라, 어떤 상황에서든지 우리가 고통과 역경을 극복하기 위해 가져야 할 최선의 방법이다(신 3:22;20:3;31:6). 인간은 주님을 기억할 때에만 바랄 수 없는 중에서도 소망을 가질 수 있고, 또 그렇게 함으로써만 구원의 자리에 이를 수 있다.

4:15-23 방해 세력에 대항하기 위해 한 손에는 무기를 잡고 다른 한 손으로는 일하는 철저한 방어 자세(17절)로 공사에 임했다. 그러나 승리의 원인은 하나님에게 있었다(15절). 즉 "우리 하나님이 우리 편이 되어서 싸워 주신다"(20절)는 신앙이 승리한 것이다.

19 나는 귀족들과 관리들과 그 밖의 백
성에게 지시하였다. "하여야 할 일이
많은데다, 일하는 지역이 넓으므로,
우리는 성벽을 따라서 서로 멀리 떨
어져 있다.
20 어디에서든지 나팔 소리를 들으면,
그 소리가 나는 곳으로 모여와서, 우
리와 합세하여라. 우리 하나님이 우
리 편이 되어서 싸워 주신다."
21 우리는 이른 새벽부터 밤에 별이 보
일 때까지 일을 하였다. 우리 가운데
반수는 창을 들고 일을 하였다.
22 ○이 기간에 나는 또 백성에게 명령
하였다. "밤에는 저마다 자기가 데리
고 있는 부하들과 함께 예루살렘 성
안으로 들어와 묵으면서 경계를 서
고, 낮에는 일을 하여라."
23 나도, 나의 형제들도, 내가 데리고
있는 젊은이들도, 나를 따르는 경비
병들도, 우리 가운데 어느 누구도
옷을 벗지 않았으며, 물을 길러 갈
때에도 무기를 들고 다녔다.

가난한 이들이 외치다

5 백성 사이에서 유다인 동포를 원
망하는 소리가 크게 일고 있다. 부
인들이 더 아우성이다.
2 더러는 이렇게 울부짖는다. "우리 아
들딸들, 거기에다 우리까지, 이렇게
식구가 많으니, 입에 풀칠이라도 하
고 살아가려면, 곡식이라도 가져 오
자!"
3 또 어떤 이들은 이렇게 울부짖는다.
"배가 고파서 곡식을 얻느라고, 우리
는 밭도 포도원도 집도 다 잡혔다!"
4 또 어떤 이들은 이렇게 외친다. "우
리는 왕에게 세금을 낼 돈이 없어
서, 밭과 포도원을 잡히고 돈을 꾸어
야만 했다!"
5 또 더러는 이렇게 탄식한다. "우리의
몸이라고 해서, 유다인 동포들의 몸
과 무엇이 다르냐? 우리의 자식이라
고 해서 그들의 자식과 무엇이 다르
단 말이냐? 그런데도 우리가 아들딸
을 종으로 팔아야 하다니! 우리의
딸 가운데는 벌써 노예가 된 아이들
도 있는데, 밭과 포도원이 다 남의
것이 되어서, 우리는 어떻게 손을 쓸
수도 없다."
6 ○그들의 울부짖음과 탄식을 듣고
보니, 나 또한 치밀어 오르는 분노를
참을 수가 없다.
7 나는 그들이 울부짖는 내용을 신중
하게 살핀 다음에, 귀족들과 관리들
에게, 어찌하여 같은 겨레끼리 돈놀
이를 하느냐고 호되게 나무랐다. 이
문제를 다루어야 하겠기에, 나는 대
회를 열고서,
8 귀족들과 관리들에게 말하였다. "우
리는, 이방 사람들에게 팔려서 종이
된 유다인 동포를, 애써 몸값을 치르

5장 요약 성벽 재건을 방해하는 적대 세력을 방어하자, 이번에는 내부적인 문제가 생겼다. 백성들이 성벽 재건에 동원되다 보니 그 가족의 생계 유지가 곤란해진 것이다. 하지만 귀족들과 관리들이 어려움을 함께 나눈다면 문제는 충분히 해결될 수 있었기에 느헤미야는 개혁 조치를 단행하였다.

5:1–19 느헤미야는 성벽의 재건을 위해 심혈을 기울이는 동안 경제적인 위기에 부딪히게 된다. 그는 원인을 철저히 조사하여 개혁하기에 이른다.
5:6–13 위기를 맞게 된 근본적인 원인은 성벽 공사 때문이 아니라, 유다 백성들 사이에 사랑이 부족했기 때문이었다. 특히 귀족들과 관리들에게 문제가 있었다(7–9절). 그들은 동포의 어려운 생활과 헌신적인 희생을 발판으로 오히려 사리사욕만 채우려 했다. 그리하여 느헤미야는 비싼 이자로 빼앗아 간 것과 담보 잡은 것을 돌려주고, 비

고 데려왔소. 그런데 지금 당신들은
동포를 또 팔고 있소. 이제 우리더러
그들을 다시 사오라는 말이오?" 이
렇게 말하였으나, 그들 가운데 대답
하는 사람이 아무도 없다. 그들에게
도 할 말이 없을 것이다.
9 내가 말을 계속하였다. "당신들이
한 처사는 옳지 않습니다. 이방인 원
수들에게 웃음거리가 되지 않으려거
든, 하나님을 두려워하면서 살아야
합니다.
10 나도, 나의 친족도, 그리고 내 아랫
사람들도, 백성에게 돈과 곡식을 꾸
어 주고 있습니다. 제발, 이제부터는
백성에게서 이자 받는 것을 그만둡
시다.
11 그러니 당신들도 밭과 포도원과 올
리브 밭과 집을 오늘 당장 다 돌려
주십시오. 돈과 곡식과 새 포도주와
올리브 기름을 꾸어 주고서 받는 비
싼 이자도, 당장 돌려주십시오."
12 그들은 대답하였다. "모두 돌려주겠
습니다. 그들에게서 아무것도 받지
않겠습니다. 말씀하신 대로 다 하겠
습니다." 나는 곧 제사장들을 불러
모으고, 그 자리에서 귀족들과 관리
들에게 자기들이 약속한 것을 서약
하게 하였다.
13 나는 또 나의 주머니를 털어 보이면
서 말하였다. "이 서약을 지키지 않
는 사람은, 하나님이 그 집과 재산을
이렇게 다 털어 버리실 것입니다. 그
런 자는 털리고 털려서, 마침내 빈털
터리가 되고 말 것입니다." 내가 이렇
게 말하자, 거기에 모인 모든 사람이
"아멘!" 하며 주님을 찬양하였다. 백
성은 약속을 지켰다.

느헤미야가 녹을 받지 않다

14 ○나는 아닥사스다 왕 이십년에 유
다 땅 총독으로 임명을 받아서, 아닥
사스다 왕 삼십이년까지 십이 년 동
안 총독으로 있었지만, 나와 나의 친
척들은 내가 총독으로서 받아야 할
녹의 혜택을 받지 않았다.
15 그런데 나보다 먼저 총독을 지낸 이
들은 백성에게 힘겨운 세금을 물리
고, 양식과 포도주와 그 밖에 하루
에 은 사십 세겔씩을 백성에게서 거
두어들였다. 총독들 밑에 있는 사람
들도 백성을 착취하였다. 그러나 나
는 하나님이 두려워서도 그렇게 하
지 않았다.
16 나는 성벽 쌓는 일에만 힘을 기울였
다. 내 아랫사람들도 뜻을 모아서,
성벽 쌓는 일에만 마음을 썼다. 그렇
다고 ㉠우리가 밭뙈기를 모은 것도
아니다.
17 나의 식탁에서는, 주변 여러 나라에
서 우리에게로 온 이들 밖에도, 유다
사람들과 관리들 백오십 명이 나와

싼 이자를 중지하라는 해결책(10–11절)을 내세워 모든 회중으로 하여금 실천하도록 한다(12–13절).

5:14–19 느헤미야는 페르시아 제국의 충성되고 유능한 관리였을 뿐만 아니라, 하나님의 거룩한 백성들에게는 훌륭한 신앙의 지도자였다. 총독으로서의 정당한 권리까지도 포기하며(14절), 백성들과 동고동락한 것(16–18절)을 자신이 '하나님을 두려워하기 때문'(15절)이라고 밝히고 있다. 진정한 기독교인은 국가와 교회, 모든 면에서 빛과 소금의 역할을 잘 감당해야 하는 것이다(마 5:13–16;벧전 2:12).

5:15 하나님이 두려워서도 느헤미야의 말은 그가 하나님을 의식하여 백성들을 착취하지 않은 것을 보여 준다. 높은 지위에 올랐다고 교만하여 권위를 남용하는 것은 '하늘의 주관자이신 하나님'의 종인 자신의 신분을 망각한 처사이다(골 4:1).

㉠ 히브리어 사본 가운데 일부와 칠십인역과 불가타와 시리아어역에는 '내가'

함께 먹어야 했으므로,
18 하루에 황소 한 마리와 기름진 양
여섯 마리, 날짐승도 여러 마리를 잡
아야 하였다. 또 열흘에 한 차례씩
은, 여러 가지 포도주도 모자라지 않
게 마련해야만 하였다. 그런데 내가
총독으로서 마땅히 받아야 할 녹까
지 요구하였다면, 백성에게 얼마나
큰 짐이 되었겠는가!
19 ○"나의 하나님, 내가 이 백성
을 위하여 하는 모든 일을 기억
하시고, 은혜를 베풀어 주십시
오."

느헤미야에 대한 음모

6 내가 성벽을 쌓아 올려 무너진 곳
을 다 이었다는 말이 산발랏과 도
비야와 아랍 사람 게셈과 그 밖의
우리 원수의 귀에까지 들어갔다. 그
러나 그 때까지도 성문들의 문짝은
만들어 달지 못하고 있었는데,
2 산발랏과 게셈이 나에게 전갈을 보
내 왔다. "오노 들판의 한 마을로 오
시오. 거기서 좀 만납시다." 나는 그
말 속에 그들이 나를 해치려는 흉계
가 있는 줄 알았으므로,
3 그들에게 사람을 보내어, 다음과 같
이 대답하였다. "나는 지금 큰 공사
를 하고 있으므로, 내려갈 수 없소.
어찌 이 일을 중단하고, 여기를 떠나
서, 당신들에게로 내려가라는 말이
오?"
4 그런데도 그들은 똑같은 것을 네 번
씩이나 요구해 오고, 그 때마다 나도
똑같은 말로 대답하였다.
5 다섯 번째도, 산발랏이 심부름꾼을
시켜서 같은 내용을 보내 왔다. 심부
름꾼이 가지고 온 편지는 봉하지 않
았는데,
6 그 내용은 다음과 같다.
○당신과 유다 사람들이 반역
을 모의하고 있고, 당신이 성벽
을 쌓는 것도 그 때문이라는 소
문이 여러 민족 사이에 퍼져 있
소. [ㄱ]가스무도 이 사실을 확인
하였소. 더구나 이 보고에 따르
면, 당신은 그들의 왕이 되려고
하고 있으며,
7 예루살렘에서 당신을 왕으로 떠
받들고서 '유다에 왕이 있다'고
선포하게 할 예언자들까지 이미
임명하였다는 말을 들었소. 이
러한 일은 이제 곧 왕에게까지
보고될 것이오. 그러니 만나서
함께 이야기합시다.
8 ○나는 그에게 회답을 보냈다. "당
신이 말한 것은 사실이 아니오. 당신
이 마음대로 생각하여 꾸며낸 것일
뿐이오."
9 ○그들은 우리에게 으름장을 놓았
다. 그렇게 하면 우리가 겁을 먹고

6장 요약 성벽 재건 공사의 완공을 앞두고 산발랏 일당은 느헤미야를 성 밖으로 유인하여 암살하려 하였다. 그러나 그러한 계략을 눈치채고서 지혜롭게 대처하여 위기를 넘긴 느헤미야는 더욱더 하나님만을 의지하였다. 한편, 하나님의 도우심으로 52일 만에 성벽 재건 공사가 완공되었다.

ㄱ '게셈'의 변형

6:1–9 경제적 위기를 잘 넘기고 성벽 공사가 완공 단계로 접어들자 악의 세력들은 느헤미야를 제거하려고 집요하게 도전한다. 기도의 사람 느헤미야는 하나님의 보호와 인도하심을 간구한다.

6:5 봉하지 않았는데 당시의 편지는 보통 파피루스나 가죽판에 써서 둘둘 말아 점토나 밀랍으로 봉하였다. 그러나 산발랏이 편지를 봉하지 않았던 것은 편지의 내용이 대중에게 신속히 전달되기를 바라는 의도에서였다.

공사를 중단하여, 끝내 완성을 못할
것이라고 생각한 것이다.
○"하나님, 나에게 힘을 주십시
오!"
10 ○하루는 스마야를 만나려고 그
의 집으로 찾아갔다. 그는 들라야의
아들이며, 므헤다벨의 손자인데, 문
밖 출입을 하지 않고 있었다. 그가
나에게 말하였다. "하나님의 성전으
로 갑시다. 성소 안으로 들어가서, 성
소 출입문들을 닫읍시다. 자객들이
그대를 죽이러 올 것입니다. 그들이
밤에 와서, 반드시 그대를 죽일 것입
니다."
11 나는 대답하였다. "나 같은 사람더
러 도망이나 다니란 말입니까? 나
같은 사람이 성소에 들어갔다가는
절대로 살아 나올 수 없습니다. 나
는 그렇게는 못합니다."
12 나는 그 때에 그가 하나님이 보내신
예언자가 아니라는 것을 알았다. 그
는 도비야와 산발랏에게 매수되어
서, 나를 해치는 예언을 하였다.
13 그들이 스마야를 매수한 것은, 나에
게 겁을 주어 성소를 범하는 죄를
짓게 하여서, 나의 명예를 떨어뜨리
고 나를 헐뜯으려는 속셈이었다.
14 ○"나의 하나님, 도비야와 산발
랏이 한 일을 잊지 마십시오. 예
언자 노아댜와 그 밖에 나에게
겁을 주려고 한 예언자들이 나
에게 한 일을 잊지 마십시오."

성벽 공사가 끝나다

15 ○성벽 공사는 오십이 일 만인 ㉠엘
룰월 이십오일에 끝났다.
16 우리의 모든 원수와 주변의 여러 민
족이 이 소식을 듣고, 완공된 성벽
도 보았다. 그제서야 우리의 원수는,
이 공사가 우리 하나님의 도움으로
이루어진 것임을 깨달았다. 그래서
그들은 기가 꺾였다.
17 ○그 무렵에 유다의 귀족들이 도비
야에게 편지를 자주 보내고, 도비야
도 그들에게 편지를 보내곤 하였다.
18 도비야는 아라의 아들인 스가냐의
사위인데다가, 도비야의 아들 여호
하난도 베레갸의 아들인 므술람의
딸과 결혼하였으므로, 유다에는 그
와 동맹을 맺은 사람들이 많았다.
19 그들은, 내 앞에서도 서슴없이 도비
야를 칭찬하고, 내가 하는 말은 무엇
이든지 다 그에게 일러바쳤다. 그래
서 도비야는 나에게 협박 편지를 여
러 통 보내서 위협하였다.

느헤미야가 지도자들을 세우다

7 성벽을 다시 쌓고, 문들을 제자리
에 단 다음에, 나는 성전 문지기와
노래하는 사람과 레위 사람을 세우
고
2 나의 아우 하나니와 성채 지휘관 하

6:15-16 성벽 재건 공사는 52일 만에 완공되었다. 그 이유는 다음과 같다. ① 복구 작업은 이미 진행되었다. 또한 동쪽 부분만 새롭게 기초 공사를 했을 뿐 다른 곳은 옛 성벽의 기초 위에서 시작된다. ② 주변 환경(대적의 위협)으로 인하여 공사의 속도가 빨랐다. ③ 고고학의 증거처럼 성벽의 규모가 작았다. ④ 급히 진행된 결과로 동쪽의 성벽 공사는 매끄럽지 못했다. ⑤ 하나님의 기적적인 도우심으로 빨리 끝낼 수 있었다.

7장 요약 성벽에 문을 다는 것으로써 재건 공사는 마무리되었다. 그러나 대적들의 위협이 계속되었으므로 느헤미야는 경비 책임자들을 세워 지키게 하고, 귀환한 백성들을 예루살렘 성읍에 정착하도록 하였다. 본문은 이러한 이주 정책을 효과적으로 수행하기 위하여 실시한 인구 조사 결과를 기록한 것이다.

㉠ 양력 팔월 초순 이후

나냐에게 예루살렘 경비를 맡겼다.
하나냐는 진실한 사람이고, 남다르
게 하나님을 두려워하는 사람이었
다.
3 나는 그들에게 일렀다. "해가 떠서
환해지기 전에는 예루살렘 성문들
을 열지 말고, 해가 아직 높이 있을
때에, 성문들을 닫고 빗장을 지르도
록 하시오. 예루살렘 성 사람들로
경비를 세우시오. 일부는 지정된 초
소에서, 일부는 자기들의 집 가까이
에서 경비를 서게 하십시오."

포로에서 돌아온 사람들 (라 2:1-70)

4 ○성읍은 크고 넓으나, 인구가 얼마
안 되고, 제대로 지은 집도 얼마 없
었다.
5 귀족들과 관리들과 일반 백성을 모
아서 가족별로 등록시키도록, 나의
하나님이 나의 마음을 감동시키셨
다. 마침, 나는 일차로 돌아온 사람
들의 가족별 등록부를 찾았는데, 거
기에는 다음과 같이 적혀 있다.
6 ○바빌론 왕 느부갓네살에게 사로잡
혀 바빌로니아로 끌려간 사람들 가
운데서, 많은 사람들이 바빌로니아
각 지방을 떠나 제 고향 땅 예루살
렘과 유다로 돌아왔다.
7 그들은 스룹바벨과 예수아와 느헤미
야와 아사랴와 라아마와 나하마니
와 모르드개와 빌산과 미스베렛과
비그왜와 느훔과 바아나가 돌아올
때에 함께 돌아왔다. ○이스라엘 백
성의 명단과 수는 다음과 같다.
8 ○바로스 자손이 이천백칠십이 명이
요,
9 스바댜 자손이 삼백칠십이 명이요,
10 아라 자손이 육백오십이 명이요,
11 바핫모압 자손 곧 예수아와 요압 자
손이 이천팔백십팔 명이요,
12 엘람 자손이 천이백오십사 명이요,
13 삿두 자손이 팔백사십오 명이요,
14 삭개 자손이 칠백육십 명이요,
15 빈누이 자손이 육백사십팔 명이요,
16 브배 자손이 육백이십팔 명이요,
17 아스갓 자손이 이천삼백이십이 명이
요,
18 아도니감 자손이 육백육십칠 명이
요,
19 비그왜 자손이 이천육십칠 명이요,
20 아딘 자손이 육백오십오 명이요,
21 아델 자손 곧 히스기야 자손이 구십
팔 명이요,
22 하숨 자손이 삼백이십팔 명이요,
23 베새 자손이 삼백이십사 명이요,
24 하립 자손이 백십이 명이요,
25 기브온 자손이 구십오 명이다.
26 ○베들레헴 사람과 느도바 사람이
백팔십팔 명이요,
27 아나돗 사람이 백이십팔 명이요,
28 벳아스마웻 사람이 사십이 명이요,

7:1-4 이 부분은 6:15-16에 이어서 이해해야 한다. 성벽은 완공되었으나 계속되는 대적들의 위협에 대응해야 했다.

7:7-73 본문의 족보는 느헤미야가 인구 조사를 실시하여 새로 작성한 것이 아니다. 에스라기 2장의 것을 재정리한 것으로 숫자나 순서, 이름의 철자 등의 차이가 나타난다. 그들에게 족보란 하나님의 은혜를 보장해 주는 것이고, 하나님의 통치하심 속에서 평안과 기쁨을 느끼는 확실한 소망이자 증거이다.

7:7 본절의 '느헤미야'는 총독 느헤미야와는 다른 인물이다. 이곳 명단에 나타난 이름들과 에스라기 2장의 명단에 나타난 이름들이 약간씩 다르기는 하지만, 이들 이름의 주인공들은 모두 바빌로니아에서 유다로 돌아온 지도자들로서 동일 인물들이고, 이 외에 나하마니가 추가되었다.

7:26-38 출신 지역에 따른 계수이다. 여기에 나오는 모든 지역은 예루살렘을 중심으로 약 32km

29 기랏여아림과 그비라와 브에롯 사람
이 칠백사십삼 명이요,
30 라마와 게바 사람이 육백이십일 명
이요,
31 믹마스 사람이 백이십이 명이요,
32 베델과 아이 사람이 백이십삼 명이
요,
33 ○느보의 다른 마을 사람이 오십이
명이요,
34 엘람의 다른 마을 사람이 천이백오
십사 명이요,
35 하림 사람이 삼백이십 명이요,
36 여리고 사람이 삼백사십오 명이요,
37 로드와 하딧과 오노 사람이 칠백이
십일 명이요,
38 스나아 사람이 삼천구백삼십 명이
다.
39 ○제사장은, 예수아 집안 여다야 자
손이 구백칠십삼 명이요,
40 임멜 자손이 천오십이 명이요,
41 바스훌 자손이 천이백사십칠 명이
요,
42 하림 자손이 천십칠 명이다.
43 ○레위 사람은, 호드야의 자손들인
예수아와 갓미엘 자손이 칠십사 명
이요,
44 노래하는 사람은, 아삽 자손이 백사
십팔 명이요,
45 성전 문지기는, 살룸 자손과 아델 자
손과 달문 자손과 악굽 자손과 하디
다 자손과 소배 자손인데, 백삼십팔
명이다.
46 ○성전 막일꾼은, 시하 자손과 하수
바 자손과 답바옷 자손과
47 게로스 자손과 시아 자손과 바돈
자손과
48 르바나 자손과 하가바 자손과 살매
자손과
49 하난 자손과 깃델 자손과 가할 자손
과
50 르아야 자손과 르신 자손과 느고다
자손과
51 갓삼 자손과 웃사 자손과 바세아 자
손과
52 베새 자손과 므우님 자손과 느비스
심 자손과
53 박북 자손과 하그바 자손과 할훌 자
손과
54 바슬릿 자손과 므히다 자손과 하르
사 자손과
55 바르고스 자손과 시스라 자손과 데
마 자손과
56 느시야 자손과 하디바 자손이다.
57 ○솔로몬을 섬기던 종들의 자손은,
소대 자손과 소베렛 자손과 브리다
자손과
58 야알라 자손과 다르곤 자손과 깃델
자손과
59 스바댜 자손과 핫딜 자손과 보게렛
하스바임 자손과 아몬 자손이다.

반경 안에 밀집되어 있다. 이것은 예루살렘의 규모가 바빌로니아에 의해 멸망되기 전보다 훨씬 작아졌음을 보여 준다.

7:39-42 여다야, 임멜, 바스훌, 하림 등은 각 가계의 우두머리격인 제사장들이다. 가계들의 우두머리들은 네 명이지만, 그 자손들은 적지 않았다.

7:43-60 성전에서 봉사하는 자들의 직무와 신분에 따른 족보이다. 성전 봉사자들로는 제사장을 제외한 레위 사람, 노래하는 사람, 성전 문지기, 성전 막일꾼, 솔로몬을 섬기던 종들의 자손들이 있었다.

7:61-65 유다 민족에 있어서 혈통의 순수성 유지는 신앙 공동체의 정통성 수호와 일맥상통한다. 특히, 중대한 사명을 띤 제사장은 아론 계통이어야 한다는 혈통적 의미(출 29:9)를 넘어서 거룩하고(출 29:44), 육체적으로 흠 없음, 그리고 제사장의 족보에 확실하게 기록되어 있어야 했다.

7:64 느헤미야가 자신이 제사장의 자손이라고

60 ○이상 성전 막일꾼과 솔로몬을 섬
기던 종의 자손은 모두 삼백구십이
명이다.
61 이 밖에 델멜라와 델하르사와 그룹
과 앗돈과 임멜 등 여러 곳에서 사
람들이 왔지만, 가문이 밝혀지지 않
아서, 그들이 이스라엘의 자손인지
아닌지는 알 길이 없었다.
62 그들은, 들라야 자손과 도비야 자손
과 느고다 자손인데, 모두 육백사십
이 명이다.
63 ○제사장 가문 가운데는 호바야 자
손과 학고스 자손과 바르실래 자손
도 있는데, 이들 가운데서 바르실래
는 길르앗 지방 사람인 바르실래 집
안으로 장가를 들어서, 장인의 이름
을 이어받은 사람이다.
64 족보를 뒤져보았지만, 그들은 그 조
상이 확인되지 않았으므로, 제사장
직분을 맡기에는 적합하지 않다고
생각해서, 그 직분을 맡지 못하게 하
였다.
65 유다 총독은 그들에게, 우림과 둠밈
을 가지고 판결을 내릴 제사장이 나
타날 때까지는, 가장 거룩한 음식은
먹지 말라고 명령하였다.
66 ○돌아온 회중의 수는 모두 사만 이
천삼백육십 명이다.
67 그들이 부리던 남녀 종이 칠천삼백
삼십칠 명이요, 그 밖에 노래하는 남
녀가 이백사십오 명이다.
68 ㉠또 말이 칠백삼십육 마리요, 노새
가 이백사십오 마리요,
69 낙타가 사백삼십오 마리요, 나귀가
육천칠백이십 마리이다.
70 ○가문의 우두머리 가운데는 건축
기금을 내놓는 사람들이 있었다. 총
독도 금 천 다릭과 쟁반 오십 개와
제사장 예복 오백삼십 벌을 창고에
들여놓았다.
71 각 가문의 우두머리들이 공사를 위
하여 창고에 바친 것은, 금이 이만
다릭이요, 은이 이천이백 마네였다.
72 나머지 백성이 바친 것은, 금이 이만
다릭이요, 은이 이천 마네요, 제사장
의 예복이 육십칠 벌이다.
73 ○제사장들과 레위 사람들과 성전
문지기들과 노래하는 사람들과 백
성 가운데 일부와 성전 막일꾼들과
나머지 이스라엘 사람들은, 저마다
고향에 자리를 잡았다.

백성에게 율법을 읽어 주다

○이스라엘 자손이 그렇게 여러 마
을에 흩어져서 살고 있었다. 일곱째
달이 되었을 때에,

8 1 모든 백성이 한꺼번에 수문 앞
광장에 모였다. 그들은 학자 에스
라에게, 주님께서 이스라엘에게 명
하신 모세의 율법책을 가지고 오라
고 청하였다.

주장하는 자들을 적합하지 않다고 여긴 이유는, 그들 자신들의 주장을 입증할 만한 근거를 가지고 있지 않았기 때문이었다. 사실 제사장들은 *하나님께로부터* 받은 직분의 중대함 때문에라도 자신의 족보를 분명히 해야 한다.

7:73 본절은 에스라기 2:70의 결론 부분과 똑같은 형태로 되어 있음을 알 수 있다. 이러한 사실은 8장에 갑자기 등장하는 에스라 이야기를 이해하는 데 도움이 된다.

8장 요약 성을 재건하고 백성들이 정착하자 느헤미야는 백성들의 영적 재각성과 하나님의 언약 백성으로서 그분께 순종하는 삶을 다짐토록 하기 위해서 대성회를 열었다. 율법 낭독을 통해 하나님의 말씀을 밝히 깨달은 백성들은 기록된 말씀대로 순종하여 초막절을 지켰다.

㉠ 히브리어 사본 가운데 일부를 따름. 대다수의 히브리어 사본에는 68절이 없음

2 일곱째 달 초하루에 에스라 제사장
은 율법책을 가지고 회중 앞에 나왔
다. 거기에는, 남자든 여자든, 알아
들을 만한 사람은 모두 나와 있었다.
3 그는 수문 앞 광장에서, 남자든 여
자든, 알아들을 만한 모든 사람에게
새벽부터 정오까지, 큰소리로 율법
책을 읽어 주었다. 백성은 모두 율법
책 읽는 소리에 귀를 기울였다.
4 ○학자 에스라는 임시로 만든 높은
나무 단 위에 섰다. 그 오른쪽으로
는 맛디댜와 스마와 아나야와 우리
야와 힐기야와 마아세야가 서고, 왼
쪽으로는 브다야와 미사엘과 말기
야와 하숨과 하스밧다나와 스가랴
와 므술람이 섰다.
5 학자 에스라는 높은 단 위에 서 있
었으므로, 백성들은 모두, 그가 책
펴는 것을 볼 수 있었다. 에스라가
책을 펴면, 백성들은 모두 일어섰다.
6 에스라가 위대하신 주 하나님을 찬
양하면, 백성들은 모두 손을 들고
"아멘! 아멘!" 하고 응답하고, 엎드
려 얼굴을 땅에 대고 주님께 경배하
였다.
7 레위 사람인 예수아와 바니와 세레
뱌와 야민과 악굽과 사브대와 호디
야와 마아세야와 그리다와 아사랴
와 요사밧과 하난과 블라야는, 백성
들이 제자리에 서 있는 동안에, 그들
에게 율법을 설명하여 주었다.
8 하나님의 율법책이 낭독될 때에, 그
들이 ㉠통역을 하고 뜻을 밝혀 설명
하여 주었으므로, 백성은 내용을 잘
알아들을 수 있었다.
9 ○백성은 율법의 말씀을 들으면서,
모두 울었다. 그래서 총독 느헤미야
와, 학자 에스라 제사장과, 백성을 가
르치는 레위 사람들이, 이 날은 주
하나님의 거룩한 날이니, 슬퍼하지
도 말고 울지도 말라고 모든 백성을
타일렀다.
10 느헤미야는 그들에게 말하였다. "돌
아들 가십시오. 살진 짐승들을 잡아
푸짐하게 차려서, 먹고 마시도록 하
십시오. 아무것도 차리지 못한 사람
들에게는, 먹을 몫을 보내 주십시오.
오늘은 우리 주님의 거룩한 날입니
다. 주님 앞에서 기뻐하면 힘이 생기
는 법이니, 슬퍼하지들 마십시오."
11 ○레위 사람들도 모든 백성을 달래
면서, 오늘은 거룩한 날이니, 조용히
하고, 슬퍼하지 말라고 타일렀다.
12 모든 백성은 배운 바를 밝히 깨달았
으므로, 돌아가서 먹고 마시며, 없는
사람들에게는 먹을 것을 나누어 주
면서, 크게 기뻐하였다.
13 ○이튿날에 모든 백성을 대표하는
각 가문의 어른들이 제사장들과 레
위 사람들과 함께 율법의 말씀을 밝

8:3 수문 앞 광장은 보통 성문 근처에 위치하며, 누구든지 갈 수 있는 곳으로서 재판과 더불어 상거래가 행해지는 곳이었다.

8:5 책을 펴면, 백성들은 모두 일어섰다 이스라엘 백성들이 가졌던 하나님께 대한 경외와 말씀에 대한 철저한 복종을 이렇게 표현하고 있다. 랍비들은 이 구절을 근거로 해서 율법을 낭독할 때 회중들은 일어서야만 한다고 주장한다. 오늘날도 동방 정교회 교인들은 이 주장을 따르고 있다.

8:8 낭독될 때…통역을 하고…잘 알아들을 수 있게 했다는 것은 당시의 교사들이 히브리어로 된 율법책을 백성들에게 낭독해 준 후에 포로지에서 사용했던 시리아어로 번역해 주고, 그 뜻을 상세히 설명해 주었던 것을 가리킨다.

8:9–12 하나님의 말씀을 밝히 깨닫게 되자 백성들은 자신들의 범죄와 율법에 대한 무지 등을 깨닫고 애통해 한다. 느헤미야는 이 날이 주님의 거룩

㉠ 히브리어에서 아람어로

히 알고자 하여, 학자 에스라에게로
갔다.
14 그들은, 이스라엘 자손은 일곱째 달
축제에는 초막에서 지내도록 하라
는, 주님께서 모세를 시켜서 명하신
말씀이, 율법에 기록되어 있는 것을
발견하였다.
15 또한 그들은 책에, 산으로 가서 올리
브 나무와 들올리브 나무와 소귀나
무와 종려나무와 참나무의 가지를
꺾어다가 초막을 짓도록 하라는 말
이 기록되어 있기 때문에, 그 말을
이스라엘 자손이 사는 모든 마을과
예루살렘에 널리 알려야 한다는 것
을 알게 되었다.
16 ○그래서 백성은 나가서, 나뭇가지를
꺾어다가, 지붕 위와 마당과 하나님
의 성전 뜰과 수문 앞 광장과 에브
라임 문 앞 광장에 초막을 세웠다.
17 사로잡혀 갔다가 돌아온 모든 사람
이 초막을 세우고 거기에 머물렀다.
눈의 아들 여호수아 때로부터 그 날
까지, 이렇게 축제를 즐긴 일이 없었
으므로, 이스라엘 자손은 크게 즐거
워하였다.
18 에스라는 첫날로부터 마지막 날까
지, 날마다 하나님의 율법책을 읽어
주었다. 백성은 이레 동안 절기를 지
키고, 여드레째 되는 날에는 규례대
로 성회를 열었다.

백성들이 죄를 뉘우치다

9 그 달 이십사일에, 이스라엘 자손
이 다 모여서 금식하면서, 굵은 베
옷을 입고, 먼지를 뒤집어썼다.
2 이스라엘 자손은 모든 이방 사람과
관계를 끊었다. 그들은 제자리에 선
채로 자신들의 허물과 조상의 죄를
자백하였다.
3 모두들 제자리에서 일어나서, 낮의
사분의 일은 주 하나님의 율법책을
읽고, 또 낮의 사분의 일은 자기들의
죄를 자백하고, 주 하나님께 경배하
였다.
4 단 위에는 레위 사람인 예수아와 바
니와 갓미엘과 스바냐와 분니와 세
레뱌와 바니와 그나니가 올라서서,
주 하나님께 큰소리로 부르짖었다.
5 ○레위 사람인 예수아와 갓미엘과
바니와 하삽느야와 세레뱌와 호디
야와 스바냐와 브다히야가 외쳤다.

○"모두 일어나서, 주 너희의 하
나님을 찬양하여라."

죄를 자백하는 기도

○영원 전부터 영원까지, 주님의
영화로운 이름은 찬양을 받아
마땅합니다. 어떠한 찬양이나
송축으로도, 주님의 이름을 다
기릴 수가 없습니다.
6 주님만이 홀로 우리의 주님이십
니다. 주님께서는 하늘과, 하늘

한 날이므로 기뻐하라고 백성들을 격려한다.
8:13–18 에스라의 율법 강의를 듣던 각 가문의 어른들은 자신들이 하나님께서 명하신 초막절(장막절. *레 23:33–36;신 16:13–15*)을 온전히 지키지 못했다는 사실을 깨달았다. 그들은 곧 율법의 규정대로 초막절을 성대히 거행하기로 한다. 17절은 여호수아 시대 이후 초막절을 지킨 적이 없다는 뜻이 아니라, 이전에는 이같이 성대한 규모로 초막절을 거행하지 않았음을 의미한다.

9장 요약 하나님과의 관계 회복은 이전의 죄악된 삶을 내버리고 새로운 삶을 사는 것으로 성취된다. 따라서, 율법의 말씀을 깨닫고 백성들이 초막절을 지킨 데 이어 금식하며 자신들의 죄를 자백하고, 하나님을 경배하며 찬양한 것은 자연스러운 결과이다.

9:1–3 율법의 말씀을 밝히 깨달은 후 이어진 금식과 죄의 자백, 이방 사람과의 절교, 그리고 말

위의 하늘과, 거기에 딸린 별들
을 지으셨습니다. 땅과 그 위에
있는 온갖 것, 바다와 그 안에
있는 온갖 것들을 지으셨습니
다. 주님께서는 이 모든 것에게
생명을 주십니다. 하늘의 별들
이 주님께 경배합니다.
7 주 하나님께서는, 아브람을 택하
시어 바빌로니아의 우르에서 이
끌어 내시고, 그의 이름을 아브
라함이라고 고쳐서 부르셨습니
다.
8 아브라함의 마음이 주님 앞에
서 진실함을 아시고, 가나안 사
람과 헷 사람과 아모리 사람과
브리스 사람과 여부스 사람과
기르가스 사람의 땅을 그 자손
에게 주시겠다고, 그와 언약을
세우셨습니다. 주님께서는 의로
우셔서, 말씀하신 것을 지키셨
습니다.
9 ○주님께서는 우리 조상이 이집
트에서 고난받는 것을 보시고,
홍해에서 부르짖을 때에 들어주
셨습니다.
10 이집트 사람들이 우리 조상을
업신여기는 것을 아시고, 이적
과 기사를 베푸셔서, 바로와 그
의 모든 신하와 그 나라 온 백성
을 치셨으며, 그 때에 떨치신 명
성이 오늘까지 이릅니다.
11 조상 앞에서 바다를 가르시고,
그들이 바다 한가운데를 마른
땅처럼 지나가게 하셨지만, 뒤쫓
는 자들은, 깊은 바다에 돌이 잠
기듯이, 거센 물결에 잠기게 하
셨습니다.
12 ○낮에는 구름기둥으로 그들을
이끌어 주시고, 밤에는 불기둥
으로 그들이 가는 길을 밝히 비
추어 주셨습니다.
13 몸소 시내 산에 내려오시며, 하
늘에서 그들에게 말씀하셔서,
바른 규례와 참된 율법, 좋은 율
례와 계명을 주셨습니다.
14 주님의 거룩한 안식일을 알려
주시고, 주님의 종 모세를 시키
셔서 계명과 규정과 율법을 가
르쳐 주셨습니다.
15 ○굶주릴까봐 하늘에서 먹거리
를 내려 주시고, 목마를까봐 바
위에서 물이 솟아나게 하셨습니
다. 주님께서 손을 들어 맹세하
며 주시겠다고 한 그 땅에 들어
가서, 그 곳을 차지하라고 말씀
하셨습니다.
16 그러나 우리 조상은 거만하여,
목이 뻣뻣하고 고집이 세어서,
주님의 명령을 지키지 않았습니
다.

씀을 중심으로 한 경배와 찬양 등은 신앙 공동체에 있어서 지극히 자연스러운 논리적 귀결이다.

9:4–5 두 구절에 나타난 레위 사람들의 이름은 다섯 명만 동일하고 나머지는 서로 다르다. 그 이유는 그들의 임무가 서로 달랐기 때문이다. 첫째 그룹은 하나님께 청원하는 일을, 둘째 그룹은 하나님을 찬양하는 일을 했다.

9:7–8 아브람을 택하시어 유다 백성들은 하나님께서 아브람을 택하시고, 그를 고향 땅에서 이끌어내셔서 언약의 땅 가나안으로 인도하신 사건을 회상한다. 이방 우상 숭배의 자손인 아브람이 이토록 큰 축복을 받은 것은 오직 하나님의 주권적 은혜가 그에게 임했기 때문이다.

9:9–21 하나님께서 이스라엘 백성들을 이집트의 종살이로부터 해방시켜 홍해를 건너게 하시고 불기둥, 구름기둥으로 광야 생활을 인도하셨다. 그러나 이스라엘 백성들은 하나님을 원망하고 금송아지를 만들며 불순종의 길을 걸었다. 본문은 이

17 주님께 복종하기를 거부하고,
주님께서 보여 주신 그 놀라운
일들을 곧 잊었습니다. 뻣뻣한
목에 고집만 세어서, 종살이하
던 이집트로 되돌아가려고, 반
역자들은 우두머리를 세우기까
지 하였습니다. 그러나 주님은
용서하시는 하나님, 은혜로우시
며, 너그러우시며, 좀처럼 노여
워하지 않으시며, 사랑이 많으
셔서, 그들을 버리지 않으셨습니
다.
18 더욱이, 우리 조상은, 금붙이를
녹여서 송아지 상을 만들고는
'우리를 이집트에서 이끌어 내신
우리의 하나님이다' 하고 외치고,
주님을 크게 모독하였습니다.
19 그런데도 주님께서는 언제나 그
들을 불쌍히 보셔서, 차마 그들
을 광야에다가 내다 버리지 못
하셨습니다. 낮에는 줄곧 구름
기둥으로 그들을 이끌어 주시고,
밤에는 불기둥으로 그들이 가는
길을 밝히 비추어 주셨습니다.
20 선한 영을 주셔서, 그들을 슬기
롭게 하셨습니다. 그들의 입에
만나가 끊이지 않게 하시며, 목
말라 할 때에 물을 주셨습니다.
21 광야에서 사십 년 동안이나 돌
보셔서, 그들이 아쉬운 것 없게
하셨습니다. 옷이 해어지지도
않았고, 발이 부르트지도 않았
습니다.
22 ○여러 나라와 민족들을 우리
조상에게 굴복시키셔서, 우리
조상이 시혼 땅 곧 헤스본 왕의
땅과 바산 왕 옥의 땅을 차지하
고, 그것을 나누어서 변방으로
삼았습니다.
23 주님께서는 우리 조상의 자손을
하늘의 별만큼이나 불어나게 하
시고, 조상들에게 말씀하신 땅
으로 인도하셔서, 그 곳을 차지
하게 하셨습니다.
24 자손이 들어가서 그 땅을 차지
할 때에, 그 땅에 살던 가나안
사람들을 그 자손에게 굴복시
키고, 왕들과 그 땅의 백성마저
자손이 좋을 대로 하게 하셨습
니다.
25 자손은 요새화된 성채들과 기
름진 땅을 차지하였습니다. 온
갖 좋은 것으로 가득 찬 집과
이미 파 놓은 우물과 포도원과
올리브 밭과 과일이 흐드러지게
열리는 나무를 차지하였습니다.
그들은 먹고 만족하게 생각했으
며, 살이 쪘습니다. 주님께서 주
신 그 큰 복을 한껏 누렸습니다.
26 ○그런데도 그들은 순종하지 않

스라엘의 죄에도 하나님께서 그들을 끝까지 붙드시고 긍휼을 베풀어주셨던 사실을 회고한다.

9:13 규례와 율법, 그리고 율례와 계명 등은 하나님께서 이스라엘 백성들에게 주신 것이다. 규례 (히) '미쉬파트'는 백성들의 언행 심사를 분별하고 판단하는 성격을 띤 것으로 모세가 시내 산에서 받은 것이고, 율법 (히) '토라'는 하나님의 뜻이 기록된 법전이며, 율례 (히) '호크'는 의무 및 약속과 관련된 것들을 의미하며, 계명 (히) '미츠와'는 예수님도 지킬 것을 명령하셨던 십계명(출 20장)을 가리킨다. 여기서는 특별히 시내 산 언약이나 다윗 언약보다도 아브라함과의 언약을 더 강조한다.

9:22-25 여기에는 이스라엘 백성이 거룩한 땅 가나안을 정복한 사실이 기록되고 있다. 느헤미야는 그 가나안 땅은 하나님께서 주신 것임을 강조한다. 그는 여호수아의 용맹성 따위는 말하지 않는다. 왜냐하면 인간은 하나님의 도구로 사용

고, 오히려 주님께 반역하였으
며, 주님께서 주신 율법을 등졌
습니다. 주님께로 돌아가라고
타이르던 예언자들을 죽이기까
지 하였습니다. 이렇듯 엄청나게
주님을 욕되게 하였습니다.
27 ○주님께서는 그들을 원수들의
손에 내맡기시어 억압을 받게
하셨습니다. 그러나 억눌림을
받고 주님께 부르짖으면, 주님께
서는 하늘에서 들으시고, 그들
을 끔찍이도 불쌍히 여기시어,
원수의 손아귀에서 그들을 건져
낼 구원자들을 보내 주시곤 하
셨습니다.
28 그러나 편안하게 살만하면, 주
님께서 보고 계시는데도, 또다
시 못된 일을 저질렀습니다. 그
럴 때에는, 주님께서 그들을 원
수의 손에 버려 두셔서, 억눌림
을 받게 하셨습니다. 그러다가
도 다시 돌이켜 주님께 부르짖
기만 하면, 주님께서는 하늘에
서 들으시고 불쌍히 여기시어,
구하여 주시곤 하셨습니다.
29 돌이켜 주님의 율법대로 바로
살라고, 주님께서 엄하게 타이
르셨지만, 그들은 거만하여 주
님의 명령을 따르지 않았습니
다. 지키기만 하면 살게 되는 법
을 주셨지만, 오히려 그 법을 거
역하여 죄를 지었습니다. 주님
께 등을 돌리고, 목이 뻣뻣하여
고집을 버리지 못하였으며, 복종
하지 않았습니다.
30 그러나 주님께서는 여러 해 동안
참으셨습니다. 예언자들을 보내
시어 주님의 영으로 타이르셨지
만, 사람들은 귀도 기울이지 않
았습니다. 하는 수 없이, 주님께
서는 그들을 여러 나라 백성에
게 넘기셨습니다.
31 그러나 주님께서는 은혜로우시
며, 사람을 불쌍히 여기시는 하
나님이시기에, 그들을 끔찍이도
불쌍히 여기셔서, 멸망시키지도
않으시고, 버리지도 않으셨습니
다.
32 ○우리 하나님, 위대하고 강하고
두렵고, 한 번 세운 언약은 성실
하게 지키시는 하나님, 앗시리아
의 왕들이 쳐들어온 날로부터
이 날까지, 우리가 겪은 환난을,
우리의 왕들과 대신들과 제사장
들과 예언자들과 조상들과 주님
의 모든 백성이 겪은 이 환난을
작게 여기지 마십시오.
33 우리에게 이 모든 일이 닥쳐왔
지만, 이것은 주님의 잘못이 아
닙니다. 잘못은 우리가 저질렀

되었을 뿐이기 때문이다. 이제 유다 백성들은 가나안 땅 정복 사건과 마찬가지로 귀환 및 성전 재건 사건도 하나님께서 주관하셨음을 깨닫고 이 같은 기도를 올린다.

9:26 예언자들이 전했던 메시지의 핵심은 죄에 대한 회개와 심판, 그리고 하나님의 구원하심이었다. 하나님께서는 이스라엘 백성을 사랑하시어 예언자들을 계속 보냈지만, 저들은 하나님을 능욕(왕상 18:4,13;19:10,14;대하 24:21;36:15–16)하고 외면했다.

9:28–31 징벌로부터 구원받은 백성들은 다시 악을 행함으로써 하나님을 노하시게 한다. '다시'라는 말이 여러 번 반복되는 것처럼 이스라엘의 역사는 인간의 범죄와 하나님의 징계, 인간의 회개와 하나님의 구원이라는 사이클을 계속 밟고 있다. 기도자들은 백성들이 계속 반복해 범죄함에도 불구하고 계속 반복해 용서하시는 하나님을 찬양하며 감사하고 있다.

습니다. 주님께서는 일을 올바
르게 처리하셨습니다.
34 우리의 왕들과 대신들과 제사장
들과 조상들은 주님의 율법을
따르지 않았습니다. 주님의 계
명에 귀를 기울이지도 않고, 타
이르시는 말씀도 듣지 않았습니
다.
35 그들은 나라를 세우고 주님께
서 베푸신 큰 복을 누리면서도,
눈 앞에 펼쳐 주신 넓고 기름진
땅에 살면서도, 주님을 섬기지
도 않고, 악한 길에서 돌이키지
도 않았습니다.
36 그러나 보십시오. 오늘 이처럼
우리는 종살이를 합니다. 다른
곳도 아니고, 좋은 과일과 곡식
을 먹고 살라고 우리 조상에게
주신 바로 그 땅에서, 우리가 종
이 되었습니다.
37 땅에서 나는 풍성한 소출은, 우
리의 죄를 벌하시려고 세운 이
방 왕들의 것이 되었습니다. 그
왕들은 우리의 몸뚱이도, 우리
의 가축도, 마음대로 부립니다.
이처럼 우리는 무서운 고역을
치르고 있습니다.
38 이 모든 것을 돌이켜 본 뒤에, 우리
는 언약을 굳게 세우고, 그것을 글로
적었으며, 지도자들과 레위 사람들
과 제사장들이 그 위에 서명하였다.

언약에 서명한 사람들

10 서명한 사람들은 다음과 같다.
○하가랴의 아들인 총독 느헤
미야와 시드기야와
2 스라야와 아사랴와 예레미야와
3 바스훌과 아마랴와 말기야와
4 핫두스와 스바냐와 말룩과
5 하림과 므레못과 오바댜와
6 다니엘과 긴느돈과 바룩과
7 므술람과 아비야와 미야민과
8 마아시야와 빌개와 스마야는 제사
장이다.
9 ○레위 사람으로는, 아사냐의 아들
인 예수아와 헤나닷 자손인 빈누이
와 갓미엘과
10 그들의 동료 스바냐와 호디야와 그
리다와 블라야와 하난과
11 미가와 르홉과 하사뱌와
12 삭굴과 세레뱌와 스바냐와
13 호디야와 바니와 브니누가 있다.
14 ○백성의 지도자로는, 바로스와 바핫
모압과 엘람과 삿두와 바니와
15 분니와 아스갓과 베배와
16 아도니야와 비그왜와 아딘과
17 아델과 히스기야와 앗술과
18 호디야와 하숨과 베새와
19 하립과 아나돗과 노배와
20 막비아스와 므술람과 헤실과
21 므세사벨과 사독과 얏두아와

9:32–37 이스라엘의 배반(악행)에도 불구하고 신실하신 하나님은 자신의 언약을 진실하게 이행하신다(32–33절;출 32–34장). 주님이 베푸시는 *큰 복을 누리면서도 범죄하는* 것(35절)이 인간이다. 그러나 하나님은 자기 백성을 구하시려고 징계하시면서까지 선한 길로 이끄신다(히 12:5–13).

9:38 하나님의 구원 역사와 언약의 성취를 회고하며, 다시는 범죄하지 않겠다는 결심의 증거로 새 언약을 세워 서명한다.

10장 요약 하나님의 택한 백성으로 새 출발을 다짐한 영적 대각성 운동은 유다 사람들이 하나님과의 언약을 재확인하는 것으로 절정을 이루고 있다(9:38). 본문에는 그 언약에 서명한 대표자들의 명단과 백성들이 하나님의 율법을 준수한 내용이 자세히 기록되어 있다.

10:2–8 제사장들의 이름이 가문이나 족속별로 기록되어 있다. 여기에 기록된 제사장은 모두 21

22 블라댜와 하난과 아나야와
23 호세아와 하나냐와 핫숩과
24 할르헤스와 빌하와 소벡과
25 르훔과 하삽나와 마아세야와
26 아히야와 하난과 아난과
27 말룩과 하림과 바아나가 있다.
28 ○이 밖에 나머지 백성, 곧 제사장과
레위 사람과 성전 문지기와 노래하
는 사람과 성전 막일꾼과 주님의 율
법을 따르려고 그 땅의 여러 백성과
인연을 끊은 모든 이들과 그 아내들
과 그들의 아들딸들과 알아들을 만
한 지식이 있는 이들 모두가,
29 귀족 지도자들과 함께 하나님의 종
모세가 전하여 준 하나님의 율법을
따르기로 하고, 우리 주 하나님의 모
든 계명과 규례와 율례에 복종하기
로 하였으며, 그것을 어기면 저주를
받아도 좋다고 다음과 같이 맹세하
였다.
30 ○"우리는 딸을 이 땅의 백성과
결혼시키지 않는다. 우리는 아
들을 그들의 딸과 결혼시키지
않는다.
31 이 땅의 백성이 안식일에 물건이
나 어떤 곡식을 내다가 팔더라
도, 안식일에나 성일에는, 우리
가 사지 않는다. 일곱 해마다 땅
을 쉬게 하고, 육 년이 지난 빚
은 모두 없애 준다."
32 ○우리는 다음과 같은 규례도 정하
였다.
○"하나님의 성전 비용으로 쓰
도록, 우리는 해마다 삼분의 일
세겔씩 바친다.
33 이것은, 늘 차려 놓는 빵과 규칙
적으로 드리는 곡식제물과 규칙
적으로 드리는 번제와 안식일이
나 초하루나 그 밖에 절기 때에
드리는 제물과 이스라엘의 죄를
속하는 속죄물과 우리 하나님의
성전에서 하는 모든 일에 쓸 것
이다.
34 제사장이나 레위 사람이나 일
반 백성을 가리지 않고, 우리가
집안별로 주사위를 던져서, 해
마다 정한 때에, 우리 하나님의
성전에 땔 나무를 바칠 순서를
정한다. 그것은 율법에 기록된
대로, 우리 주 하나님의 제단에
서 불사를 때에 쓸 나무이다.
35 해마다 우리 밭에서 나는 맏물
과 온갖 과일나무의 첫 열매를
주님의 성전에 바친다.
36 율법에 기록된 대로, 우리의 맏
아들과 가축의 첫 새끼 곧 처음
난 송아지와 새끼 양을 우리 하
나님의 성전으로 가지고 가서,
그 성전에서 우리 하나님을 섬
기는 제사장들에게 바친다."

명인데, 그들의 이름들은 12:1-7이나 12:12-21에 는 나타나지 않는다.

10:14-27 여기에 언급된 사람들은 백성들의 지도자급 인물들이다. 에스라기 2장에 적힌 명단인 듯하다. 왜냐하면 14-19절과 에스라기 2장에 적힌 14명의 명단이 같기 때문이다. 19절 이하의 명단은 추가된 자들로서 포로로 잡혀가지 않았던 사람들로 추정된다.

10:35-39 제2성전의 재건과 더불어 새로 시작되는 신앙 생활은 성전 중심, 율법 중심이었다. 율법에 따른 성전의 제사와 각종 규례들은 귀환한 유대 공동체의 느슨해진 신앙을 하나로 결속하는데 중요한 요소였다. 그것은 하나의 법적 의무일 뿐만 아니라 삶의 실체였다. 왜냐하면 언약의 갱신은 하나님과의 살아 있는 관계에서 가능하기 때문에 율법과 새로 정한 규례(29,32,34,36절)에 따라 철저하게 성전을 섬길 것을 맹세한다.

10:35 맏물 그 해에 처음 난 과일, 곡식, 해산물.

37 ○또 우리는, 들어 바칠 예물인 처음
익은 밀의 가루와 온갖 과일나무의
열매와 새 포도주와 기름을 가져다
가, 제사장의 몫으로 우리 하나님의
성전 창고에 넣기로 하고, 또 밭에서
나는 소출 가운데서 열의 하나는 레
위 사람들의 몫으로 가져 오기로 하
였다. 농사를 짓는 성읍으로 돌아다
니면서 열의 하나를 거두어들일 사
람은 바로 레위 사람이다.
38 레위 사람이 열의 하나를 거두어들
일 때에는, 아론의 자손인 제사장
한 사람이 같이 다니기로 하였다. 레
위 사람은 거두어들인 열의 하나에
서 다시 열의 하나를 떼어서, 우리
하나님의 성전 창고의 여러 방에 두
기로 하였다.
39 이스라엘 자손과 레위 자손은 들어
바칠 예물인 곡식과 새 포도주와 기
름을 그 여러 방에 가져다 놓기로 하
였다. 그런 방은 성전 기구를 두기도
하고, 당번 제사장들과 성전 문지기
들과 노래하는 사람들이 쓰기도 하
는 곳이다.

○"우리는 우리 하나님의 성전을 아무렇게나 버려 두지 않을 것이다."

예루살렘에 자리를 잡은 백성들

11 백성의 지도자들은 예루살렘
에 자리잡았다. 나머지 백성은
주사위를 던져서, 십분의 일은 거룩
한 성 예루살렘에서 살게 하고, 십
분의 구는 저마다 자기의 성읍에서
살게 하였다.
2 스스로 예루살렘에서 살겠다고 자
원하는 사람 모두에게는 백성이 복
을 빌어 주었다.
3 ○예루살렘에 자리를 잡은 지방 지
도자들은 다음과 같다. 다른 이스라
엘 사람들 곧 제사장과 레위 사람과
성전 막일꾼과 솔로몬을 섬기던 종
의 자손은, 각자가 물려받은 땅인 유
다 여러 성읍에서 살고,
4 유다와 베냐민 자손 가운데서 일부
가 예루살렘에서 살았다. ○유다 자
손으로는 아다야가 있다. 그의 아버
지는 웃시야요, 그 윗대는 스가랴
요, 그 윗대는 아마랴요, 그 윗대는
스바댜요, 그 윗대는 마할랄렐이요,
그 윗대는 베레스이다.
5 그 다음으로는 마아세야가 있다. 그
의 아버지는 바룩이요, 그 윗대는 골
호세요, 그 윗대는 하사야요, 그 윗
대는 아다야요, 그 윗대는 요야립이
요, 그 윗대는 스가랴요, 그 윗대는
실로 사람의 아들이다.
6 예루살렘에 자리잡은 베레스의 자
손은 모두 사백육십팔 명이고, 그들
은 모두 용사였다.
7 ○베냐민 자손으로는 살루가 있다.

11장 요약 예루살렘은 성 둘레가 총 6km로, 소수의 인구만으로는 성읍을 지키기에 역부족이었다. 이러한 이유로 *느헤미야는 1차 정착민*들(7장)에 이어 2차로 이주민들을 모집, 예루살렘에 정착시킨 것으로 보인다. 본장을 7장과 비교해 보면 보다 많은 주민들이 성내로 들어온 사실을 알 수 있다.

11:1 백성 중 주사위를 던져서 뽑은 십분의 일을 예루살렘 성에 거주하게 한 사실에 대하여 고대 역사가 요세푸스는 "그러나 느헤미야는 예루살렘 성에 인구가 적은 것을 보고, 제사장들과 레위 사람들은 각자 자신들의 처소를 떠나 예루살렘으로 들어와 살 것을 주장했다. 그가 그같이 주장한 또 다른 이유는 그는 자비(自費)로 제사장과 레위 사람들을 위해 예루살렘에 이미 거처를 마련해 두었기 때문이다"라고 말한다.

11:3-19 바빌로니아로부터 돌아온 사람들 중 예루

그의 아버지는 므술람이요, 그 윗대
는 요엣이요, 그 윗대는 브다야요,
그 윗대는 골라야요, 그 윗대는 마
아세야요, 그 윗대는 이디엘이요, 그
윗대는 여사야이다.
8 그를 따르는 자는, 갑배와 살래를 비
롯하여, 구백이십팔 명이다.
9 시그리의 아들인 요엘이 그 우두머
리이고, 핫스누아의 아들인 유다는
그 도성의 제 이 구역을 다스렸다.
10 ○제사장 가운데는, 요야립의 아들
인 여다야와 야긴과
11 스라야가 있다. 스라야의 아버지는
힐기야요, 그 윗대는 므술람이요, 그
윗대는 사독이요, 그 윗대는 므라욧
이요, 그 윗대는 하나님의 성전의 책
임자인 아히둡이다.
12 성전의 일을 맡아 보는 그들의 친족
은 모두 팔백이십이 명이다. 또 아다
야가 있는데, 그의 아버지는 여로함
이요, 그 윗대는 블라야요, 그 윗대
는 암시요, 그 윗대는 스가랴요, 그
윗대는 바스훌이요, 그 윗대는 말기
야이다.
13 그의 친족 각 가문의 우두머리는 이
백사십이 명이다. 또 아맛새가 있다.
그의 아버지는 아사렐이요, 그 윗대
는 아흐새요, 그 윗대는 므실레못이
요, 그 윗대는 임멜이다.
14 큰 용사들인 ㉠그들의 친족은 모두
백이십팔 명이다. 그들의 우두머리
는 하그돌림의 아들 삽디엘이다.
15 ○레위 사람으로는 스마야가 있다.
그의 아버지는 핫숩이요, 그 윗대는
아스리감이요, 그 윗대는 하사뱌요,
그 윗대는 분니이다.
16 또 레위 사람의 우두머리인 삽브대
와 요사밧도 있다. 그들은 하나님의
성전 바깥 일을 맡은 이들이다.
17 또 맛다니야가 있다. 그의 아버지는
미가요, 그 윗대는 삽디요, 그 윗대
는 아삽이다. 그는 감사의 찬송과
기도를 인도하는 지휘자이다. 그의
형제들 가운데서 박부갸가 버금가
는 지휘자가 되었다. 또 압다가 있
다. 그의 아버지는 삼무아요, 그 윗
대는 갈랄이요, 그 윗대는 여두둔이
다.
18 거룩한 성에 자리를 잡은 레위 사람
들은 모두 이백팔십사 명이다.
19 ○성전 문지기는 악굽과 달몬과 그
친족들인데, 모두 백칠십이 명이다.
20 나머지 이스라엘 백성과 제사장과
레위 사람들은, 제각기 자기 유산으
로 받은 땅이 있는 유다 여러 성읍
에 흩어져서 살았다.
21 ○성전 막일꾼들은 오벨에 자리를
잡았다. 시하와 기스바가 그들을 맡
았다.
22 ○예루살렘에 자리를 잡은 레위 사

살렘에 거한 사람들의 이름을 처음으로 기록한 명단이다. 예루살렘에 거한 족속은 두 부류가 있었다. 하나는 유다 자손이고 다른 하나는 베냐민 자손이다. 유다 자손의 조상은 베레스(4절;창 38:29)까지 거슬러 올라가지만 베냐민 자손은 살루(7절) 대(代)까지만 기록되어 있다. 유다와 베냐민 자손의 평민들(이스라엘_3절)을 가장 먼저 말하고 (4–9절), 다음으로 제사장들(10–14절), 레위 사람들과 그들에게 속한 문지기들(15–19절)을 말한다.

11:11 하나님의 성전의 책임자 '책임자'로 번역된 (히) '나기드'는 본래 '표면에 나선 자, 저명한 사람'이란 뜻인데, 보통 '돌보는 직책'을 가진 자에게 붙여졌던 말이다. 성전의 직분자뿐만 아니라 행정관, 애국자, 백성의 지도자에게까지 붙였다.

11:25–36 본문에서 제기되는 문제는 도성의 목록에서 볼 수 있듯이, 유다 사람들이 우리가 추정하는 것보다(비교. 3장) 훨씬 광범위한 지역에 퍼

㉠ 칠십인역에는 '그의'

람들의 우두머리는 웃시이다. 그의
아버지는 바니요, 그 윗대는 하사뱌
요, 그 윗대는 맛다니야요, 그 윗대
는 미가이다. 웃시는 하나님의 성전
에서 예배드릴 때에 노래를 맡은 아
삽의 자손 가운데 한 사람이다.
23 노래하는 사람들에게는, 날마다 하
여야 할 일을 규정한 왕명이 내려져
있었다.
24 ○유다의 아들 세라의 자손 가운데
서, 므세사벨의 아들 브다히야가 왕
곁에서 이스라엘 백성과 관련된 일
을 맡아 보았다.

마을과 성읍에 자리를 잡은 백성들

25 ○마을과 거기에 딸린 들판은 이러
하다. 유다 자손 가운데서 더러는 기
럇아르바와 거기에 딸린 촌락들과,
디본과 거기에 딸린 촌락들과, 여갑
스엘과 거기에 딸린 마을들에 자리
를 잡고,
26 더러는 예수아와 몰라다와 벳벨렛과
27 하살수알과 브엘세바와 거기에 딸린
촌락들,
28 시글락과 므고나와 거기에 딸린 촌
락들,
29 에느림몬과 소라와 야르뭇과
30 사노아와 아둘람과 거기에 딸린 촌
락들, 라기스와 거기에 딸린 들판,
아세가와 거기에 딸린 촌락들에 자
리를 잡았다. 이렇게 그들은 브엘세
바에서 힌놈 골짜기까지 장막을 치
고 살게 되었다.
31 ○베냐민 자손은 게바와 믹마스와
아야와 베델과 거기에 딸린 촌락들,
32 아나돗과 놉과 아나냐와
33 하솔과 라마와 깃다임과
34 하딧과 스보임과 느발랏과
35 로드와 오노와 대장장이 골짜기에
자리를 잡았다.
36 유다에 있던 레위 사람들 가운데서
일부는 베냐민으로 가서 자리를 잡
았다.

제사장과 레위 사람들

12 스알디엘의 아들 스룹바벨과
예수아를 따라서 함께 돌아온
제사장과 레위 사람들은 다음과 같
다. ○제사장은 스라야와 예레미야
와 에스라와
2 아마랴와 말룩과 핫두스와
3 스가냐와 르훔과 므레못과
4 잇도와 긴느도이와 아비야와
5 미야민과 마아댜와 빌가와
6 스마야와 요야립과 여다야와
7 살루와 아목과 힐기야와 여다야이
다. 이들은 예수아 때의 제사장 가
문의 우두머리와 그 동료들이다.
8 ○레위 사람은 예수아와 빈누이와
갓미엘과 세레뱌와 유다와 맛다니야
이고 그 가운데서 맛다니야는 그의
동료들과 함께 찬양대를 맡았다.

져 살았다는 것이다. 다시 말하면, 이 목록을 근거로 하여 당대 페르시아 제국 내의 유다 영토를 행정적으로 구획화할 수 있겠는가 하는 문제이다. 그러나 유다와는 거리가 먼 지역(네게브, 또는 오노)이었기 때문에 위의 가능성은 희박하다. 당대 유다 사람들은 페르시아 제국 내의 여러 지역을 자유롭게 왕래할 수 있었다. 따라서 이 단락에서는 유다 사람들의 예루살렘 이외의 거주 지역을 알려 주는 데 목적이 있다.

12장 요약 본문의 제사장과 레위 사람들의 명단은 바빌로니아 포로 생활을 마치고 유다로 귀환한 자들의 목록이다. 이들은 예루살렘은 물론 전국 각지의 유다 사람들의 거주지에 흩어져 거하면서 백성들을 지도하고 그들이 하나님을 섬기도록 도왔다. 한편 후반부의 성벽 봉헌식 기사(27-43절)는 시간상 7장에 이어진 내용이다.

9 그들의 동료 박부갸와 운노는 예배
를 드릴 때에 그들과 마주 보고 섰다.

대제사장 예수아의 자손들

10 ○예수아는 요야김을 낳고, 요야김
은 엘리아십을 낳고, 엘리아십은 요
야다를 낳고,
11 요야다는 요나단을 낳고, 요나단은
얏두아를 낳았다.

제사장 가문의 우두머리들

12 ○요야김 때의 제사장 가문의 우두
머리들은 다음과 같다. 스라야 가문
에서는 므라야요, 예레미야 가문에
서는 하나냐요,
13 에스라 가문에서는 므술람이요, 아
마랴 가문에서는 여호하난이요,
14 말루기 가문에서는 요나단이요, 스
바냐 가문에서는 요셉이요,
15 하림 가문에서는 아드나요, 므라욧
가문에서는 헬개요,
16 잇도 가문에서는 스가랴요, 긴느돈
가문에서는 므술람이요,
17 아비야 가문에서는 시그리요, 미냐
민과 모아댜 가문에서는 빌대요,
18 빌가 가문에서는 삼무아요, 스마야
가문에서는 여호나단이요,
19 요야립 가문에서는 맛드내요, 여다
야 가문에서는 웃시요,
20 살래 가문에서는 갈래요, 아목 가문
에서는 에벨이요,
21 힐기야 가문에서는 하사뱌요, 여다
야 가문에서는 느다넬이다.

제사장과 레위 사람들에 관한 기록

22 ○엘리아십과 요야다와 요하난과 얏
두아 때의 레위 사람 가운데서, 가
문별 우두머리들의 이름과 제사장
들의 이름은, 다리우스가 페르시아
를 다스릴 때의 왕실 일지에 기록되
어 있다.
23 레위의 자손 가운데 엘리아십의 아
들인 요하난 때까지의 각 가문의 우
두머리의 이름도 왕실 일지에 기록
되어 있다.

성전에서 맡은 임무

24 ○레위 사람의 우두머리는 하사뱌와
세레뱌와 갓미엘의 아들 예수아이
다. 예배를 드릴 때에, 그들은, 하나
님의 사람 다윗 왕이 지시한 대로,
동료 레위 사람들과 함께 둘로 나뉘
어 서로 마주 보고 서서 화답하면
서, 하나님께 찬양과 감사를 드렸다.
25 ○맛다니야와 박부갸와 오바댜와 므
술람과 달몬과 악굽은 성전 문지기
이다. 이들은 성전으로 들어가는 각
문들에 딸린 창고를 지켰다.
26 이 사람들은 모두, 요사닥의 손자이
자 예수아의 아들인 요야김과, 총독
느헤미야와, 학자인 에스라 제사장
시대에 활동한 사람들이다.

느헤미야가 성벽을 봉헌하다

27 ○예루살렘 성벽이 완성되어서, 봉헌

12:1-26 바빌로니아 포로 생활을 마치고 유다로 귀환한 제사장들과 레위 사람들의 계보가 실려 있다. 22-23절은 그 목록의 자료를 소개한다.

12:10-11 제사장 예수아 이후 대제사장들 '예수아'(1,10절) 이후 B.C. 4세기 초까지 이르는 대제사장들의 명단이다. 이 명단은 역대지상 24:3-19에 나오는 포로기 이전 대제사장들의 명단의 연장인데, 26절에 따르면 예수아는 역대지상 6:15에 나오는 '요사닥(여호사닥)'의 아들이다.

12:12-21 제사장 가문의 우두머리들 1-7절에 기록된 22개 제사장 가문들이 반복되고 있다. 여기에는 2절의 핫두스가 빠져 있고, 3절의 르훔이 15절에서 하림으로, 5절의 미야민이 17절에서 미냐민으로 바뀌어 기록되어 있다.

12:26 이 사람들이 활동하던 때는 대략 B.C. 460-445년경이다. 본절의 강조점은 요야김, 느헤미야, 에스라가 동시대 사람이라는 데 있는 것이 아니라, 레위 사람들의 활동 시기가 이 세 사람들이

식을 하게 되었다. 사람들은 곳곳에
서 레위 사람을 찾아내어, 예루살렘
으로 데려왔다. 감사의 찬송을 부르
며, 심벌즈를 치며, 거문고와 수금을
타며, 즐겁게 봉헌식을 하려는 것이
었다.
28 이에 노래하는 사람들이 예루살렘
주변 여러 마을 곧 느도바 사람들이
사는 마을과
29 벳길갈과 게바와 아스마웻 들판에
서 모여들었다. 이 노래하는 사람들
은 예루살렘 주변에 마을을 이루고
살았다.
30 제사장들과 레위 사람들은 몸을 깨
끗하게 하는 예식을 치른 다음에, 백
성과 성문들과 성벽을 깨끗하게 하
는 예식을 올렸다.
31 ○나는 유다 지도자들을 성벽 위로
올라오게 하고, 감사의 찬송을 부를
큰 찬양대를 두 편으로 나누어 서게
하였다. 한 찬양대는, 오른쪽으로
'거름 문' 쪽을 보고 성곽 위로 행진
하게 하였다.
32 호세야가 이끄는 유다 지도자의 절
반이 그 뒤를 따르고,
33 또 아사랴와 에스라와 므술람과
34 유다와 베냐민과 스마야와 예레미야
가 따랐다.
35 그 뒤로 일부 제사장들이 나팔을 들
고 따르고, 그 다음에 스가랴가 따
랐다. 그의 아버지는 요나단이요, 그
윗대는 스마야요, 그 윗대는 맛다니
야요, 그 윗대는 미가야요, 그 윗대
는 삭굴이요, 그 윗대는 아삽이다.
36 그 뒤로는 스가랴의 형제인 스마야
와 아사렐과 밀랄래와 길랄래와 마
애와 느다넬과 유다와 하나니가 하
나님의 사람 다윗이 만든 악기를 들
고 따랐다. 서기관 에스라가 그 행렬
을 이끌었다.
37 그들은 '샘 문'에서 곧바로 다윗 성
계단 위로 올라가서, 성곽을 타고 계
속 행진하여, 다윗 궁을 지나 동쪽
'수문'에 이르렀다.
38 ○다른 한 찬양대는 반대쪽으로 행
진하게 하였다. 나는 백성의 절반과
더불어 그 뒤를 따라서 성벽 위로
올라갔다. 이 행렬은 '풀무 망대'를
지나서, '넓은 벽'에 이르렀다가,
39 '에브라임 문' 위를 지나, '옛 문'과 '물
고기 문'과 '하나넬 망대'와 '함메아
망대'를 지나서, '양 문'에까지 이르
러 성전으로 들어가는 문에서 멈추
었다.
40 ○감사의 찬송을 부르는 두 찬양대
는 하나님의 성전에 들어가 멈추어
섰다. 나 역시 백성의 지도자 절반과
함께 하나님의 성전에 들어가 섰다.
41 제사장 엘리야김과 마아세야와 미
냐민과 미가야와 엘료에내와 스가

활동했던 시기와 중복된다는 데 있다.

12:27-43 성벽의 봉헌식 장면이다. 7장 이후 중단되었던 이야기가 계속된다. 여기에서 느헤미야와 관련된 사건이 절정에 이르게 된다. 봉헌식의 주된 내용은 성결과 감사의 찬송, 그리고 큰 제사(43절)였다. 에스라와 느헤미야(36,38절)가 이끄는 두 개의 큰 무리가 성벽 위를 걸으며 찬양하며 돌아 내려와 성전에 이르러 감사의 제사를 드리는, 극적이면서도 장엄한 광경이 묘사된다.

12:31 감사의 찬송을 부를 큰 찬양대를 두 편으로 나누어 성벽 서쪽 중앙 부분에 있는 골짜기문에서 출발했다. 첫째 무리는 에스라의 인도를 따라(36절) 성벽 위에서 시계가 도는 반대 방향으로 돌아 나아갔고, 둘째 무리는 느헤미야의 인도를 따라(38절) 시계가 도는 방향 쪽으로 돌아 올라갔다. 이 두 무리는 수문(37절)과 망대(39절) 사이에서 만나서 성전 구역 내로 들어갔다(비교. 시 48:12-13).

랴와 하나냐는 다 나팔을 들고 있
고,
42 마아세야와 스마야와 엘르아살과
웃시와 여호하난과 말기야와 엘람과
에셀이 함께 서 있었으며, 노래하는
이들은 예스라히야의 지휘에 따라
서 노래를 불렀다.
43 그 날, 사람들은 많은 제물로 제사
를 드리면서 기뻐하였다. 하나님이
그들을 그렇게 기쁘게 하셨으므로,
여자들과 아이들까지도 함께 기뻐하
니, 예루살렘에서 기뻐하는 소리가
멀리까지 울려 퍼졌다.

백성들이 제사장과 레위 사람에게 준 몫

44 ○그 날, 사람들은 헌납물과 처음 거
둔 소산과 십일조 등을 보관하는 창
고를 맡을 관리인을 세웠다. 유다 사
람들은, 직무를 수행하는 제사장들
과 레위 사람들이 고마워서, 관리인
들을 세우고, 율법에 정한 대로, 제
사장과 레위 사람에게 돌아갈 몫을
성읍에 딸린 밭에서 거두어들여서,
각 창고에 보관하는 일을 맡겼다.
45 제사장들과 레위 사람들은 하나님
을 섬기는 일과 정결예식을 베푸는
일을 맡았다. 노래하는 사람들과 성
전 문지기들도 다윗과 그의 아들 솔
로몬이 지시한 대로 맡은 일을 하였
다.
46 옛적 다윗과 아삽 때에도 합창 지휘
자들이 있어서, 노래를 불러 하나님
께 찬양과 감사를 드렸다.
47 스룹바벨과 느헤미야 때에도, 온 이
스라엘이 노래하는 이들과 성전 문
지기들에게 날마다 쓸 몫을 주었다.
백성은 레위 사람들에게 돌아갈 거
룩한 몫을 떼어 놓았고, 레위 사람
들은 다시 거기에서 아론의 자손에
게 돌아갈 몫을 구별하여 놓았다.

느헤미야의 개혁

13 그 날, 백성에게 모세의 책을
읽어 주었는데, 거기에서 그들
은 다음과 같이 적혀 있는 것을 발
견하였다. "암몬 사람과 모압 사람은
영원히 하나님의 총회에 참석하지
못한다.
2 그들은 먹을 것과 마실 것을 가지고
와서 이스라엘 자손을 맞아들이기
는커녕, 오히려 발람에게 뇌물을 주
어서, 우리가 저주를 받도록 빌게 하
였다. 그러나 우리 하나님은 그 저주
를 바꾸어 복이 되게 하셨다."
3 백성은 이 율법의 말씀을 듣고, 섞여
서 사는 이방 무리를 이스라엘 가운
데서 모두 분리시켰다.
4 ○이 일이 있기 전이다. 우리 하나님
성전의 방들을 맡고 있는 엘리아십
제사장은 도비야와 가까이 지내는
사이이다.
5 그런데 그가 도비야에게 큰 방 하나

12:44-47 성벽 봉헌식을 마친 후의 사건으로, 10:28 이하와 연관하여 이해하는 것이 좋다. 당시의 모든 유다 사람들은 율법의 규례를 준수하려고 노력했다. 그래서 이 단락은 10장에서의 규례들이 잘 이루어지고 있음을 보여 주는 것이다. 성전의 직분자들이 모범적으로 자기들의 임무를 다하자 백성은 매우 고마워하였다(44절). 그리하여 유다 사람들은 기쁨으로 그들을 존경하며 섬겼다(47절).

13장 요약 페르시아의 관리인 느헤미야가 페르시아에 다녀온 1년 사이에 백성들은 하나님의 은혜를 망각하고 죄를 범하였다. 이에 느헤미야는 백성들의 죄악을 척결하고 바로잡는 개혁을 단행하였다. 이는 선택받은 민족으로서의 순수 혈통을 유지해 하나님께 대한 믿음을 지키기 위함이었다.

13:1-3 광야 생활 중에 괴로움을 주었던 암몬과

를 내주었다. 그 방은 처음부터 곡식
제물과 유향과 그릇과, 레위 사람들
과 노래하는 사람들과 성전 문지기
들에게 주려고 십일조로 거두어들인
곡식과 새 포도주와 기름과, 제사장
들의 몫으로 바친 제물을 두는 곳이
다.
6 이 모든 일은, 내가 예루살렘을 비웠
을 때에 일어났다. 나는 바빌론 왕
아닥사스다 삼십이년에 왕을 뵈러
갔다가, 얼마가 지나서 왕에게 말미
를 얻어,
7 예루살렘으로 다시 돌아와서야, 엘
리아십이 하나님의 성전 뜰 안에 도
비야가 살 방을 차려 준 이 악한 일
을 알게 되었다.
8 나는 몹시 화가 나서, 도비야가 쓰는
방의 세간을 다 바깥으로 내던지고,
9 말하였다. "그 방을 깨끗하게 치운
다음에, 하나님의 성전 그릇들과 곡
식제물과 유향을 다시 그리로 들여
다 놓아라."
10 ○내가 또 알아보니, 레위 사람들은
그 동안에 받을 몫을 받지 못하고
있었다. 그래서 레위 사람들과 노래
하는 사람들은 맡은 일을 버리고,
저마다 밭이 있는 곳으로 떠났다.
11 그래서 나는, 어쩌자고 하나님의 성
전을 이렇게 내버려 두었느냐고 관
리들을 꾸짖고, 곧 레위 사람들을
불러모아서 다시 일을 맡아 보게 하
였다.
12 그랬더니, 온 유다 사람들이 곡식과
새 포도주와 기름의 십일조를 가지
고 와서, 창고에 들여다 놓았다.
13 나는 셀레마야 제사장과 사독 서기관
과 레위 사람 브다야를 창고 책임자
로 삼고, 맛다니야의 손자이며 삭굴
의 아들인 하난을 버금 책임자로 삼
았다. 그들은 모두 정직하다고 인정
을 받는 사람들이다. 그들이 맡은
일은, 동료들에게 돌아갈 몫을 골고
루 나누어 주는 일이었다.
14 ○"하나님, 내가 한 일을 기억하
여 주십시오. 하나님의 성전을
보살핀 일과, 예배를 드릴 수 있
도록 정성껏 한 이 일을 잊지 마
십시오."
15 ○그 무렵에 유다에서는, 안식일에도
사람들이 술틀을 밟고, 곡식을 가져
다가 나귀에 지워서 실어 나르며, 포
도주와 포도송이와 무화과 같은 것
을 날라들였다. 안식일인데도 사람
들이 이런 여러 가지 짐을 지고 예루
살렘으로 들어오는 것이 나의 눈에
띄었다. 나는 안식일에는 사고 파는
일을 하지 말라고 경고하였다.
16 예루살렘에는 두로 사람도 살고 있
었는데, 그들은 안식일에 물고기와
갖가지 물건을 예루살렘으로 들여

모압 족속(민 20:14-23:30)과의 교제를 단절하고 그들을 추방시킨다. 이는 20년 전 이방 여자와 결혼한 남자들의 가족을 내보낸 것과 같은 성격의 개혁이었다(스 10:16-44).

13:4-9 제사장 엘리아십은 친인척 비리의 장본인으로서 이방 족속인 암몬 사람 도비야(2:10,19;4:3,7-8;6:1)를 끌어들여 성전을 더럽히며 이득을 취했다. 영적 지도자의 타락은 백성들을 사리사욕에 빠뜨려서 십일조 규례까지 어기며 자기 가족의 생계에만 급급하게 하였다. 따라서 성전 봉사자들의 생계가 위협을 받게 되어(10-13절) 성전은 버려진 바 되었으며(11절), 성전 제의가 제대로 시행될 수 없었던 것이다.

13:13 느헤미야는 제사장, 서기관, 레위 사람, 그리고 평민 중에서 각각 한 사람씩을 택해 창고 책임자로 삼았다. 정직하다고 인정을 받는 사람 느헤미야는 바쳐진 곡식과 새 포도주, 기름 등을 공평하게 분배할 신실하고 정직한 사람들을 뽑았는

다가, 유다 백성에게 팔았다.
17 그래서 나는 유다의 귀족들을 꾸짖
었다. "안식일을 이렇게 더럽히다니,
어쩌자고 이런 나쁜 일을 저지르는
거요?
18 당신들의 조상도 똑같은 일을 하다
가, 우리와 우리 도성이 모두 하나님
의 재앙을 받지 않았소? 당신들이야
말로 안식일을 더럽혀서, 하나님이
이스라엘 위에 진노를 내리시도록
하는 장본인들이오."
19 ○나는, 안식일이 되기 전날은, 해거
름에 예루살렘 성문에 그림자가 드
리우면 성문들을 닫도록 하고, 안식
일이 지나기까지 문을 열지 못하게
하였다. 나는 또, 나를 돕는 젊은이
들을 성문마다 세워서, 안식일에는
아무것도 들이지 못하게 하였다.
20 그 뒤로도, 장사하는 이들과 갖가지
물건을 파는 상인들이 예루살렘 성
밖에서 자는 일이 한두 번 있었다.
21 나는 그들도 꾸짖었다. "어찌하여 당
신들은 성 밑에서 잠을 자고 있소?
다시 한 번만 더 그렇게 하면, 잡아
들이겠소." 그랬더니, 그 다음부터
안식일에는, 그들이 한 번도 나타나
지 않았다.
22 나는 또 레위 사람들에게, 몸을 깨끗
하게 하고 와서 성문마다 지켜서, 안
식일을 거룩하게 지내라고 하였다.
○"나의 하나님, 내가 한 이
일도 기억하여 주십시오. 그지
없이 크신 주님의 사랑으로 나
를 너그러이 보아주십시오."
23 ○그 때에 내가 또 보니, 유다 남
자들이 아스돗과 암몬과 모압의 여
자들을 데려와서 아내로 삼았는데,
24 그들 사이에서 태어난 아이들의 절
반이 아스돗 말이나 다른 나라 말은
하면서도, 유다 말은 못하였다.
25 나는 그 아버지들을 나무라고, 저주
받을 것이라고 하면서 야단을 치고,
그들 가운데 몇몇을 때리기도 하였
으며, 머리털을 뽑기까지 하였다. 그
런 다음에 하나님을 두고서 맹세하
게 하였다. "당신들은 당신들의 딸
들을 이방 사람의 아들에게 주지 마
시오. 당신들과 당신들의 아들들도
이방 사람의 딸을 아내로 데려와서
는 안 되오.
26 이스라엘 왕 솔로몬이 죄를 지은 것
도, 바로 이방 여자와 결혼한 일이
아니오? 어느 민족에도 그만한 왕이
없었소. 그는 하나님의 사랑을 한 몸
에 받았으며, 하나님은 그를 온 이스
라엘의 왕으로 삼으셨소. 그러나 그
마저 죄를 짓게 된 것은 이방 아내들
때문이오.
27 이제 당신들이 이방 여자들을 아내
로 데려와서, 이렇게 큰 잘못을 저지

데, 이것은 초대 교회가 비슷한 목적을 위해 집사들을 뽑던 장면을 연상하게 한다(행 6:1-6).

13:15-22 사리사욕에 빠진 지도자의 타락으로 백성들의 신앙은 식어 버렸다. 가족의 생계와 부의 축적에만 관심을 갖게 되어 안식일에도 일하였으며, 특히 이방 사람들까지 안식일에 거룩한 성내에 들어와 장사하여 이득을 취했다. 하나님의 거룩한 성과 안식일에 대한 심각한 모독이었다(10:31;출 20:8-11;신 5:12-15;사 56:2-7).

13:23 아스돗 '견고한 곳'이란 뜻으로, 원래 아낙 사람의 성읍이었으나(수 11:21) 블레셋 사람이 점령하였다. 그 후 다시 앗시리아가 점령하였고, 페르시아 시대에는 아소도 도(道)의 수도였다.

13:23-30 선택받은 민족으로서의 혈통의 순수성은 하나님께 대한 믿음을 지키는 것과 직결되는 문제였다(비교. 6:18;10:30;스 9-10장). 즉 이방 사람과의 결혼은 곧 이방 우상의 도입과 숭배를 가져왔고, 이스라엘은 혼합 종교로 타락하게

르며 하나님을 거역하고 있는데, 우
리가 어찌 보고만 있을 수 있소?"
28 ○대제사장 엘리아십의 손자인 요야
다의 아들 가운데 하나가 호론 사람
산발랏의 사위가 되었기에, 나는 그
자를, 내 앞에서 얼씬도 못하도록 쫓
아냈다.
29 ○"나의 하나님, 그들을 잊지
마십시오. 그들은 제사장 직을
더럽히고, 제사장과 레위 사람
의 언약을 저버린 자들입니다."
30 ○나는 제사장들과 레위 사람들
에게 묻은 이방 사람의 부정을 모두
씻게 한 뒤에, 임무를 맡겨 저마다
맡은 일을 하게 하였다.
31 또 사람들에게 때를 정하여 주어서,
제단에서 쓸 장작과 처음 거둔 소산
을 바치게 하였다.
○"나의 하나님, 나를 기억하
여 주시고, 복을 내려 주십시오."

되었다. 이 문제에 있어서 대제사장의 자손이 포함되어 있다는 것(28-30절)은 얼마나 심각한 문제였던가를 가르쳐 준다(비교. 레 21:14).

*13:26 솔로몬 왕은 하나님께 지혜*를 구하면서 겸손하게 통치를 시작했기 때문에(왕상 3:5-9), 누구보다 더 큰 부귀영화를 누릴 수 있었다. 그러나 그는 이방 여자들의 유혹에 빠져 이방신을 숭배할 뿐 아니라 모압 족속의 신인 그모스를 위한 신전까지 세우는 죄를 범하게 되었다.

13:28 산발랏의 사위 레위기 21:14에 따르면 대제사장은 이방 사람과 결혼해서는 안 되었다. 그러나 대제사장의 손자인 요야다의 아들은 이방 사람과의 결혼을 금지하는 율법을 어김으로써 추방당하고 말았다.

13:31 느헤미야는 백성들의 죄악을 척결하여 바로잡아 주면서, 조상들의 범죄와 그로 인한 무서운 형벌을 생각했다. 따라서 그는 반복해서(14, 22,31절) 하나님의 은혜와 긍휼을 간구한다.

에스더기

저자 페르시아에 살았던 유다 사람

저작 연대 B.C. 485–435년경

기록 장소와 대상 기록 장소는 알 수 없다. 본서는 예루살렘으로 귀환하지 않고 페르시아에 남아 있는 유다 사람들을 위해 기록되었다.

핵심어 및 내용 에스더기의 핵심어는 '아름다움'과 '섭리'이다. 하나님은 에스더를 축복하셔서 아름다운 외모를 주셨다. 그러나 이런 아름다운 외모 때문에 그녀를 사용하신 것이 아니다. 에스더의 헌신된 마음 때문에 그녀를 통하여 하나님의 역사를 이루셨다.

내용 분해

1. 폐위된 와스디 왕후(1:1–22)
2. 왕후가 된 에스더(2:1–18)
3. 왕의 생명을 구한 모르드개(2:19–23)
4. 유다 사람에 대한 하만의 계략(3:1–15)
5. 에스더의 결심(4:1–17)
6. 잔치를 베푼 에스더(5:1–14)
7. 굴욕당하는 하만(6:1–14)
8. 에스더의 두 번째 잔치(7:1–10)
9. 모르드개의 조서(8:1–17)
10. 유다 사람의 승리와 부림절의 기원(9:1–10:3)

와스디 왕후가 폐위되다

1 ㉠아하수에로 왕 때에 있은 일이
다. 아하수에로는 인도에서 ㉡에티
오피아에 이르기까지 백스물일곱 지
방을 다스린 왕이다.
2 아하수에로 왕은 도성 수산에서 왕
위에 올라,
3 나라를 다스린 지 삼 년째 되던 해
에, 모든 총독들과 신하들을 불러서
잔치를 베풀었다. 페르시아와 메대
의 장수들과 귀족들과 각 지방 총독
들을 왕궁으로 초대하여,
4 자기 왕국이 지닌 영화로운 부요와
찬란한 위엄을 과시하였다. 잔치는
여러 날 동안, 무려 백팔십 일이나
계속되었다.
5 ○이 기간이 끝난 뒤에, 왕은 도성
수산에 있는 백성을, 빈부귀천을 가
리지 않고 모두 왕궁 정원 안뜰로
불러들여서, 이레 동안 잔치를 베풀
었다.
6 정원에는, 흰 실과 붉은 빛 털실로
짠 휘장을 쳤는데, 그 휘장은, 대리
석 기둥의 은고리에 흰 실과 보랏빛
실로 꼰 끈으로 매달았다. 화반석과
백석과 운모석과 흑석으로 덮인 바
닥에는, 금과 은으로 입힌 의자들이
놓여 있었다.
7 술잔은 모두 금잔이었는데, 모양이
저마다 달랐다. 왕이 내리는 술은
풍성하였다.
8 그 날은 어전 음주법을 따르지 않았
으므로, 많이 마시고 싶은 사람은
많이, 적게 마시고 싶은 사람은 적게
마셨다. 그것은, 왕이 모든 술 심부
름꾼에게, 마실 이들이 원하는 만큼
따라 주라고 지시하였기 때문이다.
9 와스디 왕후도 부인들을 초대하여,
아하수에로 왕의 그 궁궐 안에서 잔
치를 베풀었다.
10 ○이레가 되는 날에, 왕은 술을 마시
고, 기분이 좋아지자, 자기를 받드는
일곱 궁전 내시 곧 므후만과 비스다
와 하르보나와 빅다와 아박다와 세
달과 가르가스에게 이르기를,
11 와스디 왕후가 왕후의 관을 쓰고,
왕 앞으로 나오게 하라고 명령하였
다. 왕후가 미인이므로, 왕은 왕후의

㉠ 일명, '크세르크세스' ㉡ 또는 '누비아'. 히, '구스' 곧 나일 강 상류지역

아름다움을 백성과 대신들 앞에서
자랑하고 싶었던 것이다.
12 그러나 와스디 왕후는 내시들에게
왕의 명령을 전하여 듣고도, 왕 앞
에 나오기를 거절하였다. 이 소식을
들은 왕은, 화가 몹시 났다. 마음 속
에서 분노가 불같이 치밀어 올랐다.
13 ○왕은 곧 법에 밝은 측근 전문가들
과 이 일을 의논하였다. 왕이 법과
재판에 관하여 잘 아는 이들과 의논
하는 것은 그 나라의 관례였다.
14 왕 옆에는 가르스나와 세달과 아드
마다와 다시스와 메레스와 마르스나
와 므무간 등 페르시아와 메대의 일
곱 대신이 있어서, 늘 왕과 직접 대면
하여 의견을 나누었는데, 그들은 나
라 안에서 벼슬이 가장 높은 사람들
이었다.
15 "내시들을 시켜서 전달한 나 아하수
에로의 왕명을 와스디 왕후가 따르
지 않았으니, 이를 법대로 하면, 어떻
게 처리해야 하오?"
16 므무간이 왕과 대신들 앞에서 대답
하였다. "와스디 왕후는 임금님께만
잘못을 저지른 것이 아니라, 아하수
에로 왕께서 다스리시는 각 지방에
있는 모든 신하와 백성에게도 잘못
을 저질렀습니다.
17 왕후가 한 이 일은 이제 곧 모든 여
인에게 알려질 것입니다. 그렇게 되
면, 여인들은 아하수에로 왕이 와스
디 왕후에게 어전에 나오라고 하였
는데도, 왕후가 나가지 않았다고 하
면서, 남편들을 업신여기게 될 것입
니다.
18 페르시아와 메대의 귀부인들이 왕후
가 한 일을 알게 되면, 오늘 당장 임
금님의 모든 대신에게도 같은 식으
로 대할 것입니다. 그러면 멸시와 분
노가 걷잡을 수 없이 되풀이될 것입
니다.
19 그러니 임금님만 좋으시다면, 와스
디 왕후가 다시는 아하수에로 임금
님의 어전에 나오지 못하도록 어명
을 내리시고, 그것을 페르시아와 메
대의 법으로 정하여, 고치지 못하도
록 하셔야 할 줄 압니다. 그리고 왕
후의 자리는 그 여인보다 더 훌륭한
다른 사람에게 주시는 것이 마땅하
다고 생각합니다.
20 왕의 칙령이 이 큰 나라 방방곡곡에
선포되면, 낮은 사람이고 높은 사람
이고 할 것 없이, 모든 여인이 저마
다 자기 남편에게 정중하게 대할 것
입니다."
21 ○왕과 대신들은 그의 말이 옳다고
여기고, 왕은 즉시 므무간이 말한
대로 시행하였다.
22 왕은 그가 다스리는 모든 지방에 조
서를 내렸다. 지방마다 그 지방에서

더

1장 요약 페르시아 왕이 왕후 와스디의 아름다움을 자랑하고 싶어서 잔치를 베풀었으나, 와스디는 *왕의 명을 거역하여 폐위되고*, 에스더가 왕후가 되는 배경이다.

1:13–22 아하수에로 왕이 당시 '법'(15절)을 몰라서 전문가들에게 물었다기보다는 왕후의 잘못을 조금도 용서하지 않으려는 완고한 마음 때문이었다. 이에 전문가들은 왕후를 폐위시키는 것뿐만 아니라 온 나라에 조서를 내려 아내가 남편을 무시하지 못하도록 명령할 것을 권유한다(17–18절).

1:21–22 지방마다 그 지방에서 쓰는 글로, 백성마다 그 백성이 쓰는 말로 당시에 이집트에서 인도까지의 나라들이 공동으로 사용한 언어는 시리아어였다. 아하수에로 왕이 시리아어를 사용하지 않은 것은, 당시 페르시아의 궁정 내에는 각 민족의 대표들이 있었을 것이므로, 그들이 각 지방의 언어로 번역했을 가능성도 있다.

쓰는 글로, 백성마다 그 백성이 쓰는
말로 조서를 내려서 "남편이 자기 집
을 주관하여야 하며, 남편이 쓰는 말
이 그 가정에서 쓰는 일상 언어가 되
어야 한다"고 선포하였다.

에스더가 왕후가 되다

2 이러한 일이 있은 지 얼마 뒤에, 아
하수에로 왕은, 분노가 가라앉자
와스디 왕후가 생각나고 왕후가 저지
른 일과 그리고 그것 때문에 자기가
조서까지 내린 일이 마음에 걸렸다.
2 왕을 받드는 젊은이들이 이것을 알
고 왕에게 말하였다. "임금님을 모실
아리땁고 젊은 처녀들을 찾아보게
하시는 것이 좋겠습니다.
3 임금님께서 다스리시는 각 지방에
관리를 임명하시고, 아리땁고 젊은
처녀들을 뽑아서, 도성 수산으로 데
려오게 하시고, 후궁에 불러다가, 궁
녀를 돌보는 내시 헤개에게 맡기시
고, 그들이 몸을 가꿀 화장품을 내
리십시오.
4 그리 하신 뒤에, 임금님 마음에 드는
처녀를 와스디 대신에 왕후로 삼으
심이 좋을 듯합니다." 왕은 그 제안
이 마음에 들어서 그대로 하였다.
5 ○그 때에 도성 수산에는 모르드개
라고 하는 유다 남자가 있었다. 그는
베냐민 지파 사람으로서, 아버지는
야일이고, 할아버지는 시므이이고,
증조부는 기스이다.
6 그는 바빌론 왕 느부갓네살이 예루
살렘에서 유다 왕 ㉠여고냐와 그의
백성을 포로로 끌고 왔을 때에, 함
께 잡혀 온 사람이다.
7 모르드개에게는 하닷사라고 하는
사촌 누이동생이 있었다. 이름을 에
스더라고도 하는데, 일찍 부모를 여
의었으므로, 모르드개가 데려다가
길렀다. 에스더는 몸매도 아름답고
얼굴도 예뻤다. 에스더가 부모를 여
의었을 때에, 모르드개가 그를 딸로
삼았다.
8 ○왕이 내린 명령과 조서가 공포되
니, 관리들은 처녀를 많이 뽑아서 도
성 수산으로 보내고, 헤개가 그들을
맡아 돌보았다. 에스더도 뽑혀서, 왕
궁으로 들어가 궁녀를 맡아 보는 헤
개에게로 갔다.
9 헤개는 에스더를 좋게 보고, 남다른
대우를 하며, 곧바로 에스더에게 화
장품과 특별한 음식을 주었다. 또 궁
궐에서 시녀 일곱 명을 골라, 에스더
의 시중을 들게 하고, 에스더를 시녀
들과 함께 후궁에서 가장 좋은 자리
로 옮겨서, 그 곳에서 지내게 하였다.
10 에스더는 자기의 민족과 혈통을 밝
히지 않았다. 모르드개가 에스더에
게, 그런 것은 밝히지 말라고 단단히
일러두었기 때문이다.

더

2장 요약 분노가 풀린 아하수에로는 와스디를 폐위시킨 것에 대해 후회하였다. 그러자 자신들에게 화가 미칠 것을 두려워한 신하들은 황급히 전국에서 가장 미모가 뛰어난 처녀를 왕후로 뽑자고 제안했다. 에스더가 왕후가 된 것은 하나님의 섭리 가운데 이루어진 것이다.

2:3 당시의 궁중 예절에 따르면, 왕후 후보가 된 처녀들은 후궁으로 궁에 들어와 열두 달 동안 내시의 지도하에 몸을 가꾸어야 했다.

2:6 모르드개가 B.C. 597년에 여고냐와 함께 사로잡혀 왔다면, B.C. 486년 아하수에로 왕 재위 당시 사건에 그가 가담했다는 것은 무리이다. 따라서 모르드개가 B.C. 597년에 사로잡혀 왔다는 것이 아니라 그의 조상이 사로잡혀 왔음을 말하며, 동시에 그가 바빌론 포로 생활 중에 태어났다는 것을 말한다.

㉠ 일명, '여호야긴'

11 모르드개는, 에스더가 잘 지내는지,
또 에스더가 어떻게 될지를 알려고,
날마다 후궁 근처를 왔다갔다 하였
다.
12 ○처녀들은, 아하수에로 왕 앞에 차
례대로 나아갈 때까지, 정해진 미용
법에 따라서, 열두 달 동안 몸을 가
꾸었다. 처음 여섯 달 동안은 몰약
기름으로, 다음 여섯 달 동안은 향
유와 여러 가지 여성용 화장품으로
몸을 가꾸었다.
13 처녀가 왕 앞에 나아갈 때에는, 원하
는 것은 무엇이든지 다 주어서, 후궁
에서 대궐로 가지고 가게 하였다.
14 저녁에 대궐로 들어간 처녀가, 이튿
날 아침에 나오면, 후궁들을 맡아 보
는 왕의 내시 사아스가스가 별궁으
로 데리고 갔다. 왕이 그를 좋아하
여 특별히 지명하여 부르지 않으면,
다시는 왕 앞에 나아갈 수 없었다.
15 ○드디어 모르드개의 삼촌 아비하일
의 딸, 곧 모르드개가 자기의 딸로
삼은 에스더가 왕에게 나아갈 차례
가 되었다. 에스더는 궁녀를 돌보는
왕의 내시 헤개가 하라는 대로만 단
장을 하였을 뿐이고, 다른 꾸미개는
요구하지 않았다. 그런데도 에스더
는, 누가 보아도 아리따웠다.
16 그가 아하수에로 왕의 침전으로 불
려 들어간 것은, 아하수에로가 다스
린 지 칠 년째 되는 해 열째 달 곧 데
벳월이었다.
17 왕은 에스더를 다른 궁녀들보다도
더 사랑하였다. 에스더는 모든 처녀
들을 제치고, 왕의 귀여움과 사랑을
독차지하였다. 드디어 왕은 에스더
의 머리에 관을 씌우고, 와스디를 대
신하여 왕후로 삼았다.
18 왕은 에스더를 위하여 큰 잔치를 베
풀고, 대신들과 신하들을 다 초대하
였으며, 전국 각 지방에 세금을 면제
하여 주고, 왕의 이름으로 여러 가지
상을 푸짐하게 내렸다.

모르드개가 왕의 목숨을 구하다

19 ○처녀들이 두 번째로 소집된 일이
있는데, 그 때에, 모르드개는 대궐에
서 일을 맡아 보고 있었다.
20 에스더는, 자기의 혈통과 민족에 관
해서는, 모르드개가 시킨 대로, 입을
다물었다. 에스더는, 모르드개의 슬
하에 있을 때에도, 모르드개가 하는
말은 늘 그대로 지켰다.
21 ○모르드개가 대궐 문에서 근무하
고 있을 때에, 문을 지키는 왕의 두
내시 ㉠빅단과 데레스가 원한을 품
고, 아하수에로 왕을 죽이려는 음모
를 꾸몄다.
22 그 음모를 알게 된 모르드개는 에스
더 왕후에게 이 사실을 알리고, 또
에스더는 그것을, 모르드개가 일러

더

2:10 모르드개의 지시대로 에스더가 자신의 혈통을 밝히지 않은 것은 지혜로운 처사였다(참조. 잠 13:1,3). 그 이유는 아하수에로가 가까운 동맹국 *여섯 나라 안에서*만 왕후를 간택하도록 했기 때문이었다.

2:14 저녁에 대궐로 들어간 아하수에로 왕 삼 년째 되던 해(1:3)의 간택령에 따라 모인 처녀들은 1년간 몸을 정결하게 단장한 후, 매일 밤 한 명씩 차례대로 왕의 침실로 나아갔다. 에스더가 순서에 따라 왕에게 나아간 때는 칠 년째 되는 해 열째 달(16절)이었다. 따라서 그 동안에 왕에게 나아갔던 처녀들은 최소한 1095명(3년×365명)을 전후하는 엄청난 숫자였을 것이다.

2:16-18 데벳월은 수산에서 우기(雨期)에 해당되는 10월로서 추운 계절이다. 왕은 추운 날씨에도 불구하고 에스더가 사랑스러웠기 때문에 곧 그녀를 왕후로 선언하고 그녀에게 면류관을 씌웠다.

㉠ 일명, '빅다나'

주었다고 하면서, 왕에게 말하였다.
23 사실을 조사하여 보고, 음모가 밝혀
지니, 두 사람을 ㉠나무에 매달아 죽
였다. 이런 사실은, 왕이 보는 앞에
서 궁중실록에 기록되었다.

하만이 유다 사람 말살을 음모하다

3 이런 일들이 있은 지 얼마 뒤에,
아하수에로 왕은 아각 사람 함므
다다의 아들 하만을 등용하여, 큰
벼슬을 주고, 다른 대신들보다 더
높은 자리에 앉혔다.
2 대궐 문에서 근무하는 신하들은, 하
만이 드나들 때마다 모두 꿇어 엎드
려 절을 하였다. 하만을 그렇게 대우
하라는 왕의 명령이 있었기 때문이
다. 그러나 모르드개는 무릎을 꿇지
도 않고, 절을 하지도 않았다.
3 모르드개가 그렇게 하니, 대궐 문에
서 근무하는 왕의 신하들이 모르드
개를 나무랐다. "어찌하여 왕의 명령
을 지키지 않소?"
4 그들이 날마다 모르드개를 타일렀
으나, 모르드개는 그들의 말을 듣지
않았다. 마침내, 그들은 하만에게 이
런 사실을 알렸다. 그들은, 모르드
개가 스스로 유다 사람이라고 말한
적이 있으므로, 그의 그런 행동이 언
제까지 용납될 수 있는지 두고 볼 셈
이었다.
5 하만은, 모르드개가 정말로 자기에
게 무릎을 꿇지도 않고, 자기에게 절
도 하지 않는 것을 보고, 화가 잔뜩
치밀어 올랐다.
6 더욱이, 모르드개가 어느 민족인지
를 알고서는, 하만은 모르드개 한
사람만을 죽이는 것은 너무 가볍다
고 생각하였다. 하만은, 아하수에로
가 다스리는 온 나라에서, 모르드개
와 같은 겨레인 유다 사람들을 모두
없앨 방법을 찾았다.
7 ○아하수에로 왕 십이년 첫째 달 니
산월이다. 사람들은 유다 사람들을
어느 달 어느 날에 죽일지, 그 날을
받으려고, 하만이 보는 앞에서 주사
위의 일종인 '부르'를 던졌다. ㉡주사
위가 열두째 달인 아달월 십삼일에
떨어졌다.
8 하만은 아하수에로 왕에게 말하였
다. "임금님께서 다스리시는 왕국의
여러 지방에 널리 흩어져 사는 민족
이 하나 있는데, 그들은 자기들끼리
만 모여서 삽니다. 그들의 법은 다른
어떤 백성들의 법과도 다릅니다. 더
욱이, 그들은 임금님의 법도 지키지
않습니다. 임금님께서 그들을 그냥
두시는 것은 유익하지 못한 일이라
고 생각합니다.
9 임금님께서만 좋으시다면, 그들을
모두 없애도록, 조서를 내려 주시기
를 바랍니다. 그러면 저는, 은화 만

더

3장 요약 본문에는 아말렉의 후손인 하만으로 인해 페르시아 제국 전역에 흩어져 살던 유다 사람들이 몰살당할 위기에 처한 경위가 기록되어 있다. 모르드개가 유다 사람임을 안 하만은 모든 유다 사람들을 죽이라는 조서를 전국 각지에 반포한다.

㉠ 또는 '기둥에' ㉡ 칠십인역을 따름. 히, '열두째 달인 아달월이었다'

3:1 아각 사람 함므다다의 아들 하만은 이집트를 나온 이후 이스라엘의 대적이었던 아말렉의 후손이다.

3:7-11 하만은 온갖 중상모략과 아부(8-9절)로써 처단권을 부여받는다(10-11절). 이제 하만은 모르드개와의 개인적인 문제가 아니라, 유다 민족 전체의 대적으로서 심각한 위협을 초래하였다.

3:9 은화 만 달란트 약 은 375톤으로서 당시 페르시아의 일 년 총 수입의 2/3에 해당된다.

달란트를 임금님의 금고출납을 맡은
관리들에게 주어서 입금시키도록 하
겠습니다."
10 그러자 왕은, 자기 손가락에 끼고 있
는 인장 반지를 빼서, 아각 사람 함
므다다의 아들인, 유다 사람의 원수
하만에게 맡겼다.
11 왕이 하만에게 일렀다. "그 돈은 경
의 것이오. 그 백성도 경에게 맡길
터이니, 알아서 좋을 대로 하시오."
12 ○첫째 달 십삼일에, 왕의 서기관들
이 소집되었다. 그들은, 하만이 불러
주는 대로, 각 지방의 글과 각 민족의
말로 조서를 만들어서, 왕의 대신들
과 각 지방의 총독들과 각 민족의 귀
족들에게 보냈다. 조서는 아하수에
로 왕의 이름으로 작성되었고, 거기
에 왕의 인장 반지로 도장을 찍었다.
13 그렇게 한 다음에, 보발꾼들을 시켜
서, 그 조서를 급히 왕이 다스리는
모든 지방으로 보냈다. 그 내용은,
열두째 달인 아달월 십삼일 하루 동
안에, 유다 사람들을 남녀노소 할
것 없이 모두 죽이고 도륙하고 진멸
하고, 그들의 재산을 빼앗으라는 것
이다.
14 각 지방에서는 그 조서를 법령으로
공포하여 각 민족에게 알리고, 그 날
을 미리 준비하게 하였다.
15 왕의 명령이 떨어지자 곧 보발꾼들
이 떠나고, 도성 수산에도 조서가
나붙었다. 왕과 하만은 함께 술잔을
기울이며 앉아 있었지만, 수산 성은
술렁거렸다.

에스더가 백성을 구하겠다고 약속하다

4 모르드개는 이 모든 일을 알고서,
옷을 찢고, 굵은 베 옷을 걸치고,
재를 뒤집어쓴 채로, 성 안으로 들어
가서, 대성통곡을 하였다.
2 그런데 굵은 베 옷을 입고서는 어느
누구도 대궐 문 안으로 들어갈 수 없
었으므로, 그는 대궐 문 밖에 주저
앉았다.
3 왕이 내린 명령과 조서가 전달된 지
방마다, 유다 사람들은 온통 탄식하
고, 금식하며, 슬프게 울부짖었다.
모두들 굵은 베 옷을 걸치고서 재
위에 누웠다.
4 ○에스더의 시녀들과 내시들이 에스
더에게 가서, 모르드개가 당한 일을
말하니, 왕후는 크게 충격을 받았
다. 에스더가 모르드개에게 옷을 보
내며, 굵은 베 옷을 벗고 평상복으로
갈아입기를 권하였지만, 모르드개는
듣지 않았다.
5 에스더는, 왕이 자기를 보살피라고
보내 준 궁전 내시 가운데서, 하닥을
불러서, 무엇 때문에 모르드개가 괴
로워하는지, 왜 그러는지, 알아 보라
고 하였다.

3:12 첫째 달 십삼일에 이 날은 유월절 어린 양을 잡기 전날이었던 까닭에 모든 유다 사람에게 기억될 수 있었다(출 12:6).

3:13 모두 죽이고 도륙하고 진멸하고 이러한 삼중적 표현은 법문서 작성자들이 즐겨 사용하는 표현이다.

3:14-15 공포된 조서에 대한 반응이 대조적이다. 조서를 내린 자들은 모여 축하연을 베풀고 있지만, 일반 시민들은 혼란에 빠져 술렁거렸다.

4장 요약 유다 사람을 죽이라는 조서가 공포되자 페르시아 전역의 유다 사람들은 큰 두려움에 휩싸였다. 이때 모르드개는 그들과 함께 탄식하며 금식하고 부르짖었다. 그리고 에스더에게 사람을 보내 왕에게 탄원하여 자기 겨레를 구하라고 부탁하였다.

4:1-3 모르드개는 애곡과 애통의 뜻으로 옷을 찢고 베 옷을 입고 재를 뒤집어쓰고 대궐 문 앞에

6 하닥은 대궐 문 앞, 도성 광장에 있
는 모르드개에게로 갔다.
7 모르드개는 자기에게 일어난 일을
처음부터 끝까지 하닥에게 모두 이
야기하였다. 하만이 유다 사람을 모
조리 없애려고, 왕의 금고출납을 맡
은 관리들에게 주어 입금하겠다고
약속한 돈의 정확한 액수까지 밝혔
다.
8 모르드개는, 수산 성에 선포된 유다
사람을 전멸시키라는 칙령의 사본
을 하닥에게 건네 주면서, 에스더에
게 그것을 보이고, 설명하여 드리라
고 하였다. 또한 모르드개는 에스더
가 직접 어전에 나아가서, 왕에게 자
비를 구하고, 최선을 다하여 자기 겨
레를 살려 달라고 탄원하도록, 하닥
을 시켜서 부탁하였다.
9 하닥은 돌아가서, 모르드개에게 들
은 이야기를 에스더에게 전하였다.
10 에스더는 다시 하닥을 보내서, 모르
드개에게 이렇게 전하라고 하였다.
11 "임금님이 부르시지 않는데, 안뜰로
들어가서 왕에게 다가가는 자는, 남
자든지 여자든지 모두 사형으로 다
스리도록 되어 있습니다. 이러한 법
은 모든 신하들과 왕이 다스리는 모
든 지방 백성들이 다 알고 있습니다.
다만 임금님이 금으로 만든 규를 내
밀어서, 목숨을 살려 주실 수는 있
습니다. 그런데 임금님이 나를 부르
지 않으신 지가 벌써 삼십 일이나 되
었습니다."
12 하닥 일행이 에스더의 말을 그대로
모르드개에게 전하니,
13 모르드개는 그들을 시켜서 에스더에
게 다음과 같이 전하라고 하였다.
"왕후께서는 궁궐에 계시다고 하여,
모든 유다 사람이 겪는 재난을 피할
수 있다고 생각하십니까?
14 이런 때에 왕후께서 입을 다물고 계
시면, 유다 사람들은 다른 곳에서라
도 도움을 얻어서, 마침내는 구원을
받고 살아날 것이지만, 왕후와 왕후
의 집안은 멸망할 것입니다. 왕후께
서 이처럼 왕후의 자리에 오르신 것
이 바로 이런 일 때문인지를 누가 압
니까?"
15 에스더는 다시 그들을 시켜서, 모르
드개에게 이렇게 전하라고 하였다.
16 "어서 수산에 있는 유다 사람들을
한 곳에 모으시고, 나를 위하여 금
식하게 하십시오. 사흘 동안은 밤낮
먹지도 마시지도 말게 하십시오. 나
와 내 시녀들도 그렇게 금식하겠습
니다. 그렇게 하고 난 다음에는, 법
을 어기고서라도, 내가 임금님께 나
아가겠습니다. 그러다가 죽으면, 죽
으렵니다."
17 모르드개는 나가서, 에스더가 일러

까지 이른다. 이런 관습은 이스라엘뿐만 아니라 여러 나라에서도 수세대에 걸쳐 슬픔을 표현하는 방법이었다(창 37:34;사 15:3;겔 27:30).

4:10-11 에스더는 누구든지 왕의 부름을 받지 않고는 왕에게 나아갈 수 없다고 답변했다. 그 이유는 사소한 문제를 가지고 찾아와 왕을 귀찮게 하거나 왕의 생명을 급습하는 자들을 막기 위해서였던 것 같다.

4:11-14 모르드개는 에스더가 신앙 공동체인 유다 사람을 위하여 생명을 아끼지 말고 헌신하라고 명령한다. 특히 14절에서는 하나님께서 은혜와 은사를 주신 목적(엡 4:12;빌 1:29)과 자기 백성을 궁극적으로 구원하시는 하나님의 주권과 섭리에 대한 모르드개의 신앙을 엿볼 수 있다.

4:15-17 에스더는 수산에 있는 유다 사람들이 모두 자기와 함께 금식하며 기도할 것을 요청한다. 에스더는 3일간 간절히 금식하고 기도한 후 죽음을 무릅쓰고 왕에게 나아간다.

준 대로 하였다.

에스더가 왕과 하만을
잔치에 초대하다

5 금식한 지 사흘째 되는 날에, 에스
더는 왕후의 예복을 입고, 대궐 안
뜰로 들어가서, 대궐을 마주 보고 섰
다. 그 때에 왕은 어전 안의 왕좌에
서 문 쪽을 바라보고 앉아 있었다.
2 왕이, 에스더 왕후가 뜰에 서 있는
것을 사랑스러운 마음으로 바라보
고, 쥐고 있던 금 규를 에스더에게
내밀자, 에스더가 가까이 다가가서,
그 규의 끝에 손을 대었다.
3 왕이 그에게 말을 건네었다. "웬 일
이오, 에스더 왕후, 무슨 소청이라도
있소? 당신에게라면, 나라의 절반이
라도 떼어 주겠소."
4 에스더가 말하였다. "임금님께서 허
락하시면, 내가 오늘 잔치를 차리고,
임금님을 모시고 싶습니다. 하만과
함께 오시면 좋겠습니다."
5 왕은 곧 명령을 내렸다. "에스더의
말대로 하겠다. 곧 하만을 들라 하
여라." 왕과 하만은 에스더가 베푼
잔치에 갔다.
6 함께 술을 마시다가, 왕은 또다시 에
스더에게 물었다. "당신의 간청이 무
엇이오? 내가 들어주겠소. 당신의
소청이면, 나라의 절반이라도 떼어
주겠소."
7 에스더가 대답하였다. "내가 드릴 간
구와 소청은 별 것이 아닙니다.
8 내가 임금님께 은혜를 입게 되어 임
금님께서 기꺼이 나의 간청을 들어
주시고, 나의 소청을 받아 주시겠다
면, 나는 내일도 잔치를 차리고, 두
분을 모시고 싶습니다. 임금님께서
는 하만과 함께 오시기 바랍니다. 그
때에, 임금님의 분부대로 나의 소원
을 임금님께 아뢰겠습니다."

하만의 음모

9 ○그 날 하만은 마음이 흐뭇하여, 아
주 즐거운 기분으로 대궐을 나섰다.
대궐 문을 지나는데, 거기에서 문을
지키고 있는 모르드개는 일어나지도
않고, 인사도 하지 않았다. 그것을
보고서, 하만은 그만 화가 잔뜩 치밀
어 올랐지만,
10 꾹 참고 집으로 돌아갔다. 하만은
친구들과 자기 아내 세레스를 불러
놓고,
11 자기는 재산도 많고, 아들도 많으며,
왕이 여러 모로 자기를 영화롭게 하
여 주고, 자기를 다른 대신들이나 신
하들보다 더 높은 벼슬자리에 앉혔
다면서, 그들 앞에서 자랑하였다.
12 하만은 덧붙여서 말하였다. "그것뿐
인 줄 아는가? 에스더 왕후께서 차
린 잔치에 임금님과 함께 초대받은
사람은 나 하나밖에 없다네. 왕후께

5장 요약 죽음을 각오한 신앙으로 왕 앞에 나아간 에스더는 죽음의 고비를 넘겼을 뿐 아니라 왕의 총애를 받았다. 에스더는 그녀의 소원이라면 무엇이든 들어 주겠다는 왕의 약속을 받을 수 있었다. 이처럼 일이 순조롭게 진행된 것은 하나님께서 모든 것을 의지한 에스더를 도우셨기 때문이다.

5:1–2 어전 아마 왕궁 안의 넓은 홀을 가리키는 것 같다. 그 홀에는 높이 약 20m에 달하는 기둥이 36개나 있어 그 홀을 떠받치고 있었다고 한다.

5:9–14 교만하고 기세등등한 하만(11–12절)에게는 예로부터 내려오는 유다 민족과의 혈통적 갈등이 자리잡고 있었다(참조. 출 17:8–16).

5:11–13 하만은 왕후가 잔치에 자기만 초대하였다는 사실을 왕이 다른 모든 신하들보다 자기를 높이고 최고의 영예를 주려 한다고 간주했다. 이는 6:6–9을 보면 더 명확해진다.

서는 내일도 임금님과 함께 오라고
나를 초대하셨다네.
13 그러나 대궐 문에서 근무하는 모르
드개라는 유다 녀석만 보면, 이런 모
든 것이 나에게 하나도 만족스럽지
않네."
14 그의 아내 세레스와 친구들이 하나
같이 하만에게 말하였다. "높이 쉰
자짜리 장대를 세우고 내일 아침에,
그자를 거기에 달도록 임금님께 말
씀을 드리십시오. 그런 다음에, 임금
님을 모시고 잔치에 가서 즐기십시
오." 하만은 그것이 참 좋은 생각이
라고 여기고, 곧 장대를 세우도록 하
였다.

왕이 모르드개를 높이다

6 그 날 밤, 왕은 잠이 오지 않아서
자기의 통치를 기록한 궁중실록을
가지고 오라고 하고, 자기 앞에서 소
리를 내어 읽게 하였다.
2 실록에는, 대궐 문을 지키던 왕의 두
내시 빅다나와 데레스가 아하수에
로 ㉠왕을 죽이려고 한 음모를, 모르
드개가 알고서 고발하였다는 내용
이 기록되어 있었다.
3 왕이 물었다. "이런 일을 한 모르드
개에게 나라에서는 어떻게 대우하였
으며, 어떤 상을 내렸느냐?" 그 곳에
있던 시종들이 대답하였다. "나라에
서는 그에게 아무런 상도 내리지 않
았습니다."
4 왕이 다시 물었다. "궁궐 뜰에 누가
있느냐?" 마침 그 때에 하만이 왕에
게 자기 집에 세운 장대에 모르드개
를 달아 죽일 수 있도록 허락을 받으
려고, 궁전 바깥 뜰에 와 있었다.
5 시종들은 하만이 뜰에 대령하고 있
다고 대답하였다. 왕이 명령하였다.
"들라고 일러라."
6 하만이 안으로 들어오니, 왕이 그에
게 물었다. "내가 특별히 대우하고
싶은 사람이 있는데, 그에게 어떻게
하면 좋을지 말하여 보시오." 하만
은 왕이 특별히 대우하고 싶은 사람
이라면, 자기 말고 또 누가 있으랴
싶어서,
7 왕에게 이렇게 건의하였다. "임금님
께서 높이고 싶은 사람이 있으시면,
8 먼저 임금님께서 입으시는 옷과 임
금님께서 타시는 말을 내어 오게 하
시고, 그 말의 머리를 관으로 꾸미게
하신 뒤에,
9 그 옷과 말을 왕의 대신 가운데 가
장 높은 이의 손에 맡기셔서, 임금님
께서 높이시려는 그 사람에게 그 옷
을 입히시고, 그 사람을 말에 태워
서, 성 안 거리로 지나가게 하시는 것
이 좋겠습니다. 말을 모는 신하에게
는 '임금님께서는, 높이고 싶어하시
는 사람에게 이렇게까지 대우하신

6장 요약 아하수에로는 우연히 궁중실록을 보다가 모르드개가 일전에 자신의 목숨을 구해 주고도 포상을 받지 못하였음을 알게 되었다. 이에 왕은 하만에게 자문을 구하는데, 그는 자기 꾀에 빠져 모르드개를 드높이는 일에 앞장서게 된다.

6:3 왕은 자기 생명을 구한 모르드개에게 보상하지 않은 것을 중대한 실책으로 생각하고 그에 맞는 보상을 해야 한다고 생각했다.

6:4–5 밤중에 하만이 궁전 바깥 뜰에 있던 이유는 왕과 함께 왕후가 베푼 잔치에 참여했다는 흥분 때문이기도 했으며, 눈엣가시 같은 모르드개를 처치할 계획을 앞두고 있었기 때문이다. 흥분 속에 일찍 입궐한 하만은 왕의 부름을 받는다.

6:7–9 하만은 왕이 특별히 대우하고 싶은 사람이 자신이라고 착각하여 최고의 우대를 건의한

㉠ 히, '그들의 손을 왕에게 놓으려고 한 음모를'

다!' 하고 외치게 하심이 좋을 듯 합
니다."
10 왕이 하만에게 명령하였다. "곧 그대
로 하시오. 대궐 문에서 근무하는
유다 사람 모르드개에게 내 옷과 말
을 가지고 가서, 경이 말한 대로 하
여 주시오. 경이 말한 것들 가운데
서, 하나도 빠뜨리지 말고 그대로 하
도록 하시오."
11 ○하만이 왕의 옷과 말을 가지고 가
서 모르드개에게 옷을 입히고, 또
그를 말에 태워 성 안 거리로 데리고
나가서 "임금님께서는, 높이고 싶어
하시는 사람에게 이렇게까지 대우하
신다!" 하며 외치고 다녔다.
12 그런 다음에, 모르드개는 대궐 문으
로 돌아왔고, 하만은 근심이 가득한
얼굴을 하고서 달아나듯이 자기 집
으로 가버렸다.
13 하만은 아내 세레스와 모든 친구에
게, 자기가 방금 겪은 일을 자세하게
이야기하였다. 그의 슬기로운 친구
들과 아내 세레스가 그에게 말하였
다. "당신이 유다 사람 모르드개 앞
에서 무릎을 꿇었으니, 이제 그에게
맞설 수 없소. 당신은 틀림없이 망할
것이오."

하만의 몰락

14 ○말이 채 끝나기도 전에, 내시들이
와서, 에스더가 차린 잔치에 하만을
급히 데리고 갔다.

7

1 왕과 하만은 에스더 왕후가 차
린 잔치에 함께 갔다.
2 둘째 날에도 술을 마시면서 왕이 물
었다. "에스더 왕후, 당신의 간청이
무엇이오? 내가 다 들어주겠소. 당신
의 소청이 무엇이오? 나라의 절반이
라도 떼어 주겠소."
3 에스더 왕후가 대답하였다. "임금님,
내가 임금님께 은혜를 입었고, 임금
님께서 나를 어여삐 여기시면, 나의
목숨을 살려 주십시오. 이것이 나의
간청입니다. 나의 겨레를 살려 주십
시오. 이것이 나의 소청입니다.
4 나와 내 겨레가 팔려서, 망하게 되었
습니다. 살육당하게 되었습니다. 다
죽게 되었습니다. 우리가 남종이나
여종으로 팔려 가기만 하여도, 내가
이런 말씀을 드리지 않을 것입니다.
그만한 일로 임금님께 걱정을 끼쳐
드리지는 않을 것입니다."
5 아하수에로 왕이 에스더 왕후에게
물었다. "그자가 누구요? 감히 그런
일을 하려고 마음을 먹고 있는 자가
어디에 있는 누구인지 밝히시오."
6 에스더가 대답하였다. "그 대적, 그
원수는 바로 이 흉악한 하만입니다."
에스더의 대답이 떨어지자마자, 하만
은 왕과 왕후 앞에서 사색이 되었다.
7 화가 머리 끝까지 오른 왕은 술잔을

다.

6:10–11 하만은 장대에 달아 죽이려고 했던 모르드개를 자기가 직접 모시고 가야 하는 상황에 처하게 되었다. 자기 꾀에 빠진 하만은 말할 수 없이 큰 수모(11절)에 번뇌한다.

6:12–14 모르드개가 유다 민족인 줄 깨달은 친구들과 아내는 하만이 하나님의 택한 백성과는 대적이 되지 못하리라는 엄청난 사실을 이야기한다 (비교. 5:13–14).

7장 요약 에스더가 베푼 잔치에 참석한 왕은 그녀의 소원이면 들어주겠다는 약속을 한다. 에스더는 자신과 자신의 겨레가 하만의 계략 때문에 몰살당할 위기에 처하였음을 밝힌다.

7:4 나와 내 겨레가 팔려서 유다 사람을 멸하기 위해 하만이 왕의 금고에 큰돈을 들여놓기로 한 사실을 암시한다(3:9). 에스더는 그 돈으로 하만이 조서를 샀다고 보고 '팔렸다'고 말한 듯하다.

내려놓고서, 자리에서 일어나 왕궁
안뜰로 나갔다. 하만은 왕이 자기에
게 벌을 내리기로 마음 먹은 것을 알
고서, 그 자리에 남아서, 에스더 왕
후에게 목숨만 살려 달라고 애걸하
였다.
8 왕이 안뜰에서 술자리로 돌아와 보
니, 하만이 에스더가 눕는 침상에 엎
드려 있었다. 이것을 본 왕은 "내가
집안에 왕후와 함께 있는데도, 저
놈이 왕후를 범하려고 하는구나!"
하고 소리 쳤다. 왕의 입에서 이 말
이 떨어지자마자, 내시들이 달려들
어서, 하만의 얼굴을 가렸다.
9 그 때에 왕을 모시는 내시들 가운데
한 사람인 하르보나가 말하였다.
"하만이 자기 집에 높이 쉰 자짜리
장대를 세워 놓았습니다. 그것은 임
금님을 해치려는 자들을 제때에 고
발한 모르드개를 매달아 죽이려고
세운 것입니다." 그 때에 왕이 명령
을 내렸다. "하만을 거기에 매달아
라!"
10 사람들은, 하만이 모르드개를 매달
려고 세운 바로 그 장대에 하만을
매달았다. 그런 다음에야, 비로소 왕
의 분노가 가라앉았다.

유다 사람에게 살 길이 열리다

8 아하수에로 왕은 그 날로 유다 사
람의 원수 하만의 재산을 에스더
왕후에게 주었다. 에스더가 모르드
개와의 관계를 밝혔으므로, 모르드
개는 왕 앞에 나아갈 수 있었다.
2 왕은 하만에게서 되찾은 자기의 인
장 반지를 빼서 모르드개에게 맡겼
다. 에스더는, 하만에게서 빼앗은 재
산을 모르드개가 맡아 보게 하였다.
3 에스더는 또다시 왕의 발 앞에 엎드
려 울면서 간청하였다. 아각 사람 하
만이 유다 사람을 치려고 꾸민 악한
음모를 막아 달라고 애원하였다.
4 왕이 금 규를 에스더에게 내밀자, 에
스더가 일어나 왕 앞에 서서 말하였
다.
5 "내가 임금님께 은혜를 입었고, 임금
님께서 나를 귀엽게 보시고, 내 말이
임금님께서 들으시기에 옳다고 생각
하시면, 임금님께서 나를 사랑스럽
게 생각하시면, 아각 자손 함므다다
의 아들 하만이, 임금님의 나라 여
러 지방에 사는 유다 사람을 다 없
애려고, 흉계를 꾸며 쓴 여러 문서가
무효가 되도록 조서를 내려 주십시
오.
6 나의 겨레가 화를 당하는 것을, 내가
어찌 나의 눈으로 볼 수 있겠으며,
나의 가족이 망하는 것을 어찌 눈뜨
고 볼 수 있겠습니까?"
7 아하수에로 왕이 에스더 왕후와 유
다 사람 모르드개에게 대답하였다.

8장 요약 아하수에로는 비참하게 처형당한 하만을 대신하여 모르드개를 페르시아의 제2인자로 임명하였다. 또한 유다 사람들이 그들의 생명을 위협하는 자들을 오히려 진멸할 수 있도록 허락하는 조서를 전국 각 도에 하달했다.

8:1-2 요세푸스와 헤로도투스에 따르면 죄인의 재산은 몰수되어 국고에 귀속되었다고 한다. 그러나 왕은 하만의 모든 재산을 왕후에게 주어 그녀의 마음을 위로하고자 했다.

8:3-14 모르드개의 조서는 아하수에로가 통치한 지 12년째 되는 해(B.C. 474년 6월 25일), 곧 하만의 조서가 반포된 지 2개월 10일이 지난 후에 반포되었다. 이 조서는 이름과 날짜 등을 제외하면 하만의 것과 어법이 거의 같다(3:12). 아마 의도적으로 하만의 것과 비교시켜서 강조하고자 했을 것이다.

8:5-6 부족한 것 하나 없는 젊은 왕후 에스더가

"하만이 유다 사람을 죽이려 하였기
에, 나는 그를 장대에 매달아 죽이도
록 하였소. 또한 하만의 재산을 빼
앗아서 에스더 왕후에게 주었소.
8 이제, 유다 사람들을 살려야 하니,
왕의 이름으로 당신네들에게 유리한
내용으로 조서를 하나 더 만들고,
그 조서에 왕의 인장 반지로 도장을
찍으시오. 내 이름으로 만들고, 내
인장 반지로 도장을 찍은 조서는, 아
무도 취소하지 못하오."
9 ○곧바로 왕의 서기관들이 소집되었
다. 때는 셋째 달인 시완월 이십삼일
이었다. 서기관들은 모르드개가 불
러 주는 대로 조서를 만들어서, 인도
에서부터 ㉠에티오피아에 이르기까
지, 백스물일곱 지방에 있는 유다 사
람들과 대신들과 총독들과 각 지방
귀족들에게 보냈다. 조서는 각 지방
의 글과 각 민족의 말로 썼으며, 유
다 사람들의 글과 말로도 조서를 만
들어서 보냈다.
10 모르드개는 아하수에로 왕의 이름
으로 조서를 작성하고, 거기에 왕의
인장 반지로 도장을 찍었다. 그렇게
한 다음에, 보발꾼들을 시켜서, 그
조서를 급히 보냈다. 보발꾼들이 타
고 갈 말은 왕궁에서 기른 것으로
써, 왕의 심부름에 쓰는 날랜 말들
이었다.
11 왕의 조서 내용은, 각 성에 사는 유
다 사람들이 함께 모여서 목숨을 지
킬 수 있도록 한 것이다. 어느 성읍
에서든지, 다른 민족들이 유다 사람
들을 공격하면, 거기에 맞서서, 공격
하여 오는 자들뿐만 아니라, 그들의
자식과 아내까지도 모두 죽이고 도
륙하고 진멸하고, 재산까지 빼앗을
수 있게 한 것이었다.
12 그러나 아하수에로 왕이 다스리는
모든 지방에서, 유다 사람들이 이런
일을 할 수 있는 날은, 열두째 달인
아달월 십삼일 하루 동안으로 규정
하였다.
13 각 지방에서는 그 조서를 법령으로
공포하여 각 민족에게 알리고, 유다
사람들이 대적들에게 원수 갚을 날
을 미리 준비하게 하였다.
14 왕의 명령은 이처럼 빨리 전달되어
야 하는 것이었으므로, 보발꾼들은
왕의 심부름에 쓰는 날랜 말을 타고
급히 떠났다. 도성 수산에도 조서가
나붙었다.
15 ○모르드개는 보라색과 흰색으로
된 궁중 예복을 입고, 큰 금관을 쓰
고, 고운 모시로 짠 붉은 겉옷을 입
고 어전에서 물러 나왔다. 수산 성에
서는 즐거운 잔치가 벌어졌다.
16 유다 사람들에게는 서광이 비치는,
기쁘고 즐겁고 자랑스러운 날이었다.

민족의 환난을 자신의 환난으로 여기고 있다.

8:8 왕은 자신의 이름으로 내린 조서를 공식적으로 취소할 수 없었다. 따라서 하만이 내린 것을 *실질적으로 대체할* 수 있는 다른 조서를 만들게 한다.

8:11 조서의 내용은 유다 사람이 함께 모이는 것을 허락하며 스스로 생명을 보호하란 것이다. '모이다'는 뜻을 가진 동사 히브리어 '카할'은 군사적·정치적 모임이나, 또는 재판이나 제사를 위한 모임에 쓰이는 단어이다.

8:12 하루 동안 살육을 통한 민족적 반목을 막고자 기간을 특별히 한정시켰다.

8:15–17 이제 모르드개는 그의 적수 하만이 꿈꾸었던 지위를 차지하게 된다(6:6–9). 첫 조서(유다 사람 말살)가 공포되었을 때 일어났던 당황함(3:15)과 반대로 지금은 기쁨이 수산 성에 넘친다.

㉠ 1:1의 주를 볼 것

17 지방마다 성읍마다, 왕이 내린 명령
과 조서가 전달된 곳에서는 어디에
서나, 그 곳에 사는 유다 사람들이
잔치를 벌였다. 그들은 기뻐하고 즐
거워하며, 그 날을 축제의 날로 삼았
다. 그 땅에 사는 다른 민족들 가운
데서 많은 사람들이 유다 사람들을
두려워하므로, 유다 사람이 되기도
하였다.

유다 사람이 원수들을 죽이다

9 열두째 달인 아달월 십삼일, 드디
어 왕이 내린 명령과 조서대로 시
행하는 날이 되었다. 이 날은, 본래
유다 사람의 원수들이 유다 사람을
없애려고 한 날인데, 오히려 유다 사
람이 자기들을 미워하는 자들을 없
애는 날로 바뀌었다.
2 아하수에로 왕이 다스리는 모든 지
방의 각 성읍에 사는 유다 사람들
은, 성읍별로 모여서, 자기들을 해치
려고 한 자들을 공격하였다. 모든 민
족이 그들을 두려워하였으므로, 아
무도 막을 수 없었다.
3 각 지방의 대신들과 제후들과 총독
들과 왕의 행정관리들은, 모르드개
가 무서워서도 유다 사람들을 도왔
다.
4 당시 모르드개는, 왕궁에서 실권을
잡고 있었고, 그의 세력은 날로 더하
여 갔으며, 그의 명성은 전국 방방곡
곡에 퍼졌다.
5 ○유다 사람들은 그들의 원수를 다
칼로 쳐 죽여 없앴으며, 자기들을 미
워하는 자들에게, 하고 싶은 대로
다 하였다.
6 유다 사람들은 도성 수산에서만도
그런 자들을 오백 명이나 처형하였
다.
7 바산다다와 달본과 아스바다와
8 보라다와 아달리야와 아리다다와
9 바마스다와 아리새와 아리대와 왜
사다와
10 곧 유다 사람의 원수요 함므다다의
아들인 하만의 열 아들도 죽였다.
유다 사람들은 그들을 죽이기는 하
였지만, 그들의 재산은 빼앗지 않았
다.
11 ○도성 수산에서 죽은 사람의 수는
그 날로 왕에게 보고되었다.
12 왕이 에스더 왕후에게 말하였다. "유
다 사람들은 도성 수산에서만도 그
들의 원수를 오백 명이나 죽였고, 하
만의 열 아들도 다 죽였소. 그러니
나머지 다른 지방에서야 오죽하였겠
소? 이제 당신의 남은 소청이 무엇이
오? 내가 그대로 들어주리다. 당신의
요구가 또 무엇이오? 당신이 바라는
대로 하여 주겠소."
13 에스더가 대답하였다. "임금님께서
만 좋으시다면, 수산에 있는 유다

9장 요약 하만이 죽임당하고 아하수에로 왕의 새로운 조서가 공포된 덕분에 유다 사람들은 원수를 없애고 생명을 구할 수 있었다. 이 날을 기념하여 하나님의 구원의 은혜에 감사하며 선택받은 민족으로서의 연대 의식을 재확인하였다. 이것이 바로 부림절의 유래이다.

9:1–16 유다 민족을 진멸하기로 작정했던 아달월 십삼 일에 도리어 유다 사람의 원수들이 죽임을 당한다. 죽임을 당한 사람의 총 수효는 75,810명(수산 성에서 대적 800명, 하만의 아들 10명, 전국 각 도에서 75,000명)이었다. 그러나 저들의 재산은 탈취되지 않았다.

9:5 그들의 원수를 다 칼로 당시 원수를 도륙할 때 유다 사람들이 가졌던 몇 가지 기준들이 있었다. ① 원수여야 함 ② 유다 사람을 미워한 자여야 함 등이다. 하고 싶은 대로 다 하였다 살인과 복수를 내키는 대로 했다는 말이 아니라 복수를

사람들이 내일도 오늘처럼 이 조서
대로 시행하도록 하여 주십시오. 그
리고 하만의 열 아들의 주검은 장대
에 매달아 주십시오."
14 왕은 그렇게 하라고 명령을 내렸다.
수산에는 조서가 내렸고, 하만의 열
아들의 주검은 장대에 매달렸다.
15 수산의 유다 사람들은 아달월 십사
일에 한 곳에 모여서, 수산에서만도
삼백 명을 죽였으나, 역시 재산은 빼
앗지 않았다.
16 ○그러는 동안에, 왕이 다스리는 각
지방에 있는 나머지 유다 사람들도,
지방별로 함께 모여서 조직을 정비
하고, 자체 방어에 들어갔다. 그들은
원수들을 무려 칠만 오천 명이나 죽
였으나, 역시 재산은 빼앗지 않았다.
17 이 일이 일어난 것은 아달월 십삼일
이었다. 십사일에는 쉬면서, 그 날을,
잔치를 하면서 기뻐하는 날로 삼았
다.
18 그러나 수산에 사는 유다 사람들은,
십삼일과 십사일에 모여 일을 벌였
으므로, 십오일에는 쉬면서, 그 날을
잔치를 하면서 기뻐하는 날로 삼았
다.
19 성벽이 없는 여러 마을에 사는 유다
사람들이 아달월 십사일을 명절로
정하고, 즐겁게 잔치를 벌이면서, 서
로 음식을 나누어 먹은 까닭도 바로
이것이다.

부림절

20 ○모르드개는 이 모든 사건을 다 기
록하여 두었다. 그는 또, 멀든지 가
깝든지, 아하수에로 왕이 다스리는
모든 지방에 사는 유다 사람들에게
글을 보내서,
21 해마다 아달월 십사일과 십오일을
명절로 지키도록 지시하였다.
22 그 날에 유다 사람이 원수들의 손에
서 벗어났으며, 그 날에 유다 사람의
슬픔이 기쁨으로 바뀌었고, 초상날
이 잔칫날로 바뀌었으므로, 모르드
개는 그 이틀 동안을, 잔치를 벌이면
서 기뻐하는 명절로 정하고, 서로 음
식을 나누어 먹고, 가난한 사람들에
게 선물을 주는 날로 지키도록 지시
하였다.
23 그래서 유다 사람들은, 모르드개가
그들에게 글로 써서 지시한 대로, 자
기들이 시작한 그 명절을 해마다 지
켰다.
24 ○유다 사람의 원수 아각의 자손 함
므다다의 아들 하만은, 유다 사람들
을 죽여 없애려고, 주사위의 일종인
부르를 던져서, 유다 사람들을 다 없
앨 날을 받았으나,
25 에스더가 그 음모를 왕 앞에 말하니,
왕은 하만이 유다 사람을 해치려고
꾸민 악한 흉계가 하만 자신에게 돌

하는 데 있어서 관리들의 간섭을 받지 않았다는 뜻이다.

9:13-14 내일도…시행하도록 하루를 더 연장해 달라는 에스더의 이 요청은 수산 성 각처에 유다 사람을 해치려고 했던 무리들이 아직 많이 남아 있었던 것을 시사한다.

9:17-19 수산 성에서는 13,14일에, 기타 지역에서는 13일에 원수를 멸하고 그 다음 날에 잔치를 베풀어 큰 기쁨을 누렸다.

9:20-32 부림절의 유래와 어떻게 그날을 지켜야 할 것인가를 글로 써서 지시하고 지키는 내용이다. 다음은 부림절로 기념하게 된 과정을 세 단계로 요약한 내용이다. ① 아달월 14일과 15일을 명절로 지키라는 모르드개의 편지 ② 모르드개의 지시를 따르기로 유다 사람들이 작정함 ③ 에스더와 모르드개로부터의 확정적인 편지.

9:21-22 모르드개는 잔칫날을 다시 공포하였다. 아달월 14일과 15일을 잔칫날로 제정한 이유는

아가도록 하고, 하만뿐만 아니라 그
의 모든 아들까지도 장대에 매달도
록, 글로 써서 조서를 내렸다.
26 그래서 주사위의 일종인 부르라는
말을 따라, 이 두 날을 불러서 부림
이라고 하였다. 이 모든 사건은, 유
다 사람 스스로가 직접 보고 겪은
것이며, 모르드개의 글에도 적혀 있
는 것이다.
27 그래서 그들은 이 두 날을, 그들과
자손과 그들에게 귀화하는 모든 사
람이, 해마다 정해진 때에, 글에 적
혀 있는 대로, 반드시 지켜야 하는
명절로 삼았다.
28 이 두 날은, 유다 사람이면, 어느 지
방 어느 성읍에 살든지, 모든 집안마
다 대대로 기억하고 지켜야 하는 날
이다. 이틀 동안 계속되는 부림절은
유다 사람들로서는 거를 수 없는 명
절이 되고, 자손에게도 잊어서는 안
되는 날이 되었다.
29 ○아비하일의 딸 에스더 왕후는, 유
다 사람 모르드개와 함께, 전권을
가지고 두 번째로 편지를 써서, 부림
절을 확정하였다.
30 위로와 격려의 말이 담긴 그 편지는,
아하수에로 왕국 백스물일곱 지방
에 사는 모든 유다 사람들에게 발송
되었다.
31 이 편지는 이틀 동안 계속되는 부림
절을 확정짓는 것이다. 이것은 유다
사람 모르드개와 에스더 왕후가 지
시한 것일 뿐만 아니라, 유다 사람들
스스로도 기꺼이 부림절을 명절로
확정하고, 그 자손들도 그 때가 되
면, 금식하며, 슬피 울면서 지키도록
하였다.
32 부림절에 관한 규정은, 에스더의 명
령으로 이렇게 확정되고, 그것은 글
로 기록되었다.

왕과 모르드개가 칭송을 받다

10 아하수에로 왕은, 본토뿐 아니
라, 바다 건너 여러 섬에도 조
공을 바치라고 명령하였다.
2 그가 그 막강한 힘과 권력을 가지고
이룬 모든 업적과, 모르드개에게 높
은 벼슬을 주어서 영화롭게 한 모든
내용이, 메대와 페르시아의 왕조실
록에 기록되어서 전하여 온다.
3 유다 사람 모르드개는 아하수에로
왕 다음으로 실권이 있었다. 그는 유
다 사람들 사이에서 존경을 받았다.
특히 자기 백성이 잘 되도록 꾀하였
고, 유다 사람들이 안전하게 살도록
애썼으므로, 같은 겨레인 유다 사람
은 모두 그를 좋아하였다.

'슬픔이 기쁨으로 바뀌었던' 사실을 다음 세대들에게 상기시키고자 함이었다.

9:24-25 '부림'이란 말은 유다 사람을 진멸하기 위해 하만이 던졌던 부르(주사위의 일종)에서 연유되었다.

9:31 유다 사람은 어느 정도 기간이 지난 후 에스더가 왕의 면전에 나아가기 위해 금식을 명했던 것을 기념하고자 부림절 전날인 아달월 13일에 금식했다.

10장 요약 유다 사람 모르드개가 페르시아의 제2인자가 되어 페르시아의 왕조실록에까지 기록되었음을 언급하며 끝을 맺는다.

10:2 메대와 페르시아의 왕조실록 이것은 페르시아의 공식적인 궁중실록이 아니라, 유다 사람들이 기록한 페르시아 시대의 궁중 기록으로, 성경 도처에서 볼 수 있는 '이스라엘 왕 역대지략'과 비슷한 명칭이다(왕상 14:19;15:7;대상 27:24).

욥기

저자 욥을 지켜본 목격자. 이 책을 기록한 저자가 누구인지에 대해 뚜렷한 단서가 없다. 그러나 긴 대화를 상세하게 기록한 점을 보아 목격자가 이 책을 기록했다고 보는 것이 가장 바람직하다.

저작 연대 아브라함 때부터 포로 생활에서 유다 사람들이 돌아온 때 중 어느 한 시기

기록 장소와 대상 기록 장소는 어디인지 모른다(아마도 팔레스타인 지역 중 어느 곳에선가 기록했을 것이다). 어떤 특별한 백성들을 위해서 기록한 것이 아니라 모든 사람을 대상으로 기록했다.

핵심어 및 내용 욥기의 핵심어는 '인내'와 '고통', '하나님의 절대 주권' 등이다. 견디기 어려운 고통과 시련에도 불구하고 욥은 끝까지 하나님에 대한 신앙을 버리지 않고 지켰다. 고난은 결코 하나님께 버림받은 표시가 아니며 그것은 하나님의 섭리에 따라 주어지는 것이다. 그러므로 고난 중에서도 믿음을 굳게 갖고 하나님을 원망하지 말아야 한다.

내용 분해
1. 머리말(1:1–2:13)
2. 대화(3:1–42:6)
3. 맺는 말(42:7–17)

사탄이 욥을 시험하다

1 우스라는 곳에 욥이라는 사람이
살고 있었다. 그는 흠이 없고 정직
하였으며, 하나님을 경외하며 악을
멀리하는 사람이었다.
2 그에게는 아들 일곱과 딸 셋이 있고,
3 양이 칠천 마리, 낙타가 삼천 마리,
겨릿소가 오백 쌍, 암나귀가 오백 마
리나 있고, 종도 아주 많이 있었다.
그는 동방에서 으뜸가는 부자였다.
4 ○그의 아들들은 저마다 생일이 되
면, 돌아가면서 저희 집에서 잔치를
베풀고, 세 누이들도 오라고 해서 함
께 음식을 먹곤 하였다.
5 잔치가 끝난 다음날이면, 욥은 으레
아침에 일찍 일어나서, 자식들을 생
각하면서, 그들을 깨끗하게 하려고,
자식의 수대로 일일이 번제를 드렸
다. 자식 가운데서 어느 하나라도,
알지 못하는 사이에라도 하나님을
㉠저주하고 죄를 지었을 수도 있다고
생각하여, 잔치가 끝나고 난 뒤에는
늘 그렇게 하였다. 욥은 모든 일에
늘 이렇게 신중하였다.
6 ○하루는 ㉡하나님의 아들들이 와
서 주님 앞에 섰는데, ㉢사탄도 그들
과 함께 서 있었다.
7 주님께서 사탄에게 "어디를 갔다가
오는 길이냐?" 하고 물으셨다. 사탄
은 주님께 "땅을 이리저리 돌아다니
다가 오는 길입니다" 하고 대답하였
다.
8 ○주님께서 사탄에게 말씀하셨다.
"너는 내 종 욥을 잘 살펴 보았느냐?
이 세상에는 그 사람만큼 흠이 없고
정직한 사람, 그렇게 하나님을 경외
하며 악을 멀리하는 사람은 없다."
9 ○그러자 사탄이 주님께 아뢰었다.
"욥이, 아무것도 바라는 것이 없이
하나님을 경외하겠습니까?
10 주님께서, 그와 그의 집과 그가 가진
모든 것을 울타리로 감싸 주시고, 그
가 하는 일이면 무엇에나 복을 주셔
서, 그의 소유를 온 땅에 넘치게 하
지 않으셨습니까?
11 이제라도 주님께서 손을 드셔서, 그
가 가진 모든 것을 치시면, 그는 주님

㉠ 히, '찬양하고(베르크)'. 히브리 본문에서는 하나님께는 '저주하다'는 말을 쓸 수 없어서 대신 완곡어법을 써서 '찬양하다'로 대치함. 일명 '서기관의 대치(티쿤 쏘프림)'라고 함 ㉡ 또는 '천사들' ㉢ '고발자'. 히, '하 사탄'

앞에서 주님을 ㉠저주할 것입니다."
12 ○주님께서 사탄에게 말씀하셨다.
"그가 가진 모든 것을 다 네게 맡겨
보겠다. 다만, 그의 몸에는 손을 대
지 말아라!" 그 때에 사탄이 주님 앞
에서 물러갔다.

욥이 자녀와 재산을 잃다

13 ○하루는, 욥의 아들과 딸들이 맏아
들의 집에서 음식을 먹으며, 포도주
를 마시고 있는데,
14 일꾼 하나가 욥에게 달려와서, 다급
하게 말하였다. "우리가 소를 몰아
밭을 갈고, 나귀들은 그 근처에서 풀
을 뜯고 있는데,
15 스바 사람들이 갑자기 들이닥쳐, 가
축들을 빼앗아 가고, 종들을 칼로
쳐서 죽였습니다. 저 혼자만 겨우 살
아 남아서, 주인 어른께 이렇게 소식
을 전해 드립니다."
16 ○이 일꾼이 아직 말을 다 마치지도
않았는데, 또 다른 사람이 달려와서
말하였다. "하늘에서 하나님의 불이
떨어져서, 양 떼와 목동들을 살라 버
렸습니다. 저 혼자만 겨우 살아 남
아서, 주인 어른께 이렇게 소식을 전
해 드립니다."
17 ○이 사람도 아직 말을 다 마치지 않
았는데, 또 다른 사람이 달려와서
말하였다. "㉡갈대아 사람 세 무리가
갑자기 낙타 떼에게 달려들어서 모
두 끌어가고, 종들을 칼로 쳐서 죽
였습니다. 저 혼자만 겨우 살아 남
아서, 주인 어른께 이렇게 소식을 전
해 드립니다."
18 ○이 사람도 아직 말을 다 마치지 않
았는데, 또 다른 사람이 달려와서
말하였다. "주인 어른의 아드님과 따
님들이 큰 아드님 댁에서 한창 음식
을 먹으며, 포도주를 마시는데,
19 갑자기 광야에서 강풍이 불어와서,
그 집 네 모퉁이를 내리쳤고, 집이 무
너졌습니다. 그 때에 젊은 사람들이
그 속에 깔려서, 모두 죽었습니다. 저
혼자만 겨우 살아 남아서, 주인 어른
께 이렇게 소식을 전해 드립니다."
20 ○이 때에 욥은 일어나 슬퍼하며 겉
옷을 찢고 머리털을 민 다음에, 머리
를 땅에 대고 엎드려 경배하면서,
21 이렇게 말하였다.

"모태에서 빈 손으로 태어났으니,
죽을 때에도 빈 손으로 ㉢돌아갈
것입니다. 주신 분도 주님이시요,
가져 가신 분도 주님이시니, 주님
의 이름을 찬양할 뿐입니다."

22 이렇게 욥은, 이 모든 어려움을 당하
고서도 죄를 짓지 않았으며, 어리석
게 하나님을 원망하지도 않았다.

사탄이 다시 욥을 시험하다

2 하루는 ㉣하나님의 아들들이 와서
주님 앞에 서고, 사탄도 그들과 함

1장 요약 하나님을 경외하는 욥에 대한 소개와 사탄의 1차 시험이 언급된다. 사탄은 하나님의 허락을 얻고 욥의 재산과 자녀들을 멸하였으나 욥은 하나님을 원망하지 않는 온전한 믿음으로, 모든 것이 주님의 것임을 고백하였다.

1:12 하나님은 욥의 마음을 알고 계셨다. 그러나 욥의 믿음을 단련하기 위하여 사탄이 욥을 시험하는 것을 허용하셨다.

2장 요약 욥이 하나님을 원망하지 않자, 그의 순전한 신앙이 입증되었다. 그리고 사탄은 2차 시험을 하게 된다. 온몸에 악성 종기가 났고, 아내조차 그를 떠났다. 그럼에도 욥은 하나님을 원망하지 않았다. 이러한 욥의 소식을 듣고 세 친구들이 찾아온다.

㉠ 히, '찬양할 것입니다'. 1:5의 주를 볼 것 ㉡ 북쪽에서 떠돌며 약탈을 일삼던 종족 ㉢ 또는 '떠날 것입니다' ㉣ 또는 '천사들'

께 주님 앞에 섰다.
2 주님께서 사탄에게 "어디를 갔다가
오는 길이냐?" 하고 물으셨다. 사탄
은 주님께 "땅을 이리저리 돌아다니
다가 오는 길입니다" 하고 대답하였
다.
3 ○주님께서 사탄에게 말씀하셨다.
"너는 내 종 욥을 잘 살펴 보았느
냐? 이 세상에 그 사람만큼 흠이 없
고 정직한 사람, 그렇게 하나님을 경
외하고 악을 멀리하는 사람이 없다.
네가 나를 부추겨서, 공연히 그를 해
치려고 하였지만, 그는 여전히 자기
의 온전함을 굳게 지키고 있지 않느
냐?"
4 ○사탄이 주님께 아뢰었다. "가죽은
가죽으로 대신할 수 있습니다. 사람
은 자기 생명을 지키는 일이면, 자기
가 가진 모든 것을 버립니다.
5 이제라도 주님께서 손을 들어서 그
의 뼈와 살을 치시면, 그는 당장 주
님 앞에서 주님을 ㉠저주하고 말 것
입니다!"
6 ○주님께서 사탄에게 말씀하셨다.
"그렇다면, 그를 너에게 맡겨 보겠
다. 그러나 그의 생명만은 건드리지
말아라!"
7 ○사탄은 주님 앞에서 물러나 곧 욥
을 쳐서, 발바닥에서부터 정수리에
까지 악성 종기가 나서 고생하게 하
였다.
8 그래서 욥은 잿더미에 앉아서, 옹기
조각을 가지고 자기 몸을 긁고 있었
다.
9 그러자 아내가 그에게 말하였다. "이
래도 당신은 여전히 신실함을 지킬
겁니까? 차라리 하나님을 ㉡저주하
고서 죽는 것이 낫겠습니다."
10 ○그러나 욥은 그에게 이렇게 대답
하였다. "당신까지도 ㉢어리석은 여
자들처럼 말하는구려. 우리가 누리
는 복도 하나님께로부터 받았는데,
어찌 재앙이라고 해서 못 받는다 하
겠소?" 이렇게 하여, 욥은 이 모든
어려움을 당하고서도, 말로 죄를 짓
지 않았다.

친구들이 욥을 찾아오다

11 ○그 때에 욥의 친구 세 사람, 곧 데
만 사람 엘리바스와 수아 사람 빌닷
과 나아마 사람 소발은, 욥이 이 모
든 재앙을 만나서 고생한다는 소식
을 듣고, 욥을 달래고 위로하려고,
저마다 집을 떠나서 욥에게로 왔다.
12 그들이 멀리서 욥을 보았으나, 그가
욥인 줄 알지 못하였다. 그들은 한참
뒤에야 그가 바로 욥인 줄을 알고,
슬픔을 못 이겨 소리 내어 울면서 겉
옷을 찢고, 또 공중에 티끌을 날려
서 머리에 뒤집어썼다.
13 그들은 밤낮 이레 동안을 욥과 함께

욥

2:3 경외 공경하고 두려워하는 것을 뜻한다.
2:4 가죽은 가죽으로 대신할 수 있습니다 이 구절은 속담이다. 이것의 진정한 의미는 알 수 없다. 단지 그 뒤의 구절을 통해서 짐작할 수 있을 뿐이다. 즉 사탄이 본문에서 의도하고자 한 것은 욥이 자신의 가죽(생명)을 보존하기 위하여 가축·종·자녀의 가죽(생명)을 내어준 비겁한 사람이란 것이다. 첫번째와 마찬가지로, 사탄은 욥의 동기와 성품을 비방하고 있다.

2:13 밤낮 이레 동안…앉아 있으면서도 친구들은 욥에게 내린 재앙의 극심함을 보고, 그의 처지를 함께 슬퍼했다. 칠 일 밤낮을 욥과 함께하여 티끌을 머리에 뒤집어쓰고 땅바닥에 앉아 있었다는 말은 친구들이 욥에게서 느낀 비탄의 감정이 컸다는 것을 가리킨다.

㉠ 히. '찬양하고'. 1:5의 주를 볼 것 ㉡ 히. '찬양하고서'. 1:5의 주를 볼 것 ㉢ 히브리어에서 '어리석다'는 것은 도덕적으로 결함이 있음을 뜻함

땅바닥에 앉아 있으면서도, 욥이 겪
는 고통이 너무도 처참하여, 입을 열
어 한 마디 말도 할 수 없었다.

욥이 하나님께 불평하다

3 드디어 욥이 말문을 열고, 자기 생
일을 저주하면서
2 울부짖었다.
3 내가 태어나던 날이 차라리 사
라져 버렸더라면, '남자 아이를 배
었다'고 좋아하던 그 밤도 망해 버
렸더라면,
4 그 날이 어둠에 덮여서, 높은 곳
에 계신 하나님께서도 그 날을 기
억하지 못하셨더라면, 아예 그 날
이 밝지도 않았더라면,
5 어둠과 ㉠사망의 그늘이 그 날을
제 것이라 하여, 검은 구름이 그
날을 덮었더라면, 낮을 어둠으로
덮어서, 그 날을 공포 속에 몰아넣
었더라면,
6 그 밤도 흑암에 사로잡혔더라면,
그 밤이 아예 날 수와 달 수에도
들지 않았더라면,
7 아, 그 밤이 아무도 잉태하지 못
하는 밤이었더라면, 아무도 기쁨
의 소리를 낼 수 없는 밤이었더라
면,
8 주문을 외워서 ㉡바다를 저주하는
자들이, ㉢리워야단도 길들일 수
있는 마력을 가진 자들이, 그 날
을 저주하였더라면,
9 그 밤에는 새벽 별들도 빛을 잃어
서, 날이 밝기를 기다려도 밝지를
않고, 동트는 것도 볼 수 없었더라
면, 좋았을 것을!
10 어머니의 태가 열리지 않아, 내가
태어나지 않았어야 하는 건데. 그
래서 이 고난을 겪지 않아야 하는
건데!
11 어찌하여 내가 모태에서 죽지
않았던가? 어찌하여 어머니 배에
서 나오는 그 순간에 숨이 끊어지
지 않았던가?
12 어찌하여 나를 무릎으로 받았으
며, 어찌하여 어머니가 나를 품에
안고 젖을 물렸던가?
13 그렇게만 하지 않았더라도, 지
금쯤은 내가 편히 누워서 잠들어
쉬고 있을 텐데.
14 지금은 폐허가 된 성읍이지만, 한
때 그 성읍을 세우던 세상의 왕들
과 고관들과 함께 잠들어 있을 텐
데.
15 금과 은으로 집을 가득 채운 그
통치자들과 함께 잠들어 있을 텐
데.
16 낙태된 핏덩이처럼, 살아 있지도
않을 텐데. 햇빛도 못 본 핏덩이처
럼 되었을 텐데!
17 그 곳은 악한 사람들도 더 이상

3장 요약 욥은 고통 앞에서 자신의 출생을 한탄하고 저주한다. 여기서 우리는 자신의 믿음을 지키기 위해 몹시 어렵고 힘들게 싸우는 한 의인의 모습을 보게 된다. 욥은 하나님을 직접 욕하지 않으며, 고난을 허락하신 하나님께 항변하고 있지도 않다.

㉠ 또는 '깊은 흑암' ㉡ 또는 '날을 저주하는 자가' ㉢ 악어처럼 생긴 바다 괴물

3:1 욥의 저주는 비탄을 노래하는 시편의 많은 시들과 예레미야서 20:14-18 및 예레미야 애가 3:1-18과 그 내용이 비슷한 것으로서, 하나님의 은총을 구하는 절규로 보는 것이 적절하다.

3:8 주문을 외워서 바다를 저주하는 자들이 이들은 근동 지방의 신화적인 괴물인 '리워야단'을 격동시켜 날을 저주할 수 있다고 생각한 마술사를 가리킨다. 당시 일식이나 월식은 리워야단이 격동하여 태양이나 달을 삼켜 버리기 때문에 일어나는

소란을 피우지 못하고, 삶에 지친
사람들도 쉴 수 있는 곳인데.
18 그 곳은 갇힌 사람들도 함께 평화
를 누리고, 노예를 부리는 감독관
의 소리도 들리지 않는 곳인데.
19 그 곳은 낮은 자와 높은 자의 구
별이 없고, 종까지도 주인에게서
자유를 얻는 곳인데!
20 어찌하여 하나님은, 고난당하
는 자들을 태어나게 하셔서 빛을
보게 하시고, 이렇게 쓰디쓴 인생
을 살아가는 자들에게 생명을 주
시는가?
21 이런 사람들은 죽기를 기다려도
죽음이 찾아와 주지 않는다. 그들
은 보물을 찾기보다는 죽기를 더
바라다가
22 무덤이라도 찾으면 기뻐서 어쩔
줄 모르는데,
23 어찌하여 하나님은 길 잃은 사람
을 붙잡아 놓으시고, 사방으로 그
길을 막으시는가?
24 밥을 앞에 놓고서도, 나오느니
탄식이요, 신음 소리 그칠 날이 없
다.
25 마침내 그렇게도 두려워하던 일이
밀어닥치고, 그렇게도 무서워하던
일이 다가오고야 말았다.
26 내게는 평화도 없고, 안정도 없고,
안식마저 사라지고, 두려움만 끝
없이 밀려온다!

엘리바스의 첫 번째 발언

4 데만 사람 엘리바스가 대답하였
다.
2 누가 네게 말을 걸면 너는 짜증
스럽겠지. 말을 하지 않으려고 했
지만 참을 수가 없다.
3 생각해 보아라. 너도 전에 많은 사
람을 가르치기도 하고, 힘없는 자
들의 두 팔을 굳세게 붙들어 주기
도 했으며,
4 쓰러지는 이들을 격려하여 일어나
게도 하고, 힘이 빠진 이들의 무
릎을 굳게 붙들어 주기도 했다.
5 이제 이 일을 정작 네가 당하니까
너는 짜증스러워하고, 이 일이 정
작 네게 닥치니까 낙담하는구나!
6 하나님을 경외하는 것이 네 믿음
이고, 온전한 길을 걷는 것이 네
희망이 아니냐?
7 잘 생각해 보아라. 죄 없는 사람
이 망한 일이 있더냐? 정직한 사
람이 멸망한 일이 있더냐?
8 내가 본 대로는, 악을 갈아 재난
을 뿌리는 자는 그대로 거두더라.
9 모두 하나님의 입김에 쓸려 가고,
그의 콧김에 날려 갈 것들이다.
10 사자의 울부짖음도 잠잠해지고,
사나운 사자의 울부짖음도 그치
는 날이 있다. 힘센 사자도 이빨이

현상이라고 생각했다.

3:11-26 욥은 그의 신세를 한탄하면서 현상태를 서술해 나간다. 물론 욥의 한탄은 하나님을 맞대고 늘어놓는 불평의 말은 아니다. 여기서 욥은 더 이상 자기 생명의 근원을 돌아보지 않고, 인생의 근본적인 문제를 들춰내고 있다.

3:23 어찌하여 하나님은 욥은 자신에게 재앙을 내리고 길을 막으신 분이 하나님이라고 경솔하게 말하고 있다.

4장 요약 욥의 한탄에 대해 엘리바스가 대답했다. 그의 말투는 책망조였으며, 그 요지는 죄를 지었기 때문에 징벌이 임했다는 것이었다. 이는 고난이 죄의 결과라고 보는 전통적인 교리와 개인적인 경험에 근거한 논리였다.

4:3 힘없는 자 용기를 잃고 낙심한 사람을 일컫는다.

4:8 내가 본 대로는 고난에 대한 엘리바스의 견해

부러진다.
11 사자도, 늙어서 먹이를 잡지 못하
면, 어미를 따르던 새끼 사자들이
뿔뿔이 흩어진다.
12 한번은 조용한 가운데 어떤 소
리가 들려 오는데, 너무도 조용하
여 겨우 알아들었다.
13 그 소리가 악몽처럼 나를 괴롭혔
다.
14 두려움과 떨림이 나를 엄습하여,
뼈들이 막 흔들렸다.
15 어떤 영이 내 앞을 지나가니, 온몸
의 털이 곤두섰다.
16 영이 멈추어 서기는 했으나 그 모
습은 알아볼 수 없고, 형체가 어
렴풋이 눈에 들어왔는데, 죽은 듯
조용한 가운데서 나는 이런 소리
를 들었다.
17 "인간이 하나님보다 의로울 수 있
겠으며, 사람이 창조주보다 깨끗
할 수 있겠느냐?
18 하나님은 하늘에 있는 당신의 종
들까지도 믿지 않으시고, 천사들
에게마저도 허물이 있다고 하시는
데,
19 하물며, 흙으로 만든 몸을 입고
티끌로 터를 삼고, 하루살이에게
라도 눌려 죽을 사람이겠느냐?
20 사람은, 아침에는 살아 있다가도,
저녁이 오기 전에 예고도 없이 죽
는 것, 별수 없이 모두들 영원히
망하고 만다.
21 생명 줄만 끊기면 사람은 그냥 죽
고, 그 줄이 끊기면 지혜를 찾지
못하고 죽어간다."

5 1 어서 부르짖어 보아라. 네게
응답하는 이가 있겠느냐? 하늘에
있는 거룩한 이들 가운데서, 그
누구에게 하소연을 할 수 있겠느
냐?
2 미련한 사람은 자기의 분노 때문
에 죽고, 어리석은 사람은 자기의
질투 때문에 죽는 법이다.
3 어리석은 사람의 뿌리가 뽑히고,
어리석은 자의 집이 순식간에 망
하는 것을, 내가 직접 보았다.
4 그런 자의 자식들은 도움을 받을
데가 없어서, 재판에서 억울한 일
을 당해도, 구해 주는 이가 없었
고,
5 그런 자들이 거두어들인 것은, 굶
주린 사람이 먹어 치운다. 가시나
무 밭에서 자란 것까지 먹어 치운
다. 목마른 사람이 그의 재산을
삼켜 버린다.
6 재앙이 흙에서 일어나는 법도 없
고, 고난이 땅에서 솟아나는 법도
없다.
7 인간이 고난을 타고 태어나는 것
은, 불티가 위로 나는 것과 같은

는 관찰이나 경험에 근거한 것이다(참조. 5:3).

4:9 하나님의 입김 생명의 원동력이 되기도 하지만(창 2:7), 생명을 거두어가는 힘으로 작용하기도 한다.

4:17–21 이 구절에 기록된 내용은 엘리바스가 환상을 통해서 들은 말이다. 그러나 그 환상은 하나님의 직접적인 계시인 것 같지는 않다. 엘리바스가 들은 것은 '하나님의 말씀'이 아니라 '어떤 소리'이다(12절).

5장 요약 4장에 이어 엘리바스의 책망이 계속된다. 그는 욥에게 한탄과 원망의 말을 그치고 하나님께 순종하라고 충고했다. 비록 범죄로 인해 징계를 받더라도 하나님을 의뢰한다면 하나님이 다시 회복시켜 주실 것이라는 뜻이었다. 그러나 엘리바스의 책망은 욥의 마음을 상하게 했다.

5:1–7 엘리바스의 첫 번째 말이 계속된다. 엘리바

이치이다.
8 나 같으면 하나님을 찾아서, 내
사정을 하나님께 털어놓겠다.
9 그분은 우리가 측량할 수 없는 큰
일을 하시며, 우리가 헤아릴 수 없
는 기이한 일을 하신다.
10 땅에 비를 내리시며, 밭에 물을 주
시는 분이시다.
11 낮은 사람을 높이시고, 슬퍼하는
사람에게 구원을 보장해 주시며,
12 간교한 사람의 계획을 꺾으시어
그 일을 이루지 못하게 하신다.
13 지혜롭다고 하는 자들을 제 꾀에
속게 하시고, 교활한 자들의 꾀를
금방 실패로 돌아가게 하시니,
14 대낮에도 어둠을 만날 것이고, 한
낮에도 밤중처럼 더듬을 것이다.
15 그러나 하나님은 가난한 사람들
을 그들의 칼날 같은 입과 억센
손아귀로부터 구출하신다.
16 그러니까, 비천한 사람은 희망을
가지지만, 불의한 사람은 스스로
입을 다물 수밖에 없다.
17 하나님께 징계를 받는 사람은,
그래도 복된 사람이다. 그러니 ㉠전
능하신 분의 훈계를 거절하지 말
아라.
18 하나님은 찌르기도 하시지만 싸매
어 주기도 하시며, 상하게도 하시
지만 손수 낫게도 해주신다.
19 그는 여섯 가지 환난에서도 너를
구원하여 주시며, 일곱 가지 환난
에서도 재앙이 네게 미치지 않게
해주시며,
20 기근 가운데서도 너를 굶어 죽지
않게 하시며, 전쟁이 벌어져도 너
를 칼에서 구해 주실 것이다.
21 너는 혀의 저주를 피할 수 있어,
파멸이 다가와도 두려워하지 않을
것이다.
22 약탈과 굶주림쯤은 비웃어 넘길
수 있고, 들짐승을 두려워하지도
않을 것이다.
23 너는 들에 흩어진 돌과도 계약을
맺으며, 들짐승과도 평화롭게 지
내게 될 것이다.
24 그래서 너는 집안이 두루 평안한
것을 볼 것이며, 가축 우리를 두
루 살필 때마다 잃은 것이 없는
것을 볼 것이다.
25 또 자손도 많이 늘어나서, 땅에
풀같이 많아지는 것을 보게 될 것
이다.
26 때가 되면, 곡식단이 타작 마당으
로 가듯이, 너도 장수를 누리다가
수명이 다 차면, 무덤으로 들어갈
것이다.
27 이것은 우리가 지금까지 살펴본
것이니 틀림없는 사실이다. 부디
잘 듣고, 너 스스로를 생각해서라

스는 하나님과 욥 사이에서 천사들이 중재할 수 없다고 말한다. 그들은 믿을 만한 대상이 되지 못하기 때문이다(4:18). 그는 욥의 신세 한탄이(3장) *'미련한 사람의 분노'*와 '어리석은 사람의 질투(시기)'와 다를 바가 없다고 생각하는 듯하다(2절).

5:8–16 본문에서 엘리바스는 창조주이신 하나님께서 인간의 활동과 사회 문제와 자연의 순환 과정에 직접 개입하시고 있다고 말한다.

5:17–21 엘리바스는 드디어 욥의 고통을 하나님의 징계로 해석한다. 그는 욥이 고난에 합당한 가증스런 죄악을 범하였다고 말하고 있지는 않다. 오히려 그는 욥에게 전능자이신 하나님의 훈계로 고통을 받아들이라고 충고하고 있다.

5:27 엘리바스의 말은 죄인의 고난과 의인의 축복에 대한 한쪽으로 치우친 견해이다. 그의 견해에 의하면 욥뿐만 아니라 예레미야·스데반·바울의 고난도 죄로 인한 하나님의 징계로 보아야 한다.

㉠ 히, '샤다이'

도 명심하기 바란다.

욥의 대답

6 욥이 대답하였다.
2 아, 내가 겪은 고난을 모두 저
울에 달아 볼 수 있고, 내가 당하
는 고통을 모두 저울에 올릴 수
있다면,
3 틀림없이, 바다의 모래보다 더 무
거울 것이니, 내 말이 거칠었던 것
은 이 때문이다.
4 ㉠전능하신 분께서 나를 과녁으로
삼고 화살을 쏘시니, 내 영혼이 그
독을 빤다. 하나님이 나를 몰아치
셔서 나를 두렵게 하신다.
5 풀이 있는데 나귀가 울겠느냐?
꼴이 있는데 소가 울겠느냐?
6 싱거운 음식을 양념도 치지 않고
먹을 수 있겠느냐? 달걀 흰자위
를 무슨 맛으로 먹겠느냐?
7 그런 것들은 생각만 해도 구역질
이 난다. 냄새조차도 맡기가 싫다.
8 누가 내 소망을 이루어 줄까?
하나님이 내 소원을 이루어 주신
다면,
9 하나님이 나를 부수시고, 손을 들
어 나를 깨뜨려 주시면,
10 그것이 오히려 내게 위로가 되고,
이렇게 무자비한 고통 속에서도
그것이 오히려 내게 기쁨이 될 것
이다. 나는 거룩하신 분의 말씀을
거역하지 않았다.
11 그러나 내게 무슨 기력이 있어서
더 견뎌 내겠으며, 얼마나 더 살겠
다고, 더 버텨 내겠는가?
12 내 기력이 돌의 기력이라도 되느
냐? 내 몸이 놋쇠라도 되느냐?
13 나를 도와줄 이도 없지 않으냐?
도움을 구하러 갈 곳도 없지 않으
냐?
14 내가 전능하신 분을 경외하든
말든, 내가 이러한 절망 속에서 허
덕일 때야말로, 친구가 필요한데,
15 친구라는 것들은 물이 흐르다가
도 마르고 말랐다가도 흐르는 개
울처럼 미덥지 못하고, 배신감만
느끼게 하는구나.
16 얼음이 녹으면 흙탕물이 흐르고,
눈이 녹으면 물이 넘쳐흐르다가
도,
17 날이 더워지면 쉬 마르고, 날이
뜨거워지면 흔적조차 없어지고
마는 개울.
18 물이 줄기를 따라서 굽이쳐 흐르
다가도, 메마른 땅에 이르면 곧
끊어지고 마는 개울.
19 데마의 대상들도 물을 찾으려 했
고, 스바의 행인들도 그 개울에 희
망을 걸었지만,
20 그들이 거기에 이르러서는 실망하
고 말았다. 그 개울에 물이 흐를

6장 요약 엘리바스의 책망에 대해 욥이 대답하였다. 욥은 차라리 죽는 편이 훨씬 낫다고 말할 만큼 고통스런 상황에서, 위로하기는커녕 논리만 앞세워 자신을 책망한 엘리바스에게 화를 낸다. 또한 욥은 자신의 결백함을 주장하면서 구체적인 범죄를 지적해 보라고 반박한다.

6:5 욥은 불평할 권리를 주장한다. 나귀와 소는 먹을 것이 풍성할 때 얌전한 법이다. 이처럼 욥 자신도 정상적인 환경이라면 불평하지 않았을 것이라는 뜻이다.

6:8–13 욥의 소망은 하나님이 자기를 죽여 주시기를 바라는 것밖에 없다. 그가 당하는 고통은 하나님이 주신 것이라고 생각하기 때문이다.

6:14–30 욥은 친구들이 아픔을 위로해 주는 역할을 하지 못하고 오히려 자신과 논쟁하려는 태도를 나타내는 것을 못마땅하게 여기며, 자신의

㉠ 히, '샤다이'

것이라는 기대를 했던 것을 오히
려 부끄러워하였다.
21 너희가 이 개울과 무엇이 다르냐?
너희도 내 몰골을 보고서, 두려워
서 떨고 있지 않느냐?
22 내가 너희더러 이거 내놓아라 저
거 내놓아라 한 적이 있느냐? 너
희의 재산을 떼어서라도, 내 목숨
살려 달라고 말한 적이 있느냐?
23 아니면, 원수의 손에서 나를 건져
달라고 하길 했느냐, 폭군의 세력
으로부터 나를 속량해 달라고 부
탁하기라도 했느냐?
24 어디, 알아듣게 말 좀 해 보아
라. 내가 귀기울여 듣겠다. 내 잘
못이 무엇인지 말해 보아라.
25 바른 말은 힘이 있는 법이다. 그런
데 너희는 정말 무엇을 책망하는
것이냐?
26 너희는 남의 말 꼬투리나 잡으려
는 것이 아니냐? 절망에 빠진 사
람의 말이란, 바람과 같을 뿐이
아니냐?
27 너희는, 고아라도 제비를 뽑아 노
예로 넘기고, 이익을 챙길 일이라
면 친구라도 서슴지 않고 팔아 넘
길 자들이다.
28 내 얼굴 좀 보아라. 내가 얼굴을
맞대고 거짓말이야 하겠느냐?
29 너희는 잘 생각해 보아라. 내가 억
울한 일을 당하지 않게 해야 한
다. 다시 한 번 더 돌이켜라. 내 정
직이 의심받지 않게 해야 한다.
30 내가 혀를 놀려서, 옳지 않은 말을
한 일이라도 있느냐? 내가 입을
벌려서, 분별없이 떠든 일이라도
있느냐?

7

1 인생이 땅 위에서 산다는 것이,
고된 종살이와 다른 것이 무엇이
냐? 그의 평생이 품꾼의 나날과
같지 않으냐?
2 저물기를 몹시 기다리는 종과도
같고, 수고한 삯을 애타게 바라는
품꾼과도 같다.
3 내가 바로 그렇게 여러 달을 허탈
속에 보냈다. 괴로운 밤은 꼬리를
물고 이어 갔다.
4 눕기만 하면, 언제 깰까, 언제 날
이 샐까 마음 졸이며, 새벽까지 내
내 뒤척거렸구나.
5 내 몸은 온통 구더기와 먼지로 뒤
덮였구나. 피부는 아물었다가도
터져 버리는구나.
6 내 날이 베틀의 북보다 빠르게 지
나가니, 아무런 소망도 없이 종말
을 맞는구나.
7 내 생명이 한낱 바람임을 기억
하여 주십시오. 내가 다시는 좋은
세월을 못 볼 것입니다.
8 어느 누구도 다시는 나를 볼 수

처지를 그대로 받아 주기를 바라고 있다.

6:21–23 욥은 친구들에게 자신의 실망을 표현한다. 이런 실망의 표현은 욥의 답변 가운데 나타나는 *여러 주제* 중 하나이다. 욥이 주장하는 여러 주제는 하나님의 위대하심과 하나님의 섭리에 대한 실망, 그리고 죽음에 대한 갈망, 탄원하기 위해 하나님을 만나고자 하는 소망 등이다.

6:27 제비를 뽑아 여기서는 '압제하다' 또는 '올무에 빠지게 하다'라는 의미이다.

7장 요약 엘리바스에게 반박한 후에, 욥은 이제 하나님을 향해 자신의 처지를 호소한다. 극심한 육체의 고통은 정신의 고뇌까지 동반하였고, 그래서 그는 자기 존재가 차라리 사라지기를 소원하였다.

7:1 그의 평생이 품꾼의 나날과 같지 않으냐? 인생은 수고와 곤고로 가득 차 있다는 뜻이다.

7:9–16 여기서 욥은 자기가 당하는 모욕을 당연

없을 것입니다. 주님께서 눈을 뜨
고 나를 찾으려고 하셔도 나는 이
미 없어졌을 것입니다.
9 구름이 사라지면 자취도 없는 것
처럼, ㉠스올로 내려가는 사람도
그와 같아서, 다시는 올라올 수
없습니다.
10 그는 자기 집으로 다시 돌아오지
도 못할 것이고, 그가 살던 곳에
서도 그를 몰라볼 것입니다.
11 그러나 나는 입을 다물고 있을 수
없습니다. 분하고 괴로워서, 말을
하지 않고는 견딜 수 없습니다.
12 내가 ㉡바다 괴물이라도 됩니
까? 내가 깊은 곳에 사는 ㉢괴물
이라도 됩니까? 어찌하여 주님께
서는 나를 감시하십니까?
13 잠자리에라도 들면 편해지겠지,
깊이 잠이라도 들면 고통이 덜하
겠지 하고 생각합니다만,
14 주님께서는 악몽으로 나를 놀라
게 하시고, 무서운 환상으로 저를
떨게 하십니다.
15 차라리 숨이라도 막혀 버리면 좋
겠습니다. 뼈만 앙상하게 살아 있
기보다는, 차라리 죽는 것이 낫겠
습니다.
16 나는 이제 사는 것이 지겹습니다.
영원히 살 것도 아닌데, 제발, 나
를 혼자 있게 내버려 두십시오.
내 나날이 허무할 따름입니다.
17 사람이 무엇이라고, 주님께서 그
를 대단하게 여기십니까? 어찌하
여 사람에게 마음을 두십니까?
18 어찌하여 아침마다 그를 찾아오
셔서 순간순간 그를 시험하십니
까?
19 언제까지 내게서 눈을 떼지 않으
시렵니까? 침 꼴깍 삼키는 동안만
이라도, 나를 좀 내버려 두실 수
없습니까?
20 사람을 살피시는 주님, 내가 죄를
지었다고 하여 주님께서 무슨 해
라도 입으십니까? 어찌하여 나를
주님의 과녁으로 삼으십니까? ㉣어
찌하여 나를 주님의 짐으로 생각
하십니까?
21 어찌하여 주님께서는 내 허물을
용서하지 않으시고, 내 죄악을 용
서해 주지 않으십니까? 이제 내가
숨져 흙 속에 누우면, 주님께서
아무리 저를 찾으신다 해도, 나는
이미 없는 몸이 아닙니까?

빌닷의 첫 번째 발언

8 수아 사람 빌닷이 대답하였다.
2 언제까지 네가 그런 투로 말을
계속할 테냐? 네 입에서 나오는
말 거센 바람과도 같아서 걷잡을
수 없구나.
3 너는, 하나님이 심판을 잘못하신

시하면서 하나님께 장광설을 늘어놓는다. 곧 인간이 순간적인 존재라면, 쓰디쓴 고통 가운데에서 창조주에게 항변할 수도 있다는 주장이다.

7:9 스올 죽은 사람이 거하는 곳을 말한다.

7:11–12 욥은 하나님께서 자기를 사나운 바다 괴물처럼 다루신다고 원망한다.

㉠ 또는 '무덤' 또는 '죽음' ㉡ 히, '얌' ㉢ 히, '타닌' ㉣ 마소라 사본 가운데 일부와 고대 히브리의 서기관 전통과 칠십인역을 따름. 대다수의 마소라 사본에는 '내가 나에게 짐이 됩니다'

8장 요약 욥의 반박과 호소를 듣고 있던 빌닷이 입을 열었다. 그 역시 하나님의 공의의 법칙을 내세웠다. 욥이 죄로 인해 징벌을 받고 있으므로 죄악을 고백하고 하나님 앞에서 회개하라는 것이다. 또한 그는 11절 이하에서 악인의 결국은 패망으로 끝날 수밖에 없음을 장황하게 설명한다.

8:1–7 빌닷 역시 하나님의 공의의 법칙을 내세운

다고 생각하느냐? ㉠전능하신 분
께서 공의를 거짓으로 판단하신
다고 생각하느냐?
4 네 자식들이 주님께 죄를 지으면,
주님께서 그들을 벌하시는 것은
당연한 일이 아니냐?
5 그러나 네가 하나님을 간절히 찾으
며 전능하신 분께 자비를 구하면,
6 또 네가 정말 깨끗하고 정직하기
만 하면, 주님께서는 너를 살리시
려고 떨치고 일어나셔서, 네 경건
한 가정을 회복시켜 주실 것이다.
7 처음에는 보잘 것 없겠지만 나중
에는 크게 될 것이다.
8 이제 옛 세대에게 물어 보아라.
조상들의 경험으로 배운 진리를
잘 생각해 보아라.
9 우리는 다만 ㉡갓 태어난 사람과
같아서, 아는 것이 없으며, 땅 위
에 사는 우리의 나날도 그림자에
지나지 않는다.
10 조상들이 네게 가르쳐 주며 일러
주지 않았느냐? 조상들이 마음에
깨달은 바를 말하지 않았느냐?
11 늪이 아닌 곳에서 왕골이 어떻
게 자라겠으며 물이 없는 곳에서
갈대가 어떻게 크겠느냐?
12 물이 말라 버리면, 왕골은 벨 때
가 아직 멀었는데도 모두 말라 죽
고 만다.
13 하나님을 잊는 모든 사람의 앞길
이 이와 같을 것이며, 믿음을 저버
린 사람의 소망도 이와 같이 사라
져 버릴 것이다.
14 그런 사람이 믿는 것은 끊어질 줄
에 지나지 않으며, 의지하는 것은
거미줄에 지나지 않는다.
15 기대어 살고 있는 집도 오래 서 있
지 못하며, 굳게 잡고 있는 집도
버티고 서 있지 못할 것이다.
16 비록 햇빛 속에서 싱싱한 식물
과 같이 동산마다 그 가지를 뻗으
며,
17 돌무더기 위에까지 그 뿌리가 엉
키어서 돌 사이에 뿌리를 내린다
고 해도,
18 뿌리가 뽑히면, 서 있던 자리마저
'나는 너를 본 일이 없다'고 모르
는 체할 것이다.
19 살아서 누리던 즐거움은 이렇게
빨리 지나가고, 그 흙에서는 또 다
른 식물이 돋아난다.
20 정말 하나님은, 온전한 사람 물
리치지 않으시며, 악한 사람 손 잡
아 주지 않으신다.
21 그분께서 네 입을 웃음으로 채워
주시면, 네 입술은 즐거운 소리를
낼 것이니,
22 너를 미워하는 사람은 부끄러움
을 당할 것이며, 악인의 장막은 자

다. 공의야말로 상급과 보상의 끊임없는 양상을 보존해 주는 하나님의 경영 방법이라고 주장한다.

8:8-22 엘리바스가 신비한 환상에 근거하여 말한 반면(4:12-21), 빌닷은 조상들의 가르침을 근거로 논술한다(8-10절). 빌닷은 악인의 최후를 거론하면서, 과연 욥이 책망받을 일이 없다면 반드시 회복될 것이라고 선언한다(11-22절).

8:11 왕골 한해살이풀의 일종이다. 줄기의 겉껍질을 쪼개어 방석이나 돗자리 따위를 만든다. 여기서는 이집트의 나일 강 주변에서 자라는 갈대와 비슷한 풀(Papyrus)을 가리킨다.

8:19 살아서 누리던 즐거움은 이렇게 빨리 지나가고 하나님을 잊어버린 자의 희락은 뿌리가 뽑힌 식물과 같다(18절).

8:20-22 빌닷은 욥의 행위에 책망할 것이 없다면 다시 한번 웃음과 즐거움을 얻게 될 것이라고 욥에게 말한다.

㉠ 히. '샤다이' ㉡ 또는 '어제부터 있었을 뿐이어서'

취도 없이 사라질 것이다.

욥의 대답

9 욥이 대답하였다.
2 그것이 사실이라는 것은 나도
잘 알고 있다. 그러나 사람이 어떻
게 하나님 앞에서 의롭다고 주장
할 수 있겠느냐?
3 사람이 하나님과 논쟁을 한다고
해도, 그분의 천 마디 말씀에 한
마디도 대답하지 못할 것이다.
4 하나님이 전지전능하시니, 그를 거
역하고 온전할 사람이 있겠느냐?
5 아무도 모르는 사이에 산을 옮기
시며, 진노하셔서 산을 뒤집어엎기
도 하신다.
6 지진을 일으키시어 땅을 그 밑뿌
리에서 흔드시고, 땅을 받치고 있
는 기둥들을 흔드신다.
7 해에게 명령하시어 뜨지 못하게도
하시며, 별들을 가두시어 빛을 내
지 못하게도 하신다.
8 어느 누구에게 도움을 받지도 않
고 하늘을 펼치시며, ㉠바다 괴물
의 등을 짓밟으신다.
9 북두칠성과 삼성을 만드시고, 묘
성과 남방의 밀실을 만드시며,
10 우리가 측량할 수 없는 큰 일을
하시며, 우리가 헤아릴 수 없는 기
이한 일을 행하시는 분이시다.
11 하나님이 내 곁을 지나가신다
해도 볼 수 없으며, 내 앞에서 걸
으신다 해도 알 수 없다.
12 그가 가져 가신다면 누가 도로 찾
을 수 있으며, 누가 감히 그에게
왜 그러시느냐고 할 수 있겠느냐?
13 하나님이 진노를 풀지 아니하시면
㉡라합을 돕는 무리도 무릎을 꿇
는데,
14 내가 어찌 감히 그분에게 한 마디
라도 대답할 수 있겠으며, 내가 무
슨 말로 말대꾸를 할 수 있겠느
냐?
15 비록 내가 옳다 해도 감히 아무
대답도 할 수 없다. 다만 나로서
할 수 있는 일은 나를 심판하실
그분께 은총을 비는 것뿐이다.
16 비록 그분께서 내가 말하는 것을
허락하신다 해도, 내가 부르짖는
소리를 귀기울여 들으실까?
17 그분께서 머리털 한 오라기만한
하찮은 일로도 나를 이렇게 짓눌
러 부수시고, 나도 모를 이유로 나
에게 많은 상처를 입히시는데,
18 숨돌릴 틈도 주시지 않고 쓰라림
만 안겨 주시는데, 그분께서 내 간
구를 들어 주실까?
19 강한 쪽이 그분이신데, 힘으로 겨
룬다고 한들 어떻게 이기겠으며,
재판에 붙인다고 한들 누가 ㉢그
분을 재판정으로 불러올 수 있겠

9장 요약 엘리바스와 빌닷은 하나님의 공의를 주장하면서 욥의 범죄 사실을 시인하게 하려고 애를 썼다. 하지만 욥은 자신이 까닭 모를 재앙을 당하여 고통받고 있으며, 하나님의 주권하에서는 악인뿐만 아니라 흠이 없는 사람도 고난을 당할 수 있다는 것을 실감하고 있다고 반박했다(22절).

9:3-4 욥은 자신에게 닥친 고난의 타당성에 대하여 하나님과 논쟁하기를 갈망한다(참조. 10:2; 31:35-37). 그와 동시에 그는 자신에 대한 변호를 하나님께 충분히 할 수 없음을 느낀다. 그 이유는 하나님의 지혜와 권능이 크시기 때문이다(참조. 12:13). 그러나 하나님은 나중에 이 두 가지 문제를 욥에게 말씀하신다(38:1-40:2;40:6-41:34).

㉠ 또는 '바다의 파도를 짓밟으신다' ㉡ 전설에 나오는 바다의 괴물, 혼돈과 악의 세력을 대표함 ㉢ 칠십인역을 따름. 히, '나를'

느냐?
20 비록 내가 옳다고 하더라도, 그분
께서 내 입을 시켜서 나를 정죄하
실 것이며, 비록 내가 흠이 없다고
하더라도, 그분께서 나를 틀렸다
고 하실 것이다.
21 비록 내가 흠이 없다고 하더라도,
나도 나 자신을 잘 모르겠고, 다
만, 산다는 것이 싫을 뿐이다.
22 나에게는 모든 것이 한 가지로만
여겨진다. 그러므로 나는 "그분께
서는 흠이 없는 사람이나, 악한 사
람이나, 다 한 가지로 심판하신다"
하고 말할 수밖에 없다.
23 갑작스러운 재앙으로 다들 죽게
되었을 때에도, 죄 없는 자마저 재
앙을 받는 것을 보시고 비웃으실
것이다.
24 세상이 악한 권세자의 손에 넘어
가도, 주님께서 재판관의 눈을 가
려서 제대로 판결하지 못하게 하
신다. 그렇지 않다고 하면, 그렇게
하는 이가 누구란 말이냐?
25 내 일생이 달리는 경주자보다
더 빨리 지나가므로, 좋은 세월을
누릴 겨를이 없습니다.
26 그 지나가는 것이 갈대 배와 같이
빠르고, 먹이를 덮치려고 내려오
는 독수리처럼 빠릅니다.
27 온갖 불평도 잊어버리고, 슬픈 얼
굴빛을 고쳐서 애써 명랑하게 보
이려고 해도,
28 내가 겪는 이 모든 고통이 다만
두렵기만 합니다. 그러나 주님께
서 나를 죄 없다고 여기지 않으실
것임을 압니다.
29 주님께서 나를 정죄하신다면, 내
가 무엇 때문에 이렇게 애써서 헛
된 수고를 해야 합니까?
30 비록 내가 ㉠비누로 몸을 씻고, 잿
물로 손을 깨끗이 닦아도,
31 주님께서 나를 다시 시궁창에 처
넣으시니, 내 옷인들 나를 좋아하
겠습니까?
32 하나님이 나와 같은 사람이기
만 하여도 내가 그분께 말을 할
수 있으련만, 함께 법정에 서서 이
논쟁을 끝낼 수 있으련만,
33 우리 둘 사이를 중재할 사람이 없
고, 하나님과 나 사이를 판결해
줄 이가 없구나!
34 내게 소원이 있다면, 내가 더 두려
워 떨지 않도록, 하나님이 채찍을
거두시는 것.
35 그렇게 되면 나는 두려움 없이 말
하겠다. 그러나 나 스스로는, 그럴
수가 없는 줄을 알고 있다.

계속되는 욥의 대답

10 산다는 것이 이렇게 괴로우니,
나는 이제 원통함을 참지 않고

9:22 모든 것이…여겨진다 모든 사람이 죄가 있든지 없든지 간에 별 차이가 없다는 뜻이다.

9:25–35 욥은 자신의 처지가 절망적이라고 생각한다. 그 이유는 ① 세월이 빨리 지나가고(25–26절) ② 자신이 무엇을 하든지 그 일과 관계없이 하나님이 자신을 죄인처럼 취급하시고(27–31절) ③ 자신의 처지를 중재할 사람이 없다(32–35절)는 점 때문이다.

㉠ 또는 '눈으로'

10장 요약 친구들을 향한 논박을 마친 욥은 자신을 이토록 큰 고통에 처하게 하신 하나님께 그 이유를 가르쳐 달라고 애원한다. 또한 그는 자신의 결백에 대해 하나님이 더 잘 아시지 않느냐고 반문하면서(7절) 하나님께 자신의 고통을 그치게 해달라고 간구하였다.

10:1–17 욥은 더 이상 살 가치가 없다고 깨닫고는, 하나님이 그의 말에 어떻게 생각하실지는 아

다 털어놓고, 내 영혼의 괴로움을
다 말하겠다.
2 내가 하나님께 아뢰겠다.
나를 죄인 취급하지 마십시오.
무슨 일로 나 같은 자와 다투시는
지 알려 주십시오.
3 주님께서 손수 만드신 이 몸은 학
대하고 멸시하시면서도, 악인이
세운 계획은 잘만 되게 하시니 그
것이 주님께 무슨 유익이라도 됩
니까?
4 주님의 눈이 살과 피를 가진 사람
의 눈이기도 합니까? 주님께서도
매사를 사람이 보듯이 보신단 말
입니까?
5 주님의 날도 사람이 누리는 날처
럼 짧기라도 하단 말입니까? 주님
의 햇수가 사람이 누리는 햇수와
같이 덧없기라도 하단 말입니까?
6 그렇지 않다면야, 어찌하여 주님
께서는 기어이 내 허물을 찾아내
려고 하시며, 내 죄를 들추어내려
고 하십니까?
7 내게 죄가 없다는 것과, 주님의 손
에서 나를 빼낼 사람이 없다는 것
은, 주님께서도 아시지 않습니까?
8 주님께서 손수 나를 빚으시고 지
으셨는데, 어찌하여 이제 와서, 나
에게 등을 돌리시고, 나를 멸망시
키려고 하십니까?
9 주님께서는, 진흙을 빚듯이 몸소
이 몸을 지으셨음을 기억해 주십
시오. 어찌하여 주님께서는 나를
티끌로 되돌아가게 하십니까?
10 주님께서 내 아버지에게 힘을 주
셔서, 나를 낳게 하시고, 어머니가
나를 품에 안고 젖을 물리게 하셨
습니다.
11 주님께서 살과 가죽으로 나를 입
히시며, 뼈와 근육을 엮어서, 내
몸을 만드셨습니다.
12 주님께서 나에게 생명과 사랑을
주시고, 나를 돌보셔서, 내 숨결까
지 지켜 주셨습니다.
13 그러나 지금 생각해 보니, 주님께
서는 늘 나를 해치실 생각을 몰래
품고 계셨습니다.
14 주님께서는, 내가 죄를 짓나 안 짓
나 지켜 보고 계셨으며, 내가 죄를
짓기라도 하면 용서하지 않으실
작정을 하고 계셨습니다.
15 내가 죄를 짓기만 하면 주님께서
는 가차없이 내게 고통을 주시지
만, 내가 올바른 일을 한다고 해서
주님께서 나를 믿어 주시지는 않
으셨습니다. 그러니 나는 수치를
가득 덮어쓰고서, 고통을 몸으로
겪고 있습니다.
16 내 일이 잘 되기라도 하면, 주님께
서는 사나운 사자처럼 나를 덮치

랑곳하지 않고 자신의 문제를 과감히 하나님 앞에 내던진다. 하나님이 그분의 뜻대로 모든 일을 행하심을 잘 아는 욥은, 하나님께 자신의 확신에 찬 진리를 입증시키고자 한다.

10:3 욥은 하나님께서 무죄한 자신에게는 진노하시는 반면, 악인을 기뻐하신다고 주장한다. 그러나 결국에 가서는 욥도 회개하고, 하나님은 그의 죄를 용서하신다(42:1–6).

10:6 욥은 하나님을 '죄를 지켜보시는 분'(시 130:3)으로 생각하고 있다.

10:18–22 끝으로, 욥은 아무런 목적 없이 인생을 사는 것보다는 차라리 죽음(스올)의 세계에 거하는 것이 낫다고 말한다. 이렇게 함으로써 욥은 이 소송에서 집행 유예의 가능성을 바라는 일말의 희망을 버리지 않는다.

10:20 욥은 3장에서 죽은 사람의 휴식을 부러워했다. 그러나 이 구절에서는 죽음도 아무런 즐거움이 되지 못한다고 생각한 듯하다.

시고, 기적을 일으키면서까지 내
게 상처를 주려고 하셨습니다.
17 주님께서는 번갈아서, 내게 불리
한 증인들을 세우시며, 내게 노여
움을 키우시고, 나를 공격할 계획
을 세우셨습니다.
18 주님께서 나를 이렇게 할 것이
라면 왜 나를 모태에서 살아 나오
게 하셨습니까? 차라리 모태에서
죽어서 사람들의 눈에 띄지나 않
았더라면, 좋지 않았겠습니까?
19 생기지도 않은 사람처럼, 모태에
서 곧바로 무덤으로 내려갔더라
면, 좋았을 것입니다.
20 내가 살 날도 이제 얼마 남지 않
았습니다. 나를 좀 혼자 있게 내버
려 두십시오. 내게 남은 이 기간
만이라도, 내가 잠시라도 쉴 수 있
게 해주십시오.
21 어둡고 ㉠캄캄한 땅으로 내려가
면, 다시는 돌아오지 못합니다. 그
리로 가기 전에 잠시 쉬게 해주십
시오.
22 그 땅은 흑암처럼 캄캄하고, 죽음
의 그늘이 드리워져서 아무런 질
서도 없고, 빛이 있다 해도 흑암과
같을 뿐입니다.

소발의 첫 번째 발언

11 나아마 사람 소발이 욥에게 대
답하였다.
2 네가 하는 헛소리를 듣고서, 어
느 누가 잠잠할 수 있겠느냐? 말
이면 다 말인 줄 아느냐?
3 네가 혼자서 큰소리로 떠든다고
해서, 우리가 대답도 하지 못할 것
이라고 생각하느냐? 네가 우리를
비웃는데도, 너를 책망할 사람이
없을 줄 아느냐?
4 너는 네 생각이 옳다고 주장하고
주님 보시기에 네가 흠이 없다고
우기지만,
5 이제 하나님이 입을 여셔서 네게
말씀하시고,
6 지혜의 비밀을 네게 드러내어 주
시기를 바란다. 지혜란 우리가 이
해하기에는 너무나도 어려운 것이
다. 너는, 하나님이 네게 내리시는
벌이 네 죄보다 가볍다는 것을 알
아야 한다.
7 네가 하나님의 깊은 뜻을 다 알
아낼 수 있느냐? 전능하신 분의
무한하심을 다 측량할 수 있느
냐?
8 하늘보다 높으니 네가 어찌 미칠
수 있으며, ㉡스올보다 깊으니 네
가 어찌 알 수 있겠느냐?
9 그 길이는 땅 끝까지의 길이보다
길고, 그 넓이는 바다보다 넓다.
10 하나님이 두루 지나다니시며, 죄
인마다 쇠고랑을 채우고 재판을

11장 요약 세 친구들 중 나아마 사람 소발이 대화에 끼어들었다. 소발은 욥이 결백을 주장하지만, 자신도 모르는 심각한 죄악을 범했을지도 모른다며 엘리바스와 빌닷처럼 욥이 당하는 고난의 원인을 죄라고 주장한다.

11:1-6 소발은 욥의 태도에 몹시 격분하였다. 소발은 욥의 고난이 그가 마땅히 받아야 할 것에 비하면 오히려 가벼운 것이라고 말한다. 소발이 격분한 이유는 욥이 헛소리를 떠들고(2-3절), 비웃으며(3절), 자신의 무죄를 자랑한(4절) 사실 때문이었다.

11:6 지혜란 우리가 이해하기에는 너무나도 어려운 것이다 '지혜에는 두 가지 측면이 있다'는 의미가 들어 있다. 하나님은 모든 일의 두 가지 측면 곧 드러난 부분과 숨겨진 부분을 밝히 아신다. 따라서 숨겨진 욥의 죄도 아신다.

㉠ 또는 '죽음의 그림자가 깃든 땅' ㉡ 또는 '무덤' 또는 '죽음'

여시면, 누가 감히 막을 수 있겠느
냐?
11 하나님은, 어떤 사람이 잘못하는
지를 분명히 아시고, 악을 보시면
곧바로 분간하신다.
12 ㉠미련한 사람이 똑똑해지기를 바
라느니 차라리 들나귀가 사람 낳
기를 기다려라.
13 네가 마음을 바르게 먹고, 네
팔을 그분 쪽으로 들고 기도하며,
14 악에서 손을 떼고, 네 집안에 불
의가 깃들지 못하게 하면,
15 너도 아무 부끄러움 없이 얼굴을
들 수 있다. 네 마음이 편안해져
서, 두려움이 없어질 것이다.
16 괴로운 일을 다 잊게 되고, 그것을
마치 지나간 일처럼 회상하게 될
것이다.
17 네 생활이 한낮보다 더 환해지고,
그 어둠은 아침같이 밝아질 것이
다.
18 이제 네게 희망이 생기고, 너는 확
신마저 가지게 될 것이다. 사방을
둘러보아도 걱정할 것이 없어서,
안심하고 자리에 누울 수 있게 될
것이다.
19 네가 누워서 쉬어도 너를 깨워서
놀라게 할 사람이 없고, 많은 사
람이 네게 잘 보이려고 할 것이다.
20 그러나 악한 사람은 눈이 멀어서,
도망 칠 길마저 찾지 못할 것이다.
그의 희망이라고는 다만 마지막
숨을 잘 거두는 일뿐일 것이다.

욥의 대답

12 욥이 대답하였다.
2 지혜로운 사람이라곤 너희
밖에 없는 것 같구나. 너희가 죽으
면, 지혜도 너희와 함께 사라질
것 같구나.
3 그러나 나도 너희만큼은 알고 있
다. 내가 너희보다 못할 것이 없
다. 너희가 한 말을 모를 사람이
어디에 있겠느냐?
4 한때는 내 기도에 하나님이 응답
하신 적도 있지만, 지금 나는 친
구들의 웃음거리가 되고 말았다.
의롭고 흠 없는 내가 조롱을 받고
있다.
5 고통을 당해 보지 않은 너희가 불
행한 내 처지를 비웃고 있다. 너희
는 넘어지려는 사람을 떠민다.
6 강도들은 제 집에서 안일하게 지
내고, 하나님을 멸시하는 자들도
평안히 산다. 그러므로 그들은, 하
나님까지 자기 손에 넣었다고 생
각한다.
7 그러나 이제 짐승들에게 물어
보아라. 그것들이 가르쳐 줄 것이
다. 공중의 새들에게 물어 보아
라. 그것들이 일러줄 것이다.

11:13-20 마지막으로, 소발은 욥이 마음을 고치고, 죄를 멀리하고, 겸손하게 하나님께 나아가면 소망이 있을 것이라고 말한다. 따라서 소발 역시 두 친구들과 마찬가지로 죄에 대한 전통적인 견해를 옹호하고 있다.

11:15 너도 아무 부끄러움 없이 얼굴을 들 수 있다 죄악을 모두 씻어 버리게 되면 부끄러움을 당하지 않는다는 말로서 현재 욥이 많은 죄로 얼룩져 있음을 가리킨다.

12장 요약 욥은 친구들의 독선적인 태도를 비난하고 나섰다. 친구들이 원칙론적인 논리로만 고난의 이유를 설명하려 했지만 욥은 논리로써는 납득하기 힘든 고난 가운데 있었기 때문이다. 욥은 자신의 고난의 원인과 의미를 알고 있는 분은 오직 하나님뿐이시라고 생각했다.

㉠ 또는 '미련한 사람도 똑똑해질 때가 있고, 들나귀 새끼도 사람처럼 길이 들 때가 있다'

8 땅에게 물어 보아라. 땅이 가르쳐
줄 것이다. 바다의 고기들도 일러
줄 것이다.
9 주님께서 손수 이렇게 하신 것을,
이것들 가운데서 그 무엇이 모르
겠느냐?
10 모든 생물의 생명이 하나님의 손
안에 있고, 사람의 목숨 또한 모
두 그분의 능력 안에 있지 않느
냐?
11 귀가 말을 알아듣지 못하겠느냐?
혀가 음식맛을 알지 못하겠느냐?
12 노인에게 지혜가 있느냐? 오래
산 사람이 이해력이 깊으냐?
13 그러나 지혜와 권능은 본래 하나
님의 것이며, 슬기와 이해력도 그
분의 것이다.
14 하나님이 헐어 버리시면 세울 자
가 없고, 그분이 사람을 가두시면
풀어 줄 자가 없다.
15 하나님이 물길을 막으시면 땅이
곧 마르고, 물길을 터놓으시면 땅
을 송두리째 삼킬 것이다.
16 능력과 지혜가 그분의 것이니,
속는 자와 속이는 자도 다 그분의
통치 아래에 있다.
17 하나님은 고관들을 벗은 몸으로
끌려가게 하시는가 하면, 재판관
들을 바보로 만드시기도 하신다.
18 하나님은 왕들이 결박한 줄을 풀
어 주시고, 오히려 그들의 허리를
포승으로 묶으신다.
19 하나님은 제사장들을 맨발로 끌
려가게 하시며, 권세 있는 자들을
거꾸러뜨리신다.
20 하나님은 자신만만하게 말을 하
던 사람을 말문이 막히게 하시며,
나이 든 사람들의 분별력도 거두
어 가시고,
21 귀족들의 얼굴에 수치를 쏟아 부
으시며, 힘있는 사람들의 허리띠
를 풀어 버리신다.
22 하나님은 어둠 가운데서도 은밀
한 것들을 드러내시며, 죽음의 그
늘조차도 대낮처럼 밝히신다.
23 하나님은 민족들을 강하게도 하
시고, 망하게도 하시고, 뻗어 나게
도 하시고, 흩어 버리기도 하신다.
24 하나님은 이 땅 백성의 지도자들
을 얼이 빠지게 하셔서, 길 없는
거친 들에서 방황하게 하신다.
25 하나님은 그들을 한 가닥 빛도 없
는 어둠 속에서 더듬게도 하시며,
술 취한 사람처럼 비틀거리게도
하신다.

계속되는 욥의 대답

13 내가 이 모든 것을 내 눈으로
똑똑히 보고, 내 귀로 다 들어
서 안다.
2 너희가 아는 것만큼은 나도 알고

12:13-25 엘리바스는 5:10-16에서 자연계를 지배하시는 하나님을 설명하면서 긍정적인 측면에서 하나님의 지혜를 말했다. 이와 대조적으로 욥은 하나님의 권능과 지혜를 부정적인 측면에서 이야기한다.

12:17 고관 조언하는 사람으로서, 이스라엘 왕들을 섬기던 궁중 관리를 지칭하기도 한다(대하 25:16). 일반적인 의미에서 부모(잠 1:8)·장로(겔 7:26)·예언자(대하 25:16)도 이 명칭으로 불린다.

13장 요약 본장에서 욥은 친구들의 거만하고 독선적인 자세를 나무라고 침묵을 명한 후에, 자신은 오직 하나님께 억울함을 아뢰겠다고 했다. 이러한 결심을 하게 된 까닭은, 하나님이 공의로운 심판을 행하신다는 확신과 자신의 결백이 자신감으로 작용했기 때문이다.

13:1 이 모든 것 12:13-25에 언급한 하나님의 절대적인 행위를 말한다.

있으니, 내가 너희보다 못할 것이
없다.
3 그러나 나는 전능하신 분께 말씀
드리고 싶고, 하나님께 내 마음을
다 털어놓고 싶다.
4 너희는 무식을 거짓말로 때우는
사람들이다. 너희는 모두가 돌팔
이 의사나 다름없다.
5 입이라도 좀 다물고 있으면, 너희
의 무식이 탄로 나지는 않을 것이
다.
6 너희는 내 항변도 좀 들어 보아
라. 내가 내 사정을 호소하는 동
안 귀를 좀 기울여 주어라.
7 너희는 왜 허튼 소리를 하느냐?
너희는 하나님을 위한다는 것을
빌미삼아 알맹이도 없는 말을 하
느냐?
8 법정에서 하나님을 변호할 셈이
냐? 하나님을 변호하려고 논쟁을
할 셈이냐?
9 하나님이 너희를 자세히 조사하셔
도 좋겠느냐? 너희가 사람을 속
이듯, 그렇게 그분을 속일 수 있을
것 같으냐?
10 거짓말로 나를 고발하면, 그분께
서 너희의 속마음을 여지없이 폭
로하실 것이다.
11 그분의 존엄하심이 너희에게 두려
움이 될 것이며, 그분에 대한 두려
움이 너희를 사로잡을 것이다.
12 너희의 격언은 한낱 쓸모 없는 잡
담일 뿐이고, 너희의 논쟁은 흙벽
에 써 놓은 답변에 불과하다.
13 이제는 좀 입을 다물고, 내가 말
할 기회를 좀 주어라. 결과가 어찌
되든지, 그것은 내가 책임 지겠다.
14 나라고 해서 어찌 이를 악물고
서라도 내 생명을 스스로 지키려
하지 않겠느냐?
15 하나님이 나를 죽이려고 하셔도,
나로서는 잃을 것이 없다. 그러나
내 사정만은 그분께 아뢰겠다.
16 적어도 이렇게 하는 것이, 내게는
구원을 얻는 길이 될 것이다. 사악
한 자는 그분 앞에 감히 나서지도
못할 것이다.
17 너희는 이제 내가 하는 말에 귀를
기울여라. 내가 하는 말을 귀담아
들어라.
18 나를 좀 보아라, 나는 이제 말할
준비가 되어 있다. 내게는, 내가
죄가 없다는 확신이 있다.
19 하나님, 나를 고발하시겠습니
까? 그러면 나는 조용히 입을 다물
고 죽을 각오를 하고 있겠습니다.

욥의 기도

20 내가 하나님께 바라는 것은 두
가지밖에 없습니다. 그것을 들어
주시면, 내가 주님을 피하지 않겠

13:3 내 마음을 다 털어놓고 주된 목적은 서로 간의 오해를 풀어서 화해하려는 것이다.
13:7–8 욥은 자신에게 고난을 주신 하나님의 정당함을 변호하려는 친구들의 노력을 비방한다. 사실 그들은 그 일에 너무 집착한 나머지, 고난에 다른 이유가 있을 것이라는 가능성을 생각하지 못했다. 그 결과 그들의 말은 본의 아니게 거짓말이 되었다.
13:12 친구들이 인용한 격언은 어떤 곳에도 쓸모없고, 그들의 논쟁은 무너지기 쉬운 흙더미에 불과하다는 뜻이다. 너희의 논쟁 하나님이 욥에게 내리신 고난이 정당한 것이라고 논쟁하는 말을 가리킨다.
13:20–28 욥이 하나님께 호소하는 내용이다.
13:20 두 가지밖에 욥이 하나님께 바라는 '두 가지'는 욥을 치는 손을 거두시는 것(21절)과 욥에게 먼저 말씀하시는 것(22절)을 말한다.
13:23 내가 지은 죄가 무엇입니까? 욥은 일단 고난

습니다.
21 나를 치시는 그 손을 거두어 주시
고, 제발 내가 이렇게 두려워 떨지
않게 해주십시오.
22 하나님, 하나님께서 먼저 말씀
하시면, 내가 대답하겠습니다. 그
렇지 않으시면 내가 먼저 말씀드
리게 해주시고, 주님께서 내게 대
답해 주십시오.
23 내가 지은 죄가 무엇입니까? 내
가 무슨 잘못을 저질렀습니까? 내
가 어떤 범죄에 연루되어 있습니
까?
24 어찌하여 주님께서 나를 피하
십니까? 어찌하여 주님께서 나를
원수로 여기십니까?
25 주님께서는 줄곧 나를 위협하시렵
니까? 나는 바람에 날리는 나뭇
잎 같을 뿐입니다. 주님께서는 지
금 마른 지푸라기 같은 나를 공격
하고 계십니다.
26 주님께서는 지금, ㉠내가 어릴 때
에 한 일까지도 다 들추어 내시면
서, 나를 고발하십니다.
27 내 발에 차꼬를 채우시고, 내가
가는 모든 길을 낱낱이 지켜 보시
며, 발바닥 닿는 자국까지 다 조
사하고 계십니다.
28 그래서 저는 썩은 물건과도 같고,
좀먹은 의복과도 같습니다.

14

1 여인에게서 태어난 사람은
그 사는 날이 짧은데다가, 그
생애마저 괴로움으로만 가득 차
있습니다.
2 피었다가 곧 시드는 꽃과 같이, 그
림자 같이, 사라져서 멈추어 서지
를 못합니다.
3 주님께서는 이렇게 미미한 것을
눈여겨 살피시겠다는 겁니까? 더
욱이 저와 같은 것을 심판대로 데
리고 가셔서, 심판하시겠다는 겁
니까?
4 그 누가 불결한 것에서, 정결한 것
이 나오게 할 수 있겠습니까? 아
무도 그렇게 할 수 없습니다.
5 인생이 살아갈 날 수는 미리 정해
져 있고, 그 달 수도 주님께서는
다 헤아리고 계십니다. 주님께서
는 사람이 더 이상 넘어갈 수 없
는 한계를 정하셨습니다.
6 그러므로 사람에게서 눈을 돌리
셔서 그가 숨을 좀 돌리게 하시
고, 자기가 살 남은 시간을 품꾼
만큼이라도 한 번 마음껏 살게 해
주십시오.
7 한 그루 나무에도 희망이 있습
니다. 찍혀도 다시 움이 돋아나고,
그 가지가 끊임없이 자라나고,
8 비록 그 뿌리가 땅 속에서 늙어서
그 그루터기가 흙에 묻혀 죽어도,

의 원인이 죄라고 단정하는 친구들의 말을 사실이라고 가정한다. 그러나 자기 자신의 생활에서는 현재의 고난을 받을 만한 죄를 찾을 수 없었다. 따라서 그는 자신의 죄가 무엇인지에 대해서 하나님께 질문한다.

13:27 발바닥 닿는 자국까지 다 조사하고 계십니다 B.C. 18세기경에 기록된 것으로 추정되는 함무라비 법전에 의하면, 노예들의 발바닥에 표시를 하여 그가 노예임을 알렸다는 기록이 나온다.

14장 요약 욥은 덧없는 인생의 무상함과 연약함을 읊조리며 왜 이렇게 힘든 시련을 주셨는지 하나님께 반문하였다. 욥은 부활에 대한 소망을 간직하였음에도(13절) 불구하고 고통스러운 현실은 욥의 내면을 탄식과 절규로 가득하게 만들었다.

㉠ 또는 '나를 고발하시는 글을 쓰시고 내가 어릴 때 지은 죄를 상속 받게 하십니다'

9 물기운만 들어가면 다시 싹이 나
며, 새로 심은 듯이 가지를 뻗습니
다.
10 그러나 아무리 힘센 사람이라도
한 번 죽으면 사라지게 되어 있고,
숨을 거두면 그가 어디에 있는지
도 모르게 됩니다.
11 물이 말라 버린 강처럼, 바닥이
드러난 호수처럼,
12 사람도 죽습니다. 죽었다 하면 다
시 일어나지 못합니다. 하늘이 없
어지면 없어질까, 죽은 사람이 눈
을 뜨지는 못합니다.
13 차라리 나를 ㉠스올에 감추어 두
실 수는 없으십니까? 주님의 진노
가 가실 때까지만이라도 나를 숨
겨 주시고, 기한을 정해 두셨다가
뒷날에 다시 기억해 주실 수는 없
습니까?
14 아무리 대장부라 하더라도 죽으면
그만입니다. 그러므로 나는 더 좋
은 때를 기다리겠습니다. 이 고난
의 때가 지나가기까지 기다리겠습
니다.
15 그 때에 주님께서 나를 불러 주시
면, 내가 대답하겠습니다. 주님께
서도 손수 지으신 나를 보시고 기
뻐하실 것입니다.
16 그러므로 지금은 주님께서 내 모
든 *걸음걸음을 세고 계시지만*, 그
때에는 내 죄를 살피지 않으실 것
입니다.
17 주님께서는 내 허물을 자루에 넣
어 봉하시고, 내 잘못을 덮어 주
실 것입니다.
18 산이 무너져 내리고, 큰 바위조
차 제자리에서 밀려나듯이,
19 물이 바위를 굴려 내고 폭우가 온
세상 먼지를 급류로 씻어 내듯이,
20 주님께서는 연약한 사람의 삶의
희망도 그렇게 끊으십니다. 주님께
서 사람을 끝까지 억누르시면, 창
백하게 질린 얼굴로 주님 앞에서
쫓겨날 것입니다.
21 자손이 영광을 누려도 그는 알지
못하며, 자손이 비천하게 되어도
그 소식 듣지 못합니다.
22 그는 다만 제 몸 아픈 것만을 느
끼고, 제 슬픔만을 알 뿐입니다.

엘리바스의 두 번째 발언

15 데만 사람 엘리바스가 대답하
였다.
2 지혜롭다는 사람이, 어찌하여
열을 올리며 궤변을 말하느냐?
3 쓸모 없는 이야기로 논쟁이나 일
삼고, 아무 유익도 없는 말로 다투
기만 할 셈이냐?
4 정말 너야말로 하나님을 두려워
하는 마음도 내던져 버리고, 하나
님 앞에서 뉘우치며 기도하는 일

14:7–12 사람은 잠깐 피었다가 시드는 꽃이 될지언정(2절), 다시 살아나는 나무가 될 수는 없다. 이 부분에서 말하고 있는 것은 인간의 육신적인 생명이다. 따라서 영혼의 소멸을 의미하고 있는 것으로 이해하지 말아야 한다.

14:18–22 이 부분은 13–17절에서 표현된 믿음과 대조를 이룬다. 여기서는 사람을 무너져 내려 사라지는 산으로 비유한다.

㉠ 또는 '무덤' 또는 '죽음'

15장 요약 본장에서 엘리바스는 욥의 교만과 어리석음을 증명하려고 노력한다. 그는 모든 사람이 하나님 앞에서 가증하고 부패한 존재임을 주장하면서도(16절), 욥에게 닥친 고난을 특정한 죄와 연결시키려는 생각은 결코 철회하려 들지 않았다.

15:2 궤변 본문에서는 유익하지 못한 생각들을 상징한다. 지혜로운 자들은 좋지 못한 생각으로

조차도 팽개쳐 버리는구나.
5 네 죄가 네 입을 부추겨서, 그 혀
로 간사한 말만 골라서 하게 한
다.
6 너를 정죄하는 것은 네 입이지, 내
가 아니다. 바로 네 입술이 네게
불리하게 증언한다.
7 네가 맨 처음으로 세상에 태어
난 사람이기라도 하며, 산보다 먼
저 생겨난 존재라도 되느냐?
8 네가 하나님의 회의를 엿듣기라도
하였느냐? 어찌하여 너만 지혜가
있다고 주장하느냐?
9 우리가 알지 못하는 어떤 것을 너
혼자만 알고 있기라도 하며, 우리
가 깨닫지 못하는 그 무엇을 너
혼자만 깨닫기라도 하였다는 말
이냐?
10 우리가 사귀는 사람 가운데는, 나
이가 많은 이도 있고, 머리가 센
이도 있다. 네 아버지보다 나이가
더 든 이도 있다.
11 하나님이 네게 위로를 베푸시는
데도, 네게는 그 위로가 별것 아
니란 말이냐? 하나님이 네게 부드
럽게 말씀하시는데도, 네게는 그
말씀이 하찮게 들리느냐?
12 무엇이 너를 그렇게 건방지게 하
였으며, 그처럼 눈을 부라리게 하
였느냐?
13 어찌하여 너는 하나님께 격한 심
정을 털어놓으며, 하나님께 함부
로 입을 놀려 대느냐?
14 인생이 무엇이기에 깨끗하다고
할 수 있겠으며, 여인에게서 태어
난 사람이 무엇이기에 의롭다고
할 수 있겠느냐?
15 바로 그것이다. 하나님은 당신의
천사들마저도 반드시 신뢰할 수
있다고 여기지는 않으신다. 그분
눈에는 푸른 하늘도 깨끗하게만
보이지는 않는다.
16 하물며 구역질 나도록 부패하여
죄를 물 마시듯 하는 사람이야 어
떠하겠느냐?
17 네게 가르쳐 줄 것이 있으니, 들
어 보아라. 내가 배운 지혜를 네게
말해 주겠다.
18 이것은 내가 지혜로운 사람들에
게서 배운 것이고, 지혜로운 사람
들도 자기 조상에게서 배운 공개
된 지혜다.
19 그들이 살던 땅은 이방인이 없는
땅이고, 거기에서는 아무도 그들
을 곁길로 꾀어 내서 하나님을 떠
나게 하지 못하였다.
20 악한 일만 저지른 자들은 평생 동
안 분노 속에서 고통을 받으며, 잔
인하게 살아온 자들도 죽는 날까
지 같은 형벌을 받는다.

만족하지 못한다. 따라서 본문은 욥의 마음이 유익하지 못한 생각들로 가득 차 있다는 뜻이다.

15:5-6 네 죄가…간사한 말만 골라서 하게 한 욥이 간사한 말로 그의 속마음을 감추고 있다는 뜻이다. 엘리바스는 자신을 변호하는 욥의 말만을 살펴보아도 하나님이 그를 정죄하기에 충분할 것이라고 말한다.

15:10 고대 사회에서 나이는 경험과 함께 지혜로움을 가리키는 표시였다. 엘리바스가 나이를 언급한 것은 자신이 욥보다 더 지혜로움을 암시하기 위함이다.

15:17-35 엘리바스의 주장의 근거는 특별히 지혜있는 조상들의 가르침에 바탕을 두고 있다(17-19절). 그 가르침은 악한 자는 반드시 멸망한다는 전통적인 견해이다(20-28절).

15:19 옛날부터 내려온 전통적인 지혜에 외래의 종교 사상이 섞이지 않았음을 뜻한다.

15:26 방패를 앞세우고 그분께 덤빈 탓이다 자신의

21 들리는 소식이라고는 다 두려운
소식뿐이고, 좀 평안해졌는가 하
면 갑자기 파괴하는 자가 들이닥
치는 것이다.
22 그런 사람은, 어디에선가 칼이 목
숨을 노리고 있으므로, 흑암에서
벗어나서 도망할 희망마저 가질
수 없다.
23 날짐승이 그의 주검을 먹으려고
기다리고 있으니, 더 이상 앞날이
없음을 그는 깨닫는다.
24 재난과 고통이, 공격할 준비가 다
된 왕처럼, 그를 공포 속에 몰아넣
고 칠 것이다.
25 이것은 모두 그가, 하나님께 대
항하여 주먹을 휘두르고, 전능하
신 분을 우습게 여긴 탓이 아니겠
느냐?
26 전능하신 분께 거만하게 달려들
고, 방패를 앞세우고 그분께 덤빈
탓이다.
27 비록, 얼굴에 기름이 번지르르
흐르고, 잘 먹어서 배가 나왔어
도,
28 그가 사는 성읍이 곧 폐허가 되
고, 사는 집도 폐가가 되어서, 끝
내 돌무더기가 되고 말 것이다.
29 그는 더 이상 부자가 될 수 없고,
재산은 오래 가지 못하며, 그림자
도 곧 사라지고 말 것이다.
30 어둠이 엄습하면 피하지 못할 것
이며, 마치 가지가 불에 탄 나무와
같을 것이다. 꽃이 바람에 날려
사라진 나무와 같을 것이다.
31 그가 헛것을 의지할 만큼 어리석
다면, 악이 그가 받을 보상이 될
것이다.
32 그런 사람은 때가 되지도 않아, 미
리 시들어 버릴 것이며, 마른 나뭇
가지처럼 되어, 다시는 움을 틔우
지 못할 것이다.
33 익지도 않은 포도가 마구 떨어지
는 포도나무처럼 되고, 꽃이 다
떨어져서 열매를 맺지 못하는 올
리브 나무처럼 될 것이다.
34 하나님을 두려워하지 않는 무리는
이렇게 메마르고, 뇌물로 지은 장
막은 불에 탈 것이다.
35 재난을 잉태하고 죄악만을 낳으
니, 그들의 뱃속에는 거짓만 들어
있을 뿐이다.

욥의 대답

16 욥이 대답하였다.
2 그런 말은 전부터 많이 들었
다. 나를 위로한다고 하지만, 오히
려 너희는 하나같이 나를 괴롭힐
뿐이다.
3 너희는 이런 헛된 소리를 끝도 없
이 계속할 테냐? 무엇에 홀려서,
그렇게 말끝마다 나를 괴롭히느

힘과 신념만을 믿고 하나님께 대항하는 악인의 모습을 묘사한 말이다.

15:30 불 이 단어는 하나님이 사람에게 나타나심(출 3:2;19:18)이나 죄에 대한 심판(벧후 3:7)을 의미한다. 본절에서는 심판에 대한 언급이다.

15:34 장막 (히) '오헬'. 대체로 동물의 가죽이나 염소털로 만든 유목민들의 이동식 가옥을 가리킨다(창 4:20;13:5;18:6). 때로는 정착된 거주지나 가정을 뜻하기도 한다(왕상 12:16;시 91:10).

16장 요약 친구들이 자신을 몰아붙여도 욥의 귀에는 위로자를 가장한 그들의 책망이 하나도 들어오지 않았다. 욥은 이 재앙을 보내신 분도 하나님이시며 벗어나게 하실 분도 하나님뿐이시라고 생각했다. 그리고 자신의 억울한 사정을 헤아려 주실 분이 하늘에 계신다고 확신했다.

16:1-5 엘리바스에 대한 욥의 대답 엘리바스에게

냐?
4 너희가 내 처지가 되면, 나도 너희
처럼 말할 수 있을 것이다. 나도
너희에게 마구 말을 퍼부으며, 가
엾다는 듯이 머리를 내저을 것이
다.
5 내가 입을 열어 여러 가지 말로 너
희를 격려하며, 입에 발린 말로 너
희를 위로하였을 것이다.
6 내가 아무리 말을 해도, 이 고
통 줄어들지 않습니다. 입을 다물
어 보아도 이 아픔이 떠나가지 않
습니다.
7 주님께서 나를 기진맥진하게 하시
고, 내가 거느리고 있던 자식들을
죽이셨습니다.
8 주님께서 나를 체포하시고, 주님
께서 내 적이 되셨습니다. 내게 있
는 것이라고는, 피골이 상접한 앙
상한 모습뿐입니다. 이것이 바로
주님께서 나를 치신 증거입니다.
사람들은 피골이 상접한 내 모습
을 보고, 내가 지은 죄로 내가 벌
을 받았다고 합니다.
9 주님께서 내게 분노하시고, 나
를 미워하시며, 내게 이를 가시며,
내 원수가 되셔서, 살기 찬 눈초리
로 나를 노려보시니,
10 사람들도 나를 경멸하는구나. 욕
하며, 뺨을 치는구나. 모두 한패가
되어 내게 달려드는구나.
11 하나님이 나를 범법자에게 넘겨
버리시며, 나를 악한 자의 손아귀
에 내맡기셨다.
12 나는 평안히 살고 있었는데, 하나
님이 나를 으스러뜨리셨다. 내 목
덜미를 잡고 내던져서, 나를 부스
러뜨리셨다. 그가 나를 세우고 과
녁을 삼으시니,
13 그가 쏜 화살들이 사방에서 나에
게 날아든다. 그가 사정없이 내
허리를 뚫으시고, 내 내장을 땅에
쏟아 내신다.
14 그가 나를 갈기갈기 찢고 또 찢으
시려고 용사처럼 내게 달려드신
다.
15 내가 맨살에 베옷을 걸치고 통
곡한다. 내 위세를 먼지 속에 묻
고, 여기 이렇게 시궁창에 앉아 있
다.
16 하도 울어서, 얼굴마저 핏빛이 되
었고, 눈꺼풀에는 죽음의 그림자
가 덮여 있다.
17 그러나 나는 폭행을 저지른 일이
없으며, 내 기도는 언제나 진실하
였다.
18 땅아, 내게 닥쳐온 이 잘못된 일
을 숨기지 말아라! 애타게 정의를
찾는 내 부르짖음이 허공에 흩어
지게 하지 말아라!

한 욥의 두 번째 답변이다. 그의 친구들이 줄 수 있는 것은 차가운 위안뿐이었다. 하나님께서는 욥을 고통과 친구들의 잔인성으로 지치게 만드셨다. 욥이 묘사하는 모습(9,12-14절)은 그의 격렬한 고뇌, 즉 고통당하는 육신과 하나님이 이 모든 일을 자기에게 했다는 번민으로 가득한 모습이다. 그러나 지금도 그는 하나님께서 의로우시다고 믿고 있다.

16:12-13 욥의 견해에 의하면 하나님은 욥을 과녁으로 생각하고 활을 쏘는 사람과 다를 바가 없다(참조. 6:4;7:20).

16:14 욥은 하나님을 자신에게 달려드는 용사로 묘사한다. 그는 자신의 고난의 이유를 발견할 수 없었기 때문에 하나님이 자신에게 적대감을 가지신 것처럼 표현하고 있다.

16:18-22 욥의 호소는 하나님에 대한 직접적인 원망이 아니다. 다만 하나님 앞에서 진술하는 법정적 호소라고 할 수 있다.

19 하늘에 내 증인이 계시고, 높은
곳에 내 변호인이 계신다!
20 ㉠내 중재자는 내 친구다. 나는 하
나님께 눈물로 호소한다.
21 사람이 친구를 위하여 변호하듯
이, 그가 하나님께 내 사정을 아뢴
다.
22 이제 몇 해만 더 살면, 나는 돌아
오지 못하는 길로 갈 것이다.

17 1 기운도 없어지고, 살 날도 얼
마 남지 않고, 무덤이 나를 기다
리고 있구나.
2 조롱하는 무리들이 나를 둘러싸
고 있으니, 그들이 얼마나 심하게
나를 조롱하는지를 내가 똑똑히
볼 수 있다.
3 주님, 주님께서 친히 내 보증이
되어 주십시오. 내 보증이 되실
분은 주님 밖에는 아무도 없습니
다.
4 주님께서 그들의 마음을 마비시키
셔서 다시는 내게 우쭐대지 못하
게 해주십시오.
5 옛 격언에도 이르기를 '돈에 눈
이 멀어 친구를 버리면, 자식이 눈
이 먼다' 하였다.
6 사람들이 이 격언을 가지고 나를
공격하는구나. 사람들이 와서 내
얼굴에 침을 뱉는구나.
7 근심 때문에 눈이 멀고, 팔과 다
리도 그림자처럼 야위어졌다.
8 정직하다고 자칭하는 자들이 이
모습을 보고 놀라며, 무죄하다고
자칭하는 자들이 나를 보고 불경
스럽다고 규탄하는구나.
9 자칭 신분이 높다는 자들은, 더욱
더 자기들이 옳다고 우기는구나.
10 그러나 그런 자들이 모두 와서 내
앞에 선다 해도, 나는 그들 가운
데서 단 한 사람의 지혜자도 찾지
못할 것이다.
11 내가 살 날은 이미 다 지나갔다.
계획도 희망도 다 사라졌다.
12 내 친구들의 말이 '밤이 대낮이
된다' 하지만, '밝아온다' 하지만,
내가 이 어둠 속에서 벗어나지 못
한다는 것을, 나는 알고 있다.
13 내 유일한 희망은, ㉡죽은 자들의
세계로 가는 것이다. 거기 어둠 속
에 잠자리를 펴고 눕는 것뿐이다.
14 나는 무덤을 '내 아버지'라고 부르
겠다. 내 주검을 파먹는 구더기를
'내 어머니, 내 누이들'이라고 부르
겠다.
15 내가 희망을 둘 곳이 달리 더 있
는가? 내가 희망을 둘 곳이 달리
어디 있는지, 아는 사람이 있는
가?
16 내가 ㉡죽은 자들이 있는 곳으로
내려갈 때에, 희망이 나와 함께 내

17장 요약 욥은 온몸과 마음이 고통과 괴로움으로 인해 너무나 약해졌다. 그는 버림받는 편이 더 낫다고 생각했다. 이런 상황에서 욥에게 소망이 있다면, 그것은 바로 자신의 결백을 입증받는 일이었다.

17:5 옛 격언에도 이르기를 욥은 속담을 인용하여 자신을 비난하는 친구들의 동기가 불순함을 논박하고 있다.

17:7 팔과 다리도 그림자처럼 야위어졌다 욥의 신체가 허약해짐을 의미한다

17:11–16 욥이 바라는 일한 소망은 자기가 죽기 전에 하나님의 법정에 서 자기의 일(소송)을 소상히 밝혀 고통과 두려과 배신감에서 벗어나는 일이다. 소발은 욥이 회하면 어둠이 빛으로 변할 것이라고 말했었다(17). 욥은 그의 이런 말을 비꼬아 풍자한다(16절).

㉠ 또는 '내 친구는 나를 조롱' ㉡ 히, '스올'

려가지 못할 것이다.

빌닷의 두 번째 발언

18 수아 사람 빌닷이 대답하였다.
2 너는 언제 입을 다물 테냐?
제발 좀 이제라도 눈치를 채고서
말을 그치면, 우리가 말을 할 수
있겠다.
3 어찌하여 너는 우리를 짐승처럼
여기며, 어찌하여 우리를 어리석
게 보느냐?
4 화가 치밀어서 제 몸을 갈기갈기
찢는 사람아, 네가 그런다고 이 땅
이 황무지가 되며, 바위가 제자리
에서 밀려나느냐?
5 결국 악한 자의 빛은 꺼지게 마
련이고, 그 불꽃도 빛을 잃고 마
는 법이다.
6 그의 집 안을 밝히던 빛은 점점
희미해지고, 환하게 비추어 주던
등불도 꺼질 것이다.
7 그의 힘찬 발걸음이 뒤뚱거리며,
제 꾀에 제가 걸려 넘어지게 될 것
이다.
8 제 발로 그물에 걸리고, 스스로
함정으로 걸어 들어가니,
9 그의 발뒤꿈치는 덫에 걸리고, 올
가미가 그를 단단히 죌 것이다.
10 땅에 묻힌 밧줄이 그를 기다리고
길목에 숨겨진 덫이 그를 노린다.
11 죽음의 공포가 갑자기 그를 엄습
하고, 그를 시시각각으로 괴롭히
며, 잠시도 그를 놓아 주지 않을
것이다.
12 악인이 그처럼 부자였어도, 이제
는 굶주려서 기운이 빠지며, 그 주
변에 재앙이 늘 도사리고 있다.
13 그의 살갗은 성한 곳 없이 썩어
들어가고, 마침내 죽을 병이 그의
팔다리를 파먹을 것이다.
14 그는, 믿고 살던 집에서 쫓겨나서,
죽음의 세계를 통치하는 왕에게
로 끌려갈 것이다.
15 그의 것이라고는 무엇 하나 집에
남아 있지 않으며, 그가 살던 곳
에는 유황이 뿌려질 것이다.
16 밑에서는 그의 뿌리가 마르고, 위
에서는 그의 가지가 잘릴 것이다.
17 이 땅에서는 아무도 그를 기억하
지 못하고, 어느 거리에서도 그의
이름을 부르는 이가 없을 것이다.
18 사람들이 그를, 밝은 데서 어두운
곳으로 몰아넣어, 사람 사는 세계
에서 쫓아낼 것이다.
19 그의 백성 가운데는, 그의 뒤를
잇는 자손이 남아 있지 않을 것이
다. 그의 집안에는 남아 있는 이
가 하나도 없을 것이다.
20 동쪽 사람들이 그의 종말을 듣고
놀라듯이, 서쪽 사람들도 그의 말
로를 듣고 겁에 질릴 것이다.

18장 요약 빌닷은 욥의 가족에게 닥친 재난이 죄 때문이라고 말하면서도 고통당하는 친구에 대한 동정심을 표하였다(8장). 하지만 계속되는 욥의 항변으로 감정이 상해버린 지금은 동정심이 모두 사라져버린 듯한 인상을 준다.

18:2 너는 언제 입을 다물 테냐? 빌닷이 말하는 '너'는 욥을 가리킨다. 빌닷은 욥과 대화하는 것이 쓸모가 없기 때문에 더 이상 욥과 말할 필요가 없다고 한 듯하다.

18:5-21 빌닷은 악인들의 길이 이미 죽음의 길로 정해져 있다고 주장하면서 소망의 말은 전혀 하지 않는다. 빌닷은 두 가지 영역, 곧 빛의 영역과 어둠의 영역이 있다고 말한다. 그래서 하나님과 의인은 빛의 영역에 속하며, 악한 자는 어둠의 영역에 속해 있다고 한다.

18:19 고대인들은 대를 이을 자손이 없는 것을 큰 재앙으로 간주하였다.

21 악한 자의 집안은 반드시 이런 일
을 당하며, 하나님을 알지 못하는
자가 사는 곳이 이렇게 되고 말
것이다.

욥의 대답

19 욥이 대답하였다.
2 네가 언제까지 내 마음을 괴
롭히며, 어느 때까지 말로써 나를
산산조각 내려느냐?
3 너희가 나를 모욕한 것이 이미 수
십 번이거늘, 그렇게 나를 학대하
고도 부끄럽지도 않으냐?
4 참으로 내게 잘못이 있다 하더라
도, 그것은 내 문제일 뿐이고, 너
희를 괴롭히는 것은 아니다.
5 너희 생각에는 너희가 나보다 더
낫겠고, 내가 겪는 이 모든 고난도
내가 지은 죄를 증명하는 것이겠
지.
6 그러나 이것만은 알아야 한다. 나
를 궁지로 몰아넣으신 분이 하나
님이시고, 나를 그물로 덮어씌우
신 분도 하나님이시다.
7 "폭력이다!" 하고 부르짖어도 듣
는 이가 없다. "살려 달라!"고 부르
짖어도 귀를 기울이는 이가 없다.
8 하나님이, 내가 가는 길을 높은 담
으로 막으시니, 내가 지나갈 수가
없다. 내 가는 길을 어둠으로 가로
막으신다.
9 내 영광을 거두어 가시고, 머리에
서 면류관을 벗겨 가셨다.
10 내 온몸을 두들겨 패시니, 이젠 내
게 희망도 없다. 나무 뿌리를 뽑
듯이, 내 희망을 뿌리째 뽑아 버리
셨다.
11 하나님이 내게 불같이 노하셔서,
나를 적으로 여기시고,
12 나를 치시려고 군대를 보내시니
그 군대는 나를 치려고 길을 닦
고, 내 집을 포위하였다.
13 그가 내 가족을 내게서 멀리 떠
나가게 하시니, 나를 아는 이들마
다, 낯선 사람이 되어 버렸다.
14 친척들도 나를 버렸으며, 가까운
친구들도 나를 잊었다.
15 내 집에 머무르는 나그네와 내 여
종들까지도 나를 낯선 사람으로
대하니, 그들의 눈에, 나는 완전히
낯선 사람이 되고 말았다.
16 종을 불러도 대답조차 안 하니, 내
가 그에게 애걸하는 신세가 되었
고,
17 아내조차 내가 살아 숨쉬는 것을
싫어하고, 친형제들도 나를 역겨
워한다.
18 어린 것들까지도 나를 무시하며,
내가 일어나기만 하면 나를 구박
한다.
19 친한 친구도 모두 나를 꺼리며, 내

19장 요약 욥은 하나님이시라면 자신에게 이렇게 까닭 모를 고난을 허용하실 수도 있다고 생각했지만, 고통에 처해 있는 자신을 신랄하게 몰아붙이는 친구들은 참을 수 없었다. 그래서 그는 친구들에게 하나님을 두려워하라고 경고하였다.

19:1–6 욥의 답변은 점점 강경해진다. 13:4에서 친구들을 돌팔이 의사나 다름없다고 비난했지만, 여기서는 자신을 모욕하고 학대한다고 표현한다.

19:4 그것은 내 문제일 뿐이고 친구들의 문제가 아니라, 욥 자신의 문제이기 때문에 간섭할 필요가 없음을 지적하는 말이다.

19:7–29 욥은 자신 속에 갇혔으며(8절), 절망하고(10절), 철저히 고립되었다(13–16절). 그는 자신이 사랑하던 자들의 혐오 대상이 되었다(17절). 심지어 그에게 동정심도 거절되었다(21–22절). 욥의 친구들과 친척들, 형제, 아내도 그를 멀리하였다.

가 사랑하던 이들도 내게서 등을
돌린다.
20 나는 피골이 상접하여 뼈만 앙상
하게 드러나고, 잇몸으로 겨우 연
명하는 신세가 되었다.
21 너희는 내 친구들이니, 나를 너무
구박하지 말고 불쌍히 여겨다오.
하나님이 손으로 나를 치셨는데,
22 어찌하여 너희마저 마치 하나님이
라도 된 듯이 나를 핍박하느냐?
내 몸이 이 꼴인데도, 아직도 성
에 차지 않느냐?
23 아, 누가 있어 내가 하는 말을
듣고 기억하여 주었으면!
24 누가 있어 내가 하는 말을 비망록
에 기록하여 주었으면! 누가 있어
내가 한 말이 영원히 남도록 바위
에 글을 새겨 주었으면!
25 그러나 나는 확신한다. 내 구원
자가 살아 계신다. 나를 돌보시는
그가 땅 위에 우뚝 서실 날이 반
드시 오고야 말 것이다.
26 ㉠내 살갗이 다 썩은 다음에라도,
㉡내 육체가 다 썩은 다음에라도,
나는 하나님을 뵈올 것이다.
27 내가 그를 직접 뵙겠다. 이 눈으로
직접 뵐 때에, 하나님이 낯설지 않
을 것이다.
내 간장이 다 녹는구나!
28 나는 너희가 무슨 말을 할지 잘
알고 있다. 너희는 내게 고통을 줄
궁리만 하고 있다. 너희는 나를
칠 구실만 찾고 있다.
29 그러나 이제 너희는 칼을 두려워
해야 한다. 칼은 바로 죄 위에 내
리는 하나님의 분노다. 너희는, ㉢심
판하시는 분이 계시다는 것을 알
아야 할 것이다.

소발의 두 번째 발언

20

나아마 사람 소발이 대답하였
다.
2 입을 다물고 있으려 했으나, 네
말을 듣고 있자니 화가 나서 참을
수가 없다.
3 네가 하는 말을 듣고 있자니 모두
나를 모욕하는 말이다. 그러나 깨
닫게 하는 영이 내게 대답할 말을
일러주었다.
4 너도 이런 것쯤은 알고 있을 것이
다. 이 땅에 ㉣사람이 생기기 시작
한 그 옛날로부터,
5 악한 자의 승전가는 언제나 잠깐
뿐이었으며, 경건하지 못한 자의
기쁨도 순간일 뿐이었다.
6 교만이 하늘 높은 줄 모르고, 머
리가 구름에 닿는 것 같아도,
7 마침내 그도 분토처럼 사라지고
말며, 그를 본 적이 있는 사람도
그 교만한 자가 왜 안 보이느냐고
물으리라는 것쯤은, 너도 알고 있

하나님에 의해서 버림을 받았다는 욥의 말은 십자가 위에서 외친 그리스도의 말씀(마 27:46)과 일치한다. 욥은 자기가 결백함을 철저하게 확신하고 적어도 후대에 자기를 정당하게 평가해주기를 바란다. 그러므로 자기의 말이 오래 전해지도록 문서로 잘 기록되기를 바라고 있다(23절 이하).

㉠ 또는 '내가 깬 다음에, 비록 이 몸은 다 썩어도 그 때에 내가'
㉡ 또는 '육체 밖에서라도' 또는 '육체를 지닌 채' ㉢ 또는 '전능하신 분을 알게 될 것이다' ㉣ 또는 '아담'

20장 요약 소발은 악인이 반드시 망할 것이라고 주장하여 욥의 고통을 더욱 가중시켰다. 그의 주장에는 악인이 회개하여 하나님의 은총을 얻는다는 암시조차 전혀 나타나지 않는다. 이는 그가 욥의 비참한 처지에 대해 조금도 동정심을 갖고 있지 않았음을 의미한다.

20:17 젖과 꿀이 흐르는 것 하나님께서 주시는 복과 번영을 상징한다.

을 것이다.
8 꿈같이 잊혀져 다시는 흔적을 찾
을 수 없게 되며, 마치 밤에 본 환
상처럼 사라질 것이다.
9 그를 본 적이 있는 사람도 다시는
그를 볼 수 없으며, 그가 살던 곳
에서도 다시는 그를 볼 수 없을 것
이다.
10 그 자녀들이 가난한 사람에게 용
서를 구할 것이며, 착취한 재물을
가난한 사람에게 배상하게 될 것
이다.
11 그의 몸에 한때는 젊음이 넘쳤어
도, 그 젊음은 역시 그와 함께 먼
지 속에 눕게 될 것이다.
12 그가 혀로 악을 맛보니, 맛이 좋
았다.
13 그래서 그는 악을 혀 밑에 넣고,
그 달콤한 맛을 즐겼다.
14 그러나 그것이 뱃속으로 내려가서
는 쓴맛으로 변해 버렸다. 그것이
그의 몸 속에서 독사의 독이 되어
버렸다.
15 그 악한 자는 꿀꺽 삼킨 재물을
다 토해 냈다. 하나님은 이렇게 그
재물을 그 악한 자의 입에서 꺼내
어서 빼앗긴 사람들에게 되돌려
주신다.
16 악한 자가 삼킨 것은 독과도 같은
것, 독사에 물려 죽듯이 그 독으
로 죽는다.
17 올리브 기름이 강물처럼 흐르는
것을 그는 못 볼 것이다. 젖과 꿀
이 흐르는 것도 못 볼 것이다.
18 그는 수고하여 얻은 것을 마음대
로 먹지도 못하고 되돌려보내며,
장사해서 얻은 재물을 마음대로
누리지도 못할 것이다.
19 이것은, 그가 가난한 이들을 억압
하고 돌보지 않았기 때문이며, 자
기가 세우지도 않은 남의 집을 강
제로 빼앗았기 때문이다.
20 그는 아무리 가져도 만족하지
못한다. 탐욕에 얽매여 벗어나지
를 못한다.
21 먹을 때에는 남기는 것 없이 모조
리 먹어 치우지만, 그의 번영은 오
래 가지 못한다.
22 성공하여 하늘 끝까지 이를 때에,
그가 재앙을 만나고, 온갖 불운이
그에게 밀어닥칠 것이다.
23 그가 먹고 싶은 대로 먹게 놓아
두어라. 하나님이 그에게 맹렬한
진노를 퍼부으시며, 분노를 비처
럼 쏟으실 것이다.
24 그가 철 무기를 피하려 해도, 놋
화살이 그를 꿰뚫을 것이다.
25 등을 뚫고 나온 화살을 빼낸다
하여도, 쓸개를 휘젓고 나온 번쩍
이는 활촉이 그를 겁에 질리게 할

20:18-19 소발이 욥을 염두에 두고 한 말이다. 후에 욥은 그의 말을 부정하며 반박한다(29:12,15;31:16-22).

20:18 '사람이 수고한 것을 즐기지 못한다'고 하는 사상은 지혜 문학에서 빈번하게 나타나는 주제이다(참조. 전 2:18-23).

20:20-29 악인에 대한 하나님의 진노이다. 악인은 항상 더욱 많은 재물을 얻으려고 갈망한다. 그러나 그의 욕심 때문에 결국에는 있던 것마저 상실할 뿐만 아니라, 그의 죄악이 드러나게 되고 하나님의 심판을 받게 된다.

20:22 온갖 불운 불행·재난을 뜻한다.

20:24-25 하나님이 재난에 재난을 더하시기 때문에, 피하려는 노력이 소용없어 망할 수밖에 없다는 것이다.

20:28 하나님이 진노하시는 날 '주님의 날'이라고도 불린다. 일반적으로 대적에게 내리시는 하나님의 심판이 신속하고 돌이킬 수 없음을 강조한다.

것이다.
26 그가 간직한 평생 모은 모든 재산
이 삽시간에 없어지고, 풀무질을
하지 않아도 저절로 타오르는 불
길이 그를 삼킬 것이며, 그 불이
집에 남아 있는 사람들까지 사를
것이다.
27 하늘이 그의 죄악을 밝히 드러내
며, 땅이 그를 고발할 것이다.
28 하나님이 진노하시는 날에, 그 집
의 모든 재산이 홍수에 쓸려가듯
다 쓸려갈 것이다.
29 이것이, 악한 사람이 하나님께 받
을 몫이며, 하나님이 그의 것으로
정해 주신 유산이 될 것이다.

욥의 대답

21 욥이 대답하였다.
2 너희는 내 말을 건성으로 듣
지 말아라. 너희가 나를 위로할
생각이면, 내가 하는 말에 귀를
기울여라. 그것이 내게는 유일한
위로이다.
3 내게도 말할 기회를 좀 주어라. 조
롱하려면, 내 말이 다 끝난 다음
에나 해라.
4 내가 겨우 썩어질 육신을 두고 논
쟁이나 하겠느냐? 내가 이렇게 초
조해하는 데에는, 그럴 이유가 있
다.
5 내 곤경을 좀 보아라. 놀라지 않
을 수 없을 것이다. 기가 막혀 손
으로 입을 막고 말 것이다.
6 내게 일어난 일은 기억에 떠올리
기만 해도 떨리고, 몸에 소름이 끼
친다.
7 어찌하여 악한 자들이 잘 사느
냐? 어찌하여 그들이 늙도록 오
래 살면서 번영을 누리느냐?
8 어찌하여 악한 자들이 자식을 낳
고, 자손을 보며, 그 자손이 성장
하는 것까지 본다는 말이냐?
9 그들의 가정에는 아무런 재난도
없고, 늘 평화가 깃들며, 하나님마
저도 채찍으로 치시지 않는다.
10 그들의 수소는 틀림없이 새끼를
배게 하며, 암소는 새끼를 밸 때마
다 잘도 낳는다.
11 어린 자식들은, 바깥에다가 풀어
놓으면, 양 떼처럼 뛰논다.
12 소구와 거문고에 맞춰서 목청을
돋우며, 피리 소리에 어울려서 흥
겨워하는구나.
13 그들은 그렇게 일생을 행복하게
살다가, 죽을 때에는 아무런 고통
도 없이 조용하게 ㉠스올로 내려간
다.
14 그런데도 악한 자들은, 자기들
을 그냥 좀 내버려 두라고 하나님
께 불평을 한다. 이렇게 살면 되
지, 하나님의 뜻을 알 필요가 무엇

21장 요약 욥은 악인의 멸망에 대한 친구들의 견해를 비판한다. 욥은 악인의 번영 사례들을 나열하는데 이것은 악인의 사례와 욥의 사례를 동일시하는 친구들의 주장을 정면으로 반박하기 위함이었다.

21:7–16 악인의 번성에 대한 묘사이다. 욥의 친구들은 악인의 비참한 운명에 관해 장황하게 이야기했다(참조. 8:11–19;15:20–35;18:5–21;20:5–29). 그러나 욥은 그들의 주장이 주변에서 실제로 벌어지고 있는 것과 너무 상이함을 지적한다. 악인 중에는 하나님의 뜻을 무시하고 의인이 드리는 기도를 비웃는데도 그 하는 일이 번창하는 사람들이 있음을 말하는 것이다.

21:8 악인들이 그들의 자녀가 잘되는 것을 본다는 뜻이다. 이 말은 악인의 자손이 끊어진다는 빌닷의 주장(18:19)과 대조적이다.

㉠ 또는 '무덤' 또는 '죽음'

이냐고 한다.
15 전능하신 분이 누구이기에 그를
섬기며, 그에게 기도한다고 해서
무슨 도움이 되겠느냐고 한다.
16 그들은 자기들의 성공이 자기들
힘으로 이룬 것이라고 주장하지
만, 나는 그들의 생각을 용납할
수 없다.
17 악한 자들의 등불이 꺼진 일이
있느냐? 과연 그들에게 재앙이
닥친 일이 있느냐? 하나님이 진노
하시어, 그들을 고통에 빠지게 하
신 적이 있느냐?
18 그들이 바람에 날리는 검불과 같
이 된 적이 있느냐? 폭풍에 날리
는 겨와 같이 된 적이 있느냐?
19 너희는 "하나님이 아버지의 죄
를 그 자식들에게 갚으신다" 하고
말하지만, 그런 말 말아라! 죄 지
은 그 사람이 벌을 받아야 한다.
그래야만 그가 제 죄를 깨닫는다.
20 죄인은 제 스스로 망하는 꼴을
제 눈으로 보아야 하며, 전능하신
분께서 내리시는 진노의 잔을 받
아 마셔야 한다.
21 무너진 삶을 다 살고 죽을 때가
된 사람이라면, 제 집에 관해서
무슨 관심이 더 있겠느냐?
22 하나님은 높은 곳에 있는 자들까
지 심판하는 분이신데, 그에게 사
람이 감히 지식을 가르칠 수 있겠
느냐?
23 어떤 사람은 죽을 때까지도 기
력이 정정하다. 죽을 때에도 행복
하게, 편안하게 죽는다.
24 평소에 그의 몸은 어느 한 곳도
영양이 부족하지 않으며, 뼈마디
마다 생기가 넘친다.
25 그러나 어떤 사람은 행복 하고는
거리가 멀다. 고통스럽게 살다가,
고통스럽게 죽는다.
26 그러나 그들 두 사람은 다 함께
티끌 속에 눕고 말며, 하나같이 구
더기로 덮이는 신세가 된다.
27 너희의 생각을 내가 다 잘 알고
있다. 너희의 속셈은 나를 해하려
는 것이다.
28 너희의 말이 "세도 부리던 자의 집
이 어디에 있으며, 악한 자가 살던
집이 어디에 있느냐?" 한다.
29 너희는 세상을 많이 돌아다닌
견문 넓은 사람들과 말을 해 본
일이 없느냐? 너희는 그 여행자들
이 하는 말을 알지 못하느냐?
30 그들이 하는 말을 들어 보아라.
하나님이 진노하셔서 재앙을 내리
셔도, 항상 살아 남는 사람은 악
한 자라고 한다.
31 그 악한 자를 꾸짖는 사람도 없
고, 그가 저지른 대로 징벌하는

21:16 욥은 불경건한 인생관을 거부한다. 그러나 그들이 성공하는 것이 하나님의 섭리에 의한 것임을 인정하고 있다. 그들의 생각 하나님 대신 자신의 힘만을 내세우는 태도나 인생관을 말한다.
21:17 악한 자들의 등불이 꺼진 일 생명, 혹은 소망이 끊어진 것을 의미한다.
21:18 악인들이 이 세상에서 하나님의 심판을 받는다는 견해를 욥이 전적으로 부정하는 것은 아니다. 단지 그것이 절대적이지 않다는 것이다.
21:23-26 인생은 복잡하고 다양하기 때문에, 어느 한 가지 공식으로 모든 현상을 다 설명할 수 없다. 다만 죽음만이 모든 사람에게 공통적으로 닥친다. 이 점에서 욥의 말은 '전도자'의 말과 비슷하다(참조. 전 2:14).
21:33 수도 없는 조객들이…따르고 많은 사람들이 관 앞뒤에 서서 장례 행렬에 참여함을 묘사한 말이다. 골짜기 흙마저…덮어 준다고 한다 호화롭게 매장되었음을 뜻한다.

이도 없다고 한다.
32 그가 죽어 무덤으로 갈 때에는,
그 화려하게 가꾼 무덤으로 갈 때
에는,
33 수도 없는 조객들이 장례 행렬을
따르고, 골짜기 흙마저 그의 시신
을 부드럽게 덮어 준다고 한다.
34 그런데 어찌하여 너희는 빈말로
만 나를 위로하려 하느냐? 너희
가 하는 말은 온통 거짓말뿐이다.

엘리바스의 세 번째 발언

22 데만 사람 엘리바스가 대답하
였다.
2 사람이 하나님께 무슨 유익을
끼쳐드릴 수 있느냐? 아무리 슬기
로운 사람이라고 해도, 그분께 아
무런 유익을 끼쳐드릴 수가 없다.
3 네가 올바르다고 하여 그것이 전
능하신 분께 무슨 기쁨이 되겠으
며, 네 행위가 온전하다고 하여 그
것이 그분께 무슨 유익이 되겠느
냐?
4 네가 하나님을 경외한 것 때문에,
하나님이 너를 책망하시며, 너를
심판하시겠느냐?
5 오히려 네 죄가 많고, 네 죄악이
끝이 없으니, 그러한 것이 아니냐?
6 네가 까닭 없이 친족의 재산을 압
류하고, 옷을 빼앗아 헐벗게 하
고,
7 목마른 사람에게 마실 물 한 모금
도 주지 않고, 배고픈 사람에게
먹을 것도 주지 않았기 때문이 아
니겠느냐?
8 너는 권세를 이용하여 땅을 차지
하고, 지위를 이용하여 이 땅에서
거들먹거리면서 살았다.
9 너는 과부들을 빈 손으로 돌려보
내고, 고아들을 혹사하고 학대하
였다.
10 그러기에 이제 네가 온갖 올무에
걸려 들고, 공포에 사로잡힌 것이
다.
11 어둠이 덮쳐서 네가 앞을 볼 수
없고, 홍수가 너를 뒤덮는 것이다.
12 하나님이 하늘 높은 곳에 계시
지 않느냐? 저 공중에 높이 떠 있
는 별들까지도, 하나님이 내려다
보고 계시지 않느냐?
13 그런데도 너는 "하나님이 무엇을
아시겠으며, 검은 구름 속에 숨어
계시면서 어떻게 우리를 심판하실
수 있겠느냐?
14 짙은 구름에 그가 둘러싸여 어떻
게 보실 수 있겠느냐? 다만 하늘
에서만 왔다갔다 하실 뿐이겠지!"
하는구나.
15 너는 아직도 옛 길을 고집할 셈
이냐? 악한 자들이 걷던 그 길을
고집할 셈이냐?

22장 요약 욥과 친구들의 세 번째 공방전이 시작되었다. 이제 엘리바스는 욥의 죄악들을 조목조목 나열해가며 정죄한다. 엘리바스는 욥에게 마지막으로 회개를 촉구하였지만, 욥을 악인으로 전제한 것이었기에 그의 반발심만 초래할 뿐이었다.

22:1-20 엘리바스는 욥의 죄목을 열거하기까지 하며(5-9절) 욥이 죄인임을 주장한다. 위로자가 되어야 할 친구 엘리바스는 욥을 하나님의 율법을 무시하는 자로 고소하고 있다.

22:6 채무자가 자신의 겉옷을 담보물로 채권자에게 줄 경우, 채권자는 채무자가 추위에 떨지 않도록 그 옷을 밤이 되면 돌려주어야 한다(출 22:26; 신 24:10-13). 엘리바스는 이 죄목으로 욥을 정죄하고 있다. 욥의 답변은 31:19-22에 언급되어 있다.

22:8 이 구절은 전체 내용을 요약한 것으로 이해

16 그들은 때가 되기도 전에 사로잡
혀 갔고, 그 기초가 무너져서 강
물에 떠내려가 버렸다.
17 그런데도 그들은 하나님께 말하기
를 "우리를 좀 그냥 내버려 두십시
오. 전능하신 분이라고 하여 우리
에게 무슨 일을 더 하실 수 있겠
습니까?" 하였다.
18 그들의 집에 좋은 것을 가득 채워
주신 분이 바로 하나님이신데도
악한 자들이 그런 생각을 하다니,
나는 이해할 수 없다.
19 그런 악한 자가 형벌을 받을 때에,
의로운 사람이 그것을 보고 기뻐
하며, 죄 없는 사람들이 그것을
보고 비웃기를
20 "과연 우리 원수는 전멸되고, 남
은 재산은 불에 타서 없어졌다"
할 것이다.
21 그러므로 너는 하나님과 화해하
고, 하나님을 원수로 여기지 말아
라. 그러면 하나님이 너에게 은총
을 베푸실 것이다.
22 하나님이 친히 말씀하여 주시는
교훈을 받아들이고, 그의 말씀을
네 마음에 깊이 간직하여라.
23 전능하신 분에게로 겸손하게 돌
아가면, 너는 다시 회복될 것이다.
온갖 불의한 것을 네 집 안에서
내버려라.
24 황금도 티끌 위에다가 내버리고,
오빌의 정금도 계곡의 돌바닥 위
에 내던져라.
25 그러면 전능하신 분이 네 보물이
되시고, 산더미처럼 쌓이는 은이
되실 것이다.
26 그 때가 되어야 비로소 너는, 전능
하신 분을 진정으로 의지하게 되
고, 그분만이 네 기쁨의 근원이심
을 알게 될 것이다.
27 네가 그분에게 기도를 드리면 들
어주실 것이며, 너는 서원한 것을
다 이룰 것이다.
28 하는 일마다 다 잘 되고, 빛이 네
가 걷는 길을 비추어 줄 것이다.
29 사람들이 쓰러지거든, 너는 그것
이 교만 때문이라고 일러주어라.
하나님은 겸손한 사람을 구원하
신다.
30 그분은 죄 없는 사람을 구원하신
다. 너도 깨끗하게 되면, 그분께서
구해 주실 것이다.

욥의 대답

23 욥이 대답하였다.
2 오늘도 이렇게 처절하게 탄
식할 수밖에 없다니! 내가 받는
이 고통에는 아랑곳없이, 그분이
무거운 손으로 여전히 나를 억누
르시는구나!
3 아, 그분이 계신 곳을 알 수만 있

할 수 있다. 다시 말하면 욥이 가난한 사람(6절), 굶주린 사람(7절), 과부와 고아(9절)에게 저지른 공통된 죄로서, 권세를 이용하여 그들의 땅을 탈취했다는 것이다(F. Anderson). 그러나 욥은 이런 죄악을 행한 적이 없다(31:38-40)고 한다.

22:12-14 엘리바스는 욥의 견해를 왜곡하고 있다. 욥은 하나님이 구름 때문에 사람을 볼 수 없다고 말하지 않았다. 그는 다만 하나님의 끊임없는 감찰에 대하여 불평했다(7:17-20;14:6).

23장 요약 욥은 그의 고난을 죄에 대한 심판이나 징계로 보지 않고 하나님의 시험으로 간주한다. 그래서 엘리바스의 말에 대답하는 대신 하나님 앞에 서기를 바랐다. 또한 욥은 고통스러운 현실을 통해 더욱 영광스러워질 자신의 미래를 소망 가운데서 기대해 보기도 하였다(10절).

23:1-7 욥이 엘리바스에게 한 세 번째 대답이다.

다면, 그분의 보좌까지 내가 이를
수만 있다면,
4 그분 앞에서 내 사정을 아뢰련만,
내가 정당함을 입이 닳도록 변론
하련만.
5 그러면 그분은 무슨 말로 내게 대
답하실까? 내게 어떻게 대답하실
까?
6 하나님이 힘으로 나를 억누르실
까? 그렇지 않을 것이다. 내가 말
씀을 드릴 때에, 귀를 기울여 들어
주실 것이다.
7 내게 아무런 잘못이 없으니, 하나
님께 떳떳하게 말씀드릴 수 있을
것이다. 내 말을 다 들으시고 나서
는, 단호하게 무죄를 선언하실 것
이다.
8 그러나 동쪽으로 가서 찾아보아
도, 하나님은 거기에 안 계시고,
서쪽으로 가서 찾아보아도, 하나
님을 뵐 수가 없구나.
9 북쪽에서 일을 하고 계실 터인데
도, 그분을 뵐 수가 없고, 남쪽에
서 일을 하고 계실 터인데도, 그분
을 뵐 수가 없구나.
10 하나님은 내가 발 한 번 옮기는 것
을 다 알고 계실 터이니, 나를 시
험해 보시면 내게 흠이 없다는 것
을 아실 수 있으련만!
11 내 발은 오직 그분의 발자취를 따
르며, 하나님이 정하신 길로만 성
실하게 걸으며, 길을 벗어나서 방
황하지 않았건만!
12 그분의 입술에서 나오는 계명을
어긴 일이 없고, 그분의 입에서 나
오는 말씀을 늘 마음 속 깊이 간
직하였건만!
13 그러나 그분이 한번 뜻을 정하
시면, 누가 그것을 돌이킬 수 있으
랴? 한번 하려고 하신 것은, 반드
시 이루고 마시는데,
14 하나님이 가지고 계신 많은 계획
가운데, 나를 두고 세우신 계획이
있으면, 반드시 이루고야 마시겠기
에
15 나는 그분 앞에서 떨리는구나. 이
런 것을 생각할 때마다, 그분이 두
렵구나.
16 하나님이 내 용기를 꺾으셨기 때
문이고, 전능하신 분께서 나를 떨
게 하셨기 때문이지,
17 내가 무서워 떤 것은 어둠 때문도
아니고, 흑암이 나를 덮은 탓도
아니다.

24 1 어찌하여 전능하신 분께서
는, 심판하실 때를 정하여 두지
않으셨을까? 어찌하여 그를 섬기
는 사람들이 정당하게 판단받을
날을 정하지 않으셨을까?
2 경계선까지 옮기고 남의 가축을

욥은 이제 더 이상 친구들로부터 문제를 해결 받을 수 없다고 생각한다. 오직 하나님의 법정에서만 해결될 수 있다고 판단한다.

23:8–9 판사가 법정에 나타나지 않으면, 그에게 호소할 수 없다. 욥은 하나님을 찾기 위해 사방을 살펴본다. 하나님께서는 계속 침묵하신다.

23:13 그러나 그분이 한번 뜻을 정하시면 문자적으로 '그는 한 분이시니'를 뜻한다. 욥이 유일하신 참 하나님을 섬겼음을 알 수 있다(참조. 신 6:4).

24장 요약 욥은 하나님께서 개입하셔서 고통받는 자들의 비참한 날들을 신속히 그치게 해 주시기를 원하였지만, 현실은 그렇지 못했다. 욥은 고난이 악인에게만 닥친다고 주장한 친구들과는 달리, 의인도 악인도 고난에 처할 수 있으나 그 결말은 판이하게 다르다고 주장한다.

24:1–17 본문에서 욥은 하나님이 악인에 대해 심판하시는 날을 알 수 없다고 탄식한다. 그는 불의

빼앗아 제 우리에 집어 넣는 사람
도 있고,
3 고아의 나귀를 강제로 끌어가는
사람이 있는가 하면, 과부가 빚을
갚을 때까지, 과부의 소를 끌어가
는 사람도 있구나.
4 가난한 사람들이 권리를 빼앗기
는가 하면, 흙에 묻혀 사는 가련
한 사람들이 학대를 견디다 못해
도망가서 숨기도 한다.
5 가난한 사람들은 들나귀처럼
메마른 곳으로 가서 일거리를 찾
고 먹거리를 얻으려고 하지만, 어
린 아이들에게 먹일 것을 찾을 곳
은 빈 들뿐이다.
6 가을걷이가 끝난 남의 밭에서 이
삭이나 줍고, 악한 자의 포도밭에
서 남은 것이나 긁어 모은다.
7 잠자리에서도 덮을 것이 없으며,
추위를 막아 줄 이불 조각 하나도
없다.
8 산에서 쏟아지는 소낙비에 젖어
도, 비를 피할 곳이라고는 바위 밑
밖에 없다.
9 아버지 없는 어린 아이를 노예
로 빼앗아 가는 자들도 있다. 가
난한 사람이 빚을 못 갚는다고 자
식을 빼앗아 가는 자들도 있다.
10 가난한 사람들은 입지도 못한 채
로 헐벗고 다녀야 한다. 곡식단을
지고 나르지만, 굶주림에 허덕여
야 한다.
11 올리브로 기름을 짜고, 포도로 포
도주를 담가도, 그들은 여전히 목
말라 한다.
12 성읍 안에서 상처받은 사람들과
죽어 가는 사람들이 소리를 질러
도, 하나님은 그들의 간구를 못
들은 체하신다.
13 빛을 싫어하는 사람들이 있다.
그들은 빛이 밝혀 주는 것을 알지
못하며, 빛이 밝혀 주는 길로 가
지 않는다.
14 살인하는 자는 새벽에 일어나서
가난한 사람과 궁핍한 사람을 죽
이고, 밤에는 도둑질을 한다.
15 간음하는 자는 저물기를 바라며,
사람들이 눈치채지 못할 것이라고
생각하며, 얼굴을 가린다.
16 도둑들은 대낮에 털 집을 보아 두
었다가, 어두워지면 벽을 뚫고 들
어간다. 이런 자들은 하나같이 밝
은 한낮에는 익숙하지 못하다.
17 그들은 한낮을 무서워하고, 오히
려 어둠 속에서 평안을 누린다.
18 ㉠악한 사람은 홍수에 떠내려간
다. 그의 밭에는 하나님의 저주가
내리니, 다시는 포도원에 갈 일이
없을 것이다.
19 날이 가물고 무더워지면 눈 녹은

한 자들의 죄악을 열거하면서, 하나님이 고통받는 자들의 비참함을 돌아보시지 않고, 악인들을 심판하시지 않는다고 말한다.

24:8 바위 밑밖에 없다 일정한 거주지가 없어서 바위 밑에서 비를 피할 수밖에 없다는 뜻이다.

24:18-25 18-24절은 악인에게 내리는 하나님의 심판을 이야기한다. 욥은 1-17절에서 하나님이 불의를 방관하신다고 말했기에 내용상으로 서로 모순되는 것 같다. 욥의 말에 의하면 의인과 악인은 차별 없이 고난을 겪기도 하고 번영을 누리기도 한다는 것이다. 그러므로 고난은 악인만 당하고 번영은 의인만 누린다는 친구들의 견해와는 전적으로 다르다(참조. 20:5). 그리고 악인은 당분간 죄를 지으며 안일하게 살지라도, 결국 심판을 받게 된다는 것이다. 25절에서 1-17절의 진술로 돌아간다.

㉠ 18-25절에 소발의 이름이 나타나 있지는 않지만, 소발의 말이라고 보는 견해도 있음

물이 증발하는 것 같이, 죄인들도
그렇게 ㉠스올로 사라질 것이다.
20 그러면 그를 낳은 어머니도 그를
잊고, 구더기가 그를 달게 먹는다.
아무도 그를 다시 기억하지 않는
다. 악은 결국, 잘린 나무처럼 멸
망하고 마는 것이다.
21 과부를 등쳐 먹고, 자식 없는 여
인을 학대하니, 어찌 이런 일이 안
일어나겠느냐?
22 하나님이 그분의 능력으로 강한
사람들을 휘어 잡으시니, 그가 한
번 일어나시면 악인들은 생명을
건질 길이 없다.
23 하나님이 악한 자들에게 안정을
주셔서 그들을 평안하게 하여 주
시는 듯하지만, 하나님은 그들의
행동을 낱낱이 살피신다.
24 악인들은 잠시 번영하다가 곧 사
라지고, 풀처럼 마르고 시들며, 곡
식 이삭처럼 잘리는 법이다.
25 내가 한 말을 부인할 사람이 누구
냐? 내가 한 말이 모두 진실이 아
니라고 공격할 자가 누구냐?

빌닷의 세 번째 발언

25 수아 사람 빌닷이 대답하였다.
2 하나님께는 주권과 위엄이
있으시다. 그분은 하늘 나라에서
평화를 이루셨다.
3 그분이 거느리시는 군대를 헤아릴
자가 누구냐? 하나님의 빛이 가서
닿지 않는 곳이 어디에 있느냐?
4 그러니 어찌 사람이 하나님 앞에
서 의롭다고 하겠으며, 여자에게
서 태어난 사람이 어찌 깨끗하다
고 하겠는가?
5 비록 달이라도 하나님에게는 밝은
것이 아니며, 별들마저 하나님이
보시기에는 청명하지 못하거늘,
6 하물며 구더기 같은 사람, 벌레 같
은 인간이야 말할 나위가 있겠는
가?

욥의 대답

26 욥이 대답하였다.
2 나를 그렇게까지 생각하여
주니, 고맙다. 나처럼 가난하고 힘
없는 자를 도와주다니!
3 너는 우둔한 나를 잘 깨우쳐 주었
고, 네 지혜를 내게 나누어 주었다.
4 그런데 누가, 네가 한 그런 말을
들을 것이라고 생각하느냐? 너는
누구에게 영감을 받아서 그런 말
을 하는거냐?
5 ㉡죽은 자들이 떤다. 깊은 물 밑에
서 사는 자들이 두려워한다.
6 ㉠스올도 하나님께는 훤하게 보이
고, ㉢멸망의 구덩이도 그분의 눈
에는 훤하게 보인다.
7 하나님이 북쪽 하늘을 허공에 펼
쳐 놓으시고, 이 땅덩이를 빈 곳

25장 요약 앞에서와는 달리, 빌닷은 하나님과 인간 간의 확연한 차이점에 대해서만 간단하게 설명한다. 그의 말은 결백을 주장하는 욥을 반박하고 욥의 범죄를 기정 사실화하려는 의도를 내포하고 있다.

25:3 군대 하늘의 천사들을 말한다.

26장 요약 욥은 창조주 하나님의 크신 권능과 위엄을 설명하였다. 또한 하나님께서 무한한 지혜로 죽음(스올)의 세계와 이 땅의 세계와 하늘의 세계를 지으신 사실을 찬양하였다.

26:1–14 욥은 자신을 도우려고 하는 빌닷의 헛된 노력을 비웃는다. 즉, 욥은 빌닷이 무기력하고 지혜롭지 못한 '돌팔이 의사'(13:4)요, '괴롭히는 위로자'(16:2)라고 주장한다.

㉠ 또는 '무덤' 또는 '죽음' ㉡ 5–14절에 빌닷의 이름이 나타나 있지는 않지만, 빌닷의 말이라고 보는 견해도 있음 ㉢ 히, '아바돈'

에 매달아 놓으셨다.
8 구름 속에 물을 채우시고, 물이
구름 밑으로 터져 나오지 못하게
막고 계시는 분이 바로 하나님이시
다.
9 하나님은 보름달을 구름 뒤에 숨
기신다.
10 물 위에 수평선을 만드시고, 빛과
어둠을 나누신다.
11 그분께서 꾸짖으시면, 하늘을 떠
받치는 기둥이 흔들린다.
12 능력으로 '바다'를 정복하시며, 지
혜로 ㉠라합을 쳐부순다.
13 그분의 콧김에 하늘이 맑게 개며,
그분의 손은 도망 치는 바다 괴물
을 찔러 죽인다.
14 그러나 이런 것들은, 그분이 하시
는 일의 일부에 지나지 않고, 우리
가 그분에게서 듣는 것도 가냘픈
속삭임에 지나지 않는다. 하물며
그분의 권능에 찬 우레 소리를 누
가 이해할 수 있겠느냐!

세 친구에 대한 욥의 대답

27 욥이 비유로 말하였다.
2 내가 살아 계신 하나님 앞
에서 맹세한다. 그분께서 나를 공
정한 판결을 받지 못하게 하시며,
전능하신 분께서 나를 몹시 괴롭
게 하신다.
3 *내게 호흡이 남아 있는 동안은, 하*
나님이 내 코에 불어 넣으신 숨결
이 내 코에 남아 있는 한,
4 내가 입술로 결코 악한 말을 하지
않으며, 내가 혀로 거짓말을 하지
않겠다.
5 나는 결코 너희가 옳다고 말할 수
없다. 나는 죽기까지 내 결백을 주
장하겠다.
6 내가 의롭다고 주장하면서 끝까
지 굽히지 않아도, 내 평생에 양심
에 꺼림칙한 날은 없을 것이다.
7 내 원수들은 악한 자가 받는 대
가를 받아라. 나를 대적하는 자
는 악인이 받을 벌을 받아라.
8 하나님이 경건하지 않은 자의 생
명을 끊고, 그의 영혼을 불러 가
실 때에, 그의 희망이란 과연 무엇
이겠느냐?
9 환난이 그에게 닥칠 때에, 하나님
이 그의 부르짖음을 들어주시겠느
냐?
10 그들은 전능하신 분께서 주시는
기쁨을 사모했어야 했고 그분께
기도했어야 했다.
11 날더러도 하나님의 응답이 얼마
나 큰지 가르치라고 해 보아라. 전
능하신 분께서 계획하신 바를 설
명하라고 해 보아라.
12 그러나 그만두겠다. 이런 일은 너
희도 이미 알고 있는 것이 아니

27장 요약 친구들의 반박이 그치자 욥은 한 번 더 하나님 앞에서 자신의 결백함을 주장한다. 그리고 나서 욥은 악인들의 절망적인 파국을 갖가지 사례들을 통해 나열하였다.

27:1–6 욥은 계속해서 자신에게 부당하게 대하시며 고통을 주시는 하나님을 원망하며 자신의 결백을 주장한다. 그리고 죽는 날까지 친구들의 비방하는 말을 인정하지 않겠다고 말한다.

27:5 너희 이 부분은 빌닷 한 사람에게 하는 말이 아니다. 욥은 세 친구들을 비난하고 있다. 내 결백을 주장하겠다 욥의 아내는 그에게 신실함을 버리라고 말했다(2:9). 본문에서 결백이란 욥의 절대적인 무죄가 아니라 친구들이 지적한 죄악들에 대한 무죄를 가리킨다.

27:7–12 욥은 대적들을 저주하며, 악인들이 갖게 될 절망과 하나님으로부터 소외된 상태를 네

㉠ 9:13의 주를 볼 것

냐? 그런데 너희는, 어찌하여 그
처럼 터무니없는 말을 하느냐?
13 ㉠하나님이 악한 자에게 주시는
벌이 무엇인지, 전능하신 분께서
폭력을 행하는 자에게 주시는 벌
이 무엇인지 아느냐?
14 비록 자손이 많다 해도, 모두 전
쟁에서 죽고 말 것이다. 그 자손에
게는 배불리 먹을 것이 없을 것이
다.
15 살아 남은 사람은 또 염병으로 죽
어 매장되니, 살아 남은 과부들은
기가 막혀서 울지도 못할 것이다.
16 돈을 셀 수도 없이 긁어 모으고,
옷을 산더미처럼 쌓아 놓아도,
17 엉뚱하게도 의로운 사람이 그 옷
을 입으며, 정직한 사람이 그 돈더
미를 차지할 것이다.
18 악한 자들이 지은 집은 거미집과
같고 밭을 지키는 일꾼의 움막과
같다.
19 부자가 되어서 잠자리에 들지만,
그것으로 마지막이다. 다음날에
눈을 떠 보면, 이미 알거지가 되어
있다.
20 두려움이 홍수처럼 그들에게 들
이닥치며, 폭풍이 밤중에 그들을
쓸어 갈 것이다.
21 동풍이 불어와서 그들을 그 살던
집에서 쓸어 갈 것이다.
22 도망 치려고 안간힘을 써도, 동쪽
에서 오는 폭풍이 사정없이 불어
닥쳐서, 그들을 날려 버릴 것이다.
23 도망 가는 동안에 폭풍이 불어 닥
쳐서, 무서운 파괴력으로 그들을
공포에 떨게 할 것이다.

지혜를 찬양하다

28 은을 캐는 광산이 있고, 금을
정련하는 제련소도 있다.
2 철은 흙에서 캐어 내며, 구리는 광
석을 녹여서 얻는다.
3 광부들은 땅 속을 깊이 파고 들어
가서, 땅 속이 아무리 캄캄해도
그 캄캄한 구석 구석에서 광석을
캐어 낸다.
4 사람이 사는 곳에서 멀리 떨어진
곳, 사람의 발이 가 닿지 않는 곳
에, 사람들은 갱도를 판다. 줄을
타고 매달려서 외롭게 일을 한다.
5 땅 위에서는 먹거리가 자라지만,
땅 속은 같은 땅인데도 용암으로
들끓고 있다.
6 바위에는 사파이어가 있고, 돌가
루에는 금이 섞여 있다.
7 솔개도 거기에 이르는 길을 알지
못하고, 매의 날카로운 눈도 그 길
을 찾지 못한다.
8 겁 없는 맹수도 거기에 발을 들여
놓은 일이 없고, 무서운 사자도
그 곳을 밟아 본 적이 없다.

가지로 지적한다.

27:15 염병 보통 하나님이 내리시는 징계의 일종으로 치명적인 결과를 가져오는 천벌을 뜻한다. 또한 기근, 황폐와 같은 큰 재난으로도 쓰였다.

27:16 옷을 산더미처럼 쌓아 놓아도 의복을 쌓을 곳이 없을 정도로 많이 사들이는 것을 의미한다.

27:18 거미집은 찢어지기 쉽고, 부패하며 연약한 것의 상징이다. 따라서 무의미하게 집을 짓는다는 뜻으로 쓰였다.

28장 요약 본장에서 욥은 지혜의 가치를 찬양하고 있다. 욥은 궁극적인 지혜가 오직 하나님께 있음을 강조하면서 친구들이 내세우는 지혜의 허상을 반박하고 참 지혜의 근원이신 하나님만이 자신의 문제를 해결하실 수 있다고 믿었다.

㉠ 13–23절에 소발의 이름이 나타나 있지는 않지만, 소발의 말이라고 보는 견해도 있음

9 사람은 굳은 바위를 깨고, 산을
그 밑 뿌리까지 파들어 간다.
10 바위에 굴을 뚫어서, 각종 진귀한
보물을 찾아낸다.
11 강의 근원을 ㉠찾아내고, 땅에 감
추어진 온갖 보화를 들추어낸다.
12 그러나 지혜는 어디에서 얻으
며, 슬기가 있는 곳은 어디인가?
13 지혜는 사람에게서 발견되는 것
이 아니다. 사람은 어느 누구도 지
혜의 참 가치를 알지 못한다.
14 깊은 바다도 "나는 지혜를 감추어
놓지 않았다" 하고 말한다. 넓은
바다도 "나는 지혜를 감추어 놓지
않았다" 하고 말한다.
15 지혜는 금을 주고 살 수 없고, 은
으로도 그 값을 치를 수 없다.
16 지혜는 오빌의 금이나 값진 루비
나 사파이어로도 그 값을 치를 수
없다.
17 지혜는 금보다 값진 것, 금잔이나
값진 유리잔보다 더 값진 것이다.
18 지혜의 값은 산호보다, 수정보다
비싸다. 지혜를 얻는 것은 진주를
가진 것보다 값지다.
19 에티오피아의 토파즈로도 지혜와
비교할 수 없고, 정금으로도 지혜
의 값을 치를 수 없다.
20 그렇다면 지혜는 어디에서 오
며, 슬기가 있는 곳은 어디인가?
21 모든 생물의 눈에 숨겨져 있고, 공
중의 새에게도 감추어져 있다.
22 ㉡멸망의 구덩이와 죽음도 지혜를
두고 이르기를 "지혜라는 것이 있
다는 말은 다만 소문으로만 들었
을 뿐이다" 하고 말한다.
23 그러나 하나님은, 지혜가 있는
곳에 이르는 길을 아신다. 그분만
이 지혜가 있는 곳을 아신다.
24 오직 그분만이 땅 끝까지 살피실
수 있으며, 하늘 아래에 있는 모든
것을 보실 수 있다.
25 그분께서 저울로 바람의 강약을
달아 보시던 그 때에, 물의 분량
을 달아 보시던 그 때에,
26 비가 내리는 규칙을 세우시던 그
때에, 천둥 번개가 치는 길을 정하
시던 그 때에,
27 바로 그 때에 그분께서, 지혜를 보
시고, 지혜를 칭찬하시고, 지혜를
튼튼하게 세우시고, 지혜를 시험
해 보셨다.
28 그런 다음에, 하나님은 사람에
게 말씀하셨다. "주님을 경외하는
것이 지혜요, 악을 멀리하는 것이
슬기다."

욥의 마지막 발언

29 욥이 다시 비유를 써서 말을
하였다.
2 지나간 세월로 되돌아갈 수만

28:1–28 본장은 지혜보다 훨씬 더 뛰어난 하나님의 지혜를 제시한다. 지혜는 하나님이 세상에 주신 질서(참조. 잠 8:22)로 모든 사건을 꿰뚫고 사람들에게 숨겨져 있는 본래 뜻을 깨우쳐 준다. 사람들은 자신들의 노력으로 얻은 기술(광산업)로 세상을 다스리지만, 하나님께 있는 지혜에 이를 수도 없고 손아귀에 넣을 수도 없다.

㉠ 칠십인역과 아퀼라역과 불가타를 따름. 히, '둑으로 막고' ㉡ 히, '아바돈'

29장 요약 욥이 과거의 행복했던 날들을 회상하는 내용이다. 그는 뭇 사람의 존경을 받으며 갖가지 선행을 베풀었다(7–25절). 어떤 의미에서 본문의 내용은 마치 욥의 자화자찬처럼 보이지만, 욥은 자신의 의로운 삶이 하나님의 은혜 덕분임을 분명히 고백하고 있으며 그 때가 다시 오기를 소원한다.

29:2–6 고난 이전에 욥이 누렸던 번영과 가정의

있으면, 하나님이 보호해 주시던
그 지나간 날로 되돌아갈 수 있으
면 좋으련만!
3 그 때에는 하나님이 그 등불로 내
머리 위를 비추어 주셨고, 빛으로
인도해 주시는 대로, 내가 어둠 속
을 활보하지 않았던가?
4 내가 그처럼 잘 살던 그 시절로 다
시 돌아가서 살 수 있으면 좋으련
만! 내 집에서 하나님과 친밀하게
사귀던 그 시절로 되돌아갈 수 있
으면 좋으련만!
5 그 때에는 전능하신 분께서 나와
함께 계시고, 내 자녀들도 나와 함
께 있었건만.
6 젖소와 양들이 젖을 많이 내어서,
내 발이 젖으로 흠뻑 젖었건만.
돌짝 밭에서 자란 올리브 나무에
서는, 올리브 기름이 강물처럼 흘
러 나왔건만.
7 그 때에는 내가 성문 회관에 나가
거나 광장에 자리를 잡고 앉으면,
8 젊은이들은 나를 보고 비켜 서고,
노인들은 일어나서 내게 인사하였
건만.
9 원로들도 하던 말을 멈추고 손으
로 입을 가렸으며,
10 귀족들도 혀가 입천장에 달라붙
기나 한 것처럼 말소리를 죽였건
만.
11 내 소문을 들은 사람들은 내가
한 일을 칭찬하고, 나를 직접 본
사람들은 내가 한 일을 기꺼이 자
랑하고 다녔다.
12 내게 도움을 청한 가난한 사람들
을 내가 어떻게 구해 주었는지, 의
지할 데가 없는 고아를 내가 어떻
게 잘 보살펴 주었는지를 자랑하
고 다녔다.
13 비참하게 죽어 가는 사람들도, 내
가 베푼 자선을 기억하고 나를 축
복해 주었다. 과부들의 마음도 즐
겁게 해주었다.
14 나는 늘 정의를 실천하고, 매사를
공평하게 처리하였다.
15 나는 앞을 못 보는 이에게는 눈이
되어 주고, 발을 저는 이에게는 발
이 되어 주었다.
16 궁핍한 사람들에게는 아버지가
되어 주고, 알지도 못하는 사람들
의 하소연도 살펴보고서 처리해
주었다.
17 악을 행하는 자들의 턱뼈를 으스
러뜨리고, 그들에게 희생당하는
사람들을 빼내어 주었다.
18 그래서 나는 늘 '나는 죽을 때
까지 이렇게 건강하게 살 것이다.
소털처럼 많은 나날 불사조처럼
오래 살 것이다.
19 나는, 뿌리가 물가로 뻗은 나무와

행복은 하나님의 보호와 축복으로 말미암은 것이었다.

29:7 욥이 성읍 장로의 한 사람으로서 성읍의 일 *을 관장했음을 뜻한다.*

29:18–20 욥은 그때 계속해서 하나님의 축복을 받고, 장수, 번영, 존귀, 건강을 누릴 것이라고 기대했었다. 그의 기대는 단지 하나님께서 돌보신다는 확신에서 비롯된 것이었다.

29:19 뿌리가 물가로 뻗은 나무와 같고 생활의 안정을 의미한다. 이슬을 머금은 나무와 같다 하나님의 축복에 의한 번영을 뜻한다. 이슬의 내림은 하나님의 축복을(호 14:5), 이슬의 그침은 하나님의 진노를 상징한다.

29:21–25 사람들은 욥의 충고를 원했으며, 진심으로 그것을 환영하였다.

29:23 봄비 근동 지방에서 양력 3월과 4월에 내리는 비인데 곡식을 여물게 하고 여름의 가뭄을 견디게 해준다.

같고, 이슬을 머금은 나무와 같
다.
20 사람마다 늘 나를 칭찬하고, 내
정력은 쇠하지 않을 것이다' 하고
생각하였건만.
21 사람들은 기대를 가지고 내 말
을 듣고, 내 의견을 들으려고 잠잠
히 기다렸다.
22 내가 말을 마치면 다시 뒷말이 없
고, 내 말은 그들 위에 이슬처럼
젖어들었다.
23 사람들은 내 말을 기다리기를 단
비를 기다리듯 하고, 농부가 봄비
를 기뻐하듯이 내 말을 받아들였
다.
24 내가 미소를 지으면 그들은 새로
운 확신을 얻고, 내가 웃는 얼굴
을 하면 그들은 새로운 용기를 얻
었다.
25 나는 마치 군대를 거느린 왕처럼,
슬퍼하는 사람을 위로해 주는 사
람처럼, 사람들을 돌보고, 그들이
갈 길을 정해 주곤 하였건만.

30

1 그런데 이제는 나보다 어린
것들까지 나를 조롱하는구나.
내 양 떼를 지키는 개들 축에도
끼지 못하는 쓸모가 없는 자들의
자식들까지 나를 조롱한다.
2 젊어서 손에 힘이 있을 듯하지만,
기력이 쇠하여서 쓸모가 없는 자
들이다.
3 그들은 가난과 굶주림에 허덕여서
몰골이 흉하며, 메마른 땅과 황무
지에서 ㉠풀뿌리나 씹으며,
4 덤불 속에서 자란 쓴 나물을 캐어
먹으며, 대싸리 뿌리로 끼니를 삼
는 자들이다.
5 그들은 사람 축에 끼지 못하여 동
네에서 쫓겨나고, 사람들이 마치
도둑을 쫓듯이 그들에게 "도둑이
야!" 하고 소리를 질러 쫓아 버리
곤 하였다.
6 그들은, 급류에 패여 벼랑진 골짜
기에서 지내고, 땅굴이나 동굴에
서 살고,
7 짐승처럼 덤불 속에서 웅크리고
있거나, 가시나무 밑에 몰려서 웅
크리고 있으니,
8 그들은 어리석은 자의 자식들로
서, 이름도 없는 자의 자식들로서,
회초리를 맞고 제 고장에서 쫓겨
난 자들이다.
9 그런데 그런 자들이 이제는 돌
아와서 나를 비웃는다. 내가 그들
의 말거리가 되어 버렸다.
10 그들은 나를 꺼려 멀리하며 마주
치기라도 하면 서슴지 않고 침을
뱉는다.
11 하나님이 내 활시위를 풀어 버리
시고, 나를 이렇게 무기력하게 하

30장 요약 앞에서 과거의 행복했던 나날들을 회상한 데 이어, 여기서는 비참한 현재의 고난을 한탄하고 있다. 부귀와 영예를 누렸던 자신이 이제는 진흙과 쓰레기 가운데서 신음하는 처지가 되었으나 욥은 하나님을 원망하지 않고 이 모든 일을 하나님의 주권하에 되어진 것이라고 여긴다.

㉠ 또는 '방랑하며'

30:1-8 욥은 존귀한 사람들로부터 존경을 받았었지만, 이제는 가장 경멸받는 사람들까지도 그를 경멸한다.

30:4 쓴 나물 염분이 많은 소택지에서 자라는 '바다 명아주'(sea-purslane)라는 일년생 풀인 듯하다. 그러나 어떤 이들은 사해 연안에서 많이 볼 수 있는 다년생의 관목이라고 한다. **대싸리** '로뎀 나무'라고 불리기도 한다. 유대 광야·아라비아·시나이 반도 등지에서 많이 자란다.

시니, 그들이 고삐 풀린 말처럼 내
앞에서 날뛴다.
12 이 천한 무리들이 내 오른쪽에서
나와 겨루려고 들고 일어나며, 나
를 잡으려고 내가 걷는 길에 덫을
놓고, 나를 파멸시키려고 포위망
을 좁히고 있다.
13 그들은 내가 도망 가는 길마저 막
아 버렸다. ㉠그들이 나를 파멸시
키려고 하는데도, 그들을 막을 사
람이 아무도 없다.
14 그들이 성벽을 뚫고, 그 뚫린 틈
으로 물밀듯 들어와서, 성난 파도
처럼 내게 달려드니,
15 나는 두려워서 벌벌 떨고, 내 위엄
은 간곳없이 사라지고, 구원의 희
망은 뜬구름이 사라지듯 없어졌
다.
16 나는 이제 기력이 쇠하여서, 죽
을 지경에 이르렀다. 지금까지 나
는 괴로운 나날들에 사로잡혀서,
편하게 쉬지 못하였다.
17 밤에는 뼈가 쑤시고, 뼈를 깎는
아픔이 그치지 않는다.
18 하나님이 그 거센 힘으로 ㉡내 옷
을 거세게 잡아당기셔서, 나를 옷
깃처럼 휘어감으신다.
19 하나님이 나를 진흙 속에 던지시
니, 내가 진흙이나 쓰레기보다 나
을 것이 없다.
20 주님, 내가 주님께 부르짖어도,
주님께서는 내게 응답하지 않으십
니다. 내가 주님께 기도해도, 주님
께서는 들은 체도 않으십니다.
21 주님께서는 내게 너무 잔인하십니
다. 힘이 세신 주님께서, 힘이 없
는 나를 핍박하십니다.
22 나를 들어올려서 바람에 날리게
하시며, 태풍에 휩쓸려서 흔적도
없이 사라지게 하십니다.
23 나는 잘 알고 있습니다. 주님께서
는 나를 죽음으로 몰아넣고 계십
니다. 끝내 나를 살아 있는 모든
사람들이 다 함께 만나는 그 죽
음의 집으로 돌아가게 하십니다.
24 주님께서는 어찌하여 망할 수밖
에 없는 연약한 이 몸을 치십니
까? 기껏 하나님의 자비나 빌어야
하는 것밖에는 아무것도 할 수 없
는 보잘것없는 이 몸을, 어찌하여
그렇게 세게 치십니까?
25 고난받는 사람을 보면, 함께 울
었다. 궁핍한 사람을 보면, 나도
함께 마음 아파하였다.
26 내가 바라던 행복은 오지 않고 화
가 들이닥쳤구나. 빛을 바랐더니
어둠이 밀어닥쳤다.
27 근심과 고통으로 마음이 갈기갈
기 찢어지고, 하루도 고통스럽지
않은 날이 없이 지금까지 살아왔

30:16–23 욥은 신체적인 고통을 이야기한다. 그리고 자비를 구했음에도 불구하고 자신에게 고통을 더하시는 하나님을 원망한다.

30:18 이 구절은 난해하기 때문에 정확한 의미를 파악할 수 없다. 아마 하나님께서 욥의 몸에 악성 종기가 나게 하여 그 상처에서 나오는 고름이 말라붙어 옷이 더럽게 되었다는 뜻인 것 같다.

30:19 진흙이나 쓰레기는 굴욕과 무가치함을 상징한다(참조. 창 18:27). 그러나 42:6에서는 회개하는 마음의 상태를 나타내기 위한 말로 사용되었다.

30:23 죽음의 집 스올, 곧 죽은 사람들의 영혼이 머무르는 장소를 뜻한다.

30:26 욥은 고난당하기 이전에 자신이 기대했었던 것을 29:18–20에서 묘사했다. 그는 복을 기대했지만, 실제로 닥친 것은 재앙이었다.

㉠ 또는 '아무도 그들을 도와주지 않았는데도 그들은 나를 파멸시키는 데 성공하였다' ㉡ 칠십인역을 따름. 히, '나에게 옷과 같이 되시어서'

다.
28 햇빛도 비치지 않는 그늘진 곳으
로만 침울하게 돌아다니다가, 사
람들이 모여 있는 곳에 이르면 도
와 달라고 애걸이나 하는 신세가
되고 말았다.
29 나는 이제 이리의 형제가 되고, 타
조의 친구가 되어 버렸는가? 내가
내 목소리를 들어 보아도, 내 목소
리는 구슬프고 외롭다.
30 살갗은 검게 타서 벗겨지고, 뼈는
열을 받아서 타 버렸다.
31 수금 소리는 통곡으로 바뀌고, 피
리 소리는 애곡으로 바뀌었다.

31 1 젊은 여인을 음탕한 눈으로
바라보지 않겠다고 나 스스로
엄격하게 다짐하였다.
2 여자나 유혹하고 다니면, 위에 계
신 하나님이 내게 주실 몫이 무엇
이겠으며, 높은 곳에 계신 ㉠전능
하신 분께서 내게 주실 유산은 무
엇이겠는가?
3 불의한 자에게는 불행이 미치고,
악한 일을 하는 자에게는 재앙이
닥치는 법이 아닌가?
4 하나님은 내가 하는 일을 낱낱이
알고 계신다. 내 모든 발걸음을 하
나하나 세고 계신다.
5 나는 맹세할 수 있다. 여태까지
나는 악한 일을 하지 않았다. 다
른 사람을 속이려고도 하지 않았
다.
6 하나님이 내 정직함을 공평한 저
울로 달아 보신다면, 내게 흠이 없
음을 아실 것이다.
7 내가 그릇된 길로 갔거나, 나 스스
로 악에 이끌리어 따라갔거나, 내
손에 죄를 지은 흔적이라도 있다
면,
8 내가 심은 것을 다른 사람이 거두
어 먹어도, 내가 지은 농사가 망하
더라도, 나는 할 말이 없을 것이
다.
9 남의 아내를 탐내서, 그 집 문
근처에 숨어 있으면서 그 여인을
범할 기회를 노렸다면,
10 내 아내가 다른 남자의 노예가 되
거나, 다른 남자의 품에 안긴다 해
도, 나는 할 말이 없을 것이다.
11 남의 아내를 범하는 것은, 사형선
고를 받아야 마땅한 범죄다.
12 그것은 사람을 ㉡파멸시키는 불,
사람이 애써서 모은 재산을 다 태
우는 불이다.
13 내 남종이나 여종이 내게 탄원
을 하여 올 때마다, 나는 그들이
하는 말에 귀를 기울이고, 공평하
게 처리하였다.
14 그렇게 하지 않았더라면, 내가 무
슨 낯으로 하나님을 뵈며, 하나님

31장 요약 여기서 욥은 마치 하나님의 법정에 선 듯이 자신의 결백을 조목조목 증거로 제시하면서 진술하고 있다. 자신은 어떤 소송장이라도 기꺼이 받을 각오가 되어 있다고 하는 단호한 자세를 엿보게 한다.

31:1 나 스스로 엄격하게 다짐하였다 음욕을 품지 않겠다는 결심을 뜻한다.

31:2 몫·유산 일반적으로 과거부터 가지고 있던 재산을 의미한다. 성경에서는 아버지나 조상들로부터 상속받은 것, 혹은 하나님으로부터 받은 것을 가리킨다. 후자일 경우에는 자비로운 하나님이 자신의 약속 이행으로, 또는 백성들의 순종에 대한 보상으로 그들에게 내려 주는 선물이나 재산을 뜻한다.

31:13-15 종들을 존중함 욥의 인간 존중 사상이 드러난다. 그는 종들에 대한 사회적인 책임 의식

㉠ 히, '샤다이' ㉡ 히, '아바돈'

이 나를 심판하러 오실 때에, 내
가 무슨 말로 변명하겠는가?
15 나를 창조하신 바로 그 하나님이
내 종들도 창조하셨다.
16 가난한 사람들이 도와 달라고
할 때에, 나는 거절한 일이 없다.
앞길이 막막한 과부를 못 본 체
한 일도 없다.
17 나는 배부르게 먹으면서 고아를
굶긴 일도 없다.
18 일찍부터 나는 고아를 내 아이처
럼 길렀으며, 철이 나서는 줄곧 과
부들을 돌보았다.
19 너무나도 가난하여 옷도 걸치지
못하고 죽어 가는 사람이나, 덮고
잘 것이 없는 가난한 사람을 볼
때마다,
20 내가 기른 양 털을 깎아서, 그것으
로 옷을 만들어 그들에게 입혔다.
시린 허리를 따뜻하게 해주었더
니, 그들이 나를 진심으로 축복하
곤 하였다.
21 내가 재판에서 이길 것이라고
생각하고, 고아를 속이기라도 하
였더라면,
22 내 팔이 부러져도 할 말이 없다.
내 팔이 어깻죽지에서 빠져 나와
도 할 말이 없다.
23 하나님이 내리시는 심판이 얼마나
무서운지를 잘 알고 있었으므로,
나는 차마 그런 파렴치한 짓은 할
수 없었다.
24 나는 황금을 믿지도 않고, 정금
을 의지하지도 않았다.
25 내가 재산이 많다고 하여 자랑하
지도 않고, 벌어들인 것이 많다고
하여 기뻐하지도 않았다.
26 해가 찬란한 빛을 낸다고 하여,
해를 섬기지도 않고, 달이 밝고
아름답다고 하여, 달을 섬기지도
않았다.
27 해와 달을 보고, 그 장엄함과 아
름다움에 반하여 그것에다가 절
을 하는 사람들이 있다. 해와 달
을 경배하는 표시로 제 손에 입을
맞추기도 한다. 그러나 나는 그렇
게 하지 않았다.
28 그런 일은 높이 계신 하나님을 부
인하는 것이므로, 벌로 사형을 받
아도 마땅하다.
29 내 원수가 고통받는 것을 보고,
나는 기뻐한 적이 없다. 원수가 재
난을 당할 때에도, 나는 기뻐하지
않았다.
30 나는 결코 원수들이 죽기를 바라
는 기도를 하여 죄를 범한 적이
없다.
31 내 집에서 일하는 사람은 모두, 내
가 언제나 나그네를 기꺼이 영접
한다는 것을 잘 알고 있다.

을 변호한다(15절). 즉, 사람들은 모두 하나님의 피조물이므로 남녀 간, 신분 간 차이가 없기 때문에 하나님의 뜻에서 비롯된 율법 앞에서는 모두가 평등하다는 것이다.

31:16-23 욥은 힘없는 자들(가난한 자, 과부, 고아)의 권리를 스스로 침해하지 않았을 뿐만 아니라 물심양면으로 그들을 도와주었다고 말하고 있다(16-20절).

31:27 입을 맞추기도 한다 본문에서는 잡다한 우상들을 숭배한다는 표현이다(참조. 왕상 19:18;호 13:2).

31:29-30 이 구절들은 욥의 높은 윤리 의식을 보여 준다. 욥이 강조한 것은 내적인 고결성이다. 이것은 가장 구비하기 힘든 미덕으로서 하나님만이 판단하실 수 있는 것이다.

31:35-37 여태까지 언급한 모든 죄로부터 결백함을 주장한 뒤(31:1-36) 욥은 이제 어떠한 소송장이라도 기꺼이 받을 준비가 되어 있다고 말한

32 나는 나그네가 길거리에서 잠자도
록 내버려 둔 적이 없으며, 길손에
게 내 집 문을 기꺼이 열어 주지
않은 적도 없다.
33 다른 사람들은 자기 죄를 감추려
고 하지만, 그러나 나는 내 허물
을 아주 감추지 않았다.
34 ㉠사람들이 무슨 말로 나를 헐뜯
든지, 나는 그것을 전혀 두려워하
지 않았다. 남에게서 비웃음을 받
을까 하여, 입을 다물거나 집 안에
서만 머무르거나 하지도 않았다.
35 내가 한 이 변명을 들어줄 사람
이 없을까? 맹세코 나는 사실대로
만 말하였다. 이제는, ㉡전능하신
분께서 말씀하시는 대답을 듣고
싶다.
36 내 원수가 나를 고발하면서, 뭐
라고 말하였지? 내가 저지른 죄과
를 기록한 소송장이라도 있어서,
내가 읽어 볼 수만 있다면, 나는
그것을 자랑스럽게 어깨에 메고
다니고, 그것을 왕관처럼 머리에
얹고 다니겠다.
37 나는, 내가 한 모든 일을 그분께
낱낱이 말씀드리고 나서, 그분 앞
에 떳떳이 서겠다.
38 내가 가꾼 땅이 훔친 것이라면,
땅 주인에게서 부당하게 빼앗은
것이라면,
39 땅에서 나는 소산을 공짜로 먹으
면서 곡식을 기른 농부를 굶겨 죽
였다면,
40 내 밭에서 밀 대신 찔레가 나거나
보리 대신 잡초가 돋아나더라도,
나는 기꺼이 받겠다.
○이것으로 욥의 말이 모두 끝났다.

엘리후의 발언 (32:1-37:24)

32 욥이 끝내 자기가 옳다고 주장
하므로, 이 세 사람은 욥을 설
득하려고 하던 노력을 그만두었다.
2 욥이 이렇게 자기가 옳다고 주장하
면서 모든 잘못을 하나님께 돌리므
로, 옆에 서서 듣기만 하던 엘리후라
는 사람은, 듣다 못하여 분을 더 이
상 참지 못하고 화를 냈다. 엘리후는
람 족속에 속하는 부스 사람 바라겔
의 아들이다.
3 엘리후는 또 욥의 세 친구에게도 화
를 냈다. ㉢그 세 친구는 욥을 정죄
하려고만 했지, 욥이 하는 말에 변변
한 대답을 하지 못하였기 때문이다.
4 그들 가운데서 엘리후가 가장 젊은
사람이므로, 그는 다른 사람들이 말
을 끝낼 때까지 기다려야만 하였다.
5 그런데 그 세 사람이 모두 욥에게 대
답을 제대로 하지 못하였으므로, 그
는 화가 났다.
6 ○부스 사람 바라겔의 아들 엘리후
가 말하였다.

다. 더 나아가서 모든 사람들이 그것을 볼 수 있도록 공개하겠다고 말한다.

31:38–40 욥은 소작농에게 임금을 주지 않았다거나 그들에게 부당한 요구를 한 적이 없다고 말하며, 만일 자기의 말이 사실이 아닌 경우에는 하나님의 저주를 자진해서 받겠다고 말한다.

㉠ 히, '아담이 하였듯이' ㉡ 히, '샤다이' ㉢ 고대 히브리 서기관의 전통에는 '그 세 친구가 욥이 하는 말에 제대로 대답을 하지 못하였으므로, 결국 하나님께 잘못이 있는 것처럼 되었기 때문이다'

32장 요약 여기서는 엘리후라는 인물이 등장한다. 그는 욥에게는 자신의 의를 내세우는 것에 대해, 친구들에게는 욥을 정죄만 할 뿐 적절한 답변을 제시하지 못한 것에 대해 화를 내었다. 그는 진정 지혜로운 자라면 욥의 잘못된 생각을 충분히 고쳐줄 수 있어야 한다고 생각했다.

32:2 부스 사람 아브라함의 조카 부스의 자손인

엘리후의 말

나는 어리고, ㉠세 분께서는 이
미 연로하십니다. 그래서 나는 어
른들께 선뜻 나서서 내 견해를 밝
히기를 망설였습니다.
7 나는 듣기만 하겠다고 생각하였습
니다. 오래 사신 분들은 살아오신
것만큼 지혜도 쌓으셨으니까, 세
분들께서만 말씀하시도록 하려고
생각하였습니다.
8 그러나 깨닫고 보니, 사람에게 슬
기를 주는 것은 사람 안에 있는
영 곧 ㉡전능하신 분의 입김이라
는 것을 알았습니다.
9 사람은 나이가 많아진다고 지혜
로워지는 것이 아니며, 나이를 많
이 먹는다고 시비를 더 잘 가리는
것도 아니라는 것을 알았습니다.
10 그래서 나도, 생각하는 바를 말씀
드리고자 합니다. 내가 하는 말을
들어 주시기 바랍니다.
11 세 분이 말씀하시는 동안에, 나
는 참으며 듣기만 하였습니다. 세
분이 지혜로운 말씀을 찾으시는
동안에, 나는 줄곧 기다렸습니다.
12 나는 세 분이 하시는 말씀을 주의
깊게 들었습니다. 그런데 세 분께
서는 어느 한 분도, 욥 어른의 말
을 반증하거나 어른의 말에 제대
로 답변하지 못하셨습니다.
13 그러고서도 어떻게 지혜를 발견했
다고 주장하실 수 있으십니까? 세
분께서 이 일에 실패하셨으니, 내
가 이제 욥 어른으로 하여금 하나
님의 대답을 들으시도록 하겠습니
다.
14 욥 어른이 나에게 직접 말을 걸어
온 것이 아니므로, 나는 세 분께
서 말씀하신 것과는 다른 방식으
로 욥 어른께 대답하겠습니다.
15 욥 어른께서는 들으십시오. 세
분 친구가 놀라서 말을 하지 못합
니다. 그분들은 어른께 아무런 대
답도 하지 못합니다.
16 그런데도 내가 그들이 입을 다물
때까지 기다려야 합니까? 이제 그
들은 할 말도 없으면서, 그냥 서
있기만 합니다.
17 그럴 수 없습니다. 이제는 내가 대
답하겠습니다. 내가 생각한 바를
말씀드리겠습니다.
18 이제는 더 이상 기다릴 수 없고,
말을 참을 수도 없습니다.
19 말할 기회를 얻지 못하면, 새 술
이 가득 담긴 포도주 부대가 터지
듯이, 내 가슴이 터져 버릴 것 같
습니다.
20 참을 수 없습니다. 말을 해야 하
겠습니다.
21 이 논쟁에서 어느 누구 편을 들

듯하다(창 22:20-21).

32:7-9 세월이 지남에 따라 풍부한 경험과 통찰력을 얻을 수 있기 때문에, 연령의 노소(老少)가 *지혜의 척도로 간주되었다. 그러나* 엘리후는 지혜는 나이가 아니라 하나님에게서 오는 것이며 젊은 사람들이라고 반드시 지혜가 없는 것은 아니라고 주장한다.

32:11-22 엘리후가 발언하게 된 동기는 욥의 세 친구들의 변론을 오랫동안 주의 깊게 들어보니 (11-12절), 세 친구들의 발언이 설득력이 없기 때문에 자신이 나선 것이라고 밝힌다. 욥이 이전 생활에서 잘못을 저질렀으리라는 전제를 가지고 대화를 시작했던 세 친구들과는 달리 엘리후는 자신이 욥의 입에서 들은 것만 인용한다.

32:19 포도주를 담는 부대는 보통 염소나 양의 가죽으로 만든다. 오래된 가죽 부대는 탄력성이 적어 가스의 압력에 견디지 못한다.

㉠ 히, 2인칭 복수. 이하 엘리후의 말 속에서도 ㉡ 히, '샤다이'

생각은 없습니다. 또 누구에게 듣
기 좋은 말로 아첨할 생각도 없습
니다.
22 본래 나는 아첨할 줄도 모르지만,
나를 지으신 분이 지체하지 않고
나를 데려가실까 두려워서도, 그
럴 수는 없습니다.

엘리후가 욥에게 하는 말

33 욥 어른은 부디 내가 하는 말
을 잘 들어 주시기 바랍니다.
내가 하는 말 한마디 한마디에 귀
를 기울여 주시기 바랍니다.
2 이제 내 마음 속에 있는 것을 말
할 준비가 되었습니다. 내 입 속에
서 혀가 말을 합니다.
3 나는 지금 진지하게 말하고 있습
니다. 나는 진실을 말하려고 합니
다.
4 하나님의 영이 나를 만드시고, 전
능하신 분의 입김이 내게 생명을
주셨습니다.
5 대답하실 수 있으면, 대답해 보
시기 바랍니다. 토론할 준비를 하
고 나서시기를 바랍니다.
6 보십시오, 하나님이 보시기에는,
어른이나 나나 똑같습니다. 우리
는 모두 흙으로 지음을 받았습니
다.
7 그러므로 어른께서는 나를 두려
워하실 까닭이 없습니다. 내게 압
도되어서 기를 펴지 못하는 일이
있어서도 안 될 것입니다.
8 어른께서 이런 말씀을 하셨습니
다.
9 "내게는 잘못이 없다. 나는 잘못
을 저지르지 않았다. 나는 결백하
다. 내게는 허물이 없다.
10 그런데도 하나님은 내게서 흠 잡
을 것을 찾으시며, 나를 원수로 여
기신다.
11 하나님이 내 발에 차꼬를 채우시
고, 내 일거수 일투족을 다 감시
하신다" 하고 말씀하셨습니다.
12 그러나 내가 욥 어른께 감히 말
합니다. 어른은 잘못하셨습니다.
하나님은 어떤 사람보다도 크십니
다.
13 그런데 어찌하여 어른께서는, 하
나님께 불평을 하면서 대드시는
겁니까? 어른께서 하시는 모든 불
평에 일일이 대답을 하지 않으신
다고 해서, 하나님께 원망을 할 수
있습니까?
14 사실은 하나님이 말씀을 하시고
또 하신다고 하더라도, 사람이 그
말씀에 주의를 기울이지 못할 뿐
입니다.
15 사람이 꿈을 꿀 때에, 밤의 환상
을 볼 때에, 또는 깊은 잠에 빠질
때에, 침실에서 잠을 잘 때에,

33장 요약 엘리후는 먼저 욥에게 하나님 앞에서 객관적인 자세로 대화에 임할 것을 권하였다. 그가 문제삼고 나선 것은 바로 욥의 결백 주장이었다. 아무 죄도 없이 억울하게 고통을 당한다고 하는 욥의 주장이 교만에서 비롯되었다는 것이다.

33:1-7 엘리후는 욥을 죄인으로 취급하고 있지는 않지만, 욥의 비극적인 처지에 대해서는 조금도 언급하지 않았다.

33:8-12 엘리후는, 욥이 스스로 잘못이 없고 불의가 없는 사람이라고 주장하고 있다고 말한다. 엘리후의 이런 발언은 사실상 욥의 주장(31장)을 무시하는 것이다. 따라서 엘리후는, 마치 사탄이 욥을 고소하듯, '사람이 온전할 수 있는가' 하는 가능성에 대해 도전하고 있는 것처럼 보인다.

33:15-16 구약 시대에는 하나님께서 예언자들이나 꿈, 혹은 환상 등을 통하여 사람들에게 계시

16 바로 그 때에, 하나님은 사람들의
귀를 여시고, 말씀을 듣게 하십니
다. 사람들은 거기에서 경고를 받
고, 두려워합니다.
17 하나님은 사람들이 죄를 짓지 않
도록 하십니다. 교만하지 않도록
하십니다.
18 하나님은 사람의 생명을 파멸에
빠지지 않도록 지켜 주시며, 사람
의 목숨을 사망에서 건져 주십니
다.
19 하나님은 사람에게 질병을 보내셔
서 잘못을 고쳐 주기도 하시고,
사람의 육체를 고통스럽게 해서라
도 잘못을 고쳐 주기도 하십니다.
20 그렇게 되면, 병든 사람은 입맛을
잃을 것입니다. 좋은 음식을 보고
도 구역질만 할 것입니다.
21 살이 빠져 몸이 바짝 마르고, 전
에 보이지 않던 앙상한 뼈만 두드
러질 것입니다.
22 이제, 그의 목숨은 무덤에 다가서
고, 그의 생명은 죽음의 문턱에
이르게 될 것입니다.
23 그 때에 하나님의 천사 천 명
가운데서 한 명이 그를 도우러 올
것입니다. 그 천사는 사람들에게
사람이 마땅히 해야 할 일을 상기
시킬 것입니다.
24 하나님은 그에게 은혜를 베푸시
고, 천사에게 말씀하실 것입니다.
"그가 무덤으로 내려가지 않도록,
그를 살려 주어라. 내가 그의 몸
값을 받았다."
25 그렇게 되면, 그는 다시 젊음을 되
찾고, 건강도 되찾을 것입니다.
26 그가 하나님께 기도를 드리면, 하
나님은 그에게 응답하여 주실 것
입니다. 그는 기쁨으로 하나님을
섬기고, 하나님은 그를 다시 정상
적으로 회복시켜 주실 것입니다.
27 그는 사람들 앞에서 고백할 것입
니다. "나는 죄를 지어서, 옳은 일
을 그르쳤으나, 하나님이 나를 용
서하여 주셨습니다.
28 하나님이 나를 무덤에 내려가지
않게 구원해 주셨기에, 이렇게 살
아서 빛을 즐기게 되었습니다" 하
고 말할 것입니다.
29 이 모두가 하나님이 하시는 일입
니다. 하나님이 사람에게 두 번,
세 번, 이렇게 되풀이하시는 것은,
30 사람의 생명을 무덤에서 다시 끌
어내셔서 생명의 빛을 보게 하시
려는 것입니다.
31 어른은 귀를 기울여, 내 말을 들
으십시오. 내가 말하는 동안은 조
용히 듣기만 해주십시오.
32 그러나 하실 말씀이 있으시면, 내
가 듣겠습니다. 서슴지 말고 말씀

를 주셨다. 그러나 신약 시대에는 예수 그리스도(히 1:2)와 성경(딤후 3:16)을 통하여 계시하신다.

33:23-33 엘리후는 고난을 죄와 연관시켰을지라도(27절), *그것을 부정적으로 보지* 않고 긍정적으로 이해했다. 욥의 세 친구들은 고난을 죄에 대한 하나님의 심판으로 간주했다. 반면 엘리후는 고난이 교훈을 위한 하나님의 선처라고 말한다. 하나님은 죄로 인한 심판인 사망에서 건지시고(24,28,30절) 더욱 풍성한 삶을 살도록 질병이나 고난을 주신다는 것이다.

33:24 몸값 종을 자유인으로 해주기 위해 지불하는 값, 또는 부채와 부담을 덜어주기 위해 지불하는 값이다. 일반적으로 벌금을 지불함으로써 고난으로부터 구출해 낸다는 의미가 있다. 그리스도의 희생에는 대속적인 면이 있다(막 10:45).

33:29 두 번, 세 번 거듭 되풀이하는 것이다. 본문에서는 하나님의 계시를 전달하는 세 가지 수단, 곧 꿈·질병·천사를 가리킨 듯하다(13-24절).

해 주십시오. 나는 어른이 옳으시
다는 것을 드러내고 싶습니다.
33 그러나 하실 말씀이 없으시면, 조
용히 들어 주시기만 바랍니다. 그
러면 내가 어른께 지혜를 가르쳐
드리겠습니다.

34

1 엘리후가 욥의 세 친구에게
말하였다.
2 지혜를 자랑하시는 어른들께서
는 내 말을 들으시기 바랍니다.
아는 것이 많다고 자부하시는 세
분께서 내게 귀를 기울여 주시기
바랍니다.
3 어른들께서는 음식을 맛만 보시
고도, 그 음식이 좋은 음식인지
아닌지를 아십니다. 그러나 지혜
의 말씀은 들으시고도, 잘 깨닫지
못하시는 것 같습니다.
4 이제는 우리 모두가 무엇이 옳은
것인지를 알아보고, 진정한 선을
함께 이룩하여 볼 수 있기를 바랍
니다.
5 욥 어른은 이렇게 주장하십니다.
"나는 옳게 살았는데도, 하나님은
나의 옳음을 옳게 여기지 않으신
다."
6 또 욥 어른은 "내가 옳으면서도,
어찌 옳지 않다고 거짓말을 할 수
있겠느냐? 나는 심하게 상처를 입
었다. 그러나 나는 죄가 없다" 하
고 말씀하십니다.
7 도대체 욥 어른과 같은 사람이
또 어디에 있겠습니까? 그는 하나
님을 조롱하는 말을 물 마시듯 하
고 있지 않습니까?
8 그리고 그는 나쁜 일을 하는 자들
과 짝을 짓고 악한 자들과 함께
몰려다니면서
9 "사람이 하나님을 기쁘게 해드린
다 해도, 덕볼 것은 하나도 없다!"
하고 말합니다.
10 분별력이 많으신 여러분은 내가
하는 말을 들어 보시기 바랍니다.
하나님이 악한 일을 하실 수 있습
니까? 전능하신 분께서 옳지 않은
일을 하실 수 있습니까?
11 오히려 하나님은 사람에게, 사람
이 한 일을 따라서 갚아 주시고,
사람이 걸어온 길에 따라서 거두
게 하시는 분입니다.
12 전능하신 하나님은 악한 일이나,
정의를 그르치는 일은, 하지 않으
십니다.
13 어느 누가 하나님께 땅을 주관하
는 전권을 주기라도 하였습니까?
어느 누가 하나님께 세상의 모든
것을 맡기기라도 하였습니까?
14 만일 하나님이 결심하시고, 생명
을 주는 영을 거두어 가시면,
15 육체를 가진 모든 것은 일시에 죽

34장 요약 엘리후는 욥의 문제를 공정하게 판단하겠다고 장담했지만, 그 역시 욥의 심정을 충분히 이해하고 있지 못했다. 그는 욥이 하나님에 대해 반항하고 있다고 파악하였고 하나님의 지혜, 공의, 거룩하심 등에 관한 욥의 언급을 무시하였다.

34:1–9 엘리후는 욥이 자신의 말에 대한 반응이 없자, 이번에는 하나님의 공의를 변호한다. 하나님의 공의와 자기를 변호하는 욥의 주장과는 상반되는 것 같다.

34:4 이 구절은 욥과 그의 친구들 중에 누가 옳은지 결정하자는 뜻이다.

34:9 이 구절은 욥이 직접적으로 한 말은 아니다. 아마, 엘리후는 하나님이 악인과 의인을 동일하게 대하신다는 욥의 말을 잘못 이해하여 하나님을 기쁘게 하는 것이 쓸모없다는 뜻으로 받아들인 것 같다. 욥은 다만 자신의 의로움이 고난에

어, 모두 흙으로 돌아가고 맙니다.
16 욥 어른, 어른께서 슬기로우신
분이면, 내가 하는 이 말을 깊이
생각해 보시기 바랍니다. 내가 하
는 말을 귀담아 들으시기 바랍니
다.
17 욥 어른은 아직도 의로우신 하나
님을 비난하십니까? 하나님이 정
의를 싫어하신다고 생각하십니
까?
18 하나님만은 왕을 보시고서 "너는
쓸모 없는 인간이다!" 하실 수 있
고, 높은 사람을 보시고서도 "너
는 악하다!" 하실 수 있지 않습니
까?
19 하나님은 통치자의 편을 들지도
않으시고, 부자라고 하여, 가난한
사람보다 더 우대해 주지도 않으
십니다. 하나님이 손수 이 사람들
을 지으셨기 때문입니다.
20 사람은 삽시간에, 아니 한밤중에
라도 죽습니다. 하나님이 사람을
치시면, 사람은 죽습니다. 아무리
힘센 것이라고 하더라도, 하나님
은 그것을 간단히 죽이실 수 있습
니다.
21 참으로 하나님의 눈은 사람의 일
거수 일투족을 살피시며, 그의 발
걸음을 낱낱이 지켜 보고 계십니
다.
22 악한 일을 하는 자들이 하나님을
피하여 숨을 곳은 없습니다. 흑암
속에도 숨을 곳이 없고, 죽음의
그늘이 드리운 곳에도 숨을 곳은
없습니다.
23 사람이 언제 하나님 앞으로 심판
을 받으러 가게 되는지, 그 시간을
하나님은 특별히 정해 주지 않으
십니다.
24 하나님은 집권자를 바꾸실 때에
도, 일을 미리 조사하지 않으십니
다.
25 하나님은 그들이 한 일을 너무나
도 잘 아시기 때문입니다. 하나님
이 그들을 하룻밤에 다 뒤엎으시
니, 그들이 일시에 쓰러집니다.
26 하나님은, 사람들이 보는 곳에서
악인들을 처벌하십니다.
27 그들이 하나님을 따르던 길에서
벗어나고, 하나님이 지시하시는
어느 길로도 가지 않기 때문입니
다.
28 그래서 가난한 사람들의 하소연
이 하나님께 다다르고, 살기 어려
운 사람들의 부르짖음이 그분께
들리는 것입니다.
29 그러나 하나님이 침묵하신다고
하여, 누가 감히 하나님을 비난할
수 있겠습니까? 하나님이 숨으신
다고 하여, 누가 그분을 비판할 수

서 그를 구하지 못한다고 말했을 뿐이다(10:15).

34:19 하나님은 외면보다 내면을 중시하시며, 겉으로 드러난 제사보다 내적으로 순종하는 마음을 귀하게 보신다(삼상 15:22). 따라서 외모로 사람을 판단하고 대우하는 행위는 성경에서 죄로 간주된다(약 2:9).

34:26-28 통치자들이 하나님의 법을 무시하고 백성들을 압제했기 때문에 멸망에 이르게 된다.

34:29-30 하나님은 사람들과 나라들의 형편을 살피시고, 악을 징벌하신다. 경우에 따라서는 하나님의 심판이 당장 나타나지 않는데, 이것은 하나님이 적당한 때까지 기다리시기 때문이다.

34:31-32 하나님의 징계를 받는 사람은 자신의 죄가 무엇이든 우선 용서를 구해야 한다. 징계의 이유를 따져서는 안 된다. 만약 죄를 의식하지 못할 경우에는 그것을 깨닫게 해 달라고 하나님께 간구하고, 죄를 깨닫게 되면 그 죄를 다시는 짓지 않겠다고 결심해야 한다고 엘리후는 계속해서 주

있겠습니까?
30 경건하지 못한 사람을 왕으로 삼
아서 고집 센 민족과 백성을 다스
리게 하신들, 누가 하나님께 항의
할 수 있겠습니까?
31 욥 어른은 하나님께 죄를 고백하
고서 다시는 죄를 짓지 않겠다고
약속하신 적이 있으십니까?
32 잘못이 무엇인지를 일러 달라고
하나님께 요구하시면서, 다시는
악한 일을 저지르지 않겠다고 약
속하신 적이 있으십니까?
33 어른은 하나님이 하시는 것을 반
대하시면서도, 어른께서 원하시는
것을 하나님이 해주실 것이라고
기대하십니까? 물론, 결정은 어른
께서 하실 일이고, 내가 할 일이
아니지만, 지금 생각하고 계신 것
을 말씀해 주시기 바랍니다.
34 분별력이 있는 사람이면, 내 말
에 분명히 동의할 것입니다. 내 말
을 들었으니 지혜가 있는 사람이
면,
35 욥 어른이 알지도 못하면서 말을
하고, 기껏 한 말도 모두 뜻 없는
말뿐이었다는 것을 알 수 있을 것
입니다.
36 욥 어른이 한 말을 세 분은 곰곰
이 생각해 보시기 바랍니다. 세 분
께서는, 그가 말하는 것이 악한
자와 같다는 것을 아시게 될 것입
니다.
37 욥 어른은 자신이 지은 죄에다가
반역까지 더하였으며, 우리가 보
는 앞에서도 하나님을 모독하였습
니다.

35

1 엘리후가 다시 말을 이었다.
2 욥 어른은 ㉠'하나님께서도
나를 옳다고 하실 것이다' 하고 말
씀하셨지만,
3 또 하나님께 "내가 죄를 짓는다고
하여, 그것이 ㉡하나님께 무슨 영
향이라도 미칩니까? 또 제가 죄를
짓지 않는다고 하여, 내가 얻는 이
익이 무엇입니까?" 하고 물으시는
데, 그것도 옳지 못합니다.
4 이제 어른과 세 친구분들께 대답
해 드리겠습니다.
5 욥 어른은 하늘을 보시기 바랍니
다. 구름이 얼마나 높이 있습니
까?
6 비록 욥 어른께서 죄를 지었다고
한들 하나님께 무슨 손해가 가며,
어른의 죄악이 크다고 한들 하나
님께 무슨 영향이 미치겠습니까?
7 또 욥 어른께서 의로운 일을 하셨
다고 한들 하나님께 무슨 보탬이
되며, 하나님이 어른에게서 얻을
것이 무엇이 있겠습니까?
8 욥 어른께서 죄를 지었다고 해도,

장한다.

34:34-37 엘리후는 하나님의 지혜와 거룩하심과 궁극적인 공의에 대한 욥의 말들을 모두 무시하면서, 하나님의 처사를 원망했던 욥의 말만을 부각해 욥을 책망한다. 엘리후는 욥의 태도가 변하지 않는 한 계속해서 시험과 고난을 받아야 한다고 주장한다. 욥은 더 이상 자신을 변호하지도, 상대에게 화를 내지도 않고 침묵한다.

㉠ 또는 '내 의는 하나님의 의보다 더하다' ㉡ 또는 '나에게'

35장 요약 세 번째 변론에서 엘리후는 하나님이 자신의 온전함에 따라 대우하시지 않는다고 한 욥의 원망을 문제삼았다. 하나님은 광대하신 주권자이시므로 사람의 선악이 그분께 어떤 영향을 미칠 수는 없다는 것이 그의 주장이었다(6-8절).

35:2 욥은 21장에서 악인은 항상 처벌을 받는다는 친구들의 주장을 반박하기 위해, 악인이 종종

어른과 다름없는 사람에게나 손
해를 입히며, 욥 어른께서 의로운
일을 했다고 해도, 그것은 다만,
사람에게나 영향을 미칠 뿐입니
다.
9 사람들은 억압이 심해지면 부
르짖고, 세력이 있는 자들이 억누
르면 누구에게나 구원을 청하면
서 울부짖지만,
10 그들을 창조하신 하나님께로 돌
아가지 않습니다. 어두운 때에도
희망을 주시는 그 창조주 하나님
께로 돌아가지 않습니다.
11 하나님이 우리에게 짐승이나 새가
가진 지혜보다 더 나은 지혜를 주
시는데도 하나님께로 돌아가지 않
습니다.
12 그들이 거만하고 악하므로, 하나
님께 "도와주십시오" 하고 부르짖
어도, 하나님은 들은 체도 않으십
니다.
13 전능하신 하나님은 악한 자들을
보지도 않으시고, 그들의 호소를
들어 주지도 않으시므로, 그 악한
자들의 울부짖음에는 아무런 힘
이 없습니다.
14 욥 어른은 하나님을 볼 수 없다
고 말씀하셨습니다. 그러나 참고
기다리십시오. 어른께서 걸어 놓
은 소송장이 하나님 앞에 놓여 있
습니다.
15 어른은, 하나님이 벌을 내리지 않
으시고, 사람의 죄에도 별로 관심
이 없다고 생각하십니다.
16 그러나 명심하십시오. 어른께서
말씀을 계속하시는 것은, 쓸데없
는 일입니다. 어른은 자기가 하는
말이 무엇인지도 모르시는 것이
분명합니다.

36 1 다시 엘리후가 말을 이었다.
2 조금만 더 참고 들으시기 바
랍니다. 아직도 하나님을 대신하
여 드릴 말씀이 있습니다.
3 나는 내가 가진 지혜를 모두 다
짜내서라도 나를 지으신 하나님
이 의로우시다는 것을 밝히겠습
니다.
4 내가 하는 이 말에는 거짓이 전혀
없습니다. 건전한 지식을 가진 사
람이 지금 욥 어른과 더불어 말하
고 있습니다.
5 하나님은 큰 힘을 가지고 계시
지만, 흠이 없는 사람을 멸시하지
않으십니다. 또 지혜가 무궁무진
하시므로,
6 악한 사람을 살려 두지 않으시고,
고난받는 사람들의 권리를 옹호
하십니다.
7 의로운 사람들을 외면하지 않으
시며, 그들을 보좌에 앉은 왕들과

번성하며 산다고 주장했다(비교. 21:15). 엘리후는 이런 욥의 견해를 하나님을 섬겨도 유익이 없다는 것(34:9)으로 오해한 적이 있다. 엘리후는 이것을 근거로 '하나님께서도 나를 옳다고 하실 것이다'라는 욥의 견해에 모순이 있다고 지적한다. 하나님을 섬기며 악을 떠난 생활을 하더라도 하나님이 관심을 두지 않는다고 주장한다면, 어떻게 자신의 결백을 하나님이 밝혀 주시기를 기대할 수 있느냐는 뜻이다.

36장 요약 본장에서 엘리후는 악한 사람을 멸하시고 의로운 사람은 일으키시며, 죄악으로 인해 일시적으로 고통 가운데 처한 사람을 회개시켜 다시 회복시키시는 하나님을 증거한다. 또한 그는 욥에게 더 이상 교만하게 굴지 말고 하나님께 복종할 것을 촉구했다.

36:1-15 엘리후는 고난에 대한 자신의 견해를 피력한다. 그는 하나님의 전능하심과 지혜와 능력

함께 자리를 길이 같이하게 하시
고, 그들이 존경을 받게 하십니다.
8 그러나 의로운 사람이라도 하나님
께 복종하지 않으면, 쇠사슬에 묶
이게 하시고, 고통의 줄에 얽매여
서 벗어나지 못하게 하십니다. 그
러는 동안에
9 하나님은 그들에게 그들이 한 일
을 밝히시며, 그들이 교만하게 지
은 죄를 알리십니다.
10 하나님은 또한, 그들의 귀를 열어
서 경고를 듣게 하시고, 그들이 악
을 버리고 돌아오도록 명하십니
다.
11 만일 그들이 하나님께 순종하고,
그분을 섬기면, 그들은 나날이 행
복하게 살고, 평생을 즐겁게 지낼
것입니다.
12 그러나 그들이 귀담아 듣지 않으
면 결국 죽음의 세계로 내려갈 것
이고, 아무도 그들이 왜 죽었는지
를 모를 것입니다.
13 불경스러운 자들은 하나님께 형
벌을 받을 때에, 오히려 하나님을
원망하면서 도와주시기를 간구하
지 않습니다.
14 그들은 한창 젊은 나이에 죽고,
남창들처럼 요절하고 말 것입니
다.
15 그러나 사람이 받는 고통은, 하나
님이 사람을 가르치시는 기회이기
도 합니다. 사람이 고통을 받을
때에 하나님은 그 사람의 귀를 열
어서 경고를 듣게 하십니다.
16 하나님은 욥 어른을 보호하셔
서, 고통을 받지 않게 하셨습니다.
평안을 누리면서 살게 하시고, 식
탁에는 언제나 기름진 것으로 가
득 차려 주셨습니다.
17 그러나 이제 욥 어른은 마땅히 받
으셔야 할 형벌을 받고 계십니다.
심판과 벌을 면할 길이 없게 되었
습니다.
18 욥 어른은 뇌물을 바쳐서 용서받
을 생각은 아예 하지 마십시오.
속전을 많이 바친다고 하여 용서
받는 것은 아닙니다.
19 재산이 많다고 하여 속죄받을 수
없고, 돈과 권력으로도 속죄를 받
지 못합니다.
20 밤이 된다고 하여 이 형벌에서 벗
어나는 것이 아니니, 밤을 기다리
지도 마십시오.
21 악한 마음을 품지 않도록 조심하
십시오. 어른께서는 지금 고통을
겪고 계십니다마는, 이 고통이 어
른을 악한 길로 빠지지 않도록 지
켜 줄 것입니다.
22 하나님의 능력이 얼마나 큰지를
기억하십시오. 하나님은 우리 모

의 크심을 전제하면서(5절), 욥이 겪는 고난은 욥 자신의 행위에서 비롯된 것이라고 역설한다. 그에 따르면, 하나님은 무한히 높으시고 의로우셔서 의인들이 고난 중에 있을 때는 도우시는 구원자이시지만 악인들에게는 죽음의 심판자이시다.

36:8-12 이 내용은 세 친구들의 견해와 흡사하다. 차이가 있다면, 그들은 욥이 저지른 죄를 강조한 반면, 엘리후는 욥의 교만한 태도에 관심을 보인다는 것이다.

36:14 남창(男娼) 문자적으로는 '헌신된 사람들'을 의미한다. 이들은 우상 숭배에 바쳐진 남자들로서, 신전에서 동성애를 하였다(참조. 신 23:17; 왕상 15:12). 하나님은 이 죄를 가장 가증스럽게 여기셨다.

36:20 고난에서 벗어나기 위한 방편으로 죽음을 바라지 말라는 뜻이다. 이 구절의 원문은 모호하기 때문에 달리 번역되기도 한다. "너는 밤 곧 사람들을 집에서 끌어내는 때를 사모하지 말 것이

두에게 위대한 스승이십니다.
23 하나님께 이래라 저래라 할 사람
도 없고, "주님께서 옳지 못한 일
을 하셨습니다" 하고 하나님을 꾸
짖을 사람도 없습니다.
24 하나님의 업적은 늘 찬양받아 왔
습니다. 욥 어른도 하나님이 하신
일을 찬양하셔야 합니다.
25 온 인류가 하나님이 하신 일을 보
았습니다. 사람은 멀리서 하나님
이 하신 일을 봅니다.
26 그렇습니다! 하나님은 위대하셔
서, 우리의 지식으로는 그분을 알
수 없고, 그분의 햇수가 얼마인지
도 감히 헤아려 알 길이 없습니다.
27 물을 증발시켜서 끌어올리시고,
그것으로 빗방울을 만드시며,
28 구름 속에 싸 두셨다가 뭇 사람에
게 비로 내려 주십니다.
29 하나님이 구름을 어떻게 펴시는지
는 아무도 알지 못하며, 그 계신
곳 하늘에서 나는 천둥소리가 어
떻게 해서 생기는지 아무도 모릅
니다.
30 온 하늘에 번개를 보내십니다. 그
러나 바다 밑 깊은 곳은 어두운
채로 두십니다.
31 이런 방법으로 사람을 기르시고,
먹거리를 넉넉하게 주십니다.
32 두 손으로 번개를 쥐시고서, 목표
물을 치게 하십니다.
33 천둥은 폭풍이 접근하여 옴을 알
립니다. 동물은 폭풍이 오는 것을
미리 압니다.

37 1 폭풍이 나의 마음을 거세게
칩니다.
2 네 분은 모두 하나님의 음성을 들
으십시오. 그분의 입에서 나오는
천둥과 같은 소리를 들으십시오.
3 하나님이 하늘을 가로지르시면
서, 번개를 땅 이 끝에서 저 끝으
로 가로지르게 하십니다.
4 천둥과 같은 하나님의 음성이 들
립니다. 번갯불이 번쩍이고 나면,
그 위엄찬 천둥소리가 울립니다.
5 하나님이 명하시면, 놀라운 일들
이 벌어집니다. 도저히 이해할 수
없는 신기한 일들이 일어납니다.
6 눈에게 명하시면 땅에 눈이 내리
고, 소나기에게 명하시면 땅이 소
나기로 젖습니다.
7 눈이나 비가 내리면, 사람들은 하
던 일을 멈추고 하나님이 하시는
일을 봅니다.
8 짐승들도 굴로 들어가서, 거기에
서 눈비를 피합니다.
9 남풍은 폭풍을 몰고 오고, 북풍
은 찬바람을 몰고 옵니다.
10 하나님이 쉬시는 숨으로 물이 얼
고, 넓은 바다까지도 꽁꽁 얼어 버

니라"(NIV). 이 번역에 의하면, 사람들이 죄를 저지르는 밤을 욥이 갈망해서는 안 된다는 것이다.

36:27-37:13 고대 사람들에게 자연 현상은 엄청난 수수께끼였다. 구름이 생기고 번개가 치며 천둥이 울리는 가운데에 이해할 수 없는 하나님의 지혜가 드러난다고 사람들은 생각했다. 특히 천둥 속에서 '하나님의 음성'을 들을 수 있다고 생각했다(참조. 시 29:3-9). 엘리후가 말한 온갖 자연 현상은 하나님의 명령을 받아 일어난다.

37장 요약 36장에 이어 엘리후는 자연계를 통해 드러난 하나님의 권능과 위엄을 자세히 설명한다. 그는 또한 하나님이 이러한 자연 현상을 축복과 심판의 방편으로 사용하사 이 세상을 공의로 통치하신다고 하는 이해하기 어려운 신비에 관해 언급한다.

37:13 폭우가 농작물을 망치는 점에서는 하나님의 심판이지만, 메마른 땅을 적셔서 농작물이 성

립니다.
11 **그가 또 짙은 구름에 물기를 가득**
실어서, 구름 속에서 번갯불이 번
쩍이게 하십니다.
12 **구름은 하나님의 명을 따라서 뭉**
게뭉게 떠다니며, 하나님이 명하
신 모든 것을 이 땅 위의 어디에서
든지 이루려고 합니다.
13 **하나님은 땅에 물을 주시려고 비**
를 내리십니다. 사람을 벌하실 때
에도 비를 내리시고, 사람에게 은
총을 베푸실 때에도 비를 내리십
니다.
14 **욥 어른은 이 말을 귀담아 들으십**
시오. 정신을 가다듬어서, 하나님
이 하시는 신기한 일들을 곰곰이
생각해 보십시오.
15 **하나님이 어떻게 명하시는지, 그**
구름 속에서 어떻게 번갯불이 번
쩍이게 하시는지를 아십니까?
16 **구름이 어떻게 하늘에 떠 있는지**
를 아십니까? 하나님의 이 놀라
운 솜씨를 알기라도 하십니까?
17 **모르실 것입니다. 뜨거운 남풍이**
땅을 말릴 때에, 그 더위 때문에
고통스러워하신 것이 고작일 것입
니다.
18 **어른께서 하나님을 도와서 하늘**
을 펴실 수 있습니까? 하늘을 번
쩍이는 놋거울처럼 만드실 수 있
습니까?
19 **어디 한 번 말씀하여 보십시오.**
하나님께 뭐라고 말씀드려야 할지
를 우리에게 가르쳐 주십시오. 우
리는 무지몽매하여 하나님께 드릴
말씀이 없습니다.
20 **내가 하고 싶은 말이라고 하여, 다**
할 수 있겠습니까? 어찌하여 하나
님께 나를 멸하실 기회를 드린단
말입니까?
21 **이제 하늘에서 빛나는 빛이 눈**
부십니다. 쳐다볼 수 없을 만큼
밝습니다. 바람이 불어서 하늘이
맑아졌습니다.
22 **북쪽에는 금빛 찬란한 빛이 보이**
고, 하나님의 위엄찬 영광이 우리
를 두렵게 합니다.
23 **하나님의 권능이 가장 크시니, 우**
리가 전능하신 그분께 가까이 나
아갈 수 없습니다. 사람을 대하실
때에, 의롭게 대하시고, 정의롭게
대하여 주십니다.
24 **그러므로 사람이 하나님을 경외**
해야 하는 것은 당연합니다. 하나
님은 스스로 지혜롭다고 하는 사
람을 무시하십니다.

주님께서 욥에게 대답하시다

38 **그 때에 주님께서 욥에게 폭풍**
이 몰아치는 가운데서 대답하
셨다.

장할 수 있는 것은 하나님의 은총이다(36:31).
37:24 하나님을 경외하는 것은 하나님의 권능과 사람의 연약함을 동시에 인정하는 것이다. 그동안 엘리후는 ① 하나님을 변호하고 ② 욥의 교만을 지적하고 ③ 자연 현상 속 하나님의 일들을 묘사하고 ④ 욥에게 질문들을 던지고(33:13;34:17–19,33;35:2,6–7;36:19,22–23,29) ⑤ 욥이 자신을 의롭게 여기고 하나님을 원망한 것을 파헤침으로써 하나님이 말씀하실 수 있는 분위기를 조성했다.

38장 요약 엘리후의 변론이 끝나자 하나님이 침묵을 깨뜨리시고 폭풍 가운데서 욥에게 말씀하셨다. 하나님은 신비한 자연 현상을 열거하시면서, 욥에게 이 모든 신비한 일들을 알 수 있는 지혜가 있느냐고 질문함으로써 욥의 무지를 깨닫게 하신다.

38:1 하나님은 폭풍과 함께 나타나셨다. 폭풍은 욥의 열 자녀의 생명을 앗아가 그에게 슬픔을 준

2 네가 누구이기에 무지하고 헛된
말로 내 지혜를 의심하느냐?
3 이제 허리를 동이고 대장부답게
일어서서, 묻는 말에 대답해 보아
라.
4 내가 땅의 기초를 놓을 때에, 네
가 거기에 있기라도 하였느냐? 네
가 그처럼 많이 알면, 내 물음에
대답해 보아라.
5 누가 이 땅을 설계하였는지, 너는
아느냐? 누가 그 위에 측량줄을
띄웠는지, 너는 아느냐?
6 무엇이 땅을 버티는 기둥을 잡고
있느냐? 누가 땅의 주춧돌을 놓
았느냐?
7 그 날 새벽에 별들이 함께 노래하
였고, ㉠천사들은 모두 기쁨으로
소리를 질렀다.
8 바닷물이 땅 속 모태에서 터져
나올 때에, 누가 문을 닫아 바다
를 가두었느냐?
9 구름으로 바다를 덮고, 흑암으로
바다를 감싼 것은, 바로 나다.
10 바다가 넘지 못하게 금을 그어 놓
고, 바다를 가두고 문 빗장을 지
른 것은, 바로 나다.
11 "여기까지는 와도 된다. 그러나 더
넘어서지는 말아라! 도도한 물결
을 여기에서 멈추어라!" 하고 바
다에게 명한 것이 바로 나다.
12 네가 지금까지 살아오면서 네가
아침에게 명령하여, 동이 트게 해
본 일이 있느냐? 새벽에게 명령하
여, 새벽이 제자리를 지키게 한 일
이 있느냐?
13 또 새벽에게 명령하여, 땅을 옷깃
휘어잡듯이 거머쥐고 마구 흔들
어서 악한 자들을 털어 내게 한
일이 있느냐?
14 대낮의 광명은 언덕과 계곡을 옷
의 주름처럼, 토판에 찍은 도장처
럼, 뚜렷하게 보이게 한다.
15 대낮의 광명은 너무나도 밝아서,
악한 자들의 폭행을 훤히 밝힌다.
16 바다 속 깊은 곳에 있는 물 근
원에까지 들어가 보았느냐? 그 밑
바닥 깊은 곳을 거닐어 본 일이 있
느냐?
17 죽은 자가 들어가는 문을 들여다
본 일이 있느냐? 그 죽음의 그늘
이 드리운 문을 본 일이 있느냐?
18 세상이 얼마나 큰지 짐작이나 할
수 있겠느냐? 이 모든 것을 알고
있다면, 어디 네 말 한 번 들어 보
자.
19 빛이 어디에서 오는지 아느냐?
어둠의 근원이 어디에 있는지 아
느냐?
20 빛과 어둠이 있는 그 곳이 얼마나
먼 곳에 있는지, 그 곳을 보여 줄

적이 있다(1:19). 그러나 이제는 하나님의 뜻을 계시하는 수단이 되고 있다.

38:4-15 욥은 자신에게 내린 고난의 부당성을 하나님께 입증하려고 했다. 그러나 하나님은 이 문제에 대해 답변을 하시기는커녕 오히려 욥에게 질문을 계속하신다. 욥의 부르짖음에 응하신 것이 아니라 오히려 욥을 소환하셨다. 고난의 이유를 설명하시지는 않고, 오히려 하나님의 섭리에 반발한다는 죄목으로 욥을 책망하신다. 하나님은 이런 질문들을 통해서 당신의 권능과 지혜가 위대하심을 나타내시며 욥이 무지하고 인내가 부족하다는 사실을 깨닫게 하려고 하신다. 하나님이 욥에게 던진 질문은 70가지 이상이며, 그 내용도 천체에서 땅, 그리고 짐승에서 새에 이르기까지 아주 다양하다. 욥이 살던 시대의 사람들에게는 헤아릴 수조차 없는 것들이었다.

38:5 측량줄 평면의 경사를 재기 위해 치는 먹줄.

㉠ 히, '하나님의 아들들'

수 있느냐? 빛과 어둠이 있는 그
곳에 이르는 길을 아느냐?
21 암, 알고 말고. 너는 알 것이다. 내
가 이 세상을 만들 때부터 지금까
지 네가 살아왔고, 내가 세상 만
드는 것을 네가 보았다면, 네가 오
죽이나 잘 알겠느냐!
22 눈을 쌓아 둔 창고에 들어간 일
이 있느냐? 우박 창고를 들여다
본 일이 있느냐?
23 이것들은 내가 환난이 생겼을 때
에 쓰려고 간직해 두었고, 전쟁할
때에 쓰려고 준비해 두었다.
24 해가 뜨는 곳에 가 본 적이 있느
냐? 동풍이 불어오는 그 시발점
에 가 본 적이 있느냐?
25 쏟아진 폭우가 시내가 되어서 흐
르도록 개울을 낸 이가 누구냐?
천둥과 번개가 가는 길을 낸 이가
누구냐?
26 사람이 없는 땅, 인기척이 없는 광
야에 비를 내리는 이가 누구냐?
27 메마른 거친 땅을 적시며, 굳은 땅
에서 풀이 돋아나게 하는 이가 누
구냐?
28 비에게 아버지가 있느냐? 누가 이
슬 방울을 낳기라도 하였느냐?
29 얼음은 어느 모태에서 나왔으며,
하늘에서 내리는 서리는 누가 낳
았느냐?
30 물을 돌같이 굳게 얼리는 이, 바다
의 수면도 얼게 하는 이가 누구
냐?
31 네가 북두칠성의 별 떼를 한데
묶을 수 있으며, 오리온 성좌를
묶은 띠를 풀 수 있느냐?
32 네가 철을 따라서 성좌들을 이끌
어 낼 수 있으며, 큰곰자리와 그
별 떼를 인도하여 낼 수 있느냐?
33 하늘을 다스리는 질서가 무엇인
지 아느냐? 또 그런 법칙을 땅에
적용할 수 있느냐?
34 네 소리를 높여서, 구름에게까
지 명령을 내릴 수 있느냐? 구름
에게 명령하여, 너를 흠뻑 적시게
할 수 있느냐?
35 번개를 내보내어, 번쩍이게 할 수
있느냐? 그 번개가 네게로 와서
"우리는 명령만 기다립니다" 하고
말하느냐?
36 강물이 범람할 것이라고 알리는
따오기에게 나일 강이 넘칠 것이
라고 말해 주는 이가 누구냐? 비
가 오기 전에 우는 수탉에게 비가
온다고 말해 주는 이가 누구냐?
37 누가 구름을 셀 만큼 지혜로우
냐? 누가 하늘의 물 주머니를 기
울여서 비를 내리고,
38 누가 지혜로워서, 티끌을 진흙덩
이로 만들고, 그 진흙덩이들을 서

또는 평면의 기울기를 조사하는 수준기와 직선을 그리는 먹줄을 말한다.

38:16-30 하나님은 욥에게 바다와 땅, 빛과 어둠, 그리고 기상에 대한 지식 등을 얼마나 가졌는지 질문하신다. 사람들의 행위에 따라 하나님의 심판·상급·징계가 어떻게 주어지는지 그리고 하나님의 공의가 어떻게 나타나는지를 이해하는 것은 무척 어려운 일이다. 그러므로 자연 현상보다 더 복잡하고 어려운 도덕적인 문제를 놓고 하나님과 변론하기 위해서는 적어도 자연 현상에 대한 기본적인 지식은 이미 갖추고 있어야 한다는 암시이다.

38:37 하늘의 물 주머니 이것은 '구름'을 말하는 것으로, 물이 담겨 있는 병으로 묘사한 시적 표현이다.

38:39-39:30 이 부분은 동물과 새들을 창조하신 하나님의 뛰어난 지혜와 그것들을 돌보시는 하나님의 관심에 대한 설명이다.

로 달라붙게 할 수 있느냐?
39 네가 사자의 먹이를 계속하여
댈 수 있느냐? 굶주린 사자 새끼
들의 식욕을 채워 줄 수 있느냐?
40 그것들은 언제나 굴 속에 웅크리
고 있거나, 드러나지 않는 곳에 숨
어 있다가 덮친다.
41 까마귀 떼가 먹이가 없어서 헤맬
때에, 그 새끼들이 나에게 먹이를
달라고 조를 때에, 그 까마귀 떼
에게 먹이를 마련하여 주는 이가
누구냐?

39

1 너는 산에 사는 염소가 언제
새끼를 치는지 아느냐? 들사슴
이 새끼를 낳는 것을 지켜 본 일
이 있느냐?
2 들사슴이 몇 달 만에 만삭이 되는
지 아느냐? 언제 새끼를 낳는지
아느냐?
3 언제 구푸려서 새끼를 낳는지를
아느냐? 낳은 새끼를 언제 광야
에다가 풀어 놓는지를 아느냐?
4 그 새끼들은 튼튼하게 자라나면,
어미 곁을 떠나가서 다시 돌아오
지 않는다.
5 누가 들나귀를 놓아 주어서 자
유롭게 해주었느냐? 누가 날쌘 나
귀에게 매인 줄을 풀어 주어서,
마음대로 뛰놀게 하였느냐?
6 들판을 집으로 삼게 하고 소금기
있는 땅을 살 곳으로 삼게 한 것
은, 바로 나다.
7 들나귀가 시끄러운 성읍에서 멀
리 떨어져 있으므로, 아무도 들나
귀를 길들이지 못하고, 일을 시키
지도 못한다.
8 산은 들나귀가 마음껏 풀을 뜯는
초장이다. 푸른 풀은 들나귀가 찾
는 먹이다.
9 들소가 네 일을 거들어 주겠느
냐? 들소가 네 외양간에서 잠을
자겠느냐?
10 네가 들소에게 쟁기를 매어 주어
서, 밭을 갈게 할 수 있느냐? 들소
들이 네 말을 따라서 밭을 갈겠느
냐?
11 들소가 힘이 센 것은 사실이지만,
네가 하기 힘든 일을 들소에게 떠
맡길 수 있겠느냐?
12 들소가, 심은 것을 거두어들여서
타작 마당에 쌓아 줄 것 같으냐?
13 타조가 날개를 재빠르게 치기
는 하지만, 황새처럼 날지는 못한
다.
14 타조가 땅바닥에다가 알을 낳는
것은, 흙이 그 알을 따스하게 해주
기를 바라기 때문이다.
15 그러나 그 알이 발에 밟혀서 깨어
질 수 있음을 알지 못한다. 들짐
승이 그 알을 짓밟을 수도 있음을

39장 요약 본장에서는 야생 동물들 하나하나까지도 일일이 보살피시는 하나님의 자상하신 배려가 부각되고 있다. 이러한 내용은 하나님의 지혜 앞에서 사람의 지식이 얼마나 미약한 것인지를 일깨움과 동시에, 야생 동물들을 돌보시는 하나님이 어찌 사람에 대해 각별한 관심을 기울이시지 않겠느냐고 하는 암시를 내포하고 있다.

39:7 들나귀가…떨어져 있으므로 들나귀는 성읍에서 멀리 떨어진 곳에서 서식한다는 뜻이다.

39:9-12 들소(auroch)는 발굽이 있는 동물 중에서 가장 힘이 세고 크기도 하마와 코끼리를 제외하고는 다른 어떤 동물에게도 뒤지지 않는다. 사람은 이 들소를 자기 뜻대로 길들일 수 없는데, 이런 들소도 길들이지 못하는 사람이 이 들소를 창조하신 하나님에 대해 왈가왈부하는 것은 어리석은 일이다.

알지 못한다.
16 타조는 알을 거칠게 다루기를 마
치 제가 낳은 알이 아닌 것같이
하고, 알을 낳는 일이 헛수고가 되
지나 않을까 하고 걱정도 하지 못
하니,
17 이것은 나 하나님이 타조를 어리
석은 짐승으로 만들고, 지혜를 주
지 않았기 때문이다.
18 그러나 타조가 한 번 날개를 치면
서 달리기만 하면, 말이나 말 탄
사람쯤은 우습게 여긴다.
19 욥은 대답해 보아라. 말에게 강
한 힘을 준 것이 너냐? 그 목에
흩날리는 갈기를 달아 준 것이 너
냐?
20 네가 말을 메뚜기처럼 뛰게 만들
었느냐? 사람을 두렵게 하는 그
위세 당당한 콧소리를 네가 만들
어 주었느냐?
21 앞 발굽으로 땅을 마구 파 대면서
힘껏 앞으로 나가서 싸운다.
22 그것들은 두려움이라는 것을 모
른다. 칼 앞에서도 돌아서지 않는
다.
23 말을 탄 용사의 화살통이 덜커덕
소리를 내며, 긴 창과 짧은 창이
햇빛에 번쩍인다.
24 나팔 소리만 들으면 머물러 서 있
지 않고, 흥분하여, 성난 모습으로
땅을 박차면서 내달린다.
25 나팔을 불 때마다, "힝힝" 하고 콧
김을 뿜으며, 멀리서 벌어지는 전
쟁 냄새를 맡고, 멀리서도 지휘관
들의 호령과 고함 소리를 듣는다.
26 매가 높이 솟아올라서 남쪽으로
날개를 펴고 날아가는 것이 네게
서 배운 것이냐?
27 독수리가 하늘 높이 떠서 높은 곳
에 보금자리를 만드는 것이 네 명
령을 따른 것이냐?
28 독수리는 바위에 집을 짓고 거기
에서 자고, 험한 바위와 요새 위
에 살면서,
29 거기에서 먹이를 살핀다. 그의 눈
은 멀리서도 먹이를 알아본다.
30 독수리 새끼는 피를 빨아먹고 산
다. 주검이 있는 곳에 독수리가 있
다.

40

1 주님께서 또 욥에게 말씀하
셨다.
2 전능한 하나님과 다투는 욥아,
네가 나를 꾸짖을 셈이냐? 네가
나를 비난하니, 어디, 나에게 대답
해 보아라.
3 ○그 때에 욥이 주님께 대답하였
다.
4 저는 비천한 사람입니다. 제가
무엇이라고 감히 주님께 대답할
수 있겠습니까? 다만 손으로 입을

39:10 쟁기 갈아놓은 논바닥을 판판하게 고르거나 흙덩이를 깨뜨리는 데 쓰는 농기구이다. 양쪽에 밧줄을 달아 소와 말이 끌게 되어 있다.

39:26 매는 철새로서 추운 날씨를 피해 따뜻한 남쪽으로 가는 길을 본능적으로 잘 안다.

39:30 여기서 독수리는 주검을 먹고 피를 빨아먹고 산다는 점으로(30절) 보아 일반적인 '독수리'가 아니라 '콘돌'(griffon-vulture)인 듯하다. 30절 하반절은 속담이 되었다(참조. 마 24:28).

40장 요약 앞에서 욥은 하나님의 법정에 설 뜻을 강력히 비쳤다(13:3,15). 하지만 하나님은 자연을 통해 드러난 그분의 초월적인 주권과 지혜를 제시하심으로써 하나님과 변론하려는 욥의 생각이 얼마나 어리석은 것인지를 일깨워 주셨다.

40:1-5 하나님께서는 욥의 무죄를 다루는 대신, 욥이 알지 못하는 신비로운 세계를 말씀하시면

막을 뿐입니다.
5 이미 말을 너무 많이 했습니다.
더 할 말이 없습니다.
6 ○그러자 주님께서 폭풍 가운데서
다시 말씀하셨다.
7 이제 허리를 동이고 대장부답게
일어서서, 내가 묻는 말에 대답하
여라.
8 아직도 너는 내 판결을 비난하려
느냐? 네가 자신을 옳다고 하려
고, 내게 잘못을 덮어씌우려느냐?
9 네 팔이 하나님의 팔만큼 힘이 있
느냐? 네가 하나님처럼 천둥소리
같은 우렁찬 소리를 낼 수 있느
냐?
10 어디 한 번 위엄과 존귀를 갖추
고, 영광과 영화를 갖추고,
11 교만한 자들을 노려보며, 네 끓어
오르는 분노를 그들에게 쏟아 내
고, 그들의 기백을 꺾어 보아라.
12 모든 교만한 자를 살펴서 그들을
비천하게 하고, 악한 자들을 그
서 있는 자리에서 짓밟아서
13 모두 땅에 묻어 보아라. 모두 얼
굴을 천으로 감아서 무덤에 뉘어
보아라.
14 그렇게만 할 수 있다면, 나는 너를
찬양하고, 네가 승리하였다는 것
을 내가 인정하겠다.
15 ㉠베헤못을 보아라. 내가 너를 만
든 것처럼, 그것도 내가 만들었다.
그것이 소처럼 풀을 뜯지만,
16 허리에서 나오는 저 억센 힘과, 배
에서 뻗쳐 나오는 저 놀라운 기운
을 보아라.
17 꼬리는 백향목처럼 뻗고, 넓적다
리는 힘줄로 단단하게 감쌌다.
18 뼈대는 놋처럼 강하고, 갈비뼈는
쇠빗장과 같다.
19 그것은, 내가 만든 피조물 가운
데서 으뜸가는 것, 내 무기를 들고
다니라고 만든 것이다.
20 모든 들짐승이 즐겁게 뛰노는 푸
른 산에서 자라는 푸른 풀은 그것
의 먹이다.
21 그것은 연꽃잎 아래에 눕고, 갈대
밭 그늘진 곳이나 늪 속에다가 몸
을 숨긴다.
22 연꽃잎 그늘이 그것을 가리고, 냇
가의 버드나무들이 그것을 둘러
싼다.
23 강물이 넘쳐도 놀라지 않으며, 요
단 강의 물이 불어서 입에 차도
태연하다.
24 누가 그것의 눈을 감겨서 잡을 수
있으며, 누가 그 코에 갈고리를 꿸
수 있느냐?

41

1 네가 낚시로 ㉡리워야단을 낚
을 수 있으며, 끈으로 그 혀를
맬 수 있느냐?

서, 욥의 호소(13:3,15)에 대답하신다. 욥은 자신의 무지를 인정하고 손으로 입을 가리고 침묵을 다짐한다(4–5절).

40:15–24 베헤못 히브리어로 '짐승'을 뜻한다. 본문에는 몸집이 크고 물속에 사는 초식동물로 묘사하고 있다. 하나님께서 만드신 베헤못의 묘사를 욥에게 들려주시며 인간의 무력함과 무지함을 깨닫게 하신다. 이 비유적 암시를 통하여 욥은 자신이 만들어진 까닭을 알아야 한다.

41장 요약 본장에서 하나님은 리워야단의 모습을 통해 욥의 한계를 지적하신다. 즉 리워야단도 마음대로 제지할 수 없는 연약한 사람이 리워야단을 만드신 하나님과 감히 변론을 벌이고자 하는 태도는 어불성설이라는 것이다. 만물이 하나님의 주권하에 있기 때문에, 그분을 대항하려는 생각 자체가 어리석다.

㉠ 하마나 코끼리와 같은 짐승 ㉡ 3:8의 주를 볼 것

2 그 코를 줄로 꿸 수 있으며, 갈고
리로 그 턱을 꿸 수 있느냐?
3 그것이 네게 살려 달라고 애원할
것 같으냐? 그것이 네게 자비를
베풀어 달라고 빌 것 같으냐?
4 그것이 너와 언약을 맺기라도 하
여, 영원히 네 종이 되겠다고 약속
이라도 할 것 같으냐?
5 네가 그것을 새처럼 길들여서 데
리고 놀 수 있겠으며, 또 그것을
끈으로 매어서 여종들의 노리개
로 삼을 수 있겠느냐?
6 어부들이 그것을 가지고 흥정하
고, 그것을 토막 내어 상인들에게
팔 수 있겠느냐?
7 네가 창으로 그것의 가죽을 꿰뚫
을 수 있으며, 작살로 그 머리를
찌를 수 있겠느냐?
8 손으로 한 번 만져만 보아도, 그것
과 싸울 생각은 못할 것이다.
9 ㉠리워야단을 보는 사람은, 쳐다보
기만 해도 기가 꺾이고, 땅에 고꾸
라진다.
10 그것이 흥분하면 얼마나 난폭하
겠느냐? 누가 그것과 맞서겠느
냐?
11 그것에게 덤벼 들고 그 어느 누가
무사하겠느냐? 이 세상에는 그럴
사람이 없다.
12 ㉠리워야단의 다리 이야기를 어
찌 빼놓을 수 있겠느냐? 그 용맹
을 어찌 말하지 않을 수 있겠느
냐? 그 늠름한 체구를 어찌 말하
지 않고 지나겠느냐?
13 누가 그것의 가죽을 벗길 수 있겠
느냐? 누가 두 겹 갑옷 같은 비늘
사이를 뚫을 수 있겠느냐?
14 누가 그것의 턱을 벌릴 수 있겠느
냐? 빙 둘러 돋아 있는 이빨은 보
기만 해도 소름이 끼친다.
15 등비늘은, 그것이 자랑할 만한 것,
빽빽하게 짜여 있어서 돌처럼 단
단하다.
16 그 비늘 하나하나가 서로 이어 있
어서, 그 틈으로는 바람도 들어가
지 못한다.
17 비늘이 서로 연결되어 꽉 달라붙
어서, 그 얽힌 데가 떨어지지도 않
는다.
18 재채기를 하면 불빛이 번쩍거리
고, 눈을 뜨면 그 눈꺼풀이 치켜
올라가는 모양이 동이 트는 것과
같다.
19 입에서는 횃불이 나오고, 불똥이
튄다.
20 콧구멍에서 펑펑 쏟아지는 연기
는, 끓는 가마 밑에서 타는 갈대
연기와 같다.
21 그 숨결은 숯불을 피울 만하고,
입에서는 불꽃이 나온다.

41:1–11 하나님의 능력에 대한 자연 현상의 비유가 계속된다. 리워야단의 힘과 길들일 수 없는 야성에 대해 설명하고 있다.
41:1 리워야단 이것은 고래·돌고래·물에 사는 공룡 혹은 우가리트 신화에 등장하는 머리가 일곱 달린 괴물, 로탄(Lotan) 등으로 간주되기도 한다.
41:12–24 리워야단의 비늘(12–17절)과 리워야단의 눈, 입, 코, 가죽(18–24절)에 대한 묘사이다.
41:18 재채기를 하면 불빛이 번쩍거리고 리워야단은 약 5분간 물 속에 머무른 후에 숨을 쉬기 위하여 물 위로 올라온다. 이 때 콧구멍에 있는 물을 뿜어내는데, 이 물줄기가 빛처럼 보이는 것을 가리킨다. **눈을 뜨면 그 눈꺼풀이…동이 트는 것과 같다** 리워야단이 물 위로 올라올 때, 제일 먼저 보이는 부분이 눈이다. 이것을 새벽빛에 비유한 것이다.
41:19–21 이 구절들을 근거로 해서 일부 학자들

㉠ 3:8의 주를 볼 것

22 목에는 억센 힘이 들어 있어서, 보
는 사람마다 겁에 질리고 만다.
23 살갗은 쇠로 입힌 듯이, 약한 곳
이 전혀 없다.
24 심장이 돌처럼 단단하니, 그 단단
하기가 맷돌 아래짝과 같다.
25 일어나기만 하면 아무리 힘센 자
도 벌벌 떨며, 그 몸부림 치는 소
리에 기가 꺾인다.
26 칼을 들이댄다 하여도 소용이 없
고, 창이나 화살이나 표창도 맥을
쓰지 못한다.
27 쇠도 지푸라기로 여기고, 놋은 썩
은 나무 정도로 생각하니,
28 그것을 쏘아서 도망 치게 할 화살
도 없고, 무릿매 돌도 아예 바람
에 날리는 겨와 같다.
29 몽둥이는 지푸라기쯤으로 생각하
며, 창이 날아오는 소리에는 코웃
음만 친다.
30 뱃가죽은 날카로운 질그릇 조각
과 같아서, 타작기가 할퀸 진흙
바닥처럼, 지나간 흔적을 남긴다.
31 물에 뛰어들면, 깊은 물을 가마솥
의 물처럼 끓게 하고, 바다를 기름
가마처럼 휘젓는다.
32 한 번 지나가면 그 자취가 번쩍번
쩍 빛을 내니, 깊은 바다가 백발을
휘날리는 것처럼 보인다.
33 땅 위에는 그것과 겨룰 만한 것이
없으며, 그것은 처음부터 겁이 없
는 것으로 지음을 받았다.
34 모든 교만한 것들을 우습게 보고,
그 거만한 모든 것 앞에서 왕노릇
을 한다.

욥의 회개

42 욥이 주님께 대답하였다.
2 주님께서는 못하시는 일이
없으시다는 것을, 이제 저는 알았
습니다. 주님의 계획은 어김없이
이루어진다는 것도, 저는 깨달았
습니다.
3 잘 알지도 못하면서, 감히 주님의
뜻을 흐려 놓으려 한 자가 바로 저
입니다. 깨닫지도 못하면서, 함부
로 말을 하였습니다. 제가 알기에
는, 너무나 신기한 일들이었습니다.
4 주님께서 말씀하셨습니다. "들어
라. 내가 말하겠다. 내가 물을 터이
니, 내게 대답하여라" 하셨습니다.
5 주님이 어떤 분이시라는 것을, 지
금까지는 제가 귀로만 들었습니
다. 그러나 이제는 제가 제 눈으로
주님을 뵙습니다.
6 그러므로 저는 제 주장을 거두어
들이고, 티끌과 잿더미 위에 앉아
서 회개합니다.

결론

7 ○주님께서는 욥에게 말씀을 마치신
다음에, 데만 사람 엘리바스에게 이

은 리워야단을 신화적인 동물로 간주한다. 그러나 이것은 리워야단의 무시무시한 모습을 과장한 시적인 표현으로 보는 것이 적당하다.

41:25-34 리워야단의 용맹 그 어떤 용사도 대항할 수 없고 그 어떤 무기로도 무찌를 수 없는 리워야단의 용맹에 대한 설명이다. 40-41장에 걸쳐 하나님은 자신의 '걸작품들'을 통해 하나님이 지으신 온 세계는 사람이 다 이해할 수 없는 위대한 것임을 보여 주신다.

42장 요약 욥은 마침내 자신의 교만을 인정하고 진심으로 회개한다. 하나님은 욥의 세 친구들의 잘못을 지적하시고 하나님께 번제를 드려 용서받으라고 명하셨다. 욥은 친구들을 위해 중보 기도를 드렸고, 하나님의 은혜를 받아 갑절의 축복을 누리게 되었다.

42:1-6 욥은 하나님이 완전하신 분임을 체험적으로 알게 되었고, 자신을 끝까지 변호하려 했던

렇게 말씀하셨다. "내가 너와 네 두
친구에게 분노한 것은, 너희가 나를
두고 말을 할 때에, 내 종 욥처럼 옳
게 말하지 못하였기 때문이다.
8 그러므로 이제 너희는, 수송아지 일
곱 마리와 숫양 일곱 마리를 마련하
여, 내 종 욥에게 가지고 가서, 너희
가 용서받을 수 있도록 번제를 드려
라. 내 종 욥이 너희를 용서하여 달
라고 빌면, 내가 그의 기도를 들어줄
것이다. 너희가 나를 두고 말을 할
때에, 내 종 욥처럼 옳게 말하지 않
고, 어리석게 말하였지만, 내가 그대
로 갚지는 않을 것이다."
9 그래서 데만 사람 엘리바스와 수아
사람 빌닷과 나아마 사람 소발이 가
서, 주님께서 그들에게 말씀하신 대
로 하니, 주님께서 욥의 기도를 들어
주셨다.

주님께서 욥에게 복을 주심

10 ○욥이 주님께, 자기 친구들을 용서
해 달라고 기도를 드리고 난 다음
에, 주님께서 욥의 재산을 회복시켜
주셨는데, 욥이 이전에 가졌던 모든
것보다 배나 더 돌려주셨다.
11 그러자 그의 모든 형제와 자매와 전
부터 그를 아는 친구들이 다 그를
찾아와, 그의 집에서 그와 함께 기뻐
하면서, 먹고 마셨다. 그들은 주님께
서 그에게 내리신 그 모든 재앙을 생
각하면서, 그를 동정하기도 하고, 또
위로하기도 하였다. 그러면서 그들
은 저마다, 그에게 돈을 주기도 하
고, 금반지를 끼워 주기도 하였다.
12 주님께서 욥의 말년에 이전보다 더
많은 복을 주셔서, 욥이, 양을 만 사
천 마리, 낙타를 육천 마리, 소를 천
겨리, 나귀를 천 마리나 거느리게 하
셨다.
13 그리고 그는 아들 일곱과 딸 셋을
낳았다.
14 첫째 딸은 ㉠여미마, 둘째 딸은 ㉡긋
시아, 셋째 딸은 ㉢게렌합북이라고
불렀다.
15 땅 위의 어디에서도 욥의 딸들처럼
아리따운 여자를 찾아볼 수 없었다.
더욱이 그들의 아버지는, 오라비들
에게 준 것과 똑같이, 딸들에게도
유산을 물려주었다.
16 ○그 뒤에 욥은 ㉣백사십 년을 살면
서, 그의 아들과 손자 사 대를 보았
다.
17 욥은 이렇게 오래 살다가 세상을 떠
났다.

교만을 부끄럽게 여겼다.

42:7-9 욥은 고난 중에서도 하나님의 속성과 사역과 주권에 대하여 진솔하게 진술한 반면, 욥의 세 친구들은 전통적인 틀 안에서만 하나님을 인식하는, 곧 지식으로만 하나님을 아는 잘못을 범하였다.

42:10-17 욥은 사람들과의 교제를 통하여 사회적 관계를 회복하게 되었으며, 갑절의 재산과 자손에 대한 축복을 통하여 궁극적으로 하나님의 섭리에 의해 허락된 삶을 다시 살게 되었다. 따라서 욥의 회복은 하나님의 은총에 의한 축복이며, 결코 그의 순전함에 대한 보상으로 준 것이 아니다.

42:16-17 욥은 고난을 겪은 후 140년을 더 살았다. 유대 사람의 구전에 의하면, 고난을 받을 때의 욥의 나이는 칠십 세라고 한다. 그러므로 그의 생명도 역시 두 배 더 연장된 것이다.

㉠ '비둘기' ㉡ '계피 향' ㉢ 화장도구, 특히 눈화장에 사용 ㉣ 칠십인역에는 '이백사십 년'

시편

저자 다윗, 모세, 솔로몬, 아삽, 에단, 헤만, 고라 자손 등

저작 연대 B.C. 1000년경

기록 장소와 대상 여러 사람이 기록했기 때문에 여러 곳에서 기록되었다. 이스라엘 백성을 대상으로 쓰여졌다.

핵심어 및 내용 시편의 핵심어는 '찬양'과 '신뢰'이다. 150편의 시편들은 하나님의 위대한 성품, 그분이 행하신 일들과 앞으로 행하실 일들에 대한 찬양을 주로 다루고 있다. 시편 저자들은 자기의 백성을 보호하시고 사랑하시며 구원하시는 하나님을 온전히 신뢰하라고 계속해서 명령하고 있다.

시편의 구성상 분류 총 150편의 시들이 다섯 권의 책으로 구분되어 있는데 이것은 모세의 율법이 다섯 권으로 나뉘어 있는 것과 관련이 있는 듯하다. 그러나 이 구분은 후대에 나누어진 것이므로 절대적인 것은 아니다. 그 구분은 다음과 같다. 제1권: 1-41편, 제2권: 42-72편, 제3권: 73-89편, 제4권: 90-106편, 제5권: 107-150편.

시편의 유형상 분류 시편은 네 가지 유형으로 구성되어 있다. 신앙 공동체의 시, 개인적인 신앙 고백의 시, 찬양의 시, 왕의 시(Royal Psalm) 등이다.

제 1 권

(시편 1-41)

참된 행복

1 복 있는 사람은 악인의 꾀를 따르지 아니하며, 죄인의 길에 서지 아니하며, 오만한 자의 자리에 앉지 아니하며,
2 오로지 주님의 ㉠율법을 즐거워하며, 밤낮으로 율법을 ㉡묵상하는 사람이다.
3 그는 시냇가에 심은 나무가 철 따라 열매를 맺으며 그 잎이 시들지 아니함 같으니, 하는 일마다 잘 될 것이다.
4 그러나 악인은 그렇지 않으니, 한낱 바람에 흩날리는 쭉정이와 같다.
5 그러므로 악인은 심판받을 때에 몸을 가누지 못하며, 죄인은 의인의 모임에 참여하지 못한다.
6 그렇다. 의인의 길은 주님께서 인정하시지만, 악인의 길은 망할 것이다.

주님이 선택한 왕

2 어찌하여 뭇 나라가 ㉢술렁거리며, 어찌하여 뭇 민족이 헛된 일을 꾸미는가?
2 어찌하여 세상의 임금들이 전선을 펼치고, 어찌하여 통치자들이 음모를 함께 꾸며 주님을 거역하고, 주님과 그의 기름 부음 받은 이를 거역하면서 이르기를
3 "이 족쇄를 벗어 던지자. 이 사슬을 끊어 버리자" 하는가?
4 하늘 보좌에 앉으신 이가 웃으신다. 내 주님께서 그들을 비웃으신다.
5 마침내 주님께서 분을 내고 진노하셔서, 그들에게 호령하시며 이르시기를
6 "내가 나의 거룩한 산 시온 산에 ㉣'나의 왕'을 세웠다" 하신다.
7 "나 이제 주님께서 내리신 칙령을 선포한다. 주님께서 나에게 이르시기를 '너는 내 아들, 내가 오

㉠ 히, '토라'. 교훈, 가르침의 뜻 ㉡ 또는 '읊조리는' ㉢ 칠십인역에는 '격노하며' ㉣ 또는 '왕을'

늘 너를 낳았다.
8 내게 청하여라. 뭇 나라를 유산으
로 주겠다. 땅 이 끝에서 저 끝까
지 너의 소유가 되게 하겠다.
9 네가 그들을 ㉠철퇴로 부수며, 질
그릇 부수듯이 부술 것이다' 하셨
다."
10 그러므로 이제, 왕들아, 지혜롭
게 행동하여라. 세상의 통치자들
아, 경고하는 이 말을 받아들여라.
11 두려운 마음으로 주님을 섬기고,
떨리는 마음으로 주님을 찬양하
여라.
12 그의 아들에게 입맞추어라. 그렇
지 않으면 그가 진노하실 것이니,
너희가, 걸어가는 그 길에서 망할
것이다. 그의 진노하심이 지체없
이 너희에게 이를 것이다.
주님께로 피신하는 사람은 모
두 복을 받을 것이다.

이른 아침 기도

3 〔다윗이 아들 압살롬에게 쫓길 때에 지은 시〕

1 주님, 나를 대적하는 자들이 어
찌 이렇게도 많습니까? 나를 치려
고 일어서는 자들이 어찌 이렇게
도 많습니까?
2 나를 빗대어 "하나님도 너를 돕지
않는다" 하고 빈정대는 자들이 어
찌 이렇게도 많습니까? ㉡(셀라)
3 그러나 주님, 주님은 나를 에워
싸주는 방패, ㉢나의 영광, 나의 머
리를 들게 하시는 분이시니,
4 내가 주님을 바라보며 소리 높여
부르짖을 때에, 주님께서는 그 거
룩한 산에서 응답하여 주십니다.
(셀라)
5 내가 누워 곤하게 잠 들어도 또
다시 깨어나게 되는 것은, 주님께
서 나를 붙들어 주시기 때문입니
다.
6 나를 대적하여 사방에 진을 친 자
들이 천만 대군이라 하여도, 나는
두려워하지 않으렵니다.
7 주님, 일어나십시오. 나의 하나
님, 이 몸을 구원해 주십시오. 아,
주님께서 내 모든 원수들의 뺨을
치시고, 악인들의 이를 부러뜨리
셨습니다.
8 구원은 주님께만 있습니다. 주
님의 백성에게 복을 내려 주십시
오. (셀라)

저녁 기도

4 〔지휘자를 따라 현악기에 맞추어 부르는 다윗의 노래〕

1 의로우신 나의 하나님, 내가 부
르짖을 때에 응답하여 주십시오.
내가 곤궁에 빠졌을 때에, 나를
막다른 길목에서 벗어나게 해주
십시오. 나에게 은혜를 베푸시고,

1편 요약 의인과 악인의 서로 다른 삶과 종말을 대비하고 있는 이 시는 하나님을 경외하는 것만이 인간의 살 길이라는 신본주의적 인생관을 잘 드러내 준다.

2편 요약 사무엘기하 7:8-16을 배경으로 삼고 있는 본시는 임금들이 하나님과 그분이 세운 왕을 거역하려 들지만 그들의 마지막이 파멸일 뿐임을 노래한다.

3편 요약 압살롬을 피해 도피하던 다윗이 자신의 심정을 토로하면서 하나님께 구원을 호소한 시이다.

4편 요약 3편이 압살롬의 반역 사건 중에 쓰여진 시인 반면, 본시는 환난이 지나간 후 다윗이 그 당시를 회고하면서 지은 시로 추정된다.

㉠ 또는 '철퇴로 다스릴 때에' ㉡ 시편에 자주 나오는 말인데, 뜻이 확실하지 않음. 음악 용어로 알려져 있음 ㉢ 또는 '영광의 하나님'

나의 기도를 들어 주십시오.
2 너희 높은 자들아, 언제까지 ㉠내
영광을 욕되게 하려느냐? 언제까
지 헛된 일을 좋아하며, 거짓 신을
섬기겠느냐? (셀라)
3 주님께서는 주님께 헌신하는 사
람을 각별히 돌보심을 기억하여
라. 주님께서는 내가 부르짖을 때
에 들어 주신다.
4 너희는 분노하여도 죄짓지 말아
라. 잠자리에 누워 마음 깊이 반
성하면서, 눈물을 흘려라. (셀라)
5 올바른 제사를 드리고, 주님을
의지하여라.
6 "주님, 우리에게 큰 복을 내려
주십시오." "누가 우리에게 좋은
일을 보여줄 수 있을까?" 하며 불
평하는 사람이 많이 있습니다. 그
러나 주님, 주님의 환한 얼굴을 우
리에게 비춰 주십시오.
7 주님께서 내 마음에 안겨 주신 기
쁨은 햇 곡식과 새 포도주가 풍성
할 때에 누리는 기쁨보다 더 큽니
다.
8 내가 편히 눕거나 잠드는 것도,
주님께서 나를 평안히 쉬게 하여
주시기 때문입니다.

도움을 요청하는 기도

5 (지휘자를 따라 관악기에 맞추어 부르는 다윗의 노래)

1 주님, 나의 기도에 귀를 기울여
주십시오. 나의 신음 소리를 들어
주십시오.
2 나의 탄식 소리를 귀 담아 들어 주
십시오. 나의 임금님, 나의 하나
님,
내가 주님께 기도드립니다.
3 주님, 새벽에 드리는 나의 기도를
들어 주십시오. 새벽에 내가 주님
께 나의 사정을 아뢰고 주님의 뜻
을 기다리겠습니다.
4 주님께서는 죄악을 좋아하시는
하나님이 아니십니다. 악인은 주
님과 어울릴 수 없습니다.
5 교만한 자들 또한 감히 주님 앞에
나설 수 없습니다. 주님께서는 악
한 일을 저지르는 자들을 누구든
지 미워하시고,
6 거짓말쟁이들을 멸망시키시고, 싸
움쟁이들과 사기꾼들을 몹시도 싫
어하십니다.
7 그러나 나는 주님의 크신 은혜
를 힘입어 주님의 집으로 나아갑
니다. 경외하는 마음으로 주님의
성전 바라보며, 주님께 꿇어 엎드
립니다.
8 주님, 나를 대적하는 원수를 보시
고, 주님의 공의로 나를 인도하여
주십시오. 내 앞에 주님의 길을
환히 열어 주십시오.

5편 요약 4편이 '저녁 찬송시'인 것과 달리 본시는 새벽에 주로 불리운 '새벽 찬송시'(3절)이다. 악인들에게 둘러싸여 억울*하게 고*난을 당*하고 있*던 다윗은 자고 일어나 새벽을 맞이하면서 하나님께 악인을 벌하시고 의인을 구원하사 공의를 떨쳐 달라고 간구하였다.

5편 다윗은 원수들의 부당한 행위와 해악에 대해 하나님의 도움을 요청한다(1–3절). 또한 겸손히 하나님을 신뢰하면서, 하나님께서 자기를 인도·보호·축복하신다는 사실을 확신한다(11–12절).

5:1–3 본시는 '새벽에 드리는 찬송시'로 시인은 새벽에 눈을 떠 하나님을 향하여 자신을 가다듬는 기도를 드린다. 마음 깊은 곳에서 우러나오는 기도를 '신음 소리', '탄식 소리'로 표현했다.

5:10 주님을 거역하는 자들은 주님을 의지하지 않고, 자기가 주인이 되어 하나님과 대립하게 된다.

㉠ 또는 '영광의 하나님을'

9 그들의 입은 믿을 만한 말을 담
는 법이 없고, 마음에는 악한 생
각뿐입니다. 그들의 목구멍은 열
린 무덤 같고, 혀는 언제나 아첨만
일삼습니다.
10 하나님, 그들을 정죄하셔서 제 꾀
에 빠지게 하시고, 그들이 저지른
많고 많은 허물을 보시고, 그들을
주님 앞에서 쫓아내십시오. 그들
은 주님을 거역하는 자들입니다.
11 그러나 주님께로 피신하는 사람
은 누구나 기뻐하고, 길이길이 즐
거워할 것입니다. 주님을 사랑하
는 사람들이 주님 앞에서 기쁨을
누리도록, 주님께서 그들을 지켜
주실 것입니다.
12 주님, 주님께서는 바르게 살아가
는 사람에게 복을 베풀어 주시고,
큼직한 방패처럼, 그들을 은혜로
지켜 주십니다.

환난 때의 기도

6

〔지휘자를 따라 ㉠팔현금에 맞추어 부르는 다윗의 노래〕

1 주님, 분노하며 나를 책망하지
마십시오. 진노하며 나를 꾸짖지
마십시오.
2 주님, 내 기력이 쇠하였으니, 내게
은혜를 베풀어 주십시오. 내 뼈가
마디마다 떨립니다. 주님, 나를 고
쳐 주십시오.
3 내 마음은 걷잡을 수 없이 떨립니
다. 주님께서는 언제까지 지체하
시렵니까?
4 돌아와 주십시오, 주님. 내 생명
을 건져 주십시오. 주님의 자비로
우심으로 나를 구원하여 주십시
오.
5 죽어서는, 아무도 주님을 찬양하
지 못합니다. ㉡스올에서, 누가 주
님께 감사할 수 있겠습니까?
6 나는 탄식만 하다가 지치고 말
았습니다. 밤마다 짓는 눈물로 침
상을 띄우며, 내 잠자리를 적십니
다.
7 사무친 울화로, 내 눈은 시력까지
흐려지고, 대적들 등쌀에 하도 울
어서 눈이 침침합니다.
8 악한 일을 하는 자들아, 모두
다 내게서 물러가거라. 주님께서
내 울부짖는 소리를 들어 주셨다.
9 주님께서 내 탄원을 들어 주셨다.
주님께서 내 기도를 받아 주셨다.
10 내 원수가 모두 수치를 당하고, 벌
벌 떠는구나. 낙담하며, 황급히
물러가는구나.

주님은 언제나 옳게 행하신다

7

〔다윗의 ㉢식가욘, 베냐민 사람 구시가 한 말을 듣고 다윗이 주님 앞에서 부른 애가〕

1 주 나의 하나님, 내가 주님께로
피합니다. 나를 뒤쫓는 모든 사람

6편 요약 7대 참회시(6,32,38,51,102,130,143편) 가운데 하나로 다윗이 자신의 죄를 통회하고 사죄의 확신을 노래한 시이다. 다윗은 중한 병에 걸리자 죄에 대한 하나님의 징계임을 깨닫고 뼈를 깎는 듯한 아픔으로 회개하였다.

6:1 분노·책망·진노·꾸짖음 범죄에서 돌이키기 위한 주님의 사랑의 표현이다(2:5;3:7;39:11).
6:3 마음 육체의 반대가 아닌, 삶 자체를 말한다.

7편 요약 다윗이 사울에게 쫓겨 다닐 때 적대자의 중상모략을 받고서 하나님께 호소한 비탄시로, 이 때 다윗은 하나님께 자신이 무고하게 모함받은 것에 대해 결백함을 토로하였다.

7편 구시 신원이 불분명하지만, 다윗을 중상모략한 인물인 듯하다.

㉠ 히, '스미닛'. 음악 용어 ㉡ 또는 '무덤' 또는 '죽음' ㉢ 문학 또는 음악 용어

에게서 나를 구원하여 주시고, 건
져 주십시오.
2 그들이 사자처럼 나를 찢어 발기
어도, 나의 목숨 건져 줄 사람이
없을까 두렵습니다.
3 주 나의 하나님, 내가 만일 이런
일을 저질렀다면 벌을 내려 주십시
오. 내가 손으로 폭력을 행했거나
4 친구의 우정을 악으로 갚았거나,
나의 대적이라고 하여 까닭 없이
그를 약탈했다면,
5 원수들이 나를 뒤쫓아와서, 내 목
숨을 덮쳐서 땅에 짓밟고, 내 명예
를 짓밟아도, 나는 좋습니다. (셀
라)
6 주님, 진노하며 일어나시고, 내
대적들의 기세를 꺾어 주십시오.
하나님, 깨어나셔서 판결을 내려
주십시오.
7 뭇 민족들을 주님 앞으로 모으시
고, 주님께서는 그 높은 법정으로
돌아오십시오.
8 주님께서는 뭇 백성들을 판단하
시는 분이시니, 내 의와 내 성실함
을 따라 나를 변호해 주십시오.
9 악한 자의 악행을 뿌리 뽑아 주
시고 의인은 굳게 세워 주십시오.
주님은 의로우신 하나님, 사람의
마음 속 생각을 낱낱이 살피시는
분이십니다.
10 하나님은 나를 지키시는 방패시
요, 마음이 올바른 사람에게 승리
를 안겨 주시는 분이시다.
11 하나님은 공정한 재판장이시요,
언제라도 악인을 벌하는 분이시
다.
12 뉘우치고 돌아오지 않으면, 칼을
갈고 활을 겨누어 심판을 준비하
신다.
13 살상 무기를 준비하시고, 화살 끝
에 불을 붙이신다.
14 악인은 악을 잉태하여 재앙과
거짓을 낳는구나.
15 함정을 깊이 파지만, 그가 만든 구
덩이에 그가 빠진다.
16 남에게 준 고통이 그에게로 돌아
가고, 남에게 휘두른 폭력도 그의
정수리로 돌아간다.
17 나는 주님의 의로우심을 찬송
하고 가장 높으신 주님의 이름을
노래하련다.

주님의 놀라운 이름

8

〔지휘자를 따라 ㉠깃딧에 맞추어 부르는 다윗의 노래〕

1 주 우리 하나님, 주님의 이름이
온 땅에서 어찌 그리 위엄이 넘치
는지요? 저 하늘 높이까지 주님의
위엄 가득합니다.
2 어린이와 젖먹이들까지도 그 입
술로 주님의 위엄을 찬양합니다.

7:1–10 사무엘기상 19–26장이 이 시의 배경을 이룬다. 다윗이 사울에게 쫓겨 다닐 때 지은 시이다. 그는 곤란에 처한 자신의 입장을 하나님의 공의에 호소한 것이다.

7:3–5 다윗은 하나님 앞에서 순수함을 고백한다. 여기서 '이런 일'은 3–4절의 죄, 특히 사무엘기상 24:1–15까지의 사건, 즉 사울을 죽이지 않고 살려준 일을 염두에 둔 말이다.

㉠ 음악 용어

8편 요약 19편과 함께 자연계에 드러난 창조주 하나님의 권능과 영광, 인간에 대한 은총을 감사·찬양한 다윗의 시이다. 첫 구절과 마지막 구절이 동일한 수미쌍관식이다. 본시는 이스라엘 사람들이 회중 예배나 절기 때에 불렀다.

8:5 하나님보다 조금 못하게 이 속에는 종의 신분으로 낮아지셨다가 부활하신 그리스도에 대한 예언이 깃들어 있다(히 2:5–9).

주님께서는 원수와 복수하는 무
리를 꺾으시고, 주님께 맞서는 자
들을 막아 낼 튼튼한 요새를 세
우셨습니다.
3 주님께서 손수 만드신 저 큰 하
늘과 주님께서 친히 달아 놓으신
저 달과 별들을 내가 봅니다.
4 사람이 무엇이기에 주님께서 이렇
게까지 생각하여 주시며, 사람의
아들이 무엇이기에 주님께서 이렇
게까지 돌보아 주십니까?
5 주님께서는 그를 ㉠하나님보다
조금 못하게 하시고, 그에게 존귀
하고 영화로운 왕관을 씌워 주셨
습니다.
6 주님께서 손수 지으신 만물을 다
스리게 하시고, 모든 것을 그의 발
아래에 두셨습니다.
7 크고 작은 온갖 집짐승과 들짐
승까지도,
8 하늘을 나는 새들과 바다에서 놀
고 있는 물고기와 물길 따라 움직
이는 모든 것을, 사람이 다스리게
하셨습니다.
9 주 우리의 하나님, 주님의 이름
이 온 땅에서 어찌 그리 위엄이 넘
치는지요?

주님 찬양

㉡**9** (지휘자를 따라 뭇랍벤에 맞추어 부르는 다윗의 노래)

1 주님, 나의 마음을 다 바쳐서,
감사를 드립니다. 주님의 놀라운
행적을 쉬임 없이 전파하겠습니
다.
2 가장 높으신 주님, 내가 주님 때문
에 기뻐하고 즐거워하며, 주님의
이름을 노래합니다.
3 주님 앞에서 내 원수들은 뒤돌
아서 도망쳤고, 비틀비틀 넘어져
서 죽었습니다.
4 주님은 공정하신 재판장이시기에,
보좌에 앉으셔서 공정하고 정직
한 판결을 나에게 내려 주셨습니
다.
5 주님께서 이방 나라들을 문책
하시고, 악인들을 멸하시며, 그들
의 이름을 영원히 지워 버리셨습
니다.
6 원수들은 영원히 자취도 없이 사
라졌습니다. 주님께서 그 성읍들을
뿌리째 뽑으셨으므로, 아무도 그
들을 기억조차 못하게 되었습니
다.
7 주님은 영원토록 다스리시며 심
판하실 보좌를 견고히 하신다.
8 그는 정의로 세계를 다스리시며,
공정하게 만백성을 판결하신다.
9 주님은 억울한 자들이 피할 요
새이시며, 고난받을 때에 피신할
견고한 성이십니다.

9편 요약 본 시편은 히브리어 알파벳의 배열 순서에 따라 10편과 한 단위를 구성하고 있어 구조상 한 편을 이룬다. 다윗은 자신의 생애를 돌아보는 중에 하나님이 자신의 대적들을 모두 물리쳐 주신 데 대해 감사하며, 앞으로도 세계 만민을 공의로 다스리셔서 악인은 심판하시고 의인은 구원해 달라고 기도한다.

9:1 전파하겠습니다 하나님을 찬양하는 것이 시편 저자와 하나님 사이의 개인적인 문제로 국한되는 경우는 거의 없다. 오히려 이것은 하나님의 거룩함과 구원을 공적으로 찬양하는 것이다.

9:3-6 하나님께서 심판하시어 이방 나라를 멸망시키시는 것 자체가 다윗을 향한 거짓된 비난에 대한 하나님의 변호가 된다는 내용이다. 이는 특

㉠ 또는 '천사보다'. 히, '엘로힘' ㉡ 시 9-10편은 각 연의 첫 글자가 히브리어 자음 문자 순서로 되어 있는 시. 칠십인역에는 한 편의 시로 묶여 있음

10 주님, 주님을 찾는 사람을 주님께
서는 결단코 버리지 않으시므로,
주님의 이름을 아는 사람들이 주
님만 의지합니다.
11 너희는 시온에서 친히 다스리시
는 주님을 찬양하여라. 그가 하신
일을 만민에게 알려라.
12 살인자에게 보복하시는 분께서는
억울하게 죽어 간 사람들을 기억
하시며, 고난받는 사람의 부르짖
음을 모르는 체하지 않으신다.
13 주님, 나에게 은혜를 베풀어 주
십시오. 죽음의 문에서 나를 이끌
어 내신 주님, 나를 미워하는 자
들에게서 받는 고통을 살펴 주십
시오.
14 그렇게 하시면 주님께서 찬양 받
으실 모든 일을 내가 전파하겠습
니다. 주님께서 베푸신 그 구원을,
아름다운 시온의 성문에서 기뻐
하며 외치겠습니다.
15 저 이방 나라들은 자기가 판 함
정에 스스로 빠지고, 자기가 몰래
쳐 놓은 덫에 자기 발이 먼저 걸리
는구나.
16 주님은 공정한 심판으로 그 모습
드러내시고, 악한 사람은 자기가
꾀한 일에 스스로 걸려 드는구나.
(㉠힉가욘, 셀라)
17 악인들이 갈 곳은 ㉡스올, 하나
님을 거역한 뭇 나라들이 갈 곳도
그 곳뿐이다.
18 그러나 가난한 사람이 끝까지 잊
혀지는 일은 없으며, 억눌린 자의
꿈도 결코 헛되지 않을 것이다.
19 주님, 일어나십시오. 사람이 주
님께 맞서지 못하게 하십시오. 주
님께서 저 이방 나라들을 심판하
십시오.
20 주님, 그들을 두려움에 떨게 하시
며, 자신들이 한낱 사람에 지나지
않음을 스스로 알게 하여 주십시
오. (셀라)

도움을 구하는 기도

10 주님, 어찌하여 주님께서는 그
리도 멀리 계십니까? 어찌하여
우리가 고난을 받을 때에 숨어 계
십니까?
2 악인이 으스대며 약한 자를 괴롭
힙니다. 악인은 스스로 쳐 놓은
올가미에 스스로 걸려 들게 해주
십시오.
3 악한 자는 자기 야심을 자랑하
고, 탐욕을 부리는 자는 주님을
모독하고 멸시합니다.
4 악인은 그 얼굴도 뻔뻔스럽게 "벌
주는 이가 어디에 있느냐? 하나님
이 어디에 있느냐?"고 말합니다.
그들의 생각이란 늘 이러합니다.
5 그런데도 악인이 하는 일은 언

히 다윗이 삶의 경험(전쟁)에서 얻은 것이다.

9:13–14 원수들의 공격으로 말미암아 '죽음의 문'에 이르렀던 다윗은, 자신이 그 곳에서 벗어나 '아름다운 시온의 성문'*에서 주님의 구원을 찬양하게 해* 달라고 기도한다.

9:15–17 이방 나라들은 자기 꾀를 의지하고 살아가지만, 이 꾀가 올무가 되어 스스로 거기에 빠진다. 이는 하나님의 섭리이며 심판의 한 방법이다.

㉠ '명상', 음악 용어 ㉡ 또는 '무덤' 또는 '죽음'

10편 요약 전편이 감사시인데 반해 본시는 비탄시이다. 악인들이 횡행하는 탓에 의인들이 무고히 고난당하는 현실을 목도한 시인은 하나님 앞에서 의분을 토하였다. 그러나 곧 시인은 악인들의 득세는 잠깐이며, 의인들은 그로 인해 신앙의 연단을 받을 뿐임을 직시하였다.

10편 9편과 긴밀한 관계에 있으나 다만 9편의 악인이 이방 나라들인 데 반해, 10편의 악인은 유대

제나 잘 되고, 주님의 심판은 너무
멀어서 그들에게 보이지 않으니,
악인은 오히려 그의 대적을 보고
코웃음만 칩니다.
6 그는 마음 속으로, "내가 망하는
가, 두고 봐라. 나에게는 언제라도
불행과 저주란 없다" 하고 말합니
다.
7 그들의 입은 기만과 폭언으로
가득 차 있고, 그들의 혀 밑에는
욕설과 악담이 가득합니다.
8 그들은 으슥한 길목에 숨어 있다
가 은밀한 곳에서 순진한 사람을
쳐죽입니다.
그들의 두 눈은 언제나 가련한
사람을 노립니다.
9 굴 속에 웅크리고 있는 사자처럼,
은밀한 곳에서 기다리다가, 때만
만나면, 연약한 사람을 그물로 덮
쳐서 끌고갑니다.
10 불쌍한 사람이 억눌림을 당하
고, 가련한 사람이 폭력에 쓰러집
니다.
11 악인은 마음 속으로 이르기를 "하
나님은 모든 것에 관심이 없으며,
얼굴도 돌렸으니, 영원히 보지 않
으실 것이다" 합니다.
12 주님, 일어나십시오. 하나님, 손
을 들어 악인을 벌하여 주십시오.
고난받는 사람을 잊지 말아 주십
시오.
13 어찌하여 악인이 하나님을 경멸하
고, 마음 속으로 "하나님은 벌을
주지 않는다" 하고 말하게 내버려
두십니까?
14 주님께서는 학대하는 자의 포악
함과 학대받는 자의 억울함을 살
피시고 손수 갚아 주려 하시니 가
련한 사람이 주님께 의지합니다.
주님께서는 일찍부터 고아를 도우
시는 분이셨습니다.
15 악하고 못된 자의 팔을 꺾어 주
십시오. 그 악함을 샅샅이 살펴
벌하여 주십시오.
16 주님은 영원무궁토록 왕이십니
다. 이방 나라들은 주님의 땅에서
사라질 것입니다.
17 주님, 주님께서는 불쌍한 사람
의 소원을 들어주십니다. 그들의
마음을 굳게 하여 주시고, 그들의
부르짖음에 귀 기울여 주십니다.
18 고아와 억눌린 사람을 변호하여
주시고, 다시는 이 땅에 억압하는
자가 없게 하십니다.

주님을 신뢰함

11

〔지휘자를 따라 부르는 다윗의 노래〕
내가 주님께 피하였거늘, 어찌하
여 너희는 나에게 이렇게 말하느
냐? "너는 새처럼 너의 산에서 피
하여라.

사람들 중에서 사악한 자라는 점이 다를 뿐이다. 이들은 무신론 위에 자기의 세계를 구축한다. 때문에 교만과 이기적 소욕과 탐리(貪利)로 그들의 행동이 나타나고 살인까지 서슴지 않는다.

10:5 악인이 하는 일은 언제나 잘 되고 탐욕을 향한 발걸음에서 돌이키기는커녕, 자신의 마음을 더욱 완악하게 함을 의미한다.

10:7 혀 밑 언어로 표현되기 이전의 생각을 말하며, 언어로 가능하게 하는 마음 자세를 뜻한다.

11편 요약 악인들의 횡포가 극심하여 과연 공의의 하나님이 살아 계시는지 의심스러운 상황에서, 친구들은 다윗에게 도피하여 목숨을 보존하라고 충고하였다. 그러나 다윗은 오직 하나님을 굳게 의지하는 적극적 자세를 취함으로 위기를 극복하였다.

11편 다윗이 사울의 핍박을 받을 때 지은 것으로 사무엘기상 18-19장이 이 시의 배경을 이룬다.

2 악인이 활을 당기고, 시위에 화살
을 메워서 마음이 바른 사람을 어
두운 곳에서 쏘려 하지 않느냐?
3 기초가 바닥부터 흔들리는 이 마
당에 ㉠의인인들 무엇을 할 수 있
겠는가?"
4 주님께서 그의 성전에 계신다.
주님은 그의 하늘 보좌에 앉아 계
신다. 주님은 그의 눈으로 사람을
살피시고 눈동자로 꿰뚫어 보신
다.
5 ㉡주님은 의인을 가려 내시고, 악
인과 폭력배를 진심으로 미워하신
다.
6 불과 유황을 악인들 위에 비오듯
이 쏟으시며, 태우는 바람을 그들
잔의 몫으로 안겨 주신다.
7 주님은 의로우셔서, 정의로운 일
을 사랑하는 분이시니, 정직한 사
람은 그의 얼굴을 뵙게 될 것이다.

도움을 구하는 기도

12

〔지휘자를 따라 ㉢팔현금에 맞추어 부르는 다윗의 노래〕

1 주님, 도와주십시오. 신실한 사
람도 끊어지고, 진실한 사람도 사
람 사는 세상에서 사라지고 있습
니다.
2 사람들이 서로서로 거짓말을 해
대며, 아첨하는 입술로 두 마음을
품고서 말합니다.
3 주님은, 간사한 모든 입술과 큰
소리 치는 모든 혀를 끊으실 것이
다.
4 비록 그들이 말하기를 "혀는 우리
의 힘, 입술은 우리의 ㉣재산, 누가
우리를 이기리요" 하여도,
5 주님은 말씀하신다. "가련한 사람
이 짓밟히고, 가난한 사람이 부르
짖으니, 이제 내가 일어나서 그들
이 갈망하는 구원을 베풀겠다."
6 주님의 말씀은 순결한 말씀, 도
가니에서 단련한 은이요, 일곱 번
걸러 낸 순은이다.
7 주님, 주님께서 우리를 지켜 주
십시오. 지금부터 영원까지, 우리
를 지켜 주십시오.
8 주위에는 악인들이 우글거리고,
비열한 자들이 사람들 사이에서
높임을 받습니다.

주님의 도움을 구하는 기도

13

〔지휘자를 따라 부르는 다윗의 노래〕

주님, 언제까지 나를 잊으시렵
니까? 영원히 잊으시렵니까? 언제
까지 나를 외면하시렵니까?
2 언제까지 나의 영혼이 아픔을 견
디어야 합니까? 언제까지 고통을
받으며 괴로워하여야 합니까? 언
제까지 내 앞에서 의기양양한 원
수의 꼴을 보고만 있어야 합니
까?

12편 요약 다윗은 악인이 횡행하여 거짓이 난무하는 세태 속에서 하나님께 답답한 심정을 토로한다. 아무리 세태가 악하더라도 악에 물들지 않고 하나님을 경외하는 것만이 살 길이다.

13편 요약 자신의 목숨을 노리는 원수들의 핍박이 끊이지 않는 탓에 지친 다윗이 하나님께 절규한 대표적인 비탄시이다. 그러나 그의 탄식은 구원의 하나님을 드높이는 찬양으로 바뀌어 끝난다.

12편 다분히 예언적인 성격을 띠고 있으며(5절;사 33:10-12), 기도의 성격상 공동체적이다. 사울 통치 말기를 배경으로 하고 있다.

㉠ 또는 '의로우신 하나님께서 하시는 일이 무엇인가?' ㉡ 또는 '주님, 곧 의로우신 하나님은 악인을 가려내시고, 폭력배를……' ㉢ 히. '스미닛'. 음악 용어 ㉣ 또는 '보습'

3 나를 굽어살펴 주십시오. 나에
게 응답하여 주십시오. 주, 나의
하나님, 내가 죽음의 잠에 빠지지
않게 나의 눈을 뜨게 하여 주십시
오.
4 나의 원수가 "내가 그를 이겼다"
하고 말할까 두렵습니다. 내가 흔
들릴 때에, 나의 대적들이 기뻐할
까 두렵습니다.
5 그러나 나는 주님의 한결같은
사랑을 의지합니다. 주님께서 구
원하여 주실 그 때에, 나의 마음
은 기쁨에 넘칠 것입니다.
6 주님께서 나를 너그럽게 대하여
주셔서, 내가 주님께 찬송을 드리
겠습니다.

아무도 주님을 무시하지 못한다

14

〔지휘자를 따라 부르는 다윗의 노래〕
㉠어리석은 사람은 마음 속으
로 "하나님이 없다" 하는구나. 그
들은 한결같이 썩어서 더러우니,
바른 일을 하는 사람이 아무도 없
구나.
2 주님께서는 하늘에서 사람을
굽어보시면서, 지혜로운 사람이
있는지, 하나님을 찾는 사람이 있
는지를, 살펴보신다.
3 너희 모두는 다른 길로 빗나가
서 하나같이 썩었으니, 착한 일을
하는 사람이 하나도 없구나.
4 죄악을 행하는 자는 다 무지한
자냐? 그들이 밥 먹듯이 내 백성
을 먹으면서, 나 주를 부르지 않는
구나.
5 하나님이 의인의 편이시니, 행악
자가 크게 두려워한다.
6 행악자는 가난한 사람의 계획을
늘 좌절시키지만, 주님은 가난한
사람을 보호하신다.
7 하나님, 시온에서 나오셔서, 이
스라엘을 구원하여 주십시오!
주님께서 당신의 백성을 그들의
땅으로 되돌려 보내실 때에, 야곱
은 기뻐하고, 이스라엘은 즐거워
할 것이다.

누가 주님께 예배할 수 있는가?

15

〔다윗의 시〕
주님, 누가 주님의 장막에서 살
수 있겠습니까? 누가 주님의 거룩
한 산에 머무를 수 있겠습니까?
2 깨끗한 삶을 사는 사람, 정의를
실천하는 사람, 마음으로 진실을
말하는 사람,
3 혀를 놀려 남의 허물을 들추지 않
는 사람, 친구에게 해를 끼치지 않
는 사람, 이웃을 모욕하지 않는 사
람,
4 하나님을 업신여기는 자를 경멸하
고 주님을 두려워하는 사람을 존
경하는 사람입니다. 맹세한 것은

14편 요약 53편과 내용이 같은 본시는 악인의 행악이 하나님을 믿지 않아서 임을 일깨워 준다. 무신론자들의 악한 행위는 지혜로운 처신인 것 같지만 하나님이 보시기에는 어리석은 것이다.

14편 무신론적 사고방식의 허구성과 무신론자의 행동의 비윤리성을 지적한다(1–4절). 반면에 의인들은 지혜로운 자들로서, 하나님이 그들을 인도하신다는 사실을 잘 드러낸다(5–7절).

15편 요약 공적 예배 때에 사용된 다윗의 찬양시이다. '주님의 장막'이라는 표현으로 보아 이 시는 법궤를 예루살렘으로 옮긴 때로부터 예루살렘 성전이 건축되기 전에 기록된 것으로 본다. 주제는 하나님의 장막에 거할 수 있는 자격을 말하고 있다.

㉠ 시편에서 '어리석은 사람'이라고 번역된 히브리어 '나발'은 도덕적으로 결함이 있는 자를 가리킴

해가 되더라도 깨뜨리지 않고 지
키는 사람입니다.
5 높은 이자를 받으려고 돈을 꾸어
주지 않으며, 무죄한 사람을 해칠
세라 뇌물을 받지 않는 사람입니
다.
이러한 사람은 영원히 흔들리지
않을 것입니다.

최선의 선택

16 〔다윗의 ㉠믹담〕
하나님, 나를 지켜 주십시오. 내
가 주님께로 피합니다.
2 나더러 주님에 대해 말하라면 '하
나님은 나의 주님, 주님을 떠나서
는 내게 행복이 없다' 하겠습니다.
3 땅에 사는 성도들에 관해 말하라
면 '성도들은 존귀한 사람들이요,
나의 기쁨이다' 하겠습니다.
4 다른 신들을 섬기는 자들은 더
욱더 고통을 당할 것이다. 나는 그
들처럼 피로 빚은 제삿술을 그 신
들에게 바치지 않겠으며, 나의 입
에 그 신들의 이름도 올리지 않겠
다.
5 아, 주님, 주님이야말로 내가 받
을 유산의 몫입니다. 주님께서는
나에게 필요한 모든 복을 내려주
십니다. 나의 미래는 주님이 책임
지십니다.
6 줄로 재어서 나에게 주신 그 땅은
기름진 곳입니다. 참으로 나는, 빛
나는 유산을 물려받았습니다.
7 주님께서 날마다 좋은 생각을 주
시며, 밤마다 나의 마음에 교훈을
주시니, 내가 주님을 찬양합니다.
8 주님은 언제나 나와 함께 계시는
분, 그가 나의 오른쪽에 계시니,
나는 흔들리지 않는다.
9 주님, 참 감사합니다. 이 마음은
기쁨으로 가득 차고, 이 몸도 아
무 해를 두려워하지 않는 까닭은,
10 주님께서 나를 보호하셔서 ㉡죽음
의 세력이 나의 생명을 삼키지 못
하게 하실 것이며 주님의 거룩한
자를 죽음의 세계에 버리지 않으
실 것이기 때문입니다.
11 주님께서 몸소 생명의 길을 나
에게 보여 주시니, 주님을 모시고
사는 삶에 기쁨이 넘칩니다. 주님
께서 내 오른쪽에 계시니, 이 큰 즐
거움이 영원토록 이어질 것입니다.

정직한 사람의 기도

17 〔다윗의 기도〕
주님, 나의 진실을 변호하여 주
십시오. 이 부르짖는 소리를 들어
주십시오. 거짓 없이 드리는 나의
기도에 귀를 기울여 주십시오.
2 주님, 친히 "너는 죄가 없다"고 판
결하여 주십시오. 주님의 눈으로
공평하게 살펴보아 주십시오.

16편 요약 본시는 일차적으로 하나님과 끊을래야 끊을 수 없는 관계하에서 자신의 구원을 확신한 다윗의 금언시(金言詩)이다. 그러나 궁극적으로는 장차 죽음을 이기고 부활하실 예수 그리스도의 부활을 예언한 메시아 예언시이다.

17편 요약 본시는 신앙 때문에 악인에게 핍박당하는 시인이 하나님의 보호와 구원을 간구한 기도이다. 죄악이 가득 찬 이 세상에서 살면서 우리가 절망하지 않을 수 있는 비결은 하나님의 의로우심과 인자하심을 굳게 믿는 것이다.

16:5 유산의 몫 상속을 말하며, 하나님과 부자(父子) 관계에 있음을 시사한다. 하나님께서 삶의 터전이요, 생활을 윤택하게 하신다는 뜻이다.

17편 16편과 유사하지만, 다음과 같은 차이를 보인다. 16편이 하나님에 대한 내면적인 신앙 고백

㉠ 문학 또는 음악 용어 ㉡ 히, '스올'

3 주님께서는 나의 마음을 시험하
여 보시고, 밤새도록 심문하시며
샅샅이 캐어 보셨지만 내 잘못을
찾지 못하셨습니다. 내 입에서 무
슨 잘못을 발견하셨습니까?
4 남들이야 어찌했든지, 나만은 주
님께서 하신 말씀을 따랐기에, 약
탈하는 무리의 길로 가지 않았습
니다.
5 내 발걸음이 주님의 발자취만을
따랐기에, 그 길에서 벗어난 일이
없었습니다.
6 하나님, 내가 주님을 부르니, 내
게 응답하여 주십시오. 귀 기울이
셔서, 내가 아뢰는 말을 들어 주십
시오.
7 주님의 미쁘심을 크게 드러내 주
십시오. 주님께로 피하는 사람을
오른손으로 구원하여 주시는 주
님, 나를 치는 자들의 손에서 나
를 건져 주십시오.
8 주님의 눈동자처럼 나를 지켜
주시고, 주님의 날개 그늘에 나를
숨겨 주시고,
9 나를 공격하는 악인들로부터 나
를 지켜 주십시오.
나의 생명을 노리는 원수들이
나를 둘러싸고 있습니다.
10 그들의 몸뚱이는 기름기가 번드
르르 흐르고 그들의 입은 오만으
로 가득 차 있습니다.
11 마침내 그들이 나를 뒤따라와 에
워싸고, 이 몸을 땅바닥에 메어치
려고 노려봅니다.
12 그들은 찢을 것을 찾는 사자와 같
고, 숨어서 먹이를 노리는, 기운
센 사자와도 같습니다.
13 주님, 일어나십시오. 그들을 대적
하시고, 굴복시키십시오. 주님께
서 칼을 드셔서, 악인에게서 나의
생명을 구하여 주십시오.
14 주님, 이 세상에서 받을 몫을 다
받고 사는 자들에게서 나를 구해
주십시오. 주님께서 몸소 구해 주
십시오. 그들은 주님께서 쌓아 두
신 재물로 자신들의 배를 채우고
남은 것을 자녀에게 물려주고 그
래도 남아서 자식의 자식들에게
까지 물려줍니다.
15 나는 떳떳하게 주님의 얼굴을
뵙겠습니다. 깨어나서 주님의 모
습 뵈올 때에 주님과 함께 있는 것
만으로도 내게 기쁨이 넘칠 것입
니다.

다윗의 감사 찬송 (삼하 22:1-51)

18 〔지휘자를 따라 부르는 주님의 종 다윗의 노래. 주님께서 다윗을 그의 모든 원수의 손과 사울의 손에서 건져 주셨을 때에, 다윗이 이 노래로 주님께 아뢰었다. 그는 이렇게 노래하였다〕

이라면, 17편은 신앙생활 때문에 봉착하는 외부적인 위협으로부터 구원과 보호를 의뢰한다.

17:9–15 시인은 의로운 자를 까닭 없이 압제하며 괴롭히는 악인의 강포를 피해자의 입장에서 낱낱이 고발한다. 11–12절은 악인들을 사자에 빗대어 표현한 것이며 그들의 무자비하고 거만하고 야수적인 특성을 나타낸 은유이다. 13–14절에서 원수를 물리쳐 달라는 것은 결국 시인의 구원을 간청한 것이다.

18편 요약 본시는 다윗이 모든 원수의 손에서 구원해 주신 하나님께 감사와 찬양을 드린 시이다. 이스라엘의 왕이 된 다윗은 지난날을 돌아보니 위기의 순간마다 하나님이 자신을 보호해 주셔서 마침내 지금에 이르렀음을 깨달았을 것이다.

18편 본 시편은 내용과 구조에 있어서 사무엘기하 22장과 유사하다. 표제에서 밝힌 바와 같이, 이

1 나의 힘이신 주님, 내가 주님을
사랑합니다.
2 주님은 나의 반석, 나의 요새,
나를 건지시는 분, 나의 하나님은
내가 피할 바위, 나의 방패, 나의
구원의 ㉠뿔, 나의 산성이십니다.
3 나의 찬양을 받으실 주님, 내가 주
님께 부르짖습니다. 주님께서 나
를 원수들에게서 건져 주실 것입
니다.
4 죽음의 사슬이 나를 휘감고 죽
음의 물살이 나를 덮쳤으며,
5 ㉡스올의 줄이 나를 동여 묶고, 죽
음의 덫이 나를 덮쳤다.
6 내가 고통 가운데서 주님께 부르
짖고, 나의 하나님을 바라보면서
살려 달라고 부르짖었더니, 주님께
서 그의 성전에서 나의 간구를 들
으셨다. 주님께 부르짖은 나의 부
르짖음이 주님의 귀에 다다랐다.
7 주님께서 크게 노하시니, 땅이
꿈틀거리고, 흔들리며, 산의 뿌리
가 떨면서 뒤틀렸다.
8 그의 코에서 연기가 솟아오르고,
그의 입에서 모든 것을 삼키는 불
을 뿜어 내시니, 그에게서 숯덩이
들이 불꽃을 튕기면서 달아올랐
다.
9 주님께서 하늘을 가르고 내려오
실 때에, 그 발 아래에는 짙은 구
름이 깔려 있었다.
10 주님께서 그룹을 타고 날아오셨
다. 바람 날개를 타고 높이 솟으셨
다.
11 어둠을 장막삼아 두르시고 빗방
울 머금은 먹구름과 짙은 구름으
로 둘러서 장막을 만드셨다.
12 주님 앞에서는 광채가 빛나고, 짙
은 구름은 불꽃이 되면서, 우박이
쏟아지고, 벼락이 떨어졌다.
13 주님께서 하늘로부터 천둥소리
를 내시며, 가장 높으신 분께서 그
목소리를 높이시며, ㉢우박을 쏟으
시고, 벼락을 떨어뜨리셨다.
14 주님께서 화살을 쏘아서 원수들
을 흩으시고, 번개를 번쩍이셔서,
그들을 혼란에 빠뜨리셨다.
15 주님께서 꾸짖으실 때에 바다의
밑바닥이 모두 드러나고, 주님께
서 진노하셔서 콧김을 내뿜으실
때에 땅의 기초도 모두 드러났다.
16 주님께서 높은 곳에서 손을 내
밀어 나를 움켜잡아 주시고, 깊은
물에서 나를 건져 주셨다.
17 주님께서 나보다 더 강한 원수들
과 나를 미워하는 자들에게서 나
를 건져주셨다.
18 내가 재난을 당할 때에 원수들이
나에게 덤벼들었으나, 주님께서는
오히려 내가 의지할 분이 되어 주

시는 하나님께서 다윗을 모든 원수와 사울의 손에서 구원하신 날에, 다윗이 하나님께 감사하여 지은 노래이다. 다윗은 자신이 경험한 위기의 순간과 하나님의 구원을 생생하게 묘사하고 있다.

18:1-3 이 부분은 하나님의 보호하심과 구원을 찬양하는 서시(序詩)이다.

18:4-19 다윗은 자신이 처한 극도로 어려운 상황 속에서 하나님의 구원하심을 노래한다.

18:5 덮쳤다 '급히 임했다'가 원문에 가깝다.

18:10 이 표현은 기도에 대한 응답을 하나님께서 직접 하셨음을 의미한다.

18:19 넓고 안전한 곳 주변을 둘러싼 위험과 위협에 제한을 받지 않고 자유롭게 행동할 수 있는 상태를 가리키는 듯하다. 고통과 핍박을 당하는 것은 쇠사슬에 묶여 있는 것과 같다(욥 36:8). 따라서 고통에서 벗어나는 것은 곧 자유롭게 됨을

㉠ '뿔'은 힘을 상징함 ㉡ 또는 '무덤' 또는 '죽음' ㉢ 히브리어 사본 가운데 일부와 칠십인역에는 이 행이 없음(삼하 22:14에서도)

셨다.
19 이렇게 나를 좋아하시는 분이시기
에, 나를 넓고 안전한 곳으로 데리
고 나오셔서, 나를 살려 주셨다.
20 내가 의롭게 산다고 하여, 주님
께서 나에게 상을 내려 주시고,
나의 손이 깨끗하다고 하여 주님
께서 나에게 보상해 주셨다.
21 진실로 나는, 주님께서 가라고 하
시는 그 길에서 벗어나지 아니하
고, 무슨 악한 일을 하여서 나의
하나님으로부터 떠나지도 아니하
였다.
22 주님의 모든 법규를 내 앞에 두고
지켰으며, 주님의 모든 법령을 내
가 버리지 아니하였다.
23 그 앞에서 나는 흠 없이 살면서
죄짓는 일이 없도록 나 스스로를
지켰다.
24 그러므로 주님께서는 내가 의롭게
산다고 하여 나에게 상을 주시며,
나의 손이 깨끗하다고 하여 나에
게 상을 주셨다.
25 주님, 주님께서는 신실한 사람
에게는 주님의 신실하심으로 대하
시고, 흠 없는 사람에게는 주님의
완전하심을 보이시며,
26 깨끗한 사람에게는 주님의 깨끗
하심을 보이시며, 간교한 사람에
게는 주님의 절묘하심을 보이십니
다.
27 주님께서는 연약한 백성은 구하
여 주시고, 교만한 눈은 낮추십니
다.
28 아, 주님, 진실로 주님은 내 등
불을 밝히십니다. 주 나의 하나님
은 나의 어둠을 밝히십니다.
29 참으로 주님께서 나와 함께 계셔
서 도와주시면, 나는 날쌔게 내달
려서 ㉠적군도 뒤쫓을 수 있으며,
높은 성벽이라도 뛰어넘을 수 있
습니다.
30 하나님께서 하시는 일은 흠도
없다. 주님께서 하시는 말씀은 티
도 없다. 주님께로 피하여 오는 사
람에게 방패가 되어 주신다.
31 주님 밖에 그 어느 누가 하나님이
며, 우리 하나님 밖에 그 어느 누
가 구원의 반석인가?
32 하나님께서 나에게 용기를 북돋
우어 주시며, 하나님께서 나의 길
을 안전하게 지켜 주신다.
33 하나님께서는 나의 발을 암사슴
의 발처럼 빠르게 만드시고, 나를
높은 곳에 안전하게 세워 주신다.
34 하나님께서 나에게 싸우는 법을
가르쳐 주시니, 나의 팔이 놋쇠로
된 강한 활을 당긴다.
35 주님께서는 나를 지키는 방패
를 나의 손에 들려 주셨고, 주님께

의미한다. 장소의 개념보다 상태의 개념으로, 막다른 상태에서 하나님의 정의로운 인도가 가져온 평온의 상태를 은유한다.

18:20-30 하나님께서 의에 대하여 보상하심을 노래한다. 즉, 하나님 앞에서 상을 받을 만한 의(義)가 어떤 것인지를 경험을 통해서 고백한다. 이곳에 열거된 다윗의 의(義)는 다윗의 완전성이 아니라, 인간적인 결함을 지녔음에도 불구하고 하나님께 의뢰하는 마음과 행동을 말한다. 21-24절은 다윗의 생생한 경험이다. 25-27절은 이 경험을 객관적으로 정리한 것이다. 마찬가지로 28-29절은 경험을 말하고, 30절에서는 이것을 정리한다.

18:31-45 다윗은 승리의 근원이 하나님이라는 사실을 체험을 통해 터득했다. 전장에서 적을 물리치셨던 하나님의 힘은, 다윗에게 용맹과 격려를 주시는 것으로도 나타났다.

㉠ 또는 '방어벽을 뚫을 수 있으며'

서는 오른손으로 나를 강하게 붙
들어 주셨습니다. 주님께서 이토
록 보살펴 주시니, 나는 큰 승리를
거둘 것입니다.
36 내가 힘차게 걷도록 주님께서 힘
을 주시고, 발을 잘못 디디는 일이
없게 하셨습니다.
37 나는 원수를 뒤쫓아가서 다 죽
였으며, 그들을 전멸시키기까지
돌아서지 않았습니다.
38 그들이 나의 발 아래에 쓰러져서
다시는 일어서지 못하도록, 그들
을 내가 무찔렀습니다.
39 주님께서 나에게 싸우러 나갈 용
기를 북돋우어 주시고, 나를 치려
고 일어선 자들을 나의 발 아래에
서 무릎 꿇게 하셨습니다.
40 주님께서는 나의 원수들을 내 앞
에서 등을 보이고 도망가게 하시
고, 나를 미워하는 자들을 내가
완전히 무찌르게 하셨습니다.
41 그들이 아무리 둘러보아도, 그들
을 구해 줄 사람은 하나도 없고,
주님께 부르짖었지만, 주님께서는
끝내 응답하지 않으셨습니다.
42 그래서 나는 그들을 산산이 부수
어서, 먼지처럼 바람에 날려 보냈
고, 길바닥의 진흙처럼 짓이겨 버
렸습니다.
43 주님께서는 반역하는 백성에게
서 나를 구하여 주시고, 나를 지
켜 주셔서 뭇 민족을 다스리게 하
시니, 내가 모르는 백성들까지 나
를 섬깁니다.
44 나에 대한 소문을 듣자마자, 모두
가 나에게 복종합니다. 이방 사람
들조차도 나에게 와서 굴복합니
다.
45 이방 사람이 사기를 잃고, 숨어
있던 요새에서 나옵니다.
46 주님은 살아 계신다! 나의 반석
이신 주님을 찬양하여라. 나를 구
원하신 하나님을 높여라.
47 하나님께서 나의 원수를 갚아
주시고, 뭇 백성을 나의 발 아래
굴복시켜 주셨습니다.
48 주님은 원수들에게서 나를 구하
여 주셨습니다. 나를 치려고 일어
서는 자들보다 나를 더욱 높이셔
서, 포악한 자들에게서도 나를 건
지셨습니다.
49 그러므로 주님, 뭇 백성이 보는
앞에서 내가 주님께 감사를 드리
며, 주님의 이름을 찬양하겠습니
다.
50 주님은 손수 세우신 왕에게 큰
승리를 안겨 주시는 분이시다. 손
수 기름을 부어 세우신 다윗과 그
자손에게, 한결같은 사랑을 영원
무궁 하도록 베푸시는 분이시다.

18:38 나의 발 아래에 쓰러져서 하나님은 곤고하던 다윗을 들어서 교만한 나라를 굴복시키신다. 교만한 자에 대한 심판 방법 중의 하나가, 멸시하던 자를 *멸시받던 자의 발* 아래에 쓰러지게 하는 것이다(Calvin).

18:46–50 힘이 되신 하나님께 다시 감사와 찬양을 드린다. 본문은 2절에 나와 있는 하나님에 대한 여덟 가지 묘사를 반석과 구원자로 압축한다.

18:46 주님은 살아 계신다! 하나님은 다윗을 위해 역사하시고 그에게 복을 내리심으로써 살아 계신 하나님이심을 보여 주셨다.

18:49 로마서 15:9에서는 바울이 이 구절을 인용하여 이방 선교를 메시아적으로 이해하고 있다. 따라서 본절은 다윗이 찬양한 것이지만, 다윗의 자손인 예수 그리스도를 통하여 이방이 하나님을 찬양할 것을 예언한 것이 된다.

18:50 다윗이 자신의 지위가 주님께로부터 나왔음을 인정하고 있다(삼상 16:1–13).

창조에 나타난 하나님의 영광과 하나님의 선한 율법

19 〔지휘자를 따라 부르는 다윗의 노래〕
하늘은 하나님의 영광을 드러
내고, 창공은 그의 솜씨를 알려
준다.
2 낮은 낮에게 말씀을 전해 주고,
밤은 밤에게 지식을 알려 준다.
3 ㉠그 이야기 그 말소리, 비록 아무
소리가 들리지 않아도
4 그 ㉡소리 온 누리에 울려 퍼지고,
그 말씀 세상 끝까지 번져 간다.
해에게는, 하나님께서 하늘에
장막을 쳐 주시니,
5 해는 신방에서 나오는 신랑처럼
기뻐하고, 제 길을 달리는 용사처
럼 즐거워한다.
6 하늘 이 끝에서 나와서 하늘 저
끝으로 돌아가니, 그 뜨거움을 피
할 자 없다.
7 주님의 교훈은 완전하여서 사
람에게 생기를 북돋우어 주고, 주
님의 증거는 참되어서 어리석은
자를 깨우쳐 준다.
8 주님의 교훈은 정직하여서 마음
에 기쁨을 안겨 주고, 주님의 계명
은 순수하여서 사람의 눈을 밝혀
준다.
9 주님의 말씀은 티 없이 맑아서 영
원토록 견고히 서 있으며, 주님의
법규는 참되어서 한결같이 바르
다.
10 주님의 교훈은 금보다, 순금보다
더 탐스럽고, 꿀보다, 송이꿀보다
더 달콤하다.
11 그러므로 주님의 종이 그 교훈
으로 경고를 받고, 그것을 지키면,
푸짐한 상을 받을 것이다.
12 그러나 어느 누가 자기 잘못을
낱낱이 알겠습니까? 미처 깨닫지
못한 죄까지도 깨끗하게 씻어 주
십시오.
13 주님의 종이 죄인 줄 알면서도 고
의로 죄를 짓지 않도록 막아 주셔
서 죄의 손아귀에 다시는 잡히지
않게 지켜 주십시오. 그 때에야
나는 온전하게 되어서, 모든 끔찍
한 죄악을 벗어 버릴 수 있을 것입
니다.
14 나의 반석이시요 구원자이신 주
님, 내 입의 말과 내 마음의 생각
이 언제나 주님의 마음에 들기를
바랍니다.

승리를 위한 기도

20 〔지휘자를 따라 부르는 다윗의 노래〕
우리의 임금님께서 고난 가운
데서 주님께 기도하실 때에 주님
께서 임금님께 응답하여 주시기
를 원합니다. 야곱의 하나님께서
친히 임금님을 지켜 주시기를 바

19편 요약 본시의 전반부는 자연계를 바라보며 하나님의 권능과 위엄을 발견한 다윗이 그분께 영광을 돌린 내용이다. 후반부는 하나님의 특별 계시인 율법에서 구원을 위한 하나님의 뜻을 발견하고 겸비한 자세를 취한 내용이다.

19:2 본절은 하나님의 섭리대로 움직이는 낮과 밤의 한결같음은 그의 신실하심을 보여 준다는 뜻이다(렘 33:20,25).

20편 요약 전쟁의 승패가 하나님의 손에 달려 있음을 알았던 다윗은 하나님께서 자신에게 반드시 승리를 베푸실 줄로 믿었다. 오늘날 성도들은 우리의 대장 되시는 하나님께서 전능자이심을 알고 믿음의 선한 싸움을 힘껏 싸워야 한다.

㉠ 또는 '그들은 이야기가 없다. 말도 없다. 그들에게서 아무런 소리도 들려오지 않는다' ㉡ 칠십인역과 제롬역과 시리아어역을 따름. 히, '줄'

랍니다.
2 성소에서 임금님을 도우시고, 시
온에서 임금님을 붙들어 주시기
를 원합니다.
3 임금님께서 바치는 모든 제물을
주님께서 기억하여 주시고 임금님
께서 올리는 번제를 주님께서 기
쁘게 받아 주시기를 바랍니다. (셀
라)
4 임금님의 소원대로, 주님께서 임
금님께 모든 것을 허락하여 주시
고, 임금님의 계획대로, 주님께서
임금님께 모든 것을 이루어 주시
기를 원합니다.
5 우리는 임금님의 승리를 소리 높
여 기뻐하고, 우리 하나님의 이름
으로 깃발을 높이 세워 승리를 기
뻐할 수 있도록, 주님께서 임금님
의 모든 소원을 이루어 주시기를
원합니다.
6 나는 이제야 알았습니다. 주님
께서는 기름을 부으신 왕에게 승
리를 주시고, 그 거룩한 하늘에서
왕에게 응답하여 주시고, 주님의
힘찬 오른손으로 왕에게 승리를
안겨 주시는 분이심을 알았습니
다.
7 어떤 이는 전차를 자랑하고, 어떤
이는 기마를 자랑하지만, 우리는
주 우리 하나님의 이름만을 자랑
합니다.
8 대적들은 엎어지고 넘어지지만,
우리는 일어나서 꿋꿋이 섭니다.
9 ㉠주님, 우리의 왕에게 승리를
안겨 주십시오. 우리가 주님을 부
를 때에, 응답하여 주십시오.

승리하게 하신 주님께 감사

21

〔지휘자의 지휘를 따라 부르는 다윗의 노래〕

1 주님, 주님께서 우리 왕에게 힘
을 주시므로 왕이 기뻐하며 주님
께서 승리를 주시므로 왕이 크게
즐거워합니다.
2 왕이 소원하는 바를 주님께서 들
어주시고, 왕이 입술로 청원하는
바를 주님께서 물리치지 않으셨습
니다. (셀라)
3 온갖 좋은 복을 왕에게 내려 주
시고, 왕의 머리에 순금 면류관을
씌워 주셨습니다.
4 왕이 주님께 생명을 구했을 때, 주
님께서는 그에게 장수를 허락하
셨습니다. 오래오래 살도록 긴긴
날을 그에게 허락하셨습니다.
5 주님께서 승리를 안겨 주셔서
왕이 크게 영광을 받게 하셨으며,
위엄과 존귀를 그에게 입혀 주셨
습니다.
6 주님께서 영원한 복을 왕에게 내
려 주시고, 주님께서 그와 함께 계

20:1 응답하여 주시기를 원합니다 원문에는 이 구절이 서두에 나온다. 백성들은 왕이 여러 환난 가운데서 하나님의 보호와 도움 받기를 바라고 있다.

20:5 깃발을 높이 세워 승리를 기뻐할 수 있도록 승리의 깃발을 날린다는 표현이 아니다. 이 구절은 하나님께서 직접 싸우신다는 시인의 굳센 신앙의 표시이다(출 14:13).

㉠ 또는 '임금님, 우리를 구하여 주십시오'

21편 요약 본시는 승전 후 하나님께 감사 찬양한 시이다. 하나님께서 다윗의 기도를 들으시고 승리하게 하신 것을 감사하며 찬양한다.

21:1–7 1–2절에서 왕이 승리하도록 하신 하나님의 선하심을 찬양한다. 3–5절은 왕이 하나님께 소원했던(2절) 구체적인 내용을 제시하고, 6절은 이를 집약한다. 7절은 이 시의 중심 구절로 왕이 어떻게 평안을 누릴 수 있게 되었는지를 말한다.

시니, 왕의 기쁨이 넘칩니다.
7 왕이 오직 주님을 의지하고, 가장
높으신 분의 사랑에 잇닿아 있으
므로, 그는 결코 흔들리지 않을
것입니다.
8 임금님, 임금님의 손이 임금님
의 모든 원수를 찾아내며, 임금님
의 오른손이 임금님을 미워하는
자를 사로잡을 것입니다.
9 임금님께서 나타나실 때에, 원수
들을 불구덩이 속에 던지실 것입
니다. 주님께서도 진노하셔서 그
들을 불태우시고 불이 그들을 삼
키게 하실 것입니다.
10 임금님께서는 원수의 자손을 이
땅에서 끊어 버리실 것이며, 그들
의 자손을 사람들 가운데서 씨를
말리실 것입니다.
11 그들이 임금님께 악한 손을 뻗쳐
서 음모를 꾸민다 해도, 결코 이루
지 못할 것입니다.
12 오히려, 임금님께서 그들의 얼굴
에 활을 겨누셔서, 그들이 겁에 질
려 달아나게 하실 것입니다.
13 주님, 힘을 떨치시면서 일어나
주십시오. 우리가 주님의 힘을 기
리며, 노래하겠습니다.

고난과 찬양

22

(지휘자의 지휘를 따라 '새벽 암사슴'의 가락으로 부르는 다윗의 노래)

1 나의 하나님, 나의 하나님, 어찌
하여 나를 버리십니까? 어찌하여
그리 멀리 계셔서, 살려 달라고 울
부짖는 나의 간구를 듣지 아니하
십니까?
2 나의 하나님, 온종일 불러도 대답
하지 않으시고, 밤새도록 부르짖
어도 모르는 체하십니다.
3 그러나 주님은 거룩하신 분, 이
스라엘의 찬양을 받으실 분이십
니다.
4 우리 조상이 주님을 믿었습니다.
그들은 믿었고, 주님께서는 그들
을 구해 주셨습니다.
5 주님께 부르짖었으므로, 그들은
구원을 받았습니다. 주님을 믿었
으므로, 그들은 수치를 당하지 않
았습니다.
6 그러나 나는 사람도 아닌 벌레
요, 사람들의 비방거리, 백성의 모
욕거리일 뿐입니다.
7 나를 보는 사람은 누구나 나를 빗
대어서 조롱하며, 입술을 비쭉거
리고 머리를 흔들면서 얄밉게 빈
정댑니다.
8 "그가 주님께 그토록 의지하였다
면, 주님이 그를 구하여 주시겠지.
그의 주님이 그토록 그를 사랑하
신다니, 주님이 그를 건져 주시겠
지" 합니다.

22편 요약 그리스도의 수난을 예언한 메시아 예언시이다. 대적자들의 핍박으로 인해 고초를 당한 다윗이 하나님께 부르짖은 내용의 본시는 메시아께서 자기 백성을 위하여 당하실 수난을 예언한 것이다.

22편 본 시편은 신약의 메시아 수난 기사(마 27장;막 15장;눅 23장;요 19장)와 병행을 이루고 있으며, 또한 이사야서 53장의 '고난의 종'과도 그 맥을 같이 하고 있다. 다윗은 극심한 고통을 당하면서 하나님께 전적으로 호소하고 있다.

22:1 어찌하여 나를 버리십니까? 이 탄식의 밑바탕에는 하나님만은 자신을 버리시지 않는다는 신뢰가 짙게 깔려 있다.

22:3-11 시인은 이스라엘의 역사에 나타난 하나님의 구원 행위를 상기시키고 있다(3-5절). 이를 근거로 하여, 하나님께서 자기를 비참한 상황으로부터 구원해 주실 것을 간구하고 있다(6-11절).

9 그러나 주님은 나를 모태에서
이끌어 내신 분, 어머니의 젖을 빨
때부터 주님을 의지하게 하신 분
이십니다.
10 나는 태어날 때부터 주님께 맡긴
몸, 모태로부터 주님만이 나의 하
나님이었습니다.
11 나를 멀리하지 말아 주십시오.
재난이 가까이 닥쳐왔으나, 나를
도와줄 사람이 없습니다.
12 황소 떼가 나를 둘러쌌습니다.
바산의 힘센 소들이 이 몸을 에워
쌌습니다.
13 으르렁대며 찢어 발기는 사자처럼
입을 벌리고 나에게 달려듭니다.
14 나는 쏟아진 물처럼 기운이 빠
져 버렸고 뼈마디가 모두 어그러
졌습니다. 나의 마음이 촛물처럼
녹아내려, 절망에 빠졌습니다.
15 나의 입은 옹기처럼 말라 버렸고,
나의 혀는 입천장에 붙어 있으니,
주님께서 나를 완전히 매장되도록
내버려 두셨기 때문입니다.
16 개들이 나를 둘러싸고, 악한 일
을 저지르는 무리가 나를 에워싸
고 내 손과 발을 묶었습니다.
17 뼈마디 하나하나가 다 셀 수 있을
만큼 앙상하게 드러났으며, 원수
들도 나를 보고 즐거워합니다.
18 나의 겉옷을 원수들이 나누어 가
지고, 나의 속옷도 제비를 뽑아서
나누어 가집니다.
19 그러나 나의 주님, 멀리하지 말
아 주십시오. 나의 힘이신 주님,
어서 빨리 나를 도와주십시오.
20 내 생명을 원수의 칼에서 건져 주
십시오. 하나뿐인 나의 목숨을 개
의 입에서 빼내어 주십시오.
21 사자의 입에서 나를 구하여 주십
시오. 들소의 뿔에서 나를 구하여
주십시오.
주님께서 나의 기도를 들어주셨
습니다.
22 주님의 이름을 나의 백성에게 전
하고, 예배 드리는 회중 한가운데
서, 주님을 찬양하렵니다.
23 주님을 경외하는 사람들아, 너
희는 그를 찬양하여라. 야곱 자손
아, 그에게 영광을 돌려라. 이스라
엘 자손아, 그를 경외하여라.
24 그는 고통받는 사람의 아픔을 가
볍게 여기지 않으신다. 그들을 외
면하지도 않으신다. 부르짖는 사
람에게는 언제나 응답하여 주신
다.
25 주님께서 하신 이 모든 일을, 회중
이 다 모인 자리에서 찬양하겠습
니다. 내가 서원한 희생제물을 주
님을 경외하는 사람들 앞에서 바
치겠습니다.

22:12–21 시인은 원수들의 공격 앞에서 무력한 자신을 발견하면서, 하나님의 구원을 의지한다.

22:20–21 여기에서 원수를 칼, 개, 사자, 들소로 *묘사한다. 이것은 16하반절–18절에* 묘사된 장면을 연상시킨다고 볼 수 있다. 그렇기 때문에 많은 해석자들은 '칼'이 강도나 적군의 공격을 상징한다고 해석한다.

22:22–31 시인의 고통은 원수로부터 당한 수모에서 기인하지만, 그보다 더 큰 절망은 하나님이 아득히 멀리 계시는 것처럼 보이는 것이다. 이제 하나님은 그의 기도를 들으시고 그를 구원하시고 그와 함께 하신다. 그의 입에서 찬양이 회복되고, 절망에서 소생한 경험을 통해 세계에 미치는 하나님의 통치를 또 다른 각도에서 바라보게 된다.

22:27–31 시인은 여기서 예언자적인 통찰력을 가지고 하나님의 통치를 내다본다. 이 부분은 메시아로 이룩될 미래의 세계를 묘사한 것이다. 땅 끝 복음의 소식을 들을 지구의 오지(奧地)를 말한다.

26 가난한 사람들도 "여러분들의
마음이 늘 유쾌하길 빕니다!" 하
면서 축배를 들고, 배불리 먹을 수
있을 것이다. 주님을 찾는 사람은
누구나 주님을 찬양할 것이다.
27 땅 끝에 사는 사람들도 생각을
돌이켜 주님께로 돌아올 것이며,
이 세상 모든 민족이 주님을 경배
할 것이다.
28 주권은 주님께 있으며, 주님은 만
국을 다스리시는 분이시다.
29 ㉠땅 속에서 잠자는 자가 어떻게
주님을 경배하겠는가? 무덤으로
내려가는 자가 어떻게 주님 앞에
무릎 꿇겠는가? 그러나 나는 주님
의 능력으로 살겠다.
30 내 자손이 주님을 섬기고 후세의
자손도 주님이 누구신지 들어 알
고,
31 아직 태어나지 않은 세대도 주님
께서 하실 일을 말하면서 '주님께
서 그의 백성을 구원하셨다' 하고
선포할 것이다.

선한 목자

23

〔다윗의 노래〕
주님은 나의 목자시니, 내게 부
족함 없어라.
2 나를 푸른 풀밭에 누이시며 쉴 만
한 물 가로 인도하신다.
3 나에게 다시 새 힘을 주시고, 당신
의 이름을 위하여 바른 길로 나를
인도하신다.
4 내가 비록 ㉡죽음의 그늘 골짜기
로 다닐지라도, 주님께서 나와 함
께 계시고, 주님의 막대기와 지팡
이로 나를 보살펴 주시니, 내게는
두려움이 없습니다.
5 주님께서는, 내 원수들이 보는 앞
에서 내게 잔칫상을 차려 주시고,
내 머리에 기름 부으시어 나를 귀
한 손님으로 맞아 주시니, 내 잔
이 넘칩니다.
6 진실로 주님의 선하심과 인자하심
이 내가 사는 날 동안 나를 따르
리니, 나는 주님의 집으로 돌아가
영원히 그 곳에서 살겠습니다.

누가 주님의 성전에 들어갈 수 있는가?

24

〔다윗의 시〕
땅과 그 안에 가득 찬 것이 모
두 다 주님의 것, 온 누리와 그 안
에 살고 있는 모든 것도 주님의 것
이다.
2 분명히 주님께서 그 기초를 바다
를 정복하여 세우셨고, 강을 정복
하여 단단히 세우셨구나.
3 누가 주님의 산에 오를 수 있으
며, 누가 그 거룩한 곳에 들어설
수 있느냐?
4 깨끗한 손과 해맑은 마음을 가
진 사람, 헛된 우상에게 마음이

23편 요약 하나님과 성도의 관계를 목자와 양의 관계로 비유하고 있다. 비록 이 세상의 삶이 죽음의 그늘 골짜기를 지나는 것 같을지라도 하나님을 인도자와 보호자로 삼는 사람들은 그분 안에서 참된 평안과 영생을 누릴 수 있음을 노래하였다.

24편 요약 본시는 다윗이 법궤를 예루살렘으로 옮긴 사건(삼하 6:12-19)을 기념하여 지은 찬양시이다. 본시의 주제는 하나님이 세상 모든 것을 지으시고 다스리시는 영광의 왕이시라는 것이다. 22편은 고난의 시, 23편은 안식의 시이고, 24편은 부활과 승천에 관련된 시이다.

23:1-4 나의 목자 목자이신 하나님은 양으로서의 인간에게 새 힘을 주시고 바른 길로 인도하신다.

㉠ 마소라 사본은 '세상의 모든 권세자들은 먹고 경배할 것이다'로 읽고 있다 ㉡ 또는 '아주 캄캄한 골짜기로'

팔리지 않고, 거짓 맹세를 하지 않
는 사람이다.
5 그런 사람은 주님께서 주시는 복
을 받고, ㉠그를 구원하시는 하나
님께로부터 의롭다고 인정받을 사
람이다.
6 그런 사람은 주님을 찾는 사람이
요, ㉡야곱의 하나님의 얼굴을 사
모하는 사람이다. (셀라)
7 문들아, 너희 머리를 들어라. 영
원한 문들아, 활짝 열려라. 영광의
왕께서 들어가신다.
8 영광의 왕이 뉘시냐?
힘이 세고 용맹하신 주님이시
다. 전쟁의 용사이신 주님이시다.
9 문들아, 너희 머리를 들어라. 영
원한 문들아, 활짝 열려라. 영광의
왕께서 들어가신다.
10 영광의 왕이 뉘시냐?
만군의 주님, 그분이야말로 영
광의 왕이시다. (셀라)

인도와 도움을 구하는 기도

㉢25

[다윗의 시]
주님, 내 영혼이 주님을 기다립
니다.
2 나의 하나님, 내가 주님께 의지하
였으니, 내가 부끄러움을 당하지
않게 하시고 내 원수가 나를 이기
어 승전가를 부르지 못하게 해주
십시오.
3 주님을 기다리는 사람은 수치를
당할 리 없지만, 함부로 속이는 자
는 수치를 당하고야 말 것입니다.
4 주님, 주님의 길을 나에게 보여
주시고, 내가 마땅히 가야 할 그
길을 가르쳐 주십시오.
5 주님은 내 구원의 하나님이시니,
주님의 진리로 나를 지도하시고
가르쳐 주십시오. 나는 종일 주님
만을 기다립니다.
6 주님, 먼 옛날부터 변함 없이 베
푸셨던, 주님의 긍휼하심과 한결
같은 사랑을 기억하여 주십시오.
7 내가 젊은 시절에 지은 죄와 반역
을 기억하지 마시고, 주님의 자비
로우심과 선하심으로 나를 기억
하여 주십시오.
8 주님은 선하시고 올바르셔서,
죄인들이 돌이키고 걸어가야 할
올바른 길을 가르쳐 주신다.
9 겸손한 사람을 공의로 인도하시
며, 겸비한 사람에게는 당신의 뜻
을 가르쳐 주신다.
10 주님의 언약과 계명을 지키는 사
람을 진실한 사랑으로 인도하신
다.
11 주님, 주님의 이름을 생각하셔
서라도, 내가 저지른 큰 죄악을 용
서하여 주십시오.
12 주님을 경외하는 사람이 누굽니

25편 요약 본시의 주제는 대적의 핍박과 자신의 죄과 때문에 시인이 당한 고난이다. 그러므로 *다윗은 하나님의 도우심을 간구하는 동시에* 자신의 죄를 눈물로써 회개하였다. 그러나 다윗은 자신만이 아닌 이스라엘 백성을 위해서도 구원을 간구하는 중보자적 자세를 보인다.

25편 본 시편은 각 절의 첫자를 히브리 알파벳 순서에 따라 배열한 것이 특징이며, 그 내용에 있어서 심오한 구조를 이룬다. 이 시편의 근저에 깔려 있는 분위기는 고난이다.

25:1–7 시인은 전적으로 하나님의 긍휼과 자비를 의지하면서, 원수의 계교에서 자신을 건져 달라고 호소한다.

25:8–14 하나님은 선하시기 때문에 죄인을 그분

㉠ 또는 '구원자 되시는 그의 하나님으로부터' ㉡ 칠십인역과 시리아어역을 따름. 히, '야곱아, 네 얼굴을' ㉢ 각 절의 첫 글자가 히브리어 자음 문자 순서로 되어 있는 시

까? 그가 선택해야 할 길을 주님
께서 그에게 가르쳐 주실 것입니
다.
13 그가 한 생애를 편안히 살 것이
니, 그 자손이 땅을 유업으로 받
을 것이다.
14 주님께서는, 주님을 경외하는 사
람과 의논하시며, 그들에게서 주
님의 언약이 진실함을 확인해 주
신다.
15 주님만이 내 발을 원수의 올무
에서 건지는 분이시기에, 내 눈은
언제나 주님을 바라봅니다.
16 주님, 나를 돌보아 주시고, 나에게
은혜를 베풀어 주십시오. 나는 외
롭고 괴롭습니다.
17 내 마음의 고통에서 벗어나게 해
주시고, 나를 이 아픔에서 건져
주십시오.
18 내 괴로움과 근심을 살펴 주십시
오. 내 모든 죄를 용서하여 주십
시오.
19 내 원수들을 지켜 봐 주십시오.
그들의 수는 많기도 합니다. 그들
은 불타는 증오심을 품고, 나를
미워합니다.
20 내 생명을 지켜 주십시오. 나를
건져 주십시오. 내가 수치를 당하
지 않게 하여 주십시오. 나의 피
난처는 오직 주님뿐입니다.
21 완전하고 올바르게 살아가도록,
지켜 주십시오. 주님, 나는 주님만
기다립니다.
22 하나님, 이스라엘을 그 모든 고
난에서 건져 주십시오.

정직한 사람의 기도

26 〔다윗의 시〕
주님, 나를 변호해 주십시오.
나는 올바르게 살아왔습니다. 주
님만을 의지하고 흔들리지 않았
습니다.
2 주님, 나를 샅샅이 살펴보시고, 시
험하여 보십시오. 나의 속 깊은 곳
과 마음을 달구어 보십시오.
3 나는 주님의 한결같은 사랑을 늘
바라보면서 주님의 진리를 따라서
살았습니다.
4 나는 헛된 것을 좋아하는 자들
과 한자리에 앉지 않고, 음흉한
자들과도 어울리지 않았습니다.
5 나는 악인들의 모임에서 그들과
어울리기를 싫어하고, 한자리에
있지도 않았습니다.
6 주님, 내가 손을 씻어 내 무죄함
을 드러내며 주님의 제단을 두루
돌면서,
7 감사의 노래를 소리 높여 부르며,
주님께서 나에게 해주신 놀라운
일들을 모두 다 전하겠습니다.
8 주님, 주님께서 계시는 집을 내

의 선한 길로 인도하신다. 따라서 하나님의 길을 따라 걸어갈수록 자신이 죄인이라는 사실을 느끼게 된다. 그러므로 회개는 필수적이다. 12-13절에서는 번영과 친밀함을 이야기하는데, 그것은 하나님을 경외하는 자가 누릴 복에 대한 것이다.

25:20-21 자신의 생명을 자신이 지킬 수 없다. 그렇다고 진리의 길을 떠난 생활을 추구하지도 않는다. 원수와 역경이 처처에 도사린다 하여도, 완전하고 올바르게 살아가기를 염원하는 것이다.

26편 요약 고난당하는 다윗이 하나님께 호소한 비탄시이면서 하나님을 경외하는 자들의 자세를 교훈하고 있는 시이다. 위안을 받을 곳은 오직 하나님의 품 안임을 고백하고 있다.

26편 시인은 스스로 하나님의 심판대 위에 자신을 세우고 하나님께서 자기의 무죄를 변호해 주실 것을 간구한다. 이어서 하나님께서 의인과 악인을 구분해 주실 것을 간구한다.

가 사랑합니다. 주님의 영광이 머
무르는 그 곳을 내가 사랑합니다.
9 나의 이 목숨을 죄인의 목숨과 함
께 거두지 말아 주십시오. 나의
이 생명을 살인자들의 생명과 함
께 거두지 말아 주십시오.
10 그들의 왼손은 음란한 우상을 들
고 있고, 그들의 오른손은 뇌물로
가득 차 있습니다.
11 그러나 나는 깨끗하게 살려고
하오니, 이 몸을 구하여 주시고,
은혜를 베풀어 주십시오.
12 주님, 내가 선 자리가 든든하오니,
예배하는 모임에서 주님을 찬양
하렵니다.

찬양의 기도

27

(다윗의 시)
주님이 나의 빛, 나의 구원이신
데, 내가 누구를 두려워하랴? 주
님이 내 생명의 피난처이신데, 내
가 누구를 무서워하랴?
2 나의 대적자들, 나의 원수들, 저
악한 자들이, 나를 잡아먹으려고
다가왔다가 비틀거리며 넘어졌구
나.
3 군대가 나를 치려고 에워싸도, 나
는 무섭지 않네. 용사들이 나를
공격하려고 일어날지라도, 나는
하나님만 의지하려네.
4 주님, 나에게 단 하나의 소원이
있습니다. 나는 오직 그 하나만
구하겠습니다. 그것은 한평생 주
님의 집에 살면서 주님의 자비로
우신 모습을 보는 것과, 성전에서
주님과 의논하면서 살아가는 것입
니다.
5 재난의 날이 오면, 주님의 초막 속
에 나를 숨겨 주시고, 주님의 장
막 은밀한 곳에 나를 감추시며, 반
석 위에 나를 올려서 높여 주실
것이니,
6 그 때에 나는 나를 에워싼 저 원
수들을 내려다보면서, 머리를 높
이 치켜들겠다. 주님의 장막에서
환성을 올리며 제물을 바치고, 노
래하며 주님을 찬양하겠다.
7 내가 주님을 애타게 부를 때에,
들어 주십시오. 나를 불쌍히 여기
시고, 응답하여 주십시오.
8 주님께서 나더러 "㉠내게 와서 예
배하여라" 하셨을 때 "㉡주님, 내
가 가서 예배하겠습니다" 하고 대
답하였으니,
9 주님의 얼굴을 내게 숨기지 말아
주십시오.
주님의 종에게 노하지 마십시
오. 나를 물리치지 말아 주십시
오. 주님은 나의 도움이십니다. 나
를 버리지 마시고, 외면하지 말아
주십시오. 주님은 나를 구원하신

27편 요약 압살롬의 반란에 직면한 다윗이 하나님께 부르짖은 비탄시이다. 고난 가운데 전적으로 하나님을 의지한 *다윗이 자신의 최종적* 승리를 확신한 내용(1–6절)과 하나님께 구원을 호소하는 탄식(7–14절)이 대조를 이룬다.

27:1–6 하나님은 빛이요, 구원이시며(1절), 장막(5절)이시다. 그러므로 시인에게는 하나님을 만나는 장소인 주님의 집에 거하는 것과 그의 말씀을 묵상하는 것이 일생의 소원이다.

27:7–14 악인은 거짓 증언까지 하며 모함을 늘어놓는다(12절). 시인에게는 하나님밖에 호소할 다른 길이 없다. 과거에도 하나님은 이와 같은 호소를 들으시고 시인을 구원하셨다(9절). 결국 탄식은 용기로 바뀌었다(4절). 주님의 얼굴(9절) 소망의 근거인 하나님의 긍휼을 말한다.

㉠ 또는 '너희는 나의 얼굴을 찾으라' ㉡ 또는 '주님, 내가 주님의 얼굴을 찾겠습니다'

하나님이십니다.
10 나의 아버지와 나의 어머니는 나
를 버려도, 주님은 나를 돌보아 주
십니다.
11 주님, 주님의 길을 나에게 가르
쳐 주십시오. 내 원수들이 엿보고
있으니, 나를 안전한 길로 인도하
여 주십시오.
12 그들이 거짓으로 증언하며, 폭력
을 휘둘러서 나에게 대항해 오니,
내 목숨을 내 원수의 뜻에 내맡기
지 마십시오.
13 이 세상에 머무는 내 한 생애
에, 내가 주님의 은덕을 입을 것을
나는 확실히 믿는다.
14 너는 주님을 기다려라. 강하고 담
대하게 주님을 기다려라.

도움을 구하는 기도

28

〔다윗의 시〕
반석이신 나의 주님, 내가 주
님께 부르짖으니, 귀를 막고 계시
지 마십시오. 주님께서 입을 다무
시면, 내가 무덤으로 내려가는 사
람같이 될까 두렵기만 합니다.
2 주님의 지성소를 바라보며, 두 손
을 치켜들고 주님께 울부짖을 때
에, 나의 애원하는 소리를 들어
주십시오.
3 악인들과 사악한 자들과 함께
나를 싸잡아 내동댕이치지 마십
시오. 그들은 이웃에게 평화를 말
하지만 마음에는 악을 품고 있습
니다.
4 그들의 행위와 그 악한 행실을
따라 그들에게 고스란히 갚아 주
십시오. 그들이 한 그대로 그들에
게 갚아 주십시오. 그들이 받을
벌을 그들에게 되돌려주십시오.
5 주님께서 하신 놀라운 일들을 대수
롭지 않게 여기고 손수 하신 일들
을 하찮게 여기는 그들. 그들이 다
시는 일어서지 못하게 멸하십시오.
6 애원하는 나의 간구를 들어 주
셨으니, 주님을 찬양하여라.
7 주님은 나의 힘, 나의 방패이시다.
내 마음이 주님을 굳게 의지하였
기에, 주님께서 나를 건져 주셨다.
내 마음 다하여 주님을 기뻐하며
나의 노래로 주님께 감사하련다.
8 주님은 주님의 백성에게 힘이
되시며, 기름 부어 세우신 왕에게
구원의 요새이십니다.
9 주님의 백성을 구원하여 주십시
오. 주님의 소유인 이 백성에게 복
을 내려 주십시오. 영원토록 그들
의 목자가 되시어, 그들을 보살펴
주십시오.

폭풍속 주님의 음성

29

〔다윗의 시〕
하나님을 모시는 ㉠권능 있는

28편 요약 다윗이 압살롬의 반란으로 쫓겨 다니면서 하나님께 드린 기도이다. 다윗은 공의로운 하나님의 개입을 요청하였고 그 요청은 응답되었다. 다윗은 이스라엘 백성과 함께 하나님의 공의와 선하심을 찬양하고 감사한 것이다. 하나님께서는 이스라엘을 의로운 일로 이끄시는 목자이심을 보여 주신다.

29편 요약 온 우주를 다스리시고 섭리하시는 하나님의 위엄과 주권, 권능을 찬양한 다윗의 찬양시이다. '주님의 목소리'가 의미하는 하나님의 통치와 섭리를 '우렛소리'라는 이미지로 형상화한 것이다.

29:1–2 이 시편은 권능 있는 자들에게 예복을 갖추어 입고 하나님께 경배할 것을 말한다. **권능 있는 자** 천사들이나 이 세상에서 권세를 가진 자를

㉠ **히**, '신의 아들들아'

자들아, 영광과 권능을 주님께 돌
려드리고 또 돌려드려라.
2 그 이름에 어울리는 영광을 주님
께 돌려드려라. 거룩한 옷을 입고
주님 앞에 꿇어 엎드려라.
3 주님의 목소리가 물 위로 울려
퍼진다. 영광의 하나님이 우렛소
리로 말씀하신다. 주님께서 큰 물
을 치신다.
4 주님의 목소리는 힘이 있고, 주님
의 목소리는 위엄이 넘친다.
5 주님께서 목소리로 백향목을
쩌개고, 레바논의 백향목을 쩌개
신다.
6 레바논 산맥을 송아지처럼 뛰놀
게 하시고, ㉠시룐 산을 들송아지
처럼 날뛰게 하신다.
7 주님의 목소리에 불꽃이 튀긴
다.
8 주님의 목소리가 광야를 흔드시
고, 주님께서 가데스 광야를 뒤흔
드신다.
9 주님의 목소리가, ㉡암사슴을 놀
래켜 낙태하게 하고, 우거진 숲조
차 벌거숭이로 만드시니, 그분의
성전에 모인 사람들이 하나같이,
"영광!" 하고 외치는구나.
10 주님께서 범람하는 홍수를 정
복하신다. 주님께서 영원토록 왕
으로 다스리신다.
11 주님은 당신을 따르는 백성에게
힘을 주신다. 주님은 당신을 따르
는 백성에게 평화의 복을 내리신
다.

감사의 기도

30

(성전 봉헌가, 다윗의 시)
주님, 주님께서 나를 수렁에서
건져 주시고, 내 원수가 나를 비웃
지 못하게 해주셨으니, 내가 주님
을 우러러 찬양하렵니다.
2 주, 나의 하나님, 내가 주님께 울
부짖었더니, 주님께서 나를 고쳐
주셨습니다.
3 주님, 스올에서 이 몸을 끌어올리
셨고, 무덤으로 내려간 사람들 가
운데서, 나를 회복시켜 주셨습니
다.
4 주님을 믿는 성도들아, 주님을
찬양하여라. 그 거룩한 이름을 찬
양하여라.
5 주님의 진노는 잠깐이요, 그의 은
총은 영원하니, 밤새도록 눈물을
흘려도, 새벽이 오면 기쁨이 넘친
다.
6 내가 편히 지낼 때에는 "이제는
영원히 흔들리지 않겠지" 하였지
만,
7 아, 태산보다 더 든든하게 은총으
로 나를 지켜 주시던 주님께서 나
를 외면하시자마자 나는 그만 두

말하는데, 여기서는 후자의 의미로 보인다.

29:3–9 주님의 목소리 '우렛소리'로 표현된 하나님의 소리는 온 우주를 통치하시는 하나님의 '전능하심'을 의미한다. 학자 델리취는 이 소리를 요한계시록 10:3에 나오는 일곱 천둥과 관련시켰다.

29:6 들송아지처럼 날뛰게 하신다 하나님의 진노가 너무 커서 산 전체가 요동하는 것처럼 묘사되고 있다.

㉠ 헤르몬 산 ㉡ 또는 '단단한 상수리나무들을 뒤틀리게 하시고'

30편 요약 인생 말년에 이른 다윗이 자신의 삶을 돌아보는 가운데 지금까지 자신을 보호하고 인도해 주신 하나님의 사랑과 신실하심을 노래한 감사 찬양시이다. 그는 남은 생애 동안에도 오로지 하나님만을 경외하기로 다짐하고 있다.

30:7 태산 국가를 은유한 것이다. 실제로는 시온 산을 가리키는 듯하다.

려움에 사로잡히고 말았습니다.
8 주님, 내가 주님께 부르짖었고,
주님께 은혜를 간구하였습니다.
9 내가 죽은들 주님께 무슨 유익이
되겠습니까? 내가 죽어 구덩이에
던져지는 것이 주님께 무슨 유익
이 되겠습니까? 한 줌의 티끌이
주님을 찬양할 수 있습니까? 한
줌의 흙이 주님의 진리를 전파할
수 있습니까?
10 주님, 귀를 기울이시고 들어 주십
시오. 나에게 은혜를 베풀어 주십
시오. 주님, 주님께서 나를 돕는
분이 되어 주십시오.
11 주님께서는 내 통곡을 기쁨의
춤으로 바꾸어 주셨습니다. 나에
게서 슬픔의 상복을 벗기시고, 기
쁨의 나들이옷을 갈아입히셨기에
12 내 영혼이 잠잠할 수 없어서, 주님
을 찬양하렵니다.
주, 나의 하나님, 내가 영원토록
주님께 감사를 드리렵니다.

보호를 구하는 기도

31

〔성가대 지휘자를 따라 부르는 다윗의 노래〕

1 주님, 내가 주님께 피하오니, 내
가 결코 부끄러움을 당하지 않게
하여 주십시오. 주님의 구원의 능
력으로 나를 건져 주십시오.
2 나에게 귀를 기울이시고, 속히 건
지시어, 내가 피하여 숨을 수 있는
바위, 나를 구원하실 견고한 요새
가 되어 주십시오.
3 주님은 진정 나의 바위, 나의 요
새이시니, 주님의 이름을 위하여
나를 인도해 주시고 이끌어 주십
시오.
4 그들이 몰래 쳐 놓은 그물에서 나
를 건져내어 주십시오. 주님은 나
의 피난처입니다.
5 주님의 손에 나의 생명을 맡깁니
다. 진리의 하나님이신 주님, 나를
속량하여 주실 줄 믿습니다.
6 썩어 없어질 우상을 믿고 사는 사
람들을 주님께서는 미워하시니,
나는 오직 주님만 의지합니다.
7 주님의 한결같은 그 사랑을 생각
할 때마다 나는 기쁘고 즐겁습니
다. 주님은 나의 고난을 돌아보시
며, 내 영혼의 아픔을 알고 계십니
다.
8 주님은 나를 원수의 손에 넘기지
않으시고, 내 발을 평탄한 곳에
세워 주셨습니다.
9 주님, 나를 긍휼히 여겨 주십시
오. 나는 고통을 받고 있습니다.
울다 지쳐, 내 눈이 시력조차 잃었
습니다. 내 몸과 마음도 활력을
잃고 말았습니다.
10 나는 슬픔으로 힘이 소진되었습

31편 요약 다윗이 원수의 추격을 피해 도망다니던 때에 지은 비탄시이다. 다윗은 고난의 원인이 자신의 죄악 탓이라고 여겨 회개하였다. 그러면서도 그는 하나님께서 자신을 돌아보지 않은 탓이라고 생각하여 하나님의 공의를 부르짖었다. 19절 이후에는 하나님께 감사하며, 자신의 경험을 통해 백성을 격려한다.

31:1–8 원수의 위험에 직면한 시인은 하나님을 전적으로 신뢰하면서, 원수의 올무에서 건져 달라고 호소한다.

31:5 주님의 손에 나의 생명을 맡깁니다 의지하고 신뢰하는 절정을 묘사한 구절이다. 십자가 위에서 예수님이 이 부분을 인용하셨다(눅 23:46).

31:9–18 시인의 고난은 대적들과 친지들의 냉대로 더욱 증대된다. 설상가상으로 그를 죽이려 하는 원수들의 음모까지 있다. 시인은 오로지 하나님께 자신을 맡기고 기도한다.

니다. 햇수가 탄식 속에서 흘러갔
습니다. 근력은 고통 속에서 말라
버렸고, 뼈마저 녹아 버렸습니다.
11 나를 대적하는 자들이 한결같
이 나를 비난합니다. 이웃 사람들
도 나를 혐오하고, 친구들마저도
나를 끔찍한 것 보듯 합니다. 거리
에서 만나는 이마다 나를 피하여
지나갑니다.
12 내가 죽은 사람이라도 된 것처럼,
나는 사람들의 기억 속에서 잊혀
졌으며, 깨진 그릇과 같이 되었습
니다.
13 많은 사람이 나를 비난하는 소리
가 들려 옵니다. 사방에서 협박하
는 소리도 들립니다. 나를 대적하
는 사람들이 함께 모여, 내 생명을
빼앗으려고 음모를 꾸밉니다.
14 누가 뭐라고 해도 나는 주님만 의
지하며, 주님이 나의 하나님이라
고 말할 것입니다.
15 내 앞날은 주님의 손에 달렸으니,
내 원수에게서, 내 원수와 나를
박해하는 자들의 손에서, 나를 건
져 주십시오.
16 주님의 환한 얼굴로 주님의 종을
비추어 주십시오. 주님의 한결같
은 사랑으로 나를 구원하여 주십
시오.
17 내가 주님께 부르짖으니, 주님, 내
가 부끄러움을 당하지 않게 해주
십시오. 오히려 악인들이 부끄러
움을 당하고 죽음의 세계로 내려
가서, 잠잠하게 해주십시오.
18 오만한 자세로, 경멸하는 태도로,
의로운 사람을 거슬러서 함부로
말하는 거짓말쟁이들의 입을 막
아 주십시오.
19 주님을 경외하는 사람에게 주시
려고 주님께서 마련해 두신 복이
어찌 그리도 큰지요? 주님께서는
주님께로 피하는 사람들에게 복
을 베푸십니다. 사람들이 보는 앞
에서 복을 베푸십니다.
20 주님은 그들을 주님의 날개 그늘
에 숨기시어 거짓말을 지어 헐뜯
는 무리에게서 그들을 지켜 주시
고, 그들을 안전한 곳에 감추시어
말다툼하는 자들에게서 건져 주
셨습니다.
21 주님, 내가 주님을 찬양합니다.
내가 포위당했을 때에, 주님께서
나에게 놀라운 은총을 베푸셨기
에, 내가 주님을 찬양합니다.
22 내가 포위되었을 그 때, 나는 놀란
나머지 "내가 이제 주님의 눈 밖
에 났구나" 생각하며 좌절도 했지
만, 주님께서는 내가 주님께 부르
짖을 때에는, 내 간구를 들어주셨
습니다.

31:14-18 시인은 심한 고난에도 평생의 사건들이 주님의 섭리 안에 있다고 고백한다. 하나님을 깊이 신뢰하는 시인의 마음을 확인할 수 있다.

31:16 주님의 환한 얼굴 주님의 사랑과 긍휼을 은유로 표현하였다(민 6:24-25).

31:18 거짓말쟁이들의 입 교만하고 무례하고 완악한 마음이 토해낸 언어의 비진실성을 지적한다.

31:19-24 다윗은 하나님께서 그를 보호하실 뿐만 아니라(19-20절), 불신(22절)에도 불구하고 자신의 간구에 응답해주셨음에(22절) 감사하며 찬양드린다. 그리고 이 경험을 일반화하여 사람들에게 하나님을 사랑하며 믿음 가운데 힘을 내고 용기를 내라고(23-24절) 권면한다.

31:19 마련해 두신 복 언약에 근거하여 하나님이 주시는 풍성한 삶과 생활의 인도를 말한다(참조. 출 18:9;민 10:29;신 26:11;수 21:45;사 62:7;렘 33:9). 특히 이곳에서는 31:20-21의 내용을 암시하고 있다.

23 주님을 믿는 성도들아, 너희 모
두 주님을 사랑하여라. 주님께서
신실한 사람은 지켜 주시나, 거만
한 사람은 가차없이 벌하신다.
24 주님을 기다리는 사람들아, 힘을
내어라. 용기를 내어라.

용서받은 기쁨

32 (다윗의 ㉠마스길)
복되어라! 거역한 죄 용서받고
허물을 벗은 그 사람!
2 주님께서 죄 없는 자로 여겨주시
는 그 사람! 마음에 속임수가 없
는 그 사람! 그는 복되고 복되다!
3 내가 입을 다물고 죄를 고백하
지 않았을 때에는, 온종일 끊임없
는 신음으로 내 뼈가 녹아 내렸습
니다.
4 주님께서 밤낮 손으로 나를 짓누
르셨기에, 나의 혀가 여름 가뭄에
풀 마르듯 말라 버렸습니다. (셀
라)
5 드디어 나는 내 죄를 주님께 아
뢰며 내 잘못을 덮어두지 않고 털
어놓았습니다. "내가 주님께 거역
한 나의 죄를 고백합니다" 하였더
니, 주님께서는 나의 죄악을 기꺼
이 용서하셨습니다. (셀라)
6 경건한 사람이 고난을 받을 때
에, 모두 주님께 기도하게 해주십
시오. 고난이 홍수처럼 밀어닥쳐
도, 그에게는 미치지 못할 것입니
다.
7 주님은 나의 피난처, 나를 재난에
서 지켜 주실 분! 주님께서 나를
보호하시니, 나는 소리 높여 주님
의 구원을 노래하렵니다. (셀라)
8 주님께서 말씀하신다. "네가 가
야 할 길을 내가 너에게 지시하고
가르쳐 주마. 너를 눈여겨 보며 너
의 조언자가 되어 주겠다."
9 "너희는 재갈과 굴레를 씌워야
만 잡아 둘 수 있는 분별없는 노
새나 말처럼 되지 말아라."
10 악한 자에게는 고통이 많으나,
주님을 의지하는 사람에게는 한
결같은 사랑이 넘친다.
11 의인들아, 너희는 주님을 생각하
며, 즐거워하고 기뻐하여라. 정직
한 사람들아, 너희는 다 함께 기
뻐 환호하여라.

주님을 찬양하는 노래

33 의인들아, 너희는 주님을 생각
하며 기뻐하여라. 정직한 사람
들아, 찬양은, 너희가 마땅히 해야
할 일이다.
2 수금을 타면서, 주님을 찬양하여
라. 열 줄 거문고를 타면서, 주님
께 노래하여라.
3 새 노래로 주님을 찬양하면서, 아
름답게 연주하여라.

32편 요약 본시의 3절(내가 입을 다물고 피를 고백하지 않았을 때)을 51편과 연결하여 밧세바를 범한 다윗(삼하 11-12장)이 지은 참회시로 본다. 다윗은 죄에 대해 철저히 회개하였고, 그 후 하나님의 용서와 평안을 경험하게 된다. 여기서 우리는 회개하는 자만이 죄의 사슬에서 벗어나 참된 기쁨을 누릴 수 있음을 깨닫는다.

33편 요약 저자 미상의 본시는 국가적 위기 상황에 처한 이스라엘이 하나님의 도우심으로 재난을 면하게 된 것을 감사하는 찬양시이다. 우리가 복된 삶을 살 수 있는 것은 하나님의 돌보심 덕분이다.

33:1 찬양 의인들에게 주님을 생각하며 기뻐하라고 요구하고 있다. 찬양은 하나님의 은혜를 받은 주님의 백성들이 마땅히 해야 할 바이다.

㉠ 문학 또는 음악 용어

4 주님의 말씀은 언제나 올바르며,
그 하시는 일은 언제나 진실하다.
5 주님은 정의와 공의를 사랑하시는
분, 주님의 한결같은 사랑이 온 땅
에 가득하구나.
6 주님은 말씀으로 하늘을 지으
시고, 입김으로 모든 별을 만드셨
다.
7 주님은 바닷물을 모아 ㉠독에 담
으셨고 그 깊은 물을 모아 창고
속에 넣어 두셨다.
8 온 땅아, 주님을 두려워하여라.
세상 모든 사람아, 주님을 경외하
여라.
9 한 마디 주님의 말씀으로 모든 것
이 생기고, 주님의 명령 한 마디로
모든 것이 견고하게 제자리를 잡
았다.
10 주님은, 뭇 나라의 도모를 흩으
시고, 뭇 민족의 계획을 무효로
돌리신다.
11 주님의 모략은 영원히 흔들리지
않으며, 마음에 품으신 뜻은 대대
로 끊어지지 않는다.
12 주님이 그들의 하나님이 되시기로
한 나라 곧 주 하나님이 그의 기
업으로 선택한 백성은 복이 있다.
13 주님은 하늘에서 굽어보시며,
사람들을 낱낱이 살펴보신다.
14 계시는 그 곳에서 땅 위에 사는
사람을 지켜 보신다.
15 주님은 사람의 마음을 지으신 분,
사람의 행위를 모두 아시는 분이
시다.
16 군대가 많다고 해서 왕이 나라를
구하는 것은 아니며, 힘이 세다고
해서 용사가 제 목숨을 건지는 것
은 아니다.
17 나라를 구하는 데 군마가 필요한
것은 아니며, 목숨을 건지는 데 많
은 군대가 필요한 것은 아니다.
18 그렇다. 주님의 눈은 주님을 경
외하는 사람들을 살펴보시며, 한
결같은 사랑을 사모하는 사람들
을 살펴보시고,
19 그들의 목숨을 죽을 자리에서 건
져내시고, 굶주릴 때에 살려 주신
다.
20 주님은 우리의 구원자이시요,
우리의 방패이시니, 우리가 주님
을 기다립니다.
21 우리가 그 거룩한 이름을 의지하
기에 우리 마음이 그분 때문에 기
뻡니다.
22 우리는 주님을 기다립니다. 주님,
우리에게 주님의 한결같은 사랑을
베풀어 주십시오.

주님을 공경하라

㉡ **34** (아비멜렉 앞에서 미친 체하다가, 쫓겨나서 지은 다윗의 시)

33:4-9 하나님의 행위는 창조와 역사에 있어서 하나가 되어 있다. 말씀은 곧 완성이요, 일하심은 곧 말씀이다.

33:10-12 역사에 나타난 하나님을 말한다. 특히 하나님의 목적(11절)과 나라들의 목적(10절)이 다름을 대비시키면서, 이스라엘은 하나님의 목적을 위해 택함을 입었기에 복되다고 노래한다.

34편 요약 다윗이 사울을 피해 유대 광야로 쫓겨간 후 그 곳에서 지은 시이다(삼상 21:10-22:5). 다윗은 자기가 모면했던 위기의 순간들을 회상하면서 하나님이 의인은 보호하시고 구원해 주시지만 악인은 심판하시므로 모두 하나님을 경외하며 찬양해야 한다고 노래했다.

34:1-8 시인은 자신이 고난 중에서 구원받은 사실에 대해 하나님을 찬양한다. 또한 모든 비천한

㉠ 또는 '무더기로 쌓아 놓으셨고' ㉡ 각 절의 첫 글자가 히브리어 자음 문자 순서로 되어 있는 시

1 내가 주님을 늘 찬양할 것이니,
주님을 찬양하는 노랫소리, 내 입
에서 그치지 않을 것이다.
2 나 오직 주님만을 자랑할 것이니,
비천한 사람들아, 듣고서 기뻐하
여라.
3 나와 함께 주님을 높이자. 모두 함
께 그 이름을 기리자.
4 내가 주님을 간절히 찾았더니,
주님께서 나에게 응답하시고, 내
모든 두려움에서 나를 건져내셨다.
5 주님을 우러러보아라. 네 얼굴에
기쁨이 넘치고 너는 수치를 당하
지 않을 것이다.
6 이 비천한 몸도 부르짖었더니, 주
님께서 들으시고, 온갖 재난에서
구원해 주셨다.
7 주님의 천사가 주님을 경외하는
사람을 둘러 진을 치고, 그들을
건져 주신다.
8 너희는 주님의 신실하심을 깨달
아라. 주님을 피난처로 삼는 사람
은 큰 복을 받는다.
9 주님을 믿는 성도들아, 그를 경외
하여라. 그를 경외하는 사람에게
는, 아무런 부족함이 없을 것이다.
10 젊은 사자들은 먹이를 잃고 굶주
릴 수 있으나, 주님을 찾는 사람은
복이 있어 아무런 부족함이 없을
것이다.
11 젊은이들아, 와서 내 말을 들어
라. 주님을 경외하는 길을 너희에
게 가르쳐 주겠다.
12 인생을 즐겁게 지내고자 하는 사
람, 그 사람은 누구냐? 좋은 일을
보면서 오래 살고 싶은 사람, 그
사람은 또 누구냐?
13 네 혀로 악한 말을 하지 말며, 네
입술로 거짓말을 하지 말아라.
14 악한 일은 피하고, 선한 일만 하여
라. 평화를 찾기까지, 있는 힘을
다하여라.
15 주님의 눈은 의로운 사람을 살
피시며, 주님의 귀는 그들이 부르
짖는 소리를 들으신다.
16 주님의 얼굴은 악한 일을 하는 자
를 노려보시며, 그들에 대한 기억
을 이 땅에서 지워 버리신다.
17 의인이 부르짖으면 주님께서 반드
시 들어 주시고, 그 모든 재난에
서 반드시 건져 주신다.
18 주님은, 마음 상한 사람에게 가까
이 계시고, 낙심한 사람을 구원해
주신다.
19 의로운 사람에게는 고난이 많
지만, 주님께서는 그 모든 고난에
서 그를 건져 주신다.
20 뼈마디 하나하나 모두 지켜 주시
니, 어느 것 하나도 부러지지 않는
다.

사람들에게 함께 찬양하자고 권면한다.

34:7 **둘러 진을 치고** 하나님께서 그분의 백성을 안전의 띠로 둘러서 보호해 주신다는 표현이다.

34:9-22 시인은 비천한 사람이 하나님 앞에서 보호받는다는 사실을 일반화하여, 백성들과 그 자녀들에게 가르치고 있다. 시인은 먼저 하나님을 경외해야 할 이유와 구체적인 방법을 제시하고 있다(9-14절). 이어서, 하나님은 의인에 대하여 세심한 관심을 가지고 끝까지 보호하시는 한편, 악인에 대하여는 철저히 보응하심을 교훈한다(15-22절).

34:10 **젊은 사자** 짐승 중 가장 힘이 센 짐승으로, 이 구절에서는 자기 힘으로 살아가는 자를 은유한다.

34:13 말로 남을 곤궁에 빠뜨리지 않는 것을 경건의 필수적인 요소로 본다(15:2-3;약 3:5-10).

34:15 **의로운 사람**은 마음의 고통을 경험하는 사람이다(18절). 고통은 자신의 교만을 내려놓게 해 준다. 겸손한 사람들을 하나님께서 구원하신다.

21 악인은 그 악함 때문에 끝내 죽음
을 맞고, 의인을 미워하는 사람은,
반드시 마땅한 벌을 받을 것이다.
22 주님은 주님의 종들의 목숨을
건져 주시니, 그를 피난처로 삼는
사람은, 정죄를 받지 않을 것이다.

원수에게서 보호해주실 것을 구하는 기도

35 (다윗의 시)
주님, 나와 다투는 자와 다투
시고, 나와 싸우는 자와 싸워 주
십시오.
2 큰 방패와 작은 방패를 잡으시고,
일어나 나를 도와주십시오.
3 창과 단창을 뽑으셔서 나를 추격
하는 자들을 막아 주시고, 나에
게는 "내가 너를 구원하겠다" 하
고 말씀하여 주십시오.
4 내 목숨 노리는 자들을 부끄러
워 무색케 하시고, 나를 해치려는
자들도 뒤로 물러나 수치를 당하
게 하여 주십시오.
5 그들을 바람에 날리는 겨처럼 흩
으시고, 주님의 천사에게서 쫓겨
나게 하여 주십시오.
6 그들이 가는 길을 어둡고 미끄럽
게 하시어, 주님의 천사가 그들을
추격하게 해주십시오.
7 몰래 그물을 치고 구덩이를 파
며, 이유 없이 내 생명을 빼앗으려
는 저 사람들,
8 저 사람들에게 멸망이 순식간에
닥치게 하시고, 자기가 친 그물에
자기가 걸려서 스스로 멸망하게
해주십시오.
9 그 때에 내 영혼이 주님을 기뻐
하며, 주님의 구원을 크게 즐거워
할 것이다.
10 "주님, 주님과 같은 분이 누굽니
까? 주님은 약한 사람을 강한 자
에게서 건지시며, 가난한 사람과
억압을 받는 사람을 약탈하는 자
들에게서 건지십니다. 이것은 나
의 뼈 속에서 나오는 고백입니다."
11 거짓 증인들이 일어나서, 내가
알지도 못하는 일을 캐묻는구나.
12 그들이 나에게 선을 악으로 갚다
니! 내 영혼을 이토록 외롭게 하다
니!
13 그들이 병들었을 때에, 나는 굵은
베 옷을 걸치고, 나를 낮추어 금
식하며 기도했건만! 오, 내 기도가
응답되지 않았더라면 더 좋았을
텐데!
14 친구나 친척에게 하듯이 나는 그
들의 아픔을 함께 아파하고, 모친
상을 당한 사람처럼 상복을 입고
몸을 굽혀서 애도하였다.
15 그러나 정작 내가 환난을 당할 때
에, 오히려 그들은 모여서 기뻐 떠
들고, 폭력배들이 내 주위에 모여

35편 요약 다윗은 사울과 그 일당이 끈질기게 자신의 목숨을 노리자 하나님께서 그들을 물리쳐 주실 것을 간구하였다. 여기서 다윗을 대적하던 자들은 다윗이 평소 믿고 사랑으로 대하던 자들이었다. 이에 다윗은 하나님이 역사하셔서 정의가 무엇인지를 밝히 보여 주실 것을 간구하였다.

35편 본 시편은 다윗이 환난 중에 지은 시이다. 다윗이 사울에게 쫓겨 다닐 때를 배경으로 한다. 다윗은 원수들의 공격에 대해 하나님이 대신 싸워 주실 것과 그들 위에 하나님의 공의를 보여 주실 것을 호소하면서, 또 한편으로는 자신의 기도를 항상 들어 주셨던 하나님을 찬양하고 있다.

35:4–8 다윗은 자기의 생명을 쫓는 자들을 물리쳐 달라고 호소한다.

35:11–18 거짓 증인이 다윗 자신도 알 수 없는 죄를 들어 다윗을 비난한다. 이러한 중상모략을 하

서는 순식간에 나를 치고, 쉴새
없이 나를 찢었다.
16 ㉠장애자를 조롱하는 망령된 자
와 같이 그들은 나를 조롱하고 비
웃으며, 나를 보고 이를 갈았다.
17 주님, 언제까지 보고만 계시렵
니까? 내 목숨을 저 살인자들에
게서 건져 주십시오. 하나밖에 없
는 이 생명을 저 사자들에게서 지
켜 주십시오.
18 나는 큰 회중 가운데서 주님께 감
사를 드리며, 나는 수많은 백성
가운데서 주님을 찬송하렵니다.
19 거짓말쟁이 원수들이 나를 이
겼다면서 기뻐하지 못하게 해주십
시오. 까닭 없이 나를 미워하는
자들이 서로 눈짓을 주고받으며
즐거워하지 못하게 해주십시오.
20 그들은 평화에 대해 말하는 법
이 없습니다. 평화롭게 사는 백성
을 거짓말로 모해합니다.
21 그들은 입을 크게 벌려 "하하!" 하
고 웃으면서 "우리가 두 눈으로 그
가 저지르는 잘못을 똑똑히 보았
다" 하고 위증합니다.
22 주님, 주님께서 친히 보셨으니,
가만히 계시지 마십시오. 주님, 나
를 멀리하지 마십시오.
23 나의 하나님, 나의 주님, 분발하여
일어나셔서, 재판을 여시고 시비
를 가려 주십시오.
24 주님, 나의 하나님, 주님의 공의로
나에게 공정한 판결을 내려 주십
시오. 그들이 나를 이겼다고 하면
서 기뻐하지 못하게 해주십시오.
25 그들이 마음 속으로 "하하, 우리
의 소원이 이루어졌구나" 하고 고
소해하지 못하게 해주십시오. "드
디어 우리가 그를 삼켜 버렸지" 하
고 말하지도 못하게 해주십시오.
26 나의 불행을 기뻐하는 저 사람
들은, 다 함께 수치를 당하고 창피
를 당하고 말 것이다. 나를 보고
서 우쭐대는 저 사람들은, 수치와
창피를 당할 것이다.
27 그러나 내가 받은 무죄 판결을 기
뻐하는 자들은 즐거이 노래하면
서 기뻐할 것이다. 그들은 쉬지 않
고, "주님은 위대하시다. 그를 섬기
는 사람에게 기꺼이 평화를 주시
는 분이시다" 하고 말할 것이다.
28 내 혀로 주님의 의를 선포하겠
습니다. 온종일 주님을 찬양하겠
습니다.

인간의 사악함과 하나님의 선하심

36

〔지휘자를 따라 부르는 주님의 종 다윗의 노래〕

1 악인의 마음 깊은 곳에는 반역
의 충동만 있어, 그의 눈에는 하
나님을 두려워하는 기색이 조금도

는 이들은 다윗이 과거에 사랑으로 대하였던 자들이다. 그러나 그들은 선을 악으로 갚으며 환난에 처한 다윗에게 동정을 보이기는커녕, 오히려 이를 고소해하며 즐거워한다. 다윗은 그들에게 주님의 공의로운 판결을 내려주시길 호소한다.
35:19-28 다윗은 까닭 없이 자신을 미워하는 원수들이 자기로 인하여 기뻐하지 못하게 해달라고 기도한다. 다윗은 하나님께서 자신을 공의로 판단해 주시기를 기도한다.

36편 요약 본시는 하나님에 대한 신앙 여부가 각 사람의 삶과 운명을 좌우하게 된다고 말하면서, 무엇이 가장 가치있는 삶인가를 교훈하는 다윗의 지혜시이다. 다윗은 죄악이 횡행하는 현실을 고발하면서 그와 대조적으로 인간을 돌보시고 지켜 주시는 하나님의 크신 사랑을 증거하였다.

㉠ 칠십인역을 따름. 히, '경건하지 못한 조롱자들의 무리와 같이'

없습니다.
2 그의 눈빛은 지나치게 의기 양양
하고, 제 잘못을 찾아내 버릴 생
각은 전혀 없습니다.
3 그의 입에서 나오는 말이란 사기
와 속임수뿐이니, 슬기를 짜내어
서 좋은 일을 하기는 이미 틀렸습
니다.
4 잠자리에 들어서도 남 속일 궁리나
하고, 범죄의 길을 고집하며, 한사
코 악을 버리려고 하지 않습니다.
5 주님, 주님의 한결같은 사랑은
하늘에 가득 차 있고, 주님의 미
쁘심은 궁창에 사무쳐 있습니다.
6 주님의 의로우심은 우람한 산줄
기와 같고, 주님의 공평하심은 깊
고 깊은 심연과도 같습니다. 주님,
주님은 사람과 짐승을 똑같이 돌
보십니다.
7 하나님, 주님의 한결같은 사랑
이 어찌 그리 값집니까? 사람들이
주님의 날개 그늘 아래로 피하여
숨습니다.
8 주님의 집에 있는 기름진 것으로
그들이 배불리 먹고, 주님이 그들
에게 주님의 시내에서 단물을 마
시게 합니다.
9 생명의 샘이 주님께 있습니다. 우
리는 주님의 빛을 받아 환히 열린
미래를 봅니다.
10 주님을 사랑하는 사람들에게
는, 주님께서 친히 한결같은 사랑
을 베풀어 주십시오. 마음이 정직
한 사람에게는, 주님의 의를 변함
없이 베풀어 주십시오.
11 오만한 자들이 발로 나를 짓밟지
못하게 하시고, 악한 자들이 손으
로 나를 휘두르지 못하게 하여 주
십시오.
12 그 때에 악을 일삼는 자들은 넘
어지고, 넘어져서, 다시는 일어나
지 못한다.

주님을 신뢰하라

㉠**37** 〔다윗의 시〕
악한 자들이 잘 된다고 해서
속상해하지 말며, 불의한 자들이
잘 산다고 해서 시새워하지 말아
라.
2 그들은 풀처럼 빨리 시들고, 푸성
귀처럼 사그라지고 만다.
3 주님만 의지하고, 선을 행하여
라. 이 땅에서 사는 동안 성실히
살아라.
4 기쁨은 오직 주님에게서 찾아라.
주님께서 네 마음의 소원을 들어
주신다.
5 네 갈 길을 주님께 맡기고, 주님
만 의지하여라. 주님께서 이루어
주실 것이다.
6 너의 의를 빛과 같이, 너의 공의를

36:7 주님의 한결같은 사랑이 어찌 그리 값집니까 값지다는 말은 가치의 개념이다. 의인의 가치관은 바로 여기에 있는 것이다(마 13:44-46).

36:10-12 악의 성향에 물든 악인을 살펴본 시인은 하나님의 백성에게는 주님의 한결같은 사랑을, 오만한 자에게는 심판을 내려 달라고 기도한다. 즉, 주님을 사랑하는 자와 오만한 자, 정직한 사람과 악을 일삼는 자를 대비시키고 있다.

㉠ 각 연의 첫 글자가 히브리어 자음 문자 순서로 되어 있는 시

37편 요약 본 시편은 다윗의 잠언이다. 악인의 번영을 분히 여기는 젊은이들에게, 인생의 희로애락을 다 겪은 말년의 다윗은 자기가 겪은 경험과 신앙을 일반화하여 힘있게 교훈한다.

37:1-11 악인의 번영을 보고 흥분해서는 안된다. 그것은 일시적이기 때문이다. 고요히 기다리고 지켜보는 신앙을 가져야 한다.

37:11 겸손한 사람 여기에서는 '주님을 기다리는

한낮의 햇살처럼 빛나게 하실 것
이다.
7 잠잠히 주님을 바라고, 주님만
을 애타게 찾아라. 가는 길이 언
제나 평탄하다고 자랑하는 자들
과, 악한 계획도 언제나 이룰 수
있다는 자들 때문에 마음 상해
하지 말아라.
8 노여움을 버려라. 격분을 가라앉
혀라. 불평하지 말아라. 이런 것들
은 오히려 악으로 기울어질 뿐이
다.
9 진실로 악한 자들은 뿌리째 뽑히
고 말 것이다. 그러나 주님을 기다
리는 사람들은 반드시 땅을 물려
받을 것이다.
10 조금만 더 참아라. 악인은 멸망
하고야 만다. 아무리 그 있던 자취
를 찾아보아도 그는 이미 없을 것
이다.
11 겸손한 사람들이 오히려 땅을 차
지할 것이며, 그들이 크게 기뻐하
면서 평화를 누릴 것이다.
12 악인이 의인을 모해하며, 그를
보고 이를 갈지라도,
13 주님은 오히려 악인을 비웃으실
것이니, 악인의 끝날이 다가옴을
이미 아시기 때문이다.
14 악인들은 칼을 뽑아 치켜들고,
또 활을 당겨서, 비천하고 가난한
사람들을 쓰러뜨리며, 자기 길을
똑바로 걷는 사람을 죽이려고 하
지만,
15 그 칼에 오히려 자기 가슴만 뚫릴
것이니, 그 활도 꺾이고야 말 것이
다.
16 의인의 하찮은 소유가 악인의
많은 재산보다 나으니,
17 악인의 팔은 부러지지만, 의인은
주님께서 붙들어 주신다.
18 흠 없는 사람의 나날은 주님께
서 보살펴 주시니, 그 유산은 대대
로 이어지고,
19 재난을 당할 때에도 부끄러움을
당하지 않고, 기근이 들 때에도 굶
주리지 않는다.
20 그러나 악인들은 패망할 것이
니, 주님의 원수들은 기름진 풀밭
이 시들어 불타듯이, 불타 없어질
것이니, 연기처럼 사라질 것이다.
21 악인은 빌리기만 하고 갚지 않
으나, 의인은 은혜를 베풀고 거저
준다.
22 주님께서 베푸시는 복을 받은 사
람은 땅을 차지하게 되지만, 주님
의 저주를 받은 자들은 땅에서 끊
어질 것이다.
23 우리가 걷는 길이 주님께서 기
뻐하시는 길이면, 우리의 발걸음
을 주님께서 지켜 주시고,

사람'으로 나온다. 즉, 하나님의 신실하심에 삶의 희망을 걸고 있는 것이다.

37:12-22 악인이 누리는 번영과 의인이 누리는 번영을 대비시키고 있다. 악인의 음모는 자신을 스스로 넘어뜨릴 것이며 악인의 번성도 곧 사라질 것이다. 14절의 '칼과 활'은 악인의 최후 발악으로, 모략이 좌절될 때 살상으로 목적을 성취하려는 모습이다. 그러므로 의인의 적은 누림을 소중히 생각해야 한다.

37:14 자기 길을 똑바로 걷는 사람 하나님만 의지하고 양심껏 삶을 영위하는 성도를 말한다.

37:18 흠 없는 사람 절대적인 순결을 말하는 것이 아니라, 신앙 안에서 하나님을 의지하고 살아가려는 사람을 말하는 것이다.

37:23-40 의인의 후손은 절대로 비참한 일이 없고, 의인의 실패는 결코 의인을 완전히 넘어뜨리지 못한다. 의인은 땅을 차지하게 될 것이다. 악인은 반드시 망하며 의인은 주님께서 반드시 보호

24 어쩌다 비틀거려도 주님께서 우리
의 손을 잡아 주시니, 넘어지지 않
는다.
25 나는 젊어서나 늙어서나, 의인
이 버림받는 것과 그의 자손이 구
걸하는 것을 보지 못하였다.
26 그런 사람은 언제나 은혜를 베풀
고, 꾸어 주면서 살아가니, 그의
자손은 큰 복을 받는다.
27 악한 일 피하고, 선한 일 힘쓰
면, 이 땅에서 길이길이 살 것이
니,
28 주님께서는 공의를 사랑하시고,
그의 성도들을 돌보시기 때문이
다. 그들은 영원토록 보호를 받으
나, 악인의 자손은 끊어질 것이다.
29 의인은 땅을 차지하고, 언제나 거
기에서 살 것이다.
30 의인의 입은 지혜를 말하고, 그
의 혀는 공의를 말한다.
31 그의 마음 속에 하나님의 법이 있
으니, 그의 발걸음이 흔들리지 않
는다.
32 악인이 의인을 엿보며 그를 죽일
기회를 노리지만,
33 주님은 의인을 악인의 손아귀에
버려 두지 않으시며, 판결을 내리
실 때에 의인에게 유죄를 선고하
지 않으실 것이다.
34 주님을 기다리며, 주님의 법도를
지켜라. 주님께서 너를 높여 주시
어 땅을 차지하게 하실 것이니, 악
인들이 뿌리째 뽑히는 모습을 네
가 보게 될 것이다.
35 악인의 큰 세력을 내가 보니, 본
고장에서 자란 나무가 그 무성한
잎을 뽐내듯 하지만,
36 한순간이 지나고 다시 보니, 흔적
조차 사라져, 아무리 찾아도 그
모습 찾아볼 길 없더라.
37 흠 없는 사람을 지켜 보고, 정직
한 사람을 눈여겨 보아라. 평화를
사랑하는 사람에게는 ㉠미래가 있
으나,
38 범죄자들은 함께 멸망할 것이니,
악한 자들은 ㉡미래가 없을 것이다.
39 의인의 구원은 주님께로부터 오
며, 재난을 받을 때에, 주님은 그
들의 피난처가 되신다.
40 주님이 그들을 도우셔서 구원하
여 주신다. 그들이 주님을 피난처
로 삼았기에, 그들을 악한 자들에
게서 건져내셔서 구원하여 주신
다.

환난을 당할 때의 기도

38

(기념 예배에서 읊는 다윗의 시)

주님, 주님의 분노로 나를 책
망하지 마시고, 주님의 진노로 나
를 벌하지 말아 주십시오.
2 아, 주님의 화살이 나를 꿰뚫으

하신다. 욥과 요셉이 그 대표적인 인물이다.

37:31–34 하나님의 법, 주님의 법도 의인을 의롭게 하는 말씀을 가리킨다.

37:39 의인의 구원 이것은 악인들의 사악함으로 인해 좌절되는 것이 아니다. 오직 주님만이 의인의 피난처가 되신다. 악인의 모든 궤계에도 불구하고 하나님께서는 의인으로 하여금 약속의 유업을 얻게 하신다.

㉠ 또는 '자손이 번성할 것이나' ㉡ 또는 '자손이'

38편 요약 7대 참회시(6,32,38,51,102,130,143편) 가운데 하나이다. 본시에는 '기념 예배에서 읊는 다윗의 시'라는 표제가 붙어 있다. 이는 다윗이 밧세바를 범한 자신의 죄를 회개한 후, 하나님의 진노와 긍휼을 동시에 기념하기 위해 이 시를 짓고 붙인 제목으로 추측된다.

38:1–2 진노의 손길을 거두어 주시기를 간구한다. 주님의 화살…주님의 손 양심을 예리하게 찔러

며, 주님의 손이 나를 짓누릅니다.
3 주님께서 노하시므로, 나의 살
에는 성한 곳이 없습니다. 내가 지
은 죄 때문에, 나의 뼈에도 성한
데가 없습니다.
4 내 죄의 벌이 나를 짓누르니, 이
무거운 짐을 내가 더는 견딜 수 없
습니다.
5 내 몸의 상처가 곪아터져 악취
를 내니 이 모두가 나의 어리석음
때문입니다.
6 더 떨어질 데 없이 무너져 내린 이
몸, 온종일 슬픔에 잠겨 있습니다.
7 허리에 열기가 가득하니, 이 몸에
성한 데라고는 하나도 없습니다.
8 이 몸이 이토록 쇠약하여 이지러
졌기에, 가슴이 미어지도록 신음
하며 울부짖습니다.
9 아, 주님, 나의 모든 탄원, 주님
께서 다 아십니다. 나의 모든 탄
식, 주님 앞에 숨길 수 없습니다.
10 심장은 거칠게 뛰고, 기력은 다 빠
지고, 눈조차 빛을 잃고 말았습니
다.
11 나의 사랑하는 자와 친구들이 내
상처를 바라보곤 비켜섭니다. 가
족들마저 나를 멀리합니다.
12 내 목숨을 노리는 자들이 올무
를 놓고, 내 불행을 바라는 자들
이 악담을 퍼부으며, 온종일 해칠
일을 모의합니다.
13 그러나 나는 아예 귀머거리가
되어 듣지 않았고, 벙어리가 되어
입을 열지 않았습니다.
14 참으로 나는 듣지 못하는 사람처
럼 되었고, 입은 있어도, 항변할
말이 없는 사람처럼 되었습니다.
15 주님, 내가 기다린 분은 오직 주
님이십니다. 나의 주, 나의 하나님,
나에게 친히 대답하여 주실 분도
오직 주님이십니다.
16 내가 재난에 빠져 있을 때에 주
님께 기도하였습니다. "내 원수들
이 나를 비웃지 못하게 하시고, 나
의 발이 힘을 잃고 비틀거릴 때에
도, 그들이 나를 보고 우쭐거리지
못하게 해주십시오."
17 나는 곧 쓰러질 것 같으며, 고통은
잠시도 나를 떠나지 않습니다.
18 진정으로 나는 나의 잘못을 털어
놓고, 나의 죄 때문에 괴로워하지
만,
19 강력한 나의 원수들은 점점 많아
지기만 하고, 나를 까닭 없이 미워
하는 자들도 점점 불어나기만 합
니다.
20 나의 선을 악으로 갚는 저 사람들
은, 내가 그들의 유익을 도모할
때, 오히려 나를 대적합니다.
21 주님, 나를 버리지 말아 주십시

가책을 유발했다는 것과(신 32:23;욥 6:4;애 3:12-13) 하나님께서 직접 고통을 내리신 것을 나타내는 은유적 표현이다(32:4).

38:8 가슴이 미어지도록 신음 죄책감으로 인한 양심의 가책을 말한다. 2절에 나오는 주님의 화살과 손이 그의 양심을 예리하게 파고든 결과이다.

38:11-20 시인은 자신의 곤경을 다음과 같이 열거하고 있다. ① 자신의 병(10절). ② 친구들과 가족들에게 버림받음(11절). ③ 원수들의 악담과 모의(12절). 시인은 자신의 고통이, 원수는 물론 친구들 사이에 비웃음거리가 되고 있다고 고백한다. 그리고 그는 소외와 비난에 대해 침묵으로 일관하며, 하나님께 자신의 괴롭고 외로운 상황을 아뢴다(벧전 2:23).

38:17-22 시인은 하나님께 구원의 손길을 호소한다. 그는 여기에서 질병의 고통·인간 소외의 고통에서의 구원보다도, 죄의 용서로 나타나는 하나님의 긍휼과 인자를 구한다.

오. 나의 하나님, 나를 멀리하지
말아 주십시오.
22 빨리 나를 구원하여 주십시오. 나
를 구원하시는 주님!

용서를 비는 기도

39

(여두둔의 지휘를 따라 부르는 다윗의 노래)

1 내가 속으로 다짐하였다. "나의
길을 내가 지켜서, 내 혀로는 죄를
짓지 말아야지. 악한 자가 내 앞
에 있는 동안에는, 나의 입에 재갈
을 물려야지."
2 그래서 나는 입을 다물고, 아무
말도 하지 않았다. 심지어 좋은 말
도 하지 않았더니, 걱정 근심만 더
욱더 깊어 갔다.
3 가슴 속 깊은 데서 뜨거운 열기가
치솟고 생각하면 할수록 울화가
치밀어 올라서 주님께 아뢰지 않
고는 견딜 수 없었다.
4 "주님 알려 주십시오. 내 인생의
끝이 언제입니까? 내가 얼마나 더
살 수 있습니까? 나의 일생이 얼
마나 덧없이 지나가는 것인지를
말씀해 주십시오."
5 주님께서 나에게 한 뼘 길이밖
에 안 되는 날을 주셨으니, 내 일
생이 주님 앞에서는 없는 것이나
같습니다. 진실로 모든 것은 헛되
고, 인생의 전성기조차도 한낱 입
김에 지나지 않습니다. (셀라)
6 걸어다닌다고는 하지만, 그 한평생
이 실로 한오라기 그림자일 뿐, 재
산을 늘리는 일조차도 다 허사입
니다. 장차 그것을 거두어들일 사
람이 누구일지는 아무도 모르는
일입니다.
7 그러므로 주님, 이제, 내가 무엇
을 바라겠습니까? 내 희망은 오직
주님뿐입니다.
8 내가 지은 그 모든 죄악에서 나를
건져 주십시오. 나로 어리석은 자
들의 조롱거리가 되지 않게 해주
십시오.
9 내가 잠자코 있으면서 입을 열지
않음은, 이 모두가 주님께서 하신
일이기 때문입니다.
10 주님의 채찍을 나에게서 거두어
주십시오. 주님의 손으로 나를 치
시면, 내 목숨은 끊어지고 맙니
다.
11 주님께서 인간의 잘못을 벌하시
고, 그 아름다움을 좀이 먹은 옷
같이 삭게 하시니, 인생이란 참으
로 허무할 뿐입니다. (셀라)
12 주님, 내 기도를 들어 주십시오.
내 부르짖음에 귀를 기울여 주십
시오. 내 눈물을 보시고, 잠잠히
계시지 말아 주십시오. 나 또한
나의 모든 조상처럼 떠돌면서 주

39편 요약 인생 말년의 다윗이 자신의 삶을 회고하는 가운데 지난날의 과오를 뉘우치면서 지은 시이다. 38편이 죄로 인한 하나님의 징계와 인간의 고통을 주된 내용으로 삼고 있는 반면 본시는 인생의 무상함과 하나님 안에서만 참된 소망을 찾을 수 있음에 대해 말하고 있다.

39:1–3 시인은 악인의 비방을 들으면서도, 하나님을 원망하는 죄를 범하지 않기 위해 침묵한다. 그러나 이 침묵이 시인의 마음은 더욱 고통스럽게 만들자, 그 고통을 하나님께 기도로 아뢴다.

39:4–6 인생의 의미를 돌아본다. 수명은 무엇인가? 살아가려는 발버둥은 무엇인가? 허사일 뿐이다. 인생이 희망을 가질 곳은 오직 하나님뿐이다.

39:7–13 시인은 인생의 허무함을 깨닫고, 하나님께 소망을 두고 오늘을 견디어 나간다. 그는 이 세상에서 하나님과 함께 살아갈 것이며, 하나님께서는 그의 기도를 들어 주실 것이다.

님과 더불어 살아가는 길손과 나
그네이기 때문입니다.
13 내가 떠나 없어지기 전에 다시 미
소지을 수 있도록 나에게서 눈길
을 단 한 번만이라도 돌려주십시
오.

도움을 구하는 기도

40

〔지휘자를 따라 부르는 노래, 다윗의 시〕

1 내가 간절히 주님을 기다렸더
니, 주님께서 나를 굽어보시고, 나
의 울부짖음을 들어 주셨네.
2 주님께서 나를 멸망의 구덩이에서
건져 주시고, 진흙탕에서 나를 건
져 주셨네. 내가 반석을 딛고 서
게 해주시고 내 걸음을 안전하게
해주셨네.
3 주님께서 나의 입에 새 노래를,
우리 하나님께 드릴 찬송을 담아
주셨기에, 수많은 사람들이 나를
보고 두려운 마음으로 주님을 의
지하네.
4 주님을 신뢰하여 우상들과 거짓
신들을 섬기지 않는 사람은 복되
어라.
5 주, 나의 하나님, 주님께서는 놀
라운 일을 많이 하시며, 우리 위한
계획을 많이도 세우셨으니, 아무
도 주님 앞에 이것들을 열거할 수
없습니다. 내가 널리 알리고 전파
하려 해도 이루 헤아릴 수도 없이
많습니다.
6 주님께서는 내 두 귀를 열어 주
셨습니다. 주님은 제사나 예물도
기뻐하지 아니합니다. 번제나 속
죄제도 원하지 않습니다.
7 그 때에 나는 주님께 아뢰었습니
다. "나에 관하여 기록한 두루마
리 책에 따라 내가 지금 왔습니
다.
8 나의 하나님, 내가 주님의 뜻 행하
기를 즐거워합니다. 주님의 법을
제 마음 속에 간직하고 있습니다."
9 나는 많은 회중 앞에서, 주님께
서 나를 구원하신 기쁜 소식을 전
합니다. 주님께서 아시듯이, 내가
입을 다물고 있지 않을 것입니다.
10 나를 구원하신 주님의 의를 나의
가슴 속에 묻어 두지 않았고, 주
님의 성실하심과 구원을 말합니
다. 주님의 한결같은 사랑과 그 미
쁘심을 많은 회중 앞에서 감추지
않을 것입니다.
11 하나님은 나의 주님이시니, 주님
의 긍휼하심을 나에게서 거두지
말아 주십시오. 주님은 한결같은
사랑과 미쁘심으로, 언제나 나를
지켜 주십시오.
12 이루 다 헤아릴 수도 없이 많은 재
앙이 나를 에워쌌고, 나의 죄가

40편 요약 저작 동기는 확실치 않지만 다윗이 절대적 위기 상황에서 구원받은 것에 대해 하나님께 감사한 시이다. 여기서 우리는 신앙인의 자세를 배울 수 있다. 그것은 은혜에 감사할 줄 알며 역경 중에도 믿음을 지켜 나가는 것이다.

40편 이 시는 사무엘기상의 마지막 부분을 그 배경으로 하고 있다. 다윗이 시글락과 아말렉을 격파한 후, 또한 길보아 전투에서 사울이 패전한 후, 새 시대의 도래를 내다보고 지은 것이다. 여기에 나타나는 그의 감사는 큰 위협으로부터 건짐받은 것에 대한 감사이다. 반면 하나님의 편에 서서 그분의 나라를 추구하는 자신에 대하여 모함과 공격을 일삼는 원수 위에 하나님의 공의가 속히 집행될 것을 탄원하는 형태를 띤다.

40:5 놀라운 일 이 용어는 이스라엘을 구원하기 위하여 이집트에서 베푸신 하나님의 행위를 가리킬 때 쓰인 것이다(출 3:20).

나의 덜미를 잡았습니다. 눈 앞이
캄캄합니다. 나의 죄가 내 머리털
보다도 더 많기에, 나는 희망을 잃
었습니다.
13 주님, 너그럽게 보시고 나를 건져
주십시오. 주님, 빨리 나를 도와
주십시오.
14 나의 목숨을 앗아가려는 자들이
모두 다 부끄러워하게 하시고, 수
치를 당하게 해주십시오. 내가 재
난받는 것을 기뻐하는 자들이, 모
두 뒤로 물러나서, 수모를 당하게
해주십시오.
15 깔깔대며 나를 조소하는 자들이,
오히려 자기들이 받는 수치 때문
에, 놀라게 해주십시오.
16 그러나 주님을 찾는 모든 사람
은, 주님 때문에 기뻐하고 즐거워
할 것입니다. 주님께서 구원하여
주시기를 바라는 사람은 쉬지 않
고 이르기를 "주님은 위대하시다"
할 것입니다.
17 나는 불쌍하고 가난하지만, 주
님, 나를 생각하여 주십시오. 주
님은 나를 돕는 분이시요, 나를
건져 주는 분이시니, 나의 하나님,
지체하지 말아 주십시오.

질병 가운데서 부르짖는 기도

41 (지휘자를 따라 부르는 노래, 다윗의 시)

1 가난하고 힘없는 사람을 돌보는
사람은 복이 있다. 재난이 닥칠
때에 주님께서 그를 구해 주신다.
2 주님께서 그를 지키시며 살게 하
신다. 그는 이 세상에서 복 있는
사람으로 여겨질 것이다. 주님께
서 그를 원수의 뜻에 맡기지 않을
것이다.
3 주님께서는, 그가 병상에 누워 있
을 때에도 돌보시며 어떤 병이든
떨치고 일어나게 하실 것이다.
4 내가 드릴 말씀은 이것입니다.
"주님, 나에게 은혜를 베풀어 주셔
서, 나를 고쳐 주십시오. 내가 주
님께 죄를 지었습니다."
5 나의 원수들은 나쁜 말을 지어
서 "저 자가 언제 죽어서, 그 후손
이 끊어질까?" 하고 나에게 말합
니다.
6 나를 만나러 와서는 빈 말이나 늘
어놓고, 음해할 말을 모아 두었다
가, 거리로 나가면 곧 떠들어댑니
다.
7 나를 미워하는 자들이 모두 나를
두고 험담을 꾸미고, 나를 해칠
궁리를 하면서
8 "몹쓸 병마가 그를 사로잡았구나.
그가 병들어 누웠으니, 다시는 일
어나지 못한다" 하고 수군댑니다.
9 내가 믿는 나의 소꿉동무, 나와

41편 요약 자신이 병든 동안 소외의 고통을 맛본 다윗은 빈약한 자들이 조롱이나 수탈의 대상이 아닌 보호의 대상이 되어야 함을 깨달았다. 그래서 그는 하나님이 인간을 긍휼히 여기셨듯이 인간도 서로를 돌아보아야 함을 교훈하면서 그런 자들에게 하나님이 상 주심을 노래했다.

41편 본 시편은 다윗의 시이다. 1편이 의인의 행복을, 32편이 용서받은 자의 행복을 노래하는 데 비해, 본 시편은 다른 사람에게, 특히 약한 자에게 자비를 베푸는 자가 누릴 복을 노래한다.

41:5-9 질병은 원수들이 모함할 수 있는 기회가 되었고(6-8절), 믿었던 친구들에게 배신당하는 계기가 되었다(9절). 처절한 인간 소외를 맛본다.

41:9 뒤꿈치를 들었습니다 당나귀가 주인을 뒷다리로 찼다는 의미이다. 9절을 예수님께서 가룟 유다에게 적용시키셨다(요 13:18).

한 상에서 밥을 먹던 친구조차도,
내게 발길질을 하려고 뒤꿈치를
들었습니다.
10 그러나 주님은 나의 주님이시
니, 나에게 은혜를 베풀어 주십시
오. 나도 그들에게 되갚을 수 있
도록 나를 일으켜 세워 주십시오.
11 내 원수들이 내 앞에서 환호를
외치지 못하게 하여 주십시오. 이
로써, 주님이 나를 사랑하심을 나
는 알게 될 것입니다.
12 주님께서 나를 온전하게 지켜주시
고 나를 주님 앞에 길이 세워 주
십시오.
13 이스라엘의 하나님이신 주님,
찬양을 받으십시오. 영원에서 영
원까지 찬양을 받으십시오. 아멘,
아멘.

제 2 권
(시편 42-72)

하나님을 사모함

ⓐ**42** 〔지휘자를 따라 부르는 ⓑ마스길, 고라 자손의 노래〕

1 하나님, 사슴이 시냇물 바닥에
서 물을 찾아 헐떡이듯이, 내 영혼
이 주님을 찾아 헐떡입니다.
2 내 영혼이 하나님, 곧 살아계신
하나님을 갈망하니, 내가 언제 하
나님께로 나아가 그 얼굴을 뵈올
수 있을까?
3 사람들은 날이면 날마다 나를 보
고 "너의 하나님이 어디 있느냐?"
하고 비웃으니, 밤낮으로 흘리는
눈물이 나의 음식이 되었구나.
4 기쁜 감사의 노래 소리와 축제
의 함성과 함께 내가 무리들을 하
나님의 집으로 인도하면서 그 장
막으로 들어가곤 했던 일들을 지
금 내가 기억하고 내 가슴이 미어
지는구나.
5 내 영혼아, 네가 어찌하여 그렇
게 낙심하며, 어찌하여 그렇게 괴
로워하느냐? 너는 하나님을 기다
려라. 이제 내가, 나의 구원자, 나
의 하나님을, 또다시 찬양하련다.
6 내 영혼이 너무 낙심하였지만,
요단 땅과 헤르몬과 미살 산에서,
주님만을 그래도 생각할 뿐입니
다.
7 주님께서 일으키시는 저 큰 폭포
소리를 따라 깊음은 깊음을 부르
며, 주님께서 일으키시는 저 파도
의 물결은 모두가 한 덩이 되어 이
몸을 휩쓸고 지나갑니다.
8 낮에는 주님께서 사랑을 베푸
시고, 밤에는 찬송으로 나를 채우
시니, 나는 다만 살아 계시는 내
하나님께 기도합니다.

42편 요약 성전의 찬양대였던 고라의 자손들 중 한 사람이 지었거나 편집한 시이다. 예루살렘 성전에서 봉사했던 지난날을 회상하는 내용으로 보아, 시인은 지금 불가피하게 피신해 있는 처지인 것 같다. 이런 때에 시인은 사슴이 시냇물을 찾듯이 하나님을 갈망하고 있다.

ⓐ 시 42편과 43편은 대다수의 히브리어 사본에서 한 편의 시로 묶여 있음 ⓑ 문학 또는 음악 용어

42:1–5 사슴이 찾는 시냇물은 생명 그 자체이다. 시인은 사슴이 시냇물을 찾듯 주님을 찾는다. 이것은 예배에서 주님을 만나는 것을 의미한다.
42:6–11 시인은 그를 압제하는 원수로 인하여 처량하게 피신해야 했다(9절). 그러나 시인은 고독과 고난 속에서도 절망하지 않고 신앙으로 이를 극복한다(8절). 그는 굳은 믿음으로 하나님의 도우심을 기대하면서 나약한 자신에게 힘을 북돋운다(11절).

9 나의 반석이신 하나님께 호소한
다. "어찌하여 하나님께서는 나를
잊으셨습니까? 어찌하여 이 몸이
원수에게 짓눌려 슬픈 나날을 보
내야만 합니까?"
10 원수들이 날마다 나를 보고 "네
하나님이 어디에 있느냐?" 하고
빈정대니, 그 조롱 소리가 나의 뼈
를 부수는구나.
11 내 영혼아, 네가 어찌하여 그렇
게 낙심하며, 어찌하여 그렇게 괴
로워하느냐? 너는 하나님을 기다
려라. 이제 내가 나의 구원자, 나
의 하나님을 또다시 찬양하련다.

환난을 당할 때의 기도

㉠43

하나님, 나를 변호하여 주십시
오. 비정한 무리를 고발하는 내
송사를 변호하여 주십시오. 거짓
을 일삼는 저 악한 사람들에게서
나를 구해 주십시오.
2 나의 요새이신 나의 하나님, 어찌
하여 나를 버리셨습니까? 어찌하
여 나는 원수에게 짓눌려 슬픔에
잠겨 있어야만 합니까?
3 주님의 빛과 주님의 진리를 나
에게 보내 주시어, 나의 길잡이가
되게 하시고, 주님의 거룩한 산,
주님이 계시는 그 장막으로, 나를
데려가게 해주십시오.
4 하나님, 그 때에, 나는 하나님의
제단으로 나아가렵니다. 나를 크
게 기쁘게 하시는 하나님께로 나
아가렵니다. 하나님, 나의 하나님,
내가 기뻐하면서, 수금가락에 맞
추어 주님께 감사하렵니다.
5 내 영혼아, 어찌하여 그렇게도
낙심하며, 어찌하여 그렇게도 괴
로워하느냐? 하나님을 기다려라.
이제 내가, 나의 구원자, 나의 하
나님을, 또다시 찬양하련다.

도움을 비는 기도

44

〔지휘자를 따라 부르는 고라 자손의
노래, ㉡마스길〕

1 하나님, 우리는 두 귀로 들었습
니다. 그 옛날 우리 조상이 살던
그 때에, 하나님께서 하신 그 일들
을, 우리의 조상이 우리에게 낱낱
이 일러주었습니다.
2 하나님께서 뭇 나라들을 손수 몰
아내시고, 우리 조상을 이 땅에
뿌리 박게 하셨습니다. 뭇 민족을
재앙으로 치시고, 우리 조상을 번
창하게 하셨습니다.
3 우리 조상이 이 땅을 차지한 것은
그들의 칼로 차지한 것이 아니었
습니다. 조상이 얻은 승리도 그들
의 힘으로 얻은 것이 아니었습니
다. 오직, 하나님의 오른손과 오른
팔과 하나님의 빛나는 얼굴이 이
루어 주셨으니, 참으로 이것은 하

43편 요약 본시는 하나님께 대한 적극적인 간구가 주된 내용을 이루고 있다. 즉 시인은 자신을 원수의 손에서 구원해 주시어 자신이 다시금 하나님의 전에 나아갈 수 있게 해달라고 간구하였다.

43:3 '주님의 빛'과 '주님의 진리', 이 단어들은 하나님의 택한 백성들에게 구원을 가져다주고 보살펴주는 하나님의 천사들로 의인화되었다.

44편 요약 시인은 먼저 영광스러웠던 이스라엘 민족의 과거를 회상하고 그 이스라엘이 지금은 하나님께서 흩으셔서 이방 중에서 수치와 곤욕을 당하고 있음을 토로한다. 이런 절대적인 위기 상황에서 이스라엘의 신앙인들은 하나님께 민족의 구원을 간구한다.

㉠ 시 42편과 43편은 대다수의 히브리어 사본에서 한 편의 시로 묶여 있음 ㉡ 문학 또는 음악 용어

나님께서 그들을 사랑하셨기 때
문입니다.
4 ㉠주님이야말로 나의 왕, 나의
하나님. 야곱에게 승리를 주시는
분이십니다.
5 주님의 능력으로 우리는 우리의
적을 쳐부수었으며, 우리를 공격
하여 오는 자들을 주님의 이름으
로 짓밟았습니다.
6 내가 의지한 것은 내 활이 아닙니
다. 나에게 승리를 안겨 준 것은
내 칼이 아닙니다.
7 오직 주님만이 우리로 하여금 적
에게서 승리를 얻게 하셨으며, 우
리를 미워하는 자들이 수치를 당
하게 하셨기에,
8 우리는 언제나 우리 하나님만 자
랑합니다. 주님의 이름만 끊임없
이 찬양하렵니다. (셀라)
9 그러나 이제는 주님께서 우리를
버려, 치욕을 당하게 하시며, 우리
군대와 함께 출전하지 않으셨습니
다.
10 주님께서 우리를 적에게서 밀려나
게 하시니, 우리를 미워하는 자들
이 마음껏 우리를 약탈하였습니
다.
11 주님께서 우리를 잡아먹힐 양처럼
그들에게 넘겨 주시고, 여러 나라
에 흩으셨습니다.
12 주님께서 주님의 백성을 헐값으로
파시니, 그들을 팔아 이익을 얻은
것이 아무것도 없습니다.
13 주님께서 우리를 이웃의 조롱거
리로 만드시고, 주위 사람들의 조
롱거리와 웃음거리로 만드십니다.
14 주님께서 우리를 여러 나라의 이
야기거리가 되게 하시고, 여러 민
족의 조소거리가 되게 하십니다.
15 내가 받은 치욕이 온종일 나를 따
라다니고, 부끄러워서 얼굴을 들
수조차 없습니다.
16 이것은 나를 조롱하는 자와 모독
하는 자의 독한 욕설과 나의 원수
와 복수자의 무서운 눈길 때문입
니다.
17 우리는 주님을 잊지 않았고, 주
님의 언약을 깨뜨리지 않았습니
다. 그러나 이 모든 일이 우리에게
닥쳤습니다.
18 우리가 마음으로 주님을 배반한
적이 없고, 우리의 발이 주님의 길
에서 벗어난 적도 없습니다.
19 그러나 주님께서는 우리를 승냥이
의 소굴에다 밀어 넣으시고, 깊고
깊은 어둠으로 덮으셨습니다.
20 우리가 우리 하나님의 이름을
잊었거나, 우리의 두 손을 다른 신
을 향하여 펴 들고서 기도를 드렸
다면,

44:1-8 시인은 옛날에 하나님께서 이스라엘을 위하여 행하신 일련의 사건을 상기하면서, 이것이 이스라엘 용사의 힘이 아니라, 전적으로 하나님의 능력이었음을 고백한다.
44:4-8 하나님의 은총의 행위를 돌이켜 볼 때 이스라엘의 왕은 하나님이셨다. 하나님께서 자신이 다스리는 이스라엘을 건지시고, 그들을 침공했던 이방을 오히려 부끄럽게 하셨다. 과거의 사건을 감사드리며 한편으로는 오늘의 절망적인 현실에서의 구원을 간구한다는 뜻을 담고 있다.
44:9-22 신앙과 현실 사이의 모순을 잘 대비시킨다. 하나님이 과거에는 그들을 보호하셨지만, 이제 그들은 말할 수 없는 수치와 곤욕을 당하고 있다. 그러나 그들의 신앙은 조금도 변하거나 타락하지 않았다. 그들은 고난을 주님을 위한 고난으로 이해했다.

㉠ 칠십인역과 시리아어역을 따름. 히, '하나님, 주님은 나의 왕이십니다. 야곱의 구원을 명하십시오'

21 마음의 비밀을 다 아시는 하나님
께서 어찌 이런 일을 찾아내지 못
하셨겠습니까?
22 우리가 날마다 죽임을 당하며, 잡
아먹힐 양과 같은 처지가 된 것
은, 주님 때문입니다.
23 주님, 깨어나십시오. 어찌하여
주무시고 계십니까? 깨어나셔서,
영원히 나를 버리지 말아 주십시
오.
24 어찌하여 얼굴을 돌리십니까? 우
리가 고난과 억압을 당하고 있음
을, 어찌하여 잊으십니까?
25 아, 우리는 흙 속에 파묻혀 있
고, 우리의 몸은 내동댕이쳐졌습
니다.
26 일어나십시오. 우리를 어서 도와
주십시오. 주님의 한결같은 사랑
으로, 우리를 구하여 주십시오.

왕실 혼인 잔치를 위하여

45 〔지휘자를 따라 소산님에 맞추어 부르는 고라 자손의 노래, ㉠마스길, 사랑의 노래〕

1 마음이 흥겨워서 읊으니, 노래
한 가락이라네. 내가 왕께 드리는
노래를 지어 바치려네. 나의 혀는
글솜씨가 뛰어난 서기관의 붓끝
과 같다네.
2 사람이 낳은 아들 가운데서 임
금님은 가장 아름다운 분, 하나님
께서 임금님에게 영원한 복을 주
셨으니, 임금님의 입술에서는 은
혜가 쏟아집니다.
3 용사이신 임금님, 칼을 허리에 차
고, 임금님의 위엄과 영광을 보여
주십시오.
4 진리를 위하여, 정의를 위하여
전차에 오르시고 영광스러운 승
리를 거두어 주십시오. 임금님의
오른손이 무섭게 위세를 떨칠 것
입니다.
5 임금님의 화살이 날카로워서, 원
수들의 심장을 꿰뚫으니, 만민이
임금님의 발 아래에 쓰러집니다.
6 오 하나님, 하나님의 보좌는 영
원무궁토록 견고할 것입니다. 주님
의 통치는 정의의 통치입니다.
7 임금님은 정의를 사랑하고, 악
을 미워하시니, 그러므로 하나님,
곧 임금님의 하나님께서 기름 부
어 주셨습니다. 임금님의 벗들을
제치시고 임금님께 기쁨의 기름을
부어 주셨습니다.
8 임금님이 입은 모든 옷에서는 몰
약과 침향과 육계 향기가 풍겨 나
고, 상아궁에서 들리는 현악기 소
리가 임금님을 흥겹게 합니다.
9 임금님이 존귀히 여기는 여인들
가운데는 여러 왕의 딸들이 있고,
임금님의 오른쪽에 서 있는 왕후

45편 요약 이스라엘 왕의 결혼을 축하하기 위해 지은 고라 자손의 시이다. 전반부는 왕의 위엄과 영광에 대한 찬양이다. 후반부는 신부의 아름다움을 칭송하는 내용이며, 예수 그리스도와 신부 되는 성도들 간의 영광스러운 연합 관계를 예표론적으로 노래한 아가서를 연상케 한다.

45편 전반부에서는 왕의 위엄과 승리를, 후반부에서는 신부에 대한 당부와 기원을 노래한다. 그러나 시인은 결코 왕을 찬양하는 데 그친 것만은 아니다. 왜냐하면 왕의 의무에 대한 사상이 저변에 깔려 있기 때문이다. 포로 생활에서 귀환한 후부터, 본 시편의 왕을 메시아로, 신부를 이스라엘로 해석했다. 히브리서 저자는 본 시편의 왕을 예수로 이해한다(히 1:8–9).

45:2 사람이 낳은 아들 가운데서…가장 아름다운 분

㉠ 문학 또는 음악 용어

는 오빌의 금으로 단장하였습니
다.
10 왕후님! 듣고 생각하고 귀를 기
울이십시오. 왕후님의 겨레와 아
버지의 집을 잊으십시오.
11 그리하면 임금님께서 그대의 아름
다움에 사로잡힐 것입니다. 임금
님이 그대의 주인이시니, 그대는
임금님을 높이십시오.
12 두로의 사신들이 선물을 가져오
고, 가장 부유한 백성들이 그대의
총애를 구합니다.
13 왕후님은 금실로 수놓은 옷을
입고, 구중 궁궐에서 온갖 영화를
누리니,
14 오색찬란한 옷을 차려입고 임금
님을 뵈러 갈 때에, 그 뒤엔 들러
리로 따르는 처녀들이 줄을 지을
것이다.
15 그들이 기뻐하고 즐거워하면서 안
내를 받아, 왕궁으로 들어갈 것이
다.
16 임금님, 임금님의 아드님들은
조상의 뒤를 이을 것입니다. 임금
님께서는, 그들을 온 세상의 통치
자들이 되게 하실 것입니다.
17 내가 사람들로 하여금 임금님의
이름을 대대로 기억하게 하겠사오
니, 그들이 임금님을 길이길이 찬
양할 것입니다.

하나님은 우리의 피난처

46 〔지휘자를 따라 ㉠알라못에 맞추어 부르는 노래, 고라 자손의 시〕

1 하나님은 우리의 피난처이시며,
우리의 힘이시며, 어려운 고비마
다 우리 곁에 계시는 구원자이시
니,
2 땅이 흔들리고 산이 무너져 바다
속으로 빠져 들어도, 우리는 두려
워하지 않는다.
3 물이 소리를 내면서 거품을 내뿜
고 산들이 노하여서 뒤흔들려도,
우리는 두려워하지 않는다. (셀라)
4 오, 강이여! 그대의 줄기들이 하
나님의 성을 즐겁게 하며, 가장 높
으신 분의 거룩한 처소를 즐겁게
하는구나.
5 하나님이 그 성 안에 계시니, 그
성이 흔들리지 않는다. 동틀녘에
하나님이 도와주신다.
6 민족들이 으르렁거리고 왕국들이
흔들리는데, 주님이 한 번 호령하
시면 땅이 녹는다.
7 만군의 주님이 우리와 함께 계신
다. 야곱의 하나님이 우리의 피난
처시다. (셀라)
8 땅을 황무지로 만드신 주님의
놀라운 능력을 와서 보아라.
9 땅 끝까지 전쟁을 그치게 하시고,
활을 부러뜨리고 창을 꺾고 ㉡방

모양의 준수함을 말한다(삼상 9:2;16:18).

45:10-15 시인은 왕후가 되는 신부에게 부모의 집을 떠난 것을 슬퍼하지 말고(10절) 임금에게 사랑받게 될 것(11절)을 기대하라고 당부한다. 신부는 이제 왕후가 되고 백성들은 한결같이 그녀에게 총애를 구하게 될 것이다(12절). 또한 시인은 왕후의 아름다운 옷을 통해 그녀가 누리게 될 온갖 영화를 표현한다(13-15절).

㉠ 음악 용어 ㉡ 또는 '병거를'

46편 요약 히스기야 통치 당시, 유다가 앗시리아 왕 산헤립의 침략을 당한 사건(왕하 19장)을 배경으로 삼고 있는 시이다. 시인은 예루살렘 성이 적들에게 포위당했지만 하나님이 지켜 주시리라고 확신하였다.

46편 본시는 고라 자손으로 편성된 성가대 중에서 익명의 시인이 지은 신앙시이다. 이 시에 이끌린 루터는 '내 주는 강한 성이요'라고 찬양했다.

패를 불사르신다.
10 너희는 잠깐 손을 멈추고, 내가 하
나님인 줄 알아라. 내가 뭇 나라
로부터 높임을 받는다. 내가 이 땅
에서 높임을 받는다.
11 만군의 주님이 우리와 함께 계신
다. 야곱의 하나님이 우리의 피난
처시다. (셀라)

하나님이 만민을 다스리신다

47

〔지휘자를 따라 부르는 노래, 고라 자손의 시〕

1 만백성아, 손뼉을 쳐라. 하나님
께 기쁨의 함성을 외쳐라.
2 주님은 두려워할 지존자이시며,
온 땅을 다스리는 크고도 큰 왕이
시다.
3 주님은 만백성을 우리에게 복종
케 하시고, 뭇 나라를 우리 발 아
래 무릎 꿇게 하신다.
4 주님은 우리에게 땅을 선택해 주
셨다. 이 땅은 주님께서 사랑하시
는 야곱의 자랑거리였다. (셀라)
5 환호 소리 크게 울려 퍼진다. 하
나님이 보좌에 오르신다. 나팔 소
리 크게 울려 퍼진다. 주님이 보좌
에 오르신다.
6 시로 하나님을 찬양하여라. 시로
찬양하여라. 시로 우리의 왕을 찬
양하여라. 시로 찬양하여라.
7 하나님은 온 땅의 왕이시니, 정성
을 다하여 찬양하여라.
8 하나님은 뭇 나라를 다스리는
왕이시다. 하나님이 그의 거룩한
보좌에 앉으셨다.
9 온 백성의 통치자들이 아브라함
의 하나님의 백성이 되어 다 함께
모였다. 열강의 ㉠군왕들은 모두
주님께 속하였다. 하나님은 지존
하시다.

하나님의 성, 시온

48

〔고라 자손의 시 곧 노래〕

1 주님은 위대하시니, 우리 하나
님의 성에서 그의 거룩한 산에서
그지없이 찬양을 받으실 분이시
다.
2 우뚝 솟은 아름다운 봉우리, 온
누리의 기쁨이로구나. 자폰 산의
봉우리 같은 시온 산은, 위대한 왕
의 도성,
3 하나님은 그 성의 여러 요새에서,
자신이 피난처이심을 스스로 알
리셨다.
4 보아라, 이방 왕들이 함께 모여
맹렬히 쳐들어 왔다가
5 시온 산을 보자 마자 넋을 잃고,
혼비백산하여 도망쳤다.
6 거기에서 그들이 큰 두려움에 사
로잡혔으니, 고통당하는 그들의
모습이 해산하는 여인과 같고
7 동풍에 파산되는 다시스의 배와

47편 요약 매년 초하루, 하나님의 통치하심을 기념하는 예배 때 불린 찬송시이다. 시인은 하나님이 그들을 백성으로 삼으신 것을 감사하고 백성들에게 하나님을 찬양할 것을 촉구한다.

47:1-4 만백성들은 온 땅의 주인이신 이스라엘의 하나님 안에서 기뻐하라는 요청을 받는다. 이것은 만백성에게 복음이 전파될 것임을 내다본 것이다. 하나님께서 만백성의 운명을 주관하신다.

48편 요약 하나님의 거룩한 성인 시온을 노래한 시이다. 여기서 '시온'이란 일차적으로 예루살렘 성읍을 가리키지만 보다 넓은 의미에선 하나님의 백성이 그분의 통치에 순복하는 이상적인 세계를 뜻한다.

48:11 유다의 딸들 예루살렘 주변의 도시들을 말한다.

㉠ 또는 '방패들은'

도 같았다.
8 우리가 들은 바 그대로, 우리는
만군의 주님께서 계신 성, 우리 하
나님의 성에서 보았다. 하나님께
서 이 성을 영원히 견고하게 하신
다. (셀라)
9 하나님, 하나님의 성전 안에서
우리가 하나님의 한결같은 사랑
을 되새겨 보았습니다.
10 하나님, 주님의 명성에 어울리게,
주님을 찬양하는 소리도 땅 끝까
지 퍼졌습니다. 하나님의 오른손
에는 구원의 선물이 가득 차 있습
니다.
11 주님, 주님의 구원의 능력으로 시
온 산이 즐거워하고, 유다의 딸들
이 기뻐서 외칩니다.
12 너희는 시온 성을 돌면서, 그 성
을 둘러보고, 그 망대를 세어 보
아라.
13 너희는 그 성벽을 자세히 보고,
그 궁궐을 찾아가 살펴보고, 그
영광을 전해 주어라.
14 "하나님께서 영원토록 우리의 하
나님이시니, 영원토록 우리를 인도
하여 주신다" 하여라.

부유함을 의지하지 말아라

49

(지휘자를 따라 부르는 노래, 고라 자손의 시)

1 만민들아, 이 말을 들어라. 이
세상에 사는 만백성아 모두 귀를
기울여라.
2 낮은 자도 높은 자도, 부자도 가
난한 자도 모두 귀를 기울여라.
3 내 입은 지혜를 말하고, 내 마음
은 명철을 생각한다.
4 내가 비유에 귀를 기울이고, 수금
을 타면서 내 수수께끼를 풀 것이
다.
5 나를 비방하는 자들이 나를 에
워싸는 그 재난의 날을, 내가 어
찌 두려워하리오.
6 자기의 재물을 의지하는 자들과
돈이 많음을 자랑하는 자들을, 내
가 어찌 두려워하리오.
7 아무리 대단한 부자라 하여도 사
람은 자기의 생명을 속량하지 못
하는 법, 하나님께 속전을 지불하
고 생명을 속량할 사람은 아무도
없다.
8 생명을 속량하는 값은 값으로 매
길 수 없이 비싼 것이어서, 아무리
벌어도 마련할 수 없다.
9 죽음을 피하고 영원히 살 생각도
하지 말아라.
10 누구나 볼 수 있다. 지혜 있는
사람도 죽고, 어리석은 자나 우둔
한 자도 모두 다 죽는 것을! 평생
모은 재산마저 남에게 모두 주고
떠나가지 않는가!

49편 요약 시인은 먼저 부자가 모두 악한 것은 아니나 정당하지 못한 부를 향유하는 자들은 악하다는 사실을 지적한다. 그리고 재물을 의지하는 자는 죽음과 함께 종말을 고하지만 의인은 하나님께서 사망의 세력에서 건져 주심을 언급하고 있다.

49편 인간 세계에 상존하는 빈부의 문제에 대하여, 생명의 존귀함과 그 미래성을 내다보면서 자신 있는 해답을 제시한다. 물질 자체가 악이 아니라, 그것을 의지하는 사람이 어리석은 것이다.

49:1-4 시인이 선포하는 것은 재물의 헛됨과 영혼의 가치성에 대한 지혜를 배우라는 권면이다.

49:5-12 시인은 모든 부자가 악하다고 말하는 것이 아니라, 정당하지 않은 부를 향유하는 자들이 악하다고 말한다. 그들은 부를 의지하고 자랑하는 자들이다(6절). 하지만 부가 생명을 조금이라도 더 유지해 주지는 못한다.

11 ㉠사람들이 땅을 차지하여 제 이
름으로 등기를 해 두었어도 그들
의 영원한 집, 그들이 영원히 머물
곳은 오직 무덤뿐이다.
12 ㉡사람이 제아무리 영화를 누린다
해도 죽음을 피할 수는 없으니,
미련한 짐승과 같다.
13 이것이 자신을 믿는 어리석은
자들과 그들의 말을 기뻐하며 따
르는 자들의 운명이다.
14 그들은 양처럼 스올로 끌려가고,
'죽음'이 그들의 목자가 될 것이다.
아침이 오면 정직한 사람은 그들
을 다스릴 것이다. 그들의 아름다
운 모습은 시들고, 스올이 그들의
거처가 될 것이다.
15 그러나 하나님은 분명히 내 목숨
을 건져 주시며, 스올의 세력에서
나를 건져 주실 것이다. (셀라)
16 어떤 사람이 부자가 되더라도,
그 집의 재산이 늘어나더라도, 너
는 스스로 초라해지지 말아라.
17 그도 죽을 때에는 아무것도 가지
고 가지 못하며, 그의 재산이 그를
따라 내려가지 못한다.
18 비록 사람이 이 세상에서 흡족하
게 살고 성공하여 칭송을 받는다
하여도,
19 그도 마침내 자기 조상에게로 돌
아가고 만다. 영원히 빛이 없는 세
상으로 돌아가고 만다.
20 ㉢사람이 제아무리 위대하다 해
도, 죽음을 피할 수는 없으니, 미
련한 짐승과 같다.

하나님이 기뻐하시는 것

50 [아삽의 노래]
전능하신 분, 주 하나님께서
말씀하시어, 해가 돋는 데서부터
해 지는 데까지, 온 세상을 불러
모으신다.
2 더없이 아름다운 시온으로부터
하나님께서 눈부시게 나타나신다.
3 우리 하나님은 오실 때에, 조용
조용 오시지 않고, 삼키는 불길을
앞세우시고, 사방에서 무서운 돌
풍을 일으키면서 오신다.
4 당신의 백성을 판단하시려고, 위
의 하늘과 아래의 땅을 증인으로
부르신다.
5 "나를 믿는 성도들을 나에게로
불러모아라. 희생제물로 나와 언
약을 세운 사람들을 나에게로 불
러모아라."
6 하늘이 주님의 공의를 선포함은,
하나님, 그분만이 재판장이시기
때문이다. (셀라)
7 "내 백성아, 들어라. 내가 말한
다. 이스라엘아, 내가 너희에게 경
고하겠다. 나는 하나님, 너희의 하
나님이다.

49:13–15 죽음과 그 후의 운명을 말한다. 재물을 의지하고 돈이 많음을 자랑하는 자의 종말은 스올(음부)에서 죽음으로 끝난다. 그러나 정직한 자는 하나님의 능력에 의해 스올의 세력에서 건짐을 받는다.

㉠ 칠십인역과 시리아어역을 따름. 히, '그들 생각에는 그들의 집이 영원하고 그들의 거처가 세세토록 있을 것이라고 하여 땅에다가 그들의 이름을 새겨 두었다' ㉡ 칠십인역과 시리아어역에는 12절과 20절이 같음 ㉢ 칠십인역과 시리아어역을 따름. 히, '사람이 제아무리 위대하다 해도 깨달음이 없으니, 멸망할 짐승과 같다'

50편 요약 레위 성가대의 대장인 아삽이 지은 본시는 하나님께서 기뻐 받으시는 예배를 가르쳐 주는 지혜시이다. 여기서 우리는 하나님을 의식하지 않고 불의한 삶을 사는 자들이 신령과 진정으로 하나님께 예배드린다는 것은 불가능하다는 것을 알 수 있다.

50편 아삽이 지은 시이다(대상 15:17;대하 29:30). 이 시편의 주제는 제사 의식과 윤리 문제이다. 여

8 나는 너희가 바친 제물을 두고 너
희를 탓하지는 않는다. 너희는 한
번도 거르지 않고 나에게 늘 번제
를 바쳤다.
9 너희 집에 있는 수소나 너희 가축
우리에 있는 숫염소가 내게는 필
요 없다.
10 숲 속의 뭇 짐승이 다 나의 것이
요, 수많은 산짐승이 모두 나의 것
이 아니더냐?
11 산에 있는 저 모든 새도 내가 다
알고 있고, 들에서 움직이는 저 모
든 생물도 다 내 품 안에 있다.
12 내가 배고프다고 한들, 너희에
게 달라고 하겠느냐? 온 누리와
거기 가득한 것이 모두 나의 것이
아니더냐?
13 내가 수소의 고기를 먹으며, 숫염
소의 피를 마시겠느냐?
14 감사제사를 하나님께 드리며, 너
희의 서원한 것을 가장 높으신 분
에게 갚아라.
15 그리고 재난의 날에 나를 불러라.
내가 너를 구하여 줄 것이요, 너는
나에게 영광을 돌리게 될 것이다."
16 하나님께서 악인들에게 말씀하
신다. "너희는 어찌하여 감히 내
법도를 전파하며, 내 언약의 말을
감히 너의 입에서 읊조리느냐?
17 너희는 내 교훈을 역겨워하고, 나
의 말을 귓전으로 흘리고 말았다.
18 도둑을 만나면 곧 그와 친구가 되
고, 간음하는 자를 만나면 곧 그
와 한 패거리가 되었다.
19 입으로 악을 꾸며내고, 혀로는
거짓을 지어내었다.
20 동기간의 허물을 들추어내어 말
하고 한 어머니에게서 태어난 동
기들을 비방하였다.
21 이 모든 일을 너희가 저질렀어도
내가 잠잠했더니, 너희는 틀림없
이, ㉠'내가' 너희와 같은 줄로 잘
못 생각하는구나. 이제 나는 너희
를 호되게 꾸짖고, 너희의 눈 앞
에 너희의 죄상을 낱낱이 밝혀 보
이겠다.
22 하나님을 잊은 자들아, 이 모든
것을 깨달아라. 그렇지 않으면, 내
가 너희를 찢을 때에 구하여 줄
자가 없을까 두렵구나.
23 감사하는 마음으로 제물을 바치
는 사람이 나에게 영광을 돌리는
사람이니, 올바른 길을 ㉡걷는 사
람에게, 내가 나의 구원을 보여 주
겠다."

용서를 비는 기도

51

〔지휘자를 따라 부르는 다윗의 노래, 다윗이 밧세바와 정을 통한 뒤에, 예언자 나단이 그를 찾아왔을 때에 뉘우치고 지은 시〕

기서 우리는 제사의 근본 정신이 무엇이며, 윤리성이 배제된 의식이나 계명이 어떤 것인지에 대해 하나님의 말씀을 생생하게 듣게 된다. 본문의 내용으로 보건대, 본 시편의 성격은 허울뿐인 종교 의식을 부인하고 삶의 예배를 주장한 예언자의 정신과 일맥상통한다.

50:1–6 본시의 서론. 여기에서 하나님은 재판장으로 임재하시고 모든 만물과 인간을 소집하신다.

㉠ 히. '에흐예(나는……이다/있다)' ㉡ 히. '준비하는' 또는 '닦는'

51편 요약 밧세바를 범한 일로 나단으로부터 죄악을 지적받은 다윗은 자신이 인간뿐 아니라 하나님 앞에서 범죄하였음을 고백하며 통회하였다. 그리고 부패한 인간은 근본적으로 죄성을 지니고 있음을 시인하면서 자신의 심령을 변화시켜 달라고 하나님께 간구하였다.

51편 본 시편은 표제에서 밝힌 바와 같이, 다윗이 밧세바와 간음한 후 그녀의 남편 우리야를 원수

1 하나님, 주님의 한결같은 사랑
으로 내게 자비를 베풀어 주십시
오. 주님의 크신 긍휼을 베푸시어
내 반역죄를 없애 주십시오.
2 내 죄악을 말끔히 씻어 주시고,
내 죄를 깨끗이 없애 주십시오.
3 나의 반역을 내가 잘 알고 있으
며, 내가 지은 죄가 언제나 나를
고발합니다.
4 주님께만, 오직 주님께만, 나는 죄
를 지었습니다. 주님의 눈 앞에서,
내가 악한 짓을 저질렀으니, 주님
의 판결은 옳으시며 주님의 심판
은 정당합니다.
5 실로, 나는 죄 중에 태어났고, 어
머니의 태 속에 있을 때부터 죄인
이었습니다.
6 마음 속의 진실을 기뻐하시는 주
님, 제 마음 깊은 곳에 주님의 지
혜를 가르쳐 주셨습니다.
7 우슬초로 나를 정결케 해주십시
오. 내가 깨끗하게 될 것입니다.
나를 씻어 주십시오. 내가 눈보다
더 희게 될 것입니다.
8 기쁨과 즐거움의 소리를 들려주십
시오. 주님께서 꺾으신 뼈들도, 기
뻐하며 춤출 것입니다.
9 주님의 눈을 내 죄에서 돌리시고,
내 모든 죄악을 없애 주십시오.
10 아, 하나님, 내 속에 깨끗한 마
음을 창조하여 주시고 내 속을 견
고한 심령으로 새롭게 하여 주십
시오.
11 주님 앞에서 나를 쫓아내지 마시
며, 주님의 성령을 나에게서 거두
어 가지 말아 주십시오.
12 주님께서 베푸시는 구원의 기쁨
을 내게 회복시켜 주시고, 내가 지
탱할 수 있도록 내게 자발적인 마
음을 주십시오.
13 반역하는 죄인들에게 내가 주님
의 길을 가르치게 하여 주십시오.
죄인들이 주님께로 돌아올 것입니
다.
14 하나님, 나를 구원하시는 하나
님, 내가 살인죄를 짓지 않게 지켜
주십시오. 내 혀가 주님의 의로우
심을 소리 높여 외칠 것입니다.
15 주님, 내 입술을 열어 주십시오.
주님을 찬양하는 노래를 내 입술
로 전파하렵니다.
16 주님은 제물을 반기지 않으시
며, 내가 번제를 드리더라도 기뻐
하지 않으십니다.
17 하나님께서 원하시는 제물은 찢겨
진 심령입니다. 오, 하나님, 주님은
찢겨지고 짓밟힌 마음을 멸시하
지 않으십니다.
18 주님의 은혜로 시온을 잘 돌보
아주시고, 예루살렘 성벽을 견고

의 손을 빌려 살해함으로써 범죄를 은폐했을 때, 하나님께서 나단 예언자를 보내어 그 죄를 지적하신 사건과 관련된다. 여기에서 다윗의 철저한 회개와 하나님의 무한한 용서를 발견하게 된다.

51:6–12 고백하는 죄에 대한 용서뿐만 아니라, 하나님과의 교제를 회복시켜 주시기를 요청한다. 이를 위해 하나님께 '깨끗한 마음, 견고한 심령, 자발적인 마음'을 주시기를 간구한다(10–12절).

51:10 이 구절에서 '창조'는 천지 창조 때 쓰인 용어와 같다(창 1:1). 인간 내면세계를 창조하시는 분은 오직 하나님 한 분뿐이시다. 이 사상은 새 마음을 주시는 것(렘 24:7), 새로운 피조물(고후 5:16–21) 및 거듭남(요 3:1–16)과 연결된다.

51:13–19 용서와 갱생은 하나님에 대한 찬양과 증인의 사명을 감당하게 한다(15절). 죄인은 제사를 드릴 자격이 없다. 먼저 하나님과의 관계를 회복한 다음에 제사를 드려야 한다. 이것을 '올바른 제사와 번제와 온전한 제물'로 표현했다(19절).

히 세워 주십시오.
19 그 때에 주님은 올바른 제사와 번
제와 온전한 제물을 기쁨으로 받
으실 것이니, 그 때에 사람들이 주
님의 제단 위에 수송아지를 드릴
것입니다.

하나님께서 통제하신다

52 〔지휘자를 따라 부르는 다윗의 ㉠마스길, 에돔 사람 도엑이 사울에게로 가서 다윗이 아히멜렉의 집에 와 있다고 알렸을 무렵에 다윗이 지은 시〕

1 오, 용사여, 너는 어찌하여 악한
일을 자랑하느냐? 너는 어찌하여
경건한 사람에게 저지른 악한 일
을 쉬임 없이 자랑하느냐?
2 너, 속임수의 명수야, 너의 혀는
날카로운 칼날처럼, 해로운 일만
꾸미는구나.
3 너는 착한 일보다 악한 일을 더
즐기고, 옳은 말보다 거짓말을 더
사랑하는구나. (셀라)
4 너, 간사한 인간아, 너는 남을 해
치는 말이라면, 무슨 말이든지 좋
아하는구나.
5 하나님께서 너를 넘어뜨리고,
영원히 없애 버리실 것이다. 너를
장막에서 끌어내어 갈기갈기 찢어
서, 사람 사는 땅에서 영원히 뿌
리 뽑아 버리실 것이다. (셀라)
6 의인이 그 꼴을 보고, 두려운 마
음을 가지고 비웃으며 이르기를
7 "저 사람은 하나님을 자기의 피난
처로 삼지 않고, 제가 가진 많은
재산만을 의지하며, 자기의 폭력
으로 힘을 쓰던 자다" 할 것이다.
8 그러나 나는 하나님의 집에서
자라는 푸른 잎이 무성한 올리브
나무처럼, 언제나 하나님의 한결
같은 사랑만을 의지하련다.
9 주님께서 하신 일을 생각하며,
주님을 영원히 찬양하렵니다. 주
님을 믿는 성도들 앞에서, 선하신
주님의 이름을 우러러 기리렵니
다.

아무도 하나님을 무시하지 못한다 (시 14)

53 〔지휘자를 따라 ㉡마할랏에 맞추어 부르는 노래, 다윗의 마스길〕

1 어리석은 사람은 마음 속으로
"하나님이 없다" 하는구나. 그들
은 한결같이 썩어서 더러우니, 바
른 일 하는 사람 아무도 없구나.
2 하나님께서는 하늘에서 사람을
굽어보시면서, 지혜로운 사람이
있는지, 하나님을 찾는 사람이 있
는지를 살펴보신다.
3 너희 모두는 다른 길로 빗나가
서 하나같이 썩었으니, 착한 일 하
는 사람이 하나도 없구나.
4 죄악을 행하는 자는 다 무지한 자
냐? 그들이 밥먹듯이 내 백성을

52편 요약 본시는 다윗이 사울에게 쫓겨 다닐 때(삼상 21–22장)가 배경이다. 다윗은 자신을 도와준 제사장 아히멜렉과 그 일족이 불의한 자 때문에 희생당한 데 대해 통분을 감추지 못해 하나님께 호소하였다. 이는 하나님이 의인을 신원하시고 악인에게 공의의 보응을 하실 것을 의심치 않는 그의 신앙을 잘 보여 준다.

53편 요약 본 시편은 인간의 타락을 비탄히 여겨 읊은 시로서, 14편과 내용·구조에 있어서 일치한다. 하나님을 경외하지 않는 자가 곧 악인이며 그들의 종국은 영원한 형벌일 뿐임을 경고하는 시이다.

53:1–6 어리석은 사람은 실천적 무신론자들로, 악하고 의인을 박해하는 자들이다. 하나님께서는 주님의 백성을 구원하고 악인들을 멸하실 것이다.

㉠ 문학 또는 음악 용어 ㉡ 음악 용어

먹으면서 나 하나님을 부르지 않
는구나.
5 하나님이 경건하지 못한 자들의
뼈를 흩으셨기에, 그들은 두려움
이 없는 곳에서도 크게 두려워할
것이다. 하나님이 그들을 물리치
셨으니, 그들이 수치를 당할 것이
다.
6 하나님, 시온에서 나오셔서, 이
스라엘을 구원해 주십시오!
하나님께서 당신의 백성을 그들
의 땅으로 되돌려보내실 때에, 야
곱은 기뻐하고, 이스라엘은 즐거
워할 것이다.

환난 때에 하나님을 신뢰함

54

〔지휘자를 따라 현악기에 맞추어 부르는 노래, 다윗의 마스길, 십 사람 몇이 사울에게로 가서 다윗이 자기들에게로 와서 숨어 있다고 밀고하였을 때에 다윗이 지은 시〕

1 하나님, 주님의 이름으로 나를
구원하시고, 주님의 권세로 나의
정당함을 변호하여 주십시오.
2 하나님, 나의 기도를 들으시고, 이
입으로 아뢰는 말씀에 귀를 기울
여 주십시오.
3 무법자들이 일어나 나를 치며,
폭력배들이 내 목숨을 노립니다.
그들은 하나같이 하나님을 안중에
도 두지 않는 자들입니다. (셀라)
4 그러나 하나님은 나를 돕는 분
이시며, 주님은 내게 힘을 북돋우
어 주는 분이시다.
5 원수가 나에게 악한 짓을 하였으
니, 주님이 내 원수를 갚아 주실
것이다.
주님의 진실하심을 다하여 그
들을 전멸시켜 주시기를 빈다.
6 내가 즐거운 마음으로 주님께
제물을 드립니다. 주님, 내가 주님
의 선하신 이름에 감사를 드립니
다.
7 주님이 나를 모든 재난에서 건
져 주셨으며, 나의 이 눈으로, 원
수들의 멸망을 보았기 때문입니
다.

친구에게 배신당함

55

〔지휘자를 따라 현악기에 맞추어 부르는 다윗의 ㉠마스길〕

1 하나님, 내 기도에 귀를 기울여
주십시오. 나의 간구를 외면하지
말아 주십시오.
2 나를 굽어보시고, 응답하여 주십
시오. 한 맺힌 탄식을 가눌 길이
없어서, 나는 분노에 떨고 있습니
다.
3 저 원수들이 나에게 악담을 퍼붓
고, 저 악인들이 나를 억누르기
때문입니다. 진실로, 그들은 나에
게 재앙을 쏟으며, 나에게 원한 맺

54편 요약 사울에게 쫓기던 다윗이 십 광야의 수풀에 숨어 있던 중 그곳 주민의 밀고로 목숨이 위태로울 때(삼상 23장)에 지은 비탄시이다. 비록 짧지만 시편에서 가장 전형적인 기도시들 가운데 하나로 다윗은 오직 하나님만 의지하면서 극복해 나간다. 중심 구절은 하나님께 대한 신뢰를 고백하고 있는 4절이다.

55편 요약 다윗이 친구들로부터 배신당해 목숨의 위협을 느낄 정도의 위급한 상황에서 하나님께 도움을 간구한 시이다. 다윗은 원수들의 핍박으로 인한 고통을 토로하면서 하나님께 공의의 심판을 간구하였다.

55:1–3 탄식 이곳의 기도는 탄식이며, 이 탄식은 원수의 악담과 악인의 억누름에 기인한다.
55:4–5 원수의 압박으로 인해 죽음의 공포에 둘

㉠ 문학 또는 음악 용어

힌 마음으로 분노를 터뜨립니다.
4 내 마음은 진통하듯 뒤틀려 찢기
고, 죽음의 공포가 나를 엄습합니
다.
5 두려움과 떨림이 나에게 밀려오
고, 몸서리치는 전율이 나를 덮습
니다.
6 나는 말하기를 "나에게 비둘기
처럼 날개가 있다면, 그 날개를
활짝 펴고 날아가서 나의 보금자
리를 만들 수 있으련만.
7 내가 멀리멀리 날아가서, 광야에
서 머무를 수도 있으련만. (셀라)
8 광풍과 폭풍을 피할 은신처로 서
둘러서 날아갈 수도 있으련만" 하
였다.
9 아, 주님, 그들이 사는 성에는,
보이느니 폭력과 분쟁뿐입니다.
그들을 말끔히 없애 버리시고, 그
들의 언어가 혼잡하게 되도록 하
여 주십시오.
10 그들이 밤낮으로 성벽 위를 돌
아다니니 그 성 안에는 죄악과 고
통이 가득 차 있구나.
11 파괴가 그 성 안에서 그치지 아니
하고, 억압과 속임수가 그 광장에
서 떠나지 않는구나.
12 나를 비난하는 자가 차라리, 내
원수였다면, 내가 견딜 수 있었을
것이다. 나를 미워하는 자가 차라
리, 자기가 나보다 잘났다고 자랑
하는 내 원수였다면, 나는 그들을
피하여서 숨기라도 하였을 것이
다.
13 그런데 나를 비난하는 자가 바로
너라니! 나를 미워하는 자가 바
로, 내 동료, 내 친구, 내 가까운
벗이라니!
14 우리는 함께 두터운 우정을 나누
며, 사람들과 어울려 하나님의 집
을 드나들곤 하였다.
15 그들이 머무르는 곳, 그 곳에는 언
제나 악이 넘쳐흐르는구나. 죽음
아, 그들을 덮쳐라. 산 채로 그들
을 음부로 데리고 가거라!
16 나는 오직 하나님께 부르짖을
것이니, 주님께서 나를 건져 주실
것이다.
17 저녁에도 아침에도 한낮에도, 내
가 탄식하면서 신음할 것이니, 내
가 울부짖는 소리를 주님께서 들
으실 것이다.
18 나를 대적하는 자들이 참으로 많
아도, 주님께서는, 나에게 덤벼드
는 자들에게서, 내 생명 안전하게
지켜 주실 것이다.
19 아주 먼 옛날부터, 보좌에 앉아
계시는 하나님께서 나의 부르짖음
들으시고, 응답하실 것이다. (셀
라) 마음을 고치지도 아니하며 하

러싸인 시인의 내적 혼란을 기록하고 있다.

55:6-8 날개가 있다면…날아가서…보금자리를 만들 시인이 당면한 현실 문제가 너무도 고통스럽고 모순과 부조리로 가득 차서, 참과 거짓을 분간하기 힘든 혼란의 참상으로부터 안식을 구하는 표현이다.

55:9-15 시인은 원수를 없애 달라는 호소를 하나님께 드린다. 여기서 원수는 가까운 벗이었다. 원수에 대한 진멸의 간구를 다른 말로 하면 자신을 구해 달라는 말과 같다.

55:9 언어가 혼잡하게 되도록 하여 주십시오 창세기 11:9의 바벨탑 사건 때 하나님이 언어를 뒤섞으셨을 때 쓰인 말과 같다. 악인의 언어를 나누어 악을 도모하지 못하게 되기를 간구한 것이다.

55:16-23 주님만 의지 시인은 하나님께서 자신의 기도를 들어주신다는 확신 속에서 주님만 의지한다. 특히 20-21절은 친구의 배반의 충격을 다시 한번 되새기고 있다.

나님을 두려워하지도 아니하는 그
들을 치실 것이다.
20 나의 옛 친구가 손을 뻗쳐서, 가
장 가까운 친구를 치는구나. 그들
과 맺은 언약을 깨뜨리고 욕되게
하는구나.
21 그의 입은 엉긴 젖보다 더 부드러
우나, 그의 마음은 다툼으로 가득
차 있구나. 그의 말은 기름보다 더
매끄러우나, 사실은 뽑아 든 비수
로구나.
22 너희의 짐을 주님께 맡겨라. 주님
이 너희를 붙들어 주실 것이니, 주
님은, 의로운 사람이 망하도록, 영
영 그대로 버려두지 않으실 것이
다.
23 하나님, 주님께서는 반드시 그
들을 멸망의 구덩이로 내려가게
하실 것입니다. 피 흘리기를 좋아
하고, 속이기를 좋아하는 자들은
자기 목숨의 절반도 살지 못하게
될 것입니다. 그러기에 나는 주님
만 의지하렵니다.

하나님을 신뢰하는 기도

56

(지휘자를 따라 ㉠요낫 엘렘 르호김에 맞추어 부르는 노래, 다윗의 ㉡믹담, 블레셋 사람이 가드에서 다윗을 붙잡았을 때에 다윗이 지은 시)

1 하나님, 나를 불쌍히 여겨 주십
시오. 사람들이 나를 짓밟습니다.
온종일 나를 공격하며 억누릅니
다.
2 나를 비난하는 원수들이 온종일
나를 짓밟고 거칠게 나를 공격하
는 자들이, 참으로 많아지고 있습
니다. 오, 전능하신 하나님!
3 두려움이 온통 나를 휩싸는 날에
도, 나는 오히려 주님을 의지합니
다.
4 나는 하나님의 말씀만 찬양합니
다. 내가 하나님만 의지하니, 나에
게는 두려움이 없습니다. 육체를
가진 사람이 나에게 감히 어찌하
겠습니까?
5 그들은 온종일 나의 말을 책잡
습니다. 오로지 나를 해칠 생각에
만 골몰합니다.
6 그들이 함께 모여 숨어서 내 목숨
을 노리더니, 이제는 나의 걸음걸
음을 지켜 보고 있습니다.
7 그들이 악하니, 그들이 피하지 못
하게 하여 주십시오. 하나님, 뭇
민족들에게 진노하시고 그들을
멸망시켜 주십시오.
8 나의 방황을 주님께서 헤아리시
고, 내가 흘린 눈물을 ㉢주님의 가
죽부대에 담아 두십시오. 이 사정
이 주님의 책에 기록되어 있지 않
습니까?
9 내가 주님을 부르면, 원수들이 뒷

56편 요약 본시는 다윗이 사울을 피해 이스라엘과 적대 관계에 있던 블레셋으로 망명한 때를(삼상 27, 29장) 배경으로 삼고 있다. 원수의 나라에서 자신의 생명을 부지해야 하는 다윗의 고초와 슬픔은 이루 말할 수 없었다. 이스라엘이 바빌론 포로가 되었을 때 예루살렘을 그리며 슬픔을 달랬던 노래이기도 하다.

56편 요낫 엘렘 르호김 '멀리 있는 비둘기'란 뜻이다. 성전에서 멀리 떨어진 시인을 은유한 것으로서, 시 전체의 성격을 말한다.

56:8-11 하나님을 의지하는 시인의 신앙 고백이다. 원수가 그를 위협하지만, 하나님의 도움을 받고 있는 그를 누구도 해칠 수 없다(11절). 비록 슬픔과 비애가 없는 것은 아니지만, 하나님께서 그를 기억하시고 간구를 들어주시길 바라고 있다.

㉠ '먼 느티나무 위의 비둘기 한 마리' ㉡ 문학 또는 음악 용어
㉢ 또는 '주님의 두루마리에 기록해 두십시오'

걸음쳐 물러갈 것입니다. 하나님
은 나의 편이심을 나는 잘 알고 있
습니다.
10 하나님을 의지하며 나는 하나님
의 말씀만 찬양합니다. 하나님을
의지하며 나는 주님의 말씀만을
찬양합니다.
11 내가 하나님을 의지하니, 내게 두
려움이 없습니다. 사람이 나에게
감히 어찌하겠습니까?
12 하나님, 내가 주님께 서원한 그
대로, 주님께 감사의 제사를 드리
겠습니다.
13 주님께서 내 생명을 죽음에서 건
져 주시고, 내가 생명의 빛을 받으
면서, 하나님 앞에서 거닐 수 있
게, 내 발을 지켜 주셨기 때문입니
다.

환난 때의 찬양과 신뢰

57 〔지휘자를 따라 ㉠알다스헷에 맞추어 부르는 노래, 다윗의 ㉡믹담, 사울을 피하여서 동굴로 도망하였을 때에 지은 시〕

1 참으로 하나님, 나를 불쌍히 여
겨 주십시오. 불쌍히 여겨 주십시
오. 내 영혼이 주님께로 피합니다.
이 재난이 지나가기까지, 내가 주
님의 날개 그늘 아래로 피합니다.
2 가장 높으신 하나님께 내가 부르
짖습니다. 나를 위하여 복수해 주
시는 하나님께 내가 부르짖습니다.
3 하늘에서 주님의 사랑과 진실을
보내시어, 나를 구원하여 주십시
오. 나를 괴롭히는 자들을 꾸짖어
주십시오. (셀라) 오, 하나님, 주님
의 사랑과 진실을 보내어 주십시
오.
4 내가 사람을 잡아먹는 사자들 한
가운데 누워 있어 보니, 그들의 이
는 창끝과 같고, 화살촉과도 같
고, 그들의 혀는 날카로운 칼과도
같았습니다.
5 하나님, 하늘 높이 높임을 받으시
고, 주님의 영광을 온 땅 위에 떨
치십시오.
6 그들은 내 목숨을 노리고, 내
발 앞에 그물을 쳐 놓아 내 기가
꺾였습니다. 그들이 내 앞에 함정
을 파 놓았지만, 오히려 그들이
그 함정에 빠져 들고 말았습니다.
(셀라)
7 하나님, 나는 내 마음을 정했습
니다. 나는 내 마음을 확실히 정
했습니다. 내가 가락에 맞추어 노
래를 부르겠습니다.
8 내 영혼아, 깨어나라. 거문고야,
수금아, 깨어나라. 내가 새벽을 깨
우련다.
9 주님, 내가 만민 가운데서 주님
께 감사를 드리며, 뭇 나라 가운
데서 노래를 불러, 주님을 찬양하

57편 요약 블레셋 땅 가드에서 생명의 위협을 느낀 다윗이 미치광이로 가장하여 그곳을 탈출한 후 아둘람 동굴이나 엔게디 동굴에서 숨어 지내던 때(삼상 22,24장)에 지은 시이다. 사울이 자신의 목숨을 노리고 있는 상황에서 다윗은 하나님의 구원을 간구한다. 하나님께서 자신을 지켜 주실 것을 믿는 신앙과 감사 찬양이 주조를 이루고 있다.

57편 알다스헷 '멸하지 마소서'라는 뜻이다. 음조이거나, 예배 행위를 지시하는 용어로 추측한다.
57:1–5 하나님의 구원을 확신하며 긍휼을 호소하고 있다. 또한 자신이 처한 위협적인 상황을 묘사하며, 하나님께서 그를 구원하심으로써 권능과 영광을 드러내시기를 기도하고 있다.
57:6–11 원수들이 자기 꾀에 빠져 자멸함을 보면서, 하나님의 구원 행위를 찬양하고 있다.

㉠ '파괴하지 말아라' ㉡ 문학 또는 음악 용어

렵니다.
10 주님의 한결같은 그 사랑, 너무 높
아서 하늘에 이르고, 주님의 진실
하심, 구름에까지 닿습니다.
11 하나님, 주님은 하늘 높이 높임
을 받으시고, 주님의 영광 온 땅
위에 떨치십시오.

민사가 잘못될 때의 기도

58 (지휘자를 따라 ㉠알다스헷에 맞추어 부르는 노래, 다윗의 ㉡믹담)

1 너희 통치자들아, 너희가 정말
정의를 말하느냐? 너희가 공정하
게 사람을 재판하느냐?
2 그렇지 않구나. 너희가 마음으로
는 불의를 꾸미고, 손으로는 이
땅에서 폭력을 일삼고 있구나.
3 악한 사람은 모태에서부터 곁길
로 나아갔으며, 거짓말을 하는 자
는 제 어머니 뱃속에서부터 빗나
갔구나.
4 그들은 독사처럼 독기가 서려, 귀
를 틀어막은 귀머거리 살무사처
럼,
5 마술사의 홀리는 소리도 듣지 않
고, 능숙한 술객의 요술도 따르지
않는구나.
6 하나님, 그들의 이빨을 그 입 안
에서 부러뜨려 주십시오. 주님, 젊
은 사자들의 송곳니를 부수어 주
십시오.
7 그들을 급류처럼 흔적도 없이 사
라지게 해주십시오. 겨누는 화살
이 꺾인 화살이 되게 해주십시
오.
8 움직일 때 녹아내리는 달팽이같
이 되게 해주십시오. 달을 채우지
못한 미숙아가 죽어서 나와 햇빛
을 못 보는 것같이 되게 해주십시
오.
9 가시나무 불이 가마를 뜨겁게 하
기 전에 생것과 불붙은 것이, 강
한 바람에 휩쓸려 가게 해주십시
오.
10 의로운 사람이 악인이 당하는
보복을 목격하고 기뻐하게 하시
며, 악인의 피로 그 발을 씻게 해
주십시오.
11 그래서 사람들이 "과연, 의인이
열매를 맺는구나! 과연, 이 땅을
심판하시는 하나님은 살아 계시
는구나!" 하고 말하게 해주십시
오.

보호를 구하는 기도

59 (지휘자를 따라 ㉠알다스헷에 맞추어 부르는 노래, 다윗의 ㉡믹담, 사울이 다윗을 죽이려고 사람을 보내어서 그의 집을 감시하고 있을 때에 다윗이 지은 시)

1 나의 하나님, 내 원수들에게서
나를 구원해 주시고, 나를 치려고
일어서는 자들에게서 나를 지켜

58편 요약 악인들의 불의에 의분을 토로한 다윗의 비탄시이자 그들의 멸망을 선포한 저주시이다. 이는 하나님을 경외하는 것만이 인간의 근본이요 살 길이라는 시편 저자들의 공통된 사상을 잘 드러내 준다.

59편 요약 사울이 자객을 보내어 죽이려 한 사건을 배경으로 삼고 있다(삼상 19:11-17). 다윗은 하나님께 구원을 간구하였다. 그는 하나님이 악인을 심판하실 것이므로 의인이 구원받을 것을 확신하며 기쁜 찬송을 불렀다.

58편 시인은 재판 과정에서 정의를 굽게 하고 악을 자행하는 통치자들을 최고의 재판관이 되시는 하나님께서 심판해 주실 것을 간구하고 있다.

59편 본 시편은 다윗이 사울을 피해, 사울의 딸이자 그의 아내인 미갈에게 도피해 있던 긴박한

㉠ '파괴하지 말아라' ㉡ 문학 또는 음악 용어

주십시오.
2 악을 지어내는 자들로부터 나를
구해 주시고, 피 흘리기 좋아하는
자들에게서 나를 건져 주십시오.
3 그들이 내 목숨을 노리고 매복
해 있습니다. 강한 자들이 나를
치려고 모여듭니다. 그러나 주님,
나에게 허물이 있는 것도 아니요,
나에게 큰 죄가 있는 것도 아닙니
다.
4 나에게는 아무런 잘못도 없으나,
그들이 달려와서 싸울 준비를 합
니다. 깨어나 살피시고, 나를 도
와주십시오.
5 주님은 만군의 하나님, 주 이스라
엘의 하나님이십니다. 깨어나셔서
모든 나라를 차별 없이 심판하시
고, 사악한 꾀를 꾸미는 자들을,
불쌍히 여기지 마십시오. (셀라)
6 그들은 저녁만 되면 돌아와서,
개처럼 짖어 대면서, 성 안을 이리
저리 쏘다닙니다.
7 그들은 입에 거품을 물고, 입술에
는 칼을 물고서 "흥, 누가 들으
랴!" 하고 말합니다.
8 그러나 주님, 주님께서 그들을
보시고 비웃으시며, 뭇 민족을 조
롱하실 것입니다.
9 나의 힘이신 주님, 주님은, 내가 피
할 요새이시니, 내가 주님만을 바
라봅니다.
10 한결같은 사랑을 베푸시는 하
나님께서 나를 영접하려고 오실
것이니, 하나님께서 내 원수가 망
하는 꼴을 나에게 보여 주실 것이
다.
11 내 백성이 그들을 잊을까 두려
우니, 그들을 아주 말살하지는 말
아 주십시오. 우리의 방패이신 주
님, 주님의 능력으로 그들을 흔드
시고, 그들을 낮추어 주십시오.
12 죄가 그들의 입에 있고 그들의 입
술에서 나오는 말은 모두 죄로 가
득 찼습니다. 그들의 오만이 그들
을 사로잡는 덫이 되게 해주십시
오. 그들이 저주와 거짓말만 늘어
놓고 있으니,
13 주님의 진노로 그들을 멸하여 주
십시오. 하나도 남김없이 멸하여
주십시오. 하나님께서 야곱을 다
스리고 계심을 땅 끝까지 알려 주
십시오. (셀라)
14 그들은 저녁만 되면 돌아와서,
개처럼 짖어 대면서, 성 안을 이리
저리 쏘다닙니다.
15 그들은 먹을 것을 찾아서 돌아다
니다가, 배를 채우지 못하면, 밤새
도록 으르렁거립니다.
16 그러나 나는 나의 힘 되신 주님
을 찬양하렵니다. 내가 재난을 당

상황을 배경으로 하고 있는 것으로 보인다.

59:1–2 '원수들', '치려고 일어서는 자들'(1절), '악을 지어내는 자들', '피 흘리기를 좋아하는 자들'(2절), '강한 자들'(3절)이 시인을 쫓고 있다.

59:5 여기서 시인은 그가 구체적으로 원하는 바를 진술한다. 그러나 그는 절박한 상황에도 불구하고 민족을 잊지 않고, 이스라엘의 대적을 우선 멸해 달라고 기도한다.

59:6–11 원수들은 중상 모략하여 사람을 곤경에 빠뜨려 죽이는 자들이다(6–7절). 그러나 하나님은 자신의 악행을 자랑으로 일삼는 악인을 비웃으신다(8절). 시인은 하나님께 원수를 죽이지 말고 그들의 세력을 꺾어서 정의가 어떤 것인지를 드러내 달라고 간구한다(10–11절).

59:12–15 여기에서 시인은 악인을 진멸시켜 달라고 간구한다. 하나님께서 방패(11절)로 그들의 목적을 막으신다면 가만히 방관만 하셔도 악인은 꺾어진다는 것이다(14–15절).

할 때에, 주님은 나의 요새, 나의
피난처가 되어 주시기에, 아침마
다 주님의 한결같은 사랑을 노래
하렵니다.
17 나의 힘이신 주님, 내가 주님을 찬
양하렵니다. "하나님은 내가 피할
요새, 나를 한결같이 사랑하시는
분."

하나님을 의존하여라

60 〔다윗이 교훈을 하려고 지은 ㉠믹담, 지휘자를 따라 ㉡수산 에둣에 맞추어 부르는 노래, 다윗이 ㉢'아람 나하라임'과 ㉣'아람 소바'와 싸울 때에 요압이 돌아와서 '소금 골짜기'에서 에돔 군 만 이천 명을 죽였다. 그 때에 다윗이 지은 시〕

1 하나님, 주님께서 우리를 내버리
시고, 흩으시고, 우리에게 노하셨
으나, 이제는 우리를 회복시켜 주
십시오.
2 주님께서 땅을 흔드시고 갈라지
게 하셨으니, 이제는 그 갈라지고
깨어진 틈을 메워 주시어서, 땅이
요동치 않게 해주십시오.
3 주님께서 주님의 백성에게 곤란을
겪게 하시고, 포도주를 먹여 비틀
거리게 하셨습니다.
4 활을 쏘는 자들에게서 피하여
도망치도록, 깃발을 세워서 주님
을 경외하는 사람들을 인도해 주
십시오. (셀라)
5 주님의 오른손을 내미셔서, 주님
께서 사랑하시는 사람을 구원하
여 주십시오. 우리에게 응답하여
주십시오.
6 하나님께서 성소에서 이렇게 말
씀하셨습니다. "내가 크게 기뻐하
면서 뛰어놀겠다. 내가 세겜을 나
누고, 숙곳 골짜기를 측량하겠다.
7 길르앗도 나의 것이요, 므낫세도
나의 것이다. 에브라임은 내 머리
에 쓰는 투구요, 유다는 나의 통
치 지팡이이다.
8 그러나 모압은 나의 세숫대야로
삼고, 에돔에는 나의 신을 벗어 던
져 그것이 나의 소유임을 밝히겠
다. 내가 블레셋을 격파하고, 승전
가를 부르겠다."
9 누가 나를 견고한 성으로 데리
고 가며, 누가 나를 에돔까지 인도
합니까?
10 하나님, 우리를 정말로 내버리신
것입니까? 주님께서 우리의 군대
와 함께 나아가지 않으시렵니까?
11 사람의 도움이 헛되니, 어서 우리
를 도우셔서, 원수들을 물리쳐 주
십시오.
12 하나님께서 우리와 함께 계시
면, 우리는 승리를 얻을 것이다.
그가 우리의 원수들을 짓밟을 것
이다.

60편 요약 이스라엘이 에돔에게 침공을 당한 충격은 매우 컸다. 하지만 하나님께서 그분의 백성을 끝까지 내버려 두시지 않는다는 사실을 알았기에 다윗은 하나님에 대한 신뢰와 이스라엘의 승리를 노래하였다.

60편 이 시편은 다윗의 군사적 승리의 경험에 근거한 '교훈시'이다. 다윗은 이스라엘을 침공한 시리아와 에돔에 대항해 북쪽 지방에서 전쟁을 하면서 승리를 기원하는 기도를 드렸다. 이 시편을 쓸 당시는 다윗과 요압 그리고 아비새가 에돔을 격파한 때이거나 그 직후인 것 같다(참조. 왕상 11:15-16).

60:9-12 승리의 원천은 하나님이시다(12절). 하나님이 함께 하셔야만 그들이 승리할 수 있기에 하나님의 도움을 간구한다.

㉠ 문학 또는 음악 용어 ㉡ '언약의 나리꽃' ㉢ 메소포타미아 서북 지방의 아람 사람들 ㉣ 시리아 중부 지방의 아람 사람들

하나님의 보호를 받으며

61

〔지휘자를 따라 현악기에 맞추어 부르
는 노래, 다윗의 시〕
1 하나님, 내가 부르짖는 소리를
들으시고, 내 기도 소리를 귀담아
들어 주십시오.
2 내 마음이 약해질 때, 땅 끝에서
주님을 부릅니다. 내 힘으로 오를
수 없는 저 바위 위로 나를 인도
하여 주십시오.
3 주님은 나의 피난처시요, 원수
들에게서 나를 지켜 주는 견고한
망대이십니다.
4 내가 영원토록 주님의 장막에 머
무르며, 주님의 날개 아래로 피하
겠습니다. (셀라)
5 주님은 나의 하나님, 주님께서
내 서원을 들어주시고, 주님의 이
름을 경외하는 사람이 받을 유업
을 내게 주셨습니다.
6 왕의 날을 더하여 주시고, 왕의
해를 더하여 주셔서, 오래오래 살
게 하여 주시기를 원합니다.
7 주님 앞에서 우리 왕이 오래도록
왕위에 앉아 있게 하시고, 주님의
한결같은 사랑과 진리로 우리 왕
을 지켜 주시기를 원합니다.
8 그 때에 나는 주님의 이름을 영원
토록 노래하며, 내가 서원한 바를
날마다 이루겠습니다.

하나님은 강하시고 친절하시다

62

〔지휘자를 따라 여두둔에 맞추어 부르
는 노래, 다윗의 시〕
1 내 영혼이 잠잠히 하나님만을
기다림은 나의 구원이 그에게서만
나오기 때문이다.
2 하나님만이 나의 반석, 나의 구
원, 나의 요새이시니, 나는 결코
흔들리지 않는다.
3 기울어 가는 담과도 같고 무너
지는 돌담과도 같은 사람을, 너희
가 죽이려고 다 함께 공격하니, 너
희가 언제까지 그리하겠느냐?
4 너희가 그를 그 높은 자리에서 떨
어뜨릴 궁리만 하고, 거짓말만 즐
겨 하니, 입으로는 축복하지만 마
음 속으로는 저주를 퍼붓는구나.
(셀라)
5 내 영혼아, 잠잠히 하나님만 기
다려라. 내 희망은 오직 하나님에
게만 있다.
6 하나님만이 나의 반석, 나의 구
원, 나의 요새이시니, 나는 흔들리
지 않는다.
7 ㉠내 구원과 영광이 하나님께 있
다. 하나님은 내 견고한 바위이시
요, 나의 피난처이시다.
8 하나님만이 우리의 피난처이시
니, 백성아, 언제든지 그만을 의지
하고, 그에게 너희의 속마음을 털

61편 요약 전반부는 하나님을 절대적으로 의지하는 가운데 구원을 호소하는 내용이다. 그리고 후반부는 자신을 이스라엘의 왕으로 세워 주신 하나님께서 반드시 자신의 왕권을 지켜 주실 것을 확신하며 찬양하는 내용이다.

62편 요약 61,63편과 마찬가지로 본시 역시 압살롬의 반역을 역사적 배경으로 삼고 있는 것 같다. 다윗은 자신을 왕위에서 축출하려는 반역자들의 맹렬한 공격에도 동요하지 않고 하나님께 대한 절대적인 신뢰를 표현하였다.

61:2–3 바위·망대 피난처를 실물로 표현한 것이다. 바위는 전쟁터에서 숨을 곳이요, 망대는 성안에 적이 들어와서 수색할 때 숨을 곳이다.

62:3 기울어 가는 담…무너지는 돌담 다윗의 연약한 상태를 은유적으로 표현한 것이다.

㉠ 또는 '가장 높으신 하나님은 나의 구원, 나의 영예이시다'

어놓아라. (셀라)
9 신분이 낮은 사람도 입김에 지
나지 아니하고, 신분이 높은 사람
도 속임수에 지나지 아니하니, 그
들을 모두 다 저울에 올려놓아도
입김보다 가벼울 것이다.
10 억압하는 힘을 의지하지 말고, 빼
앗아서 무엇을 얻으려는 헛된 희
망을 믿지 말며, 재물이 늘어나더
라도 거기에 마음을 두지 말아라.
11 하나님께서 한 가지를 말씀하셨
을 때에, 나는 두 가지를 배웠다.
'권세는 하나님의 것'이요,
12 '한결같은 사랑도 주님의 것'이라
는 사실을.
주님, 주님께서는 각 사람에게
그가 행한 대로 갚아 주십니다.

하나님의 사랑은 생명보다 더 소중하다

63

〔다윗이 유다 광야에 있을 때에 지은 시〕

1 하나님, 주님은 나의 하나님입니
다. 내가 주님을 애타게 찾습니다.
물기 없는 땅, 메마르고 황폐한 땅
에서 내 영혼이 주님을 찾아 목이
마르고, 이 몸도 주님을 애타게 그
리워합니다.
2 내가 성소에서 주님을 뵙고 주님
의 권능과 주님의 영광을 봅니다.
3 주님의 한결같은 사랑이 생명보다
더 소중하기에, 내 입술로 주님께
영광을 돌립니다.
4 이 생명 다하도록 주님을 찬양하
렵니다. 내가 손을 들어서 주님의
이름을 찬양하렵니다.
5 기름지고 맛깔진 음식을 배불
리 먹은 듯이 내 영혼이 만족하
니, 내가 기쁨에 가득 찬 입술로
주님을 찬양하렵니다.
6 잠자리에 들어서도 주님만을 기
억하고 밤을 새우면서도 주님만
을 생각합니다.
7 주님께서 나를 도우셨기에 나 이
제 주님의 날개 그늘 아래에서 즐
거이 노래하렵니다.
8 이 몸이 주님께 매달리니, 주님의
오른손이 나를 꼭 붙잡아 주십니
다.
9 나를 죽이려고 노리는 자는 땅
아래 깊은 곳으로 떨어질 것이다.
10 그들은 칼을 맞고 쓰러지고, 그 주
검은 승냥이의 밥이 될 것이다.
11 그러나 우리의 왕은 하나님을 기
뻐하며, 하나님의 이름으로 맹세
하는 사람들은 모두 왕을 칭송할
것이다. 그러나 거짓말을 하는 자
들은 말문이 막힐 것이다.

주님 때문에 기뻐한다

64

〔지휘자를 따라 부르는 노래, 다윗의 시〕

1 하나님, 내가 탄식할 때에 내 소

63편 요약 다윗은 고난에 처해 있지만 하나님을 바라며 갈망하고 있다. 그는 하나님께서 자신을 돌보시고 은총을 베푸신 것을 기억하여 앞으로도 그렇게 해주실 것을 확신하며 환난 중에서도 즐거워할 수 있었다.

63:8–11 하나님의 공의로우신 심판 앞에서 대적들이 멸망할 것을 예견한다. 10절의 '칼'은 하나님께서 사람의 힘을 이용하여 심판하심을 뜻한다.

64편 요약 의인에게도 고난이 닥친다는 사실을 고민한 다윗이 악인의 종말론적 심판을 내다보면서 해결책을 찾았음을 시사하는 내용이다.

64:1–6 원수의 음모 시인은 원수에게서 벗어나 생명을 보존 받기를 간구하고(1–2절) 무고한 자를 모함하고(3–4절) 악을 장려하는(5–6절) 원수의 실상을 고발한다.

64:1 탄식 불평이라고도 번역할 수 있다.

리를 들어 주십시오. 원수들의 위
협에서 내 생명을 지켜 주십시오.
2 악인들이 은밀하게 모의할 때에
나를 숨겨 주시고, 악한 일을 저지
르는 자들의 폭력에서 나를 지켜
주십시오.
3 그들은 칼날처럼 날카롭게 혀
를 벼려 화살처럼 독설을 뽑아 냅
니다.
4 죄 없는 사람을 쏘려고 몰래 숨어
있다가, 느닷없이 쏘고서도, 거리
낌조차 없습니다.
5 그들은 악한 일을 두고 서로 격려
하며, 남 몰래 올가미를 치려고 모
의하며, ㉠"누가 우리를 보랴?" 하
고 큰소리를 칩니다.
6 그들이 악을 꾀하고, 은밀하게 음
모를 꾸미니, 사람의 속마음은 참
으로 알 수 없습니다.
7 그러나 하나님이 활을 쏘실 것
이니, 그들이 화살을 맞고서 순식
간에 쓰러질 것이다.
8 하나님은, 그들이 혀를 놀려서 한
말 때문에 그들을 멸하실 것이니,
이것을 보는 자마다 도망칠 것이
다.
9 그들은 모두 다 두려움에 사로잡
혀, 하나님이 하신 일을 선포하며,
하나님이 하신 일을 생각하게 될
것이다.
10 의인은 주님께서 하신 일을 생
각하면서 기뻐하고, 주님께로 피
할 것이니, 마음이 정직한 사람은
모두 주님을 찬양할 것이다.

하나님이 기도에 응답하신다

65

〔지휘자를 따라 부르는 노래, 다윗의 찬송시〕

1 하나님, 시온에서 주님을 찬양
함이 마땅한 일이니, 우리가 주님
께 한 서원을 지키렵니다.
2 우리의 기도를 들으시는 주님, 육
신을 가진 사람이면 누구나 주님
께로 나아옵니다.
3 저마다 지은 죄 감당하기에 너무
어려울 때에, 오직 주님만이 그 죄
를 ㉡용서하여 주십니다.
4 주님께서 택하시고 가까이 오게
하시어 주님의 뜰에 머물게 하신
그 사람은, 복이 있는 사람입니다.
그러므로 우리는, 주님의 집, 주님
의 거룩한 성전에서 온갖 좋은 복
으로 만족하렵니다.
5 우리를 구원하시는 하나님, 주
님께서 그 놀라운 행적으로 정의
를 세우시며, 우리에게 응답하여
주시므로 땅 끝까지, 먼 바다 끝까
지, 모든 사람이 주님을 의지합니
다.
6 주님께서는 주님의 힘으로, 주님
의 능력으로 허리에 띠를 동이시

64:3 독설 마술을 하는 자의 저주의 주문이나 악의를 포함한 중상모략을 뜻한다.

64:7–10 악인에 대한 하나님의 심판을 서술하고 있다. 이 심판 행위가 시사하는 바는 하나님께서 악인의 행위에 반드시 상응하는 처벌을 내리신다는 점이다. 이러한 하나님의 징벌 앞에서 만인은 두려워할 것이며, 하나님으로 인하여 의인이 자랑할 것이라고 시인은 선언한다(9–10절).

㉠ 또는 '누가 그들을 볼 것이냐?' ㉡ 또는 '속죄하여 주십니다'

65편 요약 다윗은 하나님을 세 가지 이유에서 찬양하고 있다. 첫째, 하나님은 택한 백성의 기도를 들으시며 영적 교제를 허락하신다. 둘째, 하나님은 자기 백성을 보호하시기 위해 세상 모든 것을 친히 주장하신다. 셋째, 하나님은 인간의 행복한 삶을 위해 터전을 주셨다.

65:1–4 기도에 응답하사 백성들의 죄를 용서하시고 성전에서 그분과 교제할 수 있게 하시는 하

고 산들이 뿌리를 내리게 하셨습
니다.
7 주님께서는 바다의 노호와 파도
소리를 그치게 하시며, 민족들의
소요를 가라앉히셨습니다.
8 땅 끝에 사는 사람들까지, 주님께
서 보이신 징조를 보고, 두려워서
떱니다. 해 뜨는 곳과 해 지는 곳
까지도, 주님께서는 즐거운 노래
를 부르게 하십니다.
9 주님께서 땅을 돌보시어, 땅에
물을 대주시고, 큰 풍년이 들게 해
주십니다. 하나님께서 손수 놓으
신 물길에, 물을 가득 채우시고,
오곡을 마련해 주시니, 이것은, 주
님께서 이 땅에다가 그렇게 준비
해 주신 것입니다.
10 주님께서 또 밭이랑에 물을 넉넉
히 대시고, 이랑 끝을 마무르시
며, 밭을 단비로 적시며, 움 돋는
새싹에 복을 내려 주십니다.
11 주님께서 큰 복을 내리시어, 한 해
를 이렇듯 영광스럽게 꾸미시니,
주님께서 지나시는 자취마다, 기
름이 뚝뚝 떨어집니다.
12 그 기름이 광야의 목장에도 여울
져 흐르고, 언덕들도 즐거워합니
다.
13 목장마다 양 떼로 뒤덮이고, 골짜
기마다 오곡이 가득하니, 기쁨의
함성이 터져나오고, 즐거운 노랫소
리 그치지 않습니다.

하나님께 환호하여라

66 (시, 지휘자를 따라 부르는 노래)
온 땅아, 하나님께 환호하여라.
2 그 이름의 영광을 찬양하고 영화
롭게 찬송하여라.
3 하나님께 말씀드려라. “주님께서
하신 일이 얼마나 놀라운지요? 주
님의 크신 능력을 보고, 원수들도
주님께 복종합니다.
4 온 땅이 주님께 경배하며, 주님을
찬양하며, 주님의 이름을 찬양합
니다” 하여라. (셀라)
5 오너라. 와서, 하나님께서 하신
일을 보아라. 사람들에게 하신 그
일이 놀랍다.
6 하나님이 바다를 육지로 바꾸셨
으므로, 사람들은 걸어서 바다를
건넜다. 거기에서 우리는 주님께
서 하신 일을 보고 기뻐하였다.
7 주님은 영원히, 능력으로 통치하
는 분이시다. 두 눈으로 뭇 나라
를 살피시니, 반역하는 무리조차
그 앞에서 자만하지 못한다. (셀
라)
8 백성아, 우리의 하나님을 찬양
하여라. 그분을 찬양하는 노랫소
리, 크게 울려 퍼지게 하여라.
9 우리의 생명을 붙들어 주셔서, 우

나님을 찬양하고 있다.

65:5–8 능력과 정의로 자연과 인간을 주관하셔서 그분의 백성들을 구원하시는 하나님을 찬양하고 있다.

65:6 산 국가를 은유하며, 특히 선민 이스라엘을 가리킨다.

65:9–13 약속의 땅을 윤택하게 하시고, 그분의 백성들에게 풍성한 삶을 허락하시는 하나님을 노래하고 있다.

66편 요약 본시의 저자는 알 수 없으나 저작 동기는 하나님의 구원 역사를 찬양하기 위함이다. 이 시는 주어가 ‘우리’로 되어 있는 전반부와 ‘내가’로 되어 있는 후반부로 나뉜다. 즉, 시인은 개인적 입장에서뿐 아니라 민족 공동체적 입장에서도 하나님의 은혜를 찬양하고 있는 것이다.

66:5–7 거기에서 우리는 주님께서 하신 일을 보고

리가 실족하여 넘어지지 않게 살
펴 주신다.
10 하나님, 주님께서 우리를 시험
하셔서, 은을 달구어 정련하듯 우
리를 연단하셨습니다.
11 우리를 그물에 걸리게 하시고, 우
리의 등에 무거운 짐을 지우시고,
12 사람들을 시켜서 우리의 머리를
짓밟게 하시니, 우리가 불 속으로,
우리가 물 속으로 뛰어들었습니
다. 그러나 주님께서 우리를 마침
내 건지셔서, 모든 것이 풍족한 곳
으로 이끌어 주셨습니다.
13 내가 번제를 드리러 주님의 집
으로 왔습니다. 이제 내가 주님께
서원제를 드립니다.
14 이 서원은, 내가 고난받고 있을 때
에, 이 입술을 열어서, 이 입으로
주님께 아뢴 것입니다.
15 내가 숫양의 향기와 함께 살진 번
제물을 가지고, 주님께로 나아옵
니다. 숫염소와 함께 수소를 드립
니다. (셀라)
16 하나님을 두려워하는 사람들
아, 오너라. 그가 나에게 하신 일
을 증언할 터이니, 다 와서 들어
라.
17 나는 주님께 도와 달라고 내 입
으로 부르짖었다. 내 혀로 주님을
찬양하였다.
18 내가 마음 속으로 악한 생각을 품
었더라면, 주님께서 나에게 응답
하지 않으셨을 것이다.
19 그러나 하나님은 나에게 응답하
여 주시고, 나의 기도 소리에 귀를
기울여 주셨다.
20 내 기도를 물리치지 않으시고,
한결같은 사랑을 나에게서 거두
지 않으신 하나님, 찬양받으십시
오.

민족들로 하나님을 찬양하게 하여라

67

〔지휘자를 따라 현악기에 맞추어 부르는 찬송시〕

1 하나님, 우리에게 은혜를 베풀
어 주시고, 우리에게 복을 내려 주
십시오. 주님의 얼굴을 환하게 우
리에게 비추어 주시어서, (셀라)
2 온 세상이 주님의 뜻을 알고 모든
민족이 주님의 구원을 알게 하여
주십시오.
3 하나님, 민족들이 주님을 찬송
하게 하시며 모든 민족들이 주님
을 찬송하게 하십시오.
4 주님께서 온 백성을 공의로 심
판하시며, 세상의 온 나라를 인도
하시니, 온 나라가 기뻐하며, 큰소
리로 외치면서 노래합니다. (셀라)
5 하나님, 민족들이 주님을 찬송
하게 하시며, 모든 민족이 주님을
찬송하게 하십시오.

기뻐하였다(6절) 이집트 탈출 사건과 가나안 정복 사건은 훨씬 옛날의 일이지만, 신앙 고백으로 그 역사적 사건에 참여했다는 뜻이다.

66:8-12 고난 중 이스라엘을 붙들어주심을 감사드리라는 권고이다. 특히 이 곳에서 이스라엘의 고난은 은을 연단하는 일에 비유되고 있다. 고난의 내용은 비참한 것이었지만, 실족하지 않게 하여 풍성함을 얻게 하려는 하나님께서 허락하신 시련에 불과했다.

67편 요약 이스라엘의 장막절에 주로 낭송된 본시는 제사장 나라로서의 선민(選民) 이스라엘의 사명을 투영하고 있다는 점에서 중요한 의미를 지닌다. 시인은 하나님의 구원의 은혜가 세계만방에까지 미치기를 간구하고 있다.

67:1-2 본시는 아론의 축도(민 6:24-26)를 반영한 찬송시이다. 복을 구하는 이유는 온 세상이 하나님의 뜻과 구원을 알게 하기 위해서이다(2절).

6 이 땅이 오곡백과를 냈으니, 하
나님, 곧, 우리의 하나님께서 우리
에게 복을 내려 주셨기 때문이다.
7 하나님께서 우리에게 복을 주실
것이니, 땅 끝까지 온 누리는 하나
님을 경외하여라.

하나님이 승리하신다

68

〔지휘자를 따라 부르는 다윗의 찬송
시〕

1 하나님이 일어나실 때에, 하나
님의 원수들이 흩어지고, 하나님
을 미워하는 자들은 하나님 앞에
서 도망칠 것이다.
2 연기가 날려 가듯이 하나님이 그
들을 날리시고, 불 앞에서 초가
녹듯이 하나님 앞에서 악인들이
녹는다.
3 그러나 의인들은 기뻐하고, 하나
님 앞에서 즐거워할 것이다. 기쁨
에 겨워서, 크게 즐거워할 것이다.
4 하나님을 찬양하여라. 그의 이
름을 노래하여라. ㉠광야에서 구
름 수레를 타고 오시는 분에게, 소
리 높여 노래하라. 주님의 이름을
찬양하며 그 앞에서 크게 기뻐하
여라.
5 그 거룩한 곳에 계신 하나님은 고
아들의 아버지, 과부들을 돕는 재
판관이시다.
6 하나님은, 외로운 사람들에게 머
무를 집을 마련해 주시고, 갇힌
사람들을 풀어 내셔서, 형통하게
하신다. 그러나 하나님을 거역하
는 사람은 메마른 땅에서 산다.
7 하나님, 주님께서 주님의 백성
앞에서 앞장 서서 나아가시며 광
야에서 행진하실 때에, (셀라)
8 하나님 앞에서, 시내 산의 그분 앞
에서, 이스라엘의 하나님 앞에서,
땅이 흔들렸고 하늘도 폭우를 쏟
아 내렸습니다.
9 하나님, 주님께서 흡족한 비를 내
리셔서 주님께서 주신 메마른 땅
을 옥토로 만드셨고
10 주님의 식구들을 거기에서 살게
하셨습니다. 하나님, 주님께서 가
난한 사람을 생각하셔서, 좋은 것
을 예비해 두셨습니다.
11 주님이 명을 내리시니, 수많은
여인들이 승리의 소식을 전하였
다.
12 "왕들이 달아났다. 군대가 서둘러
도망갔다." 집 안의 여인들도 전리
품을 나누어 가졌다.
13 비록 그 여인들이 그 때에 양 우리
에 머물러 있었지만, 은을 입힌 비
둘기의 날개를 나누었고, 황금빛
번쩍이는 깃을 나누었다.
14 ㉡전능하신 분이 그 땅에서 왕들
을 흩으실 때, 그 산을 눈으로 덮

68편 요약 본시는 모세 시대로부터 하나님의 언약궤를 예루살렘으로 옮긴 다윗 시대까지의 이스라엘의 과거 역사와 현재의 복된 상황, 그리고 미래의 영광을 노래한 대서사시이다.

68편 구조와 내용이 매우 복잡하기 때문에, 그 유형의 분류나 내용 해석, 배경 설명 등이 매우 다양하게 제시되고 있다. 하지만 일반적으로 이 시편은 모세(시내 산) 시대로부터 다윗(시온 산) 시대에 이르는 긴 역사 과정에서 하나님께서 보여 주신 위대하신 구원 행위와, 영광스럽고도 승리에 찬 통치를 기념하는 행진 찬송으로 간주되고 있다.

68:19-23 이상의 사건을 회상해 볼 때 하나님은 이스라엘과 함께 하시는 구주라는 찬양을 드리지 않을 수 없다. 하나님께서 역사 속에서 이스라엘을 건지신 행위는 원수를 진멸함으로써 비롯된

㉠ 또는 '구름을 타고 오시는 분에게' ㉡ 히, '샤다이'

으셨다.
15 바산의 산은 하나님의 산이다.
바산의 산은 높이 솟은 봉우리 산
이다.
16 봉우리들이 높이 솟은 바산의 산
들아, 너희가 어찌하여 하나님이
머무르시려고 택하신 시온 산을
시기하여 바라보느냐? 그 산은
주님께서 영원토록 머무르실 곳
이다.
17 하나님의 병거는 천천이요, 만
만이다. 주님께서 그 수많은 병거
를 거느리시고, 시내 산을 떠나
그 거룩한 곳으로 오셨다.
18 주님께서는 사로잡은 포로를 거
느리시고 높은 곳으로 오르셔서,
백성에게 예물을 받으셨으며, 주
님을 거역한 자들도 주 하나님이
계신 곳에 예물을 가져 왔습니다.
19 날마다 우리의 주님을 찬송하
여라. 하나님께서 우리의 짐을 대
신 짊어지신다. 하나님은 우리의
구원이시다. (셀라)
20 우리의 하나님은 우리를 구원하시
는 하나님이시다. 그분은 주 우리
의 주님이시다. 우리를 죽음에서
구원하여 내시는 주님이시다.
21 진실로 하나님이 그의 원수들의
머리를 치시니, 죄를 짓고 다니는
자들의 덥수룩한 정수리를 치신다.
22 주님께서 말씀하신다. "내가 네
원수들을 바산에서 데려오고, 바
다 깊은 곳에서 그들을 끌어올 터
이니,
23 너는 원수들의 피로 발을 씻고,
네 집 개는 그 피를 마음껏 핥을
것이다."
24 하나님, 주님의 행진하심을 모
든 사람이 보았습니다. 나의 왕,
나의 하나님께서 성소로 행진하시
는 모습을 그들이 보았습니다.
25 앞에서는 합창대가, 뒤에서는 현
악대가, 한가운데서는 소녀들이,
소구 치며 찬양하기를
26 "회중 한가운데서 하나님을 찬양
하여라. 이스라엘 자손아, 주님을
찬양하여라" 합니다.
27 맨 앞에서는 막둥이 베냐민이 대
열을 이끌고, 그 뒤에는 유다 대표
들이 무리를 이루었고, 그 뒤에는
스불론 대표들이 그 뒤에는 납달
리 대표들이 따릅니다.
28 ㉠하나님, 주님의 능력을 나타내
보이십시오. 하나님, 주님께서 우
리에게 발휘하셨던 그 능력을 다
시 나타내 보이십시오.
29 예루살렘에 있는 주님의 성전을
보고, 뭇 왕이 주님께 예물을 드
립니다.
30 갈대 숲에 사는 사나운 짐승들과

다(20-21절). 심판이 곧 구원이 되었다. 원수들을 향한 진노는 그들이 바산이나 바다로 피한다 해도 그들을 불러내어 이스라엘로 그들을 이기게 하신다는 것(22-23절)이다.

68:28-35 시온을 중심으로 이루어질 하나님의 우주 통치를 노래한다. 이는 그리스도의 재림으로 이루어질 미래사이다(슥 14:18-19). 평화가 선포되고(30절), 왕들은 하나님께 예물을 바친다(29절). 곧 이 행위는 왕들이 하나님께 순응한다는 뜻이다. 이같이 하나님께서 구원을 베푸신 곳에는 전능하신 하나님에 대한 찬미만이 있을 뿐이다(32-33절).

68:30 갈대 숲에 사는 사나운 짐승 이집트를 가리킨다. **뭇 나라의 황소 떼 속에 있는 송아지 떼** 열방을 가리킨다.

㉠ 많은 히브리어 사본과 칠십인역과 시리아어역을 따름. 대다수의 히브리어 사본에는 '너희의 하나님께서 너희를 위하여 그의 능력을 나타내 보이셨다'

뭇 나라의 황소 떼 속에 있는 송
아지 떼를 꾸짖어 주십시오. 조공
받기를 탐하는 무리를 짓밟으시
고, 전쟁을 좋아하는 백성을 흩어
주십시오.
31 이집트에서는 사절단이 온갖 예
물을 가지고 오고, ㉠에티오피아
사람들은 서둘러 하나님께 예물
을 드립니다.
32 세상의 왕국들아, 하나님을 찬양
하여라. 주님께 노래하여라. (셀
라)
33 하늘, 태고의 하늘을 병거 타고
다니시는 분을 찬송하여라. 그가
소리를 지르시니 힘찬 소리다.
34 너희는 하나님의 능력을 선포하여
라. 그의 위엄은 이스라엘을 덮고,
그의 권세는 구름 위에 있다.
35 성소에 계시는 하나님, 이스라엘
의 하나님은 두려운 분이시다. 그
는 당신의 백성에게 힘과 능력을
주시는 분이시다.
하나님을 찬양하여라!

우리는 하나님을 신뢰한다

69

(지휘자를 따라 ㉡소산님에 맞추어 부르는 노래, 다윗의 시)

1 하나님, 나를 구원해 주십시오.
목까지 물이 찼습니다.
2 발 붙일 곳이 없는 깊고 깊은 수렁
에 빠졌습니다. 물 속 깊은 곳으
로 빠져 들어갔으니, 큰 물결이 나
를 휩쓸어갑니다.
3 목이 타도록 부르짖다가, 이 몸은
지쳤습니다. 눈이 빠지도록, 나는
나의 하나님을 기다렸습니다.
4 까닭도 없이 나를 미워하는 자
들이 나의 머리털보다도 많고, 나
를 없애버리려고 하는 자들, 내게
거짓 증거하는 원수들이 나보다
강합니다. 내가 훔치지도 않은 것
까지 물어 주게 되었습니다.
5 하나님, 주님은 내 어리석음을 잘
알고 계시니, 내 죄를 주님 앞에서
는 감출 수 없습니다.
6 만군의 주 하나님, 주님을 기다
리는 사람들이 나 때문에 수치를
당하는 일이 없도록 하여 주십시
오. 이스라엘의 하나님, 주님을 애
써 찾는 사람들이 나 때문에 모욕
을 당하는 일이 없도록 하여 주십
시오.
7 주님 때문에 내가 욕을 먹고, 내
얼굴이 수치로 덮였습니다.
8 친척에게 따돌림을 당하고, 어머
니의 자녀들에게마저 낯선 사람
이 되고 말았습니다.
9 주님의 집에 쏟은 내 열정이 내
안에서 불처럼 타고 있습니다. 그
러나 주님을 모욕하는 자들의 모
욕이 나에게로 쏟아집니다.

69편 요약 본시는 다윗이 압살롬이나(삼하 15장) 아도니야의 반역 때(왕상 1장)에 노래한 비탄시인 것 같다. 다윗은 자신이 처한 암담한 상황을 하나님께 토로하고 하나님께서 자신의 기도에 응답해 주실 것을 믿으면서 찬양을 맹세하였다. 한편, 여기에는 메시아의 고난을 예언하는 구절들이 나와 있다.

㉠ 또는 '누비아'. 히. '구스'. 나일 강 상류지역 ㉡ '나리꽃'

69편 본 시편은 대적들의 광범위한 음모로 인해 생명의 위협을 느낀 시인이 하나님께 구원과 긍휼을 호소한 탄식시로서, 종종 메시아의 고난을 예표하는 시편 가운데 하나이다. 본 시편은 그 맥락을 같이하는 22편 다음으로 신약에서 많이 인용되고 있다(4절-요 15:25/ 9절-요 2:17;롬 15:3/ 22,23절-롬 11:9,10/ 25절-행 1:20).

69:12 성문에 앉아 있는 자 이스라엘의 장로로서, 사회적인 공의와 종교와 관련된 문제 등을 처리

10 내가 금식하면서 울었으나, 그것
이 오히려 나에게는 조롱거리가
되었습니다.
11 내가 베옷을 입고서 슬퍼하였으
나, 오히려 그들에게는 말거리가
되었습니다.
12 성문에 앉아 있는 자들이 나를 비
난하고, 술에 취한 자들이 나를
두고서 빈정거리는 노래를 지어
흥얼거립니다.
13 그러나 주님, 오직 주님께만 기
도하오니, 하나님, 주님께서 나를
반기시는 그 때에, 주님의 한결같
은 사랑과 주님의 확실한 구원으
로 나에게 응답하여 주십시오.
14 나를 이 수렁에서 끌어내어 주셔
서 그 속에 빠져들어가지 않게 하
여 주십시오. 나를 미워하는 자들
과 깊은 물에서 나를 건져 주십시
오.
15 큰 물결이 나를 덮치지 못하게 해
주십시오. 깊은 물이 나를 삼키지
못하게 해주십시오. 큰 구덩이가
입을 벌려 나를 삼키고 그 입을
닫지 못하게 해주십시오.
16 주님, 주님의 사랑은 한결같으
시니, 나에게 응답해 주십시오. 주
님께는 긍휼이 풍성하오니, 나에
게로 얼굴을 돌려 주십시오.
17 주님의 종에게, 주님의 얼굴을 가
리지 말아 주십시오. 나에게 큰
고통이 있으니, 어서 내게 응답해
주십시오.
18 나에게로 빨리 오셔서, 나를 구원
하여 주시고, 나의 원수들에게서
나를 건져 주십시오.
19 주님은, 내가 받는 모욕을 잘 알
고 계십니다. 내가 받는 수치와 조
롱도 잘 알고 계십니다. 나를 괴롭
히는 대적자들이 누구인지도, 주
님은 다 알고 계십니다.
20 수치심에 갈기갈기 찢어진 내 마
음은 아물 줄을 모릅니다. 동정받
기를 원했으나 아무도 없었고, 위
로받기를 원했으나 아무도 찾지
못했습니다.
21 배가 고파서 먹을 것을 달라고 하
면 그들은 나에게 독을 타서 주
고, 목이 말라 마실 것을 달라고
하면 나에게 식초를 내주었습니
다.
22 그들 앞에 차려 놓은 잔칫상이
도리어 그들이 걸려서 넘어질 덫
이 되게 해주십시오. 그들이 누리
는 평화가 도리어 그들이 빠져드
는 함정이 되게 해주십시오.
23 그들의 눈이 어두워져서, 못 보게
해주시며, 그들의 등이 영원히 굽
게 해주십시오.
24 주님의 분노를 그들에게 쏟으시

하는 지도층 인사이다. 성문은 당시의 재판정이요, 여론의 광장이었다.

69:13-16 간구의 근거를 하나님의 한결같은 사랑과 주님의 확실한 구원에서 찾는다. 14-15절은 1-2절의 반복이다.

69:17 주님의 얼굴을 가리지 않는 것은 민수기 6:24-26에 근거할 때 축복이라고 할 수 있다. 하지만 그것보다는 하나님께서 의인과 맺는 인격적인 관계를 표현한 것으로 보는 것이 옳다.

69:20-21 인간적인 훼방과 수모가 너무 힘에 겨워(19절) 의지할 자를 찾아 위로를 요청하면, 그는 위로를 하는 체할 뿐이고 실제로는 괴로움과 고통을 부채질할 뿐이라는 것이다. 시인은 철저한 소외를 경험한다. 특히 21절은 예수님에게도 해당되는 것이다(마 27:34).

69:21 식초 발효된 포도주나 독주로 만든 액체로, 목이 마를 때엔 갈증을 더욱 부채질한다.

69:22-29 원수를 향한 저주이다. 원수들은 하

고, 주님의 불붙는 진노를 그들에
게 쏟아부어 주십시오.
25 그들의 거처를 폐허가 되게 하시
며, 그들의 천막에는 아무도 살지
못하게 해주십시오.
26 그들은, 주님께서 매질하신 사람
을 새삼스레 핍박하며, 주님께 맞
은 그 아픈 상처를 덧쑤시고 다닙
니다.
27 그들이 저지른 죄악마다 빠짐 없
이 벌하셔서, 그들이 주님의 사면
을 받지 못하게 해주십시오.
28 그들을 생명의 책에서 지워 버리
시고, 의로운 사람의 명부에 올리
지 말아 주십시오.
29 나는 비천하고 아프니, 하나님,
주님의 구원의 은혜로 나를 지켜
주십시오.
30 그 때에, 나는 노래를 지어, 하
나님의 이름을 찬양하련다. 감사
의 노래로 그의 위대하심을 알리
련다.
31 이것이 소를 바치는 것보다, 뿔 달
리고 굽 달린 황소를 바치는 것보
다, 주님을 더 기쁘게 할 것이다.
32 온유한 사람들이 보고서 기뻐할
것이니, 하나님을 찾는 사람들아,
그대들의 심장에 생명이 고동칠
것이다.
33 주님은 가난한 사람의 소리를 들
으시는 분이므로, 갇혀 있는 사람
들을 모르는 체하지 않으신다.
34 하늘아, 땅아, 주님을 찬양하여
라. 바다와 그 속에 살고 있는 모
든 생물아, 주님을 찬양하여라.
35 하나님께서 시온을 구원하시고,
유다의 성읍들을 다시 세우실 것
이니, 그들이 거기에 머무르면서,
그 곳을 그들의 소유로 삼을 것이
다.
36 주님의 종들의 자손이 그 땅을 물
려받고, 주님의 이름을 사랑하는
사람들이 거기에서 살게 될 것이
다.

하나님은 위대하시다

70 〔기념식에서 지휘자를 따라 부르는 노래, 다윗의 시〕

1 주님, 너그럽게 보시고 나를 건
져 주십시오. 주님, 빨리 나를 도
와주십시오.
2 내 목숨을 노리는 자들이 수치를
당하게 해주십시오. 내 재난을 기
뻐하는 자들이 모두 물러나서 수
모를 당하게 해주십시오.
3 깔깔대며 나를 조소하는 자들이
창피를 당하고 물러가게 해주십시
오.
4 그러나 주님을 찾는 사람은 누
구나 주님 때문에 기뻐하고 즐거
워하게 해주십시오. 주님의 승리

나님 나라의 대적이다. 시인은 원수들이 그에게 가한 고통과 상응하는 고통을 되받기를 간구한다. 하나님이 치신 자를 자기들의 공격 기회로 삼은 그들(26절)을 벌하여, 생명의 책에서 그 이름을 지우시기를 간구한다(28절).

69:32-36 시인은 고난의 경험을 통하여 터득한 하나님을, 자기처럼 시련을 겪는 자들에게 들려주어 그들의 마음을 소생시키고 있다(32절). 찬양의 영역은 자연과 우주로 확장된다(34절).

70편 요약 다윗은 하나님께 빨리 도와주실 것을 호소하고 있다(1,5절). 또한 다윗은 주님을 찾는 모든 자에게 임할 은혜를 간구한다. 이 시는 다윗이 곤고한 중에 하나님의 이름을 기억하여 쓴 시다. 몇 구절을 제외하고는 전체적으로 40:13-17과 일치하고 있다.

70:3 깔깔대며 나를 조소하는 자들 이들은 의인의 시련을 절호의 기회로 삼아서 조롱한다.

를 즐거워하는 모든 사람이 "하나
님은 위대하시다" 하고 늘 찬양하
게 해주십시오.
5 그러나 불쌍하고 가난한 이 몸,
하나님, 나에게로 빨리 와 주십시
오. 주님은 나를 도우시는 분, 나
를 건져 주시는 분이십니다. 주님,
지체하지 마십시오.

하나님의 보호를 구하는 기도

71 주님, 내가 주님께로 피합니다.
보호하여 주시고, 수치를 당하
는 일이 없게 해주십시오.
2 주님은 의로우시니, 나를 도우시
고, 건져 주십시오. 나에게로 귀
를 기울이시고, 나를 구원해 주십
시오.
3 주님은 나의 반석, 나의 요새이시
니, 주님은, 내가 어느 때나 찾아
가서 숨을 반석이 되어 주시고,
나를 구원하는 견고한 요새가 되
어 주십시오.
4 나의 하나님, 나를 악한 사람에
게서 건져 주시고, 나를 잔인한
폭력배의 손에서 건져 주십시오.
5 주님, 주님 밖에는, 나에게 희망이
없습니다. 주님, 어려서부터 나는
주님만을 믿어 왔습니다.
6 나는 태어날 때부터 주님을 의지
하였습니다. 어머니 뱃속에서 나
올 때에 나를 받아 주신 분도 바
로 주님이셨기에 내가 늘 주님을
찬양합니다.
7 나는 많은 사람에게 비난의 표적
이 되었으나, 주님만은 나의 든든
한 피난처가 되어 주셨습니다.
8 온종일 나는 주님을 찬양하고, 주
님의 영광을 선포합니다.
9 내가 늙더라도 나를 내치지 마시
고, 내가 쇠약하더라도 나를 버리
지 마십시오.
10 내 원수들이 나를 헐뜯고, 내 생
명을 노리는 자들이 나를 해치려
고 음모를 꾸밉니다.
11 그들이 나를 두고 말하기를 "하나
님도 그를 버렸다. 그를 건져 줄
사람이 없으니, 쫓아가서 사로잡
자" 합니다.
12 하나님, 나에게서 멀리 떠나지
마십시오. 나의 하나님, 어서 속히
오셔서, 나를 도와주십시오.
13 나를 고발하는 자들이 부끄러움
을 당하고, 흔적도 없이 사라지게
해주십시오. 나를 음해하는 자들
이 모욕과 수치를 당하게 해주십
시오.
14 나는 내 희망을 언제나 주님께만
두고 주님을 더욱더 찬양하렵니
다.
15 내가 비록 그 뜻을 다 헤아리지는
못하지만 주님의 의로우심을 내

71편 요약 시인은 인생의 황혼기에 접어들어 육체적으로 쇠약하고 병들었으며, 여전히 원수들의 위협에 처해 있는 위기 상황에서 하나님께 절대적인 희망을 두고 구원을 간구하였다. 이 간구는 확신의 찬양으로 끝을 맺는다. 본 시편은 구약에서 보기 드문 부활 신앙의 소망을 담고 있기도 하다(20절).

71편 본 시편에는 표제가 없기 때문에 저자를 확실하게 알 수는 없지만, 시편의 편집 순서와 내용에 근거하여 일반적으로 다윗이 이 시편을 지은 것으로 추정하고 있다(참조. 칠십인역에는 '다윗의 시 요나답의 아들들이 노래함'이라는 표제가 붙어 있다).

71:7-14 악의 무리는 시인의 병이 하나님의 진노의 형벌로 내려진 것이라고 모함한다(9-11절). 그러나 시인은 흔들리지 않고 하나님을 찬송하며(14절), 원수를 멸하여 속히 구원해 주시기를 간

입으로 전하렵니다. 주님께서 이
루신 구원의 행적을 종일 알리렵
니다.
16 주님, 내가 성전으로 들어가 주님
의 능력을 찬양하렵니다. 주님께
서 홀로 보여 주신, 주님의 의로우
신 행적을 널리 알리렵니다.
17 하나님, 주님은 어릴 때부터 나
를 가르치셨기에, 주님께서 보여
주신 그 놀라운 일들을 내가 지금
까지 전하고 있습니다.
18 내가 이제 늙어서, 머리카락에 희
끗희끗 인생의 서리가 내렸어도
하나님, 나를 버리지 마십시오. 주
님께서 팔을 펴서 나타내 보이신
그 능력을 오고오는 세대에 전하
렵니다.
19 하나님, 주님의 의로우심이 저
하늘 높은 곳까지 미칩니다. 하나
님, 주님께서 위대한 일을 하셨으
니, 그 어느 누구를 주님과 견주
어 보겠습니까?
20 주님께서 비록 많은 재난과 불행
을 나에게 내리셨으나, 주님께서
는 나를 다시 살려 주시며, 땅 깊
은 곳에서, 나를 다시 이끌어내어
주실 줄 믿습니다.
21 주님께서는 나를 전보다 더 잘되
게 해주시며, 나를 다시 위로해 주
실 줄을 믿습니다.
22 내가 거문고를 타며, 주님께 감
사의 노래를 부르렵니다. 나의 하
나님, 주님의 성실하심을 찬양하
렵니다. 이스라엘의 거룩하신 주
님, 내가 수금을 타면서 주님께 노
래를 불러 올리렵니다.
23 내가 주님을 찬양할 때에, 내 입
술은 흥겨운 노래로 가득 차고,
주님께서 속량하여 주신 나의 영
혼이 흥겨워할 것입니다.
24 내 혀도 온종일, 주님의 의로우심
을 말할 것입니다. 나를 음해하려
던 자들은, 오히려 부끄러움을 당
하고, 오히려 수치를 당할 것이기
때문입니다.

왕을 위한 기도

72

(솔로몬의 시)
하나님, 왕에게 주님의 판단력
을 주시고 왕의 아들에게 주님의
의를 내려 주셔서,
2 왕이 주님의 백성을 정의로 판결
할 수 있게 하시고, 주님의 불쌍
한 백성을 공의로 판결할 수 있게
해주십시오.
3 왕이 의를 이루면 산들이 백성에
게 평화를 안겨 주며, 언덕들이 백
성에게 정의를 가져다 줄 것입니
다.
4 왕이 불쌍한 백성을 공정하게 판
결하도록 해주시며, 가난한 백성

구한다(12-13절).

71:13 모욕과 수치 참기 힘든 수모를 말한다.

71:20-21 재난과 불행이 주님께로부터 왔음을 *고백한다. 이 재난과 불행에는* 죽음도 포함한다. 시인의 이 사상은 재난과 불행을 내리신 분이 또한 재난과 불행을 거두어 가시고 잘되게 해주실 분이시라는 것을 확신한다. 죽음도 하나님께서 주셨다면 죽음에서 다시 살려 주시는 분도 하나님이심을 믿는다.

72편 요약 솔로몬의 시로서, 하나님께서 바라시는 이상적인 왕은 어떤 사람이며 그의 통치 결과는 어떤 것인지를 노래하고 있다. 궁극적으로는 만왕의 왕이신 메시아의 통치와 영광스러운 그분의 나라에 대해 예언하고 있는 메시아 예언시이다.

72:1-4 왕의 올바른 통치를 하나님께 간구한다. 여기서 말하는 올바른 통치는 정의로운 다스림을

을 구하게 해주시며 억압하는 자
들을 꺾게 해주십시오.
5 해가 닳도록, 달이 닳도록, 영원
무궁 하도록, ㉠그들이 왕을 두려
워하게 해주십시오.
6 왕이 백성에게 풀밭에 내리는 비
처럼, 땅에 떨어지는 단비처럼 되
게 해주십시오.
7 그가 다스리는 동안, 정의가 꽃을
피우게 해주시고, 저 달이 다 닳도
록 평화가 넘치게 해주십시오.
8 왕이 이 바다에서 저 바다에 이르
기까지, 이 ㉡강에서 저 땅 맨 끝에
이르기까지, 모두 다스리게 해주
십시오.
9 광야의 원주민도 그 앞에 무릎을
꿇게 해주시고, 그의 원수들도 땅
바닥의 먼지를 핥게 해주십시오.
10 스페인의 왕들과 섬 나라의 왕들
이 그에게 예물을 가져 오게 해주
시고, 아라비아와 에티오피아의
왕들이 조공을 바치게 해주십시
오.
11 모든 왕이 그 앞에 엎드리게 하시
고, 모든 백성이 그를 섬기게 해주
십시오.
12 진실로 그는, 가난한 백성이 도
와 달라고 부르짖을 때에 건져 주
며, 도울 사람 없는 불쌍한 백성
을 건져 준다.
13 그는 힘없는 사람과 가난한 사람
을 불쌍히 여기며, 가난한 사람의
목숨을 건져 준다.
14 가난한 백성을 억압과 폭력에서
건져, 그 목숨을 살려 주며, 그들
의 피를 귀중하게 여긴다.
15 이러한 왕은 만수무강할 것이
다. 그는 아라비아의 황금도 예물
로 받을 것이다. 그를 위하여 드리
는 기도가 그치지 않고, 그를 위하
여 비는 복이 늘 계속될 것이다.
16 땅에는 온갖 곡식이 가득하고, 산
등성이에서도 곡식이 풍성하며,
온갖 과일이 레바논의 산림처럼
물결칠 것이다. 그 백성은 풀처럼
성읍 곳곳에 차고 넘칠 것이다.
17 그의 이름 영원히 잊혀지지 않을
것이다. 태양이 그 빛을 잃기까지
그의 명성이 사라지지 않을 것이
다. 뭇 민족이 그를 통해 복을 받
고, 모든 민족이 그를 일컬어서,
복 받은 사람이라 칭송할 것이다.
18 홀로 놀라운 일을 하시는 분, 이
스라엘의 하나님, 주 하나님을 찬
양합니다.
19 영광스러운 그 이름을 영원토록
찬송합니다. 그 영광을 온 땅에
가득 채워 주십시오. 아멘, 아멘.
20 ○이새의 아들 다윗의 기도가 여
기에서 끝난다.

가리키며 평화를 지향하는 것이다.

72:5-6 왕의 장수와 축복에 넘치는 통치를 간구한다. **해가 닳도록, 달이 닳도록, 영원무궁 하도록** 왕의 장수와 의로운 통치의 장구함을 염원하는 표현이다. **풀밭에 내리는 비** 초장에 내리는 비는 목축 생활의 활성화를 가져온다. **땅에 떨어지는 단비** 농업 생활의 활성화를 가져온다. 왕의 통치가 만인에게 가능성과 희망이 되기를 바라는 뜻이다.

72:8-14 왕의 의로운 통치가(12-14절) 땅 끝까지 확장될 것을 선포하고 있다(8-11절).

72:15-17 왕의 만수무강과 그 나라의 풍성함을 간구한다. 15절은 왕을 위한 기도이다. 16절은 풍성함과 인구의 증가를, 17절은 이름의 유명함과 그를 통해 다른 민족이 복 받을 것을 빈다(참조. 창 12:1-3).

72:18-19 시편 제2권(42-72편)의 결론이며, 본 시편과 직접적으로는 무관하다.

㉠ 칠십인역에는 '왕이 천수를 누리게 해주십시오' ㉡ 유프라테스

제 3 권
(시편 73-89)

하나님은 선하시다

73
〔아삽의 노래〕
하나님은, ㉠마음이 정직한 사
람과 마음이 정결한 사람에게 선
을 베푸시는 분이건만,
2 나는 그 확신을 잃고 넘어질 뻔했
구나. 그 믿음을 버리고 미끄러질
뻔했구나.
3 그것은, 내가 거만한 자를 시샘하
고, 악인들이 누리는 평안을 부러
워했기 때문이다.
4 ㉡그들은 죽을 때에도 고통이
없으며, 몸은 멀쩡하고 윤기까지
흐른다.
5 사람들이 흔히들 당하는 그런 고
통이 그들에게는 없으며, 사람들
이 으레 당하는 재앙도 그들에게
는 아예 가까이 가지 않는다.
6 오만은 그들의 목걸이요, 폭력은
그들의 나들이옷이다.
7 ㉢그들은 피둥피둥 살이 쪄서, 거
만하게 눈을 치켜 뜨고 다니며,
마음에는 헛된 상상이 가득하며,
8 언제나 남을 비웃으며, 악의에 찬
말을 쏘아붙이고, 거만한 모습으
로 폭언하기를 즐긴다.
9 입으로는 하늘을 비방하고, 혀로
는 땅을 휩쓸고 다닌다.
10 하나님의 백성마저도 그들에게
홀려서, 물을 들이키듯, 그들이 하
는 말을 그대로 받아들여,
11 덩달아 말한다. "하나님인들 어떻
게 알 수 있으랴? 가장 높으신 분
이라고 무엇이든 다 알 수가 있으
랴?" 하고 말한다.
12 그런데 놀랍게도, 그들은 모두가
악인인데도 신세가 언제나 편하
고, 재산은 늘어만 가는구나.
13 이렇다면, 내가 깨끗한 마음으
로 살아온 것과 내 손으로 죄를
짓지 않고 깨끗하게 살아온 것이
허사라는 말인가?
14 하나님, 주님께서는 온종일 나
를 괴롭히셨으며, 아침마다 나를
벌하셨습니다.
15 "나도 그들처럼 살아야지" 하고
말했다면, 나는 주님의 자녀들을
배신하는 일을 하였을 것입니다.
16 내가 이 얽힌 문제를 풀어 보려고
깊이 생각해 보았으나, 그것은 내
가 풀기에는 너무나 어려운 문제
였습니다.
17 그러나 마침내 하나님의 성소에
들어가서야, 악한 자들의 종말이
어떻게 되리라는 것을 깨닫게 되
었습니다.
18 주님께서 그들을 미끄러운 곳에

73편 요약 73–83편은 아삽이 지었거나 편집한 시들이다. 다윗과 동시대의 인물인 아삽은 성전 찬양대의 대장이었다. 본시 역시 하나님을 경외하는 것만이 지혜의 근본임을 교훈하는 시편 저자들의 공통된 사상을 반영하고 있다.

73편 본 시편은 구약 성도들에게 있어 가장 이해하기 어려운 문제 중 하나였던 의인의 고난과 악인의 형통함에 대해 교훈하고 있다. 시인은 이 문제 때문에 크게 번민하다가, 하나님의 공의로운 심판이 결국 악인에게 임함을 보고 확신하게 된다.

73:15–20 악인의 형통에 대한 신앙인의 갈등이 예배를 통해 해결되고 있다. 시인은 다행히 갈등했었던 신앙의 회의감에 대해 발설하지 않았다. 그랬더라면 배신자라는 누명을 쓸 뻔했다. 하지

㉠ 히, '이스라엘에게' ㉡ 같은 자음 본문을 달리 끊어 읽으면 '그들은 평생 갈등도 없이 살며' ㉢ 시리아어역(칠십인역도)에는 '그들의 무정한 마음에서는 악이 나오고'

세우시며, 거기에서 넘어져서 멸
망에 이르게 하십니다.
19 그들이 갑자기 놀라운 일을 당하
고, 공포에 떨면서 자취를 감추며,
마침내 끝장을 맞이합니다.
20 아침이 되어서 일어나면 악몽이
다 사라져 없어지듯이, 주님, 주님
께서 깨어나실 때에, 그들은 한낱
꿈처럼, 자취도 없이 사라집니다.
21 나의 가슴이 쓰리고 심장이 찔
린 듯이 아파도,
22 나는 우둔하여 아무것도 몰랐습
니다. 나는 다만, 주님 앞에 있는
한 마리 짐승이었습니다.
23 그러나 나는 늘 주님과 함께 있으
므로, 주님께서 내 오른손을 붙잡
아 주십니다.
24 주님의 교훈으로 나를 인도해 주
시고, 마침내 나를 주님의 영광에
참여시켜 주실 줄 믿습니다.
25 내가 주님과 함께 하니, 하늘로 가
더라도, 내게 주님 밖에 누가 더
있겠습니까? 땅에서라도, 내가 무
엇을 더 바라겠습니까?
26 내 몸과 마음이 다 시들어가도,
하나님은 언제나 내 마음에 든든
한 반석이시요, 내가 받을 몫의 전
부이십니다.
27 주님을 멀리하는 사람은 망할
것입니다. 주님 앞에서 정절을 버
리는 사람은, 주님께서 멸하실 것
입니다.
28 하나님께 가까이 있는 것이 나에
게 복이니, 내가 주 하나님을 나의
피난처로 삼고, 주님께서 이루신
모든 일들을 전파하렵니다.

환난 때 나라를 위한 기도

74 〔아삽의 ㉠마스길〕
하나님, 어찌하여 우리를 이렇
게 오랫동안 버리십니까? 어찌하
여 주님의 목장에 있는 양 떼에게
서 진노를 거두지 않으십니까?
2 먼 옛날, 주님께서 친히 값주고
사신 주님의 백성을 기억해 주십
시오. 주님께서 친히 속량하셔서
주님의 것으로 삼으신 이 지파를
기억해 주십시오. 주님께서 거처
로 삼으신 시온 산을 기억해 주십
시오.
3 원수들이 주님의 성소를 이렇게
훼손하였으니, 영원히 폐허가 된
이곳으로 주님의 발걸음을 옮겨
놓아 주십시오.
4 주님의 대적들이 주님의 집회
장소 한가운데로 들어와서 승전
가를 부르며, 승리의 표로 깃대를
세웠습니다.
5 그들은 나무를 도끼로 마구 찍어
내는 밀림의 벌목꾼과 같았습니
다.

만 고민은 계속되고, 하나님의 성소에서 예배의 경험을 통해 확실한 해답을 얻는다. 그의 시각은 신앙의 시각으로 교정된다.

73:21-26 시인이 느낀 갈등은 무지와 죄성 때문이었다(21-22절). 그러나 이제 그는 하나님과 함께하고 그분의 보호 아래 있게 된다(23절). 하나님의 인도를 받으면서(24절), 신앙은 돈독해지고(25절), 하나님을 자신의 전부이시며, 최고선(最高善)으로 고백한다(26절).

74편 요약 저작 시기가 분명치 않은 본시는, 이스라엘이 적국의 침략을 당해 성전이 훼손되는 비극을 목도한 시인이 하나님께 민족의 구원을 호소한 시이다. 그러나 시인은 단지 민족적 위기 상황을 분개한 것이 아니라, 하나님의 백성이 수모를 당하므로 하나님의 영광을 가리게 된 것을 고통스러워하였다.

㉠ 문학 또는 음악 용어

6 그들은 도끼와 쇠망치로 성소의
모든 장식품들을 찍어서, 산산조
각을 내었습니다.
7 주님의 성소에 불을 질러 땅에 뒤
엎고, 주님의 이름을 모시는 곳을
더럽혔습니다.
8 그들은 "씨도 남기지 말고 전부 없
애 버리자" 하고 마음 먹고, 이 땅
에 있는, 하나님을 만나 뵙는 장소
를 모두 불살라 버렸습니다.
9 우리에게는 어떤 징표도 더 이
상 보이지 않고, 예언자도 더 이상
없으므로, 우리 가운데서 아무도
이 일이 얼마나 오래 갈지를 아는
사람이 없습니다.
10 하나님, 우리를 모욕하는 저 대적
자를 언제까지 그대로 두시렵니
까? 주님의 이름을 모독하는 저
원수를 언제까지 그대로 두시렵니
까?
11 어찌하여 주님께서 주님의 손, 곧
오른손을 거두십니까? 주님의 품
에서 빼시고, 그들을 멸하십시오.
12 하나님은 옛적부터 나의 왕이시
며, 이 땅에서 구원을 이루시는
분이십니다.
13 주님께서는, 주님의 능력으로 바
다를 가르시고, 물에 있는 ㉠타닌
들의 머리를 깨뜨려 부수셨으며,
14 ㉡리워야단의 머리를 짓부수셔서
사막에 사는 짐승들에게 먹이로
주셨으며,
15 샘을 터뜨리셔서 개울을 만드시는
가 하면, 유유히 흐르는 강을 메
마르게 하셨습니다.
16 낮도 주님의 것이요, 밤도 주님의
것입니다. 주님께서 달과 해를 제
자리에 두셨습니다.
17 주님께서 땅의 모든 경계를 정하
시고, 여름과 겨울도 만드셨습니
다.
18 주님, 원수가 주님을 비난하고,
어리석은 백성이 주님의 이름을
모욕하였습니다. 이 일을 기억하
여 주십시오.
19 주님께서 멧비둘기 같은 주님의
백성의 목숨을 들짐승에게 내주
지 마시고, 가련한 백성의 생명을
영원히 잊어버리지 마십시오.
20 땅의 그늘진 곳마다, 구석구석,
폭력배의 소굴입니다. 주님께서
세워 주신 언약을 기억하여 주십
시오.
21 억눌린 자가 수치를 당하고 물러
가지 않게 해주십시오. 가련하고
가난한 사람이 주님의 이름을 찬
송하게 해주십시오.
22 하나님, 일어나십시오. 주님의
소송을 이기십시오. 날마다 주님
을 모욕하는 어리석은 자들을 버

74:1-3 시인의 불평이다. 하나님이 택하시고 구원하셔서 가나안에 정착한 백성이 압제를 당하고, 주님께서 세우신 시온이 파괴되는 것은 어찌 된 일입니까 하며 탄식한다.

74:3 영원히 폐허가 된 이곳 성전과 성곽의 파멸을 영원한 것으로 본 것은 이 파멸이 상당 기간 지속되었기 때문인 것 같다. **주님의 발걸음을 옮겨 놓아 주십시오** 시인은 파멸의 원인을 주님께서 떠나셨기 때문이라고 본다.

74:9-11 이러한 파멸의 기간이 얼마나 지속될 것인지를 하나님께 반문하며, 원수들에 대한 심판을 기도하고 있다.

74:12-17 시인은 절망적 상황에서도 하나님은 이스라엘의 왕이시요, 전능하신 창조주이시며, 구원의 하나님이심을 고백하고 있다.

74:13-14 타닌·리워야단 이집트 탈출 당시의 바로와 이집트 군대를 상징한다.

㉠ 타닌은 바다 괴물의 이름임 ㉡ 리워야단은 바다 괴물의 이름임

려두지 마십시오.
23 주님께 항거해서 일어서는 자들의
소란한 소리가 끊임없이 높아만
가니, 주님의 대적자들의 저 소리
를 부디 잊지 마십시오.

하나님이 하신 일을 찬양하여라

75

〔아삽의 시, 지휘자를 따라 ㉠'알다스헷'에 맞추어 부르는 노래〕

1 하나님, 우리가 주님께 감사하
고 또 감사합니다. 주님의 이름을
부르는 이들이 주님께서 이루신
그 놀라운 일들을 전파합니다.
2 하나님께서 말씀하시기를 "내
가 정하여 놓은 그 때가 되면, 나
는 공정하게 판결하겠다.
3 땅이 진동하고 거기에 사는 사람
들이 흔들리고 비틀거릴 때에, 땅
의 기둥을 견고하게 붙드는 자는
바로 나다. (셀라)
4 오만한 자들에게는 '오만하지 말
아라' 하였으며, 악한 자들에게는
'오만한 뿔을 들지 말아라.
5 오만한 뿔을 높이 들지 말아라.
목을 곧게 세우고, 거만하게 말을
하지 말아라' 하였다."
6 높이 세우는 그 일은 동쪽에서
나 서쪽에서 말미암지 않고, 남쪽
에서 말미암지도 않는다.
7 오직 재판장이신 하나님만이, 이
사람을 낮추기도 하시고, 저 사람
을 높이기도 하신다.
8 주님은 거품이 이는 잔을 들고 계
신다. 잔 가득히 진노의 향료가
섞여 있다. 하나님이 이 잔에서 따
라 주시면, 이 땅의 악인은 모두
받아 마시고, 그 찌끼까지도 핥아
야 한다.
9 그러나 나는 쉬지 않고 주님만
을 선포하며, 야곱의 하나님만을
찬양할 것이다.
10 주님은 악인의 오만한 뿔은 모두
꺾어 부수시고, 의인의 자랑스러
운 뿔은 높이 들어 올리실 것이
다.

하나님은 늘 이기신다

76

〔아삽의 시, 지휘자를 따라 현악기에 맞추어 부르는 노래〕

1 유다에서 하나님을 모르는 사
람이 누구랴. 그 명성, 이스라엘에
서 드높다.
2 그의 장막이 살렘에 있고, 그의
거처는 시온에 있다.
3 여기에서 하나님이 불화살을 꺾
으시고, 방패와 칼과 전쟁 무기를
꺾으셨다. (셀라)
4 주님의 영광, 그 찬란함, 사냥거
리 풍부한 저 산들보다 더 큽니
다.
5 마음이 담대한 자들도 그들이 가
졌던 것 다 빼앗기고 영원한 잠을

75편 요약 하나님의 공의로운 심판을 주제로 삼고 있는 시로 이스라엘이 적국의 위협을 받고 있을 때 저작된 것 같다. 하나님이 온 세상을 다스리시는 분이며 악인을 심판하실 분임을 선포하고 있다.

75:2-5 자연과 인간 세계를 주관하시는 하나님께서 정한 시기에 반드시 악인들을 심판하실 것이라는 약속의 말씀을 상기시키고 있다.

76편 요약 국가적인 중대 위기를 하나님의 도움으로 극복한 후에 하나님께 감사와 찬양을 돌리는 시이다. 학자들은 이 시의 저작 배경을 히스기야 당시 앗시리아 왕 산헤립의 군대가 예루살렘을 침략했으나 도리어 멸망당한 사건(왕하 18-19장)으로 보고 있다. 본시는 감사와 환희가 가득한 시온의 찬가이다.

㉠ '파괴하지 말아라'

자고 있습니다. 용감한 군인들도
무덤에서 아무 힘도 못 씁니다.
6 야곱의 하나님, 주님께서 한 번 호
령하시면, 병거를 탄 병사나 기마
병이 모두 기절합니다.
7 주님, 주님은 두려우신 분, 주님
께서 한 번 진노하시면, 누가 감히
주님 앞에 설 수 있겠습니까?
8 주님께서 하늘에서 판결을 내리셨
을 때에, 온 땅은 두려워하며 숨을
죽였습니다.
9 주님께서는 이렇게 재판을 하시
어, 이 땅에서 억눌린 사람들을
구원해 주셨습니다. (셀라)
10 진실로, 사람의 분노는 주님의
영광을 더할 뿐이요, 그 분노에서
살아 남은 자들은 주님께서 허리
띠처럼 묶어버릴 것입니다.
11 너희는 주 하나님께 서원하고,
그 서원을 지켜라. 사방에 있는 모
든 민족들아, 마땅히 경외할 분에
게 예물을 드려라.
12 그분께서 군왕들의 호흡을 끊을
것이니, 세상의 왕들이 두려워할
것이다.

환난 때 하나님이 백성과 함께 계신다

77

〔아삽의 시, 성가대 지휘자의 지휘를 따라 여두둔에 맞추어 부르는 노래〕

1 내가 하나님께 소리 높여 부르
짖습니다. 부르짖는 이 소리를 들
으시고, 나에게 귀를 기울여 주십
시오.
2 내가 고난당할 때에, 나는 주님
을 찾았습니다. 밤새도록 두 손 치
켜 들고 기도를 올리면서, 내 마음
은 위로를 받기조차 마다하였습
니다.
3 내가 하나님을 생각하면서, 한숨
을 짓습니다. 주님 생각에 골몰하
면서, 내 마음이 약해집니다. (셀
라)
4 주님께서 나를 뜬눈으로 밤을
지새우게 하시니, 내가 지쳐서 말
할 힘도 없습니다.
5 내가 옛날 곧 흘러간 세월을 회상
하며
6 밤에 부르던 내 노래를 생각하면
서, 생각에 깊이 잠길 때에, 내 영
혼이 속으로 묻기를
7 "주님께서 나를 영원히 버리시는
것일까? 다시는, 은혜를 베풀지
않으시는 것일까?
8 한결같은 그분의 사랑도 이제는
끊기는 것일까? 그분의 약속도 이
제는 영원히 끝나 버린 것일까?
9 하나님께서 은혜를 베푸시는 일
을 잊으신 것일까? 그의 노여움이
그의 긍휼을 거두어들이신 것일
까?" 하였습니다. (셀라)
10 그 때에 나는 또 이르기를 "가장

77편 요약 큰 절망 가운데 빠진 시인이 이스라엘의 역사를 회상하는 중에 하나님의 권능과 신실하심을 깨달아 좌절을 딛고 일어나 하나님을 의지하게 되었음을 보여 주는 시이다.

77편 이 시는 탄식으로 시작하여 확신으로 끝난다. 큰 절망 가운데 빠진 시인은 이스라엘의 역사를 회상함으로써 창조주와 구속주이신 하나님을 다시 발견하였음을 고백하고 있다.

77:1–9 시인은 고난 가운데서 드린 기도에 하나님께서 응답하지 않음으로써 느끼는 불안한 심정을 토로하고 있다.

77:5 옛날 곧 흘러간 세월은 하나님께서 자신의 기도를 들어주셨던 지난날들을 말한다.

77:10–20 능력의 하나님께서 이스라엘의 지나간 역사 속에서 이루신 놀라운 일들을 회상하며, 구원에 대한 확신을 새롭게 하고 있다.

77:10 오른손으로 일하시던 때 하나님께서 힘있게

높으신 분께서 그 오른손으로 일
하시던 때, 나는 그 때를 사모합니
다" 하였습니다.
11 주님께서 하신 일을, 나는 회상
하렵니다. 그 옛날에 주님께서 이
루신, 놀라운 그 일들을 기억하렵
니다.
12 주님께서 해주신 모든 일을 하나
하나 되뇌고, 주님께서 이루신 그
크신 일들을 깊이깊이 되새기겠습
니다.
13 하나님, 주님의 길은 거룩합니
다. 하나님만큼 위대하신 신이 누
구입니까?
14 주님은 기적을 행하시는 하나님이
시니, 주님께서는 주님의 능력을
만방에 알리셨습니다.
15 주님의 백성 곧 야곱과 요셉의 자
손을 주님의 팔로 속량하셨습니
다. (셀라)
16 하나님, 물들이 주님을 뵈었습니
다. 물들이 주님을 뵈었을 때에,
두려워서 떨었습니다. 바다 속 깊
은 물도 무서워서 떨었습니다.
17 구름이 물을 쏟아 내고, 하늘이
천둥소리를 내니, 주님의 화살이
사방으로 날아다닙니다.
18 주님의 천둥소리가 회오리바람과
함께 나며, 주님의 번개들이 번쩍
번쩍 세계를 비출 때에, 땅이 뒤흔
들리고 떨었습니다.
19 주님의 길은 바다에도 있고, 주님
의 길은 큰 바다에도 있지만, 아무
도 주님의 발자취를 헤아릴 수 없
습니다.
20 주님께서는, 주님의 백성을 양 떼
처럼, 모세와 아론의 손으로 인도
하셨습니다.

하나님이 당신의 백성을 위해 하신 일

78

[아삽의 ㉠마스길]

내 백성아, 내 교훈을 들으며,
내 말에 귀를 기울여라.
2 내가 입을 열어서 비유로 말하며,
숨겨진 옛 비밀을 밝혀 주겠다.
3 이것은 우리가 들어서 이미 아는
바요, 우리 조상들이 우리에게 전
하여 준 것이다.
4 우리가 이것을 숨기지 않고 우리
자손에게 전하여 줄 것이니, 곧 주
님의 영광스러운 행적과 능력과
그가 이루신 놀라운 일들을 미래
의 세대에게 전하여 줄 것이다.
5 주님께서 야곱에게 언약의 규례
를 세우시고 이스라엘에게 법을
세우실 때에, 자손에게 잘 가르치
라고, 우리 조상에게 명하신 것이
다.
6 미래에 태어날 자손에게도 대대
로 일러주어, 그들도 그들의 자손
에게 대대손손 전하게 하셨다.

이스라엘을 도우시고 인도하셨던 때를 말한다.
77:15-20 속량하셨습니다 종종 그러하듯이 이 말은 '구원하다'(deliver)와 동의어로 쓰이고 있다. 14-20절은 창조의 하나님과 구속의 하나님을 교차시키고 있다. 16-18절은 창조와 섭리의 하나님의 위엄을 그린다. 시인은 하나님께서 창조의 위엄을 구속에 동원하셨다는 사실을 터득하게 된다(19-20절). 그 예로, 이집트 탈출 때 홍해 사건을 들 수 있다.

78편 요약 이스라엘의 지난 역사를 회고하는 가운데 선조들의 완고함이 초래했던 재난을 거울삼아 하나님께 대한 순종을 촉구하고 있는 교훈시이다. 시인은 먼저 자신이 이스라엘의 역사를 돌아보는 목적이 무엇인지를 밝힌다. 그런 후 하나님의 사랑과 신실하심 및 이스라엘의 불순종과 패역함을 대조한다.

㉠ 문학 또는 음악 용어

7 그들이 희망을 하나님에게 두어
서, 하나님이 하신 일들을 잊지 않
고, 그 계명을 지키게 하셨다.
8 조상처럼, 반역하며 고집만 부리
는 세대가 되지 말며, 마음이 견고
하지 못한 세대, 하나님을 믿지 아
니하는 세대가 되지 말라고 하셨
다.
9 에브라임의 자손은 무장을 하
고, 활을 들고 나섰지만, 정작 전
쟁이 일어났을 때에 물러가고 말
았다.
10 그들은 하나님과 맺은 언약을 지
키지 않으며, 그 교훈 따르기를 거
절하였다.
11 그들은 그가 이루신 일들과 그가
보이신 기적들을 잊어버렸다.
12 이집트 땅, 소안 평야에서, 하나님
께서는 조상의 눈앞에서 기적을
일으키셨다.
13 바다를 갈라서 물을 강둑처럼 서
게 하시고, 그들을 그리로 걸어가
게 하셨다.
14 낮에는 구름으로, 밤에는 불빛으
로 인도하셨다.
15 광야에서 바위를 쪼개셔서, 깊은
샘에서 솟아오르는 것같이 물을
흡족하게 마시게 하셨다.
16 반석에서 시냇물이 흘러나오게 하
시며, 강처럼 물이 흘러내리게 하
셨다.
17 그러나 그들은 계속하여 하나님
께 죄를 짓고, 가장 높으신 분을
광야에서 거역하며,
18 마음 속으로 하나님을 시험하면
서, 입맛대로 먹을 것을 요구하였
다.
19 그들은 하나님을 거스르면서 "하
나님이 무슨 능력으로 이 광야에
서 먹거리를 공급할 수 있으랴?
20 그가 바위를 쳐서 물이 솟아나오
게 하고, 그 물이 강물이 되게 하
여 세차게 흐르게는 하였지만, 그
가 어찌 자기 백성에게 밥을 줄 수
있으며, 고기를 먹일 수 있으랴?"
하고 말하였다.
21 주님께서 듣고 노하셔서, 야곱
을 불길로 태우셨고, 이스라엘에
게 진노하셨다.
22 그들이 하나님을 믿지 않고, 그의
구원을 신뢰하지 않았기 때문이
다.
23 그런데도 하나님은 위의 하늘에
게 명하셔서 하늘 문을 여시고,
24 만나를 비처럼 내리시어 하늘 양
식을 그들에게 주셨으니,
25 사람이 천사의 음식을 먹었다. 하
나님은 그들에게 풍족할 만큼 내
려 주셨다.
26 그는 하늘에서 동풍을 일으키시

78편 본 시편은 이스라엘이 과거의 범죄를 반복하지 말 것을 경고하고, 하나님의 구원 행위와 지속적인 은혜를 기억하여 하나님과의 언약에 충실할 것을 권고하는 교훈시이다. 본 시편은 북 이스라엘 왕국이 앗시리아에 의해 멸망당할 즈음에 쓰여진 것으로 추측된다.

78:1–8 시인은 백성들을 초대하고 하나님의 위대하신 일을 가르친다. 이 교훈의 목적은 선조들의 완고함이 초래했던 재난을 거울삼아 하나님께 순종하라는 것이다.

78:9–16 이집트 탈출 때에 하나님께서 행하신 놀라운 일들, 즉 이집트에 재앙을 내리시고 홍해를 가르시며, 광야 길을 인도하시고 바위에서 물이 나오게 하신 하나님의 구원 행위를 망각하고 언약을 파기한 북왕국의 죄악을 지적하고 있다.

78:17–31 하나님의 크신 은혜에도 불구하고 탐욕스런 이스라엘 자손이 광야에서 하나님을 거역하다가 진노를 받은 사실을 만나와 메추라기 사

고, 능력으로 남풍을 모으셔서,
27 고기를 먼지처럼 내려 주시고, 나
는 새를 바다의 모래처럼 쏟아 주
셨다.
28 새들은 진 한가운데로 떨어지면
서, 그들이 사는 곳에 두루 떨어지
니,
29 그들이 마음껏 먹고 배불렀다. 하
나님은 그들이 원하는 대로 넉넉
히 주셨다.
30 그러나 먹을 것이 아직도 입 속에
있는데도, 그들은 더 먹으려는 욕
망을 버리지 않았다.
31 마침내 하나님이 그들에게 진노하
셨다. 살진 사람들을 죽게 하시며,
이스라엘의 젊은이들을 거꾸러뜨
리셨다.
32 이 모든 일을 보고서도, 그들은
여전히 죄를 지으며, 그가 보여 주
신 기적을 믿지 않았다.
33 그래서 그들의 생애는 헛되이 끝
났으며, 그들은 남은 날을 두려움
속에서 보냈다.
34 하나님께서 그들을 진멸하실 때
에, 그들은 비로소 하나님을 찾았
으며, 돌아와서 하나님께 빌었다.
35 그제서야 그들은, 하나님이 그들
의 반석이심과, 가장 높으신 하나
님이 그들의 구원자이심을 기억하
였다.
36 그러나 그들은 입으로만 하나님
께 아첨하고, 혀로는 하나님을 속
일 뿐이었다.
37 그들의 마음은 분명히 그를 떠났
으며, 그가 세우신 언약을 믿지도
않았다.
38 그런데도 그는 긍휼이 많으신
하나님이시기에, 그들의 죄를 덮
어 주셔서 그들을 멸하지 아니하
시며, 거듭 그 노하심을 돌이키셔
서 참고 또 참으셨다.
39 하나님께서는 기억하신다. 사람은
다만 살덩어리, 한 번 가면 되돌
아올 수 없는 바람과 같은 존재임
을 기억하신다.
40 그들이 광야에서 하나님께 얼
마나 자주 반역하였던가? 황무지
에서 그를 얼마나 자주 괴롭혔던
가?
41 그들은 하나님을 거듭거듭 시험하
고, 이스라엘의 거룩하신 분의 마
음을 상하게 하였다.
42 그들이 하나님의 권능을 기억하지
아니하며, 대적에게서 건져주신
그 날도 잊어버렸다.
43 하나님이 이집트에서는 여러 가
지 징조를 보이시고, 소안 평야에
서는 여러 가지 기적을 보이셨다.
44 강물을 피로 변하게 하셔서, 시냇
물을 마실 수 없게 하셨다.

건을 통해 설명하고 있다.

78:25-29 풍족할 만큼·원하는 대로 이 표현들은 하나님께서 그들의 요구를 완전히 채워 주셨다는 것을 나타낸다. 30-31절은 하나님의 축복이 곧 진노가 되었던 일을 상기한다. 이 사건은 민수기 11:31-35에 나와 있는 '기브롯 핫다아와' 사건이다. 고기가 아직 이 사이에서 씹히기도 전에 메추라기로 그들을 치신 사건인데, 시인은 이 사건을 해석하면서 이스라엘의 욕망이 하나님의 기적적인 축복 아래에서도 계속되었기 때문에 이런 사건이 일어났다고 본다(30절).

78:32-39 하나님의 진노와 용서에도 불구하고 광야에서 반복된 이스라엘의 반역과 언약의 불이행을 지적하고 있다.

78:40-64 이 부분은 78:17-39에 기록된 내용을 반복하면서, 그 의미를 강조하고 있다.

78:43 소안 평야 이집트의 북동 지역에 위치한 성읍으로, 홍해와 접해 있는 지역이다(민 13:22).

45 파리를 쏟아 놓아서 물게 하시고,
개구리를 풀어 놓아 큰 피해를 입
게 하셨다.
46 농작물을 해충에게 내주시고, 애
써서 거둔 곡식을 메뚜기에게 내
주셨다.
47 포도나무를 우박으로 때리시고,
무화과나무를 된서리로 얼어 죽
게 하셨으며,
48 가축을 우박으로 때리시고, 양 떼
를 번개로 치셨다.
49 그들에게 진노의 불을 쏟으시며,
분노와 의분과 재앙을 내리시며,
곧 재앙의 사자를 내려 보내셨다.
50 주님은 분노의 길을 터 놓으시니,
그들을 죽음에서 건져내지 않으
시고, 생명을 염병에 넘겨 주셨다.
51 이집트의 맏아들을 모두 치시고,
그의 힘의 첫 열매들을 함의 천막
에서 치셨다.
52 그는 백성을 양 떼처럼 인도하
시고, 가축 떼처럼 광야로 이끄셨
다.
53 그들을 안전하게 이끄시니, 그들
은 두려워하지 않았고, 그들의 원
수들은 바다가 덮어 버렸다.
54 그들을 거룩한 산으로 이끌어 들
이시고, 그 오른손으로 취하신 이
산으로 이끄셨다.
55 여러 민족을 그들 앞에서 몰아내
시고, 줄로 재어서 땅을 나누어
주시고, 이스라엘 지파들을 자기
들의 천막에서 살게 하셨다.
56 그럼에도 그들은 가장 높으신
하나님을 시험하고 거역하면서,
그의 법도를 지키지 않고,
57 그들은 그들의 조상들처럼 빗나가
고 배신하여, 느슨한 활처럼 엇나
갔다.
58 그들은 산당에 모여 그의 노를 격
동하며, 조각한 우상을 섬기다가
그를 진노하게 하였다.
59 하나님께서 듣고 노하셔서, 이스
라엘을 아주 내버리셨다.
60 사람과 함께 지내시던 그 천막, 실
로의 성막을 내버리셨다.
61 주님의 능력을 나타내는 궤를 포
로와 함께 내주시고, 주님의 영광
을 나타내는 궤를 원수의 손에 내
주셨다.
62 주님의 백성을 칼에 내주시고, 주
님의 소유에 분노를 쏟으셨다.
63 불로 젊은 총각들을 삼켜 버리시
니, 처녀들은 혼인 노래를 들을 수
없었다.
64 제사장들은 칼에 맞아 넘어지고,
과부가 된 그들의 아내들은 마음
놓고 곡 한 번 못 하였다.
65 드디어 주님은 잠에서 깨어난
것처럼 분연히 일어나셨다. 포도

78:44–55 이집트 탈출에서 가나안 입성 때까지 베푸신 하나님의 전능을 회상한다. 시인은 하나님의 권능과 능력을 체험하고도 회개하지 않았던 *조상들의 죄악*을 기억한다(40–42절). 이어서 하나님께서 이집트 탈출 과정에서 베푸신 능력을 구체적으로 진술하고(43–53절), 결국 하나님께서 자기 백성 이스라엘을 구출해냈던 것을 기록하고 있다(52–55절).

78:56–64 광야에서 조상들이 행했던 것처럼 약속된 땅에서도 사사 시대에 계속된 이스라엘의 반역, 특히 우상 숭배가 하나님을 크게 진노케 했음을 지적하고 있다. 그 진노의 결과로 실로가 폐허로 변하고, 법궤를 빼앗기고, 제사장들과 백성들이 죽임을 당했음을 상기시킨다(삼상 4:1–22).

78:67 요셉의 장막 북 이스라엘을 가리킨다. 북 이스라엘의 지도자 지파는 요셉의 아들인 에브라임 지파였다.

주로 달아오른 용사처럼 일어나셨
다.
66 원수들을 뒤쫓아가서 쳐부수시
며, 길이길이 그들을 욕되게 하셨
다.
67 그리고 주님은 요셉의 장막을
버리시고, 에브라임 지파도 선택
하지 아니하셨다.
68 오히려, 유다 지파만을 선택하셨
으며, 그가 사랑하신 시온 산을
뽑으셨다.
69 그곳에서 주님은 주님의 성소를
높은 하늘처럼 세우셨다. 영원히
흔들리지 않는 터전 위에 세우셨
다.
70 주님의 종 다윗을 선택하시되,
양의 우리에서 일하는 그를 뽑으
셨다.
71 암양을 돌보는 그를 데려다가, 주
님의 백성 야곱과 주님의 유산 이
스라엘의 목자가 되게 하셨다.
72 그는 한결같은 마음으로 그들을
기르고, 슬기로운 손길로 그들을
인도하였다.

예루살렘에 긍휼을 베풀어 주십시오

79

〔아삽의 시〕

하나님, 이방 나라들이 주님의
땅으로 들어와서, 주님의 성전을
더럽히고, 예루살렘을 돌무더기로
만들었습니다.
2 그들이 주님의 종들의 주검을 하
늘을 나는 새들에게 먹이로 내주
고, 주님의 성도들의 살을 들짐승
에게 먹이로 내주고,
3 사람들의 피가 물같이 흘러 예루
살렘 사면에 넘치게 하였건만, 희
생당한 이들을 묻어 줄 사람이 아
무도 없습니다.
4 우리는 이웃에게 조소거리가 되
고, 주변 사람들에게 조롱거리와
웃음거리가 되었습니다.
5 주님, 언제까지입니까? 영원히
노여워하시렵니까? 언제까지 주님
의 진노하심이 불길처럼 타오를
것입니까?
6 주님을 알지 못하는 저 이방인
들에게나 주님의 진노하심을 쏟
아 주십시오. 주님의 이름을 부르
지 않는 저 나라들 위에 쏟아부
어 주십시오.
7 그들은 야곱을 집어삼키고, 그가
사는 곳을 폐허로 만들었습니다.
8 우리 조상의 죄악을 기억하여 우
리에게 돌리지 마십시오. 주님의
긍휼하심으로 어서 빨리 우리를
영접하여 주십시오. 우리가 아주
비천하게 되었습니다.
9 우리를 구원하여 주시는 하나님,
주님의 영광스러운 이름을 생각
해서라도 우리를 도와주십시오.

79편 요약 범죄한 이스라엘이 적국의 침략을 당해 멸망한 상황에서 회개하며 하나님의 용서와 구원을 호소한 시이다. 학자들은 본시의 저작 시기를 대체적으로 예루살렘이 바빌로니아의 침략을 당해 멸망한 이후(왕하 25장)로 본다. 시인은 이 상황이 자신들의 죄악의 결과임을 고백하며, 이스라엘의 회복을 간구한다.

79:1–4 시인의 탄식의 이유이다. 바빌로니아가 이스라엘의 성지를 점령하여 성전을 더럽히고 예루살렘을 훼파하며, 하나님의 종들을 대량 학살했다. 그들의 시체는 묻어줄 사람도 없어 버려졌고, 이웃 나라 사람들이 이를 조롱한다는 것이다.

79:5–12 시인의 탄식은 구원의 손길을 간구하는 것에서 원수에게 하나님의 진노가 임할 것을 간구하는 것으로 바뀌고 있다.

79:10 이방인들 바빌로니아를 포함하여 에돔·모압·암몬을 말한다.

주님의 명성을 생각해서라도 우리
를 건져 주시고, 우리의 죄를 용서
하여 주십시오.
10 어찌 이방인들이 "그들의 하나님
이 어디에 있느냐?" 하면서 비웃
게 버려 두시겠습니까?
주님의 종들이 흘린 피를 주님
께서 갚아 주신다는 것을, 우리가
보는 앞에서 이방인들에게 알려
주십시오.
11 갇힌 사람들의 신음소리를 주님
께서 들어 주십시오. 죽게 된 사
람들을 주님의 능하신 팔로 살려
주십시오.
12 주님, 우리 이웃 나라들이 주님을
모독한 그 모독을 그들의 품에다
가 일곱 배로 갚아 주십시오.
13 그 때에 주님의 백성, 주님께서
기르시는 양 떼인 우리가, 주님께
영원히 감사를 드리렵니다. 대대
로 주님께 찬양을 드리렵니다.

우리나라를 도와주십시오

80

(아삽의 시, 지휘자를 따라 ㉠소산님 에듯에 맞추어 부르는 노래)

1 아, 이스라엘의 목자이신 주님,
요셉을 양 떼처럼 인도하시는 주
님, 귀를 기울여 주십시오. 그룹
위에 앉으신 주님, 빛으로 나타나
주십시오.
2 에브라임과 베냐민과 므낫세 앞
에서 주님의 능력을 떨쳐 주십시
오. 우리를 도우러 와 주십시오.
3 하나님, 우리를 회복시켜 주십
시오. 우리가 구원을 받도록, 주님
의 빛나는 얼굴을 나타내어 주십
시오.
4 주 만군의 하나님, 얼마나 오랫
동안 주님의 백성들이 올리는 기
도를 노엽게 여기시렵니까?
5 주님께서 그들에게 눈물의 빵을
먹이시고, 눈물을 물리도록 마시
게 하셨습니다.
6 우리를 우리의 이웃에게 시비거리
가 되게 하시니, 원수들이 우리를
비웃습니다.
7 만군의 하나님, 우리를 회복시
켜 주십시오. 우리가 구원을 받을
수 있도록, 주님의 빛나는 얼굴을
나타내어 주십시오.
8 주님께서는 이집트에서 포도나
무 한 그루를 뽑아 오셔서, 뭇 나
라를 몰아내시고, 그것을 심으셨
습니다.
9 땅을 가꾸시고 그 나무의 뿌리를
내리게 하시더니, 그 나무가 온 땅
을 채웠습니다.
10 산들이 그 포도나무 그늘에 덮이
고, 울창한 백향목도 그 가지로
뒤덮였습니다.
11 그 가지는 ㉡지중해에까지 뻗고,

80편 요약 내용으로 보아 본시는 북 이스라엘이 앗시리아의 침략을 당해 멸망한 사건을 *역사적 배경으로 삼고 있는 것 같다.* 시인은 하나님과 이스라엘을 목자와 양, 포도원 주인과 포도원의 관계에 비유하고 있다. 바빌로니아 포로 생활에서 해방되어 귀환한 유다 사람들이 성전에서의 예배 때에 불렀다.

㉠ '언약의 나리꽃' ㉡ 히, '그 바다'

80편 북 이스라엘의 무명 시인이 쓴 시를 아삽 가문에서 보존한 시이다. 본 시편은 이스라엘의 회복을 간구한 시로서, 대부분의 학자들은 북 이스라엘 왕국이 앗시리아의 침공을 받아 멸망당한 때를 배경으로 한 것으로 보고 있다(참조. 왕하 17:1-6). 후렴(80:3,7,19)과 하나님께 대한 부름이 반복되면서 간구의 강도가 점증되고 있다.

80:4-7 주님의 백성들의 탄식을 설명하고 있다. 여기에서는 하나님을 '주 만군의 하나님'(4,7절)으

새 순은 ㉠유프라테스 강에까지
뻗었습니다.
12 그런데 어찌하여 주님께서는 그
울타리를 부수시고 길을 지나가
는 사람마다 그 열매를 따먹게 하
십니까?
13 멧돼지들이 숲에서 나와서 마구
먹고, 들짐승들이 그것을 먹어 치
우게 하십니까?
14 만군의 하나님, 우리에게 돌아
오십시오. 하늘에서 내려다보시
고, 이 포도나무를 보살펴 주십시
오.
15 주님의 오른손으로 심으신 이 줄
기와 주님께서 몸소 굳세게 키우
신 ㉡햇가지를 보살펴 주십시오.
16 주님의 포도나무는 불타고 꺾이
고 있습니다. 주님의 분노로 그들
은 멸망해 갑니다.
17 주님의 오른쪽에 있는 사람, 주님
께서 몸소 굳게 잡아 주신 인자
위에, 주님의 손을 얹어 주십시오.
18 그리하면 우리가 주님을 떠나지
않을 것이니, 주님의 이름을 부를
수 있도록 우리에게 새 힘을 주십
시오.
19 만군의 하나님, 우리를 회복시
켜 주십시오. 우리가 구원을 받도
록, 주님의 빛나는 얼굴을 나타내
어 주십시오.

하나님이 우리를 강하게 만드신다

81

(아삽의 시, 지휘자를 따라 ㉢깃딧에 맞추어 부르는 노래)

1 우리의 피난처이신 하나님께 즐
거이 노래를 불러라. 야곱의 하나
님께 큰 환성을 올려라.
2 시를 읊으면서 소구를 두드려라.
수금을 타면서, 즐거운 가락으로
거문고를 타라.
3 새 달과 대보름날에, 우리의 축제
날에, 나팔을 불어라.
4 이것은 이스라엘이 지킬 율례요,
야곱의 하나님이 주신 규례이며,
5 하나님이 이집트 땅을 치려고 나
가실 때에, 요셉에게 내리신 훈령
이기 때문이다.
나는, 내가 알지 못하던 한 소리
를 들었다. 주님께서 말씀하셨다.
6 "내가 네 어깨에서 짐을 벗겨 주
고, 네 손에서 무거운 광주리를 내
려놓게 하였다.
7 너희가 고난 가운데 부르짖을 때
에, 내가 건져 주고, 천둥치는 먹
구름 속에서 내가 대답하고, 므리
바 물 가에서는 내가 너를 시험하
기도 하였다. (셀라)
8 내 백성아, 들어라. 내가 너에게
경고하겠다. 이스라엘아, 나는 네
가 내 말을 듣기를 바란다.
9 '너희 가운데 다른 신을 두지 말

로 호칭하는데, 힘과 능력을 가지신 하나님을 부를 때 쓰는 말이다. 그러한 하나님께서 이스라엘을 버리자, 이스라엘은 눈물의 빵과 물을 먹고(5절), 원수들의 비웃음을 받게 되었다(6절).

80:8-19 이스라엘의 현재 상태를 헐린 포도원에 비유하며, 포도원 주인이신 하나님께 회복을 간구하고 있다. 여기서 시인의 하나님의 사랑에 대한 간곡한 기대와 회개와 소망을 엿볼 수 있다.

㉠ 히, '그 강' ㉡ 또는 '아들' ㉢ 음악 용어

81편 요약 이스라엘 백성의 3대 절기, 그 가운데서도 특히 장막절에 불렀던 찬송시이다. 절기를 맞이하여 백성들에게 하나님을 찬양할 것을 권고하는 전반부와 하나님의 위대하신 구원 역사를 회고하며 하나님의 뜻에 항상 순복할 것을 촉구하는 후반부로 이루어져 있다.

81:5 하나님이 이집트 땅을 치려고 나가실 때 이집트에 열 가지 재앙을 내리셨던 시간을 말한다.

며, 이방 신에게 절하지 말아라.
10 나는 너희를 이집트 땅에서 이끌
어 낸 주 너희의 하나님이다. 너희
의 입을 크게 벌려라. 내가 마음
껏 먹여 주겠다' 하였으나,
11 내 백성은 내 말을 듣지 않고, 이
스라엘은 내 뜻을 따르지 않았다.
12 그래서 나는 그들의 고집대로 버
려두고, 그들이 원하는 대로 가게
하였다.
13 나의 백성 이스라엘이 내 말을 듣
기만 했어도, 내가 가라는 길로
가기만 했어도,
14 나는 당장 그들의 원수를 굴복시
키고, 내가 손을 들어서 그 대적
을 쳤을 것이다.
15 나를 미워하는 자들은 그들 앞에
무릎을 꿇었을 것이며, 이것이 그
들의 영원한 운명이 되었을 것이
다.
16 그리고 나는 기름진 밀 곡식으로
너희를 먹였을 것이고, 바위에서
따 낸 꿀로 너희를 배부르게 하였
을 것이다."

하나님이 재판하여 주십시오

82

(아삽의 시)
하나님이 하나님의 법정에 나
오셔서, 신들을 모아들이시고 재
판을 하셨다. 하나님께서 신들에
게 말씀하셨다.
2 "언제까지 너희는 공정하지 않은
재판을 되풀이하려느냐? 언제까
지 너희는 악인의 편을 들려느
냐? (셀라)
3 가난한 사람과 고아를 변호해 주
고, 가련한 사람과 궁핍한 사람에
게 공의를 베풀어라.
4 가난한 사람과 빈궁한 사람을 구
해 주어라. 그들을 악인의 손에서
구해 주어라."
5 그러나 그들은 깨닫지도 못하
고, 분별력도 없이, 어둠 속에서
헤매고만 있으니, 땅의 기초가 송
두리째 흔들렸다.
6 하나님께서 말씀하셨다. "너희
는 모두 신들이고, '가장 높으신
분'의 아들들이지만,
7 너희도 사람처럼 죽을 것이고, 여
느 군주처럼 쓰러질 것이다."
8 하나님, 일어나셔서, 이 세상을
재판하여 주십시오. 온 나라가 하
나님의 것입니다.

하나님이 온 땅을 다스리신다

83

(아삽의 찬송시)
하나님, 묵묵히 계시지 마십시
오. 하나님, 침묵을 지키지 마십시
오. 조용히 계시지 마십시오. 오,
하나님!
2 주님의 원수들이 소리 높여 떠들
고, 주님을 미워하는 자들이 머리

82편 요약 시인은 이 세상의 주권자이신 공의의 하나님께서 정의의 실현을 인간 통치자들에게 위임하신 만큼 *그들이 마땅히 하나님의* 뜻을 좇아야 함을 교훈하였다.

82편 본시는 불의한 통치자들과 불공정한 재판관들에게 하나님의 심판을 경고하는 교훈시이다.
82:3-4 하나님의 공의의 척도를 말한다. 통치와 재판의 목적은 약자의 권익을 보호하는 것이다.

83편 요약 시인은 이스라엘이 하나님의 택한 백성임을 들어 구원을 호소하였다. 시인은 동족애에 입각해 하나님의 긍휼을 간구한 것이 아니라 하나님을 의뢰하고 순종하는 자들은 다 구원을 얻게 되리라는 믿음에 입각해 기도한 것이다.

83편 본 시편은 이스라엘이 주변의 대적들로부터 침공을 받은 상황에서, 하나님께 대적들의 진멸를 치켜들기 때문입니다.
3 그들은 주님의 백성을 치려고 음
모를 꾸미고, 주님께서 아끼시는
이들을 치려고 모의하며
4 "가자, 그들을 없애버리고, 나라가
되지 못하게 하자. 이스라엘이라
는 이름을 다시는 기억하지 못하
게 하자" 말합니다.
5 그들은 한마음으로 모의하고,
주님과 맞서려고 동맹을 맺었습니
다.
6 에돔과 이스마엘 사람들, 모압과
하갈 사람들,
7 ㉠그발, 암몬, 아말렉, 블레셋, 두로
에 사는 사람들이 그러하고,
8 앗시리아까지도 그들과 힘을 합
하여 롯의 자손을 도왔습니다.
(셀라)
9 주님, 미디안에게 하신 것 같이,
기손 강에서 시스라와 야빈에게
하신 것 같이, 그들에게도 그렇게
해주십시오.
10 그들은 엔돌에서 멸망하여, 밭의
거름이 되었습니다.
11 주님, 그들의 장수들을 오렙과 스
엡과 같게 하시고, 모든 왕들을 세
바와 살문나와 같게 해주십시오.
12 그들은 "하나님의 목장을 우리의
소유로 만들자" 하고 말하던 자들
입니다.
13 나의 하나님, 그들을, 바람에 굴
러가는 엉겅퀴와 쭉정이와 같게
해주십시오.
14 산림을 태우는 불길처럼, 산들을
삼키는 불꽃처럼,
15 주님의 회오리바람으로, 그들을
쫓아내어 주십시오. 주님의 폭풍
으로, 그들이 두려움에 떨게 해주
십시오.
16 주님, 그들이 주님을 간절히 찾도
록, 그들의 얼굴에 수치를 씌워 주
십시오.
17 그들이 부끄러움을 당하고 영영
공포에 질려서, 수치를 쓰고 멸망
하게 해주십시오.
18 하나님의 이름은 '주'이시며, 온 세
상에서 주님만이 홀로 가장 높은
분이심을 알게 해주십시오.

예배의 기쁨

84

〔고라 자손의 시, 지휘자를 따라 ㉡깃딧에 맞추어 부르는 노래〕

1 만군의 주님, 주님이 계신 곳이
얼마나 사랑스러운지요.
2 내 영혼이 주님의 궁전 뜰을 그리
워하고 사모합니다. 내 마음도 이
몸도, 살아 계신 하나님께 기쁨의
노래 부릅니다.
3 만군의 주님, 나의 왕, 나의 하
나님, 참새도 주님의 제단 곁에서
제 집을 짓고, 제비도 새끼 칠 보

을 간구한 기도시이다. 이 시편의 정확한 역사적 배경은 확인되지 않고 있다(참조. 대하 20장).

83:1-8 열방의 음모로 인한 이스라엘의 위기를 호소하고 있다. 1절은 하나님의 구원을 간구하는 호소이고, 2-8절은 호소의 이유를 설명한다. 이스라엘을 치는 일이 하나님을 대적하는 행위임에도 원수는 이스라엘을 서슴없이 멸망시키려 하고 있다는 것이다.

㉠ 비블로스 ㉡ 음악 용어

84편 요약 예루살렘을 향해 순례길에 오른 시인이 성전을 사모하는 마음으로 드리는 기도이자 성전을 순례하며 부르는 노래로, 시편에 수록된 성전 예찬가 중 최고의 걸작으로 꼽힌다. 시인은 자신이 성전을 얼마나 사모하는지를 비유적 표현을 써서 감동적으로 토로하였다.

84:1-7 하나님의 성전에 대한 깊은 사랑을 고백하며(1-4절), 시온을 자유롭게 순례할 수 있는 사

금자리를 얻습니다.
4 주님의 집에 사는 사람들은 복됩
니다. 그들은 영원토록 주님을 찬
양합니다. (셀라)
5 주님께서 주시는 힘을 얻고, 마
음이 이미 시온의 순례길에 오른
사람들은 복이 있습니다.
6 그들이 ㉠'눈물 골짜기'를 지나갈
때에, 샘물이 솟아서 마실 것입니
다. 가을비도 샘물을 가득 채울
것입니다.
7 그들은 힘을 얻고 더 얻으며 올라
가서, 시온에서 하나님을 우러러
뵐 것입니다.
8 주 만군의 하나님, 나의 기도를
들어 주십시오. 야곱의 하나님, 귀
를 기울여 주십시오. (셀라)
9 ㉡우리의 방패이신 하나님, 주님께
서 기름을 부어 주신 사람을 돌보
아 주십시오.
10 주님의 집 뜰 안에서 지내는 하
루가 다른 곳에서 지내는 천 날보
다 낫기에, 악인의 장막에서 살기
보다는, 하나님의 집 문지기로 있
는 것이 더 좋습니다.
11 주 하나님은 태양과 방패이시기
에, 주님께서는 은혜와 영예를 내
려 주시며, 정직한 사람에게 좋은
것을 아낌없이 내려 주십니다.
12 만군의 주님, 주님을 신뢰하는 사
람에게 복이 있습니다.

평화를 비는 기도

85

〔고라 자손의 시, 지휘자를 따라 부르는 노래〕

1 주님, 주님께서 주님의 땅에 은
혜를 베푸시어, 포로가 된 야곱
자손을 돌아오게 하셨습니다.
2 주님의 백성들이 지은 죄악을 용
서해 주시며, 그 모든 죄를 덮어
주셨습니다. (셀라)
3 주님의 노여움을 말끔히 거두어
주시며, 주님의 맹렬한 진노를 거
두어 주셨습니다.
4 우리를 구원해 주신 하나님, 우
리에게 다시 돌아와 주십시오. 주
님께서 우리에게 품으신 진노를
풀어 주십시오.
5 주님께서 우리에게 영원히 노하
시며, 대대로 노여움을 품고 계시
렵니까?
6 주님의 백성이 주님을 기뻐하도록
우리를 되살려 주시지 않겠습니
까?
7 주님, 주님의 한결 같은 사랑을 보
여 주십시오. 우리에게 주님의 구
원을 베풀어 주십시오.
8 하나님께서 무엇을 말씀하시든
지, 내가 듣겠습니다. 주님께서 우
리에게 평화를 약속하실 것입니
다. 주님께서는, 주님의 백성 주님

람들의 복을 노래하고 있다(5–7절).

84:10–12 시인은 자신의 삶이 온전히 성전에 집중되고 있음을 말한다. 악인의 장막에 거하는 것 *보다도 성전에서 가장* 미천한 상태로 보내는 것이 더 복되다고 선언한다(10절). 그러면서 그는 하나님을 태양과 방패로 비유한다. 태양과 방패는 삶의 윤택과 안전한 보호를 나타내는데, 이런 표현들은 은혜를 베푸시는 하나님과 도움을 주시는 하나님을 은유한 것이다.

85편 요약 고라 자손이 보존해 온 이 시는 바빌론에 끌려간 유다 포로들의 제1차 귀환 때(B.C. 538년)에 쓰여진 것이며, 에스라기 1–3장은 본시를 이해하는 데 도움이 된다. 이 시는 유다 민족의 회복과 함께 완성된 평화의 시대를 간구하고 있다.

㉠ '발삼 나무 골짜기', 또는 '바카 지역의 골짜기' ㉡ 또는 '하나님, 우리의 방패를 돌보아 주십시오'

의 성도들이 망령된 데로 돌아가
지 않는다면, 진정으로 평화를 주
실 것입니다.
9 참으로 주님의 구원은 주님을 경
외하는 사람에게 가까이 있으니,
주님의 영광이 우리 땅에 깃들 것
입니다.
10 사랑과 진실이 만나고, 정의는
평화와 서로 입을 맞춘다.
11 진실이 땅에서 돋아나고, 정의는
하늘에서 굽어본다.
12 주님께서 좋은 것을 내려 주시니,
우리의 땅은 열매를 맺는다.
13 정의가 주님 앞에 앞서가며, 주님
께서 가실 길을 닦을 것이다.

도움을 비는 기도

86

(다윗의 기도)
주님, 나에게 귀를 기울이시
고, 응답하여 주십시오. 나는 가
난하고 궁핍한 사람입니다.
2 그러나 나는 신실하오니, 나의 생
명을 지켜 주십시오. 주님은 나의
하나님이시니, 주님을 신뢰하는
주님의 종을 구원하여 주십시오.
3 내가 온종일 주님께 부르짖습니
다. 주님, 나에게 은혜를 베풀어
주십시오.
4 주님, 내가 진심으로 주님을 우러
러봅니다. 주님의 종의 마음을 기
쁨으로 가득 채워 주십시오.
5 주님, 주님은 선하시며 기꺼이 용
서하시는 분, 누구든지 주님께 부
르짖는 사람에게는, 사랑을 한없
이 베푸시는 분이십니다.
6 주님, 나의 기도에 귀를 기울이
시고, 나의 애원하는 소리를 들어
주십시오.
7 주님은 나에게 응답해 주실 분이
시기에, 제가 고난을 당할 때마다
주님께 부르짖습니다.
8 주님, 신들 가운데 주님과 같은
신이 어디에 또 있습니까? 주님이
하신 일을 어느 신이 하겠습니까?
9 주님께서 지으신 뭇 나라가 모두
와서, 주님께 경배하며 주님의 이
름에 영광을 돌립니다.
10 주님은 위대하셔서 놀라운 일을
하시니, 주님만이 홀로 하나님이
십니다.
11 주님, 주님의 길을 가르쳐 주십
시오. 내가 진심으로 따르겠습니
다. 내가 마음을 모아, 주님의 이
름을 경외하겠습니다.
12 주 하나님, 내 마음을 다하여
주님께 감사드리며, 영원토록 주님
의 이름에 영광을 돌리렵니다.
13 나에게 베푸시는 주님의 사랑이
크시니, ㉠스올의 깊은 곳에서, 주
님께서 내 목숨을 건져내셨습니
다.

86편 요약 이 시는 시편 제3권(73-89편)에 수록된 시 중에서 유일한 다윗의 시이다. 오만하고 난폭한 대적들의 공격에 직면한 다윗이 하나님의 도움과 구원을 호소한 것이다.

86:1-7 환난에 처한 시인은 그가 '주님을 신뢰하는 주님의 종'(2,16절)임을 고백하며, 하나님께 긍휼과 기도에 대한 응답을 호소하고 있다.

86:8-13 시인은 하나님만이 참 하나님이심을 고백하며, 하나님과의 관계에서 정도(正道)를 걸을 수 있도록 진리의 가르침을 주실 것을 호소한다.

86:14-17 본문에서 시인은 자신의 구체적인 환난의 실상을 고백하면서 도움의 손길을 호소한다. 그를 괴롭히는 대적 앞에서 하나님의 은총을 베풀어 주실 징표를 보여 달라는 간구를 드린다.

86:16 여종의 아들 기름 부음을 받은 종을 더욱 친밀하게 나타내는 표현이다(참조. 116:16).

㉠ 또는 '무덤' 또는 '죽음'

14 하나님, 오만한 자들이 나를 치
려고 일어나며, 난폭한 무리가 나
의 목숨을 노립니다. 그들은 주님
을 안중에도 두지 않습니다.
15 그러나 주님, 주님은 자비롭고 은
혜로우신 하나님이시요, 노하기를
더디 하시며, 사랑과 진실이 그지
없으신 분이십니다.
16 내게로 얼굴을 돌려 주시고, 내게
은혜를 베풀어 주십시오. 주님의
종에게 힘을 주시고, ㉠주님께서
거느리신 여종의 아들에게 구원
을 베풀어 주십시오.
17 은총을 베풀어 주실 징표를 보여
주십시오. 나를 미워하는 자들이
보고, 부끄러워할 것입니다. 주님,
주님께서 친히 나를 돕고 위로하
셨습니다.

시온 산의 영광

87

(고라 자손의 찬송시)

그 터전이 거룩한 산 위에 있
구나.
2 주님은 시온의 문들을 야곱의 어
느 처소보다 더욱 사랑하신다.
3 너 하나님의 도성아, 너를 가리켜
영광스럽다고 말한다. (셀라)
4 "내가 ㉡라합과 바빌로니아를
나를 아는 나라로 기록하겠다. 블
레셋과 두로와 ㉢에티오피아도 시
온에서 태어났다고 하겠다."
5 시온을 두고 말하기를, "가장 높
으신 분께서 친히 시온을 세우실
것이니, 이 사람 저 사람이 거기에
서 났다"고 할 것이다.
6 주님께서 민족들을 등록하실 때
에, 그 수를 세시며 "이 사람이 거
기에서 났다"고 기록하실 것이다.
(셀라)
7 노래하는 이들과 춤을 추는 이
들도 말한다. "나의 모든 근원이
네 안에 있다."

길을 찾을 수 없을 때의 기도

88

(고라 자손의 찬송시, 에스라 사람 헤만의 ㉣마스길, 지휘자를 따라 ㉤마할랏르안놋에 맞추어 부르는 노래)

1 주님, 나를 구원하신 하나님, 낮
이나 밤이나, 내가 주님 앞에 부르
짖습니다.
2 내 기도가 주님께 이르게 하시고,
내 울부짖음에 귀를 기울여 주십
시오.
3 아, 나는 고난에 휩싸이고, 내
목숨은 ㉥스올의 문턱에 다다랐습
니다.
4 나는 무덤으로 내려가는 사람과
다름이 없으며, 기력을 다 잃은 사
람과 같이 되었습니다.
5 이 몸은 또한 죽은 자들 가운데
버림을 받아서, 무덤에 누워 있는
살해된 자와 같습니다. 나는 주님

87편 요약 하나님의 거룩한 도성인 예루살렘을 찬양한 시온시 중 하나이다(48,76편). 바빌로니아 포로 생활에서 돌아온 시인은 재건된 예루살렘 성전을 바라보면서 그 곳이 장차 세계 만민들이 하나님을 예배할 장소가 될 것임을 예언적으로 노래했다.

88편 요약 질병에 걸려 영육간에 극심한 고통을 당한 헤만이 자신의 처지를 탄식하며 하나님의 긍휼을 간구한 비탄시이다. 시인은 하나님께서 밤낮으로 부르짖는 자신의 기도에 응답해 주시기를 호소하면서, 자신의 비참한 처지를 탄식하고 하나님의 도우심을 간구하고 있다.

㉠ 또는 '주님의 신실한 아들에게' ㉡ 이집트를 가리키는 시적 표현 ㉢ 히, '구스'. 나일 강 상류지역 ㉣ 문학 또는 음악 용어 ㉤ 곡 이름. '역경의 고통' ㉥ 또는 '무덤' 또는 '죽음'

의 기억에서 사라진 자와 같으며,
주님의 손에서 끊어진 자와도 같
습니다.
6 주님께서는 나를 구덩이의 밑바
닥, 칠흑 같이 어두운 곳에 던져
버리셨습니다.
7 주님은 주님의 진노로 나를 짓눌
렀으며, 주님의 파도로 나를 압도
하셨습니다. (셀라)
8 주님께서는 나의 가까운 친구
들마저 내게서 멀리 떠나가게 하
시고, 나를 그들 보기에 역겨운 것
이 되게 하시니, 나는 갇혀서, 빠
져 나갈 수 없는 몸이 되었습니다.
9 고통으로 나는 눈마저 흐려졌습니
다. 주님, 내가 온종일 주님께 부
르짖으며, 주님을 바라보면서, 두
손을 들고 기도하였습니다.
10 주님은 죽은 사람에게 기적을
베푸시렵니까? 혼백이 일어나서
주님을 찬양하겠습니까? (셀라)
11 무덤에서 주님의 사랑을, ㉠죽은
자의 세계에서 주님의 성실하심을
이야기할 수 있겠습니까?
12 흑암 속에서 주님의 기적을, 망각
의 땅에서 주님의 정의를 경험할
수 있겠습니까?
13 주님, 내가 주님께 부르짖고, 첫
새벽에 주님께 기도드립니다.
14 주님, 어찌하여 주님은 나를 버리
시고, 주님의 얼굴을 감추십니까?
15 나는 어려서부터 고통을 겪었고,
지금까지 죽음의 문턱에서 살아
온 몸이기에, 주님께로부터 오는
그 형벌이 무서워서, 내 기력이 다
쇠잔해지고 말았습니다.
16 주님의 진노가 나를 삼켰으며, 주
님의 무서운 공격이 나를 파멸시
켰습니다.
17 무서움이 날마다 홍수처럼 나를
에워쌌으며, 사방에서 나를 둘러
쌌습니다.
18 주님께서 내 사랑하는 사람들과
이웃을 내게서 떼어놓으셨으니,
오직 어둠만이 나의 친구입니다.

주님께서 다윗에게 하신 맹세

89 (에스라 사람 에단의 마스길)
내가 영원히 주님의 사랑을
노래하렵니다. 대대로 이어 가면서,
내 입으로 주님의 신실하심을 전
하렵니다.
2 참으로 내가 말하겠습니다. "주님
의 사랑은 영원토록 굳게 서 있을
것이요, 주님께서는 주님의 신실
하심을 하늘에 견고하게 세워 두
실 것입니다."
3 (주님께서도 말씀하십니다.) "나
는, 내가 선택한 사람과 언약을 맺
으며, 내 종 다윗에게 맹세하기를
4 '내가 네 자손을 영원히 견고히 세

88:8 역겨운 것이 되게 하시니 여기에 사용된 '역겹다'는 말은 나병 환자를 가리킬 때 사용하는 말이다.

88:8-12 시인은 사회로부터 철저히 고립되어 있다(8절). 고난의 물결이 자신을 삼키고 있는 이 상황 속에서 그는 오로지 하나님께 호소할 수밖에 없다(9절). 죽음의 상태에서는 하나님을 찬양, 선포할 수도 없으며, 감사를 드릴 수도 없다고 말한다(10-12절).

89편 요약 하나님이 다윗 언약(삼하 7장)에 근거해 열방의 조롱거리가 된 다윗 왕조를 회복시켜 주시기를 간구한 시이다. 대개의 학자들은 르호보암 당시 이집트 왕 시삭이 유다를 침공한 사건(왕상 14:25-28)을 그 배경으로 보고 있다. 시인은 하나님의 권능과 신실하심을 찬양하고 유다를 구원해 주시기를 간구하였다.

㉠ 또는 '파멸'. 히, '아바돈'

우며, 네 왕위를 대대로 이어지게
하겠다'고 하였다." (셀라)
5 주님, 하늘은 주님이 행하신 기
적을 찬양하게 하여 주십시오. 거
룩한 회중은 주님의 신실하심을
찬양하게 하여 주십시오.
6 저 구름 위의 하늘에서 주님과 견
줄 만한 이가 누가 있으며, 신들
가운데서도 주님과 같은 이가 누
가 있습니까?
7 하나님은 하늘에 있는 무리 모임
에서 심히 엄위하시며, 주님을 모
시는 자들이 모두 심히 두려워하
는 분이십니다.
8 주 만군의 하나님, 누가 주님 같
은 용사이겠습니까? 오, 주님! 주
님의 신실하심이 주님을 둘러싸고
있습니다.
9 주님은 소용돌이치는 바다를 다
스리시며, 뛰노는 파도도 진정시키
십니다.
10 주님은 라합을 격파하여 죽이시
고, 주님의 원수들을 주님의 강한
팔로 흩으셨습니다.
11 하늘은 주님의 것, 땅도 주님의
것, 세계와 그 안에 가득한 모든
것이 모두 주님께서 기초를 놓으
신 것입니다.
12 자폰 산과 아마누스 산을 주님이
창조하셨으니, 다볼 산과 헤르몬
산이 주님의 이름을 크게 찬양합
니다.
13 주님의 팔에 능력이 있으며 주님
의 손에는 힘이 있으며, 주님의 오
른손은 높이 들렸습니다.
14 정의와 공정이 주님의 보좌를 받
들고, 사랑과 신실이 주님을 시중
들며 앞장서 갑니다.
15 축제의 함성을 외칠 줄 아는 백
성은 복이 있습니다. 주님, 그들은
주님의 빛나는 얼굴에서 나오는
은총으로 살아갈 것입니다.
16 그들은 온종일 주님의 이름을 크
게 외치며, 주님의 의로우심을 기
뻐할 것입니다.
17 주님께서는 그들의 영광스러운 힘
이십니다. ㉠주님의 사랑 덕분에
우리는 승리의 뿔을 높이 쳐들게
됩니다.
18 주님, 참으로 ㉡주님은 우리의 방
패이십니다. 이스라엘의 거룩하신
하나님, 참으로 주님은 우리의 왕
이십니다.
19 오래 전에 주님께서는 환상 가운
데 나타나시어, 주님의 성도에게
말씀하셨습니다. "내가 용사들 위
에 한 젊은 용사를 세우고 백성들
위에 내가 선택한 용사를 높이 세
웠다.
20 나는 내 종 다윗을 찾아서, 내 거

89편 에단 레위 지파 므라리 자손으로, 다윗이 언약궤를 예루살렘으로 옮겨올 때 헤만·아삽 등과 함께 노래하는 자들과 악기 연주자들을 인도하였다.

89:1-4 시인은 하나님의 사랑과 신실하심에 대한 선포를 다짐하며, 하나님께서 다윗과 맺은 언약을 상기시키고 있다.

89:5-13 하늘의 어떠한 존재와도 비교할 수 없는 하나님의 능력과 신실하심(5-8절), 그리고 우주 만물의 창조주요, 동시에 주관자가 되시는 하나님을 찬양하고 있다(9-13절).

89:14-18 시인은 의기소침해진 왕과 백성을 기도를 통해 격려한다. 9-13절에서 능하신 창조주와 구속주를 설명한 다음, 하나님의 본질을 정의와 공정으로 파악한다(14절). 15-17절은 백성들을

㉠ 또는 '주님의 사랑으로 우리의 뿔을 높이셨습니다'. 여기에서 '뿔'은 '힘'을 상징함 ㉡ 또는 '우리의 방패는 주님께 속해 있습니다. 우리의 왕은 이스라엘의 거룩하신 하나님께 속해 있습니다'

룩한 기름을 부어 주었다.
21 내 손이 그를 붙들어 주고, 내 팔
이 그를 강하게 할 것이다.
22 원수들이 그를 이겨 내지 못하며,
악한 무리가 그를 괴롭히지 못할
것이다.
23 내가 오히려 그의 대적들을 그의
앞에서 격파하고, 그를 미워하는
자들을 쳐부수겠다.
24 나는 그를 사랑하고, 내 약속을
성실하게 지킬 것이며, ㉠ 내가 그에
게 승리를 안겨 주겠다.
25 그의 손은 바다를 치며 그의 오른
손은 강을 정복하게 하겠다.
26 그는 나를 일컬어 '주님은 나의 아
버지, 나의 하나님, 내 구원의 반
석입니다' 하고 말할 것이다.
27 나도 그를 맏아들로 삼아서, 세상
의 왕들 가운데서 가장 높은 왕
으로 삼겠다.
28 그에게 내 신의를 영원토록 지키
며, 그와 맺은 나의 언약을 성실히
지키겠다.
29 그의 자손을 길이길이 이어 주며,
그의 왕위를 하늘이 다할 때까지
지켜 주겠다.
30 그러나 그의 자손이 내 법을 내
버리고 내 규례를 따라서 살지 않
고,
31 내 율례를 깨뜨리고 내 계명을 지
키지 않으면,
32 나는 그 죄를 물어 채찍으로 치고
그 죄악을 물어 매질할 것이다.
33 그러나 그에게 약속한 나의 진실
함은 변하지 않을 것이며
34 나는 내 언약을 깨뜨리지 않으며,
내 입으로 말한 것은 결코 번복하
지 않는다.
35 내가 나의 거룩함을 두고 한 번
맹세하였는데, 어찌 다윗을 속이
겠느냐?
36 그 자손이 영원토록 이어지고, 그
왕위는 내 앞에서 태양처럼 있을
것이니,
37 저 달처럼, 구름 속에 있는 진실한
증인처럼, 영원토록 견고하게 서
있을 것이다." (셀라)
38 그러나 주님은, 주님께서 기름
을 부어서 세우신 왕에게 노하셨
습니다. 그를 물리치시고 내버리
셨습니다.
39 주님은 주님의 종과 맺으신 언약
을 파기하시고, 그의 왕관을 땅에
내던져 욕되게 하셨습니다.
40 주님께서 모든 성벽을 허무시고,
요새를 폐허로 만드셨습니다.
41 길로 지나가는 사람마다 그를 약
탈하고, 그는 이웃들에게 수치거
리가 되었습니다.
42 대적들의 오른손을 치켜올려 주

격려한다. 구원을 기뻐하며 은총으로 살아가는 자는 복이 있다(15절). 하나님은 그들을 높이시며 강하게 하실 것이다(16-17절). 이것이 그분의 백성에게 향한 하나님의 신실하심이다. 18절은 신실하신 하나님께서 왕을 백성들의 방패로 세우셨다는 것이다.

89:19-29 하나님께서 그분의 백성을 통치하시기 위해 대리자로 다윗을 세우시고, 다윗과 영원한 언약을 맺으셨음을 상기시키고 있다.

89:30-37 다윗 자손이 언약에 불성실할 때 하나님께서 징계하실 것을 경고하면서도, 하나님께서 약속하신 언약은 영원히 폐기되지 않을 것임을 진술하고 있다. **내 언약을 깨뜨리지 않으며** 그러나 이 언약에 입각한 다윗의 위(位)는 B.C. 586년에 무너졌다. 그러므로 이 언약은 메시아 시대를 내다보는 예언인 것이다.

㉠ 또는 '나의 이름으로 그의 뿔이 높아질 것이다'. 여기에서 '뿔'은 '힘'을 상징함

셔서, 원수들만 기뻐서 날뛰게 하
셨습니다.
43 또 그의 칼날을 무디게 하셨으며,
전쟁터에서 그를 돕지 않으셨습니
다.
44 그의 영광을 끝나게 하시고, 그의
왕위를 땅바닥에 내던지셨습니다.
45 주님은 또한 그의 젊은 날을 줄이
시고, 그를 수치로 덮으셨습니다.
(셀라)
46 주님, 언제까지입니까? 영영 숨
어 계시렵니까? 언제까지 주님의
진노를 불처럼 태우려고 하십니
까?
47 내 인생이 얼마나 짧은지 기억해
주십시오. 주님께서 모든 인생을
얼마나 허무하게 창조하여 주셨는
지를 기억해 주십시오.
48 산 사람치고 어느 누가 죽지 않고
살 수 있겠습니까? 어느 누가 제
목숨을 ㉠스올의 손아귀에서 건져
낼 수 있겠습니까? (셀라)
49 주님, 주님의 신실하심을 두고,
다윗과 더불어 맹세하신 그 첫사
랑은 지금 어디에 있습니까?
50 주님, 주님의 ㉡종들이 받은 치욕
을 기억하여 주십시오. 뭇 민족이
안겨 준 치욕이 내 가슴 속에 사
무칩니다.
51 주님, 주님의 원수들은 주님이 기
름 부어 세우신 왕을 깔보며 가는
곳마다 모욕합니다.
52 주님, 영원토록 찬송을 받으십
시오. 아멘, 아멘.

제 4 권

(시편 90-106)

하나님은 영원하시다

90 (하나님의 사람 모세의 기도)
주님은 대대로 우리의 거처이
셨습니다.
2 산들이 생기기 전에, 땅과 세계가
생기기 전에, 영원부터 영원까지,
주님은 하나님이십니다.
3 주님께서는 사람을 티끌로 돌아
가게 하시고 "죽을 인생들아, 돌아
가거라" 하고 말씀하십니다.
4 주님 앞에서는 천년도 지나간 어
제와 같고, 밤의 한 순간과도 같습
니다.
5 주님께서 생명을 거두어 가시
면, 인생은 한 순간의 꿈일 뿐, 아
침에 돋아난 한 포기 풀과 같이
사라져 갑니다.
6 풀은 아침에는 돋아나서 꽃을 피
우다가도, 저녁에는 시들어서 말
라 버립니다.
7 주님께서 노하시면 우리는 사라
지고, 주님께서 노하시면 우리는

89:38–45 언약에 의해 약속되고 보장된 모든 것들과는 달리, 하나님께서 다윗의 자손을 거부하시고 온갖 수치를 당하게 하셨음을 탄식하고 있다.

89:46–51 시인은 다윗과의 언약에 따라 하나님께서 다시 한번 구원해 주실 것을 간구하고 있다.

89:47–50 내 인생·모든 인생 시인은 이스라엘의 운명을 자신의 운명과 동일선상에 두고 있다.

89:52 시편 제3권(73–89편)의 결론이다.

90편 요약 시편 중에서 유일하게 나오는 모세의 시로서 인간이 하나님을 떠나서는 참된 소망을 가질 수 없음을 교훈하고 있다. 즉, 하나님은 영원하신 분임에 반해 인간은 유한하고 허무한 존재임을 깨달은 모세는, 그것이 인간의 죄에 대한 하나님의 진노의 결과임을 토로하였다.

㉠ 또는 '무덤' 또는 '죽음' ㉡ 또는 '종이'

소스라치게 놀랍니다.
8 주님께서 우리 죄를 주님 앞에 들
추어 내놓으시니, 우리의 숨은 죄
가 주님 앞에 환히 드러납니다.
9 주님께서 노하시면, 우리의 일
생은 사그라지고, 우리의 한평생
은 한숨처럼 스러지고 맙니다.
10 우리의 연수가 칠십이요 강건하면
팔십이라도, 그 연수의 자랑은 수
고와 슬픔뿐이요, 빠르게 지나가
니, 마치 날아가는 것 같습니다.
11 주님의 분노의 위력을 누가 알
수 있겠으며, 주님의 진노의 위세
를 누가 알 수 있겠습니까?
12 우리에게 우리의 날을 세는 법을
가르쳐 주셔서 지혜의 마음을 얻
게 해주십시오.
13 주님, 돌아와 주십시오. 언제까
지입니까? 주님의 종들을 불쌍히
여겨 주십시오.
14 아침에는 주님의 사랑으로 우리
를 채워 주시고, 평생토록 우리가
기뻐하고 즐거워하게 해주십시오.
15 우리를 괴롭게 하신 날 수만큼, 우
리가 재난을 당한 햇수만큼, 우리
에게 즐거움을 주십시오.
16 주님의 종들에게 주님께서 하신
일을 드러내 주시고, 그 자손에게
는 주님의 영광을 나타내 주십시
오.
17 주 우리 하나님, 우리에게 은총을
베푸셔서, 우리의 손으로 하는 일
이 견실하게 하여 주십시오. 우리
의 손으로 하는 일이 견실하게 하
여 주십시오.

주님은 나의 피난처

91 가장 높으신 분의 보호를 받으
면서 사는 너는, ㉠전능하신 분
의 그늘 아래 머무를 것이다.
2 나는 주님께 "주님은 나의 피난처,
나의 요새, 내가 의지할 하나님"이
라고 말하겠다.
3 정녕, 주님은 너를, 사냥꾼의 덫에
서 빼내 주시고, 죽을 병에서 너
를 건져 주실 것이다.
4 주님이 그의 깃으로 너를 덮어 주
시고 너도 그의 날개 아래로 피할
것이니, 주님의 진실하심이 너를
지켜 주는 방패와 갑옷이 될 것이
다.
5 그러므로 너는 밤에 찾아드는 공
포를 두려워하지 않고, 낮에 날아
드는 화살을 무서워하지 않을 것
이다.
6 흑암을 틈타서 퍼지는 염병과 백
주에 덮치는 재앙도 두려워하지
말아라.
7 네 왼쪽에서 천 명이 넘어지고,
네 오른쪽에서 만 명이 쓰러져도,
네게는 재앙이 가까이 오지 못할

90편 본 시편은 인간은 하나님의 진노 아래서 죽음의 선고를 받고 허무하게 살아갈 수밖에 없는 존재임을 깨달은 모세가 영원하신 하나님께 긍휼을 호소한 기도이다.

90:13-17 모세는 여기에서 하나님의 긍휼과 사랑을 부여잡고(13-14절) 비록 제한된 삶일지라도 하나님께서 인생을 기쁘고 즐겁게 해주시기를 간구한다. 인생의 곤고함에 비례하여 즐거움을 달라고 호소한다(15절).

91편 요약 저자나 저작 배경에 관해서 알려진 것이 없는 본시는 하나님을 의지하는 자의 적극적 삶과 승리를 노래하는 찬양시이자 일종의 지혜시이다. 시인은 하나님께서 그분을 의지하는 자들을 악인의 음모와 온갖 재앙으로부터 보호해 주실 것임을 노래하며 하나님의 약속들을 증거하였다.

㉠ 히, '샤다이'

것이다.
8 오직 너는 너의 눈으로 자세히 볼
것이니, 악인들이 보응을 받는 것
을 보게 될 것이다.
9 ㉠네가 주님을 네 피난처로 삼
았으니, 가장 높으신 분을 너의 거
처로 삼았으니,
10 네게는 어떤 불행도 찾아오지 않
을 것이다. 네 장막에는, 어떤 재
앙도 가까이하지 못할 것이다.
11 그가 천사들에게 명하셔서 네
가 가는 길마다 너를 지키게 하실
것이니,
12 너의 발이 돌부리에 부딪히지 않
게 천사들이 그들의 손으로 너를
붙들어 줄 것이다.
13 네가 사자와 독사를 짓밟고 다니
며, 사자 새끼와 살모사를 짓이기
고 다닐 것이다.
14 (하나님께서 말씀하신다.) "그가
나를 간절히 사랑하니, 내가 그를
건져 주겠다. 그가 나의 이름을 알
고 있으니, 내가 그를 높여 주겠
다.
15 그가 나를 부를 때에, 내가 응답
하고, 그가 고난을 받을 때에, 내
가 그와 함께 있겠다. 내가 그를
건져 주고, 그를 영화롭게 하겠다.
16 내가 그를 만족할 만큼 오래 살도
록 하고 내 구원을 그에게 보여 주
겠다."

주님께 찬양하여라

92 〔안식일에 부르는 찬송시〕
가장 높으신 하나님, 주님께
감사를 드리며, 주님 이름을 노래
하는 것이 좋습니다.
2 아침에 주님의 사랑을 알리며, 밤
마다 주님의 성실하심을 알리는
일이 좋습니다.
3 열 줄 현악기와 거문고를 타며 수
금 가락에 맞추어서 노래하는 것
이 좋습니다.
4 주님, 주님께서 하신 일을 생각하
면 기쁩니다. 손수 이루신 업적을
기억하면서, 환성을 올립니다.
5 주님, 주님께서 하신 일이 어찌
이렇게도 큽니까? 주님의 생각이
어찌 이다지도 깊습니까?
6 우둔한 자가 이것을 알지 못하고,
미련한 자가 이것을 깨닫지 못합
니다.
7 악인들이 풀처럼 돋아나고, 사악
한 자들이 꽃처럼 피어나더라도,
그들은 영원히 멸망하고 말 것입
니다.
8 그러나 주님은 영원히 높임을 받
으실 것입니다.
9 주님, 주님의 저 원수들, 주님의
저 원수들은 기필코 멸망하고 말
것입니다. 사악한 자들은 모두 흩

91:9–13 시인은 하나님을 피난처로 삼은 사람에게 하나님께서 천사들을 보내어 돌보신다고 말한다(9–11절). 신앙인들은 보호를 받고(12절), 마침내 *악의 무리를 밟고* 승리하게 된다(13절).

91:11–12 악마는 예수님의 광야 시험에서 이 구절을 인용했다(마 4:6;눅 4:10–11).

91:14–16 예언적인 형식을 통해 하나님을 사랑하고 의지하는 자들에 대한 하나님의 약속을 확신시키고 있다.

92편 요약 표제어에서 알 수 있듯이 이스라엘 백성이 안식일의 회중 예배 때에 부른 찬송시로서, 악인을 멸하시고 의인을 영화롭게 하실 하나님의 공의로운 통치를 찬양하고 있다. 본시는 내용과 구성에 있어서 1편과 유사점이 매우 많다.

㉠ 히, '주님, 주님이 나의 피난처이시므로, 주님께서 가장 높으신 분을 주님의 거처로 삼으셨습니다'

어지고 말 것입니다.
10 그러나 주님은 ㉠나를 들소처럼
강하게 만드시고 ㉡신선한 기름을
부어 새롭게 하셨습니다.
11 나를 엿보던 자들이 멸망하는 것
을 내가 눈으로 똑똑히 보며, 나
를 거슬러서 일어서는 자들이 넘
어지는 소리를 이 귀로 똑똑히 들
었습니다.
12 의인은 종려나무처럼 우거지고,
레바논의 백향목처럼 높이 치솟
을 것이다.
13 주님의 집에 뿌리를 내렸으니, 우
리 하나님의 뜰에서 크게 번성할
것이다.
14 늙어서도 여전히 열매를 맺으며,
진액이 넘치고, 항상 푸르를 것이
다.
15 그리하여 주님의 올곧으심을 나타
낼 것이다. 주님은 나의 반석이시
요, 그에게는 불의가 없으시다.

주님은 왕이시다

93 주님이 다스리신다. 위엄을 갖
추시고 능력의 허리 띠를 띠시
며 다스리신다. 그러므로 세계도
굳건히 서서, 흔들리지 아니한다.
2 주님, 주님의 왕위는 예로부터 견
고히 서 있었으며, 주님은 영원 전
부터 계십니다.
3 주님, 강물이 소리를 지릅니다.
강물이 그 소리를 더욱 높이 지릅
니다. 강물이 미친 듯이 날뛰며 소
리를 높이 지릅니다.
4 큰 물 소리보다 더 크시고 미친
듯이 날뛰는 물결보다 더 엄위하
신 주님, 높이 계신 주님은 더욱
엄위하십니다.
5 주님의 ㉢증거는 견고하게 서 있
으며, 주님의 집은 영원히 거룩함
으로 단장하고 있습니다.

주님은 악한 자를 벌하신다

94 주님, 주님은 복수하시는 하나
님이십니다. 복수하시는 하나
님, 빛으로 나타나십시오.
2 세상을 심판하시는 주님, 일어나
십시오. 오만한 자들이 받아야 할
마땅한 벌을 내리십시오.
3 주님, 악한 자들이 언제까지, 악한
자들이 언제까지 승전가를 부르
게 하시겠습니까?
4 사악한 자들이 거만하게 말하
며 그들이 모두 다 거드름을 피웁
니다.
5 주님, 그들이 주님의 백성을 짓밟
으며, 주님의 택하신 민족을 괴롭
힙니다.
6 그들은 과부와 나그네를 죽이고,
고아들을 살해하며,
7 "주가 못 본다. 야곱의 하나님은
생각지도 못한다" 하고 말합니다.

93편 요약 47편과 마찬가지로 하나님께서 온 세상을 다스리는 분이심을 노래한 찬양시이다. 이방 강대국을 상징하는 '강물'(3절)의 범람에도 시인은 확신을 가지고 하나님께서 영원 전부터 영원토록 창조하신 천지 만물을 다스리심을 소리 높여 찬양한다.

94편 요약 의인이 무고히 고난당하는 상황에서 시인은 하나님의 개입을 요청하면서 악인에 대한 하나님의 심판을 경고하였다. 또한, 하나님께서 의인을 구원해 주실 줄로 확신하는 찬양을 드렸다.

94:1-7 시인은 오만한 자들·악한 자들·주님의 백성을 괴롭히는 자들의 횡포를 하나님께 고발하고 있다. 그리고 이들에게 하나님의 심판을 내리

㉠ 또는 '나의 뿔을 들소의 뿔처럼 만드시고' ㉡ 시리아어역을 따름. 히브리어의 뜻이 불확실함 ㉢ 또는 '법령'

8 백성 가운데서 미련한 자들아,
생각해 보아라. 어리석은 자들아,
너희는 언제나 슬기로워지겠느
냐?
9 귀를 지어 주신 분이 들을 수 없
겠느냐? 눈을 빚으신 분이 볼 수
없겠느냐?
10 뭇 나라를 꾸짖으시는 분이 벌할
수 없겠느냐? 뭇 사람을 지식으
로 가르치는 분에게 지식이 없겠
느냐?
11 주님께서는, 사람의 속생각이 허
무함을 아신다.
12 주님, 주님께서 꾸짖으시고 주
님의 법으로 친히 가르치시는 사
람은 복이 많은 사람입니다.
13 이런 사람에게는 재난의 날에 벗
어나게 하시고 악인들을 묻을 무
덤을 팔 때까지 평안을 주실 것입
니다.
14 주님께서는 주님의 백성을 외면하
지 않으시며, 주님이 소유하신 백
성을 버리지 않으실 것입니다.
15 판결은 반드시 정의를 따를 것이
니, 마음이 정직한 사람이 모두 정
의를 따를 것입니다.
16 누가 나를 위하여 일어나서 악
인을 치며, 누가 나를 위하여 일어
나서 행악자들을 대항할까?
17 주님께서 나를 돕지 아니하셨다
면, 내 목숨은 벌써 적막한 곳으
로 가 버렸을 것이다.
18 주님, 내가 미끄러진다고 생각
할 때에는, 주님의 사랑이 나를
붙듭니다.
19 내 마음이 번거로울 때에는, 주님
의 위로가 나를 달래 줍니다.
20 악한 재판장이 주님과 사귈 수
있습니까? 율례를 빌미로 재난을
만드는 자가 주님과 어울릴 수 있
습니까?
21 그들은 모여서 의인의 생명을 노
리며, 무죄한 사람에게 죄를 씌워
처형하려 합니다.
22 주님은 나의 요새, 나의 하나님
은 내가 피할 반석이시다.
23 그들의 죄를 그들에게 물으시며,
그 악함을 벌하셔서, 그들을 없애
버리실 것이다. 주 우리 하나님께
서 그들을 없애 버리실 것이다.

주님께 예배하고 복종하여라

95 오너라, 우리가 주님께 즐거이
노래하자. 우리를 구원하시는
반석을 보고, 소리 높여 외치자.
2 찬송을 부르며 그의 앞으로 나아
가서, 노래 가락에 맞추어, 그분께
즐겁게 소리 높여 외치자.
3 주님은 크신 하나님이시요, 모든
신들 위에 뛰어나신 왕이시다.
4 땅의 깊은 곳도 그 손 안에 있고,

시기를 구한다.

94:8–15 악인들에 대한 하나님의 심판을 경고하며, 율법에 따라 살아가는 의인들이 받을 복을 선포하고 있다.

94:16–23 하나님만이 악인을 심판하시고 제거하시며, 의인을 위로하시고 보호하시는 분임을 확신하고 있다.

94:18 **미끄러진다** 의인의 행동이 혹 실수로 미혹을 당해 정도(正道)를 벗어나는 것을 말한다.

95편 요약 본시의 저자는 히브리서 4:7에 따르면 다윗인 것으로 추정된다. 한편, 여기서부터 100편까지는 하나님의 우주적 통치를 찬양하는 신정시이다. 그 가운데서 본문은 하나님께 대한 불순종을 경고하고 그분께 진정한 예배를 드릴 것을 촉구하는 권고가 주된 내용을 이루고 있다.

95:8 출애굽기 17:1–7과 민수기 20:1–13을 참조.

산의 높은 꼭대기도 그의 것이다.
5 바다도 그의 것이며, 그가 지으신
것이다. 마른 땅도 그가 손으로
빚으신 것이다.
6 오너라, 우리가 엎드려 경배하
자. 우리를 지으신 주님 앞에 무
릎을 꿇자.
7 그는 우리의 하나님이시요, 우리
는 그가 기르시는 백성이며, 그가
손수 이끄시는 양 떼다.
오늘, 너희는 그의 음성을 들어
보아라.
8 "㉠므리바에서처럼, ㉡맛사 광야에
있을 때처럼, 너희의 마음을 완고
하게 하지 말아라.
9 너희의 조상들은 그 때에, 내가
한 일을 보고서도, 나를 시험하고
또 시험하였다.
10 사십 년을 지나면서, 나는 그 세대
를 보고 싫증이 나서 '그들은 마
음이 빗나간 백성이요, 나의 길을
깨닫지 못하는 자들이구나' 하였
고,
11 내가 화가 나서 '그들은 나의 안식
에 들어오지 못할 것이다' 하고 맹
세까지 하였다."

새 노래로 주님께 노래하여라

96 새 노래로 주님께 노래하여라.
온 땅아, 주님께 노래하여라.
2 주님께 노래하며, 그 이름에 영광
을 돌려라. 그의 구원을 날마다
전하여라.
3 그의 영광을 만국에 알리고 그가
일으키신 기적을 만민에게 알려
라.
4 주님은 위대하시니, 그지없이
찬양 받으실 분이시다. 어떤 신들
보다 더 두려워해야 할 분이시다.
5 만방의 모든 백성이 만든 신은 헛
된 우상이지만, 주님은 하늘을 지
으신 분이시다.
6 주님 앞에는 위엄과 영광이 있고,
주님의 성소에는 권능과 아름다
움이 있다.
7 만방의 민족들아, 주님을 찬양
하여라. 주님의 영광과 권능을 찬
양하여라.
8 주님의 이름에 어울리는 영광을
주님께 돌려라. 예물을 들고, 성전
뜰로 들어가거라.
9 거룩한 옷을 입고, 주님께 경배하
여라. 온 땅아, 그 앞에서 떨어라.
10 모든 나라에 이르기를 "주님께
서 다스리시니, 세계는 굳게 서서,
흔들리지 않는다. 주님이 만민을
공정하게 판결하신다" 하여라.
11 하늘은 즐거워하고, 땅은 기뻐 외
치며, 바다와 거기에 가득 찬 것들
도 다 크게 외쳐라.
12 들과 거기에 있는 모든 것도 다 기

96편 요약 시인은 이 시에서 하나님의 위대하신 통치를 노래하고 있다. 또, 그는 온 땅과 세계 만민에게 하나님을 찬양하자고 말하고 있다. 이 시는 포로 귀환 후 스룹바벨의 성전이 완공된 후부터 성전 예배에서 애창되었다.

96:1–6 시인은 찬양(1–2절)에 그치지 말고 만방에 하나님을 선포할 것을 권한다(4–5절). 선포의 내용은 구원과 그에 따른 행적이다(2–3절).

96:5 헛된 우상 하나님을 다른 신과 비교하는 것은 다른 신의 존재를 인정하는 것이 아니다. 이 구절은 오히려 하나님의 절대성을 나타내는 말이다. 하나님 외의 이방 종교는 거짓이라고 밝힌다.

96:7–13 주님께 합당한 경배를 드릴 것을 모든 민족에게 권고하고(7–9절), 세계의 왕과 재판관이 되시는 주님의 공의로운 통치를 모든 나라에 선포하라고 권유하고 있다(10–13절).

㉠ '다툼' ㉡ '시험함'

뻐하며 뛰어라. 그러면 숲 속의 나
무들도 모두 즐거이 노래할 것이
다.
13 주님이 오실 것이니, 주님께서 땅
을 심판하러 오실 것이니, 주님은
정의로 세상을 심판하시며, 그의
진실하심으로 뭇 백성을 다스리
실 것이다.

하나님이 정의를 실현하신다

97 주님께서 다스리시니, 온 땅아,
뛸 듯이 기뻐하여라. 많은 섬
들아, 즐거워하여라.
2 구름과 흑암이 그를 둘러쌌다. 정
의와 공평이 그 왕좌의 기초다.
3 불이 그 앞에서 나와서 에워싼 대
적을 불사른다.
4 그의 번개가 세상을 번쩍번쩍 비
추면, 땅이 보고서 두려워 떤다.
5 산들은 주님 앞에서, 온 땅의 주
님 앞에서, 초처럼 녹아 버린다.
6 하늘은 그의 의로우심을 선포
하고, 만백성은 그의 영광을 본
다.
7 조각된 신상을 섬기는 자는 누
구나 수치를 당할 것이며, 헛된 우
상을 자랑하는 자들도 부끄러움
을 당할 것이다. 모든 신들아, 주
님 앞에 엎드려라.
8 주님, 주님이 공의로우심을 시온
이 듣고 즐거워하며, 유다의 ㉠딸
들이 기뻐 외칩니다.
9 주님, 주님은 온 땅을 다스리는 가
장 높으신 분이시고, 어느 신들보
다 더 높으신 분이십니다.
10 ㉡주님을 사랑하는 사람들아,
너희는 악을 미워하여라. 주님은
그의 성도를 지켜 주시며, 악인들
의 손에서 건져 주신다.
11 ㉢빛은 의인에게 비치며, 마음이
정직한 사람에게는 즐거움이 샘처
럼 솟을 것이다.
12 의인들아, 주님을 기뻐하여라. 주
님의 거룩하신 이름에 감사를 드
려라.

주님께서 기적을 일으키신다

98 〔노래〕
새 노래로 주님께 찬송하여라.
주님은 기적을 일으키는 분이시
다. 그 오른손과 그 거룩하신 팔
로 구원을 베푸셨다.
2 주님께서 베푸신 구원을 알려 주
시고, 주님께서 의로우심을 뭇 나
라가 보는 앞에서 드러내어 보이
셨다.
3 이스라엘 가문에 베푸신 인자하
심과 성실하심을 기억해 주셨기
에, 땅 끝에 있는 모든 사람까지도
우리 하나님의 구원하심을 볼 수
있었다.
4 온 땅아, 소리 높여 즐거이 주님

97편 요약 시인은 이 시에서 장차 하나님이 세상 모든 사람을 심판하실 때에 악인은 수치를 당할 것이나 의인은 기뻐하게 될 것임을 신앙의 눈으로 바라보며 찬양하고 있다.

97:6–12 온 땅 위에 선포되는 하나님을 찬양하고 그분의 통치를 받는 백성들의 기쁨을 노래하고 있다. 1–5절이 미래의 통치를 말한다면 10–12절은 현재의 통치를 말한다.

98편 요약 작자 미상의 본시는 그 내용에 있어 96편과 유사하다. 시인은 먼저 이스라엘을 위해 행하신 하나님의 구원 사역을 찬양하라고 요청했다. 그리고 한 걸음 더 나아가 자연계의 온갖 피조물들도 하나님을 찬양하라고 촉구했다.

㉠ 또는 '성읍들' ㉡ 또는 '주님은, 악을 미워하는 사람들을 사랑하신다' ㉢ 칠십인역과 시리아어역과 제롬역을 따름. 히, '빛이 흩뿌려진다'

을 찬양하여라. 함성을 터뜨리며,
즐거운 노래로 찬양하여라.
5 수금을 뜯으며, 주님을 찬양하여
라. 수금과 아우르는 악기들을 타
면서, 찬양하여라.
6 왕이신 주님 앞에서 나팔과 뿔나
팔 소리로 환호하여라.
7 바다와 거기에 가득 찬 것들과
세계와 거기에 살고 있는 것들도
뇌성 치듯 큰소리로 환호하여라.
8 강들도 손뼉을 치고, 산들도 함께
큰소리로 환호성을 올려라.
9 주님께서 오신다. 그가 땅을 심판
하러 오시니, 주님 앞에 환호성을
올려라. 그가 정의로 세상을 심판
하시며, 뭇 백성을 공정하게 다스
리실 것이다.

우리의 주님은 왕이시다

99 주님께서 다스리시니, 뭇 백성
아, 떨어라. 주님께서 그룹 위
에 앉으시니, 온 땅아, 흔들려라.
2 시온에 계시는 주님은 위대하시
다. 만백성 위에 우뚝 솟은 분이
시다.
3 만백성아, 그 크고 두려운 주님의
이름을 찬양하여라. 주님은 거룩
하시다!
4 ㉠주님의 능력은 정의를 사랑하
심에 있습니다. 주님께서 공평의
기초를 놓으시고, 야곱에게 공의
와 정의를 행하셨습니다.
5 우리의 주 하나님을 찬양하여
라. 그분의 발 등상 아래 엎드려
절하라. 주님은 거룩하시다!
6 그의 제사장 가운데는 모세와
아론이 있으며, 그 이름을 부르는
사람 가운데는 사무엘이 있으니,
그들이 주님께 부르짖을 때마다,
그분은 응답하여 주셨다.
7 주님께서 구름기둥 속에서 그들에
게 말씀하시니, 그들이 그분에게
서 받은 계명과 율례를 모두 지켰
다.
8 주 우리 하나님, 주님께서 ㉡그
들에게 응답해 주셨습니다. 그들
이 한 대로 갚기는 하셨지만, 주님
은 또한, 그들을 용서해 주신 하나
님이십니다.
9 주 우리 하나님을 높이 찬양하여
라. 그 거룩한 산에서 그분을 경
배하여라. 주 우리 하나님은 거룩
하시다.

주님은 하나님이시다

(감사드리며 부르는 노래)
100 온 땅아, 주님께 환호성을
올려라.
2 기쁨으로 주님을 섬기고, 환호성
을 올리면서, 그 앞으로 나아가거
라.
3 너희는 주님이 하나님이심을 알

99편 요약 모든 민족을 통치하시고 자신의 택한 백성을 위해 공의를 행하시는 하나님께 대한 찬양과 중재자들을 세워 자신의 뜻을 계시하시고 죄를 용서해 주신 하나님께 대한 찬양이다.

99:1–5 시온에 좌정하사 모든 민족을 통치하시고(1–3절), 이스라엘을 위해 공의를 행하신 능력의 왕 하나님을 찬양하고 있다(4–5절).

100편 요약 본시는 감사의 시이다. 하나님의 통치를 찬양한 95편부터 100편까지의 결론 부분이다. 하나님을 찬양할 것을 모든 사람들에게 촉구하고 있는 전반부는 회중들이 부른 것 같다. 하나님의 선하심과 인자하심을 소리 높여 찬양하는 후반부는 성가대가 부른 것으로 추측된다.

㉠ 히, '왕의 힘' 또는 '왕은 위대하다' ㉡ 또는 '이스라엘에게'

아라. 그가 우리를 지으셨으니, 우
리는 그의 것이요, 그의 백성이
요, 그가 기르시는 양이다.
4 감사의 노래를 드리며, 그 성문
으로 들어가거라. 찬양의 노래를
부르며, 그 뜰 안으로 들어가거라.
감사의 노래를 드리며, 그 이름을
찬양하여라.
5 주님은 선하시며, 그의 인자하
심 영원하다. 그의 성실하심 대대
에 미친다.

왕과 그의 약속

101 〔다윗의 노래〕

주님, 주님의 사랑과 정의를
노래하렵니다. 주님께 노래로 찬
양드리렵니다.
2 흠 없는 길을 배워 깨달으렵니다.
언제 나에게로 오시렵니까?
나는 내 집에서 흠이 없는 마음
으로 살렵니다.
3 불의한 일은 눈 앞에 얼씬도 못하
게 하렵니다.
거스르는 행위를 미워하고, 그
런 일에는 집착하지 않겠습니다.
4 구부러진 생각을 멀리하고, 악한
일에는 함께 하지 않겠습니다.
5 숨어서 이웃을 헐뜯는 자는, ㉠침
묵하게 만들고, 눈이 높고 마음이
오만한 자는, 그대로 두지 않으렵
니다.
6 나는 이 땅에서 믿음직한 사람
을 눈여겨보았다가, 내 곁에 있게
하고, 흠이 없이 사는 사람을 찾
아서 나를 받들게 하렵니다.
7 속이는 자는 나의 집에서 살지
못하게 하며, 거짓말하는 자는 내
앞에 서지 못하게 하렵니다.
8 이 땅의 모든 악인들에게 아침
마다 ㉡입을 다물게 하고, 사악한
자들을 모두 주님의 성에서 끊어
버리겠습니다.

환난 때의 기도

102 〔가련한 사람이 고난을 받을 때에, 자신의 고민을 주님께 토로하는 기도〕

1 주님, 내 기도를 들어 주시고,
내 부르짖음이 주님께 이르게 해
주십시오.
2 내가 고난을 받을 때에, 주님의 얼
굴을 숨기지 마십시오. 내게 주님
의 귀를 기울여 주십시오. 내가
부르짖을 때에, 속히 응답하여 주
십시오.
3 아, 내 날은 연기처럼 사라지고,
내 뼈는 화로처럼 달아올랐습니
다.
4 음식을 먹는 것조차 잊을 정도로,
내 마음은 풀처럼 시들어서, 말라
버렸습니다.
5 신음하다 지쳐서, 나는 뼈와 살이

101편 요약 이스라엘의 왕권 제도는 하나님께서 택한 자를 통해 이스라엘 백성을 다스리신다는 개념 위에 세워진 것이다. 따라서 *이스라엘의 왕*은 항상 하나님의 뜻에 따라 나라를 다스려야 했다. 이 시편은 다윗을 계승한 왕들의 즉위식 때 사용되었던 것으로 추측된다.

102편 요약 시인은 민족적 수난을 개인의 수난과 동일시하며, 암담한 현실과 고통을 토로하였다. 그러나 시인은 예레미야 예언자의 예언대로 하나님께서 택한 백성을 회복시켜 주실 줄로 믿고 찬양하였다.

102:1–11 시인은 자기가 당면한 개인적인 고난을 하나님께 아뢴다. 그러나 이것은 시인만의 고난이 아니라 전체 이스라엘이 겪는 고난이다.

㉠ 또는 '내가 멸하여 버리고' 또는 '내가 없애 버리고' ㉡ 또는 '멸하여 버리고' 또는 '없애 버리고'

달라붙었습니다.
6 나는 광야의 올빼미와도 같고, 폐
허 더미에 사는 부엉이와도 같이
되었습니다.
7 내가 누워서, 잠을 이루지 못하는
것이, 마치, 지붕 위의 외로운 새
한 마리와도 같습니다.
8 원수들이 종일 나를 모욕하고, 나
를 비웃는 자들이 내 이름을 불
러 저주합니다.
9 나는 재를 밥처럼 먹고, 눈물 섞
인 물을 마셨습니다.
10 주님께서 저주와 진노로 나를 들
어서 던지시니,
11 내 사는 날이 기울어지는 그림자
같으며, 말라 가는 풀과 같습니다.
12 그러나 주님, 주님은 영원히 보
좌에서 다스리시며, 주님의 이름
은 대대로 찬양을 받을 것입니다.
13 주님, 일어나셔서 시온을 긍휼히
여겨 주십시오. 때가 왔습니다. 시
온에 은혜를 베푸실 때가 왔습니
다.
14 주님의 종들은 시온의 돌들만 보
아도 즐겁습니다. 그 티끌에도 정
을 느낍니다.
15 뭇 나라가 주님의 이름을 두려
워하고, 이 땅의 왕들이 주님의
영광을 두려워할 것입니다.
16 주님께서 시온을 다시 세우시고,
그 영광 가운데 나타나실 것이기
때문입니다.
17 헐벗은 사람의 기도를 들으시며,
그들의 기도를 업신여기지 않을
것입니다.
18 다음 세대가 읽도록 주님께서
하신 일을 기록하여라. 아직 창조
되지 않은 백성이, 그것을 읽고 주
님을 찬양하도록 하여라.
19 주님께서 성소 높은 곳에서 굽어
보시고, 하늘에서 땅을 살펴보셨
다.
20 갇힌 사람들의 신음 소리를 들으
시고, 죽게 된 사람들을 풀어 놓
아 주셨다.
21 시온에서 주님의 이름이 널리 퍼
지고, 예루살렘에서 주님께 드리
는 찬양이 울려 퍼질 때에,
22 뭇 백성이 다 모이고, 뭇 나라가
함께 주님을 섬길 것이다.
23 ㉠나는 아직 한창 때인데 기력
이 쇠하여지다니, 주님께서 나의
목숨 거두시려나?
24 나는 아뢰었다. "나의 하나님, 중
년에 나를 데려가지 마십시오. 주
님의 햇수는 대대로 무궁합니다."
25 그 옛날 주님께서는 땅의 기초
를 놓으시며, 하늘을 손수 지으셨
습니다.
26 하늘과 땅은 모두 사라지더라도,

102:12–22 영원하신 하나님께서 시온을 회복하실 것임을 확신하며(12–17절), 하나님의 구원 행위가 미래 세대를 위해 기록되고, 이를 통해 하나님께서 계속해서 찬양 받으실 것임을 예언하고 있다.

102:13 시온 예루살렘 성전과 이스라엘 왕국을 가리킨다.

102:17 헐벗은 사람의 기도 포로가 된 이스라엘 백성의 기도를 의미한다.

102:18 아직 창조되지 않은 백성 직접적으로는 이스라엘의 후손으로 건설될 왕국, 이스라엘을 말한다. 메시아로 인해 구원받을 만인을 가리켜 예언한 것으로도 볼 수 있다.

102:23–28 시인은 여기서 하나님의 영원성을 부여잡고 유한한 인간사의 덧없음을 해결하려고 한다. 시인은 자신의 소원이 성취되는 것과 관계없이 영원하신 하나님께 자신을 의탁한다(28절).

㉠ 또는 '그의 능력으로 내 기력을 쇠하여지게 하시니'

주님만은 그대로 계십니다. 그것
들은 모두 옷처럼 낡겠지만, 주님
은 옷을 갈아입듯이 그것들을 바
꾸실 것이니, 그것들은 다만, 지나
가 버리는 것일 뿐입니다.
27 주님은 언제나 한결같습니다. 주
님의 햇수에는 끝이 없습니다.
28 주님의 종들의 자녀는 평안하게
살 것이며, 그 자손도 주님 앞에
굳건하게 서 있을 것입니다.

주님의 놀라운 사랑

103

(다윗의 노래)

내 영혼아, 주님을 찬송하
여라. 마음을 다하여 그 거룩하신
이름을 찬송하여라.
2 내 영혼아, 주님을 찬송하여라. 주
님이 베푸신 모든 은혜를 잊지 말
아라.
3 주님은 너의 모든 죄를 용서해 주
시는 분, 모든 병을 고쳐 주시는
분,
4 생명을 파멸에서 속량해 주시는
분, 사랑과 자비로 단장하여 주시
는 분,
5 평생을 좋은 것으로 흡족히 채워
주시는 분, 네 젊음을 독수리처럼
늘 새롭게 해 주시는 분이시다.
6 주님은 공의를 세우시며 억눌린
모든 사람의 권리를 변호하신다.
7 모세에게 주님의 뜻을 알려 주셨
고, 이스라엘 자손에게 주님의 행
적들을 알려 주셨다.
8 주님은 자비롭고, 은혜로우시며,
노하기를 더디하시며, 사랑이 그
지없으시다.
9 두고두고 꾸짖지 않으시며, 노를
끝없이 품지 않으신다.
10 우리 죄를, 지은 그대로 갚지 않으
시고 우리 잘못을, 저지른 그대로
갚지 않으신다.
11 하늘이 땅에서 높음같이, 주님을
두려워하는 사람에게는, 그 사랑
도 크시다.
12 동이 서에서부터 먼 것처럼, 우리
의 반역을 우리에게서 멀리 치우
시며,
13 부모가 자식을 가엾게 여기듯이,
주님께서는 주님을 두려워하는 사
람을 가엾게 여기신다.
14 주님께서는 우리가 어떻게 창조되
었음을 알고 계시기 때문이며, 우
리가 한갓 티끌임을 알고 계시기
때문이다.
15 인생은, 그 날이 풀과 같고, 피
고 지는 들꽃 같아,
16 바람 한 번 지나가면 곧 시들어,
그 있던 자리마저 알 수 없는 것이
다.
17 그러나 주님을 경외하는 사람에
게는 주님의 사랑이 영원에서 영

103편 요약 다윗은 먼저 하나님께서 자신에게 베풀어 주신 풍성한 은혜, 곧 죄 용서와 기도에 대한 응답, 자신을 각종 위기 상황에서 구원해 주신 것 등을 찬양하였다. 그리고 이어서는 이스라엘의 완악함에도 불구하고 죄를 용서하시고 지금까지 언약 관계를 지켜 주신 데 대해 감사와 찬양을 드렸다.

103:6–18 시인은 먼저 이스라엘의 이집트 탈출과 광야 생활에서 보여 주신 하나님의 공의(6–7절)와 이스라엘의 죄악을 벌하지 않으시고 용서하시는 하나님의 자비를 찬양했다(8–12절). 이어서 연약한 인생의 실상을 아시는 하나님께서 그 분을 두려워하고 언약을 지키는 사람들을 가엾게 여기실 것임을 상기시키고 있다(13–18절).

103:13 부모·자식 이스라엘의 연약함과 그 위에 무한히 베푸시는 하나님의 은혜를 기르시는 자와 성장하는 자의 관계로 표현한다.

원까지 이르고, 주님의 의로우심
은 자손 대대에 이를 것이니,
18 곧 주님의 언약을 지키고 주님의
법도를 기억하여 따르는 사람에
게 이를 것이다.
19 주님은 그 보좌를 하늘에 든든
히 세우시고, 그의 나라는 만유를
통치하신다.
20 주님의 모든 천사들아, 주님의 말
씀을 듣고 따르는, 힘찬 용사들아,
주님을 찬양하여라.
21 주님의 모든 군대들아, 그의 뜻을
이루는 종들아, 주님을 찬양하여
라.
22 주님께 지음 받은 사람들아, 주님
께서 통치하시는 모든 곳에서 주
님을 찬송하여라. 내 영혼아, 주님
을 찬송하여라.

주님이 피조물을 돌보신다

104 내 영혼아, 주님을 찬송하
여라. 주, 나의 하나님, 주님
은 더없이 위대하십니다. 권위와
위엄을 갖추셨습니다.
2 주님은 빛을 옷처럼 걸치시는 분,
하늘을 천막처럼 펼치신 분,
3 물 위에 누각의 들보를 놓으신 분,
구름으로 병거를 삼으시며, 바람
날개를 타고 다니시는 분,
4 바람을 ㉠심부름꾼으로 삼으신
분, 번갯불을 시종으로 삼으신 분
이십니다.
5 주님께서는 땅의 기초를 든든
히 놓으셔서, 땅이 영원히 흔들리
지 않게 하셨습니다.
6 옷으로 몸을 감싸듯, 깊은 물로
땅을 덮으시더니, 물이 높이 솟아
서 산들을 덮었습니다.
7 그러나 주님께서 한 번 꾸짖으시
니 물이 도망 치고, 주님의 천둥소
리에 물이 서둘러서 물러갑니다.
8 물은 산을 넘고, 골짜기를 타고 내
려가서, 주님께서 정하여 주신 그
자리로 흘러갑니다.
9 주님은 경계를 정하여 놓고 물이
거기를 넘지 못하게 하시며, 물이
되돌아와서 땅을 덮지 못하게 하
십니다.
10 주님은, 골짜기마다 샘물이 솟
아나게 하시어, 산과 산 사이로 흐
르게 하시니,
11 들짐승이 모두 마시고, 목마른 들
나귀들이 갈증을 풉니다.
12 하늘의 새들도 샘 곁에 깃들며, 우
거진 나뭇잎 사이에서 지저귑니
다.
13 누각 높은 곳에서 산에 물을 대주
시니, 이 땅은 주님께서 내신 열매
로 만족합니다.
14 주님은, 들짐승들이 뜯을 풀이
자라게 하시고, 사람들이 밭갈이

104편 요약 저자와 저작 시기를 알 수 없는 이 시는 크게 두 부분으로 나뉜다. 먼저 전반부는 천지 만물을 창조하신 하나님의 사역을 장엄하게 묘사한다. 후반부는 창조 세계를 통해 드러난 하나님의 영광을 찬양하고 하나님의 창조 질서를 파괴하는 악인들을 제거해 주시기를 간구하고 있다.

㉠ 또는 '천사들'

104:2-4 창조의 첫째 날과 둘째 날에 관련된 하늘의 현상을 노래하고 있다(창 1:3-8).

104:5-9 땅의 실상을 노래한다. 땅을 만드사 그것을 물과 구별하신 것이 주제가 된다(창 1:9-10).

104:10-18 동물과 초목과 사람의 생명 유지에 꼭 필요한 물에 대해 노래하고(참조. 창 2:5-6), 동물과 사람에게 양식과 거처와 피난처를 제공하는 식물에 대해 노래하고 있다(창 1:11-13).

104:15 포도주·기름·먹거리 포도나무·올리브 나무

로 채소를 얻게 하시고, 땅에서 먹
거리를 얻게 하셨습니다.
15 사람의 마음을 즐겁게 하는 포도
주를 주시고, 얼굴에 윤기가 나게
하는 기름을 주시고, 사람의 힘을
북돋아 주는 먹거리도 주셨습니
다.
16 주님께서 심으신 나무들과 레
바논의 백향목들이 물을 양껏 마
시니,
17 새들이 거기에 깃들고, 황새도 그
꼭대기에 집을 짓습니다.
18 높은 산은 산양이 사는 곳이며,
바위 틈은 오소리의 피난처입니
다.
19 때를 가늠하도록 달을 지으시
고, 해에게는 그 지는 때를 알려
주셨습니다.
20 주님께서 어둠을 드리우시니, 밤
이 됩니다. 숲 속의 모든 짐승은
이 때부터 움직입니다.
21 젊은 사자들은 먹이를 찾으려고
으르렁거리며, 하나님께 먹이를
달라고 울부짖다가,
22 해가 뜨면 물러가서 굴에 눕고,
23 사람들은 일을 하러 나와서, 해가
저물도록 일합니다.
24 주님, 주님께서 손수 만드신 것
이 어찌 이리도 많습니까? 이 모
든 것을 주님께서 지혜로 만드셨
으니, 땅에는 주님이 지으신 것으
로 가득합니다.
25 저 크고 넓은 바다에는, 크고 작
은 고기들이 헤아릴 수 없이 우글
거립니다.
26 물 위로는 배들도 오가며, 주님이
지으신 ㉠리워야단도 그 속에서
놉니다.
27 이 모든 피조물이 주님만 바라
보며, 때를 따라서 먹이 주시기를
기다립니다.
28 주님께서 그들에게 먹이를 주시
면, 그들은 받아 먹고, 주님께서
손을 펴 먹을 것을 주시면 그들은
만족해 합니다.
29 그러나 주님께서 얼굴을 숨기시면
그들은 떨면서 두려워하고, 주님
께서 호흡을 거두어들이시면 그
들은 죽어서 본래의 흙으로 돌아
갑니다.
30 주님께서 ㉡주님의 영을 불어넣으
시면, 그들이 다시 창조됩니다. 주
님께서는 땅의 모습을 다시 새롭
게 하십니다.
31 주님의 영광은 영원하여라. 주
님은 친히 행하신 일로 기뻐하신
다.
32 주님이 굽어보기만 하셔도 땅은
떨고, 주님이 산에 닿기만 하셔도
산이 연기를 뿜는다.

·밀로, 팔레스타인의 대표적인 고급 농작물이다.

104:19-23 달과 해는 이스라엘 주변 국가에서는 신으로 섬겨왔다. 그러나 이스라엘에서는 하나님*이 만드신 피조물*에 지나지 않다(창 1:14-19).

104:24-26 바다 24절은 하나님의 창조에 대한 일반적 서술이다(잠 3:19;8:22-31). 25-26절은 창세기 1:20-21과 평행 구절이다.

104:27-30 하나님이 은혜를 거두시면 모든 인간은 흙으로 돌아가게 된다(욥 27:3;34:14-15;전 12:7). 하나님의 창조의 영이 세상과 자연 속에서 섭리하시기 때문에 생명이 존재한다(30절).

104:27 이 모든 피조물 10-26절까지 열거된 모든 생물을 말한다.

104:31-35 시인은 창조 세계를 통해 드러난 하나님의 영광이 영원할 것을 기원한다. 나아가 창조 질서를 파괴하는 악인을 하나님께서 제거하시기를 간구하며, '할렐루야'로 시를 끝맺고 있다.

㉠ 큰 바다 괴물 ㉡ 또는 '주님의 숨'

33 내가 살아 있는 동안, 나는 주님
을 노래할 것이다. 숨을 거두는
그 때까지 나의 하나님께 노래할
것이다.
34 내 묵상을 주님이 기꺼이 받아 주
시면 좋으련만! 그러면 나는 주님
의 품 안에서 즐겁기만 할 것이다.
35 죄인들아, 이 땅에서 사라져라. 악
인들아, 너희도 영원히 사라져라.
내 영혼아, 주님을 찬송하여라.
㉠할렐루야.

주님을 신뢰하여라 (대상 16:8-22)

105 너희는 주님께 감사하면서,
그의 이름을 불러라. 그가
하신 일을 만민에게 알려라.
2 그에게 노래하면서, 그를 찬양하
면서, 그가 이루신 놀라운 일들을
전하여라.
3 그의 거룩하신 이름을 찬양하여
라. 주님을 찾는 이들은 기뻐하여
라.
4 주님을 찾고, 그의 능력을 힘써 사
모하고, 언제나 그의 얼굴을 찾아
예배하여라.
5 주님께서 이루신 놀라운 일을 기
억하여라. 그 이적을 기억하고, 내
리신 판단을 생각하여라.
6 그의 종, 아브라함의 자손아, 그가
택하신 야곱의 자손아!
7 그가 바로 주 우리의 하나님이
시다. 그가 온 세상을 다스리신다.
8 그는, 맺으신 언약을 영원히 기억
하신다. 그가 허락하신 약속이 자
손 수천 대에 이루어지도록 기억
하신다.
9 그것은 곧 아브라함과 맺으신 언
약이요, 이삭에게 하신 맹세요,
10 야곱에게 세워 주신 율례요, 이스
라엘에게 지켜 주실 영원한 언약
이다.
11 "내가 이 가나안 땅을 너희에게 줄
것이다. 이것은 너희가 대대로 물
려줄 기업이다." 하고 말씀하셨다.
12 그 때에 ㉡너희의 수효가 극히
적었고, 그 땅에서 나그네로 있었
으며,
13 이 민족에게서 저 민족에게로, 이
나라에서 다른 나라 백성에게로,
떠돌아다녔다.
14 그러나 주님께서는, 아무도 ㉡너희
를 억누르지 못하게 하셨고, ㉡너
희를 두고 왕들에게 경고하시기
를,
15 "내가 기름 부어 세운 사람에게
손을 대지 말며, 나의 예언자들을
해치지 말아라" 하셨다.
16 그 뒤에 주님께서 그 땅에 기근
을 불러들이시고, 온갖 먹거리를
끊어 버리셨다.
17 그런데 주님은 그들보다 앞서 한

105편 요약 창세기 12장에서 주어진 하나님의 약속이 성취되기까지의 이스라엘 역사를 압축하고 있는 서사시이다. 시인은 하나님께서 가나안 땅을 아브라함, 이삭, 야곱의 자손에게 주시겠다고 맹세하신 약속을 이행하셨는가를 증거하기 위해 이스라엘 족장 시대로부터 가나안 정복, 정착 때까지의 역사를 회고한 것이다.

105:1–6 이스라엘 자손에게 하나님께 대한 감사와 찬양과 신뢰를 권면하고(1–4절), 이어서 하나님의 구원 행위를 기억할 것을 촉구하고 있다(5–6절).

105:7–11 하나님은 조상들과 세우신 언약(창 12:7;13:14–18;26:3;28:13–14)을 영원히 기억하시는 분이심을 밝히고 있다.

㉠ 또는 '주님을 찬송하여라'. 칠십인역은 여기에서부터 105편이 시작 됨 ㉡ 히브리어 사본 가운데 대다수와 시리아어역과 타르굼을 따름.(대상 16:19를 볼 것) 히, '그들'

사람을 보내셨으니, 그는 종으로
팔린 요셉이다.
18 사람들은 그 발에 차꼬를 채우고,
그 목에는 쇠칼을 씌웠다.
19 마침내 그의 예언은 이루어졌다.
주님의 말씀은 그의 진실을 증명
해 주었다.
20 왕은 사람을 보내어 그를 석방하
였다. 뭇 백성의 통치자가 그를 자
유의 몸이 되게 하였고,
21 그를 세워서 나라의 살림을 보살
피는 재상으로 삼아서, 자기의 모
든 소유를 주관하게 하며,
22 그의 뜻대로 모든 신하를 다스리
게 하며, 원로들에게 지혜를 가르
치게 하였다.
23 그 때에 이스라엘이 이집트로
내려갔고, 야곱은 함의 땅에서 나
그네로 살았다.
24 주님께서 자기의 백성을 크게 불
어나게 하셔서 그 대적들보다 강
하게 하셨으며,
25 그들의 마음을 변하게 하셔서 자
기의 백성을 미워하게 하시며, 자
기의 종들을 교묘하게 속이게 하
셨다.
26 그러므로 그가 종 모세와 택하
신 아론을 보내셔서,
27 백성에게 그의 표징을 보이게 하
시고 함의 땅에서 기사를 행하게
하셨다.
28 그가 어둠을 보내셔서 캄캄하게
하셨지만, 그들은 그의 말씀을 거
역하였다.
29 그가 물을 모두 피로 변하게 하셔
서 물고기를 죽게 하셨으며,
30 땅에는 온통 개구리가 득실거리
게 하셔서 왕실 안방까지 우글거
리게 하셨다.
31 그가 말씀하시니, 파리 떼와 ㉠이
가 몰려와서, 그들이 사는 온 땅
을 덮쳤다.
32 비를 기다릴 때에 우박을 내리셨
고, 그 땅에 화염을 보내셨다.
33 포도나무와 무화과나무를 치시
고, 그들이 사는 지경 안의 나무
를 꺾으셨다.
34 그가 말씀하시니, 이런 메뚜기 저
런 메뚜기 할 것 없이 수없이 몰려
와서,
35 온갖 풀을 갉아먹고 땅에서 나는
모든 열매를 먹어 치웠다.
36 그가 또 모든 기력의 시작인 그
땅의 장남을 모두 치셨다.
37 그들로 은과 금을 가지고 나오
게 하시니, 그 지파 가운데서 비틀
거리는 이가 한 사람도 없었다.
38 이집트 사람은 두려움에 떨고 있
었으므로, 그들이 떠날 때 기뻐하
였다.

105:12-41 언약의 성취를 위한 하나님의 구원 행위를 논증하기 위해 족장들의 떠돌아다니는 삶(12-15절), 이집트로 팔려 간 요셉의 투옥 및 *총리 대신*(재상)이 되는 과정(16-22절), 이스라엘 자손의 이집트 이주(23절), 그들의 번성과 노예화(24-25절), 재앙을 통한 이집트 탈출(26-38절), 그리고 계속된 기적을 통한 광야에서의 인도하심(39-41절)을 서술하고 있다.
105:13-15 족장들의 삶이 떠돌아다니는 삶이었다는 것을 기술한다. 14-15절은 특히 그들이 떠돌아다니는 중에 겪었던 어려움으로부터 하나님께서 그들을 보호하신 사실을 상기시키고 있다.
105:43-45 하나님께서 이스라엘에게 신실하셨던 목적을 밝힌다. 특히 44절은 여호수아기서의 전체를 반영한다. 43-44절은 11절과 대응한다. 45절은 하나님의 신실하심의 목적이다. 하나님의 언약에 대해 백성들도 성실할 것을 촉구하는 것이다.

㉠ 또는 '모기'

39 그는 구름을 펼치셔서 덮개로 삼
으시고, 불로 밤길을 밝혀 주셨다.
40 그들이 먹거리를 찾을 때에, 그가
메추라기를 몰아다 주시며, 하늘
양식으로 배부르게 해주셨다.
41 반석을 갈라서 물이 흐르게 하셨
고, 마른 땅에 강물이 흐르게 하
셨다.
42 이것은 그가 그의 종 아브라함에
게 하신 그 거룩하신 말씀을 기억
하셨기 때문이다.
43 그는 그의 백성을 흥겹게 나오
게 하시며 그가 뽑으신 백성이 기
쁜 노래를 부르며 나오게 하셨다.
44 그들에게 여러 나라의 땅을 주셔
서, 여러 민족이 애써서 일군 땅을
물려받게 하셨다.
45 이것은 그들에게 그의 율례를 지
키고 그의 법을 따르게 하기 위함
이었다.
㉠할렐루야.

민족이 용서를 빔

106

㉠할렐루야. 주님께 감사하
여라. 그는 선하시며, 그 인
자하심이 영원하다.
2 주님의 능력으로 이루신 일을 누
가 다 알릴 수 있으며, 주님께서
마땅히 받으셔야 할 영광을 누가
다 찬양할 수 있으랴?
3 공의를 지키는 이들과 언제나 정
의를 실천하는 이들은 복이 있다.
4 주님, 주님의 백성에게 은혜를
베푸실 때에, 나를 기억하여 주십
시오. 그들을 구원하실 때에, 나
를 기억하여 주십시오.
5 주님께서 택하신 백성의 번영을
보게 해주시며, 주님 나라에 넘치
는 기쁨을 함께 누리게 해주시며,
주님의 기업을 자랑하게 해주십시
오.
6 우리도 우리 조상처럼 죄를 지
었으며, 나쁜 길을 걸으며 악행을
저질렀습니다.
7 우리의 조상이 이집트에 있을
때에, 주님께서 일으키신 기적들
을 깨닫지 못하고, 주님의 그 많은
사랑을 기억하지도 못한 채로, 바
다 곧 ㉡홍해에서 주님을 거역하였
습니다.
8 그러나 주님께서는 주님의 명성을
위하여, 주님의 권능을 알리시려
고 그들을 구원해 주셨습니다.
9 주님께서 ㉡홍해를 꾸짖어 바다를
말리시고 그들로 깊은 바다를 광
야처럼 지나가게 하셨습니다.
10 미워하는 자들의 손에서 그들을
건져내시고, 원수의 손에서 그들
을 속량해 주셨습니다.
11 물이 대적을 덮으므로, 그 가운데
서 한 사람도 살아 남지 못하였습

106편 요약 105편이 언약에 신실하신 하나님을 찬양한 시라면, 본시는 이스라엘의 패역에도 불구하고 끝까지 용납하시고 은혜를 베푸신 하나님을 찬양한 시이다. 여기서 시인은 이집트 탈출에서부터 바빌로니아 포로 때까지의 이스라엘의 타락사를 회고하고 있다.

106:1–5 서시 이스라엘의 역사 속에는 하나님의 선하심과 인자하심이 나타난다. 시인은 민족 위에 베푸신 은총을 자신에게도 베풀어 달라고 간구한다(4–5절).

106:7–12 홍해에서 이스라엘 백성들은 하나님의 권능과 사랑을 망각하고 모세를 원망하였다. 그러나 하나님은 홍해를 갈라 그들을 무사히 건너가게 하시고, 추격하던 이집트 군대를 수장시키셨다(출 14장).

106:7 기적, 사랑 하나님께서 보여주신 '기적'은 이

㉠ 또는 '주님을 찬송하여라' ㉡ 히. '얌 쑤프'

니다.
12 그제서야 그들은 주님의 말씀을
믿었고, 주님께 찬송을 불렀습니
다.
13 그러나 그들은, 어느새 주님이
하신 일들을 잊어버리고, 주님의
가르침을 기다리지 않았습니다.
14 그들은 광야에서 욕심을 크게 내
었고 사막에서는 하나님을 시험하
기까지 하였습니다.
15 그래서 주님께서는 그들이 요구한
것을 주셨지만, 그 영혼을 파리하
게 하셨습니다.
16 그들은 또한, 진 한가운데서도
모세를 질투하고, 주님의 거룩한
자 아론을 시기하였습니다.
17 마침내 땅이 입을 벌려 다단을 삼
키고, 아비람의 무리를 덮어 버렸
습니다.
18 불이 그들의 무리를 불사르고, 불
꽃이 악인들을 삼켜 버렸습니다.
19 그들은 호렙에서 송아지 우상
을 만들고, 부어 만든 우상을 보
고 절을 하였습니다.
20 그들은 자기들의 영광이 되신 분
을 풀을 먹는 소의 형상과 바꾸어
버렸습니다.
21 그들은 또한, 이집트에서 큰 일을
이룩하신, 자기들의 구원자 하나
님을 잊어버렸습니다.
22 함의 땅에서 행하신 놀라운 이적
들도, ㉠홍해에서 행하신 두려운
일들도, 그들은 모두 잊어버렸습
니다.
23 그래서 주님께서는, 그들을 멸망
시키겠다고 선언하셨으나, 주님께
서 택하신 모세가 감히 주님 앞에
나아가 그 갈라진 틈에 서서 파멸
의 분노를 거두어들이시게 하였습
니다.
24 그들은 주님께서 주신 그 낙토
를 천하게 여기고, 주님의 약속을
믿지 않았습니다.
25 그들은 장막에서 불평만 하면서,
주님의 말씀에 순종하지 않았습
니다.
26 그래서 주님께서는 그들에게 손을
들어 맹세하시고, 그들을 광야에
서 쓰러지게 하셨으며,
27 그 자손을 뭇 나라 앞에서 거꾸러
지게 하시고, 이 나라 저 나라로
흩어지게 하셨습니다.
28 그들은 또 바알브올과 짝하고,
죽은 자에게 바친 제사음식을 먹
었습니다.
29 이러한 행실로, 그들은 하나님을
격노하게 하여서, 재앙이 그들에
게 들이닥쳤습니다.
30 그 때에 비느하스가 일어나서 심판
을 집행하니, 재앙이 그쳤습니다.

집트 사람에게 내린 재앙으로, 이러한 재앙은 이스라엘을 향한 보호를 사랑으로 나타내신 것이다(참조. 출 6–14장).

*106:13–18 이스라엘*은 만나에 싫증을 느끼고 탐욕으로 고기를 요구한다(민 11:4–6). 또 모세와 아론을 질투하던 고라 자손과 다단과 아비람은 반란을 일으켰다(참조. 민 16장). 하나님은 이스라엘의 탐욕과 질투를 응징하셨다(15,17–18절).

106:19–23 금송아지를 만들어 섬긴 사건을 말한다(참조. 출 32:1–35;신 9:8–21). 이스라엘 백성들은 이집트 땅과 홍해에서 행하신 하나님의 능력을 망각하고(21–22절), 하나님을 짐승에 비기어 그 영광을 짓밟았다. 이런 백성을 하나님은 멸하시려 했으나(출 32:10), 모세의 필사적인 간구로(23절;출 32:11–14,31–32) 이스라엘을 용서하셨다.

106:28–31 모압의 땅 브올에서 바알 우상을 숭

㉠ 히. '얌 쑤프'

31 이 일은 대대로 길이길이 비느하
스의 의로 인정되었습니다.
32 그들이 또 므리바 물 가에서 주
님을 노하시게 하였으므로 이 일
로 모세까지 화를 입었으니,
33 그들이 ㉠모세의 기분을 상하게
하여 모세가 망령되이 말을 하였
기 때문입니다.
34 그들은, 주님께서 그들에게 당
부하신 대로 이방 백성을 전멸했
어야 했는데,
35 오히려 이방 나라와 섞여서, 그들
의 행위를 배우며,
36 그들의 우상들을 섬겼으니, 이런
일들이 그들에게 올가미가 되었습
니다.
37 그들은 또한 귀신들에게 자기의
아들딸들을 제물로 바쳐서,
38 무죄한 피를 흘렸으니, 이는 가나
안의 우상들에게 제물로 바친 그
들의 아들딸이 흘린 피였습니다.
그래서 그 땅은 그 피로 더러워졌
습니다.
39 그들은 그런 행위로 더러워지고,
그런 행동으로 음란하게 되었습니
다.
40 그래서 주님께서는 주님의 백성
에게 진노하시고, 주님의 기업을
싫어하셔서,
41 그들을 뭇 나라의 손에 넘기시니,
그들을 미워하는 자들이 그들을
다스리게 되었습니다.
42 원수들이 그들을 억압하였고, 그
들은 그 권세 아래에 복종하는 신
세가 되었습니다.
43 주님께서는 그들을 여러 번 건져
주셨지만, 그들은 자신들의 생각
대로 계속하여 거역하며, 자신들
의 죄악으로 더욱 비참하게 되었
습니다.
44 그러나 주님께서는 그들의 부르짖
음을 들으실 때마다, 그들이 받는
고난을 살펴보아 주셨습니다.
45 그들을 위하여 그들과 맺으신 그
언약을 기억하셨으며, 주님의 그
크신 사랑으로 뜻을 돌이키시어,
46 마침내 주님께서는 그들을 사로잡
아 간 자들이 그들에게 자비를 베
풀도록 하셨습니다.
47 주, 우리의 하나님, 우리를 구원
하여 주십시오. 여러 나라에 흩어
진 우리를 모아 주십시오. 주님의
거룩한 이름에 감사하며, 주님을
찬양하며, 주님께 영광을 돌리게
해주십시오.
48 주, 이스라엘의 하나님, 영원토
록 찬송을 받아 주십시오.
온 백성은 "아멘!" 하고 응답하
여라.
㉡할렐루야.

배했던 죄를 회상한다(참조. 민 25:1-18). 이 당시 아론의 손자 비느하스가 이스라엘에서 악을 몰아내는 데 선봉에 섰다(30-31절).

106:34-39 가나안의 우상 숭배를 본받음으로 죄악을 범했던 사건을 회상한다(신 20:16-18;삿 1:21-26). 가나안 원주민을 모두 쫓아내지 않고(34절;삿 1:27-36) 교류함으로 이스라엘은 그들의 악한 풍습과 종교를 받아들이게 되었다(35-36절). 특히 아들딸을 제물로 바치는 일이 일어났고(37-38절;신 12:31;왕하 3:27), 결혼의 신성함이 음란함으로 변질되어 갔다(39절).

106:40-46 사사 시대의 불순종이 반복되었음을 상기한다. 이스라엘은 불순종으로 이방의 억압을 받으면 주님께 부르짖었고, 그러면 주님께서 사사들을 보내 백성들을 구원하셨다. 사사 시대는 이러한 과정이 반복되는 거역의 역사였다.

㉠ 또는 '주님의 영을' 또는 '하나님의 영을' ㉡ 또는 '주님을 찬송하여라'

제 5 권

(시편 107-150)

주님은 당신의 백성을 선대하신다

107 주님께 감사드려라. 그는 선
하시며, 그의 인자하심이 영
원하다.
2 주님께 구원받은 사람들아, 대적
의 손에서 구원받은 사람들아, 모
두 주님께 감사드려라.
3 ㉠동서 남북 사방에서, 주님께서
모아들이신 사람들아, 모두 주님
께 감사드려라.
4 어떤 이들은 광야의 사막에서
길을 잃고, 사람이 사는 성읍으로
가는 길을 찾지 못했으며,
5 배고프고 목이 말라, 기력이 다 빠
지기도 하였다.
6 그러나 그들이 그 고난 가운데서
주님께 부르짖을 때에, 주님께서
는 그들을 그 고통에서 건지시고,
7 바른길로 들어서게 하셔서, 사람
이 사는 성읍으로 들어가게 하셨
다.
8 주님의 인자하심을 감사하여라.
사람들에게 베푸신 주님의 놀라
운 구원을 감사하여라.
9 주님께서는 목마른 사람에게 물
을 실컷 마시게 하시고, 배고픈 사
람에게 좋은 음식을 마음껏 먹게
해주셨다.
10 사람이 어둡고 캄캄한 곳에서
살며, 고통과 쇠사슬에 묶이는 것
은,
11 그들이 하나님의 말씀을 거역하
고, 가장 높으신 분의 뜻을 저버렸
기 때문이다.
12 그러므로 주님께서는 그들의 마
음에 고통을 주셔서 그들을 낮추
셨으니, 그들이 비틀거려도 돕는
사람이 없었다.
13 그러나 그들이 고난 가운데서 주
님께 부르짖을 때에, 그들을 그 곤
경에서 구원해 주셨다.
14 어둡고 캄캄한 데서 건져 주시고,
그들을 얽어 맨 사슬을 끊어 주셨
다.
15 주님의 인자하심을 감사하여라.
사람에게 베푸신 주님의 놀라운
구원을 감사하여라.
16 주님께서 놋대문을 부수시고, 쇠
빗장을 깨뜨리셨기 때문이다.
17 어리석은 자들은, 반역의 길을
걷고 죄악을 저지르다가 고난을
받아
18 밥맛까지 잃었으니, 이미 죽음의
문턱에까지 이르렀다.
19 그 때에 그들이 고난 가운데서 주
님께 부르짖으니, 주님께서 그들
을 곤경에서 구원해 주셨다.

107편 요약 본시는 106편과 마찬가지로 바빌로니아 포로 귀환 이후에 이스라엘을 구원하신 하나님의 은혜와 섭리를 찬양한 시이다. 시인은 광야에서 방황하던 자들과 불순종의 결과로 포로 되었던 자들을 하나님이 구원해 주셨음을 들어 구속받은 자들이 하나님께 감사와 찬양을 드릴 것을 권고하고 있다.

㉠ 히, '동서북 바다'

107편 하나님의 구속과 섭리를 찬양한 시이다. 저자는 알려진 바 없고, 저작 시기는 바빌로니아 포로 귀환 후로 보고 있다. 이 시는 예루살렘 성전을 순례하는 자들이 즐겨 부르던 내용이다.

107:4-9 광야에서 방황하던 자들의 구원받음을 찬양하고 있다.

107:10-16 말씀을 거역하고 형벌을 받아 이방에 잡혀갔던 자들의 구원을 찬양하고 있다.

107:17-22 질병에서 고침받은 자의 찬송과 감사

20 단 한 마디 말씀으로 그들을 고쳐
주셨고, 그들을 멸망의 구렁에서
끌어내어 주셨다.
21 주님의 인자하심을 감사하여라.
사람에게 베푸신 주님의 놀라운
구원을 감사하여라.
22 감사의 제물을 드리고, 주님이 이
루신 일을 즐거운 노래로 널리 퍼
뜨려라.
23 배를 타고 바다로 내려가서, 큰
물을 헤쳐 가면서 장사하는 사람
들은,
24 주님께서 하신 행사를 보고, 깊은
바다에서 일으키신 놀라운 기적
을 본다.
25 그는 말씀으로 큰 폭풍을 일으키
시고, 물결을 산더미처럼 쌓으신
다.
26 배들은 하늘 높이 떠올랐다가 깊
은 바다로 떨어진다. 그런 위기에
서 그들은 얼이 빠지고 간담이 녹
는다.
27 그들이 모두 술 취한 사람처럼 비
틀거리며 흔들리니, 그들의 지혜
가 모두 쓸모 없이 된다.
28 그러나 그들이 고난 가운데서 주
님께 부르짖을 때에, 그들을 곤경
에서 벗어나게 해주신다.
29 폭풍이 잠잠해지고, 물결도 잔잔
해진다.
30 사방이 조용해지니 모두들 기뻐
하고, 주님은 그들이 바라는 항구
로 그들을 인도하여 주신다.
31 주님의 인자하심을 감사하여라.
사람에게 베푸신 주님의 놀라운
구원을 감사하여라.
32 백성이 모인 가운데서 그분을 기
려라. 장로들이 모인 곳에서 그분
을 찬양하여라.
33 주님께서는 강들을 사막으로
만드시며, 물이 솟는 샘들을 마른
땅이 되게 하시며,
34 그 곳에서 사는 사람들의 죄악 때
문에, 옥토를 소금밭이 되게 하신
다.
35 그러나 주님께서는 사막을 연못으
로 만드시며, 마른 땅을 물이 솟
는 샘으로 만드시고,
36 굶주린 사람들로 거기에 살게 하
시어, 그들이 거기에다 사람 사는
성읍을 세우게 하시고,
37 밭에 씨를 뿌리며 포도원을 일구
어서, 풍성한 소출을 거두게 하시
며,
38 또 그들에게 복을 주시어, 그들이
크게 번성하게 하시고, 가축이 줄
어들지 않게 하신다.
39 그들이 억압과 고난과 걱정 근
심 때문에 수가 줄어들고 비천해
질 때에,

이다. 질병은 인간이 어리석어 죄악을 저질러 발생한다(17절). 시인의 고난은 죽음의 문턱을 넘나들 정도로 심각한 것이었다(18절). 우둔한 자는 이에 하나님께 부르짖었고, 하나님은 말씀으로 그를 고치시고 곤경에서 구원해 주셨다(19–20절).
107:23–32 폭풍을 주관하시는 분은 하나님이시다(24–25절). 하나님의 능력 앞에서 인간은 불가항력적이지만(27절), 하나님께 기도하자 조용해졌다(28–30절). 항해하는 자가 폭풍에서 건짐 받은 사실에 대해 하나님께 감사하고 찬양한다(31–32절).
107:39–43 교만의 응징, 겸손의 복은 섭리로서 인간의 삶 속에 순환된다는 것이다(39절). 그러나 겸손하여 복을 누리다가 다시 교만하여지면 복을 거두셔서 다시 비굴한 모습으로 낮추신다는 것이다. 이를 통해 진실한 자는 하나님의 의로운 통치를 기뻐할 것이지만 악인은 대적할 근거를 잃게 된다(42절). 이것이 주님의 인자하심과 진노하심이며 이것을 깨닫는 것이 지혜이다(43절).

40 주님께서는 높은 자들에게 능욕
을 부으시고, 그들을 길 없는 황
무지에서 헤매게 하셨지만,
41 가난한 사람은 그 고달픔에서 벗
어나게 해주시고, 그 가족을 양
떼처럼 번성하게 하셨다.
42 정직한 사람은 이것을 보고 즐
거워하고, 사악한 사람은 말문이
막힐 것이다.
43 지혜 있는 사람이 누구냐? 이 일
들을 명심하고, 주님의 인자하심
을 깨달아라.

하나님이 우리와 함께 계시면
(시 57:7-11; 60:5-12)

108

〔다윗의 찬송시〕
하나님, 나는 내 마음을 정
했습니다. ㉠진실로 나는 내 마음
을 확실히 정했습니다. 내가 가락
에 맞추어서 노래를 부르렵니다.
㉡내 영혼아, 깨어나라.
2 거문고야, 수금아, 깨어나라. 내가
새벽을 깨우련다.
3 주님, 내가 만민 가운데서 주님께
감사드리며, 뭇 나라 가운데서 노
래 불러 주님을 찬양하렵니다.
4 주님의 한결같은 그 사랑, 하늘보
다 더 높고, 주님의 진실하심, 구
름에까지 닿습니다.
5 하나님, 주님, 하늘보다 더 높이
높임을 받으시고, 주님의 영광 온
땅 위에 떨치십시오.
6 주님의 오른손을 내미셔서 주님께
서 사랑하시는 사람을 구원하여
주십시오. 나에게 응답하여 주십
시오.
7 하나님께서 ㉢그 성소에서 이렇
게 말씀하셨습니다. "내가 크게
기뻐하련다. 내가 세겜을 나누고,
숙곳 골짜기를 측량하련다.
8 길르앗도 나의 것이요, 므낫세도
나의 것이다. 에브라임은 나의 머
리에 쓰는 투구요, 유다는 나의
통치 지팡이이다.
9 그러나 모압은 나의 세숫대야로
삼고, 에돔에는 나의 신을 벗어 던
져 그것이 내 소유임을 밝히련다.
블레셋을 격파하고 승전가를 부
르련다."
10 누가 나를 견고한 성으로 데리
고 가며, 누가 나를 에돔에까지 인
도합니까?
11 아, 하나님, 우리를 정말로 내버리
신 것입니까? 아, 하나님, 주님께
서 우리 군대와 함께 나아가지 않
으시렵니까?
12 사람의 도움은 헛되니 어서, 우리
를 도우셔서, 이 원수들을 물리쳐
주십시오.
13 하나님이 우리와 함께 하시면,
우리는 승리를 얻을 것이다. 그분

108편 요약 이 시는 다윗의 시로, 하나님께서 택하신 백성을 원수들로부터 구원해 주실 것이라는 확신을 가지고 간구와 찬양을 드리고 있다. 우리가 의지할 분은 오직 하나님뿐이라고 노래한다.

108편 본 시편은 두 편의 다윗의 시, 즉 57:7-11과 60:5-12을 본 시편의 1-5절과 6-13절로 재구성한 것이다. 57편은 다윗이 사울에게 쫓겨 다닐 때, 그리고 60편은 주변 국가들이 침입해 왔을 때 하나님의 도우심을 간구하며 찬송했던 시들이다.

108:7-13 시인은 하나님의 인도를 받아야 승리할 수 있음을 고백한다. 그는 군대의 힘을 의지하지 않고 하나님을 의지하여 승리를 확신한다.

㉠ 히브리어 사본과 칠십인역과 시리아어역을 따름. 마소라 본문에는 이 구절이 없음 ㉡ 시 57:8 비교. 히, '내 영혼도 노래를 부르렵니다' ㉢ 또는 '그의 거룩하심으로'

이 우리의 원수들을 짓밟을 것이
다.

주님의 도움을 비는 기도

109

〔지휘자를 따라 부르는 다윗의 노
래〕

1 ㉠하나님, 내가 주님을 찬양합니
다. 잠잠히 계시지 마십시오.
2 악한 자와 속이는 자가 일제히,
나를 보고 입을 열고, 혀를 놀려
서 거짓말로 나를 비난합니다.
3 미움으로 가득 찬 말을 나에게 퍼
붓고, 이유도 없이 나를 맹렬하게
공격합니다.
4 나는 그들을 사랑하여 그들을 위
하여 기도를 올리건만, 그들은 나
를 고발합니다.
5 그들은 선을 오히려 악으로 갚고,
사랑을 미움으로 갚습니다.
6 "그러므로 ㉡악인을 시켜, 그와
맞서게 하십시오. 고소인이 그의
오른쪽에 서서, 그를 고발하게 하
십시오.
7 그가 재판을 받을 때에, 유죄 판
결을 받게 하십시오. 그가 하는
기도는 죄가 되게 하십시오.
8 그가 살 날을 짧게 하시고 그가
하던 일도 다른 사람이 하게 하십
시오.
9 그 자식들은 아버지 없는 자식이
되게 하고, 그 아내는 과부가 되
게 하십시오.
10 그 자식들은 떠돌아다니면서 구
걸하는 신세가 되고, ㉢폐허가 된
집에서마저 쫓겨나서 밥을 빌어먹
게 하십시오.
11 빚쟁이가 그 재산을 모두 가져 가
고, 낯선 사람들이 들이닥쳐서, 재
산을 모두 약탈하게 하십시오.
12 그에게 사랑을 베풀 사람이 없게
하시고, 그 고아들에게 은혜를 베
풀어 줄 자도 없게 하십시오.
13 자손도 끊어지고, 후대에 이르러,
그들의 이름까지도 지워지게 하십
시오.
14 그의 ㉣아버지가 지은 죄를 주님
이 기억하시고, 그의 어머니가 지
은 죄도 지워지지 않게 하십시오.
15 그들의 죄가 늘 주님에게 거슬리
게 하시고, 세상 사람들이 그를
완전히 잊게 하여 주십시오.
16 이것은 그가 남에게 사랑을 베
풀 생각은 않고, 도리어 가난하고
빈곤한 자를 괴롭히며, 마음이 상
한 자를 못살게 하였기 때문입니
다.
17 그가 저주하기를 좋아하였으니,
그 저주가 그에게 내리게 하십시
오. 축복하기를 싫어하였으니, 복
이 그에게서 멀어지게 하십시오.
18 저주하기를 옷 입듯 하였으니, 그

109편 요약 일생 동안 악인들로부터 수많은 비방과 저주, 고통을 당한 다윗이 의분을 토로하며 그들에 대한 하나님의 공의의 심판을 간구한 시이다.

109:1–5 공의의 하나님께 도움을 간절히 바라는 호소이다. 그리고 징벌을 받아야 할 악인의 실상이 간략하게 소개된다. 즉 악인은 거짓된 말을 지어서 시인에게 뒤집어씌웠다(2–3절). 그러나 시인은 그들을 사랑했다. 그들의 악은 이유 없는 것이며 선과 사랑을 악과 미움으로 갚았다(4–5절).

109:6–15 시인은 하나님께서 악한 대적에게 갖가지 저주를 내려 주시도록 간구하고 있다. 어떤 학자들은 본문을 악인이 과거에 시인을 해치기 위해 궁리했던 생각들의 인용으로 보고 있다.

㉠ 히브리어 사본 가운데 일부와 칠십인역과 타르굼을 따름. **히**, '내가 찬양하는 하나님' ㉡ 또는 '악마' ㉢ 칠십인역을 따름. **히**, '폐허를 찾고' ㉣ **히**, '아버지들' 또는 '조상'

저주가 물처럼 그의 뱃속까지 스
며들고, 기름처럼 그 뱃속에까지
배어들게 하십시오.
19 그 저주가 그에게는 언제나, 입은
옷과 같고, 항상 띠는 띠와 같게
하십시오."
20 주님, 나를 고발하는 자와, 나에
게 이런 악담을 퍼붓는 자들이 오
히려 그런 저주를 받게 해주십시
오.
21 주님은 나의 하나님이시니, 주님
의 명성에 어울리게 나를 도와주
십시오. 주님의 사랑은 그지없으
시니, 나를 건져 주십시오.
22 나는 가난하고 빈곤합니다. 내
마음이 깊은 상처를 받았습니다.
23 나는 석양에 기우는 그림자처럼
사라져가고, 놀란 메뚜기 떼처럼
날려 갑니다.
24 금식으로, 나의 두 무릎은 약해지
고, 내 몸에서는 기름기가 다 빠져
서 수척해졌습니다.
25 나는 사람들의 조소거리가 되고,
그들은 나를 볼 때마다, 머리를 절
레절레 흔들면서 멸시합니다.
26 주, 나의 하나님, 나를 도와주십
시오. 주님의 한결같으신 사랑을
따라, 나를 구원하여 주십시오.
27 주님, 이것은 주님께서 손수 하신
일이며, 바로 주님이 이 일을 이루
셨음을 그들이 알게 해주십시오.
28 그들이 나에게 저주를 퍼부어도,
주님은 나에게 복을 주십니다. 그
들은 치려고 일어났다가 부끄러움
을 당하여도, 주님의 종은 언제나
즐거워하게 해주십시오.
29 나를 고발하는 사람들은 수치를
뒤집어쓰게 해주시고, 그들이 받
을 수모를 겉옷처럼 걸치고 다니
게 해주십시오.
30 내가 입을 열어서 주님께 크게
감사드리며, 많은 사람이 모인 가
운데서 주님을 찬양하련다.
31 나를 고발하는 자들에게서 나를
구원해 주시려고, 주님께서는 이
가난한 사람의 오른쪽에 서 계시
기 때문이다.

주님께서 승리를 안겨주심

110 (다윗의 노래)
㉠주님께서 ㉡내 주님께 말씀
하시기를 "내가 너의 원수들을 너
의 발판이 되게 하기까지, 너는 내
오른쪽에 앉아 있어라" 하셨습니
다.
2 ㉠주님께서 ㉢임금님의 권능의
지팡이를 시온에서 하사해 주시
니, ㉢임금님께서는 저 원수들을
통치하십시오.
3 ㉢임금님께서 ㉣거룩한 산에서 군
대를 이끌고 전쟁터로 나가시는

109:21–29 악인의 훼방으로 마음이 상하고 금식으로 수척해진 시인은 하나님의 사랑과 구원에 대한 그의 신뢰를 보여 준다.

109:23 석양에 기우는 그림자·놀란 메뚜기 떼 자기의 삶이 스스로 주체할 수 없는 허상에 지나지 않음을 비유한 것이다.

㉠ '여호와'를 가리킴 ㉡ 히, '아도니(내 주님)' ㉢ 글자대로는 1절의 '내 주님(아도니)'을 가리키는 2인칭 단수 대명사 '당신' ㉣ 또는 '거룩한 광채로'

110편 요약 만왕의 왕이시자 영원한 대제사장이신 메시아께서 장차 강림하사 죄악 세력을 멸하고 메시아 왕국을 세우실 것을 예언한 다윗의 메시아 예언시이다.

110:4–7 앞으로 오실 메시아는 멜기세덱을 따랐으므로 왕이요, 동시에 제사장이시다(4–5절). 그분께서 재림하실 때 열방은 멸망할 것이요(5–6절), 그리스도는 승리할 것이다(7절).

날에, ㉠임금님의 백성이 즐거이 헌
신하고, ㉡아침 동이 틀 때에 ㉢새
벽 이슬이 맺히듯이, 젊은이들이
임금님께로 모여들 것입니다.
4 ㉣주님께서 맹세하시기를 "너는
멜기세덱을 따른 영원한 제사장
이다" 하셨으니, 그 뜻을 바꾸지
않으실 것입니다.
5 ㉤주님께서 ㉠임금님의 오른쪽에
계시니, 그분께서 노하시는 심판
의 날에, 그분께서 왕들을 다 쳐
서 흩으실 것입니다.
6 그분께서 뭇 나라를 심판하실 때
에, 그 통치자들을 치셔서, 그 주
검을 이 땅 이곳 저곳에 가득하게
하실 것입니다.
7 ㉥임금님께서는 길가에 있는 시냇
물을 마시고, 머리를 높이 드실 것
입니다.

주님께서 하신 일을 찬양하여라

㉦**111** ㉧할렐루야. 내가 온 마음을
다 기울여, 정직한 사람의 모
임과 회중 가운데서 주님께 감사
를 드리겠다.
2 주님께서 하시는 일들은 참으
로 훌륭하시니, 그 일을 보고 기뻐
하는 사람들이 모두 깊이 연구하
는구나.
3 주님이 하신 일은 장엄하고 영광
스러우며, 주님의 의로우심은 영
원하다.
4 그 하신 기이한 일들을 사람들에
게 기억하게 하셨으니, 주님은 은
혜로우시며 긍휼이 많으시다.
5 주님은, 당신을 경외하는 사람
들에게는 먹거리를 주시고, 당신
이 맺으신 언약은 영원토록 기억
하신다.
6 당신의 백성에게 하신 일, 곧 뭇
민족의 유산을 그들에게 주신 일
로 당신의 능력을 알리셨다.
7 손수 하신 일들은 진실하고 공의
로우며, 주님이 지시하신 법은 모
두 든든하며,
8 영원토록 흔들리는 일이 없으니,
진실과 정직으로 제정되었다.
9 당신의 백성에게 구원을 베푸시고
그 언약을 영원히 세우셨으니, 그
이름이 거룩하고 두렵다.
10 주님을 경외하는 것이 지혜의
근본이다. 주님의 계명을 지키는
사람은 바른 깨달음을 얻으니, 영
원토록 주님을 찬양할 일이다.

하나님을 예배하는 이들에게 복을 베푸신다

㉦**112** ㉧할렐루야. 주님을 경외하
고 주님의 계명을 크게 즐거
워하는 사람은, 복이 있다.
2 그의 자손은 이 세상에서 능력
있는 사람이 되며, 정직한 사람의
자손은 복을 받으며,

111편 요약 역사를 회고하는 가운데 역사 속에 드러난 하나님의 권능과 이스라엘 백성에 대한 하나님의 사랑을 찬양하는 내용이다. 저자와 저작 시기는 분명하지 않으나 포로 생활에서 풀려난 유다 사람들이 3대 절기 때 주로 불렀다고 전해진다.

111:4–6 시인은 하나님께서 이스라엘을 위해 하신 기이한 일들에 대해 열거한다.

112편 요약 하나님을 경외하는 사람이 받을 축복과 악인의 비참한 종말을 경고하고 있는 이 시는 지혜시로 분류된다. 인생에서 중요한 것은 하나님을 경외하며 그분에게 순종하는 것이다.

㉠ 글자대로는 1절의 '내 주님(아도니)'을 가리키는 2인칭 단수 대명사 '당신' ㉡ 히. '아침 해' ㉢ 히. '당신의 젊음의 이슬이 당신께로 ……' ㉣ '여호와'를 가리킴 ㉤ 히. '아도나이'. 하나님의 이름. '여호와' 대신 부르는 칭호 ㉥ 히. '그는' ㉦ 각 행의 첫 글자가 히브리어 자음 문자 순서로 되어 있는 시 ㉧ 또는 '주님을 찬송하여라'

3 그의 집에는 부귀와 영화가 있으
며, 그의 의로움은 영원토록 칭찬
을 받을 것이다.
4 정직한 사람에게는 어둠 속에
서도 빛이 비칠 것이다. 그는 은혜
로우며, 긍휼이 많으며, 의로운 사
람이다.
5 은혜를 베풀면서 남에게 꾸어 주
는 사람은 모든 일이 잘 될 것이
다. 그런 사람은 일을 공평하게 처
리하는 사람이다.
6 그런 사람은 영원히 흔들리지 않
을 것이다. 의로운 사람은 영원히
기억된다.
7 그는 나쁜 소식을 두려워하지
않으니, 주님을 믿으므로 그의 마
음이 굳건하기 때문이다.
8 그의 마음은 확고하여 두려움이
없으니, 마침내 그는 그의 대적이
망하는 것을 볼 것이다.
9 그는 가난한 사람들에게 넉넉하
게 나누어주니, 그의 의로움은 영
원히 기억되고, 그는 영광을 받으
며 높아질 것이다.
10 악인은 이것을 보고 화가 나서,
㉠이를 갈다가 사라질 것이다. 악
인의 욕망은 헛되이 꺾일 것이다.

주님께서 어려움 당하는 이들을 도우신다

113

㉡할렐루야. 주님의 종들아,
찬양하여라. 주님의 이름을
찬양하여라.
2 지금부터 영원까지, 주님의 이
름이 찬양을 받을 것이다.
3 해 뜨는 데서부터 해 지는 데까지,
주님의 이름이 찬양을 받을 것이
다.
4 주님은 모든 나라보다 높으시
며, 그 영광은 하늘보다 높으시다.
5 주 우리 하나님과 같은 이가 어디
에 있으랴? 높은 곳에 계시지만
6 스스로 낮추셔서, 하늘과 땅을 두
루 살피시고,
7 가난한 사람을 티끌에서 일으키
시며 궁핍한 사람을 거름더미에
서 들어올리셔서,
8 귀한 이들과 한자리에 앉게 하시
며 백성의 귀한 이들과 함께 앉게
하시고,
9 아이를 낳지 못하는 여인조차도
한 집에서 떳떳하게 살게 하시며,
많은 아이들을 거느리고 즐거워
하는 어머니가 되게 하신다.
㉡할렐루야.

주님께서 놀라운 일을 하신다

114

이스라엘이 이집트에서 나올
때에, 야곱의 집안이 다른 언
어를 쓰는 민족에게서 떠나올 때
에,
2 유다는 주님의 성소가 되고, 이스
라엘은 그의 영토가 되었다.

113편 요약 이 시는 찬양과 경배를 받으실 하나님의 초월성과 내재성을 주제로 삼고 있다.

113편 본 시편은 시공을 초월하여 계신 분이시며 (1–4절), 동시에 사람의 역사 속에 오셔서 소외되고 고통받는 사람들을 도우시는 하나님(5–9절)을 찬양하고 있다. 본 시편은 114편과 함께 유월절 만찬 전에 온 가족 혹은 회집한 전체 회중이 합창한 노래인 것 같다.

114편 요약 본 시편은 이집트 탈출부터 가나안 입성 때까지의 이스라엘 역사를 간략하게 회고하면서 하나님의 권능을 찬양하는 내용이다.

114:3–6 이집트 탈출 당시 일어났던 기적을 회상한다. 3,5절은 출애굽기 14:21–22과 여호수아기 3:9–17을 되풀이한 것이다.

㉠ 또는 '증오의 눈으로 나를 노려 보다가' ㉡ 또는 '주님을 찬송하여라'

3 바다는 그들을 보고 도망쳤고,
요단 강은 뒤로 물러났으며,
4 산들은 숫양처럼 뛰놀고 언덕들
도 새끼양처럼 뛰놀았다.
5 바다야, 너는 어찌하여 도망을
쳤느냐? 요단 강아, 너는 어찌하
여 뒤로 물러났느냐?
6 산들아, 너희는 어찌하여 숫양처
럼 뛰놀았느냐? 언덕들아, 너희는
어찌하여 새끼양처럼 뛰놀았느
냐?
7 온 땅아, 네 주님 앞에서 떨어
라. 야곱의 하나님 앞에서 떨어라.
8 주님은 반석을 웅덩이가 되게 하
시며, 바위에서 샘이 솟게 하신다.

주님은 마땅히 찬양받으실 분이시다

115 주님, 영광을 우리에게 돌리
지 마십시오. 우리에게 돌리
지 마시고, 오직 주님의 이름에만
영광을 돌리십시오. 그 영광은 다
만 주님의 인자하심과 진실하심
에 돌려주십시오.
2 어찌하여 이방 나라들이 "그들의
하나님이 어디에 있느냐?" 하고
말하게 하겠습니까?
3 우리 하나님은 하늘에 계셔서,
하고자 하시면 어떤 일이든 이루
신다.
4 이방 나라의 우상은 금과 은으로
된 것이며, 사람이 손으로 만든 것
이다.
5 입이 있어도 말하지 못하고, 눈이
있어도 볼 수 없으며,
6 귀가 있어도 듣지 못하고, 코가 있
어도 냄새를 맡지 못하고,
7 손이 있어도 만지지 못하고, 발이
있어도 걷지 못하고, 목구멍이 있
어도 소리를 내지 못한다.
8 우상을 만드는 사람이나 우상을
의지하는 사람은 모두 우상과 같
이 되고 만다.
9 이스라엘아, 주님을 의지하여
라. 주님은, 도움이 되어 주시고,
방패가 되어 주신다.
10 아론의 집이여, 주님을 의지하여
라. 주님은 도움이 되어 주시고,
방패가 되어 주신다.
11 주님을 경외하는 사람들아, 주님
을 의지하여라. 주님은, 도움이 되
어 주시고, 방패가 되어 주신다.
12 주님께서 우리를 기억하여 주셔
서 복을 주시고, 이스라엘 집에도
복을 주시며, 아론의 집에도 복을
주신다.
13 주님을 경외하는 사람에게 복을
주시니, 낮은 사람, 높은 사람, 구
별하지 않고 복을 주신다.
14 주님께서 너희를 번창하게 하여
주시고, 너희의 자손을 번창하게
하여 주시기를 바란다.

115편 요약 시인은 하나님의 전능하심과 이방 나라들이 섬기는 우상의 무능함을 대조함으로써 하나님을 의지하는 사람들이 받을 궁극적 복에 대해 선언한다.

115편 115–118편은 유월절 만찬이 끝난 후 만찬에 참석한 자들이 합창한 송가인 듯하다. 저작 시기는 대체로 바빌로니아 포로기 이후로 추정한다. 따라서 이스라엘 민족은 아직 회복되지 않았으며, 이방의 종교가 범람했던 당시의 상황에서 유월절을 기념하여 메시아 국가를 기대하는 한편, 우상 숭배를 경고하고 하나님을 의지하자는 결의를 담고 있다.

115:14–18 제사장과 그들의 자손에게 내릴 창조주 하나님의 축복을 선언한다(121:2;124:8;신 1:11;28:3). 땅은 하나님의 피조물이요, 인간은 그 청지기이다(창 1:28–29). 이 직임을 주신 하나님을 영원히 찬양할 것임을 맹세한다(18절).

15 너희는 하늘과 땅을 지으신 주님
에게서 복을 받은 사람이다.
16 하늘은 주님의 하늘이라도, 땅은
사람에게 주셨다.
17 죽은 사람은 주님을 찬양하지
못한다. 침묵의 세계로 내려간 사
람은 어느 누구도 주님을 찬양하
지 못한다.
18 그러나 우리는 이제부터 영원까지
주님을 찬양할 것이다.
㉠할렐루야.

주님께서 나를 죽음에서 구하실 때

116 주님, 주님께서 나의 간구를
들어주시기에, 내가 주님을
사랑합니다.
2 나에게 귀를 기울여 주시니, 내가
평생토록 기도하겠습니다.
3 죽음의 올가미가 나를 얽어 매
고, 스올의 고통이 나를 엄습하여
서, 고난과 고통이 나를 덮쳐 올
때에,
4 나는 주님의 이름을 부르며 "주님,
간구합니다. 이 목숨을 구하여 주
십시오" 하였습니다.
5 주님은 은혜로우시고 의로우시
며, 우리의 하나님은 긍휼이 많으
신 분이시다.
6 주님은 순박한 사람을 지켜 주신
다. 내가 가련하게 되었을 때에,
나를 구원하여 주셨다.
7 내 영혼아, 주님이 너를 너그럽
게 대해 주셨으니 너는 마음을 편
히 가져라.
8 주님, 주님께서 내 영혼을 죽음
에서 건져 주시고, 내 눈에서 눈
물을 거두어 주시고, 내 발이 비
틀거리지 않게 하여 주셨으니,
9 내가 살아 있는 동안 주님 보시는
앞에서 살렵니다.
10 "내 인생이 왜 이렇게 고통스러
우냐?" 하고 생각할 때에도, 나의
믿음은 흔들리지 않았습니다.
11 나는 한 때, 몹시 두려워, "믿을 사
람 아무도 없다" 하고 말하곤 하
였습니다.
12 주님께서 나에게 베푸신 모든
은혜를, 내가 무엇으로 다 갚을 수
있겠습니까?
13 내가 구원의 잔을 들고, 주님의 이
름을 부르겠습니다.
14 주님께 서원한 것은 모든 백성이
보는 앞에서 다 이루겠습니다.
15 성도들의 죽음조차도 주님께서
는 소중히 여기신다.
16 주님, 진실로, 나는 주님의 종입
니다. 나는 주님의 종, 주님의 여
종의 아들입니다. 주님께서 나의
결박을 풀어 주셨습니다.
17 내가 주님께 감사제사를 드리
고, 주님의 이름을 부르겠습니다.

116편 요약 이 시의 저자를 다윗으로 보는 학자들도 있긴 하지만 확실하지 않다. 시인은 하나님이 자신의 기도에 응답하셔서 절대적 위기 상황에서 건져 주신 것에 대해 찬양하며 그 때 자신이 하나님께 서원한 사항을 반드시 이행하겠다고 다짐하고 있다.

116:1–11 시인은 죽음의 수렁에서 건져 주신 하나님께 감사와 찬양을 드린다.

116:6 순박한 사람 하나님을 향해 언제든지 복종할 수 있는 태도를 지닌 사람이다.

116:12–19 환난 중에 서원했던 것을 하나님 앞에 갚는다는 결의와 찬양이 이어진다. 그는 만민이 보는 앞에서 하나님의 성전에 나아가 그의 구원을 찬양하겠다고 한다.

116:13 구원의 잔 짐승을 드리는 희생 제사에 부어 드리는 제물을 말한다.

㉠ 또는 '주님을 찬송하여라'

18 주님께 서원한 것은 모든 백성
이 보는 앞에서 다 이루겠습니다.
19 예루살렘아, 네 한가운데서 주님
의 성전 뜰 안에서, 주님께 서원한
것들을 모두 이루겠다.
㉠할렐루야.

와서 주님을 찬송하여라

117 너희 모든 나라들아, 주님을
찬송하며, 너희 모든 백성들
아, 그를 칭송하여라.
2 우리에게 향하신 주님의 인자하심
이 크고 주님의 진실하심은 영원
하다.
㉠할렐루야.

주님은 늘 자비하시다

118 주님께 감사하여라. 그는 선
하시며, 그의 인자하심이 영
원하다.
2 이스라엘아, "그의 인자하심이
영원하다" 하여라.
3 아론의 집아, "그의 인자하심이 영
원하다" 하여라.
4 주님을 경외하는 사람들아, "그의
인자하심이 영원하다" 하여라.
5 내가 고난을 받을 때에 부르짖
었더니, 주님께서 나에게 응답하
여 주시고, 주님께서 나를 넓은
곳에 세우셨다.
6 주님은 내 편이시므로, 나는 두렵
지 않다. 사람이 나에게 무슨 해
를 끼칠 수 있으랴?
7 주님께서 내 편이 되셔서 나를 도
와주시니, 나를 미워하는 사람이
망하는 것을 내가 볼 것이다.
8 주님께 몸을 피하는 것이, 사람을
의지하는 것보다 낫다.
9 주님께 몸을 피하는 것이, 높은
사람을 의지하는 것보다 낫다.
10 뭇 나라가 나를 에워쌌지만, 나
는 주님의 이름을 힘입어서 그들
을 물리쳤다.
11 그들이 나를 겹겹이 에워쌌으나,
나는 주님의 이름을 힘입어서 그
들을 물리쳤다.
12 그들이 나를 벌떼처럼 에워싸고,
㉡가시덤불에 붙은 불처럼 나를
삼키려고 하였지만, 나는 주님의
이름을 힘입어서 그들을 물리쳤
다.
13 네가 나를 밀어서 넘어뜨리려고
하였어도, 주님께서 나를 도우셨
다.
14 주님은 나의 능력, 나의 노래, 나
를 구원하여 주시는 분이시다.
15 의인의 장막에서 환호하는 소
리, 승리의 함성이 들린다. "주님
의 오른손이 힘차시다.
16 주님의 오른손이 높이 들렸다. 주
님의 오른손이 힘차시다."
17 내가 죽지 않고 살아서, 주님께

117편 요약 나라와 민족을 초월하여 모두가 하나님의 크신 인자하심과 진실하심을 찬송하자는 것을 주제로 삼고 있다. 바울은 이 시를 인용하여 이방 사람에게 복음을 전하는 것이 하나님의 뜻임을 증거하였다(롬 15:11).

118편 요약 역경에서 구원해 주시고 전쟁에서 승리하게 하시는 인자하신 하나님께 감사하며 이스라엘 백성을 찬양으로 초대하고 있다.

118편 이 시는 포로 후기의 시로 보기도 하지만, 다윗의 시라는 견해가 지배적이다. 이 시는 영원하신 하나님의 인자하심에 대한 찬양으로, 주님의 인자하심을 체험한 다윗의 경험이 담겨 있다. 자신은 집 짓는 사람들이 내버린 돌과 같은 쓸모없는 입장에 지나지 않았지만, 주님께서는 미천한 자신을 들어서 모퉁이의 머릿돌과 같이 요긴하게

㉠ 또는 '주님을 찬송하여라' ㉡ 칠십인역을 따름. 히, '가시덤불에 붙은 불처럼 타서 사라졌다'

서 하신 일을 선포하겠다.
18 주님께서는 엄히 징계하셔도, 나
를 죽게 버려 두지는 않으신다.
19 구원의 문들을 열어라. 내가 그
문들로 들어가서 주님께 감사를
드리겠다.
20 이것이 주님의 문이다. 의인들
이 그리로 들어갈 것이다.
21 주님께서 나에게 응답하시고,
나에게 구원을 베푸셨으니, 내가
주님께 감사를 드립니다.
22 집 짓는 사람들이 내버린 돌이,
집 모퉁이의 머릿돌이 되었다.
23 이것은 주님께서 하신 일이니, 우
리의 눈에는 기이한 일이 아니랴?
24 이 날은 주님이 구별해 주신 날,
우리 모두 ㉠이 날에 기뻐하고 즐
거워하자.
25 주님, 간구합니다. 우리를 구원
하여 주십시오. 주님, 간구합니다.
우리를 형통하게 해주십시오.
26 주님의 이름으로 오는 이에게는
복이 있다. 주님의 집에서 우리가
너희를 축복하였다.
27 주님은 하나님이시니, 우리에게 빛
을 비추어 주셨다. ㉡나뭇가지로
축제의 단을 장식하고, 제단의 뿔
도 꾸며라.
28 주님은 나의 하나님이시니, 내
가 주님께 감사드립니다. 내 하나
님, 내가 주님을 높이 기리겠습니
다.
29 주님께 감사하여라. 그는 선하
시며, 그의 인자하심이 영원하다.

주님의 법을 찬양함

㉢119

㉣그 행실이 온전하고 주님
의 법대로 사는 사람은, 복
이 있다.
2 주님의 증거를 지키며 온 마음을
기울여서 주님을 찾는 사람은, 복
이 있다.
3 진실로 이런 사람들은 불의를 행
하지 않고, 주님께서 가르치신 길
을 따라 사는 사람이다.
4 주님, 주님께서는 우리에게 주님
의 법도를 주시고, 성실하게 지키
라고 명령하셨습니다.
5 내가 주님의 율례들을 성실하게
지킬 수 있도록, 내 길을 탄탄하게
하셔서 흔들리는 일이 없게 해주
십시오.
6 내가 주님의 모든 계명들을 낱낱
이 마음에 새기면, 내가 부끄러움
을 당할 일이 없을 것입니다.
7 내가 주님의 의로운 판단을 배울
때에, 정직한 마음으로 주님께 감
사하겠습니다.
8 주님의 율례들을 지킬 것이니, 나
를 아주 버리지 말아 주십시오.
9 ㉤젊은이가 어떻게 해야 그 인생

하셨다(22절). 신약에서는 이 부분을 그리스도에게 직접 적용시키고 있다(마 21:42–46;막 12:10–12;눅 20:17–18;행 4:10–12;엡 2:20;벧전 2:5–6).

118:16 주님의 오른손 하나님의 권능을 나타내는 단어이다.

㉠ 또는 '주님과 함께' ㉡ 또는 '끈으로 축제의 제물을 단단히 매어라. 제단의 뿔도 매어라' ㉢ 각 연의 첫 글자가 같은 히브리어 자음 문자로 되어 있고, 각 연이 히브리어 자음 문자 순서로 되어 있는 시 ㉣ 1–8절은 매 절마다 알렙(א)으로 시작 됨 ㉤ 9–16절은 매 절마다 베트(ב)로 시작 됨

119편 요약 176절로 이루어져 있는 시로서 시편 150편 중에서 가장 길다. 시인은 본 시편을 통해 하나님의 말씀을 삶의 푯대로 삼아 거룩하고 정직한 삶을 살아야 함을 교훈하고 있다. 본시의 저자와 저작 시기는 분명하지 않다.

119편 이 시편은 특히 말씀에 대한 시인의 진지한 자세와 말씀의 본질 및 기능을 주제로 하고 있기 때문에, 총 176절 가운데 네 절(84,121–122,132절)

을 깨끗하게 살 수 있겠습니까?
주님의 말씀을 지키는 길, 그 길뿐
입니다.
10 내가 온 마음을 다하여 주님을 찾
습니다. 주님의 계명에서 벗어나
지 않게 하여 주십시오.
11 내가 주님께 범죄하지 않으려고,
주님의 말씀을 내 마음 속에 깊이
간직합니다.
12 찬송을 받으실 주님, 주님의 율례
를 나에게 가르쳐 주십시오.
13 주님의 입으로 말씀하신 그 모든
규례들을, 내 입술이 큰소리로 반
복하겠습니다.
14 주님의 교훈을 따르는 이 기쁨은,
큰 재산을 가지는 것보다 더 큽니
다.
15 나는 주님의 법을 묵상하며, 주님
의 길을 따라 가겠습니다.
16 주님의 율례를 기뻐하며, 주님의
말씀을 잊지 않겠습니다.
17 ㉠주님의 종을 너그럽게 대해 주
십시오. 그래야 내가 활력이 넘치
게 살며, 주님의 말씀을 지킬 수
있습니다.
18 내 눈을 열어 주십시오. 그래야
내가 주님의 법 안에 있는 놀라운
진리를 볼 것입니다.
19 나는 땅 위를 잠시 동안 떠도는
나그네입니다. 주님의 계명을 나
에게서 감추지 마십시오.
20 내 영혼이 주님의 율례들을 늘 사
모하다가 쇠약해졌습니다.
21 주님께서는 오만한 자들을 책망
하십니다. 그 저주 받은 자들은
주님의 계명에서 이탈하는 자들입
니다.
22 그들이 나를 멸시하지 못하게 해
주십시오. 그들이 나를 비웃지 못
하게 해주십시오. 나는 주님의 교
훈을 잘 지켰습니다.
23 고관들이 모여 앉아서, 나를 해롭
게 할 음모를 꾸밉니다. 그러나 주
님의 종은 오직 주님의 율례를 묵
상하겠습니다.
24 주님의 증거가 나에게 기쁨을 주
며, 주님의 교훈이 나의 스승이 됩
니다.
25 ㉡내 영혼이 진토 속에서 뒹구
니, 주님께서 약속하신 대로, 나에
게 새 힘을 주십시오.
26 내가 걸어온 길을 주님께 말씀드
렸고, 주님께서도 나에게 응답하
여 주셨으니, 주님의 율례를 내게
가르쳐 주십시오.
27 나를 도우셔서, 주님의 법도를 따
르는 길을 깨닫게 해주십시오. 주
님께서 이루신 기적들을 묵상하
겠습니다.
28 내 영혼이 깊은 슬픔에 빠졌으니,

을 제외한 모든 절에서 말씀·율법·법·증거·법도·율례·계명·판단·규례·길·교훈과 같은 동의어들이 반복되고 있다. 이 시편의 구조는 8절을 한 단위로 하여 각 절의 첫 단어들이 동일한 히브리어 알파벳으로 시작되며, 또한 매 8절이 스물두 자의 알파벳 순서에 따라 이어지는 특징을 가지고 있다(8절×22=176절).

119:9–16 하나님께서 인간의 마음에 두신 율법이 죄를 막고 기쁨을 가져오는 방편이다.

119:17–24 시인은 나그네 생활 속에서 교만하고 악한 사람들과 통치자들로부터 많은 핍박을 받았으나, 헌신적인 말씀 생활을 통해 지혜와 능력을 얻어 고난을 극복하였음을 고백하고 있다.

119:25–32 고난 중에서도 말씀에 순종하는 자에게 약속된 새 힘을 주실 것을 간구하고 있다(비교. 신 30:1–20).

㉠ 17–24절은 매 절마다 기멜(ג)로 시작 됨 ㉡ 25–32절은 매 절마다 달렛(ד)으로 시작 됨

주님께서 약속하신 대로, 나에게
힘을 주십시오.
29 그릇된 길로 가지 않도록, 나를 지
켜 주십시오. 주님의 은혜로, 주님
의 법을 나에게 가르쳐 주십시오.
30 내가 성실한 길을 선택하고 내가
주님의 규례들을 언제나 명심하고
있습니다.
31 주님, 내가 주님의 증거를 따랐으
니, 내가 수치를 당하는 일이 없도
록 하여 주십시오.
32 주님께서 나에게 큰 깨달음을 주
시면, 내가 주님의 계명들이 인도
하는 길로 달려가겠습니다.
33 ㉠주님, 주님의 율례들이 제시
하는 길을 내게 가르쳐 주십시오.
내가 언제까지든지 그것을 지키겠
습니다.
34 나를 깨우쳐 주십시오. 내가 주님
의 법을 살펴보면서, 온 마음을 기
울여서 지키겠습니다.
35 내가, 주님의 계명들이 가리키는
길을 걷게 하여 주십시오. 내가
기쁨을 누릴 길은 이 길뿐입니다.
36 내 마음이 주님의 증거에만 몰두
하게 하시고, 내 마음이 탐욕으로
치닫지 않게 해주십시오.
37 내 눈이 헛된 것을 보지 않게 해
주시고, ㉡주님의 길을 활기차게
걷게 해주십시오.
38 주님을 경외하는 사람과 맺으신
약속, 주님의 종에게 꼭 지켜 주십
시오.
39 주님의 규례는 선합니다. 내가 무
서워하는 비난에서 나를 건져 주
십시오.
40 내가 주님의 법도를 사모합니다.
주님의 의로 내게 새 힘을 주십시
오.
41 ㉢주님, 주님께서 말씀하신 그대
로, 주님의 인자하심과 구원을 내
게 베풀어 주십시오.
42 그 때에 나는 주님의 말씀을 의지
하고, 나를 비난하는 사람에게 응
수하겠습니다.
43 내가 주님의 규례들을 간절히 바
라니, 진리의 말씀이 내 입에서 잠
시도 떠나지 않게 해주십시오.
44 내가 주님의 율법을 늘 지키고, 영
원토록 지키겠습니다.
45 내가 주님의 법도를 열심히 지키
니, 이제부터 이 넓은 세상을 거침
없이 다니게 해주십시오.
46 왕들 앞에서 거침없이 주님의 증
거들을 말하고, 부끄러워하지 않
겠습니다.
47 주님의 계명들을 내가 사랑하기
에 그것이 나의 기쁨이 됩니다.
48 주님의 계명들을 내가 사랑하기
에, 두 손을 들어서 환영하고, 주

119:33-40 전심으로 율법을 지킬 것을 다짐하면서, 하나님께서 자신을 깨우쳐 '헛된 것'에 빠지지 않게 해달라고 기도하고 있다.

119:41-48 시인은 신앙을 조롱하는 자에게 대답하기 위하여 하나님께서 약속하신 구원을 주실 것을 간구한다. 그러면 시인은 어떠한 권력자 앞에서라도 떳떳이 신앙을 증거하겠노라고 말한다 (참조. 마 10:18;행 26:1-2).

119:45 거침 없이 다니게 말씀으로 인해 어떠한 조롱이나 핍박에도 제한받지 않고, 자유롭게 행동할 수 있음을 의미한다.

119:49-56 신앙 생활 자체가 조롱받고 위기에 처하여 신앙과는 거리가 먼 생활로 타락해 가는 자들이 속출하는 상황 속에서도, 말씀이 희망이 되고 생명이 되었음을 고백한다. 고난 중에 신앙

㉠ 33-40절은 매 절마다 헤(ה)로 시작 됨 ㉡ 두 마소라 사본과 사해 사본에는 '주님의 말씀을 따라서' ㉢ 41-48절은 매 절마다 와우(또는 바브)(ו)로 시작 됨

님의 율례들을 깊이 묵상합니다.
49 ㉠주님의 종에게 하신 말씀을
기억해 주십시오. 주님께서는 말
씀으로 내게 희망을 주셨습니다.
50 주님의 말씀이 나를 살려 주었으
니, 내가 고난을 받을 때에, 그 말
씀이 나에게 큰 위로가 되었습니
다.
51 교만한 자들이 언제나 나를 혹독
하게 조롱하여도, 나는 그 법을
떠나지 않았습니다.
52 주님, 옛부터 내려온 주님의 규례
들을 기억합니다. 그 규례가 나에
게 큰 위로가 됩니다.
53 악인들이 주님의 율법을 무시하
는 것을 볼 때마다, 내 마음 속에
서 분노가 끓어오릅니다.
54 덧없는 세상살이에서 나그네처럼
사는 동안, 주님의 율례가 나의 노
래입니다.
55 주님, 내가 밤에도 주님의 이름을
기억하고, 주님의 법을 지킵니다.
56 주님의 법도를 따라서 사는 삶에
서 내 행복을 찾습니다.
57 ㉡주님, 주님은 나의 분깃, 내가
주님의 말씀을 지키겠습니다.
58 내가 온 마음을 다하여서 주님께
간구하니, 주님께서 약속하신 대
로, 내게 은혜를 베풀어 주십시
오.
59 내가 발걸음을 돌려 주님의 증거
를 따라 갑니다.
60 내가 주저하지 않고, 서둘러 주님
의 계명을 지키겠습니다.
61 악인들이 나를 줄로 얽어 매어도,
나는 주님의 법을 잊지 않습니다.
62 한밤중에라도, 주님의 의로운 규
례들이 생각나면, 벌떡 일어나서
주님께 감사를 드립니다.
63 주님을 경외하는 사람이면 누구
에게나, 나는 친구가 됩니다. 주님
의 법도를 지키는 사람이면 누구
에게나, 나는 친구가 됩니다.
64 주님, 주님의 인자하심이 온 땅에
가득합니다. 주님의 율례를 나에
게 가르쳐 주십시오.
65 ㉢주님, 주님께서 약속하신 대
로, 주님께서는 주님의 종인 나를
잘 대해 주셨습니다.
66 내가 주님의 계명을 따르니, 올바
른 통찰력과 지식을 주십시오.
67 내가 고난을 당하기 전까지는 잘
못된 길을 걸었으나, 이제는 주님
의 말씀을 지킵니다.
68 선하신 주님, 너그러우신 주님, 주
님의 율례들을 내게 가르쳐 주십
시오.
69 오만한 자들이 거짓으로 내 명예
를 훼손하였지만, 나는 온 정성을
기울여서, 주님의 법도를 지키겠

을 견지하느냐의 여부는 말씀 청종의 여부에 따라 다르다.

119:52 옛부터 내려온…규례 하나님께서 인간과 세우신 언약. 하나님의 언약의 불변성과 영속성을 말한다.

119:57-64 시인은 오직 하나님만을 경외하며 그 분의 긍휼을 구하고, 경건한 이웃들과 더불어 말씀 생활에 헌신하고자 다짐하고 있다.

119:57 분깃 모든 사람이 필요에 따라 차지한 몫. 시인은 하나님을 그의 몫이라고 한다(시 16:5;73:26;142:5).

119:65-72 고난 이전에는 잘못된 길을 걸었으나 고난을 통하여 자신의 삶이 말씀으로 돌아오게 되었고 하나님의 긍휼하심을 체험하게 되었다는 고백이다.

㉠ 49-56절은 매 절마다 자인(ז)으로 시작 됨 ㉡ 57-64절은 매 절마다 헤트(ח)로 시작 됨 ㉢ 65-72절은 매 절마다 테트(ט)로 시작 됨

습니다.
70 그들의 마음은 무뎌 분별력을 잃었으나, 나는 주님의 법을 즐거워합니다.
71 고난을 당한 것이, 내게는 오히려 유익하게 되었습니다. 그 고난 때문에, 나는 주님의 율례를 배웠습니다.
72 주님께서 나에게 친히 일러주신 그 법이, 천만 금은보다 더 귀합니다.
73 ㉠주님께서 손으로 몸소 나를 창조하시고, 나를 세우셨으니, 주님의 계명을 배울 수 있는 총명도 주십시오.
74 내가 주님의 말씀에 희망을 걸고 살아가기에, 주님을 경외하는 사람들이 나를 보면, 기뻐할 것입니다.
75 주님, 주님의 판단이 옳은 줄을, 나는 압니다. 주님께서 나에게 고난을 주신 것도, 주님께서 진실하시기 때문이라는 것을, 나는 압니다.
76 주님의 종에게 약속하신 말씀대로, 주님의 ㉡인자하심을 베풀어 주셔서, 나를 위로해 주십시오.
77 주님의 법이 나의 기쁨이니, 주님의 긍휼을 나에게 베풀어 주십시오. 그러면 내가 새 힘을 얻어 살 것입니다.
78 이유도 없이 나를 괴롭히는 저 오만한 자들은, 수치를 당하게 해주십시오. 나는 주님의 법도만을 생각하겠습니다.
79 주님을 경외하는 사람들이 내게로 돌아오게 해주십시오. 그들은 주님의 증거를 아는 사람들입니다.
80 내 마음이 주님의 율례들을 완전히 지켜서, 내가 수치를 당하지 않게 해주십시오.
81 ㉢내 영혼이 지치도록 주님의 구원을 사모하며, 내 희망을 모두 주님의 말씀에 걸어 두었습니다.
82 '주님께서 나를 언제 위로해 주실까' 하면서 주님의 말씀을 기다리다가, 시력조차 잃었습니다.
83 내가 비록 ㉣연기에 그을린 가죽부대처럼 되었어도, 주님의 율례들만은 잊지 않습니다.
84 주님의 종이 살 수 있는 날이 이제 얼마 남지 않았습니다. 나를 핍박하는 자를 언제 심판하시겠습니까?
85 주님의 법대로 살지 않는 저 교만한 자들이, 나를 빠뜨리려고 구덩이를 팠습니다.
86 주님의 계명들은 모두 진실합니다. 사람들이 무고하게 나를 핍박

119:70 마음은 무뎌 가난한 마음의 반대 개념이다. 말씀이 비집고 들어갈 수 없는 교만과 잡다함을 가리킨다.

119:73–80 오만한 자들이 수치를 당하고, 경건한 자들이 자신과 함께 기뻐할 수 있도록 하나님께서 공의로운 법에 따라 자신을 완전하게 세워 주실 것을 간구하고 있다.

119:75 고난은 악으로부터 돌이키기 위한 하나님의 열심이라는 것이다(약 1:2–4).

119:81–88 고난에 처한 시인은 약속의 말씀에 따라 하나님께서 자기를 구원해 주시고, 핍박하는 자들을 심판해 주실 것을 호소하고 있다.

119:82 위로해 주실까·시력조차 잃었습니다 시인이 구원을 간절히 기다리다가 마음이 지친 상태임을 나타낸 말이다.

㉠ 73–80절은 매 절마다 요드(ʾ)로 시작 됨 ㉡ 또는 '한결같은 사랑' ㉢ 81–88절은 매 절마다 캅(כ)으로 시작 됨 ㉣ 히, '쓸모가 없어서 내버린 가죽부대처럼'

하니, 나를 도와주십시오.
87 이 세상에서, 그들이 나를 거의
다 죽여 놓았지만, 주님의 법도를
나는 잊지 않았습니다.
88 주님의 인자하심으로 나를 살려
주십시오. 그러면 주님께서 친히
명하신 증거를 지키겠습니다.
89 ㉠주님, 주님의 말씀은 영원히
살아 있으며, 하늘에 굳건히 자리
잡고 있습니다.
90 주님의 성실하심은 대대에 이릅니
다. 땅의 기초도 주님께서 놓으신
것이기에, 언제나 흔들림이 없습니
다.
91 만물이 모두 주님의 종들이기에,
만물이 오늘날까지도 주님의 규
례대로 흔들림이 없이 서 있습니
다.
92 주님의 법을 내 기쁨으로 삼지 아
니하였더라면, 나는 고난을 이기
지 못하고 망하고 말았을 것입니
다.
93 주님께서 주님의 법도로 나를 살
려 주셨으니, 나는 영원토록 그 법
도를 잊지 않겠습니다.
94 나는 주님의 것이니, 나를 구원하
여 주십시오. 나는 열심히 주님의
법도를 따랐습니다.
95 악인들은, 내가 망하기를 간절히
바라지만, 나는 주님의 교훈만을
깊이깊이 명심하겠습니다.
96 아무리 완전한 것이라도, 모두 한
계가 있다는 것을 알았습니다. 그
러나 주님의 계명은 완전합니다.
97 ㉡내가 주님의 법을 얼마나 사랑
하는지, 온종일 그것만을 깊이 생
각합니다.
98 주님의 계명이 언제나 나와 함께
있으므로, 그 계명으로 주님께서
는 나를 내 원수들보다 더 지혜롭
게 해주십니다.
99 내가 주님의 증거를 늘 생각하므
로, 내가 내 스승들보다도 더 지혜
롭게 되었습니다.
100 내가 주님의 법도를 따르므로, 노
인들보다도 더 슬기로워졌습니다.
101 주님의 말씀을 지키려고, 나쁜 길
에서 내 발길을 돌렸습니다.
102 주님께서 나를 가르치셨으므로,
나는 주님의 규례들에서 어긋나
지 않았습니다.
103 주님의 말씀의 맛이 내게 어찌 그
리도 단지요? 내 입에는 꿀보다
더 답니다.
104 주님의 법도로 내가 슬기로워지
니, 거짓된 길은 어떤 길이든지 미
워합니다.
105 ㉢주님의 말씀은 내 발의 등불
이요, 내 길의 빛입니다.
106 주님의 의로운 규례들을 지키려

119:89–96 천지를 말씀으로 창조하시고 보존하시는 하나님의 주권과 말씀의 불변성을 찬양하고, 고난 중에서도 이 말씀을 굳게 의지할 것을 다짐하고 있다.

119:89 하늘에 하나님의 말씀의 보편성과 영원성을 말한다. 자연을 향한 하나님의 질서 명령을 가리킨 듯하다.

119:94 나는 주님의 것 첫째는 피조물이라는 뜻이요, 둘째는 하나님께 속한 자란 뜻이다. 곧 경건한 자란 의미이다.

119:97–104 시인은 말씀에 대한 깊은 묵상이 원수·스승·노인의 지혜보다 앞서는 높은 지혜를 가져다주었음을 찬양하며, 하나님의 존귀한 말씀에 대한 사랑을 표현하고 있다.

119:105–112 생명의 위협을 받을 정도로 심각한

㉠ 89–96절은 매 절마다 라멧(ל)으로 시작 됨 ㉡ 97–104절은 매 절마다 멤(מ)으로 시작 됨 ㉢ 105–112절은 매 절마다 눈(נ)으로 시작 됨

고, 나는 맹세하고 또 다짐합니다.
107 주님, 내가 받는 고난이 너무 심하
니, 주님께서 약속하신 대로 나를
살려 주십시오.
108 주님, 내가 기쁨으로 드리는 감사
의 기도를 즐거이 받아 주시고, 주
님의 규례를 내게 가르쳐 주십시
오.
109 내 생명은 언제나 위기에 처해 있
습니다만, 내가 주님의 법을 잊지
는 않습니다.
110 악인들은 내 앞에다가 올무를 놓
지만, 나는 주님의 법도를 벗어나
지 않습니다.
111 주님의 증거는 내 마음의 기쁨이
요, 그 증거는 내 영원한 기업입니
다.
112 내 마지막 순간까지, 변함 없이 주
님의 율례를 지키기로 결심하였습
니다.
113 ㉠ 나는, 두 마음을 품은 자를 미
워하지만, 주님의 법은 사랑합니
다.
114 주님은 나의 은신처요, 방패이시
니, 주님께서 하신 약속에 내 희
망을 겁니다.
115 악한 일을 하는 자들아, 내게서
떠나가거라. 나는 내 하나님의 계
명을 지키겠다.
116 주님께서 약속하신 대로, 나를
붙들어 살려 주시고, 내 소망을
무색하게 만들지 말아 주십시오.
117 나를 붙들어 주십시오. 그러면 내
가 구원을 얻고, 주님의 율례들을
항상 살피겠습니다.
118 주님의 율례들에서 떠나는 자를
주님께서 다 멸시하셨으니, 그들
의 속임수는 다 헛것입니다.
119 세상의 모든 악인을 찌꺼기처럼
버리시니, 내가 주님의 증거를 사
랑합니다.
120 이 몸은 주님이 두려워서 떨고, 주
님의 판단이 두려워서 또 떱니다.
121 ㉡ 나는 공의와 정의를 행하였으
니, 억압하는 자들에게 나를 내주
지 마십시오.
122 주님의 종을 돕겠다고 약속하여
주시고, 오만한 자들이 나를 억압
하지 못하게 해주십시오.
123 내 눈이 주님의 구원을 기다리다
가 피곤해지고, 주님의 의로운 말
씀을 기다리다가 지쳤습니다.
124 주님의 인자하심을 따라 나를 맞
아 주시고, 주님의 율례들을 내게
가르쳐 주십시오.
125 나는 주님의 종이니, 주님의 증거
를 알 수 있도록 나를 깨우쳐 주
십시오.
126 그들이 주님의 법을 짓밟아 버렸
으니, 지금은 주님께서 일어나실

고난과 박해 속에서도 시인은 말씀을 떠나지 아니하고, 삶을 인도하는 말씀의 교훈에 따라 행동하였음을 고백하고 있다.

119:113-120 *하나님은 말씀을 사랑하는 자에게는 은신처와 소망과 구원자가 되시지만, 말씀을 떠난 행악자에게는 심판자가 되심을 선포하고 있다.*

119:113 두 마음을 품은 자 주님을 믿되 그 뜻을 전적으로 따르지 않는 자를 말한다(마 6:24). 악한 일을 하는 자와 같은 차원에서 쓰인 말이다(115절).

119:121-128 거짓행위를 미워하며 공의를 행하고, 계명을 사랑하여 말씀대로 실천한 시인은 하나님께서 그를 억압하는 박해자로부터 즉시 자신을 구원해 주실 것을 호소하고 있다.

119:126 주님의 법을 짓밟아 버렸으니 하나님의 말씀에 복종하기를 거부했다는 것이다.

119:129-136 사람들이 주님의 법을 지키지 않았

㉠ 113-120절은 매 절마다 싸멕(ס)으로 시작 됨 ㉡ 121-128절은 매 절마다 아인(ע)으로 시작 됨

때입니다.
127 그러므로 내가 주님의 계명들을,
금보다, 순금보다 더 사랑합니다.
128 그러므로 내가 매사에 주님의 모
든 법도를 어김없이 지키고, 모든
거짓행위를 미워합니다.
129 ㉠주님의 증거가 너무 놀라워
서, 내가 그것을 지킵니다.
130 주님의 말씀을 열면, 거기에서 빛
이 비치어 우둔한 사람도 깨닫게
합니다.
131 내가 주님의 계명을 사모하므로,
입을 벌리고 헐떡입니다.
132 주님의 이름을 사랑하는 사람에
게 하시듯이 주님의 얼굴을 내게
로 돌리셔서, 나에게 은혜를 베풀
어 주십시오.
133 내 걸음걸이를 주님의 말씀에 굳
게 세우시고, 어떠한 불의도 나를
지배하지 못하게 해주십시오.
134 사람들의 억압에서 나를 건져 주
십시오. 그러시면 내가 주님의 법
도를 지키겠습니다.
135 주님의 종에게 주님의 밝은 얼굴
을 보여 주시고, 주님의 율례들을
내게 가르쳐 주십시오.
136 사람들이 주님의 법을 지키지 않
으니, 내 눈에서 눈물이 시냇물처
럼 흘러내립니다.
137 ㉡주님, 주님은 의로우시고, 주
님의 판단은 올바르십니다.
138 주님께서 세우신 증거는 의로우시
며, 참으로 진실하십니다.
139 내 원수들이 주님의 말씀을 잊어
버리니, 내 열정이 나를 불사릅니
다.
140 주님의 말씀은 정련되어 참으로
순수하므로, 주님의 종이 그 말씀
을 사랑합니다.
141 내가 미천하여 멸시는 당하지만,
주님의 법도만은 잊지 않았습니
다.
142 주님의 의는 영원하고, 주님의 법
은 진실합니다.
143 재난과 고통이 내게 닥쳐도, 주님
의 계명은 내 기쁨입니다.
144 주님의 증거는 언제나 의로우시
니, 그것으로 나를 깨우쳐 주시고
이 몸이 활력을 얻게 해주십시오.
145 ㉢온 마음을 다하여 부르짖으
니, 주님, 나에게 응답하여 주십시
오. 내가 주님의 율례들을 굳게 지
키겠습니다.
146 내가 주님을 불렀으니, 나를 구원
하여 주십시오. 내가 주님의 증거
를 지키겠습니다.
147 주님의 말씀을 갈망하여 날이 밝
기도 전에 일어나서 울부짖으며,
148 주님의 말씀 묵상하다가, 뜬눈으
로 밤을 지새웁니다.

기 때문에 자신이 슬픔에 처하게 되었다고 토로하면서, 하나님의 계속적인 사랑을 간구하고 있다.
119:136 시냇물처럼 악인의 죄악이 그치지 않으므로 그로 인해 탄식함이 그치지 않는다.
119:137-144 주님의 법 즉 말씀은 하나님의 영원한 진리를 나타낸 것이다. **말씀**은 하나님의 의로우심에 근거한 것이기 때문에 순수하고 진실하다. 악인의 핍박도 말씀에 대한 망각에서 비롯된 것이다. 시인은 말씀이 바른 삶으로 인도하기 때문에 말씀을 더욱 깊이 깨닫기를 원한다.
119:139 나를 불사릅니다 그들에게 계속 뜨거운 마음으로 대해서 정작 자신은 없어졌다는 뜻이다.
119:145-152 한적한 시간에 하나님과 갖는 교제를 통해 시련 중에도 하나님이 그와 함께 계심을 인식하고 있음을 고백한다.

㉠ 129-136절은 매 절마다 페(פ)로 시작 됨 ㉡ 137-144절은 매 절마다 차데(צ)로 시작 됨 ㉢ 145-152절은 매 절마다 코프(ק)로 시작 됨

149 주님, 주님의 인자하심을 따라 내
간구를 들어주십시오. 주님, 주님
의 규례를 따라 나를 살려 주십시
오.
150 악을 따르는 자가 가까이 왔습니
다. 그들은 주님의 법과 거리가 먼
자들입니다.
151 그러나 주님, 주님께서 나에게 가
까이 계시니, 주님의 계명은 모두
다 진실합니다.
152 주님께서 영원한 증거를 주셨습니
다. 나는 그 증거를 오래 전부터
잘 알고 있었습니다.
153 ㉠내가 주님의 법을 어기지 않았
으니, 내 고난을 보시고, 나를 건
져 주십시오.
154 내 변호인이 되셔서, 나를 변호해
주시고, 주님께서 약속하신 말씀
대로, 나를 살려 주십시오.
155 악인은 주님의 율례를 따르지 않
으니, 구원은 그들과는 거리가 멉
니다.
156 주님, 주님은 긍휼이 많으신 분이
시니, 주님의 규례로 나를 살려 주
십시오.
157 나를 핍박하는 자들과 나를 대적
하는 자들이 많으나, 나는 주님의
증거에서 떠나지 않았습니다.
158 주님의 말씀을 지키지 아니하는
저 배신자들을 보고, 나는 참으로
역겨웠습니다.
159 주님의 법도를 따르기를 내가 얼
마나 좋아하였는지를, 살펴보아
주십시오. 주님, 주님의 인자하심
을 따라 나를 살려 주십시오.
160 주님의 말씀은 모두 진리이며, 주
님의 의로운 규례들은 모두 영원
합니다.
161 ㉡권력자는 이유 없이 나를 핍
박하지만, 내 마음이 두려워하는
것은 주님의 말씀 뿐입니다.
162 많은 전리품을 들고 나오는 자들
이 즐거워하듯이, 나는 주님의 말
씀을 즐거워합니다.
163 나는 거짓은 미워하고 싫어하지
만, 주님의 법은 사랑합니다.
164 주님의 공의로운 규례들을 생각
하면서, 내가 하루에도 일곱 번씩
주님을 찬양합니다.
165 주님의 법을 사랑하는 사람에게
는 언제나 평안이 깃들고, 그들에
게는 아무런 장애물이 없습니다.
166 주님, 내가 주님의 구원을 기다리
며, 주님의 계명들을 따릅니다.
167 내가 주님의 증거를 지키고, 그 증
거를 매우 사랑합니다.
168 내가 가는 길을 주님께서 모두 아
시니, 내가 주님의 증거와 법도를
지킵니다.
169 ㉢주님, 나의 부르짖음이 주님

119:153–160 악인으로부터의 구원을 계속 간구하면서, 부동의 진리인 말씀에 대한 충성, 다시 말해서 하나님 뜻에 충성할 것을 다짐한다.

119:161–168 주님의 법이 그 사랑하는 자의 안전을 보장하기 때문에 하루에도 수없이 찬양하고 있음을 고백한다.

119:169–176 애타게 노력함에도 불구하고 주님의 도움 없이는 자기가 목자 없는 한 마리의 어린 양임을 토로한다. 말씀대로 산다는 것은 그 깨달음을 생활에 적용시킨다는 것이다.

119:173 성도의 신앙 생활의 인간적인 노력을 말한다. 하나님께서 귀하게 보실 성도의 결단이다.

119:176 길을 잃은 양 하나님을 목자로 전제한다. 하나님의 인도하심이 없을 때 우리가 빠지게 될 운명을 은유한 것이다.

㉠ 153–160절은 매 절마다 레쉬(ㄱ)로 시작 됨 ㉡ 161–168절은 매 절마다 신(쉰)(ש)으로 시작 됨 ㉢ 169–176절은 매 절마다 타우(또는 타브)(ת)로 시작 됨

앞에 이르게 해주시고, 주님의 말
씀으로 나를 깨우쳐 주십시오.
170 나의 애원이 주님께 이르게 해주
시고, 주님께서 약속하신 말씀대
로 나를 건져 주십시오.
171 주님께서 주님의 율례들을 나에
게 가르치시니, 내 입술에서는 찬
양이 쏟아져 나옵니다.
172 주님의 계명들은 모두 의로우니,
내 혀로 주님께서 주신 말씀을 노
래하겠습니다.
173 내가 주님의 법도를 택하였으니,
주님께서 손수 나를 돕는 분이 되
어 주십시오.
174 주님, 내가 주님의 구원을 간절히
기다리니, 주님의 법이 나의 기쁨
입니다.
175 나를 살려 주셔서, 주님을 찬양하
게 해주시고, 주님의 규례로 나를
도와주십시오.
176 나는 길을 잃은 양처럼 방황하고
있습니다. 오셔서, 주님의 종을 찾
아 주십시오. 나는 주님의 계명을
잊은 적이 없습니다.

주님의 도움을 구하는 기도

120

〔성전에 올라가는 순례자의 노래〕
내가 고난을 받을 때에 주
님께 부르짖었더니, 주님께서 나에
게 응답하여 주셨다.
2 주님, 사기꾼들과 기만자들에게
서 내 생명을 구하여 주십시오.
3 너희, 사기꾼들아, 하나님이 너
희에게 어떻게 하시겠느냐? 주님
이 너희를 어떻게 벌하시겠느냐?
4 용사의 날카로운 화살과 싸리나
무 숯불로 벌하실 것이다!
5 괴롭구나! 너희와 함께 사는 것
이 메섹 사람의 손에서 나그네로
사는 것이나 다름없구나. 게달 사
람의 천막에서 더부살이하는 것
이나 다름없구나.
6 내가 지금까지 너무나도 오랫동
안, 평화를 싫어하는 사람들과 더
불어 살아왔구나.
7 나는 평화를 사랑하는 사람이다.
그러나 내가 평화를 말할 때에, 그
들은 전쟁을 생각한다.

주님께서 백성을 보호하심

121

〔성전에 올라가는 순례자의 노래〕
내가 눈을 들어 산을 본다.
내 도움이 어디에서 오는가?
2 내 도움은 하늘과 땅을 만드신 주
님에게서 온다.
3 주님께서는, 네가 헛발을 디디
지 않게 지켜 주신다. 너를 지키시
느라 졸지도 않으신다.
4 이스라엘을 지키시는 분은, 졸지
도 않으시고, 주무시지도 않으신
다.
5 주님은 너를 지키시는 분, 주님

120편 요약 120–134편은 포로 생활에서 해방된 이스라엘 사람들이 순례기 때에 성전을 향해 여행하면서 불렀던 '성전에 올라가는 시'이다. 본문은 시인이 하나님께 구원해 주실 것을 간구하는 내용이다.

120:3–4 '사기꾼은'(3절) 악담을 일삼는 자를 가리키며, 그 혀의 저주를 심판으로 돌려 달라고 기원한다(4절).

121편 요약 인생의 모든 어려움을 이겨낼 수 있는 근거가 바로 하나님의 도우심임을 노래하고 있다.

121:1–2 '산'은 주변에 있는 강대국을 가리킨다. 페르시아 왕 고레스가 이스라엘 포로의 해방을 선포했지만, 참된 구원은 하나님으로부터 왔다.
121:3 졸지도 않으신다 하나님께서 백성에 대해 성실하시다는 것을 표현하는 말이다.

은 네 오른쪽에 서서, 너를 보호
하는 그늘이 되어 주시니,
6 낮의 햇빛도 너를 해치지 못하며,
밤의 달빛도 너를 해치지 못할 것
이다.
7 주님께서 너를 모든 재난에서
지켜 주시며, 네 생명을 지켜 주실
것이다.
8 주님께서는, 네가 나갈 때나 들어
올 때나, 이제부터 영원까지 지켜
주실 것이다.

찬양의 노래

122

(성전에 올라가는 순례자의 노래, 다윗의 시)

1 사람들이 나를 보고 "주님의 집
으로 올라가자" 할 때에 나는 기
뻤다.
2 예루살렘아, 우리의 발이 네 성문
안에 들어서 있다.
3 예루살렘아, 너는 모든 것이 치
밀하게 갖추어진 성읍처럼, 잘도
세워졌구나.
4 모든 지파들, 주님의 지파들이, 주
님의 이름을 찬양하려고 이스라
엘의 전례에 따라 그리로 올라가
는구나.
5 거기에 다스리는 보좌가 놓여 있
으니, 다윗 가문의 보좌로구나.
6 예루살렘에 평화가 깃들도록 기
도하여라. "예루살렘아, 너를 사랑
하는 사람들에게 평화가 있기를,
7 네 성벽 안에 평화가 깃들기를, 네
궁궐 안에 평화가 깃들기를 빈다"
하여라.
8 내 친척과 이웃에게도 "평화가 너
에게 깃들기를 빈다" 하고 축복하
겠다.
9 주 우리 하나님의 집에 복이 깃들
기를 빈다.

자비를 비는 기도

123

(성전에 올라가는 순례자의 노래)

하늘 보좌에서 다스리시는
주님, 내가 눈을 들어 주님을 우러
러봅니다.
2 상전의 손을 살피는 종의 눈처럼,
여주인의 손을 살피는 몸종의 눈
처럼, 우리의 눈도, 주님께서 우리
에게 자비를 베푸시길 원하여 주
우리 하나님을 우러러봅니다.
3 주님, 우리에게 자비를 베풀어
주십시오. 우리에게 자비를 베풀
어 주십시오. 너무나도 많은 멸시
를 받았습니다.
4 평안하게 사는 자들의 조롱과
오만한 자들의 멸시가 우리의 심
령에 차고 넘칩니다.

승리를 주신 주님께 감사

124

(다윗의 시, 성전에 올라가는 순례자의 노래)

1 이스라엘아, 대답해 보아라. 주

122편 요약 성전이 있는 예루살렘을 찬양하며 그 곳에 거하는 사람들에게 평화가 있기를 간구하였다.

123편 요약 하나님의 택한 백성이 대적들로부터 멸시당하고 있음을 호소하면서 하나님의 돌보심을 간구하였다.

124편 요약 하나님의 도우심 덕분에 이스라엘이 마치 사냥꾼의 그물에서 벗어난 새처럼 구원과 승리를 얻었음을 노래하였다.

122:4 전례 신명기 16:1–17을 참조하라. 이스라엘의 모든 남자는 유월절, 칠칠절, 초막절 등 일 년에 세 차례씩 예루살렘 성전에 올라와야 했다. 이것이 대대적 전통이 되었다(행 2:5).
122:5 다스리는 보좌 성전을 가리킨다.

124:5 넘치는 물결 이것은 '홍수'를 뜻하며, 적의 침입의 위세를 비유한 것이다.

님께서 우리 편이 아니셨다면, 우
리가 어떠하였겠느냐?
2 "주님께서 우리 편이 아니셨다
면, 원수들이 우리를 치러 일어났
을 때에,
3 원수들이 우리에게 큰 분노를 터
뜨려서, 우리를 산 채로 집어삼켰
을 것이며,
4 물이 우리를 덮어, 홍수가 우리를
휩쓸어 갔을 것이며,
5 넘치는 물결이 우리의 영혼을 삼
키고 말았을 것이다."
6 우리를 원수의 이에 찢길 먹이
가 되지 않게 하신 주님을 찬송하
여라.
7 새가 사냥꾼의 그물에서 벗어남
같이 우리는 목숨을 건졌다. 그물
은 찢어지고, 우리는 풀려 났다.
8 천지를 지으신 주님이 우리를
도우신다.

주님의 백성은 안전하다

125

(성전에 올라가는 순례자의 노래)
주님을 의지하는 사람은 시
온 산과 같아서, 흔들리는 일이 없
이 영원히 서 있다.
2 산들이 예루살렘을 감싸고 있듯
이, 주님께서도 당신의 백성을 지
금부터 영원토록 감싸 주신다.
3 의인이 불의한 일에 손대지 못하
게 하려면, 의인이 분깃으로 받은
그 땅에서 악인이 그 권세를 부리
지 못하게 하여야 한다.
4 주님, 선한 사람과 그 마음이 정
직한 사람에게 은혜를 베풀어 주
십시오.
5 주님, 비틀거리면서 굽은 길을
가는 자를 벌하실 때에, 악한 일
을 하는 자도 함께 벌받게 해주십
시오.
이스라엘에 평화가 깃들기를!

수확을 기뻐함

126

(성전에 올라가는 순례자의 노래)
㉠주님께서 시온에서 잡혀
간 포로를 시온으로 돌려보내실
때에, 우리는 꿈을 꾸는 사람들
같았다.
2 그 때에 우리의 입은 웃음으로 가
득 찼고, 우리의 혀는 찬양의 함성
으로 가득 찼다. 그 때에 다른 나
라 백성들도 말하였다. "주님께서
그들의 편이 되셔서 큰 일을 하셨
다."
3 주님께서 우리 편이 되시어 큰 일
을 하셨을 때에, 우리는 얼마나 기
뻤던가!
4 주님, ㉡네겝의 시내들에 다시
물이 흐르듯이 포로로 잡혀간 자
들을 돌려 보내 주십시오.
5 눈물을 흘리며 씨를 뿌리는 사
람은 기쁨으로 거둔다.

125편 요약 시인은 대적들이 예루살렘을 에워쌌으나 하나님의 보호로 감히 예루살렘을 넘볼 수 없다는 사실을 노래한다.

126편 요약 익명의 시인은 전능하신 하나님이 이스라엘 민족을 포로 생활에서 해방시켜 예루살렘으로 귀환시킨 사실을 찬양하고 있다.

125:1–5 산들이 예루살렘을 감싸는 것 같이 하나님이 자신을 의지하는 자들을 보호하시므로 악의 세력이 절대로 미치지 않는다는 확신을 노래한다.
125:3 의인이 분깃으로 받은 그 땅 이스라엘 자손에게 약속된 땅, 예루살렘을 가리킨다.

126:4 네겝의 시내들 유다 남쪽의 건조한 지역이다. 메마른 땅이지만 비만 오면 생명을 주는 강이 되었다.

㉠ 또는 '주님께서 시온의 운명을 회복시키셨을 때에' ㉡ 네겝 시내는 늘 말라 있다

6 울며 씨를 뿌리러 나가는 사람은
기쁨으로 단을 가지고 돌아온다.

주님만이 가정에 복을 주신다

127 〔성전에 올라가는 순례자의 노래, 솔로몬의 노래〕

1 주님께서 집을 세우지 아니하시
면 집을 세우는 사람의 수고가 헛
되며, 주님께서 성을 지키지 아니
하시면 파수꾼의 깨어 있음이 헛
된 일이다.
2 일찍 일어나고 늦게 눕는 것, 먹고
살려고 애써 수고하는 모든 일이
헛된 일이다. 진실로 ㉠주님께서
는, 사랑하시는 사람에게는 그가
잠을 자는 동안에도 복을 주신다.
3 자식은 주님께서 주신 선물이
요, 태 안에 들어 있는 열매는, 주
님이 주신 상급이다.
4 젊어서 낳은 자식은 용사의 손에
쥐어 있는 화살과도 같으니,
5 그런 화살이 화살통에 가득한 용
사에게는 복이 있다. 그들은 성문
에서 원수들과 담판할 때에, 부끄
러움을 당하지 아니할 것이다.

주님은 신실한 백성에게 상을 주신다

128 〔성전에 올라가는 순례자의 노래〕

주님을 경외하며, 주님의 명
에 따라 사는 사람은, 그 어느 누
구나 복을 받는다.
2 네 손으로 일한 만큼 네가 먹으
니, 이것이 복이요, 은혜이다.
3 네 집 안방에 있는 네 아내는
열매를 많이 맺는 포도나무와 같
고, 네 상에 둘러앉은 네 아이들
은 올리브 나무의 묘목과도 같다.
4 주님을 경외하는 사람은 이와 같
이 복을 받는다.
5 주님께서 시온에서 너에게 복을
내리시기를 빈다. 평생토록 너는,
예루살렘이 받은 은총을 보면서
살게 될 것이다.
6 아들딸 손자손녀 보면서 오래오
래 살 것이다.
이스라엘에 평화가 깃들기를!

보호를 구하는 기도

129 〔성전에 올라가는 순례자의 노래〕

이스라엘아, 이렇게 고백하
여라. "내가 어릴 때부터, 나의 원
수들이 여러 번 나를 잔인하게 박
해했다.
2 비록 내가 어릴 때부터, 내 원수들
이 여러 번 나를 잔인하게 박해했
으나, 그들은 나를 이겨 내지를 못
했다.
3 밭을 가는 사람이 밭을 갈아엎듯
그들이 나의 등을 갈아서, 거기에
다가 고랑을 길게 냈으나,
4 의로우신 주님께서 악인의 사슬
을 끊으시고, 나를 풀어 주셨다."
5 시온을 미워하는 사람은 그 어

127편 요약 저자는 인간의 생사화복을 주장하시는 하나님을 의뢰하며 그분께 순복할 때 참된 평안을 누리고 형통할 수 있다고 교훈한다.

128편 요약 하나님을 경외하는 사람들이 받을 축복과 그들이 모여 사는 공동체의 행복을 노래하고 있다.

128:3-4 하나님을 경외하는 사람의 가정이 누릴 행복이다.

129편 요약 시인은 대적들을 하나님의 도우심으로 물리친 것에 감사하고 대적들이 하나님의 심판을 받아 멸망할 것임을 노래한다.

129:3 '밭'은 이스라엘이요, '등을 간다'는 말은 등에 채찍질했다는 뜻이다. '고랑'은 채찍질로 인해 생겨났다. 이 구절은 이스라엘을 가축에 빗대어 말한 것이다.

㉠ 또는 '주님께서는 사랑하시는 사람에게 잠을 주신다'

느 누구나, 수치를 당하고 물러가
고 만다.
6 그들은 지붕 위의 풀같이 되어,
자라기도 전에 말라 버리고 만다.
7 베는 사람의 품에도 차지 않고,
묶는 사람의 품에도 차지 않아
8 지나가는 사람 가운데 어느 누구
도 "주님께서 너희에게 복을 베푸
시기를 빈다" 하지 아니하며, "주
님의 이름으로 너희에게 축복한
다" 하지도 아니할 것이다.

환난 때에 주님을 신뢰함

130 〔성전에 올라가는 순례자의 노래〕
주님, 내가 깊은 물 속에서
주님을 불렀습니다.
2 주님, 내 소리를 들어 주십시오.
나의 애원하는 소리에 귀를 기울
여 주십시오.
3 주님, 주님께서 죄를 지켜 보고
계시면, 주님 앞에 누가 감히 맞
설 수 있겠습니까?
4 용서는 주님만이 하실 수 있는 것
이므로, 우리가 주님만을 경외합
니다.
5 내가 주님을 기다린다. 내 영혼
이 주님을 기다리며 내가 주님의
말씀만을 바란다.
6 내 영혼이 주님을 기다림이 파수
꾼이 아침을 기다림보다 더 간절
하다. 진실로 파수꾼이 아침을 기
다림보다 더 간절하다.
7 이스라엘아, 주님만을 의지하여
라. 주님께만 인자하심이 있고, 속
량하시는 큰 능력은 그에게만 있
다.
8 오직, 주님만이 이스라엘을 모든
죄에서 속량하신다.

주님을 신뢰하여라

131 〔다윗의 시, 성전에 올라가는 순례
자의 노래〕
1 주님, 이제 내가 교만한 마음을
버렸습니다. 오만한 길에서 돌아
섰습니다. 너무 큰 것을 가지려고
나서지 않으며, 분에 넘치는 놀라
운 일을 이루려고도 하지 않습니
다.
2 오히려, 내 마음은 고요하고 평온
합니다. 젖뗀 아이가 어머니 품에
안겨 있듯이, 내 영혼도 젖뗀 아이
와 같습니다.
3 이스라엘아, 이제부터 영원히
오직 주님만을 의지하여라.

주님은 늘 백성과 함께 계심

132 〔성전에 올라가는 순례자의 노래〕
주님, 다윗을 기억하여 주십
시오. 그가 겪은 그 모든 역경을
기억하여 주십시오.
2 다윗이 주님께 맹세하고, 야곱
의 전능하신 분께 서약하기를
3 "내가 내 집 장막에 들어가지 아

130편 요약 이스라엘 민족을 대표한 시인은 고난 중에 자신의 죄를 깨닫고 회개하며 하나님의 용서와 구원을 간절히 호소하였다.

130:1-8 짧은 내용이지만, 회개의 깊이와 용서의 본질을 다른 시편보다 더 근원적으로 언급한다.
130:7 속량 구원하신다는 뜻이다(막 10:45).
130:8 모든 죄 죄, 잘못, 그리고 그에 대한 벌의 개념이 종합한 말이다.

131편 요약 다윗의 시로서, 어머니같이 품에 안아주시는 하나님을 의지하는 자가 누리게 되는 심적 평안을 노래하고 있다.

132편 요약 다윗이 하나님을 위해 법궤를 예루살렘으로 옮기려고 했던 소망과 성취 과정에 대해 언급하였다. 그 때 하나님이 다윗과 언약을 맺으신 사실을 회고하면서 기억해 주실 것을 간구하였다.

니하며, 내 침상에도 오르지 아니
하며
4 눈을 붙이고, 깊은 잠에 빠지지도
아니할 것이며, 눈꺼풀에 얕은 잠
도 들지 못하게 하겠습니다.
5 주님께서 계실 장막을 마련할 때
까지, 야곱의 전능하신 분이 계실
곳을 찾아낼 때까지 그렇게 하겠
습니다" 하였습니다.
6 ㉠법궤가 있다는 말을 에브라다
에서 듣고, 야알의 들에서 그것을
찾았다.
7 "그분 계신 곳으로 가자. 그 발
아래에 엎드려 경배하자."
8 주님, 일어나셔서 주님께서 쉬실
그 곳으로 드십시오. 주님의 권능
깃들인 법궤와 함께 그 곳으로 드
십시오.
9 주님의 제사장들이 의로운 일을 하
게 해주시고, 주님의 성도들도 기
쁨의 함성을 높이게 해주십시오.
10 주님의 종 다윗을 보시고, 주님께
서 기름 부어서 세우신 그 종을
물리치지 말아 주십시오.
11 주님께서 다윗에게 맹세하셨으
니, 그 맹세는 진실하여 변하지 않
을 것이다. "네 몸에서 난 자손 가
운데서, 한 사람을 왕으로 삼을 것
이니, 그가 보좌에 앉아 네 뒤를
이을 것이다.
12 만일 네 자손이 나와 더불어 맺은
언약을 지키고, 내가 가르친 그 법
도를 지키면, 그들의 자손이 대대
로 네 뒤를 이어서 네 보좌에 앉
을 것이다."
13 주님께서 시온을 택하시고, 그
곳을 당신이 계실 곳으로 삼으시
기를 원하셔서, 이렇게 말씀하셨
다.
14 "이 곳은 영원히 내가 쉴 곳, 이
곳을 내가 원하니, 나는 여기에서
살겠다.
15 이 성읍에 먹거리를 가득하게 채
워 주고, 이 성읍의 가난한 사람들
에게 먹거리를 넉넉하게 주겠다.
16 ㉡제사장들로 의로운 일을 하게 하
고, 성도들은 기쁨의 함성을 지르
게 하겠다.
17 여기에서 나는, 다윗의 자손 가운
데서 ㉢한 사람을 뽑아서 큰 왕이
되게 하고, ㉣내가 기름 부어 세운
왕의 통치가 지속되게 하겠다.
18 그의 원수들은 수치를 당하게 하
지만, 그의 면류관만은 그의 머리
위에서 빛나게 해주겠다."

함께 평화를 누림

133

〔다윗의 시, 성전에 올라가는 순례자의 노래〕

1 그 얼마나 아름답고 즐거운가!
형제자매가 어울려서 함께 사는

132:2 야곱의 전능하신 분 하나님께서 그의 언약 백성을 위해서 싸우는 투사임을 말한다(참조. 창 49:24;사 1:24;49:26;60:16).

132:8 깃들인 법궤·그 곳 법궤와 성전을 가리킨다. 예루살렘 성전을 완공한 후에 법궤는 성전 지성소로 옮겨졌다.

㉠ 또는 '법궤가 에브라다에 있다는 말을 듣고' ㉡ 또는 '제사장들을 구원으로 옷 입히고' ㉢ 히, '한 뿔이 자라게 하고' ㉣ 히, '내가 기름 부어 세운 이를 위하여 한 등불을 준비한다'

133편 요약 하나님의 언약 백성이 함께 생활하며 하나님을 경외하는 것이 얼마나 아름답고 복된 일인지를 노래하고 있다.

133편 법궤가 시온에 안치되고 나자, 나라 안은 안정 속에 결속을 가져오게 되었다.

133:1–3 형제자매는 언약 공동체 이스라엘을 구성하는 각 개인이다. 이들은 성전을 중심으로 복된 연합과 교제의 아름다움과 즐거움을 노래한다.

모습!
2 머리 위에 부은 보배로운 기름이
수염 곧 아론의 수염을 타고 흘러
서 그 옷깃까지 흘러내림 같고,
3 헤르몬의 이슬이 시온 산에 내림
과 같구나. 주님께서 그곳에서 복
을 약속하셨으니, 그 복은 곧 영생
이다.

밤에 주님을 찬양함

134 (성전에 올라가는 순례자의 노래)
밤에 주님의 집에 서 있는
주님의 모든 종들아, 주님을 송축
하여라.
2 성소를 바라보면서, 너희의 손을
들고 주님을 송축하여라.
3 하늘과 땅을 지으신 주님께서
시온에서 너희에게 복을 내려 주
시기를!

주님의 자비를 찬양함

135 ㉠할렐루야. 주님의 이름을
찬송하여라. 주님의 종들
아, 찬송하여라.
2 주님의 집 안에, 우리 하나님의 집
뜰 안에 서 있는 사람들아,
3 주님은 선하시니, 주님을 찬송하
여라. 그가 은혜를 베푸시니, 그의
이름 찬송하여라.
4 주님께서는 야곱을 당신의 것으
로 택하시며, 이스라엘을 가장 소
중한 보물로 택하셨다.
5 나는 알고 있다. 주님은 위대하
신 분이며, 어느 신보다 더 위대하
신 분이시다.
6 주님은, 하늘에서도 땅에서도, 바
다에서도 바다 밑 깊고 깊은 곳에
서도, 어디에서나, 뜻하시는 것이
면 무엇이든, 다 하시는 분이다.
7 땅 끝에서 안개를 일으키시고, 비
를 내리시려 번개를 치시고, 바람
을 창고에서 끌어내기도 하신다.
8 이집트에서 태어난 맏이는 사람
이든지 짐승이든지, 모두 치셨다.
9 이집트야, 주님께서 표적과 기사
를 너희에게 나타내셨다. 바로의
모든 신하에게 나타내 보이셨다.
10 주님께서 많은 나라를 치시고 힘
이 있는 왕들을 죽이셨으니,
11 아모리 왕 시혼, 바산 왕 옥, 가나
안의 모든 왕들을 죽이셨다.
12 주님께서 땅을 당신의 백성에게
유산으로 주셨으니, 당신의 백성
이스라엘에게 그 땅을 주셨다.
13 주님, 주님의 이름이 영원히 빛
날 것입니다. 주님, 주님을 기념하
는 일이 대대로 계속될 것입니다.
14 주님께서 당신의 백성을 변호해
주시고, 당신의 종들을 위로하여
주신다.
15 이방 나라의 우상들은 은덩이
나 금덩이일 뿐, 사람이 손으로 만

134편 요약 성전에서 봉사하는 레위 사람들과 성전 순례자들 간의 화답 형식을 빌어 하나님을 찬양할 것을 촉구하며 하나님의 축복을 기원하고 있다.

135편 요약 하늘과 땅을 창조하시고 섭리하시며, 백성을 구원하고 긍휼을 베푸시는 전능하신 하나님을 찬양한다.

㉠ 또는 '주님을 찬송하여라'

135편 본 시편은 바빌로니아 포로기 이후의 작품으로 추측되고 있다. 여기서 시인은 하나님께서 만물의 창조자와 모든 민족의 주관자, 구원자가 되심을 찬양하고 있다.

135:5 어느 신보다 더 위대하신 분이시다 다른 신에 비교하는 것이 아니라 다른 신은 신이 아님을 말하는 것이다(참조. 15–17절).

135:15–18 시편 115:4–8을 따온 것이다. 우상의 허무와 실상을 깨우치는 구절이다.

든 것이므로,
16 입이 있어도 말을 못하고, 눈이 있
어도 볼 수 없고,
17 귀가 있어도 듣지 못하고, 입으로
숨도 쉴 수 없으니,
18 우상을 만든 자들과 우상을 의지
하는 자들은 누구나 우상과 같이
될 것이다.
19 이스라엘 가문아, 주님을 송축
하여라. 아론 가문아, 주님을 송
축하여라.
20 레위 가문아, 주님을 송축하여라.
주님을 경외하는 사람들아, 주님
을 송축하여라.
21 예루살렘에 계시는 주님, 시온
에서 드리는 찬송을 받아 주십시
오.
㉠ 할렐루야.

하나님의 인자하심 영원하다

136 주님께 감사하여라. 그는 선
하시며 그 인자하심이 영원
하다.
2 모든 신들 가운데 가장 크신 하나
님께 감사하여라. 그 인자하심이
영원하다.
3 모든 주 가운데 가장 크신 주님께
감사하여라. 그 인자하심이 영원
하다.
4 홀로 큰 기적을 일으키신 분께
감사하여라. 그 인자하심이 영원
하다.
5 지혜로 하늘을 만드신 분께 감사
하여라. 그 인자하심이 영원하다.
6 물 위에 땅을 펴 놓으신 분께 감
사하여라. 그 인자하심이 영원하
다.
7 큰 빛들을 지으신 분께 감사하여
라. 그 인자하심이 영원하다.
8 낮을 다스릴 해를 지으신 분께 감
사하여라. 그 인자하심이 영원하
다.
9 밤을 다스릴 달과 별을 지으신 분
께 감사하여라. 그 인자하심이 영
원하다.
10 이집트의 맏아들을 치신 분께
감사하여라. 그 인자하심이 영원하
다.
11 이스라엘을 그들 가운데서 이끌
어내신 분께 감사하여라. 그 인자
하심이 영원하다.
12 이스라엘을 강한 손과 펴신 팔로
이끌어내신 분께 감사하여라. 그
인자하심이 영원하다.
13 홍해를 두 동강으로 가르신 분께
감사하여라. 그 인자하심이 영원
하다.
14 이스라엘을 그 가운데로 지나가
게 하신 분께 감사하여라. 그 인
자하심이 영원하다.
15 바로와 그의 군대를 뒤흔들어서

136편 요약 본시는 주제에 있어서 135편과 한 쌍을 이룬다. 다만 두드러진 차이점은 매 절에서 '그 인자하심이 영원하다'는 구절이 반복된다는 것이다. 시인은 창세 이래의 이스라엘 역사를 돌이켜 볼 때 하나님의 인자하심이 영원하시다는 사실을 들어 하나님을 찬양하고 있다.

㉠ 또는 '주님을 찬송하여라'

136:1–3 총론적인 서시(序詩)이다. 그 인자하심이 영원하다는 것이다. 특히, 인자하심과 관련된 하나님의 명칭인 주님을 되새길 필요가 있다.

136:4–25 하나님의 인자하심이 그들의 역사 속에 구체적으로 개입되었던 기념할 만한 사실들을 찬송한다.

136:10–15 이집트를 탈출하여 가나안을 정복하기까지 이스라엘의 역사를 함축한 구절이다. 여기에 발췌된 사건은 이집트에 내린 하나님의 재앙

홍해에 쓸어 버리신 분께 감사하
여라. 그 인자하심이 영원하다.
16 자기 백성을 광야에서 인도하
여 주신 분께 감사하여라. 그 인
자하심이 영원하다.
17 위대한 왕들을 치신 분께 감사하
여라. 그 인자하심이 영원하다.
18 힘센 왕들을 죽이신 분께 감사하
여라. 그 인자하심이 영원하다.
19 아모리 왕 시혼을 죽이신 분께 감
사하여라. 그 인자하심이 영원하
다.
20 바산 왕 옥을 죽이신 분께 감사하
여라. 그 인자하심이 영원하다.
21 그들의 땅을 유산으로 주신 분께
감사하여라. 그 인자하심이 영원
하다.
22 그들의 땅을 당신의 종 이스라엘
에게 기업으로 주신 분께 감사하
여라. 그 인자하심이 영원하다.
23 우리가 낮아졌을 때에, 우리를
기억하여 주신 분께 감사하여라.
그 인자하심이 영원하다.
24 우리를 우리의 원수들에게서 건
져 주신 분께 감사하여라. 그 인
자하심이 영원하다.
25 육신을 가진 모든 사람에게 먹거
리를 주시는 분께 감사하여라. 그
인자하심이 영원하다.
26 하늘에 계시는 하나님께 감사
하여라. 그 인자하심이 영원하다.

복수를 구하는 기도

137 우리가 바빌론의 강변 곳곳
에 앉아서, 시온을 생각하면
서 울었다.
2 그 강변 버드나무 가지에 우리의
수금을 걸어 두었더니,
3 우리를 사로잡아 온 자들이 거기
에서 우리에게 노래를 청하고, 우
리를 짓밟아 끌고 온 자들이 저희
들 흥을 돋우어 주기를 요구하며,
시온의 노래 한 가락을 저희들을
위해 불러 보라고 하는구나.
4 우리가 어찌 이방 땅에서 주님
의 노래를 부를 수 있으랴.
5 예루살렘아, 내가 너를 잊는다면,
내 오른손아, 너는 말라비틀어져
버려라.
6 내가 너를 기억하지 않는다면, 내
가 너 예루살렘을 내가 가장 기뻐
하는 것보다도 더 기뻐하지 않는
다면, 내 혀야, 너는 내 입천장에
붙어 버려라.
7 주님, 예루살렘이 무너지던 그
날에, 에돔 사람이 하던 말, "헐어
버려라, 헐어 버려라. 그 기초가 드
러나도록 헐어 버려라" 하던 그 말
을 기억하여 주십시오.
8 멸망할 바빌론 ㉠도성아, 네가
우리에게 입힌 해를 그대로 너에

(10절;출 7:1-12:36)과 홍해의 기적(12-14절;출 14:1-31)이며, 특히 홍해의 기적에 더 큰 비중을 두고 있다.

136:25 육신 인간의 생명을 가리키는 단어이다. 특히 먹거리가 없으면 지탱할 수 없는 인간의 나약성을 강조하고 있다.

136:26 하늘에 계시는 하나님 우주적 통치자 하나님을 가리킨다. 결론적으로 하나님께 감사하라고 권고한다.

137편 요약 이스라엘 민족이 바빌론에서 겪는 슬픔과 신앙적 고초에 대해 토로하고 이스라엘이 고난당하는 것을 기뻐한 원수에 대해 저주를 선포하고 있다.

137:1-6 포로 생활에서의 신앙적인 수모를 토로하고 있다. 포로로 잡혀 와 바빌론 사람들에 의해 멸시와 조롱을 당한 슬픔이 묘사되어 있다.

㉠ 히, '딸아'

게 되갚는 사람에게, 복이 있을 것
이다.
9 네 어린 아이들을 바위에다가 메
어치는 사람에게 복이 있을 것이
다.

온 마음으로 주님께 찬양 드리어라

138 〔다윗의 노래〕

주님, 온 마음을 기울여서
주님께 감사를 드립니다. 신들 앞
에서, 내가 주님께 찬양을 드리렵
니다.
2 내가 주님의 성전을 바라보면서
경배하고, 주님의 인자하심과 주
님의 진실하심을 생각하면서 주님
의 이름에 감사를 드립니다. ㉠주
님은 주님의 이름과 말씀을 온갖
것보다 더 높이셨습니다.
3 내가 부르짖었을 때에, 주님께서
는 나에게 응답해 주셨고, ㉡나에
게 힘을 한껏 북돋우어 주셨습니
다.
4 주님, 주님께서 친히 하신 말씀
을 들은 모든 왕들이 주님께 감사
를 드립니다.
5 주님의 영광이 참으로 크시므로,
주님께서 하신 일을 그들이 노래
합니다.
6 주님께서는 높은 분이시지만, 낮
은 자를 굽어보시며, 멀리서도 오
만한 자를 다 알아보십니다.
7 내가 고난의 길 한복판을 걷는
다고 하여도, 주님께서 나에게 새
힘 주시고, 손을 내미셔서, 내 원
수들의 분노를 가라앉혀 주시며,
주님의 오른손으로 나를 구원하
여 주십니다.
8 주님께서 나를 위해 그들에게 갚
아주시니, 주님, 주님의 인자하심
은 영원합니다. 주님께서 손수 지
으신 이 모든 것을 버리지 말아
주십시오.

주님은 늘 가까이 계심

139 〔지휘자를 따라 부르는 다윗의 노래〕

1 주님, 주님께서 나를 샅샅이 살
펴보셨으니, 나를 환히 알고 계십
니다.
2 내가 앉아 있거나 서 있거나 주님
께서는 다 아십니다. 멀리서도 내
생각을 다 알고 계십니다.
3 내가 길을 가거나 누워 있거나, 주
님께서는 다 살피고 계시니, 내 모
든 행실을 다 알고 계십니다.
4 내가 혀를 놀려 아무 말 하지 않
아도 주님께서는 내가 하려는 말
을 이미 다 알고 계십니다.
5 주님께서 나의 앞뒤를 두루 감싸
주시고, 내게 주님의 손을 얹어 주
셨습니다.
6 이 깨달음이 내게는 너무 놀랍고

138편 요약 하나님의 도우심 덕분에 당면했던 어려움을 이겨낸 다윗이 감사와 찬양을 드린 시이다. 또한 하나님의 말씀이 세상에 널리 전파되어 열방이 함께 하나님을 찬양할 수 있게 되기를 소망하고 있다.

139편 요약 본시의 저작 배경은 알 수 없다. 그러나 전편에 흐르는 사상으로 보아 온갖 인생 역경을 통과한 노년의 다윗이 하나님께 대한 인식을 새롭게 하면서 신앙을 고백한 것이라고 볼 수 있다.

138:1 신들 천사들을 가리킨다.

138:8 그들에게 갚아주시니 하나님이 자기를 향한 목표를 성취시키신다는 확신이다.

㉠ 히, '주님은 주님의 말씀을 주님의 모든 이름보다 더 높이셨습니다' ㉡ 시리아어역을 따름(칠십인역과 타르굼 참조). 히, '내 영혼에 힘을 주시어 나를 거만하게 하셨습니다'

너무 높아서, 내가 감히 측량할
수조차 없습니다.
7 내가 주님의 영을 피해서 어디
로 가며, 주님의 얼굴을 피해서 어
디로 도망치겠습니까?
8 내가 하늘로 올라가더라도 주님께
서는 거기에 계시고, 스올에다 자
리를 펴더라도 주님은 거기에도
계십니다.
9 내가 ㉠저 동녘 너머로 날아가거
나, 바다 끝 서쪽으로 가서 거기에
머무를지라도,
10 거기에서도 주님의 손이 나를 인
도하여 주시고, 주님의 오른손이
나를 힘있게 붙들어 주십니다.
11 내가 말하기를 "아, 어둠이 와락
나에게 달려들어서, 나를 비추던
빛이 밤처럼 되어라" 해도,
12 주님 앞에서는 어둠도 어둠이 아
니며, 밤도 대낮처럼 밝으니, 주님
앞에서는 어둠과 빛이 다 같습니
다.
13 주님께서 내 장기를 창조하시
고, 내 모태에서 나를 짜 맞추셨
습니다.
14 내가 이렇게 빚어진 것이 오묘하
고 주님께서 하신 일이 놀라워, 이
모든 일로 내가 주님께 감사를 드
립니다. 내 영혼은 이 사실을 너무
도 잘 압니다.
15 은밀한 곳에서 나를 지으셨고, 땅
속 깊은 곳 같은 저 모태에서 나
를 조립하셨으니 내 뼈 하나하나
도, 주님 앞에서는 숨길 수 없습니
다.
16 나의 형질이 갖추어지기도 전부
터, 주님께서는 나를 보고 계셨으
며, 나에게 정하여진 날들이 아직
시작되기도 전에 이미 주님의 책
에 다 기록되었습니다.
17 하나님, 주님의 생각이 어찌 그리
도 ㉡심오한지요? 그 수가 어찌 그
렇게도 많은지요?
18 내가 세려고 하면 모래보다 더 많
습니다. 깨어나 보면 나는 여전히
주님과 함께 있습니다.
19 하나님, 오, 주님께서 악인을 죽
여만 주신다면…!
"피 흘리게 하기를 좋아하는 자
들아, 내게서 물러가거라."
20 그들은 주님을 모욕하는 말을
하며, ㉢주님의 이름을 거슬러 악
한 말을 합니다.
21 주님, 주님을 미워하는 자들을 내
가 어찌 미워하지 않으며, 주님께
대항하면서 일어나는 자들을 내
가 어찌 미워하지 않겠습니까?
22 나는 그들을 너무나도 미워합니
다. 그들이 바로 나의 원수들이기
때문입니다.

139:1-6 하나님은 무한한 지혜로 사람의 전인격과 모든 행위를 완전하게 감찰하시고 아시는 분이심을 증거하고 있다.

139:7-12 하나님은 공간적 제약을 받지 아니하시고 온 우주 어디에나 계신다. 사람은 어떤 곳에서도 하나님을 피할 수 없음을 고백하고 있다.

139:13-18 하나님은 무한한 능력으로 사람을 신비하게 창조하시고, 주권적 섭리에 따라 인생을 주관하시는 분임을 증거하고 있다. 시인은 피조물로서 창조자의 능력과 생각을 헤아릴 수 없음을 겸손히 인정한다.

139:19-24 다윗은 하나님과 자신을 대적하는 악한 원수들에 대한 심판을 호소하며(19-22절), 하나님께서 자신을 살피셔서 악을 떠나 영원한 길을 가도록 인도해 주실 것을 간구하고 있다.

㉠ 히, '새벽 날개를 가지고' ㉡ 또는 '보배로운지요?' ㉢ 또는 '주님의 이름으로 거짓 맹세를 합니다' 또는 '주님의 이름을 헛되게 부릅니다'. 히브리어 본문의 뜻이 불확실함

23 하나님, 나를 샅샅이 살펴보시
고, 내 마음을 알아주십시오. 나
를 철저히 시험해 보시고, 내가 걱
정하는 바를 알아주십시오.
24 내가 ㉠나쁜 길을 가지나 않는지
나를 살펴보시고, 영원한 길로 나
를 인도하여 주십시오.

도움을 구하는 기도

140

〔지휘자를 따라 부르는 다윗의 노래〕

1 주님, 악인에게서 나를 건져 주
시고, 포악한 자에게서 나를 보호
하여 주십시오.
2 그들은 속으로 악을 계획하고,
날마다 전쟁을 준비하러 모입니
다.
3 뱀처럼 날카롭게 혀를 벼린 그들
은, 입술 아래에는 독사의 독을
품고 있습니다. (셀라)
4 주님, 악인에게서 나를 지켜 주
시고, 포악한 자에게서 나를 보호
하여 주십시오. 그들이 나를 밀어
서 넘어뜨리려 합니다.
5 오만한 사람들이 나를 해치려
고 몰래 덫과 올가미를 놓고, 길목
에는 그물을 치고, 나를 빠뜨리려
고 함정을 팠습니다. (셀라)
6 그러나 나는 주님께 아뢰기를
"주님은 나의 하나님이십니다. 주
님, 나의 애원하는 소리에 귀를 기
울여 주십시오" 하고 말하였습니
다.
7 내 구원의 힘이신 주 하나님, 전
쟁을 하는 날에 주님께서 내 머리
에 투구를 씌워 보호해 주셨습니
다.
8 주님, 악인의 욕망을 이루어 주
지 마시고, 그들이 우쭐대지 못하
도록, 그들의 계획이 성공하지 못
하게 해주십시오. (셀라)
9 나를 에워싸고 있는 자들이 ㉡승
리하지 못하게 해주십시오. 그들
이 남들에게 퍼붓는 재앙을 다시
그들에게 되덮어 주십시오.
10 뜨거운 숯불이 그들 위에 쏟아지
게 하시고, 그들이 불구덩이나 수
렁에 빠져서 다시는 일어나지 못
하게 해주십시오.
11 혀를 놀려 남을 모함하는 사람은,
이 땅에서 버젓이 살지 못하게 해
주십시오. 폭력을 놀이 삼는 자들
에게는 큰 재앙이 늘 따라다니게
해주십시오.
12 주님이 고난받는 사람을 변호
해 주시고, 가난한 사람에게 공의
를 베푸시는 분임을, 나는 알고 있
습니다.
13 분명히 의인은 주님의 이름에 찬
양을 돌리고, 정직한 사람은 주님
앞에서 살 것입니다.

140편 요약 원수를 물리치고서 자신을 구원해 주시기를 간구함과 동시에 하나님께서 반드시 의인을 보호하신다고 확신한 사실은 *다윗이 모든 시련*을 넉넉히 이겨낼 수 있었던 힘의 근원이 어떤 것이었는지를 증명해 준다.

140:1–8 시인은 하나님의 주권을 의지하여 악인의 음모에서 건져 주시길 간구한다. 그가 이렇게 간구하는 목적은 의인을 넘어뜨리려는 악인의 뜻이 이루어지지 못하게 하기 위함이다(8절). 악인의 악담과 음모의 목적은 신앙의 길을 걷고 있는 의인을 넘어뜨려서 마침내 의로운 길에서 떠나게 하는 것이다(4절).

140:3 혀를…독사의 독 바울은 로마서 3:13에 이 말을 인용하고 있다.

140:10 뜨거운 숯불 불타는 석탄을 가리킨다. 수렁 죽음을 염두에 두고 사용한 말이다.

㉠ 또는 '해 받을 길' ㉡ 히브리어 본문의 뜻이 불확실함

주님의 보호를 구하는 기도

141

〔다윗의 노래〕
주님, 내가 주님을 부르니, 내
게로 어서 와 주십시오. 주님께 부
르짖는 내 음성에 귀를 기울여 주
십시오.
2 내 기도를 주님께 드리는 분향으
로 받아 주시고, 손을 위로 들고
서 드리는 기도는 저녁 제물로 받
아 주십시오.
3 주님, 내 입술 언저리에 파수꾼
을 세우시고, 내 입 앞에는 문지
기를 세워 주십시오.
4 내 마음이 악한 일에 기울어지지
않게 해주십시오. 악한 일을 하는
자들과 어울려서, 악한 일을 하지
않게 도와주십시오. 그들의 진수
성찬을 먹지 않게 해주십시오.
5 ㉠의인이 사랑의 매로 나를 쳐
서, 나를 꾸짖게 해주시고 ㉡악인
들에게 대접을 받는 일이 없게 해
주십시오. 나는 언제나 그들의 악
행을 고발하는 기도를 드리겠습
니다.
6 그들의 통치자들이 돌부리에 걸려
서 넘어지면, 그제서야 백성은 내
말이 옳았음을 알고서, 내게 귀를
기울일 것입니다.
7 ㉢맷돌이 땅에 부딪쳐서 깨지듯이
그들의 해골이 부서져서, 스올 어
귀에 흩어질 것입니다.
8 주 하나님, 내 눈이 주님을 우러
러보며, 주님께로 내가 피하니, 내
영혼을 벌거벗겨서 내쫓지는 말아
주십시오.
9 내 원수들이 나를 잡으려고 쳐 놓
은 덫에서 나를 지켜 주시고, 악
한 일을 저지르는 사람들의 함정
에서 나를 건져 주십시오.
10 악인들은, 자기가 친 덫에 걸려서
넘어지게 해주시고, 나만은 안전
하게, 빠져 나가게 해주십시오.

도움을 구하는 기도

142

〔다윗이 굴에 있을 때에 지은 마스
길, 기도〕
1 나는 소리를 높여서 주님께 부
르짖는다. 나는 소리를 높여서 주
님께 애원한다.
2 내 억울함을 주님께 호소하고, 내
고통을 주님께 아뢴다.
3 내 영혼이 연약할 때에 주님은
내 갈 길을 아십니다.
사람들은 나를 잡으려고 내가
가는 길에 덫을 놓았습니다.
4 ㉣아무리 둘러보아도 나를 도울
사람이 없고, 내가 피할 곳이 없
고, 나를 지켜 줄 사람이 없습니
다.
5 주님, 내가 주님께 부르짖습니다.
"주님은 나의 피난처, 사람 사는

141편 요약 본시의 저작 배경에 대해서는 다윗이 자신을 죽이려 한 사울을 너그러이 대한 때(삼상 24,26장)나 다윗이 압살롬의 반역을 당한 때(삼하 14-18장)로 추측한다. 그러나 분명한 사실은, 다윗이 영혼의 소리와 육신의 소욕 사이에서 갈등하였다는 점이다.

141:7 해골이…스올 어귀에 원수의 유혹을 거부함으로 당한 시인의 절박함을 묘사한 것이다.

142편 요약 이 시는 다윗의 시로, 의지할 사람도 피할 곳도 없는 외롭고 절망적인 상태에 빠진 다윗이 원수들로부터 자신을 구원해 주실 것을 하나님께 간구한 시이다.

㉠ 또는 '의로우신 분(하나님을 뜻함)께서' ㉡ 또는 '의인의 꾸짖음이 내 머리에 기름입니다. 내 머리가 그것을 거절하지 않을 것입니다'라고 읽을 수도 있음. 히브리어 본문의 뜻이 불확실함. 칠십인역에는 '악인들이 내 머리에 기름을 붓지 못하게 해주십시오' ㉢ 히브리어 본문의 뜻이 불확실함 ㉣ 히, '오른쪽을 보아도'

세상에서 내가 받은 분깃은 주님
뿐"이라고 하였습니다.
6 나는 너무 비참하게 되었습니
다. 내가 이렇게 부르짖으니, 내게
귀를 기울여 주십시오. 나를 핍박
하는 자들에게서, 나를 건져 주십
시오. 그들이 나보다 강합니다.
7 내 영혼을 감옥에서 끌어내 주셔
서, 주님의 이름을 찬양하게 해주
십시오.
주님께서 내게 넘치는 은혜를
베푸시니, 의인들이 나를 감싸 줄
것입니다.

위험 속에서 드리는 기도

143

〔다윗의 노래〕
주님, 내 기도를 들어 주십
시오. 애원하는 내 소리에 귀를
기울여 주십시오. 주님의 진실하
심과 주님의 의로우심으로 나에
게 대답해 주십시오.
2 살아 있는 어느 누구도 주님 앞에
서는 의롭지 못하니, 주님의 종을
심판하지 말아 주십시오.
3 원수들이 내 목숨을 노리고 뒤
쫓아와서, 내 생명을 땅에 짓이겨
서, 죽은 지 오래된 사람처럼 흑암
속에서 묻혀 살게 하였습니다.
4 내 기력은 약해지고, 놀란 심장은
박동조차 멎어 버렸습니다.
5 내가 옛날을 기억하고, 주님의 그
모든 행적을 돌이켜보며, 주님께
서 손수 이루신 일들을 깊이깊이
생각합니다.
6 내가 주님을 바라보며, 내 두 손을
펴 들고 기도합니다. 메마른 땅처
럼 목마른 내 영혼이 주님을 그리
워합니다. (셀라)
7 주님, 나에게 속히 대답해 주십
시오. 숨이 끊어질 지경입니다. 주
님의 얼굴을 나에게 숨기지 말아
주십시오. 내가 무덤으로 내려가
는 자들처럼 될까 두렵습니다.
8 내가 주님을 의지하니, 아침마다
주님의 변함없는 사랑의 말씀을
듣게 해주십시오. 내 영혼이 주님
께 의지하니, 내가 가야 할 길을
알려 주십시오.
9 주님, 내가 주님께로 몸을 피하
니, 내 원수들에게서 건져 주십시
오.
10 주님은 나의 하나님이시니, 주님
의 뜻을 따라 사는 길을 가르쳐
주십시오. 주님의 선하신 영으로
나를 이끄셔서, 평탄한 길로 나를
인도하여 주십시오.
11 주님, 주님의 이름을 위하여 나를
살리시고, 주님의 의로우심으로
내가 받는 모든 고난에서 내 영혼
을 건져 주십시오.
12 주님은 한결같이 나를 사랑하시

143편 요약 7대 참회시(6,32,38,51,102,130,143편) 가운데 마지막 시이다. 이 시에서 다윗은 *자신이 고난을 받는 것은 곧 과거에 범한 자신의 죄악 때문임을 깨닫고 회개하며 하나님의 긍휼을 간구하고 있다.*

143:1–4 내면세계의 죄의식과 외면 세계에 있어서 원수의 핍박으로 시인은 죽음의 상태에 처했다고 토로한다(3–4절). 그는 '진실하심과 의로우심'(1절)으로 대답해 주시는 하나님의 구원을 간구하고 있다.

143:5–8 시인은 자신의 삶을 이끌어 오신 주님의 위대하신 일을 묵상하며, 주님과의 관계가 단절된 현재 상황에서 주님의 은총을 간절히 사모한다.

143:9–12 원수의 공격에서 구원해 달라고 간구한다(9절). 이렇게 간구하는 이유는 주님만이 의로우시기 때문이다(11절).

니, 내 원수들을 없애 주십시오.
나를 억압하는 자들을 멸하여 주
십시오. 나는 주님의 종입니다.

국가를 위한 기도

144

〔다윗의 시〕
나의 반석이신 주님을 내가
찬송하련다. 주님은 내 손을 훈련
시켜 전쟁에 익숙하게 하셨고, 내
손가락을 단련시켜 전투에도 익
숙하게 하셨다.
2 주님은 나의 ㉠반석, 나의 요새, 나
의 산성, 나의 구원자, 나의 방패,
나의 피난처, ㉡뭇 백성을 나의 발
아래에 굴복하게 하신다.
3 주님, 사람이 무엇이기에 그렇게
생각하여 주십니까? 인생이 무엇
이기에 이토록 생각하여 주십니
까?
4 사람은 한낱 숨결과 같고, 그의
일생은 사라지는 그림자와 같습니
다.
5 주님, 하늘을 낮게 드리우시고,
내려오시며, 산들을 만지시어 산
마다 연기를 뿜어 내게 하십시오.
6 번개를 번쩍여서 원수들을 흩으
시고, 화살을 쏘셔서 그들을 혼란
에 빠뜨려 주십시오.
7 높은 곳에서 주님의 손을 내미셔
서 거센 물결에서 나를 끌어내시
고, 외적의 손에서 나를 건져 주
십시오.
8 그들의 입은 헛된 것을 말하며, 그
들이 맹세하는 오른손은 거짓으
로 속이는 손입니다.
9 하나님, 내가 하나님께 새 노래
를 불러 드리며, 열 줄 거문고를
타면서 하나님을 찬양하겠습니
다.
10 왕들에게 승리를 안겨 주신 주님,
주님의 종 다윗을 무서운 칼에서
건져 주신 주님,
11 외적의 손에서 나를 끌어내셔서
건져 주십시오. 그들의 입은 헛된
것을 말하며, 그들이 맹세하는 오
른손은 거짓으로 속이는 손입니
다.
12 우리의 아들들은 어릴 때부터
나무처럼 튼튼하게 잘 자라고, 우
리의 딸들은 궁전 모퉁이를 장식
한 우아한 돌기둥처럼 잘 다듬어
지고,
13 우리의 곳간에는 온갖 곡식이 가
득하고, 우리가 기르는 양 떼는 넓
은 들판에서 수천 배, 수만 배나
늘어나며,
14 우리가 먹이는 소들은 ㉢살이 찌
고, ㉣낙태하는 일도 없고, ㉤잃어
버리는 일도 없으며, 우리의 거리
에는 울부짖는 소리가 전혀 없을
것이다.

144편 요약 본시는 다윗이 골리앗과 싸운 때(삼상 17장)에 지은 것으로 전해진다. 전반부는 하나님의 구원 역사를 회고하는 가운데 현재의 어려운 상황에서도 하나님의 구원을 간구하는 내용이다. 후반부는 하나님을 자신의 주권자로 섬기는 자들이 얻게 될 축복에 대한 언급이다.

144:4 숨결·그림자 인간의 나약성을 뜻한다.

144:7 거센 물결 이방 사람의 침입으로 인한 시련을 상징한 말이다.

144:14 울부짖는 소리 전쟁과 기근으로 인한 시련으로 야기된 부르짖음을 말한다.

㉠ 18:2와 삼하 22:2를 따름. **히**, '변함없는 사랑' ㉡ 히브리어 사본들과 시리아어역과 아퀼라역과 제롬역을 따름. 마소라 본문에는 '내 백성을' ㉢ 칠십인역과 아퀼라역과 심마쿠스역과 불가타를 따름. **히**, '무거운 짐을 지고 다니고', 곧 새끼를 배서 몸이 무거운 것을 말하거나, 살이 쪄서 몸이 무거운 것을 말함 ㉣ 또는 '뚫리는 일도 없고' ㉤ 또는 '(포로로) 잡혀가는 일도 없고'

15 이와 같은 백성은 복을 받은 백
성이다. 주님을 자기의 하나님으
로 섬기는 백성은 복을 받은 백성
이다.

주님은 자비하시다

㉠ **145** 〔다윗의 찬양시〕
나의 임금님이신 하나님,
내가 주님을 높이며, 주님의 이름
을 영원토록 송축하렵니다.
2 내가 날마다 주님을 송축하며, 영
원토록 주님의 이름을 송축하렵
니다.
3 주님은 위대하시니, 그지없이
찬양받으실 분이시다. 그 위대하
심은 측량할 길이 없다.
4 주님께서 하신 일을 우리가 대
대로 칭송하고, 주님의 위대한 행
적을 세세에 선포하렵니다.
5 ㉡주님의 찬란하고 영광스러운 위
엄과 주님의 놀라운 기적을, 내가
가슴 깊이 새기렵니다.
6 사람들은 주님의 두려운 권능을
말하며, 나는 주님의 위대하심을
선포하렵니다.
7 사람들은 한량없는 주님의 은혜
를 기념하면서, 주님의 의를 노래
할 것입니다.
8 주님은 은혜롭고 자비로우시며,
노하기를 더디하시며, 인자하심이
크시다.
9 주님은 모든 만물을 은혜로 맞아
주시며, 지으신 모든 피조물에게
긍휼을 베푸신다.
10 주님, 주님께서 지으신 모든 피
조물이 주님께 감사 찬송을 드리
며, 주님의 성도들이 주님을 찬송
합니다.
11 성도들이 주님의 나라의 영광을
말하며, 주님의 위대하신 행적을
말하는 것은,
12 주님의 위대하신 위엄과, 주님의
나라의 찬란한 영광을, 사람들에
게 알리려 함입니다.
13 주님의 나라는 영원한 나라이며,
주님의 다스리심은 영원무궁 합니
다.
㉢(주님이 하시는 말씀은 모두
다 진실하고, 그 모든 업적에는 사
랑이 담겨 있다.)
14 주님은 넘어지는 사람은 누구든
지 붙들어 주시며, 짓눌린 사람은
누구든지 일으켜 세우신다.
15 만물이 모두 주님만을 바라보
며 기다리니, 주님께서 때를 따라
그들에게 먹거리를 주신다.
16 주님께서는 손을 펴시어서, 살
아 있는 피조물의 온갖 소원을 만
족스럽게 이루어 주십니다.
17 주님이 하시는 그 모든 일은 의
롭다. 주님은 모든 일을 사랑으로

145편 요약 하나님의 속성을 들어 찬양을 하고 있는 본시에서 다윗은 세 가지를 들어 하나님을 찬양하였다. *첫째, 하나님의 위대하*심과 전능하심이다. 둘째, 하나님의 인자하심이다. 셋째, 하나님의 주권과 공의로우심이다.

145:1–9 사람의 지혜로 헤아릴 수 없는 하나님의 위대하심(1–3절)과 놀랍고 능하신 행위(4–7절), 그리고 모든 피조물에 대한 은혜·자비·인자·긍휼(8–9절)을 찬양하고 있다.

145:10–20 하나님의 나라로 표현된 하나님의 영원한 왕적 통치(10–13절)와 하나님께서 베푸시는 일반적인 은혜와 특별한 은혜, 그리고 공의를 찬양하고 있다(14–20절).

㉠ 각 절의 첫 글자가 히브리어 자음 문자 순서로 되어 있는 시 ㉡ 사해 사본과 시리아어역과 칠십인역에는 '사람들은 주님의 찬란하고 영광스러운 위엄을 말하고, 나는 주님의 놀라운 업적을 말하렵니다' ㉢ 한 마소라 사본과 사해 사본과 칠십인역과 시리아어역에는 괄호 안의 본문이 있음

하신다.
18 주님은, 주님을 부르는 모든 사람
에게 가까이 계시고, 진심으로 부
르는 모든 사람에게 가까이 계신
다.
19 주님은, 당신을 경외하는 사람의
소원을 이루어 주시고, 그들의 부
르짖는 소리를 듣고 구원해 주신
다.
20 주님은, 당신을 사랑하는 사람은
누구나 지켜 주시며, 악한 사람은
누구든지 다 멸하신다.
21 나는 내 입으로 주님을 찬양하
련다. 육체를 가진 사람이면, 누구
나, 주님의 거룩한 이름을 영원히
찬송하여라.

주님을 찬양하여라

146 ㉠할렐루야. 내 영혼아, 주
님을 찬양하여라.
2 내가 평생토록 주님을 찬양하며
내가 살아 있는 한, 내 하나님을
찬양하겠다.
3 너희는 힘있는 고관을 의지하지
말며, 구원할 능력이 없는 사람을
의지하지 말아라.
4 사람은 숨 한 번 끊어지면 흙으로
돌아가니, 그가 세운 모든 계획이
바로 그 날로 다 사라지고 만다.
5 야곱의 하나님을 자기의 도움으
로 삼고 자기의 하나님이신 주님
께 희망을 거는 사람은, 복이 있
다.
6 주님은, 하늘과 땅과 바다 속에 있
는 모든 것을 지으시며, 영원히 신
의를 지키시며,
7 억눌린 사람을 위해 공의로 재판
하시며, 굶주린 사람에게 먹을 것
을 주시며,
감옥에 갇힌 죄수를 석방시켜
주시며
8 눈먼 사람에게 눈을 뜨게 해주시
고, 낮은 곳에 있는 사람을 일으
켜 세우시는 분이시다.
주님은 의인을 사랑하시고,
9 나그네를 지켜 주시고, 고아와 과
부를 도와주시지만 악인의 길은
멸망으로 이끄신다.
10 시온아, 주님께서 영원히 다스
리신다! 나의 하나님께서 대대로
다스리신다!
㉠할렐루야.

주님을 노래하고 찬양하여라

147 ㉠할렐루야.
우리의 하나님께 찬양함
이 얼마나 좋은 일이며, 하나님께
찬송함이 그 얼마나 아름답고 마
땅한 일인가!
2 주님은 예루살렘을 세우시고, 흩
어진 이스라엘 백성을 모으신다.
3 마음이 상한 사람을 고치시고, 그

146편 요약 시편의 마지막을 장식하는 다섯 편의 모든 시(146–150편)들은 '할렐루야'로 시작하여 '할렐루야'로 끝난다. 그 중에서 본시는 하나님만이 인간이 진정으로 믿고 의지할 수 있는 유일한 분이심을 강조한다.

146:7–9 이곳에 나오는 약자들은 특히 누가복음서 1:53과 누가복음서 4:16–21에 잘 반영되어 있다. 주님 약자의 희망이란 뜻이 내포되어 있다.

147편 요약 본시는 바빌로니아 포로 생활 후기에 익명의 시인이 지은 것으로 추정된다. 시인은 이스라엘 민족을 포로 생활에서 해방시켜 예루살렘을 재건하게 하신 하나님을 찬양하였다. 그리고 자연과 인간을 섭리하시고 무한한 사랑을 베푸시는 하나님을 찬양하였다.

147편 시인은 먼저 이스라엘 자손들을 포로 생활

㉠ 또는 '주님을 찬송하여라'

아픈 곳을 싸매어 주신다.
4 별들의 수효를 헤아리시고, 그
하나하나에 이름을 붙여 주신다.
5 우리 주님은 위대하시며 능력이
많으시니, 그의 슬기는 헤아릴 수
없다.
6 주님은 불쌍한 사람을 도와주시
며, 악인을 땅 바닥까지 낮추시는
분이다.
7 주님께 감사의 노래를 불러드려
라. 우리의 하나님께 수금을 타면
서 노래 불러드려라.
8 주님은 하늘을 구름으로 덮으시
고, 땅에 내릴 비를 준비하시어,
산에 풀이 돋게 하시며,
9 들짐승과, 우는 까마귀 새끼에게
먹이를 주신다.
10 주님은 힘센 준마를 좋아하지
않으시고, 빨리 달리는 힘센 다리
를 가진 사람도 반기지 아니하신
다.
11 주님은 오직 당신을 경외하는 사
람과 당신의 한결 같은 사랑을 기
다리는 사람을 좋아하신다.
12 예루살렘아, 주님께 영광을 돌
려라. 시온아, 네 하나님을 찬양하
여라.
13 주님이 네 문빗장을 단단히 잠그
시고, 그 안에 있는 네 자녀에게
복을 내리셨다.
14 네가 사는 땅에 평화를 주시고,
가장 좋은 밀로 만든 음식으로 너
를 배불리신다.
15 주님이 이 땅에 명령만 내리시
면, 그 말씀이 순식간에 퍼져 나
간다.
16 양털 같은 눈을 내리시며, 재를 뿌
리듯 서리도 내리시며,
17 빵 부스러기같이 우박을 쏟으시
는데, 누가 감히 그 추위 앞에 버
티어 설 수 있겠느냐?
18 그러나 주님은 말씀을 보내셔서
그것들을 녹이시고, 바람을 불게
하시니, 얼음이 녹아서, 물이 되어
흐른다.
19 주님은 말씀을 야곱에게 전하
시고, 주님의 규례와 법도를 이스
라엘에게 알려 주신다.
20 어느 다른 민족에게도 그와 같이
하신 일이 없으시니, 그들은 아무
도 그 법도를 알지 못한다.
㉠ 할렐루야.

와서 주님을 찬양하여라

148 ㉠ 할렐루야.
하늘에서 주님을 찬양하
여라. 높은 곳에서 주님을 찬양하
여라.
2 주님의 모든 천사들아, 주님을 찬
양하여라. 주님의 모든 군대야, 주
님을 찬양하여라.

로부터 해방시켜 다시 이스라엘로 귀환하게 하시고, 예루살렘을 재건하게 하신 하나님을 찬송하고(1-6절), 자연과 사람을 섭리하시고 사랑을 베푸시는 하나님을 찬양하고 있다(7-11절). 시인은 하나님의 백성이 거하는 예루살렘을 안전하게 하시고, 자연을 주관하심으로써 식량을 풍족하게 하실 뿐 아니라, 특별히 이스라엘에게 계시된 말씀들을 주시는 하나님을 찬양하고 있다(12-20절).

㉠ 또는 '주님을 찬송하여라'

148편 요약 하나님께 대한 우주적인 대찬양이다. 시인은 하나님이 지으신 모든 피조물을 찬양에 초대하여 다같이 하나님께 찬양과 영광을 돌리고 있다. 시인은 지위고하, 남녀노소를 막론하고 인간을 포함한 하늘 아래의 모든 피조물에게 찬양을 권하였다.

148편 본 시편은 학개와 에스라 시대의 저작물로 추측된다. 이 시에서 생물, 무생물 등 피조물은 모

3 해와 달아, 주님을 찬양하여라.
빛나는 별들아, 모두 다 주님을 찬
양하여라.
4 하늘 위의 하늘아, 주님을 찬양하
여라. 하늘 위에 있는 물아, 주님
을 찬양하여라.
5 너희가 주님의 명을 따라서 창
조되었으니, 너희는 그 이름을 찬
양하여라.
6 너희가 앉을 영원한 자리를 정하
여 주시고, 지켜야 할 법칙을 주셨
다.
7 온 땅아, 주님을 찬양하여라. 바
다의 괴물들과 바다의 심연아,
8 불과 우박, 눈과 서리, 그분이 명
하신 대로 따르는 세찬 바람아,
9 모든 산과 언덕들, 모든 과일나
무와 백향목들아,
10 모든 들짐승과 가축들, 기어다니
는 것과 날아다니는 새들아,
11 세상의 모든 임금과 백성들, 세
상의 모든 고관과 재판관들아,
12 총각과 처녀, 노인과 아이들아,
13 모두 주님의 이름을 찬양하여
라. 그 이름만이 홀로 높고 높다.
그 위엄이 땅과 하늘에 가득하다.
14 주님이 ㉠그의 백성을 강하게 하
셨으니, 찬양은 주님의 모든 성도
들과, 주님을 가까이 모시는 백성
들과, 이스라엘 백성이, 마땅히 드
려야 할 일이다.
㉡할렐루야.

새 노래로 찬양하여라

149

㉡할렐루야.
새 노래로 주님께 노래
하며, 성도의 회중 앞에서 찬양하
여라.
2 이스라엘아, 창조주를 모시고 기
뻐하여라. 시온의 주민아, 너희의
임금님을 모시고 큰소리로 즐거워
하여라.
3 춤을 추면서 그 이름을 찬양하여
라. 소구 치고 수금을 타면서 노
래하여라.
4 주님께서 당신의 백성을 보시고
기뻐하신다. 눌림받는 약한 사람
에게 승리의 영광을 안겨 주신다.
5 성도들아, 이 영광을 크게 기뻐하
여라. 잠자리에 들어서도 기뻐하
며 노래하여라.
6 성도들의 입에는 하나님께 드릴
찬양이 가득하고, 그 손에는 두
날을 가진 칼이 들려 있어,
7 뭇 나라에게 복수하고, 뭇 민족을
철저히 심판한다.
8 그들의 왕들을 족쇄로 채우고, 고
관들을 쇠사슬로 묶어서,
9 기록된 판결문대로 처형할 것이
니, 이 영광은 모든 성도들의 것이
다.

두 다 하나님의 찬양에 초대받는다. 따라서 이 시편은 이사야서 40–66장과 그 맥락을 같이한다.
148:7–14 온 땅과 바다의 괴물 등이 찬양 그룹 안으로 초대된다. 이런 것들은 가장 높은 것(1,4절)과 반대 개념으로 가장 깊은 곳이란 뜻이다.
148:11 재판관 지역의 관리자이자 재판관으로, 행정, 사법을 담당한 자를 가리킨다.

㉠ 또는 '그의 백성을 위하여 뿔을 높이셨으니' ㉡ 또는 '주님을 찬송하여라'

149편 요약 자신의 택한 백성을 구원해 주시는 하나님께 대한 이스라엘 민족의 찬양이다. 그리고 하나님이 원수들을 심판하시고 이스라엘 백성을 영화롭게 해주실 줄로 믿고 찬양을 드렸다.

149편 이스라엘 백성들을 보호하시고 통치하시는 하나님(1–4절)과 하나님의 백성들을 대적하는 원수들을 심판하시는 하나님을 찬양한다(5–9절).

㉠ 할렐루야.

주님을 찬양하여라

150

㉠ 할렐루야.
주님의 성소에서 하나님
을 찬양하여라. 하늘 웅장한 창
공에서 찬양하여라.
2 **주님이 위대한 일을 하셨으니,**
주님을 찬양하여라. 주님은 더없
이 위대하시니, 주님을 찬양하여
라.
3 **나팔 소리를 울리면서 주님을**
찬양하고, 거문고와 수금을 타면
서 주님을 찬양하여라.
4 **소구 치며 춤추면서 주님을 찬양**
하고, 현금을 뜯고 피리 불면서 주
님을 찬양하여라.
5 **오묘한 소리 나는 제금을 치면서**
주님을 찬양하고, 큰소리 나는 제
금을 치면서 주님을 찬양하여라.
6 **숨쉬는 사람마다 주님을 찬양**
하여라.

㉠ 할렐루야.

150편 요약 전체 시편의 대단원을 장식하는 할렐루야 시이다. 시인은 하나님께서 어디에서, 무슨 이유로, *그리고 누구로부터 찬양을* 받으셔야 하는지를 언급하고 있다. 시인의 강조점은 찬양의 당위론에 있다.

150:1-6 할렐루야·찬양하여라 누가, 왜, 어디서, 어떻게 찬양하는 것인가를 제시한다. 숨쉬는 사람마다(6절) 하나님이 더없이 위대하시기 때문에(2절), 주님의 성소이신 예루살렘 성전과 창공에서(1절), 악기를 동원하여 춤추며 찬양해야 한다(3-5절). 특이한 점은 언제 찬양할 것인가를 언급하지 않은 것인데, 이는 언제나 찬양하라는 뜻으로 해석된다.

150:1 성소 예루살렘 성전을 가리킨다.

150:2 일 하나님께서 천지를 창조하신 일과 인간을 구속, 섭리하시는 일을 함축한 말이다.

㉠ 또는 '주님을 찬송하여라'

잠언

PROVERBS

저자 솔로몬, 아굴, 르무엘 왕, 그 외 몇몇 사람들

저작 연대 B.C. 1000–700년경

기록 장소와 대상 아마도 유다에서 기록되었을 것이다. 그리고 주로 젊은이들과 '장로들의 학생들'을 위해서 기록되었다.

핵심어 및 내용 잠언의 핵심어는 '지혜'와 '진리'이다. 잠언에서는 어떻게 하면 일상 생활에서 의로운 삶을 살 수 있을지에 관하여 자세히 설명하고 있다. 지혜는 우리가 선과 악, 진리와 거짓, 하나님의 뜻과 사람의 생각을 분별할 수 있게 해 준다. 또한 진리는 우리에게 인생의 올바른 길 곧 하나님 말씀대로 사는 길을 제시해 준다.

내용 분해

1. 머리말(1:1–6)
2. 솔로몬의 제1잠언집(1:7–9:18)
3. 솔로몬의 제2잠언집(10:1–22:16)
4. 지혜로운 사람들의 제1잠언집(22:17–24:22)
5. 지혜로운 사람들의 제2잠언집(24:23–34)
6. 솔로몬의 제3잠언집(25:1–29:27)
7. 아굴의 잠언(30:1–33)
8. 르무엘의 잠언(31:1–9)
9. 유능한 아내에 대한 노래(31:10–31)

잠언의 목적과 주제

1 이것은 다윗의 아들 이스라엘 왕
솔로몬의 잠언이다.
2 이 잠언은 지혜와 훈계를 알게
하며, 명철의 말씀을 깨닫게 하며,
3 정의와 공평과 정직을 지혜롭게
실행하도록 훈계를 받게 하며,
4 ㉠어수룩한 사람을 슬기롭게 하여
주며, 젊은이들에게 지식과 분별
력을 갖게 하여 주는 것이니,
5 지혜 있는 사람은 이 가르침을 듣
고 학식을 더할 것이요, 명철한 사
람은 지혜를 더 얻게 될 것이다.
6 잠언과 비유와 지혜 있는 사람의
말과 그 심오한 뜻을 깨달아 알
수 있을 것이다.
7 주님을 경외하는 것이 지식의
근본이어늘, ㉡어리석은 사람은 지
혜와 훈계를 멸시한다.

젊은이에게 주는 충고

8 ㉢아이들아, 아버지의 훈계를 잘
듣고, 어머니의 가르침을 저버리
지 말아라.
9 진정 이것은 머리에 쓸 아름다운
관이요, 너의 목에 걸 목걸이이다.
10 ㉢아이들아, 악인들이 너를 꾀더
라도, 따라가지 말아라.
11 그들이 너에게 이렇게 말할 것이
다. "함께 가서 숨어 기다렸다가,
이유를 묻지 말고, 죄 없는 사람
을 죽이자.
12 ㉣스올처럼 그들을 산 채로 삼키
고, 무덤이 사람을 통째로 삼키듯
이, 그들을 통째로 삼키자.
13 우리는 온갖 값진 것을 얻게 될 것
이며, 빼앗은 것으로 우리의 집을
가득 채우게 될 것이다.
14 너도 우리와 함께 제비를 뽑고, 우
리 사이에 돈주머니는 하나만 두
자."
15 ㉢아이들아, 그들이 이렇게 말하
더라도, 너는 그들과 함께 다니지
말고, 네 발을 그들이 가는 길에
들여놓지 말아라.

㉠ '어수룩한 사람'으로 번역된 히브리어 '프타임'은 도덕적 방향감각이 없어서 악으로 기울어질 수 있는 단순한 사람을 일컬음(22, 32절 참조) ㉡ '어리석은 사람'으로 번역된 히브리어 '에빌림'은 잠언 전체와 구약의 여러 곳에서 도덕적 결함이 있는 사람을 가리킴. 단순히 '둔한 사람'과 구별됨 ㉢ 히, '내 아들아'. 스승이 제자를 부르는 말 ㉣ 또는 '무덤' 또는 '죽음'

16 그들의 발은 악으로 치달으며, 피
흘리는 일을 서두르기 때문이다.
17 무릇, 새가 보는 앞에서 그물을
치는 것은 헛수고이겠거늘,
18 그들이 가만히 엎드려서 지키고
있으니 제 피나 흘릴 뿐이요, 숨어
서 기다리고 있으니 제 목숨이나
잃을 뿐이다.
19 무릇 부당한 이득을 탐하는 자의
길은 다 이러하니, 재물이 목숨을
빼앗는다.

지혜가 부른다

20 지혜가 길거리에서 부르며, 광
장에서 그 소리를 높이며,
21 시끄러운 ㉠길 머리에서 외치며, 성
문 어귀와 성 안에서 말을 전한다.
22 "어수룩한 사람들아, 언제까지
어수룩한 것을 좋아하려느냐? 비
웃는 사람들아, 언제까지 비웃기를
즐기려느냐? ㉡미련한 사람들아,
언제까지 지식을 미워하려느냐?
23 너희는 내 책망을 듣고 돌아서거
라. 보아라, 내가 내 영을 너희에
게 보여 주고, 내 말을 깨닫게 해
주겠다.
24 그러나 너희는, 내가 불러도 들으
려고 하지 않고, 내가 손을 내밀어
도 거들떠보려고도 하지 않았다.
25 도리어 너희가 내 모든 충고를 무
시하며 내 책망을 받아들이지 않
았으니,
26 너희가 재앙을 만날 때에, 내가 비
웃을 것이며, 너희에게 두려운 일
이 닥칠 때에, 내가 조롱하겠다.
27 공포가 광풍처럼 너희를 덮치며,
재앙이 폭풍처럼 너희에게 밀려오
며, 고난과 고통이 너희에게 밀어
닥칠 때에,
28 그 때에야 나를 애타게 부르겠지
만, 나는 대답하지 않겠고, 나를
애써 찾을 것이지만, 나를 만나지
못할 것이다.
29 이것은 너희가 깨닫기를 싫어하
며, 주님 경외하기를 즐거워하지
않으며,
30 내 충고를 받아들이지 않으며, 내
모든 책망을 업신여긴 탓이다.
31 그러므로 그런 사람은 제가 한
일의 열매를 먹으며, 제 꾀에 배부
를 것이다.
32 어수룩한 사람은 내게 등을 돌리
고 살다가 자기를 죽이며, ㉡미련
한 사람은 안일하게 살다가 자기
를 멸망시키지만,
33 오직 내 말을 듣는 사람은 안심하
며 살겠고, 재앙을 두려워하지 않
고 평안히 살 것이다."

지혜가 주는 유익

2 ㉢아이들아, 내 말을 받아들이고,
내 명령을 마음 속 깊이 간직하여

1장 요약 여기서 저자는 잠언의 목적을 먼저 밝힌 다음(1-6절), 악을 멀리하고 지혜를 추구할 것을 권한다. 이 잠언은 단순한 처세술과는 차이가 있으며, 하나님의 백성다운 삶이 어떤 것인지를 구체적으로 가르치는 내용을 담고 있다.

2장 요약 본장은 지혜를 추구하는 자에게 주어지는 유익을 소개하는 내용을 담고 있다. 하나님을 알고 그분을 경외하는 인생은 결코 악한 사람의 길을 걷지 않고 경건한 삶을 살아가게 마련이다. 악한 사람의 길은 멸망으로 향해 있는 반면에 의로운 사람의 길은 하나님의 풍성한 은혜와 축복으로 향해 있다.

㉠ 칠십인역에는 '성벽 위에서' ㉡ '미련한 사람'으로 번역된 히브리어 '크씰림'은 '어리석은 사람'으로 번역된 '에빌림'과 함께 도덕적 결함을 지닌 사람을 뜻함. 1:7의 주를 볼 것 ㉢ 1:8의 주를 볼 것

2:1-22 솔로몬은 아들에게 지혜를 얻기 위해 쏟

라.
2 지혜에 네 귀를 기울이고, 명철에
네 마음을 두어라.
3 슬기를 외쳐 부르고, 명철을 얻으
려고 소리를 높여라.
4 은을 구하듯 그것을 구하고, 보화
를 찾듯 그것을 찾아라.
5 그렇게 하면, 너는 주님을 경외하
는 길을 깨달을 것이며, 하나님을
아는 지식을 터득할 것이다.
6 주님께서 지혜를 주시고, 주님
께서 친히 지식과 명철을 주시기
때문이다.
7 정직한 사람에게는 분별하는 지
혜를 마련하여 주시고, 흠 없이
사는 사람에게는 방패가 되어 주
신다.
8 공평하게 사는 사람의 길을 보살
펴 주시고, 주님께 충성하는 사람
의 길을 지켜 주신다.
9 그 때에야 너는 정의와 공평과
정직, 이 모든 복된 길을 깨달을
것이다.
10 지혜가 네 마음 속에 들어가고,
지식이 네 영혼을 즐겁게 할 것이
다.
11 분별력이 너를 지켜 주고, 명철이
너를 보살펴 줄 것이다.
12 지혜가 악한 사람의 길에서 너를
구하고, 겉과 속이 다르게 말하는
사람에게서 너를 건질 것이다.
13 그들은 바른길을 버리고, 어두운
길로 가는 사람들이다.
14 그들은 나쁜 일 하기를 좋아하며,
악하고 거스르는 일 하기를 즐거
워한다.
15 그들의 길은 구부러져 있고, 그들
의 행실은 비뚤어져 있다.

지혜와 순결

16 지혜가 너를 음란한 여자에게
서 건져 주고, 너를 꾀는 부정한
여자에게서 건져 줄 것이다.
17 그 여자는 젊은 시절의 짝을 버리
고, ㉠ 하나님과 맺은 언약을 잊은
여자이다.
18 그 여자의 집은 죽음에 이르는 길
목이요, 그 길은 죽음으로 내려가
는 길이다.
19 그런 여자에게 가는 자는 아무도
되돌아오지 못하고, 다시는 생명
의 길에 이르지 못한다.
20 그러므로 너는 선한 사람이 가
는 길을 가고, 의로운 사람이 걷
는 길로만 걸어라.
21 세상은 정직한 사람이 살 곳이요,
흠 없는 사람이 살아 남을 곳이기
때문이다.
22 그러나 악한 사람은 땅에서 끊어
지고, 진실하지 못한 사람은 땅에
서 뿌리가 뽑힐 것이다.

아야 할 노력(1–6절), 지혜로 말미암은 도덕적 유익(7–12절), 그리고 부도덕한 자들을 멀리 하라는 지혜의 가르침(13–22절) 등을 훈계한다.

2:17 젊은 시절의 짝 젊었을 때 결혼한 남편을 말한다. 하나님의 언약을 상징하거나 또는 결혼 서약(참조. 겔 16:8;말 2:14)을 가리킨다. 어떤 학자들은 이 말이 십계명의 일곱 번째 계명('간음하지 못한다'_출 20:14)을 가리킨다고 주장한다.

2:21–22 하나님의 복 주심과 저주의 결과를 말하는 구절이다. 행위가 정직하고 주님께 충성하는 사람은 하나님의 복을 받으며, 이 땅에서 번영을 누린다. 반면 악하고 진실하지 못한 사람은 하나님의 심판을 받아서 죽거나 땅에서 쫓겨난다. 이스라엘 민족에게 가나안 땅의 약속은 큰 복이었다(참조. 창 17:8;신 4:1;시 37:9,11). 하나님은 이스라엘 백성들이 순종하지 않으면 그곳에서 추방하겠다고 경고하셨다(신 28:63).

㉠ 또는 '하나님 앞에서 맺은 언약'

젊은이에게 주는 충고

3 ㉠아이들아, 내 가르침을 잊지 말
고, 내 계명을 네 마음에 간직하
여라.
2 그러면 그것들이 너를 장수하게
하며, 해가 갈수록 더욱 평안을
누리게 할 것이다.
3 인자와 진리를 저버리지 말고,
그것을 목에 걸고 다니며, 너의 마
음 속 깊이 새겨 두어라.
4 그러면 하나님과 사람 앞에서 네
가 은혜를 입고 귀중히 여김을 받
을 것이다.
5 너의 마음을 다하여 주님을 의
뢰하고, 너의 명철을 의지하지 말
아라.
6 네가 하는 모든 일에서 주님을 인
정하여라. 그러면 주님께서 네가
가는 ㉡길을 곧게 하실 것이다.
7 스스로 지혜롭다고 여기지 말고,
주님을 경외하며 악을 멀리하여라.
8 그러면 이것이 너의 몸에 보약이
되어, 상처가 낫고 아픔이 사라질
것이다.
9 너의 재산과 땅에서 얻은 모든
첫 열매로 주님을 공경하여라.
10 그러면 너의 창고가 가득 차고, 너
의 포도주 통에 햇포도주가 넘칠
것이다.
11 ㉠아이들아, 주님의 훈계를 거부
하지 말고, 그의 책망을 싫어하지
말아라.
12 주님은, 당신이 사랑하시는 사람을
꾸짖으시니, 마치 귀여워하는 아들
을 꾸짖는 아버지와 같으시다.

지혜의 가치

13 지혜를 찾는 사람은 복이 있고,
명철을 얻는 사람은 복이 있다.
14 참으로 지혜를 얻는 것이 은을 얻
는 것보다 낫고, 황금을 얻는 것보
다 더 유익하다.
15 지혜는 진주보다 더 값지고, 네가
갖고 싶어하는 그 어떤 것도 이것
과 비교할 수 없다.
16 그 오른손에는 장수가 있고, 그
왼손에는 부귀영화가 있다.
17 지혜의 길은 즐거운 길이요, 그 모
든 길에는 평안이 있다.
18 지혜는, 그것을 얻는 사람에게는
생명의 나무이니, 그것을 붙드는
사람은 복이 있다.
19 주님은 지혜로 땅의 기초를 놓
으셨고, 명철로 하늘을 펼쳐 놓으
셨다.
20 그분은 지식으로 깊은 물줄기를
터뜨리시고, 구름에서 이슬이 내
리게 하신다.
21 ㉠아이들아, 건전한 지혜와 분별
력을 모두 잘 간직하여 너의 시야
에서 떠나지 않게 하여라.

3장 요약 본장에서도 지혜의 말씀에 순종함으로써 얻게 되는 갖가지 축복들이 소개된다. 1-26절에서는 주님께 순종하는 자들에게 어떤 축복이 임하는지를 제시하고, 27절 이하는 이웃에게 선을 베푸는 것이 곧 주님의 복을 받는 삶임을 가르친다.

3:10 하나님은 십일조를 바치는 사람에게 복을 쌓을 곳이 없도록 부어 주겠다고 하셨다(참조. 신 28:8,12;말 3:10;고후 9:8). 이와 같이 하나님을 경외하는 사람이 풍성한 삶을 누린다는 가르침은 잠언에서 두드러진다. 그러나 하나님은 복을 받기 위한 이기적 수단으로 믿음을 사용하지 못하도록 때때로 사람들을 시험하신다.

3:18 생명의 나무 '생명의 샘'과 같은 의미이다. 지혜, 명철(16:22), 주님을 경외하는 것(14:27), 지혜 있는 사람의 가르침(13:14)의 의미가 함축되어

㉠ 1:8의 주를 볼 것 ㉡ 또는 '길을 인도하실 것이다'

22 그것이 너의 영혼에 생기를 불어
넣으며, 너의 목에 우아한 장식물
이 될 것이다.
23 그 때에 너는 너의 길을 무사히
갈 것이며, 너의 발은 걸려 넘어지
지 않을 것이다.
24 너는 누워도 두렵지 않고, 누우면
곧 단잠을 자게 될 것이다.
25 너는 갑자기 닥치는 두려운 일이
나, 악한 사람에게 닥치는 멸망을
보고 무서워하지 말아라.
26 주님께서 네가 의지할 분이 되셔
서 너의 발이 덫에 걸리지 않게 지
켜 주실 것이다.
27 너의 손에 선을 행할 힘이 있거든,
도움을 청하는 사람에게 주저하
지 말고 선을 행하여라.
28 네가 가진 것이 있으면서도, 너의
이웃에게 "갔다가 다시 오시오.
내일 주겠소" 말하지 말아라.
29 너를 의지하며 살고 있는 너의 이
웃에게 해를 끼칠 계획은 꾸미지
말아라.
30 너에게 해를 끼치지 않는 사람과
는, 까닭없이 다투지 말아라.
31 폭력을 휘두르는 사람을 부러워하
지 말고, 그의 행위는 그 어떤 것
이든 따르지 말아라.
32 참으로 주님은 역겨운 일을 하는
사람은 미워하시고, 바른길을 걷는
사람과는 늘 사귐을 가지신다.
33 주님은 악한 사람의 집에는 저주
를 내리시지만, 의로운 사람이 사
는 곳에는 복을 내려 주신다.
34 진실로 주님은, 조롱하는 사람을
비웃으시고, 겸손한 사람에게는
은혜를 베푸신다.
35 지혜 있는 사람은 영광을 물려받
고, ㉠미련한 사람은 수치를 당할
뿐이다.

지혜가 주는 유익

4 ㉡아이들아, 너희는 아버지의 훈계
를 잘 듣고, 명철을 얻도록 귀를
기울여라.
2 내가 선한 도리를 너희에게 전하
니, 너희는 내 교훈을 저버리지 말
아라.
3 나도 내 아버지에게는 아들이었
고, 내 어머니 앞에서도 하나뿐인
귀여운 자식이었다.
4 아버지는 내게 이렇게 가르치셨
다. "내 말을 네 마음에 간직하고,
내 명령을 지켜라. 네가 잘 살 것
이다.
5 지혜를 얻고, 명철을 얻어라. 내가
친히 하는 말을 잊지 말고, 어기지
말아라.
6 지혜를 버리지 말아라. 그것이
너를 지켜 줄 것이다. 지혜를 사랑
하여라. 그것이 너를 보호하여 줄

있다.

3:22-26 지혜를 얻은 사람은 생명과 안전(23절), 고난에서 벗어남과 평안한 잠(24절), 미래에 대한 확신(25-26절 상반절), 악한 사람의 놓은 덫에서 벗어남(26절 하반절) 등의 유익을 얻는다.

3:32-35 솔로몬은 여기에서 악한 사람을 부러워하지 말아야 하는 이유 네 가지를 열거하고 있다.

㉠ 1:22의 주를 볼 것 ㉡ 히. '아들들아' 스승이 제자를 부르는 말

4장 요약 저자는 자신도 아버지에게서 훈계를 받은 사실을 상기시키면서 자기 아들들에게 동일한 훈계를 베풀고 있다. 특히 10절 이하는 지혜로운 길과 악한 길, 그리고 각각의 길을 걸어간 결과를 대조함으로써, 반드시 지혜로운 길을 택해야 함을 강조한다.

4:3 하나뿐인 귀여운 자식 다윗은 솔로몬이 '어리고 연약한데 경험도 부족하다'고 하나님에게 고백

것이다.
7 지혜가 으뜸이니, 지혜를 얻어라.
네가 가진 모든 것을 다 바쳐서라
도 명철을 얻어라.
8 지혜를 소중히 여겨라. 그것이 너
를 높일 것이다. 지혜를 가슴에
품어라. 그것이 너를 존귀하게 할
것이다.
9 그 지혜가 아름다운 화관을 너의
머리에 씌워 주고, 영광스러운 왕
관을 너에게 씌워 줄 것이다."

바른 길, 그른 길

10 ㉠아이들아, 들어라. 내 말을 받
아들이면, 네가 오래 살 것이다.
11 내가 네게 지혜로운 길을 가르쳐
주었고, 너를 바른길로 이끌어 주
었으므로,
12 네가 걸을 때에, 네 걸음이 막히지
않고, 달려가도 넘어지지 않을 것
이다.
13 훈계를 놓치지 말고 굳게 잡아라.
그것은 네 생명이니, 단단히 지켜
라.
14 악독한 사람의 길에 들어서지 말
고, 악한 사람의 길로는 다니지도
말아라.
15 그런 길은 피하고, 건너가지도 말
며, 발길을 돌려서, 지나쳐 버려라.
16 그들은 악한 일을 저지르지 않고
는 잠을 이루지 못하며, 남을 넘어
지게 하지 않고는 잠을 설치는 자
들이다.
17 그들은 악한 방법으로 얻은 빵을
먹으며, 폭력으로 빼앗은 포도주
를 마신다.
18 의인의 길은 동틀 때의 햇살 같아
서, 대낮이 될 때까지 점점 더 빛
나지만,
19 악인의 길은 캄캄하여, 넘어져도
무엇에 걸려 넘어졌는지 알지 못
한다.
20 아이들아, 내가 하는 말을 잘
듣고, 내가 이르는 말에 귀를 기
울여라.
21 이 말에서 한시도 눈을 떼지 말
고, 너의 마음 속 깊이 잘 간직하
여라.
22 이 말은 그것을 얻는 사람에게 생
명이 되며, 그의 온 몸에 건강을
준다.
23 그 무엇보다도 너는 네 마음을 지
켜라. 그 마음이 바로 생명의 근원
이기 때문이다.
24 왜곡된 말을 네 입에서 없애 버리
고, 속이는 말을 네 입술에서 멀
리하여라.
25 눈으로는 앞만 똑바로 보고, 시선
은 앞으로만 곧게 두어라.
26 발로 디딜 곳을 ㉡잘 살펴라. 네 모
든 길이 안전할 것이다.

하였다(대상 22:5;29:1). 솔로몬에게는 친동생들이 세 명 있었지만(대상 3:5), 그가 이 훈계를 받았을 때에는, 아직 그들이 태어나지 않았다. 따라서 *솔로몬은 자신이 하나뿐인* 자식이라고 말한다.

4:10-19 본절에 지혜로운 길(10-13절)과 악독한 사람의 길(14-17절)이 대조적으로 묘사된다. 마지막 부분(18-19절)에는 각 길의 결과가 언급된다.

4:19 캄캄하여 '밤이 되어 어두워진 때'(7:9), '짙은 어둠'(출 10:22)을 뜻하며, 하나님을 믿지 않는 상태를 상징한다(요 3:18-21). 하나님을 믿지 않고 캄캄한 어둠 속을 방황하는 것은 멸망으로 이르는 것이다(사 59:9-10;렘 23:12).

4:24-27 사람이 마음을 지켜야 하는 이유는 악한 생각이 마음에 스며들기 때문이다. 본절은 마음을 지키기 위해 주의해야 할 사항들, 곧 말하는 것(24절), 보는 것(25절), 행동하는 것(26-27절)에 대해 교훈하고 있다.

㉠ 1:8의 주를 볼 것 ㉡ 또는 '평탄하게 하여라'

27 좌로든 우로든 빗나가지 말고, 악
에서 네 발길을 끊어 버려라.

아내에게 성실히 하여라

5 내 아들아, 너는 내 지혜에 주의를
기울이고 내 명철에 너의 귀를 기
울여서,
2 분별력을 간직하고, 네 입술로 지
식을 굳게 지켜라.
3 음행하는 여자의 입술에서는 꿀
이 떨어지고, 그 말은 기름보다 매
끄럽지만,
4 그것이 나중에는 쑥처럼 쓰고, 두
날을 가진 칼처럼 날카롭다.
5 그 여자의 발은 죽을 곳으로 내려
가고, 그 여자의 걸음은 ㉠스올로
치닫는다.
6 그 여자는 생명의 길을 지키지 못
하며, 그 길이 불안정해도 그것을
깨닫지 못한다.
7 내 아들아, 이제 너희는 내 말
을 잘 들어라. 내가 하는 말에서
벗어나지 말아라.
8 네 길에서 그 여자를 멀리 떨어져
있게 하여라. 그 여자의 집 문 가
까이에도 가지 말아라.
9 그렇지 않으면, 네 영예가 다른 사
람에게 넘어가고, 네 아까운 세월
을 포학자들에게 빼앗길 것이다.
10 다른 사람이 네 재산으로 배를 불
리고, 네가 수고한 것이 남의 집으
로 돌아갈 것이다.
11 마침내 네 몸과 육체를 망친 뒤
에, 네 종말이 올 때에야 한탄하
며,
12 말하기를 "내가 어찌하여 훈계를
싫어하였던가? 내가 어찌하여 책
망을 멸시하였던가?
13 내가 스승에게 순종하지 않고, 나
를 가르쳐 주신 분에게 귀를 기울
이지 않고 있다가,
14 온 회중이 보는 앞에서 이런 처절
한 재난을 당하는구나!" 할 것이
다.
15 너는 네 우물의 물을 마시고,
네 샘에서 솟아나는 물을 마셔라.
16 어찌하여 네 샘물을 바깥으로 흘
러 보내며, 그 물줄기를 거리로 흘
러 보내려느냐?
17 그 물은 너 혼자만의 것으로 삼고,
다른 사람들과 나누지 말아라.
18 네 샘이 복된 줄 알고, 네가 젊어
서 맞은 아내와 더불어 즐거워하
여라.
19 아내는 사랑스러운 암사슴, 아름
다운 암노루, 그의 품을 언제나
만족스럽게 생각하고, 그의 사랑
을 언제나 사모하여라.
20 내 아들아, 어찌하여 음행하는 여
자를 사모하며, 부정한 여자의 가
슴을 껴안겠느냐?

5장 요약 음행하는 여자를 멀리하고, 젊어서 취한 아내를 즐거워하라는 교훈이다. 자칫하면 힘이 넘치는 젊은 시절을 음행으로 소진하기 쉽다. 더욱이 음행은 하나님이 엄격히 금하는 바이므로, 그러한 죄악에 빠졌다는 것은 곧 자기 영혼에 중한 상처를 입히는 셈이 된다.

5:1–23 솔로몬은 음행하는 여자의 위험(1–6절), 음행의 궁극적인 결과(7–14절), 부부 간에 누릴 수 있는 사랑의 기쁨(15–20절)에 관해 언급하고, 마지막으로 하나님이 죄를 심판하신다는 사실을 상기시킨다(21–23절). 본장에서는 죄의 일시적인 쾌락과 장기적인 피해를 대조시키고 있다.

5:9–11 영예를 빼앗김, 생명의 단축, 재물의 상실, 육체의 쇠잔함은 부도덕한 음행의 대가이다.

5:21 주님의 눈 이 말은 하나님은 사람의 행위를 다 아신다는 뜻이다.

㉠ 또는 '무덤' 또는 '죽음'

21 주님의 눈은 사람의 길을 지켜 보
시며, 그 모든 길을 살펴보신다.
22 악인은 자기의 악에 걸리고, 자기
죄의 올무에 걸려 들어서,
23 훈계를 받지 않아서 죽고, 너무나
미련하여 길을 잃는다.

어리석은 사람이 되지 말아라

6 ㉠아이들아, 네가 이웃을 도우려고
담보를 서거나, 남의 딱한 사정을
듣고 보증을 선다면,
2 네가 한 그 말에 네가 걸려 들고,
네가 한 그 말에 네가 잡힌다.
3 ㉠아이들아, 네가 너의 이웃의 손
에 잡힌 것이니, 어서 그에게 가서
풀어 달라고 겸손히 간청하여라.
너는 이렇게 하여 자신을 구하여
라.
4 잠을 자지도 말고, 졸지도 말고
5 노루가 사냥꾼의 손에서 벗어나
듯, 새가 새 잡는 사람의 손에서
벗어나듯, 어서 벗어나서 너 자신
을 구하여라.
6 게으른 사람아, 개미에게 가서,
그들이 사는 것을 살펴보고 지혜
를 얻어라.
7 개미는 우두머리도 없고 지휘관도
없고 통치자도 없지만,
8 여름 동안 양식을 마련하고, 추수
때에 먹이를 모아 둔다.
9 게으른 사람아, 언제까지 누워 있
으려느냐? 언제 잠에서 깨어 일어
나려느냐?
10 "조금만 더 자야지, 조금만 더 눈
을 붙여야지, 조금만 더 팔을 베
고 누워 있어야지"하면,
11 네게 가난이 강도처럼 들이닥치
고, 빈곤이 ㉡방패로 무장한 용사
처럼 달려들 것이다.
12 건달과 악인은 그릇된 말이나
하며 돌아다닌다.
13 그들은 눈짓과 발짓과 손짓으로
서로 신호를 하며,
14 그 비뚤어진 마음으로 항상 악을
꾀하며, 싸움만 부추긴다.
15 그러므로 갑자기 닥쳐오는 재앙
을 만나, 순식간에 망하고, 회복되
지 못한다.
16 주님께서 미워하시는 것, 주님
께서 싫어하시는 것이 예닐곱 가
지이다.
17 교만한 눈과 거짓말하는 혀와 무
죄한 사람을 피 흘리게 하는 손과
18 악한 계교를 꾸미는 마음과 악한
일을 저지르려고 치닫는 발과,
19 거짓으로 증거하는 사람과, 친구
사이를 이간하는 사람이다.

부도덕에 대한 경고

20 ㉠아이들아, 아버지의 명령을 지
키고, 어머니의 가르침을 저버리
지 말아라.

6장 요약 본장은 일상 생활 가운데서 빠질 수 있는 어리석은 일들을 경계시키는 내용이다. 이웃을 위해 채무 보증을 서지 말 것(1–5절), 게으른 사람에 대한 경고(6–11절), 건달과 악인의 특성과 그 결말(12–19절), 부도덕에 대한 경고(20절 이하) 등이다.

6:1 본절은 책임질 의도가 없는 사람을 위해 채무 보증을 서지 말라는 경고이다. 이스라엘 민족의 경우에, 돈을 빌리는 것은 동족을 돕기 위한 것이었지, 오늘날처럼 이자를 받기 위한 것이 아니었다. 율법은 동족에게 이자를 받는 행위를 금하고 있다(출 22:25;레 25:35–37).

6:12–15 불량하고 악한 사람의 행위를 묘사하며 그에게 임하게 될 징벌을 경고하고 있다.

6:16 주님께서 미워하시는 것 이 명제는 12–15절의 주제를 더욱 상세하게 설명한다.

㉠ 1:8의 주를 볼 것 ㉡ 또는 '거지처럼'

21 그것을 항상 네 마음에 간직하며,
네 목에 걸고 다녀라.
22 네가 길을 갈 때 그것이 너를 인도
하여 주며, 네가 잠잘 때에 너를
지켜 주고, 네가 깨면 너의 말벗이
되어 줄 것이다.
23 참으로 그 명령은 등불이요, 그
가르침은 빛이며, 그 훈계의 책망
은 생명의 길이다.
24 이것이 너를 악한 여자에게서 지
켜 주고, 음행하는 여자의 호리는
말에 네가 빠지지 않게 지켜 준다.
25 네 마음에 그런 여자의 아름다움
을 탐내지 말고, 그 눈짓에 홀리지
말아라.
26 과연 창녀는 사람을 빵 한 덩이만
남게 만들며, 음란한 여자는 네
귀중한 생명을 앗아간다.
27 불을 가슴에 안고 다니는데 옷
이 타지 않을 수 있겠느냐?
28 숯불 위를 걸어 다니는데 발이 성
할 수 있겠느냐?
29 남의 아내와 간통하는 자가 이렇
다. 남의 아내를 범하고서도 어찌
무사하기를 바라겠느냐?
30 도둑이 다만 허기진 배를 채우려
고 훔쳤다면, 사람들은 그 도둑을
멸시하지 않을 것이다.
31 그래도 훔치다 들키면 일곱 배를
갚아야 하고, 심하면 자기 집에 있
는 모든 재산을 다 내주어야 할
것이다.
32 남의 아내와 간음하는 사람은 생
각이 모자라는 사람이다. 자기 영
혼을 망치려는 사람만이 그런 일
을 한다.
33 그는 매를 맞고 창피를 당할 것이
니, 그 수치를 절대로 씻을 수 없
을 것이다.
34 그의 남편이 질투에 불타서 복수
하는 날, 조금도 동정하여 주지
않을 것이다.
35 어떤 보상도 거들떠보려고 하지
않을 것이며, 아무리 많은 위자료
를 가져다 주어도 받으려 하지 않
을 것이다.

불신실한 자의 어리석음

7 ㉠아이들아, 내 말을 지키고, 내 명
령을 너의 마음 속 깊이 간직하여
라.
2 내 명령을 지켜서 잘 살고 내 교훈
을 너의 눈동자를 보호하듯 지켜
라.
3 그것을 너의 손가락에 매고, 네
마음 속 깊이 새겨 두어라.
4 지혜에게는 "너는 내 누이"라고
말하고, 명철에게는 "너는 내 친
구"라고 불러라.
5 그러면 그것이 너를 음행하는 여
자로부터 지켜 주고, 달콤한 말로

6:23 시편 119:105를 참조. 지혜의 훈계를 따르는 사람은 생명의 길로 나아가고(3:22;4:22), 훈계를 미워하는 사람은 죽음의 길로 나아간다(5:23).

6:30-35 도둑질에 대한 형벌은 심하기는 해도 재물로 배상함으로써 해결할 수 있지만(30-31절), 간통으로 인한 결과는 씻을 수 없는 수치와 더불어 재물로도 무마할 수 없는 파멸을 초래할 수 있음을 강조하고 있다(32-35절).

㉠ 1:8의 주를 볼 것

7장 요약 본장에서도 음행에 대한 경고가 계속 이어진다. 저자는 서론적으로 부모의 교훈을 따라 지혜롭게 처신할 것을 당부한다(1-5절). 그리고 나서 어리석은 젊은이가 부도덕한 여인의 유혹에 빠지는 장면을 묘사하였다(6-23절).

7:4 누이는 아주 가까운 사이로 간주되었기 때문에 종종 '아내'의 동의어로 사용되었다(아 4:9,10, 12;5:1,2). 이 구절은 '지혜'를 누이나 아내처럼, '명

호리는 외간 여자로부터 지켜 줄
것이다.

부도덕한 여인

6 나는, 나의 집 창가에서 창살문
으로 내다보다가,
7 ㉠어수룩한 젊은이들 가운데, 지
혜 없는 젊은이가 있는 것을 보았
다.
8 그는 거리를 지나 골목 모퉁이로
가까이 가서, 그 여자의 집으로
가는 길로 발걸음을 옮겼다.
9 저녁이 되어 땅거미가 지고, 밤이
되어 어두워진 때였다.
10 한 여자가 창녀 옷을 입고서, 교
활한 마음을 품고 그에게 다가갔
다.
11 그 여자는 마구 떠들며, 예의 없
이 굴며, 발이 집에 머물러 있지를
못한다.
12 때로는 이 거리에서, 때로는 저 광
장에서, 길목마다 몸을 숨기고 있
다가,
13 그 젊은이를 와락 붙잡고 입을 맞
추며, 뻔뻔스러운 얼굴로 그에게
말하였다.
14 "오늘 나는 ㉡화목제를 드려서, 서
원한 것을 실행하였습니다.
15 그래서 나는 당신을 맞으러 나왔
고, 당신을 애타게 찾다가, 이렇게
만나게 되었습니다.
16 내 침대에는 요도 깔아 놓았고,
이집트에서 만든 무늬 있는 이불
도 펴놓았습니다.
17 누울 자리에는 몰약과 침향과 육
계향을 뿌려 두었습니다.
18 자, 어서 가서 아침이 되도록 한껏
사랑에 빠지고, 서로 사랑하면서
즐깁시다.
19 남편도 먼 여행길을 떠나서 집에
없습니다.
20 돈주머니를 가지고 갔으니, 보름
달이 뜰 때라야 집에 돌아올 겁니
다."
21 이렇게 여러 가지 달콤한 말로
유혹하고 호리는 말로 꾀니,
22 그는 선뜻 이 여자의 뒤를 따라
나섰다. 마치 도살장으로 끌려가
는 소와도 같고, 올가미에 채이러
가는 ㉢어리석은 사람과도 같다.
23 마치 자기 목숨을 잃는 줄도 모르
고 그물 속으로 쏜살같이 날아드
는 새와 같으니, 마침내 화살이 그
의 간을 꿰뚫을 것이다.
24 ㉣아이들아, 이제 너희는 나의
말을 잘 들어라. 내가 하는 말을
명심하여라.
25 네 마음이 그 여자가 가는 길로
기울지 않게 하고, 그 여자가 가
는 길로 빠져 들지 않게 하여라.
26 그 여자에게 상처를 입고 쓰러진

철'을 친구처럼 가까이 대하라는 뜻이다.

7:6–22 솔로몬은 한 젊은이가 창녀에게 유혹당하는 과정을 묘사하면서, 이런 부도덕한 여인의 *함정에 빠지지 않도록 아들에게 훈계*한다.

7:14 화목제 하나님의 은혜를 감사하거나 소원을 빌 목적으로 드리는 제사이다.

7:23 마침내 화살이 그의 간을 꿰뚫을 것이다 욥기 20:24–25에서 악인의 비참한 운명이 비슷하게 묘사되고 있다.

7:24–27 솔로몬은 음행하는 여자의 위험에서 벗어날 수 있는 세 가지 방어책을 소개한다. ① 부도덕한 여인이 가는 길로 기울지 않도록 마음을 지킬 것(25절 전반부) ② 음행하는 여자가 가는 길로 빠지지 않게 멀리 떨어질 것(25절 후반부) ③ 음행하는 여자를 보기 전에 죽음에 이르는 음행의 결과를 볼 것(26–27절).

㉠ 1:4의 주를 볼 것 ㉡ 또는 '친교제' ㉢ 칠십인역과 시리아어역에는 '사슴' ㉣ 4:1의 주를 볼 것

사람이 많고, 그 여자 때문에 죽
은 남자도 헤아릴 수 없이 많다.
27 그런 여자의 집은 스올로 트인 길
이며, 죽음의 안방으로 내려가는
길이다.

지혜 찬양

8 지혜가 부르고 있지 않느냐? 명철
이 소리를 높이고 있지 않느냐?
2 지혜가 길가의 높은 곳과, 네거리
에 자리를 잡고 서 있다.
3 마을 어귀 성문 곁에서, 여러 출입
문에서 외친다.
4 "사람들아, 내가 너희를 부른다.
내가 모두에게 소리를 높인다.
5 ㉠어수룩한 사람들아, 너희는 명철
을 배워라. 미련한 사람들아, 너희
는 지혜를 배워라.
6 너희는 들어라. 나는 옳은 말만
하고, 내 입술로는 바른 말만 한
다.
7 내 입은 진실을 말하며, 내 입술
은 악을 싫어한다.
8 내가 하는 말은 모두 의로운 것뿐
이며, 거기에는 비뚤어지거나 그
릇된 것이 없다.
9 총명이 있는 사람은 이 모든 말
을 옳게 여기고, 지식이 있는 사람
은 이 모든 말을 바르게 여긴다.
10 너희는 은을 받기보다는 내 훈계
를 받고, 금을 선택하기보다는 지
식을 선택하여라.
11 참으로 지혜는 진주보다 좋으며,
네가 갖고 싶어하는 그 어떤 것도
이것과 비교할 수 없다."

지혜가 하는 말

12 "나 지혜는 명철로 주소를 삼으
며, 지식과 분별력을 가지고 있다.
13 주님을 경외하는 것은 악을 미워
하는 것이다. 나는 교만과 오만,
악한 행실과 거짓된 입을 미워한
다.
14 내게는 지략과 건전한 지혜가 있
으며, 명철과 능력이 있다.
15 내 도움으로 왕들이 통치하며, 고
관들도 올바른 법령을 내린다.
16 내 도움으로 지도자들이 바르게
다스리고, 고관들 곧 공의로 재판
하는 자들도 올바른 판결을 내린
다.
17 나는, 나를 사랑하는 사람을 사
랑하며, 나를 간절히 찾는 사람을
만나 준다.
18 부귀와 영화도 내게 있으며, 든든
한 재물과 의도 내게 있다.
19 내가 맺어 주는 열매는 금이나 순
금보다 좋고, 내가 거두어 주는 소
출은 순은보다 좋다.
20 나는 의로운 길을 걸으며, 공의로
운 길 한가운데를 걷는다.
21 나를 사랑하는 사람에게는 내가

8장 요약 본장에서 의인화된 지혜가 다시 등장한다. 그는 사람들이 많이 모이는 도처에 서서 소리 높여 부르짖는다. 또한 그는 자신을 얻는 것이야말로 그 어떤 금은보화를 얻는 것보다 더 나으므로 자기를 찾기 위해 전심전력할 것을 촉구한다. 22-31절에서는 태초부터 존재했던 지혜가 소개된다.

㉠ 1:4의 주를 볼 것

8:1-36 솔로몬은 본장에서 지혜를 의인화시키고, 지혜를 모든 사람의 안내자(1-5절), 도덕의 동반자(6-13절), 성공에 이르는 열쇠(14-21절), 창조의 원리(22-31절), 생활의 필수품(32-36절) 등으로 묘사한다.

8:4-5 사람들은 높은 지위에 있는 사람들을, 모두는 일반 대중을 말한다. 결국 지혜는 모든 사람들을 대상으로 초청하고 있다(시 49:2). 특별히 지혜가 필요한 어리석고 미련한 사람들을 초청한다.

재물을 주어서, 그의 금고가 가득
차게 하여 줄 것이다.
22 주님께서 일을 시작하시던 그
태초에, 주님께서 모든 것을 지으
시기 전에, 이미 주님께서는 ㉠나
를 데리고 계셨다.
23 영원 전, 아득한 그 옛날, 땅도 생
기기 전에, 나는 이미 ㉡세움을 받
았다.
24 아직 깊은 바다가 생기기도 전에,
물이 가득한 샘이 생기기도 전에,
나는 이미 태어났다.
25 아직 산의 기초가 생기기 전에, 언
덕이 생기기 전에, 나는 이미 태어
났다.
26 주님께서 아직 땅도 들도 만들지
않으시고, 세상의 첫 흙덩이도 만
들지 않으신 때이다.
27 주님께서 하늘을 제자리에 두
시며, 깊은 바다 둘레에 경계선을
그으실 때에도, 내가 거기에 있었
다.
28 주님께서 구름 떠도는 창공을 저
위 높이 달아매시고, 깊은 샘물을
솟구치게 하셨을 때에,
29 바다의 경계를 정하시고, 물이 그
분의 명을 거스르지 못하게 하시
고, 땅의 기초를 세우셨을 때에,
30 나는 그분 곁에서 창조의 명공
이 되어, 날마다 그분을 즐겁게
하여 드리고, 나 또한 그분 앞에
서 늘 기뻐하였다.
31 그분이 지으신 땅을 즐거워하며,
그분이 지으신 사람들을 내 기쁨
으로 삼았다.
32 그러므로 아이들아, 이제 내 말
을 들어라. 내 길을 따르는 사람
이 복이 있다.
33 내 훈계를 들어서 지혜를 얻고, 그
것을 무시하지 말아라.
34 날마다 나의 문을 지켜 보며, 내
문설주 곁에 지키고 서서, 내 말을
듣는 사람은 복이 있다.
35 나를 얻는 사람은 생명을 얻고,
주님께로부터 은총을 받을 것이
다.
36 그러나 나를 놓치는 사람은 자기
생명을 해치는 사람이며, 나를 미
워하는 사람은 죽음을 사랑하는
사람이다."

지혜와 어리석음

9 지혜가 일곱 기둥을 깎아 세워서
제 집을 짓고,
2 짐승을 잡고, 포도주를 잘 빚어
서, 잔칫상을 차린 다음에,
3 시녀들을 보내어, 성읍 높은 곳에
서 외치게 하였다.
4 "㉢어수룩한 사람은 누구나 이리
로 발길을 돌려라." 지각이 모자
라는 사람도 초청하라고 하였다.

8:22-31 요한복음서 1:1-3에 의하면, 본절은 태초의 창조에 참여하셨던 그리스도를 간접적으로 묘사한 말씀이다. 하지만 일부 학자는 본절을 잠언 1:20-33과 *3:15-18에 이어*, 하나님의 속성인 지혜를 의인화하였다고 본다. 특히 창조에 있어 지혜의 역할을 찬양한 말씀으로 해석하기도 한다.

㉠ **히,** '카나니'. 아퀼라역과 심마쿠스역에는 '나를 소유하고 계셨다'. 칠십인역과 시리아어역과 타르굼에는 '나를 낳으셨다'. '나를 창조하셨다' ㉡ 또는 '형성되다' 또는 '만들어지다' ㉢ 1:4의 주를 볼 것

9장 요약 본장은 1-8장의 내용에 대한 요약이라 할 수 있다. 저자는 지혜의 초청(1-6절)과 어리석은 여자의 초청을 대조시키고(13-18절) 각 초청에 응한 결과가 서로 다름을 보여 준다(7-12절). 지혜의 초청에 응한 자는 주님을 경외하는 자로서 더욱 지혜로워진다.

9:1 일곱 기둥 어떤 학자들은 이 일곱 기둥이 7일간의 천지창조나 또는 해와 달을 포함한 태양계

5 "와서 내가 차린 음식을 먹고, 내
가 잘 빚은 포도주를 마셔라.
6 ㉠어수룩한 길을 내버리고, 생명
을 얻어라. 명철의 길을 따라가거
라" 하였다.

참 지혜

7 거만한 사람을 훈계하면 수치
를 당할 수 있고, 사악한 사람을
책망하면 비난을 받을 수 있다.
8 거만한 사람을 책망하지 말아라.
그가 너를 미워할까 두렵다. 지혜
로운 사람은 꾸짖어라. 그가 너를
사랑할 것이다.
9 지혜로운 사람은 훈계를 할수록
더욱 지혜로워지고 의로운 사람은
가르칠수록 학식이 더할 것이다.
10 주님을 경외하는 것이 지혜의
근본이요, 거룩하신 이를 아는 것
이 슬기의 근본이다.
11 나 지혜로 말미암아 네가 오래 살
것이요, 네 수명도 길어질 것이다.
12 네가 지혜로우면 그 지혜가 네게
유익하지만, 네가 거만하면 그 거
만이 너만 해롭게 할 것이다.

어리석은 여자

13 어리석은 여자는 수다스럽다.
지각이 없으니, 아는 것이 아무것
도 없다.
14 그러한 여자는 자기 집 문 앞에
앉거나, 마을 높은 곳에 앉아서,
15 제 갈길만 바쁘게 가는 사람에게
16 "㉠어수룩한 사람은 누구나 이리
로 발길을 돌려라" 하고 소리친다.
지각이 모자라는 사람에게도 이
르기를
17 "훔쳐서 마시는 물이 더 달고, 몰
래 먹는 빵이 더 맛있다"하고 말
한다.
18 그런데도 어리석은 사람은, 죽음
의 그늘이 바로 그 곳에 드리워져
있다는 것을 모른다. 그 여자를
찾아온 사람마다 이미 스올의 깊
은 곳에 가 있다는 것을, 그 어리
석은 사람은 알지 못한다.

솔로몬의 잠언

10 이것은 솔로몬의 잠언이다.
지혜로운 아들은 아버지를 기
쁘게 하지만, 미련한 아들은 어머
니의 근심거리이다.
2 부정하게 모은 재물은 쓸모가 없
지만, 의리는 죽을 사람도 건져낸
다.
3 주님은 의로운 생명은 주리지
않게 하시지만, 악인의 탐욕은 물
리치신다.
4 손이 게으른 사람은 가난하게 되
고 손이 부지런한 사람은 부유하
게 된다.
5 곡식이 익었을 때에 거두어들이는
아들은 지혜가 있는 아들이지만,

를 가리킨다고 한다. 그러나 본절에서 일곱 기둥은 '제 집'의 웅장함을 지칭하는 말이다.

9:15 제 갈길만 바쁘게 가는 사람 어리석고 부도덕한 여자의 집 앞에서 멈추지 않고 그냥 지나가는 사람이나 정직한 생활을 하는 사람을 가리킨다.

9:17 훔쳐서 마시는 물 자신의 샘에서 물을 마시는 것은 부부 간의 성관계를 말한다(5:15–16). 훔친 물은 불륜의 성관계를 뜻한다(참조. 7:18–19).

㉠ 1:4의 주를 볼 것

10장 요약 여기서부터 22:16까지는 소위 '솔로몬의 제2잠언집'으로 15장까지는 1–9장에 이어 의인과 악인을 대조시키고 있다. 이 부분에 속한 대부분의 구절들은 반의(反意) 대구법 형식을 취하고 있다.

10:1–16 의인과 악인을 대조시켜 설명한다. 의인의 영혼은 주리지 않게 영육간에 부족한 모든 것을 하나님께서 채워주시지만, 악인은 파멸과 재

추수 때에 잠만 자고 있으면, 부끄
러운 아들이다.
6 의인은 머리에 복을 이고 있으
나, 악인은 입에 독을 머금고 있
다.
7 의인은 칭찬을 받으며 기억되지
만, 악인은 그 이름마저 기억에서
사라진다.
8 마음이 지혜로운 사람은 명령을
받아들이지만, 입을 어리석게 놀
리는 사람은 멸망한다.
9 흠 없이 살면 앞길이 평안하지만,
그릇되게 살면 마침내 드러나게
된다.
10 눈을 흘기면 고난이 생기고, 입을
어리석게 놀리는 사람은 멸망한
다.
11 의인의 입은 생명의 샘이지만, 악
인의 입은 독을 머금고 있다.
12 미움은 다툼을 일으키지만, 사
랑은 모든 허물을 덮어 준다.
13 명철한 사람의 입술에는 지혜가
있지만, 지혜가 없는 사람의 등에
는 매가 떨어진다.
14 지혜로운 사람은 지식을 간직하지
만, 미련한 사람의 입은 멸망을 재
촉한다.
15 부자의 재산은 그의 견고한 성
이 되지만, 가난한 사람의 빈곤은
그를 망하게 한다.
16 의인의 수고는 생명에 이르고, 악
인의 소득은 죄에 이른다.
17 훈계를 지키는 사람은 생명의
길에 이르지만, 책망을 저버리는
사람은 잘못된 길로 들어선다.
18 미움을 감추는 사람은 거짓말 하
는 사람이요, 남을 중상하는 사람
은 미련한 사람이다.
19 말이 많으면 허물을 면하기 어려
우나, 입을 조심하는 사람은 지혜
가 있다.
20 의인의 혀는 순수한 은과 같지만,
악인의 마음은 아무 가치가 없다.
21 의인의 입술은 많은 사람을 먹여
살리지만, ㉠어리석은 사람은 생각
없이 살다가 죽는다.
22 주님께서 복을 주셔서 부유하
게 되는 것인데, 절대로 근심을 곁
들여 주시지 않는다.
23 ㉡미련한 사람은 나쁜 일을 저지
르는 데서 낙을 누리지만, 명철한
사람은 지혜에서 낙을 누린다.
24 악인에게는 두려워하는 일이 닥쳐
오지만, 의인에게는 바라는 일이
이루어진다.
25 회오리바람이 지나가면, 악인은
없어져도, 의인은 영원한 기초처
럼 끄떡하지 않는다.
26 게으른 사람은 부리는 사람에게,
이에 초 같고, 눈에 연기 같다.

앙을 받는다(참조. 13:25;시 37:19,25).

10:6 악인은 입에 독을 머금고 있다 그 입에 독소가 있어 타인을 해친다는 뜻이다(눅 6:45). 또는 악인이 내는 말은 그 자신을 파멸시킨다는 뜻으로도 해석된다(시 140:9;합 2:17).

10:11 생명의 샘 지혜의 근원을 뜻한다.

10:18-19 악인의 말은 거짓말과 중상, 그리고 수다로 가득 차 있다.

10:22 하나님은 의롭고 부지런한 자에게 재물을 주신다. 이런 재물에는 근심이 따르지 않는다. 진정한 부는 스스로의 노력의 대가라기보다는 오히려 하나님의 선물이라 할 수 있을 것이다(3:10;창 24:35;26:22).

10:31 의인의 입에서는 지혜가 나오지만 '나오다'는 말의 문자적 의미는 '열매를 맺다'이다. 나무에 열매가 맺히는 것이 당연하듯이, 의인이 지혜로운 말을 내는 것이 당연하다는 의미이다.

㉠ 1:7의 주를 볼 것 ㉡ 1:22의 주를 볼 것

27 주님을 경외하면 장수를 누리지
만, 악인의 수명은 짧아진다.
28 의인의 희망은 기쁨을 거두지만,
악인의 희망은 끊어진다.
29 주님의 도가 정직한 사람에게는
힘이 되지만, 악행을 하는 사람에
게는 멸망이 된다.
30 의인은 영원히 흔들리지 않지만,
악인은 땅에서 배겨내지 못한다.
31 의인의 입에서는 지혜가 나오지
만, 거짓말하는 혀는 잘릴 것이다.
32 의인의 입술은 남을 기쁘게 하는
말이 무엇인지 알지만, 악인의 입
은 거짓을 말할 뿐이다.

언행을 조심하라

11 속이는 저울은 주님께서 미워하
셔도, 정확한 저울추는 주님께
서 기뻐하신다.
2 교만한 사람에게는 수치가 따르
지만, 겸손한 사람에게는 지혜가
따른다.
3 정직한 사람은 성실하게 살아, 바
른길로 가지만, 사기꾼은 속임수
를 쓰다가 제 꾀에 빠져 멸망한다.
4 재물은 진노의 날에 쓸모가 없
지만, 의리는 죽을 사람도 건져낸
다.
5 흠 없는 사람은 그의 옳은 행실로
그가 사는 길을 곧게 하지만, 악
한 사람은 자신의 악 때문에 쓰러
진다.
6 정직한 사람의 옳은 행실은 그를
구원하지만, 반역하는 사람은 제
욕심에 걸려 넘어진다.
7 악인은 죽을 때에 그들의 희망도
함께 끊어지고, 불의에 걸었던 기
대도 물거품이 된다.
8 의인은 재난에 빠져도 구원을 받
지만, 악인은 오히려 재난 속으로
빠져들어간다.
9 하나님을 경외하지 않는 사람은
입으로 이웃을 망하게 하지만, 의
인은 지식으로 구원을 얻는다.
10 의인이 잘 되면 마을이 기뻐하고,
악인이 망하면 마을이 환호한다.
11 정직한 사람이 축복하면 마을이
흥하고, 악한 사람이 입을 열면
마을이 망한다.
12 지혜가 없는 사람은 이웃을 비
웃지만, 명철한 사람은 침묵을 지
킨다.
13 험담하며 돌아다니는 사람은 남
의 비밀을 새게 하지만, 마음이 믿
음직한 사람은 비밀을 지킨다.
14 지도자가 없으면 백성이 망하지
만, 참모가 많으면 평안을 누린다.
15 모르는 사람의 보증을 서면 고
통을 당하지만, 보증 서기를 거절
하면 안전하다.
16 덕이 있는 여자는 존경을 받고, 부

11장 요약 여기서는 10장에 비해 좀 더 구체적으로 지혜로운 삶의 비결을 제시한다. 다시 말해서, 일상적인 생활 가운데서 경건과 지혜가 잘 발휘됨으로써 복된 공동체를 이룩해야 할 것을 가르치고 있는 것이다.

11:1 화폐가 생기기 전에는 저울을 사용하여 상거래를 하였다. 그러다 보니 두 가지 종류의 저울추를 교묘하게 사용하여 부당한 이익을 취하는 상인들이 많이 나타났다. 팔 때는 가벼운 추를 저울에 놓아 조금 주고, 살 때는 무거운 추를 놓아 많이 받았다.

11:4 진노의 날 원래는 하나님의 최후 심판의 날을 가리킨다(참조. 사 10:3;겔 7:19;습 1:18). 그러나 본절 후반부의 내용과 비교해 보면 최후 심판이 아니라, 개인의 죽음을 가리키는 것으로 여겨진다(욥 21:30).

11:10–11 어떤 공동체에 의롭고 정직한 사람들이

지런한 남자는 재물을 얻는다.
17 인자한 사람은 자기의 생명을 이
롭게 하고, 잔인한 사람은 자기의
몸을 해친다.
18 악인에게 돌아오는 삯은 헛것이지
만, 정의를 심는 사람은 참 보상을
받는다.
19 정의에 굳게 서는 사람은 생명에
이르지만, 악을 따르는 사람은 죽
음에 이른다.
20 주님은 마음이 비뚤어진 사람
은 미워하시지만, 올바른 길을 걷
는 사람은 기뻐하신다.
21 악인은 틀림없이 벌을 받지만, 의
인의 자손은 반드시 구원을 받는
다.
22 아름다운 여인이 삼가지 아니하
는 것은 돼지코에 금고리 격이다.
23 의인이 바라는 것은 좋은 일뿐이
지만, 악인이 기대할 것은 진노뿐
이다.
24 남에게 나누어 주는데도 더욱
부유해지는 사람이 있는가 하면,
마땅히 쓸 것까지 아끼는데도 가
난해지는 사람이 있다.
25 남에게 베풀기를 좋아하는 사람
이 부유해 지고, 남에게 마실 물
을 주면, 자신도 갈증을 면한다.
26 곡식을 저장하여 두기만 하는 사
람은 백성에게 저주를 받고, 그것
을 내어 파는 사람에게는 복이 돌
아온다.
27 좋은 일을 애써 찾으면 은총을 받
지만, 나쁜 일을 애써 추구하면
나쁜 것을 되받는다.
28 자기의 재산만을 믿는 사람은 넘
어지지만, 의인은 푸른 나뭇잎처
럼 번성한다.
29 자기 집을 해치는 사람은 바람
만 물려받을 것이요, 어리석은 사
람은 마음이 지혜로운 사람의 종
이 될 것이다.
30 의인이 받는 열매는 생명의 나무
요, 폭력을 쓰는 사람은 생명을
잃는다.
31 의인이 이 땅에서 한 대로 보상을
받는데, 악인과 죄인이 그 값을 치
르지 않겠는가?

악의 그늘에 못 숨는다

12 훈계받기를 좋아하는 사람은
지식을 사랑하지만, 책망받기
를 싫어하는 사람은 짐승같이 우
둔하다.
2 선한 사람은 주님으로부터 은총
을 받지만, 악을 꾀하는 사람은 정
죄를 받는다.
3 사람은 악행으로 터를 굳게 세울
수 없지만, 의인의 뿌리는 흔들리
지 않는다.
4 어진 아내는 남편의 면류관이지

많이 있으면 그 공동체는 발전하고 기쁨이 넘치나, 악하고 부정직한 사람들이 많게 되면 그 공동체는 쇠퇴하고 불안이 팽배하게 된다.

11:20 *주님은 마음이 비뚤어진 사람은 미워하시지만* 잠언은 하나님께서 미워하시는 것으로 역겨운 일(3:32), 거짓말을 하는 입술(12:22), 악인의 제사와 행위(15:8-9), 악한 꾀(15:26), 마음이 거만한 것(16:5), 불의한 판단(17:15), 부정한 상거래(20:10,23) 등을 지적하고 있다(참조. 6:16-19).

12장 요약 여기서도 10장에서처럼 인간의 언어 생활에 초점이 맞추어져 있다. 즉 11장에서 공동체 내에서의 지혜로운 삶에 관해 구체적으로 언급했던 저자는, 이제 의인과 악인의 특성 및 그들의 대조적인 결말이라고 하는 일반적인 주제로 다시 돌아온 것이다.

12:4 어진 아내는 남편의 면류관 어진 아내로 인해 그 남편이 자부심을 느끼게 되고, 존귀를 얻는다

만, 욕을 끼치는 아내는 남편의 뼛
속을 썩게 한다.
5 의인의 생각은 곧지만, 악인의
궁리는 속임수뿐이다.
6 악인이 하는 말은 피 흘릴 음모뿐
이지만, 정직한 사람의 말은 사람
을 구하여 낸다.
7 악인은 쓰러져서 사라지지만, 의
인의 집은 든든히 서 있다.
8 사람은 그 지혜대로 칭찬을 받지
만 마음이 비뚤어진 사람은 멸시
를 받는다.
9 업신여김을 받더라도 종을 부리는
사람은, 스스로 높은 체하면서 먹
을 빵이 없는 사람보다 낫다.
10 의인은 집짐승의 생명도 돌보아
주지만, 악인은 자비를 베푼다고
하여도 잔인하다.
11 밭을 가는 사람은 먹을 것이 넉
넉하지만, 헛된 것을 꿈꾸는 사람
은 지각이 없다.
12 악인은 불의한 이익을 탐하지만,
의인은 그 뿌리로 말미암아 열매
를 맺는다.
13 악인은 입술을 잘못 놀려 덫에 걸
리지만, 의인은 재난에서 벗어난
다.
14 사람은 열매 맺는 말을 하여 좋은
것을 넉넉하게 얻으며, 자기가 손
수 일한 만큼 되돌려 받는다.
15 어리석은 사람은 자신의 행실만
이 옳다고 여기지만, 지혜로운 사
람은 충고에 귀를 기울인다.
16 미련한 사람은 쉽게 화를 내지
만, 슬기로운 사람은 모욕을 참는
다.
17 진실을 말하는 사람은 정직한 증
거를 보이지만, 거짓 증인은 속임
수만 쓴다.
18 함부로 말하는 사람의 말은 비수
같아도, 지혜로운 사람의 말은 아
픈 곳을 낫게 하는 약이다.
19 진실한 말은 영원히 남지만, 거짓
말은 한순간만 통할 뿐이다.
20 악을 꾀하는 사람의 마음에는 속
임수가 들어 있지만, 평화를 꾀하
는 사람에게는 기쁨이 있다.
21 의인은 아무런 해도 입지 않지만,
악인은 재난에 파묻혀 산다.
22 주님은 거짓말을 하는 입술은 미
워하시지만, 진실하게 사는 사람
은 기뻐하신다.
23 슬기로운 사람은 지식을 감추어
두어도, ㉠미련한 사람의 마음은
어리석음을 전파한다.
24 부지런한 사람의 손은 남을 다
스리지만, 게으른 사람은 남의 부
림을 받는다.
25 마음에 근심이 있으면 번민이 일
지만, 좋은 말 한 마디로도 사람

는 뜻이다(참조. 31:10;룻 3:11). 욕을 끼치는 아내 도덕적으로 정숙하지 못한 아내는 그 남편에게 근심과 고통을 준다.

12:7 의인의 집은 든든히 서 있다 의인의 가족은 다 안전하다는 뜻이다(참조. 3절;14:11).

12:9 이 구절은 가난한 양반보다 부유한 평민이 낫다는 실질적인 가르침이다. 당시에는 평범한 가정에서도 종을 부렸다(참조. 삿 6:27).

12:14 열매 맺는 말 말을 함부로 하는 사람은 다른 사람의 마음을 상하게 하지만, 지혜로운 사람은 낙담한 사람에게 위로의 말을 들려줌으로써 용기를 갖게 한다.

12:16 슬기로운 사람은 절제력을 갖추고 있기 때문에 모욕을 당하더라도 그것을 참게 된다.

12:18 무절제한 말은 낙심한 사람의 마음을 상하게 하나, 지혜로운 말은 낙심한 사람의 마음을 위로하고 새 힘을 얻게 한다.

㉠ 1:22의 주를 볼 것

을 기쁘게 할 수 있다.
26 의인은 ㉠이웃에게 바른길을 보여
주지만, 악인은 이웃을 나쁜 길로
빠져 들게 한다.
27 게으른 사람은 사냥한 것도 불에
구우려 하지 않지만, 부지런한 사
람은 귀한 재물을 얻는다.
28 의로운 사람의 길에는 생명이 있
지만, 미련한 사람의 길은 죽음으
로 이끈다.

지혜 있는 친구를 사귀어라

13 지혜로운 아들딸들은 아버지
의 가르침을 듣지만, 거만한 사
람은 꾸지람을 듣지 않는다.
2 선한 사람은 열매 맺는 말을 하여
좋은 것을 넉넉하게 얻지만, 반역
자는 폭행을 당할 뿐이다.
3 말을 조심하는 사람은 자신의 생
명을 보존하지만, 입을 함부로 여
는 사람은 자신을 파멸시킨다.
4 게으른 사람은 아무리 바라는 것
이 있어도 얻지 못하지만, 부지런
한 사람의 마음은 바라는 것을 넉
넉하게 얻는다.
5 의인은 거짓말하기를 싫어하지만,
악인은 염치도 없이 수치스러운
일을 한다.
6 흠 없이 사는 사람의 의는 그의
길을 지켜 주지만, 죄인의 악은 그
를 망하게 한다.
7 부자인 체하나 아무것도 없는
사람이 있는가 하면, 가난한 체하
나 많은 재물을 가진 사람이 있다.
8 부유한 사람은 재물로 자기 목숨
을 속하기도 하지만, 가난한 사람
은 협박을 받을 일이 없다.
9 의인의 빛은 밝게 빛나지만, 악인
의 등불은 꺼져 버린다.
10 교만에서는 다툼만 일어날 뿐이
다. 지혜 있는 사람은 충고를 받
아들인다.
11 쉽게 얻은 재산은 줄어드나, 손
수 모은 재산은 늘어난다.
12 소망이 이루어지지 않으면 마음
이 병들지만, 소원이 이루어지면
생명나무를 얻는다.
13 말씀을 멸시하는 사람은 스스로
망하지만, 계명을 두려워하는 사
람은 상을 받는다.
14 지혜 있는 사람의 가르침은 생
명의 샘이니, 죽음의 그물에서 벗
어나게 한다.
15 선한 지혜는 은혜를 베푸나, 배신
자의 길은 ㉡스스로 멸망하는 길
이다.
16 영리한 사람은 잘 알고 행동하지
만, 미련한 사람은 어리석음만을
드러낸다.
17 못된 전령은 사람을 재앙에 빠지
게 하지만, 충직한 사신은 재앙을

13장 요약 의인과 악인에 관한 대조적인 묘사가 이어지며 말의 중요성에 관한 언급이 있다. 본장에서 가장 초점을 맞추는 부분은 바로 듣는 자세이다. 하나님의 말씀과 지혜의 권면, 그리고 부모의 훈계 등이 모두 경청해야 할 대상이다.

13:3 때로는 죽고 사는 것이 혀의 힘에 달려 있기 때문에(18:21), 혀를 다스리는 능력은 지혜를 나타내는 가장 명확한 표시 가운데 하나이다.

13:9 빛, 등불 육체적인 생명을 가리키는 비유로 등불이 꺼지는 것은 죽음을 상징한다. 본절은 의인은 장수하나 악인은 일찍 죽게 됨을 뜻한다.

13:24 부모의 징계는 일시적으로 자녀에게 고통을 주지만, 자녀의 나쁜 행동이나 어리석은 태도를 바로잡아 주기 때문에 궁극적으로 사랑의 행위가 된다(참조. 히 12:5-11).

㉠ 또는 '친구를 신중하게 사귄다' ㉡ 또는 '험하다'

물리치는 일을 한다.
18 훈계를 저버리면 가난과 수치가
닥치지만, 꾸지람을 받아들이면
존경을 받는다.
19 소원이 이루어지면 마음이 즐겁지
만, ㉠미련한 사람은 악에서 떠나
기를 싫어한다.
20 지혜로운 사람과 함께 다니면 지
혜를 얻지만, ㉠미련한 사람과 사
귀면 해를 입는다.
21 죄인에게는 재앙이 따르지만, 의
인에게는 좋은 보상이 따른다.
22 선한 사람의 유산은 자손 대대로
이어지지만, 죄인의 재산은 의인에
게 주려고 쌓은 것이다.
23 가난한 사람이 경작한 밭에서는
많은 소출이 날 수도 있으나, 불의
가 판을 치면 그에게 돌아갈 몫이
없다.
24 매를 아끼는 것은 자식을 사랑하
지 않는 것이다. 자식을 사랑하는
사람은 훈계를 게을리하지 않는
다.
25 의인은 배불리 먹지만, 악인은 배
를 주린다.

지혜가 주는 유익

14 지혜로운 여자는 집을 세우지
만, 어리석은 여자는 제 손으로
집을 무너뜨린다.
2 바른길을 걷는 사람은 주님을 경
외하지만, 그릇된 길을 걷는 사람
은 주님을 경멸한다.
3 미련한 사람의 말은 교만하여 매
를 자청하지만, 지혜로운 사람의
말은 그를 지켜 준다.
4 소가 없으면 구유는 깨끗하지만,
소가 힘을 쓰면 소출이 많아진다.
5 진실한 증인은 거짓말을 아니하여
도, 거짓 증인은 거짓말을 뱉는다.
6 거만한 사람은 지혜를 구해도
얻지 못하지만, 명철한 사람은 쉽
게 지식을 얻는다.
7 미련한 사람의 앞을 떠나라. 네가
그의 말에서 지식을 배우지 못할
것이다.
8 슬기로운 사람의 지혜는 자기가
가는 길을 깨닫게 하지만, ㉠미련
한 사람의 어리석음은 자기를 속
인다.
9 ㉡어리석은 사람은 속죄제사를 우
습게 여기지만, 정직한 사람은 하
나님의 은총을 누린다.
10 마음의 고통은 자기만 알고, 마
음의 기쁨도 남이 나누어 가지지
못한다.
11 악한 사람의 집은 망하고, 정직한
사람의 장막은 흥한다.
12 사람의 눈에는 바른길 같이 보이
나, 마침내는 죽음에 이르는 길이
있다.

14장 요약 지혜로운 자와 미련한 자, 거만한 자와 명철한 자, 악인과 의인 등을 대조시켜, 하나님과 이웃에게 인정받는 올바른 삶이 무엇인지를 상세하게 가르치는 내용이다. 그 중에서 핵심 주제는 26-27절에서 발견된다.

14:1 집을 세우지만 가정을 돌보고 번창하게 만드는 것을 뜻한다.

14:4 큰 유익을 얻기 위해서는, 필연적으로 따르는 사소한 어려움들을 참고 극복해야 한다는 의미인 것 같다.

14:6 거만한 사람은 지혜를 구해도 얻지 못하지만 거만한 사람이 지혜를 얻지 못하는 이유는 주님을 경외하기를 무시하고(1:7;9:10), 다른 사람의 훈계를 받아들이지 않기 때문이다.

14:10-19 어수룩한 사람과 슬기로운 사람 어수룩한 사람은 다른 사람들의 말에 쉽게 영향을 받으

㉠ 1:22의 주를 볼 것 ㉡ 1:7의 주를 볼 것

13 웃어도 마음이 아플 때가 있고, 즐거워도 끝에 가서 슬플 때가 있다.

14 마음이 비뚤어진 사람은 자기가 한 만큼 보응을 받고, 선한 사람도 자기가 한 만큼 보응을 받는다.

15 ㉠어수룩한 사람은 모든 말을 다 믿지만, 슬기로운 사람은 행동을 삼간다.

16 지혜 있는 사람은 두려워할 줄 알아서 악을 피하지만, 미련한 사람은 자신만만 해서 조심할 줄을 모른다.

17 성을 잘 내는 사람은 어리석은 일을 하고, 음모를 꾸미는 사람은 미움을 받는다.

18 ㉠어수룩한 사람은 어수룩함을 유산으로 삼지만, 슬기로운 사람은 지식을 면류관으로 삼는다.

19 악인은 선한 사람 앞에 엎드리고, 불의한 사람은 의인의 문 앞에 엎드린다.

20 가난한 사람은 이웃에게도 미움을 받지만, 부자에게는 많은 친구가 따른다.

21 이웃을 멸시하는 사람은 죄를 짓는 사람이지만, 가난한 사람에게 은혜를 베푸는 사람은 복이 있는 사람이다.

22 악을 꾀하는 사람은 길을 잘못 가는 것이나, 선을 계획하는 사람은 인자와 진리를 얻는다.

23 모든 수고에는 이득이 있는 법이지만, 말이 많으면 가난해질 뿐이다.

24 ㉡지혜는 지혜 있는 사람의 면류관이지만 ㉢어리석음은 ㉣미련한 사람의 ㉤화환이다.

25 증인이 진실을 말하면 남의 생명을 건지지만, 증인이 위증을 하면 배신자가 된다.

26 주님을 경외하면 강한 믿음이 생기고, 그 자식들에게도 피난처가 생긴다.

27 주님을 경외하는 것이 생명의 샘이니, 죽음의 그물에서 벗어나게 한다.

28 백성이 많은 것은 왕의 영광이지만, 백성이 적은 것은 통치자의 몰락이다.

29 좀처럼 성을 내지 않는 사람은 매우 명철한 사람이지만, 성미가 급한 사람은 어리석음만을 드러낸다.

30 마음이 평안하면 몸에 생기가 도나, 질투를 하면 뼈까지 썩는다.

31 가난한 사람을 억압하는 것은 그를 지으신 분을 모욕하는 것이지만, 궁핍한 사람에게 은혜를 베푸

나, 슬기로운 사람은 하나님을 두려워하며(16절) 다른 사람들의 말을 맹목적으로 따르지 않고 신중하게 분별하며 행동한다.

*14:16 지혜로운 사람*은 하나님을 두려워하며 죄악을 피하지만, 어리석은 사람은 마음이 성급하여 말과 행동을 함부로 한다(12:18;13:3).

14:21 가난한 사람에게 은혜를 베푸는 사람 잠언은 가난한 사람을 불쌍히 여기고 은혜를 베푸는 방법으로, 그들에게 먹거리를 나누어 주고(22:9), 돈을 빌려 주며(28:8), 그들의 권리를 변호해 줄(31:9) 것을 말하고 있다. 나아가 그렇게 행하는 사람은 하나님을 공경하는 사람으로서(참조. 31절;17:5), 하나님의 복을 받아 모자라는 것이 없게 될 것이라고 교훈하고 있다(28:27).

14:30 사람의 몸과 마음은 상호 유기적으로 밀접한 관계를 맺고 있다(참조. 15:13,30;17:22;18:14).

㉠ 1:4의 주를 볼 것 ㉡ 히, '부요함' ㉢ 1:7의 주를 볼 것 ㉣ 1:22의 주를 볼 것 ㉤ 히, '어리석음'

는 것은 그를 지으신 분을 공경하
는 것이다.
32 악한 사람은 자기의 악행 때문에
넘어지지만, 의로운 사람은 죽음
이 닥쳐도 피할 길이 있다.
33 지혜는 명철한 사람의 마음에
머물고, ㉠미련한 사람 마음에는
㉡알려지지 않는다.
34 정의는 나라를 높이지만, 죄는 민
족을 욕되게 한다.
35 슬기로운 신하는 왕의 총애를 받
지만, 수치스러운 일을 하는 신하
는 왕의 분노를 산다.

주님께서 보고 계신다

15 부드러운 대답은 분노를 가라
앉히지만, 거친 말은 화를 돋운
다.
2 지혜로운 사람의 혀는 좋은 지식
을 베풀지만, 미련한 사람의 입은
어리석은 말만 쏟아낸다.
3 주님의 눈은 어느 곳에서든지,
악한 사람과 선한 사람을 모두 지
켜 보신다.
4 따뜻한 말은 생명나무와 같지만,
가시돋힌 말은 마음을 상하게 한
다.
5 어리석은 사람은 자기 아버지의
훈계를 업신여기지만, 명철한 사
람은 아버지의 책망을 간직한다.
6 의인의 집에는 많은 재물이 쌓이
나, 악인의 소득은 고통을 가져 온
다.
7 지혜로운 사람의 입술은 지식을
전파하지만, ㉠미련한 사람의 마음
에는 그러한 생각이 없다.
8 악한 사람의 제사는 주님께서
역겨워하시지만, 정직한 사람의
기도는 주님께서 기뻐하신다.
9 악한 사람의 길은 주님께서 싫어
하시지만, 정의를 따르는 사람은
주님께서 사랑하신다.
10 옳은길을 저버리는 사람은 엄한
징계를 받고, 책망을 싫어하는 사
람은 죽임을 당할 것이다.
11 ㉢'죽음'과 '파멸'도 주님 앞에서
드러나거늘, 사람의 마음이야 더
욱 그러하지 않겠는가!
12 거만한 사람은 자기를 책망하는
사람을 좋아하지 않으며, 지혜 있
는 사람을 찾아가지도 않는다.
13 즐거운 마음은 얼굴을 밝게 하지
만, 근심하는 마음은 너를 상하게
한다.
14 명철한 사람의 마음은 지식을 찾
지만, 미련한 사람의 입은 어리석
음을 즐긴다.
15 고난받는 사람에게는 모든 날
이 다 불행한 날이지만, 마음이 즐
거운 사람에게는 모든 날이 잔칫
날이다.

15장 요약 계속해서 대조적인 두 부류의 특성을 열거하는 가운데 말의 중요성이 강조되고 있다. 특히 1-7절은 언어 기능의 적극적 측면, 곧 말을 통해 베풀 수 있는 큰 유익에 대해 설명한다. 또한 14-15절은 인격의 장소인 마음의 상태에 대해 설명한다.

15:1 부드러운 대답 기드온은 에브라임 사람들의 진노를 부드러운 말로 가라앉혔다(삿 8:1-3). **거친 말은 화를 돋운다** 다윗은 나발의 무례한 말을 전해 듣고 그를 죽일 결심을 했다(삼상 25:10-13).

15:8 악한 사람의 제사는 주님께서 역겨워하시지만 하나님과 올바른 관계에 있지 않은 사람은 제사를 드려도 아무 유익이 없다(참조. 21:3,27).

15:11 하나님은 스올(무덤, 죽음)도 샅샅이 살피

㉠ 1:22의 주를 볼 것 ㉡ 칠십인역과 시리아어역을 따름. 히, '알려진다' ㉢ 히, '스올과 아바돈'

16 재산이 적어도 주님을 경외하며
사는 것이, 재산이 많아서 다투며
사는 것보다 낫다.
17 서로 사랑하며 채소를 먹고 사는
것이, 서로 미워하며 기름진 쇠고
기를 먹고 사는 것보다 낫다.
18 화를 쉽게 내는 사람은 다툼을
일으키지만, 성을 더디 내는 사람
은 싸움을 그치게 한다.
19 게으른 사람의 길은 가시덤불로
덮여 있는 것 같지만, 부지런한
사람의 길은 확 트인 큰길과 같
다.
20 지혜로운 아들은 아버지를 기쁘
게 하지만, 미련한 아들은 어머니
를 업신여긴다.
21 생각이 모자라는 사람은 미련함
을 즐기지만, 명철한 사람은 길을
바로 걷는다.
22 의논 없이 세워진 계획은 실패
하지만, 조언자들이 많으면 그 계
획이 이루어진다.
23 적절한 대답은 사람을 기쁘게 하
니, 알맞은 말이 제때에 나오면 참
즐겁다.
24 슬기로운 사람이 걷는 생명의 길
은 위쪽으로 나 있어서, 아래로
난 스올 길을 벗어난다.
25 주님은 거만한 사람의 집을 헐
어 버리시지만, 과부가 사는 곳의
경계선은 튼튼히 세워 주신다.
26 악한 사람의 꾀는 주님께서 역겨
워하시지만, 친절한 사람의 말은
정결한 제물처럼 받으신다.
27 불의한 이익을 탐내는 사람은 자
기 집에 해를 끼치지만, 뇌물을 거
절하는 사람은 오래 산다.
28 의인의 마음은 대답할 말을 깊이
생각하지만, 악인의 입은 악한 말
을 쏟아낸다.
29 주님은 악인을 멀리하시지만, 의
인의 기도는 들어주신다.
30 밝은 얼굴은 사람을 기쁘게 하고,
좋은 소식은 사람을 낫게 한다.
31 목숨을 살리는 책망에 귀 기울이
는 사람은 지혜로운 사람들 사이
에 자리를 잡는다.
32 훈계를 싫어하는 사람은 자기 생
명을 가볍게 여기는 사람이지만,
책망을 잘 듣는 사람은 지식을 얻
는 사람이다.
33 ㉠주님을 경외하라는 것은 지혜가
주는 훈계이다. 겸손하면 영광이
따른다.

주님께서 결정하신다

16 계획은 사람이 세우지만, 결정
은 주님께서 하신다.
2 사람의 행위는 자기 눈에는 모두
깨끗하게 보이나, 주님께서는 속
마음을 꿰뚫어 보신다.

시므로(욥 26:6;시 139:8), 사람의 모든 생각과 계획을 살피신다(시 38:9;렘 17:9-10).

15:17-28 '경우에 합당한 말'이라면 그것이 사랑의 말이든, 격려의 말이든, 혹은 책망의 말이든 간에 관계없이 그 말을 하는 사람과 듣는 사람에게 모두 유익이 된다.

15:30 밝은 얼굴 친구의 밝은 표정이나 격려의 말이 마음에 기쁨과 위로를 준다는 의미이다(참조. 25:25;창 45:27-28;사 52:7-8).

16장 요약 본장에는 크게는 국가사(國家事)로부터 작게는 일대일 인간 관계에 이르기까지 어떤 일을 도모할 때 필히 명심해야 할 주옥같은 지침들이 가득하다. 그 중 가장 핵심적인 지침은 바로 모든 일을 주님께 맡기라는 것이다(3절).

㉠ 또는 '지혜는 주님을 경외하라고 가르친다' 또는 '주님을 경외하면 지혜를 배운다'

3 네가 하는 일을 주님께 맡기면, 계
획하는 일이 이루어질 것이다.
4 주님께서는 모든 것을 그 쓰임
에 알맞게 만드셨으니, 악인은 재
앙의 날에 쓰일 것이다.
5 주님께서는 마음이 거만한 모든
사람을 역겨워하시니, 그들은 틀
림없이 벌을 받을 것이다.
6 사람이 어질고 진실하게 살면 죄
를 용서받고, 주님을 경외하면 재
앙을 피할 수 있다.
7 사람의 행실이 주님을 기쁘시게
하면, 그의 원수라도 그와 화목하
게 하여 주신다.
8 의롭게 살며 적게 버는 것이, 불의
하게 살며 많이 버는 것보다 낫
다.
9 사람이 마음으로 자기의 앞길
을 계획하지만, 그 발걸음을 인도
하시는 분은 주님이시다.
10 왕이 내리는 판결은 하나님의 판
결이니, 판결할 때에 그릇된 판결
을 내리지 않는다.
11 정확한 저울과 천평은 주님의 것
이며, 주머니 속의 저울추도 다 그
분이 만드신 것이다.
12 왕은 악행을 하는 것을 역겨워하
여야 한다. 공의로만 왕위가 굳게
설 수 있기 때문이다.
13 왕은 공의로운 말을 하는 것을 기
쁘게 여겨야 하고, 올바른 말하기
를 좋아하여야 한다.
14 왕의 진노는 저승사자와 같지만,
지혜로운 사람은 왕의 진노를 가
라앉힌다.
15 왕의 얼굴빛이 밝아야 모두 살 수
있다. 그의 기쁨은 봄비를 몰고 오
는 구름과 같다.
16 지혜를 얻는 것이 금을 얻는 것
보다 낫고, 명철을 얻는 것이 은을
얻는 것보다 낫다.
17 악을 떠나는 것은 정직한 사람이
가는 큰길이니, 그 길을 지키는 사
람은 자기의 생명을 지킨다.
18 교만에는 멸망이 따르고, 거만에
는 파멸이 따른다.
19 겸손한 사람과 어울려 마음을 낮
추는 것이, 거만한 사람과 어울려
전리품을 나누는 것보다 낫다.
20 말씀에 따라 조심하며 사는 사람
은 일이 잘 되고, 주님을 믿는 사
람은 행복하다.
21 마음이 지혜로운 사람을 명철하
다 한다. ㉠말이 부드러우면, 더욱
많은 지혜를 가르친다.
22 명철한 사람에게는 그 명철함이
생명의 샘이 되지만, 어리석은 사
람에게는 그 ㉡어리석음이 벌이 된
다.
23 마음이 지혜로운 사람은 말을 신

16:4 그 쓰임에 알맞게 '그 고유의 목적에 알맞게'라는 뜻이다. 본절은 하나님께서 주권적인 섭리에 따라 온 우주 만물을 의미있게 창조하셨음을 교훈하고 있다. **악인은 재앙의 날에 쓰일 것이다** 이 구절은 죄를 범한 사람을 적당한 때에 하나님이 심판하신다는 뜻이다.

16:12 공의로만 왕위가 굳게 설 수 있기 때문이다 나라가 불의로 가득 찰 때, 왕이 공의로 나라를 다스리는 방법 몇 가지가 잠언에 소개되어 있다. 곧 악한 조언자를 물리치고(25:5), 뇌물을 물리치며(29:4), 가난한 사람을 정직하게 재판할 것(29:14)을 교훈하고 있다.

16:15 봄비 팔레스타인에서 추수하기 직전인 3-4월에 내리는 봄비를 말한다. 이 비는 곡식을 여물게 하는 데 꼭 필요한 것으로서 장차 다가올 좋은 일을 상징한다(참조. 욥 29:23).

16:16-26 정직한 행동은 죄로부터 생명을 지키

㉠ 또는 '부드러운 말은 사람을 설득시킨다' ㉡ 1:7의 주를 볼 것

중하게 하고, ㉠하는 말에 설득력
이 있다.
24 선한 말은 꿀송이 같아서, 마음
을 즐겁게 하여 주고, 쑤시는 뼈
를 낫게 하여 준다.
25 사람의 눈에는 바른길 같이 보이
나, 마침내는 죽음에 이르는 길이
있다.
26 허기진 배가 일하게 만들고 그 입
이 사람을 몰아세운다.
27 불량한 사람은 악을 꾀한다. 그
들의 말은 맹렬한 불과 같다.
28 비뚤어진 말을 하는 사람은 다툼
을 일으키고, 중상하는 사람은 친
한 벗들을 이간시킨다.
29 폭력을 쓰는 사람은 그 이웃을
윽박질러서, 좋지 않은 길을 가게
한다.
30 눈짓을 하는 사람은 그릇된 일을
꾀하고, 음흉하게 웃는 사람은 악
한 일을 저지른다.
31 백발은 영화로운 면류관이니,
의로운 길을 걸어야 그것을 얻는
다.
32 노하기를 더디 하는 사람은 용사
보다 낫고, 자기의 마음을 다스리
는 사람은 성을 점령한 사람보다
낫다.
33 제비는 사람이 뽑지만, 결정은 주
님께서 하신다.

주님께서 우리의 생각을 살피신다

17 마른 빵 한 조각을 먹으며 화
목하게 지내는 것이, ㉡진수성
찬을 가득히 차린 집에서 다투며
사는 것보다 낫다.
2 슬기로운 종은 부끄러운 일을 하
는 주인집 아들을 다스리고, 그
집 자녀들과 함께 유산을 나누어
받는다.
3 도가니는 은을, 화덕은 금을 단련
하지만, 주님께서는 사람의 마음
을 단련하신다.
4 악을 행하는 사람은 사악한 말에
솔깃하고, 거짓말을 하는 사람은
중상하는 말에 귀를 기울인다.
5 가난한 사람을 조롱하는 것은 그
를 지으신 분을 모욕하는 것이다.
남의 재앙을 기뻐하는 사람은 형
벌을 면하지 못한다.
6 손자는 노인의 면류관이요, 어버
이는 자식의 영광이다.
7 ㉢거만한 말이 미련한 사람에게
는 안 어울린다. 하물며 거짓말이
통치자에게 어울리겠느냐?
8 뇌물을 쓰는 사람의 눈에는 뇌물
이 요술방망이처럼 보인다. 어디
에 쓰든 안 되는 일이 없다.
9 허물을 덮어 주면 사랑을 받고,
허물을 거듭 말하면 친구를 갈라
놓는다.

며(17절), 지혜로운 사람의 말은 매우 유익하여 다른 사람의 학식을 더하여 준다(21절). 또한 경우에 합당한 말을 듣는 사람에게 *기쁨을 주기도 하며, 용기를 북돋워 주기도* 한다(참조. 15:23).

16:27–33 자신의 그릇된 생각과 욕망을 다스리는 것은 성을 정복하는 것보다 더 낫다(참조. 25:28).

16:31 청년은 힘을 자랑하나 노인은 백발을 자랑한다(20:29). '영화로운 면류관'은 일평생 의로운 생활을 한 사람의 고상한 아름다움을 뜻한다.

17장 요약 본장 내용은 1–2절과 27–28절에 비중이 있는 양괄식 구성을 보여 준다. 악행을 일삼는 자는 새끼를 빼앗긴 암곰보다 더 위험하고 혐오스러우며, 그런 사람과 함께하기보다는 한 조각의 마른 빵만 먹으며 화목하게 지내는 편이 훨씬 행복하다.

㉠ 또는 '그의 입술이 지식을 증진시킨다' 또는 '입술에 지식을 더한다' ㉡ 또는 '제사음식을' ㉢ 또는 '유창한 말이'

10 미련한 사람을 백 번 매질하는 것
보다 슬기로운 사람을 한 번 징계
하는 것이 더 효과가 있다.
11 반역만을 꾀하는 악한 사람은
마침내 잔인한 사신의 방문을 받
는다.
12 어리석은 일을 하는 미련한 사람
을 만나느니, 차라리 새끼 빼앗긴
암곰을 만나라.
13 악으로 선을 갚으면, 그의 집에서
재앙이 떠나지 않는다.
14 다툼의 시작은 둑에서 물이 새어
나오는 것과 같으니, 싸움은 일어
나기 전에 그만두어라.
15 악인을 의롭다고 하거나, 의인을
악하다고 하는 것은, 둘 다 주님께
서 싫어하신다.
16 미련한 사람의 손에 돈이 있은들,
배울 마음이 없으니 어찌 지혜를
얻겠느냐?
17 사랑이 언제나 끊어지지 않는
것이 친구이고, 고난을 함께 나누
도록 태어난 것이 혈육이다.
18 지각 없는 사람 서약 함부로 하
고, 남의 빚 보증 잘 선다.
19 벌받기를 좋아하는 사람은 싸우
기를 좋아한다. 패가망신을 원하
는 사람은 집을 치장하기를 좋아
한다.
20 마음이 비뚤어진 사람은 복을 얻
지 못하고, 거짓말만 하는 혀를
가진 사람은 재앙에 빠진다.
21 미련한 자식을 둔 부모는 걱정이
그칠 새가 없고, 어리석은 자식을
둔 부모는 기쁨이 없다.
22 즐거운 마음은 병을 낫게 하지만,
근심하는 마음은 뼈를 마르게 한
다.
23 악인은 가슴에 안겨 준 뇌물을
먹고서, 재판을 그르친다.
24 슬기로운 사람의 눈은 지혜를 가
까이에서 찾지만, 미련한 사람은
눈을 땅 끝에 둔다.
25 미련한 자식은 아버지의 근심이
고, 어머니의 고통이다.
26 의로운 사람을 벌주는 것은 옳은
일이 아니다. 존귀한 사람을 정직
하다고 하여 때리는 것도 바른일
이 아니다.
27 아는 것이 많은 사람은 말을 삼가
고, 슬기로운 사람은 정신이 냉철
하다.
28 어리석은 사람도 조용하면 지혜로
워 보이고, 입술을 다물고 있으면
슬기로워 보인다.

죄를 옹호하는 것은 잘못이다

18 다른 사람과 어울리지 못하는
사람은 자기 욕심만 채우려 하
고, 건전한 판단력을 가진 사람을
적대시한다.

17:3 불순물을 제거하기 위해 은과 금을 뜨거운 불로 단련하듯이, 하나님은 여러 가지 믿음의 시련을 통해 믿는 사람의 마음을 정결하게 하신다(사 1:25;약 1:2-3;벧전 1:7). 도가니 금속을 녹여 제련하기 위해 진흙으로 만든 가마이다. 화덕 금속을 녹이거나 토기와 벽돌을 구울 때 사용한다.
17:15 주님은 정의의 하나님으로서(사 30:18), 정의와 공의를 사랑하시고(시 33:5) 모든 것을 공의롭게 판단하시기 때문이다(렘 11:20).

18장 요약 본장에서는 공동체 내에서 지혜롭게 살아가는 방법에 초점을 맞추고 있다. 일부 구절을 제외하고는 같은 의미를 반복하는 평행대구 형식이 주로 사용되었다. 1-9절은 그릇된 삶의 태도를, 10-24절은 지혜로운 삶의 방법을 말한다.

18:2 미련한 사람에게 있어 두 가지 문제점은 '닫힌 마음'과 '열린 입'이다. 미련한 사람은 타인의

2 미련한 사람은 명철을 좋아하지
않으며, 오직 자기 의견만을 내세
운다.
3 악한 사람이 오면 멸시가 뒤따르
고, 부끄러운 일 뒤에는 모욕이
따른다.
4 슬기로운 사람의 입에서 나오는
말은 깊은 물과 같고, 지혜의 샘
은 세차게 흐르는 강처럼 솟는
다.
5 악인을 두둔하는 것과 재판에서
의인을 억울하게 하는 일은 옳지
않다.
6 미련한 사람의 입술은 다툼을
일으키고, 그 입은 매를 불러들인
다.
7 미련한 사람의 입은 자기를 망하
게 만들고, 그 입술은 올무가 되
어 자신을 옭아맨다.
8 헐뜯기를 잘하는 사람의 말은 맛
있는 음식과 같아서, 뱃속 깊은 데
로 내려간다.
9 자기 일을 게을리하는 자는, 일을
망치는 자와 형제간이다.
10 주님의 이름은 견고한 성루이므
로, 의인이 그 곳으로 달려가면,
아무도 뒤쫓지 못한다.
11 부자의 재산은 그의 견고한 성이
되니, 그는 그것을 아무도 못 오를
높은 성벽처럼 여긴다.
12 사람의 마음이 오만하면 멸망
이 뒤따르지만, 겸손하면 영광이
뒤따른다.
13 다 들어 보지도 않고 대답하는 것
은, 수모를 받기에 알맞은 어리석
은 짓이다.
14 사람이 정신으로 병을 이길 수 있
다지만, 그 정신이 꺾인다면, 누가
그를 일으킬 수 있겠느냐?
15 명철한 사람의 마음은 지식을 얻
고, 지혜로운 사람의 귀는 지식을
구한다.
16 선물은 사람이 가는 길을 넓게 열
어 주고, 그를 높은 사람 앞으로
이끌어 준다.
17 송사에서는 먼저 말하는 사람이
옳은 것 같으나, 상대방이 와 보아
야 사실이 밝혀진다.
18 제비를 뽑으면 다툼이 끝나고, 강
한 사람들 사이의 논쟁이 판가름
난다.
19 노엽게 한 친척과 가까워지기는
견고한 성을 함락시키는 것보다
어려우니, 그 다툼은 마치 꺾이지
않는 성문의 빗장과 같다.
20 사람의 입에서 나오는 말의 열
매가 사람의 배를 채워 주고, 그
입술에서 나오는 말의 결과로 만
족하게 된다.
21 죽고 사는 것이 혀의 힘에 달렸으

충고를 꺼리지만, 자신의 견해를 나타내는 것은 좋아한다. 그러나 그의 입에서 나오는 것은 어리석은 말뿐이다(15:2).

18:8 헐뜯는 말을 듣는 것은 맛있는 음식을 먹는 것과 같다. 음식이 뱃속에서 소화되고 체내에 흡수되는 것처럼 험담한 내용은 기억에 남는다는 뜻이다.

18:10-24 의인의 피난처는 하나님이시고, 부자의 피난처는 재물이다. 하나님을 신뢰하는 사람은 견고한 성루에 피신한 사람처럼 안전하다. 부자는 재물을 위험으로부터 보호해 주는 높은 성벽처럼 여기지만, 재물이 하나님을 대신할 수 없다.

18:17 공정한 재판을 위해 원고와 피고의 말을 모두 들어야 할 것을 교훈하는 잠언이다.

18:19 성문의 빗장과 같다 빗장을 벗기기 어려운 것처럼 다툼을 해결하기 어렵다는 뜻이다.

18:22 유능한 아내는 지혜처럼 하나님의 은총이며(8:35), 진주보다 더 뛰어나다(8:11;31:10).

니, 혀를 잘 쓰는 사람은 그 열매
를 먹는다.
22 아내를 맞이한 사람은 복을 찾은
사람이요, 주님으로부터 은총을
받은 사람이다.
23 가난한 사람은 간절한 말로 구걸
하지만, 부유한 사람은 엄한 말로
대답한다.
24 친구를 많이 둔 사람은 해를 입기
도 하지만 동기간보다 더 가까운
친구도 있다.

참는 것이 지혜

19 거짓말을 하며 미련하게 사는
사람보다는, 가난해도 흠 없이
사는 사람이 낫다.
2 지식이 없는 열심은 좋은 것이라
할 수 없고, 너무 서둘러도 발을
헛디딘다.
3 사람은 미련해서 스스로 길을 잘
못 들고도, 마음 속으로 주님을
원망한다.
4 재물은 친구를 많이 모으나, 궁
핍하면 친구도 떠난다.
5 거짓 증인은 벌을 피할 수 없고,
거짓말을 하는 사람도 벌을 피할
길이 없다.
6 너그럽게 주는 사람에게는 은혜
입기를 원하는 사람이 많고, 선물
을 잘 주는 사람에게는 모두가 친
구이다.
7 가난하면 친척도 그를 싫어하는
데, 하물며 친구가 그를 멀리하지
않겠느냐? 뒤따라가며 말을 붙이
려 하여도, 아무런 소용이 없다.
8 지혜를 얻는 사람은 자기 영혼
을 사랑하고, 명철을 지키는 사람
은 복을 얻는다.
9 거짓 증인은 벌을 피할 수 없고,
거짓말을 하는 사람은 망하고 만
다.
10 미련한 사람이 사치스럽게 사는
것도 마땅하지 않은데, 하물며 종
이 고관들을 다스리는 것이랴?
11 노하기를 더디 하는 것은 사람의
슬기요, 허물을 덮어 주는 것은
그의 영광이다.
12 왕의 분노는 사자가 소리지르는
것과 같고, 그의 은혜는 풀 위에
내리는 이슬과 같다.
13 미련한 아들은 아버지에게 파멸
을 가져다 주고, 다투기를 잘하는
아내는 새는 천장에서 떨어지는
물과 같다.
14 집과 재물은 조상에게서 물려받
은 유산이지만, 슬기로운 아내는
주님께서 주신다.
15 게으른 사람은 깊은 잠에 빠지고,
나태한 사람은 굶주릴 것이다.
16 계명을 지키는 사람은 제 목숨
을 지키지만, 자기 행실을 주의하

19장 요약 본장은 일상 생활 가운데서 드러나는 의인과 악인 혹은 지혜로운 자와 어리석은 자의 차이점을 뚜렷이 대조한다. 그리하여 관용과 인자한 태도를 적극적으로 권장하고 있다. 또한 여기서는 징계의 중요성도 강조한다.

19:2 너무 서둘러도 발을 헛디딘다 성급한 사람은 잘못을 저지르게 되고, 가난에 처한다(21:5).

19:3 미련한 사람은 자신의 어리석음으로 일을 망치거나 고난을 겪으면서도 엉뚱하게 그 책임을 하나님께 돌린다(참조. 창 3:12;4:5;사 8:21).

19:8 자기 영혼을 사랑하고 지혜로운 사람은 자신의 삶에 대해 진정한 관심을 기울인다는 뜻이다.

19:13 새는 천장에서 떨어지는 물 천장에서 계속 떨어지는 빗물을 말한다. 다투기를 잘하는 아내는 마치 그런 빗방울처럼 시끄럽다는 뜻이다(27:15). 그러므로 이 표현은 잔소리가 많은 아내로 인해 남편이 골머리를 앓는다는 뜻이다.

지 않는 사람은 죽는다.
17 가난한 사람에게 은혜를 베푸는
것은 주님께 꾸어드리는 것이니,
주님께서 그 선행을 넉넉하게 갚
아 주신다.
18 네 아들을 훈계하여라. 그래야 희
망이 있다. 그러나 그를 죽일 생각
은 품지 말아야 한다.
19 성격이 불 같은 사람은 벌을 받는
다. 네가 그를 구하여 준다고 해도
그 때뿐, 구하여 줄 일이 또 생길
것이다.
20 충고를 듣고 훈계를 받아들여라.
그리하면 마침내 지혜롭게 된다.
21 사람의 마음에 많은 계획이 있
어도, 성취되는 것은 오직 주님의
뜻뿐이다.
22 ㉠사람에게서 바랄 것은 성실이다.
거짓말쟁이가 되느니, 차라리 가
난뱅이가 되는 것이 낫다.
23 주님을 경외하며 살면 생명을 얻
는다. 그는 만족스러운 생활을 하
며, 재앙을 만나지 않는다.
24 게으른 사람은 밥그릇에 손을
대고서도, 입에 떠 넣기를 귀찮아
한다.
25 오만한 사람을 치면, ㉡어수룩한
사람도 깨닫는다. 명철한 사람을
꾸짖으면, 그가 지식을 얻는다.
26 아버지를 구박하고 어머니를 쫓아
내는 자식은, 부끄러움과 수치를
끌어들이는 자식이다.
27 ㉢아이들아, 지식의 말씀에서 벗
어나게 하는 훈계는 듣지 말아라.
28 악한 증인은 정의를 비웃고, 악인
의 입은 죄악을 통째로 삼킨다.
29 오만한 사람에게는 심판이 준비되
어 있고, ㉣미련한 사람의 등에는
매가 준비되어 있다.

금보다 귀한 지혜

20 포도주는 사람을 거만하게 만
들고, 독한 술은 사람을 소란
스럽게 만든다. 이것에 빠지는 사
람은 누구든지 지혜롭지 않다.
2 왕의 노여움은 사자의 부르짖음
과 같으니, 그를 노하게 하면 목숨
을 잃는다.
3 다툼을 멀리하는 것이 자랑스러
운 일인데도, 어리석은 사람은 누
구나 쉽게 다툰다.
4 게으른 사람은 제 철에 밭을 갈지
않으니, 추수 때에 거두려고 하여
도 거둘 것이 없다.
5 사람의 생각은 깊은 물과 같지만,
슬기로운 사람은 그것을 길어 낸
다.
6 스스로를 성실하다고 말하는
사람은 많으나, 누가 참으로 믿을
만한 사람을 만날 수 있느냐?
7 의인은 흠 없이 살며, 그의 자손

19:17 '불쌍한 사람에게 은혜를 베풀라'는 가르침은 율법과 잠언에 각각 보인다.

19:27 잠언에서 '훈계'는 대체로 좋은 의미로 사용되었지만, 본절에서는 나쁜 의미를 지닌 훈계를 가리켜 언급되었다. 그러므로 '내 아들아, 훈계를 듣지 말아라. 그렇지 않으면 네가 지식의 말씀에서 멀어질 것이다'로 번역할 수도 있다.

㉠ 또는 '사람의 탐욕은 그의 부끄러움이다' ㉡ 1:4의 주를 볼 것 ㉢ 1:8의 주를 볼 것 ㉣ 1:22의 주를 볼 것

20장 요약 본장에는 경건 생활에 대한 교훈들이 나열되어 있다. 그 내용을 두 가지로 압축하면 다음과 같다. 첫째, 절제의 미덕이 강조되었다. 둘째, 하나님의 주권에 대한 순종이 강조되었다.

20:4 제 철에 이 단어는 '추운 때에'로도 번역된다. 팔레스타인에서는 가을철인 9월 말경부터 12월까지 비('가을 비'_신 11:14;욜 2:23)가 많이 오

이 복을 받는다.
8 재판석에 앉은 왕은 모든 악을 한
눈에 가려낸다.
9 누가 "나는 마음이 깨끗하다. 나
는 죄를 말끔히 씻었다" 하고 말
할 수 있겠느냐?
10 규격에 맞지 않은 저울추와 되
는 모두 주님께서 미워하시는 것
이다.
11 비록 아이라 하여도 자기 행위로
사람됨을 드러낸다. 그가 하는 행
실을 보면, 그가 깨끗한지 더러운
지, 올바른지 그른지, 알 수 있다.
12 듣는 귀와 보는 눈, 이 둘은 다 주
님께서 지으셨다.
13 가난하지 않으려면 잠을 좋아하
지 말고, 먹거리를 풍족히 얻으려
면 깨어 있어라.
14 물건을 고를 때는 "나쁘다, 나쁘
다" 하지만, 사 간 다음에는 잘 샀
다고 자랑한다.
15 세상에 금도 있고 진주도 많이 있
지만, 정말 귀한 보배는 지각 있게
말하는 입이다.
16 남의 보증을 선 사람은 자기의
옷을 잡혀야 하고, 모르는 사람의
보증을 선 사람은 자기의 몸을 잡
혀야 한다.
17 사람들은 속여서 얻은 빵이 맛있
다고 하지만, 훗날에 그 입에 모래
가 가득 찰 것이다.
18 계획은 사람들의 뜻을 모아서 세
우고, 전쟁은 전략을 세워 놓고
하여라.
19 험담하며 돌아다니는 사람은 남
의 비밀을 새게 하는 사람이니, 입
을 벌리고 다니는 사람과는 어울
리지 말아라.
20 부모를 저주하는 자식은 암흑 속
에 있을 때에 등불이 꺼진다.
21 처음부터 빨리 모은 재산은 행복
하게 끝을 맺지 못한다.
22 "악을 갚겠다" 하지 말아라. 주님
을 기다리면, 그분이 너를 구원하
신다.
23 규격에 맞지 않은 저울추는 주
님께서 미워하신다. 속이는 저울
은 나쁜 것이다.
24 사람의 발걸음은 주님으로 말미
암은 것이니 사람이 어찌 자기의
길을 알 수 있겠느냐!
25 경솔하게 "이것은 거룩하다" 하여
함부로 서원하여 놓고, 나중에 생
각이 달라지는 것은, 사람이 걸리
기 쉬운 올가미이다.
26 지혜로운 왕은 악인을 키질하며,
그들 위에 타작기의 바퀴를 굴린
다.
27 ㉠주님은 사람의 영혼을 환히 비
추시고, 사람의 마음 속 깊은 곳

기 때문에, 이 때에 밭을 갈고 씨를 뿌린다.

20:8 모든 악을 한눈에 가려낸다 선악간에 모든 것을 공정하게 재판하여 악의 근원을 제거한다는 뜻이다.

20:20 모세의 율법에는 십계명의 다섯 번째 계명(출 20:12)을 무시하고 부모를 저주하는 사람을 사형에 처하도록 규정되어 있다(출 21:17;레 20:9).

20:21 처음부터 빨리 모은 재산 부모에게 요청하여 자기 몫에 해당하는 유산을 미리 받거나(참조. 눅 15:11-20), 부모에게서 강제로 유산을 탈취하는 것(참조. 19:26)을 뜻한다. 이런 사람은 돈의 귀중함을 알지 못하기 때문에 그 유산을 아무렇게나 낭비해 버린다.

20:22 성경은 복수하는 것이 사람의 일이 아니라, 하나님의 고유한 일임을 강조하고 있다(신 32:35;시 94:1;롬 12:19).

㉠ 또는 '주님의 등불은 사람의 영혼을 살펴 보신다' 또는 '사람의 영혼은 주님의 등불이다'

까지 살펴보신다.
28 인자와 진리가 왕을 지켜 주고, 정
의가 그의 보좌를 튼튼하게 한다.
29 젊은이의 자랑은 힘이요, 노인의
영광은 백발이다.
30 상처가 나도록 때려야 악이 없어
진다. 매는 사람의 속 깊은 곳까지
들어간다.

주님께서 이끄신다

21 왕의 마음은 흐르는 물줄기 같
아서 주님의 손 안에 있다. 주
님께서 원하시는 대로 왕을 이끄
신다.
2 사람의 행위는 자기의 눈에는 모
두 옳게 보이나, 주님께서는 그 마
음을 꿰뚫어 보신다.
3 주님께서는 정의와 공평을 지키며
사는 것을 제사를 드리는 일보다
더 반기신다.
4 거만한 눈과 오만한 마음, 이러한
죄는 악인을 구별하는 표지이다.
5 부지런한 사람의 계획은 반드시
이득을 얻지만, 성급한 사람은 가
난해질 뿐이다.
6 ㉠속여서 모은 재산은, 너를 죽
음으로 몰아넣고, 안개처럼 사라
진다.
7 악인의 폭력은 자신을 멸망으로
이끄니, 그가 바르게 살기를 거부
하기 때문이다.
8 죄인의 길은 구부러졌지만, 깨끗
한 사람의 행실은 올바르다.
9 다투기를 좋아하는 여자와 넓은
집에서 함께 사는 것보다, 차라리
다락 한 구석에서 혼자 사는 것이
더 낫다.
10 악인은 마음에 악한 것만을 바라
니, 가까운 이웃에게도 은혜를 베
풀지 못한다.
11 오만한 사람이 벌을 받으면 ㉡어
수룩한 사람이 깨닫고, 지혜로운
사람이 책망을 받으면 지식을 더
얻는다.
12 ㉢의로우신 하나님은 악인의 집
을 주목하시고, 그를 재앙에 빠지
게 하신다.
13 가난한 사람의 부르짖음에 귀를
막으면, 자기가 부르짖을 때에 아
무도 대답하지 않는다.
14 은밀하게 주는 선물은 화를 가라
앉히고, 품 속에 넣어 주는 뇌물
은 격한 분노를 가라앉힌다.
15 정의가 실현될 때에, 의인은 기뻐
하고, 악인은 절망한다.
16 슬기로운 길에서 빗나가는 사람은
죽은 사람들과 함께 쉬게 될 것이
다.
17 향락을 좋아하는 사람은 가난하
게 되고, 술과 기름을 좋아하는
사람도 부자가 되지 못한다.

21장 요약 본장의 주제를 한 마디로 요약하면, 정의와 공평(3절) 혹은 정의와 신의(21절)이다. 1-3절은 공의를 행해야 할 것을, 4-12절은 악인이 결국에는 공의의 심판을 받아 소멸할 것을, 13절 이하는 의인과 악인의 대조적인 모습을 나타낸다.

21:1 농부가 도랑을 파서 물의 방향을 바꾸는 것처럼, 하나님은 왕의 마음을 그분의 뜻대로 인도하신다. 예로서, 바로(출 10:1-2)나 앗시리아 왕(사 10:5-7) 그리고 고레스(사 45:1-6), 아닥사스다(스 7:21;느 2:1-8) 등을 들 수 있다.

21:15 악인은 절망한다 정의가 실현되면 악인들은 처벌을 받기 때문에, 그들에게 두려움이 된다는 의미이다(참조. 7절).

㉠ 칠십인역과 불가타와 몇몇 히브리어 사본을 따름. 히. '재산을 속여서 모으는 것은 죽음을 자초하는 것과 같고 그 재산은 안개와 같다' ㉡ 1:4의 주를 볼 것 ㉢ 또는 '의로운 사람'

18 악인은 의로운 사람 대신에 치
르는 몸값이 되고, 사기꾼은 정직
한 사람 대신에 치르는 몸값이 된
다.
19 다투며 성내는 아내와 함께 사는
것보다, 광야에서 혼자 사는 것이
더 낫다.
20 지혜 있는 사람의 집에는 값진 보
물과 기름이 있지만, 미련한 사람
은 그것을 모두 탕진하여 버린다.
21 정의와 신의를 좇아서 살면, 생명
과 ㉠번영과 영예를 얻는다.
22 지혜로운 사람은 용사들이 지키
는 성에 올라가서, 그들이 든든히
믿는 요새도 무너뜨린다.
23 입과 혀를 지킬 수 있는 사람은,
역경 속에서도 자기의 목숨을 지
킬 수 있다.
24 교만하고 건방진 사람을 오만한
자라고 하는데, 그런 사람은 우쭐
대며 무례하게 행동한다.
25 게으른 사람의 욕심이 스스로
를 죽이기까지 하는 것은, 어떠한
일도 제 손으로 하기를 싫어하기
때문이다.
26 악인은 온종일 탐하기만 하지만,
의인은 아끼지 않고 나누어 준다.
27 악인의 제물이 역겨운 것이라
면, 악한 의도로 바치는 것이야 더
욱 그렇지 않겠는가?
28 위증을 하는 사람의 증언은 사라
지지만, 사실대로 말하는 사람의
증언은 채택된다.
29 악한 사람은 얼굴이 뻔뻔스러우
나, 정직한 사람은 자기의 행실을
잘 살핀다.
30 그 어떠한 지혜도, 명철도, 계략
도, 주님을 대항하지 못한다.
31 전쟁을 대비하여 군마를 준비해
도, 승리는 오직 주님께 달려 있
다.

훈계의 가치…서른 가지 교훈

22 많은 재산보다는 명예를 택하
는 것이 낫고, 은이나 금보다는
은총을 택하는 것이 낫다.
2 부유한 사람과 가난한 사람이 다
함께 얽혀서 살지만, 이들 모두를
지으신 분은 주님이시다.
3 슬기로운 사람은 재앙을 보면 숨
고 피하지만, ㉡어수룩한 사람은
고집을 부리고 나아가다가 화를
입는다.
4 겸손한 사람과 주님을 경외하는
사람이 받을 보상은 재산과 영예
와 장수이다.
5 마음이 비뚤어진 사람의 길에는
가시와 올무가 있으나, 자기 영혼
을 지키는 사람은 그런 길을 멀리
한다.
6 마땅히 걸어야 할 그 길을 아이에

21:17 돈을 낭비하게 되는 원인이다. 술은 방탕한 생활을, 기름은 사치스러운 생활을 상징한다.

21:20 모두 탕진하여 버린다 미래를 위해 저축하지 아니하고, 닥치는 대로 다 소비해 버린다는 뜻이다.

21:29 얼굴이 뻔뻔스러우나 위선적이어서 부끄러움을 모르는 태도를 말한다. 때로는 하나님을 배척하는 교만한 태도를 뜻하기도 한다.

㉠ 또는 '의' ㉡ 1:4의 주를 볼 것

22장 요약 저자는 1–16절에서 올바른 삶의 선택을 유도하고 있다. 17–21절은 지혜의 말씀에 귀를 기울일 것을 당부하는 내용이다. 22–29절에서는 맡은 바 소임을 충실히 감당해야 할 것을 주지시키면서 각별히 금해야 할 네 가지 일들을 언급한다.

22:1 은총 신약에서는 죄를 용서해 주시는 하나님의 사랑이란 의미로 사용되었다. 잠언에서는 사

게 가르쳐라. 그러면 늙어서도 그
길을 떠나지 않는다.
7 가난하면 부자의 지배를 받고, 빚
지면 빚쟁이의 종이 된다.
8 악을 뿌리는 사람은 재앙을 거두
고, 분노하여 휘두르던 막대기는
기세가 꺾인다.
9 남을 잘 보살펴 주는 사람이 복
을 받는 것은, 그가 자기의 먹거리
를 가난한 사람에게 나누어 주기
때문이다.
10 거만한 사람을 쫓아내면 다툼이
없어지고, 싸움과 욕설이 그친다.
11 깨끗한 마음을 간절히 바라며 덕
을 끼치는 말을 하는 사람은, 왕
의 친구가 된다.
12 주님의 눈은 지식 있는 사람을
지켜 보시지만, 신의가 없는 사람
의 말은 뒤엎으신다.
13 게으른 사람은 핑계 대기를 "바깥
에 사자가 있다. 거리에 나가면 찢
겨 죽는다" 한다.
14 음행하는 여자의 입은 깊은 함정
이니, 주님의 저주를 받는 사람이
거기에 빠진다.
15 아이의 마음에는 미련한 것이 얽
혀 있으나, 훈계의 매가 그것을 멀
리 쫓아낸다.
16 이익을 탐해서, 가난한 사람을 학
대하는 사람과, 부자에게 자꾸 가
져다 주는 사람은, 가난해질 뿐이
다.
17 귀를 기울여서 지혜 있는 사람
의 말을 듣고, 나의 가르침을 너의
마음에 새겨라.
18 그것을 깊이 간직하며, 그것을 모
두 너의 입술로 말하면, 너에게 즐
거움이 된다.
19 이는 네가 주님을 의뢰하며 살도
록 하려고 오늘 내가 너에게 특별
히 알려 주는 것이다.
20 내가 너에게, 건전한 충고가 담긴
서른 가지 교훈을 써 주지 않았느
냐?
21 이는 네가 진리의 말씀을 깨달아
서, 너에게 묻는 사람에게 바른
대답을 할 수 있게 하려 함이다.

-1-

22 가난하다고 하여 그 가난한 사
람에게서 함부로 빼앗지 말고, 고
생하는 사람을 법정에서 압제하
지 말아라.
23 주님께서 그들의 송사를 맡아 주
시고, 그들을 노략하는 사람의 목
숨을 빼앗으시기 때문이다.

-2-

24 성급한 사람과 사귀지 말고, 성
을 잘 내는 사람과 함께 다니지
말아라.
25 네가 그 행위를 본받아서 그 올무

람을 얻는 방법과 태도라는 의미로 쓰였다.
22:6 마땅히 걸어야 할 그 길 이 말은 아이가 가진 개성이나 소질을 가리킨다고도 볼 수 있다. 그러나 *본서에서는* 지혜롭고 경건한 삶의 길, 지혜의 길을 의미하는 것으로 보는 것이 더 낫다.
22:17–24:22 '지혜로운 사람들의 잠언' 서른 가지를 모아 놓은 부분이다. 그리고 내용상으로는 '~하지 말라'는 형식의 경고, 또는 명령이 많으며, 동시에 그 이유를 설명하고 있다.
22:22–23 첫 번째 잠언 가난한 사람을 억압하지 말라.
22:24–25 두 번째 잠언 성급한 사람과 사귈 경우에 나쁜 영향을 받게 됨을 잊지 말라.
22:26–27 세 번째 잠언 빚보증을 서지 말라.
22:28 네 번째 잠언 선조들이 세워 놓은 옛 경계표를 옮기지 말라. 경계표를 옮기는 것은 땅을 도둑질하는 것으로 십계명의 여덟 번째 계명('도둑질하지 못한다'_출 20:15)을 어기는 행위이다.

에 걸려 들까 염려된다.

-3-

26 이웃의 손을 잡고 서약하거나,
남의 빚에 보증을 서지 말아라.
27 너에게 갚을 것이 아무것도 없다
면, 네가 누운 침대까지도 빼앗기
지 않겠느냐?

-4-

28 너의 선조들이 세워 놓은 그 옛
경계표를 옮기지 말아라.

-5-

29 자기 일에 능숙한 사람을 네가
보았을 것이다. 그런 사람은 왕을
섬길 것이요, 대수롭지 않은 사람
을 섬기지는 않을 것이다.

-6-

23 네가 높은 사람과 함께 앉아
음식을 먹게 되거든, 너의 앞
에 누가 앉았는지를 잘 살펴라.
2 식욕이 마구 동하거든, 목에 칼을
대고서라도 억제하여라.
3 그가 차린 맛난 음식에 욕심을 내
지 말아라. 그것은 너를 꾀려는
음식이다.

-7-

4 부자가 되려고 애쓰지 말고, 그
런 생각을 끊어 버릴 슬기를 가져
라.
5 한순간에 없어질 재물을 주목하
지 말아라. 재물은 날개를 달고, 독
수리처럼 하늘로 날아가 버린다.

-8-

6 너는 인색한 사람의 상에서 먹
지 말고, 그가 즐기는 맛난 음식
을 탐내지 말아라.
7 무릇 그 마음의 생각이 어떠하면
그의 사람됨도 그러하니, 그가 말
로는 '먹고 마셔라' 하여도, 그 속
마음은 너를 떠나 있다.
8 네가 조금 먹은 것조차 토하겠고,
너의 아첨도 헛된 데로 돌아갈 것
이다.

-9-

9 미련한 사람의 귀에는 아무 말
도 하지 말아라. 그가 너의 슬기로
운 말을 업신여길 것이기 때문이
다.

-10-

10 옛날에 세워 놓은 밭 경계표를
옮기지 말며, 고아들의 밭을 침범
하지 말아라.
11 그들의 구원자는 강한 분이시니,
그분이 그들의 송사를 맡으셔서
너를 벌하실 것이다.

-11-

12 훈계를 너의 마음에 간직하고,
지식이 담긴 말씀에 너의 귀를 기
울여라.

-12-

13 아이 꾸짖는 것을 삼가지 말아

23장 요약 본장은 탐욕과 육신적인 쾌락을 멀리하는 절제된 삶에 관한 교훈이다. 대표적인 절제 대상은 바로 술과 음식이며, 이 외에 재물을 탐하는 일, 옛 경계표를 옮기는 일, 음란한 여자의 유혹에 빠지는 일 등도 절제의 대상으로 언급된다.

23:1-3 높은 사람에게 초대되었을 때 그 의도에 주의하라는 잠언이다.

23:2 목에 칼을 대고서라도 억제하여라 자제를 의미하는 동양적인 표현이다.

23:7 그 마음의 생각이 인색한 사람은 속으로 음식의 비용을 계산하며, 손님이 많이 먹고 마시는 것을 아깝게 생각한다.

23:10-11 열 번째 잠언 토지 소유권, 특히 과부의 자녀와 고아의 소유권을 침해하지 말라는 내용이다(참조. 22:22-23,28;출 22:22-24;신 10:18).

라. 매질을 한다고 하여서 죽지는
않는다.
14 그에게 매질을 하는 것이, 오히려
그의 목숨을 스올에서 구하는 일
이다.

-13-

15 내 아이들아, 너의 마음이 지혜
로우면, 나의 마음도 또한 즐겁다.
16 네가 입을 열어 옳은말을 할 때
면, 나의 속이 다 후련하다.

-14-

17 죄인들을 보고 마음 속으로 부
러워하지 말고, 늘 주님을 경외하
여라.
18 그러면, 너의 미래가 밝아지고, 너
의 소망도 끊어지지 않는다.

-15-

19 내 아이들아, 너는 잘 듣고 지혜
를 얻어서, 너의 마음을 바르게 이
끌어라.
20 너는 술을 많이 마시는 사람이나
고기를 탐하는 사람과는 어울리
지 말아라.
21 늘 술에 취해 있으면서 먹기만을
탐하는 사람은 재산을 탕진하게
되고, 늘 잠에 빠져 있는 사람은
누더기를 걸치게 된다.

-16-

22 너를 낳아 준 아버지에게 순종
하고 늙은 어머니를 업신여기지
말아라.
23 진리를 사들이되 팔지는 말아라.
지혜와 훈계와 명철도 그렇게 하
여라.
24 의인의 아버지는 크게 기뻐할 것
이며, 지혜로운 자식을 둔 아버지
는 크게 즐거워할 것이다.
25 너의 어버이를 즐겁게 하여라. 특
히 너를 낳은 어머니를 기쁘게 하
여라.

-17-

26 내 아이들아! 나를 눈여겨 보
고, 내가 걸어온 길을 기꺼이 따라
라.
27 음란한 여자는 깊은 구렁이요, 부
정한 여자는 좁은 함정이다.
28 강도처럼 남자를 노리고 있다가,
숱한 남자를 변절자로 만든다.

-18-

29 재난을 당할 사람이 누구며, 근
심하게 될 사람이 누구냐? 다투
게 될 사람이 누구며, 탄식할 사
람이 누구냐? 까닭도 모를 상처
를 입을 사람이 누구며, 눈이 충
혈될 사람이 누구냐?
30 늦게까지 술자리에 남아 있는 사
람들, 혼합주만 찾아 다니는 사람
들이 아니냐!
31 잔에 따른 포도주가 아무리 붉고
고와도, 마실 때에 순하게 넘어가

23:15-21 지혜롭고 정직하게 행하며(15-16절), 항상 하나님을 경외하고(17-18절), 술 취함과 대식(大食)을 피하라는(19-21절) 잠언들이다.

23:17-18 죄인의 형통함을 부러워하지 말고 항상 하나님을 경외하라는 권면이다. 하나님을 경외함으로 얻게 될 궁극적인 희망을 나타낸다.

23:21 술에 취하고 음식을 많이 먹게 되면 자연히 잠이 온다. 그 결과 일을 하지 못하여 가난하게 된다.

23:22-25 부모님의 말씀에 순종하고(22-23절), 그들을 기쁘게 하라는(24-25절) 잠언이다.

23:26-35 삶의 올무가 되는 음행(26-28절)과 여러 가지 해를 자초하는 술 취함(29-35절)을 피하라는 잠언이다.

23:32 술을 마심으로 뱃속이 쓰라린 것을 말하며 동시에 궁극적인 죽음(참조. 민 21:6)을 뜻한다.

23:34 술에 취해 몸의 균형을 잡지 못하는 모습을, 흔들리는 배에 타고 있는 것으로 비유하였다.

더라도, 너는 그것을 쳐다보지도
말아라.
32 그것이 마침내 뱀처럼 너를 물고,
독사처럼 너를 쏠 것이며,
33 눈에는 괴이한 것만 보일 것이며,
입에서는 허튼 소리만 나올 것이
다.
34 바다 한가운데 누운 것 같고, 돛
대 꼭대기에 누운 것 같을 것이다.
35 "사람들이 나를 때렸는데도 아프
지 않고, 나를 쳤는데도 아무렇지
않다. 이 술이 언제 깨지? 술이 깨
면, 또 한 잔 해야지" 하고 말할
것이다.

-19-

24 너는 악한 사람을 부러워하지
말며, 그들과 어울리고 싶어하
지도 말아라.
2 그들의 마음은 폭력을 꾀하고, 그
들의 입술은 남을 해칠 말만 하기
때문이다.

-20-

3 집은 지혜로 지어지고, 명철로
튼튼해진다.
4 지식이 있어야, 방마다 온갖 귀하
고 아름다운 보화가 가득 찬다.

-21-

5 지혜가 있는 사람은 힘이 센 사
람보다 더 강하고, 지식이 있는 사
람은 기운이 센 사람보다 더 강
하다.
6 전략을 세운 다음에야 전쟁을 할
수 있고, 참모가 많아야 승리할
수 있다.

-22-

7 지혜는 너무 높이 있어서, 어리
석은 사람이 거기에 미치지 못하
니, 어리석은 사람은 사람이 모인
데서 입을 열지 못한다.

-23-

8 늘 악한 일만 꾀하는 사람은,
이간질꾼이라고 불린다.
9 어리석은 사람은 죄짓는 것만 계
획한다. 오만한 사람은 누구에게
나 미움을 받는다.

-24-

10 재난을 당할 때에 낙심하는 것
은, 너의 힘이 약하다는 것을 드러
내는 것이다.

-25-

11 너는 죽을 자리로 끌려가는 사
람을 건져 주고, 살해될 사람을
돕는 데 인색하지 말아라.
12 너는 그것이 '내가 알 바 아니라'
고 생각하며 살겠지만, 마음을 헤
아리시는 주님께서 어찌 너의 마
음을 모르시겠느냐? 너의 목숨을
지키시는 주님께서 다 알고 계시
지 않겠느냐? 그분은 각 사람의
행실대로 갚으실 것이다.

24장 요약 여기서는 지혜의 유익을 중점적으로 부각시키고 있다. 저자는 영혼을 살찌우는 지혜를 송이꿀에 비유한다(13절). 반면에 지혜가 없는 자는 죄악만을 생각하고 재판을 굽게 하며 게으르기 짝이 없다.

24:1-2 악한 사람을 좇아다니지 말라는 잠언이다. 그들의 마음은 폭력을 꾀하고 남을 해치려는 생각을 말한다.

24:3-4 지혜는 집을 건축한다. 집이란 지혜로운 삶의 결과이다. 집이 건축된다는 말은 가정이 유지되고 번영한다는 의미이다. 지혜는 도덕적이고 영적인 측면에서 가정을 굳게 세운다.

24:5-6 참모의 조언에 주의하라는 잠언이다.

24:7 지혜는 너무 높이 있어서 지혜는 어리석은 사람이 깨닫지 못할 정도로 아름답고 귀중하다.

24:12 마음을 헤아리시는 주님 하나님께서 사람의 내적 동기와 생각을 분명하게 파악하신다.

-26-

13 내 아이들아, 꿀을 먹어라. 그것
은 좋은 것이다. 송이꿀을 먹어라.
그것은 너의 입에 달콤할 것이다.
14 지혜도 너의 영혼에게는 그와 같
다는 것을 알아라. 그것을 얻으면
너의 장래가 밝아지고, 너의 소망
이 끊어지지 않는다.

-27-

15 악한 사람아, 의인의 집을 노리
지 말고, 그가 쉬는 곳을 헐지 말
아라.
16 의인은 일곱 번을 넘어지더라도
다시 일어나지만, 악인은 재앙을
만나면 망한다.

-28-

17 원수가 넘어질 때에 즐거워하지
말고, 그가 걸려서 쓰러질 때에 마
음에 기뻐하지 말아라.
18 주님께서 이것을 보시고 좋지 않
게 여기셔서, 그 노여움을 너의 원
수로부터 너에게로 돌이키실까 두
렵다.

-29-

19 행악자 때문에 분개하지도 말
고, 악인을 시기하지도 말아라.
20 행악자에게는 장래가 없고, 악인
의 등불은 꺼지고 만다.

-30-

21 내 아이들아, 주님과 왕을 경외
하고, 변절자들과 사귀지 말아라.
22 그들이 받을 재앙은 갑자기 일어
나는 것이니, 주님이나 왕이 일으
킬 재난을 누가 알겠느냐?

추가 교훈

23 몇 가지 교훈이 더 있다.
재판할 때에 얼굴을 보아 재판
하는 것은 옳지 않다.
24 악인에게 '네가 옳다' 하는 자는
백성에게서 저주를 받고, 뭇 민족
에게서 비난을 받을 것이다.
25 그러나 악인을 꾸짖는 사람은 기
쁨을 얻을 것이며, 좋은 복도 받
을 것이다.
26 바른말을 해주는 것이, 참된 우
정이다.
27 네 바깥 일을 다 해놓고 네 밭 일
을 다 살핀 다음에, 네 가정을 세
워라.
28 너는 이유도 없이 네 이웃을 치는
증언을 하지 말고, 네 입술로 속이
는 일도 하지 말아라.
29 너는 "그가 나에게 한 그대로 나
도 그에게 하여, 그가 나에게 한
만큼 갚아 주겠다" 하고 말하지
말아라.
30 게으른 사람의 밭과 지각이 없
는 사람의 포도원을 내가 지나가
면서 보았더니,
31 거기에는 가시덤불이 널려 있고,

24:19–20 스물아홉 번째 잠언이다. 인류의 역사를 살펴보면, 분명히 악인이 권력을 장악해 세도를 부리고 많은 재산을 모아 부귀영화를 누렸을 *뿐 아니라*, 심지어 사람들에게 높임을 받기까지 했던 사실을 적지 않게 찾아볼 수 있다. 그러나 하나님은 분명히 악인들은 머지않아 심판을 받게 될 것이라고 경고하신다. 즉 세상 사람들이 어떻게 평가하든 그들은 결국 파멸하고 말 것이라는 것이다.

24:27 본절은 생활 기반을 마련하고 난 후에 결혼할 것을 권고하는 잠언이다. 네 바깥일, 네 밭 일 밭을 갈고 씨를 뿌리는 일을 우선적으로 마무리하라는 뜻이다. 네 가정을 세워라 결혼하여 가정을 이루라는 표현이다.

24:29 본절은 보복의 개념을 도덕적인 차원 그 이상으로 끌어올린다. 보복을 금하는 산상수훈의 가르침은(마 5:38–48) 구약에서 이미 나타난 원칙을 근거로 한 것이다.

엉겅퀴가 지면을 덮었으며, 돌담
이 무너져 있었다.
32 나는 이것을 보고 마음 깊이 생각
하고, 교훈을 얻었다.
33 "조금만 더 자야지, 조금만 더 눈
을 붙여야지, 조금만 더 팔을 베
고 누워 있어야지" 하면,
34 가난이 강도처럼 들이닥치고, 빈
곤이 ㉠방패로 무장한 용사처럼
달려들 것이다.

솔로몬의 잠언 추가

25 이것도 솔로몬의 잠언으로, 유
다 왕 히스기야의 신하들이
편집한 것이다.
2 일을 숨기는 것은 하나님의 영
광이요, 일을 밝히 드러내는 것은
왕의 영광이다.
3 하늘이 높고 땅이 깊은 것처럼, 왕
의 마음도 헤아리기 어렵다.
4 은에서 찌꺼기를 없애라. 그래
야 은장색의 손에서 그릇이 되어
나온다.
5 왕 앞에서는 악한 사람을 없애라.
그래야 왕위가 공의 위에 굳게 선
다.
6 왕 앞에서 스스로 높은 체하지
말며, 높은 사람의 자리에 끼여들
지 말아라.
7 너의 눈 앞에 있는 높은 관리들
앞에서 '저리로 내려가라'는 말을
듣는 것보다, '이리로 올라오라'는
말을 듣는 것이 더 낫기 때문이
다.
8 너는 급하게 소송하지 말아라.
훗날에 너의 이웃이 너를 이겨 부
끄럽게 만들 때에, 네가 어떻게 할
지가 염려된다.
9 이웃과 다툴 일이 있으면 그와 직
접 변론만 하고, 그의 비밀을 퍼뜨
리지 말아라.
10 그 말을 듣는 사람이 오히려 너를
비난하면, 그 나쁜 소문이 너에게
서 떠나지 않고 따라다닐까 두렵
다.
11 경우에 알맞은 말은, 은쟁반에
담긴 금사과이다.
12 지혜로운 사람의 책망은, 들을 줄
아는 사람의 귀에는, 금귀고리요,
순금 목걸이이다.
13 믿음직한 심부름꾼은 그를 보낸
주인에게는 무더운 추수 때의 시
원한 냉수와 같아서, 그 주인의
마음을 시원하게 해준다.
14 선물을 한다고 거짓말로 자랑을
퍼뜨리는 사람은 비를 내리지 못
하는 구름과 바람 같다.
15 분노를 오래 참으면 지배자도 설
득되고, 부드러운 혀는 뼈도 녹일
수 있다.
16 꿀을 발견하더라도 적당히 먹어

25장 요약 본장에서 29장까지는 솔로몬의 잠언들을 히스기야 시대의 서기관들이 내용별로 분류하여 편집한 것이다. 2-7절은 왕 앞에서 신하로서 취해야 할 자세에 관한 내용이고, 8-28절은 이웃과의 대인 관계에서 유의해야 할 사항들에 관한 내용이다.

25:2-7 왕의 자질과 행동에 관한 잠언이다. 왕은 올바른 결정을 위해 일들을 자세히 살펴야 한다.

25:8-28 경우에 알맞은 말은 은쟁반에 올려놓은 금사과처럼 귀중하고, 듣는 사람에게 기쁨을 준다. 지혜로운 사람처럼 신중하고 부드럽게 말하는 것이 중요하다.

25:14 비를 내리지 못하는 구름과 바람 같다 구름과 바람은 농부들에게 비가 곧 온다는 징후이지만, 구름과 바람은 있되 비가 오지 않으면 그들은 실망하게 된다. 신약에서 이 표현은 거짓 교훈을

㉠ 또는 '거지처럼'

라. 과식하면 토할지도 모른다.
17 이웃집이라 하여 너무 자주 드나
들지 말아라. 그가 싫증이 나서
너를 미워하게 될지도 모른다.
18 거짓말로 이웃에게 불리한 증언
을 하는 사람은, 망치요, 칼이요,
뾰족한 화살이다.
19 환난을 당할 때에, 진실하지 못한
사람을 믿는 것은, 마치 썩은 이와
뼈가 부러진 다리를 의지하는 것
과 같다.
20 마음이 상한 사람 앞에서 즐거운
노래를 부르는 것은, 추운 날에
옷을 벗기는 것과 같고, 상처에 초
를 붓는 것과 같다.
21 네 원수가 배고파 하거든 먹을
것을 주고, 목말라 하거든 마실
물을 주어라.
22 이렇게 하는 것은, 그의 낯을 뜨겁
게 하는 것이며, 주님께서 너에게
상으로 갚아 주실 것이다.
23 북풍이 비를 일으키듯, 헐뜯는
혀는 얼굴에 분노를 일으킨다.
24 다투기를 좋아하는 여자와 넓은
집에서 함께 사는 것보다, 차라리
다락 한 구석에서 혼자 사는 것이
더 낫다.
25 먼 데서 오는 기쁜 소식은 목이
타는 사람에게 주어지는 냉수와
같다.
26 의인이 악인 앞에 무릎을 꿇는 것
은, 흐려진 샘물과 같고, 오염된 우
물물과 같다.
27 꿀도 너무 많이 먹는 것은 좋지
않듯이, 영예를 지나치게 구하는
것은 좋지 않다.
28 자기의 기분을 자제하지 못하는
사람은, 성이 무너져 성벽이 없는
것과 같다.

미련한 사람이 되지 말아라

26 미련한 사람에게는 영예가 어
울리지 않는다. 이는 마치 여
름에 눈이 내리는 것과 같고, 추
수 때에 비가 오는 것과 같다.
2 까닭없는 저주는 아무에게도 미
치지 않으니, 이는 마치 참새가 떠
도는 것과 같고, 제비가 날아가는
것과 같다.
3 말에게는 채찍, 나귀에게는 재갈,
㉠미련한 사람의 등에는 매가 필
요하다.
4 미련한 사람이 어리석은 말을 할
때에는 대답하지 말아라. 너도 그
와 같은 사람이 될까 두렵다.
5 미련한 사람이 어리석은 말을 할
때에는 같은 말로 대응하여 주어
라. 그가 지혜로운 체할까 두렵다.
6 미련한 사람을 시켜서 소식을
보내는 것은, 제 발목을 자르거나
폭력을 불러들이는 것과 같다.

가르치는 거짓 교사들을 묘사하기 위해 사용하였다(참조. 벧후 2:17;유 1:12).

25:19 본절은 진실하지 못한 사람을 믿으면 낭패를 당한다는 뜻이다(참조. 욥 6:14-15;사 36:6).

25:26 흐려진 샘물, 오염된 우물물 건조한 지역에서 깨끗한 샘이나 우물은 귀중하다. 그러나 샘의 물이 더러워지면 다시 깨끗해지기가 어렵다. 의인이 악인 앞에 굴복하는 것을 비유한 말이다.

㉠ 1:22의 주를 볼 것

26장 요약 본장은 미련한 사람과 게으른 사람, 그리고 헐뜯기를 잘하는 사람 등을 경계하는 내용이다. 가장 미련한 일은 자기 스스로가 지혜롭다고 여기는 것이다. 15절은 여러 가지 극단적인 예를 통해 게으름을 경계한다.

26:1-12 4절의 어리석은 말은 무시해도 될 어리석은 자의 논평을 말하고, 5절의 어리석은 말은 바로잡을 필요가 있는 잘못된 생각을 말한다. 4절과

7 미련한 사람이 입에 담는 잠언은,
저는 사람의 다리처럼 힘이 없다.
8 미련한 사람에게 영예를 돌리는
것은, 무릿매에 돌을 올려놓는 것
과 같다.
9 미련한 사람이 입에 담는 잠언은,
술 취한 사람이 손에 쥐고 있는
가시나무와 같다.
10 미련한 사람이나 지나가는 사
람을 고용하는 것은, 궁수가 닥치
는 대로 사람을 쏘아대는 것과 같
다.
11 개가 그 토한 것을 도로 먹듯이,
미련한 사람은 어리석은 일을 되
풀이한다.
12 너는 스스로 지혜롭다 하는 사람
을 보았을 것이나, 그런 사람보다
는 오히려 미련한 사람에게 더 희
망이 있다.
13 게으른 사람은 핑계 대기를 "길
에 사자가 있다. 거리에 사자가 있
다" 한다.
14 문짝이 돌쩌귀에 붙어서 돌아가
듯이, 게으른 사람은 침대에만 붙
어서 뒹군다.
15 게으른 사람은 밥그릇에 손을 대
고서도, 입에 떠 넣기조차 귀찮아
한다.
16 게으른 사람은 재치 있게 대답하
는 사람 일곱보다 자기가 더 지혜
롭다고 생각한다.
17 자기와 관계없는 싸움에 끼어드
는 것은, 사람이 개의 귀를 붙잡
는 것과 같다.
18 횃불을 던지고 화살을 쏘아서 사
람을 죽이는 미친 사람이 있다.
19 이웃을 속이고서도 "농담도 못하
냐?" 하고 말하는 사람도 그러하
다.
20 땔감이 다 떨어지면 불이 꺼지
듯이, 남의 말을 잘하는 사람이
없어지면 다툼도 그친다.
21 숯불 위에 숯을 더하는 것과, 타
는 불에 나무를 더하는 것과 같
이, 다투기를 좋아하는 사람은 불
난 데 부채질을 한다.
22 헐뜯기를 잘하는 사람의 말은 맛
있는 음식과 같아서, 뱃속 깊은 데
로 내려간다.
23 악한 마음을 품고서 말만 ㉠매
끄럽게 하는 입술은, ㉡질그릇에다
가 은을 살짝 입힌 것과 같다.
24 남을 미워하는 사람은 입술로는
그렇지 않은 체하면서, 속으로는
흉계를 꾸민다.
25 비록 다정한 말을 한다 하여도 그
를 믿지 말아라. 그의 마음 속에
는 역겨운 것이 일곱 가지나 들어
있다.
26 미운 생각을 교활하게 감추고 있

5절에 나온 어리석은 말을 분별하여 적절히 적용하기 위해서는 지혜가 필요하다.

26:6 제 발목을 자르거나 미련한 사람을 사절로 보낸다는 것은 어리석은 짓이다. 미련한 사람은 지혜로운 말을 하지 못하여, 그를 보낸 사람에게 해가 돌아오게 만든다는 비유적 표현이다.

26:17-28 말을 함부로 하는 사람의 묘사이다. 다툼(17,20-21절)·속임(18-19,24-26절)·헐뜯기(22절)·거짓말(23,28절)에 관한 잠언이다.

26:23 질그릇에다가 은을 살짝 입힌 것 순은을 추출하고 남은 찌꺼기로 토기 그릇을 도금하면 전체가 은으로 만들어진 것처럼 보인다. 그러므로 겉과 속이 다름을 뜻하는 비유적인 표현이다.

26:25 본절에서 '일곱'은 많음을 뜻한다. 즉, 마음에 추악하고 역겨운 생각이 가득하다는 뜻이다.

㉠ 칠십인역을 따름. 히, '열변을 토하는' ㉡ 마소라 본문에는 '질그릇 위의 은찌꺼기와 같다'. 붙어 있는 히브리 자음 본문을 어떻게 끊어 읽느냐에 따라 뜻이 달라지는 예

다 하여도, 그 악의는 회중 앞에
서 드러나기 마련이다.
27 함정을 파는 사람은 자기가 그
속에 빠지고, 돌을 굴리는 사람은
자기가 그 밑에 깔린다.
28 거짓말을 하는 혀는 흠 없는 사람
의 원수이며, 아첨하는 사람은 자
기의 신세를 망친다.

내일 일을 자랑하지 말아라

27 내일 일을 자랑하지 말아라. 하
루 사이에 무슨 일이 생길지
알 수 없다.
2 네가 너를 칭찬하지 말고, 남이 너
를 칭찬하게 하여라. 칭찬은 남이
하여 주는 것이지, 자기의 입으로
하는 것이 아니다.
3 돌도 무겁고 모래도 짐이 되지만,
어리석은 사람이 성가시게 구는
것은, 이 두 가지보다 더 무겁다.
4 분노는 잔인하고 진노는 범람하
는 물과 같다고 하지만, 사람의 질
투를 누가 당하여 낼 수 있으랴?
5 드러내 놓고 꾸짖는 것이, 숨은
사랑보다 낫다.
6 친구의 책망은 아파도 진심에서
나오지만, 원수의 입맞춤은 거짓
에서 나온다.
7 배부른 사람은 꿀도 지겨워하지
만, 배고픈 사람은 쓴 것도 달게
먹는다.
8 고향을 잃고 떠도는 사람은, 둥
지를 잃고 떠도는 새와 같다.
9 향유와 향료가 마음을 즐겁게 하
듯이, 친구의 다정한 충고가 그와
같다.
10 너의 친구나 너의 아버지의 친구
를 저버리지 말아라. 네가 어렵다
고 친척의 집을 찾아 다니지 말아
라. 가까운 이웃이 먼 친척보다
낫다.
11 내 아이들아, 지혜를 깨우치고,
나의 마음을 기쁘게 하여라. 그러
면 나를 비방하는 사람에게, 내가
대답할 수 있겠다.
12 슬기로운 사람은 재앙을 보면 숨
어 피하지만, ㉠어수룩한 사람은
고집을 부리고 나아가다가 화를
입는다.
13 남의 보증을 선 사람은 자기의 옷
을 잡혀야 하고, 모르는 사람의
보증을 선 사람은 자기의 몸을 잡
혀야 한다.
14 이른 아침에 큰소리로 이웃에게
축복의 인사를 하면, 그것을 오히
려 저주로 여길 것이다.
15 다투기를 좋아하는 여자는, 비 오
는 날 지붕에서 끊임없이 비가 새
는 것과 같다.
16 그런 여자를 다스리려는 것은, 바
람을 다스리려는 것과 같고, 손으

27장 요약 전반적으로 보면 본장은 책망의 필요성과 유익에 관한 교훈이라 할 수 있다. 세상에 그 *마음의 생각이나 행실이 완전무결한* 사람은 있을 수 없다. 이때 필요한 것이 바로 충고요, 책망이다. 그리고 충고를 하기에 가장 적합한 자는 바로 그의 친구이다.

27:1 내일 일을 자랑하지 말아라 '자랑하다'에 해당하는 히브리어가 2절과 21절에서는 '칭찬하다'로 번역되었다.

27:8 고향을 잃고 떠도는 사람 길손과 나그네(히 11:13–14)이거나 망명자(삼상 26:19)를 말하는 것이 아니다. 자기 뜻에 따라 집을 떠난 탕자와 같은 사람(눅 15:11–32)이나 직업을 자주 바꾸는 사람을 가리킨다. 이들은 곤경에 빠지기 쉽다.

27:11 25–29장에서 '내 아이들아'라는 호칭이 있는 구절은 이 구절뿐이다. 어떤 사람이 무능한 아

㉠ 1:4의 주를 볼 것

로 기름을 가득 움켜 잡으려는 것
과 같다.
17 쇠붙이는 쇠붙이로 쳐야 날이
날카롭게 서듯이, 사람도 친구와
부대껴야 지혜가 예리해진다.
18 무화과나무를 가꾸는 사람이 그
열매를 먹듯이, 윗사람의 시중을
드는 사람이 그 영화를 얻는다.
19 사람의 얼굴이 물에 비치듯이, 사
람의 마음도 사람을 드러내 보인
다.
20 스올과 멸망의 구덩이가 만족을
모르듯, 사람의 눈도 만족을 모른
다.
21 도가니는 은을, 화덕은 금을 단련
하듯이, 칭찬은 사람됨을 달아 볼
수 있다.
22 어리석은 사람은 곡식과 함께 절
구에 넣어서 공이로 찧어도, 그 어
리석음이 벗겨지지 않는다.
23 너의 양 떼의 형편을 잘 알아 두
며, 너의 가축 떼에게 정성을 기울
여라.
24 재물은 영원히 남아 있지 않으며,
왕관도 대대로 물려줄 수 없기 때
문이다.
25 그러나 풀은 벤 뒤에도 새 풀이
돋아나니, 산에서 꼴을 거둘 수
있다.
26 어린 양의 털로는 너의 옷을 지어
입을 수 있고, 숫양으로는 밭을
사들일 수 있으며,
27 염소의 젖은 넉넉하여, 너와 너의
집 식구의 먹을 것뿐만 아니라, 너
의 여종의 먹을 것까지 있을 것이
다.

율법이 주는 유익

28 악인은 뒤쫓는 사람이 없어도
달아나지만, 의인은 사자처럼
담대하다.
2 나라에 반역이 일면, 통치자가 자
주 바뀌지만, 슬기와 지식이 있는
사람이 다스리면, 그 나라가 오래
간다.
3 가난한 사람을 억압하는 가난한
사람은 먹거리를 남김없이 쓸어
버리는 폭우와 같다.
4 율법을 버린 사람은 악인을 찬
양하지만, 율법을 지키는 사람은
악인에게 대항한다.
5 악한 사람은 공의를 깨닫지 못하
나, 주님을 찾는 사람은 모든 것을
깨닫는다.
6 부유하나 구부러진 길을 가는 사
람보다는 가난해도 흠 없이 사는
사람이 낫다.
7 슬기로운 아들은 율법을 지키지
만, 먹기를 탐하는 사람들과 어울
리는 아들은 아버지에게 욕을 돌
린다.

버지라고 비난받을 경우, 그에게 지혜로운 아들이 있다면 그 아들은 아버지가 (비록 무능해 보일지라도) 결코 무능하지 않다는 증거가 된다. 왜냐하면 양육을 제대로 받지 않으면 지혜로운 아들이 될 수 없기 때문이다.

27:21 사람의 인격은 칭찬을 통해 가늠해 볼 수 있다. 즉, 칭찬을 당연한 것으로 받아들이는 교만한 사람과 오히려 사양할 줄 아는 겸손한 사람이 구별될 수 있기 때문이다.

28장 요약 본장에는 대조적 평행법 형식으로 의인과 악인의 특성과 결말을 대조하는 내용이 다시 나온다. 여기에 언급된 악인에 관한 묘사를 살펴보면, 그 반대로 하나님의 공의를 좇아 경건하게 살아가는 삶의 유익이 무엇인지가 자연스럽게 밝혀질 것이다.

28:2 통치자가 자주 바뀌지만 통치자의 잦은 교체는 북쪽 이스라엘 왕국의 역사에 잘 나타나 있다

8 높은 이자로 재산을 늘리는 것은,
마침내, 가난한 사람들에게 은혜
로 베풀어질 재산을 쌓아 두는 것
이다.
9 귀를 돌리고 율법을 듣지 않으면,
그의 기도마저도 역겹게 된다.
10 정직한 사람을 나쁜 길로 유인하
는 사람은 자기가 판 함정에 빠지
지만, 흠 없이 사는 사람은 복을
받는다.
11 부자가 자기 보기에는 지혜롭지
만, 가난하나 슬기로운 사람은 그
사람의 속을 꿰뚫어 본다.
12 정직한 사람이 이기면 많은 사람
이 축하하지만, 악인이 일어나면
사람들이 숨는다.
13 자기의 죄를 숨기는 사람은 잘 되
지 못하지만, 죄를 자백하고 그것
을 끊어 버리는 사람은 불쌍히 여
김을 받는다.
14 늘 두려워하는 마음으로 사는 사
람은 복을 받지만, 마음이 완고한
사람은 재앙에 빠진다.
15 가난한 백성을 억누르는 악한
통치자는, 울부짖는 사자요, 굶주
린 곰이다.
16 슬기가 모자라는 통치자는 억압
만을 일삼지만, 부정한 이득을 미
워하는 통치자는 오래도록 살 것
이다.
17 사람을 죽인 사람은 함정으로 달
려가는 것이니, 아무도 그를 막지
말아야 한다.
18 흠 없이 사는 사람은 구원을 받
을 것이지만, 그릇된 길을 따라가
는 사람은 언젠가는 한 번 넘어지
고야 만다.
19 밭을 가는 사람은 먹을 것이 넉넉
하지만, 헛된 것을 꿈꾸는 사람은
찌들게 가난하다.
20 신실한 사람은 많은 복을 받지
만, 속히 부자가 되려는 사람은 벌
을 면하지 못한다.
21 사람의 얼굴을 보고 재판하는 것
은 옳지 않다. 사람은 빵 한 조각
때문에 그런 죄를 지을 수도 있다.
22 죄악에 눈이 어두운 사람은 부자
가 되는 데에만 바빠서, 언제 궁핍
이 자기에게 들이닥칠지를 알지
못한다.
23 아첨하는 사람보다는 바르게 꾸
짖는 사람이, 나중에 고맙다는 말
을 듣는다.
24 자기 부모의 것을 빼앗고도 그것
이 죄가 아니라고 하는 사람은 살
인자와 한패이다.
25 욕심이 많은 사람은 다툼을 일으
키지만, 주님을 의뢰하는 사람은
풍성함을 누린다.
26 자기의 생각만을 신뢰하는 사람

(참조. 왕상 16:8-28;왕하 15:8-15).

28:9 율법을 지키지 않는 사람의 기도는 위선적인 기도이다. 따라서 이러한 기도는 응답되지 않는다(참조. 15:8;시 66:18;사 59:2). 사람이 하나님의 말씀을 듣지 않는다면, 하나님도 사람의 말을 듣지 않으실 것이다.

28:14 마음이 완고한 사람 고집이 세고 마음이 닫혀 있는 상태이다. 이것은 자신의 탓이기도 하지만(출 8:15), 때로는 하나님께서 그렇게 만드신다 (롬 9:18). 불신앙(요 12:40)과 죄(히 3:13)도 사람의 마음을 완고하게 만드는 원인이 된다.

28:20 사람은 성실함으로 물질적인 축복을 얻는다. **속히 부자가 되려는 사람**은 보통 부정직한 방법으로 돈을 벌기 때문에(참조. 13:11;20:21) 형벌을 받게 된다.

28:21 사람은 빵 한 조각 때문에 그런 죄를 지을 수도 있다 자그마한 뇌물을 바라고 재판에서 공정성을 잃는 것(참조. 겔 13:19)을 말한다.

은 미련한 사람이지만, 지혜롭게
사는 사람은 구원을 받는다.
27 가난한 사람을 도와주는 사람
은 모자라는 것이 없지만, 그를
못 본 체하는 사람은 많은 저주를
받는다.
28 악인이 일어나면 사람들은 숨어
버리지만, 그가 망하면 의인이 많
이 나타난다.

상식

29 책망을 자주 받으면서도 고집
만 부리는 사람은, 갑자기 무
너져서 회복하지 못한다.
2 의인이 많으면 백성이 기뻐하지
만, 악인이 권세를 잡으면 백성이
탄식한다.
3 지혜를 사랑하는 아들은 아버지
를 기쁘게 하지만, 창녀에게 드나
드는 아들은 재산을 탕진한다.
4 공의로 다스리는 왕은 나라를 튼
튼하게 하지만, 뇌물을 좋아하는
왕은 나라를 망하게 한다.
5 이웃에게 아첨하는 사람은 그
의 발 앞에 그물을 치는 사람이
다.
6 악인이 범죄하는 것은 그 자신에
게 올무를 씌우는 것이지만, 의인
은 노래하며 즐거워한다.
7 의인은 가난한 사람의 사정을 잘
알지만, 악인은 가난한 사람의 사
정쯤은 못 본 체한다.
8 거만한 사람은 성읍을 시끄럽게
하지만, 지혜로운 사람은 분노를
가라앉힌다.
9 지혜로운 사람이 어리석은 사
람을 걸어서 소송하면, 어리석은
사람이 폭언과 야유로 맞서므로,
지혜로운 사람은 안심할 수 없다.
10 남을 피 흘리게 하기를 좋아하는
사람은 흠 없는 사람을 미워하지
만, 정직한 사람은 흠 없는 사람의
생명을 보살펴 준다.
11 미련한 사람은 화를 있는 대로 다
내지만, 지혜로운 사람은 화가 나
도 참는다.
12 통치자가 거짓말에 귀를 기울이
면, 그 신하들이 모두 악해진다.
13 가난한 사람과 착취하는 사람이
다 함께 살고 있으나, 주님은 이들
두 사람에게 똑같이 햇빛을 주신
다.
14 왕이 가난한 사람을 정직하게 재
판하면, 그의 왕위는 길이길이 견
고할 것이다.
15 매와 꾸지람은 지혜를 얻게 만
들어 주지만, 내버려 둔 자식은 그
어머니를 욕되게 한다.
16 악인이 많아지면 범죄가 늘어나지
만, 의인은 그들이 망하는 것을
보게 된다.

29장 요약 본장은 솔로몬이 왕으로서 나라를 다스리는 과정에서 얻은 지혜의 일부를 소개하는 내용이다. 한 나라가 번영을 구가하기 위해서는 다른 무엇보다도 공의로운 통치가 우선적으로 요청된다(4절).

29:1 고집만 부리는 사람 마음이 교만하고 완악하기 때문에 충고나 책망을 들어도 쉽게 회개하지 않는 사람을 가리킨다(참조. 삼상 2:25).

29:6 의인은 죄를 범한 일이 없기 때문에 처벌을 두려워할 필요가 없으므로 노래하며 즐거워한다.

29:9 어리석은 사람을 상대로 시시비비를 가리는 일은 삼가는 것이 좋다. 왜냐하면 어리석은 사람은 논리적으로 판단하기보다는 쉽게 감정에 치우쳐 소란을 일으킬 수 있기 때문이다.

29:16 의인은 그들이 망하는 것을 보게 된다 일시적으로는 악인들이 형통하고 번영하는 것같이 보일지 모르지만, 결국에는 반드시 망하게 된다(10:

17 너의 자식을 훈계하여라. 그러면
그가 너를 평안하게 하고, 너의 마
음에 기쁨을 안겨 줄 것이다.
18 계시가 없으면 백성은 방자해지
나, 율법을 지키는 사람은 복을 받
는다.
19 말만으로는 종을 제대로 가르칠
수 없으니 다 알아들으면서도 따
르지 않기 때문이다.
20 너도 말이 앞서는 사람을 보았겠
지만, 그런 사람보다는 오히려 미
련한 사람에게 더 바랄 것이 있
다.
21 어릴 때부터 종의 응석을 받아 주
면, 나중에는 다루기 어렵게 된다.
22 화를 잘 내는 사람은 다툼을 일
으키고, 성내기를 잘하는 사람은
죄를 많이 짓는다.
23 사람이 오만하면 낮아질 것이
고, 마음이 겸손하면 영예를 얻을
것이다.
24 도둑과 짝하는 사람은 자기의 목
숨을 하찮게 여기는 사람이다. 그
러므로 자기를 저주하는 소리를
들어도 아무런 반박을 하지 못한
다.
25 사람을 두려워하면 올무에 걸리
지만, 주님을 의지하면 안전하다.
26 많은 사람이 통치자의 환심을 사
려고 하지만, 사람의 일을 판결하
시는 분은 주님이시다.
27 의인은 불의한 사람을 싫어하고,
악인은 정직한 사람을 싫어한다.

아굴의 잠언

30 ㉠이것은 야게의 아들 아굴이
말한 잠언이다. ㉡이 사람이
이디엘에게 말하고, 또 이디엘과 우
갈에게 말하였다.
2 참으로 나는, 사람이라기보다는
우둔한 짐승이며, 나에게는 사람
의 총명이 없다.
3 나는 지혜를 배우지도 못하였고,
지극히 거룩하신 분을 아는 지식
도 깨우치지 못하였다.
4 하늘에 올라갔다가 내려온 사
람이 누구며, 바람을 자기 손에
움켜 쥐고 있는 사람이 누구냐?
물을 그 옷자락으로 싸고 있는 사
람이 누구며 땅의 모든 경계선을
그은 사람이 누구인가? 그 사람
의 이름은 무엇인지, 그의 아들의
이름은 무엇인지, 정말 네가 아느
냐?
5 하나님의 말씀은 모두 순결하
며, 그분은 그를 의지하는 사람의
방패가 되신다.
6 그 말씀에 아무것도 더하지 말아
라. 그렇지 않으면 그분이 너를 책
망하시고, 너는 거짓말을 하는 사
람이 될 것이다.

25;14:11;21:12;시 73:17–19).

29:18 하나님의 말씀이 없으면 사람들이 죄에 빠지게 된다. 사무엘이 어릴 때 그 당시의 사회가 도덕적으로 문란했던 이유도 하나님의 말씀이 없었기 때문이다(삼상 3:1).

30장 요약 본장 내용은 아굴의 잠언들이다. 아굴은 하나님의 말씀에만 의지하는 삶을 살기를 소원(1–9절)하면서 자신을 비롯한 모든 사람들이 특별히 유의해야 할 죄악된 행실들을 나열한다(10–14절). 반면 15–31절은 소위 '숫자 잠언'으로서 유사한 내용들을 한 묶음으로 소개하는 형태를 띠고 있다.

30:1–33 아굴이 말한 잠언으로, 그는 에단과 헤

㉠ 또는 '이것은 마싸 사람 야게의 아들 아굴이 한 말이다.' 마싸를 '잠언', '경고'로 이해하지 않고 지명으로 이해한 것임 ㉡ 또는 "그가 말하였다. '하나님, 저는 피곤합니다. 하나님, 저는 피곤합니다. 제가 어떻게 다시 힘을 되찾을 수 있습니까?'" 히브리어 자음 본문을 어떻게 끊어 읽느냐에 따라 번역이 이렇게 달라질 수 있음

헌신의 잠언

7 주님께 두 가지 간청을 드리니,
제가 죽기 전에 그것을 이루어 주
십시오.
8 허위와 거짓말을 저에게서 멀리하
여 주시고, 저를 가난하게도 부유
하게도 하지 마시고, 오직 저에게
필요한 양식만을 주십시오.
9 제가 배가 불러서, 주님을 부인하
면서 '주가 누구냐'고 말하지 않게
하시고, 제가 가난해서, 도둑질을
하거나 하나님의 이름을 욕되게
하거나, 하지 않도록 하여 주십시
오.
10 주인에게 그 종을 비방하는 말
을 하지 말아라. 그 종이 너를 저
주하고 너에게 죄가 돌아갈까 두
렵다.
11 아버지를 저주하며 어머니를 축
복하지 않는 무리가 있다.
12 더러운 것을 씻지도 않고 깨끗한
체하는 무리가 있다.
13 눈이 심히 높아서, 눈꺼풀을 치켜
올리고 남을 깔보는 무리가 있다.
14 이빨이 긴 칼과 같고 턱이 큰 칼
과 같아서, 가난한 사람을 하나도
땅에 남기지 않고 삼키며 궁핍한
사람을 삼켜 씨를 말리는 무리도
있다.
15 거머리에게는 '달라, 달라' 하며
보채는 딸이 둘이 있다. 전혀 배
부른 줄 모르는 것이 셋, 만족할
줄 모르는 것 넷이 있으니,
16 곧 스올과 아기 못 낳는 태와 물
로 갈증을 없앨 수 없는 땅과 만
족하다고 말할 줄 모르는 불이다.
17 아버지를 조롱하며 어머니를 멸
시하여, 순종하지 않는 사람의 눈
은, 골짜기의 까마귀에게 쪼이고
새끼 독수리에게 먹힐 것이다.
18 기이한 일이 셋, 내가 정말 이해
할 수 없는 일이 넷이 있으니,
19 곧 독수리가 하늘을 날아간 자취
와, 뱀이 바위 위로 지나간 자취
와, 바다 위로 배가 지나간 자취
와, 남자가 여자와 함께 하였던 자
취이다.
20 간음한 여자의 자취도 그러하
니, 먹고도 안 먹었다고 입을 씻듯
이 "나는 아무런 악행도 한 일이
없다" 한다.
21 세상을 뒤흔들 만한 일이 셋,
세상이 감당하지 못할 일이 넷이
있으니,
22 곧 종이 임금이 되는 것과, 어리석
은 자가 배불리 먹는 것과,
23 꺼림을 받는 여자가 시집을 가는
것과, 여종이 그 안주인의 자리를
이어받는 것이다.
24 땅에서 아주 작으면서도 가장

만 같은 현자(賢者)로 추측되고 있다(왕상 4:31).

30:2-3 하나님을 아는 온전한 지식이 없음을 겸손하게 고백하고 있다.

30:5-6 하나님의 계시가 갖고 있는 순결함과 완전성을 선언하고 있다.

30:9 모세는 먹을 것이 풍족하고 가축이 많아지면 이스라엘 자손이 하나님을 잊게 될 것이라고 예언한 바 있다(신 8:12-17;31:20).

30:11-19 무례하고 교만한 네 가지 행위(11-14절)와 만족할 줄 모르는 네 가지 것(15-16절), 그리고 신기한 네 가지 일(18-19절)을 열거하고 있다.

30:21-23 경험이 부족하고 자격이 없는 사람이 높은 지위에 오르거나 세력을 얻으면 사회가 혼란해짐을 설명하고 있다.

30:32 우쭐댔거나 잠언에서는 교만을 여러 차례 정죄하고 있다(8:13;11:2;16:18). 너의 손으로 입을 막고 즉시 교만한 태도와 악한 계획을 중지하라는 뜻이다(참조. 욥 40:4).

지혜로운 것이 넷이 있으니,
25 곧 힘이 없는 종류이지만 먹을 것
을 여름에 예비하는 개미와,
26 약한 종류이지만 바위 틈에 자기
집을 짓는 오소리와,
27 임금은 없으나 떼를 지어 함께 나
아가는 메뚜기와,
28 사람의 손에 잡힐 것 같은데도 왕
궁을 드나드는 도마뱀이다.
29 늠름하게 걸어 다니는 것이 셋,
위풍당당하게 걸어 다니는 것 넷
이 있으니,
30 곧 짐승 가운데서 가장 강하여,
아무 짐승 앞에서도 물러서지 않
는 사자와,
31 자랑스럽게 걷는 사냥개와, 숫염
소와, 아무도 맞설 수 없는 임금이
다.
32 네가 어리석어서 우쭐댔거나 악
한 일을 도모하였거든, 너의 손으
로 입을 막고 반성하여 보아라.
33 우유를 저으면 굳은 우유가 되고,
코를 비틀면 피가 나오듯, 화를 돋
우면 분쟁이 일어난다.

왕에게 주는 충고

31

르무엘 왕의 잠언, 곧 그의 어머
니가 그에게 교훈한 말씀이다.
2 내 아들아, 내가 무엇을 말할
까? 내 태에서 나온 아들아, 내가
무엇을 말할까? 서원을 하고 얻은
아들아, 내가 무엇을 말할까?
3 여자에게 너의 힘을 쓰지 말아라.
여자는 임금도 망하게 할 수 있으
니, 여자에게 너의 길을 맡기지 말
아라.
4 르무엘아, 임금에게 적합하지
않은 일이 있다. 포도주를 마시는
것은 임금에게 적합한 일이 아니
다. 독주를 좋아하는 것은 통치자
들에게 적합한 일이 아니다.
5 술을 마시면 법을 잊어버리고, 억
눌린 사람들에게 판결을 불리하
게 내릴까 두렵다.
6 독한 술은 죽을 사람에게 주고,
포도주는 마음이 아픈 사람에게
주어라.
7 그가 그것을 마시고 자기의 가난
을 잊을 것이고, 자기의 고통을 더
이상 기억하지 않을 것이다.
8 너는 벙어리처럼 할 말을 못하는
사람과 더불어, 고통 속에 있는 사
람들의 송사를 변호하여 입을 열
어라.
9 너는 공의로운 재판을 하고, 입을
열어, 억눌린 사람과 궁핍한 사람
들의 판결을 바로 하여라.

유능한 아내

10 누가 유능한 아내를 맞겠느냐?
그 값은 진주보다 더 뛰어나다.
11 남편은 진심으로 아내를 믿으며

31장 요약 본장은 르무엘 왕의 어머니가 아들인 왕에게 교훈하는 형식으로 되어 있는 잠언이다. 본장 내용은 어머니의 교훈답게 여자에 관한 조언이 대부분을 차지한다. 저자는 술의 해악성에 대해 강하게 주지시킨 후에, 유능한 아내는 주님을 경외하며 근면하게 살아가는 여자라고 그 조건을 밝히고 있다.

31:1-9 잠언의 대부분이 아버지가 아들에게 준 교훈인데 반해 이 부분은 예외적으로 어머니가 아들에게 준 교훈이다. 따라서 이 어머니는 신앙적·도덕적으로 강한 영향력을 발휘한 인물로 추측된다.

31:10-31 이 부분은 유능한 아내를 칭찬하는 한 편의 시이다. 유능한 아내에 대한 칭찬으로 이 잠언이 끝나는 것은 아마 젊은이를 포함한 모든 남자들이 음란한 여자의 유혹에서 벗어나서, 유능한 아내를 만나 그녀로부터 여러 가지 미덕들을

가난을 모르고 산다.
12 그의 아내는 살아 있는 동안, 오
직 선행으로 남편을 도우며, 해를
입히는 일이 없다.
13 양털과 삼을 구해다가, 부지런히
손을 놀려 일하기를 즐거워한다.
14 또한 상인의 배와 같이, 먼 곳에
서 먹거리를 구하여 오기도 한다.
15 날이 밝기도 전에 일어나서 식구
들에게는 음식을 만들어 주고, 여
종들에게는 일을 정하여 맡긴다.
16 밭을 살 때에는 잘 살펴본 다음에
사들이고, 또 자기가 직접 번 돈
으로 포도원도 사서 가꾼다.
17 허리를 단단히 동여매고, 억센 팔
로 일을 한다.
18 사업이 잘 되어가는 것을 알고,
밤에도 등불을 끄지 않는다.
19 한 손으로는 물레질을 하고, 다른
손으로는 실을 탄다.
20 한 손은 펴서 가난한 사람을 돕
고, 다른 손은 펴서 궁핍한 사람
을 돕는다.
21 온 식구를 홍색 옷으로 따스하게
입히니, 눈이 와도 식구들 때문에
걱정하는 일이 없다.
22 손수 자기의 이부자리를 만들고,
고운 모시 옷과 자주색 옷을 지어
입는다.
23 남편은 마을 원로들과 함께 마
을회관을 드나들며, 사람들의 존
경을 받는다.
24 그의 아내는 모시로 옷을 지어 팔
고, 띠를 만들어 상인에게 넘긴
다.
25 자신감과 위엄이 몸에 배어 있고,
ㄱ미래에 대한 두려움이 없다.
26 입만 열면 지혜가 저절로 나오고,
혀만 움직이면 상냥한 교훈이 쏟
아져 나온다.
27 집안 일을 두루 살펴보고, 일하지
않고 얻은 양식은 먹는 법이 없다.
28 자식들도 모두 일어나서, ㄴ어머니
업적을 찬양하고 남편도 ㄷ아내를
칭찬하여 이르기를
29 "덕을 끼치는 여자들은 많이 있으
나, 당신이 모든 여자 가운데 으뜸
이오" 한다.
30 고운 것도 거짓되고, 아름다운 것
도 헛되지만, 주님을 경외하는 여
자는 칭찬을 받는다.
31 ㄹ아내가 손수 거둔 결실은 ㅁ아내
에게 돌려라. ㄹ아내가 이룬 공로
가 성문 어귀 광장에서 인정받게
하여라.

배우라는 권면인 듯하다. 결국 잠언의 메시지는 하나님을 경외함으로써 지혜롭고 의롭게 살라는 것이다(참조. 30절;1:7).

31:14 상인의 배에는 여러 나라의 귀중하고 값진 물건들이 많이 실려 있다. 유능한 아내는 상인의 배와 같이 보배로운 것들이 많고, 또한 부지런하여 필요한 것들을 풍부하게 가져온다.

31:25 유능한 아내는 모든 일을 지혜롭게 처리하기 때문에 존경을 받는다. 그리고 미래에 대해 걱정하지 않는다. 이것은 내일 일을 자랑하는 태도가 아니다(참조. 27:1). 개미와 같이(6:6–8;30:25) 내일을 위해 준비한 결과일 뿐이다.

31:31 이스라엘 사람들은 여자를 대중 앞에서 칭찬하는 일을 좀처럼 하지 않았다. 그러나 유능한 아내는 특별한 인정을 받아 대중 앞에서 칭찬을 받는다는 뜻이다.

ㄱ 또는 '다가올 날을' ㄴ 히, '그 여자의' ㄷ 히, '그 여자를' ㄹ 히, '그 여자가' ㅁ 히, '그 여자에게'

전도서

저자 저자는 자신을 '다윗의 아들'(1:1)이며, '이스라엘의 왕'(1:12)이 된 사람이라고 소개한다. 또한 저자의 행적들이 1장 12절에서 2장 26절에 기록되어 있는데, 이러한 묘사에 어울리는 사람은 솔로몬 한 사람뿐이다. 이 때문에 많은 유대인 학자들과 신학자들은 일반적으로 솔로몬의 저작설을 이의(異意) 없이 받아들이고 있다.

저작 연대 B.C. 935년경

기록 장소와 대상 기록 장소는 예루살렘이며, 주로 젊은이들과 '장로들의 학생들'을 위하여 기록되었다.

핵심어 및 내용 전도서의 핵심어는 '헛되다'와 '야망'이다. 하나님이 함께하시지 않는다면, 우리들이 하는 모든 일들은 아무런 의미가 없다. 모든 것은 헛되고 공허하며 소망이 없다. 우리가 만약 이 세상에서 만족을 누리려는 것을 인생의 목표로 삼는다면 우리는 계속해서 좌절하고 낙망할 수밖에 없을 것이다.

내용 분해

1. 머리말(1:1–11) 2. 인간 업적의 헛됨(1:12–6:9)
3. 인간 지혜의 헛됨(6:10–11:6)
4. 결론(11:7–12:14)

세상만사 헛되다

1 다윗의 아들 예루살렘 왕 ㉠전도
자의 말이다.
2 ㉠전도자가 말한다. 헛되고 헛되
다. 헛되고 헛되다. 모든 것이 헛
되다.
3 사람이 ㉡세상에서 아무리 수고한
들, 무슨 보람이 있는가?
4 한 세대가 가고, 또 한 세대가 오
지만, 세상은 언제나 그대로다.
5 해는 여전히 뜨고, 또 여전히 져
서, 제자리로 돌아가며, 거기에서
다시 떠오른다.
6 바람은 남쪽으로 불다가 북쪽으
로 돌이키며, 이리 돌고 저리 돌다
가 불던 곳으로 돌아간다.
7 모든 강물이 바다로 흘러가도, 바
다는 넘치지 않는다. 강물은 나온
곳으로 되돌아가, 거기에서 다시
흘러내린다.
8 *만물이 다 지쳐* 있음을 사람이
말로 다 나타낼 수 없다. 눈은 보
아도 만족하지 않으며 귀는 들어
도 차지 않는다.
9 이미 있던 것이 훗날에 다시 있을
것이며, 이미 일어났던 일이 훗날
에 다시 일어날 것이다. ㉡이 세상
에 새 것이란 없다.
10 '보아라, 이것이 바로 새 것이다' 하
고 말할 수 있는 것이 있는가? 그
것은 이미 오래 전부터 있던 것,
우리보다 앞서 있던 것이다.
11 지나간 세대는 잊혀지고, 앞으로
올 세대도 그 다음 세대가 기억해
주지 않을 것이다.

지혜도 헛되다

12 ○나 ㉠전도자는 예루살렘에서 왕이
되어 이스라엘을 다스리는 동안에,
13 하늘 아래에서 되어지는 온갖 일을
살펴서 알아 내려고 지혜를 짜며 심
혈을 기울였다. 괴로웠다. 하나님은
왜 사람을 이런 수고로운 일에다 얽
어매어 꼼짝도 못하게 하시는 것인
가?
14 ㉡세상에서 벌어지는 온갖 일을 보
니 그 모두가 헛되어 ㉢바람을 잡으
려는 것과 같다.
15 구부러진 것은 곧게 할 수 없

㉠ 히, '코헬렛'. '설교자' 또는 '교사' 또는 '총회의 인도자' ㉡ 히, '해 아래' ㉢ 또는 '바람을 먹고 사는 것과 같다'(호 12:1을 볼 것)

고, 없는 것은 셀 수 없다.
16 ○나는 장담하였다. "나는 지혜를
많이 쌓았다. 이전에 예루살렘에서
다스리던 어느 누구도, 지혜에 있어
서는 나를 뛰어넘지 못할 것이다. 지
혜와 지식을 쌓는 일에서, 나보다 더
많은 경험을 한 사람은 없다."
17 나는 또 무엇이 슬기롭고 똑똑한 것
인지, 무엇이 얼빠지고 어리석은 것
인지를 구별하려고 심혈을 기울였
다. 그러나 그처럼 알려고 하는 그것
또한 바람을 잡으려는 것과 같은 일
임을 알게 되었다.
18 지혜가 많으면 번뇌도 많고, 아
는 것이 많으면 걱정도 많더라.

즐거움도 헛되다

2

나는 혼자서 이런 생각도 해 보았
다. "내가 시험삼아 너를 즐겁게
할 것이니, 너는 네 마음껏 즐겨라."
그러나 이것도 헛된 일이다.
2 알고 보니 웃는 것은 '미친 것'이고,
즐거움은 '쓸데없는 것'이다.
3 ○지혜를 갈망해 온 나는, 술로 내
육신을 즐겁게 하고, 낙을 누려 보려
고 마음먹은 적도 있다. 참으로 어리
석게도, 이렇게 사는 것이 짧은 한평
생을 가장 보람 있게 사는 것이라고
생각하였다.
4 나는 여러 가지 큰 일을 성취하
였다. 궁전도 지어 보고, 여러 곳
에 포도원도 만들어 보았다.
5 나는 정원과 과수원을 만들고, 거
기에 온갖 과일나무도 심어 보았
다.
6 나무들이 자라나는 숲에 물을 대
려고 여러 곳에 저수지도 만들어
보았다.
7 남녀 종들을 사들이기도 하고, 집
에서 씨종들을 태어나게도 하였
다. 나는 또한, 지금까지 예루살렘
에 살던 어느 누구도 일찍이 그렇
게 가져 본 적이 없을 만큼 많은
소와 양 같은 가축 떼를 가져 보
았다.
8 은과 금, 임금들이 가지고 있던 여
러 나라의 보물도 모아 보았으며,
남녀 가수들도 거느려 보았고, 남
자들이 좋아하는 처첩도 많이 거
느려 보았다.
9 드디어 나는 일찍이 예루살렘
에 살던 어느 누구보다도 더 큰 세
력을 가진 사람이 되었다. 지혜가
늘 내 곁에서 나를 깨우쳐 주었다.
10 원하던 것을 나는 다 얻었다. 누리
고 싶은 낙은 무엇이든 삼가지 않
았다. 나는 하는 일마다 다 자랑
스러웠다. 이것은 내가 수고하여
얻은 나의 몫인 셈이었다.
11 그러나 내 손으로 성취한 모든 일
과 이루려고 애쓴 나의 수고를 돌

1장 요약 전도자는 온갖 부귀를 누려본 이스라엘 왕이요, 전무후무한 지혜의 소유자였음에도 불구하고 하나님을 배제한 인간사 전부와 만물의 존재가 헛되다고 말하고 있다.

2장 요약 전도자는 쾌락, 술, 부귀, 지혜를 다 누려보았지만 허무했다. 결국 그는 하나님을 인정하고 그분 안에서 경건한 삶을 살아가는 것이 참 만족임을 고백한다.

2:1–11 쾌락의 가치를 확인하기 위해서 노력했던 전도자의 경험들이 열거된다.

2:4–9 솔로몬이 누렸던 부귀영화를 암시한다(참조. 왕상 4–10장).

2:10 전도자는 여러 가지 사업들을 한 가지씩 시도해 나가는 과정에서 흥미와 기쁨을 느꼈다. 그러나 얼마 후, 자신이 행했던 일들을 돌이켜 보며 그는 매우 실망했다고 말한다. 전에 그가 마음에 둔 것은 세속적인 가치들이었기 때문이다.

이겨보니, 참으로 ㉠세상 모든 것
이 헛되고, ㉡바람을 잡으려는 것
과 같고, 아무런 보람도 없는 것이
었다.
12 임금 자리를 이어받은 사람이
무엇을 할 수 있는가? 기껏해야
앞서 다스리던 왕이 이미 하던 일
뿐이다.

슬기도 어리석음도 다 헛되다

무엇이 슬기로운 일이며, 무엇이
얼빠지고 어리석은 일인지 알려고
애를 써 보기도 하였다.
13 "빛이 어둠보다 낫듯이, 슬기로움
이 어리석음보다 더 낫다"는 것,
14 "슬기로운 사람은 제 앞을 보지만,
어리석은 사람은 어둠 속에서 헤
맨다"는 것, 이런 것은 벌써부터 알
고 있다. 지혜 있는 사람에게나 어
리석은 사람에게나 똑같은 운명이
똑같이 닥친다는 것도 알고 있다.
15 ○그래서 나는 스스로 물었다. "어
리석은 사람이 겪을 운명을 나도 겪
을 터인데, 무엇을 더 바라고, 왜 내
가 지혜를 더 얻으려고 애썼는가?"
그리고 나 스스로 대답하였다. "지
혜를 얻으려는 일도 헛되다."
16 사람이 지혜가 있다고 해서 오래 기
억되는 것도 아니다. 지혜가 있다고
해도 어리석은 사람과 함께 사람들
의 기억에서 영원히 사라져 버린다.
슬기로운 사람도 죽고 어리석은 사
람도 죽는다.
17 그러니 산다는 것이 다 덧없는 것이
다. ㉠인생살이에 얽힌 일들이 나에
게는 괴로움일 뿐이다. 모든 것이 ㉡바
람을 잡으려는 것처럼 헛될 뿐이다.

수고도 헛되다

18 ○㉠세상에서 내가 수고하여 이루어
놓은 모든 것을 내 뒤에 올 사람에
게 물려줄 일을 생각하면, 억울하기
그지없다.
19 뒤에 올 그 사람이 슬기로운 사람일
지, 어리석은 사람일지, 누가 안단 말
인가? 그러면서도, ㉠세상에서 내가
수고를 마다하지 않고 지혜를 다해
서 이루어 놓은 모든 것을, 그에게
물려주어서 맡겨야 하다니, 이 수고
도 헛되다.
20 ○㉠세상에서 애쓴 모든 수고를 생각
해 보니, 내 마음에는 실망뿐이다.
21 수고는 슬기롭고 똑똑하고 재능있는
사람이 하는데, 그가 받아야 할 몫
을 아무 수고도 하지 않은 다른 사
람이 차지하다니, 이 수고 또한 헛되
고, 무엇인가 잘못된 것이다.
22 사람이 ㉠세상에서 온갖 수고를 마
다하지 않고 속썩이지만, 무슨 보람
이 있단 말인가?
23 평생에 그가 하는 일이 괴로움과 슬
픔뿐이고, 밤에도 그의 마음이 편히

2:12-17 사람의 지혜가 갖는 실질적인 가치의 한계를 밝히고 있다. 즉 지혜는 어리석음보다 유익하기는 하나 죽음 앞에서는 결국 무익한 것이다.

2:12 얼빠지고 어리석은 일 도덕적으로 정상이 아닌 상태를 뜻한다. 어리석음은 광기로 끝나고(10:13), 광기는 악과 관련이 있다(9:3). 또한 어리석음은 돌이킬 수 없을 정도로 고집스런 태도를 뜻한다(삼상 13:13;26:21;삼하 24:10).

2:18-23 사람이 열심히 수고하여 모은 재산이 그의 죽음과 동시에 후손이나 타인에게 돌아가는 것을 생각하며, 전도자는 허무를 느낀다. 예수님이 어리석은 부자의 비유로 하신 말씀도 같은 의미를 담고 있다(눅 12:20).

2:24 수고하여 얻은 것은 모두 하나님께서 주신 선물이라는 뜻이다. 수고한 것을 얻는 즐거움은 하나님을 기뻐하는 사람만이 누릴 수 있다.

㉠ 1:3의 주를 볼 것 ㉡ 1:14의 주를 볼 것

쉬지 못하니, 이 수고 또한 헛된 일
이다.
24 사람에게는 먹는 것과 마시는
것, 자기가 하는 수고에서 스스로
보람을 느끼는 것, 이보다 더 좋
은 것은 없다. 알고 보니, 이것도
하나님이 주시는 것,
25 ㉠그분께서 주시지 않고서야, 누가
먹을 수 있으며, 누가 즐길 수 있
겠는가?
26 ○하나님이, 마음에 드는 사람에게
는 슬기와 지식과 기쁨을 주시고, 눈
밖에 난 죄인에게는 모아서 쌓는 수
고를 시켜서, 그 모은 재산을 하나님
마음에 드는 사람에게 주시니, 죄인
의 수고도 헛되어서 ㉡바람을 잡으려
는 것과 같다.

매사에 때가 있다

3 모든 일에는 다 때가 있다. 세상에
서 일어나는 일마다 알맞은 때가
있다.
2 태어날 때가 있고, 죽을 때가 있
다. 심을 때가 있고, 뽑을 때가 있
다.
3 죽일 때가 있고, 살릴 때가 있다.
허물 때가 있고, 세울 때가 있다.
4 울 때가 있고, 웃을 때가 있다. 통
곡할 때가 있고, 기뻐 춤출 때가
있다.
5 돌을 흩어버릴 때가 있고, 모아들
일 때가 있다. 껴안을 때가 있고,
껴안는 것을 삼갈 때가 있다.
6 찾아나설 때가 있고, 포기할 때가
있다. 간직할 때가 있고, 버릴 때
가 있다.
7 찢을 때가 있고, 꿰맬 때가 있다.
말하지 않을 때가 있고, 말할 때
가 있다.
8 사랑할 때가 있고, 미워할 때가 있
다. 전쟁을 치를 때가 있고, 평화
를 누릴 때가 있다.
9 ○사람이 애쓴다고 해서, 이런 일
에 무엇을 더 보탤 수 있겠는가?
10 이제 보니, 이 모든 것은, 하나님이 사
람에게 수고하라고 지우신 짐이다.
11 하나님은 모든 것이 제때에 알맞게
일어나도록 만드셨다. 더욱이, 하나
님은 사람들에게 과거와 미래를 생
각하는 감각을 주셨다. 그러나 사람
은, 하나님이 하신 일을 처음부터 끝
까지 다 깨닫지는 못하게 하셨다.
12 이제 나는 깨닫는다.
기쁘게 사는 것, 살면서 좋은 일
을 하는 것, 사람에게 이보다 더
좋은 것이 무엇이랴!
13 ○사람이 먹을 수 있고, 마실 수 있
고, 하는 일에 만족을 누릴 수 있다
면, 이것이야말로 하나님이 주신 은
총이다.
14 이제 나는 알았다. 하나님이 하시는

3장 요약 전도자는 모든 일에 때가 있고 모든 목적이 이루어질 때가 있음을 역설한다(1–8절). 하나님을 두려워하고 순종할 때, 모든 일들이 의미가 있고 참된 만족과 기쁨을 찾게 된다(9–15절). 또한 하나님께서 공의로 모든 세상을 심판하시기에 불의한 일에도 좌절하지 않게 된다(17절).

3:1–8 세상의 모든 일과 사람의 활동에는 적절한 때가 있음을 강조하기 위해 열네 쌍의 대조적인 사건들을 열거하고 있다.

3:9–15 전도자는 우리 인생이 하나님의 주권적인 섭리와 영원하신 계획을 측량할 수 없기 때문에 하나님을 두려워하며 그분께서 은혜로 베풀어 주신 삶을 향유해야 한다고 권고한다.

3:12–13 하나님의 백성은 그분께서 허락해 주신

㉠ 칠십인역과 시리아어역을 따름. 히, '나를 떠나서는' 또는 '내가 없이는' ㉡ 1:14의 주를 볼 것

모든 일은 언제나 한결같다. 거기에
다가는 보탤 수도 없고 뺄 수도 없
다. 하나님이 이렇게 하시니 사람은
그를 두려워할 수밖에 없다.
15 지금 있는 것 이미 있던 것이고,
앞으로 있을 것도 이미 있는 것이
다. 하나님은 ㉠하신 일을 되풀이
하신다.
16 나는 ㉡세상에서 또 다른 것을
보았다. 재판하는 곳에 악이 있
고, 공의가 있어야 할 곳에 악이
있다.
17 나는 마음 속으로 생각하였다.
"의인도 악인도 하나님이 심판하
실 것이다. 모든 일에는 때가 있
고, 모든 행위는 심판받을 때가 있
기 때문이다."
18 ○나는 또 마음 속으로 생각하였
다. "하나님은, 사람이 짐승과 마찬
가지라는 것을 깨닫게 하시려고 사
람을 시험하신다.
19 사람에게 닥치는 운명이나 짐승에게
닥치는 운명이 같다. 같은 운명이 둘
다를 기다리고 있다. 하나가 죽듯이
다른 하나도 죽는다. 둘 다 숨을 쉬
지 않고는 못 사니, 사람이라고 해서
짐승보다 나을 것이 무엇이냐? 모든
것이 헛되다.
20 둘 다 같은 곳으로 간다. 모두 흙에
서 나와서, 흙으로 돌아간다.
21 사람의 영은 위로 올라가고 짐승의
영은 아래 땅으로 내려간다고 하지
만, 누가 그것을 알겠는가?"
22 그리하여 나는, 사람에게는 자기가
하는 일에서 보람을 느끼는 것보다
더 좋은 것은 없다는 것을 알았다.
그것은 곧 그가 받은 몫이기 때문이
다. 사람이 죽은 다음에, 그에게 일
어날 일들을 누가 그를 데리고 다니
며 보여 주겠는가?

억압, 수고, 우정

4 나는 또 ㉡세상에서 벌어지는 온
갖 억압을 보았다. 억눌리는 사람
들이 눈물을 흘려도, 그들을 위로
하는 사람이 없다. 억누르는 사람
들은 폭력을 휘두르는데, 억눌리
는 사람들을 위로하는 사람이 없
다.
2 ○그래서 나는, 아직 살아 숨쉬는
사람보다는, 이미 숨이 넘어가 죽은
사람이 더 복되다고 말하였다.
3 그리고 이 둘보다는, 아직 태어나지
않아서 ㉡세상에서 저질러지는 온갖
못된 일을 못 본 사람이 더 낫다고
하였다.
4 ○온갖 노력과 성취는 바로 사람
끼리 갖는 경쟁심에서 비롯되는 것
임을 나는 깨달았다. 그러나 이 수
고도 헛되고, ㉢바람을 잡으려는 것
과 같다.

삶을 즐거운 마음으로 받아들일 때 비로소 삶의 진정한 의미를 발견할 수 있게 될 것이다.

3:14-15 하나님의 계획은 영원하고, 완전하며, 변하지 않는다. 이 사실을 뒷받침하기 위해서 전도자는 1:9에서처럼 자연의 순환을 언급한다.

3:18-21 죽음 앞에서는 '사람과 짐승' 사이에 차이가 없음을 강조하고 있다.

㉠ 또는 '과거를 다시 불러 오신다' 또는 '지나간 것을 다시 찾으신다' ㉡ 1:3의 주를 볼 것 ㉢ 1:14의 주를 볼 것

4장 요약 전도자의 허무한 마음을 더욱 부추긴 것은 바로 이 세상에 두루 만연해 있는 억울한 사연들과 부조리였다. 억눌리는 사람들(1절), 고아와 같이 외로운 자들(8절) 등이 대표적인 사례였다.

4:1-3 권력을 가진 자들이 공공연하게 약자를 억압하지만, 이러한 '억눌리는 사람들'을 도와줄 '위로하는 사람'이 없는 비극적인 현실을 개탄하

5 “어리석은 사람은 팔짱을 끼고
앉아서, 제 몸만 축낸다”고 하지
만,
6 적게 가지고 편안한 것이, 많이 가
지려고 수고하며 ㉠바람을 잡는
것보다 낫다.
7 나는 ㉡세상에서 헛된 것을 또
보았다.
8 한 남자가 있다. 자식도 형제도 없
이 혼자 산다. 그러나 그는 쉬지도
않고 일만 하며 산다. 그렇게 해서
모은 재산도 그의 눈에는 차지 않
는다. 그러면서도 그는 가끔, “어
찌하여 나는 즐기지도 못하고 사
는가? 도대체 내가 누구 때문에
이 수고를 하는가?” 하고 말하니,
그의 수고도 헛되고, 부질없는 일
이다.
9 혼자보다는 둘이 더 낫다. 두
사람이 함께 일할 때에, 더 좋은
결과를 얻을 수 있기 때문이다.
10 그 가운데 하나가 넘어지면, 다른
한 사람이 자기의 동무를 일으켜
줄 수 있다. 그러나 혼자 가다가
넘어지면, 딱하게도, 일으켜 줄 사
람이 없다.
11 또 둘이 누우면 따뜻하지만, 혼자
라면 어찌 따뜻하겠는가?
12 혼자 싸우면 지지만, 둘이 힘을
합하면 적에게 맞설 수 있다. 세
겹 줄은 쉽게 끊어지지 않는다.

승진도 헛되다

13 아무리 나이가 많아도 신하의
직언을 듣지 않는 왕은 어리석다.
그보다는 가난할지라도 슬기로운
젊은이가 더 낫다.
14 한 나라의 가난한 집안에서 태어
나서 젊어서 감옥살이를 하다가
도 임금자리에 오를 수 있다.
15 내가 보니, ㉡세상에서 살아 움직
이는 모든 사람이, 왕의 후계자가
된 젊은이를 따른다.
16 한 왕이 다스리는 백성의 수가 셀
수 없이 많다 하여도, 그가 물러
나면 어느 누구도 그의 업적을 찬
양하지 않으니, 왕으로서 통치하
는 것도 헛되며 ㉠바람을 잡으려
는 것과 다를 바 없다.

하나님을 두려워하여라

5 하나님의 집으로 갈 때에, 발걸음
을 조심하여라. 어리석은 사람은
악한 일을 하면서도 깨닫지 못하
고, 제물이나 바치면 되는 줄 알지
만, 그보다는 말씀을 들으러 갈
일이다.
2 하나님 앞에서 말을 꺼낼 때에, 함
부로 입을 열지 말아라. 마음을
조급하게 가져서도 안 된다. 하나
님은 하늘에 계시고, 너는 땅 위
에 있으니, 말을 많이 하지 않도록

고 있다.
4:7-8 전도자는 가족이나 친구가 없는 사람이 마치 누구를 위해 사는 것처럼 애쓰는 것은 헛된 수고라고 말하고 있다.
4:9-12 혼자 활동하는 것보다 다른 사람과 교제하며 협력하는 것이 복되고 유익한 것임을 설명하고 있다. 특히 10-12절은 여행에서 겪게 되는 어려움들, 즉 길가의 함정(10절)과 추운 밤 날씨(11절)와 강도의 위협(12절) 등을 암시하고 있다.

5장 요약 본장에서는 1-7절까지는 하나님을 올바르게 섬길 것을 권하고, 10-17절은 재물을 탐하는 것이 헛된 일임을 지적한다. 또한 18-20절은 본장의 결론으로, 재물의 많고 적음에 상관없이 하나님께로부터 받은 은총에 자족하며 맡은 바 사명에 충실한 것이 바로 복된 삶이라고 말한다.

㉠ 1:14의 주를 볼 것 ㉡ 1:3의 주를 볼 것

하여라.
3 걱정이 많으면 꿈이 많아지고,
말이 많으면 어리석은 소리가 많
아진다.
4 하나님께 맹세하여서 서원한 것
은 미루지 말고 지켜라. 하나님은
어리석은 자를 좋아하지 않으신
다. 너는 서원한 것을 지켜라.
5 서원하고서 지키지 못할 바에는,
차라리 서원하지 않는 것이 낫다.
6 너는 혀를 잘못 놀려서 죄를 짓지
말아라. 제사장 앞에서 "내가 한
서원은 실수였습니다" 하고 말하
지 말아라. 왜 너는 네 말로 하나
님을 진노하시게 하려 하느냐? 어
찌하여 하나님이 네 손으로 이룩
한 일들을 부수시게 하려고 하느
냐?
7 꿈이 많으면 헛된 것이 많고, 말
이 많아도 그러하다. 오직 너는,
하나님 두려운 줄만 알고 살아라.
8 어느 지방에서든지 가난한 사
람을 억압하고, 법과 정의를 짓밟
아도, 너는 그것을 보고 놀라지 말
아라. 높은 사람 위에 더 높은 이
가 있어서, 그 높은 사람을 감독
하고, 그들 위에는 더 높은 이들
이 있어서, 그들을 감독한다.
9 한 나라에서 가장 소중한 것은 왕
이다. 왕이 있으므로 백성은 마음
놓고 농사를 짓는다.

부자가 된들 무엇하랴

10 돈 좋아하는 사람은, 돈이 아무
리 많아도 만족하지 못하고, 부를
좋아하는 사람은, 아무리 많이 벌
어도 만족하지 못하니, 돈을 많이
버는 것도 헛되다.
11 재산이 많아지면 돈 쓰는 사람
도 많아진다. 많은 재산도 임자에
게는 다만 눈요기에 지나지 않으
니, 무슨 소용이 있는가?
12 적게 먹든지 많이 먹든지, 막일
을 하는 사람은 잠을 달게 자지
만, 배가 부른 부자는 잠을 편히
못잔다.
13 나는 ㉠세상에서 한 가지 비참
한 일을 보았다. 아끼던 재산이,
그 임자에게 오히려 해를 끼치는
경우가 있다.
14 어떤 사람은 재난을 만나서, 재산
을 다 잃는다. 자식을 낳지만, 그
자식에게 아무것도 남겨 줄 것이
없다.
15 어머니 태에서 맨몸으로 나와서,
돌아갈 때에도 맨몸으로 간다. 수
고해서 얻은 것은 하나도 가져 가
지 못한다.
16 또 한 가지 비참한 일을 보았다.
사람이 온 그대로 돌아가니, 바람
을 잡으려는 수고를 한들 무슨 보

5:1–7 전도자는 하나님께 대한 형식적인 신앙, 특히 진지하지 못한 예배와 성급한 서원을 책망하며 하나님을 두려워하며 살 것을 권고하고 있다.

5:2 본절은 일부 *사람들이 생각하는* 것처럼 기도*에 관한 것이* 아니라, 서원을 경솔하게 하지 말라는 경고이다. 하나님은 하늘에…너는 땅 위에 전도자는 하나님의 크신 위엄과 사람의 비천한 상태를 대조시켜 신중히 서원하라고 강조한다.

5:8–9 전도자는 왕을 포함한 모든 관료가 가난한 사람들을 학대하며 부당하게 탈취하는 부패한 관료 체제를 언급한다.

5:12 막일을 하는 사람·부자 막일을 하는 사람은 활동량이 많기 때문에 잘 먹고 잠도 잘 잔다. 반면, 부자는 별로 활동을 하지 않기에 소화 불량으로 고통당하며 밤에도 잠을 제대로 자지 못한다.

5:13–17 사람은 죽을 때가 되면 재산을 가지고 갈 수 없기 때문에 이 모든 것이 '비참한 일'이다.

㉠ 1:3의 주를 볼 것

람이 있는가?
17 평생 어둠 속에서 먹고 지내며, 온
갖 울분과 고생과 분노에 시달리
며 살 뿐이다.
18 ○그렇다. 우리의 한평생이 짧고
덧없는 것이지만, 하나님이 우리에게
허락하신 것이니, ㉠세상에서 애쓰고
수고하여 얻은 것으로 먹고 마시고
즐거워하는 것이 마땅한 일이요, 좋
은 일임을 내가 깨달았다! 이것은
곧 사람이 받은 몫이다.
19 하나님이 사람에게 부와 재산을 주
셔서 누리게 하시며, 정해진 몫을 받
게 하시며, 수고함으로써 즐거워하게
하신 것이니, 이 모두가 하나님이 사
람에게 주신 선물이다.
20 하나님은 이처럼, 사람이 행복하게
살기를 바라시니, 덧없는 인생살이
에 크게 마음 쓸 일이 없다.

6

1 나는 ㉠세상에서 또 한 가지, 잘
못되고, 억울한 일을 본다. 그것은
참으로 견디기 어려운 것이다.
2 하나님이 어떤 사람에게는 부와 재
산과 명예를 원하는 대로 다 주시면
서도, 그것들을 그 사람이 즐기지 못
하게 하시고, 엉뚱한 사람이 즐기게
하시니, 참으로 어처구니가 없는 일
이요, 통탄할 일이다.
3 사람이 자녀를 백 명이나 낳고
오랫동안 살았다고 하자. 그가 아
무리 오래 살았다고 하더라도, 그
재산으로 즐거움을 누리지도 못하
고, 죽은 다음에 제대로 묻히지도
못한다면, 차라리 태어날 때에 죽
어서 나온 아이가 그 사람보다 더
낫다.
4 태어날 때에 죽어서 나온 아이는,
뜻없이 왔다가 어둠 속으로 사라
지며, 그 속에서 영영 잊혀진다.
5 세상을 보지도 못하고, 인생이 무
엇인지 알지도 못한다. 그러나 이
아이는 그 사람보다 더 편하게 안
식을 누리지 않는가!
6 비록 사람이 천 년씩 두 번을 산
다고 해도, 자기 재산으로 즐거움
을 누리지도 못하면 별 수 없다.
마침내는 둘 다 같은 곳으로 가지
않는가!
7 사람이 먹으려고 수고를 마다하
지 않지만, 그 식욕을 채울 길은
없다.
8 슬기로운 사람이 어리석은 사람보
다 나은 것이 무엇인가? 가난한
사람이 세상 살아가는 법을 안다
고 해서, 무슨 소용이 있는가?
9 이것 또한 헛되고, ㉡바람을 잡으
려는 것과 같다. 가지고 있는 것으
로 만족하는 것이, 욕심에 사로잡
혀서 헤매는 것보다 낫다.
10 지금 있는 것은 무엇이든지, 이

6장 요약 여기서 전도자는 인간의 행복이 외적인 번영에 의한 것이 아님을 강조한다. 높은 지위와 풍부한 재물, 또한 일백 자녀를 낳고 천 년의 갑절을 산다 해도 염려와 불안이 끊이지 않는다면 낙태된 자만도 못하다. 전도자는 인생의 우선순위가 어디에 있는지를 돌아보게 한다.

6:10–12 전도자는 사람의 독창성과 능력과 지혜의 한계를 밝히면서(10–11절), 사람의 가치 판단과 미래에 대한 예언을 신뢰할 수 없는 것으로 규정하고 있다(12절).

6:10 이미 오래 전에…이미 알려진 것이다 창조주 하나님에 의해 오래 전에 미리 정해지고(예정;豫定), 이미 알려지게 되었다(예지;豫知)는 뜻이다(참조. 사 40:26;롬 8:29–30;11:36). **자기보다 강한 이** 모든 사물을 창조하시고 섭리하시는 하나님을 가리킨다.

㉠ 1:3의 주를 볼 것 ㉡ 1:14의 주를 볼 것

미 오래 전에 생긴 것이다. 인생이
무엇이라는 것도 이미 알려진 것
이다. 사람은 자기보다 강한 이와
다툴 수 없다.
11 ○말이 많으면 빈 말이 많아진다.
많은 말이 사람에게 무슨 도움을 주
는가?
12 그림자처럼 지나가는 짧고 덧없는
삶을 살아가는 사람에게, 무엇이 좋
은지를 누가 알겠는가? 사람이 죽은
다음에, ㉠세상에서 일어날 일들을
누가 그에게 말해 줄 수 있겠는가?

지혜

7 명예가 값비싼 향유보다 더 낫고,
죽는 날이 태어나는 날보다 더 중
요하다.
2 초상집에 가는 것이 잔칫집에 가
는 것보다 더 낫다. 살아 있는 사
람은 누구나 죽는다는 것을 명심
하여야 한다.
3 슬픔이 웃음보다 나은 것은, 얼굴
을 어둡게 하는 근심이 마음에 유
익하기 때문이다.
4 지혜로운 사람의 마음은 초상집
에 가 있고 어리석은 사람의 마음
은 잔칫집에 가 있다.
5 지혜로운 사람의 책망을 듣는 것
이, 어리석은 사람의 노래를 듣는
것보다 더 낫다.
6 어리석은 사람의 웃음소리는 가
마솥 밑에서 가시나무 타는 소리
와 같다. 이 또한 헛되다.
7 탐욕은 지혜로운 사람을 어리석
게 만들고, 뇌물은 지혜로운 사람
의 마음을 병들게 한다.
8 일은 시작할 때보다 끝낼 때가 더
좋다. 마음은 자만할 때보다 참을
때가 더 낫다.
9 급하게 화내지 말아라. 분노는 어
리석은 사람의 품에 머무는 것이
다.
10 옛날이 지금보다 더 좋은 까닭이
무엇이냐고 묻지 말아라. 이런 질
문은 지혜롭지 못하다.
11 지혜는 유산을 받는 것만큼이나
좋은 것이니, ㉠이 세상에서 살면
서 그 덕을 보기 때문이다.
12 돈이 사람을 보호하듯, 지혜도 사
람을 보호한다. 그러나 지혜를 깨
우쳐 아는 지식이 더 좋은 까닭
은, 지혜가 그 사람의 목숨을 살
려 주기 때문이다.
13 하나님이 하시는 일을 생각해
보아라. 하나님이 구부려 놓으신
것을 누가 펼 수 있겠는가?
14 좋은 때에는 기뻐하고, 어려운
때에는 생각하여라. 하나님은 좋
은 때도 있게 하시고, 나쁜 때도
있게 하신다. 그러기에 사람은 제
앞일을 알지 못한다.

7장 요약 본장은 지혜의 유익과 가치를 가르친다. 초상집에 가는 것이 잔칫집에 가는 것보다 나은 이유는 인생의 비극을 *통해 삶을 돌아보기 때문*이다. 하나님이 슬픈 일과 기쁜 일들을 번갈아 겪게 하시는 것은 이런 일들을 통해 지혜롭게 대처하는 법을 배우게 하시기 위함이다.

7:1 죽는 날이…더 중요하다 그리스도인들은 죽은 이후에 확실한 소망을 갖고 있기 때문에 충분히 이와 같은 고백을 할 수가 있다.

7:6 가시나무 동양에서는 숯을 연료로 사용했는데, 숯을 구하기 어려울 때 가시나무를 사용했다.

7:7-10 탐욕, 성급함, 분노, 현실에 대한 불만족 등이 어리석은 행위임을 강조하고 있다(참조. 잠 14:29;16:18;약 1:19).

7:13 누가 펼 수 있겠는가? 하나님의 주권적인 섭리를 강조하며, 사람들이 겸손하게 하나님의 뜻

㉠ 1:3의 주를 볼 것

15 헛된 세월을 사는 동안에, 나는
두 가지를 다 보았다. 의롭게 살다
가 망하는 의인이 있는가 하면,
악한 채로 오래 사는 악인도 있더
라.
16 그러니 너무 의롭게 살지도 말고,
너무 슬기롭게 살지도 말아라. 왜
스스로를 망치려 하는가?
17 너무 악하게 살지도 말고, 너무 어
리석게 살지도 말아라. 왜 제 명
도 다 못 채우고, 죽으려고 하는
가?
18 하나를 붙잡되, 다른 것도 놓치지
않는 것이 좋다. 하나님을 두려워
하는 사람은 극단을 피한다.
19 지혜는 슬기로운 한 사람을, 성
읍을 다스리는 통치자 열 명보다
더 강하게 만든다.
20 좋은 일만 하고 잘못을 전혀 저
지르지 않는 의인은 이 세상에 하
나도 없다.
21 남들이 하는 말에 마음을 쓰지
말아라. 자칫하다가는 네 종이 너
를 욕하는 것까지 듣게 된다.
22 너 또한 남을 욕한 일이 많다는
것을 너 스스로 잘 알고 있다.
23 나는 이 모든 것을 지혜로 시험
해 보았다. 내가 "지혜 있는 사람
이 되어야지" 하고 결심해 보았지
만, 지혜가 나를 멀리하더라.
24 지혜라는 것이 무엇인지, 너무도
멀고 깊으니, 누가 그것을 알 수
있겠는가?
25 그래도 나는 한 곳으로만 정신
을 쏟아 보았다. 지혜가 무엇인지,
사물의 이치가 어떤 것인지를, 연
구하고 조사하고 이해하려고 하
였다. 사악이 얼마나 어리석은 일
이며, 우매가 얼마나 미친 일인지
를 깨닫는 데에 정신을 쏟아 보았
다.
26 나는 또, 올가미와 같은 여자
마음이 덫과 같고, 손이 쇠사슬과
같은 여자는 죽음보다 더 쓰다는
것을 알았다. 하나님을 기쁘게 해
드리는 남자는 그런 여자를 피할
수 있지만, 죄인은 그런 여자에게
걸려들고 말 것이다.
27 보아라, ㉠전도자가 말한다. 내
가 깨달은 것은 이것이다. 사물의
이치를 하나하나씩 찾아가는데,
28 아직도 얻지 못하였지만, 다만 찾
으면서 깨달은 것은 오로지, 천 명
가운데서 남자 하나는 찾을 수 있
어도, 천 명 가운데서 여자 하나
는 찾지 못한다는 것이다.
29 그렇다. 다만 내가 깨달은 것은 이
것이다. 하나님은 우리 사람을 평
범하고 단순하게 만드셨지만, 우
리가 우리 자신을 복잡하게 만들

에 순종할 것을 권고하는 말씀이다.

7:15-22 본절은 살아가는 데 있어서 어리석음이 나 악이 필요하다는 가르침이 아니다. 하나님의 뜻을 적당하게 따라도 된다는 주장도 아니다. 다른 사람보다 더 지혜롭고 의롭다고 스스로 자랑하지 말라는 의미이다.

7:16 본절은 적당히 악을 행하고 일부러 어리석게 행동해야 할 것을 가르치는 것이 아니라, 자신이 남보다 더 의롭고 더 지혜롭다고 지나치게 내세우지 말 것을 교훈하는 것이다.

7:18 하나님을 두려워하는 사람은 극단적인 율법주의나 지나친 방종을 피하고, 진정한 의와 지혜로 균형 잡힌 삶을 이끌어 가야 한다.

7:25-29 어리석음을 악한 것으로 간주하는 것(25절)은 잠언의 경우와 같다. 지혜는 의로움을 뜻한다. 결국 지혜는 도덕적으로 분별된 것을, 어리석음은 도덕적으로 무분별한 것을 가리킨다.

㉠ 히, '코헬렛'. '설교자' 또는 '교사' 또는 '총회의 인도자'

어 버렸다는 것이다.

8

1 어떤 사람이 지혜 있는 사람인
가? 사물의 이치를 아는 사람이
누구인가? 지혜는 사람의 얼굴을
밝게 하고 굳은 표정을 바꾸어 준
다.

왕에게 복종하라

2 ○㉠나는 권한다. 왕의 명령에 복종
하여라. 그것은 네가 하나님 앞에서
맹세한 것이기 때문이다.
3 왕이 싫어하는 일은 고집하지 말고,
왕 앞에서는 물러나거라. 왕은 자기
마음대로 할 수 있는 사람이다.
4 왕의 말이 곧 최고의 법인데, 누가
감히 그에게 "왜 그렇게 하십니까?"
하고 말할 수 있겠는가?
5 왕의 명령을 지키는 이는 안전하
다. 지혜 있는 사람은 언제 어떻게
그 일을 하여야 하는지를 안다.
6 우리가 비록 장래 일을 몰라서 크
게 고통을 당한다 해도, 모든 일
에는 알맞은 때가 있고 알맞은 방
법이 있다.
7 무슨 일이 일어날지 아무도 모른
다. 앞으로 일어날 일을 말하여
줄 수 있는 사람이 누구인가?
8 ㉡바람을 다스려 그치게 할 수 있
는 사람이 없듯이, 자기가 죽을
날을 피하거나 연기시킬 수 있는
사람도 없다. 전쟁이 일어나면 벗
어날 사람이 없듯이, 악은 행악자
를 놓아 주지 않는다.

악한 사람과 올바른 사람

9 ○나는 ㉢이 세상에서 벌어지는 모든
일을 살펴보다가, 이 세상에는 권력
쥔 사람 따로 있고, 그들에게 고통받
는 사람 따로 있음을 알았다.
10 나는, 악한 사람들이 죽어서 무덤에
묻히는 것을 보았다. 그런데 사람들
은 장지에서 돌아오는 길에 그 악한
사람들을 칭찬한다. 그것도 다른 곳
이 아닌, 바로 그 악한 사람들이 평
소에 악한 일을 하던 바로 그 성읍
에서, 사람들은 그들을 칭찬한다. 이
런 것을 보고 듣노라면 허탈한 마음
가눌 수 없다.
11 ○사람들은 왜 서슴지 않고 죄를 짓
는가? 악한 일을 하는데도 바로 벌
이 내리지 않기 때문이다.
12 악한 사람이 백 번 죄를 지어도 그
는 여전히 살아 있다. 사람들은 말
한다.
"하나님 앞에 경건하게 살면서 하
나님을 두려워하는 사람은 모든
일이 다 잘 되지만
13 악한 자는 하나님을 두려워하지
않으니, 그가 하는 일이 잘 될 리
없으며, 사는 날이 그림자 같고 한
창 나이에 죽고 말 것이다."
14 ○이 세상에서 헛된 일이 벌어지

8장 요약 본장의 전반부(1-8절)는 왕의 권위에 복종하라는 권면이고 후반부(9-17절)는 하나님의 뜻에 순종하라는 권면이다. 사람의 생각으로는 어떻게 악한 사람이 잘 될 수 있는지 의문이 남지만, 전도자의 결론은 하나님을 두려워하지 않는 사람의 결말은 파멸로 끝나고 만다는 것이다(13절).

8:1 얼굴을 밝게 하고 기쁨을 상징한다(시 19:8). 사람의 얼굴이 내적인 기쁨과 만족 때문에 활짝 펴진 것을 뜻한다.

8:9-15 하나님께서 허락하신 생을 누리는 것은 하나님께 대한 순종이다. 사람은 고난이나 번영이 언제 어떻게 닥쳐올지 예견할 수 없고, 미리 대처할 수도 없다. 그러므로 매일매일 하나님께서 축복하시는 대로 즐거움을 누려야 한다(5:19).

㉠ 히. '나는 왕의 명령에 복종한다' ㉡ 또는 '생기를 주장하여 생기로 머무르게 할 수 있는 사람이 없듯이' ㉢ 1:3의 주를 볼 것

고 있다. 악한 사람이 받아야 할 벌
을 의인이 받는가 하면, 의인이 받아
야 할 보상을 악인이 받는다. 이것을
보고, 나 어찌 헛되다고 말하지 않을
수 있겠는가?
15 ○나는 생을 즐기라고 권하고 싶다.
사람에게, 먹고 마시고 즐기는 것보
다 더 좋은 것이 ㉠세상에 없기 때문
이다. 그래야 ㉠이 세상에서 일하면
서, 하나님께 허락받은 한평생을 사
는 동안에, 언제나 기쁨이 사람과 함
께 있을 것이다.
16 ○내가 마음을 다하여 지혜가 무엇
인지를 알고자 하였을 때에, 그리고
땅 위에서 밤낮 쉬지도 않고 수고하
는 사람의 수고를 살펴보았을 때에,
17 하나님이 하시는 모든 일을 두고서,
나는 깨달은 바가 있다. 그것은 아무
도 ㉠이 세상에서 이루어지는 일을
이해할 수는 없다는 것이다. 그 뜻
을 찾아보려고 아무리 애를 써도, 사
람은 그 뜻을 찾지 못한다. 혹 지혜
있는 사람이 안다고 주장할지도 모
르지만, 그 사람도 정말 그 뜻을 알
수는 없는 것이다.

모두 다 겪은 일

9 나는 이 모든 것을 마음 속으로
깊이 생각해 보았다. 그리고서 내
가 깨달은 것은, 의로운 사람들과
지혜로운 사람들이 하는 일을 하
나님이 조종하신다는 것, 그들의
사랑과 미움까지도 하나님이 조종
하신다는 것이다. 사람은 아무도
자기 앞에 놓여 있는 일을 알지
못한다.
2 모두가 같은 운명을 타고 났다.
의인이나 악인이나, 착한 사람이
나 ㉡나쁜 사람이나, 깨끗한 사람
이나 더러운 사람이나, 제사를 드
리는 사람이나 드리지 않는 사람
이나, 다 같은 운명을 타고 났다.
착한 사람이라고 해서 죄인보다
나을 것이 없고, 맹세한 사람이라
고 해서 맹세하기를 두려워하는
사람보다 나을 것이 없다.
3 모두가 다 같은 운명을 타고 났
다는 것, 이것이 바로 ㉠세상에서
벌어지는 모든 잘못된 일 가운데
하나다. 더욱이, 사람들은 마음에
사악과 광증을 품고 살다가 결국
에는 죽고 만다.
4 살아 있는 사람에게는, 누구나 희
망이 있다. 비록 개라고 하더라도,
살아 있으면 죽은 사자보다 낫다.
5 살아 있는 사람은, 자기가 죽을 것
을 안다. 그러나 죽은 사람은 아
무것도 모른다. 죽은 사람에게는
더 이상의 보상이 없다. 사람들은
죽은 이들을 오래 기억하지 않는
다.

9장 요약 의와 지혜를 추구하는 삶을 고귀하게 여기다가도 이내 허무하다고 단정짓는 것이 얼핏 보면 전도자의 중심이 흔들린 것처럼 보인다. 하지만 이렇게 표현한 것은 그만큼 현실이 복잡하고 다양하며 하나님의 뜻이 헤아리기 힘들 정도로 깊기 때문이다. 모든 일은 하나님의 손에 달려 있다.

9:1 하나님의 절대적인 주권이 성경의 다른 어느 구절에서보다 본절에서 더 강하게 강조되어 있다. 전도자는 의로운 사람이나 지혜로운 사람이나, 그들이 하는 모든 일이 하나님의 손에 달려 있다고 결론을 내린다. 사람은 하나님의 섭리를 모르기 때문에 자신이 번영을 누릴지 또는 고난을 겪을지, 자신이 하나님의 사랑을 받게 될지 또는 미움을 받게 될지 알 수 없다.

㉠ 1:3의 주를 볼 것 ㉡ 칠십인역(아퀼라역)과 불가타와 시리아어역을 따름

6 죽은 이들에게는 이미 사랑도 미
움도 야망도 없다. ㉠세상에서 일
어나는 어떠한 일에도, 다시 끼여
들 자리가 없다.
7 지금은 하나님이 네가 하는 일
을 좋게 보아 주시니, 너는 가서
즐거이 음식을 먹고, 기쁜 마음으
로 포도주를 마셔라.
8 너는 언제나 옷을 깨끗하게 입고,
머리에는 기름을 발라라.
9 너의 헛된 모든 날, 하나님이 ㉠세
상에서 너에게 주신 덧없는 모든
날에 너는 너의 사랑하는 아내와
더불어 즐거움을 누려라. 그것은
네가 사는 동안에, ㉠세상에서 애
쓴 수고로 받는 몫이다.
10 네가 어떤 일을 하든지, 네 힘을
다해서 하여라. 네가 들어갈 ㉡무
덤 속에는, 일도 계획도 지식도 지
혜도 없다.
11 나는 ㉠세상에서 또 다른 것을
보았다.
빠르다고 해서 달리기에서 이기
는 것은 아니며, 용사라고 해서 전
쟁에서 이기는 것도 아니더라. 지
혜가 있다고 해서 먹을 것이 생기
는 것도 아니며, 총명하다고 해서
재물을 모으는 것도 아니며, 배웠
다고 해서 늘 잘되는 것도 아니더
라. 불행한 때와 재난은 누구에게
나 닥친다.
12 사람은, 그런 때가 언제 자기에
게 닥칠지 알지 못한다. 물고기가
잔인한 그물에 걸리고, 새가 덫에
걸리는 것처럼, 사람들도 갑자기
덮치는 악한 때를 피하지 못한다.

어리석음보다 슬기가 낫다

13 ○나는 ㉠세상에서 지혜로운 사람이
겪는 일을 보고서, 큰 충격을 받은
적이 있다.
14 주민이 많지 아니한 작은 성읍이 있
었는데, 한 번은 힘센 왕이 그 성읍
을 공격하였다. 그는 성읍을 에워싸
고, 성벽을 무너뜨릴 준비를 하였
다.
15 그 때에 그 성 안에는 한 남자가 살
고 있었는데, 그는 가난하기는 하지
만 지혜로운 사람이므로, 그의 지혜
로 그 성을 구하였다. 그러나 어느
누구도 그 가난한 사람을 오래 기억
하지 않았다.
16 나는 늘 "지혜가 무기보다 낫다"
고 말해 왔지만, 가난한 사람의 지
혜가 멸시받는 것을 보았다. 아무
도 가난한 사람의 말에 더 이상
귀를 기울이지 않았다.
17 어리석은 통치자의 고함치는 명
령보다는, 차라리 지혜로운 사람
의 조용한 말을 듣는 것이 더 낫
다.

9:4–6 살아 있는 개와 죽은 사자를 비교하며 전도자는 경멸을 받더라도 살아 있는 것이 존경을 받으며 죽는 것보다 낫다고 단정한다.

9:7–10 하나님께서 선물로 주시고 또한 사람이 수고하여 얻은 여러 가지 '몫'들을, 이 땅에 사는 동안에 즐겁게 누릴 것을 강조하고 있다(5:19).

9:10 무덤 여기서는 '죽은 사람들이 머무르는 장소' 또는 '죽음의 상태'를 의미한다.

9:11–18 경험과 지식을 바탕으로 한 인본주의적 지혜는 한계가 있다. 객관적으로 유능하고 지혜로운 사람들이 반드시 성공하는 것은 아니다. 하나님을 두려워하며 얻는 지혜야말로 인간에게 매우 소중하고 유익한 것이다.

9:12 전도자는 사람에게 닥치는 불행을 물고기와 새를 잡는 데 사용하는 그물과 덫에 비유한다. 그런 때 죽음의 때가 아니라, 불행이 닥쳐오는 시간을 가리킨다.

㉠ 1:3의 주를 볼 것 ㉡ 히, '스올'

18 지혜가 전쟁무기보다 더 낫지만,
죄인 하나가 많은 선한 것을 망칠
수 있다.

10

1 향수에 빠져 죽은 파리가
향수에서 악취가 나게 하듯이,
변변치 않은 적은 일 하나가 지혜
를 가리고 명예를 더럽힌다.
2 지혜로운 사람의 마음은 옳은 일
쪽으로 기울고, 어리석은 사람의
마음은 그릇된 일 쪽으로 기운다.
3 어리석은 자는 길을 갈 때에도, 생
각 없이 자기의 어리석음을 누구
에게나 드러낸다.
4 통치자가 너에게 화를 낼 때에, 너
는 네 자리를 뜨지 말아라. 침착
하면 큰 잘못을 막을 수 있다.
5 ○내가 ㉠세상에서 본 잘못된 일
또 하나는, 역시 통치자에게서 볼 수
있는 크나큰 허물이다.
6 어리석은 사람을 높은 자리에 앉히
고, 존귀한 사람을 낮은 자리에 앉
히는 것이다.
7 내가 보니, 종은 말을 타고, 상전은
종처럼 걸어다니는 일이 있더라.
8 구덩이를 파는 자는 거기에 빠
질 수가 있고, 담을 허무는 자는
뱀에게 물릴 수가 있다.
9 돌을 떠내는 자는 돌에 다칠 수가
있고, 나무를 패는 자는 나무에
다칠 수가 있다.
10 도끼가 무딘데도 그 날을 갈지 않
고 쓰면, 힘이 더 든다. 그러나 지
혜는 사람을 성공하도록 돕는다.
11 뱀을 부리지도 못하고 뱀에게 물
리면, 뱀을 부린다는 그 사람은
쓸 데가 없다.
12 지혜로운 사람은 말을 해서 덕
을 보고, 어리석은 사람은 제 입
으로 한 말 때문에 망한다.
13 어리석은 자의 입에서 나오는 말
은, 어리석음으로 시작해서 사악
한 광기로 끝난다.
14 그런데도 어리석은 자는 말을 하
고 또 한다. 무슨 일이 일어날지
아는 사람은 없다. 앞으로 일어날
일을 말해 줄 수 있는 사람이 누
구인가?
15 제 집으로 가는 길조차 못 찾는
어리석은 자는, 일을 해도 피곤하
기만 하다.
16 왕은 ㉡어리고, 대신들은 이른
아침부터 잔치에 빠져 있는 나라
여, 너는 저주를 받을 것이다.
17 왕은 출신이 고귀하고, 대신들은
취하려고 해서가 아니라, 건강을
지키려고 제때에 먹는 나라여, 너
는 복을 받을 것이다.
18 게으른 자의 집은 들보가 내려앉
고, 손이 놀면 지붕이 샌다.
19 잔치는 기뻐하려고 벌이는 것이

10장 요약 전도자는 세상의 모든 일이 헛되다고 말했지만, 그의 본심은 진정 가치있고 옳은 일이 무엇인지를 밝혀내는 데 있었다. 그래서 전도자는 지혜로운 사람과 어리석은 사람을 비교하며 그들의 결말이 정반대로 나타난다는 사실을 강조한다.

10:4 큰 잘못 '죄'를 가리킨다. 여기서는 죄 때문에 받는 왕의 분노를 뜻한다.

10:5–7 전도자는 통상적인 관념과는 어긋난 모순된 일들이 현실에 존재하는 것은 통치자의 잘못이라고 규정하고 있다.

10:10–11 지혜는 적절히 사용하면 유익하나, 그렇지 못하면 무익하다는 사실을 비유하고 있다.

10:12–15 어리석은 사람의 미련함과 무능력을 지적하고 있다.

10:18 게으름의 결과인 쇠퇴함을 경고하고 있다.

㉠ 1:3의 주를 볼 것 ㉡ 또는 '종이고'

다. 포도주는 인생을 즐겁게 하
고, 돈은 만사를 해결한다.
20 마음 속으로라도 왕을 욕하지
말며, 잠자리에서라도 존귀한 이
를 저주하지 말아라. 하늘을 나는
새가 네 말을 옮기고, 날짐승이 네
소리를 전할 것이다.

슬기로운 삶

11 돈이 있으면, 무역에 투자하여
라. 여러 날 뒤에 너는 이윤을
남길 것이다.
2 이 세상에서 네가 무슨 재난을 만
날지 모르니, 투자할 때에는 일곱
이나 여덟로 나누어 하여라.
3 구름에 물이 가득 차면, 비가 되어
서 땅 위로 쏟아지는 법. 나무가
남쪽으로나 북쪽으로 쓰러지면,
어느 쪽으로 쓰러지든지, 쓰러진
그 곳에 그대로 있는 법.
4 바람이 그치기를 기다리다가는,
씨를 뿌리지 못한다. 구름이 걷히
기를 기다리다가는, 거두어들이지
못한다.
5 바람이 다니는 길을 네가 모르
듯이 임신한 여인의 태에서 아이
의 생명이 어떻게 시작되는지 네
가 알 수 없듯이, 만물의 창조자
하나님이 하시는 일을 너는 알지
못한다.
6 아침에 씨를 뿌리고, 저녁에도
부지런히 일하여라. 어떤 것이 잘
될지, 이것이 잘 될지 저것이 잘 될
지, 아니면 둘 다 잘 될지를, 알 수
없기 때문이다.

젊은이에게 주는 충고

7 빛을 보고 산다는 것은 즐거운
일이다. 해를 보고 산다는 것은
기쁜 일이다.
8 오래 사는 사람은 그 모든 날을
즐겁게 살 수 있어야 한다. 그러나
어두운 날들이 많을 것이라는 것
도 기억해야 한다. 다가올 모든 것
은 다 헛되다.
9 젊은이여, 젊을 때에, 젊은 날을
즐겨라. 네 마음과 눈이 원하는
길을 따라라. 다만, 네가 하는 이
모든 일에 하나님의 심판이 있다
는 것만은 알아라.
10 네 마음의 걱정과 육체의 고통
을 없애라. 혈기왕성한 청춘은 덧
없이 지나가기 때문이다.

12 1 젊을 때에 너는 너의 창조주
를 기억하여라. 고생스러운 날
들이 오고, 사는 것이 즐겁지 않
다고 할 나이가 되기 전에,
2 해와 빛과 달과 별들이 어두워지
기 전에, 먹구름이 곧 비를 몰고
오기 전에, 그렇게 하여라.
3 그 때가 되면, 너를 보호하는 팔
이 떨리고, 정정하던 두 다리가 약

11장 요약 본장과 마지막 장은 전도서의 결론부로써, 복잡한 세상사를 인간의 판단력으로는 한 치 앞도 내다볼 수 없기에 현재의 삶에 최선을 다하라고 권면한다. 현실 속에는 많은 부조리가 있지만, 인생을 아무런 목적 없이 살아서는 안 된다. 이는 하나님께서 살아 계셔서 일하시기 때문이다.

11:8 헛되다 수수께끼와 같다는 뜻이다(8:10,14).

12장 요약 전도자는 창조주를 기억하고 두려워하며 그분의 명령을 지키라는 결론을 말한다(1,7,13절). 또한 젊은 시절부터 창조주를 기억하여 좀 더 값진 인생을 살라고 권면한다. 그래야만 인생의 허무함에서 벗어나며 하나님의 심판에서 살아남을 수 있기 때문이다.

12:1 고생스러운 날들 2–5절에 상징적으로 묘사된 노년기를 암시하고 있다.

해지고, 이는 빠져서 씹지도 못하
고, 눈은 침침해져서 보는 것마저
힘겹고,
4 귀는 먹어 바깥에서 나는 소리도
못 듣고, 맷돌질 소리도 희미해지
고, 새들이 지저귀는 노랫소리도
하나도 들리지 않을 것이다.
5 높은 곳에는 무서워서 올라가지
도 못하고, 넘어질세라 걷는 것마
저도 무서워질 것이다. 검은 머리
가 파뿌리가 되고, 원기가 떨어져
서 보약을 먹어도 효력이 없을 것
이다.
사람이 영원히 쉴 곳으로 가는
날, 길거리에는 조객들이 오간다.
6 은사슬이 ㉠끊어지고, 금그릇이
부서지고, 샘에서 물 뜨는 물동이
가 깨지고, 우물에서 도르래가 부
숴지기 전에, 네 창조주를 기억하
여라.
7 육체가 원래 왔던 흙으로 돌아가
고, 숨이 그것을 주신 하나님께로
돌아가기 전에, 네 창조주를 기억
하여라.
8 ㉡전도자가 말한다. 헛되고 헛되
다. 모든 것이 헛되다.

결론

9 ○전도자는 지혜로운 사람이기에,
백성에게 자기가 아는 지식을 가르
쳤다. 그는 많은 잠언을 찾아내서,
연구하고 정리하였다.
10 전도자는 기쁨을 주는 말을 찾으려
고 힘썼으며, 참되게 사는 길을 가르
치는 말을 찾으면 그것을 바르게 적
어 놓았다.
11 ○지혜로운 사람의 말은 찌르는 채
찍 같고, 수집된 잠언은 잘 박힌 못
과 같다. 이 모든 것은 모두 한 목자
가 준 것이다.
12 ○한 마디만 더 하마. 나의 아이들
아, 조심하여라.
책은 아무리 읽어도 끝이 없고,
공부만 하는 것은 몸을 피곤하게
한다.
13 ○할 말은 다 하였다. 결론은 이것
이다.
"하나님을 두려워하여라. 그분
이 주신 계명을 지켜라. 이것이 바
로 사람이 해야 할 의무다.
14 하나님은 모든 행위를 심판하신
다. 선한 것이든 악한 것이든 모든
은밀한 일을 다 심판하신다."

12:3-5 노년기 육체의 기력이 쇠하고, 모든 일에 흥미를 잃은 노년의 상태를 비유로 설명한다.

12:6-7 사람의 생명 전도자는 생명의 끊어짐을 묘사하고 있다. 사람의 생명은 금그릇처럼 귀중하지만, 반면에 물동이처럼 깨지기 쉬운 것이다.

12:8 헛된 것의 대상 본절에서 전도자가 말한 헛된 것의 대상은 사람의 모든 노력과 지혜이다(1:12-11:6). 그러나 그가 줄곧 강조해 온 바는 하나님을 두려워하며 자기의 타고난 복을 누리는 것은 헛되지 않다는 것이다.

12:9-14 결론 전도자는 계속해서 하나님을 두려운 마음으로 섬기고 그분을 기쁘시게 하라고 권고한다. 그는 세상의 모든 일에 하나님이 정하신 때와 기한이 있듯이 심판 또한 하나님이 정하신 때가 있다고 말하고 있다. 그래서 전도자는 하나님이 주신 계명을 지키고 그분이 능력을 주시는 대로 인생을 즐기라고 권고한다.

㉠ 시리아어역과 불가타를 따름. 히, '풀리고' ㉡ 1:1의 주를 볼 것

아가

저자 솔로몬

저작 연대 B.C. 10세기경

기록 장소와 대상 기록 장소는 예루살렘이며, 솔로몬의 신부를 위해 썼다.

핵심어 및 내용 아가의 핵심어는 '사랑'과 '결혼'이다. 본서는 순수한 사랑의 특성들은 어떤 것이며 행복한 결혼 생활에 필요한 요소들은 무엇인지를 아름답게 묘사하고 있다. 이런 깊은 관계를 더욱 발전시켜 나가기 위해서는 서로를 온전히 신뢰하고 상대방을 먼저 생각하며 섬겨야 한다.

내용 분해

1. 제목(1:1)
2. 사랑을 구함(1:2–2:7)
3. 만남과 헤어짐–다시 만남(2:8–3:5)
4. 결혼 예식과 첫날밤(3:6–5:1)
5. 잃었다가 다시 찾음(5:2–8:4)
6. 사랑의 성숙과 확인(8:5–14)

포도주보다 나은 사랑

1 솔로몬의 가장 아름다운 노래
㉠(여자)
2 나에게 입맞춰 주세요, 숨막힐
듯한 임의 입술로. 임의 사랑은
포도주보다 더 달콤합니다.
3 임에게서 풍기는 향긋한 내음, 사
람들은 임을 쏟아지는 향기름이
라고 부릅니다. 그러기에 아가씨
들이 임을 사랑합니다.
4 나를 데려가 주세요, 어서요. 임금
님, 나를 데려가세요, ㉡임의 침실
로.
(친구들)
우리는 임과 더불어 기뻐하고 즐
거워하며, 포도주보다 더 진한 임
의 사랑을 기리렵니다. 아가씨라
면 누구나 임을 사랑할 것입니다.
(여자)
5 예루살렘의 아가씨들아, 내가
검어서 예쁘단다. 게달의 장막 같
고 ㉢솔로몬의 휘장 같다는구나.
6 내가 검다고, 내가 햇볕에 그을렸
다고, 나를 깔보지 말아라. 오빠
들 성화에 못 이겨서, 나의 포도원
은 버려 둔 채, 오빠들의 포도원
들을 돌보느라고 이렇게 된 것이
다.
7 사랑하는 그대여, 나에게 말하
여 주세요. 임은 어디에서 양 떼
를 치고 있습니까? 대낮에는 어디
에서 양 떼를 쉬게 합니까? 양 떼
를 치는 임의 동무들을 따라다니
며, 임이 있는 곳을 물으며 헤매란
말입니까?
(친구들)
8 여인들 가운데서도 빼어나게 아
리따운 여인아, 네가 정말 모르겠
거든, 양 떼의 발자취를 따라가거
라. 양치기들이 장막을 친 곳이
나오거든, 그 곁에서 너의 어린 염
소 떼를 치며 기다려 보아라.
(남자)
9 나의 사랑 그대는 바로의 병거
를 끄는 날랜 말과도 같소.
10 땋은 머리채가 흘러내린 임의 두
볼이 귀엽고, 구슬목걸이 감긴 임
의 목이 아름답소.
(친구들)
11 금사슬에 은구슬을 박은 귀고

㉠ 히브리어 본문의 대명사를 보고 남녀를 구별하였음. 사랑하는 두 남녀 외에 '친구들'이 등장함. 주석가들에 따라서는 구분을 달리하는 곳도 있음 ㉡ 히브리어 남성 단수 ㉢ 또는 '살마의'

리를 우리가 너에게 만들어 주마.
(여자)
12 임금님이 침대에 누우셨을 때
에, 나의 나도 기름이 향기를 내뿜
었어요.
13 사랑하는 그이는 나에게 가슴에
품은 향주머니라오.
14 사랑하는 그이는 나에게 엔게디
포도원의 고벨 꽃송이라오.
(남자)
15 아름다워라, 나의 사랑. 아름다
워라, 비둘기 같은 그 눈동자.
(여자)
16 나의 사랑, 멋있어라. 나를 이렇
게 황홀하게 하시는 그대! 우리의
침실은 푸른 풀밭이라오.
(남자)
17 우리 집 들보는 백향목이요, 우
리 집 서까래는 전나무라오.

사랑은 모든 것을 아름답게 만든다

2 (여자)
나는 샤론의 ㉠수선화, 골짜기에
핀 나리꽃이라오.
(남자)
2 가시덤불 속에 핀 나리꽃, 아가
씨들 가운데서도 나의 사랑 그대
가 바로 그렇소.
(여자)
3 숲 속 잡목 사이에 사과나무 한
그루, 남자들 가운데서도 나의 사
랑 임이 바로 그렇다오. 그 그늘
아래 앉아서, 달콤한 그 열매를 맛
보았어요.
4 임은 나를 이끌고 잔칫집으로
갔어요. 임의 사랑이 내 위에 깃
발처럼 펄럭이어요.
5 "건포도 과자를 주세요. 힘을 좀
내게요. 사과 좀 주세요. 기운 좀
차리게요. 사랑하다가, 나는 그만
병들었다오."
6 임께서 왼팔로는 나의 머리를 고
이시고, 오른팔로는 나를 안아 주
시네.
7 "예루살렘의 아가씨들아, 노루와
들사슴을 두고서 부탁한다. 우리
가 마음껏 사랑하기까지는, 흔들
지도 말고 깨우지도 말아 다오."

겨울은 지나고

8 아, 사랑하는 임의 목소리! 저기
오는구나. 산을 넘고 언덕을 넘어
서 달려오는구나.
9 사랑하는 나의 임은 노루처럼, 어
린 사슴처럼 빠르구나. 벌써 우리
집 담 밖에 서서 창 틈으로 기웃
거리며, 창살 틈으로 엿보는구나.
10 아, 사랑하는 이가 나에게 속삭이
네.
(남자)
나의 사랑 그대, 일어나오. 나의
어여쁜 그대, 어서 나오오.

1장 요약 본서는 솔로몬과 술람미 여인의 사랑을 노래한 책으로, 그리스도와 교회의 거룩한 사랑을 비유한 것으로 이해된다.

2장 요약 본장에 이르러 두 연인은 더욱 사랑하게 되었다. 서로 그리워하다가 술람미 여인은 병에 걸릴 지경까지 이르렀다(5절). 솔로몬 역시 그녀와 함께 있고 싶은 마음이 간절하여, 술람미 여인에게 사랑의 초청장을 보냈다.

2:8-3:5 사랑하는 사람을 찾는 신부의 노래 이제 겨울도 지나 봄이 왔으니, 포도나무는 비교할 수 없는 달콤한 향기를 토한다. 이때 솔로몬은 시골의 전원 속에 묻혀 있는 술람미 여인의 마음에 사랑의 초청장을 보내는 것이다. 인생의 여정에도 겨울이 있기 마련이다. 그리스도는 우리에게 뜨거운 사랑으로 '일어나오. 어서 나오오'(10,13절)라는 초청장으로 늘 소망을 주신다.

㉠ 또는 '장미'

11 겨울은 지나고, 비도 그치고, 비구
름도 걷혔소.
12 꽃 피고 새들 노래하는 계절이 이
땅에 돌아왔소. 비둘기 우는 소
리, 우리 땅에 들리오.
13 무화과나무에는 푸른 무화과가
열려 있고, 포도나무에는 활짝 핀
꽃이 향기를 내뿜고 있소. 일어나
나오오. 사랑하는 임이여! 나의 귀
여운 그대, 어서 나오오.
14 바위 틈에 있는 나의 비둘기여,
낭떠러지 은밀한 곳에 숨은 나의
비둘기여, 그대의 모습, 그 사랑스
런 모습을 보여 주오. 그대의 목소
리, 그 고운 목소리를 들려 주오.
15 "여우 떼를 좀 잡아 주오. 꽃이
한창인 우리 포도원을 망가뜨리
는 새끼 여우 떼를 좀 잡아 주오."

(여자)

16 임은 나의 것, 나는 임의 것. 임
은 나리꽃 밭에서 양을 치네.
17 날이 저물고 그림자가 사라지기
전에, 나의 임이여, 노루처럼 빨리
돌아와 주세요. ㉠베데르 산의 날
랜 사슴처럼 빨리 오세요.

아름다운 꿈

3

(여자)

나는 잠자리에서 밤새도록 사
랑하는 나의 임을 찾았지만, 아무
리 찾아도 그를 만나지 못하였다.
2 '일어나서 온 성읍을 돌아다니며
거리마다 광장마다 샅샅이 뒤져
서 사랑하는 나의 임을 찾겠다'고
마음 먹고, 그를 찾아 나섰지만
만나지 못하였다.
3 성 안을 순찰하는 야경꾼들을 만
나서 "사랑하는 나의 임을 못 보
셨어요?" 하고 물으며,
4 그들 옆을 지나가다가, 드디어 사
랑하는 나의 임을 만났다. 놓칠세
라 그를 꼭 붙잡고, 나의 어머니의
집으로 데리고 갔다. 어머니가 나
를 잉태하던 바로 그 방으로 데리
고 갔다.
5 예루살렘의 아가씨들아, 노루
와 들사슴을 두고서 부탁한다. 우
리가 마음껏 사랑하기까지는, 흔
들지도 말고 깨우지도 말아 다오.

신랑이 오네

6 거친 들을 헤치며, 연기 치솟듯
올라오는 저 사람은 누구인가? 몰
약과 유향 냄새 풍기며, 장사꾼들
이 가지고 있는 온갖 향수 냄새
풍기며 오는구나.
7 아, 솔로몬이 탄 가마로구나. 이스
라엘 장사 가운데서도 빼어난 용
사 예순 명이 그를 호위하는구나.
8 모두들 칼로 무장했구나. 전쟁에
익숙한 군인들이 야간 기습에 대
비하여 저마다 허리에 칼을 찼구

3장 요약 1–5절에서는 솔로몬을 그리워하는 여인의 마음을 극적으로 묘사하였다. 때를 맞추어 솔로몬도 술람미 여인과의 결혼을 앞두고 *그녀를 왕궁으로* 불러들였다(6–11절). 신부를 위해 온갖 보석과 향품으로 꾸민 가마를 예순 명의 호위병과 함께 보낸 것이다.

3:1–5 마치 꿈과 같은 독백으로서, 여인이 솔로몬을 얼마나 사모하는지를 나타낸다.

3:6–11 솔로몬은 결혼 예식을 앞두고 시골에 있던 술람미 여인을 왕궁으로 불러들인다. 술람미 여인을 태운 가마는 요단 골짜기를 통하여 솔로몬 왕이 있는 예루살렘 성으로 올라온다. 이것은 신부가 된 성도들이 신랑이신 그리스도의 초청을 통하여 속박의 상태에서 자유로, 수치의 상태에서 영광으로 나아가는 것을 상징한다(시 45:3; 호 2:16).

㉠ '바위 언덕의'

나.
9 솔로몬 왕은 그 가마를 레바논의
나무로 만들었구나.
10 기둥은 은으로 입히고, 닫집은 금
으로 꾸미고, 자리에는 보랏빛 털
을 깔았구나. 그 안은 사랑으로
가득 찼구나. 예루살렘의 아가씨
들아,
11 시온의 딸들아, 나와서 보아라. 솔
로몬 왕이다. 그가 결혼하는 날, 그
의 마음이 한껏 즐거운 날, 어머니
가 씌워 준 면류관을 쓰고 계시네.

아름다운 신부

4

(남자)
아름다워라, 나의 사랑! 아름다
워라. 너울 속 그대의 눈동자는
비둘기 같고 그대의 머리채는 길
르앗 비탈을 내려오는 염소 떼 같
구나.
2 그대의 이는 털을 깎으려고 목욕
하고 나오는 암양 떼 같이 희구
나. 저마다 짝이 맞아서, 빠진 것
이 하나도 없구나.
3 그대의 입술은 붉은 실 같고, 그대
의 입은 사랑스럽구나. 너울 속 그
대의 볼은 반으로 쪼개 놓은 석류
같구나.
4 그대의 목은 무기를 두려고 만든
다윗의 망대, 천 개나 되는 용사
들의 방패를 모두 걸어 놓은 망대
와 같구나.
5 그대의 가슴은 나리꽃 밭에서 풀
을 뜯는 한 쌍 사슴 같고 쌍둥이
노루 같구나.
6 날이 저물고 그림자가 사라지기
전에, 나는 몰약 산으로 가려 하
네. 유향 언덕으로 가려 하네.
7 아름답기만 한 그대, 나의 사랑,
흠잡을 데가 하나도 없구나.
8 레바논에서 오너라, 신부야! 레
바논에서 오너라, 어서 오너라. 아
마나 꼭대기에서, 스닐과 헤르몬
꼭대기에서, 사자들이 사는 굴에
서, 표범들이 사는 언덕에서 내려
오너라.
9 나의 누이, 나의 신부야! 오늘
나 그대에게 마음을 빼앗기고 말
았다. 그대의 눈짓 한 번 때문에,
목에 걸린 구슬 목걸이 때문에,
나는 그대에게 마음을 빼앗기고
말았다.
10 나의 누이, 나의 신부야! 달콤한
그대의 사랑, 그대의 사랑은 포도
주보다 더 나를 즐겁게 한다. 그대
가 풍기는 향내보다 더 향기로운
향기름이 어디 있느냐!
11 나의 신부야, 그대의 입술에서는
꿀이 흘러 나오고, 그대의 혀 밑에
는 꿀과 젖이 고여 있다. 그대의
옷자락에서 풍기는 향내는 레바

4장 요약 신랑이 신부의 순결하고 아름다운 모습을 극찬하며 애정을 표현하는 내용이다. 신랑 솔로몬은 사랑하는 신부의 자태를 일곱 가지로 나누어 상세하게 묘사하고 있다.

4:1-15 술람미 여인을 맞아들인 신랑 솔로몬이, 사랑하는 신부의 순결하고 아름다운 자태를 7가지(눈동자, 머리채, 이, 입술, 볼, 목, 가슴)로 상세하게 묘사하고 있다. 특히, '나의 사랑, 나의 누이, 나의 신부'라고 하여 애정 깊은 소유의 관계임을 보여 준다. 이것은 성도들이 하나님의 것이요(사 43:1;요 17:9-10), 신랑 되신 그리스도의 순결한 신부(엡 5:25,27)인 것과 그분과의 신비한 연합(엡 5:29-30)이 곧 교회의 본질임을 가르쳐 준다.

4:9 나의 누이 사랑하는 사람을 '형제', '자매' 등의 표현으로 부르는 것은 고대 근동 지역 애정시(愛情詩)의 일반적인 특징이다.

논의 향기와 같다.
12 나의 누이 나의 신부는 문 잠긴
동산, 덮어놓은 우물, 막아 버린
샘.
13 그대의 동산에서는 석류와 온갖
맛있는 과일, 고벨 꽃과 나도 풀,
14 나도 풀과 번홍꽃, 창포와 계수나
무 같은 온갖 향나무, 몰약과 침
향 같은 온갖 귀한 향료가 나는구
나.
15 그대는 동산에 있는 샘, 생수가
솟는 우물, 레바논에 흐르는 시냇
물이다.

(여자)

16 북풍아, 일어라. 남풍아, 불어
라. 나의 동산으로 불어오너라. 그
향기 풍겨라. 사랑하는 나의 임이
이 동산으로 와서 맛있는 과일을
즐기게 하여라.

5

(남자)

1 나의 누이, 나의 신부야! 나의 동
산으로 내가 찾아왔다. 몰약과 향
료를 거두고, 꿀과 꿀송이를 따먹
고, 포도주와 젖도 마셨다.

(친구들)

먹어라, 마셔라, 친구들아! 사랑
에 흠뻑 취하여라.

꿈

(여자)

2 나는 자고 있었지만, 나의 마음
은 깨어 있었다. 저 소리, 나의 사
랑하는 이가 문을 두드리는 소리.
"문 열어요! 나의 누이, 나의 사랑,
티없이 맑은 나의 비둘기! 머리가
온통 이슬에 젖고, 머리채가 밤이
슬에 흠뻑 젖었소."
3 아, 나는 벌써 옷을 벗었는데, 다
시 입어야 하나? 발도 씻었는데,
다시 흙을 묻혀야 하나?
4 사랑하는 이가 문 틈으로 손을 들
이밀 때에, 아, 설레이는 나의 마
음.
5 사랑하는 이를 맞아들이려고 벌
떡 일어나서 몰약에 젖은 손으로,
몰약의 즙이 뚝뚝 듣는 손가락으
로 문빗장을 잡았지.
6 사랑하는 이를 맞아들이려고 문
을 열었지. 그러나 나의 임은 몸을
돌려 가 버리네. 임의 말에 넋을
잃고 그를 찾아 나섰으나, 가버린
그를 찾을 수 없네. 불러도 대답
이 없네.
7 성읍을 순찰하는 야경꾼들이 나
를 때려서 상처를 입히고, 성벽을
지키는 파수꾼들이 나의 겉옷을
벗기네.
8 부탁하자, 예루살렘의 아가씨들
아, 너희가 나의 임을 만나거든, 내
가 사랑 때문에 병들었다고 말하
여 다오.

5장 요약 사랑의 시련이 소개된다. 이 시련은 신부 자신의 내면에서 비롯되었다. 그녀는 신랑의 사랑을 독차지했다고 생각하여 신랑에게 *잠시* 소홀히 대했던 것이다(3절). 하지만 이 모든 시련 가운데서도 신부는 신랑을 마음속에 그리며 일편단심으로 사모한다(10–16절).

5:1 나의 동산은 우아한 인격과 영적인 매력을 지닌(4:16) 술람미 여인을 가리킨다(4:12).

5:2–6:3 처음 두 막에서 '그대'로 불렸던 술람미 여인이 세 번째 막에서는 '누이, 신부'로 발전되더니, 이번에는 오직 '신부'로 나타난다. 이것은 두 사람의 관계를 강조하고 이상화하며, 그 관계에 신비적 의미를 부여하는 표현이다. 여기에서는 그들의 결혼 생활, 즉 다소 시련이 있지만 잘 유지되고 있는 순수한 애정 생활을 다루고 있다. 그것은 실제 생활이 아닌 꿈의 모습으로 그려진다.

5:3 옷을 벗었는데, 발도 씻었는데 첫사랑을 상실

(친구들)
9 여인들 가운데서도 빼어나게 예
쁜 여인아, 너의 임이 다른 임보다
무엇이 더 나으냐? 너의 임이 어
떤 임이기에, 네가 우리에게 그런
부탁을 하느냐?
(여자)
10 나의 임은 깨끗한 살결에 혈색
좋은 미남이다. 만인 가운데 으뜸
이다.
11 머리는 정금이고, 곱슬거리는 머
리채는 까마귀같이 검다.
12 그의 두 눈은 흐르는 물 가에 앉
은 비둘기. 젖으로 씻은 듯, 넘실
거리는 못 가에 앉은 모습이다.
13 그의 두 볼은 향기 가득한 꽃밭,
향내음 풍기는 풀언덕이요, 그의
입술은 몰약의 즙이 뚝뚝 듣는 나
리꽃이다.
14 그의 손은 가지런하고, 보석 박은
반지를 끼었다. 그의 허리는 청옥
입힌 상아처럼 미끈하다.
15 그의 두 다리는 순금 받침대 위에
선 대리석 기둥이다. 그는 레바논
처럼 늠름하고, 백향목처럼 훤칠
하다.
16 그의 입 속은 달콤하고, 그에게 있
는 것은 모두 사랑스럽다.
예루살렘의 아가씨들아, 이 사
람이 바로 나의 임, 나의 친구이다.

6

(친구들)
1 여인들 가운데서도 빼어나게 아
리따운 여인아, 너의 임이 간 곳이
어디냐? 너의 임이 간 곳이 어딘
지 우리가 함께 임을 찾아 나서자.
(여자)
2 나의 임은, 자기의 동산, 향기
가득한 꽃밭으로 내려가서, 그 동
산에서 양 떼를 치면서 나리꽃을
꺾고 있겠지.
3 나는 임의 것, 임은 나의 것. 임
은 나리꽃 밭에서 양을 치네.
(남자)
4 나의 사랑 그대는 디르사처럼
어여쁘고, 예루살렘처럼 곱고, 깃
발을 앞세운 군대처럼 장엄하구
나.
5 그대의 눈이 나를 사로잡으니, 그
대의 눈을 나에게서 돌려 다오.
그대의 머리채는 길르앗 비탈을
내려오는 염소 떼 같구나.
6 그대의 이는 털 깎으려고 목욕하
고 나오는 암양 떼 같이 희구나.
저마다 짝이 맞아서 빠진 것이 하
나도 없구나.
7 너울 속 그대의 볼은 반으로 쪼개
어 놓은 석류 같구나.
8 왕비가 예순 명이요, 후궁이 여든
명이요, 궁녀도 수없이 많다마는,
9 나의 비둘기, 온전한 나의 사랑은

한 원인이다. 순간적인 안일함이 영원한 사랑의 신뢰를 깨뜨렸다. 우리 또한 하나님을 경배하고 순종하는 데 있어서 사소한 일 하나라도 안일하게 생각해서는 안 된다.

5:10–16 솔로몬에 대한 사랑스러운 묘사 술람미 여인은 남편의 고결하고 온유한 인품과 사랑스러움을 매우 황홀하게 묘사하고 있다. 이제 술람미 여인은 솔로몬의 모든 것이 진실로 자기에게 사랑스럽다고 자신 있게 표현한다.

6장 요약 여기서 사랑의 시련이 극복된다. 신부는 간절한 마음으로 신랑을 찾아 나섰고(1–3절), 신부와 만난 신랑은 그녀의 아름다움과 순결함을 또다시 노래하였다(4–10절).

6:1–13 신부가 신랑을 만나는 모습이다. 신부(성도)가 신랑(그리스도)을 찾는 과정에 '친구들'(1, 13절)이 주체인 삽입구가 나오는데, 이것은 그리스도를 찾는 성도를 교회가 돕겠다는 의미이다.

오직 하나뿐, 어머니의 외동딸, 그
를 낳은 어머니가 귀엽게 기른 딸,
아가씨들이 그를 보고 복되다 하
고, 왕비들과 후궁들도 그를 칭찬
하는구나.
10 "이 여인이 누구인가? 새벽처럼
밝고, 보름달처럼 훤하고, 해처럼
눈부시고, 깃발을 앞세운 군대처
럼 장엄하구나."
11 골짜기에서 돋는 움들을 보려
고, 포도나무 꽃이 피었는지 석류
나무 꽃송이들이 망울졌는지 살
펴보려고, 나는 호도나무 숲으로
내려갔다네.
12 나도 모르는 사이에, 나는 어느덧
나의 마음이 시키는 대로 ㉠왕자
들이 타는 병거에 올라앉아 있네.

(친구들)

13 술람미의 아가씨야, 돌아오너
라, 돌아오너라. 눈부신 너의 모습
을 우리가 좀 볼 수 있게, 돌아오
너라, 돌아오너라. 술람미의 아가
씨야.

(남자)

그대들은 어찌하여 마하나임
춤마당에서 춤추는 술람미의 아
가씨를 보려 하는가?

결혼식 춤

7

(친구들)

귀한 집 딸아, 신을 신은 너의
발이 어쩌면 그리도 예쁘냐?
너의 다리는 숙련공이 공들여
만든 패물 같구나.
2 너의 배꼽은, 섞은 술이 고여 있는
둥근 잔 같구나. 너의 허리는 나
리꽃을 두른 밀단 같구나.
3 너의 가슴은 한 쌍 사슴 같고
쌍둥이 노루 같구나.
4 너의 목은 상아로 만든 탑 같고,
너의 눈은 바드랍빔 성문 옆에 있
는 헤스본 연못 같고, 너의 코는
다마스쿠스 쪽을 살피는 레바논
의 망대 같구나.
5 너의 머리는 영락없는 갈멜 산, 늘
어뜨린 너의 머리채는 한 폭 붉은
공단, 삼단 같은 너의 머리채에 임
금님도 반한다.

(남자)

6 오 나의 사랑, 나를 기쁘게 하
는 여인아, 그대는 어찌 그리도 아
리땁고 고운가?
7 그대의 늘씬한 몸매는 종려나무
같고, 그대의 가슴은 그 열매 송
이 같구나.
8 "이 종려나무에 올라가 가지들을
휘어 잡아야지." 그대의 가슴은
포도 송이, 그대의 코에서 풍기는
향내는 능금 냄새,
9 그대의 입은 가장 맛 좋은 포도
주.

7장 요약 신부의 아름다운 모습에 감탄하는 신랑의 노래가 이어진다(1–9절). 이어서 신부는 사랑의 고백으로 화답한다(10–13절). 시련을 통과한 신부는 이제 아무런 욕심이나 거리낌 없이 완전한 사랑을 바치겠다고 고백한다.

7:10–13 본문은 완전한 사랑을 바치겠다는 고백이다. 나 중심에서 그리스도 중심으로 변화되는 성도들의 성숙된 신앙을 보여 준다. 자아가 사라지고, 주님을 의지하고 헌신하는 삶이다(롬 14:8).

7:13 자귀나무 임신과 관련된 사랑의 꽃으로, 자줏빛을 띤다. 고대에는 정력제와 임신을 가능하게 하는 약초로 믿어왔다. 구약성경에는 라헬과 레아 자매가 야곱을 놓고 쟁탈전의 도구로 자귀나무를 사용한 것이 기록되어 있다(창 30:14–17). 자귀나무의 향기는 톡 쏘면서 매우 진하고, 예루살렘에서는 귀하지만 갈릴리 들판에는 흔했다.

㉠ 또는 '암미나답의 병거에' 또는 '백성의 병거에'

(여자)
㉠잇몸과 입술을 거쳐서 부드럽
게 흘러내리는 이 포도주를 임에
게 드려야지.
10 나는 임의 것, 임이 그리워하는
사람은 나.
11 임이여, 가요. 우리 함께 들로 나가
요. 나무 숲 속에서 함께 밤을 보
내요.
12 이른 아침에 포도원으로 함께 가
요. 포도 움이 돋았는지, 꽃이 피
었는지, 석류꽃이 피었는지, 함께
보러 가요. 거기에서 나의 사랑을
임에게 드리겠어요.
13 자귀나무가 향기를 내뿜어요. 문
을 열고 들어오면 온갖 열매 다 있
어요. 햇것도 해묵은 것도, 임이
여, 내가 임께 드리려고 고이 아껴
둔 것들이라오.

그대와 나

8 (여자)
아, 임께서 어머니 젖을 함께 빨
던 나의 오라버니라면, 내가 밖에
서 임을 만나 입맞추어도 아무도
나를 천하게 보지 않으련만,
2 우리 어머니 집으로 그대를 이끌
어들이고, 내가 태어난 어머니의
방으로 데리고 가서, 향기로운 술,
나의 석류즙을 드리련만.
3 임께서 왼팔로는 나의 머리를
고이시고, 오른팔로는 나를 안아
주시네.
4 예루살렘의 아가씨들아, 우리가
마음껏 사랑하기까지는 제발, 흔
들지도 말고 깨우지도 말아 다오.
(친구들)
5 사랑하는 이에게 몸을 기대고,
벌판에서 이리로 오는 저 여인은
누구인가?
(여자)
사과나무 아래에서 잠든 임을
내가 깨워 드렸지요. 임의 어머니
가 거기에서 임을 낳았고, 임을 낳
느라고 거기에서 산고를 겪으셨다
오.
6 도장 새기듯, 임의 마음에 나를
새기세요. 도장 새기듯, 임의 팔에
나를 새기세요. 사랑은 죽음처럼
강한 것, 사랑의 시샘은 저승처럼
잔혹한 것, 사랑은 타오르는 불
길, 아무도 못 끄는 ㉡거센 불길입
니다.
7 바닷물도 그 사랑의 불길 끄지 못
하고, 강물도 그 불길 잡지 못합니
다. 남자가 자기 집 재산을 다 바
친다고 사랑을 얻을 수 있을까요?
오히려 웃음거리만 되고 말겠지
요.
(친구들)
8 우리 누이가 아직 어려서 가슴

8장 요약 신부는 솔로몬과의 관계가 더 순수하고 확고하기를 바라는 마음에서 차라리 남매 사이였으면 하고 바란다(1–2절). 5–7절에서 신부는 그 무엇도 자신과 신랑과의 사랑을 끊을 수 없음을 단언한다. 이제 신랑과 신부는 한마음과 한뜻이 되어 첫사랑 때 부르던 노래를 부른다.

8:1–4 술람미 여인은 솔로몬과의 관계가 더 확고하기를 바라는 마음에서 차라리 남매였으면 하고 바란다. 남편과 아내의 결합은 감정의 연약함과 변덕스러움으로 인해 깨질 수도 있기 때문이다.
8:6–7 첫 번째 도장은 도장이 새겨진 반지이다. 이 반지는 가슴에 목걸이처럼 매달기도 한다. 두 번째 도장은 아마도 팔이란 말로 보아 팔찌나 고리 같은 것으로 보인다. 죽음·저승·불길·바닷물·

㉠ 칠십인역과 아퀼라역과 불가타와 시리아어역을 따름. 히, '잠자는 사람들의 입술' ㉡ 또는 '주님의 불길 같습니다'

이 없는데, 청혼이라도 받는 날이
되면, 누이에게 우리가 무엇을 해
야 하나?
9 누이가 우아한 성벽이라면 우리가
은으로 망대를 세워 주고, 누이가
아름다운 성문이라면 우리가 송
백 널빤지로 입혀 주마.

(여자)

10 나는 성벽이요, 나의 가슴은 망
대 같습니다. 그래서 그가 날 그
토록 좋아합니다.
11 솔로몬은 바알하몬에 포도밭이
있습니다. 그는 그 포도원을 소작
인에게 주었지요. 사람마다 도조
를 은 천 세겔씩 바치게 하였습니
다.
12 나에게도 내가 받은 포도밭이 있
습니다. 솔로몬 임금님, 천 세겔은
임금님의 것이고 이백 세겔은 그
밭을 가꾼 이들의 것입니다.

(남자)

13 동산 안에서 사는 그대, 동무들
이 귀를 기울이니 그대의 목소리
를 들려 주오.

(여자)

14 임이여, 노루처럼 빨리 오세요.
향내 그윽한 이 산의 어린 사슴처
럼, 빨리 오세요.

강물 사랑의 강렬함을 나타내는 말이다. 자기 집 재산을 사랑의 참된 가치를 설명하고 있다. 사랑은 그 무엇으로도 살 수 없는 것으로, 하나님의 사랑을 상징하기도 한다.

8:9 성벽은 진실함을 상징하고, 성문은 연약함을 상징한다. 또한 은으로 세울 망대는 누이가 받을 보상이 큼을 상징하는데, 여기서 '은'은 거룩함을 나타낸다.

8:10-12 솔로몬의 찬가에 대한 술람미 여인의 응답이다. 은 천 세겔씩 바칠 포도원이라면 최소한 포도나무가 천 그루 이상이 있어야 한다. 술람미 여인은 소작인들처럼 자기가 생산할 수 있는 모든 것을 바치겠다고 말한다.

8:13-14 신랑에게는 술람미 여인의 목소리를 듣는 것이 큰 기쁨이었다. 그녀는 신랑의 요구에 따라 첫사랑 때 부르던 노래를 부른다. 그녀는 이 노래를 부르면서 그녀의 모든 소망인 신랑과 함께 꽃이 만발한 동산 너머로 달려간다.

이사야서

ISAIAH

저자 이사야

저작 연대 B.C. 745–680년경

기록 장소와 대상 기록 장소는 예루살렘으로 추정되며, 주로 유다 민족을 기록 대상으로 하고 있고 그 밖의 주변 민족들을 위해서도 기록하였다.

핵심어 및 내용 이사야서의 핵심어는 '심판'과 '구원'이다. 이사야서는 총 66장으로, 성경 66권을 축소해 놓은 것과 같다. 앞부분의 39장은 회개하고 하나님께 다시 돌아오기를 거부한 이스라엘 민족에 대하여 하나님의 심판을 강조하는 구약 39권의 내용과 유사하다. 그리고 뒷부분의 27장은 우리를 구원하실 메시아에 초점이 모아진 신약 27권과 비슷한 내용을 다루고 있다.

내용 분해

1. 유다 민족에 대한 책망과 약속(1:1–6:13)
2. 임마누엘과 메시아 왕국에 대한 예언(7:1–12:6)
3. 이방 나라에 대한 예언(13:1–23:18)
4. 하나님의 심판과 약속(24:1–27:13)
5. 이스라엘의 불신자에 대한 경고(28:1–35:10)
6. 히스기야에 대한 역사적 기록(36:1–39:8)
7. 바빌론 포로에서의 구원과 회복에 대한 예언 (40:1–66:24)

1 이것은, 아모스의 아들 이사야가,
유다 왕 웃시야와 요담과 아하스
와 히스기야 시대에, 유다와 예루살
렘에 대하여 본 이상이다.

하나님께서 백성을 꾸짖으시다

2 하늘아, 들어라! 땅아, 귀를 기
울여라! 주님께서 말씀하신다.
"내가 자식이라고 기르고 키웠는
데, 그들이 나를 거역하였다.
3 소도 제 임자를 알고, 나귀도 주
인이 저를 어떻게 먹여 키우는지
알건마는, 이스라엘은 알지 못하
고, 나의 백성은 깨닫지 못하는구
나."
4 슬프다! 죄 지은 민족, 허물이
많은 백성, 흉악한 종자, 타락한
자식들! 너희가 주님을 버렸구나.
이스라엘의 거룩하신 분을 업신
여겨서, 등을 돌리고 말았구나.
5 어찌하여 너희는 더 맞을 일만 하
느냐? 어찌하여 여전히 배반을 일
삼느냐? 머리는 온통 상처투성이
고, 속은 온통 골병이 들었으며,
6 발바닥에서 정수리까지 성한 데
가 없이, 상처난 곳과 매맞은 곳과
또 새로 맞아 생긴 상처뿐인데도,
그것을 짜내지도 못하고, 싸매지
도 못하고, 상처가 가라앉게 기름
을 바르지도 못하였구나.
7 너희의 땅이 황폐해지고, 너희의
성읍들이 송두리째 불에 탔으며,
너희의 농토에서 난 것을, 너희가
보는 앞에서 이방 사람들이 약탈
해 갔다.
이방 사람들이 너희의 땅을 박
살냈을 때처럼 황폐해지고 말았
구나.
8 도성 시온이 외롭게 남아 있는 것
이 포도원의 초막과 같으며, 참외
밭의 원두막과 같고, 포위된 성읍
과 같구나.
9 만군의 주님께서 우리 가운데
얼마라도 살아 남게 하시지 않으
셨다면, 우리는 마치 소돔처럼 되
고 고모라처럼 될 뻔하였다.
10 너희 소돔의 ㉠통치자들아! 주님
의 말씀을 들어라. 너희 고모라의
백성아! 우리 하나님의 ㉡법에 귀
를 기울여라.

㉠ 또는 '사사들아' ㉡ 또는 '가르침' 또는 '교훈'

사

11 주님께서 말씀하신다. "무엇하
려 나에게 이 많은 제물을 바치느
냐? 나는 이제 숫양의 번제물과
살진 짐승의 기름기가 지겹고, 나
는 이제 수송아지와 어린 양과 숫
염소의 피도 싫다.
12 너희가 나의 앞에 보이러 오지만,
누가 너희에게 그것을 요구하였느
냐? 나의 뜰만 밟을 뿐이다!
13 다시는 헛된 제물을 가져 오지 말
아라. 다 쓸모 없는 것들이다. 분
향하는 것도 나에게는 역겹고, 초
하루와 안식일과 대회로 모이는
것도 참을 수 없으며, 거룩한 집회
를 열어 놓고 못된 짓도 함께 하
는 것을, 내가 더 이상 견딜 수 없
다.
14 나는 정말로 너희의 초하루 행사
와 정한 절기들이 싫다. 그것들은
오히려 나에게 짐이 될 뿐이다. 그
것들을 짊어지기에는 내가 너무
지쳤다.
15 너희가 팔을 벌리고 기도한다
하더라도, 나는 거들떠보지도 않
겠다. 너희가 아무리 많이 기도를
한다 하여도 나는 듣지 않겠다.
너희의 손에는 피가 가득하다.
16 너희는 씻어라. 스스로 정결하게
하여라. 내가 보는 앞에서 너희의
악한 행실을 버려라. 악한 일을 그
치고,
17 옳은 일을 하는 것을 배워라. 정
의를 찾아라. ㉠억압받는 사람을
도와주어라. 고아의 송사를 변호
하여 주고 과부의 송사를 변론하
여 주어라."
18 주님께서 말씀하신다. "오너라!
우리가 서로 변론하자. 너희의 죄
가 주홍빛과 같다 하여도 눈과 같
이 희어질 것이며, 진홍빛과 같이
붉어도 양털과 같이 희어질 것이
다.
19 너희가 기꺼이 하려는 마음으로
순종하면, 땅에서 나는 가장 좋은
소산을 먹을 것이다.
20 그러나 너희가 거절하고 배반하
면, 칼날이 너희를 삼킬 것이다."
이것은 주님께서 친히 하신 말씀
이다.

죄로 가득 찬 성읍

21 그 신실하던 성읍이 어찌하여
창녀가 되었습니까? 그 안에 정의
가 충만하고, 공의가 가득하더니,
이제는 살인자들이 판을 칩니다.
22 네가 만든 은은 불순물의 찌꺼
기뿐이고, 네가 만든 가장 좋은
포도주에는 물이 섞여 있구나.
23 너의 지도자들은 주님께 반역하
는 자들이요, 도둑의 짝이다. 모
두들 뇌물이나 좋아하고, 보수나

1장 요약 본서의 전반부에는 이스라엘과 여러 나라에 대한 하나님의 심판이, 후반부에는 메시아의 도래로 인한 이스라엘의 회복이 예언되었다.

1:1–20 이사야 예언자의 활동 초기에, 유다는 앗시리아·이집트·시리아·북 이스라엘로부터 위협을 당하고 있었다. 그러나 이와 같은 대외적인 위협보다 더 심각한 것은 하나님을 버린 신앙의 배교(2–9절)와 무자비한 악행(10–17절)이었다. 그러나 하나님께서는 그들이 회개하고 돌아온다면 용서하고 복을 주겠노라고 그들에게 호소하셨다(18–20절).

1:18 변론하자 논쟁하자는 뜻이 아니라, 하나님과 백성 사이의 오해를 조정하자는 의미이다.

1:24 한을 풀겠다 주님께서 유다 백성들에 대해 탄식하시는 말이다. 만약 그들이 언약대로 순종하

㉠ 또는 '억압하는 자들을 꾸짖어라'

계산하면서 쫓아다니고, 고아의
송사를 변호하여 주지 않고, 과부
의 하소연쯤은 귓전으로 흘리는
구나.
24 그러므로 주 곧 만군의 주, 이스
라엘의 전능하신 분께서 말씀하
신다. "내가 나의 대적들에게 나의
분노를 쏟겠다. 내가 나의 원수들
에게 보복하여 한을 풀겠다.
25 이제 다시 내가 너를 때려서라도
잿물로 찌꺼기를 깨끗이 씻어 내
듯 너를 씻고, 너에게서 모든 불
순물을 없애겠다.
26 옛날처럼 내가 사사들을 너에게
다시 세우고, 처음에 한 것처럼 슬
기로운 지도자들을 너에게 보내
주겠다. 그런 다음에야 너를 '의
의 성읍', '신실한 성읍'이라고 부
르겠다."
27 시온은 정의로 구속함을 받고,
회개한 백성은 공의로 구속함을
받을 것이다.
28 그러나 거역하는 자들과 죄인들
은 모두 함께 패망하고, 주님을 버
리는 자들은 모두 멸망을 당할 것
이다.
29 너희가 상수리나무 아래에서
우상 숭배를 즐겼으니, 수치를 당
할 것이며, 너희가 동산에서 이방
신들을 즐겨 섬겼으므로 창피를
당할 것이다.
30 기어이 너희는 잎이 시든 상수리
나무처럼 될 것이며, 물이 없는 동
산과 같이 메마를 것이다.
31 강한 자가 삼오라기와 같이 되고,
그가 한 일은 불티와 같이 될 것
이다. 이 둘이 함께 불타도 꺼 줄
사람 하나 없을 것이다.

영원한 평화

2 이것은 아모스의 아들 이사야가
유다와 예루살렘을 두고, 계시로
받은 말씀이다.
2 마지막 때에, 주님의 성전이 서
있는 산이 모든 산 가운데서 으뜸
가는 산이 될 것이며, 모든 언덕보
다 높이 솟을 것이니, 모든 민족이
물밀듯 그리로 모여들 것이다.
3 백성들이 오면서 이르기를 "자, 가
자. 우리 모두 주님의 산으로 올라
가자. 야곱의 하나님이 계신 성전
으로 어서 올라가자. 주님께서 우
리에게 주님의 길을 가르치실 것
이니, 주님께서 가르치시는 길을
따르자" 할 것이다.
㉠율법이 시온에서 나오며, 주님
의 말씀이 예루살렘에서 나온다.
4 주님께서 민족들 사이의 분쟁
을 판결하시고, 뭇 백성 사이의 갈
등을 해결하실 것이니, 그들이 칼
을 쳐서 보습을 만들고 창을 쳐서

였다면 24-27절에 제시된 복을 누렸을 것이다. 그러나 그들은 하나님을 거역하였기 때문에, 29-31절에서처럼 징계 가운데 살아야 했다(4절).

1:27-28 시온(예루살렘)의 구속과 회개하지 않는 죄인들의 멸망에 관한 대조이다. 이것은 65:8-16에서 더 발전되어 언급한다.

1:31 하나님의 강력한 심판의 묘사이다. 여기서 '강한 자'는 우상 숭배를 주도한 종교 또는 정치·행정 지도자를 뜻한다.

2장 요약 본서에는 심판의 메시지에 이어 회복될 왕국에 대한 소망의 메시지가 전해지고 있다. 이는 백성들에게 회개하는 것만이 진정으로 살 길임을 깨우치기 위해서이다. 그러나 하나님께 교만하게 행하며 계속해서 악을 행하는 사람들은 메시아가 오셨을 때 심판을 피하지 못할 것이다.

㉠ 또는 '가르침' 또는 '교훈'

사

낫을 만들 것이며, 나라와 나라가
칼을 들고 서로를 치지 않을 것이
며, 다시는 군사훈련도 하지 않을
것이다.
5 오너라, 야곱 족속아! 주님의 빛
가운데서 걸어가자!

주님의 날

6 주님, 주님께서는 주님의 백성
야곱 족속을 버리셨습니다.
그들에게는 동방의 미신이 가
득합니다. 그들은 블레셋 사람들
처럼 점을 치며, 이방 사람의 자손
과 손을 잡고 언약을 맺었습니다.
7 그들의 땅에는 은과 금이 가득
하고, 보화가 셀 수 없이 많습니
다. 그들의 땅에는 군마가 가득하
고, 병거도 셀 수 없이 많습니다.
8 그들의 땅에는 우상들로 꽉 차 있
고, 그들은 제 손으로 만든 것과
제 손가락으로 만든 것에게 꿇어
엎드립니다.
9 이처럼 사람들이 천박해졌고 백
성이 비굴해졌습니다. 그러니 ㉠그
들을 용서하지 마십시오.
10 너희는 바위 틈으로 들어가고,
티끌 속에 숨어서, 주님의 그 두렵
고 찬란한 영광 앞에서 피하여라.
11 그 날에 인간의 거만한 눈초리
가 풀이 죽고, 사람의 거드름이
꺾이고, 오직 주님만 홀로 높임을
받으실 것이다.
12 그 날은 만군의 주님께서 준비
하셨다. 모든 교만한 자와 거만한
자, 모든 오만한 자들이 낮아지는
날이다.
13 또 그 날은, 높이 치솟은 레바논
의 모든 백향목과 바산의 모든 상
수리나무와,
14 모든 높은 산과 모든 솟아오른 언
덕과,
15 모든 높은 망대와 모든 튼튼한 성
벽과,
16 ㉡다시스의 모든 배와, 탐스러운
모든 조각물이 다 낮아지는 날이
다.
17 그 날에, 인간의 거만이 꺾이
고, 사람의 거드름은 풀이 죽을
것이다. 오직 주님만 홀로 높임을
받으시고,
18 우상들은 다 사라질 것이다.
19 그 때에 사람들이, 땅을 뒤흔들
며 일어나시는 주님의 그 두렵고
찬란한 영광 앞에서 피하여, 바위
동굴과 땅굴로 들어갈 것이다.
20 그 날이 오면, 사람들은, 자기들이
경배하려고 만든 은 우상과 금 우
상을 두더지와 박쥐에게 던져 버
릴 것이다.
21 땅을 뒤흔들며 일어나시는 주님의
그 두렵고 찬란한 영광 앞에서 피

2:6–9 유다 백성들이 죄악에 물들게 된 주요 원인은 이방 나라의 영향이었다. 그 결과, 그들은 물질 만능주의·우상 숭배·군사적 교만에 빠지게 되었다. *하나님은 시내 산에서* 언약을 맺으실 때, 이런 것들을 철저히 멀리하고 하나님만 의지하라고 말씀하셨다.

2:6 동방의 미신 시리아와 메소포타미아의 악한 풍속을 말한다.

2:11,17 그 날 12절의 '주님의 날'과 관련되며, 심판의 날을 가리킨다(20절;3:7,18;4:1–2).

2:12–22 하나님의 심판의 예고 주님의 심판이 임하는 날에는 가치 있는 것으로 여겼던 것들과 우상은 쓸데없는 것이 될 것이다.

2:20 두더지와 박쥐에게 던져 버릴 것 우상들을 컴컴하고 불쾌한 곳에 사는 동물에게 내던질 것이다. 즉 중요하게 여기던 것이 하찮게 여겨질 것이다.

㉠ 또는 '그들을 일으켜 세우지 마십시오' ㉡ 또는 '모든 무역선과'

하여, 바위 구멍과 바위 틈으로
들어갈 것이다.
22 "너희는 사람을 의지하지 말아
라. 그의 숨이 코에 달려 있으니, 수
에 셈할 가치가 어디에 있느냐?"

예루살렘의 혼돈

3 주 만군의 주님께서 예루살렘과
유다에서 백성이 의지하는 것을
모두 없애실 것이다. 그들이 의지
하는 모든 빵과 모든 물을 없애시
며,
2 용사와 군인과 재판관과 예언자,
점쟁이와 장로,
3 오십부장과 귀족과 군 고문관, 능
숙한 마술사와 능란한 요술쟁이
를 없애실 것이다.
4 "내가 철부지들을 그들의 지배
자로 세우고, 어린것들이 그들을
다스리게 하겠다.
5 백성이 서로 억누르고, 사람이 서
로 치고, 이웃이 서로 싸우고, 젊
은이가 노인에게 대들고, 천한 자
가 존귀한 사람에게 예의없이 대
할 것이다."
6 한 사람이 제 집안의 한 식구를
붙잡고 "너는 옷이라도 걸쳤으니,
우리의 통치자가 되어 다오. 이 폐
허에서 우리를 다시 일으켜 다오"
하고 부탁을 하여도,
7 바로 그 날에, 그가 큰소리로 부르
짖을 것이다. "나에게는 묘안이 없
다. 나의 집에는 빵도 없고 옷도
없다. 나를 이 백성의 통치자로 세
우지 말아라."
8 드디어 예루살렘이 넘어지고 유
다는 쓰러진다. 그들이 말과 행동
으로 주님께 대항하며, 하나님의
영광스러운 현존을 모독하였기 때
문이다.
9 그들의 안색이 자신들의 죄를 고
발한다. 그들이 소돔과 같이 자기
들의 죄를 드러내 놓고 말하며, 숨
기려 하지도 않는다. 그들에게 화
가 미칠 것이다. 그들은 스스로 재
앙을 불러들인다.
10 의로운 사람에게 말하여라. 그
들에게 복이 있고, 그들이 한 일
에 보답을 받고, 기쁨을 누릴 것이
라고 말하여라.
11 악한 자에게는 화가 미칠 것이다.
재난이 그들을 뒤덮을 것이다. 그
들이 저지른 그대로 보복을 받을
것이다.
12 "아이들이 내 백성을 억누르며,
㉠여인들이 백성을 다스린다.
내 백성아, 네 지도자들이 길을
잘못 들게 하며, 가야 할 길에서
벗어나게 하는구나."

주님께서 백성을 심판하시다

13 주님께서 재판하시려고 법정에

3장 요약 이사야는 본장에서도 타락한 유다 백성이 하나님의 심판을 당할 것임을 경고한다. 본장은 유다의 죄악들을 구체적으로 지적한다. 그것은 사회 정의가 땅에 떨어져 불의가 성행하며 백성들이 하나님 앞에서 교만하여 영적 간음 행위인 우상 숭배를 일삼은 것이다.

3:1–12 교만한 유다에게 임할 징벌이다. 첫 번째 징벌은 유다 백성들이 하나님을 대신하여 의지하던 것들을 제거하시겠다는 말씀이다(1절). 이는 징벌을 통하여 유다를 다시 정결하게 회복시켜 하나님만 의지하게 하려는 의도이다.

3:13–15 하나님은 특별히 사회적 정의가 실현되지 못한 점을 죄악으로 지적하셨다. 가진 자들은 가난한 백성들을 억압하고 토지를 빼앗아 갔다. 유다 백성들에게 있어서 토지는 빼앗길 수도, 빼앗을 수도 없는 하나님이 주신 유산이었다.

㉠ 칠십인역에는 '채권자들이'

사

앉으신다. 그의 백성을 심판하시
려고 들어오신다.
14 주님께서 백성의 장로들과 백성의
지도자들을 세워 놓고, 재판을 시
작하신다.
"나의 포도원을 망쳐 놓은 자들
이 바로 너희다. 가난한 사람들을
약탈해서, 너희 집을 가득 채웠
다.
15 어찌하여 너희는 나의 백성을 짓
밟으며, 어찌하여 너희는 가난한
사람들의 얼굴을 마치 맷돌질하
듯 짓뭉갰느냐?" 만군의 하나님이
신 주님의 말씀이다.

예루살렘 여인들에게 경고하시다

16 주님께서 말씀하신다. "시온의
딸들이 교만하여 목을 길게 빼고
다니며, 호리는 눈짓을 하고 다니
며, 꼬리를 치고 걸으며, 발목에서
잘랑잘랑 소리를 내는구나.
17 그러므로 나 주가 시온의 딸들 정
수리에 딱지가 생기게 하며, 나 주
가 그들의 하체를 드러낼 것이다."
18 ○그 날이 오면, 주님께서는 여인
들에게서, 발목 장식, 머리 망사, 반
달 장식,
19 귀고리, 팔찌, 머리 쓰개,
20 머리 장식, 발찌, 허리띠, 향수병, 부
적,
21 가락지, 코걸이,
22 고운 옷, 겉옷, 외투, 손지갑,
23 손거울, 모시 옷, 머릿수건, 너울 들
을 다 벗기실 것이다.
24 그들에게서는 향수 내음 대신
에 썩는 냄새가 나고, 고운 허리띠
를 띠던 허리에는 새끼줄이 감기
고, 곱게 빗어 넘기던 머리는 다
빠져서 대머리가 되고, 고운 옷을
걸치던 몸에는 상복을 걸치고, 고
운 얼굴 대신에 ㉠수치의 자국만
남을 것이다.
25 너를 따르던 남자들이 칼에 쓰
러지며, 너를 따르던 용사들이 전
쟁터에서 쓰러질 것이다.
26 시온의 성문들이 슬퍼하며 곡할
것이요, 황폐된 시온은 땅바닥에
주저앉을 것이다.

4 1 그 날이 오면, 일곱 여자가 한
남자를 붙잡고 애원할 것이다. "우
리가 먹을 것은 우리가 챙기고, 우
리가 입을 옷도 우리가 마련할 터
이니, 다만 우리가 당신을 우리의
남편이라고 부르게만 해주세요.
시집도 못갔다는 부끄러움을 당
하지 않게 해주세요."

예루살렘이 회복될 것이다

2 그 날이 오면, 주님께서 돋게 하
신 싹이 아름다워지고 영화롭게
될 것이며, 이스라엘 안에 살아 남
은 사람들에게는, 그 땅의 열매가

3:15 가난한 사람들의 얼굴을 마치 맷돌질하듯 짓뭉갰느냐? '가난한 사람들을 무자비하게 착취하느냐?'로 의역할 수 있다.

3:26 시온의 성문들은 예루살렘 성문을 가리키는 것으로, 예루살렘 성 안에 사는 사람들을 비유한 것이다. 당시 성의 모든 활동이 성문에서 이루어졌고, 대표자들이 그곳에 모여 활동했기 때문에 성을 대표하는 곳으로 상징되었다.

㉠ 사해 사본을 따름. 마소라 본문에는 '수치'가 없음

4장 요약 본장은 징계를 받고서 정결하게 될 유다의 회복을 예언한다. 하지만 죄를 깨닫고 돌이키는 사람들, 믿음을 굳게 지키는 '남아 있는 사람들'만이 회복의 영광을 누릴 수 있다.

4:2 주님께서 돋게 하신 싹 싹은 (히) '쩌마흐'이다. 이것은 풍부한 활력과 싱싱한 생명을 가진 '자라나는 것'으로, 주님께서 새로 일으키실 구원, 그 큰 일의 움직임을 묘사하는 것이다.

자랑거리가 되고 영광이 될 것이
다.
3 또한 그 때에는, 시온에 남아 있
는 사람들, 예루살렘에 머물러 있
는 사람들, 곧 예루살렘에 살아
있다고 명단에 기록된 사람들은
모두 '거룩하다'고 일컬어질 것이
다.
4 그리고 주님께서 딸 시온의 부
정을 씻어 주시고, 심판의 영과 불
의 영을 보내셔서, 예루살렘의 피
를 말끔히 닦아 주실 것이다.
5 그런 다음에 주님께서는, 시온
산의 모든 지역과 거기에 모인 회
중 위에, 낮에는 연기와 구름을
만드시고, 밤에는 타오르는 불길
로 빛을 만드셔서, 예루살렘을 닫
집처럼 덮어서 보호하실 것이다.
6 하나님께서는 예루살렘을 그의
영광으로 덮으셔서, 한낮의 더위
를 막는 그늘을 만드시고, 예루살
렘으로 폭풍과 비를 피하는 피신
처가 되게 하실 것이다.

포도원 노래

5 내가 사랑하는 이에게 노래를 해
주겠네. 그가 가꾸는 포도원을 노
래하겠네. 내가 사랑하는 사람은
기름진 언덕에서 포도원을 가꾸
고 있네.
2 땅을 일구고 돌을 골라 내고, 아
주 좋은 포도나무를 심었네. 그
한가운데 망대를 세우고, 거기에
포도주 짜는 곳도 파 놓고, 좋은
포도가 맺기를 기다렸는데, 열린
것이라고는 들포도뿐이었다네.
3 예루살렘 주민아, 유다 사람들
아, 이제 너희는 나와 나의 포도원
사이에서 한 번 판단하여 보아라.
4 내가 나의 포도원을 가꾸면서 빠
뜨린 것이 무엇이냐? 내가 하지
않은 일이라도 있느냐? 나는 좋
은 포도가 맺기를 기다렸는데 어
찌하여 들포도가 열렸느냐?
5 "이제 내가 내 포도원에 무슨
일을 하려는지를 너희에게 말하
겠다. 울타리를 걷어치워서, 그 밭
을 못쓰게 만들고, 담을 허물어서
아무나 그 밭을 짓밟게 하겠다.
6 내가 그 밭을 황무지로 만들겠다.
가지치기도 못하게 하고 북주기도
못하게 하여, 찔레나무와 가시나
무만 자라나게 하겠다. 내가 또한
구름에게 명하여, 그 위에 비를 내
리지 못하게 하겠다."
7 이스라엘은 만군의 주님의 포도
원이고, 유다 백성은 주님께서 심
으신 포도나무다. 주님께서는 그
들이 선한 일 하기를 기대하셨는
데, 보이는 것은 살육뿐이다. 주님
께서는 그들이 옳은 일 하기를 기

5장 요약 본장은 '포도원 비유'이다. 하나님의 사랑과 기대에도 불구하고 타락해 죄악의 열매를 맺은 이스라엘의 죄악상을 지적하며 하나님의 징계를 경고했다.

5:1-7 '포도원 노래'이다. 이 비유의 결론은 7절이다. 곧 포도원 주인이신 하나님께서는 포도나무인 유다가 좋은 포도열매(공평과 의로움) 맺기를 바라셨으나 나쁜 포도열매(포학과 원망)만 맺었기 때문에 그 땅을 황폐하게 하실 것이다.

5:7 이사야가 이스라엘의 죄를 포도열매에 빗대고 있다. 유다 백성이 하나님의 뜻에 의한 정의로운 사회를 형성하는 대신에 살육과 희생으로 발생한 원망의 울부짖음의 열매를 맺었음을 나타낸 구절이다. 여기서 '선한 일'은 (히) '미쓰파트', '살육'은 (히) '미쓰파흐', '옳은 일'은 (히) '쩨다카', '울부짖음'은 (히) '쩨아카'이다. 이사야는 서로 비슷한 히브리어를 사용하여 대조하고 있다.

대하셨는데, 들리는 것은 그들에
게 희생된 사람들의 울부짖음뿐
이다.

사람이 저지르는 악한 일

8 너희가, 더 차지할 곳이 없을 때
까지, 집에 집을 더하고, 밭에 밭
을 늘려 나가, 땅 한가운데서 홀로
살려고 하였으니, 너희에게 재앙
이 닥친다!
9 만군의 주님께서 나의 귀에다
말씀하셨다. "많은 집들이 반드시
황폐해지고, 아무리 크고 좋은 집
들이라도 텅 빈 흉가가 되어서, 사
람 하나 거기에 살지 않을 것이다.
10 또한 열흘 갈이 포도원이 포도주
㉠한 바트밖에 내지 못하며, ㉡한
호멜의 씨가 겨우 ㉢한 에바밖에
내지 못할 것이다."
11 아침에 일찍 일어나 독한 술을
찾는 사람과, 밤이 늦도록 포도주
에 얼이 빠져 있는 사람에게, 재앙
이 닥친다!
12 그들이, 연회에는 수금과 거문
고와 소구와 피리와 포도주를 갖
추었어도, 주님께서 하시는 일에
는 관심이 없고, 주님께서 손수 이
루시는 일도 거들떠보지를 않는
다.
13 "그러므로 나의 백성은 지식이
없어서 포로가 될 것이요, 귀족은
굶주리고 평민은 갈증으로 목이
탈 것이다."
14 그러므로 ㉣스올이 입맛을 크게
다시면서, 그 입을 한없이 벌리니,
그들의 영화와 법석거림과 떠드는
소리와 즐거워하는 소리가, 다 그
곳으로 빠져 들어갈 것이다.
15 그래서 천한 사람도 굴욕을 당
하고 귀한 사람도 비천해지며, 눈
을 치켜 뜨고 한껏 거만을 부리던
자들도 기가 꺾일 것이다.
16 그러나 만군의 주님께서는 공평하
셔서 높임을 받으시고, 거룩하신
하나님은 의로우셔서 거룩하신 분
으로 기림을 받으실 것이다.
17 그 때에 어린 양들이 그 폐허에서
마치 초장에서처럼 풀을 뜯을 것
이며, ㉤낯선 사람들이, 망한 부자
들의 밭에서 그 산물을 먹을 것이
다.
18 거짓으로 끈을 만들어 악을 잡
아당기며, 수레의 줄을 당기듯이
죄를 끌어당기는 자들에게 재앙
이 닥친다!
19 기껏 한다는 말이 "하나님더러 서
두르시라고 하여라. 그분이 하고
자 하시는 일을 빨리 하시라고 하
여라. 그래야 우리가 볼 게 아니
냐. 계획을 빨리 이루시라고 하여
라. 이스라엘의 거룩하신 분께서

5:8–17 세상에 대한 욕망과 육신의 방종은 예언자가 하나님의 이름으로 재앙을 선포하는 두 가지 죄이다. 이것은 당시 유다 사람들이 지은 죄로서, 그들이 맺은 들포도(*탐욕, 향락과 방탕*, 하나님의 심판에 대한 불신, 윤리의 원칙을 바꿈, 지적인 교만, 불의한 재판)의 일종이었다.

5:8 땅 한가운데서 홀로 살려고 하였으니 이스라엘 땅은 하나님의 것이었다. 그러나 장로들과 지도자들은 집과 땅을 계속 사들여 부를 축적했다. 그러한 행위는 백성들의 삶의 터전을 근본적으로 빼앗는 일이었다. 뿐만 아니라 토지의 상속과 희년에 대한 규례를 범하는 죄이기도 했다.

5:10 한 호멜 호멜은 아카드어의 '이메루(나귀)'와 연관된 말로, 1호멜은 아마도 나귀 한 마리가 옮길 수 있는 짐의 분량을 나타내는 것 같다.

5:11 독한 술 인공 포도주를 말한다. 대추와 석류

㉠ 약 6갈론(약 22리터) ㉡ 약 12말 ㉢ 약 1말 2되 ㉣ 또는 '무덤' 또는 '죽음' ㉤ 칠십인역에는 '어린 양 떼가'

세우신 계획이 빨리 이루어져야
우리가 그것을 알 게 아니냐!" 하
는구나.
20 악한 것을 선하다고 하고 선한
것을 악하다고 하는 자들, 어둠을
빛이라고 하고 빛을 어둠이라고
하며, 쓴 것을 달다고 하고 단 것
을 쓰다고 하는 자들에게, 재앙이
닥친다!
21 스스로 지혜롭다 하며, 스스로
슬기롭다 하는 그들에게, 재앙이
닥친다!
22 포도주쯤은 말로 마시고, 온갖
독한 술을 섞어 마시고도 끄떡도
하지 않는 자들에게, 재앙이 닥친
다!
23 그들은 뇌물을 받고 악인을 의
롭다고 하며, 의인의 정당한 권리
를 빼앗는구나.
24 그러므로 지푸라기가 불길에 휩
싸이듯, 마른 풀이 불꽃에 타들
어 가듯, 그들의 뿌리가 썩고, 꽃
잎이 말라서, 티끌처럼 없어질 것
이다.
그들은 만군의 주님의 율법을
버리고, 이스라엘의 거룩하신 분
의 말씀을 멸시하였다.
25 그러므로 주님께서 백성에게 진노
하셔서 손을 들어 그들을 치시니,
산들이 진동하고, 사람의 시체가
거리 한가운데 버려진 쓰레기와
같다.
그래도 주님께서는 진노를 풀지
않으시고, 심판을 계속하시려고
여전히 손을 들고 계신다.
26 주님께서 깃발을 올리셔서 먼
곳의 민족들을 부르시고, 휘파람
으로 그들을 땅 끝에서부터 부르
신다. 그들이 빠르게 달려오고 있
다.
27 그들 가운데 아무도 지쳐 있거나
비틀거리는 사람이 없고, 졸거나
잠자는 사람이 없으며, 허리띠가
풀리거나 신발끈이 끊어진 사람
이 없다.
28 그들의 화살은 예리하게 날이 서
있고, 모든 활시위는 쏠 준비가 되
어 있다. 달리는 말발굽은 부싯돌
처럼 보이고, 병거 바퀴는 회오리
바람과 같이 구른다.
29 그 군대의 함성은 암사자의 포효
와 같고, 그 고함 소리는 새끼 사
자의 으르렁거림과 같다. 그들이
소리 치며 전리품을 움켜 가 버리
나, 아무도 그것을 빼앗지 못한다.
30 바로 그 날에, 그들이 이 백성을
보고서, 바다의 성난 파도같이 함
성을 지를 것이니, 사람이 그 땅을
둘러보면, 거기에는 흑암과 고난
만 있고, 빛마저 구름에 가려져 어

와 꿀과 보리를 섞어 만든 포도주이다.

5:19–23 지도자들의 죄악상이다. 유다의 징벌에 대한 일차적인 책임은 지도자들에게 있다. 백성들은 지도자들의 죄악을 그대로 본받았기 때문이다.

5:22–23 술을 좋아하는 자(22절)는 불의한 재판관(23절)으로 묘사된다. 불의한 재판관은 공의를 저버리고 타락한 생활을 누린다. 곧 "뇌물은 사람의 눈을 멀게 하고, 의로운 사람의 말을 왜곡시킨다"(출 23:8)로 표현할 수 있다.

5:24 지푸라기가…불꽃에 타들어 가듯 모든 죄인들은 심판의 불로 태워질 물질로 비유된다. 심판의 때가 무르익으면 그들은 지푸라기와 마른 풀이 쉽사리 불살라짐같이 될 것이다.

5:26–30 유다가 이방 나라, 특히 앗시리아·바빌론·로마 등에 의하여 침략당하는 암흑 시대에 대한 예고이다. 하나님께서는 불순종을 전쟁으로 징벌하시겠다는 경고를 이스라엘의 역사 초기부터 자주 언급하셨다(신 28:25).

두울 것이다.

하나님이 이사야를 예언자로 부르시다

6 웃시야 왕이 죽던 해에, 나는 높이
들린 보좌에 앉아 계시는 주님을
뵈었는데, 그의 옷자락이 성전에 가
득 차 있었다.
2 그분 위로는 스랍들이 서 있었는데,
스랍들은 저마다 날개를 여섯 가지
고 있었다. 둘로는 얼굴을 가리고,
둘로는 발을 가리고, 나머지 둘로는
날고 있었다.
3 그리고 그들은 큰소리로 노래를 부
르며 화답하였다.

"거룩하시다, 거룩하시다, 거룩
하시다. 만군의 주님! 온 땅에 그
의 영광이 가득하다."

4 ○우렁차게 부르는 이 노랫소리에
문지방의 터가 흔들리고, 성전에는
연기가 가득 찼다.
5 ○나는 부르짖었다. "재앙이 나에게
닥치겠구나! 이제 나는 죽게 되었구
나! 나는 입술이 부정한 사람인데,
입술이 부정한 백성 가운데 살고 있
으면서, 왕이신 만군의 주님을 만나
뵙다니!"
6 ○그 때에 스랍들 가운데서 하나가,
제단에서 타고 있는 숯을, 부집게로
집어, 손에 들고 나에게 날아와서,
7 그것을 나의 입에 대며 말하였다.
"이것이 너의 입술에 닿았으니, 너의
악은 사라지고, 너의 죄는 사해졌
다."
8 ○그 때에 나는 주님께서 말씀하시
는 음성을 들었다. "내가 누구를 보
낼까? 누가 우리를 대신하여 갈 것
인가?" 내가 아뢰었다. "제가 여기에
있습니다. 저를 보내어 주십시오."
9 그러자 주님께서 말씀하셨다. "너
는 가서 이 백성에게 ㉠'너희가 듣
기는 늘 들어라. 그러나 깨닫지는
못한다. 너희가 보기는 늘 보아라.
그러나 알지는 못한다' 하고 일러
라.
10 ㉡너는 이 백성의 마음을 둔하게
하여라. 그 귀가 막히고, 그 눈이
감기게 하여라. 그리하여 그들이
볼 수 없고, 들을 수 없고 또 마음
으로 깨달을 수 없게 하여라. 그
들이 보고 듣고 깨달았다가는 내
게로 돌이켜서 고침을 받게 될까
걱정이다."
11 그 때에 내가 여쭈었다. "주님!
언제까지 그렇게 하실 것입니까?"
그러자 주님께서 대답하셨다. "성
읍들이 황폐하여 주민이 없어질
때까지, 사람이 없어서 집마다 빈
집이 될 때까지, 밭마다 모두 황무
지가 될 때까지,
12 나 주가 사람들을 먼 나라로 흩어
서 이 곳 땅이 온통 버려질 때까

6장 요약 본장은 이사야가 자신의 소명에 대해 밝히는 부분이다. 하나님이 이사야를 부르신 까닭은 그가 어두운 세상 속에서도 흔들리지 않는 믿음을 갖고 하나님의 말씀을 선포하게 하시기 위함이었다. 이사야의 첫 번째 사명은 유다 백성의 죄악을 그들 스스로에게 확인시켜 주는 일이었다.

6:1–8 하나님께서 이사야에게 특별한 환상을 주시며, 굳건한 믿음으로 하나님의 메시지를 전하게 하셨다. 당시 유다 백성들은 서슴없이 하나님을 조롱할 정도로 악한 상태에 처해 있었다(5:19). 하나님의 메시지를 담대히 전하기 위해서는 확신을 얻을 수 있는 체험이 필요했던 것이다.

㉠ 칠십인역에는 '너희가 듣기는 들어도 깨닫지는 못하고, 너희가 보기는 늘 보아도 알지는 못한다' ㉡ 칠십인역에는 '이 백성의 마음은 둔해졌다. 그들은 귀가 막혀 듣지 못하고, 눈은 아예 감아 버렸다. 그들이 눈으로 보거나 귀로 듣거나 마음으로 깨달았다가는 내게로 돌이켜서 고침을 받게 될까 걱정이다'

지 그렇게 하겠다.
13 주민의 십분의 일이 아직 그 곳에
남는다 해도, 그들도 다 불에 타
죽을 것이다. 그러나 밤나무나 상
수리나무가 잘릴 때에 그루터기는
남듯이, 거룩한 씨는 남아서, 그
땅에서 그루터기가 될 것이다."

아하스 왕에게 내린 경고

7 웃시야의 손자요 요담의 아들인
유다 왕 아하스가 나라를 다스릴
때에, 시리아 왕 르신이 르말리야의
아들 이스라엘 왕 베가와 함께 예루
살렘을 치려고 올라왔지만, 도성을
정복할 수 없었다.
2 ○시리아 군대가 ㉠에브라임에 주둔
하고 있다는 말이 다윗 왕실에 전해
지자, 왕의 마음과 백성의 마음이 마
치 거센 바람 앞에서 요동하는 수풀
처럼 흔들렸다.
3 ○그 때에 주님께서 이사야에게 말
씀하셨다.
○"너는 너의 아들 ㉡스알야숩을
데리고 가서, 아하스를 만나거라. 그
가 '세탁자의 밭'으로 가는 길, 윗못
물 빼는 길 끝에 서 있을 것이다.
4 그를 만나서, 그에게, 정신을 바짝 차
리고, 침착하게 행동하라고 일러라.
시리아의 르신과 르말리야의 아들
이 크게 분노한다 하여도, 타다가 만
두 부지깽이에서 나오는 연기에 지나
지 않으니, 두려워하거나 겁내지 말
라고 일러라.
5 시리아 군대가 아하스에게 맞서, 에
브라임 백성과 그들의 왕 르말리야
의 아들과 함께 악한 계략을 꾸미면
서
6 '올라가 유다를 쳐서 겁을 주고, 우리
들에게 유리하도록 유다를 흩어지게
하며, 그 곳에다가 다브엘의 아들을
왕으로 세워 놓자'고 한다.
7 주 하나님께서 말씀하신다. 이 계
략은 성공하지 못한다. 절대로 그
렇게 되지 못한다.
8 시리아의 머리는 다마스쿠스이
며, 다마스쿠스의 머리는 르신이
기 때문이다.
에브라임은 육십오 년 안에 망
하고, 뿔뿔이 흩어져서, 다시는 한
민족이 되지 못할 것이다.
9 에브라임의 머리는 사마리아이
고, 사마리아의 머리는 고작해야
르말리야의 아들이다.
너희가 믿음 안에 굳게 서지 못
한다면, 너희는 절대로 굳게 서지
못한다!"

임마누엘의 징조

10 ○주님께서 아하스에게 다시 말씀하
셨다.
11 "너는 주 너의 하나님에게 징조를 보
여 달라고 부탁하여라. 저 깊은 곳

7장 요약 시리아와 연합한 북 이스라엘이 남 유다를 침략한 것은 다윗 왕조를 영원히 지켜 주시겠다고 하신 하나님의 언약(삼하 7장)을 거스르는 행위였다. 한편, 두려워하는 유다 백성에게 하나님은 '임마누엘' 약속을 주시면서 하나님만을 굳게 의지하면 친히 대적을 물리쳐 주겠다고 하셨다.

7:1-9 시리아와 북 이스라엘이 연합하여 유다를 침공하자 아하스 왕과 온 유다 백성들은 두려움에 사로잡혔다. 이때 하나님은 이사야를 아하스 왕에게 보내어 하나님만 의지하면 하나님께서 대적들을 물리쳐 주실 것이라는 위로의 말씀을 주셨다.
7:10-16 아하스 왕은 앗시리아에게 의지하는 것이 이 위기를 극복하는 유일한 길이라고 믿었다.

㉠ 또는 '에브라임과 동맹을 맺었다는 말이' ㉡ '남은 자가 돌아올 것이다'

스올에 있는 것이든, 저 위 높은 곳
에 있는 것이든, 무엇이든지 보여 달
라고 하여라."
12 ○아하스가 대답하였다. "아닙니다.
저는 징조를 구하지도 않고, 주님을
시험하지도 않겠습니다."
13 ○그 때에 이사야가 말하였다.
○"다윗 왕실은 들으십시오. 다윗
왕실은 백성의 인내를 시험한 것만
으로는 부족하여, 이제 하나님의 인
내까지 시험해야 하겠습니까?
14 그러므로 주님께서 친히 다윗 왕실
에 한 징조를 주실 것입니다. 보십시
오, ㉠처녀가 잉태하여 아들을 낳을
것이며, 그가 그의 이름을 ㉡임마누
엘이라고 할 것입니다.
15 그 아이가 잘못된 것을 거절하고 옳
은 것을 선택할 나이가 될 ㉢때에, 그
아이는 버터와 꿀을 먹을 것입니다.
16 그러나 그 아이가 잘못된 것을 거절
하고 옳은 것을 선택할 나이가 되기
전에, 임금님께서 미워하시는 저 두
왕의 땅이 황무지가 될 것입니다.
17 에브라임과 유다가 갈라진 때로부터
이제까지, 이 백성이 겪어 본 적이 없
는 재난을, 주님께서는 임금님과 임
금님의 백성과 임금님의 아버지 집
안에 내리실 것입니다. 주님께서 앗
시리아의 왕을 끌어들이실 것입니
다.
18 ○그 날에 주님께서 휘파람을 불어
이집트의 나일 강 끝에 있는 파리
떼를 부르시며, 앗시리아 땅에 있는
벌 떼를 부르실 것입니다.
19 그러면 그것들이 모두 몰려와서, 거
친 골짜기와 바위틈, 모든 가시덤불
과 모든 풀밭에 내려앉을 것입니다.
20 ○그 날에 주님께서 유프라테스 강
건너 저편에서 빌려 온 면도칼 곧 앗
시리아 왕을 시켜서 당신들의 머리
털과 발털을 미실 것이요, 또한 수염
도 밀어 버리실 것입니다.
21 ○그 날에는, 비록 한 농부가 어린
암소 한 마리와 양 두 마리밖에 기
르지 못해도,
22 그것들이 내는 젖이 넉넉하여, 버터
를 만들어 먹을 수 있을 것입니다.
그 땅에 남아 있는 사람들이 모두
버터와 꿀을 먹을 수 있을 것입니다.
23 ○그 날에는, 은 천 냥 값이 되는 천
그루의 포도나무가 있던 곳마다, 찔
레나무와 가시나무로 덮일 것입니
다.
24 온 땅이 찔레나무와 가시나무로 덮
이므로, 사람들은 화살과 활을 가지
고 그리로 사냥을 갈 것입니다.
25 괭이로 일구던 모든 산에도 찔레나
무와 가시나무가 덮이므로, 당신은
두려워서 그리로 가지도 못할 것이
며, 다만 소나 놓아 기르며, 양이나

'주님을 시험하지 아니하겠다'는 아하스의 말은, 하나님의 능력을 신뢰하지 못하겠다는 뜻이다. 이러한 아하스의 거절에도 불구하고 하나님은 메시아 탄생의 예언을 주셨다.

7:17-25 아하스에게 이제까지 겪어보지 않은 큰 재난이 유다에게 닥치게 될 '그 날'에 관한 경고가 주어진다. 유다가 전쟁에 패함으로써 인구가 급격히 감소하고 모든 농경지가 황폐해진 상황을 생생하게 묘사하고 있다.

7:17 에브라임(북 이스라엘)과 유다가 갈라진 때 이스라엘은 솔로몬 이후 B.C. 933년에 남북으로 갈라졌다. 그 후 2세기가 지나 본문의 아하스 시대에 이르렀다. 이 때까지 당해보지 않은 큰 환난이 유다에 닥치게 될 것이다. 그 때가 바로 앗시리아 왕이 오는 날인 것이다(8:7-8;36:1). 17절은 18-25절에서 확대 설명된다.

㉠ 칠십인역을 따름. 히, '젊은 여인이' ㉡ '하나님이 우리와 함께 계신다' ㉢ 또는 '때까지'

밟고 다니는 곳이 되고 말 것입니
다."

징조가 된 이사야의 아들

8 주님께서 나에게 말씀하셨다. "너
는 큰 서판을 가지고 와서, 그 위
에 두루 쓰는 글자로 ㉠'마헬살랄하
스바스'라고 써라.
2 내가 진실한 증인 우리야 제사장과
여베레기야의 아들 스가랴를 불러
증언하게 하겠다."
3 ○그런 다음에 나는 ㉡예언자인 나의
아내를 가까이하였다. 그러자 그 예
언자가 임신하여 아들을 낳았는데,
그 때에 주님께서 나에게 이렇게 말
씀하셨다. "그의 이름을 '마헬살랄
하스바스'라고 하여라.
4 이 아이가 '아빠, 엄마'라고 부를 줄
알기도 전에, 앗시리아 왕이 다마스
쿠스에서 빼앗은 재물과 사마리아
에서 빼앗은 전리품을 가져 갈 것이
다."

앗시리아 왕의 침략

5 주님께서 또 나에게 말씀하셨
다.
6 "이 백성이 고요히 흐르는 실로아
물은 싫어하고, 르신과 르말리야
의 아들을 좋아하니,
7 나 주가, 저 세차게 넘쳐 흐르는
유프라테스 강물 곧 앗시리아 왕
과 그의 모든 위력을, 이 백성 위
에 뒤덮이게 하겠다. 그 때에 그
물이 온 샛강을 뒤덮고 둑마다 넘
쳐서,
8 유다로 밀려들고, 소용돌이치면서
흘러, 유다를 휩쓸고, 유다의 목에
까지 찰 것이다."
임마누엘! (하나님께서 우리와
함께 계신다!) 하나님께서 날개를
펴셔서 이 땅을 보호하신다.
9 너희 민족들아! 어디, ㉢전쟁의 함
성을 질러 보아라. 패망하고 말 것
이다. 먼 나라에서 온 민족들아,
귀를 기울여라. 싸울 준비를 하여
라. 그러나 마침내 패망하고 말 것
이다. 싸울 준비를 하여라. 그러나
마침내 패망하고 말 것이다.
10 전략을 세워라. 그러나 마침내 실
패하고 말 것이다. 계획을 말해 보
아라. 마침내 이루지 못할 것이다.
㉣하나님께서 우리와 함께 계시기
때문이다.

주님께서 예언자에게 경고하시다

11 ○주님께서 그 힘센 손으로 나를 붙
잡고, 이 백성의 길을 따라가지 말라
고, 나에게 이렇게 경고의 말씀을
하셨다.
12 "너희는 이 백성이 ㉤모의하는
음모에 가담하지 말아라. 그들이
두려워하는 것을 두려워하지 말
며, 무서워하지도 말아라.

8장 요약 이사야는 하나님의 보호의 약속에도 불구하고 북왕국의 침략에 직면해 앗시리아를 의지하는 유다가 도리어 앗시리아에 의해 환난을 당할 것임을 선포하며, 열방에게도 이를 본받지 말라고 촉구하였다.

㉠ '노략이 속히 올 것이다' ㉡ 또는 '여자 예언자' 또는 '예언자의 아내' ㉢ 또는 '너희 마음대로 행하여 보아라' ㉣ 히, '임마누엘' ㉤ 또는 '맺는 맹약에'

8:1 마헬살랄하스바스 '급히 노략하여 서둘러 강탈하라'는 뜻이다. 이 이름은 아하스의 대적들이 유다에서 약탈해 갈 것(4절)과 유다가 고난당할 것(7–8절)을 암시하는 상징으로 쓰였다.

8:5–8 유다가 실로아 물(하나님의 보호)을 싫어하였으므로 유프라테스 강물(앗시리아)에 의해 멸망당할 것이다. 이 물은 유다에 지속적으로 부어지는 하나님의 능력을 상징한다.

8:9–15 유다 백성 가운데서도 하나님을 의지하

13 너희는 만군의 주 그분만을 거
룩하다고 하여라. 그분만이 너희
가 두려워할 분이시고, 그분만이
너희가 무서워할 분이시다.
14 그는 성소도 되시지만, 이스라엘
의 두 집안에게는 거치는 돌도 되
시고 걸리는 바위도 되시며, 예루
살렘 주민에게는 함정과 올가미도
되신다.
15 많은 사람이 거기에 걸려서 넘어
지고 다치며, 덫에 걸리듯이 걸리
고 사로잡힐 것이다."

이사야와 그의 제자들

16 ○나는 이 증언 문서를 밀봉하고, 이
가르침을 봉인해서, 나의 제자들이
읽지 못하게 하겠다.
17 주님께서 비록 야곱의 집에서 얼굴
을 돌리셔도, 나는 주님을 기다리겠
다. 나는 주님을 의지하겠다.
18 내가 여기에 있고, 주님께서 나에게
주신 이 아이들이 여기에 있다. 나와
아이들은, 시온 산에 계시는 만군의
주님께서 이스라엘에게 보여 주시
는, 살아 있는 징조와 예표다.
19 ○그런데도, 사람들은 너희에게 말
1 할 것이다. "속살거리며 중얼거리는
20 신접한 자와 무당에게 물어 보아라.
어느 백성이든지 자기들의 신들에게
묻는 것은 당연하다. 산 자의 문제
에 교훈과 지시를 받으려면, 죽은 자
에게 물어 보아야 한다." ○이렇게
말하는 자들은 결코 동트는 것을 못
볼 것이다!
21 그들은 괴로움과 굶주림으로 이 땅
을 헤맬 것이다. 굶주리고 분노한 나
머지, 위를 쳐다보며 왕과 신들을 저
주할 것이다.
22 그런 다음에 땅을 내려다 보겠지만,
보이는 것은 다만 고통과 흑암, 무서
운 절망뿐일 것이니, 마침내 그들은
짙은 흑암 속에 떨어져서, 빠져 나오
지 못할 것이다.

9 1 어둠 속에서 고통받던 백성에
게서 어둠이 걷힐 날이 온다. 옛적
에는 주님께서 스불론 땅과 납달리
땅으로 멸시를 받게 버려두셨으나,
그 뒤로는 주님께서 서쪽 지중해로
부터 요단 강 동쪽 지역에 이르기까
지, 그리고 이방 사람이 살고 있는
갈릴리 지역까지, 이 모든 지역을 영
화롭게 하실 것이다.

전쟁은 그치고

2 어둠 속에서 헤매던 백성이 큰
빛을 보았고, ㉠죽음의 그림자가
드리운 땅에 사는 사람들에게 빛
이 비쳤다.
3 "하나님, 주님께서 그들에게 큰
기쁨을 주셨고, 그들을 행복하게
하셨습니다. 사람들이 곡식을 거
둘 때 기뻐하듯이, 그들이 주님

는 사람들만이 하나님의 백성이다. 하나님을 의지하는 사람들에게는 하나님이 피난처가 되시지만, 배반하는 사람들에게는 걸림돌과 함정이 되실 것이다. *본절은 유다와 이방을* 구분한 것이 아니라 하나님의 백성과 세상 백성을 구분한 것이다.

8:17 이사야는 하나님이 이스라엘을 버리셨을지라도, 자신은 하나님을 계속 바라겠다는 곧은 신앙을 나타낸다.

㉠ 또는 '어둠의 땅에'

9장 요약 전반부는 심판의 경고 후에 주시는 하나님의 소망의 메시지로서, 장차 평강의 나라를 세우고 공의로 영원히 다스리실 메시아의 탄생 예언이고, 후반부는 거듭된 경고에도 불구하고 회개하지 않는 북 이스라엘이 결국 멸망하게 될 것이라는 심판의 메시지이다.

9:1–7 징벌 후에 주시는 소망의 메시지로, 이사야서의 두드러진 특징일 뿐만 아니라 하나님 나라의

앞에서 기뻐하며, 군인들이 전리
품을 나눌 때 즐거워하듯이, 그들
이 주님 앞에서 즐거워합니다.
4 주님께서 미디안을 치시던 날처
럼, 그들을 내리누르던 멍에를 부
수시고, 그들의 어깨를 짓누르던
통나무와 압제자의 몽둥이를 꺾
으셨기 때문입니다.
5 침략자의 군화와 피묻은 군복
이 모두 땔감이 되어서, 불에 타
없어질 것이기 때문입니다."

한 아기가 태어났다

6 한 아기가 우리를 위해 태어났
다. 우리가 한 아들을 모셨다.
그는 우리의 통치자가 될 것이다.
그의 이름은 '㉠놀라우신 조언자',
'전능하신 하나님', '㉡영존하시는
아버지', '평화의 왕'이라고 불릴
것이다.
7 그의 왕권은 점점 더 커지고 나
라의 평화도 끝없이 이어질 것이
다. 그가 다윗의 보좌와 왕국 위
에 앉아서, 이제부터 영원히, 공평
과 정의로 그 나라를 굳게 세울
것이다.
만군의 주님의 열심이 이것을
반드시 이루실 것이다.

주님께서 이스라엘을 벌하실 것이다

8 주님께서 야곱에게 심판을 선언
하셨다. 그것이 이스라엘 백성에
게 이를 것이다.
9 모든 백성 곧 에브라임과 사마
리아 주민은, 하나님께서 그들을
심판하신 것을 마침내는 알게 될
터인데도, 교만하고 오만한 마음
으로 서슴지 않고 말하기를
10 "벽돌집이 무너지면 다듬은 돌
로 다시 쌓고, 뽕나무가 찍히면 백
향목을 대신 심겠다" 한다.
11 이 때문에 주님께서 그들을 치
시려고 르신의 적을 일으키셨고,
그들의 원수를 부추기셨다.
12 동쪽에서는 시리아 사람들이,
서쪽에서는 블레셋 사람들이, 그
입을 크게 벌려서 이스라엘을 삼
켰다.
그래도 주님께서는 진노를 풀지
않으시고, 심판을 계속하시려고
여전히 손을 들고 계신다.
13 그런데도 이 백성은 그들을 치
신 분에게로 돌아오지 않았고, 만
군의 주님을 찾지도 않았다.
14 그러므로 주님께서 이스라엘의
머리와 꼬리, 종려가지와 갈대를
하루에 자르실 것이다.
15 머리는 곧 장로와 고관들이고, 꼬
리는 곧 거짓을 가르치는 예언자
들이다.
16 이 백성을 인도하는 지도자들이
잘못 인도하니, 인도를 받는 백성

섭리이다. 평강의 나라를 굳게 세우고 공평과 의로 영원히 다스리실 메시아가 탄생하실 것을 예언하고 있다. 마태는 예수님의 탄생과 사역으로 이 예언이 성취되었다고 기록한다(마 4:14-16).

9:7 만군의 주님의 열심 여기서 '열심'은 (히) '키느아'로서 질투를 뜻하며 하나님이 사랑하시는 자기 백성을 원수에게 빼앗기지 않으신다는 뜨거운 마음을 나타낸다.

9:8-10:4 북 이스라엘에게 임할 징벌이다. 그들은 자기 자신을 하나님보다 더 신뢰했고(8-11절), 악한 지도자들을 본받아 악을 행했으며(13-17절), 가난한 자들을 학대했기(10:1-4) 때문에 징벌을 받게 되었다.

9:9 에브라임 북 이스라엘의 다른 명칭이다.

9:11 르신의 적 시리아의 르신은 전에 이스라엘과 동맹한 사이였다. 그러나 이제는 하나님께서 그를 이용하여 북 이스라엘을 치신다는 것이다.

㉠ 또는 '놀라운 자, 조언자' ㉡ 또는 '권좌에 앉으신 이'

이 멸망할 수밖에 없다.
17 그러므로 주님께서 그들의 젊은
이들에게 ㉠자비를 베풀지 않으실
것이며, 그들의 고아와 과부를 불
쌍히 여기지 않으실 것이다.
그들은 모두가 불경건하여 악한
일을 하고, 입으로는 어리석은 말
만 한다.
그래서 주님께서는 진노를 풀지
않으시고, 심판을 계속하시려고,
여전히 손을 들고 계신다.
18 참으로 악이 불처럼 타올라서
찔레나무와 가시나무를 삼켜 버
리고, 우거진 숲을 사르니, 이것이
연기 기둥이 되어 휘돌며 올라간
다.
19 만군의 주님의 진노로 땅이 바
싹 타버리니, 그 백성이 마치 불을
때는 땔감같이 되며, 아무도 서로
를 아끼지 않을 것이다.
20 오른쪽에서 뜯어먹어도 배가
고프고, 왼쪽에서 삼켜도 배부르
지 않아, 각각 제 ㉡팔뚝의 살점을
뜯어먹을 것이다.
21 므낫세는 에브라임을 먹고, 에
브라임은 므낫세를 먹고, 그들이
다 함께 유다에 대항할 것이다. 그
래서 주님께서는 진노를 풀지 않
으시고, 심판을 계속하시려고 여
전히 손을 들고 계신다.

10 1 불의한 법을 공포하고, 양민
을 괴롭히는 법령을 제정하는
자들아, 너희에게 재앙이 닥친다!
2 가난한 자들의 소송을 외면하
고, 불쌍한 나의 백성에게서 권리
를 박탈하며, 과부들을 노략하고,
고아들을 약탈하였다.
3 주님께서 징벌하시는 날에, 먼
곳으로부터 재앙을 끌어들이시는
날에, 너희는 어찌하려느냐? 누구
에게로 도망하여 도움을 청할 것
이며, 너희의 재산을 어디에 감추
어 두려느냐?
4 너희는 포로들 밑에 깔려 밟혀 죽
거나, 시체 더미 밑에 깔려 질식할
것이다.
그래도 주님께서는 진노를 풀지
않으시고, 심판을 계속하시려고,
여전히 손을 들고 계신다.

하나님의 도구인 앗시리아 왕

5 앗시리아에게 재앙이 닥쳐라!
그는 나의 진노의 몽둥이요, 그
의 손에 있는 몽둥이는 바로 나의
분노다.
6 내가 그를 경건하지 않은 민족에
게 보내며, 그에게 명하여 나를 분
노하게 한 백성을 치게 하며 그들
을 닥치는 대로 노략하고 약탈하
게 하며, 거리의 진흙같이 짓밟도
록 하였다.

9:15 머리와 꼬리는 이스라엘의 모든 악한 지도자들을 가리킨다. 특별히 거짓 예언자들을 지칭하여 꼬리라고 표현한 이유는, 그들이 비열하게 악한 *왕이나 장로들을 추종*하고 지지하였기 때문이다.
9:18–21 만군의 주님의 진노 북 이스라엘에서 요셉의 두 아들 므낫세 지파와 에브라임 지파가 각각 골육상쟁을 벌이고 그들이 다시 연합하여 유다를 치므로 또다시 골육상쟁이 일어날 것이다.

㉠ 사해 사본을 따름. 마소라 본문에는 '기뻐하지' ㉡ 또는 '자식의'

10장 요약 하나님은 앗시리아를 사용하여 북 이스라엘과 남 유다를 벌하셨는데, 자신들이 그들보다 의로워서가 아님을 깨닫지 못하는 앗시리아에 대해 심판을 선고하셨다. 앗시리아의 멸망은 곧 유다의 구원을 의미하고 하나님의 징계의 목적은 정결과 구원이다.

10:6 민족 에브라임과 유다를 모두 포함한 이스라엘을 가리킨다. 거리의 진흙같이 짓밟도록 하나

7 앗시리아 왕은 그렇게 할 뜻이
없었고, 마음에 그럴 생각도 품지
않았다. 오직 그의 마음 속에는,
'어떻게 하면 많은 민족들을 파괴
하고, 어떻게 하면 그들을 멸망하
게 할까' 하는 생각뿐이었다.
8 그는 이런 말도 하였다. "나의
지휘관들은 어디다 내놓아도 다
왕이 될 수 있는 사람들이 아니
냐?
9 갈로는 갈그미스처럼 망하지 않았
느냐? 하맛도 아르밧처럼 망하지
않았느냐? 사마리아도 다마스쿠
스처럼 망하지 않았느냐?
10 내가 이미 우상을 섬기는 나라들
을 장악하였다. 예루살렘과 사마
리아가 가진 우상보다 더 많은 우
상을 섬기는 왕국들을 장악하였
다.
11 내가 사마리아와 그 조각한 우상
들을 손에 넣었거늘, 예루살렘과
그 우상들을 그렇게 하지 못하겠
느냐?"
12 ○그러므로 주님께서 시온 산과
예루살렘에서 하실 일을 다 이루시
고 말씀하실 것이다. "내가 앗시리아
왕을 벌하겠다. 멋대로 거드름을 피
우며, 모든 사람을 업신여기는 그 교
만을 벌하겠다."
13 그는 말한다. "내가 민족들의
경계선을 옮겼고, 그들의 재물도
탈취하였으며, ㉠용맹스럽게 주민
을 진압하였다. 나는 내 손의 힘
과 내 지혜로 이것을 하였다. 참으
로 나는 현명한 사람이다.
14 내 손이 민족들의 재물을 새의 보
금자리를 움키듯 움켰고, 온 땅을
버려진 알들을 모으듯 차지하였으
나, 날개를 치거나, 입을 벌리거나,
소리를 내는 자가 없었다."
15 도끼가 어찌 찍는 사람에게 뽐
내며, 톱이 어찌 켜는 사람에게
으스대겠느냐? 이것은 마치 막대
기가 막대기를 잡은 사람을 움직
이려 하고, 몽둥이가 나무 아닌
사람을 들어 올리려 하는 것과 같
지 않으냐!
16 그러므로 만군의 주 하나님께
서 질병을 보내어 살진 자들을 파
리하게 하실 것이다.
생사람의 가슴에 불을 질러 횃
병에 걸려 죽게 하실 것이다. 그의
재물은 화염 속에 태워 버리실 것
이다.
17 이스라엘의 빛은 불이 되며 '이스
라엘의 거룩하신 분'은 불꽃이 되
셔서, 가시나무와 찔레나무를 하
루에 태워서 사르실 것이다.
18 그 울창한 숲과 기름진 옥토를 ㉡모
조리 태워서, 폐허로 만드실 것이

님께서 앗시리아를 통해서 이스라엘을 극도로 낮추시겠다는 의미이다.

10:10 **내가…장악하였다** 이 말의 의미는 앗시리아 왕의 군사력이 우상을 섬기는 이스라엘을 정복했다는 뜻이다. 그러나 왕은 그것을 신들 간의 싸움이라고 생각한다. 고대 사람들은 전쟁의 승리를 자기들의 신이 다른 나라의 신들보다 강하기 때문이라고 생각했다.

10:12-19 앗시리아가 잔학하고 교만하게 된 원인은 자기가 하나님의 도구로 사용되고 있다는 사실을 인정하지 않았기 때문이다. 앗시리아는 하나님의 손에 들린 도끼·톱·막대기·몽둥이였으며, 하나님은 그 도구를 사용하시는 주권자이셨다. 그런데 앗시리아는 이 사실을 전혀 깨닫지 못하고 도리어 자신이 하나님인 것처럼 행동했다.

10:17 **가시나무와 찔레나무** 앗시리아의 모든 천하

㉠ 또는 '용맹스러운 자들을 진압하였다' ㉡ 히. '영혼과 육체를 아울러'

다. 마치 병자가 기력을 잃는 것과
같게 하실 것이다.
19 숲 속에는 겨우 몇 그루의 나무
만 남아서, 어린 아이도 그 수를
기록할 수 있을 것이다.

살아 남은 소수가 돌아올 것이다

20 그 날이 오면, 이스라엘 가운데
서 남은 사람들과 야곱 겨레 가운
데서 살아 남은 사람들이 다시는
그들을 친 자를 의뢰하지 않고,
오직 '이스라엘의 거룩하신 분'인
주님만을 진심으로 의지할 것이
다.
21 ㉠남은 사람들이 돌아올 것이
다. 야곱의 자손 가운데서 남은
사람들이 전능하신 하나님께 돌
아올 것이다.
22 이스라엘아, 네 백성이 바다의
모래처럼 많다고 하여도, 그들 가
운데서 오직 ㉠남은 사람들만이
돌아올 것이다.
너의 파멸이 공의로운 판결에
따라서 이미 결정되었다.
23 파멸이 이미 결정되었으니, 주님,
곧 만군의 주님께서 온 땅 안에서
심판을 강행하실 것이다.

주님께서 앗시리아를 벌하신다

24 그러므로 주 만군의 하나님께
서 이렇게 말씀하신다. "시온에 사
는 나의 백성아, 앗시리아가 몽둥
이를 들어 너를 때리고, 이집트가
그랬듯이 철퇴를 들어 너에게 내
리친다 하여도, 두려워하지 말아
라.
25 너에게는 머지않아 내가 분노를
풀겠으나, 그들에게는 내가 분노
를 풀지 않고, 그들을 멸망시키겠
다."
26 만군의 주님께서 오렙 바위에서
미디안 사람을 치신 것 같이 채찍
을 들어 앗시리아를 치시며, 또한
이집트에서 바다를 치신 것 같이
몽둥이를 들어서 그들을 치실 것
이다.
27 그 날이 오면, 주님께서, 앗시리아
가 지워 준 무거운 짐을 너의 어깨
에서 벗기시고, 앗시리아의 멍에를
너의 목에서 벗기실 것이다. ㉡네
가 살이 쪄서 멍에가 부러질 것이
다.

침략자들의 공격

28 앗시리아 왕이 리몬에서부터 올
라가서 그가 아얏으로 들어갔다.
미그론을 지나서, 믹마스에다가
그의 군수품을 보관하였다.
29 험한 길을 지나서, 게바에서 하
룻밤을 묵겠다고 하니, 라마 사람
들은 떨고, 사울의 고향 기브아
사람들은 도망하였다.
30 딸 갈림아, 큰소리로 외쳐라. 라

고 낮은 계층의 사람을 말한다.

10:20–23 하나님께서 자기 백성을 징벌하신 목적은, 그들이 연단받아 정결하게 되어 하나님께로 돌아오게 하기 위함이었다.

10:20 남은 사람들 이스라엘 백성이라고 모두 하나님께 선택되는 것이 아니다. 하나님의 은혜의 택하심을 따라 남은 사람, 곧 다른 나라의 힘을 의지하지 않고 하나님을 진심으로 의지하는 사람만이 남는다.

10:24–27 앗시리아의 멸망에 대한 예언으로, 곧 유다의 구원을 뜻한다. 앗시리아를 통한 징벌의 목적은 유다의 진멸이 아니라 유다의 구원이다.

10:26 오렙 바위 미디안 군의 우두머리 오렙은 생포되어 바위 위에서 죽임을 당했다(삿 7:25).

10:28–32 앗시리아의 예루살렘 침공에 대한 구체적인 예언이다. 하나님은 위세당당한 앗시리아를 단번에 무찌르실 것이다.

㉠ 히. '스알야숩' ㉡ 칠십인역에는 '네 어깨에서'

이사야, 귀를 기울여라. 가련한 아
나돗아, 대답하여라.
31 맛메나 사람이 도망 친다. 게빔
주민이 그 뒤를 따른다.
32 바로 그 날, 벌써 적들이 놉 마
을에 들어왔다. 딸 시온 산에서,
예루살렘 성 안에서 주먹을 휘두
른다.
33 그러나 주님, 곧 만군의 주님께
서 그들을 나뭇가지 치시듯 요란
하게 치실 것이니, 큰 나무들이
찍히듯, 우뚝 솟은 나무들이 쓰러
지듯, 그들이 그렇게 쓰러질 것이
다.
34 빽빽한 삼림의 나무를 도끼로 찍
듯이, 그들을 찍으실 것이다. 레바
논이 전능하신 분 앞에서 쓰러질
것이다.

평화의 나라

11 이새의 줄기에서 한 싹이 나며
그 뿌리에서 한 가지가 자라서
열매를 맺는다.
2 주님의 영이 그에게 내려오신다.
지혜와 총명의 영, 모략과 권능의
영, 지식과 주님을 경외하게 하는
영이 그에게 내려오시니,
3 그는 주님을 경외하는 것을 즐
거움으로 삼는다. 그는 눈에 보이
는 대로만 재판하지 않으며, 귀에
들리는 대로만 판결하지 않는다.
4 가난한 사람들을 공의로 재판하
고, 세상에서 억눌린 사람들을 바
르게 논죄한다. 그가 하는 말은
몽둥이가 되어 잔인한 자를 치고,
그가 내리는 선고는 사악한 자를
사형에 처한다.
5 그는 정의로 허리를 동여매고
성실로 그의 몸의 띠를 삼는다.
6 그 때에는, 이리가 어린 양과 함께
살며, 표범이 새끼 염소와 함께 누
우며, 송아지와 새끼 사자와 살진
짐승이 함께 풀을 뜯고, 어린 아
이가 그것들을 이끌고 다닌다.
7 암소와 곰이 서로 벗이 되며, 그것
들의 새끼가 함께 눕고, 사자가 소
처럼 풀을 먹는다.
8 젖먹는 아이가 독사의 구멍 곁에
서 장난하고, 젖뗀 아이가 살무사
의 굴에 손을 넣는다.
9 "나의 거룩한 산 모든 곳에서,
서로 해치거나 파괴하는 일이 없
다."
물이 바다를 채우듯, 주님을 아
는 지식이 땅에 가득하기 때문이
다.

포로된 백성이 돌아올 것이다

10 ○그 날이 오면, 이새의 뿌리에서 한
싹이 나서, 만민의 깃발로 세워질 것
이며, 민족들이 그를 찾아 모여들어
서, 그가 있는 곳이 영광스럽게 될

11장 요약 이사야는 먼저 이새의 후손으로 나실 메시아와 그분이 다스리는 나라가 어떠한 것인지를 묘사한다. 그리고는 남은 사람들이 메시아 왕국으로 귀환하여 하나님과 더불어 복되고 영광스러운 삶을 향유하게 될 것임을 예언한다.

11:1–10 본문에 제시된 메시아의 오심에 대한 예언은 하나님을 진실하게 의지하던 '남은 사람들'을 위한 메시지이다. 이새의 뿌리에서 나실 구원자는, 먼저 남은 사람들이 안전하게 돌아오도록(10:21) 인도하는 깃발이 되신다(10절). 그들이 하나님께 돌아온 후에는 메시아의 통치를 받게 된다. 메시아 통치의 특성은 평화·공의·정직·성실이다.

11:10 만민의 깃발 군기(軍旗) 또는 장소를 표시하는 깃발이 아니다. 모든 사람을 모으기 위해 세운 깃발이다. 그러므로 그리스도께서 복음 전파를

것이다.
11 ○그 날이 오면, 주님께서 다시 손을
펴시어서, 그의 남은 백성들, 곧 앗시
리아와 하 이집트와 ㉠상 이집트와
㉡에티오피아와 엘람과 ㉢바빌로니아
와 하맛과 바다 섬들에서 남은 사람
들을, 자기의 소유로 삼으실 것이다.
12 주님께서, 뭇 나라가 볼 수 있도
록 깃발을 세우시고, 쫓겨난 이스
라엘 사람들이 그 깃발을 보고
찾아오게 하시며, 흩어진 유다 사
람들이 땅의 사방에서 그 깃발을
찾아오도록 하실 것이다.
13 그 때에는 에브라임의 증오가
사라지고, 유다의 ㉣적개심이 없어
질 것이니, 에브라임이 유다를 증
오하지 않고, 유다도 에브라임에
게 적개심을 품지 않을 것이다.
14 그들이 서쪽으로는 블레셋을 공
격하고, 함께 동쪽 백성을 약탈하
며, 에돔과 모압을 장악할 것이다.
암몬 사람들도 굴복시킬 것이다.
15 주님께서 ㉤이집트 바다의 큰 물
굽이를 말리시고, 뜨거운 바람을
일으키셔서, ㉥유프라테스 강 물
을 말리실 것이다. 주님께서 그것
을 쳐서 일곱 개울을 만드실 것이
니, 누구나 신을 신고 건널 수 있
을 것이다.
16 주님께서, 남은 백성 곧 앗시리아
에 남은 자들이 돌아오도록 큰길
을 내실 것이니, 이스라엘이 이집
트 땅에서 올라오던 날과 같게 하
실 것이다.

감사 찬송

12 그 날이 오면, 너는 이렇게 찬
송할 것이다.
"주님, 전에는 주님께서 나에게
진노하셨으나, 이제는 주님의 진
노를 거두시고, 나를 위로하여 주
시니, 주님께 감사드립니다.
2 하나님은 나의 구원이시다. 나
는 주님을 의지한다. 나에게 두려
움 없다. ㉦주 하나님은 나의 힘,
나의 노래, 나의 구원이시다."
3 너희가 구원의 우물에서 기쁨
으로 물을 길을 것이다.
4 그 날이 오면, 너희는 또 이렇게
찬송할 것이다.
"주님께 감사하여라. 그의 이름
을 불러라. 그가 하신 일을 만민에
게 알리며, 그의 높은 이름을 선포
하여라.
5 주님께서 영광스러운 일을 하셨으
니, 주님을 찬송하여라. 이것을 온
세계에 알려라.
6 시온의 주민아! 소리를 높여서 노
래하여라. 너희 가운데 계시는 이
스라엘의 거룩하신 분은 참으로
위대하시다."

통해 이방 사람에게 전파될 분으로 세움을 받는다는 것을 뜻한다(참조. 5:26). 민족들 이방 사람을 뜻한다.

11:14 동쪽 백성 아라비아 사람과 앗시리아 사람을 가리키는 듯하다. 남 유다와 북 이스라엘은 서로 싸우거나 괴롭히지 않고 공동의 원수를 물리치기 위해서 연합한다.

㉠ 히, '바드로스' ㉡ 히, '구스', '나일' 강 상류지역 ㉢ 히, '시날' ㉣ 또는 '원수들' ㉤ 또는 '수에즈 만의' ㉥ 히, '그 강' ㉦ 히, '야'

12장 요약 본장은 7-12장의 결론이다. 이사야는 하나님의 구원의 은혜에 감사하여 찬송을 드리고, 아울러 하나님의 구원의 도를 모든 사람에게 알려 그들도 하나님을 찬양하게 되기를 간구하고 있다.

12:3 우물 하나님의 구원 행위 그 자체가 생명의 물을 가져다주는 '우물'임을 뜻한다(시 36:9;렘 2:13;요 4:10).

하나님께서 바빌론을 벌하실 것이다

13 다음은 아모스의 아들 이사야
가 바빌론을 두고 받은 엄한 경
고의 예언이다.
2 "너희는 벌거숭이가 된 산 위에
공격 신호 깃발을 세우고, 소리를
높여서 용사들을 소집하여라. 바
빌론의 존귀한 자들이 사는 문들
로 그 용사들이 쳐들어가도록, 손
을 들어 공격 신호를 보내라.
3 나는 이미 내가 거룩히 구별한 사
람들에게 명령을 내렸고, 나의 분
노를 원수들에게 쏟아 놓으려고,
사기가 충천한 나의 용사들을 불
렀다."
4 저 소리를 들어 보아라. 산 위에
서 웅성거리는 소리다. 저 소리를
들어 보아라. 무리가 떠드는 소리
다. 저 소리를 들어 보아라. 나라
들이 소리 치고 나라들이 모여서
떠드는 소리다. 만군의 주님께서,
공격을 앞두고, 군대를 검열하실
것이다.
5 주님의 군대가 먼 나라에서 온다.
하늘 끝 저 너머에서 온다. 그들
이 주님과 함께 그 진노의 무기로
온 땅을 멸하려 온다.
6 슬피 울어라! 주님께서 오실 날
이 가깝다. ㉠전능하신 분께서 오
시는 날, 파멸의 날이 곧 이른다.
7 날이 가까이 올수록, 사람들의 손
이 축 늘어지고, 간담이 녹을 것
이다.
8 그들이 공포에 사로잡히고 괴로워
하고 아파하는 것이, 해산하는 여
인이 몸부림 치듯 할 것이다. 그들
은 놀라 서로 쳐다보며, 공포에 질
릴 것이다.
9 주님의 날이 온다. 무자비한 날,
진노와 맹렬한 분노의 날, 땅을 황
폐하게 하고 그 땅에서 죄인들을
멸절시키는, 주님의 날이 온다.
10 하늘의 별들과 그 성좌들이 빛을
내지 못하며, 해가 떠도 어둡고,
달 또한 그 빛을 비치지 못할 것이
다.
11 "내가 세상의 악과 흉악한 자들
의 악행을 벌하겠다. 교만한 자들
의 오만을 꺾어 놓고, 포학한 자
들의 거만을 낮추어 놓겠다.
12 내가 사람들의 수를 순금보다 희
귀하게 만들고, 오빌의 금보다도
드물게 만들겠다.
13 하늘이 진동하고 땅이 흔들리게
하겠다." 만군의 주님께서 진노하
시는 날에 그 분노가 맹렬히 불타
는 날에 이 일이 이루어질 것이다.
14 바빌론에 사는 외국 사람들은
마치 쫓기는 노루와 같이, 모으는
이 없는 양 떼와 같이, 각기 제 민

13장 요약 본장부터 28장까지는 예언의 대상이 이스라엘에서 온 세상으로 바뀌어 있다. 이는 하나님이 이스라엘만이 아닌 온 세상과 역사의 주관자이심을 보여 주는 것이다. 한편 13-14장은 바빌론의 멸망에 대한 예언이다.

13:1 바빌론 바빌론의 역사는 고대 바빌론 시대(B.C. 22-12세기)·중기 바빌론 시대(B.C. 12-9세기)·앗시리아 지배 시대(B.C. 9세기 중엽-B.C. 625년)에 이어 B.C. 625년에 신바빌론 제국에 이른다. 이사야는 이 신바빌론 제국에 대해 예언하는 것이다. 이 제국은 B.C. 539년에 페르시아의 고레스에게 패망한다(45:1).

13:3 내가 거룩히 구별한 사람들 하나님께서 선택하여 임명한 도구들을 말한다. 곧, 하나님의 뜻을 수행하기 위해 따로 세움받은 자들이다.

13:6-16 주님의 날은 악한 자들에 대한 응징과

㉠ 히, '샤다이'

족에게로 돌아가고, 제 나라로 도
망 칠 것이다.
15 그러나 눈에 띄는 자마다 모두 창
에 찔리고, 잡히는 자마다 모두
칼에 쓰러질 것이다.
16 그들의 어린 아이들은 그들이 보
는 데서 메어쳐져 갈기갈기 찢어
지고, 그들의 집은 약탈을 당하
며, 그들의 아내는 강제로 추행을
당할 것이다.
17 "내가 메대 사람들을 불러다가
바빌론을 공격하게 하겠다. 메대
군인들은 은 따위에는 관심도 없
고, 금 같은 것도 좋아하지 않는
다.
18 그들은 활로 젊은이들을 쏘아 갈
기갈기 찢어 죽이며, 갓난아기를
가엾게 여기지 않고, 아이들을 불
쌍히 여기지 않는다."
19 나라들 가운데서 가장 찬란한
바빌론, ㉠바빌로니아 사람의 영예
요 자랑거리인 바빌론은, 하나님
께서 멸망시키실 때에, 마치 소돔
과 고모라처럼 될 것이다.
20 그 곳에는 영원토록 사람이 살
지 못하며, 오고오는 세대에도 사
는 사람이 없을 것이다. 떠돌아다
니는 아랍 사람도 거기에는 장막
을 치지 않으며, 목자들도 거기에
서는 양 떼에게 풀을 뜯기지 않을
것이다.
21 거기에는 다만 들짐승들이나 뒹
굴며, 사람이 살던 집에는 부르짖
는 짐승들이 가득하며, 타조들이
거기에 깃들이며, 산양들이 그 폐
허에서 뛰어 놀 것이다.
22 화려하던 궁전에서는 승냥이가
울부짖고, 화려하던 신전에서는
늑대가 울 것이다.

포로에서 돌아오다

그 때가 다가오고 있다. 그 날은
절대로 연기되지 않는다.

14

1 주님께서 야곱을 불쌍하게
여기셔서, 이스라엘을 다시 한
번 선택하시고, 그들을 고향 땅에
서 살게 하실 것이다.
그 때에 외국 사람들도 그들에
게 와서, 야곱의 겨레와 함께 살
것이다.
2 여러 민족이 이스라엘 사람의 귀
향을 도울 것이며, 이스라엘 백성
은, 주님께서 주신 땅에서 외국 사
람을 남종과 여종으로 부릴 것이
다.
이스라엘은 자기들을 사로잡았
던 자들을 사로잡고, 자기들을 억
누르던 자들을 다스릴 것이다.

지하로 내려간 바빌론 왕

3 ○주님께서 너희에게서 고통과 불안
을 없애 주시고, 강제노동에서 벗어

그의 백성을 구원하시는 하나님의 심판의 때를 말한다. 주님의 날에는 하나님의 공의로운 분노가 표출되며 세상의 악과 하나님을 대적하는 *거만한 자들이* 벌을 받게 된다.

13:19-22 화려한 영화를 누렸던 바빌론이 메대의 침략을 받아 마치 소돔과 고모라처럼 완전히 폐허가 될 것이다. 더 이상 사람이 거주할 수 없고, 들짐승들만이 가득할 것이다.

㉠ 또는 '갈대아'

14장 요약 이사야는 본장에서 바빌론이 교만으로 인해 멸망하고 이스라엘 민족이 자기 나라로 귀환하게 될 것임을 예언한다. 후반부에는 앗시리아와 블레셋도 그들의 죄악 때문에 멸망당하리라고 예언되어 있다.

14:3-11 하나님께서 교만한 바빌론의 세력을 꺾으심으로써, 자기 백성들을 구원하실 것이라는 예언이다. 바빌론이 꺾이자 이 땅에는 안식이 찾

나서 안식하게 하실 때에,
4 너희는 바빌론 왕을 조롱하는, 이런
노래를 부를 것이다.
"웬일이냐, 폭군이 꼬꾸라지다
니! ㉠그의 분노가 그치다니!
5 주님께서 악한 통치자의 권세를
꺾으셨구나. 악한 통치자의 지팡
이를 꺾으셨구나.
6 화를 내며 백성들을 억누르고, 또
억눌러 억압을 그칠 줄 모르더니,
정복한 민족들을 억압해도 막을
사람이 없더니,
7 마침내 온 세상이 안식과 평화를
누리게 되었구나. 모두들 기뻐하
며 노래부른다.
8 향나무와 레바논의 백향목도
네가 망한 것을 보고 이르기를
'네가 엎어졌으니, 이제는 우리를
베러 올라올 자가 없겠구나' 하며
기뻐한다.
9 땅 밑의 ㉡스올이, 네가 오는 것
을 반겨 맞으려고 들떠 있고, 죽어
서 거기에 잠든 세상 모든 통치자
의 망령을 깨우며, 한때 세상을
주름잡던 그 왕들을 깨운다.
10 그 망령들이 너에게 한 마디씩 할
것이다. '너도 별 수 없이 우리처럼
무력해졌구나. 우리와 똑같은 신
세가 되었구나.'
11 너의 영화가 너의 거문고 소리와
함께 스올로 떨어졌으니, 구더기
를 요로 깔고, 지렁이를 이불로 덮
고 있구나!
12 웬일이냐, 너, 아침의 아들, 새벽
별아, 네가 하늘에서 떨어지다니!
민족들을 짓밟아 맥도 못추게 하
던 네가, 통나무처럼 찍혀서 땅바
닥에 나뒹굴다니!
13 네가 평소에 늘 장담하더니 '내가
가장 높은 하늘로 올라가겠다. 하
나님의 별들보다 더 높은 곳에 나
의 보좌를 두고, 저 멀리 북쪽 끝
에 있는 산 위에, 신들이 모여 있
는 그 산 위에 자리잡고 앉겠다.
14 내가 저 구름 위에 올라가서, 가
장 높으신 분과 같아지겠다' 하더
니,
15 그렇게 말하던 네가 스올로, 땅
밑 구덩이에서도 맨 밑바닥으로
떨어졌구나.
16 너를 보는 사람마다, 한때 왕노
릇하던 너를 두고 생각에 잠길 것
이다. '이 자가 바로 세상을 뒤흔
들고, 여러 나라들을 떨게 하며,
17 땅을 황폐하게 만들며, 성읍을 파
괴하며, 사로잡힌 사람들을 제 나
라로 돌려보내지 않던 그 자인
가?' 할 것이다.
18 다른 나라의 왕들은 모두 화려
한 무덤에 누워 있는데,

아오지만, 바빌론 왕이 들어간 스올에는 조롱 섞인 소란이 일어난다.

14:12-15 어떤 학자들은 이 부분이 사탄의 타락에 대해 묘사하고 있다고 믿었다(눅 10:18). 그러나 본문은 바빌론 왕의 멸망을 가리킨다. 후에 바빌론 왕은 종말에 나타날 '짐승'을 가리키는 말로도 사용되었다(계 13:4;17:3). 바빌론 왕은 자신을 하나님과 동등하게 여겼다. 이는 사탄의 방식을 좇아 자신을 신성시하는 것이요, 그리스도의 적대자로 자처하는 일이었다(단 11:36).

14:12 아침의 아들, 새벽별아 바빌론 왕을 상징한다. 새벽별(샛별)은 새벽에 뜨기 때문에 '아침의 아들'이라고 불린다. 왕은 한때 새벽별처럼 빛났지만 하늘에서 떨어졌고, 민족들을 짓밟은 정복자였지만 땅바닥에 나뒹굴게 되었다.

14:18 화려한 무덤 왕의 무덤을 가리킨다. 누워 있

㉠ 히브리어 본문이 불확실하여 사해 사본과 칠십인역과 시리아어역을 따름 ㉡ 또는 '무덤' 또는 '죽음'

19 너는 무덤도 없이 ㉠오물처럼 버려
져, 칼에 찔려 죽은 군인들의 시체
더미 밑에 깔려 있다가, 지하 세계
의 밑바닥으로 내려갈 것이다. 너
의 시체를 사람들이 짓밟을 것이
다.
20 네가 너의 나라를 황폐하게 하고,
너의 백성을 죽였으니, 너는 왕들
과 함께 묻히지 못할 것이다.
너의 자손도 이 세상에서 살아
남지 못할 것이다.
21 사람들아, 조상들의 죄를 물어야
하니, 그 자손을 학살할 준비를
하여라. 그들이 일어나 땅을 차지
하지 못하도록 막아라. 그들이 이
땅 위에 성읍의 기초를 놓지 못하
도록 막아라."

하나님께서 바빌론을 멸하실 것이다

22 만군의 주님께서 말씀하신다.
"내가 일어나 바빌론을 치겠다. 내
가 바빌론을 멸하겠다. 그 명성도
없애고, 살아 남아서 바빌론의 이
름을 이어갈 자도 하나도 남기지
않고 멸종시키겠다." 주님께서 하
신 말씀이다.
23 "또 내가 그 도성 바빌론을 고슴
도치의 거처가 되게 하고, 물웅덩
이로 만들며, 멸망의 빗자루로 말
끔히 쓸어 버리겠다. 만군의 주님
께서 하신 말씀이다."

하나님께서 앗시리아를 치실 것이다

24 만군의 주님께서 맹세하여 말씀
하신다. "내가 계획한 것을 그대
로 실행하며, 내가 뜻한 것을 그대
로 이루겠다.
25 내가 나의 땅에서 앗시리아 사람
들을 으스러뜨리고, 나의 산 위에
서 그들을 밟아 버리겠다. 그들이
나의 백성에게 메운 멍에를 내가
벗겨 주겠다."
그가 씌운 멍에가 그들에게서
벗겨지고 그가 지운 짐이 그들의
어깨에서 벗겨질 것이다.
26 이것이 주님께서 온 세계를 보
시고 세우신 계획이다. 주님께서
모든 민족을 심판하시려고 팔을
펴셨다.
27 만군의 주님께서 계획하셨는데,
누가 감히 그것을 못하게 하겠느
냐? 심판하시려고 팔을 펴셨는데,
누가 그 팔을 막겠느냐?

하나님께서 블레셋을 치실 것이다

28 ○아하스 왕이 죽던 해에 주님께서
다음과 같은 경고의 말씀을 하셨다.
29 "모든 블레셋 사람들아, 너를
치던 몽둥이가 부러졌다고 기뻐하
지 말아라. 뱀이 죽은 자리에서
독사가 나오기도 하고, 그것이 낳
은 알이, 날아다니는 불뱀이 되기
도 한다.

는데 매장과 관련되는 말이다.

14:19 오물처럼 버려져 왕이 오물과 같이 쓸데없는 존재로 내어 버림을 당할 것이라는 뜻이다.

14:24-27 이사야 시대의 최대 강국인 앗시리아의 멸망에 대한 예언이다. 그 당시 유다 왕들은 하나님보다 앗시리아를 더 신뢰하고 있었다. 앗시리아는 B.C. 608년에 바빌론에 의해 멸망하였다.

14:28-32 오랫동안 이스라엘을 괴롭혀 오던 블레셋의 멸망에 대한 예언이다. 당시 블레셋은 유다 남방의 성읍들을 차지하고 있었다. 그러나 이사야의 예언대로 히스기야 왕 때 잃어버린 성읍을 모두 탈환하고 블레셋 일부까지 점령하였다. 그 후 블레셋은 B.C. 604년에 앗시리아에 의해 멸망하였다.

14:30 가난한 사람들·불쌍한 사람들 본문에서 이들은 주님의 백성을 가리킨다. 그러다 이들은 점차 경건한 사람들을 뜻하게 되었다(10:2;11:4).

㉠ 칠십인역 참조. 마소라 본문에는 '보기 싫은 나뭇가지처럼'

30 나의 땅에서는 가난한 사람들이
배불리 먹고, 불쌍한 사람들이 평
안히 누워 쉴 것이다. 그러나 내가
너희 블레셋 사람을 모조리 굶어
죽게 하고, 너희 가운데서 남은
자는 ㉠내가 칼에 죽게 하겠다."
31 성문아, 슬피 울어라! 성읍아,
울부짖어라! 너 블레셋아, 녹아 없
어져라! 북쪽에서부터 강한 군대
가 진군하여 올 것이니, 너희 군인
가운데서 그것을 피하여 벗어날
자가 없을 것이다.
32 블레셋 특사들에게는 무엇이라
고 답변할 것인가?
'주님께서 시온을 세우셨으니,
고통당하던 그의 백성이 그리로
피한다' 하고 답변하여라.

하나님께서 모압을 치실 것이다

15 이것은 모압을 두고 내리신 엄
한 경고의 말씀이다.
알이 망하는 그 밤에 모압이 망
한다. 길이 망하는 그 밤에 모압
이 망한다.
2 바잇과 디본 사람들이 산당에 올
라가 통곡하고, 모압 사람들이 느
보와 메드바의 멸망을 보고 통곡
한다. 모두 머리를 밀고, 수염을
깎는다.
3 그들이 굵은 베로 허리를 동이고,
길거리에 나앉아 울고, 지붕 위에
올라가 통곡하며, 광장에서도 통
곡하니,
볼에 눈물이 마를 날이 없다.
4 헤스본과 엘르알레에서 부르짖는
소리가 저 멀리 야하스에까지 들
리니, 모압의 용사들이 두려워 떨
며 넋을 잃는다.
5 가련한 모압아, 너를 보니, 나의
마음까지 아프구나. 사람들이 저
멀리 소알과 에글랏슬리시야까지
도망 치고, 그들이 슬피 울면서 루
힛 고개로 오르는 비탈길을 올라
가고, 호로나임 길에서 소리 높여
통곡하니, 그들이 이렇게 망하는
구나.
6 니므림 샘들이 말라서 메마른 땅
으로 바뀌고, 풀이 시들고, 초목
이 모조리 사라지고, 푸른 것이라
고는 하나도 볼 수가 없구나.
7 그러므로 그들이 남겨 놓은 것과
쌓아 놓은 재물을 가지고, 버드나
무 개울을 건넌다.
8 그 곡하는 소리가 모압 땅 사방에
울려 퍼지고, 그 슬피 우는 소리
가 에글라임에까지 들리며, 그 울
부짖는 소리가 브엘엘림에까지 이
른다.
9 ㉡디몬의 물이 피로 변하였다.
"내가 또 다른 재앙 하나를 더
내리겠다. 모압에서 도피한 자들

15장 요약 본장과 16장은 모압의 멸망에 대한 예언이다. 모압은 롯의 후손들로 이스라엘과 친척 관계에 있었지만 그들은 이스라엘을 끊임없이 괴롭혀 왔다. 본문은 모압이 그 같은 죄뿐만 아니라 우상을 섬기며 하나님 앞에서 매우 교만하게 행동한 죄를 더한 탓에 심판을 피할 수 없음을 보여 준다.

15:2–3 고대 근동에서는 슬플 때 머리를 밀고 수염을 깎거나 몸을 상하게 하거나 허리에 베옷을 두르는 풍습이 있었다(렘 41:5;48:37).

15:6–9 모압 백성들은 앗시리아의 침략을 받아 남쪽 에돔으로 피난하였다. 하지만 니므림의 물은 마르고, 살아남은 자들도 사자에게 쫓기듯이 죽음의 공포에서 헤어날 수 없다.

㉠ 사해 사본과 불가타에는 '내가', 마소라 본문에는 '그가' ㉡ 마소라 본문을 따름. 사해 사본과 몇몇 칠십인역 사본과 불가타에는 '디본'

과 그 땅의 남은 자들에게 사자를
보내어서, 그들을 찢게 하겠다."

모압의 절망 상태

16 모압 백성아, 예루살렘의 통치
자에게 어린 양들을 조공으로
보내라. 셀라에서 광야를 거쳐, 나
의 딸 시온 산으로 조공을 보내
라.
2 있을 곳이 없어 날아다니는 새들
처럼, 털린 둥지에서 흩어진 새끼
새들처럼, 모압의 ㉠여인들이 아르
논의 나루터에서 헤맨다.
3 그들이 유다 백성에게 애원한
다. '우리가 어떻게 하여야 할지 말
하여 주십시오. 우리를 위하여 중
재하여 주십시오. 뜨거운 대낮에
시원한 그늘을 드리우는 나무처
럼, 우리가 그대의 그늘에서 쉴 수
있도록 보호하여 주십시오. 우리
는 피난민입니다. 아무도 우리를
해치지 못할 곳에 우리를 숨겨 주
십시오.
4 우리가 이 땅에서 살도록 허락하
여 주십시오. 우리를 죽이려고 하
는 자들에게서 우리를 보호하여
주십시오.'
(폭력이 사라지고, 파괴가 그치
고, 압제자들이 이 땅에서 자취를
감출 것이다.
5 다윗의 ㉡가문에서 왕이 나와 신
실과 사랑으로 그 백성을 다스릴
것이다. 옳은 일이면 지체하지 않
고 하고, 정의가 이루어지는 것을
보여 줄 것이다.)
6 유다 백성이 대답한다. '우리는
모압이 교만하다는 소문을 들었
다. 그들이 매우 교만하고 오만하
고 거만하여 화를 잘 내지만, 사
실 그들은 허풍뿐이라는 것도 들
어서 알고 있다.'
7 그러면 모압 백성은 그들이 당하
는 고통을 못이겨서 통곡할 것이
다. 길하레셋에서 늘 먹던 건포도
빵을 그리워하며, 슬피 울 것이다.
8 헤스본의 밭과 십마의 포도원이
황무지가 되다니! 여러 나라의 군
주들이 즐겨 마시던 포도주의 산
지가 아니던가! 한때는 포도나무
가지가 저 멀리 야스엘에까지 뻗
어 나가고, 동쪽으로는 광야에까
지 퍼져 나가고, 서쪽으로는 그 싹
이 자라서 사해 너머로까지 뻗어
가더니!
9 야스엘이 울듯이, 내가 통곡한
다. 말라 비틀어진 십마의 포도나
무를 두고 통곡한다. 헤스본아, 엘
르알레아, 나의 눈물이 너를 적신
다. 여름 과일과 농작물을 거두는
너의 흥겨운 소리가 너에게서 그
쳤구나.

16장 요약 본장의 전반부는 멸망당해 방황하게 될 모압에게 주는 권면이다. 그것은 하나님이 세우신 왕인 다윗에게 순복함으로 구원을 얻으라는 것이다. 후반부는 이사야의 권고를 무시한 모압에게 결국 하나님의 진노가 임하게 될 것이라는 예언이다.

16:1 딸 시온 산 예루살렘을 의인화한 표현이다.

16:3-4상반절 이 구절은 모압 백성들이 유다를 향하여 도움을 청하는 말로 보는 것이 일반적인 견해이다.

16:6-12 모압은 농작물의 소출(7-8절)과 풍요의 신 그모스(12절)를 굳게 의지하는 마음으로 몹시 교만하였다. 그래서 하나님은 그들의 농작물을 치시고 산당을 쓸모 없게 만드셨다.

16:13-14 교만한 모압에게 하나님의 진노가 임하여 그들이 멸망할 것이라는 직접적인 선포이다.

㉠ 여러 성읍의 주민을 뜻함 ㉡ 히, '장막'

10 "이제 기름진 밭에서 기쁨도 사
라지고 즐거움도 사라졌다. 포도
원에서 노랫소리가 나지 않고, 기
뻐 떠드는 소리도 나지 않고, 포도
주 틀에는 포도를 밟는 사람도 없
다. 내가 그 흥겨운 소리를 그치게
하였다."
11 모압을 생각하니, 나의 심장이
수금 줄이 튀듯 떨리고, 길하레셋
을 생각하니, 나의 창자가 뒤틀린
다.
12 모압 백성이 산당에 올라가서
제사를 드리고, 그 성소에 들어가
서 기도해도, 아무 소용이 없을
것이다.
13 ○이것이 전에 주님께서 모압을
두고 하신 말씀이다.
14 그러나 이제 주님께서 다시 이렇게
말씀하신다. "삼 년 기한으로 머슴
살이를 하게 된 머슴이 그 햇수를
세듯이, 이제 내가 삼 년을 센다. 삼
년 안에 모압의 영화가 그 큰 무리와
함께 모두 능욕을 당할 것이며, 남은
사람이라야 얼마 되지 않아, 보잘 것
이 없을 것이다."

하나님이 시리아와 이스라엘을 치시리라

17 이것은 다마스쿠스를 두고 하
신 엄한 경고의 말씀이다.
"다마스쿠스는 성읍 축에도 들
지 못하고, 허물어진 무더기가 될
것이다.
2 또한 아로엘의 성읍들이 황무지
가 될 것이다."
그 성읍들은 양 떼의 차지가 되
며, 양 떼가 누워도 그들을 놀라
게 할 자가 하나도 없을 것이다.
3 "에브라임은 무방비 상태가 되
고, 다마스쿠스는 주권을 잃을 것
이다. 이스라엘 자손에게서 영광
이 사라지듯이, 시리아의 남은 백
성도 수치를 당할 것이다." 만군의
주님께서 하신 말씀이다.
4 "그 날이 오면, 야곱의 영화가
시들고, 건강하던 몸이 야윌 것이
다.
5 그들은 곡식을 거두고 난 텅 빈
들처럼 될 것이다. 곡식을 거두는
자가 곡식을 다 거두어 버린 그
들판, 사람들이 이삭마저 다 줍고
내버린 그 들판, 이삭을 다 줍고
난 르바임 들판처럼 될 것이다.
6 그들은 열매를 따고 난 올리브 나
무처럼 될 것이다. 마치 올리브 나
무를 흔들 때에, 가장 높은 가지
에 있는 두세 개의 열매나, 무성한
나무의 가장 먼 가지에 남은 네다
섯 개의 열매와 같이 될 것이다."
주 이스라엘의 하나님께서 하신
말씀이다.
7 "그 날이 오면, 사람들은 자기

17장 요약 시리아와 북 이스라엘, 그리고 앗시리아의 멸망에 대한 예언이다. 이사야는 이방 나라와 연합하여 남 유다를 대적한 북 이스라엘이 먼저 멸망할 것임을 예언한다. 그리고 하나님의 도구로 사용된 앗시리아 역시 결국에는 하나님의 심판을 당해 멸망할 것임을 예언하고 있다.

17:1–6 이사야는 남쪽 두 나라(블레셋과 모압)의 심판을 예언한 후, 이어서 북쪽의 시리아와 북 이스라엘이 받을 징벌을 예언한다. 그 당시 시리아와 북 이스라엘(에브라임)은 동맹을 맺어 남 유다와 앗시리아를 침공하였다(7:2). 예언자는 추수에 관한 비유로 에브라임의 폐허를 묘사한다(4–6절).

17:4–6 예언자는 에브라임의 폐허를, 추수하는 것과 올리브 열매를 거두는 것에 비유한다.

17:7–8 심판의 결과로 이스라엘은 우상 숭배를 그치고 하나님께로 돌아오게 될 것이다.

들을 지으신 분에게 눈길을 돌리
고 '이스라엘의 거룩하신 분'을 바
라볼 것이다.
8 자기들의 손으로 만든 제단들은
거들떠보지도 않고, 자기들의 손
가락으로 만든 아세라 상들과 태
양 신상은 생각도 하지 않을 것이
다."
9 그 날이 오면, 그 견고한 성읍들
이 폐허가 될 것이다. 마치 이스라
엘 자손 앞에서 도망 친 히위 족
과 아모리 족의 성읍들처럼, 황폐
하게 될 것이다.
10 이스라엘아, 네가 하나님 너의 구
원자를 잊어버리고, 네가 피할 견
고한 반석을 기억하지 않고, 이방
신을 섬기려고 이방의 묘목으로
'신성한 동산'을 만들었구나.
11 나무를 심는 그 날로 네가 울타리
를 두르고, 그 다음날 아침에 네
가 심은 씨에서 싹이 났다 하여
도, 네가 그것을 거두어들일 무렵
에는 흉작이 되어, 너의 슬픔이
클 것이다.

적국이 멸망하다

12 가련하다! 저 많은 민족의 요란
한 소리가 마치 바다에 파도 치는
소리처럼 요란하고, 많은 백성들
이 몰려오는 소리가 마치 거대한
물결이 밀려오는 소리 같구나.
13 비록 많은 백성이, 거대한 물결이
밀려오는 것 같이 소리를 내어도,
주님께서 그들을 꾸짖으시리니,
그들이 멀리 도망 칠 것이다. 그들
은 산에서 바람에 흩어지는 겨와
같고, 폭풍 앞에 흩날리는 티끌과
같을 것이다.
14 그들이 저녁때에 두려운 일을 당
하고, 아침이 오기 전에 사라질 것
이니, 이것이 바로 우리를 노략한
자가 받을 몫이고, 우리를 약탈한
자가 받을 마땅한 값이다.

하나님께서 에티오피아를 벌하실 것이다

18 ㉠에티오피아의 강 건너편, 벌
레들이 날개 치는 소리가 나는
땅에 재앙이 닥칠 것이다.
2 그들이 갈대 배를 물에 띄우고,
뱃길로 사절단을 보낸다.
너희 민첩한 사절들아, 가거라.
강물이 여러 갈래로 나뉘어 흐르
는 땅으로 가거라. 거기에 사는 민
족, 곧 키가 매우 크고 근육이 매
끄러운 백성, 멀리서도 두려움을
주고 적을 짓밟는 강대국 백성에
게로 가거라.
3 이 세상 사람들아, 땅에 사는
주민들아, 산 위에 깃발이 세워지
면 너희가 보게 되고, 또 나팔 소
리가 나면 너희가 듣게 될 것이다.
4 주님께서 나에게 이렇게 말씀하

17:9–11 이스라엘이 황폐하게 된 것은 다른 곳에서 가져온 이방의 악한 교훈과 그것을 실천한 데 있다. 본문은 4–6절의 반복이며, 7–8절의 약속에 대한 중단으로 생각할 수 있다.

17:12–14 이 짧은 구절에 13–23장의 전체 주제가 요약되어 있다. 곧 이방 나라의 흥망성쇠 또한 하나님의 손에 달려 있으며, 징벌을 통하여 '남은 사람들'이 돌아오리라는 내용이다.

㉠ 히, '구스', '나일' 강 상류지역

18장 요약 본장은 에티오피아에 대한 예언으로, 구원 약속이다. 이는 그들이 앗시리아로부터 유다를 구원하신 하나님의 구원 역사를 목격하고서 하나님께 순복하게 되었기 때문이다.

18:1–7 다른 민족들과 달리, 하나님께서 에티오피아를 심판하시지 않고 도와주신다고 약속하신다(5–6절). 본문에는 에티오피아가 회개하고 하나님께 돌아올 것이 예언되어 있다.

신다. ㉠"내가 나의 처소에서 조용
히 내려다보겠다."
추수철 더운 밤에 이슬이 조용
히 내려앉듯이, 한여름 폭염 속에
서 뙤약볕이 고요히 내리쬐듯이,
5 곡식을 거두기 전에, 꽃이 지고 신
포도가 영글 때에, 주님께서 연한
가지들을 낫으로 자르시고, 뻗은
가지들을 찍어 버리실 것이다.
6 산의 독수리들과 땅의 짐승들이
배불리 먹도록 그것들을 버려 두
실 것이니, 독수리가 그것으로 여
름을 나고, 땅의 모든 짐승이 그것
으로 겨울을 날 것이다.
7 그 때에 만군의 주님께서 예물
을 받으실 것이다. 강물이 여러 갈
래로 나뉘어 흐르는 땅, 거기에 사
는 민족, 곧 키가 매우 크고 근육
이 매끄러운 백성, 멀리서도 두려
움을 주고 적을 짓밟는 강대국 백
성이 만군의 주님께 드릴 예물을
가지고, 만군의 주님의 이름으로
일컫는 곳 시온 산으로 올 것이다.

하나님께서 이집트를 벌하실 것이다

19 이것은 이집트를 두고 하신 엄
한 경고의 말씀이다.
주님께서 빠른 구름을 타고 이
집트로 가실 것이니,
이집트의 우상들이 그 앞에서
떨고, 이집트 사람들의 간담이 녹
을 것이다.
2 "내가 이집트 사람들을 부추겨
서, 서로 맞서 싸우게 하겠다. 형
제와 형제가, 이웃과 이웃이, 성읍
과 성읍이, 왕권과 왕권이, 서로
싸우게 하겠다.
3 그래서 이집트 사람들의 기를 죽
여 놓겠다. 내가 그들의 계획을 무
산시켜 버리면, 그들은 우상과 마
술사와 신접한 자와 무당을 찾아
가 물을 것이다.
4 내가 이집트를 잔인한 군주의 손
에 넘길 것이니, 폭군이 그들을 다
스릴 것이다." 주님, 곧 만군의 주
님께서 하신 말씀이다.
5 나일 강이 마를 것이다. 강바닥
이 바싹 마를 것이다.
6 강에서는 악취가 나며, 이집트 시
냇물의 물 깊이가 얕아져 마르겠
고, 파피루스와 갈대도 시들어 버
릴 것이다.
7 나일 강 가와 어귀의 풀밭과 강변
에 심은 모든 나무가 말라서, 바
람에 날려 사라지고 말 것이다.
8 나일 강에서 고기를 잡는 어부들
이 슬퍼하며 통곡하고, 나일 강에
낚시를 던지는 모든 낚시꾼과 강
에 그물을 치는 사람들이 잡히는
것이 없어서 고달파 할 것이다.
9 가는 베를 짜는 사람이 베 짜는

19장 요약 본장에는 이집트가 끼치는 우상숭배의 악영향을 없애기 위한 하나님의 심판에 대한 예언과 심판 가운데서도 하나님을 두려워하는 사람들은 구원을 얻으리라는 소망의 메시지가 이어진다.

19:1-25 이집트에 대한 경고로서, 징벌(1-17절)과 약속(18-25절)이 함께 나타나 있다.

19:1-4 이집트에 대한 심판 I 하나님의 심판이 주님의 강림과 우상의 몰락, 내란과 우상에 얽매임, 잔인한 전제 군주의 등장으로 나타나고 있다.

19:1 빠른 구름을 타고 주님께서 하늘로부터 오신다는 것과 신속히 오신다는 것을 뜻한다.

19:5-10 이집트에 대한 심판 II 이집트 사람들은 가뭄으로 인한 물 부족과 식물의 마름, 수산물의 핍절과 직물업의 파탄과 사회 모든 계층의 붕괴

㉠ 또는 '내가 나의 처소에서 조용히 내려다 봄이 쬐이는 뙤약볕 같고 가을 더위에 내리는 이슬 같다'

일을 그만두고, 흰 천을 짜는 사
람도 실망하여 천 짜는 일을 그칠
것이다.
10 옷 만드는 사람들이 낙심하니, 모
든 품꾼의 마음에도 병이 들 것이
다.
11 소안의 지도자인 너희는 어리석
기만 하고, 지혜롭다고 하는 바로
의 참모인 너희도 어리석은 제안
만을 하고 있으니, 어찌 바로에게
너희가 옛 현인들과 옛 왕들의 후
예라고 감히 말할 수 있겠느냐?
12 이집트의 임금아, 너를 섬기는 현
인이 어디에 있느냐? 그들을 시켜
서, 만군의 주님께서 이집트에 대
하여 무엇을 계획하셨는지를 알
게 하여 너에게 보이라고 하여라.
13 소안의 지도자들은 어리석은
사람들이다. ㉠멤피스의 지도자
들은 제 꾀에 속고 있다. 이집트의
주춧돌들인 지파들이 이집트를
그릇된 길로 이끌었다.
14 주님께서 친히 그들에게 마음을
혼란시키는 영을 부으셔서, 그들
이 이집트를 잘못 다스리게 하셨
다. 그래서 마치 취한 자가 토하면
서 비틀거리듯, 이집트를 그 꼴로
만들었다.
15 그러므로 이집트에서는 되는 일이
없고, 우두머리나 말단에 있는 사
람이나 종려나무처럼 귀한 자나
갈대처럼 천한 자나 가릴 것 없이,
모두 쓸모가 없이 될 것이다.

이집트 사람이 주님께 경배할 것이다

16 그 날이 오면, 이집트 사람이 마
치 겁 많은 여인처럼 되어, 만군의
주님께서 그들 위에 팔을 펴서 휘
두르시며 심판하시는 것을 보고
서, 두려워하며 떨 것이다.
17 이집트 사람은 유다 땅을 무서
워할 것이다. 만군의 주님께서 그
들을 치려고 세우신 계획을 상기
할 때마다 '유다'라는 이름만 들어
도 모두 무서워할 것이다.
18 그 날이 오면, 이집트 땅의 다섯
성읍에서는 사람들이 가나안 말
을 하며, 만군의 주님만을 섬기기
로 충성을 맹세할 것이다. 그 다
섯 성읍 가운데서 한 성읍은 ㉡'멸
망의 성읍'이라고 불릴 것이다.
19 그 날이 오면, 이집트 땅 한가운
데 주님을 섬기는 제단 하나가 세
워지겠고, 이집트 국경지대에는 주
님께 바치는 돌기둥 하나가 세워
질 것이다.
20 이 제단과 이 돌기둥이, 만군의 주
님께서 이집트 땅에 계시다는 징
표와 증거가 될 것이다. 그래서 그
곳 백성이 압박을 받을 때에, 주
님께 부르짖어서 살려 주실 것을

로 위협을 받는다.
19:11–17 이집트 사람들은 지혜롭기로 유명했지만 하나님께서 내리신 징벌에 대해서는 전혀 대책을 마련하지 못하였다.
19:15 우두머리·종려나무 이집트의 지도자들을 가리킨다. 이 표현은 이스라엘의 지도자들을 나타낼 때도 사용되었다(9:14–15).
19:16 그 날 주님께서 오시는 날을 말한다.
19:18–25 그 날(메시아가 오시는 날)에 이집트에서는 다음과 같은 일이 일어날 것이다. 그들은 하나님을 두려워하게 되고, 하나님께로 돌아오며, 하나님께서 보내신 구원자에 의하여 치유함을 받고, 마지막에는 이집트·앗시리아·이스라엘이 하나님의 백성으로 연합할 것이다.
19:18 멸망의 성읍 이집트의 태양신의 도시인 '헬리오폴리스'를 언급하는 듯하다. 느부갓네살에 의

㉠ 히, '놉' ㉡ 사해 사본과 불가타와 몇몇 마소라 본문에는 '태양의 성읍' 곧 '헬리오폴리스'

간구하면, 주님께서 한 구원자를
보내시고, 억압하는 자들과 싸우
게 하셔서, 백성을 구원하실 것이
다.
21 주님께서는 이렇게 자신을 이집트
사람에게 알리실 것이며, 그 날로
이집트 사람은 주님을 올바로 알
고, 희생제물과 번제를 드려서, 주
님께 예배하고, 또 주님께 서원하
고 그대로 실천할 것이다.
22 주님께서 이집트를 치시겠으나, 치
시고 나서는 곧바로 어루만져 낫
게 하실 것이므로, 그들이 주님께
로 돌아오고, 주님께서는 그들의
간구를 들으시고, 그들을 고쳐 주
실 것이다.
23 그 날이 오면, 이집트에서 앗시
리아로 통하는 큰길이 생겨, 앗시
리아 사람은 이집트로 가고 이집
트 사람은 앗시리아로 갈 것이며,
이집트 사람이 앗시리아 사람과
함께 주님을 경배할 것이다.
24 그 날이 오면, 이스라엘과 이집
트와 앗시리아, 이 세 나라가 이
세상 모든 나라에 복을 주게 될
것이다.
25 만군의 주님께서 이 세 나라에 복
을 주며 이르시기를 "나의 백성
이집트야, 나의 손으로 지은 앗시
리아야, 나의 소유 이스라엘아, 복
을 받아라" 하실 것이다.

벌거벗은 예언자의 징조

20 앗시리아 왕 사르곤이 보낸 다
르단 장군이 아스돗으로 와서,
아스돗을 점령하였다.
2 그 해에 주님께서 아모스의 아들 이
사야를 시켜서 말씀하셨다. 주님께
서 이사야에게 말씀하시기를, 허리
에 두른 베 옷을 벗고, 발에서 신을
벗으라고 하셨다. 그래서 이사야는,
말씀대로, 옷을 벗고 맨발로 다녔
다.
3 ○그 때에 주님께서 말씀하셨다.
○"나의 종 이사야가 삼 년 동안 벗
은 몸과 맨발로 다니면서, 이집트와
에티오피아에게 표징과 징조가 된
것처럼,
4 앗시리아 왕이, 이집트에서 잡은 포
로와 에티오피아에서 잡은 포로를,
젊은이나 늙은이 할 것 없이 모두 벗
은 몸과 맨발로 끌고 갈 것이니, 이
집트 사람이 수치스럽게도 그들의
엉덩이까지 드러낸 채로 끌려갈 것
이다."
5 그리하여 에티오피아를 의지하던 자
들과, 이집트를 그들의 자랑으로 여
기던 자들이, 두려워하고 부끄러워
할 것이다.
6 그 날이 오면, 이 해변에 사는 백성
이 이렇게 말할 것이다. "우리가 의지

하여 멸망을 당하였다(렘 43:12-13).

19:25 창 12:3의 성취를 말한다. 나의 백성·나의 손으로 지은 이런 말들은 이스라엘 백성들에게 붙여져야 할 것 같은데 이집트와 앗시리아에게까지 확대된다. 이는 두 나라가 하나님의 백성인 유다와 연합하였다는 것을 나타내는 것이다. 나의 소유 '소유'는 (히) '나할라'이며, '재산·선물' 등의 뜻이 있다. 여기서는 '하나님의 백성'을 가리킨다(신 4:20;9:26,29;시 28:9).

20장 요약 이집트와 에티오피아가 앗시리아의 침략을 당하게 될 것이라는 예언이다. 여기서 에티오피아는 이집트의 통치자로 이집트와 동일한 의미로 이해된다. 하나님은 이사야를 통해 이집트의 패배를 예언함으로 유다가 이집트를 의지하는 것이 헛된 일임을 경고하셨다.

20:1 아스돗을 점령하였다 앗시리아 왕 사르곤이 아스돗을 쳐서 취하던 해는 B.C. 711년쯤이다.

하던 나라, 앗시리아 왕에게서 구해
달라고, 우리를 살려 달라고, 도움을
청한 나라가 이렇게 되었으니, 이제
우리가 어디로 피해야 한단 말이
냐?”

바빌론의 멸망에 관한 환상

21 이것은 ㉠해변 광야를 두고 하
신 엄한 경고의 말씀이다.
남쪽 광야에서 불어오는 회오
리바람처럼 침략자가 광야에서
쳐들어온다. 저 무서운 땅에서 몰
아쳐 온다.
2 나는 끔찍한 계시를 보았다.
배신하는 자가 배신하고 파괴하
는 자가 파괴한다!
엘람아, 공격하여라! 메대야, 에
워싸거라!
“내가 바빌론의 횡포를 그치게
하고 억압받는 사람들의 탄식소
리를 그치게 하겠다.”
3 그러자 나는, 허리가 끊어지는
것처럼 아팠다. 아기를 낳는 산모
의 고통이 이런 것일까? 온 몸이
견딜 수 없이 아팠다. 그 말씀을
듣고 귀가 멀었으며, 그 광경을 보
고 눈이 멀었다.
4 나의 마음은 갈피를 잡지 못하고,
공포에 질려 떨었다. 내가 그처럼
보고 싶어한 희망찬 새벽빛은, 도
리어 나를 무서워 떨게 하였다.
5 내가 보니, 사람들이 잔칫상을
차려 놓고, 방석을 깔고 앉아서,
먹고 마신다. 갑자기 누가 명령한
다. “너희 지휘관들아, 일어나거
라. 방패를 들어라.”
6 주님께서 나에게 이렇게 말씀하
셨다. “너는 가서 파수꾼을 세우
고 그가 보는 대로 보고하라고 하
여라.
7 기마병과 함께 오는 병거를 보거
나, 나귀나 낙타를 탄 사람이 나
타나면, 주의하여 살펴보라고 하
여라.”
8 ㉡파수꾼이 외친다. “지휘관님,
제가 온종일 망대 위에 서 있었습
니다. 밤새 경계 구역을 계속 지키
고 있었습니다.”
9 그런데, 갑자기 병거가 몰려오고,
기마병이 무리를 지어 온다. 누가
소리친다. “바빌론이 함락되었다!
바빌론이 함락되었다! 조각한 신
상들이 모두 땅에 떨어져서 박살
났다!”
10 아, 짓밟히던 나의 겨레여, 타작
마당에서 으깨지던 나의 동포여,
이스라엘의 하나님 만군의 주님께
서 나에게 말씀하신 것을, 이렇게
내가 그대들에게 전한다.

에돔에 대한 경고

11 ○이것은 ㉢두마를 두고 하신 엄한

21장 요약 바빌론의 멸망이 다시 선포됨은 그들이 하나님의 도구로 쓰였음에도 불구하고 심판을 받을 행악을 일삼았기 때문이다. 두마(에돔)는 앗시리아의 지배에서 벗어나겠지만 다시금 바빌론의 지배를 당할 것으로, 주변국을 자주 약탈하였던 아라비아는 바빌론의 침략을 당할 것으로 예언되었다.

21:1 해변 광야 9절에 의하면 광야는 바빌론을 가리킨다. 광야로 불린 것은 바빌론이 하나님의 심판으로 폐허가 될 것이기 때문이다(참조. 13:19–22). '광야'는 종종 폐허를 뜻하기도 한다(렘 2:31). 그리고 앗시리아 쐐기 문자 비문에 의하면 바빌론은 종종 '바다'로 언급된다.
21:2 많은 민족을 괴롭혀 왔던 불의한 바빌론 성

㉠ 바빌로니아 ㉡ 사해 사본과 시리아어역을 따름. 마소라 본문에는 '사자가' ㉢ '침묵'. 두마는 에돔에 대한 어희, 두 히브리어 사본과 칠십인역에는 '에돔'

경고의 말씀이다.
세일에서 누가 나를 부른다.
"파수꾼아, 밤이 얼마나 지났느
냐? 파수꾼아, 날이 새려면 얼마
나 더 남았느냐?"
12 파수꾼이 대답한다. "아침이 곧
온다. 그러나 또다시 밤이 온다.
묻고 싶거든, 물어 보아라. 다시
와서 물어 보아라."

아라비아에 대한 경고

13 ○이것은 아라비아를 두고 하신 엄
한 경고의 말씀이다.
드단 사람들아, 아라비아의 메
마른 덤불 속에서 밤을 지새우는
드단의 행상들아,
14 목마른 피난민들에게 마실 물을
주어라. 데마 땅에 사는 사람들
아, 아라비아의 피난민들에게 먹
거리를 가져다 주어라.
15 그들은 칼을 피하여 도망다니는
사람들이다. 칼이 그들을 치려 하
고, 화살이 그들을 꿰뚫으려 하
고, 전쟁이 그들의 목숨을 노리므
로, 도망다니는 신세가 되었다.
16 주님께서 나에게 이렇게 말씀하
셨다. "일 년 기한으로 머슴살이
를 하게 된 머슴이 날 수를 세듯
이, 이제 내가 일 년을 센다. 일 년
만에 게달의 모든 허세가 사라질
것이다.
17 게달의 자손 가운데서 활 쏘는 용
사들이 얼마 남는다고 하여도, 그
수는 매우 적을 것이다." 주 이스
라엘의 하나님께서 이렇게 말씀
하셨다.

예루살렘에 대한 경고

22 이것은 '환상 골짜기'를 두고 하
신 엄한 경고의 말씀이다.
너희가 무슨 변을 당하였기에,
모두 지붕에 올라가 있느냐?
2 폭동으로 가득 찬 성읍, 시끄러
움과 소동으로 가득 찬 도성아,
이번 전쟁에 죽은 사람들은 칼
을 맞아 죽은 것도 아니고, 싸우
다가 죽은 것도 아니다.
3 너희 지도자들은 다 도망 치기
에 바빴고, 활도 한 번 쏘아 보지
못하고 사로잡혔다.
사로잡힌 너희들도, 아직 적군
이 멀리 있는데도, 지레 겁을 먹고
도망 가다가 붙잡혀서 포로가 되
었다.
4 그러므로 내가 통곡한다. 다들
비켜라! 혼자서 통곡할 터이니, 나
를 내버려 두어라! 내 딸 내 백성
이 망하였다고, 나를 위로하려고
애쓰지 말아라.
5 주 만군의 하나님께서 친히 '환상
골짜기'에, 혼란과 학대와 소란을
일으키시는 날을 이르게 하셨다.

의 거민들이 엘람과 메대의 공격을 받을 것이다.
21:11-12 두마에 대한 경고이다. 본문에서 밤은 재난을 뜻한다. 아침이…밤이 온다는 말은, 앗시리아에 의한 압제의 밤이 끝나고 아침이 찾아오지만, 다시 바빌론이 나타나서 두마를 지배하게 되리라는 예언이다.
21:13-17 아라비아 사람들은 주변의 여러 나라를 자주 약탈하였지만, 그들 또한 바빌론에 의해 침략당할 것이다.

22장 요약 이사야는 다시 유다의 멸망으로 눈을 돌린다. 이는 하나님의 경고에도 불구하고 끝까지 회개하지 않으면 결국 하나님의 진노가 임한다는 것을 선포하기 위해서이다. 이사야는 유다의 타락상, 특히 지도자들이 부패하여 유다를 멸망의 길로 인도하였음을 고발하고 있다.

22:1-14 예루살렘의 멸망에 대한 경고이다. 유다

성벽이 헐리고, 살려 달라고 아우
성 치는 소리가 산에까지 사무쳤
다.
6 엘람 군대는 화살통을 메고 왔고,
기마대와 병거대가 그들과 함께
왔으며, 기르 군대는 방패를 들고
왔다.
7 너의 기름진 골짜기들은 병거부대
의 주둔지가 되었고, 예루살렘 성
문 앞 광장은 기마부대의 주둔지
가 되었다.
8 유다의 방어선이 뚫렸다.
그 때에, 너희는 '수풀 궁'에 있
는 무기를 꺼내어 오고,
9 '다윗 성'에 뚫린 곳이 많은 것을
보았고, '아랫못'에는 물을 저장하
였다.
10 예루살렘에 있는 집의 수를 세어
보고는, 더러는 허물어다가, 뚫린
성벽을 막았다.
11 또한 '옛 못'에 물을 대려고 두 성
벽 사이에 저수지를 만들기도 하
였다. 그러나 너희는 일이 이렇게
되도록 하신 분을 의지하지 않고,
이 일을 옛적부터 계획하신 분에
게는 관심도 없었다.
12 그 날에, 주 만군의 하나님께서
너희에게 통곡하고 슬피 울라고
하셨다. 머리털을 밀고, 상복을 몸
에 두르라고 하셨다.
13 그런데 너희가 어떻게 하였느냐?
너희는 오히려 흥청망청 소를 잡
고 양을 잡고, 고기를 먹고 포도
주를 마시며 "내일 죽을 것이니,
오늘은 먹고 마시자" 하였다.
14 그래서 만군의 주님께서 나의
귀에 대고 말씀하셨다. "이 죄는
너희가 죽기까지 용서받지 못한
다." 주 만군의 하나님께서 이렇게
말씀하셨다.

셉나에게 경고하시다

15 주 만군의 하나님께서 이렇게
말씀하신다. "너는 궁중의 일을
책임진 총책임자 셉나에게 가서,
나의 말을 전하여라.
16 '네가 이 곳과 무슨 상관이 있기
에, 이 곳에 누가 있기에, 여기에
다 너의 무덤을 팠느냐?'"
높은 곳에 무덤을 파는 자야,
바위에 누울 자리를 쪼아 내는 자
야!
17 그렇다! 너는 권세가 있는 자다.
그러나 주님께서 너를 단단히 묶
어서 너를 세차게 내던지신다.
18 너를 공처럼 둥글게 말아서, 넓고
아득한 땅으로 굴려 버리신다. 네
가 거기에서 죽을 것이다. 네가 자
랑하던 그 화려한 병거들 옆에서
네가 죽을 것이다. 그리하여 너는
너의 상전의 집에 수치거리가 될

는 전능하신 하나님의 능력보다 군사적인 힘이나 요새화된 성벽을 더욱 의지하였다(9-11절). 하나님이 보시기에 유다 백성들은 주변의 이방 나라 *백성들보다 조금도 나을 것이* 없었다. 그래서 이방 나라와 똑같은 징벌을 당했다. 이 예언대로 예루살렘은 B.C. 701년과 B.C. 586년에 앗시리아와 바빌론에게 포위 공격을 당했다.

22:12-14 하나님께서는 회개하지 않으면 멸망할 것이라고 예루살렘에 경고하셨다. 그러나 이러한 경고를 유다 백성들은 농담과 조소거리로 받아들였다. 따라서 그들은 '이 죄는 너희가 죽기까지 용서받지 못한다'는 저주를 받았다. 이것은 신약에 나타난 성령을 훼방하는 죄와 비교될 수 있다(마 12:31-32). 하나님의 참 백성들은 징벌을 통하여 오히려 회개하고 정결하게 된다.

22:15-25 당시 유다 지도자들의 모습을 보여 주고 있다. 셉나는 지도자로서 책임을 잘 감당하는 일이 화려한 무덤보다 더 오랫동안 기억된다는 것

것이다.
19 내가 너를 너의 관직에서 쫓아
내겠다.
그가 너를 그 높은 자리에서 끌
어내릴 것이다.
20 ○그 날이 오면, 내가 힐기야의 아
들인 나의 종 엘리야김을 불러서,
21 너의 관복을 그에게 입히고, 너의 띠
를 그에게 띠게 하고, 너의 권력을
그의 손에 맡길 것이니, 그가 예루살
렘에 사는 사람들과 유다 집안의 아
버지가 될 것이다.
22 내가 또 다윗 집의 열쇠를 그의 어깨
에 둘 것이니, 그가 열면 닫을 자가
없고, 그가 닫으면 열 자가 없을 것
이다.
23 단단한 곳에 잘 박힌 못같이, 내가
그를 견고하게 하겠으니, ㉠그가 가
문의 영예를 빛낼 것이다.
24 그의 가문의 영광이 그에게 걸릴 것
이다. 종지에서 항아리에 이르기까
지, 모든 작은 그릇들과 같은 그 자
손과 족속의 영광이, 모두 그에게 걸
릴 것이다.
25 ○만군의 주님의 말씀이다. "그 날
이 오면, 단단한 곳에 잘 박힌 못이
삭아서 부러져 떨어질 것이니, 그 위
에 걸어 둔 것들이 산산조각이 날 것
이다." 이것은 주님께서 하신 말씀이
다.

베니게에 대한 경고

23 이것은 두로를 두고 하신 엄한
경고의 말씀이다.
다시스의 배들아, 너희는 슬피
울어라. 두로가 파멸되었으니, 들
어갈 집도 없고, 닻을 내릴 항구
도 없다. ㉡키프로스에서 너희가
이 소식을 들었다.
2 항해자들이 부유하게 만들어
준 너희 섬 백성들아, 시돈의 상인
들아, 잠잠하여라!
3 시홀의 곡식 곧 나일의 수확을 배
로 실어 들였으니, 두로는 곧 뭇
나라의 시장이 되었다.
4 그러나 너 시돈아, 너 바다의 요
새야, 네가 수치를 당하였다. 너의
어머니인 바다가 너를 버리고 이
렇게 말한다. "나는 산고를 겪지
도 않았고, 아이를 낳지도 못하였
다. 아들들을 기른 일도 없고, 딸
들을 키운 일도 없다."
5 두로가 파멸되었다는 소식이 이
집트에 전해지면, 이집트마저도 충
격을 받고 낙심할 것이다.
6 베니게의 주민아, ㉢스페인으로
건너가거라. 섬나라 백성아, 슬피
울어라.
7 이것이 너희가 그렇게 좋아하던
도성 두로냐? 그토록 오랜 역사
를 가지고 저 먼 곳에까지 가서 식

을 깨닫지 못하였다. 셉나의 관직을 이어받은 엘리야김 역시 불행한 종말을 당하게 된다. 이는 유다의 소망이 지도자들에게 있는 것이 아니라 하나님께 있음을 가르쳐 주는 메시지이다.

22:17–18 넓고 아득한 땅 곧 포로지인 바빌론에서 죽게 되리라고 말씀하신다. 화려한 병거 여기서 '병거'는 셉나의 모든 명성과 높은 지위를 뜻한다.

㉠ 히, '그가 그의 아버지 집의 영광의 자리가 될 것이다' ㉡ 히, '깃딤' ㉢ 히, '다시스'

23장 요약 13장에서부터 계속된 열방에 대한 예언은 두로의 몰락과 회복에 관한 본장의 예언으로 잠시 일단락된다. 당시 두로는 무역으로 부를 누렸지만, 이 번영이 하나님 앞에서 그들을 교만하게 만들었고, 그로 인해 멸망하게 된다. 후반부는 두로가 장차 회개하고 하나님께로 돌아오게 될 것이라는 예언이다.

23:1–7 두로의 몰락이 예언되며, 그의 백성과 그

민지를 세우던 도성이냐?
8 빛나는 왕관을 쓰고 있던 두로,
그 상인들은 귀족들이요, 그 무역
상들은 세상이 우러러보던 사람
들이었는데, 두로를 두고 누가 이
런 일을 계획하였겠느냐?
9 그 일을 계획하신 분은 만군의
주님이시다. 온갖 영화를 누리며
으스대던 교만한 자들을 비천하
게 만드시고, 이 세상에서 유명하
다는 자들을 보잘 것 없이 만드시
려고, 이런 계획을 세우셨다.
10 ㉠스페인의 ㉡딸아, ㉢너의 땅으
로 돌아가서 땅이나 갈아라. 이제
너에게는 항구가 없다.
11 주님께서 바다 위에 팔을 펴셔
서, 왕국들을 뒤흔드시고, ㉣베니게
의 요새들을 허물라고 명하셨다.
12 그래서 주님께서 이렇게 말씀하셨
다. "처녀, 딸 시돈아, 너는 망했
다. 네가 다시는 우쭐대지 못할 것
이다. 일어나서 ㉤키프로스로 건너
가 보아라. 그러나 거기에서도 네
가 평안하지 못할 것이다."
13 (㉥바빌로니아 사람의 땅을 보아
라. 백성이 없어졌다. 앗시리아 사
람이 그 곳을 들짐승이 사는 곳으
로 만들었다. 그들이 도성 바깥에
흙 언덕을 쌓고, 성을 공격하여,
궁전을 헐어 황폐하게 하였다.)
14 다시스의 배들아, 너희는 슬피
울어라. 너희의 요새가 파괴되었
다.
15 그 날이 오면, 한 왕의 수명과
같은 칠십 년 동안 두로가 잊혀지
겠으나, 칠십 년이 지난 뒤에는, 두
로가 창녀의 노래에 나오는 주인
공처럼 될 것이다.
16 망각 속으로 사라졌던 너 가련한
창녀야, 수금을 들고 성읍을 두루
다니며, 감미롭게 수금을 타고 노
래나 실컷 불러라. 남자들마다 네
노랫소리를 듣고, 다시 너를 기억
하여 모여들게 하여라.
17 칠십 년이 지나가면, 주님께서
두로를 돌보아 주셔서 옛날처럼
다시 해상무역을 하게 하실 것이
다. 그 때에 두로는 다시 제 몸을
팔아서, 땅 위에 있는 세상의 모든
나라의 돈을 끌어들일 것이다.
18 그러나 두로가 장사를 해서 벌
어들인 소득은 주님의 몫이 될 것
이다. 두로가 제 몫으로 간직하거
나 쌓아 두지 못할 것이다. 주님을
섬기며 사는 사람들이, 두로가 벌
어 놓은 것으로, 배불리 먹을 양
식과 좋은 옷감을 살 것이다.

주님께서 땅을 벌하실 것이다

24 주님께서 땅을 텅 비게 하시며,
황폐하게 하시며, 땅의 표면을

식민지들에게 전해진다.
23:15-18 두로의 회복에 대한 예언에는 세 가지 사건이 포함된다. ① 두로는 70년 동안 잊혀질 것이다(15절). ② 두로는 활동과 부에 있어서 이전처럼 회복될 것이다(16-17절). ③ 두로는 얻은 것을 하나님께 바칠 것이다(18절).

㉠ 히, '다시스' ㉡ 또는 '주민아' ㉢ 사해 사본과 칠십인역 사본들을 따름. 마소라 본문에는 '다시스의 딸아, 나일 강처럼 땅 위에 넘쳐 흘러라. 너를 속박하던 것은 이미 없어졌다' ㉣ 히, '가나안' ㉤ 히, '깃딤' ㉥ 또는 '갈대아'

24장 요약 24-27장은 '주님의 날' 곧 최후 심판 날에 대한 예언이다. 여기에는 이 세상의 모든 죄악 세력을 징벌하심으로 최후의 승리를 거두시는 하나님의 모습이 그려져 있다. 그 중 본장은 철저한 하나님의 심판을 예고한다.

24:1-13 하나님께서 땅을 황폐하게 하시므로 한 나라에 혼란과 재난이 가득 차게 됨을 묘사한다. 5절에는 심판의 원인을 말하고, 그 결과가 6-13

뒤엎으시며, 그 주민을 흩으실 것
이니,
2 이 일이 백성과 제사장에게 똑
같이 미칠 것이며, 종과 그 주인에
게, 하녀와 그 안주인에게, 사는
자와 파는 자에게, 빌려 주는 자
와 빌리는 자에게, 이자를 받는
자와 이자를 내는 자에게, 똑같이
미칠 것이다.
3 땅이 완전히 텅 비며, 완전히 황
무하게 될 것이다. 주님께서 그렇
게 된다고 선언하셨기 때문이다.
4 땅이 메마르며 시든다. 세상이
생기가 없고 시든다. 땅에서 높은
자리를 차지한 자들도 생기가 없
다.
5 땅이 사람 때문에 더럽혀진다.
사람이 율법을 어기고 법령을 거
슬러서, 영원한 언약을 깨뜨렸기
때문이다.
6 그러므로 땅은 저주를 받고, 거
기에서 사는 사람이 형벌을 받는
다.
그러므로 땅의 주민들이 불에
타서, 살아 남는 자가 얼마 되지
않을 것이다.
7 새 포도주가 마르며, 포도나무
가 시든다. 마음에 기쁨이 가득
찼던 사람들이 모두 탄식한다.
8 소구를 치는 흥겨움도 그치고,
기뻐 뛰는 소리도 멎고, 수금 타
는 기쁨도 그친다.
9 그들이 다시는 노래하며 포도주
를 마시지 못할 것이고, 독한 술은
그 마시는 자에게 쓰디쓸 것이다.
10 무너진 성읍은 황폐한 그대로
있고, 집들은 모두 닫혀 있으며,
들어가는 사람이 하나도 없을 것
이다.
11 거리에서는 포도주를 찾아 아우
성 치고, 모든 기쁨은 슬픔으로
바뀌고, 땅에서는 즐거움이 사라
진다.
12 성읍은 폐허가 된 채로 버려져
있고, 성문은 파괴되어 조각 난다.
13 이 땅에 이러한 일이 일어나고
거기에 사는 백성에게 이러한 일
이 일어날 것이니, 마치 올리브 나
무를 떤 다음과 같고, 포도나무에
서 포도를 걷은 뒤에 남은 것을
주울 때와 같을 것이다.
14 살아 남은 사람들은 소리를 높
이고, 기뻐서 외칠 것이다. 서쪽에
서는 사람들이 주님의 크신 위엄
을 말하고,
15 동쪽에서는 사람들이 주님께
영광을 돌릴 것이다. 바다의 모든
섬에서는 사람들이 주 이스라엘
의 하나님의 이름을 찬양할 것이
다.

절에 나온다. 심판의 원인은 율법을 범하며 언약을 파기하였기 때문이었다. 곧 하나님의 선하신 뜻에 불순종하였다. 심판의 결과는 기쁨과 즐거움이 사라져 버린다는 것이다(7–8,11절).

24:7–9 하나님의 심판으로 사람이 즐기던 여러 가지 것들이 그 기능을 잃게 될 것이다.

24:10–12 하나님의 심판으로 폐허가 된 성에 대해서 묘사한다.

24:13 올리브 나무를 떤…주울 때와 같을 것 하나님의 철저한 심판에 대한 비유이다. 마치 수확을 거두어들이고도 나무에 달린 남은 올리브 열매를 흔들어 완전히 떨어뜨리며 남은 포도송이를 완전히 따는 것에 비유한다.

24:14–16 하나님의 심판이 임할 때 오히려 기뻐하며 주님께 영광을 돌리는 한 무리가 있는데, 바로 경건한 '살아 남은 사람들'이다.

24:15 바다의 모든 섬에서는 '지중해 전 지역에서는'이란 뜻이다.

16 땅 끝에서부터 노래하는 소리
"의로우신 분께 영광을 돌리세!"
하는 찬양을 우리가 들을 것이다.
그러나 갑자기 나는 절망에 사
로잡혔다. 이런 변이 있나! 이런
변이 또 어디에 있단 말인가! 나에
게 재앙이 닥쳤구나!
약탈자들이 약탈한다. 약탈자
들이 마구 약탈한다.
17 땅에 사는 사람들아, 무서운 일
과 함정과 올가미가 너를 기다리
고 있다.
18 무서운 소리를 피하여 달아나
는 사람은 함정에 빠지고, 함정 속
에서 기어 나온 사람은 올가미에
걸릴 것이다.
하늘의 홍수 문들이 열리고, 땅
의 기초가 흔들린다.
19 땅덩이가 여지없이 부스러지며, 땅
이 아주 갈라지고, 땅이 몹시 흔
들린다.
20 땅이 술 취한 자처럼 몹시 비틀거
린다.
폭풍 속의 오두막처럼 흔들린
다. 세상은 자기가 지은 죄의 무게
에 짓눌릴 것이니, 쓰러져서 다시
는 일어나지 못할 것이다.
21 그 날이 오면, 주님께서, 위로는
하늘의 군대를 벌하시고, 아래로
는 땅에 있는 세상의 군왕들을 벌
하실 것이다.
22 주님께서 군왕들을 죄수처럼 토
굴 속에 모으시고, 오랫동안 감옥
에 가두어 두셨다가 처형하실 것
이다.
23 만군의 주님께서 왕이 되실 터
이니, 달은 볼 낯이 없어 하고, 해
는 부끄러워할 것이다. 주님께서
시온 산에 앉으셔서 예루살렘을
다스릴 것이며, 장로들은 그 영광
을 볼 것이다.

찬양

25 주님, 주님은 나의 하나님이십
니다. 내가 주님을 높이며, 주님
의 이름을 찬양하겠습니다. 주님
께서는 놀라운 일들을 이루시고,
예전에 세우신 계획대로 신실하고
진실하게 이루셨습니다.
2 주님께서는 성읍들을 돌무더기로
만드셨고, 견고한 성읍들을 폐허
로 만드셨습니다. 우리의 대적들
이 지은 도성들을 더 이상 도성이
라고 할 수 없게 만드셨으니, 아무
도 그것을 재건하지 못할 것입니
다.
3 그러므로 강한 민족이 주님을
영화롭게 할 것이며, 포악한 민족
들의 성읍이 주님을 경외할 것입
니다.
4 참으로 주님께서는 가난한 사

24:16 나 하나님의 백성을 짓밟고자 하는 배신한 여러 나라의 악행 때문에 황폐하게 된 경건한 사회를 대표적으로 나타낸 듯하다.

24:17-23 하나님의 영광이 임하기 전에 온 땅에 심판이 미칠 것이다. 17-20절에는 자연계의 지각 변동으로 임하는 심판이 묘사되어 있고, 21-23절에는 하나님을 대적하는 자들에게 임하는 심판이 묘사되어 있다. 이 심판이 끝난 후에는 하나님만이 온 세상을 통치하실 것이다.

25장 요약 본장은 하나님의 택한 백성들이 앞으로 들어가 영원히 거할 메시아 왕국에 대한 찬양이다. 이사야는 택한 백성을 돌보시고 구원하시는 하나님의 신실하심을 찬양하며 원수들의 위협에서부터 해방되는 자들의 기쁨을 묘사하고 있다.

25:1-5 자기 백성을 구원하시고 돌보시는 하나님의 신실하심에 감사하는 찬양이다. 죄악에 대

람들의 요새이시며, 곤경에 빠진
불쌍한 사람들의 요새이시며, 폭
풍우를 피할 피난처이시며, 뙤약
볕을 막는 그늘이십니다.
흉악한 자들의 기세는 성벽을
뒤흔드는 폭풍과 같고,
5 사막의 열기와 같습니다. 그러나
주님께서는 이방 사람의 함성을
잠잠하게 하셨습니다. 구름 그늘
이 뙤약볕의 열기를 식히듯이, 포
악한 자들의 노랫소리를 그치게
하셨습니다.

하나님께서 잔치를 베푸시다

6 만군의 주님께서 이 세상 모든
민족을 여기 시온 산으로 부르셔
서, 풍성한 잔치를 베푸실 것이다.
기름진 것들과 오래된 포도주, 제
일 좋은 살코기와 잘 익은 포도주
로 잔치를 베푸실 것이다.
7 또 주님께서 이 산에서 모든 백성
이 걸친 수의를 찢어서 벗기시고,
모든 민족이 입은 수의를 벗겨서
없애실 것이다.
8 주님께서 죽음을 영원히 멸하신
다.
주 하나님께서 모든 사람의 얼
굴에서 눈물을 말끔히 닦아 주신
다.
그의 백성이 온 세상에서 당한
수치를 없애 주신다.
이것은 주님께서 하신 말씀이
다.
9 그 날이 오면, 사람들은 이런
말을 할 것이다.
바로 이분이 우리의 하나님이시
다. 우리가 하나님을 의지하였으
니, 하나님께서 우리를 구원하신
다.
바로 이분이 주님이시다. 우리
가 주님을 의지한다. 우리를 구원
하여 주셨으니 기뻐하며 즐거워하
자.

하나님께서 모압을 벌하실 것이다

10 주님께서 시온 산은 보호하시겠
지만, 모압은, 마치 지푸라기가 거
름 물구덩이에서 짓밟히듯이, 제
자리에서 짓밟히게 하실 것이다.
11 헤엄 치는 사람이 팔을 휘저어
서 헤엄을 치듯이, 모압이 그 거름
물구덩이에서 두 팔을 휘저어 빠
져 나오려고 하여도, 주님께서는
모압의 팔을 그의 교만과 함께 가
라앉게 하실 것이다.
12 튼튼한 모압의 성벽을 헐어 내
셔서, 땅의 먼지바닥에 폭삭 주저
앉게 하실 것이다.

하나님이 백성에게 승리를 주시리라

26 그 날이 오면, 유다 땅에서 이
런 노래를 부를 것이다.
우리의 성은 견고하다. 주님께

한 심판은 하나님 백성의 구원을 의미한다. 구원은 죄에서 해방되는 것이기 때문이다.

25:6 기름진 것 영적 큰 축복을 상징한다(55:2).

25:9-12 원수들로부터 구원받은 하나님의 백성들은 기쁨을 되찾게 된다. 여기에서 모압은 전형적인 원수들의 상징으로 나타나 있다.

25:11 헤엄 치는 사람이…하여도 모압이 10절과 같은 수치스러운 운명에서 벗어나려고 헛되이 그 스스로 노력할 것이라는 뜻이다.

26장 요약 본장은 하나님의 백성이 장차 메시아 왕국에서 부르게 될 찬양이다. 이사야는 하나님은 반드시 자신의 약속을 지키시는 분이므로 믿음의 인내를 하는 자들은 구원을 얻고 기쁜 노래를 부르게 된다는 것과, 최후 심판 날이 이르면 의인과 악인이 각각 보응을 받으리라는 것을 강조하고 있다.

26:1-6 하나님께서 약속하신 구원의 날의 도래

서 친히 성벽과 방어벽이 되셔서
우리를 구원하셨다.
2 성문들을 열어라. 믿음을 지키는
의로운 나라가 들어오게 하여라.
3 주님, 주님께 의지하는 사람들
은 늘 한결같은 마음을 가진 사람
들이니, 그들에게 평화에 평화를
더하여 주시기 바랍니다.
4 너희는 영원토록 주님을 의지하
여라. ㉠주 하나님만이 너희를 보
호하는 영원한 반석이시다.
5 주님께서는 교만한 자들을 비천
하게 만드신다. 교만한 자들이 사
는 견고한 성을 허무신다. 먼지바
닥에 폭삭 주저앉게 하신다.
6 전에 억압받던 사람들이 이제는
무너진 그 성을 밟고 다닌다. 가난
한 사람들이 그 성을 밟고 다닌
다.
7 주님, 주님께서는 의로운 사람의
길을 곧게 트이게 하십니다. 의로
우신 주님, 주님께서는 의로운 사
람의 길을 평탄하게 하십니다.
8 주님, 우리는 주님의 ㉡율법을 따
르며, 주님께 우리의 희망을 걸겠
습니다. 우리가 주님의 이름을 사
모하고 주님을 기억하겠습니다.
9 나의 영혼이 밤에 주님을 사모합
니다. 나의 마음이 주님을 간절하
게 찾습니다. 주님께서 땅을 심판
하실 때에, 세상에 사는 사람들이
비로소 의가 무엇인지 배우게 될
것입니다.
10 비록 주님께서 악인에게 은혜를
베푸셔도, 악인들은 옳은일 하는
것을 배우려 하지 않습니다. 의인
들이 사는 땅에 살면서도, 여전히
옳지 않은 일만 합니다. 주님의 위
엄 따위는 안중에도 두지 않습니
다.
11 주님, 주님께서 심판하시려고 팔
을 높이 들어 올리셨으나, 주님의
대적은 그것을 모릅니다. 주님께
서 주님의 백성을 얼마나 뜨겁게
사랑하시는지를 주님의 대적에게
보여 주셔서, 그들로 부끄러움을
당하게 하여 주십시오. 주님께서
예비하신 심판의 불로 그들을 없
애 주십시오.
12 주님, 주님께서 우리에게 평화
를 주실 것을 확신합니다. 우리가
성취한 모든 일은 모두 주님께서
우리에게 하여 주신 것입니다.
13 주 우리의 하나님, 이제까지는 주
님 말고 다른 권세자들이 우리를
다스렸습니다. 그러나 앞으로는
우리가 오직 주님의 이름만을 기
억하겠습니다.
14 주님께서 그들을 벌하시어 멸망
시키시고, 그들을 모두 기억에서

를 찬양하는 시이다. 하나님은 반드시 약속을 지키시는 신실하신 분이시다. 따라서 유다에게도 하나님께 대한 믿음을 성실하게 지킬 것을 경고한다. 어려운 상황에 처해 있으면서도, 이사야가 이와 같이 '구원의 날'을 노래하는 이유는, '남은 사람들'이 환난을 잘 견뎌내고 소망 가운데 살도록 하기 위함이었다.

26:5-6 견고한 성은 1절에 등장하는 '성'과 다르다. 1절의 성은 의(義)의 원리를 나타내며, 본절의 성은 악의 원리를 나타낸다. 본절의 '견고한 성'은 니느웨나 바빌론을 가리킨다. 그러나 마침내는 완전히 그리고 영원히 멸망할 성이다. 이같이 주님께서 견고한 성을 파괴하시면 '억압받던 사람들', '가난한 사람들'이 그 위를 밟고 다닐 것이다.

26:8-10 환난과 역경은 경건한 '남은 사람들'과 거짓 믿음을 가진 위선자들을 구별하는 시금석이다. 본절의 심판하실 때는 역경을 뜻한다. 경건

㉠ 히, '야' ㉡ 또는 '판결'

사라지게 하셨으니, 죽은 그들은
다시 살아나지 못하고, 사망한 그
들은 다시 일어나지 못할 것입니
다.
15 주님, 주님께서 이 민족을 큰 민족
으로 만드셨습니다. 주님께서 이
나라를 큰 나라로 만드셨습니다.
주님께서 이 땅의 모든 경계를 확
장하셨습니다. 이 일로 주님께서
는 영광을 받으셨습니다.
16 그러나 주님, 주님께서 그들을
징계하실 때에, 주님의 백성이 환
난 가운데서 주님을 간절히 찾았
습니다. 그들이 간절히 주님께 기
도하였습니다.
17 마치 임신한 여인이 해산할 때가
닥쳐와서, 고통 때문에 몸부림 치
며 소리 지르듯이, 주님, 우리도 주
님 앞에서 그렇게 괴로워하였습니
다.
18 우리가 임신하여 산고를 치렀어
도, 아무것도 낳지 못하였습니다.
우리는 이 땅에 구원을 베풀지 못
하였고, 이 땅에서 살 주민을 낳
지도 못하였습니다.
19 그러나 주님의 백성들 가운데서
죽은 사람들이 다시 살아날 것이
며, 그들의 시체가 다시 일어날 것
입니다. 무덤 속에서 잠자던 사람
들이 깨어나서, 즐겁게 소리 칠 것
입니다. 주님의 이슬은 생기를 불
어넣는 이슬이므로, 이슬을 머금
은 땅이 오래 전에 죽은 사람들을
다시 내놓을 것입니다. 땅이 죽은
자들을 다시 내놓을 것입니다.

심판과 회복

20 "나의 백성아! 집으로 가서, 방
안으로 들어가거라. 들어가서 문
을 닫고, 나의 진노가 풀릴 때까지
잠시 숨어 있어라."
21 주님께서 그 처소에서 나오셔서
땅 위에 사는 사람들의 죄악을 벌
하실 것이니, 그 때에 땅은 그 속
에 스며든 피를 드러낼 것이며, 살
해당한 사람들을 더 이상 숨기지
않을 것이다.

27

1 그 날이 오면, 주님께서 좁
고 예리한 큰 칼로 벌하실 것이
다. 매끄러운 뱀 ㉠리워야단, 꼬불
꼬불한 뱀 리워야단을 처치하실
것이다.
곧 바다의 괴물을 죽이실 것이
다.
2 그 날이 오면, 저 아름다운 포
도원을 두고, 너희는 이런 노래를
불러라.
3 "나 주는 포도나무를 돌보는 포
도원지기다. 나는 때를 맞추어서
포도나무에 물을 주며, 아무도 포
도나무를 해치지 못하도록 밤낮

한 자는 역경을 통하여 더욱 정결하게 된다.
26:11–15 얼마나 뜨겁게 사랑하시는지를 자기 백성을 결코 포기하지 않으시는 하나님의 끝없는 사랑을 가리킨다. 이사야는 유다가 비록 일시적으로 포로 생활을 할 것이지만, 하나님은 반드시 그들을 돌아오게 하실 것이며, 유다를 괴롭히던 이웃 나라들이 잠시 후에 멸망할 것이라고 예언한다.
26:13 다른 권세자들 이집트와 앗시리아의 왕들과 같은 이방 사람의 왕들을 가리킨다.

27장 요약 본장은 하나님 나라의 번영과 세상 나라의 몰락에 대한 언급이다. 이사야는 포도원 비유로 이스라엘을 돌보시는 하나님을 묘사하고, 하나님의 대적들이 멸망당하는 날에 흩어져 있던 이스라엘 백성이 결국 돌아오게 된다는 회복의 소망을 밝힌다.

㉠ 전설적인 바다 괴물. 여기에서는 이스라엘을 억압하는 민족들을 상징함

으로 돌본다.
4 나는 포도원에 노여워할 일이 전
혀 없다. 거기에서 찔레와 가시덤
불이 자라서, 나를 대항하여 싸우
려고 한다면, 나는 그것들에게 달
려들어, 그것들을 모조리 불살라
버릴 것이다.
5 그러나 나의 대적들이 내가 보호
하여 주기를 원한다면, 나와 화친
하여야 할 것이다. 그렇다. 나와
화친하여야 할 것이다."
6 앞으로 야곱이 뿌리를 내릴 것
이다. 이스라엘이 싹을 내고 꽃을
피울 것이니, 그 열매가 땅 위에
가득 찰 것이다.
7 야곱을 친 자들을 치신 것처럼,
주님께서 그렇게 혹독하게 야곱
을 치셨겠느냐? 야곱을 살육하던
자들을 살육하신 것처럼, 주님께
서 그렇게 많이 야곱을 살육하셨
겠느냐?
8 그렇지 않다. 주님께서 이스라엘
을 포로로 보내셔서 적절히 견책
하셨고, 거센 동풍이 불 때에, 거
기에 좀더 거센 바람을 보내셔서
이스라엘을 쫓아내셨을 뿐이다.
9 그렇게 해서 야곱의 죄악이 사함
을 얻으며, 이렇게 함으로써 죄를
용서받게 될 것이니, 곧 야곱이 이
교 제단의 모든 돌을 헐어 흰 가
루로 만들고, 아세라 여신상과 분
향단을 다시는 세우지 않을 것이
다.
10 견고한 성읍이 적막해지고 집터
는 버려져서 아무도 살지 않으니,
마치 사막과 같을 것이다.
거기에서는 송아지가 풀을 뜯
을 것이며, 송아지가 거기에 누워
서, 나뭇가지들을 모두 먹어 치울
것이다.
11 나뭇가지가 말라 꺾어지면, 여인
들이 와서, 그것들을 땔감으로 주
워다가 불을 피울 것이다.
이 백성이 이렇게 지각이 없으
니, 그들을 만드신 조성자 하나님
께서 그들을 불쌍히 여기지 않으
실 것이며, 그들을 지으신 창조주
하나님께서 그들에게 은혜를 베풀
지 않으실 것이다.
12 너희 이스라엘 자손아. 그 날이
오면, 주님께서 ㉠유프라테스 강으
로부터 이집트 강에 이르기까지,
너희를 알곡처럼 일일이 거두어들
이실 것이다.
13 그 날이 오면, 큰 나팔 소리가
울릴 것이니, 앗시리아 땅에서 망
할 뻔한 사람들과 이집트 땅으로
쫓겨났던 사람들이 돌아온다.
그들이 예루살렘의 거룩한 산
에서 주님을 경배할 것이다.

27:1-13 시온 곧 하나님 나라의 번영과 세상 나라의 몰락에 대한 예언이다. 2-6절은 포도원으로 비유된 이스라엘을 돌보아 주시는 하나님, 7-11절은 하나님의 대적들이 멸망당하는 모습, 12-13절은 여러 나라에서 다시 돌아오는 이스라엘의 회복을 묘사하고 있다.

27:8 **이스라엘을 쫓아내셨을 뿐이다** 이스라엘은 팔레스타인에서 가장 사나운 바람인 동풍에 의해 옮겨진다는 것이다. 그러나 적절히 일시적으로 부는, **동풍이 불 때에** 등의 표현을 볼 때 그들이 받을 징계는 일시적인 것이다.

27:10-11 하나님의 백성을 압제하던 세상 나라가 최종적으로 하나님에 의해서 멸망당한다는 것이다. 11절의 "나뭇가지가 말라 꺾어지면, 여인들이 와서, 그것들을 땔감으로 주워다가 불을 피울 것이다"라는 표현에서 잘 나타난다. 근동에서는 여인들과 어린아이들이 땔감을 모으는 일을 했다.

㉠ 히, '그 강'

북왕국을 두고서 한 경고

28 술 취한 자, 에브라임의 교만한
면류관인 너 사마리아야, 너에
게 재앙이 닥칠 것이다. 술에 빠
진 주정꾼의 도성, 기름진 평야의
높은 언덕에, 화려한 왕관처럼 우
뚝 솟은 사마리아야, 시들어 가는
꽃 같은 너에게 재앙이 닥칠 것이
다.
2 주님께서 강하고 힘 있는 이를 보
내신다. 그가 마치 쏟아지는 우박
처럼, 파괴하는 광풍처럼, 거센 물
결을 일으키는 폭풍우처럼, 너를
잡아 땅에 쓰러뜨리실 것이다.
3 술 취한 자, 에브라임의 교만한
면류관인 너 사마리아야, 네가 짓
밟힐 것이다.
4 기름진 평야의 제일 윗자리에 화
려하게 피어 있는 꽃과 같은 사마
리아야, 시들어 가는 꽃과 같은
사마리아야, 너는 여름이 오기 전
에 맨 먼저 익은 무화과와 같아
서, 사람들이 너를 보자마자 얼른
따먹는구나.
5 그 날이 오면, 만군의 주님께서
친히 주님의 남은 백성에게 아름
다운 면류관이 되시며, 영화로운
왕관이 되실 것이다.
6 주님께서는 재판관이 된 사람들
에게 공평의 영을 주시고, 용사들
에게는 성읍 문으로 쳐들어온 적
을 막는 용기를 주실 것이다.

독한 술에 취한 예언자들

7 유다 사람이 포도주에 취하여
비틀거리고, 독한 술에 취하여 휘
청거린다. 제사장과 예언자가 독
한 술에 취하여 비틀거리고, 포도
주 항아리에 빠졌다. 독한 술에
취하여 휘청거리니, 환상을 제대
로 못 보며, 판결을 올바로 하지
못한다.
8 술상마다 토한 것이 가득하여, 더
럽지 않은 곳이 없다.
9 제사장들이 나에게 빈정거린다.
"저 자가 누구를 가르친다는 건
가? 저 자의 말을 들어야 할 사람
이 누구란 말인가? 젖뗀 아이들이
나 가르치라고 하여라. 젖을 먹지
않는 어린 아이들이나 가르치라
고 하여라.
10 저 자는 우리에게, ㉠한 자 한 자,
한 절 한 절, 한 장 한 장 가르치려
고 한다."
11 그러므로 주님께서는 알아듣지
못할 말씨와 다른 나라 말로 이
백성을 가르치실 것이다.
12 주님께서 전에 백성에게 말씀하셨
다. "이 곳은 평안히 쉴 곳이다. 고
달픈 사람들은 편히 쉬어라. 이
곳은 평안히 쉴 곳이다." 그러나

28장 요약 본장부터 34장까지는 악인들에 대한 하나님의 심판과 '남은 사람들'에 대한 하나님의 복을 선포하는 부분이다. 그 중 본장은 북 이스라엘과 남 유다에게 주시는 하나님의 경고이며, 그들이 회개하여 구원을 얻도록 촉구하신다.

28:1–4 부강해진 북 이스라엘의 교만과 그 교만으로 인하여 멸망하게 되는 북 이스라엘의 모습이다. 북 이스라엘의 멸망을 이곳에 기록한 이유는 그들의 멸망을 보고 남 유다가 깨닫게 하려는 의도이다.

28:7–10 남 유다도 북 이스라엘 못지않게 부패한

㉠ 히브리어 본문의 뜻이 불확실하다. **히**, '차브 라차브 차브 라차브/카브 라카브 카브 라카브/제에르 샴 제에르 샴' 예언자의 말을 흉내내는 뜻없는 소리일 수도 있다. 번역판에 따라서는 '경계에 경계를 더하며 경계에 경계를 더하며, /교훈에 교훈을 더하며 교훈에 교훈을 더하며, /여기서도 조금 저기서도 조금' 또는 '명령에 또 명령을 명령에 또 명령을/규칙에 또 규칙을 규칙에 또 규칙을/여기서도 조금 저기서도 조금'

그들은 들으려 하지 않았다.
13 그래서 주님께서는 그들에게 말
씀하신다. ㉠"차브 라차브, 차브
라차브, 카브 라카브, 카브 라카
브, 제에르 샴, 제에르 샴." 그래서
그들이 가다가 뒤로 넘어져서 다
치게 하시고, 덫에 걸려서 잡히게
하려 하신 것이다.

시온의 모퉁잇돌

14 그러므로 주님의 말씀을 들어
라. 너희, 조롱하기를 좋아하는
자들아, 예루살렘에 사는 이 백성
을 다스리는 지도자들아,
15 너희는 자랑하기를 "우리는 죽음
과 언약을 맺었고 ㉡스올과 협약
을 맺었다. 거짓말을 하여 위기를
모면할 수도 있고, 속임수를 써서
몸을 감출 수도 있으니, 재난이
닥쳐와도 우리에게는 절대로 미치
지 않는다."
16 그러므로 주 하나님께서 이렇게
말씀하신다. "내가 시온에 주춧돌
을 놓는다. 얼마나 견고한지 시험
하여 본 돌이다. 이 귀한 돌을 모
퉁이에 놓아서, 기초를 튼튼히 세
울 것이니, 이것을 의지하는 사람
은 불안하지 않을 것이다.
17 내가 공평으로 줄자를 삼고, 공의
로 저울을 삼을 것이니, 거짓말로
위기를 모면한 사람은 우박이 휩
쓸어 가고, 속임수로 몸을 감춘
사람은 물에 떠내려 갈 것이다.
18 그래서 죽음과 맺은 너희의 언약
은 깨지고, ㉡스올과 맺은 너희의
협약은 파기될 것이다. 재앙이 닥
쳐올 때에, 너희가 그것을 피하지
못하고, 꼼짝없이 당하고 말 것이
다.
19 재난이 유행병처럼 퍼질 때에, 너
희가 피하지 못할 것이다. 그 재난
이 아침마다 너희를 치고, 밤낮을
가리지 않고 너희를 엄습할 것이
다."
㉢이 말씀을 알아듣는 것이 오
히려 두려움이 될 것이다.
20 너희는 마치 침대가 짧아서 다리
를 펴지 못하는 것 같이 되고, 이
불이 작아서 몸을 덮지 못하는 것
같이 될 것이다.
21 주님께서는 계획하신 일, 그 신
기한 일을 하시려고, 브라심 산에
서 싸우신 것처럼 싸우실 것이다.
작정하신 일, 그 신비한 일을 하시
려고, 기브온 골짜기에서 진노하
신 것처럼 진노하실 것이다.
22 그러니 너희는, 내가 경고할 때
에 비웃지 말아라. 그렇게 하다가
는 더욱더 궁지에 몰리고 말 것이
다. 만군의 주님께서 온 세상을 멸
하시기로 결정하셨다는 말씀을,

상태였다. 특별히 10절의 한 자 한 자…가르치려고 한다는 '간단하고 단순한 것을 가르치고 또 가르쳐서 우리를 어린아이 취급을 하는구나'의 의미인데, 이것은 예언자를 조롱하는 말이다.

28:14–22 유다는 이러한 북 이스라엘의 심판을 목격하면서 하나님을 의지해야 함에도 불구하고 그들 또한 인간의 힘으로 극복하려는 교만을 보이고 있다. 이에 하나님께서는 유다의 행위가 어리석음을 질타하고 계신다. 오직 시온에 기초를 둔 자들만이 결코 멸망을 당하지 않을 것이다.

28:23–29 하나님이 하시는 일이 지혜로운 것임을 비유로 말씀하신다. 밭을 평평히 일구었으면

㉠ 히브리어 본문의 뜻이 불확실하다. 히, '차브 라차브 차브 라차브/카브 라카브 카브 라카브/제에르 샴 제에르 샴' 예언자의 말을 흉내내는 뜻없는 소리일 수도 있다. 번역판에 따라서는 '경계에 경계를 더하며 경계에 경계를 더하며, /교훈에 교훈을 더하며 교훈에 교훈을 더하며, /여기서도 조금 저기서도 조금' 또는 '명령에 또 명령을 명령에 또 명령을/규칙에 또 규칙을 규칙에 또 규칙을/여기서도 조금 저기서도 조금' ㉡ 또는 '무덤' 또는 '죽음' ㉢ 또는 '소문만 들어도'

내가 들었다.

하나님의 지혜

23 너희는 귀를 기울여서, 나의 목
소리를 들어라. 주의 깊게 내가 하
는 말을 들어라.
24 씨를 뿌리려고 밭을 가는 농부가,
날마다 밭만 갈고 있겠느냐? 흙
을 뒤집고 써레질만 하겠느냐?
25 밭을 고르고 나면, 소회향 씨를
뿌리거나 대회향 씨를 뿌리지 않
겠느냐? 밀을 줄줄이 심고, 적당
한 자리에 보리를 심지 않겠느냐?
밭 가장자리에는 귀리도 심지 않
겠느냐?
26 농부에게 밭농사를 이렇게 짓
도록 일러주시고 가르쳐 주신 분
은, 바로 하나님이시다.
27 소회향을 도리깨로 쳐서 떨지
않는다. 대회향 위로는 수레바퀴
를 굴리지 않는다. 소회향은 작대
기로 가볍게 두드려서 떨고, 대회
향도 막대기로 가볍게 두드려서
떤다.
28 사람이 곡식을 떨지만, 낟알이 바
스러지도록 떨지는 않는다. 수레
바퀴를 곡식 위에 굴릴 때에도,
말발굽이 그것을 으깨지는 않는
다.
29 이것도 만군의 주님께서 가르쳐
주신 것이다. 주님의 모략은 기묘
하며, 지혜는 끝없이 넓다.

예루살렘의 운명

29 너에게 재앙이 닥칠 것이다.
㉠아리엘아, 아리엘아, 다윗이
진을 쳤던 성읍아,
"해마다 절기들은 돌아오련만,
2 내가 너 ㉠아리엘을 포위하고 치겠
다. ㉡'나의 번제단'이라고 불리던
너를 칠 터이니, 네가 슬퍼하고 통
곡할 것이다.
3 내가 너의 사면을 둘러 진을 치며,
너를 뺑 둘러서 탑들을 세우고,
흙더미를 쌓아 올려 너의 성을 치
겠다."
4 그 때에 너는 낮아져서 땅바닥
에서 말할 것이며, 너의 말소리는
네가 쓰러진 먼지바닥에서 나는
개미 소리와 같을 것이다.
너의 목소리는 땅에서 나는 유
령의 소리와 같을 것이며, 너의 말
은 먼지 바닥 속에서 나는 중얼거
리는 소리와 같을 것이다.
5 그러나 너를 친 원수의 무리는
가는 먼지처럼 되어 날아가며, 그
잔인한 무리는 겨처럼 흩날릴 것
이다.
갑자기, 예기치 못한 순간에
6 만군의 주님께서 너를 찾아오시
되, 우레와 지진과 큰 소리를 일으
키시며, 회오리바람과 폭풍과 태

갖가지 씨앗들을 심어야 하듯이, 하나님께서도 적당한 절차를 사용하신다. 또한 거두어들인 소회향·대회향·곡식 등을 타작하는 방법도 그 종류에 따라 다르듯이, 심판의 방법도 각각 다르다. 하나님의 타작 목적은 의로운 남은 자를 악한 자로부터 분리하려는 것이다. 심판을 통해 하나님은 정결하고 순결하며 영광스러운 열매를 거두신다.

㉠ '하나님의 암사자', 예루살렘을 가리킴 ㉡ 히, '아리엘(번제단)'. '하나님의 암사자'와 '번제단'이 히브리어로 발음이 같음

29장 요약 본장에서는 유다에 대한 심판과 소망의 메시지가 동시에 언급된다. 이사야는 하나님을 배신한 유다가 열방의 침략을 당하게 될 것임을 선포하고, 이어서 비록 징계를 당했을지라도 하나님이 다시금 그들을 회복시켜 주실 때에는 이전의 영광을 되찾게 될 것임을 언급하였다.

29:1-4 아리엘은 '하나님의 사자' 혹은 '강한 사자'

워 버리는 불길로 찾아오실 것이
다.
7 ㉠아리엘을 치는 모든 나라의 무
리와 그의 요새들을 공격하여 그
를 괴롭히는 자들 모두가, 마치 꿈
을 꾸는 것처럼, 밤의 환상을 보
는 것처럼, 헛수고를 할 것이다.
8 마치 굶주린 자가 꿈에 먹기는
하나, 깨어나면 더욱 허기를 느끼
듯이, 목마른 자가 꿈에 마시기는
하나, 깨어나면 더욱 지쳐서 갈증
을 느끼듯이, 시온 산을 치는 모
든 나라의 무리가 그러할 것이다.

무시된 경고

9 너희는 놀라서, 기절할 것이다.
너희는 눈이 멀어서, 앞을 못 보는
사람이 될 것이다. 포도주 한 모금
도 마시지 않았는데, 취할 것이다.
독한 술 한 방울도 마시지 않았는
데, 비틀거릴 것이다.
10 주님께서는 너희에게 잠드는 영을
보내셔서, 너희를 깊은 잠에 빠지
게 하셨다.
너희의 예언자로 너희의 눈 구
실을 못하게 하셨으니, 너희의 눈
을 멀게 하신 것이요, 너희의 선견
자로 앞을 내다보지 못하게 하셨
으니, 너희의 얼굴을 가려서 눈을
못 보게 하신 것이다.
11 이 모든 묵시가 너희에게는 마
치 밀봉된 두루마리의 글처럼 될
것이다. 너희가 그 두루마리를 유
식한 사람에게 가지고 가서 "이것
을 좀 읽어 주시오" 하고 내주면,
그는 "두루마리가 밀봉되어 있어
서 못 읽겠소" 하고 말할 것이다.
12 너희가 그 두루마리를 무식한 사
람에게 가지고 가서 "이것을 좀 읽
어 주시오" 하면, 그는 "나는 글을
읽을 줄 모릅니다" 하고 말할 것이
다.
13 주님께서 말씀하신다. "이 백성
이 입으로는 나를 가까이하고, 입
술로는 나를 영화롭게 하지만, 그
마음으로는 나를 멀리하고 있다.
그들이 나를 경외한다는 말은, 다
만, 들은 말을 흉내내는 것일 뿐이
다.
14 그러므로 내가 다시 한 번 놀랍고
기이한 일로 이 백성을 놀라게 할
것이다."
지혜로운 사람들에게서 지혜가
없어지고, 총명한 사람들에게서
총명이 사라질 것이다.

장래에 대한 희망

15 주님 몰래 음모를 깊이 숨기려
는 자들에게 재앙이 닥칠 것이다.
그들은 어두운 곳에서 남 몰래 음
모를 꾸미는 자들이다.
"누가 우리를 보랴! 누가 우리를

란 뜻으로, 예루살렘을 가리킨다. 본문은 예루살렘의 멸망에 대한 예언이다. 아무리 하나님의 성전이라 하더라도 참된 예배가 드려지지 않는다면 *하나님의 멸망을 피할 수가 없다.*

29:5-8 예루살렘을 공격한 힘있는 원수일지라도, 하나님께서 자기 백성을 다시 회복시키실 때는 갑작스럽게 멸망당하게 하실 것이다.

29:9-16 예루살렘이 심판을 받게 된 원인이 열거되어 있다. 첫째는 그들의 영적 방탕과 영적 무지 때문이며(9-12절), 둘째는 그들의 위선적이고 형식주의적인 신앙 때문이며(13-14절), 셋째는 하나님을 속이며 멸시했기 때문이다(15-16절).

29:14 기이한 일 심판이 특이한 방식으로 나타남을 뜻한다. 이런 하나님의 심판이 백성 가운데 시행되면 지혜로운 사람들의 지혜는 사라지고, 총명한 사람들의 총명도 없어지는 심판의 결과가 나타난다. 백성들이 의지하던 지혜로운 사람들의

㉠ '하나님의 암사자', 예루살렘을 가리킴

알랴!" 한다.
16 그들은 매사를 거꾸로 뒤집어
생각한다. 진흙으로 옹기를 만드
는 사람과 옹기장이가 주무르는
진흙을 어찌 같이 생각할 수 있느
냐? 만들어진 물건이 자기를 만
든 사람을 두고 "그가 나를 만들
지 않았다" 하고 말할 수 있느냐?
빚어진 것이 자기를 빚은 사람을
두고 "그는 기술이 없어!" 하고 말
할 수 있느냐?
17 레바논의 밀림이 기름진 밭으
로 변하고, 그 기름진 밭이 다시
밀림으로 변하는 것은, 시간 문제
이다.
18 그 날이 오면, 듣지 못하는 사람
이 두루마리의 글을 읽는 소리를
듣고, 어둠과 흑암에 싸인 눈 먼
사람이 눈을 떠서 볼 것이다.
19 천한 사람들이 주님 안에서 더없
이 기뻐하며 사람들 가운데 가난
한 사람들이 이스라엘의 거룩하
신 분 안에서 즐거워할 것이다.
20 포악한 자는 사라질 것이다. 비웃
는 사람은 자취를 감출 것이다.
죄 지을 기회를 엿보던 자들이 모
두 끝장 날 것이다.
21 그들은 말 한 마디로 사람에게 죄
를 뒤집어씌우고, 성문에서 재판
하는 사람을 올무에 걸리게 하며,
정당한 이유 없이 의로운 사람의
권리를 박탈하던 자들이다.
22 그러므로 아브라함을 구속하신
주님께서, 곧 야곱 족속의 주 하나
님께서 이렇게 말씀하신다. "이제
야곱이 다시는 부끄러움을 당하
지 않을 것이고, 이제 그의 얼굴
이 다시는 수모 때문에 창백해지
지는 않을 것이다.
23 야곱이 자기의 자손 곧 그들 가운
데서 내가 친히 만들어 준 그 자
손을 볼 때, 그들은 내 이름을 거
룩하게 할 것이다."
'야곱의 거룩한 분'을 거룩하게
받들며, 이스라엘의 하나님을 경
외할 것이다.
24 그래서 마음이 혼미하던 사람
이 총명해지고, 거스르던 사람이
교훈을 받을 것이다.

이집트와 맺은 쓸모 없는 조약

30 주님께서 말씀하신다. "거역하
는 자식들아, 너희에게 화가 닥
칠 것이다. 너희가 계획을 추진 하
지만, 그것들은 나에게서 나온 것
이 아니며, 동맹을 맺지만, 나의 뜻
을 따라 한 것이 아니다. 죄에 죄
를 더할 뿐이다.
2 너희가 나에게 물어 보지도 않고,
이집트로 내려가서, 바로의 보호
를 받아 피신하려 하고, 이집트의

지혜와 총명한 사람들의 총명을 제거함으로, 그들이 앞으로 다가올 위기 상황을 어떻게 대처해야 좋을지 알지 못하게 될 것이다(비교. 5:21).

29:17-24 연단이 끝난 후에 받을 축복에 대한 언급이다. 하나님께서 자기 백성을 징벌하시는 목적은, 그들로 하여금 징벌을 통하여 순수한 신앙을 되찾게 하기 위함이다. 순수한 신앙을 회복한 후에는 다시 한번 더 축복을 받아 형통하고 번성하며 이방 가운데서 잃었던 위신을 되찾을 것이다.

30장 요약 앗시리아의 위협에 처한 유다는 하나님을 의지하는 대신 이집트와 동맹을 맺어 난국을 타개하려 하고, 자신들의 죄를 지적하는 예언자들을 핍박한다. 이로 인해 하나님의 징계를 초래한다.

30:1-7 앗시리아의 위협을 받게 되자 유다는 바로의 보호를 받기 위해 이집트와 동맹을 맺었다. 이는 하나님의 보호를 불신하는 죄악이었으며,

그늘에 숨으려 하는구나."
3 바로의 보호가 오히려 너희에게
수치가 되고, 이집트의 그늘이 오
히려 너희에게 치욕이 될 것이다.
4 유다의 고관들이 소안으로 가
고, 유다의 사신들이 하네스로 가
지만,
5 쓸모 없는 백성에게 오히려 수치
만 당할 것이다. 너희는 이집트에
게서 아무런 도움도 유익도 얻지
못하고, 오히려 수치와 치욕만 얻
을 것이다.
6 ○이것은 네겝의 들짐승들에게 내
리신 경고의 말씀이다.
유다의 사절단이 나귀 등에 선
물을 싣고, 낙타 등에 보물을 싣
고, 거친 광야를 지나서, 이집트로
간다. 암사자와 수사자가 울부짖
는 땅, 독사와 날아다니는 불뱀이
날뛰는 땅, 위험하고 곤고한 땅을
지나서, 아무런 도움도 주지 못할
백성에게 선물을 주려고 간다.
7 "이집트가 너희를 도울 수 있다
는 생각은 헛된 망상일 뿐이다. 이
집트는 '맥 못쓰는 라합'일 뿐이
다."

복종하지 않는 백성

8 이제 너는 가서, 유다 백성이 어
떤 백성인지를 백성 앞에 있는 서
판에 새기고, 책에 기록하여서, 오
고오는 날에 영원한 증거가 되게
하여라.
9 이 백성은 반역하는 백성이요,
거짓말을 하는 자손으로서, 주님
의 율법은 전혀 들으려 하지 않는
자손이다.
10 선견자들에게 이르기를 "미리 앞
일을 내다보지 말아라!" 하며, 예
언자들에게 이르기를 "우리에게
사실을 예언하지 말아라! 우리를
격려하는 말이나 하여라! 가상현
실을 예언하여라!
11 그 길에서 떠나거라! 그 길에서 벗
어나거라. '이스라엘의 거룩하신
분' 이야기는 우리 앞에서 제발 그
쳐라" 하고 말한다.
12 그러므로 '이스라엘의 거룩하신
분'께서 이렇게 말씀하신다. "너희
가 이 말을 업신여기고, 억압과 사
악한 일을 옳은 일로 여겨서, 그것
에 의지하였으니,
13 이 죄로, 너희가 붕괴될 성벽처럼
될 것이다. 높은 성벽에 금이 가
고, 배가, 불룩 튀어나왔으니, 순
식간에 갑자기 무너져 내릴 것이
다.
14 토기장이의 항아리가 깨져서 산
산조각이 나듯이, 너희가 그렇게
무너져 내릴 것이다. 아궁이에서
불을 담아 낼 조각 하나 남지 않

이집트에서 건져 주신 하나님의 사랑을 완전히 망각했다는 의미이다.

30:8-14 유다의 구체적인 죄악들을 열거한다. 그들은 자신들의 죄를 지적하는 예언자들을 미워하고 학대하였으며(9-10절), 마침내 하나님의 다스림과 인도를 정면으로 거절하였다(11절). 그들은 하나님 대신 허망한 이집트를 더 신뢰하였다(12절). 이와 같은 엄청난 죄악들이 유다의 징벌을 초래하였다. 높은 성벽이 순식간에 무너지고(13절), 토기장이가 항아리를 깨트리는 것으로 비유된다(14절).

30:15-17 이집트가 아닌 하나님만을 의지해야 구원을 얻을 것이라는 사랑의 권면이다. 특히 16절은, '유다가 이집트로 달려가 피난처를 찾으려 하나 찾지 못할 것이며, 오히려 유다보다 빠른 말을 탄 원수들이 유다를 추격할 것이다'라는 의미이다.

30:18-22 본절은 하나님께 돌아온 후에 유다가

듯이, 웅덩이에서 물을 퍼낼 조각
하나 남지 않듯이, 너희가 사라질
것이다."
15 주, 이스라엘의 거룩하신 하나
님께서 이렇게 말씀하신다. "너희
는 회개하고 마음을 편안하게 하
여야 구원을 받을 것이며, 잠잠하
고 신뢰하여야 힘을 얻을 것이다.
그러나 너희는 그렇게 하기를 바
라지 않았다."
16 오히려 너희는 이렇게 말하였
다. '그렇게 하지 않겠습니다. 우리
는 차라리 말을 타고 도망 가겠습
니다.' 너희가 이렇게 말하였으니,
정말로, 너희가 도망 갈 것이다.
너희는 또 이렇게 말하였다. '우리
는 차라리 날랜 말을 타고 달아나
겠습니다.' 너희가 이렇게 말하였
으니, 너희를 뒤쫓는 자들이 더
날랜 말을 타고 쫓아올 것이다.
17 적군 한 명을 보고서도 너희가
천 명씩이나 도망 가니, 적군 다섯
명이 나타나면, 너희는 모두 도망
갈 것이다. 너희가 도망 가고 나
면, 산꼭대기에는 너희의 깃대만
남고, 언덕 위에서는 깃발만이 외
롭게 펄럭일 것이다.
18 그러나 주님께서는 너희에게 은
혜를 베푸시려고 기다리시며, 너
희를 불쌍히 여기시려고 일어나신
다. 참으로 주님께서는 공의의 하
나님이시다.
주님을 기다리는 모든 사람은
복되다.

하나님께서 백성에게 복을 주실 것이다

19 예루살렘에 사는 시온 백성아,
이제 너희는 울 일이 없을 것이다.
네가 살려 달라고 부르짖을 때에,
주님께서 틀림없이 은혜를 베푸실
것이니, 들으시는 대로 너에게 응
답하실 것이다.
20 비록 주님께서 너희에게 환난의
빵과 고난의 물을 주셔도, 다시는
너의 스승들을 숨기지 않으실 것
이니, 네가 너의 스승들을 직접 뵐
것이다.
21 네가 오른쪽이나 왼쪽으로 치
우치려 하면, 너의 뒤에서 '이것이
바른길이니, 이 길로 가거라' 하는
소리가 너의 귀에 들릴 것이다.
22 그리고 너는, 네가 조각하여 은
을 입힌 우상들과, 네가 부어 만
들어 금을 입힌 우상들을, 부정하
게 여겨, 마치 불결한 물건을 내던
지듯 던지면서 '눈 앞에서 없어져
라' 하고 소리 칠 것이다.
23 네가 땅에 씨앗을 뿌려 놓으면,
주님께서 비를 내리실 것이니, 그
땅에서 실하고 기름진 곡식이 날
것이다. 그 때에 너의 가축은 넓

누릴 축복을 언급하고 있다. 그 때는 그들이 바른 길을 벗어나 방황할지라도 바른길로 행하라는 소리를 듣게 될 것이며(21절), 또한 우상 숭배도 그만둘 것이다(22절).

30:19 18절에서는 하나님께서 아직 은혜를 베풀 때가 아니므로 그 날을 기다리시겠다고 하셨다. 그러나 하나님의 때가 이르면 은혜를 베푸실 텐데, 그 때는 시온의 백성에게 "이제 너희는 울 일이 없을 것이다"라는 약속을 하신다.

30:20 환난의 빵과 고난의 물 죄수들의 음식을 말한다(왕상 22:27). 너의 스승들을…뵐 것이다 여기서 '스승'은 이사야와 같은 예언자를 말한다. 하나님께서 스승들에게 영적 특권을 빼앗지 않으시리라는 뜻이다. 그러므로 시온의 백성이 방황할지라도 영적 지도자들을 통하여 바른길로 인도하신다는 것이다.

30:23-26 회개한 자들에게 베푸시는 하나님의 축복이 나타나 있다. 그들에게 모자람이 없게 하

게 트인 목장에서 풀을 뜯을 것이
다.
24 밭 가는 소와 나귀도 아무것이
나 먹지 않고, 키와 부삽으로 까
부르고 간을 맞춘 사료를 먹을 것
이다.
25 큰 살육이 일어나고 성의 탑들
이 무너지는 날에, 높은 산과 솟
은 언덕마다 개울과 시냇물이 흐
를 것이다.
26 주님께서 백성의 상처를 싸매어
주시고, 매 맞아 생긴 그들의 상처
를 고치시는 날에, 달빛은 마치 햇
빛처럼 밝아지고, 햇빛은 일곱 배
나 밝아져서 마치 일곱 날을 한데
모아 놓은 것 같이 밝아질 것이
다.

하나님께서 앗시리아를 벌하실 것이다

27 주님의 이름 곧 그 권세와 영광
이 먼 곳에서도 보인다. 그의 진노
가 불처럼 타오르며, 노기가 치솟
는 연기처럼 하늘을 찌른다. 그의
입술은 분노로 가득하고, 혀는 마
치 태워 버리는 불과 같다.
28 그의 숨은 범람하는 강물 곧 목
에까지 차는 물과 같다. 그가 파
멸하는 키로 민족들을 까부르시
며, 미혹되게 하는 재갈을 백성들
의 입에 물리신다.
29 그러나 너희는 거룩한 절기를
지키는 밤처럼, 노래를 부르며, 피
리를 불며, 주님의 산으로, 이스라
엘의 반석이신 분에게로 나아가
는 사람과 같이, 마음이 기쁠 것
이다.
30 주님께서 맹렬한 진노와, 태워
버리는 불과, 폭풍과 폭우와, 돌덩
이 같은 우박을 내리셔서, 주님의
장엄한 음성을 듣게 하시며, 내리
치시는 팔을 보게 하실 것이다.
31 주님께서 몽둥이로 치실 것이
니, 앗시리아는 주님의 목소리에
넋을 잃을 것이다.
32 주님께서 그들을 치시려고 예비
하신 그 몽둥이를 그들에게 휘두
르실 때에, 주님의 백성은 소구 소
리와 수금 소리로 장단을 맞출 것
이니, 주님께서 친히 앗시리아 사
람들과 싸우실 것이다.
33 이미 오래 전에 ㉠'불타는 곳'을
준비하셨다. 바로 ㉡앗시리아 왕을
태워 죽일 곳을 마련하셨다. 그
불구덩이가 깊고 넓으며, 불과 땔
감이 넉넉하다.
이제 주님께서 내쉬는 숨이 마
치 유황의 강물처럼 그것을 사르
고 말 것이다.

31

1 도움을 청하러 이집트로 내
려가는 자들에게 재앙이 닥칠
것이다. 그들은 군마를 의지하고,

시며(23-24절), 그들의 원수들을 하나님께서 갚아 주시고(25절), 그들 위에 무한한 은혜를 계속 비추어 주실 것이다(26절).

30:27-33 유다를 가장 괴롭혔던 앗시리아의 멸망에 대한 경고이다. 앗시리아는 그들이 유다에게 행했던 것보다 더 무서운 심판을 맞게 될 것이다. 그 때 유다는 개선가를 부를 것이며(32절), 앗시리아는 영구적인 파멸에 빠질 것이다(33절).

㉠ 또는 '도벳' ㉡ 또는 '몰렉'을

31장 요약 본장은 내용과 구성이 앞장과 유사하다. 이사야는 먼저 유다가 이집트와 동맹을 맺은 것에 대해 엄히 책망하였다. 그리고 유다를 괴롭히던 앗시리아가 멸망당할 것임을 예언함으로 하루라도 빨리 회개하고 하나님께로 돌아설 수 있도록 격려한다.

31:1-3 유다가 앗시리아를 대항하기 위해 이집트를 의존하는 것은 하나님을 불신하는 것이었다.

많은 병거를 믿고 기마병의 막강
한 힘을 믿으면서, 이스라엘의 거
룩하신 분은 바라보지도 않고, 주
님께 구하지도 않는다.
2 그러나 주님께서는 지혜로우셔
서, 재앙을 내리실 것이다. 이미
하신 말씀은 취소하지 않으신다.
주님께서 일어나셔서, 악을 일삼
는 자의 집을 치시며, 악한 일을
돕는 자를 치실 것이다.
3 이집트 사람은 사람일 뿐이요,
하나님이 아니며, 그들의 군마 또
한 고기덩이일 뿐이요, 영이 아니
다. 주님께서 손을 들고 치시면,
돕던 자가 넘어지고, 도움을 받던
자도 쓰러져서, 모두 함께 멸망하
고 말 것이다.
4 주님께서 나에게 이런 말씀을
하셨다. "사자가 으르렁거릴 때에,
힘센 사자가 먹이를 잡고
으르렁거릴 때에, 목동들이 떼지
어 몰려와서 소리 친다고 그 사자
가 놀라느냐? 목동들이 몰려와서
고함친다고 그 사자가 먹이를 버
리고 도망가느냐?" 그렇듯, 만군
의 주님께서도 그렇게 시온 산과
언덕들을 보호하신다.
5 새가 날개를 펴고 둥지의 새끼
를 보호하듯이, 만군의 주님께서
예루살렘을 보호하신다. 감싸 주
고 건져 주며, 다치지 않게 뛰어넘
어서, 그 도성을 살리신다.
6 이스라엘의 자손아, 너희가 그
토록 거역하던 그분께로 돌이켜
라.
7 너희 각 사람이 너희 손으로 직
접 은 우상과 금 우상을 만들어
죄를 지었으나, 그 날이 오면, 그
우상을 다 내던져야 할 것이다.
8 "앗시리아가 칼에 쓰러지겠으
나, 사람의 칼에 쓰러지는 것이 아
니고, 칼에 멸망하겠으나, 인간의
칼에 멸망하는 것이 아니다. 그가
칼 앞에서 도망할 것이요, 그 장정
들이 강제노동을 하는 신세가 될
것이다.
9 그의 왕은 두려워서 달아나고, 겁
에 질린 그의 지휘관들은 부대기
를 버리고 도망할 것이다." 시온에
불을 가지고 계시며 예루살렘에
화덕을 가지고 계신 주님께서, 이
렇게 말씀하셨다.

공의로 다스릴 왕

32 "장차 한 왕이 나와서 공의로
통치하고, 통치자들이 공평으로
다스릴 것이다."
2 통치자들마다 광풍을 피하는
곳과 같고, 폭우를 막는 곳과 같
게 될 것입니다. 메마른 땅에서
흐르는 냇물과 같을 것이며, 사막

하나님께서는 유다를 돕는 이집트뿐만 아니라 이집트의 도움을 받는 유다까지 심판하시고 멸하실 것이다.

31:4-6 하나님은 유다를 보호하시겠다는 결심과 능력을 사자와 새의 비유를 통해 보여 주시며 그들에게 하나님께로 돌아오라고 권고하신다.

31:7-9 하나님의 백성들이 우상 숭배를 멈추게 될 때(7절) 유다를 괴롭히는 앗시리아가 하나님의 손에 멸망될 것을 예언한다.

32장 요약 본장은 하나님의 백성이 범죄하였을지라도 회개하면 용서함을 받아 회복된다는 하나님의 약속을 잘 보여 준다. 이사야는 먼저 유다를 회복시킬 한 왕이 나타나 공의로 통치하게 될 것을 예언한다.

32:1-8 여기에서 한 왕은 히스기야를 가리키지만, 궁극적으로는 메시아를 지칭한다.

32:1-2 자비롭고 의로운 정부에 관한 약속이 나

에 있는 큰 바위 그늘과 같을 것입
니다.
3 "백성을 돌보는 통치자의 눈이
멀지 않을 것이며, 백성의 요구를
듣는 통치자의 귀가 막히지 않을
것이다.
4 그들은 경솔하지 않을 것이며, 사
려 깊게 행동할 것이며, 그들이 의
도한 것을 분명하게 말할 것이다."
5 아무도 어리석은 사람을 더 이
상 고상한 사람이라고 부르지 않
을 것이며, 간교한 사람을 존귀한
사람이라고 말하지 않을 것입니
다.
6 어리석은 사람은 어리석은 말을
하며, 그 마음으로 악을 좋아하여
불경건한 일을 하며, 주님께 함부
로 말을 하고, 굶주린 사람에게
먹거리를 주지 않고, 목마른 사람
에게 마실 물을 주지 않습니다.
7 우둔한 사람은 악해서, 간계나
꾸미며, 힘 없는 사람들이 정당한
권리를 주장해도, 거짓말로 그 가
난한 사람들을 파멸시킵니다.
8 그러나 고귀한 사람은 고귀한
일을 계획하고, 그 고귀한 뜻을 펼
치며 삽니다.

심판과 회복

9 안일하게 사는 여인들아, 일어
나서 나의 목소리를 들어라. 걱정
거리가 없이 사는 딸들아, 내가
하는 말에 귀를 기울여라.
10 걱정거리가 없이 사는 딸들아, 일
년이 채 되지 못하여 몸서리 칠 일
이 생길 것이다. 포도농사가 망하
여 거둘 것이 없을 것이다.
11 안일하게 사는 여인들아, 몸부림
쳐라. 걱정거리가 없이 사는 여인
들아, 몸서리 쳐라. 맨몸이 되도록
옷을 다 벗어버리고 베로 허리를
둘러라.
12 밭농사와 포도농사를 망쳤으
니, 가슴을 쳐라.
13 나의 백성이 사는 땅에 가시덤불
과 찔레나무가 자랄 것이니, 가슴
을 쳐라.
기쁨이 넘치던 모든 집과 흥겨
운 소리 그치지 않던 성읍을 기억
하고, 가슴을 쳐라.
14 요새는 파괴되고, 붐비던 도성은
텅 비고, 망대와 탑이 영원히 돌
무더기가 되어서, 들나귀들이 즐
거이 뛰노는 곳, 양 떼가 풀을 뜯
는 곳이 될 것이다.
15 그러나 주님께서 저 높은 곳에
서부터 다시 우리에게 영을 보내
주시면, 황무지는 기름진 땅이 되
고, 광야는 온갖 곡식을 풍성하게
내는 곡창지대가 될 것이다.
16 그 때에는, 광야에 공평이 자리잡

타나는 구절이다.

32:8 고귀한 사람 이것은 사회의 특수계층, 곧 지도급 계층에 속한 사람이 아니다. 생각이 바르고 *정건한 사람을 말한다.* 고귀한 것을 도모하는 고귀한 사람은 의의 나라의 한 특징이다.

32:9–14 회개하는 자들은 다시 회복이 되지만, 부요와 쾌락 가운데서 계속 죄악을 행하는 자들에게는 하나님의 진노가 내려질 것이다.

32:11 안일한 상태인 여인들을 향해 애곡하는 자의 복장을 하라고 말한다. 곧 회개하라는 것이다.

32:15–20 궁극적인 회복은 하나님께서 성령을 부어 주셔야만 가능하다. 만약 회복의 소망을 전적으로 없애 버리면 완전한 절망에 빠지게 될까 하여 이와 같은 메시지를 주셨다.

32:19 적대 세력의 몰락을 묘사한 것이다. 앗시리아 제국의 수도 니느웨의 멸망으로 볼 수 있다.

32:20 앗시리아가 멸망한 후에 하나님의 백성은 평화의 날을 맞이할 것이다.

고, 기름진 땅에 의가 머물 것이
다.
17 의의 열매는 평화요, 의의 결실
은 영원한 평안과 안전이다.
18 나의 백성은 평화로운 집에서 살
며, 안전한 거처, 평온히 쉴 수 있
는 곳에서 살 것이다.
19 (비록 삼림이 우박에 쓰러지고
성읍이 완전히 무너져 내려도,)
20 씨를 뿌리는 곳마다 댈 물이 넉넉
하고, 어디에서나 안심하고 소와
나귀를 놓아 키울 수 있으니, 너희
는 복이 있다.

도움을 구하는 기도

33 약탈 한 번 당하지 않고, 남을
약탈하기만 한 자야, 너에게 재
앙이 닥칠 것이다. 배반 한 번 당
하지 않고, 남을 배반하기만 한 자
야, 너에게 재앙이 닥칠 것이다.
너의 약탈이 끝나면, 이제 네가
약탈을 당할 것이며, 너의 배반이
끝나면, 이제 네가 배반을 당할 것
이다.
2 주님, 우리에게 은혜를 베풀어
주십시오. 우리가 주님을 기다립
니다. 아침마다 우리의 능력이 되
어 주시고, 어려울 때에 우리의 구
원이 되어 주십시오.
3 주님의 우렁찬 소리에 백성이
도망 치며, 주님께서 일어나셔서
우리편이 되어 싸우시니, 민족들
이 흩어집니다.
4 민족들아, 사람들이 황충이 떼처
럼 몰려들어서, 너희가 약탈한 전
리품을 빼앗을 것이다. 메뚜기 떼
가 뛰어오르듯, 사람들이 그 탈취
물 위에 달려들 것이다.
5 주님은 참으로 위대하시다! 저
높은 곳에 계시면서도, 시온을 공
평과 의로 충만하게 하실 것이다.
6 주님께서 너로 안정된 시대를 누
리게 하실 것이다. 주님께서 늘 백
성을 구원하시고, 지혜와 지식을
주신다. 주님을 경외하는 것이 가
장 귀중한 보배다.
7 용사들이 거리에서 살려 달라
고 울부짖고, 평화협상에 나섰던
사절이 슬피 운다.
8 큰길마다 위험하여 행인이 끊기며,
적이 평화조약을 파기하며, ㉠증인
들이 경멸을 받으며, 아무도 존경
을 받지 못한다.
9 땅이 ㉡통곡하고 고달파 하며,
레바논이 부끄러워하고 메마르며,
사론은 아라바 사막과 같으며, 바
산과 갈멜은 나뭇잎이 모조리 떨
어진다.

주님께서 적들에게 경고하시다

10 주님께서 말씀하신다. "이제는
내가 활동을 시작하겠다. 이제는

33장 요약 본장은 히스기야 당시, 앗시리아 왕 산헤립이 침략한 사건(왕하 18–19장)을 배경으로 한다. 이사야는 이 때 하나님이 앗시리아를 물리쳐 주실 것이니 오직 하나님만 의지하고 경외하라는 메시지를 선포하고 앗시리아의 패퇴 후 유다가 평화와 번영을 누리게 되리라는 약속까지 전했다.

33:1–6 앗시리아의 위협에 떨고 있는 유다 백성들에게 이사야는 이제 하나님께서 앗시리아를 멸망시키실 것이니 오로지 하나님만 의지하고 경외하라는 위로와 권면의 메시지를 전하였다.

33:7–16 유다는 침략자들에 의하여 황폐하게 될 것이다. 그러나 하나님께서는 그 침략자들을 쳐서 다시 유다를 구원하실 것이다. 유다는 하나님의 능력과 진노가 침략자들과 유다의 경건하지

㉠ 사해 사본을 따름. 마소라 본문에는 '그 성읍들이' ㉡ 또는 '마르고'

내가 일어나서, 나의 권능이 얼마
나 큰지를 나타내 보이겠다.
11 너희는 겨를 잉태하여 지푸라기를
낳는다. 너희는 제 꾀에 속아 넘어
간다.
12 뭇 민족은 불에 탄 석회같이 되
며, 찍어다가 태우는 가시덤불같
이 될 것이다.
13 너희 먼 곳에 있는 자들아, 내가
무슨 일을 하였는지 들어 보아라!
너희 가까운 곳에 있는 자들아,
나의 권능을 깨달아라!"
14 시온에서는 죄인들이 공포에 떨
고 경건하지 않은 자들이 두려움
에 사로잡힌다. "우리들 가운데 누
가 사르는 불을 견디어 내겠는가?
우리들 가운데 누가 꺼지지 않는
불덩이를 견디어 내겠는가?" 하고
말한다.
15 의롭게 사는 사람, 정직하게 말
하는 사람, 권세를 부려 가난한
사람의 재산을 착취하는 일은 아
예 생각하지도 않는 사람, 뇌물을
거절하는 사람, 살인자의 음모에
귀를 막는 사람, 악을 꾀하는 것
을 보지 않으려고 눈을 감는 사
람,
16 바로 이런 사람들이 안전한 곳에
산다. 돌로 쌓은 견고한 산성이 그
의 은신처가 될 것이다. 먹거리가
끊어지지 않고, 마실 물이 떨어지
지 않는다.

찬란한 미래

17 네가 다시 한 번 왕의 장엄한 모
습을 볼 것이며, 백성은 사방으로
확장된 영토를 볼 것이다.
18 너는 지난날 무서웠던 일들을 돌
이켜보며, 격세지감을 느낄 것이
다. 서슬이 시퍼렇던 이방인 총독,
가혹하게 세금을 물리고, 무리하
게 재물을 빼앗던 이방인 세금 징
수관들, 늘 너의 뒤를 밟으며 감시
하던 정보원들, 모두 옛날 이야기
가 될 것이다.
19 악한 백성, 곧 네가 알아듣지
못하는 언어로 말을 하며 이해할
수도 없는 언어로 말하던 그 악한
이방인을, 다시는 더 보지 않을 것
이다.
20 우리가 마음껏 절기를 지킬 수
있는 우리의 도성 시온을 보아라.
옮겨지지 않을 장막, 예루살렘을
보아라. 우리가 살기에 얼마나 안
락한 곳인가? 다시는 옮겨지지 않
을 장막과도 같다. 그 말뚝이 영
원히 뽑히지 않을 것이며, 그 줄이
하나도 끊어지지 않을 것이다.
21 거기에서는 주님께서 우리의 능
력이 되시니, 그 곳은 마치 드넓은
강과 시내가 흐르는 곳 같겠지만,

못한 자들 위에 내려지는 것을 보고서, 그들의 신앙을 다시 회복하게 될 것이다.

33:11 앗시리아가 유다에 대하여 세운 대담한 계획들이 실패하고, 유다를 멸망시키려고 했던 앗시리아가 도리어 멸망당하고 만다는 뜻이다.

33:13 먼 곳에 있는 자들·가까운 곳에 있는 자들 이 말은 ① 북 이스라엘과 남 유다 ② 유대 사람과 이방 사람 등으로 해석하나, '아무도 제외함이 없이 통틀어'라는 뜻으로 보는 것이 좋다.

33:18-19 유다 백성은 그들을 괴롭히고 두렵게 했던 앗시리아 침략군과 그들이 자행한 여러 가지 일들을 다만 회상거리로 삼을 뿐이라고 한다. 이런 사실은 하나님의 구원이 유다에 확실히 임했다는 것을 보여 준다.

33:23 적군의 상태가 파산 직전의 배와 같아서, 그들은 더 이상 하나님의 백성을 침략할 수 없으며 연약한 자라도 적군의 재물을 탈취할 수 있다는 뜻이다. 적군의 무력함을 나타낸다.

대적의 배가 그리로 오지 못하고,
적군의 군함이 들어올 엄두도 못
낼 것이다.
22 주님께서는 우리의 재판관이시
며, 주님께서는 우리에게 법을 세
워 주시는 분이시며, 주님께서는
우리의 왕이시니, 우리를 구원하
실 분이시다.
23 그리로 들어오는 배마다, 돛대
줄이 느슨하여 돛대를 똑바로 세
우지 못하고, 돛을 펴지도 못할 것
이다.
우리는 많은 탈취물을 얻을 것
이다. 다리를 저는 사람들까지도
많이 탈취할 것이다.
24 거기에서는 아무도 "내가 병들
었다"고 말하지 않겠고, 거기에서
사는 백성은 죄를 용서받을 것이
다.

하나님께서 원수들을 벌하실 것이다

34 민족들아, 가까이 와서 들어
라. 백성들아, 귀를 기울여라.
땅과 거기에 가득한 것들아, 세상
과 그 안에서 사는 모든 것들아,
들어라.
2 주님께서 모든 민족에게 진노하
시고, 그들의 모든 군대에게 분노
하셔서 그들을 ㉠진멸시키시려고
하신다. 그들이 살해당하도록 버
려 두시기로 작정하셨다.
3 죽은 자들이 내동댕이쳐져서, 그
시체에서는 악취가 솟아오르며,
홍수처럼 흐르는 피에 산들이 무
너져 내릴 것이다.
4 해와 달과 별들이 떨어져서 가루
가 되고, 하늘은 마치 두루마리처
럼 말릴 것이다. 포도나무의 잎이
말라 떨어지듯이, 무화과나무의
잎이 말라 떨어지듯이, 하늘에 있
는 별들이 떨어질 것이다.
5 "나의 칼이 하늘에서 흡족하게
마셨으니, 그 칼이 이제 에돔을 칠
것이다. 내가 나의 칼에게, 에돔을
심판하여 ㉠진멸시키라고 명하였
다."
6 제물을 잡은 주님의 칼이 어린
양과 염소의 피에 흥건히 젖고, 숫
양의 콩팥에서 나온 기름이 그 칼
에 엉겨붙듯이, 주님의 칼이 그들
의 피에 흥건히 젖고, 그 기름이
그 칼에 엉겨붙었다.
주님께서 보스라에서 그 백성
을 희생제물로 잡으시고 에돔 땅
에서 그 백성을 크게 살육하신 것
이다.
7 백성이 들소처럼 쓰러질 것이
다. 송아지와 황소처럼 쓰러질 것
이다. 땅이 핏빛으로 물들고, 흙
이 기름에 엉길 것이다.
8 이 때가 바로, 주님께서 복수하

34장 요약 이사야의 예언은 1차적으로 당대나 멀지 않은 장래의 일들을 가리키지만, 궁극적으로는 '주님의 날'에 일어날 일들을 가리킨다. 본장의 에돔의 멸망 예언도 마찬가지이다. 에돔은 궁극적으로 하나님과 그분의 백성을 대적하는 사탄의 세력을 지칭한다.

㉠ '진멸'로 번역된 히브리어 헤렘은 진멸하여 하나님께 바치는 물건이나 짐승이나 사람을 일컬음. 사람이 가질 수 없음

34:1-4 하나님께서 일시적으로 악인들이 그의 백성을 괴롭히도록 허용하시지만, 결국에는 하나님의 백성들을 대적하는 원수들을 무참하게 멸망시키실 것이라는 예언이다. 이는 하나님의 자녀들을 위로하기 위한 메시지이다.

34:5-15 열국 중에서 특별히 에돔을 들어서, 그 위에 임할 하나님의 심판을 상징한다.

34:6 기름 고기의 가장 좋은 부분으로 여겨, 화목제물 중에서 하나님께 드려졌다(레 3:9-11).

시는 날이니, 시온을 구하여 주시
고 대적을 파멸시키시는 해, 보상
하여 주시는 해이다.
9 에돔의 강들이 역청으로 변하고,
흙이 유황으로 변하고, 온 땅이
역청처럼 타오를 것이다.
10 그 불이 밤낮으로 꺼지지 않고 타
서, 그 연기가 끊임없이 치솟으며,
에돔은 영원토록 황폐하여, 영원
히 그리로 지나가는 사람이 없을
것이다.
11 펠리컨과 고슴도치가 그 땅을 차
지하겠고, 부엉이와 까마귀가 거
기에서 자리를 잡을 것이다. 주님
께서 에돔을 '혼돈의 줄'과 '황무
의 추'로 재실 터이니, 에돔을 창
조 전처럼 황무하게 하실 것이다.
12 거기에는, 나라를 세울 통치자
들이 없을 것이며, 백성을 다스릴
지도자도 없을 것이다.
13 궁궐이 있던 곳마다 가시나무가
돋아나고, 그 요새에는 쐐기풀과
엉겅퀴만 무성할 것이다. 그 곳은
승냥이 떼의 굴이 되고, 타조들의
집이 될 것이다.
14 거기에서는 들짐승들이 이리 떼
와 만나고, 숫염소가 소리를 내어
서로를 찾을 것이다. 밤짐승이 거
기에서 머물러 쉴 곳을 찾을 것이
다.
15 부엉이가 집을 만들어 거기에 깃
들고, 그 알을 낳아 까서, 제 몸으
로 그늘을 만들어 덮을 것이다. 솔
개들도 제 짝과 함께 그리로 모일
것이다.
16 주님의 책을 자세히 읽어 보아
라. 이 짐승들 가운데서 어느 것
하나 빠지는 것이 없겠고, 하나도
그 짝이 없는 짐승은 없을 것이
다. 주님께서 친히 입을 열어 그렇
게 되라고 명하셨고 주님의 영이
친히 그 짐승들을 모으실 것이기
때문이다.
17 주님께서 친히 그 짐승들에게 땅
을 나누어 주시고, 손수 줄을 그
어서 그렇게 나누어 주실 것이니,
그 짐승들이 영원히 그 땅을 차지
할 것이며, 세세토록 거기에서 살
것이다.

거룩한 길

35 광야와 메마른 땅이 기뻐하며,
사막이 백합화처럼 피어 즐거
워할 것이다.
2 사막은 꽃이 무성하게 피어, 크게
기뻐하며, 즐겁게 소리 칠 것이다.
레바논의 영광과 갈멜과 사론의
영화가, 사막에서 꽃 피며, 사람들
이 주님의 영광을 보며, 우리 하나
님의 영화를 볼 것이다.
3 너희는 맥풀린 손이 힘을 쓰게

34:8 주님께서 복수하시는 날 에돔 사람은 기회가 있을 때마다 이스라엘을 대적했고(삼하 8:13-14), 예루살렘이 멸망할 때(시 137:7;애 4:21) 즐거워했다. 그러나 결국 에돔에도 최후의 날이 임할 것이다(63:1-6).

34:16-17 하나님의 백성을 대적하는 자들이 멸망될 것이라는 예언의 진실성과 확실성을 공고히 하는 말씀이다. 따라서 주님의 책은 멸망에 관한 예언을 가리킨다.

35장 요약 본장은 장차 도래하게 될 영광스러운 메시아 왕국에 대해 노래한다. 이사야는 죄악으로 인해 황무지처럼 파괴되었던 이 세상을 하나님이 다시금 에덴 동산처럼 회복시키실 것임을 예언한다. 그 때 '남은 사람들'은 하나님 앞에서 영생을 누릴 것이다.

35:1-10 황폐함을 예언한 34장과는 대조적으로, 35장에 나타난 황무지는 온 세상을 일컫는다. 온

하여라. 떨리는 무릎을 굳세게 하
여라.
4 두려워하는 사람을 격려하여라.
"굳세어라. 두려워하지 말아라. 너
희의 하나님께서 복수하러 오신
다. 하나님께서 보복하러 오신다.
너희를 구원하여 주신다" 하고 말
하여라.
5 그 때에 눈먼 사람의 눈이 밝아
지고, 귀먹은 사람의 귀가 열릴 것
이다.
6 그 때에 다리를 절던 사람이 사슴
처럼 뛰고, 말을 못하던 혀가 노래
를 부를 것이다. 광야에서 물이
솟겠고, 사막에 시냇물이 흐를 것
이다.
7 뜨겁게 타오르던 땅은 연못이 되
고, 메마른 땅은 물이 쏟아져 나
오는 샘이 될 것이다. 승냥이 떼가
뒹굴며 살던 곳에는, 풀 대신에 갈
대와 왕골이 날 것이다.
8 거기에는 큰길이 생길 것이니,
그것을 '거룩한 길'이라고 부를 것
이다. 깨끗하지 못한 자는 그리로
다닐 수 없다. 그 길은 오직 그리
로 다닐 수 있는 사람들의 것이다.
악한 사람은 그 길로 다닐 수 없
고, 어리석은 사람은 그 길에서 서
성거리지도 못할 것이다.
9 거기에는 사자가 없고, 사나운
짐승도 그리로 지나다니지 않을
것이다. 그 길에는 그런 짐승들은
없을 것이다. 오직 구원받은 사람
만이 그 길을 따라 고향으로 갈
것이다.
10 주님께 속량받은 사람들이 예
루살렘으로 돌아올 것이다. 그들
이 기뻐 노래하며 시온에 이를 것
이다. 기쁨이 그들에게 영원히 머
물고, 즐거움과 기쁨이 넘칠 것이
니, 슬픔과 탄식이 사라질 것이다.

앗시리아가 예루살렘을 협박하다

(왕하 18:13-37; 대하 32:1-19)

36 히스기야 왕 제 십사년에, 앗시
리아 왕 산헤립이 올라와서, 견
고한 유다의 모든 성읍을 공격하여
점령하였다.
2 그래서 앗시리아 왕은 라기스에서 랍
사게에게 많은 병력을 주어, 예루살
렘의 히스기야 왕에게로 보냈다. 그
는 빨래터로 가는 큰 길 가 윗저수지
의 수로 옆에 주둔하였다.
3 그 때에, 힐기야의 아들 궁내대신 엘
리야김과 서기관 셉나와 아삽의 아
들 역사 기록관 요아가, 그를 맞으러
나갔다.
4 ○랍사게가 그들에게 말하였다. "히
스기야에게 전하여라. 위대한 왕이
신 앗시리아의 임금님께서 이렇게
말씀하신다. '네가 무엇을 믿고 이렇

세상이 인간의 교만으로 파괴되었으나, 하나님께서는 다시 낙원으로 회복시키실 것이다. 35장은 세 부분으로 나누어져 있다. 먼저 1-4절은 사막에서 꽃이 핀다는 약속과 믿음이 약한 자들을 위한 격려가 나타나 있다. 5-7절은 고침받는 일과 사막에서 샘물이 솟는 일을 예화로 들면서 구원을 선포하였다. 8-10절은 구원받은 자들이 '큰길'을 지나 최종 목적지인 '시온'에 이르게 될 것을 노래하였다.

36장 요약 36-39장은 앗시리아의 제2차 유다 침공에 관한 것으로(왕하 18:17-20:19), 본 장은 앗시리아의 군대 장관 랍사게가 히스기야의 친이집트 정책을 비웃으며 이집트뿐 아니라 하나님도 유다를 도울 수 없다고 조롱하며 항복을 강요한 내용이다.

36:1-39:8 이 부분은 13-35장의 가르침이 실제로 유다 역사 속에 적용된 실례이다.

게 자신만만 하냐?
5 전쟁을 할 전술도 없고, 군사력도 없
으면서, 입으로만 전쟁을 할 수 있다
고 생각하느냐? 네가 지금 누구를
믿고 나에게 반역하느냐?
6 너는 부러진 갈대 지팡이 같은 이 이
집트를 의지한다고 하지만, 그것을
믿고 붙드는 자는 손만 찔리게 될 것
이다. 이집트 왕 바로를 신뢰하는 자
는 누구나 이와 같이 될 것이다.
7 너는 또 나에게, 너희가 주 너희의
하나님을 의지한다고 말하겠지마는,
유다와 예루살렘에 사는 백성에게,
예루살렘에 있는 이 제단 앞에서만
경배하여야 한다고 하면서, 산당과
제단들을 다 헐어 버린 것이, 바로
너 히스기야가 아니냐!'
8 자, 이제 나의 상전이신 앗시리아의
임금님과 겨루어 보아라. 내가 너에
게 말 이천 필을 준다고 한들, 네가
그 위에 탈 사람을 내놓을 수 있겠
느냐?
9 네가 나의 상전의 부하들 가운데서
하찮은 병사 하나라도 물리칠 수 있
겠느냐? 그러면서도, 병거와 기병의
지원을 얻으려고 이집트를 의존하느
냐?
10 이제 생각하여 보아라. 내가 이 곳
을 멸망시키려고 오면서, 어찌, 너희
가 섬기는 주님의 허락도 받지 않고
왔겠느냐? 주님께서 친히 나에게 말
씀하시기를, 이 땅을 치러 올라가서,
그 곳을 멸망시키라고 이르셨다."
11 ○엘리야김과 셉나와 요아가 랍사게
에게 말하였다. "성벽 위에서 백성이
듣고 있으니, 우리에게 유다 말로 말
씀하지 말아 주십시오. 이 종들에게
시리아 말로 말씀하여 주십시오. 우
리가 시리아 말을 알아듣습니다."
12 ○그러나 랍사게는 그들에게 대답하
였다. "나의 상전께서 나를 보내셔
서, 이 말을 하게 하신 것은, 다만 너
희의 상전과 너희만 들으라고 하신
것이 아니다. 너희와 함께, 자기가 눈
대변을 먹고 자기가 본 소변을 마실,
성벽 위에 앉아 있는 저 백성에게도
이 말을 전하라고 나를 보내셨다."
13 ○랍사게가 일어나서, 유다 말로 크
게 외쳤다. "너희는, 위대한 왕이신
앗시리아의 임금님께서 하시는 말씀
을 들어라!
14 임금님께서 이렇게 말씀하신다. '히
스기야에게 속지 말아라. 그는 너희
를 구원하여 낼 수 없다.
15 히스기야가 너희를 속여서, 주님께
서 너희를 구원하실 것이며, 이 도성
을 앗시리아 왕의 손에 절대로 넘겨
주지 않으실 것이라고 말하면서, 너
희로 주님을 의지하게 하려 하여도,
너희는 그 말을 믿지 말아라.

36:1–3 앗시리아 왕 산헤립이 쳐들어와 유다의 성읍들을 정복했다. 산헤립(B.C. 704–681년)은 사르곤의 후계자(왕하 18:13)로서 교만하고 잔인한 왕이었다. 랍사게는 앗시리아 군의 세 장군 중 한 사람으로, 히브리어와 시리아어에 능했다.

36:11 시리아 말 특히 외교와 상업에서 사용되었던 근동 지방의 국제어였다.

36:12 너희와 함께…성벽 위에 앉아 있는 저 백성 랍사게는 예루살렘 공격을 가정하고 그 성민이 먹을 음식과 마실 물이 없어서 대변과 소변을 먹을 것이라고 위협한다.

36:13–20 랍사게가 유다 백성들의 분열을 선동하는 말이다. 먼저 14–17절에서는 부드럽게 설득한다. 히스기야는 백성들에게 하나님만 의지하라고 가르쳤다(대하 32:7–8). 그런데 랍사게는 하나님 대신 앗시리아를 의지해야 평안을 누릴 수 있다고 유혹하였다. 18–20절에서는 앗시리아에 정복당한 다른 나라들을 예로 들면서 강압적으로

16 히스기야의 말을 듣지 말아라.' 앗시
리아의 임금님께서 이렇게 말씀하신
다. '나와 평화조약을 맺고, 나에게
로 나아오라. 그리하면, 너희는 각각
자기의 포도나무와 자기의 무화과나
무에서 난 열매를 따먹게 될 것이며,
각기 자기가 판 샘에서 물을 마시게
될 것이다.
17 이제 곧 내가 가서, 너희의 땅과 같
은 땅, 곧 곡식과 새 포도주가 나는
땅, 빵과 포도원이 있는 땅으로, 너
희를 데려갈 터이니,
18 히스기야가 너희를 꾀어, 주님께서
틀림없이 너희를 구원하실 것이라고
말하더라도, 너희는 속지 말아라. 뭇
민족의 신들 가운데서, 그 어느 신이
앗시리아 왕의 손에서 자기 땅을 구
원한 일이 있느냐?
19 하맛과 아르밧의 신들은 어디에 있
으며, 스발와임의 신들은 또 어디에
있느냐? 그들이 사마리아를 나의
손에서 건져내었느냐?
20 여러 민족의 신들 가운데서 그 어느
신이 나의 손에서 자기 땅을 구원한
일이 있기에, 너희의 주 하나님이 나
의 손에서 예루살렘을 구원할 수 있
겠느냐?'"
21 ○백성은 한 마디도 대답하지 않고
조용히 있었다. 그에게 아무런 대답
도 하지 말라는 왕의 명령이 있었기
때문이다.
22 힐기야의 아들 궁내대신 엘리야김과
서기관 셉나와 아삽의 아들 역사 기
록관 요아는, 울분을 참지 못하여,
옷을 찢으며 히스기야에게 돌아와
서, 랍사게의 말을 그대로 전하였다.

왕이 이사야의 충고를 듣고자 하다

(왕하 19:1-7)

37 히스기야 왕도 이 말을 듣고,
울분을 참지 못하여, 자기 옷
을 찢고, 베옷을 두르고, 주님의 성
전으로 들어갔다.
2 그는 궁내대신 엘리야김과 서기관
셉나와 원로 제사장들에게 베옷을
두르게 한 뒤에, 이 사람들을 아모
스의 아들 예언자 이사야에게 보냈
다.
3 그들은 이사야에게 가서, 히스기야
왕의 말씀이라고 하면서, 이렇게 말
하였다. "오늘은 환난과 징계와 굴욕
의 날입니다. 아이를 낳으려 하나,
낳을 힘이 없는 산모와도 같습니다.
4 주 그대의 하나님께서는 랍사게가
한 말을 다 들으셨을 것입니다. 랍사
게는, 살아 계신 하나님을 모욕하려
고, 그의 상전인 앗시리아 왕이 보낸
자입니다. 주 그대의 하나님께서 그
가 하는 말을 들으셨으니, 그를 심판
하실 것입니다. 그대는 여기에 남아
있는 우리들이 구원받도록 기도하여

항복을 강요했다.

36:14-15 히스기야는 하나님의 은혜를 기대하고 예루살렘 주민들에게 자신감을 갖도록 격려했다.

36:18-20 랍사게는 하나님을 다른 나라의 신들과 동일하게 취급하면서 항복을 요구했다.

36:21 랍사게의 오만 방자한 언행에도 불구하고 히스기야의 명령에 의해 성이 잠잠하자 랍사게는 자신의 능란한 심리 전술(4-20절)이 예루살렘 주민을 공포로 몰아넣었다고 추측했을 것이다.

37장 요약 본장은 앗시리아의 위협에 직면한 히스기야가 하나님께 무릎 꿇고 도움을 청하자 이에 하나님이 이사야를 통해 주신 구원 약속과 그분의 초자연적 역사로 말미암아 앗시리아 군대가 자멸한 것에 대한 기록이다.

37:3 환난과 징계와 굴욕의 날 히스기야는 유다가 처한 상황을 잘 표현했다. 그 상황은 하나님의 징계를 받는 것이요, 다른 한편으로는 앗시리아에

주십시오."
5 ○히스기야 왕의 신하들이 이사야
에게 가서 이렇게 말하니,
6 이사야가 그들에게 대답하였다. "그
대들의 왕에게 이렇게 전하십시오.
주님께서 이렇게 말씀하십니다. '앗
시리아 왕의 부하들이 나를 모욕하
는 말을 네가 들었다고 하여, 그렇게
두려워하지 말아라.
7 내가 그에게 한 영을 내려 보내어, 그
가 뜬소문을 듣고 자기 나라로 돌아
가게 할 것이며, 거기에서 칼에 맞아
죽게 할 것이다.'"

앗시리아가 또 다른 협박을 하여 오다

(왕하 19:8-19)

8 ○랍사게는, 자기 왕이 라기스를 떠
났다는 소식을 듣고 후퇴하여, 립나
를 치고 있는 앗시리아 왕과 합세하
였다.
9 그 때에 앗시리아 왕은, ㉠에티오피아
왕 디르하가가 자기와 싸우려고 출
전하였다는 말을 들었다. 그는 이 말
을 듣고, 히스기야에게 사신들을 보
내어, 이렇게 말하였다.
10 "우리의 임금님께서 유다 임금 히스
기야에게 이렇게 전하라고 하셨습니
다. '네가 의지하는 너의 하나님께서
예루살렘을 앗시리아 왕의 손에 넘
어가게 하지 않으실 것이라고 하여
도, 너는 그 말에 속지 말아라.
11 너는, 앗시리아 왕들이 다른 모든 나
라를 멸하려고 어떻게 하였는지, 잘
들었을 것이다. 그런데 너만은 구원
받을 것이라고 믿느냐?
12 나의 선왕들이 멸망시킨, 고산과 하
란과 레셉과, 들라살에 있는 에덴
족을, 그 민족들의 신들이 구하여
낼 수 있었느냐?
13 하맛의 왕, 아르밧의 왕, 스발와임 도
성의 왕, 그리고 헤나 왕과 이와 왕
들이 모두 어디로 갔느냐?'"
14 ○히스기야는 사신들에게서 이 편지
를 받아 읽었다. 그런 다음에 주님의
성전으로 올라가서, 주님 앞에 편지
를 펴놓은 뒤에,
15 주님께 기도하였다.
16 그룹들 위에 계시는 이스라엘의
하나님, 만군의 주님, 주님만이 이
세상의 모든 나라를 다스리시는
오직 한 분뿐이신 하나님이시며,
하늘과 땅을 만드신 분이십니다.
17 주님, 귀를 기울여 들어주십시오.
주님, 눈여겨 보아 주십시오. 살아
계신 하나님을 모욕하는 말을 전
한 저 산헤립의 망언을 잊지 마십
시오.
18 주님, 참으로 앗시리아 왕들이 여
러 나라와 그 땅을 마구 짓밟아
버렸습니다.
19 여러 민족이 믿는 신들을 모두 불

게 수모를 당하는 것이라고 파악하고 있다. 아이를 낳으려…힘이 없는 산모와도 같습니다 히스기야는 난관에 처하자 은금으로 해결하려 했으나 실패했다. 그는 이제 이 비유로써 유다의 전적인 무능을 고백한다. 그는 이사야에게 이 사실을 전하고 기도를 요청한다(4절).

37:10-13 에티오피아 왕 디르하가가 앗시리아로 진군했다는 소식을 듣자, 앗시리아 왕 산헤립은 히스기야에게 다시 한번 항복하라는 위협의 편지를 보냈다. 디르하가를 이기기 위해서는 무엇보다 유다를 확보해 두는 것이 필요했기 때문이다.

37:14-20 히스기야는 앗시리아가 얼마나 무서운 세력인지를 잘 알고 있었다. 그래서 더욱 간절히 하나님께 도움을 구하였다. 그는 먼저 '세상의 모든 나라를 다스리시는 오직 한 분뿐이신 하나님이시며 창조주'이시라고 고백한다. 그는 이런 고백의 터 위에서, 유다를 하나님이 구원하심으로써

㉠ 히. '구스'. '나일' 강 상류지역

에 던져 태웠습니다. 그러나, 그들
은 참 신들이 아니라, 나무와 돌로
만든 것들이기에, 앗시리아 왕들
에게 멸망당할 수밖에 없었습니
다마는,
20 주 우리의 하나님, 이제 그의 손에
서 우리를 구원하여 주셔서, 세상
의 모든 나라가, 오직 주님만이 홀
로 ㉠주 하나님이심을 알게 하여
주십시오.

이사야가 왕에게 전한 말

(왕하 19:20-37)

21 ○아모스의 아들 이사야가 히스기
야에게 사람을 보내어, 이렇게 말하
였다. "주 이스라엘의 하나님께서는,
임금님께서 앗시리아 왕 산헤립의
일 때문에 주님께 올린 그 기도를 들
으셨다고 말씀하셨습니다.
22 앗시리아 왕을 두고, 주님께서 다음
과 같이 말씀하셨습니다."
"처녀 딸 시온이 너 산헤립을
경멸하고 비웃는다. 딸 예루살렘
이 오히려 물러나는 너의 뒷모습
을 보며, 머리를 흔든다.
23 네가 감히 누구를 모욕하고 멸시
하였느냐? 네가 누구에게 큰소리
를 쳤느냐? 이스라엘의 거룩하신
분께, 네가 감히 너의 눈을 부릅
떴느냐?
24 네가 종들을 보내어서 나 주를 조
롱하며 말하였다. '내가 수많은 병
거를 몰아, 높은 산 이 꼭대기에
서 저 꼭대기까지, 레바논의 막다
른 곳까지 깊숙히 들어가서, 키 큰
백향목과 아름다운 잣나무를 베
어 버리고, 울창한 숲 속 깊숙히
들어가서, 그 끝간 데까지 들어갔
고,
25 그리고는 땅을 파서 ㉡다른 나라
의 물을 마시며, 발바닥으로 밟기
만 하고서도, 이집트의 모든 강물
을 말렸다.'
26 산헤립아, 너는 듣지 못하였느
냐? 그런 일은 이미 내가 오래 전
에 결정한 것들이고, 아득한 옛날
부터 이미 내가 계획한 것들이다.
이제 내가 그것을 이루었을 뿐이
다. 그래서 네가 견고한 요새들을
돌무더기로 만들고
27 여러 민족의 간담을 서늘하게 하
고, 공포에 질리게 하고, 부끄럽게
하였다. 민족들은 초목과 같고,
자라기도 전에 말라 버리는 풀포
기나 지붕 위의 잡초와 같았다.
28 나는 다 알고 있다. 네가 앉고 서
는 것, 네가 나가고 들어오는 것,
네가 나에게 분노를 품고 있는 것
도, 나는 모두 다 알고 있다.
29 네가 나에게 품고 있는 분노와 오
만을, 이미 오래 전에 내가 직접

앗시리아 왕들이 쳐서 멸한 거짓 신들과 구별된다는 것을 증거해 주실 것을 간구했다.

37:21-35 유다의 구원에 대한 이사야의 예언이다. 본절은 네 부분으로 나누어져 있다. ① 이사야의 말(21절) ② 하나님께서 앗시리아 왕에게 하신 말씀(22-29절) ③ 하나님께서 히스기야에게 하신 말씀(30-32절) ④ 하나님께서 다시 앗시리아 왕에게 하신 말씀(33-34절).

37:26 앗시리아는 모든 나라를 심판하는 하나님의 도구로 사용되었다. 돌무더기 앗시리아가 정복한 도시를 모두 부수어 무더기를 쌓았다는 뜻이다. 고대 근동 지방에서는 도시를 정복하면 그 도시를 무더기로 만들고 그 위에 새로운 성을 건축하였다. 이와 같은 돌무더기를 '텔'이라고 부른다.

37:30 본절은 금년과 내년, 곧 2년 동안은 저절로 자라난 야생 곡식을 먹고, 3년째라야 비로소

㉠ 사해 사본에는 '하나님이심을', 마소라 본문에는 '주님이심을'
㉡ 사해 사본을 따름(왕하 19:24에서도)

들었기에, 내가 너의 코를 갈고리
로 꿰고, 너의 입에 재갈을 물려,
네가 왔던 그 길로 너를 되돌아가
게 하겠다."
30 ○"히스기야 임금님, 주님께서 임
금님께 다음과 같은 증거를 보이실
것입니다. 금년에는 백성이, 들에서
저절로 자라난 곡식을 먹고, 내년에
도 들에서 저절로 자라난 곡식을 먹
을 것입니다. 그러나 그 다음 해에
는, 백성이 씨를 뿌리고 곡식을 거둘
것이며, 포도밭을 가꾸어서 그 열매
를 먹을 것입니다.
31 유다 사람들 가운데서 난을 피하여
살아 남은 사람들이, 다시 땅 아래
로 깊이 뿌리를 내리고, 위로 열매를
맺을 것입니다."
32 '남은 사람들이 예루살렘에서부
터 나오고, 환난을 피한 사람들이
시온 산에서 나올 것이다.'
만군의 주님께서 정열을 가지고
서 이 일을 이루실 것입니다.
33 그러므로 앗시리아 왕을 두고,
주님께서 이렇게 말씀하십니다.
"그는 이 도성에 들어오지 못하
며, 이리로 활도 한 번 쏘아 보지
못할 것이다. 방패를 앞세워 접근
하지도 못하며, 성을 공격할 토성
을 쌓지도 못할 것이다.
34 그는 왔던 길로 되돌아갈 것이고,
이 도성 안으로는 절대로 들어오
지 못한다. 이것은 나 주의 말이
다.
35 나는 나의 명성을 지키려 하여서
라도 이 도성을 보호하고, 나의
종 다윗을 보아서라도 이 도성을
구원하겠다."
36 ○그런 다음에 주님의 천사가 나
아가서, 앗시리아 군의 진영에서 십
팔만 오천 명을 쳐죽였다. 다음날 아
침이 밝았을 때에, 그들은 모두 죽
은 시체로 발견되었다.
37 앗시리아 왕 산헤립은 그 곳을 떠나,
니느웨 도성으로 돌아가서 머물렀
다.
38 그러던 어느 날, 그가 자기 신 니스
록의 신전에서 예배하고 있을 때에,
그의 두 아들 아드람멜렉과 사레셀
이 그를 칼로 쳐죽이고, 아라랏 땅
으로 도망하였다. 그 뒤를 이어 그
의 아들 에살핫돈이 왕이 되었다.

히스기야 왕의 발병과 회복
(왕하 20:1-11; 대하 32:24-26)

38 그 무렵에 히스기야가 병이 들
어서 거의 죽게 되었는데, 아모
스의 아들 예언자 이사야가 그에게
와서 말하였다. "주님께서 이렇게 말
씀하십니다. '네가 죽게 되었으니, 너
의 집안 모든 일을 정리하여라. 네가
다시 회복되지 못할 것이다.'"

직접 심어서 추수한 곡식을 먹는다는 뜻이다. 곧 2년 동안은 앗시리아가 침공해 오지만 3년째는 앗시리아의 침공이 없을 것을 뜻한다.

37:31 살아 남은 사람들 앗시리아의 침공에서 해방된 사람들을 가리킨다(4절;1:9;왕하 19:30-31).

37:35 예루살렘이 앗시리아의 침공으로부터 구원받게 되는 이유를 밝히고 있다. 그 이유는 하나님의 영광을 회복하기 위함이며 다윗에게 약속하신 것(삼하 7:12-13)을 성취하기 위함이다.

38장 요약 본장은 히스기야의 발병과 회복에 대한 기록이다. 히스기야는 병에 걸렸을 때, 자신의 생명보다 나라의 운명을 더 걱정하여 하나님의 자비를 구하였다. 이에 하나님이 그의 기도를 들으셔서 생명을 연장해 주셨다.

38:1-8 히스기야 왕은 29년간 통치했는데(왕하 18:2), 병이 나은 후 15년간 생명이 연장되었으므로, 그가 병을 얻게 된 때는 재위 14년째였을 것

2 이 말을 듣고서 히스기야는, 그의 얼
굴을 벽쪽으로 돌리고, 주님께 기도
하여,
3 이렇게 아뢰었다. "주님, 주님께 빕니
다. 제가 주님 앞에서 진실하게 살아
온 것과, 온전한 마음으로 순종한
것과, 주님께서 보시기에 선한 일 한
것을, 기억하여 주십시오." 이렇게 기
도하고 나서, 히스기야는 한참 동안
흐느껴 울었다.
4 그 때에 주님께서 이사야에게 말씀
하셨다.
5 "너는 되돌아가서, 히스기야에게 일
러라. '너의 조상 다윗의 하나님이신
주님께서 이렇게 말씀하신다. 네가
기도하는 소리를 내가 들었고, 네가
흘리는 눈물도 내가 보았다. 내가 너
의 목숨을 열다섯 해 더 연장시키
고,
6 너와 이 도성을 앗시리아 왕의 손에
서 구하고, 이 도성을 보호하겠다.
7 나 주는 약속한 것을 그대로 이룬
다. 그 증거를 나 주가 너에게 보여
주겠다.
8 아하스의 해시계에 비친 그림자가
십 도 뒤로 물러갈 것이니, 해도 내
려갔던 데서 십 도 올라갈 것이다.'"
9 ○다음은, 유다 왕 히스기야가 병
이 들었다가 그 병에서 회복된 다음
에 읊은 시이다.

10 나는 한창 나이에 ㉠스올의 문
으로 들어가는가 싶었다. 남은 여
생을 빼앗긴다는 생각도 들었다.
11 나는 또 이런 생각도 들었다. '내
가 다시는 주님을 뵙지 못하겠구
나. 사람이 사는 땅에서는 다시는
주님을 뵙지 못하겠구나. 내가 다
시는, 세상에 사는 사람 가운데서
단 한 사람도 볼 수 없겠구나.'
12 목동이 장막을 거두어서 자리를
옮기듯이, 나의 생명도 장막처럼
뜯겨서 옮겨질 것이다. 베 짜는 사
람이 베를 다 짜면 베틀에서 베를
거두어서 말듯이, 나도 나의 목숨
을 다 짠 베처럼 말아야 할 것이
다. 주님께서 조만간에 내 목숨을
끊으실 것이다.
13 마치 사자가 나의 뼈를 바수어 먹
기라도 하듯이, 나는 날이 샐 때
까지 울부짖었다. 주님께서 조만
간에 내 목숨을 끊으실 것이다.
14 나는 제비처럼 학처럼 애타게 소
리 지르고, 비둘기처럼 구슬피 울
었다. 나는 눈이 멀도록 하늘을
우러러보았다. '주님, 저는 괴롭습
니다. 이 고통에서 저를 건져 주십
시오!'
15 주님께서 말씀하셨고, 주님께서
그대로 이루셨는데, 내가 무슨 말
을 더 하겠는가? 나의 영혼이 번

이다. 그런데 이 때는 산헤립이 유다를 침공하던 때였다(왕하 18:13). 그래서 히스기야는 앗시리아의 공격 중에 자신이 죽음으로 인하여 당하게 될 나라의 운명을 근심하였으며, 또한 그의 왕위를 계승시킬 아들이 없음을 슬퍼하였다. 그의 아들 므낫세는 병이 나은 지 3년 후에야 태어났다(참조. 왕하 20:21–21:1).

38:7–8 증거 해 그림자가 10도 뒤로 물러간 것은 하루의 시간 중의 일부이므로, 15년이라는 기간과는 직접적인 관련이 없다. 다만 이 증거는 하나님의 약속의 신실성을 기적적으로 나타내 보이는 것이요, 히스기야의 믿음을 강화하기 위한 것이었다(참조. 수 10:12–14).

38:10 스올의 문으로 들어가는가 죽음을 맞이하게 된다는 뜻이다.

38:14 저를 건져 주십시오! '저를 도와주십시오!' 또는 '저의 편이 되어 주십시오!'라는 의미이다.

㉠ 또는 '무덤' 또는 '죽음'

민에 싸여 있으므로, 내가 잠을
이룰 수 없다.
16 주님, 주님을 섬기고 살겠습니
다. 주님만 섬기겠습니다. 저를 낫
게 하여 주셔서, 다시 일어나게 하
여 주십시오. 이 아픔이 평안으로
바뀔 것입니다.
17 주님께서 이 몸을 멸망의 구덩이
에서 건져 주시고, 주님께서 저의
모든 죄를 용서하십니다.
18 ㉠스올에서는 아무도 주님께 감사
드릴 수 없습니다. 죽은 사람은
아무도 주님을 찬양할 수 없습니
다. 죽은 사람은 아무도 주님의
신실하심을 의지할 수 없습니다.
19 제가 오늘 주님을 찬양하듯, 오직
살아 있는 사람만이 주님을 찬양
할 수 있습니다. 부모들이 자녀들
에게 주님의 신실하심을 일러줍니
다.
20 주님, 주님께서 저를 낫게 하셨습
니다. 우리가 수금을 뜯으며, 주님
을 찬양하겠습니다. 사는 날 동
안, 우리가 주님의 성전에서 주님
을 찬양하겠습니다.
21 ○이사야가 왕에게 "무화과 빵을
가져다가 종기에 붙이시면 임금님께
서 나으실 것입니다" 하고 말하였을
때에,
22 히스기야는 "내가 주님의 성전에 다
시 올라갈 것이라는 증거가 무엇이
오?" 하고 물었다.

바빌로니아에서 온 사절단
(왕하 20:12-19)

39 그 때에 발라단의 아들 바빌로
니아 왕 므로닥발라단이, 히스
기야가 병들었다가 나았다는 소식
을 듣고서, 그에게 친서와 예물을 보
내 왔다.
2 히스기야는 그들을 반가이 맞아들
이고, 보물 창고에 있는 은과 금과
향료와 향유와, 무기고와 창고 안에
있는 모든 것을, 다 보여 주었다. 히
스기야는 그들에게, 궁궐과 나라 안
에 있는 것을 하나도 빠짐없이 다 보
여 주었다.
3 ○그 때에 예언자 이사야가 히스기
야 왕에게 와서 물었다. "이 사람들
이 무슨 말을 하였습니까? 이 사람
들은 어디에서 온 사람들입니까?"
히스기야가 대답하였다. "그들은 저
먼 나라 바빌로니아에서 온 사람들
이오."
4 이사야가 또 물었다. "그들이 임금님
의 궁궐에서 무엇을 보았습니까?"
히스기야가 대답하였다. "그들은 나
의 궁궐 안에 있는 모든 것을 보았
고, 나의 창고에 있는 것 가운데, 그
들에게 보여 주지 않은 것이 하나도
없소."

38:18 스올에서는 아무도 주님께 감사드릴 수 없습니다 '무덤에 있는 자는 주님께 감사하지 못합니다'라는 뜻이다. 즉 죽은 자는 감사할 수도 없고, 주님의 신실함을 소망할 수도 없다.

38:22 주님의 성전에 다시 올라갈 것이라는 증거 일생 동안 하나님을 향한 신앙심을 견고하게 만들 증거를 말한다. 곧 연장된 생명 그 자체를 생각할 때마다 하나님을 찬양하겠다는 뜻이다.

㉠ 또는 '무덤' 또는 '죽음'

39장 요약 본장은 히스기야가 하나님의 진노를 초래하고 말았음을 보여 준다. 바빌론 사절단들에게 하나님의 은혜와 권능을 증거하는 대신 교만하게도 스스로 영광을 취해 버린 히스기야에게 하나님은 장차 그의 자손들이 바빌론의 포로가 될 것이라고 하셨다.

39:3-4 히스기야는 자신의 은밀한 곳에 숨어 있는 죄에 대해서 깨닫지 못하고 있다.

5 ○이사야가 히스기야에게 말하였다.
"만군의 주님의 말씀을 들으십시오.
6 '그 날이 다가오고 있다. 그 날이 오
면, 너의 왕궁 안에 있는 모든 것과
오늘까지 너의 조상이 저장하여 놓
은 모든 보물이, 남김없이 바빌론으
로 옮겨 갈 것이다.' 주님께서 또 말
씀하십니다.
7 '너에게서 태어날 아들 가운데서 더
러는 포로로 끌려가서, 바빌론 왕궁
의 환관이 될 것이다.'"
8 ○히스기야가 이사야에게 말하였다.
"그대가 전하여 준 주님의 말씀은 지
당한 말씀이오." 히스기야는, 자기가
살아 있는 동안만이라도 평화와 안
정이 계속되면 다행이라고 생각하였
다.

희망의 말씀

40 "너희는 위로하여라! 나의 백
성을 위로하여라!" 너희의 하나
님께서 말씀하신다.
2 "예루살렘 주민을 격려하고, 그들
에게 일러주어라. 이제 복역 기간
이 끝나고, 죄에 대한 형벌도 다
받고, 지은 죄에 비하여 갑절의 벌
을 주님에게서 받았다고 외쳐라."
3 ㉠한 소리가 외친다. "광야에 주
님께서 오실 길을 닦아라. 사막에
우리의 하나님께서 오실 큰길을
곧게 내어라.
4 모든 계곡은 메우고, 산과 언덕은
깎아 내리고, 거친 길은 평탄하게
하고, 험한 곳은 평지로 만들어
라.
5 주님의 영광이 나타날 것이니, 모
든 사람이 그것을 함께 볼 것이
다. 이것은 주님께서 친히 약속하
신 것이다."
6 한 소리가 외친다. "너는 외쳐
라." 그래서 내가 "무엇이라고 외쳐
야 합니까?" 하고 물었다. "모든
육체는 풀이요, 그의 모든 아름다
움은 들의 꽃과 같을 뿐이다.
7 주님께서 그 위에 입김을 부시면,
풀은 마르고 꽃은 시든다. 그렇다.
이 백성은 풀에 지나지 않는다.
8 풀은 마르고 꽃은 시드나, 우리 하
나님의 말씀은 영원히 서 있다."
9 ㉡좋은 소식을 전하는 시온아, 어
서 높은 산으로 올라가거라. ㉢아
름다운 소식을 전하는 예루살렘
아, 너의 목소리를 힘껏 높여라. 두
려워하지 말고 소리를 높여라. 유
다의 성읍들에게 "여기에 너희의
하나님이 계신다" 하고 말하여라.
10 만군의 주 하나님께서 오신다.
그가 권세를 잡고 친히 다스리실
것이다. 보아라, 그가 백성에게 주
실 상급을 가지고 오신다. 백성에
게 주실 보상을 가지고 오신다.

40장 요약 본장은 하나님께서 이스라엘 민족을 바빌론 포로 생활에서 해방시키실 것이라는 예언이다. 하나님은 택한 백성들을 어떠한 환난 중에서도 보호하신다.

40:1-66:24 이 부분에는 다섯 개의 주제가 담겨 있다. ① 택한 민족 이스라엘의 죄 ② 하나님의 사랑의 대상인 이스라엘 ③ 바빌론 포로에서의 해방 ④ 메시아의 오심 ⑤ 새 왕국. 이 부분에 바빌론 포로 생활에 대한 내용이 언급되었다고 해서, 이것을 포로기 이후의 기록으로 볼 수는 없다. 이사야는 하나님의 계시에 의하여, 앞으로 있을 포로 생활이 명백한 사실임을 믿고 있었다. 그래서 포로 생활을 맞아야 할 사람들에게 소망과 위로의 메시지를 준비해 두었다.

㉠ 또는 "광야에서 한 소리가 외친다. '주님께서 오실 길을 닦아라'" ㉡ 또는 '시온에 좋은 소식을 전하는 사람아' ㉢ 또는 '예루살렘에 아름다운 소식을 전하는 사람아'

11 그는 목자와 같이 그의 양 떼를
먹이시며, 어린 양들을 팔로 모으
시고, 품에 안으시며, 젖을 먹이는
어미 양들을 조심스럽게 이끄신
다.

비교할 수 없는 하나님

12 누가 바닷물을 손바닥으로 떠
서 헤아려 보았으며, 뼘으로 하늘
을 재어 보았느냐? 누가 온 땅의
티끌을 되로 되어 보고, 산들을
어깨 저울로 달아 보고, 언덕들을
손저울로 달아 보았느냐?
13 누가 주님의 영을 헤아릴 수 있
겠으며, 주님의 조언자가 되어 그
를 가르칠 수 있겠느냐?
14 그가 누구와 의논하시는가? 누가
그를 깨우쳐 드리며, 공평의 도리
를 가르쳐 드리는가? 누가 그에게
지식을 가르쳐 드리며, 슬기로운
처세술을 가르쳐 드리는가?
15 그에게는 뭇 나라가, 고작해야,
두레박에서 떨어지는 한 방울 물
이나, 저울 위의 티끌과 같을 뿐이
다. 섬들도 먼지를 들어 올리듯 가
볍게 들어 올리신다.
16 레바논의 삼림이 제단의 장작으
로 충분하지 않고, 그 곳의 짐승
들도 번제물로 드리기에 충분하지
않다.
17 그 앞에서는 모든 민족이 아무것
도 아니며, 그에게는 사람이란 전
혀 없는 것이나 다름이 없다.
18 그렇다면, 너희가 하나님을 누
구와 같다 하겠으며, 어떤 형상에
비기겠느냐?
19 우상이란 대장장이가 부어 만들
고, 도금장이가 금으로 입히고, 은
사슬을 만들어 걸친 것이다.
20 금이나 은을 구할 형편이 못되는
사람은 썩지 않는 나무를 골라서
구하여 놓고, 넘어지지 않을 우상
을 만들려고 숙련된 기술자를 찾
는다.
21 너희가 알지 못하였느냐? 너희
가 듣지 못하였느냐? 태초부터 너
희가 전해 들은 것이 아니냐? 너
희는 땅의 기초가 어떻게 세워졌
는지 알지 못하였느냐?
22 땅 위의 저 푸른 하늘에 계신 분
께서 세상을 만드셨다. 땅에 사는
사람들은 하나님 보시기에는 메
뚜기와 같을 뿐이다. 그는 하늘
을, 마치 엷은 휘장처럼 펴셔서, 사
람이 사는 장막처럼 쳐 놓으셨다.
23 그는 통치자들을 허수아비로
만드시며, 땅의 지배자들을 쓸모
없는 사람으로 만드신다.
24 이 세상의 통치자들은 풀포기와
같다. 심기가 무섭게, 씨를 뿌리기
가 무섭게, 뿌리를 내리기가 무섭

40:1–11 하나님께서는 아무리 절망적인 상황 가운데서도 강한 자로 임하셔서, 능력으로 다스리시며 목자처럼 자기 백성들을 돌보실 것이다.

40:12–31 이사야는 여러 가지 시적인 비유들을 사용하여 하나님의 절대 주권과 능력을 선포하였다. 하나님의 능력과 주권은 그의 백성들에게 하신 위로의 약속(1–11절)이 반드시 성취되리라는 믿음의 근거가 된다.

40:12–17 하나님의 위대하심과 영광을 묘사하고 있다. 이것은 바빌론에 포로로 잡혀간 자들을 격려하여 하나님께 희망을 품게 하고, 그리스도의 구원에 관한 기쁜 소식을 받는 자들에게 하나님께 대한 경외심과 신앙심을 높이기 위함이다.

40:16 레바논 가나안 북쪽의 산지(신 11:24;수 13:5)로서, 사시사철 눈으로 덮여 있어서 '레바논'(흰 산)으로 불린다. 백향목(14:8)과 들짐승(왕하 14:9)으로 유명하다. 레바논의 수많은 동물과 헤아릴 수 없는 나무들로도 하나님께 제사 드리

게, 하나님께서 입김을 부셔서 말
려 버리시니, 마치 강풍에 날리는
검불과 같다.
25 거룩하신 분께서 말씀하신다.
"그렇다면, 너희가 나를 누구와 견
주겠으며, 나를 누구와 같다고 하
겠느냐?"
26 너희는 고개를 들어서, 저 위를
바라보아라. 누가 이 모든 별을 창
조하였느냐? 바로 그분께서 천체
를 수효를 세어 불러내신다. 그는
능력이 많으시고 힘이 세셔서, 하
나하나, 이름을 불러 나오게 하시
니, 하나도 빠지는 일이 없다.
27 야곱아, 네가 어찌하여 불평하
며, 이스라엘아, 네가 어찌하여 불
만을 토로하느냐? 어찌하여 "주님
께서는 나의 사정을 모르시고, 하
나님께서는 나의 정당한 권리를
지켜 주시지 않는다" 하느냐?
28 너는 알지 못하였느냐? 너는 듣
지 못하였느냐? 주님은 영원하신
하나님이시다. 땅 끝까지 창조하
신 분이시다. 그는 피곤을 느끼지
않으시며, 지칠 줄을 모르시며, 그
지혜가 무궁하신 분이시다.
29 피곤한 사람에게 힘을 주시며,
기운을 잃은 사람에게 기력을 주
시는 분이시다.
30 비록 젊은이들이 피곤하여 지치
고, 장정들이 맥없이 비틀거려도,
31 오직 주님을 소망으로 삼는 사람
은 새 힘을 얻으리니, 독수리가 날
개를 치며 솟아오르듯 올라갈 것
이요, 뛰어도 지치지 않으며, 걸어
도 피곤하지 않을 것이다.

하나님께서 이스라엘에게 보증하시다

41 "섬들아, 나의 앞에서 잠잠하여
라. 백성들아, 송사를 가져 오너
라. 가까이 와서 말하여 보아라.
와서 함께 판가름하여 보자.
2 누가 동방에서 한 정복자를 일으
켰느냐? 누가 그를 ㉠가는 곳마다
승리하게 하였느냐? 누가 민족들
을 그에게 굴복하게 하였느냐? 누
가 그를 왕들의 통치자로 만들었
느냐? 그의 칼은 그들을 쳐서 티
끌처럼 만들고, 그의 활은 그들을
흩어서 검불처럼 날리게 하였다.
3 그가 거침없이 질주하여 그들을
추격하니, 미처 발이 땅에 닿지도
않는다.
4 누가 이런 일을 일어나게 하였느
냐? 누가 역사의 흐름을 결정하였
느냐? 태초부터 나 주가 거기에
있었고, 끝 날에도 내가 거기에 있
을 것이다."
5 섬들이 주님께서 하신 일을 보
고 두려워한다. 저 멀리 땅 끝에
있는 나라들이 무서워서 떤다. 사

기에는 부족하다고 말한다.

40:27-31 27절은 바빌론 포로 생활 중에 나온 이스라엘의 불평을 말하지만, 28-31절은 장면이 완전히 바뀌어 바빌론 포로에서 고국으로 돌아오는 귀환 행로를 묘사하고 있다. 그들이 바빌론에서부터 이스라엘에 이르는 먼 길을 걷는 동안, 하나님께서 능력과 새 힘을 주셔서 피곤하지 않게 하실 것이라는 약속이다.

㉠ 또는 '의로 불러서 그를 섬기게 하였느냐?'

41장 요약 본장은 하나님이 장차 페르시아 왕 고레스를 세워 바빌론을 정복하고 유다를 본국으로 돌려보내실 것, 자기 백성을 끝까지 지키시며 구원해 주실 것, 우상은 무익하고 헛되며 사람이 진정으로 순종하고 섬길 대상은 오직 하나님뿐이라는 것을 말한다.

41:1-7 하나님께서는 위대한 정복자를 동방에서 일으키실 것이다. 또한 이로 인하여 모든 나라들

람들이 함께 모여서 나온다.
6 그들은 서로 손발이 맞아서, 서로
힘을 내라고 격려한다.
7 대장장이는 도금장이를 격려하고,
마치로 고르게 하는 자는 모루를
치는 자를 격려하여 이르기를 '잘
했다. 잘했다' 하며, 못을 박아서
우상이 기우뚱거리지 않게 한다.
8 "그러나 나의 종 너 이스라엘아,
내가 선택한 야곱아, 나의 친구 아
브라함의 자손아!
9 내가 땅 끝에서부터 너를 데리고
왔으며, 세상의 가장 먼 곳으로부
터 너를 불러냈다. 그리고 내가 너
에게 말하였다. 너는 나의 종이니,
내가 너를 선택하였고, 버리지 않
았다고 하였다.
10 내가 너와 함께 있으니, 두려워하
지 말아라. 내가 너의 하나님이니,
떨지 말아라. 내가 너를 강하게
하겠다. 내가 너를 도와주고, 내
승리의 오른팔로 너를 붙들어 주
겠다.
11 너에게 화를 낸 모든 자들이 수치
를 당하며 당황할 것이다. 너와
다투는 자들이 아무것도 아닌 자
들처럼 되어서 멸망할 것이다.
12 네가 아무리 찾아보아도 너에게
대적하는 자들은 만나지 못할 것
이며, 너와 싸우는 자들이 아무것
도 아닌 것 같이, 허무한 것 같이
될 것이다.
13 나는 주 너의 하나님이다. 내가 너
의 오른손을 붙잡고 있다. 내가
너에게 말한다. 두려워하지 말아
라. 내가 너를 돕겠다."
14 너 지렁이 같은 야곱아, 벌레 같
은 이스라엘아, 두려워하지 말아
라. 주님께서 말씀하시기를 '내가
너를 돕겠다. 나 이스라엘의 거룩
한 하나님이 너를 속량한다'고 하
셨다.
15 "내가 너를 날이 날카로운 새
타작기로 만들 터이니, 네가 산을
쳐서 부스러기를 만들 것이며 언
덕을 겨로 만들 것이다.
16 네가 산들을 까불면, 바람이 그
가루를 날려 버릴 것이며, 회오리
바람이 그것들을 흩을 것이다. 그
러나 너만은 나 주와 더불어 기뻐
할 것이며, 나 이스라엘의 거룩한
하나님을 찬양할 것이다.
17 가련하고 빈궁한 사람들이 물을
찾지 못하여 갈증으로 그들의 혀
가 탈 때에, 나 주가 그들의 기도
에 응답하겠고, 나 이스라엘의 하
나님이 그들을 버리지 않겠다.
18 내가 메마른 산에서 강물이 터져
나오게 하며, 골짜기 가운데서 샘
물이 솟아나게 하겠다. 내가 광야

이 두려워하며, 초자연적인 도움을 얻고자 하여 우상을 만들게 될 것이라는 예언이다. 위대한 정복자는 아마도 고레스를 가리키는 것 같다.

41:8-16 그러나 아무리 강한 정복자가 등장한다 해도 이스라엘은 두려워할 필요가 없다. 하나님께서 그들을 붙들어 주시고 안전을 보장해 주시기 때문이다. 더 나아가 하나님께서는 연약한 이스라엘에게 힘을 주셔서 그들이 결국에는 대적들을 멸망시킬 도구가 될 것이라고 약속하셨다. 그 때가 되면 이스라엘(즉, 하나님의 백성들)은 오직 하나님만을 섬기게 될 것이다.

41:14 너 지렁이 같은 야곱아, 벌레 같은 이스라엘아 포로로 잡혀간 이스라엘 백성이 연약하고 멸시받는 상태를 표현한 것이다(참조. 욥 25:6). 이런 비참한 상태에 있는 그들에게 하나님은 '속량자'를 보내주시겠다고 약속하신다.

41:15 날이 날카로운 새 타작기로 하나님께서 이스라엘에게 힘을 주셔서 대적들을 멸망시키는 도구

를 못으로 바꿀 것이며, 마른 땅
을 샘 근원으로 만들겠다.
19 내가 광야에는 백향목과 아카시
아와 화석류와 들올리브 나무를
심고, 사막에는 잣나무와 소나무
와 회양목을 함께 심겠다."
20 사람들이 이것을 보고, 주님께
서 이 일을 몸소 하셨다는 것을
알게 될 것이다. 이스라엘의 거룩
하신 하나님께서 이것을 창조하셨
다는 것을 깨닫게 될 것이다.

주님께서 거짓 신들에게 도전하시다

21 주님께서 말씀하신다. "민족의
신들아, 소송을 제기하여 보아라."
"너희는 확실한 증거를 제시하여
보아라." 야곱의 왕께서 말씀하신
다.
22 이리 와서, 장차 무슨 일이 일어
날 것인지, 우리에게 말하여 보아
라. 지난날에 있었던 일들이 어떤
것이었는지, 말하여 보아라. 그러
면 우리가 그것들을 살펴 그 결과
를 알아보겠다. 아니면, 앞으로 올
일들을 우리에게 말하여 보아라.
23 장차 올 일들을 말하여 보아라.
그러면 우리가 너희들이 신이라는
것을 알 수 있을 것이다. 복을 내
리든 화를 내리든, 좀 하여 보아
라. 그러면 우리가 모두 놀라며 두
려워하게 될 것이다.
24 참으로 너희는 아무것도 아니며,
너희가 하는 일도 헛것이니, 너희
를 섬겨 예배하는 자도 혐오스러
울 뿐이다.
25 "내가 북쪽에서 한 사람을 일으
켜 오게 하였다. 나의 이름을 부
르는 그 사람을 해 뜨는 곳에서
오게 하였다. 그가 와서, 토기장이
가 진흙을 밟아 이기듯, 통치자들
을 진흙처럼 밟을 것이다."
26 너희 우상들 가운데서, 어떤 우
상이 처음부터 이 일을 우리에게
일러주어 알게 하였느냐? 누가 이
전부터 우리에게 일러주어서, 우리
가 '그것이 옳다' 하고 말하게 한
일이 있느냐? 일러준 자도 없고,
들려준 자도 없었다. 우리는 너희
말을 들어본 일이 전혀 없다.
27 "나 주가 비로소 처음부터 시온
에게 알렸다. '이런 일들을 보아라'
하고 말하였다. 내가 기쁜 소식을
전할 사람을 예루살렘에 보냈다.
28 내가 우상들을 둘러보았다. 그들
가운데 말을 하는 우상은 하나도
없었다. 어떤 우상도 내가 묻는
말에 대답하지 못하였다.
29 보아라, 이 모든 우상은 쓸모가 없
으며, 그것들은 아무것도 할 수 없
다. 부어 만든 우상은 바람일 뿐
이요, 헛것일 뿐이다."

로 삼겠다는 비유이다. 산, 언덕 이스라엘의 많은 대적들을 상징한다.

41:17-20 바빌론 포로 생활 동안 겪는 고통을 하나님께서 제거시켜 주시겠다는 약속이다. 광야와 사막을 옥토로 바꾸시듯, 하나님께서 이스라엘의 모든 환경을 변화시키실 것이다.

41:19 화석류 예언서에만 나오는 나무로서 향기로운 잎과 꽃으로 유명한 상록 관목이다. 초막절에 사용된 나무이다(소귀나무_느 8:15).

41:21-24 야곱의 왕이신 하나님께서는 이방 우상들에게 신적 증거를 대라고 말씀하신다. 또한 이스라엘을 향하여 우상은 신적 능력을 증거로 제시할 수 없는 무가치한 것이며, 그것들을 섬기는 자들은 혐오스러운 자들이라고 말씀하신다.

41:25-29 장차 페르시아의 고레스 왕이 바빌론을 정복하고 유다를 본국으로 돌려보낼 터인데, 이 고레스를 일으키신 자는 우상들이 아니라 바로 하나님이시다.

주님의 종

42 "나의 종을 보아라. 그는 내가
붙들어 주는 사람이다. 내가 택
한 사람, 내가 마음으로 기뻐하는
사람이다. 내가 그에게 나의 영을
주었으니, 그가 뭇 민족에게 공의
를 베풀 것이다.
2 그는 소리 치거나 목소리를 높이
지 않으며, 거리에서는 그 소리가
들리지 않게 할 것이다.
3 그는 상한 갈대를 꺾지 않으며, 꺼
져 가는 등불을 끄지 않으며, 진
리로 공의를 베풀 것이다.
4 그는 쇠하지 않으며, 낙담하지 않
으며, 끝내 세상에 공의를 세울 것
이니, 먼 나라에서도 그의 가르침
을 받기를 간절히 기다릴 것이다."
5 하나님께서 하늘을 창조하여
펴시고, 땅을 만드시고, 거기에 사
는 온갖 것을 만드셨다. 땅 위에
사는 백성에게 생명을 주시고, 땅
위에 걸어다니는 사람들에게 목
숨을 주셨다.
주 하나님께서 이렇게 말씀하신
다.
6 "나 주가 의를 이루려고 너를 불
렀다. 내가 너의 손을 붙들어 주
고, 너를 지켜 주어서, 너를 백성
의 언약과 이방의 빛이 되게 할 것
이니,
7 네가 눈먼 사람의 눈을 뜨게 하
고, 감옥에 갇힌 사람을 이끌어
내고, 어두운 영창에 갇힌 이를
풀어 줄 것이다.
8 나는 주다. 이것이 나의 이름이다.
나는, 내가 받을 영광을 다른 사
람에게 넘겨 주지 않고, 내가 받
을 찬양을 우상들에게 양보하지
않는다.
9 전에 예고한 일들이 다 이루어졌
다. 이제 내가 새로 일어날 일들을
예고한다. 그 일들이 일어나기 전
에, 내가 너희에게 일러준다."

찬양의 노래

10 새 노래로 주님을 찬송하여라.
땅 끝에서부터 그를 찬송하여라.
항해하는 사람들아, 바다 속에 사
는 피조물들아, 섬들아, 거기에 사
는 주민들아,
11 광야와 거기에 있는 성읍들아, 게
달 사람들이 사는 부락들아, 소리
를 높여라. 셀라의 주민들아, 기쁜
노래를 불러라. 산 꼭대기에서 크
게 외쳐라.
12 주님께 영광을 돌려라. 주님을 찬
양하는 소리가 섬에까지 울려 퍼
지게 하여라.
13 주님께서 용사처럼 나서시고, 전
사처럼 용맹을 떨치신다. 전쟁의
함성을 드높이 올리시며, 대적들

42장 요약 본장은 메시아가 어떤 분이신지에 대한 소개에 이어 장차 그분이 도래하실 때에 하나님의 택한 백성이 거둘 죄악 세력에 대한 최후 승리를 예고한다. 그럼에도 불구하고 끝까지 회개하지 않고 패역을 일삼는 자들에 대한 하나님의 경고와 탄식으로 본장은 끝을 맺는다.

42:1-4 이스라엘을 사랑과 공의로 다스리실 '하나님의 종'에 대한 예언이다. 이 종은 신약 저자에 의해서 그리스도로 해석되었다(마 12:18-21). 상한 갈대와 꺼져 가는 등불(3절)은 죄악에 빠져서 거의 진리를 볼 수 없게 된 무력한 자들을 가리킨다. 이 종은 이러한 자들의 죄를 담당하시기 위해 오셔서, 세상의 왕처럼 교만하게 권위와 권세를 내세우지 않고 온유로써 다스리실 것이다. 그리하여 결국은 온 이방(먼 나라_4절)까지도 그분을 섬기게 될 것이다.

42:5-9 하나님의 종이신 그리스도가 행하실 새

을 물리치신다.

구원의 약속

14 "내가 오랫동안 조용히 침묵을
지키며 참았으나, 이제는 내가 숨
이 차서 헐떡이는, 해산하는 여인
과 같이 부르짖겠다.
15 내가 큰 산과 작은 산을 황폐하게
하고, 그 초목들을 모두 시들게
하겠다. 강들을 사막으로 만들겠
고, 호수를 말리겠다.
16 눈 먼 나의 백성을 내가 인도할 것
인데, 그들이 한 번도 다니지 못한
길로 인도하겠다. 내가 그들 앞에
서서, 암흑을 광명으로 바꾸고, 거
친 곳을 평탄하게 만들겠다. 이것
은 내가 하는 약속이다. 반드시
지키겠다."
17 깎아 만든 우상을 믿는 자와,
부어 만든 우상을 보고 '우리의 신
들이십니다' 하고 말하는 자들은,
크게 수치를 당하고 물러갈 것이
다.

이스라엘이 깨닫지 못하다

18 "너희 귀가 먹은 자들아, 들어
라. 너희 눈이 먼 자들아, 환하게
보아라.
19 누가 눈이 먼 자냐? 나의 종이 아
니냐! 누가 귀가 먹은 자냐? 내가
보낸 나의 사자가 아니냐!"
누가 눈이 먼 자냐? 주님과 언
약을 맺은 자가 아니냐! 누가 눈
이 먼 자냐? 주님의 종이 아니냐!
20 그는 많은 것을 보았으나, 마음에
새기지 않았다. 귀가 열려 있었으
나, 귀담아 듣지 않았다.
21 주님은 백성을 구원하셔서, 의를
이루려고 힘쓰시는 하나님이시다.
그리하여 주님께서는 율법과 교훈
을 높이셨고, 백성이 율법과 교훈
을 존중하기를 바라셨다.
22 그러나 지금 그의 백성은 약탈
과 노략을 당하였으며, 그들은 모
두 구덩이 속에 갇혀 있고, 감옥
에 갇혀 있다. 그들이 약탈을 당
하였으나, 구하여 주는 자가 없고,
노략을 당하였으나, 노략자들에게
'돌려주어라' 하고 말해 주는 자가
없다.
23 너희 가운데 누가 이 일에 귀를
기울이겠느냐? 누가 앞으로 일어
날 일을 주의하여 듣겠느냐?
24 야곱이 노략을 당하게 버려 둔 이
가 누구였으며, 이스라엘을 약탈
자에게 넘겨 준 이가 누구였느냐?
바로 주님이 아니시냐? 우리가
주님께 죄를 지었다.
백성이 주님의 길로 걸으려 하
지 않았으며, 그의 법을 순종하려
하지 않았으므로,
25 주님께서, 불타는 진노와 참혹한

로운 사역에 대한 말이다. '구원의 빛'을 비추어 눈먼 사람과 갇힌 사람을 자유롭게 하실 것이다.

42:14 오랫동안 이스라엘이 하나님 앞에서 겸손하게 낮아질 때까지, 곧 그들의 포로 기간까지라는 뜻이다. **해산하는 여인과 같이** 임신부가 산통이 있기 전까지는 잠잠하나 아이를 낳을 때가 다 되면 산통으로 크게 부르짖는다. 이처럼 하나님이 이스라엘의 구원을 위해 크게 역사하시는 시점이 있다는 것을 의미한다.

42:16 눈 먼 나의 백성 죄로 인해 눈이 멀어버린 이스라엘은 하나님의 간섭하심으로(13–15절) 바빌론 포로에서 해방된다는 것을 본절이 비유적으로 묘사한다.

42:24 바빌론이 이스라엘을 정복한 것은 그들의 신들이 하나님보다 더 강했기 때문이 아니다(40:17–18;왕상 20:23). 이스라엘이 하나님께 받은 사명을 순종하지 않았기 때문에 하나님이 그들을 약탈자에게 넘기어 형벌을 가하셨다는 것이다.

전화를, 이스라엘 위에 쏟으셨다.
사방에서 불이 야곱을 덮었으나,
이것이 무슨 일인지 알지 못하였
고, 불이 그를 태웠으나, 아무것도
깨닫지 못하였다.

구원의 약속

43 그러나 이제 야곱아, 너를 창조
하신 주님께서 말씀하신다. 이
스라엘아, 너를 지으신 주님께서
말씀하신다. "내가 너를 속량하였
으니, 두려워하지 말아라. 내가 너
를 지명하여 불렀으니, 너는 나의
것이다.
2 네가 물 가운데로 건너갈 때에, 내
가 너와 함께 하고, 네가 강을 건
널 때에도 물이 너를 침몰시키지
못할 것이다. 네가 불 속을 걸어가
도, 그을리지 않을 것이며, 불꽃이
너를 태우지 못할 것이다.
3 나는 주, 너의 하나님이다. 이스라
엘의 거룩한 하나님이다. 너의 구
원자다. 내가 이집트를 속량물로
내주어 너를 구속하겠고, 너를 구
속하려고, 너 대신에 에티오피아
와 쓰바를 내주겠다.
4 내가 너를 보배롭고 존귀하게 여
겨 너를 사랑하였으므로, 너를 대
신하여 다른 사람들을 내주고, 너
의 생명을 대신하여 다른 민족들
을 내주겠다.
5 내가 너와 함께 있으니 두려워하
지 말아라. 내가 동쪽에서 너의
자손을 오게 하며, 서쪽에서 너희
를 모으겠다.
6 북쪽에다가 이르기를 '그들을 놓
아 보내어라' 하고, 남쪽에다가도
'그들을 붙들어 두지 말아라. 나
의 아들들을 먼 곳에서부터 오게
하고, 나의 딸들을 땅 끝에서부터
오게 하여라.
7 나의 이름을 부르는 나의 백성, 나
에게 영광을 돌리라고 창조한 사
람들, 내가 빚어 만든 사람들을
모두 오게 하여라' 하고 말하겠
다."

이스라엘은 주님의 증인

8 백성을 법정으로 데리고 나오너
라. 눈이 있어도 눈이 먼 자요, 귀
가 있어도 귀가 먹은 자다!
9 모든 열방과, 뭇 민족도 함께 재판
정으로 나오너라. 그들의 신들 가
운데서 어느 신이 미래를 예고할
수 있느냐? 그들 가운데서 누가
이제 곧 일어날 일을 예고할 수 있
느냐? 그 신들이 증인들을 내세
워서, 자신들의 옳음을 증언하게
하고, 사람들 앞에서 증언하게 하
여서, 듣는 사람들마다 '그것이 사
실'이라고 말하게 하여 보아라.
10 주님께서 말씀하신다. "너희는 나

43장 요약 본장은 이스라엘을 선택하셔서 구원하시고 영화롭게 하시는 분이 하나님이심과 그분이 어떻게 그들을 대적들의 손에서 구원하실지를 증거한다. 이집트에서 이스라엘을 구원해 주신 하나님이 바빌론에서도 구원해 주신다는 것은 하나님이 맺으신 언약의 불변성을 확인시켜 준다.

43:1–4 이스라엘 백성들이 포로 생활을 하게 되면 하나님의 사랑을 의심하게 될 것이다. 그래서 언약의 하나님은 자신의 사랑이 결코 변하지 않음을 확인시켜 주고 있다.

43:5–7 하나님은 자기 백성들이 동서남북 어느 곳에 흩어져 있든지 그들을 찾아내어 약속의 땅으로 돌아오게 하실 것이다. 그러나 모든 이스라엘 백성이 돌아오는 것이 아니라 오직 참된 이스라엘 백성만이 돌아오게 될 것이다.

43:8–13 예언자는 세계 만방을 향하여 그들이

의 증인이며, 내가 택한 나의 종이
다. 이렇게 한 것은, 너희가 나를
알고 믿게 하려는 것이고, 오직 나
만이 하나님임을 깨달아 알게 하
려는 것이다. 나보다 먼저 지음을
받은 신이 있을 수 없고, 나 이후
에도 있을 수 없다.
11 나 곧 내가 주이니, 나 말고는 어
떤 구원자도 없다.
12 바로 내가 승리를 예고하였고, 너
희를 구원하였고, 구원을 선언하
였다. 이방의 어떤 신도 이렇게 하
지 못하였다. 이 일에 있어서는 너
희가 나의 증인이다. 내가 하나님
이다." 주님께서 하신 말씀이다.
13 "태초부터 내가 바로 하나님이다.
내가 장악하고 있는데, 빠져 나갈
자가 누구냐? 내가 하는 일을, 누
가 감히 돌이킬 수 있겠느냐?"

바빌론으로부터 빠져 나오다

14 너희들의 속량자시요, '이스라엘
의 거룩하신 분'이신 주님께서 이
렇게 말씀하신다.
"내가 바빌론에 군대를 보내어
그 도성을 치고 너희를 구하여 내
겠다. 성문 빗장을 다 부수어 버
릴 터이니, ㉠바빌로니아 사람의
아우성이 통곡으로 바뀔 것이다.
15 나는 주, 너희의 거룩한 하나님이
며, 이스라엘의 창조자요, 너희의
왕이다.
16 내가 바다 가운데 길을 내고,
거센 물결 위에 통로를 냈다.
17 내가 병거와 말과 병력과 용사들
을 모두 이끌어 내어 쓰러뜨려서,
다시는 일어나지 못하게 하고, 그
들을 마치 꺼져 가는 등잔 심지같
이 꺼버렸다. 나 주가 말한다.
18 너희는 지나간 일을 기억하려고
하지 말며, 옛일을 생각하지 말아
라.
19 내가 이제 새 일을 하려고 한다.
이 일이 이미 드러나고 있는데, 너
희가 그것을 알지 못하겠느냐? 내
가 광야에 길을 내겠으며, 사막에
강을 내겠다.
20 들짐승들도 나를 공경할 것이다.
이리와 타조도 나를 찬양할 것이
다. 내가 택한 내 백성에게 물을
마시게 하려고, 광야에 물을 대
고, 사막에 강을 내었기 때문이
다.
21 이 백성은, 나를 위하라고 내가 지
은 백성이다. 그들이 나를 찬양할
것이다."

이스라엘의 죄

22 "야곱아, 너는 나를 부르지 않
았다. 이스라엘아, 너는 오히려 나
에게 싫증을 느낀다.
23 너는 나에게 양의 번제물을 가져

섬기는 우상들이 참 신들이라면 그것을 증명해 보라고 도전한다. 그리고 이스라엘을 향하여 하나님만이 유일신이라고 거듭 강조한다(10-13절).
43:14-21 하나님은 이스라엘에게 베푸신 과거의 구원과 또 미래에 베푸실 구원에 대하여 언급하면서, 자기 백성들이 지금 구원의 확신을 갖도록 권면하신다. 과거의 구원은 이집트에서의 탈출과 홍해 사건이며, 미래의 구원은 바빌론 포로 생활에서 해방하실 일이다. 이와 같은 구원 사건들은 장차 오실 메시아 구원 사역의 예표들이다.
43:22-24 이스라엘 백성은 하나님께 제물을 가져왔지만, 그들의 마음은 하나님에게서 멀리 떠나 있었다. 또한 세월이 흐르자 점차 하나님께서 명하신 제물마저 무거운 짐으로 생각하게 되었다.
43:25-28 하나님은 이스라엘의 죄를 용서하실 것이라고 약속한다. 그러나 죄를 용서 받으려면 먼저 죄를 시인해야 하기에 그들의 죄를 지적하였다.

㉠ 또는 '갈대아'

오지 않았고, 제물을 바쳐서 나를
높이지도 않았다. 내가 예물 때문
에 너를 수고롭게 하지도 않았고,
유향 때문에 너를 괴롭게 하지도
않았다.
24 너는 나에게 바칠 향도 사지 않았
으며, 제물의 기름으로 나를 흡족
하게 하지도 않았다. 도리어 너는
너의 죄로 나를 수고롭게 하였으
며, 너의 악함으로 나를 괴롭혔다.
25 그러나 나는 네 죄를 용서하는 하
나님이다. 내가 너를 용서한 것은
너 때문이 아니다. 나의 거룩한 이
름을 속되게 하지 않으려고 그렇
게 한 것일 뿐이다. 내가 더 이상
너의 죄를 기억하지 않겠다.
26 나에게 상기시키고 싶은 일이
있느냐? 함께 판가름을 하여 보
자. 네가 옳다는 것을 나에게 증
명하여 보여라.
27 너의 첫 조상부터 나에게 죄를 지
었고, 너의 지도자들도 나를 반역
하였다.
28 그래서 내가 성소의 지도자들을
속되게 하였으며, 야곱이 ㉠진멸
을 받게 버려 두었고, 이스라엘이
비방거리가 되게 버려 두었다."

주님만이 하나님이시다

44 "그러나 나의 종 야곱아, 내가
택한 이스라엘아, 이제 너는 들
어라."
2 너를 지으신 분 네가 태어날 때
부터 '내가 너를 도와주마' 하신
주님께서 말씀하신다. "나의 종,
야곱아, 내가 택한 ㉡여수룬아, 두
려워하지 말아라.
3 내가 메마른 땅에 물을 주고 마른
땅에 시내가 흐르게 하듯이, 네
자손에게 내 영을 부어 주고, 네
후손에게 나의 복을 내리겠다.
4 그들은 마치 시냇물 가의 버들처
럼, 풀처럼 무성하게 자랄 것이다.
5 그 때에는 '나는 주님의 것이다' 하
고 말하는 사람도 있고, '야곱'의
이름을 써서 그의 자손임을 자칭
하는 사람도 있을 것이며, 팔에다
가 '나는 주님의 것'이라고 쓰는
사람도 있을 것이며, '이스라엘 사
람'이라고 불리는 것을 영광으로
여기는 사람도 있을 것이다."
6 이스라엘의 왕이신 주, 이스라
엘의 속량자이신 만군의 주님께
서 말씀하신다. "㉢나는 시작이요,
마감이다. 나 밖에 다른 신이 없
다.
7 누가 나처럼 선언할 수 있으며, 미
래를 예고할 수 있느냐? 나를 누
구와 견줄 수 있느냐? 만일 있다
면, 내가 옛날 사람들에게 미래를
예고했듯이, 그들에게 다가올 일

44장 요약 하나님은 이사야를 통해 이스라엘 민족에게 위로와 소망의 메시지를 주심과 아울러 그들의 우상 숭배 행위를 책망하고 회개를 촉구하신다. 인간이 자신들의 방식대로 우상을 섬기는 것은 어리석고 무익한 일일 뿐 아니라 엄연한 영적 간음 행위이다.

㉠ 34:2의 주를 볼 것 ㉡ 이스라엘의 애칭 ㉢ 또는 '시작하는 것도 나요, 마감하는 것도 나다'

44:1-5 하나님께서 이스라엘에게 '내 영'(성령)을 부으셔서 새로운 존재가 되게 하실 것이며, 그 결과로 그들은 자기들이 '나는 주님의 것'이라는 고백을 하게 될 것이다.

44:6-8 성령으로 새롭게 된 이스라엘은 하나님만이 유일한 신이심을 전파해야 한다.

44:6 속량자 레위기에 의하면, 종으로 팔린 자를 대신해서 값을 주인에게 지불하고 종이 자유인이 될 수 있게 하는 친척을 가리킨다(레 25:48 이

들을 미리 말하여 보라고 하여라.
8 너희는 떨지 말아라. 겁내지 말아
라. 내가 예전부터 너희에게 이미
예고하여 주지 않았느냐? 나는
예고하였고, 너희는 이것을 증언
할 나의 증인들이다. 나 밖에 다
른 신이 또 있느냐? 다른 반석은
없다. 내가 전혀 아는 바 없다."

우상숭배 조롱

9 우상을 만드는 자들은 모두 허
망한 자들이다. 그들이 좋아하는
우상은 아무 쓸모가 없는 것들이
다. 이런 우상을 신이라고 증언하
는 자들은 눈이 먼 자들이요, 무
지한 자들이니, 마침내 수치만 당
할 뿐이다.
10 아무런 유익도 없는 신상을 만
들고 무익한 우상을 부어 만드는
자가 누구냐?
11 그런 무리는 모두 수치를 당할
것이다. 대장장이들은 사람일 뿐
이다.
그들을 모두 불러모아 법정에
세워라. 그들은 두려워 떨며, 수치
만 당할 것이다.
12 철공은 그의 힘센 팔로 연장을
벼리고, 숯불에 달구어 메로 쳐
서, 모양을 만든다. 이렇게 일을
하고 나면, 별 수 없이 시장하여
힘이 빠진다. 물을 마시지 않으면,
갈증으로 지친다.
13 목공은 줄을 늘여 나무를 재
고, 석필로 줄을 긋고, 대패질을
하고, 걸음쇠로 줄을 긋는다. 그렇
게 해서 사람의 아름다운 모습을
따라, 우상을 만들어 신전에 놓는
다.
14 그는, 용도에 따라 숲에서 백향
목을 찍어 오기도 하고, 삼나무와
상수리나무를 베어 오기도 한다.
그러나 그 나무들은 저절로 튼튼
하게 자란 것이지, 그들이 키운 것
이 아니다. 하늘에서 내리는 비를
머금고 자라는 것이지, 그들이 자
라게 하는 것이 아니다.
15 이 나무는 사람들에게 땔감에 지
나지 않는다. 목공 자신도 그것으
로 몸을 따스하게 하고, 불을 피
워 빵을 굽기도 한다. 그런데 그것
으로 신상을 만들어서 그것에게
절하며, 그것으로 우상을 만들어
서 그 앞에 엎드린다!
16 우상을 만드는 것과 꼭 같은 나
무 반 토막으로는 불을 피우고,
그 불덩이 위에 고기를 구워 먹
고, 그것으로 배를 불리며, 또 몸
을 따스하게 하며 '아, 불을 보니
따뜻하다' 하고 말한다.
17 불을 때고 남은 토막으로는 신상
곧 우상을 만들고, 그 앞에 엎드

하). 여기서 하나님을 이스라엘의 속량자라고 하는 것은 이사야서 43:3에 근거한 것이며, 하나님께서 자신을 이스라엘의 친척인 것처럼 말씀하신 표현이다.

44:7 그들에게 다가올 일들을 미리 말하여 보라고 하여라 하나님은 '미래사에 관해서 예언할 또 다른 신이 어디 있느냐'고 도전하신다. 이는 하나님만이 참된 신이심을 강력히 시사하는 발언인 것이다.

44:9-17 우상 숭배의 어리석음과 무익함을 풍자적으로 묘사하였다. 본절은 특히 우상 숭배자들이 우상을 섬기는 일에 얼마나 열렬하고 광적인지를 묘사하였다. 그러나 그러한 열심이 무용지물이라는 사실을 깨우쳐 준다.

44:9 이런 우상을…수치만 당할 뿐이다 8절과 잘 대조되는 표현이다. 미래사에 관한 하나님의 예언이 성취되면 그의 백성은 그의 증인이 되고 그의 영광을 얻게 될 것이다. 그러나 우상의 증인들은

려 숭배하고, 그것에게 기도하며
'나의 신이여, 나를 구원하여 주십
시오' 하고 빈다.
18 백성이 알지도 못하고 깨닫지도
못하는 것은 그들의 눈이 가려져
서 볼 수 없기 때문이며, 마음이
어두워져서 깨달을 수 없기 때문
이다.
19 그런 사람에게는 생각도 없고 지
식도 없고 총명도 없다. 고작 한다
는 말이 '내가 그 나무의 반 토막
으로는 불을 피워, 그 불덩이 위에
빵을 굽고 고기를 구워 먹었지.
불을 때고 남은 나무로는 가증한
우상을 만들었지. 이제 나는 그
나무 토막 앞에 절한다' 하는구
나.
20 타고 남은 재로나 배를 채우려
는 자들, 그들은 어리석은 마음에
미혹되어서, 도움마저 받지 못한
다. 손에 쥐고 있는 우상이 참 신
이 아니라는 것을 받아들이려 하
지 않는다.

창조자와 구원자이신 주님

21 "야곱아, 이런 일들을 기억하여
두어라. 이스라엘아, 너는 나의 종
이다. 내가 너를 지었다. 너는 나
의 종이다. 이스라엘아, 내가 너를
절대로 잊지 않겠다.
22 내가 너의 죄를, 짙은 구름을 거
두듯 없애 버렸으며, 너의 죄를 안
개처럼 사라지게 하였으니, 나에
게로 돌아오너라. 내가 너를 구원
하였다."
23 주님께서 이런 일을 하셨으니,
하늘아, 기쁘게 노래하여라.
땅의 깊은 곳들아, 함성을 올려
라. 산들아, 숲아, 그리고 그 속에
있는 모든 나무들아, 소리를 높여
노래하여라. 주님께서 야곱을 구
원하심으로써, 주님께서 이스라엘
을 구원하심으로써, 영광을 나타
내셨다.
24 너의 구원자, 너를 모태에서 만
드신 주님께서 말씀하신다. "내가
바로 만물을 창조한 주다. 나와
함께 한 이가 없이, 나 혼자서 하
늘을 폈으며, 땅도 나 홀로 넓혔
다."
25 하나님께서는 거짓말하는 자들
의 징조를 쓸모 없게 하시며, 점쟁
이들을 혼란스럽게 만드시며, 지
혜로운 자들을 물리쳐서 그들의
지식을 어리석게 하신다.
26 하나님께서는 당신의 종이 한 말
을 이루어지게 하시며, 당신의 사
자들이 계획한 것을 이루어지게
하시며, 예루살렘을 보시고는 '여
기에 사람이 살 것이다' 하시며, 유
다의 성읍들을 보시고는 '이 성읍

예언의 성취를 보지 못하여 수치를 당하게 될 것이다.

44:18–20 우상 숭배자들은 영적인 눈이 멀었기 *때문에, 우상이 그들의 영혼을 구원하지* 못하는 헛된 것이라는 사실을 깨닫지 못한다.

44:21–23 하나님께서는 이스라엘을 결코 바빌론에 버려두지 않으시겠다는 약속과 그들의 죄악을 용서하시겠다는 보증을 주시면서, 하나님께 돌아오라고 부탁하신다.

44:24–28 홀로 하늘과 땅을 창조하시고 주관하시는 하나님께서는 자기 백성들을 회복시키실 것이며, 그 회복에 장애가 되는 것들은 하나님께서 친히 제거해 주실 것이다. 특별히 페르시아 왕 고레스의 이름이 직접 예언되었는데, 이 때는 아직 고레스가 태어나기 2세기 전이었다. 하나님께서는 자신이 우상들과 다른 참 하나님이심을 알려 주기 위해 2세기 후에 일어날 일을 상세하게 예고하셨다.

들이 재건될 것이다. 내가 그 허물
어진 곳들을 다시 세우겠다' 하신
다.
27 하나님께서는 깊은 물을 보시고
는 '말라라. 내가 너의 강물을 모
두 마르게 하겠다' 하시며,
28 고레스를 보시고는 '너는 내가 세
운 목자다. 나의 뜻을 모두 네가
이룰 것이다' 하시며, 예루살렘을
보시고는 '네가 재건될 것이다' 하
시며, 성전을 보시고는 '너의 기초
가 놓일 것이다' 하신다.

주님께서 고레스를 세우시다

45 "나 주가 기름 부어 세운 고레
스에게 말한다. 내가 너의 오른
손을 굳게 잡아, 열방을 네 앞에
굴복시키고, 왕들의 허리띠를 풀
어 놓겠다. 네가 가는 곳마다 한
번 열린 성문은 닫히지 않게 하겠
다. 고레스는 들어라!
2 내가 너보다 앞서 가서 ㉠산들을
평지로 만들고, 놋쇠 성문을 부수
며, 쇠빗장을 부러뜨리겠다.
3 안보이는 곳에 간직된 보화와 감
추어 둔 보물을 너에게 주겠다.
그 때에 너는, 내가 주인 줄을 알
게 될 것이고, 이스라엘의 하나님
이 너를 지명하여 불렀다는 것을
알게 될 것이다.
4 내가 너를 지명하여 부른 것은, 나
의 종 야곱, 내가 택한 이스라엘을
도우려고 함이었다. 네가 비록 나
를 알지 못하였으나, 내가 너에게
영예로운 이름을 준 까닭이 바로
여기에 있다.
5 나는 주다. 나 밖에 다른 이가 없
다. 나 밖에 다른 신은 없다. 네가
비록 나를 알지 못하였으나, 나는
너에게 필요한 능력을 주겠다.
6 그렇게 해서, 해가 뜨는 곳에서나,
해가 지는 곳에서나, 나 밖에 다
른 신이 없음을 사람들이 알게 하
겠다. 나는 주다. 나 밖에는 다른
이가 없다.
7 나는 빛도 만들고 어둠도 창조하
며, 평안도 주고 재앙도 일으킨다.
나 주가 이 모든 일을 한다."
8 너 하늘아, 위에서부터 의를 내
리되, 비처럼 쏟아지게 하여라. 너
창공아, 의를 부어 내려라. 땅아,
너는 열려서, 구원이 싹나게 하고,
공의가 움돋게 하여라.
"나 주가 이 모든 것을 창조하였
다."

창조의 주, 역사의 주

9 질그릇 가운데서도 작은 한 조
각에 지나지 않으면서, 자기를 지
은 이와 다투는 자에게는 화가 닥
칠 것이다. 진흙이 토기장이에게
'너는 도대체 무엇을 만들고 있는

45장 요약 본장에서는 41장에 이어 하나님께서 페르시아 왕 고레스를 세워 자기 백성을 구원해 주실 것임을 다시 한번 예언하고 있다. 이사야는 세상 모든 사람들에게 하나님의 권능과 주권을 깨닫고 속히 그분께로 돌아와 구원을 얻으라고 촉구하였다.

㉠ 사해 사본과 칠십인역을 따름. 마소라 본문에는 그 뜻이 불확실함

45:1–7 하나님께서 고레스 왕을 세워 많은 나라를 정복하고 여러 나라의 보물을 주신 목적은, 하나님만이 유일신이심을 나타내기 위함이었다. 비록 이스라엘의 실패로 말미암아 그들이 섬기는 하나님이 무력한 신인 것처럼 보인다 할지라도, 하나님은 결코 그러한 존재가 아님을 고레스를 통하여 나타내실 것이다.

45:8–13 본절은 왜 '하나님께서 기름 부어 세운 사람'이 유다 왕이 아닌 이방 왕이었을까 하는 질

거냐?' 하고 말할 수 있겠으며, 네
가 만든 것이 너에게 '그에게는 손
이 있으나마나다!' 하고 말할 수
있겠느냐?
10 아버지에게 말하기를 '나를 자
식이라고 낳았습니까?' 하는 자
와, 자기 어머니에게 '무슨 해산의
고생을 했다는 겁니까?' 하고 말
하는 자식에게 화가 닥칠 것이다.
11 이스라엘의 거룩하신 하나님
곧 이스라엘을 지으신 주님께서
말씀하신다. "내가 낳은 자녀를
두고, 너희가 나에게 감히 물으려
느냐? 내가 한 일을 너희가 나에
게 감히 명령하려느냐?
12 바로 내가 친히 이 땅을 만들었으
며, 바로 내가 그 위에 인류를 창
조하였다. 내가 손수 하늘을 폈으
며, 그 모든 별에게 명령을 내렸
다.
13 바로 내가 ㉠그를 의의 도구로 일
으켰으니, 그의 모든 길을 평탄하
게 하겠다. 그가 나의 도성을 재건
하고, 포로된 나의 백성을 대가도
없이, 보상도 받지 않고, 놓아 줄
것이다." 만군의 주님이 하신 말씀
이다.
14 주님께서 말씀하신다. "이집트
가 수고하여 얻은 재물과 에티오
피아가 장사하여 얻은 이익이 너
에게로 넘어오고, 키 큰 쓰바 사
람들이 너에게로 건너와서 네 밑
으로 들어와 너를 따를 것이며,
사슬에 매여 와서 네 앞에 엎드리
고, 너에게 기도하는 것처럼 이르
기를 '과연 하나님께서 당신과 함
께 계십니다. 그 밖에 다른 이가
없습니다. 다른 신은 없습니다' 할
것이다."
15 구원자이신 이스라엘의 하나
님, 진실로 주님께서는 자신을 숨
기시는 하나님이십니다.
16 우상을 만드는 자들은 모두 한결
같이 부끄러움을 당하고, 창피한
일을 당할 것이며, 치욕으로 물러
갈 것입니다.
17 그러나 이스라엘은 주님 안에서
안전할 것입니다. 이스라엘의 구
원은 영원할 것입니다.
너희 이스라엘아, 너희가 영원
토록 부끄러움을 당하지 않고, 창
피한 일을 당하지 않을 것이다.
18 하늘을 창조하신 주, 땅을 창조하
시고 조성하신 하나님, 땅을 견고
하게 하신 분이 말씀하신다. 그분
은 땅을 혼돈 상태로 창조하신 것
이 아니라, 사람이 살 수 있게 만
드신 분이다. "나는 주다. 나 밖에
다른 신은 없다.
19 나는 어두운 곳에서 은밀하게 말

문에 대한 대답이다. 하나님께서 하시는 일은 완전히 선하고 의로우시기 때문에 감히 사람들이 이러한 것을 규명해 보려는 것은 어리석은 일이다. 사도 바울도 *하나님의 예정에 대하여* 반문하는 자들에게 토기장이의 비유를 들어 꾸짖었다(롬 9:20). 하나님은 공정하고, 진실하고, 성실하신 의도에서 고레스를 일으키셨다(13절).

45:14-17 세상 만국 가운데서 하나님의 백성들을 택하실 것을 예언한다. 그 때에는 온 세상이 두 부류, 곧 '영적 이스라엘'과 '우상 숭배자'로 구분될 것이다.

45:18-25 땅 끝의 모든 민족을 구원하시려는 하나님의 뜻이 선포된다. 하나님께서는 세상 모든 사람들을 구원의 소망 가운데로 초청하실 것이다. 그리하면 이방 가운데서도 하나님께 가까이 나아가는 사람은 모두 구원을 얻게 될 것이다. 왜냐하면 구원의 근거가 하나님께만 있기 때문이다.

㉠ 고레스를

하지 않았으며, 야곱의 자손에게
'나를 허무하게 찾아라' 하지도 않
았다. 나 주는 옳은 것을 말하고,
바른 것을 알린다."

세상의 주님과 바빌론의 우상

20 이방 나라에서 살아 남은 자들
아, 모여 오너라. 다 함께 가까이
오너라.
"나무 우상을 들고 다니는 자들
과, 구원하지도 못하는 신에게 기
도하는 자들은, 무지한 자들이다.
21 너희는 앞 일을 말하고 진술하여
보아라. 함께 의논하여 보아라. 누
가 예로부터 이 일을 들려주었으
며, 누가 이전부터 이 일을 알려
주었느냐? 나 주가 아니고 누구
냐? 나 밖에 다른 신은 없다. 나
는 공의와 구원을 베푸는 하나님
이니, 나 밖에 다른 신은 없다."
22 땅 끝까지 흩어져 있는 사람들
아! 모두 나에게 돌아와서 구원을
받아라.
"내가 하나님이며, 나 밖에 다
른 신은 없기 때문이다.
23 내가 나를 두고 맹세한다. 나의 입
에서 공의로운 말이 나갔으니, 그
말이 거저 되돌아오지는 않는다."
모두가 내 앞에 무릎을 꿇을 것
이다. 모두들 나에게 충성을 맹세
할 것이다.
24 '참으로 주님께만 공의와 능력이
있다'고 사람들이 나에게 고백할
것이다.
사람들이 그에게 올 것이나, 그
에게 대항하던 자들은 모두 부끄
러움을 당할 것이다.
25 그러나 이스라엘 자손은 모두 주
안에서 의롭다는 인정을 받고, 영
예를 얻을 것이다.

46

1 벨 신이 고꾸라졌고, 느보 신
이 넘어졌다. 짐승과 가축이 그
우상들을 싣고 간다. 힘겹게 떠메
고 다니던 것들이, 피곤한 짐승에
게 무거운 짐이 되었다.
2 우상들은 한꺼번에 넘어지고 고
꾸라졌다. 우상들은 자기들을 싣
고 가는 자들에게서 도망쳐 나오
지도 못한다. 오히려 우상들은 포
로가 되어 잡혀 간다.
3 "야곱의 집안아, 이스라엘 집안
의 모든 남은 자들아, 내 말을 들
어라. 너희가 태어날 때부터 내가
너희를 안고 다녔고, 너희가 모태
에서 나올 때부터 내가 너희를 품
고 다녔다.
4 너희가 늙을 때까지 내가 너희를
안고 다니고, 너희가 백발이 될 때
까지 내가 너희를 품고 다니겠다.
내가 너희를 지었으니, 내가 너희
를 품고 다니겠고, 안고 다니겠고,

45:23 내가 나를 두고 맹세한다 맹세란 더 큰 권위에 근거해서 하는 것인데 하나님이 그 자신을 두고 맹세하는 것은 그보다 더 높은 권위가 없기 때문이다.

45:25 의롭다는 인정을 받고 하나님이 그의 백성 이스라엘에 베푸시는 그의 은혜로운 목적이 강조되어 있다. 여기서 '의롭다는 인정'은 사람이 의롭다 함의 근거를 자신에게서 찾을 수 없다는 신약의 복음 사상과 일치한다.

46장 요약 본장과 47장에서는 바빌론의 멸망으로 인해 이스라엘이 구원받으리라는 사실이 강조되고 있다. 그 중 본장은 바빌론의 우상 종교가 하나님의 심판으로 인해 철저히 훼파될 것이라는 예언이다.

46:1-2 바빌론의 수호신 벨과 느보가 패망하여 사로잡혀 갈 것이라고 선포한다. 이는 바빌론의 멸망을 예고하는 말이다. 벨은 바빌론의 최고신

또 구원하여 주겠다.
5 너희가 나를 누구와 견주겠으며,
나를 누구와 같다고 하겠느냐?
나를 누구와 비교하여 '서로 같다'
하겠느냐?
6 사람들이 주머니에서 금을 쏟
아 내며, 은을 저울에 달고, 도금
장이들을 사서 신상을 만들게 하
고, 그것에게 엎드려 경배한다.
7 사람들이 우상을 어깨에 메고, 우
상을 둘 자리에 내려놓으면, 우상
은 내려놓은 그 곳에 서서 꼼짝도
하지 못한다. 사람들이 그것에게
부르짖어도 전혀 응답하지 못하
며, 고난당하는 사람을 구원하지
도 못한다.
8 너희 죄인들아, 이것을 기억하여
라. 그리고 확고하게 서라. 너희
반역한 죄인들아, 이 일을 가슴 깊
이 간직하여라.
9 너희는 태초부터 이루어진 일들
을 기억하여라. 나는 하나님이다.
나 밖에 다른 신은 없다. 나는 하
나님이다. 나와 같은 이는 없다.
10 처음부터 내가 장차 일어날 일들
을 예고하였고, 내가, 이미 오래
전에, 아직 이루어지지 않은 일들
을 미리 알렸다. '나의 뜻이 반드
시 성취될 것이며, 내가 하고자 하
는 것은 내가 반드시 이룬다'고 말
하였다.
11 내가 동방에서 독수리를 부르고,
먼 나라에서 나의 뜻을 이룰 사람
을 불렀다. 내가 말하였으니, 내가
그것을 곧 이루겠으며, 내가 계획
하였으니, 내가 곧 그것을 성취하
겠다.
12 내가 승리할 것을 믿지 않는 너
희 고집 센 백성아, 내가 하는 말
을 들어라.
13 내가 싸워서 이길 날이 가까이 왔
다. 그 날이 멀지 않다. 내가 이기
는 그 날은 지체되지 않는다. 내가
시온을 구원하고, 이스라엘 안에
서 나의 영광을 나타내겠다."

바빌론 심판

47 "처녀 딸 바빌론아, 내려와서
티끌에 앉아라. 딸 ㉠바빌로니
아야, 보좌를 잃었으니, 땅에 주저
앉아라. 너의 몸매가 유연하고 맵
시가 있다고들 하였지만, 이제는
아무도 그런 말을 하지 않을 것이
다.
2 맷돌을 잡고 가루를 빻아라. 얼굴
을 가린 너울을 벗고, 치마를 걷
어 올려 다리를 드러내고 강을 건
너라.
3 알몸을 드러내고, 네 부끄러운 곳
까지도 드러내 보여라. 내가 복수
할 터이니, 어느 누구도 나를 막지

'마르둑'의 히브리 이름이고, 느보는 '마르둑'의 아들로서 학문과 저술의 신이다.

46:3-4 하나님께서 이스라엘을 과거에 돌보셨고 앞으로도 돌보시겠다고 말씀하신다.

46:3 야곱의 집안 이스라엘 백성을 가리키며 '이스라엘의 집안'이란 말도 같은 의미로 사용된다.

46:5-7 우상의 무력함과 하나님의 전능하심을 비교하고 있다.

㉠ 또는 '갈대아'

47장 요약 본장은 바빌론 제국 자체의 멸망을 예언한 내용이다. 바빌론은 그들이 하나님의 도구에 지나지 않았음에도 불구하고 자신들이 정복한 국가들에 대한 영구적인 지배권을 주장하는 교만 때문에 멸망했다.

47:1-5 바빌론의 멸망에 대한 묘사이다. 바빌론을 의인화시켜서, 여왕과 같은 위치에서 여종과 같은 위치로 전락할 것이라고 예언한다.

못할 것이다."
4 우리의 속량자는 그 이름이 만
군의 주님, 이스라엘의 거룩하신
하나님이시다.
5 "딸 ㉠바빌로니아야, 잠잠히 앉
아 있다가 어둠 속으로 사라져라.
사람들이 이제부터는 너를 민족
들의 여왕이라고 부르지 않을 것
이다.
6 전에 내가 나의 백성에게 진노하
여, 나의 소유, 나의 백성이 곤욕
을 치르게 하고, 그들을 네 손에
넘겼다. 그런데 네가 나의 백성을
가엾게 여기지 아니하고, 노인에
게도 무거운 멍에를 메웠다.
7 ㉡너는 언제까지나 네가 여왕으로
군림할 것이라고 믿고, 이런 일들
을 네 마음에 두지도 않았으며, 이
후에 일어날 일은 생각조차 하지
않았다.
8 그러나, 방탕한 여인아, 이제 너
는 이 말을 들어 보아라. 네가 평
안히 앉아서 마음 속으로 이르기
를 '나보다 더 높은 이가 없다. 나
는 과부가 되지 않을 것이며, 자식
을 잃는 일도 없을 것이다' 하였지
만,
9 자식을 잃고 과부가 되는 이 두
가지 일이 한 날에 갑자기 닥쳐올
것이다. 너의 주술이 아무리 능하
고 너의 마술의 힘이 아무리 세다
하여도, 이 일이 너에게 반드시 닥
친다.
10 네가 악한 일에 자신만만 하여
'아무도 나를 감시하지 않는다' 하
였다. 너의 지혜와 너의 지식이 너
를 잘못된 길로 들어서게 하였고,
너의 마음 속으로 '나보다 더 높
은 이가 없다'고 생각하게 하였다.
11 불행이 너에게 닥쳐와도 너의 점
술이 그것을 막지 못할 것이며, 너
에게 재난이 덮쳐도 네가 거기에
서 벗어나지 못할 것이다. 네가 생
각하지도 못한 파멸이, 순식간에
너에게 이를 것이다.
12 자, 네가 젊어서부터 부리던 마술
과 여러 가지 주술을 가지고 버티
어 보아라. 혹시 그것들이 너에게
도움이 될지도 모르고, 아니면 너
의 대적들이 그것을 보고, 너를
두려워할지도 모르지 않느냐!
13 너는 오히려 너의 많은 조언자들
때문에 지쳤다. 자, 하늘을 살핀다
는 자들, 별을 보고서 점친다는
자들, 매달 초하루마다 너에게 닥
쳐올 일을 알려 준다는 자들, 그
들을 일으켜서 너를 구원하라고
하여라.
14 보아라, 그들은 검불같이 되어
서, 불에 타고 말 것이다. 그 불은

47:1 바빌론 앗시리아를 정복하고 바빌론 성을 중심으로 세워진 신바빌론 제국(B.C. 625–539년)이다. 갈대아 사람들이 중심 세력을 이루었다.

47:6–11 바빌론의 멸망 원인(6–8절)과 그 결과(9,11절)에 대한 기록이다. 바빌론은 이스라엘에 대한 지나친 압제와, 정복 국가에 대해 영구적인 지배권을 주장하는 교만함 때문에 멸망당했다. 그들은 자신을 높임으로 이스라엘을 멸시하였으며 또한 하나님을 대적하였다. 결국, 이러한 태도들 때문에 그들은 처참하고 쓰라린 환난을 체험하게 될 것이다.

47:10 네가 악한 일에 자신만만 하여 여기서 악한 일이란 바빌론을 이끌던 지혜와 지식을 가리킨다. 그 지혜와 지식은 제국의 존립과 번영을 가져오게 하는 특별한 정치가의 정략과 관계된다. 게다가 이것들은 우상 숭배와 밀착되어 있었다. 바빌론이 하나님 앞에서 교만했음을 말한다.

㉠ 또는 '갈대아' ㉡ 또는 '너는 네가 권좌의 여왕으로'

빵이나 굽는 숯불이 아니고, 손이
나 따뜻하게 하는 화롯불도 아니
다. 그 불은 너무나도 뜨거워서,
그들 스스로를 그 불에서 구하여
내지 못할 것이다.
15 바로 네가 애써서 공들였던 자들
이 너에게 이렇게 되며, 네가 젊었
을 때부터 너와 거래하던 자들도
각자 뿔뿔이 도망 칠 것이니, 너를
구원할 자가 없을 것이다."

하나님께서 새 일을 약속하시다

48 야곱의 집안아, 이스라엘이라
일컬음을 받는 유다의 자손아,
주님의 이름을 두고 맹세를 하고
이스라엘의 하나님을 섬긴다고는
하지만, 진실이나 공의라고는 전혀
없는 자들아, 이 말을 들어라.
2 스스로 거룩한 성읍 백성이라
고 자처하는 자들아, 그의 이름
만군의 주 이스라엘의 하나님을
의지한다고 자랑하는 자들아, 너
희는 이 말을 들어라.
3 "내가, 이미 옛적에, 장차 일어
날 일들을 알려 주었다. 내가 직접
나의 입으로 그것을 예고하였고,
내가 그것을 직접 들려주었으며,
그 일을 내가 홀연히 이루었다.
4 내가 알기에, 너는 완고하다. 네
목 힘줄은 쇠붙이요, 네 이마는
놋쇠나 다름없다.
5 옛적부터 내가 네게 알리고, 아직
그 일이 일어나기도 전에 네게 들
려준 까닭은, 네가 '내 우상이 이
일을 이루었으며, 내가 조각한 신
상과 부어 만든 신상이 이 일을
명령한 것이다' 하고 말하지 못하
게 하려는 것이었다.
6 네가 이미 들었으니, 이 모든 것을
똑똑히 보아라. 네가 인정하지 않
겠느냐? 이제 내가 곧 일어날 새
일을 네게 알려 줄 터이니, 이것은
내가 네게 알려 주지 않은 은밀한
일이다.
7 이것은 이제 내가 창조한 일이다.
옛적에 일어난 것과는 다르다. 지
금까지 네가 들어 본 일이 없는 일
이다. 네가 전에 이것을 들었더라
면 '아, 바로 그 일, 내가 이미 알고
있었다!' 하고 말할 수 있겠지만,
이번 일만은 그렇지 않다.
8 나는 알고 있었다. 네가 성실하지
못할 것임을 잘 알고 있었다. 네가
모태에서부터 반역자라고 불러
마땅한 자로 태어날 것을 나는 알
고 있었다. 그러기에 내가 너를, 듣
지도 못하게 하였고, 알지도 못하
게 하였으며, 옛적부터 네 귀가 트
이지도 못하게 한 것이다.
9 내 이름 때문에 내가 분노를 참
고, 내 영예 때문에 내가 자제하

48장 요약 본장은 하나님이 이스라엘을 구원해 주시겠다고 한 일련의 메시지(40-48장) 중 결론부이다. 본장에는 이스라엘의 죄악에 대한 통렬한 책망 및 탄식과 함께 죄 용서와 구원에 대한 약속이 주어져 있다.

48:1-11 하나님께서 이스라엘의 위선을 지적하신다. 이스라엘이 이전의 예언을 무시하므로 하나님께서는 새로운 언약을 통해 그의 백성들이 포로에서 해방됨을 예언하신다. 이 구원의 역사로 하나님의 영광이 온 땅에 드러날 것이다.

48:10 은처럼 정련하지 않고 은을 정련하는 사람이 순은(純銀)을 추출하려면 모든 불순물을 다 제거해야 한다. 만일 하나님이 이스라엘을 은처럼 정련하시면 그들은 하나님 앞에서 본성적으로 의로운 존재가 아니기 때문에 모두 멸망당할 수밖에 없다. 그러므로 이스라엘을 고난의 풀무, 곧 바벨론 포로에서 건져내시겠다는 것이다.

여, 너를 파멸하지 않겠다.
10 보아라, 내가 너를 단련시켰으나,
은처럼 정련하지 않고, 오히려
㉠고난의 풀무질로 달구어 너를
시험하였다.
11 나를 위하여, 바로 나를 위하여
내가 그렇게 하는 것이다. 어찌 내
이름을 욕되게 하겠느냐? 내 영
광이 남에게 돌아가게 할 수는 없
다.
12 야곱아, 내가 불러낸 이스라엘아,
내가 하는 말을 들어라. 내가 바
로 그다. ㉡내가 곧 시작이요 마감
이다.
13 내 손으로 땅의 기초를 놓았고,
내 오른손으로 하늘을 폈다. 내가
하늘과 땅을 부르기만 하면, 하늘
과 땅이 하나같이 내 앞에 나와
선다."

주님께서 고레스를 선택하시다

14 너희는 모두 함께 모여서 들어
보아라. 우상들 가운데서 누가 이
런 일들을 알려 준 일이 있었느
냐? 주님께서 그를 사랑하시니,
그가 바빌론을 공격하여 주님의
뜻을 이루어 드리고, 그의 능력을
㉢바빌로니아 사람 앞에서 드러낼
것이다.
15 "내가 말하였고, 내가 그를 불
러냈다. 내가 그를 오게 하였으니,
내가 그 길을 형통하게 하겠다.
16 너희는 나에게 가까이 와서, 이 말
을 들어라. 처음부터 나는 은밀하
게 말하지 않았다. 이 일이 생길
때부터 내가 거기에 있었다."
이제 주 하나님께서 나를 보내
셨고 그분의 영도 함께 보내셨다.

백성을 보살피시는 하나님의 계획

17 주, 너의 속량자, '이스라엘의 거
룩하신 분'께서 이르시기를 '나는
주, 네 하나님이다. 네게 유익하도
록 너를 가르치며, 네가 마땅히 걸
어야 할 길로 너를 인도하는 하나
님이다' 하셨다.
18 "네가 나의 명령에 귀를 기울이
기만 하였어도, 네 평화가 강같이
흐르고, 네 공의가 바다의 파도같
이 넘쳤을 것이다.
19 네 자손이 모래처럼 많았을 것이
며, 네 몸에서 태어난 자손도 모래
알처럼 많았을 것이며, 그 이름이
절대로 내 앞에서 끊어지거나, 없
어지지 않았을 것이다."
20 너희는 바빌론에서 나오너라.
㉢바빌로니아 사람들에게서 도망
하여라. 그리고 '주님께서 그의 종
야곱을 속량하셨다' 하고, 즐겁게
소리를 높여서 알려라. 이 소식
이 땅 끝까지 미치도록 들려주어
라.

48:12-16 주님께서 그를 사랑하시니 곧 고레스 왕을 일으켜서 이스라엘을 해방시키시겠다는 구체적인 예언이다. 미래사에 대하여 정확하고 구체적으로 말씀하실 분은 오직 하나님뿐이시다.

48:17-21 하나님은 이스라엘을 좋은 길로 인도하려 했지만, 이스라엘이 불순종하고 하나님의 인도를 거역하여 포로 생활을 겪게 된다. 그러나 하나님은 그들을 포로 생활에서 풀려나게 하실 것이며, 이스라엘을 자기 증인으로 삼으실 것이다.

48:20 너희는 바빌론에서 나오너라 후에 유대 사람 중 많은 숫자가 팔레스타인으로 돌아오지 않고 바빌론에 머물게 된다(52:12). 당시에는 유대 사람들에게 바빌론에 머물지 말고 곧장 떠나오라는 본절과 같은 권고가 필요했을 것이다. 그리고 유대 사람들은 하나님의 구원을 즐거운 소리로 땅 끝까지 전하라는 사명을 부여 받는다.

㉠ 또는 '고난의 화덕에 넣어서' ㉡ 또는 '시작하는 것도 나요, 마감하는 것도 나다' ㉢ 또는 '갈대아'

21 주님께서 그들을 사막으로 인도
하셨으나, 그들이 전혀 목마르지
않았다. 주님께서는 바위에서 물
을 내셔서 그들로 마시게 하셨고,
바위를 쪼개셔서 물이 솟아나게
하셨다.
22 주님께서 말씀하신다. "악인들에
게는 평화가 없다."

만방에 비치는 빛 이스라엘

49 너희 섬들아, 내가 하는 말을
들어라. 너희 먼 곳에 사는 민
족들아, 귀를 기울여라. 주님께서
이미 모태에서부터 나를 부르셨
고, 내 어머니의 태 속에서부터 내
이름을 기억하셨다.
2 내 입을 날카로운 칼처럼 만드셔
서, 나를 주님의 손 그늘에 숨기셨
다. 나를 날카로운 화살로 만드셔
서, 주님의 화살통에 감추셨다.
3 주님께서 내게 말씀하셨다. "이스
라엘아, 너는 내 종이다. 네가 내
영광을 나타낼 것이다."
4 그러나 나의 생각에는, 내가 한 것
이 모두 헛수고 같았고, 쓸모 없고
허무한 일에 내 힘을 허비한 것
같았다. 그러나 참으로 주님께서
나를 올바로 심판하여 주셨으며,
내 하나님께서 나를 정당하게 보
상하여 주셨다.
5 내가 태어나기도 전부터 주님께
서는 나를 그의 종으로 삼으셨다.
야곱을 주님께로 돌아오게 하시
고 흩어진 이스라엘을 다시 불러
모으시려고, 나를 택하셨다. 그래
서 나는 주님의 귀한 종이 되었
고, 주님은 내 힘이 되셨다. 주님
께서 내게 말씀하신다.
6 주님께서 이렇게 말씀하신다. "네
가 내 종이 되어서, 야곱의 지파
들을 일으키고 이스라엘 가운데
살아 남은 자들을 돌아오게 하는
것은, 네게 오히려 가벼운 일이다.
땅 끝까지 나의 구원이 미치게 하
려고, 내가 너를 '뭇 민족의 빛'으
로 삼았다."
7 이스라엘의 속량자, 거룩하신
주님께서, 남들에게 멸시를 받는
사람, 여러 민족들에게 미움을 받
는 사람, 통치자들에게 종살이하
는 사람에게 말씀하신다. "왕들이
너를 보고 일어나서 예를 갖출 것
이며, 대신들이 또한 부복할 것이
니, 이는 너를 택한 이스라엘의 거
룩한 하나님, 신실한 나 주 하나님
때문이다."

예루살렘의 회복

8 주님께서 그의 백성에게 이렇게
말씀하신다. "너희를 구원해야 할
때가 되면, 내가 너희에게 은혜를
베풀겠고, 살려 달라고 부르짖는

49장 요약 본장에는 메시아가 장차 이스라엘 뿐 아니라 이방 사람들까지도 구원하실 분이라는 사실과 그분이 인류 구원을 위해 당하실 수난과 승귀(昇貴)도 예언되어 있다.

49:1–7 주님의 종이신 메시아에 대한 두 번째 노래이다(첫 번째는 42:1–7). 메시아는 탄생 전부터 예수라는 이름이 주어질 것이라는 사실과(1절;마 1:21), 이스라엘뿐만 아니라 이방 사람들을 구원하실 분이라는 사실이 예언되었다. 또한 그리스도의 고난에 대한 구체적인 언급과 그리스도의 승귀(昇貴)에 대한 묘사가 기록되어 있다.

49:3 이스라엘아, 너는 내 종이다 여기에서 '이스라엘'은 '내 종'과 동일시되므로 이스라엘 국가와는 구별된 한 개인을 가리킨다. 그러나 그 종은 이스라엘로부터 나와야 하며 이스라엘을 대표하기 때문에 이스라엘이라 불린다.

49:7 그리스도는 고난 받는 종으로 이 땅에 오셨

날에는, 내가 그 간구를 듣고 너
희를 돕겠다. 내가 너희를 지키고
보호하겠으며, 너를 시켜서 뭇 백
성과 언약을 맺겠다. 너희가 살던
땅이 황무해졌지마는, 내가 너희
를 다시 너희 땅에 정착시키겠다.
9 감옥에 갇혀 있는 죄수들에게는
'나가거라. 너희는 자유인이 되었
다!' 하고 말하겠고, 어둠 속에 갇
혀 있는 사람들에게는 '밝은 곳으
로 나오너라!' 하고 말하겠다. 그
들이 어디로 가든지 먹거리를 얻
게 할 것이며, 메말랐던 모든 산
을 그들이 먹거리를 얻는 초장이
되게 하겠다.
10 그들은 배고프거나 목마르지 않
으며, 무더위나 햇볕도 그들을 해
치지 못할 것이니, 이것은 긍휼히
여기시는 분께서 그들을 이끄시
기 때문이며, 샘이 솟는 곳으로 그
들을 인도하시기 때문이다.
11 내가, 산에서 산으로 이어지는 큰
길을 만들고, 내 백성이 자유스럽
게 여행할 큰길을 닦겠다.
12 보아라, 내 백성이 먼 곳으로부터
도 오고, 또 더러는 북쪽에서도
오고, 서쪽에서도 오고, ㉠아스완
땅에서도 올 것이다."
13 하늘아, 기뻐하여라! 땅아, 즐거
워하여라! 산들아, 노랫소리를 높
여라. 주님께서 그의 백성을 위로
하셨고, 또한 고난을 받은 그 사
람들을 긍휼히 여기셨다.
14 그런데 시온이 말하기를 "주님
께서 나를 버리셨고, 주님께서 나
를 잊으셨다" 하는구나.
15 "어머니가 어찌 제 젖먹이를 잊
겠으며, 제 태에서 낳은 아들을 어
찌 긍휼히 여기지 않겠느냐! 비록
어머니가 자식을 잊는다 하여도,
나는 절대로 너를 잊지 않겠다.
16 보아라, 예루살렘아, 내가 네 이름
을 내 손바닥에 새겼고, 네 성벽
을 늘 지켜 보고 있다.
17 너를 건축할 사람들이 곧 올 것이
니, 너를 파괴하는 사람과 황폐하
게 하는 사람이 너를 곧 떠날 것
이다.
18 네 눈을 들어 주위를 둘러보아라.
네 백성이 모두 모여 너에게로 온
다. 나 주가 내 삶을 걸고 맹세한
다. 신부가 패물을 몸에 치장하고
자랑하듯, 너는 네 백성을 자랑할
것이다.
19 내가 네 땅을 쳤고, 황폐하게 하였
고, 파괴하였지만, 이제는 백성이
너무 많아서 네 땅이 비좁다. 너
를 삼키던 자들은 너에게서 멀리
떠날 것이다.
20 한때 네가 잃은 줄로만 알았던 자

다. 그는 '뭇 민족의 빛'(6절)이 되기 위해서 지극히 낮아지셨지만, 하나님은 그를 높이실 것이다.

49:8-13 그리스도는 다윗의 언약을 성취하고, 새 언약을 세우며 자기 백성들에게 영적 유산을 상속할 것이다. 본절에는 포로로 잡힌 백성들이 바빌론에서 해방되어 하나님의 인도로 순탄하게 이스라엘 땅으로 귀향할 것이라는 사실이 예언되었다. 그런데 이와 같은 예언은 궁극적으로 예수 그리스도의 사역을 가리키고 있다. 그리스도로 말미암아 온 세상에 이 예언이 성취될 것이다.

49:14-16 하나님의 약속(1-13절)이 있음에도 불구하고, 이스라엘 사람들은 '주님께서 나를 잊으셨다'고 생각했다. 이에 대한 주님의 대답은 '나는 절대로 너를 잊지 않겠다'라는 것이다.

49:17-23 완전히 황폐하게 되어 도저히 재건될 수 없는 것처럼 보였던 시온 성에 성이 비좁을 지경까지 이르도록 수많은 백성들이 몰려올 것이다

㉠ 사해 사본을 따름. 마소라 본문에는 '시님'

녀들이 다시 네 귀에 속삭이기를
'이 곳이 너무 비좁으니, 내가 살
수 있도록 자리를 넓혀 주십시오'
할 것이다.
21 그 때에 너는 마음 속으로 이르기
를 '누가 나에게 이 아이들을 낳
아 주었는가? 나는 자식을 잃고
더 낳을 수도 없었는데, 포로가 되
어 버림을 받았는데, 누가 이 아이
들을 키워 주었는가? 나 홀로 남
지 않았던가! 도대체 이 아이들이
다 어디에서 왔는가?' 할 것이다."
22 주님께서 이렇게 말씀하신다. "내
가 뭇 민족을 손짓하여 부르고,
뭇 백성에게 신호를 보낼 터이니,
그들이 네 아들을 안고 오며, 네
딸을 업고 올 것이다.
23 왕들이 네 아버지처럼 될 것이며,
왕비들이 네 어머니처럼 될 것이
다. 그들이 얼굴을 땅에 대고 네
게 엎드릴 것이며, 네 발의 먼지를
닦아 줄 것이다. 그 때에 너는, 내
가 주인 줄을 알 것이다. 나를 믿
고 기다리는 사람은 수치를 당하
지 않는다."
24 적군에게서 전리품을 빼앗을
수 있느냐? ㉠폭군에게서 사로잡
힌 포로를 빼내 올 수 있느냐?
25 주님께서 이렇게 말씀하신다.
"내가 적군에게서 포로를 빼어 오
겠으며, ㉠폭군에게서 전리품도 빼
앗아 오겠다. 나는 나와 맞서는
자들과 겨루고, 네 자녀들을 구원
하겠다.
26 너를 억압하는 자들로 서로 쳐죽
이게 하고, 새 포도주에 취하듯
이, 저희들끼리 피를 나누어 마시
고 취하게 하겠다. 그리고 나면,
모든 사람이, 나 주가 네 구원자
요, 네 속량자요, '야곱의 전능자'
임을 알게 될 것이다."

50

1 주님께서 이렇게 말씀하신
다. "내가 너희 어머니를 쫓아
내기라도 하였느냐? 내가 너희 어
머니에게 써 준 이혼증서가 어디
에 있느냐? 내가 너희를 채권자에
게 팔아 넘기기라도 하였느냐? 이
것 보아라, 너희가 팔려 간 것은
너희의 죄 때문이다. 너희 어머니
가 쫓겨난 것은 너희의 죄 때문이
다.
2 내가 왔을 때에 왜 아무도 없었으
며, 내가 불렀을 때에 왜 아무도
대답하지 않았느냐? 내 손이 짧
아서 너희를 속죄하지 못하겠느
냐? 내게 힘이 없어서 너희를 구
원하지 못하겠느냐? 내가 꾸짖어
서 바다를 말리며, 강을 광야로
바꾼다. 그러면, 물고기들이 물이
없어서 죽을 것이며, 썩은 고기들

(19절). 그러면 과연 이 백성들이 어디서 몰려온다는 말인가? 백성이 많게 될 것은 하나님께서 세상을 향해 신호(그리스도)를 보내실 것이기 때문이다. 이 신호는 이방 족속을 시온으로 모을 것이다. 이사야의 이 예언은 바빌론 귀환으로 일부 성취되었고, 메시아가 임할 때에 온전히 성취될 것이다.

49:22-26 신실하고 전능하신 하나님께서 반드시 자기 백성들을 구원하실 것을 약속하신다.

50장 요약 본장은 이스라엘이 포로로 사로잡힌 것은 하나님과의 언약을 저버린 죄 때문이라는 것과 메시아는 고난당할 것이지만 그 모든 고난을 이겨내고 최종적으로 승리할 것을 고백한다. 끝으로 예언자는 이상의 사실에 비추어 이스라엘의 회개를 촉구한다.

㉠ 사해 사본과 불가타와 시리아어역을 따름. 마소라 본문에는 '의로운 자에게서'

이 악취를 낼 것이다.
3 내가 흑암으로 하늘을 입히며, 굵
은 베로 하늘을 두르겠다."

주님의 종의 순종

4 주 하나님께서 나를 학자처럼
말할 수 있게 하셔서, 지친 사람을
말로 격려할 수 있게 하신다. 아침
마다 나를 깨우쳐 주신다. 내 귀
를 깨우치시어 학자처럼 알아듣게
하신다.
5 주 하나님께서 내 귀를 열어 주셨
으므로, 나는 주님께 거역하지도
않았고, 등을 돌리지도 않았다.
6 나는 나를 때리는 자들에게 등을
맡겼고, 내 수염을 뽑는 자들에게
뺨을 맡겼다. 내게 침을 뱉고 나
를 모욕하여도 내가 그것을 피하
려고 얼굴을 가리지도 않았다.
7 주 하나님께서 나를 도우시니, 그
들이 나를 모욕하여도 마음 상하
지 않았고, 오히려 내가 각오하고
모든 어려움을 견디어 냈다. 내가
부끄러움을 당하지 않겠다는 것
을 내가 아는 까닭은,
8 나를 의롭다 하신 분이 가까이에
계시기 때문이다. 누가 감히 나와
다투겠는가! 함께 법정에 나서 보
자. 나를 고소할 자가 누구냐? 나
를 고발할 자가 있으면 하게 하여
라.
9 주 하나님께서 나를 도와주실 것
이니, 그 누가 나에게 죄가 있다
하겠느냐? 그들이 모두 옷처럼 해
어지고, 좀에게 먹힐 것이다.
10 너희 가운데 누가 주님을 경외
하며, 누가 그의 종에게 순종하느
냐? 어둠 속을 걷는, 빛을 모르는
사람이라도, 주님의 이름을 신뢰
하며, 하나님께 의지하여라.
11 너희가 모두 불을 피우고, 횃불을
들고 나섰지만, 너희가 피운 그 불
에 너희가 탈 것이며, 너희가 들고
나선 그 횃불에 너희가 소멸될 것
이다. 내가 직접 이 형벌을 너희에
게 내리고, 너희는 이 고문을 견디
어야 할 것이다.

위로의 말씀

51 구원을 받고자 하는 사람들아,
내가 하는 말에 귀를 기울여라.
도움을 받으려고 나 주를 찾는 사
람들아, 내가 하는 말을 들어라.
저 바위를 보아라. 너희가 거기에
서 떨어져 나왔다. 저 구덩이를 보
아라. 너희가 거기에서 나왔다.
2 너희 조상 아브라함을 생각하여
보고, 너희를 낳아 준 사라를 생
각하여 보아라.
"내가 아브라함을 불렀을 때에
는 자식이 없었다. 그러나 내가 그
에게 은혜를 내려서, 그 자손을 수

50:4–11 주님의 종에 대한 세 번째 노래이다(참조. 42:1–7;49:1–7). 그리스도는 아버지께서 가르치신 대로 말씀하실 것이며(4–5절), 말할 수 없는 고난과 모욕을 당하리라는 것이 생생하게 묘사되어 있다(6절;참조. 마 26:67;27:30). 이러한 고난 속에서도, 그리스도는 자기에게 맡겨진 임무를 온전히 수행하실 것이다(7–8절). 결국 그리스도는 하나님께서 함께하시므로 안전하지만 그의 원수들은 멸망당하게 될 것이다.

51장 요약 이사야는 본장에서도 하나님의 위로와 소망의 메시지를 전하고, 아울러 범죄한 이스라엘의 어리석음을 책망하며 회개를 촉구하고 있다. 이사야는 이 세상을 주관하시는 분은 하나님이시니 오직 하나님만 의지하라는 위로의 말씀을 전하였다.

51:1–3 유다 백성 가운데 의를 따르는 사람들에게 주는 위로이다. 하나님은 결코 의를 따르는 사

없이 많게 하였다."
3 주님께서 시온을 위로하신다!
그 모든 황폐한 곳을 위로하신다.
주님께서 그 광야를 에덴처럼
만드시고, 그 사막을 주님의 동산
처럼 만드실 때에, 그 안에 기쁨과
즐거움이 깃들며, 감사의 찬송과
기쁜 노랫소리가 깃들 것이다.
4 나의 백성아, 나에게 귀를 기울
여라. 나의 백성아, 내 말을 귀담
아 들어라. 법은 나에게로부터 비
롯될 것이며, 나의 의는 만백성의
빛이 될 것이다.
5 나의 의가 빠르게 다가오고 있고,
나의 구원이 이미 나타났으니, 내
가 능력으로 뭇 백성을 재판하겠
다. 섬들이 나를 우러러 바라보며,
나의 능력을 의지할 것이다.
6 눈을 들어 하늘을 쳐다보아라. 그
리고 땅을 내려다보아라. 하늘은
연기처럼 사라지고, 땅은 옷처럼
해어지며, 거기에 사는 사람들도
하루살이 같이 죽을 것이다. 그러
나 내 구원은 영원하며, 내 의는
꺾이지 않을 것이다.
7 의를 아는 사람들아, 마음 속에
내 율법을 간직한 백성들아, 내가
하는 말을 들어라. 사람들이 비난
하는 것을 두려워하지 말고 그들
이 비방하는 것에 놀라지 말아라.
8 좀이 옷을 먹듯이 그들을 먹을 것
이며, 벌레가 양털을 먹듯이 그들
을 먹을 것이다. 그러나 나의 의는
영원하며, 나의 구원은 세세에 미
칠 것이다.
9 깨어나십시오! 깨어나십시오! 힘
으로 무장하십시오, 주님의 팔이
여! 오래 전 옛날처럼 깨어나십시
오! ㉠라합을 토막 내시고 용을 찌
르시던 바로 그 팔이 아니십니까?
10 바다와 깊고 넓은 물을 말리시고,
바다의 깊은 곳을 길로 만드셔서,
속량받은 사람들을 건너가게 하
신, 바로 그 팔이 아니십니까?
11 주님께 속량받은 사람들이 예루
살렘으로 돌아올 것입니다. 그들
이 기뻐 노래하며 시온에 이를 것
입니다. 기쁨이 그들에게 영원히
머물고, 즐거움과 기쁨이 넘칠 것
이니, 슬픔과 탄식이 사라질 것입
니다.
12 "너희를 위로하는 이는 나, 바로
내가 아니냐? 그런데 죽을 인간
을 두려워하며, 한갓 풀에 지나지
않는 사람의 아들을 두려워하는,
너는 누구냐?"
13 너희는 잊었다. 너희를 지으신
하나님, 하늘을 펴시고 땅을 세우
신 주님을 잊었다.
압박자들이 너희를 멸망시키려

람을 잊지 않으시고 창성하게 하실 것이다. 그 예로써 아브라함과 맺으신 약속을 상기시키고 있다.

51:4-11 하나님의 백성을 훼방하고 비방하는 사람들이 번성하는 것처럼 보이지만, 그것은 일시적이기 때문에 그들을 두려워하지 말라고, 의로운 '남은 사람들'을 격려하는 메시지이다. 그들은 곧 파멸당할 존재들이며, 오직 하나님의 의와 구원만이 영원할 것이다. 의로운 남은 사람들에게 더욱 큰 확신을 주기 위해서, 과거 이집트를 치시고 홍해를 건너게 하신 사건을 상기시킨다(9-10절). 51:9 라합 30:7을 참조하라.

51:12-16 세상을 창조하시고 주관하시는 분은 하나님이시기 때문에, 사람들을 두려워하지 말고 하나님만 의지하라는 메시지이다. 하나님께서는 자기 백성을 결코 멸망당하게 버려두지 아니하실

㉠ 전설적인 바다 괴물, 혼돈과 악의 세력을 상징함. 때로는 이집트의 상징

고 한다 해서, 압박자들의 그 분
노가 두려워서, 너희는 날마다 떨
고 있다. 그러나 압박자들의 분노
가 어디에 있느냐?
14 갇혀 있는 포로들이 이제 곧 풀려
난다. 그들은 오래오래 살 것이며,
먹거리가 모자라지도 않을 것이
다.
15 "나는 주 너의 하나님이다. 바
다에 물결을 일으키고, 거친 파도
를 일으키는 하나님이니, 나의 이
름은 만군의 주다.
16 내가 나의 말을 너의 입에 맡기
고, 나의 손 그늘에 너를 숨겨 준
다. 나는 하늘을 폈으며, 땅의 기
초를 놓았고, 시온에게 '너는 나의
백성'이라고 말하였다."

예루살렘의 고통이 끝나고

17 깨어라, 깨어라, 일어나거라, 예
루살렘아! 너, 주님의 손에서 그
진노의 잔을 받아 마신 예루살렘
아! 비틀거리게 하는 잔을, 네가
바닥까지 다 들이마셨다.
18 네가 낳은 모든 아들 가운데 너
를 인도하여 줄 아들이 없을 것이
며, 네가 기른 모든 아들 가운데
너의 손을 이끌어 줄 아들이 없을
것이다.
19 전쟁으로 땅은 황폐해지고 백성
은 굶주려 죽었다. 이 두 가지 재
난이 너에게 닥쳤으나, 누가 너를
두고 슬퍼하겠느냐? 폐허와 파괴,
기근과 칼뿐이니, ㉠누가 너를 위
로하겠느냐?
20 너의 자녀들은, 주님의 진노와
하나님의 책망을 하도 많이 받아
서, 그물에 걸려 있는 영양처럼, 거
리 모퉁이 모퉁이마다 쓰러져 있
다.
21 고통받는 자야, 마치 포도주라
도 마신 듯이 비틀거리는 자야, 이
말을 들어라.
22 너의 주, 그의 백성을 지키려고 싸
우는 너의 하나님 주님께서 이렇
게 말씀하신다. "내가 너의 손에
서, 비틀거리게 하는 그 잔 곧 나의
진노의 잔을 거두었으니, 다시는
네가 그것을 마시지 않을 것이다.
23 이제 내가 그 잔을 너를 괴롭힌
자들의 손에 쥐어 주겠다. 그들
은, 바로 너에게 '엎드려라, 우리가
딛고 건너가겠다' 하고 말한 자들
이다. 그래서 너는 그들더러 밟고
지나가라고 땅바닥에 엎드려서 길
을 만들고, 허리를 펴고 엎드려서
그들이 너의 등을 밟고 다니게 하
였다."

하나님께서 예루살렘을 건지실 것이다

52 너 시온아, 깨어라, 깨어라! 힘
을 내어라. 거룩한 성 예루살렘

것을 거듭 강조하셨다.
51:17-23 전쟁과 포로 생활로 고통을 당하게 될 이스라엘 백성들을 위로하시는 말씀이다. 포로 생활을 맛봄으로써, 이스라엘이 하나님께 받아야 할 형벌이 모두 끝나게 될 것이다. 그러나 이스라엘 스스로는 이 고난에서 벗어날 수 없기 때문에 하나님께서 도와주실 것이다. 그리고 그 후에는 그들을 괴롭히던 자들이 오히려 하나님의 진노를 당하게 될 것이다.

52장 요약 본장 전반부는 51장에 이어 계속되는 영적 각성의 촉구이다. 이사야는 백성들에게 우상 숭배의 죄악에 빠지지 말며 하나님의 구별된 백성으로서 거룩하게 살도록 힘쓰라고 당부한다. 한편, 본장 후반부부터 53장까지는 고난당하실 메시아에 대한 예언이다.

㉠ 사해 사본과 칠십인역과 시리아어역과 불가타를 따름. 마소라 본문에는 '내가 어떻게 너를 위로하겠느냐?'

아, 아름다운 옷을 입어라. 이제
다시는 할례받지 않은 자와 부정
한 자가 너에게로 들어오지 못할
것이다.
2 예루살렘아, 먼지를 털고 일어나
서 보좌에 앉아라. 포로된 딸 시
온아, 너의 목에서 사슬을 풀어
내어라.
3 주님께서 이렇게 말씀하신다.
"너희가 값없이 팔려 갔으니, 돈을
내지 않고 속량될 것이다."
4 주 하나님께서 이렇게 말씀하신
다. "나의 백성이 일찍이 이집트로
내려가서, 거기에서 머물러 살려
고 하였으나, 앗시리아가 까닭없
이 그들을 억압하였다."
5 주님께서 말씀하신다. "여기 바빌
로니아에서도 똑같은 일이 일어
났다. 나의 백성이 까닭도 없이 여
기로 사로잡혀 왔고, 지배자들은
㉠그들을 조롱한다. 날마다 쉬지
않고 나의 이름을 모독하고 있으
니, 지금 내가 무슨 일을 하여야
하겠느냐?" 주님께서 하신 말씀
이다.
6 "반드시 나의 백성이 나의 이름을
알게 될 것이다. 그 날이 오면, 반
드시 나의 백성은 내가 하나님이
라는 것과 내가 그들에게 말한 하
나님이었다는 것을 알게 될 것이
다."
7 놀랍고도 반가워라! 희소식을
전하려고 산을 넘어 달려오는 저
발이여! 평화가 왔다고 외치며, 복
된 희소식을 전하는구나. 구원이
이르렀다고 선포하면서, 시온을
보고 이르기를 "너의 하나님께서
통치하신다" 하는구나.
8 성을 지키는 파수꾼들의 소리
를 들어 보아라. 그들이 소리를
높여서, 기뻐하며 외친다. 주님께
서 시온으로 돌아오실 때에, 오시
는 그 모습을 그들이 직접 눈으로
볼 수 있을 것이다.
9 너희 예루살렘의 황폐한 곳들
아, 함성을 터뜨려라. 함께 기뻐
외쳐라. 주님께서 당신의 백성을
위로하셨고, 예루살렘을 속량하
셨다.
10 주님께서 모든 이방 나라들이 보
는 앞에서, 당신의 거룩하신 능력
을 드러내시니, 땅 끝에 있는 사람
들은 모두 우리 하나님의 구원을
볼 것이다.
11 너희는 떠나거라, 그 곳에서 떠
나 나오너라. 부정한 것을 만지지
말아라. 그 가운데서 나오너라. 주
님의 그릇을 운반하는 사람들아,
너희는 스스로 정결하게 하여라.
12 그러나 이제는 주님께서 너희

52:1–6 하나님의 백성들이 다시 회복될 것을 예고한다. 하나님께서는 이스라엘이 이집트·앗시리아·바빌론에게 압제당하는 모습을 안타까워하셨다. 이스라엘이 사로잡힐 때 원수들은 하나님이 무력하여 이스라엘을 돕지 못한다고 조롱하였다. 그러므로 이스라엘을 구원하여 하나님의 이름을 드러내시겠다고 약속하신다.

52:7–12 바빌론 포로 생활로부터 해방될 것을 예언하면서, 우상 숭배의 유혹에 빠지지 말 것을 당부하는 격려의 메시지이다.

52:13–15 주님의 종이 그의 사역을 잘 수행하여 하나님에 의해 높임을 받으실 것이다. 그리하여 나라들은 놀라게 될 것이다. 그러나 높임을 받으시기 전에 그는 가장 비천한 종으로 계셔야 한다. 사람들은 그의 사역을 통해 전혀 새로운 것을 깨닫게 될 것이다.

㉠ 사해 사본과 불가타를 따름. 마소라 본문에는 '그들을 보고 울부짖는다'

앞에 가시며, 이스라엘의 하나님
께서 너희 뒤를 지켜 주시니, 너희
가 나올 때에 황급히 나오지 않아
도 되며, 도망 치듯 달아나지 않아
도 된다.

고난받는 종

13 "나의 종이 매사에 ㉠형통할 것
이니, 그가 받들어 높임을 받고,
크게 존경을 받게 될 것이다.
14 전에는 그의 얼굴이 남들보다
더 안 되어 보였고, 그 모습이 다
른 사람들보다 더욱 상해서, ㉡그
를 보는 사람마다 모두 놀랐다.
15 이제는 그가 많은 이방 나라를
㉢놀라게 할 것이며, 왕들은 그 앞
에서 입을 다물 것이다. 왕들은
이제까지 듣지도 못한 일들을 볼
것이며, 아무도 말하여 주지 않은
일들을 볼 것이다."

53 1 ㉣우리가 들은 것을 누가 믿
었느냐? 주님의 능력이 누구에
게 나타났느냐?
2 그는 주님 앞에서, 마치 연한 순
과 같이, 마른 땅에서 나온 싹과
같이 자라서, 그에게는 고운 모양
도 없고, 훌륭한 풍채도 없으니,
우리가 보기에 흠모할 만한 아름
다운 모습이 없다.
3 그는 사람들에게 멸시를 받고,
버림을 받고, 고통을 많이 겪었다.
그는 언제나 병을 앓고 있었다.
사람들이 그에게서 얼굴을 돌
렸고, 그가 멸시를 받으니, 우리도
덩달아 그를 귀하게 여기지 않았
다.
4 그는 실로 우리가 받아야 할 고
통을 대신 받고, 우리가 겪어야 할
슬픔을 대신 겪었다. 그러나 우리
는, 그가 징벌을 받아서 하나님에
게 맞으며, 고난을 받는다고 생각
하였다.
5 그러나 그가 찔린 것은 우리의
허물 때문이고, 그가 상처를 받은
것은 우리의 악함 때문이다. 그가
징계를 받음으로써 우리가 평화
를 누리고, 그가 매를 맞음으로써
우리의 병이 나았다.
6 우리는 모두 양처럼 길을 잃고,
각기 제 갈 길로 흩어졌으나, 주님
께서 우리 모두의 죄악을 그에게
지우셨다.
7 그는 굴욕을 당하고 고문을 당
하였으나, 아무 말도 하지 않았다.
마치 도살장으로 끌려가는 어린
양처럼, 마치 털 깎는 사람 앞에서
잠잠한 암양처럼, 끌려가기만 할
뿐, 아무 말도 하지 않았다.
8 그가 체포되어 유죄판결을 받았
지만 그 세대 사람들 가운데서 어
느 누가, 그가 사람 사는 땅에서

53장 요약 앞장 후반부에 이어서 본장에는 메시아의 비하(卑下)와 고난, 그리고 그로 인해 성취될 대속 사역이 잘 묘사되어 있다. 메시아의 고난 예언은 그리스도의 십자가 사건에서 그대로 성취되었다. 이는 곧 우리를 자신의 생명처럼 위하시는 하나님의 사랑의 절정이다.

㉠ 또는 '슬기롭게 행동할 것이다' ㉡ 히, '너를' ㉢ 히, '뿌릴 것이며' ㉣ 또는 '우리가 전한 것을'

53:1–3 그리스도의 복음을 믿는 사람들이 매우 적을 것이다. 왜냐하면 그리스도는 낮고 비천한 신분으로 이 세상에 오실 것이기 때문이다.
53:6 여기서는 왜 종이 고난받아야 했는지를 밝힌다. 그것은 우리가 목자 없는 양들과 같이 잘못된 길을 갔기 때문이다. 곧 우리가 죄로 가득 차서 스스로를 구원할 수 없었기 때문이다.
53:7–9 본절의 예언대로 그리스도는 정당한 변명을 제기할 수 있었지만 침묵을 지키셨고, 불공

격리된 것을 보고서, 그것이 바로
형벌을 받아야 할 내 백성의 허물
때문이라고 생각하였느냐?
9 그는 폭력을 휘두르지도 않았고,
거짓말도 하지 않았지만, 사람들
은 그에게 악한 사람과 함께 묻힐
무덤을 주었고, ㉠죽어서 부자와
함께 들어가게 하였다.
10 주님께서 그를 상하게 하고자
하셨다. 주님께서 그를 병들게 하
셨다.
그가 그의 영혼을 속건제물로
여기면, 그는 자손을 볼 것이며,
오래오래 살 것이다.
주님께서 세우신 뜻을 그가 이
루어 드릴 것이다.
11 "고난을 당하고 난 뒤에, ㉡그는
생명의 빛을 보고 만족할 것이다.
나의 의로운 종이 자기의 지식으
로 많은 사람을 의롭게 할 것이다.
그는 다른 사람들이 받아야 할 형
벌을 자기가 짊어질 것이다.
12 그러므로 나는 그가 존귀한 자
들과 함께 자기 몫을 차지하게 하
며, 강한 자들과 함께 전리품을
나누게 하겠다. 그는 죽는 데까지
자기의 영혼을 서슴없이 내맡기
고, 남들이 죄인처럼 여기는 것도
마다하지 않았다. 그는 많은 사람
의 죄를 대신 짊어졌고, 죄 지은
사람들을 살리려고 중재에 나선
것이다."

이스라엘을 향하신 주님의 사랑

54 임신하지 못하고 아기를 낳지
못한 너는 노래하여라. 해산의
고통을 겪어 본 적이 없는 너는
환성을 올리며 소리를 높여라. 아
이를 못 낳아 버림받은 여인이 남
편과 함께 사는 여인보다 더 많은
자녀를 볼 것이다. 주님께서 하신
말씀이다.
2 너의 장막 터를 넓혀라. 장막의
휘장을 아끼지 말고 펴라.
너의 장막 줄을 길게 늘이고 말
뚝을 단단히 박아라.
3 네가 좌우로 퍼져 나가고, 너의 자
손이 이방 나라들을 차지할 것이
며, 황폐한 성읍들마다 주민들이
가득할 것이다.
4 두려워하지 말아라! 네가 이제
는 수치를 당하지 않을 것이다. 당
황하지 말아라! 네가 부끄러움을
당하는 일이 없을 것이다. 젊은 시
절의 수치를 잊으며, 과부 시절의
치욕을 네가 다시는 기억하지 않
을 것이다.
5 너를 지으신 분께서 너의 남편
이 되실 것이다. 그분의 이름은
만군의 주님이시다. 너를 구속하
신 분은 이스라엘의 거룩하신 하

정한 재판을 받아 십자가 처형을 당하셨다.

53:10 하나님의 의로운 종이 죄가 없으심에도 주님께서는 그를 상하게 하셨다. 본절은 그리스도의 고난의 궁극적 원인이 하나님 자신에게 있음을 밝히고 있다.

53:11 자기의 지식으로 원문을 직역하면 '그의 지식으로' 또는 '그분을 앎으로'이다. 그 자신이 소유한 지식이 아니라 그가 의롭게 하고자 하는 사람들이 소유한 지식을 가리키는 것이다.

54장 요약 이사야는 본장에서 이스라엘의 회복에 대해 예언한다. 전후 문맥에 비추어 볼 때 이스라엘의 회복은 어디까지나 하나님의 은혜, 곧 메시아의 대속 사역으로 인해 주어지는 것임을 알 수 있다.

㉠ 사해 사본에는 '부자와 함께 들어 갈 묘실을 마련하였다' ㉡ 사해 사본과 칠십인역을 따름. 마소라 본문에는 '그는 고난의 결과를 보고 만족할 것이다'

나님이시다. 그분은 온 세상의 하
나님으로 불릴 것이다.
6 버림을 받아서 마음이 아픈 너
를, 주님께서 부르신다. 젊은 나이
에 아내가 되었다가 버림받은 너
를, 주님께서 부르신다.
너의 하나님께서 말씀하신다.
7 "내가 잠시 너를 버렸으나, 큰 긍
휼로 너를 다시 불러들이겠다.
8 분노가 북받쳐서 나의 얼굴을 너
에게서 잠시 가렸으나 나의 영원한
사랑으로 너에게 긍휼을 베풀겠
다. 너의 속량자인 나 주의 말이
다.
9 노아 때에, 다시는 땅을 홍수로 멸
망시키지 않겠다고 내가 약속하였
다. 이제, 나는 너에게 노하지 않
겠다고 약속한다. 너를 꾸짖거나
벌하지 않겠다.
10 비록 산들이 옮겨지고 언덕이 흔
들린다 하여도, 나의 은총이 너에
게서 떠나지 않으며, 평화의 언약
을 파기하지 않겠다." 너를 가엾게
여기는 주님께서 하시는 말씀이
다.

미래의 예루살렘

11 너, 고난을 당하고 광풍에 시달
려도 위로를 받지 못한 예루살렘
아, 이제 내가 홍옥으로 벽을 쌓
고, 청옥으로 성벽 기초를 놓겠다.
12 홍보석으로 흉벽을 만들고, 석류
석으로 성문을 만들고, 보석으로
성벽 둘레를 꾸미겠다.
13 나 주가 너의 모든 아이를 제자로
삼아 가르치겠고, 너의 아이들은
번영과 평화를 누릴 것이다.
14 네가 공의의 터 위에 굳게 설 것이
며, 억압이 너에게서 멀어질 것이
니 너에게서는 두려움이 사라지고
공포 또한 사라져, 너에게 접근하
지 못할 것이다.
15 ㉠너를 공격하는 자들이 반드시
있겠지만, 그것은 내가 허락한 것
이 아니다. ㉡너를 공격하는 자는
누구든 너에게 패할 것이다.
16 "나는 대장장이를 창조하였다.
그는 숯불을 피워서 자기가 쓸 연
장을 만든다. 군인도 내가 창조하
였다. 그는 무기를 가지고 사람을
죽인다."
17 그러나 어떤 무기도 너를 상하
게 하지 못하고, 너에게 맞서서 송
사하려고 일어나 혀를 놀리는 자
를 네가 모두 논박할 것이다.
"나의 종들을 내가 이렇게 막아
주고, 그들이 승리를 차지하도록
하겠다." 주님께서 하신 말씀이다.

하나님의 자비

55 너희 모든 목마른 사람들아,
어서 물로 나오너라. 돈이 없는

54:4 젊은 시절의 수치 이집트에서 노예 생활하던 시기를 가리킬 것이다(참조. 렘 31:19). 과부 시절의 치욕 바빌론 포로기를 가리키는 듯하다.

54:11-12 회복된 하나님의 백성이 누리게 될 영광을 보석으로 꾸며진 아름다운 큰 건물에 비유하고 있다. 이런 묘사는 요한계시록의 새 예루살렘에 대한 묘사에 반영된다(계 21:10,18-21).

㉠ 또는 '그들이 분쟁을 일으키겠지만' 또는 '그들이 모이겠지만'
㉡ 또는 '분쟁을 일으키는 자는'

55장 요약 본장은 하나님께서 세상의 모든 사람을 구원으로 초대하시는 말씀이다. 하나님은 먼저 죄인인 인간에게 영적 각성을 촉구하시면서 하나님께로 빨리 돌아올 것을 촉구하셨다. 그리고 하나님은 자신이 회개하면 반드시 용서해 주시는 신실한 분이심을 강조하셨다(민 23:19).

55:1 목마른 사람들 사람은 하나님 앞에서 자신의

사람도 오너라. 너희는 와서 사서
먹되, 돈도 내지 말고 값도 지불하
지 말고 포도주와 젖을 사거라.
2 어찌하여 너희는 양식을 얻지도
못하면서 돈을 지불하며, 배부르
게 하여 주지도 못하는데, 그것
때문에 수고하느냐?
"들어라, 내가 하는 말을 들어
라. 그리하면 너희가 좋은 것을 먹
으며, 기름진 것으로 너희 마음이
즐거울 것이다.
3 너희는 귀를 기울이고, 나에게 와
서 들어라. 그러면 너희 영혼이 살
것이다. 내가 너희와 영원한 언약
을 맺겠으니, 이것은 곧 다윗에게
베푼 나의 확실한 은혜다.
4 내가 그를 많은 민족 앞에 증인으
로 세웠고, 많은 민족들의 ㉠인도
자와 명령자로 삼았다."
5 네가 알지 못하는 나라를 네가
부를 것이며, 너를 알지 못하는
나라가 너에게 달려올 것이니, 이
는 주 너의 하나님, 이스라엘의 거
룩하신 하나님께서 너를 영화롭
게 하시기 때문이다.
6 너희는, 만날 수 있을 때에 주님
을 찾아라. 너희는, 가까이 계실
때에 주님을 불러라.
7 악한 자는 그 길을 버리고, 불의
한 자는 그 생각을 버리고, 주님
께 돌아오너라. 주님께서 그에게
긍휼을 베푸실 것이다. 우리의 하
나님께로 돌아오너라. 주님께서
너그럽게 용서하여 주실 것이다.
8 "나의 생각은 너희의 생각과 다
르며, 너희의 길은 나의 길과 다르
다." 주님께서 하신 말씀이다.
9 "하늘이 땅보다 높듯이, 나의 길
은 너희의 길보다 높으며, 나의 생
각은 너희의 생각보다 높다.
10 비와 눈이 하늘에서 내려서, 땅을
적셔서 싹이 돋아 열매를 맺게 하
고, 씨뿌리는 사람에게 씨앗을 주
고, 사람에게 먹거리를 주고 나서
야, 그 근원으로 돌아가는 것처럼,
11 나의 입에서 나가는 말도, 내가 뜻
하는 바를 이루고 나서야, 내가
하라고 보낸 일을 성취하고 나서
야, 나에게로 돌아올 것이다."
12 참으로 너희는 기뻐하면서 바빌
론을 떠날 것이며, 평안히 인도받
아 나아올 것이다. 산과 언덕이 너
희 앞에서 소리 높여 노래하며, 들
의 모든 나무가 손뼉을 칠 것이다.
13 가시나무가 자라던 곳에는 잣
나무가 자랄 것이며, 찔레나무가
자라던 곳에는 화석류가 자랄 것
이다. 이것은 영원토록 남아 있어
서, 주님께서 하신 일을 증언할 것
이다.

힘으로 삶의 갈증을 해소할 수 없다. 이 점을 인식하는 사람, 곧 영적 갈증을 느끼는 사람들을 뜻한다.

55:3 영원한 언약 다윗은 영원한 왕조를 약속받았고, 그 왕조는 메시아에서 정점을 이룰 것이다(9:7;54:10;61:8;삼하 7:14–16). 확실한 은혜 하나님께서 다윗에게 약속하신 하나님의 나라가 계속될 것이라는 말씀이다(참조. 행 13:34).

55:6–11 이사야는 이스라엘의 영적 게으름을 꾸짖는다. 영적 태만에서 벗어나 하나님께 돌아오는 자들은 하나님께서 용서해 주신다는 것이다. 8절 이하는 이를 의심하는 자들에게 주는 메시지이다. 사람들은 자기를 배반하고 상처 입힌 자들을 용서하기 힘들지만, 하나님의 긍휼하심은 이를 용서하실 수 있다는 것이다.

55:13 화석류 가지가 많은 상록 관목수로, 히브리 사람들에게는 평화와 감사를 상징한다.

㉠ 또는 '왕과'

모든 민족이 하나님의 백성이 될 것이다

56 주님께서 말씀하신다. "너희는
공평을 지키며 공의를 행하여
라. 나의 구원이 가까이 왔고, 나
의 의가 곧 나타날 것이다."
2 공평을 지키고 공의를 철저히
지키는 사람은 복이 있다.
안식일을 지켜서 더럽히지 않는
사람, 그 어떤 악행에도 손을 대지
않는 사람은 복이 있다.
3 이방 사람이라도 주님께로 온
사람은 '주님께서 나를 당신의 백
성과는 차별하신다' 하고 말하지
못하게 하여라.
고자라도 '나는 마른 장작에 지
나지 않는다' 하고 말하지 못하게
하여라.
4 이러한 사람들에게 주님께서 이
렇게 말씀하신다. "비록 고자라
하더라도, 나의 안식일을 지키고,
나를 기쁘게 하는 일을 하고, 나
의 언약을 철저히 지키면,
5 그들의 이름이 나의 성전과 나의
성벽 안에서 영원히 기억되도록
하겠다. 아들딸을 두어서 이름을
남기는 것보다 더 낫게 하여 주겠
다. 그들의 이름이 잊혀지지 않도
록, 영원한 명성을 그들에게 주겠
다."
6 주님을 섬기려고 하는 이방 사
람들은, 주님의 이름을 사랑하여
주님의 종이 되어라.
"안식일을 지켜 더럽히지 않고,
나의 언약을 철저히 지키는 이방
사람들은,
7 내가 그들을 나의 거룩한 산으로
인도하여, 기도하는 내 집에서 기
쁨을 누리게 하겠다. 또한 그들이
내 제단 위에 바친 번제물과 희생
제물들을 내가 기꺼이 받을 것이
니, 나의 집은 만민이 모여 기도하
는 집이라고 불릴 것이다."
8 쫓겨난 이스라엘 사람을 모으
시는 주 하나님께서 말씀하신다.
"내가 이미 나에게로 모아 들인
사람들 외에 또 더 모아 들이겠
다."

지도자들을 규탄하시다

9 들짐승들아, 와서 나의 백성을
잡아먹어라. 숲 속의 짐승들아, 와
서 나의 백성을 삼켜라.
10 백성을 지키는 파수꾼이라는 것
들은 눈이 멀어서 살피지도 못한
다. 지도자가 되어 망을 보라고 하
였더니, 벙어리 개가 되어서 야수
가 와도 짖지도 못한다. 기껏 한다
는 것이 꿈이나 꾸고, 늘어지게 누
워서 잠자기나 좋아한다.
11 지도자라는 것들은 굶주린 개
처럼 그렇게 먹고도 만족할 줄을

56장 요약 본장 전반부에는 구원받을 사람의 자격이 언급되어 있다. 하나님의 구원은 이스라엘 사람과 이방 사람에 관계없이 하나님의 초대에 응하는 자, 하나님의 말씀에 순복하는 자들에게 주어진다. 본장 후반부에는 유다 지도자들의 타락상이 지적되어 있다.

56:1-8 1-2절은 율법 전체를 요약한 말이다. 구원의 소망을 가진 자들이 해야 할 일은 하나님의 율법을 잘 지키는 일이다. 구원의 소망은 하나님을 섬기는 자 모두에게 있다.

56:9-12 이스라엘의 지도자들인 예언자들과 제사장들의 부패상을 묘사하였다. 예언자들과 제사장들은 참된 인도자로서의 역할은 다하지 못하고 도리어 향락과 탐심에 빠져서 이스라엘의 죄악을 똑바로 지적해 주지 못하였다.

56:10 **파수꾼** 나라의 임박한 위험을 경고하는 자들을 말한다.

모른다. 백성을 지키는 지도자가
되어서도 분별력이 없다. 모두들
저 좋을 대로만 하고 저마다 제
배만 채운다.
12 그 도적들이 입은 살아서 "오너
라, ㉠우리가 술을 가져 올 터이니,
독한 것으로 취하도록 마시자. 내
일도 오늘처럼 마시자. 아니, 더 실
컷 마시자" 하는구나.

우상숭배를 규탄하시다

57 의인이 ㉡망해도 그것을 마음
에 두는 자가 없고, ㉢경건한 사
람이 이 세상을 떠나도 그 뜻을
깨닫는 자가 없다. 의인이 세상을
떠나는 것은, 실상은 재앙을 피하
여 가는 것이다.
2 그는 평화로운 곳으로 들어가
는 것이다. 바른길을 걷는 사람은
자기 침상 위에 편히 누울 것이다.
3 너희 점쟁이의 자식들아, 간통
하는 자와 창녀의 씨들아, 이리 가
까이 오너라.
4 너희가 누구를 조롱하는 거냐?
너희가 누구에게 입을 크게 벌리
고 혀를 내미느냐? 너희는 거역하
는 자의 자식, 거짓말쟁이의 종자
가 아니냐?
5 너희는 ㉣상수리나무 사이에서,
모든 푸른 나무 아래에서, 정욕에
불타 바람을 피우며, 골짜기 가운
데서, 갈라진 바위 밑에서, 자식들
을 죽여 제물로 바쳤다.
6 너는 골짜기의 매끈한 돌들을
가져다가, 그것들을 신으로 떠받
들었다. 네가 그것들에게 술을 부
어 바치고, 또 곡식제물을 바쳤다.
"내가 너희의 그런 꼴을 보았으
니, 내가 어찌 기뻐하겠느냐?"
7 너는 또 저 우뚝 솟은 높은 산
위에 올라가서, 거기에다 자리를
깔았다. 거기에서 제사를 지냈다.
8 "너의 집 문과 문설주 뒤에는
우상을 세워 놓았다. 너는 나를
버리고 떠나서, 옷을 다 벗고, 네
가 좋아하는 자들과 함께 알몸으
로 침상에 올라가 자리를 넓게 폈
다. 너는 그들과 함께 자려고 화대
를 지불하고, 거기에서 정욕을 불
태웠다.
9 너는 또 ㉤몰렉에게 가려고, 몸에
기름을 바르고 향수를 듬뿍 뿌렸
다. 섬길 신들을 찾느라고 먼 나
라에 ㉥사신들을 보내고, ㉦스올에
까지 사절을 내려 보냈다.
10 신들을 찾아 나선 여행길이 고되
어서 지쳤으면서도, 너는 '헛수고'
라고 말하지 않는구나. 오히려 너
는 우상들이 너에게 새 힘을 주어
서 지치지 않았다고 생각하는구
나.

57장 요약 본장은 이스라엘 백성들의 타락상을 지적하는 내용이고 대표적인 죄악은 우상을 섬긴 영적 간음 행위였다. 심판의 메시지에 이어 하나님의 책망을 겸허히 받아 회개하는 사람들을 하나님이 용납하시고 관계를 회복시켜 주신다는 소망의 메시지가 나온다.

57:1–2 이스라엘의 영적 무지에 대한 경고이다. 그들은 경건한 사람들이 일찍 죽는 것이 재앙이 임박했다는 뜻이라는 사실을 깨닫지 못하였다.

57:3–10 이 말씀은 이스라엘 안에 만연한 우상숭배에 대한 질책이다. 그들은 신앙의 순결을 지키지 않고 각종 우상 숭배에 빠져 있었다.

57:7 우뚝 솟은 높은 산 높은 산(렘 3:6) 또는 산당(겔 16:16)이라고도 한다.

㉠ 사해 사본과 시리아어역과 불가타와 타르굼을 따름. 마소라 본문에는 '내가' ㉡ 또는 '죽어도' ㉢ 또는 '자비한 사람이' ㉣ 또는 '우상으로 더불어' ㉤ 또는 '왕에게' ㉥ 또는 '우상들을' ㉦ 또는 '무덤' 또는 '죽음'

11 네가 그처럼 무서워하는 신들
이 누구냐? 도대체 그 신들이 얼
마나 무서우면, 나를 속이면서까
지, 나를 까마득히 잊어가면서까
지, 그 신들에게 매달리느냐? 내
가 오랫동안 침묵하고 있었다고,
네가 나를 경외하지 않는 것이냐?
12 너는 네가 하는 일이 다 옳다고
생각하겠지만, 네가 한 일을 내가
다 폭로할 것이니, 너의 우상들이
너를 돕지 못할 것이다.
13 너의 우상들에게 살려 달라고 부
르짖어 보아라. 오히려 바람이 우
상들을 날려 버릴 것이며, 입김이
그것들을 쓸어 버릴 것이다. 그러
나 나에게로 피하여 오는 사람은,
땅을 차지하여 거기에서 살고, 나
의 거룩한 성전에서 나를 예배할
것이다."

도우시고 고치시겠다고 하신 약속

14 "내가 말한다. 땅을 돋우고 돋
우어서 길을 내어라. 나의 백성이
걷는 길에 거치는 것이 없게 하여
라."
15 지극히 높으신 분, ㉠영원히 살
아 계시며, 거룩한 이름을 가지신
분께서, 이렇게 말씀하신다. "내가
비록 높고 거룩한 곳에 있으나, 겸
손한 사람과도 함께 있고, 잘못을
뉘우치고 회개하는 사람과도 함
께 있다. 겸손한 사람과 함께 있으
면서 그들에게 용기를 북돋우어
주고, 회개하는 사람과 같이 있으
면서 그들의 상한 마음을 아물게
하여 준다.
16 나는 사람들과 끝없이 다투지만
은 않는다. 한없이 분을 품지도 않
는다. 사람에게 생명을 준 것이 나
인데, 내가 그들과 끝없이 다투고
한없이 분을 품고 있으면, 사람이
어찌 견디겠느냐?
17 사람의 탐욕스러운 죄 때문에 내
가 노하여 그들을 쳤고, 내가 노
하여 나의 얼굴을 가렸다. 그래도
그들은 끝내 나를 거역하고 제 마
음에 내키는 길로 가버렸다.
18 사람의 소행이 어떠한지, 내가 보
아서 다 알고 있다. 그러나 나는
그들을 고쳐 주겠다. 그들을 인도
하여 주며, 도와주겠다. 슬퍼하는
사람들을 위로하여 주겠다.
19 이제 내가 말로 평화를 창조한다.
먼 곳에 있는 사람과 가까운 곳에
있는 사람에게 평화, 평화가 있어
라." 주님께서 약속하신다. "내가
너를 고쳐 주마."
20 그러나 악인들은 요동하는 바
다와 같아서 고요히 쉬지 못하니,
성난 바다는 진흙과 더러운 것을
솟아 올릴 뿐이다.

57:9 몰렉 암몬 사람의 신이다. 이 우상을 섬길 때, 자녀를 불 속으로 통과하게 하는 제사 의식을 행했다(레 18:21;20:2-5).

57:11-13 우상의 허무함 이스라엘 백성들은 우상 숭배에 빠져서 하나님을 잊어버렸으나 하나님은 유다 백성의 허물에 대해 즉시 심판하지 않으시고 오랫동안 참으셨다. 그러나 그들은 하나님의 인내하심을 오해했다.

57:14-21 우상 숭배에서 떠나 하나님께로 돌아오는 사람들을 위로하는 메시지이다. 비록 이스라엘이 가나안 땅에서 쫓겨나 바빌론으로 추방된다 할지라도, 하나님께서 반드시 그들을 다시 돌아오게 하실 것이라고 굳게 약속한다. 이러한 약속은 그들이 포로 생활로 고통을 당할 때 낙심하거나 신앙을 버리지 않도록 하기 위함이었다.

57:17 거역 이치에 어긋나게 악하고 모질어 순종하지 않고 거스르는 것을 말한다.

㉠ 또는 '보좌에 앉아 계시는 이'

21 나의 하나님께서 말씀하신다.
"악인들에게는 평화가 없다."

참 금식

58 "목소리를 크게 내어 힘껏 외
쳐라. 주저하지 말아라. 너의 목
소리를 나팔 소리처럼 높여서 나
의 백성에게 그들의 허물을 알리
고, 야곱의 집에 그들의 죄를 알려
라.
2 그들이 마치 공의를 행하고 하나
님의 규례를 저버리지 않는 민족
이나 되듯이, 날마다 나를 찾으
며, 나의 길을 알기를 좋아한다.
그들은 무엇이 공의로운 판단인
가를 나에게 묻고, 하나님께 가까
이 나가기를 즐거워한다고 한다."
3 주님께서 보시지도 않는데, 우
리가 무엇 때문에 금식을 합니까?
주님께서 알아 주시지도 않는데,
우리가 무엇 때문에 고행을 하겠
습니까?
너희들이 금식하는 날, 너희 자
신의 향락만을 찾고, 일꾼들에게
는 무리하게 일을 시킨다.
4 너희가 다투고 싸우면서, 금식
을 하는구나. 이렇게 못된 주먹질
이나 하려고 금식을 하느냐? 너희
의 목소리를 저 높은 곳에 들리게
할 생각이 있다면, 오늘과 같은 이
런 금식을 해서는 안 된다.
5 "이것이 어찌 내가 기뻐하는 금
식이겠느냐? 이것이 어찌 사람이
통회하며 괴로워하는 날이 되겠느
냐?"
머리를 갈대처럼 숙이고 굵은
베와 재를 깔고 앉는다고 해서 어
찌 이것을 금식이라고 하겠으며,
주님께서 너희를 기쁘게 반기실
날이라고 할 수 있겠느냐?
6 "내가 기뻐하는 금식은, 부당한
결박을 풀어 주는 것, 멍에의 줄
을 끌러 주는 것, 압제받는 사람
을 놓아 주는 것, 모든 멍에를 꺾
어 버리는 것, 바로 이런 것들이
아니냐?"
7 또한 굶주린 사람에게 너의 먹
거리를 나누어 주는 것, 떠도는
불쌍한 사람을 집에 맞아들이는
것이 아니겠느냐?
헐벗은 사람을 보았을 때에 그
에게 옷을 입혀 주는 것, 너의 골
육을 피하여 숨지 않는 것이 아니
겠느냐?
8 그리하면 네 빛이 새벽 햇살처럼
비칠 것이며, 네 상처가 빨리 나을
것이다.
네 의를 드러내실 분이 네 앞에
가실 것이며, 주님의 영광이 네 뒤
에서 호위할 것이다.
9 그 때에 네가 주님을 부르면 주

58장 요약 58-66장은 하나님께서 택한 백성들의 영광스러운 장래에 대한 예언이다. 이사야는 이스라엘 백성의 위선적인 예배 행위를 책망하고 하나님이 원하시는 금식, 안식일 준수란 어떤 것인지를 가르치면서 가난한 이웃들을 돌아보며 일상에서 의롭고 순결한 삶에 힘써야 한다고 말하고 있다.

58:1-2 58장은 '위선적인 이스라엘의 예배'에 대해 지적한다. 2절은 예배와 생활의 불일치에 대해 언급한다.

58:3-12 본절은 이사야 당시의 상황을 묘사한 것이다. 유다 백성들은 금식을 하면서 실제 생활 속에서는 쾌락을 추구하고 가난한 사람들을 멸시하며 자기 욕심을 채우기 위해 싸움질을 했다. 그들은 오직 금식이라는 의식(儀式)만을 중요하게 여겼다. 그러나 하나님께서 원하시는 금식은, 불쌍하고 가난한 사람들을 돌보는 삶이 함께 수

님께서 응답하실 것이다.
네가 부르짖을 때에, 주님께서
'내가 여기에 있다' 하고 대답하실
것이다.
네가 너의 나라에서 무거운 멍
에와 온갖 폭력과 폭언을 없애 버
린다면,
10 네가 너의 정성을 굶주린 사람
에게 쏟으며, 불쌍한 자의 소원을
충족시켜 주면, 너의 빛이 어둠
가운데서 나타나며, 캄캄한 밤이
오히려 대낮같이 될 것이다.
11 주님께서 너를 늘 인도하시고,
메마른 곳에서도 너의 영혼을 충
족시켜 주시며, 너의 뼈마디에 원
기를 주실 것이다.
너는 마치 물 댄 동산처럼 되
고, 물이 끊어지지 않는 샘처럼
될 것이다.
12 너의 백성이 해묵은 폐허에서 성
읍을 재건하며, 대대로 버려 두었
던 기초를 다시 쌓을 것이다.
사람들은 너를 두고 "갈라진 벽
을 고친 왕!" "길거리를 고쳐 사람
이 살 수 있도록 한 왕!" 이라고
부를 것이다.

안식일을 지키는 보상

13 "유다야, 네가 안식일에 발길을
삼가 여행을 하지 않으며, 나의 거
룩한 날에 너의 쾌락을 일삼지 않
으며, 안식일을 '즐거운 날'이라고
부르며, 주의 거룩한 날을 '존귀한
날'이라고 한다면, 그리고 이 날을
귀하게 여겨서, 네 멋대로 하지 않
으며, 너 자신의 쾌락을 찾지 않으
며, 함부로 말하지 않으면,
14 그 때에 너는 주 안에서 즐거움을
얻을 것이다. 내가 너를 땅에서 영
화롭게 하고, 너의 조상 야곱의
유산을 먹고 살도록 하겠다." 이것
은 주님께서 친히 하신 말씀이다.

예언자가 백성의 죄를 규탄하다

59 주님의 손이 짧아서 구원하지
못하시는 것도 아니고, 주님의
귀가 어두워서 듣지 못하시는 것
도 아니다.
2 오직, 너희 죄악이 너희와 너희
의 하나님 사이를 갈라놓았고, 너
희의 죄 때문에 주님께서 너희에
게서 얼굴을 돌리셔서, 너희의 말
을 듣지 않으실 뿐이다.
3 너희의 손이 피로 더러워졌으
며, 너희의 손가락이 죄악으로 더
러워졌고, 너희의 입술이 거짓말
을 하며, 너희의 혀가 악독한 말을
하기 때문이다.
4 공의로써 소송을 제기하는 사
람이 아무도 없고, 진실되게 재판
하는 사람이 하나도 없다.
헛된 것을 믿고 거짓을 말하며,

반되는 금식이다. 의식적인 행위가 실제 생활과 분리되면 아무런 소용이 없다. 이사야는 유다 백성들을 격려하기 위해, 참된 금식을 행할 때 찾아오는 놀라운 축복들을 열거하였다.

58:12 후손들이 재난으로 무너진 예루살렘 성을 다시 재건할 것이라고 한다(44:26,28;61:4). 느헤미야는 예루살렘 성을 재건했다(느 2:17).

58:13-14 안식일을 참되게 지키는 문제에 대해 지적한다.

59장 요약 본장에서 이사야는 인간 상호 간의 관계에서 이스라엘 백성이 저지른 죄악을 지적하면서 회개를 촉구하고 있다. 인간은 아주 쉽게 죄악을 저지르기 때문에, 메시아의 대속 사역이 절대적으로 필요하다. 본장 후반부에는 이러한 맥락에서 주어진 메시아에 대한 하나님의 약속이 나온다.

59:1-8 유다가 계속 어려움을 당하는 근본적인

해로운 생각을 품고서, 죄를 짓
는다.
5 그들은 독사의 알을 품고, 거미
줄로 옷감을 짠다. 그 알을 먹는
사람은 죽을 것이요, 그 알이 밟
혀서 터지면, 독사가 나올 것이다.
6 그들이 거미줄로 짠 것은 옷이
되지 못하고, 그들이 만든 것으로
는 아무도 몸을 덮지 못한다. 그
들이 하는 일이란 죄악을 저지르
는 것뿐이며, 그들의 손에는 폭행
만 있다.
7 그들의 발은 나쁜 일을 하는 데
빠르고, 죄 없는 사람을 죽이는
일에 신속하다. 그들의 생각이란
죄악으로 가득 차 있을 뿐이며, 그
들이 가는 길에는 황폐와 파멸이
있을 뿐이다.
8 그들은 안전한 길을 알지 못하
며 그들이 가는 길에는 공평이 없
다. 스스로 길을 굽게 만드니, 그
길을 걷는 모든 사람에게 안전이
없다.

백성이 죄를 고백하다

9 그러므로 공평이 우리에게서 멀
고, 공의가 우리에게 미치지 못한
다. 우리가 빛을 바라나, 어둠뿐이
며, 밝음을 바라나, 암흑 속을 걸
을 뿐이다.
10 우리는 앞을 못 보는 사람처럼 담
을 더듬고, 눈먼 사람처럼 더듬고
다닌다. 대낮에도 우리가 밤길을
걸을 때처럼 넘어지니, 몸이 건강
하다고 하나 죽은 사람과 다를 바
없다.
11 우리 모두가 곰처럼 부르짖고, 비
둘기처럼 슬피 울며, 공평을 바라
지만 공평이 없고, 구원을 바라지
만 그 구원이 우리에게서 멀다.
12 주님, 주님께 지은 우리의 죄가
매우 많습니다. 우리의 죄가 우리
를 고발합니다. 우리가 지은 죄를
우리가 발뺌할 수 없으며, 우리의
죄를 우리가 잘 압니다.
13 우리가 죄를 짓고 주님을 부정하
였습니다. 우리의 하나님께 등을
돌리고 물러가서, 포학한 말과 거
역하는 말을 하면서, 거짓말을 마
음에 품었고, 또 실제로 거짓말을
하였습니다.
14 그래서 공평이 뒤로 밀려나고 공
의가 멀어졌으며, 성실이 땅바닥
에 떨어졌고, 정직이 발붙이지 못
합니다.
15 성실이 사라지니, 악에서 떠난 자
가 오히려 약탈을 당합니다.

주님께서 백성을 건져내려고 하시다

주님께서 이것을 보셨다. 공평
이 없는 것을 보시고 슬퍼하셨다.
16 압박받는 사람을 도우려는 사

원인을 밝힌다. 하나님의 능력이 부족하거나 그들의 말을 듣지 못해서가 아니라 그들이 지은 죄악 때문이었다. 그들의 죄악은 구체적으로 부유층들이 *일반 백성*들을 상대로 잔인·토색·횡포 등을 행하는 것과, 재판하는 자들이 하나님의 율법을 무시한 채로 판결하는 것이었다. 유다의 타락은 부유층과 지도자들의 책임이 매우 컸다. 유다의 지도자들은 마음속으로 악한 일만 궁리했다. 이사야는 이러한 죄악 때문에 유다의 평화가 깨어지고 환난 속에 빠져 있음을 전파하였다.

59:5 독사의 알을 품고 이 비유는 악을 행하는 자들이 다른 사람에게 치명적인 해를 끼치는 죄악을 마음에 품는 것을 뜻한다. 5절 하반절에는 악한 마음의 결과를 말하고 있다.

59:9-15 이사야는 자신을 백성들과 한데 묶어서 유다의 비참한 상태를 한탄하였다. 특별히 백성들의 죄악을 자신이 범죄한 것처럼 고백하였다.

59:10 본절은 하나님께서 비추시는 빛이 없으므

람이 없음을 보시고, 중재자가 없
음을 보시고, 주님께서는 놀라셨
다. 주님께서는 직접, 억압받는 사
람들을 구원하시려고, 반드시 공
의를 이루시려고, 당신의 능력을
친히 발휘하실 것이다.
17 주님께서 공의를 갑옷으로 입으
시고, 구원의 투구를 머리에 쓰셨
다.
응징을 속옷으로 입으셨다. 열
심을 겉옷으로 입으셨다.
18 그들이 한 대로 갚으신다. 적들
에게 진노하시며, 원수들에게 보
복하신다.
섬들에게도 보복하신다.
19 해 지는 곳에서 주님의 이름을 두
려워하며, 해 뜨는 곳에서 주님의
영광을 두려워할 것이다.
원수가 강물처럼 몰려오겠으나,
주님의 영이 그들을 물리치실 것
이다.
20 주님께서 시온에 속량자로 오시
고, 야곱의 자손 가운데서 죄를
회개한 사람들에게 오신다. 주님
께서 하신 말씀이다.
21 주님께서 말씀하신다. "내가 그
들과 맺은 나의 언약은 이러하다.
너의 위에 있는 나의 영과 너의 입
에 담긴 나의 말이, 이제부터 영원
토록, 너의 입과 너의 자손의 입과
또 그 자손의 자손의 입에서 떠나
지 않을 것이다." 주님께서 하신
말씀이다.

예루살렘이 장차 받을 영광

60 예루살렘아, 일어나서 빛을 비
추어라. 구원의 빛이 너에게 비
치었으며, 주님의 영광이 아침 해
처럼 너의 위에 떠올랐다.
2 어둠이 땅을 덮으며, 짙은 어둠
이 민족들을 덮을 것이다. 그러나
오직 너의 위에는 주님께서 아침
해처럼 떠오르시며, 그의 영광이
너의 위에 나타날 것이다.
3 이방 나라들이 너의 빛을 보고
찾아오고, 뭇 왕이 떠오르는 너의
광명을 보고, 너에게로 올 것이다.
4 눈을 들어 사방을 둘러보아라.
그들이 모두 모여 너에게로 오고
있다. 너의 아들들이 먼 곳으로부
터 오며, 너의 딸들이 팔에 안겨서
올 것이다.
5 그 때에 이것을 보는 너의 얼굴
에는 기쁨이 넘치고, 흥분한 너의
가슴은 설레고, 기쁨에 벅찬 가슴
은 터질 듯 할 것이다. 풍부한 재
물이 뱃길로 너에게로 오며, 이방
나라의 재산이 너에게로 들어올
것이다.
6 많은 낙타들이 너의 땅을 덮을
것이며, 미디안과 에바의 어린 낙

로 모든 사람이 어둠 가운데 있음을 뜻한다. 인간은 하나님의 확실한 인도하심이 없으면 영적 암흑 상태에 빠져 나아갈 바를 알지 못하고 방황하게 된다.

59:16-21 하나님께서는 인류 가운데 어느 누구도 구원 문제에 개입할 사람이 없음을 아시고, 시온에 한 속량자를 보내어 하나님의 구원을 이루실 것이다. 그 속량자는 모든 원수들을 물리치실 것이다.

60장 요약 본장은 어둠 속에 살던 세상 모든 사람들이 장차 하나님께로 나아와 시온을 영화롭게 재건하리라는 예언이다. 이것은 당시 환난 중에 처해 있던 이스라엘의 경건한 자들에게 소망을 주기 위함이었지만, 궁극적으로는 이 세상 끝 날에 완성될 메시아 왕국에 대한 예언이다.

60:1-2 시온에 구원과 번영이 임했으므로 하나

타가 너의 땅을 뒤덮을 것이다. 스
바의 모든 사람이 금과 유향을 가
지고 와서, 주님께서 하신 일을 찬
양할 것이다.
7 게달의 모든 양 떼가 다 너에게
로 모여들며, 네가 느바욧의 숫양
들을 제물로 쓸 것이다.
"내가 내 성전을 이전보다 더욱
영화롭게 할 때에, 이것들이 내 제
단 위에 합당한 제물로 오를 것이
다."
8 저기, 구름 떼처럼 몰려오는 저
사람들이 누구냐? 제 보금자리로
돌아오는 비둘기처럼 날아오는 저
사람들이 누구냐?
9 너의 자녀들이 온다. 섬들이 나
를 사모하며, 다시스의 배들이 맨
먼저 먼 곳에 있는 너의 자녀들을
데리고 온다. 그들이, 주 너의 하
나님의 이름을 높이려고, 이스라
엘의 거룩하신 하나님께 드리려
고, 은과 금을 함께 싣고 온다. 주
님께서 너를 영화롭게 하셨기 때
문이다.
10 이방 자손이 너의 성벽을 쌓으며,
그들의 왕들이 너를 섬길 것이다.
"비록 내가 진노하여 너를 쳤으
나, 이제 내가 은혜를 베풀어서 너
를 불쌍히 여기겠다."
11 너의 성문은 언제나 열려 있어
서, 밤낮으로 닫히지 않을 것이다.
이방 나라의 재물이 이 문을 지나
너에게로 오며, 이방 왕들이 사로
잡혀서 너에게로 끌려올 것이다.
12 너를 섬기지 않는 민족과 나라는
망하고, 그런 이방 나라들은 반드
시 황폐해질 것이다.
13 "레바논의 자랑인 잣나무와 소
나무와 회양목이 함께 너에게로
올 것이다. 그 나무가 나의 성전
터를 아름답게 꾸밀 것이니, 이렇
게 하여서 내가 나의 발 둘 곳을
영화롭게 하겠다."
14 너를 괴롭히던 자들의 자손이
몸을 굽히고 너에게 나아오며, 너
를 멸시하던 자들이 모두 너의 발
아래에 엎드려서, 너를 '주님의 도
성'이라고 부르고, '이스라엘의 거
룩하신 분의 시온'이라고 부를 것
이다.
15 "비록 네가 전에는 버림을 받고
미움을 받아서, 너의 옆으로 오는
사람이 없었으나, 이제는 내가 길
이길이 너를 높이고, 너를 오고오
는 세대 사람들에게 기쁨이 되게
하겠다.
16 네가 이방 나라들의 젖을 빨며,
뭇 왕의 젖을 빨아먹을 것이니, 이
것으로써, 너는 나 주가 너의 구원
자이며, 너의 속량자요, 야곱의 전

님은 시온을 향해 그 구원을 전파하라고 말씀하신다. 예언자는 하나님의 구원이 없는 세상을 짙은 어둠으로 비유하였다. 시온은 어두운 암흑 세상에 구원을 전파하는 중심지를 뜻한다.

60:3–9 짙은 어둠 속에 거주하던 온 세상 사람들이 시온의 외침을 듣고 하나님의 집으로 모여들 것이다. 곧 택한 백성들이 세계 각처에서 하나님께 나아온다는 뜻이다. 이사야는 특별히 당대 사람들이 잘 이해할 수 있는 비유로 설명하였다 (6–7절).

60:10–14 일차적으로는 바빌론에서 예루살렘으로 귀환한 이후에 재건될 스룹바벨 성전에 관한 예언이지만, 궁극적으로는 이방의 신자들을 통한 교회 형성을 가리키고 있다.

60:15–22 과거에 황폐하게 된 시온의 운명과 미래의 영광스러운 모습이 대조되어 있다. 장래에 영광을 누리게 될 시온 성의 가장 큰 특징은 '너의 백성이 모두 시민권을 얻는다'는 것이다(21절).

능자임을 알게 될 것이다."
17 내가 놋쇠 대신 금을 가져 오며,
철 대신 은을 가져 오며, 나무 대
신 놋쇠를 가져 오며, 돌 대신 철
을 가져 오겠다.
"내가 평화를 너의 감독자로 세
우며, 의를 너의 지배자로 세우겠
다."
18 다시는 너의 땅에서 폭행 소문
이 들려 오지 않을 것이며, 너의
국경 안에서는 황폐와 파괴 소문
이 들려오지 않을 것이다. 너는 너
의 성벽을 '구원'이라고 부르고, 너
의 성문을 '찬송'이라고 부를 것이
다.
19 해는 더 이상 낮을 밝히는 빛이
아니며, 달도 더 이상 ㉠밤을 밝히
는 빛이 아닐 것이다. 오직 주님께
서 너의 영원한 빛이 되시고, 하나
님께서 너의 영광이 되실 것이다.
20 주님께서 몸소 너의 영원한 빛
이 되시며, 네가 곡하는 날도 끝이
날 것이므로, 다시는 너의 해가 지
지 않으며, 다시는 너의 달이 이지
러지지 않을 것이다.
21 너의 백성이 모두 시민권을 얻
고, 땅을 영원히 차지할 것이다.
그들은 주님께서 심으신 나무
다. 주님의 영광을 나타내라고 만
든 주님의 작품이다.
22 그들 가운데서 가장 작은 이라
도 한 족속의 조상이 될 것이며,
가장 약한 이가 강한 나라를 이
룰 것이다.
"때가 되면, 나 주가 이 일을 지
체없이 이루겠다."

구원의 기쁜 소식

61 주님께서 나에게 기름을 부으
시니, 주 하나님의 영이 나에게
임하셨다. 주님께서 나를 보내셔
서, ㉡가난한 사람들에게 기쁜 소
식을 전하고, 상한 마음을 싸매어
주고, 포로에게 자유를 선포하고,
㉢갇힌 사람에게 석방을 선언하고,
2 주님의 은혜의 해와 우리 하나님
의 보복의 날을 선언하고, 모든 슬
퍼하는 사람들을 위로하게 하셨
다.
3 시온에서 슬퍼하는 사람들에게
재 대신에 화관을 씌워 주시며,
슬픔 대신에 기쁨의 기름을 발라
주시며, 괴로운 마음 대신에 찬송
이 마음에 가득 차게 하셨다.
그리하여 사람들은 그들을 가
리켜, 의의 나무, 주님께서 스스로
영광을 나타내시려고 손수 심으
신 나무라고 부른다.
4 그들은 오래 전에 황폐해진 곳
을 쌓으며, 오랫동안 무너져 있던
곳도 세울 것이다. 황폐한 성읍들

이 말은 오직 구원받은 사람들만이 그 곳에 살 것이라는 뜻이다(4:3;35:8;계 21:27).

60:22 가장 작은 이라도 한 족속의 조상이 되고, 가장 약한 이가 강한 나라를 이룰 것이라는 약속은 하나님이 아브라함과 맺으신 약속의 본질과 동일하다. 또한 레위기 26:8의 축복과도 같다.

㉠ 사해 사본과 칠십인역과 고대 라틴어역과 타르굼을 따름. 마소라 본문에는 '밤을'이 없음 ㉡ 또는 '겸손한 사람' ㉢ 칠십인역에는 '눈먼 사람'

61장 요약 본장은 메시아의 오심과 그분의 사역 결과, 하나님의 백성들이 누리게 될 영광에 대해 묘사하는 내용이다. 장차 이 땅에 오실 메시아는 가난하고 억울한 사람들에게 기쁜 소식을 전하시고 상한 마음을 싸매어 주시며 포로에게 자유를 선포하실 분이다.

61:1-3 본절의 일부는 예수님이 나사렛에서 강독하신 말씀이다(눅 4:16-19). 오실 메시아는 가난·

을 새로 세우며, 대대로 무너진 채
로 버려져 있던 곳을 다시 세울 것
이다.
5 낯선 사람들이 나서서 너희 양
떼를 먹이며, 다른 나라 사람들이
와서 너희의 농부와 포도원지기
가 될 것이다.
6 사람들은 너희를 '주님의 제사
장'이라고 부를 것이며, '우리 하나
님의 봉사자'라고 일컬을 것이다.
열방의 재물이 너희 것이 되어 너
희가 마음껏 쓸 것이고, 그들의
부귀영화가 바로 너의 것임을 너
희가 자랑할 것이다.
7 너희가 받은 수치를 갑절이나 보
상받으며, 부끄러움을 당한 대가
로 받은 몫을 기뻐할 것이다. 그러
므로 너희가 땅에서 갑절의 상속
을 받으며, 영원한 기쁨을 차지할
것이다.
8 "나 주는 공평을 사랑하고, 불
의와 약탈을 미워한다. 나는 그들
의 수고를 성실히 보상하여 주고,
그들과 영원한 언약을 세우겠다.
9 그들의 자손이 열방에 알려지며,
그들의 자손이 만민 가운데 알려
질 것이다. 그들을 보는 사람마다,
그들이 나 주의 복을 받은 자손임
을 인정할 것이다."
10 신랑에게 제사장의 관을 씌우
듯이, 신부를 패물로 단장시키듯
이, 주님께서 나에게 구원의 옷을
입혀 주시고, 의의 겉옷으로 둘러
주셨으니, 내가 주님 안에서 크게
기뻐하며, 내 영혼이 하나님 안에
서 즐거워할 것이다.
11 땅이 싹을 내며, 동산이 거기에 뿌
려진 것을 움트게 하듯이, 주 하
나님께서도 모든 나라 앞에서 의
와 찬송을 샘 솟듯이 솟아나게
하실 것이다.

62

1 시온의 의가 빛처럼 드러나
고, 예루살렘의 구원이 횃불처
럼 나타날 때까지, 시온을 격려해
야 하므로, 내가 잠잠하지 않겠고,
예루살렘이 구원받기까지 내가 쉬
지 않겠다.
2 이방 나라들이 네게서 의가 이
루어지는 것을 볼 것이다. 뭇 왕이
네가 받은 영광을 볼 것이다.
사람들이 너를 부를 때에, 주님
께서 네게 지어 주신 새 이름으로
부를 것이다.
3 또한 너는 주님의 손에 들려 있
는 아름다운 면류관이 될 것이며,
하나님의 손바닥에 놓여 있는 왕
관이 될 것이다.
4 다시는 어느 누구도 너를 두고
ⓣ'버림받은 자'라고 하지 않을 것
이며, 다시는 너의 땅을 일컬어

불행·억압으로부터 구원하시고 '은혜의 해'(희년)를 선포하실 것이며 먼저 인간의 병든 마음을 고쳐 하나님께 돌아오게 하며, 또 인간의 불행과 고통으로부터도 회복시키는 두 가지 측면이 있다.

61:3 의의 나무 하나님의 은혜로 회복된 사람을 비유적으로 표현한 것이다.

61:6 주님의 제사장 이스라엘은 거룩한 민족으로 열방 가운데 '제사장 나라'가 될 것이다(출 19:6).

ⓣ 히. '아주바'

62장 요약 본장에서 이사야는 반드시 영광스러운 메시아 왕국이 실현될 것과 성도들도 그 날이 속히 오도록 기도하여야 한다는 것, 하나님의 절대적인 보호와 사랑을 받게 되는 성도들의 영광은 아름답게 단장한 신부의 모습과 같다는 것을 강조한다.

62:1-5 메시아는 그의 백성이 영광을 누릴 때까지 사역을 쉬지 않으실 것이다(1절). 따라서 온 세

㉠'버림받은 아내'라고 하지 않을
것이다.
오직 너를 ㉡'하나님께서 좋아하
시는 여인'이라고 부르고, 네 땅을
㉢'결혼한 여인'이라고 부를 것이
니, 이는 주님께서 너를 좋아하시
며, 네 땅을 아내로 맞아 주는 신
랑과 같이 되실 것이기 때문이다.
5 총각이 처녀와 결혼하듯이, ㉣너
의 아들들이 너와 결혼하며, 신랑
이 신부를 반기듯이, 네 하나님께
서 너를 반기실 것이다.
6 예루살렘아, 내가 너의 성벽 위
에 파수꾼들을 세웠다. 그들은 밤
이나 낮이나 늘 잠잠하지 않을 것
이다.
주님께서 하신 약속을 늘 주님
께 상기시켜 드려야 할 너희는, 가
만히 있어서는 안 된다. 늘 상기시
켜 드려야 한다.
7 주님께서 예루살렘을 세우실
때까지 쉬시지 못하게 해야 한다.
또 예루살렘이 세상에서 칭송
을 받게 하시기까지, 주님께서 쉬
시지 못하게 해야 한다.
8 주님께서 그의 오른손 곧 그의
능력 있는 팔을 들어 맹세하셨다.
"내가 다시는 네 곡식을 네 원
수들의 식량으로 내주지 않겠다.
다시는 네가 수고하여 얻은 포도
주를 이방 사람들이 마시도록 내
주지 않겠다."
9 곡식을 거둔 사람이, 곡식을 빼
앗기지 않고 자기가 거둔 것을 먹
고, 주님을 찬송할 것이다. "거둔
사람이 자기가 거둔 것을 내 성소
뜰에서 마실 것이다."
10 나아가거라, 성 바깥으로 나아
가거라. 백성이 돌아올 길을 만들
어라. 큰길을 닦고 돌들을 없애어
라. 뭇 민족이 보도록 깃발을 올
려라.
11 보아라, 주님께서 땅 끝까지 선
포하신다.
딸 시온에게 일러주어라. 보아
라, 너의 구원자가 오신다.
그가 구원한 백성을 데리고 오
신다.
그가 찾은 백성을 앞장 세우고
오신다.
12 사람들은 그들을 '거룩한 분의
백성'이라 부르며 '주님께서 속량
하신 백성'이라 부를 것이다.
사람들은 너 예루살렘을 '하나
님께서 사랑한 도성'이라고 부르
며, '하나님께서 버리지 않은 도성'
이라고 부를 것이다.

주님의 승리

63 에돔에서 오시는 이분은 누구
신가? 붉게 물든 옷을 입고 보

상은 그의 백성들이 누릴 영광을 반드시 보게 될 것이다.

62:6-9 그동안 예언자들은 예루살렘의 회복을 위해 끊임없이 기도하였다. 그 기도의 응답으로, 하나님께서는 자기 백성들을 보호하며 그들의 모든 필요를 공급하시겠다고 약속하셨다(8-9절).

㉠ 히, '셰마마' ㉡ 히, '헵시바' ㉢ 히, '뿔라' ㉣ 히브리어 자음 본문의 발음을 달리하여 '너를 지으신 분께서'로 번역하는 역본들이 있음

63장 요약 본장은 악인들에 대한 최후 심판을 예언하고 있다. 한편 이사야는 과거 모세 당시에 하나님이 이스라엘에게 베푸신 은총을 회상하면서 이제 속히 자비를 베푸셔서 이스라엘 백성들을 고난과 압제 가운데서 구원해 달라고 호소하였다.

63:1-6 메시아는 악한 원수들을 멸하시는 개선장군으로 오실 것이다. 메시아의 심판 날에는 세

스라에서 오시는 이분은 누구신
가?
화려한 옷차림으로 권세 당당
하게 걸어오시는 이분은 누구신
가?
그는 바로 나다. 의를 말하는
자요, 구원의 권능을 가진 자다.
2 어찌하여 네 옷이 붉으며, 어찌
하여 포도주 틀을 밟는 사람의 옷
과 같으냐?
3 나는 혼자서 포도주 틀을 밟듯
이 민족들을 짓밟았다. 민족들 가
운데서 나를 도와 함께 일한 자가
아무도 없었다. 내가 분내어 민족
들을 짓밟았고, 내가 격하여 그들
을 짓밟았다. 그들의 피가 내 옷
에 튀어 내 옷이 온통 피로 물들
었다.
4 복수할 날이 다가왔고, 구원의 해
가 이르렀다는 생각이 들었으나,
5 아무리 살펴보아도 나를 도와서
나와 함께 일할 사람이 없었다.
나를 거들어 주는 사람이 없다니,
놀라운 일이었다. 그러나 분노가
나를 강하게 하였고, 나 혼자서
승리를 쟁취하였다.
6 내가 분노하여 민족들을 짓밟았
으며, 내가 진노하여 그들이 취하
여 비틀거리게 하였고, 그들의 피
가 땅에 쏟아지게 하였다.

이스라엘에게 베푸신 주님의 선하심

7 나는 주님께서 베풀어 주신 변
함없는 사랑을 말하고, 주님께서
우리에게 하여 주신 일로 주님을
찬양하였습니다. 주님께서 우리
모두에게 베푸신 은혜, 그의 긍휼
과 그의 풍성한 자비를 따라서 이
스라엘 집에 베푸신 크신 은총을
내가 전하렵니다.
8 주님께서 이르시기를 "그들은
나의 백성이며, 그들은 나를 속이
지 않는 자녀들이다" 하셨습니다.
그런 다음에 그들의 구원자가 되
어 주셨습니다.
9 주님께서는, 그들이 고난을 받을
때에 주님께서도 친히 고난을 받
으셨습니다. 천사를 보내셔서 그
들을 구하게 하시지 않고 주님께
서 친히 그들을 구해 주셨습니다.
사랑과 긍휼로 그들을 구하여 주
시고, 옛적 오랜 세월 동안 그들을
치켜들고 안아 주셨습니다.
10 그러나 그들은 반역하고, 그의 거
룩하신 영을 근심하게 했습니다.
그러므로 그는 도리어 그들의 대
적이 되셔서, 친히 그들과 싸우셨
습니다.
11 그들은, 지난날 곧 주님의 종 모세
의 날을 생각하며 물었습니다. "그
의 백성 곧 양 떼의 목자들을 바

상 나라를 도구로 사용하지 않고 홀로 심판하실 것이다. 메시아가 원수를 진멸하시는 날은 하나님 백성의 구속을 완성하는 시기이다. 따라서 원수에 대한 심판은 하나님 백성의 구원을 뜻한다.
63:7–14 기도의 첫째 부분이다. 이사야는 먼저 이스라엘의 영광스러운 과거를 회상하며 감사하였다(7–9절). 다음에는 이스라엘의 배반과 그것으로 인한 포로 생활을 연대순으로 언급하였다(10절). 그리고, 왜 하나님께서 이전의 홍해 구원 사건처럼 자비를 베풀지 않으시는지 반문하였다.
63:10 예언자는 유다의 현재 상태가 하나님께 반역한 상태라고 규정한다. 이는 하나님에게서 근본적으로 되돌아선 유다의 우상 숭배 행위를 염두에 두고 한 말이다. 유다의 우상 숭배는 주님의 거룩하신 영을 근심하게 하는 것이었다. 결국 하나님은 그들을 자기의 거룩하심에 참여하게 하시려고 징계하신다(참조. 히 12:10–11).
63:12 영광스러운 팔 하나님의 능력을 상징한다.

다로부터 올라오게 하신 그분이,
이제는 어디에 계시는가? 그들에
게 그의 거룩한 영을 넣어 주신
그분이, 이제는 어디에 계시는가?
12 그의 영광스러운 팔로, 모세를 시
켜서, 오른손으로 그들을 이끌게
하시며, 그들 앞에서 물을 갈라지
게 하셔서, 그의 이름을 영원히 빛
나게 하신 그분이 이제는 어디에
계시는가?
13 말이 광야에서 달리듯이, 그들을
깊은 바다로 걸어가게 하신 그분
이, 이제는 어디에 계시는가?
14 주님의 영이 그들을, 마치 골짜기
로 내려가는 가축 떼처럼, 편히 쉬
게 하시지 않았던가?" 주님께서
이렇게 주님의 백성을 인도하셔
서, 주님의 이름을 영광스럽게 하
셨습니다.

자비와 도움을 구하는 기도

15 하늘로부터 굽어 살펴 주십시
오. 주님이 계시는 거룩하고 영화
로우신 곳에서 굽어보아 주십시
오.
주님의 열성과 권능은 이제 어
디에 있습니까? 이제 나에게는 주
님의 자비와 긍휼이 그쳤습니다.
16 주님께서는 우리의 아버지이십
니다. 아브라함은 우리를 모르고,
이스라엘은 우리를 인정하지 않는
다 하여도, 오직 주 하나님은 우리
의 아버지이십니다. 옛적부터 주님
의 이름은 '우리의 속량자'이십니
다.
17 주님, 어찌하여 우리를 주님의
길에서 떠나게 하시며, 우리의 마
음을 굳어지게 하셔서, 주님을 경
외하지 않게 하십니까?
주님의 종들 곧 주님의 유산인
이 지파들을 보셔서라도 돌아와
주십시오.
18 주님의 거룩한 백성이 주님의
성소를 잠시 차지하였으나, 이제
는 우리의 원수들이 주님의 성소
를 짓밟습니다.
19 우리는 오래 전부터 주님의 다
스림을 전혀 받지 못하는 자같이
되었으며, 주님의 이름으로 불리
지도 못하는 자같이 되었습니다.

64

1 주님께서 하늘을 가르시고
내려오시면, 산들이 주님 앞에
서 떨 것입니다.
2 마치 불이 섶을 사르듯, 불이 물
을 끓이듯 할 것입니다. 주님의 대
적들에게 주님의 이름을 알게 하
시고, 이방 나라들이 주님 앞에서
떨게 하여 주십시오.
3 주님께서 친히 내려오셔서, 우
리들이 예측하지도 못한 놀라운
일을 하셨을 때에, 산들이 주님

63:15-19 기도의 둘째 부분이다. 이사야는 이제 자비를 베푸셔서 백성들을 고난과 억압에서 구원해 달라고 호소하였다. 그의 기도는 전능하신 하나님의 주권에 의지한 기도였다. 특히 17절은 하나님께 대한 원망의 말이 아니라, 하나님의 주권을 굳게 신뢰한다는 신앙 고백이다. 이스라엘이 당하는 가장 안타까운 일은 그들이 주의 백성이 아니라는 말을 듣는 것이라고 이사야는 고백하였다.

64장 요약 63장에 이은 이사야의 중보 기도이다. 이사야는 먼저 하나님의 권능을 찬양하고 나서 그들이 당하는 고난이 자신들의 죄악 때문임을 시인하였다. 이는 이스라엘이 하나님의 은총을 받을 자격이 없으므로 오직 하나님의 긍휼과 자비만을 기대하기 위해서였다.

64:1-12 기도의 셋째 부분이다. 이사야는 먼저 하나님의 능력과 권능에 대한 자기의 확신을 고

앞에서 떨었습니다.
4 이런 일은 예로부터 아무도 들
어 본 적이 없습니다. 아무도 귀로
듣거나 눈으로 본 적이 없습니다.
주님 말고 어느 신이 자기를 기다
리는 자들에게 이렇게 할 수 있었
겠습니까?
5 주님께서는, 정의를 기쁨으로 실
천하는 사람과, 주님의 길을 따르
는 사람과, 주님을 기억하는 사람
을 만나 주십니다. 그러나 주님,
보십시오. 주님께서 진노하신 것
은 우리가 오랫동안 죄를 지었기
때문입니다. 우리가 어찌 구원을
받겠습니까?
6 우리는 모두 부정한 자와 같고 우
리의 모든 의는 더러운 옷과 같습
니다. 우리는 모두 나뭇잎처럼 시
들었으니, 우리의 죄악이 바람처
럼 우리를 휘몰아 갑니다.
7 아무도 주님의 이름을 부르지 않
습니다. 주님을 굳게 의지하려고
분발하는 사람도 없습니다. 그러
기에 주님이 우리에게서 얼굴을
숨기셨으며, 우리의 죄악 탓으로
우리를 소멸시키셨습니다.
8 그러나 주님, 주님은 우리의 아버
지이십니다. 우리는 진흙이요, 주
님은 우리를 빚으신 토기장이이십
니다. 우리 모두가 주님이 손수 지
으신 피조물입니다.
9 주님, 진노를 거두어 주십시오. 우
리의 죄악을 영원히 기억하지 말
아 주십시오. 주님, 보십시오. 우
리는 다 주님의 백성입니다.
10 주님의 거룩한 성읍들이 광야
가 되었습니다. 시온은 광야가 되
었고, 예루살렘은 황폐해졌습니
다.
11 우리의 조상이 주님을 찬송하던
성전, 우리의 거룩하고 영광스럽
던 성전이 불에 탔고, 우리에게 즐
거움을 주던 곳들이 모두 황폐해
졌습니다.
12 주님, 형편이 이러한데도, 주님께
서는 그저 가만히 계십니까? 그렇
게 잠잠히 계셔서, 우리가 극심한
고통을 받도록 하시렵니까?

하나님께서 반역자를 벌하시다

65 "나는 내 백성의 기도에 응답
할 준비를 하고 있었지만, 내 백
성은 아직도 내게 요청하지 않았
다. 누구든지 나를 찾으면, 언제
든지 만나려고 준비를 하고 있었
지만, 아무도 나를 찾지 않았다.
내 이름을 부르지도 않던 나라에
게, 나는 '보아라, 나 여기 있다. 보
아라, 나 여기 있다' 하고 말하였
다.
2 제멋대로 가며 악한 길로 가는 반

백하였다(1–4절). 그 다음에는 이스라엘의 죄악을 날날이 자백하였다. 그리고 그들이 당하는 고난은 자신들의 죄악 때문임을 시인하였다(5–7절). 그는 끝으로 토기장이의 비유를 들어 아버지의 은혜로운 처분만을 잠잠히 기다리겠다는 뜻으로 하나님의 주권적 권위 아래 겸손히 간구하였다.

64:5 주님의 길 하나님의 계명과 섭리를 따르는 길을 말한다.

65장 요약 본장은 이사야의 중보 기도에 대한 하나님의 응답이다. 하나님은 거듭된 경고와 회개의 촉구에도 불구하고 우상 숭배를 일삼은 이스라엘을 징계하시고 대신 이방 사람들을 부르셔서 자기 백성으로 삼으실 수밖에 없었다. 그러나 그들 중에도 '남은 사람들'은 새 하늘과 새 땅에서 영생할 수 있는 축복을 누릴 것이다.

역하는 저 백성을 맞이하려고, 내
가 종일 팔을 벌리고 있었다.
3 이 백성은 동산에서 우상에게 제
사하며, 벽돌 제단 위에 분향하
여, 내 앞에서 늘 나를 분노하게
만드는 백성이다.
4 그들은 밤마다 무덤 사이로 다니
면서, 죽은 자의 영들에게 물어
본다. 돼지고기를 먹으며, 이방 제
삿상에 올랐던 고기 국물을 마신
다.
5 그러면서도 그들은 다른 사람들
에게 '멀찍이 서 있어라. 우리는 거
룩하니, 너희가 우리에게 닿아서
는 안 된다. 가까이 오지 말아라'
하고 말하는 백성이다. 이런 자들
을 내가 참지 못한다. 그들을 향
한 나의 분노는 꺼지지 않는 불처
럼 타오른다.
6 보아라, 이 모든 것이 내 앞에 기
록되어 있으니, 내가 갚고야 말겠
다. 그들의 품에 갚을 때까지는,
내가 절대로 잠잠하지 않겠다."
7 주님께서 말씀하신다. "산에서 분
향하며 언덕에서 나를 모독한 자
들의 죄악과, 그 조상의 죄악을 내
가 모두 보응하겠다. 내가 먼저 그
행위를 헤아리고, 그들의 품에 보
응하겠다."
8 주님께서 말씀하신다. "포도송이
에 즙이 들어 있으므로, 사람들
이, '그것을 없애지 말아라. 그 속
에 복이 들어 있다' 하고 말한다.
나도 이와 같이 나의 종들을 생각
하여, 그들을 다 멸하지는 않겠다.
9 내가 야곱으로부터 자손이 나오
게 하며, 유다로부터 내 산을 유업
으로 얻을 자들이 나오게 하겠다.
내가 택한 사람들이 그것을 유업
으로 얻으며, 내 종들이 거기에 살
것이다.
10 샤론 평야는 나를 찾는 내 백성이
양 떼를 치는 목장이 되고, 아골
골짜기는 소들이 쉬는 곳이 될 것
이다.
11 그러나 나 주를 떠나서, 내 거룩한
산을 잊고, ㉠갓에게 상을 차려 놓
으며, ㉡므니에게 섞은 술을 가득
히 부어 바치는 자들아!
12 내가 너희를 칼에 죽는 신세가 되
게 하겠다. 너희 모두가 살육하는
자에게 몸을 구부리게 될 것이다.
이는 내가 불러도 너희가 대답하
지 않으며, 내가 말하여도 너희가
듣지 않으며, 너희가 내 눈에 악하
게 보이는 일만을 하며, 내가 좋아
하지 않는 일만을 골라서 하기 때
문이다."
13 그러므로 주 하나님께서 말씀하
신다. "보아라, 내 종들은 먹겠지

65:1–7 하나님은 이제 이방 사람들을 부르셔서 자기 백성으로 삼겠다고 선포하신다(1절; 후에 바울은 로마서 10:20에서 이방 사람들이 하나님의 교회에 들어오는 것을 이 예언의 성취라고 하였다). 그리고 이스라엘을 버리는 이유는 그들이 우상 숭배의 길을 계속 걷기 때문이라고 말씀하신다.

65:8–12 버림받는 이스라엘일지라도 그들 중에는 경건한 남은 사람들이 있는데, 그들을 통해서 하나님의 약속이 성취될 것이다.

65:10 샤론·아골 골짜기 샤론은 욥바에서 가이사랴에 걸쳐 펼쳐진 지중해 연안의 평야 지대를 말하며, 아골 골짜기는 여리고와 요단 강에서 가까운 곳에 위치한다. 이 두 지역은 각각 동서의 양 끝에 위치한 지역으로서 전 국토를 대표한 듯하다.

65:13–16 하나님을 믿지 않는 육의 이스라엘은 저주를 당할 것이지만, 주님께 순종하는 영의 이

㉠ 행운의 신 ㉡ 운명의 신

만, 너희는 굶을 것이다. 보아라,
내 종들은 마시겠지만, 너희는 목
이 마를 것이다. 보아라, 내 종들
은 기뻐하겠지만, 너희는 수치를
당할 것이다.
14 보아라, 내 종들은 마음이 즐거워
노래를 부르겠지만, 너희는 마음
이 아파 울부짖으며, 속이 상하여
통곡할 것이다.
15 너희의 이름은, 내가 택한 백성이
저주할 거리로 남을 것이다."
내 주 하나님께서 너희를 죽게
하실 것이다. 그러나 주님께서 주
님의 종들은 다른 이름으로 부르
실 것이다.
16 땅에서 복을 비는 사람은 ㉠진
리이신 하나님을 두고 빌며,
땅에서 맹세하는 사람도 진리이
신 하나님을 두고 맹세할 것이다.
"지난날의 괴로운 일들을, 내가
다시 기억하지 않고, 지나간 과거
를, 내가 다시 되돌아보지 않기 때
문이다."

새 창조

17 "보아라, 내가 새 하늘과 새 땅
을 창조할 것이니, 이전 것들은 기
억되거나 마음에 떠오르거나 하
지 않을 것이다.
18 그러니 너희는 내가 창조하는 것
을 길이길이 기뻐하고 즐거워하여
라. 보아라, 내가 예루살렘을 기쁨
이 가득 찬 도성으로 창조하고,
그 주민을 행복을 누리는 백성으
로 창조하겠다.
19 예루살렘은 나의 기쁨이 되고, 거
기에 사는 백성은 나의 즐거움이
될 것이니, 그 안에서 다시는 울음
소리와 울부짖는 소리가 들리지
않을 것이다."
20 거기에는 몇 날 살지 못하고 죽
는 아이가 없을 것이며, 수명을 다
채우지 못하는 노인도 없을 것이
다. 백 살에 죽는 사람을 젊은이
라고 할 것이며, 백 살을 채우지
못하는 사람을 저주받은 자로 여
길 것이다.
21 집을 지은 사람들이 자기가 지
은 집에 들어가 살 것이며, 포도나
무를 심은 사람들이 자기가 기른
나무의 열매를 먹을 것이다.
22 자기가 지은 집에 다른 사람이 들
어가 살지 않을 것이며, 자기가 심
은 것을 다른 사람이 먹지 않을
것이다.
"나의 백성은 나무처럼 오래 살
겠고, 그들이 수고하여 번 것을 오
래오래 누릴 것이다."
23 그들은 헛되이 수고하지 않으
며, 그들이 낳은 자식은 재난을
당하지 않을 것이다. 그들은 주님

스라엘은 축복을 받을 것이다.

65:17-25 새 하늘과 새 땅의 축복들이 나타나 있다. 이사야는 바빌론에서의 귀환을 예언한다. *새 하늘과 새 땅*은 이전 것과 달리 질적으로 새롭게 변화된 세계이다. 새 예루살렘의 백성은 그리스도 안에서 새로운 피조물이 된 영적 이스라엘을 가리킨다. 사도 요한은 이 개념을 더욱더 넓게 밝혀 주었다(계 21장). 이사야는 새 하늘과 새 땅에서 누릴 축복들을 당시 사람들이 이해할 수 있도록 구약적인 축복관으로 설명하였다(21-22절). 또한 25절은 메시아 시대의 평화에 대한 예언과(11:6-8) 같은 맥락이다. 이와 같은 모든 일은 그리스도의 재림 때에 성취될 것이다.

65:25 이사야는 본절에서 뱀의 저주에 대해 언급한다. 뱀에게 이 심판의 선고가 철저히 시행됨으로써 사탄이 아무런 힘도 쓰지 못함을 암시한다.

㉠ 히. '아멘'

께 복 받은 자손이며, 그들의 자손
도 그들과 같이 복을 받을 것이
다.
24 "그들이 부르기 전에 내가 응답
하며, 그들이 말을 마치기도 전에
내가 들어주겠다.
25 이리와 어린 양이 함께 풀을 먹으
며, 사자가 소처럼 여물을 먹으며,
뱀이 흙을 먹이로 삼을 것이다. 나
의 거룩한 산에서는 서로 해치거
나 상하게 하는 일이 전혀 없을
것이다." 주님의 말씀이시다.

주님께서 민족들을 심판하시다

66 주님께서 이렇게 말씀하신다.
"하늘은 나의 보좌요, 땅은 나
의 발 받침대다. 그러니 너희가 어
떻게 내가 살 집을 짓겠으며, 어느
곳에다가 나를 쉬게 하겠느냐?"
2 주님의 말씀이시다. "나의 손이
이 모든 것을 지었으며, 이 모든
것이 나의 것이다. 겸손한 사람, 회
개하는 사람, 나를 경외하고 복종
하는 사람, 바로 이런 사람을 내
가 좋아한다."
3 소를 죽여 제물로 바치는 자는
사람을 제물로 바치는 자와 같다.
양을 잡아 희생제물로 바치는
자는 개의 목을 부러뜨리는 자와
같다.
부어 드리는 제물을 바치는 자
는 돼지의 피를 바치는 자와 같다.
분향을 드리는 자는 우상을 찬
미하는 자와 같다.
"이러한 제사장들은 나의 뜻을
묻지 않고 제 뜻대로 한 자들이
다. 오히려 가증한 우상숭배를 즐
겼다. 가증한 우상들을 진정으로
좋아하였다.
4 그러기에, 나도 나의 뜻대로 그들
을 혹독하게 다루어, 그들이 겁내
는 것을 그들에게 들이닥치게 하
겠다. 내가 그렇게 불렀으나 그들
이 응답하지 않았으며, 내가 그렇
게 말하였으나 그들이 듣지 않았
으며, 오히려 내가 보는 데서 악한
일을 하며, 내가 좋아하지 않는 일
을 골라 하였기 때문이다."
5 주님의 말씀을 떨리는 마음으
로 받아들이는 사람들아, 너희는
그의 말씀을 들어라.
"너희를 미워하는 백성은 너희
가 나의 이름을 부른다고 해서 너
희를 따돌리며, 이르기를 '주가 영
광을 드러내어 너희들이 기뻐하
는 모습을 우리가 한 번 볼 수 있
게 하여 보아라' 하고 말하나, 그
들은 수치를 당할 것이다."
6 성읍에서 요란한 소리가 나오
며, 성전으로부터 소리가 들려 온
다.

66장 요약 본장은 하나님을 형식적으로만 따르는 사람들과 악인들은 최후 심판을 당해 영원한 형벌을 받게 된다는 심판의 메시지와 하나님의 경고의 말씀을 듣고서 회개한 자들과 믿음으로 인내한 자들은 장차 새 하늘과 새 땅에서 영원한 축복을 누리게 된다는 소망의 메시지로 이루어져 있다.

66:1-2 장래에는 하나님께서 손으로 지은 성전에 거하지 아니하시고, '겸손하고 회개하며 나를 경외하고 복종하는 사람' 안에 거하실 것이다(57:15;요 4:21-24).

66:3-4 제사의 본뜻을 깨닫지 못하고 제사 형식만 지키며, 삶 속에서 순종을 나타내지 못하면, 그 제사는 헛된 것임을 다시 한번 강조하였다.

66:5-6 하나님을 경외하는 사람들이 일시적으로는 핍박을 받는 것처럼 보이나 하나님께서 그들을 괴롭히는 사악한 자들을 심판하실 것이다.

이것은 바로 주님께서 주님의
대적들에게 보응하시는 주님의 목
소리이다.
7 시온은 진통이 오기도 전에 해
산한다.
해산의 고통이 오기도 전에 아
이를 낳는다.
8 누가 이런 일을 들은 적이 있느
냐?
누가 이런 일을 본 적이 있느냐?
나라가 어찌 하루에 생길 수 있
으며, 민족이 어찌 한 순간에 태어
날 수 있겠느냐?
그러나 시온은 진통이 오자마
자 아이들을 낳았다.
9 "바로 내가 아이를 모태에서 나
오게 하거늘, 어찌 내가 아이를 낳
게 할 수 없겠느냐?"
주님께서 말씀하신다. "아이를
낳게 하는 이가 나이거늘, 어찌 내
가 아이를 못 나오게 막겠느냐?"
너의 하나님께서 말씀하신다.
10 "예루살렘을 사랑하는 사람들
아, 그 성읍과 함께 기뻐하고 즐거
워하여라.
예루살렘을 생각하며 슬퍼하던
사람들아, 너희는 모두 그 성읍과
함께 크게 기뻐하여라.
11 이는, 너희로 하여금, 위로를 주
는 예루살렘의 품에서 젖을 빨아
배부르게 하고, 또한 너희로 하여
금, 풍요한 젖을 빨아들여 기쁨을
누리게 하려 함이다."
12 주님께서 이렇게 말씀하신다.
"내가 예루살렘에 평화가 강물처
럼 넘치게 하며, 뭇 나라의 부귀영
화가 시냇물처럼 넘쳐서 흘러 오
게 하겠다."
너희는 예루살렘의 젖을 빨며,
그 팔에 안기고, 그 무릎 위에서
귀여움을 받을 것이다.
13 "어머니가 그 자식을 위로하듯
이, 내가 너희를 위로할 것이니, 너
희가 예루살렘에서 위로를 받을
것이다."
14 너희가 이것을 보고 마음이 기
쁠 것이며 너희의 뼈들이 무성한
풀처럼 튼튼할 것이다.
그리고 주님의 권능이 종들에
게 알려지며, 주님께서 원수들에
게 진노하실 것이다.
15 보아라, 주님께서 화염에 싸여
오시며, 그의 병거는 마치 회오리
바람처럼 올 것이다. 그의 노여움
이 진노로 바뀌고, 그의 질책이
타는 불길이 되어 보응하려 하신
다.
16 주님께서 불로 온 세상을 심판
하시며, 주님의 칼로 모든 사람을
심판하실 것이니, 주님께 죽음을

66:7-9 시온이 장차 누릴 축복에 대한 예언이다. 시온이 지금은 고난과 황폐함 속에 있으나 결국에는 크게 부흥하고 번성할 것이다.

66:10-14 이사야는 계속하여 이스라엘의 회복에 대한 소망의 메시지를 전파하면서 백성들의 신앙을 격려한다. 끝까지 하나님을 신뢰하는 사람들은 강 같은 기쁨을 맛보게 될 것이다(10절). 반드시 하나님의 백성들은 환난에서 벗어나 평강의 시대를 누릴 것이며, 그 때에는 세계 열방들이 하나님의 백성들 앞에 엎드릴 것이다(11-12절). 이와 같은 일은 하나님께서 자기 백성들에게 주시는 위로이다(13절). 하나님의 백성들은 구원을 얻고, 그의 원수들은 멸망을 당할 것이다(14절).

66:17 스스로를 거룩하게…몸을 깨끗하게 하고 패역한 이스라엘이 이교의 풍습을 좇아 우상 종교의 깨끗하게 하는 의식에 참여한 것을 뜻한다. 이것은 모세의 정결 의식법과 대조된다.

66:18 하나님께서 때가 이르면 모든 나라로부터

당할 자가 많을 것이다.
17 "스스로를 거룩하게 구별하며,
몸을 깨끗하게 하고, 이교 제사를
바치는 동산으로 들어가서, 우상
을 가운데 놓고 둘러서서 돼지고
기와 부정한 짐승과 쥐고기를 먹
는 자들은, 모두 다 망할 것이다."
주님의 말씀이시다.
18 "내가 그들의 일과 생각을 알기
에, 언어가 다른 모든 민족을 모을
때가 올 것이니, 그들이 와서 나의
영광을 볼 것이다.
19 그리고 내가 그들 가운데 징표를
두어서, 살아 남은 자들을 ㉠스페
인, 뿔, 활을 잘 쏘는 룻, 두발, 야
완 민족들과 나의 명성을 들은 적
도 없고, 나의 영광을 본 적도 없
는 먼 섬들에게 보낼 것이며, 그들
이 나의 영광을 모든 민족에게 알
릴 것이다.
20 마치 이스라엘 자손이 주의 성전
에 바칠 예물을 깨끗한 그릇에 담
아서 가져 오는 것과 같이, 그들이
또한 모든 민족들로부터 너희의
모든 동포를 나 주에게 바치는 선
물로 말과 수레와 가마와 노새와
낙타에 태워서, 나의 거룩한 산 예
루살렘으로 데려올 것이다." 주님
께서 말씀하신다.
21 "그리고 나도 그들 가운데서 제사
장과 레위 사람으로 삼을 자를 택
하여 세우겠다." 주님께서 말씀하
신다.
22 "내가 지을 새 하늘과 새 땅이 내
앞에 늘 있듯이, 너희 자손과 너
희 이름이 늘 있을 것이다." 주님
의 말씀이시다.
23 "매달 초하루와 안식일마다, 모든
사람이, 내 앞에 경배하려고 나올
것이다." 주님께서 말씀하신다.
24 "그들이 나가서 나를 거역한 자들
의 시체들을 볼 것이다."
그들을 먹는 벌레가 죽지 않으
며, 그들을 삼키는 불도 꺼지지 않
을 것이니, 모든 사람이 그들을 보
고 소름이 끼칠 것이다.

선택된 자를 부르시어 하나님의 백성의 구원을 보게 할 것이다.

66:18하반절–21 그 때가 이르면 하나님께서 유다 사람들에게 베푸신 은혜를 이방 사람들에게 보여 주어서, 이방 사람들도 하나님을 믿게 만드실 것이다. 또한 유다 사람들 가운데 '남은 사람들'(1:9; 10:22)이 온 세계에 흩어져 하나님의 영광을 전파할 것이다(19절). 이러한 일들로 인하여 많은 이방 사람들이 회개하고 하나님께 돌아올 것이다(20절). 그 때 하나님은 이방 사람들 가운데서 그의 사역자를 뽑으실 것이다(21절).

66:22–24 회복될 영적 이스라엘은 영원히 지속될 것이다(22절). 그리고 그 왕국은 그리스도 안에서 신령한 예배를 드리게 될 것이다. 그러나 거역한 사람들은 영원한 형벌을 받을 것이다. 이사야는 메시아의 오심으로 성취될 '하나님의 교회'를 소망하면서 그의 예언을 끝맺는다.

㉠ 히. '다시스'

예레미야서

저자 예레미야

저작 연대 B.C. 627–580년경

기록 장소와 대상 기록 장소는 예루살렘으로 추정되며, 주로 유다 민족을 대상으로 기록되었으며 그 밖의 주변 민족들을 위해서도 기록하고 있다.

핵심어 및 내용 예레미야서의 핵심어는 '죄'와 '비탄'이다. 유다 민족은 계속해서 죄를 범했을 뿐만 아니라 그 사악함이 극에 달했기 때문에, 하나님은 그들을 심판하기로 작정하셨다. 예레미야는 이 임박한 심판을 그들에게 선포하도록 부름을 받았다. 예레미야는 자신이 핍박을 받을 뿐만 아니라 자기 민족이 당하는 쓰라린 괴로움으로 인해서 비통해 한다.

내용 분해

1. 머리말(1:1–3)
2. 예레미야의 소명과 두 가지 환상(1:4–19)
3. 유다와 예루살렘에 대한 하나님의 심판(2:1–25:38)
4. 예레미야와 거짓 예언자들의 논쟁(26:1–29:32)
5. 회복에 대한 약속(30:1–33:26)
6. 여호야김과 시드기야 당시에 주어진 예언(34:1–39:18)
7. 예루살렘 함락 후의 예레미야의 생애(40:1–45:5)
8. 열방들에 대한 하나님의 경고(46:1–51:64)
9. 예루살렘의 멸망과 바빌론 유수(52:1–34)

1 이 책에 기록되어 있는 것은 예레
미야가 한 말이다. 그는 베냐민 땅
아나돗 마을의 제사장 출신인 힐기
야의 아들이다.
2 아몬의 아들 요시야가 유다 왕이 되
어 다스린 지 십삼 년이 되었을 때
에, 주님께서 예레미야에게 말씀하
셨다.
3 요시야의 아들 여호야김이 유다 왕
으로 있을 때에도 주님께서 그에게
말씀하시고, 그 뒤에도 유다 왕 요시
야의 아들 시드기야 제 십일년까지
주님께서 그에게 여러 번 말씀하셨
다. 시드기야 왕 십일년, 그 해 다섯
째 달에 예루살렘 주민이 포로로 잡
혀 갔다.

예레미야의 소명

4 주님께서 나에게 말씀하셨다.
5 "내가 너를 모태에서 짓기도 전
에 너를 선택하고, 네가 태어나기도
전에 너를 거룩하게 구별해서, 뭇
민족에게 보낼 예언자로 세웠다."
6 내가 아뢰었다. "아닙니다. 주
나의 하나님, 저는 말을 잘 할 줄
모릅니다. 저는 아직 너무나 어립
니다."
7 그러나 주님께서 나에게 말씀하
셨다. "너는 아직 너무나 어리다고
말하지 말아라. 내가 너를 누구에
게 보내든지 너는 그에게로 가고,
내가 너에게 무슨 명을 내리든지
너는 그대로 말하여라.
8 너는 그런 사람들을 두려워하지
말아라. 내가 늘 너와 함께 있으면
서 보호해 주겠다. 나 주의 말이
다."
9 ○그런 다음에, 주님께서 손을 내
밀어 내 입에 대시고, 내게 말씀하셨
다.
"내가 내 말을 네 입에 맡긴다.
10 똑똑히 보아라. 오늘 내가 뭇 민
족과 나라들 위에 너를 세우고,
네가 그것들을 뽑으며 허물며, 멸
망시키며 파괴하며, 세우며 심게
하였다."

살구나무 가지와 끓는 가마솥 환상

11 ○주님께서 또 나에게 말씀하셨다.
"예레미야야, 너는 무엇을 보고 있느

냐?" 내가 대답하였다. "저는 ㉠살구
나무 가지를 보고 있습니다."
12 주님께서 나에게 말씀하셨다. "네
가 바로 보았다. 내가 한 말이 그
대로 이루어지는 것을 내가 ㉡지켜
보고 있다."
13 ○주님께서 나에게 두 번째로 말
씀하셨다. "너는 무엇을 보고 있느
냐?" 내가 대답하였다. "물이 끓는
솥이 있습니다. 그 솥의 물이 북쪽
에서부터 넘쳐 흐르고 있습니다."
14 주님께서 나에게 말씀하셨다.
"북쪽에서 재앙이 넘쳐 흘러 이
땅에 사는 모든 사람에게 내릴 것
이다.
15 내가 북쪽에 있는 모든 나라의 백
성들을 이 땅으로 불러들이겠다.
그러면 그들이 모두 몰려와서, 예
루살렘 모든 성문 바로 앞에 자리
를 잡고, 사방에서 그 성벽을 공격
하고, 유다의 모든 성읍을 칠 것이
다. 나 주의 말이다.
16 내가 이렇게 내 백성을 심판하
는 까닭은, 그들이 나를 버리고 떠
나서 다른 신들에게 향을 피우고,
손으로 우상을 만들어서 그것들
을 숭배하는 죄를 저질렀기 때문
이다.
17 그러므로 너는 이제 허리에 띠
를 띠고 준비하여라. 일어나거라.
내가 너에게 명하는 모든 말을 그
들에게 전하여라. 너는 그들을 두
려워하지 말아라. 네가 그들을 두
려워하면, 오히려 내가 너를 그들
앞에서 무서워 떨게 하겠다.
18 그러므로 내가 오늘 너를, 튼튼하
게 방비된 성읍과 쇠기둥과 놋성
벽으로 만들어서, 이 나라의 모든
사람, 곧 유다의 왕들과 관리들에
게 맞서고, 제사장들에게 맞서고,
이 땅의 백성에게 맞서게 하겠다.
19 그들이 너에게 맞서서 덤벼들겠지
만, 너를 이기지는 못할 것이다.
내가 너를 보호하려고 너와 함께
있기 때문이다. 나 주의 말이다."

하나님께서 돌보시다

2 주님께서 또 나에게 말씀하셨다.
2 "너는 가서 예루살렘 사람들이
들을 수 있게 이렇게 외쳐라.
'나 주가 말한다. 네가 젊은 시
절에 얼마나 나에게 성실하였는
지, 네가 신부 시절에 얼마나 나를
사랑하였는지, 저 광야에서, 씨를
뿌리지 못하는 저 땅에서, 네가 어
떻게 나를 따랐는지, 내가 잘 기억
하고 있다.
3 이스라엘은 나 주에게 거룩하게
구별된 나의 수확 중 첫 열매다.
누구든지 그것을 가져다 먹으면,
벌을 받고 재앙을 만났다. 나 주

1장 요약 예레미야의 가문, 신분, 고향, 사역 기간 등을 소개한 후(1–3절), 그가 하나님께로부터 소명을 받는 과정을 묘사하고 있다(4–19절).

1:5 뭇 민족에게 보낼 예언자 예레미야는 하나님의 택한 백성뿐만 아니라, 이방 국가를 향해 하나님 말씀을 대언하도록 부르심을 받은 예언자였다.

1:11–19 하나님께서는 예레미야의 사명을 확증하고 위임하시기 위해 두 가지 표적을 보여 주신다.

2장 요약 본장은 이스라엘(혹은 유다)의 죄상을 낱낱이 지적하여 그들에게 심판이 불가피했던 이유를 밝히고 있다. 예레미야는 이스라엘이 구별된 거룩한 백성임을 일깨우고, 이스라엘이 앗시리아의 지배를 받게 된 것은 자신들의 타락과 배교의 결과라는 점을 강조했다.

㉠ 히, '샤케드' ㉡ 히, '쇼케드'. '살구나무(샤케드)'와 '지켜보다'라는 두 히브리어의 발음이 비슷함

의 말이다.'"

조상의 죄

4 야곱의 백성아, 이스라엘 백성
의 모든 가족아, 너희는 주님의 말
씀을 들어라.
5 "나 주가 말한다. 너희의 조상
이 나에게서 무슨 허물을 발견하
였기에, 나에게서 멀리 떠나가서
헛된 우상을 쫓아다니며, 자신들
도 허무하게 되었느냐?
6 '이집트 땅에서 우리를 이끌고 올
라오신 분, 광야에서 우리를 인도
하신 분, 그 황량하고 구덩이가 많
은 땅에서, ㉠죽음의 그림자가 짙
은 그 메마른 땅에서, 어느 누구
도 지나다니지 않고 어느 누구도
살지 않는 그 땅에서, 우리를 인도
하신 주님은, 어디에 계십니까?'
하고 묻지도 않는구나.
7 내가 너희를 기름진 땅으로 인
도해서, 그 땅의 열매를 먹게 하였
고, 가장 좋은 것을 먹게 하였다.
그러나 너희는 들어오자마자 내
땅을 더럽히고, 내 재산을 부정하
게 만들었다.
8 제사장들은 나 주가 어디에 있는
지를 찾지 않으며, 법을 다루는
자들이 나를 알지 못하며, ㉡통치
자들은 나에게 맞서서 범죄하며,
예언자들도 바알 신의 이름으로
예언하며, 도움도 주지 못하는 우
상들만 쫓아다녔다."

주님께서 백성을 규탄하시다

9 "그러므로 내가 너희를 다시 법
대로 처리하겠다. 나 주의 말이다.
내가 너희 자손의 자손들을 법대
로 처리하겠다.
10 너희는 한 번 ㉢키프로스 섬들로
건너가서 보고, ㉣게달에도 사람
을 보내어서, 일찍이 그런 일이 일
어났던가를 잘 살피고 알아 보아
라.
11 비록 신이라 할 수 없는 그런 신을
섬겨도, 한 번 섬긴 신을 다른 신
으로 바꾸는 민족은 그리 흔하지
않다. 그런데도 내 백성은 ㉤그들
의 영광을 전혀 쓸데 없는 것들과
바꾸어 버렸다.
12 하늘아, 이것을 보고, 너도 놀라
고 떨다가, 새파랗게 질려 버려라.
나 주의 말이다.
13 참으로 나의 백성이 두 가지 악을
저질렀다. 하나는, 생수의 근원인
나를 버린 것이고, 또 하나는, 전
혀 물이 고이지 않는, 물이 새는
웅덩이를 파서, 그것을 샘으로 삼
은 것이다."

신실하지 못한 결과

14 "이스라엘이 노예냐? 집에서 태
어난 종이냐? 그런데 어찌하여 잡

2:1-8 예레미야는 과거 이스라엘 백성들이 하나님께 충성을 다하고 굳은 언약을 맺었던 사실을 상기시키고 있다. 곧 광야 시대 초기의 충성과 헌신을 회상케 함으로써, 이스라엘이 죄악된 세상에서 구별된 거룩한 백성임을 강조하고 있다.

2:9-13 이 구절은 마치 재판하는 장면처럼 묘사되어 있다. 원고는 하나님의 대변자인 예레미야이고, 피고는 이스라엘이다. 고소 내용은 '두 가지 악', 곧 하나님을 버린 일과 우상을 숭배한 일이다. 이 법정에서 재판관이신 하나님은 이스라엘의 유죄를 선언하신다.

2:14-19 앗시리아는 B.C. 722년에 북 이스라엘을 멸망시켰고, B.C. 701년에는 유다도 심하게 파괴했다(15절). 이스라엘이 포로로 잡혀가 노예가 된 것(14절)은 그들 스스로 하나님을 버리고 우상을 섬

㉠ 또는 '깊은 흑암의 땅에서' ㉡ 히, '목자' ㉢ 히, '깃딤' ㉣ 시로 아라비아 사막에 있는 베두인 족의 고향 ㉤ 고대 히브리 서기관 전통에서는 '나의 영광을'

혀 가서, 원수들의 노예가 되었느
냐?
15 원수들이 그를 잡아 놓고, 젊은
사자처럼 그에게 으르렁거리며, 큰
소리를 질렀다. 그들이 이스라엘
땅을 황폐하게 만들었다. 성읍들
은 불에 타서, 아무도 살지 않는
다.
16 ㉠멤피스와 다바네스의 자손도 너
의 머리에 상처를 주었다.
17 주 너의 하나님이 길을 인도하여
주는데도, 네가 주를 버리고 떠났
으니, 너 스스로 이런 재앙을 자청
한 것이 아니냐?
18 그런데도 이제 네가 ㉡시홀 강 물
을 마시려고 이집트로 달려가니,
그것이 무슨 일이며, 유프라테스
강 물을 마시려고 앗시리아로 달
려가니, 이 또한 무슨 일이냐?
19 네가 저지른 악이 너를 벌하고, 너
스스로 나에게서 돌아섰으니, 그
배신이 너를 징계할 것이다. 그러
므로 주 너의 하나님을 버린 것과
나를 경외하는 마음이 너에게 없
다는 것이, 얼마나 악하고 고통스
러운가를, 보고서 깨달아라. 나
만군의 주 하나님의 말이다."

이스라엘이 주님 섬기기를 거절하다

20 "참으로 너는 옛적부터, 너의 멍
에를 부러뜨리고, 너를 묶은 줄을
모두 끊어 버리면서 '나는 신을 섬
기지 않겠다' 하고 큰소리를 치더
니, 오히려 높은 언덕마다 찾아 다
니며 음행을 하고, 또 푸른 나무
밑에서마다 너의 몸을 눕히고, 음
행을 하면서 신들을 섬겼다.
21 나는 너를 종자가 아주 좋은, 제
일 좋은 포도나무로 심었는데, 어
떻게 하여 네가 엉뚱하게 들포도
나무로 바뀌었느냐?
22 네가 잿물로 몸을 씻고, 비누로
아무리 몸을 닦아도, 너의 더러운
죄악은 여전히 내 앞에 남아 있
다. 나 주 하나님의 말이다.
23 네가 스스로의 몸을 더럽히지 않
았고, 바알 신들을 따라가지도 않
았다고, 감히 말할 수 있느냐? 네
가 골짜기에서 한 일을 생각해 보
아라. 네가 무엇을 했는지 깨달아
라. 너는 이리저리 날뛰는, 발이
빠른 암낙타와 같았다.
24 너는 사막에 익숙한 야생 암나귀
와 같았다. 암내만 나면 헐떡이는
그 짐승, 그 짐승이 발정하면 누가
그것을 가라앉힐 수 있겠느냐? 그
런 암컷을 찾아 다니는 수컷은 어
느 것이나 힘들이지 않고서도 발
정기가 된 암컷을 만나게 된다.
25 너는 너의 발을 돌보아, 맨발로 다
니지 말고, 너의 목을 돌보아, 목타

졌기 때문이다.

2:15 젊은 사자처럼 그에게 으르렁거리며 먹이를 발견하고 사나워진 사자처럼 앗시리아 군대가 이스라엘 왕국을 약탈하고 멸망시킬 것을 비유하고 있다.

2:16 너의 머리에 상처를 주었다 히브리어 본문에는 '유다 왕의 면류관이 부서졌으니'로 되어 있다. 이것은 이집트 군대가 이스라엘의 선한 왕을 전쟁터에서 살상했던 것을 가리키는 말이다.

2:20–25 이스라엘의 배신이 멍에를 벗어 던진 소, 나쁜 열매를 맺은 포도나무, 지워지지 않는 얼룩, 발이 빠른 암낙타와 야생 암나귀의 성욕 등으로 묘사되어 있다. 이는 이스라엘이 얼마나 맹목적으로 그리고 열심히 우상을 숭배했는지를 밝혀 준다.

2:21 제일 좋은 포도나무 선택받은 이스라엘 백성을 가리킨다. 들포도나무 악한 이방 백성을 지칭

㉠ 히, '놉' ㉡ 나일 강의 지류

게 다니지 말라고 일렀건만, 너는
말하였다. '아닙니다. 공연한 말씀
이십니다. 오히려 나는 이방 신들
이 좋으니, 그들을 쫓아다녀야 하
겠습니다.'"

형벌을 받아 마땅한 유다

26 "도둑이 붙잡히면 수치를 당하
듯이, 이스라엘 백성 곧 왕들과
고관들과 제사장들과 예언자들이
수치를 당하였다.
27 그들은 나무를 보고 '나의 아버지'
라고 하고, 돌을 보고 '나의 어머
니'라고 하였다. 그들은 나에게 등
을 돌리면서도, 얼굴은 돌리지 않
고 있다가, 환난을 당할 때에는 '오
셔서, 우리를 구하여 주십시오' 하
고 부르짖는다.
28 네가 스스로 만들어 섬긴 신들이
지금 어디에 있느냐? 네가 환난
을 당할 때에는, 네 신들이 일어나
서 너를 도와주어야 옳지 않겠느
냐? 유다야, 너는 네 성읍의 수만
큼 많은 신들을 만들어 놓았구나.
29 그런데도 너희가 어떻게 나와
변론할 수 있겠느냐? 너희가 모두
나를 배신하고 떠나갔다. 나 주의
말이다.
30 내가 너희 자녀들을 때렸으나 헛
수고였다. 옳게 가르치는 것을 그
들은 받아들이지 않았다. 너희의
칼은 사람을 삼키는 사자처럼, 너
희의 예언자들을 죽였다.
31 이 세대의 사람들아, 너희는 그
래도, 나 주의 말을 명심하여 들
어라. 내가 이스라엘 백성에게 막
막한 광야가 되었느냐? 어둡고
캄캄한 땅이 되었느냐? 어찌하여
나의 백성이 '우리가 자유롭게 돌
아다니게 되었으니, 다시는 주께
로 돌아가지 않겠다' 하고 말하느
냐?
32 처녀가 어찌 자기의 보석을 잊으
며, 신부가 어찌 결혼식에 입을 예
복을 잊을 수 있느냐? 그런데도
나의 백성은 이미 오래 전에 나를
잊었다. 얼마나 오래 되었는지 셀
수도 없구나."
33 "너는 연애할 남자를 호리는 데
능숙하다. 경험 많은 창녀도 너에
게 와서 한 수 더 배운다.
34 너의 치맛자락에는 가난한 사람
들의 죄없는 피가 묻어 있다. 그들
이 담을 뚫고 들어오다가 너에게
붙잡힌 것도 아닌데, 너는 그들을
죽이고서도
35 '나에게는 아무런 죄가 없다! 하
나님이 진노하실 일은 하지 않았
다' 하고 말한다. 네가 이렇게 죄
가 없다고 말하기 때문에, 내가 너
를 심판하겠다."

한다.

2:27 나무 숭배하기 위해 높이 세워 놓은 신목(神木)을 가리킨다. 돌 역시 숭배하기 위해 세워 놓은 돌 기둥 따위를 가리킨다. 이 구절은 유대 사람들이 창조주이신 하나님께 돌려야 할 영광을 피조물인 자연물에게 돌렸던 것을 고발한다.

2:29–32 이스라엘의 완악함을 폭로하고 있다. 이스라엘은 하나님의 징계까지도 무시해 버렸으며, 하나님의 심부름꾼인 예언자들을 대적하고 심지어 죽이기도 하였다. 곧 적극적으로 하나님을 배반하고도, 오히려 회개하기를 꺼려 하는 이스라엘의 완고한 고집을 지적한 것이다.

2:33–37 이스라엘이 행한 죄악의 또 다른 양상은, 죄없는 가난한 사람들을 억압하고 학대하는 것이었다. 즉 의로운 자의 생명까지 해치는 악행을 저질렀을 뿐 아니라, 스스로 아무런 죄가 없다고 자처하는 것이다. 이와 같은 죄악을 회개하지 않으면 반드시 징벌이 임할 것을 경고하고 있다.

외세가 유다를 구하여 낼 수 없다

36 "간에 붙었다 쓸개에 붙었다 하
다니, 너는 어쩌면 그렇게 지조도
없느냐? 그러므로 너는, 앗시리아
에게서 수치를 당했던 것처럼, 이
집트에게서도 수치를 당할 것이
다.
37 너는 거기에서도 두 손으로 얼굴
을 가리고 나올 것이다. 네가 의지
하는 것들을 나 주가 버렸으니, 그
들이 너를 도와주어도, 네가 형통
하지 못할 것이다."

신실하지 못한 유다

3 "세상 사람들은 말하기를 '어떤 남
자가 아내를 버릴 때에, 그 여자
가 남편에게서 떠나서 다른 남자
의 아내가 되면, 그 여자가 본남편
에게로 다시 되돌아갈 수 있느
냐? 그렇게 되면, 그 땅이 아주 더
러워지지 않느냐?' 한다. 그런데
너는 수많은 남자들과 음행을 하
고서도, 나에게로 다시 돌아오려
고 하느냐? 나 주의 말이다."
2 "두 눈을 뜨고, 저 벌거숭이 언
덕들을 바라보아라. 네가 음행을
하여 더럽히지 않은 곳이 어디에
있느냐? 사막에 숨어서 사람을
기다리다가 물건을 터는 ㉠유목민
처럼, 너는 길거리마다 앉아서 남
자들을 기다렸다. 너는 이렇게 네
음행과 악행으로 이 땅을 더럽혀
놓았다.
3 그러므로 이른 비가 오지 않고,
늦은 비도 내리지 않는데, 너는 창
녀처럼 뻔뻔스러운 얼굴을 하고,
부끄러워하지도 않았다.
4 지금 너는 나를 '아버지'라고 부르
면서, '오랜 친구'라고 하면서,
5 '하나님은 끝없이 화를 내시는 분
이 아니다. 언제까지나 진노하시
는 분이 아니다' 하면서, 온갖 악
행을 마음껏 저질렀다."

회개해야 할 이스라엘과 유다

6 ○요시야 왕 때에 주님께서 또 나에
게 말씀하셨다. ○"너는 저 배신한
이스라엘이 한 일을 보았느냐? 그가
높은 산마다 올라가서 음행을 하였
고, 또 푸른 나무가 있는 곳마다 그
밑에서 음행을 하였다.
7 그래도 나는, 그가 이 모든 음행을
한 다음에 다시 나에게로 돌아오려
니, 하고 생각하였다. 그러나 그는
끝내 돌아오지 않았다. 신실하지 못
한 그의 아우 유다까지도 언니의 변
절을 보았다.
8 ㉡유다는, 이스라엘이 나를 배신하
고 음행을 하다가, 바로 그것 때문에
나에게서 내쫓기는 것과, 이혼장을
쥐고 내쫓기는 것을 보았다. ○그러
나 이 신실하지 못한 아우 유다가 두

3장 요약 앗시리아에 의해 멸망당한 북 이스라엘을 교훈 삼아 회개해야 함에도 유다 백성은 하나님을 거역하는 패역함을 반복했다. 본문은 이러한 유다를 간음한 아내로 비유하고, 북 이스라엘의 회개와 회복 그리고 남북 왕국이 하나님을 섬기게 될 것임을 예언한다.

㉠ 히, '아랍 사람' ㉡ 사해 사본과 칠십인역과 시리아어역을 따름. 마소라 본문에는 '나는'

3:1-5 본문은 유다를 남편에 대한 모든 법적 권리를 상실했으면서도 어리석게 계속해서 남편의 관대한 용서를 기대하는 간음한 아내에 비유하고 있다. 내용상 2:35의 연속이다. 유다의 온갖 우상 숭배는 백성뿐만 아니라 그 땅도 더럽히는 죄였다. 하나님은 자기 백성을 이미 오래 전에 버리셔야 했고, 더구나 이혼법에 따르면(신 24:1-4) 백성이 다시 하나님께 돌아간다는 것은 불가능하다. 따라서 심판의 도래를 선언하고 있다.

려운 줄도 모르고, 오히려 자기도 가
서 음행을 하였다. 그것을 내가 직접
보았다.
9 그는 음행하는 것을 가벼운 일로 여
겨, 그 땅을 더럽히고, 심지어 돌과
나무를 음란하게 섬겼다.
10 이런 온갖 음행을 하면서도, 배신한
자매 유다는, 건성으로 나에게 돌아
온 척만 하고, 진심으로 돌아오지는
않았다. 나 주의 말이다."
11 ○주님께서 또 나에게 말씀하셨
다. "비록 이스라엘이 나를 배신하
였다고 하지만, 신실하지 못한 유다
보다는 낫다.
12 너는 북쪽으로 가서, 이 모든 말을
선포하여라.
배신한 이스라엘아, 돌아오너
라! 나 주의 말이다. 내가 다시는
노한 얼굴로 너를 대하지 않겠다.
나는 자비로운 하나님이다. 나 주
의 말이다. 내가 노를 영원히 품지
는 않겠다.
13 다만, 너는 너의 죄를 깨달아라.
너는 너의 주 하나님을 배반하고
떠나서, 푸른 나무마다 찾아 다니
며, 그 밑에서 다른 신들에게 너의
몸을 내맡겼으며, 나에게 순종하
지 않았다. 너는 이것을 깨달아
라. 나 주의 말이다."
14 "나를 배신한 자녀들아, 돌아오
너라! 나 주의 말이다. 내가 너희
의 보호자다. 내가 성읍마다 한
사람씩, 가문마다 두 사람씩 택하
여, 너희를 시온 산으로 데려오겠
다.
15 그 때에 내가 마음에 맞는 목자들
을 너희에게 세워 주겠다. 그러면
그들이 지식과 훈계로 너희를 양
육할 것이다.
16 그 때가 이르러서, 너희가 이 땅
에서 번성하여 많아지면, 아무도
다시는 주의 언약궤를 말하지 않
을 것이다. 나 주의 말이다. 그것
을 다시는 마음 속에 떠올리지도
않을 것이며, 기억하거나 찾지도
않을 것이다. 그것이 필요도 없을
것이다.
17 그 때에는 누구나 예루살렘을 주
의 보좌라고 부를 것이며, 뭇 민족
이 그리로, 예루살렘에 있는 주 앞
으로 모일 것이다. 그들이 다시는
자기들의 악한 마음에서 나오는
고집대로 살지 않을 것이다.
18 그 때에는 유다 집안과 이스라엘
집안이 하나가 되어서, 다 같이 북
녘 땅에서 나와서, 내가 너희 조상
에게 유산으로 준 땅으로 들어갈
것이다."

이스라엘의 배신

19 "나는 스스로 이렇게 생각하였

3:6–11 경건한 요시야 왕은 종교 개혁을 시도하여 하나님을 향한 참된 신앙을 회복하고자 했다. 그러나 유다 백성들은 여전히 하나님을 배신하고 건성으로 행하였다(10절). 그래서 예레미야는 유다의 온전한 신앙 회복을 위하여 멸망당한 북 이스라엘 왕국의 경우를 예로 들어 경고하였다.
3:12–18 본문은 북 이스라엘 왕국에 대한 회개와 회복의 메시지이다. 그 당시 북왕국은 무너졌고 그 백성들은 앗시리아·페르시아·메대로 흩어져 버렸다. 이렇게 모든 백성이 죄악에 빠져 있음에도 불구하고 하나님께서는 몇몇 사람만이라도 회개하고 돌아온다면 그들을 용서해 주시고 축복해 주시겠다고 약속하고 있다(14절). 또한 장래에는 남왕국과 북왕국 사이에 막힌 담이 헐리고 두 왕국이 연합하여 하나님을 섬기게 될 것을 예언하였다(16–18절). 이는 하나님의 은혜에 의해 이루어지는 하나님의 은혜의 왕국을 암시하고 있다.
3:19–4:2 북 이스라엘 왕국이 하나님께 돌아와

다. 내가 너희를 나의 자녀로 삼
고, 너희에게 아름다운 땅을 주어
서, 뭇 민족 가운데서 가장 아름
다운 유산을 받게 하면, 너희가
나를 '아버지!'라고 부르며 나만을
따르고, 나를 떠나가지 않을 것이
라고 생각하였다.
20 그런데, 이스라엘 백성아! 마치 남
편에게 정절을 지키지 않은 여인
처럼, 너희는 나를 배신하였다. 나
주의 말이다."

백성이 죄를 고백하다

21 애타는 소리가 벌거숭이 언덕에
서 들린다. 이스라엘 자손이 울부
짖으면서 간구하는 소리다. 그들
이 올곧은 길에서 벗어나고, 자기
들의 하나님이신 주님을 잊었기
때문이다.
22 "너희 변절한 자녀들아, 내가 너
희의 변절한 마음을 고쳐 줄 터이
니 나에게로 돌아오너라."
"우리가 지금 주님께 돌아옵니
다. 주님만이 주 우리의 하나님이
십니다.
23 언덕에서 드리는 이교 제사가 쓸
데없고, 산 위에서 드리는 축제의
제사가 우리를 구원하지 못합니
다. 이스라엘의 구원은 진실로 주
우리의 하나님께만 있습니다.
24 옛부터 우리 조상이 애써서 얻은
모든 것을, 그 수치스러운 우상이
삼켜 버렸습니다. 우리 조상이 애
써 모은 양 떼와 소 떼와 아들과
딸들을 모두 삼켜 버렸습니다.
25 그러므로 이제 우리는 수치를 요
로 깔고, 부끄러움을 이불로 덮겠
습니다. 우리 조상이 아득한 옛날
부터 오늘날까지, 주 우리 하나님
께 죄를 지었기 때문입니다. 주 우
리 하나님께 순종하지 않았기 때
문입니다."

회개를 촉구하시다

4 "이스라엘아, 정말로 네가 돌아오
려거든, 어서 나에게로 돌아오너
라. 나 주의 말이다. 내가 싫어하
는 그 역겨운 우상들을 내가 보는
앞에서 버려라. 네 마음이 흔들리
지 않게 하여라.
2 네가 '주님의 살아 계심을 두고' 진
리와 공평과 정의로 서약하면, 세
계 만민이 나 주를 찬양할 것이
고, 나도 그들에게 복을 베풀 것이
다."
3 "참으로 나 주가 말한다. 유다
백성과 예루살렘 주민아, 가시덤
불 속에 씨를 뿌리지 말아라. 묵
은 땅을 갈아엎고서 씨를 뿌려라.
4 유다 백성과 예루살렘 주민아, 너
희는 나 주가 원하는 할례를 받
고, 너희 마음의 포피를 잘라 내어

메시아 왕국에 참여하게 되리라는 메시지이다. 북왕국을 향한 회복과 구원의 선포는 남 유다 왕국에 심각한 의미를 던져 준다. 유다가 판단하고 있는 것처럼, 북왕국이 항상 변절한 상태로 머물러 있지 않을 것이라는 점과 유다 스스로는 자기의 구원을 당연히 여기지만 그것은 교만한 생각이라는 점을 교훈하고 있다. 결국 북왕국의 회복을 제시함으로써 유다의 교만과 무지를 깨우치고자 했던 것이다.

4장 요약 유다에 임박한 심판을 경고하며 강력히 회개를 권하는 내용이다. 당시 유다 백성은 심판이 임하지 않을 것이라고 믿고 있었지만, 그들의 죄악은 너무도 심각하여 '북쪽에서부터 넘쳐 흐르는 물이 끓는 가마솥'(1:13-16)의 예언이 현실화되고 있었다.

4:3-4 예레미야는 유다 백성들에게 간곡히 회개를 권면하였다. 그러나 백성들은 아무런 반응도

라. 그렇지 않으면, 너희의 악한
행실 때문에, 나의 분노가 불처럼
일어나서 너희를 태울 것이니, 아
무도 끌 수 없을 것이다."

유다의 침략 위협

5 "너희는 유다에 알리고, 예루살
렘에 선포하여라. 너희는 이 땅 방
방곡곡에 나팔을 불어서 알리고,
큰소리로 외쳐서 알려라. '어서 모
여서, 견고한 성으로 들어가자!'
하여라.
6 시온으로 가는 길에 깃발을 세우
며, 지체하지 말고 대피하여라.
내가 북쪽에서 재앙을 몰아와
서, 크나큰 파멸을 끌어들이겠다.
7 사자가 일어나서 숲 속에서 뛰쳐
나오듯이, 세계 만민을 멸망시키
는 자가 길을 나섰다. 그가 너의
땅을 황무지로 만들려고 제자리
를 떴다. 이제 곧 너의 모든 성읍
이 폐허가 되어, 주민이 없을 것이
다."
8 그러므로 너희 이스라엘 백성
아, 굵은 베 옷을 허리에 두르고
'과연 주님의 맹렬한 분노가 아직
도 우리에게서 떠나가지 않았구
나!' 하고 탄식하며, 슬피 울어라.
9 "그 날이 오면, 왕이 용기를 잃
고, 지도자들도 낙담하고, 제사장
들도 당황하고, 예언자들도 소스
라치게 놀랄 것이다. 나 주의 말이
다."
10 ○그 때에 내가 이렇게 아뢰었다.
"아, 주 나의 하나님, 진실로 주님께
서 이 백성과 예루살렘을 완전하게
속이셨습니다. '예루살렘은 안전하
다' 하셨으나, 이제는 칼이 목에 닿
았습니다."
11 그 때가 오면, 이 백성과 예루살
렘이 이런 말을 들을 것이다.
"소용돌이치는 열풍이 사막에
서 불어온다! 나의 딸 나의 백성
이 사는 곳으로 불어온다. 이 바
람은 곡식을 키질하라고 부는 바
람도 아니고, 알곡을 가려내라고
부는 바람도 아니다.
12 그것보다 훨씬 더 거센 바람이 나
주의 명을 따라 불어 닥칠 것이다."
백성에게 심판을 선언하시는 분
은 바로 주님이시다.

유다의 포위

13 "적군이 먹구름이 몰려오듯 몰
려오고, 그 병거들은 회오리바람
처럼 밀려오며, 그 군마들은 독수
리보다도 더 빨리 달려온다."
"이제 우리는 화를 당하게 되었
다. 우리는 망하였다."
14 예루살렘아, 네가 구원을 받으
려면, 너의 마음에서 악을 씻어
버려라. 네가 언제까지 흉악한 생

보이지 않았다.

4:3 묵은 땅 이는 완고하고 패역한 상태를 지적하는 말이다. 가시덤불 비진리와 세상의 악한 성향을 뜻한다.

4:5–9 나팔을 불어서 알리고 예레미야는 적군이 이미 북방에서 다가오고 있는 것을 본다. 7절의 '세계 만민을 멸망시키는 자'는 바빌론의 느부갓네살 왕이다. 이제 곧 북방으로부터 큰 세력이 침략하여 회개하지 않는 유다의 온 땅을 폐허로 만들 것이다. 그 날이 오면 교만하고 안일했던 왕과 지도자들, 제사장들, 평강을 선포했던 거짓 예언자들까지 소스라치게 놀랄 것이다(9절).

4:10 예레미야는 거짓 예언자들이 '예루살렘은 안전하다'라고 예언한 것을 인용하며, 유다에 닥칠 심판과 징계를 생각하며 슬퍼한다.

4:11–18 철저한 심판이 임박해 오고 있음을 여러 단어로 표현하고 있다. 열풍·더 거센 바람·회오리바람·독수리 등이 그것이다. 즉 침략 세력이 예루

각을 너의 속에 품고 있을 작정이
냐?
15 "이미 단이 소리 친다. 에브라임
산이 재앙의 소식을 전하여 이르
기를
16 '이 소식을 여러 나라에 알리고,
예루살렘에 전하여라. 적군이 먼
땅에서 몰려와서 에워싸고, 유다
의 성읍들 쪽으로 전쟁의 함성을
지른다.
17 적군이 논밭지기들처럼, 사방으로
예루살렘을 둘러싼다. 그 도성이
주님께 반역하였기 때문이다' 한
다. 나 주의 말이다."
18 "너의 모든 길과 행실이 너에게
이러한 재앙을 불러왔다. 바로 너
의 죄악이 너에게 아픔을 주었고,
그 아픔이 너의 마음 속에까지 파
고들었다."

예언자의 탄식

19 아이고, 배야. 창자가 뒤틀려서
견딜 수 없구나. 아이고, 가슴이
야. 심장이 몹시 뛰어서, 잠자코 있
을 수가 없구나. 나팔 소리가 들려
오고, 전쟁의 함성이 들려 온다.
20 재난에 재난이 꼬리를 물고 일어
난다. 온 나라가 황무지가 된다.
홀연히 나의 천막집도 무너지고,
순식간에 나의 장막집도 찢긴다.
21 저 전쟁 깃발을 언제까지 더 바라
보고 있어야 하는가? 저 나팔 소
리를 언제까지 더 듣고 있어야만
하는가?
22 "나의 백성은 참으로 어리석구
나. 그들은 나를 알지 못한다. 그
들은 모두 어리석은 자식들이요,
전혀 깨달을 줄 모르는 자식들이
다. 악한 일을 하는 데에는 슬기로
우면서도, 좋은 일을 할 줄 모르
다."

혼돈의 환상

23 땅을 바라보니, 온 땅이 혼돈하
고 공허하다. 하늘에도 빛이 전혀
보이지 않는다.
24 산들을 바라보니, 모든 산이 진동
하고, 모든 언덕이 요동한다.
25 아무리 둘러보아도 사람 하나 없
으며, 하늘을 나는 새도 모두 날
아가고 없다.
26 둘러보니, ㉠옥토마다 황무지가 되
고, 이 땅의 모든 성읍이 주님 앞
에서, 주님의 진노 앞에서, 허물어
졌다.
27 "나 주가 말한다. 내가 온 땅을
황폐하게는 하여도 완전히 멸망시
키지는 않겠다.
28 이 일 때문에 온 땅이 애곡하고,
하늘이 어두워질 것이다. 나 주가
말하였으니, 마음을 바꾸지 않고,
취소하지 않겠다."

살렘을 격렬하고 잔혹하게 진멸시킬 것을 보여 준다.

4:19-22 예루살렘의 멸망에 대한 예레미야의 비통한 심정을 고백 형식으로 기록하였다. 일명 예레미야의 '고백론'으로도 불린다. 동시에 유다 백성의 완악한 무지 상태를 지적한다. 예레미야의 탄식은 단순히 조국의 멸망에 대한 안타까운 심정이 아니다. 이 지상에 세워진 하나님 왕국의 파멸에 대한 절망과 비분강개(悲憤慷慨)이다.

4:23-31 예레미야는 유다의 죄악이 창조의 질서까지 혼돈시킬 만큼 흉악한 것임을 지적하였다. 그는 또한 유다 왕국의 멸망이 단순히 지상에 있는 한 민족에 국한된 사건이 아니요, 우주적인 재앙임을 시사하고 있다. 이것은 단순히 심판의 극심함을 상징하는 것이 아니다. 여기에는 더 높은 차원의 새로운 질서를 세우시려는 하나님의 경륜이 담겨 있다.

㉠ 히, '갈멜'

29 "기병들과 활 쏘는 군인들의 함
성에, 성읍마다 사람들이 도망하
여 숲 속에 숨고, 바위 위로 기어
올라간다. 이렇게 모두 성읍을 버
리고 떠나니, 성읍에는 주민이 한
사람도 없다.
30 그런데 너 예루살렘아, 네가 망하
였는데도, 네가 화려한 옷을 입
고, 금패물로 몸단장을 하고, 눈화
장을 짙게 하다니, 도대체 어찌된
셈이냐? 너의 화장이 모두 헛일이
될 것이다. 너의 연인들은 너를 경
멸한다. 그들은 오직 너를 죽이려
고만 한다."
31 나는 해산하는 여인의 진통 소
리를 이미 들었다. 첫 아이를 낳
는 여인처럼 신음하는 소리, 딸 시
온이 몸부림 치는 소리다. 딸 시온
이 손을 휘저으며 신음하는 소리
다. '이제 나는 망하였구나. 그들
이 나를 죽이려고 달려든다' 하는
구나.

예루살렘의 죄

5 "예루살렘에 사는 사람들아, 예루
살렘의 모든 거리를 두루 돌아다
니며, 둘러보고 찾아보아라. 예루
살렘의 모든 광장을 샅샅이 뒤져
보아라. 너희가 그 곳에서, 바르게
일하고 진실하게 살려고 하는 사
람을 하나라도 찾는다면, 내가 이
도성을 용서하겠다."
2 그들이 주님께서 살아 계심을
두고 맹세하고, 주님을 섬긴다고
말하지만, 말하는 것과 사는 것이
다르다.
3 주님, 주님께서는 몸소 진실을
찾고 계셨습니다. 주님께서 그들
을 때리셨어도 그들은 정신을 차
리지 않으며, 주님께서 그들을 멸
망시키신 것인데도 그들은 교훈받
기를 거절합니다. 그들은 얼굴을
바윗돌보다도 더 굳게 하고, 주님
께로 돌아오기를 거절합니다.
4 나는 이러한 생각도 해보았다.
'가난하고 무식한 사람들은 주님
의 길도 모르고 하나님께서 주신
법도 모르니, 그처럼 어리석게 행
동할 수밖에 없겠지.
5 이제 부유하고 유식한 사람들에
게 가서, 그들에게 이야기를 해보
자. 그들이야말로 주님의 길과 하
나님께서 주신 법을 알고 있을 것
이다.' 그러나 그들도 한결같이 고
삐 풀린 망아지들이다. 멍에를 부
러뜨리고, 결박한 끈을 끊어 버린
자들이다.
6 그러므로 사자가 숲 속에서 뛰쳐
나와서, 그들을 물어 뜯을 것이다.
사막의 늑대가 그들을 찢어 죽일
것이다. 표범이 성읍마다 엿보고

5장 요약 4장에 이어 유다 백성들의 죄상을 드러냄으로써 심판의 불가피성을 강조한다. 유다의 죄악은 크게 하나님께 대한 죄악과 사람에 대한 죄악으로 구분할 수 있었다. 그들은 가증한 우상을 숭배하고, 사회 전체에는 불의가 성행하였다.

5:5 멍에를 부러뜨리고, 결박한 끈을 끊어 버린 자들이다 멍에와 결박한 끈은 '하나님의 길', '하나님의 법'을 상징한다. 지도자들의 경건과 순종은 자발적인 것이 아니라 위선적인 겉치레에 불과하였다. 따라서 그들은 긴급한 상황에 부딪히자 그것을 다 포기하고 본연의 모습을 드러냈다는 의미이다.
5:10-19 유다 백성들은 거짓 예언자들의 가르침을 믿고 자기들의 평안을 맹신하고 있었다. 뿐만 아니라, 재앙이 임할 것이라는 참 예언자들의 말을 거짓이라고 믿었다. 그러나 결국 유다는 본문의 예언대로 바빌로니아에 의해 멸망당하였다. 유

있으니, 성 바깥으로 나오는 자마
다 모두 찢겨 죽을 것이다. 그들의
죄가 아주 크고 하나님을 배반한
행위가 매우 크구나.
7 "예루살렘아, 내가 너를 어떻게
용서하여 줄 수가 있겠느냐? 너의
자식들이 나를 버리고 떠나서, 신
도 아닌 것들을 두고 맹세하여 섬
겼다. 내가 그들을 배불리 먹여 놓
았더니, 그들은 창녀의 집으로 몰
려가서, 모두가 음행을 하였다.
8 그들은 살지고 정욕이 왕성한 숫
말과 같이 되어서, 각기 이웃의 아
내를 탐내어 울부짖는다.
9 이런 일을 내가 벌하지 않을 수가
있겠느냐? 나 주의 말이다. 이런
백성에게 내가 보복하지 않을 수
가 있겠느냐?"
10 "이스라엘의 대적들아, 너희는
저 언덕으로 올라가서 내 포도원
을 망쳐 놓아라. 전멸시키지는 말
고, 그 가지만 모두 잘라 버려라.
그것들은 이미 나 주의 것이 아니
다.
11 이스라엘과 유다가 완전히 나를
배반하고 떠나갔다. 나 주의 말이
다."

주님께서 백성을 버리시다

12 이 백성이 주님을 부인하며 말
한다. "그는 아무것도 아니다. 어
떤 재앙도 우리를 덮치지 않을 것
이다. 우리는 전란이나 기근을 당
하지 않을 것이다."
13 "그러나 예레미야야, 이러한 예
언자들에게는, 내가 아무런 예언
도 준 일이 없다. 그들의 말은 허
풍일 뿐이다."
14 "그들이 그런 말을 하였으니, 보
아라, 내가 너의 입에 있는 나의
말을 불이 되게 하고, 이 백성은
장작이 되게 하겠다. 불이 장작을
모두 태울 것이다."
"그러므로 나 만군의 주 하나님
이 말한다.
15 이스라엘 백성아, 내가 먼 곳에서
한 민족을 데려다가, 너희를 치게
하겠다. 나 주의 말이다. 그 민족
은 강하며, 옛적부터 내려온 민족
이다. 그 민족의 언어를 네가 알지
못하며, 그들이 말을 하여도 너는
알아듣지 못한다.
16 그들의 화살은 모두 열린 무덤과
같고, 그들은 모두 용사들이다.
17 네가 거둔 곡식과 너의 양식을 그
들이 먹어 치우고, 너의 아들과
딸들도 그들이 죽이고, 너의 양 떼
와 소 떼도 그들이 잡아먹고, 너
의 포도와 무화과도 그들이 모두
먹어 치울 것이다. 네가 의지하고
있는 견고한 성들도 그들이 모두

다는 하나님을 버리고 이방신을 섬겼기 때문에 이방의 노예가 되어 그들을 섬겨야만 했다.

5:12-13 유다 백성들은 거짓 예언자들의 '예루살렘은 안전하다'라는 가르침을 믿고 자기들의 평안을 확신하고 있었다. 반면에 재앙이 임하여 전란과 기근이 닥칠 것이라는 참 예언자의 말은 거짓이라고 믿었다.

5:12 주님을 부인하며 '속이다', '기만하다', '실망케 하다'라는 뜻으로 유다 백성들이 하나님이 어떠하신 분인가를 전혀 인식하지 못하고, 마땅한 경배나 찬양을 드리기는커녕 오히려 스스로의 악행을 속일 수 있다고 생각할 정도로 하나님을 소홀히 여기고 있음을 뜻한다.

5:14-19 유다 백성은 하나님에 대해 조금도 알려 하지 않다가도, 하나님이 자기들을 이방 사람들에게 넘겨주시면 그 책임을 하나님께로 돌린다(19절). 16절에서 '화살'을 '열린 무덤'에 비유하는 것은 거기서부터 화살이 사람을 죽이기 때문이다.

칼로 무너뜨릴 것이다."

하나님께서 백성에게 경고하시다

18 ○"그러나 그럴 때에도, 내가 너희를
완전히 멸망시키지는 않겠다. 나 주
의 말이다.
19 예레미야야, 그들이 '무엇 때문에 주
우리의 하나님께서 우리에게 이런
모든 일을 하셨는가?' 하고 너에게
물으면, 너는 그들에게 말하여 주어
라.
'너희가 너희 땅에서 나를 버리
고 다른 신들을 섬겼으니, 이제는
너희가 남의 나라 땅에서 다른 나
라 사람을 섬겨야 할 것이기 때문
이다.'"
20 "너는 이 말을 야곱의 자손에게
전하고, 유다 백성에게 들려주어
라.
21 이 어리석고 깨달을 줄 모르는
백성아, 눈이 있어도 볼 수가 없
고, 귀가 있어도 들을 수가 없는
백성아, 너희는 이제 내가 하는 말
을 잘 들어라.
22 너희는 내가 두렵지도 않으냐? 나
주의 말이다. 너희는 내 앞에서 떨
리지도 않느냐? 나는 모래로 바
다의 경계선을 만들어 놓고, 바다
가 넘어설 수 없는 영원한 경계선
을 그어 놓았다. 비록 바닷물이
출렁거려도 그 경계선을 없애지
못하고, 아무리 큰 파도가 몰아쳐
도 그 경계선을 넘어설 수가 없다.
23 그러나 너희는 목이 곧아 고집이
세고 반역하는 백성이어서, 나에
게서 돌아서서 멀리 떠나고 말았
다.
24 너희는 마음 속으로라도 '주 우리
의 하나님은 두려운 분이다. 그분
은 제때에 비를 주고, 이른 비와
늦은 비를 철따라 내리며, 곡식을
거두는 일정한 시기를 정하여 주
었다' 하고 말한 적이 없다.
25 바로 너희의 모든 죄악이 이러한
것들을 누리지 못하게 하였고, 너
희의 온갖 범죄가 그 좋은 것들을
가로막아, 너희에게 이르지 못하
게 하였다."
26 "나의 백성 가운데는 흉악한 사
람들이 있어서, 마치 새 잡는 사냥
꾼처럼, 허리를 굽히고 숨어 엎드
리고, 수많은 곳에 덫을 놓아, 사
람을 잡는다.
27 조롱에 새를 가득히 잡아넣듯이,
그들은 남을 속여서 빼앗은 재물
로 자기들의 집을 가득 채워 놓았
다. 그렇게 해서, 그들은 세도를
부리고, 벼락부자가 되었다.
28 그들은 피둥피둥 살이 찌고, 살에
서 윤기가 돈다. 악한 짓은 어느
것 하나 못하는 것이 없고, 자기들

5:20-31 재앙의 원인이 자비의 하나님을 배반한 것과 이웃에게 자비를 베풀지 않는 행위 때문임을 거듭 강조하고 있다. 유다 백성들은 인간이 삶을 영위할 수 있도록 자연 환경을 창조하시고 섭리하시는 유일하신 참 하나님을 배반하였다. 또한 사회 전반적으로 불의가 성행했으며, 불공정한 방법으로 부를 축적하여 향락을 꾀하였다(26-28절). 더욱이 이런 현상들을 예의 주시하고 책망하여 돌이키게 할 책임과 사명이 있는 예언자들과 제사장들까지도 현실적인 권세와 결탁하여 제 임무를 잊고 말았다(30-31절). 이런 불의하고 타락한 현상은, 요시야 당시 율법책을 발견한 이후(왕하 22:8-23:3) 그 지위를 회복하여 득의양양해진 제사장과 예언자들이 그들의 특권을 향유하게 된 요시야 왕 말기에 나타난 것으로 추정된다.

5:24 팔레스타인의 기후 조건에서 이른 비는 곡식을 심게 하는 가을비를 말한다. 늦은 비는 곡식을 여물게 하는 추수기의 봄비를 가리킨다.

의 잇속만 채운다. 고아의 억울한
사정을 올바르게 재판하지도 않
고, 가난한 사람들의 권리를 지켜
주는 공정한 판결도 하지 않는다.
29 이런 일들을 내가 벌하지 않을 수
있겠느냐? 나 주의 말이다. 이러
한 백성에게 내가 보복하지 않을
수 있겠느냐?"
30 "지금 이 나라에서는, 놀랍고도
끔찍스러운 일들이 일어나고 있
다.
31 예언자들은 거짓으로 예언을 하
며, 제사장들은 거짓 예언자들이
시키는 대로 다스리며, 나의 백성
은 이것을 좋아하니, 마지막 때에
너희가 어떻게 하려느냐?"

예루살렘이 포위되다

6 "너희 베냐민 자손아, 예루살렘에
서 도망쳐 나와서 피하여라. 너희
는 드고아에서 나팔을 불고, 벳학
게렘에서는 봉화불을 올려라. 재
앙과 파멸이 북쪽에서 밀려온다.
2 딸 시온은 아름답고 곱게 자랐으
나, 이제 내가 멸망시키겠다.
3 이방 왕들이 군대를 몰고 도성으
로 접근하여, 성읍 사방에 진을
칠 것이다. 제각기 원하는 자리에
진을 칠 것이다.
4 그런 다음에, 이르기를 '모두 공격
준비를 하여라. 만반의 준비를 해
놓고 기다려라. 공격 개시 시각은
정오 정각이다' 하는구나. 그러다
가 갑자기 야간 공격으로 바꾸면
서 '너무 늦었다. 날이 저문다. 저
녁 그림자가 점점 길어진다.
5 야간 공격을 해서 시온의 궁전들
을 헐어 버리자!' 한다."
6 "나 만군의 주가 이미 적군에게
이렇게 명하였다.
'너희는 나무를 모두 자르고, 예
루살렘을 점령할 흙 언덕을 쌓아
라. 예루살렘은 심판을 받아야 할
도성이다. 그 도성 안에서는 탄압
이 자행되고 있다.
7 샘이 물을 솟구쳐 내듯이 그 도성
은 죄악을 솟구쳐 내고 있다. 그
도성에서 들리는 것은 폭행과 파
괴의 소리뿐이다. 나의 눈 앞에 언
제나 보이는 것은, 병들고 상처 입
은 사람들뿐이다.'
8 예루살렘아, 이 고난을 경고로
받아들여라. 그렇지 않으면, 나의
마음이 너에게서 떠나갈 것이다.
그래도 받아들이지 않으면, 내가
너를 황무지로 만들고, 아무도 살
수 없는 땅이 되게 하겠다."

반역하는 백성

9 "나 만군의 주가 말한다. 농부
가 포도나무에서 포도송이를 다
따내듯이, 적군이 이스라엘의 남

6장 요약 예루살렘 함락이 임박하였음을 경고하면서 회개를 촉구하는 내용이다. 하나님께서는 율법과 예언자들을 통하여 거듭 회개를 권면하셨으나, 백성들은 그 때마다 그것을 무시하였다. 이는 결국 바빌로니아의 침략을 자초한 셈이었다.

6:1–8 예레미야는 예루살렘의 멸망 직전과 직후 상황을 실감나게 예언하고 있다. 곧 촌각을 다투어 다가오는 파멸 직전(4–5절)의 위기 속에서도 여전히 자행되는 강포와 불의(6–7절), 멸망 후의 황폐함(8절) 등이 묘사되어 있다. 이 모든 사건의 진행은 결론적으로 하나님께서 그의 백성을 버리신 결과이다.

6:9–15 이 부분은 하나님과 예레미야의 대화 형식으로 이루어져 있다. 하나님께서는 심판이 임하기 전에 한 사람이라도 더 많이 구원하라고 예레미야에게 명하신다(9절). 그러자 예레미야는 이

은 자들을 샅샅이 뒤져서 끌어 갈
것이다. 그러니 예레미야야, 아직
시간이 있을 때에, 포도 따는 사
람이 포도덩굴을 들추어보는 것
처럼, 네가 구할 수 있는 사람들
을 구해야 한다."

예레미야의 분노

10 제가 말하고 경고한들 누가 제
말을 듣겠습니까? 그들은 ㉠귀가
막혀 주님의 말씀을 들을 수 없습
니다. 주님께서 하신 말씀을 전하
면 그들은 저를 비웃기만 합니다.
말씀 듣기를 좋아하지 않습니다.
11 그들을 향하신 주님의 진노가 제
속에서도 부글부글 끓고 있어서,
제가 더 이상 주님의 진노를 품고
있을 수도 없습니다.

주님의 분노

"그러면 나의 분노를 길거리의
아이들에게 쏟아라. 젊은이들이
모인 곳에다가 쏟아라. 결혼한 남
자들과 결혼한 여자들이 잡혀 갈
것이다. 청년이 잡혀 가고, 죽을
날을 기다리는 노인도 잡혀 갈 것
이다.
12 그들의 집은 다른 사람들에게로
넘어가고, 밭과 아내들도 다 함께
다른 사람들의 차지가 될 것이다.
내가 손을 들어서 이 땅에 사는
사람들을 칠 것이기 때문이다. 나
주의 말이다."
13 "힘 있는 자든 힘 없는 자든, 모
두가 자기 잇속만을 채우며, 사기
를 쳐서 재산을 모았다. 예언자와
제사장까지도 모두 한결같이 백
성을 속였다.
14 백성이 상처를 입어 앓고 있을 때
에, '괜찮다! 괜찮다!' 하고 말하지
만, 괜찮기는 어디가 괜찮으냐?
15 그들이 그렇게 역겨운 일들을 하
고도, 부끄러워하기라도 하였느
냐? 천만에! 그들은 부끄러워하지
도 않았고, 얼굴을 붉히지도 않았
다. 그러므로 그들이 쓰러져서 시
체더미를 이룰 것이다. 내가 그들
에게 벌을 내릴 때에, 그들이 모두
쓰러져 죽을 것이다. 나 주의 말이
다."

유다 백성이 하나님의 길을 떠나다

16 "나 주가 말한다. 나는 너희에
게 일렀다. 가던 길을 멈추어서 살
펴보고, 옛길이 어딘지, 가장 좋은
길이 어딘지 물어 보고, 그 길로
가라고 하였다. 그러면 너희의 영
혼이 평안히 쉴 곳을 찾을 것이라
고 하였다. 그런데도 너희는 여전
히 그 길로는 가지 않겠다고 하였
다.
17 나는 또 너희를 지키려고 파수꾼
들을 세워 놓고, 나팔 소리가 나거

스라엘 백성들이 자기의 경고를 듣지 않고 오히려 자기를 괴롭힌다고 대답한다(10-11상반절). 하나님은 다시 당시의 죄악을 낱낱이 지적하시면서(11하반절-15절) 징벌이 임박했다고 알려 주신다.

6:15 시체더미를 이룰 것이다 하나님이 벌할 때 그 벌을 받아 넘어지는 자들, 곧 죽는 자들이 많을 텐데 그들이 넘어진 그 상태에 또 넘어져 시체가 쌓일 정도로 엄청난 재앙이 있을 것을 예언한 것이다.

6:16-26 하나님께서는 율법과 예언자를 통하여(16-17절) 자기 백성들에게 회개를 권면하셨다. 그러나 백성들은 그때마다 하나님의 권면을 무시하고 회개하기를 거절하였다. 그들은 좋은 제물로 제사만 잘 드리면 하나님을 기쁘시게 하는 줄로 생각했다(20절). 그러나 그것은 큰 오해였다. 하나님께서 이번에는 이방의 침략에 대한 경고라도 듣고 돌이키라고 끈질기게 설득하신다(22-23

㉠ 히, '귀에 할례를 받지 못하여'

듣 귀담아 들으라고 가르쳐 주었
으나, 너희는 귀담아 듣지 않겠다
고 하였다."
18 "뭇 민족아, 들어라. 온 회중아,
똑똑히 알아 두어라. 내 백성에게
어떤 일이 일어날지를 보아라.
19 땅아, 너도 들어라. 내가 지금 이
백성에게 재앙을 내린다. 그들이
이처럼 사악한 생각을 하였으니,
이것은 그들이 받아 마땅한 벌이
다. 그들이 나의 말을 귀담아 듣
지 않으며, 나의 율법도 무시하였
기 때문이다."
20 "스바에서 들여 오는 향과 먼
땅에서 가져 오는 향료가, 나에게
무슨 소용이 있느냐? 너희가 바치
는 온갖 번제물도 싫고, 온갖 희
생제물도 마음에 들지 않는다."
21 "그러므로 나 주가 말한다. 내
가 이 백성 앞에 걸림돌들을 숨겨
놓아서, 모두 돌에 걸려 넘어지게
하겠다. 아버지와 아들이 다 함께
넘어지고, 이웃과 그 친구가 다 함
께 멸망할 것이다."

북쪽에서 오는 침략자

22 "나 주가 말한다. 한 백성이 북
녘 땅에서 오고 있다. 큰 나라가
온다. 저 먼 땅에서 떨치고 일어났
다.
23 그들은 활과 창으로 무장하였다.
난폭하고 잔인하다. 그들은 바다
처럼 요란한 소리를 내며, 군마를
타고 달려온다. 딸 시온아, 그들은
전열을 갖춘 전사와 같이 너를 치
러 온다."
24 "우리는 그 소식을 듣고, 두 팔
에 맥이 풀렸습니다. 해산의 진통
을 하는 여인처럼 불안하여 괴로
워합니다."
25 "너희는 들녘으로 나가지도 말
고, 거리에서 돌아다니지도 말아
라. 너희의 원수가 칼로 무장하고
있으니, 너희의 사방에 공포가 있
을 뿐이다."
26 나의 딸, 나의 백성아, 너는 굵
은 베 옷을 허리에 두르고, 잿더
미 속에서 뒹굴어라. 외아들을 잃
은 어머니처럼 통곡하고, 슬피 울
부짖어라. 멸망시키는 자가 갑자
기 우리를 덮쳐 올 것이다.
27 "예레미야야, 내 백성을 시험해
보아라. 금속을 시험하듯 시험해
서 도대체 그들의 정체가 무엇인
지 밝혀 보아라.
28 그들은 모두 반항하는 자들이
다. 모함이나 하고 돌아다니며 마
음이 완악하기가 놋쇠나 무쇠와
같다. 모두 속속들이 썩은 자들이
다.
29 풀무질을 세게 하면, 불이 뜨거워

절). 이제 바빌로니아의 침략이 임박했으므로 빨리 회개하라고 말씀하신다(25-26절).

6:20 향, 향료 이 재료들은 제사용품으로, 아라비아 남서부가 산지였다. 하나님이 요구하시는 것은 좋은 물품으로 제사를 드리는 것이 아니라, 인격 그 자체를 제물로 드리는 것이었다. 그리고 이미 하나님과의 관계가 단절된 상황에서는 어떤 제사 행위도 무의미하다.

6:27-30 하나님께서는 예레미야에게 자기 백성을 시험해 보도록 하셨다. 예레미야로 하여금 금속을 시험하듯 그들의 신앙심을 시험하게 하신 것이다. 예레미야의 이러한 역할은 예레미야 자신의 사역에 대한 확증도 되고, 백성의 심판에 대한 실제적인 근거가 되기도 한다. 유다 백성들은 불과 같은 예레미야의 메시지에 의해서도 정화되지 않았다. 하나님의 정련 과정을 통해서도 전혀 얻을 것이 없었음을 '내버린 은'이라고 표현하고 있다.

져서 그 뜨거운 불 속에서 납이
녹으련만, 불순물도 없어지지 않
으니, 금속을 단련하는 일이 헛수
고가 되고 만다. 그들의 죄악이 도
무지 제거되지 않는다.
30 이제 그들은, 불순물을 제거할 수
없는 '내버린 은'일 뿐이다. 나 주
가 그들을 내버렸기 때문이다."

예레미야의 성전 설교

7 주님께서 예레미야에게,
2 주님의 성전 문에 서서, 주님께
예배하려고 문으로 들어오는 모든
유다 사람에게 주님의 말씀을 큰소
리로 일러주라고 하셨다.
3 ○"나 만군의 주 이스라엘의 하나님
이 말한다. 너희의 모든 생활과 행실
을 고쳐라. 그러면 내가 이 곳에서
너희와 함께 머물러 살겠다.
4 '이것이 주님의 성전이다, 주님의 성
전이다, 주님의 성전이다' 하고 속이
는 말을, 너희는 의지하지 말아라.
5 너희가, 모든 생활과 행실을 참으로
바르게 고치고, 참으로 이웃끼리 서
로 정직하게 살면서,
6 나그네와 고아와 과부를 억압하지
않고, 이 곳에서 죄 없는 사람을 살
해하지 않고, 다른 신들을 섬겨 스
스로 재앙을 불러들이지 않으면,
7 내가 너희 조상에게 영원무궁 하도
록 준 이 땅, 바로 이 곳에서 너희가
머물러 살도록 하겠다.
8 ○그런데도 너희는 지금 전혀 무익한
거짓말을 의지하고 있다.
9 너희는 모두 도둑질을 하고, 사람을
죽이고, 음행을 하고, ㉠거짓으로 맹
세를 하고, 바알에게 분향을 하고,
너희가 알지 못하는 다른 신들을 섬
긴다.
10 너희는 이처럼 내가 미워하는 일만
저지르고서도, 내 이름으로 불리는
이 성전으로 들어와서, 내 앞에 서서
'우리는 안전하다' 하고 말한다. 너희
는 그런 역겨운 모든 일들을 또 되풀
이하고 싶어서 그렇게 말한다.
11 그래, 내 이름으로 불리는 이 성전
이, 너희의 눈에는 도둑들이 숨는 곳
으로 보이느냐? 여기에서 벌어진 온
갖 악을 나도 똑똑히 다 보았다. 나
주의 말이다.
12 ○너희는 내가 처음으로 내 이름을
두었던 실로에 있는 내 처소로 가서,
내 백성 이스라엘의 죄악 때문에 내
가 그 곳을 어떻게 하였는지 보아라.
13 ○너희가 온갖 죄를 지었으므로, 내
가 너희에게 서둘러서 경고하였으
나, 너희는 듣지 않았다. 내가 불렀으
나, 너희는 대답도 하지 않았다. 나
주의 말이다.
14 그러므로 내가 실로에서 한 것과 똑
같이, 내 이름으로 불리며 너희가 의

7장 요약 본장은 특별히 성전에 관한 죄를 지적하고 있다. 유다 백성은 성전이 자리잡은 예루살렘 성은 결코 멸망되지 않을 것이라는 착각에 빠져 성전 밖에서는 온갖 죄악을 범하면서도 성전에 나아가 제물만 바치면 구원이 보장된다고 생각했다.

7:1–7 예레미야는 백성들의 형식적인 예배의 무용성을 지적하고, 회개하고 거룩한 삶을 산다면 약속의 땅에서 쫓겨나지 않을 것이라고 설득한다.

7:6 죄 없는 사람 하나님의 의로운 백성을 가리킨다. 유다라는 왕국 체제 속에 살고 있었던 진정한 하나님의 선택받은 자라고 할 수 있다.

7:8–11 유다 백성들은 성전 밖에서는 우상을 숭배하며 윤리·도덕적으로 죄를 지으면서도, 성전에 와서 제물만 바치면 구원 문제는 해결되는 줄로 믿었다. 이러한 신앙은 거짓 예언자들의 잘못

㉠ 또는 '거짓 신들로'

지하는 이 성전, 곧 내가 너희와 너
희 조상에게 준 이 장소에, 내가 똑
같이 하겠다.
15 내가 너희의 모든 친척 곧 에브라임
자손 모두를 내 앞에서 쫓아 버렸던
것과 똑같이, 너희도 내 앞에서 멀리
쫓아 버리겠다."

백성의 불순종

16 ○"그러므로 너 예레미야는 이 백성
을 보살펴 달라고 기도하지 말아라.
너는 그들을 도와달라고 나에게 호
소하거나 간구하지도 말고, 나에게
조르지도 말아라. 나는 이제 너의
말을 들어주지 않을 것이다.
17 너는 지금 그들이 유다의 성읍들과
예루살렘의 모든 거리에서 하는 일
들을 보고 있지 않느냐?
18 자식들은 땔감을 줍고, 아버지들은
불을 피우고, 어머니들은 하늘 여신
에게 줄 빵을 만들려고 가루로 반죽
을 하고 있다. 또 그들은 나의 노를
격동시키려고, 다른 신들에게 술을
부어 바친다.
19 그러나 그들이 그렇게 함으로 나를
격노하게 하는 것으로 그치느냐? 그
렇지 않다. 오히려 그들 스스로가 낯
뜨거운 수치를 당하는 것이 아니
냐? 나 주의 말이다.
20 ○그러므로 나 주 하나님이 말한다.
나의 무서운 분노가 바로 이 땅으로
쏟아져서, 사람과 짐승과 들의 나무
와 땅의 열매 위로 쏟아져서, 꺼지지
않고 탈 것이다."

소용 없는 제사

21 ○"나 만군의 주 이스라엘의 하나님
이 말한다. 내가 너희에게 받고 싶은
것은 제사가 아니다. 너희가 번제는
다 태워 내게 바치고 다른 제물은 너
희가 먹는다고 하지만, 내가 허락할
터이니, 번제든 무슨 제사든 고기는
다 너희들이나 먹어라.
22 ○내가 너희 조상을 이집트 땅에서
데리고 나왔을 때에, 내가 그들에게
번제물이나 다른 어떤 희생제물을
바치라고 했더냐? 바치라고 명령이
라도 했더냐?
23 오직 내가 명한 것은 나에게 순종하
라는 것, 그러면 내가 그들의 하나님
이 되고, 그들은 나의 백성이 될 것
이라는 것, 내가 그들에게 명하는
그 길로만 걸어가면, 그들이 잘 될
것이라고 한 것뿐이지 않았더냐?
24 그러나 그들은 내게 순종하지도 않
고, 내 말에 귀를 기울이지도 않았
다. 오히려 자기들의 악한 마음에서
나오는 온갖 계획과 어리석은 고집
대로 살고, 얼굴을 나에게로 돌리지
않고, 오히려 등을 나에게서 돌렸다.
25 너희 조상이 이집트 땅에서 나온 날
로부터 오늘까지, 내가 나의 종 예언

된 가르침 때문이었다. 그래서 예레미야는 성전이 '도둑들이 숨는 곳'으로 바뀌었다고 지적하였다.

7:12–15 유다 백성들은 예루살렘 성에는 하나님의 성전이 자리잡고 있기 때문에 결코 멸망하지 않을 것이라고 믿었다. 그러나 옛날 하나님의 성막이 있던 '실로'가 폐허로 변한 것처럼, 예루살렘도 회개하지 않으면 파괴될 것이라고 경고한다.

7:16–20 하나님은 더 이상 혼합주의 신앙이 만연한 유다의 성전에서 자기 백성들을 만나시지 않겠다고 선포하신다. 그래서 예레미야에게 중보기도조차 허락하지 않으신다.

7:21–28 성전에서 행해지는 위선적인 예배 의식은 오히려 하나님을 모욕하는 것이다. 단순히 제사 드리는 행위 자체보다는 삶 전체에서의 순종이 진정한 예배임을 설파하고 있다. 모세 율법의 핵심은 오직 하나님만이 경배를 받으실 참된 신이며 오직 그분께 순종하며 사는 것이 백성의 본분이라는 것이다.

자들을 너희에게 보내고 또 보냈지
만,
26 나에게 순종하지도 않고, 귀를 기울
이지도 않았다. 오히려 너희는 조상
보다도 더 고집이 세고 악하였다."

살육 골짜기에서 저지른 죄

27 ○"그래서 네가 그들에게 이 모든 말
을 전하더라도, 그들은 여전히 듣지
않을 것이다. 또 네가 그들에게 외치
더라도, 그들이 너에게 아무런 반응
도 보이지 않을 것이다.
28 그들은 자기들의 하나님인 나 주의
말에 순종하지도 않고, 어떤 교훈도
받아들이지 않는 백성이다. 진실이
아주 없어졌다. 그들의 입에서 진실
이 사라진지 이미 오래다. 그러므로
너는 그들에게 이렇게 전하여라.
29 '예루살렘아, 너는 긴 머리채를 잘
라서 던지고, 메마른 언덕 위에 올
라가서 슬피 울어라. 주님께서는
이 세대를 보시고 진노하셔서, 이
세대를 물리쳐 버리셨다.'"
30 ○"나 주의 말이다. 참으로 유다
백성은, 내가 보기에 악한 일들을 하
였다. 그들은, 나의 이름을 찬양하려
고 세운 성전 안에다가, 자기들이 섬
기는 역겨운 것들을 세워 놓아서 성
전을 더럽혔다.
31 또 그들은 자기들의 아들과 딸들을
불태워 제물로 바치려고 '힌놈의 아
들 골짜기'에 도벳이라는 산당을 쌓
아 놓았는데, 그런 것은 내가 명하지
도 않았고, 상상조차도 하여 본 적이
없다.
32 ○그러므로 보아라, 그 날이 오면, 다
시는 이 곳을 도벳이나 '힌놈의 아들
골짜기'라고 부르지 않고, 오히려 '살
육의 골짜기'라고 부를 것이다. 나
주의 말이다. 그 때에는 매장할 자리
가 더 이상 없어서, 사람들이 도벳에
와서 시체를 묻을 것이다.
33 그 때에는 이 백성의 시체가 공중의
새와 땅에 사는 짐승의 먹이가 될 것
이며, 아무도 그것을 쫓아 줄 사람
이 없을 것이다.
34 그 때에는 내가 유다의 성읍들과 예
루살렘의 모든 거리에서, 흥겨워하
는 소리와 기뻐하는 소리, 즐거워하
는 신랑 신부의 목소리를 사라지게
하겠다. 온 나라가 황무지로 바뀔 것
이기 때문이다."

8 1 "나 주의 말이다. 그 때에는 사
람들이 유다 왕들의 뼈와, 유다 지
도자들의 뼈와, 제사장들의 뼈와, 예
언자들의 뼈와, 예루살렘 주민의 뼈
를, 그들의 무덤에서 꺼내다가,
2 그들이 좋아하고 노예처럼 섬기고
뒤쫓아 다니고, 뜻을 물어 보면서
찾아 다니고 숭배하던, 해와 달과
하늘의 모든 천체 앞에 뿌릴 것이다.

7:29–8:3 이 부분은 불순종한 유다 백성에게 엄청난 재앙이 닥칠 것이라는 예언이다. 우상 숭배의 본거지인 '힌놈의 아들 골짜기'에서부터 무서운 심판이 진행될 것인데, 이 골짜기의 이름은 '살육의 골짜기'라고 바꾸어 부를 만큼 철저하게 심판이 임할 것을 적나라하게 보여 주고 있다. 그 백성의 시체는 공중의 새와 땅에 사는 짐승의 먹이가 될 것이며, 잘 매장시켜 놓은 지도자들의 시체까지도 철저하게 유린당할 것이라고 묘사되어 있다.

8장 요약 자신들의 심각한 죄악을 깨닫지 못하는 유다 백성의 어리석은 모습이 지적되고 있다. 거짓 예언자들과 타락한 지도자들의 잘못된 가르침은 그들의 부패 상황을 더욱 악화시켰다. 그래서 예레미야는 고뇌에 찬 비통한 심정을 토로하였다.

8:1–3 유다는 죽은 자들의 '뼈'가 흩뿌려지는 능욕을 당할 것이다. 그 날에는 이들이 신으로 섬겼

그래도 그 뼈들을 모아다가 묻어 주
는 사람이 아무도 없을 것이니, 그것
들은 이제 땅바닥에서 거름이 되고
말 것이다.
3 ○그리고 이 악한 백성 가운데서 남
아 있는 자들은, 내가 쫓아 보낸 여
러 유배지에서 사느니보다는, 차라
리 죽는 쪽을 택할 것이다. 나 만군
의 주가 하는 말이다."

죄와 벌

4 "너는 그들에게 전하여라. 나 주
가 말한다. 누구나 넘어지면, 다시
일어나지 않겠느냐? 누구나 떠나
가면, 다시 돌아오지 않겠느냐?
5 그런데도 예루살렘 백성은, 왜 늘
떠나가기만 하고, 거짓된 것에 사
로잡혀서 돌아오기를 거절하느
냐?
6 내가 귀를 기울이고 들어 보았
으나, 그들은 진실한 말을 하지 않
았다. '내가 이런 일을 하다니!' 하
고 자책은 하면서도 자신의 악행
을 뉘우치는 사람은 하나도 없었
다. 그들은 모두 자기들의 그릇된
길로 갔다. 마치 전쟁터로 달려가
는 군마들처럼 떠나갔다.
7 하늘을 나는 학도 제 철을 알
고, 비둘기와 제비와 두루미도 저
마다 돌아올 때를 지키는데, 내
백성은 주의 법규를 알지 못한다.
8 너희가 어떻게 '우리는 지혜를 가
진 사람들이요, 우리는 주님의 율
법을 안다' 하고 말할 수가 있느
냐? 사실은 서기관들의 거짓된
붓이 율법을 거짓말로 바꾸어 놓
았다.
9 그러므로 지혜 있는 사람들이 부
끄러움을 당하고, 공포에 떨며 붙
잡혀 갈 것이다. 그들이 주의 말
을 거절하였으니, 이제 그들에게
무슨 지혜가 있다고 하겠느냐?
10 그러므로 내가 그들의 아내들을
다른 남자들에게 넘겨 주고, 그들
의 밭도 다른 사람들에게 주어 차
지하게 하겠다."
"힘 있는 자든 힘 없는 자든, 모
두가 자기 잇속만을 채우며, 사기
를 쳐서 재산을 모았다. 예언자와
제사장까지도 모두 한결같이 백
성을 속였다.
11 백성이 상처를 입어 앓고 있을 때
에, 그들은 '괜찮다! 괜찮다!' 하고
말하지만, 괜찮기는 어디가 괜찮
으냐?
12 그들이 그렇게 역겨운 일들을 하
고도, 부끄러워하기라도 하였느
냐? 천만에! 그들은 부끄러워하지
도 않았고, 얼굴을 붉히지도 않았
다. 그러므로 그들이 쓰러져서 시
체 더미를 이룰 것이다. 내가 그들

던 일월성신이 전혀 도움이 되지 않을 것이다.
8:1 무덤에서 꺼내다가 죽은 후에도 그들이 바라던 안식을 얻지 못하는 상황을 말한다. 죽어서도 그들의 잘못된 신앙을 깨달으리라는 경고이다.
8:4-7 공중의 학이나 비둘기, 제비, 두루미조차 돌아올 때를 알고 있는데 악한 백성들은 도무지 돌아와 회개할 때를 모른다. 동물들도 하나님의 법과 질서를 따르는데 하물며 만물의 영장이요, 하나님의 형상대로 지음 받은 인간은 이 창조 질서마저도 고의적으로 거부하고 오히려 역행하고 있음을 비유적으로 표현하고 있다.
8:8-12 거짓 예언자들과 타락한 지도자들이 하나님의 말씀을 잘못 해석하고 왜곡되게 가르쳤기 때문에 이와 같은 멸망의 사태에까지 이르게 되었다. 구원에 이르는 지혜가 되어야 할 하나님의 말씀이 오히려 파멸에 이르는 어리석은 가르침이 되었는데, 이러한 현상은 오늘날 이단 종파를 통해서도 계속되고 있다.

에게 벌을 내릴 때에, 그들이 모두
쓰러져 죽을 것이다. 나 주의 말이
다.
13 나 주의 말이다. 그들이 거둘 것
을 내가 말끔히 거두어 치우리니,
포도덩굴에 포도송이도 없고, 무
화과나무에 무화과도 없고, 잎까
지 모두 시들어 버릴 것이다. ㉠그
러므로 내가 그들에게 준 것들이
모두 사라져 버릴 것이다."

백성이 받을 형벌

14 "모두 모여라. 그냥 앉아서 죽을
수는 없다. 견고한 성읍들을 찾아
들어가서, 죽어도 거기에서 죽자.
우리가 주님께 범죄하였기 때문
에, 주 우리의 하나님께서 우리에
게 독이 든 물을 마시게 하여서,
우리를 죽이려 하신다.
15 우리가 고대한 것은 평화였다. 그
런데 좋은 일이라고는 하나도 없
다. 우리는 이 상처가 낫기만을 고
대하였는데, 오히려 무서운 일만
당하고 있다.
16 적군의 말들이 내는 콧소리가 이
미 단에서부터 들려 오고, 그 힘
센 말들이 부르짖는 소리에 온 땅
이 진동한다. 적군이 들어와서, 이
땅과 그 안에 가득 찬 것을 휩쓸
고, 성읍과 그 안에 사는 사람들
을 다 삼킨다."
17 "보아라, 내가 뱀을 너희에게 보
내겠다. 어떤 술법으로도 제어할
수 없는 독사들을 너희에게 보낼
것이니, 그것들이 너희를 물 것이
다. 나 주의 말이다."

예언자의 탄식

18 나의 기쁨이 사라졌다. 나의 슬
픔은 나을 길이 없고, 이 가슴은
멍들었다.
19 저 소리, 가련한 나의 백성, 나의
딸이 울부짖는 저 소리가, 먼 이국
땅에서 들려 온다.
(백성이 울부짖는다.) "이제 주
님께서는 시온을 떠나셨단 말인
가? 시온에는 왕도 없단 말인가?"
(그러나 주님께서 말씀하신다.)
"어찌자고 조각한 신상과 헛된 우
상을 남의 나라에서 들여다가, 나
를 노하게 하였느냐?"
20 (백성이 또 울부짖는다.) "여름
철이 다 지났는데도, 곡식을 거둘
때가 지났는데도, 우리는 아직 구
출되지 못하였습니다."
21 나의 백성, 나의 딸이, 채찍을
맞아 상하였기 때문에, 내 마음도
상처를 입는구나. 슬픔과 공포가
나를 사로잡는구나.
22 "길르앗에는 유향이 떨어졌느
냐? 그 곳에는 의사가 하나도 없
느냐?"

8:13 포도덩굴·무화과나무 선민 이스라엘과 하나님의 관계를 특징적으로 암시하는 구약의 상용적인 표현이다. 그런데 그 열매가 전혀 없다는 것은 *선민, 곧 하나님의 백성으로서의 존재* 가치가 완전히 상실되었음을 의미한다.

8:14 독이 든 물 이것은 쓰고 독한 열매를 맺는 독초의 뿌리에서 나온 즙을 말한다(참조. 신 29:18). 포도와 무화과 등의 과실을 맺어야 할 땅이 독한 열매를 맺는 땅으로 돌변하였음을 암시한다.

8:18-22 유다의 멸망에 대하여 예레미야의 고뇌에 찬 애통과 비탄한 심정을 토로하고 있다. 예언자가 백성들에게 심판의 메시지를 전달하는 것은, 심판으로 말미암은 백성의 고난에 동참한다는 의미도 담고 있는 것이다. 더구나 백성들마저 비웃는 태도로 예언자를 대적했기 때문에, 중보자로서 예언자가 당하는 고통은 그 누구보다도 더 심각한 것이었음을 보여 준다.

㉠ 또는 '그들을 진멸할 자를 내가 이미 정하였다'

어찌하여 나의 백성, 나의 딸의
병이 낫지 않는 것일까?

9 1 살해된 나의 백성, 나의 딸을 생
각하면서, 내가 낮이나 밤이나 울
수 있도록, 누가 나의 머리를 물로
채워 주고, 나의 두 눈을 눈물 샘
이 되게 하여 주면 좋으련만!
2 누군가가 저 사막에다가 내가 쉴
나그네의 휴식처를 마련하여, 내
가 이 백성을 버리고 백성에게서
멀리 떠나, 그리로 가서 머물 수
있게 하여 주면 좋으련만! 참으로
이 백성은 모두 간음하는 자들이
요, 배신자의 무리이다.

주님의 대답

3 "내 백성이라는 것들은 활을 당
기듯 혀를 놀려 거짓을 일삼는다.
진실은 없고, 그들의 폭력만이 이
땅에서 판을 친다. 참으로 그들은
악에 악을 더하려고 돌아다닐 뿐,
내가 그들의 하나님인 줄은 알지
못한다. 나 주의 말이다."
4 "친척끼리 서로 거침없이 사기를
치고, 이웃끼리 서로 비방하며 돌
아다니니, 너희는 서로 이웃을 조
심하고, 어떤 친척도 믿지 말아라!
5 누구나 이렇게 자기 이웃을 속이
며, 서로 진실을 말하지 않고 있
다. 그들의 혀는 거짓말을 하는
데 길들여져 있다. 죄 짓는 일을
그치려 하지 않는다.
6 서로 속고 속이는 일을 되풀이하
면서 기만 가운데 살기 때문에,
아무도 나를 알려고 하지를 않는
다. 나 주의 말이다.
7 나 만군의 주가 말한다. 보아라,
내가 내 백성을 금속 단련하듯 단
련하며, 시험하여 보겠다. 내 백성
이 악을 저질렀으니, 죄 많은, 이
가련한 백성을, 내가 달리 어떤 방
법으로 다룰 수 있겠느냐?
8 내 백성의 혀는 독이 묻은 화살이
다. 입에서 나오는 말은 거짓말뿐
이다. 입으로는 서로 평화를 이야
기하지만, 마음 속에서는 서로 해
칠 생각을 품고 있다.
9 이러한 자들을 내가 벌하지 않을
수가 있겠느냐? 나 주의 말이다.
이러한 백성에게 내가 보복하지
않을 수가 있겠느냐?"

예레미야가 백성 때문에 울다

10 나는 산들을 보고 울며 탄식합
니다. 광야의 초원을 바라보고,
슬픈 노래를 읊겠습니다. 그처럼
무성하던 곳들이 모두 황무지가
되었고, 지나다니는 사람이 하나
도 없습니다. 가축 떼의 울음 소
리도 들려 오지 않습니다. 공중의
새에서부터 들의 짐승에 이르기까
지, 다 다른 곳으로 도망하여 사

9장 요약 예레미야는 유다 백성의 불순종과 불신앙에 대한 자신의 절망을 시 형식으로 토로한다(1–11절). 또한 모든 열방에게 하나님을 알고 그분만 섬길 것을 촉구하며(23–24절), 순종하지 않는 자들에게 임할 징벌을 경고하였다(25–26절).

9:1–11 하나님의 왕국은 예레미야의 사역과 '남은 자'들에 의하여 명맥이 유지되지만, 당대 유다 왕국은 역사상에서 그 존재가 끊어질 찰나에 놓였다. 예레미야는 이것을 알고 탄식했던 것이다.

9:12–16 유다와 예루살렘이 완전한 폐허가 되고, 그 백성은 '조상도 알지 못하던 이방 민족 가운데', 즉 이방 나라로 축출될 것을 예언하였다. 이러한 재앙은 국가적인 배교에서 비롯된 결과였다.

9:12 사막 이스라엘 백성들이 이집트를 나온 후 여행했던 시나이 반도에 있던 사막이다. 성경에서는 인간의 주거가 불가능한 환경조건을 의미한다.

라졌습니다.
11 "내가 예루살렘을 돌무더기로
만들어서 여우들이 우글거리는
소굴이 되게 하고, 유다의 성읍들
을 황무지로 바꾸어 놓아 아무도
살 수 없게 하겠다."

땅이 황폐한 까닭

12 이 땅이 왜 망하였는지, 왜 사막
처럼 황폐해졌는지, 왜 행인마저
끊어졌는지, 이것을 알아낼 만큼
지혜 있는 사람이 누구인가? 이
까닭을 말할 수 있도록, 주님의 입
에서 직접 말씀을 받은 사람이 누
구인가?
13 ○주님께서 대답하셨다. "나는 이
백성에게 나의 율법을 주면서 지키
라고 하였다. 그러나 그들이 그것을
버리고, 나의 말을 순종하지 않고,
실천하지 않았다.
14 그들은 오히려 자기들의 고집대로 살
고, 조상이 섬기라고 가르쳐 준 바알
신들을 따라다녔다.
15 ○그러므로 나 만군의 주 이스라엘
의 하나님이 말한다. 내가 이 백성에
게 쓴 쑥을 먹이며, 독을 탄 물을 마
시게 하겠다.
16 또 내가, 그들도 모르고 그들의 조상
도 알지 못하던 이방 민족 가운데
그들을 흩어 놓고, 내가 그들을 전멸
시킬 때까지 칼이 그들을 뒤쫓게 하
겠다."

곡하는 여인들

17 "나 만군의 주가 말한다. 너희
는 잘 생각하여 보고, 곡하는 여
인들을 불러들이고, 장송곡을 부
를 여인들을 데리고 오너라."
18 "서둘러 와서, 우리를 도와서 조
가를 불러 다오. 우리의 눈에서
눈물이 흘러 내리고, 우리의 눈시
울에서 눈물이 쏟아지게 하여 다
오!"
19 시온에서 통곡하는 소리가 들
려 온다. '어쩌다가 우리가 이렇게
망하였으며, 이토록 수치를 당하
게 되었는가? 적군이 우리의 거처
를 모조리 부수었으니, 우리는 이
제 우리의 땅을 떠나야만 한다.'
20 "여인들아, 너희는 주님의 말씀
을 들어라. 너희는 귀를 기울여서,
그의 입에서 나오는 말씀을 받아
들여라. 딸들에게 애도하는 법을
가르치고, 너희도 장송곡 부르는
법을 서로 익혀라.
21 죽음이 우리의 창문을 넘어서 들
어왔고, 우리의 왕궁에까지 들어
왔으며, 거리에서는 어린 아이들
이 사정없이 죽어 가고, 장터에서
는 젊은이들이 죽어 간다."
22 "나 주의 말이다. 너는 이렇게
전하여라. '사람의 시체가 들판에

예레미야는 이스라엘의 광야 시대 때 현저했던 불순종을 상기시키기 위해서 이처럼 비유했다.

9:17 장송곡을 부를 여인들 히브리 관례상 상갓집에서나 국가적인 애사(哀史)에서 전문적으로 통곡하는 것을 직업으로 삼고 있는 여자를 말한다.

9:23-26 진정한 지혜가 무엇인가를 가르치며 하나님이 세상과 역사의 참된 주관자이심을 선언한다. 이 부분은 유다의 각성을 촉구하는 특별한 전환점으로, 이후부터는 예언자의 시선이 모든 이방 나라에게로 향해진다. 유다 왕국은 세상 여러 나라에 복을 전파할 중보적인 제사장 왕국으로 세워졌다. 그러나 유다는 자신의 사명을 망각한 채 '할례'라는 특권 의식에만 사로잡혀 있었다.

9:26 관자놀이의 머리카락을 짧게 깎은 머리 둘레를 깎고 광야에 사는 유목민, 즉 아라비아 사람들을 가리키는 것으로 추측된다. 이것은 레위기 19:27에서 금하는 행위이다. 하나님의 법과 무관한 자들을 상징한다.

거름 더미처럼 널려 있다. 거두어
가지 않은 곡식단이 들에 그대로
널려 있듯이, 시체가 널려 있다.'"

주님이 좋아하시는 것

23 "나 주가 말한다. 지혜 있는 사
람은 자기의 지혜를 자랑하지 말
아라. 용사는 자기의 힘을 자랑하
지 말아라. 부자는 자기의 재산을
자랑하지 말아라.
24 오직 자랑하고 싶은 사람은, 이것
을 자랑하여라. 나를 아는 것과,
나 주가 긍휼과 공평과 공의를 세
상에 실현하는 하나님인 것과, 내
가 이런 일 하기를 좋아한다는 것
을, 깨달아 알 만한 지혜를 가지게
되었음을, 자랑하여라. 나 주의 말
이다."
25 ○"나 주의 말이다. 그 날이 이르
면, ㉠몸에만 할례를 받은 사람들에
게, 내가 모두 벌을 내리겠다.
26 이집트와 유다와 에돔과 암몬 자손
과 모압과, 관자놀이의 머리카락을
짧게 깎은, 광야에 사는 모든 사람
에게도 내가 벌을 내리겠다. 이 모든
민족은, 이스라엘 백성 전체와 마찬
가지로, 마음에 할례를 받지 않은
자들이기 때문이다."

우상 숭배와 참 예배

10 이스라엘 백성아, 주님께서 너
희에게 하시는 말씀을 들어라.
2 "나 주가 말한다. 너희는 이방
사람의 풍습을 배우지 말아라. 이
방 사람이 하늘의 온갖 징조를 보
고 두려워하더라도, 너희는 그런
것들을 두려워하지 말아라.
3 이방 사람이 우상을 숭배하는 풍
속은 허황된 것이다. 그들의 우상
은 숲 속에서 베어 온 나무요, 조
각가가 연장으로 다듬어서 만든
공예품이다.
4 그들은 은과 금으로 그것을 아름
답게 꾸미고, 망치로 못을 박아
고정시켜서, 쓰러지지 않게 하였
다.
5 그것들은 논에 세운 허수아비
와 같아서, 말을 하지 못한다. 걸
어 다닐 수도 없으니, 늘 누가 메
고 다녀야 한다. 그것들은 사람에
게 재앙을 내릴 수도 없고, 복도
내릴 수가 없으니, 너희는 그것들
을 두려워하지 말아라."

예레미야가 주님을 찬양함

6 주님, 주님과 같으신 분은 아무
도 없습니다. 주님은 위대하시며,
주님의 이름은 크시고, 권능을 지
니셨습니다.
7 세계 만민의 임금님, 누가 주님을
두려워하지 않을 수가 있겠습니
까? 주님은 공경받아 마땅한 분이
십니다. 세계 만민의 모든 지혜 있

10장 요약 본장에서는 하나님을 배신하고 우상 숭배에 빠져드는 것이 얼마나 어리석고 무익한 행위인지를 강조한다. 이어서 예레미야는 유다의 멸망을 애도하면서, 이제 포로로 잡혀 갈 마음의 준비를 할 것을 권하였다. 그리고 하나님의 자비를 호소하였다.

10:1–5 이스라엘을 향하여 그들이 철저히 빠져 있던 우상 종교에서 돌이키라고 명령하고 있다. 여기서 '이방 사람'은 하나님을 알지 못하고 오히려 하나님을 대적하는 세상 세력을 뜻한다. 그 당시 하나님과 특별한 관계를 맺은 이스라엘은 이방의 종교와 풍조에 물들어 본연의 거룩한 모습을 상실한 채, 그 속에 안주해 버렸다.

10:6–10 헛되고 무의미한 우상에 비하여 하나님께서 얼마나 탁월하신지를 찬양과 고백의 형식으로 증거하고 있다.

㉠ 또는 '할례를 받은 자와 할례를 받지 못한 자에게'

는 자들 가운데에도, 모든 나라의
왕들 가운데에도, 주님과 같으신
분은 아무도 없기 때문입니다.
8 그들은 모두가 한결같이 어리석고
미련합니다. 나무로 만든 우상에
게서 배운다고 한들, 그들이 무엇
을 배우겠습니까?
9 그 우상에게 얇게 펴서 입힌 그
은은 ㉠스페인에서 들여온 것이며,
그 금도 우바스에서 들여온 것입
니다. 우상들은 조각가가 새긴
것, 은장이가 만든 공예품입니다.
그것에다가 청색 옷과 자주색 옷
을 걸쳐 놓은 것이니, 모두가 솜씨
좋은 사람들이 만들어 놓은 것입
니다.
10 오직 주님만이 참되신 하나님이
시요, 주님만이 살아 계시는 하나
님이시며, 영원한 임금이십니다.
주님이 진노하시면, 땅이 지진을
일으키고, 그 진노는 세계 만민이
감당할 수가 없습니다.
11 ○㉡너희는 우상들에 대하여 이렇
게 선언하여라. 하늘과 땅을 만들지
않은 신들은 이 땅에서 사라지고,
저 하늘 아래에서도 없어질 것이라
고 선언하여라.

하나님 찬양

12 권능으로 땅을 만드시고, 지혜
로 땅덩어리를 고정시키시고, 명철
로 하늘을 펼치신 분은 주님이시
다.
13 주님께서 호령을 하시면, 하늘에
서 물이 출렁이고, 땅 끝에서 먹
구름이 올라온다. 주님은 번개를
일으켜 비를 내리시며, 바람 창고
에서 바람을 내보내신다.
14 사람은 누구나 어리석고 지식이
모자란다. 은장이는 자기들이 만
든 신상 때문에 모두 수치를 당한
다. 그들이 금속을 부어서 만든
신상들은 속임수요, 그것들 속에
는 생명이 없기 때문이다.
15 그것들은 허황된 것이요, 조롱거
리에 지나지 않아서, 벌을 받을 때
에는 모두 멸망할 수밖에 없다.
16 그러나 야곱의 유산이신 주님
은, 그런 것들과는 전혀 다르시다.
그분은 만물을 지으신 분이시요,
이스라엘을 당신의 소유인 지파로
삼으신 분이시다. 그분의 이름은
'만군의 주'이시다.

백성의 탄식

17 포위된 성읍에 사는 자들아, 이
제 이 땅을 떠날 터이니 짐을 꾸려
라.
18 ○주님께서 말씀하시기를 "내가 이
번에는 이 땅에 사는 백성을 먼 곳
으로 내던지고, 그들이 자신의 죄를
깨달아 알도록, 내가 직접 그들에게

10:11-16 하나님께서 창조 사역과 구속 사역의 주권자이심을 선포하고 있다. 또한 심판의 대권을 가지신 분으로도 제시하고 있다. 그리고 하나님의 왕국 백성인 이스라엘마저도 심판의 위기에 놓이게 되었음을 암시하고 있다.

10:16 만물을 지으신 분 히브리어로 '만드는 자, 창조자' 또는 '운영하시는 자' 등의 뜻을 가지고 있다. 우주와 역사를 유지·운행하시는 분으로 이해할 수 있다.

10:17-25 이 부분에는 포로로 잡혀갈 유다에 대한 슬픔과 예레미야의 탄식이 기록되어 있다. 예레미야는 이제 애곡의 때도 지났으므로 포로로 잡혀갈 마음의 준비를 하라고 권하고 있다(17-18절). 이어서, 도래한 멸망과 그것을 초래한 지도자들의 미련함에 대해 애통해 하며(19-21절), 그 다음에는 하나님께 자비를 구하는 중보 기도가 나타나 있다(23-25절). 예레미야는 중보적 사명

㉠ 히, '다시스' ㉡ 11절은 아람어로 기록되어 있음

고통을 주겠다" 하셨기 때문이다.
19 "아! 우리가 이렇게 심하게 다쳤
으니, 우리의 상처가 나을 것 같지
않구나. 이런 고통쯤은 참을 수
있다고 생각하였는데!
20 우리의 장막이 부서졌다. 장막을
잡고 있던 줄도 모두 끊어졌다. 우
리의 자녀들도 모두 떠나가고, 아
무도 남아 있지 않아서, 우리의 장
막을 다시 칠 사람도 없고, 휘장
을 달 사람도 없다."
21 백성의 목자들이 미련하여, 주
님께서 인도해 주시기를 간구하지
않더니, 일이 이렇듯 뒤틀려서, 우
리 백성이 모두 흩어지게 되었구
나!
22 "들려 오는 저 소식! 보아라, 이
미 이르렀다. 북녘 땅에서 올라오
는 요란한 소리다. 유다의 성읍들
을 무너뜨려서, 여우 떼의 소굴로
만들어 놓으려고 진군해 오는 소
리다."

예레미야의 기도

23 "주님, 사람이 자기 운명의 주인
이 아니라는 것을, 제가 이제 깨달
았습니다. 아무도 자기 생명을 조
종하지 못한다는 것도, 제가 이제
알았습니다.
24 주님, 형벌로 주님의 백성을 채찍
질하여 주시되, 주님의 진노대로
하지 마시고, 너그럽게 다스려 주
십시오. 우리가 죽을까 두렵습니
다.
25 주님의 진노는 주님을 알지 못하
는 이방 백성에게 쏟으십시오. 주
님의 이름을 부르지 않는 사람들
에게 쏟으십시오. 그들이 야곱 자
손을 삼켜 버렸습니다. 삼켜서 아
주 없애고, 그 거처까지도 황무지
로 만들었기 때문입니다."

예레미야와 언약

11 이것은 주님께서 예레미야에게
하신 말씀이다.
2 ○"이 언약의 말을 듣고, 유다 사람
과 예루살렘 주민에게 선포하여라.
3 그들에게 이렇게 전하여라. 나 주 이
스라엘의 하나님이 말한다. '이 언약
의 말에 순종하지 않는 사람은 저주
를 받을 것이다.
4 이 언약은, 쇠를 녹이는 용광로와 같
은 이집트 땅에서 너희 조상을 데리
고 나올 때에, 내가 그들에게 지키라
고 명한 것이다. 내가 그들에게 이르
기를, 나에게 순종하고, 내가 명하는
모든 것을 실천하면 그들은 나의 백
성이 되고, 나는 그들의 하나님이 되
어서,
5 내가 그들의 조상에게 젖과 꿀이 흐
르는 땅을 주겠다고 맹세한 약속을
지키겠다고 하여, 오늘에 이르렀다.'"

을 띠고 있었으므로, 그의 존재 자체가 하나님의 마지막 긍휼이요, 자비였다.

10:23-25 예레미야는 앞서 이스라엘 백성을 대신하여 울며 탄식했다. 이제는 동포들을 대신해서 기도드린다. 예레미야는 '너그럽게 다스려 주십시오'(24절)라며 하나님의 의에 호소하고, 또 사람의 길을 인도하시는 분은 하나님이심을 고백한다. 25절은 시편 79:6-7과 비슷하다. 예레미야는 이스라엘 전체를 위하여 중보 기도를 하고 있다.

11장 요약 전반부는 하나님의 백성이 가장 소중히 여겨야 할 언약을 그들이 고의적으로 파기한 사실을 지적하는 내용이다. 하나님의 백성으로서의 면모를 상실한 그들은 결국 공의의 심판을 자초하고 말았다. 후반부는 예레미야의 고향인 아나돗 사람들이 예레미야를 살해하려고 꾸민 음모에 대한 내용이다.

11:1-8 유다가 하나님과 맺은 언약이 얼마나 중요

주님께서 이렇게 말씀하실 때에, 나
는 "주님, 참으로 그렇습니다" 하고
대답하였다.
6 ○그런 다음에, 주님께서 나에게 또
말씀하셨다. "너는 이 모든 말을 유
다의 여러 성읍과 예루살렘의 거리
에서 외쳐라. '너희는 이 언약의 말
씀을 듣고 실천하여라.
7 이것은 내가 너희 조상을 이집트 땅
에서 데리고 나온 날에 확실히 경고
하였고, 나에게 순종하라는 것을 오
늘에 이르기까지 거듭거듭 경고하였
기 때문이다.
8 그러나 그들은 듣지도 않고, 귀를 기
울이지도 않았다. 오히려 그들은 자
기들의 악한 마음에서 나오는 고집
대로 살았다. 그래서 나는 지키라고
명한 이 모든 언약의 말씀대로 그들
에게 벌을 내린 것이다. 그런데도 그
들은 지키지 않았다.'"
9 ○주님께서 또 나에게 말씀하셨다.
"유다 사람과 예루살렘 주민이 나를
대적하여 음모를 꾸미고 있다.
10 그들도 자기들의 옛 조상이 저지른
죄악으로 되돌아가고 말았다. 그 조
상이 나의 말을 들으려 하지 않고,
다른 신들을 좇아다니면서 섬기더
니, 이제는 이스라엘 백성과 유다 백
성도, 내가 그들의 조상과 맺은 언약
을 파기하였다.
11 ○그러므로 나 주가 말한다. 보아라,
그들이 벗어날 수 없는 재앙을, 내가
그들에게 내리겠다. 그들이 나에게
도움을 간청해도, 내가 응답하지 않
겠다.
12 그 때에 유다의 여러 성읍에 사는
사람과 예루살렘 주민은, 분향하며
섬기던 신들을 찾아가서 도움을 간
청하겠지만, 그 재앙의 날에 그 신들
은 절대로 그들을 구하여 주지 못할
것이다. 전혀 도와줄 수 없을 것이
다.
13 유다 사람들아, 너희가 섬기는 신들
은 너희가 사는 성읍 수만큼이나 많
고, 너희가 바알에게 분향하려고 세
운 그 부끄러운 제단은 예루살렘의
골목길 수만큼이나 많구나!
14 ○예레미야야, 너는 이런 백성을 보
살펴 달라고 나에게 기도하지 말아
라. 너는, 그들을 도와 달라고 나에
게 호소하거나 간구하지 말아라. 그
들이 재앙을 당할 때에, 네가 나에게
부르짖어도, 내가 들어주지 않겠다."
15 "㉠내가 사랑하는 유다가 악한
음모나 꾸미더니, 내 성전에 들어
와서 어쩌자는 것이냐? 살진 짐
승을 희생제물로 바친다고 해서,
재난을 피할 수 있겠느냐? 구원의
기쁨을 누릴 수 있겠느냐?
16 유다야, 한때에 나 주도 너를 '잎

한지를 강조하고 있다. 이 언약은 유다 백성을 이방 민족과 구별시키는 중요한 특성이다. 유다의 언약 파기, 또는 타락 상태는 하나님의 구속사를 *다시 원점으로 돌려놓는 것*과 같다. 예레미야는 하나님 백성의 심판과 구원을 '용광로와 같은 이집트 땅'(4절)과 '젖과 꿀이 흐르는 땅'(5절)으로 상징·대조하고 있다.

11:9–13 북 이스라엘과 남 유다가 하나님과 맺은 언약을 파기했음을 꾸짖는다. 그들은 하나님이 자기들의 주님이심을 부인하고, 우상을 섬겼다.

11:14–17 유다 백성들은 가나안의 모든 죄악된 요소를 척결하고 거룩한 땅으로 변화시킬 사명이 있었다. 그러나 오히려 그들은 가나안의 생활 풍습에 젖어 버렸다. 곧 약속의 땅에서 누릴 진정한 행복을 포기한 채 현실과 타협하여 안주하고 만 것이다. 결국 하나님의 거룩한 백성으로서의 특징이 전혀 없어져 버린 그들은 이방 민족과 같이

㉠ 히브리어 본문의 뜻이 분명하지 않으므로 칠십인역을 따름

이 무성하고 열매가 많이 달린 올
리브 나무'라고 불렀으나, 이제는
요란한 천둥소리와 함께 내가 그
잎을 불로 사르고, 그 가지를 부러
뜨리겠다."
17 ○이스라엘과 유다를 나무처럼 심
어 주신 만군의 주님께서, 너희에게
재앙을 선포하셨다. "이스라엘 백성
과 유다 백성은, 내 마음을 상하게
하려고 바알에게 분향하였으니, 저
지른 그 죄악 때문에 그들에게 재앙
을 내리겠다."

아나돗 사람들의 예레미야 암살 계획

18 주님께서 저에게 알려 주셔서,
제가 깨닫게 되었습니다. 그 때에
주님께서 그들의 모든 행실을 저
에게 보여 주셨습니다.
19 저는 도살장으로 끌려가는 순한
어린 양과 같았습니다. 사람들이
저를 해치려고 "저 나무를, 열매가
달린 그대로 찍어 버리자. 사람
사는 세상에서 없애 버리자. 그의
이름을 다시는 기억하지 못하게
하자" 하면서 음모를 꾸미고 있는
줄을 전혀 몰랐습니다.
20 그러나 만군의 주님, 주님은 의로
운 재판관이시요, 사람의 생각과
마음을 감찰하시는 분이십니다.
저의 억울한 사정을 주님께 아뢰
었으니, 주님께서 제 원수를 그들
에게 갚아 주십시오. 제가 그것을
보기를 원합니다.
21 ○그러므로 주님께서 아나돗 사
람들을 두고서 이렇게 말씀하신다.
"그들이 너의 목숨을 노려서 이르기
를 '너는 주님의 이름으로 예언하지
말아라. 주님의 이름으로 예언을 계
속하다가는 우리 손에 죽을 줄 알아
라' 한다.
22 그러므로 나 만군의 주가 말한다. 내
가 그들을 벌할 것이니, 그들의 장정
들은 칼에 찔려 죽고, 그들의 아들과
딸들은 굶어 죽을 것이다.
23 내가 아나돗 사람들을 벌할 때가 되
어 그들에게 재앙을 내리면, 그들 가
운데서 살아 남을 자가 하나도 없을
것이다."

예레미야의 질문

12 주님, 제가 주님과 변론할 때마
다, 언제나 주님이 옳으셨습니
다. 그러므로 주님께 공정성 문제
한 가지를 여쭙겠습니다. 어찌하
여 악인들이 형통하며, 배신자들
이 모두 잘 되기만 합니까?
2 주님께서 그들을, 나무를 심듯이
심으셨으므로, 뿌리를 내리고 자
라며, 열매도 맺으나, 말로만 주님
과 가까울 뿐, 속으로는 주님과 멀
리 떨어져 있습니다.
3 그러나 주님, 주님께서는 저를

심판을 받게 된 것이다.

11:16 요란한 천둥소리 히브리어로는 '비바람이 몰아치는 큰 폭풍 또는 태풍의 소리'를 가리킨다.

11:18-23 예레미야의 메시지를 직접 들었던 아나돗(예레미야의 고향) 사람들은 자신들의 죄와 악행을 지적하고 고발하는 예레미야를 살해할 음모를 꾸몄다. 하나님의 계시로(18절) 생명의 위협을 깨달은 예레미야는, 그들의 음모에 대한 정당한 판결을 하나님께 의뢰하였다(20절).

12장 요약 하나님을 무시하는 사람들이 넘쳐나는 현실과 고향 사람들에게 핍박을 받아야 하는 상황에서 예레미야는 악인들의 형통함에 대한 강한 의문을 하나님께 제기하였다. 하나님은 악인들에 대한 임박한 심판을 예고하심으로써 그 의문에 답하셨다.

12:1 예레미야는 하나님께서 심판을 선언하시고도 악인이 형통하게 살도록 그냥 두시는 이유를

아십니다. 주님은 저의 속을 들여
다보시고, 저의 마음이 주님과 함
께 있음을 감찰하여 알고 계십니
다. 그러므로 그들을 도살할 양처
럼 끌어내시고, 죽일 날을 정하셔
서 따로 갈라내 두십시오.
4 이 땅이 언제까지 ㉠슬퍼하며,
들녘의 모든 풀이 말라 죽어야 합
니까?
이 땅에 사는 사람의 죄악 때문
에, 짐승과 새도 씨가 마르게 되었
습니다. 사람들은 자기들이 무슨
일을 하든지, 하나님께서 내려다
보시지 않는다고 말하고 있습니
다.

주님의 대답

5 "네가 사람과 달리기를 해도 피
곤하면, 어떻게 말과 달리기를 하
겠느냐? ㉡네가 조용한 땅에서만
안전하게 살 수 있다면, 요단 강의
창일한 물 속에서는 어찌하겠느
냐?
6 그렇다. 바로 네 친척, 네 집안 식
구가 너를 배신하고, 바로 그들이
네 뒤에서 소리를 질러 너를 욕한
다. 그러므로 그들이 너에게 다정
하게 말을 걸어와도, 너는 그들을
믿지 말아라."

주님의 슬픔

7 "나는 내 집을 버렸다. 내 소유
로 택한 내 백성을 포기하였다. 내
가 진정으로 사랑한 백성을 바로
그들의 원수에게 넘겨 주었다.
8 내 소유로 택한 내 백성이 내게
반항하였다. 숲 속의 사자처럼, 내
게 으르렁거리며 덤벼들었다.
9 내 소유로 택한 내 백성은 사나
운 매들에게 둘러싸인 새와 같다.
모든 들짐승아, 어서 모여라. 몰려
와서, 이 새를 뜯어먹어라."
10 "이방 통치자들이 내 포도원을
망쳐 놓았고, 내 농장을 짓밟아
버렸다. 그들은 내가 아끼는 밭을
사막으로 만들어 버렸다.
11 그들이 내 땅을 황무지로 바꾸어
놓았다. 황무지가 된 이 땅이 나
를 보고 통곡한다. 온 땅이 이렇
게 황무지가 되었는데도, 걱정하
는 사람이 하나도 없구나.
12 강도 떼가 사막의 모든 언덕을
넘어서 몰려왔다. 내가, 땅 이 끝에
서 저 끝까지 칼로 휩쓸어, 어느 누
구도 평온하게 살 수 없게 하였다.
13 사람들이 밀을 심어도 가시만
을 거두었고, 그들이 수고해도 아
무런 소득이 없었다. 그들은 나의
맹렬한 분노 때문에, 아무런 소출
도 없이 수치만 당하였다."

주님께서 유다의 이웃 백성에게 하신 약속

14 ○"나 주가 말한다. 내가 내 백성 이

묻고 있다.

12:7-13 이 부분은 하나님 자신의 비탄을 시 형식으로 표현한 하나님의 애가이다. 본문은 악인에 대해 철저히 심판하시는 것이 하나님 통치와 역사 섭리의 대원칙임을 선언하고 그 원칙에 유다의 백성도 결코 예외가 될 수 없음을 밝힌다.

12:10 이방 통치자들이 내 포도원을 망쳐 놓았고 이스라엘 왕국의 지도자들, 곧 통치자를 비롯한 제사장 및 거짓 예언자들의 왜곡된 가르침을 의미한다.

12:14-17 하나님의 백성을 침략한 이방 세력에 대하여 하나님께서 철저히 진멸하시겠다고 선언하신다. 그러나 이방 백성일지라도 하나님의 왕국에 참여할 수 있는 가능성이 예고되고 있다. 온 세상에 편만해질 하나님 나라의 흥왕, 곧 이방 사람의 회개로 말미암은 하나님 나라의 확장을 예언하는 것이다.

㉠ 또는 '마르며' ㉡ 또는 '네가 안전한 땅에서도 비틀거린다면'

스라엘에게 유산으로 준 땅을 침범
한, 모든 악한 이웃 백성을 두고 말
한다. 내가 그 악한 백성들을 그들의
고향 땅에서 쫓아내고, 유다 백성을
그들 가운데서 구하여 내겠다.
15 그러나 내가 그들을 쫓아낸 다음에
는, 다시 그들을 불쌍히 여겨서, 제
땅, 제 고향으로 되돌려 보내겠다.
16 비록 그들이 내 백성에게, 바알의
이름을 부르며 맹세하도록 가르쳤지
만, 그들이 내 백성의 도를 확실하
게 배우고, 내 이름을 부르며 '주님
의 살아 계심을 두고' 맹세하면, 그
들도 내 백성 가운데 들게 될 것이
다.
17 그러나 그들이 복종하지 않으면, 내
가 그 민족을 완전히 뿌리째 뽑아
멸망시키겠다. 나 주의 말이다."

허리띠

13 주님께서 나에게 이렇게 말씀
하셨다. "너는 가서 베로 만든
띠를 사서 너의 허리에 띠고, 물에
적시는 일이 없도록 하여라."
2 그래서 나는 주님의 말씀대로, 베 띠
를 사서 허리에 띠었다.
3 ○주님께서 다시 나에게 말씀하셨
다.
4 "네가 사서 허리에 띤 그 띠를 들고
일어나, 유프라테스 강 가로 가서, 그
곳의 바위 틈에 그 띠를 숨겨 두어
라."
5 그래서 나는 주님께서 명하신 대로,
가서 유프라테스 강 가에 그것을 숨
겨 두었다.
6 ○또 여러 날이 지난 다음에, 주님께
서 나에게 말씀하셨다. "너는 일어나
서 유프라테스 강 가로 가서, 내가
그 곳에 숨겨 두라고 너에게 명한 그
띠를, 그 곳에서 가져 오너라."
7 그래서 내가 유프라테스 강 가로 가
서, 띠를 숨겨 둔 곳을 파고, 거기에
서 그 띠를 꺼내 보니, 그 띠는 썩어
서 전혀 쓸모가 없게 되었다.
8 ○그 때에 주님께서 나에게 말씀하
셨다.
9 "나 주가 말한다. 내가 유다의 교만
과 예루살렘의 큰 교만을 이렇게 썩
게 하겠다.
10 이 악한 백성은 나의 말 듣는 것을
거부하고, 자기들의 마음에서 나오
는 고집대로 살아가고, 다른 신들을
쫓아가서 그것들을 섬기며 경배하므
로, 이제 이 백성은 전혀 쓸모가 없
는 이 띠와 같이 되고 말 것이다.
11 띠가 사람의 허리에 동여지듯이, 내
가 이스라엘의 온 백성과 유다의 온
백성을 나에게 단단히 동여매어서,
그들이 내 백성이 되게 하고, 내 이
름을 빛내게 하고, 나를 찬양하게
하고, 나에게 영광을 돌릴 수 있게

13장 요약 전반부는 유다 백성에게 '썩은 베 띠'와 '포도주 항아리 비유'로써 경고하고 있다. 유다는 썩은 베 띠처럼 멸망당할 처지에 놓여 있고, 유다 백성의 마음은 죄악으로 가득하다. 후반부는 무지와 교만에 빠진 지도자들과 왕을 향한 경고이다.

13:1–11 예레미야는 유다의 교만에 대해 '썩은 베 띠'라는 상징적 비유로 하나님의 응징을 예언한다. '베'는 제사장의 의복을 만들 때 쓰는 세마포(겔 44:17–18)로, 이스라엘의 거룩함, 곧 제사장 나라를 상징한다(출 19:6). 그런데 이 베 띠는 물을 가까이하면 해어져서, 더러워져도 세탁할 수가 없다. 결국 유다는 제사장 나라로서의 사명을 이행하기는커녕 스스로의 죄악 때문에 베 띠가 물에 녹듯 바빌로니아에 의해 멸망당하고 말았다.

13:4 유프라테스 (히) '페라타'로 되어 있기 때문에

하였으나, 그들은 듣지 않았다. 나
주의 말이다."

포도주 항아리

12 ○"그러므로 너는 그들에게 이 말을
전하여라. '나 주 이스라엘의 하나님
이 말한다. 항아리마다 포도주로 가
득 찰 것이다!' 하면 그들이 너에게
묻기를 '항아리에 포도주가 담긴다
는 것을 우리가 어찌 모르겠느냐?'
할 것이다.
13 그러면 너는 그들에게 이렇게 대답
하여라. '나 주가 말한다. 내가, 이 땅
의 모든 주민과, 다윗의 왕위에 앉은
왕들과, 제사장들과, 예언자들과, 예
루살렘의 모든 주민을, 술에 잔뜩
취하게 하여,
14 그들이 서로 부딪쳐서 깨지게 하고,
아버지와 자녀 사이에도 서로 부딪
쳐서 깨지게 하겠다. 나는 그들을
불쌍히 여기지도 않으며, 동정도 하
지 않으며, 사정없이 멸망시킬 것이
다. 나 주의 말이다.'"

교만에 대한 최후의 경고

15 주님께서 말씀하셨으니, 너희는
들어라. 그리고 귀를 기울여라. 교
만하지 말아라.
16 너희는 주님께서 날을 어두워지게
하시기 전에, 너희가 어두운 산 속
에서 실족하기 전에, 주 너희 하나
님께 영광을 돌려라. 그 때에는 너
희가 빛을 고대해도, 주님은 빛을
어둠과 흑암으로 바꾸어 놓으실
것이다.
17 너희가 이 말을 듣지 않으면, 너희
의 교만 때문에 내 심령은 숨어서
울고, 끝없이 눈물을 흘릴 것이다.
주님의 양 떼가 포로로 끌려갈 것
이므로, 내 눈에서 하염없이 눈물
이 흐를 것이다.
18 "너는 저 왕과 왕후에게 전하여
라. 왕의 자리에서 내려와서 낮은
곳에 앉으라고 하여라. 그들의 영
광스러운 면류관이 머리에서 벗
겨져 떨어졌기 때문이라고 하여
라.
19 유다의 남쪽 성읍들이 포위되었으
나, 그 포위망을 뚫어 주는 사람
이 아무도 없어서, 온 유다가 포로
로 끌려가되, 남김없이 모두 잡혀
가고 말았다."
20 "예루살렘아, 눈을 뜨고, 북녘에
서 오는 적들을 보아라. 네가 돌보
던 양 떼, 네가 그처럼 자랑하던
네 백성이, 지금은 어디에 있느
냐?
21 네가 손수 기른 자들이 너를 공격
하고 지배하면, 네 심정이 어떠하
겠느냐? 너는 해산하는 여인처럼,
온갖 진통에 사로잡히지 않겠느
냐?

아나돗의 북동쪽 약 5km 지점에 있는 오늘날의 '파라'를 가리킨다고 보는 학자도 있다. 여호수아기 18:23에서는 '바라'로 등장한다. 그러나 유다를 멸망시킨 바빌로니아 세력을 예언하고 있기 때문에, 유프라테스 강으로 보는 견해도 있다. 유프라테스 강은 예루살렘으로부터 약 560km 정도 떨어져 있기 때문에 예레미야가 그곳까지 두 번이나 왕래할 수 있었는지에 대해서는 설명하기 어렵지만, 아마도 발음상의 유사성을 살려서 파라로 유프라테스 강을 상징하였을 가능성이 있다.

13:15-27 이 예언은 대체로 제1차 포로기 직전인 B.C. 597년경에 있었던 것으로 보인다. 따라서 '왕과 왕후'(18절)는 여호야긴과 그 모친 느후스다를 가리키는 듯하다(왕하 24:8). 이 부분은 유다의 지도자들 특히, 왕을 향한 경고이다. 예레미야는 이 시 형식의 전반부를 '교만'(15절)으로 시작하여, 후반부를 '수치'(26절)로 끝맺었다.

13:21 네가 손수 기른 자 이 말은 유다가 히스기야

22 그 때에 너는 '어찌하여 내가 이
런 신세가 되었는가?' 하고 물을
것이다. 내가 대답하마. 네 치마가
벗겨지고 네 몸이 폭행을 당한 것
은, 바로 네가 저지른 많은 죄악
때문이다."
23 "㉠에티오피아 사람이 자기의
피부 색깔을 바꿀 수 있느냐? 표
범이 자기의 반점들을 다르게 바
꿀 수 있느냐? 만약 그렇게 할 수
만 있다면, 죄악에 익숙해진 너희
도 선을 행할 수가 있을 것이다.
24 그러므로 내가 너희를 사막의
바람에 나부끼는 검불처럼, 산산
이 흩어 놓겠다.
25 이것은 너의 몫이며, 내가 너에게
정하여 준 배당이다. 나 주의 말
이다.
너는 나를 잊어버리고, 헛된 것
을 믿었다.
26 그래서 내가 너의 치마를 얼굴까
지 들어 올려서, 너의 수치가 드러
나게 하겠다.
27 너는 음란하게 소리를 지르며 간
음하고, 부끄러운 일들을 하였다.
나는 언덕과 들녘에서, 네가 저지
른 역겨운 일들을 보았다. 부정한
예루살렘아, 너에게 화가 미칠 것
이다. 언제까지 네가 그렇게 지내
려느냐?"

극심한 가뭄

14 주님께서 계속되는 가뭄을 두
고 예레미야에게 말씀하셨다.
2 "유다가 슬피 울고, 성읍마다 백
성이 기력을 잃고, 땅바닥에 쓰러
져 탄식하며, 울부짖는 소리가 예
루살렘에서 치솟는다.
3 귀족들이 물을 구하려고 종들을
보내지만, 우물에 가도 물이 없어
서 종들은 빈 그릇만 가지고 돌아
온다. 종들이 애태우며 어찌할 바
를 모른다.
4 온 땅에 비가 내리지 않아서 땅
이 갈라지니, 마음 상한 농부도
애태우며 어찌할 바를 모른다.
5 들녘의 암사슴도 연한 풀이 없
어서, 갓낳은 새끼까지 내버린다.
6 들나귀도 언덕 위에 서서 여우처
럼 헐떡이고, 뜯어먹을 풀이 없어
서 그 눈이 흐려진다."

백성의 기도

7 "주님, 비록 우리의 죄악이 ㉡우
리를 고발하더라도, 주님의 이름
을 생각하셔서 선처해 주십시오.
우리는 수없이 반역해서, 주님께
죄를 지었습니다.
8 주님은 이스라엘의 희망이십니다.
이스라엘이 환난을 당할 때에 구
하여 주시는 분이십니다. 그런데
어찌하여 이 땅에서 나그네처럼

통치시에 동맹을 맺었던 바빌로니아이다. 바빌로니아가 오히려 유다를 침략할 것인데, 그 공격과 지배가 마치 해산하는 여인의 진통 같다고 예언한다.

13:23 에티오피아 사람이…바꿀 수 있느냐? 오랜 범죄의 행동을 통해 고칠 수 없는 악한 버릇에 물들어가는 유다 백성을 꾸짖는 말이다. 이제 그들의 죄악이 후천적 천성이 되어 버렸기 때문에 회개하려는 의욕과 관심이 사라져 버렸다는 뜻이다.

14장 요약 이 단락은 예레미야와 하나님과의 대화형식으로 구성되어 있다. 본장에는 극심한 가뭄이 임한 사실과 예레미야의 중보 기도가 수록되어 있다. 가뭄으로 인한 유다 백성들의 고통은 심했다. 이에 예레미야는 중보 기도를 드렸지만 하나님의 의지는 확고했다.

㉠ 히, '구스 사람'. 나일 강 상류지역 사람 ㉡ 히, '우리에게 (불리한) 증언을 하더라도'

행하시고, 하룻밤을 묵으러 들른
행인처럼 행하십니까?
9 어찌하여, 놀라서 어쩔 줄을 모르
는 사람처럼 되시고, 구해 줄 힘을
잃은 용사처럼 되셨습니까? 주님,
그래도 주님은 우리들 한가운데에
계시고, 우리는 주님의 이름으로
불리는 백성이 아닙니까? 우리를
그냥 버려 두지 마십시오."

주님의 대답

10 ○주님께서 이 백성을 두고 이렇게
말씀하신다. "그들은 이리저리 방황
하기를 좋아하고, 어디 한 곳에 가만
히 서 있지를 못한다. 그러므로 나
주가 그들을 좋아하지 않으니, 이제
그들의 죄를 기억하고, 그들의 죄악
을 징벌하겠다."

거짓 예언자

11 ○주님께서 또 나에게 말씀하셨다.
"너는 이 백성에게 은총을 베풀어
달라고 나에게 기도하지 말아라.
12 그들이 금식을 하여도, 나는 그들의
호소를 들어주지 않겠다. 또 그들이
번제물과 곡식제물을 바쳐도, 나는
그것을 받지 않겠다. 나는 오히려 칼
과 기근과 염병으로 그들을 전멸시
켜 버리겠다."
13 ○그래서 내가 아뢰었다. "그렇지만
주 하나님, 저 예언자들이 이 백성에
게 주님의 말씀이라고 하면서 '전쟁
이 일어나지 않는다. 기근이 오지 않
는다. 오히려 ㉠주님께서 이 곳에서
너희에게 확실한 평화를 주신다' 합
니다."
14 ○주님께서 나에게 말씀하셨다. "그
예언자들은 내 이름으로 거짓 예언
을 하고 있다. 나는 그들을 예언자로
보내지도 않았고, 그들에게 명하지도
않았고, 그들에게 말하지도 않았다.
그들이 이 백성에게 예언하는 것은,
거짓된 환상과 ㉡허황된 점괘와 그들
의 마음에서 꾸며낸 거짓말이다."
15 ○주님께서 그 예언자들을 두고 이
렇게 말씀하신다. "그들은 내가 보내
지도 않았는데, 내 이름으로 거짓 예
언을 하였다. '이 땅에는 전쟁과 기
근이 없을 것이다' 하고 말한 예언자
들은 전쟁과 기근으로 죽을 것이다.
16 그 예언을 들은 이 백성도, 기근과
전쟁에 시달리다가 죽어서, 예루살
렘 거리에 내던져질 것이며, 그들을
묻어 줄 사람이 아무도 없을 것이
다. 그들뿐만 아니라 그들의 아내들
과 아들딸들도 그와 같이 될 것이
니, 이것은 내가 그들 위에 재앙을
퍼부을 것이기 때문이다."
17 "너는 이제 그들에게 이렇게 전
하여라. '내 눈에서 밤낮, 하염없
이 눈물이 흘러 내릴 것이다. 처녀
딸, 내 사랑스러운 백성이, 참혹하

14:7-9 가뭄이라는 심판에 대하여 예레미야가 유다 백성을 대신하여 하나님께 드린 중보 기도이다. 여기에서 이름(7절)이란 존재 자체를 대표하는 말이다. 그러므로 이 구절은 '주님 자신을 위하여 일하소서'라는 말이다.

14:8 이스라엘과 영원한 언약을 맺으시어 이스라엘의 유일한 소망이 되시고 구원자가 되신 하나님이 이스라엘에 대해 '나그네', 즉 '하룻밤을 묵으러 들른 행인'처럼 무의미한 관계가 되셨음을 상징하는 표현이다. 하나님과의 긴밀한 유대 관계, 곧 생명적 관계가 단절되었음을 의미한다.

14:10-12 예레미야의 중보 기도에 대한 하나님의 응답은, 백성의 고질적인 불성실·불신앙 때문에 그들에게 더 큰 재앙을 내릴 것이라는 말씀이었다.

14:17 처녀 딸, 내 사랑스러운 백성 히브리 원어는 '분리하다'에서 비롯된 여성 명사로, 하나님의 택

㉠ 히. '내가' ㉡ 또는 '우상 숭배와'

게 얻어맞아 죽을 지경에 이르렀
기 때문이다.
18 들녘으로 나가 보면, 거기에는 칼
에 찔려 죽은 사람들이 있고, 도
성으로 들어가 보면, 거기에는 기
근으로 고통받는 사람들뿐이다.
그렇다. 예언자도 제사장도 어찌
할 바를 모르는 채로 온 나라를
헤맬 뿐이다.'"

예레미야의 기도

19 "주님은 유다를 완전히 내버리
셨습니까? 아니면 주님께서 진정
으로 시온을 미워하십니까? 어찌
하여 주님께서는, 우리가 낫지도
못하게 이렇게 심하게 치셨습니
까? 우리가 기다린 것은 평화였습
니다. 그런데 좋은 일이라고는 하
나도 없습니다. 우리는 이 상처가
낫기만을 기다렸는데, 오히려 무
서운 일만 당하고 있습니다.
20 주님, 우리는 우리의 사악함과 우
리 조상의 죄악을 인정합니다. 우
리는 주님께 죄를 지었습니다.
21 그러나 주님의 이름을 생각하셔서
라도 우리를 박대하지 마시고, 주
님의 영광스러운 보좌가 욕되지
않게 하여 주십시오. 주님께서 우
리와 맺은 언약을 기억하시고, 그
언약을 깨뜨리지 말아 주십시오.
22 이방 사람이 섬기는 허황된 우상
들 가운데 비를 내리는 신들이 있
습니까? 하늘인들 스스로 소나기
를 내려 줄 수가 있습니까? 주 우
리의 하나님, 그런 분은 바로 주님
이 아니십니까? 그러므로 우리는
오직 주님께만 희망을 걸고 있습
니다. 주님께서 이 모든 것을 지으
셨기 때문입니다."

유다 백성의 심판

15 그 때에 주님께서는 나에게 말
씀하셨다. "비록 모세와 사무
엘이 내 앞에 나와 빈다고 해도, 내
가 이 백성에게 마음을 기울이지 않
을 것이다. 이 백성을 내 앞에서 쫓
아내라!
2 그들이 너에게 '어디로 가야 하느냐'
하고 묻거든, 너는 그들에게 이렇게
대답하여라. 나 주가 말한다.
'어디를 가든지, 염병에 걸려 죽
을 자는 염병에 걸려 죽고, 칼에
맞아 죽을 자는 칼에 맞아 죽고,
굶어 죽을 자는 굶어 죽고, 포로
로 끌려갈 자는 포로로 끌려갈 것
이다.'
3 나는 이렇게 네 가지로 그들을 벌
할 것이다. 그들을 칼에 맞아 죽
게 하며, 개가 그들을 뜯어먹게 하
며, 공중의 새가 그들의 시체를 쪼
아먹게 하며, 들짐승이 그들을 먹
어 치우게 할 것이다. 나 주의 말

한 백성의 순결성과 거룩함을 상징하는 표현이다.

14:19-22 예레미야가 다시 유다 백성의 구원을 위하여 하나님께 드린 중보 기도의 내용이다. 예레미야가 염치 불고하고 하나님께 간구할 수 있었던 근거는 하나님의 신실한 언약에 기인한다.

14:22 이방 사람이 섬기는 허황된 우상들 무가치하고 무능력하며 존재하지도 않는 이방 우상들을 특징적으로 표현하는 말이다.

15장 요약 예레미야의 거듭된 중보 기도에도 하나님은 유다를 심판하고자 하신 뜻을 철회하지 않으셨다. 이에 예레미야는 번민에 빠졌고, 동족으로부터 박해를 당해 더욱 고통스럽던 그에게 하나님은 그를 보호할 것이라고 약속하시면서 끝까지 충성할 것을 촉구하셨다.

15:3 네 가지의 벌은 2절에서의 네 가지 벌과는 다른 개념이다. '죽이는 칼', '뜯어먹는 개', '쪼아먹

이다.
4 내가 이렇게 하여 ㉠그들로 세상
만국을 놀라게 할 것이니, 이는 히
스기야의 아들 므낫세가 유다 왕
으로서 예루살렘에서 죄를 지었
기 때문이다."
5 "예루살렘아, 누가 너를 불쌍히 여
기겠느냐? 누가 너를 생각하여 위
로의 눈물을 흘리며, 누가 네 안부
라도 물으려고 들러 보겠느냐?
6 네가 바로 나를 버린 자다. 나
주의 말이다. 너는 늘 나에게 등
을 돌리고 떠나갔다. 나는 이제
너를 불쌍히 여기기에도 지쳤다.
너를 멸망시키려고 내가 손을 들
었다."
7 "내가 이 땅의 모든 성문 앞에
서, 내 백성들을 키질하여 흩어 버
리겠다. 모두들 자식을 잃고 망할
것이다. 그들이 그릇된 길에서 돌
이키지 않으려 하기 때문이다.
8 내가 이 백성 가운데서 과부를 바
닷가의 모래보다도 더 많게 하겠
다.
내가 대낮에 침략군을 끌어들
여 갑자기 그들을 치게 하고, 젊은
이들과 그들의 어머니들을 치게
하고, 모두들 놀라고 두려워하며
떨게 하겠다.
9 아들을 일곱이나 둔 여인도 아들
을 잃고 기절할 것이다. 그 여인에
게 대낮은 이미 칠흑 같은 밤이다.
그 여인은 비천한 신세가 될 것이
다.
살아 남은 자식들은, 원수들이
보는 앞에서 칼에 맞아 죽게 하겠
다. 나 주의 말이다."

예레미야의 탄식과 주님의 응답

10 아! 어머니 원통합니다. 왜 나를
낳으셨습니까? 온 세상이 다 나에
게 시비를 걸어오고, 싸움을 걸어
옵니다. 나는 아무에게도 빚을 진
일도 없고, 빚을 준 일도 없는데,
모든 사람이 다 나를 저주합니다.
11 주님께서 말씀하셨다. "내가 분
명히 너를 강하게 해주고, 네가
복을 누리게 하겠다. 네 원수가 재
앙을 당하여 궁지에 빠질 때에,
그가 너를 찾아와서 간청하게 하
겠다."

노예가 될 백성

12 "누가 쇠 곧 북녘에서 오는 쇠와
놋쇠를 부술 수 있겠느냐?
13 유다 백성아, 너희가 나라 구석구
석에서 지은 모든 죄 값으로, 너희
의 재산과 보물을 아무런 값도 못
받는 약탈품으로 원수에게 내주
겠다.
14 ㉡나는 너희를, 너희가 알지도 못
하는 땅으로 끌고가서, 너희 원수

는 공중의 새', '먹어 치우는 들짐승' 등은 언약 백성인 이스라엘이 불순종했을 때 죽음뿐 아니라 죽음 이후에도 철저한 굴욕과 수치를 받게 됨을 상징하는 표현으로서(신 28:25-26;왕상 21:23-24) 신명기에 근거를 두고 있다.

15:5-9 B.C. 579년 여호야긴이 항복하기 직전의 상황으로, 유다는 이미 황폐해졌고 예루살렘도 파괴될 뻔하였다(참조. 왕하 24:8-16). 대낮에 침략군의 습격으로 젊은이들이 모두 죽어 과부 어머니들을 부양할 자식들이 멸절하였다(8-9절).

15:10 다 나에게 시비를 걸어오고, 싸움을 걸어옵니다 예레미야 자신의 사역을 특징짓는 말로 자신의 고립된 처지를 강조하는 의미로 쓰였다. 즉 온 세상에 대해 고소하는 사람으로서 고군분투(孤軍奮鬪)하는 고통을 함축한 표현이다.

㉠ 또는 '그들을 세상 만국에 흩을 것이니' ㉡ 몇몇 히브리어 사본과 칠십인역과 시리아어역을 따름.(17:4 참조) 대다수의 히브리어 사본들은 '내가 너희 원수들을 시켜 너희를 너희가 알지 못하는 땅으로 끌고 가게 하겠다'

들을 섬기게 하겠다. 내 분노가 불
처럼 타올라 너희를 사를 것이다."

예레미야의 탄식

15 주님, 주님께서는 저를 아시니,
저를 잊지 말고 돌보아 주십시오.
저를 핍박하는 사람들에게 원수
를 갚아 주십시오! 주님께서 진노
를 오래 참으시다가 그만, 저를 잡
혀 죽게 하시는 일은 없게 하여
주십시오. 제가 주님 때문에 이렇
게 수모를 당하는 줄을, 주님께서
알아 주십시오.
16 만군의 주 하나님, 저는 주님의 이
름으로 불리는 사람입니다. 주님
께서 저에게 말씀을 주셨을 때에,
저는 그 말씀을 받아먹었습니다.
주님의 말씀은 저에게 기쁨이 되
었고, 제 마음에 즐거움이 되었습
니다.
17 저는, 웃으며 떠들어대는 사람들
과 함께 어울려 즐거워하지도 않
습니다. 주님께서 채우신 분노를
가득 안은 채로, 주님의 손에 붙
들려 외롭게 앉아 있습니다.
18 어찌하여 저의 고통은 그치지
않습니까? 어찌하여 저의 상처는
낫지 않습니까? 주님께서는, 흐르
다가도 마르고 마르다가도 흐르는
여름철의 시냇물처럼, 도무지 믿
을 수 없는 분이 되셨습니다.

주님의 대답

19 "나 주가 말한다. 네가 돌아오
면, 내가 너를 다시 맞아들여 나
를 섬기게 하겠다. 또 네가 천박한
것을 말하지 않고, 귀한 말을 선포
하면, 너는 다시 나의 대변자가 될
것이다. 너에게로 돌아와야 할 사
람들은 그들이다. 네가 그들에게
돌아가서는 안 된다.
20 내가 너를 튼튼한 놋쇠 성벽으로
만들어서 이 백성과 맞서게 하겠
다. 그들이 너에게 맞서서 덤벼들
겠지만, 너를 이기지는 못할 것이
다. 내가 반드시 너와 함께 있어
서, 너를 도와주고, 너를 구원하
여 주겠다. 나 주의 말이다.
21 내가 너를 악인들의 손에서도 건
져내고, 잔악한 사람들의 손에서
도 구하여 내겠다."

예레미야의 생애에 대한 주님의 뜻

16 주님께서 나에게 말씀하셨다.
2 "너는 이 곳에서 아내를 맞
거나, 아들이나 딸을 낳거나, 하지
말아라.
3 나 주가, 이 곳에서 태어날 아들딸
과, 이 땅에서 아들딸을 임신할 어머
니들과, 아들딸을 낳을 아버지들이,
어떻게 될 것인지를 말하여 주겠다.
4 사람들이 혹독한 질병으로 죽을지
라도, 울어 줄 사람도 없고, 묻어 줄

15:11 재앙 성경에서는 하나님께서 징벌과 위협으로 주시는 갑작스럽고 치명적인 질병을 가리킨다.
15:15-21 세상에서 고난을 당하는 경건한 사람들을 생각나게 하는 장면이다. 예레미야가 당하는 고난은, 명목상 하나님의 백성이라고 자칭하는 동족들로부터 당하는 박해와 수난이었다. 그렇기에 그의 내적 갈등은 심했던 것이다. 그의 탄원에 대해서 하나님께서는 그의 소명을 다시 일깨워 주시며 하나님의 완벽한 구원을 보장해 주셨다.

16장 요약 1-13절은 유다에 임할 하나님의 무서운 재앙이 임박하였음을 시사하는 내용을 담고 있다. 반면에 14절 이하는 이스라엘이 심판을 받아 이방으로 추방당하지만 때가 되면 다시 귀환할 것을 예고한다.

16:1-9 하나님께서는 예레미야의 삶을 메시지화하여 유다의 철저한 멸망이 임박했음을 계시하셨다. 먼저 그는 유다에 닥치게 될 무서운 운명에

사람도 없어서, 죽은 사람들은 땅 위
에 뒹구는 거름덩이처럼 될 것이다.
전쟁에서 죽거나 굶주려서 죽은 사
람들의 시체는, 공중의 새와 들짐승
의 먹이가 될 것이다."
5 "그렇다. 나 주가 말한다. 너는
초상집에 가지 말아라. 가서 곡하
지도 말고, 유가족을 위로하여 주
지도 말아라. 이것은 내가 이 백성
에게 베푼 평화와 사랑과 자비를,
다시 거두어들였기 때문이다. 나
주의 말이다.
6 이 땅에서는 높은 사람이나 낮은
사람이나 다 죽을 것이다. 그러나
그들을 묻어 줄 사람도 없고, 그
들의 죽음을 곡하여 줄 사람도 없
고, 그들이 죽어서 슬프다고 자신
의 몸에 상처를 내거나 머리를 밀
어 애도할 사람도 없을 것이다.
7 그 때에는 죽은 사람의 유가족을
위로하려고 그들과 함께 음식을
나누는 사람도 없을 것이며, 친부
모를 잃은 사람에게도 위로의 잔
을 건넬 사람이 없을 것이다."
8 "너는 사람들이 함께 앉아서 먹
고 마시는 잔칫집에도 들어가지
말아라!"
9 ○"나 만군의 주 이스라엘의 하나
님이 말한다. 나는 너희들이 흥겨워
하는 소리와 기뻐하는 소리와 즐거
워하는 신랑 신부의 목소리를, 너희
들이 보는 앞에서 너희 시대에 이 곳
에서 사라지게 하겠다.
10 ○그러나 네가 이 백성에게 이 모든
말을 전달하면, 그들이 너에게 묻기
를 '무엇 때문에 주님께서 이토록 무
서운 재앙을 모두 우리에게 선포하
시는가? 우리가 주 우리의 하나님께
무슨 죄를 짓고, 무슨 잘못을 저질렀
단 말인가?' 하고 물을 것이다.
11 ○그러면 너는 이렇게 대답하여라.
'나 주의 말이다. 너희 조상이 나를
버리고 다른 신들을 좇아가서, 그들
을 섬기며 경배하였다. 너희 조상이
나를 버리고 내 율법을 지키지 않았
다.
12 그런데 너희는 너희 조상들보다도
더 악한 일을 하였다. 너희는 각자
자신의 악한 마음에서 나오는 고집
대로 살아가며, 내 명령을 따라 순종
하지 않았다.
13 그러므로 내가 너희를 이 땅에서 쫓
아내어, 너희가 알지 못하는 땅, 너
희 조상도 알지 못하던 땅에 이르게
하겠다. 그러면 너희가 거기에서, 낮
이나 밤이나 다른 신들을 섬길 것이
며, 나는 너희에게 다시는 긍휼을 베
풀지 않을 것이다.'"

포로의 귀환

14 ○"그러므로 보아라, 나 주의 말이

대비하여 결혼을 금지당했다(1-2절). 그 다음에는 초상집에 가는 것을 금지당했다(5-7절). 이는 유다 백성의 죽음에 대한 어떤 애곡도 무의미함을 지적한 것이다. 마지막으로 그는 잔칫집에 참여하지 말라는 권고를 받았다(8절). 이는 유다에 더 이상 기쁨과 즐거움이 없을 것을 예언한 것이다.

16:6 자신의 몸에 상처를 내거나 머리를 밀어 애도할 사람 이런 행위는 율법에 금지된 사항(레 19:27-28;신 14:1;왕상 18:28)이었다. 그러나 바알 숭배자들은 슬픔을 표현할 때 이런 이교 풍습을 따르고 있었다.

16:9 즐거워하는 신랑 신부의 목소리는 인간사의 가장 큰 기쁨을 대변하는 말로, 인간의 가장 기본적인 복락마저도 멸절될 것을 상징한다.

16:14-15 예레미야는 추방 후의 귀환을 예언하고 있다. 하나님께서 내리시는 징벌의 궁극적인 목적은, 자기 백성들이 회개하여 새롭고 진정한 하나님 왕국을 회복시키는 것이다. 앞으로 있을 구원

다. 그 날이 지금 오고 있다. 그 때에
는 사람들이 더 이상 '이스라엘 백성
을 이집트 땅에서 이끌어 내신 주'의
살아 계심을 두고 맹세하지 않고,
15 '이스라엘 백성이 쫓겨가서 살던 북
녘 땅과 그 밖의 모든 나라에서 그
들을 이끌어 내신 주'의 살아 계심을
두고 맹세할 것이다. 나는 그들의 조
상에게 주었던 고향 땅에 그들을 다
시 데려다 놓을 것이다."

임박한 심판

16 "내가 많은 어부를 보내서, 이
백성을 고기 잡듯 잡아 내겠다.
나 주의 말이다. 그런 다음에, 많
은 사냥꾼을 보내서 모든 산과 모
든 언덕과 바위 틈을 샅샅이 뒤져
서, 그들을 사냥하듯 잡아내겠다.
17 내가 그들의 모든 행실을 똑똑
히 지켜 보고 있기 때문에, 그들도
내 앞에서 숨을 수가 없고, 그들
의 죄악도 내 눈 앞에서 감추어질
수가 없다.
18 그들이 시체 같은 우상으로 내 땅
을 더럽히고, 내가 그들에게 물려
준 땅을 역겨운 우상들로 가득 채
워 놓았으니, 나는 이렇게 우선 그
들의 죄악과 허물을 갑절로 보복
하겠다."

예레미야의 확신의 기도

19 주님, 내가 환난을 당할 때에,
주님은 나의 힘과 요새와 피난처
가 되십니다. 세상 만민이 모든 땅
끝에서, 주님을 찾아와 아뢸 것입
니다. '우리의 조상이 물려준 것
은, 거짓되고 헛되며, 전혀 쓸모가
없는 것뿐입니다.
20 사람이 어찌 자기들이 섬길 신들
을 만들 수 있겠습니까? 그런 것
들이 어찌 신들이 될 수 있겠습니
까?'
21 "그러므로 보아라, 내가 그들에
게 알리겠다. 이번에는 나의 권세
와 능력을 그들에게 알려서, 나의
이름이 '주'라는 것을 그들이 깨닫
게 하겠다."

유다의 죄와 벌

17 "유다의 죄는 그들의 마음 판에
철필로 기록되어 있고, 금강석
촉으로 새겨져 있다. 그들의 제단
뿔 위에도 그 죄가 새겨져 있다.
2 자손은 그 기록을 보고서, 조상이
지은 죄를 기억할 것이다. 온갖 푸
3 른 나무 곁에, 높은 언덕에, 들판
에 있는 여러 산에, 그들의 조상
이 쌓은 제단과 만들어 세운 ㉠아
세라 목상들을 기억할 것이다. 네
가 나라 구석구석에서 지은 죄의
값으로, 내가 네 모든 재산과 보
물을 약탈품으로 원수에게 넘겨
주겠다.

은 이집트 탈출의 구원보다 더 완전하고 견고하며 영원한 구원이 될 것을 강력히 시사한다. 이 두 구절은 23:7-8에도 있는데, 하나님께서 마침내 베푸실 새로운 구원에 대한 전망을 보여 준다.

16:16-21 유다의 죄악과 파멸을 어부와 사냥꾼의 비유로 지적한 후에(16-18절), 이방인의 회심과 개종을 예언하고 있다(19-21절). 곧 하나님 왕국이 일차적인 와해 상태로 돌입하고 새로운 차원의 왕국으로 회복되고 확장될 것을 제시하였다.

17장 요약 하나님께서는 유다의 죄와 그에 따른 징벌을 예시하신다. 그분의 말씀에 순종하는 사람과 그렇지 않은 사람의 결과를 비교하셨다. 한편 예레미야는 하나님께 자신의 구원을 의뢰하는 기도를 올렸다. 19절 이하는 안식일 준수에 관한 권면으로 이는 역사의 종말에 있을 영원한 안식을 상기시키려는 것이다.

㉠ 아세라 여신의 상징

4 그리고 너는, 네 몫으로 받은 땅에
서 쫓겨날 것이며, 네가 알지도 못
하는 땅으로 끌려가서, 네 원수를
섬기게 될 것이다. 너희가 나의 분
노를 불처럼 타오르게 하였으니,
이 분노의 불이 영원히 꺼지지 않
을 것이다."

주님을 의지하라

5 "나 주가 말한다. 나 주에게서
마음을 멀리하고, 오히려 사람을
의지하며, 사람이 힘이 되어 주려
니 하고 믿는 자는, 저주를 받을
것이다.
6 그는 황야에서 자라는 가시덤불
같아서, 좋은 일이 오는 것을 볼
수 없을 것이다. 그는, 소금기가
많아서 사람이 살 수도 없는 땅,
메마른 사막에서 살게 될 것이다."
7 그러나 주님을 믿고 의지하는
사람은 복을 받을 것이다.
8 그는 물가에 심은 나무와 같아서
뿌리를 개울가로 뻗으니, 잎이 언
제나 푸르므로, 무더위가 닥쳐와
도 걱정이 없고, 가뭄이 심해도,
걱정이 없다. 그 나무는 언제나 열
매를 맺는다.
9 "만물보다 더 거짓되고 아주 썩
은 것은 사람의 마음이니, 누가
그 속을 알 수 있습니까?"
10 "각 사람의 마음을 살피고, 심
장을 감찰하며, 각 사람의 행실과
행동에 따라 보상하는 이는 바로
나 주다."
11 불의로 재산을 모은 사람은 자
기가 낳지 않은 알을 품는 자고새
와 같아서, 인생의 한창때에 그 재
산을 잃을 것이며, 말년에는 어리
석은 사람의 신세가 될 것이다.

예레미야의 기도

12 우리의 성전은 영광스러운 보좌
와 같다. 처음부터 높은 산 위에
자리를 잡았다.
13 주님, 이스라엘의 희망은 주님
이십니다. 주님을 버리는 사람마
다 수치를 당하고, 주님에게서 떠
나간 사람마다 생수의 근원이신
주님을 버리고 떠나간 것이므로,
그들은 땅바닥에 쓴 이름처럼 지
워지고 맙니다.
14 주님, 저를 고쳐 주십시오. 그러
면 제가 나을 것입니다. 저를 살려
주십시오. 그러면 제가 살아날 것
입니다. 주님은 제가 찬양할 분이
십니다.
15 백성이 저에게 빈정거리는 말을
들어 보십시오. "주님께서는 말씀
으로만 위협하시지, 별 것도 아니
지 않으냐! 어디 위협한 대로 되게
해보시지!" 합니다.
16 그러나 저는 목자가 되지 않으

17:5-8 앞 단락에 이어, 하나님의 궁극적인 관심이 민족적인 차원을 뛰어넘어 개인적이며 인류적인 차원으로 전환되고 있음을 보여 준다. 따라서 *유대 사람과 이방 사람*을 대조시키는 것이 아니라, '주님을 믿고 의지하는 사람'과 '주님을 떠난 사람'을 대조시키는 것이다.

17:8 물가에 심은 나무 하나님의 법도를 잘 지켜 모든 복과 은혜를 누리며 성장하는 삶을 상징한다(시 1:3).

17:9-11 이 구절은 타락한 유다에 대한 심판뿐 아니라 모든 인류의 심판에도 적용된다. 사람은 교활한 본성을 가지고 하나님을 속이고자 하지만, 하나님은 결코 속으시는 분이 아니다. 그런데도 당시의 유다와 타락 이후의 모든 사람들은 하나님을 속이려고 했으며 지금도 시도하고 있다.

17:12-18 임박한 심판 날을 바라보며 자신의 구원을 하나님께 의뢰하는 예레미야의 기도이다. 그 당시 유다는 죄악에 오염되어 어느 곳이나 부

려고 도망을 가거나, 주님 섬기기
를 피하려고 하지도 않았습니다.
재앙의 날을 오게 해달라고 간구
하지도 않았습니다. 주님께서 보
시는 앞에서 제가 아뢰었으므로,
주님께서는 제가 무엇을 아뢰었는
지를 알고 계십니다.
17 저를 무섭게 하지 마십시오. 주님
은 재앙의 날에 저의 피난처이십
니다.
18 저를 박해하는 사람들이 수치를
당하게 하시고, 제가 수치를 당하
지는 않게 하여 주십시오. 그들이
무서워 당황하게 하시고, 제가 무
서워 당황하지는 않게 하여 주십
시오. 이제는 그들에게 재앙의 날
이 오게 하시며, 갑절의 형벌로 그
들을 멸망시켜 주십시오.

안식일을 거룩하게 지켜라

19 ○주님께서 나에게 이렇게 말씀하셨
다. "너는 가서, 유다의 왕들이 출입
하는 '백성의 문'과 예루살렘의 모든
성문에 서서,
20 그들에게 전하여라. '이 모든 성문으
로 들어오는 유다의 왕들과 유다의
모든 백성과 예루살렘의 모든 주민
아, 너희는 나 주의 말을 들어라.
21 ○나 주가 말한다. 너희가 생명을 잃
지 않으려거든, 안식일에는 어떠한
짐도 옮기지 말고, 짐을 가지고 예루
살렘의 성문 안으로 들어오지도 말
아라.
22 안식일에는 너희의 집에서 짐도 내
가지 말아라. 어떠한 일도 해서는 안
된다. 너희는, 내가 너희 조상에게
명한 대로, 안식일을 거룩하게 지켜
야 한다."
23 그러나 너희 조상은 아예 듣지도 않
았고 귀를 기울이지도 않았다. 그들
은 나에게 순종하지도 않았고, 교훈
을 받아들이지도 않았으며, 고집을
꺾지도 않았다.
24 나 주의 말이다. 너희가 이제 나의
말에 잘 순종해서, 안식일에 이 도성
의 성문 안으로 어떠한 짐도 가져 오
지 않고, 안식일을 거룩하게 지키면
서, 그 날에는 어떠한 일도 하지 않
으면,
25 다윗의 보좌에 앉은 왕들이, 병거와
군마를 타고, 대신들을 거느리고, 유
다 사람과 예루살렘 주민까지 거느
리고, 이 도성의 성문 안으로 들어올
것이다. 이 도성에서는 영원히 사람
이 살 것이다.
26 유다의 성읍들과 예루살렘 주변과
베냐민 땅과 ㉠평원지대와 산간지역
과 남방에서부터 사람들이 번제물
과 희생제물과 곡식제물과 유향을
가지고 와서, 주의 성전에서 감사의
제물로 바칠 것이다.

패와 타락이 만연했기 때문에, 하나님께로 피할 수밖에 없음을 시사하는 구절이다.

17:19-27 유다 백성들은 안식일마저 지키지 않았다. 안식일은 창세 때부터 계시된 진리로 언약 백성인 유다가 반드시 지켜야 하는 기본 계명이었다. 하나님께서 유다의 멸망을 눈앞에 두고 안식일을 거룩하게 지키라고 촉구하신 것은 역설적인 의미가 있다. 즉 안식일 규례의 기본적인 의미는 역사의 종말에 있을 안식을 소망하라는 것이다.

17:21 예루살렘의 성문 19절에는 '백성의 문'과 '예루살렘의 모든 성문'이 같이 등장한다. 원어를 직역하면 '유다 왕들이 출입하는 백성의 후손들의 문'이라고 할 수 있다. 즉, 유다 왕들이 백성을 통치하기 위하여 재판을 하고 백성의 형편을 살피는 장소를 가리킨다.

17:26 유향 올리브과의 상록 교목에서 뽑아낸 수지를 말한다.

㉠ 히. '스펠라'

27 ○그러나 너희가 안식일을 거룩하게
지키라는 나의 말을 듣지 않고, 안식
일에 짐을 옮기며, 예루살렘의 성문
안으로 짐을 가지고 들어오면, 내가
이 성문에 불을 질러, 예루살렘의
궁궐을 태워 버릴 것이다. 아무도 그
불을 끄지 못할 것이다.'"

토기장이의 비유

18 이것은 주님께서 예레미야에게
하신 말씀이다.
2 "너는 어서 토기장이의 집으로 내려
가거라. 거기에서 내가 너에게 나의
말을 선포하겠다."
3 ○그래서 내가 토기장이의 집으로
내려갔더니, 토기장이가 마침 물레
를 돌리며 일을 하고 있었다.
4 그런데 그 토기장이는 진흙으로 그
릇을 빚다가 잘 되지 않으면, 그 흙
으로 다른 그릇을 빚었다.
5 ○그 때에 주님께서 나에게 이렇게
말씀하셨다.
6 ○"'이스라엘 백성아, 내가 이 토기
장이와 같이 너희를 다룰 수가 없겠
느냐? 나 주의 말이다. 이스라엘 백
성아, 진흙이 토기장이의 손 안에 있
듯이, 너희도 내 손 안에 있다.
7 내가 어떤 민족이나 나라의 뿌리를
뽑아내거나, 그들을 부수거나 멸망시
키겠다고 말을 하였더라도,
8 그 민족이 내가 경고한 죄악에서 돌
이키기만 하면 나는 그들에게 내리
려고 생각한 재앙을 거둔다.
9 ○그러나 내가 어떤 민족이나 나라
를 세우고 심겠다고 말을 하였더라
도,
10 그 백성이 나의 말을 순종하지 않
고, 내가 보기에 악한 일을 하기만
하면, 나는 그들에게 내리기로 약속
한 복을 거둔다.'
11 ○그러므로 너는 이제 유다 사람과
예루살렘 주민에게 전하여라. '나 주
가 말한다. 내가 너희에게 내릴 재앙
을 마련하고 있으며, 너희를 칠 계획
도 세우고 있다. 그러므로 너희는 어
서, 각기 자신의 사악한 길에서 돌이
키고, 너희의 행동과 행실을 고쳐라.'
12 ○네가 이렇게 말하면, 그들은 이르
기를 '그럴 필요 없다. 우리는 우리
생각대로 살아가겠다. 우리는 각자
자신의 악한 마음에서 나오는 고집
대로 행동하겠다' 할 것이다."

이스라엘 백성이 주님을 거역하다

13 "그러므로 나 주가 말한다. 누가
이와 같은 말을 들어 보았는지, 세
상 만민에게 물어 보아라. 처녀 이
스라엘은 너무 역겨운 일을 저질
렀다.
14 레바논 산의 험준한 바위 봉우
리에 눈이 없는 때가 있더냐? 거
기에서 흘러 내리는 시원한 물줄

18장 요약 전반부는 토기장이 비유로 하나님의 절대 주권을 가르친다. 토기장이와 마찬가지로 하나님은 인류의 생사화복을 주관하시는 절대 주권자이시다. 후반부는 하나님의 주권을 거부하는 자들이 예레미야를 박해하고 죽이려는 사건이다.

18:1-10 토기장이 비유의 교훈은 하나님의 구속 역사가 하나님의 주권적 사역임을 가르쳐 주는 것으로 유다의 교만한 선민 의식에 대한 경고이기도 하다. 또한 예레미야의 소명에 대한 확신을 주고, 하나님의 궁극적인 경륜의 방향을 제시하는 것이다.

18:11-12 토기장이 비유의 본래 의도가 밝혀져 있다. 패역으로 인한 유다의 심판이 전달되었음에도 불구하고, 백성들은 오히려 더 악한 행동으로 응수하였다. 이는 심판의 불가피성을 확인시켜 주는 내용이다.

기가 마르는 일이 있더냐?
15 그러나 내 백성은 나를 잊어버리
고, 헛된 우상들에게 분향을 한
다. 옛부터 걸어온 바른길을 벗어
나서, 이정표도 없는 길로 들어섰
다.
16 그들이 사는 땅을 황폐하게 만
들어 영영 비웃음거리가 되게 하
니, 그 곳을 지나가는 사람마다
놀라서 머리를 흔들며 비웃는다.
17 내가 그들을 원수 앞에서 흩어 버
리기를 동풍으로 흩어 버리듯 할
것이며, 그들이 재난을 당하는
날, 내가 그들에게 등을 돌리고,
내 얼굴을 보이지 않을 것이다."

예레미야의 암살 음모

18 ○백성이 나를 두고 이르기를 "이제
예레미야를 죽일 계획을 세우자. 이
사람이 없어도 우리에게는 율법을
가르쳐 줄 제사장이 있고, 지혜를
가르쳐 줄 현자가 있으며, 말씀을 전
하여 줄 예언자가 있다. 그러니 어서
우리의 혀로 그를 헐뜯자. 그가 하
는 모든 말을 무시하여 버리자" 합
니다.

예레미야의 기도

19 주님, 저의 호소를 들어주십시
오. 원수들이 저를 두고 하는 말
을 들어 보십시오!
20 선을 악으로 갚아도 되는 겁니까?
그런데도 그들은 제 목숨을 노려
서 함정을 팠습니다. 제가 주님 앞
에 나서서 그들을 변호한 것, 주님
께서 그들을 보시고 진노하셨지
만, 주님의 진노를 풀어드리려고
그들을 생각하면서, 주님의 은혜
를 간구한 것을, 기억하여 주십시
오.
21 그들이 이렇게 배은망덕하니, 그
들의 아들딸들이 굶어 죽거나 전
쟁에서 죽게 하여 주십시오. 그들
의 아내들이 아들딸들을 잃게 하
시고, 남편들을 잃어 과부가 되게
하여 주십시오. 장정들은 전쟁터
에서 칼에 찔려 죽게 하여 주십시
오.
22 그들이 저를 잡으려고 함정을 팠
고, 제 발을 걸리게 하려고 올가미
들을 숨겨 놓았으니, 주님께서 그
들에게 약탈하는 자들을 졸지에
보내 주셔서, 그들의 집집마다 울
부짖는 소리가 터져 나오게 하여
주십시오.
23 주님, 저를 죽이려는 그들의 모든
흉계를 주님께서는 다 아시니, 그
들의 죄악을 용서하지 마시고, 그
들의 허물을 가볍게 다루지도 마
십시오. 주님께서 진노하시는 날
에, 그들이 주님 앞에서 거꾸러져
죽게 하여 주십시오.

18:13–17 토기장이 비유의 결론 부분이다. 하나님은 유다에게 '재난을 당하는 날'을 선포하시고, 유다가 하나님으로부터 버림받음을 예언하셨다.
18:13 처녀 이스라엘 이스라엘이 하나님의 거룩한 백성으로 선택받았음을 상징하는 표현이다. 특히 여기서는 '세상 만민', 곧 세상 나라와 대조되는 하나님 왕국을 표상하는 말로 쓰이고 있다. '처녀'라는 표현은 유다의 패역하고 사악하여 가증하게 된 모습을 역설적으로 강조하는 말이다.

18:18–23 예레미야를 죽이려는 백성들의 음모와 예레미야의 반응이 나타나 있다. 예레미야의 예언을 들은 백성들은 그를 조롱하며 박해하고, 생명까지 해치려 하였다. 이에 대해 예레미야는 저주스런 내용으로 하나님께 탄원하고 있다. 이 탄원은 개인적인 보복 감정이 아니라, 하나님의 심정을 닮은 거룩하고 의로운 분노에서 나온 것이었다. 하나님의 뜻에 대한 온전한 헌신으로 그는 하나님과 같은 입장의 의분(義憤)을 갖게 되었다.

깨진 항아리

19 주님께서 나에게 말씀하셨다.
"너는 토기장이를 찾아가서 항
아리를 하나 산 다음에, 백성을 대
표하는 장로 몇 사람과 나이든 제사
장 몇 사람을 데리고,
2 ㉠'하시드 문' 어귀 곁에 있는 ㉡'힌놈
의 아들 골짜기'로 나아가서, 내가 너
에게 일러주는 말을 거기에서 선포
하여라.
3 ○너는 이렇게 말하여라. '너희 유다
왕들과 예루살렘 모든 주민아, 너희
는 나 주의 말을 들어라. 나 만군의
주 이스라엘의 하나님이 말한다. 내
가 이 곳에 재앙을 내릴 터이니, 이
재앙은 그 소식을 듣는 모든 사람의
귀가 얼얼해질 만큼 무서운 재앙이
될 것이다.
4 이것은, 그들이 나를 저버리고 이 곳
을 남의 나라처럼 만들어 놓고, 그
들 자신뿐만 아니라 그들의 조상이
나 유다 왕들도 전혀 알지 못하던
다른 신들에게 분향하고, 이 곳을
죄 없는 사람들의 피로 가득 채워
놓았기 때문이다.
5 그리고 그들은 제 자식들을 바알에
게 번제물로 불살라 바치려고, 바알
의 산당들을 세움으로써, 내가 그들
에게 명한 적도 없고, 말한 적도 없
는, 내가 상상조차도 하여 본 적이
없는 죄를 저질렀기 때문이다.
6 그러므로 보아라, 그날이 오면, 다시
는 '도벳'이나 '힌놈의 아들 골짜기'라
고 부르지 않고, 오히려 '살육의 골짜
기'라고 부를 것이다. 나 주의 말이
다.
7 ○내가 이 곳에서 유다와 예루살렘
의 계획을 ㉢좌절시키고, 그들이 전
쟁할 때에 원수들의 칼에 찔려 죽게
하고, 그들의 목숨을 노리는 사람들
의 손에 죽게 하고, 그들의 시체는
공중의 새와 들짐승의 먹이가 되게
하겠다.
8 내가 이렇게 이 도성을 폐허로 만들
것이며, 비웃음거리가 되게 하겠다.
그러면 이 도성을 지나가는 사람마
다, 이 곳에 내린 모든 재앙을 보고
놀라며, 비웃을 것이다.
9 그리고 그들은 목숨을 노리는 원수
에게 포위되어 곤경에 빠지면, 그들
은 제 자식들을 잡아먹고, 이웃끼리
도 서로 잡아먹을 것이다.'
10 ○이렇게 말하고 나서 너는 데리고
간 사람들이 보는 앞에서 그 항아리
를 깨뜨리고,
11 그들에게 이렇게 전하여라. ○'만군
의 주가 말한다. 토기 그릇은 한번
깨지면 다시 원상태로 쓸 수 없다.
나도 이 백성과 이 도성을 토기 그릇
처럼 깨뜨려 버리겠다. 그러면 더 이

19장 요약 유다가 반드시 심판받게 될 것을 '깨진 항아리'를 통해 교훈하고 있다. 하나님께서는 예레미야에게 '힌놈의 아들 골짜기'에서 항아리를 깨뜨리게 하여 예루살렘과 유다의 파멸이 돌이킬 수 없음을 강조하신다.

㉠ 또는 '질그릇 조각의 문' ㉡ 또는 '벤힌놈 골짜기' ㉢ '좌절시키다(히, 바카)'라는 말과 '항아리(히, 바크부크)'의 발음이 비슷함(1,10절을 볼 것)

19:1-15 유다 백성들은 우상에 대한 부패한 종교적 열정 때문에 자기 자녀들까지 제물로 바치는 잔혹한 행위를 저질렀다. 그들은 하나님의 선택된 백성임에도 이방과 똑같이 악한 죄악을 저질렀던 것이다. 이러한 만행에 대하여 하나님의 철저한 심판이 예레미야를 통해 선포되었다. 그리고 이 비극적인 예언은 유다의 역사 속에서 실현되었다.
19:13 도벳의 터는 사람을 제물로 불태우기 위해 만들어 놓은 제단을 가리키는 듯하다.

상 시체를 묻을 자리가 없어서, 사람
들이 도벳에까지 시체를 묻을 것이
다.
12 내가 이 곳과 여기에 사는 주민을 이
처럼 만들어 놓겠다. 반드시 이 도성
을 도벳처럼 만들어 놓겠다. 나 주의
말이다.
13 예루살렘의 집들과 유다 왕궁들이
모두 도벳의 터처럼 불결하게 될 것
이다. 이는 집집마다 사람들이 지붕
위에서 온갖 천체에게 향을 피워 올
리고, 이방 신들에게 술을 부어 제물
로 바쳤기 때문이다.'"
14 ○예레미야는, 주님께서 예언하라
고 보내신 도벳에서 돌아와, 주님의
성전 뜰에 서서, 모든 백성에게 말하
였다.
15 "나 만군의 주 이스라엘의 하나님이
말한다. 이 백성이 고집을 부려, 나
의 말에 순종하지 않았으므로, 이제
내가 이미 선포한 그 모든 재앙을,
이 도성과 거기에 딸린 모든 성읍 위
에 내리겠다."

예레미야와 바스훌의 충돌

20 임멜의 아들로서, 제사장이면
서 주님의 성전에서 총감독으
로 일하는 바스훌이, 이렇게 예언하
는 예레미야의 모든 말을 듣고서,
2 예언자 예레미야를 때리고, 그에게
차꼬를 채워서 주님의 성전 위쪽 '베
냐민 대문' 근처에다가 가두었다.
3 다음날 아침에 바스훌이 예레미야
의 차꼬를 풀어 줄 때에, 예레미야가
그에게 이렇게 말하였다. ○"주님께
서 이제는 당신의 이름을 바스훌이
라 부르시지 않고, ㉠마골밋사빕이라
고 부르실 것이오.
4 당신을 두고, 주님께서 나에게 이렇
게 말씀하셨소. '내가 너를 너와 네
모든 친구에게 두려움이 되게 할 것
이니, 너는 네 친구들이 원수의 칼에
찔려 쓰러지는 것을 네 눈으로 직접
볼 것이다. 또 내가 유다 백성을 모
두 바빌로니아 왕의 손에 넘겨 주면,
그 왕은 백성을 더러는 바빌로니아
로 사로잡아 가고, 더러는 칼로 죽일
것이다.
5 또 내가 이 도성의 모든 재물과 그
모든 재산과 그 모든 귀중품과 유다
왕들의 모든 보물을 원수의 손에 넘
겨 주어서, 그들이 모두 약탈하고 탈
취하여, 바빌로니아로 가져 가게 하
겠다.
6 그리고 바스훌아, 너와 네 집에 사는
모든 사람은 포로가 되어서, 바빌로
니아로 끌려갈 것이니, 너는 네 거짓
예언을 들은 네 모든 친구와 함께 거
기에서 죽어, 그 곳에 묻힐 것이다.'"

예레미야가 주님께 불평하다

7 주님, 주님께서 나를 ㉡속이셨으

20장 요약 예레미야의 유다 멸망 예언을 들은 바스훌은 예레미야를 잡아 구금시켰다. 그러나 하나님은 예레미야를 풀어주시고, 바스훌에게는 바빌로니아의 포로가 될 것이라고 선포하셨다. 한편 감옥에서 풀려난 예레미야는 하나님께 심한 불평과 원망을 토로했다.

㉠ '사방으로 두려움' 또는 '사면초가' ㉡ 또는 '설득하셨으므로' 또는 '유혹하셨으므로'

20:1–6 앞 단락에 기록된 정면적인 도전 때문에, 예레미야는 성전 총감독 바스훌에게 폭행을 당하고 구금되었다. 바스훌은 유다 백성을 대표하는 인물이었다. 바스훌이 예레미야를 체포한 사건으로 말미암아, 이제까지 간접적으로만 계시되었던 북방의 침략 세력이 바로 바빌로니아라는 사실이 직접 드러나게 되었다.

20:2 예언자 예레미야 예레미야서 전체 중 처음으로 등장하는 예레미야의 직함이다. 여기서 예레

므로, 내가 주님께 ㉠속았습니다.
주님께서는 나보다 더 강하셔서
나를 이기셨으므로, 내가 조롱거
리가 되니, 사람들이 날마다 나를
조롱합니다.
8 내가 입을 열어 말을 할 때마다
'폭력'을 고발하고 '파멸'을 외치니,
주님의 말씀 때문에, 나는 날마다
치욕과 모욕거리가 됩니다.
9 '이제는 주님을 말하지 않겠다. 다
시는 주님의 이름으로 외치지 않
겠다' 하고 결심하여 보지만, 그
때마다, 주님의 말씀이 나의 심장
속에서 불처럼 타올라 뼛속에까
지 타들어 가니, 나는 견디다 못
해 그만 항복하고 맙니다.
10 수많은 사람이 수군거리는 소리
를 나는 들었습니다. '예레미야가
겁에 질려 있다. 너희는 그를 고발
하여라. 우리도 그를 고발하겠다'
합니다. 나와 친하던 사람들도 모
두 내가 넘어지기만을 기다립니
다. '혹시 그가 실수를 하기라도
하면, 우리가 그를 덮치고 그에게
보복을 하자' 합니다.
11 그러나 주님, 주님은 내 옆에 계
시는 힘센 용사이십니다. 그러므
로 나를 박해하는 사람들이, 힘도
쓰지 못하고 쓰러질 것입니다. 이
처럼 그들이 실패해서, 그들은 영
원히 잊지 못할 큰 수치를 당할 것
입니다.
12 만군의 주님, 주님은 의로운 사
람을 시험하시고, 생각과 마음을
감찰하시는 분이십니다. 내 억울
한 사정을 주님께 아뢰었으니, 주
님께서 그들에게 내 원수를 갚아
주십시오. 내가 그것을 보기를 원
합니다.
13 "주님께 노래하여라! 주님을 찬
양하여라! 주님께서는 억압받는
사람들을 악인들의 권세에서 건
져 주신다."
14 내가 태어난 날이 저주를 받았
어야 했는데. 어머니가 나를 낳은
날이 복된 날이 되지 말았어야 했
는데.
15 나의 아버지에게 '아들입니다, 아
들!' 하고 소식을 전하여, 아버지
를 기쁘게 한 그 사람도 저주를
받았어야 했는데.
16 바로 그 사람은 주님께서 사정없
이 뒤엎어 놓으신 성읍들처럼 되
어서, 아침에는 울부짖는 고통 소
리를 듣고, 대낮에는 전쟁의 함성
을 들었어야 했는데.
17 내가 모태에서 죽어, 어머니가 나
의 무덤이 되었어야 했는데, 내가
영원히 모태 속에 있었어야 했는
데.

미야를 예언자로 특별히 언급한 목적은 바스훌의 박해가 하나님을 대적하는 엄청난 잘못이라는 것을 나타내려는 것이다.

20:7-18 예레미야 자신의 고뇌와 갈등, 즉 하나님의 소명과 자포자기할 수밖에 없는 현실 사이에서의 깊은 고통을 하나님께 의지하며 기도하는 형태로 서술하고 있다. 예레미야는 예언자의 직무를 수행함으로써 받게 되는 조롱과 치욕 때문에 하나님께 대하여 참람할 정도의 원망과 신성모독에 가까운 불평을 털어놓는다. 심지어 하나님의 대언자 역할을 더 이상 계속하지 않으려고 하였다. 그러나 성령과 말씀의 역사에 의해 자기 직분을 계속하지 않을 수 없음을 깨닫는다.

20:14-18 생일을 저주하는 예레미야 예레미야는 자신의 출생을 저주함으로써 자신의 직무 전체를 근본적으로 문제 삼는다. 욥기 3장에서 이와 비슷하게 비통한 말을 찾아볼 수 있다.

㉠ 또는 '설득당했습니다' 또는 '유혹당했습니다'

18 어찌하여 이 몸이 모태에서 나와
서, 이처럼 고난과 고통을 겪고,
나의 생애를 마치는 날까지 이러
한 수모를 받는가!

예루살렘의 멸망 예고

21 시드기야 왕이 말기야의 아들
바스훌과 마아세야의 아들 스
바냐 제사장을 예레미야에게 보냈을
때에, 주님께서 그들에게 전할 말씀
을 예레미야에게 주셨다.
2 ○그 때에 그들이 와서 이렇게 말하
였다. "제발 우리가 멸망하지 않도록
주님께 간절히 기도하여 주십시오.
바빌로니아 왕 느부갓네살이 우리를
포위하여 공격하고 있습니다. 행여
주님께서, 예전에 많은 기적을 베푸
신 것처럼, 우리에게도 기적을 베풀
어 주시면, 느부갓네살이 우리에게
서 물러갈 것입니다."
3 ○예레미야가 그들에게 대답하였다.
"시드기야 왕에게 가서 이렇게 전하
시오.
4 '주 이스라엘의 하나님이 말한다. 너
희는, 지금 성벽을 에워싸고 공격하
는 ㉠바빌로니아 왕과 갈대아 군대에
게 맞서서 싸우려고 무장을 하고 있
으나, 내가, 너희가 가지고 있는 모든
전쟁무기를 회수하여, 이 도성 한가
운데 모아 놓겠다.
5 내가 직접 너희를 공격하겠다. 이 분
노, 이 노여움, 이 울화를 참을 수가
없어서, 내가 팔을 들고, 나의 손과
강한 팔로 너희를 치고,
6 사람이나 짐승을 가리지 않고, 이
도성에 사는 모든 것을 칠 것이니,
그들이 무서운 염병에 걸려 몰살할
것이다.
7 나 주의 말이다. 그런 다음에, 염병
과 전쟁과 기근에서 살아 남은 이
도성의 사람들, 곧 유다 왕 시드기
야와 그의 신하들과 백성을, 바빌로
니아 왕 느부갓네살의 손과, 그들의
원수들의 손과, 그들의 목숨을 노리
는 사람들의 손에, 포로로 넘겨 주
겠다. 느부갓네살은 포로를 조금도
가련하게 여기지 않고, 조금도 아끼
지 않고, 무자비하게 칼로 쳐죽일 것
이다.'"
8 ○"너는 이 백성에게 이렇게 전하
여라. '나 주가 말한다. 내가 너희 앞
에 생명의 길과 죽음의 길을 둔다.
9 이 도성 안에 머물러 있는 사람은
전쟁이나 기근이나 염병으로 죽을
것이다. 그러나 지금 너희를 에워싸
고 있는 ㉠바빌로니아 군대에게 나아
가서 항복하는 사람은, 죽지 않을 것
이다. 그 사람은 적어도 자신의 목숨
만은 건질 것이다.
10 나는 복을 내리려고 해서가 아니라,
재앙을 내리려고 이 도성을 마주 보

21장 요약 1–10절은 바빌로니아 왕 느부갓네살의 침입을 받은 시드기야가 당황하여 예레미야에게 하나님의 도우심을 간구하라고 부탁하는 내용이고, 11절 이하는 예레미야가 지금이라도 회개하고 하나님의 통치를 대리하는 자답게 행할 것을 유다 왕실에게 촉구하는 내용이다.

21:8–10 바빌로니아의 통치에 복종하는 것이 하나님의 법에 순종하는 생명의 길이며, 바빌로니아에게 대항하는 것이 하나님의 뜻을 거스르는 죽음의 길이 된다. 유다 왕국이 당하는 재앙은 단순한 침략이 아니라 하나님께서 친히 내리시는 분노이기 때문이다.

21:13 골짜기로 둘러싸인 우뚝 솟은 바위 산에서 사는 자들 가파른 골짜기와 튼튼한 암반으로 이루어진 난공불락의 천연 요새로 도피한 유다 지도자와 백성을 가리킨다.

㉠ 또는 '갈대아'

고 있는 것이다. 이 도성은 바빌로니
아 왕의 손에 들어갈 것이고, 그는
이 도성을 불질러 버릴 것이다. 나
주의 말이다.'"

유다 왕실에 내린 심판

11 "이제 유다 왕실에 말한다. 너희
는 나 주의 말을 들어라.
12 다윗의 왕가는 들어라. 나 주가
말한다. 아침마다 공의로운 판결
을 내려라. 너희는 고통받는 사람
들을 구하여 주어라. 억압하는 자
들의 손에서 그들을 건져 주어라.
그렇지 않으면, 그들의 악행 때문
에 나의 분노가 불처럼 일어나서
불탈 것이니, 아무도 끌 수 없을
것이다."
13 "골짜기로 둘러싸인 우뚝 솟은
바위 산에서 사는 자들아 '우리를
습격할 자가 누구며, 우리가 숨은
곳에까지 쳐들어올 자가 누구
냐?' 한다마는, 이제 내가 너희를
치겠다. 나 주의 말이다."
14 "나는 너희의 행실에 따라 너희
를 벌하겠다. 나 주의 말이다. 내
가 바로 예루살렘의 숲에 불을 질
러, 그 주변까지 다 태워 버리겠
다."

유다 왕실에

22 "나 주가 말한다. 너는 유다 왕
궁으로 내려가서, 그 곳에서 이
말을 선포하여라.
2 너는 이렇게 말하여라. '다윗의 보좌
에 앉은 유다의 왕아, 너는 네 신하
와 이 모든 성문으로 들어오는 네
백성과 함께 주가 하는 말을 들어라.
3 나 주가 말한다. 너희는 공평과 정의
를 실천하고, 억압하는 자들의 손에
서 고통받는 사람들을 구하여 주고,
외국인과 고아와 과부를 괴롭히거나
학대하지 말며, 이 곳에서 무죄한 사
람의 피를 흘리게 하지 말아라.
4 ○너희가 이 명령을 철저히 실천하
면, 다윗의 보좌에 앉는 왕들이 병
거와 군마를 타고, 신하와 백성을 거
느리고, 이 왕궁의 대문 안으로 들
어올 것이다.
5 그러나 내가 스스로 맹세하지만, 너
희가 이 명에 순종하지 않으면, 바로
이 왕궁은 폐허가 될 것이다.' 나 주
의 말이다.
6 이것은 나 주가 유다 왕실을 두고
하는 말이다. 네가 나에게 길르앗
과도 같고 레바논 산 꼭대기와 같
았으나, 이제는 내가 너를 사막으
로 만들고 아무도 살지 않는 성읍
으로 만들겠다.
7 내가 너를 무너뜨릴 사람들을 불
러다가, 그들에게 연장을 마련하
여 줄 것이니, 그들이 너의 가장
좋은 백향목들을 찍어 내어, 불

22장 요약 앞장 후반부에 이어, 유다 왕들의 죄악상과 그들의 비극적인 최후를 예언하고 있다. 유다 왕들에게는 하나님의 통치를 대리하여 공의로운 나라를 세울 책임이 있었다. 그러나 본장에 등장하는 유다 왕들은 하나님을 거역하였다.

22:3 공평과 정의 하나님이 세상을 통치하시는 가장 큰 원칙 중 하나이다. 모든 사람, 즉 외국인과 고아와 과부까지도 가장 기본적인 생존권과 인권을 보장하고 존중해야 함을 가르친다.

22:6-7 길르앗과도 같고 레바논 산 꼭대기와 같았으나 둘 다 숲으로 유명했다. 왕궁의 장엄하고 웅대하여 화려한 모습처럼, 유다 왕실이 하나님께 고귀하고 권세있는 존재였음을 상징하는 시적 표현이다. 그런 유다 왕실을 사막으로 만들고 아무도 살지 않는 성읍으로 만들 것이라는 하나님의 의지를 표명하였다. 이 단락은 짤막한 시 형식으로 구

속으로 집어 던질 것이다.
8 ○그러면 많은 민족이 이 도성을
지나갈 때에, 서로 묻기를 '주님께서
무엇 때문에 이 큰 도성을 이렇게 폐
허로 만들어 놓으셨는가?' 하면,
9 그들이 또한 서로 대답하기를 '그들
이 주 그들의 하나님과 맺은 언약을
깨뜨리고, 다른 신들을 경배하면서
섬겼기 때문이다' 할 것이다."

살룸 왕에 대한 예언

10 너희는 죽은 왕 때문에 울지 말
며, 그의 죽음을 슬퍼하지 말아
라. 오히려, 너희는 잡혀 간 왕을
생각하고 슬피 울어라. 그는 절대
로 다시 돌아오지 못한다. 다시는
고향 땅을 보지 못한다.
11 ○부왕 요시야의 대를 이어서, 유
다 왕이 되어 다스리다가, 이 곳에서
포로가 되어 잡혀 간, 유다 왕 요시
야의 아들 ㉠살룸을 두고 주님께서
말씀하신다. "그는 영영 이 곳으로
돌아오지 못할 것이다.
12 그는 잡혀 간 곳에서 죽을 것이며,
이 땅을 다시는 보지 못할 것이다."

여호야김 왕에 대한 예언

13 "불의로 궁전을 짓고, 불법으로
누각을 쌓으며, 동족을 고용하고
도, 품삯을 주지 않는 너에게 화
가 미칠 것이다.
14 '내가 살 집을 넓게 지어야지. 누
각도 크게 만들어야지' 하면서, 집
에 창문을 만들어 달고, 백향목
판자로 그 집을 단장하고, 붉은 색
을 칠한다.
15 네가 남보다 백향목을 더 많이
써서, 집 짓기를 경쟁한다고 해서,
네가 더 좋은 왕이 될 수 있겠느
냐? 네 아버지가 먹고 마시지 않
았느냐? 법과 정의를 실천하지 않
았느냐? 그 때에 그가 형통하였
다.
16 그는 가난한 사람과 억압받는 사
람의 사정을 헤아려서 처리해 주
면서, 잘 살지 않았느냐? 바로 이
것이 나를 아는 것이 아니겠느냐?
나 주의 말이다.
17 그런데 너의 눈과 마음은 불의
한 이익을 탐하는 것과 무죄한 사
람의 피를 흘리게 하는 것과 백성
을 억압하고 착취하는 것에만 쏠
려 있다."
18 ○그러므로 주님께서 유다 왕 요
시야의 아들 여호야김을 두고 이렇
게 말씀하신다.
"아무도 여호야김의 죽음을 애도
하지 않을 것이다. 남자들도 '슬프
다!' 하지 않고 여자들도 '애석하
다!' 하지 않을 것이다. '슬픕니다,
임금님! 슬픕니다, 폐하!' 하며 애
곡할 사람도 없을 것이다.

성되었다. 예레미야는 이어서 이 시에 대한 의미를 다시 산문 형태로 구체화하고 있다(8-9절).

22:7 너의 가장 좋은 백향목 '골라낸' 또는 '빼어낸' 백향목을 가리킨다. 선택된 유다 백성을 상징하는 표현이다. 많은 민족 중에 택하시어 하나님의 백성으로 삼으셨던 그 민족이 쓸모 없이 되었으므로 그들을 버리시겠다는 선언이다.

22:10-12 요시야 왕의 아들 여호아하스(살룸)에 대한 예언이다. 그는 즉위한 지 3개월 만에 이집트로 끌려갔다(왕하 23:31-34). 예레미야는 그가 이집트에서 죽게 될 것을 예언하면서, 므깃도 전투에서 죽은 요시야보다 이집트의 포로가 된 여호아하스가 애곡의 대상이 되어야 함을 말한다.

22:13-19 본문은 여호야김에 대한 예언이다. 그는 백성들을 약탈하여 사치스런 궁전을 지었으며, 백성들을 압박하여 무죄한 피를 많이 흘렸다. 결국 그는 바빌로니아 침공 시 비참하게 죽었다.

㉠ 일명 '여호아하스'(왕하 23:30; 대상 3:15에서도)

19 사람들은 그를 끌어다가 예루살
렘 성문 밖으로 멀리 내던지고, 마
치 나귀처럼 묻어 버릴 것이다."

예루살렘에 대한 탄식

20 "예루살렘아, 너는 레바논 산에
올라가서 통곡하여라. 바산 평야
에서 소리를 지르고, 아바림 산등
성에서 통곡하여라. 너의 모든 동
맹국이 멸망하였다.
21 네가 평안하였을 때에는 내가 너
에게 경고를 하여도 '나는 듣지 않
겠다!' 하고 거부하였다. 너는 어
렸을 때부터 이런 버릇이 있어서,
언제나 나의 말을 듣지 않았다.
22 너의 목자들은 모두 바람에 휩쓸
려 가고, 너의 동맹국 백성은 포
로가 되어 끌려갈 것이다. 참으로
그 때에는, 너의 온갖 죄악 때문
에, 네가 수치와 멸시를 당할 것이
다.
23 네가 지금은 ㉠레바논 산 위에 터
를 잡고 사는 듯하고, 백향목 나
무 위의 보금자리에 깃들이고 있
는 것 같지만, 해산하는 여인의 진
통 같은 아픔이 너에게 덮쳐 오면,
너의 신음이 땅을 뒤흔들 것이다."

하나님께서 여호야긴 왕을 심판하시다

24 ○"나 주의 말이다. 내가 내 삶을 두
고 맹세한다. 여호야김의 아들 유다
왕 ㉡고니야야, 네가 내 오른손에 낀
옥새 가락지라고 하더라도, 내가 너
를 거기에서 빼버리겠다.
25 네 목숨을 노리는 사람들의 손과, 네
가 무서워하는 사람들의 손과, 바빌
로니아 왕 느부갓네살의 손과, 바빌
로니아 사람들의 손에, 내가 너를 넘
겨 주겠다.
26 나는 너와 네 친어머니를, 너희가 태
어나지 않은 곳인 이국 땅으로 쫓아
내어, 거기에서 죽게 할 것이다.
27 마침내 그들은 그처럼 돌아가고 싶
어하던 고향으로 영영 돌아갈 수가
없을 것이다."
28 이 사람 ㉡고니야는 깨져서 버려
진 항아리인가? 아무도 거들떠보
려고 하지 않는 질그릇인가? 어찌
하여 그는 자신도 모르는 낯선 땅
으로 가족과 함께 쫓겨나서, 멀리
끌려가게 되었는가?
29 땅이여, 땅이여, 땅이여, 주님의
말씀을 들어라.
30 "나 주가 말한다. 너희는 이 사
람을 두고 '그는 자녀도 없고, 한
평생 낙을 누리지도 못할 사람'이
라고 기록하여라. 다윗의 왕위에
앉아서 유다를 다스릴 자손이, 그
에게서는 나지 않을 것이다."

미래의 왕 메시아

23 "내 목장의 양 떼를 죽이고 흩
어 버린 목자들아, 너희는 저주

22:24–30 여호야긴(고니야, 또는 여고냐:24:1)의 비극적 운명에 대한 예언이다. 이 예언은 여호야긴 왕이 사로잡혀 가기 직전에 선포되었다. 곧 여호야긴이 결코 돌아오지 못할 것이라는 사실과 그의 자손 가운데 누구도 결코 다윗의 보좌를 계승하지 못하리라는 사실을 고지한 것이다.

㉠ 레바논에서 가져 온 나무로 예루살렘에다 지은 궁전을 말함(왕상 7:2) ㉡ 일명 '여호야긴'(왕하 24:6,8에서도) 또는 '여고냐'(대상 3:16; 렘 24:1에서도)

23장 요약 본장에서는 다윗의 계보를 통한 메시아의 도래를 예고함과 아울러 거짓 예언자들을 정죄하는 내용이 언급된다. 메시아는 하나님의 의로운 목자로서 공의와 평화로 가득 찬 나라를 세우실 것이며, 유다의 거짓 예언자들은 백성들을 더욱더 잘못된 길로 인도할 것이다.

23:1–8 불충성하고 불의한 목자들을 폐하고 하나

를 받아라. 나 주의 말이다.
2 그러므로 나 주 이스라엘의 하나님
이 내 백성을 돌보는 목자들에게 말
한다. 너희는 내 양 떼를 흩어서 몰
아내고, 그 양들을 돌보아 주지 아니
하였다. 너희의 그 악한 행실을 내가
이제 벌하겠다. 나 주의 말이다.
3 ○이제는 내가 친히 내 양 떼 가운데
서 남은 양들을 모으겠다. 내가 쫓
아냈던 모든 나라에서 모아서, 다시
그들이 살던 목장으로 데려오겠다.
그러면 그들이 번성하여 수가 많아
질 것이다.
4 내가 그들을 돌보아 줄 참다운 목자
들을 세워 줄 것이니, 그들이 다시는
두려워하거나 무서워 떠는 일이 없
을 것이며, 하나도 잃어버리는 일이
없을 것이다. 나 주의 말이다.
5 내가 다윗에게서 의로운 가지가
하나 돋아나게 할 그 날이 오고
있다. 나 주의 말이다. 그는 왕이
되어 슬기롭게 통치하면서, 세상
에 공평과 정의를 실현할 것이다.
6 그 때가 오면 유다가 구원을 받을
것이며, 이스라엘이 안전한 거처
가 될 것이다. 사람들이 그 이름
을 '주님은 우리의 구원이시다'라
고 부를 것이다.
7 ○그러므로 보아라, 그 날이 지금 오
고 있다. 나 주의 말이다. 그 때에는
사람들이 다시는 '이스라엘 백성을
이집트 땅에서 이끌어 내신 주'의 살
아 계심을 두고 맹세하지 않고,
8 그 대신에 '이스라엘 집의 자손이 쫓
겨가서 살던 북녘 땅과 그 밖의 모든
나라에서 그들을 이끌어 내신 주'의
살아 계심을 두고 맹세할 것이다. 그
때에는 그들이 고향 땅에서 살 것이
다."

예언자들에 대한 예레미야의 경고

9 예언자들아, 들어라.
내 심장이 내 속에서 터지고,
내 모든 뼈가 떨리며, 내가 취한
사람처럼 되고, 포도주에 곯아떨
어진 사람처럼 되었으니, 이것은
주님 때문이요, 그의 거룩한 말씀
때문이다.
10 진실로 이 땅에는 음행하는 자들
이 가득 차 있다. 진실로 ㉠이런
자들 때문에 땅이 슬퍼하며, 광야
의 초장들은 ㉡메마른다. 그들이
하는 일이 악하며, 그들이 힘쓰는
일도 옳지 못하다.
11 "예언자도 썩었고, 제사장도 썩
었다. 심지어, 나는 그들이 나의
성전 안에서도, 악행을 저지르는
것을 보았다. 나 주의 말이다.
12 그러므로 그들의 길이 미끄럽고
캄캄한 곳이 될 것이며, 그들이
그 곳에서 떠밀려 넘어지게 될 것

님의 의로운 목자, 신실한 목자를 새롭게 세울 것을 선포하고 있다. 곧 하나님께서 유다 왕국을 심판하시되, 그 심판과 재앙의 날이 지나면 새로운 시대가 도래하리라는 예언이다. 여기에서 '다윗에게서 의로운 가지가 하나 돋아나게 하실 것'이란 말은 바로 성육신하실 그리스도를 가리킨다. 궁극적으로 완전한 구원, 진정한 평화, 진정으로 의로운 나라가 그리스도로 말미암아 세워질 것을 예고하고 있다.

23:9-15 왕들에 대한 예언에 이어 거짓 예언자들에 대한 계시를 전하고 있다. 여기에 언급된 예언자들은 하나님의 이름으로 하나님의 뜻과 말씀을 대언하던 사역자들이었다. 그러나 그들은 그 시대와 민족을 향한 하나님의 본뜻을 파악하지 못하고 세속적인 백성들의 기대에 부응하고 현실과 타협함으로써, 거룩한 하나님 왕국을 혼란스럽게 만든 장본인들이었다. 그들의 사역에 의

㉠ 또는 '저주 때문에' 또는 '이런 일들 때문에' ㉡ 또는 '슬퍼한다'

이다. 내가 정한 해가 되면, 그들
에게 재앙을 내리겠다. 나 주의 말
이다.
13 나는 일찍이 사마리아의 예언
자들에게서 못마땅한 일들을 보
았다. 그들은 바알의 이름으로 예
언하여, 내 백성 이스라엘을 그릇
된 길로 인도하였다.
14 그런데 이제 내가 예루살렘의 예
언자들에게서 끔찍한 일들을 보
았다. 그들은 간음을 하고 거짓말
을 한다. 악행을 저지르는 자들을
도와서, 어느 누구도 죄악에서 떠
날 수 없게 한다. 내가 보기에 그
들은 모두 소돔 사람들과 같이 되
었고, 예루살렘의 주민은 고모라
백성과 같이 되었다."
15 "그러므로, 이런 예언자들을 두
고, 나 만군의 주가 말한다. 내가
그들에게 쓴 쑥을 먹이며, 독을
탄 물을 마시게 하겠다. 죄악이
예루살렘의 예언자들에게서 솟아
나와서, 온 나라에 퍼졌기 때문이
다."
16 "나 만군의 주가 말한다. 스스
로 예언자라고 하는 자들에게서
예언을 듣지 말아라. 그들은 헛된
말로 너희를 속이고 있다. 그들은
나 주의 입에서 나온 말을 전하는
것이 아니라, 자기들의 마음 속에
서 나온 환상을 말할 뿐이다.
17 그들은 나 주의 말을 멸시하는 자
들에게도 말하기를 '만사가 형통
할 것이다. 주님의 말씀이다' 한다.
제 고집대로 살아가는 모든 사람
에게도 '너희에게는 어떠한 재앙
도 내리지 않을 것이다!' 하고 말
한다.
18 그러나 그 거짓 예언자들 가운데
서 누가 나 주의 회의에 들어와서,
나를 보았느냐? 누가 나의 말을
들었느냐? 누가 귀를 기울여 나
의 말을 들었느냐?
19 보아라, 나 주의 분노가 폭풍처럼
터져 나온다. 회오리바람처럼 밀
려와서 악인들의 머리를 후려칠
것이다.
20 나 주는 나의 마음 속에 뜻한 바
를 시행하고 이룰 때까지, 분노를
풀지 않을 것이다. 마지막 날이 오
면, 너희가 이것을 분명히 깨달을
것이다."
21 "이런 예언자들은 내가 보내지
않았는데도 스스로 달려나갔으
며, 내가 그들에게 말을 하지 않았
는 데도 스스로 예언을 하였다.
22 그들이 나의 회의에 들어왔다면,
내 백성에게 나의 말을 들려주어
서, 내 백성을 악한 생활과 악한
행실에서 돌아서게 할 수 있었을

해 거룩한 사회로 변화되어야 할 유다 왕국이 오히려 도덕적으로 부패한 사회가 된 것이다. 또한 그들의 행위 역시 불경건하고 불의하였다.

23:16–22 거짓 예언자들은 악하고 회개하지 않는 백성에게 하나님의 진노와 심판을 제대로 전하지 않고, 백성의 기대에 영합하여 평화의 메시지만을 전하였다. 그들은 이스라엘 백성들에게 생명의 길을 제시하지 않고 자신까지도 현실에 안주하였다.

23:23–32 거짓 예언자들은 하나님의 말씀 대신에 '꿈'을 전파했다. 그 당시 이방 종교에서도 이것이 사용되었기 때문에, 꿈은 하나님의 계시 수단으로 인정받지 못하였다(신 13:1–2). 그럼에도 불구하고 거짓 예언자들은 신비주의로 치장된 자기 꿈에 중대한 의미를 부여하고, 자기 예언의 신적 권위와 정당함의 근거를 자기 꿈에 두었다. 그래서 하나님께서는 이것을 하나님의 말씀과 반대되는 것으로 취급하셨고, 거짓 예언자들에 대한 하

것이다."
23 "내가 가까운 곳의 하나님이며,
먼 곳의 하나님은 아닌 줄 아느
냐? 나 주의 말이다.
24 사람이 제아무리 은밀한 곳에 숨
는다고 하여도, 그는 내 눈에서 벗
어날 수 없다. 나 주의 말이다. 내
가 하늘과 땅 어디에나 있는 줄을
모르느냐?"
25 ○"나의 이름을 팔아 거짓말로 예
언하는 예언자들이 있다. '내가 꿈에
보았다! 내가 꿈에 계시를 받았다!'
하고 주장하는 말을 내가 들었다.
26 이 예언자들이 언제까지 거짓으로
예언을 하겠으며, 언제까지 자기들의
마음 속에서 꾸며낸 환상으로 거짓
예언을 하겠느냐?
27 그들은, 조상이 바알을 섬기며 내 이
름을 잊었듯이, 서로 꿈 이야기를 주
고받으면서, 내 백성이 내 이름을 잊
어 버리도록 계략을 꾸미고 있다.
28 꿈을 꾼 예언자가 꿈 이야기를 하더
라도, 내 말을 받은 예언자는 충실하
게 내 말만 전하여라. 알곡과 쭉정이
가 서로 무슨 상관이 있느냐? 나 주
의 말이다.
29 내 말은 맹렬하게 타는 불이다. 바위
를 부수는 망치다. 나 주의 말이다.
30 ○그러므로 보아라, 내 말을 도둑질
이나 하는 이런 예언자들을, 내가 대
적하겠다! 나 주의 말이다.
31 하나님의 말씀을 전한다고 제멋대로
혀를 놀리는 예언자들을, 내가 대적
하겠다! 나 주의 말이다.
32 허황된 꿈들을 예언이라고 떠들어대
는 자들은 내가 대적하겠다. 나 주
의 말이다. 그들은 거짓말과 허풍으
로 내 백성을 그릇된 길로 빠지게 하
는 자들이다. 나는 절대로 그들을
보내지도 않았으며, 그들에게 예언
을 하라고 명하지도 않았다. 그러므
로 그들은 이 백성에게 아무런 유익
도 끼칠 수 없는 자들이다. 나 주의
말이다."

부담이 되는 주님의 말씀

33 ○"이 백성 가운데 어느 한 사람이
나 예언자나 제사장이 너에게 와서
㉠'부담이 되는 주님의 말씀'이 있느
냐고 묻거든, 너는 그들에게 대답하
여라. '부담이 되는 주님의 말씀'이라
고 하였느냐? 나 주가 말한다. 너희
가 바로 나에게 부담이 된다. 그래서
내가 이제 너희를 버리겠다 말하였
다고 하여라.
34 ○또 '부담이 되는 주님의 말씀'이라
는 말을 사용하는 예언자나 제사장
이나 백성이 있으면, 내가 그 사람과
그 집안에 벌을 내리겠다고 하여라.
35 친구나 친척끼리 서로 말할 때에는
'부담이 되는 주님의 말씀'이라고 말

나님의 대책을 선언하였다.

23:23 가까운 곳의 하나님, 먼 곳의 하나님 시간적 속성을 의미하는 것인지, 공간적 속성을 의미하는지에 대한 논란이 있다. 전자의 경우는 임박한 미래뿐만 아니라 먼 미래까지도 통찰하시는 분으로 이해할 수 있다. 후자의 경우는 장소적 개념으로 어디에나 계신 하나님의 편재성(遍在性)을 의미한다. 하나님께서는 언제 어디서나 거짓 예언하는 자들의 악한 행위를 지켜보신다.

23:25 내가 꿈에 보았다! 하나님의 진정한 말씀에는 무관심하고 신비한 현상에만 관심을 쏟는 모습을 지적하였다. 신앙이 저급하고 타락할수록 전인격적인 노력보다는 신비한 기적 신앙을 추구하게 된다.

23:33-40 유다 백성들은 예레미야의 위협적인 경고의 메시지를 멸시하고 조롱하였으며, 더 나

㉠ 히브리어 '맛사'는 '말씀'이라는 뜻과 '부담'이란 뜻을 둘 다 지니고 있음

하는 대신에 '주님께서 무엇이라고
대답을 하셨느냐?' '주님께서 무슨
말씀을 하셨느냐?' 하고 물어야 한
다고 일러주어라.
36 '부담이 되는 주님의 말씀'이라는 표
현을 너희가 다시는 써서는 안 된다.
누구든지 그런 말을 쓰는 사람에게
는 그 말이 그에게 정말 부담이 될
것이라고 하여라. '그렇게 말하는 것
은 살아 계신 하나님, 우리의 하나
님, 만군의 주의 말씀을 왜곡하는
것이기 때문'이라고 말하여라.
37 ○이제 예언자에게 물을 때에는 '주
님께서 무엇이라고 대답을 하셨느
냐? 주님께서 무슨 말씀을 하셨느
냐?' 하고 물어라.
38 내가 사람을 보내서 '부담이 되는 주
님의 말씀'이라는 말을 쓰지 말라고
했는데도 내 명령을 어기고 '부담이
되는 주님의 말씀'이라는 말을 써서
말한다면, 너는 그들에게 이르기를,
반드시
39 내가 그들을 뽑아서, 멀리 던져 버리
겠다 하더라고 전하여라. 그들뿐만
아니라 그들과 그들의 조상에게 준
이 도성도 함께 뽑아서, 멀리 던져
버리겠다 하더라고 전하여라.
40 내가 이와 같이 하여, 그들이 잊을
수 없는 영원한 수치와 영원한 치욕
들을 당하게 하겠다 말했다고 전하
여라."

무화과 두 광주리

24 주님께서 나에게 이런 것을 보
여 주셨다. 내가 보니, 주님의
성전 앞에 무화과 광주리 두 개가
놓여 있었다. 이것은 바빌로니아 왕
느부갓네살이 여호야김의 아들 유
다 왕 ㉠여고냐와 유다의 고관들을
비롯하여 기술자들과 대장장이들을
함께 예루살렘에서 포로로 사로잡
아 바빌로니아로 데려간 뒤에 있었
던 일이다.
2 그런데 한 광주리에는 맏물 무화과
처럼 아주 좋은 무화과가 담겨 있었
고, 다른 한 광주리에는 너무 나빠
서 먹을 수도 없는 아주 나쁜 무화
과가 담겨 있었다.
3 ○그 때에 주님께서 나에게 물으셨
다. "예레미야야, 네가 무엇을 보느
냐?" 내가 대답하였다. "무화과입니
다. 좋은 무화과는 아주 좋고, 나쁜
무화과는 아주 나빠서, 먹을 수가
없습니다."
4 ○그러자 주님께서 나에게 이렇게 일
러주셨다.
5 ○"나 주 이스라엘의 하나님이 말한
다. 내가 이 곳에서 ㉡바빌로니아 사
람의 땅으로 내쫓은 유다의 포로들
을 이 좋은 무화과처럼 잘 돌보아 주
겠다.

아가서 하나님의 말씀까지도 경멸하는 풍조가 팽배해 있었다. 이러한 악행에 대해 하나님의 진노가 선포되었다. 거짓 예언자들은 하나님을 두려워하는 마음이 없었기 때문에 하나님의 이름을 빙자하여 거짓 예언을 자행하고 있었다. 그들은 거짓 예언을 '부담이 되는 주님의 말씀'이라고 속이고 거짓 권위를 부여했다. 이러한 거짓 예언에 현혹된 백성들은 더욱 예레미야를 핍박하였다.

㉠ 일명 '여호야긴' ㉡ 또는 '갈대아'

24장 요약 두 차례에 걸친 바빌로니아의 침공으로 많은 유다 사람들이 포로로 잡혀 갔다. 하나님은 예레미야에게 무화과 두 광주리에 관한 환상과 이에 대한 해석을 계시하셨다.

24:7 나를 그들의 주로 알아볼 수 있는 마음 회복될 하나님 왕국에 속한 백성들은 하나님의 형상으로 온전한 모습을 갖추게 될 것을 약속하는 말씀이다.

6 내가 그들을 지켜 보면서 잘 되게 하
고, 다시 이 땅으로 데려오겠다. 내
가 그들을 세우고 헐지 않겠으며, 내
가 그들을 심고 뽑지 않겠다.
7 이제는 내가 그들에게 나를 그들의
주로 알아볼 수 있는 마음을 주겠
다. 그러면 그들이 온전한 마음으로
나에게 돌아와서 나의 백성이 되고,
나는 그들의 하나님이 될 것이다.
8 ○그러나, 유다 왕 시드기야와 그의
대신들을 비롯하여, 예루살렘에 남
은 사람들과 이 땅에 남은 사람들과
이집트 땅으로 간 사람들은, 아주
나빠서 먹을 수가 없는, 나쁜 무화과
처럼 만들어 버리겠다. 나 주가 분명
히 말한다.
9 내가 ㉠그들을 세계 만국으로 흩어
놓아, 혐오의 대상이 되게 하겠다.
그러면 내가 쫓아 보낸 그 모든 곳에
서, 그들이 수치와 조롱을 당하고,
비웃음과 저주를 받게 될 것이다.
10 그리고 내가 그들과 그들의 조상에
게 준 땅에서 그들이 멸절될 때까지,
나는 계속 그들에게 전쟁과 기근과
염병을 보내겠다."

북쪽의 적

25 요시야의 아들 유다 왕 여호야
김 제 사년 곧 바빌로니아 왕 느
부갓네살 원년에, 예레미야는 온 유
다 백성에게 일러줄 말씀을 받았다.
2 예언자 예레미야는 이 말씀을 온 유
다 백성과 예루살렘 주민에게 전하
였다.
3 ○"아몬의 아들 요시야가 유다 왕
이 되어, 십삼 년이 되던 해부터 오
늘에 이르기까지, 이십삼 년 동안,
주님께서 나에게 계속하여 말씀하
셨고, 나는 그것을 여러분에게 열심
히 전하였으나, 여러분은 그 말을 전
혀 듣지 않았습니다.
4 ○주님께서는 여러분에게 주님의 종
예언자들을 보내시되 꾸준히 보내셨
으나, 여러분은 예언자의 말도 듣지
않았습니다. 여러분들은 들으려 하
지도 않았고, 귀를 기울이지도 않았
습니다.
5 주님께서는 예언자들을 시켜 여러분
에게 이렇게 말씀하셨습니다.
○'너희는 각기 자신의 악한 삶과
온갖 악행을 그치고 어서 돌아오너
라. 그러면, 나 주가 너희와 너희 조
상에게 준 땅에서 너희가 길이길이
살 것이다.
6 또 너희는 다른 신들을 쫓아다니며
섬기거나 경배하지도 말고, 손으로
만든 우상을 섬겨서 나의 분노를 격
발시키지도 말아라. 그러면, 나도 너
희에게 재앙을 내리지 않겠다고 하
였다.
7 그런데도 너희는 나 주의 말을 듣지

25장 요약 유다의 회개 촉구를 선포하는 예레미야의 예언 활동은 본장에서 일단락된다. 끝내 회개하지 않은 유다 백성에게는 결국 바빌로니아에 의한 멸망이 선포되었다. 한편 15-29절은 열방에 대한 하나님의 심판에 관한 메시지이다.

25:1 본절의 역사적 배경을 살펴보면 바빌로니아 왕 느부갓네살이 갈그미스에서 이집트 사람들을 쳐부수고 팔레스타인에 대한 지배권을 쥐게 된 B.C. 605년을 가리킨다. 이제 '북쪽에서 오는 적'(1:14;6:22)이 누구인지 확실해졌다.

25:3-7 예레미야는 지난 23년간의 사역 기간을 회고한다. 그 결과는 하나님께서 그를 예언자로 부르실 때 그에게 말씀하셨던 바와 일치한다(참조. 1:17-19;7:27).

25:11 **바빌로니아 왕을 섬길 것이다** 이 예언은 단순히 지상 국가 간의 전쟁으로 말미암은 승리와 패

㉠ 또는 '그들로 세계 만국에 두려움이 되게 하여'

않았고, 오히려 손으로 만든 우상을
섬겨서, 나 주를 격노케 하였으며, 너
희는 재앙을 당하고 말았다' 하셨습
니다.
8 ○그래도 듣지 않으니, 이제 만군의
주님께서 이렇게 말씀하십니다. '너
희가 나의 말을 듣지 않았기 때문
에,
9 내가 나의 종 바빌로니아 왕 느부갓
네살을 시켜서 북녘의 모든 민족을
데려오겠다. 나 주의 말이다. 내가
이렇게 그들을 데려다가, 이 땅과 그
주민을 함께 치게 하며, 그 주위의
모든 민족을 치게 하겠다. 내가 그들
을 완전히 ㉠진멸시켜, 영원히 놀라
움과 빈정거림과 조롱거리가 되게
하고, 이 땅을 영원한 폐허 더미로
만들겠다.
10 내가 그들에게서 흥겨워하는 소리와
기뻐하는 소리, 즐거워하는 신랑 신
부의 목소리, 맷돌질하는 소리, 등불
빛을 모두 사라지게 하겠다.
11 이 땅은 깡그리 끔찍한 폐허가 되고,
이 땅에 살던 민족은 칠십 년 동안
바빌로니아 왕을 섬길 것이다.
12 ○이렇게 칠십 년이란 기한이 다 차
면, 내가 바빌로니아 왕과 그 민족과
바빌로니아 땅의 죄를 벌하며, 그 곳
을 영원한 황무지로 만들어 버리겠
다. 나 주의 말이다.
13 내가 그 땅을 치겠다고 한 나의 모든
약속을 실천할 터이니, 이는 뭇 민족
이 받게 될 벌을 예레미야가 예언한
대로, 이 책에 모두 기록된 대로 성
취하는 것이다.
14 참으로 이번에는 바빌로니아 사람들
이 많은 강대국들과 대왕들을 섬길
것이다. 이와 같이 나는 바빌로니아
사람들이 직접 행하고 저지른 일을
그대로 갚아 주겠다.' 이렇게 주님께
서 말씀하셨습니다."

세계 만민에게 내리는 진노의 잔

15 ○주 이스라엘의 하나님께서 나에게
이렇게 말씀하신다. "너는 내 손에서
이 진노의 포도주 잔을 받아라. 내
가 너를 뭇 민족에게 보낼 터이니, 그
들 모두에게 그 잔을 마시게 하여라.
16 그들은 모두 이 잔을 마신 다음에,
내가 일으킨 전쟁 때문에 비틀거리
며 미칠 것이다."
17 ○그래서 내가 주님의 손에서 그 잔
을 받아 가지고, 주님께서 나를 보내
신 모든 민족에게 마시게 하였다.
18 우선 예루살렘과 유다 성읍의 주민
으로부터 시작하여, 그 땅의 왕들과
고관들에게 마시게 하였다. 그래서,
그 땅이 오늘날과 같이 폐허가 되었
고, 사람들의 놀라움과 빈정거림과
저주의 대상이 된 것이다.
19 그리고 이집트 왕 바로와 그의 신하

배의 결과를 가리키는 것이 아니다. 하나님의 백성이 세상 왕국의 노예가 된 비참한 상황을 가리킨다. 즉, 하나님의 자녀가 죄악 세상에 속하여 *죄의 노예로 고생하며*, 결국은 파멸에 이르게 되는 처지를 암시한 것이다.

25:15-29 모든 나라에 대한 하나님의 심판이 선포되었다. 이 단락은 모든 나라에 대해 예언하고 있는 46-51장의 서론 역할을 하고 있다. 그 당시 바빌로니아는 갈그미스 전쟁(B.C. 605년)에서 이집트를 물리친 후 팔레스타인의 지배권을 확보하였다. 따라서 여기서도 바빌로니아의 침략이 유다에 한정된 사건이 아니라 모든 나라가 정복되는 역사적 사건이며, 바빌로니아가 당대 세계 최강의 제국을 형성하고 있음을 암시하고 있다. 하나님은 바빌로니아 세력을 사용하셔서 세상과 다름이

㉠ '진멸'로 번역되는 히브리어 헤렘은 물건이나 짐승이나 사람을 완전히 진멸하여 하나님께 바치는 제물로 삼는다는 것을 가리킴. 진멸하여 바칠 물건은 사람이 가질 수 없음

와 고관과 그의 모든 백성과,
20 이집트에 사는 여러 족속과, 우스 땅
의 모든 왕과, 블레셋 땅의 모든 왕
과, 아스글론과 가사와 에그론의 주
민과, 아스돗에 남아 있는 주민과,
21 에돔과 모압과 암몬 백성과
22 두로의 모든 왕과, 시돈의 모든 왕
과, 지중해 건너편 해안지방의 왕들
과,
23 드단과 데마와 부스의 주민과, 관자
놀이의 머리카락을 짧게 깎은 모든
족속과,
24 아라비아의 모든 왕과, 사막에 사는
여러 족속의 모든 왕과,
25 시므리의 모든 왕과, 엘람의 모든 왕
과, 메대의 모든 왕과,
26 북녘에 있는 원근 각처의 모든 왕에
게 주어서, 차례로 마시게 하였다.
이렇게 내가 세상에 있는 모든 나라
에 마시게 하였다. 마지막에는 ㉠세
삭 왕이 마시게 될 것이다.
27 ○"너는 이스라엘의 하나님 만군의
주가 하는 말이라고 하면서 이들 민
족들에게 전하여라. '내가 너희 사이
에 전쟁을 일으킬 것이니, 너희는 마
시고, 취하고, 토하고, 쓰러져서 죽어
라.'
28 ○그러나 그들이 네 손에서 그 잔을
받아 마시기를 거절하면, 너는 그들
에게 이렇게 전하여라. '나 만군의
주가 말한다. 너희는 그 잔을 마시지
않을 수가 없을 것이다.
29 보이지 않느냐? 내가 내 이름으로
불리는 저 도성에서부터 재앙을 내
리기 시작하였는데, 너희가 무사하
게 넘어갈 수 있겠느냐? 너희는 절
대로 무사하게 넘어가지 못한다. 이
는 내가 온 세계에 전쟁을 일으켜서,
모든 주민을 칠 것이기 때문이다. 나
만군의 주가 하는 말이다.'
30 그러므로 너는 이 모든 말로 그
들을 규탄하여 예언하여라. 너는
그들에게 이렇게 말하여라.
'주님께서 저 높은 곳에서 고함
치신다. 그의 거룩한 처소 하늘
꼭대기에서 벽력 같은 목소리를
내신다. 그의 목장에다 대고 무섭
게 고함 치신다. 포도를 밟는 자들
처럼 이 땅의 모든 주민을 규탄하
여 큰소리를 내신다.
31 주님께서 만민을 신문하실 것이
니, 그 우렁찬 소리가 땅 끝에까지
퍼질 것이다. 모든 사람을 심판하
실 것이니, 악인들을 칼로 쳐서 죽
게 하실 것이다. 나 주의 말이다.'"

재앙이 닥쳐온다

32 "나 만군의 주가 말한다. 보아
라, 재앙이 이 민족에서 저 민족에
게로 퍼져 나가고, 땅의 사방 끝에
서 큰 폭풍이 일 것이다.

없게 된 유다를 징벌하시고, 유다에 악한 영향을 끼친 모든 나라를 심판하시며, 마지막으로 바빌로니아 자체를 심판하심으로 남은 경건한 사람들을 구원하시고자 하셨다. 곧 희미하게 꺼져 가는 하나님 왕국을 회복시키시되 죄악된 세상 세력을 파하신 후에 건설하시려 한 것이다.

25:26 세삭 왕이 마시게 될 것이다 세삭은 바빌론을 지칭하는 암호문적인 이름이라고 한다. 히브리 알파벳 순서상 끝에서 두 번째 글자로 이루어진 말이다. 정확한 의미는 파악할 수 없으나 궁극적인 심판을 목전에 두고 있는 상황을 적절하게 의미하고 있는 것으로 이해할 수 있다(51:41).

25:31 만민을 신문하실 것 이 구절은 하나님께서 모든 나라를 심판대 앞에 나오게 함을 가리킨다. 대심판장이신 하나님께서 모든 나라를 재판정에 세워 놓고 상응한 심판 내용을 선고하시고자 한 것이다.

㉠ 바빌론을 가리키는 암호. 칠십인역은 '바빌론'으로 번역함

33 ○그 날에는 땅 이 끝에서 저 끝
에 이르기까지 나 주에게 죽임을 당
한 시체들이 널려 있을 것이며, 그들
이 죽었다고 하여 울어 줄 사람도 없
고, 그들을 모아다가 묻어 줄 사람도
없어서, 마치 땅 위에 뒹구는 거름덩
이처럼 될 것이다."
34 "목자들아, 너희는 울부짖으며
통곡하여라. 양 떼의 인도자들아,
너희는 재 위에서 뒹굴어라. 너희
가 살육을 당할 날이 다가왔다.
귀한 그릇이 떨어져 깨지듯이 너
희가 부서질 것이다.
35 목자들은 도피처도 없으며, 양 떼
의 인도자들은 도망할 곳도 없을
것이다."
36 목자들이 울부짖는 소리와 양
떼의 인도자들이 통곡하는 소리
를 들어 보아라. 주님께서 그들의
목장을 파괴하셨기 때문이다.
37 주님께서 맹렬히 진노하시니, 평
화롭던 초장들이 황무지가 되었
다.
38 사자가 굴을 버리고 떠나가듯이,
주님께서 떠나가셨다. 압박하는
자의 ㉠칼과 주님의 분노 때문에
그 땅이 폐허가 되었다.

예레미야의 성전 설교

26 요시야의 아들 여호야김이 유
다 왕이 되어 다스리기 시작할
무렵에, 주님께서 예레미야에게 이렇
게 말씀하셨다.
2 ○"나 주가 말한다. 너는 주의 뜰에
서서, 내가 너에게 전하라고 명한 모
든 말을, 유다의 모든 성읍에서 주의
성전에 경배하러 오는 사람에게, 한
마디도 빼놓지 말고 일러주어라.
3 혹시 그들이 그 말을 듣고서, 각자
자신의 악한 길에서 돌아설 수도 있
지 않겠느냐? 그러면 내가, 그들의
악한 행실 때문에 그들에게 내리기
로 작정한 재앙을, 거둘 것이다.
4 ○너는 나 주가 한 말을 그들에게 이
렇게 일러주어라. '너희가, 내가 너희
에게 준 법에 따라서 순종하여 살지
않으면,
5 내가 거듭하여 보내고 너희에게 서
둘러서 보낸 내 종 예언자들의 말을
너희가 듣지 않으면,
6 내가 이 성전을 실로처럼 만들어 버
리고, 이 도성을 세상 만민의 저줏거
리가 되게 하겠다.'"
7 ○제사장들과 예언자들과 온 백
성은 예레미야가 주님의 성전에서
선포한 이 말씀을 다 들었다.
8 이와 같이 예레미야가 주님의 명대
로, 모든 백성에게 주님의 모든 말씀
을 선포하니, 제사장들과 예언자들과
모든 백성이 그를 붙잡고 소리를 질
렀다. "너는 반드시 죽고 말 것이다.

26장 요약 본장의 전반부는 회개할 줄 모르는 백성들과 하나님 편에 섰던 자들의 모습이 대조를 이룬다. 전자는 바빌로니아에 항복을 권하는 예레미야를 죽이려 했고, 후자는 그를 변호하였다. 한편 후반부는 우리아 예언자가 여호야김에 의해 처형당한 사실에 관한 기록이다.

㉠ 몇몇 히브리어 사본과 칠십인역(렘 46:16; 50:16에서도)을 따름. 대다수의 히브리어 사본에는 '분노'

26:1-19 만약 유다가 회개하지 않는다면 예루살렘이 멸망당할 것이라는 예레미야의 경고이다. 이 경고가 선포되던 때는 바빌로니아의 침공으로 유다가 극한 위기에 처해 있던 때였다. 이와 같이 위급한 상황에 직면해 있음에도 불구하고, 회개하기는커녕 오히려 진정한 생명의 메시지를 전하던 예레미야를 핍박하고 생명에 대한 협박까지도 서슴지 않았다. 그 당시 유다 백성들은 성전이 있기 때문에 예루살렘 성만은 결코 파괴되지 않으리라

9 어찌하여 네가 주님의 이름을 빌려,
이 성전이 실로처럼 되고, 이 도성이
멸망하여 여기에 아무도 살 수 없게
된다고 예언하느냐?" 그러면서 온
백성이, 주님의 성전 안에 있는 예레
미야를 치려고, 그 주위로 몰려들었
다.
10 ○유다의 고관들은 이 소문을 듣
고, 왕궁에서 주님의 성전으로 올라
가, 주님의 성전 '새 대문' 어귀에 앉
았다.
11 제사장들과 예언자들이 그 고관들
과 온 백성에게 말하였다. "이 사람
은 사형 선고를 받아야 마땅합니다.
여러분이 직접 귀로 들으신 바와 같
이, 그는 이 도성이 멸망한다고 예언
을 하였습니다."
12 ○그러나 예레미야는 모든 고관과
온 백성에게 이렇게 대답하였다. "여
러분이 들으신 모든 말씀대로, 이 성
전과 이 도성에 재앙을 예언하라고,
주님께서 나를 보내셨습니다.
13 그러므로 이제 여러분은 자신의 행
동과 행실을 바르게 고치고, 여러분
의 하나님이신 주님의 말씀에 순종
하십시오. 그러면 주님께서도 여러
분에게 내리시겠다고 말씀하신 재앙
을 거두실 수도 있을 것입니다.
14 ○나는 여러분의 손에 잡혀 있으니,
여러분이 보시기에 좋으신 대로, 옳
다고 생각되는 대로, 나를 처리하십
시오.
15 그러나 이것만은 분명히 알아 두십
시오. 여러분이 나를 죽인다면, 자신
과, 이 도성과, 이 도성의 주민은 무
죄한 사람의 피를 흘린 죄값을 받을
것이니, 이는 이 모든 말씀을 여러분
의 귀에 전하도록 나를 보내신 이가
바로 주님이시기 때문입니다."
16 ○그러자 고관들과 온 백성이 제사
장들과 예언자들에게 말하였다. "이
사람에게는 사형 선고를 받아야 할
만한 죄가 없습니다. 그는 주 우리
하나님의 이름으로 우리에게 말씀
을 전하였기 때문입니다."
17 ○이 때에 지방의 장로들 가운데서
몇 사람이 일어나서, 거기에 모인 백
성의 온 회중에게 이렇게 말하였다.
18 "유다 왕 히스기야 시대에 모레셋 사
람 미가가 유다 온 백성에게 이와 같
이 예언하였습니다.

㉠'나 만군의 주가 말한다. 시온
이 밭 갈듯 뒤엎어질 것이며, 예루
살렘이 폐허 더미가 되고, 성전이
서 있는 이 산은 수풀만이 무성한
언덕이 되고 말 것이다.'

19 그 때에 유다 왕 히스기야와 온
유다 백성이 그를 죽였습니까? 그들
이 오히려 주님을 두려워하고, 주님
의 은혜를 간구하니, 주님께서도 그

는 맹목적이고 무지한 신앙에 빠져 있었다. 그래서 예레미야는 그들에게 성막이 있던 실로 성이 파괴된 것을 예로 들면서, 그들의 무지를 일깨우려 했다. 그러나 오히려 유다 백성들은 예레미야를 바빌로니아와 내통하여 민심을 교란하는 매국노로 간주하여 죽이려 했다. 그때 장로 중 몇 사람이 예레미야를 변호하고 나섰다. 이는 아직도 유다 안에 소수의 경건한 사람들이 남아 있음을 보여 준다. 경건한 장로들은 불리한 상황에도 용감하게 예레미야의 견해를 지지하였다.

26:20-24 예레미야와 동시대에 활동하던 우리야 예언자가 바빌로니아에 복종하라는 예언을 한 후 여호야김에 의해 처형당한 기록이다. 하나님의 왕국 건설을 위해 소명을 받은 예언자들은 현실적으로 생명의 위협까지도 감수해야만 했다. 그러나 하나님께서는 자기의 예언자들을 주신 사명을 완수할 때까지 보호하신다(24절).

㉠ 미 3:12

들에게 내리겠다고 말씀하신 재앙을
거두시지 않았습니까? 그런데 지금
우리는 그 큰 재앙을 우리 자신들에
게 불러들이려 하고 있습니다."
20 ○(그 당시에 주님의 이름으로 예
언한 사람이 또 한 명 있었는데, 그
가 바로 기럇여아림 사람 스마야의
아들 우리야였다. 그도 예레미야와
같은 말씀으로, 이 도성과 이 나라
에 재앙이 내릴 것을 예언하였다.
21 그런데 여호야김 왕이, 자기의 모든
용사와 모든 고관과 함께 그의 말을
들은 뒤에, 그를 직접 죽이려고 찾았
다. 우리야가 이 소식을 듣고 두려워
하여 이집트로 도망하였다.
22 그러자 여호야김 왕이 악볼의 아들
엘라단에게 몇 사람의 수행원을 딸
려서 이집트로 보냈다.
23 그들이 이집트에서 우리야를 붙잡아
여호야김 왕에게 데려오자, 왕은 그
를 칼로 죽이고, 그 시체를 평민의
공동 묘지에 던졌다.)
24 ○그러나 예레미야는 사반의 아들
아히감이 보호하여 주었으므로, 그
를 죽이려는 백성의 손에서 벗어날
수 있었다.

거짓 예언자들과 싸우는 예레미야

27 요시야의 아들 ㉠시드기야가
유다 왕이 되어 다스리기 시작
할 무렵에, 주님께서 예레미야에게
말씀하셨다.
2 ○주님께서 나에게 이렇게 말씀하
셨다. "너는 나무 멍에들을 만들어
밧줄을 달고, 그 멍에들을 네 목으
로 메어다가,
3 지금 유다 왕 시드기야를 만나려고
예루살렘에 와 있는 사절들에게 나
누어 주어, 그것들을 에돔 왕과 모압
왕과 암몬 사람의 왕과 두로 왕과
시돈 왕에게로 보내어라.
4 너는 또 그들에게 이렇게 명령하여,
각자 상전에게 전하게 하여라.
○'나 만군의 주, 이스라엘의 하나
님이 말한다. 너희는 각자 상전에게
전하여라.
5 ○내가 큰 권능과 편 팔로 이 땅을
만들고, 이 땅 위에 있는 사람과 짐
승도 만들었다. 그러므로 나의 눈에
드는 사람에게 이 땅을 맡기겠다.
6 지금 나는 이 모든 나라를 나의 종
바빌로니아 왕 느부갓네살의 손에
맡겼으며, 들짐승도 그에게 맡겨서,
그가 부리게 하였다.
7 그러므로 모든 민족이 느부갓네살
과 그의 아들과 그의 손자를 섬길
것이다. 물론 바빌로니아도 망하고
느부갓네살도 망할 때가 올 것이다.
그 때가 되면, 그의 나라도 강한 족
속들과 위대한 왕들을 섬길 것이다.
8 ○그러나 바빌로니아 왕 느부갓네살

27장 요약 바빌로니아의 지배를 상징하는 밧줄과 멍에를 통한 메시지이다. 당시 유다는 하나님의 뜻에 따라 바빌로니아의 멍에를 순순히 받아들여야 했지만, 반대로 그것에 대항하기 위해 주변국들과 군사 동맹을 추진했다.

27:1-7 바빌로니아의 멍에, 곧 바빌로니아의 지배를 받게 될 나라들에 관하여 언급하고 있다. 이들 국가는 전세계라는 영역에 비하면 동양의 구석진 부분에 불과하지만, 하나님께서 이스라엘을 초점으로 역사를 진행시키기 때문에 그 주변 세력은 세상 세력의 대표적인 존재들을 의미한다.
27:8-11 그 당시 거짓 예언자들은 치명적인 죄악을 지적하기보다는 현실에 부응하기 위해 피상적인 하나님의 말씀만 선포하였다. 예레미야는 이러

㉠ 소수의 히브리어 사본과 시리아어역을 따름.(렘 27:3; 28:1에서도) 대다수의 히브리어 사본에는 '여호야김'으로 되어 있음. 대다수의 칠십인역 사본에는 1절이 없음

을 섬기지 않으며, 바빌로니아 왕의
멍에를 목에 메지 않는 민족이나 나
라가 있으면, 나는 그 민족을 전쟁과
기근과 염병으로 처벌해서라도, 그
들을 바빌로니아 왕의 손에 멸망당
하게 하겠다. 나 주의 말이다.
9 그러므로 너희에게 있는 예언자들이
나 점쟁이들이나 해몽가들이나 박
수들이나 마술사들이 너희에게 바
빌로니아 왕을 섬기지 않게 될 것이
라고 말해도, 너희는 듣지 말아라.
10 그들의 예언은 거짓이다. 너희가 그
들의 말을 듣게 되면, 너희는 고향
땅에서 멀리 쫓겨나게 될 것이다. 내
가 너희를 내쫓아 멸망하게 할 것이
다.
11 그러나 바빌로니아 왕의 멍에를 목
에 메고, 그를 섬기는 민족에게는 내
가 고향 땅에 남아 농사를 지으며,
그대로 살 수 있게 하겠다. 나 주의
말이다.'"
12 ○나는 유다 왕 시드기야에게도
이와 똑같은 말을 전하였다. "여러분
들은 바빌로니아 왕의 멍에를 메고,
그와 그의 백성을 섬겨서 살아 남도
록 하십시오.
13 주님께서, 바빌로니아 왕을 섬기지
않는 백성은 전쟁과 기근과 염병으
로 죽이겠다고 말씀하셨는데, 어찌
하여 임금님과 임금님의 백성은 그
와 같이 죽으려고 하십니까?
14 그러므로 여러분에게, 바빌로니아
왕을 섬기지 않게 될 것이라고 예언
하는 자들의 말을 듣지 마십시오.
그들이 여러분에게 하는 예언은 거
짓입니다.
15 주님께서는 이렇게 말씀하셨습니다.
'나는 그들을 보내지 않았는데, 그들
은 거짓으로 내 이름을 팔아 예언한
다. 너희가 그 말을 들으면, 내가 너
희를 쫓아낼 것이며, 너희는 그러한
예언자들과 함께 멸망하고 말 것이
다' 하셨습니다."
16 ○그리고 나는 제사장들과 이 모든
백성에게 이렇게 말하였다. "나 주가
말한다. 너희는, 주의 성전의 기구들
이 이제 곧 바빌로니아에서 되돌아
올 것이라고 하는 너희 예언자들의
말을 듣지 말아라. 그들이 너희에게
하는 예언은 거짓이다.
17 너희는 그들의 말을 듣지 말고, 바빌
로니아 왕을 섬겨서 살아 남도록 하
여라. 어찌하여 이 도성이 폐허가 되
어야 하겠느냐?
18 그러므로 그들이 예언자들이라고 한
다면, 정말로 그들이 주의 말씀을 받
은 사람들이라면, 차라리 그들은 주
의 성전과 유다 왕궁과 예루살렘에
아직 남아 있는 기구들을 더 이상
바빌로니아에 빼앗기지 않게 해 달

한 거짓 예언에 속지 말라고 경고하였다.

27:12-22 예레미야는 바빌로니아에 복종하는 것이 하나님의 뜻임을 선포했으며, 따라서 바빌로니아에 복종할 것을 당대의 지도자들에게 권고하고 설득하였다. 유다 지도자들은 거짓 예언자들의 말을 듣고서, 멸망이 임박했음에도 불구하고 세상이 추구하는 방향으로 유다를 회복시키려고 애쓰고 있었다. 그러나 정치·군사·외교적인 어떤 책략도 하나님의 결정을 돌이킬 수 없다고 예레미야는 강조하였다. 그는 또한 지금은 연단과 고난을 당해야 할 때임을 가르치고 하나님의 새로운 구원의 때를 기다리라고 설득하였다.

27:18 만군의 주에게 호소해야 '호소하다'로 번역된 히브리어는 '만나다'라는 의미를 가지고 있다. 즉 하나님께 나아와 직접 만나서 하나님의 도움을 구하라는 교훈이다. 본절은 예루살렘의 성전과 왕궁의 모든 물건이 완전히 바빌로니아에게 약탈당하지 않도록 기도할 것을 제안하고 있다.

라고, 만군의 주에게 호소해야 옳을
것이다.
19 ○(나 만군의 주가 기둥과 놋바다와
받침대와 아직 이 도성에 남아 있는
기구,
20 곧 바빌로니아 왕 느부갓네살이 유
다 왕 여호야김의 아들 ㉠여고냐와,
유다와 예루살렘의 모든 귀족을 예
루살렘에서 바빌로니아로 붙잡아
갈 때에 남겨 두었던 것들에 관하여
말하겠다.)
21 ○참으로 주의 성전과 유다 왕궁과
예루살렘에 남아 있는 그 기구를 두
고, 나 만군의 주, 이스라엘의 하나
님이 말한다.
22 그것들도 바빌로니아로 실려 가서,
내가 찾아올 때까지 그냥 그 곳에
남아 있을 것이다. 나 주의 말이다.
그리고 그 후에 내가 그것들을 이 곳
으로 다시 옮겨 올 것이다."

예레미야와 하나냐

28 같은 해, 곧 시드기야가 유다
왕이 되어 다스리기 시작한 지
사 년째가 되던 해 다섯째 달에 일어
난 일이다. 기브온 사람 앗술의 아
들 하나냐라는 예언자가 있었는데,
그가 주님의 성전에서 제사장들과
온 백성이 보는 앞에서 나에게 이렇
게 말하였다.
2 "나 만군의 주, 이스라엘의 하나님이
말한다. 내가 바빌로니아 왕의 멍에
를 꺾어 버렸다.
3 바빌로니아 왕 느부갓네살이 이 곳
에서 탈취하여 바빌로니아로 가져
간 주의 성전의 모든 기구를, 내가
친히 이 년 안에 이 곳으로 다시 가
져 오겠다.
4 또 유다 왕 여호야김의 아들 ㉠여고
냐와 바빌로니아로 잡혀 간 유다의
모든 포로도 내가 이 곳으로 다시
데려오겠다. 나 주의 말이다. 내가
반드시 바빌로니아 왕의 멍에를 꺾
어 버리겠다."
5 ○그러자 예언자 예레미야가 주님의
성전에 서 있는 제사장들과 온 백성
이 보는 앞에서, 예언자 하나냐에게
대답하였다.
6 그 때에 예언자 예레미야는 이렇게
말하였다. "아멘. 주님께서 그렇게만
하여 주신다면, 오죽이나 좋겠소?
당신이 예언한 말을 주님께서 성취
해 주셔서, 주님의 성전 기구와 모든
포로가 바빌로니아에서 이 곳으로
되돌아 올 수 있기를, 나도 바라오.
7 그러나 당신은 이제 내가 당신의 귀
와 온 백성의 귀에 이르는 이 말을
들으시오.
8 옛날부터 우리의 선배 예언자들은
많은 나라와 큰 왕국에 전쟁과 기근
과 염병이 닥칠 것을 예언하였소.

28장 요약 당시 거짓 예언자의 대표격이었던 하나냐는 바빌로니아의 멸망과 예루살렘의 평화를 예언하였다. 이로 인해 예레미야는 더욱 큰 고난에 봉착하게 되었다. 하지만 하나님은 하나냐의 죽음을 통해 예레미야를 위로하셨다.

28:1–17 거짓 예언자 하나냐에 대한 기록이다. 하나냐는 감히 성전에서 하나님의 이름을 빙자하여 거짓 예언을 하였다. 더구나 하나냐는 예레미야가 거짓 예언자이고 자기가 참 예언자라고 주장하였다. 그의 메시지는 바빌로니아의 멸망과 예루살렘의 평화를 예고하는 소망의 메시지였다. 하나냐의 메시지는 설득력이 있었을 것이며, 예레미야는 더욱 궁지에 몰렸을 것이다. 그러나 살아 계신 하나님은 거짓 예언자를 처형하심으로써 예레미야를 위로하셨다. 거짓 예언은 위기의 시대에 더욱 무성하게 나타난다. 하나님께서 약속하신 평화는

㉠ 일명 '여호야긴'

9 평화를 예언하는 예언자는, 그가 예
언한 말이 성취된 뒤에야, 비로소 사
람들이 그를 주님께서 보내신 참 예
언자로 인정하게 될 것이오."
10 ○예언자 하나냐가 예언자 예레미야
의 목에서 나무 멍에를 빼앗아 꺾어
버렸다.
11 그리고 하나냐는 온 백성이 보는 앞
에서 이렇게 말하였다. "나 주가 말
한다. 내가 이 년 안에 바빌로니아
왕 느부갓네살의 멍에를 모든 민족
의 목에서 벗겨서 이와 같이 꺾어 버
리겠다." 예언자 예레미야는 그 자리
를 떠났다.
12 ○예언자 하나냐가 예언자 예레미야
의 목에서 나무 멍에를 빼앗아 꺾어
버린 뒤에, 주님께서 예레미야에게
이렇게 말씀하셨다.
13 "너는 가서 하나냐에게 이렇게 전하
여라. '나 주가 말한다. 너는 나무로
만든 멍에를 꺾어 버렸으나, 오히려
그 대신에 쇠로 멍에를 만들고 말았
다.
14 진실로 나 만군의 주 이스라엘의 하
나님이 말한다. 내가 이 모든 민족의
목에 쇠로 만든 멍에를 메워 놓고,
바빌로니아 왕 느부갓네살을 섬기게
하였으니, 그들이 그를 섬길 수밖에
없다. 나는 심지어 들짐승도 그에게
넘겨 주었다.'"
15 ○예언자 예레미야는 예언자 하나냐
에게 말하였다. "하나냐는 똑똑히
들으시오. 주님께서는 당신을 예언
자로 보내지 않으셨는데도, 당신은
이 백성에게 거짓을 믿도록 하였소.
16 그러므로 주님께서 이렇게 말씀하셨
소. '내가 너를 이 지면에서 영영 없
애 버릴 것이니, 금년에 네가 죽을
것이다. 네가 나 주를 거역하는 말을
하였기 때문이다.'"
17 예언자 하나냐가 바로 그 해 일곱째
달에 죽었다.

포로에게 보낸 예레미야의 편지

29 이것은 예언자 예레미야가 예
루살렘에서 보낸 편지로서, 포
로로 잡혀 간 장로들 가운데서 살아
남은 사람들을 비롯하여, 느부갓네
살이 예루살렘에서 바빌로니아로
잡아간 제사장들과 예언자들과 온
백성에게 보낸 것이다.
2 이 때는 ㉠여고냐 왕과 그의 어머니
와 내시들과 유다와 예루살렘의 고
관들과 기술자들과 대장장이들이
예루살렘에서 떠난 뒤이다.
3 이 편지는, 유다 왕 시드기야가 바빌
로니아 왕 느부갓네살에게 보낸 사
반의 아들 엘리사와 힐기야의 아들
그마랴를 시켜 바빌로니아로 전달하
였다. 다음은 편지의 내용이다.
4 ○"나 만군의 주, 이스라엘의 하나님

위기와 고난을 통하여 참된 회개가 이루어졌을 때 비로소 누리게 되는 것이다. 또한 위기 속에서 하나님을 의지하고 신뢰할 때, 하나님의 평화를 누릴 수 있게 된다.

28:16 내가 너를 이 지면에서 영영 없애 버릴 것이니 하나냐가 하나님께 사형을 선고받은 것은 '거짓 예언을 하는 자는 죽임을 당하리라'고 규정한 신명기 18:20의 사상과 일치한다.

㉠ 일명 '여호야긴'

29장 요약 바빌로니아에서 활동하였던 예언자들은 대부분 바빌로니아의 조속한 멸망을 예언하였다. 이에 예레미야는 거짓 예언자들에게 임할 하나님의 진노를 경고하며 편지를 보냈다. 그러자 스마야는 예레미야를 공격하는 편지를 예루살렘의 제사장들에게 보내었다.

29:1-14 예레미야가 바빌로니아로 잡혀 간 사람들에게 보낸 편지이다. 그 당시 거짓 예언자들은

이 말한다. 내가 예루살렘에서 바빌
로니아로 잡혀 가게 한 모든 포로에
게 말한다.
5 너희는 그 곳에 집을 짓고 정착하여
라. 과수원도 만들고 그 열매도 따
먹어라.
6 너희는 장가를 들어서 아들딸을 낳
고, 너희 아들들도 장가를 보내고
너희 딸들도 시집을 보내어, 그들도
아들딸을 낳도록 하여라. 너희가 그
곳에서 번성하여, 줄어들지 않게 하
여라.
7 또 너희는, 내가 사로잡혀 가게 한
그 성읍이 평안을 누리도록 노력하
고, 그 성읍이 번영하도록 나 주에게
기도하여라. 그 성읍이 평안해야, 너
희도 평안할 것이기 때문이다.
8 나 만군의 주, 이스라엘의 하나님이
분명히 말한다. 너희는 지금 너희 가
운데 있는 예언자들에게 속지 말고,
점쟁이들에게도 속지 말고, 꿈쟁이
들의 꿈 이야기도 곧이듣지 말아라.
9 그들은 단지 나의 이름을 팔아서 너
희에게 거짓 예언을 하고 있을 뿐이
다. 그들은 내가 보낸 자들이 아니
다. 나 주의 말이다.
10 ○나 주가 분명히 말한다. 너희가 바
빌로니아에서 칠십 년을 다 채우고
나면, 내가 너희를 돌아보아, 너희를
이 곳으로 다시 데리고 오기로 한 나
의 은혜로운 약속을 너희에게 그대
로 이루어 주겠다.
11 너희를 두고 계획하고 있는 일들은
오직 나만이 알고 있다. 내가 너희를
두고 계획하고 있는 일들은 재앙이
아니라 번영이다. 너희에게 미래에
대한 희망을 주려는 것이다. 나 주의
말이다.
12 너희가 나를 부르고, 나에게 와서
기도하면, 내가 너희의 호소를 들어
주겠다.
13 너희가 나를 찾으면, 나를 만날 것이
다. 너희가 온전한 마음으로 나를
찾기만 하면,
14 내가 너희를 만나 주겠다. 나 주의
말이다. 내가 너희를 포로생활에서
돌아오게 하겠다. 내가 너희를 쫓아
보냈던 세상의 모든 나라, 모든 지역
에서 너희를 모아 오겠다. 내가 너희
를 포로로 보냈으나, 나는 ㉠너희를
그 곳에서 너희의 고향으로 다시 데
려오겠다. 나 주의 말이다.
15 ○너희는 '주님께서는 바빌로니아에
서도 우리에게 예언자들을 보내 주
시지 않았느냐?' 하고 말한다.
16 ○그렇기 때문에 나 주가 지금 다윗
의 보좌에 앉아 있는 왕에게, 그리
고 지금 이 도성에 살고 있는 모든
백성, 곧 너희와 함께 포로로 잡혀
가지 않은 너희의 친척에게 말한다.

하나냐처럼 바빌로니아의 조속한 몰락과 성급한 고국으로의 귀환을 맹신하며 예언하고 있었다. 이러한 거짓 예언과 풍조에 들떠 있는 포로로 잡혀 간 유다 백성들을 향하여, 예레미야는 거짓 예언에 속지 말고 바빌로니아에서 정착하여 정상적인 삶을 유지하라고 권면했다. 유다 백성들은 자기들의 죄악으로 인하여 하나님께서 정하신 70년이 지나야 귀환하게 될 것이므로, 바빌로니아에서 생활 대책을 세우고 기다리라는 내용이다.

29:10 칠십 년 역사상 실현된 바빌로니아에서의 포로 생활 기간을 가리키나, 여기서는 유다 백성들의 인내의 한계를 제시하는 기간을 의미한다.

29:13 너희가 온전한 마음으로 나를 찾기만 하면 포로 된 유다 공동체가 하나님과의 관계를 회복할 수 있는 길이 '온전한 마음'으로 하나님을 구하는 그 때에야 가능해진다는 약속이다(참조. 신 4:29–30).

㉠ 또는 '너희의 운명을 회복시켜 주겠다'

17 나 만군의 주가 말한다. 내가 그들에
게 전쟁과 기근과 염병을 보내어, 그
들을 아무도 먹을 수 없는 썩은 무
화과처럼 만들겠다.
18 내가 칼과 기근과 염병으로 그들을
뒤쫓아가서 칠 것이니, 세상의 모든
나라들이 이것을 보고 놀라게 하고,
그들은 나에게 쫓겨가서 사는 모든
민족들 사이에서, 저주와 놀라움과
조롱과 조소거리가 되게 하겠다.
19 나 주의 말이다. 이것은, 내가 그들
에게 나의 종 예언자들을 서둘러서
보내어 나의 말을 전하였으나, 그들
이 나의 말을 듣지 않아서 내리는 벌
이다. 그들이 듣지 않았기 때문이다.
나 주의 말이다.
20 ○그러므로 내가 예루살렘에서 바빌
로니아로 쫓아 보낸 너희 포로들아,
이제 너희는 모두 나 주의 말을 들어
라.
21 나 만군의 주, 이스라엘의 하나님이
말한다. 지금 나의 이름을 팔아 너희
에게 거짓 예언을 하고 있는 골라야
의 아들 아합과, 마아세야의 아들
시드기야를 두고 말한다. 내가 그들
을 바빌로니아 왕 느부갓네살의 손
에 넘겨 주어, 너희가 보는 앞에서
그 왕이 그들을 죽이도록 하겠다.
22 그리고 그들 때문에, 바빌로니아에
사는 모든 유다의 포로 사이에서는
'너도 주님께 형벌을 받아, 시드기야
와 아합처럼 바빌로니아 왕에게 화
형이나 당해라' 하는 저주가 생길 것
이다.
23 이것은, 그들이 이스라엘 사람으로
서 절대로 해서는 안 될 망측한 일
을 하였기 때문이다. 그들은 자기 이
웃의 아내들과 간음하였고, 나의 이
름을 팔아, 내가 시키지도 않은 거짓
말을 하였다. 이것을 내가 안다. 내
가 바로 그 증인이다. 나 주의 말이
다."

스마야의 편지

24 ○만군의 주 이스라엘의 하나님께서
느헬람 사람 스마야에게 전하라고
25 하시면서 나에게 말씀하셨다. 스마
야는 이미 자기의 이름으로 예루살
렘에 있는 모든 백성과 마아세야의
아들 스바냐 제사장과 모든 제사장
에게 편지를 보냈었다. 스바냐에게
보낸 편지의 내용은 다음과 같다.
26 "스바냐 제사장님, 주님께서 여호야
다 제사장을 대신하여 제사장님을
주님의 성전 감독관으로 세우셨을
때에는, 제사장님께서 예언자 행세
를 하는 미친 자들을 다 붙잡아 차
꼬를 채우거나, 목에 칼을 씌우는 일
을 맡기시려고 그렇게 하셨습니다.
27 그런데 지금 제사장님께서는 어찌하
여, 아나돗 사람 예레미야가 여러 사

29:15-20 바빌로니아에 사로잡혀 간 예언자들의 거짓 예언, 곧 조속한 바빌로니아의 멸망과 유다의 해방에 대한 예언 때문에, 본토에 남아 있던 유다 백성들은 구원에 대한 왜곡된 확신을 갖고 있었다. 그래서 예레미야는 나쁜 무화과에 대한 환상(24:8-10)의 의미를 다시 한번 상기시킨다.

29:21-23 골라야의 아들 아합과 마아세야의 아들 시드기야는 예레미야 당대에 하나님의 이름을 빙자해서 거짓 예언을 했던 대표적인 인물이었다. 그들의 거짓됨은 그들의 행실로 증명된다.

29:24-32 예레미야의 편지(5-23절)를 받아 본 바빌로니아의 유다 포로들은 공개적으로 예레미야를 반박하는 글을 고국의 제사장들에게 보냈다. 그중 대표적인 인물이 스마야였다. 그는 하나님의 이름을 빙자하여 예레미야를 위협하며 비난하였다. 이는 고난의 참된 의미를 간과한 체 해방을 염원하는 민족적 의지를 하나님의 뜻으로 대치시켜 버린 오류에서 나온 것이다.

람 앞에서 예언자처럼 행세하는 것
을 책망하지 않았습니까?
28 그는 바빌로니아에 있는 우리에게
아직 때가 멀었다고 하면서, 이 곳에
서 정착할 집도 짓고, 과일을 따 먹
을 수 있도록 과수원도 만들라는 전
갈까지 보내 왔습니다."
29 ○스바냐 제사장은 이 편지를 나
예언자 예레미야에게 읽어 주었다.
30 그 때에 주님께서는 스마야에 관한
31 다음과 같은 예언을 바빌론에 있는
32 모든 포로에게 보내라고 나에게 말
씀하셨다. "나 주가 느헬람 사람 스
마야와 그의 자손에게 벌을 내리겠
다. 나는 그를 예언자로 보내지 않았
는데, 그는 마치 자기가 예언자라도
되기나 한 것처럼 예언하였고, 너희
에게 그 거짓 예언을 믿게 하였다.
그러므로 나 주가 말한다. 스마야가
그들에게 나 주를 거역하게 하는 말
을 하였으니, 그는 자손을 보지 못할
것이다. 이 백성과 함께 어울려 살
자손이 없을 것이다. 또 내가 지금
내 백성에게 베풀 복을 마련하고 있
지만 그의 자손 가운데는 그 복을
누릴 사람이 없을 것이다. 나 주의
말이다."

이스라엘의 회복에 대한 약속

30

주님께서 예레미야에게 말씀
하셨다.
2 "주 이스라엘의 하나님이 말한다. 너
는 내가 너에게 한 말을 모두 책에
기록하여라.
3 나 주의 말이다. 보아라, 반드시 그
때가 올 터이니, 그 때가 되면, 내가
㉠포로로 잡혀 간 나의 백성을 다시
이스라엘과 유다로 데려오겠다. 나
주가 말한다. 내가 그들의 조상에게
준 땅으로 그들을 돌아오게 하여, 그
들이 그 땅을 차지하게 하겠다."
4 ○이 말씀은 주님께서 이스라엘
과 유다를 두고 일러주신 말씀이다.
5 "나 주가 말한다. 무서워서 울
부짖는 소리가 들려 온다. 평화는
없고, 폭력뿐이다.
6 너희는 남자도 해산을 하는지 물
어 보아라. 어찌하여 남자들이 모
조리 해산하는 여인처럼 배를 손
으로 움켜 잡고 있으며, 모두 얼굴
빛이 창백하게 변하였느냐?
7 슬프다, 그 날이여! 무엇과도 비교
할 수 없는 무서운 날이다. 야곱
이 당하는 환난의 때이다. 그러나
야곱은 구원을 받을 것이다.
8 나 만군의 주가 하는 말이다.
그 날이 오면, 내가 그의 목에서
멍에를 꺾고, 그의 사슬을 끊어
서, 이방 사람들이 그를 더 이상
종으로 부리지 못하게 하겠다.
9 그러면 그들이 나 주를 자기들의

30장 요약 이스라엘의 회복에 관한 소망의 메시지가 선포되어 있다. 하지만 그러한 회복은 하나님의 정해진 때가 차야 비로소 실현될 것이었다. 또한 이것은 일차적으로 포로 귀환에 관한 것이며, 궁극적으로는 메시아 왕국을 바라보게 한다.

30:1-33:26 이 부분은 '위로의 책'이라고도 불린다. 북 이스라엘과 남 유다의 궁극적인 회복을 언급함으로써 하나님 백성의 장래 소망이 제시되어 있다. 곧 하나님께서 이스라엘과 유다를 심판하사 그들과 맺으신 관계를 끊어버리심이 아니라, 더 새롭고 긴밀하며 영원한 관계로 재정립하실 것임을 말하고 있다.

30:12-17 이 단락은 '고칠 수 없는 상처'로 시작하여 '상처를 치료하여 줌'으로 끝난다. 곧 도저히 회복이 불가능한 죄악의 비참한 결과에 대하여

㉠ 또는 '내 백성 이스라엘과 유다의 운명을 회복시켜 주겠다'

하나님으로 섬기며, 내가 그들에
게 일으켜 줄 다윗의 자손을 자기
들의 왕으로 섬길 것이다."
10 "나의 종 야곱아, 너는 두려워하
지 말아라. 이스라엘아, 너는 무서
워하지 말아라. 나 주의 말이다.
보아라, 내가 너를 먼 곳에서 구원
하여 데려오고, 포로로 잡혀 있는
땅에서 너의 자손을 구원할 것이
니, 야곱이 고향으로 돌아와서 평
안하고 안정되게 살 것이며, 아무
런 위협도 받지 않고 살 것이다.
11 내가 너에게로 가서 너를 구원하
겠다. 나 주의 말이다. 내가 너를
쫓아 여러 나라로 흩어 버렸지만,
이제는 내가 그 모든 나라를 멸망
시키겠다. 그러나 너만은 멸망시키
지 않고, 법에 따라서 징계하겠다.
나는 절대로 네가 벌을 면하게 하
지는 않겠다.
12 나 주가 말한다. 네 상처는 고칠
수 없고, 네가 맞은 곳은 치유되
지 않는다.
13 네 송사를 변호하여 줄 사람이 아
무도 없고, 네 종기에는 치료약이
없으며, 너는 절대로 치유되지 않
는다.
14 그래서 너를 사랑하던 사람들은
모두 너를 잊고, 더 이상 너를 찾
아오지 않는다. 네 죄악이 크고
허물이 많기 때문에, 내가 원수를
치듯이 너를 치고, 잔악한 자를
징계하듯이 너를 징계하였다.
15 그런데 어찌하여 너는 상처를 입
었다고 부르짖고, 고통이 가시지
않는다고 호소하느냐? 네 죄악이
크고 허물이 많아서, 내가 이런 벌
을 너에게 내린 것이다."
16 "그러나 이제는 너를 삼켰던 사
람들도 모두 삼킴을 당하고, 네
원수들이 모두 포로로 잡혀 갈 것
이다. 이제는 너를 약탈한 사람들
이 약탈을 당하며, 너를 탈취한
모든 사람이 탈취를 당하게 하겠
다.
17 비록 사람들이 너를 보고 '시온은
쫓겨난 여자요, 찾아오는 사람이
아무도 없는 여인이다!' 할지라도,
진정 내가 너를 고쳐 주고, 네 상
처를 치료하여 주겠다. 나 주의
말이다."
18 "나 주가 말한다. 내가 야곱의
장막들을 회복하여 놓고, 야곱의
거처를 불쌍하게 여겨, 폐허의 언
덕에 다시 성읍을 세우고, 궁궐도
다시 제자리에 세우게 하겠다.
19 그러면 그들로부터 감사의 노래가
터져 나오고, 기쁨의 목소리가 퍼
져 나올 것이다. 내가 그들을 번
창하게 할 것이니, 그들의 수가 줄

하나님의 능력 있는 위로로 상처가 회복될 것을 약속하고 있다.

30:16 너를 삼켰던 사람들 이 구절은 히브리적 표현으로 언어의 기교를 통한 역설적인 강조 용법이다. 하나님의 백성을 침략하여 그들의 생명까지 위협한 이방 세력을 가리킨다.

30:18-24 유다의 회복에 대한 구체적인 내용이다. 하나님의 도성인 예루살렘의 성전과 왕국이 다시 재건될 것을 예언하고 있다. 또한 동족 가운데에서 세워질 통치자 아래에서의 민족의 회복을 언급함으로써, 하나님과 이스라엘 백성 간의 원래의 상태가 재정립될 것을 시사하고 있다(21절). 이는 멸망 후에 낙심하게 될 경건한 사람들에게 소망을 주는 메시지이며, 또한 메시아 왕국의 도래를 바라보게 하는 메시지이다.

30:23-24 하나님의 큰 약속이 실현되기 전에 반드시 하나님의 진노와 심판이 있을 것을 예언하고 있다. 이것이 하나님의 구원 계획이다.

지 않을 것이며, 내가 그들을 영화
롭게 할 것이니, 그들이 멸시를 당
하지 않을 것이다.
20 그 자손이 옛날과 같이 회복되
고, 그 회중이 나의 앞에서 굳건해
질 것이다. 그를 억압하는 모든 사
람을 내가 벌하겠다.
21 그들의 지도자가 같은 겨레 가운
데서 나오고, 그들의 통치자가 같
은 민족 가운데서 나올 것이다.
내가 그를 부를 때에, 그는 나에게
가까이 올 것이다. 그렇지 않으면
누가 감히 목숨을 걸고, 나에게
가까이 올 수가 있겠느냐? 나 주
의 말이다.
22 너희는 나의 백성이 되고, 나는 너
희의 하나님이 될 것이다!"
23 주님의 진노가 폭풍처럼 터져
나온다. 휘몰아치는 바람처럼 악
인들의 머리를 후려친다.
24 주님께서는 마음 속에서 뜻하신
바를 시행하고 이루실 때까지, 그
맹렬한 진노를 그치지 않으신다.
마지막 날에야 너희가 이것을 깨
달을 것이다.

북왕국 포로민의 귀환

31 "나 주의 말이다. 때가 오면, 나
는 이스라엘 모든 지파의 하나
님이 되고, 그들은 나의 백성이 될
것이다.
2 나 주가 말한다. 전쟁에서 죽지
않고 살아 남은 백성이, 광야에서
은혜를 입었다. 이스라엘이 자기
의 안식처를 찾아 나섰을 때에,
3 나 주가 ㉠먼 곳으로부터 와서 이
스라엘에게 나타나 주었다.
나는 영원한 사랑으로 너를 사
랑하였고, 한결같은 사랑을 너에
게 베푼다.
4 처녀 이스라엘아, 내가 너를 일으
켜 세우겠으니, 네가 다시 일어날
것이다. 너는 다시 너의 소구를 들
고, 흥에 겨워 춤을 추며 나오게
될 것이다.
5 내가 너로 다시 사마리아 산마다
포도원을 만들 수 있게 하겠다.
포도를 심은 사람이 그 열매를 따
먹게 하겠다.
6 에브라임 산에서 파수꾼들이 '어
서 시온으로 올라가 주 우리의 하
나님 앞으로 나아가자!' 하고 외치
는 날이 반드시 올 것이다."
7 "참으로 나 주가 말한다. 너희
는 기쁨으로 야곱에게 환호하고
세계 만민의 머리가 된 이스라엘
에게 환성을 올려라. '주님, 주님의
백성을 구원해 주십시오. 이스라
엘의 남은 자를 구원해 주십시오.'
이렇게 선포하고 찬양하여라.
8 내가 그들을 북녘 땅에서 데리

31장 요약 북왕국 이스라엘(2–22절)과 남왕국 유다(23–26절)의 회복에 대한 구체적인 예언의 말씀이다. 이러한 회복의 약속은 27–30절에서 한 번 더 확언되고 있으며, 이어서 하나님께서 새롭게 회복될 신앙 공동체와 새 언약을 세우실 것이 언급된다. 이 새 언약은 모세의 언약을 새롭게 갱신하여 완성시킨 것이다.

㉠ 또는 '과거에'

31:1–6 이집트를 나올 당시 생존 불가능한 광야에서도 하나님의 보호와 인도로 살아났던 것처럼, 지금 유다가 처한 곤경도 하나님의 은혜로 반드시 구원될 것을 선포하고 있다. 또한 앞으로 임할 구원은 단순한 귀환이 아닌 전혀 새로운 차원의 회복임을 암시하고 있다.

31:7–14 '이스라엘의 남은 자'(7절)의 귀환을 예언하는 메시지이다. 이들의 귀환은 모든 나라를 심판하시고 이스라엘을 '속량·구원'(11절)하신다는

고 오겠으며, 땅의 맨 끝에서 모아
오겠다. 그들 가운데는 눈 먼 사
람과 다리를 저는 사람도 있고, 임
신한 여인과 해산한 여인도 있을
것이다. 그들이 큰 무리를 이루어
이 곳으로 돌아올 것이다.
9 그들이 눈물을 흘리면서 돌아올
것이며, 그들이 간구할 때에 내가
그들을 인도하겠다. 그들이 넘어
지지 않게 평탄한 길로 인도하여,
물이 많은 시냇가로 가게 하겠다.
나는 이스라엘의 아버지이고, 에
브라임은 나의 맏아들이기 때문
이다."
10 "뭇 민족들아, 너희는 나 주의
말을 듣고, 먼 해안지역 사람들에
게 이 말을 전하여라. '이스라엘을
흩으신 분께서 그들을 다시 모으
시고, 목자가 자기 양 떼를 지키듯
이 그들을 지켜 주신다.'
11 그렇다. 나 주가 야곱을 속량하여
주고, 야곱보다 더 강한 자의 손
에서 그를 구원해 냈다.
12 그들은 돌아와서 시온 산 꼭대기
에서 찬송을 부르고, 주의 좋은
선물, 곧 곡식과 새 포도주와 기
름과 양 새끼와 송아지들을 받고
기뻐할 것이며, 그들의 마음은 물
댄 동산과 같아서, 다시는 기력을
잃지 않을 것이다.
13 그 때에는 처녀가 춤을 추며 기뻐
하고, 젊은이와 노인들이 함께 즐
거워할 것이다. 내가 그들의 슬픔
을 기쁨으로 바꾸어 놓고, 그들을
위로하여 주겠다. 그들이 근심에
서 벗어나서 기뻐할 것이다.
14 그 때에는 내가 기름진 것으로 제
사장들의 마음을 흡족하게 할 것
이며, 내 좋은 선물로 내 백성을
만족하게 하겠다. 나 주의 말이
다."

라헬의 탄식과 하나님의 위로

15 "나 주가 말한다. 라마에서 슬
픈 소리가 들린다. 비통하게 울부
짖는 소리가 들린다. 라헬이 자식
을 잃고 울고 있다. 자식들이 없어
졌으니, 위로를 받기조차 거절하
는구나.
16 나 주가 말한다. 이제는 울음소리
도 그치고, 네 눈에서 눈물도 거
두어라. 네가 수고한 보람이 있어
서, 네 아들딸들이 적국에서 돌아
온다. 나 주의 말이다.
17 너의 앞날에는 희망이 있다. 네
아들딸들이 고향 땅으로 돌아온
다. 나 주의 말이다."
18 "에브라임이 탄식하는 소리를
내가 분명히 들었다. '주님, 우리는
길들지 않은 짐승 같았습니다. 그
러나 주님께서 우리를 가르쳐 주

뜻이다. 진정한 하나님의 백성을 다시 약속의 땅, 곧 하나님의 나라에 부르시고 그곳에서 회복된 예배를 드리고 평화와 복락을 누리며 하나님과 더불어 살게 하실 것을 약속하고 있다(12-13절). 그때에는 이스라엘이 하나님의 맏아들이요, 하나님은 이스라엘의 아버지가 되는 축복이 임할 것이다(9절). 이러한 축복은 영속적일 것이며, 특별히 지금까지 백성들을 잘못 인도했던 제사장들이 그때에는 바른 길로 인도할 것이다(14절).

31:12 주의 좋은 선물 히브리어를 직역하면 '좋은 것' 또는 '선한 것'이란 말이다. 하나님께서 예비하신 복락을 가리킨다. 물 댄 동산 회복된 백성의 마음이 흡족하고 넉넉하며 풍요로운 상태가 되리라는 표현이다.

31:15-22 에브라임(북왕국)의 탄식과 이에 대한 하나님의 위로가 기록되어 있다. 북왕국은 멸망된 지 100년이 훨씬 지났기 때문에, 유업을 이어받을 후손이 없음을 탄식하였다. 그러나 하나님

셨고, 순종하게 하셨습니다. 우리
가 돌아갈 수 있게 이끌어 주십시
오. 이제 우리가 주 우리의 하나님
께 돌아갈 준비가 되었습니다.
19 주님을 떠난 다음에 곧 뉘우쳤습
니다. 잘못을 깨달은 다음에 가
슴을 치며 뉘우쳤습니다. 그리고
저의 젊은 시절의 허물 때문에 저
는 수치와 수모를 겪어야 했습니
다.'
20 에브라임은 나의 귀한 아들이
다. 내가 가장 사랑하는 자식이
다. 그를 책망할 때마다 더욱 생각
나서, 측은한 마음이 들어 불쌍히
여기지 않을 수 없었다. 나 주의
말이다."
21 "너는 길에 푯말을 세우고, 길
표를 만들어 세워라. 네가 전에 지
나갔던 길과 대로를 잘 생각하여
보아라. 처녀 이스라엘아, 돌아오
너라. 너희가 살던 이 성읍들로 돌
아오너라.
22 너 방종한 딸아, 네가 언제까지 방
황하겠느냐? 주님께서 이 땅에 새
것을 창조하셨으니, 그것은 곧 여
자가 남자를 ㉠안는 것이다."

유다의 회복에 대한 약속

23 ○"나 만군의 주, 이스라엘의 하나님
이 말한다. ㉡내가 포로로 잡혀 간
사람들을 돌아오게 할 때에, 사람들
은 유다 땅과 유다의 성읍에서 이런
말을 다시 하게 될 것이다.
'너 정의의 보금자리, 거룩한 산
이여, 주님의 복을 받아라.'
24 ○그 때에는 유다와 그 모든 성읍
에 사람들이 이주하여 살고, 농부들
도 농촌에 모여 살고, 유랑하는 목
자들도 가축 떼를 몰고 다닐 것이다.
25 나는 지친 사람들에게 새 힘을 주
고, 굶주려서 허약해진 사람들을 배
불리 먹이겠다.
26 그 때에 백성은 '잠에서 깨어나 눈을
떠 보니, 나에게 아주 단잠이었다' 하
고 말할 것이다."
27 ○"그 때가 오면, 내가 이스라엘
집과 유다 집에 사람의 씨와 짐승의
씨를 뿌리겠다. 나 주의 말이다.
28 내가 전에 그들을 뽑아내고 부수고
무너뜨리고 멸망시키고 재앙에 빠뜨
리려고, 감시를 늦추지 않았으나, 이
제는 내가 그들을 세우고 심으려고,
감시를 늦추지 않겠다. 나 주의 말이
다.
29 그 때가 오면, 사람들이 더 이상 '아
버지가 신포도를 먹었기 때문에, 자
식들의 이가 시게 되었다'는 말을 하
지 않을 것이다.
30 오직 각자가 자기의 죄악 때문에 죽
을 것이다. 신포도를 먹는 그 사람의
이만 실 것이다."

의 위로를 듣고 회개하여 하나님께 돌아오는 정경이 묘사되어 있다. 이 단락은 이집트 탈출 이전의 이스라엘 상황과 유사한 점이 많다(출 2:23-25). 따라서 이집트 탈출 당시처럼 하나님이 권고하시는 때가 이르렀음을 보여 준다.

31:23-26 남 유다 왕국의 회복에 관한 메시지이다. 회복된 유다 왕국에서는 하나님의 의로운 통치가 시행될 것이다.

31:27-34 도래할 새 시대에는 모세의 언약을 새롭게 갱신하여 더 완전한 언약을 세울 것을 선포하고 있다. 그렇다고 해서 옛 언약과 새 언약의 내용이 다르다는 뜻은 아니다. 단지 옛 언약에서는 법적인 강제성이 우선되었으나 새 언약에는 의무적인 순종이 아니라 자발적인 순종의 요소가 보강되었다는 차이점이 있다. 곧 하나님의 율법을 이제는 '그들의 가슴 속에 넣어 주며, 그들의 마음 판에 새겨 기록하여' 자발적으로 순종

㉠ 또는 '보호하는' ㉡ 또는 '내가 그들의 운명을 회복시켜 줄 때에'

새 언약

31 ○"그 때가 오면, 내가 이스라엘 가
문과 유다 가문에 새 언약을 세우겠
다. 나 주의 말이다.
32 이것은 내가 그들의 조상의 손을 붙
잡고 이집트 땅에서 데리고 나오던
때에 세운 언약과는 다른 것이다. 내
가 그들의 ㉠남편이 되었어도, 그들
은 나의 언약을 깨뜨려 버렸다. 나
주의 말이다.
33 그러나 그 시절이 지난 뒤에, 내가 이
스라엘 가문과 언약을 세울 것이니,
나는 나의 율법을 그들의 가슴 속에
넣어 주며, 그들의 마음 판에 새겨
기록하여, 나는 그들의 하나님이 되
고, 그들은 나의 백성이 될 것이다.
나 주의 말이다.
34 그 때에는 이웃이나 동포끼리 서로
'너는 주님을 알아라' 하지 않을 것이
니, 이것은 작은 사람으로부터 큰 사
람에 이르기까지, 그들이 모두 나를
알 것이기 때문이다.
내가 그들의 허물을 용서하고,
그들의 죄를 다시는 기억하지 않
겠다. 나 주의 말이다."
35 낮에는 해를 주셔서 빛을 밝혀
주시고, 밤에는 달과 별들이 빛을
밝히도록 정하여 놓으시고, 바다
를 뒤흔들어 파도가 소리 치게 하
시는 분, 그 이름은 만군의 주님이
시다. 주님께서 이렇게 말씀하신
다.
36 "이 정해진 질서가 내 앞에서 사
라지지 않는 한, 이스라엘 자손도
내 앞에서 언제까지나 한 민족으
로 남아 있을 것이다. 나 주의 말
이다.
37 나 주가 말한다. 누가 위로 하늘
을 다 재고, 아래로 땅의 기초를
다 측정할 수 있다면, 나도 이스라
엘의 모든 자손이 한 온갖 일들
때문에 그들을 버릴 수 있을 것이
다. 나 주의 말이다.
38 ○그 때가 오면, 이 도성이 나 주
의 것으로 재건될 것이다. 나 주의
말이다. 하나넬 망대에서부터 모퉁
이 성문에 이르기까지 이어지고,
39 거기서 측량줄이 가렙 언덕에 이르
기까지 곧게 앞으로 나갔다가 고아
쪽으로 돌아가고,
40 그 다음에 시체와 잿더미로 가득 찬
골짜기 전역과, 기드론 시냇가에서
동쪽의 밭들의 모퉁이에 이르는 모
든 평지가 나 주의 거룩한 땅이 되
고, 절대로 다시는 뽑히거나 허물어
지는 일이 없을 것이다."

회복의 상징으로 아나돗의 밭을 사다

32 유다 왕 시드기야 제 십년에 주
님께서 예레미야에게 말씀하셨
다. 그 해는 느부갓네살 제 십팔년이

하게 만든다는 것이다. 이렇게 볼 때 옛 언약은 파기된 것이 아니라 완성된 것이다. 이제 신약 성도들은 하나님과 새로운 관계를 맺게 될 것인데, 이러한 관계를 유지시켜 주시는 분은 성령님이시다.

31:34 옛 언약에서는 하나님의 법을 가르쳤으나 새 언약에서는 하나님을 진정으로 알고 만나서 그분을 경험하는 자들이 많아질 것을 말한다.

㉠ 히브리어 바알은 '주' 또는 '남편'

32장 요약 바빌로니아의 공격으로 예루살렘은 위기에 놓였고, 예레미야는 예루살렘 멸망을 예언하여 투옥된 상태였다. 이러한 상황에서 예레미야가 하나님의 명령으로 밭을 산 것은 예루살렘이 반드시 회복될 것이라는 사실을 강력히 시사하는 것이다.

32:1-15 예레미야가 예루살렘의 멸망과 시드기야 왕의 패망을 예언하자 왕은 그를 투옥시켰다.

었다.
2 그 때에 예루살렘은 바빌로니아 왕
의 군대에게 포위되어 있었고, 예언
자 예레미야는 유다 왕궁의 근위대
뜰 안에 갇혀 있었다.
3 유다 왕 시드기야는 예레미야를 그
곳에 가두면서 그에게 이렇게 책망
하였다. ○"그대가 어찌하여 이런 예
언을 하였소? '주님께서 이렇게 말씀
하신다. 보아라, 내가 이 도성을 바
빌로니아 왕의 손에 넘겨 주어서, 그
가 이 도성을 점령하게 하겠다.
4 유다 왕 시드기야도 ㉠바빌로니아 군
대의 손에서 벗어나지 못하고, 꼼짝
없이 바빌로니아 왕의 손에 넘겨져
서, 그 앞에 끌려 나가, 그가 보는 앞
에서 직접 항복할 것이다.
5 그러면 그가 시드기야를 ㉠바빌로니
아로 끌고 갈 것이며, 시드기야는 내
가 그를 찾아올 때까지 그 곳에 머
물러 있을 것이다. 너희는 ㉠바빌로
니아 군대와 싸워도 절대로 이기지
못할 것이다. 주님께서 하시는 말씀
이다.' 이렇게 예언하였다면서요?"
6 ○주님께서 나에게 말씀하셨다.
7 ○"너의 숙부 살룸의 아들 하나멜이
너에게 와서, 아나돗에 있는 그의 밭
을 너더러 사라고 하면서, 그 밭을
유산으로 살 우선권이 너에게 있기
때문에, 네가 그것을 사야 한다고 말
할 것이다."
8 ○과연 주님의 말씀대로, 숙부의 아
들 하나멜이 근위대 뜰 안으로 나를
찾아와서, 내게 부탁하였다. 베냐민
지방의 아나돗에 있는 그의 밭을 나
더러 사라고 하였다. 그 밭을 소유할
권리도 나에게 있고, 그 밭을 유산
으로 사들일 권리도 나에게 있으니,
그 밭을 사서 내 밭으로 삼으라고 하
였다. 그 때에 나는 이것이 바로 주
님의 명령임을 깨달았다.
9 ○나는 숙부의 아들 하나멜에게서
아나돗에 있는 그 밭을 사고, 그 값
으로 그에게 은 열일곱 세겔을 달아
주었다.
10 그 때에 나는 매매계약서에 서명을
하고, 그것을 봉인하고, 증인들을 세
우고, 은을 저울에 달아 주었다.
11 그리고 나는 법과 규례에 따라서 봉
인된 매매계약서를 봉인되지 않은
계약서와 함께 받았다.
12 그리고 나는, 숙부의 아들 하나멜과
그 매매계약서에 서명한 증인들과
근위대 뜰 안에 앉아 있던 모든 유
다 사람이 보는 앞에서, 그 매매계약
서를 마세야의 손자이며 네리야의
아들인 바룩에게 넘겨 주고,
13 또한 그들이 모두 보는 앞에서, 바룩
에게 부탁하였다.
14 "나 만군의 주, 이스라엘의 하나님이

이때는 바빌로니아 군대가 예루살렘 성을 포위하고 있던 위급한 상황이었다. 만약 시드기야가 경건한 왕이었다면, 이러한 위기로 인하여 하나님께 나아오는 계기가 되었을 것이다. 그러나 그에게는 하나님께 대한 경외심이 없었기 때문에 예언자를 옥에 가두었다. 감옥 속에서 예레미야는 자기가 멸망할 것이라고 예언했던 유다 땅의 밭을 구입하는 이상한 일을 행하였다. 하나님께서는 예레미야에게 밭을 구입하게 함으로써, 잠시 후에 이 땅이 멸망당하지만 장래에는 포로에서 귀환하여 반드시 이 땅에서 정상적인 생활을 하게 되리라는 약속을 상징적으로 보여 주셨다.

32:11 당시 토지 매매의 일반적인 규례는 계약서를 두 장 작성하여 하나는 봉인하고 다른 하나는 영구히 보존하도록 했다.

32:12 바룩 마세야의 손자이며 네리야의 아들로서, 예레미야가 신뢰하는 친구이다. 여호야김의

㉠ 또는 '갈대아'

말한다. 이 증서들 곧 봉인된 매매계
약서와 봉인되지 않은 계약서를 받
아서, 옹기그릇에 담아 여러 날 동안
보관하여라.
15 참으로 나 만군의 주, 이스라엘의 하
나님이 말한다. 사람들이 이 나라에
서 다시 집과 밭과 포도원을 살 것이
다."

예레미야의 질문

16 ○나는 네리야의 아들 바룩에게 그
매매계약서를 넘겨 주고 나서, 주님
께 이렇게 기도드렸다.
17 "아, 주 하나님, 보십시오, 크신 권능
과 펴신 팔로 하늘과 땅을 지으신
분이 바로 주님이시니, 주님께서는
무슨 일이든지 못하시는 일이 없으
십니다.
18 주님께서는, 은혜는 수천 대에 이르
기까지 베풀어 주시지만, 조상의 죄
는 반드시 자손이 치르게 하시는 분
이시며, 위대하시고 전능하신 하나
님이시요, 만군의 주님으로 이름을
떨치시는 분이십니다.
19 주님께서는 계획하는 일도 크시고,
실천하는 힘도 강하시며, 사람들의
모든 삶을 감찰하시고, 각자의 행동
과 행실의 결실에 따라서 갚아 주십
니다.
20 ○주님께서는 이집트 땅에서 많은
징조와 기적들을 나타내 보이셨고,
오늘날까지 이스라엘 안에서뿐만 아
니라 모든 사람에게 그와 같이 하셔
서, 주님의 이름을 오늘날과 같이 드
높게 하셨습니다.
21 주님께서는 강한 손과 편 팔로, 적들
이 무서워 떨게 하는 많은 징조와 기
적들을 나타내시면서, 주님의 백성
이스라엘을 이집트 땅에서 이끌어
내셨습니다.
22 주님께서는, 그들에게 주겠다고 그들
의 조상에게 맹세하신 이 땅, 곧 젖
과 꿀이 흐르는 이 땅을 그들에게
주셨습니다.
23 ○그래서 그들이 들어와 이 땅을 차
지하였습니다. 그러나 그들은 주님
께 순종하지도 않고, 주님의 율법에
따라서 살지도 않고, 주님께서 그들
에게 실천하라고 분부하신 모든 것
을 실천하지 않았습니다. 그래서 주
님께서는 그들에게 이 모든 재앙을
당하게 하셨습니다.
24 이 도성을 점령하려고 쌓은 토둔들
을 보십시오. 이 도성은 전쟁과 기근
과 염병을 보았습니다. ㉠바빌로니아
군대가 이 도성으로 쳐들어와서 이
도성을 점령하였습니다. 주님께서
말씀하신 일이 그대로 들이닥쳤으
며, 주님께서는 이루어진 이 일을 친
히 보고 계십니다.
25 ○주 하나님, 어찌하여 주님께서는

치세에 예루살렘의 포위 기간 동안 또 이집트에 끌려갔을 때에도 예레미야와 행동을 같이 한 서기관이다.

32:14 옹기그릇 문서를 보관할 때 사용한 용기로, 습기가 차지 않도록 만들어졌다.

32:16-25 하나님의 계시대로 밭을 구입한 예레미야는, 그 의미에 대해서 정작 자신마저도 당황했음을 기도로 고백하였다. 그러나 예레미야의 기도는 매입 사건의 진정한 의미를 전혀 이해하지 못했다거나 불신앙적인 내용이 아니다. 오히려 인간의 지혜로 헤아릴 수 없는 하나님의 오묘한 섭리를 신뢰하고 새로운 인도를 구하는 간구였다.

32:26-35 하나님께서는 예레미야가 기도 중 사용한 말을 다시 사용하여 예레미야에게 구체적으로 응답해 주셨다. 이 단락에서는 하나님의 백성 유다가 철저하게 부패하고 완전히 타락하여 마땅한 징벌이 불가피함을 진술하고 있다. 곧 언약 파

㉠ 또는 '갈대아'

이 도성이 이미 ㉠바빌로니아 군대의
손에 들어가게 되었는데, 저더러 돈
을 주고 밭을 사며, 증인들을 세우라
고 말씀하셨습니까?"

주님의 대답

26 ○주님께서 예레미야에게 말씀하셨
다.
27 ○"나는 주다. 모든 사람을 지은 하
나님이다. 내가 할 수 없는 일이 어
디 있겠느냐?
28 나 주가 말한다. 그러므로 보아라,
내가 이 도성을 ㉠바빌로니아 사람의
손에 넘겨 준다. ㉠바빌로니아 왕 느
부갓네살의 손에 넘겨 줄 터이니, 그
가 이 도성을 점령할 것이다.
29 그러므로 지금 이 도성을 치고 있는
저 ㉠바빌로니아 군대가 들어와서,
이 도성을 불태워 버릴 것이다. 이
도성 사람들이 지붕으로 올라가서,
바알에게 제물을 살라 바치고, 다른
신들에게 술 제물을 바쳐서, 나를 노
하게 하였으니, 내가 그 집들을 태워
버리겠다.
30 ○이스라엘 백성과 유다 백성은 젊
은 시절부터 내가 보기에 악한 일만
을 하였다. 참으로 이스라엘 백성은
자기들의 손으로 만든 우상으로 나
를 화나게만 하였다. 나 주의 말이
다.
31 진정 이 도성은 사람들이 세울 때부
터 오늘날까지 나의 분노와 노여움
만을 일으켜 놓았기 때문에, 이제는
내가 그것을 내 눈 앞에서 치워 버리
겠다.
32 이스라엘 백성과 유다 백성이 왕들
이나 고관들이나 제사장들이나 예
언자들이나 유다 사람이나 예루살
렘 주민이나 가릴 것 없이, 모두 온
갖 죄악을 저질러서 나를 노하게 하
였다.
33 그들은 나에게 등을 돌려 나를 외면
하였다. 내가 그들을 쉬지 않고 가르
쳐 주고 또 가르쳐 주었으나, 그들은
나의 교훈을 받아들이지 않았다.
34 오히려 그들은, 내 이름을 찬양하려
고 세운 성전 안에 자기들이 섬기는
역겨운 것들을 세워 놓아서, 성전을
더럽혔다.
35 또 그들은 자기들의 아들딸들을 ㉡불
태워 몰렉에게 제물로 바치려고 '힌
놈의 아들 골짜기'에 바알의 산당을
쌓아 놓았는데, 나는 절대로 유다 백
성을 죄악에 빠뜨리는 이 역겨운 일
은 명하지도 않았고, 상상조차도 해
본 적이 없다."

희망의 약속

36 ○"이제 나 주 이스라엘의 하나님이
말한다. 너희는 이 도성을 두고, 전
쟁과 기근과 염병을 만나서 바빌로
니아 왕의 손에 들어간 도성이라고

기에 대한 대가로 재앙이 임한다는 사실을 말하고 있다. 이러한 내용은 하나님의 적극적인 간섭을 의미한다. 그들이 하나님의 언약 백성이기 때문에 더 가혹한 연단을 받게 하시는 것이다.

32:29 바알 이 우상은 본래 베니게와 가나안 사람들이 섬기던 신으로, 태양을 상징하는 농경신이었다. 그러나 이집트 탈출 이후 가나안에 정착한 이스라엘도 이 우상을 섬기게 되었다. 이스라엘 민족은 현실과 타협하여 거기에 안주해 버렸다.

32:36-44 이 단락도 예레미야의 기도에 대한 하나님의 응답이다. 앞 단락은 징벌에 대한 내용이었으나, 이 단락에서는 연단 후의 회복에 대한 약속이 언급되어 있다. 곧 포로 상태에서 해방시키고, 하나님을 경외하는 마음을 회복시키며 복된 나라로 다시 건설하실 것을 약속하셨다.

32:39-40 한결같은 마음과 삶 하나님의 진정한 백성이 되게 하기 위하여 패역한 백성을 근본적

㉠ 또는 '갈대아' ㉡ 또는 '불 속으로 지나가게 하려고'

말하지만,
37 ○똑똑히 들어라. 내가 분노와 노여
움과 울화 때문에 그들을 여러 나라
로 내쫓아 버렸다. 그러나 이제 내가
그들을 이 모든 나라에서 모아다가,
이 곳으로 데려와서 안전하게 살게
하겠다.
38 그러면 그들이 나의 백성이 되고, 나
는 그들의 하나님이 될 것이다.
39 그 때에 내가 그들에게 한결같은 마
음과 삶을 주어, 그들이 언제나 나
를 경외하여 그들 자신뿐만 아니라,
그들의 자손들까지도 길이 복을 받
게 하겠다.
40 그 때에는 내가 그들과 영원한 언약
을 맺고, 내가 그들에게서 영영 떠나
지 않고, 그들을 잘되게 할 것이며,
그들의 마음 속에 나를 경외하는 마
음을 넣어 주어서, 그들이 나에게서
떠나가지 않게 하겠다.
41 나는 그들을 잘되게 함으로 기뻐할
것이며, 나의 온 마음과 정성을 다하
여 그들이 이 땅에 뿌리를 굳게 내리
고 살게 하겠다."
42 ○"나 주가 말한다. 내가 이 백성
에게 이토록 큰 모든 재앙이 미치게
하였으나, 이제 내가 이에 못지않게
그들에게 약속한 모든 복을 베풀어
주겠다.
43 너희는 지금 이 땅을 두고 '사람도 없
고 짐승도 없는 황무지이며, ㉠바빌
로니아 군대의 손에 들어간 땅'이라
고 말하지만, 바로 이 땅에서 사람
들이 밭을 살 것이다.
44 앞으로는 베냐민 땅에서만 아니라,
예루살렘의 사방과 유다의 성읍들
과 산간지역의 성읍들과 ㉡평지의 성
읍들과 남쪽의 성읍들에서도, 사람
들이 돈을 주고 밭을 사서 매매계약
서를 쓰고, 봉인하고, 증인들을 세울
것이다. ㉢포로로 잡혀 간 사람들을,
내가 돌아오게 할 것이기 때문이다.
나 주의 말이다."

예루살렘과 유다의 회복에 대한 약속

33 예레미야가 여전히 근위대 뜰
안에 갇혀 있을 때에, 주님께서
그에게 두 번째로 말씀하셨다.
2 땅을 지으신 주님, 그것을 빚어서
제자리에 세우신 분께서 나에게
말씀하셨다. 그 이름이 '주'이신 분
께서 말씀하셨다.
3 "네가 나를 부르면, 내가 너에게
응답하겠고, 네가 모르는 크고 놀
라운 비밀을 너에게 알려 주겠다."
4 ○"바빌로니아 사람들이 흙 언덕
을 쌓고 쳐들어와 무너뜨린 이 도성
과 도성 안의 건물들과 유다 왕궁들
을 두고, 나 주 이스라엘의 하나님이
말한다.
5 유다가 뭉쳐서 ㉠바빌로니아 사람들

으로 치유할 것을 가리킨다. 언약 파기의 치명적 인 요인이었던 백성의 마음을 오로지 하나님께로 향하게 하고 하나님께서 제시하시는 그 나라의 법도에 따라 살도록 하신 것이다. 여기에서 '한결같은'이라는 형용사는 '유일한'이라는 뜻도 가지고 있다. 하나님을 바로 아는 것이 유일한 생명의 길이기 때문이다. 즉 장래에 회복될 그 나라는 하나님을 향한 일편단심(一片丹心)을 가진 백성들로 구성될 것을 보여 주는 것이다.

33장 요약 유다의 회복이 다시 강조된다. 이것은 일차적으로 포로 귀환과 이스라엘 재건으로, 궁극적으로는 메시아 왕국의 도래로 이어질 것이었다. 특히 다윗 언약(삼하 7:4-29)과 평화의 언약(민 25:12-13)이 성취될 것임을 예고한다(14-18절).

㉠ 또는 '갈대아' ㉡ 히, '스펠라'. 산과 해변 사이의 경사진 평지
㉢ 또는 '내가 그들의 운명을 회복시켜 줄 것이기 때문이다'

과 대항하여 전쟁을 감행하였지만,
마침내, 나는 이 도성을 나의 분노와
노여움으로 죽은 사람들의 시체로
가득히 채웠다. 나는 그들의 모든 죄
악 때문에 이 도성을 외면하였다.
6 ○그러나 보아라, 내가 이 도성을 치
료하여 낫게 하겠고, 그 주민을 고쳐
주고, 그들이 평화와 참된 안전을 마
음껏 누리게 하여 주겠다.
7 ㉠내가 유다의 포로와 이스라엘의
포로를 돌아오게 하여, 그들을 옛날
과 같이 다시 회복시켜 놓겠다.
8 나는 그들이 나에게 지은 모든 죄악
에서 그들을 깨끗이 씻어 주고, 그들
이 나를 거역하여 저지른 그 모든 죄
를 용서하여 주겠다.
9 그러면 세상 만민이 내가 예루살렘
에서 베푼 모든 복된 일들을 듣게
될 것이며, 예루살렘은 나에게 기쁨
과 찬양과 영광을 돌리는 이름이 될
것이다. 그리고 내가 이 도성에 베풀
어 준 모든 복된 일과 평화를 듣고,
온 세계가 놀라며 떨 것이다.
10 ○나 주가 말한다. 너희들은 '이 곳
이 황폐하여 사람도 없고 짐승도 없
다'고 말하지만, 지금 황무지로 변하
여, 사람도 없고 주민도 없고 짐승도
없는 유다의 성읍들과 예루살렘의
거리에 또다시,
11 환호하며 기뻐하는 소리와 신랑 신
부가 즐거워하는 소리와 감사의 찬
양 소리가 들릴 것이다. 주의 성전에
서 감사의 제물을 바치는 사람들이
이렇게 찬양할 것이다.

'너희는 만군의 주님께 감사하
여라! 진실로 주님은 선하시며, 진
실로 그의 인자하심 영원히 변함
이 없다.'

○내가 이 땅의 포로들을 돌아오
게 하여 다시 옛날과 같이 회복시켜
놓겠다. 나 주의 말이다.
12 나 만군의 주가 말한다. 지금은 황폐
하여 사람도 없고 짐승까지 없는 이
곳과 이 땅의 모든 성읍에, 다시 양
떼를 뉘어 쉬게 할 목자들의 초장이
생겨날 것이다.
13 산간지역의 성읍들과 ㉡평지의 성읍
들과 남쪽의 성읍들과 베냐민 땅과
예루살렘의 사방과, 유다의 성읍들
에서, 목자들이 그들이 치는 양을
셀 것이다. 나 주의 말이다."

주님의 약속

14 ○"나 주의 말이다. 보아라, 내가 이
스라엘 가문과 유다 가문에 약속한
그 복된 약속을 이루어 줄 그 날이
오고 있다.
15 그 때 그 시각이 되면, 한 의로
운 가지를 다윗에게서 돋아나게
할 것이니, 그가 세상에 공평과 정
의를 실현할 것이다.

33:1-9 유다가 바빌로니아 포로에서 돌아올 것을 다시 한 번 강조하고 있다. 이 약속은 그 당시 경건한 남은 자들이 신앙을 저버리지 않고 끝까지 약속의 하나님을 소망하게 하는 중요한 의미를 지니고 있었다.

33:6 평화와 참된 안전을 마음껏 누리게 이 구절은 5절과 대조되는 표현이다. 즉 '시체로 가득히 채우는' 대신, 평화를 누리고 안전하게 되리라는 것이다. 하나님의 '분노와 노여움' 대신에 회복과 치유의 은혜를 베푸신 결과로서, 우주적인 평안과 참된 진리의 시대가 도래할 것을 가르치고 있다.

33:14-22 하나님께서 다윗과 맺은 언약(삼하 7:4-29)이 마침내 실현되어 지극히 의로운 통치자가 등장할 것을 예언하고 있다. 이는 다윗의 후손으로 오실 그리스도에 대한 예언이다. 유다의 회복을 선포하면서 그리스도를 언급한 이유는 모

㉠ 또는 '내가 유다와 이스라엘의 운명을 회복시켜 놓겠다' ㉡ 히, '스펠라'. 산과 해변 사이의 경사진 평지

16 그 때가 오면, 유다가 구원을 받을
것이며, 예루살렘이 안전한 거처
가 될 것이다. 사람들이 예루살렘
을 '주님은 우리의 구원이시다' 하
는 이름으로 부를 것이다.
17 ○나 주가 말한다. 이스라엘 민족
의 왕좌에 앉을 사람이 다윗에게서
끊어지지 않을 것이다.
18 레위 지파의 제사장 가운데서도, 나
에게 번제물을 바치며 곡식제물을
살라 바치고 희생제물을 바칠 사람
이 끊어지지 않을 것이다."
19 ○주님께서 예레미야에게 이렇게
말씀하셨다.
20 "나 주가 말한다. 낮에 대한 나의 약
정과 밤에 대한 나의 약정을 너희가
깨뜨려서, 낮과 밤이 제시간에 오지
못하게 할 수 있겠느냐?
21 그런 일이 있을 수 없다면, 나의 종
다윗에게 세운 나의 언약도 깨지는
일이 없고, 다윗에게도 그의 왕좌에
앉아서 다스릴 자손이 끊어지는 일
이 없고, 나를 섬기는 레위 지파의
제사장들에게 세운 나의 언약도 깨
지는 일이 없을 것이다.
22 셀 수 없이 많은 하늘의 별처럼, 측
량할 수 없이 많은 바다의 모래처럼,
내가 나의 종 다윗의 자손과 나를
섬기는 레위 사람들을 불어나게 하
겠다."
23 ○주님께서 예레미야에게 이렇게
말씀하셨다.
24 "너는 이 백성이 '주님께서는 자신이
택하신 두 족속을 버리셨다'고 말하
는 것을 듣지 못하였느냐? 그래서
사람들이 내 백성을 멸시하고, 다시
는 나라를 이루지 못할 것으로 여기
고 있다.
25 ○나 주가 말한다. 나의 주야의 약정
이 흔들릴 수 없고, 하늘과 땅의 법
칙들이 무너질 수 없는 것과 마찬가
지로,
26 야곱의 자손과 나의 종 다윗의 자손
도, 내가 절대로 버리지 않을 것이
며, 아브라함과 이삭과 야곱의 자손
을 다스릴 통치자들을 다윗의 자손
들 가운데서 세우는 나의 일도, 그
치지 않을 것이다. 이제는 참으로 내
가 이 백성을 불쌍히 여겨서, 그들
가운데서 ㉠포로가 된 사람들을 돌
아오게 하겠다."

시드기야 왕에 대한 예언

34 이 말씀은, 바빌로니아 왕 느부
갓네살이, 자기의 모든 군대와
자기의 통치를 받고 있는 땅의 모든
왕국과 모든 백성을 이끌고, 예루살
렘과 그 주변의 모든 성읍들을 공격
하고 있을 때에, 주님께서 예레미야
에게 하신 말씀이다.
2 ○"나 주 이스라엘의 하나님이 말한

든 언약의 궁극적인 성취가 그리스도로 말미암아 이루어지기 때문이다.

33:23-26 하나님께서는 의로운 통치자, 메시아의 인도로 하나님의 백성들을 약속의 땅으로 다시 귀환시킬 것을 약속하신다.

33:25 주야의 약정은 홍수 심판 이후에 제정된 자연 질서인 것에 비해, 하늘과 땅의 법칙들은 천지 창조 당시에 세워진 창조·자연 질서로, 하나님의 우주적인 통치의 일차적인 표현이다.

34장 요약 본장은 시드기야에 대한 경고이다. 그는 바빌로니아에 의해 유다 왕이 되었으나 친이집트 정책을 펴다가 바빌로니아의 보복성 침공을 당했다. 이때에 시드기야와 유다 백성은 하나님의 율법에 순종하고자 종들을 해방시켰으나, 바빌로니아가 공격을 멈춘 사이 다시 잡아 왔다.

㉠ 또는 '내가 그들의 운명을 회복시켜 주겠다'

다. 너는 어서 유다 왕 시드기야에게
가서, 나의 말을 전하여라. 나 주가
말한다. 내가 이 도성을 바빌로니아
왕의 손에 넘겨 주어서, 그가 이 도
성에 불을 지르게 하겠다.
3 너도 그의 손에서 벗어나지 못하고,
꼼짝없이 붙잡혀서 그의 손아귀에
들어갈 것이다. 너는 바빌로니아 왕
앞에 끌려 나가, 그의 얼굴을 직접
보게 될 것이며, 그는 너에게 항복을
요구할 것이다. 너는 바빌로니아로
끌려갈 것이다.
4 유다 왕 시드기야야, 나 주의 약속
을 들어라. 내가 너에게 말한다. 시
드기야야, 너는 칼에 찔려 죽지 않
고,
5 평안히 죽을 것이다. 그리고 사람들
은 네 조상 곧 너보다 먼저 살았던
선왕들의 죽음을 슬퍼하며 향불을
피웠던 것처럼, 네 죽음도 슬퍼하여
향불을 피우며 '슬픕니다, 임금님' 하
면서, 너를 애도하여 조가를 부를 것
이다. 이것은 내가 친히 약속하는 말
이다. 나 주가 하는 말이다."
6 ○예언자 예레미야가 예루살렘에서
유다 왕 시드기야에게 이 모든 말씀
을 전하였다.
7 그 때에 바빌로니아 왕의 군대는 예
루살렘과 유다의 남은 성읍들을 공
격하고 있었는데, 그 당시 유다의 요
새화된 성읍들 가운데서 남은 것이
라고는 라기스와 아세가뿐이었다.

종들에 대한 약속 위반

8 ○주님께서 예레미야에게 말씀하셨
는데, 그 때에는 이미 유다 왕 시드
기야가 종들에게 자유를 줄 것을 선
포하는 언약을 예루살렘에 있는 모
든 백성과 맺은 뒤였다.
9 이 언약은, 누구나 자기의 남종과 여
종이 히브리 남자와 히브리 여자일
경우에, 그들을 자유인으로 풀어 주
어서, 어느 누구도 동족인 유다 사람
을 종으로 삼는 일이 없도록 한다는
것이었다.
10 모든 고관과 모든 백성은 이 계약에
동의하여, 각자 자기의 남종과 여종
을 자유인으로 풀어 주고, 아무도
다시는 그들을 종으로 삼지 않기로
하고, 그들을 모두 풀어 주었다.
11 ○그러나 그 뒤에 그들은 마음이 바
뀌어, 그들이 이미 자유인으로 풀어
준 남녀 종들을 다시 데려다가, 남종
과 여종으로 부렸다.
12 ○그 때에 주님께서 예레미야에게 이
렇게 말씀하셨다.
13 "나 주 이스라엘의 하나님이 말한
다. 내가 너희 조상을 이집트 땅 곧
그들이 종살이하던 집에서 데리고
나올 때에, 그들과 언약을 세우며,
이렇게 명하였다.

34:1-7 바빌로니아가 B.C. 597년 예루살렘을 점령하여 여호야긴 왕을 사로잡아 간 후 시드기야를 대신 섭정자로 세워 놓았다. 그런데 시드기야가 이집트에 편승하여 바빌로니아를 배반하자, 바빌로니아는 B.C. 588년 모든 병력을 동원하여 다시 예루살렘을 포위했다. 이때 예레미야는 시드기야에게 바빌로니아에 항복하는 것이 하나님의 뜻임을 경고했지만, 시드기야는 이 경고에 불순종했기 때문에 비참한 최후를 맞이하였다(52:9-11).

34:12-14 이스라엘이 가난으로 인해 종으로 팔린 동족을 지금까지 놓아준 적이 없었음을 지적한다. 그런데 이 규정은 이집트에서 종의 상태로 있던 이스라엘을 구출하시면서 특별한 의미를 갖고 당부하신 명령이었다.

34:16 내 이름을 더럽혀 놓았다 하나님과의 언약을 파기하는 행위는 하나님의 이름을 더럽히는 것과 같다. 그런데 유다 백성들이 하나님과의 언약을 어긴 것이다(8-11절).

14 ㉠'동족인 히브리 사람이 너에게 팔
려 온 지 칠 년째가 되거든, 그를 풀
어 주어라. 그가 육 년 동안 너를 섬
기면, 그 다음 해에는 네가 그를 자
유인으로 풀어 주어서, 너에게서 떠
나게 하여라.' 그러나 너희 조상은 나
의 말을 듣지도 않았으며, 귀를 기울
이지도 않았다.
15 그런데 최근에 와서야 너희가 비로
소 마음을 돌이켜서, 각자 동족에게
자유를 선언하여 줌으로써, 내가 보
기에 올바른 일을 하였다. 그것도 나
를 섬기는 성전으로 들어와서, 내 앞
에서 언약까지 맺으며 한 것이었다.
16 그러나 너희가 또 돌아서서 내 이름
을 더럽혀 놓았다. 너희가 각자의 남
종과 여종들을 풀어 주어, 그들이
마음대로 자유인이 되게 하였으나,
너희는 다시 그들을 데려다가, 너희
의 남종과 여종으로 부리고 있다.
17 ○그러므로 나 주가 말한다. 너희는
모두 너희의 친척, 너희의 동포에게
자유를 선언하라는 나의 명령을 듣
지 않았다. 그러므로 보아라, 나도
너희에게 자유를 선언하여 너희가
전쟁과 염병과 기근으로 죽게 할 것
이니, 세상의 모든 민족이 이것을 보
고 무서워 떨 것이다. 나 주가 하는
말이다.
18 ○송아지를 두 조각으로 갈라 놓고,
그 사이로 지나가 내 앞에서 언약을
맺어 놓고서도, 그 언약의 조문을 지
키지 않고 나의 언약을 위반한 그
사람들을, 내가 이제 그 송아지와 같
이 만들어 놓겠다.
19 유다의 지도자들이나 예루살렘의
지도자들이나, 내시들이나 제사장
들이나, 이 땅의 백성이나 할 것 없
이, 갈라진 송아지 사이로 지나간
자들은 모조리
20 내가 그들의 목숨을 노리는 원수들
의 손에 넘겨 주겠다. 그러면 그들의
시체가 공중의 새들과 들짐승들의
먹이가 될 것이다.
21 ○유다 왕 시드기야와 그 고관들도
그들의 목숨을 노리는 원수들의 손
에 넘겨 주고, 너희에게서 떠나가 있
는 바빌로니아 왕의 군대의 손에 넘
겨 주겠다.
22 보아라, 내가 명령을 내려서, 바빌로
니아 왕의 군대를 이 도성으로 다시
불러다가, 그들이 이 도성을 공격하
여 점령하게 하고 불을 지르게 하겠
다. 내가 유다의 성읍들을 황무지로
만들어서, 아무도 살 수 없는 곳으
로 만들겠다. 나 주의 말이다."

35

1 요시야의 아들 여호야김이
유다 왕이었을 때에, 주님께서
예레미야에게 이렇게 말씀하셨다.
2 "너는 레갑 사람들을 찾아가서 그들

㉠ 신 15:12를 볼 것

34:17-22 유다가 종들을 해방했다가 다시 속박시켰듯이, 하나님께서 유다를 다시 재난과 기근에 처하게 만들겠다는 것이다. 곧 예루살렘 성을 떠났던 바빌로니아 군대를 다시 불러들여(22절) 예루살렘 성을 완전히 멸망케 하리라는 저주가 선포되었다. 언약을 맺을 때는 두 조각으로 갈라 놓은 양이나 송아지 사이로, 계약을 맺는 당사자들이 함께 통과하는 의식을 치렀다(창 15:7-17).

35장 요약 레갑 사람들을 통해 유다의 패역성을 지적하는 내용이다. 선조의 명령을 신실하게 지킨 레갑 사람들과 달리 유다 백성은 거듭되는 하나님의 말씀을 거부하였다. 본장 내용은 레갑 사람들에 대한 칭찬보다는 유다 백성에 대한 책망에 더 큰 비중을 두고 있다.

35:1-18 레갑 사람들의 삶을 본보기로 삼아 유다의 행위가 얼마나 완악했는지를 입증하는 구절

에게 말하고, 그들을 주의 성전으로
데려다가, 어느 한 방으로 안내하여,
그들에게 포도주를 마시게 하여 보
아라."
3 ○그래서 내가, 하바시냐의 손자요
예레미야라고 하는 사람의 아들인
야아사냐와 그의 형제들과 모든 아
들과 레갑 가문을 모두 데려왔다.
4 나는 그들을 주님의 성전으로 안내
하여, 익다랴의 아들로서 하나님의
사람인 하난의 아들들이 쓰는 방으
로 들어가게 하였다. 그 방은 고관들
의 방 곁에 붙어 있고, 살룸의 아들,
문지기 마아세야의 방 위에 있었다.
5 ○거기에서 내가 레갑 가문 사람들
에게 포도주가 가득 찬 단지와 잔들
을 내놓고 "포도주를 드시지요" 하
며, 그들에게 권하였다.
6 ○그러나 그들은 이렇게 대답하였
다. "우리는 포도주를 마시지 않습니
다. 우리의 조상 레갑의 아들 요나답
께서 우리에게 분부하셨습니다. '너
희는 포도주를 마시지 말아라. 너희
뿐만 아니라 너희 자손도 절대로 마
셔서는 안 된다.
7 너희는 집도 짓지 말고, 곡식의 씨도
뿌리지 말고, 포도나무도 심지 말고,
포도원도 소유하지 말아라. 너희는
언제까지나 장막에서만 살아라. 그
래야 너희가 나그네로 사는 그 땅에
서 오래오래 살 것이다.'
8 ○그래서 우리는 우리의 조상 레갑
의 아들 요나답께서 우리에게 명령
하신 모든 말씀에 순종하여, 우리와
우리 아내와 우리 아들과 딸이 일평
생 포도주를 마시지 않았습니다.
9 우리는 거처할 집도 짓지 않고, 포도
원이나 농토나 곡식의 씨도 소유하
지 않았습니다.
10 우리는 오직 우리의 조상 요나답께
서 우리에게 명령하신 모든 말씀에
순종하여, 그대로 실천하면서, 장막
에서 살았습니다.
11 그런데 바빌로니아 왕 느부갓네살이
이 나라에 쳐들어왔을 때에, 우리는
㉠바빌로니아 군대와 시리아 군대를
피하여 예루살렘으로 들어가야 하
겠다고 결정하였습니다. 그래서 우리
가 지금 예루살렘에 살고 있는 것입
니다."
12 ○그 때에 주님께서 예레미야에게 이
렇게 말씀하셨다.
13 ○"나 만군의 주 이스라엘의 하나님
이 말한다. 너는 유다 사람과 예루
살렘의 주민에게 나가서, 이렇게 말
하여라. '너희는 교훈을 받아들일 수
도 없고, 나의 말에 순종할 수도 없
느냐? 나 주의 말이다.
14 레갑의 아들 요나답이 자손에게, 포
도주를 마시지 말라고 명령한 것이

이다. 이방 민족인 레갑 사람들은 선조 요나답(여호나답, 왕하 10:15)의 네 가지 명령(포도주를 마시지 말 것, 농사를 짓지 말 것, 포도원을 소유하지 말 것, 집을 짓지 말고 장막 생활을 할 것)을 300여 년 동안 굳게 지켜 왔다. 요나답은 그의 자손들에게 단 한 번 명령했을 뿐인데, 자손들은 그 명령을 수백 년 동안 기억하고 순종하였던 것이다. 반면에 하나님께서는 자기 백성들에게 끊임없이 말씀과 훈계를 주시고 예언자들을 보내어 그들을 가르쳤으며, 또한 그들에게 은총을 베풀어 친절히 달래시고 다가올 장래에 대한 소망을 주셨는데도 불구하고, 그들은 전혀 하나님의 명령을 듣지 않았다. 그래서 이제는 어쩔 수 없이 그들에게 재앙을 내려 징벌을 통하여 깨닫게 할 수밖에 없음을 밝혀 놓았다.

35:4 하나님의 사람 이는 예언자를 가리킨다(왕상 12:22). 이들은 소명을 직접 받은 예언자라기보다

㉠ 또는 '갈대아'

이렇게 엄수되고 있다. 그 자손은 조
상이 내린 명령에 순종해서, 이 날까
지 전혀 포도주를 마시지 않는다. 그
러나 너희들은, 내가 직접 말하고,
또 거듭하여 말했으나, 내 말을 듣지
않았다.
15 나는 내 종 예언자들을 모두 너희에
게 보내고, 또 거듭하여 보내면서 권
고하였다. 각자 자신의 악한 길에서
돌아서고, 행실을 고치고, 다른 신
들을 섬기려고 좇아다니지 말라고
하였고, 그래야만 내가 너희와 너희
조상에게 준 땅에서, 너희가 살게 될
것이라고 하였다. 그러나 너희는 나
에게 귀를 기울이지도 않았고, 나의
말을 듣지도 않았다.
16 ○레갑의 아들 요나답의 자손은 조
상이 자기들에게 명령한 분부를 그
렇게 엄수하는데, 이 백성은 나의 말
을 듣지 않았다.
17 그러므로 만군의 하나님이요 이스라
엘의 하나님인 나 주가 말한다. 내가
유다와 예루살렘의 모든 주민에게
예고한 모든 재앙을 그대로 내리겠
다. 내가 그들에게 말을 해도 그들이
듣지 않고, 내가 그들을 불러도 그들
이 대답하지 않았기 때문이다."
18 ○그런 다음에, 예레미야가 레갑 사
람들에게 이렇게 말하였다. ○"나
만군의 주, 이스라엘의 하나님이 말
한다. 너희는 조상 요나답의 명령에
순종하고, 그의 모든 교훈을 엄수하
고, 그가 너희에게 명령한 모든 것을
그대로 실천하였다.
19 그러므로 나 만군의 주, 이스라엘의
하나님이 말한다. 레갑의 아들 요나
답의 자손 가운데서 나를 섬길 사람
이 영원히 끊어지지 않을 것이다."

바룩이 성전에서 두루마리를 읽다

36 요시야의 아들 여호야김이 유
다 왕이 된 지 사 년째 되는 해
에, 주님께서 예레미야에게 말씀하
셨다.
2 ○"너는 두루마리를 구해다가, 내가
너에게 말한 날로부터 곧 요시야의
시대부터 이 날까지 내가 이스라엘
과 유다와 세계 만민을 두고 너에게
말한 모든 말을, 그 두루마리에 기록
하여라.
3 내가 유다 백성에게 내리기로 작정
한 모든 재앙을 그들이 듣고, 혹시
저마다 자신의 악한 길에서 돌아선
다면, 나도 그들의 허물과 죄를 용서
하여 주겠다."
4 ○그래서 예레미야가 네리야의 아들
바룩을 불렀다. 바룩은 예레미야가
불러 주는 대로, 주님께서 그에게 하
신 모든 말씀을 두루마리에 기록하
였다.
5 ○그런 다음에, 예레미야가 바룩에

는 예언자 과정을 이수한 자들이었다.

35:11 이 전투는 바빌로니아 군대와 속국인 시리아 군대가 이집트 편에 있던 유다를 치려고 온 전투이다(왕하 24:2-4).

35:18-19 선조 요나답의 명령대로 자신들의 삶을 정결하게 하고 그 명령을 지켜온 레갑 사람들을 하나님께서 축복하신다. 유대 문헌에 보면 레갑 족속이 바빌로니아 포로에서 귀환한 후에 성전 재건에 있어서 중요한 몫을 담당했다는 기록이 있다.

36장 요약 감금된 예레미야는 두루마리에 메시지를 담아 바룩에게 낭독하게 했다. 이것을 들은 여호야김은 두루마리를 모두 불태우고 예레미야와 바룩을 체포하려 했다. 그러나 하나님의 도우심으로 이 극심한 핍박 중에서도 또 다른 두루마리가 기록된다.

36:1-10 본문은 B.C. 605년 바빌로니아의 제1차 침입 시에 발생한 일이다(35:11). 이때 예레미야는

게 이렇게 지시하였다. "나는 감금되
어 주님의 성전에 들어갈 수 없는 몸
이 되었으니,
6 그대가 금식일에 주님의 성전으로
들어가서, 내가 불러 준 대로 기록한
두루마리에서, 주님의 말씀을 백성
에게 낭독하여 들려주시오. 유다의
여러 성읍에서 온 모든 사람에게 그
말씀을 낭독하여 들려주시오.
7 그러면, 그들이 주님 앞에 엎드려 기
도드리면서, 저마다 악한 길에서 돌
아올는지도 모르오. 주님께서 이 백
성에게 쏟으시겠다고 말씀하신 진노
와 노여움이 너무 크기 때문이오."
8 ○네리야의 아들 바룩은, 예언자 예
레미야가 자기에게 부탁한 대로, 주
님의 성전으로 가서 두루마리에 있
는 주님의 말씀을 읽었다.
9 요시야의 아들 여호야김이 유다 왕
이 된 지 오년째 되는 해 아홉째 달
에, 예루살렘의 모든 주민과 유다의
여러 성읍에서 예루살렘으로 들어
온 모든 백성에게, 주님 앞에서 금식
하라는 선포가 내렸다.
10 바룩은 주님의 성전으로 들어가서,
모든 백성에게 예레미야가 한 주님
의 말씀을 기록한 두루마리를 낭독
하였다. 그가 낭독한 곳은 서기관
사반의 아들 그마랴의 방이었고, 그
방은 주님의 성전 '새 대문' 어귀의
위 뜰에 있었다.

바룩이 고관들 앞에서 두루마리를 읽다

11 ○그 때에 사반의 손자요 그마랴의
아들인 미가야가 두루마리에 있는
하나님의 말씀을 다 듣고,
12 왕궁에 있는 서기관의 방으로 들어
갔다. 마침 그 곳에는 모든 고관이
모여 있었다. 곧 서기관 엘리사마와,
스마야의 아들 들라야와, 악볼의 아
들 엘라단과, 사반의 아들 그마랴와,
하나냐의 아들 시드기야 등 모든 고
관이 앉아 있었다.
13 미가야는, 바룩이 백성에게 책을 낭
독하여 들려줄 때에 들은 모든 말
을, 그들에게 전달하였다.
14 ○모든 고관은, 구시의 증손이요 셀
레먀의 손자요 느다냐의 아들인 여
후디를 바룩에게 보내어, 바룩이 백
성에게 낭독하여 들려준 그 두루마
리를 가지고 오게 하였다. 네리야의
아들 바룩이 그 두루마리를 가지고
그들에게로 가니,
15 그 고관들이 바룩에게 말하였다.
"그대는 앉아서, 우리에게 그 두루마
리를 낭독하여 들려주시오." 바룩이
그들에게 낭독하여 들려주니,
16 그들은 그 말씀을 다 듣고 나서, 놀
라 서로 쳐다보며, 바룩에게 말하였
다. "우리가 이 말씀을 모두 임금님
께 꼭 아뢰어야 하겠소."

성전에 올라가 백성들을 향하여 유다가 공격 당하는 것이 이방신을 섬기고 하나님께 불순종했기 때문이라고 선포했다(25–26장). 이러한 경고가 *귀에 거슬린 여호야김*은 예레미야가 성전에 출입하지 못하도록 조처하였다. 그러자 예레미야는 글로써 메시지를 기록하여 바룩에게 대독시켰다.

36:2 요시야의 시대부터 이 날까지 예레미야가 활동을 시작한 요시야 13년부터 여호야김 4년까지의 시기인 23년간을 말한다(B.C. 627–605년).

36:6 금식일 이것은 7월 10일에 연례적으로 행하는 대속죄일의 금식을 가리키는 것이 아니라, 국가적인 위기에 하나님께 호소하는 금식을 가리키는 듯하다(욜 2:12–17).

36:11–19 바룩이 낭독한 두루마리의 내용을 듣고 맨 처음 반응을 보인 사람은 미가야였다. 그는 즉시 동료들에게 이 사실을 알렸다. 미가야의 동료들인 고관들과 서기관들은 바룩을 불러오게 했다. 바룩은 그들 앞에서 다시 한번 두루마리를

17 그들은 바룩에게, 그가 어떻게 그러
한 말씀을 모두 기록하였는지, 자기
들에게 알려 달라고 말하였다.
18 바룩이 그들에게 대답하였다. "예레
미야 예언자께서 저에게 이 말씀을
모두 불러 주셨고, 저는 그것을 받아
서, 먹으로 이 두루마리에 받아 썼
습니다."
19 고관들이 바룩에게 부탁하였다. "그
대는 가서 예레미야와 함께 숨으시
오. 그대들이 어디에 있는지 아무도
모르게 숨으시오."
20 그리고 고관들은 그 두루마리를 서
기관 엘리사마의 방에 보관하여 두
고, 왕궁의 뜰로 들어가서, 왕에게
이르러, 그 말을 모두 왕에게 전하였
다.

왕이 두루마리를 태우다

21 ○전하는 말을 들은 왕은 여후디를
보내어 그 두루마리를 가져 오게 하
였다. 여후디가 서기관 엘리사마의
방에서 그 두루마리를 가져다가, 왕
과 왕의 곁에 서 있는 모든 고관들
앞에서 낭독하여 들려주었다.
22 그 때는 아홉째 달이어서, 왕이 겨울
별관에 머물렀으며, 왕 앞에는 불피
운 난로가 놓여 있었다.
23 그런데 여후디가 그 두루마리에서
서너 칸을 읽어 내려갈 때마다, 왕은
읽은 부분을 서기관의 칼로 잘라 내
어서, 난로에 던져 넣었다. 이렇게 왕
은 온 두루마리를 다 난로 불에 태
웠다.
24 그런데 왕과 그의 신하들 모두가, 이
말씀을 다 듣고 나서도, 두려워하거
나 슬퍼하면서 자기들의 옷을 찢지
않았다.
25 엘라단과 들라야와 그마랴가 왕에
게 그 두루마리를 태우지 말도록 간
청까지 했었으나, 왕은 그들의 말을
듣지 않았다.
26 ○왕은 오히려, 왕자 여라므엘을 비
롯하여 아스리엘의 아들 스라야와
압디엘의 아들 셀레마야에게 명령하
여, 서기관 바룩과 예언자 예레미야
를 체포하라고 하였다. 그러나 주님
께서 그들을 숨기셨다.

예레미야가 예언을 다시 쓰다

27 ○예레미야가 불러 주고 바룩이 받
아 쓴 그 두루마리를 왕이 태운 뒤
에, 주님께서 예레미야에게
28 다시 다른 두루마리를 구해다가, 유
다 왕 여호야김이 태워 버린 첫째 두
루마리에 기록하였던 먼젓번 말씀
을 모두 그 위에 다시 적고,
29 유다 왕 여호야김에게 주님의 말을
전하라고 하셨다. "나 주가 말한다.
너는 예레미야에게 '왜 두루마리에
다가, 바빌로니아 왕이 틀림없이 와
서 이 땅을 멸망시키고 사람과 짐승

낭독하였다. 그들은 두루마리 내용을 듣고 하나님을 두려워하는 마음이 조금은 일어났으나, 그보다는 왕을 두려워하는 인간적인 마음이 더욱 컸기 때문에 왕의 눈치를 보며 왕에게 알렸다.

36:24 두루마리를 불에 태워 버린 왕의 극악한 행동이 신하들이 경고를 무시하는 데 영향을 준 것 같다. 옷을 찢는다는 말은 회개를 나타내거나 슬픔을 상징하는 행위이다. 그러므로 이 말은 회개의 태도를 보이지 않았다는 표현이다.

36:27-32 불태워진 두루마리 대신 또 다른 두루마리가 기록되었다. 새 두루마리에는 여호야김의 극악했던 반응과 이에 따른 여호야김을 향한 저주의 내용도 첨가되어 있다. 그 저주 가운데 하나가 그의 후계자가 없을 것이라는 말이었다.

36:30 다윗의 왕좌에 앉을 사람이 없을 것이요 이 말은 부분적으로 성취되었다. 그의 아들 여호야긴은 즉위 후 즉시 바빌로니아의 포로로 잡혀가 거기서 죽는다(참조. 왕하 24:8-17;25:27-30).

을 이 땅에서 멸절시킬 것이라고 기
록하였느냐' 하고 묻고는, 그 두루마
리를 태워 버렸다.
30 그러므로 유다 왕 여호야김을 두고
서 나 주가 말한다. '그의 자손 가운
데는 다윗의 왕좌에 앉을 사람이 없
을 것이요, 그의 시체는 무더운 낮에
도 추운 밤에도, 바깥에 버려져 뒹
굴 것이다.
31 나는 이렇게, 여호야김과 그의 자손
에게만이 아니라 그의 신하들에게
도, 그들이 저지른 죄를 벌하겠다.
그들뿐만 아니라 예루살렘 주민과
유다 사람에게, 내가 경고하였으나
그들이 믿지 않았으므로, 내가 모든
재앙을 그들에게 내리겠다.'"
32 ○그래서 예레미야가 다른 두루마리
를 구해다가 네리야의 아들 서기관
바룩에게 주었다. 바룩은 예레미야
가 불러 주는 대로, 유다 왕 여호야
김이 불에 태운 두루마리에 기록한
말씀을 모두 기록하였는데, 이번에
는 그와 비슷한 말씀이 더 많이 추
가되었다.

시드기야는 허수아비 왕이다

37 바빌로니아 왕 느부갓네살은
여호야김의 아들 ㉠고니야를 대
신하여 요시야의 아들 시드기야를
유다 땅의 왕으로 앉혔다.
2 그런데 왕이나 그의 신하들이나 그
땅의 백성이나 할 것 없이 모두가, 주
님께서 예언자 예레미야를 보내셔서
전한 말씀에 순종하지 않았다.
3 ○그 때에 시드기야 왕이 셀레먀
의 아들 여후갈과 마아세야의 아들
제사장 스바냐를 예언자 예레미야에
게 보내어서, 자기들을 도와 그들의
주 하나님께 기도를 드려 달라고 청
하였다.
4 그 때는 예레미야가 아직 감옥에 갇
히지 않았기 때문에 그 백성 사이에
서 자유롭게 활동하던 때였으며,
5 바로의 군대가 이미 이집트에서 출
동했고, 예루살렘을 포위했던 ㉡바
빌로니아 군인들은 그 소식을 듣고
예루살렘에서 퇴각한 때였다.
6 ○그 때에 주님께서 예언자 예레미야
에게 이렇게 말씀하셨다.
7 "나 주 이스라엘의 하나님이 말한
다. 너희를 보내어 나에게 물어 보도
록 한 유다 왕에게 너희는 이렇게 전
하여라. '너희를 도우려고 출동한 바
로의 군대는 제 나라 이집트로 돌아
갈 것이다.
8 그러나 ㉡바빌로니아 군대는 다시 와
서 이 도성을 공격하여 점령하고 불
질러 버릴 것이다.
9 나 주가 말한다. 너희는 ㉡바빌로니
아 군대가 틀림없이 너희에게서 떠
나갈 것이라고 생각함으로써, 너희

37장 요약 본장에서는 인간적인 방법으로 독립과 안정을 확보하려는 시드기야와 핍박 가운데서도 담대히 하나님의 말씀을 대언하는 예레미야의 모습이 극명하게 대조된다.

37:1-4 시드기야는 이집트와 동맹을 맺고 바빌로니아에 대항하였다. 그러자 바빌로니아는 유다를 침공하여 B.C. 588년에 예루살렘을 포위하였다. 이러한 위기가 닥치자 시드기야는 예레미야에게 기도를 부탁하였다. 고니야 B.C. 597년에 즉위하여 3개월 만에 바빌로니아에 포로로 끌려간 여호야긴을 말한다(왕하 24:8-16).

37:5-15 예루살렘이 포위되었다는 소식을 들은 이집트 군은 유다를 돕기 위해 가나안 땅으로 올라왔다. 그러자 바빌로니아 군은 포위망을 풀고 이집트와 싸우기 위해 일시 퇴각하였고, 유다 백성들은 이제 재앙이 물러갔다고 생각하였다. 그

㉠ 일명 '여호야긴' ㉡ 또는 '갈대아'

자신을 속이지 말아라. 그들은 절대
로 철수하지 않을 것이다.
10 너희를 공격하는 ㉠바빌로니아 군대
전체를 너희가 물리쳐서 오직 부상
병들만 남긴다 하여도, 그들은 각자
의 장막에서 떨치고 일어나 나와서,
이 도성을 불질러 버릴 것이다.' "

예레미야의 투옥

11 ○㉠바빌로니아 군대가 바로의 군대
때문에 예루살렘에서 철수하였을
때에,
12 예레미야는 집안의 상속재산을 물
려받을 일이 있어서, 예루살렘을 떠
나 베냐민 땅으로 가려고 길을 떠났
다.
13 그가 '베냐민 문'에 이르렀을 때에,
그 곳에 한 수문장이 있었는데, 그
는 하나냐의 손자이며 셀레먀의 아
들로서, 이리야라고 하는 사람이었
다. 그가 예언자 예레미야를 붙들고
말하였다. "당신은 지금 ㉠바빌로니
아 군인들에게 투항하러 가고 있소."
14 ○이 말을 듣고, 예레미야가 "그렇지
않소. 나는 ㉠바빌로니아 진영으로
투항하러 가는 사람이 아니오" 하고
해명하였으나, 이리야는 그 말을 듣
지 않고, 예레미야를 체포하여 고관
들에게로 데려갔다.
15 고관들은 예레미야에게 화를 내며,
그를 때린 다음에, 서기관 요나단의
관저에 있는 구치소에 예레미야를
감금시켰다. 그 때에는 그 집이 감옥
으로 사용되었기 때문이다.
16 그 곳에는 지하 감옥이 있었는데, 예
레미야는 거기에 들어가서 오랫동안
갇혀 있었다.
17 ○하루는 시드기야 왕이 사람을
보내어, 예레미야를 왕궁으로 데려
와서, 그에게 은밀히 물어 보았다.
"주님께서 무슨 말씀을 하신 것이
없습니까?" 그 때에 예레미야가 대
답하였다. "있습니다." 예레미야가
계속해서 말하였다. "임금님께서는
바빌로니아 왕의 손아귀에 들어가
실 것입니다."
18 예레미야는 시드기야 왕에게 호소하
였다. "제가 임금님이나 임금님의 신
하들에게나 이 백성에게 무슨 죄를
지었다고 저를 감옥에 가두어 두십
니까?
19 바빌로니아 왕이 우리 나라를 치러
오지 않을 것이라고 임금님께 예언
하던 임금님의 예언자들은, 지금 어
디에 있습니까?
20 그러니 이제 부디 저의 소원을 들어
주시기 바랍니다. 높으신 임금님, 부
디 저의 간구를 받아 주셔서, 저를
다시 서기관 요나단의 집으로 돌려
보내지 말아 주십시오. 거기에 가면
살아 나올 수 없습니다."

러나 예레미야는 바빌로니아 군대가 다시 돌아와 예루살렘을 함락시킬 것이라고 예언하였다. 이에 유다 백성들은 예레미야를 매국노로 취급하고 그를 죽이려 했다. 예레미야는 32:1-15에서 매입한 밭을 받기 위해 고향으로 가려다가, 성문 앞에서 고관들에게 잡혀 매질을 당한 후에 서기관 요나단의 집 지하 감옥에 갇히게 되었다.

37:16-21 시드기야 왕은 지하 감옥에 갇힌 예레미야를 은밀히 불러서 자신의 왕좌가 박탈되지나 않을지에 대하여 물어보았다. 이 때 예레미야는 담대히 진리를 선포했다.

37:21 도성에서 양식이 모두 떨어질 때까지 예루살렘이 다시 바빌로니아에 의해 포위되어 멸망할 때까지를 말한다. 바빌로니아의 포위로 인해 예루살렘 성에 양식이 떨어지자(왕하 25:1-3), 성읍 사람들은 성벽에 구멍을 뚫어 성 밖으로 나갔다(왕하 25:4).

㉠ 또는 '갈대아'

21 ○시드기야 왕은 사람들에게 명령을
내려, 예레미야를 근위대 뜰에 가두
고, 그 도성에서 양식이 모두 떨어질
때까지 빵 만드는 사람들의 거리에
서 빵을 매일 한 덩이씩 가져다가 예
레미야에게 주게 하였다. 이렇게 해
서, 예레미야는 근위대 뜰 안에서 지
내게 되었다.

예레미야가 물 없는 웅덩이에 갇히다

38 맛단의 아들 스바댜와 바스훌
의 아들 그달리야와 셀레먀의
아들 ㉠유갈과 말기야의 아들 바스
훌이, 예레미야가 온 백성에게 이렇
게 전하는 말씀을 들었다.
2 "나 주가 말한다. 이 도성 안에 머물
러 있는 사람은 전쟁이나 기근이나
염병으로 죽을 것이다. 그러나 ㉡바
빌로니아 군인들에게 나아가서 항복
하는 사람은 죽지 않을 것이다. 적어
도 자기의 목숨만은 건질 것이며, 계
속 살아 남게 될 것이다.
3 나 주가 말한다. 이 도성은 반드시
바빌로니아 왕의 군대에게 넘어간
다. 그들이 이 도성을 점령한다."
4 ○대신들이 왕에게 말하였다. "이 사
람은 마땅히 사형에 처해야 합니다.
그가 이런 말을 해서, 아직도 이 도
성에 남아 있는 군인들의 사기와 온
백성의 사기를 떨어뜨리고 있습니다.
이 사람은 참으로 이 백성의 평안을
구하지 않고, 오히려 재앙을 재촉하
고 있습니다."
5 ○시드기야 왕이 대답하였다. "그가
여기에 있소. 죽이든 살리든 그대들
뜻대로 하시오. 나에게 무슨 힘이 있
다고 그대들에게 반대하겠소."
6 ○그래서 그 고관들이 예레미야를
붙잡아서, 왕자 말기야의 집에 있는
물웅덩이에 집어 넣었다. 그 웅덩이
는 근위대의 뜰 안에 있었으며, 사람
들은 예레미야를 밧줄에 매달아 웅덩
이 속으로 내려 보냈는데, 그 물웅덩
이 속에는 물은 없고, 진흙만 있어
서, 예레미야는 진흙 속에 빠져 있었
다.
7 ○왕궁에 ㉢에티오피아 사람으로
에벳멜렉이라고 하는 한 환관이 있
었는데, 그는, 사람들이 예레미야를
물웅덩이에 집어 넣었다는 소식을
들었다. 그 때에 왕은 '베냐민 문' 안
에 머물러 있었다.
8 에벳멜렉은 왕궁에서 바깥으로 나
와 왕에게 가서, 이렇게 아뢰었다.
9 "높으신 임금님, 저 사람들이 예언자
예레미야에게 한 일들은 모두 악한
것뿐입니다. 그들이 예레미야를 물
웅덩이 속에 집어 넣었으니, 그가 그
속에서 굶어 죽을 것입니다. 이래서
야 되겠습니까? 성 안에는 더 이상
먹을 것이 없습니다."

38장 요약 바빌로니아의 공격이 절정에 달한 때의 일이다. 하나님과 예언자를 대적했던 유다 고관들, 예레미야를 위해 담대히 상소하였던 왕궁 환관 에벳멜렉과 결국 예레미야의 메시지를 거부했던 시드기야 등의 모습이 드라마틱하게 교차되고 있다.

38:1–6 예레미야는 구금 상태에서도, 예루살렘의 멸망이 필연적이므로 바빌로니아에 항복할 것을 강권하였다. 이 말을 들은 고관들(반바빌로니아 세력)은 왕의 허락하에 예레미야를 근위대 뜰에 있는 진흙 웅덩이 속에 던져 넣었다. 진리를 외치다가 최악의 박해, 곧 죽음의 문턱에까지 이른 예레미야의 담대한 모습이 기록되어 있다.

38:5 나에게 무슨 힘이…반대하겠소 예레미야의 사형을 승낙한 이 말은, 당시 반바빌로니아 세력을 형성하고 있는 고관들의 손에서 국가의 정책이

㉠ 또는 '예후갈' ㉡ 또는 '갈대아' ㉢ 히, '구스'. 나일 강 상류지역

10 ○그 때에 왕은 에티오피아 사람 에
벳멜렉에게 이렇게 명령하였다. "너
는 여기 있는 군인들 가운데서 ㉠삼
십 명을 데리고 가서, 예언자 예레미
야가 죽기 전에, 어서 그를 그 물웅
덩이 속에서 끌어올려라."
11 에벳멜렉이 그 사람들을 데리고 왕
궁의 의복 창고로 들어가서, 해어지
고 찢어진 옷조각들을 거기에서 꺼
내다가, 밧줄에 매달아서, 물웅덩이
속에 있는 예레미야에게 내려 주었
다.
12 에티오피아 사람 에벳멜렉이 예레미
야에게 말하였다. "해어지고 찢어진
옷조각들을 양쪽 겨드랑이 밑에 대
고, 밧줄에 매달리십시오." 예레미야
가 그대로 하였다.
13 사람들이 밧줄을 끌어당겨서 예레
미야를 물웅덩이 속에서 끌어올렸
다. 이렇게 해서, 예레미야는 근위대
뜰 안에서 지내게 되었다.

시드기야가 예레미야에게 충고를 구하다

14 ○시드기야 왕은 사람을 보내어서,
예언자 예레미야를 주님의 성전 셋
째 문 어귀로 데려왔다. 그리고 왕은
예레미야에게 말하였다. "내가 그대
에게 한 가지를 묻겠으니, 아무것도
나에게 숨기지 마시오."
15 ○그러자 예레미야가 시드기야에게
대답하였다. "제가 만일 숨김없이 말
씀드린다면, 임금님께서는 저를 죽이
실 것입니다. 또 제가 임금님께 말씀
을 드려도, 임금님께서는 저의 말을
들어주시지 않을 것입니다."
16 ○시드기야 왕은 예레미야에게 이렇
게 은밀히 맹세하였다. "우리에게 목
숨을 주신 주님의 살아 계심을 두고
맹세하오. 나는 그대를 죽이지도 않
고, 그대의 목숨을 노리는 저 사람
들의 손에 넘겨 주지도 않겠소."
17 ○그러자 예레미야가 시드기야에게
말하였다. "주 만군의 하나님, 이스
라엘의 하나님께서 임금님에게 이렇
게 말씀하십니다. '너는 바빌로니아
왕의 고관들에게 항복하여야 한다.
그러면 너는 너의 목숨을 구하고, 이
도성은 불에 타지 않을 것이다. 그리
고 너와 너의 집안이 모두 살아 남
게 될 것이다.
18 그러나 네가 ㉡바빌로니아 왕의 고관
들에게 항복하지 않으면, 이 도성이
㉡바빌로니아 군대의 손아귀에 들어
가고, 그들은 이 도성에 불을 지를
것이고, 너는 그들의 손에서 벗어날
수가 없을 것이다.'"
19 ○그런데도 시드기야 왕은 예레미야
에게 이렇게 대답하였다. "나는 ㉡바
빌로니아 군대에게 투항한 유다 사
람들이 두렵소. ㉡바빌로니아 군대가
나를 그들의 손에 넘겨 주면, 그들이

결정되고 있음을 말해 준다.

38:7-13 예레미야가 어떻게 구출되었는가에 대한 설명이다. 하나님께서는 에티오피아 사람 에벳멜렉을 통하여 예레미야를 구출하셨다. 하나님을 의지하는 이방 사람을(39:18) 통하여 교만하던 유다 사람들을 부끄럽게 만든 사건이다.

38:14-23 시드기야 왕과 예레미야 사이의 마지막 밀담이 기록되어 있다. 예레미야는 항복하는 것이 하나님의 뜻이라고 간절히 왕을 설득시켰다. 하나님의 뜻은 유다와 예루살렘의 멸망이 아니었다. 만약 이때 왕이 예레미야의 말을 듣고 바빌로니아에게 항복했더라면 유다의 역사는 달라졌을 것이다. 그러나 왕은 하나님의 메시지보다는 반바빌로니아 세력들의 압력을 더욱 두렵게 생각했기 때문에 하나님의 말씀을 거부하였다.

38:24-28 시드기야는 예레미야의 간청을 거부했지만, 그를 매국노라고 생각하지는 않았다. 그

㉠ 다른 히브리어 사본에는 '세 명' ㉡ 또는 '갈대아'

나를 학대할지도 모르지 않소?"
20 ○예레미야가 말하였다. "그들의 손
에 넘어가지 않을 것입니다. 부디 제
가 임금님께 전하여 드린 주님의 말
씀에 순종하십시오. 그래야 임금님
께서 형통하시고, 임금님의 목숨도
구하실 것입니다.
21 그러나 임금님께서 항복하기를 거부
하시면, 주님께서 저에게 보여 주신
일들이 그대로 일어날 것입니다.
22 보십시오, 유다의 왕궁에 남아 있는
여인들이 모두 바빌로니아 왕의 고
관들에게로 끌려가면서 이렇게 탄식
할 것입니다.

'믿던 도끼에 발 찍혔다. 친구들
이 너를 속이고 멋대로 하다가, 네
가 진창에 빠지니, 너를 버리고 떠
났다.'

23 임금님의 모든 아내와 자녀들도
㉠바빌로니아 군대에 끌려갈 것이고,
임금님께서도 그들의 손에서 벗어나
지 못하고, ㉠바빌로니아 왕의 손에
붙잡히실 것입니다. 그리고 이 도성
도 불에 타버릴 것입니다."
24 ○그런데도 시드기야는 예레미야에
게 이렇게 말하는 것이었다. "이런
이야기를 아무에게도 발설하지 마시
오. 그렇지 않으면 그대는 목숨을 부
지하지 못할 것이오.
25 나하고 이야기했다는 것을 고관들
이 알면, 그들이 그대에게 와서, 나하
고 무슨 말을 하였으며, 또 내가 무
슨 말을 하였는지 자기들에게 사실
대로 말하라고 할 것이오. 그들이 그
대를 죽이지 않겠다고 하면서 아무
것도 숨기지 말고 말하라고 할 것이
오. 그러면
26 그대는, 그대가 요나단의 집으로 돌
아가면 죽게 될 터이니, 그 곳으로
돌려보내지 말아 달라고 임금님에게
간청하였다고만 대답하시오."
27 ○과연 고관들이 모두 예레미야에게
와서 물어 보았다. 그 때에 예레미야
는 왕이 자기에게 명령한 그 말대로
만 그들에게 대답하였다. 그 이야기
의 내용은 전혀 탄로나지 않았고, 대
신들은 예레미야에게 더 이상 할 말
이 없었다.
28 이렇게 해서, 예레미야는 예루살렘
이 함락되는 날까지 근위대 뜰 안에
머물러 있게 되었다.

예루살렘의 함락

(왕하 25:1-12; 렘 52:4-16)

39 유다 왕 시드기야 제 구년 열
째 달에 바빌로니아 왕 느부갓
네살이 그의 모든 군대를 거느리고
예루살렘을 치러 올라와서, 도성을
포위하였는데,
2 시드기야 제 십일년 넷째 달 구일에
마침내 성벽이 뚫렸다.

래서 밀담이 끝난 후 고관들(반바빌로니아파)이 예레미야를 심문할 것을 예상하고, 그들의 심문에서 모면할 방도를 가르쳐 주었다. 예레미야는 예루살렘 성이 함락되는 B.C. 587년까지 근위대 뜰에 연금되었다. 바빌로니아가 예루살렘을 점령하자 예레미야를 석방시켜 주었다.

38:26 당시 유다의 총리였던 요나단의 집 지하 감옥에는 많은 정치범들이 수용되어 있었다.

㉠ 또는 '갈대아'

39장 요약 바빌로니아에 의해 예루살렘은 마침내 함락되었다. 이는 수십 년에 걸쳐 여러 예언자들에 의해 선포된 예언의 성취요, 하나님의 공의로 말미암은 징벌이었다. 당시 유다의 지도급 인사들은 대부분 포로로 잡혀갔다. 그러나 예레미야는 자유의 몸이 되었고 에벳멜렉도 하나님의 보호를 약속받았다.

39:1-10 예루살렘은 2년 동안 포위당했다가 마

3 ○(바빌로니아 왕의 고관들이 모두
성 안으로 들어와서 '중앙 대문'에 앉
았다. 네르갈사레셀과 삼갈르보와
살스김 곧 랍사리스와 다른 네르갈
사레셀 곧 랍막과 바빌로니아 왕이
보낸 다른 고관들이, 모두 앉아 있었
다.)
4 ○유다 왕 시드기야와 그의 모든
군인들은 쳐들어오는 적군을 보고
서, 모두 도망하였다. 그들은 밤에
왕의 동산 길을 통과하여, 두 성벽을
잇는 통로를 지나, 아라바 쪽으로 도
망하였다.
5 그러나 바빌로니아 군대가 그들을
추격하여, 여리고 평원에서 시드기
야를 사로잡아, 하맛 땅의 리블라로
끌고 가서, 바빌로니아 왕 느부갓네
살 앞에 세워 놓았다. 바빌로니아 왕
이 시드기야를 신문하였다.
6 바빌로니아 왕은 리블라에서 시드기
야의 아들들을 시드기야가 보는 앞
에서 처형하였다. 바빌로니아 왕은
유다의 귀족들도 모두 처형하였다.
7 그리고 왕은 시드기야의 두 눈을 뺀
다음에, 바빌론으로 끌고 가려고, 그
를 쇠사슬로 묶었다.
8 ○바빌로니아 군인들은 왕궁과 민가
에 불을 지르고, 예루살렘의 성벽들
도 허물어 버렸다.
9 그런 다음에, 근위대장 느부사라단
은 아직도 성 안에 남아 있는 백성
과 자기에게 투항한 사람과 그 밖에
남은 백성을 바빌로니아로 잡아갔
다.
10 그리고 근위대장 느부사라단은 가
진 것이라고는 아무것도 없는 일부
빈민을 유다 땅에 남겨 두고, 그들에
게 포도원과 농토를 나누어 주었다.

예레미야의 석방

11 ○바빌로니아 왕 느부갓네살은 근위
대장 느부사라단에게 예레미야의
처우를 두고, 이렇게 명령하였다.
12 "너는 그를 데려다가 잘 보살펴 주어
라. 너는 그를 조금도 해치지 말고,
오직 그가 너에게 요구하는 대로 그
에게 해주어라."
13 ○근위대장 느부사라단과, 느부사스
반 곧 랍사리스와, 네르갈사레셀 곧
랍막과, 바빌로니아 왕이 보낸 다른
고관들 모두가 사람을 보내어,
14 근위대 뜰에서 예레미야를 데려다
가, 사반의 손자요 아히감의 아들인
그달리야에게 맡겨서, 그를 집으로
돌아가게 하였다. 그래서 예레미야
는 백성과 함께 살 수가 있었다.

주님께서 에벳멜렉에게
구원을 약속하시다

15 ○예레미야가 여전히 근위대 뜰 안
에 갇혀 있을 때에, 주님께서 그에게
이렇게 말씀하셨다.

침내 B.C. 587년에 함락되었다. 성이 함락되자 왕과 그 일족은 백성을 버려두고 밤중에 도망하였다. 그러나 결국 그들은 모두 잡히게 되었으며 참혹한 상황에 직면했다. 하나님의 끊임없는 경고를 무시하고 세상적인 지혜로 위기를 넘겨 보려던 시드기야는 드디어 비참한 종말을 고하고 말았다. 또한 지도자들의 다수는 포로로 끌려갔으며, 빈민들만 잔류하게 되었다. 이는 유다의 재건을 막기 위한 바빌로니아의 치밀한 식민 정책이었다.

39:11-14 느부갓네살은 예루살렘을 포위하는 동안 예레미야의 소문을 익히 들어서 알고 있었다. 바빌로니아에 항복을 해야 한다는 예레미야의 메시지 때문에 그는 예레미야를 바빌로니아에 우호적인 인사로 취급한 것이다. 그달리야(14절)는 후에 느부갓네살이 유다의 총독으로 세웠는데(40-41장), 그의 아버지 '아히감'은 여호야김 때 예레미야의 목숨을 구해 주었다(26:24).

16 "너는 저 에티오피아 사람 에벳멜렉
에게 가서, 이와 같이 전하여라. '나
만군의 주, 이스라엘의 하나님이 말
한다. 보아라, 내가 이 도성에 복이
아니라 재앙을 내리겠다고 선포하였
는데, 이제 내가 한 그 말을 이루겠
다. 이 일이 바로 그 날에, 네가 보는
앞에서 일어날 것이지만,
17 바로 그 날에 내가 너를 건져내어,
네가 두려워하는 사람들의 손아귀
에 들어가지 않도록 하겠다. 나 주의
말이다.
18 오히려 내가 너를 반드시 구해서, 네
가 칼에 죽지 않게 하겠다. 네가 나
를 의지하였기 때문에, 내가 너의 생
명을 너에게 상으로 준다. 나 주의
말이다.'"

40

1 근위대장 느부사라단이 라
마에서 예레미야를 석방한 뒤
에, 주님께서 예레미야에게 말씀하
셨다. 그 때에 예레미야는 바빌로니
아로 포로로 끌려가는 예루살렘과
유다의 모든 포로와 함께 수갑을 차
고 끌려가고 있었다.
2 ○근위대장은 예레미야를 데려다 놓
고 이렇게 말하였다. "그대의 하나님
이신 주님께서 이 곳에 이런 재앙을
내리시겠다고 말씀하셨는데,
3 이제 그대로 하셨소. 주님께서 말씀
하신 그대로 하신 것이오. 그대들이
주님께 죄를 짓고 그분의 말씀에 순
종하지 않았기 때문에, 그대들이 이
런 재앙을 당한 것이오.
4 그러나 이제 보시오. 내가 지금 그
대의 두 팔에 채워진 수갑을 풀어
주겠소. 그대가 만일 나와 함께 바
빌로니아로 가는 것을 좋게 여기면,
함께 가십시다. 내가 그대를 보살펴
주겠소. 그러나 나와 함께 바빌로니
아로 가는 것을 좋게 여기지 않으
면, 가지 않아도 괜찮소. 이 땅 어디
든지, 그대가 보기에 적당하고 마음
에 드는 곳이 있으면, 그 곳으로 가
시오."
5 ○예레미야가 아직 돌아가려고 하지
않으니까, 그는 말을 계속하였다.
"그대가 이 곳에 머물기를 원하면,
사반의 손자요 아히감의 아들인 그
달리야에게로 돌아가서, 그와 함께
동족과 더불어 사시오. 그는 바빌로
니아 왕께서 유다 땅의 총독으로 세
우신 사람이오. 그것도 싫으면, 어디
든지, 그대가 보기에 적당한 곳으로
찾아가시오." ○이렇게 말하면서, 근
위대장은 예레미야에게 길에서 먹을
양식과 선물을 주어서 보냈다.
6 예레미야는 미스바로 가서, 아히감
의 아들 그달리야를 찾아가, 그와 함
께 그 땅에 남아 있는 동족과 더불
어 살았다.

40장 요약 본문은 유다 총독 그달리야에 대한 기록(7–16절)이다. 예레미야는 그달리야에게로 가서 거기 남은 유다 백성과 함께 거했다. 그달리야는 예레미야를 통해 선포된 하나님의 뜻을 받아들여 바빌로니아에 복종하였다.

40:1–6 39:11–14에 대한 자세한 설명이다. 전체적인 특성을 앞에서 간단히 언급한 다음, 뒷부분에서 더욱 상세하게 설명하는 방법이 성경에서 간혹 사용되곤 한다. 바빌로니아의 근위대장 느부사라단은 예레미야를 감옥에서 끌어내어 라마까지 이송시킨 후 그곳에서 공개적으로 석방하였다. 느부사라단은 자기의 목적을 위해 하나님의 말씀을 인용하였다.

40:7–12 그달리야가 유다 총독으로 임명되자 광야로 도피했던 자들까지도 그달리야 치하로 몰려들었다. 그는 바빌로니아에 충성을 바치는 것이 유다의 안정을 찾는 길이라고 생각했다. 그래서

유다 총독 그달리야 (왕하 25:22-24)

7 ○들판에서 부하들과 함께 있는 군
지휘관들은, 바빌로니아 왕이 아히
감의 아들 그달리야를 이 땅의 총독
으로 삼고, 남자와 여자와 어린 아이
들뿐 아니라, 그 땅의 빈민 가운데서
바빌로니아로 끌려가지 않은 사람들
을 그에게 맡겼다는 소식을 듣고,
8 미스바로 와서 그달리야를 만났다.
그들은 느다니야의 아들 이스마엘,
가레아의 두 아들 요하난과 요나단,
단후멧의 아들 스라야, 느도바 사람
에배의 아들들, 마아가 사람의 아들
여사냐와, 그들 각자가 거느린 부하
들이다.
9 ○그 때에 사반의 손자요 아히감의
아들인 그달리야가, 지휘관들과 그
들의 부하들에게 이렇게 맹세하였
다. "여러분은 바빌로니아 사람 섬기
는 것을 두려워하지 마시오. 여러분
은 이 땅에 살면서 바빌로니아 왕을
섬기시오. 그러면 모든 일이 다 잘될
것이오.
10 나는 미스바에 머물면서 우리를 찾
아오는 바빌로니아 사람 앞에서 여
러분의 대표자로 나서겠소. 그러니
여러분은 어느 성읍이든지 차지하고
거기에서 포도주와 여름 과일과 기
름을 모아, 여러분의 그릇에 저장하
면서 살도록 하시오."
11 ○모압과 암몬의 자손과 에돔과 그
밖에 여러 나라에 흩어져 있는 모든
유다 사람도 바빌로니아 왕이 유다
땅에 사람들을 남겨 두었으며, 사반
의 손자요 아히감의 아들인 그달리
야를 그들의 대표자로 세워 놓았다
는 소문을 들었다.
12 그래서 흩어져 있는 유다 사람들도,
모두 자기들이 살던 곳에서 돌아와
서, 유다 땅 미스바의 그달리야에게
로 갔다. 그리고 그들은 포도주와 여
름 과일을 아주 많이 모았다.

총독의 암살 (왕하 25:25-26)

13 ○그런데 가레아의 아들 요하난을
비롯하여 들판에 있는 군지휘관들
이, 모두 미스바의 그달리야에게 와
서,
14 그에게 이렇게 말하였다. "암몬 사람
의 왕 바알리스가 총독님의 목숨을
빼앗으려고 느다니야의 아들 이스마
엘을 보냈다는 것을, 전혀 모르고 계
십니까?" 그러나 아히감의 아들 그
달리야는 그들의 말을 믿지 않았다.
15 그 뒤에 가레아의 아들 요하난은 미
스바의 그달리야에게 은밀히 이렇게
까지 말하였다. "제가 아무도 모르
게 가서, 느다니야의 아들 이스마엘
을 죽이겠습니다. 허락해 주십시오.
그가 총독님을 살해하면, 지금 총독
님께 모여 있는 모든 유다 사람이 다

자기에게 찾아오는 모든 유다 사람들에게 바빌로니아에 복종한다는 전제로 안정된 삶을 약속해 주었다.

40:13-16 그달리야 총독 치하로 몰려온 백성들 중에는 강경하게 바빌로니아를 반대하는 인물들이 섞여 있었다. 그들은 이스마엘을 두목으로 삼고 그달리야를 죽일 음모를 꾸몄다. 이 음모를 눈치챈 요하난은 그달리야 총독에게 이스마엘을 자기가 처치하겠다고 말했다. 그러나 총독은 그의 말을 믿지 않고 이스마엘 살해를 허락하지 않았다.

40:13 요하난 군지휘관 중의 한 사람으로, 그달리야 총독의 휘하로 들어왔다.

40:14 이스마엘 다윗의 혈족으로(41:1), 그달리야 총독이 다윗의 혈통이 아니면서 바빌로니아에 끌려가지 않은 유다의 남은 사람들을 다스리는 점이 불만스러웠던 것 같다. 그달리야 총독 휘하에 들어왔지만, 그달리야를 죽일 음모를 꾸민다.

시 흩어지고, 이렇게 살아 남은 유다
사람들마저 멸망하고 말 것입니다."
16 ○그러나 아히감의 아들 그달리야는
가레아의 아들 요하난에게 이렇게
대답하였다. "그대는 그런 일을 해서
는 안 되오. 그대가 이스마엘에 대하
여 한 말은 사실일 리가 없소."

41 1 그 해 일곱째 달이 되었을
때에, 엘리사마의 손자이며 느
다니야의 아들로서, 왕족이며 왕의
대신이기도 한 이스마엘이, 부하 열
사람과 함께 아히감의 아들 그달리
야를 만나러 미스바로 왔다. 그리하
여 그들은 미스바에서 그달리야와
함께 식사를 하였는데,
2 느다니야의 아들 이스마엘이 자기가
데리고 온 부하 열 명과 함께 일어나
서, 사반의 손자이며 아히감의 아들
인 그달리야를 칼로 쳐죽였다. 이스
마엘은, 바빌로니아 왕이 그 땅의 총
독으로 세운 그를 이렇게 죽였다.
3 이스마엘은 또, 그달리야와 함께 식
탁에 있는 모든 유다 사람들과, 그
곳에 와 있는 바빌로니아 군인들도
죽였다.
4 ○그달리야가 살해된 다음날, 아
직 아무도 그것을 알지 못할 때에,
5 수염을 깎고 옷을 찢고 몸에 상처를
낸 사람들 여든 명이, 세겜과 실로와
사마리아로부터 곡식제물과 향료를
들고 와서, 주님의 성전에 바치려고
하였다.
6 그런데 느다니야의 아들 이스마엘이
그들을 맞으려고 미스바에서 나와
서, 계속 울면서 걸어가다가, 마침내
그들을 만나자 이렇게 말하였다. "아
히감의 아들 그달리야에게로 갑시
다."
7 그리하여 그들이 미스바 성 안으로
들어오니, 느다니야의 아들 이스마
엘이 자기와 같이 있는 부하들과 함
께 그들을 살해하여, 물웅덩이 속에
던져 넣었다.
8 ○그런데 그들 가운데 열 사람이 이
스마엘에게 애걸하였다. "우리가 밀
과 보리와 기름과 꿀을 밭에 숨겨 두
었으니, 제발 살려 주십시오." 그래
서 이스마엘이 그들을 일행과 함께
죽이지 않고 살려 주었다.
9 이스마엘이 사람들을 쳐죽이고서
그 시체를 모두 던져 넣은 물웅덩이
는, 아사 왕이 이스라엘 왕 바아사
를 저지하려고 파 놓은 물웅덩이인
데, 느다니야의 아들 이스마엘이 그
곳을 송장으로 가득 채웠다.
10 그런 뒤에 이스마엘은 미스바에 남
아 있는 모든 백성과 공주들을 포로
로 사로잡았다. 그들은 모두, 근위대
장 느부사라단이 아히감의 아들 그
달리야에게 맡겨 놓은, 미스바에 남

41장 요약 이스마엘의 그달리야 암살과 요하난의 추격에 관한 기사이다. 다윗 혈족인 이스마엘은 암몬 왕의 사주를 받아 만찬석상에서 그달리야를 암살했다. 이 소식을 들은 요하난은 즉시 추적하여 기브온 물가에서 이스마엘 일당을 발견했다. 이스마엘은 백성들을 버려 둔 채 측근들과 함께 암몬으로 도주하였다.

41:1–3 미스바를 방문한 이스마엘은 그달리야 총독이 마련한 만찬석상에서 자기를 환대해 준 그달리야를 살해하였다. 이스마엘의 살해 동기는 ① 다윗의 혈족이 유다를 통치해야 한다는 관념과 ② 암몬 왕 바알리스의 이간질 때문이었던 것 같다(40:14).

41:4–18 그달리야를 살해한 이스마엘은, 회개하는 마음으로 성전을 찾는 순례객들까지 살해하였다. 이 소식을 듣고 요하난이 달려왔을 때는 이스마엘이 이미 백성들을 강제로 끌고 암몬 쪽으로

아 있는 백성이다. 그런데 느다니야
의 아들 이스마엘은 그들을 포로로
사로잡아서, 암몬 사람에게로 넘어
가려고 하였다.
11 ○가레아의 아들 요하난과 그와 함
께 있는 모든 군대장관은, 느다니야
의 아들 이스마엘이 저지른 범죄 소
식을 모두 전하여 듣고,
12 부하를 다 거느리고 느다니야의 아
들 이스마엘을 치러 뒤쫓아갔다. 그
들은 기브온에 있는 큰 못 근처에서
그를 만났다.
13 이스마엘에게 끌려가던 사람들이 모
두 가레아의 아들 요하난과 그와 함
께 온 모든 군지휘관들을 보고서 기
뻐하였다.
14 그리고 미스바에서부터 이스마엘에
게 포로로 끌려가던 사람들이 모두
뒤돌아서, 가레아의 아들 요하난에
게로 넘어갔다.
15 그러나 느다니야의 아들 이스마엘은
부하 여덟 명과 함께 요하난 앞에서
도주하여, 암몬 사람에게로 넘어갔
다.
16 ○아히감의 아들 그달리야를 살해한
뒤에, 느다니야의 아들 이스마엘이
남아 있는 모든 백성을 사로잡아 미
스바에서 포로로 끌고 가려고 하였
으나, 가레아의 아들 요하난은 자기
가 데리고 있는 모든 군지휘관을 거
느리고 가서, 포로로 끌려가는 군인
들과 남자와 여자와 어린 아이들과
내시들을 기브온에서 데리고 왔다.
17 그들은 다 같이 이집트로 들어갈 작
정으로 도망치다가, 베들레헴 근처
에 있는 ㉠게롯김함에서 쉬었다.
18 바빌로니아 왕이 아히감의 아들 그
달리야를 그 땅의 총독으로 세워 놓
았는데, 느다니야의 아들 이스마엘
이 그를 죽였기 때문에, 그들은 바빌
로니아 사람들이 두려웠던 것이다.

백성이 예레미야에게 기도를 부탁하다

42 모든 군지휘관과 가레아의 아
들 요하난과 호사야의 아들
㉡여사냐와, 가장 낮은 사람으로부
터 가장 높은 사람에 이르기까지,
온 백성이 모여서,
2 예언자 예레미야에게 간구하였다.
"예언자께서는 부디 우리의 간구를
받아 주시고, 여기에 남아서, 우리
모두를 위하여, 예언자님의 하나님
이신 주님께 기도를 드려 주십시오.
예언자께서 지금 보시는 바와 같이,
많은 사람 가운데서, 이제는 우리만
겨우 남아 있을 뿐입니다.
3 그러니 예언자님의 하나님이신 주님
께서, 우리가 가야 할 길과 우리가
해야 할 일을, 우리에게 알려 주시도
록 해주십시오."
4 ○예언자 예레미야가 그들에게 대답

떠난 다음이었다. 요하난은 즉시 연합 추적대를 편성하여 이스마엘을 뒤쫓았다. 추적대는 기브온 물가에서 이스마엘 일당을 발견하였다. 결국 이스마엘이 암몬으로 끌고 가려던 백성들은 구출되었으나, 이스마엘은 측근인 8인과 함께 암몬으로 도주하고 말았다. 요하난은 이스마엘의 만행에 대한 바빌로니아의 보복을 두려워했다. 그래서 남은 유다 사람들을 끌고 이집트로 갈 계획을 세웠다.

㉠ '김함의 여관' ㉡ 43:2에는 '아사랴'

42장 요약 요하난은 이스마엘의 만행에 대한 바빌로니아의 보복을 두려워하여 이집트로 가려고 이미 결심하고 있었지만 예레미야에게 그것이 옳은 것인지 물어보았다. 이에 예레미야는 단호하게 이집트는 남은 자들의 피난처가 될 수 없다고 경고했다.

42:2-3 기도를 드려 주십시오 하나님의 뜻을 물으라는 것이지만, 자기들의 의도를 하나님께 관철

하였다. "잘 알아들었습니다. 여러분
의 간청대로, 내가 여러분의 하나님
이신 주님께 기도를 드리고, 주님께
서 응답하시는 것을 아무것도 숨기
지 않고, 모두 여러분에게 알려 드리
겠습니다."
5 ○그들도 예레미야에게 약속하였다.
"진실하고 신실한 증인이신 주님을
두려워하면서 맹세합니다. 우리는
정말로, 예언자님의 하나님이신 주님
께서 예언자님을 보내셔서 우리에게
전하여 주시는 말씀대로 행동할 것
입니다.
6 우리가 예언자님을 주 우리의 하나
님께 보내는 것은, 그분의 응답이 좋
든지 나쁘든지 간에, 우리가 그 말씀
에 순종하려 하기 때문입니다. 주 우
리 하나님의 말씀에 순종하면, 우리
가 복을 받을 것입니다."

주님의 응답

7 ○열흘이 지난 뒤에 주님께서 예레미
야에게 말씀하셨다.
8 예레미야가, 가레아의 아들 요하난
과 그와 함께 있는 모든 군지휘관과
가장 낮은 사람부터 가장 높은 사람
에 이르기까지, 온 백성을 부르고,
9 그들에게 이렇게 말하였다.
○"여러분이 나를 주 이스라엘의
하나님께 보내서 여러분의 간구를
전하게 하였습니다. 주 이스라엘의
하나님께서 이렇게 말씀하셨습니다.
10 '너희가 이 땅에 그대로 머물러 살면,
내가 너희를 허물지 않고 세울 것이
며, 내가 너희를 뽑지 않고 심겠다.
내가 너희에게 재앙을 내렸으나, 이
제 내가 뜻을 돌이켰다.
11 너희가 지금 두려워하고 있는 그 바
빌로니아 왕을 두려워하지 말아라.
내가 너희와 함께 있으면서 너희를
구원하여 주고, 그의 손에서 너희를
건져내려고 하니, 너희는 그를 두려
워하지 말아라. 나 주의 말이다.
12 내가 너희에게 자비를 베풀어서, 바
빌로니아 왕이 너희를 불쌍히 여겨,
너희를 고향 땅으로 되돌려 보내게
하겠다.
13 ○그런데도 너희가 나 주 너희 하나
님의 말에 순종하지 않고, 이 땅에
머물러 살지 않겠다는 것이냐?
14 그것만은 안 되겠다는 것이냐? 오직
이집트 땅으로 들어가야만 전쟁도
겪지 않고, 비상 나팔 소리도 듣지
않고, 먹을 것이 없어서 굶주리지 않
아도 되니, 그리로 가서 거기에서 살
겠다는 것이냐?
15 ○유다의 살아 남은 자들아, 너희는
이제 나 주의 말을 들어라. 나 만군
의 주, 이스라엘의 하나님이 말한다.
너희가 이집트로 들어가려고 하고,
그 곳에서 살려고 내려가면,

하라는 의미로 쓰고 있다. 우리가 가야 할 길과 우리가 해야 할 일 이 말 속에 백성들의 의도가 집약되어 있다. 바빌로니아의 보복이 있을 것인즉 *(41:18)*, 이집트로 피난가는 것이 마땅히 갈 길이요, 할 일이라는 것이다.

42:4 이미 유다 백성이 이집트 행을 결정해 놓고 있다는 사실을 예레미야가 모를 리 없었지만, 그럼에도 불구하고 예레미야가 신중하게 반응한 까닭은 하나님의 말씀을 받아들이도록 설득하려는 의도가 있었던 것으로 보인다.

42:7-17 하나님께서는 예레미야를 통하여 이집트 땅으로 가지 말라는 응답을 주셨다. 그리고 유다 땅에서의 안전과 평안을 약속하셨다. 또한 바빌로니아의 보복도 하나님께서 막아 주시겠다고 보장해 주셨다. 그 당시 유다 땅에 남아 있던 자들은 이집트에 대하여 잘못된 편견에 사로잡혀 있었다. 그들은 이집트에만 가면 참혹한 전쟁의 참상이나 요란하게 울리는 경보의 나팔 소리, 끼니를 걱정

16 너희가 두려워하는 전쟁이 거기 이
집트 땅으로 너희를 쫓아갈 것이며,
너희가 무서워하는 기근이 거기 이
집트에서 너희에게 붙어 다닐 것이
다. 너희는 거기에서 죽을 것이다.
17 마침내 이집트 땅에서 머물려고 그
곳에 내려가기로 작정한 모든 사람
은, 거기에서 전쟁과 기근과 염병으
로 죽을 것이다. 내가 그들에게 내리
는 재앙에서 아무도 벗어나거나 빠
져 나가지 못할 것이다.
18 ○나 만군의 주, 이스라엘의 하나님
이 말한다. 너희가 이집트로 들어갈
경우에는 내가 예루살렘 주민에게
큰 분노를 쏟아 부었던 것처럼, 너희
에게도 나의 분노를 쏟아 붓겠다. 그
러면 너희는 원망과 놀라움과 저주
와 조소의 대상이 되고, 다시는 이
곳을 볼 수 없을 것이다.'

예레미야의 경고

19 ○유다에 살아 남은 여러분, 주님께
서 여러분에게, 이집트로 가지 말라
고 말씀하셨습니다. 여러분이 분명
히 아시는 대로 나도 오늘 여러분에
게 같은 경고를 하였습니다.
20 여러분은 나를 여러분의 하나님이신
주님께 보내면서, 나에게 간구하였
습니다. '주 우리의 하나님께 우리를
위하여 기도를 드려 주십시오. 그리
고 주 우리의 하나님께서 말씀하시
는 것이면 무엇이든지 우리에게 알
려 주십시오. 우리가 그대로 실천하
겠습니다' 하고 간구하였습니다. 그
러나 여러분은 이 일로 치명적인 실
수를 저질렀습니다.
21 나는 오늘 여러분에게 이 모든 것을
다 알려 드렸습니다. 그런데, 여러분
은 나에게 청해서, 여러분의 하나님
주님의 말씀을 들었는데도, 그대로
따르지 않았습니다.
22 그러므로 이제 여러분이, 가서 정착
하기를 바라는 그 곳에서, 전쟁과 기
근과 염병으로 죽는다는 것을 확실
히 알아 두십시오."

예레미야가 이집트로 가다

43 주 하나님께서 그의 백성에게
지시하신 모든 말씀, 곧 그들의
하나님이신 주님께서 예레미야를 보
내셔서 그들에게 이르게 하신 이 모
든 말씀을, 예레미야가 온 백성에게
다 일러주었을 때에,
2 호사야의 아들 아사랴와 가레아의
아들 요하난과 고집이 센 모든 사람
이, 예레미야에게 말하였다. "당신은
거짓말을 하고 있소. 주 우리의 하나
님께서 당신에게, 우리가 이집트로
가서 머무르게 해서는 안 된다는 말
씀을 전하게 하셨을 리가 없소.
3 이것은 틀림없이, 네리야의 아들 바
룩이 우리를 바빌로니아 사람의 손

하는 식량난이 사라질 것으로 생각했었다. 그래서 하나님께서는 이집트가 완전한 별천지가 아니라는 점을 일깨워 주시면서, 유다 땅에 남아서 하나님의 보호와 축복을 누리라고 명령하셨다.

42:20 유다 사람들은 이집트 땅을 평화의 땅으로 생각하면서 그곳으로 가기를 결심했다. 그러면서도 하나님께 그 뜻을 묻는 뻔뻔스러운 행동을 보여, 예레미야는 그들의 행동이 치명적인 실수라고 지적한다.

43장 요약 요하난과 유다 백성은 예레미야를 바룩의 꾐에 빠진 거짓말쟁이로 몰아, 예레미야와 바룩을 강제로 이집트로 끌고 갔다. 그러나 예레미야는 바빌로니아가 이집트를 침략하여 정복할 것을 예언하였다. 이 예언대로 이집트는 바빌로니아에 의해 폐허가 되었다.

43:1–7 예레미야의 선포가 끝나자, 유다의 남은 사람들은 이를 정면 거부하였다. 그들은 이미 이

에 넘겨 주어서 그들이 우리를 죽이
거나 바빌로니아로 잡아가도록 하려
고, 당신을 꾄 것이오."
4 ○가레아의 아들 요하난과 모든
군지휘관과 온 백성은, 유다 땅에 머
물러 살라는 주님의 말씀을 듣지 않
았다.
5 마침내 가레아의 아들 요하난과 모
든 군지휘관은 여러 나라에 흩어져
살다가 유다 땅에서 살려고 돌아온
유다의 살아 남은 사람들을 모두 데
리고,
6 남자와 여자와 어린 아이들과 공주
들과, 근위대장 느부사라단이 사반
의 손자요 아히감의 아들인 그달리
야에게 맡겨 놓은 모든 사람과, 예언
자 예레미야와 네리야의 아들 바룩
까지 데리고서,
7 이집트 땅으로 들어갔다. 이처럼 그
들은 주님께 순종하지 않았다. ○그
들이 다바네스에 이르렀을 때에,
8 주님께서 예레미야에게 말씀하셨다.
9 "너는 너의 손으로 큰 돌들을 날라
다가, 다바네스에 있는 바로의 궁 대
문 앞 포장된 광장을 파고, 유다 사
람들이 보는 앞에서 그 돌들을 묻어
라.
10 그런 다음에 너는 유다 사람들에게
이렇게 전하여라. '나 만군의 주, 이
스라엘의 하나님이 말한다. 내가 사
람을 보내어, 나의 종 바빌로니아 왕
느부갓네살을 데려오겠다. 그러면
그는 내가 묻어 놓은 이 돌들 위에
자기의 보좌를 차려 놓고, 그 위에
차일을 칠 것이다.
11 그가 와서 이집트 땅을 치면, 염병
에 걸려 죽을 자는 염병에 걸려
죽고, 포로로 끌려갈 자는 포로로
끌려가고, 칼에 맞아 죽을 자는
칼에 맞아 죽을 것이다.
12 ○그리고 ㉠그는 이집트의 신전들
에 불을 놓아서 신상들을 태우거나
전리품으로 가져 갈 것이다. 그는 마
치, 목동이 자기 옷에서 벌레를 잡아
내듯이 이집트 땅을 말끔히 털고,
아무런 저항도 받지 않고, 그 곳에서
평안히 떠나갈 것이다.
13 그는 이집트 땅에 있는 ㉡태양 신전
의 돌기둥들을 부수고, 이집트의 신
전들을 불살라 버릴 것이다.'"

이집트의 이스라엘 사람에게 하신 말씀

44 이 말씀은 주님께서, 이집트 땅
에 사는 모든 유다 사람들, 곧
믹돌과 다바네스와 ㉢멤피스와 ㉣상
이집트에 사는 유다 사람들에게 전하
라고 예레미야에게 하신 말씀이다.
2 ○"나 만군의 주, 이스라엘의 하나님
이 말한다. 내가 예루살렘과 유다의
모든 성읍에 내린 모든 재앙을 너희
가 분명히 보았다. 보아라, 그 성읍

집트로 피난할 것을 결정해 놓고 하나님의 뜻을 물었던 것이다. 결국 그들은 자기들의 고집대로 이집트로 도피해 갔다. 예레미야와 바룩도 강제로 *끌려가게 되었다.*

43:8-13 강제로 이집트까지 끌려온 예레미야는 상징적인 행동을 통해 바빌로니아가 반드시 이집트를 정복할 것이라고 선언한다. 곧 전쟁과 기근을 피하여 유다 사람들이 이집트로 왔으나, 이곳도 바빌로니아가 침공할 것이라는 예언이다.

44장 요약 이집트의 멸망에 관한 예언이다. 예레미야는 우상 숭배야말로 유다 멸망의 직접적 원인임을 분명히 지적하고, 이집트의 우상을 숭배한 유다 백성들이 이집트와 더불어 멸절당할 것을 경고했다. 그리고 이집트 왕 바로 호브라의 죽음이 이 예언의 징표라고 밝혔다.

㉠ 칠십인역과 시리아어역과 불가타를 따름. 히. '나는' ㉡ 또는 '헬리오폴리스에 있는 돌기둥들을' ㉢ 히. '놉' ㉣ 히. '바드로스에'

들은 오늘날 아무도 살지 않는 폐허
가 되었다.
3 그것은 그들이, 자기들도, 너희도, 너
희 조상도 알지 못하는 다른 신들에
게 제물을 살라 바치며 섬김으로써,
나를 노하게 한 죄를 저질렀기 때문
이다.
4 나는 나의 종 예언자들을 너희에게
모두 보내고, 또 거듭하여 보내면서
경고하였다. 제발 이렇게 역겨운 일
을 하지 말라고 하였다. 그것은 내가
미워하는 일이라고 하였다.
5 그런데도 그들은 듣지 않고, 귀를 기
울이지 않았다. 그들은 여전히 다른
신들에게 제물을 살라 바치면서, 악
에서 돌아서지 않았다.
6 그래서 내가 나의 타오르는 분노를
퍼부어서, 유다의 성읍들과 예루살
렘의 거리들을 불태웠고, 그래서 그
곳들이 모두 오늘날과 같이 폐허와
황무지로 바뀌어 버렸다."
7 ○"그러므로 이제, 만군의 하나님
이며 이스라엘의 하나님인 나 주가
말한다. 어찌하여 너희는 그렇게 큰
악을 행하여, 너희 자신을 해치고 있
느냐? 너희는 유다 백성 가운데서
남자와 여자와 어린 아이와 젖먹이
들까지 다 죽게 하여서, 너희 가운데
살아 남는 사람이 아무도 없게 할
작정이냐?
8 너희는 왜 너희 손으로 만든 우상으
로 나를 노하게 하며, 너희가 머물려
고 들어간 이집트 땅에서까지 다른
신들에게 제물을 살라 바쳐서 너희
자신을 멸절시키며, 세상 만민에게
저주와 조롱의 대상이 되려고 하느
냐?
9 너희는 유다 땅과 예루살렘 거리에
서 저지른 너희 조상의 죄를 벌써 잊
어버렸느냐? 그리고 유다 왕들의 죄
와 왕비들의 죄와 너희의 죄와 너희
아내들의 죄를 다 잊었느냐?
10 그들은 이 날까지 뉘우치지도 않고,
두려워하지도 않으며, 내가 너희와
너희 조상에게 준 나의 율법과 율례
를 지키지도 않았다.
11 ○그러므로 나 만군의 주, 이스라엘
의 하나님이 말한다. 내가 너희에게
재앙을 내리기로 작정하였다. 내가
유다 백성을 모두 멸종시키겠다.
12 유다에서 살아 남은 사람 가운데서,
이집트 땅에 가서 머물기로 작정한
자들을 내가 없애 버리겠다. 그들은
모두 이집트 땅에서 멸망할 것이다.
전쟁과 기근으로 망할 것이다. 가장
낮은 사람부터 가장 높은 사람에 이
르기까지, 모두 죽을 것이다. 그들은
전쟁과 기근으로 죽을 것이며, 원망
과 놀라움과 저주와 조소의 대상이
될 것이다.

44:1–10 유다의 멸망은 하나님을 배반하고 우상들을 섬긴 데서 비롯되었다. 그런데 이집트에 피신해 온 유다 사람들은 역시 이곳에서도 우상 숭배에 몰두하였다. 이집트는 유다 땅보다 우상 숭배의 유혹이 더 많았을 것이다. 그래서 하나님은 이집트 행을 막으셨던 것이다.

44:2–6 북 이스라엘과 남 유다의 멸망 원인이다.

44:11–14 이집트에 있는 패역한 유다 백성들을 향한 하나님의 징계의 메시지이다. 이들은 하나님 대신 이집트를 의지하여 이집트로 피난해 온 자들이었다. 그들을 징벌하심으로써 하나님 외에는 피난처가 없음을 깨닫게 하신다.

44:14 몇 명의 피난민들 예레미야는 지금 20년 후의 역사를 보고 있다. 전쟁과 나팔 소리도 없고 양식도 풍부한 이집트로(42:13–14) 왔다지만, 바빌로니아를 통한 하나님의 재앙이 이집트에 미칠 때 오직 유다 지역으로 도피하는 자만이 언약의 백성의 반열에 설 것임을 선언한다.

13 내가 전쟁과 기근과 염병으로 예루
살렘을 벌한 것과 같이, 이집트 땅에
사는 사람들에게도 똑같은 벌을 내
리겠다.
14 유다에서 살아 남은 사람들 가운데
서 이집트 땅에 머물려고 들어간 자
들 가운데는, 살아 남거나 죽음을
모면할 사람이 하나도 없을 것이다.
그들이 돌아가서 살기를 갈망하는
유다 땅으로는, 돌아갈 사람이 아무
도 없을 것이다. 그렇다. 몇 명의 피
난민들을 제외하고는, 아무도 돌아
가지 못할 것이다."
15 ○자기 아내들이 다른 신들에게
제물을 살라 바친다는 것을 아는 모
든 남편들과 그 곳에 서 있던 모든
여인들, 곧 ㉠하 이집트와 상 이집트
에 사는 온 백성의 큰 무리가 예레미
야에게 항의하였다.
16 ○"당신이 주님의 이름으로 우리에
게 무슨 말을 하든지 간에, 우리는
당신의 말을 듣지 않겠소.
17 우리는 우리의 입으로 맹세한 대로
할 것이오. 우리와 우리 조상과 우리
왕들과 우리 고관들이 유다 성읍들
과 예루살렘 거리에서 하던 대로, 우
리도 하늘 ㉡여신에게 제물을 살라
바치고, 그에게 술 제물을 바치겠소.
하늘 여신을 섬길 때에는 우리에게
먹을 양식이 풍족하였고, 우리가 잘
살았으며, 재앙을 만나지도 않았는
데,
18 우리가 하늘 여신에게 제물을 살라
바치는 일을 그치고 그에게 술 제물
바치는 일을 그친 뒤부터는, 우리에
게 모든 것이 부족하게 되었고, 우리
는 전쟁과 기근으로 죽게 되었소."
19 여인들도 이렇게 말하였다. "우리가
하늘 ㉡여신에게 제물을 살라 바치
고 그에게 술 제물을 바칠 때에, 우
리가 남편들도 모르게 그것을 했겠
습니까? 그리고 ㉢그 여신의 모습대
로 빵을 만들어 바치며 술 제물을
바칠 때에, 우리가 남편들도 모르게
그것을 했겠습니까?"
20 ○예레미야가 온 백성 곧 자기에게
그렇게 말한 남자와 여자와 온 백성
에게 말하였다.
21 "여러분과 여러분의 조상, 여러분의
왕들과 여러분의 고관들, 그리고 일
반 백성 모두가 유다의 성읍들과 예
루살렘 모든 거리에서 제물을 불살
라 바친 그 분향을, 주님께서 기억하
지 않으셨겠습니까? 바로 그런 일이
주님의 마음 속에 떠오르지 않으셨
겠습니까?
22 주님께서는 여러분의 악한 소행을
보시다가 더 이상 참을 수가 없으셨
고, 여러분이 한 역겨운 일을 보시다
가 더 이상 견딜 수가 없으셨습니다.

44:15-19 이집트 땅에 거하는 유다 사람들은 하나님의 말씀을 거부하고 그들이 오랫동안 섬겨 온 우상을 계속 숭배하겠다고 선언한다. 그들은 어리석게도 예루살렘의 멸망이 요시야의 종교 개혁으로 우상을 버렸기 때문이라고 반박하였다.

44:20-23 예레미야는 유다의 멸망 원인을 밝히고 있다. 그 원인은 요시야의 종교 개혁이 아니라, 그들이 우상을 완전히 버리지 않은 것임을 명백히 밝혀 주었다.

44:24-28 파란만장했던 예레미야 생애의 마지막 장을 그린 이 모습에서, 예레미야의 분노가 냉소적으로 바뀌고 있다. 비록 자기의 의사와는 관계없이 이집트 땅으로 끌려왔지만, 그는 마지막 순간까지 그곳에 남아 있는 사람들과 생사를 같이하려는 마음을 견지해 왔다. 그러나 그들에게 도저히 소망이 없음을 보고, 그들을 향해 냉소적

㉠ 히, '이집트와 바드로스에' ㉡ 또는 '황후' ㉢ 또는 '그 여신을 예배하는 빵을'

그래서 여러분의 나라가 오늘날과
같이 주민이 없는 폐허로 바뀌고, 놀
라움과 저주의 대상이 되고 말았습
니다.
23 여러분이 다른 신들에게 제물을 살
라 바쳐서, 주님께 죄를 짓고, 주님께
순종하지 않고, 주님의 율법과 율례
와 규정대로 살지 않았기 때문에, 오
늘날과 같이 여러분에게 이런 재앙
이 닥쳐 온 것입니다."
24 ○예레미야가 온 백성에게 특히 모
든 여인에게 말하였다. "이집트 땅에
있는 온 유다 백성 여러분, 주님의
말씀을 들으십시오.
25 만군의 주 이스라엘의 하나님께서
이렇게 말씀하십니다. '너희와 너희
아내들은 입으로 서약한 것은 꼭 실
천하는 자들이다. 너희는 서약한 그
대로 하고야 말겠다고 했고, 너희는
하늘 여신에게 제물을 살라 바치고,
또 그에게 술 제물을 바치겠다고 했
으니, 너희의 서약을 지킬 테면 지키
고, 너희의 서약을 실천할 테면 해보
려무나!
26 ○그러나 이집트 땅에 사는 유다 사
람들아, 너희는 모두 나 주의 말을
들어라. 나 주가 말한다. 내가 나의
큰 이름을 걸고 맹세한다. 이집트 온
땅에 있는 어떤 유다 사람이든지, 이
제는, 주님의 살아 계심을 두고 맹세
한다 하면서 나의 이름을 부르지 못
하게 하겠다.
27 이제는 내가, 그들을 지켜 보겠다.
복을 내리려고 지켜 보는 것이 아니
라 재앙을 내리려고 지켜 보겠다. 그
래서 이집트 땅에 있는 모든 유다 사
람이 멸종될 때까지, 전쟁과 기근으
로 그들을 죽이겠다.
28 전쟁을 피하여 이집트 땅을 벗어나
유다 땅으로 돌아갈 사람의 수는,
매우 적을 것이다. 이집트 땅에 머물
려고 내려간 유다의 살아 남은 모든
사람이, 나의 말과 저희들의 말 가운
데서 누구의 말대로 되었는가를 알
게 될 것이다.
29 ○나 주가 하는 말이다. 내가 이 곳
에서 너희를 벌하고, 너희에게 재앙
을 내리겠다고 한 약속이 반드시 이
루어진다는 것을 증명하는 표징은
이것이다.
30 나 주가 말한다. 내가 유다 왕 시드
기야를, 그의 목숨을 노리고 있던 그
의 원수인 바빌로니아 왕 느부갓네
살의 손에 넘겨 주었던 것과 같이 이
집트 왕 바로호브라를, 그의 목숨을
노리고 있는 그의 원수들의 손에 넘
겨 주겠다.'"

주님께서 바룩에게 구원을 약속하시다

45 요시야의 아들 여호야김이 유
다 왕이 되어 다스린 지 사 년

이고 무서운 저주를 선포한다.

44:29-30 예레미야는 이집트 왕 바로호브라의 죽음이 위에 언급한 저주의 성취에 대한 징표가 될 것이라고 말한다. 이집트 왕 바로호브라는 B.C. 570년의 내란 때 그의 정적(政敵)들에 의해 살해 당했다. 그의 대를 이은 아마시스(B.C. 570-526년) 치세 때 바빌로니아가 이집트를 휩쓸었다(B.C. 567년). 이 사건은 하나님 대신 이집트를 의지한다는 것이 얼마나 헛된 일인지를 가르쳐 준다.

45장 요약 바룩에 대한 말씀이다. 바룩은 예레미야의 친구이자 제자요, 서기관으로서 예레미야를 대신하여 하나님의 메시지를 선포하기도 했다. 그러나 그는 예레미야의 예언들을 기록하면서 조국의 미래가 암담해짐을 알고 좌절감에 사로잡혔다. 이에 하나님은 그의 이기적인 포부를 단념시키고 보다 넓은 안목을 갖도록 권면하셨다.

째가 되던 해에, 예언자 예레미야는
네리야의 아들 바룩에게, 주님께서
하신 말씀을 불러 주어, 책에 받아
쓰게 하였다. 그 때에 예언자 예레미
야가 바룩에게 말하였다.
2 ○"주 이스라엘의 하나님께서 그대
바룩에게 전하라고 하시면서, 나에
게 이런 말씀을 하셨소.
3 주님께서는 그대가 언젠가 '주님께서
나의 고통에 슬픔을 더하셨으니, 나
는 이제 꼼짝없이 죽게 되었구나. 나
는 탄식으로 기진하였고, 마음 평안
할 일이 없다' 라고 말한 것을 기억하
고 계시오.
4 주님께서는 나더러, 그대 바룩에게
전하라고 하시면서, 이렇게 말씀하
셨소. '나 주가 말한다. 나는, 내가
세운 것을 헐기도 하고, 내가 심은
것을 뽑기도 한다. 온 세상을 내가
이렇게 다스리거늘,
5 네가 이제 큰일을 찾고 있느냐? 그
만두어라. 이제 내가 모든 사람에게
재앙을 내릴 터인데 너만은 내가 보
호하여, 네가 어디로 가든지, 너의
목숨만은 건져 주겠다. 나 주의 말
이다.'"

이집트 심판의 예언

46 이것은 이방 민족들에게 전하
라고, 예언자 예레미야에게 하
신 주님의 말씀이다.
2 이것은 이집트에게 한 말씀으로서,
요시야의 아들 여호야김이 유다 왕
이 되어 다스린 지 사 년째가 되던
해에, 유프라테스 강 근처의 갈그미
스까지 원정을 갔다가 바빌로니아
왕 느부갓네살에게 격파된 이집트
왕 바로 느고의 군대를 두고 하신
말씀이다.
3 (이집트의 장교들이 외친다.)
"크고 작은 방패로 무장하고 싸움
터로 나아가거라!
4 말에 안장을 얹고, 올라타거라! 투
구를 쓰고 대열을 정돈하여라. 창
을 날카롭게 갈고, 갑옷을 입어라."
5 주님께서 말씀하신다. "내가 보
고 있는 것이 무엇이냐? 그들이
모두 놀라서 뒤로 도망하고 있구
나. 그들의 용사들마저도 격파되
어, 겁에 질려서, 뒤도 돌아보지
않고, 정신없이 도망한다."
6 발이 빠른 사람도 달아나지 못
하고, 용사도 도망하지 못한다. 그
들은 저 북녘 유프라테스 강 가에
서, 비틀거리다가 쓰러져 죽는다.
7 나일 강 물처럼 불어 오르는 저
것이 무엇이냐? 범람하는 강물처
럼 불어 오르는 저것이 무엇이냐?
8 이집트가 나일 강 물처럼 불어 올
랐다. 범람하는 강물처럼 불어 올
랐다. 이집트는 외쳤다. '내가 강

46장 요약 여기서부터는 이방 국가들에 대한 예언이 시작된다. 본장은 이집트의 파멸에 대한 예언으로 B.C. 605년의 갈그미스 전투와 B.C. 567년의 바빌로니아의 이집트 침공을 예언한 것이다. 한편 27-28절은 유다의 회복에 관한 메시지로 경건한 남은 자들에게 큰 위안이 되었을 것이다.

46:2-12 이집트가 갈그미스 전투에서 패할 것을 예언한다. 이 예언대로 이집트는 갈그미스 전투에서 참혹한 패배를 당하였다. 이 전투의 승자인 바빌로니아는 단번에 세계를 제패하게 되었으며, 패자인 이집트는 약소국으로 전락되었다.

46:11 유다 땅의 길르앗은 질이 좋은 유향의 산지였다. 이 유향은 고급 의약품으로 널리 쓰였는데 (8:22), 이집트가 입은 상처는 이런 의약품으로도 치유할 수 없다는 것을 말하고 있다. 본절은 독특한 수사법을 구사하고 있다.

물처럼 불어 올라서 온 땅을 덮
고, 여러 성읍과 그 주민을 멸망시
키겠다.
9 말들아, 달려라. 병거들아, 돌격
하여라. 용사들아, 진격하여라. ㉠에
티오피아의 군대와 리비아의 군대
도 방패를 들고 진격하여라. 리디
아의 군대도 활을 당기며 진격하
여라.'
10 오늘은 만군의 주 하나님께서
원수들에게 복수하시는 날이다.
오늘은 주님께서 원수를 갚으시
는 날이다. 주님의 칼이 그들을
삼켜서 배부를 것이며, 그들의 피
로 흠뻑 젖을 것이다. 오늘은 만군
의 주 하나님께서 북녘 땅 유프라
테스 강 가로 오셔서, 희생제물을
잡으시는 날이다.
11 처녀, 딸 이집트야, 길르앗 산지
로 올라가서 유향을 가져 오너라.
네가 아무리 많은 약을 써 보아도
너에게는 백약이 무효다. 너의 병
은 나을 병이 아니다.
12 이제는 너의 수치스러운 소문이
세계 만민에게 퍼졌고, 너의 용사
들마저 서로 부딪쳐 함께 쓰러져
죽었으므로, 너의 울부짖는 소리
가 온 땅에 가득하다.

느부갓네살의 이집트 원정을 예언하다

13 ○주님께서 예언자 예레미야에게, 바
빌로니아 왕 느부갓네살이 이집트
땅을 치려고 올 것을 말씀하셨다.
14 "너희는 믹돌에서 외치고, ㉡멤
피스와 다바네스에서도 외쳐서
온 이집트에 알려라. 너희는 이렇
게 전하여라. '너희는 어서 방어
태세를 갖추어라. 사방에서 전쟁
이 일어나서 너를 삼킬 것이다' 하
여라.
15 어찌하여 너의 힘센 황소가 꺼꾸
러졌느냐? 주님께서 그를 메어치
셨기 때문에, 그가 서서 견딜 수가
없었다.
16 너희의 많은 군인들이 비틀거리고
쓰러져 죽으면서 서로 말하기를
'어서 일어나서, 우리 민족에게로
돌아가자. 이 무서운 전쟁을 피하
여 우리의 고향 땅으로 돌아가자'
하였다."
17 "이제는 이집트 왕 바로를 '기회
를 놓친 떠벌이'라고 불러라."
18 "나는 왕이다. 나의 이름은 '만
군의 주'다. 나의 삶을 두고 맹세
한다. 너를 공격하는 군대의 힘은
산들 사이에 우뚝 솟은 다볼 산
과 같고, 바닷가에 높이 솟은 갈
멜 산과 같다.
19 딸 이집트의 백성아, 너희는 짐을
꾸려서 잡혀 갈 준비를 하여라. ㉡멤
피스는 황무지로 바뀌어서, 아무

46:13-26 바빌로니아가 이집트를 침공할 B.C. 567년의 사건을 예언한 것이다. 이 예언은 이집트 사람들이 스스로 안전하다고 자부하고 또한 많은 유다 사람들도 이집트의 도움을 신뢰하던 때에 선포되었다. 이집트는 하나님의 백성들을 속이고 타락시켰기 때문에 이와 같은 심판을 받게 된 것이다. B.C. 605년 갈그미스 전투가 끝난 후, 이 예언대로 바빌로니아는 B.C. 567년에 이집트 본토로 침공해 들어왔다.

46:17 기회를 놓친 떠벌이 이집트 왕 바로호브라는 B.C. 589-570년 사이에 이집트를 다스린 자였는데, 갈그미스 전투(2-12절)로 패배했던 이집트를 중흥시켜, 바빌로니아를 능가하는 대제국을 건설하려는 야망을 품고 이를 실현하려 했다. 그러나 그는 내란으로 죽고(참조. 44:30), 그의 위업을 계승한 후대에는 바빌로니아가 침공해 와서(B.C. 568년) 그의 꿈은 사라졌다는 것이다.

㉠ 히. '구스'. 나일 강 상류지역 ㉡ 히. '놉'

도 살 수 없는 폐허가 될 것이다.
20 예쁘디예쁜 암송아지 이집트가,
이제는 북녘에서 마구 몰려오는
쇠파리 떼에 시달리는 암송아지
가 될 것이다.
21 사서 들여온 용병들은 살진 송아
지들이다. 파멸의 날이 다가오고
징벌의 시각이 다가오면, 그들마저
도 버티지 못하고 돌아서서 다 함
께 달아날 것이다.
22 적들이 군대를 거느리고 밀어닥치
며, 그들이 벌목하는 사람들처럼
도끼를 들고 이집트를 치러 들어
오면, 이집트는 소리를 내며 도망
치는 뱀처럼 달아날 것이다.
23 나 주의 말이다. 그 숲이 들어설
수 없이 빽빽하다 하여도, 그들의
수가 메뚜기 떼보다도 많고, 헤아
릴 수 없이 많으므로, 그들이 그
숲의 나무들을 모두 잘라 버릴 것
이다.
24 딸 이집트의 백성이 수치를 당하
고, 북녘 백성의 손에 넘어갈 것이
다."
25 ○"나 만군의 주 이스라엘의 하나
님이 말한다. 보아라, 내가 ㉠테에베
의 신 아몬에게 벌을 내리고, 바로와
이집트와 그 나라의 신들이나 왕들
에게도 벌을 내리고, 바로뿐만 아니
라 그를 의지하는 사람들에게도 벌
을 내리겠다.
26 내가 그들의 목숨을 노리는 바빌로
니아 왕 느부갓네살과 그 부하들의
손에 그들을 넘겨 주겠다. 그러나 그
런 다음에도 그 땅에는 다시 예전처
럼 사람이 살게 될 것이다. 나 주의
말이다."

이스라엘 백성을 위로하는 말씀

27 "나의 종 야곱아, 너는 두려워하
지 말아라. 이스라엘아, 너는 무서
워하지 말아라. 내가 너를 먼 곳
에서 구원하여 데려오고, 포로로
잡혀 간 땅에서 너의 자손을 구원
할 것이니, 야곱이 고향으로 돌아
와서 평안하고 안정되게 살 것이
며, 아무런 위협도 받지 않고 살
것이다.
28 나 주의 말이다. 나의 종 야곱아,
너는 두려워하지 말아라. 내가 너
와 함께 있다. 내가 너를 쫓아 여
러 나라로 흩어 버렸지만, 이제는
내가 그 모든 나라를 멸망시키겠
다. 그러나 너만은 내가 멸망시키
지 않고, 법에 따라서 징계하겠다.
나는 절대로, 네가 벌을 면하게 하
지는 않겠다."

블레셋 심판의 예언

47 이것은, 바로가 가사를 치기 전
에, 주님께서 블레셋 사람을 두
고 예언자 예레미야에게 하신 말씀

46:27–28 30:10–11의 반복으로, 유다의 회복에 대한 메시지이다. 이스라엘과 유다를 징벌하신 하나님께서 이집트와 다른 민족들에게도 공의로운 심판을 행하실 것이다(46–51장). 그러나 하나님의 선민에게는 회복의 약속이 있고, 이방 민족에게는 회복의 약속이 없다는 차이점이 있다. 하나님은 유다의 남은 사람들을 통하여 반드시 새 일을 이루실 것을 보증하셨다.

㉠ 히, '노의'

47장 요약 이집트에 이어 블레셋의 파멸을 예언한다. 블레셋은 하나님의 백성을 노예로 팔아먹은 죄(암 1:6)와 막강한 군사력을 믿고 이스라엘을 괴롭힌 죄로 심판을 선고 당하였다. 본문에서 블레셋의 멸망은 모든 것을 앗아가는 갑작스러운 홍수에 비유된다.

47:2 북녘에서부터 물이…휩쓸고 지나갈 것이다 블레셋을 홍수처럼 휩쓸어갈 세력은 북방 바빌로니

이다.
2 "나 주가 말한다. 보아라, 북녘
에서부터 물이 불어 올라서, 범람
하는 강물이 되었다. 강물이 땅과
땅 위에 있는 모든 것을 휩쓸며
흐르고, 성읍과 그 주민을 다 같
이 휩쓸고 지나갈 것이다. 모든 사
람이 살려 달라고 울부짖으며, 그
땅의 모든 주민이 통곡할 것이다.
3 군마들의 요란한 말발굽소리, 덜
컹거리며 달려오는 병거들의 소란
한 바퀴소리에, 아버지들은 손이
풀려서 자식들을 돌볼 겨를도 없
을 것이다.
4 블레셋 사람들을 모두 파멸시키
고, 두로와 시돈에서 올 수 있는
최후의 지원군들을 모두 멸절시
킬 그 날이 왔다. ㉠크레타 섬에서
살아 남은 블레셋 사람들을 나 주
가 멸망시키겠다.
5 가사는 슬픔에 겨워 머리털을 밀
고 아스글론은 말문이 막힌다. 아
낙의 살아 남은 자들아, 너희가 언
제까지 몸에 상처를 내며 통곡하
려느냐?
6 너희가 '아! 주님께서 보내신 칼
아, 네가 언제까지 살육을 계속하
려느냐? 제발 너의 칼집으로 돌아
가서 진정하고 가만히 머물러 있
거라' 한다마는,
7 내가 그 칼을 보냈는데, 그 칼이
어떻게 가만히 쉬고 있겠느냐? 그
칼은 아스글론과 해변지역을 치라
고 내가 보낸 것이다."

모압의 멸망

48 이것은 모압을 두고 하신 주님
의 말씀이다.
"나 만군의 주 이스라엘의 하나님
이 말한다. 불쌍하다, 느보야. 그
성읍이 파멸되었구나. 기랴다임
도 수치를 당하고 점령되었다. 그
㉡요새가 수치를 당하고 붕괴되었
다.
2 이제 모압의 영화는 사라졌다. 헤
스본에서 그들은 모압을 멸망시킬
㉢작전을 세웠다. '자, 우리가 모압
을 멸망시켜서, 나라를 아주 없애
버리자' 한다. 맛멘아, 너도 ㉣적막
하게 될 것이다. 칼이 너를 뒤쫓아
갈 것이다.
3 호로나임에서 울부짖는 소리가
들려 온다. '폭력이다, 파괴다' 하고
외친다."
4 '모압이 파괴되었다' 하고 울부
짖는 어린 아이들의 소리가 들린
다.
5 사람들이 슬피 울면서, 루힛 고개
로 오르는 비탈길을 올라간다. 호
로나임으로 내려가는 길에서, 사
람들은 '망하였다!' 하고 울부짖

아라는 것이다(1:15). 갑작스럽고 감당할 수 없으며 피해가 극심할 것이라는 관점에서 이 사건을 홍수에 빗대고 있다.

47:6-7 6절은 블레셋 주민의 질문이고, 7절은 예언자 예레미야의 대답이다. 여기에서 등장하는 '칼'은 하나님의 공의를 상징한다.

㉠ 히, '갑돌' ㉡ 또는 '에스갑' ㉢ 히브리어에서 '작전을 세웠다(하슈부)'의 발음과 '헤스본'의 발음이 비슷함 ㉣ 히브리어에서 '적막하게 되다(티도미)'의 발음과 '맛멘'의 발음이 비슷함

48장 요약 모압의 멸망에 대한 예언이다. 모압은 농산물이 풍부했으며, 중계 무역이 성행했고, 외부의 침략이 거의 없었다. 그래서 교만해진 모압은 그들의 풍요와 안정이 그모스 우상의 보호 덕분이라고 믿었고, 이스라엘을 끊임없이 대적해 왔다. 이에 하나님은 모압을 징벌하고자 하셨다.

48:1-10 모압은 이스라엘과 혈연 관계임에도 불

는 소리를 듣는다.
6 너희는 도망하여 목숨이나 건져
라. 사막의 ㉠떨기나무와 같은 신
세나 되어라.
7 "모압아, 네가 너의 손으로 만든
것들과 너의 많은 보물을 의지하
였으므로, 너도 정복당할 것이다.
그모스 신도 자기를 섬기던 제사
장들과 고관들과 함께 포로로 끌
려갈 것이다.
8 멸망시키는 자가 성읍마다 쳐들어
올 것이며, 어떤 성읍도 이것을 피
할 수 없을 것이다.
골짜기는 폐허가 되고, 고원도
황폐하게 될 것이다. 나 주의 말이
다."
9 "㉡너희는 모압에게 날개를 달
아 주어 마음껏 도망치게 하여라.
모압의 성읍들은 이제 아무도 살
수 없는 황무지가 되고 말 것이
다."
10 ○(주님의 일을 정성을 다하여 하지
않는 사람은 저주를 받을 것이다.
칼을 휘둘러 모압 사람을 죽이지 않
는 사람은 저주를 받을 것이다.)

모압의 성읍들이 멸망되다

11 "모압은 일찍부터 안전하게 살
았으며, 포로가 되어 끌려가 본 적
이 없었다. 이 그릇 저 그릇에 옮
겨 담지 않아서 찌끼가 곱게 가라
앉은, 맑은 포도주와 같았다. 맛
이 그대로 남아 있고 향기가 변하
지 않은 포도주와 같았다."
12 "나 주의 말이다. 내가 이제 술
거르는 사람들을 보낼 터이니, 포
도주를 쏟아 버릴 날이 온다. 그
들은 포도주를 모두 쏟아 버리고,
그릇들을 비우고, 병들을 깨뜨려
버릴 것이다.
13 이스라엘 백성이 베델을 의지하다
가 수치를 당하였듯이, 모압이 그
모스 신 때문에 수치를 당할 것이
다."
14 "어떻게 너희가 '우리는 용사들
이요, 전투에 능한 군인들이다' 하
고 말할 수 있느냐?
15 모압과 그 성읍들을 멸망시킬 자
가 쳐들어오면, 모압의 젊은이들
가운데서 뽑힌 용사들이 살육을
당할 것이다. 나는 왕이다. 그 이
름 '만군의 주'인 내가 말하였다.
16 모압의 멸망이 가까이 왔고, 모압
에 내릴 재앙이 다가왔다.
17 모압의 모든 이웃 민족아, 모압
의 명성을 아는 모든 사람아, 너희
는 모압의 멸망을 슬퍼하며, 이렇
게 부르짖어라. '그 막강하던 규,
그 화려하던 지휘봉이, 어찌하여
이렇듯 꺾이고 말았는가!'"
18 "딸 디본의 주민아, 너희는 그

구하고 끊임없이 이스라엘을 해치고자 하는 음모를 꾸며 왔다. 따라서 모압의 멸망이 이스라엘에게는 위로가 되는 것이다. 모압은 비옥한 땅과 좋은 기후로 인해 농산물이 풍부했으며, 남북 간의 주요 무역로가 통과하고 있었기 때문에 중계무역이 성행한 부국(富國)이었다. 그러나 예언대로 모압은 B.C. 582년 바빌로니아에 의해 멸망당했다.

48:11-25 모압은 이스라엘과 같은 시련을 거의 겪지 않았다. 지형적인 특질과 처세에 민감한 외교 정책 때문이었다. 그러나 예언자는 이제 모압의 평안이 끝날 것이라고 선포한다. 북 이스라엘이 베델의 금송아지 우상 때문에 멸망했던 것처럼, 모압도 그들에게 안정과 풍요를 가져다준다고 믿었던 그모스 우상 때문에 멸망하게 될 것이다. '그모스'는 모압의 수호신으로서 성경에 자주 언급된 우상이다(민 21:29;삿 11:24;왕상 11:7). 모

㉠ 또는 '아로엘' ㉡ 또는 '모압에 소금을 뿌려 황폐하게 하여라'

영광스러운 곳에서 내려와서, 메
마른 맨 땅에 앉아라. 모압을 멸
망시키는 자가 너 디본을 치러 올
라와서, 너의 요새들을 무너뜨렸
다.
19 아로엘의 주민아, 너희는 길가
에 서서 살펴보다가 도망 쳐서 피
하여 보려는 남녀들에게 무슨 일
이 일어났는지 물어 보아라.
20 그러면 그들이 대답할 것이다. '모
압이 수치를 당하였다. 모압이 어
이없게도 함락되었다. 통곡하며
울부짖으며, 아르논 강 가 사람들
에게, 모압이 멸망하였다고 알려
라' 할 것이다.
21 재앙이 밀어닥친 곳은, 모압의
고원지대와 홀론과 야사와 메바
앗과
22 디본과 느보와 벳디불라다임과
23 기랴다임과 벳가물과 벳므온과
24 그리욧과 보스라와 모압 땅의 원
근 각처에 있는 모든 성읍들이다.
25 이렇게 모압의 ㉠뿔이 잘리고,
모압의 팔이 부러졌다! 나 주의
말이다."

모압이 비천해질 것이다

26 "모압이 나 주를 거슬러 자만하
였으니, 모압에게 취하도록 술을
먹여, 마침내 그가 토하고 그 토한
것 위에 뒹굴어, 스스로 조롱거리
가 되게 하여라.
27 모압아, 이제까지는 네가 이스라
엘을 조롱거리로 삼지 않았느냐?
네가 이스라엘을 말할 때마다, 너
는 마치 이스라엘이 도둑질이나
하다가 들킨 것처럼, 머리를 흔들
며 조롱하지 않았느냐?
28 모압 백성아, 너희는 성읍들을 떠
나서, 바위 틈 속에서 자리를 잡고
살아라. 깊은 협곡의 어귀에 불안
정하게 둥지를 틀고 사는 비둘기
처럼 되어라."
29 "우리는 모압이 교만하다는 소
문을 들었다. 모압이 매우 교만하
여 우쭐대고 뻐기며, 오만하고 거
만을 떤다는 것을, 우리는 들었다.
30 나 주의 말이다. 나는 모압의 교
만함을 안다. 그의 자랑도 허풍뿐
이며, 그가 이루었다는 일도 거짓
말이다.
31 그러므로 내가 모압 때문에 통곡
하고, 모압의 모든 백성을 생각하
여 애곡하겠다. 길헤레스의 주민
을 생각하여 슬피 울겠다.
32 십마의 포도나무야, 나는 야스
엘을 생각하여 우는 것보다 너를
생각하여 더 많이 울고 있다. 너
의 덩굴은 사해를 건너 야스엘에
까지 뻗어 나갔다. 그런데 파멸시
키는 자가 너의 여름 과일과 포도

압 사람들은 그모스 우상이 그들에게 풍요와 안전을 가져다준다고 믿었다. 따라서 모압의 멸망은 하나님만이 참된 신임을 알리는 일이기도 하다. 21–24절에 나타난 성읍들은 모압 전역의 주요 도시들이다.

48:25 뿔이 잘리고, 모압의 팔이 부러졌다! 뿔은 권위를 상징하고 팔은 힘을 상징한다. 모압의 힘과 권위가 완전한 진멸에 처해진다는 뜻이다.

48:26–35 여호수아기 13:15–23에 따르면, 아르논 북쪽에 있는 전 지역이 르우벤 지파에 속했다. 이는 모압과의 영토권 주장을 불러일으켰고 이들은 잦은 전쟁으로 사이가 아주 나빴다. 모압은 이스라엘 및 유다에 대한 민족적인 감정으로 하나님의 진노의 잔을 받아 마시게 된다(26절). 그들의 멸망을 기뻐했던(27절) 모압의 멸망의 원인은 거만과 교만이었다(29절). 하나님은 그들의 자랑을 철저히 진멸하실 것이다.

㉠ '뿔'은 힘의 상징임

송이에 밀어닥쳤다.
33 모압의 과수원과 옥토에는 이
제, 기쁨도 사라지고 즐거움도 사
라졌다. 술틀에서 포도주가 사라
졌다. 환호성을 지르며 포도를 밟
던 사람도 없고, 그들의 외침은 더
이상 즐거운 환호가 아니다.
34 헤스본과 엘르알레에서 부르짖는
소리가 야하스에까지 들린다. 소
알에서부터 호로나임에 이르기까
지, 다시 거기에서 에글랏셀리시
야에 이르기까지, 모두들 아우성
을 치고 있다. 니므림 샘들도 메마
른 땅으로 바뀌었기 때문이다.
35 나는 모압의 산당에 올라가서
신들에게 제물을 살라 바치는 자
들을 완전히 없애 버리겠다. 나 주
의 말이다.
36 그러므로 나의 마음이 모압 때문
에 슬픈 소리가 나는 피리처럼 탄
식하며, 나의 마음이 길헤레스의
주민 때문에도 슬픈 소리가 나는
피리처럼 탄식한다. 모압이 남겨
놓은 재물이 사라졌기 때문이다.
37 과연 모압 사람들이 모두 머리
털을 밀고, 수염을 자르고, 손마다
상처를 내고, 허리에 굵은 베를 걸
치고 있다.
38 모압의 모든 지붕 위에서 슬피 우
는 소리가 들린다. 모압의 모든 광
장에서 슬피 우는 소리가 들린다.
나 주의 말이다. 내가, 전혀 마음
에 들지 않는 그릇처럼, 모압을 깨
뜨려 버렸다.
39 어쩌다가 모압이 이렇게 망하였는
가! 그들이 통곡한다! 어쩌다가 모
압이 이렇게 수치스럽게 등을 돌
리고 달아나게 되었나? 이처럼 모
압은 자기의 모든 이웃에게 조롱
과 놀라움의 대상이 되어 버렸다."

심판을 피할 수 없는 모압

40 "나 주가 말한다. 보아라, 적이
독수리처럼 날아와서, 모압 위에
두 날개를 펼칠 것이니,
41 ㉠성읍들이 점령당하고, 산성들이
함락당할 것이다. 그 날에는, 모압
용사들의 마음이 해산하는 여인
의 마음과 같이 공포에 사로잡힐
것이다.
42 모압이 주를 거슬러 자만하였으
니, 이렇게 멸망하여 다시는 나라
를 세우지 못할 것이다.
43 모압 백성아, 무서운 일과 함정과
올가미가 너를 기다리고 있다. 나
주의 말이다.
44 무서운 일을 피하여 달아난 사람
은 함정에 빠지고, 함정에서 기어
나온 사람은 올가미에 걸릴 것이
다. 내가 모압 백성에게 징벌을 내
리는 해가 오면, 내가 이런 징벌을

48:35 하나님께서는 모압이 교만하게 된 또 다른 원인인 그들의 우상을 멸망시켜서, 우상 숭배의 헛됨을 드러내 보이실 것이다. 이는 가나안의 우상을 끊임없이 섬겨 오던 선민 이스라엘에 대한 경고이기도 하다.

48:36 피리 중동 혹은 근동 지역에서는 기쁜 일을 당하거나 슬픈 일을 당하면 피리를 불었다.

48:40-46 독수리 독수리가 이집트로 상징될 때도 있지만(겔 17:7-8), 본문에서는 바빌로니아를 상징한다(겔 17:3-5). 이들이 모압을 점령한 후 모압은 국가로서의 명맥이 끊겼다. 멸망을 피하여 도주하여도 하나님의 진노가 철저히 진멸하실 것이다.

48:47 모압의 회복에 대한 약속이다. 이것은 역사적 사실을 의미한다기보다는 영적인 회복을 의미한다. 곧 그리스도가 오심으로 건설될 메시아 왕국으로 그들이 귀속될 것을 가리킨다(사 60장).

㉠ 또는 '그리욧이'

그들에게 내릴 것이다. 나 주의 말
이다.
45 도피하는 자들이 기진하여 헤
스본 성벽의 그늘 속에 머물러 선
다 해도 헤스본 성 안에서 불이
나오고, 시혼의 왕궁에서 불꽃이
뿜어 나와서, 모압 사람들의 이마
와 소란 피우는 자들의 정수리를
살라 버릴 것이다.
46 모압아, 너에게 화가 미쳤다. 그
모스 신을 믿는 백성아, 너는 이제
망하였다. 마침내, 네 아들들도
포로로 끌려가고, 네 딸들도 사로
잡혀 끌려갔구나.
47 ○그러나 훗날에 나는 사로잡혀
간 모압의 포로를 돌아오게 하겠다.
나 주의 말이다." ○모압을 심판하는
말씀이 그치다.

암몬 심판의 예언

49 이것은 암몬 백성을 두고 하신
주님의 말씀이다.
"나 주가 말한다. 이스라엘은
자식도 두지 못하고, 상속자도 두
지 못하였느냐? 어찌하여 ㉠몰렉
신이 갓을 차지하고, 몰렉의 백성
이 갓의 성읍들에서 자리잡고 사
느냐?
2 보아라, 그 날이 온다. 나 주의 말
이다. 그 때에는 내가 암몬 백성이
사는 랍바에 전쟁의 함성이 들리
게 하겠다. 그러면 랍바가 폐허 더
미로 변하고, 그에 딸린 성읍들은
불에 타버리고, 이스라엘은 빼앗
겼던 자기 땅을 다시 돌려 받게
될 것이다. 나 주의 말이다."
3 "아이 성이 멸망하였으니, 헤스
본아, 통곡하여라. 랍바의 딸들
아, 울부짖어라. 굵은 베 옷을 몸
에 걸치고 애곡하여라. 이리 뛰고
저리 뛰며 몸부림 쳐라. 너희의 신
㉠몰렉이 포로로 끌려가고, 몰렉
을 섬기던 제사장들과 고관들도
다 함께 포로로 끌려갈 것이다."
4 "너 방종한 딸 암몬아, 네가 어
찌하여 너의 비옥한 골짜기들을
자랑하느냐? 너의 골짜기들은 이
미 고갈되었다. 네가 어찌하여 재
물을 의지하며 '누가 나를 치러 올
수가 있느냐?' 하고 뽐내었느냐?
5 보아라, 내가 너의 사방에서 무서
운 적들을 데려다가, 너를 치겠다!
나 만군의 주 하나님의 말이다. 그
러면 너의 백성이 제각기 흩어져
도망할 것이고, 아무도 도주하는
사람들을 모을 수 없을 것이다.
6 그러나 그렇게 한 뒤에는, 내가 사
로잡혀 간 암몬의 포로를 돌아오
게 하겠다. 나 주의 말이다."

에돔 심판의 예언

7 이것은 에돔을 두고 하신 주님

49장 요약 본장은 암몬, 에돔, 다마스쿠스, 게달, 하솔, 그리고 엘람 등의 멸망에 대한 예언이다. 이는 하나님의 통치가 유다에만 국한된 것이 아니라 세계 만방에 미친다는 사실을 분명히 보여 준다.

49:1 몰렉 밀곰(습 1:5)이라고도 하는데, 암몬의 신이다. 몰렉 신이 갓을 차지하고 하나님께 심판을 받는 이유이다. 요단 동편의 이스라엘 영토에 대한 욕심이 있었던 암몬은 한때 이 지역 주민을 대량 학살한 적도 있었다. 암몬이 요단 동편의 르우벤, 갓, 므낫세 지파의 땅을 자기의 영토로 편입한 것은 B.C. 734-732년의 앗시리아의 침입 때라고 본다.

49:7-13 에돔은 아브라함의 자손이며 이스라엘처럼 할례를 행하였다. 그럼에도 불구하고 항상 선민 이스라엘에 대해 적대적이었다. 또 에돔 사

㉠ 또는 '그들의 왕이'. 히, '말감'

의 말씀이다. "나 만군의 주가 말
한다. 이제 데만에 더 이상 지혜
가 없느냐? 명철한 사람들에게서
좋은 생각이 다 사라져 버렸느
냐? 그들의 슬기가 끝이 났느냐?
8 드단의 주민아, 너희는 어서 도피
하여라. 너희는 거기에서 떠나서,
깊은 은신처로 들어가서 숨어라.
내가 에서에게 재앙을 내려 그를
벌할 때가 되었다.
9 포도 서리를 하는 사람들이 들이
닥쳐도 남기는 것이 더러 있으며,
밤에 도둑이 들어도 마음에 드는
것만 가져 간다.
10 그러나, 나는 에서를 샅샅이 뒤지
고, 그가 숨을 수 있는 곳들을 다
들추어내었으니, 그는 숨을 곳이
없다. 그의 자손이 다 망하고, 그
의 친족이 모두 망하고, 그의 이
웃이 모두 망하고, 에돔마저도 살
아 남지 못할 것이다.
11 네 고아들은 내게 남겨 두어라.
내가 그들을 돌보아 주겠다. 네 과
부들도 나를 의지하고 살 수가 있
을 것이다.
12 ○진실로 나 주가 말한다. 보아라,
이 잔을 마시도록 판결을 받지 않은
백성도 꼼짝없이 이 잔을 마셨는데,
하물며 너 에돔이 벌을 받지 않고
벗어나려고 하느냐? 너는 절대로 벌
을 면할 수가 없다. 너는 그 잔을 마
셔야만 한다.
13 참으로 내가 나를 두고 맹세한다. 나
주의 말이다. 보스라는 폐허가 되어,
놀라움과 조소와 저주의 대상이 되
며, 거기에 딸린 모든 성읍도 영원히
폐허로 남을 것이다."
14 주님께서 세계 만민에게 특사를
파견하시면서 하시는 말씀을 내
가 들었다. '너희는 모여서 에돔으
로 몰려가서 그를 쳐라. 너희는 일
어나서 싸워라' 하셨다.
15 "에돔아, 보아라, 이제 내가 너
를 세계 만민 가운데서 가장 하찮
은 자로 만들어서, 사람들에게서
멸시를 받게 하겠다.
16 네가 바위 틈 속에 자리잡고 살
며, 산꼭대기를 차지하고 산다고,
누구나 너를 무서워한다고 생각
하지 말아라. 그러한 너의 교만은
너 스스로를 속일 뿐이다. 네가
아무리 독수리처럼 높은 곳에 네
보금자리를 만들어 놓아도, 내가
너를 거기에서 끌어내리겠다. 나
주의 말이다."
17 "에돔이 참혹하게 파괴되어, 그
곳을 지나는 사람마다 그 곳에 내
린 모든 재앙을 보고 놀라며, 비
웃을 것이다.
18 소돔과 고모라와 그 이웃 성읍들

람들은 지혜롭다고 알려져 왔다. 그러나 하나님의 진노가 임하게 되면 그 지혜도 쓸모없는 것이 될 것이다. 오히려 진노의 잔에 취하여(12절) 조롱거리가 될 것이다.

49:8 에서에게 재앙을 내려 에돔의 재앙을 에서의 재앙이라고 말하는 것은 에서가 에돔의 조상이기 때문이다(창 36장).

49:14–22 예레미야는 에돔의 멸망이 하나님의 계획 아래 이루어진 일임을 강조하였다(14–15절). 에돔은 지형상 천연적인 요새지에 자리잡고 있었기 때문에 스스로 교만에 빠져 있었다. 그러나 하나님께서는 땅 위에 구축한 요새지를 신뢰하는 에돔의 교만이 얼마나 쓸모없는 것인지를 깨닫게 해 주실 것이다. 에돔의 멸망은 하나님 대신 군사력이나 정치력만을 의지해 오던 선민 이스라엘에 대한 경고이다. 에돔은 주변 국가들이 반바빌로니아 정책을 펼 때에도 바빌로니아 편에 가담하였다. 그러나 결국 B.C. 582년에 바빌로니아

이 멸망하였을 때와 마찬가지로,
더 이상 그 땅에 자리잡고 사는
사람이 없을 것이며, 그 땅에 머무
르는 사람도 없을 것이다. 나 주가
말한다.
19 보아라, 사자가 요단 강 가의 깊은
숲 속에서 뛰어나와서, 푸른 목장
으로 달려들듯이, 나도 갑자기 에
돔으로 달려들어서, 그 주민을 몰
아내고, 내가 택한 지도자를 그
곳에 세우겠다. 누가 나와 같다는
말이냐? 감히 나에게 따지며 대
들 수 있는 자가 누구이며, 나에게
맞설 수 있는 목자가 누구냐?
20 그러므로 너희는 나, 주가 에돔을
두고 세운 계획을 듣고, 데만 주민
에 대한 나의 생각을 들어 보아라."
"양 떼 가운데서 아주 어린 것
들까지 끌려갈 것이니, 온 목장이
황무지가 될 것이다.
21 에돔이 쓰러지는 소리가 땅을 흔들
고, 그들의 울부짖는 소리가 ㉠홍
해에까지 들릴 것이다.
22 보아라, 적이 독수리처럼 날아와
서, 보스라 위에 두 날개를 펼칠
것이니, 그 날에는 에돔 용사들의
마음이 해산하는 여인의 마음과
같이 공포에 사로잡힐 것이다."

다마스쿠스 심판의 예언

23 이것은 다마스쿠스를 두고 하
신 주님의 말씀이다. "하맛과 아르
밧이 불길한 소식을 듣고, 어쩔 줄
몰라 한다. 그들이 낙담하였고,
걱정이 파도처럼 몰아치니, 평안
을 잃었다.
24 다마스쿠스가 용기를 잃고 몸을
돌이켜 달아나려 하지만, 공포가
그를 사로잡고 해산하는 여인의
고통과 슬픔처럼 그를 사로잡았
다.
25 칭찬을 받던 도성, 나의 기쁨이었
던 성읍이, 이처럼 버림을 받게 되
었다.
26 그러므로 그 날에는 그 도성의 젊
은이들이 광장에서 쓰러져 죽고,
모든 군인이 전멸을 당할 것이다.
나 만군의 주의 말이다.
27 그 때에 내가 다마스쿠스의 성벽
에 불을 질러 벤하닷의 궁궐을 태
워 버릴 것이다."

게달과 하솔 심판의 예언

28 ○바빌로니아 왕 느부갓네살이 멸망
시킨 게달과 하솔 왕국을 두고, 주
님께서 하신 말씀이다.
"나 주가 말한다. 너희는 일어
나 게달로 쳐올라가서, 저 동방의
백성을 멸망시켜라.
29 그들의 장막과 양 떼를 빼앗고, 그
들의 휘장과 세간도 모조리 빼앗
아라. 그들에게서 낙타도 빼앗아

에게 멸망당했으며, 그 후 남은 자들마저 아랍의 침입으로 본토를 잃고 유다의 남부 지방으로 이주하였다.

49:23-27 다마스쿠스의 멸망에 대한 예언이다. 다마스쿠스는 본래 시리아의 수도였으나, 시리아가 앗시리아에게 멸망하자 앗시리아에게 속하였다. 그 후 앗시리아가 멸망하고 다마스쿠스는 독립하였다(B.C. 609년). 그러나 갈그미스 전쟁(B.C. 605년) 이후에 바빌로니아의 지배를 받게 되었다.

49:27 벤하닷 시리아의 신(神) 하닷의 아들이란 뜻으로, 시리아 왕들에 대한 공식 명칭이다.

49:28-33 팔레스타인 동부 사막에 살던 게달과 하솔의 멸망에 대한 예언이다. 이 예언의 핵심은 이들이 바빌로니아에 의하여 완전히 소탕된다는 것이다. 사실, 이들은 유다와 깊이 관련되지는 않은데, 이들의 멸망은 하나님의 보응이 세상 어느 곳에나 미친다는 것을 교훈하고 있다.

㉠ 히, '얌 쑤프'

라. 그리고 그들에게 이르기를 '너
희 사방에는 무서운 적들만 있다'
하여라."
30 "하솔 주민아, 너희는 어서 도피
하고 도주하여, 깊은 곳에 들어가
숨어 살아라. 나 주의 말이다. 바
빌로니아 왕 느부갓네살이 너희
를 칠 계획을 세웠고, 너희를 칠
뜻을 굳혔다."
31 "바빌로니아야, 저렇게 마음을
놓고 태평하게 살아가는 민족에
게 어서 쳐올라가거라. 그들은 성
문도 없고 빗장도 없이 멀리 떨어
져 홀로 살고 있다. 나 주의 말이
다."
32 "그들의 낙타 떼가 노략을 당하
고, 가축 떼가 전리품이 될 것이
다. ㉠관자놀이의 머리카락을 짧
게 깎고 사는 이 백성을, 내가 사
방으로 흩어 버리겠다. 나 주의 말
이다."
33 "하솔은 영영 황폐한 곳이 되어
이리 떼의 소굴로 변할 것이며, 그
곳에 다시는 정착하는 사람이 없
을 것이며, 그 곳에 머무르는 사람
도 없을 것이다."

엘람 심판의 예언

34 ○이것은 시드기야가 유다 왕이 되
어 다스리기 시작할 무렵에, 엘람을
두고 주님께서 예언자 예레미야에게
하신 말씀이다.
35 "나 만군의 주가 말한다. 엘람
의 주력 무기인 활을 꺾어 버리겠
다.
36 하늘의 네 끝에서 나온 사방의 바
람을 엘람으로 몰아다가, 그들을
사방으로 흩어 버리겠다. 그러면
엘람에서 쫓겨난 사람들이 여러
나라로 유배되어 갈 것이다.
37 나는 엘람 사람들을, 그들의 원수
들, 곧 그들의 목숨을 노리는 자
들 앞에서 두려워 떨게 하겠다. 내
가 이렇게 타오르는 분노로 그들
에게 재앙을 내리고, 군대를 보내
어서 그들을 뒤쫓게 하겠다. 나 주
의 말이다.
38 나는 엘람 왕과 고관들을 그 땅에
서 멸절시키고, 엘람에 나의 보좌
를 놓겠다. 나 주의 말이다.
39 그러나 훗날에는 내가 사로잡혀
간 엘람의 포로를 돌아오게 할 것
이다. 나 주의 말이다."

바빌론 심판의 예언

50 이것은 ㉡바빌로니아 사람의 땅
곧 바빌론 도성을 두고, 주님께
서 예언자 예레미야를 시켜서 선포
하신 말씀이다.
2 "너희는 세계 만민에게 이 소식
을 선포하고 이 소식을 전하여라.
봉화불을 올려서 이 소식을 전하

49:34-39 엘람은 바빌론 동쪽 페르시아만 북쪽 평지에 자리잡은 나라였다. 엘람 사람들은 활을 잘 쏘는 자들로 널리 알려졌다. 그러나 하나님께서는 그들을 약하게 하시고 주변 국가들을 동원하여 그들을 징벌하시겠다고 선포하셨다. 앗시리아와 바빌로니아가 선민 이스라엘을 침공할 때, 엘람 사람들은 종종 앗시리아와 바빌로니아를 지원하였다.

㉠ 또는 '먼 곳에서 사는' ㉡ 또는 '갈대아 사람'

50장 요약 바빌로니아를 통한 여러 나라들의 멸망이 선포되었지만, 이제 바빌로니아 자체가 심판의 대상으로 언급된다. 바빌로니아는 하나님의 심판의 도구로 쓰였음에도 마치 자신들이 하나님이 된 듯 교만하게 굴었다.

50:1-5 바빌로니아가 페르시아에게 멸망될 것과 바빌로니아의 멸망으로 인한 이스라엘과 유다의 해방이 예고된다. 포로지에서 돌아온 이스라엘과

여라. 숨기지 말고 전하여라.
'바빌론이 함락되었다. ㉠벨 신
이 수치를 당하였다. 마르둑 신이
공포에 떤다. 바빌론의 신상들이
수치를 당하고, 우상들이 공포에
떤다.'
3 북녘에서 한 민족이 침략하여
왔으니, 바빌로니아를 쳐서 그 땅
을 황무지로 만들 것이니, 거기에
는 사는 사람이 아무도 없을 것이
다. 사람과 짐승이 사라질 것이
다."

이스라엘 백성의 귀환

4 ○"그 날이 오고, 그 때가 되면, 이스
라엘 백성과 유다 백성이 다 함께 돌
아올 것이다. 나 주의 말이다. 그들
은 울면서 돌아와서, 그들의 하나님
나 주를 찾을 것이다.
5 그들은 시온으로 가는 길을 물어 보
며, 이 곳을 바라보며 찾아올 것이
다. 돌아온 그들은 나 주와 언약을
맺을 것이다. 절대로 파기하지 않을
영원한 언약을 맺고, 나와 연합할 것
이다.
6 나의 백성은 길 잃은 양 떼였다. 목
자들이 그들을 그릇된 길로 인도하
여, 그들이 산 속에서 헤맸다. 양 떼
가 산과 언덕에서 방황하며, 쉬던 곳
을 잊어버렸다.
7 그들을 보는 자마다 그들을 잡아 먹
었다. 양 떼를 잡아먹은 원수들은
이르기를 '그들이 그들의 주, 곧 의로
운 처소이며 조상의 희망인 그들의
주에게 범죄하였으니, 우리에게는 죄
가 없다' 하고 말하였다."
8 "너희는 바빌로니아에서 탈출
하여라. ㉡바빌로니아 사람들의 땅
에서 떠나라. 양 떼 앞에서 걸어
가는 숫염소처럼 앞장서서 나오너
라.
9 보아라, 내가 북녘 땅에서 강대국
들의 연합군을 일으켜서, 바빌로
니아를 쳐들어가게 하겠다. 그들
이 바빌로니아 쪽으로 진을 치고
있다가, 바빌로니아를 정복할 것
이다. 그들의 화살은 절대로 빈손
으로 돌아오지 않는 노련한 용사
와 같을 것이다.
10 ㉢바빌로니아가 약탈당할 것이니,
약탈하는 자들이 모두 흡족하게
털어 갈 것이다. 나 주의 말이다."

바빌론의 멸망

11 "나의 소유, 나의 백성을 노략한
바빌로니아야, 너희는 그저 즐거
워하고 기뻐서 뛰는구나. 너희는
그저 초원의 송아지처럼 뛰어다니
고, 힘센 말처럼 소리를 지르는구
나.
12 그러므로 너희의 어머니 바빌론
도성이 크게 수치를 당할 것이며,

유다는 하나님과 새 언약으로(31:27-34) 결속할 것이다.

50:6-16 유다가 징벌을 당한 것은 그들의 지도자인 왕, 예언자, 제사장 등이 그들을 잘못 인도했기 때문이었다. 그 징벌의 도구는 바빌로니아였다. 그러나 도구로 사용된 바빌로니아는 하나님의 도구라는 자신의 처지를 모르고 스스로 하나님이 된 것처럼 교만하게 유다를 학대하였다. 그래서 하나님은 바빌로니아의 멸망을 선포하신 것이다(사 47:1-15). 바빌로니아는 권력과 부를 누리고 동방을 제패하였으나 가장 보잘것없는 상태로 전락하게 된다. 이 예언대로 페르시아에게 멸망한 바빌로니아는 다시 일어나지 못하고 영원히 사라져 버렸다.

50:6 목자들 예루살렘과 유다의 백성을 잘못 인도한 지도자들인 왕, 제사장, 예언자 그룹이다.

㉠ 바빌론의 수호신인 마르둑의 다른 이름 ㉡ 또는 '갈대아 사람' ㉢ 또는 '갈대아'

너희를 낳은 여인이 치욕을 당할
것이다. 보아라, 이제 바빌로니아
는 온 세상에서 가장 뒤떨어진 나
라, 메마르고 황량한 사막이 될
것이다.
13 나 주의 분노 때문에, 바빌론 도성
은 아무도 살 수 없는 땅이 되고,
온 나라가 황무지로 뒤바뀔 것이
다. 그러면 그 곳을 지나는 사람
마다 그 곳에 내린 모든 재앙을
보고, 놀라며 조롱할 것이다."
14 "활을 당기는 모든 사람들아,
너희는 바빌론 도성을 에워싸고
진을 쳐라. 그 도성에 활을 쏘아
라. 화살을 아끼지 말고 쏘아라.
그 도성은 나에게 범죄하였다.
15 너희는 그 도성을 에워싸고 함성
을 올려라. 그 도성이 손들고 항복
하였다. 성벽을 받친 기둥벽들이
무너지고, 성벽이 허물어졌다. 내
가 원수를 갚는 것이니, 너희는 그
도성에 복수하여라. 그 도성이 남
에게 한 것과 똑같이 너희도 그
도성에 갚아 주어라.
16 너희는 바빌로니아에서 씨뿌리는
사람도 멸절시키고, 추수 때에 낫
을 든 사람도 멸절시켜라. 바빌로
니아에서 살고 있는 외국 사람들
은, 공격하여 오는 저 무서운 군대
를 피하여 저마다 자기 민족에게
로 돌아가고, 누구나 자기 나라로
도망할 것이다."

이스라엘의 회복

17 "이스라엘은 사자들에게 쫓겨
서 흩어진 양이다. 처음에는 앗시
리아 왕이 이스라엘을 양처럼 잡
아먹었고, 그 다음에는 바빌로니
아 왕이 마침내 그 뼈까지 먹어 치
웠다.
18 그러므로 나 만군의 주, 이스라엘
의 하나님이 말한다. 내가 앗시리
아 왕에게 벌을 내렸듯이, 바빌로
니아 왕과 그의 나라에도 벌을 내
리겠다.
19 그러나 이스라엘은, 내가 그의 초
장으로 데려다 놓을 것이니, 그들
이 갈멜과 바산에서 풀을 뜯고,
에브라임 산지와 길르앗에서 마
음껏 먹을 것이다."
20 "그 날이 오고 그 때가 되면, 내
가 살아 남게 한 사람들을 용서할
터이니, 이스라엘의 허물을 아무
리 찾아도 찾지 못하고, 유다의 죄
를 아무리 찾아도 발견하지 못할
것이다. 나 주의 말이다."

하나님께서 바빌로니아를 심판하시다

21 "너는 ㉠므라다임 땅으로 쳐올
라가고, ㉡브곳 주민이 사는 곳으
로 쳐올라가거라. 너는 그들을 칼
로 쳐죽이고, 뒤쫓아가서 ㉢남김없

50:14-15 나에게 범죄하였다 바빌로니아의 범죄는 하나님의 몽둥이로 사용된 자신의 처지를 모르고 교만하여, 하나님께서 심판하신 곳에 자기가 *왕으로 군림한 것*이었다. 때문에 그들은 심판을 받게 된다(비교. 사 10:5-19).

50:17-20 선민 이스라엘의 회복에 대한 메시지이다. 하나님께서는 그들을 얼마 동안 엄하게 징벌하실 것이나 완전히 버리지 아니하신다. 따라서 그 징벌은 치명적이 아니라 치료제가 될 것이다. 17-19절은 포로지로부터의 귀환을, 20절은 궁극적인 회복을 밝히고 있다.

50:20 살아 남게 한 사람들을 용서할 터이니 남은 자의 완전한 용서는 구약에 흐르는 일관된 사상이다(겔 33:10-20;36:26-28;미 7:18). 하지만 역사적으로 유다는 돌아왔지만 이스라엘은 돌아온 바 없다. 때문에 이 구절은 영적으로 해석되어야 하며 그리스도가 완성할 구속으로 연결되고 있

㉠ '갑절의 패역' ㉡ '벌 받음' ㉢ 25:9의 주를 볼 것

이 진멸시켜라. 내가 너에게 명한
모든 것을 그대로 하여라. 나 주의
말이다.
22 바빌로니아 땅에서 이미 전쟁의
소리와 큰 파괴의 소리가 들려 온
다.
23 세상을 쳐부수던 쇠망치가 어쩌다
가 이렇게 깨지고 부서지게 되었
는가? 바빌로니아가 어쩌다가 이
렇게 세계 만민이 놀라도록 비참
하게 되었는가?
24 바빌로니아야, 내가 너를 잡으려
고 올무를 놓았는데 네가 그것도
모르고 거기에 걸리고 말았구나.
네가 나에게 대항하였기 때문에,
피하지 못하고 붙잡힌 것이다.
25 나는 내 무기 창고를 열고, 분노의
무기들을 꺼내 놓았다. 이제 나
주 만군의 하나님이 ㉠바빌로니아
사람들의 땅에서 할 일이 있기 때
문이다.
26 너희는 바빌로니아로 오너라. 멀리
서부터 몰려오너라. 그 나라의 곡
식 창고들을 열어 젖혀라. 전리품
을 낟가리처럼 쌓아 놓고, ㉡완전
히 진멸시켜라. 그 나라에 아무것
도 남겨 놓지 말아라.
27 황소 같은 자들을 모조리 쳐죽여
라. 그들을 도살장으로 데려가거
라. 그들에게 화가 미쳤다. 그들의
날, 그들이 벌 받을 때가 닥쳐왔기
때문이다."
28 (저 소리를 들어 보아라. 바빌로니
아 땅에서 도망하여 빠져 나온 사
람들이, 주 우리의 하나님께서 복
수하셨다고, 그의 성전을 부순 자
들에게 복수하셨다고, 시온에 소
식을 전하고 있다.)
29 "너희는 활 쏘는 사람들을 불러
다가 바빌론을 쳐라. 그들이 이스
라엘의 거룩한 하나님, 주 앞에서
오만하게 행동하였으니 너희는 바
빌론 도성을 포위하고 쳐라. 아무
도 빠져 나가지 못하게 하여라. 너
희는 그들의 소행대로 보복하여
주어라. 그들이 하였던 것과 똑같
이 너희도 그들에게 갚아 주어라.
30 그러므로 그 날에는 바빌로니아
의 젊은이들이 광장에서 쓰러져
죽고, 모든 군인이 전멸을 당할 것
이다. 나 주의 말이다.
31 나 만군의 주, 주의 말이다. 너 오
만한 자야, 내가 너를 치겠다. 너
의 날 곧 네가 벌을 받을 때가 왔
다.
32 오만한 자가 비틀거리다가 쓰러져
도, 일으켜 줄 사람이 아무도 없
을 것이다. 그 때에 내가 바빌로니
아의 성읍에 불을 질러, 바빌로니
아의 주변까지 다 태워 버리겠다."

다. 따라서 메시아 시대에 대한 예언이라 본다.
50:25 분노의 무기 하나님께서 바빌로니아를 징벌하시기 위하여 사용하시는 나라를 말한다.
50:29-32 바빌로니아는 그들이 유다에게 행했던 악행과 똑같은 잔인한 방법으로 멸망될 것이다. 하나님께 높은 권세를 받았다 하더라도, 그 권세로 다른 사람을 부당하게 압제하는 자는 결국 자신도 그에 상응하는 징벌을 받게 된다.
50:33-40 하나님께서 바빌로니아 왕국을 멸망시키심으로써 선민 이스라엘을 회복하신다는 주제가 반복된다. 특별히 예레미야는 회복의 날에 남 유다와 북 이스라엘이 다시 하나가 될 것을 강조하였다. 35-38절은 바빌로니아를 전쟁과 가뭄으로 징벌하시겠다는 말씀이며, 39-40절은 하나님의 심판이 휩쓸고 간 바빌로니아의 황폐한 모습을 묘사하고 있다.
50:33-34 이스라엘 자손과 유다 자손이 다 함께 예

㉠ 또는 '갈대아 사람' ㉡ 25:9의 주를 볼 것

33 "나 만군의 주가 말한다. 이스
라엘 자손과 유다 자손이 다 함
께 억압을 받고 있다. 그들을 포
로로 잡아간 자들이 모두 그들을
단단히 붙잡아 두고, 보내 주기를
거절하였다.
34 그러나 그들의 구원자는 강하니,
그 이름은 '만군의 주'다. 내가 반
드시 그들의 탄원을 들어주어서
이 땅에 평화를 주고, 바빌로니아
주민에게는 소란이 일게 하겠다."
35 "나 주의 말이다. 칼이 ㉠바빌로
니아 사람을 친다. 바빌로니아 주
민을 친다. 그 땅의 고관들과 지
혜 있는 자들을 친다.
36 칼이 점쟁이들을 치니, 그들이 어
리석은 자들이 된다. 칼이 그 땅
의 용사들을 치니, 그들이 공포에
떤다.
37 칼이 그들의 말과 병거와 그들 가
운데 있는 모든 외국 군대를 치니,
그들이 모두 무기력해진다. 칼이
그 땅의 보물 창고를 치니, 보물이
모두 약탈을 당한다.
38 ㉡가뭄이 땅의 물을 치니, 물이 말
라 버린다. 바빌로니아는 온갖 우
상을 섬기는 나라이니, 그 땅에
사는 사람들이 그 끔찍스러운 우
상들 때문에 미쳐 버릴 것이다.
39 그러므로 바빌론 도성에서는 사막
의 짐승들과 이리들이 함께 살고,
타조들도 그 안에서 살 것이다.
그 곳에는 다시는 사람이 살지 않
을 것이며, 그 곳에는 영영 정착하
는 사람이 없을 것이다.
40 ○소돔과 고모라가 그 이웃 성읍들
과 함께 멸망하였을 때와 같이, 바빌
론 도성에도 다시는 정착하여 사는
사람이 없을 것이며, 그 곳에 머무르
는 사람이 없을 것이다. 나 주의 말
이다."
41 "보아라, 한 백성이 북녘에서 오
고 있다. 큰 나라가 온다. 수많은
왕들이 저 먼 땅에서 떨치고 일어
났다.
42 그들은 활과 창으로 무장하였다.
잔인하고 무자비하다. 그들은 바
다처럼 요란한 소리를 내며, 군마
를 타고 달려온다. 딸 바빌로니아
야, 그들은 전열을 갖춘 전사와 같
이 너를 치러 온다.
43 바빌로니아 왕이 그 소식을 듣고,
두 팔에 맥이 풀린다. 해산의 진
통을 하는 여인처럼 불안으로 괴
로워한다."
44 ○"사자가 요단 강 가의 숲 속에서
뛰쳐 나와서 푸른 목장으로 달려 들
듯이, 나도 갑자기 바빌로니아로 달
려들어서, 그 주민을 몰아내고, 내가
택한 지도자를 그 곳에 세우겠다.

레미야는 다시 남북 이스라엘을 결합시켜, 온 이스라엘이란 개념을 산출해 낸다. 유다만으로도 혹은 이스라엘만으로도 온전히 하나님 나라를 *이룰 수 없다. 그들을 단단히 붙잡아* 두고, 보내 주기를 거절하였다 그들을 놓아주지 않는 바빌로니아의 모습은 이전의 이집트와 비슷하다(출 7:14; 9:2). 하나님께서 이집트의 손에서 이스라엘을 빼내셨듯이(출 6:6;15:13), 바빌로니아에게서도 하나님께서 온 이스라엘을 구출하여 평화를 주신다.

50:41-46 하나님께서 누구를 들어서 바빌로니아를 칠 것인지를 밝히고 있다. 이사야 예언자처럼 구체적으로 페르시아의 고레스 왕에 대한 이름을 밝히지 않았으나, '한 백성'(41절)은 '메대·페르시아'를 가리키며 '택한 지도자'(44절)는 '고레스 왕'을 뜻한다. 이 예언대로 바빌로니아는 페르시아 왕 고레스에 의하여 B.C. 539년에 멸망당했다.

㉠ 또는 '갈대아 사람' ㉡ 또는 '칼이'. 같은 자음 본문을 어떻게 발음하느냐에 따라 '가뭄'도 되고 '칼'도 됨

나와 같은 자가 누구며, 나로 더불어
다툴 자가 누구며, 나에게 맞설 목자
가 누구냐?
45 그러므로 너희는, 나 주가 바빌론 도
성을 두고 세운 계획을 듣고, ㉠바빌
로니아 사람들의 땅을 두고 생각한
나의 구상을 들어 보아라."
"양 떼 가운데서 아주 어린 것
들까지 끌려갈 것이니, 온 목장이
황무지가 될 것이다.
46 바빌론 도성이 함락되는 소리가
땅을 흔들고, 그들의 소리가 세계
만민에게 들릴 것이다."

바빌로니아의 심판자이신 주님

51 "나 주가 말한다. 내가 바빌로
니아를 치고 ㉡레브 카마이의
백성을 치기 위하여, 멸망시키는
원수를 일으키겠다.
2 내가 바빌로니아로 키질하는 외국
군대를 보내어서, 그 땅을 키질하
여 말끔히 쓸어내게 하겠다. 재앙
의 날이 오면, 그들이 사방에서
몰려와서 그 땅을 칠 것이다.
3 바빌로니아의 군대가 활을 당기지
못하게 하고, 갑옷을 입지 못하게
하여라. 너희는 바빌로니아의 젊
은이를 무자비하게 죽이고, 그 모
든 군대를 ㉢진멸시켜라.
4 ㉣바빌로니아 사람들이 자기들의
땅에서 칼에 쓰러져 죽고, 자기들
이 사는 거리에서 창에 찔려 죽을
것이다."
5 비록 이스라엘과 유다가 이스라
엘의 거룩하신 분을 거역해서, ㉤그
들의 땅에 죄가 가득 찼으나, 자기
들의 하나님 만군의 주에게 버림
을 받은 것이 아니다.
6 너희는 바빌로니아에서 탈출하
여, 각자 자기의 목숨을 건져라.
바빌로니아의 죄악 때문에 너희까
지 함께 죽지 말아라. 이제 주님께
서 바빌로니아를 그가 받아야 마
땅한 대로 보복하실 때가 되었다.
7 바빌로니아는 주님의 손에 들린
금잔이었다. 거기에 담긴 포도주
가 온 세상을 취하게 하였다. 세계
만민이 그 포도주를 마시고 미쳐
버렸다.
8 바빌로니아가 갑자기 쓰러져서 망
하였다. 그를 애도하고 통곡하여
라. 혹시 그가 낫지 않는지, 유향
을 가져다가 그 상처에 발라 보아
라.
9 우리가 바빌로니아를 치료하려고
하였으나, 낫지 않으니, 이제는 바
빌로니아를 내버려 두고, 각자 고
향 땅으로 돌아가자. 바빌로니아
의 재앙이 하늘에까지 닿았고, 창
공에까지 미쳤다.
10 주님께서 우리의 의로움을 밝혀

51장 요약 바빌로니아의 멸망과 이스라엘의 회복이 보다 구체적으로 선포되고 있다. 바빌로니아를 멸망시킬 나라가 '메대·페르시아의 연합국'임이 밝혀지고, 그의 멸망은 자연스럽게 이스라엘의 회복으로 연결될 것이었다.

㉠ 또는 '갈대아 사람' ㉡ 레브 카마이는 갈대아 곧 바빌로니아를 가리키는 암호문자임. 칠십인역에는 '갈대아'라고 번역하였음. 역본에 따라 '마음으로 내게 대적하는'이라고 번역하기도 함 ㉢ 25:9의 주를 볼 것 ㉣ 또는 '갈대아' ㉤ 또는 '바빌로니아 사람의 땅에'

51:1-6 바빌로니아의 멸망에 대한 주제가 계속 이어진다. 예레미야는 바빌로니아의 멸망을 반복하여 강조함으로써 하나님의 권능과 유다의 회복을 부각시키고 있다. 당대 사람들은 바빌로니아의 멸망을 거의 믿으려 하지 않았을 것이다. 그러나 바빌로니아는 반드시 하나님의 심판을 받을 것이며, 송두리째 약탈당하게 될 것이다.
51:7-14 바빌로니아는 하나님의 손에 잡힌 진노의 잔이었다. 하나님께서는 바빌로니아를 사용하

주셨으니, 어서 시온으로 가서 주
우리의 하나님께서 하신 일을 선
포하자.
11 너희는 화살촉을 갈고, 방패를
잡아라. 주님께서 메대 왕의 마음
을 움직이셔서 바빌로니아를 멸하
기로 뜻을 세우셨다. 이것은 주님
께서 주님의 성전을 무너뜨린 자
들에게 하시는 복수다.
12 너희는 바빌론 도성의 성벽을
마주 보며 공격 신호의 깃발을 올
려라. 경계를 강화하여라. 보초를
세워라. 복병을 매복시켜라. 주님
께서는 바빌로니아 백성에게 하기
로 계획하신 것을 말씀하신 그대
로 이루실 것이다.
13 큰 물 가에 사는, 보물을 많이
가진 자야, 너의 종말이 다가왔
다. 너의 목숨이 끊어질 때가 되었
다.
14 만군의 주님께서 그의 삶을 두고
맹세하셨다. "내가 메뚜기 떼처럼
많은 군대로 너를 공격하게 할 것
이니, 그들이 너를 이겨 승리의 환
호를 할 것이다."

하나님 찬양 (렘 10:12-16)

15 권능으로 땅을 만드시고, 지혜
로 땅덩어리를 고정시키시고, 명철
로 하늘을 펼치신 분은 주님이시
다.
16 주님께서 호령을 하시면, 하늘에
서 물이 출렁이고, 땅 끝에서 먹
구름이 올라온다. 주님은 번개를
일으켜 비를 내리시며, 바람 창고
에서 바람을 내보내신다.
17 사람은 누구나 어리석고 무식
하다. 금속을 부어서 만든 신상들
은 거짓이요, 그것들 속에 생명이
없으니, 은장이들은 자기들이 만
든 신상 때문에 모두 수치를 당하
고야 만다. 금속을 부어서 만든
신상들은 속임수요, 그것들 속에
는 생명이 없으니,
18 그것들은 허황된 것이요, 조롱거
리에 지나지 않아서, 벌 받을 때에
는 모두 멸망할 수밖에 없다.
19 그러나 야곱의 분깃이신 주님은
그런 것들과는 전혀 다르시다. 그
분은 만물의 조성자이시요, 이스
라엘을 당신의 소유로 삼으신 분
이시다. 그분의 이름은 '만군의 주'
이시다.

바빌로니아는 주님의 철퇴

20 "너는 나의 철퇴요, 나의 무기
다. 나는 너를 시켜서 뭇 민족을
산산이 부수고, 뭇 나라를 멸망시
켰다.
21 나는 너를 시켜서 말과 기병들을
산산이 부수고, 병거와 병거대를
산산이 부수었다.

여 모든 나라를 징벌하셨다. 그러나 바빌로니아는 자기가 하나님의 도구임을 깨닫지 못하고 방종과 교만을 행했기 때문에 이제 그들이 하나님께 멸망당할 것이다.

51:13 큰 물 가 바빌로니아의 강변들과 그 당시에 유프라테스 강을 따라 개발되어 있는 거대한 관개용 수로들을 의미한다.

51:15-19 하나님만이 천지의 창조자이시고 주관자이심이 선포되어 있다. 바빌로니아를 비롯한 고대 국가들은 자기들이 숭배하는 우상들이 천지를 주관한다고 믿었다. 그러나 그러한 우상은 헛된 것이며 사람이 만든 수공품 내지 창작물에 지나지 않는다는 사실을 밝혀 주고 있다.

51:19 당신의 소유 이스라엘에 삶의 생기를 끝없이 주시는 분이라는 뜻이다.

51:20-26 하나님의 철퇴와 무기로 사용된 바빌로니아의 행위와 그 종말이 나타나 있다. 20-23절은 하나님께서 바빌로니아를 어떻게 사용하셨

22 나는 너를 시켜서 남자와 여자를
산산이 부수고, 늙은이와 어린 아
이도 산산이 부수고, 처녀와 총각
도 산산이 부수었다.
23 나는 너를 시켜서 목자와 양 떼도
산산이 부수고, 농부와 소도 산산
이 부수고, 총독과 지방장관들도
산산이 부수었다."

바빌로니아가 받는 형벌

24 "그러나 이제는 내가 ㉠바빌로니
아 땅과 바빌로니아 백성에게 원
수를 갚겠다. 그들이 시온에 와서
저지른 모든 죄악을, 너희들이 보
는 앞에서, 내가 그들에게 갚아
주겠다. 나 주의 말이다.
25 온 세상을 파괴한 멸망의 산아, 보
아라, 이제 내가 너를 치겠다. 나
주의 말이다. 내가 너에게 손을 뻗
쳐서 너를 바위 꼭대기에서 굴려
내리고, 너를 불탄 산으로 만들어
버리겠다."
26 "네가 영원히 황무지가 되어 사
람들이 너에게서 모퉁잇돌 하나,
주춧돌 하나도 얻을 수 없을 것이
다. 나 주의 말이다."
27 "너희는 온 땅에 공격 신호의
깃발을 올려라. 만방에 나팔을 불
어서, 바빌로니아를 치는 싸움에
세상 만민을 동원하여라. 아라랏
과 민니와 아스그나스와 같은 나
라들을 불러다가, 바빌로니아를
쳐라. 너희는 바빌로니아를 칠 사
령관을 세우고, 군마들을 메뚜기
떼처럼 몰고 오게 하여라.
28 너희는 세상 만민을 동원하여, 바
빌로니아를 쳐라. 메대의 왕들과,
그 땅의 총독들과, 모든 지방장관
과, 그들이 지배하는 모든 속국들
을 동원하여, 바빌로니아를 쳐라.
29 바빌로니아 땅을 아무도 살지 못
할 황무지로 만들려는 나의 계획
이, 그대로 이루어지니, 땅이 진동
하고 뒤틀린다.
30 바빌로니아의 용사들은 싸우는
것을 포기하고, 그저 산성에 들어
앉아 있다. 그들은 힘이 빠져서,
여인들처럼 되어 버렸다. 바빌로니
아의 집들은 불에 타고, 성문의
빗장들도 부러졌다.
31 보발꾼과 보발꾼이 서로 뒤를 이
어 달려가고, 전령과 전령이 서로
뒤를 이어 달려가서, 바빌로니아
왕에게 왕의 도성 사방이 함락되
었다고 보고한다.
32 강나루들도 점령되었으며, 갈대밭
도 불에 탔으며, 군인들은 겁에 질
려 있다고 보고한다.
33 나 만군의 주 이스라엘의 하나님
이 말한다. 딸 바빌로니아는 타작
마당이다. 농부가 타작 마당의 곡

는지를, 24–26절은 어떻게 버리실 것인지를 말하고 있다.

51:27–33 메대·페르시아 연합국에 복속된 모든 나라의 왕들이 함께 출전하여 바빌로니아를 칠 것이 예고되었다. 하나님께서 한 번 뜻을 세우셨기 때문에, 유프라테스 강변의 천연 요새지로 방어선을 아무리 구축한다 할지라도 바빌로니아는 연합군에게 패하고 말 것이다.

51:34–40 여기서는 유다 백성을 하나님 자신의 육체로 비유하였다. 유다 백성들을 바빌로니아에 포로로 잡혀가게 한 것은 유다의 불순물을 제거하고자 함이었다. 그런데 이 제거 작업의 일시적인 도구로 사용되었던 바빌로니아가 자기 신분을 초월하여 마치 유다의 주인처럼 행세를 한 것이다. 이러한 교만과 학대에 대한 대가로 바빌로니아는 죽음과 멸망에 이를 것이다.

51:34 바다의 괴물처럼 나를 삼켜 버렸습니다 바빌

㉠ 또는 '갈대아'

식을 밟듯이, 군대가 들어가서 그
들을 짓밟을 것이다. 이제 곧 그
마당에서 타작을 할 때가 온다."

바빌로니아에게 갚아 주십시오!

34 "바빌로니아 왕 느부갓네살이
나를 먹었습니다. 그가 나를 멸망
시켰습니다. 그가 나를 빈 그릇처
럼 만들어 놓았습니다. 그는 바다
의 괴물처럼 나를 삼켜 버렸습니
다. 맛있는 음식처럼 나를 먹어
제 배를 채우고는 나를 버렸습니
다.
35 내가 당한 폭행을 그대로 ㉠바빌
로니아에게 갚아 주십시오." 시온
의 백성이 이렇게 호소할 것이다.
"바빌로니아 백성이 나의 피를
흘렸으니 그들에게 그대로 갚아
주십시오." 예루살렘이 이렇게 호
소할 것이다.

주님께서 이스라엘을 도우시다

36 "그러므로 나 주가 말한다. 보
아라, 내가 너의 호소를 들어주며,
너의 원수를 갚아 주겠다. 내가
바빌로니아의 바다를 말리고, 그
땅의 샘들도 말려 버리겠다.
37 그러면 바빌로니아가 폐허 더미로
변하고, 여우 떼의 굴혈이 되어,
아무도 살 수 없는 곳이 될 것이
다. 그 참혹한 형상을 보고 사람
들은 놀라서 빈정거릴 것이다.
38 바빌로니아 사람들은 모두 사자처
럼 으르렁거리고, 어미 사자에게
매달리는 새끼들처럼 부르짖을 것
이다.
39 그래서, 그들이 목이 타고 배가 고
플 때에, 나는 그들에게 잔치를 베
풀어서, 그들이 모두 취하여 흥겨
워하다가 마침내 모두 기절하고
쓰러져서, 영영 깨어날 수 없는 잠
에 빠지게 하겠다. 나 주의 말이
다."
40 "내가 그들을 어린 양처럼, 숫양
이나 숫염소처럼, 도살장으로 끌
고 가겠다."

바빌론의 멸망을 풍자한 조가

41 "어쩌다가 ㉡세삭이 함락되었는
가! 어쩌다가 온 세상의 자랑거리
가 정복되었는가! 어쩌다가 바빌
론이 세상 만민 앞에 참혹한 형상
을 보이게 되었는가!
42 바빌론으로 바닷물이 밀려오고,
요란하게 밀려오는 파도 속에 바
빌론이 잠기고 말았구나.
43 성읍들이 황무지로 변하여 메마
르고 삭막한 땅이 되었구나. 아무
도 살 수 없고, 지나다니는 사람
도 없는 땅이 되었구나.
44 내가 직접 바빌로니아의 신 벨에
게 벌을 내리고, 그가 삼켰던 것
을 그의 입으로 토하여 내게 하겠

로니아 신화를 들어서 멸망을 선포한 것이다. 마르둑(므로닥) 신과 티아맛 신이 싸우는 중에, 마르둑 신이 발한 폭풍우를 티아맛이 삼키자 티아맛의 배가 갈라졌다는 신화이다. 예레미야는 유다를 하나님께서 일으키신 폭풍우에 빗대고 바빌로니아는 이 폭풍우, 곧 유다를 삼킨 티아맛에 빗대어서, 결국 배가 갈라질 운명에 놓인 바빌로니아를 시사하고 있다.

51:41–49 하나님의 뜻은 바빌론을 멸망시키고 유다를 회복시키는 것이었다. 특히 46–48절은 예수께서 세상 끝 날의 징조를 말씀하실 때 인용하신 구절이다(마 24:6–8). 따라서 바빌론의 멸망과 유다의 회복은, 오늘의 시각으로 볼 때 세상 나라의 멸망과 하나님 나라의 승리를 의미한다고 할 수 있다.

51:42 바빌론으로 바닷물이 밀려오고 이것은 문자

㉠ 또는 '갈대아' ㉡ 바빌론을 가리키는 암호. 칠십인역은 '바빌론'으로 번역함

다. 뭇 민족이 다시는 그에게 몰려
들지 않을 것이다."
"바빌론 도성의 성벽이 무너졌
다.
45 나의 백성아, 너희는 바빌로니아
에서 탈출하여, 목숨을 건져라. 주
의 무서운 분노 앞에서 벗어나라.
46 너희는 이 땅에서 들리는 소문에
낙담하거나 두려워하지 말아라.
이 해에는 이런 소문이 떠돌고, 저
해에는 저런 소문이 떠돌 것이다.
온 나라에 폭력이 판을 치고, 통
치자들이 서로 싸운다는 소문도
들릴 것이다.
47 그러므로 보아라, 내가 바빌론의
신상들에게 벌을 내릴 날이 다가
왔다. 그 날에 온 나라가 수치를
당하고, 칼에 찔려 죽은 모든 사
람이 그 한가운데 널려 있을 것이
다.
48 바빌론을 멸망시키는 자들이 북녘
에서 밀려올 것이니, 하늘과 땅과
그 안에 있는 모든 것이 바빌론의
파멸을 보며 기뻐서 노래할 것이
다. 나 주의 말이다."
49 "세상 사람들이 바빌로니아 때
문에 칼에 죽은 것과 같이, 이제
는 바빌로니아가 이스라엘 사람
을 칼로 죽인 죄로 쓰러져 죽을
차례이다."

주님께서 바빌로니아에 복수하시다

50 "칼을 모면한 이스라엘 사람들
아, 서성거리지 말고 어서 떠나거
라. 너희는 먼 곳에서라도 주님을
생각하고, 예루살렘을 마음 속에
두어라."
51 나는 욕을 먹고 수치를 당하였
다. 이방 사람들이 주님 성전의
거룩한 곳들을 짓밟았으므로, 나
는 부끄러워 얼굴을 들 수가 없었
다.
52 "그러므로 보아라, 그 날이 오
고 있다. 나 주의 말이다. 그 날에
내가 바빌론의 신상들에게 벌을
내릴 것이며, 온 나라에서 칼에 찔
린 자들이 신음할 것이다.
53 바빌론이 비록 하늘까지 올라가
서, 그 높은 곳에 자기의 요새를
쌓아 놓는다 하여도, 내가 파괴자
들을 보내어 그것을 부수겠다. 나
주의 말이다."

바빌론의 멸망

54 바빌론에서 울부짖는 소리가
들려 온다. ㉠바빌로니아 사람들의
땅에서 파멸을 탄식하는 통곡이
들려 온다.
55 참으로 주님께서 바빌론을 파괴하
시고, 그들의 떠드는 소리를 사라
지게 하신다. 그 대적이 거센 파도
처럼 밀려와서 요란한 소리를 내

적 바다나 유프라테스 강을 의미하지 않는다. 예레미야의 적에 대한 은유적 표현으로 보는 것이 적절하다.

51:44 바빌론 도성의 성벽 이 성벽은 이중으로 쌓은 것이었다. 외벽은 두께가 약 6.4m였고, 내벽은 두께가 약 3.7m나 되었다.

51:45 주의 무서운 분노 앞에서 벗어나라 이 구절은 하나님의 분노로부터 도망가라는 말이 아니다. 이스라엘의 회복의 때가 되었으므로 바빌로니아에서 탈출하라는 뜻이다(50:8;51:6).

51:50-58 예레미야는 바빌로니아와 페르시아의 전쟁에서 살아 남은 유다 포로들에게 하나님의 구원을 바라보며 힘을 내라고 격려하고 있다. 바빌로니아의 멸망은 유다의 회복에 대한 보증이다. 하나님께서는 성전을 짓밟고 유다를 잔인하게 학대한 바빌로니아에게 반드시 보복하실 것이다.

51:59-64 바빌로니아의 멸망에 대한 최종 결말

㉠ 또는 '갈대아'

면서 공격한다.
56 바빌론을 파괴하는 자가 바빌론
으로 쳐들어오니, 바빌론의 용사
들이 사로잡히고, 그들의 활이 꺾
인다. 주님은 보응하시는 하나님
이시니, 반드시 보복하실 것이다.
57 "내가 바빌로니아의 고관들과,
지혜 있는 자들과, 총독과 지방장
관들과, 용사들까지 술에 취하게
하여, 그들을 영영 깨어날 수 없는
잠에 빠지게 하겠다. 나의 이름은
'만군의 주'다. 나는 왕이다. 이것
은 내가 하는 말이다.
58 나 만군의 주가 말한다. 바빌론
도성의 두꺼운 성벽도 완전히 허
물어지고, 그 높은 성문들도 불에
타 없어질 것이다. 이렇게 뭇 민족
의 수고가 헛된 일이 되고, 뭇 나
라의 노고가 잿더미가 되어 모두
지칠 것이다."

예레미야가 스라야에게 두루마리를 주다

59 ○이것은 마세야의 손자요 네리야의
아들인 스라야가 유다 왕 시드기야
제 사년에 왕과 함께 바빌로니아로
갈 때에, 예언자 예레미야가 스라야
에게 명령한 말이다. 스라야는 왕의
수석 보좌관이었다.
60 예레미야는, 바빌로니아에 내릴 모
든 재앙 곧 바빌로니아를 두고 선포
한 이 모든 말씀을, 한 권의 책으로
기록하였다.
61 그리고 예레미야가 스라야에게 말하
였다. "수석 보좌관께서 바빌론 도성
으로 가거든, 이 말씀을 반드시 다
읽고
62 '주님, 주님께서 친히 이 곳을 두고
말씀하시기를, 이 곳에는 아무것도
살 수 없도록 멸망시켜서, 사람도 짐
승도 살 수 없는, 영원한 폐허로 만
들겠다고 하셨습니다' 하고 기도하십
시오.
63 수석 보좌관께서 이 책을 다 읽은
다음에는, 책에 돌을 하나 매달아
서, 유프라테스 강 물에 던지십시
오.
64 그런 다음에 '주님께서 이 곳에 내리
는 재앙 때문에 바빌로니아도 이렇
게 가라앉아, 다시는 떠오르지 못하
고 쇠퇴할 것이다' 하고 말하십시오."
○여기까지가 예레미야의 말이다.

예루살렘의 함락 (왕하 24:18-25:7)

52 시드기야가 왕이 되었을 때에,
그는 스물한 살이었다. 그는 예
루살렘에서 열한 해 동안 다스렸다.
그의 어머니 하무달은 립나 출신으
로 예레미야의 딸이다.
2 그는 여호야김이 하였던 것과 똑같
이, 주님께서 보시기에 악한 일을 하
였다.
3 예루살렘과 유다가 주님을 그토록

이다. 예레미야는 바빌로니아의 멸망을 공포하였고 기록했을 뿐만 아니라, 스라야에게 그 기록한 책을 바빌론 도성으로 가져가 거기서 읽고 유프*라테스 강에 던져버리라고 명하였다*. 이 책이 가라앉은 것처럼, 바빌로니아는 영원히 떠오르지 못하고 역사의 밑바닥에 가라앉는다는 것이다. 이 예언대로 바빌로니아는 B.C. 539년 페르시아의 고레스 왕에게 정복당한 뒤 역사 속에서 그 이름이 완전히 사라져 버렸다.

52장 요약 예루살렘 함락에 관한 기록이다. 시드기야는 바빌로니아에 대항하다가 비참한 최후를 맞이했다. 예루살렘을 정복한 바빌로니아는 왕궁과 성전을 헐고 성전 기구들을 약탈해 갔다. 한편, 여호야긴은 특별 사면으로 풀려나 후한 대접까지 받았다. 이는 이스라엘의 밝은 미래를 암시한다.

52:1-11 유다 최후의 왕인 시드기야에 대한 기록

진노하시게 하였기 때문에, 주님께서
는 마침내 그들을 주님 앞에서 쫓아
내셨다. ○시드기야가 바빌로니아
왕에게 반기를 들었으므로,
4 시드기야 왕 제 구년 열째 달 십일에
바빌로니아 왕 느부갓네살이 그의
모든 군대를 거느리고 예루살렘을
치러 올라와서, 도성을 포위하고, 도
성 안을 공격하려고 성벽 바깥 사방
에 흙 언덕을 쌓았다.
5 그리하여 이 도성은 시드기야 왕 제
십일년까지 포위되어 있었다.
6 그 해 넷째 달 구일이 되었을 때에,
도성 안에 기근이 심해져서, 그 땅
백성이 먹을 양식이 다 떨어지고 말
았다.
7 ○드디어 성벽이 뚫리니, 이것을 본
왕은, ㉠바빌로니아 군대가 도성을
포위하고 있는데도, 밤을 틈타서 모
든 군사를 거느리고, 왕의 정원 근
처, 두 성벽을 잇는 통로를 지나 도
성 바깥으로 빠져 나와 아라바 쪽으
로 도망하였다.
8 그러나 바빌로니아 군대가 시드기야
왕을 추격하여, 여리고 평원에서 그
를 사로잡으니, 시드기야의 군사들
은 모두 그를 버리고 흩어졌다.
9 바빌로니아 군대가 시드기야 왕을
체포해서, 하맛 땅의 리블라에 있는
바빌로니아 왕에게 끌고 가니, 그가
시드기야를 신문하고,
10 또 바빌로니아 왕은 시드기야의 아
들들을 그가 보는 앞에서 처형하고,
역시 리블라에서 유다의 고관들도
모두 처형하였다.
11 그리고 바빌로니아 왕은 시드기야의
두 눈을 뺀 다음에, 쇠사슬로 묶어
서, 바빌론으로 끌고 가서, 그가 죽
는 날까지 감옥에 가두어 두었다.

성전 붕괴 (왕하 25:8-17)

12 ○바빌로니아 왕 느부갓네살 제 십
구년 다섯째 달 십일에, 바빌로니아
왕의 부하인 근위대장 느부사라단
이 예루살렘으로 왔다.
13 그는 주님의 성전과 왕궁과 예루살
렘의 모든 건물 곧 큰 건물은 모두
불태워 버렸다.
14 근위대장이 지휘하는 바빌로니아의
모든 군대가 예루살렘의 사면 성벽
을 모두 헐어 버렸다.
15 근위대장 느부사라단은 백성 가운
데서 가장 가난한 사람들과, 도성
안에 남은 나머지 사람들과, 바빌로
니아 왕에게 투항한 사람들과, 나머
지 기술자들을 모두 포로로 잡아갔
다.
16 그러나 근위대장 느부사라단은, 그
땅에서 가장 가난한 백성 가운데 일
부를 남겨 두어서, 포도원을 가꾸고
농사를 짓게 하였다.

이다. 예레미야는 바빌로니아에게 항복하는 것이 하나님의 뜻임을 여러 번 시드기야에게 알려 주었다. 그러나 '거짓 평안'을 외치던 거짓 예언자들에게 현혹된 시드기야는 바빌로니아에 대항하여 싸웠다. 하나님의 뜻에 대항하던 시드기야는 가족의 죽음을 직접 목격해야만 했으며, 자신도 맹인이 된 채 바빌론에 끌려가 옥사하고 말았다.

52:12-23 예루살렘 성의 파괴 여기에서는 열왕기하 25:13-17의 경우보다 더 상세하게 성전 기구들을 열거한다. 특별히 성전 훼파와 성전 기구들의 약탈에 대해 자세하게 기록하였다. 바빌로니아 군대는 성전을 훼파하기 전에 금과 은과 놋 등 중요 기물들을 옮겨간 후 남아 있는 건물은 모두 부수어버렸다. 성전 훼파와 성전 기구들의 약탈은 유다 사람들에게 엄청난 충격이었다. 그렇지만 예기치 못한 결과는 아니었다. 그동안 예레미야는 회개하지 않으면 이러한 결과가 오리라고

㉠ 또는 '갈대아'

17 ○바빌로니아 군대는 주님의 성전에
있는 놋쇠 기둥과 받침대, 또 주님의
성전에 있는 놋바다를 부수어서, 모
든 놋쇠를 바빌론으로 가져 갔다.
18 또 솥과 부삽과 부집게와, 대야와 향
접시와 제사를 드릴 때에 쓰는 놋쇠
기구를 모두 가져 갔다.
19 근위대장은 잔과 화로와 대야와 솥
과 등잔대와 향 접시와 부어 드리는
제사 때 쓰는 잔을 모두 가져 갔다.
금으로 만든 것은 금이라고 하여 가
져 갔고, 은으로 만든 것은 은이라고
하여 가져 갔다.
20 솔로몬 왕이 주님의 성전에 만들어
놓은 놋쇠로 만든 두 기둥과, 놋바다
하나와, 놋받침대 밑에 있는 놋쇠로
만든 소 모형 열둘을 모두 가져 갔
다. 그가 가져 간 이 모든 기구의 놋
쇠는, 그 무게를 달아 볼 수 없을 정
도로 많았다.
21 기둥 한 개의 높이는 열여덟 자이
고, 둘레가 열두 자이고, 기둥 속은
비었지만, 놋쇠 두께는 손가락 네 개
의 너비이다.
22 그 위에는 놋쇠로 된 기둥머리가 있
고, 각 기둥머리의 높이는 다섯 자이
다. 그리고 놋쇠로 된 기둥머리 위
사방에는 그물과 석류 모양의 장식
이 얽혀 있다. 다른 기둥도 석류 모
양을 하고 있어서, 똑같이 장식되어
있다.
23 그물에 사방으로 매달린 석류는 모
두 백 개인데, 밖에서 보이는 것은
아흔여섯 개이다.

유다 백성이 바빌로니아로 잡혀 가다
(왕하 25:18-21, 27-30)

24 ○근위대장은 대제사장 스라야와
부제사장 스바냐와 세 명의 성전 문
지기를 체포하였다.
25 이 밖에도 그가 도성 안에서 체포한
사람은, 군대를 통솔하는 내시 한
사람과, 도성 안에 그대로 남은 왕의
시종 일곱 사람과, 그 땅의 백성을
군인으로 징집하는 권한을 가진 군
대 참모장과, 도성 안에 남은 그 땅
의 백성 예순 명이다.
26 근위대장 느부사라단은 그들을 체
포하여, 리블라에 머물고 있는 바빌
로니아 왕에게 데리고 갔다.
27 바빌로니아 왕은 하맛 땅 리블라에
서 그들을 처형하였다. ○이렇게 유
다 백성은 포로가 되어서 그들의 땅
에서 쫓겨났다.
28 느부갓네살이 포로로 끌고 간 유다
백성의 수는 이러하다. 그의 통치 제
칠년에는 삼천이십삼 명이었다.
29 느부갓네살의 통치 제 십팔년에는
예루살렘에서 팔백삼십이 명을 포
로로 잡아갔다.
30 느부갓네살의 통치 제 이십삼년에는

수없이 예고했기 때문이다.

52:12 느부갓네살 제 십구년 다섯째 달 B.C. 587년 8월이며, 예루살렘 함락 한 달 후이다. 그동안 예루살렘에는 점령군으로 편성된 군사 정부가 구성되어 비상 조치를 취했으나(39:3), 본격적인 점령지에 대한 처리는 느부갓네살 왕명에 따랐다. 이 왕명을 느부사라단이 예루살렘 군부에게 전한 것이다.

52:24-30 바빌로니아에 의해 처형당한 지도자들과 포로로 잡혀 간 유다 백성들의 명수가 기록되어 있다. 본문에는 3차에(B.C. 597년, B.C. 586년, B.C. 581년) 걸쳐 끌려간 명수가 기록되어 있으나, 이외에도 B.C. 605년 다니엘을 포함한 귀족들을 사로잡아 간 일이 한 번 있었다. 그리고 본문에 기록된 명수는 성인 남자의 명수이기 때문에 남녀 노소를 모두 합하면 세 배 내지 네 배는 되었을 것이다.

52:28 갈그미스 전쟁에서 패한 이집트를 추적하

근위대장 느부사라단이 유다 사람
칠백사십오 명을 포로로 잡아 갔다.
잡혀 간 포로의 수는 모두 사천육백
명이다.
31 **○유다 왕 여호야긴이 포로로 잡**
혀 간 지 서른일곱 해가 되는 해 곧
바빌로니아 왕 에윌므로닥이 왕위
에 오른 그 해 열두째 달 이십오일
에, 그가 유다 왕 여호야긴에게 특사
를 베풀어서, 그를 옥에서 석방하였
다.
32 **그는 여호야긴에게 친절하게 대접하**
여 주면서, 그와 함께 바빌로니아에
있는 다른 왕들의 자리보다 더 높은
자리를 그에게 주었다.
33 **그래서 여호야긴은 죄수복을 벗고,**
남은 생애 동안 늘 왕과 한 상에서
먹었다.
34 **여호야긴의 생계비는, 그가 죽을 때**
까지 매일 일정하게, 그의 일생 동안
끊이지 않고, 바빌로니아 왕이 그에
게 대주었다.

러 팔레스타인까지 온 바빌로니아 군대는 유다의 항복을 받아냈다(B.C. 605–604년). 그러나 그 후 몇 년이 지난 제칠년에 즉, B.C. 598–597년에 유다는 이집트 세력에 의지하여 바빌로니아로부터 독립을 쟁취하려 했다. 이에 바빌로니아는 유다를 점령하고 고관들을 비롯한 여호야긴 왕을 포로로 끌고 간다. 이때 시드기야가 여호야긴의 뒤를 이어 바빌로니아의 섭정을 받는 왕이 된다(왕하 24:14–17).

52:31–34 바빌로니아로 잡혀 갔던 여호야긴의 말년에 대한 기록이다. 느부갓네살이 죽고 그의 아들 에윌므로닥이 즉위하자(B.C. 561년) 여호야긴은 특별 사면으로 풀려났으며 후한 대접까지 받았다. 예레미야서의 마지막을 여호야긴의 석방으로 끝맺는 데에는, 비극 이후에 약속된 희망찬 미래를 암시하는 의미가 담겨 있다. 예레미야의 메시지는 분명히 심판의 메시지였지만 동시에 구원의 메시지였다.

예레미야 애가

LAMENTATIONS

저자 전통적으로 본서의 저자는 예레미야라고 전해진다. 그 근거로 역대지하 35장 25절에 예레미야가 요시야 왕의 죽음을 비탄하여 애가를 지었다고 기록된 것과 본서에 예루살렘의 파멸이 생생하게 기록된 것으로 보아 예레미야가 본서의 저자임이 확실하다(비교. 렘 39,52장). 또 애가와 예레미야서 사이의 문체의 통일성은 애가의 저자가 예레미야임을 입증한다.

저작 연대 B.C. 586–585년경

기록 장소와 대상 기록 장소는 예루살렘이나 이집트로 추정되고, 기록 대상은 무너져 내린 예루살렘 거민들이다.

핵심어 및 내용 예레미야 애가의 핵심어는 '분노'와 '비탄'이다. 하나님의 분노로 말미암아 예루살렘 성은 멸망되었고 그분의 의로우심과 공의는 드러났다. 이제 예레미야가 할 수 있는 일이란, 한때 영광스럽고 위대한 성이었던 예루살렘을 바라보면서 슬피 우는 것뿐이다.

내용 분해

1. 예루살렘의 황폐(1:1–22)
2. 주님께서 진노하신 날의 참상(2:1–22)
3. 파괴된 시온의 환난(3:1–66)
4. 고난당하는 시온의 백성(4:1–22)
5. 회개하는 시온의 간구(5:1–22)

1 아, 슬프다. 예전에는 사람들로 그
렇게 붐비더니, 이제는 이 도성이
어찌 이리 적막한가! 예전에는 뭇
나라 가운데 으뜸이더니 이제는
과부의 신세가 되고, 예전에는 모
든 나라 가운데 여왕이더니 이제
는 종의 신세가 되었구나.
2 이 도성이 여인처럼 밤새도록 서
러워 통곡하니, 뺨에 눈물 마를 날
없고, 예전에 이 여인을 사랑하던
남자 가운데 그를 위로하여 주는
남자 하나도 없으니, 친구는 모두
그를 배반하여 원수가 되었는가!
3 유다가 고통과 고된 노역에 시
달리더니, 이제는 사로잡혀 뭇 나
라에 흩어져서 쉴 곳을 찾지 못하
는데, 뒤쫓는 모든 자들이 막다른
골목에서 그를 덮쳐 잡는구나.
4 시온으로 가는 길이 이렇게 쓸
쓸하다니! 명절이 되었는데도 순
례자가 없고, 시온 성으로 들어가
는 모든 문에도 인적이 끊어지니,
제사장들은 탄식하고, 처녀들은
슬픔에 잠겼구나. 시온이 이렇게
괴로움을 겪는구나.
5 대적들이 우두머리가 되고, 원
수들이 번영한다. 허물이 많다고,
주님께서 그에게 고통을 주셨다.
아이들마저 원수들이 보는 앞에
서 사로잡혀 끌려갔다.
6 ㉠도성 시온이 누리던 모든 영광
이 사라지고, 지도자들은 뜯을
풀을 찾지 못한 사슴처럼 되어서,
뒤쫓는 자들에게 힘 한 번 못쓴
채 달아나고 말았구나.
7 예루살렘이 고통과 고난을 겪
는 날에, 지난 날의 그 모든 찬란
함을 생각하는구나. 백성이 대적
의 손에 잡혀도 돕는 사람이 없
고, 대적은 그가 망하는 것을 보
며 좋아한다.
8 예루살렘이 그렇게 죄를 짓더
니, 마침내 조롱거리가 되었구나.
그를 떠받들던 자가 모두 그 벌거
벗은 모습을 보고서 그를 업신여
기니, 이제 한숨지으며 얼굴을 들
지 못한다.

㉠ 히, '딸'

9 그의 더러움이 치마 속에 있으
나, 자기의 앞날을 생각하지 않는
다. 그렇게 비참해져도 아무도 위
로하는 이가 없다.
"주님, 원수들이 우쭐댑니다. 나
의 이 고통을 살펴 주십시오.
10 대적들이 손을 뻗어 보물을 빼
앗습니다. 이방인이 주님의 공회
에 들어오지 못하도록 주님께서
이미 금하셨으나, 그들이 성소에
침입하는 것을 예루살렘이 보았
습니다.
11 예루살렘 온 백성이 탄식하며,
먹거리를 찾습니다. 목숨을 이으
려고, 패물을 주고서 먹거리를 바
꿉니다. 주님, 이 비천한 신세를
살펴 주십시오."
12 길 가는 모든 나그네들이여, 이
일이 그대들과는 관계가 없는가?
주님께서 분노하신 날에 내리신
이 슬픔, 내가 겪은 이러한 슬픔
이, 어디에 또 있단 말인가!
13 주님께서 저 높은 곳에서 불을
보내셔서 내 뼈 속 깊이 들어가게
하시고, 내 발 앞에 덫을 놓아서
걸려 넘어지게 하셨으며, 나를 폐
인으로 만드셔서 온종일 힘이 없
게 하셨다.
14 주님께서 내가 지은 죄를 묶고
엮어서 멍에를 만드시고, 그것을
내 목에 얽어서 힘을 쓸 수 없게
하셨다. 주님께서 나를 내가 당할
수 없는 사람의 손에 넘기셨다.
15 주님께서 내 청년들을 무찌르시
려고 내게서 용사들을 모두 몰아
내시고, 나를 칠 군대를 일으키셨
다. 주님께서 처녀 유다를 술틀에
넣고 짓밟으셨다.
16 이 일로 내가 우니, 눈에서 눈물
이 물처럼 흐른다. 내게 생기를 되
돌려 주고 위로하여 줄 이가 가까
이에 없다. 원수들이 우리를 이기
니, 나의 아들딸들이 처량하게 되
었다.
17 시온이 손을 들어 빌었으나, 그
를 위로하는 사람 아무도 없구나.
주님께서 사방에 있는 적들을 시
켜서 야곱을 치게 하셨으니, 사람
들은 예루살렘을 더러운 성으로
여기는구나.
18 주님께서 하신 일은 옳으나, 나
는 주님의 말씀을 거역하였다. 모
든 백성아, 들어라. 이 고통을 보
아라. 처녀 총각들이 사로잡혀서
끌려갔다.
19 내가 애인들을 불렀으나 그들은
나를 배신하였고, 제사장들과 장
로들은 목숨을 이으려고 먹을 것
을 찾다가, 성 안에서 기절하였다.
20 "주님, 나의 절망을 살펴 주십시

1장 요약 애가는 다섯 편의 시로 나누어져 있다. 이 부분은 황폐하게 버려진 예루살렘 성을 읊은 첫 번째 시이다. 바빌로니아의 말발굽 아래 짓밟힌 예루살렘의 처참한 모습에 탄식하며 하나님의 자비를 간구하는 내용이다.

1:1 과부 '이제 하나님은 그들의 남편이 아니다'라는 뜻이다.

1:9 그의 더러움이 치마 속에 있으나 이는 이스라엘의 범죄를 음행의 죄악으로 본 것이다. 이스라엘의 음행이란 하나님을 버리고 이방 신을 섬긴 것을 말한다(참조. 호 3:1). 나의 이 고통을 살펴 주십시오 이스라엘이 끊임없이 죄를 범하자, 이방인들이 예루살렘을 활보하며 백성들을 핍박한다. 이 핍박으로부터 구원해 달라는 호소이다.

1:11 백성들이 간직했던 패물이, 양식을 위해 헐값에 넘어가는 것을 말한다. 그러고도 기근을 면할 수 없어 양식을 여전히 찾는다는 뜻이다.

애

오. 애간장이 다 녹습니다. 내가
주님을 얼마나 자주 거역하였던
가를 생각하면, 심장이 터질 것
같이 아픕니다. 거리에는 칼의 살
육이 있고, 집안에는 사망이 있습
니다.
21 사람들은 나의 신음을 듣지만,
아무도 나를 위로하지 않습니다.
내 모든 원수들이, 내가 재앙을
받는다는 소식을 듣고, 이것이 바
로 주님께서 하신 일임을 알고서
즐거워합니다. 주님께서 선포하신
그 날이 이르게 해주셔서, 그들이
나와 같은 꼴이 되게 해주십시오.
22 그들의 모든 사악함이 주님 앞
에 드러나게 해주시고, 그들을 엄
하게 다스려 주십시오. 주님께서
내 모든 죄를 다스리신 것처럼, 그
들의 죄도 다스려 주십시오. 끝없
는 이 한숨소리, 심장이 다 멎을
듯 합니다."

㉠**2** 1 아, 슬프다. 주님께서 어찌 이
렇게 ㉡진노하셔서 도성 시온의 앞
길을 캄캄하게 하셨는가? 어찌하
여 이스라엘의 영광을 하늘에서
땅으로 던지셨는가? 진노하신 날
에, 주님께서 성전조차도 기억하
지 않으시다니!
2 주님께서 노하셔서, 야곱의 모
든 보금자리를 사정없이 불사르시
고, 유다의 도성 성채들을 무너뜨
려 땅에 엎으시고, 나라와 통치자
들을 욕보이셨다.
3 주님께서 타오르는 진노로 이스
라엘의 ㉢힘을 모두 꺾으시더니,
원수 앞에서 이스라엘을 지키시
는 오른손을 거두시고, 주위의 모
든 것을 삼키는 불꽃처럼 야곱을
불사르셨다.
4 우리가 원수나 되는 것처럼 활
을 당기시고, 대적이나 되는 것처
럼 오른손을 들고 나서시더니, 보
기에 건장한 사람을 다 죽이시고,
도성 시온의 장막에 불같은 노여
움을 쏟으셨다.
5 주님께서 이스라엘의 원수라도
되신 것처럼, 그를 삼키시고, 모든
궁을 삼키시고 성채를 부수시어,
유다의 도성에 신음과 애통을 더
하셨다.
6 주님께서는 성막을 들에 있는
원두막처럼 부수시고, 회막도 그
렇게 허무셨다. 주님께서 시온에
서 명절과 안식일을 없애셨다. 진
노하셔서 왕과 제사장을 멸시하
셨다.
7 주님께서 당신의 제단도 버리시
고, 당신의 성소도 역겨워하셨다.
궁전 성벽을 원수들의 손에 넘기
시니, 그들이 주님의 성전에서 마

2장 요약 하나님의 심판으로 파괴되는 예루살렘의 비참한 광경을 묘사하고 있다. 특히 11절 이하는 예루살렘 포위 공성 기간(B.C. 589–587년) 중에 있었던 성 안의 처참한 모습을 묘사하고 있다.

2:1–10 예루살렘이 하나님의 진노로 파괴되는 모습이 묘사되어 있다. 하나님께서 자신의 성전마저 파괴하신 것은 그분의 분노가 얼마나 컸는지를 알려 준다. 이 단락의 특징은 하나님께서 자기 백성들의 원수가 되어 직접 성벽과 성전을 부수셨다는 표현이다. 이것은 죄악으로 무뎌진 이스라엘 백성들이 재앙을 통해서 회개하고 하나님을 바라보게 하기 위함이었다. 그래서 예언자는 2장의 뒷부분에서 회개만이 유일한 소망이라고 말한다.

㉠ 각 절 첫 글자가 히브리어의 알파벳 순서로 되어 있는 알파벳 시 ㉡ 또는 '진노의 구름으로 도성 시온을 덮으셨는가?' ㉢ 또는 '뿔을' 또는 '왕을'

치 잔칫날처럼 함성을 지른다.
8 주님께서 도성 시온의 성벽을
헐기로 작정하시고, 다림줄을 대
시고, 성벽이 무너질 때까지 손을
떼지 않으셨다. 주님께서 망대와
성벽들을 통곡하게 하시며 한꺼번
에 허무시니,
9 성문들이 땅바닥으로 무너져
내렸다. 주님께서 빗장들을 꺾으
셨다. 왕과 지도자들은 뭇 민족
가운데로 흩어지고, 율법이 없어
지고, 예언자들도 주님께 계시를
받지 못한다.
10 도성 시온의 장로들은 땅에 주
저앉아 할 말을 잃고, 머리 위에
흙먼지를 뒤집어쓰고, 허리에 굵
은 베를 둘렀다. 예루살렘의 처녀
들은 땅에 머리를 떨군다.
11 내 백성의 도성이 망하였다. 아
이들과 젖먹이들이 성 안 길거리
에서 기절하니, 나의 눈이 눈물로
상하고, 창자가 들끓으며, 간이 땅
에 쏟아진다.
12 아이들이 어머니의 품에서 숨져
가면서, 먹을 것 마실 것을 찾으며
달라고 조르다가, 성 안 길거리에
서 부상당한 사람처럼 쓰러진다.
13 도성 예루살렘아, 너를 무엇에
견주며, 너를 무엇에 맞대랴? 도
성 시온아, 너를 무엇에 비겨서 위
로하랴? 네 상처가 바다처럼 큰
데, 누가 너를 낫게 할 수 있겠느
냐?
14 예언자들은 네게 보여 준다고
하면서 거짓되고 헛된 환상을 보
고, 네 죄를 분명히 밝혀 주지 않
아서 너를 사로잡혀 가게 하였으
며, 거짓되고 허황된 예언만을 네
게 하였다.
15 지나가는 모든 나그네들이 너를
보고서 손뼉을 치며, 도성 예루살
렘을 보고서 머리를 내저으며 빈
정거리며, "이것이 바로 그들이 '더
없이 아름다운 성이요 온 누리의
기쁨이라' 하던 그 성인가?" 하고
비웃는다.
16 네 모든 원수들이 이를 갈며, 너
를 보고서 입을 열어 빈정거린다.
"우리가 그를 삼켰다. 이것이 바로
우리들이 기다리던 그 날이 아닌
가! 우리가 이제 드디어 그것을 보
았구나."
17 주님께서는 뜻하신 것을 이루셨
다. 주님께서는 오래 전에 선포하
신 심판의 말씀을 다 이루셨다.
주님께서 너를 사정없이 부수시
고, 네 원수가 너를 이기고 즐거워
하게 하시며, ㉠네 대적이 한껏 뽐
내게 하셨다.
18 도성 시온의 성벽아, ㉡큰소리로

2:6–7 성전이 허물어지는 모습을 침통하게 지켜본 예레미야의 탄식이다. 명절과 안식일을 더 이상 지킬 수 없는 것은 명절을 지킬 장소가 파괴되었기 때문이다. 왕과 제사장들이 멸시당했다는 것은 이들이 이방 땅에서 더 이상 그 직무를 수행할 수 없기 때문이다.

2:9 예언자들도 주님께 계시를 받지 못한다 이것은 하나님께서 예언자들을 통하여 유다에게 말씀하시기를 그치셨다는 뜻이다(암 8:11).

2:11–19 B.C. 589–587년의 예루살렘 포위 기간에 있었던 성 안의 처참한 모습을 적나라하게 그리고 있다(11–13절). 이와 같은 처참한 모습의 원인 가운데 하나가 거짓 예언자의 유혹이었다(14절). 이 같은 예루살렘의 처참한 모습을 목도한 이방 원수들은 의기양양하여 유다를 조롱하였다(15–16절). 예레미야는 이러한 재앙 속에서 유다

㉠ 또는 '네 대적의 뿔을 높이셨다' ㉡ 히, '그들의 마음이 주님께 부르짖었다'

주님께 부르짖어라. 밤낮으로 눈
물을 강물처럼 흘려라. 쉬지 말고
울부짖어라. 네 눈에서 눈물이 그
치게 하지 말아라.
19 온 밤 내내 시간을 알릴 때마다
일어나 부르짖어라. 물을 쏟아 놓
듯, 주님 앞에 네 마음을 쏟아 놓
아라. 거리 어귀어귀에서, 굶주려
쓰러진 네 아이들을 살려 달라고,
그분에게 손을 들어 빌어라.
20 "주님, 살펴 주십시오. 주님께서
예전에 사람을 이렇게 다루신 적
이 있으십니까? 어떤 여자가 사랑
스럽게 기른 자식을 잡아먹는단
말입니까? 어찌 주님의 성전에서,
제사장과 예언자가 맞아 죽을 수
있습니까?
21 젊은이와 늙은이가 길바닥에
쓰러지고, 처녀와 총각이 칼에 맞
아 넘어집니다. 주님께서 분노하
신 날에, 그들을 사정없이 베어 죽
이셨습니다.
22 주님께서는 내가 두려워하는 것
을, 마치 명절에 사람을 초대하듯,
사방에서 불러들이셨습니다. 그래
서 주님께서 분노하신 날에, 피하
거나 살아 남은 사람이 아무도 없
습니다. 내가 사랑으로 고이 기른
것들을 내 원수들이 모두 죽였습
니다."

㉠**3** 1 나는 하나님의 진노의 몽둥이
에 얻어맞고, 고난당하는 자다.
2 주님께서 나를 이끄시어, 빛도 없
는 캄캄한 곳에서 헤매게 하시고,
3 온종일 손을 들어서 치고 또 치시
는구나.
4 주님께서 내 살갗을 약하게 하
시며, 내 뼈를 꺾으시며,
5 가난과 고생으로 나를 에우시며,
6 죽은 지 오래 된 사람처럼 흑암
속에서 살게 하신다.
7 내가 도망갈 수 없도록 담을 쌓아
가두시고, 무거운 족쇄를 채우시
며,
8 살려 달라고 소리를 높여 부르짖
어도 내 기도를 듣지 않으시며,
9 다듬은 돌로 담을 쌓아서 내 앞길
을 가로막아, 길을 가는 나를 괴
롭히신다.
10 주님께서는, 엎드려서 나를 노
리는 곰과 같고, 몰래 숨어서 나
를 노리는 사자와 같으시다.
11 길을 잘못 들게 하시며, 내 몸을
찢으시며, 나를 외롭게 하신다.
12 주님께서 나를 과녁으로 삼아서,
활을 당기신다.
13 주님께서 화살통에서 뽑은 화
살로 내 심장을 뚫으시니,
14 내 백성이 모두 나를 조롱하고,
온종일 놀려댄다.

백성들이 해야 할 일은 하나님께 회개하고 위로를 구하는 일밖에 없다고 강조하였다(18–19절).

2:20–22 하나님의 진노로 성이 함락되자 식량을 *구하지 못한 부모들은* 자녀들을 잡아먹었으며, 제사장과 예언자들이 살육당했고, 거리에는 뒹구는 시체로 가득하였다. 모든 세대는 하나님의 공의로운 징벌을 두려워해야 한다.

㉠ 각 연의 첫 글자가 같은 히브리어 알파벳으로 시작되는 시 119편과 같은 종류의 알파벳 시

3장 요약 예레미야는 자신이 예언한 하나님의 말씀을 듣기는커녕 핍박했던 유다 백성들의 모진 고통을 자신의 것으로 여기고 있다. 그러나 예레미야는 당면한 고난이 하나님의 사랑의 채찍임을 깨닫는다.

3:1–18 본문의 '나'는 예레미야이다. 그렇지만 예레미야의 고통은 개인적인 고통을 넘어서 백성 전체의 고통을 의미한다.

15 쓸개즙으로 나를 배불리시고, 쓴
쑥으로 내 배를 채우신다.
16 돌로 내 이를 바수시고, 나의 얼
굴을 땅에 비비신다.
17 내게서 평안을 빼앗으시니, 나는
행복을 잊고 말았다.
18 나오느니 탄식뿐이다. 이제 내게
서는 찬란함도 사라지고, 주님께
두었던 마지막 희망마저 사라졌
다.
19 내가 겪은 그 고통, 쓴 쑥과 쓸
개즙 같은 그 고난을 잊지 못한
다.
20 잠시도 잊을 수 없으므로, 울적한
마음을 가눌 길이 없다.
21 그러나 마음 속으로 곰곰이 생각
하며 오히려 희망을 가지는 것은,
22 ㉠주님의 한결같은 사랑이 다함
이 없고 그 긍휼이 끝이 없기 때
문이다.
23 "주님의 사랑과 긍휼이 아침마다
새롭고, 주님의 신실이 큽니다."
24 나는 늘 말하였다. "주님은 내가
가진 모든 것, 주님은 나의 희망!"
25 주님께서는, 주님을 기다리는
사람이나 주님을 찾는 사람에게
복을 주신다.
26 주님께서 구원하여 주시기를 참고
기다리는 것이 좋다.
27 젊은 시절에 이런 멍에를 짊어지
는 것이 좋고,
28 짊어진 멍에가 무거울 때에는 잠
자코 있는 것이 좋고,
29 어쩌면 희망이 있을지도 모르니
㉡겸손하게 사는 것이 좋다.
30 때리려는 사람에게 뺨을 대주고,
㉢욕을 하거든 기꺼이 들어라.
31 주님께서는 우리를 언제까지나
버려 두지는 않으신다.
32 주님께서 우리를 근심하게 하셔
도, 그 크신 사랑으로 우리를 불
쌍히 여기신다.
33 우리를 괴롭히거나 근심하게 하
는 것은, 그분의 본심이 아니다.
34 세상에서 옥에 갇힌 모든 사람
이 발 아래 짓밟히는 일,
35 가장 높으신 주님 앞에서 인권이
유린되는 일,
36 재판에서 사람이 억울한 판결을
받는 일, 이러한 모든 일을 주님께
서 못 보실 줄 아느냐?
37 말씀으로 명령하시고 그것을 이
루시는 분이 누구냐? 주님이 아니
시더냐?
38 궂은 일도 좋은 일도, 가장 높으
신 주님께서 말씀하셔서 일어나는
것이 아니냐?
39 어찌하여 살아 있는 사람이, 자기
죄값으로 치르는 벌을 불평하느
냐?

3:10 엎드려서 나를 노리는 곰 먹이를 탈취하려고 만반의 준비를 하고 있는 상태를 묘사한다(참조. 잠 28:15;호 13:7-8;암 5:19). 예레미야가 곰이란 말을 사용한 곳은 오직 이곳뿐이다.

3:19-24 인간적으로는 아무런 희망도 기대할 수 없는 극심한 절망 속에서 예레미야는 놀라운 희망을 발견한다. 그가 주위의 환경을 바라보지 않고 환경을 주관하시는 하나님을 바라보았을 때, 그의 마음 속에는 위로와 희망이 샘솟았다. 그는 유다의 고통이 긍휼하신 하나님께서 내리신 사랑의 채찍임을 깨달았던 것이다.

3:25-33 하나님의 사랑과 긍휼을 알게 된 신실한 사람들에게 당면한 고난을 어떻게 대처해 나갈 것인지를 가르쳐 주고 있다. 긍휼하신 하나님은 결코 의미 없는 고난을 주시지 않는다. 따라서 고난을 주신 하나님의 뜻을 생각해 보아야 한다.

㉠ 시리아어역과 타르굼을 따름. 히, '우리는 끊어지지 않았고' ㉡ 히, '먼지에 입을 대는 것이' ㉢ 히, '굴욕으로 배를 채워라'

40 지나온 길을 돌이켜 살펴보고,
우리 모두 주님께로 돌아가자.
41 하늘에 계신 하나님께 우리의 마
음을 열고, 손을 들어서 기도하
자.
42 "우리가 주님을 거슬러 죄를 지
었고, 주님께서는 우리를 용서하
지 않으셨습니다.
43 주님께서 몹시 노하셔서, 우리
를 쫓으시고, 사정없이 죽이셨습
니다.
44 주님께서 구름을 두르셔서, 우리
의 기도가 주님께 이르지 못하게
하셨습니다.
45 주님께서 우리를 뭇 민족 가운데
서 쓰레기와 오물 더미로 만드셨
으므로,
46 우리의 모든 대적이 우리를 보
고서 입을 열어 놀려댔습니다.
47 우리에게 남은 것이라고는 두려움
과 함정과 파멸과 폐허뿐입니다.
48 내 백성의 도성이 파멸되니, 나의
눈에서 눈물이 냇물처럼 흐릅니
다.
49 눈물이 건잡을 수 없이 쉬지 않
고 쏟아집니다.
50 주님께서 하늘에서 살피시고, 돌
아보시기를 기다립니다.
51 도성에 사는 모든 여자가 겪은 일
을 보니, 내 마음은 슬픔을 달랠
길이 없습니다.
52 까닭없이 내 대적이 된 자들이
새를 사냥하듯 나를 쫓습니다.
53 그들이 나를 산 채로 구덩이에 처
넣고, 돌로 막아서 못 나오게 하였
습니다.
54 물이 내 머리 위로 넘쳤으므로,
'나는 이제 죽었구나' 하고 생각하
였습니다.
55 주님, 그 깊디 깊은 구덩이 밑바
닥에서 주님의 이름을 불렀습니
다.
56 '살려 주십시오. 못들은 체 하지
마시고, 건져 주십시오' 하고 울부
짖을 때에, 주님께서 내 간구를 들
어 주셨습니다.
57 내가 주님께 부르짖을 때에, 주님
께서 내게 가까이 오셔서 두려워
하지 말라고 격려하셨습니다.
58 주님, 주님께서 내 원한을 풀어
주시고, 내 목숨을 건져 주셨습니
다.
59 주님, 주님께서 내가 당한 억울한
일을 보셨으니, 내게 바른 판결을
내려 주십시오.
60 주님께서는 나를 치려는 그들의
적개심과 음모를 아십니다.
61 주님, 주님께서는, 그들이 나를
두고 하는 모든 야유와 음모를 들
으셨습니다.

3:34-39 사람의 모든 화와 복은 하나님께로부터 비롯된다. 사람이 저지르는 불의한 만행도 하나님의 허용하심이 없이는 일어날 수 없다. 하나님께서는 자신이 목적하신 바에 따라 화와 복을 병행하여 베푸신다.

3:40-41 남은 사람들의 고난이 각자의 죄에 기인하는 것이기 때문에 자신들의 죄를 먼저 회개하라고 지적한다.

3:42-51 하나님께서 내리신 징벌로 인하여 파멸 상태에 이른 유다 백성들을 보고, 예레미야는 죄를 고백하라고 권면하고 있다. 죄로 인하여 유다 백성들은 하나님과 단절되었으며, 포로가 되는 비운을 감당해야 했다.

3:52-66 구덩이에 갇힌 예레미야의 간구이다. 그는 지금 민족의 중보자로서 민족이 당하는 고난을 대변하고 있는 것이다. 대적들이 유다에게 저질렀던 만행을 하나님께 상기시키면서 그들을 징벌해 줄 것을 간구하였다.

62 내 원수들이 온종일 나를 헐뜯고
모함합니다.
63 그들은 앉으나 서나, 늘 나를 비난
합니다.
64 주님, 그들이 저지른 일을 그대
로 갚아 주십시오.
65 그들의 마음을 돌같이 하시고, 저
주를 내려 주십시오.
66 진노로 그들을 뒤쫓아, 주님의 하
늘 아래에서 살 수 없게 하여 주
십시오."

㉠4

1 아, 슬프다. 어찌하여 금이 빛
을 잃고, 어찌하여 순금이 변하고,
성전 돌들이 거리 어귀마다 흩어
졌는가?
2 순금만큼이나 고귀한 시온의
아들들이, 어찌하여 토기장이들
이 빚은 질그릇 정도로나 여김을
받는가?
3 들개들도 제 새끼에게 젖을 물
려 빨리는데, 내 백성의 도성은 사
막의 타조처럼 잔인하기만 하구
나.
4 젖먹이들이 목말라서 혀가 입천
장에 붙고, 어린 것들이 먹을 것을
달라고 하여도 한 술 떠주는 이가
없구나.
5 지난 날 맛있는 음식을 즐기던
이들이 이제 길거리에서 처량하게
되고, 지난 날 색동 옷을 입고 자
라던 이들이 이제 거름 더미에 뒹
구는구나.
6 예전에는 저 소돔 성이 사람이
손을 대지 않아도 순식간에 무너
지더니, 내 백성의 도성이 ㉡지은
죄가 소돔이 ㉡지은 죄보다 크구
나.
7 예전에는 귀하신 몸들이 눈보
다 깨끗하며 우유보다 희고, 그
몸이 산호보다 붉고, 그 모습이 청
옥과 같더니,
8 이제 그들의 얼굴이 숯보다 더
검고, 살갗과 뼈가 맞붙어서 막대
기처럼 말랐으니, 거리에서 그들
을 알아보는 이가 없구나.
9 굶어 죽은 사람보다는 차라리,
칼에 죽은 사람이 낫겠다. 다쳐서
죽은 사람이, 먹거리가 없어서 서
서히 굶어 죽어가는 사람보다 더
낫겠다.
10 내 백성의 도성이 망할 때에, 자
애로운 어머니들이 제 손으로 자
식들을 삶아서 먹었다.
11 주님께서 진노하셔서, 타오르는
분노를 퍼부으셨다. 시온에 불을
지르고, 그 터를 사르셨다.
12 예루살렘 성문으로 대적과 원
수가 쳐들어갈 것이라고, 세상의
어느 왕이, 세상의 어느 민족이 믿
었는가!

4장 요약 본장에서는 지난날과 참담한 현실을 대조시켜, 상황이 뒤바뀐 원인을 찾고자 하였다. 그것은 지도자들의 타락과 그들의 거짓된 인도를 따랐던 백성들의 어리석음 때문이었다. 한편 21-22절은 유다를 조롱하던 에돔에 대한 경고이다.

㉠ 각 절 첫 글자가 히브리어의 알파벳 순서로 되어 있는 알파벳시 ㉡ 또는 '받은 심판' 또는 '받은 벌'

4:1-10 영광스러웠던 지난날과 치욕스런 현실을 날카롭게 대조시키고 있다. 존귀하던 그들의 신분이 기근과 재앙으로 인하여 이제는 굶주림과 천대를 받는 비참한 상황에 놓이고 말았다.
4:1 금·순금 택함받은 유다 백성을 비유한다(2절). **성전 돌들이 거리 어귀마다** 봉헌했던 성전이(대하 4-5장) 무너져 내려 그 돌이 거리에 흩어져 있는 비극을 말한다(왕하 25장;렘 52장).
4:11-16 재앙의 원인이 나타나 있다. 여기서는 특

13 그러나 이런 일이 일어나고 말
았으니, 이것은 예언자들이 죄를
짓고 제사장들이 악한 일을 하여
서, 성 안에서 의로운 사람들이
살해되었기 때문이다.
14 지도자들이 맹인들처럼 거리를
헤매지만, 피로 부정을 탄 몸이라
서 아무도 그들의 옷자락을 만지
지 않는다.
15 사람들이 그들을 보고, "비켜
라, 더럽다! 비켜라, 비켜! 물러서
라!" 하고 소리친다. "그들은 가 버
렸다. 그들은 떠돌이가 되어야 한
다. 뭇 민족 가운데서, 다시는 안
주할 곳을 찾지 못할 것이다" 하
고 말한다.
16 주님께서 진노하셔서, 그들을
흩으시고 돌보아 주지 않으신다.
침략자들은 제사장들을 대우하지
도 않고, 장로들을 대접하지도 않
았다.
17 우리를 도와줄 사람을, 우리가
눈이 빠지도록 기다렸으나, 허사
였다. 우리를 구하여 주지도 못할
나라를, 우리는 헛되이 바라보고
만 있었다.
18 가는 곳마다 침략자들이 우리
를 엿보니, 나다닐 수가 없었다. 우
리의 끝이 가까이 왔고, 우리의
날이 다하였고, 우리의 마지막이
이르렀다.
19 우리를 쫓는 자들은 하늘의 독
수리보다도 빨라, 산 속까지 우리
를 쫓아오며, 사막에 숨어서 우리
를 노린다.
20 우리의 힘, 곧 주님께서 기름 부
어 세우신 이가 그들의 함정에 빠
졌다. 그는 바로, "뭇 민족 가운데
서, 우리가 그의 보호를 받으며 살
것이다" 하고 우리가 말한 사람이
아니던가!
21 우스 땅에 사는 딸 에돔아, 기
뻐하며 즐거워 할테면 하려무나.
이제 네게도 잔이 내릴 것이니, 너
도 별 수 없이 취하여 벌거벗을 것
이다.
22 도성 시온아, 이제 네가 지은 죄
의 형벌을 다 받았으니, 주님께서
다시는, 네가 사로잡혀 가지 않게
하실 것이다. 에돔의 도성아, 주님
께서 네 죄악을 벌하시며, 네 죄를
밝혀 내실 것이다.

5

1 "주님, 우리가 겪은 일을 기억
해 주십시오. 우리가 받은 치욕을
살펴 주십시오.
2 유산으로 받은 우리 땅이 남에게
넘어가고, 우리 집이 이방인들에
게 넘어갔습니다.
3 우리는 아버지 없는 고아가 되고,
어머니는 홀어미가 되었습니다.

별히 예언자들과 제사장들의 죄악을 지적한다. '예언자들의 죄'는 다가오는 하나님의 진노를 거짓 평안으로 바꾸어 전파한 것이고, '제사장들의 악한 일'은 *권력과 야합하여 무고한 자들의* 피를 흘리게 한 것이다. 그래서 예언자들과 제사장들은 이방인들에게 조롱을 당하는 처지가 되었다.

4:17–20 하나님을 무시하고 언제나 헛된 구원에 집착하는, 유다를 책망하고 있다. 그들은 포위된 상황에서도 이집트의 도움만 바랐다(렘 37:1–10).

5장 요약 예레미야는 애가를 마무리지으면서 유다의 참혹한 모습을 다시 한번 열거하였다. 그리고 유다의 파멸이 죄악으로 인한 하나님의 심판임을 고백하면서 회개하는 마음으로 그분의 자비를 호소하였다.

5:1–10 유다 백성이 당하는 고난을 하나님께 탄원하면서 하나님의 자비를 구하고 있다. 언약 백성인 이스라엘이 대적들에게 당하는 참혹한 모습

4 우리 물인데도 돈을 내야 마시고,
우리 나무인데도 값을 치러야 가
져 옵니다.
5 우리의 목에 ㉠멍에가 메여 있어
서, 지쳤으나 쉬지도 못합니다.
6 먹거리를 얻어서 배불리려고, 이
집트와도 손을 잡고 앗시리아와도
손을 잡았습니다.
7 조상들이 죄를 지었으나, 이제 그
들은 가고 없고, 우리가 조상들의
죄를 짊어지고 있습니다.
8 종들이 우리의 통치자가 되었습니
다. 그들 손에서 우리를 구해 줄
이가 없습니다.
9 먹거리를 얻으려고, 쫓는 자의 칼
날에 목숨을 내겁니다.
10 굶기를 밥먹듯 하다가, 살갗이 아
궁이처럼 까맣게 탔습니다.
11 시온에서는 여인들이 짓밟히고,
유다 성읍들에서는 처녀들이 짓
밟힙니다.
12 지도자들은 매달려서 죽고, 장로
들은 천대를 받습니다.
13 젊은이들은 맷돌을 돌리며, 아이
들은 나뭇짐을 지고 비틀거립니
다.
14 노인들은 ㉡마을 회관을 떠나고,
젊은이들은 노래를 부르지 않습
니다.
15 우리의 마음에서 즐거움이 사라
지고, 춤이 통곡으로 바뀌었습니
다.
16 머리에서 면류관이 떨어졌으니,
슬프게도 이것은 우리가 죄를 지
었기 때문입니다.
17 바로 이것 때문에 우리의 가슴이
아프고, 바로 이런 것들 때문에
우리의 눈이 어두워집니다.
18 시온 산이 거칠어져서, 여우들만
득실거립니다.
19 주 하나님, 영원히 다스려 주십
시오. 주님의 보좌는 세세토록 있
습니다.
20 어찌하여 주님께서는 우리를 전혀
생각하지 않으시며, 어찌하여 우
리를 이렇게 오래 버려 두십니까?
21 주님, 우리를 주님께로 돌이켜 주
십시오. 우리가 주님께로 돌아가
겠습니다. 우리의 날을 다시 새롭
게 하셔서, 옛날과 같게 하여 주십
시오.
22 ㉢주님께서 우리를 아주 버리셨습
니까? 우리에게서 진노를 풀지 않
으시렵니까?"

을 날날이 그리면서 하나님께 유다를 다시 회복시켜 달라고 간구하였다.

5:11–18 예레미야는 함락된 유다의 참혹한 모습을 또다시 언급하면서, 유다 백성들의 죄 때문에 하나님께서 진노하셨음을 솔직히 고백하였다. 재난을 당하면 누구나 하나님의 긍휼을 바라보며 자신의 죄악을 고백해야 한다.

5:19–22 예레미야는 신실한 사람들에게 극심한 재난 속에서도 하나님을 앙망하기를 그치지 말라고 격려한다. 하나님은 자신과 맺은 언약을 반드시 지키시는 분이시며, 무한하신 사랑을 끝까지 베푸시는 분이시다. 따라서 진정한 회개가 이루어진다면 우리의 날을 다시 새롭게 하실 것이다.

5:19 주님의 보좌 이스라엘을 통치하는 바빌로니아도 주님의 통치 영역에 속해 있다는 뜻이다.

㉠ 심마쿠스역을 따름. 히브리어 본문에는 '멍에'가 없음 ㉡ 히, '성문' ㉢ 또는 '주님께서 우리를 아주 버리시고 우리에게서 진노를 풀지 않으십니다'

에스겔서

저자 에스겔. 에스겔은 부시의 아들로서 제사장 가문의 출신이었다. 그는 B.C. 597년에 바빌로니아 왕 느부갓네살이 여호야긴 왕과 왕족 및 귀족, 그리고 유다의 높은 지위에 있는 자들을 사로잡아 갈 때 그 포로들 가운데 섞여 있었다. 에스겔은 포로로 잡힌 지 5년째 되는 해인 B.C. 593년에 예언자의 소명을 받았다. 그리고 약 22년 동안을 예언자로 사역하였다(29:17). 본서는 이 기간 동안 에스겔에 의해 기록되었다.

저작 연대 B.C. 593–571년

기록 장소와 대상 기록 장소는 바빌로니아이고, 기록 대상은 바빌로니아에서 포로 생활을 하고 있는 이스라엘 백성들이다.

핵심어 및 내용 에스겔서의 핵심어는 '환상'과 '파수꾼'이다. 에스겔은 곧 일어날 것과 오랜 기간이 지난 다음에 이루어질 하나님의 계획에 대한 환상을 보았다. 이 환상은 아름답고 신비로웠을 뿐만 아니라 다양했다. 에스겔은 이러한 환상을 가지고 백성들을 권면하고 때로는 경고하기도 하며 하나님의 파수꾼 일을 잘 감당하였다.

내용 분해

1. 에스겔의 소명(1:1–3:27)
2. 이스라엘에 대한 심판의 메시지(4:1–24:27)
3. 이방 나라를 향한 심판의 메시지(25:1–32:32)
4. 이스라엘의 회복에 대한 예언(33:1–39:29)
5. 새 성전과 새 이스라엘(40:1–48:35)

하나님의 보좌

1 때는 제 삼십년 넷째 달 오일이었
다. 그 때에 내가 포로로 잡혀 온
사람들과 함께 그발 강 가에 있었
다. 나는 하나님이 하늘을 열어 보
여 주신 환상을 보았다.
2 여호야긴 왕이 포로로 잡혀 온 지
오 년째가 되는 그 달 오일에,
3 주님께서 ㉠바빌로니아 땅의 그발 강
가에서 ㉡부시의 아들인 나 에스겔
제사장에게 특별히 말씀하셨으며,
거기에서 주님의 권능이 나를 사로잡
았다.
4 ○그 때에 내가 바라보니, 북쪽에서
폭풍이 불어오는데, 큰 구름이 밀려
오고, 불빛이 계속 번쩍이며, 그 구
름 둘레에는 광채가 나고, 그 광채
한가운데서는 불 속에서 빛나는 금
붙이의 광채와 같은 것이 반짝였다.
5 그러더니 그 광채 한가운데서 네 생
물의 형상이 나타나는데, 그들의 모
습은 사람의 형상과 같았다.
6 얼굴이 각각 넷이요, 날개도 각각 넷
이었다.
7 그들의 다리는 모두 곧고, 그 발바닥
은 송아지의 발바닥과 같고, 광낸 놋
과 같이 반짝거렸다.
8 그 생물의 사면에 달린 날개 밑에는
사람의 손이 있으며, 네 생물에게는
얼굴과 날개가 있었다.
9 그들의 날개 끝은 서로 닿아 있으며,
앞으로 나아갈 때에는 몸을 돌리지
않고, 각각 앞으로 곧게 나아갔다.
10 ○그 네 생물의 얼굴 모양은, 제각기,
앞쪽은 사람의 얼굴이요, 오른쪽은
사자의 얼굴이요, 왼쪽은 황소의 얼
굴이요, 뒤쪽은 독수리의 얼굴이었다.
11 이것이 그들의 얼굴 모양이었다. 그
들의 날개는 위로 펼쳐져 있는데, 두
날개로는 서로 끝을 맞대고 있고,
또 두 날개로는 그들의 몸을 가리고
있었다.
12 그들은 ㉢영이 가고자 하는 곳으로
갈 때에는, 각각 앞으로 곧게 나아갔

㉠ 또는 '갈대아' ㉡ 또는 '부시 제사장의 아들 나 에스겔에게'
㉢ 히, '하루아흐'

다. 그들은 몸을 돌리지 않고 앞으
로 나아갔다.
13 ○그 생물들의 모양은 마치 활활 타
는 숯불이나 횃불과 같이 보였다. 그
불은 그 생물들 사이를 오가며 빛을
냈고, 불 속에서는 번개가 튀어나오
고 있었다.
14 그 생물들은 이쪽 저쪽으로 번개처
럼 빠르게 달렸다.
15 ○그 때에 내가 그 생물들을 바라보
니, 그 생물들의 곁 땅 위에는 바퀴
가 하나 있는데, 그 바퀴는 네 얼굴
을 따라 하나씩 있었다.
16 그 바퀴의 형상과 구조를 보니, 그
형상은 빛나는 녹주석과 같고 네 바
퀴의 형상이 모두 똑같으며, 그 구조
는 마치 바퀴 안에 바퀴가 들어 있
는 것처럼 보였다.
17 그 바퀴들은 사방 어디로 가든지,
방향을 돌이키지 않고서도 앞으로
나아갔다.
18 그 바퀴의 둘레는 모두 높고, 보기에
도 무서우며, 그 네 둘레로 돌아가면
서, 눈이 가득하였다.
19 그 생물들이 나아가면, 바퀴들도 생
물들의 곁에서 함께 나아갔고, 생물
들이 땅에서 떠오르면, 바퀴들도 함
께 떠올랐다.
20 그 생물들은 어디든지, 영이 가고자
하면, 그 영이 가고자 하는 곳으로
갔다. 바퀴들도 그들과 함께 떠올랐
는데, 생물들의 영이 바퀴 속에 들
어 있었기 때문이다.
21 생물들이 나아가면 그 바퀴들도 나아
갔고, 생물들이 멈추어 서 있으면, 바
퀴들도 멈추어 서 있었다. 또 생물들
이 땅에서 떠오르면, 바퀴도 그들과
똑같이 떠올랐는데, 생물들의 영이
바퀴들 속에 들어 있었기 때문이다.
22 ○그 생물들의 머리 위에는 창공 모
양의 덮개와 같은 것이 있는데, 수정
과 같은 빛을 내서, 보기에 심히 두
려웠으며, 그 생물들의 머리 위에 펼
쳐져 있었다.
23 그런데 창공 모양의 덮개 밑에는 그
생물들이 펼친 날개가 서로 맞닿아
있었다. 이쪽 생물들이 두 날개로 자
기의 몸을 가리고 있고, 저쪽 생물
들도 두 날개로 자기의 몸을 가리고
있었다.
24 그들이 움직일 때에는, 나는, 그들이
날개치는 소리를 들었다. 그 소리는
마치 힘찬 물소리와도 같고, ㉠전능
하신 분의 천둥소리와도 같고, 떠드
는 소리 곧 군인들의 진영에서 나는
함성과도 같았다. 그들은 멈추어 서
있을 때에는 날개를 드리웠다.
25 그들의 머리 위에 있는 창공 모양의
덮개 위에서 소리가 들렸다. 그들은
멈추어 서 있을 때에는 날개를 드리

1장 요약 바빌로니아에 포로로 잡혀온 에스겔이 포로 된 지 5년째에 그발 강 가에서 본 환상의 내용이다.

1:4-25 하나님은 난해한 환상을 제사장 에스겔에게 보여 주어, 예언자의 직임을 감당하도록 하셨다. 4-21절은 가장 중심이 되는 상징인 하나님의 영광(28절)을 묘사하고 있다. 여기서 네 생물은 이 땅에 살고 있는 모든 생물들을 대표하며, 바퀴들은 하나님의 사역의 이동성을 상징한다. 에스겔은 이 환상을 통해 하나님은 이스라엘에만 존재하시는 분이 아니라, 이방에도 존재해 계시면서 온 세상을 다스리고 계시는 분임을 깨달았다.

1:26-28 수 세기 동안 예루살렘 성전을 떠나시지 않았던 하나님의 영광이 이곳 이방의 땅에 나타난 것을 본 에스겔은 하나님께서 아직도 백성들을 다스리시고 계심을 확신할 수 있었다.

㉠ 히, '샤다이'

웠다.
26 ○또 그들의 머리 위에 있는 창공 모
양의 덮개 위에는, 청옥처럼 보이는
보석으로 만든 보좌 형상을 한 것이
있었고, 그 보좌 형상 위에는, 사람
의 모습과 비슷한 형상이 있었다.
27 또 나는 그의 허리처럼 보이는 그 위
쪽에서 금붙이의 광채와 같은 것이
불꽃처럼 안팎으로 그를 둘러싼 것
을 보았는데, 그의 허리처럼 보이는
그 아래쪽에서도, 나는 불꽃과 같은
모양을 보았다. 이렇게 그는 광채로
둘러싸여 있었다.
28 그를 둘러싼 광채의 모양은, 비 오는
날 구름 속에 나타나는 무지개 같이
보였는데, 그것은 주님의 영광이 나
타난 모양과 같았다. 그 모습을 보
고, 나는 얼굴을 땅에 대고 엎드렸
다. 그 때에 말씀하시는 이의 음성을
내가 들었다.

에스겔을 예언자로 부르시다

2 그가 나에게 말씀하셨다. ○"ⓣ사
람아, 일어서라. 내가 너에게 할 말
이 있다."
2 그가 나에게 이 말씀을 하실 때에,
한 영이 내 속으로 들어와서, 나를
일으켜 세웠다. 나는 그가 나에게
하시는 말씀을 계속 듣고 있었다.
3 그가 나에게 말씀하셨다. ○"사람아,
내가 너를 이스라엘 자손에게, 곧 나
에게 반역만 해 온 한 반역 ⓛ민족에
게 보낸다. 그들은 그들의 조상처럼
이 날까지 나에게 죄만 지었다.
4 얼굴이 뻔뻔하고 마음이 굳을 대로
굳어진 바로 그 자손에게, 내가 너를
보낸다. 너는 그들에게 '주 하나님께
서 이와 같이 말씀하신다' 하고 말하
여라.
5 그들은 반역하는 족속이다. 듣든지
말든지, 자기들 가운데 예언자가 있
다는 것만은 알게 될 것이다.
6 ○너 사람아, 비록 네가 가시와 찔레
속에서 살고, 전갈 떼 가운데서 살고
있더라도, 너는 그들을 두려워하지
말고, 그들이 하는 말도 두려워하지
말아라. 그들이 하는 말을 너는 두
려워하지 말고, 그들의 얼굴 앞에서
너는 떨지 말아라. 그들은 반역하는
족속이다.
7 그들이 듣든지 말든지 오직 너는 그
들에게 나의 말을 전하여라. 그들은
반역하는 족속이다.
8 ○너 사람아, 내가 너에게 하는 말을
들어라. 너는 저 반역하는 족속처럼
반역하지 말고, 입을 벌려, 내가 너에
게 주는 것을 받아 먹어라."
9 그래서 내가 바라보니, 손 하나가 내
앞으로 뻗쳐 있었고, 그 손에는 두
루마리 책이 있었다.
10 그가 그 두루마리 책을 내 앞에 펴

2장 요약 본장은 하나님이 에스겔에게 사명을 부여하신 데 대한 기록이다. 환상으로 하나님의 위엄과 권능을 본 에스겔은 사명에 응하지 않을 수 없었다. 하나님은 에스겔에게 용기를 불어넣으신 후 앞뒤로 재앙의 말이 기록된 두루마리 책을 받아 먹게 하셨다.

ⓣ 또는 '사람의 아들아'. 히. '벤 아담'. 에스겔서 전체에서 '벤 아담'은 '사람'으로 번역됨 ⓛ 시리아어역을 따름. 히. '민족들'

2:1–10 하나님은 에스겔을 택하셔서 포로로 사로잡혀 온 유다 백성들에게 유다의 궁극적 종말을 선포하게 하셨다. 유다 백성들이 그의 말을 거역하더라도, 그는 끝까지 슬픔과 경고의 메시지를 전하여야 했다.

2:1 사람아 '사람의 아들', 혹은 '인자'라고 표현한다(참조. 단 7:13;마 12:8;눅 17:30). 초월자이시자 전능자이신 하나님과는 대조적으로 미약하고 초라한 사람을 묘사하는 말이다(참조. 시 8:4).

서 보여 주셨는데, 앞뒤로 글이 적혀
있고, 거기에는 온갖 조가와 탄식과
재앙의 글이 적혀 있었다.

3

1 그가 또 나에게 말씀하셨다.
○"사람아, 너에게 보여 주는 것을
받아 먹어라. 너는 이 두루마리를 먹
고 가서, 이스라엘 족속에게 알려 주
어라."
2 ○그래서 내가 입을 벌렸더니, 그가
그 두루마리를 먹여 주시며,
3 나에게 말씀하셨다. ○"사람아, 내가
너에게 주는 이 두루마리를 먹고,
너의 배를 불리며, 너의 속을 그것으
로 가득히 채워라." 그래서 내가 그
것을 먹었더니, 그것이 나의 입에 꿀
같이 달았다.
4 ○그가 또 나에게 말씀하셨다. ○"사
람아, 어서 이스라엘 족속에게 가서,
내가 하는 바로 이 말을 그들에게
전하여라.
5 나는 너를 이스라엘 족속에게 보낸
다. 어렵고 알기 힘든 외국말을 하는
민족에게 내가 너를 보내는 것이 아
니다.
6 알아들을 수 없는 말, 알기 힘든 외
국어를 사용하는 여러 민족에게 내
가 너를 보내는 것이 아니다. 차라리
너를 그들에게 보내면, 그들은 너의
말을 들을 것이다.
7 그러나 이스라엘 족속은 너의 말을
들으려고 하지 않을 것이다. 온 이스
라엘 족속은 얼굴에 쇠가죽을 쓴 고
집센 자들이어서, 나의 말을 들을 생
각이 없기 때문이다.
8 내가 네 얼굴도 그들의 얼굴과 맞먹
도록 억세게 만들었고, 네 얼굴에도
그들의 얼굴과 맞먹도록 쇠가죽을
씌웠다.
9 내가 네 이마를 바윗돌보다 더 굳게
하여, 금강석처럼 만들어 놓았다. 그
들은 반역하는 족속이니, 너는 그들
을 두려워하지 말고, 그들의 얼굴 앞
에서 떨지도 말아라."
10 ○그런 다음에, 그가 나에게 말씀하
셨다. "사람아, 내가 너에게 하는 모
든 말을 마음 속에 받아들이고, 귀
를 기울여 들어라.
11 그리고 가서, 포로로 끌려간 네 민족
의 자손에게 이르러, 그들에게 전하
여라. 그들이 듣든지 말든지 '주 하나
님께서 이렇게 말씀하신다' 하고 그
들에게 말하여라."
12 ○그 때에 주님의 영이 나를 들어 올
리시는데, 주님의 영광이 그 처소에
서 나타날 때에, 내 뒤에서 지진이
터지는 것같이 크고 요란한 소리가
들렸다.
13 생물들의 날개가 서로 부딪히는 소리
와, 생물들의 곁에 달린 바퀴들의 소
리가, 그렇게 크고 요란하게 들렸다.

겔

3장 요약 본장은 에스겔이 소명을 감당하기 위해 어떻게 준비하였는지를 보여 준다. 하나님은 에스겔을 파수꾼으로 세우셔서 그의 사명과 책임을 일깨우셨다.

3:1–3 에스겔이 선포해야 할 하나님의 말씀은 구체적으로 두루마리에 관한 것이었다. 에스겔이 이 두루마리를 먹었다는 것은 말씀을 전하는 선포자가 먼저 하나님의 메시지에 순종해야 함을 의미한 것이다.

3:4–15 포로로 잡혀갔던 유다 백성들은, 하나님께서 그분의 성전을 버리시지 않을 것이라는 안일한 낙관주의에 빠져 있었다. 그들은 하나님보다 성전을 더 신봉했기 때문에 하나님께서 예루살렘의 성전을 포기하셨다는 사실을 전혀 믿으려 하지 않았다. 이런 그들에게 하나님의 심판을 전하는 것은 에스겔에게 매우 어려운 일이었다. 그러나 하나님께서는 자신의 백성을 사랑하기 때문

겔

14 주님의 영이 나를 들어 올려서 데리
고 가실 때에, 나는 괴롭고 분통이
터지는 심정에 잠겨 있었는데, 주님
의 손이 나를 무겁게 짓눌렀다.
15 나는 델아빕으로 갔다. 그 곳 그발
강 가에는 포로로 끌려온 백성이 살
고 있었다. 나는 그들과 함께 이레
동안 머물러 있었는데, ㉠얼이 빠진
사람처럼 앉아 있었다.

파수꾼 에스겔 (겔 33:1-9)

16 ○이레가 지난 다음에 주님께서 나
에게 말씀하셨다.
17 ○"사람아, 내가 너를 이스라엘 족속
의 파수꾼으로 세웠다. 그러므로 너
는 내가 하는 말을 듣고, 나를 대신
하여 그들에게 경고하여라.
18 가령 내가 악인에게 말하기를 '너는
반드시 죽을 것이다' 할 때에, 네가
그 악인을 깨우쳐 주지 않거나, 그
악인에게 말로 타일러서 그가 악한
길을 버리고 떠나 생명이 구원 받도
록 경고해 주지 않으면, 그 악인은
자신의 악한 행실 때문에 죽을 것이
지만 그 사람이 죽은 책임은 내가
너에게 묻겠다.
19 그러나 네가 악인을 깨우쳐 주었는
데도, 그 악인이 그의 악한 행실과
그릇된 길을 버리고 돌아서지 않았
다면, 그는 자신의 악행 때문에 죽
을 것이다. 그러나 너는 네 목숨을
보존할 것이다.
20 ○또 만약 의인이 지금까지 걸어온
올바른 길에서 떠나서 악한 일을 할
때에는, 내가 그 앞에 올무를 놓아,
그 의인 역시 죽게 할 것이다. 네가
그를 깨우쳐 주지 않으면, 그는 자기
가 지은 그 죄 때문에 죽을 것이다.
그리고 그가 이미 행한 의로운 행실
은 하나도 기억되지 않을 것이다. 그
러나 그 사람이 죽은 책임은 내가
너에게 묻겠다.
21 그러나 의인이 범죄하지 않도록 네
가 깨우쳐 주어서, 그 의인이 범죄하
지 않았으면, 그는 경고를 달게 받았
기 때문에 반드시 살게 되고, 너도
네 목숨을 보존할 것이다."

에스겔이 벙어리가 되다

22 ○거기서 주님의 능력이 내 위에 내
렸다. 주님께서 나에게 말씀하셨다.
○"일어나서 들로 나가거라. 거기에
서 너에게 할 말이 있다."
23 ○그래서 내가 일어나 들로 나가
서 보니, 그 곳에는 주님의 영광이
머물러 있었는데, 전에 그발 강 가에
서 보던 영광과 똑같았다. 나는 땅
에 엎드렸다.
24 그 때에 주님의 영이 나의 마음 속으
로 들어오셔서 나를 일으켜 세우시
고, 나에게 이렇게 일러주셨다. ○"너
는 집으로 가서 문을 잠그고 집 안

에 경고의 메시지를 주시기를 원하셨다. 에스겔은 두려워하지 않고 하나님의 말씀을 전달해야 했으며 끊임없이 하나님의 말씀을 들어야 했다(10절). 에스겔은 단순히 말씀을 전하기만 하는 것이 아니라, 끊임없이 하나님의 말씀을 계속 전달받아야 한다.

3:16-21 에스겔은 예언자로서 악인과 의인을 깨우치는 파수꾼의 역할을 수행해야 했다. 그는 포로 된 백성들에게 나라의 멸망은 물론, 개개인에 대해서도 죄악을 경고해야 했다. 선택과 부르심에는 하나님 앞에서의 의무와 책임이 수반된다.

3:22-27 하나님은 에스겔이 자의로 백성들을 책망하지 않도록 하시기 위하여 그를 말 못하는 사람이 되게 하셨고, 오직 하나님 자신이 말씀하실 때에만 그의 입을 열어 말하게 하셨다. 에스겔의 말 못하는 상태는 예루살렘이 함락될 때까지 계속된다.

㉠ 또는 '그가 본 것과 들은 것 때문에'

에 있거라.
25 너 사람아, 사람들이 너를 밧줄로
묶어 놓아서, 네가 사람들에게로 나
가지 못할 것이다.
26 더욱이 내가 네 혀를 입천장에 붙여
너를 말 못하는 사람으로 만들어서,
그들을 꾸짖지도 못하게 하겠다. 그
들은 반역하는 족속이기 때문이다.
27 그러나 내가 너에게 다시 말할 때에,
네 입을 열어 줄 것이니, 너는 '주 하
나님이 이렇게 말씀하신다' 하고 그
들에게 말하여라. 들을 사람은 들을
것이고, 듣기를 거절하는 사람은 거
절할 것이다. 그들은 반역하는 족속
이기 때문이다."

예루살렘이 포위될 것을 예고하시다

4 "너 사람아, 너는 이제 흙벽돌을
한 장 가져다가 네 앞에 놓고, 한
성읍 곧 예루살렘을 그 위에 새겨
라.
2 그 다음에 그 성읍에 포위망을 쳐
라. 그 성읍을 공격하는 높은 사다
리를 세우고, 흙 언덕을 쌓고, 진을
치고, 성벽을 부수는 무기를 성 둘레
에 설치하여라.
3 너는 또 철판을 가져다가 너와 그 성
읍 사이에 철벽을 세워라. 그 도성을
포위하고 지켜보아라. 네가 그 도성
을 포위하고 있거라. 이것이 이스라
엘 족속에게 보여 주는 징조다.
4 ○너는 또 왼쪽으로 누워서, 이스라
엘 족속의 죄악을 ㉠네 몸에 지고 있
거라. 옆으로 누워 있는 날 수만큼,
너는 그들의 죄악을 떠맡아라.
5 나는 그들이 범죄한 햇수대로 네 날
수를 정하였다. 그러니 네가 삼백구
십 일 동안 이스라엘 족속의 죄악을
떠맡아야 할 것이다.
6 이 기간을 다 채운 다음에는, 네가
다시 오른쪽으로 누워서, 유다 족속
의 죄악을 사십 일 동안 떠맡고 있거
라. 나는 너에게 일 년을 하루씩 계
산하여 주었다.
7 ○너는 이제 예루살렘의 포위망을
응시하면서, 네 팔을 걷어붙이고, 그
성읍을 심판하는 예언을 하여라.
8 내가 너를 줄로 묶어서, 네가 갇혀
있는 기한이 다 찰 때까지, 네가 몸
을 이쪽 저쪽으로 돌려 눕지 못하도
록 하겠다.
9 ○너는 밀과 보리와 콩과 팥과 조와
귀리를 준비하여 한 그릇에 담고, 그
것으로 빵을 만들어 네가 옆으로 누
워 있는 삼백구십 일 동안 내내 먹어
라.
10 너는 음식을 하루에 이십 세겔씩 달
아서, 시간을 정해 놓고 먹어라.
11 물도 되어서 하루에 육분의 일 힌씩,
시간을 정해 놓고 따라 마셔라.
12 너는 그것을 보리빵처럼 구워서 먹

4장 요약 4-24장은 패역한 유다 백성에게 임할 하나님의 심판에 대한 예언이다. 본장에는 에스겔의 세 가지 상징적 행동이 기록되어 있는데 이는 이스라엘에 임할 심판을 예고하는 것이다.

4:1-8 포로로 잡혀온 유다 백성들은 성전이 있는 예루살렘 도성에 대한 소망이 있었다. 그러나 이런 소망은 에스겔이 취한 상징적 행동에 의해 무너지게 될 것이다. 만약 그들에게 구원이 임해도 예루살렘에서부터 임하는 것이 아닐 것이다. 왜냐하면 하나님께서 이미 예루살렘을 떠나셨으며, 분노로 예루살렘 도성을 대적하고 계시기 때문이다.

4:9-17 더러운 빵은 예루살렘이 포위당하게 될 때의 비참한 상태를 상징한다. 백성들은 빵과 물이 부족하여 고통을 당할 것이며, 적국에 사로잡혀 이방의 음식을 먹게 될 것이기 때문이다.

㉠ 또는 '네 옆에'

겔

겔

되, 그들이 보는 앞에서, 인분으로
불을 피워서 빵을 구워라."
13 ○주님께서 또 말씀하셨다. ○"내가
이스라엘 자손을 다른 민족들 속으
로 내쫓으면, 그들이 거기에서 이와
같이 더러운 빵을 먹을 것이다."
14 ○그래서 내가 아뢰었다. "주 하나님,
저는 이제까지 저 자신을 더럽힌 일
이 없습니다. 어려서부터 지금까지
저절로 죽거나 물려 죽은 짐승의 고
기를 먹은 적이 없고, 부정한 고기를
제 입에 넣은 적도 없습니다."
15 ○그러자 주님께서 나에게 말씀하셨
다. ○"좋다! 그렇다면, 인분 대신에
쇠똥을 쓰도록 허락해 준다. 너는
쇠똥으로 불을 피워 빵을 구워라."
16 ○주님께서 또 나에게 말씀하셨다.
○"사람아, 내가 예루살렘에서 사람
들이 의지하는 빵을 끊어 버리겠다.
그들이 빵을 달아서 걱정에 싸인 채
먹고, 물을 되어서 벌벌 떨며 마실
것이다.
17 그들은 빵과 물이 부족하여 누구나
절망에 빠질 것이며, 마침내 자기들
의 죄악 속에서 말라 죽을 것이다."

머리카락과 수염을 깎는 상징 행위

5 "너 사람아, 너는 날카로운 칼을
한 자루 가져 와서, 그 칼을 삭도
로 삼아 네 머리카락과 수염을 깎
고, 그것을 저울로 달아 나누어 놓
아라.
2 그리고 그 성읍의 포위 기간이 끝난
다음에, 그 털의 삼분의 일을 성읍
한가운데서 불로 태우고, 또 삼분의
일은 성읍 둘레를 돌면서 칼로 내려
치고, 또 삼분의 일은 바람에 날려
흩어지게 하여라. 그러면 내가 칼을
빼어 들고, 그 흩어지는 것들을 뒤쫓
아 가겠다.
3 그러나 너는 그것들 가운데서 조금
을 남겨 두었다가 네 옷자락으로 싸
매어라.
4 너는 또 그것들 가운데서 얼마를 꺼
내서 불 한가운데 집어 던져서 살라
버려라. 그 속에서 불이 나와서 온
이스라엘 족속에게 번질 것이다."
5 ○주 하나님이 이렇게 말씀하신다.
"이것이 예루살렘이다. 내가 그 성읍
을 이방 사람들 한가운데 두고, 나
라들이 둘러 있게 하였다.
6 그런데도 그 성읍은 다른 민족들보
다 더 악하여 내 규례를 거스르고,
둘러 있는 이방 사람들보다 더 내
율례를 지키지 않았다. 그들은 내
규례를 거역하고, 내 율례를 지키지
않았다.
7 ○그러므로 나 주 하나님이 이렇게
말한다. 너희는 너희를 둘러 있는 이
방 사람들보다 더 거스르는 사람이
되어서, 내 율례를 따르지도 않고,

5장 요약 전반부는 에스겔이 행한 네 번째 상징적 행동으로 예루살렘의 완전한 파멸과 백성들의 흩어짐에 대해 예고한다. 후반부는 유다가 하나님의 진노를 당할 수밖에 없는 이유와 그 참상을 밝히는 부분이다.

5:1–4 칼과 털의 상징은 예루살렘의 완전한 파멸을 뜻한다. 에스겔이 취하는 상징적 행동은 에스겔의 메시지에 있어서 큰 비중을 차지하고 있다. 곧 심판과 재앙은 반드시 임한다는 것이다.

5:5–17 하나님은 자신의 백성들에게 율법을 주셨으며, 다른 민족들에게는 보편적인 도덕법을 주셨다. 하나님의 분노는, 하나님의 법에 대항하는 자들에게 퍼붓는 하나님의 공의의 심판이다. 특히 하나님의 택하신 백성들이 하나님의 법을 실천하지 못할 때에, 하나님의 분노는 필연적으로 임한다. 하나님의 택하신 백성과 땅을 심판하시는 일은 유일무이한 일로, 온 세상에 드러나게

내 규례를 지키지도 않고, 심지어는
너희를 둘러 있는 이방 사람들이 지
키는 ㉠규례를 따라 살지도 않았다.
8 ○그러므로 나 주 하나님이 이렇게
말한다. 내가 친히 너희를 대적하겠
다. 그리고 뭇 이방 사람이 보는 앞
에서 내가 너희 가운데 벌을 내리겠
다.
9 너희의 온갖 역겨운 일들 때문에, 전
에도 없었고 앞으로도 다시는 없을
그런 일을, 내가 너희 가운데서 일으
키겠다.
10 너희 가운데서 아버지가 자식을 잡
아 먹고, 자식이 아버지를 잡아 먹을
것이다. 나는 너희 가운데 벌을 내리
고, 너희에게 남은 사람들을 사방으
로 흩어 버리겠다.
11 ○그러므로 내가 나의 삶을 두고 맹
세한다. 나 주 하나님의 말이다. 진
실로 너희가 온갖 보기 싫은 우상과
역겨운 일로 내 성소를 더럽혀 놓았
기 때문에, ㉡내가 너희를 넘어뜨리
겠고, 너희를 아끼지 않겠으며, 너희
를 불쌍하게 여기지도 않겠다.
12 너희 가운데서 삼분의 일은 전염병
에 걸려 죽거나 굶어 죽을 것이며,
또 삼분의 일은 성읍의 둘레에서 칼
에 맞아 쓰러질 것이며, 나머지 삼분
의 일은 내가 사방으로 흩어 버리
고, 칼을 빼어 들고 그들의 뒤를 쫓
아가겠다.
13 ○이렇게 나의 분을 다 쏟아야, 그들
에게 품었던 분이 풀려서, 내 마음도
시원하게 될 것이다. 내가 내 분을
그들에게 다 쏟을 때에, 그들은 비로
소 나 주가 질투하기 때문에 그와
같이 말하였다는 것을 알게 될 것이
다.
14 또 내가, 둘러 있는 이방 사람 가운
데서 너를 폐허 더미와 웃음거리로
만들어, 지나다니는 사람마다 너를
비웃게 하겠다.
15 ○그래서 내가 분과 노를 품고 무서
운 형벌을 내리면서 너를 심판할 때
에는, 너를 둘러 있는 이방 사람에게
㉢네가 수치와 조롱을 당하고, 네가
받은 심판은 그들에게 두려움과 경
고가 될 것이다. 나 주가 말하였다.
16 ○내가 너희에게 쏘는 기근의 화살
과 재난의 화살 곧 멸망시키는 화살
은, 너희를 죽이려고 쏘는 것이다.
나는 너희에게 기근을 더 심하게 하
여, 너희가 의지하는 빵을 끊어 버리
겠다.
17 내가 너희에게 기근과 사나운 짐승
들을 보내어, 너희 자식들을 앗아가
도록 하겠다. 너희는 전염병과 유혈
사태를 너희 한가운데서 겪을 것이
다. 내가 너희에게 전쟁이 들이닥치
게 하겠다. 나 주가 말하였다."

될 것이다.

5:10 아버지가 자식을 잡아 먹고 적에게 포위되어 발생한 기근 때문에 인육을 먹는 이 재앙은 하나님의 언약을 파기한 백성들이 받을 최악의 저주이다(신 28:53;렘 19:9;슥 11:9).

5:11 내가 나의 삶을 두고 맹세한다 하나님의 변치 않는 의도를 확언해 주는 하나님 자신의 맹세이다. 이것은 하나님이 자신의 언약에(그것이 축복의 언약이든지, 혹은 저주의 언약이든지) 얼마나 신실하신가를 보여 주는 말씀이다.

5:13-17 심판받는 유다 백성들은 이방 사람들에게도 능욕을 당할 것이다. 하나님을 거역한 그들의 모습은 만천하에 다 드러나고, 동시에 하나님의 살아 계심과 통치하심을 온 이방 사람들이 다 알게 될 것이다.

㉠ 대다수의 히브리어 사본을 따름. 몇몇 히브리어 사본과 시리아 역에는 '규례를 따라 살았다' ㉡ 또는 '내가 물러서겠고' ㉢ 칠십인역과 시리아어역과 불가타와 타르굼을 따름. 히. '그것이'

주님께서 우상숭배를 심판하시다

6 주님께서 나에게 말씀하셨다.
2 ○"사람아, 너는 이스라엘의 산
들을 바라보면서, 그것들에게 내릴
심판을 예언하여라.
3 너는 이렇게 외쳐라. 이스라엘의 산
들아, 너희는 주 하나님의 말씀을 들
어라. 산과 언덕에게, 계곡과 골짜기
에게, 주 하나님이 이렇게 말씀하신
다. 보아라, 내가 너희에게 전쟁이 들
이닥치게 하여 너희의 산당을 없애
버리겠다.
4 또 번제물을 바치는 너희의 제단이
폐허가 되고, 너희가 분향하는 제단
이 부서질 것이다. 너희 가운데서 칼
에 맞아 죽은 사람들을, 너희의 우
상들 앞에 던져 버리겠다.
5 또 나는 이스라엘 백성의 시체를 가
져다가 그들의 우상 앞에 놓고, 너희
의 해골을 모든 제단의 둘레에 흩어
놓겠다.
6 너희가 거주하는 모든 성읍마다 황
무지로 변하고, 산당들도 황폐하게
될 것이다. 너희의 제단들도 무너져
못쓰게 되고, 너희의 우상들이 산산
조각으로 깨어져 사라지고, 너희가
분향하는 제단들이 파괴되고, 너희
가 손으로 만든 것들이 모두 말끔히
없어지게 하려는 것이다.
7 너희 한가운데서는 칼에 맞아 죽은
사람들이 널려 있을 것이니, 그 때에
야 비로소 너희는 내가 주인 줄 알
게 될 것이다.
8 ○그러나 나는 너희 가운데서 얼마
를 남겨, 전쟁을 모면하게 하고 여러
나라에 흩어져 여러 민족들 사이에
서 살아가게 하겠다.
9 전쟁을 모면한 사람들은 포로가 되
어 끌려가, 이방 사람들 속에서 살면
서, 비로소 나를 기억할 것이다. 그
들이 음란한 마음으로 내게서 떠나
갔고, 음욕을 품은 눈으로 그들의
우상들을 따라 가서, 내 마음을 상
하게 하였으므로, 그들은 자기들이
저지른 악행과 그 모든 혐오스러운
일을 기억하고, 스스로 몸서리를 칠
것이다.
10 그 때에야 그들이 비로소 내가 주인
줄 알게 될 것이다. 내가 그들에게
이런 재앙을 내리겠다고 공연히 말
한 것이 아님도 알게 될 것이다.
11 ○나 주 하나님이 이렇게 말한다. 너
는 손뼉을 치고, 발을 구르면서 외쳐
라. 아, 이스라엘 족속이 온갖 흉악
한 일을 저질렀으니, 모두 전쟁과 기
근과 전염병 때문에 쓰러질 것이다.
12 먼 곳에 있는 사람은 전염병에 걸려
서 죽고, 가까운 곳에 있는 사람은
전쟁에서 쓰러지고, 아직도 살아 남
아서 포위된 사람들은 굶어서 죽을

6장 요약 전 장에 이어 유다의 멸망 원인이 보다 구체적으로 언급되어 있다. 그것은 하나님이 가장 미워하시는 *우상 숭배였다.* 하나님은 징계를 내려서라도 그들이 잘못을 깨닫고 돌아오길 원하셨다. 이것은 '남은 자들'을 보호하사 결국은 모두를 구원하시겠다는 약속에서 분명히 드러난다.

6:1–7 이스라엘은 우상 숭배를 하는 종교적 혼합주의로 인해 하나님의 심판을 받게 되었다.

6:8–10 하나님이 자신의 백성을 심판하시는 데에는 또 다른 이유가 있었다. 그것은 정결하게 된 '남은 자'에게 자신을 나타내시기 위함이었다.

6:14 내가 주인 줄 그들이 알게 될 것이다 하나님의 심판의 목적을 말해 준다. 이것은 에스겔서의 메시지이자 주제이기도 하다. 이스라엘뿐만 아니라 이방 사람들도 주님만이 창조주이시며 유일한 구속자이시라는 것을 알아야 한다는 것이다.

것이다. 내가 이와 같이 나의 분노를
그들에게 모두 쏟아 놓겠다.
13 그리하여 그들 가운데서 전쟁에서
죽은 시체들은 그들의 우상들 사이
에서 뒹굴고, 그들의 제단들 둘레에
서도 뒹굴고, 높은 언덕마다, 산 봉
우리마다, 푸른 나무 밑에마다, 가지
가 무성한 상수리나무 밑에마다, 자
기들이 모든 우상에게 향기로운 제
물을 바치던 곳에는, 어디에나 그 시
체들이 뒹굴 것이다. 그 때에야 비로
소 내가 주인 줄, 너희가 알게 될 것
이다.
14 ○내가 그렇게 나의 손을 펴서 그들
을 치고, 그 땅을 남쪽의 광야에서
부터 북쪽의 ㉠디블라에 이르기까
지, 그들이 거주하는 모든 곳을 황무
지로 만들어 버리겠다. 그 때에야 비
로소 내가 주인 줄 그들이 알게 될
것이다."

이스라엘의 종말이 다가오다

7 주님께서 나에게 말씀하셨다.
2 ○"너 사람아, 이스라엘에게 전
하여라. 나 주 하나님이 이스라엘 땅
을 두고 말한다.
끝이 왔다. 이 땅의 사방 구석
구석에 끝이 왔다.
3 이스라엘아, 이제는 너희에게 끝
이 왔다. 나는 이제 너희에게 내
분노를 쏟고, 너희 행실에 따라 너
희를 심판하며, 너희의 역겨운 일
들을 너희에게 보응하겠다.
4 내가 너희를 아끼지도 않고, 불쌍
히 여기지도 않겠다. 오히려 나는
너희의 모든 행실에 따라 너희를
벌하여, 역겨운 일들이 바로 너희
의 한가운데서 벌어지게 하겠다.
그 때에야 비로소 내가 주인 줄
너희가 알게 될 것이다."
5 주 하나님이 이렇게 말씀하신
다. "㉡재앙이다. 너희가 들어보지
못한 재앙이다. 이미 다가왔다.
6 끝이 왔다. 너희를 덮치려고 일어
났다. 이미 다가왔다.
7 이 땅에 사는 사람들아, 정해진
멸망이 너희에게 들이닥쳤다. 그
시각이 왔고, 그 날이 다가왔다.
산에서 즐겁게 환호하지 못할 당
황할 날이 가까이 왔다.
8 나는 이제 너희에게 내 분노를,
나의 분을 너희에게 쏟아서, 너희
행실에 따라 너희를 심판하며, 너
희의 역겨운 일들을 너희에게 갚
아주겠다.
9 내가 너희를 아끼지도 않고, 불쌍
히 여기지도 않겠다. 오히려 나는
너희의 모든 행실에 따라 너희를
벌하여, 역겨운 일들이 바로 너희
의 한가운데서 벌어지게 하겠다.
그 때에야 비로소 주가 이렇게 치

7장 요약 하나님의 심판이 임박하였으며 결단코 피할 수 없다는 사실이 네 차례나 강조되고 있다. 당시 유다 사람들은 하나님이 결코 예루살렘 성전을 무너뜨리지 않으실 것이라고 착각하고 있었다. 그러나 하나님은 죄인은 긍휼히 여기실지라도 죄는 간과하지 않으신다.

㉠ 몇몇 히브리어 사본에는 '리블라' ㉡ 몇몇 히브리어 사본과 시리아어역에는 '재앙에 재앙이 겹쳐 온다!'

7:1-27 7장은 살아 계신 하나님을 버리고 우상을 섬긴 이스라엘이 당하게 될 처절한 파멸이 묘사되어 있다. 2-4절에서 선포된 심판에 대한 예언은 5-9절, 10-13절, 14-22절, 23-27절의 네 단락으로 나누어져 더욱더 긴박감을 조성하고 있다. 이처럼 심판을 반복하여 강조하는 까닭은 유다 백성들에게 만연했던 안일한 낙관주의 때문이었다. 그들은 하나님의 성전이 이방 사람들에 의하여 무너질 것이라는 사실을 상상조차 하지 못

는 것임을, 너희가 알게 될 것이
다.
10 그 날이다. 보아라, 들이닥쳤다.
정해진 멸망이 시작되었다. 매질
할 몽둥이가 꽃을 피우고 교만을
꺾을 채찍이 싹터 나왔다.
11 ㉠폭력이 일어나서 죄악을 징벌하
는 몽둥이가 되었다. 이 백성 가
운데서 한 사람도 남지 않고, 이
백성의 무리들 가운데서도 더 이
상 남을 사람이 없고, 그들의 재
물이나 그들이 가진 것들 가운데
서 눈에 띌 만한 것은 하나도 남
아 있지 않을 것이다.
12 그 시각이 왔고, 그 날이 이르고
야 말았다. 사는 사람도 기뻐하지
말고, 파는 사람도 슬퍼하지 말아
라. 이 땅의 모든 무리에게 진노가
내릴 것이기 때문이다.
13 ○판 사람이 아직 살아 있다 하여
도, 팔린 것을 되찾으려고 돌아갈 수
가 없을 것이니, 이 땅의 모든 무리에
게 보여 준 묵시는 돌이킬 수가 없기
때문이다. 죄를 짓고서는, 어느 누구
도 자기 목숨을 굳게 부지할 수가 없
다.
14 그들이 나팔을 불고 모든 장비를
갖춘다 하여도, 전쟁에 나갈 사람
이 아무도 없는 것은, 내 진노가
이 땅의 모든 무리에게 미쳤기 때
문이다."

이스라엘이 받는 형벌

15 "거리에는 전쟁이 있고, 집 안에
는 전염병과 기근이 있다. 들녘에
있는 사람은 칼에 찔려 죽고, 성
읍 안에 있는 사람은 기근과 전염
병으로 죽는다.
16 더러는 살아 남아서, 계곡에서 놀
란 비둘기처럼 산으로 피하겠지
만, 저지른 죄를 생각하며 슬피 울
것이다.
17 사람들은 모두 손에 맥이 풀리고,
무릎을 떨 것이다.
18 굵은 베 옷을 입고, 두려워서 온
몸을 떨 것이다. 모든 얼굴에는
부끄러움이 가득할 것이요, 모든
머리는 대머리가 될 것이다.
19 그들은 은을 길거리에 내던질 것
이며, 금을 오물 보듯 할 것이다.
내가 진노하는 날에, 은과 금이
그들을 건져 줄 수 없을 것이다.
은과 금이 그들의 마음을 흡족하
게 못하고, 허기진 배를 채워 주지
못할 것이다. 오히려 은과 금은 그
들을 걸어서 넘어뜨려, 죄를 짓게
하였을 뿐이다.
20 그들이 자랑하던 아름다운 보석
으로, 역겹고도 보기 싫은 우상들
을 만들었으므로, 내가 보석을 오
물이 되게 하겠다.

하였다. 그들은 예언자의 메시지에도 불구하고, 하나님이 예루살렘을 결코 버리지 않으실 것이라고 굳게 믿고 있었다. 때문에 그들은 심판을 앞두고 *회개하기보다*는 평안을 외치며, 예루살렘은 멸망하지 않을 것이라는 안일한 낙관주의에 빠져 있었던 것이다. 그러나 하나님의 메시지는 예루살렘의 처참한 멸망이었다. 종교적 혼합주의는 종교·정치 지도자들에게도 침투되었고, 모든 것은 세속화되었다. 따라서 악행은 계속되었고, 불의한 압제는 극에 달하여 도저히 하나님께서 그들을 심판하시지 않으면 안 될 상황이었다.

7:11 죄악을 징벌하는 몽둥이 이스라엘의 죄악을 벌하기 위한 몽둥이로, 바빌로니아를 지칭한다. 즉, 바빌로니아가 하나님의 심판의 도구로 사용될 것을 의미한다.

7:16 비둘기처럼…슬피 울 것이다 고통으로 인하여 신음하는 상태를 은유적으로 표현한 말이다.

㉠ 또는 '광포한 자가'

21 또 내가 그 보석을 외국 사람에게
넘겨 주어 약탈하게 하고, 세상의
악인들에게 넘겨 주어 약탈하고
더럽히게 하겠다.
22 내가 간섭하지 않을 것이니, 외국
사람들이 나의 ㉠은밀한 성소를
더럽히고, 도둑들이 그 곳에 들어
가서 약탈할 것이다.
23 너는 쇠사슬을 만들어라. 이 땅에
살육이 가득 차 있고, 이 도성에
는 폭력이 가득 차 있기 때문이
다.
24 나는 세상에서 가장 악한 이방 사
람들을 데려다가 그들의 집들을
차지하게 하겠다. 강한 사람들의
교만을 꺾고, 그들의 성소들이 모
두 더럽혀지게 하겠다.
25 파멸이 이미 이르렀다. 그들이 평
안을 찾지만, 전혀 없을 것이다.
26 재앙에 재앙이 겹치고, 불길한 기
별이 꼬리를 물 것이다. 그 때에는
사람들이 예언자에게 묵시를 구
하여도 얻지 못할 것이며, 제사장
에게는 가르쳐 줄 율법이 없어질
것이고, 장로들에게서는 지혜가
사라질 것이다.
27 왕은 통곡하고, 지도자들은 절망
에 빠지고, 이 땅의 백성은 무서워
서 벌벌 떨 것이다. 내가 그들의
행실대로 그들에게 갚아 주고, 그
들이 심판받아야 하는 그대로 그
들을 심판하겠다. 그 때에야 그들
이 비로소 내가 주인 줄 알게 될
것이다."

예루살렘의 우상숭배

8 제 육년 여섯째 달 오일에 나는 집
에 앉아 있고, 유다 장로들은 내
앞에 앉아 있을 때에, 주 하나님의
능력이 거기에서 나를 사로잡으셨
다.
2 내가 바라보니, ㉡사람의 형상이 보였
는데, 허리 밑으로는 모양이 불처럼
보이고, 허리 위로는 환하게 빛나는
금붙이의 광채처럼 보였다.
3 그 때에 그 형상이 손처럼 생긴 것을
뻗쳐서, 내 머리채를 잡았다. 하나님
이 보이신 환상 속에서, 주님의 영이
나를 들어서 하늘과 땅 사이로 올리
셔서, 나를 예루살렘으로 데려다가,
안뜰로 들어가는 북쪽 문 어귀에 내
려 놓으셨다. 그 곳은 질투를 자극시
키는 질투의 우상이 자리잡고 있는
곳이다.
4 이스라엘 하나님의 영광이 거기에
있는데, 내가 전에 들에서 본 환상과
같았다.
5 ○그 때에 ㉢하나님께서 나에게 말씀
하셨다. "사람아, 너는 어서 눈을 들
어 북쪽을 바라보아라." 내가 눈을
들어 북쪽을 바라보니, 문의 북쪽에

7:18 굵은 베 옷 비애와 회개를 대유하는 표현이다(창 37:34;삼하 3:31;욜 1:8). 하나님의 엄중한 심판을 상징하는 동시에(참조. 사 50:3), 재난으로 인한 슬픔을 나타낸다(참조. 에 4:1-4;렘 48:37).

7:23 너는 쇠사슬을 만들어라 칼과 기근의 재앙을 모면하고 살아남은 백성들은 바빌로니아에 사로잡혀 갈 것이다.

㉠ 또는 '보물을 쌓아 둔 곳을' ㉡ 칠십인역을 따름. 히, '불 같은 형상이' ㉢ 히, '그가'

8장 요약 8-11장은 에스겔이 두 번째로 목격한 환상들로, 유다가 자신의 죄악으로 인해 하나님의 징계를 당함을 계시해 준다. 본장은 에스겔이 환상 중에 목격한 유다 백성의 타락상으로, 거룩한 하나님의 성전에서 유다 백성은 역겨운 우상들을 숭배함으로써 하나님을 모독하였다.

8:5-13 에스겔은 성전 내부에서 신앙을 잃어버

제단이 있고, 문 어귀에 바로 그 질
투의 우상이 있었다.
6 ○그가 또 나에게 말씀하셨다. "사람
아, 이스라엘 족속이 무슨 일을 하
고 있는지 보이느냐? 그들은 여기서
가장 역겨운 일을 하여, 나의 성소에
서 나를 멀리 떠나가게 하고 있다.
그러나 너는 더 역겨운 일들을 보게
될 것이다."
7 ○그는 나를 이끌고, 뜰로 들어가는
어귀로 데리고 가셨다. 내가 거기에
서 바라보니, 담벽에 구멍이 하나 있
었다.
8 그가 나에게 말씀하셨다. "사람아,
어서 그 담벽을 헐어라." 내가 그 담
벽을 헐었더니, 거기에 문이 하나 있
었다.
9 그가 나에게 말씀하셨다. "너는 들
어가서, 그들이 거기서 하고 있는 그
흉악하고 역겨운 일들을 보아라."
10 내가 들어가서 보니, 놀랍게도, 온갖
벌레와 불결한 짐승들과 이스라엘
족속의 모든 우상이 담벽 사면으로
돌아가며 그려져 있었다.
11 그런데 이스라엘 족속의 장로들 가
운데서 일흔 명이 그 우상들 앞에
서 있고, 사반의 아들 야아사냐는
그들의 한가운데 서 있었다. 그들은
각각 손에 향로를 들고 있었는데, 그
향의 연기가 구름처럼 올라가고 있
었다.
12 그가 나에게 말씀하셨다. "사람아,
너는 이스라엘 족속의 장로들이 각
각 자기가 섬기는 우상의 방에서, 그
컴컴한 곳에서 무슨 일을 하고 있는
지 보았느냐? 그들은 '주님께서 우리
를 돌보고 있지 않으시며, 주님께서
이 나라를 버리셨다'고 말하고 있
다."
13 ○그가 나에게 말씀하셨다. "너는,
그들이 하고 있는 더 역겨운 일을 보
게 될 것이다."
14 그리고 나서 그는 나를 주님의 성전
으로 들어가는 북문 어귀로 데리고
가셨다. 그런데 이것이 웬일인가! 그
곳에는 여인들이 앉아서 담무스 신
을 애도하고 있지 않은가!
15 ○그가 나에게 말씀하셨다. "사람아,
너는 잘 보았느냐? 이것들보다 더
역겨운 일을 또 보게 될 것이다."
16 그가 나를 주님의 성전 안뜰로 데리
고 가셨는데, 주님의 성전 어귀에, 바
로 그 현관과 제단 사이에 사람이
스물다섯 명이나 있었다. 그들은 주
님의 성전을 등지고, 얼굴을 동쪽으
로 하고 서서, 동쪽 태양에게 절을
하고 있었다.
17 ○그가 나에게 말씀하셨다. "사람아,
네가 잘 보았느냐? 유다 족속이 여
기서 하고 있는, 저렇게 역겨운 일을

린 이스라엘 장로들의 모습을 보았다. 그들은 성전 안에서 다른 거짓 신, 즉 이방의 비밀 종교를 신봉하고 있었다. 이처럼 이들이 비밀 종교를 신봉하고 있던 이유는 하나님께서 이 나라를 버리셨다고 생각했기 때문이었다(12절). 그러나 이스라엘의 땅은 하나님과 그분의 백성들 사이의 언약 관계를 나타내는 징표로 결코 타인에게 양보될 수도 없고, 양보되어서도 안 되는 하나님의 유산이다. 이스라엘 장로들은 이스라엘의 땅이 하나님의 영원한 소유인 것을 자각하지 못했다(레 25:23-28).

8:14-18 성소 안에서의 우상 숭배는 극에 달하였으며, 그런 행동은 하나님께 대한 직접적인 모독이 되었다. 심판의 결정적 요인은 예배의 본질을 이탈한 백성들의 신앙 태도에 있었다. 백성들은 이기적인 욕심을 만족시켜 주는 예배에만 관심이 있었고, 영과 진리로 드리는 진정한 예배의 목적을 상실해 버렸다.

작은 일이라고 하겠느냐? 그런데도
그들은 온 나라를 폭력으로 가득 채
워 놓으며, 나의 분노를 터뜨리는 일
을 더 하였다. 그들은 나뭇가지를 자
기들의 코에 갖다 대는 이교 의식까
지 서슴지 않고 하였다.
18 그러므로 나도 이제는 내 분노를 쏟
아서, 그들을 불쌍히 여기지도 않고,
조금도 가엾게 여기지도 않겠다. 그
들이 큰소리로 나에게 부르짖어도,
내가 그들의 말을 듣지 않겠다."

예루살렘이 심판을 받다

9 또 그가 큰소리로 외치시는데 그
소리가 내 귀에까지 들렸다. "이
성읍을 벌할 사람들아, 각자 사람을
죽이는 무기를 손에 들고, 가까이 나
오너라."
2 그러자 여섯 사람이 북쪽으로 향한
윗문 길에서 오는데, 각자가 부수는
연장을 손에 들고 있었으며, 그들 가
운데 한 사람은 모시 옷을 입고, 허
리에는 서기관의 먹통을 차고 있었
다. 그들이 들어와서 놋으로 만든 제
단 곁에 섰다.
3 ○이스라엘 하나님의 영광이 이제까
지 머물러 있던 그룹에서 떠올라 성
전 문지방으로 옮겨갔다. 그는 모시
옷을 입고 허리에 서기관의 먹통을
찬 그 사람을 부르셨다.
4 주님께서 그에게 말씀하셨다. "너는
저 성읍 가운데로 곧 예루살렘으로
두루 돌아다니면서, 그 안에서 일어
나는 모든 역겨운 일 때문에 슬퍼하
고 신음하는 사람들의 이마에 표를
그려 놓아라."
5 ○또 그는, 내가 듣는 앞에서, 다른
사람들에게 말씀하셨다. "너희는 저
사람의 뒤를 따라 성읍 가운데로 돌
아다니면서 사람들을 쳐서 죽여라.
불쌍히 여기지도 말고, 가엾게 여기
지도 말아라.
6 노인과 젊은이와 처녀와 어린 아이
와 부녀들을 다 죽여 없애라. 그러나
이마에 표가 있는 사람에게는 손을
대지 말아라. 너희는 이제 내 성소에
서부터 시작하여라." 그러자 그들은
성전 앞에 서 있던 장로들부터 죽이
기 시작하였다.
7 ○그가 또 그들에게 말씀하셨다. "너
희는 성전을 더럽혀라. 모든 뜰을 시
체로 가득 채워라. 이제 나가 보아
라." 그러자 그들이 성읍 가운데로
나가서, 사람들을 죽였다.
8 ○살육이 계속되는 동안, 나는 혼자
거기에 있었다. 나는 엎드려 얼굴을
땅에 대고, 부르짖으며 아뢰었다.
"주 하나님, 예루살렘에다가 이렇듯
주님의 진노를 쏟으시다니, 이스라
엘의 남은 사람들을 주님께서 친히
다 멸하실 작정입니까?"

9장 요약 에스겔은 유다 백성이 우상 숭배로 인해 멸망당하게 되었음을 다시금 환상 중에 목격한다. 그러나 심판에 앞서 신실한 백성들을 구별하여 살리심으로 누구나 구원받기를 원하시는 것이 하나님의 뜻임을 시사한다.

9:1-11 하나님은 회개하는 자들을 택하셔서 구원을 베푸신다. 또한 하나님은 모든 사람들을 멸하지 않으시고 구원을 베풀어 하나님 자신과 화해하기를 원하신다. 하나님은 예루살렘을 멸망하도록 버려두시기 전에 자신의 신실한 백성들에게 표를 그려 놓으셨다. 에스겔은 하나님께서 거룩하지 않은 백성들 가운데 거주하기를 거절하시고 성전을 파괴하기로 작정하셨다는 사실을 알았다. 그래서 그는 이스라엘 백성을 위한 중보의 기도를 드리며, 예언자의 역할을 신실하게 수행했다. 그러나 하나님은 백성들의 가득 찬 죄악을 묵과하시지 않으셨다.

9 ○그가 나에게 말씀하셨다. "이스라
엘과 유다 족속의 죄악이 너무나 크
고, 땅은 피로 가득 차 있고, 이 성
읍은 불법으로 꽉 차 있다. 그들은
'내가 이 땅을 버렸으며, 쳐다보지도
않는다'는 말이나 하고 있다.
10 그렇기 때문에 나도 그들을 불쌍히
여기지 않으며, 가엾게 여기지 않을
것이다. 나는 그들의 행실을 따라서,
그들의 머리 위에 그대로 갚아 줄 뿐
이다."
11 ○그런데 모시 옷을 입고 허리에 먹
통을 찬 사람이 와서 보고하였다.
"주님께서 저에게 명하신 대로, 제가
다 수행하였습니다."

주님께서 성전을 떠나시다

10 내가 보니, 그룹들의 머리 위에
있는 창공 모양의 덮개 위에 청
옥과 같은 것이 있는데, 그 모양은
보좌의 형상과 비슷하였다.
2 그 때에 주님께서 모시 옷을 입은 사
람에게 이렇게 말씀하셨다. "너는 그
룹들 밑에 있는 저 바퀴들 사이로
들어가서, 숯불을 두 손 가득히 움
켜 쥐어서, 이 성읍 위에 뿌려라." 그
러자 그 사람은, 내가 보는 앞에서
그 곳으로 들어갔다.
3 그 사람이 들어갈 때에, 그룹들은 성
전의 오른쪽에 서 있고, 안뜰에는
구름이 가득 차 있었다.
4 그 때에 주님의 영광이 그룹들에게
서 떠올라 성전 문지방으로 옮겨갔
고, 성전에는 구름이 가득 차고, 안
뜰은 주님의 영광에서 나오는 광채
로 가득 찼다.
5 그리고 그룹들이 날개치는 소리가
바깥 뜰에까지 들리는데, 그 소리는
㉠전능하신 하나님께서 말씀하시는
음성과 같았다.
6 ○주님께서 모시 옷을 입은 사람에
게 명하셨다. "저 바퀴들 사이 곧 그
룹들 사이에서 불을 가져 가거라."
그는 안으로 들어가서 바퀴 옆에 섰
다.
7 그 때에 한 그룹이 자기 손을 그룹들
사이에서 내뻗어, 그룹들 사이에 있
는 불을 집어서, 모시 옷을 입은 사
람의 두 손에 넘겨 주니, 그는 그것
을 받아 들고 바깥으로 나갔다.
8 그룹들의 날개 밑에는 사람의 손과
같은 것이 보였다.
9 ○내가 또 보니, 네 바퀴가 그룹들 곁
에 있는데, 이 그룹 곁에도 바퀴가
하나 있고, 저 그룹 곁에도 바퀴가
하나 있었으며, 그 바퀴들의 모습은
빛나는 녹주석 같았다.
10 그 바퀴들의 모양은 넷이 똑같이 보
여서, 마치 바퀴 안에 다른 바퀴가
있는 것과 같았다.
11 그들이 출발할 때에는, 네 방향으로

10장 요약 계속해서 유다에 대한 하나님의 심판을 예고하는 환상이다. 에스겔은 예루살렘에 숯불 재앙이 임하는 것과 바퀴 달린 네 짐승이 예루살렘 성전을 떠나는 광경을 목격하였다. 이것은 더 이상 하나님이 예루살렘에 임재하시지 않을 것과 하나님이 죄악은 그 모양이라도 미워하심을 일깨워 준다.

10:1–8 숯불은 예루살렘의 멸망을 상징한다. 예루살렘은 더 이상 거룩하지 않으므로, 하나님이 성전을 떠나시고 온 성읍은 불에 타서 멸망할 것이다. 백성들은 오래전부터 하나님의 율법과 규례를 무시하여 왔다. 따라서 하나님이 백성들을 간섭하시지 않는다는 왜곡된 생각을 깨뜨리시고, 하나님 자신이 온 세상을 그분의 경륜으로 다스리시고 있음을 그룹들을 통해 보여 주신다.

10:9–22 그들의 바퀴들은 스스로 돌아가는 것이

㉠ 히, '엘 샤다이'

나아가는데, 그들이 어느 방향으로
출발하든지 돌 필요가 없었다. 어느
방향이든지 그 곳으로 머리를 두면,
모두 그 뒤를 따라갔다. 그래서 그들
은 돌지 않고서도 어느 방향으로든
지 다녔다.
12 그들의 등과 손과 날개 할 것 없이,
그들의 온 몸과 네 바퀴의 온 둘레
에 눈이 가득 차 있었다.
13 내가 들으니, 그 바퀴들의 이름은 '도
는 것'이라고 하였다.
14 ○그룹마다 얼굴이 넷이 있는데, 첫
째는 그룹의 얼굴이요, 둘째는 사람
의 얼굴이요, 셋째는 사자의 얼굴이
요, 넷째는 독수리의 얼굴이었다.
15 그룹들이 치솟았다. 그들은 내가 그
발 강 가에서 보았던 바로 그 생물
들이었다.
16 그룹들이 나아가면 바퀴들도 그 곁
에서 함께 갔고, 그룹들이 땅에서 떠
올라 가려고 그들의 날개를 펼칠 때
에도, 그 바퀴들이 그룹들의 곁에서
떨어져 나가지 않았다.
17 그룹들이 멈추면 바퀴들도 멈추고,
그룹들이 치솟으면 바퀴들도 그들과
함께 치솟았다. 그 생물의 영이 그
바퀴들 속에 있기 때문이었다.
18 ○주님의 영광이 성전 문지방을 떠
나, 그룹들 위로 가서 머물렀다.
19 그룹들이 내가 보는 데서 날개를 펴
고 땅에서 떠올라 가는데, 그들이 떠
날 때에, 바퀴들도 그들과 함께 떠났
다. 그룹들은 주님의 성전으로 들어
가는 동문에 머무르고, 이스라엘 하
나님의 영광이 그들 위에 머물렀다.
20 그들은, 내가 그발 강 가에서 환상
을 보았을 때에 본 것으로, 이스라엘
하나님을 떠받들고 있던 생물들이
다. 나는, 그들이 그룹임을 알 수 있
었다.
21 ○그룹마다 얼굴이 넷이요, 날개가
넷이었다. 그리고 그들의 날개 밑에
는 사람의 손과 같은 것이 있었다.
22 또 그들의 얼굴 형상은, 내가 그발
강 가에서 본 바로 그 얼굴이었다.
그들은 각각 앞으로 곧게 나아갔다.

예루살렘이 심판받다

11 그 때에 주님의 영이 나를 들어
올리셔서, 주님의 성전 동쪽으
로 난 동문으로 데리고 가셨다. 그
문의 어귀에는 사람 스물다섯 명이
있었다. 나는 그들 가운데 백성의 지
도자들인 앗술의 아들 야아사냐와
브나야의 아들 블라다가 있는 것을
보았다.
2 ○주님께서 나에게 말씀하셨다. "사
람아, 이 사람들은 이 성읍에서 포
악한 일을 꾸며 내며 악독한 일을
꾀하는 자들이다.
3 그들은 모두 '㉠집을 지을 때가 가까

아니고, 하나님의 섭리에 의해 움직이고 있다. 예루살렘의 멸망은 사람의 눈에 하나님의 역사가 끝이 난 것으로 보인다. 그러나 네 바퀴가 일정하게 움직이는 것처럼 하나님의 역사는 조화를 이루어, 하나님의 목적대로 나아가고 있다. 하나님은 배신한 이스라엘을 심판하신 후에, 그분의 거룩한 이름을 위하여 언약의 참 백성들을 회복하실 것이다.

㉠ 또는 '집을 지을 때가 곧 오지 않겠느냐?'

11장 요약 하나님이 예루살렘 성전에서 잠시 떠나셨다고 해서 이스라엘과의 언약이 완전히 파기된 것은 아니다. 하나님의 거룩한 이름을 위해 남은 자들을 반드시 회복시키실 것이다.

11:1-13 B.C. 597년에 바빌로니아로 제2차 포로들이 끌려간 후, 새롭게 권력을 잡은 지도자들에 관한 내용이다. 이들은 예루살렘이 거룩한 성읍이고 자신들은 이 성읍의 거룩한 백성이기 때문

이 오지 않았다. 이 성읍은 가마솥
이고, 우리는 그 안에 담긴 고기다'
하고 말한다.
4 그러므로 너는 그들을 규탄하여 예
언하여라. 사람아, 예언하여라."
5 ○그 때에 주님의 영이 내 위에 내리
셔서, 내게 말씀하셨다. ○"너는 이
스라엘 족속에게 일러라. '나 주가
이렇게 말한다. 이스라엘 족속아, 너
희가 하는 말과 너희 마음 속에 품
은 생각을 나는 잘 안다.
6 너희는 이 성읍에서 수많은 사람을
죽여서, 그 모든 거리를 시체로 가득
히 채워 놓았다' 하여라.
7 ○그러므로 나 주 하나님이 할 말은
바로 이것이다. 너희가 이 성읍 가운
데서 죽인 시체들은 고기요, 이 성
읍은 가마솥이다. 그러나 나는 너희
를 이 성읍에서 내쫓겠다.
8 너희가 두려워하는 것이 칼이므로,
내가 너희에게 칼을 보내겠다. 나 주
하나님의 말이다.
9 내가 너희를 이 성읍 가운데서 끌어
내어, 타국인의 손에 넘겨 주어서, 너
희에게 온갖 형벌을 내릴 것이니,
10 너희가 칼에 쓰러질 것이다. 내가 너
희를 이스라엘의 국경에서 심판하겠
다. 그 때에야 비로소 너희는, 내가
주인 줄 알게 될 것이다.
11 이 성읍은 너희를 보호하는 가마솥
이 되지 않을 것이며, 너희도 그 속
에서 보호받는 고기가 되지 않을 것
이다. 내가 너희를 이스라엘의 국경
에서 심판하겠다.
12 그 때에야 비로소 너희는, 내가 주인
줄 알게 될 것이다. 너희는, 내가 정
하여 둔 율례대로 생활하지 않았으
며, 내가 정하여 준 규례를 지키지 않
고, 오히려 너희의 주위에 있는 이방
사람들의 규례를 따라 행동하였다."
13 ○내가 예언하는 동안에, 브나야의
아들 블라댜가 죽었다. 그래서 내가
엎드려 얼굴을 땅에 대고, 큰소리로
부르짖어 아뢰었다. "주 하나님, 이스
라엘의 남은 사람들마저 완전히 없
애 버리려고 하십니까?"

이스라엘의 회복을 약속하시다

14 ○그 때에 주님께서 나에게 말씀하
셨다.
15 ○"사람아, 예루살렘의 주민이 네 모
든 친척, ㉠네 혈육, 이스라엘 족속
전체를 두고 하는 말이 '그들은 주님
에게서 멀리 떠나 있다. 이 땅은 이
제 우리의 소유가 되었다' 한다.
16 ○그러므로 너는 그들에게 일러라.
○'나 주 하나님이 이렇게 말한다. 비
록 내가 그들을 멀리 이방 사람들
가운데로 쫓아 버렸고, 여러 나라에
흩어 놓았어도, 그들이 가 있는 여
러 나라에서 내가 잠시 그들의 성소

에 아무런 심판과 간섭을 받지 않을 것이라고 생각했다. 그러나 그들은 삶에서 하나님의 뜻을 실천하는 자들이 아니었다. 비록 그들이 공적 예배를 하나님 앞에서 풍성하게 드렸는지는 모르나, 실제 생활에서는 하나님의 뜻을 멸시하고 있었던 것이다.

11:3 이 성읍은 가마솥이고, 우리는 그 안에 담긴 고기다 가마솥이 안에 있는 고기를 불로부터 보호하듯 자기들이 안전하리라는 뜻이다.

11:14-21 본절은 구원사적 발전에서 큰 전환점을 보여 주고 있다. 이스라엘을 향한 하나님의 약속된 회복은 그들에게 새로운 영을 주시는 데에 있다. 하나님의 새 언약은 십계명처럼 돌판에 새겨지는 것이 아니라 마음에 새겨지는 것이다. 그래서 백성들에게 순종할 수 있는 동기를 주셔서, 회개와 믿음으로 하나님께 응답하는 자들의 삶을 변화시켜 주실 것이다. 또한 결코 나누어지지 않

㉠ 칠십인역과 시리아어역에는 '포로가 된 네 동포'

가 되어 주겠다' 하여라.
17 ○그러므로 너는 포로가 된 동포들
에게 이르기를 '나 주 하나님이 이렇
게 말한다. 내가 여러 민족 속에서
너희를 모아 들이고, 너희가 흩어져
살고 있는 그 여러 나라에서 너희를
모아, 이스라엘 땅을 너희에게 주겠
다' 하여라.
18 그들이 그 곳으로 가서, 그 땅의 보
기 싫고 역겨운 우상들을 그 땅에서
다 없애 버릴 것이다.
19 그 때에 내가 그들에게 ㉠일치된 마
음을 주고, 새로운 영을 그들 속에
넣어 주겠다. 내가 그들의 몸에서 돌
같이 굳은 마음을 없애고, 살같이
부드러운 마음을 주겠다.
20 그래서 그들은 나의 율례대로 생활
하고, 나의 규례를 지키고 그대로 실
천하여, 내 백성이 되고, 나는 그들
의 하나님이 될 것이다.
21 그러나 마음 속으로 보기 싫고 역겨
운 우상을 따르는 사람들에게는, 내
가 그들의 행실대로 그들의 머리 위
에 갚아 주겠다. 나 주 하나님의 말
이다."

주님께서 예루살렘을 떠나시다

22 ○그 때에 그룹들이 날개를 펼치고,
바퀴들은 그들 곁에 있었는데, 이스
라엘 하나님의 영광이 그들 위에 머
물렀다.
23 그리고 주님의 영광이 그 성읍 가운
데서 떠올라, 성읍 동쪽에 있는 산꼭
대기에 머물렀다.
24 주님의 영이 나를 높이 들어 올려,
하나님의 영으로 환상 가운데 나를,
㉡바빌로니아에 포로로 끌려온 사람
들에게로 데리고 오셨다. 그런 다음
에, 내가 본 환상이 내게서 떠나갔
다.
25 그래서 나는, 주님께서 내게 보여 주
신 모든 일을, 포로로 끌려온 사람
들에게 이야기하였다.

망국에 대한 상징적인 행위

12 주님께서 나에게 말씀하셨다.
2 ○"사람아, 너는 반역하는 백
성 가운데 살고 있다. 그들은 볼 눈
이 있어도 보려고 하지 않고, 들을
귀가 있어도 들으려고 하지 않는다.
그들은 반역하는 족속이기 때문이
다.
3 ○그러므로 너 사람아, 그들이 보는
앞에서 포로로 끌려가는 사람처럼,
대낮에 짐을 싸 가지고 길을 떠나거
라. 그들이 보는 앞에서, 포로로 끌
려가는 것처럼, 네가 살고 있는 그
곳에서 다른 곳으로 떠나가거라. 그
들이 반역하는 백성이기는 하지만,
혹시 그것을 보고서 깨달을 수도 있
을 것이다.
4 또 너는, 그들이 보는 앞에서, 네 짐

는 마음으로 하나님께 초점을 맞추며 새로운 영과 부드러운 마음을 가진 하나님의 백성들은 신실하게 하나님을 따르게 될 것이다.

11:16 내가 잠시 그들의 성소가 되어 주겠다 예루살렘 성전은 잃게 되겠지만, 하나님께서 친히 성소가 되셔서 백성들 가운데 함께 거하실 것이다. 비록 그 기간은 짧을지라도 하나님은 그들을 영원한 이스라엘 땅으로 회복해 들이실 것이다.

㉠ 또는 '새 마음' ㉡ 또는 '갈대아'

12장 요약 12-24장은 유다에 대한 하나님의 심판을 마지막으로 예고하는데, 거듭된 심판 예고에도 불구하고 백성들은 예루살렘이 멸망하지 않을 것이라고 낙관하고, 에스겔은 하나님의 말씀을 무시하는 자들이 심판을 결코 피할 수 없음을 엄중히 선포한다.

12:1-16 이스라엘 백성들은 심판에 대한 예언에 대해 여전히 회의적이었고, 자신들의 세대에서는

은 포로로 끌려가는 사람의 짐처럼
대낮에 내다 놓고, 너는 저녁때에 그
들이 보는 앞에서 포로로 끌려가듯
나가거라.
5 너는, 그들이 보는 앞에서 성벽에 구
멍을 뚫고, 네 짐을 그 곳으로 내다
놓아라.
6 너는 그들이 보는 앞에서 어깨에 짐
을 메고, 어두울 때에 나가거라. 너
는 얼굴을 가리고, 다시는 더 그 땅
을 보지 말아라. 내가 너를 이스라
엘 백성에게 주는 징조로 삼았기 때
문이다."
7 ○그래서 나는 명을 받은 그대로 하
였다. 내 짐을, 포로로 끌려가는 사
람의 짐처럼, 대낮에 내다 놓았다.
그리고 저녁때에 손으로 성벽에 구
멍을 뚫고, 어두울 때에 나가서 그들
이 보는 앞에서 어깨에 짐을 메었다.
8 ○이튿날 아침에 주님께서 나에게
말씀하셨다.
9 ○"사람아, 저 반역하는 족속 이스라
엘 족속이 '네가 지금 무슨 일을 하
고 있느냐?' 하고 너에게 묻지 않았
느냐?
10 너는, 그들에게 이르기를 '주 하나님
께서 이렇게 말씀하신다. 이 짐은 예
루살렘에서 다스리는 왕과 그 도성
가운데 사는 이스라엘 족속 전체에
대한 징조다' 하여라.
11 너는 또 그들에게, 네가 그들의 징조
라고, 네가 하는 것과 똑같은 일을
그들이 하게 될 것이라고, 그들이 추
방되어 이렇게 짐을 메고 포로로 끌
려갈 것이라고,
12 왕도 그들과 함께 어깨에 짐을 메고,
어두울 때에 성 바깥으로 나가게 될
것이라고, ㉠사람들이 성벽에 구멍을
뚫고, 짐을 내다 놓을 것이며, 왕은
눈으로 그 땅을 안 보려고 얼굴을
가릴 것이라고 말하여라.
13 내가 그물을 쳐서 왕을 망으로 옭아
그를 바빌로니아 백성의 땅 바빌론
으로 끌어 가겠다. 그러나 그는 거기
에서 그 땅도 못 보고 죽을 것이다.
14 내가 왕의 경호원과 경호부대를 다
사방으로 흩어 버리고, 뒤에서 내가
칼을 빼어 들고 쫓아가겠다.
15 ○내가 그들을 이방 사람들 가운데
로 흩어지게 하며, 모든 나라 가운데
로 쫓아 버릴 그 때에야 그들이 비
로소, 내가 주인 줄을 알게 될 것이
다.
16 그러나 나는 그들 가운데서 몇 사람
을 남겨서 전쟁과 굶주림과 전염병
으로 죽지 않게 하고, 그들이 이르는
이방 사람들 가운데서 자기들이 전
에 저지른 역겨운 일을 모두 자백하
게 할 것이다. 그 때에야 비로소 그
들이, 내가 주인 줄 알 것이다."

심판이 결코 오지 않을 것이라고 믿었다. 더구나 바빌로니아에 끌려간 유다 백성들도 예루살렘에 남아 있는 자들처럼, 예루살렘은 결코 망하지 않을 것이며, 자기들은 곧 귀환될 수 있을 것이라고 믿고 있었다. 백성들은 하나님의 말씀이 그대로 성취된다는 사실을 에스겔의 상징적 행동을 통하여 깨달아야 했다.

12:12 눈으로 그 땅을 안 보려고 이것은 시드기야 왕이 문자 그대로 실명하게 될 것을 예언한 말씀으로 보인다(왕하 25:4–7;렘 39:4–7).

12:17–20 본절에서는 예루살렘이 점령당할 때에 겪게 될 놀람과 공포와 슬픔에 대한 예언이 상징적 행동으로 표현되고 있다.

12:21–28 에스겔이 상징적 행동을 계속해서 보여 주었지만, 유다 백성들은 에스겔의 환상과 예언을 의심하고 있었다. 이들은 에스겔이 본 환상이 결코 성취되지 않을 것이라고 말하였으며(22

㉠ 칠십인역에는 '그가'

떨면서 먹고 마시는 상징 행위

17 ○주님께서 나에게 말씀하셨다.
18 ○"사람아, 너는 떨면서 네 음식을 먹
고, 두려움과 근심에 싸여 물을 마셔
라.
19 그리고 너는 이 땅 백성에게 말하여
라. 나 주 하나님이 예루살렘과 이스
라엘 땅의 주민이 당하게 될 일을
말한다. 그들이 근심에 싸여 음식을
먹고, 놀라움에 싸여 물을 마실 것
이다. 이 땅의 모든 주민이 저지른
폭행 때문에, 이 땅의 풍요가 다 사
라지고, 황폐하게 될 것이기 때문이
다.
20 사람들이 거주하던 성읍도 적막해
지고, 땅은 황무지가 되어 버릴 것이
다. 그 때에야 비로소 그들이, 내가
주인 줄 알 것이다."

속담과 예언

21 ○주님께서 나에게 말씀하셨다.
22 ○"사람아, 이스라엘 땅에서 너희가
말하는 '세월이 이만큼 흐르는 동안,
환상으로 본 것치고 그대로 이루어
진 것이 있더냐' 하는 속담이 어찌
된 일이냐?
23 그러므로 너는, 그들에게 말하여라.
'나 주 하나님이 말한다. 내가 이 속
담을 그치게 할 것이니, 이스라엘에
서 다시는 이 속담을 말하지 못할 것
이다' 하여라. 오히려 너는 그들에게
일러라. '환상으로 본 것이 이루어질
그 날이 가까이 왔다.
24 이스라엘 족속 가운데서 다시는 헛
된 환상이나 아첨하는 점괘가 없을
것이다.
25 나는 주다. 내가 말하는 그 말은 무
엇이든지 그대로 이루어지고, 더 이
상 지체하지 않을 것이다. 너희 반역
하는 족속아, 너희가 살아 있는 동
안에 내가 말한 것을 그대로 이루겠
다. 나 주 하나님의 말이다.'"
26 ○주님께서 나에게 말씀하셨다.
27 ○"사람아, 이스라엘 족속이 하는 말
을 들어 보아라. 네가 보는 환상은
먼 훗날에나 이루어질 것이며, 네가
예언하는 말은 아득히 먼 훗날을 두
고 한 것이라고 한다.
28 그러므로 너는, 그들에게 일러라. '주
하나님이 말한다. 나의 모든 말은 더
지체하지 않는다. 내가 한 번 말한
것은 이루어지고 만다. 나 주 하나님
의 말이다.'"

거짓 예언자들의 종말

13 주님께서 나에게 말씀하셨다.
2 ○"사람아, 너는, 예언한다고
하는 이스라엘의 예언자들을 규탄
하여 예언하여라. 자기들의 마음대
로 예언하는 사람들에게, 나 주가
하는 말을 들으라고 하여라.
3 ○나 주 하나님이 말한다. 내가 보여

절), 또한 에스겔의 환상과 예언은 아주 먼 훗날에나 성취될 것이기 때문에 자기들과는 아무런 상관이 없다고 말하였다(27절). 그러나 하나님은 예언이 곧 성취될 것이라고 두 가지로 말씀하신다. 첫째로 하나님은 우선 거짓 예언자들을 이스라엘에서 끊어 버리실 것이기 때문에, 하나님의 예언의 말씀은 확실히 드러날 것이며(24절), 둘째로 하나님께서 약속하신 말씀은 반드시 이루어질 것이기 때문이었다(28절).

13장 요약 유다 백성들이 패역을 일삼고 잘못된 낙관주의에 빠졌던 이유 중 하나는 거짓 예언자들 때문이었다. 그러나 거짓 예언자들의 그런 행위는 하나님을 모독하는 것이었다. 이에 하나님은 양심에 낙인이 찍힌 자들에게 멸망을 선포하신 것이다.

13:1–16 여기에서는 하나님의 뜻과 목적을 위반하는 거짓 예언자들을 향해 말씀하시고 있다. 이

준 환상을 보지도 못하고 저희들의
생각을 따라서 예언하는, ㉠어리석은
예언자들에게 화가 있을 것이다.
4 이스라엘아, 너희 예언자들은 폐허
더미에 있는 여우와 같다.
5 너희의 성벽이 무너졌는데도, 너희
예언자들은 성벽 무너진 곳에 올라
가지도 않았으며, 이스라엘 족속을
위하여 주의 날에 전쟁에 대비하려
고 성벽을 보수하지도 않았다.
6 그들은 헛된 환상을 보고, 속이는
점괘를 보며, 내가 그들을 보내지도
않았는데 내가 일러준 말이라고 하
면서 예언을 하고 또 그 말이 이루어
지기를 기다리고 있다!
7 나는 너희에게 전혀 말한 일이 없는
데, 너희는 나에게 받은 말씀이라고
하면서, 헛된 환상과 속이는 점괘를
말한 것이 아니냐?
8 ○그러므로 나 주 하나님이 말한다.
너희가 헛된 것을 말하고 속이는 것
을 보았기 때문에, 내가 너희를 치겠
다. 나 주 하나님의 말이다.
9 헛된 환상을 보고 속이는 점괘를 말
하는 그 예언자들을 내가 직접 치겠
다. 그들은 내 백성의 공회에 들어올
수도 없고, 이스라엘 족속의 호적에
등록될 수도 없고, 이스라엘 땅으로
들어갈 수도 없을 것이다. 그 때에야
비로소 너희는, 내가 주 하나님인 줄
알게 될 것이다.
10 ○내가 이렇게 그들을 치는 까닭은,
그들이 내 백성을 잘못 인도하였기
때문이다. 무엇 하나 잘 되는 것이
없는데도 잘 되어 간다고 하여 백성
을 속였기 때문이다. 내 백성이 담을
세우면, 그들은 그 위에 회칠이나 하
는 자들이다.
11 그러므로 너는, 회칠하는 자들에게,
그 담이 무너질 것이라고 말하여라.
내가 소나기를 퍼붓고, 우박을 쏟아
내리고, 폭풍을 일으킬 것이니,
12 그 담이 무너질 때에, 그들이 발랐던
그 회칠이 다 어찌되었느냐고, 비난
하여 추궁할 것이라고 하여라.
13 ○그러므로 나 주 하나님이 말한다.
내가 분노하여 폭풍을 일으키고, 내
가 진노하여 폭우를 퍼붓고, 내가 분
노하여 우박을 쏟으면, 그 담이 무너
질 것이다.
14 너희가 회칠한 그 담을, 내가 허물어
서 땅바닥에 쓰러뜨리고, 그 기초가
드러나게 하겠다. 그 담이 무너지면,
너희가 그 밑에 깔려서 죽을 것이다.
그 때에야 비로소 너희는, 내가 주인
줄 알 것이다.
15 ○내가 이렇게 그 담과 그것을 회칠
한 자들에게 내 분노를 다 쏟고 나
서, 너희에게 말할 것이다. '그 담은
사라졌고, 그것을 회칠한 자들도 사

들은 예언자인 척하면서 온갖 기만적인 예언을 하였다. 곧 이들은 사로잡혀 온 유다 백성들에게 조속한 귀환이 있을 것이라는 헛된 환상을 자랑하*였던 것이다. 이런 거짓 예언은,* 지치고 낙담한 포로 된 백성들에게 큰 인기를 얻었을지도 모른다. 그러나 결국 그들은 철저한 하나님의 심판을 당할 것이다. 왜냐하면 그들의 예언은 하나님으로부터 나온 것이 아니기 때문이다. 거짓 예언자들의 근본적인 죄악은 하나님께 대한 모독이었다. 곧 그들은 하나님께서 그들을 보내시지 않으셨는데도, 하나님의 이름으로 예언하였던 것이다.

13:11 우박 하나님의 권능, 영광의 위엄을 상징할 때 사용된다(욥 38:22). 특히 하나님의 진노와 심판을 나타낼 때 사용된다(출 9:22-26).

13:17-23 하나님의 뜻은 그분과 적대 관계에 있는 자들을 궁극적으로 구원하는 데에 있다. 예언자는 이런 확신으로 자신의 사역을 감당해야 한

㉠ 또는 '악한'

라졌다.
16 예루살렘을 두고 예언한 이스라엘
의 예언자들과, 전혀 평화가 없는데
도 예루살렘에 대하여 평화의 환상
을 본 사람들이 사라졌다' 할 것이
다. 나 주 하나님의 말이다."

거짓 예언자들(여자)

17 ○"너 사람아, 네 백성 가운데서 자
기들의 마음대로 예언하는 여자들
을 주목해 보고, 그들을 규탄하여
예언하여라.
18 너는 전하여라. '주 하나님이 말한다.
사람의 영혼을 사냥하려고 팔목마
다 부적 띠를 꿰매고, 각 사람의 키
에 맞도록 너울을 만들어 머리에 씌
워 주는 여자들에게 화가 있을 것이
다. 너희가 내 백성의 영혼을 사냥하
여 죽이려고 하면서도, 자신의 영혼
은 살아 남기를 바라느냐?
19 너희는 몇 줌의 보리와 몇 조각의 빵
때문에, 내 백성이 보는 앞에서 나를
욕되게 하였다. 너희는 거짓말을 곧
이 듣는 내 백성에게 거짓말을 함으
로써, 죽어서는 안 될 영혼들은 죽이
고 살아서는 안 될 영혼들은 살리려
고 한다.
20 ○그러므로 나 주가 말한다. 새 잡듯
이 사람의 영혼을 사냥하는 데 사용
하는 너희의 부적 띠를, 내가 물리치
겠다. 내가 그것을 너희의 팔목에서
떼어 내고, 너희가 새 잡듯이 사냥
한 영혼들을 풀어 놓겠다.
21 또 내가 너희의 너울을 찢어서, 너희
손에서 내 백성을 구해 내고, 그들이
다시는 너희 손에 사냥감이 되지 않
게 하겠다. 그 때에야 비로소 너희
는, 내가 주인 줄 알 것이다.
22 ○나는 의인의 마음을 슬프게 하지
않았으나, 너희가 거짓말로 그를 괴
롭혔으며, 악인의 손을 너희가 강하
게 만들어 주어서, 그가 자신의 악
한 길에서 돌아서서 살 길을 찾을
수 없게 하였기 때문에,
23 너희 여자들이 다시는 헛된 환상을
못 보게 하며, 점괘를 말하지도 못하
게 할 것이다. 내가 내 백성을 너희
손에서 구해 낼 것이다. 그 때에야
비로소 너희는, 내가 주인 줄 알 것
이다.'"

하나님께서 우상숭배를 심판하시다

14 이스라엘의 장로들 가운데서
몇 사람이 내게로 와서, 내 앞
에 앉았다.
2 그 때에 주님께서 나에게 말씀하셨
다.
3 ○"사람아, 이들은 여러 우상을 마음
으로 떠받드는 사람들이며, 걸려 넘
어져서 죄를 짓게 하는 올가미를 자
기들 앞에 둔 사람들인데, 내가 과
연 이런 사람들에게 질문을 받을 수

다. 그러나 본문에 나오는 거짓 여자 예언자들은, 의인들에게는 하나님의 징벌 외에는 구원의 길이 없다고 하였으며, 악인들에게는 평안과 구원이 곧 있을 것이라고 거짓 예언하였다. 결국 이들의 행위는 백성들의 영혼을 파멸시키는 것이었다.

13:19 그들의 거짓 예언은 자신들의 생계를 위함이었다. 즉, 하나님의 이름을 빙자하여 돈벌이를 하며 거짓말을 곧이듣는 어리석은 백성들의 영혼을 죽이고 있었던 것이다.

14장 요약 유다 장로들의 가장 큰 죄악은 하나님을 헌신적으로 섬겨야 할 그들이 도리어 앞장서서 우상을 숭배한 것이다. 이 사실은 정치, 종교 지도자들로부터 일반 백성에 이르기까지 모두가 극심하게 타락했음을 시사한다.

14:1-11 하나님의 심판은 구속적이다. 하나님의 목적은 우상 때문에 자신을 버린 택하신 백성들의 마음을 돌이키게 하는 데에 있다. 하나님은

가 있겠느냐?
4 ○그러므로 네가 그들에게 말하고,
그들에게 일러주어라. '나 주 하나님
이 말한다. 이스라엘 족속 가운데서
누구든지, 우상들을 마음으로 떠받
들고, 걸려 넘어져서 죄를 짓게 하는
그 올가미를 자기들 앞에 두고, 예언
자에게 오면, 나 주가 직접, 그 많은
우상에 걸맞게 그에게 답변하겠다.
5 이스라엘 족속이 모두 우상 때문에
나에게서 떠났으니, 이제는 내가 직
접 그들의 마음을 사로잡겠다' 하여
라.
6 ○그러므로 너는, 이스라엘 족속에
게 말하여라. ○'나 주 하나님이 말
한다. 너희는 회개하여라. 너희의 우
상들에게서 돌아서라. 너희의 모든
역겨운 것에서 얼굴을 돌려라.'
7 ○이스라엘 족속 가운데서나 이스라
엘에 머무는 외국 사람들 가운데서
누구든지, 나를 떠나서 우상들을 마
음으로 떠받들며, 걸려 넘어져서 죄
를 짓게 하는 올가미를 자기들 앞에
두고, 예언자를 찾아와 나에게 물어
본다면, 나 주가 직접 그에게 답변하
겠다.
8 내가 이 사람을 정면으로 보고, 그
를 징표와 속담거리로 만들며, 마침
내 나는 그를 내 백성 가운데서 끊
어 버릴 것이다. 그 때에야 비로소
너희는, 내가 주인 줄 알 것이다.
9 ○그런데 예언자가 만약 꾀임에 빠져
어떤 말을 선포하면, 나 주가 친히
그 예언자를 꾀임에 빠지도록 버려
둘 것이다. 내가 내 손을 그에게 뻗
쳐, 그를 내 백성 이스라엘 가운데서
멸망시키겠다.
10 물어 보는 사람의 죄나 예언자의 죄
가 같기 때문에, 그들이 저마다 자기
의 죄값을 치를 것이다.
11 그래서 이스라엘 족속이 다시는 나
를 떠나서 길을 잃지도 않고, 다시는
온갖 죄악으로 더러워지지도 않게
하여, 그들은 나의 백성이 되고, 나
는 그들의 하나님이 되게 하려는 것
이다. 나 주 하나님의 말이다."

막을 수 없는 하나님의 심판

12 ○주님께서 나에게 말씀하셨다.
13 ○"사람아, 만약 어떤 나라가 가장
불성실하여 나에게 죄를 지으므로,
내가 그 나라 위에 손을 펴서 그들
이 의지하는 양식을 끊어 버리고,
그 나라에 기근을 보내며, 그 나라
에서 사람과 짐승을 사라지게 한다
고 하자.
14 비록 그 나라 가운데 노아와 ㉠다니
엘과 욥, 이 세 사람이 있다 하더라
도, 그 세 사람은 자신의 의로 말미
암아 자신의 목숨만 겨우 건질 것이
다. 나 주 하나님의 말이다.

가능한 모든 방법을 통하여 백성들이 하나님을 깊이 알 수 있도록 인도하셔서, 그들을 헌신적인 백성으로 만들고자 하신다. 이런 의미에서 예언은 *하나님의 말씀을 그대로 따르려는* 신실한 백성들을 대상으로 하는 것이다. 그러나 만일 누군가가 자신의 죄악된 목적을 위해 이 예언의 말씀을 이용한다면, 그들은 말씀이 그들로부터 돌아선다는 사실을 깨달아야 한다. 어리석은 예언을 하는 자들과, 이들에게 물어보는 자들은 같은 죄값을 치르게 될 것이다.

14:14 노아와 다니엘과 욥 세 사람은 당시에 그들의 믿음과 성결함과 의로움으로 널리 알려져 있었다. 노아는 심판 때에 자기 식구와 자신만을 구원할 수 있었다(창 6:9;7:1). 그리고 에스겔 시대에 생존하던 다니엘은 그의 친구들만을 구원할 수 있었다(단 2:17-18). 그러나 욥은 그의 의로움

㉠ 히. '다넬'. 히브리어의 자음 표기가 예언자 다니엘과는 다르므로, 서로 다른 인물일 수도 있음

15 ○가령 내가 그 나라에 사나운 짐승
들이 돌아다니게 하여, 아이들까지
없애 버리고, 또 그 짐승들이 무서워
서 그 땅에 돌아다니는 사람이 없기
때문에 그 땅이 황무지가 된다고 하
자.
16 내가 나의 삶을 두고 맹세하건대, 비
록 이 세 사람이 그 가운데 있다 하
더라도, 그들은 아들이나 딸도 건져
내지 못하고, 그들 자신만 겨우 구출
할 것이며, 그 땅은 황무지가 될 것
이다. 나 주 하나님의 말이다.
17 ○가령 내가 그 나라에 전쟁의 칼이
들이닥치게 하고, 명령을 내려 '칼아,
이 땅을 돌아다니며 휘둘러라' 하여,
내가 그 땅에서 사람과 짐승을 사라
지게 한다고 하자.
18 비록 이 세 사람이 그 가운데 있다
하더라도, 내가 나의 삶을 두고 맹세
하건대, 그들은 아들이나 딸도 건지
지 못하고 그들 자신의 목숨만 겨우
건질 것이다. 나 주 하나님의 말이
다.
19 ○가령 내가 그 땅에 전염병을 퍼뜨
리고, 내 분노를 그 땅에 쏟아 부어,
거기에서 사람과 짐승이 피투성이가
되어 사라진다고 하자.
20 비록 노아와 ㉠다니엘과 욥이 그 가
운데 있을지라도, 내가 나의 삶을 두
고 맹세하건대, 그들은 아들이나 딸
도 건지지 못할 것이다. 그들마저도
자신의 의로 말미암아 그들의 목숨
만 겨우 건질 것이다. 나 주 하나님
의 말이다.
21 ○나 주 하나님이 이렇게 말한다. 내
가 예루살렘에서 사람과 짐승이 사
라지게 하려고 나의 네 가지 맹렬한
재앙들 곧 전쟁과 기근과 사나운 짐
승과 전염병을 거기에 보낼 때에, 그
해가 얼마나 크겠느냐!
22 그러나 그 속에서도 재앙을 피한 사
람들이 있어서 아들딸들을 데리고
나올 것이다. 그들이 너희에게로 나
올 때에, 너희가 그들의 그 악한 행
실과 행동을 보면, 내가 예루살렘에
내린 재앙 곧 내가 그 곳에 내린 모
든 것에 대하여 너희가 위로를 받을
것이다.
23 너희가 그들의 악한 행실과 행동을
보면 너희가 위로를 받고, 내가 예루
살렘에서 한 모든 일이 공연한 것이
아님을 알게 될 것이다. 나 주 하나
님의 말이다."

예루살렘은 타 버린 포도나무

15 주님께서 나에게 말씀하셨다.
2 "사람아, 포도나무 곧 삼림
가운데 있는 그 덩굴이, 다른 모
든 나무에 비해 나은 점이 있느
냐?
3 거기에서 무슨 물건을 만들 목재

에도 불구하고 자녀를 한 명도 구원할 수 없었다(욥 1:1,19). 죄를 짓는 사람의 타락은 누구의 중보 기도로도 효험이 없을 것이라는 뜻이다.

14:21 네 가지 4라는 숫자는 일반적으로 하나님의 심판이 땅의 모든 구석구석까지 미칠 것을 상징한다(참조. 계 6:1-8). 여기서는 예루살렘에 내릴 심판의 엄중함을 강조해 준다.

㉠ 히, '다넬'. 히브리어의 자음 표기가 예언자 다니엘과는 다르므로, 서로 다른 인물일 수도 있음

15장 요약 15-19장에는 유다의 멸망이 필연적임을 시사하는 일련의 비유들이 수록되어 있다. 이는 예루살렘이 결단코 멸망하지 않을 것이라고 착각한 유다 백성의 낙관주의를 여지없이 질책한다.

15:1-7 본장은 예루살렘의 무가치함을 수풀 가운데 있는 보잘것없는 포도나무에 비유하고 있다.

가 나오느냐? 그것으로 나무 못
을 만들어서 무슨 물건을 거기에
다 걸어 둘 수 있느냐?
4 그것은 땔감으로 불 속에나 던져
버릴 것이다. 그 양쪽 끝은 타 없
어졌고, 그 가운데 부분도 그을었
는데, 그것이 물건을 만드는 데 무
슨 소용이 있겠느냐?
5 그 포도나무가 온전할 때에도 무
슨 물건을 만드는 데 쓰일 수 없었
거늘, 하물며 그것이 불에 타고 그
을었으니, 무슨 쓸모가 더 있겠느
냐?
6 ○그러므로 나 주 하나님이 말한다.
삼림 가운데 있는 포도나무를 내가
불 속에 땔감으로 던져 넣듯이, 예루
살렘의 주민을 불 속에 던지겠다.
7 내가 그들을 대적하겠다. 비록 그들
이 불 속에서 피하여 나온다 해도,
불이 다시 그들을 삼킬 것이다. 내가
그들을 대적하면, 그 때에야 비로소
너희는, 내가 주인 줄 알 것이다. 그
들이 크게 배신하였기 때문에, 내가
그 땅을 황무지가 되게 하겠다. 나
주 하나님의 말이다."

음녀와 같은 예루살렘

16 주님께서 나에게 말씀하셨다.
2 ○"사람아, 너는 예루살렘 사
람들에게, 그들이 얼마나 역겨운 일
을 저질렀는지를 알려 주어라.
3 이렇게 말하여 주어라. ○'나 주 하
나님이 예루살렘을 두고 말한다. 너
의 고향, 네가 태어난 땅은 가나안이
고, 네 아버지는 아모리 사람이고,
네 어머니는 헷 사람이다.
4 네가 태어난 것을 말하자면, 네가 태
어나던 날, 아무도 네 탯줄을 잘라
주지 않았고, 네 몸을 물로 깨끗하게
씻어 주지 않았고, 네 몸을 소금으
로 문질러 주지 않았고, 네 몸을 포
대기로 감싸 주지도 않았다.
5 이 모든 것 가운데서 한 가지만이라
도 너에게 해줄 만큼 너를 불쌍하게
여기고 돌보아 준 사람이 없다. 오히
려 네가 태어나던 바로 그 날에, 사
람들이 네 목숨을 천하게 여기고,
너를 내다가 들판에 버렸다.
6 ○그 때에 내가 네 곁으로 지나가다
가, 핏덩이로 버둥거리는 너를 보고,
핏덩이로 누워 있는 너에게, 제발 살
아만 달라고 했다. ㉠(핏덩이로 누워
있는 너에게, 제발 살아만 달라고 했
다.)
7 그리고서 내가 너를 키워 들의 풀처
럼 무성하게 하였더니, 네가 크게 자
라 ㉡보석 가운데서도 가장 아름다
운 보석처럼 되었고, 네 가슴이 뚜렷
하고, 머리카락도 길게 자랐는데, 너
는 아직 벌거벗고 있었다.
8 ○그 때에 내가 네 곁으로 지나가다

16장 요약 포도나무 비유에 이은 음녀 비유이다. 하나님을 저버리고 우상 숭배에 빠진 백성들에게 심판이 선언된다. 그러나 본장 후반부에는 하나님이 자신의 언약을 기억하시고, 회개하는 자들에게는 회복을 약속하신다.

16:1–22 본절에서 하나님은 에스겔 예언자를 통해 예루살렘 성읍 사람들의 가증한 죄악을 폭로하시고 있다. 하나님은 먼저 이들에게 베푸셨던 은혜를 열거하신 후에, 이들의 배은망덕한 행위를 책망하신다. 곧 하나님은 이들을 은혜로 감싸 주었음에도 불구하고, 이들이 하나님을 반역한 것이 얼마나 가증스러운 불신앙이었는지를, 다양한 비유를 들어 설명하시고 있다. 예루살렘은 유다의 영혼이었고, 자랑과 권위의 원천이었다. 하나님은 예루살렘이 아주 어렸을 적에 받아 안으

㉠ 일부 히브리어 사본과 칠십인역과 시리아어역에는 묶음표 안의 본문이 없다 ㉡ 또는 '성숙하였고'

가 너를 보니, 너는 한창 사랑스러운
때였다. 그래서 내가 네 몸 위에 나
의 겉옷 자락을 펴서 네 벗은 몸을
가리고, 너에게 맹세하고, 너와 언약
을 맺어서, 너는 나의 사람이 되었
다. 나 주 하나님의 말이다.
9 ○내가 너를 목욕을 시켜서 네 몸에
묻은 피를 씻어 내고, 기름을 발라
주었다.
10 수 놓은 옷을 네게 입혀 주었고, 물
개 가죽신을 네게 신겨 주고, 모시
로 네 몸을 감싸 주고, 비단으로 겉
옷을 만들어 주었다.
11 내가 온갖 보물로 너를 장식하여, 두
팔에는 팔찌를 끼워 주고, 목에는
목걸이를 걸어 주고,
12 코에는 코걸이를 걸어 주고, 두 귀에
는 귀고리를 달아 주고, 머리에는 화
려한 면류관을 씌워 주었다.
13 이렇게 너는 금과 은으로 장식하고,
모시 옷과 비단 옷과 수 놓은 옷을
입었다. 또 너는, 고운 밀가루와 꿀
과 기름으로 만든 음식을 먹어서, 아
주 아름답게 되고, 마침내 왕비처럼
되었다.
14 네 아름다움 때문에 네 명성이 여러
이방 나라에 퍼져 나갔다. 내가 네
게 베푼 화려함으로 네 아름다움이
완전하게 된 것이다. 나 주 하나님의
말이다.
15 ○그런데 너는 네 아름다움을 믿고,
네 명성을 의지하여, 음행을 하였다.
지나가는 남자가 원하기만 하면, 누
구하고나 음행을 하여, ㉠네 이름을
그의 것이 되게 하였다.
16 너는 네 옷을 가져다가, 가지각색의
산당들을 꾸미고, 그 위에서 음행을
하였다. 이런 일은 전에도 없었고,
앞으로도 없을 것이다.
17 너는, 내가 네게 준 나의 금과 은으
로 만든 장식품들을 가져다가 남자
의 형상들을 만들어 놓고, 그것들과
음행을 하였다.
18 너는, 수 놓은 옷을 가져다가 그 형
상들에게 입혀 주고, 내가 준 기름
과 향을 그것들 앞에 가져다 놓았
다.
19 또 너는, 내가 너에게 준 음식 곧 내
가 너를 먹여 살린 고운 밀가루와
기름과 꿀을 그것들 앞에 가져다 놓
고, 향기 나는 제물로 삼았다. 네가
정말로 그렇게 하였다. 나 주 하나님
의 말이다.
20 ○또 너는, 우리 사이에서 태어난 아
들들과 네 딸들을 데려다가, 우상들
에게 제물로 바쳐 불사르게 하였다.
너의 음욕이 덜 찼느냐?
21 네가 내 아들딸마저 제물로 바쳤다.
또 네가 그들을 불 속으로 지나가게
하였다.

셨으며, 결혼할 나이가 될 때까지 고이 길러 주셨다. 또한, 예루살렘을 성숙한 여인으로 만들어 값진 보석으로 치장해 주셨다. 그러나 예루살렘은 하나님의 아름답고 사랑스러운 아내가 된 후에, 갑자기 음란을 행하여 남편에 대한 정조를 잃어버렸다. 예루살렘은 심지어 자식을 우상에게 제물로 바치기까지 하였다. 사실 예루살렘은 자기를 자랑할 만한 이유가 조금도 없었다. 왜냐하면 예루살렘은 오직 하나님의 은혜로 선택되었기 때문이다. 그러므로 유다 백성들의 선택의 배후에는 항상 하나님이 주도권을 가지고 계신다는 사실을 염두에 두고 있어야 했다.

16:9 피 본절에 나오는 '피'는 이스라엘을 오염시킨 세상의 죄를 가리킨다.

16:23-34 본절에서 하나님은 유다 백성들의 감사할 줄 모르는 영적 질병 상태에 대해 설명하시

㉠ 한 히브리어 사본과 칠십인역에는 '그런 일은 있어서는 안 될 일이었다'

22 너는, 핏덩이로 버둥거리던 때와 벌
거벗은 몸으로 지내던 네 어린 시절
을 기억하지 않고, 온갖 역겨운 일과
음행을 저질렀다.'"

창녀 예루살렘

23 ○"나 주 하나님의 말이다. 네게 재
앙이 닥친다. 재앙이 닥친다. 네가
그 모든 악행을 저지른 다음에도
24 너는, 길거리마다 네가 올라갈 누각
을 짓고, 네가 누울 높은 단을 만들
었다.
25 너는, 길 머리마다 높은 단을 만들
어 놓고, 네 아름다움을 흉측하게
더럽히고, 지나가는 모든 남자에게
네 두 다리를 벌려, 음행을 많이 하
였다.
26 너는, 이집트 남자들 곧 하체가 큰
이웃 나라 남자들과 음행을 하였다.
너는, 수도 없이 아주 음란하게 음행
을 하여, 내 분노를 터뜨렸다.
27 ○그러므로 내가 내 손을 펴서 너를
치고, 네가 날마다 먹을 양식을 줄
이고, 또 너를 미워하는 블레셋 여
자들 곧 네 추잡한 행실을 보고 역
겨워하는 여자들에게 너를 넘겨 주
어서, 마음대로 하게 하였다.
28 ○그런데도 너는 음욕이 차지 않아
서, 앗시리아 남자들과 음행을 하였
다. 그들과 음행을 한 다음에도 네
음욕이 차지 않아서,
29 너는 저 장사하는 나라 ㉠바빌로니
아 남자들과 더 많이 음행을 하였다.
그래도 너의 음욕은 차지 않았다.
30 ○나 주 하나님의 말이다. 네가 방자
한 창녀와 똑같이 이 모든 일을 했으
면서도, 너는 마음이 왜 그렇게 약하
냐!
31 네가 길 머리마다 높은 단을 만들어
놓고, 길거리마다 누각을 세워 놓고,
몸을 팔면서도, 네가 화대를 받지 않
으니, 너는 창녀와 같지도 않구나!
32 너는 제 남편이 아닌 다른 남자들과
간통하는 음란한 유부녀로구나.
33 창녀들은 화대를 받는 법이다. 그러
나 너는 네 모든 정부에게 선물을
주어 가며 사방에서 불러다가, 너와
음행을 하자고, 남자들에게 돈까지
주었다.
34 이렇게 너는 다른 여자들과는 정반
대로 음행을 하였다. 정부들이 너를
따라다니는 것도 아니고, 네가 몸값
을 받는 것도 아니고, 오히려 네가
몸값을 주어 가면서 음행을 하니, 너
는 다른 여자들과는 정반대다."

주님께서 예루살렘을 심판하시다

35 ○"그러므로 창녀야, 너는 나 주의
말을 들어라.
36 ○나 주 하나님이 말한다. 네가 정부
들과 음행을 하고, 네 모든 역겨운
우상과 음행을 할 때에, 너는 ㉡재산

고 있다. 감사하지 아니하는 것도 일종의 불신이다. 하나님은 유다 백성들이 필요로 하는 모든 것을 제공해 주셨다. 그렇지만 그들은 그러한 것을 *이기적으로 사용하여, 다른 민족들을 끌어들여*서까지 영적 간음을 행하였던 것이다. 본절에서는 유다 백성들의 죄악을 강조하기 위하여 음란한 유부녀와 유다 백성들을 비교하였다. 유다 백성들은 창녀보다 더욱 악한 행위를 하였다. 왜냐하면 창녀들은 몸을 팔아 돈을 받는다는 일종의 변명이나 핑계라도 댈 수 있겠지만, 돈을 주고 남자를 사들여 음행하는 여인의 행위는 더욱 추한 행위였기 때문이다. 유다의 죄악은 이 여인의 행위와 다를 바 없었다.

16:35-43 본절에서 하나님은 유다의 영적 간음을 간과하지 않으시고 심판하실 것을 선언하시고 있다. 그리고 심판은 항상 하나님의 사랑에 그 근원을 둔다(42절). 남을 깊이 사랑하는 자만이 슬

㉠ 또는 '갈대아' ㉡ 또는 '음욕을'

을 쏟아 붓고, 네 벗은 몸을 드러내
었다. 너는 온갖 가증한 우상들에게
네 자식들의 피를 바쳤다.
37 그러므로 네가 함께 즐기던 네 정부
들과 네가 좋아하던 모든 남자뿐 아
니라, 네가 미워하던 남자도, 내가 모
두 모아서 너를 치게 하겠다. 내가
그들을 사방에서 모아 너를 치게 하
고, 네 벌거벗은 몸을 드러내 놓아,
그들이 모두 네 벌거벗은 몸을 보게
하겠다.
38 그리고 나는 너를, 간음을 하고 살인
을 한 여인을 재판하듯이 재판하며,
내 분노와 질투로 네게 살인죄의 벌
을 내리겠다.
39 내가 너를 그들의 손에 넘겨 주면,
그들이 네 누각을 헐고, 네 높은 단
을 무너뜨릴 것이며, 네 옷을 벗겨 버
리고, 네 모든 장식품을 빼앗은 다
음에, 너를 벌거벗겨 알몸으로 버려
둘 것이다.
40 ○그들은 너를 대항하여 한 무리를
끌고 와서 너를 돌로 치고, 칼로 찔
러 죽일 것이다.
41 그들은 네 집을 불사르고, 많은 여인
이 보는 앞에서 너에게 벌을 내릴 것
이다. 내가 이렇게 네 음행을 끝장
내서, 네가 다시는 그들에게 선물을
줄 수 없게 하겠다.
42 그제야 너에 대한 내 분이 풀리고,
내 질투가 사그라지고, 마음이 평온
해져서, 다시는 화를 내지 않게 될
것이다.
43 ○네가 어린 시절을 기억하지 않고,
이 모든 일로 내 분노를 터뜨려 놓았
으니, 나도 네 행실대로 네게 그대로
갚을 것이니, 네가 다시는 역겨운 우
상을 섬기는 일에다가 음행까지 더
하는 일을 하지 못할 것이다. 나 주
하나님의 말이다."

그 어머니에 그 딸

44 ○"사람들마다 너를 비꼬아서 '그 어
머니에 그 딸'이라는 속담을 말할 것
이다.
45 네가 바로 남편과 자식들을 미워하
던 네 어머니의 딸이며, 네가 바로
남편과 자녀들을 미워하던 네 언니
들의 동생이다. 너희의 어머니는 헷
사람이며, 아버지는 아모리 사람이
다.
46 ○그리고 네 언니는 그 딸들을 데리
고 북쪽에 사는 사마리아이고, 네
동생은 딸들을 데리고 남쪽에 사는
소돔이다.
47 너는, 그들의 행실만을 따라 가거나
그들의 역겨운 일들만을 따라 하는
것만이 아니라, 그것도 오히려 부족
한 듯이, 네 모든 행실이 그들보다
더 타락하였다.
48 ○나 주 하나님의 말이다. 내가 나의

픔의 의미를 진실되게 이해하는 것처럼, 하나님의 심판도 경고의 의미 이상으로 하나님의 깊은 사랑을 끊임없이 되새기게 한다.

16:36 우상들에게 네 자식들의 피를 바쳤다 20-21절에 설명된 몰렉 숭배의 가증스러운 예배 행위를 가리킨다.

16:44-59 하나님은 유다 백성들이 한때 가장 사악했던 족속인 소돔과 북 이스라엘보다 더 부패했음을 지적하시고 있다. 예루살렘은 하나님의 극진하신 사랑과 보호를 범죄의 기회로 삼아, 다른 민족에 대한 우월 의식과 교만함에 빠져서 어떤 나라보다 더 큰 폭력과 부패를 자행해 왔다. 곧 하나님의 율법을 망각함으로 온갖 죄악이 만연했던 것이다. 따라서 하나님은 유다에게 그들의 행실에 따라 벌을 내리시겠다고 선언하신다.

16:45 남편과 자식들을 미워하던 자식들을 미워하였다는 말은 몰렉 종교의 우상 숭배와 그 예식으로 자식들을 바치는 것을 가리킨다(참조. 레 20:

삶을 두고 맹세한다. 네 동생 소돔
곧 그와 그 딸들은 너와 네 딸들처
럼 행동하지는 않았다.
49 네 동생 소돔의 죄악은 이러하다. 소
돔과 그의 딸들은 교만하였다. 또
양식이 많아서 배부르고 한가하여
평안하게 살면서도, 가난하고 못 사
는 사람들의 손을 붙잡아 주지 않았
다.
50 오히려 그들은 교만하였으며, 내 눈
앞에서 역겨운 일을 하였다. 그러므
로 내가 그것을 보고는, 그들을 없애
버렸다.
51 ○사마리아는 네가 저지른 모든 죄
의 반 만큼도 죄를 짓지 않았다. 네
가 그들보다 역겨운 일들을 더 많이
하였기 때문에, 네가 저지른 그 온갖
역겨운 일들로, 너는 네 언니와 아우
의 죄가 없는 것처럼 보이게 하였다.
52 네가 네 언니와 아우보다 더 역겨운
죄를 지으므로, 네 언니와 아우가 유
리한 판단을 받았으니, 너는 마땅한
수치를 당해야 할 것이다. 너 때문에
그들이 의로운 것처럼 보이게 되었
다. 네가 이렇게 네 언니와 아우를
의롭게 보이게 하였으니, 너도 부끄
러운 줄 알아라. 네가 마땅한 수치
를 당할 것이다."

소돔과 사마리아도 회복될 것이다

53 ○"내가 그들을 다시 잘 살게 해주겠
다. 소돔과 그 딸들을 다시 잘 살게
해주고, 사마리아와 그 딸들을 다시
잘 살게 해주겠다. 또 내가 그들과
함께 너도 다시 잘 살게 해주겠다.
54 그제야 너는 네 치욕을 감당하고,
네가 저지른 모든 죄를 부끄러운 줄
알게 될 것이다. 네 언니와 아우는
네가 당하는 수치를 보고, 자신들이
얼마나 유복한지를 알게 될 것이다.
55 네 아우 소돔과 그 딸들이 예전 상
태로 회복되고, 네 언니 사마리아와
그 딸들이 예전 상태로 회복될 때
에, 너와 네 딸들도 예전 상태로 회
복될 것이다.
56 네가 교만하던 시절에는, 네가 네 아
우 소돔의 추문을 들을 때에 그를
비웃었다.
57 그러나 그것은 네 죄악이 드러나기
전에 있었던 일이다. 오히려 이제는
네가 그들의 놀림감이 되었다. 사방
에서 너를 멸시하는 사람들 곧 ㉠에
돔의 딸들과 그 모든 이웃이 너를
비웃고, 블레셋 딸들이 너를 조롱한
다.
58 네가 음행을 저지르고, 또 그처럼 역
겨운 일들을 저질렀으니, 그 벌을 면
할 것이라고는 생각하지 말아라. 나
주의 말이다."

영원한 언약

59 ○"나 주 하나님이 말한다. 너는, 네

5;왕하 23:10;렘 32:35). 여기서 남편은 하나님을 가리킨다. 에스겔은 하나님이 이스라엘만의 하나님이 아니라 모든 인류의 하나님이신 것을 가르쳐 주고 있다.

16:60-63 언약은 하나님의 사랑을 기초로 하고 있으며, 이 하나님의 사랑은 언약 관계에서 발생된 법적 요구를 궁극적으로 실현하도록 해준다. 그러나 율법에 대한 사랑의 성취는 하나님의 용서가 있은 후에야 이루어질 수 있으며(63절), 이 용서는 하나님과 백성의 관계를 새롭게 회복시켜 줌으로 그 정점을 이룬다. 비록 인간이 죄를 범하여 언약을 파기하였을지라도, 언약의 주체는 하나님 자신이기 때문에 언약 자체는 영원한 것이다. 따라서 유다 백성의 실패에도 불구하고, 언약은 종결되지 아니하며, 하나님의 크신 사랑으로 인하여 지속되었던 것이다.

㉠ 많은 히브리어 사본과 시리아어역을 따름. 대다수의 히브리어 사본과 칠십인역과 불가타에는 '아람'

가 한 맹세를 하찮게 여겨, 그 언약
을 깼으니, 나도 네가 한 것과 똑같
이 너에게 하겠다.
60 그러나 나는 네 젊은 시절에 내가 너
와 맺은 언약을 기억해서, 너와 영원
한 언약을 세우겠다.
61 비록 이것은 너와 나 사이에 세운 언
약 속에 들어 있는 것은 아니라 하더
라도, 내가 너보다 더 큰 네 언니와
너보다 작은 네 아우를 모두 네 딸
로 삼아 주면, 너는 네가 저지른 악
한 행실을 기억하고, 부끄러워할 것
이다.
62 이렇게 내가 직접 너와 언약을 세우
면, 그 때에야 비로소 너는, 내가 주
인 줄 알 것이다.
63 내가 이렇게 하는 까닭은, 네가 저지
른 모든 악한 일을 용서받은 다음
에, 네가 지난 일들을 기억하고, 놀
라고, 그리고 부끄러워서 다시는 입
도 열지 못하게 하려는 데 있는 것이
다. 나 주 하나님의 말이다."

독수리와 포도나무의 비유

17 주님께서 나에게 말씀하셨다.
2 ○"사람아, 너는 이스라엘 족
속에게 수수께끼를 내고, 비유를 들
어 말하여라.
3 너는 그들에게 말하여라. '나 주 하나
님이 말한다.
큰 독수리 한 마리가 레바논으로
갔다. 큰 날개, 긴 깃, 알록달록한
깃털을 가진 그 독수리는 백향목
끝에 돋은 순을 땄다.
4 독수리는 그 연한 햇순을 잘라서,
상인들의 땅으로 물고 가서, 상인
들의 성읍에 놓아 두었다.
5 그리고 그 땅에서 난 씨앗을 가져
다가 옥토에 심었다. 시냇가에다
가 버드나무를 심듯, 물이 많은 시
냇가에 그 씨앗을 심었다.
6 그 씨앗은 싹이 나고, 낮게 퍼지
며 자라서, 무성한 포도나무가 되
었다. 그 가지들은 독수리에게로
뻗어 올라갔고, 그 뿌리는 땅에 박
고 있었다. 그 씨가 포도나무가 되
어, 가지를 내뻗고, 덩굴손을 뻗쳤
다.
7 다른 큰 독수리 한 마리가 나타
났다. 날개가 크고 깃이 많은 독
수리다. 그런데 보아라, 이 포도나
무가 뿌리를 그 독수리에게로 뻗
고, 가지도 그 독수리에게로 뻗는
것이 아닌가! 이 포도나무는 새로
나타난 그 독수리를 보고 옥토에
서 멀리 떨어진 곳에 물을 대달라
고 하였다.
8 그 포도나무를 옥토 곧 물이 많은
곳에 심은 것은, 가지를 뻗고 열매
를 맺어서 아름다운 포도나무가
되도록 한 것인데, 이 모양이 되고

17장 요약 하나님은 바빌로니아에 항복하는 것만이 살 길이라고 경고했지만(렘 27:1) 시드기야는 그 경고를 거슬러 멸망을 자초했다. 백향목 비유는 1차적으로 유다의 회복, 궁극적으로는 메시아 왕국의 도래에 관한 예언이다.

17:1-21 본절은 하나님을 배반하면서도 자신들이 안전할 것이라고 생각하는 유다 백성의 어리석음을 보여 준다. 하나님은 수수께끼와 비유를 사용하셔서 이집트를 의지하였던 마지막 유다 왕 시드기야를 고발하고 있는데, 본절의 해석은 다음과 같다. 느부갓네살은 여고냐(여호야긴)를 사로잡아 간 후, 유다 왕으로 시드기야를 세워 조공을 바치게 했다. 이렇게 해서 느부갓네살은 시드기야를 뒤에서 조종하려 했던 것이다. 그러나 시드기야는 이집트 왕과 조약을 맺어 느부갓네살에게 대항하려 하였다. 결국 시드기야는 리블라에서 바빌론으로 끌려가 고통스러운 포로 생활

말았다.'
9 그러므로 너는 그들에게 전하여
라. '나 주 하나님이 말한다. 그 포
도나무가 무성해질 수 있겠느냐?
그 뿌리가 뽑히지 않겠느냐? 그
열매가 떨어지거나, 그 새싹이 말
라 죽지 않겠느냐? 그 뿌리를 뽑
아 버리는 데는, 큰 힘이나 많은
군대를 동원하지 않아도 될 것이
다.
10 그러므로 그것을 심어 놓았지만
무성해질 수가 있겠느냐? 동쪽 열
풍이 불어 오면 곧 마르지 않겠느
냐? 자라던 그 밭에서 말라 버리
지 않겠느냐?'"

비유의 해석

11 ○주님께서 나에게 말씀하셨다.
12 ○"너는 저 반역하는 족속에게, 이
비유가 무엇을 뜻하는지 알지 못하
겠느냐고 물어 보고, 그들에게 일러
주어라. 바빌로니아 왕이 예루살렘
으로 와서, 왕과 지도자들을 붙잡아
바빌로니아로 끌어 갔고,
13 이 나라의 왕족 가운데서 한 사람을
선택하여, 그와 언약을 맺고, 그에게
맹세를 시킨 다음에, 이 나라의 유
능한 사람들을 붙잡아 갔다.
14 이것은 바빌로니아가 이 나라를 굴
복시켜 독립하지 못하게 하고, 그 언
약을 지켜야만 명맥을 유지해 나가
도록 하려 한 것이다.
15 ○그런데도 그는 바빌로니아 왕에게
반역하여, 이집트로 사람을 보내서,
자기에게 많은 군마와 군인을 파견
해 달라고 요청하였다. 그가 성공할
수 있겠느냐? 그런 일을 한 사람이
죽음을 피할 수 있겠느냐? 언약을
어긴 사람이 죽음을 피할 수 있겠느
냐?
16 ○나 주 하나님의 말이다. 내가 나의
삶을 두고 맹세한다. 그는 분명히 죽
을 것이다. 바빌로니아 왕이 그를 왕
으로 세워 주었는데, 그 왕에게 한
맹세를 무시하고, 그와 맺은 언약을
깨뜨렸으니, 왕의 땅인 바빌로니아에
서 그와 함께 있다가 죽을 것이다.
17 바빌로니아 군대가 많은 사람을 죽
이려고, 그의 성읍 옆에 흙 언덕을
쌓고 높은 사다리를 세울 때에는, 이
집트의 바로가 강력한 군사력과 많
은 군사로도 전쟁에서 그를 도울 수
가 없을 것이다.
18 그가 맹세를 무시하고 언약을 깨뜨
렸다. 그가 언약을 어기고 이런 모든
일을 하였기 때문에, 죽음을 피할
수 없을 것이다.
19 ○그러므로 나 주 하나님이 말한다.
내가 나의 삶을 두고 맹세한다. 그는
나의 이름을 두고 한 맹세를 업신여
겼으며, 나의 이름을 걸고 맺은 언약

을 하였다(왕하 25:1-7).

17:10 동쪽 열풍 바빌로니아는 유다의 동쪽에 있었다. 동쪽에서 불어오는 바람은 바빌로니아 군대의 침략과 공격을 가리킨다.

17:13 이 나라의 유능한 사람들을 붙잡아 갔다 느부갓네살 왕은 유다의 모든 보물뿐만 아니라, 유다 왕족과 관리와 용사와 기술자와 대장장이와 모든 주민까지 다 사로잡아 가 버렸다. 그리고 예루살렘에는 가난한 사람들만 남겨 두었는데, 이것은 유다가 절대로 반란을 일으키지 못하게 하기 위해서였다(왕하 24:11-16).

17:18-19 그가 맹세를 무시하고 언약을 깨뜨렸다 시드기야는 하나님의 이름으로 바빌로니아 왕 느부갓네살에게 억지 충성을 맹세하였지만, 느부갓네살 왕을 배반하였다(대하 36:13). 시드기야가 느부갓네살 왕과 맺은 언약을 배반하는 것은 하나님께 대한 신앙을 저버린 것이나 마찬가지이다.

17:22-24 본절은 앞에 나온 비유를 다시 사용하

을 깨뜨렸으므로, 내가 벌을 주어서,
그 죄를 그의 머리로 돌리겠다.
20 내가 그물을 쳐서 그를 망으로 옭아
바빌로니아로 끌고 가서, 거기에서
내가 나를 반역한 그의 반역을 심판
하겠다.
21 그의 모든 군대 가운데서 ㉠도망한
사람들은 모두 칼에 쓰러질 것이며,
살아 남은 사람들은 모두 사방으로
흩어질 것이다. 그 때에야 비로소 너
희는, 이렇게 말한 것이 나 주인 줄
알게 될 것이다."

희망의 약속

22 "주 하나님이 말한다. 내가 백향
목 끝에 돋은 가지를 꺾어다가 심
겠다. 내가 그 나무의 맨 꼭대기
에 돋은 어린 가지들 가운데서 연
한 가지를 하나 꺾어다가, 내가 직
접 높이 우뚝 솟은 산 위에 심겠
다.
23 이스라엘의 높은 산 위에 내가 그
가지를 심어 놓으면, 거기에서 가
지가 뻗어 나오고, 열매를 맺으며,
아름다운 백향목이 될 것이다. 그
때에는 온갖 새들이 그 나무에 깃
들이고, 온갖 날짐승들이 그 가지
끝에서 보금자리를 만들 것이다.
24 그 때에야 들의 모든 나무가, 나
주가, 높은 나무는 낮추고 낮은
나무는 높이고 푸른 나무는 시들
게 하고 마른 나무는 무성하게 하
는 줄을, 알게 될 것이다. 나 주가
말하였으니, 내가 그대로 이루겠
다."

개인의 책임

18 주님께서 나에게 말씀하셨다.
2 ○"너희가 어찌하여 이스라
엘 땅에서 아직도 '아버지가 신 포도
를 먹으면, 아들의 이가 시다' 하는
속담을 입에 담고 있느냐?
3 ○나 주 하나님의 말이다. 내가 나의
삶을 두고 맹세한다. 너희 가운데서
어느 누구도 다시는 이스라엘에서
이런 속담을 입에 담지 못할 것이다.
4 모든 영혼은 나의 것이다. 아버지의
영혼이나 아들의 영혼이 똑같이 나
의 것이니, 범죄하는 그 영혼이 죽을
것이다.
5 ○어떤 사람이 의로워서 법과 의를
실천한다고 하자.
6 그가 산 위에서 우상에게 바친 제물
을 먹지 않으며, 이스라엘 족속의 우
상들에게 눈을 팔지 않으며, 이웃의
아내를 범하지 않으며, 월경을 하고
있는 아내를 가까이 하지 않으며,
7 사람을 학대하지 않으며, 빚진 사람
의 전당물을 돌려 주며, 아무것도
강제로 빼앗지 않으며, 굶주린 사람
에게 먹을 것을 주며, 헐벗은 사람에
게 옷을 입혀 주며,

여, 하나님께서 친히 세우실 메시아 왕국에 대해 예언하고 있다. 느부갓네살이 유다의 높은 가지를 취하여 바빌로니아에 이식시켰던 것처럼, 하나님께서도 유다의 높은 가지를 취하여 자신의 산 시온, 곧 하나님의 왕국에 심으실 것이다.

17:22 백향목 '예루살렘'을 가리킨다.

17:24 들의 모든 나무 세상 나라의 왕들과 그 왕실들을 가리킨다.

㉠ 또는 '정예병들'

18장 요약 본장은 유다에 대한 하나님의 심판이 부당하다고 불평한 사람들의 잘못을 논박한 내용이다. 이에 하나님은 아버지가 신 포도를 먹었다고 해서 아들의 이가 시릴 수는 없다며, 속담으로 핑계를 대던 그들의 미련함과 고집스러움을 꾸짖으셨다.

18:1-20 구약에서는 죄에 대한 연대적인 책임도 강조하고 있지만(수 7:1-26), 개인적인 책임에 더

8 돈놀이를 하지 않으며, 이자를 받지
않으며, ㉠흉악한 일에서 손을 떼며,
사람과 사람 사이에서 공정한 판결
을 내리며,
9 나의 모든 율례대로 살아 가며, 나의
모든 규례를 지켜서 진실하게 행동
하면, 그는 의로운 사람이니, 반드시
살 것이다. 나 주 하나님의 말이다.
10 ○그런데 그가 아들을 하나 낳았다
고 하자. 그 아들이 이 모든 선은 하
나도 행하지 않고, 이들 악 가운데서
하나를 범하여 폭력을 휘두르거나,
사람을 죽여 피를 흘리게 하거나,
11 아버지와는 반대로 산 위에서 우상
에게 바친 제물을 먹거나, 이웃의 아
내를 범하거나,
12 가난하고 어려운 사람을 학대하거
나, 강제로 빼앗거나, 전당물을 돌려
주지 않거나, 온갖 우상들에게 눈을
팔거나, 역겨운 일을 하거나,
13 돈놀이를 하거나, 이자를 받거나 하
면, 그가 살 수 있겠느냐? 그는 절대
로 살지 못할 것이니, 이 모든 역겨
운 일을 하였으므로, 죽을 수밖에
없다. 자기의 피가 자기에게로 돌아
갈 것이다.
14 ○그런데 이 의롭지 못한 그가 아들
을 하나 낳았다고 하자. 그 아들이 자
기 아버지가 지은 모든 죄를 보고 두
려워하여서, 그대로 따라 하지 않고,
15 산 위에서 우상에게 바친 제물을 먹
지도 않으며, 이스라엘 족속의 우상
들에게 눈을 팔지도 않으며, 이웃의
아내를 범하지도 않으며,
16 아무도 학대하지 않으며, 전당물을
잡아 두지도 않으며, 강제로 빼앗지
도 않고, 굶주린 사람에게 먹을 것을
주며, 벗은 사람에게 옷을 입혀 주
며,
17 ㉠흉악한 일에서 손을 떼고, 가난한
자를 압제하지 않으며, 돈놀이를 하
지 않으며, 이자를 받지 않으며, 나
의 규례를 실천하고, 나의 율례대로
살아가면, 이 사람은 자기 아버지의
죄악 때문에 죽지 않고, 반드시 살
것이다.
18 그렇지만 그의 아버지는 심히 난폭
하여 동족을 학대하고, 친척의 것을
강제로 빼앗고, 자기 민족 가운데서
좋지 않은 일을 하였으므로, 그는
자신의 죄악 때문에 죽을 것이다.
19 ○그런데 너희는, 왜 그 아들이 아버
지의 죄에 대한 벌을 받지 않느냐고
묻는다. 그러나 그 아들은 법과 의
를 실천하며, 나의 율례를 다 지키고
그것들을 실천하였으므로, 그는 반
드시 살 것이다.
20 죄를 지은 영혼 바로 그 사람이 죽
을 것이며, 아들은 아버지의 죄에 대
한 벌을 받지 않을 것이며, 아버지가

욱 강조점을 두고 있다. 바빌로니아에 포로로 잡혀 온 유다 백성들은 자기들이 당하는 고통을 조상들의 죄 때문에 생겨난 것으로 이해하였다. 에스겔은 이런 잘못된 생각에 대하여, 각자의 죄에 대해서는 스스로 책임을 져야 한다고 말하고 있다. 이 원칙은 성경 전체가 주장하고 있는 것이다. 모든 사람은 죄인이며, 그들은 조상들의 죄로 인하여 야기된 좋지 못한 환경을 감수하면서 살아가야 한다. 그러나 포로로 잡혀 온 유다 백성들은 자신들의 죄는 모두 망각하고 조상들이 지은 죄만을 탓하면서, 자신들은 무고한 형벌을 받고 있다고 생각하고 있었다. 여기에서 에스겔은 백성들 각자의 책임에 대해서 논하고 있다. 백성들은 자신들의 종교적 충성심과 부부 사이의 신실함, 가난하고 어려운 사람들을 포함한 다른 사람들에 대한 사랑, 도움을 필요로 하는 사람들에 대한 자비, 공정한 재판, 그리고 하나님의 말씀에 대

㉠ 칠십인역을 따름. 히, '가난한 사람에게서'

아들의 죄에 대한 벌도 받지 않을 것
이다. 의인의 의도 자신에게로 돌아
가고, 악인의 악도 자신에게로 돌아
갈 것이다.
21 ○그러나 악인이라도 자기가 저지른
모든 죄악에서 떠나 돌이켜서, 나의
율례를 다 지키고 법과 의를 실천하
면, 그는 반드시 살고, 죽지 않을 것
이다.
22 그가 지은 모든 죄악을, 내가 다시는
더 기억하지 않을 것이다. 그는 자신
이 지킨 의 때문에 살 것이다.
23 나 주 하나님의 말이다. 악인이 죽는
것을, 내가 조금이라도 기뻐하겠느
냐? 오히려 악인이 자신의 모든 길
에서 돌이켜서 사는 것을, 내가 참으
로 기뻐하지 않겠느냐?
24 ○그러나 의인이 자신의 의를 버리
고 돌아서서 죄를 범하고, 악인이 저
지르는 모든 역겨운 일을 똑같이 하
면, 그가 살 수가 있겠느냐? 그가 지
킨 모든 의는 전혀 기억되지 않을 것
이다. 그는 자신의 불성실과 자신이
지은 죄 때문에 죽을 것이다.
25 ○그런데 너희는, 내가 일을 처리하는
방법이 공평하지 못하다는 말을 하
는구나. 이스라엘 족속아, 너희는 잘
들어라. 내가 일하는 방법이 어찌 공
평하지 않으냐? 너희가 하는 행실이
오히려 공평하지 않은 것이 아니냐?
26 의인이 자신의 의를 버리고 돌아서
서, 죄를 짓다가, 그것 때문에 죽는
다면, 그는 자신이 지은 죄 때문에
죽는 것이다.
27 그러나 악인이라도, 자신이 저지른
죄에서 떠나 돌이켜서, 법대로 살며,
의를 행하면, 자기의 목숨을 보전할
것이다.
28 그가 스스로 깨닫고, 자신이 지은
모든 죄에서 떠나 돌이켰으니, 그는
반드시 살 것이요, 죽지 않을 것이
다.
29 ○그런데도 이스라엘 족속은, 내가
일하는 방법이 공평하지 않다는 말
을 하는구나. 이스라엘 족속아, 내
가 일하는 방법이 어찌 공평하지 않
으냐? 너희가 하는 행실이 오히려
공평하지 않은 것이 아니냐?
30 ○나 주 하나님의 말이다. 그러므로
이스라엘 족속아, 나는 너희 각 사
람이 한 일에 따라서 너희를 심판하
겠다. 너희는 회개하고, 너희의 모든
범죄에서 떠나 돌이켜라. 그렇게 하
면, 죄가 장애물이 되어 너희를 넘어
뜨리는 일이 없을 것이다.
31 너희는, 너희가 지은 죄를 모두 너희
자신에게서 떨쳐내 버리고, 마음과
영을 새롭게 하여라. 이스라엘 족속
아, 너희가 왜 죽고자 하느냐?
32 죽을 죄를 지은 사람이라도, 그가

한 순종에 초점을 맞추어야 한다.

18:18 난폭 권리와 권위를 남용하여 계급이 낮은 사람들을 짓밟고 학대하는 것을 가리킨다. 이것은 '강제로 빼앗는 것'과 함께 하나님께서 엄중히 금지하셨다(참조. 레 19:13;신 24:14).

18:21-32 삶과 죽음은 누구에게나 있는 두 가지의 길이다. 하나님은 인간이 살기를 원하시며, 죄 때문에 죽기를 원하지 않으신다. 회개는 생명으로 나아가는 길이다. 새 마음과 새 심령을 얻는 길은 각자가 죄에서 돌아서서 하나님께로 나아가는 것이다. 구원의 교리는, 인간이 현재의 회개를 통하여 과거로부터 자유로워질 수 있다고 가르치고 있다.

18:31 마음과 영을 새롭게 하여라 사실상 이것은 인간 스스로의 힘으로는 불가능하다. 오직 하나님만이 하실 수 있는 것이다(11:19). 하지만 하나님이 원하시는 것은 인간이 하나님을 향해 돌아서는 것, 곧 진정한 회개이다(32절).

죽는 것을 나는 절대로 기뻐하지 않
는다. 그러므로 너희는 회개하고 살
아라. 나 주 하나님의 말이다."

애가

19 "너는 이스라엘의 지도자들에
게 불러 줄 애가를 지어라.
2 너는 이렇게 불러라.
'너의 어머니는 누구였느냐? 사자
들 가운데 엎드려 있으면서, 젊은
사자들 틈에서 제 새끼들을 기르
던 암사자였다.
3 그 새끼들 가운데서 하나를 키웠
더니, 젊은 사자가 되었다. 그가
사냥하는 것을 배워, 사람을 잡아
먹으니,
4 이방 민족들이 이 소식을 듣고,
함정을 파서 그를 잡아 갈고리로
꿰서, 이집트 땅으로 끌어 갔다.
5 암사자는 새끼를 기다리다가 희망
이 끊어진 것을 깨닫고, 제 새끼들
가운데서 다른 것을 하나 골라,
젊은 사자로 키웠더니,
6 그가 사자들 가운데서 어울리며,
젊은 사자가 되었다. 그가 사냥하
는 것을 배워, 사람을 잡아 먹으
며
7 그들의 거처를 모두 ㉠파괴하니,
성읍들이 황량해지고 그의 으르
렁대는 소리에 땅과 그 안에 가득
찬 것이 황폐해졌다.
8 그러자 이방 민족들이 그를 치려
고 사방 여러 지역에서 와서, 그의
위에 그물을 치고 함정을 파서 잡
아
9 갈고리로 그의 코를 꿰어 철창에
넣어서, 바빌로니아 왕에게로 데
리고 갔다. 그들은 그의 으르렁대
는 소리가 다시는 이스라엘의 모
든 산에 들리지 않게, 그를 감옥
에 가두었다.
10 네 어머니는 ㉡네 포도원 안에
있는 물가에 심은 포도나무 같아
서, 물이 많으므로 열매가 많고
가지가 무성하며,
11 그 가지 가운데 가장 센 가지가
통치자의 통치 지팡이가 되었다.
그 하나가 굵고 큰 가지들보다 더
높이 솟았고 많은 가지 가운데서
우뚝 솟았으나
12 그 포도나무가 분노 가운데 뽑혀
서 땅바닥에 던져지니, 그 열매가
동풍에 마르고, 그 튼튼한 가지들
은 꺾이고 말라서, 불에 타 버렸
다.
13 이제는 그 나무가 광야에, 가물고
메마른 땅에 심겨 있다.
14 그 가운데 ㉢큰 가지에서 불이 솟
아 나와 그 가지와 열매를 태워 버
리니, 통치자들의 통치 지팡이가
될 만한 튼튼한 가지가 하나도 남

19장 요약 17장의 비유에 이은 사자와 포도나무 비유이다. 사자 비유는 유다의 두 왕, 여호아하스와 여호야긴의 비극적 종말을, 포도나무 비유는 유다의 마지막 왕인 시드기야의 멸망을 경고한 것이다.

㉠ 타르굼과 칠십인역을 따름. 히, '그가 알았다' ㉡ 두 개의 히브리어 사본을 따름. 히, '네 핏줄 안에 있는' ㉢ 또는 '그 큰 가지 밑에서'

19:2–3 암사자 신정 국가인 이스라엘을 말한다.
19:9 B.C. 597년에 여호야긴 왕이 바빌로니아에 포로로 끌려갔던 사건이다(참조. 왕하 24:12).
19:10–14 물가에 심은 포도나무가 부러지고 시들어 버렸다는 비유이다. 이스라엘 백성들은 지금 그토록 많은 어려움과 슬픔을 겪고 있음에도, 과거와 똑같이 방종하면서 악행을 일삼고 있다. 에스겔은 비유를 통해 그들의 양심을 날카롭게 찔러 본인들의 처지를 알도록 촉구한다.

지 않았다.'"
○이것은 애가인데, 사람들이 부
르고 또 불렀다.

하나님의 뜻, 사람의 반역

20 제 칠년 다섯째 달 십일에 이스
라엘의 장로들 가운데서 몇 사
람이, 주님의 뜻을 물으려고 나에게
와서, 내 앞에 앉았다.
2 그 때에 주님께서 나에게 말씀하셨
다.
3 "사람아, 너는 이스라엘의 장로들에
게 이야기하고, 그들에게 전하여라.
'나 주 하나님이 말한다. 너희가 나
의 뜻을 물으려고 와 있느냐? 내가
나의 삶을 두고 맹세한다. 나는 너희
가 묻는 것을 허락하지 않겠다. 나
주 하나님의 말이다' 하고 말하여라.
4 ○너 사람아, 오히려 네가 그들을 심
판해야 하지 않겠느냐? 사람아, 네
가 그들을 심판해야 하지 않겠느냐?
그들의 조상이 저지른 역겨운 일을
그들에게 알려 주어라.
5 너는 '주 하나님께서 이렇게 말씀하
신다' 하고 그들에게 일러주어라. 내
가 옛날에 이스라엘을 선택하고, 야
곱 집의 자손에게 손을 들어 맹세하
고, 이집트 땅에서 나 자신을 그들에
게 알려 주고, 그들에게 손을 들고
맹세할 때에 내가 그들의 주 하나님
이라고 일러주었다.
6 그 날에 나는 그들에게 손을 들어
맹세하기를, 그들을 이집트 땅에서
이끌어 내서, 내가 이미 그들에게 주
려고 골라 두었던 땅, 곧 젖과 꿀이
흐르는 땅이요, 모든 땅 가운데서
가장 아름다운 땅으로 인도하겠다
고 하였다.
7 ○내가 또 그들에게 일러주었다. 각
자 눈을 팔게 하는 우상들을 내던지
고, 이집트의 우상들로 그들 자신을
더럽히지 말라고 하였다. 나는 주 그
들의 하나님이라고 말하였는데도
8 그들은 나에게 반역하고, 나의 말을
들으려고 하지 않았다. 어느 누구도
그들을 현혹시키는 우상들을 내던
지지 않았고, 이집트의 우상들도 버
리지 않았다. 그래서 나는 이집트 땅
의 한복판에서 그들 위에 나의 진노
를 쏟아 부어, 그들에게 나의 분노를
풀겠다고 말하였다.
9 그러나 나는 나의 이름 때문에, 이방
민족의 한가운데 살던 이스라엘이,
그 모든 이방 민족이 보는 앞에서 나
의 이름을 더럽히지 않게 하였으니,
바로 그 여러 민족이 보는 앞에서,
내가 그들을 이집트 땅에서 이끌어
냄으로써, 나 자신을 그들에게 알려
주었었다.
10 ○그래서 나는 그들을 이집트 땅에서
이끌어 내서, 광야로 데리고 나갔다.

20장 요약 20-24장은 이스라엘 민족의 죄악을 지적하는 가운데 그들에게 임할 하나님의 심판에 대한 최종적인 선포이다. 본장은 이집트를 탈출하여 예루살렘 멸망 직전까지의 이스라엘 민족의 역사를 회고함으로 유다의 멸망이 필연적임을 밝히는 부분이다. 이스라엘은 끝까지 불순종함으로 멸망을 자초했다.

20:1-17 하나님께서는 특별하신 사랑으로 이스라엘을 선택하셔서 그들과 언약을 맺으셨다(출 3:6-15). 그리고 그 언약은 이스라엘 편에서의 순종과 의무를 통하여 수행된다. 그러나 백성들은 하나님의 언약과 계명을 멸시하고, 거짓 우상에게서 떠나려 하지 않았다. 따라서 그러한 백성들은 당연히 멸망당해야 했지만 하나님께서는 자신의 이름 때문에 그들을 보존해 나가셨다. 사실 이스라엘의 선택을 인간의 언어로 설명하기는 힘들다. 선택이란 하나님께서 자신에게 헌신하는 참 백성을 창조

11 나는 그들에게, 누구나 그대로 실천
하면 살 수 있는 율례를 정하여 주
고, 내 규례를 알려 주었다.
12 또 나는 그들에게 안식일도 정하여
주어서, 이것이 나와 그들 사이에 표
징이 되어, 내가 그들을 거룩하게 하
는 주인 줄 알게 하였다.
13 그러나 이스라엘 족속이 광야에서
나에게 반역하였다. 누구나 그대로
실천하면 살 수 있는 내 율례를 그
들은 지키지 않았고, 내 규례를 배척
하였다. 그들은 내 안식일도 크게 더
럽혔다. 그래서 내가 이르기를, 광야
에서 그들의 머리 위에 내 진노를 쏟
아, 그들을 모두 멸망시키겠다고 하
였다.
14 그러나 나는, 내 이름에 욕이 될까
봐, 그렇게 하지 못하였다. 이방 민족
들이 보는 앞에서 이스라엘을 이끌
어 냈는데, 바로 그 이방 사람들의
눈 앞에서, 내 이름을 더럽히고 싶지
않았다.
15 또 나는 광야에서 그들에게 손을 들
어 맹세하기를, 내가 그들에게 주기
로 한 땅, 젖과 꿀이 흐르는 땅, 모든
땅 가운데서 가장 아름다운 땅으
로, 그들을 데리고 들어가지 않겠다
고 하였다.
16 그것은 그들이 자기들의 마음대로
우상을 따라가서 나의 규례를 업신
여기며, 나의 율례를 지키지 않으며,
나의 안식일을 더럽혔기 때문이다.
17 그런데도 나는 그들을 불쌍하게 여
기어, 그들을 죽이지 않고, 광야에서
그들을 멸하여 아주 없애지 않았다.
18 ○나는 광야에서 그들의 자손에게
말하기를 '너희는, 너희 조상의 율례
를 따르지 말고, 그들의 규례를 지키
지 말며, 그들의 우상으로 너희 자신
을 더럽히지 말아라.
19 나는 주 너희의 하나님이다. 너희는,
나의 율례를 따르고, 나의 규례를 지
켜, 그대로 실천하여라.
20 너희는, 나의 안식일을 거룩하게 지
켜서, 그것이 나와 너희 사이에 맺은
언약의 표징이 되어, 내가 주 너희의
하나님인 줄 알게 하여라' 하였다.
21 ○그런데 그 자손도 나에게 반역하
였다. 누구나 그대로 실천하면 살 수
있는 나의 율례를 따르지 않았고, 나
의 규례를 지키지 않았고, 나의 안식
일을 더럽혔다. 그래서 나는 광야에
서 그들의 머리 위에 나의 진노를 쏟
아 부어, 그들에게 나의 분노를 풀겠
다고 말하였다.
22 그러나 나는 내 이름 때문에, 그렇게
하지 못하였다. 이방 민족들이 보는
앞에서 그들을 이끌어 냈는데, 바로
그 이방 사람들의 눈 앞에서 내 이
름을 더럽히고 싶지 않아서, 내 손을

하셔서, 그에게 복을 주시며, 그분의 이름을 온 세상에 알리게 하시려는 하나님의 계획이다.

20:9 나의 이름 때문에 하나님의 이름은 그분의 인격적인 모든 속성을 나타내 준다. 특히 언약에 신실하시고 영원불변하신 하나님의 사랑의 속성을 계시해 준다(참조. 출 3:14-15). 하나님께서 이 백성들을 선택하신 것과 범죄한 백성들을 끊임없이 용서해 주시며 길이 참으심으로 끝까지 구원으로 인도하신 것은 그 이름으로 맹세하시고 약속하셨기 때문이다. 인간의 구원은 오직 그분의 거룩하신 이름의 능력과 그 이름으로 맹세하신 영원불변한 약속에 기인하기 때문에 절대로 안전한 것이다(참조. 욜 2:32;롬 10:13).

20:18-32 이스라엘의 모든 역사는 하나님을 섬기기보다는, 다른 이방들처럼 되려는 반항의 역사였다. 이집트를 탈출한 세대들과 마찬가지로, 그들의 자손 역시 광야에서 패역한 길을 걸어왔으며, 가나안 땅에 정착한 후에도 악한 길에서 돌

거두었던 것이다.
23 그러면서도 그들을 이방 민족들 가
운데 흩어 놓고, 여러 나라 가운데
헤치겠다고 내가 광야에서 또 한번
손을 들어 맹세한 것은,
24 그들의 눈이 자기 조상의 우상에게
팔려서, 나의 규례대로 살지 않고,
나의 율례를 배척하며, 나의 안식일
을 더럽혔기 때문이다.
25 ○그래서 내가 그들에게, 옳지 않은
율례와, 목숨을 살리지 못하는 규례
를, 지키라고 주었다.
26 나는 그들이 모두 맏아들을 제물로
바치도록 시켰고, 그들이 바치는 그
제물이 그들을 더럽히게 하였다. 내
가 이렇게 한 것은, 그들을 망하게
하여 내가 주인 줄 그들이 알게 하
려는 것이었다.
27 ○그러므로 사람아, 너는 이스라엘
족속에게 말하여라. 그들에게 일러
주어라. '나 주 하나님이 말한다. 너
희 조상은 이런 일을 저질러 나를 배
반함으로써, 나를 모독하였다.
28 내가 일찍이 그들에게 주겠다고 손
을 들어서 맹세한 땅으로 그들을 데
리고 들어왔더니, 그들은 모든 높은
언덕과 잎이 무성한 나무를 보고,
그 곳에서 짐승을 잡아 우상에게 제
물로 바치고, 거기서 나를 분노하게
하는 제물을 바쳤다. 그들은 거기서
우상에게 향기로운 제물을 바치며,
부어 드리는 제물을 바쳤다.
29 그래서 내가, 그들이 찾아 다니는 그
산당이 무엇이냐고 그들에게 꾸짖었
다.' (그런 곳의 이름을 오늘날까지
㉠바마라고 부른다.)
30 ○그러므로 너는 이스라엘 족속에게
전하여라. '나 주 하나님이 말한다.
너희도 너희 조상들의 행실을 따라
너희 자신을 더럽히고, 그들의 역겨
운 우상을 따라 다니며 음행을 하느
냐?
31 또 너희는 온갖 제물을 바치고 너희
아들들을 불 가운데로 지나가게 하
여 제물로 바침으로써, 너희가 오늘
날까지 우상들을 섬김으로써, 너희
자신을 더럽히고 있다. 그런데도 내
가, 너희가 나에게 묻는 것을 허락할
수 있겠느냐? 이스라엘 족속아, 내
가 나의 삶을 두고 맹세한다. 나는
너희가 나에게 묻는 것을 허락하지
않겠다. 나 주 하나님의 말이다.'"

주님께서 이스라엘을 회복하시다

32 ○"너희가 스스로 이르기를 '우리가
이방 사람 곧 여러 나라의 여러 백성
처럼 나무와 돌을 섬기자' 하지만, 너
희 마음에 품고 있는 생각대로는 절
대로 되지 않을 것이다.
33 내가 나의 삶을 두고 맹세한다. 나
주 하나님의 말이다. 내가 반드시 능

아설 줄 몰랐다. 이처럼 이스라엘의 역사는 항상 하나님의 심판 아래 있는 죄악의 역사가 되어 버렸다. 반면 하나님의 모든 역사는 세계의 모든 나라 사이에서 이스라엘을 통한 구원 사역과, 또한 하나님의 거룩한 이름을 드러내시는 역사였다.

20:33-39 하나님은 백성들을 데리고 나오셔서 새로운 역사를 전개시킬 계획을 세우셨다(38절). 하나님은 이 새로운 역사를 통해, 자신과 백성들 사이의 언약을 새롭게 하시기를 원하시는 것이다. 그러나 포로로 잡혀 온 공동체에서 패역과 우상이 완전히 제거된 후에야 새로운 믿음의 공동체가 탄생될 것이다. 그때에는 하나님의 거룩하신 목적이 세워질 것이며, 백성들은 신실한 믿음으로 하나님을 알고 섬기게 될 것이다.

20:35 하나님께서 이스라엘을 이집트에서 인도하여 내신 후, 시내 광야에 이르러 그들과 대면하시고 모세를 통해 말씀하셨던 역사적 사실을 상

㉠ '높은 곳'

한 손과 편 팔로 분노를 쏟아, 너희
를 다스리겠다.
34 내가 능한 손과 편 팔로 분노를 쏟
아, 너희를 여러 나라에서 데리고 나
오며, 너희가 흩어져 살고 있는 여러
나라에서 너희를 모아 오겠고,
35 내가 너희를 인도하여 '민족의 광야'
로 데리고 나가서, 거기에서 너희와
대면하여 너희를 심판하겠다.
36 내가 이집트 땅 광야에서 너희 조상
을 심판한 것과 똑같이, 너희를 심판
하겠다. 나 주 하나님의 말이다.
37 ○내가 너희를 목자의 지팡이 밑으
로 지나가게 하여, 너희의 숫자를 세
며, 언약의 띠로 맬 것이다.
38 나는 너희 가운데서 나에게 반역하
고 범죄한 사람들을 없애 버리겠다.
그들이 지금 거주하는 땅에서, 내가
그들을 데리고 나오기는 하겠으나,
그들이 이스라엘 땅으로 들어가지는
못할 것이다. 그 때에야 비로소 너희
는, 내가 주인 줄 알게 될 것이다.
39 ○나 주 하나님이 말한다. 너희 이스
라엘 족속아, 너희는, 각자 너희의
우상들을 섬길테면 섬겨라. 너희가
지금은 내 말을 듣지 않으나, 이 다
음에 다시는, 너희의 온갖 예물과 우
상숭배로 나의 거룩한 이름을 더럽
히지 않을 것이다.
40 나 주 하나님의 말이다. 나의 거룩한
산, 이스라엘의 그 높은 곳에서, 이
스라엘 온 족속이, 그 땅에 사는 모
든 사람들이, 나를 섬길 것이다. 거
기에서 내가 그들을 기쁘게 맞아들
이며, 거기에서 내가 너희의 제물과
㉠가장 좋은 예물을 온갖 거룩한 제
물과 함께 요구할 것이다.
41 내가 여러 민족 속에서 너희를 데리
고 나오며, 너희가 흩어져 살던 그
모든 나라에서 너희를 모아 올 때에,
나는 아름다운 향기로 너희를 기쁘
게 맞이하겠다. 이방 사람들이 보는
앞에서, 너희를 통하여 나의 거룩함
을 드러낼 것이다.
42 내가 이렇게 너희를 이스라엘 땅으
로, 곧 내가 너희 조상에게 주겠다고
손을 들어 맹세한 땅으로 데리고 들
어가면, 그 때에야 비로소 너희는,
내가 주인 줄 알게 될 것이다.
43 거기에서 너희가 자신을 더럽히며
살아온 길과 모든 행실을 기억하고,
너희가 저질렀던 그 온갖 악행 때문
에 너희가 스스로를 미워하게 될 것
이다.
44 이스라엘 족속아, 내가 이렇게 너희
의 악한 길과 타락한 행실에 따라,
그대로 너희에게 갚았어야 했지만,
내 이름에 욕이 될까봐 그렇게 하지
못하였으니, 그 때에야 비로소 너희
는, 내가 주인 줄 알게 될 것이다. 나

기시켜 준다(출 20:18-22;신 5:4-5).

20:40-44 에스겔은 백성들의 죄악을 열거해 왔다. 그러나 이제 여기서는 새로운 차원의 성결된 *역사를 제시해* 주고 있다. 이 역사는 아직 도래하지는 않았지만, 사악한 자들이 제거되고, 진심으로 회개한 자들이 돌아오는 때가 될 것이다. 그리고 이 회개한 자들은 과거를 청산하고 은혜로우신 하나님만을 섬기게 될 것이다. 이렇게 될 때, 하나님의 공의로우심과 거룩하심은 더욱더 명백히 드러나게 되는 것이다.

20:45-49 에스겔 예언자는 백성들이 하나님의 메시지를 듣고 회개할 수 있도록 노력해 왔다. 그는 하나님께 명령을 받고 불타는 숲의 비유로 예언한다. 그러나 백성들의 마음이 하나님을 향해 열려 있지 않기 때문에 그 비유를 깨닫지 못했다.

20:47 활활 치솟는 그 불꽃 예루살렘을 파괴시키는 바빌로니아와의 전쟁을 말한다.

㉠ 또는 '너희의 첫 열매의 예물을'

주 하나님의 말이다."

불타는 숲의 비유

45 ○주님께서 나에게 말씀하셨다.
46 ○"사람아, 너는 얼굴을 남쪽으로 돌
려라. 남쪽을 규탄하여 외치고, 남쪽
네겝의 숲을 규탄하여 예언하여라.
47 너는 네겝의 숲에게 말하여라. '너는
주의 말을 들어라. 나 주 하나님이
말한다. 내가 숲 속에 불을 지르겠
다. 그 불은 숲 속에 있는 모든 푸른
나무와 모든 마른 나무를 태울 것이
다. 활활 치솟는 그 불꽃이 꺼지지
않아서, 남쪽에서 북쪽까지 모든 사
람의 얼굴이 그 불에 그을릴 것이다.
48 그 때에야 비로소 육체를 지닌 모든
사람이, 나 주가 그 불을 질렀다는
것을 알게 될 것이다. 그 불은 절대
로 꺼지지 않을 것이다.'"
49 ○내가 아뢰었다. "주 하나님, 그들은
저를 가리켜 말하기를 '모호한 비유
나 들어서 말하는 사람'이라고 합니
다."

주님의 칼

21 주님께서 나에게 말씀하셨다.
2 ○"사람아, 너는 얼굴을 예루
살렘 쪽으로 돌리고, 그 곳의 성전
을 규탄하여 외치고, 이스라엘 땅을
규탄하여 예언하여라.
3 너는 이스라엘 땅에 전하여라. '나
주가 말한다. 내가 너를 대적한다.
칼집에서 칼을 뽑아, 너희 가운데 있
는 의인과 악인을 다 쳐죽이겠다.
4 내가 너희 가운데서 의인과 악인을
다 쳐죽일 것이므로, 칼을 칼집에서
빼어서, 무릇 육체를 가진 모든 사람
을 남쪽에서 북쪽에까지 칠 것이니,
5 그 때에야 비로소, 육체를 지닌 모든
사람이 내가 칼집에서 칼을 빼어 든
줄을 알 것이다. 그 칼은 절대로 칼
집에 다시 꽂히지 않을 것이다.'
6 ○너 사람아, 탄식하여라. 그들이 보
는 앞에서 허리가 끊어지는 듯이 괴
로워하면서, 슬피 탄식하여라.
7 사람들이 무엇 때문에 탄식하느냐
고 물으면, 너는 그들에게 '재앙이 다
가온다는 소문 때문이다. 사람마다
간담이 녹으며, 두 손에 맥이 빠지
며, 모두들 넋을 잃으며, 모든 무릎
이 떨 것이다. 재앙이 닥쳐 오고 있
다. 반드시 이룰 것이다. 나 주 하나
님의 말이다' 하고 말하여라."
8 ○주님께서 나에게 말씀하셨다.
9 ○"사람아, 예언을 전하여라. '나 주
가 말한다.

칼이다! 칼에 날이 섰다. 칼이
번쩍거린다.
10 사정없이 죽이려고 칼에 날을 세
웠으며, 번개처럼 휘두르려고 칼
에 광을 냈다. 내 백성이 모든 경
고와 심판을 무시하였으니, 어찌

21장 요약 본장은 유다의 멸망과 시드기야 왕의 비참한 최후를 비유적인 표현을 통해 선포하고 있다. 본문 후반부에는 바빌로니아가 유다를 침략할 때에 암몬도 아울러 멸망당할 것이 예언되어 있다.

21:1-7 이스라엘 백성은 예루살렘에 성전이 있다는 사실을 큰 자랑거리로 생각했다. 그럼에도 불구하고 그들은 성소를 더럽혔으며 예언자들의 예언을 멸시하였다. 그래서 하나님은 이러한 이스라엘을 대적하신 것이다. 확실한 하나님의 심판을 피할 수 있는 자는 아무도 없다.

21:8-23 칼은 21장 전체의 주제가 된다. 그런데 이 칼은 심판이라기보다는 심판의 도구로서 사용되고 있다. 살육자 곧 바빌로니아 왕은 유다뿐만 아니라 암몬도 공격할 것이다. 먼저 이스라엘이 멸망할 것이며, 다음에는 이스라엘의 원수인 암몬도 역시 함락될 것이다. 이와 같은 사실로 미루

기쁨이 있을 수 있겠는가?
11 그 사람의 손에 쥐어 주려고 칼에
광을 내었다. 살육자의 손에 넘겨
주려고 그렇게 시퍼렇게 날을 세
우고 광을 냈다.
12 사람아, 너는 부르짖으며 통곡하
여라. 그 칼이 내 백성을 치고, 이
스라엘의 모든 지도자를 칠 것이
다. 지도자들과 나의 백성이 함께
칼에 찔려 죽을 것이다. 그러므로
너는 가슴을 치며 통곡하여라.
13 내가 내 백성을 시험하겠다. 내 백
성이 회개하기를 거절하면, 이 모
든 일들이 그들에게 닥칠 것이다.
나 주 하나님의 말이다.
14 너 사람아, 예언을 전하여라. 손
뼉을 쳐라. 그 칼이 두세 번 휘둘
릴 것이다. 그것은 사람을 죽이는
칼이요, 큰 무리를 학살하는 칼이
다. 사람들 주위를 빙빙 도는 칼
이다.
15 사람들의 간담이 녹고, 많은 사람
이 쓰러져 죽을 것이다. 내가 성문
마다 ㉠살육하는 칼을 세워 놓았
다. 번개처럼 번쩍이는 칼, 사람을
죽이려고 날카롭게 간 칼이다.
16 칼아, 날을 세워 오른쪽을 치며
방향을 잡아 왼쪽을 쳐라. 어느
쪽이든지 너의 날로 쳐라.
17 나도 손뼉을 치겠다. 나의 분노도
풀릴 것이다. 나 주가 말한다.'"

바빌로니아 왕의 칼

18 ○주님께서 나에게 말씀하셨다.
19 ○"너 사람아, 바빌로니아 왕이 칼을
가지고 올 수 있는 두 길을 그려라.
그 두 길은 같은 나라에서 시작되도
록 그려라. 길이 나뉘는 곳에는 안내
판을 세워라.
20 칼이 암몬 자손의 랍바로 갈 수 있
는 길과, 유다의 견고한 성읍인 예루
살렘으로 갈 수 있는 길을 그려라.
21 바빌로니아 왕이 그 두 길이 시작되
는 갈림길에 이르러서는, 어느 길로
가야 할지 알아보려고 점을 칠 것이
다. 화살들을 흔들거나, 드라빔 우상
에게 묻거나, 희생제물의 간을 살펴
보고, 점을 칠 것이다.
22 점괘는 오른쪽에 있는 예루살렘으
로 가서, 성벽을 허무는 쇠망치를 설
치하고, 입을 열어 죽이라는 명령을
내리며, 전투의 함성을 드높이고, 성
문마다 성벽을 허무는 쇠망치를 설
치하고, 흙 언덕을 쌓고, 높은 사다
리를 세우라고 나올 것이다.
23 예루살렘 주민에게는 이것이 헛된
점괘로 보이겠지만, 이 점괘는 예루
살렘 주민에게 자신들의 죄를 상기
시킬 것이며, 예루살렘 주민이 바빌
로니아 왕의 손에 잡혀 갈 것임을 경
고할 것이다.

어 하나님의 백성뿐만 아니라 원수들까지도, 이스라엘의 멸망이 하나님께서 무능하셔서 된 것이 아니라 오히려 하나님의 크신 권능으로 인하여 *된 일임을 깨닫게* 될 것이다. 여기서 암몬은 이방 나라를 대표한다. 암몬에 대한 심판은 이방에 대한 심판 메시지의 서론에 해당한다(25–32장). 이방에 대한 심판의 예언은 하나님만이 이 세상과 우주의 통치자이시요, 역사의 주관자이심을 명백하게 가르쳐 준다.

21:24–27 메시아가 올 때까지 유다의 왕권이 끊겨질 것이라는 예언이다. 이렇게 하여 다윗의 세속 왕권은 바빌로니아 포로 이후 지상에서 영원히 사라져 버리고 말았다.

21:25 극악무도한 이스라엘 왕 시드기야 왕을 말한다.

21:27 다스릴 권리가 있는 그 사람 메시아를 가리킨다.

㉠ 칠십인역을 따름. 히브리어 본문의 뜻이 불확실함

24 그러므로 나 주 하나님이 말한다.
○너희의 죄가 폭로되었다. 너희가
얼마나 범죄하였는지, 이제 모두 알
고 있다. 너희의 행실에서 너희의 온
갖 죄가 드러났으니, 너는 벌을 면할
수 없다. 나는 너를 너의 적의 손에
넘겨 주겠다.
25 너, 극악무도한 이스라엘 왕아, 네
가 최후의 형벌을 받을 그 날이
왔고, 그 시각이 되었다.
26 나 주 하나님이 말한다. 왕관을
벗기고, 면류관을 제거하여라. 이
대로 있어서는 안 될 것이다. 낮은
사람은 높이고, 높은 사람은 낮추
어라!
27 내가 무너뜨리고, 무너뜨리고, 또
무너뜨릴 것이다. 그러나 이런 일
도 다시는 있지 않을 것이다. 다스
릴 권리가 있는 그 사람이 오면,
나는 그것을 그에게 넘겨 주겠다."

암몬을 치는 칼

28 ○"너 사람아, 나 주 하나님이 암몬
자손과 그들이 받을 질책을 말하니,
너는 이 예언을 전하여라. 이것을 너
는 암몬 자손에게 전하여라.
'칼이다. 칼이 뽑혔다. 무찔러 죽
이려고 뽑혔다. 다 없애 버리고, 번
개처럼 휘두르려고 광을 냈다.
29 점쟁이들이 너에게 보여 주는 점
괘는 헛된 것이요, 너에게 전하여
주는 예언도 거짓말이다. 네가 죄
를 지었으니, 네가 악하니, 그 날
이 온다. 최후의 심판을 받을 날
이 온다. 칼이 네 목 위에 떨어질
것이다.
30 칼은 다시 칼집으로 돌아가거
라. 암몬 자손아, 네가 지음을 받
은 곳, 네가 자라난 곳에서 내가
너를 심판하겠다.
31 나의 분노를 너에게 쏟아 붓고, 타
오르는 진노의 불길을 너에게 내
뿜고, 사람 죽이는 데 능숙한 짐
승 같은 사람들의 손에 너를 넘겨
주겠다.
32 너는 불의 땔감이 될 것이며, 너는
네 나라의 한복판에 피를 쏟을 것
이다. 너는 더 이상 기억에 남지
않을 것이다. 나 주가 말한다.'"

피의 도성 예루살렘

22 주님께서 나에게 말씀하셨다.
2 ○"너 사람아, 심판할 준비
가 되었느냐? 저 피 흘린 ㉠성읍을
심판할 준비가 되었느냐? 너는 먼
저, 그 성읍 사람들이 저지른 모든
역겨운 일을, 그들이 깨닫게 하여라.
3 그들에게 전하여라. '나 주 하나님이
말한다. 많은 백성을 죽이고 우상들
을 만들어 스스로를 더럽힌 성읍아,
㉠네가 심판 받을 때가 다가온다.
4 너는 살인죄를 저질렀고, 우상을 만

21:28-32 하나님의 언약의 나라 이스라엘의 원수인 암몬은 흔적도 없고, 회복에 대한 소망도 전혀 없이 철저하게 망할 것이다. 그러나 하나님의 언약이 있는 유다에게는 회복의 소망이 있다.

21:30 칼은 다시 칼집으로 돌아가거라 암몬 족속의 칼을 가리킨다. 즉 바빌로니아를 대적할 생각을 말라는 것이다. 왜냐하면 멸망받게 되어 있기 때문에 그들의 저항은 아무 소용이 없다.

㉠ 예루살렘을 일컬음

22장 요약 유다가 하나님의 진노의 심판을 당한 것은 유다 백성들의 우상 숭배와 도덕적 타락 때문이다. 이러한 유다가 용광로 속에 든 찌꺼기로 비유된 것은 범죄하고도 도무지 돌이킬 줄 모르는 그들이 하나님께 있어 아무 쓸모없는 자들임을 의미한다.

22:1-5 예루살렘의 가장 가증한 죄는 무자비한 살인과 우상 숭배였다. 곧 사회적 불법과 도덕적

들어 숭배하였으므로, 너 자신을 더
럽혔다. 그러므로 네가 심판받을 날
이 다가온다. 너의 때가 다 되었다.
내가 너를, 이방 사람들의 치욕거리
가 되게 하고 모든 나라의 조롱거리
가 되게 한 까닭도, 바로 여기에 있
다.
5 이미 이름을 더럽히고, 소란스러운
일로 가득 찬 성읍아, 너에게 가까이
있는 사람들이나, 너에게서 멀리 떨
어져 있는 사람들이나, 그들이 모두
너를 조롱할 것이다.
6 ○이스라엘의 지도자들은 제각기
자신의 권력을 믿고, 네 안에서 살인
을 서슴지 않았다.
7 성읍아, 네 안에서 살고 있는 그들이
아버지와 어머니를 업신여기며, 네
한복판에서 나그네를 학대하고, 네
안에서 고아와 과부를 구박하였다.
8 너는 내 거룩한 물건들을 업신여겼
으며 내 안식일을 더럽혔다.
9 ○네 안에는 살인을 하려고 남을 헐
뜯는 사람들이 있으며, 네 안에는
산에서 우상의 제물을 먹는 사람들
이 있으며, 네 한복판에서 음행을
하는 사람들이 있다.
10 네 안에는 아버지의 아내인 계모와
관계하는 자식이 있고, 네 안에는
월경을 하고 있는 부정한 여자와 관
계하는 남편이 있다.
11 또 이웃 사람의 아내와 더러운 죄를
짓는 남자가 있으며, 음행으로 자기
의 며느리를 욕보이는 시아버지가
있으며, 아버지의 딸인 자기 누이를
욕보이는 아들도 네 안에 있다.
12 돈을 받고 살인을 하는 자도 있고,
고리대금업을 하는 자, 모든 이웃을
억압하고 착취하는 자도, 네 안에
있다. 그러면서도 너는 나를 잊고 있
다. 나 주 하나님의 말이다.
13 ○네가 착취한 불의한 이익과 네 한
복판에서 벌어진 살인 때문에, 내가
분노하여 두 주먹을 불끈 쥐고 벼르
고 있다.
14 내가 너를 해치우는 날에, 너의 심장
이 배겨 나겠느냐? 네 두 손에 계속
힘이 있겠느냐? 나 주가 말하였으
니, 내가 반드시 이루겠다.
15 내가 너의 주민을 이방 사람들 속에
흩으며, 여러 나라로 흩뿌려서, 네게
서 더러운 것을 소멸시키겠다.
16 너는 이방 사람들이 보는 앞에서 스
스로 수치를 당할 것이다. 그 때에야
비로소 너는, 내가 주인 줄 알게 될
것이다.'"

용광로에 들어간 이스라엘

17 ○주님께서 나에게 말씀하셨다.
18 ○"사람아, 이스라엘 족속이 내게는
쓸모도 없는 쇠찌꺼기이다. 그들은
모두가 은을 정련하고, 용광로 속에

인 죄와 종교적인 죄로, 모든 타락의 원인이 되는 영적 무지의 죄를 가리킨다.

22:6-12 본절에 나오는 구체적인 모든 죄악은 하나님께서 모세를 통해 주셨던 도덕법, 시민법, 제사법 등의 모든 율례를 더럽힌 죄악들로, 결국 하나님의 거룩하심을 욕되게 한 신성 모독의 죄악들이다.

22:13-22 하나님께서는 유다를 여러 나라에 흩어버림으로 그들의 죄악을 보응하시고, 부정하고 불결한 것들을 제거하셔서 이스라엘을 다시 정결하게 하실 것이다.

22:17-22 본절은 예루살렘이 바빌로니아 군대에 의해 포위되어 극심한 고통을 당할 것을 예언하고 있다. 용광로의 풀무질은 의인을 악인으로부터 분리시켜 정결하게 하시는 하나님의 연단 방법을 상징한다(비교. 약 1:2-4,12;벧전 4:12-13). 이스라엘은 거룩한 백성이 아니라 쇠찌꺼기가 되어 버렸다. 금속을 용광로에 넣어 풀무질하여 녹이

남아 있는 구리와 주석과 쇠와 납의
찌꺼기이다.
19 그러므로 나 주 하나님이 말한다. 너
희가 모두 쇠찌꺼기가 되어 버렸기
때문에, 바로 그렇기 때문에, 내가 너
희를 예루살렘의 한가운데 모으고,
20 사람이 은과 구리와 쇠와 납과 주석
을 모두 용광로에 집어 넣고 거기에
풀무질을 하듯이, 나도 내 분노와
노여움으로 너희를 모두 모아다가,
용광로에 집어 넣고 녹여 버리겠다.
21 내가 너희를 모아 놓고, 내 격노의
불을 너희에게 뿜어 대면, 너희가 그
속에서 녹을 것이다.
22 은이 용광로 속에서 녹듯이, 너희도
그 속에서 녹을 것이다. 그 때에야
비로소 너희는, 나 주가 너희에게 분
노를 쏟아 부은 줄 알 것이다."

이스라엘 지도층의 죄

23 ○주님께서 나에게 말씀하셨다.
24 ○"사람아, 너는 유다 땅에 이렇게
말하여라. '유다 땅아, 너는 진노의
날에 더러움을 벗지 못한 땅이요, 비
를 얻지 못한 땅이다.
25 그 가운데 있는 ㉠예언자들은 음모
를 꾸미며, 마치 먹이를 뜯는 사자처
럼 으르렁댄다. 그들이 생명을 죽이
며, 재산과 보화를 탈취하며, 그 안
에 과부들이 많아지게 하였다.
26 이 땅의 제사장들은 나의 율법을 위
반하고, 나의 거룩한 물건들을 더럽
혔다. 그들은 거룩한 것과 속된 것을
구별하지 않으며, 부정한 것과 정한
것을 구별하도록 깨우쳐 주지도 않
으며, 나의 안식일에 대하여서는 아
주 눈을 감아 버렸으므로, 나는 그
들 가운데서 모독을 당하였다.
27 그 가운데 있는 지도자들도 먹이를
뜯는 이리 떼와 같아서, 불의한 이득
을 얻으려고 사람을 죽이고, 생명을
파멸시켰다.
28 그런데도 그 땅의 예언자들은 그들
의 죄악을 회칠하여 덮어 주며, 속임
수로 환상을 보았다고 하며, 그들에
게 거짓으로 점을 쳐 주며, 내가 말
하지 않았는데도 나 주 하나님이 한
말이라고 하면서 전한다.
29 이 땅의 백성은, 폭력을 휘두르고 강
탈을 일삼는다. 그들은 가난하고 못
사는 사람들을 압제하며 나그네를
부당하게 학대하였다.
30 나는 그들 가운데서 한 사람이라도
이 땅을 지키려고 성벽을 쌓고, 무너
진 성벽의 틈에 서서, 내가 이 땅을
멸망시키지 못하게 막는 사람이 있
는가 찾아 보았으나, 나는 찾지 못하
였다.
31 그래서 나는 그들에게 내 분노를 쏟
아 부었고, 내 격노의 불길로 그들을
멸절시켰다. 나는 그들의 행실을 따

듯, 이스라엘은 고난을 통해 정결해질 것이다.

22:23-31 본절은 예언자들과 제사장들, 그리고 정치 지도자들과 백성들의 타락한 모습을 보여 준다. 예언자들은 거짓 평강을 전하여 백성들을 기만하였고, 탐욕으로 가득 차서 성직을 자신들의 사욕을 채우는 도구로 전락시켜 버렸다. 그리고 제사장들은 스스로 범죄하여 하나님을 모독하였을 뿐만 아니라, 백성들까지 거룩한 것과 속된 것을 구별할 수 없을 정도로 타락하게 만들었다. 유다의 지도자들 역시 부패의 극치에 도달했었다. 그들은 부정과 불의로 백성들의 피를 팔아 부당한 이익을 취하였고, 이를 위해서는 무고한 생명을 빼앗는 것도 서슴지 않았다. 한편, 정신적으로나 영적으로 의지할 곳을 잃고 감화를 받지 못하게 된 백성들은 육신의 탐욕과 정욕대로 살게 되었고, 자기들의 욕심을 채우기 위하여 지도자들처럼 수단과 방법을 가리지 않았다.

㉠ 칠십인역에는 '제사장들'

라 그들의 머리 위에 갚아 주었다.
나 주 하나님의 말이다.'"

사마리아와 예루살렘의 죄

23 주님께서 나에게 말씀하셨다.
2 ○"사람아, 두 여인이 있는
데, 그들은 한 어머니의 딸들이다.
3 그들은 이집트에서부터 이미 음행을
하였다. 젊은 시절에 벌써 음행을 하
였다. 거기서 이미 남자들이 그들의
유방을 짓눌렀고, 거기서 이미 남자
들이 그 처녀의 젖가슴을 어루만졌
다.
4 그들의 이름은, 언니는 오홀라요, 동
생은 오홀리바다. 그들은 내 사람이
되어, 나와의 사이에서 아들딸을 낳
았다. 그들을 좀 더 밝히자면, 오홀
라는 사마리아이고, 오홀리바는 예
루살렘이다.
5 그런데 오홀라는 나에게 속한 여인
이었으면서도, 이웃에 있는 앗시리아
의 연인들에게 홀려서 음행하였다.
6 그들은 모두 자주색 옷을 입은 총독
들과 지휘관들이요, 모두 말을 잘
타는 매력 있는 젊은이들과 기사들
이었다.
7 그들은 모두가 앗시리아 사람들 가
운데서도 빼어난 사람들이었는데,
오홀라가 그들과 음행을 하였으며,
또 누구에게 홀리든지 그들의 온갖
우상으로 자신을 더럽혔다.
8 오홀라는 이집트에서부터 음란한 행
실을 버리지 않았다. 그는 젊은 시절
에 이미 이집트의 젊은이들과 잠자
리를 같이 하여서, 그들이 그의 처녀
젖가슴을 만졌고, 그에게 정욕을 쏟
아 부었다.
9 그래서 내가 그를 그의 연인들 곧 그
가 홀린 앗시리아 사람의 손에 넘겨
주었더니,
10 그들이 그의 하체를 드러내고 그의
아들딸들을 붙잡아 갔으며, 끝내는
그를 칼로 죽였다. 그는 심판을 받아
여인들의 입에 오르내리게 되었다.
11 ○그의 동생 오홀리바는 이것을 보
고서도, 자기 언니의 음란한 행실보
다 더 음란하여, 자기 언니보다 더
많이 홀리고 타락하였다.
12 그는 앗시리아의 사람들에게 홀렸는
데, 그들은 모두 화려한 옷을 입은
총독들과 지휘관들이며, 모두 말을
잘 타는 기사요, 매력 있는 젊은이들
이었다.
13 내가 보니, 그도 자신을 더럽혔다.
그 두 자매가 똑같은 길을 걸었다.
14 ○그런데 오홀리바가 더 음탕하였다.
그는 남자들의 모양을 벽에다가 새
겨 놓고 쳐다보았는데, 붉은 색으로
새겨진 ㉠바빌로니아 사람들의 모양
이었다.
15 그들의 허리에는 띠를 동이고, 머리

23장 요약 16장과 마찬가지로 비유로써 이스라엘의 죄악상을 지적하고 있다. 북 이스라엘의 멸망을 목격한 유다는 마땅히 회개하고 하나님께로 돌아서야 했지만 그러지 않았다. 이에 하나님은 유다 역시 북 이스라엘처럼 멸망당할 것임을 경고하셨다.

23:1-49 23장의 내용은 앞장(21-22장)을 더 확대한 것이며, 16장에서처럼 풍자적인 수사법을 사용하고 있다. 그러나 16장이 주로 이스라엘의 역사적 맥락에서, 하나님께 대한 그들의 태도에 관하여 언급하고 있는 반면, 본장에서는 북 이스라엘과 남 유다의 죄악상을 여인의 행음에 비유하여 포괄적인 방법으로 서술하고 있다.

23:4 오홀라 히브리어 뜻은 '그녀의 장막'이다. 오홀라가 의미하는 것은 사마리아가 하나님이 계시지 않는 거짓 장막, 곧 우상을 숭배했던 사당들

㉠ 또는 '갈대아'

에는 감긴 수건이 늘어져 있다. 그들
은 모두 우두머리들과 같아 보이고,
갈대아가 고향인 바빌로니아 사람들
과 같은 모습이었다.
16 오홀리바는 그런 모습을 보고, 그들
에게 홀려서, 바빌로니아로 사람들
을 보내어 그들을 불러왔다.
17 바빌로니아 사람들이 그에게 와서,
연애하는 침실로 들어가, 음행을 하
여 그를 더럽혔다. 그가 그들에게 더
럽혀진 뒤에는 그의 마음이 그들에
게서 멀어졌다.
18 오홀리바는 이렇게 드러내 놓고 음
행을 하며, 자신의 알몸을 드러냈다.
그래서 내 마음이 그의 언니에게서
멀어진 것과 같이, 그에게서도 멀어
지게 되었다.
19 그런데도 그는 음행을 더하여, 이집
트 땅에서 음란하게 살던 자신의 젊
은 시절을 늘 회상하였다.
20 그는, 정욕이 나귀와 같이 강하고 정
액이 말과 같이 많은 이집트의 사내
들과 연애를 하였다."

예루살렘이 받은 심판

21 ○"너는 젊은 시절의 음란한 생활을
그리워한다. 너의 처녀 시절에 이집
트의 사내들이 ㉠너의 유방을 만지고
너의 젖가슴을 어루만지던 것을, 너
는 그리워한다.
22 그러므로 오홀리바야, 나 주 하나님
이 말한다. 나는 네가 정을 뗀 네 정
부들을 충동시켜서, 그들이 사방에
서 와서 너를 치게 하겠다.
23 그들은 바빌로니아 사람과 갈대아의
모든 무리 곧 브곳과 소아와 고아 사
람들과 또 그들과 함께 있는 모든 앗
시리아 사람들이다. 그들은 모두 하
나같이 매력 있는 젊은이들이요, 총
독들과 지휘관들이요, 모두가 우두
머리들과 유명한 사람들이요, 말을
잘 타는 기사들이다.
24 그들이 무기와 병거와 수레와 대군
을 거느리고 너를 치러 올 것이다.
그들은 크고 작은 방패와 투구로 무
장을 하고, 사방에서 너를 치러 올
것이다. 나는 심판권을 그들에게 넘
겨 줄 것이고, 그들은 자기들의 관습
에 따라서 너를 심판할 것이다.
25 내가 질투하여 너희에게 분노를 터
트리면, 그들이 너를 사납게 다룰 것
이다. 그들이 너의 코와 귀를 잘라낼
것이며, 남은 사람들도 칼로 쓰러뜨
릴 것이다. 너의 아들과 딸은 붙잡
혀 가고, 너에게서 남은 것들은 불에
타 죽을 것이다.
26 그들이 너의 옷을 벗기고, 화려한 장
식품들을 빼앗아 갈 것이다.
27 이렇게 해서, 나는, 네가 이집트 땅에
서부터 하던 음란한 생활과 행실을
그치게 하겠다. 그러면 네가 다시는

을 갖고 있었다는 뜻이다. 오홀리바 오홀라와는 대조적으로 이 말의 히브리어 뜻은 '내 장막이 그녀 안에 있음'이다. 사마리아와는 달리 예루살렘에는 하나님의 성전이 있었다. 비슷한 발음을 가진 두 개의 상징적인 이름을 도입한 까닭은, 이름이 비슷하듯이 그들의 행한 죄악도 같다는 사실을 보여 주기 위해서이다(참조. 13절). 언니…동생 언니는 사마리아로서 북 이스라엘을 대표하고, 동생은 예루살렘으로서 남 유다를 대표한다.

23:5-21 유다의 역사는 전적으로 하나님께 반항하는 역사였다. 북 이스라엘은 정치적으로는 하나님을 신뢰하지 않고 이방을 따라 그들과 동맹을 맺었으며, 종교적으로는 이방의 우상들을 들여와서 하나님 보시기에 역겨운 행위를 자행하였다. 곧 그들은 한때 앗시리아를 의지하였으며(왕하 15:19;호 5:13;7:11;8:9;12:1), 때로는 이집트와

㉠ 시리아어역을 따름. 히, '네 가슴이 젊다고 하여 네 유방을 만지던 것을'

그들에게 눈을 들 수도 없고, 이집트
를 다시 기억할 수도 없을 것이다.
28 ○참으로 나 주 하나님이 말한다. 나
는, 네가 미워하는 사람들의 손에,
곧 네 마음이 멀어진 사람들의 손에
너를 넘겨 주겠다.
29 그들이 미워하는 마음을 품고 너를
다루며, 네가 수고한 것을 모두 빼앗
아 가며, 너를 벌거벗겨 알몸으로 버
려 두어, 음행하던 네 알몸, 곧 네 음
행과 음탕한 생활을 드러낼 것이다.
30 네가 그런 형벌을 당하게 될 것이니,
이는 네가 이방 사람들을 쫓아다니
며 음행을 하고, 그들의 여러 우상으
로 네 몸을 더럽혔기 때문이다.
31 네가 네 언니의 길을 그대로 따라갔
으니, 나는 네 언니가 마신 잔을 네
손에 넘겨 주겠다.
32 나 주 하나님이 말한다.
네 언니가 마신 잔을 너도 마실
것이다. 우묵하고 넓은 잔에 가득
넘치도록 마시고, 웃음거리와 우
롱거리가 될 것이다.
33 너는 잔뜩 취하고 근심에 싸일 것
이다. 그것은 공포와 멸망의 잔이
요, 네 언니 사마리아가 마신 잔
이다.
34 너는 그 잔을 다 기울여 말끔히
비우고, 그 잔을 조각내어 씹으며,
네 유방을 쥐어뜯을 것이다.
내가 이렇게 말하였으니, 반드
시 그렇게 될 것이다. 나 주 하나
님의 말이다.
35 ○그러므로 나 주 하나님이 말한
다. 네가 나를 잊었고, 나를 네 등 뒤
로 밀쳐 놓았으니, 이제는 네가 음란
한 생활과 음행에 대한 벌을 받아야
한다."

오홀라와 오홀리바가 받은 심판

36 ○주님께서 또 나에게 말씀하셨다.
○"사람아, 네가 오홀라와 오홀리바
를 심판하지 않겠느냐? 두 자매의
역겨운 일들을, 네가 그들에게 알려
주어라.
37 그들은 간음을 하였으며, 손으로 피
를 흘렸으며, 우상들과도 간음을 하
였으며, 또 나에게 낳아 준 제 아들
딸들마저 불 속으로 지나가게 하여
태워 죽였다.
38 더욱이 그들은 나에게까지 이런 일
을 하였다. 바로 같은 날에, 그들은
내 성소를 더럽히고, 내 안식일을 범
하였다.
39 그들은 자기 자식들을 잡아 죽여서
우상들에게 바친 바로 그 날에, 내
성소에 들어와서 더럽혔으니, 그들
이 내 성전의 한가운데서 그런 일을
하였다.
40 ○그들이 사람을 보내어 먼 곳에서
사내들을 초청하였더니, 그들이 왔

동맹을 맺어 앗시리아의 멍에를 벗어 버리려고 하였다(왕하 17:4;호 7:11;12:1). 한편, 유다는 북 이스라엘이 받은 징계를 자신에 대한 하나님의 경고로 받아들이지 않고, 사마리아보다 더욱 심하게 이방과 관계를 맺었다. 곧 앗시리아는 물론 바빌로니아, 이집트와도 왕래하며 관계를 맺었던 것이다(왕하 16:8;24:1;사 7:7-17;렘 37:5). 이러한 정치적 책략은 아주 쉽게 이방 종교를 수입하는 방향으로 나아갔다. 위의 사건들의 실상은 매력적인 남자들과 간음을 행하는 여인의 연애 사실로 비유되어 생생하게 묘사되어 있다.

23:36-49 북 이스라엘과 남 유다의 죄악과 그들에 대한 징계를 다시 정리해서, 그들의 죄악과 징벌의 유사성을 논하고 있다. 곧 그들은 우상을 숭배하였으며(36-39절), 하나님이 아닌 이방 나라에 자신들을 의탁하려 하였으므로(40-42절), 그들은 완전히 패망하게 될 것이다(43-49절).

23:41 화려한 방석을 깔고 앉아, 앞에 상을 차려 놓

다. 두 자매는 그들을 맞으려고 목
욕을 하고 눈썹을 그리고 패물로 장
식을 하고,
41 화려한 방석을 깔고 앉아, 앞에 상을
차려 놓고, 그들은 그 상 위에 내가
준 향과 기름까지 가져다 놓고,
42 그 사내들과 지껄이고 즐겼다. 광야
에서 잡된 무리와 술취한 무리를 데
려오니, 그들은 그 두 자매의 손에
팔찌를 끼워 주고, 머리에 화려한 관
을 씌워 주었다.
43 이것을 보고, 나는 '별 잡된 무리가
다 있구나. 두 자매가 음행으로 시들
어 빠진 다 늙은 창녀인 줄 알았는
데, 아직도 찾아오는 얼빠진 녀석들
이 있구나' 하는 생각이 들었다.
44 광야에서 온 잡된 무리와 취객들은
창녀에게 드나들듯 두 자매에게 드
나들었다. 과연 그들은 음란한 여인
오홀라와 오홀리바에게 드나들었다.
45 그러나 의인들이 있어서, 바로 그들
이 간음한 여인들과 살인한 여인들
을 심판하듯이, 그 두 자매를 심판
할 것이다. 그 두 자매가 간음을 하
였고, 그들의 손에 피가 묻어 있기
때문이다.
46 ○나 주 하나님이 말한다. ○회중을
소집하여 그 자매들을 치게 하여라.
그들이 겁에 질려 떨면서 약탈을 당
하게 하여라.
47 회중이 그 자매들에게 돌을 던지고,
그들을 칼로 쳐서 죽이고, 그 자매들
의 아들딸들도 죽이고, 그들의 집도
불태울 것이다.
48 나는 이렇게 해서, 음란한 행위를 이
땅에서 없애 버려, 모든 여인이 경고
를 받아, 너희의 음행을 본받지 않게
하겠다.
49 너희가 음행을 저지른 이유로 형벌
을 받고 나면, 그리고 너희가 우상들
을 섬기다가 지은 죄에 대한 징벌을
받고 나면, 그 때에야 너희는 내가
주 하나님인 줄 알게 될 것이다."

씻어도 소용없는 솥 예루살렘

24 제 구년 열째 달 십일에, 주님
께서 내게 말씀하셨다.
2 ○"사람아, 너는 오늘 날짜, 바로 오
늘 날짜를 기록하여 두어라. 바빌로
니아 왕이 바로 오늘 예루살렘을 치
기 시작하였다.
3 너는 저 반역하는 족속에게 한 가지
비유를 들어 그들에게 말하여라.
'나 주 하나님이 말한다. 가마
솥을 마련하여 걸고, 물을 부어
라.
4 그 속에 고깃점들을 넣어라. 좋은
살코기와 넓적다리와 어깨를 골
라서 모두 집어 넣고, 모든 뼈 가
운데서 좋은 것들을 골라서 가득
넣어라.

고 에스겔은 유다가 이방의 동맹군을 초청하는 것을 창녀가 잡된 무리들을 맞이하는 모습에 비유하고 있다.

23:43-49 에스겔 예언자의 직무는 곧 하나님의 이름으로 그들을 재판하고 그들에게 선고를 내리는 것이다. 에스겔에 의해서 선언된 이러한 심판을 의로운 하나님께서 집행하실 것이다.

23:45 의인들 하나님의 분노를 쏟는 심판의 도구로 사용될 바빌로니아 군대를 가리킨다.

24장 요약 본장에는 패역하며 하나님 앞에서 존재 이유를 상실한 유다가 끓는 가마솥과 같은 하나님의 혹독한 심판으로 결국 멸망할 것이 예언되었다. 에스겔이 아내를 잃고도 슬픔을 토로할 수 없었음은 유다의 멸망으로 인한 하나님의 참담한 심정을 상징한다.

24:1-14 에스겔의 예언은 여기에서 절정에 이른다. 그는 끓는 가마솥의 비유를 통해 다가오는 심

5 양 떼 가운데서 가장 좋은 것을
잡아 넣어라. 아궁이에 장작불을
지펴라. 그 고기를 잘 삶되 가마
솥 안의 뼈까지 무르도록 삶아라.
6 그러므로 나 주 하나님이 말한
다. 죄 없는 사람을 죽인 살인자
의 성읍아, 속이 시뻘건 녹을 한
번도 씻지 않은 녹슨 가마솥아,
너에게 화가 미칠 것이다. 제비를
뽑을 것도 없이, 그 안에 든 고기
를 하나하나 다 꺼내어라.
7 죄 없는 사람을 죽인 피가 그 성
읍 한가운데 그대로 남아 있다.
피가 흙으로 덮이지도 못하였다.
그 피가 흙 위에 쏟아지지 않고 맨
바위 위에 쏟아졌기 때문이다.
8 그 피가 흙에 덮이지 않게 맨바위
에 쏟아 놓은 것은 바로 나다. 내
가 분노를 일으켜 호되게 보복하
려고 한 것이다.
9 그러므로 나 주 하나님이 말한
다. 죄 없는 사람을 죽인 살인자
의 성읍아, 너에게 화가 미칠 것이
다. 내가 장작 더미를 높이 쌓아
놓겠다.
10 나무를 많이 쌓고 불을 지펴서,
고기를 푹 삶아서 녹이고, 고기
국물을 바싹 졸이고, 뼈는 태워
버려라.
11 그 빈 가마솥을 숯불 위에 올려
놓아, 가마솥을 뜨거워지게 하며,
가마솥의 놋쇠를 달궈서, 가마솥
안의 더러운 것을 녹이며, 가마솥
의 녹을 태워 없애라.
12 ㉠이 성읍이 온갖 고생으로 지쳤
으나, 그 많은 녹이 가마솥에서 없
어지지 않으며, 불로 아무리 달구
어도 녹이 없어지지 않는다.
13 너의 더러운 죄 가운데는 음행이
있다. 음행으로 더러워진 너의 몸
을 내가 깨끗하게 하려 하였으나,
네가 너 자신의 더러움에서 깨끗
하게 되려고 하지 않았으니, 내가
너에게 분노를 다 쏟을 때까지는,
네가 다시 깨끗하게 되지 못할 것
이다.
14 나 주가 말하였으니, 반드시 이루
어진다. 내가 그대로 하겠다. 내가
돌이키지 않으며, 아끼지도 않으
며, 뉘우치지도 않겠다. 너의 모든
행실과 너의 모든 행위대로 네가
심판을 받을 것이다. 나 주 하나님
의 말이다.'"

에스겔의 아내가 죽다

15 ○주님께서 나에게 말씀하셨다.
16 ○"사람아, 나는 너의 눈에 들어 좋
아하는 사람을 단번에 쳐죽여, 너에
게서 빼앗아 가겠다. 그래도 너는 슬
퍼하거나 울거나 눈물을 흘리지 말
아라.

판을 예언한다. 에스겔은 예루살렘 성이 포위된 첫날에 계시를 받았는데, 4년 전부터 그는 계속해서 하나님께로부터 이 사건에 대한 말씀을 받아 예언해 왔었다. 본절의 비유의 핵심은 쓸모없게 되어 버린 예루살렘의 모습이다. 정상적인 가마솥은 불에 대해 두려워할 필요가 없다. 왜냐하면 가마솥은 불 위에 두기 위해 만들어진 것이기 때문이다. 하지만 예루살렘은 그 생존의 이유를 상실해 버렸으며, 자신을 만드신 창조자에게 아무런 쓸모없는 존재로 전락하였다. 이스라엘의 영혼을 좀먹는 녹은 이미 깊숙이 퍼져 있었다. 이 녹을 제거하기 위하여 많은 예언자들이 애를 썼으나 소용이 없었다. 결국 이 녹을 제거할 수 있는 방법은 가마솥을 태워 없애는 것이었다.

24:7 피가 흙으로…못하였다 예루살렘 백성은 공공연히 죄를 짓고도 조금도 부끄러워하지 않았다.

24:15-27 본절에서, 에스겔 예언자는 아내를 잃

㉠ 12절의 히브리어 본문의 뜻이 불확실함

17 너는 고요히 탄식하며, 죽은 사람을
두고 슬퍼하지 말고, 오히려 머리를
수건으로 동이고, 발에 신을 신어라.
또 수염을 가리지도 말고, 초상집 음
식을 차려서 먹지도 말아라."
18 ○아침에 내가 백성에게 이 이야기
를 하였는데, 나의 아내가 저녁에 죽
었다. 나는 그 다음날 아침에 지시
를 받은 대로 하였다.
19 그러자 백성이 나에게 물었다. 내가
하고 있는 일이 자기들에게 무엇을
뜻하는지 알려 주지 않겠느냐는 것
이었다.
20 ○그래서 나는 '주님께서 나에게 이
렇게 말씀하셨다'고 하면서 그들에
게 대답하였다.
21 '너는 이스라엘 족속에게 전하여라.
나 주 하나님이 말한다. 너희 권세의
자랑이요, 너희 눈에 들어 좋아하는
것이요, 너희가 마음으로 사모하는
내 성소를 이제 내가 더럽히겠다. 너
희가 이 성읍에 남겨 둔 너희의 아
들과 딸들도 칼에 쓰러질 것이다.
22 그래도 너희는 에스겔이 한 것과 똑
같이 하게 될 것이다. 너희는 수염을
가리지도 못하고, 초상집 음식을 차
려서 먹지도 못할 것이다.
23 너희는 머리에 수건을 동이고, 발에
신을 신은 채로 그대로 있을 것이며,
탄식하지도 못하고 울지도 못할 것
이다. 오히려 너희는 너희 자신의 죄
로 망하는 줄 알고 서로 마주 보며
탄식할 것이다.
24 에스겔이 이와 같이 너희에게 표징
이 될 것이다. 너희도 그가 한 것과
똑같이 하게 될 것이다. 이 일이 이
루어질 때에야, 너희는 비로소 내가
주 하나님인 줄 알게 될 것이다.'
25 ○"그러나 너 사람아, 내가 그들에
게서, 그들의 요새, 그들의 기쁨과 영
광과 그들의 눈에 들어 좋아하며 마
음으로 사모하는 것을 빼앗고, 그들
의 아들딸들을 데려가는 날,
26 그 날에는 탈출한 사람이 너에게 와
서, 네 귀에 소식을 전하여 줄 것이
다.
27 그 날에 네 입이 열려 그 탈출한 사
람에게 이야기를 하고, 다시는 말을
못하는 사람이 되지 않을 것이다. 네
가 이와 같이 그들에게 표징이 되면,
그 때에야 그들이 비로소, 내가 주인
줄 알게 될 것이다."

암몬에 대한 심판 예언

25 주님께서 나에게 말씀하셨다.
2 ○"사람아, 암몬 자손이 있는
쪽으로 얼굴을 돌리고, 그들을 규탄
하는 예언을 하여라.
3 너는 암몬 자손에게 전하여라. '그
들에게 나 주 하나님의 말을 들으라
고 하여라. 나 주 하나님이 말한다.

게 된다. 이 비극은 그 자체가 상징적인 의미를 갖고 있다. 에스겔은 가장 사랑하는 아내를 잃게 됨으로, 주님께서 가장 사랑하시는 아내 예루살렘을 잃으신 심정을 진심으로 이해할 수 있게 되었다. 에스겔의 아픔은 곧 하나님 자신의 아픔이었던 것이다. 하나님의 종은 하나님의 말씀을 하나님의 심정으로 대언하기 위해, 때로는 이처럼 뼈아픈 대가를 치러야 할 때가 있다. 따라서 본절에는 에스겔의 인격이 잘 묘사되어 있다.

25장 요약 25–32장에는 이방 나라들에 대한 하나님의 심판이 예언되어 있다. 이는 하나님이 그 누구의 범죄라도 간과하지 않으심을 보여 준다. 그러나 보다 중요한 것은 이방 나라에 대한 심판이 곧 남은 자들을 회복시키기 위한 하나님의 구원 역사라는 점이다.

25:1–32:32 에스겔은 25장부터 이스라엘에 대한 심판이 아니라 이방 나라들에 대한 심판의 예언

○내 성전이 더럽혀졌을 때에, 너는
그것을 보고 잘 되었다고 하였고, 이
스라엘 땅이 황폐하게 되었을 때에,
너희는 그것을 보고도 잘 되었다고
하였고, 유다 백성이 포로로 잡혀
끌려갔을 때에도, 그들을 보고 잘
되었다고 소리쳤다.
4 그러므로 내가 너를 동방 사람들의
소유로 넘겨 주겠다. 그들이 네 땅에
들어와서 진을 치고, 네 땅 가운데
자기들이 살 장막을 칠 것이다. 그들
이 네 땅에서 나는 열매를 먹고, 네
땅에서 나는 젖을 마실 것이다.
5 내가 랍바를 낙타의 우리로 만들고,
암몬 족속이 사는 곳을 양 떼가 눕
는 곳으로 만들겠다. 그 때에야 너희
가 비로소, 내가 주인 줄을 알게 될
것이다.
6 ○나 주 하나님이 말한다. 이스라엘
땅이 황폐해졌을 때에, 너는 이것을
고소하게 여겨, 손뼉을 치고 발을 구
르며 좋아하였고, 경멸에 찬 마음으
로 기뻐하였으므로,
7 내가 내 손을 뻗쳐서 너를 치고, 네
가 여러 민족에게 약탈을 당하도록
너를 넘겨 주겠다. 내가 이렇게 너를
만민 가운데서 끊어 버리며, 여러 나
라 가운데서 너를 망하게 하겠다. 내
가 너를 망하게 놓아 두겠다. 그 때
에야 너는 비로소, 내가 주인 줄 알
것이다.'"

모압에 대한 심판 예언

8 ○"나 주 하나님이 말한다. ㉠모압이
말하기를, 유다 족속도 모든 이방 백
성이나 다름이 없다고 한다.
9 그러므로 내가 모압의 국경지역에 있
는 성읍들 곧 그 나라의 자랑인 벳
여시못과 바알므온과 기랴다임이 적
의 공격을 받도록 허용하겠다.
10 나는 암몬 족속과 함께 모압도 동방
사람들의 소유로 넘겨 주어, 이방 백
성 가운데서 암몬 족속이 다시는 기
억되지 않게 하겠다.
11 이렇게 내가 모압을 심판하면, 그 때
에야 그들이 비로소 내가 주인 줄
알 것이다."

에돔에 대한 심판

12 ○"나 주 하나님이 말한다. 에돔이
지나친 복수심을 품고 유다 족속을
괴롭히며, 그들에게 지나치게 보복함
으로써 큰 죄를 지었다.
13 그러므로 나 주 하나님이 말한다. 내
가 손을 뻗쳐서 에돔을 치고, 그 땅
에서 사람과 짐승을 없애 버리며, 그
땅을 데만에서부터 드단에 이르기까
지 황무지로 만들어 버리겠고, 백성
은 모두 전화를 입고 죽을 것이다.
14 내가 내 백성 이스라엘의 손으로 에
돔에게 원수를 갚겠다. 그들이 내 노
여움과 분노에 따라서 보복하면, 그

을 말한다. 이러한 이방 나라들에 대한 심판의 예언은 한편으로 포로 된 이스라엘 백성에게는 '위로의 예언'이 된다. 25-32장에는 모두 일곱 나라*에 대한 예언이 담겨 있다*. 처음에는 네 나라를(25장, 암몬·모압·에돔·블레셋), 그 다음에는 세 나라를(26-32장, 두로·시돈·이집트) 언급함으로써, 저자는 7이라는 완전수를 염두에 두고 있다. 그러므로 이 나라들에 대한 예언은 철저하고 완전하게 성취될 것을 암시해 주고 있다.

25:1-7 암몬 족속에 대한 예언으로, 에스겔은 앞에서도 이미 바빌로니아 왕 느부갓네살이 예루살렘을 공격할 것에 대하여 예언하면서, 또한 암몬의 멸망도 예언했었다(21:28 이하). 그러므로 여기서는 이전의 예언을 다시 반복하며 그 예언을 강화하고 있다. 암몬 족속이 멸망한 이유는 하나님의 백성들이 고난받고 포로로 잡혀가는 것을 좋아했기 때문이다(2-3절).

㉠ 칠십인역과 고대 라틴어역을 따름. 히, '모압과 세일'

때에야 에돔이 비로소, 내가 보복하
였음을 알 것이다. 나 주 하나님의
말이다."

블레셋에 대한 심판 예언

15 ○"나 주 하나님이 말한다. 블레셋
사람이 옛날부터 품어 온 원한으로
이스라엘을 멸망시키려고, 복수심에
불타서, 마음 속에 앙심을 품고, 지
나치게 보복하였다.
16 그러므로 나 주 하나님이 말한다. 내
가 손을 펴서 블레셋 사람들을 치
고, 그렛 사람들을 없애 버리며, 바
닷가에 살아 남은 사람들까지도 멸
망시키겠다.
17 내가 노하여 무섭게 벌하며 그들에
게 크게 보복하겠다. 내가 그들에게
나의 원한을 갚으면, 그 때에야 그들
은 비로소, 내가 주인 줄 알 것이다."

두로에 대한 심판 예언

26 제 십일년 어느 달 초하루에 주
님께서 나에게 말씀하셨다.
2 ○"사람아, 두로가 예루살렘을 두고
'아하, 뭇 백성의 관문이 부서지고,
성의 모든 문이 활짝 열렸구나. 예루
살렘이 황무지가 되었으니, 이제는
내가 번영하게 되었다'고 말하였다.
3 그러므로 나 주 하나님이 말한다.
두로야, 내가 너를 쳐서, 바다가
물결을 치며 파도를 일으키듯이,
여러 민족들이 밀려와서 너를 치
게 하겠다.
4 그들이 두로의 성벽을 무너뜨리
고, 그 곳의 망대들을 허물어뜨릴
것이다. 내가 그 곳에서 먼지를 말
끔히 씻어 내고 맨바위만 드러나
도록 하겠다.
5 그러면 두로가 바다 가운데서 그
물이나 말리는 곳이 될 것이다. 내
가 한 말이니, 그대로 될 것이다.
나 주 하나님의 말이다. 두로가
여러 민족에게 약탈을 당할 것이
다.
6 해변에 있는 두로의 ㉠성읍들도
칼에 죽을 것이다. 그 때에야 그들
이 비로소, 내가 주인 줄 알 것이
다.
7 ○나 주 하나님이 말한다. 내가 왕
들 가운데 으뜸가는 왕, 바빌로니아
왕 느부갓네살을 북쪽에서 데려다
가 두로를 치겠다. 그가 말과 병거와
기병과 군대와 많은 백성을 이끌고
올 것이다.
8 네 땅에 자리잡고 있는 네 딸
성읍들을 그가 칼로 죽일 것이다.
그가 너를 치려고 높은 사다리를
세운다. 너를 공격하려고 흙 언덕
을 쌓고, 방패를 갖춘다.
9 쇠망치로 네 성벽을 허물고, 갖가
지 허무는 연장으로 네 망대들을
부술 것이다.

26장 요약 본장은 두로가 하나님의 진노를 당해 멸망하게 된 원인과 심판 이후 두로의 참상을 묘사한다. 두로의 죄악은 유다의 멸망을 보고서도 스스로를 되돌아볼 줄 모르고 오히려 유다의 멸망으로 인해 차지하게 된 상업적 이익만을 헤아린 것이다.

26:1–6 두로의 죄악은, 예루살렘이 멸망할 때 슬퍼하지 않고 오히려 기뻐한 이기적인 모습에 있었다. 한때 동맹국이었던 유다가 멸망하자, 그들은 상업적인 활동을 늘리며 자신들에게 돌아올 이득만을 생각하고 있었던 것이다. 이러한 이기적인 야망에 대한 하나님의 말씀은 '파멸'이었다.

26:7–14 느부갓네살은 B.C. 585년부터 572년까지 13년 동안 두로를 포위하여 함락시켰다. 그러나 요새화된 두로 섬은 함락되지 않았다. 그러나 이 예언은 B.C. 333년에 알렉산더가 바다에

㉠ 히, '딸들도'

10 그의 군마들이 많아서, 너는 그들
의 먼지에 묻힐 것이다. 그가 마치
무너진 성읍 안으로 들어오듯이,
네 모든 성문 안으로 들어오면, 그
의 기병과 병거의 바퀴 소리에 네
모든 성벽이 진동할 것이다.
11 그가 말발굽으로 네 거리를 짓밟
을 것이고, 칼로 네 백성을 죽일
것이며, 네 튼튼한 돌기둥들도 땅
바닥에 쓰러뜨릴 것이다.
12 그의 군인들이 너에게 와서 재산
을 강탈하고, 상품들을 약탈하
고, 성벽들을 허물고, 마음에 드
는 집들을 무너뜨리고, 모든 석재
와 목재와 흙덩이까지도 바다 속
으로 집어 던질 것이다.
13 내가, 네 모든 노랫소리를 그치게
하며, 네 수금 소리가 다시는 들리
지 않게 하겠다.
14 내가 너를 맨바위로 만들겠고, 너
는 그물이나 말리는 곳이 되고,
다시는 아무도 너를 새로 짓지 못
할 것이다. 내가 한 말이니, 그대
로 될 것이다. 나 주 하나님의 말
이다.
15 ○나 주 하나님이 두로를 두고 말
한다. ○네가 쓰러지는 소리가 들리
고, 네 한가운데서 부상 당한 자들
이 신음하고, 놀라운 살육이 저질러
질 때에, 섬들이 진동하지 않을 수
있겠느냐?
16 그 때에는 해변 주민의 왕들이 그들
의 왕좌에서 내려오고, 그들의 왕복
을 벗고, 수 놓은 옷들도 벗어 버릴
것이다. 그들은 두려움에 사로잡혀
땅바닥에 앉아서, 때도 없이 떨며,
너 때문에 놀랄 것이다.
17 그들은 너를 두고 애가를 지어 부를
것이다.
너 항해자들이 머물던 성읍아,
네가 어쩌다가 이렇게 망하였느
냐, 그렇게도 이름을 날리던 성읍,
바다에서 세력을 떨치던 그 성읍,
그 주민과 그 성읍이, 온 육지를
떨게 하지 않았던가!
18 오늘 네가 쓰러지니, 섬들이 떨고
있다. 바다에 있는 섬들이, 네 종
말을 지켜 보며 놀라고 있다.
19 ○나 주 하나님이 말한다. 내가 너
를, 사람이 살지 않는 성읍처럼, 황
폐한 성읍으로 만들고, 깊은 물결을
네 위로 끌어올려서 많은 물이 너를
덮어 버리게 하고,
20 너를, 구덩이로 내려가는 사람들과
함께 내려가 옛날에 죽은 사람들에
게로 가게 하겠다. 그리고 내가 너
를, 구덩이로 내려간 사람들과 함께
저 아래 깊은 땅 속, 태고적부터 황
폐하여진 곳으로 들어가서 살게 하
여, 네가 다시는 이전 상태로 회복되

약 800m 정도의 제방을 쌓아 성을 함락시킴으로 완전히 성취되었다.

26:11 튼튼한 돌기둥들 두로가 자신의 힘을 과시하고자 세운 것으로 *바알에게 봉헌된 것이다.*

26:12 마음에 드는 집들 두로에 건축된 높고 매우 큰 집들을 말한다. 이사야서 23:13에서는 '궁전'이라고 표현하였다.

26:15-21 두로는 매우 강성하여 그 식민지가 지중해 해안과 섬들에 널리 퍼져 있었다. 그러나 강성했던 두로의 번영은 영원할 수 없었다. 두로의 멸망은 주위 국가를 놀라게 할 것이며, 파괴된 두로는 바다 속으로 가라앉아 버릴 것이다.

26:16 해변 주민의 왕들 여기서 왕은 각 섬을 다스리던 자들로, 실제로는 왕이 아니라 각 섬을 관장하던 상인들을 가리킨다(사 23:8).

26:20 태고적부터 황폐하여진 곳 홍수로 멸망당한 세상의 폐허를 의미한다. 두로는 A.D. 1291년에 회교도들에 의해 완전히 파괴되었다.

거나 ㉠사람들이 사는 땅에서 한 모
퉁이를 차지하지 못하게 하겠다.
21 내가 너를 완전히 멸망시켜서 없애
버리겠다. 사람들이 너를 찾아도, 다
시는 영원히 만날 수 없을 것이다.
나 주 하나님의 말이다."

두로에 대한 애가

27 주님께서 나에게 말씀하셨다.
2 ○"너 사람아, 두로를 두고 애
가를 불러라.
3 저 바다 어귀에 자리잡고 해안
민족들과 무역하는 자야, 나 주
하나님이 하는 말을 들어 보아라.
두로야, 너는 스스로 말하기를 너
는 흠없이 아름답다고 하였다.
4 네 경계선들이 바다의 한가운데
있고, 너를 만든 사람들이 너를
흠없이 아름다운 배로 만들었다.
5 ㉡스닐 산의 잣나무로 네 옆구리
의 모든 판자를 만들고, 레바논의
산에서 난 백향목으로 네 돛대를
만들었다.
6 바산의 상수리나무로 네 노를 만
들었고, ㉢키프로스 섬에서 가져
온 ㉣회양목에 상아로 장식하여,
네 갑판을 만들었다.
7 이집트에서 가져 온 수 놓은 모시
로 네 돛을 만들고, 그것으로 네
기를 삼았다. 엘리사 섬에서 가져
온 푸른 색과 자주색 베는, 너의
차일이 되었다.
8 시돈과 아르왓 주민이 너의 노를
저었다. 두로야, 너의 노련한 이들
이 네 선장이 되었다.
9 ㉤그발의 장로들과 지혜 있는 사람
들이 배의 틈을 막아 주었다. 바
다의 모든 배와 선원들이 네 안에
서 너의 물품들을 거래하였다.
10 페르시아와 리디아와 리비아의 용
병들이 네 군대에 들어와 전사가
되었다. 그들이 배 안에 방패와
투구를 걸어 놓아, 그들마저도 네
영화를 빛냈다.
11 아르왓 사람들과 네 군대가 네 사
면 성벽 위에 있고, 용사들이 네
망대들 속에 있어서, 네 사면 성벽
에 그들의 방패를 걸어 놓았으니,
그들마저도 네 아름다움을 온전
하게 하였다.
12 ○너에게는 온갖 물건이 많기 때
문에 ㉥스페인이 너와 무역을 하였
다. 그들은 은과 쇠와 주석과 납을
가지고 와서 너의 물품들과 바꾸어
갔다.
13 야완과 두발과 메섹이 바로 너와 거
래한 사람들이다. 그들이 노예와 놋
그릇들을 가지고 와서, 네 상품들과
바꾸어 갔다.
14 도갈마 족속은 부리는 말과 군마와
노새를 끌고 와서, 네 물품들과 바

27장 요약 하나님 앞에서 겸손히 행할 줄 모르던 두로가 멸망당하게 된 데 대한 애가이다. 그러나 이는 당시 세계적으로 명성을 떨치며 영광을 누렸던 두로의 멸망을 진심으로 애도한 노래가 아니라 하나님의 진노를 당해 결국 두로가 망하게 되었음을 조소한 것이다.

27:1–36 두로의 멸망에 대한 애가(哀歌)인 본장은 ① 시 형식으로 기록된 부분(3하–9,25하–36절) ② 산문 형식으로 기록된 부분(10–25상반절)으로 구성되어 있다. 시로 된 부분에서는 두로를 훌륭한 배에 비유하며, 그 백성들을 숙련된 선원들로 묘사하고 있다. 그러나 그 배는 너무 많은 상품들을 실었기 때문에 깊은 바다에 가라앉고 만다. 그래서 지중해 연안의 모든 해양 민족들이

㉠ 칠십인역을 따름. 히, '내가 사람들이 사는 땅에 영광을 주었다' ㉡ 헤르몬을 가리킴 ㉢ 히, '깃딤' ㉣ 타르굼을 따름. 마소라 본문은 자음 본문을 다르게 구분함. 히, '앗시리아의 딸아' ㉤ 비블로스를 가리킴 ㉥ 히, '다시스'

꾸어 갔다.
15 ㉠드단 사람들도 너와 거래한 사람
들이다. 많은 섬이 너와 무역을 하였
다. 그들은 상아와 흑단을 가져다가,
물건 값으로 네게 지불하였다.
16 네가 물품이 많기 때문에, ㉡시리아
도 너와 무역을 하였다. 남보석과 자
주색 베와 수 놓은 천과 가는 베와
산호와 홍보석을 가지고 와서, 네 물
품들과 바꾸어 갔다.
17 유다와 이스라엘 땅 사람들도 너와
거래를 하였다. 그들은 민닛에서 생
산한 밀과 과자와 꿀과 기름과 유향
을 가지고 와서, 네 물품들과 바꾸
어 갔다.
18 너는 물건이 많고, 생산한 물품도 많
기 때문에, 다마스쿠스도 헬본의 포
도주와 자하르의 양 털을 가지고 와
서, 너와 무역을 하였다.
19 워단과 야완도 우잘에서 쇠와 계피
와 창포를 가지고 와서, 네 물품들과
바꾸어 갔다.
20 드단은 말을 탈 때에, 안장에 깔아
놓는 천을 가지고 와서, 네 물품들
과 바꾸어 갔다.
21 아라비아 사람들과 게달의 모든 지
도자가, 너와 무역을 하였는데, 새끼
양과 숫양과 숫염소들을 가지고 와
서, 무역을 하였다.
22 스바와 라아마의 상인들도 너와 거
래를 하였다. 그들이 최상품의 각종
향료와 각종 보석과 황금을 가지고
와서, 네 물품들과 바꾸어 갔다.
23 하란과 간네와 에덴과 스바와 앗시
리아와 길맛 상인들이 너와 거래를
하였다.
24 그들은 화려한 의복과, 청색 겉옷과,
수 놓은 옷감과, 다채로운 양탄자와,
단단히 꼰 밧줄을 가지고 와서, 네
물품들과 바꾸어 갔다.
25 다시스의 배들도 네 물품들을 싣고
항해하였다.

너는 화물선에 무겁게 물건을
가득 싣고 바다 한가운데로 나갔
다.
26 너의 선원들이 너를 데리고 바다
깊은 데로 나갔을 때에, 동풍이
바다 한가운데서 너를 파선시켰
다.
27 네가 멸망하는 날에 재물과, 상
품과, 무역품과, 네 선원과, 네 선
장과, 배의 틈을 막아 주는 사람
과, 무역품을 거래하는 사람과,
배에 탄 모든 군인과, 배에 탄 사
람들이 모두 바다 한가운데에 빠
진다.
28 네 선장들의 울부짖는 소리에 해
변 땅이 진동한다.
29 노 젓는 사람이 모두 배에서 내
린다. 선원들과, 사람들이 모두 뭍

두로의 파선을 슬퍼한다는 내용이다.

27:1–11 두로의 멸망에 대한 애가는 먼저 두로의 아름다움과 영광에 대해 묘사한다. 여기서는 두로*를 배에 비유하여* 그 아름답고 장엄한 자태를 묘사하였다. 두로를 배에 비유한 것은 두로가 바다로 둘러싸여 있는 섬들로 구성되었기 때문이다. 본절의 배는 여러 나라에서 가져온 값진 재료로 만들어졌다. 그래서 가장 고상하고 아름다운, 이상적인 배가 되었다. 이런 사실 때문에 두로는 자신이 흠없이 아름답다고 자랑하고 있다.

27:12–25 두로가 해상 무역을 통해 누렸던 영광을 서술하고 있다. 두로와 교역한 도시들의 이름은 지리적인 순서에 따라 기록되어 있다.

27:26–36 앞에서는 두로의 영광을 나타내기 위해 두로를 배에 비유했었다. 그런데 여기에서는 두로의 멸망을 나타내기 위해 다시 두로를 배에

㉠ 칠십인역에는 '로단' ㉡ 몇몇 히브리어 사본과 시리아어역에는 '에돔'

으로 올라와서,
30 파선된 너를 애석해 하면서, 큰소
리로 목놓아 울고, 비통하게 울부
짖는다. 머리에 티끌을 끼얹으며,
재 속에서 뒹군다.
31 네 죽음을 애도하여, 그들이 머리
를 빡빡 밀고 굵은 베 옷을 입으
며, 너 때문에 마음이 아파 울고
슬피 통곡할 것이다.
32 그들이 너를 애도하여 애가를 부
르며, 네 죽음을 이렇게 슬퍼할 것
이다.
바다 한가운데서 두로처럼 파멸
된 사람이 누구냐?
33 네가 무역품을 싣고 여러 바다로
나갈 때에, 너는 여러 백성을 충족
시켜 주었다. 네 많은 재물과 무역
품으로 세상의 왕들을 풍부하게
만들어 주었다.
34 그러나 이제 네가 파선되어, 깊은
바다에 잠기니, 네 무역품과 너와
함께 있는 선원이 너와 함께 깊이
빠져 버렸다.
35 섬에 사는 사람들이 네 소식을 듣
고 놀라며, 그들의 왕들이 크게
두려워하여 얼굴에 수심이 가득했
다.
36 뭇 민족의 상인들이 너를 비웃는
다. 멸망이 너를 덮쳤으니, 너는
이제 아무것도 아니다."

두로 왕에 대한 심판 예언

28 주님께서 나에게 말씀하셨다.
2 ○"사람아, 두로의 통치자에
게 전하여라.
나 주 하나님이 이렇게 말한다.
너의 마음이 교만해져서 말하기
를 너는 네가 신이라고 하고 네가
바다 한가운데 신의 자리에 앉아
있다고 하지만, 그래서, 네가 마음
속으로 신이라도 된듯이 우쭐대지
만, 너는 사람이요, 신이 아니다.
3 너는, ㉠다니엘보다 더 슬기롭다.
아무리 비밀스러운 것이라도 네게
드러나지 않는 것이 없다.
4 너는 지혜와 총명으로 재산을 모
았으며, 네 모든 창고에 금과 은을
쌓아 놓았다.
5 너는, 무역을 해도 큰 지혜를 가지
고 하였으므로, 네 재산을 늘렸
다. 그래서 네 재산 때문에 네 마
음이 교만해졌다.
6 그러므로 나 주 하나님이 말한
다. 네가 마음 속으로 신이라도 된
듯이 우쭐대니,
7 내가 이제 이방 사람들 가운데서
도 가장 잔인한 외국 사람들을 데
려다가, 너를 치게 하겠다. 그들이
칼을 빼서 네 지혜로 성취한 아름
다운 상품을 파괴하고, 네 영화를
더럽힐 것이다.

비유하고 있다. 크고 아름다운 배, 두로는 너무 많은 상품을 실었기 때문에 동풍에 의해 파선하여 바다에 가라앉고 만다. 두로와 경쟁하던 여러 나라들은 이것을 즐거워하였으며, 이후로 두로의 이름은 영원히 사라져 버렸다.

27:36 뭇 민족의 상인들 두로와 상업적으로 경쟁 관계에 있었던 나라들을 의미한다.

㉠ 히, '다넬'. 히브리어의 자음 표기가 예언자 다니엘과는 다르므로, 서로 다른 인물일 수도 있음

28장 요약 본장은 두로가 멸망당하게 된 원인과 두로의 이웃 나라인 시돈도 하나님의 심판을 당할 것임을 예언하고 있다. 본장에는 밝혀져 있지 않지만 시돈 역시 두로와 동일한 이유로 인해 심판을 선고받았을 것이다.

28:1-10 두로의 통치자는 스스로 하나님이 되려고 하다가 징벌을 당하였다. 인간의 지혜는 사람을 교만하게 만들어, 스스로 하나님의 통치에서

8 그들이 너를 구덩이에 내던지면,
너는 맞아 죽는 사람처럼 바다 한
가운데서 죽을 것이다.
9 너를 죽이는 사람들 앞에서도 네
가 신이라고 네가 감히 말할 수 있
겠느냐? 네가 사람들의 손에 찔
려 죽을 것이다. 너는 사람이요 신
이 아니다.
10 네가 외국 사람들의 손에 할례 받
지 못한 사람과 같이 죽을 것이
다. 내가 말하였기 때문이다. 나
주 하나님의 말이다."

두로 왕에 대한 애가

11 ○주님께서 나에게 말씀하셨다.
12 ○"사람아, 너는 두로 왕을 두고 애
가를 불러라. 너는 그에게 전하여라.
'나 주 하나님이 말한다. 너는
정교하게 만든 도장이었다. 지혜
가 충만하고 흠잡을 데 없이 아름
다운 도장이었다.
13 너는 옛날에 하나님의 동산 에덴
에서 살았다. 너는 온갖 보석으로
네 몸을 치장하였다. 홍보석과 황
보석과 금강석과 녹주석과 홍옥
수와 벽옥과 청옥과 남보석과 취
옥과 황금으로 너의 몸을 치장하
였다. 네가 창조되던 날에 이미 소
구와 비파도 준비되어 있었다.
14 나는 그룹을 보내어, 너를 지키게
하였다. 너는 하나님의 거룩한 산
에 살면서, 불타는 돌들 사이를
드나들었다.
15 너는 창조된 날부터, 모든 행실이
완전하였다. 그런데 마침내 네게
서 죄악이 드러났다.
16 물건을 사고 파는 일이 커지고 바
빠지면서 너는 폭력과 사기를 서
슴지 않았다. 그래서 내가 너를 더
럽게 여겨, 하나님의 거룩한 산에
서 쫓아냈다. 너를 지키는 그룹이,
너를 불타는 돌들 사이에서 추방
시켰다.
17 너는 네 미모를 자랑하다가 마음
이 교만하여졌고, 네 영화를 자랑
하다가 지혜가 흐려졌다. 그래서
내가 너를 땅바닥에 쓰러뜨려 왕
들 앞에 구경거리가 되게 하였다.
18 너는 죄를 많이 짓고 부정직하게
무역을 함으로써, 네 성소들을 더
럽혔다. 그러므로 내가 네 한가운
데 불을 질러 너를 삼키도록 하였
으며, 너를 구경하는 모든 사람의
눈 앞에서, 네가 땅바닥의 재가 되
도록 하였다.
19 뭇 민족 가운데서 너를 아는 모든
사람이 네 모습을 보고 깜짝 놀랐
다. 멸망이 너를 덮쳤으니, 이제
너는 아무것도 아니다.'"

시돈에 대한 심판 예언

20 ○주님께서 나에게 말씀하셨다.

벗어날 수 있다고 착각하게 한다. 두로의 통치자는 유리한 지리적 위치·경제적 번영·정치적 안정을 바탕으로 자신을 하나님으로 여기고, 자신의 *자리를 하나님의 보좌로 여겼다.*

28:10 할례 받지…죽을 것이다 두로에서 할례 받지 않은 자는 야만인 취급을 받았다. 이것은 두로 왕의 죽음이 매우 부끄러운 죽음임을 의미한다.

28:11-19 이방에 대한 예언들은 하나님의 예언자로부터 나오는 유일한 유형의 메시지이다. 이 메시지에서는 심판을 당하는 대상을 의인화하기도 한다. 에스겔 예언자는 두로 왕의 초기 시대를 창조 때의 인간의 무죄한 삶과 비교하고 있다. 하나님은 각종 보석으로 그를 창조하셨다(13절). 여기서 두로 왕은 에덴에 있었던 아담과 비교되고 있다. 아담이 창조될 때 죄가 없었던 것처럼 두로 왕도 왕위에 오를 때는 무죄했었다. 그러나 아담이 범죄하면서 그 죄가 하나님 앞에 드러난 것처럼 두로 왕의 불의도 드러나게 되었다. 그의 죄는 무역

21 ○"사람아, 너는 얼굴을 돌려 시돈을
바라보고, 그 성읍을 규탄하여 예언
을 하여라.
22 너는 전하여라.
'나 주 하나님이 말한다. 시돈
아, 내가 너를 치겠다. 내가 네 가
운데서 내 영광을 드러내겠다.
내가 너를 심판하고, 내가 거룩
함을 네 가운데서 나타낼 때에야
비로소 사람들이 내가 주인 줄 알
것이다.
23 내가 네게 전염병을 보내고, 너의
거리에 피가 냇물처럼 흐르게 하
겠다. 사방에서 적들이 몰려와서
칼로 너를 치면, 사람들이 네 한
가운데서 쓰러질 것이다. 그 때에
야 비로소 그들이, 내가 주인 줄
알게 될 것이다.'"

이스라엘이 복을 받을 것이다

24 ○"이스라엘 족속을 멸시하는 사방
의 모든 사람이, 다시는 이스라엘을
가시로 찌르거나 아프게 하지 않을
것이다. 그 때에야 비로소 그들이,
내가 주인 줄을 알 것이다."
25 ○주 하나님께서 이렇게 말씀하신
다.
○"내가 이스라엘 족속을 그들이 흩
어져 살던 여러 민족 가운데서 모아
오고, 이방 사람들이 보는 앞에서
내가 거룩한 하나님임을 그들에게
나타낼 때에, 그들이 자기들의 땅, 곧
내가 내 종 야곱에게 준 땅에서 살
게 될 것이다.
26 그들이 집을 짓고, 포도나무를 심
고, 평안히 그 땅에서 살 것이다. 내
가, 그들을 멸시하는 사람들을 모두
심판하면, 그들이 평안히 살 것이다.
그 때에야 비로소 그들이, 나 주가
자기들의 하나님임을 알게 될 것이
다."

이집트에 대한 심판 예언

29 제 십년 열째 달 십이일에 주님
께서 나에게 말씀하셨다.
2 ○"사람아, 너는 이집트 왕 바로에게
예언하여라. 바로와 전 이집트를 규
탄하여 예언하여라.
3 너는 이렇게 말하여 전하여라.
'나 주 하나님이 말한다. 이집트
왕 바로야, 내가 너를 치겠다. 나
일 강 가운데 누운 커다란 악어
야, 네가 나일 강을 네 것이라고
하고 네가 만든 것이라고 한다마
는,
4 내가 갈고리로 네 아가미를 꿰고,
네 강의 물고기들이 네 비늘에 달
라붙게 해서, 네 비늘 속에 달라
붙은 강의 모든 물고기와 함께 너
를 강 한복판에서 끌어내서,
5 너와 물고기를 다 함께 멀리 사막
에다 던져 버릴 것이니, 너는 허허

으로 인해 생긴 부에서 기인되었던 것이다(18절).
28:20-24 시돈에 대한 예언에는 다가오는 심판에 대한 상세한 내용이 설명되어 있지 않다. 하지만 시돈은 두로에게 종속되어 있었기 때문에, 두로에 대한 예언에 시돈의 멸망이 포함되어 있다.
28:25-26 포로 생활 후 이스라엘은 하나님의 거룩한 사랑과 능력을 받을 것이다. 하나님은 자신의 백성들이 하나님의 뜻에 순종하여서 형벌을 두려워하지 않고 안전하게 살아가기를 원하신다.

29장 요약 본장은 이집트의 멸망에 대한 예언이다. 이집트가 하나님의 심판을 당하게 된 이유는 이집트 왕 바로가 하나님의 주권을 인정하지 않고 스스로 세상의 주관자로 군림하려 했기 때문이다.

29:1-32:32 이집트에 대한 심판 예언이 일곱 개의 '하나님의 말씀'으로 선포되고 있다. 에스겔의 이 예언은 바로가 자신을 신격화하고, 제국의 힘

벌판에 나뒹그러질 것이다. 내가
너를 들짐승과 공중의 새에게 먹
이로 주었으니, 다시는 너를 주워
오거나 거두어 오는 사람이 없을
것이다.
6 그 때에야 비로소 이집트에 사는
모든 사람이, 내가 주인 줄 알게
될 것이다.
너는 이스라엘 족속을 속이는
갈대 지팡이밖에 되지 못하였다.
7 이스라엘 족속이 손으로 너를 붙
잡으면, 너는 갈라지면서 오히려
그들의 어깨를 찢었다. 너를 의지
하면, 너는 부러지면서 ㉠그들이
몸도 못 가누고 비틀거리게 하였
다.
8 ○그러므로 나 주 하나님이 말한
다. 내가 칼을 가져다가 너를 치겠
다. 사람과 짐승을 너에게서 멸절시
키겠다.
9 그러면 이집트 땅이 황폐한 땅 곧 황
무지가 될 것이니, 그 때에야 비로소
그들이, 내가 주인 줄 알 것이다. ○네
가 말하기를 나일 강은 네 것이고,
네가 만들었다고 하였으니,
10 내가 너와 네 강을 쳐서, 이집트 땅
을 믹돌에서부터 수에네까지와, ㉡에
티오피아의 국경선에 이르기까지, 황
폐한 땅 곧 황무지로 만들어 버리겠
다.
11 그 땅에는 사람의 발길도 끊어지고,
짐승들까지도 그 땅으로는 지나다니
지 않을 것이다. 그래서 사십 년 동
안, 사는 사람이 없을 것이다.
12 내가 이집트 땅을 황폐한 땅 가운데
서도 가장 황폐한 땅으로 만들겠고,
이집트의 성읍들도 사십 년 동안은,
황폐한 성읍 가운데서도 가장 황폐
한 성읍으로 만들어 버리겠다. 나는
이집트 사람들을 여러 민족 속에 흩
어 놓고, 여러 나라 속에 헤쳐 놓겠
다.
13 ○나 주 하나님이 말한다. 사십 년이
지나면, 여러 민족 속에 흩어져 있는
이집트 사람을, 내가 다시 이집트 땅
으로 모아들이겠다.
14 내가 포로가 된 사람들을 이집트로
돌아가게 하여, 그들의 고향 땅 곧
㉢상 이집트 땅으로 내가 그들을 데
려다 놓겠다. 그들은 거기에서 힘없
는 나라밖에 되지 못할 것이다.
15 나라들 가운데서 가장 힘없는 나라
가 되어서, 다시는 다른 민족들보다
높아지지 못할 것이다. 내가 그들을
작게 만들어서, 그들이 다른 백성들
을 다스릴 수 없게 하겠다.
16 이집트는 다시는 이스라엘 족속이
의지할 나라가 되지 못할 것이다. 이
스라엘은 이집트가 당한 것을 보고
서, 이집트에 의지하려 한 것이 얼마

으로 하나님의 나라 이스라엘을 지켜줄 수 있다고 하나님의 백성을 유혹했기 때문에 선포된 것이다.

29:1-16 이집트에 내려진 심판의 이유는 이집트 *왕 바로가 하나님의 주권을 인정하지 않고* 자신이 세상의 주관자로 군림하려 했기 때문이었다. 이제 하나님은 이집트의 땅과 강을 쳐서 황무지로 만드실 것이다. 그렇게 함으로써 이집트 땅은 바로의 주권 아래 있는 것이 아니라, 하나님의 주권 아래 있음을 알게 될 것이다. 또한 이집트 심판의 이유는 이스라엘이 더 이상 이집트의 미약한 힘을 의지하지 못하게 하기 위함이었다. 징벌의 때가 지나면, 이집트는 나라들 가운데서 가장 힘 없는 나라가 될 것이다.

29:4 내가 갈고리로 네 아가미를 꿰고 고대 이집트에서는 특수하게 제작된 낚시로 악어를 낚았다. 이 장면은 악어인 바로와(3절) 물고기인 이집트

㉠ 시리아어역과 칠십인역과 불가타를 따름. 히, '그들이 허리를 세우게 하였다' ㉡ 히, '구스'. 나일 강 상류지역 ㉢ 히, '바드로스'

나 잘못된 것이었는가를 상기하고,
그 때에야 비로소 그들이, 내가 주
하나님인 줄 알 것이다.'"

느부갓네살이 이집트를 정복할 것이다

17 ○**제 이십칠년 첫째 달 초하루에 주**
님께서 나에게 말씀하셨다.
18 **"사람아, 바빌로니아의 느부갓네살**
이 두로를 공격하려고 큰 군대를 동
원하였다. 그러나 무리한 작전으로
그의 군인들은 머리털이 다 빠져서
대머리가 되고, 어깨가 벗겨지기까지
하였으나, 그와 그의 군대가 두로를
치려고 애쓴 수고에 대한 보상을 두
로에서 받지 못하였다.
19 **그러므로 나 주 하나님이 말한다. 내**
가 바빌로니아 왕 느부갓네살에게
이집트 땅을 주겠다. 그가 이집트에
서 물건을 가져가고, 이집트를 약탈
하고 노략할 터이니, 그것이 그의 군
대에게 주는 보수가 될 것이다.
20 **그들이 수고한 것은 나를 도와서 한**
것이었으므로, 내가 그 보수로 이집
트 땅을 바빌론 왕에게 주었다. 나
주 하나님의 말이다.
21 ○**그 날이 오면, ㉠내가 이스라엘이**
새 힘을 가지게 하고, 너의 입이 열려
서 그들 한가운데서 외칠 수 있도록
말할 수 있는 능력을 네게 주겠다.
그 때에야 비로소 그들이, 내가 주인
줄 알 것이다."

주님께서 이집트를 심판하실 것이다

30 **주님께서 내게 말씀하셨다.**
2 ○**"사람아, 예언하여 전하여**
라.
'나 주 하나님이 말한다. 너희는
오늘 슬퍼하고 통곡하여라.
3 **그 날이 가까이 왔다. 주의 날이**
가까이 왔다. 어둡게 구름이 낀
날, 여러 민족이 멸망하는 그 때
가 왔다.
4 **이집트에 전쟁이 휘몰아치고, ㉡에**
티오피아는 큰 고통을 당할 것이
다. 이집트에서 많은 사람이 칼에
쓰러지고 재산을 약탈당할 때에,
이집트는 그 기초가 파괴될 것이
다.
5 **㉡에티오피아와 ㉢리비아와 ㉣리디**
아와, 아라비아와 굽과 모든 동맹
국의 백성들이 이집트 사람들과
함께 칼에 쓰러질 것이다.
6 **나 주가 말한다. 이집트를 지지**
하는 사람들이 쓰러질 것이며, 이
집트의 거만하던 권세가 꺾일 것
이고, 믹돌에서부터 수에네에 이
르기까지, 사람들이 칼에 쓰러질
것이다. 나 주 하나님의 말이다.
7 **이집트는 황폐한 땅 가운데서도**
가장 황폐한 땅이 될 것이며, 이집
트의 성읍들도 황폐한 성읍들 가
운데서도 가장 황폐한 성읍이 될

백성들이 이집트 땅에서 쫓겨나 사막으로 흩어지는 것을 묘사한 것이다(5절).

29:17–21 이집트 왕 호브라는 두로와 연합하여 바빌로니아에 대항하였다. 이에 느부갓네살은 두로를 13년 동안 포위하여 함락시켰다. 그리고 그 여세를 몰아 이집트를 공격하였고, 이집트 왕 호브라도 느부갓네살의 포로가 되었다.

㉠ 또는 '내가 이스라엘 집에 한 뿔이 자라게 하고' ㉡ 히, '구스'. 나일 강 상류지역 ㉢ 히, '붓' ㉣ 히, '룻'

30장 요약 에스겔은 본장에서 하나님의 날이 가까웠음을 선포하면서 이집트와 그 동맹국들이 하나님의 권세 앞에서 무너지고 말 것임을 예언한다. 이러한 예언은 국가의 장래나 개인의 생사화복이 오로지 하나님께 달려 있음을 분명히 가르쳐 준다.

30:1–19 하나님께서, 모든 나라를 심판하실 하나님의 날이 가까웠다고 선포하시면서, 이집트와

것이다.
8 내가 이집트에 불을 지르고 그 돕
는 자들을 멸절시키면, 그 때에야
비로소 그들이, 내가 주인 줄 알
것이다.
9 ○그 날이 오면, 내가 보낸 사자들이
배를 타고 가서, 안심하고 있는 ㉠에
티오피아 사람들을 놀라게 할 것이
다. 이집트가 고통을 받는 바로 그
날에, ㉠에티오피아 사람들이 고통
을 당할 것이다. 정말 그 일이 닥쳐
오고 있다.
10 나 주 하나님이 말한다. 내가 바빌
로니아 왕 느부갓네살을 보내어
이집트의 무리를 없애 버리겠다.
11 그 나라를 멸망시키려고, 그가 민
족들 가운데서도 가장 잔인한 군
대를 이끌고 갈 것이다. 그들이 칼
을 뽑아 이집트를 쳐서, 칼에 찔려
죽은 사람들을 그 땅에 가득 채
울 것이다.
12 내가 강을 마르게 하고, 그 땅을
악한 사람들의 손에 팔아 넘기고,
그 땅과 그 안에 풍성한 것을 다
른 나라 사람이 황폐하게 만들게
하겠다. 나 주가 말하였다.
13 나 주 하나님이 말한다. 내가
우상들을 멸절시키며, ㉡멤피스에
서 신상들을 없애 버리겠다. 이집
트 땅에 다시는 지도자가 나지 않
을 것이다. 내가 이집트 땅을 공포
에 사로잡히게 하겠다.
14 내가 ㉢상 이집트 땅을 황무지로
만들어 버리고, 소안에 불을 지르
고, ㉣테베를 심판하겠다.
15 또 내가 이집트의 요새인 ㉤펠루
시움에 내 분노를 쏟아 붓고, 테
베의 무리들을 멸하겠다.
16 내가 이집트에 불을 지르면 ㉤펠루
시움의 요새가 고통으로 몸부림
칠 것이고, 테베는 적에게 뚫릴 것
이며, 멤피스에는 날마다 적들이
쳐들어갈 것이다.
17 ㉥헬리오폴리스와 ㉦부바스티스의
젊은이들은 칼에 쓰러질 것이며,
주민은 포로로 끌려갈 것이다.
18 내가 이집트의 권세를 꺾어 버릴
때에, 드합느헤스는 대낮에 캄캄
해질 것이다. 그 교만하던 권세를
끝장낼 때에, 이집트 땅은 구름에
뒤덮일 것이고, 이집트의 딸들은
포로로 끌려갈 것이다.
19 내가 이렇게 이집트를 심판할 때
에야 비로소 그들은 내가 주인 줄
알게 될 것이다.'"

이집트 왕의 부러진 팔

20 ○제 십일년 첫째 달 칠일에 주님께
서 나에게 말씀하셨다.
21 "사람아, 내가 이집트 왕 바로의 한
쪽 팔을 부러뜨렸다. 치료하고 싸매

그 동맹국들에게 이날이 임할 것을 말씀하시고 있다. 이집트의 방어력은 떨어질 것이며, 이집트를 의지하던 나라들도 같은 재앙을 받게 될 것이다. 여기서 에스겔은 모든 인간적인 저항이 하나님의 권세 앞에서 무너져 가는 것을 바라본다. 그는 심판에 포함된 하나님의 백성들에게, 그들의 운명은 역사를 성취시켜 나가시는 하나님에 의해 결정된다는 사실을 보여 주고자 한다.
30:4 그 기초 이집트의 안정과 번영을 뒷받침한 규례와 법률을 의미한다.
30:20-26 하나님께서 이스라엘에게 아직도 이집트를 의지하고 있는 어리석은 희망을 버리라고 경고하시고 있다. 이집트가 바빌로니아 왕 느부갓네살에 의해 패퇴를 당할 것이라고 말씀해 주셨으나 이스라엘 백성들은 이 사실을 깨닫지 못하고 이집트로부터 헛된 구원만 기다리고 있었다.

㉠ 히, '구스'. 나일 강 상류지역 ㉡ 히, '놉' ㉢ 히, '바드로스' ㉣ 히, '노' ㉤ 히, '신' ㉥ 히, '아웬' ㉦ 히, '비베셋'

야 그 팔이 나아서 칼을 잡을 수 있
을 터인데, 치료도 못하고 싸매지도
못하고 약도 못 바르고 붕대를 감지
도 못하였으니, 그가 칼을 쥘 수 없
다.
22 그러므로 나 주 하나님이 말한다. 내
가 이집트 왕 바로를 대적하여, 성한
팔마저 부러뜨려 두 팔을 다 못 쓰
게 하고서, 그가 칼을 잡을 수 없게
하겠다.
23 내가 이집트 사람들을 여러 민족 가
운데 흩어 놓고, 여러 나라로 헤쳐
놓겠다.
24 내가 바빌로니아 왕의 두 팔을 강하
게 하고, 내 칼을 그의 손에 쥐어 주
겠지만, 바로의 두 팔은 부러뜨릴 터
이니, 바로가 바빌로니아 왕 앞에서,
칼에 찔린 사람처럼 크게 신음할 것
이다.
25 내가 바빌로니아 왕의 두 팔을 강하
게 하면, 바로의 두 팔은 떨어져 나
갈 것이다. 내가 바빌로니아 왕의 손
에 내 칼을 쥐어 주고, 그가 그 칼
을 뽑아서 이집트 땅을 칠 때에야,
비로소 그들은 내가 주인 줄 알 것
이다.
26 내가 이집트 사람들을 여러 민족 가
운데 흩어 놓고, 그들을 뭇 나라로
헤쳐 놓겠다. 그 때에야 비로소 그들
은, 내가 주인 줄 알 것이다."

한 때 백향목 같았던 이집트

31 제 십일년 셋째 달 초하루에 주
님께서 내게 말씀하셨다.
2 ○"사람아, 너는 이집트 왕 바로와
그의 무리에게 이렇게 전하여라.
'너의 위엄찬 모습을 누구와 비할
수 있겠느냐?
3 앗시리아는 한 때 레바논의 백향
목이었다. 그 가지가 아름답고, 그
그늘도 숲의 그늘과 같았다. 그 나
무의 키가 크고, 그 꼭대기는 구
름 속으로 뻗어 있었다.
4 너는 물을 넉넉히 먹고 큰 나무
가 되었다. 깊은 물줄기에서 물을
빨며 크게 자랐다. 네가 서 있는
사방으로는 강물이 흐르고, 개울
물이 흘러, 들의 모든 나무가 물
을 마셨다.
5 너는 들의 모든 나무보다 더 높게
자랐다. 흐르는 물이 넉넉하여 굵
은 가지도 무수하게 많아지고, 가
는 가지도 길게 뻗어 나갔다.
6 너의 큰 가지 속에서는 공중의 모
든 새가 보금자리를 만들고, 가는
가지 밑에서는 들의 모든 짐승이
새끼를 낳고, 그 나무의 그늘 밑에
서는 모든 큰 민족이 자리잡고 살
았다.
7 네가 크게 자라서 아름다워지고,
그 가지들이 길게 자라 뻗친 것

30:25 바빌로니아 왕 느부갓네살은 하나님의 심판의 도구였다. 그런데 이스라엘 백성들은 이 사실을 미처 깨닫지 못하고 이집트의 바로에게 도움을 바라고 있었다. 그리하여 그들은 바빌로니아 왕의 팔이 꺾이고 바로의 팔이 강해지길 바랐다. 그러나 하나님께 의지하는 것만이 재앙을 피할 수 있는 유일한 길이다. 하나님은 역사의 주관자로서 바로의 팔을 꺾기도 하시고, 바빌로니아 왕의 팔을 들어 주기도 하시는 분이시기 때문이다.

31장 요약 앗시리아가 바빌로니아에게 멸망당한 사실을 들어 이집트의 멸망 역시 필연적임을 경고하는 내용이다. 이러한 예언을 접한 유다 백성은 하나님께 무릎 꿇고 회개해야 마땅했으나 그들은 회개할 줄도 몰랐다.

31:1-18 본절의 예언이 전해질 당시의 예루살렘은 포위를 당한 채, 절망적인 저항을 계속하고 있었다. 그러나 B.C. 587년 6월에 예루살렘은 더 이

은, 네가 물 많은 곳에 뿌리를 내
렸기 때문이다.
8 하나님의 동산에 있는 백향목들
도 너에 비하면 아무것도 아니다.
잣나무들도 네 굵은 가지들과는
비교가 되지 않고, 단풍나무들도
네 가는 가지들만 못하다. 하나님
의 동산에 있는 어떤 나무도 너처
럼 아름답지는 못하였다.
9 내가 네 가지들을 많게 하고, 너
를 아름답게 키웠더니 하나님의
동산에 있는 에덴의 나무들이 모
두 너를 부러워하였다.
10 ○그러므로 나 주 하나님이 말한
다. 그 나무의 키가 커지고, 그 꼭대
기가 구름 속으로 뻗치면서, 키가 커
졌다고 해서, 그 나무의 마음이 교만
해졌다.
11 그러므로 나는 그 나무를 민족들의
통치자에게 넘겨 주고, 그는 그 나무
가 저지른 악에 맞는 마땅한 벌을
내릴 것이다. 나는 그 나무를 내버렸
다.
12 그래서 뭇 민족 가운데서 잔인한 다
른 백성들이 그 나무를 베어서 버렸
다. 그 가는 가지들은 산과 모든 골
짜기에 쓰러져 있고, 굵은 가지들은
그 땅의 모든 시냇물 가에 부러져 있
고, 세상의 모든 백성이 그 나무의
그늘에서 도망쳐 버렸다. 사람들이
이렇게 그 나무를 떠나 버렸다.
13 그 쓰러진 나무 위에 공중의 모든
새가 살고, 그 나무의 가지 사이
에서는 들의 모든 짐승이 산다.
14 그것은 물가의 나무들이 다시는 키
때문에 교만하지 못하게 하며, 그 꼭
대기가 구름 속으로 치솟아 오르지
도 못하게 하며, 물을 빨아들이는
모든 나무가 자신의 교만에 머물지
못하게 한 것이었다.
그것들은 모두 죽음에 넘겨져서,
지하로 내려가고, 깊은 구덩이로
내려가는 사람들 속에 들어 있게
하였기 때문이다.
15 ○나 주 하나님이 말한다. 그 나무가
㉠스올로 내려갈 때에, 내가 지하수
를 말리고, 강물을 막고, 흐르는 큰
물을 모두 멈추게 하겠다. 또 내가
레바논 산으로는 그 나무를 애도하
여 통곡하게 하겠고, 온 누리의 모든
나무는 그 나무를 애도하여 시들어
죽게 하겠다.
16 내가 그 나무를 ㉠스올로 내려 보낼
때에는, 깊은 구덩이로 내려가는 사
람들과 함께 그 나무를 그리로 보낼
것이니, 그 나무가 ㉠스올로 떨어지
는 큰소리를 듣고서, 뭇 민족이 벌벌
떨 것이다. 이미 ㉠스올에 가 있는 에
덴의 모든 나무와, 물을 흠뻑 먹으며
자란 레바논 산의 가장 좋은 나무들

상 버티지 못하고 결국 함락되고 말았다. 그러나 에스겔은, 백성들이 절대적인 힘을 행사하시며 온 세상을 일관성 있게 자신의 목적대로 다스려 나가시는 하나님을 바라보도록 권고하고 있다. 물론 백성들은 이스라엘의 절망적인 운명과 이방의 멸망을 무의미하게 바라보면서, 하나님의 영광은 이제 사라져 버렸다고 생각할 수도 있다. 하지만 각 나라뿐 아니라 세계의 역사는 모두 하나님의 주관 아래 진행되고 있다.

31:16 스올로 떨어지는 큰소리를…벌벌 떨 것이다 여러 나라가 강력했던 앗시리아가 망하는 모습을 보고 놀라게 된다는 의미이다. 아무리 강한 나라일지라도 교만하여 하나님을 경멸하면, 전성기라 할지라도 멸망당하는 일이 많다. 이로 인하여 하나님의 살아 계심이 나타난다. 물을 흠뻑 먹으며… 나무들 하나님의 은혜로 강성해진 나라들의 왕들을 말한다.

㉠ 또는 '무덤' 또는 '죽음'

이, 그 나무가 이렇게 심판을 받는
것을 보고는, ㉠스올에서 큰 위로를
받을 것이다.
17 나무들도 그 나무와 함께 ㉠스올로
내려가서, 이미 거기에 먼저 와 있던
나무들, 곧 칼에 찔려서 살해된 자
들, 살아 생전에 그 나무의 그늘 밑
에서 살다가 ㉠스올로 들어온 자들
에게로 갈 것이다.
18 ○에덴의 나무들 가운데서 어떤 나
무가 너처럼 화려하고 컸더냐? 그러
나 너도 이제는 에덴의 나무들과 함
께 ㉠스올로 끌려가서, 할례받지 못
한 사람들 가운데 섞여, 칼에 찔려
죽은 사람들과 함께 누울 것이다.
바로와 그의 백성 모두가 이렇게 될
것이다. 나 주 하나님의 말이다.'"

악어와 같았던 이집트

32 제 십이년 열두째 달 초하루
에, 주님께서 나에게 말씀하셨
다.
2 ○"사람아, 너는 이집트 왕 바로를 두
고 애가를 불러라. 너는 그에게 알려
주어라.
'너는 스스로 네가 만방의 사자라
고 생각하지만, 너는 나일 강 속에
있는 악어이다. 뾰족한 코로 강물
을 흩뿌리고 발로 강물을 휘저으
면서 강물을 더럽혔다.
3 그러므로 나 주 하나님이 말한다.
내가 많은 백성을 불러와서, 그들
이 보는 앞에서 그물을 던져 너를
잡고, 예인망으로 너를 끌어올려
서,
4 땅바닥에 내던지고 들판에 내동
댕이치겠다. 공중의 새를 데려다
가 네 몸 위에 내려앉게 하며, 온
땅의 들짐승들이 너를 뜯어먹고
배부르게 하겠다.
5 너의 살점을 이산 저산에 흩어 놓
으면 골짜기마다 ㉡네 시체로 가득
찰 것이다.
6 내가 네 피로 땅을 적시고, 산꼭
대기까지 적실 것이니, 시내마다
네 피가 철철 넘쳐 흐를 것이다.
7 내가 네 빛을 꺼지게 할 때에, 하
늘을 가려 별들을 어둡게 하고,
구름으로 태양을 가리고, 달도 빛
을 내지 못하게 하겠다.
8 하늘에서 빛나는 광채들을 모두
어둡게 하고, 네 땅을 어둠으로 뒤
덮어 놓겠다. 나 주 하나님의 말이
다.
9 ㉢네가 망했다는 소식을 내가
뭇 민족에게 알리면, 뭇 민족이 네
가 알지도 못하던 그 나라들이 네
가 망했다는 소식을 듣고, 불안에
떨 것이다.
10 많은 백성이 보는 앞에서 내가 칼
을 휘둘러 너를 치면, 그들은 소

32장 요약 본장은 두로의 멸망에 대한 애가(27장)에 견줄 수 있는 이집트의 멸망에 대한 애가이다. 그러나 이 역시 한때 온 세계의 통치자로 군림하였던 이집트의 멸망을 진심으로 애도한 노래가 아니라 그러한 그들이 하나님의 진노를 당해 결국 망하게 되었음을 조소한 것이다.

32:1-10 본절은 이집트 왕 바로에 대한 파멸을 선언하고 있다. 그러나 궁극적으로, 이 파멸은 하나님께 반항하는 온 세상 나라들에게 내려지는 보편적인 심판과 연결되어 있다. 에스겔이 하나님으로부터 받은 예언 날짜는 예루살렘이 함락된 지 불과 2개월 남짓한 때였다. 그러므로 에스겔은 유다의 포로 된 백성들에게, 하나님께서 예루살렘뿐만 아니라 온 세상의 모든 영역에서 심판을 계

㉠ 또는 '무덤' 또는 '죽음' ㉡ 심마쿠스역과 시리아어역과 불가타를 따름. **히**, '네 높은 키' ㉢ 칠십인역에는 '내가 너를 뭇 민족 가운데 포로로 잡혀가게 하면'

스라쳐 놀라고, 또 내가 그들의 왕
앞에서 나의 칼을 휘둘러 너를 치
면, 네가 받은 형벌을 보고 모두
벌벌 떨 것이며, 네가 쓰러지는 그
날에는, 왕들마다 목숨을 잃을까
봐 떨 것이다.
11 나 주 하나님이 말한다. 바빌로
니아 왕의 칼이 네게 미칠 것이다.
12 내가 용사들의 칼로 너의 무리를
쓰러뜨리겠다. 그들은 뭇 민족 가
운데서 가장 잔인한 사람들이다.
이집트가 자랑하던 것을 그들이
박살내며, 이집트의 온 무리를 그
들이 멸망시킬 것이다.
13 내가 그 큰 물 가에서 모든 짐승
을 없애 버리면, 다시는 사람의 발
이 그 물을 흐리게 하지 못하고,
짐승의 발굽도 그 물을 흐리게 하
지 못할 것이다.
14 그리고 나서 내가 그 강물을 맑게
하여, 모든 강물이 기름처럼 흐르
게 하겠다. 나 주 하나님의 말이
다.
15 내가 이집트 땅을 황무지로 만
들면, 그래서 그 땅에 가득 찬 풍
요가 사라지면, 내가 그 땅에 사
는 모든 사람을 치면, 그 때에야
비로소 그들이, 내가 주인 줄 알 것
이다.
16 이것이 그들이 부를 애가다. 여러
민족의 딸들이 이것을 애가로 부
를 것이다. 그들은 이것을 이집트
와 그 나라의 온 무리를 애도하는
조가로 부를 것이다. 나 주 하나님
의 말이다.'"

죽은 자들의 세계

17 ○제 십이년 ㉠첫째 달 십오일에 주님
께서 나에게 말씀하셨다.
18 "사람아, 너는 이집트의 무리를
애도하여 슬피 울고, 이집트와 열
강의 딸들을, 깊은 구덩이로 내려
가는 사람들과 함께, 지하로 보내
면서 일러라.
19 '도대체 네가 누구보다 더 아름답
다는 거냐? 너는 아래로 내려가
서 할례받지 못한 자들과 함께 누
워라' 하여라.
20 ○그들은 칼에 찔려 죽은 사람들
한가운데로 떨어질 것이다. 칼이 이
미 이집트의 목을 겨누고 있으니, 이
집트와 그의 온 군대를 지하로 내려
보내라.
21 그러면 스올에 있는 강한 용사들이
부하들과 함께 바로의 무리에게 이
르기를 '저 할례받지 못한 자들이,
저 칼에 찔려 죽은 자들이, 이 곳 아
래로 떨어져 눕는다' 할 것이다.
22 ○그 곳에는 앗시리아가 묻혀 있고,
그의 군대가 함께 묻혀 있다. 사방에
그들의 무덤이 있다. 그들은 모두 칼

획하시고 있음을 확신시켜 주려고 하는 것이다. 이집트 왕의 파멸을 다시 반복하는 이유는, 세상의 주관자 하나님께서 모든 나라가 그분의 발 아래 복종하기까지 이 세상을 새롭게 만들어 가시는 것을 보여 주기 위해서이다. 이런 의미에서, 이집트의 멸망은 세계 재앙의 날의 예표적인 사건으로 이해되는 것이다(7–10절).

32:11–16 여기서는 이집트 왕 바로가 바빌로니아 왕 느부갓네살에 의해 심판당할 것임을 확실한 역사적 사건으로 예언하고 있다.

32:17–32 이집트에 대한 에스겔의 마지막 예언은 지금까지 완전히 계시되지 않았던 새로운 신앙적 차원을 계시해 준다. 바로 그 중심 주제는 죽음이다. 이제 이스라엘은 죽음이 끝을 의미하는 것이 아니라는 사실을 새롭게 인식할 때가 온 것이다. 곧 그들은 죽음 저 너머의 세계를 이해해야 한다. 비록 여기서 에스겔이 '천국'이나 '지옥'이란 단어

㉠ 칠십인역을 따름. 히브리어 본문에는 '첫째 달'이 없음

에 찔려 죽은 전사자들이요, 칼에
쓰러진 자들이다.
23 앗시리아의 무덤은 구덩이의 가장
깊은 밑바닥에 마련되었고, 그 무덤
의 둘레에는 앗시리아의 군대가 묻
혀 있는데, 그들은 모두가 칼을 맞고
쓰러진 자들로서, 칼에 찔려 죽은 전
사자들, 살아 있는 사람들의 세상에
서 사람들에게 겁을 주던 자들이다.
24 ○그 곳에는 엘람이 묻혀 있고, 그
무덤 둘레에는 엘람의 온 군대가 묻
혀 있다. 그들은 모두가 칼을 맞고
쓰러진 자들, 칼에 찔려 죽은 전사
자들이다. 그들은 할례를 받지 못한
자들로서, 지하에 내려갔다. 그들은
살아 있는 사람들의 세상에서 사람
들에게 겁을 주던 자들이었으나, 이
제는 깊은 구덩이로 내려간 자들과
함께 자신들의 수치를 뒤집어쓰고
있다.
25 엘람의 침상은 칼에 찔려 죽은 전사
자들 한가운데 놓여 있고, 그 무덤
의 둘레에는 엘람의 군대가 모두 묻
혀 있다. 그들은 모두 할례를 받지
못한 자들이요, 칼에 찔려 죽은 전
사자들이요, 살아 있는 사람들의 세
상에서 사람들에게 겁을 주던 자들
이었으나, 이제는 깊은 구덩이로 내
려간 자들과 함께 자신들의 수치를
뒤집어쓰고 있다. 이제는 칼에 찔려
죽은 전사자들과 함께 누워 있다.
26 ○그 곳에는 메섹과 두발이 묻혀 있
고, 그 무덤의 둘레에는 그들의 군대
가 모두 묻혀 있다. 그들은 모두 할
례를 받지 못한 자들이요, 칼에 찔
려 죽은 전사자들이요, 살아 있는
사람들의 세상에서 사람들에게 겁
을 주던 자들이었다.
27 그러나 그들은, 전쟁 무기를 가지고
스올로 내려가 칼을 베개로 삼아 베
고 ㉠방패를 이불로 삼아 덮고 자는
고대의 전몰 용사들과 함께 눕지는
못하였다. 그들은 살아 있는 사람들
의 세상에서는 사람들에게 겁을 주
던 자들이었다.
28 ○이제 너 이집트는 패망하여, 칼에
찔려 죽은 자들과 함께, 할례를 받
지 못하고 죽은 자들과 함께 누울
것이다.
29 ○그 곳에는 에돔 곧 에돔의 왕들과
그 모든 지도자가 묻혀 있다. 그들은
용맹스러웠으나, 지금은 칼에 찔려
죽은 전사자들과 함께 누워 있고,
할례를 받지 못하고 무덤으로 내려
간 자들과 함께 누워 있다.
30 그 곳에는 북쪽의 모든 우두머리와
모든 시돈 사람이 묻혀 있다. 그들은
칼에 찔려 죽은 전사자들과 함께 지
하로 떨어졌다. 그들이 세상에서는
두려움을 떨치고 힘을 자랑하였으

를 사용하여 명확한 구분은 하지 않았지만, 스올의 내부에는 구분이 있음을 주지시키고 있다. 여기에는 명예스러운 장소와 불명예스러운 장소가 있다. 불명예스러운 장소에는 '살아 있는 사람들의 세상에서 사람들에게 겁을 주던 자들'(23-27,32절)이 거처하고 있다. 그래서 그들은 스올에서 수치스러운 장소를 차지하고 있는 것이다. 이집트 또한, 수치스러운 장소로 가게 될 것이다. 여기에서 에스겔은 다음의 사실을 암시하고 있다. 곧 살아 있는 자들에게 내려진 심판은, 그들이 악을 깨닫고 악에서 돌아설 수 있는 가능성을 남겨 두고 있다는 점이다.

32:31-32 이제까지 언급한 여러 나라의 모습이 바로에게도 그대로 적용된다. 그들은 현명하고 부유하고 강한 자들이었다. 하지만 그들이 어떻게 황폐하게 되었는지를 볼 때, 자신들은 평안할 것이란 희망을 품고 자부할 어떠한 이유도 없다.

㉠ 히. '죄를'

나, 이제는 수치를 당하게 되고, 할
례를 받지 못하고 죽은 자들, 칼에
찔려 죽은 전사자들과 함께 누워 있
고, 깊은 구덩이로 내려간 사람들과
함께 수치를 뒤집어쓰고 있다.
31 ○바로와 그의 온 군대가 칼에 찔려
죽었지만, 지하에 내려가서, 이미 거
기에 와 있는 군대를 모두 보고서는,
그들이 위로를 받을 것이다. 나 주
하나님의 말이다.
32 ○살아 있는 사람들의 세상에서 바
로가 사람들에게 겁을 준 것은, 사
실은, 내가 그렇게 하도록 시킨 것이
다. 그러나 이제는 바로가 자기의 모
든 군대와 함께 할례받지 못한 자들
과 섞여, 칼에 찔려 죽은 전사자들과
함께 무덤에 눕게 될 것이다. 나 주
하나님의 말이다."

하나님이 에스겔을 파수꾼으로 세우시다

(겔 3:16-21)

33 주님께서 나에게 말씀하셨다.
2 ○"사람아, 너는 네 민족의
자손 모두에게 전하여라. 너는 그들
에게 말하여라. 만일 내가 어떤 나
라에 전쟁이 이르게 할 때에, 그 나
라 백성이 자기들 가운데서 한 사람
을 뽑아서, 파수꾼으로 세웠다고 하
자.
3 이 파수꾼은 자기 나라로 적군이 접
근하여 오는 것을 보고 나팔을 불
어, 자기 백성에게 경고를 하였는데
도
4 어떤 사람이 그 나팔 소리를 분명히
듣고서도 경고를 무시해서, 적군이
이르러 그를 덮치면, 그가 죽은 것은
자기 탓이다.
5 그는 나팔 소리를 듣고서도 그 경고
를 무시하였으니, 죽어도 자기 탓인
것이다. 그러나 파수꾼의 나팔 소리
를 듣고서 경고를 받아들인 사람은
자기의 목숨을 건질 것이다.
6 그러나 만일 그 파수꾼이, 적군이 가
까이 오는 것을 보고서도 나팔을 불
지 않아서, 그 백성이 경고를 받지
못하고, 적군이 이르러 그들 가운데
어떤 사람을 덮쳤다면, 죽은 사람은
자신의 죄 때문에 죽은 것이지만, 그
사람이 죽은 책임은 내가 파수꾼에
게 묻겠다.
7 ○너 사람아, 내가 너를 이스라엘 족
속의 파수꾼으로 세웠다. 그러므로
너는 내가 하는 말을 듣고, 나를 대
신하여 그들에게 경고하여라.
8 내가 악인에게 말하기를 '너는 반드
시 죽을 것이다' 하였는데도, 네가
그 악인에게 말하여 그가 악한 길을
버리고 떠나도록 경고하지 않으면,
그 악인은 자신의 죄가 있어서 죽을
것이지만, 그 사람이 죽은 책임은 내
가 너에게 묻겠다.

33장 요약 본장에는 이스라엘의 파수꾼으로서의 임무를 부여받은 에스겔의 사명이 언급되어 있다. 누구든지 하나님 앞에서 범죄한 자는 반드시 자신의 죄에 대한 책임을 져야 한다. 그러나 하나님은 회개한 자들은 반드시 용서해 주시므로, 회개하지 않는 자들만 멸망당할 것이다.

33:1–33 본장은 역사적 사실의 기술인 21–22절을 중심으로 하여 두 부분으로 나누어진다. 앞부분은(1–20절) 다가올 미래의 사역을 위하여 에스겔이 다시 소명을 받는 장면이 나오고, 뒷부분은(23–33절) 예루살렘 성이 함락된 이후 패역한 백성들을 향한 에스겔의 메시지와 이에 대한 그들의 반응과 태도가 나오고 있다. 예루살렘의 함락은 에스겔의 사역에 있어서 중요한 전환점이 된다. 성이 함락되기 전에는 하나님께서 이스라엘의 죄상을 고발하고 이에 대한 심판을 선포하도록 에스겔을 이스라엘의 파수꾼으로 세우셨지만,

9 네가 악인에게, 그의 길에서 떠나서
거기에서 돌이키도록 경고하였는데
도, 그가 자신의 길에서 돌이키지 않
으면, 그는 자신의 죄 때문에 죽지
만, 너는 목숨을 보존할 것이다."

개인의 책임

10 ○"그러므로 너 사람아, 너는 이스라
엘 족속에게 전하여라. 그들이 말하
기를 '우리의 온갖 허물과 우리의 모
든 죄악이 우리를 짓눌러서, 우리가
그 속에서 기진하여 죽어 가고 있는
데, 어떻게 우리가 살 수 있겠는가?'
하였다.
11 너는 그들에게 전하여라. '나 주 하
나님의 말이다. 내가 내 삶을 두고
맹세한다. 나는, 악인이 죽는 것을
기뻐하지 않고, 오히려 악인이 그의
길에서 돌이켜 떠나 사는 것을 기뻐
한다. 너희는 돌이켜라. 너희는 그
악한 길에서 돌이켜 떠나거라. 이스
라엘 족속아, 너희는 왜 죽으려고 하
느냐?' 하여라.
12 ○너 사람아, 네 민족의 자손 모두에
게 전하여라. 의인이라고 해도 죄를
짓는 날에는 과거의 의가 그를 구원
하지 못하고, 악인이라고 해도 자신
의 죄악에서 떠나 돌이키는 날에는
과거의 악이 그를 넘어뜨리지 못한
다고 하여라. 그러므로 의인도 범죄
하는 날에는 과거에 의로웠다는 것
때문에 살 수는 없다.
13 내가 의인에게 말하기를 '그는 반드
시 살 것이다' 하였어도, 그가 자신
의 의를 믿고 악한 일을 하면, 그가
행한 모든 의로운 행위를 내가 전혀
기억하지 않을 것이다. 그는 그가 범
한 바로 그 죄 때문에 죽을 것이다.
14 그러나 내가 악인에게 말하기를 '너
는 반드시 죽을 것이다' 하였어도,
그가 자기의 죄에서 떠나 돌이켜서,
법과 의를 행하여,
15 전당물을 돌려 주고, 탈취한 물건을
보상하여 주며, 생명으로 인도하는
규정들을 따라 살아, 악한 일을 하
지 않으면, 그는 죽지 않고 반드시
살 것이다.
16 그가 저지른 모든 죄악을 내가 기억
하지 않을 것이다. 그는 법과 의를
따라서 사는 사람이니, 반드시 살 것
이다.
17 ○그런데도 네 민족 모두가 '주님께서
는 하시는 일이 공평하지 못하다!'
하고 말한다. 그러나 공평하지 못한
것은 오히려 너희가 하는 일이다.
18 의인이 의로운 행실을 버리고 돌아
서서 악한 일을 하면, 그것 때문에
그는 죽을 것이다.
19 그러나 악인도 자신이 저지른 죄악
에서 떠나, 돌이켜 법과 의를 따라서
살면, 그것 때문에 그는 살 것이다.

함락된 후에는 절망과 좌절에 빠져 있는 백성들을 위로하고 구원과 소망의 메시지를 선포하게 하신다. 성이 함락된 후의 에스겔의 메시지는 새 생명의 길을 보여 준다. 이전에 알지 못했던 새로운 형태의 영광스러운 하나님 나라의 도래에 대한 확신과 소망을 외치는 데에서 에스겔의 메시지의 궁극적인 핵심을 찾을 수 있다.

33:10-20 에스겔의 미래 사역을 위해 하나님께서는 그의 소명을 새롭게 하신다. 이스라엘의 파수꾼으로서 에스겔은 절망으로 인하여 하나님의 자비를 의심하는 자들에게 누구든지 죄에서 돌이키고 하나님께로 나아오는 자는 하나님께서 멸망 중에서 건지시고 생명으로 인도하실 것이라는 구원의 메시지를 전해야 한다.

33:15 생명으로 인도하는 규정들 사람이 준행하여 생명을 얻게 될 하나님의 언약을 가리킨다(레 18:5;신 30:16).

33:17-20 18:25-30의 말씀을 인용하고 있다.

20 그런데도 너희는 '주님께서 하시는
일이 공평하지 못하다' 하고 말한다.
이스라엘 족속아, 나는 너희 각 사
람이 한 일에 따라서 너희를 심판하
겠다."

예루살렘의 함락 소식

21 ○우리가 포로로 잡혀 온 지 십이년
째가 되는 해의 열째 달 오일에, 예
루살렘에서 도망하여 온 사람이 내
게로 와서, 그 성읍이 함락되었다고
말하였다.
22 도망하여 온 그 사람이 오기 전날
저녁에, 주님의 권능이 나를 사로잡
아서, 나의 입을 열어 주셨다. 그 사
람이 아침에 나에게로 올 즈음에는
내 입이 열려 있었으므로, 나는 이
제 말을 못하는 사람이 아니다.

백성의 죄

23 ○주님께서 나에게 말씀하셨다.
24 ○"사람아, 이스라엘 땅의 저 폐허
더미에 사는 사람들이 이런 말을 하
고 있다. '아브라함은 한 개인인데도
이 땅을 차지하였는데, 하물며 수가
많은 우리들이야 더 말해 무엇하겠
느냐?' 한다. 또 하나님께서 이 땅을
자기들의 소유로 주었다고 말한다.
25 ○그러므로 너는 그들에게 전하여
라.
○'나 주 하나님이 말한다. 너희는 피
를 빼지 않은 고기를 먹고, 온갖 우
상에게 눈을 팔고, 사람들이 피를
흘리게 하였다. 그러면서도 너희가
그 땅을 차지하려고 하느냐?
26 너희는 칼을 의지하였고, 역겨운 일
을 저질렀다. 너희는 서로 이웃 사람
의 아내를 더럽혀 놓았다. 그러면서
도 너희가 그 땅을 차지하려고 하느
냐?'
27 ○너는 그들에게 또 전하여라. ○'나
주 하나님이 말한다. 내가 나의 삶을
두고 맹세한다. 폐허 더미 속에 있는
사람들은 칼에 쓰러질 것이요, 들판
에 있는 사람들은, 내가 들짐승들에
게 잡혀 먹도록 하겠으며, 산성과 동
굴에 있는 사람들은 전염병에 걸려
서 죽게 하겠다.
28 내가 그 땅을 황무지와 폐허로 만들
어 놓으면, 그 거만하던 권세도 끝장
이 날 것이고, 이스라엘의 모든 산은
메말라서, 사람이 얼씬도 하지 않을
것이다.
29 그들이 저지른 그 모든 역겨운 일 때
문에, 내가 그 땅을 황무지와 폐허로
만들어 놓으면, 그 때에야 비로소 그
들이, 내가 주인 줄 알게 될 것이다.'"

예언자의 말

30 ○"너 사람아, 네 민족의 자손 모두
가 담 밑이나 집 문간에서 네 이야기
를 하며, 자기들끼리 서로 말하기를
'어서 가서, 주님께서 그에게 무슨 말

33:21-22 24:25-27의 예언의 말씀이 그대로 성취되는 장면이다.

33:23-29 예루살렘의 함락 소식이 전해진 이후, 에스겔이 받은 하나님의 말씀은 위로가 아닌 책망의 말씀이었다. 황폐해진 성 안에 남아 있는 유다 백성들은 성이 함락되었는데도 아직도 하나님의 약속에 대해 허황되고 그릇된 신념을 갖고 있었다. 곧 그들은 하나님을 신뢰하는 것이 아니라, 자신들이 아브라함의 육적인 자손들이라는 헛된 자부심을 신뢰하고 있었다. 이들의 그릇된 신념은 교만에서 비롯된 것이었다. 하나님은 이들의 교만을 징계를 통해 철저히 꺾어 버리실 것이다.

33:30-33 본절은 에스겔 개인에게 주신 말씀으로, 에스겔과 함께 포로 된 유다 백성들의 태도와 그의 메시지에 대한 반응이 잘 나타나고 있다. 에스겔은 백성들의 위선적이고 뻔뻔한 태도와 반응에 상관없이 하나님의 말씀을 있는 그대로 전해야만 하였다(참조. 2:5-7).

씀을 하셨는지 들어나 보자' 하면서,
31 마치 호기심 많은 사람들이 무슨 구
경거리를 보러 오듯이 너에게 올 것
이다. 그러나 그들은, 네가 하는 말
을 듣기만 할 뿐, 그 말에 복종하지
는 않을 것이다. 그들이 입으로는 달
갑게 여기면서도, 마음으로는 자기
들의 욕심을 따르기 때문이다.
32 그들은 너를, 악기를 잘 다루고 듣기
좋은 목소리로 ㉠사랑의 노래나 부르
는 가수쯤으로 생각한다. 그래서 그
들은, 네가 하는 말을 듣기만 할 뿐,
그 말에 복종하지는 않는다.
33 그러나 내가 너에게 시켜서 한 그 말
은 반드시 이루어진다. 그 말씀이 이
루어지면, 그 때에야 비로소 그들 가
운데 예언자가 있었다는 것을, 그들
이 알게 될 것이다."

이스라엘의 목자들

34 주님께서 나에게 말씀하셨다.
2 ○"사람아, 너는 이스라엘의
목자들을 쳐서 예언하여라. 너는 그
목자들을 쳐서 예언하여라. ○'나 주
하나님이 이렇게 말한다. 자기 자신
만을 돌보는 이스라엘의 목자들에
게 화가 있을 것이다! 목자들이란
양 떼를 먹이는 사람들이 아니냐?
3 그런데 너희는 살진 양을 잡아 기름
진 것을 먹고, 양털로 옷을 해 입기
는 하면서도, 양 떼를 먹이지는 않았
다.
4 너희는 약한 양들을 튼튼하게 키워
주지 않았으며, 병든 것을 고쳐 주지
않았으며, 다리가 부러지고 상한 것
을 싸매어 주지 않았으며, 흩어진 것
을 모으지 않았으며, 잃어버린 것을
찾지 않았다. 오히려 너희는 양 떼를
강압과 폭력으로 다스렸다.
5 목자가 없기 때문에, 양 떼가 흩어져
서 온갖 들짐승의 먹이가 되었다.
6 내 양 떼가 모든 산과 모든 높은 언덕
에서 헤매고, 세계 각처에까지 흩어
지게 되었는데도, 그 양 떼를 찾으려
고 물어 보는 목자가 하나도 없었다.
7 ○그러므로 너희 목자들아, 너희는
나 주의 말을 들어라.
8 나 주 하나님의 말이다. 내가 나의
삶을 두고 맹세한다. 내 양 떼가 약
탈을 당하고, 참으로 내 양 떼가 온
갖 들짐승에게 공격을 당하고 살육
당하여 그것들의 먹이가 된 것은, 목
자가 없기 때문이다. 내 목자들이라
고 하는 자들은 내 양 떼를 찾으려
고 나서지 않았다. 그 목자들은 양
떼를 잡아서 자기들의 배만 채우고,
내 양 떼는 굶겼다.
9 그러므로 목자들아, 너희는 나 주의
말을 들어라.
10 나 주 하나님이 말한다. 내가 그 목
자들을 대적하여 그들에게 맡겼던

34장 요약 본장에서 에스겔은 거짓 목자와 참 목자의 비유를 들어 유다 백성에게 하나님의 인도함을 받는 것만이 진정으로 살 길임을 교훈하고 있다. 우리는 참 목자 되신 그리스도만을 삶의 주관자로 여겨 그분께 절대 순종해야 한다.

34:1-10 에스겔은 이스라엘의 정치 지도자들에게 하나님의 심판을 선포하고 있다. 이스라엘의 지도자들은 백성들을 잘못 인도한 것에 대한 책임을 져야 한다. 그들의 행위는 남에게 중요한 영향을 끼칠 수도 있기 때문이다. 더욱이 지도자들은 백성들에게 가한 악에 대해 마땅한 책임을 져야 한다.

34:11-24 하나님께서 하나님의 백성을 만드시려는 계획은 인간의 죄로 말미암아 깨어지게 되었다. 그러나 하나님의 근본적인 계획은 그대로 진

㉠ 히. '사랑의 노래쯤으로'

내 양 떼를 되찾아 오고, 다시는 그
들이 내 양을 치지 못하게 하겠다.
그러면 그 목자들이 다시는 양 떼를
잡아서 자기들의 배나 채우는 일은
못할 것이다. 내가 이렇게 그들의 입
에서 내 양 떼를 구출해 내면, 내 양
떼가 다시는 그들에게 잡아 먹히지
않을 것이다.'"

하나님은 선한 목자

11 ○"참으로 나 주 하나님이 말한다.
내가 나의 양 떼를 찾아서 돌보아 주
겠다.
12 양 떼가 흩어졌을 때에 목자가 자기
의 양들을 찾는 것처럼, 나도 내 양
떼를 찾겠다. 캄캄하게 구름 낀 날
에, 흩어진 그 모든 곳에서, 내 양 떼
를 구하여 내겠다.
13 내가 여러 민족 속에서 내 양 떼를
데리고 나오고, 그 여러 나라에서 그
들을 모아다가, 그들의 땅으로 데리
고 들어가서, 이스라엘의 산과 여러
시냇가와 그 땅의 모든 거주지에서
그들을 먹이겠다.
14 기름진 초원에서 내가 그들을 먹이
고, 이스라엘의 높은 산 위에 그들의
목장을 만들어 주겠다. 그들이 거기
좋은 목장에서 누우며, 이스라엘의
산 위에서 좋은 풀을 뜯어 먹을 것
이다.
15 내가 직접 내 양 떼를 먹이고, 내가
직접 내 양 떼를 눕게 하겠다. 나 주
하나님의 말이다.
16 ○헤매는 것은 찾아오고, 길 잃은 것
은 도로 데려오며, 다리가 부러지고
상한 것은 싸매어 주며, 약한 것은
튼튼하게 만들겠다. 그러나 살진 것
들과 힘센 것들은, 내가 멸하겠다.
내가 이렇게 그것들을 공평하게 먹
이겠다.
17 ○나 주 하나님이 말한다. 내 양 떼
야, 내가 양과 양 사이와, 숫양과 숫
염소 사이에서 심판하겠다.
18 살진 양들아, 좋은 초원에서 뜯어 먹
는 풀이 만족스럽지 않아서, 먹다 남
은 풀을 발로 짓밟느냐? 너희가 마
시는 맑은 물이 만족스럽지 않아서,
마시고 남은 물을 발로 더럽혀 놓느
냐?
19 내 양 떼는 너희가 짓밟은 풀을 뜯어
먹으며, 너희가 발로 더럽혀 놓은 물
을 마시고 있다.
20 ○그러므로 나 주 하나님이 그들을
두고 이렇게 말한다. 내가 직접 살진
양과 여윈 양 사이에서 심판하겠다.
21 너희가 병든 것들을 다 옆구리와 어
깨로 밀어내고, 너희의 뿔로 받아서,
그것들을 바깥으로 내보내어 흩어지
게 하였다.
22 그러므로 내가 내 양 떼를 구해 주어
서, 그것들이 다시는 희생을 당하지

행되고 있다. 양의 비유를 통해 하나님은 악한 지도자들을 심판하시며, 새로운 목자를 주실 것을 약속하시고 있다. 하나님은 이제 새로운 차원의 *역사를 전개시키려*고 하신다. 여기서 가장 중요한 사실은 하나님께서 작정하신 계획은 성공적으로 수행된다는 점이다. 인간의 배신은 인간의 패역함과 하나님께 대한 불신을 밝히 드러내 줄 뿐, 하나님의 총체적인 사역은 역사를 통해 그대로 성취되어 나간다. 하나님과 백성 사이의 친밀한 교제는 다윗의 자손, 메시아를 통해 다시 새롭게 이루어진다. 예수님은 자신의 사역의 한 모델로 본절을 잘 인식하시고 계셨다(요 10장). 이런 의미에서 예수님은 이 예언의 성취자이셨다.

34:23 그 목자 이 말은 남북으로 분열되었던 두 왕국이 하나로 합쳐질 것을 암시한다. 다윗 본절의 이름은 역사적 인물인 다윗 왕이 아니라 오실 메시아의 별명이다. 다윗의 이름을 그대로 사용하고 있는 이유는 약속대로 다윗의 자손으로 오

않도록 하겠다. 그리고 내가 양과 양
사이에서 심판하겠다.
23 내가 그들 위에 목자를 세워 그들을
먹이도록 하겠다. 그 목자는 내 종
다윗이다. 그가 친히 그들을 먹이고
그들의 목자가 될 것이다.
24 그 때에는 나 주가 그들의 하나님이
되고, 내 종 다윗은 그들의 왕이 될
것이다. 나 주가 말하였다.
25 ○내가 그들과 평화의 언약을 세우
고, 그 땅에서 해로운 짐승들을 없
애 버리겠다. 그래야 그들이 광야에
서도 평안히 살고, 숲 속에서도 안심
하고 잠들 수 있을 것이다.
26 ○내가 그들과 내 산 사방에 복을 내
려 주겠다. 내가 때를 따라 비를 내
릴 것이니, 복된 소나기가 내릴 것이
다.
27 들의 나무가 열매를 맺고, 땅은 그
소산을 내어 줄 것이다. 그들이 자기
들의 땅에서 평안히 살 것이다. 그들
이 멘 멍에의 나무를 내가 부러뜨리
고, 그들을 노예로 삼은 사람들의
손에서 그들을 구하여 주면, 그 때에
야 비로소 그들이, 내가 주인 줄 알
게 될 것이다.
28 그들이 다시는 다른 나라에게 약탈
을 당하지 않으며, 그 땅의 짐승들에
게 잡혀 먹히지도 않을 것이다. 그들
이 평안히 살고, 놀랄 일이 전혀 없
을 것이다.
29 내가 그들에게 기름진 옥토를 마련
하여 줄 것이니, 그들이 다시는 그
땅에서 흉년으로 몰살을 당하지도
않고, 다른 나라에게 다시 수모를
당하지도 않을 것이다.
30 그 때에야 비로소 그들이 나 주 그들
의 하나님이 그들과 함께 있다는 것
과, 그들이 내 백성 이스라엘 족속이
라는 것을 알게 될 것이다. 나 주 하
나님의 말이다.
31 ○너희는 내 양 떼요, 내 목장의 양
떼다. ㉠너희는 사람이요, 나는 너희
의 하나님이다. 나 주 하나님의 말이
다."

에돔에 대한 심판

35 주님께서 나에게 말씀하셨다.
2 ○"사람아, 너의 얼굴을 세일
산 쪽으로 돌리고, 그 곳을 규탄하
여 예언하여라.
3 너는 그 곳을 규탄하여 말하여라.
'나 주 하나님이 이렇게 말한다.
세일 산아! 내가 너를 대적한다.
내가 내 손을 펴서 너를 치고, 너
를 황무지와 폐허로 만들겠다.
4 내가 네 성읍들을 폐허로 만들면
너는 황무지가 될 것이다. 그 때에
야 비로소 너는, 내가 주인 줄 알
게 될 것이다.
5 네가 옛날부터 이스라엘에 한을 품

실 메시아의 왕권을 강조하기 위함이다.
34:25-31 메시아 예수님은 선한 목자이시다. 그 분을 통하여 새 언약과 새 왕국이 서게 될 것이다. 포로로 잡혀온 유다 백성들에게 이 메시지가 충분히 이해될 수는 없었을 것이다. 그러나 이 메시지는 그들에게 큰 소망을 가져다주었음에는 틀림없다. 그들은 보호자 없이 이방 세계에서 삶을 영위하고 있었기 때문이다.

㉠ 칠십인역과 고대 라틴어역에는 '너희는 사람이요'가 없음

35장 요약 25장에 이어 다시금 에돔의 멸망을 예언하고 있는 내용이다. 에돔은 이스라엘이 하나님의 택한 백성임을 알면서도 그들을 대적하고 그들의 소유인 가나안 땅을 넘본 자들로, 하나님과 그분의 백성을 대적하는 이 세상을 상징한다.

35:5 네가 옛날부터 이스라엘에 한을 품고 있더니 에서의 별명이기도 한 에돔이라는 말은 '붉은'의

고 있더니, 이스라엘 백성이 재난을
당할 때에, 그들이 그 지은 죄로 심
판을 받을 때에, 너는 그들 위에 칼
을 휘둘렀다.
6 나 주 하나님의 말이다. 그러므로 내
가 내 삶을 두고 맹세한다. 내가 너
를 피투성이가 되게 하며, 피 비린내
나는 일이 너를 뒤쫓아 다니게 하겠
다. 네가 남 죽이기를 좋아하니, 피
비린내 나는 일이 너를 뒤쫓아 다닐
것이다.
7 내가 세일 산지를 황무지와 폐허로
바꾸어 놓고, 그 곳을 지나다니는
사람이 없게 하겠다.
8 내가 세일의 모든 산을, 칼에 찔려
죽은 자들로 가득 채워 놓겠다. 네
언덕과 골짜기와 모든 시냇물에는,
칼에 찔려 죽은 자들이 널려 있을
것이다.
9 내가 너를 영영 황무지로 만들어 버
리고, 네 성읍들에서 다시는 사람이
살 수 없게 하겠다. 그 때에야 비로
소 너희는, 내가 주인 줄 알 것이다.
10 ○너는, 나 주가 유다와 이스라엘을
돌보는데도 감히 말하기를, 그 두 민
족과 그 두 나라가 네 것이 되고 네
소유가 될 것이라고 하였다.
11 나 주 하나님의 말이다. 그러므로 내
가 나의 삶을 두고 맹세한다. 네가
그들을 미워하여 분노를 터뜨리고
질투를 한 것과 똑같이, 나도 네게
보복하겠다. 내가 너를 심판할 때에
야 비로소, 내가 누구인지 모두 알
게 될 것이다.
12 그 때에야 비로소 너는, 내가 주인
줄 알게 될 것이다. 네가 또 이스라
엘의 산을 가리켜 말하기를, 저 산들
이 황폐해졌으니 너희의 것이 되었
다고 말하며 조롱하였지만, 내가 너
에게 보복하는 날, 너는 네가 조롱하
는 소리를 내가 다 들었다는 것을
알게 될 것이다.
13 너희가 입을 벌려 나를 거슬러 허풍
을 떨고, 나를 거슬러 빈정대는 말
을 내가 직접 들었다.
14 ○그러므로 나 주 하나님이 이렇게
말한다. 내가 너를 황폐하게 만들 때
에, 온 땅이 기뻐할 것이다.
15 이스라엘 족속의 소유가 황폐하게
되었다고 네가 기뻐했던 것과 똑같
이, 나도 너를 그렇게 만들어 놓겠
다. 세일 산과 에돔 온 땅아, 네가 황
폐하게 될 것이다. 그 때에야 비로소
그들이, 내가 주인 줄 알 것이다.'"

이스라엘이 받는 복

36 "너 사람아, 너는 이스라엘의
산들에게 이렇게 예언하여 일
러라. '이스라엘의 산들아, 너희는
나 주의 말을 들어라.
2 나 주 하나님이 말한다. 너희의 원수

뜻을 갖고 있는데, 에서의 후손들을 가리키기도 한다(창 25:30;36:1). 에돔 족속은 그들의 조상 에서의 젊은 시절부터 그의 형제인 야곱과 그 후손들에게 강한 적대감을 늘 품고 있었다(참조. 창 25:22-25;27:41-42;암 1:11).

35:10-15 본절은 이스라엘 땅을 소유하려는 에돔의 악한 의도(10-13절)와 온 땅이 즐거워할 때 소외되어 고통을 당할 에돔 족속에 대해서(14-15절) 언급하고 있다.

36장 요약 본장에는 이스라엘의 옛 영토가 재건되고 하나님의 백성으로서의 지위가 회복되리라는 사실이 분명하게 예언되어 있다. 이러한 예언은 장차 그리스도의 재림으로 말미암아 하나님 나라가 완성될 때에 최종 성취될 것이다.

36:1-15 이방의 대표로 에돔이 저주받을 것이라는 예언(35장)과는 대조적으로, 본절에는 이스라엘을 향한 회복과 번영의 예언이 담겨 있다. 이

가 너희를 차지할 생각을 하면서 옛
적부터 있던 고지대가 이제 자기들
의 소유가 되었다고 좋아한다.'
3 너는 이스라엘의 산들에게 이렇게
예언하여 일러라. '나 주 하나님이 이
렇게 말한다. 그 원수들이 너희를 황
폐하게 만들었고, 사방에서 너희를
삼켜 버려서, 너희가 다른 민족의 소
유가 되었으므로, 너희가 사람들의
입에 오르내리며, 조롱거리가 되었
다.
4 그러므로 너희 이스라엘의 산들아,
너희는 나 주 하나님의 말을 들어라.
나 주 하나님이 말한다. 산과 언덕에
게, 시냇물과 골짜기에게, 황폐해진
황무지에게, 그리고 사방에 남아 있
는 성읍들, 곧 다른 민족들이 약탈
하여 조롱거리가 된 버림받은 성읍
들에게 말한다.
5 ○나 주 하나님이 이렇게 말한다. 진
실로 내가 나의 맹렬한 질투를 그대
로 쏟아서, 남아 있는 이방 민족들과
에돔 온 땅을 쳐서 말한다. 그들은
내 땅을 자기들의 소유로 만들면서
기뻐하였고, 내 땅의 주민을 멸시하
면서 내쫓고, 내 땅의 목초지를 약
탈하고 차지하였다.'
6 그러므로 너는 이스라엘 땅을 두고
예언하고, 산과 언덕에게, 시냇물과
골짜기에게 전하여라. '나 주 하나님
이 이렇게 말한다. 너희가 뭇 민족에
게 수치를 당하였기 때문에, 내가 질
투와 분노를 그대로 쏟으면서 말한
다.
7 그러므로 나 주 하나님이 이렇게 말
한다. 내가 직접 내 손을 들고 맹세
하였다. 진실로 너희의 사방에 있는
이방 민족들이 스스로 수치를 당하
게 될 것이다.
8 ○내 백성 이스라엘이 곧 고국으로
돌아올 터이니, 너희 이스라엘의 산
들아, 너희는 내 백성을 위하여 나뭇
가지를 내어 뻗고, 열매를 맺어라.
9 내가 너희의 편을 들겠다. 내가 너희
에게로 얼굴을 돌리면, 사람들이 너
희 산악지대를 갈아서 씨를 뿌릴 것
이다.
10 그리고 내가 너희 이스라엘 족속의
인구가 늘게 하여, 성읍들에 사람이
다시 살고, 폐허를 다시 건설할 것이
다.
11 내가 너희 산들 위에 사람과 짐승을
많게 하여, 그들의 숫자가 많아지고
번창할 것이다. 산들아, 내가 너희를
예전처럼 사람들이 살도록 하고, 전
보다 더 좋아지게 해주겠다. 그 때에
야 비로소 너희는, 내가 주인 줄 알
것이다.
12 내가 너희 산들 위에 사람들이, 곧
내 백성 이스라엘이 다시 다니게 하

두 예언은 세계 역사에 관여하시는 하나님의 대조적인 두 사역을 보여 준다. 곧 하나님은 자신을 대적하는 자는 반드시 심판하시지만, 자신의 백성은 구원해 주신다는 것이다. 에돔은 멸망할 것이지만, 이스라엘은 비록 지금은 황폐하여도 앞으로 빛나는 미래를 맞이하게 될 것이다. 하나님은 이스라엘을 징계하셨지만, 궁극적으로는 그들을 회복시킬 계획을 가지고 계셨다. 하나님은 심판을 통해 자신의 백성을 새롭게 만드실 것이며, 아브라함에게 약속하셨던 언약을 반드시 성취해 나가실 것이다.

36:8 열매를 맺어라 이스라엘이 다시 복을 받게 될 상태를 묘사하고 있다.

36:10 이스라엘 족속의 인구 에스겔은 분열되었던 이스라엘의 남북 왕국이 모두 회복될 것을 말하고 있다(참조. 37:15-23).

36:11 내가 주인 줄 알 것이다 앞에서는 하나님께서 '심판'을 통해 자신을 계시하시면서 이 말씀을

겠다. 그들이 너희를 차지하고, 너희
는 그들의 소유가 될 것이다. 너희는
내 백성 이스라엘이 또 다시 자식을
빼앗기지 않게 할 것이다.
13 ○나 주 하나님이 이렇게 말한다. 사
람들이 너를 두고 사람을 삼키는 땅
이요, 제 백성에게서 자식을 빼앗아
간 땅이라고 말하지만,
14 네가 다시는 사람을 삼키지 않고, 다
시는 네 백성에게서 자식을 빼앗아
가지 않을 것이다. 나 주 하나님의
말이다.
15 내가 다시는 이방 나라들이 너를 비
웃지 못하게 하며 뭇 민족이 다시는
너를 조롱하지 못하게 하겠다. 너도
다시는 네 백성을 넘어지게 하지 않
을 것이다. 나 주 하나님의 말이다.'"

이스라엘을 정결하게 하시다

16 ○주님께서 나에게 말씀하셨다.
17 ○"사람아, 이스라엘 족속이 자기들
의 땅에 살 때에 그 행위로 그 땅을
더럽혔다. 내가 보기에 그 소행이 월
경 중에 있는 여자의 부정함과 같았
다.
18 그들이 죄 없는 사람들의 피를 흘려
그 땅을 더럽혔으며, 온갖 우상을 섬
겨 그 땅을 더럽혔으므로, 그들에게
내 분노를 쏟아 부었다.
19 내가 그들을 그 행위대로 심판하여
그들을 여러 나라들 속으로 쫓아 보
내며, 여러 나라에 흩어지게 하였다.
20 그들은 여러 나라에 흩어져서, 가는
곳마다 내 거룩한 이름을 더럽혔다.
그래서, 이방 사람들은 그들을 보고
'주의 백성이지만 주의 땅에서 쫓겨
난 자들'이라고 하였다.
21 나는, 이스라엘 족속이 여러 나라에
흩어져서, 가는 곳마다 더럽혀 놓았
지만, 내 거룩한 이름이 더럽혀지는
것을 그대로 둘 수 없다.
22 ○그러므로 너는 이스라엘 족속에게
전하여라. '나 주 하나님이 이렇게
말한다. 이스라엘 족속아, 내가 이렇
게 하려고 하는 까닭은 너희들을 생
각해서가 아니라, 너희가 여러 나라
에 흩어져서, 가는 곳마다 더럽혀 놓
은 내 거룩한 이름을 회복시키려고
해서다.
23 너희가 여러 나라에 흩어져 살면서
내 이름을 더럽혀 놓았으므로, 거기
에서 더럽혀진 내 큰 이름을 내가 다
시 거룩하게 하겠다. 이방 사람들이
지켜 보는 앞에서, 너희에게 내가 내
거룩함을 밝히 드러 내면, 그 때에야
비로소 그들도, 내가 주인 줄 알 것
이다. 나 주 하나님의 말이다.
24 내가 너희를 이방 민족들 가운데서
데리고 나아오며, 그 여러 나라에서
너희를 모아다가, 너희의 나라로 데
리고 들어가겠다.

사용하셨다(6:14;12:20;29:9;참조. 5:13). 그러나 본절에서는 하나님께서 '구원'을 베푸신 후에 사용하고 계신다. 이로 보아 심판과 구원은 하나님*께서 자신을 계시*하시는 수단이 된다. 다시 말해 심판과 구원의 궁극적인 목적은 유일하신 하나님의 자기 계시에 있는 것이다.

36:16-21 하나님의 백성은 하나님을 나타내는 자들이다. 하나님의 백성이 죄를 범하면 그것은 하나님의 이름을 더럽히는 일이 된다. 하나님은 자신의 거룩한 이름을 수호하신다. 그래서 하나님은 모든 사람이 다른 신과는 절대적으로 구별되는 참 하나님이심을 알기 원하신다.

36:22-31 예루살렘이 멸망한 후, 에스겔도 예레미야 예언자처럼(렘 31:31-34), 소망의 메시지를 백성들에게 전하여 준다. 예언자들은 다가오는 세대에 하나님께서 자신의 백성을 회복시키실 것이라고 예언하였다. 이 일에는 육신적인 회복뿐만 아니라 영적인 회복도 포함된다. 백성들은 하

25 그리고 내가 너희에게 맑은 물을 뿌
려서 너희를 정결하게 하며, 너희의
온갖 더러움과 너희가 우상들을 섬
긴 모든 더러움을 깨끗하게 씻어 주
며,
26 너희에게 새로운 마음을 주고 너희
속에 새로운 영을 넣어 주며, 너희
몸에서 돌같이 굳은 마음을 없애고
살갗처럼 부드러운 마음을 주며,
27 너희 속에 내 영을 두어, 너희가 나
의 모든 율례대로 행동하게 하겠다.
그러면 너희가 내 모든 규례를 지키
고 실천할 것이다.
28 그 때에는 내가 너희 조상에게 준
땅에서 너희가 살아서, 너희는 내 백
성이 되고, 나는 너희의 하나님이 될
것이다.
29 ○내가 너희를 그 모든 더러운 곳에
서 구원하여 낸 다음에는, 곡식의
소출을 풍성하게 하여, 다시는 너희
에게 흉년이 들지 않게 하며,
30 나무에 과일이 많이 맺히고 밭에서
소출이 많이 나게 하여, 너희가 다시
는 굶주림 때문에 다른 여러 나라의
조롱을 받지 않게 하겠다.
31 그 때에 너희가 너희의 악한 생활과
좋지 못했던 행실들을 기억하고, 너
희의 온갖 악과 역겨운 일들 때문에
너희 자신을 미워하게 될 것이다.
32 내가 이렇게 하는 것은 너희 때문이
아니라는 것을 너희가 알아야 한다.
나 주 하나님의 말이다. 이스라엘 족
속아, 너희의 행실을 부끄러워하고,
수치스러운 줄 알아라!
33 ○나 주 하나님이 말한다. 내가 너희
에게서 그 모든 죄를 깨끗이 씻어
주는 날에는, 너희의 성읍에도 사람
이 살게 하며, 폐허 위에도 집을 짓
게 하겠다.
34 이전에는 지나가는 사람들이 황폐
한 땅을 보며 지나다녔으나, 이제는
그 곳이 묵어 있지 않고, 오히려 잘
경작된 밭이 될 것이다.
35 그래서 사람들이 말하기를, 황폐하
던 바로 그 땅이 이제는 에덴 동산처
럼 되었고 무너져서 폐허와 황무지
가 되었던 성읍마다 성벽이 쌓여 올
라가서 사람 사는 땅이 되었다고 할
것이다.
36 그 때에야 비로소 너희의 사면에 남
아 있는 여러 나라들이, 바로 나 주
가 무너진 것을 다시 세우며, 황폐한
땅에 다시 나무를 심는 줄을 깨달아
알 것이다. 나 주가 말하였으니, 내
가 이룰 것이다!
37 ○나 주 하나님이 말한다. 이제 나는
다시 한 번 이스라엘 족속을 시켜서
내게 도움을 간청하게 하겠고, 그들
의 인구를 양 떼처럼 불어나게 하겠
다.

나님과 새로운 언약을 맺게 될 것이며, 새로운 마음과 새로운 영을 얻게 될 것이다(26절). 하나님은 그분의 성령을 백성들 가운데 두실 것이며, 이 성령은 백성들이 하나님의 말씀에 순종하도록 도와줄 것이다(27절). 신약 시대에 와서 예수님은 이 약속을 성취하셨다. 예수님은 자신의 목숨을 버리시고, 새 언약을 세우심으로(고전 11:25), 오순절에 그를 따르는 무리들에게 하나님의 성령을 부어 주셨던 것이다(행 2장).

36:32-38 바빌로니아 포로 생활에서 이스라엘을 이끌어 내시는 까닭은 이방으로 하여금 하나님께서 자신의 목적대로 역사를 진행하시고 있음을 보여 주시기 위함이었다. 하나님께서는 이스라엘의 선한 행위나 회개 때문에 그들을 구속해 주신 것이 아니라, 오직 그분의 은혜로 구속해 주신 것이다. 이처럼 신실한 믿음을 가진 백성들을 끊임없이 창조하시는 하나님의 역사는 인간의 실패에도 불구하고 지금도 계속되고 있다.

38 성회 때마다 거룩한 제물로 바칠 양
떼가 예루살렘으로 몰려들듯이, 폐
허가 된 성읍들이 사람들로 가득 차
게 하겠다. 그 때에야 비로소 그들
이, 내가 주인 줄 알 것이다.'"

마른 뼈들이 살아나는 환상

37 주님께서 권능으로 나를 사로
잡으셨다. 주님의 영이 나를 데
리고 나가서, 골짜기의 한가운데 나
를 내려 놓으셨다. 그런데 그 곳에는
뼈들이 가득히 있었다.
2 그가 나를 데리고 그 뼈들이 널려
있는 사방으로 다니게 하셨다. 그 골
짜기의 바닥에 뼈가 대단히 많았다.
보니, 그것들은 아주 말라 있었다.
3 그가 내게 물으셨다. "사람아, 이 뼈
들이 살아날 수 있겠느냐?" 내가 대
답하였다. "주 하나님, 주님께서는
아십니다."
4 ○그가 내게 말씀하셨다. ○"너는 이
뼈들에게 대언하여라. 너는 그것들
에게 전하여라. '너희 마른 뼈들아,
너희는 나 주의 말을 들어라.
5 나 주 하나님이 이 뼈들에게 말한다.
내가 너희 속에 ㉠생기를 불어넣어,
너희가 다시 살아나게 하겠다.
6 내가 너희에게 힘줄이 뻗치게 하고,
또 너희에게 살을 입히고, 또 너희를
살갗으로 덮고, 너희 속에 ㉠생기를
불어넣어, 너희가 다시 살아나게 하
겠다. 그 때에야 비로소 너희는, 내
가 주인 줄 알게 될 것이다.'"
7 그래서 나는 명을 받은 대로 대언하
였다. 내가 대언을 할 때에 무슨 소
리가 났다. 보니, 그것은 뼈들이 서
로 이어지는 요란한 소리였다.
8 내가 바라보고 있으니, 그 뼈들 위에
힘줄이 뻗치고, 살이 오르고, 살 위
로 살갗이 덮였다. 그러나 그들 속에
㉠생기가 없었다.
9 ○그 때에 그가 내게 말씀하셨다.
○"사람아, 너는 ㉠생기에게 대언하여
라. ㉠생기에게 대언하여 이렇게 일러
라. '나 주 하나님이 너에게 말한다.
너 ㉠생기야, 사방에서부터 불어와서
이 살해당한 사람들에게 불어서 그
들이 살아나게 하여라.'"
10 ○그래서 내가 명을 받은 대로 대언
하였더니, ㉠생기가 그들 속으로 들
어갔고, 그래서 그들이 곧 살아나 제
발로 일어나서 서는데, 엄청나게 큰
군대였다.
11 ○그 때에 그가 내게 말씀하셨다.
○"사람아, 이 뼈들이 바로 이스라엘
온 족속이다. 그들이 말하기를 '우리
의 뼈가 말랐고, 우리의 희망도 사라
졌으니, 우리는 망했다' 한다.
12 그러므로 너는 대언하여 그들에게
전하여라. '나 주 하나님이 말한다.
내 백성아, 내가 너희 무덤을 열고,

37장 요약 본장에는 에스골 골짜기의 마른 뼈들이 다시 살아나는 환상과 두 막대기가 하나되는 비유가 나와 있다. 이것은 가망 없이 보이는 이스라엘의 미래가 하나님의 놀라운 섭리 가운데 분열된 민족이 하나로 회복될 것을 예언하는 것이다.

37:1-14 본절에 나오는 마른 뼈에 대한 환상은 이스라엘의 장래에 대한 예언이다. 포로로 잡혀 온 이스라엘 백성들은 당시 10년 이상이나 포로생활을 하고 있었으므로, 그들이 처음 도착했을 때에 가졌던 소망은 이제 사라져 버리고 말았다. 그들의 상태는 마치 살아날 소망이 전혀 없는 마른 뼈와 같았다. 그러나 흩어졌던 마른 뼈들이 다시 모여 새 생명을 얻는 것처럼, 이스라엘은 회복될 것이다. 하나님이 자신의 성령을 그들에게 부어 주실 것이기 때문이다. 그들은 새로운 마음과

㉠ 또는 '바람' 또는 '영'

무덤 속에서 너희를 이끌어 내고, 너
희를 이스라엘 땅으로 들어가게 하
겠다.
13 내 백성아, 내가 너희의 무덤을 열고
그 무덤 속에서 너희를 이끌어 낼
그 때에야 비로소 너희는, 내가 주인
줄 알 것이다.
14 내가 내 영을 너희 속에 두어서 너희
가 살 수 있게 하고, 너희를 너희의
땅에 데려다가 놓겠으니, 그 때에야
비로소 너희는, 나 주가 말하고 그대
로 이룬 줄을 알 것이다. 나 주의 말
이다.'"

남북 왕국의 통일

15 ○주님께서 내게 말씀하셨다.
16 ○"너 사람아, 너는 막대기 하나를
가져다가, 그 위에 '유다 및 그와 연
합한 이스라엘 자손'이라고 써라. 막
대기를 또 하나 가져다가 그 위에
'에브라임의 막대기 곧 요셉 및 그와
연합한 이스라엘 온 족속'이라고 써
라.
17 그리고 두 막대기가 하나가 되게, 그
막대기를 서로 연결시켜라. 그것들
이 네 손에서 하나가 될 것이다.
18 ○네 민족이 네게 묻기를 '이것이 무
슨 뜻인지 우리에게 일러주지 않겠
느냐?' 하면,
19 너는 그들에게 말해 주어라. '나 주
하나님이 말한다. 내가 에브라임의
손 안에 있는 요셉과 그와 연합한
이스라엘 지파의 막대기를 가져다
놓고, 그 위에 유다의 막대기를 연결
시켜서, 그 둘을 한 막대기로 만들겠
다. 그들이 내 손에서 하나가 될 것
이다' 하셨다고 하여라.
20 ○또 너는, 글 쓴 두 막대기를 그들
이 보는 앞에서 네 손에 들고,
21 그들에게 말해 주어라. '나 주 하나
님이 말한다. 이스라엘 백성이 들어
가 살고 있는 그 여러 민족 속에서
내가 그들을 데리고 나오며, 사방에
서 그들을 모아다가, 그들의 땅으로
데리고 들어가겠다.
22 그들의 땅 이스라엘의 산 위에서 내
가 그들을 한 백성으로 만들고, 한
임금이 그들을 다스리게 하며 그들
이 다시는 두 민족이 되지 않고, 두
나라로 갈라지지 않을 것이다.
23 그들이 다시는 우상과 역겨운 것과
온갖 범죄로 자기들을 더럽히지 않
을 것이다. ㉠그들이 범죄한 그 모든
곳에서, 내가 그들을 구해 내어 깨끗
이 씻어 주면, 그들은 내 백성이 되
고 나는 그들의 하나님이 될 것이다.
24 ○내 종 다윗이 그들을 다스리는 왕
이 되어, 그들 모두를 거느리는 한
목자가 될 것이다. 그들은 내 규례를
지키며 살고, 내 율례를 지켜 실천할
것이다.

새로운 영은 물론 새로운 육신을 갖게 될 것이다.
37:15-28 하나님의 백성은 하나님이 미래를 계획하시고 조정해 나가시기 때문에 미래에 대한 소망을 가질 수 있다. 그러나 바빌로니아에 있었던 유다 백성들은 이런 소망을 품고 있지 않았다. 에스겔은 흩어져 있던 이스라엘 백성들이 본국으로 모여들 것이며(21절), 다윗의 자손으로 오실 한 왕의 통치를 받게 될 것이라고 말하고 있다. 여기서 하나님은 새로운 왕에 의한 연합과 하나님께 대한 순종의 삶을 살게 될 것을 약속하신다.
37:25 다윗이 그들의 영원한 왕이 될 것이다 에스겔은 메시아의 왕권이 영원할 것이라는 것을 계속 반복하여 강조하였다(25,26,28절;요 12:34). 본절을 통해서 우리는 에스겔서의 미래의 소망에 대한 예언이 메시아를 통해 성취될 영적인 하나님 나라의 도래를 가리킨다는 것을 더욱 확실히 알 수 있다.

㉠ 몇몇 히브리어 사본과 칠십인역에는 '그들이 범한 온갖 범죄에서'

25 그 때에는 내가 내 종 야곱에게 준
땅 곧 그들의 조상이 살던 땅에서
그들이 살게 될 것이다. 그 땅에서
그들과, 그 자자손손이 영원히 거기
에서 살 것이며, 내 종 다윗이 그들
의 영원한 왕이 될 것이다.
26 내가 그들과 평화의 언약을 세워서,
영원한 언약을 삼을 것이다. 내가 그
들을 튼튼히 세우며, 번성하게 하며,
내 성소를 그들 한가운데 세워서 영
원히 이어지게 하겠다.
27 내가 살 집이 그들 가운데 있을 것이
며, 나는 그들의 하나님이 되고 그들
은 내 백성이 될 것이다.
28 내 성소가 영원히 그들 한가운데 있
을 그 때에야 비로소 세계 만민이,
내가 이스라엘을 거룩하게 하는 주
인 줄 알 것이다.'"

하나님의 도구 곡

38 주님께서 나에게 말씀하셨다.
2 ○"사람아, 너는 마곡 땅 쪽
으로 얼굴을 돌리고, 로스와 메섹과
두발의 왕 곡을 규탄하여 예언하여
라.
3 너는 전하여라. '나 주 하나님이 말
한다. 너 로스와 메섹과 두발의 왕
곡아, 내가 너를 대적한다.
4 내가 너를 돌려 세우고, 갈고리로 네
아가미를 꿰고 너와 네 모든 군대,
곧 군마와 기마병과, 곧 완전무장을
한 군대, 큰 방패와 작은 방패를 들
고 칼을 잡은 대 병력을, 내가 끌어
내겠다.
5 방패와 투구로 무장을 한 페르시아
와 에티오피아와 리비아를 끌어내
고,
6 고멜과 그의 모든 군대와, 북쪽 끝에
있는 도갈마 족속과 그의 모든 군대
와, 수많은 백성을 너와 함께 끌어내
겠다.
7 너는 네게로 집결된 온 군대와 함께,
만반의 준비를 하고, 그들을 잘 지휘
하여라.
8 네가 공격 명령을 받기까지는 오랫
동안 기다리고 있어야 한다. 여러 해
가 지난 다음에 때가 되면, 너는, 오
래 걸려 전쟁의 상처를 다 씻은 한
나라를 침략하게 될 것이다. 그 나
라는, 여러 민족 가운데 흩어져 살다
가 돌아온 사람들이, 오랫동안 폐허
로 남아 있던 이스라엘의 산지에 다
시 세운 나라다. 그 나라 백성은 타
국 백성들 사이에서 살다가 돌아온
뒤에, 그 때쯤에는 아주 안전하게 살
고 있을 것이다.
9 그 때에 네가 쳐올라갈 것이며, 너와
네 모든 군대와 너와 함께 한 많은
나라의 연합군이 폭풍처럼 몰려들
고, 구름처럼 그 땅을 덮을 것이다.
10 ○나 주 하나님이 말한다. 그 날이

38장 요약 38–39장은 곡이 이스라엘을 침략하지만 이스라엘이 곡을 물리치고 최후 승리를 거두게 될 것을 예언한다. 본장은 이러한 곡의 침략이 이스라엘의 원수를 완전히 멸망시키시려는 하나님의 섭리에 의한 것임을 증거한다.

38:1–23 하나님의 백성은 적에 대한 두려움으로 살고 있을 경우가 많다. 이스라엘이 회복되었다고 할지라도 적의 침략에서 벗어날 수는 없는 일이다. 에스겔은 여기서 적의 마지막 침략을 보고 있다. 본장에서 '곡'의 침략은 이스라엘에 대한 심판이 아니라, 오히려 적군인 그들을 궁극적으로 멸망시키시려는 하나님의 계획이다(17–22절). 여기에서 그리스도의 적대자의 최후 멸망과 하나님의 백성의 궁극적인 승리를 보여 주고 있다. 하나님은 적의 침략이 시작될 때를 지시해 줌으로써, 자신이 세상을 조정해 나가시고 있음을 보여 주신다. 하나님께서 최후의 침략자를 물리치심으로 온

오면, 네 마음 속에서 온갖 생각이
떠올라, 네가 흉악한 생각을 꾀하게
될 것이다.
11 그래서 너는 혼자 속으로, 성벽이 없
이 사는 마을로 쳐올라가겠다고, 평
안히 살고 있는 저 평화로운 사람들
에게로 쳐들어가겠다고, 성벽도 없
고 성문도 없고 문빗장도 없이 사는
사람들을 덮쳐서
12 물건을 약탈하며 노략하겠다고 하
는, 악한 생각을 품게 될 것이다. 그
러나 네가, 여러 나라에 흩어져서 살
다가 돌아와서 오랫동안 폐허로 남
아 있던 땅에 다시 정착하여 가축과
재산을 늘려 가며 살고 있는 백성
을, 손을 들어 칠 때에,
13 스바와 드단과 ㉠스페인의 상인들과
㉡젊은 용사들이 너를 비난할 것이
다. 네가 노략질이나 하려고 가는 것
이냐고, 네가 강탈이나 하려고 군대
를 동원하였느냐고, 은과 금을 탈취
해 가려고, 가축과 재산을 빼앗아
가려고, 엄청난 전리품을 약탈해 가
려고 원정길에 나섰느냐고 비난할
것이다.'
14 ○사람아, 너는 예언하여 곡에게 전
하여라. '나 주 하나님이 말한다. 내
백성 이스라엘이 안전하게 사는 그
날을 네가 어찌 알지 못하겠느냐?
15 그 때가 되면, 너는 네 나라 북쪽 끝
에서 원정길에 나설 것이다. 그 때에
너는 대군을 이끌고 떠날 것이다. 놀
라운 규모를 지닌 기마대와 많은 보
병을 이끌고 정복길에 오를 것이다.
16 마치 구름이 땅을 덮는 것같이, 네가
내 백성 이스라엘을 칠 것이다. 곡
아, 오랜 세월이 지난 뒤에, 때가 되
면 내가 너를 끌어들여서, 내 땅을
치게 하겠다. 뭇 민족은, 내가 내 거
룩함을 밝히 나타내려고 너를 이렇
게 부리고 있는 것을 보고 나서야,
내가 누구인지를 알 것이다.
17 ○나 주 하나님이 말한다. 곡아, 내
가 옛날에 내 종 이스라엘의 예언자
들을 시켜서 말하여 둔 사람들 가운
데 하나가 바로 너다. 예언자들이 여
러 해 동안 예언하기를, 내가 너를
끌어들여서, 이스라엘을 치게 할 것
이라고 말하였다.'"

곡의 심판

18 ○"곡이 이스라엘 땅을 쳐들어오는
그 날에는, 내가 분노를 참지 못할
것이다.
19 그 때에 내가 질투하고 격노하면서
심판을 선언하여 이스라엘 땅에 큰
지진이 일어나게 할 것이다.
20 바다의 물고기와 공중의 새와 들의
짐승과, 땅에 기어 다니는 모든 벌레
와, 땅 위에 있는 모든 사람이 내 앞
에서 떨 것이며, 산이 무너지고, 절벽

세상에 자신의 능력을 드러내실 것이다(18–23절).

38:12 오랫동안 폐허로 남아 있던 땅에 다시 정착하여 범죄한 이스라엘 백성이 쫓겨났다가 다시 귀환하여 정착한 것을 말한다. 그러나 궁극적으로는 하나님의 진노 아래 있다가 예수 그리스도로 말미암아 화목하게 될 교회를 말한다.

38:16 내가 내 거룩함을 밝히…알 것이다 하나님이 자기 백성을 공격하려는 세상 나라들의 연합군을 가만히 두셨다가 멸망시키신 것은 하나님의 거룩하심을 나타내려는 것이었다. 하나님은 자기 백성을 홀로 버려두지 아니하시며, 모든 위험에서 보호하시고 원수를 물리쳐 주신다. 이로 인하여 세상 사람들은 하나님의 살아 계심을 알게 되고, 하나님 같은 분이 없음을 알게 된다.

38:20 동물들을 네 종류로 언급하여 전체 자연을 나타내고 있다. 1:5에서도 '네 생물의 형상'의 '네 생물'은 '완전함'을 나타낸다.

㉠ 히, '다시스' ㉡ 히, '젊은 사자들이'

이 무너지고, 모든 성벽이 허물어질
것이다.
21 그리고 내가 곡을 칠 칼을 내 모든
산으로 불러들이겠다. 나 주 하나님
의 말이다. 칼을 든 자가 저희끼리
죽일 것이다.
22 내가 전염병과 피 비린내 나는 일로
그를 심판하겠다. 또 내가, 억수 같
은 소나기와 돌덩이 같은 우박과 불
과 유황을, 곡과 그의 모든 군대와
그와 함께 한 많은 연합군 위에 퍼
붓겠다.
23 내가 이렇게 뭇 민족이 보는 앞에서
내 위엄을 떨치고 나서 거룩함을 밝
히 나타내면, 그 때에야 비로소 그들
이, 내가 주인 줄 알 것이다."

침략자 곡의 멸망

39 "너 사람아, 곡을 규탄하여 예
언하여라. ○'나 주 하나님이
말한다. 너 로스와 메섹과 두발의
왕 곡아, 내가 너를 대적한다.
2 내가 너를 돌려 세우고 이끌어 내겠
다. 너를 북쪽 끝에서 이끌어 내서
이스라엘의 산지를 침략하게 하겠
다.
3 그렇게 해 놓고서, 나는 네 왼손에서
는 활을 쳐서 떨어뜨리고, 네 오른손
에서는 네 화살을 떨어뜨리겠다.
4 너는 네 모든 군대와, 너와 함께 한
연합군과 함께 이스라엘의 산지 위
에서 쓰러져 죽을 것이다. 나는 날개
돋친 온갖 종류의 사나운 새들과 들
짐승들에게 너를 넘겨 주어서, 뜯어
먹게 하겠다.
5 내가 말하였으니, 너는 틀림없이 들
판에서 쓰러져 죽을 것이다. 나 주
하나님의 말이다.
6 내가 또 마곡과 여러 섬에서 평안히
사는 사람들에게 불을 보내겠다. 그
때에야 비로소 그들이, 내가 주인 줄
알 것이다.
7 내가 내 백성 이스라엘 가운데 내
거룩한 이름을 알려 주어서, 내 거룩
한 이름이 다시는 더럽혀지지 않게
하겠다. 그 때에야 비로소 뭇 민족
이, 내가 주인 줄, 곧 이스라엘의 거
룩한 하나님인 줄 알 것이다.
8 ○그대로 되어 가고, 그대로 이루어
질 것이다. 그 날이 바로 내가 예고
한 날이다. 나 주 하나님의 말이다.
9 그 때에는 이스라엘에서 성읍마다
주민이 바깥으로 나가서, 버려진 무
기들을 땔감으로 주울 것이다. 큰 방
패와 작은 방패, 활과 화살, 몽둥이
와 창을 모아 땔감으로 쓰면, 일곱
해 동안은 넉넉히 쓸 것이다.
10 그 무기들을 땔감으로 쓰기 때문에,
들에 나가서 나무를 주워 오지 않아
도 될 것이며, 숲에서 나무를 베어
올 필요도 없을 것이다. 그들은 또

39장 요약 본장 역시 곡의 멸망에 대한 예언이다. 곡의 파멸을 본 하나님의 백성들은 모두 들 하나님께로 돌아올 것이다. 따라서 곡의 멸망은 택한 백성을 구원하시려는 하나님의 역사가 마무리 단계에 이르렀음을 시사한다.

39:1-24 악한 세력이 연합하여 하나님의 나라를 침략한다는 사실은 곡과 마곡에 관한 예언 안에 담겨 있다. 에스겔은 38장에 이어서 하나님의 능력이 이방 가운데 어떻게 나타나시며, 이스라엘을 두렵게 하던 악한 무리들의 연합 세력이 어떻게 철저히 파괴될 것인지를 설명한다. 하나님은 낯선 장소인 마곡에서 전혀 생소한 지도자인 곡을 이끌어 내어 유다를 공격하도록 하실 것이다. 그러나 그들은 하나님에 의해 완전히 멸망을 당한다. 이렇게 함으로써 이전의 예언들이 성취되고, 이방과 이스라엘은 그때에 하나님의 거룩함을 알게 될 것이다. 이 예언의 마지막 사건에

전에 자기들에게서 약탈해 간 사람
들을 약탈하고, 노략질해 간 사람들
을 노략질할 것이다. 나 주 하나님의
말이다.'"

곡의 무덤

11 ○"그 날에는 내가 이스라엘 땅, ㉠사
해의 동쪽, '㉡아바림 골짜기'에 곡의
무덤을 만들어 주겠다. 이스라엘 사
람들이 곡과 그의 모든 군대를 거기
에 묻으면, 여행자들이 그리로는 못
다니게 될 것이고, 그 곳 이름은 '㉢하
몬곡 골짜기'라고 불릴 것이다.
12 이스라엘 족속이 그들의 시체를 다
거두어다 묻어서 땅을 깨끗하게 하
는 데는, 일곱 달이 걸릴 것이다.
13 그 땅 온 백성이 모두 나서서 시체를
묻을 것이며, 내가 승리하는 날에는
그들이 매장한 일로 영예를 떨칠 것
이다. 나 주 하나님의 말이다.
14 일곱 달이 지난 다음에도, 백성은
시체를 찾아 묻는 일을 전담할 사람
들을 뽑아서, 그 땅을 늘 돌아다니
게 할 것이며, 그들은 시체를 묻는
사람들과 함께 돌아다니면서, 지면
에 남아 있는 시체들을 샅샅이 찾아
묻어서, 그 땅을 깨끗하게 할 것이
다.
15 그들이 그 땅을 돌아다니다가, 누구
라도 사람의 뼈를 발견하여 그 곁에
표시를 해 두면, 시체를 묻는 사람
들이 그 표시를 보고 시체를 찾아,
그것을 가져다가 '하몬곡 골짜기'에
묻을 것이다.
16 그 부근에는 '㉢하몬곡 골짜기'라는
이름을 딴 ㉣하모나라는 성읍이 생
길 것이다. 그들이 이렇게 그 땅을
깨끗하게 할 것이다."
17 ○나 주 하나님이 말한다. "너 사
람아, 날개 돋친 온갖 종류의 새들
과 들의 모든 짐승에게 전하여라.
'너희는 모여 오너라. 내가, 너희들이
먹을 수 있도록 이스라엘의 산 위에
서 희생제물을 잡아서, 큰 잔치를 준
비할 터이니, 너희가 사방에서 몰려
와서, 고기도 먹고 피도 마셔라.
18 너희는 용사들의 살을 먹고, 세상
왕들의 피를 마셔라. 바산에서 살지
게 기른 가축들, 곧 숫양과 어린 양
과 염소와 수송아지들을 먹듯이 하
여라.
19 너희는 내가 너희에게 주려고 준비
한 잔치의 제물 가운데서 기름진 것
을 배부르도록 먹고, 피도 취하도록
마셔라.
20 또 너희는 내가 마련한 잔칫상에서
군마와 기병과 용사와 모든 군인을
배부르게 뜯어 먹어라. 나 주 하나님
의 말이다.'"

이스라엘의 회복

21 ○"내가 이와 같이 여러 민족 가운

관한 기록은 요한계시록 20:7-10에 잘 나타나 있다.

39:12 시체를 다 거두어다…일곱 달이 걸릴 것이다 9절에서처럼 일곱이라는 숫자는 전체·완전함·종국을 상징한다. 또한 침입자들을 장사하는 데 일곱 달이나 걸릴 만큼 그들의 규모가 거대하다는 것을 나타낸다. 구약성경에 의하면 시체에 접촉하면 크게 부정하게 되었다(레 5:2;21:1,11;22:4;민 5:2;6:6-12;19:16;31:19). 왜냐하면 죽음은 인간의 타락의 결과로 온 것으로, 죄악의 가장 비참한 모습을 보여 주는 것이기 때문이다. 그런데 이스라엘 백성이 거주하는 땅은 하나님이 임재해 계시는 거룩한 땅이었다. 따라서 시체로 말미암은 부정은 속히 정결하게 해야 한다.

39:25-29 이 부분은 34-37장에서 서술된 영적 이스라엘의 구원에 관한 하나님의 완전한 성취를 요약한 것이다. 다가오는 구원은 아직 미래의 어

㉠ 히, '바다의' ㉡ '나그네' ㉢ '곡의 무리, 군대' ㉣ '무리'

데 내 영광을 드러낼 것이니, 내가
어떻게 심판을 집행하며, 내가 어떻
게 그들에게 내 권능을 나타내는지,
여러 민족이 직접 볼 것이다.
22 그 때에야 비로소 이스라엘 족속이,
나 주가 그들의 하나님임을 그 날로
부터 영원히 알게 될 것이다.
23 그 때에야 비로소 여러 민족은, 이스
라엘 족속도 죄를 지었기 때문에 포
로로 끌려갔다는 것을 알게 될 것
이다. 그들이 나를 배반하였기 때문
에 내가 그들을 모른 체 하고 그들
을 원수의 손에 넘겨 주어, 모두 칼
에 쓰러지게 했다는 것을 알게 될 것
이다.
24 나는 그들의 더러움과 그들의 온갖
범죄에 따라서 그들을 벌하였고, 그
들을 외면하였다."
25 ○"그러므로 나 주 하나님이 말한
다. 이제는 내가 ㉠포로된 야곱의 자
손을 돌아오게 하고, 이스라엘 온
족속을 불쌍히 여기며, 내 거룩한
이름을 열심을 내어 지키겠다.
26 이스라엘이 고국 땅으로 돌아와서
평안히 살고, 그들을 위협하는 사람
이 없게 될 때에, 그들은 수치스러웠
던 일들과 나를 배반한 모든 행위를
부끄러워하며 뉘우칠 것이다.
27 내가 그들을 만민 가운데서 돌아오
게 하고, 원수들의 땅에서 그들을 모
아 데리고 나올 때에, 뭇 민족이 보
는 앞에서, 내가 그들로 말미암아 내
거룩함을 나타낼 것이다.
28 그 때에야 비로소 뭇 민족이 나 주
이스라엘 하나님이 이스라엘을 여러
민족에게 포로가 되어 잡혀 가게 하
였으나, 그들을 고국 땅으로 다시 모
으고, 그들 가운데서 한 사람도 다
른 나라에 남아 있지 않게 한 줄을
알 것이다.
29 내가 이스라엘 족속에게 내 영을 부
어 주었으니, 내가 그들을 다시는 외
면하지 않겠다. 나 주 하나님의 말이
다."

새 예루살렘과 새 성전

40 우리가 포로로 잡혀온 지 이십
오 년째가 되는 해, 예루살렘
도성이 함락된 지 십사 년째가 되는
해의 첫째 달, 그 달 십일 바로 그 날
에, 주님의 권능이 나를 사로잡아,
나를 이스라엘 땅으로 데리고 가셨
다.
2 하나님께서 보여 주신 환상 속에서
나를 이스라엘 땅으로 데려다가 아
주 높은 산 위에 내려 놓으셨는데,
그 산의 남쪽에는 성읍 비슷한 건축
물이 있었다.
3 그가 나를 그 곳으로 데리고 가셨는
데, 그 곳에는 어떤 사람이 있었다.
그는 놋쇠와 같이 빛나는 모습이었

느 시점에 놓여 있으며, 이 구원 사역은 이방을 배제하고 순수히 이스라엘에게만 수행될 것임을 시사한다. 이스라엘은 흩어졌던 곳에서 돌아와 *하나님의 안전한 보호* 아래 본국에 정착할 것이다. 이스라엘이 포로 생활에서 돌아온 것은 자격이 있었기 때문이 아니었다. 오직 하나님의 사랑과 열심이 이스라엘을 인도해 내신 것이다. 이제 하나님은 자신의 백성에게 영원히 끊어지지 않는 관계를 보장해 주실 것이다(29절).

40장 요약 본서의 대단원인 40-48장은 하나님과의 관계를 회복할 이스라엘의 영광을 예고한다. 40-43장에는 에스겔이 환상 중에 하나님께로부터 받은 예루살렘에 새롭게 재건될 성전의 구조가 묘사되어 있다. 이것은 하나님이 이스라엘의 남은 자들을 회복시키시고 그들과 함께해 주실 것임을 암시한다.

㉠ 또는 '야곱의 운명을 회복시키고'

고, 그의 손에는 삼으로 꼰 줄과 측
량하는 막대기가 있었다. 그는 대문
에 서 있었다.
4 그 때에 그 사람이 내게 말하였다.
"사람아, 내가 네게 보여 주는 모든
것을 네 눈으로 잘 보고, 네 귀로 잘
듣고, 네 마음에 새겨 두어라. 이것
을 네게 보여 주려고, 너를 이 곳으
로 데려 왔다. 네가 보는 모든 것을
이스라엘 족속에게 알려 주어라."

동쪽으로 난 문

5 ○성전 바깥에는 사방으로 담이 있
었다. 그 사람의 손에는 측량하는
장대가 있었는데, 그 장대의 길이는,
팔꿈치에서 가운데 손가락 끝에 이
르고, 한 손바닥 너비가 더 되는 자
로 여섯 자였다. 그가 그 담을 측량
하였는데, 두께가 한 장대요, 높이가
한 장대였다.
6 그가 동쪽으로 난 문으로 들어가,
계단으로 올라가서 문간을 재니, 길
이가 한 장대였다.㉠
7 그 다음에는 문지기의 방들이 있었
는데, 각각 길이가 한 장대요, 너비
가 한 장대였다. 방들 사이의 벽은
두께가 다섯 자이고, 성전으로 들어
가는 현관 다음에 있는 안 문의 통
로는 길이가 한 장대였다.
8 ㉡또 그가 문 통로의 안쪽 현관을 재
니,
9 길이가 여덟 자요, 그 기둥들의 두께
가 두 자였다. 그 문의 현관은 성전
쪽으로 나 있었다.
10 동문에 있는 문지기 방들은 양쪽으
로 각각 셋씩 있었다. 그 세 방의 크
기는 모두 같았으며, 양쪽에 있는 벽
기둥들의 크기도 같았다.
11 ○그가 문 어귀의 너비를 재니, 열 자
였고, 그 문 어귀의 길이는 열석 자
였다.
12 또 그 방들 앞에는 칸막이 벽이 양
쪽으로 하나씩 있었는데, 높이가 한
자, 두께도 한 자였다. 방들은, 양쪽
에 있는 것들이 다같이 길이와 너비
가 저마다 여섯 자가 되는 정사각형
이었다.
13 또 그가 이쪽 문지기 방의 지붕에서
저쪽 문지기 방의 지붕까지 재니, 너
비가 스물다섯 자였다. 방의 문들은
서로 마주 보고 있었다.
14 또 그가 현관을 재니, 너비가 스무
자이고, 바깥 뜰의 벽기둥이 있는 곳
에서는 사방으로 문과 통하였다.
15 바깥 문의 통로에서부터 안 문의 현
관 전면까지는 쉰 자였다.
16 또 문지기 방에는 모두 사면으로 창
이 나 있고, 방의 벽기둥에도 창이
나 있었다. 현관의 사면에도 창이 있
었다. 창들은 모두 바깥에서 보면 좁
고 안에서 보면 안쪽으로 들어오면

40:1 우리가 포로로 잡혀온 지…십사 년째 에스겔은 환상을 본 때에 대하여 두 가지 방법으로 언급하고 있다. 그때는 B.C. 573년으로서 에스겔의 나이가 오십 세가 되던 해이며, 에스겔이 소명을 받은 지 이십일 년이 되던 해이다(1:1–2).

40:5 성전 바깥에는 사방으로 담이 있었다 성전 사방으로 둘러싼 벽의 높이는 여섯 규빗으로(5절, 한 장대) 적의 침략을 방어하기에는 너무 낮았다. 이 벽은 바깥의 세속으로부터 성전을 거룩하게 구별하기 위한 것이었다. 자 규빗을 말한다. 여기에서는 팔꿈치에서 손가락에 이르고 거기에 한 손바닥 넓이를 더한 길이를 1규빗으로 정하고 있다. 모세 시대의 1규빗은 약 52.5cm이고, 신약 시대에는 약 45cm였다.

㉠ 칠십인역을 따름. **히**, '첫째 문간의 길이도 한 장대였다'가 더 있음 ㉡ 8, 9절은 많은 히브리어 사본과 칠십인역과 불가타와 시리아어역을 따름. **히**, '8. 또 그가 성전으로 들어가는 문 통로의 안쪽 현관을 재니 길이가 한 장대였다. 9. 그가 또 문 통로의 안쪽 현관을 재니 길이가 여덟 자요……'

서 점점 좌우로 넓게 넓어지는, 틀만
있는 창이었다. 양쪽의 벽기둥에는
각각 종려나무가 새겨져 있었다.

바깥 뜰

17 ○그런 다음에 그 사람이 나를 데리
고 바깥 뜰로 들어갔는데, 그 바깥
뜰에는 사방으로 행랑방들이 있고,
길에는 돌을 깔아 놓았는데, 그 돌
이 깔린 길을 따라, 서른 채의 행랑
이 붙어 있었다.
18 그 돌이 깔린 길은 대문들의 옆에까
지 이르렀고, 그 길이는 문들의 길이
와 같았다. 그것은 아래쪽의 길이었
다.
19 또 그가 아랫문의 안쪽 정면에서부
터 안뜰의 바깥 정면에 이르기까지
의 너비를 재니, 백 자가 되었다. 이
길이는 동쪽과 북쪽이 같았다.

북쪽으로 난 문

20 ○또 그 사람이 나를 바깥 뜰에 붙
은 북쪽으로 난 문으로 데리고 가
서, 그 문의 길이와 너비를 재었다.
21 문지기 방들이 이쪽에도 셋, 저쪽에
도 셋이 있는데, 그 벽기둥이나 현관
이 모두 앞에서 말한, 동쪽으로 난
문의 크기와 똑같이 이 대문의 전체
길이가 쉰 자요, 너비가 스물다섯 자
였다.
22 그 현관의 창과 벽기둥의 종려나무
도 동쪽으로 난 문에 있는 것들과
크기가 같았다. 일곱 계단을 올라가
서, 문간 안으로 들어가도록 되어 있
으며, 현관은 안쪽에 있었다.
23 이 문도 동쪽으로 난 문과 마찬가지
로 안뜰에 붙은 중문을 마주 보고
있었다. 그가 중문에서 북쪽으로 난
문까지의 거리를 재니, 백 자였다.

남쪽으로 난 문

24 ○또 그 사람이 나를 데리고 남쪽으
로 갔는데, 거기에도 남쪽으로 난 문
이 있었다. 그가 그 문의 벽기둥과
현관을 재니, 크기가 위에서 본 다른
두 문과 같았다.
25 이 문과 현관에도 양쪽으로 창이 있
었는데, 위에서 본 다른 두 문에 있
는 창과 같았다. 그 문간은, 길이는
쉰 자요, 너비는 스물다섯 자였다.
26 일곱 계단을 올라서 문으로 들어가
도록 되어 있고, ㉠현관은 안쪽에 있
었다. 양쪽의 벽기둥 위에는 종려나
무가 한 그루씩 새겨져 있었다.
27 안뜰의 남쪽에도 중문이 하나 있었
다. 그가 두 문 사이의 거리를 재니,
백 자였다.

안뜰의 남쪽 문

28 ○또 그 사람이 나를 데리고 남쪽
문을 지나 안뜰로 들어갔다. 그가
남쪽 문을 재니, 크기가 다른 문들
과 같았다.
29 그 문지기 방과 기둥과 현관이 모두

40:17 돌이 깔린 길 '돌 포장대로', 곧 화반석·백석·운모석 외에 여러 보석들이 갖가지 색깔과 재료로 모자이크된 도로를 말한다(에 1:6).

40:22 *종려나무* 종려나무는 '의인은 종려나무처럼 우거지고'(시 92:12) 등과 같이 상징적으로 표현되었다. 아가 7:7-8에서는 신부의 품위있는 모습으로, 이사야서 19:15에서는 통치자들로, 요엘서 1:12에서는 멸망으로 상징되었다. 솔로몬 성전의 벽과 문, 그리고 문설주 등에 종려나무를 부조(浮彫)로 새겨 넣었다(왕상 6:29,32,35;7:36). 에스겔이 환상 중에 본 성전에서도 종려나무가 언급되어 있는데(16,22,26,31,34,37절;41:18-20,25-26) 이는 단순한 장식 이상의 것을 의미한다. 곧 구원, 평화, 기쁨, 안식을 상징한다.

40:29 문지기 성읍의 문들, 이스라엘의 성전, 또는 부요한 자들의 집 정문과 같은 공공 건물의 문 곁에 서 있는 종을 말한다(요 18:16-17). 이스라

㉠ 칠십인역과 불가타를 따름. 히, '벽기둥들'

다른 문의 것과 크기가 같았다. 그
문과 현관에도 양쪽으로 창문이 있
었다. 그 문간도 길이는 쉰 자요, 너
비는 스물다섯 자였다.
30 사방으로 현관이 있었는데, 길이는
스물다섯 자요, 너비는 다섯 자였다.
31 그 대문의 ㉠현관은 바깥 뜰로 나 있
고, 그 벽기둥 위에는 종려나무가 새
겨져 있고, 그 중문으로 들어가는
어귀에는 여덟 계단이 있었다.

안뜰의 동쪽 문

32 ○그 사람이 나를 데리고 동쪽으로
난 안뜰로 들어가서, 거기에 있는 중
문을 재니, 그 크기가 다른 문과 같
았다.
33 문지기 방과 기둥과 현관이 모두 다
른 문의 것들과 크기가 같았다. 그
중문과 현관에도 양쪽으로 창문이
있었다. 그 문의 문간은 길이가 쉰
자요, 너비가 스물다섯 자였다.
34 그 중문의 ㉠현관은 바깥 뜰로 나 있
으며, 문 양편의 벽기둥들 위에는 종
려나무가 새겨져 있었다. 그 중문으
로 들어가는 어귀에는 여덟 계단이
있었다.

안뜰 북쪽 중문

35 ○또 그 사람이 나를 데리고 북쪽으
로 들어가서 재니, 그 크기가 다른
문과 같았다.
36 문지기 방과 벽기둥과 현관들이 모
두 다른 문의 것과 크기가 같았다.
그 중문에도 사방으로 창문이 있었
다. 이 문간의 길이는 쉰 자요, 너비
도 스물다섯 자였다.
37 그 중문의 ㉠현관도 바깥 뜰을 향하
고 있으며, 중문 양쪽의 벽기둥들 위
에는 종려나무가 새겨져 있었다. 그
중문으로 들어가는 어귀에는 여덟
계단이 있었다.

안뜰 북쪽 중문의 부속 건물들

38 ○안뜰 북쪽 중문 곁에는 문이 달린
방이 하나 있었는데, 그 방은 번제물
을 씻는 곳이었다.
39 그리고 그 중문의 현관 어귀에는 양
쪽에 각각 상이 두 개씩 있었는데,
그 위에서는 번제와 속죄제와 속건
제에 쓸 짐승을 잡았다.
40 이 북쪽 문의 어귀, 현관의 바깥 쪽
으로 올라가는 양쪽에도 상이 각각
두 개씩 있었다.
41 이렇게 북쪽 중문의 안쪽에 상이 네
개, 바깥 쪽에 네 개가 있어서, 제물
로 바치는 짐승을 잡는 상이 모두
여덟 개였다.
42 또 돌을 깎아서 만든 것으로서 번제
물을 바칠 때에 쓰는 상이 넷이 있
는데, 각 상의 길이는 한 자 반이요,
너비도 한 자 반이며, 높이는 한 자
였다. 그 위에 번제와 희생제물을 잡
는 기구가 놓여 있었다.

엘의 제사장들은 언약궤를 위한 문지기로서 봉사하였다(대상 15:23-24). 성전의 문지기들은 예배자들이 드리는 헌금을 모으는 책임을 맡고 있었다(왕하 22:4). 그들은 아마 성전과 그 땅을 유지하고, 의식적인 정결을 확실하게 할 책임을 맡은 특별한 부류의 제사장들이었을 것이다. 그들은 레위 사람들로서 특별한 의무를 지녔다(대상 9:22;15:23-24;대하 31:14-18;느 12:25-26).

40:39 번제 완전한 헌신을 상징하는 제사이다. 속죄제 하나님 앞에 지은 모든 죄를 속하기 위해 드리는 제사이다. 속건제 성물(聖物)에 대한 죄와 이웃의 물건을 빼앗은 경우와 같이 인간 대 인간의 죄를 속하기 위해 드리는 제사이다(레 5:15, 17;6:1-7;14:12;19:20-22).

40:46 제사장 임무는 원래 아론의 후손 모두에게 주어졌다. 그런데 다윗 왕 때에 아론의 후손이, 엘르아살의 후손인 사독의 자손들과 이다말의

㉠ 칠십인역과 불가타를 따름. 히, '벽기둥들'

43 그 방 안의 사면에는 손바닥만한 갈
고리가 부착되어 있으며, 상 위에는
제물로 바치는 고기가 놓여 있었다.
44 ○㉠ 또 안뜰의 바깥쪽에는 방 두 개
가 있는데, 하나는 북쪽 중문의 한
쪽 모퉁이 벽 곁에 있어서 남쪽을
향해 있고, 다른 하나는 ㉡남쪽 중문
의 한쪽 모퉁이 벽 곁에 있어서 북
쪽을 향하여 있었다.
45 그 사람이 나에게 일러주었다. "남
쪽을 향한 이 방은 성전 일을 맡은
제사장들의 방이요,
46 북쪽을 향한 저 방은 제단 일을 맡
은 제사장들의 방이다. 그들은 레위
자손 가운데서도, 주께 가까이 나아
가 섬기는 사독의 자손이다."

안뜰과 성전 건물

47 ○그가 또 안뜰을 재니, 길이가 백
자요 너비도 백 자인 정사각형이었
다. 제단은 성전 본당 앞에 놓여 있
었다.
48 ○그 사람이 나를 데리고 성전 현관
으로 들어가서, 현관 벽기둥들을 재
니, 양쪽에 있는 것이 각각 두께가
다섯 자였다. 문 어귀의 너비는 열넉
자이고 ㉢문의 양 옆 벽의 두께는 석
자였다.
49 그 현관의 너비는 스무 자였고, 길이
는 열한 자였다. 현관으로 들어가는
어귀에는 계단이 있었다. 그리고 문
간 양쪽으로 있는 벽기둥 외에 기둥
이 양쪽에 하나씩 있었다.

41

1 그런 다음에 그가 나를 데
리고 성전으로 들어가서 벽을
재니, 그 벽 두께가 양쪽이 각각 여
섯 자였다. ㉣
2 그 문의 통로는 너비가 열 자이고,
그 문의 통로 옆의 벽 너비는 양쪽
이 각각 다섯 자였다. 그가 성소를
재니, 길이가 사십 자요, 너비가 스
무 자였다.
3 ○또 그가 지성소로 들어가서 문 통
로의 벽을 재니, 그 두께가 두 자였
다. 그 문의 통로는 너비가 여섯 자
이고, 그 벽의 너비는 양쪽이 각각
일곱 자였다.
4 그가 지성소의 내부를 재니, 길이가
스무 자이고, 너비도 스무 자였다.
그가 나에게 "이 곳이 지성소다!" 하
고 일러주었다.

성전과 지성소의 골방들

5 ○또 사람이 성전의 벽을 재니, 두께
가 여섯 자였다. 성전에는 삼면으로
돌아가며 방들이 있는데, 너비가 각
각 넉 자였다.
6 그 곁방들은 방 위에 방이 있어서
삼 층을 이루고 있으며, 층마다 방이
서른 개씩 있었다. 그런데 그 곁방들
은 성전을 돌아가면서 성전의 벽에
부착되어 있어서, 성전의 벽 자체를

후손인 아히멜렉의 자손들로 갈라졌다. 솔로몬 왕 때에 아히멜렉의 자손인 제사장 아비아달이 아도니야와 함께 반역하자, 솔로몬이 아비아달을 폐위시키고, *오직 사독과 그 자손만이 제사장* 직무를 담당하게 하였다(왕상 1:7;2:26–27).

㉠ 칠십인역을 따름. 히, '안문 통로의 바깥쪽으로 안뜰 안에 노래하는 사람들이 쓰는 두 방이 있는데, 북쪽 중문의 한쪽……' ㉡ 칠십인역을 따름. 히, '동쪽' ㉢ 칠십인역을 따름. 히, '문 어귀는 석 자였다' ㉣ 히브리어 본문에는 절 끝에 '장막의 두께가 이러하였다'라는 말이 더 있음

41장 요약 본장은 비록 환상 중에라도 에스겔이 하나님의 임재의 처소인 지성소에는 들어갈 수 없었음을 보여 준다. 그러나 그리스도의 대속을 받은 우리들은 자유롭게 하나님 앞에 나아갈 수 있다.

41:1–11 성전 내부와 지성소의 벽과 곁방 성전 내부의 묘사이다. 또한 지성소의 벽과 곁방에 대하여 상세하게 기술하고 있다. 이러한 성전의 지성소는

파고 들어가지는 않았다.
7 그 둘러 있는 곁방들은, 그 층이 위
로 올라갈수록 넓어졌다. 이 곁방의
건물이 성전의 주위로 올라가며 위
층까지 건축되었다. 그래서 이 건물
은 아래층에서 중간층을 거쳐 맨 위
층으로 올라가게 되어 있었다.
8 내가 또 보니, 성전의 둘레에 지대가
더 높이 솟아 있었는데, 곧 곁방들의
기초의 높이였다. 그 높이는 한 장대
인 여섯 자였다.
9 곁방들의 외부에도 담이 있었는데,
그 두께가 다섯 자였다. 또 성전의
곁방들 밖에는 빈 터가 있는데,
10 그 너비는 스무 자이며, 성전을 빙
돌아가는 뜰이었다.
11 그 곁방 건물의 문이 이 공간쪽으로
났는데, 하나는 북쪽으로 났고, 또
하나는 남쪽으로 났다. 둘러 있는
이 빈 터의 너비는 다섯 자였다.

성전의 서쪽 건물

12 ○또 성전의 서쪽 뜰 뒤로 건물이 있
는데, 그 너비가 일흔 자였다. 그 건
물의 벽은 사방으로 두께가 다섯 자
였다. 그 건물 자체의 길이는 아흔
자였다.

성전의 총면적과 내부시설

13 ○그가 성전을 재는데, 그 길이가 백
자이고, 서쪽 뜰과 건물과 그 양쪽
벽까지 합해서 또 길이가 백 자였다.
14 성전의 정면 너비와 동쪽 뜰의 너비
도 각각 백 자였다.
15 그가 이어서 성전 뒤뜰 너머에 있는
건물을 그 양편의 다락까지 함께 재
니, 그 길이도 백 자였다. ○성전 지
성소와 성전 뜰 현관과
16 문 통로의 벽과 창문과 삼면에 둘러
있는 다락에는, 바닥에서 창문에 이
르기까지, 돌아가며 나무 판자를 대
놓았다. 그러나 창문은 틀만 있는 것
이었다.
17 문 통로의 위와 성전 내부와 외부의
벽까지 재어 본 곳에는, 다 판자를
대 놓았다.
18 그 판자에는 그룹과 종려나무들을
새겼는데, 두 그룹 사이에 종려나무
가 하나씩 있고, 그룹마다 두 얼굴
이 있었다.
19 사람의 얼굴은 이쪽에 있는 종려나
무를 바라보고, 사자의 얼굴은 저쪽
에 있는 종려나무를 바라보고 있었
다. 성전 벽 전체가 이와 같았다.
20 성전 바닥에서 문의 통로의 윗부분
에 이르기까지, 모든 벽에 그룹과 종
려나무들을 새겨 두었다.
21 성전 본당의 문 통로는 네모가 나 있
었다. 그리고 지성소 앞에도 이와 비
슷한 모습을 한 것이 있었다.
22 나무로 만든 제단이 있는데, 그 높이
는 석 자요, 그 길이는 두 자였다. 그

이스라엘의 하나님이 임재해 계심을 상징한다고 볼 수 있다.

41:18 그룹 그룹들은 하나님의 시종이며 아름다운 천사들로 하나님의 보좌를 떠받들고 있다. 그래서 만군의 하나님은 거듭해서 '그룹들 사이에 앉아 계시는 분'(삼상 4:4;시 80:1;99:1)으로 나타난다. 역대지 저자는 그룹들을 '수레'(대상 28:18)라고 말한다. 그룹마다 두 얼굴이 있었다 1장의 네 생물의 얼굴과는 달리 사람과 사자의 얼굴만 지니고 있다. 사람의 얼굴은 이성과 지혜를, 사자의 얼굴은 힘과 위엄을 나타낸다.

41:23–26 성전 본당과 지성소 사이의 문과 현관의 창에 대해서 말하고 있다. 그런데 '성전 본당과 지성소'에 대해서 언급하면서 휘장에 대해서는(출 26:33) 전혀 언급하지 않고 있다. 이것은 에스겔이 본 성전은 구약 시대에 세워진 유형적인 성전이 아니라, 예수 그리스도의 몸으로 세우신 교회를 상징하기 때문이다.

모퉁이와 그 받침대와 옆 부분도 나
무로 만든 것이었다. 그가 나에게 일
러주었다. "이것이 주님 앞에 차려
놓는 상이다."

성전의 문들

23 ○성전 본당과 지성소 사이에는 문
을 두 번 열고 들어가야 하는 겹문
이 있었다.
24 문마다 좌우로 문짝이 둘이 있고,
각 문짝에는 아래 위로 두 개의 돌
쩌귀가 붙어 있었다.
25 네 개의 문짝에는 모두 그룹들과 종
려나무들이 새겨져 있어서, 성전의
모든 벽에 새겨진 모습과 같았다. 성
전 바깥의 정면에는 나무 디딤판이
있었다.
26 또 현관의 양쪽 벽에는 곳곳에 틀만
있는 창과 종려나무의 그림이 있고,
성전의 곁방과 디딤판에도 모두 같
은 장식이 되어 있었다.

제사장 방

42 그 사람이 나를 데리고 북쪽으
로 길이 난 바깥 뜰로 나가서,
두 방으로 나를 데리고 들어갔는데,
방 하나는 성전 뜰을 마주하고 있
고, 또 하나는 북쪽 건물을 마주하
고 있었다.
2 북쪽을 마주한 그 방을 재니, 길이
가 백 자이고, 너비가 쉰 자였다.
3 스무 자 되는 안뜰의 맞은쪽과 돌을
깔아 놓은 바깥 뜰의 맞은쪽에는,
삼 층으로 된 다락이 있었다.
4 또 그 방들 앞에는, 내부와 연결된
통로가 있었는데, 그 너비가 열 자
요, 그 길이가 ㉠백 자였다. 그 문들
은 북쪽으로 나 있었다.
5 삼 층의 방들은 가장 좁았는데, 일
층과 이 층에 비하여, 삼 층에는 다
락들이 자리를 더 차지하였기 때문
이다.
6 이 방들은 삼 층이어서, 바깥 마당
의 현관에 있는 기둥과 같은 기둥이
없었으므로, 삼 층은 일 층과 이 층
에 비하여 더 좁게 물려서 지었다.
7 ○이 방들 가운데 한 방의 바깥 담,
곧 바깥 뜰 쪽으로 이 방들과 나란
히 길이 쉰 자가 되는 바깥 담이 있
었다.
8 바깥 뜰을 마주하고 있는 방들의 길
이는 쉰 자였고, 성전을 마주하고 있
는 방들의 길이는 백 자였다.
9 이 방들 아래층에는 동쪽에서 들어
오는 문이 있었는데, 바깥 뜰에서 그
리로 들어오게 되어 있었다.
10 뜰을 둘러 싼 벽이 바깥 뜰에서 시
작되었다. 건물 앞 빈 터 ㉡남쪽으로
도 방들이 있었다.
11 이 방들 앞에도 통로가 있는데, 그
모양이 북쪽에 있는 방들과 같은 식
으로 되어 있고, 길이와 너비도 같

42장 요약 성전의 방들 및 성전을 둘러싼 담에 대한 설명이다. 성전의 담은 거룩한 것과 속된 것을 구별해 주는 경계였다. 이는 곧 하나님이 함께 하시는 자들은 세상의 속된 것을 벗할 수 없으며, 항상 거룩한 삶을 살아야 함을 가리킨다(레 19:2).

㉠ 칠십인역과 시리아어역을 따름. 히, '한 자였다' ㉡ 칠십인역을 따름. 히, '동쪽으로도'

42:1-4 북쪽 뜰의 두 방과 남쪽 뜰의 두 방에 대해서 설명하고 있다. 이 방들은 제사장들이 성전에서 직무를 수행하다가 사적(私的)으로 사용하도록 되어 있었다.

※ 성전의 담 에스겔이 본 성전의 담의 치수는 각 면이 500규빗이었다. 담이 정사각형을 이루는 것은 그것의 견고성을 상징한다. 그리고 이 담은 거룩한 것과 속된 것을 구별하는 역할을 하였다.

42:13 제물로 바친 모든 음식 육신의 소산물을 온

고, 출입구 모양과 구조도 같고, 문
들도 모두 마찬가지였다.
12 이 남쪽에 있는 방들 아래, 안뜰 담
이 시작하는 곳에 출입구가 있었다.
동쪽에서 들어오면, 빈 터와 건물 앞
에 이 출입구가 있었다.
13 ○그 사람이 나에게 일러주었다. ○"빈
터 맞은쪽에 있는 북쪽 방들과 남쪽
방들은 거룩한 방들로서, 주께 가까
이 나아가는 제사장이 가장 거룩한
제물을 먹는 방이다. 그 방들은 거
룩하기 때문에, 제사장은 가장 거룩
한 제물과, 제물로 바친 모든 음식과,
속죄제물과, 속건제의 제물을, 모두
그 방에 두어야 한다.
14 제사장이 그 거룩한 곳으로 들어가
면, 그 거룩한 곳에서 직접 바깥 뜰
로 나가서는 안 된다. 그들이 주님을
섬길 때에 입은 옷이 거룩하기 때문
에, 그 곳에서 자기들의 예복을 벗어
놓고 다른 옷을 입은 다음에, 백성
이 모여 있는 바깥 뜰로 나가야 한
다."

성전의 사면 담을 측량하다

15 ○그 사람이 성전의 내부 측량을 마
친 다음에, 나를 데리고 바깥 동쪽
문으로 나와서, 사면의 담을 측량하
였다.
16 그가 장대로 동쪽 담을 재니, 그 장
대로 재어서 오백 ㉠자였다.
17 북쪽 담을 재니, 그 장대로 오백 자
였다.
18 남쪽 담을 재니, 그 장대로 오백 자
였다.
19 그가 서쪽으로 와서 서쪽 담을 재
니, 그 장대로 오백 자였다.
20 그가 이렇게 성전의 사방을 재니, 사
방으로 담이 있어서, 길이가 각각 오
백 자였다. 그 담은 거룩한 곳과 속
된 곳을 갈라 놓았다.

주님께서 성전에 드시다

43 그 뒤에 그가 나를 데리고 동
쪽으로 난 문으로 갔다.
2 그런데 놀랍게도 이스라엘 하나님의
영광이 동쪽에서부터 오는데, 그의
음성은 많은 물이 흐르는 소리와도
같고, 땅은 그의 영광의 광채로 환해
졌다.
3 그 모습이, 내가 본 환상, 곧 주님께
서 예루살렘 도성을 멸하러 오셨을
때에 본 모습과 같았으며, 또 내가
그발 강 가에서 본 모습과도 같았
다. 그래서 내가 얼굴을 땅에 대고
엎드렸다.
4 그러자 주님께서 영광에 싸여서, 동
쪽으로 난 문을 지나 성전 안으로
들어가셨다.
5 그 때에 주님의 영이 나를 들어 올
려, 안뜰로 데리고 갔는데, 주님의 영
광이 성전을 가득 채웠다!

전히 하나님께 헌납하는 것을 상징하는 제사이다. 짐승을 희생하는 것이 아니라, 음식을 드리는 제사이다. 음식을 단독으로 드리는 것이 아니라 번제와 같이 드렸는데, 그때는 반드시 포도주 사분의 일 힌을 같이 드려야 했다(출 29:40-41;레 23:13). 속건제 성물에 대한 죄와 이웃의 물건을 빼앗은 경우와 같은 인간 대 인간의 죄를 속하기 위하여 드리는 제사이다.

㉠ 칠십인역을 따름. 히, '장대'

43장 요약 본장은 이스라엘 민족이 하나님과의 관계를 회복하게 되었음을 보여 준다. 에스겔은 19년 만에 하나님의 영광이 새로운 성전에 다시금 임하는 광경을 보게 된다.

43:1-12 에스겔은 하나님의 영광이 새로운 성전에 임하는 것을 보았다. 하나님의 영광은 전에 그발 강 가에 나타났던 것과 똑같았다. 이때에 에스겔은 전과 같은 두려움으로 하나님을 경배했다.

6 ○그 사람이 내 곁에 서 있는데, 나
는 성전에서 들려 오는 소리를 들었
다.
7 나는 말하는 소리를 들었다. "사람
아, 이 곳은 내 보좌가 있는 곳, 내가
발을 딛는 곳, 내가 여기 이스라엘
자손과 더불어 영원히 살 곳이다. 그
래서 이스라엘 자손이 내 거룩한 이
름을 다시는 더럽히지 못할 것이다.
백성이나 왕들이 음란을 피우거나,
죽은 왕들의 시체를 근처에 묻어서,
내 거룩한 이름을 더럽히는 일이, 다
시는 없을 것이다.
8 그들이 왕궁의 문지방을 내 성전의
문지방과 나란히 만들고, 그들의 문
설주를 내 성전의 문설주와 나란히
세워 놓아, 나와 왕들 사이에는 벽
하나밖에 없도록 만들었다. 그들이
저지른 역겨운 일들로 내 거룩한 이
름을 더럽혀 놓았기 때문에, 내가 내
분노로 그들을 멸망시켰다.
9 그러나 이제 그들은 음란한 행실을
멀리하고, 시체들을 내 앞에서 치워
버려야 할 것이다. 그러면 내가 그들
과 더불어 영원히 살겠다.
10 ○너 사람아, 너는 이스라엘 족속에
게 이 성전을 설명해 주어서, 그들이
자기들의 온갖 죄악을 부끄럽게 여
기게 하고, 성전 모양을 측량해 보게
하여라.
11 그들이 저지른 모든 일을 스스로 부
끄러워하거든, 너는 이 성전의 설계
를 그들에게 가르쳐 주어라. 성전의
배치도, 성전의 출입구, 이 성전의 건
축 양식 등 모든 규례와 법도와 모
든 율례를 그들에게 알려 주고, 그들
이 보는 앞에서 글로 써 주어서, 그
들이 이 성전의 건축 설계의 법도와
규례를 지키고 행하게 하여라.
12 성전의 법은 이러하다. '성전이 자리
잡고 있는 산꼭대기 성전터 주변은
가장 거룩한 곳이어야 한다.' 이것이
'성전의 법'이다."

번제단의 모양과 크기

13 ○자로 잰 제단의 크기는 다음과 같
다. (한 자는 팔꿈치에서부터 손가락
끝에다 손바닥 너비만큼 더한 것이
다.) 제단 밑받침의 높이는 한 자이
고, 그 사방 가장자리의 너비도 한
자이다. 그 가에는 빙 돌아가며, 높
이가 한 뼘 되는 턱이 있는데, 이것
이 제단의 밑받침이다.
14 이 땅바닥에 있는 밑받침의 표면에
서 아래층의 높이는 두 자요, 너비는
한 자이다. 이 아래층의 표면에서 이
층의 높이는 넉 자요, 너비는 한 자
이다.
15 그 제단 화덕의 높이는 넉 자요, 화
덕의 네 모서리에는 뿔이 네 개 솟
아 있다.

하나님의 영광이 성전에 다시 임했다는 사실은 모든 것이 회복될 것을 가리키는 것이다.

43:2 땅은 그의 영광의 광채로 환해졌다 땅은 여기서 온 세상을 의미한다. 하나님의 영광은 어두운 인간 세상 전체에 골고루 비친다.

43:7 죽은 왕들의 시체 죽은 시체와 같은 우상을 말한다.

43:10 성전 모양을 측량해 보게 하여라 하나님이 성전을 통해서 자기 백성들에게 주신 약속을 깊이 생각하고 사랑하라는 의미이다.

43:13-27 제단은 인간과 하나님 사이를 구별해 줄 뿐만 아니라, 양편 사이를 연결시켜 주는 역할도 감당한다. 인생은 하나님과의 관계 안에서만 그 의미를 발견할 수 있다. 그러나 죄인은 거룩하신 하나님과 교통할 수 없다. 오직 죄가 정결하게 되어야 하나님과의 관계가 열리게 되는 것이다. 따라서 에스겔이 본 제단은 십자가를 연상하게 한다. 왜냐하면 그리스도는 십자가에서, 하나님

16 그 제단 화덕은 길이가 열두 자요,
너비도 열두 자여서, 사면으로 네모
가 반듯하다.
17 그 화덕의 받침인 아래층의 길이와
너비는 열넉 자로서, 사면으로 네모
가 반듯하다. 그 받침을 빙 두른 턱
의 너비는 반 자이고, 그 가장자리
의 너비는 한 자이다. 제단의 계단
들은 동쪽으로 나 있다.

번제단의 봉헌

18 ○그가 나에게 또 말씀하셨다. ○"사
람아, 나 주 하나님이 말한다. 번제
물을 바치고 피를 뿌릴 제단을 만들
때에 지킬 번제단의 규례는 이러하
다.
19 나 주 하나님의 말이다. 너는 사독의
자손 가운데서, 나를 섬기려고 나에
게 가까이 나오는 레위 지파의 제사
장들에게, 어린 수송아지 한 마리를
주어서, 속죄제물로 삼게 하여라.
20 그리고 너는 그 피를 가져다가, 제단
의 네 뿔과 아래층의 네 귀퉁이와
사방의 가장자리에 발라서 속죄하
여, 제단을 정결하게 하고,
21 또 속죄제물로 바친 수송아지를 가
지고 가서, 성소 바깥, 성전의 지정된
곳에서 그것을 태워라.
22 ○이튿날에는 네가 흠 없는 숫염소
한 마리를 속죄제물로 바쳐서, 수송
아지의 제물로 제단을 정결하게 한
것처럼, 그 제단을 정결하게 하여라.
23 네가 정결하게 하기를 마친 다음에
는, 흠 없는 수송아지 한 마리와 양
떼 가운데서, 흠 없는 숫양 한 마리
를 바쳐라.
24 네가 그것들을 주 앞에 바칠 때에
는, 제사장들이 그 짐승들 위에 소
금을 뿌려서, 나 주에게 번제물로 바
치게 하여라.
25 너는 이레 동안 매일 염소 한 마리를
속죄제물로 마련하여 놓고, 어린 수
송아지 한 마리와 양 떼 가운데서
숫양 한 마리를, 흠 없는 것으로 마
련하여 놓고,
26 이레 동안 제단의 부정을 벗기는 속
죄제를 드려서, 제단을 정결하게 하
며 봉헌하도록 하여라.
27 ○이 모든 날이 다 찬 뒤에는, 여드
렛날 이후부터는 제사장들이 그 제
단 위에 너희의 번제와 ㉠감사제를
드리게 하여라. 그러면 내가 너희를
기쁘게 받아들이겠다. 나 주 하나님
의 말이다."

성전 동쪽 문의 용도

44

또 그가 나를 동쪽으로 난 성
소의 바깥 문으로 다시 데리고
가셨는데, 그 문은 잠겨 있었다.
2 주님께서 나에게 말씀하셨다. ○"이
문은 잠가 두어야 한다. 이 문은 열
수 없다. 아무도 이 문으로 들어가서

과 분리되었던 인간을 하나님과 화해하게 한 완전한 희생 제물이 되셨기 때문이다(롬 5:10–11).

43:24 소금을 뿌려서 원래 모든 제물에는 소금을 뿌렸으나 번제물에는 소금을 뿌리지 않았다. 본절에서 '소금을 뿌리라'고 한 것은 번제의 효력을 강화하기 위한 것이다.

43:26 속죄제 하나님 앞에 지은 모든 죄를 대속하기 위한 제사이다. 일부러 지은 죄가 아니어야 속죄제를 드릴 수 있었다(민 15:24–30).

44장 요약 하나님과의 관계가 회복되어 이스라엘 민족은 다시금 하나님 앞에 나아가 제사를 드릴 수 있게 되었다. 그러나 성전에서 봉사할 자들은 정결한 자들이어야 했다. 이에 하나님은 에스겔을 통해 필요한 규례를 전달하신 것이다. 한편, 레위 사람들과 제사장들이 받을 유산은 모세의 규례와 동일하다.

㉠ 또는 '친교제'

는 안 된다. 주 이스라엘의 하나님이
이 문으로 들어오셨으므로, 이 문은
잠가 두어야 한다.
3 그러나 왕은, 그가 왕이므로, 주 앞
에서 음식을 먹을 때에 이 문 안에
앉을 수가 있다. 왕은 문 현관 쪽으
로 들어왔다가, 다시 그 길로 나가야
한다."

주님의 영광이 성전에 가득 차다

4 ○또 그가 나를 데리고 북쪽 문으로
들어가서, 성전 앞에 이르렀는데, 거
기에서 내가 보니, 주님의 영광이 주
님의 성전에 가득 차 있었다. 그래서
내가 얼굴을 땅에 대고 엎드렸다.
5 주님께서 나에게 말씀하셨다. ○"사
람아, 내가 너에게 일러주는 주의 성
전에 대한 모든 규례와 그 모든 율례
를 너는 명심하고, 네 눈으로 확인하
고, 귀담아 들어라. 그리고 성전으로
들어가는 어귀와 성소의 모든 출구
들을 잘 기억해 두어라.
6 ○너는 저 반역하는 자들 곧 이스라
엘 족속에게 전하여라. 나 주 하나님
이 말한다. 이스라엘 족속아, 너희는
역겨운 일을 해도 너무 많이 했다.
7 너희가 내 음식과 기름과 피를 제물
로 바치며, 마음에 할례를 받지 않
고, 육체에도 할례를 받지 않은 이방
사람들을, 내 성소 안에 데리고 들
어옴으로써, 내 성전을 이렇게 더럽
혀 놓았다. 너희가 저지른 온갖 역겨
운 일들 때문에, 너희는 나와 세운
언약을 어겼다.
8 또 너희가 나의 거룩한 물건들을 맡
은 직분을 수행하지 않고, 그 일을
이방 사람들에게 맡겨서, 그들이 내
성소에서 너희 대신에 나를 섬기는
일을 하게 하였다.
9 ○그러므로 나 주 하나님이 말한다.
마음에 할례를 받지 않고 육체에도
할례를 받지 않은 이방 사람은 어느
누구도 내 성소에 들어올 수 없다.
이스라엘 자손과 함께 사는 이방 사
람도 들어올 수 없다."

레위 사람들의 제사장 직무 박탈

10 ○"특별히 이스라엘 족속이 나를 버
리고 떠나서, 우상들을 따라 잘못된
길로 갔을 때에, 레위 제사장들도 내
게서 멀리 떠나갔기 때문에, 레위 제
사장들은 자신들이 지은 죄의 벌을
받아야 할 것이다.
11 그들은 이제 제사장이 아니라 내 성
소에서 성전 문지기가 되고, 성전에
서 시중드는 일을 하게 될 것이다.
그들은, 백성이 바치는 번제물이나
희생제물을 잡고, 백성 앞에서 시중
을 들게 될 것이다.
12 나 주 하나님의 말이다. 그들이 전에
우상을 섬기는 백성들 앞에서 시중
을 들면서, 이스라엘 족속이 죄를 범

44:1-31 번제단을 봉헌한 후, 이스라엘 백성이 하나님께 예배 드리러 나아갈 길이 열렸다. 그러나 성전을 사용하는 데는 그곳에 임재해 계시는 *하나님이 거룩하심같이* 성전에서 시중드는 사람들에게도 거룩함이 요구되었다. 그래서 성전에 들어갈 수 있는 사람이나, 제단과 성소에서 봉사하는 사람의 자격에 대한 지시가 필요했다. 이러한 지시들은 ① 성전에서 제사 드릴 때 왕이 차지하는 위치에 대해서(1-3절) ② 성전 입장이 허용되는 이방 사람과 제사장·레위 사람의 임명에 대해서(4-14절) ③ 제사장 직무의 수행에 필요한 조건들과 직무에 따른 의무와 특권들에 대해서(15-31절) 등이다.

44:10 레위 제사장들도 레위 족속 모두를 말하는 것이 아니라, 제사장 족속 중에서 아론의 자손을 말하는 것이다. 이것은 이들이 더 이상 제사장의 직무를 맡지 못하고(13절), 사독 자손만이 제사장 직분을 행한다는 말을(15절) 보아 알 수 있다.

하게 하였으므로, 이제 내가 손을
들어 그들을 쳐서, 그들이 지은 죄의
벌을 받게 하겠다.
13 그들은 이제 내 앞에 가까이 나오지
못하고, 제사장의 직무를 맡지 못한
다. 그들은 가장 거룩한 것 뿐만이
아니라, 다른 모든 거룩한 물건에도
가까이 가지 못한다. 이처럼 그들은,
자기들이 저지른 수치스러운 일과,
자기들이 저지른 그 역겨운 일 때문
에, 벌을 받아야 한다.
14 그래도 나는 그들에게, 성전 안에서
해야 할 모든 일들 곧 성전에서 시중
드는 일들을 맡아 보게 할 것이다."

제사장들

15 ○"그러나 이스라엘 자손이 나에게
서 떠나 잘못된 길로 갔을 때에도,
레위 지파 가운데서 사독의 자손 제
사장들은 내 성소에서 맡은 직분을
지켰으므로, 그들은 내게 가까이 나
아와서 나를 섬길 수 있고, 내 앞에
서서 내게 기름과 피를 바칠 수 있
다. 나 주 하나님의 말이다.
16 그들이 내 성소에 들어올 수가 있으
며, 그들이 내 상에 가까이 와서 나
를 섬길 수가 있으며, 또 내가 맡긴
직책을 수행할 수 있다.
17 ○그러나 제사장들이 안뜰 문으로
들어올 때에나, 안뜰 문 안에서나,
성전 안에서 직무를 수행할 때에는,
양털로 만든 옷을 입어서는 안 되
고, 반드시 모시 옷을 입어야 한다.
18 머리에도 모시로 만든 관을 써야 하
고, 모시 바지를 입어야 한다. 허리
에도 땀이 나게 하는 것으로 허리띠
를 동여서는 안 된다.
19 그들이 바깥 뜰에 있는 백성에게로
나갈 때에는, 내 앞에서 직무를 수행
할 때에 입은 옷을 벗어서 거룩한
방에 두고, 다른 옷을 갈아 입어야
한다. 백성이 제사장의 거룩한 예복
에 닿아 해를 입는 일이 있어서는 안
된다.
20 ○제사장들은 머리카락을 바싹 밀어
서도 안 되고, 머리카락을 길게 자라
게 해서도 안 된다. 그들은 머리를
단정하게 잘 깎아야 한다.
21 어떤 제사장이든지, 안뜰로 들어갈
때에는 포도주를 마셔서는 안 된다.
22 그들은, 일반 과부나 이혼한 여자와
는 결혼을 할 수가 없고, 다만 이스
라엘 족속의 혈통에 속하는 처녀나,
또는 제사장의 아내였다가 과부가
된 여자와 결혼을 할 수가 있다.
23 ○제사장들은 내 백성이 거룩한 것
과 속된 것을 구별하도록 백성을 가
르치고, 부정한 것과 정한 것을 분별
하도록 백성을 깨우쳐 주어야 한다.
24 소송이 제기되면, 제사장들이 판결
을 내려 주어야 한다. 그들은, 내가

44:12 내가 손을 들어 죄를 범한 레위 제사장들을 쳐부수기 위하여 손을 드는 것이 아니라, 맹세하기 위하여 손을 드는 것이다(20:5-6에 '손을 든다'의 히브리어는 '맹세하다'로 번역되어 있다). 곧 하나님이 레위 제사장들에게 선포한 내용이 반드시 이루어질 것을 의미한다.

44:15-31 본절은 제사장의 행위와 책임에 관하여 출애굽기나 레위기보다 더욱 상세하게 다루고 있다. 백성을 대표하는 제사장들은 제사 의식을 행함에 있어 내적으로 윤리적 성결을 항상 유지해야 함은 물론, 외적으로도 규정에 따른 의복을 착용해야 한다. 그리고 성전 예배 때 제사장들의 주도면밀한 행동은 하나님 앞에서 예배 드리는 회중에게도 윤리적 성결을 유지하도록 만든다. 그러나 하나님의 백성에게 있어서 성전 밖의 삶과 성전 안의 삶 사이에는 궁극적인 구분이 있을 수 없다. 거룩하신 하나님을 섬기려는 자는 예배에서나 일상생활에서나 거룩한 삶을 살아간다.

정하여 준 법대로 재판하여야 하며,
또 내 모든 성회를 지킬 때마다 내
모든 법도와 율례를 지켜야 하고, 내
안식일은 거룩하게 지켜야 한다.
25 ○제사장들은 죽은 사람에게 접근
하여 제 몸을 더럽혀서는 안 된다.
오직 아버지나 어머니, 아들이나 딸,
형제나 시집 가지 않은 누이가 죽었
을 경우에는, 제사장들도 제 몸을 더
럽힐 수 있다.
26 그 때에는 제사장이 제 몸을 정하게
한 다음에도, 이레를 지내야 한다.
27 그런 다음에 성소에서 직무를 수행
하려고 안뜰에 들어갈 때에는, 자신
의 몫으로 속죄제를 드려야 한다. 나
주 하나님의 말이다.
28 ○제사장들에게도 유산이 있다. 내
가 바로 그들의 유산이다. 이스라엘
에서는 그들에게 아무 산업도 주지
말아라. 내가 바로 그들의 산업이다.
29 그들은 곡식제사와 속죄제와 속건제
로 바친 제물을 먹을 것이며, 이스라
엘에서 ㉠구별하여 바친 모든 예물
이 제사장들의 차지가 될 것이다.
30 온갖 종류의 첫 열매 가운데서도 가
장 좋은 것과, 너희가 들어 바친 온
갖 제물은 다 제사장들의 몫으로 돌
리고, 또 너희는 첫 밀가루를 제사
장에게 주어서, 제사장으로 말미암
아 너희 집안에 복을 내리게 하여라.
31 제사장들은 새나 짐승들 가운데서
저절로 죽었거나 찢겨서 죽은 것을
먹어서는 안 된다."

주님의 거룩한 땅

45 "너희가 제비를 뽑아 땅을 나
누어 유산을 삼을 때에, 한 구
역을 거룩한 땅으로 삼아 주께 예물
로 바쳐야 한다. 그 땅의 길이는 이
만 오천 자요, 너비는 ㉡이만 자가 되
어야 한다. 이 구역 전체는 사방으로
어디나 거룩하다.
2 그 한가운데 성소로 배정된 땅은, 길
이가 오백 자요 너비도 오백 자로서,
사방으로 네모 반듯 하여야 하고,
그 둘레에는 사방으로 너비가 쉰 자
인 빈 터를 두어야 한다.
3 재어 놓은 전체 구역의 한가운데, 너
희는 길이가 ㉢이만 오천 자요 너비
가 ㉣만 자 되는 땅을 재어 놓고, 그
한가운데는 성소 곧 가장 거룩한 곳
이 되게 하여라.
4 이 곳은 그 땅에서 거룩한 구역이다.
이 땅은 성소에서 직무를 수행하는
제사장들의 몫이 될 것이다. 그들은
직무를 수행하려고 주께 가까이 나
아가는 사람들이다. 그 곳은 그들이
집 지을 자리와 성소를 앉힐 거룩한
구역이 될 것이다.
5 길이가 이만 오천 자에 너비가 만 자
되는 나머지 땅을, 성전에서 시중드

44:23-24 제사장들의 일반적인 의무는 백성들을 가르치고 재판하는 것이다.

44:23 제사장들은 백성들에게 거룩한 것과 속된 것의 *구분을 자신의 생활로써* 보여 주어야 한다.

44:30 들어 바친 온갖 제물 제사 드리는 방법 중 하나로, 제물을 번제단 위에서 머리 위로 들었다 내려놓는 제사 방법이다. 이 제물은 모두 제사장의 몫이었다. 개역개정에서는 '거제'로 번역했다.

45장 요약 45-46장에서는 이스라엘 백성들이 예루살렘에 돌아와 다시 정착하게 되었을 때 어떠한 삶을 살아야 하는지를 일러주고 있다. 본장에서 우리는 매일의 삶이 하나님께 드려지는 예배여야 함을 교훈받는다(롬 12:1).

㉠ 히, '헤렘'. 주님께 바친 사람이나 물건으로서 취소할 수 없는 제물 ㉡ 칠십인역을 따름. 히, '만 자' ㉢ 약 12킬로미터 ㉣ 약 5킬로미터

는 레위 사람들에게 재산으로 나누
어 주어서, 그 안에 ㉠성읍을 세우게
하여라.
6 ○너희는 거룩하게 구별하여 예물로
바친 구역 옆에, 너비가 오천 자요 길
이가 이만 오천 자인 땅을, 그 성읍
의 재산으로 지정하여라. 그 땅은 이
스라엘 사람 전체의 몫이 될 것이
다."

왕의 차지

7 ○"거룩하게 구별하여 예물로 바친
땅과 그 성읍의 소유지의 양쪽으로
펼쳐진 구역은, 왕의 몫이다. 이 구역
은 서쪽으로 서쪽의 해안선까지이
고, 동쪽으로 동쪽의 국경선에 이르
기까지이다. 그 길이는, 서쪽의 경계
선에서 동쪽의 경계선에 이르기까
지, 들의 구역과 같아야 한다.
8 이 땅이 이스라엘에서 왕이 차지할
땅이 될 것이다. 그러면 내가 세운
왕들이 더 이상 땅 때문에 내 백성
을 탄압하지 않을 것이며, 이스라엘
족속에게도 그들의 각 지파에 따라
서 땅을 차지하게 할 것이다."

통치자들의 통치 법칙

9 ○"나 주 하나님이 말한다. 너희 이
스라엘의 통치자들아, 이제는 그만
하여라. 폭행과 탄압을 그치고, 공평
과 공의를 실행하여라. 내 백성 착취
하는 일을 멈추어라. 나 주 하나님의
말이다.
10 ○너희는 정확한 저울과 정확한 ㉡에
바와 정확한 ㉢밧을 써라.
11 ○에바와 밧은 용량이 같아야 한다.
한 밧은 ㉡호멜의 십분의 일을 담고,
한 에바도 호멜의 십분의 일을 담도
록 하여야 한다. 호멜을 표준으로 삼
고, 에바와 밧을 사용해야 한다.
12 ○너희는 한 ㉣세겔이 이십 게라가 되
게 하고, 이십 세겔 짜리와 이십오
세겔 짜리와 십오 세겔 짜리를 합하
여 한 ㉤마네가 되게 해야 한다."
13 ○"너희가 마땅히 거룩하게 구별
하여 바칠 제물들은 다음과 같다.
밀은 한 호멜 수확에 육분의 일 에
바를 바치고, 보리도 한 호멜 수확
에 육분의 일 에바를 바쳐야 한다.
14 기름에 대한 규례를 말하면, 기름은
한 고르 수확에 십분의 일 밧을 바
쳐야 한다. 한 고르가 한 호멜 또는
열 밧과 같은 것은, 열 밧이 한 호멜
이기 때문이다.
15 이스라엘의 물이 넉넉한 초장에서,
양 떼의 수가 이백 마리가 될 때마
다, 백성은 어린 양을 한 마리씩 바
쳐서, 그들을 속죄하는 곡식제물과
번제물과 ㉥화목제물로 삼도록 하여
야 한다. 나 주 하나님의 말이다.
16 ○거룩하게 구별하여 바치는 이 제
물은 이스라엘의 백성 전체가 이스

45:1-8 에스겔의 환상은 성전에서부터 거룩한 땅에 대한 분배로 옮겨진다. 장차 이스라엘 백성들이 가지게 될 땅은 에스겔이 나중에 볼 환상에서 상세히 설명되어 있다(47-48장). 그러나 여기서 땅을 거론하고 있는 이유는, 에스겔이 백성들의 마음속에 하나님께서 그들에게 주실 땅이 있음을 확신시켜 주기 위한 것이었다.

45:9-17 본절은 왕의 책임에 대한 언급이다. 이전 시대의 이스라엘 통치자들은 그들의 권력을 잘못 사용하여 왔다. 그들은 이제까지 강포와 압제를 행하여 자신들의 탐욕을 채웠지만, 앞으로 회복될 땅에서의 왕들은 공평과 공의의 원칙에 따라 통치해야 한다. 특히 용량과 무게를 엄격히 다루고 있는 것(10-12절)을 통해서 하나님 백성의 공동체가 공평과 공의의 토대 위에 건설될 것임을

㉠ 칠십인역을 따름. 히, '스무 개의 방을' ㉡ 건량 단위 ㉢ 액량 단위 ㉣ 약 11.5그램 ㉤ 약 60세겔, 일반 마네는 50세겔 ㉥ 또는 '친교제물'

라엘 왕에게 넘겨 주어야 한다.
17 왕은, 절기와 월삭과 안식일과 이스
라엘 족속의 모든 성회 때마다, 번제
물과 곡식제물과 부어 드리는 제물
을 공급할 책임을 진다. 그는 속죄제
물과 곡식제물과 번제물과 ㉠화목제
물을 공급하여, 이스라엘 족속이 속
죄를 받도록 해야 한다."

유월절 (출 12:1-20; 레 23:33-43)

18 ○"나 주 하나님이 말한다. 너는 첫
째 달 초하루에는 언제나 소 떼 가
운데서 흠 없는 수송아지 한 마리를
골라다가 성소를 정결하게 하여라.
19 제사장은 그 속죄제물의 피를 받아
다가 성전의 문설주들과 제단 아래
층의 네 모서리와 안뜰 문의 문설주
에 발라라.
20 너는 그 달 초이렛날에도, 고의가 아
닌 사람이나 알지 못해서 범죄한 사
람을 속죄할 때에, 그와 같이 하여
라. 이렇게 성전을 속죄하여라.
21 ○첫째 달 열나흗날에는 너희가 유
월절을 지켜라. 이 절기에는 이레 동
안 누룩을 넣지 않은 빵을 먹어야
한다.
22 그 날 왕은 자기 자신과 이 땅의 모
든 백성을 위하여 송아지 한 마리를
속죄제물로 바쳐야 한다.
23 그는 이 절기를 지내는 이레 동안 주
님께 바칠 번제물을 마련해야 하는
데, 이레 동안 날마다 흠 없는 수송
아지 일곱 마리와, 숫양 일곱 마리를
번제물로 바치고, 숫염소 한 마리를
날마다 속죄제물로 바쳐야 한다.
24 곡식제물을 함께 갖추어서 바쳐야
하는데, 수송아지 한 마리에는 밀가
루 한 에바이고, 숫양 한 마리에도
밀가루 한 에바이고, 또 밀가루 한
에바마다 기름 한 ㉡힌씩을 바쳐야
한다."

초막절

25 ○"그는 일곱째 달 보름에 시작되는
초막절에도 이레 동안 똑같이 하여,
속죄제물과 번제물과 곡식제물과 기
름을 바쳐야 한다."

안식일과 월삭

46 "나 주 하나님이 말한다. 안뜰
의 동쪽 중문은 일하는 엿새
동안 잠가 두었다가 안식일에 열고,
또 매달 초하루에도 열어야 한다.
2 왕은 바깥 마당에서 이 문의 현관으
로 들어와서, 문설주 곁에 서 있어야
한다. 제사장들이 그의 번제물과
㉠화목제물을 바치는 동안에는, 그
가 그 대문의 문지방 앞에서 엎드려
경배하고 바깥으로 나가야 한다. 그
문은 저녁때까지 닫지 말아야 한다.
3 이 땅의 백성도 안식일과 매월 초하
루에는 이 문 어귀에서 주 앞에 엎드
려 경배해야 한다.

시사해 주고 있다. 그리고 왕들은 백성을 위해 제물을 드릴 책임이 있는데(13-17절), 이것은 이스라엘 전체 공동체의 속죄를 위한 것이다.

45:17 부어 드리는 제물 포도주, 기름, 피를 부어 드리는 제사로, 개역개정에서는 '전제'로 번역했다.

45:18-25 본절에 나오는 제물에 대한 규례는 성전 정결(18-20절)과 유월절 의식(21-24절)과 초막절 의식(25절)으로 구성되어 있다.

㉠ 또는 '친교제물' ㉡ 약 4리터

46장 요약 본장은 제사 규례와 왕의 권력 남용 방지를 위한 제도, 성전 예배와 관련된 규례이다. 한편 하나님의 심판을 당했던 이스라엘의 하나님과의 관계가 회복된 것은 하나님의 구원 계획에 포함된 사람들은 모두 다 하나님께로 돌아오게 될 것을 예시한다.

46:1-15 성전 제사법에 관한 규례는 예배의 다양성과 지속성을 보여 준다. 앞으로는 성전에서 날

4 ○왕이 안식일에 주께 바쳐야 할 번
제물은, 흠 없는 어린 양 여섯 마리
와 흠 없는 숫양 한 마리이다.
5 곡식제물은, 숫양 한 마리에는 밀가
루 한 ㉠에바를 곁들여 바치고, 어린
숫양에는 밀가루를 원하는 만큼 곁
들여 바쳐야 하고, 밀가루 한 에바에
는 기름 한 ㉡힌을 곁들여 바쳐야 한
다.
6 매달 초하루에는 흠 없는 수송아지
한 마리와, 어린 양 여섯 마리와 숫
양 한 마리를 흠 없는 것으로 바쳐
야 한다.
7 또 곡식제물로는 수송아지 한 마리
에는 밀가루 한 에바를, 숫양 한 마
리에도 밀가루 한 에바를, 어린 양에
는, 그가 원하는 만큼 곁들여 바칠
것이며, 밀가루 한 에바에는 기름 한
힌을 곁들여 바쳐야 한다.
8 ○왕이 성전에 들어올 때에는, 중문
의 현관으로 들어왔다가, 나갈 때에
도 그 길로 나가야 한다.
9 그러나 이 땅의 백성이 성회 때에 주
앞에 나아올 경우에는, 북쪽 문으로
들어와서 경배한 사람은 남쪽 문으
로 나가고, 남쪽 문으로 들어온 사
람은 북쪽 문으로 나가야 한다. 누
구든지 들어온 문으로 되돌아 나가
서는 안 되며, 반드시 똑바로 앞쪽으
로 나가야 한다.
10 백성이 들어올 때에 왕도 그들과 함
께 들어왔다가, 그들이 나갈 때에 왕
도 나가야 한다.
11 모든 절기와 성회 때에 바칠 곡식제
물은 수송아지 한 마리에는 밀가루
한 에바를 곁들이고, 숫양 한 마리
에도 밀가루 한 에바를 곁들이고,
어린 숫양에는 원하는 만큼 곁들여
바치고, 밀가루 한 에바에는 기름 한
힌을 곁들여 바쳐야 한다.
12 ○왕이 스스로 하고 싶어서 번제물
이나 ㉢화목제물을 주에게 바치려고
하면, 그에게 동쪽으로 난 대문을 열
어 주어야 한다. 그는 안식일에 자신
의 번제물이나 화목제물을 바친 것
과 같이 하고, 밖으로 나간 다음에
는 그 문을 닫아야 한다."

매일 바치는 제사

13 ○"또 너는 매일 주에게 일 년 된 흠
없는 어린 양 하나를 번제물로 바쳐
야 한다. 너는 아침마다 그것을 바쳐
야 한다.
14 아침마다 바치는 번제물에는 밀가루
육분의 일 에바와 그것을 반죽할 기
름 삼분의 일 힌을 곁들여 바쳐야 한
다. 이것이 주에게 바치는 곡식제물
로서 영원히 지킬 규례이다.
15 이렇게 제사장들은, 아침마다 어린
양과 곡식제물과 기름을 준비하여,
정규적으로 드리는 번제물로 바쳐야

마다 예배가 드려져야 하며, 매 안식일에 창조와 구속을 기념하는 특별 예배가 드려지게 된다. 그리고 일 년 중 한 특별한 날에 하나님께서 자신의 백성을 위해 행하신 구원 사역을 기리는 대축제가 있게 된다. 에스겔이 환상 중에 본 지속적이고도 규칙적인 예배는 하나님 백성의 영적 생활에 큰 도움을 주게 된다.

46:5 원하는 만큼 율법은 일반 백성의 빈부의 차이를 고려하여 제물을 드리도록 규정하고 있다.

46:16-18 통치자는 새 땅에서도 필요하다. 그러나 통치자의 권력은 늘 위험성을 내포하고 있다. 본절의 규례는 왕의 권력을 임시적으로 인정하고 있지만 권력을 남용하지 않도록 제도적 장치도 마련하고 있다.

46:17 희년 일곱 번의 안식년이 지난 후 제50년째 되는 해를 뜻한다. 49년째 되는 해는 안식년이므로 안식년이 두 번 계속되는 것이다. 희년에도 안

㉠ 약 22리터 ㉡ 약 4리터 ㉢ 또는 '친교제물'

한다."

왕과 그의 토지

16 ○"나 주 하나님이 말한다. 만일 왕
이 자신의 아들 가운데서 어떤 아들
에게 유산을 떼어서 선물로 주면, 그
것은 아들의 재산이 된다. 이런 것은
유산으로서 아들의 재산이 된다.
17 그러나 만일 왕이 어떤 신하에게 유
산을 떼어서 선물로 주면, 그것은 희
년까지만 그 신하의 소유가 되고, 희
년이 지나면 왕에게로 되돌아 간다.
왕의 유산은 그의 아들들의 것으로
서, 오직 그들의 차지가 되어야 한다.
18 왕은 백성의 유산을 빼앗고 그들을
폭력으로 내쫓아서, 그들의 유산을
차지해서는 안 된다. 왕은 자신의 재
산만을 떼어서, 자식들에게 유산으
로 나누어 주어야 한다. 그래서, 내
백성 가운데서는 아무도, 자신의 재
산을 잃고 멀리 흩어져 다니는 일이
없게 하여라."

성전 부엌

19 ○그런 다음에 그가 나를 데리고 중
문 곁에 있는 통로로, 북쪽에 있는
제사장들의 거룩한 방에 이르렀는
데, 거기에서 보니, 그 거룩한 방들의
뒤편 서쪽에 빈 터가 하나 있었다.
20 그가 나에게 일러주었다. "여기가 제
사장들이 속건제물과 속죄제물을
삶으며, 곡식제물을 굽는 장소다. 그
들이 그 제물을 바깥 뜰로 들고 나
갔다가 그 거룩한 제물에 백성이 해
를 입게 하는 일이 없게 하려고 한 것
이다."
21 또 그가 나를 바깥 뜰로 데리고 나가
서, 그 뜰의 네 구석으로 나를 데리
고 다녔는데, 보니, 구석마다 뜰이
하나씩 있었다.
22 그 뜰의 네 구석에는 담으로 둘린
작은 뜰들이 있었고, 그 길이는 마흔
자요 너비는 서른 자였다. 이렇게 네
뜰의 크기가 같았다.
23 그 작은 네 뜰에는 돌담이 둘러쳐
있었고, 그 돌담 밑으로 돌아가며,
고기를 삶는 솥이 걸려 있었다.
24 그가 내게 일러주었다. "이 곳은 성
전에서 시중드는 사람들이 백성의
희생제물을 삶는 부엌이다."

성전에서 흘러 나오는 물

47 그가 나를 데리고 다시 성전 문
으로 갔는데, 보니, 성전 정면이
동쪽을 향하여 있었는데, 문지방 밑
에서 물이 솟아 나와, 동쪽으로 흐
르다가, 성전의 오른쪽에서 밑으로
흘러 내려가서, 제단의 남쪽으로 지
나갔다.
2 또 그가 나를 데리고 북쪽 문을 지
나서, 바깥으로 나와, 담을 돌아서,
동쪽으로 난 문에 이르렀는데, 보니,
그 물이 동쪽 문의 오른쪽에서 솟아

식년처럼 땅을 쉬게 해야 한다(레 25:11). 이스라엘 사람들은 동족인 이스라엘 사람을 종으로 삼지 못하게 했다.

*46:19-24 성전 예배*는 먹고 마시는 교제도 포함한다. 예배에서 하나님께 드렸던 것은 음식이었으며, 부분적으로 이 음식은 제사장들과 백성들에 의해 소비되었다. 이것은 하나님과의 교제를 상징할 뿐만 아니라 하나님께서 인간이 필요로 하는 것, 곧 음식을 제공해 줌을 상징하기도 한다.

47장 요약 새 성전에서 흘러나온 생명수가 황무지를 적시고 사해(死海)를 맑은 물로 고치는 본장의 환상은 이스라엘을 회복시키시는 하나님의 구원 역사가 영적으로 죽은 자들과 다름없는 온 세상 사람들을 대상으로 삼고 있다는 것을 시사한다.

47:1-12 이 예언은 스가랴서 14:8의 생수에 관한 예언을 설명한다. 또한 사도 요한의 계시 중에 나

나오고 있었다.
3 그가 줄자를 가지고 동쪽으로 재면
서 가다가, ㉠천 자가 되는 곳에 이르
러, 나더러 물을 건너 보라고 하기
에, 건너 보니, 물이 발목에까지 올
라왔다.
4 그가 또 재면서 가다가, 천 자가 되
는 곳에 이르러, 나더러 물을 건너
보라고 하기에, 건너 보니, 물이 무릎
까지 올라왔다. 그가 또 재면서 가다
가, 천 자가 되는 곳에 이르러, 나더
러 물을 건너 보라고 하기에, 건너 보
니, 물이 허리까지 올라왔다.
5 그가 또 재면서 가다가 천 자가 되는
곳에 이르렀는데, 거기에서는 물이
내가 건널 수 없는 강이 되었다. 물
이 불어서, 헤엄을 쳐서나 건널까, 걸
어서 건널 수 있는 물은 아니었다.
6 그가 나에게 말하였다. "사람아, 네
가 이것을 자세히 보았느냐?" 그런
다음에, 그가 나를 강가로 다시 올
라오게 하였다.
7 ○내가 돌아올 때에는, 보니, 이미 강
의 양쪽 언덕에 많은 나무가 있었다.
8 그가 나에게 일러주었다. "이 물은
동쪽 지역으로 흘러 나가서, ㉡아라
바로 내려갔다가, ㉢바다로 들어갈
것이다. 이 물이 바다로 흘러 들어가
면, 죽은 물이 살아날 것이다.
9 이 강물이 흘러가는 모든 곳에서는,
온갖 생물이 번성하며 살게 될 것이
다. 이 물이 사해로 흘러 들어가면,
그 물도 깨끗하게 고쳐질 것이므로,
그 곳에도 아주 많은 물고기가 살게
될 것이다. 강물이 흘러가는 곳이면
어디에서나, 모든 것이 살 것이다.
10 그 때에는 어부들이 고기를 잡느라
고 강가에 늘 늘어설 것이다. 어부들
이 엔게디에서부터 에네글라임에 이
르기까지, 어디에서나 그물을 칠 것
이다. 물고기의 종류도 ㉣지중해에
사는 물고기의 종류와 똑같이 아주
많아질 것이다.
11 그러나 사해의 진펄과 개펄은 깨끗
하게 고쳐지지 않고, 계속 소금에 절
어 있을 것이다.
12 그 강가에는 이쪽이나 저쪽 언덕에
똑같이 온갖 종류의 먹을 과일 나무
가 자라고, 그 모든 잎도 시들지 않
고, 그 열매도 끊이지 않을 것이다.
나무들은 달마다 새로운 열매를 맺
을 것인데, 그것은 그 강물이 성소에
서부터 흘러 나오기 때문이다. 그 과
일은 사람들이 먹고, 그 잎은 약재
로 쓸 것이다."

땅의 경계선과 분배

13 ○"나 주 하나님이 말한다. 너희가
이스라엘의 열두 지파에 따라서 유
산으로 나누어 가져야 할 땅의 경계
선은 다음과 같다. 요셉은 두 몫이

오는 '수정과 같이 빛나는 생명수의 강'(계 22:1)과도 관계가 있다. 대부분의 학자들은 이 물이 예수 그리스도의 복음을 의미한다고 해석한다.

47:9 이 물이…고쳐질 것이므로 사해는 글자 그대로 '죽음의 바다'이다. 사해는 염분이 너무 많아서 물고기들이 살지 못한다. 그러나 성전 문지방 밑에서 흘러나온 물이 들어오면 죽음의 바다라도 '생명의 바다'가 될 것이다. 여기서 사해는 죄로 인해 야기된 죽음을 상징하고 있다. 그리고 성전에서 흘러나온 물은 하나님의 축복, 곧 '생명을 주는 구원'을 의미한다.

47:11 우기가 되면 물이 불어 사해의 물이 습지에까지 넘치게 된다. 그러나 건기가 되면 웅덩이에 고인 물도 곧 증발하게 된다. 그곳에는 두꺼운 소금 막이 형성된다. 진펄과 개펄은 여전히 소금 땅으로 남게 되는데, 그 이유는 강물이 그곳에는

㉠ 약 450미터 ㉡ 또는 '요단 계곡' ㉢ 사해를 일컬음 ㉣ 히, '큰 바다'

다.
14 나머지 지파들은 그 땅을 서로 똑같
이 유산으로 나누어 가져야 한다.
그 땅은 내가 너희의 조상에게 주기
로 맹세하였으므로, 그 땅을 이제 너
희가 유산으로 차지하게 될 것이다.
15 ○그 땅의 북쪽 경계선은 다음과 같
다. ㉠ 지중해에서 헤들론을 거쳐 르
모하맛에 이르렀다가 스닷,
16 브로다, 시브라임에 이른다. (시브라
임은 다마스쿠스 지역과 하맛 지역
의 중간에 있다.) 거기에서 하우란의
경계선에 있는 하셀 핫디곤에까지
이른다.
17 이렇게 북쪽 경계선은 ㉠ 지중해에서
동쪽으로 하살에논에까지 이르는
데, 다마스쿠스와 하맛에 접경하고
있다. 이것이 북쪽 경계선이다.
18 ○동쪽은 하우란과 다마스쿠스 사
이에서 시작하여, 길르앗과 이스라
엘 땅 사이의 경계인 요단 강을 따
라, 멀리 사해의 다말에까지 이른다.
이것이 동쪽 경계선이다.
19 ○남쪽은 다말에서 시작하여 므리봇
가데스의 샘을 지나 이집트 시내를
거쳐 ㉠ 지중해에 이른다. 이것이 남
쪽 경계선이다.
20 ○서쪽 경계선은 ㉠ 지중해이다. 이 바
다가 경계가 되어 르보하맛으로 건
너편에까지 이른다. 이것이 서쪽의
경계선이다.
21 ○이 땅을 너희가 이스라엘의 모든
지파 별로 나누어 가져라.
22 ○너희는 말할 것도 없고, 너희 가운
데 거류하는 외국 사람들, 곧 너희
들 가운데서 자녀를 낳으면서 몸붙
여 사는 거류민들도 함께 그 땅을
유산으로 차지하게 하여라. 너희는
거류민들을 본토에서 태어난 이스라
엘 족속과 똑같이 여겨라. 그들도 이
스라엘 지파들 가운데 끼어서 제비
를 뽑아 유산을 받아야 한다.
23 거류민에게는 그들이 함께 살고 있
는 그 지파에서 땅을 유산으로 떼어
주어야 한다. 나 주 하나님의 말이
다."

지파의 토지 분배

48 "지파들의 이름은 다음과 같
다. 가장 북쪽에서부터 시작하
여, 헤들론 길을 따라, 르보하맛을
지나서 다마스쿠스와 하맛에 접경
한 경계선을 타고 하살에논에까지,
곧 북쪽으로 하맛 경계선에 이르는
땅의 동쪽에서 서쪽까지의 땅은 단
지파의 몫이다.
2 ○단 지파의 경계선 다음으로 동쪽
에서 서쪽까지는 아셀 지파의 몫이
다.
3 ○아셀 지파의 경계선 다음으로 동
쪽에서 서쪽까지는 납달리 지파의

미치지 않기 때문이다.
47:13-23 회복될 땅에 대한 환상이 다시 에스겔에게 임했다. 한 치의 땅도 소유하지 못하고 있는 *포로지에서, 에스겔은 백성*들이 하나님께서 주시는 땅에서 영원토록 살게 될 것이라는 확신을 준다. 백성들이 포로 생활 중에서도 삶을 포기하지 않을 수 있었던 것은 회복될 땅에 대한 간절한 소망 때문이었다.

㉠ 히, '큰 바다'

48장 요약 본장은 이스라엘 열두 지파가 한 사람도 빠지지 않고 회복된 땅을 유산으로 받게 될 것을 보여 준다. 이 계시는 이스라엘 민족이 바빌로니아에서 포로로 있을 때에 선포되었다. 그들이 삶을 포기하지 않을 수 있었던 것은 회복될 땅에 대한 소망이 있었기 때문이다.

※ 48장은 에스겔의 예언자 사역의 대단원을 마감하고 있다. 에스겔은 포로로 잡혀가 있는 동안

몫이다.
4 ○납달리 지파의 경계선 다음으로
동쪽에서 서쪽까지는 므낫세 지파의
몫이다.
5 ○므낫세 지파의 경계선 다음으로
동쪽에서 서쪽까지는 에브라임 지파
의 몫이다.
6 ○에브라임 지파의 경계선 다음으로
동쪽에서 서쪽까지는 르우벤 지파의
몫이다.
7 ○르우벤 지파의 경계선 다음으로
동쪽에서 서쪽까지는 유다 지파의
몫이다."

거룩하게 바친 땅

8 ○"유다 지파의 경계선 다음으로 동
쪽에서 서쪽까지는, 너희가 거룩하
게 바쳐야 할 땅이다. 그 너비는 ㉠이
만 오천 자이고, 그 길이는 다른 지
파들의 몫과 같이 동쪽에서 서쪽까
지이고, 그 한가운데 성소를 세워야
한다.
9 ○너희가 주께 거룩하게 바쳐야 할
땅은, 길이가 이만 오천 자요, 너비
가 ㉡만 자이다.
10 거룩하게 바친 이 땅은 제사장들에
게 주어야 한다. 그들에게 줄 땅은,
북쪽으로 길이가 이만 오천 자, 서쪽
으로 너비가 만 자, 동쪽으로 너비가
만 자, 남쪽으로 길이가 이만 오천
자이다. 그 한가운데 주의 성소가 있
어야 한다.
11 이 땅은 거룩히 구별된 제사장들 곧
사독의 자손에게 주어야 한다. 그들
은 이스라엘 자손이 잘못된 길로 갔
을 때에, 레위 지파의 자손이 잘못된
길로 간 것처럼 하지 않고, 내가 맡
겨 준 직책을 지킨 사람들이다.
12 그러므로 그들은 거룩하게 바친 땅
가운데서도 가장 거룩한 땅을 받아
야 하고, 레위 지파의 경계선과 인접
해 있어야 한다.
13 레위 지파가 차지할 땅도 제사장들
의 경계선 옆에 그 길이가 이만 오천
자요, 너비가 만 자이다. 그 전체의
길이는 이만 오천 자요, 너비는 이만
자이다.
14 그들은 이 땅을 팔거나 다른 땅과
바꿀 수가 없고, 또 가장 좋은 이 부
분을 다른 사람의 손에 넘겨 주어서
도 안 된다. 그것은 주의 거룩한 땅
이기 때문이다.
15 ○너비가 오천 자요 길이가 이만 오
천 자인 나머지 땅은, 성읍을 세울
속된 땅이다. 그 한가운데 있는 땅
은 성읍을 세워서 거주지로 사용하
고, 그 나머지는 빈 터로 사용하여
라.
16 그 성읍의 크기는 다음과 같다. 북
쪽의 길이도 사천오백 자, 남쪽의 길
이도 사천오백 자, 동쪽의 길이도 사

에 그의 사역을 시작하였으며, 바빌로니아 지역을 떠나지 않고서 그의 사역을 마감한다. 그러나 그는 환상을 통하여 하나님이 그 중앙에 항상 계시는 새로운 시대를 감지하고 있었다. 그렇다고 해서 그가 현실을 무시한 환상가는 아니었다. 에스겔은 자기 시대의 고통과 슬픔을 잘 알고 있었다. 그러나 에스겔은 이스라엘을 초월한 새 시대, 곧 모든 사람이 하나님의 임재를 더 잘 실감할 수 있는 시대가 곧 오리라는 것을 선포하기 위해 자신의 사명에 충성하였다. 이 시대는 하나님이 자기 백성 가운데 계시고 영원히 떠나지 아니하시는 시대이다. '여호와샤마'(35절), '임마누엘'(마 1:23)은 예수 그리스도의 성육신으로 이미 성취되었고, 또한 그의 재림으로 완성될 것이다.

48:1-29 하나님께 예물로 드린 거룩한 땅을(45:1-8) 중심으로 하여 북쪽은 일곱 지파에게, 남쪽은 다섯 지파에게 땅을 각각 분배하고 있다. 이곳

㉠ 약 12킬로미터 ㉡ 약 5킬로미터

천오백 자, 서쪽의 길이도 사천오백
자이다.
17 이 성읍 빈 터의 크기는 북쪽의 너비
가 이백오십 자, 남쪽의 너비가 이백
오십 자, 동쪽의 너비가 이백오십
자, 서쪽의 너비가 이백오십 자이다.
18 거룩하게 바친 땅과 인접한 나머지
땅의 길이는 동쪽으로 만 자이고,
서쪽으로도 만 자이다. 그 땅은 거
룩하게 바친 땅과 인접하여야 하며,
그 농산물은 성읍에서 일하는 사람
들의 먹거리가 되어야 한다.
19 이스라엘의 모든 지파에서 뽑혀 와
서 성읍에서 일하는 사람들만이 그
땅을 경작할 수가 있다.
20 ○거룩하게 바친 땅 전체는 길이도
이만 오천 자요, 너비도 이만 오천
자이다. 너희는 이렇게, 그 성읍의
소유지를 포함하여 거룩하게 바친
땅을 네모 반듯하게 구별해 놓아야
한다.
21 거룩하게 구별하여 바친 땅의 양 옆
과 성읍에 딸린 소유지의 양 옆에 있
는 나머지 땅은 왕에게 돌아갈 몫이
다. 거룩하게 바친 땅, 곧 이만 오천
자가 되는 지역에서 동쪽 국경까지
와 이만 오천 자가 되는 지역에서 서
쪽 국경까지 다른 지파들의 몫과 평
행되게 뻗어 있는 나머지 땅이 왕의
몫이다. 거룩하게 구별하여 바친 땅
과 성전의 성소가 그 땅의 한가운데
있어야 한다.
22 그래서 레위 지파의 유산과 성읍에
딸린 소유지는 왕의 소유지의 한가
운데 있게 된다. 왕의 소유지는 유다
지파의 경계선과 베냐민 지파의 경
계선 사이에 있다."

나머지 지파들의 토지 분배

23 ○"나머지 지파들이 차지할 땅은 다
음과 같다. 동쪽에서 서쪽까지는 베
냐민 지파의 몫이다.
24 ○베냐민 지파의 경계선 다음으로
동쪽에서 서쪽까지는 시므온 지파
의 몫이다.
25 ○시므온 지파의 경계선 다음으로
동쪽에서 서쪽까지는 잇사갈 지파
의 몫이다.
26 ○잇사갈 지파의 경계선 다음으로
동쪽에서 서쪽까지는 스불론 지파
의 몫이다.
27 ○스불론 지파의 경계선 다음으로
동쪽에서 서쪽까지는 갓 지파의 몫
이다.
28 ○갓 지파의 경계선은, 남쪽의 국경
선이 다말에서부터 시작하여 므리바
가데스 샘에 이르고, 거기서 이집트
시내를 따라 ㉠지중해에 이른다.
29 ○이것이 너희가 제비를 뽑아 유산
으로 이스라엘의 지파들에게 나누
어 주어야 할 땅이다. 이 땅들이 바

의 땅 분배는 여호수아 때의 땅 분배와 여러 가지 다른 점이 있다. ① 여기에서는 각 지파의 유산이 그 땅을 세로로 가로질러 동쪽은 요단 강까지, 서쪽은 지중해까지 확장되었다. 그 결과 모든 땅은 평행을 이룬다. 반면에 여호수아가 땅을 분배할 때는 몇 지파는 그 땅 폭의 반에만 걸쳐 있었다. ② 여호수아 때는 르우벤·갓·므낫세 반 지파가 요단 강 동편에 유산을 분배받아 가나안 땅, 즉 요단 강 서편에는 아홉 지파 반이 유산을 얻었다. 그러나 여기서는 이스라엘 열두 지파 모두가 요단 강 서편에서 유산을 얻고 있다. ③ 본절에서 그 땅의 중앙부에는 하나님께 드린 땅, 성읍, 기지, 왕의 소유지 등이 차지하고 있었다.

48:21-22 왕의 소유지 거룩한 땅과 성읍 기지의 길이는 이만 오천 규빗밖에 되지 않으므로 동쪽의 요단 강과 서쪽의 지중해에 미치지 못한다. 그러므로 거룩한 땅과 성읍 기지의 양쪽 어디에도

㉠ 히, '큰 바다'

로 그 지파들의 몫이다. 나 주 하나
님의 말이다."

예루살렘의 성문들

30 ○"그 성읍의 문들은 다음과 같다.
북쪽 성벽은 너비가 사천오백 자이
다.
31 이 성읍의 문들은 이스라엘 지파들
의 이름에 따라 부른 것이다. 북쪽
에 문이 셋 있는데, 하나는 르우벤
문, 하나는 유다 문, 하나는 레위 문
이다.
32 동쪽 성벽도 너비가 사천오백 자이
고, 문이 셋 있는데, 하나는 요셉 문
이고, 하나는 베냐민 문이고, 하나
는 단 문이다.
33 남쪽 성벽도 너비가 사천오백 자이
고, 문이 셋 있는데, 하나는 시므온
문이고, 하나는 잇사갈 문이고, 하
나는 스불론 문이다.
34 서쪽 성벽도 너비가 사천오백 자이
고, 문이 셋 있는데, 하나는 갓 문이
고, 하나는 아셀 문이고, 하나는 납
달리 문이다.
35 ○이렇게 그 둘레가 만 팔천 자이다.
이 성읍의 이름이 이제부터는 ㉠'여
호와샤마'라고 불릴 것이다."

속하지 않은 땅이 생기기 마련이다. 하나님께서 바로 이 땅을 왕에게 유산으로 주셨다.

48:21 왕의 몫 북쪽으로는 유다 지파의 몫과 남쪽으로는 베냐민 지파의 몫에 연접해 있다.

48:23–29 나머지 지파들의 유산 나머지 다섯 지파의 땅 분배를 묘사하고 있다. 특별히 성전의 양쪽에 붙어 있는 땅을 분배받은 것은 유다 지파와 베냐민 지파였다. 이것은 다른 열 지파가 곁길로 나갈 때도 다윗의 집과 예루살렘의 성전에서 떠나지 않았던 그들에게 주어진 영광이었다.

48:30–35 성읍의 크기와 출입구, 그리고 그 성읍의 이름을 말하고 있다.

48:35 이제부터는 '하나님의 나라가 완성된 후로 영원히'를 뜻한다. 여호와샤마 뜻은 '주님께서 거기 계시다'이다. 에스겔은 성읍의 이름을 '여호와샤마'라고 부르면서 에스겔서와 그의 사역의 대단원을 장식하고 있다.

㉠ 히, '아도나이 샤마(주님께서 거기에 계심)'

다니엘서

저자 다니엘서의 저자인 다니엘은 남 유다 소멸기에 바빌로니아에서 총리로 등용되어 하나님의 주권을 선포한 인물이다. 본서는 다니엘의 전기도, 바빌로니아 포로 시의 유다 사람의 역사를 기록한 책도 아니다. 본서의 주제는 하나님께서 자기 백성을 향한 그분의 구속 계획을 성취하기 위하여 열강의 군주들과 열국의 역사 및 자연의 힘을 그분의 예지와 권능으로 어떻게 다스리고 조종하시는지를 제시하는 것이다.

저작 연대 B.C. 605–530년경

기록 장소와 대상 기록 장소는 바빌로니아이고, 주로 바빌로니아에서 포로 생활을 하는 유다 사람들이 기록 대상이지만, 바빌로니아와 페르시아에 있는 이방 사람들을 위해서도 기록했다.

핵심어 및 내용 다니엘서의 핵심어는 '용기'와 '보호'이다. 본서에는 참된 용기와 하나님에 대한 헌신을 보여 주는 기억에 남을 만한 이야기가 기록되어 있다. 또한 하나님께서는 자신을 온전히 의지하는 자를 어떤 역경 속에서도 보호하신다.

내용 분해

1. 바빌로니아 궁전에서의 다니엘(1:1–21)
2. 느부갓네살이 본 거대한 신상(2:1–49)
3. 화덕에서 건져진 다니엘의 세 친구(3:1–30)
4. 느부갓네살의 꿈과 그의 겸손(4:1–37)
5. 벨사살의 잔치와 다리우스의 박해(5:1–6:28)
6. 네 마리 짐승에 대한 환상(7:1–28)
7. 숫양과 숫염소의 환상(8:1–12:13)

느부갓네살 왕궁의 젊은이들

1 유다의 여호야김 왕이 왕위에 오
른 지 삼 년이 되는 해에, 바빌로니
아의 느부갓네살 왕이 예루살렘으
로 쳐들어와서 성을 포위하였다.
2 주님께서 유다의 여호야김 왕과 하
나님의 성전 기물 가운데서 일부를
느부갓네살의 손에 넘겨 주셨다. 그
는 그것들을 ㉠바빌로니아 땅, 자기가
섬기는 신의 신전으로 가지고 가서
그 신의 보물 창고에 넣어 두었다.
3 ○그 때에 왕은 아스부나스 환관장
에게 명령하여, 이스라엘 백성, 특히
왕과 귀족의 자손 가운데서,
4 몸에 흠이 없고, 용모가 잘생기고,
모든 일을 지혜롭게 처리할 수 있으
며, 지식이 있고, 통찰력이 있고, 왕
궁에서 왕을 모실 능력이 있는 소년
들을 데려오게 하여서, 그들에게
㉡바빌로니아의 언어와 문학을 가르
치게 하였다.
5 또한 왕은 왕궁에서 날마다 일정한
양을 정해서 음식과 포도주를 그들
에게 공급하도록 해주면서, 삼 년 동
안 교육시킨 뒤에, 왕을 모시도록 하
였다.
6 그들 가운데는 유다 사람인 다니엘
과 하나냐와 미사엘과 아사랴가 있
었다.
7 환관장이 그들에게 이름을 새로 지
어 주었는데, 다니엘은 벨드사살이
라고 하고, 하나냐는 사드락이라고
하고, 미사엘은 메삭이라고 하고, 아
사랴는 아벳느고라고 하였다.
8 ○다니엘은 왕이 내린 음식과 포도
주로 자기를 더럽히지 않겠다고 마
음을 먹고, 환관장에게 자기를 더럽
히지 않을 수 있도록 해 달라고 간청
하였다.
9 하나님은 다니엘이 환관장에게서 호
의와 동정을 받도록 해주셨다.
10 환관장이 다니엘에게 말하였다. "너
희가 먹고 마실 것을 정해 주신 분
은 나의 상전이신 임금님이시다. 임
금님께서, 너희의 얼굴이 너희와 같

㉠ 히. '시날' ㉡ 또는 '갈대아'

은 나이의 젊은이들보다 더 상해 있
는 것을 보시게 될까 두렵다. 그렇게
되면, 너희 때문에 내 목숨이 임금님
앞에서 위태롭게 될 것이다."
11 ○다니엘은 감독관에게로 갔다. 그
감독관은 환관장이 임명한 사람으
로서, 다니엘과 하나냐와 미사엘과
아사랴를 감독하는 일을 맡은 사람
이다. 다니엘이 그 감독관에게 요청
하였다.
12 "부디 이 종들을 열흘 동안만 시험
하여 보시기 바랍니다. 우리에게 채
소를 주어 먹게 하고, 물을 주어 마
시게 하여 보시기 바랍니다.
13 그런 다음에, 우리의 얼굴빛과 왕이
내린 음식을 먹는 젊은이들의 얼굴
빛을 비교하여 보시고, 이 종들의 요
청을 처리하여 주시기 바랍니다."
14 ○그래서 감독관은 그 말을 따라서,
열흘 동안 시험해 보았다.
15 열흘이 지났을 때에 보니, 그들의 얼
굴빛이 왕이 내린 음식을 먹은 젊은
이들의 얼굴빛보다 좋고 건강하여
보였다.
16 감독관은 그들에게 지정된 음식과
마실 포도주를 주지 않고, 채소를
계속 주어서 먹게 하였다.
17 ○하나님은 이 네 젊은이들이 지식
을 얻게 하시고, 문학과 학문에 능
통하게 하셨다. 그 밖에도 다니엘에
게는 환상과 온갖 꿈을 해석하는 능
력까지 주셨다.
18 ○왕이 정하여 놓은 삼 년 동안의
교육이 끝나는 날, 환관장은 교육을
받은 젊은이들을 모두 느부갓네살
앞으로 데리고 갔다.
19 왕이 그들과 말하여 보니, 그들 가운
데서 다니엘과 하나냐와 미사엘과
아사랴가 가장 뛰어났으므로, 그들
로 왕을 모시게 하였다.
20 왕은 그들에게 온갖 지혜나 지식에
관한 문제를 물어 보고서, 그들이 전
국에 있는 어떤 마술사나 주술가보
다도, 열 배는 더 낫다는 것을 알았
다.
21 다니엘은 고레스 왕 일년까지 왕궁
에 머물러 있었다.

느부갓네살의 꿈

2 느부갓네살은 왕위에 오른 지 이
년이 되는 해에, 꿈을 꾸고서, 마
음이 답답하여 잠을 이루지 못하였
다.
2 그래서 왕은 꾼 꿈을 알아내려고 마
술사와 주술가와 점쟁이와 ㉠점성가
들을 불러들이라고 명령하니, 그들
이 와서 왕 앞에 섰다.
3 왕이 그들에게 말하였다. "내가 꿈
을 하나 꾸었는데, 그 꿈을 알 수 없
어서 마음이 답답하다."
4 ○㉠점성가들이 아람 말로 왕에게

1장 요약 본장은 본서의 서론 부분으로 다니엘(유다 민족)의 유배와 신앙적 승리를 다룬다.

1:2 성전 기물 중 일부는 전리품으로 바빌로니아의 '벨' 신전으로 옮겨졌다가 고레스 왕 때(스 1:7) 일부 반환되었다. 이것은 유대 사람과 그들이 섬기는 하나님이 바빌로니아 왕과 그 신들에게 복속됨을 의미했다. 그러나 이 성물들은 바빌로니아 왕조의 멸망의 원인이 된다(5장).

2장 요약 다니엘은 네 강대국에 대한 느부갓네살 왕의 꿈을 해석함으로써 당시 근동의 패자였던 바빌로니아 제국의 중앙 정치 무대에 등장하였다. 이 사건은 다니엘과 이스라엘 백성에게 주신 하나님의 은혜였다. 즉, 하나님은 심판 중에 있는 이스라엘 백성에게도 긍휼을 베푸셨다.

㉠ 또는 '갈대아 사람들'

아뢰었다. ㉠"임금님의 만수무강을
빕니다. 그 꿈을 종들에게 말씀하여
주시면, 해몽하여 드리겠습니다."
5 ○그러자 왕이 ㉡점성가들에게 말하
였다. "㉢나의 명령은 확고하다. 너희
가 그 꿈의 내용과 해몽을 나에게
말해 주지 못하면, 너희의 몸은 토막
이 날 것이며, 너희의 집은 쓰레기 더
미가 될 것이다.
6 그러나 너희가 그 꿈의 내용과 해몽
을 말해 주면, 내가 너희에게 선물과
상과 큰 명예를 주겠다. 그러니 그
꿈과 그 해몽을 나에게 말하여라."
7 ○그들이 다시 아뢰었다. "임금님께
서 그 꿈을 종들에게 말씀하여 주시
면, 해몽해 드리겠습니다."
8 ○왕이 호령하였다. "과연 내가 생각
한 대로구나! ㉣나의 명령이 확고한
것을 알고서, 너희는 지금 시간을 벌
려고 한다.
9 너희가 그 꿈을 나에게 말해 주지
못하면, 너희는 모두 같은 벌을 받게
될 것이다. 너희가 시간이 지나면 사
태가 바뀌겠거니 하면서, 내 앞에서
터무니없는 거짓말을 하기로 함께
모의한 줄을, 내가 모를 듯 싶으냐?
이제 그 꿈을 나에게 말하여라. 그
러면 너희가 나에게 해몽도 하여 알
려 줄 수 있을 것으로 알겠다."
10 ○㉡점성가들이 왕에게 아뢰었다. "임
금님께서 아시고자 하시는 그 일을
임금님께 알려 드릴 수 있는 사람은
세상에 아무도 없습니다. 일찍이 그
어떤 위대한 왕이나 통치자도 마술
사나 주술가나 점성가들에게, 이와
같은 일을 물어 본 적이 없습니다.
11 임금님께서 물으신 것은 너무 어려
워서, 육체를 가진 사람과 함께 살지
않는 신들이라면 몰라도, 아무도 그
일을 임금님께 알려 드릴 수 없습니
다."
12 ○이 말을 듣자, 왕은 성이 나서, 크
게 화를 내며, 바빌론의 지혜자를
모두 죽이라는 명령을 내렸다.
13 명령이 공포되니, 지혜자들이 죽게
되었다. 사람들은 다니엘과 그의 친
구들도 지혜자들과 함께 죽이려고
찾았다.

하나님이 다니엘에게 꿈을 일러주시다

14 ○다니엘은 바빌론의 지혜자들을 죽
이려고 나온 왕의 시위대 장관 아리
옥에게 가서, 슬기로운 말로 조심스
럽게
15 물어 보았다. "임금님의 명령이 어찌
그렇게 가혹합니까?" 아리옥이 다니
엘에게 그 일을 설명해 주었다.
16 ○다니엘이 곧 왕에게로 가서 아뢰
었다. "임금님께 임금님의 꿈을 해몽
해 드릴 수 있는 ㉤시간을 저에게 주
십시오."

2:1 왕위에 오른 지 이 년 이때는 다니엘과 그의 친구들이 3년간의 교육을 마친 후로 보아야 한다. 따라서 그 교육 기간은 만 3년이 아니라 해가 바뀐 3년을 뜻할 수 있다(참조. 렘 25:1).

2:11 지혜자들은 왕이 자신들에게 초자연적인 어떤 것을 기대하고 있다고 간접적으로 말한다. 여태까지 지혜자들은 자신들을 높여왔으나 이 순간에는 자신들의 인간적인 한계를 솔직히 시인한다. 그러나 이것은 다음에 있을 다니엘의 등장을 훨씬 더 극대화시키고 있다. 육체 약하고 깨지기 쉬운 인간성을 강조하는 말이다(참조. 사 31:3).

2:14–16 왕의 시위대 장관 아리옥(14절)은 왕명 집행을 감독하였다. 그는 재빨리 처형을 집행함으로써 왕을 기쁘게 하는 일에만 전념하였을 것이다. 따라서 다니엘이 슬기롭고 재치 있는 말(15

㉠ 여기에서부터 7장까지 아람어로 기록되어 있음(2:4하반–7:28) ㉡ 또는 '갈대아 사람들' ㉢ 또는 '내가 명령한다' ㉣ 또는 '내가 명령을 내린 것을' ㉤ 또는 '기한을 늦추어 주십시오'

17 그 다음에 다니엘은 집으로 돌아가
서, 자기의 친구 하나냐와 미사엘과
아사랴에게 그 사실을 알려 주고,
18 그 친구들에게 말하였다. "너희와
나는 다른 바빌론의 지혜자들과 함
께 죽지 않도록, 하늘의 하나님이 긍
휼을 베풀어 주셔서 이 비밀을 알게
해주시기를 간구하자."
19 바로 그 날 밤에 다니엘은 환상을
보고, 그 비밀을 밝히 알게 되었다.
다니엘은 하늘의 하나님을 찬송하였
다.
20 다니엘은 다음과 같이 찬송하였다.
"지혜와 권능이 하나님의 것이
니, 영원부터 영원까지 하나님의
이름을 찬송하여라.
21 때와 계절을 바뀌게 하시고 왕들
을 폐하기도 하시고, 세우기도 하
신다. 지혜자들에게 지혜를 주시
고, 총명한 사람들에게 지식을 주
신다.
22 심오한 것과 비밀을 드러내시고,
어둠 속에 감추어진 것도 아신다.
그분은 빛으로 둘러싸인 분이시
다.
23 나의 조상을 돌보신 하나님, 나
에게 지혜와 힘을 주시며 주님께
간구한 것을 들어주시며 왕이 명
령한 것을 알게 해주셨으니, 주님
께 감사하며 찬양을 드립니다."

다니엘이 꿈을 해몽하다

24 ○그런 다음에, 다니엘은 아리옥에
게로 갔다. 그는 바빌론의 지혜자들
을 죽이라는 왕의 명령을 받은 사람
이다. 다니엘이 그에게 이렇게 말하
였다. "바빌론의 지혜자들을 죽이지
마시고, 나를 임금님께 데려다 주십
시오. 임금님께 꿈을 해몽해 드리겠
습니다."
25 ○아리옥은 다니엘을 왕 앞으로 급
히 데리고 가서, 왕에게 이렇게 아뢰
었다. "유다 포로 가운데서, 임금님
께 꿈을 해몽해 드릴 사람을 찾았습
니다."
26 ○그러자 왕이 벨드사살이라고도 하
고 달리 다니엘이라고도 하는 그에
게 물었다. "너는 내가 꾼 꿈을 말하
고 해몽까지 할 수 있느냐?"
27 ○다니엘이 왕에게 대답하였다. "임
금님이 물으신 비밀은, 어떤 지혜자
나 주술가나 마술사나 점성가도 임
금님께 알려 드릴 수 없습니다.
28 비밀을 알려 주시는 분은 오직 하늘
에 계시는 하나님뿐이십니다. 하나
님은 느부갓네살 임금님께 앞으로
일어날 일이 무엇이라는 것을 알려
주셨습니다. 임금님의 꿈, 곧 임금님
께서 침대에 누워 있을 때에 머리 속
에 나타난 환상은 이러합니다.
29 ○임금님, 임금님이 잠자리에 드셔서

절)로 그에게 묻지 않았다면 대답도 듣기 어려웠을 것이다.

2:16 왕에게로 가서 아뢰었다 다니엘의 이런 무모하게 보이는 행동이 내적인 확신이 없었다면 어찌 가능했겠는가? 한편, 왕으로서는 지혜자들을 죽이라고 명령은 내렸지만 그 꿈이 어떤 뜻일까 알고 싶어 안달이 났을 것이다. 따라서 다니엘의 제안은 받아들여졌다. 다니엘이 왕께 구한 것은 '시간'(처형의 연기)이었다.

2:20–23 때와 계절 하나님께서 때와 계절을 바꾸신다 함은 바빌로니아의 숙명론과는 대비되는 사상이다. 하나님께서 때와 계절을 뜻대로 주관하시듯 왕들을 세우고 폐하신다.

2:25–30 느부갓네살과 대면하는 다니엘 왕 앞에서 다니엘이 한 대답은 이집트의 바로 앞에서 요셉이 했던 대답(창 41:16)을 생각나게 한다. 사람이 감히 상상도 할 수 없는 하나님의 놀랍고 위대한 계시 앞에서 인간의 모든 지식과 능력은 쓸모가

앞날의 일을 생각하고 계실 때에, 비
밀을 밝히시는 분께서 임금님께 앞
으로 일어날 일을 알려 주신 것입니
다.
30 저에게 이 비밀을 드러내신 것은, 제
가 다른 사람보다 지혜가 더 있어서
가 아니라, 임금님께 그 꿈을 해몽해
드려서, 임금님의 마음 속에 있는 생
각들을 임금님께서 아시도록 하시려
는 것입니다.
31 ○임금님, 임금님은 어떤 거대한 신
상을 보셨습니다. 그 신상이 임금님
앞에 서 있는데, 그것은 크고, 그 빛
이 아주 찬란하며, 그 모습이 무시
무시하였습니다.
32 그 신상의 머리는 순금이고, 가슴과
팔은 은이고, 배와 넓적다리는 놋쇠
이고,
33 그 무릎 아래는 쇠이고, 발은 일부
는 쇠이고 일부는 진흙이었습니다.
34 또 임금님이 보고 계시는 동안에, 아
무도 돌을 떠내지 않았는데, 돌 하나
가 난데없이 날아들어 와서, 쇠와 진
흙으로 된 그 신상의 발을 쳐서 부
서뜨렸습니다.
35 그 때에 쇠와 진흙과 놋쇠와 은과
금이 다 부서졌으며, 여름 타작 마당
의 겨와 같이 바람에 날려 가서 흔
적도 찾아볼 수 없게 되었습니다. 그
러나 그 신상을 친 돌은 큰 산이 되
어, 온 땅에 가득 찼습니다.
36 ○이것이 그 꿈인데, 우리가 그것을
풀이하여 임금님께 말씀드리겠습니
다.
37 임금님, 임금님은 왕들 가운데서도
으뜸가는 왕이십니다. 하늘의 하나
님이 임금님께 나라와 권세와 힘과
영광을 주셨습니다.
38 사람과 들의 짐승과 공중의 새를, 그
들이 어디에 있든지 임금님의 손에
넘겨 주시고, 이 모두를 다스리는 통
치자로 세우셨습니다. 임금님은 바
로 그 금으로 된 머리이십니다.
39 임금님 뒤에는 임금님의 나라보다
못한 다른 나라가 일어날 것입니다.
그 뒤에 놋쇠로 된 셋째 나라가 온
땅을 다스릴 것입니다.
40 넷째 나라는 쇠처럼 강할 것입니다.
쇠는 모든 것을 으깨고 박살 냅니다.
쇠가 모든 것을 부서뜨리는 것처럼,
그 나라는 뭇 나라를 으깨고 부서뜨
릴 것입니다.
41 임금님이 보신 발과 발가락의 일부
는 토기장이의 진흙이고 일부는 쇠
였던 것 같이, 그 나라는 나누어질
것입니다. 그러나 임금님이 진흙과
쇠가 함께 있는 것을 보신 것 같이,
그 나라는 쇠처럼 강한 면도 있을 것
입니다.
42 그 발가락의 일부가 쇠이고 일부가

없다. 하나님만이 바른 해석을 알려 주실 수 있으며 그 전에는 누구도 하나님의 은밀한 계획을 알 수 없다.

2:31 거대한 신상 사람의 형상으로 된 조각상이었다. 따라서 이 신상(身像)이 나타내는 모든 나라들은 그 본질이 인간적이다. 즉, 신적 기원을 갖지 못한다. 이 신상의 특징은 **크고, 그 빛이 아주 찬란하며, 그 모습이 무시무시**함을 자아냈다. 이러한 신상은 세상 나라들의 외적인 화려함과 장엄성을 나타낸다. 그러나 본서 7장의 네 마리 짐승은 2장의 네 나라를 동일하게 상징할지라도 세상 나라의 이면, 곧 야수적 성격을 묘사해 준다.

2:34 돌 하나 예수 그리스도의 왕국을 상징한다. 인간의 어떤 도움도 없이, 하나님의 주권적인 섭리로 된 돌이 그 신상의 쇠와 진흙 부분을 쳐서 신상을 박살내었다. 마지막 나라는 이전의 모든 나라의 문화 유산이나 백성, 영토 등을 흡수했으므로, 넷째 부분을 쳐서 깨뜨린 것이 전체를 깨뜨

진흙인 것 같이, 그 나라의 일부는
강하고 일부는 쉽게 부서질 것입니
다.
43 임금님께서 진흙과 쇠가 함께 있는
것을 보신 것 같이, 그들이 다른 인
종과 함께 살 것이지만, 쇠와 진흙이
서로 결합되지 못하는 것처럼, 그들
이 결합되지 못할 것입니다.
44 이 왕들의 시대에, 하늘의 하나님이
한 나라를 세우실 터인데, 그 나라
는 영원히 망하지 않을 것이며, 다른
백성에게 넘어가지 않을 것입니다.
그 나라가 도리어 다른 모든 나라를
쳐서 멸망시키고, 영원히 설 것입니
다.
45 아무도 돌을 떠내지 않았는데, 돌 하
나가 난데없이 날아들어 와서 쇠와
놋쇠와 진흙과 은과 금을 으깨는 것
을 임금님이 보신 것은, 위대하신 하
나님이 앞으로 일어날 일을 임금님
께 알려 주신 것입니다. 이 꿈은 그
대로 이루어질 것이고, 이 해몽도 틀
림없습니다."

왕이 다니엘을 높이다

46 ○느부갓네살 왕이 엎드려서 다니엘
에게 절하고, 예물과 향품을 그에게
주도록 명령을 내렸다.
47 왕이 다니엘에게 말하였다. "그대들
의 하나님은 참으로 모든 신 가운데
서 으뜸가는 신이시요, 모든 왕 가운
데서 으뜸가는 군주이시다. 그대가
이 비밀을 드러낼 수 있었으니, 과연
그대의 하나님은 비밀을 드러내는
분이시다."
48 왕은 다니엘의 지위를 높이고, 귀한
선물을 많이 주며, 그를 바빌론 지역
의 통치자와 바빌론 모든 지혜자의
어른으로 삼았다.
49 또 왕은 다니엘의 요구를 받아들여
서, 사드락과 메삭과 아벳느고를 세
워, 바빌론 지방의 일을 맡아서 다스
리게 하였다. 다니엘은 왕의 궁전에
머물렀다.

금 신상 숭배

3 느부갓네살 왕이 금으로 신상을
만들어서, 바빌론 지방의 두라 평
지에 세웠는데, 그 신상은 높이가 예
순 자, 너비가 여섯 자였다.
2 느부갓네살 왕이 전령들을 보내서,
지방장관들과 대신들과 총독들과
고문관들과 재무관들과 판사들과
법률가들과 지방 모든 관리들을 느
부갓네살 왕이 세운 신상의 제막식
에 참석하게 하였다.
3 그래서 지방장관들과 대신들과 총
독들과 고문관들과 재무관들과 판
사들과 법률가들과 지방 모든 관리
들이 느부갓네살 왕이 세운 신상의
제막식에 모여서, 느부갓네살 왕이
세운 그 신상 앞에 섰다.

린 셈이다. 세상 나라는 메시아에 의해 정복과 멸망을 당한다는 점을 나타내 준다.

2:44 세상 나라의 권세는 이 백성에게서 저 백성에게로 옮겨지지만, 하나님 나라는 항상 동일한 백성, 주님께서 택하신 참 이스라엘로 구성된다. 그뿐 아니라, 하나님 나라는 세상 모든 나라를 쳐서 멸하고 영원히 설 것이다. 하나님 나라는 예수님의 초림 시에 이미 임하였다. 그 나라는 종국적인 영광을 향해 전진하고 있다.

3장 요약 신앙의 중심이 견고하지 못했던 느부갓네살 왕은 신상을 세워 절하라고 명함으로써 앞장에서 다니엘의 선대한 신앙의 모습을 잃어버렸다. 그러나 다니엘과 친구들은 생명을 걸고 신상 숭배를 거절하였다. 그들은 화덕 속에 던져졌으나 결국에는 구원을 받았다.

3:5 느부갓네살…절을 하시오 왕과 그 나라 신들에게 굴복한다는 표였다. 만일 피정복민이 이를 거

4 그 때에 전령이 큰소리로 외쳤다.
"민족과 언어가 다른 뭇 백성들은
들으시오. 뭇 백성에게 하달되는 명
령이오.
5 나팔과 피리와 거문고와 사현금과
칠현금과 풍수 등 갖가지 악기 소리
가 나면, 느부갓네살 왕이 세운 금
신상 앞에 엎드려서 절을 하시오.
6 누구든지, 엎드려서 절을 하지 않는
사람은, 그 즉시 불타는 화덕 속에
던져 넣을 것이오."
7 그리하여 민족과 언어가 다른 뭇 백
성들은, 나팔과 피리와 거문고와 사
현금과 칠현금과 풍수 등 갖가지 악
기 소리가 울려 퍼지자, 느부갓네살
왕이 세운 금 신상 앞에 엎드려서
절을 하였다.

다니엘의 세 친구

8 ○그 때에 이 일과 관련하여, 어떤
㉠점성가들이 나서서, 유다 사람들을
고발하였다.
9 그들이 느부갓네살 왕에게 일러바쳤
다. "임금님, 만수무강 하시기를 바
랍니다.
10 임금님, 임금님이 명령을 내리시기
를, 나팔과 피리와 거문고와 사현금
과 칠현금과 풍수 등 갖가지 악기 소
리가 나면, 누구나 금 신상 앞에 엎
드려서 절을 하라고 하셨고,
11 엎드려서 절을 하지 않는 사람은 누
구나 불타는 화덕 속에 던져 넣을
것이라고 하셨습니다.
12 임금님께서는 유다 사람인 사드락과
메삭과 아벳느고를 임명하여, 바빌
론 지방의 행정을 관리하도록 하셨
습니다. 임금님, 그런데 그들은 임금
님께 경의를 표하지 않으며, 임금님
의 신들을 섬기지도 않고, 임금님이
세우신 그 신상에게 절을 하지도 않
습니다."
13 ○이 말을 듣고서 느부갓네살 왕은
노하여 사드락과 메삭과 아벳느고를
데려오라고 명령하니, 그들이 왕 앞
에 붙들려 왔다.
14 느부갓네살 왕이 그들에게 물었다.
"사드락과 메삭과 아벳느고는 들어
라. 너희가 참으로 나의 신을 섬기지
않고, 내가 세운 금 신상에게 절을
하지 않았느냐?
15 지금이라도 너희가 나팔과 피리와 거
문고와 사현금과 칠현금과 풍수 등
갖가지 악기 소리가 날 때에, 내가 만
든 신상에게 엎드려 절을 할 마음이
되어 있으면 괜찮다. 그러나 그렇지
않으면, 즉시 불타는 용광로 속에 던
져 넣을 것이다. 어느 신이 너희를 내
손에서 구해 낼 수 있겠느냐?"
16 ○사드락과 메삭과 아벳느고가 왕에
게 대답하여 아뢰었다. "굽어살펴 주
십시오. 이 일을 두고서는, 우리가

절하면 왕과 그 나라에 대한 적대 행위로 간주되었다. 다신론자이었던 바빌로니아의 왕들은 피정복민들이 이전에 섬기던 신도 겸하여 섬길 수 있도록 하였으나, 유일신 신앙을 가진 유다 사람들로서는 왕의 명령에 순응할 수 없었다. 그것은 배교에 해당하기 때문이다.

3:15 어느 신이…구해 낼 수 있겠느냐? 느부갓네살은 자신의 위엄을 강조하기 위해 어떤 신도 유다 사람을 자신의 손에서 구해 낼 수 없을 것이라 한다. 유다 사람에게는 신성모독의 언사이겠으나, 왕으로서는 유다 사람의 하나님을 산헤립처럼(사 37:10) 의도적으로 모독할 생각은 없었을 것이다. 단지 어떤 신도 불타는 용광로에서 사람을 건질 수 없다는 뜻일 것이다. 유다 사람의 하나님도 다른 신과 같은 차원에 두었던 것이다.

3:16 대답할 필요가 없는 줄 압니다 이 세 사람은 자신들의 입장과 왕의 견해가 완전히 조화될 수

㉠ 또는 '갈대아 사람들'

임금님께 대답할 필요가 없는 줄 압
니다.
17 불 속에 던져져도, 임금님, 우리를 지
키시는 우리 하나님이 우리를 활활
타는 화덕 속에서 구해 주시고, 임금
님의 손에서도 구해 주실 것입니다.
18 비록 그렇게 되지 않더라도, 우리는
임금님의 신들은 섬기지도 않고, 임
금님이 세우신 금 신상에게 절을 하
지도 않을 것입니다. 굽어살펴 주십
시오."

세 친구가 사형선고를 받다

19 ○그러자 느부갓네살 왕은 잔뜩 화
가 나서, 사드락과 메삭과 아벳느고
를 보고 얼굴빛이 달라져, 화덕을 보
통 때보다 일곱 배나 더 뜨겁게 하라
고 명령하였다.
20 그리고 그의 군대에서 힘센 군인 몇
사람에게, 사드락과 메삭과 아벳느
고를 묶어서 불타는 화덕 속에 던져
넣으라고 명령하였다.
21 그러자 사람들은 그들을, 바지와 속
옷 등 옷을 입고 관을 쓴 채로 묶어
서, 불타는 화덕 속에 던졌다.
22 왕의 명령이 그만큼 급하였다. 화덕
은 매우 뜨거웠으므로, 사드락과 메
삭과 아벳느고를 붙든 사람들도 그
불꽃에 타서 죽었다.
23 사드락과 메삭과 아벳느고 세 사람
은 묶인 채로, 맹렬히 타는 화덕 속
으로 떨어졌다.
24 ○그 때에 느부갓네살 왕이 놀라서
급히 일어나, 모사들에게 물었다. "우
리가 묶어서 화덕 불 속에 던진 사람
은, 셋이 아니더냐?" 그들이 왕에게
대답하였다. "그러합니다, 임금님."
25 왕이 말을 이었다. "보아라, 내가 보
기에는 네 사람이다. 모두 결박이 풀
린 채로 화덕 안에서 걷고 있고, 그
들에게 아무런 상처도 없다! 더욱이
넷째 사람의 모습은 신의 아들과 같
다!"

세 친구가 풀려 나다

26 ○느부갓네살 왕이 활활 타는 화덕
어귀로 가까이 가서 소리쳐 말하였
다. "가장 높으신 하나님의 종 사드
락과 메삭과 아벳느고는 이리로 나
오너라!" 그러자 사드락과 메삭과 아
벳느고가 불 가운데서 나왔다.
27 지방장관들과 대신들과 총독들과
왕의 측근들이 모여서 이 사람들을
보니, 그 몸이 불에 상하지 않고, 머
리털도 그을리지 않고, 바지 색깔도
변하지 않고, 그들에게서 불에 탄 냄
새도 나지 않았다.
28 ○느부갓네살 왕이 말하였다. "사드
락과 메삭과 아벳느고를 돌보신 하
나님을 찬송하여라. 그는 천사를 보
내서 그의 종들을 구하셨다. 이 종
들은 저희의 하나님을 의뢰하여, 자

없는 것임을 잘 알기 때문에 자신들의 입장을 설명하려 들지 않고 모든 것을 주님께 의탁한다. 이유를 설명한다 해도 왕은 이해하지 못할 것이므로 단지 왕의 명령에 순응할 수 없다는 점만을 단호히 표명한다.

3:21 불에 쉽사리 타는 물질들로 만들어진 옷이 언급된 것은 다음에 제시되는 기적을 더 극적으로 묘사하기 위함이었을 것이다.

3:28 저희의 하나님을 의뢰하여, 저희의 몸을 바치면서까지 왕의 명령을 거역하고 세상에서 성도는 세상 주관자와 하나님의 요청 사이에서 곤란을 당한다. 그러나 어떤 환경에서든 우리가 충성되이 하나님을 섬긴다면 하나님은 분명히 우리를 보호하실 것이다.

3:30 번영을 누리면서 살게 하였다 이 구절을 통해 느부갓네살 왕이 사드락과 메삭과 아벳느고에게 크게 호의를 보였음을 알 수 있다. 세 사람의 신앙이 공적으로 인정을 받은 것이다.

희의 몸을 바치면서까지 왕의 명령
을 거역하고, 저희의 하나님 말고는,
다른 어떤 신도 절하여 섬기지 않았
다.
29 ○그러므로 내가 이제 조서를 내린
다. 민족과 언어가 다른 뭇 백성은,
사드락과 메삭과 아벳느고의 하나님
을 두고서 경솔히 말하는 일이 없도
록 하여라. 이 명령을 어겼다가는 그
몸이 조각날 것이며, 집이 쓰레기 더
미가 될 것이다. 이와 같이 자기를
믿는 사람을 구원할 수 있는 신은
다시 없을 것이다."
30 ○왕은 사드락과 메삭과 아벳느고
를, 바빌론 지방에서 번영을 누리면
서 살게 하였다.

느부갓네살 왕의 두 번째 꿈

4 느부갓네살 왕이 전국에 사는, 민
족과 언어가 다른 뭇 백성에게 다
음과 같은 조서를 내렸다.
○"백성에게 평강이 넘치기를 바
란다.
2 가장 높으신 하나님이 나에게 보이
신 표적과 기적을 백성에게 기꺼이
알리고자 한다.
3 크도다, 그 이적이여! 능하도다, 그
기사여! 그 나라 영원하고, 그 통
치 대대에 이를 것이다.
4 ○나 느부갓네살이 집에서 편히
쉬며 궁에서 평화를 누릴 때에,
5 꿈을 꾸었는데, 그 꿈이 나를 두렵게
하였다. 침대에 누워 있어도 생각이
번거로웠고, 머리 속에 받은 환상 때
문에 나는 번민하였다.
6 그래서 나는 그 꿈의 해몽을 들어 보
려고, 바빌론의 모든 지혜자를 다 내
앞으로 불러오도록 명령을 내렸다.
7 마술사들과 주술가들과 ㉠점성가들
과 점쟁이들이 나에게로 왔을 때에,
내가 그들에게 꿈 이야기를 하였으
나, 그들은 나에게 그 꿈을 해몽해
주지 못하였다.
8 마침내 다니엘이 내 앞에 나타났는
데, 그는 내 신의 이름을 따라서 이
름을 벨드사살이라고 고친 사람이
다. 그는 거룩한 ㉡신들의 영을 지닌
사람이어서, 내가 꾼 꿈을 그에게 말
해 주었다.
9 ○"마술사의 우두머리인 벨드사
살아, 네 안에는 거룩한 신들의 영이
있으니, 어떤 비밀도 네게는 어렵지
않을 줄을 내가 안다. 내가 꾼 꿈을
해몽하여 보아라.
10 ○내가 침대에 누워 있을 때에, 나
의 머리 속에 나타난 환상은 이러하
다. 내가 보니, 땅의 한가운데 아주
높고 큰 나무가 하나 있는데,
11 그 나무가 점점 자라서 튼튼하게 되
고, 그 높이가 하늘에 닿으니, 땅 끝
에서도 그 나무를 볼 수 있었다.

4장 요약 느부갓네살 왕은 자기 왕국의 번성과 자기 업적으로 인해서 교만의 죄악에 빠졌다. 하나님께서는 그를 징계하시려는 뜻을 꿈으로 보이셨다. 오직 다니엘만이 이 꿈을 해석함으로써 모든 지혜의 근본이 하나님께로부터 나옴을 입증하였다.

4:1 전국에 앗시리아나 바빌로니아 왕들은 자신들을 온 세상의 왕으로 간주하였다. 그래서 비문들에도 그렇게 썼다.

4:3 이 찬양은 시편 145:13과 거의 일치한다.

4:5 생각 '꿈 속의 공상들'이라는 뜻이다. 번민하였다 성취감과 안정감에 들떠 있던 왕에게, 거대한 나무를 베어 버리고 가지를 꺾으라는 거룩한 감시자의 명령은 불길한 전조로 느껴졌을 것이다. 왕은 지혜자들을 불러 그 꿈을 제시해 주고 해석하게 했으나 그들은 속수무책이었다.

㉠ 또는 '갈대아 사람들' ㉡ 또는 '하나님'

12 나무는 잎이 무성하여 아름답고, 열
매는 온 세상이 먹고도 남을 만큼
풍성하였다. 들짐승이 그 그늘 아래
에서 쉬고, 그 큰 나무의 가지에는
하늘의 새들이 깃들며, 모든 생물이
그 나무에서 먹이를 얻었다.
13 ○내가 침대 위에서 나의 머리 속
에 나타난 환상을 또 보니, 거룩한
감시자가 하늘로부터 내려와서,
14 큰소리로 외치며 이렇게 명령하였다.
'이 나무를 베고서 가지를 꺾고,
잎사귀를 떨고서 열매를 헤쳐라.
나무 밑에 있는 짐승들을 쫓아 버
리고, 가지에 깃든 새들을 쫓아내
어라.
15 다만, 그 뿌리의 그루터기만 땅에
남겨 두고, 쇠줄과 놋줄로 동이고
들풀 속에 버려 두어라. 하늘의
이슬에 젖게 하고, 땅의 풀 가운
데서 들짐승과 함께 어울리게 하
여라.
16 또 그의 마음은 변하여서 사람의
마음과 같지 않고, 짐승의 마음을
가지고서 ㉠일곱 때를 지낼 것이
다.
17 이것은 감시자들이 명령한 것이
며, 거룩한 이들이 말한 것이다.
이것은 가장 높으신 분이 인간의
나라를 지배하신다는 것과, 뜻에
맞는 사람에게 나라를 주신다는
것과, 가장 낮은 사람을 그 위에
세우신다는 것을, 사람들이 알도
록 하려는 것이다.'
18 ○나 느부갓네살 왕이 이런 꿈을
꾸었으니, 너 벨드사살은 이 꿈을 해
몽하여라. 내 나라의 모든 지혜자가
그 꿈을 해몽하여 나에게 알려 주지
못하였으나, 너는 네 안에 거룩한 ㉡신
들의 영이 있으니, 할 수 있을 것이
다."

다니엘의 꿈 해몽

19 ○왕의 말이 끝났을 때에, 일명 벨드
사살이라고 하는 다니엘은 한동안
놀라서 몹시 당황하였다. 왕이 그에
게 말하였다. "벨드사살아, 이 꿈과
그 해몽이 어떠하든지 번민하지 말
아라." ○벨드사살이 아뢰었다. "임
금님, 이 꿈은 임금님의 원수들이 꾸
었더라면 좋았을 뻔 했습니다. 해몽
도 임금님의 원수들에게나 해줄 수
있으면 좋겠습니다.
20 임금님이 보신 그 나무는 점점 자라
서 튼튼해지고, 그 높이가 하늘에까
지 닿아서, 땅 끝 어디에서나 그 나
무를 볼 수 있었고,
21 그 잎이 무성하여 아름답고, 그 열매
가 아주 많아서, 온 세상 피조물의
먹거리가 되었고, 그 나무 아래에서
들짐승이 쉬었으며, 그 가지에는 하
늘의 새들이 깃들었다고 하셨습니다.

4:8 마침내 다니엘이 왜 꿈 해석에 뛰어났던 다니엘이 먼저 소환되지 않았던가? 두 가지 설명이 가능하다. 왕은 자신이 성취한 일들로 만족과 자기도취에 빠져서 다니엘의 이전 업적을 잊고 있다가, 지혜자들이 실패한 후에야 비로소 깨달았을 것이다. 다른 설명으로 왕은 다니엘의 꿈 해석 능력을 잊지 않았다(참조. 9절). 다만 다니엘을 먼저 부르지 않은 것은 의도적이었다. 유다 사람의 하나님에 의해 또 수치를 당할 것이 두려웠기 때문에 부르기를 주저했었다(Calvin).

4:15 그루터기 느부갓네살 왕조가 아니라, 왕 자신을 가리킨다. 그는 왕위에서 쫓겨날 것이지만, 평민으로 살아남는다는 것이다.

4:16 일곱 때 '때'(시리아어. '이단')는 한정된 기간을 가리킨다. 하나님께서 느부갓네살을 벌하기 위해 정하신 기간이다. 그 기간이 7년일지 혹은 7일일지는 알 수 없다.

㉠ 또는 '일곱 해' ㉡ 또는 '하나님'

22 ○임금님, 그 나무는 바로 임금님이
십니다. 임금님은 강대해지셨습니다.
임금님의 강대함이 하늘에 닿았고,
임금님의 통치가 땅 끝까지 이르렀습
니다.
23 임금님이 보시니, 거룩한 감시자가
하늘로부터 내려와서, 이렇게 말하
였습니다. '이 나무를 베어 없애되,
다만 뿌리의 그루터기는 땅에 남겨
두고, 쇠줄과 놋줄로 동여서 들풀
속에 버려 두고, 하늘에서 내리는 이
슬에 젖게 하고, 들짐승과 함께 어울
리게 하여라. 이렇게 ㉠일곱 때를 지
내도록 하여라.'
24 ○임금님, 그 해몽은 이러합니다. 가
장 높으신 분이 내리신 명령이, 임금
님께 미칠 것입니다.
25 임금님은 사람에게서 쫓겨나셔서, 들
짐승과 함께 사시며, 소처럼 풀을 뜯
고, 하늘에서 내리는 이슬에 젖으실
것입니다. 이렇게 ㉠일곱 때가 지나간
뒤에, 임금님은 비로소, 가장 높으신
분이 인간의 나라를 다스리신다는
것과, 누구든지 그의 뜻에 맞는 사
람에게 나라를 주신다는 것을 깨달
으실 것입니다.
26 또 나무 뿌리의 그루터기를 남겨 두
라고 명령하신 것은, ㉡하나님이 세
상을 다스리신다는 것을 임금님이
깨달으신 다음에야, 임금님의 나라
가 굳게 선다는 뜻입니다.
27 그러니 임금님은 저의 조언을 받아
주시기를 바랍니다. 공의를 행하셔
서 임금님의 죄를 속하시고, 가난한
백성에게 자비를 베푸셔서 죄를 속
하시기 바랍니다. 그렇게 하시면 임
금님의 영화가 지속될 수 있을지도
모릅니다."
28 ○이 모든 일이 다 느부갓네살 왕
에게 그대로 일어났다.
29 열두 달이 지난 뒤에, 어느 날, 왕이
바빌론 왕궁 옥상에서 거닐면서
30 혼자 중얼거렸다. "내가 세운 이 도
성, 이 거대한 바빌론을 보아라! 나
의 권세와 능력과 나의 영화와 위엄
이 그대로 나타나 있지 않느냐!"
31 ○이 말이 왕의 입에서 채 떨어지기
도 전에, 하늘로부터 내려오는 말소
리가 들렸다. "느부갓네살 왕아, 너
에게 선언한다. 왕권이 너에게서 떠
났다.
32 너는 사람 사는 세상에서 쫓겨나서
들짐승과 함께 살면서 소처럼 풀을
뜯어먹을 것이다. 이와 같이 ㉠일곱
때를 지낸 다음에야, 너는 가장 높으
신 분이 인간의 나라를 다스리신다
는 것과, 그의 뜻에 맞는 사람에게 나
라를 주신다는 것을 알게 될 것이다."
33 ○바로 그 순간에 이 말이 느부갓네
살 왕에게 이루어져서, 그가 사람 사

4:22 그 나무는 바로 임금님이십니다 다니엘은 왕의 꿈을 재진술하면서 이처럼 해석을 더한다. 그 나무는 당시 세계 최강의 군주인 느부갓네살 왕 자신을 상징한다.

4:25 지극히 높으시고 절대 주권자이신 하나님께서 자신의 섭리대로 인간을 다스리신다는 진리는 다니엘서의 핵심 신학 사상 가운데 하나이다. 그 당시의 다신론적인 사상 풍토에 있어서는 아주 놀라운 신관이었을 것이다.

4:26 그루터기를 남겨 두라 왕의 왕권이 완전히 박탈된 것은 아니었다. 다만 느부갓네살이 참된 진리를 깨달을 수 있도록 일정 기간 동안 그 왕권이 정지될 것을 말하는 것이다. 여기서 진리란 세상의 참된 통치자가 왕 자신이 아니라 하나님이시라는 사실이다.

4:27 죄를 속하시고 '속하다'로 번역된 (히) '페룩'은 '끊다·그치다'라는 의미이다. 따라서 '죄를 버리고

㉠ 또는 '일곱 해' ㉡ 아람어 본문, '하늘이'

는 세상에서 쫓겨나서, 소처럼 풀을
뜯어먹었으며, 몸은 하늘에서 내리
는 이슬에 젖었고, 머리카락은 독수
리의 깃털처럼 자랐으며, 손톱은 새
의 발톱같이 자랐다.

느부갓네살 왕의 하나님 찬양

34 ○"정해진 기간이 다 되어, 나 느부
갓네살은 하늘을 우러러보고서 정
신을 되찾았고, 그리고 가장 높으신
분을 찬송하고, 영원하신 분을 찬양
하며, 그에게 영광을 돌렸다.
그의 통치 영원하고 그의 나라
대대로 이어진다.
35 그는 땅의 모든 거민을 없는 것
같이 여기시며 하늘의 군대와 이
땅의 모든 거민에게 뜻대로 하시
지만, 아무도 그가 하시는 일을 막
지 못하고, 무슨 일을 이렇게 하셨
느냐고 그에게 물을 사람이 없다.
36 ○내가 정신을 되찾았을 때에, 나
의 명예와 위엄과 나라의 영화가 회
복되었고, 나의 고문관들과 대신들
이 나를 찾아왔으며, 나는 이전보다
더 큰 영예를 받으면서 왕위를 회복
하였다.
37 이제 나 느부갓네살은 하늘의 왕을
찬양하고 높이며, 그분에게 영광을
돌리는 바이다.
과연 그가 하시는 일은 모두 참
되며, 그의 모든 길은 공의로우니,
그는 교만한 이를 낮추신다."

벨사살 왕이 잔치를 베풀다

5 벨사살 왕이 귀한 손님 천 명을
불러서 큰 잔치를 베풀고, 그 천
명과 더불어 술을 마셨다.
2 벨사살 왕은 술을 마시면서 명령을
내려서, 그의 ㉠아버지 느부갓네살
왕이 예루살렘 성전에서 가져 온 금
그릇과 은그릇들을 가져 오게 하였
다. 왕과 귀한 손님과 왕비들과 후궁
들이 모두 그것으로 술을 마시게 할
참이었다.
3 그래서 예루살렘에 있는 하나님의
집 성전에서 가져 온 금그릇들을 꺼
내서, 왕과 귀한 손님과 왕비들과 후
궁들이 그것으로 술을 마셨다.
4 그들은 술을 마시고서, 금과 은과 동
과 철과 나무와 돌로 만든 신들을
찬양하였다.
5 ○그런데 바로 그 때에 갑자기 사람
의 손이 나타나더니, 촛대 앞에 있는
왕궁 석고 벽 위에다가 글을 쓰기
시작하였다. 왕은 그 손가락이 글을
쓰는 것을 보고 있었다.
6 그러다가 왕의 얼굴빛이 창백해지더
니, 공포에 사로잡혀서, 넓적다리의
힘을 잃고 무릎을 서로 부딪치며 떨
었다.
7 왕은 큰소리로 외쳐서, 주술가들과
점성술가들과 ㉡점성가들을 불러오

의를 행하라'는 구약의 복음, 곧 '회개'를 촉구하는 말이다. 이러한 사실에 비추어 볼 때 느부갓네살에게도 기회는 있었던 것이다. 실로 성경은 '숙명론'을 배격하고 있다.

4:34 하늘을 우러러보고서 정신을 되찾기 위해서는 먼저 왕이 겸손을 배우고 자신의 생명이 하나님께 의존되어 있다는 사실을 자각하는 일(하늘을 우러러보는 행동이 이것을 상징했다)이 선행되어야 했다는 것을 뜻한다(시 123편).

5장 요약 본장에서는 느부갓네살이 죽은 후 바빌로니아의 왕으로 등극한 벨사살 왕의 행적과 관련된 다니엘의 신앙적 승리가 주내용이다. 그는 매우 사악하고 교만한 자로서 하나님의 그릇을 가지고 잔치를 베푸는 신성모독죄를 서슴지 않았다. 이런 자에게 임하는 것은 갑작스런 죽음과 나라의 멸망일 뿐이다.

㉠ 또는 '조상' 또는 '선왕' ㉡ 또는 '갈대아 사람들'

게 하였다. 그들이 들어왔을 때에,
그는 바빌론의 지혜자들에게 말하
였다. "누구든지 이 글자를 읽고서,
그 뜻을 나에게 알려 주는 사람은
자색 옷을 입히고, 금 목걸이를 목
에 걸어 주며, 이 나라에서 셋째 가
는 통치자로 삼겠다."
8 왕궁 지혜자들이 모두 나왔으나, 아
무도 그 글자를 읽는 사람이 없었
고, 그 뜻을 왕에게 알려 주는 사람
도 없었다.
9 벨사살 왕은 크게 낙심하여 얼굴빛
이 변하였고, 손님들도 당황하였다.
10 ○왕과 귀한 손님들의 고함 소리를
듣고서, ㉠왕의 어머니가 연회장으로
들어왔다. ㉠왕의 어머니가 왕에게
말하였다. "임금님, 임금님의 만수무
강을 빕니다. 임금님은 너무 번민하
지 마시고, 얼굴에서 근심을 떨쳐 버
리시기 바랍니다.
11 임금님의 나라에 거룩한 ㉡신들의
영을 받은 한 사람이 있습니다. 그는
임금님의 아버지 때에, 명철과 총명
과 신들의 지혜와 같은 지혜를 가진
사람으로 알려진 인물입니다. 임금
님의 아버지 느부갓네살 왕께서는
그 사람을 마술사들과 주술가들과
점성술가들과 ㉢점성가들의 우두머
리로 세우셨습니다.
12 그의 이름은 다니엘입니다. 그에게
는 탁월한 정신과 지식과 꿈을 해몽
하는 총명이 있어서, 수수께끼도 풀
었고, 어려운 문제도 해결했습니다.
느부갓네살 왕은 그의 이름을 벨드
사살이라고 부르셨습니다. 이제 다
니엘을 불러 보십시오. 그러면 그가
그 글자를 풀어서, 임금님께 알려 드
릴 것입니다."

다니엘이 글자를 해독하다

13 ○다니엘이 왕 앞에 나아오니, 왕이
다니엘에게 물었다. "그대가 바로 나
의 부왕께서 유다에서 데려온 유다
포로 가운데 하나인 그 다니엘이란
사람이오?
14 나는 그대의 이야기를 들었소. 그대
에게는 신들의 영이 있고, 명철과 총
명과 탁월한 지혜가 있다고 들었소.
15 내가 지혜자들과 주술가들을 이리
로 불러와서, 이 글자를 읽고서 내
앞에서 그 뜻을 알아내라고 하였으
나, 그들이 이 글자의 뜻을 나에게
풀이하여 주지 못하였소.
16 그러나 나는, 그대가 글자를 해석할
수 있고, 어려운 문제도 풀 수 있다
고 들었소. 지금 그대가 이 글자를
읽고, 나에게 뜻을 풀이하여 주면,
그대에게 자색 옷을 입히고, 목에
금 목걸이를 걸어 주고, 이 나라에
서 셋째 가는 통치자로 삼겠소."
17 ○다니엘이 왕 앞에서 아뢰었다. "임

5:8 그 글자 어떤 이는 그 석고 벽에 씌었던 글자가 바빌로니아의 고대어였을 것이라 한다. 그래서 다니엘이 곧 알아볼 수 있었으리라는 것이다. 그러나 바빌로니아 지혜자들이 자기들의 고전어를 몰랐을 리가 없다. 오히려 그 글자는 하나님의 조명 없이는 해독이 불가능하였던 전혀 낯선 글자였다고 생각하는 것이 좋다(Hengstenberg).

5:13 그대가…유다 포로 가운데 하나인 그 다니엘이란 사람이오? 왕의 말로 미루어 보아, 그는 다니엘을 잘 알고 있었음이 분명하다. 왕의 어머니가 다니엘의 출신에 대해 전혀 언급하지 않았기 때문이다. 또, 왕의 계속되는 말에서 다니엘이 궁중 장관직에 있지 않았음을 알 수 있다. 다니엘이 다른 지혜자들과 함께 소환되지 않고 나중에야 소환된 이유가 거기 있었을 것이다. 아마 느부갓네살 사후, 바빌로니아 권력 핵심부에서는 유다 사람을 배척하는 움직임이 있었던 듯하다.

㉠ 또는 '왕비' ㉡ 또는 '하나님' ㉢ 또는 '갈대아 사람들'

금님이 주시겠다는 선물은 거두시
고, 임금님이 내리실 상급은 다른 사
람에게 주시기 바랍니다. 그럴지라도
저는 이 글자를 읽고서, 그 뜻을 풀
이하여 임금님께 알려 드리겠습니다.
18 ○임금님, 가장 높으신 하나님이 임
금님의 아버지 느부갓네살 왕께 나
라와 큰 권세와 영광과 위엄을 주셨
습니다.
19 하나님이 그에게 큰 권세를 주셨으
므로, 민족과 언어가 다른 뭇 백성
들이 그 앞에서 떨면서 무서워하였
으며, 부친께서는 마음대로 사람을
죽이기도 하고, 마음대로 사람을 살
리기도 하고, 마음대로 사람을 높이
기도 하고, 마음대로 사람을 낮추기
도 하셨습니다.
20 그러나 부친께서 마음이 높아지고
생각이 거만해지셔서, 교만하게 행
동을 하시다가, 왕위에서 쫓겨나셔
서, 명예를 잃으신 일이 있었습니다.
21 사람 사는 세상에서 쫓겨나시더니,
그의 마음은 들짐승처럼 되셨고, 들
나귀와 함께 사셨으며, 소처럼 풀을
뜯으셨고, 몸은 하늘에서 내리는 이
슬로 젖으셨습니다. 그 때에야 비로
소 부친께서는, 가장 높으신 하나님
이 인간의 나라를 다스리시고, 하나
님의 뜻에 맞는 사람을 그 자리에
세우시는 줄을 깨닫게 되셨습니다.
22 ○느부갓네살의 ㉠아드님이신 벨사살
임금님은 이 모든 일을 아시면서도,
마음을 겸손하게 낮추지 않으시고,
23 하늘의 임금님이시요 주님이신 분을
거역하시고, 스스로를 높이시며, 하
나님의 성전에 있던 그릇들을 가져
오게 하셔서, 임금님과 귀한 손님과
왕비들과 후궁들이 그것으로 술을
마시게 하셨습니다. 그리고 임금님
은 보거나 듣거나 알지도 못하는, 금
과 은과 동과 쇠와 나무와 돌로 만
든 신들은 찬양하시면서도, 임금님
의 호흡과 모든 길을 주장하시는 하
나님께는, 영광을 돌리지 않으셨습
니다.
24 ○그러므로 하나님이 손을 보내셔
서, 이 글자를 쓰게 하신 것입니다.
25 기록된 글자는 바로 '㉡메네 메네 ㉢데
겔'과 ㉣'바르신'입니다.
26 그 글자를 해석하면, 이러합니다. '메
네'는 하나님이 이미 임금님의 나라
의 시대를 계산하셔서, 그것이 끝나
게 하셨다는 것이고,
27 '데겔'은, 임금님이 저울에 달리셨는
데, 무게가 부족함이 드러났다는 것
이고,
28 ㉤'바르신'은 임금님의 왕국이 둘로
㉥나뉘어서 메대와 ㉦페르시아 사람
에게 넘어갔다는 뜻입니다."
29 ○벨사살이 곧 명령을 내려서, 다니

5:18 다니엘이 궁정 설교자로서 행한 가장 훌륭한 설교 중의 하나가 이제 시작된다. 다니엘은 진리를 주저 없이 아주 분명하게 말한다. 어느 누구 앞에서도 움츠리지 않는다(Leupold).

5:27 무게가 부족함이 드러났다 도덕적 가치에서 부족함이 나타났다는 뜻이다. 사람에게서는 존경과 경의를 받았겠으나 하나님의 공정한 저울 앞에서 벨사살 왕의 행위는 부족한 것이었다.

5:30 역사가 크세노폰에 의하면 바빌로니아 사람들이 홍청망청 술에 취해 있을 때, 고레스 휘하 연합군은 바빌로니아 도성의 자연 방벽인 강물의 수로를 바꾸고 얕은 수로를 통하여 성 안으로 쳐들어갔다. 결국 고브리야스가 궁으로 들어가 그 왕을 살해하였다.

㉠ 또는 '후계자' 또는 '자손' ㉡ '계산이 되다' 또는 '(화폐 단위인)미나' ㉢ '저울에 달림' 또는 '(화폐 단위인)세겔' ㉣ 페레스의 복수. '페르시아' 또는 '반 미나' 또는 '반 세겔' ㉤ 아람어. '페레스' ㉥ 아람어. '페리샛' ㉦ 아람어. '파라스'. '나눠다'라는 말과 '페르시아'라는 이름이 아람어에서는 발음이 비슷함

엘에게 자색 옷을 입히고 그의 목에
금 목걸이를 걸어 주었으며, 그를 그
나라에서 셋째 가는 통치자로 삼았
다.
30 ○바로 그 날 밤에 ㉠바빌로니아의
벨사살 왕은 살해되었고,
31 메대 사람 다리우스가 그 나라를 차
지하였다. 다리우스의 나이는 예순
두 살이었다.

사자 굴 속의 다니엘

6 다리우스는 자기의 뜻대로 나라
안에 지방장관 백스무 명을 세워
서, 나라를 다스리게 하였다.
2 또 그들 위에 정승 세 사람을 세웠는
데, 다니엘도 그 가운데 한 사람이었
다. 그리고 지방장관들이 정승들에
게 업무를 보고하게 하여, 왕에게 피
해를 끼치는 일이 없도록 하였다.
3 그런데 다니엘이 다른 정승들이나
지방장관들보다 더 우수하였으므
로, 왕이 그를 나라의 통치자로 임명
하고자 하였다.
4 그러자 다른 정승들과 지방장관들
이, 다니엘이 나라 일을 잘못 처리한
것을 찾아내려 하였다. 그러나 그들
은 그에게서 아무런 실책이나 허물
을 발견하지 못하였다. 다니엘이 임
무에 충실하여, 아무런 실책이나 허
물이 없었기 때문이다.
5 그래서 그들은 서로 말하였다. "다니
엘이라는 자는 그가 믿는 신의 법을
문제삼지 않고는, 고발할 근거를 찾
을 수 없다."
6 ○그리하여 총리들과 방백들은 왕에
게로 나아가서 아뢰었다. "다리우스
임금님, 만수무강 하시기를 빕니다.
7 이 나라 정승들과 대신들과 지방장
관들과 고문관들과 총독들이 모두
의논한 바가 있습니다. 임금님이 법
을 한 가지 만드셔서, 금령으로 내려
주시도록 요청하기로 하였습니다. 그
법은, 앞으로 삼십 일 동안에, 임금
님 말고, 다른 신이나 사람에게 무엇
을 간구하는 사람은, 누구든지 사자
굴에 집어 넣기로 한다는 것입니다.
8 바라옵기는, 임금님이 이제 금령을
세우시고, 그 문서에 임금님의 도장
을 찍으셔서, 메대와 페르시아의 고
치지 못하는 법을 따라서, 그것을 다
시 고치지 못하게 하시기를 바랍니
다."
9 그리하여 다리우스 왕은 금령의 문
서에 왕의 도장을 찍었다.
10 다니엘은, 왕이 금령 문서에 도장을
찍은 것을 알고도, 자기의 집으로 돌
아가서, 다락방으로 올라갔다. 그 다
락방은 예루살렘 쪽으로 창문이 나
있었다. 그는 늘 하듯이, 하루에 세
번씩 그의 하나님께 무릎을 꿇고 기
도하며, 감사를 드렸다.

6장 요약 다니엘은 또 다른 신앙의 시험에 직면한다. 왕만을 섬기라는 금령은 다니엘에게는 유일 신앙을 버리라는 사형 선고와 다름없었다. 그럼에도 다니엘은 자기 신앙을 지켜 결국 사자 굴에 던져졌으나 하나님의 보호를 받았다. 이처럼 의인의 신앙은 때에 따라 놀라운 기적까지 불러온다.

㉠ 또는 '갈대아'

6:1 다리우스는 고레스 휘하의 바빌로니아 총독일 것이다. 여기서 지방장관은 도(道)라 불리는 행정구역보다 협소한 지역을 관할하는 자들이었을 것이다.

6:7 무엇을 간구하는 '종교적 간구를 드리는'이라는 뜻으로 왕만이 신들의 유일한 대리자로 간주된다는 칙령이다.

6:9 이 금령은 종교적인 문제에 관계되는 법으로, 그 목적은 왕만이 모든 신들의 살아 있는 현현(顯

11 ○그 때에 다니엘을 모함하는 사람
들이 들이닥쳐, 다니엘이 그의 하나
님께 기도하며 간구하는 것을 목격
하였다.
12 그들이 왕에게로 나아가서, 다니엘
을 고발하려고, 왕에게 금령을 상기
시켰다. "임금님, 임금님이 금령에 도
장을 찍으시고, 앞으로 삼십 일 동
안, 임금님 외에, 다른 신이나 사람
에게 무엇을 간구하는 사람은, 누구
든지 사자 굴에 던지기로 하지 않으
셨습니까?" 왕이 대답하였다. "그 일
은 고칠 수 없다. 그것은 메대와 페
르시아의 법을 따라 확정된 것이다."
13 ○그들이 왕에게 아뢰었다. "임금님,
유다에서 잡혀 온 다니엘이 임금님
을 무시하고, 또 임금님의 도장이 찍
힌 금령을 무시하여, 하루에 세 번씩
기도를 드리고 있습니다."
14 ○왕은 이 고발을 듣고 몹시 괴로워
하고, 다니엘을 구원하려고 마음을
쓰며, 해가 질 때까지 온갖 노력을
다 하였다.
15 그 때에 이 사람들이 왕에게 다가와
서 말하였다. "임금님, 메대와 페르
시아의 법은 임금님이 한 번 금령이
나 법률을 세우시면, 그것을 바꾸실
수 없다는 사실을 기억하시기 바랍
니다."
16 ○그래서 왕이 명령을 내리니, 그들
이 다니엘을 끌어다가 사자 굴에 던
져 넣었다. 왕이 다니엘에게 말하였
다. "그대가 늘 섬기는 그대의 하나
님이 그대를 구하여 주시기를 비오."
17 사람들이 돌 하나를 굴려다가 어귀
를 막았고, 왕이 그 위에 자기의 도
장과 귀인들의 도장을 찍어서 봉하
였다. 이렇게 하여서 다니엘에게 내
린 조치를 변경할 수 없게 하였다.
18 그 뒤에 왕은 궁전으로 돌아가서, 그
날 밤을 뜬 눈으로 지새우며, 먹지도
마시지도 않고, 즐거운 일은 아무것
도 하지 못하게 하였다.
19 ○이튿날 동이 틀 때에, 왕은 일어나
는 길로 곧 사자 굴로 갔다.
20 그 굴 가까이에 이르러서, 왕은 슬픈
목소리로 외치며, 다니엘에게 말하
였다. "살아 계신 하나님의 종 다니
엘은 들으시오, 그대가 늘 섬기는 그
대의 하나님이 그대를 사자들로부터
구해 주셨소?"
21 ○다니엘이 왕에게 아뢰었다. "임금
님의 만수무강을 빕니다.
22 나의 하나님이 천사를 보내셔서 사
자들의 입을 막으셨으므로, 사자들
이 나를 해치지 못하였습니다. 그것
은, 하나님 앞에서 나에게는 죄가 없
다는 사실이 드러났기 때문입니다.
임금님, 나는 임금님께도 죄를 짓지
않았습니다."

現)이라는 사실을 온 세상으로 인정하게 하자는 것이었다. 이렇게 함으로써 자신의 통치권을 권위 있게 행사하려는 것이었다. 당시 이방 종교는 왕을 모든 신들의 대리자요, 현현으로 간주하였다.

6:14 마음을 쓰며…온갖 노력을 다 하였다 법률가들과 상의도 해 보고, 그 고소자들을 위협해 보기도 하고, 왕으로서 할 수 있는 모든 수단을 다하여 다니엘을 구하려 하였으나 돌이킬 수는 없었다. 왕은 결국 자신의 법에 묶이고 만 것이다.

6:16-24 사자 굴 속의 다니엘 적들의 고소로 다니엘은 결국 사자 굴에 던져지는 사형 판결을 받는다. 왕은 밤을 지새우며 자신의 충성스런 신하의 죽음을 안타까워한다. 하지만 하나님의 놀라운 역사로 천사가 사자의 입을 막고(22절) 다니엘의 무죄가 입증된다. 이제 다니엘의 적들이 무고죄로 사자 굴에 던져지는 사형 판결을 받는다. 페르시아의 관습에 따라 그 가족들도 함께 유죄 판결을 받아야 했다(24절).

23 ○왕이 매우 기뻐하면서, 다니엘을
굴에서 끌어올리도록 명령하니, 사
람들이 다니엘을 굴에서 끌어올렸
다. 그가 자기 하나님을 신뢰하였기
때문에, 그에게서는 아무런 상처도
찾아볼 수 없었다.
24 왕이 명령을 내려서, 다니엘을 헐뜯
은 사람들을 데려오게 하고, 그들과
그 자식들과 아내들을 사자 굴에 던
져 넣으니, 그들이 굴 밑바닥에 닿기
도 전에 사자들이 그들을 움켜서, 그
뼈까지 부서뜨렸다.
25 ○그 때에 다리우스 왕은 전국에 사
는 민족과 언어가 다른 뭇 백성에게
조서를 내렸다. ○"내 백성에게 평화
가 넘치기를 바란다.
26 내가 다음과 같이 법령을 공포한다.
내 나라에서 나의 통치를 받는 모든
백성은 반드시 다니엘이 섬기는 하나
님을 공경하고, 두려워하여야 한다.

살아 계신 하나님이 영원히 다
스리신다. 그 나라는 멸망하지 않
으며, 그의 권세 무궁하다.
27 그는 구원하기도 하시고 건져내기
도 하시며, 하늘과 땅에서 표적과
기적을 행하시는 분, 다니엘을 사
자의 입에서 구하여 주셨다."
28 ○바로 이 사람 다니엘은 다리우
스 왕이 다스리는 동안과 페르시아
의 고레스 왕이 다스리는 동안 잘
살았다.

네 마리 짐승 환상

7 벨사살이 바빌론 왕이 된 첫 해
에, 다니엘은 잠자리에서 꿈을 꾸
면서, 머리 속으로 환상을 보고, 그
꿈을 적었다. 그가 적은 내용의 줄거
리는 다음과 같다.
2 다음은 다니엘이 한 말이다.
○내가 밤에 환상을 보았는데, 동
서남북 사방에서, 하늘로부터 바람
이 큰 바다에 불어 닥쳤다.
3 그러자 바다에서 모양이 서로 다르게
생긴 큰 짐승 네 마리가 올라왔다.
4 첫째 짐승은 사자와 같이 보였으나,
독수리의 날개를 가지고 있었다. 내
가 살펴보고 있는 동안에, 그 날개
들이 뽑혔다. 그 짐승은 몸을 일으
키더니, 사람처럼 발을 땅에 디디고
섰는데, 사람의 마음까지 지니고 있
었다.
5 또 살펴보니, 다른 짐승 곧 둘째 짐
승은 곰과 같았는데, 뒷발로 서 있었
다. 그 짐승은 갈빗대 세 개를 물고
있었는데, 누군가가 그에게 이렇게
말하였다. '일어나서 고기를 많이 먹
어라.'
6 ○그 뒤에 내가 또 살펴보고 있는데,
또 다른 짐승이 나왔다. 그것은 표범
처럼 생겼으나, 등에는 새의 날개가
네 개나 있었고, 머리도 네 개나 달려

6:25-28 다리우스 왕의 칙령 다니엘의 세 친구들이 화덕 속에서 기적적으로 구출된 후 느부갓네살 왕이 전국에 조서를 내렸듯이(3:29), 이제 다리우스 왕도 자기 나라 모든 백성으로 하여금 다니엘의 하나님을 공경하고 두려워하도록 칙령을 내렸다. 다니엘 한 사람의 철저한 헌신은 온 세상 가운데 하나님의 영광을 드러내게 했다. 하나님 나라는 소수일지라도 전적으로 헌신된 자들로 인하여 역사 가운데서 그 빛을 발휘한다.

7장 요약 다니엘은 사자, 곰, 표범, 열 뿔 짐승에 관한 환상을 보았다. 이것은 차례대로 바빌로니아, 메대·페르시아, 알렉산더 제국, 로마를 상징한다. 이처럼 세속 역사의 전개 과정도 결국 하나님에 의해 지배될 수밖에 없음을 다니엘의 환상으로 분명하게 밝혀 준다.

7:1 다니엘은 벨사살 왕 첫 해(B.C. 553년경으로 추정됨)에 본 환상을 기술한다.

있었으며, 아주 권위가 있어 보였다.
7 ○그 뒤에 내가 밤의 환상을 계속 살
펴보고 있는데, 넷째 짐승이 나왔다.
그것은 사납고 무섭게 생겼으며, 힘
이 아주 세었다. 이 짐승은 쇠로 된
큰 이빨을 가지고 있어서, 그것으로
먹이를 잡아 먹고, 으스러뜨리며, 먹
고 남은 것은 발로 짓밟아 버렸다.
이 짐승은 앞에서 말한 짐승들과는
달리, 뿔을 열 개나 달고 있었다.
8 내가 그 뿔을 유심히 살펴보고 있자
니, 다른 작은 뿔 하나가 그 뿔들 사
이에서 돋아났다. 먼저 나온 뿔 가
운데서 셋이 새로 돋아난 그 뿔에
밀려서 뿌리째 뽑혔다. 새로 돋아난
뿔은 사람의 눈과 같은 눈을 가지고
있었고, 입이 있어서 거만하게 떠들
었다.

영원하신 분

9 내가 바라보니, 옥좌들이 놓이
고, 한 옥좌에 옛적부터 계신 분
이 앉으셨는데, 옷은 눈과 같이 희
고, 머리카락은 양 털과 같이 깨끗
하였다. 옥좌에서는 불꽃이 일고,
옥좌의 바퀴에서는 불길이 치솟았
으며,
10 불길이 강물처럼 그에게서 흘러
나왔다. 수종 드는 사람이 수천이
요, 모시고 서 있는 사람이 수만
이었다. 심판이 시작되는데, 책들
이 펴져 있었다.
11 ○내가 보고 있는 동안에, 작은 뿔
이 크게 떠드는 소리를 들을 수 있었
다. 내가 살펴보니, 넷째 짐승이 살
해되고, 그 시체가 뭉그러져서, 타는
불에 던져졌다.
12 그리고 그 나머지 짐승들은 그들의
권세를 빼앗겼으나, 그 생명은 얼마
동안 연장되었다.
13 내가 밤에 이러한 환상을 보고
있을 때에 인자 같은 이가 오는데,
하늘 구름을 타고 와서, 옛적부터
계신 분에게로 나아가, 그 앞에 섰
다.
14 옛부터 계신 분이 그에게 권세와
영광과 나라를 주셔서, 민족과 언
어가 다른 뭇 백성이 그를 경배하
게 하셨다.
그 권세는 영원한 권세여서, 옮
겨 가지 않을 것이며, 그 나라가
멸망하지 않을 것이다.

환상 해석

15 ○"나 다니엘은 마음 속이 괴롭고,
머리의 환상들이 나를 번민하게 해
서,
16 거기에 서 있는 천사들 가운데 하나
에게 가까이 가서, 이 모든 일을 두
고 참 뜻을 물었다. 그가 나에게 설
명하면서, 그 일을 풀이하여 알려 주
었다.

7:4 첫째 짐승은 사자의 위엄과 독수리의 권세를 겸비한 강력한 통치 권력을 암시하고 있다. 예레미야 예언자는 느부갓네살을 사자와 독수리에 비유했다(렘 49:19-22).

7:5 둘째 짐승은 곰으로서, 먹이를 낚아채기 위해 그 앞발을 든 것을 묘사한다. 곧 바빌로니아를 쳐부수려는 메대와 페르시아를 의미한다(Young, Keil, Montgomery). 갈빗대 세 개는 메대·페르시아 제국이 정복한 바빌로니아, 리디아, 이집트를 뜻한다(Keil). 이 왕국의 특색은 정복에 있다. 사상 최대의 제국 판도를 형성하였다.

7:6 셋째 짐승은 표범과 새가 혼합된 짐승과 같았다. 새의 날개가 네 개나 있었고 세상을 신속히 정복할 것이라는 암시이다. 머리도 네 개 왕국이 네 나라로 갈라진다는 것을 뜻한다.

7:7 넷째 짐승 다른 짐승보다 상세하게 인상적으로 묘사되었다. 모든 것을 으스러뜨리고 멸하는 가공할 만한 힘과 파괴성이 신상의 넷째 부분의

17 '이 큰 짐승 네 마리는 앞으로 땅에
서 일어날 네 왕이다.
18 그러나 가장 높으신 분의 성도들이
나라를 얻을 것이며, 영원히 영원히
영원히 그것을 누릴 것이다.'
19 ○그 때에 나는 넷째 짐승의 참 뜻을
더 알고 싶었다. 이 짐승은 다른 모
든 짐승과 달랐으며, 매우 사납고,
쇠 이빨과 놋쇠 발톱으로 먹이를 잡
아먹고, 으스러뜨리고, 그 나머지 짐
승들을 발로 짓밟아 버렸다.
20 나는 또 그 짐승의 머리에 있던 열
뿔과, 새로 돋아난 다른 뿔 하나도 알
고 싶었다. 그 다른 뿔 앞에서 세 뿔
이 빠졌다. 그 뿔에는 눈들이 있고,
크게 떠드는 입이 있었으며, 그 모습
이 다른 뿔들보다 강하게 보였다.
21 ○내가 보고 있을 때에, 새로 돋은
그 뿔이 성도들에 맞서서 전쟁을 일
으키고, 그들을 이겼으나,
22 옛적부터 계신 분이 오셔서, 가장 높
으신 분의 성도들의 권리를 찾아 주
셔서, 마침내 성도들이 나라를 되찾
았다.
23 그 천사가 이렇게 말하였다. '넷
째 짐승은 땅 위에 일어날 넷째
나라로서, 다른 모든 나라와 다르
고, 온 땅을 삼키며 짓밟고 으스
러뜨릴 것이다.
24 그 열 뿔은 이 나라에서 일어날
열 왕이다. 그 뒤에 또 다른 왕이
일어날 것인데, 그 왕은 먼저 있던
왕들과 다르고, 또 전에 있던 세
왕을 굴복시킬 것이다.
25 그가 가장 높으신 분께 대항하여
말하며, 가장 높으신 분의 성도들
을 괴롭히며, 정해진 때와 법을 바
꾸려고 할 것이다. 성도들은 ㉠한
때와 두 때와 반 때까지 그의 권
세 아래에 놓일 것이다.
26 그러나 심판이 내려서, 그는 권세
를 빼앗기고, 멸망하여 없어질 것
이다.
27 나라와 권세와 온 천하 열국의 위
력이 가장 높으신 분의 거룩한 백
성에게로 돌아갈 것이다. 그의 나
라는 영원한 나라다. 권세를 가진
모든 통치자가 그를 섬기며 복종
할 것이다.'
28 ○이것이 그 환상의 끝이다. 나 다
니엘은 이 생각 때문에 고민하여, 얼
굴색이 변하였지만, 이 일을 마음에
간직하였다."

숫양과 숫염소의 환상

8 ㉡벨사살이 왕위에 오른 지 삼 년
이 되는 해에, 나 다니엘은 처음 본
것에 이어 두 번째로 환상을 보았다.
2 환상 속에서 보니, 나는 엘람 지방
수산 성 을래 강 가에 서 있었다.
3 내가 눈을 들어 보니, 숫양 한 마리

특징과 일치한다.

7:18 가장 높으신 분 모든 왕들 위에 계시고, 세상 나라들의 처분권이 그의 손에 있는 분, 즉 하나님을 가리킨다.

7:25 정해진 때와 법은 하나님께서 정하신 인간의 삶과 활동의 근본 원리와 규례를 뜻한다. 적그리스도는 인생의 기본 규례까지 고칠 정도로 외람되이 행한다. 하나님처럼 행동하려 드는 것이다(살후 2:4). 하지만 성공하지 못할 것이다.

8장 요약 숫양은 메대와 페르시아 제국을, 숫염소는 그리스 제국을 상징한다. 즉 바빌로니아 멸망 후, 근동의 지배권을 놓고 벌인 열강들의 다툼을 묘사한 것이다. 그러나 작은 뿔에 대한 환상은 종말론적 환난에 대한 언급으로 해석해도 무리가 없다.

㉠ 또는 '일 년과 이 년과 반 년' ㉡ 여기에서부터 다시 히브리어로 기록됨

가 강가에 서 있는데, 그 숫양에게
는 뿔이 둘 있고, 그 뿔이 둘 다 길었
는데, 한 뿔은 다른 뿔보다 더 길었
다. 그 긴 것이 나중에 나온 것이다.
4 내가 보니, 그 숫양이 서쪽과 북쪽과
남쪽으로 들이받는데도, 아무 짐승
도 그 앞에서 대항하지 못했으며, 그
손에서 구해 낼 수 있는 이가 아무
도 없었다. 그 숫양은 자기 마음대로
하며 더욱 강해졌다.
5 ○이것이 무엇을 뜻하는지 알아 보
려고 생각에 잠겨 있을 때에, 숫염소
한 마리가 서쪽으로부터 올라와서
땅에 두루 다니는데, 얼마나 빨리 달
리는지, 발이 땅에 닿지 않았다. 두
눈 사이에는 뿔 하나가 뚜렷이 보였
다.
6 이 숫염소가 두 뿔을 가진 숫양, 곧
내가 강가에 서 있는 것을 본 그 숫
양에게 다가가서, 성난 힘으로 달려
들었다.
7 내가 보니, 그 숫염소가 숫양에게 가
까이 가서 몹시 성을 내며, 그 숫양
을 쳐서 두 뿔을 부수어 버렸다. 그
숫양은 숫염소와 맞서서 싸울 힘이
없었다. 숫염소가 숫양을 땅에 집어
던지고 짓밟았으나, 그 손에서 숫양
을 구해 낼 사람이 없었다.
8 ○숫염소가 매우 강해지고 힘이 세
어졌을 때에, 그 큰 뿔이 부러지고,
그 자리에 뚜렷하게 보이는 뿔 넷이
㉠하늘 사방으로 뻗으면서 돋아났다.
9 그 가운데의 하나에서 또 다른 뿔
하나가 작게 돋기 시작하였으나 남
쪽과 동쪽과 영광스러운 땅 쪽으로
크게 뻗어 나갔다.
10 그것이 하늘 군대에 미칠 만큼 강해
지더니, 그 군대와 별 가운데서 몇을
땅에 떨어뜨리고 짓밟았다.
11 그것이 마치 하늘 군대를 주관하시
는 분만큼이나 강해진 듯하더니, 그
분에게 매일 드리는 제사마저 없애
버리고, 그분의 성전도 파괴하였다.
12 반역 때문에 성도들의 군대와 매일
드리는 제사가 그 뿔에게로 넘어갔
다. 그 뿔은 하는 일마다 형통하였
고, 진리는 땅에 떨어졌다.
13 ○내가 들으니, 어떤 거룩한 천사가
말하는데, 또 다른 거룩한 천사가 먼
저 말한 그 거룩한 천사에게 물었
다. "환상 속에서 본 이 일들이 언제
까지나 계속될까? 언제까지나 계속
해서, 매일 드리는 제사가 폐지되고,
파멸을 불러올 반역이 자행되고, 성
소를 빼앗기고, 백성이 짓밟힐까?"
14 다른 천사가 ㉡나에게 말하였다. "밤
낮 이천삼백 일이 지나야 성소가 깨
끗하게 될 것이다."

가브리엘 천사가 환상을 풀이하다

15 ○나 다니엘이 그 환상을 보고 그

8:1 이번 환상은 꿈속이 아니라 깨어 있을 때 받은 것이었다(2,27절). 처음 본 것 보다 이전에 나타났던 환상, 곧 7장에 언급된 환상을 가리킨다.
8:9 다른 뿔 하나가 작게 돋기 시작하였으나 이전에 있던 뿔 중에 셋을 뽑아 버리고 그 자리에서 자라난 7장의 뿔과는 달리, 이 뿔은 네 뿔 중 한 뿔의 뒤를 이어 나타난다. 이 작은 뿔은 안티오쿠스 에피파네스이다. 그는 남쪽(이집트)과 동쪽(바빌로니아)을 쳤다. 영광스러운 땅 젖과 꿀이 흐르는 팔레스타인 땅을 가리킨다.
8:10 하늘 군대 24절에 의하면 이는 '거룩한 백성'을 가리킨다. 원래 하늘 군대는 천사를 의미한다. 그러나 이스라엘 백성도 이집트를 탈출할 때에 하나님의 군대로 불렸다(출 7:4;12:41).
8:16 사람이 외치는 소리 을래 강의 두 언덕 사이에서 들려 왔다. 이 사람은 을래 강을 품고 서 있

㉠ 또는 '하늘의 네 바람' ㉡ 칠십인역과 테오도션역과 시리아어역과 불가타에는 '그에게'

뜻을 이해하려고 하는데, 내 앞에
사람 모습을 한 것 같은 이가 서 있
었다.
16 그 때에 내가 을래 강의 두 언덕 사
이에서 사람이 외치는 소리를 들었
다. "가브리엘아, 이 사람에게 그 환
상을 알려 주어라."
17 그러자 그는, 내가 서 있는 곳으로
가까이 왔는데, 그가 올 때에 나는
무서워서 엎드렸다. ○그가 나에게
말하였다. "이 사람아, 그 환상은 세
상 끝에 관한 것임을 알아라."
18 그가 나에게 말할 때에, 나는 얼굴
을 땅에 대고 깊이 잠이 들었다. 그
러나 그는 나를 어루만지면서 일으
켜 세웠다.
19 그리고 그는 말하였다. "보아라, 하나
님의 분노가 마지막 때에 어떻게 일
어날 것인가를, 내가 너에게 알려 주
겠다. 이 환상은 끝 날의 정한 때에
일어날 일에 관한 것이다.
20 ○네가 본 숫양의 두 뿔은 메대와 페
르시아의 왕들이다.
21 그 숫염소는 그리스 왕이고, 눈 사이
에 있던 큰 뿔은 그 첫째 왕이다.
22 그 뿔이 꺾이고 그 자리에서 생긴 네
뿔은, 그 나라가 분열되어 일어날 네
나라다. 그 네 나라의 힘은 첫 번째
나라와 같지는 않을 것이다.
23 그들의 통치가 종말에 이를 때
에, 그들의 죄악이 극도에 이를 때
에, 뻔뻔스런 임금, 흉계에 능숙한
임금이 일어날 것이다.
24 그는 힘이 점점 세어질 터인데, 그
힘은 제 힘이 아니다. 그가 놀라
운 힘으로 파괴하고, 하는 일마다
형통하며, 강한 사람과 거룩한 백
성을 파멸시킬 것이다.
25 그는 음흉하여서 매사에 속이는
데 능숙하고, 마음이 방자하여서
평화롭게 사는 사람을 많이 죽이
며, 만왕의 왕을 대적할 것이다.
그러나 사람이 손을 대지 않아도,
그는 끝내 망할 것이다.
26 내가 너에게 설명한 아침과 저녁
제사 환상은, 반드시 이루어진다.
그러나 아직 멀었으니, 너는 환상
의 비밀을 잘 간직해 두어라.
27 ○그 때에 나 다니엘은 몹시 지쳐
서, 여러 날 동안을 앓았다. 얼마 뒤
에 일어나서, 왕이 맡긴 일을 계속하
였으나, 내가 본 그 환상 때문에 나
는 몹시 놀랐고, 그 뜻을 이해하지
못하였다.

다니엘의 기도

9 메대 족속 아하수에로의 아들 다
리우스가 ㉠바빌로니아 나라의 왕
이 된 첫 해,
2 곧 그가 통치한 첫 해에, 나 다니엘
은 거룩한 책들을 공부하면서, 주님

는 것 같다(참조. 12:6-7). 10:5 이하의 묘사로 볼 때 그리스도인 듯하다(참조. 계 1:13-16).

8:17 세상 끝 신약의 문턱이요, 구약의 끝에 해당하는 *때이다.*

8:27 그 뜻을 이해하지 못하였다 다니엘 주위 사람들도 다니엘의 환상을 알았으나 아무도 그 의미를 깨닫는 자가 없었다. 오직 그 환상이 성취될 때 완전히 이해될 것이다.

㉠ 또는 '갈대아'

9장 요약 이미 모세 율법을 통해 이스라엘의 배교와 그로 인한 심판이 언급되었었다(신 28장). 예레미야는 그 심판의 기간을 70년으로 한정하였다(렘 25:11). 이제 포로(심판)된 지 약 66년이 경과한 시점에서 다니엘은 하나님의 약속이 실현되기를 간절히 기도하고 있다.

9:1 왕이 된 첫 해 다리우스는 스스로가 아니라 고레스에 의해 왕(총독)으로 임명받았다.

께서 예레미야 예언자에게 하신 ㉠말
씀, 곧 예루살렘이 칠십 년 동안 황
폐한 상태로 있을 것을 생각하여 보
았다.
3 응답을 들으려고, 나는 금식을 하면
서, 베옷을 걸치고, 재를 깔고 앉아
서, 하나님께 기도를 드리면서 간구
하였다.
4 나는 주 나의 하나님께 기도하면서,
백성의 죄를 고백하고 아뢰었다. ○"위
대하시고 두려우신 주 하나님, 하나
님을 사랑하며 하나님의 계명을 지
키는 사람들에게 언약과 인자를 베
푸시는 하나님!
5 ○우리가 죄를 짓고 잘못을 저질렀
습니다. 악한 일을 저지르며, 반역하
며, 주님의 계명과 명령을 떠나서 살
았습니다.
6 우리는, 주님의 종 예언자들이 주님
의 이름으로 우리의 왕과 지도자와
조상과 모든 백성에게 말하는 것을
듣지 않았습니다.
7 주님, 주님께서는 언제나 의로우십니
다. 그러나 우리는 오늘처럼 낯뜨거
운 수치를 당합니다. 유다에 사는
사람이나 예루살렘에 사는 주민이
나, 가까운 데나 먼 데, 곧 이스라엘
사람으로서 흩어져 사는 사람이, 주
님께서 쫓아내신 그 모든 땅에서 수
치를 당하고 있습니다. 이것은 그들
이 주님께 죄를 지었기 때문입니다.
8 주님, 우리와 우리의 왕과 지도자와
조상이 낯뜨거운 수치를 당한 것은
우리가 주님께 죄를 지었기 때문입니
다.
9 주 우리 하나님은 우리를 긍휼히 여
겨 주시고 용서하여 주셨으나, 우리
는 하나님께 반역하였습니다.
10 우리가 우리 주 하나님께 순종하지
도 않고, 하나님의 종 예언자들을 시
키셔서 우리에게 말씀하여 주신 율
법도 따르지 않았습니다.
11 참으로 온 이스라엘이 주님께 순종
하지 않고, 주님의 율법을 어기고 벗
어났으므로, 하나님의 종 모세의 율
법에 기록된 벌과 저주가 우리에게
내렸습니다. 이것은 우리가 주님께
죄를 지었기 때문입니다.
12 주님은 우리에게 큰 재앙을 내리셔
서, 우리와 우리를 다스리는 통치자
들에게 하신 말씀들을 이루셨습니
다. 예루살렘에 내린 것과 같은 재앙
은 하늘 아래 그 어느 곳에서도 없
던 것입니다.
13 모세의 율법에 기록된 대로 이 모든
재앙이 우리에게 미쳤습니다. 그런
데 아직도 우리는 죄의 길에서 돌아
서지 않았습니다. 하나님의 진리를
따라 살지 않았습니다. 이렇게 우리
는 주 우리 하나님께 은혜를 구하려

9:3 다니엘이 금식을 결심한 배경은, 예언의 기한이 다 찼는데도 해방의 조짐이 보이지 않기 때문이었을 것이다.

9:4-19 다니엘의 기도이다. 4-14절은 이스라엘 백성의 범죄를 자신의 죄로 여기면서 죄를 고백하는 내용이며, 15-19절은 하나님의 자비를 간구하는 내용이다.

9:6-7 이스라엘 백성들은 범죄하였을 뿐 아니라, 그 범죄에서 떠나도록 경고하는 하나님의 종들인 예언자들까지 배척하였다는 점에서 그들의 죄책이 가중되었다(대하 36:14,16;렘 26:5). 따라서 다니엘은 하나님의 징계는 공의롭다고 고백한다.

9:12 통치자 백성의 지도자들(6,8절), 곧 왕과 지도자를 포함해서 포괄적으로 가리킨다(참조. 시 2:10;148:11). 말씀을 이루셨습니다 하나님은 자신의 말씀대로 이스라엘을 이방 나라 손에 넘겨

㉠ 렘 25:11-12; 29:10 참조

하지 않습니다.
14 주님께서 재앙을 간직해 두셨다가
우리에게 미치게 하신 것은, 주 우리
하나님이 하시는 모든 일은 의로우
신데, 우리가 말씀에 순종하지 않은
까닭입니다.
15 ○강한 손으로 주님의 백성을 이집
트 땅에서 인도하여 내시고, 오늘과
같은 명성을 얻으신 주 우리 하나님,
우리가 죄를 짓고, 악한 일을 저질렀
습니다.
16 주님, 주님께서 지난 날에 우리를 구
하여 주셨으니, 이제 주님의 성 예루
살렘 곧 주님의 거룩한 산으로부터
주님의 분노를 떠나게 해주십시오.
우리의 죄와 우리 조상의 죄악 때문
에, 예루살렘과 주님의 백성이 우리
주위에 있는 민족들에게 멸시를 받
습니다.
17 우리의 하나님, 이제 주님의 종의 기
도와 간구를 들어 주십시오. 무너진
주님의 성전을 복구하여 주십시오.
성전을 복구하셔서, 주님만이 하나
님이시라는 것을 모두가 알게 해주
십시오.
18 나의 하나님, 귀를 기울이시고 들어
주십시오. 눈을 크게 뜨시고, 우리
가 황폐해진 것과 주님의 이름을 빛
내던 이 도성의 고통을 굽어보아 주
십시오. 우리가 이렇게 주님께 간구
하는 것은, 우리가 잘나서가 아니고,
주님께서 자비하시기 때문입니다.
19 주님, 들어 주십시오. 주님, 용서하여
주십시오. 주님께서 들어 주시고, 이
루어 주십시오. 나의 하나님, 만민이
주님께서 하나님이심을 알아야 하니,
지체하지 마십시오. 이 도성과 이 백
성이 주님의 것이기 때문입니다."

가브리엘이 예언을 설명하다

20 ○내가 아직 아뢰어 기도하면서, 나
의 죄와 이 백성 이스라엘의 죄를 자
백하고, 나의 하나님의 거룩한 산 성
전을 다시 회복시켜 주시기를 주 나
의 하나님께 간구할 때에,
21 내가 이렇게 기도드리면서 아뢸 때
에, 지난번에 환상에서 본 가브리엘
이, 내가 있는 곳으로 급히 날아왔
다. 저녁 제사를 드릴 때였다.
22 그가 나에게 ㉠와서 설명해 주었다.
"다니엘아, 내가 이제 너에게 지혜와
통찰력을 주려고 한다.
23 네가 간구하자 마자, 곧 응답이 있었
다. 그 응답을 이제 내가 너에게 알
려 주려고 왔다. 네가 크게 사랑을
받고 있기 때문이다. 그러므로 그 말
씀을 잘 생각하고, 그 환상의 뜻을
깨닫도록 하여라.
24 ○하나님께서 너의 백성과 거룩한
도성에 일흔 ㉡이레의 기한을 정하셨
다. 이 기간이 지나가야, 반역이 그

주어 사로잡아 가게 하셨다.
9:14 하나님께서는 작정하신 때에 재앙을 내리시려 지켜보고 계셨다(참고. 렘 1:12;31:28;44:27). *하나님은 완전히 의로우셔서*, 죄인을 벌하지 않을 수 없으셨다. 그래서 진실로 회개하는 사람은 하나님께서 자신을 징계하시는 모든 것이 지극히 정당하다고 시인하지 않을 수 없다.
9:15 다니엘은 성도 예루살렘과 성소의 회복을 위해 이집트에서 인도해 내신 하나님께 간구한다.

9:24 일흔 이레 한정할 수 없는 어떤 기간을 나타낸다. 이레가 7년을 뜻한다는 어떤 암시도 없다. 7이란 숫자는 완전을 상징한다. 따라서 하나님의 사역을 뜻하는 완전수이다. 그렇다면 70의 일곱들은 극히 중요한 하나님의 사역을 완성하는 기간이라 할 수 있다(Leupold). 환상에서 보이신 것과 예언의 말씀을 이루시고 '환상과 예언자가 봉인된다'는 뜻이다. 곧 구약적 의미의 환상과 예

㉠ 칠십인역과 시리아어역을 따름 ㉡ 또는 '주간'

치고, 죄가 끝나고, 속죄가 이루어지
고, 하나님이 영원한 의를 세우시고,
환상에서 보이신 것과 예언의 말씀
을 이루시고, ㉠가장 거룩한 곳에 기
름을 부으며, 거룩하게 구별하실 것
이다.
25 그러므로 너는 다음과 같은 사실을
깨달아 알아야 한다. 예루살렘을 보
수하고 재건하라는 ㉡말씀이 내린
때로부터 ㉢기름을 부어서 세운 왕
이 오기까지는 일곱 ㉣이레가 지나갈
것이다. 그리고 예순두 ㉣이레 동안
예루살렘이 재건되어서, 거리와 성
곽이 완성될 것이나, 이 기간은 괴로
운 기간일 것이다.
26 예순두 ㉣이레가 지난 다음에, ㉢기
름을 부어서 세운 왕이 부당하게 살
해되고, 아무도 그의 임무를 이어받
지 못할 것이다. 한 통치자의 군대가
침략해 들어와서, 성읍과 성전을 파
괴할 것이다. 홍수에 침몰되듯 성읍
이 종말을 맞을 것이다. 피할 수 없
는 전쟁이 끝까지 계속되어, 성읍이
황폐하게 될 것이다.
27 침략하여 들어온 그 통치자는 뭇 백
성과 더불어, 한 ㉣이레 동안의 굳은
언약을 맺을 것이다. 그리고 한 ㉣이
레의 반이 지날 때에, 그 통치자는
희생제사와 예물드리는 일을 금할
것이다. 그 대신에 성전의 가장 높은
곳에 흉측한 우상을 세울 것인데,
그것을 거기에 세운 사람이 하나님
이 정하신 끝 날을 맞이할 때까지,
그것이 거기에 서 있을 것이다."

티그리스 강변에서의 환상

10 페르시아의 고레스 왕 제 삼년
에, 일명 벨드사살이라고 하는
다니엘이 계시로 말씀을 받았다. 그
말씀은 참된 것이었는데, 환상을 보
는 가운데, 심한 고생 끝에 겨우 그
뜻을 깨달았다.
2 ○그 때에 나 다니엘은 세 이레 동
안 고행하였다.
3 세 이레 내내 좋은 음식을 삼가고,
고기와 포도주도 입에 대지 않았으
며, 몸에 기름을 전혀 바르지 않았다.
4 ○㉤첫째 달 스무나흗날에 나는 큰
강 티그리스 강 둑에 와 있었다.
5 그 때에 내가 눈을 떠서 보니, 한 사
람이 모시 옷을 입고 우바스의 금으
로 만든 띠로 허리를 동이고 있었다.
6 그의 몸은 녹주석 같이 빛나고, 그
의 얼굴은 번갯불 같이 환하고, 눈
은 횃불 같이 이글거리고, 팔과 발은
빛나는 놋쇠처럼 뻔쩍였으며, 목소
리는 큰 무리가 지르는 소리와도 같
았다.
7 ○나 다니엘만 이 환상을 보고, 나와
같이 있는 다른 사람들은 그 환상
을 보지 못하였다. 그들은 두려워하

언자는 그리스도의 초림과 함께 끝이 난다는 말이다.

9:27 굳은 언약을 맺을 것이다 언약을 맺는다는 말이 아니라 확증한다는 말이다. 이는 옛 언약을 전제로 하는 말이다. 곧 그리스도는 자기의 피로써 옛 언약을 완성시키시고 새 언약을 세우셨던 것이다.

10장 요약 이스라엘의 고통스런 운명(성전 건축 지연) 때문에 번뇌하며 기도한 다니엘에게 하나님은 자비로 임하셨다. 친히 그를 어루만지며(10,18절), 두려워하지 말고(12절), 일어나라(11절)는 권고는 하나님의 현현 앞에 두려워 떤 다니엘을 위로하기에 충분하였다.

10:5-6 모시 옷 흰옷으로서 제사장이 입었다. 이 흰옷은 순결을 상징했다. 우바스의 금으로 만든 띠

㉠ 또는 '가장 거룩한 것' 또는 '가장 거룩한 분' ㉡ 또는 '명령'
㉢ 또는 '메시아' ㉣ 또는 '주간' ㉤ 양력 삼월 중순 이후

며, 도망쳐서 숨었으므로,
8 나 혼자만 남아서, 그 큰 환상을 보
았다. 그 때에 나는 힘이 빠지고, 얼
굴이 죽은 것처럼 변하였으며, 힘을
쓸 수 없었다.
9 나는, 그가 말하는 소리를 들었는
데, 그의 말소리를 들었을 때에, 나
는 정신을 잃고 땅에 쓰러졌다.
10 ○그런데 갑자기 한 손이 나를 어루
만지면서, 떨리는 손과 무릎을 일으
켰다.
11 그가 내게 말하였다. "하나님께 큰
사랑을 받은 사람 다니엘아, 이제 내
가 네게 하는 말을 주의해서 들어
라. 너는 일어서라. 지금 나를 네게
로 보내셔서 이렇게 왔다." 그가 내
게 이 말을 할 때에, 나는 일어섰으
나 여전히 떨렸다.
12 ○그가 내게 말하였다. "다니엘아,
두려워하지 말아라. 네가 이 일을 깨
달으려고 하나님 앞에서 스스로 겸
손하여지기로 결심한 그 첫날부터,
하나님은 네가 간구하는 말을 들으
셨다. 네가 간구하는 말에 응답하려
고 내가 왔다.
13 그러나 페르시아 왕국의 천사장이
스무하루 동안 내 앞을 막았다. 내
가 페르시아에 홀로 남아 있었으므
로, 천사장 가운데 하나인 미가엘이
나를 도와주었다.
14 이제 내가 마지막 때에 네 백성에게
일어날 일을 깨닫게 해주려고 왔다.
이 환상은 앞으로 일어날 일을 보여
주는 것이다."
15 ○그가 내게 이런 말을 할 때에, 나
는 얼굴을 땅에 대고, 벙어리처럼 엎
드려 있었다.
16 그런데 갑자기 ㉠사람처럼 생긴 이가
나의 입술을 어루만졌다. 내가 입을
열어서, 내 앞에 서 있는 이에게 말
하였다. "천사님, 제가 환상을 보고
충격을 받고, 맥이 모두 빠져 버렸습
니다.
17 이제 힘이 다 빠져 버리고, 숨도 막
힐 지경인데, 천사님의 종인 제가 감
히 어떻게 천사님께 말씀을 드리겠
습니까?"
18 ○사람처럼 생긴 이가 다시 나를 어
루만지시며, 나를 강하게 하였다.
19 그리고 그가 말하였다. "하나님이 사
랑하는 사람아, 두려워하지 말아라.
평안하여라. 강건하고 강건하여라."
○그가 내게 하는 말을 들을 때에,
내게 힘이 솟았다. 내가 말하였다.
"천사님이 나를 강하게 해주셨으니,
이제 내게 하실 말씀을 해주시기 바
랍니다."
20 ○그가 말하였다. "너는, 내가 왜 네
게 왔는지 아느냐? 나는 이제 돌아
가서, 페르시아의 천사장과 싸워야

고관(高官) 됨의 표시였다. 우바스는 생산지일 것이다.

10:9 정신을 잃고 성육신 하기 전의 그리스도는 *하나님이셨다. 그러나 사람의* 모습으로 나타나셨다. 인간은 깨지기 쉬운 질그릇에 불과했다. 그래서 그분의 말만 듣고도 기절하고 말았다.

10:13 페르시아 왕국의 천사장이…막았다 다니엘은 자기 백성이 사마리아 사람들의 방해 공작으로 크게 의기소침한 것을 듣고, 그 일을 놓고 기도했을 것이다. 그런데 하나님의 사자는 사마리아 사람들의 방해를 받은 것이 아니라, 영계에서 페르시아 왕국의 천사장과 대치해 있는 중이었다.

10:21 진리의 책 아마 인류의 미래에 대한 하나님의 예정을 기록한 것을 가리키는 듯하며, 11장에 그 내용이 발췌되어 있다. 묵시 문학을 서술할 때에 사용되는 상징적 표현법의 하나이다.

㉠ 대다수의 마소라 본문을 따름. 하나의 마소라 본문과 사해 사본과 칠십인역에는 '사람의 손처럼 생긴 것이'

한다. 내가 나간 다음에, 그리스의
천사장이 올 것이다.
21 나는 '진리의 책'에 기록된 것을 네
게 알려 주려고 한다. (너희의 천사
장 미가엘 외에는, 아무도 나를 도
와서 그들을 대적할 이가 없다.

11 1 내가 메대 사람 다리우스 일
년에, 그를 강하게 하고 보호하
려고 일어섰다.)"

이집트와 시리아

2 ○"이제 내가 진실을 너에게 말하겠
다. 보아라, 페르시아에 또 세 왕이
일어날 것이며, 그 뒤에 넷째는 다른
누구보다 큰 재물을 모을 것이다. 그
가 재물을 모으고 권세를 쥐게 되
면, 모든 사람을 격동시켜서 그리스
를 칠 것이다.
3 ○그러나 그리스에서는 용감한 왕이
일어나서, 큰 권력을 쥐고 다스리면
서, 자기 마음대로 할 것이다.
4 그러나 그의 권세가 끝날 때가 되면,
그의 나라가 깨어져서, 천하 사방으
로 나뉠 것이다. 그의 자손도 그 나
라를 물려받지 못한다. 그의 자손은
그가 누리던 권세도 누리지 못할 것
이다. 그의 나라가 뽑혀서, 그의 자
손이 아닌 다른 사람들에게 넘어갈
것이기 때문이다.
5 ○남쪽 ㉠왕이 강해질 것이나, 그의
장군 가운데 하나가 그보다 더 강해
져서, 더 큰 나라를 다스릴 것이며,
그의 권세는 매우 클 것이다.
6 몇 년 뒤에 ㉡그들은 동맹을 맺을 것
이며, ㉢남쪽 왕은 자기 딸을 ㉣북쪽
왕과 결혼시켜서, 서로 화친할 것이
다. 그러나 그 여인은 아무런 권세도
쥐지 못하고, ㉤왕자를 낳아도 세자
가 되지 못할 것이다. 그 여인과, 그
여인을 호위하여 온 이들과, ㉥그 여
인을 낳은 이와, 그 여인을 편들어
돕던 모든 사람이, 다 버림을 받을
것이다.
7 그러나 그 여인의 뿌리에서 난 자손
가운데서 한 사람이 왕의 자리를 이
어받을 것이다. 그가 북쪽 왕의 군대
를 공격할 것이며, 요새에 들어가 그
들을 쳐서 이길 것이다.
8 그가 그들의 신들과 그들이 부어서
만든 신상들과 귀중한 은그릇과 금
그릇들을 노획하여, 이집트로 가져
갈 것이다. 평화가 몇 해 동안 이어
간 다음에,
9 북쪽 왕이 남쪽 왕의 나라를 치겠지
만, 결국 자기의 땅으로 후퇴할 것이
다.
10 ○북쪽 왕의 아들들이 전쟁을 준비
하면서, 많은 병력을 모을 것이다. 그
들 가운데 하나가 물밀듯이 내려가
서, 남쪽 왕의 요새를 쳐부술 것이다.
11 남쪽 왕이 크게 격분하여, 나아가서

11장 요약 당시 근동의 패권 다툼을 비교적 상세하게 다루고 있다. 페르시아 제국의 멸망과 그리스의 등장, 알렉산더 사후의 프톨레미 왕조와 셀류쿠스 왕조 간의 쟁투, 안티오쿠스 에피파네스가 자행한 유대교 박해 및 최후가 기록되어 있다. 이것은 세속 정권조차도 하나님의 섭리를 벗어날 수 없음을 인식시켜 준다.

11:1 하나님 나라의 사역은 하나님께서 홀로 다 이루실 수 있다. 그러나 그분은 사역을 자신의 백성들과 함께 하기를 기뻐하셨다.

11:2-20 페르시아·그리스·이집트·시리아에서 일어날 미래의 일, 곧 메시아가 오시기 전까지의 역사에 대한 계시이다. 본문의 예언은 역사적으로 모두 이루어졌다. 이러한 계시를 통하여 하나

㉠ 이집트의 왕 ㉡ 이집트 왕과 시리아 왕 ㉢ 이집트 ㉣ 시리아 ㉤ 또는 '그와 그의 권세가 계속되지 못할 것이다' ㉥ 또는 '그 여인이 낳은 아들'(불가타와 시리아어역)

북쪽 왕과 싸울 것이다. 이 때에 북
쪽 왕이 많은 군대를 일으킬 것이나,
그 큰 군대는 남쪽 왕의 손에 넘어
가 포로가 될 것이다.
12 남쪽 왕이 그 큰 군대를 사로잡을 때
에, 그의 마음이 교만해져서, 수많은
사람을 쓰러뜨리고도 승리는 차지하
지 못할 것이다.
13 ○북쪽 왕은 돌아가서, 처음보다 더
많은 군대를 일으킬 것이며, 몇 해가
지난 다음에, 큰 군대와 장비를 이끌
고 갈 것이다.
14 그 때에 많은 사람이 일어나서, 남쪽
왕을 칠 것이다. 너희 백성 가운데서
도, 난폭한 사람들이 나서서 환상에
서 본 대로 이루려고 하겠지만, 그들
은 실패할 것이다.
15 그 때에 북쪽 왕이 와서 흙 언덕을
쌓고, 요새화된 성읍을 빼앗을 것이
다. 남쪽 군대는 북쪽 군대를 당해
낼 수 없을 것이다. 남쪽의 정예부대
도 북쪽 군대를 당해 낼 힘이 없을
것이다.
16 북쪽 침략자들은 남쪽 사람들을 자
기들의 뜻대로 억압할 것이나, 아무
도 그들을 당해 내지 못할 것이다.
그들은 영광스런 땅, 약속의 땅에 우
뚝 설 것이며, 그 땅을 완전히 장악
할 것이다.
17 ○북쪽 왕은 자기 나라의 군사력을
이용하여 남쪽 왕과 화친할 것이며,
남쪽 왕에게 딸을 주어 그 왕국을
멸망시키려고 할 것이다. 그러나 그
일은 이루어지지 않고 그에게 도움
도 되지 못할 것이다.
18 그 뒤에 그는 해변 땅 쪽으로 방향
을 돌려서, 많은 곳을 점령할 것이
다. 그러나 한 장군이 나타나 그를
꺾어 버려서 그가 더 이상 행패를 부
리지 못하게 하고, 오히려 북쪽 왕이
부리던 행패가 자신에게로 되돌아가
게 할 것이다.
19 그 뒤에 그가 자기의 땅에 있는 요새
지로 돌아가겠지만, 비틀거리다가 넘
어져서, 사라지고 말 것이다.
20 ○다른 왕이 그의 뒤를 이어서 왕이
될 것이다. 새 왕은 백성을 억압하
는 세금 징수원들을 전국 각 지방에
보내고, 세금을 많이 거두어서 나라
의 영화를 유지하려고 하겠지만, 얼
마 안 가서, 아무도 모르게 살해되
고 말 것이다."

시리아의 악한 왕

21 ○"뒤를 이어 어떤 비열한 사람이 왕
이 될 것이다. 그는 왕이 될 권리도
없는 악한 사람인데도, 왕위를 차지
할 것이다. 그는 은밀하게 술책을 써
서, 왕권을 잡을 것이다.
22 홍수와 같은 힘을 가진 군의 세력도
그의 앞에서는 패하여 깨질 것이며,

님의 우주적 주권과 그의 통치의 절대성이 드러나기도 한다. 그러나 본문의 이러한 구체적인 예언들은, 구약 구원 역사의 주제가 되는 그리스도의 오심을 그의 백성들이 실제로 예비할 수 있도록 하기 위함이었을 것이다. 또한 이러한 구체적인 소망을 제시함으로써, 예언자는 그 당시 참된 구약 성도들을 격려하려 하였을 것이다. 더 나아가, 이러한 다니엘서의 예언 성취를 확인하였던 예수님 당시의 참 이스라엘 사람들은(이를테면 세례자 요한) 얼마나 더 확고하게 역사적 의식을 가지고 살았겠는지를 상상해 볼 수 있다.

11:16 북쪽 침략자 시돈에서 승리한 안티오쿠스 Ⅲ세는 팔레스타인을 정복하고 성지(聖地)의 모든 것을 자기들의 뜻대로 주관했다.

11:19 자기의 땅에 있는 요새지로 돌아가 안티오쿠스 Ⅲ세는 이제 더 이상 외국 영토를 넘볼 수 없을 정도로 대패했다. 그래서 자기 땅 국내로 눈길을 돌릴 수밖에 없었다.

동맹을 맺고 왕위에 오른 왕도 그렇
게 될 것이다.
23 다른 나라들과 동맹을 맺으나, 끝내
는 그 나라들을 속이고, 비록 그가
소수의 백성을 다스리는 통치자이지
만, 점점 세력을 확장하여 패권자로
군림하게 될 것이다.
24 그는 선전포고도 하지 않고 부유한
지방을 침략하여, 그의 조상이나 그
조상의 조상도 하지 못한 일을 할 것
이다. 그가 추종자들에게 전리품과
노략물과 재물을 나누어 주고, 요새
지역을 공격할 음모를 계획할 것인
데, 그의 통치 기간은 얼마 되지 않
을 것이다.
25 ○그는 남쪽 왕을 치려고, 용기를 내
서 큰 군대를 일으킬 것이다. 남쪽
왕도 매우 크고 강한 군대를 일으켜
서 맞서서 싸우지만, 대항하지 못할
것이다. 북쪽 왕이 음모를 꾸며서 남
쪽 왕을 칠 것이기 때문이다.
26 남쪽 왕과 함께 왕실 음식을 먹는
사람들이 왕을 멸망시킬 것이다. 그
의 군대가 패할 것이고, 많은 군인이
쓰러져 살해될 것이다.
27 그 때에 그 두 왕이 함께 먹으려고
한 식탁에 앉지만, 그 동기가 악하므
로, 서로 거짓말을 주고받을 것이다.
그러나 하나님께서 정하신 때가 오
지 않았으므로, 그들은 원하는 바를
얻지 못할 것이다.
28 북쪽 왕은 전리품을 많이 가지고 그
의 본토로 돌아갈 것이다. 그러나 그
에게는 거룩한 언약을 거역하려는
마음이 있어서, 자기 마음대로 하고
서야 그의 땅으로 돌아갈 것이다.
29 ○정한 때에 그가 다시 남쪽으로 내
려가서 이집트를 치지만, 그 때에는
전번과 다를 것이다.
30 서쪽 해안의 배들이 그를 치러 올 것
이고, 그 때문에 그는 낙심할 것이
다. ○그는 퇴각하는 길에, 거룩한
언약을 맺은 사람들에게 분풀이를
할 것이고, 자기 나라로 돌아가서는,
거룩한 언약을 저버린 사람을 뽑아
서 높이 앉힐 것이다.
31 그의 군대가 성전의 요새지역을 더
럽힐 것이며, 날마다 드리는 제사를
없애고, 흉측한 파괴자의 우상을 그
곳에 세울 것이다.
32 그는 속임수를 써서, 언약을 거역하
여 악한 짓을 하는 자들의 지지를
받을 것이지만, 하나님을 아는 백성
은 용기 있게 버티어 나갈 것이다.
33 백성 가운데서 지혜 있는 지도자들
이 많은 사람을 깨우칠 것인데, 얼마
동안은, 그 지혜 있는 지도자들 가
운데 얼마가 칼에 쓰러지고, 화형을
당하고, 사로잡히고, 약탈을 당할 것
이다.

11:21-35 안티오쿠스 Ⅳ세가 예루살렘 성전을 더럽히리라는 예언이다.

11:21 비열한 사람 에피파네스는 셀류쿠스 Ⅳ세의 동생이었다. 그는 셀류쿠스의 합법적인 후계자가 있음에도 불구하고 속임수를 써서 왕위를 찬탈하였다.

11:27 함께 먹으려고…거짓말을 주고받을 것이다 프톨레미 Ⅴ세와 안티오쿠스 Ⅳ세는 서로 우정을 나누는 체했으나, 본심은 서로를 제거하는 데 있었다. 안티오쿠스 Ⅳ세는 프톨레미 Ⅴ세를 위해 이집트를 정복하여 되돌려주려는 척했고, 그는 안티오쿠스 Ⅳ세를 신뢰하는 체했다.

11:30 서쪽 해안은 팔레스타인 서쪽 지역을 말한다. 여기서는 로마를 가리키고 있다. 프톨레미 Ⅴ세의 요청으로, 로마는 라이나스 인솔하에 사절단을 파견해 안티오쿠스 Ⅳ세의 이집트 침공을 중지하도록 요구했다. 로마 군의 위력을 아는 안티오쿠스 Ⅳ세는 이집트에서 곧장 퇴각하겠다고 약속을

34 학살이 계속되는 동안에, 하나님의
백성이 조금은 도움을 받을 것이나,
많은 사람은 술책을 쓰며 적군과 한
패가 될 것이다.
35 또한 지혜 있는 지도자들 가운데 얼
마가 학살을 당할 것인데, 이 일로
백성은 단련을 받고, 순결하게 되며,
끝까지 깨끗하게 남을 것이다. 하나
님이 정하신 그 끝 날이 올 때까지,
이런 일이 계속될 것이다.
36 ○북쪽 왕은 자기 좋을대로 하며, 스
스로를 높이고, 모든 신보다 자기를
크다고 하며, 괴상한 말로, 가장 높
으신 하나님을 대적할 것이다. 하나
님의 진노가 끝날 때까지는, 그가 형
통할 것이다. 하나님은 정하신 것을
반드시 이루시기 때문이다.
37 그는 자기 조상이 섬기던 신들이나,
여자들이 사모하는 신들을 섬기지
않으며, 그 밖에 어느 신도 섬기지
않을 것이다. 자신을 그 모든 것보다
더 높이기 때문이다.
38 그러나 그 대신에 그는 요새를 지키
는 신을 공경할 것이요, 그의 조상
이 알지 못하던 신을, 금과 은과 보
석과 진귀한 것들을 바치면서 섬길
것이다.
39 그는 요새를 수비하려고, 이방 신을
섬기는 사람들을 용병으로 쓸 것이
다. 자기를 통치자로 받아들이는 사
람을 크게 예우하여서, 높은 관직을
주고, 토지도 보상으로 나누어 줄
것이다.
40 ○북쪽 왕의 마지막 때가 올 무렵에,
남쪽 왕이 그를 공격할 것이다. 그러
면 북쪽 왕은, 병거와 기마병과 수많
은 해군을 동원하여, 홍수처럼 그를
칠 것이며, 여러 지역으로 쳐들어가
서, 휩쓸고 지나갈 것이다.
41 그 바람에 그는 영광스러운 땅, 곧
약속의 땅까지 쳐들어와서, 수많은
사람을 죽일 것이다. 그러나 에돔과
모압과 암몬 백성의 지도자들은, 그
의 손에서 피할 것이다.
42 그가 그의 손을 뻗어 이처럼 여러 나
라를 치면, 이집트도 피하지 못할 것
이다.
43 그는 이집트의 금과 은이 있는 보물
창고와 모든 귀한 것을 탈취할 것이
며, 리비아와 에티오피아도 정복할
것이다.
44 그러나 그 때에 동쪽과 북쪽에서 들
려온 소식이 그를 당황하게 할 것이
다. 그러므로 그가 크게 노하여, 많
은 사람을 죽이고 멸망시킬 것이다.
45 그가 자기의 왕실 장막을, 바다와 거
룩하고 아름다운 산 사이에 세울 것
이다. 그러나 그의 끝이 이를 것이
니, 그를 도와줄 사람이 없을 것이
다."

해야 했다.

11:32 언약을 거역하여 악한 짓을 하는 자 안티오쿠스는 유다인 배교자를 이용해 자신의 그리스화(*이교화*) *정책*을 수행하였다.

11:39 자기를 통치자로 받아들이는 사람 누구나 그러하겠으나 적그리스도는 자기 편에 가담하는 자를 환대했다.

11:40-45 적그리스도는 그의 정치적인 적들과의 싸움에서 승승장구한다. 그러나 그가 가장 영광스러운 위치에 이르는 순간 갑자기 멸망할 것이다(45절). 요한계시록 16:13-16의 아마겟돈 전쟁과 연관이 있는 내용임에 틀림이 없다.

11:41 에돔과…지도자들 적그리스도의 편에 서게 될 불신자를 가리킨다.

11:45 거룩하고 아름다운 산 예루살렘으로 상징된 교회를 가리킨다. 거룩한 성(교회)이 그의 손아귀에 떨어질 위기에 적그리스도는 갑자기 멸망당할 것이다.

세상 끝 날

12 "그 때에 너의 백성을 지키는
위대한 천사장 미가엘이 나타
날 것이다. 그리고 나라가 생긴 뒤로
그 때까지 없던 어려운 때가 올 것이
다. 그러나 그 때에 그 책에 기록된
너의 백성은 모두 피하게 될 것이다.
2 그리고 땅 속 티끌 가운데서 잠자는
사람 가운데서도, 많은 사람이 깨어
날 것이다. 그들 가운데서, 어떤 사
람은 영원한 생명을 얻을 것이며, 또
어떤 사람은 수치와 함께 영원히 모
욕을 받을 것이다.
3 지혜 있는 사람은 하늘의 밝은 빛처
럼 빛날 것이요, 많은 사람을 옳은
길로 인도한 사람은 별처럼 영원히
빛날 것이다.
4 ○그러나 너 다니엘아, 너는 마지막
때까지 이 말씀을 은밀히 간직하고,
이 책을 봉하여 두어라. 많은 사람
이 이러한 지식을 얻으려고 왔다갔
다 할 것이다."
5 ○그 때에 나 다니엘이 보니, 다른
두 사람이 서 있는데, 한 사람은 강
이쪽 언덕에 서 있고, 다른 한 사람
은 강 저쪽 언덕에 서 있었다.
6 한 사람이, 모시 옷을 입은 사람 곧
강물 위쪽에 서 있는 사람에게 말하
였다. "이런 놀라운 일들이 끝나기까
지, 얼마나 더 오래 있어야 합니까?"
7 ○내가 들으니, 모시 옷을 입고 강물
위쪽에 있는 사람이, 그의 오른손과
왼손을 하늘로 쳐들고, 영원히 살아
계신 분에게 맹세하면서 말하였다.
"한 때와 두 때와 반 때가 지나야 한
다. 거룩한 백성이 받는 핍박이 끝날
때에, 이 모든 일이 다 이루어질 것
이다."
8 ○나는, 듣기는 하였으나, 이해할 수
가 없어서 물었다. "천사님, 이 모든
일의 결과가 어떠하겠습니까?"
9 ○그가 말하였다. "다니엘아, 가거라.
이 말씀은 마지막이 올 때까지 은밀
하게 간직되고 감추어질 것이다.
10 많은 사람이 깨끗해질 것이다. 그러
나 악한 사람들은 이해하지 못하고,
계속 악해질 것이다. 지혜 있는 사람
들만이 이해할 것이다.
11 ○날마다 드리는 제사가 없어지고,
혐오감을 주는 흉측한 것이 세워질
때부터, 천이백구십 일이 지나갈 것
이다.
12 천삼백삼십오 일이 지나가기까지, 기
다리면서 참는 사람은 복이 있을 것
이다.
13 ○너, 다니엘아, 너는 끝까지 신실하
여라. 너는 죽겠지만, 끝 날에는 네
가 일어나서, 네게 돌아올 보상을 받
을 것이다."

12장 요약 종말에 임할 환난과 그것을 통과한 자에게 주어질 상급, 적그리스도의 최후 심판을 언급함으로 성도에게 소망을 주고 있다. 그러나 종말의 시기에 대한 하나님의 대답은 당신 외에 누구도 알 수 없다(마 24:36). 그러므로 성도는 종말의 시기에 연연하지 말고 매 순간을 성실함과 믿음으로 살아가야 한다.

12:1–3 문맥상 11장에 포함되는 부분이다. 그 때에 적그리스도 치하의 극도의 환난의 때에 미가엘이 성도를 위해 나타날 것이다.

12:4–11 마지막 때 이 기이한 일들(11:40–12:3)이 다 실현되기까지 얼마나 오랜 시간이 걸릴 것인지 설명하고 있다.

12:11 날마다 드리는 제사…흉측한 것 안티쿠스 시대를 연상시킨다. 여기에서는 그 시대가 예표하는 종말의 끝에 관한 일들이다. 이 둘은 때를 계산하는 특징으로 언급되었다.

호세아서

저자 본서의 저자는 호세아이다. 그는 이사야와 동시대의 인물로서 B.C. 782–753년경 북 이스라엘을 통치한 여로보암 2세 때 소명을 받아 예언 사역을 시작하였다. 호세아의 출생지는 정확히 알려지지 않았지만, 예언자로서는 특이하게 북 이스라엘에서 출생하였다. 소명 전의 직업에 대해서는 제빵업자(7:4), 또는 농사꾼이라는 설이 있다.

저작 연대 B.C. 790–710년경으로 추정

기록 장소와 대상 호세아 예언자는 본서를 북 이스라엘에서 기록하였으며, 하나님의 은혜와 도우심을 망각한 채 율법을 무시하고 음란하게 우상을 섬기는 이스라엘의 지도자들과 백성을 대상으로 기록했다.

핵심어 및 내용 호세아서의 핵심어는 '결혼'과 '용서'이다. 호세아가 고멜과 결혼한 것처럼 하나님과 이스라엘 백성의 언약 관계는 결혼 관계로 묘사된다. 호세아가 간음한 자기의 아내를 용서하고 노예 시장에서 다시 찾아오기 위하여 나선 것처럼, 하나님께서는 타락한 이스라엘을 용서하시기 위하여 그들을 찾고 계신다.

내용 분해

1. 예언자의 결혼 생활(1:1–3:5)
2. 이스라엘의 불신과 그 심판(4:1–13:16)
3. 이스라엘의 회개와 축복(14:1–9)

1 주님께서 브에리의 아들 호세아에게 주신 말씀이다. 때는 웃시야와 요담과 아하스와 히스기야 왕이 이어서 유다를 다스리고, 요아스의 아들 여로보암 왕이 이스라엘을 다스리던 때이다.

호세아의 아내와 아이들

2 ○주님께서 처음으로 호세아를 시켜 이스라엘 사람들에게 말씀하실 때에, 주님께서는 호세아에게 다음과 같이 말씀하셨다.

"너는 가서 음란한 여인과 결혼하여, 음란한 자식들을 낳아라! 이 나라가 주를 버리고 떠나서, 음란하게 살고 있기 때문이다."

3 ○호세아가 가서, 디블라임의 딸 고멜과 결혼하였다. 고멜이 임신하여, 호세아의 아들을 낳았다.

4 주님께서 호세아에게 말씀하셨다.

"*그의* 이름을 ㉠이스르엘이라고 하여라. 이제 곧 내가 예후의 집을 심판하겠다. 그가 이스르엘에서 살육한 죄를 물어서 이스라엘 왕조를 없애겠다.

5 또 그 날에 내가 이스르엘 평원에서 이스라엘의 활을 꺾겠다."

6 ○고멜이 다시 임신하여 딸을 낳았다. 이 때에 주님께서 호세아에게 말씀하셨다.

"그 딸의 이름은 ㉡로루하마라고 하여라. 내가 다시는 이스라엘 족속을 불쌍히 여기지도 않고, 용서하지도 않겠다.

7 ○그러나 유다 족속은 내가 불쌍히 여기겠다. 그들의 주 나 하나님이 직접 나서서 그들을 구출하겠다. 그러나 내가 그들을, 활이나 칼이나 전쟁이나 군마나 기마병으로 구출하는 것이 아니다."

8 ○로루하마가 젖을 뗄 때에, 고멜이 다시 임신하여 아들을 낳았다.

9 주님께서 말씀하셨다.

"그의 이름을 ㉢로암미라고 하여라. 너희가 나의 백성이 아니며, 나도 너희의 하나님이 아니기 때문이다."

㉠ '하나님이 씨를 뿌리시다' ㉡ '불쌍히 여김을 받지 못하는 딸'
㉢ '내 백성이 아니다'

이스라엘이 회복될 것이다

10 "그러나 이스라엘 자손의 수가
바닷가의 모래처럼 많아져서, 얼
마나 되는지, 아무도 되어 보거나
세어 볼 수 없을 때가 올 것이다.
그 때가 되면, 사람들이 너희를 로
암미라고 부른 땅에서, '살아 계신
하나님의 자녀'라고 부를 것이다.
11 그 때가 되면, 유다 자손과 이스
라엘 자손이 통일을 이룩하여, 한
통치자를 세우고, 땅에서 번성할
것이다. 그렇다. 이스르엘의 날이
크게 번창할 것이다.

2 1 이제 너희는 형제를 ㉠암미라고
하고, 자매를 ㉡루하마라고 하여라."

성실하지 않은 고멜,
성실하지 않은 이스라엘

2 "고발하여라. 너희 어머니를 고
발하여라. 그는 이제 나의 아내가
아니며, 나는 그의 남편이 아니다.
그의 얼굴에서 색욕을 없애고, 그
의 젖가슴에서 음행의 자취를 지
우라고 하여라!
3 그렇게 하지 않으면, 그가 처음 태
어나던 날과 같이, 내가 그를 발가
벗겨서 내버릴 것이다. 그리하여
내가 그를 사막처럼 메마르게 하
고, 메마른 땅처럼 갈라지게 하여,
마침내 목이 타서 죽게 하겠다."
4 "그가 낳은 자식들도, 내가 불
쌍히 여기지 않겠다. 그들도 음행
하는 자식들이기 때문이다.
5 그는 자랑하기를 '나는 나의 정부
들을 따라가겠다. 그들이 나에게
먹을 것과 마실 것을 대고, 내가
입을 털옷과 모시옷과, 내가 쓸 기
름과 내가 마실 술을 댄다' 하는
구나. 그렇다! 그들의 어머니가 음
행을 하였다. 그들을 배었던 여인
이 부끄러운 일을 저질렀다.
6 그러므로 내가 이제 가시나무
로 그의 길을 막고, 담을 둘러쳐서
그 길을 찾지 못하게 하겠다.
7 그가 정부들을 쫓아다녀도, 그들
을 따라잡지 못할 것이다. 그들을
찾아다녀도, 어디에서도 만나지
못할 것이다. 그제서야 그는 '이제
는 발길을 돌려서 나의 남편에게
로 돌아가야지. 나의 형편이 지금
보다 그 때가 더 좋았다' 할 것이
다."
8 "바로 내가 그에게 곡식과 포도
주와 기름을 주었으며, 또 내가 그
에게 은과 금을 넉넉하게 주었으
나, 그는 그것을 전혀 모르고 그
금과 은으로 바알의 우상들을 만
들었다.
9 그러므로 곡식이 익을 때에는 내
가 준 그 곡식을 빼앗고, 포도주
에 맛이 들 무렵에는 그 포도주를

호

1장 요약 1절은 저작 시기와 저자를, 2-9절은 이스라엘과 하나님과의 관계를 비유하는 호세아의 결혼 생활을, 10절 이하는 이스라엘의 회복에 대한 예언을 다루고 있다.

2장 요약 호세아는 법정에 선 아내를 판결하는 형식을 빌어 이스라엘의 영적 간음을 고발하고(2-13절), 이어서 하나님의 복을 선포한다(14-23절).

2:1 암미·루하마 '내 백성', '내 사랑'이란 뜻이다. 여기의 루하마(내 사랑)는 아버지가 자식에게 베푸는 사랑, 특히 '하나님께서 자기 백성에게 베푸시는 사랑'이란 뜻이다.

2:2-13 하나님께서 베풀어 주신 은혜를 배반하고 오히려 우상을 섬기는 이스라엘의 죄를 지적하며, 하나님의 징계를 경고하고 있다.

2:14-23 이스라엘에 대한 진노에도 불구하고 하

㉠ '내 백성이다' ㉡ '불쌍히 여김을 받는 딸'

호세아

빼앗겠다. 또 벗은 몸을 가리라고
준 양털과 모시도 빼앗겠다.
10 이제 내가 그의 정부들이 보는 앞
에서 부끄러운 곳이 드러나도록
그를 벗겨도, 내 손에서 그를 빼낼
사내가 하나도 없을 것이다.
11 또 그가 즐거워하는 모든 것과, 그
의 온갖 잔치와, 초하루와 안식일
과 모든 절기의 모임들을, 내가 끝
장 내겠다.
12 정부들이 저에게 준 몸값이라고
자랑하던 포도나무와 무화과나
무들을 내가 모조리 망쳐 놓을 것
이다. 내가 그것들을 수풀로 만들
어서, 들짐승들이 그 열매를 따먹
도록 할 것이다.
13 또 바알 신들에게 분향하며 귀고
리와 목걸이로 몸단장을 하고, 정
부들을 쫓아다니면서 나를 잊어
버린 그 세월만큼, 내가 이제 그에
게 모든 벌을 내릴 것이다. 나 주
의 말이다."

백성을 향한 주님의 사랑

14 "그러므로 이제 내가 그를 꾀어
서, 빈 들로 데리고 가겠다. 거기에
서 내가 그를 다정한 말로 달래
주겠다.
15 그런 다음에, 내가 거기에서 포도
원을 그에게 되돌려 주고, ㉠아골
평원이 희망의 문이 되게 하면, 그
는 젊을 때처럼, 이집트 땅에서 올
라올 때처럼, 거기에서 나를 기쁘
게 대할 것이다.
16 그 날에 너는 나를 '나의 남편'
이라고 부르고, 다시는 ㉡'나의 주
인'이라고 부르지 않을 것이다. 나
주의 말이다.
17 그 때에 나는 그의 입에서 바알
신들의 이름을 모두 없애고, 바알
신들의 이름을 부르는 자들이 다
시는 없도록 하겠다.
18 그 날에는 내가 이스라엘 백성
을 생각하고, 들짐승과 공중의 새
와 땅의 벌레와 언약을 맺고, 활
과 칼을 꺾어버리며 땅에서 전쟁
을 없애어, 이스라엘 백성이 마음
놓고 살 수 있게 하겠다.
19 그 때에 내가 너를 영원히 아내
로 맞아들이고, 너에게 정의와 공
평으로 대하고, 너에게 변함없는
사랑과 긍휼을 보여 주고, 너를
아내로 삼겠다.
20 내가 너에게 성실한 마음으로 너
와 결혼하겠다. 그러면 너는 나 주
를 바로 알 것이다.
21 그 날에 내가 응답할 것이다. 나
주의 말이다. 나는 하늘에 응답하
고, 하늘은 땅에 응답하고,
22 땅은 곡식과 포도주와 올리브 기
름에 응답하고, 이 먹거리들은 이

나님께서 이스라엘을 새롭게 회복하시고 축복하실 것을 약속하고 있다.

2:16–23 본문에서 히브리어 어구 '그 날에'(16,18, 21절)를 세 번 사용하여 주님의 구원의 때를 강조한다. 먼저 이스라엘이 주님을 '나의 남편'으로 고백하게 한 후(16–17절), 이스라엘과 동물 세계, 이스라엘과 이웃과의 관계 회복으로 평화를 누리게 하신다(18절). 이것은 하나님이 이스라엘과 새 언약을 맺기 위하여 새로운 약혼을 함으로써 이스라엘이 주님을 알고, 하나님을 '내 하나님'으로 고백하게 하는 데 있다(21–23절).

2:16 너는 나를 '나의 남편'이라 구약은 하나님과 이스라엘의 관계를 종종 부부 관계로 표현하고 있다.

2:23 본절은 1–2장의 결론이다. 바울과 베드로는 1:10과 이 구절을 근거하여 이방 선교를 추진하였다(롬 9:25;벧전 2:10).

㉠ '고통' ㉡ 히, '나의 바알'

스르엘에 응답할 것이다.
23 그 때에 내가 이스라엘을 이 땅
에 심어서 ㉠나의 백성으로 키우
고, 로루하마를 사랑하여 루하마
가 되게 할 것이다. 로암미에게 '이
제 너는 암미다!' 하고 내가 말하
면, 그가 나에게 '주님은 나의 하
나님이십니다!' 하고 대답할 것이
다."

호세아와 성실하지 않은 여인

3 주님께서 나에게 또 말씀하셨다.
"너는 다시 가서, 다른 남자의 사
랑을 받고 음녀가 된 그 여인을 사랑
하여라. 이스라엘 자손이 다른 신들
에게로 돌아가서 건포도를 넣은 빵
을 좋아하더라도, 나 주가 그들을 사
랑하는 것처럼 너도 그 여인을 사랑
하여라!"
2 그래서 나는 은 열다섯 세겔과 보리
한 호멜 반을 가지고 가서, 그 여인
을 사서 데리고 왔다.
3 나는 그 여인에게 말하였다. "당신은
많은 날을 나와 함께 살면서, 창녀가
되지도 말고, 다른 남자와 관계를 맺
지도 말고, 나를 기다리시오. 그 동
안 나도 당신을 기다리겠소."
4 이스라엘 자손도 많은 날을 이렇게
왕도 통치자도 없이, 희생제물도 돌
기둥도 없이, 에봇도 드라빔도 없이
살 것이다.
5 그런 다음에야 이스라엘 자손이 돌
이켜서, 주 그들의 하나님을 찾으며,
그들의 왕 다윗을 찾을 것이다. 마지
막 날에는 이스라엘 자손이 떨면서
주님 앞에 나아가, 주님께서 주시는
선물을 받을 것이다.

주님께서 이스라엘을 규탄하시다

4 이스라엘 자손아, 주님의 말씀을
들어라. 주님께서 이 땅의 주민들
과 변론하신다.
"이 땅에는 진실도 없고, 사랑
도 없고, 하나님을 아는 지식도
없다.
2 있는 것이라고는 저주와 사기와
살인과 도둑질과 간음뿐이다. 살
육과 학살이 그칠 사이가 없다.
3 그렇기 때문에 땅은 탄식하고, 주
민은 쇠약해질 것이다. 들짐승과
하늘을 나는 새들도 다 야위고,
바다 속의 물고기들도 씨가 마를
것이다."

주님께서 백성과 제사장을 심판하시다

4 "그러나 서로 다투지 말고, 서로
비난하지도 말아라. ㉡제사장아,
이 일로 네 백성은 너에게 불만이
크다.
5 그래서 낮에는 네가 넘어지고, 밤
에는 예언자가 너와 함께 넘어질
것이다. 내가 너의 어머니 이스라
엘을 멸하겠다.

3장 요약 하나님은 호세아에게 음란한 여인 고멜을 다시 취하라고 명하심으로 죄인을 회복시키는 하나님의 구원사적 열심을 나타내셨다. 인간이 납득하기 힘든 이 같은 하나님의 섭리는 죄인들을 구속하신 그리스도의 사역을 예표한다.

3:1 하나님께서 이스라엘을 받아주셨듯이, 호세아는 음녀가 된 고멜을 데려와 사랑해야 했다.

4장 요약 호세아는 이스라엘의 총체적인 죄악상을 기술한 다음, 제사장들의 죄목을 열거하고 있다. 제사장들의 타락은 자연스럽게 온 백성의 죄악을 조장하게 되었다.

4:1-3 예언자는 하나님의 이름으로 이스라엘을 고발한다. 이스라엘에 없는 세 가지는 진실, 사랑,

㉠ 히, '암미' ㉡ 또는 '제사장아, 나는 네게 불만이 있다' 또는 '제사장아, 네 백성이 제사장과 다투는 자들과 같이 되었다'

6 내 백성이 나를 알지 못하여 망한
다. 네가 제사장이라고 하면서 내
가 가르쳐 준 것을 버리니, 나도
너를 버려서 네가 다시는 나의 성
직을 맡지 못하도록 하겠다. 네 하
나님의 율법을 네가 마음에 두지
않으니, 나도 네 아들딸들을 마음
에 두지 않겠다.
7 제사장이 많아지면 많아질수
록, 나에게 짓는 죄도 더 많아지
니, 내가 그들의 영광을 수치로 바
꾸겠다.
8 그들은 내 백성이 바치는 속죄제
물을 먹으면서 살고, 내 백성이 죄
를 더 짓기를 바라고 있다.
9 그러므로 백성이나 제사장이 똑
같이 심판을 받을 것이다. 내가
그 행실대로 벌하고, 한 일을 따라
서 갚을 것이니,
10 아무리 먹어도 배부르지 않고, 아
무리 음행을 하여도 자손이 불어
나지 않을 것이다. 이 백성이 다른
신들을 섬기려고 나 주를 버렸기
때문이다."

이교 예배를 책망하시다

11 "나의 백성은 음행하는 일에 정
신을 빼앗기고, 묵은 포도주와 새
포도주에 마음을 빼앗겼다.
12 나무에게 묻고, 그 요술 막대기가
그들을 가르치니, 그들의 마음이
음심에 홀려서 곁길로 가고, 하나
님의 품을 떠나서 빗나간다.
13 산꼭대기에서 희생제물을 잡아서
바친다. 언덕 위에서 분향한다. 참
나무와 버드나무와 상수리나무의
그늘이 좋다고, 거기에서도 제물
을 잡아서 불살라 바친다. 너희의
딸들이 음행을 하고, 너희의 며느
리들이 간음을 한다.
14 너희 남자들도 창녀들과 함께 음
행을 하고, 창녀들과 함께 희생제
사를 드리는데, 너희 딸들이 음행
을 한다고 벌하겠느냐? 너희 며느
리들이 간음을 한다고 벌하겠느
냐? 깨닫지 못하는 백성은 망한
다.
15 이스라엘아, 너는 비록 이방 신
을 섬겨 음행을 하여도, 유다는
죄를 짓지 못하게 하여라. 너희는
길갈로 가지 말아라. ㉠벳아웬으
로 올라가지 말아라. 주의 살아
계심을 걸고 맹세하지 말아라."
16 그렇다. 이스라엘이, 고집 센 암
송아지처럼 말을 듣지 않으니, 어
찌 주님께서 그들을 어린 양을 치
듯 넓은 초장에서 먹이시겠느냐?
17 에브라임은 우상들과 한 패가 되
었으니, 그대로 버려 두어라.
18 그들은 술잔치를 한바탕 벌인 다
음에, 언제나 음행을 한다. 대신들

하나님을 아는 지식이다(1절). 이스라엘에 있는 다섯 가지는 저주, 사기, 살인, 도둑질, 간음이다(2절). 그러므로 주님의 심판이 선언된다.

*4:4-10 하나님의 백성*들이 지은 범죄의 책임은 먼저 제사장에게 있다. 제사장은 율법, 즉 하나님의 말씀을 보존하고 가르쳐야 하는데(6절), 이를 잊고 자신들의 사명에 충성하지 못했다. 주님께서는 행한 대로 갚으시는 분이시기에(9절) 제사장과 백성은 모두 각자 행한 대로 보응을 받는다.

4:14 여자의 탈선은 남자가 책망하나 남자의 음란은 책망할 자가 없다. 버려둔다는 것은 처벌보다 더 무서운 저주다. 창녀 원문은 '구별된 여자'란 뜻이다. 남창(구별된 남자)과 함께 바알·아세라 우상을 숭배하는 남자를 상대하는 여자를 가리킨다. 민수기 25:1-9에 의하면 하나님께서 음행에 빠진 이스라엘 백성 24,000명을 죽이신 기록이 있다.

㉠ '악한 자의 집'. '하나님의 집'을 뜻하는 베델을 비꼬아 하는 말

은 수치스러운 일 하기를 즐긴다.
19 그러므로 거센 바람이 그 날개로
그들을 에워싸고 휩쓸어 갈 것이
다. 그들이 바친 희생제물이 그들
을 수치스럽게 할 것이다.

5

1 "너희 제사장들아, 이 말을 들
어라! 너희 이스라엘 백성아, 똑똑
히 들어라! 너희 왕족들아, 귀를
기울여라! 너희가 심판을 받아야
할 것이다. 너희는 미스바에 놓은
덫이고, 다볼 산 위에 펼쳐 놓은
그물이다.
2 ㉠반역자들이 살상에 깊이 빠져들
었다. 그러므로 내가 너희를 모두
징벌하겠다.
3 나는 에브라임을 잘 안다. 내
앞에서는 이스라엘이 숨지 못한
다. 에브라임이 몸을 팔고 있고,
이스라엘이 몸을 더럽히고 있다."

호세아가 우상숭배를 경고하다

4 그들의 온갖 행실이 그러하니,
하나님께로 되돌아가지 못한다.
음란한 생각이 그들 속에 가득 차
서, 주님을 알지 못한다.
5 이스라엘의 교만이 이스라엘에
게 불리하게 증언한다. ㉡이스라
엘 곧 에브라임은 저의 죄에 걸려
서 넘어질 것이다. 유다도 그들과
함께 넘어질 것이다.
6 양 떼와 소 떼를 몰고 주님을 찾
아 나선다고 하여도, 주님께서 이
미 그들에게서 떠나셨으니, 그들
이 주님을 만나지 못할 것이다.
7 그들이 주님께 정조를 지키지 않
고 사생아를 낳았으니, 그들이 지
키는 ㉢새달 절기가 밭과 함께 그
들을 삼킬 것이다.

유다와 이스라엘 사이의 전쟁

8 "기브아에서 전쟁을 알리는 나
팔을 불어라! 라마에서도 비상 나
팔을 불어라! 벳아웬에서도 전쟁
이 터졌다고 경보를 알려라! 베냐
민아, 적군이 네 뒤를 쫓는다.
9 에브라임이 벌을 받는 날에는, 온
나라가 황무지가 될 것이다. 이스
라엘의 모든 지파에게 이미 확정
된 일을 내가 선포한다.
10 유다의 통치자들은 경계선을 범
하는 자들이니, 내가 그들 위에 나
의 분노를 물처럼 쏟아 부을 것이
다.
11 에브라임이 도움을 구하러 허무
한 것을 뒤쫓아갔으니, 에브라임
이 심판을 받아, 억압을 당하고
짓밟혔다.
12 그러므로 나는 에브라임에게는
좀으로 유다 가문에게는 썩이는
것으로 칠 것이다.
13 에브라임이 자기의 중병을 깨닫
고 앗시리아로 가고, 유다는 제 몸

5장 요약 이스라엘의 제사장들과 왕들의 타락한 실상이 다시 거론된다. 그들은 영적 간음을 조장하여 사회 전반의 종교적, 도덕적 기반을 흔들어 놓았다. 남 유다의 형편도 마찬가지였다. 이스라엘의 심판은 필연적이었으나 하나님은 또다시 회복을 약속하심으로 자비로움을 드러내셨다.

5:1–7 주님을 알지 못하는 까닭에 종교적 타락과 사회적 불의를 광범위하게 확산시킨 이스라엘 자손들, 특히 그들을 지도하는 왕들과 제사장들에게 임할 심판을 경고하고 있다.

5:14 이스라엘 자손에 대한 징계의 주체가 하나님이시며, 이 징계는 피할 수 없는 것임을 강조하고 있다.

㉠ 또는 '너희는 싯딤 땅에 깊이 파놓은 함정이다' ㉡ 히, '이스라엘과 에브라임' 또는 '이스라엘, 심지어 에브라임도' ㉢ 또는 '초하루 축제'

에 난 상처를 보고 그 나라의 ㉠대
왕에게 특사를 보냈다. 그러나 그
대왕이 너희의 중병을 고치지 못
하고, 그가 너희의 상처를 치료하
지 못한다.
14 내가 사자처럼 에브라임에게 달려
들고, 젊은 사자처럼 유다 가문에
달려들어 그들을 물어다가 갈기
갈기 찢을 것이니, 아무도 내 입에
서 그들을 빼내어 건져 주지 못할
것이다.
15 나는 이제 내 곳으로 돌아간다.
그들이 지은 죄를 다 뉘우치고,
나를 찾을 때까지 기다리겠다. 환
난을 당할 때에는, 그들이 애타게
나를 찾아 나설 것이다.”

백성들의 불성실한 회개

6 이제 주님께로 돌아가자. 주님께
서 우리를 찢으셨으나 다시 싸매
어 주시고, 우리에게 상처를 내셨
으나 다시 아물게 하신다.
2 이틀 뒤에 우리를 다시 살려 주시
고, 사흘 만에 우리를 다시 일으
켜 세우실 것이니, 우리가 주님 앞
에서 살 것이다.
3 우리가 주님을 알자. 애써 주님을
알자. 새벽마다 여명이 오듯이 주
님께서도 그처럼 어김없이 오시
고, 해마다 쏟아지는 가을비처럼
오시고, 땅을 적시는 봄비처럼 오
신다.
4 “에브라임아, 내가 너를 어떻게
하면 좋겠느냐? 유다야, 내가 너
를 어떻게 하면 좋겠느냐? 나를
사랑하는 너희의 마음은 아침 안
개와 같고, 덧없이 사라지는 이슬과
같구나.
5 그래서 내가 예언자들을 보내어
너희를 산산조각 나게 하였으며,
나의 입에서 나오는 모든 말로 너
희를 죽였고, 나의 심판이 너희 위
에서 번개처럼 빛났다.
6 내가 바라는 것은 변함없는 사랑
이지, 제사가 아니다. 불살라 바치
는 제사보다는 너희가 나 하나님
을 알기를 더 바란다.
7 그런데 이 백성은 ㉡아담처럼 언
약을 어기고 나를 배반하였다.
8 길르앗은 폭력배들의 성읍이다.
발자국마다 핏자국이 뚜렷하다.
9 강도 떼가 숨어서 사람을 기다리
듯, 제사장 무리가 세겜으로 가는
길목에 숨었다가 사람들을 살해
하니, 차마 못할 죄를 지었다.
10 내가 이스라엘 집에서 소름 끼치
는 일들을 보았다. 거기에서 에브
라임이 몸을 팔고, 이스라엘이 몸
을 더럽힌다.
11 유다야, 너를 심판할 시기도 정하
여 놓았다.

6장 요약 본장은 지금까지의 패턴과는 반대로 먼저 회복을 선포하고 심판을 기술하고 있다. '주님을 알자'(3절)라는 예언자의 외침은 본서의 주요 주제이자, 죄인이 회복함을 받는 유일한 길이다. 이스라엘은 '주님을 알지 못한 까닭'(5:1–7)에 타락했던 것이다.

㉠ 히, '야렙 왕' 또는 '싸우는 왕' ㉡ 또는 '아담에서' 또는 '사람처럼'

6:1–3 주님을 알자 5:5부터 계속되는 선포의 결론이다. 교만은 하나님을 모르는 결과이므로 하나님을 힘써 알자고 강조한다.

6:4–7:7 하나님께 대한 참된 지식과 사랑(히. '헤쎄드')이 없기 때문에 이스라엘이 범한 각종 죄악을 지적하며, 하나님의 심판을 예고하고 있다.

6:6 제사의 반복은 '불살라 바치는 제사'이고, '사랑'의 반복은 하나님을 아는 것이다. 신앙이 떠난 제사의 무의미함을 말한다(삼상 15:22–23).

내가 내 백성의 운명을 바꾸어
주고자 할 때마다,

7

1 내가 이스라엘을 치료하여 주
고자 할 때마다, 에브라임이 지은
범죄가 드러나고 사마리아가 저지
른 죄악이 드러난다. 서로 속이
고, 안으로 들어가서 도둑질하고,
밖으로 나가서 떼지어 약탈한다.
2 내가 그들의 죄악을 모두 기억하
고 있다는 것은, 그들이 전혀 마
음에 두지도 않는다. 이제는 그들
이 저지른 모든 잘못이 그들을 에
워싸고 바로 내 눈 앞에 있으니,
내가 안 볼 수 없다."

왕궁 안의 반란

3 "왕을 갈아치울 자들이 악한 음
모를 품고서도 겉으로는 왕을 기
쁘게 하며, 온갖 기만으로 대신들
을 속여 즐겁게 한다.
4 그들은 성욕이 달아오른 자들이
다. 그들은 화덕처럼 달아 있다.
빵 굽는 이가 가루를 반죽해 놓고
서, 반죽이 발효될 때를 제외하고
는 늘 달구어 놓은 화덕과 같다.
5 드디어 우리 왕의 잔칫날이 되면,
대신들은 술에 만취되어 곯아 떨
어지고 왕은 거만한 무리들과 손
을 잡는다.
6 새 왕을 세우려는 자들의 마음은
빵 굽는 화덕처럼 달아 오르고,
그들은 음모를 품고 왕에게 접근
한다. 밤새 그들의 열정을 부풀리
고 있다가 아침에 맹렬하게 불꽃
을 피워 올린다.
7 그들은 모두 빵 굽는 화덕처럼 뜨
거워져서, 그들의 통치자들을 죽
인다. 이렇게 왕들이 하나하나 죽
어 가는데도 어느 누구도 나 주에
게 호소하지 않는다."

이스라엘과 열강들

8 "에브라임은 다른 민족들 속에
섞여서 튀기가 되었다. 에브라임
은 뒤집지 않고 구워서 한쪽만 익
은 빵처럼 되었다.
9 온갖 외세가 국력을 삼키는데도
에브라임은 그것을 깨닫지 못하
고, 죽을 날이 얼마 남지 않은 것
도 깨닫지 못한다.
10 이스라엘의 교만이 이스라엘에
게 불리하게 증언한다. 이 모든 일
을 겪고도, 주 하나님에게로 돌아
오지 않는다. 나를 찾지도 않는다.
11 에브라임은 어리석고, 줏대 없
는 비둘기이다. 이집트를 보고 도
와 달라고 호소하더니, 어느새 앗
시리아에게 달려간다.
12 내가 그들이 가는 곳에 그물을 던
져서, 하늘에 나는 새를 잡듯 그
들을 모조리 낚아챌 것이다. 그들
이 저지른 죄악 그대로 내가 그들

7장 요약 이스라엘 사회의 정치·사회적인 타락이 집중 조명되어 있다. 이스라엘은 왕으로부터 백성에 이르기까지 죄를 도모하는 데에만 혈안이 되어 있어 그들의 죄악을 깨닫지 못했다.

7:3–7 본문의 배경은 북 이스라엘의 마지막 왕인 호세아의 즉위식 날(왕의 잔칫날_5절)로 사마리아의 궁전이다. 반죽의 발효를 위해 잠시 화덕의 불기를 멈추게 하는 것처럼, 악한 계획들이 처음에는 드러나지 않는다. 하지만 뜨거운 화덕 같은 음모자들은 더 심한 악행을 저지르기 위해 잠시 음모 술수를 꾸미고 있을 뿐이다.

7:16 이집트 땅에서 조롱거리가 북 이스라엘이 앗시리아 군대에 의해 망해 가지만 동맹 관계에 있던 이집트의 도움을 받기는커녕, 오히려 그들로부터 모욕을 당하게 될 것이라는 예언이다(참조. 사 30:3,5).

을 징계하겠다.
13 나를 떠나서 그릇된 길로 간 자
들은 반드시 망한다! 나를 거역한
자들은 패망할 것이다. 건져 주고
싶어도, 나에게 하는 말마다 거짓
말투성이다.
14 그들이 나에게 부르짖으나, 거기
에 진실이 없다. ㉠오히려 침상에
엎드려 통곡한다. 곡식과 포도주
를 달라고 빌 때에도 ㉠몸을 찢어
상처를 내면서 빌고 있으니, 이것
은 나를 거역하는 짓이다.
15 그들의 두 팔을 힘있게 기른 것은
나였지만, 그들은 나를 해치려고
음모를 꾸몄다.
16 ㉡허망한 것에 정신이 팔린 자들,
느슨하게 풀어진 활처럼 쓸모 없
는 자들, 대신들은 함부로 혀를
놀렸으니, 모두 칼에 찔려 죽을 것
이다. 이것이 이집트 땅에서 조롱
거리가 될 것이다."

주님께서 우상숭배를 책망하시다

8 "나팔을 불어서 비상 경보를 알려
라! 이스라엘 백성이 나의 언약을
깨뜨리고, 내가 가르쳐 준 율법을
어겼으므로, 적군이 독수리처럼
나 주의 집을 덮칠 것이다.
2 '우리의 하나님, 우리 이스라엘이
주님을 압니다' 하고 나에게 호소
하면서도,
3 복된 생활을 뿌리치니 적군에게
쫓길 것이다.
4 이스라엘이 왕들을 세웠으나, 나
와는 관계가 없는 일이다. 통치자
들을 세웠으나, 그 또한 내가 모르
는 일이다. 은과 금을 녹여서 신
상들을 만들어 세웠으나, 마침내
망하고야 말 것이다.
5 사마리아 사람들아, 나는 너희의
송아지 우상을 인정하지 않는다.
그것들 때문에 나의 분노가 활활
타오른다. 너희가 언제 깨끗해지
겠느냐?
6 이스라엘에서 우상이 나오다니!
송아지 신상은 대장장이가 만든
것일 뿐, 그것은 신이 아니다. 사
마리아의 신상 송아지는 산산조
각이 날 것이다.
7 이스라엘이 바람을 심었으니,
광풍을 거둘 것이다. 곡식 줄기가
자라지 못하니, 알곡이 생길 리 없
다. 여문다고 하여도, 남의 나라
사람들이 거두어 먹을 것이다.
8 이스라엘은 이미 먹히고 말았
다. 이제 그들은 세계 만민 속에
서 깨어진 그릇처럼 쓸모 없이 되
었다.
9 외로이 떠돌아다니는 들나귀처럼,
앗시리아로 올라가서 도와 달라고
빌었다. 에브라임은 연인들에게

8장 요약 이스라엘에게 임박한 심판이 나팔 소리로 비유되었다(1절). 이스라엘은 당면한 위기를 모면하기 위해 이집트와 앗시리아에 조공을 바치며 화친 정책을 추구하였다(8-10절). 이것은 하나님 대신 세상을 의지하고자 하는 회색 신앙의 결과였다.

8:1 나팔을 불어서 비상 경보를 알려라! 북 이스라엘에 대한 경고의 메시지를 선포할 것을 예언자에게 명령하고 있다(참조. 욜 2:1;암 3:6). 독수리 앗시리아를 상징한다(참조. 신 28:49). 주의 집 일반적인 의미인 성전 또는 성소를 가리키는 것이 아니라, 이스라엘 자체 또는 이스라엘 땅을 의미한다.

8:7 바람·광풍 헛된 결과가 돌아온다는 뜻이다.

8:10 억압에 짓눌려서 북 이스라엘이 앗시리아에 바쳐야 했던 조공을 상징하고 있다.

㉠ 이방인의 풍속 ㉡ 또는 '가장 높으신 분께 돌아오지 않는다'

제 몸을 팔았다.
10 이스라엘이 세계 열방 사이에서
몸을 팔아서 도움을 구하였지만,
이제 내가 이스라엘을 한 곳에 모
아서 심판하겠다. 외국 왕들과 통
치자들의 억압에 짓눌려서 이스
라엘이 야윌 것이다.
11 에브라임이 죄를 용서받으려고
제단을 만들면 만들수록, 늘어난
제단에서 더욱더 죄가 늘어난다.
12 수만 가지 율법을 써 주었으나, 자
기들과는 아무런 관계도 없는 것
처럼 여겼다.
13 희생제물을 좋아하여 짐승을 잡
아서 제물로 바치지만, 그들이 참
으로 좋아하는 것은 먹는 고기일
따름이다. 그러니 나 주가 어찌 그
들과 더불어 기뻐하겠느냐? 이제
그들의 죄악을 기억하고, 그들의
허물을 벌하여서, 그들을 이집트
로 다시 돌려보내겠다.
14 이스라엘이 궁궐들을 지었지만,
자기들을 지은 창조주를 잊었다.
유다 백성이 견고한 성읍들을 많
이 세웠으나, 내가 불을 지르겠다.
궁궐들과 성읍들이 모두 불에 탈
것이다."

호세아가 이스라엘에 형벌을 선언하다

9 이스라엘아, 너희는 기뻐하지 말
아라. 이방 백성들처럼 좋아 날뛰
지 말아라. 너희는 하나님에게서
떠나서 음행을 하였다. 너희는 모
든 타작 마당에서 창녀의 몸값을
받으며 좋아하고 있다.
2 그러나 타작 마당에서는 먹거리가
나오지 않고, 포도주 틀에서는 새
포도주가 나지 않을 것이다.
3 에브라임이 주님의 땅에서 살 수
없게 되어 다시 이집트로 돌아가
고, 앗시리아로 되돌아가서 부정
한 음식을 먹을 것이다.
4 이방 땅에서는, 주님께 포도주를
제물로 부어 드릴 수 없고, 그들이
바치는 제물이 주님을 기쁘게 해
드릴 수도 없을 것이다. 그들이 먹
는 것은 초상집에서 먹는 음식과
같아서, 그것을 먹는 사람들마다
부정을 타게 될 것이다. 그들이 먹
는 것은 허기진 배나 채울 수 있
을 뿐, 주님께서 계신 집으로 가져
다가 바칠 것은 못 된다.
5 절기가 오고, 주님께 영광을 돌
릴 잔칫날이 돌아와도, 무엇을 제
물로 드릴 수 있겠느냐?
6 재난이 닥쳐와서 백성들이 흩어
지는 날, 이집트가 그 피난민을 받
아들여도, 끝내, 멤피스 땅에 묻히
는 신세가 되고 말 것이다. 가지고
간 귀중한 금은 보화는 잡초 속에
묻히고, 살던 곳은 가시덤불로 덮

9장 요약 지금까지 호세아가 이스라엘 백성들의 부패를 조목조목 지적한 것은 하나님의 심판의 필연성을 강조하기 위해서였다. 그 심판은 먹거리 감소, 이방의 포로 됨, 후손의 감소 등이다. 이스라엘의 범죄가 전반적이었듯, 하나님의 심판도 총체적임을 알 수 있다.

9:1 음행 여기에서는 종교적인 측면에서 음행의 의미를 강조한다. 창녀의 몸값 이스라엘 백성은 바알을 섬긴 대가로 풍요를 누린다고 생각했다(2:5, 12).

9:2 타작 마당 타작하는 날에는 일꾼과 주인이 타작 마당에서 밤을 지새운다(참조. 룻 3장).

9:3 주님의 땅 약속의 땅 가나안을 말한다.

9:8 이스라엘의 참 예언자는 에브라임의 파수꾼인데(당시 호세아, 아모스 등을 가리킴), 백성들의 덫을 놓는 거짓 예언자들이 나타나서 참 예언자를 원수로 여긴다는 뜻이다.

일 것이다.
7 이스라엘은 알아라. 너희가 보
복을 받을 날이 이르렀고, 죄지은
만큼 벌받을 날이 가까이 왔다.
너희는 말하기를 "이 예언자는 어
리석은 자요, 영감을 받은 이 자
는 미친 자다" 하였다. 너희의 죄
가 많은 만큼, 나를 미워하는 너
희의 원한 또한 많다.
8 ㉠하나님은 나를 예언자로 임명하
셔서 에브라임을 지키는 파수꾼
이 되게 하셨다. 그러나 ㉡너희는
예언자가 가는 길목마다 덫을 놓
았다. 하나님이 계신 집에서마저,
너희는 예언자에게 원한을 품었
다.
9 ㉢기브아 사건이 터진 그 때 못지
않게, 이 백성이 더러운 일을 계속
한다. 주님께서 이 백성의 죄악을
기억하시고, 그릇된 행실을 다 벌
하실 것이다.

이스라엘의 죄와 그 결과

10 "내가 이스라엘을 처음 만났을
때에, 광야에서 만난 포도송이 같
았다. 내가 너희 조상을 처음 보았
을 때에, 제 철에 막 익은 무화과
의 첫 열매를 보는 듯하였다. 그러
나 바알브올에 이르자, 그들은 거
기에서 그 부끄러운 우상에게 몸
을 바치고, 우상을 좋아하다가 우
상처럼 추악해지고 말았다.
11 이제 에브라임은 새와 같은 꼴이
될 것이다. 에브라임의 영광은 새
처럼 날아갈 것이다. 아기가 태어
나는 일도 없고, 여인들이 임신하
는 일도 없고, 아기를 낳는 일도
없을 것이다.
12 이미 낳아서 기르는 자식들은, 내
가 빼앗을 것이다. 한 아이도 살
려 두지 않을 것이다. 내가 이 백
성을 버리는 날에, 재앙이 이 백성
에게 닥칠 것이다."
13 "내가 보기에 에브라임은 아름
다운 곳에 심긴 두로와 같습니다
만, 에브라임이 제 자식들을 살인
자에게 끌어다 주게 되었습니다.
14 주님, 그들에게 벌을 내리십시오!
주님께서는 무슨 벌을 내리시고
자 하십니까? 아이 배지 못하는
태를 주시고, 젖이 나지 않는 가
슴을 주십시오."

이스라엘에 대한 주님의 심판

15 "이 백성의 온갖 죄악은 길갈에
서 시작된다. 내가 그들을 미워하
기 시작한 것도 길갈에서다. 하는
짓이 악하니, 그들을 나의 집에서
쫓아내겠다. 다시는 그들을 사랑
하지 않을 것이다. 대신이라는 것
들도 모조리 나를 거슬렀다.
16 에브라임은 그 밑동이 찍혀서 뿌

9:9 기브아 사건이 터진 그 때…더러운 일을 계속한다 기브아 사람들의 타락 사건으로 600명만 남고 전멸된 사사 시대의 부패상을 오늘의 이스라엘과 *비교한다(삿 20:46-48).* *'더러운 일'*이란 재앙을 면할 수 없을 만큼의 반역 행위(참조. 신 31:29)를 가리킨다.

9:10-17 이스라엘의 배교 행위와 지도자들의 패역을 다시 한번 지적하면서, 심판의 결과를 서술하고 있다.

9:13 두로 레바논에 있는 항구로 물산 집합소이며 교역 중심지이다. 풍요와 강성(强盛)을 상징한다.

9:14 호세아의 기도이다. 분노에 찬 간구가 아니라, 절망을 바라보며 차라리 고난이 당대로 끝나기를 간구한 것이다.

㉠ 또는 '그 예언자는 내 하나님의 백성 에브라임을 지키는 파수꾼이다' 또는 '그 예언자는 내 하나님과 함께 에브라임을 지키는 파수꾼이다' ㉡ 또는 '예언자는 가는 길목마다 덫을 놓았다. 하나님이 계신 집에서마저, 예언자는 원한을 품었다' ㉢ 삿 19-21장; 삼상 10:26-11:4를 볼 것

리가 말라 버렸으니, 열매를 맺지
못할 것이다. 그들이 자식을 낳는
다 하여도, 그들이 낳은 귀여운
자식들을 내가 죽게 할 것이다."

하나님의 심판에 대한 예언자의 경고

17 백성이 하나님의 말씀을 듣지
않으니, 나의 하나님이 백성을 버
리실 것이다. 그 백성은 만민 사이
에서 떠도는 신세가 될 것이다.

10 1 이스라엘은 열매가 무성한
포도덩굴, 열매가 많이 맺힐수
록 제단도 많이 만들고, 토지의
수확이 많아질수록 돌기둥도 많
이 깎아 세운다.
2 그들의 마음이 거짓으로 가득 차
있으니, 이제는 그들이 죄값을 받
는다. 하나님이 그들의 제단들을
파괴하시고, 돌기둥들을 부수실
것이다.
3 "우리가 주님 두려운 줄 모르고
살다가, 임금도 못 모시게 되었지
만, 이제 임금이 있은들 무엇에다
가 쓰랴?" 하며 한탄할 날이 올
것이다.
4 그들은 빈 약속이나 일삼고, 거짓
맹세나 하며, 쓸모 없는 언약이나
맺는다. 그러므로 밭이랑에 돋아
난 독초처럼 불의가 퍼진다.
5 사마리아 주민은 벳아웬의 금송
아지를 잃고 두려워하고, 그 우상
을 잃고 슬퍼할 것이다. 그것을 즐
겨서 섬긴 ㉠이교의 제사장들은,
우상의 영화가 자기들에게서 떠난
것 때문에 탄식할 것이다.
6 사람들이 금송아지를 앗시리아로
가지고 가서 ㉡대왕에게 선물로 바
칠 것이다. 그러나 에브라임이 대
가로 받아 오는 것은 수치뿐일 것
이다. 끝내 이스라엘은 우상을 섬
긴 일로 수치를 당하고야 말 것이
다.
7 사마리아는 멸망하게 되었다. 왕
은 물 위로 떠내려가는 나무토막
과 같다.
8 이제 이스라엘의 죄악인 아웬 산
당들은 무너지고, 가시덤불과 엉
겅퀴가 자라 올라서 그 제단들을
뒤덮을 것이다. 그 때에 백성들은
산들을 보고 "우리를 숨겨 다오!"
또 언덕들을 보고 "우리를 덮어 다
오!" 하고 호소할 것이다.

주님께서 이스라엘에게 심판을 선언하시다

9 "이스라엘아, 너는 기브아에 살
던 때부터 죄를 짓기 시작해서 이
제까지 죄를 짓고 있다. 거기에서
부터 나에게 반항하였으니, 어찌
전쟁이 기브아에서 죄짓는 자에게
미치지 않겠느냐?
10 내가 원하는 그 때에 이 백성을
쳐서 벌하겠다. 이방 나라들도 나

10장 요약 이스라엘은 국가적 번영에 도취되어(1절) 우상 숭배를 자행했다(2-8절). '마음이 거짓으로 가득 차 있으니'(2절)는 당시 이스라엘의 영적 상태를 가장 정확히 꼬집은 것이었다. 그러나 이같이 부패한 그들에게도 회개의 기회는 아직 남아 있었다(12절).

10:1-8 이스라엘은 200년 동안(B.C. 922-722년) 시조인 여로보암 1세를 따라 왕과 백성들이 단과 벳아웬에 세운 송아지 우상을 숭배하였다(왕상 12:29-33;왕하 10:29). 따라서 주님 대신 우상을 숭배한 제단과 돌기둥과 산당이 파괴되어 무너지고, 이스라엘 백성들은 슬퍼하고 수치를 당하며 심판을 받는다.

10:5 벳아웬 '베델'(하나님의 집)을 조롱하는 말로, '사악한 집', '우상 숭배의 집'이란 뜻을 가지고 있다.

㉠ 히, '크마림'. 주님의 제사장은 '코헨, 코하님' ㉡ 히, '야렙 왕'

와 함께 이 백성을 칠 것이다. 나
주를 떠나고 우상을 섬긴 이 두
가지 죄를 벌하겠다.
11 한때 에브라임은 길이 잘 든 암
소와 같아서, 곡식을 밟아서 잘도
떨었다. 그러나 이제 나는 그 아름
다운 목에 멍에를 씌워 에브라임
은 수레를 끌게 하고, 유다는 밭
을 갈게 하고, 야곱은 써레질을 하
게 하겠다. 내가 일렀다.
12 '정의를 뿌리고 사랑의 열매를 거
두어라. 지금은 너희가 주를 찾을
때이다. 묵은 땅을 갈아 엎어라.
나 주가 너희에게 가서 정의를 비
처럼 내려 주겠다.'
13 그러나 너희는 밭을 갈아서 죄
악의 씨를 뿌리고, 반역을 거두어
서 거짓의 열매를 먹었으니, 이는
네가 병거와 많은 수의 군인을 믿
고 마음을 놓은 탓이다.
14 그러므로 네 백성을 공격하는 전
쟁의 함성이 들려 올 것이다. 벳아
벨이 살만에게 공격을 받고 파괴
된 날과 같이, 너의 요새들이 모
조리 파괴될 것이다. 그 날에 자식
들이 박살 난 바로 그 바위 위에서
어머니들마저 박살 나지 않았느
냐?
15 베델아, 내가 그것과 똑같이 너희
들에게 하겠다. 너희가 지은 심히
무서운 죄악 때문에 그렇다. 이스
라엘 왕은 전쟁이 시작되는 새벽
녘에 틀림없이 잡혀 죽을 것이다."

하나님이 반역한 백성을 사랑하시다

11 "이스라엘이 어린 아이일 때에,
내가 그를 사랑하여 내 아들을
이집트에서 불러냈다.
2 그러나 내가 부르면 부를수록, 이
스라엘은 나에게서 멀리 떠나갔
다. 짐승을 잡아서 바알 우상들에
게 희생제물로 바치며, 온갖 신상
들에게 향을 피워서 바쳤지만,
3 나는 에브라임에게 걸음마를 가
르쳐 주었고, 내 품에 안아서 길렀
다. 죽을 고비에서 그들을 살려 주
었으나, 그들은 그것을 깨닫지 못
하였다.
4 나는 인정의 끈과 사랑의 띠로 그
들을 묶어서 업고 다녔으며, 그들
의 목에서 멍에를 벗기고 가슴을
헤쳐 젖을 물렸다.
5 ㉠이스라엘은 이집트 땅으로 되
돌아가게 될 것이다. 이스라엘은
앗시리아의 지배를 받게 될 것이
다. 그들이 나에게로 돌아오기를
거부하기 때문이다.
6 전쟁이 이스라엘의 성읍을 휩쓸
고 지나갈 때에, ㉡성문 빗장이 부
서질 것이다. 그들이 헛된 계획을
세웠으니 칼이 그들을 모조리 삼

10:8 아웬 산당들 이것은 벳아웬, 곧 베델의 산당들을 말한다.

10:12 묵은 땅을 갈아 엎어라 더 이상 열매 없는 생활을 계속하지 말고, 실제적인 회개를 통해 완전히 새롭고 열매 맺는 생활을 시작할 것을 촉구하고 있다.

㉠ 또는 '이스라엘이 내게로 돌아오기를 거부하였으니 그들이 이집트로 되돌아가지 않겠느냐? 앗시리아가 그들을 지배하지 않겠느냐?' ㉡ 또는 '그들의 제사장들이 죽어 없어지고'

11장 요약 호세아는 광야 백성들이 이집트 탈출의 구속 사건을 잊어버리고 배은망덕했듯이, 당시 이스라엘이 하나님의 거듭된 긍휼을 거부했음을 질타하고 있다. 그러나 본문의 주제는 이스라엘의 패역이 아니라 그것까지도 끌어안으시는 하나님의 자비이다.

11:1 이집트 탈출 사건을 회상시키고 있다. 당시에 하나님은 이스라엘 자손을 아들이라 부르셨고(출

킬 것이다.
7 내 백성이 끝끝내 나를 배반하고,
㉠바알을 불러 호소하지만, 그가
그들을 일으켜 세우지 못할 것이
다.
8 에브라임아, 내가 어찌 너를 버
리겠느냐? 이스라엘아, 내가 어찌
너를 원수의 손에 넘기겠느냐? 내
가 어찌 너를 아드마처럼 버리며,
내가 어찌 너를 스보임처럼 만들
겠느냐? 너를 버리려고 하여도,
나의 마음이 허락하지 않는구나!
너를 불쌍히 여기는 애정이 나의
속에서 불길처럼 강하게 치솟아
오르는구나.
9 아무리 화가 나도, 화나는 대로
할 수 없구나. 내가 다시는 에브라
임을 멸망시키지 않겠다. 나는 하
나님이요, 사람이 아니다. 나는 너
희 가운데 있는 거룩한 하나님이
다. 나는 너희를 위협하러 온 것
이 아니다."
10 주님께서 사자처럼 부르짖으신
다. 이스라엘 사람들이 주님의 뒤
를 따라 진군한다. 주님께서 친히
소리 치실 때에, 그의 아들딸들이
서쪽에서 날개 치며 빨리 날아올
것이다.
11 이집트 땅에서 참새 떼처럼 빨리
날아오고, 앗시리아 땅에서 비둘
기처럼 날아올 것이다.
"내가 끝내 그들을 고향집으로
돌아오게 하겠다. 나 주의 말이
다."

이스라엘과 유다가 규탄을 받다

12 에브라임은 거짓말로 나를 에
워싸며, 이스라엘 가문은 온갖 음
모로 나를 옥죄고 있다. 유다 족
속도 신실하고 거룩하신 하나님
을 거역하고 있다.

12 1 에브라임은 바람을 먹고 살
며, 종일 열풍을 따라서 달리고,
거짓말만 하고 폭력만을 일삼는
다. 앗시리아와 동맹을 맺고 이집
트에는 기름을 조공으로 바친다.
2 주님께서 유다를 심판하시고,
야곱을 그의 행실에 따라 처벌하
실 것이다. 그가 한 일들을 따라
그대로 그에게 갚으실 것이다.
3 야곱이 모태에 있을 때에는 ㉡형
과 싸웠으며, 다 큰 다음에는 하
나님과 대결하여 싸웠다.
4 야곱은 천사와 싸워서 이기자, 울
면서 은총을 간구하였다. 하나님
은 베델에서 그를 만나시고, 거기
에서 우리에게 말씀하셨다.
5 주님은 만군의 하나님이다. '주님'
은 우리가 기억해야 할 그분의 이
름이다.
6 그러니 너희는 하나님께로 돌아오

4:22-23), 자신을 아버지라고 하셨다(신 32:6).

11:8-11 죄악에 대한 징계에도 불구하고, 결코 이스라엘을 완전히 멸망하게 하시지는 않겠다는 하나님의 긍휼이 약속되고 있다.

11:9 나는 하나님이요, 사람이 아니다 이스라엘은 불의와 배반을 일삼았으나 이스라엘을 향한 하나님의 사랑은 진실하다는 뜻이다(참조. 애 3:22; 말 3:6).

㉠ 또는 '가장 높은 자' ㉡ 히, '형의 발꿈치를 잡았으며'

12장 요약 호세아는 다시 에브라임(북 이스라엘)의 죄악과 그로 인한 심판을 언급한다. 특히, 이곳에는 야곱의 일생과 이집트 탈출 역사가 등장하는데, 이는 이스라엘의 죄를 지적하고 회개를 촉구하는 역할을 한다. 즉, 야곱이나 이집트를 탈출한 백성 모두, 간교하고 패역한 사람들이었다.

12:1 본절은 이집트(왕하 17:4;사 30:6-7)와 앗시

너라. 사랑과 정의를 지키며, 너희
하나님에게만 희망을 두고 살아
라.

에브라임의 사회 경제적인 범죄

7 "에브라임은, 거짓 저울을 손에
든 장사꾼이 되어서, 사람 속이기
를 좋아한다.
8 그러면서도 에브라임은 자랑한다.
'아, 내가 정말 부자가 되었구나.
이제는 한 밑천 톡톡히 잡았다.
모두 내가 피땀을 흘려서 모은 재
산이니, 누가 나더러 부정으로 재
산을 모았다고 말하겠는가?'
9 그러나 나는, ㉠너희가 이집트
땅에 살 때로부터 너희의 주 하나
님이다. 내가 광야에서 너희를 찾
아갔을 때에 너희가 장막에서 살
았던 것처럼, 나는, 너희가 다시
장막에서 살게 하겠다.
10 내가 예언자들에게 말할 때에,
여러 가지 환상을 보였으며, 예언
자를 시켜서 백성에게 내 계획을
알렸다.
11 길르앗이 악하냐? 그렇다. 그들
은 거짓되다. 길갈에서는 사람들
이 황소를 잡아서 제물로 바치고
있다. 그들의 제단이 들녘의 돌더
미처럼 많다."
12 우리 조상 야곱은 ㉡메소포타미
아 평야로 달아나야 했다. 이스라
엘은 아내를 얻으려고 종살이를
하였다. 아내를 얻으려고 목자가
되었다.
13 주님께서는 예언자 한 사람을
시키셔서 이스라엘을 이집트에서
이끌어 내시고, 예언자 한 사람을
시키셔서 그들을 지켜 주셨다.
14 에브라임이 주님을 몹시 노엽게
하였으니 죽어 마땅하다. 주님께
서 에브라임을 벌하시고, 받으신
수모를 에브라임에게 되돌려 주
실 것이다.

이스라엘에 대한 최후의 심판

13 "에브라임이 말만 하면 모두 떨
었다. 온 이스라엘이 그렇게 에
브라임을 우러러보았는데, 바알
신을 섬겨 죄를 짓고 말았으므로,
이제 망하고 말았다.
2 그런데도 그들은 거듭 죄를 짓고
있다. 은을 녹여 거푸집에 부어서
우상들을 만든다. 재주껏 만든 은
신상들, 그것들은 모두 세공업자
들이 만든 것인데도, 그들은, 이
신상 앞에 제물을 바치라고 하면
서, 송아지 신상들에게 입을 맞춘
다.
3 그러므로 그들은 아침 안개처럼
되고, 이른 새벽에 사라지는 이슬
처럼 될 것이다. 타작 마당에서 바
람에 날려 나가는 쭉정이처럼 되

리아(5:13;7:11;8:9;왕하 17:3)라는 두 강대국 사이에서 방황하는 북 이스라엘(에브라임)의 무익한 외교 정책을 상징한다.

12:4 베델에서 그를 만나시고 참조. 창 28:10–19; 35:1–15. 호세아 시대에 베델은 북 이스라엘에서 가장 중요한 '왕의 성소'였다(암 7:13).

12:14 하나님의 인도하심과 보호하심에도 불구하고 하나님을 배반한 북 이스라엘에 대해 심판을 선포하고 있다.

13장 요약 전반부는 이스라엘의 배교상(1–8절)을, 후반부는 그로 말미암은 멸망의 당위성을 각각 언급하고 있다. 값없이 선민으로 선택받았기에(4–5절) 더욱 정결한 삶을 살아야 했던 이스라엘은 모든 부분에 완전히 실패했다. 은혜가 큰 만큼 형벌도 가혹함을 본문은 증거해 준다.

㉠ 또는 '너희를 이집트 땅에서 데리고 나온 때로부터' ㉡ 히, '아람'

고, 굴뚝에서 나오는 연기처럼 될
것이다.
4 그러나 나는, ㉠너희가 이집트
땅에 살 때로부터 주 너희의 하나
님이다. 그 때에 너희가 아는 하나
님은 나밖에 없고, 나 말고는 다
른 구원자가 없었다.
5 나는 저 광야에서, 그 메마른 땅
에서, 너희를 먹이고 살렸다.
6 그들을 잘 먹였더니 먹는 대로 배
가 불렀고, 배가 부를수록 마음이
교만해지더니, 마침내 나를 잊었
다.
7 그래서 내가 그들에게 사자처럼
되고, 이제는 표범처럼 되어서, 길
목을 지키겠다.
8 새끼 빼앗긴 암곰처럼 그들에게
달려들어, 염통을 갈기갈기 찢을
것이다. 암사자처럼, 그 자리에서
그들을 뜯어먹을 것이다. 들짐승
들이 그들을 남김없이 찢어 먹을
것이다.
9 ㉡이스라엘아, 네가 나를 대적하
니, 너를 돕는 자를 대적하니, 너
는 이제 망했다.
10 왕과 대신들을 세워 달라고 조르
더니, 도대체, 너의 왕이 지금 어디
에 있느냐? 너를 구원하라고 하
여라. 대신들이 지금 어디에 있느
냐? 너의 모든 성읍에서 샅샅이
찾아보아라. 너를 궁지에서 건져
달라고 하여라.
11 내가 홧김에 너에게 왕을 주었으
나, 분을 참을 수 없어서 너의 왕
을 없애 버렸다.
12 에브라임의 허물을 적은 문서
를 모두 모았고, 죄상을 적은 기록
을 모두 보관하고 있다.
13 에브라임이 다시 태어나는 진통
을 겪고 있다. 그러나 그는, 때가
되었는데도 태를 열고 나올 줄 모
르는 미련한 아들과도 같다.
14 ㉢내가 그들을 스올의 권세에서
속량하며 내가 그들을 사망에서
구속하겠다. 사망아, 네 재앙이 어
디 있느냐? 스올아, 네 멸망이 어
디 있느냐? 이제는 내게 동정심
같은 것은 없다.
15 이스라엘이 비록 형제들 가운데
서 번성하여도, 사막에서 동풍이
불어오게 할 터이니, 주의 바람이
불면 샘과 우물이 모두 말라 버리
고, 귀중한 보물상자들도 모두 빼
앗길 것이다.
16 사마리아가 저의 하나님에게 반
항하였으니, 이제는 그 죄값을 치
를 수밖에 없다. 사람들은 칼에
찔려 쓰러지고, 어린 아이들은 박
살 나고, 아이 밴 여인들은 배가
찢길 것이다."

13:4 나는…주 너희의 하나님이다 참조. 12:9;출 20:2-3;신 5:6. 금송아지를 가리키며 '너희를…신이 여기에 계신다'(왕상 12:28)고 말했던 여로보암 I세의 선언과 대조를 이루고 있다.

13:7 사자, 표범 본절은 양 떼를 기르는 목자의 모습에서(4:16;시 23:1) 양 떼를 공격하는 맹수의 모습으로 하나님을 묘사하고 있다.

13:11 너에게 왕을 주었으나…없애 버렸다 우상 숭배를 비롯한 각종 죄악으로 인해 하나님께서 북이스라엘의 왕들을 계속해서 심판하셨음을 의미한다. 실제로 북왕국 209년(B.C. 931-722년)의 역사 동안에 아홉 왕가의 열아홉 왕이 교체되었으며, 특히 왕가가 바뀔 때마다 항상 잔인한 유혈 군사 혁명이 있었음이 본절의 증거이다.

㉠ 또는 '너희를 이집트 땅에서 데리고 나온 때로부터' ㉡ 또는 '이스라엘아, 내가 너를 멸망시키기로 작정하였는데, 이제 누가 너를 도울 수 있겠느냐' ㉢ 또는 '나더러 그들의 몸값을 갚아 주고 그들을 스올의 세력에서 빼내란 말이냐? 나더러 그들의 몸값을 치르고 그들을 죽음에서 살려내란 말이냐?'

이스라엘을 향한 호세아의 호소

14 이스라엘아, 주 너의 하나님께
로 돌아오너라. 네가 지은 죄가
너를 걸어 거꾸러뜨렸지만,
2 너희는 말씀을 받들고 주님께로
돌아와서 이렇게 아뢰어라. "우리
가 지은 모든 죄를 용서하여 주십
시오. 우리를 자비롭게 받아 주십
시오. 수송아지를 드리는 대신에
우리가 입술을 열어 주님을 찬양
하겠습니다.
3 다시는 앗시리아에게 우리를 살
려 달라고 호소하지 않겠습니다.
군마를 의지하지도 않겠습니다.
다시는 우리 손으로 만들어 놓은
우상을 우리의 신이라고 고백하
지도 않겠습니다. 고아를 가엾게
여기시는 분은 주님밖에 없습니
다."

주님께서 이스라엘에게
새 삶을 약속하시다

4 "내가 그들의 반역하는 병을 고
쳐 주고, 기꺼이 그들을 사랑하겠
다. 그들에게 품었던 나의 분노가
이제는 다 풀렸다.
5 내가 이스라엘 위에 이슬처럼 내
릴 것이니, 이스라엘이 나리꽃처
럼 피고, 레바논의 백향목처럼 뿌
리를 내릴 것이다.
6 그 나무에서 가지들이 새로 뻗고,
올리브 나무처럼 아름다워지고,
레바논의 백향목처럼 향기롭게
될 것이다.
7 그들이 다시 내 그늘 밑에 살면서,
농사를 지어서 곡식을 거둘 것이
다. 포도나무처럼 꽃이 피고, 레
바논의 포도주처럼 유명해질 것이
다.
8 에브라임이 고백할 것이다. '나
는 이제 우상들과 아무 상관이 없
습니다.' 그러면 나는 그에게 응답
할 것이다. '내가 너를 지켜 주마.'
나는 무성한 잣나무와 같으니, 너
는 필요한 생명의 열매를 나에게
서 언제나 얻을 수 있을 것이다."

맺는 말

9 지혜로운 사람은 여기에 쓴 것
을 깨달아라. 총명한 사람은 이것
을 마음에 새겨라. 주님의 길은 올
바르다. 의로운 백성은 그 길을 따
라 살아가지만 죄인은 비틀거리며
넘어질 것이다.

14장 요약 본장에서는 이스라엘의 회복이 그려진다. 이스라엘이 회복할 수 있는 길은 주님께로 돌아가는 것이다(1-3절). 회개만 한다면 하나님은 죄를 잊고 풍성한 은총을 베푸실 것이다(5-8절).

14:2 말씀을 받들고 죄인은 빈 손으로 하나님 앞에 설 수 없으며(출 23:15), 그렇다고 희생 제물이 하나님의 모든 요구를 충족시켜 줄 수도 없다. 본절은 하나님의 말씀에 입각한 진정한 회개와 감사의 찬송을 권면하고 있는 것이다(히 13:15).

14:3 하나님을 의지하지 아니하고, 강대국 앗시리아(5:13;8:9)와 자신들의 군사력(1:7;10:13), 그리고 우상들(4:11-19;8:4-14)을 의지한 이스라엘의 반역 행위들이 포괄적으로 암시되고 있다.

14:5 이슬 매일 내리는 이슬처럼 하나님께서 그 자녀들의 삶을 날마다 은혜로 소생시키심을 뜻한다.

요엘서

JOEL

저자 저자에 대하여는 '브두엘의 아들 요엘'(1:1)이란 사실 외에 더 알려진 것이 없다. 요엘이란 이름은 '주님은 하나님이시다'라는 뜻으로서 다분히 신앙 고백적인 의미를 지니고 있다. 당시 우상숭배 사상이 만연했던 것을 생각하면 요엘은 경건한 가정을 배경으로 성장했음을 쉽게 짐작할 수 있다.

저작 연대 B.C. 830년 요아스 통치 초기 또는 B.C. 400년 바빌로니아 포로 귀환 후

기록 장소와 대상 기록 장소는 예루살렘으로 추정되며, 주로 남 유다를 대상으로 하고 있지만 모든 유다 사람들과 이방 사람들을 위해서도 기록하고 있다.

핵심어 및 내용 요엘서의 핵심어는 '메뚜기'와 '성령'이다. 본서는 두 개의 중요한 사건을 기록하고 있다. 하나는 엄청난 수의 메뚜기가 날아와 하나님께 배역하는 유다 민족의 땅을 황폐화시킨 사건이다. 다른 하나는 성령이 모든 사람들에게 임하여서 그 결과로 아들딸이 예언을 하며 노인들이 꿈을 꾸고, 젊은이들이 환상을 보게 되는 사건이다. 사도행전 2장에서 베드로에 의하여 인용되었던 이 예언은 오순절 성령 강림으로 성취되었다.

내용 분해

1. 예언서의 저자(1:1)
2. 주님의 날의 징조인 메뚜기 재앙(1:2–2:17)
3. 심판의 면함과 축복의 제공(2:18–3:21)

1 이것은 주님께서 브두엘의 아들
요엘에게 하신 말씀이다.

농사를 망친 백성의 통곡

2 나이 많은 사람들아, 들어라! 유
다 땅에 사는 사람들아, 모두 귀를
기울여라! 너희가 살고 있는 지금
이나 너희 조상이 살던 지난 날에,
이런 일이 일어난 적이 있느냐?
3 너희는 이것을 자녀들에게 말하
고, 자녀들은 또 그들의 자녀들에
게 말하게 하고, 그들은 또 그 다
음 세대에 말하게 하여라.
4 ㉠풀무치가 남긴 것은 메뚜기가
갉아 먹고, 메뚜기가 남긴 것은 누
리가 썰어 먹고, 누리가 남긴 것은
황충이 말끔히 먹어 버렸다.
5 술을 즐기는 자들아, 깨어나서
울어라. 포도주를 좋아하는 자들
아, 모두 다 통곡하여라. 포도 농
사가 망하였으니, 새 술을 만들
포도가 없다.
6 셀 수 없이 많고 강한 메뚜기 군
대가 우리의 땅을 공격하였다. 그
들의 이빨은 사자의 이빨과 같고,
날카롭기가 암사자의 송곳니와
같다.
7 그들이 우리의 포도나무를 망쳐
놓았고, 우리의 무화과나무도 그
루터기만 남겨 놓았다. 나무 껍질
을 다 벗겨서 그 줄기가 모두 하얗
게 말랐다.
8 백성아, 울어라! ㉡약혼자를 잃
고 슬퍼하는 ㉢처녀처럼, 굵은 베
옷을 걸치고 울어라.
9 성전에 날마다 바치는 곡식제물도
동나고 부어 드리는 제물도 떨어
지니, 주님을 모시는 제사장들이
탄식한다.
10 밭이 황폐하구나. 곡식이 다 죽
고, 포도송이가 말라 쪼그라들고,
올리브 열매가 말라 비틀어지니,
㉣땅이 통곡하는구나.
11 농부들아, 슬퍼하여라. 포도원
일꾼들아, 통곡하여라. 밀과 보리
가 다 죽고, 밭 곡식이 모두 죽었다.
12 포도나무가 마르고, 무화과나무

㉠ 여기에서 진술된 것이 메뚜기의 종류를 말하는 것인지, 메뚜기의 성장 과정 네 단계를 말하는 것인지는 알 수 없음 ㉡ 또는 '남편' ㉢ 또는 '젊은 여인' ㉣ 또는 '땅이 말라 버렸다'

도 시들었다. 석류나무, 종려나무,
사과나무 할 것 없이, 밭에 있는
나무가 모두 말라 죽었다. 백성의
기쁨이 모두 사라졌다.
13 제사장들아, 굵은 베 옷을 입고
슬피 울어라. 제단 앞에서 섬기는
자들아, 통곡하여라. 하나님을 섬
기는 제사장들아, 굵은 베 옷을
입고 성전으로 가서, 밤을 새워 통
곡하여라. 너희가 날마다 아침 저
녁으로 하나님의 성전에 바칠 곡
식제물과 부어 드릴 제물이 떨어
졌다.
14 거룩한 금식을 선포하고, 성회
를 열어라. 장로들과 유다 땅에
사는 모든 백성을 불러 주 너희
하나님의 성전에 모으고, 주님께
부르짖어라.
15 슬프다, 그 날이여! 주님께서 심
판하실 날이 다가왔다. ㉠전능하
신 분께서 보내신 바로 그 파멸의
날이 다가왔다.
16 곡식이라고는 구경조차 할 수
없다. 우리 하나님의 성전에는 기
쁨도 즐거움도 없다.
17 씨앗이 흙덩이 속에서 모두 말
라 죽고, 광마다 텅텅 비고, 가물
어, 거두어들일 곡식이 없어서, 창
고는 폐허가 된다.
18 풀밭이 없어, 가축들이 울부짖고,
소 떼가 정신없이 헤매며, 양 떼도
괴로워한다.
19 "주님, 제가 주님께 부르짖습니
다. 불볕에 광야의 풀이 모두 타
죽고, 들의 나무가 이글거리는 불
꽃에 모두 타 버렸습니다.
20 시내에도 물이 마르고 광야의 초
원이 다 말라서, 들짐승도 주님께
부르짖습니다."

주님의 날을 경고하는 메뚜기 떼

2 너희는 시온에서 뿔나팔을 불어
라. 하나님의 거룩한 산에서 경보
를 울려라. 유다 땅에 사는 백성
아, 모두 떨어라. 주님의 날이 오
고 있다. 그 날이 다가오고 있다.
2 그 날은 캄캄하고 어두운 날, 먹
구름과 어둠에 뒤덮이는 날이다.
셀 수 없이 많고 강한 메뚜기 군대
가 온다. 마치 어둠이 산등성이를
넘어오듯이 새까맣게 다가온다.
까마득한 옛날까지 거슬러 올라
가 보아도, 이런 일은 없었다. 앞
으로 천만 대에 이르기까지도 다
시는 이런 일이 없을 것이다.
3 그들이 불처럼 초목을 삼키고
지나가면, 지나간 자리에서는 불
꽃이 활활 타오른다. 그들이 오기
전에는 이 땅이 에덴 동산 같으나,
한 번 지나가고 나면 황량한 사막
이 되어 버린다. 그 앞에서는 살아

1장 요약 요엘 예언자는 이스라엘에 임한 메뚜기 재앙과 가뭄을 통해서 이미 임한 주님의 재앙이 어떠한 것인가를 암시한다.

1:15 주님께서 심판하실 날 이 날에 대한 해석에는 두 가지 측면이 있는데, ① 원수에 대한 하나님의 승리와 형벌 ② 자기 백성에게 안식과 복을 허락하심이다. 요엘은 타락한 유다를 향해 이 날이 파멸(멸망)의 날이 될 것이라고 한다.

2장 요약 요엘은 '주님의 날'에 있을 심판의 모습을 메뚜기의 활동과 연관하여 설명하고 있다. '주님의 날'은 악인에게는 가혹한 형벌이 주어지는 날이지만, 의인에게는 상급이 주어지는 기쁨의 날이 된다. 아직 주님의 날이 임하지 않은 이때, 요엘은 지금이라도 이스라엘이 회개하기를 촉구한다.

㉠ 히, '샤다이'

남은 것이 하나도 없다.
4 그들은 떼지어 몰려오는 말과
같고 달려오는 군마와 같다.
5 이 봉우리에서 저 봉우리로 달리
는 소리는 병거의 굉음과도 같고,
불꽃이 검불을 태우는 소리와도
같다. 그들은 막강한 군대가 공격
명령을 기다리는 것 같이 전열을
갖춘다.
6 그들이 접근하면 모두들 자지러
지고, 모두들 얼굴빛이 하얗게 질
린다.
7 그들은 용사처럼 공격하고, 군인
처럼 성벽을 기어오른다. 제각기
줄을 맞추어 똑바로 전진하고 아
무도 진로를 벗어나지 않는다.
8 서로 밀치지도 않고, 제각기 줄을
맞추어 진군한다. 빗발치듯 쏟아
지는 투창을 뚫고 전진한다. 그들
의 행렬은 끊어지지 않는다.
9 드디어 성 안으로 들어간다. 성벽
을 뛰어넘고, 건물을 기어오르고,
도둑처럼 창문을 넘어 집 안으로
쳐들어간다.
10 전진할 때에는 땅이 진동하고,
온 하늘이 흔들린다. 해와 달이
어두워지고, 별들이 빛을 잃는다.
11 주님께서 큰 음성으로 당신의 군
대를 지휘하신다. 병력은 헤아릴
수 없이 많고, 명령을 따르는 군대
는 막강하다. 주님의 날은 놀라운
날, 가장 무서운 날이다. 누가 감
히 그 날을 견디어 낼까?

회개를 촉구하다

12 "지금이라도 너희는 진심으로
회개하여라. 나 주가 말한다. 금식
하고 통곡하고 슬퍼하면서, 나에
게로 돌아오너라.
13 옷을 찢지 말고, 마음을 찢어라."
주 너희의 하나님께로 돌아오너
라. 주님께서는 은혜롭고 자비로
우시며, 오래 참으시며, 한결같은
사랑을 늘 베푸시고, 불쌍히 여기
는 마음이 많으셔서, 뜻을 돌이켜
재앙을 거두기도 하신다.
14 행여 주님께서 마음과 뜻을 돌이
키시고 오히려 복까지 베푸셔서,
너희가 주 하나님께 곡식제물과
부어 드리는 제물을 바칠 수 있게
까지 하실는지 누가 아느냐?
15 너희는 시온에서 뿔나팔을 불
어라. 거룩한 금식을 선포하고, 성
회를 열어라.
16 백성을 한데 모으고, 회중을 거룩
하게 구별하여라. 장로들을 불러
모으고, 어린 아이들과 젖먹이들
도 불러모아라. 신랑도 신방에서
나오게 하고, 신부도 침실에서 나
오게 하여라.
17 주님을 섬기는 제사장들은 성전

2:1-11 주님의 날에 대한 묘사이다. 요엘은 1장의 메뚜기 재앙의 이미지를 주님의 날에 있을 심판의 본보기와 예증으로 삼는다. 메뚜기 재앙을 본 자는 그것을 통해 주님의 날에 있을 심판을 상상할 수 있게 된다. 그는 메뚜기 떼를 군대에 비유하였으며(1:6), 여기서 다시 '많고 강한 메뚜기 군대'(2절)로 비유하여 그 활동을 생생히 묘사한다(4-5,7-9절). 그 군대의 힘은 너무나 위협적이어서 모든 사람의 얼굴을 창백하게 할 뿐만 아니라(6절), 심지어 우주에까지도 커다란 변동이 있을 것이다(10절). 이러한 군대를 요엘은 '하나님의 군대'(11절)라고 부른다. 그러므로 '누가…견디어 낼까?'(11절)라고 물음을 제기할 수 있다.

2:12-17 심히 두려운 주님의 날이 이를 것이므로, 하나님께로 돌아오라고 회개를 촉구한다.

2:18-32 요엘은 하나님이 그 백성을 다시 세우시고 그 대적을 심판하시리라는 사실을, 두 가지 차원에서 예언하고 있다. 하나는 물질적 차원이고

현관과 번제단 사이에서, 울면서
호소하여라.
"주님, 주님의 백성을 불쌍히 여
겨 주십시오. 주님의 소유인 이 백
성이 이방인들에게 통치를 받는
수모를 당하지 않게 하여 주십시
오. 세계 만민이 '그들의 하나님이
어디에 있느냐?' 하면서 조롱하지
못하게 하여 주십시오."

하나님이 땅을 비옥하게 하시다

18 그 때에 주님께서 땅이 당한 일
로 마음 아파하시고, 당신의 백성
을 불쌍히 여기셨다.
19 주님께서 백성에게 대답하셨다.
"내가 너희에게 곡식과 포도주
와 올리브 기름을 주어서 아쉬움
이 없도록 하겠다. 다시는 다른
나라가 너희를 조롱거리로 만들지
못하게 하겠다.
20 북쪽에서 온 메뚜기 군대를 멀리 쫓
아 버리겠다. 메마르고 황량한 땅
으로 몰아내겠다. 전위부대는 ㉠사
해에 몰아넣고 후위부대는 ㉡지중
해에 몰아넣겠다. 시체 썩는 냄새,
그 악취가 코를 찌를 것이다."
주님께서 큰 일을 하셨다!
21 땅아, 두려워하지 말아라. 기뻐하
고 즐거워하여라. 주님께서 큰 일
을 하셨다.
22 들짐승들아, 두려워하지 말아라.
이제 광야에 풀이 무성할 것이다.
나무마다 열매를 맺고, 무화과나
무와 포도나무도 저마다 열매를
맺을 것이다.
23 시온에 사는 사람들아, 주 너희
의 하나님과 더불어 기뻐하고 즐
거워하여라. ㉢주님께서 너희를 변
호하여 가을비를 내리셨다. 비를
흡족하게 내려주셨으니, 옛날처럼
가을비와 봄비를 내려 주셨다.
24 이제 타작 마당에는 곡식이 가득
쌓이고, 포도주와 올리브 기름을
짜는 틀마다 포도주와 기름이 넘
칠 것이다.
25 "메뚜기와 누리가 썰어 먹고 황
충과 풀무치가 삼켜 버린 그 여러
해의 손해를, 내가 너희에게 보상
해 주겠다. 그 엄청난 메뚜기 군대
를 너희에게 보내어 공격하게 한
것은 바로 나다.
26 이제 너희가 마음껏 먹고, 배부
를 것이다. 너희에게 놀라운 일을
한 주 너희의 하나님의 이름을 너희
가 찬양할 것이다. 나의 백성이 다
시는 수치를 당하지 않을 것이다.
27 이스라엘아, 이제 너희는 알게 될
것이다. 내가 너희 가운데 있다는
것과, 내가 주 너희의 하나님이라
는 것과, 나 말고는 다른 신이 없
다는 것을 깨닫게 될 것이다. 나

(18-27절), 다른 하나는 영적 차원(28-32절)이다.

2:20 악취가 코를 찌를 것이다 북편 군대로 비유된 메뚜기 떼가 죽어 악취가 나게 될 것이다.

2:21-23 비탄에 대한 삼중적 선포(1:5,8,13)와 대응되는 기쁨에 대한 삼중적 선포이다. 땅(21절)과 들짐승(22절)과 백성(23절)에게 내리시는 주님의 호의에 기뻐하라고 요구한다.

2:23 가을비를…흡족하게 내려주셨으니 '가을비를 흡족하게'에 해당하는 히브리어 원문은 기원 전부터 오랫동안 번역상의 난제로 여겨졌다. 원문을 '의를 가르치는 스승' 또는 '변호를 위한 가을비'로 번역할 수 있기 때문이다. 요엘은 이 구절에서 표면적으로는 '변호를 위한 가을비'로 기술하고 있지만, 내면적으로는 '의를 가르치는 스승'을 의미하는 것으로 보인다. 그렇다면 이 구절은 메시아를 주신다는 예언으로 보인다.

㉠ 히. '동쪽 바다' ㉡ 히. '서쪽 바다' ㉢ 또는 '주님께서 너희에게 의의 교사를 보내셨다'

의 백성이 다시는 수치를 당하지
않을 것이다."

주님께서 심판하시는 날

28 "그런 다음에, 내가 모든 사람에
게 나의 영을 부어 주겠다. 너희의
아들딸은 예언을 하고, 노인들은
꿈을 꾸고, 젊은이들은 환상을 볼
것이다.
29 그 때가 되면, 종들에게까지도 남
녀를 가리지 않고 나의 영을 부어
주겠다.
30 그 날에 내가 하늘과 땅에 징조
를 나타내겠다. 피와 불과 연기 구
름이 나타나고,
31 해가 어두워지고 달이 핏빛 같이
붉어질 것이다. 끔찍스럽고 크나
큰 주의 날이 오기 전에, 그런 일
이 먼저 일어날 것이다."
32 ○그러나 주님의 이름을 불러 구
원을 호소하는 사람은 다 구원을 받
을 것이다. 시온 산 곧 예루살렘 안
에는 피하여 살아 남는 사람이 있을
것이라고, 주님께서 부르신 사람이
살아 남아 있을 것이라고, 주님께서
말씀하셨다.

하나님이 민족들을 심판하시다

3 "때가 되어 그 날이 오면, 내가 유
다와 예루살렘을 회복시켜서 번영
하게 하겠다.
2 그 때에 내가 모든 민족을 불러모
아, 그들을 ㉠여호사밧 골짜기로
데리고 내려가서, 그들이 나의 백
성이요 나의 소유인 이스라엘에게
저지른 일을 두고서, 내가 거기에
서 그들을 심판하겠다. 그들이 나
의 백성을 여러 민족 속에 흩어 놓
고, 또 나의 땅을 나누어 가지고,
3 제비를 뽑아 나의 백성을 나누어
가졌기 때문이다. 소년을 팔아서
창녀를 사고, 소녀를 팔아서 술을
사 마셨기 때문이다.
4 두로와 시돈과 블레셋의 모든
지역아, 너희가 나에게 무엇을 하
려고 하느냐? 너희는, 내가 한 일
을 보복할 셈이냐? 너희가 나에게
무슨 보복을 한다면, 너희가 한 그
대로 내가 당장 너희에게 갚아 주
겠다.
5 너희가 나의 은과 금을 약탈해 갔
으며, 나의 가장 귀한 보물을 너희
의 ㉡신전으로 가져 갔으며,
6 유다 백성과 예루살렘 시민을 그
리스 사람에게 팔아 넘기며, 나라
밖 먼 곳으로 보냈다.
7 너희가 그들을 멀리 팔아 넘겼지
만, 내가 그들을 거기에서 돌아오
게 하고, 너희에게는 너희가 그들
에게 한 그대로 갚아 주겠다.
8 이제는 내가 유다 사람을 시켜서,
너희의 아들딸들을 팔겠다. 유다

3장 요약 말세에 하나님은 주의 백성을 대적하는 이들을 멸절하실 것이다. 그러므로 주님의 날은 이방 세력에게는 슬픔의 날, 주의 백성에게는 해방의 날이 될 것이다. 이처럼 그 날에는 대적에 대한 승리뿐 아니라 의에 대한 상급까지 약속되어 있어 성도들에게는 갑절의 기쁨이 있을 것이다.

㉠ '주님께서 심판하시다' ㉡ 또는 '궁전'

3:1 때·그 날 문자적으로는 포로에서 돌아올 때이지만(6-7절) 메시아로 인한 영적 해방을 암시하고 있다(사 9:1).

3:2 여호사밧 골짜기 여호사밧 왕이 군대 앞에 성가대를 세워 찬양을 함으로써 모압과 암몬 연합군을 무찔렀다는 '브라가 골짜기'(대하 20:26)를 의미하지만, 이 말은 지리적으로만 국한시켜서 해석할 필요는 없다. 여호사밧이란 '주님께서 심판하시리라'는 뜻으로, 여호사밧 골짜기는 하나님의

사람은 너희 자녀를 먼 나라 스바
사람에게 팔 것이다. 나 주의 말이
다."
9 너희는 모든 민족에게 이렇게 선
포하여라. "전쟁을 준비하여라! 용
사들을 무장시켜라. 군인들을 모두
소집하여 진군을 개시하여라!
10 보습을 쳐서 칼을 만들고, 낫을
쳐서 창을 만들어라. 병약한 사람
도 용사라고 외치고 나서라.
11 사방의 모든 민족아, 너희는 모두
서둘러 오너라. 이 평원으로 모여
라."
"주님, 주님의 군대를 보내셔서,
그들을 치십시오!"
12 "민족들아, 출발하여라. ㉠여호
사밧 골짜기로 오너라. 내가 거기
에 머물면서 사방의 민족들을 모
두 심판하겠다.
13 거두어들일 곡식이 다 익었으니,
너희는 낫을 가지고 와서 곡식을
거두어라. 포도주 틀이 가득히 차
고 포도주 독마다 술이 넘칠 때까
지 포도를 밟듯이, 그들을 짓밟아
라. 그들의 죄가 크기 때문이다."
14 판결의 골짜기에 수많은 무리가
모였다. 판결의 골짜기에서 주님께
서 심판하실 날이 가까이 왔다.
15 해와 달이 어두워지고, 별들이 빛
을 잃는다.

하나님이 백성에게 복을 주시다

16 주님께서 시온에서 외치시고 예
루살렘에서 큰소리를 내시니, 하
늘과 땅이 진동한다. 그러나 주님
께서는, 당신의 백성에게 피난처
가 되실 것이다. 이스라엘 자손에
게 요새가 되실 것이다.
17 "이스라엘아, 그 때에 너희는, 내
가 주 너희의 하나님임을 알아야
한다. 나는 거룩한 산 시온에서
산다. 예루살렘은 거룩한 곳이 되
고, 다시는 이방 사람이 그 도성
을 침범하지 못할 것이다.
18 그 날이 오면, 산마다 새 포도주
가 넘쳐 흐를 것이다. 언덕마다 젖
이 흐를 것이다. 유다 개울마다 물
이 가득 차고 주의 성전에서 샘물
이 흘러 나와, ㉡싯딤 골짜기에 물
을 대어 줄 것이다.
19 그러나 이집트는 황무지가 되
고, 에돔은 황량한 사막으로 바뀐
다. 그들이 유다 땅에 들어와서
백성을 폭행하고, 죄 없는 사람을
죽였기 때문이다.
20 유다 땅은 영원히 있겠고, 예루살
렘도 대대로 그러할 것이다.
21 사람들이 학살을 당하여도 내가
그 원수를 갚아 주지 않았으나, 이
제는 원수를 갚아 주겠다. 나 주
는 시온에서 산다."

뜻대로 심판하실 모든 곳을 의미한다.

3:10 보습을 쳐서 칼을·낫을 쳐서 창을 이것은 이사야 예언자와 미가 예언자가 예언했던 장차 나타날 *메시아 시대의* 평화로운 모습(사 2:4;미 4:3)과는 정반대의 상황이다. 모든 힘은 전쟁을 위해 소모된다. 전쟁을 위해 이렇게 발악하는 모습은 주님의 심판이 가까이 왔음을 예고한다.

3:16-21 '주님의 날'에는 무서운 심판이 집행될 것이지만, 하나님께서는 그의 백성들의 피난처가 되시고 이스라엘 자손에게 요새가 되리라 약속하신다(16절). 또한 새 예루살렘이 영원히 거룩한 도성이 되고(17절), 유다 온 땅이 새로운 샘물과 개울이 흐르며 포도주와 젖이 흐르는 새 땅이 될 것이다. 18절의 '새 포도주'(암 9:13)와 '젖'(사 55:1)이 흘러 넘친다는 것은 새로워진 낙원의 모습이고, 성전에서 솟아나는 '샘물'(겔 47:1-12) 역시 에덴 동산의 강을 생각나게 한다(창 2:10).

㉠ '주님께서 심판하시다' ㉡ 또는 '아카시아 골짜기'

아모스서

저자 본서의 저자인 아모스는 남 유다의 베들레헴에서 6마일 남쪽에 떨어져 있는 드고아 고원에서 목축을 하며 돌무화과를 가꾸던 사람이었다(1:1-2;7:14). 그러나 그는 평범한 일개 농부가 아니라, 은둔한 야인(野人)으로 보인다. 그의 문체를 살펴보면, 상당한 수준의 학문을 갖추었음을 엿볼 수 있기 때문이다.

저작 연대 B.C. 760-753년경으로 추정

기록 장소와 대상 기록 장소는 예루살렘 근처이고 이스라엘의 종교적·사회적 부패를 책망하기 위해, 그리고 북 이스라엘의 사로잡힘을 경고하기 위해 기록하였다. 주로 북 이스라엘을 대상으로 하지만 남 유다와 주변 민족들을 대상으로도 기록하였다.

핵심어 및 내용 아모스서의 핵심어는 '다림줄'과 '희망'이다. 하나님께서는 백성들을 시험하시고 심판하실 다림줄을 아모스에게 환상으로 보여 주셨다. 그러나 하나님은 희망의 빛을 비춰 주신다. 그분은 자기 백성과 그 땅을 다시 회복시켜 주실 것이다.

내용 분해

1. 열방에 대한 예언(1:1-2:16)
2. 이스라엘에 대한 선포(3:1-6:14)
3. 이스라엘에 대한 환상과 심판 선언 (7:1-9:10)
4. 이스라엘의 회복(9:11-15)

1 드고아의 목자 아모스가 전한 말
이다. 그가 이스라엘에 일어난 일
의 계시를 볼 무렵에, 유다의 왕은
웃시야이고, 이스라엘의 왕은 요아
스의 아들 여로보암이었다. 그가 계
시를 본 것은, 지진이 일어나기 이
년 전이다.
2 아모스가 선포하였다.
"주님께서 시온에서 부르짖으시
며 예루살렘에서 큰소리로 외치
시니, 목자의 초장이 시들고 갈멜
산 꼭대기가 마른다."

이스라엘 이웃 나라에 내리신 심판

3 "㉠나 주가 선고한다. 다마스쿠
스가 지은 서너 가지 죄를, 내가
용서하지 않겠다. 그들이 쇠도리
깨로 타작하듯이, 길르앗을 타작
하였기 때문이다.
4 그러므로 내가 하사엘의 집에 불
을 보내겠다. 그 불이 벤하닷의 요
새들을 삼킬 것이다.
5 내가 다마스쿠스의 성문 빗장을
부러뜨리고, ㉡아웬 평야에서는
그 주민을 멸하고, ㉢벳에덴에서
는 왕권 잡은 자를 멸하겠다. 아
람 백성은 기르로 끌려갈 것이다."
주님께서 말씀하신다.
6 "나 주가 선고한다. 가사가 지은
서너 가지 죄를, 내가 용서하지 않
겠다. 그들이 사로잡은 사람들을
모두 끌어다가, 에돔에 넘겨 주었
기 때문이다.
7 그러므로 내가 가사 성에 불을 보
내겠다. 그 불이 요새들을 삼킬
것이다.
8 내가 아스돗에서 그 주민을 멸하
고, 아스글론에서 왕권 잡은 자를
멸하고, 손을 돌이켜 에그론을 치
고, 블레셋 족속 가운데서 남은
자를 모조리 멸하겠다." 주 하나님
이 말씀하신다.
9 "나 주가 선고한다. 두로가 지
은 서너 가지 죄를, 내가 용서하지
않겠다. 그들이 형제의 언약을 기
억하지 않고 사로잡은 사람들을

㉠ 예언 서두에 나오는 이 말은 예언을 전달하는 전령의 말이기도 하고, 예언을 전하라고 시키는 '주' 자신의 말이기도 함. 전령이 말할 때에는 '주님께서 (이렇게) 말씀하신다'라고 하였음 ㉡ '악' ㉢ '에덴의 집'

모두 끌어다가, 에돔에 넘겨 주었
기 때문이다.
10 그러므로 내가 두로 성에 불을
보내겠다. 그 불이 요새들을 삼킬
것이다."
11 "나 주가 선고한다. 에돔이 지은
서너 가지 죄를, 내가 용서하지 않
겠다. 그들이 칼을 들고서 제 ㉠형
제를 뒤쫓으며, 형제 사이의 정마
저 끊고서, 늘 화를 내며, 끊임없
이 분노를 품고 있기 때문이다.
12 그러므로 내가 데만에 불을 보내
겠다. 그 불이 보스라의 요새들을
삼킬 것이다."
13 "나 주가 선고한다. 암몬 자손이
지은 서너 가지 죄를, 내가 용서하
지 않겠다. 그들이 땅을 넓히려고
길르앗으로 쳐들어가서 아이 밴
여인들의 배를 갈랐기 때문이다.
14 그러므로 내가 랍바 성벽에 불을
놓겠다. 그 불이 요새들을 삼킬
것이다. 그 때 거기에 전쟁 터지는
날의 함성 드높고, 회리바람 부는
날의 폭풍처럼 싸움이 치열할 것
이다.
15 그들의 왕은 신하들과 함께 포로
가 되어서 끌려갈 것이다." 주님께
서 말씀하신다.
2 1 "나 주가 선고한다. 모압이 지
은 서너 가지 죄를, 내가 용서하지
않겠다. 그들이 에돔 왕의 뼈를 불
태워서, 재로 만들었기 때문이다.
2 그러므로 내가 모압에 불을 보내
겠다. 그 불이 그리욧 요새들을
삼킬 것이다. 함성과 나팔 소리가
요란한 가운데서, 모압이 멸망할
것이다.
3 모압의 통치자를 멸하고, 모든 신
하들도 그와 함께 죽이겠다." 주님
께서 말씀하신다.

유다에 내리신 하나님의 심판

4 "나 주가 선고한다. 유다가 지은
서너 가지 죄를, 내가 용서하지 않
겠다. 그들이 주의 율법을 업신여
기며, 내가 정한 율례를 지키지 않
았고, 오히려 조상이 섬긴 거짓 신
들에게 홀려서, 그릇된 길로 들어
섰기 때문이다.
5 그러므로 내가 유다에 불을 보내
겠다. 그 불이 예루살렘의 요새들
을 삼킬 것이다."

이스라엘에 내리신 하나님의 심판

6 "나 주가 선고한다. 이스라엘이
지은 서너 가지 죄를, 내가 용서하
지 않겠다. 그들이 돈을 받고 의로
운 사람을 팔고, 신 한 켤레 값에
빈민을 팔았기 때문이다.
7 그들은 힘없는 사람들의 머리를
흙먼지 속에 처넣어서 짓밟고, 힘
약한 사람들의 길을 굽게 하였다.

1장 요약 본장은 이스라엘에게 임할 하나님의 심판을 언급(2절)한 다음 열방에 대한 심판을 기록하고 있다.

1:1-2 아모스서는 남 유다 왕 웃시야 시대이자, 북 이스라엘의 왕 여로보암 Ⅱ세 시대에 북 이스라엘에 대한 예언이다. 타락한 그들에게 하나님은 자연재해(지진)를 통하여 심판을 경고하셨다.

㉠ 이스라엘의 조상 야곱과 에돔의 조상 에서는 한 형제

2장 요약 이방 열국에 대한 심판과 남 유다의 죄악이 언급되고, 본격적으로 북 이스라엘의 죄악과 이에 대한 형벌이 기록되고 있다. 그들은 사회 정의를 짓밟았고, 선민 의식에 사로잡혀 교만했다. 죄악이 창성하면 심판이 초래되고 그 심판은 누구도 피할 수 없다(13-16절).

2:1 재 뼈를 불태워서 재로 만들었다는 것은, 영혼이 무덤 속에서 시체와 함께 있다고 믿었던 당

아버지와 아들이 같은 여자에게
드나들며, 나의 거룩한 이름을 더
럽혔다.
8 그들은 전당으로 잡은 옷을 모든
제단 옆에 펴 놓고는, 그 위에 눕
고, 저희가 섬기는 하나님의 성전
에서 벌금으로 거두어들인 포도
주를 마시곤 하였다.
9 그런데도 나는 그들이 보는 앞
에서 아모리 사람들을 멸하였다.
아모리 사람들이 비록 백향목처
럼 키가 크고 상수리나무처럼 강
하였지만, 내가 위로는 그 열매를
없애고 아래로는 그 뿌리를 잘라
버렸다.
10 내가 바로 너희를 이집트 땅에서
이끌어내어, 사십 년 동안 광야에
서 인도하여 아모리 사람의 땅을
차지하게 하였다.
11 또 너희의 자손 가운데서 예언자
가 나오게 하고, 너희의 젊은이들
가운데서 ㉠나실 사람이 나오게
하였다. 이스라엘 자손아, 사실이
그러하지 않으냐?" 주님께서 하
신 말씀이다.
12 "그러나 너희는 나실 사람에게
포도주를 먹이고, 예언자에게는
예언하지 말라고 명령하였다.
13 곡식단을 가득히 실은 수레가
짐에 짓눌려 가듯이, 내가 너희를
짓누르겠다.
14 아무리 잘 달리는 자도 달아날 수
없고, 강한 자도 힘을 쓰지 못하
고, 용사도 제 목숨을 건질 수 없
을 것이다.
15 활을 가진 자도 버틸 수 없고, 발
이 빠른 자도 피할 수 없고, 말을
탄 자도 제 목숨을 건질 수 없을
것이다.
16 용사 가운데서 가장 용감한 자도,
그 날에는 벌거벗고 도망갈 것이
다." 주님께서 하신 말씀이다.

선택과 처벌

3 "이스라엘 자손아, 이 말을 들어
라. 이것은 나 주가 너희에게 내리
는 심판의 말이다. 이집트 땅에서
데리고 올라온 모든 족속에게, 내
가 선언한다.
2 나는 이 땅의 모든 족속들 가운데
서 오직 너희만을 선택하였으나,
너희가 이 모든 악을 저질렀으니
내가 너희를 처벌하겠다."

예언자의 소명

3 두 사람이 미리 약속하지 않았
는데, 그들이 같이 갈 수 있겠느
냐?
4 사자가 먹이를 잡지 않았는데, 숲
속에서 부르짖겠느냐? 젊은 사자
가 움켜잡은 것이 없는데, 굴 속에
서 소리를 지르겠느냐?

시에는 가장 잔인한 복수 방법이었다.

2:6-12 북 이스라엘에 대한 심판이다. 이스라엘은 이방 사람들과 유다의 죄를 모두 다 범했다는 혹독한 선언이다. 그 죄악상을 요약하면 다음과 같다. ① 집권층의 물질적 탐욕으로 인한 불의·부정·학대·비윤리적 만행(6-7상,8절) ② 물질적 풍요에 뒤따르는 육체적 쾌락 탐닉(7하절) ③ 육체적 타락에 동반한 종교적 부패와 탄압(7하,11-12절).

㉠ 주님께 몸바친 사람들, 거룩하게 구별된 사람들(민 6:1-8)

3장 요약 본장에서부터 본서의 새로운 단락이 시작된다. 지금까지는 열방과 이스라엘에 임한 하나님의 심판을 기록한 데 비해, 여기서부터 6:14까지는 이스라엘에 대한 설교 세 편이 기록되어 있다. 본장은 그 첫 번째로서 이스라엘에 임할 심판의 필연성(타당성)을 제시한다.

3:1-8 이스라엘을 징계하시는 이유를 밝히고 있다. 오직 너희만을 선택하였으나란 말씀은 수많은

5 덫을 놓지 않았는데, 새가 땅에 놓
인 덫에 치이겠느냐? 아무것도 걸
린 것이 없는데, 땅에서 새 덫이
튀어오르겠느냐?
6 성읍 안에서 비상나팔이 울리는
데, 사람들이 두려워하지 않겠느
냐? 어느 성읍에 재앙이 덮치면,
그것은 주님께서 하시는 일이 아
니겠느냐?
7 참으로 주 하나님은, 당신의 비밀
을 그 종 예언자들에게 미리 알리
지 않고서는, 어떤 일도 하지 않으
신다.
8 사자가 으르렁거리는데, 누가 겁
내지 않겠느냐? 주 하나님이 말씀
하시는데, 누가 예언하지 않을 수
있겠느냐?

사마리아에 내리신 심판

9 "너희는 아스돗의 요새들과 이
집트 땅의 요새들에게 전하여라.
사마리아의 산 위에 모여서, 그 도
성 안에서 일어나는 저 큰 혼란
과, 그 속에서 자행되는 억압을 보
라고 하여라.
10 나 주가 하는 말이다. 그들은
올바른 일을 할 줄 모른다. 그들
은, 폭력과 강탈로 탈취한 재물을
저희들의 요새 안에 쌓아 놓는다.
11 그러므로 나 주 하나님이 선고
한다. 적군이 이 나라를 포위하
고, 너의 방어벽을 허물고, 너의
요새들을 약탈할 것이다.
12 나 주가 선고한다. 목자가 사자
입에서 ㉠양의 두 다리나 귀 조각
하나를 건져내듯이, 사마리아에
사는 이스라엘 자손도 구출되기
는 하지만 침대 모서리와 안락의
자의 다리 조각만 겨우 남는 것과
같을 것이다.
13 이 말을 듣고서, 야곱 가문에 전
하여라. 나 주 하나님, 만군의 하
나님이 하는 말이다.
14 내가 이스라엘의 죄를 징벌하는
날, 베델의 제단들도 징벌하겠다.
그 때에 제단의 뿔들을 꺾어, 땅
에 떨어뜨리겠다.
15 또 내가 겨울 별장과 여름 별장을
짓부수겠다. 그러면 상아로 꾸민
집들이 부서지며, 많은 저택들이
사라질 것이다." 주님께서 하신 말
씀이다.

4

1 사마리아 언덕에 사는 너희 바
산의 암소들아, 이 말을 들어라.
가난한 사람들을 억압하고, 빈궁
한 사람들을 짓밟는 자들아, 저희
남편들에게 마실 술을 가져 오라
고 조르는 자들아,
2 주 하나님이 당신의 거룩하심을
두고 맹세하신다. "두고 보아라.
너희에게 때가 온다. 사람들이 너

민족들 중에서 오직 이스라엘만 특별히 선택하고 사랑했다는 뜻이다(호 13:5).

3:15 겨울 별장·여름 별장·상아로 꾸민 집 이스라엘 궁중과 귀족의 사치를 상징한다. 이 별장과 집들은 왕이나 귀족들이 건축한 본궁 이외에 계절을 즐기기 위해 지었다. 그 중 상아로 꾸민 집은 본궁의 화려함을 말하는 것이다(참조. 왕상 22:39;시 45:8).

㉠ 양이 잡아먹혔다는 증거물을 주인에게 보이려고

4장 요약 이스라엘 부유층들의 사치와 방종한 생활이 정죄되고 있다. 또한 이스라엘의 죄악에 대해 하나님은 일곱 가지 재앙으로 경고하셨지만 그들은 주님께로 '돌아오기를 거부하였다'(6-11절). 하나님의 강청(強請)과 백성의 완악함이 잘 대조된 부분이다.

4:1 사마리아 언덕에 사는 너희 바산의 암소들 부드러운 풀을 마음껏 먹고 살진 바산의 소들처럼 가

희를 갈고리로 꿰어 끌고 갈 날,
너희 남은 사람들까지도 낚시로
꿰어 잡아갈 때가 온다.
3 너희는 무너진 성 틈으로 하나씩
끌려 나가서 하르몬에 내동댕이쳐
질 것이다." 주님께서 하신 말씀이
다.

깨닫지 못하는 백성 이스라엘

4 "너희는 베델로 몰려가서 죄를
지어라. 길갈로 들어가서 더욱더
죄를 지어라. 아침마다 희생제물
을 바치고, 사흘마다 십일조를 바
쳐 보아라.
5 또 누룩 넣은 빵을 감사제물로 불
살라 바치고, 큰소리로 알리면서
자원예물을 드려 보아라. 이스라
엘 자손아, 바로 이런 것들이 너희
가 좋아하는 것이 아니냐?" 주 하
나님이 하신 말씀이다.
6 "내가, 너희가 사는 모든 성읍에
서 끼닛거리를 남기지 않고, 너희
가 사는 모든 곳에서 먹거리가 떨
어지게 하였다. 그런데도 너희는
나에게로 돌아오지 않았다." 주님
께서 하신 말씀이다.
7 ○"그래서 추수하기 석 달 전에 내
리는 비도 너희에게는 내리지 않았
다. 또 내가 어떤 성읍에는 비를 내
리고, 어떤 성읍에는 비를 내리지 않
았다. 어떤 들녘에는 *비를 내리고*,
어떤 들녘에는 비를 내리지 않아서
가뭄이 들었다.
8 두세 성읍의 주민들이 물을 마시려
고, 비틀거리며 다른 성읍으로 몰려
갔지만, 거기에서도 물을 실컷 마시
지는 못하였다.
그런데도 너희는 나에게로 돌아오
지 않았다." 주님께서 하신 말씀이
다.
9 "내가 잎마름병과 깜부기병을
내려서 너희를 치고, 너희의 정원
과 포도원을 황폐하게 하였다. 너
희의 무화과나무와 올리브 나무
는, 메뚜기가 삼켜 버렸다. 그런데
도 너희는 나에게로 돌아오지 않
았다." 주님께서 하신 말씀이다.
10 "내가 옛날 이집트에 전염병을
내린 것처럼, 너희에게도 내렸다.
내가 너희의 젊은이들을 칼로 죽
였으며, 너희의 말들을 약탈당하
게 하였다. 또 너희 진에서 시체
썩는 악취가 올라와서, 너희의 코
를 찌르게 하였다. 그런데도 너희
는 나에게로 돌아오지 않았다."
주님께서 하신 말씀이다.
11 "나 하나님이 옛날에 소돔과 고
모라를 뒤엎은 것처럼, 너희의 성
읍들을 뒤엎었다. 그 때에 너희는
불 속에서 끄집어낸 나뭇조각처
럼 되었다. 그런데도 너희는 나에

난한 자와 궁핍한 자를 착취한 자들을 가리킨다.

4:4-13 깨닫지 못하고 더욱 심해지는 북 이스라엘의 범죄 모습이다. 이스라엘은 주님께서 기뻐하시지 않는 제사를 드리기 위해 베델과 길갈로 모여들었다. 거기서 온갖 종류의 제사를 드리며 큰 소리로 자신들의 의식을 알렸다(4-5절). 6-13절에서는 이스라엘에 내렸던 재앙을 열거하고, 그 이유를 밝히며 하나님 만나기를 예비하라고 권면한다. 자연재해를 통한 하나님의 경고에도 백성들이 잘못된 길에서 돌아오지 않았다. 이것은 '그런데도 너희는 나에게로 돌아오지 않았다'(6,8,9,10,11절)는 말씀이 5번이나 반복된 것을 통해 알 수 있다.

4:9 깜부기병 사막 지역에서 불어오는 뜨거운 바람으로 식물이 시커멓게 말라 죽는 병을 말한다.

4:12-13 앞으로 더 큰 징계가 있을 것을 말씀하시며, 창조주이시자 계시와 심판의 하나님과의 만남을 예비할 것을 경고하신다.

계로 돌아오지 않았다." 주님께서
하신 말씀이다.
12 ○"그러므로 이스라엘아, 내가 너
에게 다시 그렇게 하겠다. 바로 내가
너에게 이렇게 하기로 작정하였으니,
이스라엘아, 너는 너의 하나님을 만
날 준비를 하여라."
13 산을 만드시고, 바람을 창조하
시고, 하시고자 하는 것을 사람에
게 알리시고, 여명을 어둠으로 바
꾸시고, 땅의 높은 곳을 밟고서
걸어다니시는 분, 그분의 이름은
'주 만군의 하나님'이시다.

애가

5 이스라엘 가문아, 이 말을 들어라.
이것은 너희를 두고, 내가 지은 애
가다.
2 "처녀 이스라엘이 쓰러져서, 다
시 일어날 수 없구나. 제 땅에서
버려졌어도, 일으켜 줄 사람이 하
나도 없구나!"
3 주 하나님이 이렇게 말씀하신
다. "이스라엘 가문 가운데서 천
명이 싸우러 나간 성읍에는 백 명
만이 살아 남고, 백 명이 싸우러
나간 성읍에는 열 명만이 살아 남
을 것이다."

회개를 재촉하다

4 "나 주가 이스라엘 가문에 선고
한다. 너희는 나를 찾아라. 그러
면 산다.
5 너희는 베델을 찾지 말고, 길갈로
들어가지 말고, 브엘세바로 넘어가
지 말아라. 길갈 주민들은 반드시
사로잡혀 가고, 베델은 폐허가 될
것이다."
6 너희는 주님을 찾아라. 그러면
산다. 그렇지 않으면, 주님께서 요
셉의 집에 불같이 달려드시어 베
델을 살라버리실 것이니, 그 때에
는 아무도 그 불을 끄지 못할 것
이다.
7 너희는 공의를 쓰디쓴 소태처럼
만들며, 정의를 땅바닥에 팽개치
는 자들이다.
8 묘성과 삼성을 만드신 분, 어둠
을 여명으로 바꾸시며, 낮을 캄캄
한 밤으로 바꾸시며, 바닷물을 불
러 올려서 땅 위에 쏟으시는 그분
을 찾아라. 그분의 이름 '주님'이시
다.
9 그분은 강한 자도 갑자기 망하게
하시고, 견고한 산성도 폐허가 되
게 하신다.
10 사람들은 ㉠법정에서 시비를 올
바로 가리는 사람을 미워하고, 바
른말 하는 사람을 싫어한다.
11 너희가 가난한 사람을 짓밟고 그
들에게서 곡물세를 착취하니, 너
희가 다듬은 돌로 집을 지어도 거

5장 요약 3장부터 시작된 아모스의 세 편의 설교 중 마지막 편이다. 이 설교의 주제는 회복의 방법이다. 아모스는 그것을 '살 길'로 표현하면서 구체적인 방법을 제시하고 있다. 그것은 하나님을 구하는 것, 선과 공의를 실천하는 것, 사회 정의를 실현하는 것이다.

5:1-6:14 이 부분은 아모스의 세 번째 설교로, 애가이다. 아모스는 이스라엘에 닥쳐올 재앙을 안타까워하며 탄식하고 있다.

5:2 처녀 이스라엘 북 이스라엘에 대한 시적인 표현이다. 적의 침입을 받지 않았던 찬란한 여로보암 Ⅱ세의 시절을 가리킨 듯하다.

5:4-24 아모스는 세 가지 처방을 내린다. 첫째는, 주님을 찾는 것이 살 길이라는 것이다(4-8절). 둘째는, 악을 버리고 선과 정의를 사랑하라는 것이다(14-15절). 셋째는, 공의가 물처럼, 정의가 마

㉠ 히, '성문'. 문루에 간이법정과 같은 마을 회관이 있음

기에서 살지는 못한다. 너희가 아
름다운 포도원을 가꾸어도 그 포
도주를 마시지는 못한다.
12 너희들이 저지른 무수한 범죄와
엄청난 죄악을 나는 다 알고 있다.
너희는 의로운 사람을 학대하며,
뇌물을 받고 법정에서 가난한 사
람들을 억울하게 하였다.
13 그러므로 신중한 사람들이 이런
때에 입을 다문다. 때가 악하기
때문이다.
14 너희가 살려면, 선을 구하고, 악
을 구하지 말아라. 너희 말대로
주 만군의 하나님이, 참으로 너희
와 함께 계실 것이다.
15 행여 주 만군의 하나님이 남아 있
는 요셉의 남은 자를 불쌍히 여기
실지 모르니, 악을 미워하고, 선을
사랑하여라. 법정에서 올바르게
재판하여라.
16 그러므로, 나의 주 만군의 하나
님, 주님께서 이렇게 말씀하신다.
"광장마다 통곡 소리가 들리고,
거리마다 '아이고, 아이고' 하며
우는 소리가 들릴 것이다. 사람들
은 농부들을 불러다가 울게 하고,
울음꾼을 불러다가 곡을 하게 할
것이다.
17 포도원마다 통곡 소리가 진동할
것이다. 내가 너희 가운데로 지나
가는 날, 이 모든 일이 일어날 것
이다." 주님께서 말씀하신다.
18 너희는 망한다! 주님의 날이 오
기를 바라는 자들아, 왜 주님의
날을 사모하느냐? 그 날은 어둡고
빛이라고는 없다.
19 사자를 피하여 도망가다가 곰을
만나거나, 집 안으로 들어가서 벽
에 손을 대었다가, 뱀에게 물리는
것과 같다.
20 주님의 날은 어둡고 빛이라고는
없다. 캄캄해서, 한 줄기 불빛도
없다.
21 "나는, 너희가 벌이는 절기 행사
들이 싫다. 역겹다. 너희가 성회로
모여도 도무지 기쁘지 않다.
22 너희가 나에게 번제물이나 곡식
제물을 바친다 해도, 내가 그 제
물을 받지 않겠다. 너희가 화목제
로 바치는 살진 짐승도 거들떠보
지 않겠다.
23 시끄러운 너의 노랫소리를 나의
앞에서 집어치워라! 너의 거문고
소리도 나는 듣지 않겠다.
24 너희는, 다만 공의가 물처럼 흐르
게 하고, 정의가 마르지 않는 강처
럼 흐르게 하여라.
25 이스라엘 가문아, 사십 년을 광
야에서 사는 동안에, 너희가 나에
게 희생제물과 곡식제물을 바친

르지 않는 강처럼 흐르게 하라(24절)고 강력히 권고한다.

5:7 공의를 쓰디쓴 소태처럼 아모스는 이스라엘의 죄악상을 지적하며 그들의 가증함을 네 가지로 진단하고 있다. ① 징계를 받아도 돌아오지 않는 자들(4:6-11) ② 공의를 쓰디쓴 소태처럼 만들며, 정의를 땅바닥에 팽개치는 자들(3:10;6:12) ③ 요셉의 집이 망하는 것은 걱정도 하지 않는 자들(6:3-6) ④ 로드발을 점령하였다고 기뻐하며, 가르나임을 우리의 힘만으로 정복하였다고 말하는 자들(6:13)이란 것이다.

5:18 주님의 날 구약 예언서의 주요 사상 가운데 하나인 종말론 사상의 대명사이다. 이 날은 하나님께서 이방과 악의 세력을 심판하시는 날로서 이스라엘에게는 기쁨과 희망의 날이겠지만, 부패한 자들에게 있어서는 오히려 어둠(심판)일 뿐(8:9;사 2:11), 빛(구원)이 아니라고 했다(욜 2:1-11).

일이 있느냐?
26 이제는 너희가 왕으로 떠받드는
식굿의 신상들과 너희의 별 신 기
윤의 신상들을 너희가 짊어지고
갈 것이다. 그것들은 너희가 만들
어서 섬긴 우상들이다.
27 그러므로 내가 너희를 다마스쿠
스 저 너머로 사로잡혀 가게 하겠
다." 주님께서 말씀하신다. 그분의
이름은 만군의 하나님이시다.

이스라엘의 멸망

6 너희는 망한다! 시온이 안전하다
고 생각하고 거기에서 사는 자들
아, 사마리아의 요새만 믿고서 안
심하고 사는 자들아, 이스라엘 가
문이 의지하는 으뜸가는 나라, 이
스라엘의 고귀한 지도자들아!
2 너희는 갈레로 건너가서 살펴보아
라. 거기에서 다시 큰 성읍 하맛으
로 가 보아라. 그리고 블레셋 사
람이 사는 가드로도 내려가 보아
라! 그들이 너희보다 더 강하냐?
그들의 영토가 너희 것보다 더 넓
으냐?
3 너희는 재난이 닥쳐올 날을 피하
려고 하면서도, 너희가 하는 일은,
오히려 폭력의 날을 가까이 불러
들이고 있다.
4 너희는 망한다! 상아 침상에 누
우며 안락의자에서 기지개 켜며
양 떼에서 골라 잡은 어린 양 요
리를 먹고, 우리에서 송아지를 골
라 잡아먹는 자들,
5 거문고 소리에 맞추어서 헛된 노
래를 흥얼대며, 다윗이나 된 것처
럼 악기들을 만들어 내는 자들,
6 대접으로 포도주를 퍼마시며, 가
장 좋은 향유를 몸에 바르면서도
요셉의 집이 망하는 것은 걱정도
하지 않는 자들,
7 이제는 그들이 그 맨 먼저 사로잡
혀서 끌려갈 것이다. 마음껏 흥청
대던 잔치는 끝장나고 말 것이다.
8 주 하나님이 스스로를 두고 맹
세하신다. 만군의 하나님 주님께
서 하시는 말씀이다. "나는 야곱
의 교만이 밉다. 그들이 사는 호
화로운 저택이 싫다. 그들이 사는
성읍과 그 안에 있는 모든 것들을
내가 원수에게 넘겨 주겠다."
9 ○그 때에 가서는, 비록 한 집에
열 사람이 남아 있다고 하여도, 끝
내 모두 죽을 것이다.
10 시체들을 불살라 장례를 치르는 친
척이 와서, 그 집에서 시체들을 내가
면서, 집 안에 있는 사람에게, 옆에
아직 시체가 더 있느냐고 물으면, 남
아 있는 그 사람이 '없다'고 대답할
것이다. 그러면 그 친척이 '조용히 하
라'고 하면서 '주님의 이름을 함부로

6장 요약 이스라엘 지배층의 타락은 그 파급 효과가 컸다. 정신적 지표가 되어야 할 사람들이 도리어 사회 전반의 악을 조장하는 역할을 하였다. 그러므로 그들은 장차 포로가 되어 학대를 받을 것이다. 아모스는 돌이키기를 한사코 거부하는 자에게 임할 심판을 선포함으로 설교를 끝낸다.

6:1–6 안일하고 사치에 젖어 있는 이기적인 지도자들의 죄악을 열거하며 슬피 탄식하고 있다.

6:6 요셉의 집이 망하는 것 북 이스라엘의 멸망의 날에 닥칠 재난을 가리킨다.

6:7–14 이스라엘 지도자들이 자신들의 죄악을 현재 깨닫지 못하고 있으나, 그들의 악행에 대한 하나님의 심판은 불가피한 것으로, 장차 포로로 잡혀가 학대당할 것임을 예고하고 있다.

6:10 죽은 자는 매장을 하는 것이 원칙이나 죽은 자의 수효가 워낙 많아서 불사를 수밖에 없었다.

불러서는 안 된다'고 말할 것이다.
11 나 주가 명한다. 큰 집은 허물어져
서 산산조각 나고, 작은 집은 부서
져서 박살 날 것이다.
12 말들이 바위 위에서 달릴 수 있
느냐? ㉠사람이 소를 부려 바다를
갈 수 있느냐? 그런데도 너희는
공의를 뒤엎어 독약을 만들고, 정
의에서 거둔 열매를 쓰디쓴 소태
처럼 만들었다.
13 ○너희가 ㉡로드발을 점령하였다
고 기뻐하며 '㉢가르나임을 우리의 힘
만으로 정복하지 않았느냐'고 말하
지만,
14 이스라엘 가문아, 내가 한 나라를
일으켜서 너희를 치겠다. 만군의 하
나님, 나 주의 말이다. 그들이 하맛
어귀에서 아라바 개울에 이르는 온
지역에서 너희를 억압할 것이다."

첫째 환상, 메뚜기 재앙

7 주 하나님이 나에게 다음과 같은
것을 보여 주셨다. 주님께서 재앙
에 쓰실 메뚜기 떼를 만드신다. 두벌
갈이의 씨가 움돋을 때, 곧 왕에게
바치는 곡식을 거두고 나서, 다시 두
번째 뿌린 씨가 움돋을 때이다.
2 메뚜기 떼가 땅 위의 푸른 풀을 모
두 먹어 버리는 것을 내가 보고서
"주 하나님, 용서하여 주십시오! 야
곱이 어떻게 견디어 낼 수 있겠습니
까? 그는 너무 어립니다" 하고 간청
하니,
3 주님께서 이에 대하여 뜻을 돌이키
셨다. 그리고 주님께서 말씀하셨다.
"이것이 이루어지지 않게 하겠다."

둘째 환상, 가뭄

4 ○주 하나님이 나에게 다음과 같은
것을 보여 주셨다. 보니, 주 하나님이
불을 불러서 징벌하신다. 그 불이 깊
이 흐르는 지하수를 말리고, 농경지
를 살라 버린다.
5 이 때에 내가 "주 하나님, 그쳐 주십
시오! 야곱이 어떻게 견디어 낼 수
있겠습니까? 그는 너무 어립니다" 하
고 간청하니,
6 주님께서 이에 대하여 뜻을 돌이키
셨다. 그리고 주 하나님이 말씀하셨
다. "이것도 이루어지지 않게 하겠
다."

셋째 환상, 다림줄

7 ○주님께서 나에게 다음과 같은 것
을 보여 주셨다. 다림줄을 드리우고
쌓은 성벽 곁에 주님께서 서 계시는
데 손에 다림줄이 들려 있었다.
8 주님께서 나에게 "아모스야, 네가 무
엇을 보느냐?" 하고 물으시기에, 내
가 대답하기를 "다림줄입니다" 하니,
주님께서 선언하신다.
"내가 나의 백성 이스라엘의 한
가운데, 다림줄을 드리워 놓겠다.

7장 요약 본장은 미래에 닥칠 이스라엘에 대한 심판을 환상으로 보여 준다. 메뚜기, 불, 다림줄 환상은 앗시리아의 공격을 상징하며 실제 이스라엘은 앗시리아의 3차에 걸친 공격으로 멸망당하였다. 이런 상황에서도 아모스를 모함하는 거짓 예언자는 그 당시의 종교적 부패를 짐작하게 한다.

7:1–8:3 이스라엘의 장래(앗시리아의 공격)에 대하여 네 가지 환상을 보여 주신다. 제1환상(메뚜기_ 1–3절)과 제2환상(불_ 4–6절)은 아모스의 간곡한 중보 기도로 인하여 그 재난이 물러갔다. 그러나 제3환상(다림줄_7–17절)부터는 예언자의 기도가 없었고, 곧이어 그 재난이 그대로 이루어졌다. 실제로 역사를 살펴볼 때, 앗시리아는 이스라

㉠ 또는 '사람이 소를 부려 바위를 갈 수 있느냐?' ㉡ '아무것도 없다'는 뜻을 지닌 지명 ㉢ 힘을 상징하는 '두 뿔'이라는 뜻을 지닌 지명

내가 이스라엘을 다시는 용서하지
않겠다.
9 이삭의 산당들은 황폐해지고 이
스라엘의 성소들은 파괴될 것이
다. 내가 칼을 들고 일어나서 여로
보암의 나라를 치겠다."

아모스와 아마샤의 대결

10 ○베델의 아마샤 제사장이 이스라엘
의 여로보암 왕에게 사람을 보내서
알렸다. "아모스가 이스라엘 나라
한가운데서 임금님께 대한 반란을
선동하고 있습니다. 그가 하는 모든
말을 이 나라가 더 이상 참을 수 없
습니다.
11 아모스는 '여로보암은 칼에 찔려 죽
고, 이스라엘 백성은 틀림없이 사로
잡혀서, 그 살던 땅에서 떠나게 될
것이다' 하고 말합니다."
12 ○아마샤는 아모스에게도 말하였다.
"선견자는, 여기를 떠나시오! 유다 땅
으로 피해서, 거기에서나 예언을 하
면서, 밥벌이를 하시오.
13 다시는 ㉠베델에 나타나서 예언을 하
지 마시오. 이 곳은 임금님의 성소
요, 왕실이오."
14 ○아모스가 아마샤에게 대답하였다.
"나는 예언자도 아니고, 예언자의 ㉡제
자도 아니오. 나는 집짐승을 먹이며,
돌무화과를 가꾸는 사람이오.
15 그러나 주님께서 나를 양 떼를 몰던
곳에서 붙잡아 내셔서, 주님의 백성
이스라엘에게로 가서 예언하라고 명
하셨소.
16 이제 그대는, 주님께서 하시는 말씀
을 들으시오. 그대는 나더러 '이스라
엘을 치는 예언을 하지 말고, 이삭의
집을 치는 설교를 하지 말라'고 말하
였소.
17 그대가 바로 그런 말을 하였기 때문
에, 주님께서 이렇게 말씀하시오.
'네 아내는 이 도성에서 창녀가
되고, 네 아들딸은 칼에 찔려 죽
고, 네 땅은 남들이 측량하여 나
누어 차지하고, 너는 사로잡혀 간
그 더러운 땅에서 죽을 것이다. 이
스라엘 백성은 꼼짝없이 사로잡혀
제가 살던 땅에서 떠날 것이다.'"

넷째 환상, 여름 과일 한 광주리

8 주 하나님이 나에게 다음과 같은
것을 보여 주셨다. 보니, ㉢여름 과
일 한 광주리가 있었다.
2 주님께서 물으신다. "아모스야, 네가
무엇을 보느냐?" 내가 대답하였다.
"여름 과일 한 광주리입니다." 주님께
서 나에게 말씀하신다.
"나의 백성 이스라엘이 ㉣끝장
났다. 내가 이스라엘을 다시는 용
서하지 않겠다.
3 그 날이 오면, 궁궐에서 부르는 노
래가 통곡으로 바뀔 것이다." 주

엘을 세 번에 걸쳐 공격함으로써 완전 점령하였다(참조. 왕하 15:29;17:3-5).

7:13 임금님의 성소요, 왕실이오 왕이 금송아지 우상에게 예배하러 *베델에 갈 때* 거했던 별궁이 우상의 전각 곁에 있었던 듯하다. 금송아지 우상 숭배는 북 이스라엘의 국가 종교였고, 아마샤는 국가 종교를 비방하는 아모스를 위협한 것이다.

㉠ '하나님의 집' ㉡ 히. '아들' ㉢ 히. '카이츠(과일)' ㉣ 히. '케츠(끝)'. '과일'과 '끝'을 뜻하는 히브리어의 발음이 비슷함

8장 요약 과일 광주리 환상은 피할 수 없는 심판을 비유적으로 드러내 준다. 아모스는 당시 사회에 만연한 상업 윤리의 실종과 도덕적 기강 해이를 말하고 있다. '말씀을 듣지 못한 굶주림'으로 인해 빈궁한 생활상은 당시 이스라엘 죄악의 근본 원인을 암시한다.

8:1-3 이스라엘은 광주리에 담겨 옮겨지듯 잡혀 갈 것이고, 남은 것 없이 마지막으로 수확되는 여

하나님이 하시는 말씀이다.
"수많은 시체가 온 땅에 널리고,
아무 소리도 들리지 않을 것이다."
4 빈궁한 사람들을 짓밟고, 이 땅
의 가난한 사람을 망하게 하는
자들아, 이 말을 들어라!
5 기껏 한다는 말이, "㉠초하루 축제
가 언제 지나서, 우리가 곡식을 팔
수 있을까? 안식일이 언제 지나서,
우리가 밀을 낼 수 있을까? ㉡되는
줄이고, ㉢추는 늘이면서, 가짜 저
울로 속이자.
6 헐값에 가난한 사람들을 사고 신
한 켤레 값으로 빈궁한 사람들을
사자. 찌꺼기 밀까지도 팔아먹자"
하는구나.
7 주님께서 야곱의 자랑을 걸고
맹세하신다. "그들이 한 일 그 어
느 것도 내가 두고두고 잊지 않겠
다.
8 그들이 이렇게 죄를 지었는데, 어
찌 땅이 지진을 일으키지 않겠으
며, 어찌 땅 위에 사는 자들이 모
두 통곡을 하지 않겠느냐? 온 땅
이 강물처럼 솟아오르다가, 이집
트의 강물처럼 불어나다가, 가라
앉지 않겠느냐?
9 나 주 하나님이 하는 말이다.
그 날에는 내가 대낮에 해가 지게
하고, 한낮에 땅을 캄캄하게 하겠
다.
10 내가 너희의 모든 절기를 통곡으
로 바꾸어 놓고, 너희의 모든 노
래를 만가로 바꾸어 놓겠다. 내가
모든 사람에게 굵은 베 옷을 입히
고, 머리를 모두 밀어서 대머리가
되게 하겠다. 그래서 모두들 외아
들을 잃은 것처럼 통곡하게 하고,
그 마지막이 비통한 날이 되게 하
겠다.
11 그 날이 온다. 나 주 하나님이
하는 말이다. 내가 이 땅에 기근
을 보내겠다. 사람들이 배고파 하
겠지만, 그것은 밥이 없어서 겪는
배고픔이 아니다. 사람들이 목말
라 하겠지만, 그것은 물이 없어서
겪는 목마름이 아니다. 주의 말씀
을 듣지 못하여서, 사람들이 굶주
리고 목말라 할 것이다.
12 그 때에는 사람들이 주의 말씀을
찾으려고 이 바다에서 저 바다로
헤매고, 북쪽에서 동쪽으로 떠돌
아다녀도, 그 말씀을 찾지 못할
것이다.
13 그 날에는 아름다운 처녀들과
젊은 총각들이 목이 말라서 지쳐
쓰러질 것이다.
14 사마리아의 부끄러운 우상을 의
지하고 맹세하는 자들, '단아, 너
의 신이 살아 있다', '브엘세바야,

름 과일처럼 끝이 날 것이라는 예고이다.

8:4-10 네 번째 환상을 본 예언자는 빈궁하고 가난한 사람을 억압하는 상업 윤리의 타락성을 지적하며, 긴박한 심판의 불가피성을 예고한다.

8:9 대낮에 해가…땅을 캄캄하게 희망을 기대했던 주님의 날이 부패한 이스라엘에게는 진노의 심판으로 나타날 것임을 말한다(사 13:10;겔 32:7-8;욜 2:10;미 3:6).

8:11-14 하나님의 백성에게 있어서 가장 큰 축복 중 하나는 제사장에게서 율법의 말씀을 듣고, 예언자들의 예언을 듣는 것이었다. 그러나 제사장의 타락으로 율법은 흐려지고, 예언자에게서는 말씀이 거두어졌다. 북 이스라엘은 사마리아와 단에 있는 우상을 좇고, 조상들의 전통을 따라(참조. 창 21:14-19,31;26:23,33,46:1-5) 브엘세바에 주님의 제단을 좇았다. 하지만 이러한 거짓 신들은 아무런 소용이 없다.

㉠ 또는 '새 달' 축제 ㉡ 히, '에바' ㉢ 히, '세겔'

너의 신이 살아 있다' 하고 맹세하
는 자들은 쓰러져서 다시는 일어
나지 못할 것이다."

다섯째 환상, 성전의 붕괴와 민족 전멸

9 내가 보니, 주님께서 제단 곁에 서
계신다. 주님께서 말씀하신다.
"성전 기둥 머리들을 쳐서, 문턱
들이 흔들리게 하여라. 기둥들이
부서져 내려서, 모든 사람들의 머
리를 치게 하여라. 거기에서 살아
남은 자들은, 내가 칼로 죽이겠다.
그들 가운데서 아무도 도망할 수
없고, 아무도 도피할 수 없을 것이
다.
2 비록 그들이 ㉠땅 속으로 뚫고
들어가더라도, 거기에서 내가 그
들을 붙잡아 올리고, 비록 그들이
하늘로 올라가더라도, 거기에서
내가 그들을 끌어내리겠다.
3 비록 그들이 갈멜 산 꼭대기에 숨
더라도, 거기에서 내가 그들을 찾
아 붙잡아 오고, 비록 그들이 내
눈을 피해서 바다 밑바닥에 숨더
라도, 거기에서 내가 ㉡바다 괴물
을 시켜 그들을 물어 죽이게 하겠
다.
4 비록 그들이 적군에게 사로잡혀
끌려가더라도, 거기에서 내가 그
들을 칼에 찔려 죽게 하겠다. 그들
이 복을 받지 못하고 재앙을 만나
도록, 내가 그들을 지켜 보겠다."
5 주 만군의 하나님이 땅에 손을
대시면, 땅이 녹아 내리고 그 땅
의 모든 주민이 통곡하며, 온 땅이
강물처럼 솟아오르다가 이집트의
강물처럼 가라앉는다.
6 하늘에 높은 궁전을 지으시고, 땅
위에 푸른 하늘을 펼치시며, 바닷
물을 불러 올려서 땅 위에 쏟으신
다. 그분의 이름은 '주님'이시다!
7 "이스라엘 자손아, 나에게는 너
희가 에티오피아 사람들과 똑같
다. 나 주가 하는 말이다. 내가 이
스라엘을 이집트 땅에서, 블레셋
족속을 크레테에서, 시리아 족속
을 기르에서, 이끌어 내지 않았느
냐?
8 나 주 하나님이 죄 지은 이 나라
이스라엘을 지켜 보고 있다. 이
나라를 내가 땅 위에서 멸하겠다.
그러나 야곱의 집안을 모두 다 멸
하지는 않겠다." 주님께서 하시는
말씀이다.
9 "똑똑히 들어라. 내가 이제 명령
을 내린다. 곡식을 체질하여서, 돌
멩이를 하나도 남김없이 골라 내
듯이, 세계 만민 가운데서, 이스라
엘 집안을 체질하겠다.
10 나의 백성 가운데서 '재앙이 우리
에게 덮치지도 않고, 가까이 오지

9장 요약 성전 문턱이 붕괴되는 환상을 통해 이스라엘을 향한 하나님의 심판이 또다시 선포된다. 그러나 하나님의 손은 항상 심판의 와중에서도 남은 자를 향하여 은혜 중에 펼쳐져 있음을 본문은 다시 증거한다.

9:1-6 예루살렘 성전이 무너지는 최후의 환상을 보고 난 후 이스라엘 전체의 멸망을 선포한다.

9:1 주님께서 제단 곁에 서 계신다 베델이나 사마리아의 제단이 아니라 시온, 즉 예루살렘 성전의 제단으로 보아야 한다(1:2).

9:7-15 스스로 택한 백성이라고 하여 안일에 빠져 있는 이스라엘 백성들에게 에티오피아·블레셋·시리아 족속과 다를 바 없는 자들이라고 선포하고, 오직 남은 자(에돔의 남은 자도 포함됨_12절)만 구원하실 것을 약속하신다. 결국, 그리스도의 나라는 새로운 다윗 왕국으로 건설되고, 그

㉠ 히. '스올' ㉡ 또는 '바다 뱀'

도 않는다' 하고 말하는 죄인은 모
두 칼에 찔려 죽을 것이다."

이스라엘의 회복

11 "그 날이 오면, 내가 무너진 다
윗의 초막을 일으키고, 그 터진 울
타리를 고치면서 그 허물어진 것
들을 일으켜 세워서, 그 집을 옛날
과 같이 다시 지어 놓겠다.
12 그래서 에돔 족속 가운데서 남은
자들과, 나에게 속해 있던 모든
족속을, 이스라엘 백성이 차지하
게 하겠다." 이것은 이 일을 이루
실 주님의 말씀이다.
13 주님께서 하시는 말씀이다. "그
때가 되면, 농부는 곡식을 거두고
서, 곧바로 땅을 갈아야 하고, 씨
를 뿌리고서, 곧바로 포도를 밟아
야 할 것이다. 산마다 단 포도주
가 흘러 나와서 모든 언덕에 흘러
넘칠 것이다.
14 내가, 사로잡힌 내 백성 이스라엘
을 데려오겠다. 그들이 허물어진
성읍들을 다시 세워, 그 안에서
살면서 포도원을 가꾸어서 그들
이 짠 포도주를 마시며, 과수원을
만들어서 그들이 가꾼 과일을 먹
을 것이다.
15 내가 이 백성을 그들이 살아갈 땅
에 심어서, 내가 그들에게 준 이
땅에서 다시는 뿌리가 뽑히지 않
게 하겠다." 주 너의 하나님이 말
씀하신다.

백성은 영원한 복을 누리게 될 것이다.

9:7 크레테 지중해의 크레타 섬을 말한다. 블레셋 사람은 그곳에서 가나안으로 옮겨 왔다(렘 47:4).

9:11 본절은 12절과 더불어 사도행전 15:16-17에 인용된 말씀이다. 예루살렘 공회에서 야고보가 이방 사람의 구원을 확인하는 증거로써 사용한 말씀이다. **그 날** 주님의 날을 가리킨다(5:18). **무너진 다윗의 초막을 일으키고** 무너진 다윗 왕국을 하나님의 능력으로 다시 일으키겠다는 뜻이다. **그 터진 울타리를 고치면서** 터진 울타리는 분열을 말하는데, 이는 남북으로 갈라져 있는 이스라엘의 두 왕국의 관계를 가리킨다(참조. 6:2). '고친다'는 '한 다윗 왕'을 모시고 통일된다는 뜻의 예언을 가리킨다(겔 37:22;호 2:2;3:5).

9:12 에돔 족속 가운데서 남은 자들 70인역은 '모든 이방'으로 번역했다(행 15:17). 에돔은 이스라엘의 원수지만, 그들에게도 사랑의 복음이 전파될 것이다(참조. 민 24:18;시 60:6).

오바댜서

저자 오바댜는 남 유다에 살았던 것으로 추측된다. 친척 관계나 부친에 관한 언급이 없는 것으로 보아, 왕족이나 제사장 계열의 신분은 아닌 듯하다. 오바댜에 관하여 '하나님의 계시를 받은 예언자'라는 사실 이외에 그의 혈통, 사회적 신분, 생업 등에 관하여는 전혀 언급되어 있지 않다.

저작 연대 여호람이 유다를 통치하던(B.C. 848-841년) 중, 블레셋과 아라비아가 예루살렘을 침공했던 시기에(대하 21:16-17) 기록되었다.

기록 장소와 대상 기록 장소는 유다이며, 기록 대상은 에돔 족속이다. 오바댜 예언자는 에돔의 파멸과 유다의 회복을 선포하기 위하여, 불의한 자를 심판하시는 하나님의 공의를 드러내고 모든 나라를 다스리시는 하나님의 위엄을 선포하기 위해 본서를 기록했다.

핵심어 및 내용 오바댜서의 핵심어는 '교만'과 '형제'이다. 세일 산 가운데 요새화된 성에서 안전하게 살았던 에돔 족속은 교만하게 되었다. 그래서 그들은 자기들과 한 핏줄을 나눈 이스라엘 민족을 멸시했고 그들에게 관심조차 갖지 않았다. 자기 형제를 동정과 사랑으로 돌볼 수 있는 참된 관심은 주님 안에 있을 때에만 갖게 된다.

내용 분해

1. 에돔에 대한 심판(1:1-9)
2. 에돔의 죄악(1:10-14)
3. 주의 날(1:15-21)

1 이것은 오바댜가 받은 계시이다.
주 하나님이 에돔을 두고 하신 말
씀이다.

주님께서 에돔을 심판하시다

주님께서 여러 민족에게 천사
를 보내시면서 "너희는 일어나라.
에돔을 쳐부수러 가자!" 하신 말
씀을 우리가 들었다.
2 ㉠"나는 여러 민족 가운데서 ㉡너
를 가장 보잘것없이 만들겠다. 모
든 사람이 너를 경멸할 것이다.
3 네가 바위 틈에 둥지를 틀고, 높은
곳에 집을 지어 놓고는, '누가 나를
땅바닥으로 끌어내릴 수 있으랴'
하고 마음 속으로 말하지만, 너의
교만이 너를 속이고 있다.
4 네가 독수리처럼 높은 곳에 보금
자리를 꾸민다 하여도, 네가 별들
사이에 둥지를 튼다 하여도, 내가
너를 거기에서 끌어내리고야 말겠
다. 나 주의 말이다."

에돔의 멸망

5 "너에게 도둑 떼가 들거나 밤중
에 강도 떼가 들이닥쳐도, 자기들
에게 필요한 만큼만 빼앗아 간다.
포도를 털어가는 사람들이 들이
닥쳐도, 포도송이 얼마쯤은 남겨
놓는다.
6 그런데 ㉢에서야, 너는 어찌 그처
럼 샅샅이 털렸느냐? 네가 깊이
숨겨 둔 보물마저 다 빼앗기고 말
았다.
7 너와 동맹을 맺은 모든 나라가 너
를 나라 밖으로 쫓아내고, 너와
평화조약을 맺은 나라들이 너를
속이고 너를 정복하였다. 너와 한
밥상에서 먹던 동맹국이 너의 발
앞에 올가미를 놓았다. 너의 지혜
가 어디에 있느냐?
8 나 주가 말한다. 그 날에는 내
가 에돔에서 슬기로운 사람을 다
없애고, 에서의 방방곡곡에 지혜
있는 사람을 남겨 두지 않겠다.
9 데만아, 너의 용사들이 기가 꺾이

㉠ 주님의 말씀 ㉡ 에돔을 두고 말함 ㉢ 에돔의 조상, 여기에서는 에돔

고, 에서의 온 땅에 군인은 한 사
람도 남지 않고 모두 다 칼에 쓰
러질 것이다."

에돔의 죄

10 "네 아우 야곱에게 저지른 그
폭행 때문에 네가 치욕을 당할 것
이며, 아주 망할 것이다.
11 네가 멀리 서서 구경만 하던 그
날, 이방인이 야곱의 재물을 늑탈
하며 외적들이 그의 문들로 들어
와서 제비를 뽑아 예루살렘을 나
누어 가질 때에, 너도 그들과 한
패였다.
12 네 형제의 날, 그가 재앙을 받던
날에, 너는 방관하지 않았어야 했
다. 유다 자손이 몰락하던 그 날,
너는 그들을 보면서 기뻐하지 않
았어야 했다. 그가 고난받던 그
날, 너는 입을 크게 벌리고 웃지
않았어야 했다.
13 나의 백성이 패망하던 그 날, 너는
내 백성의 성문 안으로 들어가지
않았어야 했다. 나의 백성이 패망
하던 그 날, 너만은 그 재앙을 보
며 방관하지 않았어야 했다. 나의
백성이 패망하던 그 날, 너는 그
재산에 손을 대지 않았어야 했다.
14 도망가는 이들을 죽이려고, 갈라
지는 길목을 지키고 있지 않았어
야 했다. 그가 고난받던 그 날, 너
는 살아 남은 사람들을 원수의 손
에 넘겨 주지 않았어야 했다."

주님께서 세계 만민을 심판하실 날

15 "내가 모든 민족을 심판할 주의
날이 다가온다. ㉠네가 한 대로 당
할 것이다. 네가 준 것을 네가 도
로 받을 것이다.
16 ㉡너희가 ㉢내 거룩한 산에서 쓴
잔을 마셨다. 그러나 이제 온 세
계 모든 민족이 더욱더 쓴 잔을
마실 것이다. 마지막 한 방울까지
다 마시고 망하여 없어질 것이다."

이스라엘의 승리

17 "그러나 더러는 시온 산으로 피
하고 시온 산은 거룩한 곳이 될
것이다. 그 때에 야곱의 집은 다시
유산을 차지할 것이다.
18 야곱의 집은 불이 되고, 요셉의 집
은 불꽃이 될 것이다. 그러나 에서
의 집은 검불이 될 것이니, 그 불
이 검불에 붙어 검불을 사를 것이
다. 에서의 집안에서는 아무도 살
아 남지 못할 것이다. 나 주가 분
명히 말한다."

새 이스라엘

19 "네겝 지방에서 올라온 내 백성
이 에서의 산악지대를 차지하고,
평지에서 올라온 내 백성은 블레
셋 땅을 차지할 것이다. 그들은 에
브라임의 영토와 사마리아의 영

1장 요약 본서는 에돔에 임할 하나님의 심판을 다루고 있다. 심판을 통해서 하나님과 그의 택한 족속을 대적하는 세력은 반드시 파멸될 것임을 교훈하였다.

1:1-9 예언자 오바댜는 그의 주변 사람들(우리_1절)과 함께 하나님의 말씀을 들었다. 하나님께서는 '천사'를 보내셔서 '에돔'과 전쟁하라고 열방에 외치게 하신다. 에돔은 철저히 하나님의 심판을 받게 될 것이다. 에돔 사람들은 바위를 깎아 만든 곳에 살고 있었기 때문에 자기들은 안전하다고 생각하고 있었다(3절). 하지만 그들은 지형적 우세에도 불구하고 멸망을 당할 것이다. 또한 에돔은 그들이 곤경에 처했을 때 '동맹을 맺은 나라'(7절)의 도움을 받기는커녕 그들 때문에 멸망을 당할 것이다.

㉠ 에돔을 두고 말함 ㉡ 이스라엘을 두고 말함 ㉢ 시온 산을 가리킴

토를 차지할 것이다. 베냐민은 길
르앗을 차지할 것이다.
20 잡혀 갔던 이스라엘 포로는 돌아
와서 가나안 족속의 땅을 사르밧
까지 차지하고, 예루살렘에서 스바
랏으로 잡혀 갔던 사람들은 남쪽
유다의 성읍들을 차지할 것이다.
21 ㉠ 구원자들이 시온 산에 올라와
서 에서의 영토를 다스릴 것이다.
나라가 주의 것이 될 것이다."

옵

1:10 네 아우 야곱 에돔 족속의 조상은 에서이며, 그는 야곱의 형이다. 하나님께서는 이스라엘 자손에게 에돔을 가리켜 '너의 친족'이라 하시며 *미워하지 말라고 하셨다*(신 23:7). 그런데 에돔은 유다에 대하여 폭행하고(10절), 형제의 몰락을 기뻐하고(12절), 약탈하고(11,13절), 도피하는 형제들을 붙잡아 넘기는(14절) 악행을 저질렀다. 이런 이유로 에돔은 멸망하게 될 것이다.

1:15-16 주님의 날은 공의로 인간의 모든 행위를 보응 받는 날이다. 인간은 자신이 행한 그대로 하나님의 심판을 받게 되어 있다.

1:21 구원자들이 시온 산에서 일어나 에서의 영토를 다스린다. 시온 산은 에서의 산 위에 우뚝 서게 된다. 여기서 뛰어나신 구원자, 메시아를 예견할 수 있다. 나라가 주의 것이 될 것이다 이 예언서의 결론이며 역사의 최종 결과이다. 성경의 마지막 책은 이 주제를 반영하고 있다(계 11:15).

㉠ 또는 '구원받은 사람들이……'

요나서

저자 요나

저작 연대 B.C. 760년경

기록 장소와 대상 기록 장소는 예루살렘 근처이며, 기록 대상은 이스라엘 백성이다. 본서는 온 우주의 창조주이신 주님께서 이방 사람들에게 지대한 관심을 갖고 계시며 택함받은 민족으로서 선교를 게을리하는 이스라엘의 배타적 민족주의를 꾸짖기 위해 기록되었다.

역사적 배경 요나가 활약한 시대는 여로보암 2세(B.C. 793–753년) 중엽이었다. 여로보암 2세는 영토를 솔로몬 시대의 판도와 같은 '하맛 어귀로부터 아라바 바다까지' 회복하였고(왕하 14:25), 다마스쿠스(시리아)를 완전히 이스라엘의 속국으로 삼았다.

핵심어 및 내용 요나서의 핵심어는 '물고기'와 '순종'이다. 큰 물고기가 요나를 삼킨 사건은 요나의 종말이 아닌 예언자를 구원하시기 위해서 하나님이 뻗치신 손을 의미한다. 물고기 뱃속에 있는 동안 그는 회개하였고 다시 큰 구원을 선포할 수 있는 기회가 그에게 주어졌다. 많은 사람들은 요나가 순종하고 니느웨로 간 행동에 대해 복음을 전하려고 하는 큰 열정으로 이해한다.

내용 분해

1. 도망가는 요나(1:1–17)
2. 기도하는 요나(2:1–10)
3. 전도하는 요나(3:1–10)
4. 배우는 요나(4:1–11)

요나가 주님을 피하여 달아나다

1 주님께서 아밋대의 아들 요나에게
말씀하셨다.
2 "너는 어서 저 큰 성읍 니느웨로 가
서, 그 성읍에 대고 외쳐라. 그들의
죄악이 내 앞에까지 이르렀다."
3 그러나 요나는 주님의 낯을 피하여
㉠스페인으로 도망가려고, 길을 떠나
욥바로 내려갔다. 마침 스페인으로
떠나는 배를 만나 뱃삯을 내고, 사람
들과 함께 그 배를 탔다. 주님의 낯
을 피하여 스페인으로 갈 셈이었다.
4 ○주님께서 바다 위로 큰 바람을 보
내시니, 바다에 태풍이 일어나서, 배
가 거의 부서지게 되었다.
5 뱃사람들은 두려움에 사로잡혀 저
마다 저희 신들에게 부르짖고, 저희
들이 탄 배를 가볍게 하려고, 배 안
에 실은 짐을 바다에 내던졌다. 요나
는 벌써부터 배 밑창으로 내려가 누
워서, 깊이 잠들어 있었다.
6 마침 선장이 그에게 와서, 그를 보고
소리를 쳤다. "당신은 무엇을 하고
있소? 잠을 자고 있다니! 일어나서
당신의 신에게 부르짖으시오. 행여
라도 그 신이 우리를 생각해 준다면,
우리가 죽지 않을 수도 있지 않소?"
7 ○㉡뱃사람들이 서로 말하였다. "우
리가 어서 제비를 뽑아서, 누구 때문
에 이런 재앙이 우리에게 내리는지
알아봅시다." 그들이 제비를 뽑으니,
그 제비가 요나에게 떨어졌다.
8 그들이 요나에게 물었다. "우리에게
말하시오. 누구 때문에 이런 재앙이
우리에게 내렸소? 당신은 무엇을 하
는 사람이며, 어디서 오는 길이오?
어느 나라 사람이오? 어떤 백성이
오?"
9 그가 그들에게 대답하였다. "나는
히브리 사람이오. 하늘에 계신 주
하나님, 바다와 육지를 지으신 그분
을 ㉢섬기는 사람이오."
10 요나가 그들에게, 자기가 주님의 낯
을 피하여 달아나고 있다고 말하니,
사람들이 그 사실을 알고, 겁에 질려

㉠ 히, '다시스' ㉡ 히, '그들이' ㉢ 히, '경외하는'

서 그에게 소리쳤다. "어쩌자고 당신
은 이런 일을 하였소?"
11 ○바다에 파도가 점점 더 거세게 일
어나니, 사람들이 또 그에게 물었다.
"우리가 당신을 어떻게 해야, 우리 앞
의 저 바다가 잔잔해지겠소?"
12 그가 그들에게 대답하였다. "나를
들어서 바다에 던지시오. 그러면 당
신들 앞의 저 바다가 잔잔해질 것이
오. 바로 나 때문에 이 태풍이 당신
들에게 닥쳤다는 것을, 나도 알고 있
소."
13 뱃사람들은 육지로 되돌아가려고
노를 저었지만, 바다에 파도가 점점
더 거세게 일어났으므로 헛일이었
다.
14 그들은 주님을 부르며 아뢰었다. "주
님, 빕니다. 우리가 이 사람을 죽인다
고 해서 우리를 죽이지 말아 주십시
오. 주님께서는 뜻하시는 대로 하시
는 분이시니, 우리에게 살인죄를 지
우지 말아 주십시오."
15 그들은 요나를 들어서 바다에 던졌
다. 폭풍이 일던 바다가 잔잔해졌다.
16 사람들은 주님을 매우 두려워하게
되었으며, 주님께 희생제물을 바치고
서, 주님을 섬기기로 약속하였다.

요나의 기도

17 ○주님께서는 큰 물고기 한 마리를
마련하여 두셨다가, 요나를 삼키게
하셨다. 요나는 사흘 밤낮을 그 물
고기 뱃속에서 지냈다.

2 1 요나가 물고기 뱃속에서 주 하
나님께 기도드리며
2 아뢰었다.
"내가 고통스러울 때 주님께 불
러 아뢰었더니, 주님께서 내게 응답
하셨습니다. 내가 스올 한가운데
서 살려 달라고 외쳤더니, 주님께
서 나의 호소를 들어주셨습니다.
3 주님께서 나를 바다 한가운데, 깊
음 속으로 던지셨으므로, 큰 물결
이 나를 에워싸고, 주님의 파도와
큰 물결이 내 위에 넘쳤습니다.
4 내가 주님께 아뢰기를 ㉠'주님의
눈 앞에서 쫓겨났어도, 내가 반드
시 주님 계신 성전을 다시 바라보
겠습니다' 하였습니다.
5 물이 나를 두르기를 영혼까지 하
였으며, 깊음이 나를 에워쌌고, 바
다풀이 내 머리를 휘감았습니다.
6 나는 땅 속 멧부리까지 내려갔습
니다. 땅이 빗장을 질러 나를 영
영 가두어 놓으려 했습니다만, 주
나의 하나님, 주님께서 그 구덩이
속에서 내 생명을 건져 주셨습니
다.
7 내 목숨이 힘없이 꺼져 갈 때에,
내가 주님을 기억하였더니, 나의
기도가 주님께 이르렀으며, 주님

1장 요약 요나가 니느웨로 가라는 하나님의 명령을 어기고 스페인으로 간 것은 지나친 배타주의와 선민 사상 때문에 하나님의 뜻을 잘못 해석하였던 것이다.

1:7 제비 고대 세계에는 신의 뜻을 알아내기 위해 사용하였다(참조. 민 26:55;수 18:6;잠 16:33).

㉠ 또는 '주님의 눈 앞에서 쫓겨났으니, 주님 계신 성전을 어떻게 다시 바라보겠습니까?'

2장 요약 하나님은 요나를 물고기 뱃속에 삼키게 함으로써 그의 불순종을 단박에 무력화시키셨다. 하나님의 뜻을 관철시키기 위한 일종의 비상수단이라고 할 수 있다. 어쨌든 요나는 고난의 현장에서 철저히 회개했다. 이것이 요나의 신앙적 면모를 드러내 준다.

2:3 주님께서 나를…던지셨으므로 요나는 사공들이 하나님의 심판의 도구가 되었다는 것을 인정했다.

계신 성전에까지 이르렀습니다.
8 헛된 우상을 섬기는 자들은, ㉠주
님께서 베풀어 주신 은혜를 저버
립니다.
9 그러나 나는 감사의 노래를 부르
며, 주님께 희생제물을 바치겠습
니다. 서원한 것은 무엇이든지 지
키겠습니다. 구원은 오직 주님에
게서만 옵니다."
10 주님께서 그 물고기에게 명하시
니, 물고기가 요나를 뭍에다가 뱉어
냈다.

니느웨 사람들의 회개

3 주님께서 또다시 요나에게 말씀하
셨다.
2 "너는 어서 저 큰 성읍 니느웨로 가
서, 이제 내가 너에게 한 말을 그 성
읍에 외쳐라."
3 요나는 주님께서 말씀하신 대로, 곧
길을 떠나 니느웨로 갔다. 니느웨는
둘러보는 데만 사흘길이나 되는 아
주 큰 성읍이다.
4 요나는 그 성읍으로 가서 하룻길을
걸으며 큰소리로 외쳤다. "사십 일만
지나면 니느웨가 무너진다!"
5 ○그러자 니느웨 백성들은 하나님의
말씀을 믿고, 금식을 선포하고, 그들
가운데 가장 높은 사람으로부터 가
장 낮은 사람에 이르기까지 모두 굵
은 베 옷을 입었다.
6 이 소문이 니느웨의 왕에게 전해지
니, 그도 임금의 의자에서 일어나, 걸
치고 있던 임금의 옷을 벗고, 굵은
베 옷을 입고 잿더미에 앉았다.
7 왕은 니느웨 백성에게 다음과 같이
선포하여 알렸다.
○"왕이 대신들과 더불어 내린
칙명을 따라서, 사람이든 짐승이
든 소 떼든 양 떼든, 입에 아무것
도 대서는 안 된다. 무엇을 먹어도
안 되고 물을 마셔도 안 된다.
8 사람이든 짐승이든 모두 굵은 베
옷만을 걸치고, 하나님께 힘껏 부
르짖어라. 저마다 자기가 가던 나
쁜 길에서 돌이키고, 힘이 있다고
휘두르던 폭력을 그쳐라.
9 하나님께서 마음을 돌리고 노여
움을 푸실지 누가 아느냐? 그러면
우리가 멸망하지 않을 수도 있다."

요나의 분노와 하나님의 자비

10 ○하나님께서 그들이 뉘우치는 것,
곧 그들이 저마다 자기가 가던 나쁜
길에서 돌이키는 것을 보시고, 뜻을
돌이켜 그들에게 내리시겠다고 말씀
하신 재앙을 내리지 않으셨다.
4 1 요나는 이 일이 매우 못마땅하
여, 화가 났다.
2 그는 주님께 기도하며 아뢰었다. "주
님, 내가 고국에 있을 때에 이렇게
될 것이라고 이미 말씀드리지 않았

3장 요약 하나님은 또다시 요나를 신임하셨다. 그의 전도로 니느웨 성은 국가적인 회개를 하였다. 가장 높은 사람(왕)으로부터 가장 낮은 사람(백성)에 이르기까지 대대적으로 회개하였다는 것은 '기적'이었다.

3:3 요나는…니느웨로 갔다 요나는 하나님의 큰 구원을 경험하고 주님의 말씀을 받는다. 이것은 두 번째 부르심이다.

4장 요약 니느웨가 회개하자 하나님께서는 재앙을 내리지 않으신다. 요나는 이스라엘의 대적인 니느웨에 은혜를 허락하시는 하나님의 섭리에 대해 불만을 토로했다. 요나가 아직도 모든 민족을 향한 하나님의 사랑과 구속 계획을 깨닫지 못하자 하나님께서는 박 넝쿨을 통해서 요나의 오해를 지적하셨다.

㉠ 또는 '주님께 바쳐야 할 충성을 저버립니다'

욘

습니까? 내가 서둘러 ㉠스페인으로
달아났던 것도 바로 이것 때문입니
다. 하나님은 은혜로우시며 자비로
우시며 좀처럼 노하지 않으시며 사
랑이 한없는 분이셔서, 내리시려던
재앙마저 거두실 것임을 내가 알고
있었기 때문입니다.
3 주님, 이제는 제발 내 목숨을 나에게
서 거두어 주십시오! 이렇게 사느니,
차라리 죽는 것이 낫겠습니다."
4 ○주님께서는 "네가 화를 내는 것이
옳으냐?" 하고 책망하셨다.
5 ○요나는 그 성읍에서 빠져 나와 그
성읍 동쪽으로 가서 머물렀다. 그는
거기에다 초막을 짓고, 그 그늘 아래
에 앉았다. 그 성읍이 어찌 되는가
를 볼 셈이었다.
6 주 하나님이 ㉡박 넝쿨을 마련하셨
다. 주님께서는, 그것이 자라올라 요
나의 머리 위에 그늘이 지게 하여,
그를 편안하게 해주셨다. 박 넝쿨 때
문에 요나는 기분이 무척 좋았다.
7 그러나 다음날 동이 틀 무렵, 하나님
이 벌레를 한 마리 마련하셨는데, 그
것이 박 넝쿨을 쏠아 버리니, 그 식
물이 시들고 말았다.
8 해가 뜨자, 하나님이 찌는 듯이 뜨거
운 동풍을 마련하셨다. 햇볕이 요나
의 머리 위로 내리쬐니, 그는 기력을
잃고 죽기를 자청하면서 말하였다.
"이렇게 사느니 차라리 죽는 것이
더 낫겠습니다."
9 하나님이 요나에게 말씀하셨다. "박
넝쿨이 죽었다고 네가 이렇게 화를
내는 것이 옳으냐?" 요나가 대답하
였다. "옳다뿐이겠습니까? 저는 화
가 나서 죽겠습니다."
10 주님께서 말씀하셨다. "네가 수고하
지도 않았고, 네가 키운 것도 아니
며, 그저 하룻밤 사이에 자라났다가
하룻밤 사이에 죽어 버린 이 식물을
네가 그처럼 아까워하는데,
11 하물며 좌우를 가릴 줄 모르는 사람
들이 십이만 명도 더 되고 짐승들도
수없이 많은 이 큰 성읍 니느웨를,
어찌 내가 아끼지 않겠느냐?"

4:1–3 하나님이 진노를 거두시자 요나는 심히 분노한다. 이것은 하나님을 이스라엘의 민족신 정도로만 생각하는 그릇된 신관에서 발생한 것이다.
*4:5–11 니느웨*의 멸망을 바라던 요나의 생각이 드러난다. 하나님께서는 박 넝쿨 사건을 통해 요나에게 교훈하신다. 주 하나님이…그를 편안하게 해주셨다 하나님은 요나가 햇볕 때문에 당하는 괴로움을 면하게 하려고, 박 넝쿨을 마련하셨다.
4:8 동풍 5월과 10월에 사막에서 팔레스타인과 이집트로 불어오는 열풍이다. 이 열풍은 초목과 샘을 마르게 하고 가옥과 배를 파괴하기도 한다.
4:10 요나는 선물로 받은 박 넝쿨이 시들자 슬퍼하고 분노하고 있다. 그러나 하나님은 직접 창조하신 인간 때문에 슬픔을 당하고 있다. 비록 멸망받아야 마땅한 니느웨 사람들이지만 하나님께서는 충분히 아낄만한 이유가 있다.

㉠ 히, '다시스' ㉡ 히, '키카욘'. 덩굴 종류의 식물. '아주까리'로 알려지기도 함

미가서

저자 미가는 갓 지파에 속한 모레셋이라는 조그마한 마을 출신이다. 그는 예루살렘의 탐욕스런 부자들과 방백들로부터 백성들을 보호하려고 애썼다. 그는 주로 남 유다에 대해서 예언했지만, 북 이스라엘에 대해서도 예언했다.

저작 연대 B.C. 740–687년경

기록 장소와 대상 기록 장소는 유다이며, 기록 대상은 북 이스라엘과 남 유다이다. 본서는 유다에 닥칠 심판을 선포하고 유다에 팽배해 있는 종교적 부패와 유다가 행하는 불의를 책망하기 위하여 기록되었다.

핵심어 및 내용 미가서의 핵심어는 '정의', '자비', '겸손'이다. 미가는 계속해서 하나님의 백성에게 그들의 모든 삶 속에서 정의를 드러내며 다른 사람들에게 자비를 베풀고 하나님 앞에서 겸손하라고 외친다.

내용 분해

1. 머리말(1:1)
2. 사마리아와 유다의 멸망에 관한 메시지(1:2–2:11)
3. 심판과 구원에 관한 메시지(2:12–5:15)
4. 죄를 정복한 하나님의 은혜에 대한 메시지 (6:1–7:20)

1 이것은 주님께서, 사마리아와 예
루살렘이 어찌 될 것인지를, 모레
셋 사람 미가에게 보여 주시면서 하
신 말씀이다. 때는 유다의 왕 요담과
아하스와 히스기야가 대를 이어 가
면서 유다를 다스리던 기간이다.

사마리아와 예루살렘을 애도하다

2 뭇 민족아, 너희는 모두 들어라.
땅과 거기에 있는 만물들아, 귀를
기울여라. 주 하나님이 너희의 죄
를 밝히신다. 주님께서 하늘의 성
전에서 말씀하신다.
3 주님께서 그 거처에서 나오시어
땅의 높은 곳을 짓밟으시니,
4 뭇 산이 그 발 밑에서 녹고 평지
가 갈라진다. 불 앞의 밀초처럼
녹아내리고, 비탈길로 쏟아져 내
리는 급류 같구나.
5 이 모든 일이 일어나는 것은 야
곱의 죄 때문이며, 이스라엘 집의
범죄 때문이다. 야곱의 죄가 무엇
이냐? 사마리아가 아니더냐? 유
다의 산당이 무엇이냐? 예루살렘
이 아니더냐?
6 ㉠"내가 사마리아를 빈 들의 폐허
로, 포도나 가꿀 밭으로 만들겠다.
그 성의 돌들은 골짜기에 쏟아 붓
고, 성의 기초가 드러나게 하겠다.
7 새겨서 만든 우상을 모두 박살내
고, 몸을 팔아서 모은 재물을 모
두 불에 태우고, 우상을 모두 부
수어서 쓰레기 더미로 만들겠다.
몸을 팔아서 화대로 긁어 모았으
니, 이제, 모든 것이 다시 창녀의
몸값으로 나갈 것이다."
8 ㉡그러므로 내가 슬퍼하며 통곡
하고, 맨발로 벌거벗고 다니며, 여
우처럼 구슬피 울며, 타조처럼 목
놓아 울 것이니,
9 이것은, 사마리아의 상처가 고칠
수 없는 병이 되고, 그 불치병이
유다에까지 전염되고, 기어이 예
루살렘에까지, 내 백성의 성문에
까지 이르렀기 때문이다.

예루살렘의 멸망

10 "가드에 알리지 말며, 울지 말아
라. 베들레아브라에서는 티끌에
묻어라.
11 사빌에 사는 사람들아, 벌거벗은

㉠ 주님의 말 ㉡ 미가의 말

몸으로 부끄러움을 당하며 사로잡
혀 가거라. 사아난에 사는 사람들
은 감히 그 성읍에서 나오지도 못
할 것이다. 벳에셀이 통곡하여 너
희로 의지할 곳이 없게 할 것이다.
12 나 주가 예루살렘 성문에까지 재
앙을 내렸으므로, 마롯에 사는
사람들은 고통을 받으면서 거기에
서 벗어나기를 기다린다.
13 라기스에 사는 사람들아, 너희
는 군마에 병거를 매어라. 라기스
는 딸 시온의 죄의 근본이니, 이는
이스라엘의 허물이 네게서 보였기
때문이다.
14 그러므로 ㉠너는 모레셋 가드 백
성에게는 작별의 선물을 주어라.
악십의 집들이 이스라엘 왕들을
속일 것이다.
15 마레사에 사는 사람들아, 내가 너
희 대적을 너희에게 데려올 것이
니, ㉡이스라엘의 영광인 그가 아
둘람으로 피할 것이다.
16 너희는 사랑하는 아들딸을 생각
하며, 머리를 밀고 애곡하여라. 머
리를 밀어 독수리처럼 대머리가 되
어라. 너희의 아들딸들이 너희의
품을 떠나서, 사로잡혀 갈 것이다."

가난한 이를 억누르는 사람이 받을 형벌

2 악한 궁리나 하는 자들, 잠자리에
누워서도 음모를 꾸미는 자들은
망한다! 그들은 권력을 쥐었다고
해서, 날이 새자마자 음모대로 해
치우고 마는 자들이다.
2 탐나는 밭을 빼앗고, 탐나는 집을
제 것으로 만든다. 집 임자를 속
여서 집을 빼앗고, 주인에게 딸린
사람들과 유산으로 받은 밭을 제
것으로 만든다.
3 "그러므로 나 주가 말한다. 내가
이 백성에게 재앙을 내리기로 계
획하였으니, 이 재앙을 ㉢너희가
피할 수 없을 것이다. 너희가 거만
하게 걸을 수도 없을 것이다. 그처
럼 견디기 어려운 재앙의 때가 될
것이다.
4 그 날이 오면, 사람들이 너희를
두고서 이러한 풍자시를 지어서
읊을 것이다. 슬픔에 사무친 애가
를 지어서 부를 것이다. '우리는 알
거지가 되었다. 주님께서 내 백성
의 유산의 몫을 나누시고, 나에게
서 빼앗은 땅을 반역자들의 몫으
로 할당해 주셨다.'
5 그러므로 주님의 총회에서 줄
을 띄워 땅을 나누고 제비 뽑아
분배할 때에 너희의 몫은 없을 것
이다.
6 그들의 예언자들이 말한다. '너
희는 우리에게 예언하지 말아라.
이 모든 재앙을 두고 예언하지 말

1장 요약 북 이스라엘과 남 유다에 대한 하나님의 심판이다. 거룩한 도성 예루살렘에까지 이 죄악이 미친 것은 그들에게 임할 심판의 필연성을 확증한다.

2장 요약 본장은 사회 지도자들의 타락을 묘사한다. 특히 부유한 자는 가난한 자를 억압했고 권력자들은 힘없는 자들을 강탈했다. 이것은 당시의 종교, 사회적 타락의 상태를 암시한다.

2:1–11 가난한 자들을 억압하는 부유한 대지주들에게 임할 재앙과 가장 힘없는 계층인 부녀자·어린아이·나그네들을 강탈하는 권력 계층에 대한 심판을 예언하고 있다(참조. 레 25:23–28;신 5:21;16:14).

2:4 풍자시 비웃는 노래를 말한다.

2:6–7 재난을 예고하는 미가의 말을 들은 권력자

㉠ 유다 백성을 두고 말함 ㉡ 또는 '이스라엘의 영광이 아둘람에 숨을 것이다' ㉢ 히, '너희 목이'

아라. 하나님이 우리를 망신시키
실 리가 없다.'
7 야곱 족속아, 너희가 어찌하여 '주
님의 영도 분노하시느냐? 주님께
서 정말 그런 일을 하시느냐?' 하
고 말하느냐?
　나의 말이 행위가 정직한 사람
에게 유익하지 않으냐?
8 요즈음에 내 백성이 대적처럼 일
어났다. 전쟁터에서 고향으로 돌
아가는 장정들처럼 안심하고 지나
가는 사람들에게서, 너희는 그들
의 옷을 벗겨 갔다.
9 너희는 내 백성의 아내들을 그 정
든 집에서 쫓아냈고, 그들의 자녀
들에게서 내가 준 복을 너희가 영
영 빼앗아 버렸다.
10 썩 물러가거라. 여기는 너희의 안
식처가 아니다. 이 곳은 더러워졌
고, 끔찍한 멸망을 당할 수밖에
없다.
11 거짓말쟁이나 사기꾼이 와서 '너희
에게 포도주와 독한 술이 철철 넘
칠 것이다' 하고 예언하면, 그 사람
이야말로 이 백성의 예언자가 될
것이다!
12 　야곱아, 내가 반드시 너희를 다
모으겠다. 남아 있는 이스라엘 백
성을 다 모으겠다. 내가 너희를
㉠우리로 돌아오는 양 떼처럼 모
으겠다. 양 떼로 가득 찬 초장과
도 같이, 너희의 땅이 다시 백성으
로 가득 찰 것이다.
13 　길을 여는 자가 그들 앞서 올라
가고 그들은 성문들을 부수고, 바
깥으로 나갈 것이다. 그들의 왕이
앞장 서서 걸어가며 나 주가 선두
에 서서 그들을 인도할 것이다."

미가가 이스라엘 지도자들을 고발하다

3 그 때에 ㉡내가 말하였다.
　야곱의 우두머리들아, 이스라엘
집의 지도자들아, 내가 하는 말을
들어라. 정의에 관심을 가져야 할
너희가,
2 선한 것을 미워하고, 악한 것을 사
랑한다. 너희는 내 백성을 산 채로
그 가죽을 벗기고, 뼈에서 살을 뜯
어낸다.
3 너희는 내 백성을 잡아 먹는다. 가
죽을 벗기고, 뼈를 산산조각 바수
고, 고기를 삶듯이, 내 백성을 가
마솥에 넣고 삶는다.
4 　살려 달라고 주님께 부르짖을
날이 그들에게 온다. 그러나 주님
께서 그들의 호소를 들은 체도 하
지 않으실 것이다. 그들이 그렇듯
악을 저질렀으니, 주님께서 그들
의 기도를 들어주지 않으실 것이
다.
5 　㉢"예언자라는 자들이 나의 백

들이 격분하며 미가에게 예언하지 말라고 명한다. 이 권력자들은 백성을 억압하는 자들이다. 미가의 예언은 행위가 정직한 사람에게는 유익하지만, 행위가 부정한 사람들에게는 거슬리는 말일 것이다.
2:12–13 대부분의 이스라엘 백성들과 지도자들은 하나님의 징계로 인해 포로로 끌려가지만(1:16;2:10;4:10), '남아 있는 이스라엘 백성'들은 하나님의 은혜로 귀환하게 될 것을 예언하고 있다.

㉠ 히, '보스라' ㉡ 미가 ㉢ 주님의 말

3장 요약 타락한 사회는 어느 한 부분이 아니라 그 모든 영역이 왜곡되고 뒤틀려져 있다. 미가 당시의 이스라엘이 바로 그러했다. 종교(1장)와 사회 지도층(2장)뿐만 아니라 정치, 종교 지도자들까지도 타락했음을 본장은 보여 준다.

3:1–12 유다 지도자들에게 임할 하나님의 심판을 경고한다. ① 통치자들에 대한 심판(1–4절) ② 거짓 예언자들에 대한 심판(5–8절) ③ 예루살

미

성을 속이고 있다. 입에 먹을 것을
물려 주면 평화를 외치고, 먹을
것을 주지 아니하면 전쟁이 다가
온다고 협박한다.
6 예언자들아, 너희의 날이 끝났다.
이미 날이 저물었다. 내 백성을 곁
길로 이끌었으니 너희가 다시는
환상을 못 볼 것이고 다시는 예언
을 하지 못할 것이다."
7 선견자들이 부끄러워하며, 술객
들이 수치를 당할 것이다. 하나님
께서 응답하지 않으시니, 그들이
얼굴을 들지 못할 것이다.
8 ㉠그러나 나에게는, 주님께서 주
님의 영과 능력을 채워 주시고, 정
의감과 함께, 야곱에게 그의 죄를
꾸짖고 이스라엘에게 그의 범죄
를 꾸짖을 용기를 주셨다.
9 야곱 집의 지도자들아, 이스라엘
집의 지도자들아, 곧 정의를 미워
하고, 올바른 것을 모두 그릇되게
하는 자들아, 나의 말을 들어라.
10 너희는 백성을 죽이고서, 그 위에
시온을 세우고, 죄악으로 터를 닦
고서, 그 위에 예루살렘을 세웠다.
11 이 도성의 지도자들은 뇌물을 받
고서야 다스리며, 제사장들은 삯
을 받고서야 율법을 가르치며, 예
언자들은 돈을 받고서야 계시를
밝힌다. 그러면서도, 이런 자들은
하나같이 주님께서 자기들과 함께
계신다고 큰소리를 친다. '주님께
서 우리와 함께 계시니, 우리에게
재앙이 닥치지 않는다'고 말한다.
12 그러므로 바로 너희 때문에 시온
이 밭 갈듯 뒤엎어질 것이며, 예루
살렘이 폐허더미가 되고, 성전이
서 있는 이 산은 수풀만이 무성한
언덕이 되고 말 것이다.

주님의 통치로 이룰 우주적 평화

4 그 날이 오면, 주님의 성전이 서 있
는 주님의 산이 산들 가운데서
가장 높이 솟아서, 모든 언덕을
아래로 내려다 보며, 우뚝 설 것이
다. 민족들이 구름처럼 그리로 몰
려올 것이다.
2 민족마다 오면서 이르기를 "자, 가
자. 우리 모두 주님의 산으로 올라
가자. 야곱의 하나님이 계신 성전
으로 어서 올라가자. 주님께서 우
리에게 주님의 길을 가르치실 것
이니, 주님께서 가르치시는 길을
따르자" 할 것이다.
율법이 시온에서 나오며, 주님
의 말씀이 예루살렘에서 나온다.
3 주님께서 민족들 사이의 분쟁
을 판결하시고, 원근 각처에 있는
열강 사이의 갈등을 해결하실 것
이니, 나라마다 칼을 쳐서 보습을
만들고 창을 쳐서 낫을 만들 것이

렘에 대한 심판(9-12절)이다.

3:4 본절은 하나님의 백성을 압제한 권력자들이 당할 큰 환난을 암시한다. 그들은 하나님의 명령을 *거부하고 약한 자*를 착취했기에 하나님께서 그들의 부르짖음을 외면하실 것이라는 선언이다.

3:7 선견자 (히) '호제'. 예사롭게 포착되지 않는 것을 파악하여 '보는' 기능과 보여진 것과 파악된 것을 '선포'하는 기능을 가진다.

㉠ 미가의 말

4장 요약 본장은 예루살렘의 회복과 최후 승리를 기록하고 있다. 이 예언은 바빌론 포로에서의 귀환을 가리킨다. 그러나 그리스도의 재림과 그로 인한 메시아 왕국에 대한 설명으로 보아도 무방하다.

4:1-5:15 예루살렘의 성전 파괴에 대한 예언에 이어 즉시 메시아와 메시아 왕국에 대한 약속이 주어지고 있다.

며, 나라와 나라가 칼을 들고 서로
를 치지 않을 것이며, 다시는 군사
훈련도 하지 않을 것이다.
4 사람마다 자기 포도나무와 무화
과나무 아래 앉아서, 평화롭게 살
것이다. 사람마다 아무런 위협을
받지 않으면서 살 것이다. 이것은
만군의 주님께서 약속하신 것이
다.
5 다른 모든 민족은 각기 자기 신
들을 섬기고 순종할 것이다. 그러
나 우리는 언제까지나, 주 우리의
하나님만을 섬기고, 그분에게만
순종할 것이다.

이스라엘이 포로에서 돌아올 것이다

6 "나 주가 선언한다. 그 날이 오
면, 비틀거리며 사는 백성을 내가
다시 불러오고, 사로잡혀 가서 고
생하던 나의 백성을 다시 불러모
으겠다.
7 그들이 이역만리 타향에서 비틀거
리며 살고 있으나, 거기에서 살아
남은 백성이 강한 민족이 될 것이
다. 그 때로부터 영원토록, 나 주
가 그들을 시온 산에서 다스리겠
다.
8 너 양 떼의 망대야, 도성 시온의
산아, 너의 이전 통치가 회복되고
도성 예루살렘의 왕권이 네게로
돌아올 것이다."
9 어찌하여 너는 그렇게 큰소리로
우느냐? 왕이 없기 때문이냐? 어
찌하여 너는 아이를 낳는 여인처
럼 진통하느냐? 자문관들이 죽었
기 때문이냐?
10 도성 시온아, 이제 네가 이 도성을
떠나서, 빈 들로 가서 살아야 할
것이니, 아이를 낳는 여인처럼, 몸
부림치면서 신음하여라. 너는 바
빌론으로 가야 할 것이다. 거기에
서 주님께서 너를 건지시고, 너의
원수에게서 너를 속량하실 것이
다.
11 그러나 이제 많은 민족이 연합
하여 너를 칠 것이다. 그들은 이르
기를 "시온은 망해야 한다. 이제
곧 우리는 이 도성이 폐허가 되는
것을 보게 될 것이다" 한다.
12 그러나 그들은, 나 주가 마음 속
으로 무엇을 생각하고 있는지를
알지 못한다. 한꺼번에 같은 방법
으로 벌을 주려고, 곡식을 타작
마당으로 모아서 쌓듯이, 그들을
한데 모았다는 것을 미처 깨닫지
못한다.
13 도성 시온아, 네 원수에게 가서,
그들을 쳐라! 내가 네 뿔을 쇠 같
게 하고, 네 굽을 놋쇠 같게 할 것
이니, 너는 많은 민족을 짓밟고,
그들이 폭력을 써서 착취한 그 재

4:4 신실한 하나님의 백성들이 메시아의 통치하에서 참되고 완전한 행복을 누리게 될 것을 의미한다.

4:5 다른 모든 민족은 각기 자기 신들을 섬기고 예언자는 메시아의 초림으로 교회가 회복될 것을 말한다. 그런 다음 신실한 주의 백성들은 주위 환경이 아무리 절망적이라도 계속 하나님을 신뢰해야 한다고 말한다. 즉 자기들의 우상이 참 하나님이라고 주장하는 이방 사람들 앞에 끌려가더라도 흔들리면 안 된다. 왜냐하면 약속을 반드시 지키시는 참되신 하나님이 이미 구원을 약속하셨기 때문이다.

4:7 그 때로부터…다스리겠다 하나님께서 친히 다스리실 영원한 메시아 왕국이 회복될 것을 약속하고 있다.

4:9-5:1 예루살렘 함락과 바빌론 포로에 이어 B.C. 538년에 시작될 귀환과 유다의 적들에 대한 심판을 예언하고 있다.

물을 빼앗아다가, 온 세상의 주
곧 나에게 가져 올 것이다.

5

1 ㉠군대의 도성아, 군대를 모아
라! 우리가 포위되었다! 침략군들
이 몽둥이로 이스라엘의 통치자
의 뺨을 칠 것이다.

베들레헴에서 통치자가 나올 것이다

2 "그러나 너 베들레헴 에브라다
야, 너는 유다의 여러 ㉡족속 가운
데서 작은 족속이지만, 이스라엘
을 다스릴 자가 네게서 내게로 나
올 것이다. 그의 기원은 아득한
옛날, 태초에까지 거슬러 올라간
다."
3 그러므로 주님께서는 해산하는
여인이 아이를 낳을 때까지, 당신
의 백성을 원수들에게 그대로 맡
겨 두실 것이다. 그 뒤에 그의 동
포, 사로잡혀 가 있던 남은 백성
이, 이스라엘 자손에게로 돌아올
것이다.
4 그가 주님께서 주신 능력을 가
지고, 그의 하나님이신 주님의 이
름이 지닌 그 위엄을 의지하고 서
서 그의 떼를 먹일 것이다. 그러면
그의 위대함이 땅 끝까지 이를 것
이므로, 그들은 안전하게 살아갈
수 있을 것이다.
5 그리고 그는 그들에게 '평화'를 가
져다 줄 것이다.

구원과 심판

앗시리아 사람이 우리 땅을 침
략하여, 우리의 방어망을 뚫고 들
어올 때에, 우리는 일곱 목자, 여
덟 장군들을 보내서, 침략자들과
싸우게 할 것이다.
6 그들은 칼로 앗시리아 땅을 정복
하고, 뺀 칼로 ㉢니므롯 땅을 황무
지로 만들 것이다. 앗시리아의 군
대가 우리의 땅을 침략하여, 우리
의 국경선 너머로 들어올 때에 그
가 우리를 앗시리아 군대의 손에
서 구원하여 낼 것이다.
7 많은 민족들 사이에 살아 남은
야곱 백성은, 주님께서 내려 주시
는 아침 이슬과 같이 될 것이며,
푸성귀 위에 내리는 비와도 같게
되어서, 사람을 의지하거나 인생
을 기다리지 않을 것이다.
8 살아 남은 야곱 백성은 여러 민족
과 백성 사이에 흩어져서 살 것이
며, 숲 속 짐승들 가운데 서 있는
사자처럼, 양 떼의 한가운데 서 있
는 사자처럼, 걸을 때마다, 먹이에
게 달려들어 밟고 찢을 것이니, 그
에게서는 아무도 그 짐승을 건져
낼 수 없을 것이다.
9 네가 네 대적 위에 손을 들고 네
원수를 모두 파멸시키기를 바란
다.

5장 요약 본장은 그리스도의 강림에 대한 예언으로 보아야 한다. 본장은 메시아 왕국의 설립자인 그리스도의 탄생과 성품을 설명하고 있다. *그의 탄생지와 고난(3절)*, 구원 사역(4–9절)과 심판 사역(10–15절)에 대한 묘사는 신약에 나온 그리스도의 행적과 일치한다.

㉠ 또는 '성벽으로 둘러싸인 성읍아, 네 성벽을 튼튼하게 하여라'
㉡ 히, '천 천' 또는 '통치자들' ㉢ 또는 '니므롯을 그 성문 어귀에서'

5:2–15 바빌론 포로 생활로부터 귀환이 이스라엘의 완전한 회복을 의미하지 않는다. 본문은 영원한 이스라엘 왕국을 건설하게 될 메시아에 관해 구체적으로 여러 사실들을 예언하고 있다.

5:7 많은 민족들 사이에 살아 남은 야곱 백성 하나님께서 이스라엘 자손을 이방 사람들 가운데 흩으신 것은 이스라엘의 범죄에 대한 징계이기도 하지만, 동시에 이방 사람들에게 하나님 자신과 구원을 증거하는 수단이기도 하였다.

10 “나 주가 선언한다. 그 날이 오
면, 너희가 가진 군마를 없애 버리
고 말이 끄는 병거를 부수어 버리
겠다.
11 너희 땅에 세운 성곽들을 부수어
버리고, 요새들은 모두 파괴하여
버리겠다.
12 너희가 쓰던 마법을 없앨 것이니,
너희가 다시는 점을 치지 않을 것
이다.
13 너희가 새긴 우상을 파괴하여 버
리고, 신성하게 여긴 돌 기둥들도
부수어 버려서, 다시는 너희가 만
든 그런 것들을 너희가 섬기지 못
하게 하겠다.
14 너희 가운데서 아세라 여신상을
모두 뽑아 버리고, 너희가 사는
성읍들을 파괴하겠다.
15 나에게 복종하지 않은 모든 민족
에게, 화가 나는 대로, 분노를 참
지 않고 보복하겠다.”

주님께서 이스라엘을 고발하시다

6 주님께서 하시는 말씀을 들어라.
“㉠너는 일어나서 산 앞에서 소
송 내용을 샅샅이 밝혀라. 산과
언덕이 네 말을 듣게 하여라.
2 너희 산들아, 땅을 받치고 있는 견
고한 기둥들아, 나 주가 상세히 밝
히는 고발을 들어 보아라. 나 주
의 고소에 귀를 기울여라. 나 주
가 내 백성을 상대하여서, 고소를
제기하였다. 내가 내 백성을 고발
하고자 한다.
3 내 백성은 들어라! 내가 너희에
게 어떻게 하였느냐? 내가 너희에
게 짐이라도 되었다는 말이냐? 어
디, 나에게 대답해 보아라.
4 나는 너희를 이집트 땅에서 데리
고 나왔다. 나는 너희의 몸값을
치르고서, 너희를 종살이하던 집
에서 데리고 나왔다. 모세와 아론
과 미리암을 보내서, 너희를 거기
에서 데리고 나오게 한 것도 바로
나다.
5 내 백성아, 모압의 발락 왕이 어떤
음모를 꾸몄으며, 브올의 아들 발
람이 발락에게 어떻게 대답하였
는지를 기억해 보아라. 싯딤에서
부터 길갈에 이르기까지, 행군하
면서 겪은 일들을 생각해 보아라.
너희가 이 모든 일을 돌이켜보면,
나 주가 너희를 구원하려고 한 일
들을, 너희가 깨닫게 될 것이다.”

주님께서 요구하시는 것

6 내가 주님 앞에 나아갈 때에, 높
으신 하나님께 예배드릴 때에, 무
엇을 가지고 가야 합니까? 번제물
로 바칠 일 년 된 송아지를 가지
고 가면 됩니까?
7 수천 마리의 양이나, 수만의 강 줄

6장 요약 본장에서부터 7:10까지 하나님은 자신의 사역과 성품을 설명하는 변호사로, 그리고 이스라엘의 죄악을 추궁하는 검사로 묘사되어 있고, 이스라엘은 피고로 설정되어 있다. 소송의 주제는 단연 이스라엘의 우상 숭배이다.

6:1 산 앞에서…산과 언덕이 본절은 이스라엘 백성들의 마음이 산과 바위보다도 더 단단하고 완고하여 개선의 여지가 없는 것을 나타낸다.

6:1–7:10 본문은 하나님과 이스라엘 백성이 법정에서 서로 쟁변하는 형식이다. ① 하나님의 첫 번째 논고(6:1–5) ② 이스라엘 백성의 첫 번째 변론(6:6–8) ③ 하나님의 두 번째 논고(6:9–16) ④ 이스라엘 백성의 두 번째 변론(7:1–10)이다.

6:9 주님의 이름을 경외하는 것이 지혜다 하나님의 이름을 안다는 것은 교훈이 누구에게서 나온 것인지 깨닫는 것을 말한다. 왜냐하면 교훈이 어디

㉠ 예언자를 가리킴

기를 채울 올리브 기름을 드리면,
주님께서 기뻐하시겠습니까? 내
허물을 벗겨 주시기를 빌면서, 내
맏아들이라도 주님께 바쳐야 합니
까? 내가 지은 죄를 용서하여 주
시기를 빌면서, 이 몸의 열매를 주
님께 바쳐야 합니까?
8 너 사람아, 무엇이 착한 일인지
를 주님께서 이미 말씀하셨다. 주
님께서 너에게 요구하시는 것이
무엇인지도 이미 말씀하셨다. 오
로지 공의를 실천하며 인자를 사
랑하며 겸손히 네 하나님과 함께
행하는 것이 아니냐!
9 들어라! 주님께서 성읍을 부르
신다. (주님의 이름을 경외하는 것
이 지혜다.) "너희는 매를 순히 받
고 그것을 정한 나에게 순종하여
라.
10 악한 자의 집에는, 속여서 모은 보
물이 있다. ㉠가짜 되를 쓴 그들
을, 내가 어떻게 용서할 수 있겠느
냐?
11 틀리는 저울과 추로 속인 사람들
을, 내가 어떻게 용서할 수 있겠느
냐?
12 도성에 사는 부자들은 폭력배들
이다. 백성들은 거짓말쟁이들이
다. 그들의 혀는 속이는 말만 한
다.
13 그러므로 내가 너희에게 견디기
어려운 형벌을 내린다. 너희가 망
하는 것은, 너희가 지은 죄 때문이
다.
14 너희는 먹어도 배가 부르지 않을
것이며, 먹어도 허기만 질 것이며,
너희가 안전하게 감추어 두어도
하나도 남지 않을 것이며, 남은 것
이 있다 하여도 내가 그것을 칼에
붙일 것이며,
15 너희가 씨를 뿌려도, 거두어들이
지 못할 것이며, 올리브 열매로 기
름을 짜도, 그 기름을 몸에 바르
지 못할 것이며, 포도를 밟아 술
을 빚어도, 너희가 그것을 마시지
못할 것이다.
16 너희가 오므리의 율례를 따르고,
아합 집의 모든 행위를 본받으며,
그들의 전통을 그대로 이어 받았
으니, 내가 너희를 완전히 멸망시
키고, 너희 백성이 경멸을 받게 하
겠다. 너희가 너희 백성의 치욕을
담당할 것이다."

이스라엘의 부패

7 아, 절망이다! 나는, 가지만 앙상하
게 남은 과일나무와도 같다. 이 나
무에 열매도 하나 남지 않고, 이
포도나무에 포도 한 송이도 달려
있지 않으니, 아무도 나에게 와서,
허기진 배를 채우지 못하는구나.

서 나온 것인지 알게 될 때 자연히 우리는 하나님 앞에서 겸손히 복종하게 되기 때문이다.

6:16 오므리의 율례, 아합 집의 모든 행위 북 이스라엘의 오므리와 아합의 시대는 배교와 타락의 대명사처럼 사용되었다(왕상 16:21-22:40). 그런데 남 유다 역시 북 이스라엘의 오므리와 아합 시대처럼 타락했다는 것이다.

㉠ 히, '축소시킨 에바'. 에바는 곡물과 같은 마른 물건의 양을 되는 단위

7장 요약 본문은 하나님의 두 번째 질문에 대한 이스라엘의 응답으로, 여기서 미가는 동족의 범죄를 한탄하고 있다. 그러나 결국 그는 심판의 하나님이 아니라 회복하시고 자비를 베푸시는 하나님을 바라보았다.

7:4 너희의 파수꾼의 날 본 구절의 파수꾼은 이스라엘 백성에게 거짓으로 예언한 예언자들을 말한다. 그래서 하나님의 심판이 그들에게 먼저 임하

포도알이 하나도 없고, 내가 그렇
게도 좋아하는 무화과 열매가, 하
나도 남지 않고 다 없어졌구나.
2 이 땅에 신실한 사람은 하나도 남
지 않았다. 정직한 사람이라고는
볼래야 볼 수도 없다. 남아 있는
사람이라고는 다만, 사람을 죽이
려고 숨어서 기다리는 자들과, 이
웃을 올가미에 걸어서 잡으려고
하는 자들뿐이다.
3 악한 일을 하는 데는 이력이 난
사람들이다. 모두가 탐욕스러운
관리, 돈에 매수된 재판관, 사리
사욕을 채우는 권력자뿐이다. 모
두들 서로 공모한다.
4 그들 가운데서 제일 좋다고 하는
자도 쓸모 없는 잡초와 같고, 가장
정직하다고 하는 자도 가시나무
울타리보다 더 고약하다.
너희의 파수꾼의 날이 다가왔
다. 하나님께서 너희를 심판하실
날이 다가왔다.
이제 그들이 혼란에 빠질 때가
되었다.
5 너희는 이웃을 믿지 말아라. 친
구도 신뢰하지 말아라. 품에 안겨
서 잠드는 아내에게도 말을 다 털
어놓지 말아라.
6 이 시대에는, 아들이 아버지를 경
멸하고, 딸이 어머니에게 대들고,
며느리가 시어머니와 다툰다. 사
람의 원수가 곧 자기 집안 사람일
것이다.
7 그러나 나는 희망을 가지고 주
님을 바라본다. 나를 구원하실 하
나님을 기다린다. 내 하나님께서
내 간구를 들으신다.

주님께서 구원하여 주심

8 내 원수야, 내가 당하는 고난을
보고서, 미리 흐뭇해 하지 말아라.
나는 넘어져도 다시 일어난다. 지
금은 어둠 속에 있지만, 주님께서
곧 나의 빛이 되신다.
9 내가 주님께 죄를 지었으니, 이제
나는 주님의 분노가 가라앉기까
지 참고 있을 뿐이다. 마침내, 주
님께서는 나를 변호하시고, 내 권
리를 지켜 주시고, 나를 빛 가운
데로 인도하실 것이니, 내가 주님
께서 행하신 의를 볼 것이다.
10 그 때에 내 원수는 내가 구원 받
은 것을 보고 부끄러워할 것이다.
"주 너의 하나님이 어디 있느냐?"
하면서 나를 조롱하던 그 원수가
얼굴을 들지 못할 것이다. 내 원수
가 거리의 진흙처럼 밟힐 것이니,
패배당한 원수의 모습을 보게 될
것이다.
11 ㉠네 성벽을 다시 쌓아야 할 때
가 온다. 네 지경을 넓혀야 할 때

게 되었다. 그러나 백성들도 거짓 예언자들의 거짓 예언에 동조하고 따라간 죄가 있기 때문에 그들에게도 역시 하나님의 심판이 임하였다. 그래서 '파수꾼의 날'은 곧 '너희를(이스라엘을) 심판하실 날'이라고 말할 수 있다.

7:5-6 이스라엘의 범죄가 극도에 다다라서 인간다운 모습을 찾아볼 수 없다. 친구, 아내, 부모 자식 관계 등이 철저히 깨어졌다. 이제는 서로 사랑하고 화합하는 일이 없어졌다.

7:8-13 예루살렘은 자신들의 죄로 인해 벌받는 것이 마땅함을 깊이 깨닫고 있다. 그러나 예언자가 선포한 말씀에 근거하여 하나님의 신실하심과 자비로우심에 희망을 품고 있다. 예루살렘을 심판하시지만, 자기 백성과 그 나라를 어둠 속에서 다시 빛 가운데로 인도하실 것이다(8-9절).

7:13 악인들은 하나님의 구원의 약속이 자기들에게 적용될 것이라 생각하였다. 그러나 미가 예언

㉠ 예루살렘 도성에게 하는 말

가 온다.
12 그 때에 네 백성이 사방으로부터
네게로 되돌아온다. 앗시리아로부
터, 이집트의 여러 성읍으로부터,
심지어 이집트에서부터 유프라테
스 강에 이르기까지 이 바다에서
저 바다까지 이 산에서 저 산까지
네 백성이 네게로 되돌아올 것이
다.
13 그들이 살던 땅은, 거기에 사는 악
한 자들의 죄 때문에, 사막이 되
고 말 것이다.

기도와 찬양

14 주님, 주님의 지팡이로 주님의
백성을 인도하시는 목자가 되어
주십시오. 이 백성은 주님께서 선
택하신 주님의 소유입니다. 이 백
성은 멀리 떨어진 황무지에 살아
도, 그 주변에는 ㉠기름진 초장이
있습니다. 옛날처럼 주님의 백성
을 바산과 길르앗에서 먹여 주십
시오.
15 ㉡"네가 이집트에서 나올 때처럼
내가 그들에게 기적을 보이겠다."
16 민족들이 그 기적을 보면, 제
아무리 힘센 민족이라도, 기가 꺾
이고 말 것입니다. 간담이 서늘해
서 입을 막을 것이며 귀는 막힐 것
이며,
17 그들이 뱀처럼 티끌을 핥으며, 땅
에 기는 벌레처럼 무서워 떨면서
그 좁은 구멍에서 나와서 두려워
하며 주 우리의 하나님께로 돌아
와서 주님 때문에 두려워할 것입
니다.
18 주님, 주님 같으신 하나님이 또 어
디에 있겠습니까. 주님께서는 죄
악을 사유하시며 살아 남은 주님
의 백성의 죄를 용서하십니다. 진
노하시되, 그 노여움을 언제까지
나 품고 계시지는 않고, 기꺼이 한
결같은 사랑을 베푸십니다.
19 주님께서 다시 우리에게 자비를
베푸시고, 우리의 모든 죄를 주님
의 발로 밟아서, 저 바다 밑 깊은
곳으로 던지십니다.
20 주님께서는 옛적에 우리의 조상에
게 맹세하신 대로, 야곱에게 성실
을 베푸시며, 아브라함에게 인애
를 더하여 주십니다.

자는 본문에서 악한 이스라엘 주민들의 죄 때문에 그 땅이 멸망하리라고 예언하고 있다.

7:14–17 예언자는 하나님께서 주신 구원의 약속을 듣고 *기도한다. 이 기도는 베들레헴*에서 나온 다스릴 자가 주님의 능력으로 자기 백성을 먹이리라는 약속(5:2–5)과 연결된다. 예언자는 하나님이 그의 백성을 양떼와 같이 먹여 주시고, 백성들에게 자비를 베푸시길 바란다. 예언자의 기도를 들으신 하나님은 기적을 보이실 것을 약속하시며 예언자의 간구보다 더 넘치게 응답하신다.

7:18 주님 같으신 하나님이 또 어디에 있겠습니까 미가는 하나님이 보여 주신 놀라운 약속에 압도되어, 하나님의 은혜와 자비를 찬양하는 웅장한 찬송가를 터뜨린다.

7:20 인애 하나님은 비록 자신의 백성들이 언약에 불성실하여 많은 죄악을 범했을지라도, 무한하신 자비로 그들을 용납하신다는 것을 뜻한다.

㉠ 또는 '갈멜' ㉡ 주님의 말

나훔서

저자 본서의 저자는 '엘고스 사람 나훔'으로 기술되어 있다. 나훔이란 이름은 '위로', '위안', '구원'이란 뜻을 갖고 있다. 본서의 주요 메시지는 임박한 니느웨의 멸망이었지만, 그 안에는 앗시리아로부터 압제받던 유다의 구원에 대한 메시지가 담겨 있다. 이런 의미에서 그는 예언자란 명칭을 받을 만하였다. 나훔은 자기 백성에 대해서는 심판이나 징벌을 한마디도 선포하지 않았고 오직 위로의 말만 하였다.

저작 연대 B.C. 663–612년경

기록 장소와 대상 기록 장소는 유다이며, 앗시리아 민족과 그 나라의 수도인 니느웨 성 백성을 대상으로 썼을 뿐만 아니라 유다에 있는 하나님의 백성들을 권면하고 위로하기 위하여 본서를 기록했다.

핵심어 및 내용 나훔서의 핵심어는 '막강한 힘'과 '위로'이다. 인간의 눈으로 볼 때 니느웨는 막강하고 강력한 성이었다. 이 니느웨 성은 100피트 높이의 큰 성벽(이 성벽 위로 동시에 6개의 마차가 달릴 수 있는 도로가 나 있었다)과 60피트 깊이의 연못으로 둘러싸여 있었다. 그러나 나훔은 이와 같은 가공할 만한 위협에도 불구하고 그의 백성들에게 계속해서 위로의 말을 선포했다. 아무리 강력한 인간들이 침공해 올지라도 전능하신 하나님께서 그들로 하여금 능히 이기도록 도와주실 것이다.

내용 분해

1. 니느웨의 멸망에 대한 선포(1:1–15)
2. 니느웨가 멸망하는 광경(2:1–13)
3. 니느웨의 패배를 노래함(3:1–19)

1

이것은 엘고스 사람 나훔이, 니느
웨가 형벌을 받을 것을 내다보고
쓴 묵시록이다.

니느웨를 향한 주님의 분노

2 주님은 질투하시며 원수를 갚으
시는 하나님이시다. 주님은 원수
를 갚으시고 진노하시되, 당신을
거스르는 자에게 원수를 갚으시
며, 당신을 대적하는 자에게 진노
하신다.
3 주님은 좀처럼 노하지 않으시고
권능도 한없이 많으시지만, 주님
은 절대로, 죄를 벌하지 않은 채
내버려 두지는 않으신다. 회오리
바람과 폭풍은 당신이 다니시는
길이요, 구름은 발 밑에서 이는 먼
지이다.
4 주님께서는 바다를 꾸짖어 말리
시고, 모든 강을 말리신다. 바산과
갈멜의 숲이 시들며, 레바논의 꽃
이 이운다.
5 주님 앞에서 산들은 진동하고, 언
덕들은 녹아 내린다. 그의 앞에서
땅은 뒤집히고, 세상과 그 안에
있는 모든 것은 곤두박질한다.
6 주님께서 진노하실 때에 누가 감
히 버틸 수 있으며, 주님께서 분노
를 터뜨리실 때에 누가 감히 견딜
수 있으랴? 주님의 진노가 불같
이 쏟아지면, 바위가 주님 앞에서
산산조각 난다.
7 주님은 선하시므로, 환난을 당할
때에 피할 피난처가 되신다. 주님
께 피하는 사람은 주님께서 보살
펴 주시지만,
8 니느웨는 범람하는 홍수로 쓸어
버리시고, 원수들을 흑암 속으로
던지신다.
9 ㉠그들이 아무리 주님을 거역하
여 음모를 꾸며도 주님께서는 그
들을 단번에 없애 버리실 것이니,
두 번까지 수고하지도 않으실 것
이다.
10 그들은 가시덤불처럼 엉클어지고,
술고래처럼 곯아떨어져서, 마른

㉠ 또는 '너희가 주님께 대항하여 무엇을 꾀하느냐?'

검불처럼 다 타 버릴 것이다.
11 주님을 거역하며 음모를 꾸미는
자, 흉악한 일을 부추기는 자가, 바
로 너 니느웨에게서 나오지 않았
느냐?
12 "나 주가 말한다. 그들의 힘이
막강하고 수가 많을지라도, 잘려
서 없어지고 말 것이다.
비록 내가 ㉠너를 괴롭혔으나, 다
시는 너를 더 괴롭히지 않겠다.
13 나 이제 너에게서 그들의 멍에를
꺾어 버리고, 너를 묶은 사슬을
끊겠다."
14 주님께서 ㉡너를 두고 명하신 것
이 있다. "너에게서는 이제, 네 이
름을 이을 자손이 나지 않을 것이
다. 네 산당에서 새겨 만든 신상
과 부어 만든 우상을 다 부수어
버리며, 네가 쓸모 없게 되었으니,
내가 이제 네 무덤을 파 놓겠다."
15 보아라, 좋은 소식을 전하는 사
람, 평화를 알리는 사람이 산을
넘어서 달려온다. 유다야, 네 절기
를 지키고, 네 서원을 갚아라. 악
한 자들이 완전히 사라졌으니, 다
시는 너를 치러 오지 못한다.

니느웨의 멸망

2 침략군이 ㉡너를 치러 올라왔다.
성을 지켜 보려무나. 길을 지켜 보
려무나. 허리를 질끈 동이고 있는
힘을 다하여 막아 보려무나.
2 (약탈자들이 야곱과 이스라엘
을 약탈하고, 포도나무 가지를 없
애 버렸지만, 주님께서 야곱의 영
광을 회복시키시며, 이스라엘의
영광을 회복시키실 것이다.)
3 적군들은 붉은 방패를 들고, 자
주색 군복을 입었다. 병거가 대열
을 지어 올 때에 그 철갑이 불꽃
처럼 번쩍이고, ㉢노송나무 창이
물결 친다.
4 병거들이 질풍처럼 거리를 휩쓸
고, 광장에서 이리저리 달리니, 그
모양이 횃불 같고, 빠르기가 번개
같다.
5 정예부대를 앞세웠으나, 거꾸러
지면서도 돌격한다. 벼락같이 성
벽에 들이닥쳐 성벽 부수는 장치
를 설치한다.
6 마침내 강의 수문이 터지고, 왕궁
이 휩쓸려서 떠내려간다.
7 ㉣왕후가 벌거벗은 몸으로 끌려가
고, 시녀들이 비둘기처럼 구슬피
울면서 가슴을 치는 것은 정해진
일이다.
8 니느웨는 생길 때로부터, 물이
가득 찬 연못처럼 주민이 가득하
였으나, 이제 모두 허겁지겁 달아
나니, "멈추어라, 멈추어라!" 하고
소리를 치나, 뒤돌아보는 사람이

1장 요약 니느웨(앗시리아)는 요나의 전도로 국민적인 회개를 하였으나 다시 이전의 악을 자행함으로써 최종적인 심판을 선고받게 된다.

2장 요약 실제 앗시리아는 메대와 바빌로니아 연합군에 의해 역사에서 사라졌다. 하나님의 도구였던 앗시리아가 심판을 받게 된 것이다. 의인이라도 죄를 돌이키지 않으면 하나님의 징계를 피할 길이 없다.

2:5 정예부대를 앞세웠으나 이 구절은 '왕이 지휘관들을 불러냈다'라는 뜻이다. 니느웨 왕이 군대의 지휘관들을 불러 군사적 조치를 취했지만, 그러한 노력은 아무 쓸모가 없다. 이 도시의 운명은 확정되었고, 왕궁은 무방비 상태로 적의 손에 넘어간다(6절).

㉠ 유다를 두고 말함 ㉡ 니느웨를 두고 말함 ㉢ 칠십인역과 시리아어역에는 '기마병이 질주해 온다' ㉣ 또는 '도성(사람들)이 모두 포로로 잡혀 가고'

없다.
9 은을 털어라! 금을 털어라! 얼
마든지 쌓여 있다. 온갖 진귀한
보물이 많기도 하구나!
10 털리고 털려서 빈털터리가 되었다.
떨리는 가슴, 후들거리는 무릎, 끊
어질 것같이 아픈 허리, 하얗게 질
린 얼굴들!
11 그 사자들의 굴이 어디에 있느
냐? 사자들이 그 새끼들을 먹이
던 곳이 어디에 있느냐? 수사자와
암사자와 새끼 사자가 겁없이 드
나들던 그 곳이 어디에 있느냐?
12 수사자가 새끼에게 먹이를 넉넉히
먹이려고, 숱하게 죽이더니, 암컷에
게도 많이 먹이려고, 먹이를 많이
도 죽이더니, 사냥하여 온 것으로
바위 굴을 가득 채우고, 잡아온 먹
이로 사자굴을 가득 채우더니.
13 "내가 너를 치겠다. 나 만군의
주의 말이다. 네 병거를 불살라서
연기와 함께 사라지게 하겠다. 너
의 새끼 사자들은 칼을 맞고 죽을
것이다. 이 세상에 네 먹이를 남겨
놓지 않겠다. 네가 보낸 전령의 전
갈이 다시는 들리지 않을 것이다."

3 1 너는 망한다! 피의 도성! 거짓
말과 강포가 가득하며 노략질을
그치지 않는 도성!
2 *찢어지는 듯한 말채찍 소리, 요란*
하게 울리는 병거 바퀴 소리. 말
이 달려온다. 병거가 굴러온다.
3 기병대가 습격하여 온다. 칼에 불
이 난다. 창은 번개처럼 번쩍인다.
떼죽음, 높게 쌓인 시체 더미, 셀
수도 없는 시체. 사람이 시체 더미
에 걸려서 넘어진다.
4 이것은 네가, 창녀가 되어서 음행
을 일삼고, 마술을 써서 사람을
홀린 탓이다. 음행으로 뭇 나라를
홀리고, 마술로 뭇 민족을 꾀었기
때문이다.
5 "이제 내가 너를 치겠다. 나 만
군의 주가 선언한다. 내가 네 치마
를 네 얼굴 위로 걷어 올려서 네
벌거벗은 것을 뭇 나라가 보게 하
고, 네 부끄러운 곳을 뭇 왕국이
보게 하겠다.
6 오물을 너에게 던져서 너를 부끄럽
게 하고, 구경거리가 되게 하겠다.
7 너를 보는 사람마다 '니느웨가 망
하였다만, 누가 그를 애도하랴?'
하면서 너를 피하여 달아나니, 너
를 위로할 자들을, 내가 어디에서
찾아올 수 있겠느냐?"
8 네가 ㉠테베보다 나은 것이 무엇
이냐? 나일 강 옆에 자리 잡은 테
베, 강물에 둘러 싸여 그 큰 물이
방어벽이 되고 그 큰 물이 성벽이
된 그 성읍,

3장 요약 본장에서는 니느웨의 멸망이 다각도로 언급된다. 나훔은 니느웨의 멸망이 거짓말, 강포, 노략질, 살육 때문이라 한다. 이는 자신들이 하나님의 도구임을 모르고 이스라엘과 주변국을 압제한 것을 염두에 둔 표현이다.

3:2–3 공격자들의 니느웨 진군(2절)과 전쟁의 불가피한 결과, 곧 수많은 사상자의 발생(3절)을 사실적으로 묘사한다. 이는 공의로우시고 거룩하신 하나님께서 니느웨 사람들에게 내리실 끔찍한 심판이다.

3:4–7 앗시리아의 몰락 원인을 창녀의 비유로 보여 주고 있다. 니느웨는 가장 큰 수치를 당하며(5절), 그것에 더하여 오물, 곧 똥물로 끼얹음을 당하여 웃음거리가 될 것이다(6절). 그때 니느웨는 애도하거나 위로할 자도 찾지 못할 것이다(7절).

3:8–9 테베는 나일 강 둑 위에 있었다. 테베는

㉠ 히, '노아몬'

나

9 ㉠에티오피아와 이집트가 얼마든
지 힘이 되어 주고 붓과 리비아가
도와주었다.
10 그러나 그러한 성읍의 주민도 사
로잡혀 가고, 포로가 되어서 끌려
갔다. 어린 아이들은 길거리 모퉁
이 모퉁이에서 나동그라져서 죽
고, 귀족들은 제비 뽑혀서 잡혀
가고, 모든 지도자가 사슬에 묶여
서 끌려갔다.
11 너 또한 술에 취해서 갈팡질팡하
고, 원수를 피하여 숨을 곳을 찾
아, 허둥지둥 할 것이다.
12 네 모든 요새가 무화과처럼 떨
어질 것이다. 흔들기만 하면 먹을
이의 입에 떨어지는, 처음 익은 무
화과처럼 될 것이다.
13 ㉡네 군인들을 보아라. 그들은 모
두 여자들이다! 밀어닥치는 대적
들 앞에서 네 땅의 성문들은 모두
열리고, 빗장은 불에 타 버렸다.
14 이제 에워싸일 터이니, 물이나
길어 두려무나. 너의 요새를 탄탄
하게 해 두어야 할 것이니, 수렁
속으로 들어가서 진흙을 짓이기
고, 벽돌을 찍어 내려무나.
15 느치가 풀을 먹어 치우듯이, 거기
에서 불이 너를 삼킬 것이고, 칼
이 너를 벨 것이다.
느치처럼 불어나 보려무나. 메
뚜기처럼 불어나 보려무나.
16 네가 상인들을 하늘의 별보다 더
많게 하였으나, 느치가 땅을 황폐
하게 하고 날아가듯이 그들이 날
아가고 말 것이다.
17 너희 수비대가 메뚜기 떼처럼 많
고 너의 관리들이 느치처럼 많아
도, 추울 때에는 울타리에 붙어
있다가 해가 떠오르면 날아가고
마는 메뚜기 떼처럼, 어디론가 멀
리 날아가고 말 것이다.
18 앗시리아의 왕아, 네 ㉢목자들이
다 죽고 네 귀족들이 영영 잠들었
구나. 네 백성이 이 산 저 산으로
흩어졌으나, 다시 모을 사람이 없
구나.
19 네 상처는 고칠 길이 없고, 네 부
상은 치명적이다. 네 소식을 듣는
이들마다, 네가 망한 것을 보고 기
뻐서 손뼉을 친다. 너의 계속되는
학대를 받지 않았다고 생각하는
사람이 어디에 있느냐?

B.C. 711-663년까지 이집트의 수도였다. 니느웨는 스스로 난공불락의 성으로 생각했지만, 곧 테베처럼 패배할 것이다.

3:14 *이제…물이나 길어 두려무나* 침략군이 성을 포위하면 맨 먼저 성으로 들어가는 물줄기를 끊게 되는데, 이에 대한 어떠한 대비를 하더라도 아무 소용이 없게 될 것이다.

3:15 **느치처럼 불어나 보려무나** 느치는 곡식 가루 속에 사는 해충이다. 니느웨가 사방에서 군대들을 느치처럼 많이 소집할지라도 소용이 없으리라는 뜻이다.

3:18-19 마지막 말씀은 앗시리아 왕에게 해당된다. 그의 '목자'(영주)들과 '귀족'들은 영원한 죽음의 잠에 빠지고, 그의 백성들도 모조리 사라질 것이다. 니느웨는 B.C. 612년에 바빌로니아와 메대의 연합 공격으로 파괴되었다.

㉠ 또는 '누비아', 히. '구스' ㉡ 또는 '네 군인들은 모두 힘없는 여자와 같다' ㉢ 또는 '지도자들'

하박국서

HABAKKUK

저자 하박국 예언자에 대해서는 본서에서 추론할 수 있는 것을 제외하고는 알려진 바가 없다. 본서에서도 그는 자기 족보와 예언 연대를 언급해 놓고 있지 않다. 단지 '시기오놋'(3:1), '음악 지휘자'(3:19) 등 전문 음악 용어가 나타나는 것을 근거로 레위 자손으로 추정한다.

저작 연대 B.C. 609–589년경

기록 장소와 대상 기록 장소는 유다이며, 하나님을 의지하는 믿음을 가르치고 의인의 고통과 악인의 형통은 일시적인 것이라는 것과 하나님의 공의가 반드시 이루어진다는 것을 알게 하기 위해 유다 백성을 대상으로 본서를 기록하였다.

핵심어 및 내용 하박국서의 핵심어는 '믿음'과 '정의'이다. "의인은 믿음으로 산다"는 본서의 주제는 사도 바울과 히브리서 기자에 의해 더욱 발전되었으며 종교 개혁과 루터의 개혁 이념이기도 하였다.

내용 분해

1. 머리말(1:1)
2. 왜 하나님께서 불의를 그냥 두시는가?(1:2–4)
3. 하나님의 대답(1:5–11)
4. 왜 하나님께서 악한 자를 사용하시는가?(1:12–2:1)
5. 하나님의 대답(2:2–4)
6. 불의에 대한 다섯 가지 저주(2:5–20)
7. 하박국 예언자의 기도(3:1–19)

1

1 이것은 예언자 하박국이 묵시로
받은 말씀이다.

하박국의 호소

2 살려 달라고 부르짖어도 듣지
않으시고, "폭력이다!" 하고 외쳐
도 구해 주지 않으시니, 주님, 언
제까지 그러실 겁니까?
3 어찌하여 나로 불의를 보게 하십
니까? 어찌하여 악을 그대로 보기
만 하십니까? 약탈과 폭력이 제
앞에서 벌어지고, 다툼과 시비가
그칠 사이가 없습니다.
4 율법이 해이하고, 공의가 아주 시
행되지 못합니다. 악인이 의인을
협박하니, 공의가 왜곡되고 말았
습니다.

주님의 대답

5 "너희는 민족들을 눈여겨 보아
라. 놀라고 질겁할 일이 벌어질 것
이다. 너희가 살아 있는 동안에,
내가 그 일을 벌이겠다. 너희가 듣
고도, 도저히 믿지 못할 일을 벌이
겠다.
6 이제 내가 ㉠바빌로니아 사람을 일
으키겠다. 그들은 사납고 성급한
민족이어서, 천하를 주름 잡고 돌
아다니며, 남들이 사는 곳을 제
것처럼 차지할 것이다.
7 그들은 두렵고 무서운 백성이
다. 자기들이 하는 것만이 정의라
고 생각하고, 자기들의 권위만을
내세우는 자들이다.
8 그들이 부리는 말은 표범보다 날
쌔고, 해거름에 나타나는 굶주린
늑대보다도 사납다. 그들의 기병
은 쏜살같이 달린다. 먼 곳에서
그렇게 달려온다. 먹이를 덮치는
독수리처럼 날쌔게 날아온다.
9 그들은 폭력을 휘두르러 오는데,
폭력을 앞세우고 와서, 포로를 모
래알처럼 많이 사로잡아 갈 것이
다.
10 그들은 왕들을 업신여기고, 통치
자들을 비웃을 것이다. 견고한 성
도 모두 우습게 여기고, 흙언덕을

㉠ 또는 '갈대아'

쌓아서 그 성들을 점령할 것이다.
11 그러나 제 힘이 곧 하나님이라
고 여기는 이 죄인들도 마침내 바
람처럼 사라져서 없어질 것이다."

하박국이 다시 호소하다

12 주님, 주님께서는 옛날부터 계시
지 않으셨습니까? 나의 하나님,
나의 거룩하신 주님, ㉠우리는 죽
지 않을 것입니다. 주님, 주님께서
는 우리를 심판하시려고 ㉡그를 일
으키셨습니다. 반석이신 주님께서
는 우리를 벌하시려고 그를 채찍
으로 삼으셨습니다.
13 주님께서는 눈이 맑으시므로, 악
을 보시고 참지 못하시며, 패역을
보고 그냥 계시지 못하시는 분입
니다. 그런데 어찌하여 배신자들
을 보고만 계십니까? 악한 민족
이 착한 백성을 삼키어도, 조용히
만 계십니까?
14 주님께서 백성들을 바다의 고기처
럼 만드시고 다스리는 자가 없는
바다 피조물처럼 만드시니,
15 ㉢악한 대적이 낚시로 백성을 모
두 낚아 올리며, 그물로 백성을 사
로잡아 올리며, 좽이로 끌어 모으
고는, 좋아서 날뜁니다.
16 그러므로 ㉢그는 그 그물 덕분에
넉넉하게 살게 되고 기름진 것을
먹게 되었다고 하면서, 그물에다
가 고사를 지내고, 좽이에다가 향
을 살라 바칩니다.
17 그가 그물을 떨고 나서, 곧 이어
무자비하게 뭇 백성을 죽이는데,
그가 이렇게 해도 되는 것입니까?

주님의 응답

2 내가 초소 위에 올라가서 서겠다.
망대 위에 올라가서 나의 자리를
지키겠다. 주님께서 나에게 무엇
이라고 말씀하실지 기다려 보겠
다. 내가 호소한 것에 대하여 ㉣주
님께서 어떻게 대답하실지를 기다
려 보겠다.
2 주님께서 나에게 대답하셨다.
"너는 이 묵시를 기록하여라. 판
에 똑똑히 새겨서, ㉤누구든지 달
려가면서도 읽을 수 있게 하여라.
3 이 묵시는, 정한 때가 되어야 이루
어진다. 끝이 곧 온다는 것을 말
하고 있다. 이것은 공연한 말이 아
니니, 비록 더디더라도 그 때를 기
다려라. 반드시 오고야 만다. 늦어
지지 않을 것이다.
4 마음이 한껏 부푼 교만한 자를
보아라. 그는 정직하지 못하다. 그
러나 의인은 믿음으로 산다.
5 ㉥부유한 재산은 사람을 속일
뿐이다. 탐욕스러운 사람은 거만
하고, 탐욕을 채우느라고 쉴 날이
없다. 그러나 탐욕은 ㉦무덤과도

1장 요약 하박국은 하나님께 이 세상의 불의(2–4절)와 악인의 발흥(12–17절)에 대해 신앙적 질문을 하고 있다.

1:2–2:20 하박국 예언자와 하나님과의 대화로, 주제는 '악인이 왜 처벌을 받지 않고 있으며, 하나님은 왜 기도에 응답하시지 않으시는가?'이다.
1:3 악 '바르지 못한 길'이라는 의미이다. 불순종하여 하나님의 계명을 왜곡시키는 행위를 뜻한다.

2장 요약 하박국의 질문에 대한 하나님의 답변은 직접적이지 않았다. 하나님은 악의 발흥이나 도처에 횡행하는 불의에 대한 설명 없이 다만 참고 기다리며(2–3절), 의인에게 믿음으로 살라고 하셨다(4절).

㉠ 고대 히브리 전통에서는 '주님은 영원히 살아계시는 분이십니다' ㉡ 바빌로니아 ㉢ 바빌로니아 사람 ㉣ 시리아어역을 따름. 히, '내가' ㉤ 또는 '전령이 그것을 가지고 달려가게 하여라' ㉥ 히브리어 사본 가운데 일부는 '포도주' ㉦ 히, '스올'

같아서, 그들이 스올처럼 목구멍
을 넓게 벌려도, 죽음처럼 성이 차
지 않을 것이다. 그들이 모든 나
라를 정복하고 모든 민족을 사로
잡지만,
6 정복당한 자 모두가 빈정대는
노래를 지어서 정복자를 비웃으
며, 비웃는 시를 지어서 정복자를
욕하지 않겠느냐?
그들이 너를 보고 '남의 것을 긁
어 모아 네 것을 삼은 자야, 너는
망한다!' 할 것이다. 빼앗은 것으
로 부자가 된 자야, 네가 언제까지
그럴 것이냐?
7 빚쟁이들이 갑자기 들이닥치지 않
겠느냐? 그들이 잠에서 깨어서,
너를 괴롭히지 않겠느냐? 네가 그
들에게 털리지 않겠느냐?
8 네가 수많은 민족을 털었으니, 살
아 남은 모든 민족에게 이제는 네
가 털릴 차례다. 네가 사람들을
피 흘려 죽게 하고, 땅과 성읍과
그 안에 사는 주민에게 폭력을 휘
두른 탓이다.
9 그들이 너를 보고 '네 집을 부유
하게 하려고 부당한 이득을 탐내
는 자야, 높은 곳에 둥지를 틀고
재앙에서 벗어나려 하지만, 너는
망한다!' 할 것이다.
10 네가 뭇 민족을 꾀어서 망하게 한
것이 너의 집안에 화를 불러들인
것이고, 너 스스로 죄를 지은 것이
다.
11 담에서 돌들이 부르짖으면, 집에
서 들보가 대답할 것이다.
12 그들이 너를 보고 '피로 마을을
세우며, 불의로 성읍을 건축하는
자야, 너는 망한다!' 할 것이다.
13 네가 백성들을 잡아다가 부렸지
만, 그들이 애써 한 일이 다 헛수
고가 되고, 그들이 세운 것이 다
불타 없어질 것이니, 이것이 바로
나 만군의 주가 하는 일이 아니겠
느냐?
14 바다에 물이 가득하듯이, 주의 영
광을 아는 지식이 땅 위에 가득할
것이다.
15 그들이 너를 보고 '홧김에 이웃
에게 술을 퍼 먹이고 술에 취하여
곯아떨어지게 하고는, 그 알몸을
헤쳐 보는 자야, 너는 망한다!' 할
것이다.
16 영광은 커녕, 실컷 능욕이나 당할
것이다. 이제는 네가 마시고 곯아
떨어져 네 알몸을 드러낼 것이다.
주의 오른손에 들린 심판의 잔이
네게 이를 것이다. 더러운 욕이 네
영광을 가릴 것이다.
17 네가 레바논에서 저지른 폭력이
이제, 네게로 되돌아갈 것이다. 네

2:3 정한 때가 되어야 이루어진다 정한 때란 하나님의 약속이 완전히 이루어지는 때로서 여인의 후손, 곧 메시아가 임하실 때를 가리킨다.

2:9 높은 곳에 둥지를 틀고 독수리가 접근 못할 곳에 둥지를 트는 것처럼, 바빌로니아 사람들도 그들의 제국이 정복될 수 없을 것으로 생각하였다(옵 1:3-4;참조. 사 14:4,13-15). **너는 망한다** 바빌로니아의 교만함이 정죄를 받는다.

2:12-14 피에 굶주린 잔인한 바빌로니아 왕에게 화가 미친다. 바빌로니아 궁정과 사원 등은 매우 찬란하였다. 모든 방문객들은 그것을 보고 놀랐으며, 아무도 바빌로니아가 함락되리라 생각하지 않았다. 그러나 하나님께서는 그런 헛된 영광을 보시지 않고 그들이 살육한 수많은 사람들의 피를 보시고 멸망을 선고하셨다.

2:14 주님께서 장차 교만한 바빌로니아와 그 모든 세상적 영광을 멸하시면 주님의 더 크신 영광이 온 세상에 널리 알려지게 될 것이다.

가 짐승을 잔인하게 죽였으나, 이
제는 그 살육이 너를 덮칠 것이다.
사람들을 학살하면서, 땅과 성읍
과 거기에 사는 주민에게 폭력을
휘둘렀기 때문이다.
18 우상을 무엇에다 쓸 수 있겠느
냐? 사람이 새겨서 만든 것이 아
니냐? 거짓이나 가르치는, 부어 만
든 우상에게서 무엇을 얻을 수 있
겠느냐? 그것을 만든 자가 자신이
만든 것을 의지한다고 하지만, 그
것은 말도 못하는 우상이 아니냐?
19 나무더러 '깨어나라!' 하며, 말
못하는 돌더러 '일어나라!' 하는
자야, 너는 망한다! 그것이 너를
가르치느냐? 기껏 금과 은으로 입
힌 것일 뿐, 그 안에 생기라고는
전혀 없는 것이 아니냐?
20 나 주가 거룩한 성전에 있다. 온
땅은 내 앞에서 잠잠하여라."

하박국의 기도

3 이것은 시기오놋에 맞춘 예언자
하박국의 기도이다.
2 주님, 내가 주님의 명성을 듣습
니다. 주님, 주님께서 하신 일을
보고 놀랍니다. 주님의 일을 우리
시대에도 새롭게 하여 주십시오.
우리 시대에도 알려 주십시오. 진
노하시더라도, 잊지 마시고 자비
를 베풀어 주십시오.
3 하나님이 데만에서 오신다. 거
룩하신 분께서 바란 산에서 오신
다. (셀라) 하늘은 그의 영광으로
뒤덮이고, 땅에는 찬양 소리가 가
득하다.
4 그에게서 나오는 빛은, 밝기가 햇
빛 같다. 두 줄기 불빛이 그의 손
에서 뻗어 나온다. 그 불빛 속에
그의 힘이 숨어 있다.
5 질병을 앞장 세우시고, 전염병을
뒤따라오게 하신다.
6 그가 멈추시니 땅이 흔들리고, 그
가 노려보시니 나라들이 떤다. 언
제까지나 버틸 것 같은 산들이 무
너지고, 영원히 서 있을 것 같은
언덕들이 주저앉는다. 그의 길만
이 영원하다.
7 내가 보니, 구산의 장막이 환난을
당하고, 미디안 땅의 휘장이 난리
를 만났구나.
8 주님, 강을 보고 분히 여기시는
것입니까? 강을 보고 노를 발하시
는 것입니까? 바다를 보고 진노하
시는 것입니까? 어찌하여 구원의
병거를 타고 말을 몰아오시는 것
입니까?
9 주님께서 활을 꺼내시고, 살을 메
우시며, 힘껏 잡아당기십니다. (셀
라) 주님께서 강줄기로 땅을 조각
조각 쪼개십니다.

3장 요약 하박국은 두 번에 걸친 하나님의 응답에 자신의 의문을 어느 정도 해소할 수 있었다. 그는 장차 오실 하나님께서 만물의 질서를 바로잡고 선악 간에 심판할 것임을 찬양하고 있다. 이것은 그가 역사의 종말에 강림하실 메시아를 기다리고 바랐다는 의미이기도 하다.

3:3 셀라 문자적 의미는 '목소리를 높이다', '찬양하다'이지만, 그 용법에 대해서는 아직 확실히 알려져 있지 않다.

3:11 빛 주님의 날에 나타나게 될 화살과 창에 의한 분노의 빛이다. 그때는 하늘의 모든 별들이 빛을 내지 않을 것이며 해가 떠올라도 어둡고 달도 빛을 내지 않을 것이다(사 13:6-10).

3:14 폭풍 메시아의 왕국을 무너뜨리려고 사납게 달려드는 사탄의 세력, 또는 유다를 침공할 바벨로니아의 포악함을 묘사하는 단어이다.

3:16-19 하박국 예언자는 자기가 본 환상(3-15

10 산이 주님을 보고 비틀거립니다.
거센 물이 넘칩니다. 지하수가 소
리를 지르며, 높이 치솟습니다.
11 주님께서 번쩍이는 화살을 당기
고, 주님께서 날카로운 창을 내던
지시니, 그 빛 때문에 해와 달이
하늘에서 멈추어 섭니다.
12 주님께서 크게 노하셔서 땅을 주
름 잡으시며, 진노하시면서 나라
들을 짓밟으십니다.
13 주님께서 주님의 백성을 구원하시
려고 오십니다. 친히 기름 부으신
사람을 구원하시려고 오십니다.
악한 족속의 우두머리를 치십니
다. 그를 따르는 자들을 뿌리째
뽑아 버리십니다. (셀라)
14 그들이 우리를 흩으려고 폭풍처럼
밀려올 때에, 숨어 있는 가엾은 사
람을 잡아먹으려고 그들이 입을
벌릴 때에, 주님의 화살이 그 군대
의 지휘관을 꿰뚫습니다.
15 주님께서는 말을 타고 바다를 밟
으시고 큰 물결을 휘저으십니다.
16 그 소리를 듣고 나의 창자가 뒤
틀린다. 그 소리에 나의 입술이 떨
린다. 나의 뼈가 속에서부터 썩어
들어간다. 나의 다리가 후들거린
다. 그러나 나는, 우리를 침략한
백성이 재난당할 날을 참고 기다
리겠다.
17 무화과나무에 과일이 없고 포
도나무에 열매가 없을지라도, 올
리브 나무에서 딸 것이 없고 밭에
서 거두어들일 것이 없을지라도,
우리에 양이 없고 외양간에 소가
없을지라도,
18 나는 주님 안에서 즐거워하련다.
나를 구원하신 하나님 안에서 기
뻐하련다.
19 주 하나님은 나의 힘이시다. 나의
발을 사슴의 발과 같게 하셔서,
산등성이를 마구 치닫게 하신다.
○이 노래는 음악 지휘자를 따라
서, 수금에 맞추어 부른다.

절) 때문에 극도로 떨며 불안해하고 있다. 그의 창자와 입술이 타들어갔으며 그의 뼈마디가 녹아 내리는 듯하였다. 그는 더 이상 서있을 힘이 없었다. 그러나 구원이 지연되고 유다가 침략을 당할지라도 하나님께서 때가 되면 틀림없이 이스라엘을 구하시리란 사실을 알게 된 하박국은 조용히 기다릴 수 있었다. 하박국은 메시아에 의한 민족의 구원을 확신하며 하나님을 찬양함으로 말씀을 맺는다. 하나님은 스스로 존재하는 분으로서 영원하시며 하나님의 구원은 세상 끝까지 이른다.
3:17-18 하나님은 스스로 존재하는 분으로서(출 3:14) 영원하시다. 하나님의 구원은 어제나 오늘이나 변함이 없으며 그 구원의 적용은 아담과 하와로부터 세상 말까지 이른다. 예언자 하박국은 메시아에 대한 개인적인 구원의 확신이 있었다.
3:19 나의 힘 예언자 하박국의 힘이 되는 것은 하나님의 구원이다. 그는 하나님의 교회가 대적들의 손에 쓰러지지 않을 것을 확신한다.

스바냐서

저자 스바냐 예언자는 나훔 예언자가 활동을 한 극악한 왕 므낫세 시대(B.C. 686–642년)와 하박국 예언자가 활동을 한 여호야김 시대(B.C. 609–507년) 사이에 활동하였다. 즉, 요시야 왕 때(B.C. 640–609년) 예언을 하였다(1:1). 스바냐 예언자는 므낫세 통치 때의 패악했던 종교 혼합주의(Syncretism)를 책망하여 요시야 왕으로 하여금 개혁 운동을 일으키게 하였던 것이다.

저작 연대 B.C. 640–630년경

기록 장소와 대상 기록 장소는 유다이고 대상은 유다 백성이다. 심판의 날인 '주님의 날'을 선포하고 '주님의 날'에 구원받을 '남은 자'들의 영광을 노래하기 위해 본서를 기록하였다.

핵심어 및 내용 스바냐서의 핵심어는 '보복', '주의 날', '남은 자들'이다. 스바냐는 하나님께서는 죄를 묵인하고 지나가는 분이 아니시고 죄를 미워하시는 거룩한 분이기 때문에, 모든 나라들은 다가올 '주의 날'에 그들의 죄에 대해서 심판을 받게 될 것이라고 큰 소리로 외쳤다. 그러나 하나님은 주의 백성을 남겨 놓으실 것이며, 그들 가운데 주님이 함께하셔서 그들을 높이시고 위로하시며 그들에게 기쁨을 줄 것이라고 약속하셨다.

내용 분해

1. 머리말(1:1)
2. 심판에 대한 경고(1:2–18)
3. 회개의 권면(2:1–3:8)
4. 구원의 약속(3:9–20)

1 아몬의 아들 유다 왕 요시야 때에,
주님께서 스바냐에게 하신 말씀이
다. 그의 아버지는 구시이고, 할아버
지는 그달리야이고, 그 윗대는 아마
라이고, 그 윗대는 히스기야이다.

심판의 날

2 "땅 위에 있는 모든 것을 내가
말끔히 쓸어 없애겠다. 나 주의
말이다.
3 사람도 짐승도 쓸어 없애고, 공중
의 새도 바다의 고기도 쓸어 없애
겠다. 남을 넘어뜨리는 자들과 악
한 자들을 거꾸러뜨리며, 땅에서
사람의 씨를 말리겠다. 나 주의
말이다.
4 내가 손을 들어서, 유다와 예루
살렘의 모든 주민을 치겠다. 이 곳
에 남아 있는 바알 신상을 없애
고, *이방 제사장*을 부르는 ㉠그마
림이란 이름도 뿌리 뽑겠다.
5 지붕에서 하늘의 뭇 별을 섬기는
자들, 주에게 맹세하고 주를 섬기
면서도 ㉡밀곰을 두고 맹세하는
자들,
6 주를 등지고 돌아선 자들, 주를
찾지도 않고 아무것도 여쭙지 않
는 자들을 내가 없애 버리겠다."
7 주님께서 심판하시는 날이 다가
왔으니, 주 하나님 앞에서 입을 다
물어라. 주님께서는 제물을 잡아
놓으시고서, 제물 먹을 사람들을
부르셔서 성결하게 하셨다.
8 "나 주가 제물을 잡는 날이 온
다. 내가 대신들과 왕자들과, ㉢이
방인의 옷을 입은 자들을 벌하겠
다.
9 그 날이 오면, ㉣문지방을 건너뛰
는 자들을 벌하겠다. 폭력과 속임
수를 써서, ㉤주인의 집을 가득 채
운 자들을 내가 벌하겠다.
10 그 날이 오면, '물고기 문'에서는
곡성이, '둘째 구역'에서는 울부짖
는 소리가, 산 위의 마을에서는 무
너지는 소리가 날 것이다. 나 주의

㉠ 이교의 제사장을 가리키는 말 ㉡ 히, '말감' ㉢ 이방 종교의 제사에서 입는 옷 ㉣ 이방 종교의 풍속(삼상 5:5) ㉤ 또는 '그 신들의 신전을 가득 채운'

말이다.
11 막데스에 사는 너희는 슬피 울어
라. 장사하는 백성은 다 망하고,
돈을 거래하는 자들은 끊어졌다.
12 그 때가 이르면, 내가 등불을
켜 들고 예루살렘을 뒤지겠다. 마
음 속으로 '주는 복도 내리지 않
고, 화도 내리지 않는다'고 말하는
술찌꺼기 같은 인간들을 찾아서
벌하겠다.
13 그들은 재산을 빼앗기고 집도 헐
릴 것이다. 그들은 집을 지으나, 거
기에서 살지 못할 것이며, 포도원
을 가꾸나, 포도주를 마시지 못할
것이다."
14 주님께서 심판하실 그 무서운 날
이 다가온다. 득달같이 다가온다.
들어라! 주님의 날에 부르짖는 저
비탄의 소리, 용사가 기운을 잃고
부르짖는 저 절규.
15 그 날은 주님께서 분노하시는 날
이다. 환난과 고통을 겪는 날, 무
너지고 부서지는 날, 캄캄하고 어
두운 날, 먹구름과 어둠이 뒤덮이
는 날이다.
16 나팔이 울리는 날, 전쟁의 함성이
터지는 날, 견고한 성읍이 무너지
는 날, 높이 솟은 망대가 무너지
는 날이다.
17 "내가 사람들을 괴롭힐 것이니,
그들은 눈먼 사람처럼 더듬거릴
것이다. 이것은 그들이 나 주에게
죄를 지은 탓이다. 그들의 피가 물
처럼 흐르고, 시체가 오물처럼 널
릴 것이다.
18 사람들이 가지고 있는 은과 금
이 그들을 건질 수 없다."
주님께서 분노하시는 날, 주님
의 불 같은 질투가 온 땅을 활활
태울 것이다. 땅에 사는 모든 사
람을 눈 깜짝할 사이에 없애실 것
이다.

회개의 탄원

2 함께 모여라. 함께 모여라. 창피한
줄도 모르는 백성아!
2 ㉠정해진 때가 이르기 전에 세월이
겨처럼 날아가기 전에, 주님의 격
렬한 분노가 너희에게 이르기 전
에, 주님께서 진노하시는 날이 너
희에게 이르기 전에, 함께 모여라.
3 주님의 명령을 따르면서 살아가는
이 땅의 모든 겸손한 사람들아, 너
희는 주님을 찾아라. 올바로 살도
록 힘쓰고, 겸손하게 살도록 애써
라. 주님께서 진노하시는 날에, 행
여 화를 피할 수 있을지도 모른다.

이스라엘 주변 나라들이 받는 벌

4 가사는 버림을 받을 것이며, 아
스글론은 폐허가 될 것이다. 아스
돗은 대낮에 텅 빌 것이며, 에그

1장 요약 스바냐는 하나님의 우주적 심판을 먼저 언급한 다음, 유다의 심판을 언급하고 있다. 이 예언은 유다가 바벨로니아의 침략에 굴복함으로 성취되었다.

1:2–3 노아 홍수 때의 심판을 연상시킨다(창 6:7; 7:23). 그 때는 물로써 심판했지만, 이제는 하나님의 불로 진멸하시겠다(18절;3:8)고 한다. 본문은 다가올 대종말의 심판을 가리킨다.

2장 요약 하나님은 심판의 와중에서도 구원의 문을 열어 놓으신다. 이것이 하나님의 긍휼이다. 스바냐는 이 같은 하나님의 긍휼을 붙잡을 것을 호소하고 있다. 이어서 이방 나라들이 파멸당할 것을 경고한다. 블레셋(4–7절), 모압과 암몬(8–11절), 에티오피아와 앗시리아(12–15절) 등에 대한 멸망을 예언하고 있다.

㉠ 히, '명령이 내리기 전에'

습

론은 뿌리째 뽑힐 것이다.
5 바닷가에서 사는 자들아, 그렛
섬에서 사는 민족아, 너희에게 재
앙이 닥칠 것이다. 블레셋 땅 가
나안아, 주님께서 너희에게 판결
을 내리신다.
"내가 너희를 없애 버려서 아무
도 살아 남지 못하게 하겠다."
6 바닷가의 땅은 풀밭이 되고, 거
기에 목동의 움막과 양 떼의 우리
가 생길 것이다.
7 바닷가 일대는, 살아 남은 유다
가문의 몫이 될 것이다. 거기에서
양 떼를 먹이다가 해가 지면, 아스
글론에 있는 집으로 가서 누울 것
이다. 주 그들의 하나님이 그들을
돌보셔서 ㉠사로잡혀 있는 곳에서
돌아가게 하실 것이다.
8 "모압이 욕을 퍼붓는 것과, 암몬
자손이 악담을 퍼붓는 것을, 내가
들었다. 그들이 나의 백성에게 욕
을 퍼붓고, 국경을 침범하였다.
9 그러므로 나는 나의 삶을 두고 맹
세한다. 이스라엘의 하나님, 만군
의 주가 선언한다. 이제 곧 모압은
소돔처럼 되고, 암몬 자손은 고모
라처럼 될 것이다. 거친 풀이 우거
지고, 둘레가 온통 소금 구덩이가
되고, 영원히 황무지가 될 것이다.
살아 남은 나의 백성이 그들을 털
며, 살아 남은 나의 겨레가 그 땅
을 유산으로 얻을 것이다."
10 ○이것은, 그들이 거만을 떤 것에
대한 보복이다. 그들이 만군의 주님
의 백성에게 욕을 퍼부은 탓이다.
11 주님께서 땅의 모든 신을 파멸하실
때에, 사람들은, 주님이 무서운 분이
심을 알게 될 것이다. 이방의 모든
섬 사람이 저마다 제 고장에서 주님
을 섬길 것이다.
12 "㉡에티오피아 사람아, 너희도
나의 칼에 맞아서 죽을 것이다."
13 주님께서 북녘으로 손을 뻗으시
어 앗시리아를 멸하며, 니느웨를
황무지로 만드실 것이니, 사막처
럼 메마른 곳이 될 것이다.
14 골짜기에 사는 온갖 들짐승이 그
가운데 떼를 지어 누울 것이며, 갈
가마귀도 올빼미도 기둥 꼭대기
에 깃들 것이며, 창문 턱에 앉아서
지저귈 것이다. 문간으로 이르는
길에는 돌조각이 너저분하고, 송
백나무 들보는 삭아 버릴 것이다.
15 본래는 한껏 으스대던 성, 안전하
게 살 수 있다던 성, '세상에는 나
밖에 없다' 하면서, 속으로 뽐내던
성이다. 그러나 어찌하여 이처럼
황폐하게 되었느냐? 들짐승이나
깃드는 곳이 되었느냐? 지나가는
사람마다 비웃으며 손가락질을

2:1–3 예언자는 임박한 심판의 날을 알려 준 후, 회개할 것을 촉구한다. 겸손한 사람들 회개하며 자신을 낮추는 자들이다.

2:8–11 하나님께서 아브라함에게 '너를 저주하는 사람에게는 내가 저주를 내릴 것이다'(창 12:3) 하신 대로, 모압과 암몬의 과거 행위를 심판하실 것이다.

2:9 나의 삶을 두고 맹세한다 우상들의 허무함과 대조되는 '살아 계신 하나님'(삼상 17:26,36)의 권세를 표현하는 말이다. 이 표현은 하나님의 강한 의지를 반드시 이루겠다 할 때 쓰인다. 살아 남은 나의 겨레 '나의 백성의 남은 자'(NIV), 곧 '살아 남은 유다 가문'(7절)을 가리킨다.

2:13–15 앗시리아와 그 수도 니느웨에 대한 심판의 말씀이다. 내용은 스바냐서보다 앞서 활동한 나훔 예언자가 전한 말씀과 비슷하다.

㉠ 또는 '그들의 운명을 회복시켜 주실 것이다' ㉡ 나일 강 상류지역 백성

습

할 것이다.

예루살렘의 죄와 구원

3 망하고야 말 도성아, 반역하는 도
성, 더러운 도성, 억압이나 일삼는
도성아,
2 주님께 순종하지도 않고, 주님의
충고도 듣지 않고, 주님을 의지하
지도 않고, 하나님께 가까이 가지
도 않는구나.
3 그 안에 있는 대신들은 으르렁거
리는 사자들이다. 재판관들은 이
튿날 아침까지 남기지 않고 먹어
치우는 저녁 이리 떼다.
4 예언자들은 거만하며 믿을 수 없
는 자들이고, 제사장들은 성소나
더럽히며 율법을 범하는 자들이
다.
5 그러나 그 안에 계신 주님께서는
공평하시어, 부당한 일을 하지 않
으신다. 아침마다 바른 판결을 내
려 주신다. 아침마다 어김없이 공
의를 나타내신다. 그래도 악한 자
는 부끄러운 줄을 모르는구나!
6 "내가 뭇 나라를 칼로 베었다.
성 모퉁이의 망대들을 부수고, 길
거리를 지나다니는 자를 없애어,
거리를 텅 비게 하였다. 성읍들
을 황폐하게 하여서 사람도 없게
하고, 거기에 살 자도 없게 하였
다.
7 내가 너에게 일렀다. 너만은 나를
두려워하고, 내가 가르치는 대로
하라고 하였다. 그러면 내가 벌하
기로 작정하였다가도 네가 살 곳
을 없애지는 않겠다고 하였는데도
너는 새벽같이 일어나서 못된 일
만 골라 가면서 하였다.
8 그러므로 나를 기다려라. 나 주의
말이다. ㉠내가 증인으로 나설 날
까지 기다려라. 내가 민족들을 불
러모으고, 나라들을 모아서, 불같
이 타오르는 나의 이 분노를 그들
에게 쏟아 놓기로 결정하였다. 온
땅이 내 질투의 불에 타 없어질
것이다.
9 그 때에는 내가 뭇 백성의 입술
을 깨끗하게 하여, 그들이 다 나
주의 이름을 부르며 어깨를 나란
히 하고 나를 섬기게 할 것이다.
10 에티오피아 강 저너머에서 나를
섬기는 사람들, 내가 흩어 보낸 사
람들이, 나에게 예물을 가지고 올
것이다.
11 그 날이 오면, 너는 나를 거역한
온갖 잘못을 부끄러워하지 않아
도 될 것이다. 그 때에 내가 거만
을 떨며 자랑을 일삼던 자를 이
도성에서 없애 버리겠다. 네가 다
시는 나의 거룩한 산에서 거만을
떨지 않을 것이다.

3장 요약 본장에서는 구약 예언자들의 메시지의 두 중심축인 심판과 구원(회복)이 완벽히 제시된다. 즉 예루살렘에 대한 하나님의 심판을 기록한 다음(1–8절), 이스라엘의 회복을 노래하고 있다. 하나님은 패역한 이스라엘을 징계하여 새 이스라엘로 만드실 것이다.

㉠ 칠십인역과 시리아어역을 따름. 히, '내가 일어나서 약탈할 때까지'

3:3 으르렁거리는 사자들·저녁 이리 떼 사자나 이리는 강탈하는 습성을 가진 잔인한 동물이다. 이 특성을 유다 지도자들에게 비유하였다. 그들은 맡겨진 양 떼를 보호하고 인도하는 대신, 사리사욕에 눈이 어두워 백성을 강탈하였다.

3:4 성소나 더럽히며 제사장들은 하나님께 드리는 모든 의식을 더럽혔으며, 무엇보다도 하나님께서 명령하신 거룩한 것과 속된 것을 구별하지 못하였다(레 10:10;겔 22:26).

12 그러나 내가 이 도성 안에 주의
이름을 의지하는 온순하고 겸손
한 사람들을 남길 것이다.
13 이스라엘에 살아 남은 자는 나쁜
일을 하지 않고, 거짓말도 하지 않
고, 간사한 혀로 입을 놀리지도
않을 것이다. 그들이 잘 먹고 편히
쉴 것이니, 아무도 그들을 위협하
지 못할 것이다."

기뻐서 부르는 노래

14 도성 시온아, 노래하여라. 이스
라엘아, 즐거이 외쳐라. 도성 예루
살렘아, 마음껏 기뻐하며 즐거워
하여라.
15 주님께서 징벌을 그치셨다. 너의
원수를 쫓아내셨다. 이스라엘의
왕 주님께서 너와 함께 계시니, 네
가 다시는 화를 당할까 두려워하
지 않을 것이다.
16 그 날이 오면, 사람들이 예루살
렘에게 말할 것이다. "시온아, 두려
워하지 말아라. 힘없이 팔을 늘어
뜨리고 있지 말아라.
17 주 너의 하나님이 너와 함께 계신
다. 구원을 베푸실 전능하신 하나
님이시다. 너를 보고서 기뻐하고
반기시고, 너를 사랑으로 ㉠새롭게
해주시고 너를 보고서 노래하며
기뻐하실 것이다.
18 축제 때에 즐거워하듯 하실 것이
다."
"내가 너에게서 두려움과 슬픔
을 없애고, 네가 다시는 모욕을 받
지 않게 하겠다.
19 때가 되면, 너를 억누르는 자들
을 내가 모두 벌하겠다. 없어진 이
들을 찾아오고, 흩어진 이들을 불
러모으겠다. 흩어져서 사는 그 모
든 땅에서, 부끄러움을 겪던 나의
백성이 칭송과 영예를 받게 하겠
다.
20 그 때가 되면, 내가 너희를 모으
겠다. 그 때에 내가 너희를 고향으
로 인도하겠다. 사로잡혀 갔던 이
들을 너희가 보는 앞에서 데려오
고, 이 땅의 모든 민족 가운데서,
너희가 영예와 칭송을 받게 하겠
다. 나 주가 말한다."

3:14-20 이제껏 선포된 심판의 말씀이 구원의 말씀으로 전환된다. '도성 시온'은 장차 새로워질 이스라엘을 바라보며 마음껏 기뻐하고 즐거워하라는 명령을 받는다(*14절*). 하나님은 자기 백성을 바라보시며 기뻐하고 반기신다(17절). 19절에서는 바빌로니아 포로 생활이 끝날 것을 암시하고, 20절에서 하나님은 사로잡혀 간 사람들에게 직접 말씀하시면서 그들이 돌아오게 될 것을 약속하신다. 마지막 때에 하나님께서 비로소 그 백성을 구원하시겠다는 것이 스바냐서의 중심 메시지이다.

3:17 전능하신 하나님 언약을 지키시는 분이라는 뜻이다. 너를 사랑으로 새롭게 해주시고 본절은 성도들에 대한 하나님의 기쁨이 얼마나 큰가를 보여 준다. 믿음으로 태어나는 성도들 한 사람, 한 사람을 하나님께서 측량할 수 없는 기쁨과 즐거움으로 내려다보신다.

㉠ 칠십인역과 시리아어역을 따름. 히, '그는 잠잠할 것이다'

습

학개서

저자 학개이며, 그의 이름은 '축제'라는 뜻이다. 그는 포로 귀환 후 예언자들(학개·스가랴·말라기) 중에 가장 먼저 활동을 시작하였다. 에스라기에는 그가 스가랴와 동시대 인물이며, 그들이 함께 사역하여 성전 재건을 독려하였다고 전하고 있다(스 5:1;6:14).

저작 연대 B.C. 520년경으로 추정

기록 장소와 대상 기록 장소는 예루살렘이고 포로 생활에서 귀환한 모든 유다 사람들을 대상으로 하고 있을 뿐만 아니라 특별히 스룹바벨 유다 총독과 여호수아 대제사장을 위하여 기록했다.

핵심어 및 내용 학개서의 핵심어는 '재건'과 '우선권'이다. 성전 재건이 완성되기 전에 먼저 백성들의 마음이 하나님 앞에 바로 서야 했다. 학개는 백성들로 하여금 자신들의 마음을 세우는 일을 먼저 하도록 권면했다. 그 결과 하나님의 영광이 재건된 성전 위에 충만히 임하게 되었다.

내용 분해

1. 성전 재건을 촉구함(1:1–15)
2. 격려와 영광에 대한 약속(2:1–9)
3. 정결한 생활을 요청함(2:10–19)
4. 스룹바벨에 대한 미래의 축복(2:20–23)

성전을 건축하라는 주님의 말씀

1 다리우스 왕 이년 여섯째 달, 그
달 초하루에, 학개 예언자가 주님
의 말씀을 받아서, 스알디엘의 아들
스룹바벨 유다 총독과 여호사닥의
아들 여호수아 대제사장에게 전하
였다.
2 만군의 주님께서 이렇게 말씀하신
다. "이 백성이 말하기를 '때가 되지
않았다. 주님의 성전을 지을 때가 되
지 않았다'고 한다."
3 학개 예언자가 주님의 말씀을
받아 전한다.
4 "성전이 이렇게 무너져 있는데, 지
금이 너희만 잘 꾸민 집에 살고 있
을 때란 말이냐?
5 나 만군의 주가 말한다. 너희는
살아온 지난날을 곰곰이 돌이켜
보아라.
6 너희는 씨앗을 많이 뿌려도 얼마
거두지 못했으며, 먹어도 배부르
지 못하며, 마셔도 만족하지 못하
며, 입어도 따뜻하지 못하며, 품꾼
이 품삯을 받아도, 구멍 난 주머
니에 돈을 넣음이 되었다.
7 나 만군의 주가 말한다. 너희는
각자의 소행을 살펴 보아라.
8 너희는 산에 올라가서 나무를 베
어다가 성전을 지어라. 그러면 내
가 그 성전을 기껍게 여기고, 거기
에서 내 영광을 드러내겠다. 나 주
가 말한다.
9 너희가 많이 거두기를 바랐으나
얼마 거두지 못했고, 너희가 집으
로 거두어 들였으나 내가 그것을
흩어 버렸다. 그 까닭이 무엇이
냐? 나 만군의 주의 말이다. 나의
집은 이렇게 무너져 있는데, 너희
는 저마다 제집 일에만 바쁘기 때
문이다.
10 그러므로 너희 때문에 하늘은 이
슬을 그치고, 땅은 소출을 그쳤
다.
11 내가 땅 위에 가뭄을 들게 하였
다. 산 위에도, 곡물과 새 포도주
와 기름 위에도, 밭에서 나는 모
든 것 위에도, 사람과 짐승 위에
도, 너희가 애써서 기르는 온갖

것 위에도 가뭄이 들게 하였다."

성전 건축을 격려하다

12 ○스알디엘의 아들 스룹바벨과 여호
사닥의 아들 여호수아 대제사장과
남아 있는 모든 백성이, 주 그들의
하나님이 하신 말씀과, 주 하나님이
보내신 학개 예언자가 한 말을 따랐
다. 백성은 주님을 두려워하였다.
13 주님의 특사 학개는, 주님께서 하신
말씀을 백성에게 전하였다.
"내가 너희와 함께 있겠다. 나
주의 말이다."
14 ○주님께서 스알디엘의 아들 스룹
바벨 유다 총독의 마음과 여호사닥
의 아들 여호수아 대제사장의 마음
과 남아 있는 모든 백성의 마음을
감동시키셨다. 그래서 백성이 와서
그들의 하나님 만군의 주님의 성전
을 짓는 일을 하였다.
15 ○때는 다리우스 왕 이년 여섯째 달,
그 달 이십사일이다.

2 1 그 해 일곱째 달, 그 달 이십일
일에, 학개 예언자가 주님의 말씀
을 받아서 전하였다.
2 "너는 스알디엘의 아들 스룹바벨 유
다 총독과 여호사닥의 아들 여호수
아 대제사장과 남아 있는 백성에게
전하여라.
3 '너희 남은 사람들 가운데, 그
옛날 찬란하던 그 성전을 본 사람
이 있느냐? 이제 이 성전이 너희
에게 어떻게 보이느냐? 이것이, 너
희 눈에는 하찮게 보일 것이다.
4 그러나 스룹바벨아, 이제 힘을 내
어라. 나 주의 말이다. 여호사닥의
아들 여호수아 대제사장아, 힘을
내어라. 이 땅의 모든 백성아, 힘
을 내어라. 나 주의 말이다. 내가
너희와 함께 있으니, 너희는 일을
계속하여라. 나 만군의 주의 말이
다.
5 너희가 이집트에서 나올 때에,
내가 너희와 맺은 바로 그 언약이
아직도 변함이 없고, 나의 영이 너
희 가운데 머물러 있으니, 너희는
두려워하지 말아라.
6 나 만군의 주가 말한다. 머지 않
아서 내가 다시 하늘과 땅, 바다와
뭍을 뒤흔들어 놓겠다.
7 또 내가 모든 민족을 뒤흔들어 놓
겠다. 그 때에, 모든 민족의 보화
가 이리로 모일 것이다. 내가 이
성전을 보물로 가득 채우겠다. 나
만군의 주가 말한다.
8 은도 나의 것이요, 금도 나의 것이
다. 나 만군의 주의 말이다.
9 그 옛날 찬란한 그 성전보다는, 지
금 짓는 이 성전이 더욱 찬란하게
될 것이다. 나 만군의 주가 말한
다. 내가 바로 이 곳에 평화가 깃

1장 요약 학개가 이스라엘 백성들의 핍절한 생활(10-11절)의 원인으로 성전 건립의 태만(2절)을 꼽으며 꾸짖자 모든 백성이 그의 말에 순종하여 성전 건축이 시작되었다.

1:12 주님을 두려워하였다 원문을 직역하면 '주님의 얼굴 앞에서 두려워하였다'이다. 이런 두려움은 하나님을 거역한 죄를 깊이 회개한다는 것을 전제한다.

2장 요약 새 성전은 이전의 솔로몬 성전과는 비교가 되지 않을 정도로 초라하였다. 그러나 하나님은 성전 재건 이후의 축복을 약속하심으로써 실망한 백성들을 위로하셨다. 끝으로 하나님은 스룹바벨에 대한 축복을 약속하심으로써 순종한 유대 사람, 나아가 복음을 받은 성도의 구원을 약속하셨다.

2:3 그 옛날 찬란하던 그 성전 솔로몬 성전의 화려

들게 하겠다. 나 만군의 주의 말이
다.'"
10 ○다리우스 왕 이년 아홉째 달 이
십사일에, 주님께서 학개 예언자에
게 말씀하셨다.
11 "나 만군의 주가 말한다. 너는 제사
장들에게 율법의 가르침이 어떠한지
물어 보아라.
12 어떤 사람이 거룩하게 바쳐진 고기
를 자기 옷자락에다가 쌌는데, 그 옷
자락이 빵이나 국이나 포도주나 기
름이나 다른 어떤 음식에 닿았다고
하여 이러한 것들이 거룩하여지느냐
고 물어 보아라." ○학개가 물어 보
니, 제사장들이 그렇지 않다고 대답
하였다.
13 학개가 또다시 시체에 닿아서 더러
워진 사람이, 이 모든 것 가운데서
어느 것에라도 닿으면, 그것이 더러
워지는 지를 물어 보니, 제사장들이
그렇다고 대답하였다.
14 ○이에 학개가 외쳤다.
"이 백성은 정말 더러워졌다. 이
민족은 내 앞에서 정말 그렇다.
나 주의 말이다. 그들이 손으로
하는 모든 일이 그렇고, 그들이 제
단에 바치는 것도 모두 더러워졌
다.
15 ○그러므로 이제, ㉠너희는 오늘에
이르기까지, 최근에 일어난 일들을
돌이켜 보아라. 주의 성전을 아직 짓
지 않았을 때에,
16 ㉡너희 형편이 어떠하였느냐? 스무
섬이 나는 밭에서는 겨우 열 섬밖에
못 거두었고, 쉰 동이가 나는 포도
주 틀에서는 겨우 스무 동이밖에 얻
지 못하였다.
17 내가 너희를 깜부기병과 녹병으로
쳤다. 너희 손으로 가꾼 모든 농작
물을 우박으로 쳤다. 그런데도 너희
가운데서 나에게로 돌아온 사람은
아무도 없다. 나 주의 말이다.
18 너희는 부디 오늘, 아홉째 달 이십사
일로부터 주의 성전 기초를 놓던 날
까지 지나온 날들을, 마음 속으로
곰곰이 돌이켜 보아라.
19 곳간에 씨앗이 아직도 남아 있느
냐? 이제까지는, 포도나무나 무화과
나무나 석류나무나 올리브 나무에
열매가 맺지 않았으나, 오늘부터는,
내가 너희에게 복을 내리겠다."
20 ○그 달 이십사일에, 주님께서 다
시 학개에게 말씀하셨다.
21 "너는 스룹바벨 유다 총독에게 이
렇게 전하여라. '내가 하늘과 땅을
뒤흔들겠다.
22 왕국들의 왕좌를 뒤집어엎겠다.
각 민족이 세운 왕국들의 권세를
내가 깨뜨리겠다. 병거들과 거기
에 탄 자들을 내가 뒤집어엎겠다.

하고 장엄함을 가리킨다. **본 사람** 포로로 잡혀갔다가 귀환한 사람 중에 나이 많은 사람은 바빌로니아 사람에 의해 파괴된 장엄한 솔로몬 성전을 보았다. **하찮게 보일 것이다** 성전 기초가 끝났을 때 솔로몬 성전을 보았던 자들은 새 성전이 초라하게 보여 대성통곡하였다(스 3:12).

2:12-13 거룩하게 바쳐진 고기를 싼 옷자락은 거룩하지만, 그 옷자락이 닿은 물건이 거룩해지는 것은 아니다(레 6:27). 제사 의식이 거룩하다하여 그 의식에 참여하는 자들이 구원을 받는 것은 아니라는 것이다. 시체를 만져서 부정해진 자는 그 손으로 무엇을 만지든지 부정해진다(레 11:28).

2:18 스룹바벨과 여호수아 등이 예루살렘에 귀환한 때는 B.C. 537년 봄이었다. 성전 재건은 1년 후인 B.C. 536년 봄에 시작되었다. 성전의 기초를 쌓던 날은 B.C. 536년 12월 18일(본문의 유대력

㉠ 또는 '너희는 오늘부터 무슨 일이 생길지 잘 생각해 보아라'
㉡ 히, '그 때 이후로'

학

말들과 말을 탄 자들은, 저희끼리
칼부림하다가 쓰러질 것이다.
23 나 만군의 주의 말이다. 스알디엘
의 아들, 나의 종 스룹바벨아, 그
날이 오면, 내가 너를 높이 세우겠
다. 나 주의 말이다. 너를 이미 뽑
아 세웠으니, 내가 너를 내 옥새로
삼겠다. 나 만군의 주의 말이다.'"

은 9월 24일)이었다. 그러나 유다에 살고 있던 원수들이 아닥사스다에게 편지를 보내어 성전 건축은 왕을 반역하기 위한 것이라고 건축을 방해하였다(스 4장). 이로부터 약 15년 동안 성전 재건 공사는 중단된 채 내버려져 있었다. B.C. 520년 8월 29일(1:1의 6월 1일), 예언자 학개는 성전 건축을 다시 시작하라고 강력히 촉구하였다. 성전 재건은 B.C. 520년 9월 21일(다리우스 왕 이년 여섯째 달 이십사일_1:15)에 다시 시작되었다. 본문의 '오늘'은 B.C. 520년 12월 18일(9월 24일)로서, 학개 예언자가 하나님의 축복을 선포한 날이다. 이 성전은 B.C. 515년에 완공되었다.

2:20-23 스룹바벨을 뽑아 세우신 주님 학개의 마지막 선포는 스룹바벨 개인에게 주어진 것이다. 스룹바벨은 그리스도의 직계 선조로서, 그 시대에 다윗의 위를 대표한 자이다. 학개는 스룹바벨이 그리스도의 예표이며 그를 통하여 구속사의 새로운 장이 열리게 될 것이라고 예언한다.

스가랴서

저자 스가랴는 예레미야(렘 1:1), 에스겔(겔 1:3)처럼 예언자이면서(1:1) 또한 제사장이었다. 그는 바빌로니아에서 태어났다. 그리고 이스라엘 백성이 B.C. 538년 스룹바벨과 여호수아의 인도로 귀환할 때 함께 귀환했다. 스가랴는 학개와 동시대인이었으나(스 5:1;6:14) 학개보다 오랫동안 활동했다.

저작 연대 1–8장까지는 B.C. 520–518년 사이에 기록되었고, 9–14장까지는 몇십 년 후인 B.C. 480–470년 사이에 기록되었을 가능성이 높다.

기록 장소와 대상 기록 장소는 예루살렘이며 기록 대상은 귀환한 이스라엘 백성이다.

핵심어 및 내용 스가랴서의 핵심어는 '순종'과 '메시아'이다. 스가랴는 이스라엘이 축복을 누릴 수 있는지의 여부는 하나님과 하나님의 말씀에 대한 백성의 순종에 달렸다고 백성들에게 알려 주었다. 또한 '다가올 메시아'는 바로 이 책의 중심 내용이다. 본서에는 그분의 능력과 배반당하시는 장면과 그분의 왕국이 묘사된다.

내용 분해

1. 회개의 촉구(1:1–6)
2. 스가랴가 본 여덟 개의 이상(1:7–6:8)
3. 대제사장 여호수아에게 씌운 왕관(6:9–15)
4. 금식 문제와 예루살렘의 회복에 대한 약속(7:1–8:23)
5. 두 개의 경고: 메시아의 미래와 하나님 나라의 완전한 실현(9:1–14:21)

주님께서 백성들에게 돌아오라고 명하시다

1 다리우스 왕 이년 여덟째 달에, 주
님께서, 잇도의 손자이며 베레갸
의 아들인 스가랴 예언자에게 말씀
하셨다.
2 "나 주가 너희 조상들에게는 크게
화를 내었다.
3 그러므로 너는 백성들에게 알려라.
'만군의 주가 말한다. 너희는 나에
게로 돌아오너라. 만군의 주가 말
한다. 나도 너희에게로 돌아간다.
만군의 주가 말한다.'
4 ○너희는 너희 조상을 본받지 말
아라. 일찍이 예언자들이, 만군의 주
님께서 말씀하신다고 하면서, 너희
의 조상에게, 악한 길과 악한 행동
을 모두 버리고 어서 돌이키라고 외
쳤다. 그러나 너희 조상은 나의 말을
듣지 않았다. 나의 말에 귀도 기울이
지 않았다. 나 주의 말이다.
5 너희의 조상, 그들은 지금 어디
에 있느냐? 그 때의 예언자들, ㉠그
들이 아직 살아 있느냐?
6 ○내가 나의 종 예언자들을 시켜
서 너희 조상에게 명한 나의 말과
규례를 그들이 듣지 않더니, 마침내
형벌을 받지 않았느냐? 그제서야 그
들이 돌아와서 고백하기를, 만군의
주님께서는, 우리가 살아온 것과 우
리가 행동한 것을 보시고서, 결심하
신 대로 우리가 마땅히 받아야 할
벌을 내리셨다고 하였다."

화석류나무 사이에 선 사람

7 ○다리우스 왕 이년 열한째 달에, 곧
스밧월 스무나흗날에, 주님께서 잇
도의 손자이며 베레갸의 아들 스가
랴 예언자에게 말씀하셨다.
8 ○지난밤에 내가 환상을 보니, 붉
은 말을 탄 사람 하나가 골짜기에 있
는 화석류나무 사이에 서 있고, 그
사람 뒤에는 붉은 말들과 밤색 말들
과 흰 말들이 서 있었다.
9 그래서 내가 물었다. "천사님, 이 말
들은 무엇입니까?" 내게 말하는 천

㉠ 히, '그들이 영원히 사느냐?'

사가 대답하였다. "이 말들이 무엇을
하는지, 내가 너에게 보여 주겠다."
10 그 때에, 화석류나무 사이에 서 있는
그 사람이 말하였다. "이 말들은 주
님께서, 온 땅을 두루 다니면서 땅을
살펴보라고 보내신 말들이다."
11 그리고 말에 탄 사람들이 화석류나
무 사이에 서 있는 주님의 천사에게
직접 보고하였다. "우리가 이 땅을
두루 다니면서 살펴보니, 온 땅이 조
용하고 평안하였습니다."
12 주님의 천사가 주님께 아뢰었다. "만
군의 주님, 언제까지 예루살렘과 유
다의 성읍들을 불쌍히 여기지 않으
시렵니까? 주님께서 그들에게 진노
하신 지 벌써 칠십 년이나 되었습니
다."
13 주님께서는 내게 말하는 천사를 좋
은 말로 위로하셨다.
14 ○내게 말하는 천사가 내게 일러주
었다. "너는 외쳐라. 만군의 주님께
서 이렇게 말씀하신다. '나는 예루살
렘과 시온을 몹시 사랑한다.
15 그러나 안일한 생활을 즐기는 이방
나라들에게는, 크게 화가 난다. 나도
내 백성에게는 함부로 화를 내지 않
는데, 이방 나라들은 내 백성을 내가
벌주는 것보다 더 심하게 괴롭힌다.
16 그러므로 나 주가 이렇게 선언한다.
나는 예루살렘을 불쌍히 여기는 심
정으로 이 도성에 돌아왔다. 그 가
운데 내 집을 다시 세우겠다. 예루
살렘 위에 측량줄을 다시 긋겠다.
나 만군의 주의 말이다.'
17 ○너는 또 외쳐라. '나 만군의 주가
말한다. 내 성읍마다 좋은 것들로 다
시 풍성하게 될 것이다. 나 주가 다
시 한 번 시온을 위로하겠다. 예루
살렘은 다시 내가 택한 내 도성이 될
것이다.'"

네 뿔과 네 대장장이

18 ○내가 고개를 들어서 보니, 뿔 네
개가 내 앞에 나타났다.
19 나는 내게 말하는 천사에게 물었다.
"이것은 무슨 뿔들입니까?" 그가 나
에게 대답하였다. "이것들은 유다와
이스라엘과 예루살렘을 흩어 버린
뿔이다."
20 그 때에 주님께서 나에게 대장장이
네 명을 보여 주셨다.
21 내가 여쭈었다. "이 사람들은 무슨
일을 하려고 온 사람들입니까?" 주
님께서 나에게 대답하셨다. "이 뿔
넷은 유다 사람을 뿔뿔이 흩어지게
하여, 유다 사람이 감히 머리도 쳐
들지 못하게 만든 나라들이다. 그러
나 대장장이 넷은, 곧 유다 땅을 뿔
로 들이받아 백성을 흩어 버린 이방
나라들을 떨게 하고, 그 이방 나라
들의 뿔을 꺾으려고 온 사람들이
다."

1장 요약 본장에 나타난 두 환상은 성전 재건 후의 영광(7–17절)과 여러 나라에 대한 심판(18–21절)을 의미한다.

1:2 조상들에게는 크게 화를 내었다 주님의 진노는 유대 사람의 조상이 언약을 어겼기 때문이며, 그 결과 예루살렘과 성전이 파괴되었고(B.C. 586년) 바빌론으로 사로잡혀 갔다.

1:16 측량줄 이것은 회복의 상징이다(참조. 렘 31:38–40).

1:18–21 이스라엘은 현재 사방으로 대적들에게 포위되어 있는 상태지만, 때가 되면 하나님께서 이 원수들을 물리치실 것이다. '뿔 네 개'(18절)는 권력과 교만의 상징으로, 이스라엘을 핍박하고 공격하는 모든 대적을 가리킨다. 여기서 대장장이 네 명이 나타나는데, 이들은 뿔 하나에 한 명씩 대응하고 있다. 이것은 하나님께서 모든 대적을 파괴할 도구로 준비하심을 가리킨다.

다."

측량줄을 손에 잡은 사람

2 내가 고개를 들어 보니, 측량줄을
가진 사람이 하나 나타났다.
2 내가 그에게 물었다. "어디로 가십니
까?" 그가 나에게 대답하였다. "예
루살렘을 재서, 그 너비와 길이가 얼
마나 되는지 알려고 간다."
3 그 때에 내게 말하는 천사가 앞으로
나아가자 다른 천사가 그를 맞으려
고 나아와서,
4 그에게 말하였다. "너는 저 젊은이에
게 달려가서 이렇게 알려라.
'예루살렘 안에 사람과 짐승이 많
아져서, 예루살렘이 성벽으로 두
를 수 없을 만큼 커질 것이다.
5 바깥으로는 내가 예루살렘의 둘
레를 불로 감싸 보호하는 불 성벽
이 되고, 안으로는 내가 그 안에
살면서 나의 영광을 드러내겠다.
나 주의 말이다.
6 어서 너희는 북쪽 땅에서 도망
쳐 나오너라! 나 주의 말이다.
내가 너희를 하늘 아래에서 사
방으로 부는 바람처럼 흩어지게
하였지만, 이제는 어서 나오너라.
나 주의 말이다.
7 ㉠바빌론 도성에서 살고 있는 시
온 백성아, 어서 빠져 나오너라!'"
8 "만군의 주님께서 이렇게 말씀
하신다. 주님께서 나에게 영광스
러운 임무를 맡기시고, 너희를 약
탈한 민족에게로 나를 보내시면
서 말씀하신다. '너희에게 손대는
자는 곧 주님의 눈동자를 건드리
는 자다.
9 내가 손을 들어 그들을 치면, 그
들은 저희가 부리던 종에게 노략
질을 당할 것이다.'
그 때에야 비로소 너희는 만군
의 주님께서 나를 보내셨음을 알
게 될 것이다."
10 "도성 시온아, 기뻐하며 노래를
불러라. 내가 간다. 내가 네 안에
머무르면서 살겠다. 나 주의 말이
다."
11 그 날에, 많은 이방 백성들이 주
님께 와서 그의 백성이 될 것이며,
주님께서 예루살렘에 머무르시면
서, 너희와 함께 사실 것이다. 그
때에야 너희는, 만군의 주님께서
나를 너희에게 보내셨음을 알게
될 것이다.
12 주님께서는 그 거룩한 땅에서 유
다를 특별한 소유로 삼으실 것이
며, 예루살렘을 가장 사랑하는 도
성으로 선택하실 것이다.
13 육체를 지닌 모든 사람은 주님
앞에서 잠잠하여라. 주님께서 그
거룩한 거처에서 일어나셨다!

슥

2장 요약 1장 7절부터 시작된 환상 중 세 번째 것에 해당한다. 환상에 나타난 '측량줄'은 예루살렘의 재건과 그로 인한 영광을 의미한다. 당시 성전 건축이 이방 사람들의 방해로 지지부진하고 있었음을 볼 때, 이 환상은 백성들에게 위로와 도전을 주기에 충분했다.

2:1–13 예루살렘의 대적들은 무력하게 되는 반면 예루살렘은 완전히 재건된다. 여기의 예루살렘은 지역적인 예루살렘이지만, 교회와 하나님의 나라를 상징하기도 한다. 세 번째 환상은 환상(1–5절)과 해설(6–13절)로 되어 있다.

2:4 저 젊은이 대부분의 주석가들은 스가랴를 가리키는 것으로 해석한다.

2:12 거룩한 땅 하나님이 계시는 땅은 거룩하다(출 3:5). 그러므로 가나안 땅도 하나님이 계실 때에만 거룩하다.

㉠ 히, '바빌론의 딸과 함께 살고 있는'

주님의 사자 앞에 선 대제사장

3 주님께서 나에게 보여 주시는데,
내가 보니, 여호수아 대제사장이
주님의 천사 앞에 서 있고, 그의 오
른쪽에는 그를 고소하는 ㉠사탄이
서 있었다.
2 ㉡주님께서 사탄에게 말씀하셨다.
○"사탄아, 나 주가 너를 책망한
다. 예루살렘을 사랑하여 선택한 나
주가 너를 책망한다. 이 사람은 불에
서 꺼낸 타다 남은 나무토막이다."
3 ○그 때에 여호수아는 냄새 나는 더
러운 옷을 입고 천사 앞에 서 있었
다.
4 천사가 자기 앞에 서 있는 다른 천사
들에게, 그 사람이 입고 있는 냄새
나는 더러운 옷을 벗기라고 이르고
나서, 여호수아에게 말하였다. "보아
라, 내가 너의 죄를 없애 준다. 이제,
너에게 거룩한 예식에 입는 옷을 입
힌다."
5 ○그 때에 내가, 그의 머리에 깨끗한
관을 씌워 달라고 말하니, 천사들이
그의 머리에 깨끗한 관을 씌우며, 거
룩한 예식에 입는 옷을 입혔다. 그
동안 주님의 천사가 줄곧 곁에 서 있
었다.
6 주님의 천사가 여호수아에게 경고하
였다.
7 ○"만군의 주님께서 이렇게 말씀하
신다.
'네가 내 도를 준행하며 내 율례
를 지키면 네가 내 집을 다스릴 것
이요 내 뜰을 지킬 것이며 여기에
서 섬기는 사람들 사이를 자유로
이 출입하게 할 것이다.
8 ○여호수아 대제사장은 들어라. 여
기 여호수아 앞에 앉아 있는 여호수
아의 동료들도 함께 잘 들어라. 너희
는 모두 앞으로 나타날 일의 표가
되는 사람들이다. 내가 이제 새싹이
라고 부르는 나의 종을 보내겠다.
9 나 만군의 주가 말한다. 내가 여호수
아 앞에 돌 한 개를 놓는다. 그것은
일곱 눈을 가진 돌이다. 나는 그 돌
에 내가 이 땅의 죄를 하루 만에 없
애겠다는 글을 새긴다.
10 나 만군의 주가 말한다. 그 날이 오
면, 너희는 서로 자기 포도나무와 무
화과나무 아래로 이웃을 초대할 것
이다.'"

순금 등잔대와 두 올리브 나무

4 내게 말하는 천사가 다시 와서 나
를 깨우는데, 나는 마치 잠에서 깨
어난 사람 같았다.
2 그가 나에게 무엇을 보느냐고 묻기
에, 내가 대답하였다. "순금으로 만
든 등잔대를 봅니다. 등잔대 꼭대기
에는 기름을 담는 그릇이 있고, 그
그릇 가장자리에는 일곱 대롱에 연

3장 요약 네 번째 환상으로서 여호수아의 부정한 옷이 하나님 앞에서 벗겨지고 정결하고 아름다운 의복으로 단장되는 모습은 그의 대제사장으로서의 권위를 하나님께서 인정해 주셨음을 의미한다. 하나님은 그의 지도하에 성전 건축이 원활하길 원하셨다.

3:8 '새싹'은 메시아 그리스도를 뜻한다. 새싹은 자라서 많은 열매를 맺는 가지가 될 것이다.

4장 요약 다섯 번째 환상이다. 순금 등잔대는 재건될 성전을, 두 올리브 나무는 스룹바벨의 왕적인 직분과 여호수아의 제사장 직분을 상징한다. 본 환상은 당시의 정치 지도자였던 스룹바벨에게 주신 하나님의 격려의 말씀이다. 즉 그가 여호수아와 합심하여 하나님의 성전에 진력하도록 권면한다.

㉠ '고발자' ㉡ 고대역에는 '주님의 천사가'

결된 등잔 일곱 개가 놓여 있습니다.
3 등잔대 곁에는 올리브 나무 두 그루
가 서 있는데, 하나는 등잔대 오른
쪽에 있고 다른 하나는 등잔대 왼쪽
에 있습니다."
4 나는 다시 내게 말하는 천사에게 물
었다. "천사님, 이것들이 무엇입니
까?"
5 내게 말하는 천사가 나에게, 그것들
이 무엇을 가리키는지 모르겠느냐고
묻기에, 천사에게 모르겠다고 대답
하였다.
6 그가 내게 이렇게 말해 주었다.
"이것은 주님께서 스룹바벨을 두
고 하신 말씀이다. '힘으로도 되
지 않고, 권력으로도 되지 않으며,
오직 나의 영으로만 될 것이다.' 만
군의 주님께서 말씀하신다.
7 큰 산아, 네가 ㉠무엇이냐? 스룹
바벨 앞에서는 평지일 뿐이다. 그
가 머릿돌을 떠서 내올 때에, 사
람들은 그 돌을 보고서 '아름답
다, 아름답다!' 하고 외칠 것이다."
8 주님께서 나에게 말씀하셨다.
9 "스룹바벨이 이 성전의 기초를 놓
았으니, 그가 이 일을 마칠 것이
다."
그 때에야 비로소 너희는 만군
의 주님께서 나를 너희에게 보내
셨다는 것을 알게 될 것이다.
10 "시작이 미약하다고 비웃는 자
가 누구냐? 스룹바벨이 돌로 된
측량추를 손에 잡으면, 사람들은
그것을 보고 기뻐할 것이다. 이 일
곱 눈은 온 세상을 살피는 나 주
의 눈이다."
11 ○나는 그 천사에게 물었다. "등잔
대의 오른쪽과 왼쪽에 있는 올리브
나무 두 그루는 무엇을 뜻합니까?"
12 나는 또 그에게 물었다. "기름 담긴
그릇에서 등잔으로 금빛 기름을 스
며들게 하는 금대롱 두 개가 있고,
그 옆에 올리브 나무 가지가 두 개
있는데, 이 가지 두 개는 무엇을 뜻
합니까?"
13 그 천사가 나에게, 그것들이 무엇을
가리키는지 모르겠느냐고 묻기에,
나는 천사에게 모르겠다고 대답하
였다.
14 그 천사는, 올리브 나무 두 그루와
가지 두 개는, 온 세상을 다스리시는
주님을 섬기도록, 주님께서 기름 부
어서 거룩히 구별하신 두 사람이라
고 말해 주었다.

날아가는 두루마리

5 내가 또 고개를 들고 보니, 내 앞
에서 두루마리가 날아가고 있었
다.
2 그 천사는 내가 무엇을 보고 있느냐
고 물었다. 내가 대답하였다. "두루

4:3 올리브 나무 두 그루 등잔은 계속하여 타고 있는데, 등잔에 사용되는 기름을 공급하는 원천은 올리브 나무이다. 이것은 그리스도의 왕권과 제사장직을 나타낸다.

4:14 '올리브 나무 가지 두 개'(12절)에 대한 해석이다. 이 둘은 대제사장 여호수아와 총독 스룹바벨을 가리킨다. 구약 시대에서는 제사장과 왕을 통해 하나님의 언약을 성취시켜 갔다.

㉠ 또는 '누구냐?'

5장 요약 여섯 번째 두루마리 환상(1–4절)은 성전 건축에 태만한 이스라엘 백성에게 임할 하나님의 심판을 상징하고, 일곱 번째 여인 환상(5–11절)은 죄인에 대한 종말론적 심판을 가리킨다.

5:3 두루마리의 한 쪽, 두루마리의 다른 쪽 율법 돌비의 양면, 즉 '글이 새겨 있는데, 앞뒤에 다 새겨'(출 32:15)와 같은 말이다. 십계명의 모든 부분

마리가 날아가는 것을 보고 있습니
다. 길이는 스무 자이고, 너비는 열
자입니다."
3 그는 나에게 이렇게 말하였다. "이
것은 온 땅 위에 내릴 저주다. 두루
마리의 한 쪽에는 '도둑질하는 자가
모두 땅 위에서 말끔히 없어진다'고
씌어 있고, 두루마리의 다른 쪽에는
'거짓으로 맹세하는 자가 모두 땅 위
에서 말끔히 없어진다'고 씌어 있
다."
4 만군의 주의 말이다. "내가 저
주를 내보낸다. 모든 도둑의 집과
내 이름을 두고 거짓으로 맹세하
는 모든 자의 집에 저주가 들어가
서, 그 집에 머무르면서, 나무 대들
보와 돌로 쌓은 벽까지, 그 집을
다 허물어 버릴 것이다."

뒤주 속의 여인

5 ○내게 말하는 천사가 앞으로 나와
서, 나에게 고개를 들고서, 가까이
오는 물체를 주의해 보라고 말하였
다.
6 그것이 무엇이냐고 내가 물으니, 그
는, 가까이 오는 그것이 곡식을 넣는
㉠뒤주라고 일러주면서, 그것은 온
땅에 가득한 죄악을 나타내는 것이
라고 하였다.
7 그 뒤주에는 납으로 된 뚜껑이 덮여
있었다. 내가 보니, 뚜껑이 들리고,
그 안에 여인이 앉아 있는 것이 보였
다.
8 천사는 나에게, 그 여인이 죄악의 상
징이라고 말해 주고는, 그 여인을 뒤
주 속으로 밀어 넣고, 뒤주 아가리
위에 납뚜껑을 눌러서 덮어 버렸다.
9 ○내가 또 고개를 들고 보니, 내 앞
에 두 여인이 날개로 바람을 일으키
면서 나타났다. 그들은 학과 같은 날
개를 가지고 있었다. 그들은 그 뒤주
를 들고 공중으로 높이 날아갔다.
10 내가 내게 말하는 천사에게, 저 여인
들이 그 뒤주를 어디로 가져 가는
것이냐고 물었다.
11 그가 나에게 대답하였다. "㉡바빌로
니아 땅으로 간다. 거기에다가 그 뒤
주를 둘 신전을 지을 것이다. 신전이
완성되면, 그 뒤주는 제자리에 놓일
것이다."

병거 네 대

6 내가 또 고개를 들고 바라보니, 내
앞에 두 산 사이에서 병거 네 대가
나왔다. 두 산은 놋쇠로 된 산이다.
2 첫째 병거는 붉은 말들이 끌고 있
고, 둘째 병거는 검은 말들이,
3 셋째 병거는 흰 말들이, 넷째 병거는
얼룩말들이 끌고 있었다. 말들은 모
두 건장하였다.
4 내가 내게 말하는 천사에게, 그것이
무엇들이냐고 물었다.

을 가리킨다.

5:5-11 뒤주가 나타나고 그 속에 한 여인이 앉는다. 뒤주를 납 뚜껑으로 눌러 덮고, 날개 달린 두 여인에 의해 바빌로니아(히. 시날) 땅으로 옮겨진다. 본문의 '뒤주'는 죄악을 측정하는 도구이다. 하나님은 이스라엘이 공평한 뒤주를 사용하기를 원하셨지만(정확한 저울_겔 45:10), 그들은 뒤주를 작게 하고 저울을 속였다.

㉠ 히, '에바' ㉡ 히, '시날'

6장 요약 본서의 마지막 환상이다. 네 마리 말은 이스라엘의 대적에게 임할 하나님의 심판과 승리를 상징하고, 여호수아의 대관식 장면은(9-15절) 그를 통해 왕권과 대제사장권이 통합될 것과 오실 메시아의 권능을 상징한다.

6:2-3 붉은 말은 피의 색깔로 대학살을, 검은 말은 슬픔과 죽음을, 흰 말은 승리를, 얼룩말은 더욱 치명적인 심판을 상징한다.

5 그 천사가 나에게 대답하였다. "그것
들은 하늘의 네 ㉠영이다. 온 세상을
다스리시는 주님을 뵙고서, 지금 떠
나는 길이다.
6 검은 말들이 끄는 병거는 북쪽 땅으
로 떠나고, 흰 말들이 끄는 병거는
㉡서쪽으로 떠나고, 얼룩말들이 끄는
병거는 남쪽 땅으로 떠난다."
7 그 건장한 말들이 나가서 땅을 두루
돌아다니고자 하니, 그 천사가 말하
였다. "떠나거라. 땅을 두루 돌아다
녀라." 병거들은 땅을 두루 돌아다녔
다.
8 천사가 나를 보고, 소리를 치면서 말
하였다. "북쪽 땅으로 나간 말들이
북쪽 땅에서 내 마음을 시원하게 하
였다."

여호수아에게 왕관을 씌우라는 명령

9 ○주님께서 나에게 말씀하셨다.
10 "너는 사로잡혀 간 사람들, 곧 헬대
와 도비야와 여다야에게서 예물을
받아라. 그들이 바빌론에서 와서, 지
금 스바냐의 아들 요시야의 집에 와
있으니, 너는 오늘 그리로 가거라.
11 너는 은과 금을 받아서, 그것으로 왕
관을 만들고, 그것을 여호사닥의 아
들 여호수아 대제사장의 머리에 씌
워라.
12 너는 그에게 이렇게 말하여라.
'나 만군의 주가 이렇게 말한다.
이 사람을 보아라. 그의 이름은
'새싹'이다. 그가 제자리에서 새싹
처럼 돋아나서, 주의 성전을 지을
것이다.
13 그가 주의 성전을 지을 것이며, 위
엄을 갖추고, 왕좌에 앉아서 다스
릴 것이다. 한 제사장이 그 왕좌
곁에 설 것이며, 이 두 사람이 평
화롭게 조화를 이루며, 함께 일할
것이다.'
14 ○그 ㉢왕관은, ㉣헬대와, 도비야
와, 여다야와, 스바냐의 아들 헨 곧
요시야를 기념하려고, 주님의 성전
에 둘 것이다."
15 ○먼 곳에 사는 사람들이 와서,
주님의 성전 짓는 일을 도울 것이다.
그 때에야 너희가, 만군의 주님께서
나를 너희에게 보내셨다는 것을 알
게 될 것이다. 너희가 주 너희 하나
님께 진심으로 순종하면, 이 일이 이
루어질 것이다.

하나님은 금식보다 순종을 원하신다

7 다리우스 왕 사년 아홉째 달, 곧
기슬래월 나흗날에, 주님께서 스
가랴에게 말씀하셨다.
2 베델 사람이 사레셀과 레겜멜렉에게
하인들을 딸려 보내어, 주님께 은혜
를 간구하면서,
3 만군의 주님의 성전에 속한 제사장
들과 예언자들에게 물어 왔다. "㉤우

6:9-15 스가랴는 바빌론으로부터 온 대표들에게 은금을 취하여 왕관을 만들고 그것을 여호수아의 머리에 씌우라는 명령을 받는다(9-11절). 이것은 여호수아에게 왕과 제사장의 직임과 기능을 수여한다는 것이다. 여호수아는 구속 사역을 완성하실 왕·제사장이신 메시아를 예표한다(12-15절).

㉠ 또는 '바람' ㉡ 히, '그 뒤를 따르고' ㉢ 칠십인역과 시리아어역을 따름. 히, '왕관들' ㉣ 시리아어역을 따름. 히, '헬렘' ㉤ 히, '내가'

7장 요약 본서의 두 번째 단락이 시작된다. 8장 23절까지 이어지는 내용으로 그릇된 종교 행태에 대한 책망과 위로가 주 내용이다. 먼저 본장은 참된 금식의 원리를 가르친다. 금식이란 전적인 헌신과 의뢰의 순수한 종교심의 발로이다. 스가랴는 잡다한 금식 제도의 중지를 명하고 그 대신 의의 생활을 촉구하고 있다.

7:1 기슬래월 유다력 9월이다. 태양력으로는 11-

리가 지난 여러 해 동안에 해 온 그
대로, 다섯째 달에 애곡하면서 금식
해야 합니까?"
4 ○이 때에 만군의 주님께서 나에게
말씀하셨다.
5 "너는 이 땅의 온 백성과 제사장
에게 이렇게 말하여라. '너희가 지
난 칠십 년 동안, 다섯째 달과 일
곱째 달에 금식하며 애곡하기는
하였으나, 너희가 진정, 나를 생각
하여서 금식한 적이 있느냐?
6 너희가 먹고 마실 때에도 너희 스
스로 만족하려고 먹고 마신 것이
아니냐?'"
7 ○그 때에 예루살렘과 그 주위의 여
러 성읍에는, 거주하는 사람의 수가
불어나고, 사람들이 마음을 놓고 살
았다. 남쪽 네겝과 스불라 평원에도
사람의 수가 불어났다. 바로 이 무렵
에 주님께서 이전 예언자들을 시키
셔서 이 말씀을 선포하셨다.

사로잡혀 가게 된 까닭

8 ○주님께서 스가랴에게 말씀하셨다.
9 "나 만군의 주가 이렇게 말한다.
너희는 공정한 재판을 하여라. 서
로 관용과 자비를 베풀어라.
10 과부와 고아와 나그네와 가난한
사람을 억누르지 말고, 동족끼리
해칠 생각을 하지 말아라."
11 ○주님께서 이렇게 말씀하셨으나, 사
람들은 듣지 않고, 등을 돌려 거역
하였다. 귀를 막고 들으려고도 하지
않았다.
12 사람들은 마음이 차돌처럼 굳어져
서, 만군의 주님께서, 이전 예언자들
에게 당신의 영을 부어 전하게 하신
율법과 말씀을 듣지 않았다. 그래서
만군의 주님께서 크게 노하셨다.
13 주님께서 부르셨으나, 그들은 듣지
않았다. "그렇다. 이제는 그들이 부
르짖어도, 내가 결코 듣지 않겠다.
나 만군의 주가 말한다.
14 나는 그들이 알지도 못하는 모든 나
라로, 그들을 폭풍으로 날리듯 흩었
고, 그들이 떠난 땅은 아무도 오가
는 사람이 없어서, 폐허가 되고 말았
다. 그들이 아름다운 이 땅을 거친
땅으로 만들었다."

예루살렘 회복에 대한 약속

8 만군의 주님께서 나에게 말씀하셨
다.
2 "나 만군의 주가 말한다. 나는 시
온을 열렬히 사랑한다. 누구라도
시온을 대적하면 용서하지 못할
만큼 나는 시온을 열렬히 사랑한
다.
3 나 주가 말한다. 내가 시온으로
돌아왔다. 내가 예루살렘에서 살
겠다. 예루살렘은 '성실한 도성'이
라고 불리고, 나 만군의 주의 산

12월이다.
7:2 주님께 은혜를 간구하면서 원문에는 '주님의 얼굴을 구하고'라는 뜻이다.
7:3 다섯째 달 느부갓네살이 예루살렘을 불로 파괴한 달이다. 아빕월이라고도 하며, 이 달에는 금식일이 있었다(8:19).
7:8-14 포로 생활에서 돌아온 이스라엘 백성은 금식과 같은 위선이 아니라 참된 순종, 참된 의의 생활을 해야만 했다.

8장 요약 스가랴는 회복될 예루살렘의 영광과 평화를 기록한다. 그 나라는 정치, 사회, 군사, 종교 등에 완벽한 조화를 이룰 것이다. 이 모든 것은 하나님의 은총의 결과이다. 즉 범죄로 말미암아 깨졌던 언약 관계를 하나님께서 갱신(更新)하셨기 때문이다.

8:3 내가 시온으로 돌아왔다. 내가 예루살렘에서 살겠다 예루살렘이 원수에게 넘어갈 때 주님은 성전

은 '거룩한 산'이라고 불릴 것이다.
4 나 만군의 주가 말한다. 예루살렘
광장에는 다시, 남녀 노인들이 한
가로이 앉아서 쉴 것이며, 사람마
다 오래 살아 지팡이를 짚고 다닐
것이다.
5 어울려서 노는 소년 소녀들이 이
도성의 광장에 넘칠 것이다.
6 나 만군의 주가 말한다. 그 날
이 오면, 살아 남은 백성이 이 일
을 보고 놀랄 것이다. 그러나 그것
이 나에게야 놀라운 일이겠느냐?
나 만군의 주가 말한다.
7 나 만군의 주가 말한다. 내가
내 백성을 구해 동쪽 땅과 서쪽
땅에서 구원하여 내겠다.
8 내가 그들을 데리고 와서, 예루살
렘에서 살게 하겠다. 그들은 나의
백성이 될 것이며, 나는 그들의 하
나님이 되어 성실과 공의로 다스
리겠다.
9 나 만군의 주가 말한다. 너희는
힘을 내어라! 만군의 주의 집, 곧
성전을 지으려고 기초를 놓던 그
때에 일어난 그 예언자들이 전한
바로 그 말을, 오늘 너희는 듣는
다.
10 그 이전에는 사람이 품삯을 받을
수 없었고, 짐승도 제 몫을 얻을
수 없었다. 해치는 사람들 때문
에, 문 밖 출입도 불안하였다. 내
가 이웃끼리 서로 대적하게 하였
기 때문이다.
11 그러나 이제 살아 남은 이 백성에
게는, 내가 이전같이 대하지 않겠
다. 나 만군의 주가 말한다.
12 뿌린 씨는 잘 자라며, 포도나무는
열매를 맺고, 땅은 곡식을 내고,
하늘은 이슬을 내릴 것이다. 살아
남은 백성에게, 내가, 이 모든 것
을 주어서 누리게 하겠다.
13 유다 집과 이스라엘 집은 들어라.
이전에는 너희가 모든 민족에게서
저주받는 사람의 표본이었다. 그
러나 이제 내가 너희를 구원할 것
이니, 너희는 복 받는 사람의 표본
이 될 것이다. 두려워하지 말아라!
힘을 내어라!
14 나 만군의 주가 말한다.
○너희 조상들이 나를 노하게 하였
을 때에, 나는 너희에게 재앙을 내리
기로 작정하고, 또 그 뜻을 돌이키지
도 않았다. 나 만군의 주가 말한다.
15 그러나 이제는, 내가 다시 예루살렘
과 유다 백성에게 복을 내려 주기로
작정하였으니, 너희는 두려워하지 말
아라.
16 너희가 해야 할 일은 이러하다.
서로 진실을 말하여라. 너희의 성
문 법정에서는 참되고 공의롭게

에 자기의 거처를 두시길 포기하셨다. 그러나 시온을 열렬히 사랑하신(2절) 주님은 그의 백성 시온을 향하여 긍휼을 베푸시고, 다시 예루살렘에 자신의 거처를 정하려 하신다. 이 예언은 그리스도의 초림으로 성취되었고, 재림으로 완성될 것이다.

8:9–13 하나님의 백성들이 용기를 갖고 성전 건축에 힘쓸 것을 권면하고 있다.

8:9 오늘 성전 재건을 격려하기 위하여 학개·스가랴 예언자가 하나님의 말씀을 선포한 때이다.

8:10 해치는 사람들 이방 사람이 아니라 자기 나라 안에 있는 이웃, 친구를 말하는 것이다.

8:11 이제…이전같이 대하지 않겠다 이전과는 달리 예언자들의 권고로 성전 재건에 착수한 이후부터는 씨 뿌린 대로, 수고한 대로 거두게 될 것이다. 미래의 풍성한 수확은 과거의 기근과 부족함을 메우는 보상이 될 것이다.

8:13 저주받는…복 받는 과거에는 유대 사람의 형

재판하여, 평화를 이루어라.
17 이웃을 해칠 생각을 서로 마음에
품지 말고, 거짓으로 맹세하기를
좋아하지 말아라. 이 모든 것은,
내가 미워하는 것이다. 나 주가 말
한다."

금식에 관한 질문에 답하다

18 ○만군의 주님께서 나에게 말씀하셨
다.
19 "나 만군의 주가 말한다. 넷째 달의
금식일과, 다섯째 달의 금식일과, 일
곱째 달의 금식일과, 열째 달의 금식
일이 바뀌어서, 유다 백성에게 기쁘
고 즐겁고 유쾌한 절기가 될 것이다.
너희는 마땅히 성실을 사랑하고, 평
화를 사랑해야 한다.
20 나 만군의 주가 말한다. 이제
곧 세상 여러 나라에서 수많은 민
족들과 주민들이 몰려올 것이다.
21 한 성읍의 주민이 다른 성읍의 주
민에게 가서 '어서 가서 만군의 주
님께 기도하고, 주님의 은혜를 구
하자' 하면, 다른 성읍의 주민들도
저마다 '나도 가겠다' 할 것이다.
22 수많은 민족과 강대국이, 나 만군
의 주에게 기도하여 주의 은혜를
구하려고, 예루살렘으로 올 것이
다.
23 ○나 만군의 주가 말한다. 그 때가
되면, 말이 다른 이방 사람 열 명이
유다 사람 하나의 옷자락을 붙잡고
'우리가 너와 함께 가겠다. 하나님이
너희와 함께 계신다는 말을 들었다'
하고 말할 것이다."

이스라엘 이웃 나라들에 대한 심판 경고

9 주님께서 경고하신 말씀이다. 주
님의 말씀이 하드락 땅에 내리고,
다마스쿠스에 머문다. 이방 사람들
과 이스라엘의 모든 지파들이 주님
을 바라본다.
2 하드락 가까이에 있는 하맛에도, 매
우 지혜롭다고 하는 두로와 시돈에
도, 그 말씀이 내린다.
3 두로가 저를 지킬 요새를 짓고, 티끌
처럼 은을 긁어 모으고, 길거리의 진
흙같이 금을 쌓아 놓았지만,
4 주님께서 그들을 쫓아내시며 바다에
서 떨치던 그의 힘을 깨뜨리시고, 성
읍을 불에 태워 멸하실 것이다.
5 아스글론이 그것을 보고 두려워할
것이며, 가사도 무서워서 벌벌 떨 것
이며, 에그론도 희망을 잃고 떨 것이
다. 가사에서는, 왕의 대가 끊길 것
이고 아스글론에는 사는 사람이 없
어질 것이다.
6 아스돗은 낯선 외국인들이 차지할
것이다. 주님께서 말씀하신다. "내가
블레셋의 교만을 꺾겠다.
7 내가 그들의 입에 묻은 희생제물의
피를 닦아 주고, 그들이 씹는 역겨

편이 너무 비참해서 유다처럼 되라는 말이 저주의 말이었으나(왕하 22:19;렘 24:9;29:22;42:18), 이제는 그 말이 축복의 말이 될 정도로(비교. 창 *48:20*) *유다가 크게* 번성할 것을 의미한다.

8:15 하나님이 경고하신 징벌이 임한 것처럼, 하나님이 약속하신 축복도 이루어질 것을 의미한다.

8:23 열이란 숫자는 '아주 큰 무리'를 가리키는 것이고, 유다 사람 하나는 그리스도이다. 옷자락을 붙잡고는 간절한 소원을 의미한다.

9장 요약 1장에 나타난 예루살렘의 영광과 비교해 볼 때, 본장에 나타난 이방의 멸망상은 더 두드러진다. 시리아(1–2상반절), 베니게(2하–4절), 블레셋(5–7절) 등 이스라엘을 대적했던 나라는 멸망을 면치 못할 것이다. 실제로 이 나라들은 알렉산더 대왕의 원정으로 모두 멸망하였다.

9:2 하맛 시리아 중부의 성읍으로, 이스라엘의 이

운 제물을 그 입에서 꺼내 주겠다.
그들 가운데서 남은 자들은, 내 백
성이 되어서 유다와 한 가족처럼 되
며, 에그론은 여부스 사람처럼 될 것
이다.
8 내가 내 집에 진을 둘러쳐서, 적군이
오가지 못하게 하겠다. 내가 지켜 보
고 있으니, 압제자가 내 백성을 침범
하지 못할 것이다."

앞으로 올 왕

9 도성 시온아, 크게 기뻐하여라.
도성 예루살렘아, 환성을 올려라.
네 왕이 네게로 오신다. 그는 공의
로우신 왕, 구원을 베푸시는 왕이
시다. 그는 온순하셔서, 나귀 곧
나귀 새끼인 어린 나귀를 타고 오
신다.
10 "내가 에브라임에서 병거를 없
애고, 예루살렘에서 군마를 없애
며, 전쟁할 때에 쓰는 활도 꺾으려
한다. 그 왕은 이방 민족들에게
평화를 선포할 것이며, 그의 다스
림이 이 바다에서 저 바다까지, 유
프라테스 강에서 땅 끝까지 이를
것이다.
11 너에게는 특별히, 너와 나 사이
에 피로 맺은 언약이 있으니, 사로
잡힌 네 백성을 내가 물 없는 구덩
이에서 건져 낼 것이다.
12 사로잡혔어도 희망을 잃지 않은
사람들아, 이제 요새로 돌아오너
라.
오늘도 또 말한다. 내가 네게 두
배로 갚아 주겠다.
13 유다는 내가 당긴 활이다. 에브라
임은 내가 먹인 화살이다. 시온아,
내가 네 자식을 불러 세워서, 그리
스의 자식을 치게 하겠다. 내가 너
희를 용사의 칼로 삼겠다."
14 주님께서 그의 백성에게 나타나
셔서 그의 화살을 번개처럼 쏘실
것이다. 주 하나님이 나팔을 부시
며, 남쪽에서 회리바람을 일으키
며 진군하신다.
15 만군의 주님께서 백성을 보호하
실 것이니, 그 백성이 원수를 섬멸
하여 무릿매 돌 던지는 자들을 짓
밟을 것이다. ㉠백성은 그들의 피
를 포도주처럼 마실 것이며, 그들
은 피가 가득한 동이와도 같고 피
로 흠뻑 젖은 제단 뿔과도 같을
것이다.
16 그 날에 주 그들의 하나님이 백성
을 양 떼같이 여기시고 구원하셔
서, 그들을 주님의 땅에 심으시면,
그들은 왕관에 박힌 보석같이 빛
날 것이다.
17 아, 그들이 얼마나 좋고, 얼마나
아름다운가! 총각들은 햇곡식으
로 튼튼해지고 처녀들은 새 포도

상적 경계의 북쪽 끝이다(민 13:21;수 13:5). **두로와 시돈** 베니게(페니키아)의 주요 도시 이름이다. 두로는 유리·도자기류로, 시돈은 무역으로 유명하였다. 페니키아는 지중해 무역을 독점하여 그 부가 막강했었다.

9:7 블레셋 사람은 그들의 신에게 제사를 드릴 때 제물의 피와 살을 먹고 마신다. 여기 '피'는 (히) '다밈'으로 제물의 피를, '역겨운 제물'은 제물의 고기를 말한다.

9:13 시온아, 내가 네 자식을 불러 세워서, 그리스의 자식을 치게 하겠다 '네 자식'은 마카비를 가리키며, '그리스의 자식'은 알렉산더 제국의 붕괴 후 일어날 시리아의 셀류쿠스 왕조(B.C. 4세기 말엽부터 B.C. 2세기 말엽까지 존속)를 가리킨다.

9:14 남쪽에서 회리바람 아라비아 사막에서 불어오는 뜨겁고 건조한 바람으로 무서운 광풍이다.

㉠ 칠십인역을 따름. 히, '백성은 마실 것이며 포도주에 취한 것처럼 소리를 지를 것이다'

주로 피어날 것이다.

주님께서 구원을 약속하시다

10 너희는 봄철에 비를 내려 달라
고 주님께 빌어라. 비구름을 일
게 하시는 분은 주님이시다. 주님
께서 사람들에게 소나기를 주시
며, 각 사람에게 밭의 채소를 주
신다.
2 드라빔 우상은 헛소리나 하고, 점
쟁이는 거짓 환상을 본다. 그들은
꾸며낸 꿈 이야기를 하며, 헛된 말
로 위로하니, 백성은 양 떼같이 방
황하며, 목자가 없으므로 고통을
당한다.
3 "나의 분노가 목자들에게 불처
럼 타오른다. 내가 지도자들을 벌
하겠다."
만군의 주님께서 그의 양 무리
인 유다 백성을 돌보시고, 전쟁터
를 달리는 날랜 말같이 만드실 것
이다.
4 유다에서 모퉁잇돌과 같은 사람
이 나오고, 그에게서 장막 기둥과
같은 사람이 나온다. 그에게서 전
투용 활 같은 사람이 나오고, 그
에게서 온갖 통치자가 나온다.
5 그들은 모두 용사와 같이, 전쟁할
때에 진흙탕 길에서 원수를 밟으
면서 나아가는 사람들이다. 주님
께서 그들과 함께 계시니, 원수의
기마대를 부끄럽게 할 것이다.
6 "내가 유다 족속을 강하게 하
고, 요셉 족속을 구원하겠다. 내
가 그들을 불쌍히 여기고, 그들을
모두 고향으로 돌아오게 할 것이
니, 나에게 버림받은 적이 없는 사
람들같이 될 것이다. 나는 주 그
들의 하나님이다. 그들이 기도를
할 때마다 응답하겠다.
7 에브라임 사람들은 용사같이 되
며, 그들의 마음은 포도주를 마신
듯이 기쁠 것이다. 그들의 아들딸
들도 구원을 보고 기뻐할 것이며,
나 주가 한 일을 본 그들의 마음
이 즐거울 것이다.
8 내가 휘파람을 불어서 그들을 모
으겠다. 내가 이미 그들을 구원하
였으니, 그들이 옛날처럼 다시 번
성할 것이다.
9 내가 그들을, 씨를 뿌리듯이, 여러
백성들 가운데 흩어 버려도, 그들
은 멀리서도 나를 기억할 것이며,
아들딸과 함께 살아 있다가 돌아
오게 될 것이다.
10 내가 그들을 이집트 땅에서 돌아
오게 하고, 앗시리아에서도 돌아
오게 하겠다. 내가 그들을 길르앗
땅과 레바논으로 데려올 것이니,
그 땅이 살기에 비좁을 것이다.
11 그들이 고난의 바다를 지나올 때

10장 요약 본장에서는 메시아의 통치를 자세히 언급한다. 그는 거짓 목자를 폐하고 우상을 제거하고, 흩어진 유대 사람들을 모으고 대적을 궤멸시키실 것이다. 그의 출현으로 정의와 평화가 강같이 흐르는 새 왕국이 건설될 것이다. 이러한 예언은 오직 공평과 의의 왕이신 그리스도의 강림으로 성취될 것이었다.

10:4 모퉁잇돌·장막 기둥·전투용 활·통치자는 메시아를 상징한다. 그에게서 '유다에게서'라는 뜻이다.

10:5 기마대 고대 세계에서 군대의 힘은 기병에 있었다. 이것은 강력한 원수의 군대를 나타낸다.

10:10 이집트·앗시리아 이스라엘 백성들을 흩어지게 한 모든 나라를 대표하는 나라들로 보이며, 이 두 나라는 노예 상태와 포로 상태를 상기시킨다.

10:11 그들이 고난의 바다를 지나올 때에 홍해를 건넌 사실을 들어 에브라임의 구원을 표현했다.

에 나 주가 바다 물결의 기세를 꺾
을 것이니, 나일 강이 그 바닥까지
다 마를 것이다. 앗시리아의 교만
이 꺾일 것이며, 이집트의 왕권도
사라질 것이다.
12 내 백성이 나 주를 힘입어서 강해
지도록 하겠다. 그들이 내 이름을
앞세우고, 늠름하게 나아갈 것이
다. 나 주의 말이다.”

폭군의 멸망

11 레바논아, 네 문을 열어라. 불
이 네 백향목을 사를 것이다.
2 잣나무야, 통곡하여라. 백향목이
넘어지고, 큰 나무들이 찍힌다. 바
산의 상수리나무들아, 통곡하여
라. 무성한 삼림이 쓰러진다.
3 목자들이 통곡하는 소리를 들어
라. 목자들이 자랑하는 푸른 풀
밭이 거칠어졌다. 어린 사자들이
울부짖는 소리를 들어라. 요단 강
이 자랑하는 밀림이 거칠어졌다.

두 목자

4 ○주 나의 하나님이 이렇게 말씀하신
다. “너는 잡혀 죽을 양 떼를 먹여라.
5 사람들이 그것들을 사다가 잡아도,
벌을 받지 않을 것이다. 그것들을 팔
아 넘긴 자도 ‘주님을 찬양하세, 내
가 부자가 되었네!’ 하고 좋아할 것
이다. 그것들을 먹이는 목자들마저
도 그것들을 불쌍히 여기지 않을 것
이다.
6 내가 다시는, 이 땅에 사는 사람들
을 불쌍히 여기지 않겠다. 나 주의
말이다. 내가 이 사람들을 이웃 나
라와 그 이웃 왕에게 넘겨 주겠다.
이웃 나라가 그 땅에 사는 사람들을
쳐부수어도, 내가 그들을 이웃 나라
의 손에서 구출하지 않겠다.”
7 ○나는 잡혀 죽을 양 떼를 돌보았다.
특별히 떼 가운데서도 억압을 당하
고 있는 양 떼를 돌보았다. 나는 지
팡이 두 개를 가져다가, 하나는 ‘은
총’이라고 이름을 짓고, 다른 하나는
‘연합’이라고 이름을 지었다. 나는 양
떼를 돌보기 시작하였다.
8 나에게는 목자 셋이 있는데, 나는 그
들이 하는 일을 더 이상 참고 볼 수
없었다. 그들도 또한 나를 미워하였
으므로, 나는 한 달 안에 그 세 목자
를 다 해고하였다.
9 그런 다음에 나는 양 떼에게 말하였
다. “나는 더 이상, 너희를 돌보는 목
자 노릇을 하지 않겠다. 죽을 놈은
죽고, 망할 놈은 망하여라. 그러고
도 남는 것들은 서로 잡아먹어라.”
10 ○그런 다음에 나는 ‘은총’이라고 부
르는 지팡이를 가져다가 둘로 꺾어
서, 내가 모든 민족과 맺은 언약이
취소되게 하였다.
11 그 언약은 바로 그 날로 취소되었다.

11장 요약 본장에 나타난 심판은 하나님의 은혜를 악용하여 죄를 범한 일부 사람들 때문에 주어진 것이다. 실제 이스라엘은 포로 이후 한때 성전을 재건하는 등 회개의 조짐을 보였으나 결국 메시아를 배척하는 죄악을 범하여 또다시 성전이 로마군에 유린되는 참화를 겪어야 했다.

11:1–3 폭풍우가 팔레스타인 전역을 강타한 비유적 표현을 써서 소동과 환난을 예언한다.

11:4 너 형식상 스가랴를 가리키나 실제적으로는 오실 메시아를 가리킨다. **잡혀 죽을 양 떼**는 도살하기로 작정된 양 떼를 말하며 이스라엘을 상징한다.

11:7 **지팡이 두 개** 목자의 인도 원리를 가리킨다. **은총**은 하나님의 특성이며, 양 떼에 대한 신적 호의를 보증한다. **연합**은 선한 목자의 은혜로운 인도의 결과, 양 떼들을 서로 연합시켜 함께 묶는

양 떼 가운데서 괴로움을 당하던 양
들은 나의 행동을 보고서, 주님께서
말씀하고 계시다는 것을 깨달았다.
12 ○내가 그들에게 말하였다. "너희가
좋다고 생각하면, 내가 받을 품삯을
내게 주고, 줄 생각이 없으면, 그만
두어라." 그랬더니 그들은 내 품삯으
로 은 삼십 개를 주었다.
13 ○주님께서 내게 말씀하셨다. "그것
을 토기장이에게 던져 버려라." 그것
은 그들이 내게 알맞은 삯이라고 생
각해서 쳐 준 것이다. 나는 은 삼십
개를 집어, 주의 성전에 있는 토기장
이에게 던져 주었다.
14 그런 다음에 나는 둘째 지팡이 곧
'연합'이라고 부르는 지팡이를 꺾어
서, 유다와 이스라엘 사이에 형제의
의리가 없어지게 하였다.
15 ○주님께서 다시 나에게 말씀하셨
다. "너는 이번에는 쓸모 없는 목자
로 분장하고, 그 구실을 하여라.
16 내가 이 땅에 한 목자를 세우겠다.
그는 양을 잃어버리고도 안타까워하
지 않으며, 길 잃은 양을 찾지도 않
으며, 상처받은 양을 고쳐 주지도 않
으며, 튼튼한 양을 먹이지 않아서 야
위게 하며, 살진 양을 골라서 살을
발라 먹고, 발굽까지 갉아 먹을 것이
다.
17 양 떼를 버리는 쓸모 없는 목자에
게 재앙이 닥칠 것이다. 칼이 그
의 팔과 오른 눈을 상하게 할 것
이니, 팔은 바싹 마르고, 오른 눈
은 아주 멀어 버릴 것이다."

예루살렘의 구원

12 주님의 말씀이다. 이것은 이스
라엘을 두고 하신 주님의 경고
의 말씀이다. 하늘을 펴신 분, 땅의
기초를 놓으신 분, 사람 안에 영을
만들어 주신 분께서 말씀하신다.
2 ○"이제, 내가 예루살렘을 잔으로 만
들어 주변의 모든 민족을 취하게 하
고, 비틀거리게 하겠다. 예루살렘이
포위를 당하는 날에는, 유다의 여러
성읍들도 다 포위를 당할 것이다.
3 그 날에, 세상 모든 이방 민족이 예
루살렘에 대항하여 집결할 때에, 내
가 예루살렘을 바위가 되게 할 것이
니, 모든 민족이 힘을 다하여 밀어도
꿈쩍도 하지 않을 것이다. 그 바위를
들어올리려고 하는 자는, 누구든지
상처를 입을 것이다.
4 그 날에, 내가 모든 말을 쳐서 놀라
게 하며, 말탄 자를 쳐서 미치게 할
것이다. 나 주가 하는 말이다. 내가
유다 백성은 지켜 돌보겠지만, 모든
이방 민족이 부리는 말들은 쳐서 눈
이 멀게 하겠다.
5 그러면 유다의 지도자들은 속으로
'예루살렘에 사는 사람들이, 그들의

것을 의미한다. 이것은 에스겔의 두 막대기를 회상시킨다(겔 37:15-23).

11:14 둘째 지팡이 곧 '연합'이라고 부르는 지팡이 양떼들이 목자의 수고를 멸시한 결과로 주님의 목자는 그의 두 번째 지팡이를 꺾었다. 더 이상 배은망덕한 백성을 먹이지 않겠다는 것이다. 이것은 이스라엘의 내부 분열을 의미한다.

11:15-17 다시 한번 쓸모 없는 목자들의 행태를 묘사하며 그들에게 임할 심판에 대해 경고한다.

12장 요약 본장부터 14장까지는 전체적으로 도래할 메시아 왕국의 승리를 부각시키는 데 초점이 맞추어져 있다. 본장은 예루살렘의 승리(1-9절)와 회개 운동을 다루고 있다. 이는 신약 교회(성도)를 비유한 것이다.

12:1-9 예루살렘들의 원수들이 예루살렘을 치러 오지만 이기지 못하고 도리어 그들이 멸망케 될 것이다(2절). 주님께서 유다의 지도자(6절)와 예

하나님 만군의 주님을 힘입어서 강
하게 되었다' 할 것이다.
6 그 날에 내가, 유다의 지도자들을,
나뭇단 사이에 놓인 과열된 도가니
처럼, 곡식단 사이에서 타는 횃불처
럼 만들겠다. 그들이 주변의 모든 민
족을 좌우로 닥치는 대로 불사를 것
이다. 그러나 예루살렘은 다치지 않
고 제자리에 그대로 남아 있을 것이
다.
7 ○나 주가 유다의 거처를 먼저 구원
해 주겠다. 다윗 집안의 영광과 예
루살렘에 사는 주민의 영광이 아무
리 크다 하여도, 유다의 영광보다 더
크지는 않을 것이다.
8 그 날에 나 주가 예루살렘에 사는
주민을 보호할 것이니, 그들 가운데
가장 연약한 사람도 그 날에는 다윗
처럼 강하게 될 것이다. 다윗 집안은
하나님처럼, 곧 백성을 인도하는 주
의 천사처럼, 그렇게 백성을 인도할
것이다.
9 ○그 날이 오면, 내가, 예루살렘을 치
러 오는 모든 이방 나라를 멸망시키
고 말겠다.
10 그러나 내가, 다윗 집안과 예루살렘
에 사는 사람들에게 '은혜를 구하는
영'과 '용서를 비는 영'을 부어 주겠
다. 그러면 그들은, 나 곧 그들이 찔
러 죽인 그를 바라보고서, 외아들을
잃고 슬피 울듯이 슬피 울며, 맏아
들을 잃고 슬퍼하듯이 슬퍼할 것이
다.
11 그 날이 오면, 예루살렘에서 슬프게
울 것이니, 므깃도 벌판 하다드 림몬
에서 슬퍼한 것처럼 기막히게 울 것
이다.
12 온 나라가 슬피 울 것이다. 가족마다
따로따로 슬피 울 것이다. 다윗 집안
의 가족들도 따로 슬피 울 것이며,
그 집안 여인들도 따로 슬피 울 것이
다. 나단 집안의 가족들도 따로 슬피
울 것이며, 그 집안의 여인들도 따로
슬피 울 것이다.
13 레위 집안의 가족들이 따로 슬피 울
것이며, 그 집안 여인들도 따로 슬피
울 것이다. 시므이 집안의 가족들이
따로 슬피 울 것이며, 그 집안 여인들
도 따로 슬피 울 것이다.
14 그 밖에 남아 있는 모든 집안의 가
족들도 따로 슬피 울 것이며, 각 집
안의 여인들도 따로 슬피 울 것이다."

13

1 "그 날이 오면, 샘 하나가 터
져서, 다윗 집안과 예루살렘에
사는 사람들의 죄와 더러움을 씻어
줄 것이다.
2 ○그 날이 오면, 내가 이 땅에서 우
상의 이름을 지워서, 아무도, 다시는
그 이름을 기억하지 못하도록 하겠
다. 나 만군의 주가 하는 말이다. 나

루살렘 주민 가운데 가장 연약한 사람도(8절) 큰 힘을 주시어 원수들로부터 승리하게 하실 것이다.

12:10-14 은혜를 구하는 영·용서를 비는 영 하나님께서는 자기 백성을 위해서 1-9절에 언급된 일보다 더 큰 일을 하실 것이다. 다시 말해 하나님께서 성령을 부어 주셔서(10절) 그들을 새롭게 하실 것이다. 그 후 그들은 메시아를 거부하고 범죄했다는 사실을 깨달아 죄를 자복하고 회개하여 돌아올 것이라는 내용이다.

13장 요약 새 예루살렘은 성도의 회개와 의의 새 행실이라는 토대 위에서 설립될 것이다. 스가랴가 회개와 그로 인한 하나님의 구원을 서두에 언급하고 있는 것도 이 같은 맥락에서이다. 그런데 한 가지 중요한 사실은 그 나라가 주님의 희생적 죽음 위에 세워진다는 것이다.

13:1-6 그 날이 오면 하나님의 백성이 회개하면, 우상 숭배, 거짓 예언자들이 이 땅에서 없어질 것

는 또 예언자들과 더러운 영을 이
땅에서 없애겠다.
3 그런데도 누가 예언을 하겠다고 고
집하면, 그를 낳은 아버지와 어머니
가 그 자식에게 말하기를 '네가 주님
의 이름을 팔아서 거짓말을 하였으
니, 너는 살지 못한다' 한 다음에, 그
를 낳은 아버지와 어머니는, 아들이
예언하는 그 자리에서 그 아들을 찔
러 죽일 것이다.
4 그 날이 오면, 어느 예언자라도, 자
기가 예언자 행세를 하거나 계시를
본 것을 자랑하지 못할 것이다. 사람
들에게 예언자처럼 보이려고 걸치는,
그 거친 털옷도 걸치지 않을 것이다.
5 그러고는 기껏 한다는 소리가 '나는
예언자가 아니다. 나는 농부다. 젊어
서부터 남의 머슴살이를 해왔다' 할
것이다.
6 어떤 사람이 그에게 '가슴이 온통 상
처투성이인데, 어찌 된 일이오?' 하
고 물으면, 그는 '친구들의 집에서 입
은 상처요' 하고 대답할 것이다."

하나님의 목자를 죽이라는 명령

7 "칼아, 깨어 일어나서, 내 목자
를 쳐라. 나와 사이가 가까운 그
사람을 쳐라. 나 만군의 주가 하
는 말이다. 목자를 쳐라. 그러면
양 떼가 흩어질 것이다. 나 또한
그 어린 것들을 칠 것이다.
8 내가 온 땅을 치면, 삼분의 이가
멸망하여 죽고, 삼분의 일만이 살
아 남게 될 것이다. 나 주가 하는
말이다.
9 그 삼분의 일은 내가 불 속에 집
어 넣어서 은을 단련하듯이 단련
하고, 금을 시험하듯이 시험하겠
다. 그들은 내 이름을 부르고, 나
는 그들에게 응답할 것이다. 나는
그들을 '내 백성'이라고 부르고,
그들은 나 주를 '우리 하나님'이라
고 부를 것이다."

예루살렘과 이방 나라들

14 주님의 날이 온다. 그 날이 오
면, 약탈자들이 너희 재산을 약
탈하여다가, 너희가 보는 앞에서
그것을 나누어 가질 것이다.
2 "내가 모든 이방 나라를 모아
서, 예루살렘과 싸우게 하겠다.
이 도성이 함락되고, 가옥이 약탈
당하고, 여자들이 겁탈당하고, 이
도성의 주민이 절반이나 사로잡혀
갈 것이다. 그러나 이 도성 안의
나머지 백성은 살아 남을 것이다."
3 주님께서 나아가셔서, 이방 나
라들과 싸우실 것이다. 전쟁 때에
싸우시던 것처럼 하실 것이다.
4 그 날이 오면, 주님께서 예루살렘
맞은편 동쪽, 올리브 산 위에 발
을 디디고 서실 것이다. 그러면 올

이다. 거짓 예언자들은 자신이 예언자임을 부인하지만, 이방 신을 섬기던 제의적 상처로 정체가 드러날 것이다(참조. 왕상 18:28). 주님께서는 애통*하며 회개하는 이스라엘 백성의* 죄를 정결하게 하시며 생명을 거룩하게 하는 은혜의 샘을 열어 주실 것이다.

13:7–9 그리스도께서 자기 백성의 죄를 위해 죽으셔야 하며(7절), 택한 백성이 많은 환난을 통해 구원받게 될 것이다(9절).

14장 요약 기독교의 역사는 하나님의 창조로 시작하여 주의 강림으로 종결될 것이다. 이스라엘의 고난의 역사가 주의 출현으로 끝나듯, 인류 역사도 주의 재림으로 끝맺는다. 그날이 의인(이스라엘)에게는 승리의 날이나 악인(이방 여러 나라)에게는 파멸의 때이다(12–15절).

14:1–15 주님의 날 끝으로 스가랴는 다시 한번 마지막 때 예루살렘이 고난을 거쳐 얻게 될 최종적

리브 산은 한가운데가 갈라져서
동서로 뻗은 깊고 넓은 골짜기가
생길 것이다. 산의 반쪽은 북쪽으
로 다른 반쪽은 남쪽으로 옮겨질
것이다.
5 ○그 산 골짜기는 아셀까지 미칠
것이다. 너희는 유다 왕 웃시야 때
에, 지진을 만나 도망간 것 같이, 주
님의 산 골짜기로 도망할 것이다.
주 나의 하나님이 오신다. 모든
천군을 거느리시고 너희에게로 오
신다.
6 그 날이 오면, 햇빛도 차가운 달
빛도 없어진다.
7 낮이 따로 없고 밤도 없는 대낮만
이 이어진다. 그 때가 언제 올지는
주님께서만 아신다. 저녁때가 되
어도, 여전히 대낮처럼 밝을 것이
다.
8 그 날이 오면, 예루살렘에서 생수
가 솟아나서, 절반은 ㉠동쪽 바다
로, 절반은 ㉡서쪽 바다로 흐를 것
이다. 여름 내내, 겨울 내내, 그렇
게 흐를 것이다.
9 주님께서 온 세상의 왕이 되실 것
이다. 그 날이 오면, 사람들은 오
직 주님 한 분만을 섬기고, 오직
그분의 이름 하나만으로 간구할
것이다.
10 ○게바에서 예루살렘 남쪽 림몬
까지, 온 땅이 아라바처럼 평평해질
것이다. 그러나 예루살렘은 우뚝 솟
아 있으므로, '베냐민 문'에서부터
'첫 대문'이 서 있는 지점을 지나서
'모퉁이 문'까지, 또 '하나넬 망대'에
서 왕실의 포도주 짜는 곳까지, 제자
리에 그대로 남을 것이다.
11 백성이 다시 예루살렘에 자리 잡을
것이다. ○다시는 멸망하는 일이 없
을 것이다. 예루살렘은 안전하게 살
수 있는 곳이 될 것이다.
12 ○예루살렘을 치러 오는 모든 민족
을, 주님께서 다음과 같은 재앙으로
치실 것이다. 그들이 제 발로 서 있
는 동안에 살이 썩고, 눈동자가 눈
구멍 속에서 썩으며, 혀가 입 안에서
썩을 것이다.
13 그 날이 오면, 주님께서 보내신
크나큰 공포가 그들을 휩쌀 것이
다. 그들은 서로 손을 잡고, 저희
들끼리 손을 들어서 칠 것이다.
14 유다 사람들도 예루살렘을 지키
려고, 침략자들과 싸울 것이다.
그들은 주변 모든 이방 나라의 재
물 곧 은과 금과 의복을 마구 차
지할 것이다.
15 말과 노새와 낙타와 나귀 할 것
없이, 적진에 있는 모든 짐승에게
도, 적군에게 내린 이같은 재앙이
내릴 것이다.

인 구원을 예언한다. 1-2절에서는 예루살렘이 마지막 때 위협받는 것을 매우 신랄한 어조로 묘사한다. 4-5절에서는 하나님이 승리자로서 자신의 성읍에 들어가시는 모습을 보여 준다. 6-9절은 하나님께서 예루살렘에 들어가셨을 때 이루어질 마지막 일들에 대한 묘사이며, 12절 이하에서는 주님께서 어떻게 대적들을 치실 것인지를 말한다. 흑사병 같은 무서운 전염병이 돌아서 사람들과 짐 나르는 짐승들이 다 죽게 될 것이다(참조. 왕하 19:35;겔 38:22). 하나님께서 재앙과 환난으로 원수들을 치실 때에 유다 역시 이 싸움에 참여한다. 유다는 언약의 백성 전체를 나타낸다.

14:12-15 하나님이 원수들에 대한 형벌을 집행하신다. 그 형벌은 ① 부패(12절) ② 서로 미워하고 싸움(13절) ③ 전에 누리던 번영의 상실(14절) ④ 형벌이 짐승에게도 미침(15절)을 말한다.

14:13 서로 손을 잡고…칠 것이다 하나님이 재앙과

㉠ 또는 '사해' ㉡ 또는 '지중해'

16 예루살렘을 치러 올라온 모든 민
족 가운데서 살아 남은 사람들은,
해마다 예루살렘으로 올라와서
왕이신 만군의 주님께 경배하며,
초막절을 지킬 것이다.
17 ○이 세상의 어느 백성이라도, 예
루살렘에 올라와서 왕이신 만군의
주님께 경배하지 않으면, 그들의 땅
에는 비가 내리지 않을 것이다.
18 이집트 백성이 예루살렘으로 올라
와서 어울리지 않으면, 그들의 땅에
도 비가 내리지 않을 것이다. 주님께
서는 초막절을 지키러 올라오지 않
은 이방 나라들에게 내리실, 그 똑
같은 재앙을 그들에게도 내리실 것
이다.
19 이것은 초막절을 지키러 올라오지
않은 이집트 사람과 모든 이방 민족
이 받을 벌이다.
20 ○그 날이 오면, 말방울에까지 '주님
께 거룩하게 바친 것'이라고 새겨져
있을 것이며, 주님의 성전 안에 있는
모든 솥이, 제단 앞에 있는 그릇들과
같이 거룩하게 될 것이다.
21 예루살렘과 유다에 있는 모든 솥도
만군의 주님께 거룩하게 바친 것이
되어, 제사를 드리는 사람들이 와서,
그 솥에 제물 고기를 삶을 것이다.
그 날이 오면, 만군의 주님의 성전 안
에 다시는 ㉠상인들이 없을 것이다.

환난으로 원수들을 치실 때에 유다 역시 이 싸움에 참여한다. 유다는 단순히 예루살렘 주민을 제외한 이스라엘 백성을 말하는 것이 아니고, 언약 백성 전체를 나타낸다.

14:16-21 모든 민족들이 지킬 초막절 초막절은 모세의 인도 아래 이집트를 탈출한 이스라엘 백성들이 광야에서 초막을 짓고 살았던 것을 기념하기 위한 절기이다. 이런 절기를 '그 날이 오면' 모든 민족들이 지키게 되어 하나님의 구원과 인도하심을 찬양할 것이다. 이는 하나님의 구원이 이스라엘 민족의 경계를 넘어 온 이방 나라들로 확장되리라는 예언이다.

14:21 주님의 성전 안에 다시는 상인들이 없을 것이다 완전한 하나님의 나라에는 더 이상 죄인들이 없고, 의인과 거룩한 사람만 있게 된다는 뜻이다. 여기서 '상인들'은 저주 아래 있는 백성으로 언급된다.

㉠ 히, '가나안 사람들이'

말라기서

MALACHI

저자 말라기

저작 연대 B.C. 516년경 이후로 추정

기록 장소와 대상 기록 장소는 예루살렘이며, 모든 이스라엘 백성을 대상으로 기록되었지만 특별히 바빌로니아 포로 생활에서 귀환한 남은 자들을 위하여 기록되었다.

핵심어 및 내용 말라기서의 핵심어는 '십일조'와 '준비'이다. 하나님의 백성들이 십일조를 하지 않는 것은 당연히 하나님께 드려야 할 것을 그들이 도둑질하는 격이다. 주님의 백성들은 하나님께 돈뿐만 아니라 시간과 재능도 빚지고 있다. 또한 말라기의 중요한 사역의 한 부분은 우리의 주님이신 예수 그리스도, 곧 메시아의 길을 준비하기 위해서 보내진 엘리야 예언자(세례자 요한)를 예비하는 일이다.

내용 분해

1. 하나님의 사랑에 대한 질문과 답변(1:1–5)
2. 제사장들의 불경한 행동들(1:6–2:9)
3. 신실한 것을 요구하심(2:10–16)
4. 공의의 하나님이 심판하러 임하심(2:17–3:5)
5. 회개할 것을 요구하심(3:6–12)
6. 하나님을 거슬러 말한 악인들을 심판하심(3:13–4:3)
7. 모세의 율법을 기억하라는 권고(4:4)
8. 예언자 엘리야를 보내겠다는 약속(4:5–6)

1 다음은 주님께서 ㉠말라기를 시켜
이스라엘 백성에게 경고하신 말씀
이다.

주님께서 이스라엘을 사랑하시다

2 "나는 너희를 사랑한다. 나 주
가 말한다. 그러나 너희는, '주님께
서 우리를 사랑하신다는 증거가
어디에 있습니까?' 하고 묻는다.
에서는 야곱의 형이 아니더냐? 나
주가 말한다. 그런데도 내가 야곱
은 사랑하고,
3 에서는 미워하였다. 에서가 사는
언덕은 벌거숭이로 만들고, 그가
물려받은 땅은 들짐승들에게 넘
겨 주었다.
4 에서의 자손인 에돔이, '비록 우리
가 쓰러졌으나, 황폐된 곳을 다시
세우겠다' 하고 장담하지만, 나 만
군의 주가 말한다. 세울 테면 세
워 보라고 하여라. 내가 기어이 헐
어 버리겠다. '악한 나라, 주에게
영원히 저주받은 백성'이라고 불
릴 것이다.
5 너희가 이것을 직접 보고, '주님은
이스라엘 나라 밖에서도 높임을
받으신다' 하고 고백할 것이다."

제사장들의 죄

6 "아들은 아버지를 공경하고 종
은 제 주인을 두려워하는 법인데,
내가 너희 아버지라고 해서 너희
가 나를 공경하기라도 하였느냐?
내가 너희 주인이라고 해서 너희
가 나를 두려워하기라도 하였느
냐? 나 만군의 주가 말한다. 제사
장들아, 너희가 바로 내 이름을 멸
시하는 자들이다. 그러나 너희는,
'우리가 언제 주님의 이름을 멸시
하였습니까?' 하고 되묻는다.
7 너희는 내 제단에 더러운 빵을 바
치고 있다. 그러면서도 너희는, '우
리가 언제 제단을 더럽혔습니까?'
하고 되묻는다. 너희는 나 주에게
아무렇게나 상을 차려 주어도 된
다고 생각한다.
8 눈먼 짐승을 제물로 바치면서도 괜

㉠ '나의 특사'

잖다는 거냐? 절뚝거리거나 병든
짐승을 제물로 바치면서도 괜찮다
는 거냐? 그런 것들을 너희 총독
에게 바쳐 보아라. 그가 너희를 반
가워하겠느냐? 너희를 좋게 보겠
느냐? 나, 만군의 주가 말한다.
9 제사장들아, 이제 너희가 하나
님께 '우리에게 은혜를 베풀어 주
십시오' 하고 간구하여 보아라. 이
것이 너희가 으레 하는 일이지만,
하나님이 너희를 좋게 보시겠느
냐?"

백성이 하나님을 배신하다

"나 만군의 주가 말한다.
10 너희 가운데서라도 누가 성전 문
을 닫아 걸어서, 너희들이 내 제단
에 헛된 불을 피우지 못하게 하면
좋겠다! 나는 너희들이 싫다. 나
만군의 주가 말한다. 너희가 바치
는 제물도 이제 나는 받지 않겠
다.
11 ○해가 뜨는 곳으로부터 해가 지
는 곳까지, 내 이름이 이방 민족들
가운데서 높임을 받을 것이다. 곳곳
마다, 사람들이 내 이름으로 분향하
며, 깨끗한 제물을 바칠 것이다. 내
이름이 이방 민족들 가운데서 높임
을 받을 것이기 때문이다. 나 만군의
주가 말한다.
12 그런데 너희는, '주님께 차려 드리는
상쯤은 더러워져도 괜찮아!' 하면서,
너희들도 싫어하는 음식을 제물이라
고 그 위에 바치니, 너희는 지금 내
이름을 더럽히고 있다.
13 너희는 또 '이 얼마나 싫증나는 일인
가!' 하고 말하며, 제물을 멸시한다.
나 만군의 주가 말한다. 너희가 훔쳤
거나 절뚝거리거나 병든 짐승을 제
물이라고 가지고 오니, 내가 그것을
너희에게서 달갑게 받겠느냐? 나 주
가 말한다.
14 ○자기 짐승 떼 가운데 좋은 수컷이
있어서, 그것을 바치기로 맹세하고서
도, 흠 있는 것으로 바치며 속이는
자는 저주를 받을 것이다. 나는 큰
임금이다. 나 만군의 주가 말한다.
이방 민족들까지도 내 이름을 두려
워한다."

제사장들에 대한 훈계의 말씀

2 "제사장들아, 이제 이것은 너희에
게 주는 훈계의 말이다.
2 ○너희가 나의 말을 명심하여 듣지
않고서, 내 이름을 존귀하게 여기지
않으면, 내가 너희에게 저주를 내려
서, 너희가 누리는 복을 저주로 바꾸
겠다. 나 만군의 주가 말한다. 너희
가 받은 복을 내가 이미 저주로 바
꾸었으니, 이것은 너희가 내 말을 명
심하지 않았기 때문이다.
3 나는, 너희 때문에 너희 자손을

1장 요약 포로에서 귀환한 이스라엘 백성이 하나님의 사랑을 의심하기 시작하자 말라기는 그들을 위로하는 한편, 언약을 저버리고 타락한 예배 의식을 좇은 백성들에 대해 경고한다.

1:1–5 이스라엘은 기나긴 포로 생활과 그 후의 극심한 기근과 흉작을 당하자, 하나님께 항변하기 시작하였다. 하나님께서는 에돔은 버려두시고 이스라엘은 회복시켜 주신 사실을 상기시키셨다.

2장 요약 하나님께서는 이스라엘에 제사장을 두고 백성들을 주님 신앙으로 인도할 책임을 부여하셨다. 그러나 그들은 백성에 대한 종교적 의무의 태만은 물론, 악을 조장하는 역할까지 하였다(1–9절). 백성들의 타락(10–16절)은 종교 지도자들의 타락의 필연적인 결과였다.

2:1–2 제사장직은 이스라엘을 대표한다. 제사장들이 범죄하는 것은 온 이스라엘의 범죄를 뜻하

꾸짖겠다. 너희 얼굴에 똥칠을 하
겠다. 너희가 바친 희생제물의 똥
을 너희 얼굴에 칠할 것이니, 너희
가 똥무더기 위에 버려지게 될 것
이다.
4 내가 레위와 맺은 언약을 파기하
지 않으려고 이 훈계를 주었다는
것을, 그 때에 가서야 너희가 비로
소 알게 될 것이다. 나 만군의 주
가 말한다.
5 내가 레위와 맺은 언약은, 생명과
평화가 약속된 언약이다. 나는 그
가 나를 경외하도록 그와 언약을
맺었고, 그는 과연 나를 경외하며
나의 이름을 두려워하였다.
6 그는 늘 참된 법을 가르치고 그릇
된 것을 말하지 않았다. 그는 나
를 불편하게 하지 않고 나에게 늘
정직하였다. 그는 또한 많은 사람
들을 도와서, 악한 길에서 돌아서
게 하였다.
7 제사장의 입술은 지식을 지켜
야 하겠고, 사람들이 그의 입에서
율법을 구하게 되어야 할 것이다.
제사장이야말로 만군의 주 나의
특사이기 때문이다.
8 그러나 너희는 바른 길에서 떠났
고, 많은 사람들에게 율법을 버리
고 곁길로 가도록 가르쳤다. 너희
는 내가 레위와 맺은 언약을 어겼
다. 나 만군의 주가 말한다.
9 그러므로 나도, 너희가 모든 백성
앞에서, 멸시와 천대를 받게 하였
다. 너희가 나의 뜻을 따르지 않
고, 율법을 편파적으로 적용한 탓
이다."

성실하지 못한 유다

10 우리는 모두 한 아버지를 모시
고 있지 않느냐? 한 하나님이 우
리를 창조하시지 않았느냐? 그런
데 어찌하여, 우리가 서로 배신하
느냐? 어찌하여 우리는, 주님께서
우리 조상과 맺으신 그 언약을 욕
되게 하고 있느냐?
11 유다 백성은 주님을 배신하였다.
예루살렘과 이스라엘 온 땅에서,
추악한 일이 일어나고 있다. 유다
백성은 주님께서 아끼시는 ㉠성소
를 더럽히고, 남자들은 이방 우상
을 섬기는 여자와 결혼까지 하였
다.
12 이런 일을 하는 사람은, 그가 어
떤 사람이든지, 만군의 주님께 제
사를 드리는 사람이라고 하여도,
주님께서 그를 야곱의 가문에서
쫓아내실 것이다.
13 너희가 잘못한 일이 또 하나 있다.
주님께서 너희 제물을 외면하시며
그것을 기꺼이 받지 않으신다고,
너희가 눈물과 울음과 탄식으로

말

므로, 멸망의 원인이 된다. 하나님의 저주는 이미 내려졌다. 그 증거는 제사장들이 하나님의 말씀을 듣지 아니하며 마음에 두지 않은 것이다.

2:10–16 본문에는 타락한 백성들의 죄악이 지적되어 있다. 첫째, 그들은 하나님의 명령에 신실하지 못하여 이방 여인들과 잡혼을 행했다. 이러한 잡혼의 결과, 선민 이스라엘은 우상을 섬기는 타락의 길로 접어들었다. 둘째, 그들은 가정에 충실하지 못하여 조강지처를 버리는 죄악을 행했다.

2:11–12 성소를 더럽히고 말라기 예언자는 그들이 이방 우상을 섬기는 여자와 결혼함으로 성소를 더럽혔다고 꾸짖으며, 제사드리는 것보다 성결을 지키고 형제와 아내에게 신실한 것이 더 중요하다고 말하였다. 이방 우상을 섬기는 여자와 결혼하는 것은 본문의 말과 같이 추악한 일로서 이방의 여신(女神)들을 경배했다고 해석할 수도 있다.

㉠ 또는 '성결'

주님의 제단을 적셨다.
14 그러면서 너희는 오히려, '무슨 까
닭으로 이러십니까?' 하고 묻는다.
그 까닭은, 네가 젊은 날에 만나서
결혼한 너의 아내를 배신하였기
때문이며, 주님께서 이 일에 증인
이시기 때문이다. 그 여자는 너의
동반자이며, 네가 성실하게 살겠
다고 언약을 맺고 맞아들인 아내
인데도, 네가 아내를 배신하였다.
15 ㉠한 분이신 하나님이 네 아내를
만들지 않으셨느냐? 육체와 영이
둘 다 하나님의 것이다. 한 분이신
하나님이 경건한 자손을 원하시
는 것이 아니겠느냐? 너희는 명심
하여, 젊어서 결혼한 너희 아내를
배신하지 말아라.
16 "나는 이혼하는 것을 미워한다.
주 이스라엘의 하나님이 말한다.
아내를 학대하는 것도 나는 미워
한다. 나 만군의 주가 말한다.
그러므로 너희는 명심하여, 아
내를 배신하지 말아라."

심판의 날이 다가온다

17 "너희는 말로 나 주를 괴롭혔
다. 그런데도 너희는 '우리가 어떻
게 주님을 괴롭게 해 드렸습니까?'
하고 묻는다. 너희는 '주님께서는
악한 일을 하는 사람도 모두 좋게
보신다. 주님께서 오히려 그런 사
람들을 더 사랑하신다' 하고 말하
고, 또 '공의롭게 재판하시는 하나
님이 어디에 계시는가?' 하고 말
한다."

3 1 "내가 나의 특사를 보내겠다.
그가 나의 갈 길을 닦을 것이다.
너희가 오랫동안 기다린 주가, 문
득 자기의 궁궐에 이를 것이다. 너
희가 오랫동안 기다린, 그 언약의
특사가 이를 것이다. 나 만군의 주
가 말한다.
2 그러나 그가 이르는 날에, 누가 견
디어 내며, 그가 나타나는 때에,
누가 살아 남겠느냐? 그는 금과
은을 연단하는 불과 같을 것이며,
표백하는 잿물과 같을 것이다.
3 그는, 은을 정련하여 깨끗하게 하
는 정련공처럼, 자리를 잡고 앉아
서 레위 자손을 깨끗하게 할 것이
다. 금속 정련공이 은과 금을 정
련하듯이, 그가 그들을 깨끗하게
하면, 그 레위 자손이 나 주에게
올바른 제물을 드리게 될 것이다.
4 유다와 예루살렘의 제물이 옛날
처럼, 지난날처럼, 나 주를 기쁘게
할 것이다.
5 ○내가 너희를 심판하러 가겠다.
점 치는 자와, 간음하는 자와, 거짓
으로 증언하는 자와, 일꾼의 품삯을
떼어먹는 자와, 과부와 고아를 억압

2:17–3:5 하나님의 공의에 대한 토론이다. 백성들은 '공의롭게 재판하시는 하나님이 어디 계신가?' 라고 하나님을 비난한다. 백성들의 비난에 하나님께서는 공의를 행하지 않는 자들을 심판하러 오시겠다고 예고하신다. 그때 레위 자손(제사장)을 연단하시고, 악인들을 심판하실 것이다.

㉠ 또는 '(주님께서) 그들을 하나가 되게 하지 않으셨느냐? 육체와 영에 있어서 그들은 주님의 것이다. 왜 하나냐? 주님께서 경건한 자손을 찾고 계셨기 때문이다.'

3장 요약 악인은 죄를 저지르면서도 하나님이 어디 있느냐고 반문한다(2:17). 이에 말라기는 하나님의 임박한 심판 날을 선포한다. 그날에 악인의 눈에는 보이지 않았던 하나님이 홀연히 임하여 공의로 판결하실 것이다. 주의 강림에 대비한 자는 종교적 규례(십일조, 헌물)를 준수하며 주를 경외해야 한다.

3:7–12 '나에게로 돌아오너라'는 하나님의 호소를

말

하고 나그네를 학대하는 자와, 나를
경외하지 않는 자들의 잘못을 증언
하는 증인으로, 기꺼이 나서겠다. 나
만군의 주가 말한다."

십일조

6 "나 주는 변하지 않는다. 그러
므로 너 야곱의 자손아, 너희는
멸망하지 않는다.
7 너희 조상 때로부터, 너희는 내
규례를 떠나서 지키지 않았다. 이
제 너희는 나에게로 돌아오너라.
나도 너희에게로 돌아가겠다. 나
만군의 주가 말한다. 그러나 너희
는 '돌아가려면, 우리가 무엇을 하
여야 합니까?' 하고 묻는구나.
8 사람이 하나님의 것을 훔치면 되
겠느냐? 그런데도 너희는 나의 것
을 훔치고서도 '우리가 주님의 무
엇을 훔쳤습니까?' 하고 되묻는구
나. 십일조와 헌물이 바로 그것이
아니냐!
9 너희 온 백성이 나의 것을 훔치니,
너희 모두가 저주를 받는다.
10 너희는 온전한 십일조를 창고에
들여 놓아, 내 집에 먹을거리가 넉
넉하게 하여라. 이렇게 바치는 일
로 나를 시험하여, 내가 하늘 문
을 열고서, 너희가 쌓을 곳이 없도
록 복을 붓지 않나 보아라. 나 만
군의 주의 말이다.
11 나는 너희 땅의 소산물을 해로운
벌레가 먹어 없애지 못하게 하며,
너희 포도밭의 열매가 채 익기 전
에 떨어지지 않게 하겠다. 나 만군
의 주가 말한다.
12 너희 땅이 이처럼 비옥하여지므
로, 모든 민족이 너희를 복되다고
할 것이다. 나 만군의 주가 말한
다."

이스라엘을 귀하게 만들고 아끼시다

13 "너희가 불손한 말로 나를 거역
하였다. 나, 주가 말한다. '우리가
무슨 말을 하였기에, 주님을 거역
하였다고 하십니까?' 하고 너희는
묻는다.
14 너희가 말하기를 '하나님을 섬기
는 것은 헛된 일이다. 그의 명령을
지키고, 만군의 주 앞에서 그의
명령을 지키며 죄를 뉘우치고 슬
퍼하는 것이 무슨 유익이 있단 말
인가?
15 이제 보니, 교만한 자가 오히려 복
이 있고, 악한 일을 하는 자가 번
성하며, 하나님을 시험하는 자가
재앙을 면한다!' 하는구나."
16 ○그 때에 주님께서는, 주님을 경
외한 사람들이 서로 주고받는 말을
똑똑히 들으셨다. 그 가운데서도 주
님을 경외하며, 주님의 이름을 존중
하는 사람들을 당신 앞에 있는 비망

듣고도 이스라엘은 '돌아가려면, 우리가 무엇을 하여야 합니까'라고 반문하였다. 이 반문에 대하여 하나님은 '십일조와 헌물을 훔치면 되겠느냐'고 대답하셨다. 십일조와 헌물은 축복의 방편이었다(10-12절). 그런데 패역한 이스라엘이 이 규례를 범함으로써 저주의 올무가 되어 버린 것이다(9절).

3:13-18 패역한 자들은 하나님의 명령을 지키며 경건하게 사는 것이 헛된 일이라고 외치고 다녔다. 이들은 그 당시 교만하고 악한 일을 하며 하나님의 심판이 없다고 하는 자들이 오히려 더 잘 사는 것을 보고서 이와 같이 하나님을 비방했던 것이다. 그러나 같은 시대에 살던 경건한 자들은 하나님의 심판이 더딜지라도 반드시 임할 것임을 믿고 서로 격려하며 믿음을 지켜 나갔다. 주님의 날이 악인에게는 징벌의 날이지만, 의인에게는 기쁨과 소망의 날이 될 것임을 다시 한번 강조하고 있다.

록에 기록하셨다.
17 "나 만군의 주가 말한다. 내가
지정한 날에, 그들은 나의 특별한
소유가 되며, 사람이 효도하는 자
식을 아끼듯이, 내가 그들을 아끼
겠다.
18 그 때에야 너희가 다시 의인과 악
인을 분별하고, 하나님을 섬기는
자와 섬기지 않는 자를 비로소 분
별할 것이다."

주의 날이 온다

4 "나 만군의 주가 말한다. 용광로
의 불길같이, 모든 것을 살라 버릴
날이 온다. 모든 교만한 자와 악
한 일을 하는 자가 지푸라기같이
타 버릴 것이다. 그 날이 오면, 불
이 그들을 살라서, 그 뿌리와 가지
를 남김없이 태울 것이다.
2 그러나 내 이름을 경외하는 너희
에게는, ㉠의로운 해가 떠올라서
치료하는 광선을 발할 것이니 너
희는 외양간에서 풀려 난 송아지
처럼 뛰어다닐 것이다.
3 내가 이 일을 이루는 그 날에, 악
한 자들은 너희 발바닥 밑에서 재
와 같이 될 것이니, 너희가 그들을
짓밟을 것이다. 나 만군의 주가 말
한다.
4 너희는 율법, 곧 율례와 법도를
기억하여라. 그것은 내가 호렙 산
에서 내 종 모세를 시켜서, 온 이
스라엘이 지키도록 이른 것이다.
5 주의 크고 두려운 날이 이르기
전에, 내가 너희에게 엘리야 예언
자를 보내겠다.
6 그가 아버지의 마음을 자녀에게
로 돌이키고, 자녀의 마음을 아버
지에게로 돌이킬 것이다. 돌이키
지 아니하면, 내가 가서 이 땅에
저주를 내리겠다."

4장 요약 본장은 본서의 결론으로서 주님의 날에 임할 심판을 언급한다. 그 날에 악인은 뿌리까지 잘리는 멸절을 당할 것이지만 의인은 참 기쁨과 자유를 향유할 것이다. 한편 말라기는 본장의 말미에서 엘리야의 출현을 예언함으로써 구약을 마무리 짓고, 새로운 시대(신약)의 막을 열고 있다.

㉠ 또는 '의로운 해가 떠올라서 그 날개로 치료할 것이니'

4:4-6 본문은 구약 성경 전체의 결론이다. 앞으로 오실 그리스도를 맞이할 준비를 하라는 것이다. 그리스도의 강림을 준비하는 길은 모세의 율법을 기억하고 그대로 실천하는 일이었다. 또한 하나님께서는 그리스도께서 강림하시기 직전에 주의 길을 예비하는 사자를 보내어 다시 한번 회개를 외칠 것이라고 예고하셨다(마 3:2). 그리스도께서 초림하심으로 주님의 날이 이 땅에 임했으며, 재림하심으로 그 날을 완성시키실 것이다.

신약
전서
The New Testaments

신약전서 목차

마태복음서

저자 마태

저작 연대 A.D. 50년대 후반–70년 이전

기록 장소와 대상 기록 장소는 안디옥일 가능성이 높으며, 주로 유대 사람들을 대상으로 기록했다. 그러나 기독교인이 된 이방 사람들을 위해서도 기록했다.

핵심어 및 내용 마태복음서의 핵심어는 '성취'와 '하늘 나라'이다. 마태는 예수님이 오심으로써 메시아의 시대가 도래했으며 하나님께서 그리스도 안에서 현존하시고 다스리신다는 복음을 소개한다.

내용 분해

1. 그리스도의 탄생과 유년기(1:1–2:23)
2. 그리스도의 세례와 시험(3:1–4:25)
3. 산상 설교(5:1–7:29)
4. 열 가지 이적과 관련된 사건들(8:1–9:35)
5. 열두 제자의 파송(9:36–10:42)
6. 세례자 요한의 질문과 예수님의 답변(11:1–30)
7. 바리새파 사람들의 반대(12:1–50)
8. 하늘 나라 비유(13:1–52)
9. 예수님이 배척당하심(13:53–17:27)
10. 메시아적 공동체 내에서의 삶의 원리들(18:1–35)
11. 예루살렘으로의 여행과 도전들(19:1–22:46)
12. 심판에 대한 경고와 예언(23:1–25:46)
13. 그리스도의 수난과 죽으심(26:1–27:66)
14. 그리스도의 부활하심(28:1–20)

예수의 계보 (눅 3:23-38)

1 아브라함의 자손이요 다윗의 자
손인 예수 ㉠그리스도의 ㉡계보는
이러하다.
2 ○아브라함은 이삭을 낳고, 이삭은
야곱을 낳고, 야곱은 유다와 그의
형제들을 낳고,
3 유다는 다말에게서 베레스와 세라
를 낳고, 베레스는 헤스론을 낳고,
헤스론은 람을 낳고,
4 람은 아미나답을 낳고, 아미나답은
나손을 낳고, 나손은 살몬을 낳고,
5 살몬은 라합에게서 보아스를 낳고,
보아스는 룻에게서 오벳을 낳고, 오
벳은 이새를 낳고,
6 이새는 다윗 왕을 낳았다. ○다윗은
우리아의 아내였던 이에게서 솔로몬
을 낳고,
7 솔로몬은 르호보암을 낳고, 르호보
암은 아비야를 낳고, 아비야는 ㉢아
삽을 낳고,
8 ㉢아삽은 여호사밧을 낳고, 여호사
밧은 요람을 낳고, 요람은 웃시야를
낳고,
9 웃시야는 요담을 낳고, 요담은 아하
스를 낳고, 아하스는 히스기야를 낳
고,
10 히스기야는 므낫세를 낳고, 므낫세
는 ㉣아모스를 낳고, ㉣아모스는 요
시야를 낳고,
11 예루살렘 주민이 바빌론으로 끌려
갈 무렵에, 요시야는 여고냐와 그의
형제들을 낳았다.
12 ○예루살렘 주민이 바빌론으로 끌
려간 뒤에, 여고냐는 스알디엘을 낳
고, 스알디엘은 스룹바벨을 낳고,
13 스룹바벨은 아비훗을 낳고, 아비훗
은 엘리야김을 낳고, 엘리야김은 아
소르를 낳고,
14 아소르는 사독을 낳고, 사독은 아킴
을 낳고, 아킴은 엘리웃을 낳고,
15 엘리웃은 엘르아살을 낳고, 엘르아
살은 맛단을 낳고, 맛단은 야곱을
낳고,

㉠ 또는 '메시아'. 그리스도는 그리스어이고 메시아는 히브리어임. 둘 다 '기름부음 받은 사람'을 뜻함 ㉡ 또는 '나심은' ㉢ 다른 고대 사본들에는 '아사' ㉣ 다른 고대 사본들에는 '아몬'

16 야곱은 마리아의 남편 요셉을 낳았
다. 마리아에게서 ㉠그리스도라고
하는 예수가 태어나셨다.
17 ○그러므로 그 모든 대 수는 아브라
함으로부터 다윗까지 열네 대요, 다
윗으로부터 바빌론에 끌려갈 때까지
열네 대요, 바빌론으로 끌려간 때로
부터 ㉠그리스도까지 열네 대이다.

예수의 탄생 (눅 2:1-7)

18 ○예수 그리스도의 태어나심은 이러
하다. 그의 어머니 마리아가 요셉과
약혼하고 나서, 같이 살기 전에, 마
리아가 성령으로 잉태한 사실이 드
러났다.
19 마리아의 남편 요셉은 의로운 사람
이라서 약혼자에게 부끄러움을 주
지 않으려고, 가만히 파혼하려 하였
다.
20 요셉이 이렇게 생각하고 있는데, 주
님의 천사가 꿈에 그에게 나타나서
말하였다. "다윗의 자손 요셉아, 두
려워하지 말고, 마리아를 네 아내로
맞아 들여라. 그 태중에 있는 아기는
성령으로 말미암은 것이다.
21 마리아가 아들을 낳을 것이니, 너는
그 이름을 ㉡예수라고 하여라. 그가
자기 백성을 그들의 죄에서 구원하
실 것이다."
22 이 모든 일이 일어난 것은, 주님께서
예언자를 시켜서 이르시기를,
23 ㉢"보아라, 동정녀가 잉태하여
아들을 낳을 것이니, 그의 이름
을 임마누엘이라고 할 것이다"
하신 말씀을 이루려고 하신 것이다.
(임마누엘은 번역하면 '하나님이 우
리와 함께 계시다'는 뜻이다.)
24 요셉은 잠에서 깨어 일어나서, 주님
의 천사가 말한 대로, 마리아를 아
내로 맞아들였다.
25 그러나 ㉣아들을 낳을 때까지는 아
내와 잠자리를 같이하지 않았다. 아
들이 태어나니, 요셉은 그 이름을 예
수라고 하였다.

동방박사들이 아기에게 경배하러 오다

2 헤롯 왕 때에, 예수께서 유대 베들
레헴에서 나셨다. 그런데 동방으
로부터 ㉤박사들이 예루살렘에 와서
2 말하였다. "유대인의 왕으로 나신 이
가 어디에 계십니까? 우리가 동방에
서 그의 별을 보고, 그에게 경배하러
왔습니다."
3 헤롯 왕은 이 말을 듣고 당황하였
고, 온 예루살렘 사람들도 그와 함
께 당황하였다.
4 왕은 백성의 대제사장들과 율법 교
사들을 다 모아 놓고서, ㉠그리스도
가 어디에서 태어나실지를 그들에게
물어 보았다.
5 그들이 왕에게 말하였다. "유대 베들
레헴입니다. 예언자가 이렇게 기록하

마

1장 요약 14대씩 3부로 짜여진 이 족보는 아브라함에서 시작하여 그리스도로 끝맺음으로써 메시아가 오시기까지의 구속 역사의 흐름을 밝혀 주고 있다.

㉠ 또는 '메시아'. 그리스도는 그리스어이고 메시아는 히브리어임. 둘 다 '기름부음 받은 사람'을 뜻함 ㉡ 예수는 '주님께서 구원하신다'는 뜻을 지닌 히브리어 이름 여호수아의 그리스어 형태 ㉢ 사 7:14(칠십인역) ㉣ 다른 고대 사본들에는 '첫 아들을' ㉤ 또는 '점성가들'. 그, '마고스'

2장 요약 그리스도의 탄생 직후에 일어난 사건들을 구속사적 관점에서 전개하고 있다. 즉 동방박사의 경배는 만왕이신 주의 왕권을, 헤롯의 살해 음모는 인자에 대한 사탄의 살해 의도를, 이집트 피신은 인류 구속을 위해 오욕의 땅까지 가신 주의 구속사적 열정을 보여 준다.

1:1–17 마태가 예수 그리스도의 계보로 그의 복음서를 시작한 것은 유대 사람들에게 예수님이

여 놓았습니다.
6 ㉠'너 유대 땅에 있는 베들레헴
아, 너는 유대 고을 가운데서 아
주 작지가 않다. 너에게서 통치
자가 나올 것이니, 그가 내 백성
이스라엘을 ㉡다스릴 것이다.'"
7 ○그 때에 헤롯은 그 ㉢박사들을 가
만히 불러서, 별이 나타난 때를 캐어
묻고,
8 그들을 베들레헴으로 보내며 말하
였다. "가서, 그 아기를 샅샅이 찾아
보시오. 찾거든, 나에게 알려 주시
오. 나도 가서, 그에게 경배할 생각
이오."
9 그들은 왕의 말을 듣고 떠났다. 그런
데 동방에서 본 그 별이 그들 앞에
나타나서 그들을 인도해 가다가, 아
기가 있는 곳에 이르러서, 그 위에
멈추었다.
10 그들은 ㉣그 별을 보고, 무척이나 크
게 기뻐하였다.
11 그들은 그 집에 들어가서, 아기가 그
의 어머니 마리아와 함께 있는 것을
보고, 엎드려서 그에게 경배하였다.
그리고 그들의 보물 상자를 열어서,
아기에게 황금과 유향과 몰약을 예
물로 드렸다.
12 그리고 그들은 꿈에 헤롯에게 돌아
가지 말라는 지시를 받아, 다른 길
로 자기 나라에 돌아갔다.

예수의 가족이 이집트로 피신하다

13 ○㉢박사들이 돌아간 뒤에, 주님의
천사가 꿈에 요셉에게 나타나서 말
하였다. "헤롯이 아기를 찾아서 죽이
려고 하니, 일어나서, 아기와 그 어머
니를 데리고 이집트로 피신하여라.
그리고 내가 너에게 말해 줄 때까지
거기에 있어라."
14 요셉이 일어나서, 밤 사이에 아기와
그 어머니를 데리고 이집트로 피신
하여,
15 헤롯이 죽을 때까지 거기에 있었다.
이것은 주님께서 예언자를 시켜서
말씀하신 바,
㉤"내가 이집트에서 내 아들을
불러냈다"
하신 말씀을 이루시려는 것이었다.

헤롯이 어린 아이들을 죽이다

16 ○헤롯은 ㉢박사들에게 속은 것을
알고, 몹시 노하였다. 그는 사람을
보내어, 그 ㉢박사들에게 알아 본 때
를 기준으로, 베들레헴과 그 가까운
온 지역에 사는, 두 살짜리로부터 그
아래의 사내아이를 모조리 죽였다.
17 이리하여 예언자 예레미야를 시켜서
하신 말씀이 이루어졌다.
18 ㉥"라마에서 소리가 들려왔다.
울부짖으며, 크게 슬피 우는 소
리다. 라헬이 자식들을 잃고 우
는데, 자식들이 없어졌으므로,

마

믿음의 조상들의 자손이며 동시에 그들에게 '약속된 메시아'이심을 논증하고자 했기 때문이다. **1:18–25** 이 부분의 탄생 기사는 다윗의 자손 예수님이 하나님의 아들이심을 강조하고 있다. **2:13 꿈에…나타나서 말하였다** 이것은 하나님의 계시의 한 방법으로, 마태복음서 1–2장에 모두 다섯 번 나오고 있다(1:20;2:12–13,19,22). **헤롯이…죽이려고 하니** 먼 곳으로부터 이방 사람들이 와서 아기 예수께 경배하고 왕에게 드리기로 합당한 세 가지 예물(황금, 유향, 몰약)을 드린 것과는 대조적으로 유대 땅에 있던 유대 왕 헤롯은 아기 예수를 찾아내어 죽이려고 하였다. **2:17–18** 예레미야서 31:15의 인용을 보면, 이국 땅(바빌론)으로 사로잡혀 가는 이스라엘 자손의 비참한 모습을 바라보며 슬피 우는 라헬을 이스라엘 어머니들의 대표처럼 묘사하고 있다.

㉠ 미 5:2 ㉡ 또는 '먹일' ㉢ 또는 '점성가들'. 그, '마고스' ㉣ 또는 '그 별이 멈춘 것을 보고' ㉤ 호 11:1 ㉥ 렘 31:15

위로를 받으려 하지 않았다."

예수의 가족이 이집트에서 돌아오다

19 ○헤롯이 죽은 뒤에, 주님의 천사가
이집트에 있는 요셉에게 꿈에 나타
나서
20 말하였다. "일어나서, 아기와 그 어머
니를 데리고 이스라엘 땅으로 가거
라. 그 아기의 목숨을 노리던 자들
이 죽었다."
21 요셉이 일어나서, 아기와 그 어머니를
데리고 이스라엘 땅으로 들어왔다.
22 그러나 요셉은, 아켈라오가 그 아버
지 헤롯을 이어서 유대 지방의 왕이
되었다는 말을 듣고, 그 곳으로 가기
를 두려워하였다. 그는 꿈에 지시를
받고, 갈릴리 지방으로 물러가서,
23 나사렛이라는 동네로 가서 살았다.
이리하여 예언자들을 시켜서 말씀하
신 바, "그는 나사렛 사람이라고 불
릴 것이다" 하신 말씀이 이루어졌다.

세례자 요한의 전도

(막 1:1-8; 눅 3:1-9, 15-17; 요 1:19-28)

3 그 무렵에 ㉠세례자 요한이 나타나
서, 유대 광야에서 선포하여
2 말하기를 "회개하여라. 하늘 나라가
가까이 왔다" 하였다.
3 이 사람을 두고 예언자 이사야는 이
렇게 말하였다.
㉡"광야에서 외치는 이의 소리가
있다. '너희는 주님의 길을 예비
하고, 그의 길을 곧게 하여라.'"
4 요한은 낙타 털 옷을 입고, 허리에는
가죽 띠를 띠었다. 그의 식물은 메뚜
기와 들꿀이었다.
5 그 때에 예루살렘과 온 유대와 요단
강 부근 사람들이 다 요한에게로 나
아가서,
6 자기들의 죄를 자백하며, 요단 강에
서 그에게 ㉢세례를 받았다.
7 ○요한은 많은 바리새파 사람과 사
두개파 사람들이 ㉢세례를 받으러
오는 것을 보고, 그들에게 말하였다.
"독사의 자식들아, 누가 너희에게 닥
쳐올 징벌을 피하라고 일러주더냐?
8 회개에 알맞은 열매를 맺어라.
9 그리고 너희는 속으로 주제넘게 '아
브라함이 우리 조상이다' 하고 말할
생각을 하지 말아라. 내가 너희에게
말한다. 하나님께서는 이 돌들로도
아브라함의 자손을 만드실 수 있다.
10 도끼를 이미 나무 뿌리에 갖다 놓았
으니, 좋은 열매를 맺지 않는 나무는
다 찍어서, 불 속에 던지실 것이다.
11 나는 너희를 회개시키려고 물로 ㉢세
례를 준다. 내 뒤에 오시는 분은 나
보다 더 능력이 있는 분이시다. 나는
그의 신을 들고 다닐 자격조차 없다.
그는 너희에게 성령과 불로 ㉢세례를
주실 것이다.
12 그는 손에 키를 들고 있으니, 타작

마

3장 요약 세례자 요한의 전도 사역과 예수님께서 세례를 받으신 사건을 기록하고 있으며 그리스도의 본격적인 사역으로 넘어가는 교량 역할을 하고 있다. 세례자 요한은 하늘 나라 선포, 회개 촉구, 세례 등 예수님의 사역을 예비하고 있으며, 주님은 죄가 없으심에도 불구하고 죄인과 같이 세례를 받으심으로 하나님의 구속 계획을 성취하고자 하셨다.

3:1–12 예수님의 선구자로 보냄을 받은 세례자 요한(눅 1:5–80)은 하늘 나라와 하나님의 임박한 심판을 선포하며 유대 사람들에게 회개를 촉구하였다. 이는 곧 성령으로 세례를 베푸실 '메시아'를 영접하도록 준비하게 하는 것이었다.

3:9 아브라함이…생각을 하지 말아라 구원의 조건이 혈통에 있는 것이 아니라 회개와 믿음에 있음을 지적한다(참조. 롬 4:12,16;갈 3:1–9).

㉠ 또는 '침례자' ㉡ 사 40:3(칠십인역) ㉢ 또는 '침례'

마당을 깨끗이 하여, 알곡은 곳간에
모아들이고, 쭉정이는 꺼지지 않는
불에 태우실 것이다."

예수께서 세례를 받으시다
(막 1:9-11; 눅 3:21-22)

13 ○그 때에 예수께서 요한에게 ㉠세례
를 받으시려고, 갈릴리를 떠나 요단
강으로 요한을 찾아가셨다.
14 그러나 요한은 "내가 선생님께 ㉠세
례를 받아야 할 터인데, 선생님께서
내게 오셨습니까?" 하고 말하면서
말렸다.
15 예수께서 그에게 말씀하셨다. "지금
은 그렇게 하도록 하십시오. 이렇게
하여, 우리가 모든 의를 이루는 것이
옳습니다." 그제서야 요한이 허락하
였다.
16 예수께서 ㉠세례를 받으시고, 곧 물
에서 올라오셨다. 그 때에 하늘이 열
렸다. 그는 하나님의 영이 비둘기 같
이 내려와 자기 위에 오는 것을 보셨
다.
17 그리고 하늘에서 소리가 나기를
㉡"이는 내가 사랑하는 아들이다.
내가 그를 좋아한다"
하였다.

예수께서 시험을 받으시다
(막 1:12-13; 눅 4:1-13)

4 그 즈음에 예수께서 성령에 이끌
려 광야로 가셔서, 악마에게 시험
을 받으셨다.
2 예수께서 밤낮 사십 일을 금식하시
니, 시장하셨다.
3 그런데 시험하는 자가 와서, 예수께
말하였다. "네가 하나님의 아들이거
든, 이 돌들에게 빵이 되라고 말해
보아라."
4 예수께서 대답하셨다. "성경에 기록
하기를
㉢'사람이 빵으로만 살 것이 아
니라, 하나님의 입에서 나오는
모든 말씀으로 살 것이다'
하였다."
5 그 때에 악마는 예수를 그 거룩한
도성으로 데리고 가서, 성전 꼭대기
에 세우고
6 말하였다. "네가 하나님의 아들이거
든, 여기에서 뛰어내려 보아라. 성경
에 기록하기를
㉣'하나님이 너를 위하여 자기
천사들에게 명하실 것이다' 그리
고 '그들이 손으로 너를 떠받쳐
서, 너의 발이 돌에 부딪치지 않
게 할 것이다'
하였다."
7 예수께서 악마에게 말씀하셨다.
"또 성경에 기록하기를 ㉤'주 너
의 하나님을 시험하지 말아라'
하였다."
8 또다시 악마는 예수를 매우 높은 산

4장 요약 40일간에 걸친 예수님의 금식 기도와 그에 연이은 악마의 시험이 주요 내용이다. 악마는 세 가지 시험을 통하여 예수님께 하나님을 거부하고 악마의 권세에 복종하라고 한다. 이에 예수님은 말씀으로 승리하셨다. 이로써 메시아의 신적 능력, 성부에 대한 성자의 복종이 확증된 것이다.

4:1–11 예수님은 하나님의 '사랑하는 아들'(3:17)이시며 하나님의 뜻을 성취하시기 위해 신뢰하고 순종하는 '주님의 종'(사 42:1)이셨다. 악마는 바로 이 믿음을 흔들기 위해 예수님을 시험했다. 예수님은 인간의 절박한 욕구보다는 하나님의 말씀을, 하나님을 시험하기보다는 하나님을 신뢰하는 태도를, 세상 권력을 통한 '자기 숭배'보다는 하나님만을 경배할 것을 말씀을 통해 밝히시며(신

㉠ 또는 '침례' ㉡ 또는 '이는 내 아들, 내가 사랑하는 자다' ㉢ 신 8:3 ㉣ 시 91:11,12 ㉤ 신 6:16(칠십인역)

마

으로 데리고 가서, 세상의 모든 나라
와 그 영광을 보여주고 말하였다.
9 "네가 나에게 엎드려서 절을 하면,
이 모든 것을 네게 주겠다."
10 그 때에 예수께서 그에게 말씀하셨
다. "사탄아, 물러가라. 성경에 기록
하기를
㉠'주 너의 하나님께 경배하고,
그분만을 섬겨라'
하였다."
11 이 때에 악마는 떠나가고, 천사들이
와서, 예수께 시중을 들었다.

예수께서 갈릴리에서 복음을 선포하기 시작하시다 (막 1:14-15; 눅 4:14-15)

12 ○예수께서, 요한이 잡혔다고 하는
말을 들으시고, 갈릴리로 돌아가셨
다.
13 그리고 그는 나사렛을 떠나, 스불론
과 납달리 지역 바닷가에 있는 가버
나움으로 가서 사셨다.
14 이것은 예언자 이사야를 시켜서 하
신 말씀을 이루시려는 것이었다.
15 ㉡"스불론과 납달리 땅, 요단 강
건너편, 바다로 가는 길목, 이방
사람들의 갈릴리,
16 어둠에 앉아 있는 백성이 큰 빛
을 보았고, 그늘진 죽음의 땅에
앉은 사람들에게 빛이 비치었다."
17 ○그 때부터 예수께서는 "회개하여
라. 하늘 나라가 가까이 왔다" 하고
선포하기 시작하셨다.

어부들을 부르시다 (막 1:16-20; 눅 5:1-11)

18 ○예수께서 갈릴리 바닷가를 걸어가
시다가, 두 형제, 베드로라는 시몬과
그와 형제간인 안드레가 그물을 던
지고 있는 것을 보셨다. 그들은 어부
였다.
19 예수께서 그들에게 말씀하셨다. "나
를 따라오너라. 나는 너희를 사람을
낚는 어부로 삼겠다."
20 그들은 곧 그물을 버리고 예수를 따
라갔다.
21 거기에서 조금 더 가시다가, 예수께
서 다른 두 형제 곧 세베대의 아들
야고보와 그의 ㉢동생 요한을 보셨
다. 그들은 아버지 세베대와 함께 배
에서 그물을 깁고 있었다. 예수께서
그들을 부르셨다.
22 그들은 곧 배와 자기들의 아버지를
놓아두고, 예수를 따라갔다.

무리에게 복음을 전하시다 (눅 6:17-19)

23 ○㉣예수께서 온 갈릴리를 두루 다
니시면서, 그들의 회당에서 가르치
며, 하늘 나라의 ㉤복음을 선포하며,
백성 가운데서 모든 질병과 아픔을
고쳐 주셨다.
24 예수의 소문이 온 시리아에 퍼졌다.
그리하여 사람들이, 갖가지 질병과
고통으로 앓는 모든 환자들과 귀신
들린 사람들과 간질병 환자들과 중

6:13,16;8:3) '주님의 종'의 신분을 지키셨다.

4:12-17 가버나움에 거하심 예수님께서는 가버나움(13절)에 거하시면서 갈릴리 사역을 시작하셨다. 광야에서 시험을 받으신 후, 갈릴리 전도를 시작하시기까지 약 1년의 간격이 있으며, 이 기간의 활동이 요한복음서 1:29-5:47에 기록되어 있다.

4:12 세례자 요한의 투옥과 죽음에 대해서는 14:1-12을 참조하라.

4:18-22 예수님께서 제자들을 부르신 목적은 그들과 함께 삶을 나누며 그들을 훈련시켜 궁극적으로는 예수님의 구원 사역을 수종들어 잃어버린 하나님의 자녀들을 구원하시고, 하늘 나라를 확장시키는 데 있었다.

4:18 갈릴리 바닷가 '게네사렛 호숫가'(눅 5:1), '디베랴 바다'(요 6:1)라고도 불렸다.

㉠ 신 6:13(칠십인역) ㉡ 사 9:1,2 ㉢ 그, '형제' ㉣ 그, '그가' ㉤ 또는 '기쁜 소식'

풍병 환자들을 예수께로 데리고 왔
다. 예수께서는 그들을 고쳐 주셨다.
25 그리하여 갈릴리와 ㉠데가볼리와 예
루살렘과 유대와 요단 강 건너편으
로부터, 많은 무리가 예수를 따라왔
다.

산상 설교 (마 5-7)

5 ㉡예수께서 무리를 보시고, 산에
올라가 앉으시니, 제자들이 그에
게 나아왔다.
2 ㉡예수께서 입을 열어서 그들을 가르
치셨다.

복이 있는 사람 (눅 6:20-23)

3 "㉢마음이 가난한 사람은 복이 있
다. 하늘 나라가 그들의 것이다.
4 슬퍼하는 사람은 복이 있다. 하나
님이 그들을 위로하실 것이다.
5 온유한 사람은 복이 있다. 그들이
땅을 차지할 것이다.
6 의에 주리고 목마른 사람은 복이
있다. 그들이 배부를 것이다.
7 자비한 사람은 복이 있다. 하나님
이 그들을 자비롭게 대하실 것이
다.
8 마음이 깨끗한 사람은 복이 있다.
그들이 하나님을 볼 것이다.
9 평화를 이루는 사람은 복이 있다.
하나님이 그들을 자기의 ㉣자녀라
고 부르실 것이다.
10 의를 위하여 박해를 받은 사람은
복이 있다. 하늘 나라가 그들의 것
이다.
11 ○너희가 나 때문에 모욕을 당하고,
박해를 받고, ㉤터무니없는 말로 온
갖 비난을 받으면, 복이 있다.
12 너희는 기뻐하고 즐거워하여라. 하
늘에서 받을 너희의 상이 크기 때문
이다. 너희보다 먼저 온 예언자들도
이와 같이 박해를 받았다."

소금과 빛 (막 9:50; 눅 14:34-35)

13 ○"너희는 세상의 소금이다. 소금이
짠 맛을 잃으면, 무엇으로 그 짠 맛
을 되찾게 하겠느냐? 짠 맛을 잃은
소금은 아무데도 쓸 데가 없으므로,
바깥에 내버려서 사람들이 짓밟을
뿐이다.
14 너희는 세상의 빛이다. 산 위에 세운
마을은 숨길 수 없다.
15 또 사람이 등불을 켜서 말 아래에다
내려놓지 아니하고, 등경 위에다 놓
아둔다. 그래야 등불이 집 안에 있
는 모든 사람에게 환히 비친다.
16 이와 같이, 너희 빛을 사람에게 비추
어서, 그들이 너희의 착한 행실을 보
고, 하늘에 계신 너희 아버지께 영
광을 돌리게 하여라."

율법에 대한 교훈

17 ○"내가 율법이나 예언자들의 말을
폐하러 온 줄로 생각하지 말아라. 폐
하러 온 것이 아니라, 완성하러 왔다.

5장 요약 산상수훈은 5장에서부터 시작하여 7장까지 이어진다. 팔복(1–16절)은 산상수훈을 요약해 준다. 예수님은 하늘 나라 시민의 요건과 그에 대한 상급을 약속하시며 이어 모세의 율법에 대한 새로운 해석과 명령을 제시하신다.

5:1–7:29 보통 '산상수훈' 또는 '산상 설교'라고 부른다. 이 말씀들은 단순히 사람들에게 높은 도덕적 표준을 제시하는 것이 아니라 하나님 나라 백성들이 실제 삶에서 지켜야 할 윤리의 대강령을 제시하고 있다.

5:5 땅을 차지할 것이다 이스라엘 백성이 가나안 땅을 유산으로 받는 데서 유래된 말로, 성도들이 하나님의 나라를 차지할 것을 뜻한다.

5:17 율법이나 예언자 '율법'은 모세오경을, '예언자'는 예언서(書)를 가리키는 것으로서, 구약 성경 전

㉠ '열 도시' ㉡ 그, '그가' ㉢ 그, '심령이' ㉣ 그, '아들들이라고'
㉤ 다른 고대 사본들에는 '터무니없는 말'이 없음

18 내가 진정으로 너희에게 말한다. 천
지가 없어지기 전에는 율법은 ㉠일점
일획도 없어지지 않고, 다 이루어질
것이다.
19 그러므로 누구든지 이 계명 가운데
아주 작은 것 하나라도 ㉡어기고 사
람들을 그렇게 가르치는 사람은, 하
늘 나라에서 아주 작은 사람으로 일
컬어질 것이요, 또 누구든지 계명을
행하며 가르치는 사람은, 하늘 나라
에서 큰 사람이라고 일컬어질 것이
다.
20 내가 너희에게 말한다. 너희의 의가
율법학자들과 바리새파 사람들의
의보다 낫지 않으면, 너희는 하늘나
라에 들어가지 못할 것이다."

분노에 대한 교훈

21 ○"옛 사람들에게 말하기를 ㉢'살인
하지 말아라. 누구든지 살인하는 사
람은 재판을 받아야 할 것이다' 한
것을 너희는 들었다.
22 그러나 나는 너희에게 말한다. 자기
㉣형제나 자매에게 성내는 사람은,
누구나 심판을 받는다. 자기 ㉤형제
나 자매에게 ㉥얼간이라고 말하는
사람은, 누구나 공의회에 불려갈 것
이요, 또 바보라고 말하는 사람은
㉦지옥 불 속에 던져질 것이다.
23 그러므로 네가 제단에 제물을 드리
려고 하다가, ㉧네 형제나 자매가 네
게 어떤 원한을 품고 있다는 생각이
나거든,
24 너는 그 제물을 제단 앞에 놓아두
고, 먼저 가서 ㉧네 형제나 자매와 화
해하여라. 그런 다음에 돌아와서 제
물을 드려라.
25 너를 고소하는 사람과 함께 법정으
로 갈 때에는, 도중에 얼른 그와 화
해하도록 하여라. 그렇지 않으면, 고
소하는 사람이 너를 재판관에게 넘
겨주고, 재판관은 형무소 관리에게
넘겨주어서, 그가 너를 감옥에 집어
넣을 것이다.
26 내가 진정으로 너희에게 말한다. 너
희가 마지막 한 ㉨푼까지 다 갚기 전
에는, 거기에서 나오지 못할 것이다."

음욕과 간음

27 ○"㉩'간음하지 말아라' 하고 말한 것
을, 너희는 들었다.
28 그러나 나는 너희에게 말한다. 여자
를 보고 음욕을 품는 사람은 이미
마음으로 그 여자를 범하였다.
29 네 오른 눈이 너로 하여금 죄를 짓
게 하거든, 빼서 내버려라. 신체의 한
부분을 잃는 것이, 온 몸이 ㉦지옥에
던져지는 것보다 더 낫다.
30 또 네 오른손이 너로 하여금 죄를 짓
게 하거든, 찍어서 내버려라. 신체의
한 부분을 잃는 것이, 온몸이 ㉦지옥
에 던져지는 것보다 더 낫다."

체를 일컫는 말이다. **폐하러 온 줄로 생각하지 말아라** 율법적 형식주의에 얽매여 있던 유대의 종교 지도자들은 예수님의 교훈과 행위를 기존의 종교를 파괴시키는 것으로 간주했다(참조. 요 5:18). **완성하러 왔다** 율법은 사람들로 하여금 구원의 필요성을 깨닫게 하고, 예언자는 그 구원의 요구가 장래에 충족될 것을 가르쳐 주었다. 그런데 예수님이 오셔서 이러한 율법과 예언자의 요구와 예언을 성취하셨다.

5:22 공의회 (그) '산헤드린'. 유대 사람들의 최고 의회이다. 각 지파에서 6인씩 뽑힌 72인의 회로서, 제사장, 장로, 바리새파 사람, 율법학자 등으로 구성되었다.
5:26 한 푼 (그) '고드란트'. 가장 작은 단위의 로마 동전으로, 재판의 엄격성을 강조한 말이다.

㉠ 그, '한 이오타' ㉡ 또는 '폐하고' ㉢ 출 20:13 ㉣ 그, '형제에게'. 다른 고대 사본들에는 '까닭없이'가 첨가되어 있음 ㉤ 그, '형제에게' ㉥ 그, '라가라고 말하는 사람은'. 아람어 라가는 욕하는 말 ㉦ 그, '게헨나' ㉧ 그, '네 형제' ㉨ 그, '코드란테스' ㉩ 출 20:14

이혼과 간음 (마 19:9; 막 10:11-12; 눅 16:18)

31 ○"㉠'누구든지 아내를 버리려는 사
람은 그에게 이혼 증서를 써주어라'
하고 말하였다.
32 그러나 나는 너희에게 말한다. 음행
을 한 경우를 제외하고 아내를 버리
는 사람은 그 여자를 간음하게 하는
것이요, 또 버림받은 여자와 결혼하
는 사람은 누구든지 간음하는 것이
다."

맹세에 대한 교훈

33 ○"옛 사람들에게 말하기를 ㉡'너는
거짓 맹세를 하지 말아야 하고, 네가
맹세한 것은 그대로 주님께 지켜야
한다' 한 것을, 너희는 또한 들었다.
34 그러나 나는 너희에게 말한다. 아예
맹세하지 말아라. 하늘을 두고도 맹
세하지 말아라. 그것은 하나님의 보
좌이기 때문이다.
35 땅을 두고도 맹세하지 말아라. 그것
은 하나님께서 발을 놓으시는 발판
이기 때문이다. 예루살렘을 두고도
맹세하지 말아라. 그것은 크신 임금
님의 도성이기 때문이다.
36 네 머리를 두고도 맹세하지 말아라.
너는 머리카락 하나라도 희게 하거
나 검게 할 수 없기 때문이다.
37 너희는 '예' 할 때에는 '예'라는 말만
하고, '아니오' 할 때에는 '아니오'라
는 말만 하여라. 이보다 지나치는 것
은 ㉢악에서 나오는 것이다."

보복하지 말아라 (눅 6:29-30)

38 ○"㉣'눈은 눈으로, 이는 이로 갚아
라' 하고 말한 것을 너희는 들었다.
39 그러나 나는 너희에게 말한다. 악한
사람에게 맞서지 말아라. 누가 네 오
른쪽 뺨을 치거든, 왼쪽 뺨마저 돌
려 대어라.
40 너를 걸어 고소하여 네 속옷을 가지
려는 사람에게는, 겉옷까지도 내주
어라.
41 누가 너더러 억지로 오 리를 가자고
하거든, 십 리를 같이 가 주어라.
42 네게 달라는 사람에게는 주고, 네게
꾸려고 하는 사람을 물리치지 말아
라."

원수를 사랑하여라 (눅 6:27-28, 32-36)

43 ○"㉤'네 이웃을 사랑하고, 네 원수
를 미워하여라' 하고 말한 것을 너희
는 들었다.
44 그러나 나는 너희에게 말한다. 너희
원수를 사랑하고, 너희를 박해하는
사람을 위하여 기도하여라.
45 그래야만 너희가 하늘에 계신 너희
아버지의 ㉥자녀가 될 것이다. 아버
지께서는, 악한 사람에게나 선한 사
람에게나 똑같이 해를 떠오르게 하
시고, 의로운 사람에게나 불의한 사
람에게나 똑같이 비를 내려주신다.
46 너희를 사랑하는 사람만 너희가 사

5:27-28 음욕, 간음 실제적인 간음은 육체적 행위이지만, 이 죄는 사람의 마음속에서 하나의 욕심이나 생각, 또는 계획으로 이미 시작된다는 뜻이다(막 7:20-23;약 1:15).

5:33 옛 사람들에게 말하기를 이 구절은 '옛 사람에 의해 말해진 바'로도 해석될 수 있다. 이 경우에 '옛 사람'은 율법학자들인 랍비들을 가리킨다. 예수님은 이 말씀을 통해 율법을 왜곡되게 해석하고 가르쳤던 랍비들의 구전(전통)과 율법을 '완성하러'(5:17) 오신 자신의 가르침을 명백하게 대조시키시고 있다(참조. '~들었다.'_21,27,33,38, 43절). 이는 당시에 랍비들이 맹세에 관해서도 율법을 교묘하게 해석하여 수많은 맹세들이 남발되었기 때문이다.

5:36 머리를 두고도 머리로 맹세하는 것은 약속을 지키지 않으면 생명을 잃어도 좋다는 뜻이다.

㉠ 신 24:1 ㉡ 레 19:12; 민 30:2; 신 23:21(칠십인역) ㉢ 또는 '악한 자' ㉣ 출 21:24; 레 24:20; 신 19:21 ㉤ 레 19:18 ㉥ 그, '아들들이'

랑하면, 무슨 상을 받겠느냐? 세리
도 그만큼은 하지 않느냐?
47 또 너희가 너희 ㉠형제자매들에게만
인사를 하면서 지내면, 남보다 나을
것이 무엇이냐? 이방 사람들도 그만
큼은 하지 않느냐?
48 그러므로 하늘에 계신 너희 아버지
께서 완전하신 것 같이, 너희도 완전
하여라."

올바른 자선 행위

6 "너희는 남에게 보이려고 의로운
일을 사람들 앞에서 하지 않도록
조심하여라. 그렇지 않으면, 너희는
하늘에 계신 너희 아버지에게서 상
을 받지 못한다.
2 ○그러므로 네가 자선을 베풀 때에
는, 위선자들이 사람들에게 칭찬을
받으려고 회당과 거리에서 그렇게
하듯이, 네 앞에 나팔을 불지 말아
라. 내가 진정으로 너희에게 말한다.
그들은 자기네 상을 이미 다 받았다.
3 너는 자선을 베풀 때에는, 오른손이
하는 일을 왼손이 모르게 하여,
4 네 자선 행위를 숨겨두어라. 그리하
면, 남모르게 숨어서 보시는 네 아버
지께서 너에게 갚아 주실 것이다."

예수께서 가르치신 기도 (눅 11:2-4)

5 ○"너희는 기도할 때에, 위선자들처
럼 하지 말아라. 그들은 사람들에게
보이려고, 회당과 큰 길 모퉁이에 서
서 기도하기를 좋아한다. 내가 진정
으로 너희에게 말한다. 그들은 자기
네 상을 이미 다 받았다.
6 너는 기도할 때에, 골방에 들어가 문
을 닫고서, 숨어서 계시는 네 아버지
께 기도하여라. 그리하면 숨어서 보
시는 너의 아버지께서 너에게 갚아
주실 것이다.
7 ○너희는 기도할 때에, 이방 사람들
처럼 빈말을 되풀이하지 말아라. 그
들은 말을 많이 하여야만 들어주시
는 줄로 생각한다.
8 그러므로 그들을 본받지 말아라. 하
나님 너희 아버지께서는, 너희가 구
하기 전에, 너희에게 필요한 것이 무
엇인지를 알고 계신다.
9 그러므로 너희는 이렇게 기도하여라.
하늘에 계신 우리 아버지, 그 이름
을 거룩하게 하여 주시며,
10 그 나라를 오게 하여 주시며, 그
뜻을 하늘에서 이루심 같이, 땅에
서도 이루어 주십시오.
11 오늘 우리에게 ㉡필요한 양식을 내
려 주시고,
12 우리가 우리에게 ㉢죄 지은 사람을
용서하여 준 것 같이 우리의 ㉣죄
를 용서하여 주시고,
13 우리를 ㉤시험에 들지 않게 하시고,
㉥악에서 구하여 주십시오. [[나라
와 권세와 영광은 영원히 아버지

6장 요약 예수님은 하늘 나라 시민의 생활에 연관된 윤리적 강령을 언급하신다. 바리새파 사람과 부패한 종교 지도자들이 형식적·외면적인 행위에 치우친 반면, 주님은 내면적·실질적인 변화의 필요성을 역설하신다. 하늘 나라 시민은 신앙에 입각해서 삶을 사는 자들이다.

6:2 위선자 (그) '훔포크리테스'. 원래 이 말은 '배우'를 뜻했다. 신약에서 이 말은 대부분 바리새파 사람들의 위선을 책망할 때 쓰였다(참조. 6:5; 7:5;15:7;22:18;23:13).

6:7 빈말을 되풀이하지 말아라 하나님께서는 기도의 '수'는 헤아리지 아니하시나 그 '무게'는 다신다. 또한 하나님께서는 기도의 '길이'를 재지 아니하시고, 그 '깊이'를 재시는 분이시다.

㉠ 그, '형제들' ㉡ 또는 '일용할 양식' ㉢ 또는 '빚진 사람의 빚을 없애 준 것 같이' ㉣ 또는 '빚을 없애 주시고' ㉤ 또는 '시험에 빠뜨리지 마시고' 또는 '시련의 때로 이끌지 마시고' ㉥ 또는 '악한 자에게서'

의 것입니다. 아멘.]]
14 너희가 남의 잘못을 용서해 주면, 너
희 하늘 아버지께서도 너희를 용서
해 주실 것이다.
15 그러나 너희가 남을 용서해 주지 않
으면, 너희 아버지께서도 너희의 잘
못을 용서해 주지 않으실 것이다."

올바른 금식

16 ○"너희는 금식할 때에, 위선자들과
같이 슬픈 기색을 띠지 말아라. 그
들은 금식하는 것을 남에게 보이려
고, 얼굴을 흉하게 한다. 내가 진정
으로 너희에게 말한다. 그들은 자기
네 상을 이미 받았다.
17 너는 금식할 때에, 머리에 기름을 바
르고, 낯을 씻어라.
18 그리하여 금식하는 것을 사람들에
게 드러내지 말고, 보이지 않게 숨어
서 계시는 네 아버지께서 보시게 하
여라. 그리하면 남모르게 숨어서 보
시는 네 아버지께서 너에게 갚아 주
실 것이다."

하늘에 쌓은 보물 (눅 12:33-34)

19 ○"너희는 자기를 위하여 보물을 땅
에다가 쌓아 두지 말아라. 땅에서는
좀이 먹고 녹이 슬어서 망가지며, 도
둑들이 뚫고 들어와서 훔쳐간다.
20 그러므로 너희를 위하여 보물을 하
늘에 쌓아 두어라. 거기에는 좀이 먹
고 녹이 슬어서 망가지는 일이 없
고, 도둑들이 뚫고 들어와서 훔쳐 가
지도 못한다.
21 너의 보물이 있는 곳에, 너의 마음도
있을 것이다."

몸의 등불 (눅 11:34-36)

22 ○"눈은 몸의 등불이다. 그러므로
네 눈이 성하면 네 온 몸이 밝을 것
이요,
23 네 눈이 성하지 못하면 네 온 몸이
어두울 것이다. 그러므로 네 속에 있
는 빛이 어두우면, 그 어둠이 얼마나
심하겠느냐?"

하나님과 재물 (눅 16:13)

24 ○"아무도 두 주인을 섬기지 못한다.
한쪽을 미워하고 다른 쪽을 사랑하
거나, 한쪽을 중히 여기고 다른 쪽
을 업신여길 것이다. 너희는 하나님
과 ㉠재물을 아울러 섬길 수 없다."

근심과 걱정 (눅 12:22-34)

25 ○"그러므로 내가 너희에게 말한다.
목숨을 부지하려고 무엇을 먹을까
또는 ㉡무엇을 마실까 걱정하지 말
고, 몸을 감싸려고 무엇을 입을까 걱
정하지 말아라. 목숨이 음식보다 소
중하지 아니하냐? 몸이 옷보다 소중
하지 아니하냐?
26 공중의 새를 보아라. 씨를 뿌리지도
않고, 거두지도 않고, 곳간에 모아들
이지도 않으나, 너희의 하늘 아버지
께서 그것들을 먹이신다. 너희는 새

6:9-13 예수님께서 제자들에게 가르쳐 주신 '기도의 모범'이다(눅 11:1). 주기도문은 서론(기도의 대상)과 여섯 가지의 간구, 그리고 송영의 세 부분으로 구성되어 있다.

6:19-24 예수님께서는 재산을 소유하거나 하나님께서 선물로 주신 풍부한 물질을 누리는 것을(딤전 6:17) 금하신 것이 아니다. 예수님께서 금하신 것은 '이기적인 재산의 축적'이다. 기본적인 필요마저도 제대로 갖추지 못한 궁핍한 이웃에게 무관심한 부자들의 호화롭고 사치스러운 삶, 사람의 생명이 소유의 풍족한 데에 있다고 믿는 어리석은 환상(눅 12:15), 그리고 우리의 마음을 세상에 붙들어 매는 물질 만능주의 등을 금하신 것이다.

6:25-34 보잘것없어 보이는 동물이나 식물도 돌보시는 하나님께서 자신의 형상에 따라 지으신 사람을 보살피신다는 것은 지극히 당연하다. 신자들

㉠ 그, '맘몬(돈이나 부를 뜻하는 셈어)' ㉡ 다른 고대 사본들에는 '무엇을 마실까'가 없음

보다 귀하지 아니하냐?
27 너희 가운데서 누가, 걱정을 해서,
㉠자기 수명을 한 순간인들 늘일 수
있느냐?
28 어찌하여 너희는 옷 걱정을 하느냐?
들의 백합화가 어떻게 자라는가 살
펴보아라. 수고도 하지 않고, 길쌈도
하지 않는다.
29 그러나 내가 너희에게 말한다. 온갖
영화로 차려 입은 솔로몬도 이 꽃 하
나와 같이 잘 입지는 못하였다.
30 오늘 있다가 내일 아궁이에 들어갈
들풀도 하나님께서 이와 같이 입히
시거든, 하물며 너희들을 입히시지
않겠느냐? 믿음이 적은 사람들아!
31 그러므로 무엇을 먹을까, 무엇을 마
실까, 무엇을 입을까, 하고 걱정하지
말아라.
32 이 모든 것은 모두 이방사람들이 구
하는 것이요, 너희의 하늘 아버지께
서는, 이 모든 것이 너희에게 필요하
다는 것을 아신다.
33 너희는 먼저 하나님의 나라와 하나
님의 의를 구하여라. 그리하면 이 모
든 것을 너희에게 더하여 주실 것이
다.
34 그러므로 내일 일을 걱정하지 말아
라. 내일 걱정은 내일이 맡아서 할
것이다. ㉡한 날의 괴로움은 그 날에
겪는 것으로 족하다."

남을 심판하지 말아라 (눅 6:37-38, 41-42)

7 "너희가 심판을 받지 않으려거든,
남을 심판하지 말아라.
2 너희가 남을 심판하는 그 심판으로
하나님께서 너희를 심판하실 것이
요, 너희가 되질하여 주는 그 되로
너희에게 되어서 주실 것이다.
3 어찌하여 너는 ㉢남의 눈 속에 있는
티는 보면서, 네 눈 속에 있는 들보
는 깨닫지 못하느냐?
4 네 눈 속에는 들보가 있는데, 어떻게
㉢남에게 말하기를 '네 눈에서 티를
빼내 줄테니 가만히 있거라' 할 수
있겠느냐?
5 위선자야, 먼저 네 눈에서 들보를 빼
내어라. 그래야 네 눈이 잘 보여서,
㉢남의 눈 속에 있는 티를 빼 줄 수
있을 것이다."
6 ○"거룩한 것을 개에게 주지 말고,
너희의 진주를 돼지 앞에 던지지 말
아라. 그들이 발로 그것을 짓밟고,
되돌아서서, 너희를 물어뜯을지도
모른다."

구하여라, 찾아라, 문을 두드려라

(눅 11:9-13)

7 ○"구하여라, 그리하면 하나님께서
너희에게 주실 것이다. 찾아라, 그리
하면 너희가 찾을 것이다. 문을 두드
려라, 그리하면 하나님께서 너희에게
열어 주실 것이다.

은 생명을 주신 하나님 '아버지'께서 생명에 필요한 것들을 당연히 주실 것을 믿음으로써 먼저 하나님께서 기뻐하시는 더 귀한 가치들, 곧 하나님의 *나라와 하나님의 의*를 *추구해야* 할 것이다.

6:32 이방사람들이 구하는 것이요 이방사람들은 하늘에 계신 아버지를 모르고, 또한 그분의 약속에 대해서도 무지하다. 그들은 먹는 것과 입는 것에 마음을 빼앗기고 걱정한다. 그러나 그리스도를 따르는 사람들은 그들과는 다른 길로 가야 한다.

7장 요약 5장에서 시작된 산상수훈의 결론부에 해당한다. 본장은 하늘 나라 시민 생활의 구체적인 측면, 즉 비판의 원리, 기도에 관한 교훈 등을 설명한다. 하늘 나라 시민은 복음을 듣는 것에 그치지 않고 하나님의 뜻을 행하며 삶을 사는 사람들이다.

㉠ 또는 '제 키를 한 규빗인들 크게 할 수 있느냐' ㉡ 또는 '오늘의'
㉢ 그, '네 형제'

8 구하는 사람마다 얻을 것이요, 찾는
사람마다 찾을 것이요, 문을 두드리
는 사람에게 열어 주실 것이다.
9 너희 가운데서 아들이 빵을 달라고
하는데 돌을 줄 사람이 어디에 있으
며,
10 생선을 달라고 하는데 뱀을 줄 사람
이 어디에 있겠느냐?
11 너희가 악해도 너희 자녀에게 좋은
것을 줄 줄 알거든, 하물며 하늘에
계신 너희 아버지께서, 구하는 사람
에게 좋은 것을 주지 아니하시겠느
냐?"
12 ○"그러므로 너희는 무엇이든지, 남
에게 대접을 받고자 하는 대로, 너희
도 남을 대접하여라. 이것이 율법과
예언서의 본뜻이다."

좁은 문 (눅 13:24)

13 ○"좁은 문으로 들어가거라. 멸망으
로 이끄는 문은 넓고, 그 길이 널찍
하여서, 그리로 들어가는 사람이 많
다.
14 생명으로 이끄는 문은 너무나도 좁
고, 그 길이 비좁아서, 그것을 찾는
사람이 적다."

열매를 보아서 나무를 안다 (눅 6:43-44)

15 ○"거짓 예언자들을 살펴라. 그들은
양의 탈을 쓰고 너희에게 오지만, 속
은 굶주린 이리들이다.
16 너희는 그 열매를 보고 그들을 알아
야 한다. 가시나무에서 어떻게 포도
를 따며, 엉겅퀴에서 어떻게 무화과
를 딸 수 있겠느냐?
17 이와 같이, 좋은 나무는 좋은 열매
를 맺고, 나쁜 나무는 나쁜 열매를
맺는다.
18 좋은 나무가 나쁜 열매를 맺을 수
없고, 나쁜 나무가 좋은 열매를 맺
을 수 없다.
19 좋은 열매를 맺지 않는 나무는, 찍어
서 불 속에 던진다.
20 그러므로 너희는 그 열매를 보고 그
사람들을 알아야 한다."

하나님의 뜻을 행하는 일이 중요하다

(눅 13:25-27)

21 ○"나더러 '주님, 주님' 하는 사람이
라고 해서, 다 하늘 나라에 들어가
는 것이 아니다. 하늘에 계신 내 아
버지의 뜻을 행하는 사람이라야 들
어간다.
22 그 날에 많은 사람이 나에게 말하기
를 '주님, 주님, 우리가 주님의 이름
으로 예언을 하고, 주님의 이름으로
귀신을 쫓아내고, 또 주님의 이름으
로 많은 기적을 행하지 않았습니
까?' 할 것이다.
23 그 때에 내가 그들에게 분명히 말할
것이다. '나는 너희를 도무지 알지
못한다. 불법을 행하는 자들아, 내게
서 물러가라.'"

7:1 심판하지 말아라 '심판하지 말아라'는 예수님의 교훈은 참과 거짓, 선과 악에 대한 분별을 포기하라는 의미가 아니라 타인의 약점이나 실수를 용서하지 못하고 파괴적으로 심판하는 것을 삼가야 한다는 의미이다.
7:6 개·돼지 다시 치료될 수 없는 불경건한 생활 속에 사는 사람, 사악한 행실에 완전히 빠진 사람 등을 상징한다.
7:7-11 예수님은 신자가 하나님의 은혜를 받을 수 있는 통로로 기도를 일곱 번이나 강조하시고 있다.
7:12 율법과 예언서의 본뜻 누구든지 다른 사람이 자신에게 행동하기를 바라는 바대로 다른 사람에게 행동하는 사람은, 적어도 이웃에 대한 사랑의 문제에 있어서 율법서와 예언서의 내용을 다 이룬 것이다(참조. 롬 13:8-10).
7:15-20 하나님의 말씀과는 어긋난 교훈과 도덕적으로 불건전한 생활이나 행위 등으로 거짓 예언자들을 분별할 수 있다.

모래 위에 지은 집과 반석 위에 지은 집

(눅 6:47-49)

24 ○"그러므로 내 말을 듣고 그대로 행
하는 사람은, 반석 위에다 자기 집을
지은, 슬기로운 사람과 같다고 할 것
이다.
25 비가 내리고, 홍수가 나고, 바람이
불어서, 그 집에 들이쳤지만, 무너지
지 않았다. 그 집을 반석 위에 세웠
기 때문이다.
26 그러나 나의 이 말을 듣고서도 그대
로 행하지 않는 사람은, 모래 위에
자기 집을 지은, 어리석은 사람과 같
다고 할 것이다.
27 비가 내리고, 홍수가 나고, 바람이
불어서, 그 집에 들이치니, 무너졌다.
그리고 그 무너짐이 엄청났다."
28 ○예수께서 이 말씀을 마치시니, 무
리가 그의 가르침에 놀랐다.
29 예수께서는 그들의 율법학자들과는
달리, 권위 있게 가르치셨기 때문이
다.

나병 환자를 깨끗하게 하시다

(막 1:40-45; 눅 5:12-16)

8 ㉠예수께서 산에서 내려오시니, 많
은 무리가 그를 따라왔다.
2 ㉡나병 환자 한 사람이 예수께 다가
와 그에게 절하면서 말하였다. "주
님, 하고자 하시면, 나를 깨끗하게
해주실 수 있습니다."
3 예수께서 손을 내밀어서 그에게 대
시고 "그렇게 해주마. 깨끗하게 되어
라" 하고 말씀하시니, 곧 그의 ㉡나병
이 나았다.
4 예수께서 그에게 말씀하시기를 "아
무에게, 아무 말도 하지 말아라. 가
서, 제사장에게 네 몸을 보이고, 모
세가 명한 예물을 바쳐서, 사람들에
게 증거로 삼도록 하여라" 하셨다.

백부장의 종을 고치시다

(눅 7:1-10; 요 4:43-54)

5 ○예수께서 가버나움에 들어가시니,
한 백부장이 다가와서, 그에게 간청
하여
6 말하였다. "주님, 내 종이 중풍으로
집에 누워서 몹시 괴로워하고 있습
니다."
7 예수께서 그에게 말씀하셨다. "내가
가서 고쳐 주마."
8 백부장이 대답하였다. "주님, 나는
주님을 내 집으로 모셔들일 만한 자
격이 없습니다. 그저 한 마디 말씀만
해주십시오. 그러면 내 종이 나을 것
입니다.
9 나도 상관을 모시는 사람이고, 내 밑
에도 병사들이 있어서, 내가 이 사람
더러 가라고 하면 가고, 저 사람더러
오라고 하면 옵니다. 또 내 종더러
이것을 하라고 하면 합니다."
10 예수께서 이 말을 들으시고, 놀랍게

8장 요약 나병 환자, 백부장의 종, 베드로의 장모, 가다라 지방의 귀신 들린 사람 등에 대한 예수님의 치유 사역이 소개된다. 특히 풍랑을 잔잔하게 하심은 자연계를 지배하시는 주님의 권능을, 귀신 들린 사람을 고치심은 불의의 영(사탄)을 정복하러 오신 주님의 권세를 잘 드러낸다.

8:4 제사장에게…증거로 삼도록 하여라 레위기 14:1-32에 정해진 규례에 따라 나병 환자는 다시 회중에 들어오기 전에 먼저 제사장으로부터 치유 사실을 인정받고, 일정한 제물을 드려야만 했다. 이런 과정을 통해 예수님의 메시아 되심을 유대 사람에게 증거하려는 것이었다. 유대 사람들은 나병 치료를 메시아의 표징으로 믿었기 때문이다.

8:8 하나님의 권위를 가진 예수님 앞에서 자신의 무가치성에 대한 자각과 말씀에 대한 절대적인 신뢰를 보여 준다.

㉠ 그, '그가' ㉡ 나병을 포함한 여러 가지 악성 피부병을 말함

여기셔서, 따라오는 사람들에게 말
씀하셨다. "내가 진정으로 너희에게
말한다. 나는 지금까지 이스라엘 사
람 가운데서 아무에게서도 이런 믿
음을 본 일이 없다.
11 내가 너희에게 말한다. 많은 사람이
동과 서에서 와서, 하늘 나라에서 아
브라함과 이삭과 야곱과 함께 잔치
자리에 ㉠앉을 것이다.
12 그러나 이 나라의 ㉡시민들은 바깥
어두운 데로 쫓겨나서, 거기서 울며
이를 갈 것이다."
13 그리고 예수께서 백부장에게 "가거
라. 네가 믿은 대로 될 것이다." 하고
말씀하셨다. 바로 그 시각에 그 종
이 나았다.

많은 사람을 고치시다
(막 1:29-34; 눅 4:38-41)

14 ○예수께서 베드로의 집에 들어가셔
서, 그의 장모가 열병으로 앓아 누
운 것을 보셨다.
15 예수께서 그 여자의 손에 손을 대시
니, 열병이 떠나가고, 그 여자는 일어
나서, 예수께 시중을 들었다.
16 날이 저물었을 때에, 마을 사람들이
귀신 들린 사람을 많이 예수께로 데
리고 왔다. 예수께서는 말씀으로 귀
신을 쫓아내시고, 또 병자를 모두
고쳐 주셨다.
17 이리하여 예언자 이사야를 시켜서
하신 말씀이 이루어졌다.

㉢"그는 몸소 우리의 병약함을
떠맡으시고, 우리의 질병을 짊어
지셨다."

예수를 따르려면 (눅 9:57-62)

18 ○예수께서, 무리가 자기 옆에 둘러
서 있는 것을 보시고, 제자들에게
건너편으로 가자고 말씀하셨다.
19 율법학자 한 사람이 다가와서 예수
께 말하였다. "선생님, 나는 선생님
이 가시는 곳이면, 어디든지 따라가
겠습니다."
20 예수께서 그에게 말씀하셨다. "여우
도 굴이 있고, 하늘을 나는 새도 보
금자리가 있으나, ㉣인자는 머리 둘
곳이 없다."
21 또 제자 가운데 한 사람이 말하였다.
"주님, 내가 먼저 가서, 아버지의 장
례를 치르도록 허락하여 주십시오."
22 예수께서 그에게 말씀하셨다. "너는
나를 따라오너라. 죽은 사람의 장례
는 죽은 사람들이 치르게 두어라."

풍랑을 잔잔하게 하시다
(막 4:35-41; 눅 8:22-25)

23 ○예수께서 배에 오르시니, 제자들
이 그를 따라갔다.
24 그런데 바다에 큰 풍랑이 일어나서,
배가 물결에 막 뒤덮일 위험에 빠지
게 되었다. 그런데 예수께서는 주무
시고 계셨다.

8:12 이 나라의 시민 혈통으로만 유대 사람일 뿐, 예수님을 믿지 않았던 자들을 가리킨다.

8:20 인자 '영광의 왕'이시기 이전에 '고난의 종'이시다. 예수님은 그분의 제자가 되는 길이 고난과 희생의 길임을 밝히시고 있다.

8:21 아버지의 장례를 치르도록 유대 사람들에게 있어서 장례를 치르는 일은 다른 모든 일보다 우선권을 가지는 종교적 의무로서, 율법을 공부하는 일보다도 우선권을 지닌다. 따라서 그러한 의무를 이행하지 않는다는 일은 상상할 수도 없었던 것이다.

8:22 '영적으로 죽은 사람들로 하여금 육적으로 죽은 사람의 장례를 치르게 하라'는 의미다.

8:23-27 풍랑을 잔잔하게 하시다 이 기적의 교훈은 예수님께서 모든 자연계의 '주인'이시며, 하나님이시라는 사실이다. 구약에서 하나님만 가지셨

㉠ 그, '비스듬히 눕다'. 유대인들이 식사할 때에 가지는 자세 ㉡ 또는 '상속자들은', 그, '아들들' ㉢ 사 53:4 ㉣ 그, '사람의 아들'

25 제자들이 다가가서 예수를 깨우고
서 말하였다. "주님, 살려 주십시오.
우리가 죽게 되었습니다."
26 예수께서 그들에게 "왜들 무서워하
느냐? 믿음이 적은 사람들아!" 하고
말씀하시고 나서, 일어나 바람과 바
다를 꾸짖으시니, 바다가 아주 잔잔
해졌다.
27 사람들은 놀라서 말하였다. "이분이
누구이기에, 바람과 바다까지도 그
에게 복종하는가?"

귀신 들린 두 사람을 고치시다

(막 5:1-20; 눅 8:26-39)

28 ○예수께서 건너편 ㉠가다라 사람들
의 지역에 가셨을 때에, 귀신 들린
사람 둘이 무덤 사이에서 나오다가,
예수와 마주쳤다. 그들은 너무나 사
나워서, 아무도 그 길을 지나다닐 수
없었다.
29 그런데 그들이 외쳐 말하였다. "하나
님의 아들이여, 당신이 우리와 무슨
상관이 있습니까? 때가 되기도 전
에, 우리를 괴롭히려고 여기에 오셨
습니까?"
30 마침 거기에서 멀리 떨어진 곳에, 놓
아 기르는 큰 돼지 떼가 있었다.
31 귀신들이 예수께 간청하였다. "우리
를 쫓아내시려거든, 우리를 저 돼지
들 속으로 들여보내 주십시오."
32 예수께서 "가라" 하고 명령하시니,
귀신들이 나와서 돼지들 속으로 들
어갔다. 그 돼지 떼가 모두 바다 쪽
으로 비탈을 내리달아서, 물 속에 빠
져 죽었다.
33 돼지를 치던 사람들이 도망 가서, 읍
내에 들어가, 이 모든 일과 귀신 들
린 사람들에게 일어난 일을 알렸다.
34 온 읍내 사람들이 예수를 만나러 나
왔다. 그들은 예수를 보고, 자기네
지역을 떠나 달라고 간청하였다.

중풍병 환자를 고치시다

(막 2:1-12; 눅 5:17-26)

9 예수께서 배에 오르셔서, 바다를
건너 자기 마을에 돌아오셨다.
2 사람들이 중풍병 환자 한 사람을,
침상에 누인 채로, 예수께로 날라
왔다. 예수께서 그들의 믿음을 보시
고, 중풍병 환자에게 말씀하셨다.
"기운을 내라, 아이야. 네 죄가 용서
받았다."
3 그런데 율법학자 몇이 '이 사람이 하
나님을 모독하는구나' 하고 속으로
말하였다.
4 예수께서 그들의 생각을 아시고 말
씀하셨다. "어찌하여 너희는 마음
속에 악한 생각을 품고 있느냐?
5 '네 죄가 용서받았다' 하고 말하는
것과 '일어나서 걸어가거라' 하고 말
하는 것 가운데서, 어느 쪽이 더 말
하기가 쉬우냐?

다고 인정된 능력이 예수님에게도 있음이 드러난다(참조. 시 89:8-9;93:3-4;106:8-9;사 51:9-10).

8:28-34 예수님께서는 귀신들에 사로잡힌 사람을 *회복시키셨다*. 예수님의 구원 사역의 목적은 사람을 사탄의 권세로부터 자유롭게 하는 것이다.

8:27 이분이 누구이기에 바람과 바다를 복종케 하신 기적은 예수님이 모든 자연을 통제하는 능력을 가지신 신적 존재, 곧 하나님의 아들이심을 증거하고 있다(참조. 시 89:9;사 51:9-10).

9장 요약 본장의 치유 사역이 8장과 다른 점은 죄를 사하는 주님의 권세와 연관되어 있다는 점이다. 결국 치유 사역의 목적은 죄 사함을 통한 전 인류의 구원이다. 죄인의 형편을 살피며 각종 질병을 치유하신 사건은 인애의 주시며, 큰 목자 되신 예수님의 모습을 잘 드러내 준다.

9:2 믿음을 보시고 9장에 기록된 ① 중풍병 환자

㉠ 다른 고대 사본들에는 '거라사' 또는 '겔게사' 또는 '가자라'

6 그러나 인자가 땅에서 죄를 용서하
는 권세를 가지고 있음을 너희들이
알게 하겠다." 그리고 예수께서 중풍
병 환자에게 "일어나서, 네 침상을
거두어 가지고 집으로 가거라" 하시
니,
7 그가 일어나서, 자기 집으로 돌아갔
다.
8 무리가 이 일을 보고서, 두려움에 사
로잡히고, 이런 권한을 사람들에게
주신 하나님께 영광을 돌렸다.

마태를 부르시다 (막 2:13-17; 눅 5:27-32)

9 ○예수께서 거기에서 떠나서 길을
가시다가, 마태라는 사람이 세관에
앉아 있는 것을 보시고 말씀하셨다.
"나를 따라오너라." 그는 일어나서,
예수를 따라갔다.
10 ○예수께서 집에서 ㉠음식을 드시는
데, 많은 세리와 죄인이 와서, 예수와
그 제자들과 ㉠자리를 같이 하였다.
11 바리새파 사람들이 이것을 보고, 예
수의 제자들에게 말하였다. "어찌하
여 당신네 선생은 세리와 죄인과 어
울려서 음식을 드시오?"
12 예수께서 그 말을 들으시고서 말씀
하셨다. "건강한 사람에게는 의사가
필요하지 않으나, 병든 사람에게는
필요하다.
13 너희는 가서 ㉡'내가 바라는 것은 자
비요, 희생제물이 아니다' 하신 말씀
이 무슨 뜻인지 배워라. 나는 의인을
부르러 온 것이 아니라, 죄인을 부르
러 왔다."

금식 논쟁 (막 2:18-22; 눅 5:33-39)

14 ○그 때에 요한의 제자들이 예수께
와서 물었다. "우리와 바리새파 사람
은 ㉢자주 금식을 하는데, 왜 선생님
의 제자들은 금식을 하지 않습니
까?"
15 예수께서 그들에게 말씀하셨다. "혼
인 잔치의 손님들이 신랑이 자기들
과 함께 있는 동안에 슬퍼할 수 있느
냐? 그러나 신랑을 빼앗길 날이 올
터이니, 그 때에는 그들이 금식할 것
이다.
16 생베 조각을 낡은 옷에다 대고 깁는
사람은 없다. 그렇게 하면, 새로 댄
조각이 그 옷을 당겨서, 더욱더 크게
찢어진다.
17 새 포도주를 낡은 가죽 부대에 담는
사람은 없다. 그렇게 하면, 가죽 부
대가 터져서, 포도주는 쏟아지고, 가
죽 부대는 못 쓰게 된다. 새 포도주
는 새 가죽 부대에 담아야 둘 다 보
존된다."

어느 지도자의 딸과 혈루증에 걸린 여자
(막 5:21-43; 눅 8:40-56)

18 ○예수께서 이 말씀을 하실 때에, 지
도자 한 사람이 와서, 예수께 무릎
을 꿇고 말하였다. "내 딸이 방금 죽

와 ② 혈루증을 앓던 여자와 ③ 눈 먼 두 사람을 고친 기적에서 찾을 수 있는 공통된 요소는 예수님께 대한 그들의 믿음이었다(2,22,29절). **네 죄가 용서받았다** 예수님이 중풍병 환자를 고친 기적은 예수님께서 메시아이심을 입증하는 것이었다.

9:13 예수님의 복음 사역은 바리새파 사람들과 같이 자신들의 의(義)를 의지하지 않고, 겸손하게 자신들의 죄를 회개하며 믿음으로 예수님의 부르심에 응답하는 죄인들에게 그 초점이 맞추어지고 있다.

9:14-17 세례자 요한의 제자들은 스승의 금욕주의적 습관을 따라 자발적으로 금식을 했다(참조. 눅 7:33). 바리새파 사람들은 민족을 위해 매주 월요일과 목요일에 금식했다. 모든 유대 사람들도 일 년에 한 번 속죄일에는 의무적으로 금식했다(레 16:29). 그러나 예수님의 제자들은 예수님 생

㉠ 그, '비스듬히 눕다'. 8:11의 주를 볼 것 ㉡ 호 6:6 ㉢ 다른 고대 사본들에는 '자주'가 없음

었습니다. 그러나 오셔서, 그 아이에
게 손을 얹어 주십시오. 그러면 살
아날 것입니다."
19 예수께서 일어나서 그를 따라가셨
고, 제자들도 뒤따라갔다.
20 그런데 열두 해 동안 혈루증으로 앓
는 여자가 뒤에서 예수께로 다가와
서, 예수의 옷술에 손을 대었다.
21 그 여자는 속으로 말하기를 "내가
그의 옷에 손을 대기만 하여도 나을
텐데!" 했던 것이다.
22 예수께서 돌아서서, 그 여자를 보시
고 말씀하셨다. "기운을 내어라, 딸
아. 네 믿음이 너를 구원하였다." 바
로 그 때에 그 여자가 나았다.
23 ○예수께서 그 지도자의 집에 이르
러서, 피리를 부는 사람들과 떠드는
무리를 보시고,
24 이렇게 말씀하셨다. "모두 물러가거
라. 그 소녀는 죽은 것이 아니라, 자
고 있다." 그들은 예수를 비웃었다.
25 무리를 내보낸 다음에, 예수께서 들
어가셔서, 그 소녀의 손을 잡으시니,
그 소녀가 벌떡 일어났다.
26 이 소문이 그 온 땅에 퍼졌다.

눈 먼 두 사람이 고침을 받다

27 ○예수께서 거기에서 떠나가시는데,
눈 먼 사람 둘이 "다윗의 자손이여,
우리를 불쌍히 여겨 주십시오" 하고
외치면서 ㉠ 예수를 뒤따라 왔다.
28 예수께서 집 안으로 들어가셨는데,
그 눈 먼 사람들이 그에게 나아왔
다. 예수께서 그들에게 말씀하셨다.
"너희는 내가 이 일을 할 수 있다고
믿느냐?" 그들이 "예, 주님!" 하고 대
답하였다.
29 예수께서 그들의 눈에 손을 대시고
말씀하셨다. "너희 믿음대로 되어라."
30 그러자 그들의 눈이 열렸다. 예수께
서 그들에게 엄중히 다짐하셨다. "이
일을 아무에게도 알리지 말아라."
31 그러나 그들은 나가서, 예수의 소문
을 그 온 지역에 퍼뜨렸다.

말 못하는 사람을 고치시다

32 ○그들이 떠나간 뒤에, 귀신이 들려
말 못하는 한 사람을 사람들이 예수
께 데리고 왔다.
33 귀신이 쫓겨나니, 말 못하는 그 사람
이 말을 하게 되었다. 무리가 놀라서
말하였다. "이런 것은 이스라엘에서
처음 보는 일이다."
34 ㉡그러나 바리새파 사람들은 "그는
귀신의 두목의 힘을 빌어서 귀신을
쫓아낸다" 하고 말하였다.

목자 없는 양

35 ○예수께서는 모든 도시와 마을을
두루 다니시면서, 유대 사람의 여러
회당에서 가르치며, 하늘 나라의 복
음을 선포하며, 온갖 질병과 온갖
아픔을 고쳐 주셨다.

전에 금식하지 않았기 때문에 먹고 마시기만 한다는 비난을 받았다. 16-17절의 비유는 그리스도의 복음으로 새로워진 삶을 유대교라는 낡은 방식(금식) 속에 가둘 수 없다는 말씀이다.

9:18-34 본문의 기적들의 공통점은 병 고침을 받고자 그들 스스로 예수님께 나아왔다는 점이다. 예수님께서는 그들의 믿음을 보시고 기적을 베푸신 후 자신의 실체를 명확히 알리셨다.

9:23-26 죽은 자를 살리신 기적은 '부활이요 생명이신 예수님'(요 11:25)께서 죄와 사망의 권세 곧 사탄의 권세를 깨뜨리시는 '메시아'이심을 증거한다(참조. 롬 8:1-2;고전 15:55-57).

9:32-34 예수님께서 귀신들을 쫓아내심은 예수님의 구원 사역(재창조)을 상징적으로 보여 준다.

9:35-38 예수님께서는 하나님의 백성을 모으는 종말적 과업을 제자들에게 부여하신다.

㉠ 다른 고대 사본들에는 '예수를'이 없음 ㉡ 다른 고대 사본들에는 34절이 없음

36 예수께서 무리를 보시고, 그들을 불
쌍히 여기셨다. 그들은 마치 목자 없
는 양과 같이, 고생에 지쳐서 기운이
빠져 있었기 때문이다.
37 그래서 제자들에게 말씀하셨다. "추
수할 것은 많은데, 일꾼이 적다.
38 그러므로 너희는 추수하는 주인에
게 일꾼들을 그의 추수밭으로 보내
시라고 청하여라."

예수의 열두 제자 (막 3:13-19; 눅 6:12-16)

10 ㉠예수께서 열두 제자를 부르
셔서, ㉡더러운 귀신을 제어하
는 권능을 주시고, 그들이 ㉡더러운
귀신을 쫓아내고 온갖 질병과 온갖
허약함을 고치게 하셨다.
2 열두 사도의 이름은 이러하다. 첫째
로 베드로라고 부르는 시몬과, 그의
㉢동생 안드레와 세베대의 아들 야
고보와 그의 ㉢동생 요한과
3 빌립과 바돌로매와 도마와 세리 마
태와 알패오의 아들 야고보와 ㉣다
대오와
4 ㉤열혈당원 시몬과 예수를 넘겨준 가
룟 사람 유다이다.

열두 제자의 전도 (막 6:7-13; 눅 9:1-6)

5 ○예수께서 이들 열둘을 내보내실
때에, 그들에게 이렇게 명하셨다.
"이방 사람의 길로도 가지 말고, 또
사마리아 사람의 고을에도 들어가
지 말아라.
6 오히려 ㉥길 잃은 양 떼인 이스라엘
백성에게로 가거라.
7 다니면서 '하늘 나라가 가까이 왔다'
고 선포하여라.
8 앓는 사람을 고쳐 주며, 죽은 사람
을 살리며, ㉦나병 환자를 깨끗하게
하며, 귀신을 쫓아내어라. 거저 받았
으니, 거저 주어라.
9 전대에 금화도 은화도 동전도 넣어
가지고 다니지 말아라.
10 여행용 자루도, 속옷 두 벌도, 신도,
지팡이도, 지니지 말아라. 일꾼이 자
기 먹을 것을 얻는 것은 마땅하다.
11 아무 고을이나 아무 마을에 들어가
든지, 거기서 마땅한 사람을 찾아내
서, 그 곳을 떠날 때까지 거기에 머
물러 있어라.
12 너희가 그 집에 들어갈 때에, 평화를
빈다고 인사하여라.
13 그래서 그 집이 평화를 누리기에 알
맞으면, 너희가 비는 평화가 그 집에
있게 하고, 알맞지 않으면 그 평화가
너희에게 되돌아오게 하여라.
14 누구든지 너희를 영접하지 않거나
너희의 말을 듣지 않거든, 그 집이나
그 고을을 떠날 때에, 너희 발에 묻
은 먼지를 떨어 버려라.
15 내가 진정으로 너희에게 말한다. 심
판 날에는 소돔과 고모라 땅이 그
고을보다는 견디기가 쉬울 것이다."

10장 요약 열두 제자를 선택하시고 파송 직전에 베푸신 교훈으로서 시간상 제3차 갈릴리 사역 초기에 일어난 일이다. 열두 제자, 복음 전파자의 자세, 주님의 도우심과 섭리, 복음과 세상과의 대립, 말씀을 받아들이는 자에 대한 축복 등으로 나뉜다.

10:1–15 열두 사도 예수님께서는 열두 제자를 사도로 세우셨다. '사도'는 그리스어로 '아포스톨로스'이고, 그 뜻은 '보냄을 받은 사람'이다.

10:5–6 이 말씀은 이방 사람이나 사마리아 사람이 구원의 범위에서 제외되었다는 뜻이 아니라, 복음 전도의 순서와 경로를 나타낸 것이다(참조. 행 1:8 예루살렘 → 유대 → 사마리아 → 땅 끝).

10:14 발에 묻은 먼지를 떨어 버려라 이방 사람들의

㉠ 그, '그가' ㉡ 또는 '악한 귀신' ㉢ 그, '형제' ㉣ 다른 고대 사본들에는 '레배오' 또는 '다대오라고 부르는 레배오' ㉤ 또는 '가나안 사람', 그, '카나나이오스' ㉥ 그, '이스라엘 집의 길 잃은 양 떼에게로' ㉦ 나병을 포함한 여러 가지 악성 피부병을 말함

박해를 받을 것이다 (막 13:9-13; 눅 21:12-17)

16 ○"보아라, 내가 너희를 내보내는 것
이, 마치 양을 이리 떼 가운데로 보
내는 것과 같다. 그러므로 너희는 뱀
과 같이 슬기롭고, 비둘기와 같이 순
진해져라.
17 사람들을 조심하여라. 그들이 너희
를 법정에 넘겨주고, 그들의 회당에
서 매질을 할 것이다.
18 또 너희는 나 때문에, 총독들과 임
금들 앞에 끌려나가서, 그들과 이방
사람 앞에서 증언할 것이다.
19 사람들이 너희를 관가에 넘겨줄 때
에, 어떻게 말할까, 또는 무엇을 말
할까, 하고 걱정하지 말아라. 너희가
무슨 말을 해야 할지, 그 때에 지시
를 받을 것이다.
20 말하는 이는 너희가 아니라, 너희 안
에서 말씀하시는 아버지의 영이시다.
21 형제가 형제를 죽음에 넘겨주고, 아
버지가 자식을 또한 그렇게 하고, 자
식이 부모를 거슬러 일어나서 부모
를 죽일 것이다.
22 너희는 내 이름 때문에 모든 사람에
게서 미움을 받을 것이다. 그러나 끝
까지 견디는 사람은 구원을 얻을 것
이다.
23 이 고을에서 너희를 박해하거든, 저
고을로 피하여라. 내가 진정으로 너
희에게 말한다. 너희가 이스라엘의
고을들을 다 돌기 전에 인자가 올 것
이다.
24 ○제자가 스승보다 높지 않고, 종이
주인보다 높지 않다.
25 제자가 제 스승만큼 되고, 종이 제
주인만큼 되면, 충분하다. 그들이 집
주인을 바알세불이라고 불렀거든,
하물며 그 집 사람들에게야 얼마나
더 심하겠느냐!"

마땅히 두려워하여야 할 분을
두려워하여라 (눅 12:2-7)

26 ○"그러므로 너희는 그들을 두려워
하지 말아라. 덮어 둔 것이라고 해도
벗겨지지 않을 것이 없고, 숨긴 것이
라 해도 알려지지 않을 것이 없다.
27 내가 너희에게 어두운 데서 말하는
것을, 너희는 밝은 데서 말하여라.
너희가 귓속말로 듣는 것을, 지붕 위
에서 외쳐라.
28 그리고 몸은 죽일지라도 영혼은 죽
이지 못하는 이를 두려워하지 말고,
영혼도 몸도 둘 다 ㉠지옥에 던져서
멸망시킬 수 있는 분을 두려워하여
라.
29 참새 두 마리가 한 ㉡냥에 팔리지 않
느냐? 그러나 그 가운데서 하나라
도 너희 아버지께서 허락하지 않으
시면, 땅에 떨어지지 않을 것이다.
30 아버지께서는 너희의 머리카락까지
도 다 세어 놓고 계신다.

도시를 떠날 때, 발의 먼지를 떨어 버리는 행위는 유대 사람들이 하던 관습이었다. 그들은 의식적으로 부정한 모든 것을 자신들의 땅으로 묻혀 들어오지 않으려고 했다. 제자들의 이런 행동은 유대 사람들이 하나님의 메시지를 거부했기 때문에 참 이스라엘에 속하지 않음을 상징한 것이 된다.

10:17 회당 유대 사람들이 모이던 종교 집회소를 말한다.

10:23 인자가 올 것이다 복음을 전해야 하는 사명은 예수님이 영광스럽게 재림하시기 전에는 끝나지 않을 것이다. 그런데 여기서는 예수님이 부활하신 후 제자들에게 다시 오실 것을 가리킨다.

10:34 칼을 주려고 왔다 누가복음서 12:51에서는 '분열을 일으키러 왔다'라고 기록하고 있다. '칼'은 분열을 상징한다. 믿음 때문에 사람들은 예수님을 따르거나, 대적하는 자로 갈라질 수밖에 없다.

10:38 자기 십자가를 지고 당시에 십자가형을 선고

㉠ 그, '게헨나' ㉡ 그, '앗시리온'

31 그러니 두려워하지 말아라. 너희는
많은 참새보다 더 귀하다."

사람 앞에서 그리스도를 안다고 하면 (눅 12:8-9)

32 ○"누구든지 사람들 앞에서 나를 시
인하면, 나도 하늘에 계신 내 아버지
앞에서 그 사람을 시인할 것이다.
33 그러나 누구든지 사람들 앞에서 나
를 부인하면, 나도 하늘에 계신 내
아버지 앞에서 그 사람을 부인할 것
이다."

칼을 주려고 왔다 (눅 12:51-53; 14:26-27)

34 ○"너희는 내가 세상에 평화를 주려
고 온 줄로 생각하지 말아라. 평화가
아니라 칼을 주려고 왔다.
35 나는, ㉠사람이 자기 아버지와 맞서
게 하고, 딸이 자기 어머니와 맞서게
하고, 며느리가 자기 시어머니와 맞
서게 하려고 왔다.
36 ㉠사람의 원수가 자기 집안 식구일
것이다.
37 나보다 아버지나 어머니를 더 사랑
하는 사람은 내게 적합하지 않고, 나
보다 아들이나 딸을 더 사랑하는 사
람도 내게 적합하지 않다.
38 또 자기 십자가를 지고 나를 따르지
않는 사람도 내게 적합하지 않다.
39 자기 목숨을 얻으려는 사람은 목숨
을 잃을 것이요, 나를 위하여 자기
목숨을 잃는 사람은 목숨을 얻을 것
이다."

보상에 대한 말씀 (막 9:41)

40 ○"너희를 맞아들이는 사람은 나를
맞아들이는 것이요, 나를 맞아들이
는 사람은 나를 보내신 분을 맞아들
이는 것이다.
41 예언자를 예언자로 맞아들이는 사
람은, 예언자가 받을 상을 받을 것이
요, 의인을 의인이라고 해서 맞아들
이는 사람은, 의인이 받을 상을 받을
것이다.
42 내가 진정으로 너희에게 말한다. 이
작은 사람들 가운데 하나에게, 내
제자라고 해서 냉수 한 그릇이라도
주는 사람은, 절대로 자기가 받을 상
을 잃지 않을 것이다."

11

1 예수께서 열두 제자에게 지
시하기를 마치고, 거기에서 떠
나셔서, ㉡유대 사람들의 여러 고을
에서 가르치며 복음을 전하셨다.

세례자 요한이 보낸 사람들 (눅 7:18-35)

2 ○그런데 요한은, ㉢그리스도께서 하
신 일들을 감옥에서 전해 듣고, 자기
의 ㉣제자들을 예수께 보내어,
3 물어 보게 하였다. "오실 그분이 당
신이십니까? 그렇지 않으면, 우리가
다른 분을 기다려야 합니까?"
4 예수께서 그들에게 대답하셨다. "가
서, 너희가 듣고 본 것을 요한에게
알려라.
5 눈 먼 사람이 보고, 다리 저는 사람

받은 죄수는 처형지까지 자신의 십자가를 지고 갔다(참조. 요 19:17). 즉, 예수님을 따르려면 고난을 넘어 죽음까지도 각오해야 함을 의미한다.

10:40-42 예수님의 제자들은 세상의 기준으로 볼 때에는 보잘것없는 사람들이다. 하지만 그들은 복음을 전하는 고귀한 소명을 받은 사람들이므로, 그들에게 조그마한 친절(42절, 냉수 한 그릇)이라도 베풀면 하나님께서는 반드시 보상해 주실 것이라고 약속하신다.

11장 요약 세례자 요한은 주의 길을 예비하는 자로서, 하늘 나라 복음을 선포하고 세례를 베풀었다.(3장) 그래서 요한은 예수님의 메시아 되심에 관해 질문했고, 예수님은 병자의 치유 사건을 통해 구약에서 예언된 메시아가 자신임을 우회적으로 밝히셨다.

㉠ 미 7:6 ㉡ 그, '그들의' ㉢ 1:1의 주를 볼 것 ㉣ 다른 고대 사본들에는 '두 제자를'

이 걸으며, ㉠나병 환자가 깨끗하게
되며, 듣지 못하는 사람이 들으며,
죽은 사람이 살아나며, 가난한 사람
이 복음을 듣는다.
6 나에게 ㉡걸려 넘어지지 않는 사람은
복이 있다."
7 ○이들이 떠나갈 때에, 예수께서 무
리에게 요한을 두고 말씀하셨다.
"너희는 무엇을 보러 광야에 나갔더
냐? 바람에 흔들리는 갈대냐?
8 ㉢아니면, 무엇을 보러 나갔더냐? 화
려한 옷을 입은 사람이냐? 화려한
옷을 입은 사람은 왕궁에 있다.
9 ㉣아니면, 무엇을 보러 나갔더냐? 예
언자를 보려고 나갔더냐? 그렇다.
내가 너희에게 말한다. 그렇다. 그는
예언자보다 더 훌륭한 사람이다. 이
사람을 두고 성경에 기록하기를,
10 ㉤'보아라, 내가 내 심부름꾼을
너보다 앞서 보낸다. 그가 네 앞
에서 네 길을 닦을 것이다'
하였다.
11 내가 진정으로 너희에게 말한다. 여
자가 낳은 사람 가운데서 ㉥세례자
요한보다 더 큰 인물은 없었다. 그런
데 하늘 나라에서는 아무리 작은 이
라도 요한보다 더 크다.
12 ㉥세례자 요한 때로부터 지금까지, 하
늘 나라는 ㉦힘을 떨치고 있다. 그리
고 ㉧힘을 쓰는 사람들이 그것을 차
지한다.
13 모든 예언자와 율법서는, 요한에 이
르기까지, 하늘 나라가 올 것을 예언
하였다.
14 너희가 그 예언을 기꺼이 받아들이
려고 하면, 요한, 바로 그 사람이 오
기로 되어 있는 엘리야이다.
15 들을 귀가 있는 사람은 들어라."
16 ○"이 세대를 무엇에 비길까? 마치
아이들이 장터에 앉아서, 다른 아이
들에게 이렇게 말하는 것과 같다.
17 '우리가 너희에게 피리를 불어도
너희는 춤을 추지 않았고, 우리가
곡을 해도, 너희는 울지 않았다.'
18 요한이 와서, 먹지도 않고 마시지도
않았다. 그러니까 사람들이 말하기
를, '그는 귀신이 들렸다' 하고,
19 인자는 와서, 먹기도 하고 마시기도
하니, 그들이 말하기를 '보아라, 저
사람은 마구 먹어대는 자요, 포도주
를 마시는 자요, 세리와 죄인의 친구
다' 한다. 그러나 지혜는 그 ㉨한 일
로 옳다는 것이 입증되었다."

회개하지 않는 도시에 화가 있다 (눅 10:13-15)

20 ○그 때에 예수께서는, 자기가 기적
을 많이 행한 마을들이 회개하지 않
으므로, 꾸짖기 시작하셨다.
21 "고라신아, 너에게 화가 있다. 벳새다
야, 너에게 화가 있다. 너희 마을들
에서 행한 기적들을 두로와 시돈에

11:3 요한은 종말적인 심판을 베푸시기 위해 '오실 그분'을 특히 강조하였다(3:10-12). 그런데 '오신 그분'는 정의의 심판과 구원 대신에 오히려 은혜와 긍휼을 더 많이 베푸셨기 때문에 요한은 의구심이 생겨 제자들을 예수님께로 보내었다. 여기서 '메시아'의 초림과 재림이 갖는 의미의 차이를 일시적으로 깨닫지 못한 요한의 모습을 볼 수 있다.

11:9-10 사람들은 세례자 요한을 예언자로 인정했다(막 11:32). 그러나 요한은 단순한 예언자가 아니라, 말라기서 3:1에 기록된 '메시아의 길을 예비하는 특사'라는 예언을 성취시킨 인물이라는 의미에서 예언자보다 더 훌륭하다는 말씀이다.

11:17 피리를 불어도 혼인 잔치 놀이를 말하며, 구

㉠ 나병을 포함한 여러 가지 악성 피부병을 말함 ㉡ 또는 '의심을 품지 않는' ㉢ 다른 고대 사본들에는 '너희는 왜 나갔더냐? 화려한 옷을 입은 사람을 보러 나갔더냐?' ㉣ 다른 고대 사본들에는 '너희는 왜 나갔더냐? 예언자를 보러 나갔더냐?' ㉤ 말 3:1 ㉥ 또는 '침례자' ㉦ 또는 '폭행을 당한다' ㉧ 또는 '폭력을 행사하는 사람들이 그것을 약탈한다' ㉨ 다른 고대 사본들에는 '자녀들로'

서 행했더라면, 그들은 벌써 굵은 베
옷을 입고, 재를 쓰고서, 회개하였을
것이다.
22 나는 너희에게 말한다. 심판 날에 두
로와 시돈이 너희보다 견디기 쉬울
것이다.
23 화가 있다. 너 가버나움아, 네가 하
늘에까지 치솟을 셈이냐? ㉠지옥에
까지 떨어질 것이다. 너 가버나움에
서 행한 기적들을 소돔에서 행했더
라면, 그는 오늘까지 남아 있을 것이
다.
24 나는 너희에게 말한다. 심판 날에 소
돔 땅이 너보다 견디기 쉬울 것이다."

나에게로 와서 쉬어라 (눅 10:21-22)

25 ○그 때에 예수께서 이렇게 말씀하
셨다. "하늘과 땅의 주님이신 아버
지, 이 일을 지혜 있고 똑똑한 사람
들에게는 감추시고, 어린아이들에게
는 드러내어 주셨으니, ㉡감사합니다.
26 그렇습니다. 아버지, 이것이 아버지
의 은혜로운 뜻입니다.
27 내 아버지께서 모든 것을 내게 맡겨
주셨습니다. 아버지 밖에는 아들을
아는 이가 없으며, 아들과 또 아들
이 계시하여 주려고 하는 사람 밖에
는 아버지를 아는 이가 없습니다."
28 ○"수고하며 무거운 짐을 진 사람은
모두 내게로 오너라. 내가 너희를 쉬
게 하겠다.
29 나는 마음이 온유하고 겸손하니, 내
멍에를 메고 나한테 배워라. 그리하
면 너희는 마음에 쉼을 얻을 것이다.
30 내 멍에는 편하고, 내 짐은 가볍다."

안식일에 예수의 제자들이 밀 이삭을
잘라먹다 (막 2:23-28; 눅 6:1-5)

12 그 무렵에 예수께서 안식일에
밀밭 사이로 지나가셨다. 그런
데 제자들이 배가 고파서, 밀 이삭
을 잘라서 먹기 시작하였다.
2 바리새파 사람이 이것을 보고 예수
께 말하였다. "보십시오. 당신의 제
자들이 안식일에 해서는 안 되는 일
을 하고 있습니다."
3 예수께서 그들에게 말씀하셨다. "㉢다
윗과 그 일행이 굶주렸을 때에, 다윗
이 어떻게 했는지를, 너희는 읽어보
지 못하였느냐?
4 다윗이 하나님의 집에 들어가서, 제
단에 차려 놓은 빵을 먹지 않았느
냐? 그것은 오직 제사장들 밖에는,
자기도 그 일행도 먹어서는 안 되는
것이었는데 말이다.
5 ㉣또 안식일에 성전에서 제사장들이
안식일을 범해도 그것이 죄가 되지
않는다는 것을, 율법책에서 읽어보
지 못하였느냐?
6 내가 너희에게 말한다. 성전보다 더
큰 이가 여기에 있다.
7 ㉤'나는 자비를 원하고, 제사를 원하

원의 기쁨을 선포한 예수님의 사역을 비유한 것이다. 곡을 해도 장례식 놀이를 말하며, 금욕적이었던 세례자 요한의 사역을 비유한다.

11:19 지혜는 그 한 일로 옳다는 것이 입증되었다 본절의 '한 일'은 누가복음서 7:35에서는 '자녀들이'라고 표현되었다. 이 말씀은 잠언 8:32을 배경으로 한다. 즉, 예수님과 요한의 메시지를 듣고 응답하고 따르는 사람들(세리와 죄인들)에 의해 하나님의 지혜(진리)가 옳다는 것이 증명된다.

12장 요약 안식일 논쟁, 귀신 축사 문제를 놓고 바리새파 사람과 벌인 공박 등은 메시아를 적대하는 세력이 주동하고 있음을 나타낸다. 예수님의 선포는 형식보다는 내실을, 교조적인 율법 자체보다는 그 본의를 우선시하므로, 당시의 종교 지도자들과 충돌을 일으켰다.

㉠ 그, '하데스' ㉡ 또는 '찬양합니다' ㉢ 삼상 21:6 ㉣ 민 28:9 ㉤ 호 6:6

지 않는다' 하신 말씀이 무슨 뜻인지
알았더라면, 너희가 죄 없는 사람들
을 정죄하지 않았을 것이다.
8 인자는 안식일의 주인이다."

손이 오그라든 사람을 고치시다

(막 3:1-6; 눅 6:6-11)

9 ○예수께서 그 곳을 떠나서, 그들의
회당에 들어가셨다.
10 그런데 거기에 한쪽 손이 오그라든
사람이 있었다. 사람들은 예수를 고
발하려고 "안식일에 병을 고쳐도 괜
찮습니까?" 하고 예수께 물었다.
11 예수께서 그들에게 말씀하셨다. "너
희 가운데 어떤 사람에게 양 한 마리
가 있다고 하자. 그것이 안식일에 구
덩이에 빠지면, 그것을 잡아 끌어올
리지 않을 사람이 어디에 있겠느냐?
12 사람이 양보다 얼마나 더 귀하냐?
그러므로 안식일에 좋은 일을 하는
것은 괜찮다."
13 그런 다음에, 손이 오그라든 사람에
게 말씀하셨다. "네 손을 내밀어라."
그가 손을 내미니, 다른 손과 같이
성하게 되었다.
14 그래서 바리새파 사람들은 밖으로
나가서, 예수를 없앨 모의를 하였다.

내가 뽑은 나의 종

15 ○그러나 예수께서 이 일을 아시고
서, 거기에서 떠나셨다. 그런데 많은
㉠무리가 예수를 따라왔다. 예수께
서는 그들을 모두 고쳐 주셨다.
16 그리고 자기를 세상에 드러내지 말
라고, 단단히 당부하셨다.
17 이것은 예언자 이사야를 시켜서 하
신 말씀을 이루시려는 것이었다.
18 ㉡"보아라, 내가 뽑은 나의 종, 내
마음에 드는 사랑하는 자, 내가
내 영을 그에게 줄 것이니, 그는
이방 사람들에게 공의를 선포할
것이다.
19 그는 다투지도 않고, 외치지도
않을 것이다. 거리에서 그의 소
리를 들을 사람이 없을 것이다.
20 정의가 이길 때까지, 그는 상한
갈대를 꺾지 않고, 꺼져 가는 심
지를 끄지 않을 것이다.
21 ㉢이방 사람들이 그 이름에 희망
을 걸 것이다."

예수와 바알세불

(막 3:20-30; 눅 11:14-23; 12:10)

22 ○그 때에 사람들이, 귀신이 들려서
눈이 멀고 말을 못하는 사람 하나
를, 예수께 데리고 왔다. 예수께서
그를 고쳐 주시니, 그가 말을 하고,
보게 되었다.
23 그래서 무리가 모두 놀라서 말하였
다. "이 사람이 다윗의 자손이 아닌
가?"
24 그러나 바리새파 사람들은 이 말을
듣고 말하였다. "이 사람이 귀신의

12:6 성전보다 더 큰 이 제사장들은 하나님이 성전에 계신다고 믿었으므로 성전을 받들어 봉사했다. 그러나 예수님은 성육신하신 하나님이시다. *그러므로 성전보다 큰 분이시다.*

12:11-12 좋은 일을 하는 것은 괜찮다 생명이 위독한 경우에는 안식일일지라도 목숨을 구해 주어야 한다는 것이 유대교의 율법해석이었다. 그런데 예수님은 한 걸음 더 나아가 일반 병자까지 고쳐 주는 선행을 해야 한다고 말씀하신다. 이는 안식일이 사람을 위한 하나님의 선한 목적에서 제정되었음을 밝히신 것이다.

12:14 예수를 없앨 모의를 하였다 하나님이 주신 계명의 진정한 의도에서 벗어나 '율법주의'와 '형식주의'에 빠져 있던 바리새파 사람들에게 있어, 예수님의 기적은 '메시아'에 대한 증거가 아니라 신성모독과 율법 파괴 행위 그 자체였다. 이에 그들은

㉠ 다른 고대 사본들에는 '무리'가 없음 ㉡ 사 42:1-3 ㉢ 사 42:4 (칠십인역)

두목 바알세불의 힘을 빌지 않고서
는, 귀신을 쫓아내지 못할 것이다."
25 예수께서 그들의 생각을 아시고, 이
렇게 말씀하셨다. "어느 나라든지 서
로 갈라지면 망하고, 어느 도시나 가
정도 서로 갈라지면 버티지 못한다.
26 사탄이 사탄을 쫓아내면, 스스로 갈
라진 것이다. 그러면 그 나라가 어떻
게 서 있겠느냐?
27 내가 바알세불의 힘을 빌어서 귀신
을 쫓아낸다고 하면, 너희의 ㉠아들
들은 누구의 힘으로 귀신을 쫓아낸
다는 말이냐? 그러므로 그들이야말
로 너희의 재판관이 될 것이다.
28 그러나 내가 하나님의 영을 힘입어
서 귀신을 쫓아내는 것이면, 하나님
의 나라는 너희에게 왔다.
29 사람이 먼저 힘 센 사람을 묶어 놓
지 않고서, 어떻게 그 사람의 집에
들어가서 세간을 털어 갈 수 있느
냐? 묶어 놓은 뒤에야, 그 집을 털어
갈 수 있다.
30 나와 함께 하지 않는 사람은 나를
반대하는 사람이요, 나와 함께 모으
지 않는 사람은 헤치는 사람이다.
31 그러므로 내가 너희에게 말한다. 사
람들이 무슨 죄를 짓든지, 무슨 신성
모독적인 말을 하든지, 그들은 용서
를 받을 것이다. 그러나 성령을 모독
하는 것은 용서를 받지 못할 것이다.
32 또 누구든지 인자를 거슬러 말하는
사람은 용서를 받겠으나, 성령을 거
슬러 말하는 사람은, 이 세상에서도
오는 세상에서도, 용서를 받지 못할
것이다."

열매를 보아 그 나무를 안다 (눅 6:43-45)

33 ○"나무가 좋으면 그 열매도 좋고,
나무가 나쁘면 그 열매도 나쁘다. 그
열매로 그 나무를 안다.
34 독사의 자식들아! 너희가 악한데, 어
떻게 선한 것을 말할 수 있겠느냐?
마음에 가득 찬 것을 입으로 말하
는 법이다.
35 선한 사람은 선한 것을 쌓아 두었다
가 선한 것을 내고, 악한 사람은 악
한 것을 쌓아두었다가 악한 것을 낸
다.
36 내가 너희에게 말한다. 사람들은 심
판 날에 자기가 말한 온갖 쓸데없는
말을 해명해야 할 것이다.
37 너는 네가 한 말로, 무죄 선고를 받
기도 하고, 유죄 선고를 받기도 할
것이다."

요나의 표징을 예언하시다

(막 8:11-12; 눅 11:29-32)

38 ○그 때에 율법학자들과 바리새파
사람들 가운데 몇 사람이 예수께 말
하였다. "선생님, 우리는 선생님에게
서 ㉡표징을 보았으면 합니다."
39 예수께서 그들에게 말씀하셨다. "악

이전부터 원수 관계였던 헤롯당과 함께 예수님을 제거할 음모를 꾸미게 되었다(참조. 막 3:6).

12:17-21 이사야서 42:1-4 예언의 인용이다. 예수님이 자신의 메시아직을 수행하시는 방법이 겸손과 은둔, 자기 부정을 통한 것임을 말한다.

12:19 외치지도 않을 것이다 시끄럽게 떠들지 않는다는 말이다.

12:20 상한 갈대·꺼져 가는 심지 병든 사람, 천민, 죄인, 슬퍼하는 사람 등 약하고 무력하여 도움을 갈망하는 사람들을 가리킨다.

12:27 너희의 아들들 바리새파 사람 중에서 귀신을 쫓아내는 능력이 있는 자를 가리킨다.

12:29 사람·힘 센 사람·세간 예수님, 사탄, 사탄에게 사로잡힌 사람을 각각 비유한다. 이 비유는 예수님이 사탄을 이김으로써 귀신 들린 사람을 사탄의 세력으로부터 해방시키셨음을 뜻한다.

㉠ 귀신 축출자들을 말함 ㉡ 12:38, 39의 '표징'은 예수의 신성을 보여주기 위한 상징으로서의 기적

하고, 음란한 세대가 표징을 요구하
지만, 예언자 요나의 표징 밖에는, 이
세대는 아무 표징도 받지 못할 것이
다.
40 요나가 사흘 낮과 사흘 밤 동안을
큰 물고기 뱃속에 있었던 것 같이,
인자도 사흘 낮과 사흘 밤 동안을
땅 속에 있을 것이다.
41 심판 때에 니느웨 사람들이 이 세대
와 함께 일어나서, 이 세대를 정죄할
것이다. 니느웨 사람들은 요나의 선
포를 듣고 회개하였기 때문이다. 그
러나 보아라, 요나보다 더 큰 이가 여
기에 있다.
42 심판 때에 남방 여왕이 이 세대와 함
께 일어나서, 이 세대를 정죄할 것이
다. 그는 솔로몬의 지혜를 들으려고,
땅 끝에서부터 찾아왔기 때문이다.
그러나 보아라, 솔로몬보다 더 큰 이
가 여기에 있다."

방비가 없으면 귀신이 되돌아온다 (눅 11:24-26)

43 ○"㉠악한 귀신이 어떤 사람에게서
나왔을 때에, 그는 쉴 곳을 찾느라
고 물 없는 곳을 헤맸으나 찾지 못하
였다.
44 그래서 그는 말하기를 '내가 나온 집
으로 되돌아가겠다' 하고, 돌아와서
보니, 그 집은 비어 있고, 말끔히 치
워져서 잘 정돈되어 있었다.
45 그래서 그는 가서, 자기보다 더 악한
딴 귀신 일곱을 데리고 와서, 그 집
에 들어가 거기에 자리를 잡고 살았
다. 그래서 그 사람의 나중 형편이
처음보다 더 비참하게 되었다. 이 악
한 세대도 그렇게 될 것이다."

예수의 어머니와 형제들

(막 3:31-35; 눅 8:19-21)

46 ○예수께서 아직도 무리에게 말씀하
고 계실 때에, 예수의 어머니와 형제
들이 예수와 말을 하겠다고 바깥에
서 있었다.
47 [어떤 사람이 예수께 와서 말하였
다. "보십시오, 선생님의 어머니와 형
제들이 선생님과 말을 하겠다고 바
깥에 서 있습니다."]
48 그 말을 전해 준 사람에게 예수께서
말씀하셨다. "누가 나의 어머니이며,
누가 나의 형제들이냐?"
49 그리고 손을 내밀어 제자들을 가리
키고서 말씀하셨다. "보아라, 나의
어머니와 나의 형제들이다.
50 하늘에 계신 내 아버지의 뜻을 따라
사는 사람이 곧 내 형제요 자매요
어머니이다."

씨 뿌리는 사람의 비유 (막 4:1-9; 눅 8:4-8)

13 그 날 예수께서 집에서 나오셔
서, 바닷가에 앉으셨다.
2 많은 무리가 모여드니, 예수께서는
배에 올라가서 앉으셨다. 무리는 모
두 물가에 서 있었다.

12:39 표징을 요구하지만 표징(그. 세메이온)은 예수님이 하나님의 아들과 메시아가 되심을 증거하는 여러 가지 이적 기사를 말한다. 그런데 바리새파 사람들은 그러한 표징을 많이 보고서도 불신앙과 완악함 때문에 또다시 '하늘에서 내리는 표징'(눅 11:16)을 구하였다. 이에 예수님은 구약 역사에서 취한 표징만을 언급하시며 그들을 책망하셨다. 요나의 표징처럼 예수님도 3일 만에 부활하여 하나님의 아들로 나타날 것이라는 말씀이다.

13장 요약 천국에 관한 일곱 가지 비유이다. 예수님은 자연 사물(씨, 겨자씨, 누룩, 밀과 가라지 등)을 빌어 하늘 나라의 속성을 가르치셨다. 대표적으로 복음의 전파와 수용성(씨 뿌리는 비유), 하늘 나라의 점진성(누룩, 겨자씨 비유), 하늘 나라 시민의 참 기쁨(숨겨 놓은 보물과 진주 비유) 등을 들 수 있다.

㉠ 또는 '더러운 귀신'

3 예수께서 그들에게 비유로 여러 가
지 일을 말씀하셨다. 그는 이렇게 말
씀하셨다. "보아라, 씨를 뿌리는 사
람이 씨를 뿌리러 나갔다.
4 그가 씨를 뿌리는데, 더러는 길가에
떨어지니, 새들이 와서, 그것을 쪼아
먹었다.
5 또 더러는 흙이 많지 않은 돌짝밭에
떨어지니, 흙이 깊지 않아서 싹은 곧
났지만,
6 해가 뜨자 타버리고, 뿌리가 없어서
말라버렸다.
7 또 더러는 가시덤불에 떨어지니, 가
시덤불이 자라서 그 기운을 막았다.
8 그러나 더러는 좋은 땅에 떨어져서
열매를 맺었는데, 어떤 것은 백 배가
되고, 어떤 것은 육십 배가 되고, 어
떤 것은 삼십 배가 되었다.
9 ㉠귀 있는 사람은 들어라."

비유로 말씀하신 목적 (막 4:10-12; 눅 8:9-10)

10 ○제자들이 다가와서 예수께 말했
다. "어찌하여 그들에게는 비유로 말
씀하십니까?"
11 예수께서 그들에게 대답하셨다. "너
희에게는 하늘 나라의 비밀을 아는
것을 허락해 주셨지만, 다른 사람들
에게는 그렇게 해주지 않으셨다.
12 가진 사람은 더 받아서 차고 남을
것이며, 가지지 못한 사람은 가진 것
마저 빼앗길 것이다.
13 내가 그들에게 비유로 말하는 이유
는, 그들이 보아도 보지 못하고, 들
어도 듣지도 못하고 깨닫지도 못하
기 때문이다.
14 이사야의 예언이 그들에게서 이루어
지는 것이다.

㉡'너희가 듣기는 들어도 깨닫지
못하고, 보기는 보아도 알아보
지 못할 것이다.
15 이 백성의 마음이 무디어지고
귀가 먹고 눈이 감기어 있다. 이
는 그들로 하여금 눈으로 보지
못하게 하고 귀로 듣지 못하게
하고 마음으로 깨닫지 못하게
하고 돌아서지 못하게 하여, 내
가 그들을 고쳐 주지 않으려는
것이다.'

16 그러나 너희의 눈은 지금 보고 있으
니 복이 있으며, 너희의 귀는 지금
듣고 있으니 복이 있다.
17 그러므로 내가 진정으로 너희에게
말한다. 많은 예언자와 의인이 너희
가 지금 보고 있는 것을 보고 싶어
하였으나 보지 못하였고, 너희가 지
금 듣고 있는 것을 듣고 싶어하였으
나 듣지 못하였다."

비유를 해설하시다 (막 4:13-20; 눅 8:11-15)

18 ○"너희는 이제 씨를 뿌리는 사람의
비유가 무슨 뜻을 지녔는지를 들어
라.

13:1-52 본서에 기록된 예수님의 세 번째 대 강화로, 하늘 나라에 관한 일곱 가지 비유와 이러한 비유의 목적을 밝히는 두 차례의 설명(10-17,34-35절)으로 구성되어 있다. '씨 뿌리는 사람의 비유'를 제외한 비유는 공통적으로 **하늘 나라…같다**(24,31,33,44,45,47절)로 시작되며, '씨 뿌리는 사람의 비유'와 '가라지 비유'에는 예수님 자신의 해설이 부가되어 있다.

13:3 씨를 뿌리러 나갔다 이스라엘에서는 10월 말경이나 11월 초순에 첫비(이른 비)가 내리는데, 그때에 농부들은 보리와 밀을 심는다. 예수님은 그때쯤 이 비유를 말씀하셨을 것이다.

13:5 돌짝밭 이스라엘 땅은 대부분 겉은 흙으로 덮여 있지만 속은 바위가 깔린 박토이다.

13:11 너희에게는…허락해 주셨지만 하늘 나라의 비밀은 하나님의 도우심이 없이는 이해될 수 없다는 말씀이다. 하늘 나라의 비밀은 하나님의 계

㉠ 다른 고대 사본들에는 '들을 귀가' ㉡ 사 6:9, 10(칠십인역)

19 누구든지 하늘 나라를 두고 하는
말씀을 듣고도 깨닫지 못하면, 악한
자가 와서, 그 마음에 뿌려진 것을
빼앗아 간다. 길가에 뿌린 씨는 그런
사람을 두고 하는 말이다.
20 또 돌짝밭에 뿌린 씨는 이런 사람이
다. 그는 말씀을 듣고, 곧 기쁘게 받
아들이기는 하지만,
21 그 속에 뿌리가 없어서 오래 가지 못
하고, 말씀 때문에 환난이나 박해가
일어나면, 곧 걸려 넘어진다.
22 또 가시덤불 속에 뿌린 씨는 이런 사
람이다. 그는 말씀을 듣기는 하지만,
세상의 염려와 재물의 유혹이 말씀
을 막아, 열매를 맺지 못한다.
23 그런데 좋은 땅에 뿌린 씨는 말씀을
듣고서 깨닫는 사람을 두고 하는 말
인데, 이 사람이야말로 열매를 맺되,
백 배 혹은 육십 배 혹은 삼십 배의
결실을 낸다."

밀과 가라지의 비유

24 ○예수께서 또 다른 비유를 들어서
그들에게 말씀하셨다. "하늘 나라는
자기 밭에다가 좋은 씨를 뿌리는 ㉠사
람과 같다.
25 사람들이 잠자는 동안에 원수가 와
서, 밀 가운데에 ㉡가라지를 뿌리고
갔다.
26 밀이 줄기가 나서 열매를 맺을 때에,
가라지도 보였다.
27 그래서 주인의 종들이 와서, 그에게
말하였다. '주인 어른, 어른께서 밭에
좋은 씨를 뿌리지 않으셨습니까? 그
런데 가라지가 어디에서 생겼습니
까?'
28 주인이 종들에게 말하기를 '원수가
그렇게 하였구나' 하였다. 종들이 주
인에게 말하기를 '그러면 우리가 가
서, 그것들을 뽑아 버릴까요?' 하였
다.
29 그러나 주인은 이렇게 대답하였다.
'아니다. 가라지를 뽑다가, 가라지와
함께 밀까지 뽑으면, 어떻게 하겠느
냐?
30 추수 때까지 둘 다 함께 자라도록 내
버려 두어라. 추수할 때에, 내가 추
수꾼에게, 먼저 가라지를 뽑아 단으
로 묶어서 불태워 버리고, 밀은 내
곳간에 거두어들이라고 하겠다.'"

겨자씨와 누룩의 비유

(막 4:30-32; 눅 13:18-21)

31 ○예수께서 또 다른 비유를 들어서,
그들에게 말씀하셨다. "하늘 나라는
㉢겨자씨와 같다. 어떤 사람이 그것
을 가져다가, 자기 밭에 심었다.
32 겨자씨는 어떤 씨보다 더 작은 것이
지만, 자라면 어떤 풀보다 더 커져서
나무가 된다. 그리하여 공중의 새들
이 와서, 그 가지에 깃들인다."
33 ○예수께서 또 다른 비유를 그들에

시를 받은 사람에게만 이해되며, 나머지 사람들에게는 수수께끼로 남게 된다.

13:22 열매를 맺지 못한다 원문에는 전혀 열매를 맺지 못한다는 뜻뿐만 아니라, 나쁜 열매를 맺는다는 의미도 있다. 세상살이에 대한 걱정과 재물의 욕심, 기타 세상적인 것들에 집착하여 신앙 생활을 제대로 못하는 사람들을 가리킨다.

13:24-30 이 비유는 예수님의 초림으로 하나님 나라는 이미 임했으나, 의인들에 대한 즉각적인 심판이 유보된 채 선인(하나님의 자녀)들과 악인(사탄의 자녀)들이 섞여 살다가 '세상 끝', 곧 예수님의 재림 때에 최종 심판과 더불어 하나님 나라의 완전한 통치가 실현될 것임을 교훈한다.

13:31-33 겨자씨의 비유와 누룩의 비유는 모두 하나님 나라가 완성되어 가는 과정을 보여 준다. 하나님 나라는 미미하게 시작하였으나, 엄청난 영

㉠ 또는 '사람의 사정과' ㉡ 그, '독보리를' ㉢ 또는 '겨자씨와 관련해서 일어나는 일의 사정과'

게 말씀하셨다. "하늘 나라는 ㉠누
룩과 같다. 어떤 여자가 그것을 가져
다가, 가루 서 말 속에 살짝 ㉡섞어
넣으니, 마침내 온통 부풀어올랐다."

비유로 말씀하시다 (막 4:33-34)

34 ○예수께서 이 모든 것을 비유로 무
리에게 말씀하셨다. 비유가 아니고
서는, 아무것도 그들에게 말씀하지
않으셨다.
35 이것은 ㉢예언자를 시켜서 하신 말
씀을 이루시려는 것이었다.

㉣"나는 내 입을 열어서 비유로
말할 터인데, 창세 이래로 숨겨
둔 것을 털어놓을 것이다."

가라지 비유를 설명하시다

36 ○그 뒤에 예수께서 무리를 떠나서,
집으로 들어가셨다. 제자들이 그에
게 다가와서 말하였다. "밭의 가라
지 비유를 우리에게 설명하여 주십
시오."
37 예수께서 말씀하셨다. "좋은 씨를 뿌
리는 이는 인자요,
38 밭은 세상이다. 좋은 씨는 그 나라
의 자녀들이요, 가라지는 악한 자의
자녀들이다.
39 가라지를 뿌린 원수는 악마요, 추수
때는 세상 끝 날이요, 추수꾼은 천
사들이다.
40 가라지를 모아다가 불에 태워 버리
는 것과 같이, 세상 끝 날에도 그렇
게 할 것이다.
41 인자가 천사들을 보낼 터인데, 그들
은 죄짓게 하는 모든 일들과 불법을
행하는 모든 사람들을 자기 나라에
서 모조리 끌어 모아다가,
42 불 아궁이에 쳐 넣을 것이다. 그러면
그들은 거기서 울며 이를 갈 것이다.
43 그 때에 의인들은 그들의 아버지의
나라에서 해와 같이 빛날 것이다.
㉤귀 있는 사람은 들어라."

세 가지 비유

44 ○"하늘 나라는, 밭에 숨겨 놓은 ㉥보
물과 같다. 어떤 사람이 그것을 발견
하면, 제자리에 숨겨 두고, 기뻐하며
집에 돌아가서는, 가진 것을 다 팔아
서 그 밭을 산다."
45 ○"또 하늘 나라는, 좋은 진주를 구
하는 ㉦상인과 같다.
46 그가 값진 진주 하나를 발견하면, 가
서, 가진 것을 다 팔아서 그것을 산
다."
47 ○"또 하늘 나라는, 바다에 그물을
던져서 온갖 고기를 잡아 올리는 것
과 같다.
48 그물이 가득 차면, 해변에 끌어올려
놓고 앉아서, 좋은 것들은 그릇에 담
고, 나쁜 것들은 내버린다.
49 세상 끝 날에도 이렇게 할 것이다.
천사들이 와서, 의인들 사이에서 악
한 자들을 가려내서,

향력을 가지고 성장하며 확장된다.

13:32 공중의 새들 복음을 믿게 될 세계의 민족들을 상징한다.

13:33 누룩 빵을 굽기 위해 반죽을 부풀게 하는 효소를 말한다.

13:41 죄짓게 하는 모든 일 모든 타락한 교훈들과 행위들을 뜻한다.

13:44-46 보물과 진주의 비유는 하나님 나라가 무한한 가치를 지니기 때문에 다른 소유보다도 귀함을 말하고 있다. 어떤 면으로는 하나님 나라는 외적인 표시나 영광이 없다. 예수님을 따른다는 것은 세리와 죄인들의 친구가 되는 것이지만, 실상 하나님 나라의 축복에 동참하는 것이다.

13:47-50 이 그물 비유는 가라지 비유와 매우 유사하다. 의인과 악인의 완전한 분리와 악인에

㉠ 또는 '누룩과 관련해서 일어나는 일의 사정과' ㉡ 그, '감추었더니' ㉢ 다른 고대 사본들에는 '예언자 이사야' ㉣ 시 78:2 ㉤ 다른 고대 사본들에는 '들을 귀가' ㉥ 또는 '보물과 관련해서 일어나는 일의 사정과' ㉦ 또는 '상인의 사정과'

50 그들을 불 아궁이에 쳐 넣을 것이니,
그들은 거기서 울며 이를 갈 것이다."

새 것과 낡은 것

51 ○예수께서 제자들에게 "너희가 이
것들을 모두 깨달았느냐?" 하고 물
으시니, 그들이 "예" 하고 대답하였
다.
52 예수께서 그들에게 말씀하셨다. "그
러므로, 하늘 나라를 위하여 훈련을
받은 율법학자는 누구나, 자기 곳간
에서 새 것과 낡은 것을 꺼내는 집주
인과 같다."
53 예수께서 이 비유들을 말씀하신 뒤
에, 그 곳을 떠나셨다.

고향 나사렛에서 배척을 받으시다

(막 6:1-6; 눅 4:16-30)

54 ○예수께서 자기 고향에 가셔서, ㉠회
당에서 ㉡사람들을 가르치셨다. 사
람들은 놀라서 말하였다. "이 사람
이 어디에서 이런 지혜와 그 놀라운
능력을 얻었을까?
55 이 사람은 목수의 아들이 아닌가?
그의 어머니는 마리아라고 하는 분
이 아닌가? 그의 아우들은 야고보
와 요셉과 시몬과 유다가 아닌가?
56 또 그의 누이들은 모두 우리와 같이
살고 있지 않은가? 그런데 이 사람이
이 모든 것을 어디에서 얻었을까?"
57 그래서 그들은 예수를 달갑지 않게
여겼다. 예수께서 그들에게 말씀하
셨다. "예언자는 자기 고향과 자기
집 밖에서는 존경을 받지 않는 법이
없다."
58 예수께서는 그들의 믿지 않음 때문
에, 거기서는 기적을 많이 행하지 않
으셨다.

세례 요한이 죽임을 당하다

(막 6:14-29; 눅 9:7-9)

14 그 무렵에 분봉 왕 헤롯이 예
수의 소문을 듣고서, 자기 신하
들에게 말하였다.
2 "이 사람은 ㉢세례자 요한이다. 그가
죽은 사람들 가운데서 살아났다. 그
때문에 그가 이런 놀라운 능력을 발
휘하는 것이다."
3 헤롯은 일찍이, ㉣자기 동생 빌립의
아내 헤로디아의 일 때문에 요한을
붙잡아다가 묶어서, 감옥에 가둔 일
이 있었다.
4 그것은, 요한이 헤롯에게 "그 여자를
차지하는 것은 옳지 않습니다" 하고
여러 차례 말하였기 때문이다.
5 그래서 헤롯은 요한을 죽이려고 하
였으나, 민중이 두려워서 그렇게 하
지 못하였다. 그것은, 그들이 요한을
예언자로 여기고 있었기 때문이다.
6 그런데 마침, 헤롯의 생일에 헤로디
아의 딸이 손님들 앞에서 춤을 추어
서, 헤롯을 즐겁게 해주었다.
7 그리하여 헤롯은 그 소녀에게, 청하

대한 최종적인 심판이 '세상 끝 날'에 이루어질 것이라는 말씀이다.

13:52 새 것과 낡은 것 일반적으로 신약과 구약을 가리킨다고 해석한다. 당시 유대 율법학자들은 율법과 조상들의 전통(낡은 것)만을 고집하는 형식주의에 빠져 있었다. 반면 예수님의 제자들은 구약 성경의 토대 위에 서서 하나님의 은혜와 예수님의 가르침(새 것)을 통해 새롭고 종합적으로 이해할 수 있는 빛을 받게 되었다.

14장 요약 예수님으로부터 '여자가 낳은 사람 가운데서 가장 큰 자'라는 평가를 받았던 세례자 요한의 죽음은 아벨을 죽인 가인의 사악성이 인간 역사에 여전히 잔류하고 있음을 보여준다. 이 음울한 사건 뒤에 마태는 예수님의 초자연적 이적을 기록하여 분위기를 반전시킨다.

㉠ 그, '그들의 회당에서' ㉡ 그, '그들을' ㉢ 또는 '침례자' ㉣ 다른 고대 사본들에는 '자기 동생의 아내'

는 것은 무엇이든지 주겠다고, 맹세
로써 약속하였다.
8 소녀는 자기 어머니가 시키는 대로
말하였다. "㉠ 세례자 요한의 머리를
쟁반에 담아서 이리로 가져다 주십
시오."
9 왕은 마음이 괴로웠지만, 이미 맹세
를 하였고, 또 손님들이 보고 있는
앞이므로, 그렇게 해 주라는 명령을
내리게 되었다.
10 그래서 그는 사람을 보내서, 감옥에
서 요한의 목을 베게 하였다.
11 그 머리를 쟁반에 담아서 가져다가
소녀에게 주니, 소녀는 그것을 자기
어머니에게 가져갔다.
12 요한의 제자들이 와서, 그 시체를 거
두어다가 장사 지내고 나서, 예수께
가서 알려드렸다.

오천 명을 먹이시다

(막 6:30-44; 눅 9:10-17; 요 6:1-14)

13 ○예수께서 그 말을 들으시고, 거기
에서 배를 타고, 따로 외딴 곳으로
물러가셨다. 이 소문이 퍼지니, 무리
가 여러 동네에서 몰려 나와서, 걸어
서 예수를 따라왔다.
14 예수께서 배에서 내려서, 큰 무리를
보시고, 그들을 불쌍히 여기시고, 그
들 가운데서 앓는 사람들을 고쳐 주
셨다.
15 저녁때가 되니, 제자들이 예수께 다
가와서 말하였다. "여기는 빈 들이
고, 날도 이미 저물었습니다. 그러니
무리를 헤쳐 보내어, 제각기 먹을 것
을 사먹게, 마을로 보내시는 것이 좋
겠습니다."
16 예수께서 그들에게 말씀하셨다. "그
들이 물러갈 필요 없다. 너희가 그들
에게 먹을 것을 주어라."
17 제자들이 예수께 말하였다. "우리에
게 있는 것이라고는, 빵 다섯 개와
물고기 두 마리밖에 없습니다."
18 이 때에 예수께서 말씀하셨다. "그것
들을 이리로 가져 오너라."
19 그리고 예수께서는 무리를 풀밭에
앉게 하시고 나서, 빵 다섯 개와 물
고기 두 마리를 들고, 하늘을 우러
러보시고 축복 기도를 드리신 다음
에, 떼어서 제자들에게 주시니, 제자
들이 이를 무리에게 나누어주었다.
20 그들은 모두 배불리 먹었다. 남은 부
스러기를 모으니, 열두 광주리에 가
득 찼다.
21 먹은 사람은 여자들과 어린아이들
외에, 어른 남자만도 오천 명쯤 되었
다.

물 위로 걸으시다 (막 6:45-52; 요 6:15-21)

22 ○예수께서는 곧 제자들을 재촉하
여 배에 태워서, 자기보다 먼저 건너
편으로 가게 하시고, 그 동안에 무리
를 헤쳐 보내셨다.

14:1 분봉 왕 헤롯 헤롯 대왕의 아들 헤롯 안디바로서 B.C. 4–A.D. 39년에 갈릴리 지방과 요단 강 서쪽 베레아 지방의 영주로 군림했다.

14:3–4 헤롯은 이복 동생 빌립의 아내 헤로디아와 결혼했다. 이는 율법에 금지된 일이었다(레 20:21).

14:13–20 군중을 먹이신 사건은 구약의 배경 속에서 살고 있는 유대 사람들에게 예수님이 메시아이심을 계시한다. ① 엘리야는 사르밧의 과부에게 밀가루와 기름이 떨어지지 않도록 해주었으며(왕상 17:8–16), 엘리사는 보리빵 스무 덩이로 백 명을 먹였다(왕하 4:42–44). ② 그 옛날 모세가 시내 광야에서 이스라엘 백성을 만나로 먹인 것처럼 이제 예수님은 외딴 곳에서 같은 백성을 기적적으로 먹이셨다. ③ 유대 사람은 메시아가 오면 큰 잔치가 벌어지리라고 기대했다(사 25:6–8;55:1–2; 65:13–14). 오천 명을 먹이신 사건은 예수님이 엘

㉠ 또는 '침례자'

23 무리를 헤쳐 보내신 뒤에, 예수께서
는 따로 기도하시려고 산에 올라가
셨다. 날이 이미 저물었을 때에, 예
수께서는 홀로 거기에 계셨다.
24 제자들이 탄 배는, 그 사이에 이미
㉠육지에서 멀리 떨어져 있었는데,
풍랑에 몹시 시달리고 있었다. 바람
이 거슬러서 불어왔기 때문이다.
25 이른 새벽에 예수께서 바다 위로 걸
어서 제자들에게로 가셨다.
26 제자들이, 예수께서 바다 위로 걸어
오시는 것을 보고, 겁에 질려서 "유
령이다!" 하며 두려워서 소리를 질렀
다.
27 [예수께서] 곧 그들에게 말씀하셨
다. "안심하여라. 나다. 두려워하지
말아라."
28 ○베드로가 예수께 말하였다. "주님,
주님이시면, 나더러 물 위로 걸어서,
주님께로 오라고 명령하십시오."
29 예수께서 "오너라!" 하고 말씀하셨
다. 베드로는 배에서 내려, 물 위로
걸어서, 예수께로 갔다.
30 그러나 베드로는 [거센] 바람이 불
어오는 것을 보고, 무서움에 사로잡
혀서, 물에 빠져 들어가게 되었다.
그 때에 그는 "주님, 살려 주십시오"
하고 외쳤다.
31 예수께서 곧 손을 내밀어서, 그를 붙
잡고 말씀하셨다. "믿음이 적은 사
람아, 왜 의심하였느냐?"
32 그리고 그들이 함께 배에 오르니, 바
람이 그쳤다.
33 배 안에 있던 사람들은 그에게 무릎
을 꿇고 말하였다. "선생님은 참으로
하나님의 아들이십니다."

게네사렛에서 병자들을 고치시다 (막 6:53-56)

34 ○그들은 바다를 건너가서, 게네사
렛 땅에 이르렀다.
35 그 곳 사람들이 예수를 알아보고,
주위의 온 지방으로 사람을 보내어,
병자를 모두 그에게 데려왔다.
36 그들은 예수께, 그의 옷술만에라도
손을 대게 해 달라고 간청하였다. 그
리고 손을 댄 사람은 모두 나았다.

장로들의 전통 (막 7:1-23)

15 그 때에 예루살렘에서 바리새
파 사람들과 율법학자들이 예
수께 와서 말하였다.
2 "당신의 제자들은 어찌하여 장로들
의 전통을 어기는 것입니까? 그들은
빵을 먹을 때에 손을 씻지 않습니다."
3 예수께서 그들에게 말씀하셨다. "그
러면 너희는 어찌하여 너희의 전통
때문에 하나님의 계명을 어기느냐?
4 하나님께서 ㉡말씀하시기를 ㉢'아버
지와 어머니를 공경하여라' 하시고,
또 ㉣'아버지나 어머니를 욕하는 자
는 반드시 죽을 것이다' 하셨다.

리야, 엘리사, 모세보다 더 탁월한 분이시며, 하늘의 잔치를 지상에서 마련하는 메시아라는 사실을 강조한다. 또한 예수님이 사람의 필요를 채워 줄 능력을 가진 분이라는 사실도 말해준다.
14:27 나다 이 표현은 구약 성경에서 하나님이 자신을 계시하실 때 쓰는 문구였다.

㉠ 다른 고대 사본들에는 '바다 한가운데 있었는데' ㉡ 다른 고대 사본들에는 '명하여 말씀하시기를' ㉢ 출 20:12; 신 5:16 ㉣ 출 21:17; 레 20:9

15장 요약 예수님은 종교 지도자들과의 논쟁을 통해 세속적 인본주의로 왜곡된 율법을 비판하고, 계명의 본래 취지는 외형보다 심령의 갱생과 청결이 우선됨을 설파하셨다. 후반부의 가나안 여자의 딸 치유 기사와 사천 명을 먹이신 기사는 복음의 우주적 확산과, 주님의 능력을 각각 나타낸다.

15:2 장로들의 전통 이는 율법학자들의 학파에서

5 그러나 너희는 말하기를, 누구든지
아버지나 어머니에게 '내게서 받으실
것이 하나님께 드리는 예물이 되었
습니다' 하고 말만 하면,
6 그 사람은 제 ㉠부모를 공경하지 않
아도 된다고 한다. 이렇게 너희는 너
희의 전통 때문에 하나님의 ㉡말씀
을 폐한다.
7 위선자들아! 이사야가 너희를 두고
적절히 예언하였다.
8 ㉢'이 백성이 입술로는 나를 공
경해도, 마음은 나에게서 멀리
떠나 있다.
9 그들은 사람의 훈계를 교리로
가르치며, 나를 헛되이 예배한
다.'"
10 ○예수께서 무리를 가까이 부르시고
서 그들에게 말씀하셨다. "너희는
내 말을 듣고 깨달아라.
11 입으로 들어가는 것이 사람을 더럽
히는 것이 아니라, 입에서 나오는
것, 그것이 사람을 더럽힌다."
12 그 때에 제자들이 다가와서 예수께
말하였다. "바리새파 사람들이 이
말씀을 듣고 분개하고 있다는 것을
아십니까?"
13 예수께서 대답하셨다. "나의 하늘
아버지께서는 자기가 심지 않으신
식물은 모두 뽑아 버리실 것이다.
14 그들을 내버려 두어라. 그들은 눈 먼
사람이면서 눈 먼 사람을 인도하는
길잡이들이다. 눈 먼 사람이 눈 먼
사람을 인도하면, 둘 다 구덩이에 빠
질 것이다."
15 베드로가 예수께 "그 비유를 우리에
게 설명해 주십시오" 하고 청하니,
16 예수께서 말씀하셨다. "너희도 아직
깨닫지 못하느냐?
17 입으로 들어가는 것은 무엇이든지,
뱃속으로 들어가서 뒤로 나가는 줄
모르느냐?
18 그러나 입에서 나오는 것들은 마음
에서 나오는데, 그것들이 사람을 더
럽힌다.
19 마음에서 악한 생각들이 나온다. 곧
살인과 간음과 음행과 도둑질과 거
짓 증언과 비방이다.
20 이런 것들이 사람을 더럽힌다. 그러
나 손을 씻지 않고서 먹는 것은, 사
람을 더럽히지 않는다."

가나안 여자의 믿음 (막 7:24-30)

21 ○예수께서 거기에서 떠나서, 두로와
시돈 지방으로 가셨다.
22 마침, 가나안 여자 한 사람이 그 지
방에서 나와서 외쳐 말하였다. "다
윗의 자손이신 주님, 나를 불쌍히 여
겨 주십시오. 내 딸이, 귀신이 들려
괴로워하고 있습니다."
23 그러나 예수께서는 한 마디도 대답
하지 않으셨다. 그 때에 제자들이 다

발달된 전통으로서 세월이 지남에 따라 율법과 동일한 권위를 얻게 되었다. **빵을 먹을 때에 손을 씻지** 식사 전·후로 손을 씻는 일은 레위기 22:4-7에 근거한 것으로, 원래는 제사장에게 해당하는 규정이었는데 점차 일반인들에게까지 확대되었다.

15:5 하나님께 드리는 예물이 되었습니다 히브리어로 '고르반'(막 7:11)이다. 유대 사람이 어떤 물품을 하나님께 바쳐 평범한 사람들이 사용하지 못하게 하는 서약문을 가리킨다. 그 의미는 '제게서 공양받으실 것은 예물입니다'라는 것이다. 부모와 사이가 나쁘면 고르반 서약문을 이용하여 부모 봉양을 저버리는 수가 있었다. 이같이 종교를 빙자하여 계명과 인륜을 저버리는 기만적인 행위를 예수님은 용납하지 않으셨다.

15:14 눈 먼 사람이면서 눈 먼 사람을 인도 바리새

㉠ 그, '아버지를' ㉡ 다른 고대 사본들에는 '법을' ㉢ 사 29:13(칠십인역)

가와서, 예수께 간청하였다. "저 여
자가 우리 뒤에서 외치고 있으니, 그
를 안심시켜서 떠나보내 주십시오."
24 예수께서 대답하셨다. "나는 오직
이스라엘 집의 길을 잃은 양들에게
보내심을 받았을 따름이다."
25 그러나 그 여자는 나아와서, 예수께
무릎을 꿇고 간청하였다. "주님, 나
를 도와주십시오."
26 예수께서 대답하셨다. "자녀들의 빵
을 집어서, 개들에게 던져 주는 것은
옳지 않다."
27 그 여자가 말하였다. "주님, 그렇습니
다. 그러나 개들도 주인의 상에서 떨
어지는 부스러기는 얻어먹습니다."
28 그제서야 예수께서 그 여자에게 말
씀하셨다. "여자여, 참으로 네 믿음
이 크다. 네 소원대로 되어라." 바로
그 시각에 그 여자의 딸이 나았다.

많은 병자를 고치신 예수

29 ○예수께서 거기에서 떠나서, 갈릴리
바닷가에 가셨다. 그리고 산에 올라
가서, 거기에 앉으셨다.
30 많은 무리가, 걷지 못하는 사람과 지
체를 잃은 사람과 눈 먼 사람과 말
못하는 사람과 그 밖에 아픈 사람을
많이 데리고 예수께로 다가와서, 그
발 앞에 놓았다. 그러자 예수께서는
그들을 고쳐 주셨다.
31 그래서 무리는, 말 못하는 사람이 말
을 하고, 지체 장애인이 성한 몸이
되고, 걷지 못하는 사람이 걸어다니
고, 눈 먼 사람이 보게 된 것을 보고
놀랐고, 이스라엘의 하나님께 영광
을 돌렸다.

사천 명을 먹이시다 (막 8:1-10)

32 ○그 때에 예수께서 제자들을 가까
이 불러 놓고 말씀하셨다. "저 무리
가 나와 함께 있은 지가 벌써 사흘
이나 되었는데, 먹을 것이 없으니, 가
엾다. 그들을 굶주린 채로 돌려보내
고 싶지 않다. 가다가 길에서 쓰러질
지도 모른다."
33 제자들이 예수께 말하였다. "여기는
빈 들인데, 이 많은 무리를 배불리
먹일 만한 빵을 무슨 수로 구하겠습
니까?"
34 예수께서 그들에게 물으셨다. "너희
에게 빵이 몇 개나 있느냐?" 그들이
대답하였다. "일곱 개가 있습니다.
그리고 작은 물고기가 몇 마리 있습
니다."
35 예수께서 무리에게 명하여 땅에 앉
게 하시고 나서,
36 빵 일곱 개와 물고기를 들어서 감사
기도를 드리신 다음에, 떼어서 제자
들에게 주시니, 제자들이 무리에게
나누어주었다.
37 사람들이 모두 배불리 먹었다. 그리
고 나서 남은 부스러기를 주워 모으

파 사람들은 하나님의 계명의 영적인 본질을 깨닫지 못하므로 눈 먼 사람들이었다. 그러면서도 자신들을 지도자로 자처하며 사람들에게 명령했다. 한편 백성들도 맹목적으로 그들을 따라가 모두 비참한 처지에 놓이게 되었다.

15:24 예수님의 말씀은 이방 사람들에 대한 거절이 아니라, 반드시 유대 사람 다음에야 이방 사람이 구원을 받게 된다는 구원의 순서를 밝힌 것이다.

15:26 자녀 하나님의 자녀, 아브라함의 자녀, 곧 이스라엘 백성을 가리킨다. **빵** 이스라엘에게 약속된 구원을 뜻한다. **개들** 유대 사람들은 이방 사람들을 경멸하는 뜻에서 개라고 불렀다.

15:32-38 오천 명을 먹이신 사건은 4복음서에 모두 기록되었으나, 사천 명을 먹이신 사건은 마태복음서와 마가복음서(8:1-10)에만 나온다. 여기 본문의 사천 명을 먹이신 기사와 14:15-21에 오천 명을 먹이신 기사는 서로 다른 두 사건으로 보는 것이 전통적인 입장이다.

니, 일곱 광주리에 가득 찼다.
38 먹은 사람은 여자들과 아이들 외에
도, 남자만 사천 명이었다.
39 예수께서 무리를 헤쳐 보내신 뒤에,
배에 올라 ㉠마가단 지역으로 가셨
다.

표징 문제 (막 8:11-13; 눅 12:54-56)

16 바리새파 사람들과 사두개파
사람들이 와서, 예수를 시험하
느라고, 하늘로부터 내리는 ㉡표징을
자기들에게 보여 달라고 요청하였다.
2 예수께서 그들에게 말씀하셨다.
["너희는 저녁 때에는 '하늘이 붉은
것을 보니 내일은 날씨가 맑겠구나'
하고,
3 아침에는 '하늘이 붉고 흐린 것을 보
니 오늘은 날씨가 궂겠구나' 한다. 너
희는 하늘의 징조는 분별할 줄 알면
서, 시대의 ㉢징조들은 분별하지 못
하느냐?]
4 악하고 음란한 세대가 표징을 요구
하지만, 이 세대는, 요나의 표징 밖에
는, 아무 표징도 받지 못할 것이다."
그리고 나서 예수께서는 그들을 남
겨 두고 떠나가셨다.

바리새파 사람들과
사두개파 사람들의 누룩 (막 8:14-21)

5 ○제자들이 건너편에 이르렀는데, 그
들은 빵을 가져 오는 것을 잊었다.
6 예수께서 그들에게 말씀하셨다. "너
희는 바리새파 사람들과 사두개파
사람들의 누룩을 주의하고 경계하
여라."
7 그들은 서로 수군거리며 말하였다.
"우리가 빵을 가져오지 않았구나!"
8 예수께서 이것을 아시고 말씀하셨
다. "믿음이 적은 사람들아, 어찌하
여 너희는 빵이 없다는 것을 두고
서로 수군거리느냐?
9 너희는 아직도 깨닫지 못하느냐? 오
천 명이 먹은 그 빵 다섯 개를 기억
하지 못하느냐? 부스러기를 몇 광주
리나 거두었더냐?
10 또한 사천 명이 먹은 그 빵 일곱 개
를 기억하지 못하느냐? 부스러기를
몇 광주리나 거두었더냐?
11 내가 빵을 두고 너희에게 말한 것이
아님을, 너희는 어찌하여 깨닫지 못
하느냐? 바리새파 사람들과 사두개
파 사람들의 누룩을 경계하여라."
12 그제서야 그들은, 빵의 누룩이 아니
라, 바리새파 사람들과 사두개파 사
람들의 가르침을 경계하라고 하시는
말씀인 줄을 깨달았다.

베드로의 고백
(막 8:27-30; 눅 9:18-21)

13 ○예수께서 빌립보의 가이사랴 지방
에 이르러서, 제자들에게 물으셨다.
"사람들이 인자를 누구라고 하느
냐?"

16장 요약 사두개파 사람과 바리새파 사람의 표징 요구를 거부하시고 참된 표징, 곧 메시아의 오심으로 말미암은 하늘 나라의 도래를 분별하라는 주님의 경고성 말씀이다. 베드로의 신앙 고백 이후에 주님은 자신의 죽음을 예언하셨다.

16:4 요나의 표징 밖에는 예수님이 메시아이심을 증거하는 많은 표징들이 이미 있었는데도(8:4,27; 9:23-26의 해설 참조), 바리새파 사람들과 사두개파 사람들은 영적인 교만·무지·불신앙 때문에 이를 분별하지 못하고 또 다른 표징을 구하였다. 이에 예수님은 요나의 표징이 예표하는 자신의 죽음과 영광스러운 부활이 최종적으로 자신이 메시아임을 증명해 줄 것이라고 말씀하셨다.

16:11-12 바리새파 사람들과…가르침을 경계하라고… 제자들은 예수님이 말씀하신 '바리새파 사

㉠ 다른 고대 사본에는 '막달라' 또는 '막달란' ㉡ 12:38의 주를 볼 것 ㉢ 또는 '표징'. 그, '세메이온'

14 제자들이 대답하였다. "㉠세례자 요
한이라고 하는 사람들도 있고, 엘리
야라고 하는 사람들도 있고, 예레미
야나 예언자들 가운데에 한 분이라
고 하는 사람들도 있습니다."
15 예수께서 그들에게 물으셨다. "그러
면 너희는 나를 누구라고 하느냐?"
16 시몬 베드로가 대답하였다. "선생님
은 살아 계신 하나님의 아들 ㉡그리
스도십니다."
17 예수께서 그에게 말씀하셨다. "시몬
바요나야, 너는 복이 있다. 너에게 이
것을 알려 주신 분은, 사람이 아니
라, 하늘에 계신 나의 아버지시다.
18 나도 너에게 말한다. 너는 ㉢베드로
다. 나는 이 ㉣반석 위에다가 내 교
회를 세우겠다. ㉤죽음의 ㉥문들이
그것을 이기지 못할 것이다.
19 내가 너에게 하늘 나라의 열쇠를 주
겠다. 네가 무엇이든지 땅에서 매면
하늘에서도 매일 것이요, 땅에서 풀
면 하늘에서도 풀릴 것이다."
20 그 때에 예수께서 제자들에게 엄명
하시기를, 자기가 ㉡그리스도라는 것
을 아무에게도 말하지 말라고 하셨
다.

죽음과 부활을 처음으로 예고하시다
(막 8:31-9:1; 눅 9:22-27)

21 ○그 때부터 예수께서는, 자기가 반
드시 예루살렘에 올라가야 하며, 장
로들과 대제사장들과 율법학자들에
게 많은 고난을 받고 죽임을 당해야
하며, 사흘째 되는 날에 살아나야
한다는 것을, 제자들에게 밝히기 시
작하셨다.
22 이에 베드로가 예수를 따로 붙들고
"주님, 안됩니다. 절대로 이런 일이
주님께 일어나서는 안됩니다" 하고
말하면서 예수께 대들었다.
23 그러나 예수께서는 돌아서서, 베드
로에게 말씀하셨다. "사탄아, 내 뒤
로 물러가라. 너는 나에게 걸림돌이
다. 너는 하나님의 일을 생각하지 않
고, 사람의 일만 생각하는구나!"
24 ○그 때에 예수께서는 제자들에게
말씀하셨다. "누구든지 나를 따라오
려거든, 자기를 부인하고, 제 십자가
를 지고, 나를 따라 오너라.
25 누구든지 자기 목숨을 구하고자 하
는 사람은 잃을 것이요, 나 때문에 자
기 목숨을 잃는 사람은 찾을 것이다.
26 사람이 온 세상을 얻고도 제 목숨을
잃으면, 무슨 이득이 있겠느냐? 또
사람이 제 목숨을 되찾는 대가로 무
엇을 내놓겠느냐?
27 인자가 자기 아버지의 영광에 싸여,
자기 천사들을 거느리고 올 터인데,
그 때에 그는 각 사람에게, 그 행실
대로 갚아 줄 것이다.
28 내가 진정으로 너희에게 말한다. 여

람들과 사두개파 사람들의 누룩'이 그들의 '가르침', 곧 바리새파 사람들의 완고하고 위선적인 형식주의와 사두개파 사람들의 정치적 기회주의, *현세적 물질주의를 가리킨다*는 것을 뒤늦게 깨달았다.

16:13-14 군중들은 예수님을 '죽었다가 다시 살아난 위대한 인물'로 보았다. 세례자 요한 헤롯이 그렇게 말한 적이 있으며(참조. 14:2), 당시 순교자로 죽은 사람은 다른 사람들보다 앞서 부활한다고 믿었다. 엘리야는 죽지 않고 승천했는데, 유대 사람들은 그가 종말 심판에 앞서 이스라엘 백성을 바르게 인도하려고 하늘에서 내려올 것으로 믿고 있었다(말 4:5). 예레미야 구약 외경에는 예레미야가 이사야와 함께 하나님의 사자로서 마지막 때가 오기 전에 파견될 것이라고 기록되어 있다.

㉠ 또는 '침례자' ㉡ 1:1의 주를 볼 것 ㉢ 그, '페트로스' ㉣ 그, '페트라' ㉤ 그, '하데스의', 곧 '죽은 자들이 모여 있는 세계의' ㉥ 또는 '세력이'

기에 서 있는 사람들 가운데는, 죽
음을 맛보지 않고 살아서, 인자가 자
기 왕권을 차지하고 오는 것을 볼 사
람들도 있다."

예수의 변모 (막 9:2-13; 눅 9:28-36)

17 그리고 엿새 뒤에, 예수께서는
베드로와 야고보와 그의 동생
요한을 따로 데리고서 높은 산에 올
라가셨다.
2 그런데 그들이 보는 앞에서 그의 모
습이 변하였다. 그의 얼굴은 해와 같
이 빛나고, 옷은 빛과 같이 희게 되
었다.
3 그리고 모세와 엘리야가 그들에게
나타나더니, 예수와 더불어 말을 나
누었다.
4 그 때에 베드로가 예수께 말하였다.
"선생님, 우리가 여기에 있는 것이 좋
습니다. 원하시면, ㉠제가 여기에다가
초막을 셋 지어서, 하나에는 선생님
을, 하나에는 모세를, 하나에는 엘리
야를 모시도록 하겠습니다."
5 베드로가 아직도 말을 하고 있는데,
갑자기 빛나는 구름이 그들을 뒤덮
었다. 그리고 구름 속에서 "㉡이는
내 사랑하는 아들이다. 나는 그를
좋아한다. 너희는 그의 말을 들어라"
하는 소리가 들려 왔다.
6 제자들은 이 말을 듣고서, 얼굴을
땅에 대고 엎드렸으며, 몹시 두려워
하였다.
7 예수께서 가까이 오셔서, 그들에게
손을 대시고 말씀하셨다. "일어나거
라. 두려워하지 말아라."
8 그들이 눈을 들어서 보니, 예수 밖에
는 아무도 없었다.
9 ○그들이 산에서 내려올 때에, 예수
께서 그들에게 명하셨다. "인자가 죽
은 사람들 가운데서 살아날 때까지
는, 그 광경을 아무에게도 말하지 말
아라."
10 제자들이 예수께 물었다. "그런데 율
법학자들은 어찌하여 엘리야가 먼
저 와야 한다고 합니까?"
11 예수께서 대답하셨다. "확실히, 엘리
야가 와서, 모든 것을 회복시킬 것이
다.
12 내가 너희에게 말한다. 엘리야는 이
미 왔다. 그러나 사람들이 그를 알지
못하고, 그를 함부로 대하였다. 인자
도 이와 같이, 그들에게 고난을 받
을 것이다."
13 그제서야 비로소 제자들은, 예수께
서 ㉢세례자 요한을 두고 하신 말씀
인 줄을 깨달았다.

귀신 들린 아이를 고치시다 (막 9:14-29; 눅 9:37-43상반)

14 ○그들이 무리에게 오니, 한 사람이
예수께 다가와서 무릎을 꿇고 말하
였다.

17장 요약 변화산 사건이 지나는 구속사적 의미는 그리스도의 탄생과 십자가 수난 사이에 위치하여, 예수님의 메시아 되심과 현재 그리고 장차 그분이 입게 될 영광을 계시한다. 이 사건 후에 치유와 믿음의 관계, 십자가 수난에 관한 2차 예언, 성전세 납부 문제 등에 관한 말씀이 언급된다.

17:1-8 예수님의 변모는 부활과 재림 때에 하나님의 아들이 갖게 될 영광이 계시된 것이다. 또한 이 때에 예수님이 세례를 받던 때와 동일한 하늘로서의 소리가 있어(3:17;17:5) 예수님의 메시아 되심을 재차 확증했다.

17:14-21 세 제자가 산 위에서 예수님의 영광스러운 변모를 체험하는 동안에 다른 제자들은 산 아래에서 한 아이를 괴롭히는 귀신을 쫓아내지 못하

㉠ 다른 고대 사본들에는 '우리가' ㉡ 또는 '이는 내 아들, 내가 사랑하는 자다' ㉢ 또는 '침례자'

15 "주님, 내 아들을 불쌍히 여겨 주십
시오. 간질병으로 몹시 고통받고 있
습니다. 자주 불 속에 빠지기도 하
고, 물 속에 빠지기도 합니다.
16 그래서 아이를 선생님의 제자들에
게 데리고 왔으나, 그들은 고치지 못
하였습니다."
17 예수께서 말씀하셨다. "아! 믿음이
없고 비뚤어진 세대여, 내가 언제까
지 너희와 같이 있어야 하겠느냐?
내가 언제까지 너희에게 참아야 하
겠느냐? 아이를 내게 데려오너라."
18 그리고 예수께서 귀신을 꾸짖으셨
다. 그러자 귀신이 아이에게서 나가
고, 아이는 그 순간에 나았다.
19 그 때에 제자들이 따로 예수께 다가
가서 물었다. "우리는 어찌하여 귀신
을 쫓아내지 못했습니까?"
20 예수께서 그들에게 대답하셨다. "너
희의 믿음이 적기 때문이다. 내가 진
정으로 너희에게 말한다. 너희에게
겨자씨 한 알만한 믿음이라도 있으
면, 이 산더러 '여기에서 저기로 옮겨
가라!' 하면 그대로 될 것이요, 너희
가 못할 일이 없을 것이다."
21 ㉠ (없음)

죽음과 부활을 다시 예언하시다

(막 9:30-32; 눅 9:43하반-45)

22 ○제자들이 갈릴리에 모여 ㉡있을 때
에, 예수께서 그들에게 말씀하셨다.
"인자가 곧 사람들의 손에 넘어갈 것
이다.
23 사람들은 그를 죽일 것이다. 그런데
그는 사흘째 되는 날에 살아날 것이
다." 그렇게 말씀하시니, 그들은 몹시
슬퍼하였다.

성전세를 내시다

24 ○그들이 가버나움에 이르렀을 때
에, ㉢성전세를 거두어들이는 사람들
이 베드로에게 다가와서 물었다. "여
러분의 선생은 성전세를 바치지 않
습니까?"
25 베드로가 대답하였다. "바칩니다."
베드로가 집에 들어가니, 예수께서
먼저 말씀을 꺼내셨다. "시몬아, 네
생각은 어떠냐? 세상 임금들이 관
세나, 주민세를 누구한테서 받아들
이느냐? 자기 자녀한테서냐? 아니
면, 남들한테서냐?"
26 베드로가 대답하였다. "남들한테서
입니다." 예수께서 다시 그에게 말씀
하셨다. "그러면 자녀들은 면제받는
다.
27 그러나 우리가 ㉣그들을 걸려 넘어지
지 않도록 해야 하니, 네가 바다로
가서 낚시를 던져, 맨 먼저 올라오는
고기를 잡아서 그 입을 벌려 보아라.
그러면 ㉤은전 한 닢이 그 속에 있을
것이다. 그것을 가져다가 나와 네 몫
으로 그들에게 내어라."

고 있었다. 이미 예수님께로부터 귀신을 쫓아내는 권능을 받았지만(10:1), 제자들이 이같이 무기력했던 것은 그들의 믿음과 기도가 부족했기 때문이었다(17:17,20;막 9:29). 예수님은 제자들과 아이 아버지의 불신앙(막 9:22-24)을 책망하시고, 귀신을 쫓아내심으로써 아이에게 은혜를 베푸셨다.

17:24-27 성전세 20세 이상의 모든 유대 남자들은 성전 유지를 위해 해마다 반 세겔의 성전세를 내야 했다(출 30:13-16). 하나님의 아들(요 2:16)이신 예수님께서는 납세의 의무가 없지만(26절, 자녀들은 면제받는다), 자신의 행동 때문에 하나님께서 정하신 세금에 대해 사람들이 잘못 이해함으로써 성전과 율법을 모독하는 일이 발생하는 것을 원치 않으셨기 때문에 납세에 응하셨다.

㉠ 다른 고대 사본들에는 '21. 그러나 이런 종류는 기도와 금식을 하지 않고는 나가지 않는다'가 첨가되어 있음 ㉡ 다른 고대 사본들에는 '살 때에' ㉢ 그, '디드라크마(두 드라크마)' ㉣ 또는 '그들의 비위를 건드릴 것은 없으니' ㉤ 그, '스타테르'. 두 디드라크마, 곧 네 드라크마에 해당함

하늘 나라에서 가장 큰 사람
(막 9:33-37; 눅 9:46-48)

18 그 때에 제자들이 예수께 다가
와서 물었다. "하늘 나라에서
는 누가 가장 큰 사람입니까?"
2 예수께서 어린이 하나를 곁으로 불
러서, 그들 가운데 세우시고
3 말씀하셨다. "내가 진정으로 너희에
게 말한다. 너희가 돌이켜서 어린이
들과 같이 되지 않으면, 절대로 하늘
나라에 들어가지 못할 것이다.
4 그러므로 누구든지 이 어린이와 같
이 자기를 낮추는 사람이 하늘 나라
에서는 가장 큰 사람이다.
5 또 누구든지 내 이름으로 이런 어린
이 하나를 영접하면, 나를 영접하는
것이다."

죄의 유혹 (막 9:42-48; 눅 17:1-2)

6 ○"나를 믿는 이 작은 사람 가운데
서 하나라도 ㉠걸려 넘어지게 하는
사람은, 누구라도, 차라리 그 목에
큰 맷돌을 달고 깊은 바다에 빠지는
편이 낫다.
7 사람을 ㉠걸려 넘어지게 하는 일 때
문에 세상에는 화가 있다. ㉠걸려 넘
어지게 하는 일이 없을 수는 없으나,
㉠걸려 넘어지게 하는 일을 일으키는
그 사람에게는 화가 있다."
8 ○"네 손이나 발이 너를 ㉠걸려 넘어
지게 하거든, 그것을 찍어서 내버려
라. 네가 두 손과 두 발을 가지고 영
원한 불 속에 들어가는 것보다는,
차라리 손이나 발 없는 채로 생명에
들어가는 편이 낫다.
9 또 네 눈이 너를 ㉠걸려 넘어지게 하
거든, 빼어 버려라. 네가 두 눈을 가
지고 불 붙는 ㉡지옥에 들어가는 것
보다는, 차라리 한 눈으로 생명에 들
어가는 편이 낫다."

잃은 양의 비유 (눅 15:3-7)

10 ○"너희는 이 작은 사람들 가운데서
한 사람이라도 업신여기지 않도록
조심하여라. 내가 너희에게 말한다.
하늘에서 그들의 천사들이 하늘에
계신 내 아버지의 얼굴을 늘 보고
있다.
11 ㉢(없음)
12 너희는 어떻게 생각하느냐? 어떤 사
람에게 양 백 마리가 있는데, 그 가
운데 한 마리가 길을 잃었다고 하면,
그는 아흔아홉 마리를 산에다 남겨
두고서, 길을 잃은 그 양을 찾아 나
서지 않겠느냐?
13 내가 너희에게 말한다. 그가 그 양
을 찾으면, 길을 잃지 않은 아흔아홉
마리 양보다, 오히려 그 한 마리 양
을 두고 더 기뻐할 것이다.
14 이와 같이, 이 작은 사람들 가운데
서 하나라도 망하는 것은, 하늘에
계신 ㉣너희 아버지의 뜻이 아니다."

18장 요약 예수님은 자신의 죽음을 앞두고 앞으로 남겨질 제자들의 주의를 환기시키고, 제자도(弟子道)를 재무장시키셨다. 제자들은 서로의 권위를 인정하고 관용을 베푸는 정신을 실천하여 상호 결속하고 주변을 복음화 하는 일에 솔선수범해야 했다.

18:1-10 하늘 나라에서 가장 큰 사람 열두 제자 사이에 '하늘 나라에서는 누가 가장 큰 사람인가?'라는 문제로 다툼이 일어났다. 예수님께서 제자들에게 교만과 권세욕을 버리고 회개하면 변화될 것을 말씀하시면서 '어린이처럼 자기를 낮추는' 사람이 되라고 말씀하신다.

18:6 걸려 넘어지게 '걸림돌'(16:23)이라는 뜻과 같다. 유혹하여 믿음을 떨어뜨리거나 범죄케 하는

㉠ 또는 '죄 짓게' ㉡ 그, '게헨나' ㉢ 다른 고대 사본들에는 '11. 인자는 잃은 사람을 구원하러 왔다'가 첨가되어 있음 ㉣ 다른 고대 사본들에는 '내'

용서하라 (눅 17:3)

15 ○"네 ㉠형제가 [너에게] 죄를 짓거
든, 가서, 단 둘이 있는 자리에서 그
에게 충고하여라. 그가 너의 말을 들
으면, 너는 그 ㉠형제를 얻은 것이다.
16 그러나 듣지 않거든, 한두 사람을 더
데리고 가거라. ㉡그가 하는 모든 말
을, 두세 증인의 입을 빌어서 확정지
으려는 것이다.
17 그러나 그 ㉠형제가 그들의 말도 듣
지 않거든, 교회에 말하여라. 교회의
말조차 듣지 않거든, 그를 이방 사람
이나 세리와 같이 여겨라."
18 ○"내가 진정으로 너희에게 말한다.
무엇이든지, 너희가 땅에서 매는 것
은 하늘에서도 매일 것이요, 땅에서
푸는 것은 하늘에서도 풀릴 것이다.
19 내가 [진정으로] 거듭 너희에게 말
한다. 땅에서 너희 가운데 두 사람
이 합심하여 무슨 일이든지 구하면,
하늘에 계신 내 아버지께서 그들에
게 이루어 주실 것이다.
20 두세 사람이 내 이름으로 모여 있는
자리, 거기에 내가 그들 가운데 있
다."

용서할 줄 모르는 종의 비유

21 ○그 때에 베드로가 예수께 다가와
서 말하였다. "주님, 내 ㉠형제가 나
에게 자꾸 죄를 지으면, 내가 몇 번
이나 용서하여 주어야 합니까? 일곱
번까지 하여야 합니까?"
22 예수께서 대답하셨다. "일곱 번만이
아니라, ㉢일흔 번을 일곱 번이라도
하여야 한다.
23 ○그러므로, 하늘 나라는 마치 자기
종들과 셈을 가리려고 하는 어떤 ㉣왕
과 같다.
24 왕이 셈을 가리기 시작하니, 만 ㉤달
란트 빚진 종 하나가 왕 앞에 끌려
왔다.
25 그런데 그는 빚을 갚을 돈이 없으므
로, 주인은 그 종에게, 자신과 그 아
내와 자녀들과 그 밖에 그가 가진
것을 모두 팔아서 갚으라고 명령하
였다.
26 그랬더니 종이 그 앞에 무릎을 꿇
고, '참아 주십시오. 다 갚겠습니다'
하고 애원하였다.
27 주인은 그 종을 가엾게 여겨서, 그를
놓아주고, 빚을 없애 주었다.
28 그러나 그 종은 나가서, 자기에게 백
㉥데나리온 빚진 동료 하나를 만나
자, 붙들어서 멱살을 잡고 말하기를
'내게 빚진 것을 갚아라' 하였다.
29 그 동료는 엎드려 간청하였다. '참아
주게. 내가 갚겠네.'
30 그러나 그는 들어주려 하지 않고, 가
서 그 동료를 감옥에 집어넣고, 빚진
돈을 갚을 때까지 갇혀 있게 하였다.
31 다른 종들이 이 광경을 보고, 매우

행동을 뜻한다.

18:15-20 교회에 속한 어떤 형제가 범죄했을 경우, 문제 해결을 위해 따라야 할 권징의 원리(개인적인 충고 → 두세 증인을 통한 권면 → 교회의 공식적인 권징)를 밝혀 준다. 동시에 본문은 교회가 결정에 앞서 기도해야 할 필요성을 강조한다.

18:21-35 예수님은 비유를 통해 형제가 자신에게 아무리 많은 죄를 짓는다 해도 용서하는 태도를 가져야 함을 강조하신다.

18:24 만 달란트는 약 육천만 데나리온에 달한다. 한 데나리온은 노동자의 하루 품삯이었다. 헤롯 왕의 일 년 전체 소득이 구백 달란트였으니, 만 달란트는 상상할 수 없는 엄청난 액수이다. 이는 사람은 하나님 앞에서 자기 힘으로는 결코 갚을 수 없는 거대한 빚을 진 죄인임을 보여 준다.

㉠ 또는 '신도' ㉡ 신 19:15 ㉢ 또는 '일흔일곱 번까지' ㉣ 또는 '왕의 사정과' ㉤ 한 달란트는 노동자의 15년 품삯 ㉥ 한 데나리온은 노동자의 하루 품삯

딱하게 여겨서, 가서 주인에게 그 일
을 다 일렀다.
32 그러자 주인이 그 종을 불러다 놓고
말하였다. '이 악한 종아, 네가 애원
하기에, 나는 너에게 그 빚을 다 없
애 주었다.
33 내가 너를 불쌍히 여긴 것처럼, 너도
네 동료를 불쌍히 여겼어야 할 것이
아니냐?'
34 주인이 노하여, 그를 형무소 관리에
게 넘겨주고, 빚진 것을 다 갚을 때
까지 가두어 두게 하였다.
35 너희가 각각 진심으로 자기 ㉠형제자
매를 용서해 주지 않으면, 나의 하늘
아버지께서도 너희에게 그와 같이
하실 것이다."

이혼 문제 (막 10:1-12)

19 예수께서 이 말씀을 마치시고,
갈릴리를 떠나서, 요단 강 건너
편 유대 지방으로 가셨다.
2 많은 무리가 예수를 따라왔다. 예수
께서는 거기서 그들을 고쳐 주셨다.
3 ○바리새파 사람들이 예수께 다가와
서, 그를 시험하려고 물었다. "무엇이
든지 이유만 있으면, 남편이 아내를
버려도 됩니까?"
4 예수께서 대답하셨다. "사람을 창조
하신 분이 처음부터 ㉡그들을 남자
와 여자로 지으셨다는 것과,
5 그리고 그가 말씀하시기를 ㉢'그러므
로 남자는 아버지와 어머니를 떠나
서, 자기 아내와 합하여서 둘이 한
몸이 될 것이다' 하신 것을, 너희는
아직 읽어보지 못하였느냐?
6 그러므로 그들은 이제 둘이 아니라
한 몸이다. 하나님이 짝지어 주신 것
을 사람이 갈라놓아서는 안 된다."
7 그들이 예수께 말하였다. "그러면,
어찌하여 모세는, 이혼 증서를 써 주
고 아내를 버리라고 명령하였습니
까?"
8 예수께서 대답하셨다. "모세는 너희
의 마음이 완악하기 때문에 아내를
버리는 것을 허락하여 준 것이지, 본
래부터 그랬던 것은 아니다.
9 내가 너희에게 말한다. 음행한 까닭
이 아닌데도 아내를 버리고 다른 여
자에게 장가 드는 사람은, 누구나
간음하는 것이다."
10 제자들이 예수께 말하였다. "남편과
아내 사이가 그러하다면, 차라리 장
가 들지 않는 것이 좋겠습니다."
11 예수께서 그들에게 말씀하셨다. "누
구나 다 이 말을 받아들이지는 못한
다. 다만, 타고난 사람들만이 받아
들인다.
12 모태로부터 그렇게 태어난 고자도
있고, 사람이 고자로 만들어서 된
고자도 있고, 또 하늘 나라 때문에
스스로 고자가 된 사람도 있다. 이

19장 요약 결혼(이혼)과 구원이란 두 주제에 대해 예수님은 명쾌한 해석과 기준을 제시해 주셨다. 배우자의 부정 이외의 이유로는 이혼할 수 없다고 단언함으로 결혼 제도의 신성함을 주지시키고, 구원은 물질적 소유의 많고 적음에 따라 좌우되지 않음을 교훈하셨다.

19:3 예수님 시대의 바리새파 사람들은 신명기 24:1-4에 근거하여 이혼과 재혼을 쉽게 허락했다. 물론 이혼 조건으로서, 아내에게 '수치스러운 일'(신 24:1)이 있어야 했는데, 현실적인 바리새파 사람들은 이 '수치스러운 일'을 넓게 해석하여 아내가 음식을 태운다거나, 이웃이 들을 정도로 큰 소리로 말하는 것 등 매우 사소한 것까지 포함시켰다. 따라서 남편이 아내에게서 이런 일을 발견하면, 이혼 증서를 만들어 이혼했던 것이다.

19:4-6 바리새파 사람들은 모세의 이혼법(신 24:1

㉠ 그, '형제' ㉡ 창 1:27 ㉢ 창 2:24(칠십인역)

말을 받아들일 수 있는 사람은 받아
들여라."

어린이를 축복하시다

(막 10:13-16; 눅 18:15-17)

13 ○그 때에 사람들이 예수께 어린이
들을 데리고 와서, 손을 얹어서 기도
하여 주시기를 바랐다. 그런데 제자
들이 그들을 꾸짖었다.
14 그러나 예수께서 말씀하셨다. "어린
이들이 내게 오는 것을 허락하고, 막
지 말아라. 하늘 나라는 이런 어린
이들의 것이다."
15 그리고 그들에게 손을 얹어주시고,
거기에서 떠나셨다.

부자 젊은이

(막 10:17-31; 눅 18:18-30)

16 ○그런데 한 사람이 예수께 다가와
서 물었다. "선생님, 내가 영원한 생
명을 얻으려면, 무슨 선한 일을 해야
합니까?"
17 예수께서 그에게 말씀하셨다. "어찌
하여 너는 나에게 선한 일을 묻느냐?
선한 분은 한 분이다. 네가 생명에 들
어가기를 원하면, 계명들을 지켜라."
18 그가 예수께 물었다. "어느 계명들을
지켜야 합니까?" 예수께서 대답하셨
다. ㉠"살인하지 말아라. 간음하지
말아라. 도둑질하지 말아라. 거짓 증
언을 하지 말아라.
19 아버지와 어머니를 공경하여라. 그
리고, ㉡네 이웃을 네 몸과 같이 사
랑하여라."
20 그 젊은이가 예수께 말하였다. "나
는 ㉢이 모든 것을 다 지켰습니다. 아
직도 무엇이 부족합니까?"
21 예수께서 그에게 말씀하셨다. "네가
완전한 사람이 되려고 하면, 가서 네
소유를 팔아서, 가난한 사람에게 주
어라. 그리하면, 네가 하늘에서 보화
를 차지하게 될 것이다. 그리고, 와
서 나를 따라라."
22 그러나 그 젊은이는 이 말씀을 듣
고, 근심을 하면서 떠나갔다. 그에게
는 재산이 많았기 때문이다.
23 ○예수께서 제자들에게 말씀하셨다.
"내가 진정으로 너희에게 말한다. 부
자는 하늘나라에 들어가기가 어렵다.
24 내가 다시 너희에게 말한다. 부자가
하나님 나라에 들어가는 것보다 낙
타가 바늘귀로 지나가는 것이 더 쉽
다."
25 제자들이 이 말씀을 듣고, 깜짝 놀
라서, 말하였다. "그러면, 누가 구원
을 얻을 수 있습니까?"
26 예수께서 그들을 눈여겨보시고, 말
씀하셨다. "사람은 이 일을 할 수 없
으나, 하나님은 무슨 일이나 다 하실
수 있다."
27 이 말씀을 듣고, 베드로가 예수께
말하였다. "보십시오, 우리는 모든

-4)으로 이혼을 정당화했으나, 예수님은 하나님의 창조 원리(창 1:27;2:24)를 근거로 답변하셨다.

19:13-15 이 말씀은 어린이의 '순수한 수용성'에 대한 것이다. 어린이들은 하나님 나라에 들어가기 위해 어떠한 업적도 행하려 하지 않는다. 그러므로 바리새파 사람들처럼 율법 준수를 통해 업적을 쌓아 그것으로 하나님 나라를 얻으려고 하는 것은 잘못된 생각이다.

19:16-30 예수님은 부자가 하나님 나라에 들어가는 것이 심히 어렵다고 말씀하셨다. 대개 부자는 세상에서 부를 향유하며 안정된 삶을 살기에 하나님보다 자신이 소유한 재물을 더 의지하기 쉽기 때문이다. 재물에는 구원을 가로막는 위험이 도사리고 있다(6:24;막 8:36-37;눅 16:13).

19:20 부자 젊은이가 율법의 의(義)로는 부족함이 없었지만, 영생의 확신이 없었다.

㉠ 출 20:12-16; 신 5:16-20 ㉡ 레 19:18 ㉢ 다른 고대 사본들에는 '젊을 때부터 이 모든 것을'

것을 버리고, 선생님을 따랐습니다.
그러니, 우리가 무엇을 받겠습니까?"
28 예수께서 그들에게 말씀하셨다. "내
가 진정으로 너희에게 말한다. 새 세
상에서 인자가 자기의 영광스러운
보좌에 앉을 때에, 나를 따라온 너
희도 열두 보좌에 앉아서, 이스라엘
열두 지파를 심판할 것이다.
29 내 이름을 위하여 집이나 형제나 자
매나 ㉠아버지나 어머니나 자식이나
땅을 버린 사람은, ㉡백 배나 받을
것이요, 또 영원한 생명을 물려받을
것이다.
30 그러나, 첫째가 된 사람들이 꼴찌가
되고, 꼴찌가 된 사람들이 첫째가 되
는 경우가 많을 것이다."

포도원의 품꾼들

20 "하늘 나라는 자기 포도원에서
일할 일꾼을 고용하려고 이른
아침에 집을 나선 어떤 포도원 ㉢주
인과 같다.
2 그는 품삯을 하루에 한 ㉣데나리온
으로 일꾼들과 합의하고, 그들을 자
기 포도원으로 보냈다.
3 그리고서 아홉 시쯤에 나가서 보니,
사람들이 장터에 빈둥거리며 서 있
었다.
4 그는 그들에게 말하기를 '여러분도
포도원에 가서 일을 하시오. 적당한
품삯을 주겠소' 하였다.
5 그래서 그들이 일을 하러 떠났다. 주
인이 다시 열두 시와 오후 세 시쯤에
나가서 그렇게 하였다.
6 오후 다섯 시쯤에 주인이 또 나가 보
니, 아직도 빈둥거리고 있는 사람들
이 있어서, 그들에게 '왜 당신들은 온
종일 이렇게 하는 일 없이 빈둥거리
고 있소?' 하고 물었다.
7 그들이 그에게 대답하기를 '아무도
우리에게 일을 시켜주지 않아서, 이
러고 있습니다' 하였다. 그래서 그는
'당신들도 포도원에 가서 일을 하시
오' 하고 말하였다.
8 저녁이 되니, 포도원 주인이 자기 관
리인에게 말하기를 '일꾼들을 불러,
맨 나중에 온 사람들부터 시작하여,
맨 먼저 온 사람들에게까지, 품삯을
치르시오' 하였다.
9 오후 다섯 시쯤부터 일을 한 일꾼들
이 와서, 한 데나리온씩을 받았다.
10 그런데 맨 처음에 와서 일을 한 사람
들은, 은근히 좀 더 받으려니 하고
생각하였는데, 그들도 한 데나리온
씩을 받았다.
11 그들은 받고 나서, 주인에게 투덜거
리며 말하였다.
12 '마지막에 온 이 사람들은 한 시간
밖에 일하지 않았는데도, 찌는 더위
속에서 온종일 수고한 우리들과 똑
같이 대우하였습니다.'

20장 요약 예수님은 제자들의 공로 지향적인 태도를 경계하시고, 하나님의 주권적인 결정에 대해 역설하셨다. 17–28절까지는 제3차 수난 예언과 이에 대한 제자들의 반응을, 눈 먼 두 사람 치유 사건은 수난을 목전에 둔 시점까지 인류의 질고를 담당하시는 예수님의 긍휼과 헌신을 뚜렷이 보여 준다.

20:1–16 이 비유는 예수님이 말씀하신 하나님 나라의 특징을 나타낸다. 세상에서의 원칙은 가장 오래 일한 사람이 가장 많이 받는다. 그러나 하나님 나라에서는 공로나 능력의 원칙이 아닌, 은혜의 원칙이 적용된다. 선하신 하나님은 합당치 않은 사람에게 무한히 많이 주신다. 그러한 보상은 은혜의 선물이다. 이같은 사상은 탕자의 비

㉠ 다른 고대 사본들에는 '아버지나 어머니나'와 '자식이나' 사이에 '아내나'가 있음 ㉡ 다른 고대 사본들에는 '여러 배' ㉢ 또는 '주인의 사정과' ㉣ 한 데나리온은 노동자의 하루 품삯

13 그러자 주인이 그들 가운데 한 사람
에게 말하기를 '이보시오, 나는 당신
을 부당하게 대한 것이 아니오. 당신
은 나와 한 데나리온으로 합의하지
않았소?
14 당신의 품삯이나 받아 가지고 돌아
가시오. 당신에게 주는 것과 꼭 같이
이 마지막 사람에게 주는 것이 내
뜻이오.
15 내 것을 가지고 내 뜻대로 할 수 없
다는 말이오? 내가 후하기 때문에,
그것이 당신 눈에 거슬리오?' 하였
다.
16 이와 같이 꼴찌들이 첫째가 되고, 첫
째들이 꼴찌가 될 것이다.㉠"

죽음과 부활을 세 번째로 예고하시다

(막 10:32-34; 눅 18:31-34)

17 ○예수께서 예루살렘으로 올라가시
면서, 열두 ㉡ 제자를 따로 곁에 불러
놓으시고, 길에서 그들에게 말씀하
셨다.
18 "보아라, 우리는 지금 예루살렘으로
올라가고 있다. 인자가 대제사장들
과 율법학자들에게 넘겨질 것이다.
그들은 그에게 사형을 선고할 것이
며,
19 그를 이방 사람들에게 넘겨주어서,
조롱하고 채찍질하고 십자가에 달아
서 죽게 할 것이다. 그러나 그는 사
흘째 되는 날에 살아날 것이다."

야고보와 요한의 요구 (막 10:35-45)

20 ○그 때에 세베대의 아들들의 어머
니가 아들들과 함께 예수께 다가와
서 절하며, 무엇인가를 청하였다.
21 예수께서 그 여자에게 물으셨다. "무
엇을 원하십니까?" 여자가 대답하였
다. "나의 이 두 아들을 선생님의 나
라에서, 하나는 선생님의 오른쪽에,
하나는 선생님의 왼쪽에 앉게 해주
십시오."
22 ○예수께서 대답하셨다. "너희는 너
희가 구하는 것이 무엇인지도 모르
고 있다. 내가 마시려는 잔을 너희가
마실 수 있겠느냐?㉢" 그들이 대답
하였다. "마실 수 있습니다."
23 예수께서 그들에게 말씀하셨다. "정
말로 너희는 나의 잔을 마실 것이다.
그러나 나의 오른쪽과 왼쪽에 앉히
는 그 일은, 내가 할 수 있는 것이 아
니다. 그 자리는 내 아버지께서 정해
놓으신 사람들에게 돌아갈 것이다."
24 ○열 제자가 이 말을 듣고, 그 두 형
제에게 분개하였다.
25 예수께서는 그들을 곁에 불러 놓고
말씀하셨다. "너희가 아는 대로, 이
방 민족들의 통치자들은 백성을 마
구 내리누르고, 고관들은 백성에게
세도를 부린다.
26 그러나 너희끼리는 그렇게 해서는
안 된다. 너희 가운데서 위대하게 되

유(눅 15장)에도 나타나 있다. 아버지의 잔치에 들어간 사람은 집에서 성실하게 일한 아들이 아니라, 방탕하였다가 집에 돌아온 아들이었다. 또한 예수님은 자신의 의와 공로를 주장하는 바리새파 사람들보다도 창녀와 세리들이 먼저 하나님 나라에 들어간다고 말씀하셨다.

20:17-19 고난과 부활에 대한 예수님의 세 번째 예고이다. 앞의 두 예고(16:21;17:22-23)보다 내용이 자세하다.

20:20-28 예수님이 고난과 죽음을 예고하시고 그 성취를 위해 예루살렘으로 향하시는 순간에도 제자들은 '하나님 나라' 곧 '메시아 왕국'에 대해 오해하여 서로 자리 다툼을 하고 있었다. 예수님은 '하나님 나라'의 특징은 섬김과 겸손이며, 스스로 죄인들을 위해 목숨까지 바치는 섬김의 모

㉠ 다른 고대 사본들에는 '부름받은 사람은 많으나, 택함받은 사람은 적다'가 첨가되어 있음 ㉡ 다른 고대 사본들에는 '제자'가 없음 ㉢ 다른 고대 사본들에는 '또 내가 받는 세례를 받을 수 있겠느냐?'가 첨가되어 있음

고자 하는 사람은 누구든지 너희를
섬기는 사람이 되어야 하고,
27 너희 가운데서 으뜸이 되고자 하는
사람은 너희의 종이 되어야 한다.
28 인자는 섬김을 받으러 온 것이 아니
라 섬기러 왔으며, 많은 사람을 위하
여 자기 목숨을 몸값으로 치러 주려
고 왔다."

눈 먼 사람 둘을 고치시다

(막 10:46-52; 눅 18:35-43)

29 ○그들이 여리고를 떠날 때에, 큰 무
리가 예수를 따라왔다.
30 그런데 눈 먼 사람 둘이 길 가에 앉
아 있다가, 예수께서 지나가신다는
말을 듣고, 큰 소리로 외쳤다. "다윗
의 자손이신 [주님], 우리를 불쌍히
여겨 주십시오!"
31 무리가 조용히 하라고 꾸짖었으나,
그들은 더욱 큰 소리로 외쳤다. "다
윗의 자손이신 주님, 우리를 불쌍히
여겨 주십시오!"
32 예수께서 걸음을 멈추시고, 그들을
불러서 말씀하셨다. "너희 소원이 무
엇이냐?"
33 그들이 예수께 말하였다. "주님, 눈
을 뜨는 것입니다."
34 예수께서 가엾게 여기시고 그들의
눈에 손을 대시니, 그들은 곧 다시
보게 되었다. 그들은 예수를 따라갔
다.

예루살렘에 입성하시다

(막 11:1-11; 눅 19:28-38; 요 12:12-19)

21 ㉠예수와 그 제자들이 예루살
렘에 가까이 이르러, 올리브 산
에 있는 벳바게 마을에 들어섰다. 그
때에 예수께서 두 제자를 보내시며
2 그들에게 말씀하셨다. "맞은편 마을
로 가거라. 가서 보면, 나귀 한 마리
가 매여 있고, 그 곁에 새끼가 있을 것
이다. 풀어서, 나에게로 끌고 오너라.
3 누가 너희에게 무슨 말을 하거든,
㉡'주님께서 쓰려고 하십니다' 하고 말
하여라. 그리하면 곧 내어줄 것이다."
4 이것은, 예언자를 시켜서 하신 말씀
을 이루시려는 것이었다.
5 ㉢"시온의 딸에게 말하여라. 보
아라, 네 임금이 네게로 오신다.
그는 온유하시어, 나귀를 타셨
으니, 어린 나귀, 곧 멍에 메는
짐승의 새끼다."
6 제자들이 가서, 예수께서 지시하신
대로,
7 어미 나귀와 새끼 나귀를 끌어다가,
그 위에 겉옷을 얹으니, 예수께서 올
라타셨다.
8 큰 무리가 자기들의 겉옷을 길에다
가 폈으며, 다른 사람들은 나뭇가지
를 꺾어다가 길에 깔았다.
9 그리고 앞에 서서 가는 무리와 뒤따
라오는 무리가 외쳤다.

범을 보일 것임을 강조하셨다(사 53:5-6; 요 13:5).
20:20-21 마가복음서 10:35에 따르면 예수님께 요청한 자는 야고보와 요한이었다.
20:29-34 눈 먼 사람 둘을 고치심 눈 먼 두 사람은 예수님을 '다윗의 자손'으로 부를 뿐 아니라 '주님'이라고도 부른다. '주님'은 예수님을 메시아로 믿는 사람들이 사용하는 호칭이다(8:2,6,25;14:28,30).

㉠ 그, '그들이' ㉡ 또는 "'주님께서 쓰시고 곧 돌려 주실 것입니다' 하고 말하여라" ㉢ 슥 9:9

21장 요약 본문의 예루살렘 입성은 예수님께서 대적자들의 본거지를 정면 돌파해 들어가시는 것으로, 만왕의 왕이신 예수님의 영광을 역력히 드러낸다. 마태는 예수님의 권위에 대한 종교 지도자들의 논박과 두 아들과 불의한 농부 비유를 배열하여, 영광의 주를 죽이고자 하는 불의의 음모가 치열해지고 있음을 보여 준다.

21:1-11 예수님의 공생애 마지막 한 주간, 곧 고

㉠"㉡호산나, 다윗의 자손께! 복
되시다, 주님의 이름으로 오시는
분! 더없이 높은 곳에서 호산나!"
10 예수께서 예루살렘에 들어가셨을
때에, 온 도시가 들떠서 물었다. "이
사람이 누구냐?"
11 사람들은 그가 갈릴리 나사렛에서
나신 예언자 예수라고 말하였다.

성전을 깨끗하게 하시다

(막 11:15-19; 눅 19:45-48; 요 2:13-22)

12 ○예수께서 성전에 들어가셔서, 성전
뜰에서 팔고 사고 하는 사람들을 다
내쫓으시고, 돈을 바꾸어 주는 사람
들의 상과 비둘기를 파는 사람들의
의자를 둘러엎으시고,
13 그들에게 말씀하셨다. "성경에 기록
한 바,
㉢'내 집은 기도하는 집이라고
불릴 것이다' 하였다. 그런데 너
희는 그것을 ㉣'강도들의 소굴'로
만들어 버렸다."
14 ○성전 뜰에서 눈 먼 사람들과 다리
를 저는 사람들이 예수께 다가왔다.
예수께서는 그들을 고쳐 주셨다.
15 그러나 대제사장들과 율법학자들
은, 예수께서 하신 여러 가지 놀라운
일과, 또 성전 뜰에서 "다윗의 자손
에게 ㉡호산나!" 하고 외치는 아이들
을 보고, 화가 나서
16 예수께 말하였다. "당신은 아이들이
무어라 하는지 듣고 있소?" 예수께
서 그들에게 말씀하셨다. "그렇다.
㉤'주님께서는 어린 아이들과 젖먹이
들의 입에서 찬양이 나오게 하셨다'
하신 말씀을, 너희는 읽어보지 못하
였느냐?"
17 예수께서 그들을 남겨 두고, 성 밖으
로 나가, 베다니로 가셔서, 거기에서
밤을 지내셨다.

무화과나무를 저주하시다

(막 11:12-14, 20-24)

18 ○새벽에 성 안으로 들어오시는데,
예수께서는 시장하셨다.
19 마침 길 가에 있는 무화과나무 한
그루를 보시고, 그 나무로 가셨으나,
잎사귀 밖에는 아무것도 없으므로,
그 나무에게 말씀하셨다. "이제부터
너는 영원히 열매를 맺지 못할 것이
다!" 그러자 무화과나무가 곧 말라
버렸다.
20 제자들은 이것을 보고 놀라서 말하
였다. "무화과나무가 어떻게 그렇게
당장 말라버렸을까?"
21 예수께서 그들에게 말씀하셨다. "내
가 진정으로 너희에게 말한다. 너희
가 믿고 의심하지 않으면, 이 무화과
나무에 한 일을 너희도 할 수 있을
뿐 아니라, 이 산더러 '들려서 바다에
빠져라' 하고 말해도, 그렇게 될 것이
다.

난 주간은 예루살렘 입성과 더불어 시작되며 이 때부터 구원 사역의 완성이 그 절정을 향해 긴박하게 진행되어 간다(요 12:12-19의 해설 참조).

21:10 온 도시가 들떠서 예언자로 알려진 예수님이 예루살렘에 입성하자, 유월절을 맞아 전국에서 모인-직·간접으로 그분의 기적과 말씀을 보고 들었을-수많은 무리들이 열광적으로 환영하였다. 여기에는 여러 복합적인 기대 곧 정치·세속·종교적 메시아에 대한 기대가 뒤섞여 있었으며, 그래서 예루살렘에서는 큰 동요가 일어났다.

21:13 성경에 기록한 바 이사야서 56:7과 예레미야서 7:11의 복합 인용이다. 이사야는 성전이 유대 사람이든 이방 사람이든, 바리새파 사람이든 세리든, 누구에게나 '만민이 기도하는 집'이 될 것이라고 예언하였다. 그런데 당시의 성전 지도자들은 상인들과 결탁하여 성전 뜰을 속된 시장바닥

㉠ 시 118:26 ㉡ '구하여 주십시오!'를 뜻하는 히브리어였으나 찬양의 감탄으로 사용됨 ㉢ 사 56:7 ㉣ 렘 7:11 ㉤ 시 8:2(칠십인역)

22 또 너희가 기도할 때에, 이루어질 것
을 믿으면서 구하는 것은, 무엇이든
지 다 받을 것이다."

예수의 권위를 논란하다

(막 11:27-33; 눅 20:1-8)

23 ○예수께서 성전에 들어가서 가르치
고 계실 때에, 대제사장들과 백성의
장로들이 다가와서 말하였다. "당신
은 무슨 권한으로 이런 일을 하시
오? 누가 당신에게 이런 권한을 주
었소?"
24 예수께서 그들에게 이렇게 대답하셨
다. "나도 너희에게 한 가지를 물어
보겠다. 너희가 대답하면, 나도 무슨
권한으로 이런 일을 하는지를 말하
겠다.
25 요한의 ㉠세례가 어디에서 왔느냐?
하늘에서냐? 사람에게서냐?" 그러
자 그들은 자기들끼리 의논하며 말
하였다. "'하늘에서 왔다'고 말하면,
'어찌서 그를 믿지 않았느냐'고 할 것
이요,
26 또 '사람에게서 왔다'고 하자니, 무리
가 무섭소. 그들은 모두 요한을 예언
자로 여기니 말이오."
27 그래서 그들은 예수께, 모르겠다고
대답하였다. 그러자 예수께서 말씀
하셨다. "나도 내가 무슨 권한으로
이런 일을 하는지를 너희에게 말하
지 않겠다."

두 아들의 비유

28 ○"너희는 어떻게 생각하느냐? 어떤
사람에게 아들이 둘 있는데, 아버지
가 맏아들에게 가서 '얘야, 너 오늘
포도원에 가서 일해라' 하고 말하였
다.
29 ㉡그런데 맏아들은 대답하기를 '싫습
니다' 하고 말하였다. 그러나 그 뒤에
그는 뉘우치고 일하러 갔다.
30 아버지는 둘째 아들에게 가서, 같은
말을 하였다. 그는 대답하기를, '예,
가겠습니다, 아버지' 하고서는, 가지
않았다.
31 그런데 이 둘 가운데서 누가 아버지
의 뜻을 행하였느냐?" 예수께서 이
렇게 물으시니, 그들이 대답하였다.
㉢"맏아들입니다." 예수께서 그들에
게 말씀을 하셨다. "내가 진정으로
너희에게 말한다. 세리와 창녀들이
오히려 너희보다 먼저 하나님의 나
라에 들어간다.
32 요한이 너희에게 와서, 옳은 길을 보
여 주었으나, 너희는 그를 믿지 않았
다. 그러나 세리와 창녀들은 믿었다.
너희는 그것을 보고도 끝내 뉘우치
지 않았으며, 그를 믿지 않았다."

포도원과 소작인의 비유

(막 12:1-12; 눅 20:9-19)

33 ○"다른 비유를 하나 들어보아라. 어
떤 집주인이 있었다. 그는 포도원을

으로 전락시키고, 순례자들에게 폭리를 취함으로써 성전을 '강도들의 소굴'로 만들어 버렸다. 예수님은 바로 이러한 타락을 책망하셨다.

21:18-22 성전을 깨끗하게 하신 사건이 이스라엘의 종교에 대한 경고를 뜻하는 상징적 행위인 것처럼 무화과나무가 말라버린 사건은 하나님께 선택받은 이스라엘이 당하게 될 국가적 운명(A.D. 70년의 멸망)에 대한 상징이었다.

21:28-32 예수님은 이 비유를 통해 세리와 창녀들은 하나님의 말씀과는 거리가 먼 죄인들이지만 회개하고 요한의 세례를 받은 반면에, 종교 지도자들은 율법을 엄수하고 하나님의 뜻에 순종하는 것 같지만 실제로는 거부함을 책망하셨다.

21:31 세리와 창녀들 세리와 창녀들은 하나님의

㉠ 또는 '침례' ㉡ 다른 고대 사본들에는 "29. 그런데 그는 말하기를 '예, 가겠습니다, 아버지!' 하고서는 가지 않았다. 30. 아버지가 둘째 아들에게 가서, 같은 말을 하였다. 작은 아들은 말하기를 '싫습니다!' 하였다. 그러나 그 뒤에 뉘우치고 일하러 갔다" ㉢ 다른 고대 사본들에는 '둘째 아들입니다'

일구고, 울타리를 치고, 그 안에 포
도즙을 짜는 확을 파고, 망대를 세
웠다. 그리고 그것을 농부들에게 세
로 주고, 멀리 떠났다.
34 열매를 거두어들일 철이 가까이 왔
을 때에, 그는 그 소출을 받으려고
자기 종들을 농부들에게 보냈다.
35 그런데, 농부들은 그 종들을 붙잡아
서, 하나는 때리고, 하나는 죽이고,
또 하나는 돌로 쳤다.
36 주인은 다시 다른 종들을 처음보다
더 많이 보냈다. 그랬더니, 농부들은
그들에게도 똑같이 하였다.
37 마지막으로 그는 자기 아들을 보내
며 말하기를 '그들이 내 아들이야 존
중하겠지' 하였다.
38 그러나 농부들은 그 아들을 보고 그
들끼리 말하였다. '이 사람은 상속자
다. 그를 죽이고, 그의 유산을 우리
가 차지하자.'
39 그러면서 그들은 그를 잡아서, 포도
원 밖으로 내쫓아 죽였다.
40 그러니 포도원 주인이 돌아올 때에,
그 농부들을 어떻게 하겠느냐?"
41 그들이 예수께 말하였다. "그 악한
자들을 가차없이 죽이고, 제 때에
소출을 바칠 다른 농부들에게 포도
원을 맡길 것입니다."
42 예수께서 그들에게 말씀하셨다. "너
희는 성경에서 이런 말씀을 읽어 본
일이 없느냐?
㉠ '집 짓는 사람이 버린 돌이 집
모퉁이의 머릿돌이 되었다. 이것
은 주님께서 하신 일이요, 우리
눈에는 놀라운 일이다.'
43 그러므로 나는 너희에게 말한다. 하
나님께서는 너희에게서 하나님의 나
라를 빼앗아서, 그 나라의 열매를
맺는 민족에게 주실 것이다.
44 [이 돌 위에 떨어지는 사람은 부스러
질 것이요, 이 돌이 어떤 사람 위에
떨어지면, 그를 가루로 만들어 놓을
것이다.]"
45 ○대제사장들과 바리새파 사람들은
예수의 비유를 듣고서, 자기들을 가
리켜 하시는 말씀임을 알아채고,
46 그를 잡으려고 하였으나, 무리들이
무서워서 그렇게 하지 못하였다. 무
리가 예수를 예언자로 여기고 있었
기 때문이다.

혼인 잔치의 비유 (눅 14:15-24)

22 예수께서 다시 여러 가지 비유
로 그들에게 말씀하셨다.
2 "하늘 나라는 자기 아들의 혼인 잔치
를 베푼 어떤 임금에게 비길 수 있다.
3 임금이 자기 종들을 보내서, 초대받
은 사람들을 잔치에 불러오게 하였
는데, 그들은 오려고 하지 않았다.
4 그래서 다시 다른 종들을 보내며, 이
렇게 말하였다. '초대받은 사람들에

뜻에 순종하는 것을 거부한 죄인들이었다. 그러나 세례자 요한으로부터 회개의 메시지를 듣고 순종하며 하나님께 돌아왔다. 그들은 처음에는 '싫습니다' 대답하였으나 나중에 마음이 변하여 포도원에 가서 일한 자들과 같다. 그 대표적인 경우가 삭개오이다(눅 19:8).

21:33 집주인은 하나님, 포도원은 이스라엘, 농부들은 이스라엘 백성들, 특히 그 지도자들을 각각 가리킨다.

22장 요약 혼인 잔치 비유는 지속적으로 하나님의 나라를 거부해 온 유대 민족의 역사와 당시의 유대 사람에 대한 경고를 담고 있다. 네 가지 논쟁에서 예수님은 각각의 질문에 대해 유연하고도 명확하게 대답하심으로써 사악한 사람들의 의도를 무력화시키셨다.

22:1-13 예수님은 이 비유를 통해 하나님은 인내

㉠ 시 118:22,23

게로 가서, 음식을 다 차리고, 황소
와 살진 짐승을 잡아서 모든 준비를
마쳤으니, 어서 잔치에 오시라고 하
여라.'
5 그런데 초대받은 사람들은, 그 말을
들은 척도 하지 않고, 저마다 제 갈
곳으로 떠나갔다. 한 사람은 자기 밭
으로 가고, 한 사람은 장사하러 갔다.
6 그리고 나머지 사람들은 그의 종들
을 붙잡아서, 모욕하고 죽였다.
7 임금은 노해서, 자기 군대를 보내서
그 살인자들을 죽이고, 그들의 도시
를 불살라 버렸다.
8 그리고 자기 종들에게 말하였다. '혼
인 잔치는 준비되었는데, 초대받은
사람들은 이것을 받을 만한 자격이
없다.
9 그러니 너희는 네 거리로 나가서, 아
무나, 만나는 대로 잔치에 청해 오너
라.'
10 종들은 큰길로 나가서, 악한 사람이
나, 선한 사람이나, 만나는 대로 다
데려왔다. 그래서 혼인 잔치 자리는
손님으로 가득 차게 되었다.
11 ○임금이 손님들을 만나러 들어갔다
가, 거기에 혼인 예복을 입지 않은
사람이 한 명 있는 것을 보고 그에
게 묻기를,
12 '이 사람아, 그대는 혼인 예복을 입지
않았는데, 어떻게 여기에 들어왔는
가?' 하니, 그는 아무 말도 하지 못하
였다.
13 그 때에 임금이 종들에게 분부하였
다. '이 사람의 손발을 묶어서, 바깥
어두운 데로 내던져라. 거기서 슬피
울며 이를 갈 것이다.'
14 부름받은 사람은 많으나, 뽑힌 사람
은 적다."

황제에게 바치는 세금

(막 12:13-17; 눅 20:20-26)

15 ○그 때에 바리새파 사람들이 나가
서, 어떻게 하면 말로 트집을 잡아서
예수를 올무에 걸리게 할까 의논하
였다.
16 그런 다음에, 그들은 자기네 제자들
을 헤롯 당원들과 함께 예수께 보내
어, 이렇게 묻게 하였다. "선생님, 우
리는, 선생님이 진실한 분이시고, 하
나님의 길을 참되게 가르치시며, 아
무에게도 매이지 않으시는 줄 압니
다. 선생님은 사람의 겉모습을 따지
지 않으십니다.
17 그러니 선생님의 생각은 어떤지 말
씀하여 주십시오. 황제에게 세금을
바치는 것이 옳습니까, 옳지 않습니
까?"
18 예수께서 그들의 간악한 생각을 아
시고 말씀하셨다. "위선자들아, 어찌
하여 나를 시험하느냐?
19 세금으로 내는 돈을 나에게 보여 달

를 가지시고 계속해서 예언자들을 보내 이스라엘 백성들에게 메시아의 나라에 동참할 것을 권고하셨으나 그들이 거부함으로 인해 오히려 버린 바 되었던 많은 사람들(특히 이방 사람들)을 부르셔서 그들을 구원하시고, 회개와 믿음을 거부한 사람들은 엄하게 심판하신다는 것을 말씀하셨다.

22:2 혼인 잔치 구약 성경에는 잔치라는 개념이 매우 적은데, 후기 유대교에 와서 메시아에 대한 기대와 함께 새 시대의 시작과 메시아의 즉위를 축하하는 잔치를 가리킨다(참조. 25:10;계 19:7, 9). 그리고 왕은 하나님, 아들은 메시아를 가리킨다.

22:17-18 어찌하여 나를 시험하느냐? 여기에 언급된 세금은 아켈라오(참조. 2:22)가 A.D. 6년에 황제 아우구스투스에 의해 폐위된 이후 세리들이 유대의 모든 성인 남자들로부터 거두어 로마에 바쳤던 인두세를 말한다. 그런데 유대 민족주의자들은 납세를 거부하고 심지어 무장 저항 운동

라." 그들은 데나리온 한 닢을 예수
께 가져다 드렸다.
20 예수께서 그들에게 물으셨다. "이 초
상은 누구의 것이며, 적힌 글자는 누
구를 가리키느냐?"
21 그들이 대답하였다. "황제의 것입니
다." 그 때에 예수께서 그들에게 말
씀하셨다. "그렇다면, 황제의 것은
황제에게 돌려주고, 하나님의 것은
하나님께 돌려드려라."
22 그들은 이 말씀을 듣고 탄복하였다.
그들은 예수를 남겨 두고 떠나갔다.

부활을 두고 묻다 (막 12:18-27; 눅 20:27-40)

23 ○같은 날 ㉠사두개파 사람들이 예
수께 와서, 부활이 없다고 주장하면
서, 예수께 말하였다.
24 "선생님, 모세가 말하기를 '어떤 사람
이 자식이 없이 죽으면, 그 동생이
형수에게 장가들어서, 그 후사를 세
워 주어야 한다' 하였습니다.
25 그런데 우리 이웃에 일곱 형제가 있
었습니다. 맏이가 장가를 들었다가,
자식이 없이 죽으므로, 아내를 그의
동생에게 남겨 놓았습니다.
26 둘째도 셋째도 그렇게 해서, 일곱이
다 그렇게 하기에 이르렀습니다.
27 맨 나중에는, 그 여자도 죽었습니다.
28 그러니 부활 때에 그 여자는 누구의
아내가 되겠습니까? 일곱이 모두 그
여자를 아내로 맞아들였으니 말입
니다."
29 예수께서 그들에게 대답하셨다. "너
희는 성경도 모르고, 하나님의 능력
도 모르기 때문에, 잘못 생각하고
있다.
30 부활 때에는 사람들은 장가도 가지
않고, 시집도 가지 않고, 하늘에 있
는 천사들과 같다.
31 죽은 사람들의 부활을 두고 말하면
서, 너희는 아직도 하나님께서 너희
에게 하신 말씀을 읽어보지 못하였
느냐?
32 하나님께서는 ㉡'나는 아브라함의 하
나님이요, 이삭의 하나님이요, 야곱
의 하나님이다' 하고 말씀하셨다. 하
나님은 죽은 사람의 하나님이 아니
라, 살아 있는 사람의 하나님이시다."
33 무리는 이 말씀을 듣고, 예수의 가르
침에 놀랐다.

가장 큰 계명 (막 12:28-34; 눅 10:25-28)

34 ○바리새파 사람들이, 예수가 사두
개파 사람들의 말문을 막아버리셨
다는 소문을 듣고, 한 자리에 모였다.
35 그리고 그들 가운데 ㉢율법 교사 하
나가 예수를 시험하여 물었다.
36 "선생님, 율법 가운데 어느 계명이 중
요합니까?"
37 예수께서 그에게 말씀하셨다. "㉣'네
마음을 다하고, 네 목숨을 다 하고,
네 뜻을 다하여, 주 너의 하나님을

도 전개하였다. 따라서 예수님이 '세금을 바쳐야 한다'고 하시면 민족의 반역자로 낙인을 찍으려 했고, '안 된다'고 하시면 로마의 저항자로 로마 당국에 고발하려고 했던 것이다.

22:31-32 아브라함…이삭…야곱의 하나님 이 표현은 하나님이 모세에게 밝히신 자기 계시의 말씀이다(출 3:6). 곧 하나님은 이들 세 족장과 맺은 언약을 신실하게 지키는 분이시며, 그 후손들과도 언약 관계를 유지하시겠다는 보장의 말씀이었다. 즉, 하나님은 모세에게 이 언약에 기초하여 이스라엘 민족을 이집트의 억압으로부터 구원하시겠다는 뜻으로 말씀하신 것이다. 그런데 이 말씀은 동시에 부활에 대한 약속이기도 하다. 아브라함이 죽은 후에도 하나님께서 그의 하나님이라면 아브라함은 죽은 사람이 아니다. 곧, 하나님은

㉠ 다른 고대 사본들에는 '부활이 없다고 주장하는 사두개파 사람들이 예수께 와서' ㉡ 출 3:6 ㉢ 다른 고대 사본들에는 '율법 교사'가 없음 ㉣ 신 6:5

사랑하여라' 하였으니,
38 이것이 가장 중요하고 으뜸 가는 계
명이다.
39 둘째 계명도 이것과 같은데, ㉠'네 이
웃을 네 몸과 같이 사랑하여라' 한
것이다.
40 이 두 계명에 온 율법과 예언서의 본
뜻이 달려 있다."

다윗의 자손 (막 12:35-37; 눅 20:41-44)

41 ○바리새파 사람들이 모였을 때에,
예수께서 그들에게 물으셨다.
42 "너희는 ㉡그리스도를 어떻게 생각하
느냐? 그는 누구의 자손이냐?" 그
들이 예수께 대답하였다. "다윗의
자손입니다."
43 예수께서 다시 그들에게 말씀하셨
다. "그러면 다윗이 ㉢성령의 감동을
받아, 그를 주님이라고 부르면서 말
하기를,
44 ㉣'주님께서 내 주께 말씀하셨
다. 「내가 네 원수를 네 발 아래
에 굴복시킬 때까지, 너는 내 오
른쪽에 앉아 있어라.」'
하였으니, 이것이 어찌된 일이냐?
45 다윗이 그리스도를 주라고 불렀는
데, 어떻게 그리스도가 그의 자손이
되겠느냐?"
46 그러자 아무도 예수께 한 마디도 대
답하지 못했으며, 그 날부터는 그에
게 감히 묻는 사람도 없었다.

율법학자와 바리새파 사람을 꾸짖으시다
(막 12:38-40; 눅 11:37-52; 20:45-47)

23 그 때에 예수께서 무리와 제자
들에게 말씀하셨다.
2 "율법학자들과 바리새파 사람들은
모세의 자리에 앉은 사람들이다.
3 그러므로 그들이 너희에게 말하는
것은 무엇이든지 다 행하고 지켜라.
그러나 그들의 행실은 따르지 말아
라. 그들은 말만 하고, 행하지는 않
는다.
4 그들은 지기 힘든 무거운 짐을 묶어
서 남의 어깨에 지우지만, 자기들은
그 짐을 나르는 데에 손가락 하나도
까딱하려고 하지 않는다.
5 그들이 하는 모든 일은 사람들에게
보이려고 하는 것이다. 그들은 ㉤경
문 곽을 크게 만들어서 차고 다니
고, 옷술을 길게 늘어뜨린다.
6 그리고 잔치에서는 윗자리에, 회당에
서는 높은 자리에 앉기를 좋아하며,
7 장터에서 인사 받기와, 사람들에게
㉥랍비라고 불리기를 좋아한다.
8 그러나 너희는 ㉥랍비라는 호칭을 듣
지 말아라. 너희의 선생은 한 분뿐이
요, 너희는 모두 ㉦형제자매들이다.
9 또 너희는 땅에서 아무도 너희의 아
버지라고 부르지 말아라. 너희의 아
버지는 하늘에 계신 분, 한 분뿐이시
다.

'살아 있는 사람의 하나님'인 것이다.

22:45 예수님께서는 구약의 예언을 따라 다윗의 혈통에서 나셨다. 예수님은 '사람'으로서는 다윗의 자손이지만(1:1;12:23), '하나님'으로서는 아브라함이 나기 전부터 계셨고(요 8:58), 창세전에 이미 계셨으므로 다윗의 '주'가 되신다.

㉠ 레 19:18 ㉡ 1:1의 주를 볼 것 ㉢ 그, '영' ㉣ 시 110:1 ㉤ 성경 구절이 들어 있는 곽으로서 이마나 팔에 달고 다님 ㉥ 스승을 일컫는 히브리 말의 그리스어 음역 ㉦ 그, '형제들'

23장 요약 지금까지 우회적으로 종교 지도자들을 책망하시던 예수님께서 직설적으로 그들의 죄를 질타하신다. 율법학자와 바리새파 사람들의 그릇된 신앙 행태와 일곱 가지 죄를 조목조목 지적하사, 위선자들의 정체를 드러내시고 그에 상응할 하나님의 심판을 선포하셨다.

23:7 율법학자들이 지나가면 사람들은 일손을 멈추고 존경의 표시로 '랍비'(선생님) 또는 '압바'

10 또 너희는 지도자라는 호칭을 듣지
말아라. 너희의 지도자는 ㉠그리스
도 한 분뿐이시다.
11 너희 가운데서 으뜸가는 사람은 너
희를 섬기는 사람이 되어야 한다.
12 자기를 높이는 사람은 낮아지고, 자
기를 낮추는 사람은 높아질 것이다."
13 ○"율법학자들과 바리새파 사람들
아! 위선자들아! 너희에게 화가 있
다. 너희는 사람들이 들어오지 못하
도록 하늘 나라의 문을 닫기 때문이
다. 너희는 자기도 들어가지 않고,
들어가려고 하는 사람도 들어가지
못하게 하고 있다.
14 ㉡(없음)
15 율법학자들과 바리새파 사람들아!
위선자들아! 너희에게 화가 있다! 너
희는 개종자 한 사람을 만들려고 바
다와 육지를 두루 다니다가, 하나가
생기면, 그를 너희보다 배나 더 못된
㉢지옥의 자식으로 만들어 버리기
때문이다."
16 ○"눈 먼 인도자들아! 너희에게 화가
있다! 너희는 말하기를 '누구든지 성
전을 두고 맹세하면 아무래도 좋으
나, 누구든지 성전의 금을 두고 맹세
하면 지켜야 한다'고 한다.
17 어리석고 눈 먼 자들아! 어느 것이
더 중하냐? 금이냐? 그 금을 거룩
하게 하는 성전이냐?
18 또 너희는 말하기를 '누구든지 제단
을 두고 맹세하면 아무래도 좋으나,
누구든지 그 제단 위에 놓여 있는
제물을 두고 맹세하면 지켜야 한다'
고 한다.
19 눈 먼 자들아! 어느 것이 더 중하
냐? 제물이냐? 그 제물을 거룩하게
하는 제단이냐?
20 제단을 두고 맹세하는 사람은, 제단
과 그 위에 있는 모든 것을 두고 맹
세하는 것이요,
21 성전을 두고 맹세하는 사람은, 성전
과 그 안에 계신 분을 두고 맹세하
는 것이다.
22 또 하늘을 두고 맹세하는 사람은,
하나님의 보좌와 그 보좌에 앉아 계
신 분을 두고 맹세하는 것이다."
23 ○"율법학자들과 바리새파 사람들
아! 위선자들아! 너희에게 화가 있
다! 너희는 박하와 회향과 근채의 십
일조는 드리면서, 정의와 자비와 신
의와 같은 율법의 더 중요한 요소들
은 버렸다. 그것들도 소홀히 하지 않
아야 했지만, 이것들도 마땅히 행해
야 했다.
24 눈 먼 인도자들아! 너희는 하루살이
는 걸러내면서, 낙타는 삼키는구나!"
25 ○"율법학자들과 바리새파 사람들
아! 위선자들아! 너희에게 화가 있
다. 너희는 잔과 접시의 겉은 깨끗이

(아버지)라 부르며 인사하였다.

23:8-10 문자 그대로 '랍비·아버지·지도자'라는 호칭을 듣지 말라는 의미가 아니다. 이 경고는 교만한 마음에서 그러한 칭호를 추구해서는 안 되며, 또한 신자들의 마음속에서 최고의 권위를 갖고 계시는 하나님의 자리를 사람인 종교 지도자들이 차지하려 해서는 안 된다는 뜻이다.

23:13 하나님의 나라(통치)는 예수님의 인격과 사역을 통해 현재적으로 임하였다. 이 나라에 들어가려는 사람에게는 근본적으로 회개와 믿음만이 요구될 뿐이다. 그런데 율법학자들과 바리새파 사람들은 계속하여 사람들에게 율법의 행위를 강요했다.

23:23 박하와 회향과 근채 음식을 향기롭게 만드는 아주 작은 풀들로서, 약용 재료로도 쓰였다.

㉠ 1:1의 주를 볼 것 ㉡ 다른 고대 사본들에는 '14. 이 위선자인 율법학자들과 바리새파 사람들아! 너희에게 화가 있다! 너희는 과부의 집을 삼키고 남에게 보이려고 길게 기도한다. 그러므로 너희는 무서운 심판을 받을 것이다'가 첨가되어 있음 ㉢ 그, '게헨나'

하지만, 그 안은 탐욕과 방종으로
가득 채우기 때문이다.
26 눈 먼 바리새파 사람들아! 먼저 잔
안을 깨끗이 하여라. 그리하면 그 겉
도 깨끗하게 될 것이다."
27 ○"율법학자들과 바리새파 사람들
아! 위선자들아! 너희에게 화가 있
다. 너희는 회칠한 무덤과 같기 때문
이다. 그것은 겉으로는 아름답게 보
이지만, 그 안에는 죽은 사람의 뼈
와 온갖 더러운 것이 가득하다.
28 이와 같이, 너희도 겉으로는 사람에
게 의롭게 보이지만, 속에는 위선과
불법이 가득하다."
29 ○"율법학자들과 바리새파 사람들
아! 위선자들아! 너희에게 화가 있
다. 너희는 예언자들의 무덤을 만들
고, 의인들의 기념비를 꾸민다.
30 그러면서, '우리가 조상의 시대에 살
았더라면, 예언자들을 피 흘리게 하
는 일에 가담하지 않았을 것이다' 하
고 말하기 때문이다.
31 이렇게 하여, 너희는 예언자들을 죽
인 자들의 자손임을 스스로 증언한
다.
32 그러므로 너희는 너희 조상의 분량
을 마저 채워라.
33 뱀들아! 독사의 새끼들아! 너희가
어떻게 지옥의 심판을 피하겠느냐?
34 그러므로 내가 예언자들과 지혜 있
는 자들과 율법학자들을 너희에게
보낸다. 너희는 그 가운데서 더러는
죽이고, 더러는 십자가에 못박고, 더
러는 회당에서 채찍질하고, 이 동네
저 동네로 뒤쫓으며 박해할 것이다.
35 그리하여 의인 아벨의 피로부터, 너
희가 성소와 제단 사이에서 살해한
바라갸의 아들 사가랴의 피에 이르
기까지, 땅에 죄 없이 흘린 모든 피
가 너희에게 돌아갈 것이다.
36 내가 진정으로 너희에게 말한다. 이
일의 책임은 다 이 세대에게 돌아갈
것이다."

예루살렘을 보시고 한탄하시다 (눅 13:34-35)

37 ○"예루살렘아, 예루살렘아, 네게 보
낸 예언자들을 죽이고, 돌로 치는구
나! 암탉이 병아리를 날개 아래 품
듯이, 내가 몇 번이나 네 자녀들을
모아 품으려 하였더냐! 그러나 너희
는 원하지 않았다.
38 보아라, 너희 집은 버림을 받아서, 황
폐하게 될 것이다.
39 내가 너희에게 말한다. 너희가 ㉠'주
님의 이름으로 오시는 분은 복되시
다!' 하고 말할 그 때까지, 너희는 나
를 다시는 보지 못할 것이다."

예루살렘 성전의 파괴를 예언하시다
(막 13:1-2; 눅 21:5-6)

24 예수께서 성전에서 나와서 걸
어가시는데, 제자들이 다가와

구약의 율법은 농산물이나 과일의 십일조를 규정하였다(참조. 레 27:30-33;신 14:22-29;26:12-15;말 3:8-10). 바리새파 사람들은 이 계명들을 야채에까지도 확대시켜서 어떤 것도 소홀히 하지 않으려 했다. 그럼에도 그들은 율법에서 보다 더 중요한 것들, 곧 정의(가난한 사람들의 권리를 보호하는 것)와 자비(동족에 대한 자비)와 신의(인간 관계에 있어서 신실함)는 실천하지 않았다.

㉠ 시 118:26

24장 요약 전 장에서 언급한 예루살렘의 멸망 내용이 확대 해석되고 있다. 이 예언은 1차적으로는 예루살렘의 멸망을, 궁극적으로는 인류 종말의 상황을 그리고 있다. 우리는 매일 실존적 종말을 살아감으로써 궁극적으로 주님의 재림을 예비해야 한다.

24:1 성전 건물을 그에게 가리켜 제자들은 예루살렘 성전의 웅장함에 감탄하였다. 이 성전은 헤롯

서, 성전 건물을 그에게 가리켜 보였
다.
2 예수께서 그들에게 말씀하셨다. "너
희는 이 모든 것을 보고 있지 않느
냐? 내가 진정으로 너희에게 말한
다. 여기에 돌 하나도 돌 위에 남아
있지 않고, 다 무너질 것이다."

재난의 시작 (막 13:3-13; 눅 21:7-19)

3 ○예수께서 올리브 산에 앉아 계실
때에, 제자들이 따로 그에게 다가와
서 말하였다. "이런 일들이 언제 일
어나겠습니까? 선생님께서 다시 오
시는 때와 세상 끝 날에는 어떤 징
조가 있겠습니까? 우리에게 말씀해
주십시오."
4 예수께서 그들에게 말씀하셨다. "누
구에게도 속지 않도록 조심하여라.
5 많은 사람이 내 이름으로 와서 말하
기를 '내가 ㉠그리스도이다' 하면서,
많은 사람을 속일 것이다.
6 또 너희는 여기저기서 전쟁이 일어
난 소식과 전쟁이 일어나리라는 소
문을 들을 것이다. 그러나 너희는 당
황하지 않도록 주의하여라. 이런 일
이 반드시 일어나야 한다. 그러나 아
직 끝은 아니다.
7 민족이 민족을 거슬러 일어나고, 나
라가 나라를 거슬러 일어날 것이며,
여기저기서 기근과 지진이 있을 것이
다.
8 그러나 이런 모든 일은 진통의 시작
이다."
9 ○"그 때에 사람들이 너희를 환난에
넘겨줄 것이며, 너희를 죽일 것이다.
또 너희는 내 이름 때문에, 모든 민
족에게 미움을 받을 것이다.
10 또 많은 사람이 ㉡걸려서 넘어질 것
이요, 서로 넘겨주고, 서로 미워할
것이다.
11 또 거짓 예언자들이 많이 일어나서,
많은 사람을 홀릴 것이다.
12 그리고 불법이 성하여, 많은 사람의
사랑이 식을 것이다.
13 그러나 끝까지 견디는 사람은 구원
을 얻을 것이다.
14 이 하늘 나라의 ㉢복음이 온 세상에
전파되어서, 모든 민족에게 증언될
것이다. 그 때에야 끝이 올 것이다."

가장 큰 재난 (막 13:14-23; 눅 21:20-24)

15 ○"그러므로 너희는 예언자 다니엘
이 말한 바, ㉣황폐하게 하는 가증스
러운 물건이 거룩한 곳에 서 있는 것
을 보거든, (읽는 사람은 깨달아라)
16 그 때에 유대에 있는 사람들은 산으
로 도망하여라.
17 지붕 위에 있는 사람은 제 집 안에
있는 물건을 꺼내려고 내려오지 말
아라.
18 밭에 있는 사람은 제 겉옷을 가지러
뒤로 돌아서지 말아라.

대왕에 의해 B.C. 19년에 착공되고 A.D. 64년에 완공되었다.

24:2 돌 하나도 돌 위에 남아 있지 않고 이 구절은 완전한 파괴를 묘사한 말이다(참조. 렘 26:18;미 3:12;학 2:15). 이 예언은 A.D. 70년 유대 독립 전쟁이 일어났을 때, 이를 진압하러 온 디투스(Titus) 장군의 로마 군에 의해 예루살렘이 함락됨으로써 성취되었다.

24:3 제자들은 예루살렘 멸망(**이런 일들이 언제**)·그리스도의 재림(**선생님께서 다시 오시는 때**)·종말(**세상 끝 날**)을 동시적인 사건으로 보고, 그 시기와 징조에 관해 질문하였다. 예수님은 이에 대해 상세하게 대답하시면서도 그것들을 엄격하게 구별하지는 않으셨다. 이러한 사건들은 시간적 간격과 징조의 차이가 있기 때문에, 예수님의 예언은 예루살렘 멸망과 더불어 이미 성취된 것도 있지

㉠ 1:1의 주를 볼 것 ㉡ 또는 '믿음을 잃을 것이요' ㉢ 또는 '기쁜 소식' ㉣ 단 9:27; 11:31; 12:11

19 그 날에는 아이를 밴 여자들과 젖먹
이를 가진 여자들은 불행하다.
20 너희가 도망하는 일이 겨울이나 안
식일에 일어나지 않도록 기도하여
라.
21 그 때에 큰 환난이 닥칠 것인데, 그
런 환난은 세상 처음부터 이제까지
없었으며, 앞으로도 없을 것이다.
22 그 환난의 날들을 줄여 주지 않으셨
다면, 구원을 얻을 사람이 하나도
없을 것이다. 그러나 선택받은 사람
들을 위하여, 하나님께서 그 날들을
줄여 주실 것이다."
23 ○"그 때에 누가 너희에게 말하기를
'보시오, ㉠그리스도가 여기 계시오'
혹은 '아니, 여기 계시오' 하더라도,
믿지 말아라.
24 거짓 그리스도들과 거짓 예언자들이
일어나서, 큰 ㉡표징과 기적을 일으
키면서, 할 수만 있으면, 선택받은
사람들까지도 홀릴 것이다.
25 보아라, 내가 너희에게 미리 말하여
둔다.
26 그러므로 그들이 너희에게 '보아라,
그리스도가 광야에 계신다' 하고 말
하더라도 너희는 나가지 말고, '그리
스도가 골방에 계신다' 하더라도 너
희는 믿지 말아라.
27 번개가 동쪽에서 나서 서쪽에까지
번쩍이듯이, 인자가 오는 것도 그러
할 것이다.
28 주검이 있는 곳에는 독수리가 모여
들 것이다."

인자의 오심 (막 13:24-27; 눅 21:25-28)

29 ㉢"그 환난의 날들이 지난 뒤에,
곧 해는 어두워지고, 달은 그 빛
을 잃고, 별들은 하늘에서 떨어
지고, 하늘의 세력들은 흔들릴
것이다.
30 그 때에 인자가 올 징조가 하늘에서
나타날 터인데, 그 때에는 땅에 있는
모든 민족이 가슴을 치며, 인자가 큰
권능과 영광에 싸여 하늘 구름을 타
고 오는 것을 보게 될 것이다.
31 그리고 그는 자기 천사들을 큰 나팔
소리와 함께 보낼 터인데, 그들은 하
늘 이 끝에서 저 끝까지 사방에서
그가 선택한 사람들을 모을 것이다."

무화과나무의 교훈 (막 13:28-31; 눅 21:29-33)

32 ○"무화과나무에서 교훈을 배워라.
가지가 연하여지고, 잎이 돋으면, 너
희는 여름이 가까이 온 줄을 안다.
33 이와 같이, 너희도 이 모든 일을 보
거든, ㉣인자가 문 앞에 가까이 온 줄
을 알아라.
34 내가 진정으로 너희에게 말한다. 이
세대가 끝나기 전에, 이 모든 일이
다 일어날 것이다.
35 하늘과 땅은 없어질지라도, 나의 말
은 결코 없어지지 않을 것이다."

만 미래에 성취될 것도 있는 것이다.

24:4-31 예수님이 말씀하신 중요한 징조들은 거짓 그리스도와 거짓 예언자의 출현·전쟁·기근·지진·신자들에 대한 핍박·불법의 성행·전세계적인 복음 전파·우주적인 대파국 등이다.

24:15 황폐하게 하는 가증스러운 물건 문자적인 뜻은 '황폐케 하는 신성모독'이다. 신성모독은, 곧 우상을 뜻한다. 즉, 우상 때문에 성전은 물론 온 나라가 황폐하게 될 것이다.

24:27 재림이 거짓 예언자들의 주장과 같이 은밀하게 특정한 사람들에게만 제한된 장소에서 드러나는 것이 아니라, 명백하게 전세계적으로 모든 사람들에게 확인될 것임을 말씀하신 것이다.

24:36-44 예수님은 종말이 있음과 종말 직전에 있게 될 징조들을 분명히 말씀하셨다. 하지만 종말의 시점에 대해서는 구체적으로 밝히지 않으셨

㉠ 1:1의 주를 볼 것 ㉡ 12:38의 주를 볼 것 ㉢ 사 13:10; 34:4 ㉣ **그,** '그가'

그 날과 그 시각은 아무도 모른다

(막 13:32-37; 눅 17:26-30, 34-36)

36 ○"그러나 그 날과 그 시각은 아무도
모른다. 하늘의 천사들도 모르고,
㉠아들도 모르고, 오직 아버지만이
아신다.
37 노아의 때와 같이, 이 인자가 올 때
에도 그러할 것이다.
38 홍수 이전 시대에, 노아가 방주에 들
어가는 날까지, 사람들은 먹고 마시
고 장가가고 시집가며 지냈다.
39 홍수가 나서 그들을 모두 휩쓸어 가
기까지, 그들은 아무것도 알지 못하
였다. 인자가 올 때에도 그러할 것이
다.
40 그 때에 두 사람이 밭에 있을 터이
나, 하나는 데려가고, 하나는 버려둘
것이다.
41 두 여자가 맷돌을 갈고 있을 터이나,
하나는 데려가고, 하나는 버려둘 것
이다.
42 그러므로 깨어 있어라. 너희는 너희
주님께서 어느 ㉡날에 오실지를 알지
못하기 때문이다.
43 이것을 명심하여라. 집주인이 도둑
이 밤 몇 시에 올지 알고 있으면, 그
는 깨어 있어서, 도둑이 집을 뚫고
들어오도록 내버려두지 않았을 것이
다.
44 그러므로 너희도 준비하고 있어라.
너희가 생각하지도 않는 시각에 인
자가 올 것이기 때문이다."

신실한 종과 신실하지 못한 종 (눅 12:41-48)

45 ○"누가 신실하고 슬기로운 종이겠느
냐? 주인이 그에게 자기 집 하인들
을 통솔하게 하고, 제 때에 양식을
내주라고 맡겼으면, 그는 어떻게 해
야 하겠느냐?
46 주인이 돌아와서 볼 때에, 그렇게 하
고 있는 그 종은 복이 있다.
47 내가 진정으로 너희에게 말한다. 주
인은 자기 모든 재산을 그에게 맡길
것이다.
48 그러나 그가 나쁜 종이어서, 마음 속
으로 생각하기를, '주인이 늦게 오시
는구나' 하면서,
49 동료들을 때리고, 술친구들과 어울
려 먹고 마시면,
50 생각하지도 않은 날에, 뜻밖의 시각
에 그 종의 주인이 와서
51 그 종을 처벌하고, 위선자들이 받을
벌을 내릴 것이다. 거기서 슬피 울며
이를 가는 일이 있을 것이다."

열 처녀의 비유

25 "그런데, 하늘 나라는 저마다
등불을 들고 신랑을 맞으러 나
간 열 처녀에 비길 수 있을 것이다.
2 그 가운데서 다섯은 어리석고, 다섯
은 슬기로웠다.
3 어리석은 처녀들은 등불은 가졌으

다. 그 시점은 오직 '아버지' 하나님의 주권 아래 있기 때문이다. 그런데 역사상 많은 이단들은 주제넘게도 잘못된 성경해석에 근거해 예수님의 재림 시점을 구체적으로 선언하고 사람들을 미혹했다가 모두 망하고 말았다(참조. 24:4-5,11,23-24). 따라서 성도들은 항상 종말과 관련된 비성경적 예언이나 가르침을 철저하게 경계해야 한다.

㉠ 다른 고대 사본들에는 '아들도 모르고'가 없음 ㉡ 다른 고대 사본들에는 '시각에'

25장 요약 본장에 나오는 세 가지 비유는 종말을 대비하는 자의 자세에 초점을 맞추고 있다. 열 처녀 비유는 항상 대비하는 자세를, 달란트 비유는 맡은 일에 신실해야 함을, 그리고 양과 염소의 비유는 종말론적 심판을 기억하면서 이웃에게 선을 베풀기에 힘써야 함을 역설하고 있다.

25:1 등불을 들고 신랑을 맞으러 당시 유대 사람의

나, 기름은 갖고 있지 않았다.
4 그러나 슬기로운 처녀들은 자기들의
등불과 함께 통에 기름도 마련하였
다.
5 신랑이 늦어지니, 처녀들은 모두 졸
다가 잠이 들었다.
6 그런데 한밤중에 외치는 소리가 났
다. '보아라, 신랑이다. 나와서 맞이
하여라.'
7 그 때에 그 처녀들이 모두 일어나서,
제 등불을 손질하였다.
8 미련한 처녀들이 슬기로운 처녀들에
게 말하기를 '우리 등불이 꺼져 가
니, 너희의 기름을 좀 나누어 다오'
하였다.
9 그러나 슬기로운 처녀들이 대답을
하였다. '그렇게 하면, 우리에게나 너
희에게나 다 모자랄 터이니, 안 된
다. 차라리 기름 장수들에게 가서,
사서 써라.'
10 미련한 처녀들이 기름을 사러 간 사
이에 신랑이 왔다. 준비하고 있던 처
녀들은 신랑과 함께 혼인 잔치에 들
어가고, 문은 닫혔다.
11 그 뒤에 나머지 처녀들이 와서 '주님,
주님, 문을 열어 주십시오' 하고 애원
하였다.
12 그러나 신랑이 대답하기를 '내가 진
정으로 너희에게 말한다. 나는 너희
를 알지 못한다' 하였다.
13 그러므로 깨어 있어라. 너희는 ㉠그
날과 그 시각을 알지 못하기 때문이
다."

달란트 비유 (눅 19:11-27)

14 ○"또 하늘 나라는 이런 사정과 같
다. 어떤 사람이 여행을 떠나면서, 자
기 종들을 불러서, 자기의 재산을 그
들에게 맡겼다.
15 그는 각 사람의 능력을 따라, 한 사
람에게는 다섯 ㉡달란트를 주고, 또
한 사람에게는 두 달란트를 주고,
또 다른 한 사람에게는 한 달란트를
주고 떠났다.
16 다섯 달란트를 받은 사람은 곧 가
서, 그것으로 장사를 하여, 다섯 달
란트를 더 벌었다.
17 두 달란트를 받은 사람도 그와 같이
하여, 두 달란트를 더 벌었다.
18 그러나 한 달란트 받은 사람은 가서,
땅을 파고, 주인의 돈을 숨겼다.
19 오랜 뒤에, 그 종들의 주인이 돌아와
서, 그들과 셈을 하게 되었다.
20 다섯 달란트를 받은 사람은 다섯 달
란트를 더 가지고 와서 말하기를 '주
인님, 주인께서 다섯 달란트를 내게
맡기셨는데, 보십시오, 다섯 달란트
를 더 벌었습니다' 하였다.
21 그의 주인이 그에게 말하였다. '잘했
다! 착하고 신실한 종아. 네가 적은
일에 신실하였으니, 이제 내가 많은

결혼식은 밤에 베풀어졌다. 열 처녀 '신부'가 아니라 '신부의 들러리들'이다. 대개 신부의 절친한 친구들로서, 신부를 준비시키고 함께 신랑을 맞으러 나가는 것이 유대의 전형적인 결혼 풍습이었다.

25:8 **등불** 올리브 기름에 적신 헝겊을 구리 접시 안에 담아 막대기로 고정시킨 '횃불'을 가리킨다.

25:14-30 예수님은 모든 사람은 하나님께로부터 '각 사람의 능력'에 따라 풍성한 은사를 부여받았으므로 하나님을 위해 은사를 성실하게 활용해야 한다고 교훈하셨다. 동시에 모든 사람이 어떻게 은사를 활용하는가에 따라 마지막 때에 하나님의 심판을 받게 될 것을 가르치셨다. 착하고 신실한 두 종은 '보다 큰 책임'을 맡게 되었다.

25:15 **달란트** 1달란트는 대략 6,000데나리온으로, 당시 1데나리온은 하루 품삯에 해당한다. 하나님이 사람에게 주신 은사의 풍성함을 나타낸다.

㉠ 다른 고대 사본들에는 '인자가 언제 올지 그 날과……' ㉡ 한 달란트는 노동자의 15년 품삯

일을 네게 맡기겠다. 와서, 주인과 함
께 기쁨을 누려라.'
22 두 달란트를 받은 사람도 다가와서
'주인님, 주인님께서 두 달란트를 내
게 맡기셨는데, 보십시오, 두 달란트
를 더 벌었습니다' 하고 말하였다.
23 그의 주인이 그에게 말하였다. '잘했
다, 착하고 신실한 종아! 네가 적은
일에 신실하였으니, 이제 내가 많은
일을 네게 맡기겠다. 와서, 주인과 함
께 기쁨을 누려라.'
24 그러나 한 달란트를 받은 사람은 다
가와서 말하였다. '주인님, 나는, 주인
이 굳은 분이시라, 심지 않은 데서
거두시고, 뿌리지 않은 데서 모으시
는 줄로 알고,
25 무서워하여 물러가서, 그 달란트를
땅에 숨겨 두었습니다. 보십시오, 여
기에 그 돈이 있으니, 받으십시오.'
26 그러자 그의 주인이 그에게 말하였
다. '악하고 게으른 종아, 너는 내가
심지 않은 데서 거두고, 뿌리지 않은
데서 모으는 줄 알았다.
27 그렇다면, 너는 내 돈을 돈놀이 하
는 사람에게 맡겼어야 했다. 그랬더
라면, 내가 와서, 내 돈에 이자를 붙
여 받았을 것이다.
28 그에게서 그 한 달란트를 빼앗아서,
열 달란트 가진 사람에게 주어라.
29 가진 사람에게는 더 주어서 넘치게
하고, 갖지 못한 사람에게서는 있는
것마저 빼앗을 것이다.
30 이 쓸모 없는 종을 바깥 어두운 데
로 내쫓아라. 거기서 슬피 울며 이를
가는 일이 있을 것이다.'"

최후의 심판

31 ○"인자가 모든 천사와 더불어 영광
에 둘러싸여서 올 때에, 그는 자기의
영광의 보좌에 앉을 것이다.
32 그는 모든 민족을 그의 앞에 불러모
아, 목자가 양과 염소를 가르듯이 그
들을 갈라서,
33 양은 그의 오른쪽에, 염소는 그의
왼쪽에 세울 것이다.
34 그 때에 임금은 자기 오른쪽에 있는
사람들에게 말하기를 '내 아버지께
복을 받은 사람들아, 와서, 창세 때
로부터 너희를 위하여 준비한 이 나
라를 차지하여라.
35 너희는, 내가 주릴 때에 내게 먹을
것을 주었고, 목마를 때에 마실 것
을 주었으며, 나그네로 있을 때에 영
접하였고,
36 헐벗을 때에 입을 것을 주었고, 병들
어 있을 때에 돌보아 주었고, 감옥에
갇혀 있을 때에 찾아 주었다' 할 것
이다.
37 그 때에 의인들은 그에게 대답하기
를 '주님, 우리가 언제, 주님께서 주리
신 것을 보고 잡수실 것을 드리고,

25:24 굳은 분 종은 주인을 '부정하고 냉혹하며 엄격한 사람으로서, 거두어들일 수 있는 것보다 더 많은 것을 강요하는 사람'으로 비난하고 있다.
25:27 돈놀이 하는 사람 은행업자를 가리킨다.
25:31-46 이 비유에 나오는 심판은 세상 끝 날에 보좌 앞에서 있게 될 심판을 가리킨다(참조. 계 20:11-15). 이 심판은 누가 하늘 나라의 영생에 들어가고 누가 지옥의 형벌에 들어가게 될 것인지를 결정짓기 위한 것으로, '형제자매 가운데 지극히 보잘 것 없는 사람 하나'에게 어떠한 사랑을 보였느냐에 기초한다(요일 3:14-15;4:20-21).
25:32 양과 염소를 가르듯이 팔레스타인에서는 양과 염소를 낮 동안에는 함께 두지만, 밤에는 갈라놓는다. 성경에서 양의 흰 털은 의의 상징을 뜻하고, 염소는 악과 연결되어 표현되곤 한다.
25:34-40 하늘 나라의 상속은 자기 선행을 내세우지 않고 봉사한 사람들에게 베풀어진다. 그렇다고 사람이 자신의 공로에 의해 구원을 받게 됨을

목마르신 것을 보고 마실 것을 드리
고,
38 나그네 되신 것을 보고 영접하고, 헐
벗으신 것을 보고 입을 것을 드리고,
39 언제 병드시거나 감옥에 갇히신 것
을 보고 찾아갔습니까?' 하고 말할
것이다.
40 임금이 그들에게 말하기를 '내가 진
정으로 너희에게 말한다. 너희가 여
기 내 ㉠형제자매 가운데, 지극히 보
잘 것 없는 사람 하나에게 한 것이
곧 내게 한 것이다' 할 것이다.
41 그 때에 임금은 왼쪽에 있는 사람들
에게도 말할 것이다. '저주받은 자들
아, 내게서 떠나서, 악마와 그 졸개
들을 가두려고 준비한 영원한 불 속
으로 들어가라.
42 너희는 내가 주릴 때에 내게 먹을 것
을 주지 않았고, 목마를 때에 마실
것을 주지 않았고,
43 나그네로 있을 때에 영접하지 않았
고, 헐벗었을 때에 입을 것을 주지
않았고, 병들어 있을 때나 감옥에
갇혀 있을 때에 찾아 주지 않았다.'
44 그 때에 그들도 이렇게 말할 것이다.
'주님, 우리가 언제 주님께서 굶주리
신 것이나, 목마르신 것이나, 나그네
되신 것이나, 헐벗으신 것이나, 병드
신 것이나, 감옥에 갇히신 것을 보고
도 돌보아 드리지 않았다는 것입니
까?'
45 그 때에 임금이 그들에게 대답하기
를 '내가 진정으로 너희에게 말한다.
여기 이 사람들 가운데서 지극히 보
잘 것 없는 사람 하나에게 하지 않
은 것이 곧 내게 하지 않은 것이다'
하고 말할 것이다.
46 그리하여, 그들은 영원한 형벌로 들
어가고, 의인들은 영원한 생명으로
들어갈 것이다."

예수를 죽일 음모

(막 14:1-2; 눅 22:1-2; 요 11:45-53)

26 예수께서 이 모든 말씀을 마치
셨을 때에, 자기 제자들에게 말
씀하셨다.
2 "너희가 아는 대로, 이틀이 지나면
㉡유월절인데, 인자가 넘겨져서 십자
가에 달릴 것이다."
3 ○그 즈음에 대제사장들과 백성의
장로들이 가야바라는 대제사장의
관저에 모여서,
4 예수를 속임수로 잡아서 죽이려고
모의하였다.
5 그러나 그들은 "백성 가운데서 소동
이 일어날지도 모르니, 명절에는 하
지 맙시다" 하고 말하였다.

어떤 여자가 예수의 머리에 향유를 붓다

(막 14:3-9; 요 12:1-8)

6 ○그런데 예수께서 베다니에서 ㉢나
병환자 시몬의 집에 계실 때에,

의미하는 것은 아니다. 왜냐하면 구원은 전적으로 하나님의 은혜에 의존하기 때문이다(엡 2:8-9).

25:37-39 우리가 언제 의인들은 이전에 행했던 어떤 선한 행위도 기억하지 않으며, 이것이야말로 이러한 행위들을 선하게 만드는 요소였다. 단 한 가지 그들의 관심은 이웃의 요구와, 이웃이 필요로 하는 '위로와 도움'에 집중되어 있었다.

26장 요약 체포 직전에 일어난 일련의 사건에서부터 베드로의 부인까지 언급하고 있다. 향유 사건은 예루살렘 입성 전에, 유다의 배반은 3-5절의 사건 뒤에, 베드로의 부인은 29절의 사건 뒤에 각각 일어났다. 마태는 구속사적 관점으로 사건의 순서를 재구성하여 수난의 구속사적 성격을 강조하였다.

26:5 유월절 기간에는 각처로부터 수십만 명의

㉠ 그, '형제들' ㉡ 출 12:13, 21-28을 볼 것 ㉢ 나병을 포함한 여러 가지 악성 피부병을 말함

7 한 여자가 매우 값진 향유 한 옥합
을 가지고 와서는, 음식을 잡수시고
계시는 예수의 머리에 부었다.
8 그런데 제자들이 이것을 보고 분개
하여 말하였다. "왜 이렇게 낭비하
는 거요?
9 이 향유를 비싼 값에 팔아서, 가난
한 사람들에게 줄 수 있었을 텐데
요!"
10 예수께서 이것을 보시고 그들에게
말씀하셨다. "왜 이 여자를 괴롭히
느냐? 그는 내게 아름다운 일을 하
였다.
11 가난한 사람들은 늘 너희와 함께 있
지만, 나는 늘 너희와 함께 있는 것
이 아니다.
12 이 여자가 내 몸에 향유를 부은 것
은, 내 장례를 치르려고 한 것이다.
13 내가 진정으로 너희에게 말한다. 온
세상 어디서든지, 이 복음이 전파되
는 곳에서는, 이 여자가 한 일도 전
해져서, 그를 기억하게 될 것이다."

유다가 예수를 넘겨주기로 합의하다
(막 14:10-11; 눅 22:3-6)

14 ○그 때에 열두 제자 가운데 하나인
가룟 사람 유다라는 자가, 대제사장
들에게 가서,
15 이렇게 말하였다. "내가 예수를 여러
분에게 넘겨주면, 여러분은 내게 무
엇을 주실 작정입니까?" 그들은 유
다에게 은돈 서른 닢을 셈하여 주었
다.
16 그 때부터 유다는 예수를 넘겨주려
고 기회를 노리고 있었다.

유월절 음식을 나누시다 (막 14:12-21;
눅 22:7-14, 21-23; 요 13:21-30)

17 ○㉠무교절 첫째 날에 제자들이 예
수께 다가와서 말하였다. "우리가, 선
생님께서 ㉡유월절 음식을 잡수시게
준비하려고 하는데, 어디에다 하기
를 바라십니까?"
18 예수께서 말씀하셨다. "성 안으로 아
무를 찾아가서, '선생님께서 말씀하
시기를, 내 때가 가까워졌으니, 내가
그대의 집에서 제자들과 함께 ㉡유
월절을 지키겠다고 하십니다' 하고
그에게 말하여라."
19 그래서 제자들은, 예수께서 그들에
게 분부하신 대로 하여, ㉡유월절을
준비하였다.
20 ○저녁 때가 되어서, 예수께서는 ㉢열
두 제자와 함께 식탁에 앉아 계셨다.
21 그들이 먹고 있을 때에, 예수께서 말
씀하셨다. "내가 진정으로 너희에게
말한다. 너희 가운데 한 사람이 나
를 넘겨줄 것이다."
22 그들은 몹시 걱정이 되어, 저마다 "주
님, 나는 아니지요?" 하고 말하기 시
작하였다.
23 예수께서 대답하셨다. "나와 함께

순례자들이 예루살렘으로 몰려들었다. 뿐만 아니라 당시에 많은 사람들이 피상적으로나마 예수님을 예언자 또는 메시아로 믿고 따랐기 때문에, 공공연하게 예수님을 체포하여 재판한다는 것은 큰 소동을 야기할 위험이 있었다.

26:12 내 장례를 치르려고 예수님께서 지적하신 대로, 이 여자(마리아)의 행위는 시체에 기름을 바르는 유대 사람의 장례법에 따라 예수님의 장례를 미리 준비한다는 상징적인 의미를 가지고 있었다(참조. 막 15:42-47; 요 19:39-40).

26:15 은돈 서른 닢 은 삼십 세겔은 종의 몸값이었다(출 21:32). 예수님께서 은돈 서른 닢에 팔리신 것은 스가랴서 11:12의 예언이 성취된 것이다.

26:18 내 때가 가까워졌으니 구원 사역의 완성을 위한 예수님의 죽음과 부활이 임박했음을 가리킨다.

㉠ 출 12:15-20을 볼 것 ㉡ 출 12:13, 21-28을 볼 것 ㉢ 그, '열둘과 함께'. 다른 고대 사본들에는 '열두 제자'

이 대접에 손을 담근 사람이, 나를
넘겨줄 것이다.
24 인자는 자기에 관하여 성경에 기록
되어 있는 대로 떠나가지만, 인자를
넘겨주는 그 사람은 화가 있다. 그
사람은 차라리 태어나지 않았더라
면, 자기에게 좋았을 것이다."
25 예수를 넘겨 줄 사람인 유다가 말하
기를 "선생님, 나는 아니지요?" 하
니, 예수께서 그에게 "네가 말하였
다" 하고 대답하셨다.

마지막 만찬

(막 14:22-26; 눅 22:15-20; 고전 11:23-25)

26 ○그들이 먹고 있을 때에, 예수께서
빵을 들어서 축복하신 다음에, 떼어
서 제자들에게 주시고 말씀하셨다.
"받아서 먹어라. 이것은 내 몸이다."
27 또 잔을 들어서 감사 기도를 드리신
다음에, 그들에게 주시고 말씀하셨
다. "모두 돌려가며 이 잔을 마셔라.
28 이것은 죄를 사하여 주려고 많은 사
람을 위하여 흘리는 나의 피, 곧 ㉠언
약의 피다.
29 내가 너희에게 말한다. 이제부터 내
가 나의 아버지의 나라에서 너희와
함께 새 것을 마실 그 날까지, 나는
포도나무 열매로 빚은 것을 절대로
마시지 않을 것이다."
30 ○그들은 찬송을 부르고, 올리브 산
으로 갔다.

베드로가 부인할 것을 예고하시다

(막 14:27-31; 눅 22:31-34; 요 13:36-38)

31 ○그 때에 예수께서 제자들에게 말
씀하셨다. "오늘 밤에 너희는 모두
㉡나를 버릴 것이다. 성경에 기록하
기를

㉢'내가 목자를 칠 것이니, 양 떼
가 흩어질 것이다'

하였다.
32 그러나 내가 살아난 뒤에, 너희보다
먼저 갈릴리로 갈 것이다."
33 베드로가 예수께 말하였다. "비록
모든 사람이 다 ㉣주님을 버릴지라도,
나는 절대로 ㉤버리지 않겠습니다."
34 예수께서 그에게 말씀하셨다. "내가
진정으로 네게 말한다. 오늘 밤에
닭이 울기 전에, 네가 세 번 나를 모
른다고 할 것이다."
35 베드로가 예수께 말하였다. "주님과
함께 죽는 한이 있을지라도, 절대로
주님을 모른다고 하지 않겠습니다."
그리고 다른 제자들도 모두 그렇게
말하였다.

겟세마네에서 기도하시다

(막 14:32-42; 눅 22:39-46)

36 ○그 때에 예수께서 제자들과 함께
겟세마네라고 하는 곳에 가서, 그들
에게 말씀하셨다. "내가 저기 가서
기도하는 동안에, 너희는 여기에 앉
아 있어라."

26:26 빵을…떼어서…주시고 유대 사람들은 회식 때, 전식(前食)을 끝내고 주식(主食)으로 들어가기 전에 주인이 빵을 들고 하나님을 찬양하는 기도를 드리고 나서 손님들에게 나누어 주었다. 이것은 내 몸이다 '내 몸'은 신체적인 의미에서의 몸을 가리키는 것이 아니라, 인류의 구원자로서의 예수님 자신을 가리킨다. 빵을 떼어서 주심은 십자가에서 예수님 자신을 모두 내어 주신다는 상징적 행위이다.

26:28 많은 사람을…흘리는 나의 피 예수님께서는 자기의 피가 모든(all) 사람을 위해서가 아니라, 많은(many) 사람을 위하여 흘리시는 것이라고 말씀하신다(참조. 1:21;사 53:12;요 10:27-28;행 20:28). 언약의 피 모세는 짐승을 잡아 그 피를 제단과 백성들에게 뿌림으로써 하나님과 이스라엘

㉠ 다른 고대 사본들에는 '새 언약의' ㉡ 그, '나에게 걸려서 넘어질 것이다' ㉢ 슥 13:7 ㉣ 그, '주님께 걸려 넘어질지라도' ㉤ 그, '걸려 넘어지지'

37 그리고 베드로와 세베대의 두 아들
을 데리고 가서, 근심하며 괴로워하
기 시작하셨다.
38 그 때에 예수께서 그들에게 말씀하
셨다. "내 마음이 괴로워 죽을 지경
이다. 너희는 여기에 머무르며 나와
함께 깨어 있어라."
39 예수께서는 조금 더 나아가서, 얼굴
을 땅에 대고 엎드려서 기도하셨다.
"나의 아버지, 하실 수만 있으시면,
이 잔을 내게서 지나가게 해주십시
오. 그러나 내 뜻대로 하지 마시고,
아버지의 뜻대로 해주십시오."
40 그리고 제자들에게 와서 보시니, 그
들은 자고 있었다. 그래서 베드로에
게 말씀하셨다. "이렇게 너희는 한
시간도 나와 함께 깨어 있을 수 없느
냐?
41 ㉠시험에 빠지지 않도록, 깨어서 기도
하여라. 마음은 원하지만, 육신이 약
하구나!"
42 예수께서 다시 두 번째로 가서, 기도
하셨다. "나의 아버지, 내가 마시지
않고서는 이 잔이 내게서 지나갈 수
없는 것이면, 아버지의 뜻대로 해주
십시오."
43 예수께서 다시 와서 보시니, 그들은
자고 있었다. 그들은 너무 졸려서 눈
을 뜰 수 없었던 것이다.
44 예수께서는 그들을 그대로 두고 다
시 가서, 또 다시 같은 말씀으로 세
번째로 기도하셨다.
45 그리고 제자들에게 와서, 그들에게
말씀하셨다. "이제 남은 시간은 자
고 쉬어라. 보아라, 때가 이르렀다.
인자가 죄인들의 손에 넘어간다.
46 일어나서 가자. 보아라, 나를 넘겨줄
자가 가까이 왔다."

예수께서 잡히시다

(막 14:43-50; 눅 22:47-53; 요 18:3-12)

47 ○예수께서 아직 말씀하고 계실 때
에, 열두 제자 가운데 하나인 유다가
왔다. 대제사장들과 백성의 장로들
이 보낸 무리가 칼과 몽둥이를 들고
그와 함께 하였다.
48 그런데 예수를 넘겨줄 자가 그들에
게 암호를 정하여 주기를 "내가 입
을 맞추는 사람이 바로 그 사람이니,
그를 잡으시오" 하고 말해 놓았다.
49 유다가 곧바로 예수께 다가가서 "안
녕하십니까? 선생님!" 하고 말하고,
그에게 입을 맞추었다.
50 예수께서 그에게 "친구여, 무엇 하러
여기에 왔느냐?" 하고 말씀하시니,
그들이 다가와서, 예수께 손을 대어
붙잡았다.
51 그 때에 예수와 함께 있던 사람들
가운데 한 사람이 손을 뻗쳐 자기
칼을 빼어, 대제사장의 종을 내리쳐
서, 그 귀를 잘랐다.

사이에 언약을 체결했다. 그 피가 곧 '언약의 피'이다(출 24:8). 이 언약으로 하나님은 이스라엘을 돌보시기로, 이스라엘은 하나님만을 섬기기로 약속했다. 그러나 이스라엘은 하나님을 떠나 우상을 섬겨 그 언약을 지키지 않은 때가 많았다. 그래서 하나님은 하나님의 백성과 더불어 새 언약을 맺으실 것을 약속하신다(참조. 렘 31:31–33). 이제 예수님의 피로 새 언약이 체결되는 것이다(참조. 고전 11:25).

26:38 괴로워 죽을 지경이다 죄인들의 구원을 위해 십자가에서 겪게 될 죽음의 고통과 하나님의 진노를 앞두고 번민하시는 예수님의 인성을 완전하게 드러내고 있다.

26:46 일어나서 가자 이제 겟세마네의 고뇌는 끝났다. 피상적으로 보면 예수님의 체포와 죽음은 종교 지도자들의 음모에 의한 것이지만, 실제적으로는 하나님의 뜻에 순종한 예수님의 자발적인

㉠ 또는 '유혹'

52 그 때에 예수께서 그에게 말씀하셨
다. "네 칼을 칼집에 도로 꽂아라.
칼을 쓰는 사람은 모두 칼로 망한다.
53 너희는, 내가 나의 아버지께, 당장에
열두 군단 이상의 천사들을 내 곁에
세워 주시기를 청할 수 있다고 생각
하지 않느냐?
54 그러나 그렇게 되면, 이런 일이 반드
시 일어나야 한다고 한 성경 말씀이
어떻게 이루어지겠느냐?"
55 그 때에 예수께서 무리에게 말씀하
셨다. "너희는 강도에게 하듯이, 칼
과 몽둥이를 들고 나를 잡으러 왔느
냐? 내가 날마다 성전에 앉아서 가
르치고 있었건만, 너희는 내게 손을
대지 않았다.
56 그러나 이 모든 일을 이렇게 되게 하
신 것은, 예언자들의 글을 이루려고
하신 것이다." 그 때에 제자들은 모
두, 예수를 버리고 달아났다.

의회 앞에 서시다

(막 14:53-65; 눅 22:54-55, 63-71;
요 18:12-14, 19-24)

57 ○예수를 잡은 사람들은 그를 대제
사장 가야바에게로 끌고 갔다. 거기
에는 율법학자들과 장로들이 모여
있었다.
58 그런데 베드로는 멀찍이 떨어져서
예수를 뒤따라 대제사장의 집 안마
당에까지 갔다. 그는 결말을 보려고
안으로 들어가서, 하인들 틈에 끼여
앉았다.
59 대제사장들과 온 공의회가 예수를
사형에 처하려고, 그분을 고발할 거
짓 증거를 찾고 있었다.
60 많은 사람이 나서서 거짓 증언을 하
였으나, 쓸 만한 증거는 얻지 못하였
다. 그런데 마침내 두 사람이 나서서
61 말하였다. "이 사람이 하나님의 성전
을 허물고, 사흘 만에 세울 수 있다
고 하였습니다."
62 그러자, 대제사장이 일어서서, 예수
께 말하였다. "이 사람들이 그대에
게 불리하게 증언하는데도, 아무 답
변도 하지 않소?"
63 그러나 예수께서는 잠자코 계셨다.
그래서 대제사장이 예수께 말하였
다. "내가 살아 계신 하나님을 걸고
그대에게 명령하니, 우리에게 말해
주시오. 그대가 하나님의 아들 ㉠그
리스도요?"
64 예수께서 그에게 말씀하셨다. "당신
이 말하였소. 그러나 내가 당신들에
게 다시 말하오. 이제로부터 당신들
은, 인자가 권능의 보좌 오른쪽에 앉
아 있는 것과, 하늘 구름을 타고 오
는 것을, 보게 될 것이오."
65 그 때에 대제사장은 자기 옷을 찢
고, 큰 소리로 말하였다. "그가 하나
님을 모독하였소. 이제 우리에게 이

결단에 의한 것이었다. '가자', '친구여…왔느냐'(50절), '너희는, 내가 나의 아버지께…생각하지 않느냐'(53절) 등의 말씀이 이를 잘 증거해 주고 있다.
26:56 예언자들의 글을 이루려고 '그는…남들이 죄인처럼 여기는 것도 마다하지 않았다'고 한 이사야서 53:12과 스가랴서 13:7을 언급하신 것 같다.
26:57-27:1 예수님에 대한 유대 사람들의 재판은 ① 전임 대제사장 안나스의 비공식적인 예비 신문(요 18:12-14,19-24) ② 대제사장 가야바와 산헤드린의 신문(26:57-68) ③ 산헤드린의 최종 판결(27:1)의 순서로 진행되었다.
26:57 가야바에게로 끌고 갔다 예루살렘 성전에는 산헤드린 회의실이 있었으나, 이 회의는 가야바의 저택에서 은밀하게 열렸던 것 같다. 이때는 새벽 1-3시였다.
26:64 인자가…오는 것을, 보게 될 것이오 시편 110:1과 다니엘서 7:13의 인용으로, 예수님께서 부활

㉠ 1:1의 주를 볼 것

이상 증인이 무슨 필요가 있겠소?
보시오, 여러분은 방금 하나님을 모
독하는 말을 들었소.
66 여러분의 생각은 어떠하오?" 그러자
그들이 대답하였다. "그는 사형을
받아야 합니다."
67 그 때에 그들은 예수의 얼굴에 침을
뱉고, 그를 주먹으로 치고, 또 더러
는 손바닥으로 때리기도 하며,
68 말하였다. "㉠그리스도야, 너를 때린
사람이 누구인지 알아맞추어 보아
라."

베드로가 예수를 모른다고 하다 (막 14:66-72; 눅 22:56-62; 요 18:15-18, 25-27)

69 ○베드로가 안뜰 바깥쪽에 앉아 있
었는데, 한 하녀가 그에게 다가와서
말하였다. "당신도 저 갈릴리 사람
예수와 함께 다닌 사람이네요."
70 베드로는 여러 사람 앞에서 부인하
였다. "나는 네가 무슨 말을 하는지
모르겠다."
71 그리고서 베드로가 대문 있는 데로
나갔을 때에, 다른 하녀가 그를 보
고, 거기에 있는 사람들에게 말하였
다. "이 사람은 ㉡나사렛 예수와 함
께 다니던 사람입니다."
72 그러자 베드로는 맹세하고 다시 부
인하였다. "나는 그 사람을 알지 못
하오."
73 조금 뒤에 거기에 서 있는 사람들이
베드로에게 다가와서 베드로에게 말
하였다. "당신은 틀림없이 그들과 한
패요. 당신의 말씨를 보니, 당신이 누
군지 분명히 드러나오."
74 그 때에 베드로는 저주하며 맹세하
여 말하였다. "나는 그 사람을 알지
못하오." 그러자 곧 닭이 울었다.
75 베드로는 "닭이 울기 전에, 네가 나
를 세 번 부인할 것이다" 하신 예수
의 말씀이 생각나서, 바깥으로 나가
서 몹시 울었다.

빌라도 앞에 서시다 (막 15:1; 눅 23:1-2; 요 18:28-32)

27 새벽이 되어서, 대제사장들과
백성의 장로들이 모두 예수를
죽이기로 결의하였다.
2 그들은 예수를 결박하여 끌고 가서,
총독 빌라도에게 넘겨주었다.

유다가 자살하다 (행 1:18-19)

3 ○그 때에, 예수를 넘겨준 유다는,
그가 유죄 판결을 받으신 것을 보고
뉘우쳐, 그 은돈 서른 닢을 대제사장
들과 장로들에게 돌려주고,
4 말하였다. "내가 ㉢죄 없는 피를 팔
아 넘김으로 죄를 지었소." 그러나
그들은 "그것이 우리와 무슨 상관이
요? 그대의 문제요" 하고 말하였다.
5 유다는 그 은돈을 성전에 내던지고
물러가서, 스스로 목을 매달아 죽었
다.

후에 하나님 우편에 앉아 계시다가 끝 날에 심판주로 재림하실 것을 말씀하신 것이다(행 1:9-11).

26:68 너를 때린…보아라 마가복음서 14:65은 예수님의 얼굴을 가렸다고 기록하고 있다. 눈을 가리고 때리면서 그를 친 자가 누구인지 알아맞히라고 말하는 것은 메시아인지를 판단하는 전통적인 관습이었다.

26:74-75 닭이 울자 예수님께서 베드로를 보셨고(눅 22:61), 베드로는 주님의 말씀이 생각났다.

27장 요약 예수님은 빌라도에게 심문을 받으면서도 침묵으로 일관하사 구약의 예언을 성취하셨을 뿐 아니라, 궤변을 일삼으며 사형을 선고하는 불의한 세상에 대해 일침을 가하셨다. '하나님의 나라는 말에 있지 아니하고 능력에 있다'는 사실을 행동으로 보이셨다.

㉠ 1:1의 주를 볼 것 ㉡ 그, '나사렛 사람' ㉢ 다른 고대 사본들에는 '의로운 피'

6 대제사장들은 그 은돈을 거두고 말
하였다. "이것은 피 값이니, 성전 금
고에 넣으면 안 되오."
7 그들은 의논한 끝에, 그 돈으로 토기
장이의 밭을 사서, 나그네들의 묘지
로 사용하기로 하였다.
8 그 밭은 오늘날까지 피밭이라고 한
다.
9 그래서 예언자 ㉠예레미야를 시켜서
하신 말씀이 이루어졌다. ㉡"그들이
은돈 서른 닢, 곧 이스라엘 자손이
값을 매긴 사람의 몸값을 받아서,
10 그것을 주고 토기장이의 밭을 샀으
니, 주님께서 내게 지시하신 그대로
다."

빌라도에게 신문을 받으시다

(막 15:2-5; 눅 23:3-5; 요 18:33-38)

11 ○예수께서 총독 앞에 서시니, 총독
이 예수께 물었다. "당신이 유대인의
왕이오?" 그러나 예수께서는 "당신
이 그렇게 말하고 있소" 하고 말씀하
셨다.
12 예수께서는 대제사장들과 장로들이
고발하는 말에는 아무 대답도 하지
않으셨다.
13 그 때에 빌라도가 예수께 말하였다.
"사람들이 저렇게 여러 가지로 당신
에게 불리한 증언을 하는데, 들리지
않소?"
14 예수께서 한 마디도, 단 한 가지 고
발에도 대답하지 않으시니, 총독은
매우 이상히 여겼다.

사형 선고를 받으시다

(막 15:6-15; 눅 23:13-25; 요 18:39-19:16)

15 ○명절 때마다 총독이 무리가 원하
는 죄수 하나를 놓아주는 관례가 있
었다.
16 그런데 그 때에 [예수] 바라바라고
하는 소문난 죄수가 있었다.
17 무리가 모였을 때에, 빌라도가 그들
에게 말하였다. "여러분은, 내가 누
구를 놓아주기를 바라오? 바라바
[예수]요? ㉢그리스도라고 하는 예
수요?"
18 빌라도는, 그들이 시기하여 예수를
넘겨주었음을 알았던 것이다.
19 빌라도가 재판석에 앉아 있을 때에,
그의 아내가 사람을 보내어 말을 전
하였다. "당신은 그 옳은 사람에게
아무 관여도 하지 마세요. ㉣지난 밤
꿈에 내가 그 사람 때문에 몹시 괴로
웠어요."
20 그러나 대제사장들과 장로들은 무리
를 구슬러서, 바라바를 놓아달라고
하고, 예수를 죽이라고 요청하게 하
였다.
21 총독이 그들에게 물었다. "이 두 사
람 가운데서, 누구를 놓아주기를 바
라오?" 그들이 말하였다. "바라바
요."

27:1 새벽 산헤드린은 목요일 늦은 밤부터 금요일 새벽 사이에 예수님을 심문하고 사형을 확정했다.

27:2 빌라도에게 넘겨주었다 당시에 산헤드린은 최종적으로 로마 당국의 관할을 받아야 했다. 특히 사형에 있어서, 산헤드린은 선고할 권한만 가질 뿐 집행할 권한은 전적으로 로마 총독에게 있었기 때문이다.

27:3-10 유다의 가장 큰 죄악은 양심의 가책을 받고서도 베드로와 같이 온전한 회개를 통해 다시 한번 주님께 헌신하지 않고, 오히려 스스로 목숨을 끊었다는 사실이다.

27:7 토기장이의 밭 토기장이가 진흙을 떠내던 곳이었는데, 아마도 진흙의 고갈로 이제 더 이상 필요 없게 되어 팔려고 내놓은 밭을 말할 것이다. 나그네들의 묘지 예루살렘 밖에 사는 유대 사람으로서 명절에 참석하려고 예루살렘에 올라왔다가

㉠ 사본에 따라 '스가랴' 또는 '이사야' ㉡ 슥 11:12,13; 렘 19:1-13; 32:6-9 ㉢ 1:1의 주를 볼 것 ㉣ 그, '오늘 꿈에'

22 그 때에 빌라도가 그들에게 말하였
다. "그러면 그리스도라고 하는 예
수는, 나더러 어떻게 하라는 거요?"
그들이 모두 말하였다. "그를 십자가
에 못박으시오."
23 빌라도가 말하였다. "정말 이 사람
이 무슨 나쁜 일을 하였소?" 사람들
이 더욱 큰 소리로 외쳤다. "십자가
에 못박으시오."
24 ○빌라도는, 자기로서는 어찌할 도리
가 없다는 것과 또 민란이 일어나려
는 것을 보고, 물을 가져다가 무리
앞에서 손을 씻고 말하였다. "나는
㉠이 사람의 피에 대하여 책임이 없
으니, 여러분이 알아서 하시오."
25 그러자 온 백성이 대답하였다. "그
사람의 피를 우리와 우리 자손에게
돌리시오."
26 그래서 빌라도는 그들에게, 바라바
는 놓아주고, 예수는 채찍질한 뒤에
십자가에 처형하라고 넘겨주었다.

군인들이 예수를 조롱하다

(막 15:16-20; 요 19:2-3)

27 ○총독의 병사들이 예수를 총독 관
저로 끌고 들어가서, 온 부대를 다
그의 앞에 불러모았다.
28 그리고 예수의 옷을 벗기고, 주홍색
걸침 옷을 걸치게 한 다음에,
29 가시로 면류관을 엮어 그의 머리에
씌우고, 그의 오른손에 갈대를 들게
하였다. 그리고 그분 앞에 무릎을 꿇
고, "유대인의 왕 만세!" 하고 말하면
서 그를 희롱하였다.
30 또 그들은 그에게 침을 뱉고, 갈대를
빼앗아서, 머리를 쳤다.
31 이렇게 희롱한 다음에, 그들은 주홍
옷을 벗기고, 그의 옷을 도로 입혔
다. 그리고 십자가에 못박으려고, 그
를 끌고 나갔다.

예수께서 십자가에 못박히시다

(막 15:21-32; 눅 23:26-43; 요 19:17-27)

32 ○그들은 나가다가, 시몬이라는 구레
네 사람을 만나서, 강제로 예수의 십
자가를 지고 가게 하였다.
33 그들은 골고다 곧 '해골 곳'이라는
곳에 이르러서,
34 포도주에 쓸개를 타서, ㉡예수께 드
려서 마시게 하였으나, 그는 그 맛을
보시고는, 마시려고 하지 않으셨다.
35 그들은 ㉢예수를 십자가에 못박고
나서, ㉣제비를 뽑아서, 그의 옷을 나
누어 가졌다.
36 그리고 거기에 앉아서, 그를 지키고
있었다.㉤
37 그리고 그의 머리 위에는 "이 사람은
유대인의 왕 예수다" 이렇게 쓴 죄패
를 붙였다.
38 ○그 때에 강도 두 사람이 예수와 함
께 십자가에 못박혔는데, 하나는 그
의 오른쪽에, 하나는 그의 왼쪽에

장례를 치러 줄 친구나 친척이 없이 객사한 사람의 묘지를 뜻할 것이다.

27:24 손을 씻고 신명기 21:6-7에 의하면, 어떤 *사람이 살해된 채 발견되었을* 때, 범죄와 무관하다는 표시로 손을 씻었다.

27:26 신성모독이라는 '종교적 죄목'으로 예수님께 사형을 선고했던 종교 지도자들은(26:64-66), 간교하게도 예수님을 민중 선동·납세 거부 등 주로 '정치적 죄목'으로 빌라도에게 고소하였다(눅 23:2). 빌라도는 이러한 간계와 예수님의 무죄를 깨닫고 있었으며, 특히 아내의 전갈을 통해 이를 확신하였다(27:18-19). 그러나 이 통치자는 종교 지도자들에 의해 조작된 민의와 민란에 대한 두려움에 굴복하여 결국 바라바를 석방했고 예

㉠ 다른 고대 사본들에는 '이 의로운 피' 또는 '이 의로운 사람의 피' ㉡ **그**, '그에게' ㉢ **그**, '그를' ㉣ 시 22:18 ㉤ 다른 고대 사본에는 절 끝에 "이것은 예언자를 통하여 '사람들이 그들끼리 내 옷을 나누어 갖고, 내 옷을 놓고 제비를 뽑았다' 하신 말씀을 이루려 함이었다"가 첨가되어 있음

달렸다.
39 지나가는 사람들이 머리를 흔들면
서, 예수를 모욕하여
40 말하였다. "성전을 허물고, 사흘만에
짓겠다던 사람아, 네가 하나님의 아
들이거든, 너나 구원하여라. 십자가
에서 내려와 보아라."
41 그와 같이, 대제사장들도 율법학자
들과 장로들과 함께 조롱하면서 말
하였다.
42 "그가 남은 구원하였으나, 자기는 구
원하지 못하는가 보다! 그가 이스라
엘 왕이시니, 지금 십자가에서 내려
오시라지! 그러면 우리가 그를 믿을
터인데!
43 그가 하나님을 의지하였으니, 하나님
이 원하시면, 이제 그를 구원하시라
지. 그가 말하기를 '나는 하나님의
아들이다' 하였으니 말이다."
44 함께 십자가에 달린 강도들도 마찬
가지로 예수를 욕하였다.

예수께서 숨을 거두시다

(막 15:33-41; 눅 23:44-49; 요 19:28-30)

45 ○낮 열두 시부터 어둠이 온 땅을 덮
어서, 오후 세 시까지 계속되었다.
46 세 시쯤에 예수께서 큰 소리로 부르
짖어 말씀하셨다. ㉠"엘리 엘리 라마
사박다니?" 그것은 "나의 하나님, 나
의 하나님, 어찌하여 나를 버리셨습
니까?"라는 뜻이다.
47 거기에 서 있는 사람들 가운데 몇이
이 말을 듣고서 말하였다. "이 사람
이 엘리야를 부르고 있다."
48 그러자 그들 가운데서 한 사람이 곧
달려가서 해면을 가져다가, 신 포도
주에 적셔서, 갈대에 꿰어, 그에게 마
시게 하였다.
49 그러나 다른 사람들은 "어디 엘리야
가 와서, 그를 구하여 주나 두고 보
자" 하고 말하였다. ㉡
50 예수께서 다시 큰 소리로 외치시고,
숨을 거두셨다.
51 그런데 보아라, 성전 휘장이 위에서
아래까지 두 폭으로 찢어졌다. 그리
고 땅이 흔들리고, 바위가 갈라지
고,
52 무덤이 열리고, 잠자던 많은 성도의
몸이 살아났다.
53 그리고 그들은, 예수께서 부활하신
뒤에, 무덤에서 나와, 거룩한 도성에
들어가서, 많은 사람에게 나타났다.
54 백부장과 그와 함께 예수를 지키는
사람들이, 지진과 여러 가지 일어난
일들을 보고, 몹시 두려워하여 말하
기를 "참으로, 이분은 하나님의 아
들이셨다" 하였다.
55 ○거기에는 많은 여자들이 멀찍이
지켜보고 있었는데, 그들은 예수께
시중을 들면서 갈릴리에서 따라온
사람이었다.

수님을 십자가에 못 박도록 판결하였다.

27:32-44 십자가에 못 박히시다 원래는 사형수가 자신의 십자가를 지고 형장으로 가는 것이 관례였다. 그런데 예수님께서는 채찍질을 너무 당하여 끝까지 지고 갈 수 없었기 때문에, 군인들이 한 사람을 징발하여 대신 지고 가게 했다.

27:34 포도주에 쓸개를 타서 이것은 마취제였다. 전통적으로 예루살렘에 거주하는 경건한 부녀자들은 잠언 31:6-7의 교훈을 실천하기 위해, 십자가 처형을 당하는 사형수에게 마취성의 음료를 제공했다고 한다. 예수님은 자신에게 정해진 고통을 맑은 정신으로 당하시기 위해 마취제를 사양하셨다.

27:46 엘리 엘리 라마 사박다니? 아람어로서, 시편 22:1의 인용이다. 예수님께서 '자기 백성을 그

㉠ 시 22:1 ㉡ 다른 고대 사본들에는 절 끝에 '그러나 병사 하나가 창으로 예수의 옆구리를 찌르니 피와 물이 흘러 나왔다'(요 19:34)가 첨가되어 있음

56 그들 가운데는 막달라 출신 마리아
와 야고보와 요셉의 어머니 마리아
와 세베대의 아들들의 어머니가 있
었다.

무덤에 묻히시다

(막 15:42-47; 눅 23:50-56; 요 19:38-42)

57 ○날이 저물었을 때에, 아리마대 출
신으로 요셉이라고 하는 한 부자가
왔다. 그도 역시 예수의 제자이다.
58 이 사람이 빌라도에게 가서, 예수의
시신을 내어 달라고 청하니, 빌라도
가 내어 주라고 명령하였다.
59 그래서 요셉은 예수의 시신을 가져
다가, 깨끗한 삼베로 싸서,
60 바위를 뚫어서 만든 자기의 새 무덤
에 모신 다음에, 무덤 어귀에다가 큰
돌을 굴려 놓고 갔다.
61 거기 무덤 맞은편에는 막달라 마리
아와 다른 마리아가 앉아 있었다.

경비병이 무덤을 지키다

62 ○이튿날 곧 예비일 다음날에, 대제
사장들과 바리새파 사람들이 빌라
도에게 몰려가서
63 말하였다. "각하, 세상을 미혹하던
그 사람이 살아 있을 때에 사흘 뒤
에 자기가 살아날 것이라고 말한 것
을, 우리가 기억하고 있습니다.
64 그러니 사흘째 되는 날까지는, 무덤
을 단단히 지키라고 명령해 주십시
오. 혹시 그의 제자들이 와서, 시체
를 훔쳐 가고서는, 백성에게는 '그가
죽은 사람들 가운데서 살아났다' 하
고 말할지도 모릅니다. 그렇게 되면,
이번 속임수는 처음 것보다 더 나쁜
영향을 미칠 것입니다."
65 빌라도가 그들에게 말하였다. "경비
병을 내줄 터이니, 물러가서 재주껏
지키시오."
66 그들은 물러가서 그 돌을 봉인하고,
경비병을 두어서 무덤을 단단히 지
켰다.

예수께서 부활하시다

(막 16:1-8; 눅 24:1-12; 요 20:1-10)

28 안식일이 지나고, 이레의 첫 날
동틀 무렵에, 막달라 마리아와
다른 마리아가 무덤을 보러 갔다.
2 그런데 갑자기 큰 지진이 일어났다.
주님의 한 천사가 하늘에서 내려와
무덤에 다가와서, 그 돌을 굴려 내
고, 그 돌 위에 앉았다.
3 그 천사의 모습은 번개와 같았고, 그
의 옷은 눈과 같이 희었다.
4 지키던 사람들은 천사를 보고 두려
워서 떨었고, 죽은 사람처럼 되었다.
5 천사가 여자들에게 말하였다. "두려
워하지 말아라. 나는, 너희가 십자가
에 달리신 예수를 찾는 줄 안다.
6 그는 여기에 계시지 않다. 그가 말씀
하신 대로, 그는 살아나셨다. 와서
㉠그가 누워 계시던 곳을 보아라.

들의 죄에서 구원하시기 위해'(1:21) 자신을 '몸값'(20:28)으로 드림으로써 저주(갈 3:13)와 징벌(사 53:4-6)을 받고, 하나님에게서조차 버림을 받는 *순간에 당하신 정신적·육체적* 고통에 대한 절규이다. 십자가 위에서 칠언 중 네 번째 말씀이다.
27:64 이번 속임수는 처음 것보다 종교 지도자들이 여기서 말하는 '처음 속임수'는 예수님께서 메시아라는 사실을, 그리고 '이번 속임수'는 예수님께서 하나님의 아들로서 부활하셨다는 사실을 의미한다.

28장 요약 예수님의 부활로 언약의 신실성과 메시아 되심이 증명되었다. 이는 성자의 구원 사역을 성부께서 온전히 인정하셨다는 의미로, 부활은 신자로 하여금 현세의 고난 속에서도 내세의 소망 가운데 역동적인 신앙 생활을 하게 해주는 원동력이다. 부활을 증거하는 일은 모두에게 요구되는 삶의 최우선 순위이다.

㉠ 다른 고대 사본들에는 '주님께서'

7 그리고 빨리 가서 제자들에게 전하
기를, 그는 ㉠죽은 사람들 가운데서
살아 나셔서, 그들보다 먼저 갈릴리
로 가시니, 그들은 거기서 그를 뵙게
될 것이라고 하여라. 이것이 내가 너
희에게 하는 말이다."
8 여자들은 무서움과 큰 기쁨이 엇갈
려서, 급히 무덤을 떠나, 이 소식을
그의 제자들에게 전하려고 달려갔
다.
9 그런데 갑자기 예수께서 여자들과
마주쳐서 "평안하냐?" 하고 말씀하
셨다. 여자들은 다가가서, 그의 발을
붙잡고, 그에게 절을 하였다.
10 그 때에 예수께서 그 여자들에게 말
씀하셨다. "무서워하지 말아라. 가
서, 나의 형제들에게 갈릴리로 가라
고 전하여라. 그러면, 거기에서 그들
이 나를 만날 것이다."

경비병의 보고

11 ○여자들이 가는데, 경비병 가운데
몇 사람이 성 안으로 들어가서, 일어
난 일을 모두 대제사장들에게 보고
하였다.
12 대제사장들은 장로들과 함께 모여
의논한 끝에, 병사들에게 은돈을 많
이 집어 주고
13 말하였다. "'예수의 제자들이 밤중
에 와서, 우리가 잠든 사이에 시체를
훔쳐갔다' 하고 말하여라.
14 이 소문이 총독의 귀에 들어가게 되
더라도, 우리가 잘 말해서, 너희에게
아무 해가 미치지 않게 해주겠다."
15 그들은 돈을 받고서, 시키는 대로 하
였다. 그리고 이 말이 오늘날까지 유
대인들 사이에 널리 퍼져 있다.

제자들의 사명

(막 16:14-18; 눅 24:36-49;
요 20:19-23; 행 1:6-8)

16 ○열한 제자가 갈릴리로 가서, 예수
께서 일러주신 산에 이르렀다.
17 그들은 예수를 뵙고, 절을 하였다.
그러나 의심하는 사람들도 있었다.
18 예수께서 다가와서, 그들에게 말씀
하셨다. "나는 하늘과 땅의 모든 권
세를 받았다.
19 그러므로 너희는 가서, 모든 민족을
제자로 삼아서, 아버지와 아들과 성
령의 이름으로 ㉡세례를 주고,
20 내가 너희에게 명령한 모든 것을 그
들에게 가르쳐 지키게 하여라. 보아
라, 내가 세상 끝 날까지 항상 너희
와 함께 있을 것이다."㉢

28:1-8 마태는 부활하신 예수님께서 직접 사람들에게 나타나셨던 여러 경우들을 기록하는 대신에, "그는 여기에 계시지 않다. 그가 말씀하신 대로, 그는 살아나셨다."(6절)고 한 천사의 증언을 통해 예수님의 부활을 증거하고 있다. 여기서 부활은 예수님께서 죄와 사망의 권세 곧 사탄의 권세를 물리치시고, 구원 사역을 완성하신 것을 의미한다(롬 6:9;고전 15:54-57).

28:11-15 마태는 예수님의 부활 사실을 유대 지도자들이 거짓으로 퍼뜨릴 것을 알고 있었던 유대 독자들을 위해 전모를 밝히고 있다.

28:16-20 최후의 선교 명령 부활하신 예수님께서 제자들에게 '가서, 모든 민족을 제자로 삼으라'고 명하신 지상명령(The Great Commission)과 '세상 끝 날까지 항상 너희와 함께 있을 것이다'라고 하신 '임마누엘' 약속으로 끝을 맺고 있다.

㉠ 다른 고대 사본들에는 '죽은 사람들 가운데서'가 없음 ㉡ 또는 '침례' ㉢ 다른 고대 사본들은 절 끝에 '아멘'이 있음

마가복음서

MARK

저자 마가

저작 연대 A.D. 65–70년경으로 추정

기록 장소와 대상 기록 장소는 로마이며(베드로와 마가가 감옥에 있을 때 기록했을 가능성이 높다), 일반적으로 모든 이방 기독교인들을 대상으로 하지만 특별히 로마에 있는 기독교인들을 위해서 기록했다.

핵심어 및 내용 마가복음서의 핵심어는 '종'과 '곧바로'이다. 마가복음서에서는 많은 사람을 위한 대속물로 자신의 목숨을 내어 주고 모든 사람을 섬겼던 예수 그리스도의 사역이 중심을 이루고 있다. 또한 마가는 하나님의 아들을 믿는 일이 얼마나 중요하고 급한지를 강조하기 위하여 '곧바로'란 단어를 많이 사용한다.

내용 분해

1. 예수님의 공생애 사역 준비(1:1–13)
2. 예수님의 갈릴리 사역(1:14–6:29)
3. 예수님의 갈릴리 안팎에서의 사역(6:30–9:29)
4. 예수님의 마지막 갈릴리 사역(9:30–50)
5. 예수님의 유대와 베레아 사역(10:1–52)
6. 예수님의 예루살렘 사역(11:1–15:47)
7. 예수님의 구원 사역 완성(16:1–20)

세례자 요한의 선포
(마 3:1-12; 눅 3:1-9, 15-17; 요 1:19-28)

1 ㉠하나님의 아들 예수 ㉡그리스도
의 ㉢복음의 시작은 이러하다.
2 ○㉣예언자 이사야의 글에 기록하기
를,
㉤"보아라, 내가 내 심부름꾼을
㉥너보다 앞서 보낸다. 그가 네
길을 닦을 것이다."
3 ㉦"광야에서 외치는 이의 소리가
있다. '너희는 주님의 길을 예비
하고, 그의 길을 곧게 하여라'"
한 것과 같이,
4 ㉧세례자 요한이 광야에 나타나서,
죄를 용서받게 하는 회개의 ㉨세례를
선포하였다.
5 그래서 온 유대 지방 사람들과 온
예루살렘 주민들이 그에게로 나아
가서, 자기들의 죄를 고백하며, 요단
강에서 그에게 ㉨세례를 받았다.
6 요한은 낙타 털옷을 입고, 허리에
가죽 띠를 띠고, 메뚜기와 들꿀을
먹고 살았다.
7 그는 이렇게 선포하였다. "나보다 더
능력이 있는 이가 내 뒤에 오십니다.
나는 몸을 굽혀서 그의 신발 끈을
풀 자격조차 없습니다.
8 나는 여러분에게 물로 ㉨세례를 주었
지만, 그는 여러분에게 성령으로 ㉨세
례를 주실 것입니다."

예수께서 세례를 받으시다
(마 3:13-17; 눅 3:21-22)

9 ○그 무렵에 예수께서 갈릴리 나사
렛으로부터 오셔서, 요단 강에서 요
한에게 ㉨세례를 받으셨다.
10 예수께서 물 속에서 막 올라오시는
데, 하늘이 갈라지고, 성령이 비둘기
같이 자기에게 내려오는 것을 보셨다.
11 그리고 하늘로부터 소리가 났다. "너
는 ㉩내 사랑하는 아들이다. 내가 너
를 좋아한다."

시험을 받으시다 (마 4:1-11; 눅 4:1-13)

12 ○그리고 곧 성령이 예수를 광야로
내보내셨다.
13 예수께서 사십 일 동안 광야에 계셨
는데, 거기서 사탄에게 시험을 받으

㉠ 다른 고대 사본들에는 '하나님의 아들'이 없음 ㉡ 또는 '메시아'. 그리스도는 그리스어이고, 메시아는 히브리어임. 둘 다 '기름부음 받은 사람'을 뜻함 ㉢ 또는 '기쁜 소식' ㉣ 다른 고대 사본들에는 '예언서들에' ㉤ 말 3:1 ㉥ 그, '네 얼굴 앞에' ㉦ 사 40:3(칠십인역) ㉧ 또는 '침례자' ㉨ 또는 '침례' ㉩ 또는 '내 아들, 내 사랑하는 자다'

셨다. 예수께서 들짐승들과 함께 지
내셨는데, 천사들이 그의 시중을 들
었다.

하나님의 나라를 선포하시다 (마 4:12-17; 눅 4:14-15)

14 ○요한이 잡힌 뒤에, 예수께서 갈릴
리에 오셔서, ㉠하나님의 복음을 선
포하셨다.
15 "때가 찼다. 하나님의 나라가 가까이
왔다. 회개하여라. 복음을 믿어라."

제자 넷을 부르시다 (마 4:18-22; 눅 5:1-11)

16 ○예수께서 갈릴리 바닷가를 지나가
시다가, 시몬과 그의 동생 안드레가
바다에서 그물을 던지고 있는 것을
보셨다. 그들은 어부였다.
17 예수께서 그들에게 말씀하셨다. "나
를 따라오너라. 내가 너희를 사람을
낚는 어부가 되게 하겠다."
18 그들은 곧 그물을 버리고 예수를 따
라갔다.
19 예수께서 조금 더 가시다가, 세베대
의 아들 야고보와 그의 동생 요한이
배에서 그물을 깁고 있는 것을 보시
고,
20 곧바로 그들을 부르셨다. 그들은 아
버지 세베대를 일꾼들과 함께 배에
남겨 두고, 곧 예수를 따라갔다.

악한 귀신이 들린 사람을 고치시다 (눅 4:31-37)

21 ○그들은 가버나움으로 들어갔다.
예수께서 안식일에 곧바로 회당에
들어가서 가르치셨는데,
22 사람들은 그의 가르침에 놀랐다. 예
수께서 율법학자들과는 달리 권위
있게 가르치셨기 때문이다.
23 그 때에 회당에 ㉡악한 귀신 들린 사
람이 하나 있었는데, 그가 큰소리로
이렇게 말하였다.
24 "나사렛 사람 예수님, 왜 우리를 간
섭하려 하십니까? 우리를 없애려고
오셨습니까? 나는 당신이 누구인지
압니다. 하나님께서 보내신 거룩한
분입니다."
25 예수께서 그를 꾸짖어 말씀하셨다.
"입을 다물고 이 사람에게서 나가라."
26 그러자 악한 귀신은 그에게 경련을
일으켜 놓고서 큰 소리를 지르며 떠
나갔다.
27 사람들이 모두 놀라서 "이게 어찌된
일이냐? 권위 있는 새로운 가르침이
다! 그가 악한 귀신들에게 명하시니,
그들도 복종하는구나!" 하면서 서로
물었다.
28 그리하여 예수의 소문이 곧 갈릴리
주위의 온 지역에 두루 퍼졌다.

많은 사람을 고치시다 (마 8:14-17; 눅 4:38-41)

29 ○㉢그들은 회당에서 나와서, 곧바로
야고보와 요한과 함께 시몬과 안드
레의 집으로 갔다.
30 마침 시몬의 장모가 열병으로 누워
있었는데, 사람들은 그 사정을 예수

1장 요약 본서는 '행동'의 복음으로 일컬어지는데 이것은 세례자 요한의 사역과 예수님의 활동을 기록하는 1장에서부터 확인된다.

1:1 '하나님의 아들'(3:11;5:7;15:39)이라는 표현은 예수님의 신성(神性)과 아버지 하나님과의 관계(1:11;9:7;14:61)를 나타내며, '그리스도'는 예수, 그분이 바로 성령으로 '기름 부음을 받는 자'(1:10)로서 죄인들을 구원해 주실 약속된 '메시아'이심을 의미한다.

1:9-11 요한의 세례는 죄 씻음의 상징이었다. 죄 없으신 예수님께서 요한의 세례를 받으심으로 인간의 죄를 대신 지시고 그들을 위해 죽으시겠다는 엄숙한 결심을 표명하신다(사 53:6;요 1:29).

1:21-28 귀신을 쫓아내신 것은 예수님을 시험했던 사탄(13절)에 대한 승리의 구체적인 증거이다

㉠ 다른 고대 사본들에는 '(하나님의) 나라의' ㉡ 그, '더러운' ㉢ 다른 고대 사본들에는 '그는'

께 말씀드렸다.
31 예수께서 그 여자에게 다가가셔서
그 손을 잡아 일으키시니, 열병이 떠
나고, 그 여자는 그들의 시중을 들었
다.
32 ○해가 져서 날이 저물 때에, 사람들
이 모든 병자와 귀신 들린 사람을
예수께로 데리고 왔다.
33 그리고 온 동네 사람이 문 앞에 모여
들었다.
34 그는 온갖 병에 걸린 사람들을 고쳐
주시고, 많은 귀신을 내쫓으셨다. 예
수께서는 귀신들이 말하는 것을 허
락하지 않으셨다. 그들이 예수가 누
구인지를 알았기 때문이다.

전도 여행을 떠나시다 (눅 4:42-44)

35 ○아주 이른 새벽에, 예수께서 일어
나서 외딴 곳으로 나가셔서, 거기에
서 기도하고 계셨다.
36 그 때에 시몬과 그의 일행이 예수를
찾아 나섰다.
37 그들은 예수를 만나자 "모두 선생님
을 찾고 있습니다" 하고 말하였다.
38 예수께서 그들에게 말씀하셨다. "가
까운 여러 고을로 가자. 거기에서도
내가 말씀을 선포해야 하겠다. 나는
이 일을 하러 왔다."
39 예수께서 온 갈릴리와 여러 회당을
두루 찾아가셔서 말씀을 전하고, 귀
신들을 쫓아내셨다.

나병 환자를 깨끗하게 하시다
(마 8:1-4; 눅 5:12-16)

40 ○나병 환자 한 사람이 예수께로 와
서, 그 앞에 무릎을 꿇고 간청하였
다. "선생님께서 하고자 하시면, 나
를 깨끗하게 해주실 수 있습니다."
41 예수께서 그를 불쌍히 여기시고, 손
을 내밀어 그에게 대시고 말씀하셨
다. "그렇게 해주마. 깨끗하게 되어
라."
42 곧 ㉠나병이 그에게서 떠나고, 그는
깨끗하게 되었다.
43 예수께서 단단히 이르시고, 곧 그를
보내셨다.
44 그 때에 예수께서 그에게 말씀하셨
다. "아무에게도 아무 말도 하지 말
아라. 가서, 제사장에게 네 몸을 보
이고, 네가 깨끗하게 된 것에 대하여
모세가 명령한 것을 바쳐서, 사람들
에게 증거로 삼도록 하여라."
45 그러나 그는 나가서, 모든 일을 널리
알리고, 그 이야기를 퍼뜨렸다. 그러
므로 예수께서는 드러나게 동네로
들어가지 못하시고, 바깥 외딴 곳에
머물러 계셨다. 그래도 사람들이 사
방에서 예수께로 모여들었다.

중풍병 환자를 고치시다 (마 9:1-8; 눅 5:17-26)

2 며칠이 지나서, 예수께서 다시 가
버나움으로 들어가셨다. 예수가
집에 계신다는 말이 퍼지니,

(참조. 1:32,39;3:11,15,22-30).

1:34 예수님은 십자가에 죽으실 때까지는 자신의 정체를 숨기고자 하셨다(귀신들에게-1:24,34; 3:12. *치료받은 이들에게-1:44;5:43;7:36;8:26*, 제자들에게-8:30;9:9). 그 이유는 분명히 밝혀져 있지 않으나, 당시 사람들이 메시아를 정치적인 인물, 또는 '이적을 행하는 자'로 오해했기 때문일 것이다. 그러나 예수님은 사람들을 대신하여 고난 받으시고 죽으시는 메시아이다.

2장 요약 예수님은 중풍병 환자 치유 사건을 통해서 죄를 용서하는 권세가 자신에게 있으며, 자신이 인류의 근원적인 질병을 고치는 구속자이심을 밝히신다. 후반부의 금식과 안식일 논쟁은 의식과 전통보다는 사람과 그 내면 상태를 중시하는 예수님의 태도를 나타낸다.

2:1-12 중풍병 환자를 고치심 누가복음서 7:48을

㉠ 나병을 포함한 각종 악성 피부병

2 많은 사람이 모여들어서, 마침내 문
앞에조차도 들어설 자리가 없었다.
예수께서 그들에게 말씀을 전하셨다.
3 그 때에 한 중풍병 환자를 네 사람
이 데리고 왔다.
4 무리 때문에 예수께로 데리고 갈 수
없어서, 예수가 계신 곳 위의 지붕을
걷어내고, 구멍을 뚫어서, 중풍병 환
자가 누워 있는 자리를 달아 내렸다.
5 예수께서는 그들의 믿음을 보시고,
중풍병 환자에게 "이 사람아! 네 죄
가 용서받았다" 하고 말씀하셨다.
6 율법학자 몇이 거기에 앉아 있다가,
마음 속으로 의아하게 생각하기를
7 '이 사람이 어찌하여 이런 말을 한단
말이냐? 하나님을 모독하는구나.
하나님 한 분 밖에, 누가 죄를 용서
할 수 있는가?' 하였다.
8 예수께서, 그들이 속으로 이렇게 생
각하는 것을 곧바로 마음으로 알아
채시고 그들에게 말씀하셨다. "어찌
하여 너희는 마음 속에 그런 생각을
품고 있느냐?
9 중풍병 환자에게 '네 죄가 용서받았
다' 하고 말하는 것과 '일어나서 네
자리를 걷어서 걸어가거라' 하고 말
하는 것 가운데서, 어느 쪽이 더 말
하기가 쉬우냐?
10 그러나 ㉠인자가 땅에서 죄를 용서
하는 권세를 가지고 있음을 너희에
게 알려주겠다." — 예수께서 중풍병
환자에게 말씀하셨다.
11 "내가 네게 말한다. 일어나서, 네 자
리를 걷어서 집으로 가거라."
12 그러자 중풍병 환자가 일어나, 곧바
로 모든 사람이 보는 앞에서 자리를
걷어서 나갔다. 사람들은 모두 크게
놀라서 하나님을 찬양하고 "우리는
이런 일을 전혀 본 적이 없다" 하고
말하였다.

레위를 부르시다 (마 9:9-13; 눅 5:27-32)

13 ○ ㉡예수께서 다시 바닷가로 나가셨
다. 무리가 모두 ㉢예수께로 나아오
니, 그가 그들을 가르치셨다.
14 ㉡예수께서 길을 가시다가, 알패오의
아들 레위가 세관에 앉아 있는 것을
보시고 말씀하셨다. "나를 따라오너
라." 레위는 일어나서, 예수를 따라
갔다.
15 ○ ㉡예수께서 그의 집에서 음식을
㉣잡수시는데, 많은 세리와 죄인들도
예수와 그의 제자들과 ㉤한 자리에
있었다. 이런 사람들이 많이 있었는
데 그들이 예수를 따라왔던 것이다.
16 ㉥바리새파의 율법학자들이, 예수가
죄인들과 세리들과 함께 음식을 잡
수시는 것을 보고, 예수의 제자들에
게 말하였다. "저 사람은 세리들과
죄인들과 어울려서 ㉦음식을 먹습니
까?"

제외하면, 예수님이 병든 사람을 고쳐 주실 때 사죄 선언을 하신 일이 없다. 그러나 구약 성경의 배경에서 병의 치료에는 언제나 하나님의 죄 용서함이 선행되어야 했으며(참조. 대하 7:14;시 103:3; 147:3;사 19:22;38:17 등), 병의 '치료'와 '죄 용서함'은 자주 같은 뜻으로 사용되었다(참조. 시 41:4; 렘 3:22;호 14:4).

2:16 바리새파의 율법학자들 바리새파에 속하는 율법학자들이라는 뜻이다. 예수님 당시 바리새파 사람은 히브리어로 '분리'를 뜻하는 '파라쉬'에서 유래된 말로, 분리주의자를 뜻한다. 이들은 구약 성경뿐만 아니라 조상들의 전통도 중히 여겨 율법 규정, 특히 정결 규정을 철저히 지키려고 했다. 그런데 이들의 종교 생활은 형식에 치중한 것이었기 때문에 바리새파 사람이란 말은 위선자·형식

㉠ 그, '사람의 아들' ㉡ 그, '그가' ㉢ 그, '그에게로' ㉣ 그, '비스듬히 누웠는데'. 유대인들이 식사할 때 가지는 자세 ㉤ 그, '비스듬히 누워 있었다' ㉥ 다른 고대 사본들에는 '바리새파와 율법학자들이' ㉦ 다른 고대 사본들에는 '먹고 마십니까?'

막

17 예수께서 그 말을 들으시고 그들에
게 말씀하셨다. "건강한 사람에게는
의사가 필요하지 않으나, 병든 사람
에게는 필요하다. 나는 의인을 부르
러 온 것이 아니라 죄인을 부르러 왔
다."

금식 논쟁 (마 9:14-17; 눅 5:33-39)

18 ○요한의 제자들과 바리새파 사람
들은 금식하고 있었다. 사람들이 예
수께 와서 물었다. "요한의 제자들과
바리새파 사람의 제자들은 금식하
는데, 왜 선생님의 제자들은 금식하
지 않습니까?"
19 예수께서 그들에게 말씀하셨다. "혼
인 잔치에 온 손님들이, 신랑과 함께
있는 동안에 금식할 수 있느냐? 신
랑을 자기들 곁에 두고 있는 동안에
는 금식할 수 없다.
20 그러나 신랑을 빼앗길 날이 올 터인
데, 그 날에는 그들이 금식할 것이다."
21 ○"생베 조각을 낡은 옷에 대고 깁는
사람은 없다. 그렇게 하면 새로 댄
조각이 낡은 데를 당겨서, 더욱더 심
하게 찢어진다.
22 또, 새 포도주를 낡은 가죽 부대에
담는 사람은 없다. 그렇게 하면 포도
주가 가죽 부대를 터뜨려서, 포도주
도 가죽 부대도 다 버리게 된다. ㉠새
포도주는 새 가죽 부대에 담아야 한
다."

안식일에 밀 이삭을 자르다

(마 12:1-8; 눅 6:1-5)

23 ○안식일에 예수께서 밀밭 사이로
지나가시게 되었다. 제자들이 ㉡길을
내면서, 밀 이삭을 자르기 시작하였
다.
24 바리새파 사람이 예수께 말하였다.
"보십시오, 어찌하여 이 사람들은
안식일에 해서는 안 되는 일을 합니
까?"
25 예수께서 그들에게 말씀하셨다. "다
윗과 그 일행이 먹을 것이 없어서 굶
주릴 때에, 다윗이 어떻게 하였는지
를 너희는 읽지 못하였느냐?
26 아비아달 대제사장 때에, 다윗이 하
나님의 집에 들어가서, 제사장들 밖
에는 먹어서는 안 되는 제단 빵을 먹
고, 그 일행에게도 주지 않았느냐?"
27 그리고 예수께서는 그들에게 말씀하
셨다. "안식일이 사람을 위하여 생긴
것이지, 사람이 안식일을 위하여 생
긴 것이 아니다.
28 그러므로 인자는 또한 안식일에도
주인이다."

안식일에 손이 오그라든 사람을 고치시다

(마 12:9-14; 눅 6:6-11)

3 예수께서 다시 회당에 들어가셨
다. 그런데 거기에 한쪽 손이 오그
라든 사람이 있었다.
2 사람들은 예수를 고발하려고, 예수

주의자를 가리키는 말로 통했다.

2:25-26 제사장들은 안식일마다 새로운 빵을 하나님께 드렸으며, 물려낸 묵은 빵은 오직 제사장들만 나누어 먹었다. 그러나 제사장 아히멜렉은 다윗이 굶주린 것을 보고 그 빵을 주었다(삼상 21:1-6). 예수님의 말씀은, 필요한 경우에 하나님이 정하신 규례를 어길 권한이 다윗에게 있었다면, 하나님의 아들이신 예수님께서 사람이 정한 안식일 규례를 파하실 권한이 없겠냐는 뜻이다.

3장 요약 예수님의 치유 기사 가운데 열두 제자 선택 사건이 중간에 삽입되어 있다. 예수님의 치유 사역 뒤에는 당시 종교 지도자들과의 논쟁이 첨가되어 있다. 특이한 점은 예수님의 치유 사역을 부인하는 사람들뿐만 아니라 그것을 긍정적으로 판단하는 부류도 등장하고 있다는 사실이다(7-11절).

㉠ 다른 고대 사본들에는 이 구절이 없음 ㉡ 또는 '길을 가면서'

가 안식일에 그 사람을 고쳐 주시는
지를 보려고, 예수를 지켜보고 있었
다.
3 예수께서 손이 오그라든 사람에게
말씀하셨다. "일어나서 가운데로 나
오너라."
4 그리고 예수께서 그들에게 말씀하셨
다. "안식일에 선한 일을 하는 것이
옳으냐? 악한 일을 하는 것이 옳으
냐? 목숨을 구하는 것이 옳으냐?
죽이는 것이 옳으냐?" 그들은 잠잠
하였다.
5 예수께서 노하셔서, 그들을 둘러보
시고, 그들의 마음이 굳어진 것을 탄
식하시면서, 손이 오그라든 사람에
게 말씀하셨다. "손을 내밀어라." 그
사람이 손을 내미니, 그의 손이 회복
되었다.
6 그러자 바리새파 사람들은 바깥으
로 나가서, 곧바로 헤롯 당원들과 함
께 예수를 없앨 모의를 하였다.

많은 사람이 모여들다

7 ○예수께서 제자들과 함께 바닷가로
물러가시니, 갈릴리에서 많은 사람
이 따라왔다. 또한 유대와
8 예루살렘과 이두매와 요단 강 건너
편과 그리고 두로와 시돈 근처에서
도, 많은 사람이 그가 하신 모든 일
을 소문으로 듣고, 그에게로 몰려왔
다.
9 예수께서는 무리가 자기에게 밀려드
는 혼잡을 피하시려고, 제자들에게
분부하여 작은 배 한 척을 마련하게
하셨다.
10 그가 많은 사람을 고쳐 주셨으므로,
온갖 병으로 고통받는 사람들이, 누
구나 그에게 손을 대려고 밀려들었
기 때문이다.
11 또 ㉠악한 귀신들은 예수를 보기만
하면, 그 앞에 엎드려서 외쳤다. "당
신은 하나님의 아들입니다."
12 그러면 예수께서는 "나를 세상에 드
러내지 말아라" 하고, 그들을 엄하
게 꾸짖으셨다.

열두 제자를 뽑으시다 (마 10:1-4; 눅 6:12-16)

13 ○예수께서 산에 올라가셔서, 원하
시는 사람들을 부르시니, 그들이 예
수께로 나아왔다.
14 예수께서 열둘을 세우시고 [그들을
또한 사도라고 이름하셨다.] 이것은,
예수께서 그들을 자기와 함께 있게
하시고, 또 그들을 내보내어서 말씀
을 전파하게 하시며,
15 귀신을 쫓아내는 권능을 가지게 하
시려는 것이었다.
16 [예수께서 열둘을 임명하셨는데,] 그
들은, 베드로라는 이름을 덧붙여 주
신 시몬과,
17 '천둥의 아들'을 뜻하는 보아너게라
는 이름을 덧붙여 주신 세베대의 아

3:2 고발하려고 생명이 위독한 경우가 아니면 안식일에 병든 사람을 치료해서는 안 된다는 것이 바리새파 사람들의 율법 해석이었다.

3:4 예수님은 누군가를 돕는 선한 일을 하는 것을 목숨을 구하는 것과 똑같이 취급함으로써, 안식일에도 할 수 있는 일로 허락되어야 한다고 말씀하신다. 더 나아가 예수님은 안식일에 치료는 금지하면서, 안식일에 예수님을 죽이려는 결의를 하고 있는 바리새파 사람들을 비판하신 것이다.

3:7-8 본절에 언급된 지명들은 사실상 이스라엘 전 지역과 그 주변 지역을 모두 포함한다. 이는 예수님의 공생애 초기에 그분의 가르침과 이적이 매우 빠른 속도로 전파되어 사람들의 관심을 불러일으켰음을 뜻한다.

3:13-19 **열둘을 세우시고** '12'는 열두 지파로 구성되어 있던 하나님의 백성 이스라엘을 상징하는 수이다. 따라서 예수님께서 열두 명의 제자로 세

㉠ 그, '더러운'

들들인 야고보와, 그의 동생 요한과,
18 안드레와 빌립과 바돌로매와 마태와
도마와 알패오의 아들 야고보와 다
대오와 ㉠ 열혈당원 시몬과,
19 예수를 넘겨준 가룟 유다이다.

예수와 바알세불

(마 12:22-32; 눅 11:14-23; 12:10)

20 ○예수께서 집에 들어가시니, 무리가
다시 모여들어서, 예수의 일행은 음
식을 먹을 겨를도 없었다.
21 예수의 가족들이, 예수가 미쳤다는
소문을 듣고서, 그를 붙잡으러 나섰
다.
22 예루살렘에서 내려온 율법학자들
은, 예수가 바알세불이 들렸다고 하
고, 또 그가 귀신의 두목의 힘을 빌
어서 귀신을 쫓아낸다고도 하였다.
23 그래서 예수께서 그들을 불러 놓고,
비유로 그들에게 말씀하셨다. "사탄
이 어떻게 사탄을 쫓아낼 수 있느냐?
24 한 나라가 갈라져서 서로 싸우면, 그
나라는 버틸 수 없다.
25 또 한 가정이 갈라져서 싸우면, 그
가정은 버티지 못할 것이다.
26 사탄이 스스로에게 반란을 일으켜
서 갈라지면, 버틸 수 없고, 끝장이
난다.
27 먼저 힘센 사람을 묶어 놓지 않고서
는, 아무도 그 사람의 집에 들어가서
세간을 털어 갈 수 없다. 묶어 놓은
뒤에야, 그 집을 털어 갈 것이다.
28 ○내가 진정으로 너희에게 말한다.
사람들이 짓는 모든 죄와 그들이 하
는 어떤 비방도 용서를 받을 것이다.
29 그러나 성령을 모독하는 사람은 용
서를 받지 못하고, 영원한 죄에 매인
다."
30 예수께서 이 말씀을 하신 것은, 사
람들이 "그는 ㉡악한 귀신이 들렸다"
하고 말하였기 때문이다.

예수의 어머니와 형제 자매들

(마 12:46-50; 눅 8:19-21)

31 ○그 때에 예수의 어머니와 동생들
이 찾아와, 바깥에 서서, 사람을 들
여보내어 예수를 불렀다.
32 무리가 예수의 주위에 둘러앉아 있
다가, 그에게 말하였다. "보십시오,
선생님의 어머니와 동생들과 ㉢누이
들이 바깥에서 선생님을 찾고 있습
니다."
33 예수께서 그들에게 대답하셨다. "누
가 내 어머니이며, 내 형제들이냐?"
34 그리고 주위에 둘러앉은 사람들을
둘러보시고 말씀하셨다. "보아라, 내
어머니와 내 ㉣ 형제자매들이다.
35 누구든지 하나님의 뜻을 행하는 사
람이 곧 내 형제요 자매요 어머니다."

씨 뿌리는 사람 비유 (마 13:1-9; 눅 8:4-8)

4 예수께서 다시 바닷가에서 가르치
기 시작하셨다. 매우 큰 무리가 모

우신 데는 믿음으로 하나님의 백성이 될 새 이스라엘을 모으신다는 뜻이 담겨 있다.

3:22 바알세불 문자적으로 '집 주인'이란 뜻이며, *귀신의 왕인 사탄을 가리킨다.* 팔레스타인의 토착신인 '바알세붑'과 동일한 신으로 간주되고 있다.

3:29 성령의 역사는 사람의 마음을 감동시켜 죄를 깨닫고 회개하게 하는 것이다. 성령을 모독하는 것은 성령의 역사를 거역하고, 회개하기를 거부하는 것이다.

4장 요약 예수님은 영적 진리를 교훈하시기 위해 자연 사물과 생활 관습을 소재로 사용하셨다. 여기의 세 가지 비유는 마태복음서 13장의 하늘 나라 비유와 그 취지는 동일하지만 마태가 언급한 누룩, 그물, 진주, 보물 비유를 생략하고 풍랑을 잠잠하게 하신 기사를 기록하고 있다.

㉠ 또는 '가나안 사람' ㉡ 그, '더러운' ㉢ 다른 고대 사본들에는 '누이들'이 없음 ㉣ 그, '형제들'

여드니, 예수께서는 배에 오르셔서,
바다쪽에 앉으셨다. 무리는 모두 바
닷가 뭍에 있었다.
2 예수께서 비유로 여러 가지를 가르
치셨는데, 가르치시면서 그들에게 이
렇게 말씀하셨다.
3 "잘 들어라. 씨를 뿌리는 사람이 씨
를 뿌리러 나갔다.
4 그가 씨를 뿌리는데, 더러는 길가에
떨어지니, 새들이 와서 그것을 쪼아
먹었다.
5 또 더러는 흙이 많지 않은 돌짝밭에
떨어지니, 흙이 깊지 않으므로 싹은
곧 나왔지만,
6 해가 뜨자 타버리고, 뿌리가 없어서
말라 버렸다.
7 또 더러는 가시덤불 속에 떨어지니,
가시덤불이 자라 그 기운을 막아 버
려서, 열매를 맺지 못하였다.
8 그런데 더러는 좋은 땅에 떨어져서,
싹이 나고, 자라서, 열매를 맺었다.
그리하여 삼십 배, 육십 배, 백 배가
되었다."
9 예수께서 덧붙여서 말씀하셨다. "들
을 귀가 있는 사람은 들어라."

비유로 말씀하신 목적 (마 13:10-17; 눅 8:9-10)

10 ○예수께서 혼자 계실 때에, 예수의
주위에 둘러 있는 사람들이, 열두 제
자와 함께, 그 비유들이 무슨 뜻인지
를 예수께 물었다.
11 예수께서 그들에게 말씀하셨다. "너
희에게는 하나님 나라의 비밀을 맡
겨 주셨다. 그러나 저 바깥 사람들에
게는 모든 것이 ㉠수수께끼로 들린
다.
12 그것은
㉡'그들이 보기는 보아도 알지 못
하고, 듣기는 들어도 깨닫지 못
하게 하셔서, 그들이 돌아와서
용서를 받지 못하게 하시려는'
것이다."

씨 뿌리는 사람 비유의 설명
(마 13:18-23; 눅 8:11-15)

13 ○그리고 예수께서 그들에게 말씀하
셨다. "너희가 이 비유를 알아듣지
못하면서, 어떻게 모든 비유를 이해
하겠느냐?
14 씨를 뿌리는 사람은 말씀을 뿌리는
것이다.
15 길가에 뿌려지는 것들이란 이런 사
람들이다. 그들에게 말씀이 뿌려질
때에 그들이 말씀을 듣기는 하지만,
곧바로 사탄이 와서, 그들에게 뿌려
진 그 말씀을 빼앗아 간다.
16 돌짝밭에 뿌려지는 것들이란 이런
사람들이다. 그들은 말씀을 들으면
곧 기쁘게 받아들이기는 하지만,
17 그들 속에 뿌리가 없어서 오래가지
못하고, 그 말씀 때문에 환난이나
박해가 일어나면 곧 걸려 넘어진다.

4:1-20 '씨 뿌리는 사람 비유'는 좋은 열매를 맺기 위해서 먼저 마음 밭을 잘 가꿔야 함을 의미한다. 작은 씨앗 하나가 적으면 30개, 많으면 100개로 불어나듯이 주님의 복음의 말씀을 듣고 그것을 마음에 새겨 그대로 행하는 자는 그와 같이 풍성한 열매를 맺을 수 있다. 하지만 재물과 쾌락에 빠져 주님의 말씀을 깨닫지 못하는 자는 가시덤불 속에 뿌려진 씨앗처럼 아무런 열매도 맺지 못하게 된다.

4:4-7 당시 이스라엘의 파종 과정은 오늘날과 달랐는데, 먼저 밭을 갈고 씨를 뿌리지 않고 반대로 씨를 뿌린 다음에 밭갈이를 했다. 이로써 예수님의 비유에 나오는 씨앗 중 4분의 3이 손실된 이유를 알 수 있다.

4:11-12 비유로 말씀하신 목적 믿는 자들은 계시를 받아 하나님의 나라에 관한 비밀을 알 수 있으나 불신자들은 계속 '비밀'로 남는다는 뜻이다.

㉠ 그, '비유로' ㉡ 사 6:9, 10(칠십인역)

18 가시덤불 속에 뿌려지는 것들이란
달리 이런 사람들을 가리키는데, 그
들은 말씀을 듣기는 하지만,
19 세상의 염려와 재물의 유혹과 그 밖
에 다른 일의 욕심이 들어와 말씀을
막아서 열매를 맺지 못한다.
20 좋은 땅에 뿌려지는 것들이란 이런
사람들이다. 그들은 말씀을 듣고 받
아들여서, 삼십 배, 육십 배, 백 배의
열매를 맺는다."

등불은 등경 위에 (눅 8:16-18)

21 ○예수께서 그들에게 말씀하셨다.
"사람이 등불을 가져다가 말 아래에
나, 침상 아래에 두겠느냐? 등경 위
에다가 두지 않겠느냐?
22 숨겨 둔 것은 드러나고, 감추어 둔
것은 나타나기 마련이다.
23 들을 귀가 있는 사람은 들어라."
24 ○예수께서 그들에게 말씀하셨다.
"너희는 새겨들어라. 너희가 되질하
여 주는 만큼 너희에게 되질하여 주
실 것이요, 덤으로 더 주실 것이다.
25 가진 사람은 더 받을 것이요, 가지지
못한 사람은 그 가진 것마저 빼앗길
것이다."

스스로 자라는 씨 비유

26 ○예수께서 또 말씀하셨다. "하나님
나라는 이렇게 비유할 수 있다. 어떤
사람이 땅에 씨를 뿌려 놓고,
27 밤낮 자고 일어나고 하는 사이에 그
씨에서 싹이 나고 자라지만, 그 사람
은 어떻게 그렇게 되는지를 알지 못
한다.
28 땅이 저절로 열매를 맺게 하는데, 처
음에는 싹을 내고, 그 다음에는 이
삭을 내고, 또 그 다음에는 이삭에
알찬 낟알을 낸다.
29 열매가 익으면, 곧 낫을 댄다. 추수
때가 왔기 때문이다."

겨자씨 비유 (마 13:31-32; 눅 13:18-19)

30 ○예수께서 또 말씀하셨다. "우리가
하나님의 나라를 어떻게 비길까? 또
는 무슨 비유로 그것을 나타낼까?
31 ㉠겨자씨와 같으니, 그것은 땅에 심
을 때에는 세상에 있는 어떤 씨보다
도 더 작다.
32 그러나 심고 나면 자라서, 어떤 풀보
다 더 큰 가지들을 뻗어, 공중의 새
들이 그 그늘에 깃들일 수 있게 된
다."

비유로 가르치시다 (마 13:34-35)

33 ○예수께서는, 그들이 알아들을 수
있는 정도로, 이와 같이 많은 비유
로 말씀을 전하셨다.
34 비유가 아니면 말씀하지 않으셨으
나, 제자들에게는 따로 모든 것을 설
명해 주셨다.

풍랑을 잔잔하게 하시다
(마 8:23-27; 눅 8:22-25)

35 ○그 날 저녁이 되었을 때에, 예수께

4:22 예수님의 말씀은 '메시아 비밀 사상'과 관련이 있다. 등불이신 예수님은 당분간 자신의 신분을 감추셨지만, 십자가와 부활을 통해, 또한 복음의 전도를 통해 결국 언젠가는 드러나게 될 것이다.
4:26-29 이 비유는 하나님의 나라에 관한 것이다. 낟알에 비교되는 작고 초라한 시작과, 풍부한 결실이 이루어지는 마지막이 서로 대조를 이룬다. 하나님의 나라(통치)는 이미 예수님의 인격과 활동 속에서 시작되었다. 아직은 작은 씨앗 같아서 사람들 눈에 잘 뜨이지 않지만, 점점 더 분명해져 마침내 종말에는 하나님의 완전한 통치가 이루어질 것이다.
4:30-32 겨자씨의 비유는 스스로 자라는 씨의 비유(26-29절)와 그 뜻이 같다. 하나님의 나라가 작은 시작을 통해 세계적인 크기로 성장한다는 것이다. 겨자나무에 깃들인 새들은 이방 민족들을 가리킨다(참조. 겔 31:6).

㉠ 또는 '겨자씨와 관련된 사정과 같으니'

서 제자들에게 말씀하셨다. "바다
저쪽으로 건너가자."
36 그래서 그들은 무리를 남겨 두고, 예
수를 배에 계신 그대로 모시고 갔는
데, 다른 배들도 함께 따라갔다.
37 그런데 거센 바람이 일어나서, 파도
가 배 안으로 덮쳐 들어오므로, 물
이 배에 벌써 가득 찼다.
38 예수께서는 고물에서 베개를 베고
주무시고 계셨다. 제자들이 예수를
깨우며 말하였다. "선생님, 우리가 죽
게 되었는데도, 아무렇지도 않으십
니까?"
39 예수께서 일어나 바람을 꾸짖으시고,
바다더러 "고요하고, 잠잠하여라" 하
고 말씀하시니, 바람이 그치고, 아주
고요해졌다.
40 예수께서 그들에게 말씀하셨다. "왜
들 무서워하느냐? 아직도 믿음이 없
느냐?"
41 그들은 큰 두려움에 사로잡혀서 서
로 말하였다. "이분이 누구이기에,
바람과 바다까지도 그에게 복종하
는가?"

귀신 들린 사람들을 고치시다
(마 8:28-34; 눅 8:26-39)

5 그들은 바다 건너편 ㉠거라사 사람
들의 지역으로 갔다.
2 예수께서 배에서 내리시니, 곧 ㉡악
한 귀신 들린 사람 하나가 무덤 사이
에서 나와서, 예수와 만났다.
3 그는 무덤 사이에서 사는데, 이제는
아무도 그를 쇠사슬로도 묶어 둘 수
없었다.
4 여러 번 쇠고랑과 쇠사슬로 묶어 두
었으나, 그는 쇠사슬도 끊고 쇠고랑
도 부수었다. 아무도 그를 휘어잡을
수 없었다.
5 그는 밤낮 무덤 사이나 산 속에서
살면서, 소리를 질러 대고, 돌로 제
몸에 상처를 내곤 하였다.
6 그가 멀리서 예수를 보고, 달려와 엎
드려서
7 큰소리로 외쳤다. "더 없이 높으신
하나님의 아들 예수님, 나와 무슨 상
관이 있습니까? 하나님을 두고 애원
합니다. 제발 나를 괴롭히지 마십시
오."
8 그것은 예수께서 이미 그에게 "㉡악
한 귀신아, 그 사람에게서 나가라"
하고 명하셨기 때문이다.
9 예수께서 그에게 물으셨다. "네 이름
이 무엇이냐?" 그가 대답하였다. "군
대입니다. 우리의 수가 많기 때문에
붙여진 이름입니다."
10 그리고는, 자기들을 그 지역에서 내
쫓지 말아 달라고 예수께 간청하였
다.
11 ○마침 그 곳 산기슭에 놓아 기르는
큰 돼지 떼가 있었다.

5장 요약 예수님은 인간의 한계 상황을 전제한 세 사건을 정복하심으로 신적 권능은 물론, '우리의 연약함을 동정하시는'(히 4:15) 치료자의 모습을 보여 주셨다. 한편 거라사의 귀신 들린 사람 치유 사건이 이방 사람 거주 지역인 데가볼리에서 발생한 것은 복음 사역이 이방으로 확장될 것을 예견하게 한다(행 26:17–18).

5:1–20 이 사건은 예수님이 악한 귀신에 사로잡혀 고통받는 한 사람을 어떻게 회복시켜 주셨는가를 보여 주고 있다. 곧, 이 사건이 전해 주는 기본 메시지는 하나님이 한 불행한 사람을 위해 예수님을 통해 큰 은혜를 베푸셨다(19절)는 것이다.

5:20 데가볼리 요단 강 주변의 열 도시로, 그 주민들은 그리스 문화의 영향을 받은 이방 사람이었다.

㉠ 다른 고대 사본들에는 '겔게사' 또는 '가다라' 또는 '가자라' ㉡ 그, '더러운'

12 귀신들이 예수께 간청하였다. "우리
를 돼지들에게로 보내셔서, 그것들
속으로 들어가게 해주십시오."
13 예수께서 허락하시니, ㉠악한 귀신들
이 나와서, 돼지들 속으로 들어갔다.
거의 이천 마리나 되는 돼지 떼가 바
다 쪽으로 비탈을 내리달아, 바다에
빠져 죽었다.
14 돼지를 치던 사람들이 달아나 읍내
와 시골에 이 일을 알렸다. 사람들
은 일어난 일이 무엇인지 보러 왔다.
15 그들은 예수에게 와서, 귀신 들린 사
람 곧 ㉡군대 귀신에 사로잡혔던 사
람이 옷을 입고 제정신이 들어 앉아
있는 것을 보고, 두려워하였다.
16 처음부터 이 일을 본 사람들은, 귀
신 들렸던 사람에게 일어난 일과 돼
지 떼에게 일어난 일을 그들에게 이
야기하였다.
17 그러자 그들은 예수께, 자기네 지역
을 떠나 달라고 간청하였다.
18 예수께서 배에 오르실 때에, 귀신 들
렸던 사람이 예수와 함께 있게 해
달라고 애원하였다.
19 그러나 예수께서는 허락하지 않으시
고, 그에게 말씀하셨다. "네 집으로
가서, 가족에게, 주님께서 너에게 큰
은혜를 베푸셔서 너를 불쌍히 여겨
주신 일을 이야기하여라."
20 그는 떠나가서, 예수께서 자기에게
하신 일을 ㉢데가볼리에 전파하였다.
그리하니 사람들이 다 놀랐다.

야이로의 딸과 혈루증 걸린 여자

(마 9:18-26; 눅 8:40-56)

21 ○예수께서 배를 타고 맞은편으로
다시 건너가시니, 큰 무리가 예수께
로 모여들었다. 예수께서 바닷가에
계시는데,
22 회당장 가운데서 야이로라고 하는
사람이 찾아와서 예수를 뵙고, 그
발 아래에 엎드려서
23 간곡히 청하였다. "내 어린 딸이 죽
게 되었습니다. 오셔서, 그 아이에게
손을 얹어 고쳐 주시고, 살려 주십시
오."
24 그래서 예수께서 그와 함께 가셨다.
○큰 무리가 뒤따라오면서 예수를
밀어댔다.
25 그런데 열두 해 동안 혈루증을 앓아
온 여자가 있었다.
26 여러 의사에게 보이면서, 고생도 많
이 하고, 재산도 다 없앴으나, 아무
효력이 없었고, 상태는 더 악화되었
다.
27 이 여자가 예수의 소문을 듣고서, 뒤
에서 무리 가운데로 끼여 들어와서
는, 예수의 옷에 손을 대었다.
28 (그 여자는 "내가 그의 옷에 손을 대
기만 하여도 나을 터인데!" 하고 ㉣생
각하고 있었던 것이다.)

5:22 발 아래에 엎드려서 신하로서의 경의를 표시하는 동작이었다(참조. 10:17).

5:23 그 아이에게 손을 얹어 '안수'를 말한다. 안수는 일반적으로 성경에서 병의 치유를 위한 동작이다.

5:25-34 본문의 여자는 '열두 해'라는 오랜 시간을 어떠한 의사도 고칠 수 없는 불치의 병에 시달리면서, 재산마저 다 없애 버린 절망적인 상태에 놓여 있었다. 그녀는 예수님의 기적적인 치유 능력에 대한 소문을 듣고, 사람들 틈에서 공개적으로 예수님께 간구하기를 주저하여(참조. 레 15:19-24) 몰래 그분의 옷에 손을 댐으로써 병 고침을 받았다. 이는 그녀가 예수님께 대한 절대적인 믿음을 가지고 있었기 때문이다.

5:33 하나님의 능력이 나타날 때 사람은 으레 두려움에 사로잡힌다(참조. 출 15:16;신 2:25;11:25;

㉠ 그, '더러운' ㉡ '레기온'. 로마 군대의 한 사단, 약 6,000명 ㉢ '열 도시' ㉣ 그, '말하고'

29 그래서 곧 출혈의 근원이 마르니, 그
여자는 몸이 나은 것을 느꼈다.
30 예수께서는 곧 자기에게서 능력이
나간 것을 몸으로 느끼시고, 무리
가운데서 돌아서서 "누가 내 옷에
손을 대었느냐?" 하고 물으셨다.
31 제자들이 예수께 "무리가 선생님을
에워싸고 떠밀고 있는데, 누가 손을
대었느냐고 물으십니까?" 하고 반문
하였다.
32 그러나 예수께서는 그렇게 한 여자
를 보려고 둘러보셨다.
33 그 여자는 자기에게 일어난 일을 알
므로, 두려워하여 떨면서, 예수께로
나아와 엎드려서 사실대로 다 말하
였다.
34 그러자 예수께서 그 여자에게 말씀
하셨다. "딸아, 네 믿음이 너를 구원
하였다. 안심하고 가거라. 그리고 이
병에서 벗어나서 건강하여라."
35 ○예수께서 말씀을 계속하고 계시는
데, 회당장의 집에서 사람들이 와서,
회당장에게 말하였다. "따님이 죽었
습니다. 이제 선생님을 더 괴롭혀서
무엇하겠습니까?"
36 예수께서 이 말을 곁에서 들으시고
서, 회당장에게 말씀하셨다. "두려워
하지 말고 믿기만 하여라."
37 그리고 베드로와 야고보와 야고보
의 동생 요한 밖에는, 아무도 따라오
는 것을 허락하지 않으셨다.
38 그들이 회당장의 집에 이르렀다. 예
수께서 사람들이 울며 통곡하며 떠
드는 것을 보시고,
39 들어가셔서, 그들에게 말씀하셨다.
"어찌하여 떠들며 울고 있느냐? 그
아이는 죽은 것이 아니라 자고 있다."
40 그들은 예수를 비웃었다. 그러나 예
수께서는 그들을 다 내보내신 뒤에,
아이의 부모와 일행을 데리고, 아이
가 있는 곳으로 들어가셨다.
41 그리고 아이의 손을 잡으시고 말씀
하셨다. "달리다굼!" (이는 번역하면
"소녀야, 내가 네게 말한다. 일어나거
라" 하는 말이다.)
42 그러자 소녀는 곧 일어나서 걸어 다
녔다. 소녀의 나이는 열두 살이었다.
사람들은 크게 놀랐다.
43 예수께서, 이 일을 아무에게도 알리
지 말라고 그들에게 엄하게 명하시
고, 소녀에게 먹을 것을 주라고 말씀
하셨다.

예수께서 고향에서 배척을 당하시다

(마 13:53-58; 눅 4:16-30)

6 예수께서 거기를 떠나서 고향에
가시니, 제자들도 따라갔다.
2 안식일이 되어서, 예수께서 회당에
서 가르치기 시작하셨다. 많은 사람
이 듣고, 놀라서 말하였다. "이 사람
이 어디에서 이런 모든 것을 얻었을

시 2:11;사 19:16).

5:41 손을 잡으시고 아이의 손을 잡으신 예수님의 손은 보호하고 도우시는 하나님의 능력있는 손을 연상케 한다(J. Gnilka). **달리다굼** '소녀야, 일어나거라'는 뜻의 아람어로서 아침에 아이를 깨울 때 어머니가 사용하는 말이었다. 예수님은 잠을 깨우듯이 아이를 살리셨다. 그러나 '내가 네게 말한다'가 첨가됨으로써, 평범해 보이는 예수님의 말씀이 능력의 말씀임을 나타낸다.

6장 요약 본장 7절부터 9:50까지는 주님의 3차 갈릴리 사역을 다루고 있다. 다음으로 세례자 요한의 죽음을 비교적 자세히 언급함으로써 당시 지배 계층의 타락과 부도덕성을 증거하고 있다. 오병이어와 물 위를 걸으신 사건은 자연계에 대한 예수님의 지배권을 나타낸다.

6:1 고향 예수님의 고향은 나사렛이다. 갈릴리 호수에서 서쪽으로 30km 지점에 있으며, 당시에는

까? 이 사람에게 있는 지혜는 어떤
것일까? 그가 어떻게 그 손으로 이
런 기적들을 일으킬까?
3 이 사람은 ㉠마리아의 아들 목수가
아닌가? 그는 야고보와 요셉과 유다
와 시몬의 형이 아닌가? 또 그의 누
이들은 모두 우리와 같이 여기에 살
고 있지 않은가?" 그러면서 그들은
예수를 ㉡달갑지 않게 여겼다.
4 그래서 예수께서 그들에게 말씀하셨
다. "예언자는 자기 고향과 자기 친
척과 자기 집 밖에서는, 존경을 받지
않는 법이 없다."
5 예수께서는 다만 몇몇 병자에게 손
을 얹어서 고쳐 주신 것 밖에는, 거기
서는 아무 기적도 행하실 수 없었다.
6 그리고 그들이 믿지 않는 것에 놀라
셨다.

열두 제자를 선교에 파송하시다
(마 10:1, 5-15; 눅 9:1-6)

○그리고 예수께서는 마을들을 두
루 돌아다니시며 가르치셨다.
7 그리고 열두 제자를 가까이 부르셔
서, 그들을 둘씩 둘씩 보내시며, 그
들에게 ㉢악한 귀신을 억누르는 권
능을 주셨다.
8 그리고 그들에게 명하시기를, 길을
떠날 때에는, 지팡이 하나 밖에는 아
무것도 가지고 가지 말고, 빵이나 자
루도 지니지 말고, 전대에 동전도 넣
어 가지 말고,
9 다만 신발은 신되, 옷은 두 벌 가지
지 말라고 하셨다.
10 또 그들에게 말씀하셨다. "어디서 어
느 집에 들어가든지, 그 곳을 떠날
때까지 거기에 머물러 있어라.
11 어느 곳에서든지, 너희를 영접하지
않거나, 너희의 말을 듣지 않거든, 그
곳을 떠날 때에 너희의 발에 묻은
먼지를 떨어서, 그들을 고발할 증거
물로 삼아라."
12 그들은 나가서, 회개하라고 선포하였
다.
13 그들은 많은 귀신을 쫓아내며, 수많
은 병자에게 기름을 발라서 병을 고
쳐 주었다.

세례자 요한의 죽음 (마 14:1-12; 눅 9:7-9)

14 ○예수의 이름이 널리 알려지니, 헤
롯 왕이 그 소문을 들었다. 사람들
은 말하기를 "㉣세례자 요한이, 죽은
사람들 가운데서 살아났다. 그 때문
에 그가 이런 놀라운 능력을 발휘하
는 것이다" 하고,
15 또 더러는 말하기를 "그는 엘리야다"
하고, 또 더러는 "옛 예언자들 가운
데 한 사람과 같은 예언자다" 하였
다.
16 그런데 헤롯이 이런 소문을 듣고서
말하기를 "내가 목을 벤 그 요한이
살아났구나" 하였다.

중요하지 않은 작은 마을이었다(요 1:46).

6:4 당시 유행하던 속담을 인용하신 것이다. 이 말씀은 곧 있게 될 제자들의 파송(6:7-13)과 관련이 있다. 그로부터 얼마 후에 제자들도 파송되었는데, 그들은 예수님의 경험을 통해 배척을 받더라도 낙심하지 말아야 함을 교훈 받았다.

6:7 둘씩 보내시며 선포되는 말씀에 대한 증거의 신실성(참조. 신 19:15;마 18:16)과 상호 협력을 위한 것으로 추측된다.

6:13 기름을 발라서 병자들에게 기름을 바르는 치료법은 당시 널리 유행했다(참조. 약 5:14-15).

6:14-29 평생을 예수님의 선구자 역할을 했던 세례자 요한은 그의 죽음을 통해 예수님의 고난과 죽으심을 예고하였다(참조. 9:11-13).

6:14 세례자 요한이 기적을 행했다는 말은 성경

㉠ 다른 고대 사본들에는 '목수와 마리아의 아들이 아닌가?' ㉡ '꺼려 하였다' 또는 '예수에게 걸려 넘어졌다' ㉢ 그, '더러운' ㉣ 또는 '침례자'

17 ○헤롯은 요한을 잡아오게 하여서,
옥에 가둔 일이 있었다. 헤롯이 자기
와 형제간인 빌립의 아내 헤로디아
때문에 그렇게 했던 것이다. 헤롯이
그 여자를 아내로 맞았으므로,
18 요한이 헤롯에게 형제의 아내를 차
지하는 것은 옳지 않다고 말해왔기
때문이다.
19 그래서 헤로디아는 요한에게 원한을
품고, 요한을 죽이고자 하였으나, 뜻
을 이루지 못하였다.
20 그것은, 헤롯이 요한을 의롭고 성스
러운 사람으로 알고, 그를 두려워하
며 보호해 주었고, 또 그의 말을 들
으면 몹시 괴로워하면서도 오히려
달게 들었기 때문이다.
21 그런데 좋은 기회가 왔다. 헤롯이 자
기 생일에 고관들과 천부장들과 갈
릴리의 요인들을 청하여 놓고, 잔치
를 베풀었는데,
22 ㉠헤로디아의 딸이 춤을 추어서, 헤
롯과 그 자리에 앉아 있는 사람들을
즐겁게 해주었다. 왕이 소녀에게 말
하였다. "네 소원을 말해 보아라. 내
가 들어주마."
23 그리고 그 소녀에게 굳게 맹세하였
다. "네가 원하는 것이면, 이 나라의
절반이라도 주겠다."
24 소녀가 바깥으로 나가서, 자기 어머니
에게 말하였다. "무엇을 달라고 청할
까요?" 그 어머니가 말하였다. "㉡세
례자 요한의 머리를 달라고 하여라."
25 소녀는 급히 왕에게로 돌아와서 청
하였다. "곧바로 서둘러서 ㉡세례자
요한의 머리를 쟁반에 담아서 내게
주십시오."
26 왕은 마음이 몹시 괴로웠지만, 맹세
한 것과 거기에 함께 앉아 있는 사
람들 때문에, 소녀가 달라는 것을 거
절할 수 없었다.
27 그래서 왕은 곧 호위병을 보내서, 요
한의 목을 베어 오게 하였다. 호위병
은 나가서, 감옥에서 요한의 목을 베
어서,
28 쟁반에 담아 소녀에게 주고, 소녀는
그것을 자기 어머니에게 주었다.
29 요한의 제자들이 이 소식을 듣고 와
서, 그 시체를 거두어다가 무덤에 안
장하였다.

오천 명을 먹이시다

(마 14:13-21; 눅 9:10-17; 요 6:1-14)

30 ○사도들이 예수께로 몰려와서, 자기
들이 한 일과 가르친 일을 다 그에게
보고하였다.
31 그 때에 예수께서 그들에게 말씀하
셨다. "너희는 따로 외딴 곳으로 와
서, 좀 쉬어라." 거기에는 오고가는
사람이 하도 많아서 음식을 먹을 겨
를조차 없었기 때문이다.
32 그래서 그들은 배를 타고, 따로 외딴

의 어느 곳에도 나오지 않는다. 그러나 헤롯은 그가 죽었다가 살아남으로써 새로운 능력을 받은 것이라고 추측한 것 같다.

6:17-18 세례자 요한은 친동생의 아내와 불륜의 결혼을 한 헤롯을 비난함으로써 그의 노여움을 샀다. 율법은 간음을 금지하고(출 20:14), 동생의 아내와 결합하는 것을 근친상간으로 정죄하고 있다(레 20:21).

6:26 역사가 요세푸스에 의하면 당시 왕의 잔치에서는 어떤 부탁도 거절하지 않는 관습이 있었다고 한다. 헤로디아는 이것을 이용한 것 같다.

6:31-44 오천 명이 넘는 많은 사람들을 먹이신 이 기적 사건이 주는 교훈은 예수님이 사람의 영적인 필요뿐만 아니라 육체적인 필요까지 채워 주시는 공급자요, 자기의 양 떼를 풍성하게 먹이시는 목자라는 것이다.

6:34 목자 없는 양과 같으므로 당시에 불의한 정치

㉠ 다른 고대 사본들에는 '그의 딸 헤로디아가' ㉡ 또는 '침례자'

곳으로 떠나갔다.
33 그런데 많은 사람이 이것을 보고, 그
들인 줄 알고, 여러 마을에서 발걸음
을 재촉하여 그 곳으로 함께 달려가
서, 그들보다 먼저 그 곳에 이르렀다.
34 예수께서 배에서 내려서 큰 무리를
보시고, 그들이 마치 목자 없는 양과
같으므로, 그들을 불쌍히 여기셨다.
그래서 그들에게 여러 가지로 가르
치기 시작하셨다.
35 날이 이미 저물었으므로, 제자들이
예수께 다가와서 말하였다. "여기는
빈 들이고 날도 이미 저물었습니다.
36 이 사람들을 헤쳐, 제각기 먹을 것을
사 먹게 근방에 있는 농가나 마을로
보내시는 것이 좋겠습니다."
37 예수께서 그들에게 말씀하셨다. "너
희가 그들에게 먹을 것을 주어라."
제자들이 그에게 말하였다. "그러면
우리가 가서 빵 이백 ㉠데나리온 어
치를 사다가 그들에게 먹이라는 말
씀입니까?"
38 예수께서 그들에게 말씀하셨다. "너
희에게 빵이 얼마나 있느냐? 가서,
알아보아라." 그들이 알아보고 말하
였다. "빵 다섯 개와 물고기 두 마리
가 있습니다."
39 예수께서는 제자들에게 명하여, 모
두들 떼를 지어 푸른 풀밭에 앉게
하셨다.
40 그들은 백 명씩 또는 쉰 명씩 떼를
지어 앉았다.
41 예수께서 빵 다섯 개와 물고기 두
마리를 들어서, 하늘을 쳐다보고 축
복하신 다음에, 빵을 떼어서 제자들
에게 주시고 사람들에게 나누어 주
게 하셨다. 그리고 그 물고기 두 마
리도 모든 사람에게 나누어 주셨다.
42 그들은 모두 배불리 먹었다.
43 빵 부스러기와 물고기 남은 것을 주
워 모으니, 열두 광주리에 가득 찼다.
44 빵을 먹은 사람은 남자 어른만도 오
천 명이었다.

예수께서 물 위로 걸으시다
(마 14:22-33; 요 6:15-21)

45 ○예수께서는 곧 제자들을 재촉하
여, 배를 태워, 자기보다 먼저 건너편
벳새다로 가게 하시고, 그 동안에 무
리를 헤쳐 보내셨다.
46 그들과 헤어지신 뒤에, 예수께서는
기도하시려고 산에 올라가셨다.
47 날이 저물었을 때에, 제자들이 탄 배
는 바다 한가운데 있었고, 예수께서
는 홀로 뭍에 계셨다.
48 그런데 예수께서는, 그들이 노를 젓
느라고 몹시 애쓰는 것을 보셨다. 바
람이 거슬러서 불어왔기 때문이다.
이른 새벽에 예수께서 바다 위를 걸
어서 그들에게로 가시다가, 그들을
지나쳐 가려고 하셨다.

지도자들이 백성을 억압하고 수탈한 것은 말할 것도 없고, 또한 형식적이고 위선적인 종교 지도자들이 백성을 영적으로 바로 인도하기보다는 오히려 자신들이 만든 복잡한 규례들로 그들을 정신적으로 압박하고 있었다. 따라서 예수님께 나아왔던 '큰 무리'는 어디에서도 참된 목자를 찾지 못해 방황하는 양들과 다를 바가 없었다.

6:42-44 빵 부스러기와 물고기 남은 것 남은 부스러기를 모으는 것은 유대의 식사에서 늘 하는 일로, 음식의 부패를 방지하기 위한 것이었다. 선한 목자이신 예수님(요 10:10-11)이 베푸신 축복의 풍성함과 오병이어(五餠二魚) 기적의 완전무결함과 위대함을 보여 준다.

6:45-46 기적을 경험한 무리가 예수님을 정치적이고 세속적인 메시아로 오해하여 그분을 억지로 왕으로 삼으려 했다. 예수님은 제자들을 재촉해 보내고 군중들로부터 물러나 기도하러 가셨다.

㉠ 한 데나리온은 노동자의 하루 품삯

49 제자들은 예수께서 바다 위로 걸어
오시는 것을 보고, 유령으로 생각하
고 소리쳤다.
50 그를 보고, 모두 놀랐기 때문이다.
그러나 예수께서 곧 그들에게 말씀
하셨다. "안심하여라. 나다. 두려워
하지 말아라."
51 그리고 예수께서 그들이 탄 배에 오
르시니, 바람이 그쳤다. 그래서 제자
들은 몹시 놀랐다.
52 그들은 빵을 먹이신 기적을 깨닫지
못하고, 마음이 무뎌져 있었다.

게네사렛에서 병자들을 고치시다 (마 14:34-36)

53 ○그들은 바다를 건너가서, 게네사
렛 땅에 이르러 닻을 내렸다.
54 그들이 배에서 내리니, 사람들이 곧
예수를 알아보고,
55 그 온 지방을 뛰어다니면서, 예수가
어디에 계시든지, 병자들을 침상에
눕혀서 그 곳으로 데리고 오기 시작
하였다.
56 예수께서, 마을이든 도시이든 농촌
이든, 어디에 들어가시든지, 사람들
이 병자들을 장터거리에 데려다 놓
고, 예수께 그 옷술만에라도 손을
대게 해달라고 간청하였다. 그리고
손을 댄 사람은 모두 병이 나았다.

장로들의 전통 (마 15:1-20)

7 바리새파 사람들과 예루살렘에서
내려온 율법학자 몇 사람이 예수
께로 몰려왔다.
2 그들은 예수의 제자들 가운데 몇 사
람이 부정한 손 곧 씻지 않은 손으
로 빵을 먹는 것을 보았다.
3 -바리새파 사람과 모든 유대 사람
은 장로들의 전통을 지켜, 규례대로
손을 씻지 않고서는 음식을 먹지 않
았으며,
4 ㉠또 시장에서 돌아오면, 몸을 정결
하게 하지 않고서는 먹지 않았다. 그
밖에도 그들이 전해 받아 지키는 규
례가 많이 있었는데, 그것은 곧 잔이
나 단지나 놋그릇이나 ㉡침대를 씻는
일이다.-
5 그래서 바리새파 사람들과 율법학
자들이 예수께 물었다. "왜 당신의
제자들은 장로들이 전하여 준 전통
을 따르지 않고, 부정한 손으로 음
식을 먹습니까?"
6 예수께서 그들에게 대답하셨다. "이
사야가 너희 같은 위선자들을 두고
적절히 예언하였다. 이렇게 기록되어
있다.

㉢'이 백성은 입술로는 나를 공경
해도, 마음은 내게서 멀리 떠나
있다.
7 그들은 사람의 훈계를 교리로
가르치며, 나를 헛되이 예배한
다.'

8 너희는 하나님의 계명을 버리고, 사

7장 요약 예수님의 교훈과 행동에 대하여 당시의 종교 지도자들과 기득권층은 연합 전선을 형성해 대적하였다. 손 씻는 문제를 논쟁하실 때 예수님은 공격적인 자세로 그들의 사악한 의도를 질책하셨으며, 또 제기하지 않은 문제(아버지와 어머니 공경)까지 들추어서 위선자들의 본성을 통렬히 공박하셨다.

7:1-23 예수님은 이 논쟁을 통해 무엇이 진정으로 사람을 더럽히는가를 교훈하고 계신다. 외적인 청결보다는 내적인 정결을, 형식적으로 전통을 준수하기보다는 마음으로부터 하나님의 계명을 지킬 것을 강조하셨다.

7:3 장로들의 전통 바리새파 사람들은 구약 성경에 기록된 율법뿐만 아니라 조상들이 구전으로

㉠ 다른 고대 사본들에는 '또 시장에서 돌아오면, 몸을 정결하게 하지 않고서는 먹지 않았다'가 없음 ㉡ 다른 고대 사본들에는 '침대'가 없음 ㉢ 사 29:13(칠십인역)

람의 전통을 지키고 있다."
9 또 그들에게 말씀하셨다. "너희는 너
희의 전통을 지키려고 하나님의 계
명을 잘도 저버린다.
10 모세가 말하기를 ㉠'네 아버지와 네
어머니를 공경하여라' 하고, 또 ㉡'아
버지나 어머니를 욕하는 자는 반드
시 죽을 것이다' 하였다.
11 그러나 너희는 말한다. 누구든지 아
버지나 어머니에게 말하기를 '내게서
받으실 것이 고르반(곧 하나님께 드
리는 예물)이 되었습니다' 하고 말만
하면 그만이라고 말한다.
12 그러면서 아버지나 어머니에게 그 이
상 아무것도 해 드리지 못하게 한다.
13 너희는 너희가 물려받은 전통을 가
지고, 하나님의 말씀을 헛되게 하며,
또 이와 같은 일을 많이 한다."
14 ○예수께서 다시 무리를 가까이 부
르시고서, 그들에게 말씀하셨다. "너
희는 모두 내 말을 듣고 깨달아라.
15 무엇이든지 사람 밖에서 사람 안으
로 들어가는 것으로서 그 사람을 더
럽히는 것은 아무것도 없다.
16 사람에게서 나오는 것이 그 사람을
더럽힌다.㉢"
17 예수께서 무리를 떠나 집으로 들어
가셨을 때에, 제자들이 그 비유를
두고 물었다.
18 예수께서 그들에게 말씀하셨다. "너
희도 아직 깨닫지 못하느냐? 밖에서
사람의 몸 속으로 들어가는 것이 사
람을 더럽히지 못한다는 것을 알지
못하느냐?
19 밖에서 사람 안으로 들어가는 것은
무엇이든지, 사람의 마음 속으로 들
어가지 않고, 뱃속으로 들어가서 뒤
로 나가기 때문이다." 예수께서는 이
런 말씀을 하여 모든 음식은 깨끗하
다고 하셨다.
20 또 그들에게 말씀하셨다. "사람에게
서 나오는 것, 그것이 사람을 더럽힌
다.
21 나쁜 생각은 사람의 마음에서 나오
는데, 곧 음행과 도둑질과 살인과
22 간음과 탐욕과 악의와 사기와 방탕
과 악한 시선과 모독과 교만과 어리
석음이다.
23 이런 악한 것이 모두 속에서 나와서
사람을 더럽힌다."

시로페니키아 여자의 믿음 (마 15:21-28)

24 ○예수께서 거기에서 일어나셔서,
㉣두로 지역으로 가셨다. 그리고 어
떤 집에 들어가셨는데, 아무도 그것
을 모르기를 바라셨으나, 숨어 계실
수가 없었다.
25 ㉤악한 귀신 들린 딸을 둔 여자가 곧
바로 예수의 소문을 듣고 와서, 그의
발 앞에 엎드렸다.
26 그 여자는 그리스 사람으로서, 시로

전한 계율도 지켜야 한다고 주장했다.

7:11-13 예수님은 유대 사람들이 물건을 하나님께 예물로 드려서 다른 사람이 사용하지 못하게 하는 서약문인 '고르반'이라는 인위적인 전통을 핑계 삼아 하나님의 계명을 무시할 뿐 아니라, 그것으로 아버지와 어머니를 공경하지 않는 비인간적인 행위를 정당화 하는 것을 책망하신다. 고르반 맹세는 하나님을 섬기기 위한 것이었다. 그리고 하나님을 섬기는 일이 사람(아버지와 어머니)에 대한 봉사보다 우선한다. 그러나 예수님은 하나님을 섬기는 일과 사람에 대한 봉사를 분리해서 생각하지 않으셨다. 하나님의 계명은 문자적으로 파악될 수 없으며, 사랑에 입각해서 해석되어야 한다.

7:14-16 예수님은 밖에서 안으로 들어가는 음식

㉠ 출 20:12; 신 5:16 ㉡ 출 21:17; 레 20:9 ㉢ 다른 고대 사본들에는 절 끝에 '들을 귀가 있는 사람들은 들어라'가 첨가되어 있음 ㉣ 다른 고대 사본들에는 '두로와 시돈 지역으로' ㉤ 그, '더러운'

페니키아 출생인데, 자기 딸에게서
귀신을 쫓아내 달라고 예수께 간청
하였다.
27 예수께서 그 여자에게 말씀하셨다.
"자녀들을 먼저 배불리 먹여야 한
다. 자녀들이 먹을 빵을 집어서 개들
에게 던져 주는 것은 옳지 않다."
28 그러나 그 여자가 예수께 말하였다.
"주님, 그러나 상 아래에 있는 개들
도 자녀들이 흘리는 부스러기는 얻
어먹습니다."
29 그래서 예수께서 그 여자에게 말씀
하셨다. "네가 그렇게 말하니, 돌아
가거라. 귀신이 네 딸에게서 나갔다."
30 그 여자가 집에 돌아가서 보니, 아이
는 침대에 누워 있고, 귀신은 이미
나가고 없었다.

귀 먹고 말 더듬는 사람을 고치시다

31 ○예수께서 다시 두로 지역을 떠나,
시돈을 거쳐서, ㉠ 데가볼리 지역 가
운데를 지나, 갈릴리 바다에 오셨다.
32 그런데 사람들이 귀 먹고 말 더듬는
사람을 예수께 데리고 와서, 손을 얹
어 주시기를 간청하였다.
33 예수께서 그를 무리로부터 따로 데
려가서, 손가락을 그의 귀에 넣고,
침을 뱉어서, 그의 혀에 손을 대셨다.
34 그리고 하늘을 우러러보시고서 탄식
하시고, 그에게 말씀하시기를 "에바
다" 하셨다. (그것은 열리라는 뜻이
다.)
35 그러자 곧 그의 귀가 열리고 혀가 풀
려서, 말을 똑바로 하였다.
36 ㉡예수께서 이 일을 아무에게도 말
하지 말라고 그들에게 명하셨으나,
말리면 말릴수록, 그들은 더욱더 널
리 퍼뜨렸다.
37 사람들이 몹시 놀라서 말하였다.
"그가 하시는 일은 모두 훌륭하다.
듣지 못하는 사람도 듣게 하시고, 말
못하는 사람도 말하게 하신다."

사천 명을 먹이시다 (마 15:32-39)

8 그 무렵에 다시 큰 무리가 모여 있
었는데, 먹을 것이 없었다. 예수께
서 제자들을 가까이 불러 놓고 말씀
하셨다.
2 "저 무리가 나와 함께 있은 지가 벌
써 사흘이나 되었는데, 먹을 것이 없
으니 가엾다.
3 내가 그들을 굶은 채로 집으로 돌려
보내면, 길에서 쓰러질 것이다. 더구
나 그 가운데는 먼 데서 온 사람들
도 있다."
4 제자들이 예수께 말하였다. "이 빈
들에서, 어느 누가, 무슨 수로, 이 모
든 사람이 먹을 빵을 장만할 수 있
겠습니까?"
5 예수께서 그들에게 물으셨다. "너희
에게 빵이 몇 개나 있느냐?" 그들이
대답하였다. "일곱 개가 있습니다."

이 사람을 더럽히는 것이 아니라, 사람에게서 나오는 나쁜 생각, 말, 행실이 사람을 더럽힌다고 하신다.

7:26-27 예수님은 이방 사람들에 대한 구원을 거절하신 것이 아니라, 유대 사람이 받고 난 다음에야 이방 사람이 구원을 받게 된다는 구원의 순서를 말씀하신 것이다. 이것은 당시 유대 사람들의 일반적인 생각이었으며, 신약 성경의 사상이기도 하다.

8장 요약 본장에 나오는 칠병이어 기적(사천 명을 먹이심)은 그 대상이 데가볼리 지역의 이방 사람이었다. 이방 사람들이 하늘 나라 복음의 전파 대상에서 기적의 수혜자로까지 인정된 것이다. 또한 예수님은 표징만을 요구하는 세대를 책망하시고 제자들의 어리석음을 꾸짖으셨다.

8:1-10 이 기적은 오천 명을 먹이신 기적(6:35-

㉠ '열 도시' ㉡ 그, '그가'

6 예수께서는 무리에게 명하여 땅에
앉게 하셨다. 그리고 빵 일곱 개를
들어서, 감사 기도를 드리신 뒤에, 떼
어서 제자들에게 주시고, 사람들에
게 나누어 주게 하시니, 제자들이 무
리에게 나누어 주었다.
7 또 그들에게는 작은 물고기가 몇 마
리 있었는데, 예수께서 그것을 축복
하신 뒤에, 그것도 사람들에게 나누
어 주게 하셨다.
8 그리하여 사람들이 배불리 먹었으
며, 남은 부스러기를 주워 모으니,
일곱 광주리에 가득 찼다.
9 사람은 사천 명쯤이었다. 예수께서
는 그들을 헤쳐 보내셨다.
10 그리고 곧 제자들과 함께 배에 올라,
ⓐ달마누다 지방으로 가셨다.

표징을 거절하시다 (마 16:1-4)

11 ○바리새파 사람들이 나와서는, 예
수에게 시비를 걸기 시작하였다. 그
들은 예수를 시험하느라고 그에게
하늘로부터 내리는 표징을 요구하였
다.
12 예수께서는 마음 속으로 깊이 탄식
하시고서 말씀하셨다. "어찌하여 이
세대가 표징을 요구하는가! 내가 진
정으로 너희에게 말한다. 이 세대는
아무 표징도 받지 못할 것이다."
13 그리고 예수께서는 그들을 떠나, 다
시 배를 타고 건너편으로 가셨다.

바리새파 사람들과 헤롯의 누룩

(마 16:5-12)

14 ○ⓑ제자들이 빵을 가져오는 것을 잊
었다. 그래서 그들이 탄 배 안에는
빵이 한 개밖에 없었다.
15 예수께서 제자들에게 경고하여 말
씀하셨다. "너희는 주의하여라. 바리
새파 사람의 누룩과 헤롯의 누룩을
조심하여라."
16 제자들은 서로 수군거리기를 "우리
에게 빵이 없어서 그러시는가 보다"
하였다.
17 예수께서 이것을 아시고 말씀하셨
다. "어찌하여 너희는 빵이 없는 것
을 두고 수군거리느냐? 아직도 알지
못하고 깨닫지 못하느냐? 너희의 마
음이 그렇게도 무디어 있느냐?
18 너희는, 눈이 있어도 보지 못하고,
귀가 있어도 듣지 못하느냐? 기억하
지 못하느냐?
19 내가 빵 다섯 개를 오천 명에게 떼어
주었을 때에, 너희는 남은 빵 부스러
기를 몇 광주리나 가득 거두었느
냐?" 그들이 그에게 대답하였다. "열
두 광주리입니다."
20 "빵 일곱 개를 사천 명에게 떼어 주
었을 때에는, 남은 부스러기를 몇 광
주리나 가득 거두었느냐?" 그들이
대답하였다. "일곱 광주리입니다."
21 예수께서 그들에게 말씀하셨다. "너

44)과 그 의미가 같지만 학자들은 여기서 기적의 대상이 갈릴리 동편 해안 근처의 데가볼리 지역의 이방 사람들이라는 데 큰 의미를 두고 있다.

8:11 하늘로부터 내리는 표징 예수님이 하나님께서 보내신 메시아임을 증명하는 표징을 보이라는 말이다(7:37). 지금까지의 수많은 표징을 바리새파 사람들은 고의로 믿지 않으려는 완악함을 보여 준다.

8:15 유대의 랍비들은 누룩을 악한 충동, 사람의 나쁜 성질을 뜻한다고 보았다. 바리새파 사람의 누룩은 형식주의와 거기서 발생하는 위선과 독선을, 헤롯의 누룩은 세속주의의 악영향을 말한다.

8:18 눈이 있어도…듣지 못하느냐? 예레미야서 5:21과 에스겔서 12:2의 인용이다. 마가복음서 4:12에서 적대자들과 군중들에게 하셨던 말씀을 지금은 제자들에게 하신다. 예수님의 기적을 눈으로 직접 보고도 깨닫지 못하는 제자들을 책망하신 것이다.

ⓐ 다른 고대 사본들에는 '마게다' 또는 '막달라' ⓑ 그, '그들이'

희가 아직도 깨닫지 못하느냐?"

벳새다의 눈먼 사람을 고치시다

22 ○그리고 그들은 벳새다로 갔다. 사
람들이 눈먼 사람 하나를 예수께 데
려와서, 손을 대 주시기를 간청하였
다.
23 예수께서 그 눈먼 사람의 손을 붙드
시고, 마을 바깥으로 데리고 나가셔
서, 그 두 눈에 침을 뱉고, 그에게 손
을 얹으시고서 물으셨다. "무엇이 보
이느냐?"
24 ㉠그 사람이 쳐다보고 말하였다. "사
람들이 보입니다. 나무 같은 것들이
걸어 다니는 것 같습니다."
25 그 때에 ㉡예수께서는 다시 그 사람
의 두 눈에 손을 얹으셨다. 그 사람
이 뚫어지듯이 바라보더니, 시력을
회복하여 모든 것을 똑똑히 보게 되
었다.
26 예수께서 그를 집으로 돌려보내시며
말씀하셨다. "마을로 들어가지 말아
라.㉢"

베드로가 예수를 그리스도로 고백하다

(마 16:13-20; 눅 9:18-21)

27 ○예수께서 제자들과 함께 빌립보의
가이사랴에 있는 여러 마을로 길을
나서셨는데, 도중에 제자들에게 물
으셨다. "사람들이 나를 누구라고
하느냐?"
28 제자들이 예수께 말하였다. "㉣세례
자 요한이라고 합니다. 엘리야라고
하는 사람들도 있고, 또 예언자 가
운데 한 분이라고 하는 사람들도 있
습니다."
29 예수께서 그들에게 물으셨다. "그러
면, 너희는 나를 누구라고 하느냐?"
베드로가 예수께 대답하였다. "선생
님은 ㉤그리스도이십니다."
30 예수께서 그들에게 엄중히 경고하시
기를, 자기에 관하여 아무에게도 말
하지 말라고 하셨다.

수난과 부활을 처음으로 예고하시다

(마 16:21-28; 눅 9:22-27)

31 ○그리고 예수께서는, ㉥인자가 반드
시 많은 고난을 받고, 장로들과 대제
사장들과 율법학자들에게 배척을
받아, 죽임을 당하고 나서, 사흘 후
에 살아나야 한다는 것을 그들에게
가르치기 시작하셨다.
32 예수께서 드러내 놓고 이 말씀을 하
시니, 베드로가 예수를 바싹 잡아당
기고, 그에게 항의하였다.
33 그러나 예수께서는 돌아서서, 제자
들을 보시고, 베드로를 꾸짖어 말씀
하셨다. "사탄아, 내 뒤로 물러가라.
너는 하나님의 일을 생각하지 않고,
사람의 일만 생각하는구나!"
34 ○그리고 예수께서 제자들과 함께
무리를 불러 놓고 그들에게 말씀하
셨다. "나를 따라오려고 하는 사람

8:22-26 듣지 못하고 말 못하는 사람의 치유와 마찬가지로 눈먼 사람의 치유도 예수님이 약속된 '메시아'이며 피조물을 새롭게 하시는 분이심을 증거하고 있다(참조. 7:37;마 11:2-5). 하지만 당시에 유대 사람들의 '메시아' 개념은 정치적이고 민족적이었기 때문에 예수님은 자신에 대해 오해하지 않도록 늘 경계하셨다(참조. 1:34;3:12;7:36;8:30).

8:31 베드로의 신앙 고백(참조. 마 16:16-19;눅 9:20-22)을 계기로 드디어 예수님은 구원 사역의 핵심이 되는 자신의 고난과 부활을 세 번에 걸쳐 예고하시게 된다(8:31;9:31;10:32-34).

8:33 사탄아, 내 뒤로 물러가라 이전에 사탄을 물리치셨을 때 하셨던(마 4:10) 말씀이다. 예수님은 사탄이 베드로를 통해서 예수님의 관심을 십자가에서 돌리도록 시험하고 있음을 느끼셨던 것이다.

㉠ 그, '그가' ㉡ 그, '그는' ㉢ 다른 고대 사본들에는 '마을 안에 있는 어느 누구에게도 말을 하지 말아라'가 첨가되어 있음 ㉣ 또는 '침례자' ㉤ 또는 '메시아' ㉥ 그, '사람의 아들이'

은, 자기를 부인하고, 자기 십자가를
지고, 나를 따라오너라.
35 누구든지 제 목숨을 구하고자 하는
사람은 잃을 것이요, 누구든지 나와
복음을 위하여 제 목숨을 잃는 사
람은 구할 것이다.
36 사람이 온 세상을 얻고도 제 목숨을
잃으면, 무슨 이득이 있겠느냐?
37 사람이 제 목숨을 되찾는 대가로 무
엇을 내놓겠느냐?
38 음란하고 죄가 많은 이 세대에서, 누
구든지 나와 내 말을 부끄럽게 여기
면, 인자도 자기 아버지의 영광에 싸
여 거룩한 천사들을 거느리고 올 때
에, 그를 부끄럽게 여길 것이다."

9

1 또 예수께서 그들에게 말씀하
셨다. "내가 진정으로 너희에게 말
한다. 여기에 서 있는 사람들 가운데
는, 죽기 전에 하나님의 나라가 권능
을 떨치며 와 있는 것을 볼 사람들도
있다."

영광스러운 모습으로 변모하시다

(마 17:1-13; 눅 9:28-36)

2 ○그리고 엿새 뒤에 예수께서 베드
로와 야고보와 요한만을 데리고, 따
로 높은 산으로 가셨다. 그런데, 그
들이 보는 앞에서, 그의 모습이 변하
였다.
3 그 옷은 세상의 어떤 빨래꾼이라도
그렇게 희게 할 수 없을 만큼 새하얗
게 빛났다.
4 그리고 엘리야가 모세와 함께 그들
에게 나타나더니, 예수와 말을 주고
받았다.
5 그래서 베드로가 예수께 말하였다.
"㉠랍비님, 우리가 여기에 있는 것이
좋겠습니다. 우리가 초막 셋을 지어
서, 하나에는 랍비님을, 하나에는 모
세를, 하나에는 엘리야를 모시겠습
니다."
6 베드로는 무슨 말을 해야 좋을지 몰
라서 이런 말을 했던 것이다. 제자들
이 겁에 질렸기 때문이다.
7 그런데 구름이 일어나서, 그들을 뒤
덮었다. 그리고 구름 속에서 소리가
났다. "이는 ㉡내 사랑하는 아들이
다. 너희는 그의 말을 들어라."
8 그들이 문득 둘러보았으나, 아무도
없고, 예수만 그들과 함께 계셨다.
9 ○그들이 산에서 내려올 때에, 예수
께서는 그들에게 명하시어, 인자가
죽은 사람들 가운데서 살아날 때까
지는, 본 것을 아무에게도 이야기하
지 말라고 하셨다.
10 그들은 이 말씀을 간직하고, 죽은
사람들 가운데서 살아난다는 것이
무슨 뜻인가를 서로 물었다.
11 그들이 예수께 묻기를 "어찌하여 율
법학자들은 엘리야가 먼저 와야 한
다고 합니까?" 하니,

9장 요약 예수님은 수난을 앞두고 변화 산 사건을 통해 자신의 메시아 되심을 다시 확증받으셨다. 이는 수난 예고에 심약해져 있던 제자들에게 용기와 담력을 주었다. 한편 예수님은 제자들에게 참 제자도를 가르치시면서(33-50절) 그들의 주의를 환기시키셨다.

9:1 죽기 전에…있다 대표적으로 두 가지 해석이 있다. ① 일주일 후에 세 제자가 예수님이 '아버지의 영광으로' 오실 것을 예시하는 변화 산에서의 '변모'를 볼 것을 예고하신 것이라는 설 ② 오순절 성령 강림과 복음의 빠른 확산을 볼 것이라는 설. 문맥상 ①의 해석이 더 타당하다.

9:5 모세는 율법의 대표요, **엘리야**는 예언자의 대표로서, 두 사람은 구약을 대표한다. 모세는 장차 오실 그리스도를 예언했고(신 18:15), 엘리야는 그리스도의 선구자로 예언되었다(말 4:5-6).

㉠ '스승' ㉡ 또는 '내 아들, 내 사랑하는 자다'

12 예수께서 그들에게 말씀하셨다. "확
실히 엘리야가 먼저 와서, 모든 것을
회복한다. 그런데, 인자가 많은 고난
을 받고 멸시를 당할 것이라고 기록
한 것은, 어찌 된 일이냐?
13 내가 너희에게 말한다. 엘리야는 이
미 왔다. 그런데, 그를 두고 기록한
대로, 사람들은 그를 함부로 대하였
다."

귀신 들린 아이를 고치시다

(마 17:14-20; 눅 9:37-43상반)

14 ○그들이 다른 제자들에게 와서 보
니, 큰 무리가 그 제자들을 둘러싸
고 있고, 율법학자들이 그들과 논쟁
을 하고 있었다.
15 온 무리가 곧 예수를 보고서는 몹시
놀라, 달려와서 인사하였다.
16 예수께서 그들에게 물으셨다. "너희
는 그들과 무슨 논쟁을 하고 있느
냐?"
17 무리 가운데 한 사람이 예수께 대답
하였다. "선생님, 내 아들을 선생님
께 데려왔습니다. 그 아이는 말을 못
하게 하는 귀신이 들려 있습니다.
18 어디서나 귀신이 아이를 사로잡으면,
아이를 거꾸러뜨립니다. 그러면 아
이는 거품을 흘리며, 이를 갈며, 몸
이 뻣뻣해집니다. 그래서 선생님의
제자들에게 그 귀신을 쫓아내 달라
고 했으나, 그들은 쫓아내지 못했습
니다."
19 예수께서 그들에게 말씀하셨다. "아,
믿음이 없는 세대여, 내가 언제까지
너희와 함께 있어야 하겠느냐? 내가
언제까지 너희에게 참아야 하겠느
냐? 아이를 내게 데려오너라."
20 그래서 그들이 아이를 예수께 데려
왔다. 귀신이 예수를 보자, 아이에게
즉시 심한 경련을 일으켰다. 아이는
땅에 넘어져서, 거품을 흘리면서 뒹
굴었다.
21 예수께서 그 아버지에게 물으셨다.
"아이가 이렇게 된 지 얼마나 되었느
냐?" 그가 대답하였다. "어릴 때부터
입니다.
22 귀신이 그 아이를 죽이려고, 여러
번, 불 속에도 던지고, 물 속에도 던
졌습니다. 하실 수 있으면, 우리를
불쌍히 여기시고, 도와주십시오."
23 예수께서 그에게 말씀하셨다. "'할
수 있으면'이 무슨 말이냐? 믿는 사
람에게는 모든 일이 가능하다."
24 그 아이 아버지는 ㉠큰소리로 외쳐
말했다. "내가 믿습니다. 믿음 없는
나를 도와주십시오."
25 예수께서 무리가 어울려 달려오는
것을 보시고, ㉡악한 귀신을 꾸짖어
말씀하셨다. "벙어리와 귀머거리가
되게 하는 귀신아, 내가 너에게 명한
다. 그 아이에게서 나가라. 그리고

9:11 제자들의 의문은 다음과 같은 것이었다. 율법학자들은 '종말이 이르기 전에 엘리야가 재림하여 이스라엘 백성을 하나님과 화해시키며, 이스라엘의 열두 지파를 재건시킬 것'이라고 가르쳤다(참조. 말 4:5-6). 그러나 이러한 화해와 재건이 실현되지 않았으므로, 메시아의 선구자인 엘리야가 오지 않은 것이 분명하다. 그럼에도, 어째서 예수님은 '메시아가 이미 왔으며, 또 죽으신다고 말씀하는가?'라는 것이다.

9:13 엘리야는 이미 왔으나 사람들이 알지 못했고, 사람들이 그를 죽임으로써 그에 대한 성경이 응했다는 말씀이다. 그는 세례자 요한이었다(참조. 마 11:14).

9:14 **율법학자들** 예루살렘의 산헤드린 의회에서 예수님의 공격할 증거를 입수하기 위해 파견된 사람들이다(참조. 3:22-30;7:1-5).

9:18 예수님의 제자들은 이미 귀신을 쫓아내는

㉠ 다른 고대 사본들에는 '울면서 큰소리로' ㉡ 그. '더러운'

다시는 그에게 들어가지 말아라."
26 그러자 귀신은 소리를 지르고서, 아
이에게 심한 경련을 일으켜 놓고 나
갔다. 아이는 죽은 것과 같이 되었
다. 그래서 사람들은 모두 말하기를
"아이가 죽었다" 하였다.
27 그런데 예수께서 아이의 손을 잡아
서 일으키시니, 아이가 일어섰다.
28 예수께서 집 안으로 들어가시니, 제
자들이 따로 그에게 물어 보았다.
"왜 우리는 귀신을 쫓아내지 못했습
니까?"
29 예수께서 그들에게 대답하셨다. "이
런 부류는 ㉠기도로 쫓아내지 않고
는, 어떤 수로도 쫓아낼 수 없다."

수난과 부활을 두 번째로 예고하시다 (마 17:22-23; 눅 9:43하반-45)

30 ○그들은 거기에서 나와서, 갈릴리를
가로질러 가고 있었다. 예수께서는
이것을 남들이 알기를 바라지 않으
셨다.
31 그것은 예수께서 제자들을 가르치
시며, 인자가 사람들의 손에 넘어가
고, 사람들이 그를 죽이고, 그가 죽
임을 당하고 나서, 사흘 후에 살아
날 것이라고 그들에게 말씀하고 계
셨기 때문이다.
32 그러나 제자들은 그 말씀을 깨닫지
못하였고, 예수께 묻기조차 두려워
하였다.

누가 크냐 (마 18:1-5; 눅 9:46-48)

33 ○그들은 가버나움으로 갔다. 예수
께서 집 안에 계실 때에, 제자들에
게 물으셨다. "너희가 길에서 무슨
일로 다투었느냐?"
34 제자들은 잠잠하였다. 그들은 길에
서, 누가 가장 큰 사람이냐 하는 것
으로 서로 다투었던 것이다.
35 예수께서 앉으신 다음에, 열두 제자
를 불러 놓고, 그들에게 말씀하셨다.
"누구든지 첫째가 되고자 하면, 그
는 모든 사람의 꼴찌가 되어서 모든
사람을 섬겨야 한다."
36 그리고 어린이 하나를 데려다가 그
들 가운데 세우신 다음에, 그를 껴
안아 주시고 그들에게 말씀하셨다.
37 "누구든지 내 이름으로 이런 어린이
들 가운데 하나를 영접하면, 그는
나를 영접하는 것이요, 누구든지 나
를 영접하는 사람은, 나를 영접하는
것보다, 나를 보내신 분을 영접하는
것이다."

우리를 반대하지 않는 사람은 우리를 지지하는 사람이다 (눅 9:49-50)

38 ○요한이 예수께 말하였다. "선생님,
㉡어떤 사람이 선생님의 이름으로 귀
신들을 쫓아내는 것을 우리가 보았
습니다. 그런데 그 사람은 우리를 따
르는 사람이 아니므로, 우리는 그가
그런 일을 하지 못하게 막았습니다."

권능을 부여받았다(3:14-15). 그런데 그들이 실패한 것은 하나님께 대한 전적인 신뢰, 곧 믿음과 기도가 부족했기(29절;마 17:20) 때문이다.

9:28-29 기도로 쫓아내지 않고는, 어떤 수로도 마태복음서 17:20에서는 '믿음이 적기 때문'이라고 하셨다. 제자들은 과거에 귀신을 추방했던 경험만을 믿고(6:7,13) 부주의하게도 기도하기를 게을리했다. 하나님의 능력은 매 순간마다 기도를 통해 하나님을 전적으로 신뢰할 때만 나타난다.

9:30 갈릴리를 가로질러 가고 있었다 예수님께서는 공생애를 거의 다 마치시고 십자가에서 죽으시기 위해 예루살렘을 향해 가시는 중이셨다.

9:31 사람들 산헤드린 공회의 지도자들, 곧 장로, 대제사장, 율법학자들을 말한다.

9:34 누가 가장 큰 사람이냐 예수님은 자신의 죽음을 말씀하시며, 동시에 부활에 대해서도 언급

㉠ 다른 고대 사본들에는 '기도와 금식으로' ㉡ 다른 고대 사본들에는 '우리를 따르지 않는 어떤 사람이'

39 그러나 예수께서는 이렇게 말씀하셨
다. "막지 말아라. 내 이름으로 기적
을 행하고 나서 쉬이 나를 욕할 사
람은 아무도 없기 때문이다.
40 우리를 반대하지 않는 사람은 우리
를 지지하는 사람이다.
41 내가 진정으로 너희에게 말한다. 너
희가 그리스도의 사람이라고 해서
너희에게 물 한 잔이라도 주는 사람
은, 절대로 자기가 받을 상을 잃지
않을 것이다."

죄의 유혹 (마 18:6-9; 눅 17:1-2)

42 ○"또 ㉠나를 믿는 이 작은 사람들
가운데서 하나라도 ㉡죄짓게 하는
사람은, 차라리 그 목에 큰 맷돌을
달고 바다에 빠지는 편이 낫다.
43 네 손이 너를 ㉡죄짓게 하거든, 그것
을 찍어 버려라. 네가 두 손을 가지
고 지옥에, 곧 그 꺼지지 않는 불 속
에 들어가는 것보다, 차라리 한 손
을 잃은 채로 생명에 들어가는 것이
낫다.
44 ㉢(없음)
45 네 발이 너를 ㉡죄짓게 하거든, 그것
을 찍어 버려라. 네가 두 발을 가지
고 ㉣지옥에 들어가는 것보다, 차라
리 한 발은 잃었으나 생명에 들어가
는 것이 낫다.
46 ㉢(없음)
47 또 네 눈이 너를 ㉡죄짓게 하거든, 그
것을 빼어 버려라. 네가 두 눈을 가
지고 ㉣지옥에 들어가는 것보다, 차
라리 한 눈으로 하나님의 나라에 들
어가는 것이 낫다.
48 ㉣지옥에서는 ㉤'㉥그들을 파먹는 구
더기들도 죽지 않고, 불도 꺼지지 않
는다.'
49 모든 사람이 다 소금에 절이듯 불에
절여질 것이다.
50 소금은 좋은 것이다. 그러나 소금이
짠 맛을 잃으면, 너희는 무엇으로 그
것을 짜게 하겠느냐? 너희는 너희
가운데 소금을 쳐 두어서, 서로 화
목하게 지내어라."

이혼을 비판하시다 (마 19:1-12)

10 예수께서 거기에서 떠나 유대
지방으로 가셨다가, 요단 강 건
너편으로 가셨다. 무리가 다시 예수
께로 모여드니, 그는 늘 하시는 대
로, 다시 그들을 가르치셨다.
2 ○바리새파 사람들이 다가와서, 예
수를 시험하여 물었다. "남편이 아내
를 버려도 됩니까?"
3 예수께서 그들에게 대답하셨다. "모
세가 너희에게 어떻게 하라고 명령
하였느냐?"
4 그들이 말하였다. "이혼증서를 써 주
고 아내를 버리는 것을 모세는 허락
하였습니다."
5 그러나 예수께서는 그들에게 말씀하

하셨다. 또한 '하나님의 나라가 권능을 떨치며 와 있는 것'을 볼 사람들도 있다고 하셨다(9:1). 제자들은 예수님이 예루살렘에서 왕위에 오르실 것이라는 기대를 버리지 못했다. 그래서 그들은 그때 누가 더 높은 지위를 차지할 것인지 다투고 있었던 것이다.

㉠ 다른 고대 사본들에는 '나를'이 없음 ㉡ 그, '넘어지게' ㉢ 권위있는 고대의 사본들에는 44절과 46절이 없음. 후대 사본에는 44절과 46절에 48절과 같은 본문이 첨가되어 있음 ㉣ 그, '게헨나' ㉤ 사 66:24 ㉥ 그, '그들의 벌레들'

10장 요약 3차 갈릴리 전도 후 예루살렘 입성을 목전에 둔 상황에서 발생한 예수님의 행적이다. 그러므로 여기에 등장하는 사건들은 다분히 종말론적, 구원론적인 취지를 내포하고 있다. 하나님의 나라(구원)는 겸손히 구주를 받아들이는 자에게 임하는 하나님의 선물이다.

10:2-12 바리새파 사람들은 일부다처제를 묵인하고, 신명기 24:1-4에 근거하여 이혼과 재혼을

셨다. "모세는 너희의 완악한 마음
때문에, 이 계명을 써서 너희에게 준
것이다.
6 그러나 하나님께서는 창조 때로부터
㉠'사람을 남자와 여자로 만드셨다.'
7 ㉡'그러므로 남자는 부모를 떠나서,
[자기 아내와 합하여]
8 둘이 한 몸이 된다.' 따라서, 그들은
이제 둘이 아니라, 한 몸이다.
9 그러므로 하나님이 짝지어 주신 것
을, 사람이 갈라놓아서는 안 된다."
10 집에 들어갔을 때에, 제자들이 이 말
씀을 두고 물었다.
11 예수께서 그들에게 말씀하셨다. "누
구든지 아내를 버리고 다른 여자에
게 장가드는 남자는, 아내에게 간음
을 범하는 것이요,
12 또 아내가 남편을 버리고 다른 남자
와 결혼하면, 그 여자는 간음하는
것이다."

어린이들을 축복하시다

(마 19:13-15; 눅 18:15-17)

13 ○사람들이, 어린이들을 예수께 데
리고 와서, 쓰다듬어 주시기를 바랐
다. 그런데 제자들이 그들을 꾸짖었
다.
14 그러나 예수께서는 이것을 보시고
노하셔서, 제자들에게 말씀하셨다.
"어린이들이 내게 오는 것을 허락하
고, 막지 말아라. 하나님 나라는 이
런 사람들의 것이다.
15 내가 진정으로 너희에게 말한다. 누
구든지 어린이와 같이 하나님 나라
를 받아들이지 않는 사람은 거기에
들어가지 못할 것이다."
16 그리고 예수께서는 어린이들을 껴안
으시고, 그들에게 손을 얹어서 축복
하여 주셨다.

부자 젊은이

(마 19:16-30; 눅 18:18-30)

17 ○예수께서 길을 떠나시는데, 한 사
람이 달려와서, 그 앞에 무릎을 꿇
고 그에게 물었다. "선하신 선생님,
내가 영원한 생명을 얻으려면, 무엇
을 해야 합니까?"
18 예수께서 그에게 말씀하셨다. "어찌
하여 너는 나를 선하다고 하느냐?
하나님 한 분 밖에는 선한 분이 없
다.
19 너는 계명을 알고 있을 것이다. ㉢'살
인하지 말아라, 간음하지 말아라, 도
둑질하지 말아라, 거짓으로 증언하
지 말아라, 속여서 빼앗지 말아라,
네 부모를 공경하여라' 하지 않았느
냐?"
20 그가 예수께 말하였다. "선생님, 나
는 이 모든 것을 어려서부터 다 지켰
습니다."
21 예수께서 그를 눈여겨보시고, 사랑
스럽게 여기셨다. 그리고 그에게 말

쉽게 허락하였다. 예수님은 이러한 이혼 관습을 비판하시며, 창조 때로부터 하나님께서 정하신 결혼 규례를 강조하시고 있다.

10:13 유대 어린이들은 회당에서 랍비에게 축복을 받는 풍습이 있었다. 어린이들을 귀찮은 존재로 여기는 것은 고대 사회의 공통된 경향이었다.

10:14-15 어린이들은 생활을 영위하기 위해 일하지 않고 부모들이 주는 것을 받아 먹는다. 마찬가지로 하나님 나라는, 당시 바리새파 사람들이 생각했던 것처럼 사람의 공로나 선행으로 차지하는 것이 아니다. 하나님 나라는 전적으로 하나님이 거저 주시는 선물이며, 은혜이다. 그러므로 하나님 나라에 들어가기 위한 유일한 조건은, 어린이와 같은 순수함과 자신의 마음을 비우는 겸손한 자세이다.

10:17-22 본문의 젊은이는 사회적 지위와 경제적 부와 종교적 열심을 가진 모범적인 인물이지만,

㉠ 창 1:27 ㉡ 창 2:24 ㉢ 출 20:12-16; 신 5:16-20

씀하셨다. "너에게는 한 가지 부족
한 것이 있다. 가서, 네가 가진 것을
다 팔아서, 가난한 사람들에게 주어
라. 그리하면, 네가 하늘에서 보화
를 차지하게 될 것이다. 그리고, 와
서, 나를 따라라."
22 그러나 그는 이 말씀 때문에, 울상을
짓고, 근심하면서 떠나갔다. 그에게
는 재산이 많았기 때문이다.
23 ○예수께서 둘러보시고, 제자들에게
말씀하셨다. "재산을 가진 사람은,
하나님의 나라에 들어가기가 참으
로 어렵다."
24 제자들은 그의 말씀에 놀랐다. 예수
께서 다시 그들에게 말씀하셨다.
"이 사람들아, 하나님의 나라에 들
어가기는 참으로 어렵다.
25 부자가 하나님의 나라에 들어가는
것보다 낙타가 바늘귀로 지나가는
것이 더 쉽다."
26 제자들은 더욱 놀라서 "그렇다면, 누
가 구원을 받을 수 있겠는가?" 하고
㉠서로 말하였다.
27 예수께서 그들을 눈여겨보시고, 말
씀하셨다. "사람에게는 불가능하나,
하나님께는 그렇지 않다. 하나님께
는 모든 일이 가능하다."
28 베드로가 예수께 말씀드렸다. "보십
시오, 우리는 모든 것을 버리고 선생
님을 따라왔습니다."
29 예수께서 말씀하셨다. "내가 진정으
로 너희에게 말한다. 나를 위하여,
또 ㉡복음을 위하여, 집이나 형제나
자매나 어머니나 아버지나 자녀나
논밭을 버린 사람은,
30 지금 이 세상에서는 박해도 받겠지
만 집과 형제와 자매와 어머니와 자
녀와 논밭을 백 배나 받을 것이고,
오는 세상에서는 영원한 생명을 받
을 것이다.
31 그러나 첫째가 꼴찌가 되고 꼴찌가
첫째가 되는 사람이 많을 것이다."

죽음과 부활을 세 번째로 예고하시다
(마 20:17-19; 눅 18:31-34)

32 ○그들은 예루살렘으로 올라가고 있
었다. 예수께서 앞장 서서 가시는데,
제자들은 놀랐으며, 뒤따라가는 사
람들은 두려워하였다. 예수께서 다
시 열두 제자를 곁에 불러 놓으시
고, 앞으로 자기에게 닥칠 일들을 그
들에게 일러주시기 시작하셨다.
33 "보아라, 우리는 예루살렘으로 올라
가고 있다. 인자가 대제사장들과 율
법학자들에게 넘어갈 것이다. 그들
은 인자에게 사형을 선고하고, 이방
사람들에게 넘겨줄 것이다.
34 그리고 이방 사람들은 인자를 조롱
하고 침 뱉고 채찍질하고 죽일 것이
다. 그러나 그는 사흘 후에 살아날
것이다."

그는 선행으로 영원한 생명을 얻을 것이라는 잘못된 구원관과 적극적인 이웃 사랑이라는 계명의 핵심을 간과한 형식적인 율법관을 가지고 있었다. 그리하여 그는 결국 근심하며 돌아가 버렸다.

10:26 더욱 놀라서…서로 말하였다 당시 대부분의 유대 사람들은 물질적인 부(富)가 하나님의 축복이라고 생각했으며, 반대로 가난은 악의 대가라고 믿었다(참조. 대상 29:12;욥 4:7;15:29).

10:29-30 이 말씀은 예수님을 따르는 모든 사람들에게 해당되는 약속이다. 예수님과 복음을 위해 무엇인가를 희생하고 하나님께 더 많은 것으로 보상받지 못하는 사람은 없다.

10:32-34 예수님의 고난과 죽음에 대한 세 번째 예고이다. 여기에서는 특히 고난의 장소가 예루살렘이 되리라는 것이 밝혀지고 있다.

10:32 앞장 서서 가시는데 예수님은 하나님의 뜻을 따라 조금도 주저하지 않고 죽음의 장소로 가

㉠ 다른 고대 사본들에는 '그에게' ㉡ 또는 '기쁜 소식'

야고보와 요한의 요구 (마 20:20-28)

35 ○세베대의 아들들인 야고보와 요
한이 예수께 다가와서 말하였다. "선
생님, 우리가 요구하는 것은, 무엇이
든지 해주시기 바랍니다."
36 예수께서 그들에게 말씀하셨다. "너
희는 내가 너희에게 무엇을 해주기
를 바라느냐?"
37 그들이 그에게 대답하였다. "선생님
께서 영광을 받으실 때에, 하나는 선
생님의 오른쪽에, 하나는 선생님의
왼쪽에 앉게 하여 주십시오."
38 예수께서 그들에게 말씀하셨다. "너
희는, 너희가 구하는 것이 무엇인지
를 모르고 있다. 내가 마시는 잔을
너희가 마실 수 있고, 내가 받는 ㉠세
례를 너희가 받을 수 있느냐?"
39 그들이 그에게 말하였다. "할 수 있
습니다." 예수께서 그들에게 말씀하
셨다. "내가 마시는 잔을 너희가 마
시고, 내가 받는 ㉠세례를 너희가 받
을 것이다.
40 그러나 내 오른쪽과 내 왼쪽에 앉는
그 일은, 내가 허락할 수 있는 일이
아니다. 정해 놓으신 사람들에게 돌
아갈 것이다."
41 ○그런데 열 제자가 이것을 듣고, 야
고보와 요한에게 분개하였다.
42 그래서 예수께서는 그들을 곁에 불
러 놓고, 그들에게 말씀하셨다. "너
희가 아는 대로, 이방 사람들을 다
스린다고 자처하는 사람들은, 백성
들을 마구 내리누르고, 고관들은 백
성들에게 세도를 부린다.
43 그러나 너희끼리는 그렇게 해서는
안 된다. 너희 가운데서 누구든지 위
대하게 되고자 하는 사람은 너희를
섬기는 사람이 되어야 하고,
44 너희 가운데서 누구든지 으뜸이 되
고자 하는 사람은 모든 사람의 종이
되어야 한다.
45 인자는 섬김을 받으러 온 것이 아니
라 섬기러 왔으며, 많은 사람을 구원
하기 위하여 치를 몸값으로 자기 목
숨을 내주러 왔다."

눈먼 바디매오가 고침을 받다
(마 20:29-34; 눅 18:35-43)

46 ○그들은 여리고에 갔다. 예수께서
제자들과 큰 무리와 함께 여리고를
떠나실 때에, 디매오의 아들 바디매
오라는 눈먼 거지가 길 가에 앉아
있다가
47 나사렛 사람 예수가 지나가신다는
말을 듣고 "다윗의 자손 예수님, 나
를 불쌍히 여겨 주십시오" 하고 외치
며 말하기 시작하였다.
48 그래서 많은 사람이 조용히 하라고
그를 꾸짖었으나, 그는 더욱더 큰소
리로 외쳤다. "다윗의 자손님, 나를
불쌍히 여겨 주십시오."

신다. **제자들은 놀랐으며…두려워하였다** 제자들은 예루살렘에서 유대 지도자들이 예수님을 죽이려 한다는 것을 알고 있었다(참조. 요 9:22;11:8,57).

10:37 *영광을 받으실 때에* 제자들은 예수님이 곧 지상에 메시아 왕국을 건설할 것이라고 기대했다.

10:38 잔 고통과 고난을(참조. 시 11:6;사 51:17;눅 22:42;요 18:11), **세례** 슬픔을(참조. 시 42:7;69:1;124:4-5) 상징한다. 초대 교부들은 세례를 예수님이 십자가 위에서 받으신 '피의 세례'라고 불렀다.

10:43 너희끼리는 그렇게 해서는 안 된다 세속적 질서와 하나님 나라의 질서는 같지 않을 뿐만 아니라, 오히려 정반대이다. 하나님 나라에서 위대함은 지위의 높고 낮음에 의해서가 아니라, 다른 사람을 얼마나 섬겼는가에 의해서 평가된다.

10:46-52 눈먼 바디매오는 예수님께 대한 자신의 굳은 신념과 믿음으로 치유함을 받는다.

㉠ 또는 '침례'

49 예수께서 걸음을 멈추시고, 그를 불
러오라고 말씀하셨다. 그리하여 그
들은 그 눈먼 사람을 불러서 그에게
말하였다. "용기를 내어 일어나시오.
예수께서 당신을 부르시오."
50 그는 자기의 겉옷을 벗어 던지고, 벌
떡 일어나서 예수께로 왔다.
51 예수께서 그에게 말씀하셨다. "내가
너에게 무엇을 하여 주기를 바라느
냐?" 그 눈먼 사람이 예수께 말하였
다. "㉠선생님, 내가 다시 볼 수 있게
하여 주십시오."
52 예수께서 그에게 말씀하셨다. "가거
라. 네 믿음이 너를 구원하였다." 그
러자 그 눈먼 사람은 곧 다시 보게
되었다. 그리고 그는 예수가 가시는
길을 따라 나섰다.

예루살렘에 입성하시다

(마 21:1-11; 눅 19:28-40; 요 12:12-19)

11 그들이 예루살렘 가까이에, 곧
올리브 산에 있는 벳바게와 베
다니 가까이에 이르렀을 때에, 예수
께서 제자 둘을 보내시며,
2 그들에게 말씀하셨다. "너희는 맞은
편 마을로 가거라. 거기에 들어가서
보면, 아직 아무도 탄 적이 없는 새
끼 나귀 한 마리가 매여 있을 것이
다. 그것을 풀어서 끌고 오너라.
3 어느 누가 '왜 이러는 거요?' 하고 물
으면 '주님께서 쓰시려고 하십니다.
쓰시고 나면, 지체없이 이리로 돌려
보내실 것입니다' 하고 말하여라."
4 그들은 가서, 새끼 나귀가 바깥 길
쪽으로 나 있는 문에 매여 있는 것
을 보고, 그것을 풀었다.
5 거기에 서 있는 사람들 가운데 몇
사람이 그들에게 물었다. "새끼 나귀
를 풀다니, 무슨 짓이오?"
6 제자들은 예수께서 일러주신 대로
그들에게 말하였다. 그러자 그들은
가만히 있었다.
7 제자들이 그 새끼 나귀를 예수께로
끌고 와서, 자기들의 겉옷을 그 등에
걸쳐놓으니, 예수께서 그 위에 올라
타셨다.
8 많은 사람이 자기들의 겉옷을 길에
다 폈으며, 다른 사람들은 들에서
잎 많은 생나무 가지들을 꺾어다가
길에다 깔았다.
9 그리고 앞에 서서 가는 사람들과 뒤
따르는 사람들이 외쳤다.
㉡"㉢호산나!" "복되시다! 주님의
이름으로 오시는 분!"
10 "복되다! 다가오는 우리 조상 다
윗의 나라여!" "더 없이 높은 곳
에서, 호산나!"
11 예수께서 예루살렘에 이르러 성전에
들어가셨다. 그는 거기서 모든 것을
둘러보신 뒤에, 날이 이미 저물었으
므로, 열두 제자와 함께 베다니로 나

11장 요약 승리의 예루살렘 입성과 예수님의 메시아적 행적에 대한 내용이다. 예수님은 겸손히, 그러나 당당하게 예루살렘에 들어가심으로 적대 세력을 정면 돌파하셨다. 특히 무화과나무 저주는 당시의 생명 없는 종교를, 성전 정화 사건은 하나님을 배제한 종교 시설의 무익함을 행동으로 보이신 것이다.

11:1–11 예수님의 공생애의 마지막 한 주간인 고난 주간은 예루살렘 입성과 더불어 시작된다.

11:10 우리 조상 다윗의 나라여! 다윗의 자손에게 약속된 메시아 왕국을 의미한다(삼하 7:13). 당시에 유대 사람들은 메시아가 오면, 자기 민족을 억압으로부터 해방시키고 영광스러운 새 왕국을 건설할 것이라고 기대하고 있었다. 그들은 예수님에 대한 정치적 기대와 오해 때문에 열광적으로 예

㉠ 아람어, '라부니' ㉡ 시 118:25, 26 ㉢ '구하여 주십시오!'라는 뜻을 지닌 히브리어. 여기에서는 찬양의 감탄으로 사용됨

가셨다.

무화과나무를 저주하시다 (마 21:18-19)

12 ○이튿날 그들이 베다니를 떠나갈
때에, 예수께서는 시장하셨다.
13 멀리서 잎이 무성한 무화과나무를
보시고, 혹시 그 나무에 열매가 있
을까 하여 가까이 가서 보셨는데, 잎
사귀 밖에는 아무것도 없었다. 무화
과의 철이 아니었기 때문이다.
14 예수께서 그 나무에게 말씀하셨다.
"이제부터 영원히, 네게서 열매를 따
먹을 사람이 없을 것이다." 제자들이
예수께서 말씀하시는 것을 들었다.

성전을 깨끗하게 하시다

(마 21:12-17; 눅 19:45-48; 요 2:13-22)

15 ○그리고 그들은 예루살렘에 들어
갔다. 예수께서 성전에 들어가셔서,
㉠성전 뜰에서 팔고 사고 하는 사람
들을 내쫓으시면서 돈을 바꾸어 주
는 사람들의 상과 비둘기를 파는 사
람들의 의자를 둘러엎으시고,
16 ㉡성전 뜰을 가로질러 물건을 나르는
것을 금하셨다.
17 예수께서는 가르치시면서, 그들에게
말씀하셨다. ㉢"기록한 바
'내 집은 만민이 기도하는 집이
라고 불릴 것이다' 하지 않았느
냐? 그런데 너희는 그 곳을 ㉣'강
도들의 소굴'로 만들어 버렸다."
18 대제사장들과 율법학자들이 이 말
씀을 듣고서는, 어떻게 예수를 없애
버릴까 하고 방도를 찾고 있었다. 그
들은 예수를 두려워하고 있었던 것
이다. 무리가 다 예수의 가르침에 놀
라고 있었기 때문이다.
19 저녁때가 되면, ㉤예수와 제자들은
으레 성 밖으로 나갔다.

무화과나무가 마르다 (마 21:20-22)

20 ○이른 아침에 그들이 지나가다가,
그 무화과나무가 뿌리째 말라 버린
것을 보았다.
21 그래서 베드로가 전날 일이 생각나
서 예수께 말하였다. "㉥랍비님, 저
것 좀 보십시오, 선생님이 저주하신
저 무화과나무가 말라 버렸습니다."
22 예수께서는 그들에게 말씀하셨다.
"하나님을 믿어라.
23 내가 진정으로 너희에게 말한다. 누
구든지 이 산더러 '번쩍 들려서 바다
에 빠져라' 하고 말하고, 마음에 의
심하지 않고 말한 대로 될 것을 믿으
면, 그대로 이루어질 것이다.
24 그러므로 나는 너희에게 말한다. 너
희가 기도하면서 구하는 것은 무엇
이든지, 이미 그것을 받은 줄로 믿어
라. 그리하면, 너희에게 그대로 이루
어질 것이다.
25 ○너희가 서서 기도할 때에, 어떤 사
람과 서로 등진 일이 있으면, 용서하
여라. 그래야, 하늘에 계신 너희 아

수님을 환영하였다.

11:12-14 이 사건은 종교적 형식만 화려하고 믿음의 열매가 없는 이스라엘 민족에 대한 심판을 상징하고 있다.

11:15-19 복음서를 비교해 보았을 때, 예수님은 두 번 성전에서 상인들을 쫓아내셨다. 요한복음서 2:13-17은 공생애 초기의 사건을, 공관복음서(마 21:12-17;눅 19:45-48)는 고난 주간의 사건을 기록하고 있다.

11:23 유대의 랍비 사회에서는 난제(難題)를 해석한 랍비를 가리켜 '산을 옮기는 사람'이라 불렀다. 고린도전서 13:2에서는 모든 믿음을 '산을 옮길 만한 믿음'이라고 했다. 따라서 예수님의 말씀은, 믿음은 전능하신 하나님께 의탁하는 것이므로 엄청난 위력을 발휘한다는 뜻이다. 산은 올리브

㉠ 그, '성전에서' 곧 '성전 바깥 뜰에서' ㉡ 그, '성전 바깥 뜰을' ㉢ 사 56:7 ㉣ 렘 7:11 ㉤ 그, '그들은'. 다른 고대 사본들에는 '그는' ㉥ '스승'

버지께서도 너희의 잘못을 용서해
주실 것이다."
26 ㉠(없음)

예수의 권한을 두고 논란하다

(마 21:23-27; 눅 20:1-8)

27 ○그들은 다시 예루살렘에 들어갔
다. 예수께서 ㉡성전 뜰에서 거닐고
계실 때에, 대제사장들과 율법학자
들과 장로들이 예수께로 와서
28 물었다. "당신은 무슨 권한으로 이런
일을 합니까? 누가 당신에게 이런 일
을 할 수 있는 권한을 주었습니까?"
29 예수께서 그들에게 말씀하셨다. "나
도 너희에게 한 가지를 물어 보겠으
니, 나에게 대답해 보아라. 그러면
내가 무슨 권한으로 이런 일을 하는
지를 너희에게 말하겠다.
30 요한의 ㉢세례가 하늘에서 온 것이
냐, 사람에게서 온 것이냐? 내게 대
답해 보아라."
31 그들은 자기들끼리 의논하며 말하였
다. "'하늘에서 왔다'고 말하면 '어찌
하여 그를 믿지 않았느냐'고 할 것이
다.
32 그렇다고 해서 '사람에게서 왔다'고
대답할 수도 없지 않은가?" 그들은
무리를 무서워하고 있었다. 무리가
모두 요한을 참 예언자로 알고 있었
기 때문이었다.
33 그래서 그들이 예수께 대답하였다.
"모르겠습니다." 예수께서 그들에게
말씀하셨다. "나도 내가 무슨 권한
으로 이런 일을 하는지를 너희에게
말하지 않겠다."

포도원 소작인의 비유

(마 21:33-46; 눅 20:9-19)

12 예수께서 그들에게 비유로 말
씀하기 시작하셨다. "어떤 사람
이 포도원을 일구어서, 울타리를 치
고, 포도즙을 짜는 확을 파고, 망대
를 세웠다. 그리고 그것을 농부들에
게 세로 주고, 멀리 떠났다.
2 때가 되어서, 주인은 농부들에게서
포도원 소출의 얼마를 받으려고 한
종을 농부들에게 보냈다.
3 그런데 그들은 그 종을 잡아서 때리
고, 빈 손으로 돌려보냈다.
4 주인이 다시 다른 종을 농부들에게
보냈다. 그랬더니 그들은 그 종의 머
리를 때리고, 그를 능욕하였다.
5 주인이 또 다른 종을 농부들에게 보
냈더니, 그들은 그 종을 죽였다. 그
래서 또 다른 종을 많이 보냈는데,
더러는 때리고, 더러는 죽였다.
6 이제 그 주인에게는 단 한 사람, 곧
사랑하는 아들이 남아 있었다. 마지
막으로 그 아들을 그들에게 보내며
말하기를 '그들이 내 아들이야 존중
하겠지' 하였다.
7 그러나 그 농부들은 서로 말하였다.

산을, 바다는 사해 바다를 두고 말씀하신 것이다.
11:30 하늘에서 온 것이냐 유대 사람들에게 '하늘'은 하나님을 의미하였다. 이 질문은 예수님의 권위가 하나님께로부터 나온 것임을 강조하고 있다.
11:31-32 유대 지도자들은 세례자 요한도, 예수님도 믿지 않으려는 사람들이었다.

㉠ 다른 고대 사본들에는 '26. 만일 너희가 용서해 주지 않으면 하늘에 계신 너희의 아버지께서도 너희의 잘못을 용서해 주지 않으실 것이다' ㉡ 그, '성전에서' 곧 '성전 바깥 뜰에서' ㉢ 또는 '침례'

12장 요약 악한 농부의 비유는 당시 이스라엘의 농경 풍습으로 이해해야 한다. 유대 사람들의 상당수는 외국 사람 소유의 농지를 차용하여 경작하고 있었고 소작료 문제로 마찰이 빈번했다. 예수님은 이 같은 정황을 소재로 상속자(예수님)를 죽이려는 유대 사람들의 사악한 음모와 그에 따른 심판을 경고하셨다.

12:1-12 포도원에 대한 묘사는 이사야서 5:1-7

'이 사람은 상속자다. 그를 죽여 버
리자. 그러면 유산은 우리의 차지가
될 것이다.'
8 그러면서, 그들은 그를 잡아서 죽이
고, 포도원 바깥에다가 내던졌다.
9 그러니, 포도원 주인이 어떻게 하겠
느냐? 그는 와서 농부들을 죽이고,
포도원을 다른 사람들에게 줄 것이
다.
10 너희는 성경에서 이런 말씀도 읽어
보지 못하였느냐?
㉠'집을 짓는 사람이 버린 돌이
집 모퉁이의 ㉡머릿돌이 되었다.
11 이것은 주님께서 하신 일이요,
우리 눈에는 놀랍게 보인다.'"
12 ○그들은 이 비유가 자기들을 겨냥
하여 하신 말씀인 줄 알아차리고,
예수를 잡으려고 하였다. 그러나 그
들은 무리를 두려워하여, 예수를 그
대로 두고 떠나갔다.

황제에게 바치는 세금

(마 22:15-22; 눅 20:20-26)

13 ○그들은 말로 예수를 책잡으려고,
바리새파 사람들과 헤롯 당원 가운
데서 몇 사람을 예수께로 보냈다.
14 그들이 와서, 예수께 말하였다. "선
생님, 우리는, 선생님이 진실한 분이
시고 아무에게도 매이지 않는 분이
심을 압니다. 선생님은 사람의 겉모
습으로 판단하지 않으시고, 하나님
의 길을 참되게 가르치십니다. 그런
데, ㉢황제에게 세금을 바치는 것이
옳습니까, 옳지 않습니까? 바쳐야 합
니까, 바치지 말아야 합니까?"
15 예수께서 그들의 속임수를 아시고,
그들에게 말씀하셨다. "어찌하여 나
를 시험하느냐? 데나리온 한 닢을
가져다가, 나에게 보여보아라."
16 그들이 그것을 가져오니, 예수께서
그들에게 물으셨다. "이 초상은 누구
의 것이며, 적힌 글자는 누구의 것이
냐?" 그들이 대답하였다. "㉢황제의
것입니다."
17 예수께서 그들에게 말씀하셨다. "㉢황
제의 것은 ㉢황제에게 돌려주고, 하
나님의 것은 하나님께 돌려드려라."
그들은 예수께 경탄하였다.

부활 논쟁 (마 22:23-33; 눅 20:27-40)

18 ○부활이 없다고 주장하는 사두개
파 사람들이 예수께 와서, 물었다.
19 "선생님, 모세가 우리에게 써 주기를
'어떤 사람의 형이 자식이 없이, 아내
만 남겨 두고 죽으면, 그 동생이 그
형수를 맞아들여서, 그의 형에게 대
를 이을 자식을 낳아 주어야 한다'
하였습니다.
20 형제가 일곱 있었습니다. 그런데, 맏
이가 아내를 얻었는데, 죽을 때에 자
식을 남기지 못하였습니다.
21 그리하여 둘째가 그 형수를 맞아들

을 배경으로 한 것이다. 예수님은 이 비유를 통해서, 유대의 종교 지도자들이 하나님의 아들인 자신을 죽이고자 하는 계획과 또한 그로 인해 그들이 *받게 될 심판을 경고하시고 있다.* 이 비유에서 포도원 주인은 하나님을, 포도원은 이스라엘을, 농부들은 백성들과 특히 그 지도자들을, 종들은 예언자들을, 사랑하는 아들은 예수님을, 다른 사람들은 이방 사람들을, 버린 돌은 십자가의 예수님을, 그리고 머릿돌은 부활하신 예수님을 각각 의미하고 있다.

12:13 그들은 산헤드린 의회 지도자들을 가리킨다.

12:14 황제에게 세금을 바치는 유대와 사마리아의 분봉 왕 아켈라오가 A.D. 6년에 로마 황제 카이사르 아우구스투스에 의해 폐위된 이후에 세리들이 유대의 모든 성인 남자들로부터 거두어 로마 제국에 바쳤던 인두세를 말한다. 이것은 유대가 로마의 속국임을 확증하는 것으로, 열렬한 민족

㉠ 시 118:22, 23 ㉡ 또는 '모퉁이 돌' ㉢ 그, '가이사'

였는데, 그도 또한 자식을 남기지 못
하고 죽고, 셋째도 그러하였습니다.
22 일곱이 모두 자식을 두지 못하였습
니다. 맨 마지막으로 그 여자도 죽었
습니다.
23 [그들이 살아날] 부활 때에, 그 여자
는 그들 가운데 누구의 아내가 되겠
습니까? 일곱이 모두 그 여자를 아
내로 맞아들였으니 말입니다."
24 예수께서 그들에게 말씀하셨다. "너
희는 성경도 모르고, 하나님의 능력
도 모르니까, 잘못 생각하는 것이 아
니냐?
25 사람이 죽은 사람들 가운데서 살아
날 때에는, 장가도 가지 않고 시집도
가지 않고, 하늘에 있는 천사들과
같다.
26 죽은 사람들이 살아나는 일에 관해
서는, 모세의 책에 떨기나무 이야기
가 나오는 대목에서, 하나님께서 모
세에게 어떻게 말씀하셨는지를, 너
희는 읽어보지 못하였느냐? 하나님
께서는 모세에게 말씀하시기를 ㉠'나
는 아브라함의 하나님이요, 이삭의
하나님이요, 야곱의 하나님이다' 하
시지 않으셨느냐?
27 하나님은 죽은 사람들의 하나님이
아니라, 살아 있는 사람들의 하나님
이시다. 너희는 생각을 크게 잘못 하
고 있다."

가장 큰 계명 (마 22:34-40; 눅 10:25-28)

28 ○율법학자들 가운데 한 사람이 다
가와서, 그들이 변론하는 것을 들었
다. 그는 예수가 그들에게 대답을 잘
하시는 것을 보고서, 예수께 물었다.
"모든 계명 가운데서 가장 으뜸되는
것은 어느 것입니까?"
29 예수께서 대답하셨다. "첫째는 이것
이다. ㉡'이스라엘아, 들어라. 우리 하
나님이신 주님은 오직 한 분이신 주
님이시다.
30 네 마음을 다하고, 네 목숨을 다하
고, 네 뜻을 다하고, 네 힘을 다하
여, 너의 하나님이신 주님을 사랑하
여라.'
31 둘째는 이것이다. ㉢'네 이웃을 네 몸
같이 사랑하여라.' 이 계명보다 더
큰 계명은 없다."
32 그러자 율법학자가 예수께 말하였
다. "선생님, 옳은 말씀입니다. 하나
님은 한 분이시요, 그 밖에 다른 이
는 없다고 하신 그 말씀은 옳습니다.
33 또 마음을 다하고 지혜를 다하고 힘
을 다하여 하나님을 사랑하는 것과,
이웃을 자기 몸 같이 사랑하는 것
이, 모든 번제와 희생제보다 더 낫습
니다."
34 예수께서는, 그가 슬기롭게 대답하
는 것을 보시고, 그에게 말씀하셨다.
"너는 하나님의 나라에서 멀리 있지

주의자들은 납세를 거부하고 무장 저항 운동을 전개하였다.

12:15 나를 시험하느냐? 만일 예수님이 '세금을 바쳐야 한다'고 대답하시면 민족의 반역자로 낙인 찍히고, '바쳐서는 안 된다'고 하시면 국사범으로 로마 당국에 고발당하기 때문이다.

12:18–23 아들이 없이 죽은 형이나 동생의 형제가 그 아내와 결혼하여 혈통을 잇게 하는 결혼법은 신명기 25:5–10에 규정되어 있다.

12:24–25 예수님은 부활의 세계가 현세의 연장이 아니라, 하나님의 능력으로 완전히 새롭게 되는 세계가 될 것임을 말씀하시고 있다.

12:29–30 신명기 6:4–5의 인용이며, '전인격으로 하나님을 사랑하라'는 의미이다.

12:31 레위기 19:18의 인용이다. 하나님에 대한 사랑은 이웃에 대한 사랑을 통해 구체적으로 표현된다(요일 4:20–21).

㉠ 출 3:6 ㉡ 신 6:4, 5 ㉢ 레 19:18

않다." 그 뒤에는 감히 예수께 더 묻
는 사람이 없었다.

다윗의 자손과 그리스도
(마 22:41-46; 눅 20:41-44)

35 ○예수께서 성전에서 가르치실 때
에, 이렇게 말씀하셨다. "어찌하여
율법학자들은, ㉠그리스도가 다윗의
자손이라고 하느냐?
36 다윗이 성령의 감동을 받아서 친히
이렇게 말하였다.
㉡'주님께서 내 주께 말씀하셨
다. 「내가 네 원수를 네 발 아래
에 굴복시킬 때까지, 너는 내 오
른쪽에 앉아 있어라.」'
37 다윗 스스로가 그를 주라고 불렀는
데, 어떻게 그가 다윗의 자손이 되겠
느냐?" ○많은 무리가 예수의 말씀
을 기쁘게 들었다.

율법학자들을 책망하시다
(마 23:1-36; 눅 20:45-47)

38 ○예수께서 가르치시면서, 이렇게 말
씀하셨다. "율법학자들을 조심하여
라. 그들은 예복을 입고 다니기를 좋
아하고, 장터에서 인사받기를 좋아
하고,
39 회당에서는 높은 자리에 앉기를 좋
아하고, 잔치에서는 윗자리에 앉기
를 좋아한다.
40 그들은 과부들의 가산을 삼키고, 남
에게 보이려고 길게 기도한다. 이런
사람들이야말로 더 엄한 심판을 받
을 것이다."

과부의 헌금 (눅 21:1-4)

41 ○예수께서 헌금함 맞은쪽에 앉아
서, 무리가 어떻게 헌금함에 돈을 넣
는가를 보고 계셨다. 많이 넣는 부자
가 여럿 있었다.
42 그런데 가난한 과부 한 사람은 와
서, 렙돈 두 닢 곧 한 고드란트를 넣
었다.
43 예수께서 제자들을 곁에 불러 놓고
서, 그들에게 말씀하셨다. "내가 진
정으로 너희에게 말한다. 헌금함에
돈을 넣은 사람들 가운데, 이 가난
한 과부가 어느 누구보다도 더 많이
넣었다.
44 모두 다 넉넉한 데서 얼마씩을 떼어
넣었지만, 이 과부는 가난한 가운데
서 가진 것 모두 곧 자기 생활비 전
부를 털어 넣었다."

성전이 무너질 것을 예언하시다
(마 24:1-2; 눅 21:5-6)

13 예수께서 성전을 떠나가실 때
에, 제자들 가운데서 한 사람
이 예수께 말하였다. "선생님, 보십
시오! 얼마나 굉장한 돌입니까! 얼마
나 굉장한 건물들입니까!"
2 예수께서 그에게 말씀하셨다. "너는
이 큰 건물들을 보고 있느냐? 여기
에 돌 하나도 돌 위에 남지 않고 다

12:35-37 예수님께서는 '사람'으로서는 다윗의 자손이지만, '하나님'으로서는 창세전에 이미 계셨으므로 다윗의 주가 되신다.

12:36 주님께서 내 주께 말씀하셨다 예수님은 시편 110:1의 인용을 통해 다윗이 메시아를 '주'라고 부르고, 메시아가 다윗의 자손이라는 언급이 없다는 점을 말씀하신다.

12:38-40 예수님은 율법학자들의 종교적인 의식과 자만심에 대해 여러 차례에 걸쳐 책망하셨다.

13장 요약 당시의 유대 사람들은 예언자의 묵시가 끊어지자 종말의 도래가 임박했다고 생각했다. 특히 로마의 박해 속에서 정치적 해방과 더불어 악을 멸절시킬 메시아의 도래를 갈망했다. 예수님은 이같은 정황을 염두에 두고 종말에 대해 교훈을 하신다. 이 교훈의 핵심은 종말에 대한 성도의 자세이다.

㉠ 또는 '메시아' ㉡ 시 110:1

무너질 것이다."

재난의 징조 (마 24:3-14; 눅 21:7-19)

3 ○예수께서 올리브 산에서 성전을
마주 보고 앉아 계실 때에, 베드로
와 야고보와 요한과 안드레가 따로
예수께 물었다.
4 "우리에게 말씀해 주십시오. 이런 일
이 언제 일어나겠습니까? 또 이런
일들이 이루어지려고 할 때에는, 무
슨 징조가 있겠습니까?"
5 예수께서 그들에게 말씀하셨다. "누
구에게도 속지 않도록 조심하여라.
6 많은 사람이 내 이름으로 와서는 '내
가 그리스도다' 하면서, 많은 사람을
속일 것이다.
7 또 너희는 여기저기에서 전쟁이 일어
난 소식과 전쟁이 일어날 것이라는
소문을 듣게 되어도, 놀라지 말아
라. 이런 일이 반드시 일어나야 한
다. 그러나 아직 끝은 아니다.
8 민족과 민족이 맞서 일어나고, 나라
와 나라가 맞서 일어날 것이며, 지진
이 곳곳에서 일어나고, 기근이 들 것
이다. 이런 일들은 진통의 시작이다.
9 ○너희는 스스로 조심하여라. 사람
들이 너희를 법정에 넘겨줄 것이며,
너희가 회당에서 매를 맞을 것이다.
또 너희는 나 때문에 총독들과 임금
들 앞에 서게 되고, 그들에게 증언할
것이다.
10 먼저 ㉠복음이 모든 민족에게 전파
되어야 한다.
11 사람들이 너희를 끌고 가서 넘겨줄
때에, 너희는 무슨 말을 할까 하고
미리 걱정하지 말아라. 무엇이든지
그 시각에 말할 것을 너희에게 지시
하여 주시는 대로 말하여라. 말하는
이는 너희가 아니라 성령이시다.
12 형제가 형제를 죽음에 넘겨주고, 아
버지가 자식을 또한 그렇게 하고, 자
식이 부모를 거슬러 일어나서 부모
를 죽일 것이다.
13 너희는 내 이름 때문에 모든 사람에
게서 미움을 받을 것이다. 그러나 끝
까지 견디는 사람은 구원을 받을 것
이다."

가장 큰 재난 (마 24:15-28; 눅 21:20-24)

14 ○"㉡'황폐하게 하는 가증스러운 물
건이 서지 못할 곳에 선 것'을 보거
든, (읽는 사람은 깨달아라) 그 때에
는 유대에 있는 사람들은 산으로 도
망하여라.
15 지붕 위에 있는 사람은, 내려오지도
말고, 제 집 안에서 무엇을 꺼내려고
들어가지도 말아라.
16 들에 있는 사람은 제 겉옷을 가지러
뒤로 돌아서지 말아라.
17 그 날에는 아이 밴 여자들과 젖먹이
가 딸린 여자들은 불행하다.
18 이 일이 겨울에 일어나지 않도록 기

13:1-2 예루살렘 성전의 웅장함에 감탄하는 제자들에게, 예수님은 이 성전의 완전한 파괴를 예언하셨다. 이 예언은 A.D. 70년 유대 독립 전쟁이 일어나, 티투스 장군 휘하의 로마 군대가 예루살렘을 함락했을 때에 그대로 성취되었다.

13:5-25 예수님은 예루살렘 멸망과 세상의 종말에 관한 징조들을 동시에 말씀하셨다. 이 두 사건 사이에는 시간적 간격이 존재하기 때문에, 이러한 징조들 중에는 예루살렘 멸망과 더불어 이미 성취된 것과 또다시 성취될 것과 아직도 성취되지 않은 것들이 있다. 중요한 징조들은 거짓 그리스도와 거짓 예언자들의 출현(6,21-23절), 전쟁과 천재지변(7-8절), 그리스도인들에 대한 핍박과 전세계적인 복음 전파(9-13절), 극심한 재난(14-20절)과 우주적인 대파국(24-25절) 등이다.

13:10 먼저 복음이 박해조차도 종말 직전의 징조(4절)가 아니며, 그 전에 복음이 온 세계에 전파되

㉠ 또는 '기쁜 소식' ㉡ 단 9:27; 11:31; 12:11

도하여라.
19 그 날에 환난이 닥칠 것인데, 그런
환난은 하나님께서 세상을 창조하
신 이래로 지금까지 없었고, 앞으로
도 없을 것이다.
20 주님께서 그 날들을 줄여 주지 않으
셨다면, 구원받을 사람이 하나도 없
을 것이다. 그러나 주님께서는, 주님
이 뽑으신 선택받은 사람들을 위하
여, 그 날들을 줄여 주셨다.
21 그 때에 누가 너희에게 '보아라, ㉠그
리스도가 여기에 있다. 보아라, 그리
스도가 저기에 있다' 하더라도, 믿지
말아라.
22 거짓 ㉡그리스도들과 거짓 예언자들
이 일어나, 표징들과 기적들을 행하
여 보여서, 할 수만 있으면 선택 받
은 사람들을 홀리려 할 것이다.
23 그러므로 너희는 조심하여라. 내가
이 모든 일을 너희에게 미리 말하여
둔다."

인자가 오심 (마 24:29-31; 눅 21:25-28)

24 "그러나 그 환난이 지난 뒤에,
㉢'그 날에는, 해가 어두워지고,
달이 빛을 내지 않고,
25 별들이 하늘에서 떨어지고, 하
늘의 세력들이 흔들릴 것이다.'
26 그 때에 사람들이, 인자가 큰 권능과
영광에 싸여 구름을 타고 오는 것을
볼 것이다.
27 그 때에 그는 천사들을 보내어, 땅
끝에서 하늘 끝까지, 사방에서 선택
된 사람들을 모을 것이다."

무화과나무에서 배울 교훈
(마 24:32-35; 눅 21:29-33)

28 ○"무화과나무에서 비유를 배워라.
그 가지가 연해지고 잎이 돋으면, 너
희는 여름이 가까이 온 줄을 안다.
29 이와 같이, 너희도 이런 일들이 일어
나는 것을 보거든, 인자가 문 앞에
가까이 온 줄을 알아라.
30 내가 진정으로 너희에게 말한다. 이
세대가 끝나기 전에, 이 모든 일이
다 일어날 것이다.
31 하늘과 땅은 없어질지라도, 나의 말
은 절대로 없어지지 않을 것이다."

그 날과 그 때 (마 24:36-44)

32 ○"그러나 그 날과 그 때는 아무도
모른다. 하늘의 천사들도 모르고,
아들도 모르고, 오직 아버지만 아신
다.
33 조심하고, ㉣깨어 있어라. 그 때가 언
제인지를 너희가 모르기 때문이다.
34 사정은 여행하는 어떤 사람의 경우
와 같은데, 그가 집을 떠날 때에, 자
기 종들에게 권한을 주어서, 각 사
람에게 할 일을 맡기고, 문지기에게
는 깨어 있으라고 명령한다.
35 그러므로 깨어 있어라. 집주인이 언
제 올는지, 저녁녘일지, 한밤중일지,

어야 한다는 말씀이다. 예수님의 말씀은 온갖 방해와 박해에도 불구하고 하나님의 복음이 반드시 온 세계에 전파될 것을 확신시켜 준다.

13:14-23 이 부분은 '성전이 언제 파괴될 것인가' 라는 제자들의 질문에 대한 직접적인 답변이다 (비교. 4,23절). 예수님 말씀의 요지는 '황폐하게 하는 가증스러운 물건'(14절)이 나타나면 성전 파괴가 가까운 것이니 도피하라는 것이다. 문자적인 뜻은 '황폐하게 하는 신성모독'이다. 신성모독은 우상을 뜻하는데, 이 때문에 성전은 물론이고 온 나라가 황폐해져 '황폐하게 하는 신성모독'이라 한 것이다.

13:37 모든 사람에게 하는 말이다 그 날과 그 때는 아무도 알 수 없지만 예수님의 재림을 준비하는 성도들의 가장 바람직한 태도는, 현재와 미래 모두에 대해서 깨어 있는 것이다.

㉠ 또는 '메시아' ㉡ 또는 '메시아들' ㉢ 사 13:10; 34:4 ㉣ 다른 고대 사본들에는 '깨어서 기도하여라'

닭이 울 무렵일지, 이른 아침녘일지,
너희가 알지 못하기 때문이다.
36 주인이 갑자기 와서 너희가 잠자고
있는 것을 보게 되는 일이 없도록 하
여라.
37 내가 너희에게 하는 말은 모든 사람
에게 하는 말이다. 깨어 있어라."

예수를 죽일 음모

(마 26:1-5; 눅 22:1-2; 요 11:45-53)

14 ㉠유월절과 ㉡무교절 이틀 전이
었다. 그런데 대제사장들과 율
법학자들은 '어떻게 속임수를 써서
예수를 붙잡아 죽일까' 하고 궁리하
고 있었다.
2 그런데 그들은 "백성이 소동을 일으
키면 안 되니, 명절에는 하지 말자"
하고 말하였다.

예수의 머리에 향유를 붓다

(마 26:6-13; 요 12:1-8)

3 ○예수께서 베다니에서 ㉢나병 환자
였던 시몬의 집에 머무실 때에, 음식
을 잡수시고 계시는데, 한 여자가 매
우 값진 순수한 나드 향유 한 옥합
을 가지고 와서, 그 옥합을 깨뜨리
고, 향유를 예수의 머리에 부었다.
4 그런데 몇몇 사람이 화를 내면서 자
기들끼리 말하였다. "어찌하여 향유
를 이렇게 허비하는가?
5 이 향유는 삼백 ㉣데나리온 이상에
팔아서, 그 돈을 가난한 사람들에게
줄 수 있었겠다!" 그리고는 그 여자
를 나무랐다.
6 그러나 예수께서 말씀하셨다. "가만
두어라. 왜 그를 괴롭히느냐? 그는
내게 아름다운 일을 했다.
7 가난한 사람들은 늘 너희와 함께 있
으니, 언제든지 너희가 하려고만 하
면, 그들을 도울 수 있다. 그러나 나
는 언제나 너희와 함께 있는 것이 아
니다.
8 이 여자는, 자기가 할 수 있는 일을
하였다. 곧 내 몸에 향유를 부어서,
내 장례를 위하여 할 일을 미리 한
셈이다.
9 내가 진정으로 너희에게 말한다. 온
세상 어디든지, ㉤복음이 전파되는
곳마다, 이 여자가 한 일도 전해져
서, 사람들이 이 여자를 기억하게 될
것이다."

유다가 배반하다 (마 26:14-16; 눅 22:3-6)

10 ○열두 제자 가운데 하나인 가룟 유
다가, 대제사장들에게 예수를 넘겨
줄 마음을 품고, 그들을 찾아갔다.
11 그들은 유다의 말을 듣고서 기뻐하
여, 그에게 은돈을 주기로 약속하였
다. 그래서 유다는 예수를 넘겨줄 적
당한 기회를 노리고 있었다.

유월절 음식을 나누시다

(마 26:17-25; 눅 22:7-14, 21-23; 요 13:21-30)

12 ○㉡무교절 첫째 날에, 곧 ㉠유월절

14장 요약 고난 주간에 일어난 사건으로, 고난 받는 종으로서의 예수님이 부각된다. 생전의 말씀대로 예수님은 체포되어 모진 고난을 당하셨다. 예수님은 '잡아먹힐 양'(시 44:22) 같은 취급을 받으면서도 제자들의 안전을 먼저 생각하시고, 생사의 기로에서 자신의 의지를 하나님의 뜻에 복종시키셨다.

14:1-2 예수님을 체포하여 은밀하게 제거하려는 음모는 오랫동안 진행되어 왔다(참조. 3:6;11:18; 12:12). 그런데 이 음모는, 예수님을 추앙하는 군중들이 많아 폭동이 일어날 것을 염려했기에 실행하지 못했다. 특히 유월절에는 전국으로부터 수많은 순례자들이 예루살렘에 모여들었다.

14:3 한 여자 마르다의 자매 마리아를 말한다(요

㉠ 출 12:13, 21-28을 볼 것 ㉡ 출 12:15-20을 볼 것 ㉢ 나병을 포함한 각종 악성 피부병 ㉣ 한 데나리온은 노동자의 하루 품삯 ㉤ 또는 '기쁜 소식'

양을 잡는 날에, 제자들이 예수께
말하였다. "우리가 가서, 선생님께서
㉠ 유월절 음식을 드시게 준비하려
하는데, 어디에다 하기를 바라십니
까?"
13 예수께서 제자 두 사람을 보내시며
말씀하셨다. "성 안으로 들어가거라.
그러면 물동이를 메고 오는 사람을
만날 것이니, 그를 따라 가거라.
14 그리고 그가 들어가는 집으로 가서,
그 집 주인에게 말하기를 '선생님께
서 하시는 말씀이, 내가 내 제자들
과 함께 ㉠ 유월절 음식을 먹을 내 사
랑방이 어디에 있느냐고 하십니다'
하여라.
15 그러면 그는 자리를 깔아서 준비한
큰 다락방을 너희에게 보여 줄 것이
니, 거기에 우리를 위하여 준비를 하
여라."
16 제자들이 떠나서, 성 안으로 들어가
서 보니, 예수께서 말씀하신 그대로
였다. 그리하여, 그들은 ㉠ 유월절을
준비하였다.
17 저녁때가 되어서, 예수께서는 열두
제자와 함께 가셨다.
18 그들이 자리를 잡고 앉아서 먹고 있
을 때에, 예수께서 말씀하셨다. "내
가 진정으로 너희에게 말한다. 너희
가운데 한 사람, 곧 나와 함께 먹고
있는 사람이 나를 넘겨줄 것이다."
19 그들은 근심에 싸여 "나는 아니지
요?" 하고 예수께 말하기 시작하였
다.
20 예수께서 그들에게 말씀하셨다. "그
는 열둘 가운데 하나로서, 나와 함께
같은 대접에 ㉡ 빵을 적시고 있는 사
람이다.
21 인자는 자기에 관하여 성경에 기록
되어 있는 대로 떠나가지만, 인자를
넘겨주는 그 사람에게는 화가 있다.
그 사람은 차라리 태어나지 않았더
라면 자기에게 좋았을 것이다."

마지막 만찬

(마 26:26-30; 눅 22:15-20; 고전 11:23-25)

22 ○그들이 먹고 있을 때에, 예수께서
빵을 들어서 축복하신 다음에, 떼어
서 그들에게 주시고 말씀하셨다.
"받아라. 이것은 내 몸이다."
23 또 잔을 들어서 감사를 드리신 다음
에, 그들에게 주시니, 그들은 모두
그 잔을 마셨다.
24 그리고 예수께서 말씀하셨다. "이것
은 많은 사람을 위하여 흘리는 나의
피, 곧 ㉢ 언약의 피다.
25 내가 진정으로 너희에게 말한다. 이
제부터 내가 하나님의 나라에서 새
것을 마실 그 날까지, 나는 포도나
무 열매로 빚은 것을 다시는 마시지
않을 것이다."
26 ○그들은 찬송을 부르고서, 올리브

12:3). **예수의 머리에 부었다** 잔치 석상에서 기름을 붓는 것은 일반적인 관습이었으나(시 23:5;눅 7:46), 그녀의 행위는 시체에 기름을 바르는 유대 사람의 장례법에 의거한 '장례 준비'(8절)라는 예표적 의미를 가지고 있었다.

14:12-25 마지막 만찬 본문은 고난 주간의 목요일 저녁에 예루살렘 시내의 한 다락방에서 예수님이 제자들과 함께 가지셨던 마지막 만찬에 대한 기록이다(참조. 요 13:1-30). 유월절 식사는 평상시의 식사와는 달리, 해가 저문 후에 시작되어 한밤중까지 계속되었다. 이 자리에서 공개되는 배신자의 정체는 매우 암시적이어서 다른 제자들이 눈치채지 못했다(참조. 2절;눅 22:23;요 13:28-29).

14:22 이것은 내 몸이다 '내 몸'은 예수님의 한 부분인 육신만을 뜻하지 않고 예수님 전부를 가리킨다. 빵을 떼어 주심은 십자가에서 예수님 자신

㉠ 출 12:13, 21-28을 볼 것 ㉡ 다른 고대 사본들에는 '빵'이 없음
㉢ 다른 고대 사본들에는 '새 언약'

산으로 갔다.

베드로가 부인할 것을 예고하시다

(마 26:31-35; 눅 22:31-34; 요 13:36-38)

27 ○예수께서 제자들에게 말씀하셨다.
"너희가 모두 ㉠걸려서 넘어질 것이
다. 성경에 기록하기를 ㉡'내가 목자
를 칠 것이니, 양 떼가 흩어질 것이
다' 하였기 때문이다.
28 그러나 내가 살아난 뒤에, 너희보다
먼저 갈릴리로 갈 것이다."
29 베드로가 예수께 말하였다. "모두가
㉢걸려 넘어질지라도, 나는 그렇지
않을 것입니다."
30 예수께서 그에게 말씀하셨다. "내가
진정으로 너에게 말한다. 오늘 밤에
닭이 두 번 울기 전에, 네가 세 번 나
를 모른다고 할 것이다."
31 그러나 베드로는 힘주어서 말하였
다. "내가 선생님과 함께 죽는 한이
있을지라도, 절대로 선생님을 모른
다고 하지 않겠습니다." 나머지 모두
도 그렇게 말하였다.

겟세마네 동산에서 기도하시다

(마 26:36-46; 눅 22:39-46)

32 ○그들은 겟세마네라고 하는 곳에
이르렀다. 예수께서 제자들에게 말
씀하시기를 "내가 기도하는 동안에,
너희는 여기에 앉아 있어라" 하시고,
33 베드로와 야고보와 요한을 데리고
가셨다. 예수께서는 매우 놀라며 괴
로워하기 시작하셨다.
34 그래서 그들에게 말씀하셨다. "내
마음이 근심에 싸여 죽을 지경이다.
너희는 여기에 머물러서 깨어 있어
라."
35 그리고서 조금 나아가서 땅에 엎드
려 기도하시기를, 될 수만 있으면 이
시간이 자기에게서 비껴가게 해 달
라고 하셨다.
36 예수께서는 이렇게 말씀하셨다. "㉣아
빠, 아버지, 아버지께서는 모든 일을
하실 수 있으시니, 내게서 이 잔을
거두어 주십시오. 그러나 내 뜻대로
하지 마시고, 아버지의 뜻대로 하여
주십시오."
37 그런 다음에 돌아와서 보시니, 제자
들은 자고 있었다. 그래서 베드로에
게 말씀하셨다. "시몬아, 자고 있느
냐? 한 시간도 깨어 있을 수 없느냐?
38 너희는 ㉤유혹에 빠지지 않도록, 깨
어서 기도하여라. 마음은 원하지만,
육신이 약하구나!"
39 예수께서 다시 떠나가서, 같은 말씀
으로 기도하시고,
40 다시 와서 보시니, 그들은 자고 있었
다. 그들은 졸려서 눈을 뜰 수 없었
던 것이다. 그들은 예수께 무슨 말로
대답해야 할지를 몰랐다.
41 예수께서 세 번째 와서, 그들에게 말
씀하셨다. "㉥남은 시간을 자고 쉬어

을 모두 내어 주신다는 상징적 행위이다.

14:24 이것은…나의 피 '나의 피' 역시 예수님의 한 부분인 혈액만을 뜻하지 않고 예수님 전부를 가리키는 것으로서, '이 포도주는 십자가에서 피를 쏟아 죽을 나'라는 뜻이다.

14:32-42 겟세마네의 기도는 예수님께서 죄인들을 위해 친히 담당해야 하는 십자가의 고통과 하나님의 형벌(참조. 사 53:6,10-11;히 9:28;벧전 2:24)을 눈앞에 두고 겪으시는 번민과 갈등, 그리고 결단의 모습을 잘 보여 주고 있다(참조. 눅 22:44; 히 5:7).

14:38 유혹에 빠지지 않도록 예수님이 잡히시게 되면 제자들은 달아날 것이며(50절), 베드로는 예수님을 모른다고 할 것이다(66-72절). 이러한 유혹에 빠지지 않도록 기도하라는 것이다.

㉠ 그, '나를 버릴 것이다' ㉡ 슥 13:7 ㉢ 그, '버릴지라도' ㉣ '아버지'를 뜻하는 아람어 ㉤ 또는 '시험에' ㉥ 또는 '아직도 자느냐? 아직도 쉬느냐?'

라. 그 정도면 넉넉하다. 때가 왔다.
보아라, 인자는 죄인들의 손에 넘어
간다.
42 일어나서 가자. 보아라, 나를 넘겨줄
자가 가까이 왔다."

예수께서 잡히시다

(마 26:47-56; 눅 22:47-53; 요 18:2-12)

43 ○그런데 예수께서 아직 말씀하고
계실 때에, 열두 제자 가운데 하나인
유다가 곧 왔다. 대제사장들과 율법
학자들과 장로들이 보낸 무리가 칼
과 몽둥이를 들고 그와 함께 왔다.
44 그런데, 예수를 넘겨줄 자가 그들에
게 신호를 짜주기를 "내가 입을 맞
추는 사람이 바로 그 사람이니, 그를
잡아서 단단히 끌고 가시오" 하고 말
해 놓았다.
45 유다가 와서, 예수께로 곧 다가가서
"㉠ 랍비님!" 하고 말하고서, 입을 맞
추었다.
46 그러자 그들은 예수께 손을 대어 잡
았다.
47 그런데 곁에 서 있던 이들 가운데서
어느 한 사람이, 칼을 빼어 대제사장
의 종을 내리쳐서, 그 귀를 잘라 버
렸다.
48 예수께서 그들에게 말씀하셨다. "너
희는 강도에게 하듯이, 칼과 몽둥이
를 들고 나를 잡으러 나왔느냐?
49 내가 날마다 성전에 너희와 함께 있
으면서 가르치고 있었건만 너희는
잡지 않았다. 그러나 이것은 성경 말
씀을 이루려는 것이다."
50 제자들은 모두 예수를 버리고 달아
났다.

어떤 젊은이가 맨몸으로 달아나다

51 ○그런데 어떤 젊은이가 맨몸에 홑
이불을 두르고, 예수를 따라가고 있
었다. 그들이 그를 잡으려고 하니,
52 그는 홑이불을 버리고, 맨몸으로 달
아났다.

의회 앞에 서시다 (마 26:57-68;
눅 22:54-55, 63-71; 요 18:13-14, 19-24)

53 ○그들은 예수를 대제사장에게로 끌
고 갔다. 그러자 대제사장들과 장로
들과 율법학자들이 모두 모여들었
다.
54 베드로는 멀찍이 떨어져서, 예수를
뒤따라 대제사장의 집 안마당에까
지 들어갔다. 그는 하인들과 함께 앉
아 불을 쬐고 있었다.
55 대제사장들과 온 의회가 예수를 사
형에 처하려고, 그를 고소할 증거를
찾았으나, 찾아내지 못하였다.
56 예수에게 불리하게 거짓으로 증언하
는 사람이 많이 있었지만, 그들의 증
언은 서로 들어맞지 않았다.
57 더러는 일어나서, 그에게 불리하게,
거짓으로 증언하여 말하기를
58 "우리가 이 사람이 말하는 것을 들

14:43 대제사장들과 율법학자들과 장로들 이 세 부류의 사람들이 유대의 최고 법정인 70인 의회(산헤드린)의 구성원이었다. 여기에서 대제사장들은 *전직·현직 대제사장 전체를 포함한다.* 율법학자들은 율법과 조상들의 전통을 해석하는 사람들이며, 장로들은 예루살렘의 영향력 있는 세력가들로서 부유한 지주 계급을 각각 가리킨다.

14:51 어떤 젊은이가 누구인지는 밝혀져 있지 않다. 마가는 제자들이 예수님을 홀로 남겨두고 모두 도망했다는 사실을 강조하기 위해 이 이야기를 기록했다. 아무도 예수님과 함께 남지 않았다.

14:53–15:1 예수님에 대한 유대 사람들의 재판은 이렇게 진행되었다. ① 전임 대제사장 안나스의 비공식적인 예비 신문(요 18:12–14,19–24) ② 대제사장 가야바와 산헤드린의 신문(14:53–65) ③ 산헤드린의 최종 판결(15:1).

14:55–57 유대 법정에서는 증인들이 검사의 역

㉠ '스승'

었는데 '내가 사람의 손으로 지은 이
성전을 허물고, 손으로 짓지 않은 다
른 성전을 사흘만에 세우겠다' 하였
습니다."
59 그러나 그들의 증언도 서로 들어맞
지 않았다.
60 그래서 대제사장이 한가운데 일어서
서, 예수께 물었다. "이 사람들이 그
대에게 불리하게 증언하는데도, 아
무 답변도 하지 않소?"
61 그러나 예수께서는 입을 다무시고,
아무 대답도 하지 않으셨다. 대제사
장이 예수께 물었다. "그대는 찬양
을 받으실 분의 아들 ㉠그리스도요?"
62 예수께서 말씀하셨다. "내가 바로 그
이요. 당신들은 인자가 전능하신 분
의 오른쪽에 앉아 있는 것과, 하늘
의 구름을 타고 오는 것을 보게 될
것이오."
63 대제사장은 자기 옷을 찢고 말하였
다. "이제 우리에게 무슨 증인들이
더 필요하겠소?
64 여러분은 이제 하나님을 모독하는
말을 들었소. 여러분의 생각은 어떠
하오?" 그러자 그들은 모두, 예수는
사형을 받아야 마땅하다고 정죄하
였다.
65 그들 가운데서 더러는, 달려들어 예
수께 침을 뱉고, 얼굴을 가리고 주먹
으로 치고 하면서 "알아 맞추어 보
아라" 하고 놀려대기 시작하였다. 그
리고 하인들은 예수를 손바닥으로
쳤다.

베드로가 예수를 모른다고 하다 (마 26:69-75;
눅 22:56-62; 요 18:15-18, 25-27)

66 ○베드로가 안뜰 아래쪽에 있는데,
대제사장의 하녀 가운데 하나가 와
서,
67 베드로가 불을 쬐고 있는 것을 보
고, 그를 빤히 노려보고서 말하였다.
"당신도 저 나사렛 사람 예수와 함
께 다닌 사람이지요?"
68 그러나 베드로는 부인하여 말하였
다. "네가 무슨 말을 하는지, 나는
알지도 못하고, 깨닫지도 못하겠다."
그리고 그는 ㉡바깥 뜰로 나갔다.
69 그 하녀가 그를 보고서, 그 곁에 서
있는 사람들에게 다시 말하였다.
"이 사람은 그들과 한패입니다."
70 그러나 그는 다시 부인하였다. 조금
뒤에 곁에 서 있는 사람들이 다시
베드로에게 말하였다. "당신이 갈릴
리 사람이니까 틀림없이 그들과 한
패일 거요."
71 그러나 베드로는 저주하고 맹세하여
말하였다. "나는 당신들이 말하는
그 사람을 알지 못하오."
72 그러자 곧 닭이 두 번째 울었다. 그
래서 베드로는 예수께서 자기에게
"닭이 두 번 울기 전에, 네가 나를

할을 했는데, 적어도 두 사람 이상의 증언이 일치해야만 그것이 증거로 유효하였다(참조. 민 35:30; 신 19:15).

14:61-64 그대는…그리스도요? 예수님을 메시아로 믿지 않았던 종교 지도자들은 예수님이 스스로를 메시아로 공언하게 함으로써 신성모독으로 정죄하고자 하였다. 실제로 그들은 내가 바로 그이요. 당신들은 인자가…보게 될 것이오 라는 예수님의 대답(시 110:1과 단 7:13의 인용)을 근거로, 예수님을 정죄하였다.

14:66-72 베드로는 "오늘 밤에 닭이 두 번 울기 전에, 네가 세 번 나를 모른다고 할 것이다."(30절)라는 예수님의 말씀을 회상하고 결국 자신의 죄를 뉘우친다. 이 사건은 성실하게 믿음을 지키는 데 있어서 항상 위험에 빠질 수 있는 교회에 주는 예수님의 경고인 동시에 위로이다.

㉠ 또는 '메시아' ㉡ 다른 고대 사본들에는 '문간으로 나갔다. 그때에 닭이 울었다'

세 번 모른다고 할 것이다" 하신 그
말씀이 생각나서, 엎드려서 울었다.

빌라도에게 신문을 받으시다

(마 27:1-2, 11-14; 눅 23:1-5; 요 18:28-38)

15 새벽에 곧 대제사장들이 장로
들과 율법학자들과 더불어 회
의를 열었는데 그것은 전체 의회였
다. 그들은 예수를 결박하고 끌고 가
서, 빌라도에게 넘겨주었다.
2 그래서 빌라도가 예수께 물었다. "당
신이 유대인의 왕이오?" 그러자 예
수께서 빌라도에게 대답하셨다. "당
신이 그렇게 말하였소."
3 대제사장들은 여러 가지로 예수를
고발하였다.
4 빌라도는 다시 예수께 물었다. "당신
은 아무 답변도 하지 않소? 사람들
이 얼마나 여러 가지로 당신을 고발
하는지 보시오."
5 그러나 예수께서는 더 이상 아무 대
답도 하지 않으셨다. 그래서 빌라도
는 이상하게 여겼다.

사형 선고를 받으시다

(마 27:15-26; 눅 23:13-25; 요 18:39-19:16)

6 ○그런데 빌라도는 명절 때마다 사
람들이 요구하는 죄수 하나를 놓아
주곤 하였다.
7 그런데 폭동 때에 살인을 한 폭도들
과 함께 바라바라고 하는 사람이 갇
혀 있었다.
8 그래서 무리가 올라가서, 자기들에게
해주던 관례대로 해 달라고, 빌라도
에게 청하였다.
9 빌라도가 말하였다. "여러분은 내가
그 유대인의 왕을 여러분에게 놓아
주기를 바라는 거요?"
10 그는 대제사장들이 예수를 시기하
여 넘겨주었음을 알았던 것이다.
11 그러나 대제사장들은 무리를 선동
하여, 차라리 바라바를 놓아 달라고
청하게 하였다.
12 빌라도는 다시 그들에게 말하였다.
"그러면, 당신들은 유대인의 왕이라
고 하는 그 사람을 ㉠나더러 어떻게
하라는 거요?"
13 그들이 다시 소리를 질렀다. "십자가
에 못박으시오!"
14 빌라도가 그들에게 말하였다. "정말
이 사람이 무슨 나쁜 일을 하였소?"
그들은 더욱 크게 소리를 질렀다.
"십자가에 못박으시오!"
15 그리하여 빌라도는 무리를 만족시켜
주려고, 바라바는 놓아주고, 예수는
채찍질한 다음에 십자가에 처형당하
게 넘겨주었다.

병사들이 예수를 조롱하다

(마 27:27-31; 요 19:2-3)

16 ○병사들이 예수를 뜰 안으로 끌고
갔다. 그 곳은 총독 공관이었다. 그
들은 온 부대를 집합시켰다.

15장 요약 재판과 무덤에 장사되기까지의 장면이다. 빌라도는 여론에 편승하여 예수님께 사형 선고를 내림으로써 역사에 오명을 남겼지만 *저기에서 재판*을 받았던 초라한 청년은 오늘날 지구상의 수많은 사람들의 경배와 찬양의 대상이 되는 구세주가 되셨다.

15:2-15:15 예수님은 유대인들의 재판에 이어서 로마인들에 의해 재판을 받았다. 그 과정은 다음과 같다. ① 빌라도의 신문(15:2-5) ② 분봉 왕 헤롯 안디바의 신문(눅 23:6-12에서만 기록) ③ 빌라도의 계속된 신문과 최종 판결(15:6-15).

15:3 여러 가지로 예수를 고발하였다 산헤드린은 분명히 종교적 죄목으로 예수님에게 사형을 선고하였다. 하지만 빌라도 앞에서 대제사장들은 주로 정치적 죄목, 곧 예수님이 민중을 선동하여 반란을 꾀하고, 황제에게 바칠 세금을 거부하게 했

㉠ 다른 고대 사본들에는 '내가 어떻게 해 주기를 원하오?'

17 그런 다음에 그들은 예수께 자색 옷
을 입히고, 가시관을 엮어서 머리에
씌운 뒤에,
18 "유대인의 왕 만세!" 하면서, 저마다
인사하였다.
19 또 갈대로 예수의 머리를 치고, 침을
뱉고, 무릎을 꿇어서 그에게 경배하
였다.
20 이렇게 예수를 희롱한 다음에, 그들
은 자색 옷을 벗기고, 그의 옷을 도
로 입혔다. 그런 다음에, 그들은 예
수를 십자가에 못박으려고 끌고 나
갔다.

예수께서 십자가에 못박히시다
(마 27:32-44; 눅 23:26-43; 요 19:17-27)

21 ○그런데 어떤 사람이 시골에서 오
는 길에, 그 곳을 지나가고 있었다.
그는 알렉산더와 루포의 아버지로
서, 구레네 사람 시몬이었다. 그들은
그에게 강제로 예수의 십자가를 지
고 가게 하였다.
22 그들은 예수를 골고다라는 곳으로
데리고 갔다. (골고다는 번역하면
'해골 곳'이다.)
23 그들은 몰약을 탄 포도주를 예수께
드렸다. 그러나 예수께서는 받지 않
으셨다.
24 그들은 예수를 십자가에 못박고, 예
수의 옷을 나누어 가졌는데, 제비를
뽑아서, 누가 무엇을 차지할지를 결
정하였다.
25 예수를 십자가에 못박은 때는, ㉠아
침 아홉 시였다.
26 그의 죄패에는 '유대인의 왕'이라고
적혀 있었다.
27 그들은 예수와 함께 강도 두 사람을
십자가에 못박았는데, 하나는 그의
오른쪽에, 하나는 그의 왼쪽에 달았
다.
28 ㉡(없음)
29 지나가는 사람들이 머리를 흔들면
서, 예수를 모욕하며 말하였다. "아
하! 성전을 허물고 사흘만에 짓겠다
던 사람아,
30 자기나 구원하여 십자가에서 내려오
려무나!"
31 대제사장들도 율법학자들과 함께 그
렇게 조롱하면서 말하였다. "그가,
남은 구원하였으나, 자기는 구원하
지 못하는구나!
32 이스라엘의 왕 ㉢그리스도는 지금
십자가에서 내려와 봐라. 그래서 우
리로 하여금 보고 믿게 하여라!" 예
수와 함께 십자가에 달린 두 사람도
그를 욕하였다.

예수께서 숨을 거두시다
(마 27:45-56; 눅 23:44-49; 요 19:28-30)

33 ○낮 열두 시가 되었을 때에, 어둠이
온 땅을 덮어서, 오후 세 시까지 계
속되었다.

으며, 또한 자신을 '왕'으로 내세웠다는 죄목으로 (눅 23:2) 예수님을 고소하였다. 이러한 고소는 예수님의 말씀을 완전히 정치적으로 왜곡한 것으로(참조. 12:17;요 6:15;18:36-37), 그들의 간계를 잘 드러내고 있다. 사실 빌라도는 이 점을 간파하고 있었으며(15:10), 예수님이 무죄하다는 사실도 알고 있었다(요 18:38;19:4).

15:16-19 자색 옷·가시관·갈대 로마 병사들은 예수님께 당시 왕들의 복색을 모방하여 갖추게 함으로써, 그들이 보기에 자칭 '왕'이라 하는 예수님을 조롱하였다. 갈대는 왕권을 상징하는 규(圭)를 가장한 것이다.

15:23 몰약을 탄 포도주 일종의 마취제 역할을 했기 때문에, 십자가형을 당하는 사형수들에게 고통을 덜어 주고자 이것을 제공하였다. 예수님은

㉠ 그, '제 삼시' ㉡ 다른 고대 사본들에는 "28. 그리하여 '그는 범법자들 가운데 한 사람으로 여김을 받았다'고 한 성경 말씀이 이루어졌다" ㉢ 또는 '메시아'

34 세 시에 예수께서 큰소리로 부르짖
으셨다. ㉠"엘로이 엘로이 레마 사박
다니?" 그것은 번역하면 "나의 하나
님, 나의 하나님, ㉡어찌하여 ㉢나를
버리셨습니까?" 하는 뜻이다.
35 거기에 서 있는 사람들 가운데서 몇
이, 이 말을 듣고서 말하였다. "보시
오, 그가 엘리야를 부르고 있소."
36 어떤 사람이 달려가서, 해면을 신 포
도주에 푹 적셔서 갈대에 꿰어, 그에
게 마시게 하며 말하였다. "어디 엘
리야가 와서, 그를 내려 주나 두고
봅시다."
37 예수께서는 큰 소리를 지르시고서
숨지셨다.
38 (그 때에 성전 휘장이 위에서 아래까
지 두 폭으로 찢어졌다.)
39 예수를 마주 보고 서 있는 백부장
이, 예수께서 이와 같이 ㉣숨을 거두
시는 것을 보고서 말하였다. "참으
로 이분은 하나님의 아들이셨다."
40 여자들도 멀찍이서 지켜 보고 있었
는데, 그들 가운데는 막달라 출신 마
리아도 있고 작은 야고보와 요세의
어머니 마리아도 있고 살로메도 있
었다.
41 이들은 예수가 갈릴리에 계실 때에,
예수를 따라다니며 섬기던 여자들이
었다. 그 밖에도 예수와 함께 예루살
렘에 올라온 여자들이 많이 있었다.

예수께서 무덤에 묻히시다

(마 27:57-61; 눅 23:50-56; 요 19:38-42)

42 ○이미 날이 저물었는데, 그 날은 준
비일, 곧 안식일 전날이었다. 아리마
대 사람인 요셉이 왔다.
43 그는 명망 있는 의회 의원이고, 하나
님의 나라를 기다리는 사람인데, 이
사람이 대담하게 빌라도에게 가서,
예수의 시신을 내어 달라고 청하였
다.
44 빌라도는 예수가 벌써 죽었을까 하
고 의아하게 생각하여, 백부장을 불
러서, 예수가 죽은 지 오래되었는지
를 물어 보았다.
45 빌라도는 백부장에게 알아보고 나
서, 시신을 요셉에게 내어주었다.
46 요셉은 삼베를 사 가지고 와서, 예수
의 시신을 내려다가 그 삼베로 싸서,
바위를 깎아서 만든 무덤에 그를 모
시고, 무덤 어귀에 돌을 굴려 막아
놓았다.
47 막달라 마리아와 요세의 어머니 마
리아는, 어디에 예수의 시신이 안장
되는지를 지켜 보고 있었다.

예수께서 부활하시다

(마 28:1-8; 눅 24:1-12; 요 20:1-10)

16 안식일이 지났을 때에, 막달라
마리아와 야고보의 어머니 마
리아와 살로메는 가서 예수께 발라
드리려고 향료를 샀다.

이를 거절하심으로써 십자가의 고통을 그대로 다 감당하셨다.

15:37 큰 소리를 지르시고서 '다 이루었다'(요 19:30) 및 '아버지, 내 영혼을 아버지 손에 맡깁니다'(눅 23:46)라는 말씀이었을 것이다.

15:38 이 휘장은 성소와 지성소를 구별한다.

16장 요약 예수님은 무덤에 내려가셨으나 3일 만에 부활하심으로써 악이 진리를 제압할 수 없음을 실증하시고 하나님의 약속의 신실성과 예수님의 메시아 되심을 드러내셨다. 마가는 제자들의 선교의 사명으로 끝맺음으로써 향후 전개될 본격적인 성령의 역사를 암시한다.

16:1-8 토요일 해가 지는 순간에 안식일이 끝난다. 그 때부터 물건을 사고 팔 수 있기 때문에, 여

㉠ 시 22:1 ㉡ 또는 '무엇 하시려고' ㉢ 다른 고대 사본들에는 '나를 꾸짖으십니까?' ㉣ 다른 고대 사본들에는 '큰소리를 지르시고서 숨을 거두시는 것을 보고서'

2 그래서 ㉠이레의 첫날 새벽, 해가 막
돋은 때에, 무덤으로 갔다.
3 그들은 "누가 우리를 위하여 그 돌
을 무덤 어귀에서 굴려내 주겠는
가?" 하고 서로 말하였다.
4 그런데 눈을 들어서 보니, 그 돌덩이
는 이미 굴려져 있었다. 그 돌은 엄
청나게 컸다.
5 그 여자들은 무덤 안으로 들어가서,
웬 젊은 남자가 흰 옷을 입고 오른
쪽에 앉아 있는 것을 보고 몹시 놀
랐다.
6 그가 여자들에게 말하였다. "놀라지
마시오. 그대들은 십자가에 못박히
신 나사렛 사람 예수를 찾고 있지만,
그는 살아나셨소. 그는 여기에 계시
지 않소. 보시오, 그를 안장했던 곳
이오.
7 그러니 그대들은 가서, 그의 제자들
과 베드로에게 말하기를 그는 그들
보다 먼저 갈릴리로 가실 것이니, 그
가 그들에게 말씀하신 대로, 그들은
거기에서 그를 볼 것이라고 하시오."
8 그들은 뛰쳐 나와서, 무덤에서 도망
하였다. 그들은 벌벌 떨며 넋을 잃었
던 것이다. 그들은 무서워서, 아무에
게도 아무 말도 못하였다.㉡

예수께서 막달라 마리아에게 나타나시다

(마 28:9-10; 요 20:11-18)

9 ○㉢[[예수께서 이레의 첫날 새벽에
살아나신 뒤에, 맨 처음으로 막달라
마리아에게 나타나셨다. 마리아는
예수께서 일곱 귀신을 쫓아내 주신
여자이다.
10 마리아는 예수와 함께 지내던 사람
들이 슬퍼하며 울고 있는 곳으로 가
서, 그들에게 이 소식을 전하였다.
11 그러나 그들은, 예수가 살아 계시다
는 것과, 마리아가 예수를 목격했다
는 말을 듣고서도, 믿지 않았다.

예수께서 두 제자에게 나타나시다

(눅 24:13-35)

12 ○그 뒤에 그들 가운데 두 사람이 걸
어서 시골로 내려가는데, 예수께서
는 다른 모습으로 그들에게 나타나
셨다.
13 그들은 다른 제자들에게 되돌아가
서 알렸으나, 제자들은 그들의 말도
믿지 않았다.

제자들이 선교의 사명을 받다

(마 28:16-20; 눅 24:36-49;
요 20:19-23; 행 1:6-8)

14 ○그 뒤에 ㉣열한 제자가 음식을 먹
을 때에, 예수께서는 그들에게 나타
나셔서, 그들이 믿음이 없고 마음이
무딘 것을 꾸짖으셨다. 그들이, 자기
가 살아난 것을 본 사람들의 말을
믿지 않았기 때문이다.
15 또 예수께서 그들에게 말씀하셨다.
"너희는 온 세상에 나가서, 만민에게

인들은 저녁에 향료를 샀다. 향료는 시체가 썩는 냄새를 제거하기 위한 것이었다. 여인들은 예수님을 찾아와 향료를 예수님의 몸에 바르고자 했으나 이는 잘못된 생각이었다. 이미 예수님께서는 죄와 사망의 권세를 이기고 죽음에서 부활하셨기 때문이었다.

16:9-14 본문은 부활하신 예수님께서 제자들에게 자신의 모습을 보이신 장면이다. 주님께서는

㉠ 또는 '안식일 첫날' ㉡ 권위를 인정받는 대다수의 고대 사본들은, 8절에서 마가복음서가 끝남. 권위를 인정받는 한 사본은 8절 끝에 '짧은 끝맺음'(9절의 주를 볼 것)을 가지고 있음. 다른 사본들은 '짧은 끝맺음'과 함께 9-20절의 '긴 끝맺음'도 함께 반영하고 있음. 그러나 다른 고대 사본들 대다수는 8절 뒤에 곧바로 9-20절의 '긴 끝맺음'을 기록하였음 ㉢ '마가복음서의 긴 끝맺음'(16:9-20). 이 긴 끝맺음 대신에 '마가복음서의 짧은 끝맺음'만을 가진 사본들도 있다. '그 여자들은 명령 받은 모든 일을 베드로와 그와 함께 있는 사람들에게 간추려서 말해 주었다. 그 뒤에 예수께서는 친히 그들을 시켜서, 동에서 서에 이르기까지, 영원한 구원을 담은, 성스러우며 없어지지 않는 복음을 퍼져나가게 하셨다' ㉣ 그, '열한 명이'

㉠복음을 전파하여라.
16 믿고 ㉡세례를 받는 사람은 구원을
얻을 것이요, 믿지 않는 사람은 정죄
를 받을 것이다.
17 믿는 사람들에게는 이런 표징들이
따를 터인데, 곧 그들은 내 이름으로
귀신을 쫓아내며, 새 방언으로 말하
며,
18 손으로 뱀을 집어들며, 독약을 마실
지라도 절대로 해를 입지 않으며, 아
픈 사람들에게 손을 얹으면 나을 것
이다."

예수의 승천 (눅 24:50-53; 행 1:9-11)

19 ○주 예수께서 그들에게 말씀하신
뒤에, 하늘로 들려 올라가셔서, 하나
님의 오른쪽에 앉으셨다.
20 그들은 나가서, 곳곳에서 복음을 전
파하였다. 주님께서 그들과 함께 일
하시고, 여러 가지 표징이 따르게 하
셔서, 말씀을 확증하여 주셨다.㉢]]

막달라 마리아(요 20:1,11-18)와 엠마오로 가던 두 제자(눅 24:13-35), 그리고 음식을 먹고 있는 열한 제자(눅 24:36-49)에게 나타나셨다.

*16:15-18 제자들이 성령의 능력을 받아 온 세계*로 복음 전도에 나서게 될 것을 예언하신 말씀이다. 복음의 핵심은 십자가와 부활 사건이다.

16:17-18 믿는 사람들에게 나타나는 다섯 가지 표징을 말한다. ① 귀신을 쫓아냄(행 8:7;16:16-18;19:12), ② 새 방언을 말함(참조. 고전 12:10, 28;14장), ③ 손으로 뱀을 집어들어도 해를 입지 않음(행 28:3-6), ④ 아픈 사람에게 손을 얹어 낫게 하는 권세(행 5:16;8:7;16:18;19:12), ⑤ 독약을 마셔도 해를 받지 않음 등이다.

16:19 승천 때는 부활하신 후 40일이었고(행 1:3), 장소는 베다니 부근(눅 24:50)에 위치한 올리브 산(행 1:12)이었다.

㉠ 또는 '기쁜 소식' ㉡ 또는 '침례' ㉢ 다른 고대 사본들에는 '아멘'이 첨가되어 있음

누가복음서

LUKE

저자 누가

저작 연대 A.D. 61–63년경

기록 장소와 대상 가이사랴나 로마에서 기록했을 가능성이 높으며, 일반적으로는 모든 이방 기독교인들을 대상으로 할 뿐만 아니라 특별히 데오빌로를 위하여 기록하였다.

기록 목적 로마의 관리였던 데오빌로와 이방 땅에서 어렵게 신앙 생활하고 있던 그리스도인들에게 그리스도를 명확히 증거하기 위해서 기록하였다.

핵심어 및 내용 누가복음서의 핵심어는 '예수님'과 '인자'이다. 성육신하신 예수님은 종종 인자로 묘사된다. 예수님의 이런 인성은 마리아를 통한 그리스도의 족보와 그분의 성격 및 삶의 구체적인 모습들을 통하여 잘 드러난다.

내용 분해

1. 서문(1:1–4)
2. 예수님의 오심(1:5–2:52)
3. 공생애를 위한 준비(3:1–4:13)
4. 갈릴리에서의 활동(4:14–9:9)
5. 갈릴리 주변 지역으로 물러가심(9:10–50)
6. 유대 지역에서의 활동(9:51–13:21)
7. 베레아 지역에서의 활동(13:22–19:27)
8. 고난과 승리(19:28–24:53)

데오빌로에게 보내는 헌사

1 우리 가운데서 일어난 일들에 대
하여 차례대로 이야기를 엮어내려
고 손을 댄 사람이 많이 있었습니다.
2 그들은 이것을 처음부터 말씀의 목
격자요 전파자가 된 이들이 우리에
게 전하여 준 대로 엮어냈습니다.
3 그런데 존귀하신 데오빌로님, 나도
모든 것을 ㉠시초부터 정확하게 조사
하여 보았으므로, 각하께 그것을 순
서대로 써 드리는 것이 좋겠다고 생
각하였습니다.
4 이리하여 각하께서 이미 배우신 일
들이 확실한 사실임을 아시게 되기
를 바라는 바입니다.

세례자 요한의 출생을 예고하다

5 ○유대왕 헤롯 때에, 아비야 조에 배
속된 제사장으로서, 사가랴라고 하
는 사람이 있었다. 그의 아내는 아론
의 자손인데, 이름은 엘리사벳이다.
6 그 두 사람은 다 하나님 앞에서 의로
운 사람이어서, 주님의 모든 계명과
규율을 흠잡을 데 없이 잘 지켰다.
7 그런데 그들에게는 자녀가 없었다.
엘리사벳이 임신을 하지 못하는 여
자이고, 두 사람은 다 나이가 많았
기 때문이다.
8 ○사가랴가 자기 조의 차례가 되어
서, 하나님 앞에서 제사장의 직분을
담당하게 되었다.
9 어느 날 제사직의 관례를 따라 제비
를 뽑았는데, 그가 주님의 성소에 들
어가 분향하는 일을 맡게 되었다.
10 그가 분향하는 동안에, 온 백성은
다 밖에서 기도하고 있었다.
11 그 때에 주님의 천사가 사가랴에게
나타나서, 분향하는 제단 오른쪽에
섰다.
12 그는 천사를 보고 놀라서, 두려움에
사로잡혔다.
13 천사가 그에게 말하였다. "사가랴야,
두려워하지 말아라. 네 간구를 주님
께서 들어 주셨다. 네 아내 엘리사벳
이 너에게 아들을 낳아 줄 것이니,
그 이름을 요한이라고 하여라.
14 그 아들은 네게 기쁨과 즐거움이 되
고, 많은 사람이 그의 출생을 기뻐

㉠ 또는 '오랫동안'

할 것이다.
15 그는 주님께서 보시기에 큰 인물이
될 것이다. 그는 포도주와 독한 술
을 입에 대지 않을 것이요, 어머니
뱃속에 있을 때부터 성령을 충만하
게 받을 것이며,
16 이스라엘 자손 가운데서 많은 사람
을 그들의 주 하나님께로 돌아오게
할 것이다.
17 그는 또한 엘리야의 심령과 능력을
가지고 주님보다 앞서 와서, 부모의
마음을 자녀에게로 돌아오게 하고
거역하는 자들을 의인의 지혜의 길
로 돌아서게 해서, 주님을 맞이할 준
비가 된 백성을 마련할 것이다."
18 사가랴가 천사에게 말하였다. "어떻
게 그것을 알겠습니까? 나는 늙은
사람이요, 내 아내도 나이가 많으니
말입니다."
19 천사가 그에게 말하였다. "나는 하나
님 앞에 서 있는 가브리엘인데, 나는
네게 이 기쁜 소식을 전해 주려고 보
내심을 받았다.
20 보아라, 그 때가 되면 다 이루어질
내 말을 네가 믿지 않았으므로, 이
일이 이루어지는 날까지, 너는 벙어
리가 되어서 말을 못하게 될 것이다."
21 ○백성이 사가랴를 기다리는데, 그
가 성소 안에서 너무도 오래 지체하
므로, 이상하게 여기고 있었다.
22 그런데 그가 나와서도 말을 못하니
까, 사람들은 그가 성소 안에서 환
상을 본 줄로 알았다. 사가랴는 그
들에게 손짓만 할 뿐이요, 그냥 말
을 못하는 채로 있었다.
23 사가랴는 제사 당번 기간이 끝난 뒤
에 집으로 돌아갔다.
24 그 뒤에 얼마 지나서, 그의 아내 엘
리사벳이 임신하고, 다섯 달 동안 숨
어 살면서 이렇게 말하였다.
25 "주님께서 나를 돌아보셔서 사람들
에게 당하는 내 부끄러움을 없이해
주시던 날에 나에게 이런 일을 베풀
어 주셨다."

예수의 탄생을 예고하다

26 ○그 뒤로 여섯 달이 되었을 때에,
하나님께서 천사 가브리엘을 갈릴리
지방의 나사렛 동네로 보내시어,
27 다윗의 가문에 속한 요셉이라는 남
자와 약혼한 처녀에게 가게 하셨다.
그 처녀의 이름은 마리아였다.
28 천사가 안으로 들어가서, 마리아에
게 말하였다. "기뻐하여라, 은혜를
입은 자야, ㉠주님께서 그대와 함께
하신다."
29 마리아는 그 말을 듣고 몹시 놀라,
도대체 그 인사말이 무슨 뜻일까 하
고 궁금히 여겼다.
30 천사가 마리아에게 말하였다. "두려
워하지 말아라. 마리아야, 그대는 하

1장 요약 누가는 이방, 특히 로마의 그리스도인들에게 예수님을 전파하고 이교도들에게 그 분을 변증하고자 했다.

1:1-4 누가복음서의 머리글로서, 본서의 독자가 누구이며 기록의 목적이 무엇인가를 밝히고 있는 부분이다.

1:7 이스라엘 사회에서 아이를 갖지 못하는 것은 하나님의 큰 저주이며(1:25), 아이를 가지는 것은 하나님이 내리는 축복의 표징이었다(창 1:28;시 127-128편). 그러나 사가랴 부부가 아이를 갖지 못한 것은 그들의 죄 때문이 아니었다. 그들은 '흠 잡을 데 없는' 사람들이었다. 그것은 그들에게서 하나님의 역사가 나타나도록 하기 위한 것이었다.

1:8-10 성소에서 제사장이 하는 일 가운데는 아침 저녁으로 드리는 제사가 포함된다. 그리고 아

㉠ 다른 고대 사본들에는 '여인들 가운데서 너는 복이 있다. 주님께서……'

나님의 은혜를 입었다.
31 보아라, 그대가 잉태하여 아들을 낳
을 터이니, 그의 이름을 예수라고 하
여라.
32 그는 위대하게 되고, 더없이 높으신
분의 아들이라고 불릴 것이다. 주 하
나님께서 그에게 그의 조상 다윗의
왕위를 주실 것이다.
33 그는 영원히 야곱의 집을 다스리고,
그의 나라는 무궁할 것이다."
34 마리아가 천사에게 말하였다. "나는
㉠남자를 알지 못하는데, 어떻게 이
런 일이 있겠습니까?"
35 천사가 마리아에게 대답하였다. "성
령이 그대에게 임하시고, 더없이 높
으신 분의 능력이 그대를 감싸 줄 것
이다. 그러므로 ㉡태어날 아기는 거
룩한 분이요, 하나님의 아들이라고
불릴 것이다.
36 보아라, 그대의 친척 엘리사벳도 늙
어서 임신하였다. 임신하지 못하는
여자라 불리던 그가 임신한 지 벌써
여섯 달이 되었다.
37 하나님께는 불가능한 일이 없다."
38 마리아가 말하였다. "보십시오, 나는
주님의 여종입니다. 당신의 말씀대
로 나에게 이루어지기를 바랍니다."
천사는 마리아에게서 떠나갔다.

마리아가 엘리사벳을 방문하다

39 ○그 무렵에, 마리아가 일어나, 서둘
러 유대 산골에 있는 한 동네로 가서,
40 사가랴의 집에 들어가, 엘리사벳에
게 문안하였다.
41 엘리사벳이 마리아의 인사말을 들었
을 때에, 아이가 그의 뱃속에서 뛰놀
았다. 엘리사벳이 성령으로 충만해
서,
42 큰 소리로 외쳐 말하였다. "그대는
여자들 가운데서 복을 받았고, 그대
의 태중의 아이도 복을 받았습니다.
43 내 주님의 어머니께서 내게 오시다
니, 이것이 어찌된 일입니까?
44 보십시오. 그대의 인사말이 내 귀에
들어왔을 때에, 내 태중의 아이가 기
뻐서 뛰놀았습니다.
45 주님께서 하신 말씀이 이루어질 줄
믿은 여자는 행복합니다."

마리아의 찬가

46 ○그리하여 ㉢마리아가 말하였다.
"내 영혼이 주님을 찬양하며
47 내 마음이 내 구주 하나님을 좋아
함은,
48 그가 이 여종의 비천함을 보살펴
주셨기 때문입니다. 이제부터는 모
든 세대가 나를 행복하다 할 것입
니다.
49 힘센 분이 나에게 큰 일을 하셨기
때문입니다. 그의 이름은 거룩하
고,
50 그의 자비하심은, 그를 두려워하

침 제사 전이나 저녁 제사 후에는 제단 안에 있는 분향단에서 분향이 실시된다. 당시 약 18,000명의 제사장들이 있었는데, 이들은 제비를 뽑아 각양의 일과 업무를 맡았다. **분향하는** 분향을 드리는 것은 기도의 상징이었다(시 141:2;계 5:8;8:3).

1:35 성령이 그대에게 임하시고 이 간결한 문장에는 심오한 신학적 의미, 즉 메시아의 초자연적 출생이 함축되어 있다. 메시아가 그의 사명을 완수하는 것을 보기 전까지는 마리아는 그 말의 온전한 뜻을 알 수 없었을 것이다. 메시아의 초자연적 출생의 필요성은 대속의 죽음과 그분의 부활을 통하여 깨닫게 될 수 있는 진리이기 때문이다.

1:39 마리아는 자신이 받은 놀라운 말씀을 이해할 수 있는 친족 엘리사벳을 찾을 수밖에 없었을 것이다.

1:41 뱃속에서 뛰놀았다 이것은 일반적인 태아의

㉠ 처녀라는 뜻 ㉡ 다른 고대 사본들에는 '너에게 태어날' ㉢ 다른 고대 역본들에는 '엘리사벳이'

는 사람들에게 대대로 있을 것입
니다.
51 그는 그 팔로 권능을 행하시고 마
음이 교만한 사람들을 흩으셨으니,
52 제왕들을 왕좌에서 끌어내리시고
비천한 사람을 높이셨습니다.
53 주린 사람들을 좋은 것으로 배부
르게 하시고, 부한 사람들을 빈손
으로 떠나보내셨습니다.
54 그는 자비를 기억하셔서, 자기의
종 이스라엘을 도우셨습니다.
55 우리 조상들에게 말씀하신 대로,
그 자비는 아브라함과 그 자손에
게 영원토록 있을 것입니다."
56 ○마리아는 엘리사벳과 함께 석 달
쯤 있다가 자기 집으로 돌아갔다.

세례자 요한의 출생

57 ○엘리사벳은 해산할 달이 차서, 아
들을 낳았다.
58 이웃 사람들과 친척들은, 주님께서
큰 자비를 그에게 베푸셨다는 말을
듣고서, 그와 함께 기뻐하였다.
59 ○아기가 태어난 지 여드레째 되는
날에, 그들은 아기에게 할례를 행하
러 와서, 그의 아버지의 이름을 따
서, 그를 사가랴라 하고자 하였다.
60 그러나 아기 어머니가 말하였다. "안
됩니다. 요한이라고 해야 합니다."
61 사람들이 말하였다. "당신의 친척
가운데는 아무도 이런 이름을 가진
사람이 없습니다."
62 그들은 그 아버지에게 아기의 이름
을 무엇으로 하려는지 손짓으로 물
어 보았다.
63 그가 서판을 달라 하여 "그의 이름
은 요한이다" 하고 쓰니, 모두들 이
상히 여겼다.
64 그런데 그의 입이 곧 열리고 혀가 풀
려서, 말을 하며 하나님을 찬양하였
다.
65 이웃 사람들은 모두 두려워하였다.
이 모든 이야기는 유대 온 산골에
두루 퍼졌다.
66 이 말을 들은 사람들은 모두 이 사
실을 그들의 마음에 두고 "이 아기
가 대체 어떤 사람이 될 것인가?" 하
고 말하였다. 주님의 보살피는 손길
이 그 아기와 함께 하시는 것이 분명
했기 때문이다.

사가랴의 예언

67 ○요한의 아버지 사가랴가 성령으로
충만하여, 이렇게 예언하였다.
68 "주 이스라엘의 하나님은 찬양받
으실 분이시다. 그는 자기 백성을
돌보아 속량하시고,
69 우리를 위하여 ㉠능력 있는 구원
자를 자기의 종 다윗의 집에 일으
키셨다.
70 예로부터 자기의 거룩한 예언자들
의 입으로 주님께서 말씀하신 대

움직임을 표현한 것이 아니다. 이것은 태중(胎中)의 아이가 가지는 감정을 기적적으로 표현함으로써, 예수님과 요한의 탄생이 하나님의 손길에 의한 것임을 다시 한번 강조한다.
1:46-55 이 부분은 '마리아의 찬가(Magnificat)'로 널리 알려져 있다. 구약의 사상이 깊이 배어 있는 이 찬송에는 창세기·사무엘기상·시편·미가서의 구절이 반영되고 있다. 노래의 형식은 시편을 본뜨고 있는데, 성경을 깊이 묵상하는 자에게서만 나타날 수 있는 하나님께 대한 찬송이다.
1:63 서판 작은 나무판을 밀랍으로 발라, 그 위에 철촉으로 글을 쓰게 만든 것이다.
1:66 주님의 보살피는 손길 히브리 표현법으로서 세례자 요한에게 하나님의 특별한 섭리와 은혜가 뒤따름을 말한다.
1:67-80 사가랴의 찬송은 메시아와 요한에 대한 부분으로 나뉜다. 전반부에서 그는 메시아의 구

㉠ 그. '구원의 뿔'

로

71 우리를 원수들에게서 구원하시고,
우리를 미워하는 모든 사람들의
손에서 건져내셨다.
72 주님께서 우리 조상에게 자비를
베푸시고, 자기의 거룩한 언약을
기억하셨다.
73 이것은 주님께서 우리에게 주시려
고 우리 조상 아브라함에게 하신
맹세이니,
74 우리를 원수들의 손에서 건져주셔
서 두려움이 없이 주님을 섬기게
하시고,
75 우리가 평생 동안 주님 앞에서 거
룩하고 의롭게 살아가게 하셨다.
76 아가야, 너는 더없이 높으신 분의
예언자라 불릴 것이니, 주님보다
앞서 가서 그의 길을 예비하고,
77 죄 사함을 받아서 구원을 얻는 지
식을 그의 백성에게 가르쳐 줄 것
이다.
78 이것은 우리 하나님의 자비로운
심정에서 오는 것이다. 그는 해를
하늘 높이 뜨게 하셔서,
79 어둠 속과 죽음의 그늘 아래에 앉
아 있는 사람들에게 빛을 비추게
하시고, 우리의 발을 평화의 길로
인도하실 것이다."
80 ○아기는 자라서, 심령이 굳세어졌
다. 그는 이스라엘 백성 앞에 나타
나는 날까지 광야에서 살았다.

예수의 탄생 (마 1:18-25)

2 그 때에 아우구스투스 황제가 칙
령을 내려 온 세계가 호적 등록을
하게 되었는데,
2 이 첫 번째 호적 등록은 구레뇨가
시리아의 총독으로 있을 때에 시행
한 것이다.
3 모든 사람이 호적 등록을 하러 저마
다 자기 고향으로 갔다.
4 요셉은 다윗 가문의 자손이므로, 갈
릴리의 나사렛 동네에서 유대에 있
는 베들레헴이라는 다윗의 동네로,
5 자기의 약혼자인 마리아와 함께 등
록하러 올라갔다. 그 때에 마리아는
임신 중이었는데,
6 그들이 거기에 머물러 있는 동안에,
마리아가 해산할 날이 되었다.
7 마리아가 첫 아들을 낳아서, 포대기
에 싸서 구유에 눕혀 두었다. 여관에
는 그들이 들어갈 방이 없었기 때문
이다.

목자들이 예수 탄생의 소식을 듣다

8 ○그 지역에서 목자들이 밤에 들에
서 지내며 그들의 양 떼를 지키고 있
었다.
9 그런데 주님의 한 천사가 그들에게
나타나고, 주님의 영광이 그들을 두
루 비추니, 그들은 몹시 두려워하였
다.

원을 한 번의 구출로 모든 것이 완성되는 것이 아니라 하나님을 더욱 잘 섬기기 위한 발판으로 보았다(74-75절). 후반부에서는 구원과 용서를 중심으로 하는 요한의 사역과 메시아 자신의 사역을 밀접하게 연관시키고 있다(77절).

1:68 속량 종의 신분을 면하여 자유인이 되다.

1:69 능력 있는 구원자 개역개정 성경에는 '구약의 뿔'이라고 표현했다. 이는 구약에 흔히 나오는 표현(삼하 22:3;시 18:2)으로 '힘'을 뜻한다.

2장 요약 1장에 나타난 예수님의 탄생 예언이 성취된다. 예수님의 탄생을 축하하고 경배한 사람들이 대체로 가난한 사람들이었음을 주목할 필요가 있다. 시므온(25절)과 안나(36절)는 우리에게 잘 알려져 있지 않으나 아기 예수님 탄생의 비밀과 메시아 되심을 정확히 인식한 자들이다.

2:1-7 누가는 메시아의 비천한 탄생을 간결하게

10 천사가 그들에게 말하였다. "두려워
하지 말아라. 나는 온 백성에게 큰
기쁨이 될 소식을 너희에게 전하여
준다.
11 오늘 다윗의 동네에서 너희에게 구
주가 나셨으니, 그는 곧 ㉠그리스도
주님이시다.
12 너희는 한 갓난아기가 포대기에 싸
여, 구유에 뉘어 있는 것을 볼 터인
데, 이것이 너희에게 주는 표징이다."
13 갑자기 그 천사와 더불어 많은 하늘
군대가 나타나서, 하나님을 찬양하
여 말하였다.
14 "더없이 높은 곳에서는 하나님께
영광이요, 땅에서는 주님께서 좋
아하시는 사람들에게 평화로다."
15 ○천사들이 목자들에게서 떠나 하
늘로 올라간 뒤에, 목자들이 서로
말하였다. "베들레헴으로 가서, 주님
께서 우리에게 알려주신 바, 일어난
그 일을 봅시다."
16 그리고 그들은 급히 달려가서, 마리
아와 요셉과 구유에 누워 있는 아기
를 찾아냈다.
17 그들은 이것을 보고 나서, 이 아기에
관하여 자기들이 들은 말을 사람들
에게 알려 주었다.
18 이것을 들은 사람들은 모두 목자들
이 그들에게 전해준 말을 이상히 여
겼다.
19 마리아는 이 모든 말을 고이 간직하
고, 마음 속에 곰곰이 되새겼다.
20 목자들은 자기들이 듣고 본 모든 일
이 자기들에게 일러주신 그대로임을
알고, 돌아가면서 하나님께 영광을
돌리며 그를 찬미하였다.
21 ○여드레가 차서, 아기에게 할례를
행할 때에, 그 이름을 예수라고 하였
다. 그것은, 아기가 수태되기 전에,
천사가 일러준 이름이다.

아기 예수의 정결예식

22 ○모세의 법대로 그들이 정결하게
되는 날이 차서, 그들은 아기를 주님
께 드리려고 예루살렘으로 데리고
올라갔다.
23 그것은 주님의 율법에 기록된 바
㉡"어머니의 태를 처음 여는 사내아
이마다, 주님의 거룩한 사람으로 불
릴 것이다" 한 대로 한 것이요,
24 또 주님의 율법에 이르신 바 ㉢"산비
둘기 한 쌍이나, 어린 집비둘기 두 마
리를 드려야 한다" 한 대로, 희생제
물을 드리기 위한 것이었다.
25 ○그런데 마침 예루살렘에 시므온이
라는 사람이 있었는데, 그 사람은 의
롭고 경건한 사람이므로, 이스라엘
이 받을 위로를 기다리고 있었고, 또
성령이 그에게 임하여 계셨다.
26 그는 주님께서 세우신 ㉣그리스도를
보기 전에는 죽지 아니할 것이라는

설명한다(7절). 이것은 메시아가 가장 천한 자와 같을 것이라는 구약의 사상과 잘 부합된다.

2:8-20 목자들의 경배 장면이다. 목자들의 천한 신분은 메시아 사역의 중요한 한 측면을 말해 주고 있다. 그들은 메시아에게 경배할 후대의 모든 평범한 사람들을 대표하는 자들이었다.

2:11 목자들에게 선포된 천사의 메시지는 구원자이자 주님이신 메시아의 두 가지 본질을 의미한다.

2:14 좋아하시는 사람들 '하나님의 은혜를 입은 사람'이라는 뜻으로 하나님이 절대 주권으로 은혜를 베풀어 구원할 자를 선택한다는 뜻을 내포하고 있다. 이 절은 하나님의 아들이 오심으로 사람들에게는 평화, 곧 메시아의 도래와 연결된 모든 축복이(사 9:6;미 5:4) 임하게 된다는 뜻이다.

2:23 모세의 율법에 따라 장남은 희생 제물을 바

㉠ 또는 '메시아'. 그리스도는 그리스어이고, 메시아는 히브리어임. 둘 다 '기름부음 받은 이'를 뜻함 ㉡ 출 13:2, 12 ㉢ 레 12:8 ㉣ 또는 '메시아'

성령의 지시를 받은 사람이었다.
27 그가 성령의 인도로 성전에 들어갔
을 때에, 마침 아기의 부모가 율법이
정한 대로 행하고자 하여, 아기 예수
를 데리고 들어왔다.
28 시므온이 아기를 자기 팔로 받아서
안고, 하나님을 찬양하여 말하였다.
29 "주님, 이제 주님께서는 주님의 말
씀을 따라, 이 종을 세상에서 평안
히 떠나가게 해주십니다.
30 내 눈이 주님의 구원을 보았습니
다.
31 주님께서 이것을 모든 백성 앞에
마련하셨으니,
32 이는 이방 사람들에게는 계시하시
는 빛이요, 주님의 백성 이스라엘
에게는 영광입니다."
33 ○아기의 아버지와 어머니는, 시므온
이 아기에 대하여 하는 이 말을 듣
고서, 이상하게 여겼다.
34 시므온이 그들을 축복한 뒤에, 아기
의 어머니 마리아에게 말하였다. "보
십시오, 이 아기는 이스라엘 가운데
많은 사람을 넘어지게도 하고 일어
서게도 하려고 세우심을 받았으며,
비방 받는 표징이 되게 하려고 세우
심을 받았습니다.
35 -그리고 칼이 당신의 마음을 찌를
것입니다.- 그리하여 많은 사람의
마음 속 생각들이 드러나게 될 것입
니다."
36 ○아셀 지파에 속하는 바누엘의 딸
로 ㉠안나라는 여예언자가 있었는데,
나이가 많았다. 그는 처녀 시절을 끝
내고 일곱 해를 남편과 함께 살고,
37 과부가 되어서, 여든네 살이 되도록
성전을 떠나지 않고, 밤낮으로 금식
과 기도로 하나님을 섬겨왔다.
38 바로 이 때에 그가 다가서서 하나님
께 감사를 드리고, 예루살렘의 구원
을 기다리는 모든 사람에게 이 아기
에 대하여 말하였다.

나사렛으로 돌아오다

39 ○아기의 부모는 주님의 율법에 규정
된 모든 일을 마친 뒤에, 갈릴리의
자기네 고향 동네 나사렛에 돌아왔
다.
40 아기는 자라나면서 튼튼해지고, 지
혜로 가득 차게 되었고, 또 하나님의
은혜가 그와 함께 하였다.

소년 시절의 예수

41 ○예수의 부모는 해마다 ㉡유월절에
예루살렘으로 갔다.
42 예수가 열두 살이 되는 해에도, 그들
은 절기 관습을 따라 ㉡유월절을 지
키러 예루살렘에 올라갔다.
43 그런데 그들이 절기를 마치고 돌아
올 때에, 소년 예수는 예루살렘에 그
대로 머물러 있었다. 그의 부모는 이
것을 모르고,

쳐야 했다(출 13:2,12). 가난한 자들은 비둘기 한 쌍으로 제물을 드릴 수 있었다. 메시아의 비천한 형편이 다시금 드러나고 있다. 이것은 메시아의 사역이 세상의 좋은 조건들에 의존하지 않았음을 보여 주며, 그의 탄생 목적이 사람들을 섬기는 데 있다는 것을 예시하고 있다(마 20:28;빌 2:5-8).

2:25-39 시므온은 메시아 사역의 보편적 성격을 파악하였던 유대 사람이다. 그와 안나는 메시아를 알아보고 그분을 증거하였던 증인들이다.

2:31-32 예수님의 탄생, 곧 하나님의 구원은 모든 사람들을 위해서 하나님이 마련하신 것임을 말하고 있다. 예수님은 하나님이 보낸 빛으로서 이방 사람들에게 구원을 알게 하신다(사 52:10). 한편 이스라엘에게 있어서 메시아의 도래는 영광의 계시가 확실하게 나타난 사건이다.

2:35 칼이 당신의 마음을 찌를 것입니다 예수님의 고난과 죽음이 마리아에게 괴로움과 슬픔을 안

㉠ 그, '한나' ㉡ 출 12:13, 21-28을 볼 것

44 일행 가운데 있으려니 생각하고, 하
룻길을 갔다. 그 뒤에 비로소 그들의
친척들과 친지들 가운데서 그를 찾
았으나,
45 찾지 못하여, 예루살렘으로 되돌아
가서 찾아다녔다.
46 사흘 뒤에야 그들은 성전에서 예수
를 찾아냈는데, 그는 선생들 가운데
앉아서, 그들의 말을 듣기도 하고, 그
들에게 묻기도 하고 있었다.
47 그의 말을 듣고 있던 사람들은 모두
그의 슬기와 대답에 경탄하였다.
48 그 부모는 예수를 보고 놀라서, 어머
니가 예수에게 말하였다. "얘야, 이
게 무슨 일이냐? 네 아버지와 내가
너를 찾느라고 얼마나 애를 태웠는
지 모른다."
49 예수가 부모에게 말하였다. "어찌하
여 나를 찾으셨습니까? 내가 내 아
버지의 집에 있어야 할 줄을 알지 못
하셨습니까?"
50 그러나 부모는 예수가 자기들에게
한 그 말이 무슨 뜻인지를 깨닫지
못하였다.
51 예수는 부모와 함께 내려가 나사렛
으로 돌아가서, 그들에게 순종하면
서 지냈다. 예수의 어머니는 이 모든
일을 마음에 간직하였다.
52 예수는 지혜와 키가 자라고, 하나님
과 사람에게 더욱 사랑을 받았다.

세례자 요한의 전도

(마 3:1-12; 막 1:1-8; 요 1:19-28)

3 디베료 황제가 왕위에 오른 지 열
다섯째 해에, 곧 본디오 빌라도가
총독으로 유대를 통치하고, 헤롯이
㉠분봉왕으로 갈릴리를 다스리고,
그의 동생 빌립이 ㉠분봉왕으로 이
두래와 드라고닛 지방을 다스리고,
루사니아가 ㉠분봉왕으로 아빌레네
를 다스리고,
2 안나스와 가야바가 대제사장으로 있
을 때에, 하나님의 말씀이 광야에 있
는 사가랴의 아들 요한에게 내렸다.
3 요한은 요단 강 주변 온 지역을 찾아
가서, 죄사함을 받게 하는 회개의
㉡세례를 선포하였다.
4 그것은 이사야의 예언서에 적혀 있
는 대로였다.
㉢"광야에서 외치는 이의 소리
가 있다. 너희는 주님의 길을 예
비하고, 그 길을 곧게 하여라.
5 모든 골짜기는 메우고, 모든 산
과 언덕은 평평하게 하고, 굽은
것은 곧게 하고, 험한 길은 평탄
하게 해야 할 것이니,
6 모든 사람이 하나님의 구원을
보게 될 것이다."
7 ○요한은 자기에게 ㉡세례를 받으러
나오는 무리에게 말하였다. "독사의
자식들아, 누가 너희에게 닥쳐올 진

겨줄 것임을 예고하는 표현이다(요 19:25). **마음 속 생각들이 드러나게 될 것입니다** 예수님이 오신 목적을 암시한다. 즉 예수님이 오심으로 인한 심판을 의미한다. '생각'에 해당하는 (그) '디아로기스모스'는 대체로 '나쁜 생각'을 뜻한다. 그리스도의 오심으로 악의 정체는 드러나고 심판을 받게 될 것이다.

㉠ 그, '테트라아르케스'. 지위와 권위가 왕보다 밑에 있었음 ㉡ 또는 '침례' ㉢ 사 40:3-5(칠십인역)

3장 요약 세례자 요한과 예수님의 초기 사역이 언급된다. 세례자 요한의 전도 사역은 외식 종교를 거부하고 마음의 회개와 실천적 생활의 변화를 요구한 것이다. 예수님은 요한에게 세례를 받으심으로 요한의 사역을 인정하셨을 뿐 아니라, 인간 구원을 위해 하나님의 뜻에 복종하고자 하는 의지를 나타내셨다.

3:1-2 누가는 세례자 요한이 나타났던 때와 당시

노를 피하라고 일러주더냐?
8 회개에 알맞는 열매를 맺어라. 너희
는 속으로 '아브라함은 우리의 조상
이다' 하고 말하지 말아라. 내가 너
희에게 말한다. 하나님께서는 이 돌
들로도 아브라함의 자손을 만드실
수 있다.
9 도끼를 이미 나무 뿌리에 갖다 놓으
셨다. 그러므로 좋은 열매를 맺지 않
는 나무는 다 찍어서 불 속에 던지
신다."
10 ○무리가 요한에게 물었다. "그러면
우리는 무엇을 해야 합니까?"
11 요한이 그들에게 대답하였다. "속옷
을 두 벌 가진 사람은 없는 사람에
게 나누어 주고, 먹을 것을 가진 사
람도 그렇게 하여라."
12 세리들도 ㉠세례를 받으러 와서, 그에
게 물었다. "선생님, 우리는 무엇을
해야 하겠습니까?"
13 요한은 그들에게 대답하였다. "너희
에게 정해 준 것보다 더 받지 말아
라."
14 또 군인들도 그에게 물었다. "그러면
우리들은 무엇을 해야 하겠습니까?"
요한이 그들에게 대답하였다. "아무
에게도 협박하여 억지로 빼앗거나,
거짓 고소를 하여 빼앗거나, 속여서
빼앗지 말고, 너희의 봉급으로 만족
하게 여겨라."
15 ○백성이 ㉡그리스도를 고대하고 있
던 터에, 모두들 마음 속으로 요한
에 대하여 생각하기를, 그가 그리스
도가 아닐까 하였다.
16 그래서 요한은 모든 사람에게 대답
하였다. "나는 여러분에게 물로 ㉠세
례를 주지만, 나보다 더 능력 있는
분이 오실 터인데, 나는 그의 신발끈
을 풀어드릴 자격도 없소. 그는 여러
분에게 성령과 불로 ㉠세례를 주실
것이오.
17 그는 자기의 타작 마당을 깨끗이 하
려고, 손에 키를 들었으니, 알곡은
곳간에 모아들이고, 쭉정이는 꺼지
지 않는 불에 태우실 것이오."
18 ○요한은 그 밖에도, 많은 일을 권면
하면서, 백성에게 기쁜 소식을 전하
였다.
19 그러나 ㉢분봉왕 헤롯은 자기 동생
의 아내 헤로디아와 관련된 일과 또
자기가 행한 모든 악한 일 때문에,
요한에게 책망을 받았고,
20 거기에다가 또 다른 악행을 보태었
으니, 요한을 옥에 가둔 것이다.

예수께서 세례를 받으시다

(마 3:13-17; 막 1:9-11)

21 ○백성이 모두 ㉠세례를 받았다. 예
수께서도 ㉠세례를 받으시고, 기도하
시는데, 하늘이 열리고,
22 성령이 비둘기 같은 형체로 예수 위

종교·정치적 상황을 약술하고 있다. 이러한 사실은 하나님의 계시의 역사적 확실성을 뒷받침한다.

3:3-6 세례자 요한의 행위는 이사야서 40:3-5의 성취이다. 누가는 하나님의 구원이 비로소 선포되기 시작했다는 의미로 이를 인용한 것이다.

3:8 아브라함은 우리의 조상 유대 사람들은 아브라함이 하나님의 친구였기 때문에 그의 자손들도 그렇게 대우받아야 한다고 생각했다. 그러므로 아브라함의 덕망을 그 자손들도 가지게 된다고 생각했다(참조. 13:16,28;16:22-30;요 8:39;롬 4:12;갈 4:22-31;히 2:16 등). 그러나 요한은 그러한 사고를 공격했다. 즉, 아브라함의 자손이라 해서 특혜를 받을 수 없다고 했다. 하나님은 반석인 아브라함에게서 이스라엘 백성을 세웠듯이, 거역하는 백성을 물리치고 광야의 돌들로도 하나님이 원하시는 새 백성을 일으킬 수 있기 때문이다.

3:22 성령이…내려오셨다 예수님이 세례를 받고 기

㉠ 또는 '침례' ㉡ 또는 '메시아' ㉢ 그, '테트라아르케스'

에 내려오셨다. 그리고 하늘에서 이
런 소리가 울려 왔다. ㉠"㉡너는 내 사
랑하는 아들이요, 나는 너를 좋아
한다."

예수의 계보 (마 1:1-17)

23 ○예수께서 활동을 시작하실 때에,
그는 서른 살쯤이었다. 그는 사람들
이 생각하기로는 요셉의 아들이었
다. 요셉은 엘리의 아들이요,
24 그 윗대로 거슬러 올라가면 맛닷, 레
위, 멜기, 얀나, 요셉,
25 맛다디아, 아모스, 나훔, 에슬리, 낙
개,
26 마앗, 맛다디아, 세메인, 요섹, 요다,
27 요아난, 레사, 스룹바벨, ㉢스알디엘,
네리,
28 멜기, 앗디, 고삼, 엘마담, 에르,
29 예수, 엘리에제르, 요림, 맛닷, 레위,
30 시므온, 유다, 요셉, 요남, 엘리아김,
31 멜레아, 멘나, 맛다다, 나단, 다윗,
32 이새, 오벳, 보아스, ㉣살라, 나손,
33 아미나답, 아드민, ㉤아르니, 헤스론,
베레스, 유다,
34 야곱, 이삭, 아브라함, 데라, 나홀,
35 스룩, 르우, 벨렉, 에벨, 살라,
36 가이난, 아박삿, 셈, 노아, 레멕,
37 므두셀라, 에녹, 야렛, 마할랄렐, 가
이난,
38 에노스, 셋, 아담에게 이르는데, 아
담은 하나님의 아들이다.

시험을 받으시다 (마 4:1-11; 막 1:12-13)

4 예수께서 성령으로 가득하여 요단
강에서 돌아오셨다. 그리고 그는
성령에 이끌려 광야로 가셔서,
2 사십 일 동안 악마에게 시험을 받으
셨다. 그 동안 아무것도 잡수시지 않
아서, 그 기간이 다하였을 때에는 시
장하셨다.
3 악마가 예수께 말하였다. "네가 하
나님의 아들이거든, 이 돌더러 빵이
되라고 말해 보아라."
4 예수께서 악마에게 대답하셨다. "성
경에 기록하기를 ㉥'사람은 빵만 먹
고 사는 것이 아니다' 하였다."
5 그랬더니 악마는 예수를 높은 데로
이끌고 가서, 순식간에 세계 모든 나
라를 그에게 보여 주었다.
6 그리고 나서 악마는 그에게 말하였
다. "내가 이 모든 권세와 그 영광을
너에게 주겠다. 이것은 나에게 넘어
온 것이니, 내가 주고 싶은 사람에게
준다.
7 그러므로 네가 내 앞에 엎드려 절하
면, 이 모든 것을 너에게 주겠다."
8 예수께서 악마에게 대답하셨다. "성
경에 기록하기를 ㉦'주 너의 하나님께
경배하고, 그분만을 섬겨라' 하였다."
9 그래서 악마는 예수를 예루살렘으
로 이끌고 가서, 성전 꼭대기에 세우
고, 그에게 말하였다. "네가 하나님

도하실 때 성령님이 그에게 임하셨다. 이것은 이사야서 42:1에 있는 구약의 약속이 이뤄진 것이다(참조. 사 11:2;61:1-2). 성령님이 임한 것은 구원 사역을 위해 예수님을 하나님의 권능으로 무장시킨 것이며 또한 그분을 왕으로 세우는 기름 부음을 뜻한다.

㉠ 다른 고대 사본들에는 '너는 내 아들이다. 오늘 내가 너를 낳았다' ㉡ 또는 '너는 내 아들 내 사랑하는 자다' ㉢ 그, '살라디엘' ㉣ 다른 고대 사본들에는 '살몬' ㉤ 다른 고대 사본들에는 '아미나답' ㉥ 신 8:3 ㉦ 신 6:13

4장 요약 예수님은 악마로부터 세 번의 시험을 받으셨다. 그 영적 투쟁의 원리는 악마의 시험은 궁극적으로 하나님의 주권에 대한 불순종에 초점이 맞춰져 있기 때문에 주님에 대한 전적 신뢰와 믿음 없이는 이길 수 없다는 것이다. 14절부터는 예수님의 갈릴리 전도 사역이 언급된다.

4:1-2 예수님께서 당하신 시험은, 그분의 메시아

의 아들이거든, 여기에서 뛰어내려
보아라.
10 성경에 기록하기를
㉠'하나님이 너를 위하여 자기
천사들에게 명해서, 너를 지키
게 하실 것이다'
하였고
11 또한
'그들이 손으로 너를 떠받쳐서,
너의 발이 돌에 부딪히지 않게
할 것이다'
하였다."
12 예수께서 악마에게 대답하셨다. "성
경에 기록하기를 ㉡'주 너의 하나님
을 시험하지 말아라' 하였다."
13 악마는 모든 시험을 끝마치고 물러
가서, 어느 때가 되기까지 예수에게
서 떠나 있었다.

갈릴리에서 활동하시다
(마 4:12-17; 막 1:14-15)

14 ○예수께서 성령의 능력을 입고 갈
릴리로 돌아오셨다. 예수의 소문이
사방의 온 지역에 두루 퍼졌다.
15 그는 유대 사람의 여러 회당에서 가
르치셨으며, 모든 사람에게서 영광
을 받으셨다.

나사렛에서 배척을 받으시다
(마 13:53-58; 막 6:1-6)

16 ○예수께서는, 자기가 자라나신 나
사렛에 오셔서, 늘 하시던 대로 안식
일에 회당에 들어가셨다. 그는 성경
을 읽으려고 일어서서
17 예언자 이사야의 두루마리를 건네
받아서, 그것을 펴시어, 이런 말씀이
있는 데를 찾으셨다.
18 ㉢"주님의 영이 내게 내리셨다.
주님께서 내게 기름을 부으셔서,
가난한 사람에게 기쁜 소식을
전하게 하셨다. 주님께서 나를
보내셔서, 포로 된 사람들에게
해방을 선포하고, 눈먼 사람들
에게 눈 뜸을 선포하고, 억눌린
사람들을 풀어 주고,
19 주님의 은혜의 해를 선포하게
하셨다."
20 예수께서 두루마리를 말아서, 시중
드는 사람에게 되돌려주시고, 앉으
셨다. 회당에 있는 모든 사람의 눈
은 예수께로 쏠렸다.
21 예수께서 그들에게 말씀하셨다. "이
성경 말씀이 너희가 듣는 가운데서
오늘 이루어졌다."
22 사람들은 모두 감탄하고, 그의 입에
서 나오는 그 은혜로운 말씀에 놀라
서 "이 사람은 요셉의 아들이 아닌
가?" 하고 말하였다.
23 그래서 예수께서 그들에게 말씀하셨
다. "너희는 틀림없이 '의사야, 네 병
이나 고쳐라' 하는 속담을 내게다 끌
어대면서, '우리가 들은 대로 당신이

로서의 독특한 기능과 관련해서 있었던 것으로 우리에게 직접 적용할 수는 없다. 다만 우리는 이를 통해 영적 투쟁의 원리를 배울 수 있다. 악마 '사탄'을 의미한다. 성경은 사탄을 악의 근원이며, 인간이 하나님을 거역하게 하여 죄와 멸망의 길로 가게끔 미혹하는 존재라고 말한다.

4:3-13 악마가 행한 시험의 핵심은 예수님께서 하나님의 방법, 곧 하나님께 대한 신뢰와 순종을 통해 메시아 사역을 완성하는 것이 아니라, 악마가 제시한 방법을 통하여 '고난 없는 영광의 길'을 택하도록 하려는 것이었다(히 5:6-10).

4:14-15 여기부터 누가복음서의 새로운 부분이 시작된다. 4:13과 본문 사이에는 약 1년의 시간적 흐름이 있었다. 그동안 요한복음서 1:19-4:42에 기록된 사건들이 일어났을 것이다. 그러나 내용에 있어서는 앞의 사건들과 밀접한 관련이 있다. 이는 사역의 준비와 그 사역 수행의 관계로 볼 수

㉠ 시 91:11, 12 ㉡ 신 6:16 ㉢ 사 61:1, 2(칠십인역)

가버나움에서 했다는 모든 일을, 여
기 당신의 고향에서도 해보시오' 하
고 말하려고 한다."
24 예수께서 또 말씀하셨다. "내가 진정
으로 너희에게 말한다. 아무 예언자
도 자기 고향에서는 환영을 받지 못
한다.
25 내가 진정으로 너희에게 말한다. 엘
리야 시대에 삼 년 육 개월 동안 하
늘이 닫혀서 온 땅에 기근이 심했을
때에, 이스라엘에 과부들이 많이 있
었지만,
26 하나님이 엘리야를 그 많은 과부 가
운데서 다른 아무에게도 보내지 않
으시고, 오직 시돈에 있는 사렙다
마을의 한 과부에게만 보내셨다.
27 또 예언자 엘리사 시대에 이스라엘
에 ㉠나병환자가 많이 있었지만, 그
들 가운데서 아무도 ㉡고침을 받지
못하고, 오직 시리아 사람 나아만만
이 ㉡고침을 받았다."
28 회당에 모인 사람들은 이 말씀을 듣
고서, 모두 화가 잔뜩 났다.
29 그래서 그들은 들고일어나 예수를
동네 밖으로 내쫓았다. 그들의 동네
가 산 위에 있으므로, 그들은 예수
를 산 벼랑까지 끌고 가서, 거기에서
밀쳐 떨어뜨리려고 하였다.
30 그러나 예수께서는 그들의 한가운데
를 지나서 떠나가셨다.

더러운 귀신이 들린 사람을 고치시다 (막 1:21-28)

31 ○예수께서 갈릴리의 가버나움 동네
로 내려가셔서, 안식일에 사람들을
가르치셨다.
32 그런데 사람들은 그의 가르침에 놀
랐으니, 그의 말씀이 권위가 있었기
때문이다.
33 그 때에 그 회당에 ㉢악한 귀신의 영
이 들린 사람이 하나 있었는데, 그가
큰 소리로 이렇게 외쳤다.
34 "아, 나사렛 예수님, 왜 우리를 간섭
하십니까? 우리를 없애려고 오셨습
니까? 나는 당신이 누구인지 압니
다. 하나님께서 보내신 거룩한 분입
니다."
35 예수께서 그를 꾸짖어 말씀하셨다.
"입을 닥치고, 그 사람에게서 나가
라!" 그러자 귀신이 그를 사람들 한
가운데다가 쓰러뜨려 놓고 그에게서
떠나갔는데, 그에게 상처는 입히지
않았다.
36 사람들이 모두 놀라서 서로 말하였
다. "이 말이 대체 무엇이냐? 그가
권위와 능력을 가지고 ㉢악한 귀신들
에게 명하니, 그들이 떠나가는구나."
37 그리하여 예수의 소문이 그 근처 모
든 곳에 퍼졌다.

많은 사람을 고치시다 (마 8:14-17; 막 1:29-34)

38 ○예수께서 회당을 떠나서, 시몬의
집으로 들어가셨다. 그런데 시몬의

있다.

4:14 성령의 능력 성령과 능력의 연결은 누가복음서(24:49)와 사도행전(1:8;10:38)에 자주 나타난다.

4:21 이 말씀은 예수님의 오심으로 하나님이 인간의 병든 마음을 고치고 사회적인 고통으로부터 회복시키는 구원의 시대가 열렸음을 말한다.

4:23–30 예수님은 자신을 배척하는 사람들에게 구약의 두 가지 예화를 들어서(왕상 17:1–24;왕하 5:1–27) 복음이 이방 세계로 전달될 것임을 암시하셨다. 시므온의 예언처럼(2:34), 예수님이 이스라엘에게 배척 받으실 것을 보여 준다.

4:31–44 이 기적들은 18–19절에서 예수님이 하신 말씀과 더불어 그분이 선포한 메시지의 성격을 강조하고 있다. 동시에 이러한 사실들은 예수님의 메시아적인 권위를 입증해 준다.

4:38–39 예수님은 비교적 많은 여인들의 병을 고치셨다(참조. 8:43–48;13:10–13). 이것은 예수

㉠ 나병을 포함한 악성 피부병 ㉡ 그, '깨끗하여지다' ㉢ 그, '더러운'

장모가 심한 열병으로 앓고 있어서,
사람들이 그 여자를 두고 예수께 청
하였다.
39 예수께서 그 여자에게 다가서서 굽
어보시고, 열병을 꾸짖으셨다. 그러
자 열병이 물러가고, 그 여자는 곧
일어나서 그들에게 시중을 들었다.
40 해가 질 때에 사람들이 온갖 병으로
앓는 사람들을 다 예수께로 데려왔
다. 예수께서는 한 사람 한 사람에
게 손을 얹어서, 고쳐주셨다.
41 또 귀신들도 많은 사람에게서 떠나
가며, 소리를 질렀다. "당신은 하나
님의 아들입니다." 그러나 예수께서
는 꾸짖으시며, 귀신들이 말하는 것
을 허락하지 않으셨다. 그들이 그가
㉠그리스도임을 알았기 때문이다.

전도 여행을 떠나시다 (막 1:35-39)

42 ○날이 새니, 예수께서 나가셔서, 외
딴 곳으로 가셨다. 무리가 예수를
찾아다니다가, 그에게 와서, 자기들
에게서 떠나가지 못하시게, 자기네
곁에 모셔두려고 하였다.
43 그러나 예수께서 그들에게 말씀하셨
다. "나는 다른 동네에서도 하나님
나라의 복음을 전해야 한다. 나는
이 일을 위하여 보내심을 받았기 때
문이다."
44 그리고 예수께서는 ㉡유대의 여러 회
당에서 복음을 선포하셨다.

어부들을 제자로 부르시다
(마 4:18-22; 막 1:16-20)

5 예수께서 ㉢게네사렛 호숫가에 서
계셨다. 그 때에 무리가 예수께 밀
려와 하나님의 말씀을 들었다.
2 예수께서 보시니, 배 두 척이 호숫가
에 대어 있고, 어부들은 배에서 내려
서, 그물을 씻고 있었다.
3 예수께서 그 배 가운데 하나인 시몬
의 배에 올라서, 그에게 배를 뭍에서
조금 떼어 놓으라고 하신 다음에, 배
에 앉으시어 무리를 가르치셨다.
4 예수께서 말씀을 그치시고, 시몬에
게 말씀하셨다. "㉣깊은 데로 나가,
그물을 내려서, 고기를 잡아라."
5 시몬이 대답하였다. "선생님, 우리가
밤새도록 애를 썼으나, 아무것도 잡
지 못했습니다. 그러나 선생님의 말
씀을 따라 그물을 내리겠습니다."
6 그런 다음에, 그대로 하니, 많은 고
기 떼가 걸려들어서, 그물이 찢어질
지경이었다.
7 그래서 그들은 다른 배에 있는 동료
들에게 손짓하여, 와서 자기들을 도
와달라고 하였다. 그들이 와서, 고기
를 두 배에 가득히 채우니, 배가 가
라앉을 지경이 되었다.
8 시몬 베드로가 이것을 보고, 예수의
무릎 앞에 엎드려서 말하였다. "주
님, 나에게서 떠나 주십시오. 나는

님이 여인의 인격 및 신분을 존중하셨던 분이심을 강조한다.

4:41 허락하지 않으셨다 예수님은 아직 자신을 메시아로 드러내기를 원하지 않으셨다. 예수님은 고난과 십자가의 수난을 받고, 정해진 때에 부활을 통해 메시아로서 선포될 때를 기다리셨다.

㉠ 또는 '메시아' ㉡ 다른 고대 사본들에는 '갈릴리' ㉢ 갈릴리 바닷가 ㉣ '깊은 데로 나가라'와 '그물을 내려라'라는 두 개의 명령문인데, 첫째 명령문의 주어는 2인칭 단수이고 둘째 명령문의 주어는 2인칭 복수이다

5장 요약 베드로를 위시한 여러 제자들의 선택 장면이다. 병행 구절인 마가복음서 1:16-20과의 차이점은 이적을 먼저 보이셨다는 것이다. 예수님의 신적 권능을 직접 본 제자들이 생업을 청산하고 곧바로 예수님을 따르는 모습은 제자도의 본질이 무엇인가를 되새기게 한다.

5:4-5 보통 해가 떠오른 뒤에는 고기를 많이 잡을 수가 없지만, 그들은 순종했다. 주님을 따르는

죄인입니다."
9 베드로 및 그와 함께 있는 모든 사
람은, 그들이 잡은 고기가 엄청나게
많은 것에 놀랐던 것이다.
10 또한 세베대의 아들들로서 시몬의
동료인 야고보와 요한도 놀랐다. 예
수께서 시몬에게 말씀하셨다. "두려
워하지 말아라. 이제부터 너는 사람
을 낚을 것이다."
11 그들은 배를 뭍에 댄 뒤에, 모든 것
을 버려 두고 예수를 따라갔다.

나병환자를 깨끗하게 하시다
(마 8:1-4; 막 1:40-45)

12 ○예수께서 어떤 동네에 계실 때에,
온 몸에 ㉠나병이 든 사람이 찾아 왔
다. 그는 예수를 보고서, 얼굴을 땅
에 대고 엎드려 간청하였다. "주님,
하고자 하시면, 나를 깨끗하게 해주
실 수 있습니다."
13 예수께서 손을 내밀어서, 그에게 대
시고 "그렇게 해주마. 깨끗하게 되어
라" 하고 말씀하시니, 곧 나병이 그
에게서 떠나갔다.
14 예수께서 그 사람에게 아무에게도
말하지 말라고 명하시고, 이렇게 말
씀하셨다. "가서, 제사장에게 네 몸
을 보이고, 네가 깨끗하게 된 것에
대하여 모세가 명한 대로 예물을 드
려서 사람들에게 증거로 삼아라."
15 그러나 예수의 소문이 더욱더 퍼지
니, 큰 무리가 그의 말씀도 듣고, 또
자기들의 병도 고치고자 하여 모여
들었다.
16 그러나 예수께서는 외딴 데로 물러
가서 기도하셨다.

중풍병자를 고치시다 (마 9:1-8; 막 2:1-12)

17 ○어느 날 예수께서 가르치시는데,
갈릴리 및 유대의 모든 마을과 예루
살렘에서 온 바리새파 사람들과 율
법교사들이 둘러앉아 있었다. 주님
의 능력이 함께 하시므로, 예수께서
는 병을 고치셨다.
18 그런데 사람들이 중풍병에 걸린 사
람을 침상에 눕힌 채로 데려와서는,
안으로 들여서, 예수 앞에 놓으려고
하였다.
19 그러나 무리 때문에 그를 안으로 들
여놓을 길이 없어서, 지붕으로 올라
가서, 기와를 벗겨 그 자리를 뚫고,
그 병자를 침상에 누인 채, 무리 한
가운데로 예수 앞에 달아 내렸다.
20 예수께서 그들의 믿음을 보시고 말
씀하셨다. "이 사람아, 네 죄가 용서
받았다."
21 그래서 율법학자들과 바리새파 사
람들이 말하기를 "하나님을 모독하
는 말을 하다니, 이 사람은 누구인
가? 하나님 한 분 밖에, 누가 죄를
용서할 수 있는가?" 하면서, 의아하
게 생각하기 시작하였다.

자가 지녀야 할 '자기 부인'의 정신이 암시된다.

5:8 여기서 나타나는 시몬의 행동은 하나님의 임재 앞에서 인간이 가지는 두려움(왕상 17:18;사 6:5)을 의미한다고 볼 수 있다. 예수님의 신적 능력이 나타나자, 시몬은 거룩한 분의 임재를 느끼면서 자신의 부족함을 깨닫게 된다. 칼빈은 "인간이 하나님을 알 때 자신의 모습을 진정으로 알게 되며, 죄인임을 고백하지 않을 수 없다"고 했다.

5:16 '기도'를 강조하는 것은 누가복음서와 사도행전의 특징이다.

5:17-26 중풍병자를 고치신 사건은 그것이 기적이라는 점보다는 예수님이 죄를 용서하시는 권세를 가지신 분이라는 점에 초점이 맞춰져 있다. 곧, 예수님은 중풍병자를 고쳐 주심으로써 죄를 사할 수 있는 구원주이심을 보여 주셨다.

5:17 바리새파 사람들 '분리된 자'라는 뜻으로 불법적인 부정에서 떠난 사람들을 말한다.

㉠ 온갖 악성 피부병을 뜻하는 말

22 예수께서는 그들의 생각을 알아채시
고 말씀하셨다. "어찌하여 너희는
마음 속으로 의아하게 생각하느냐?
23 '네 죄가 용서받았다' 하고 말하는
것과 '일어나서 걸어가거라' 하고 말
하는 것 가운데서 어느 쪽이 더 말
하기가 쉬우냐?
24 그러나 너희는 ㉠인자가 땅에서 죄를
용서하는 권세를 가지고 있음을 알
아야 한다." 그리고 예수께서 중풍병
환자에게 말씀하셨다. "내가 너에게
말한다. 일어나서 네 침상을 치워 들
고 네 집으로 가거라."
25 그러자 곧 그는 사람들 앞에서 일어
나, 자기가 누웠던 침상을 거두어 들
고, 하나님을 찬양하면서, 집으로 갔
다.
26 사람들은 모두 놀라서, 하나님을 찬
양하였으며, 두려움에 차서 말하였
다. "우리는 오늘 신기한 일을 보았
다."

레위를 부르시다 (마 9:9-13; 막 2:13-17)

27 ○그 뒤에 예수께서 나가셔서, 레위
라는 세리가 세관에 앉아 있는 것을
보시고 그에게 말씀하셨다. "나를
따라오너라."
28 레위는 모든 것을 버려두고, 일어나
서 예수를 따라갔다.
29 레위가 자기 집에서 예수에게 큰 잔
치를 베풀었는데, 많은 세리와 그 밖
의 사람들이 큰 무리를 이루어서, 그
들과 한 자리에 ㉡앉아서 먹고 있었
다.
30 바리새파 사람들과 그들의 율법학
자들이 예수의 제자들에게 불평하
면서 말하였다. "어찌하여 당신들은
세리들과 죄인들과 어울려서 먹고
마시는 거요?"
31 예수께서 그들에게 대답하셨다. "건
강한 사람에게는 의사가 필요하지
않으나, 병든 사람에게는 필요하다.
32 나는 의인을 부르러 온 것이 아니라,
죄인을 불러서 회개시키러 왔다."

금식 문제 (마 9:14-17; 막 2:18-22)

33 ○사람들이 예수께 말하였다. "요한
의 제자들은 자주 금식하며 기도하
고, 바리새파 사람의 제자들도 그렇
게 하는데, 당신의 제자들은 먹고 마
시는군요."
34 예수께서 그들에게 말씀하셨다. "너
희는 혼인 잔치의 손님들을, 신랑이
그들과 함께 있는 동안에 금식하게
할 수 있겠느냐?
35 그러나 신랑을 빼앗길 날이 올 터인
데, 그 날에는 그들이 금식할 것이다."
36 예수께서는 그들에게 또 비유를 말
씀하셨다. "새 옷에서 한 조각을 떼
어내서, 낡은 옷에다가 대고 깁는 사
람은 없다. 그렇게 하면, 그 새 옷은
찢어져서 못 쓰게 되고, 또 새 옷에

5:27-32 예수님은 사죄권을 가지신 분으로서, 당시 세리들과 죄인들이라고 천하게 여기던 집단과 교제를 나누며 그들을 영접하셨다. 이 이야기는 율법학자들의 비난에도 불구하고, 예수님이 죄인들을 찾는다는 부분에서 절정에 달한다. 31절의 격언처럼, 예수님은 죄인을 불러서 회개시키려고 오신 것이다. 따라서 스스로 의롭다고 생각하는 사람들은 예수님의 관심의 대상이 될 수 없다. 사실상 하나님 앞에서 의인은 없다(롬 3:10). 우리는 스스로 모든 것을 옳다고 여기며 '구원'을 등한히 여기고 있지나 않은지 생각해 보자.

5:33 금식 바리새파 사람들은 민족을 위해서 매주 월·목요일에 금식했다. 요한의 제자들도 그의 금욕적인 습관을 따라(7:33) 종종 금식했다.

5:36-38 새 옷은 그리스도의 복음을, **낡은 옷**은 유대주의의 의식을 뜻한다. **새 포도주**는 생명력이 넘치는 그리스도의 복음을 말한다.

㉠ 그, '사람의 아들' ㉡ 그, '기대어 누워서'

서 떼어낸 조각은 낡은 옷에 어울리
지도 않을 것이다.
37 새 포도주를 낡은 가죽 부대에다가
넣는 사람은 없다. 그렇게 하면, 새
포도주가 그 가죽 부대를 터뜨릴 것
이며, 그래서 포도주는 쏟아지고 가
죽 부대는 못 쓰게 될 것이다.
38 새 포도주는 새 부대에 넣어야 한다.
39 ㉠묵은 포도주를 마시고 나서, 새 포
도주를 원하는 사람은 없다. 묵은
포도주를 마신 사람은 묵은 것이 좋
다고 한다."

안식일에 밀 이삭을 자르다

(마 12:1-8; 막 2:23-28)

6 한 안식일에 예수께서 밀밭 사이
로 지나가시게 되었다. 그런데 그
의 제자들이 밀 이삭을 잘라, 손으
로 비벼서 먹었다.
2 그러자 몇몇 바리새파 사람이 말하
였다. "어찌하여 당신들은 안식일에
㉡해서는 안 되는 일을 합니까?"
3 예수께서 그들에게 대답하셨다. "다
윗과 그 일행이 주렸을 때에, 다윗이
한 일을 너희는 읽어보지 못하였느
냐?
4 다윗이 하나님의 집에 들어가서, 제
사장들 밖에는 먹어서는 안 되는 제
단 빵을 집어서 먹고, 자기 일행에게
도 주지 않았느냐?"
5 그리고 예수께서 그들에게 말씀하셨
다. "인자는 안식일의 주인이다."

손이 오그라든 사람을 고치시다

(마 12:9-14; 막 3:1-6)

6 ○또 다른 안식일에 예수께서 회당
에 들어가서 가르치시는데, 거기에
는 오른손이 오그라든 사람이 있었
다.
7 율법학자들과 바리새파 사람들은
예수를 고발할 구실을 찾으려고, 예
수가 안식일에 병을 고치시는지 엿
보고 있었다.
8 예수께서 그들의 생각을 아시고, 손
이 오그라든 사람에게 말씀하셨다.
"일어나서, 가운데 서라." 그래서 그
는 일어나서 섰다.
9 예수께서 그들에게 말씀하셨다. "너
희에게 물어 보겠다. 안식일에 착한
일을 하는 것이 옳으냐? 악한 일을
하는 것이 옳으냐? 목숨을 건지는 것
이 옳으냐? 죽이는 것이 옳으냐?"
10 예수께서 그들을 모두 둘러보시고
서, 그 사람에게 명하셨다. "네 손을
내밀어라." 그 사람이 그렇게 하니,
그의 손이 회복되었다.
11 그들은 화가 잔뜩 나서, 예수를 어떻
게 할까 하고 서로 의논하였다.

열두 제자를 택하시다 (마 10:1-4; 막 3:13-19)

12 ○그 무렵에 예수께서 기도하려고
산으로 떠나가서, 밤을 새우면서 하
나님께 기도하셨다.

6장 요약 부패한 종교 지도자들은 안식일 제도를 삶을 억압하는 도구로 전락시켰다. 반면 예수님은 사람의 생명과 행복이 안식일 규례의 본뜻임을 자신의 행동을 통해 증명하셨다. 20-49절은 마태복음서의 산상수훈과 병행 구절이며, 이 메시지의 핵심은 '사랑'과 '믿음과 행함의 일치'이다.

㉠ 다른 고대 사본에는 39절이 없음 ㉡ 또는 '율법에 어긋난 일을'

6:1-5 율법의 정신은 하나님과 이웃에 대한 사랑이다. 그러나 율법 준수자들이었던 바리새파 사람들은 하나님의 뜻대로 안식일 제도를 받아들이지 못하고 하나의 계율로만 받아들였다.

6:2 안식일에 해서는 안 되는 일 ① 밀 이삭을 자른 것은 '추수하는 죄' ② 손으로 비빈 것은 '타작하는 죄' ③ 껍질을 불어 날린 것은 '키질하는 죄' ④ 이상의 모든 행위는 '음식을 장만하는 죄'에 해당된다.

13 날이 밝을 때에, 예수께서 자기의 제
자들을 부르시고, 그 가운데서 열둘
을 뽑으셨다. 그는 그들을 사도라고
도 부르셨는데,
14 열둘은 베드로라고도 이름을 주신
시몬과 그의 동생 안드레, 그리고 야
고보와 요한과 빌립과 바돌로매와
15 마태와 도마와 알패오의 아들 야고
보와 ㉠열심당원이라고도 하는 시몬
과
16 야고보의 아들 유다와 배반자가 된
가룟 유다이다.

사방에서 사람들이 모여들다 (마 4:23-25)

17 ○예수께서 그들과 함께 산에서 내
려오셔서, 평지에 서셨다. 거기에 그
의 제자들이 큰 무리를 이루고, 또
온 유대와 예루살렘과 두로 및 시돈
해안 지방에서 모여든 많은 백성이
큰 무리를 이루었다.
18 그들은 예수의 말씀도 듣고, 또 자기
들의 병도 고치고자 하여 몰려온 사
람들이다. ㉡악한 귀신에게 고통을
당하던 사람들은 고침을 받았다.
19 온 무리가 예수에게 손이라도 대보
려고 애를 썼다. 예수에게서 능력이
나와서 그들을 모두 낫게 하였기 때
문이다.

복과 화를 선포하시다 (마 5:1-12)

20 ○예수께서 눈을 들어 제자들을 보
시고 말씀하셨다.
"너희 가난한 사람들은 복이 있다.
하나님의 나라가 너희의 것이다.
21 너희 지금 굶주리는 사람들은 복
이 있다. 너희가 배부르게 될 것이
다. 너희 지금 슬피 우는 사람들은
복이 있다. 너희가 웃게 될 것이다.
22 ○사람들이 너희를 미워하고, 인자
때문에 너희를 배척하고, 욕하고, 너
희의 이름을 악하다고 내칠 때에는,
너희는 복이 있다.
23 그 날에 기뻐하고 뛰놀아라. 보아라,
하늘에서 받을 너희의 상이 크다.
그들의 조상들이 예언자들에게 이
와 같이 행하였다.
24 그러나 너희, 부요한 사람들은 화
가 있다. 너희가 너희의 위안을 받
고 있기 때문이다.
25 너희, 지금 배부른 사람들은 화가
있다. 너희가 굶주리게 될 것이기
때문이다. 너희, 지금 웃는 사람들
은 화가 있다. 너희가 슬퍼하며 울
것이기 때문이다.
26 ○모든 사람이 너희를 좋게 말할 때
에, 너희는 화가 있다. 그들의 조상
들이 거짓 예언자들에게 이와 같이
행하였다.

원수를 사랑하여라 (마 5:38-48; 7:12상반)

27 ○그러나 내 말을 듣고 있는 너희에
게 내가 말한다. 너희의 원수를 사
랑하여라. 너희를 미워하는 사람들

6:5 세상을 창조하신 하나님께서 안식일을 제정하셨듯이 예수님도 안식일의 주인으로서 그분과 동등한 권위를 갖는다.

6:17-19 20절 이하부터 시작되는 '평지 설교'의 서두이다. 예수님 주변에 많은 불쌍한 사람들이 몰려와 고침을 받고 하늘 나라의 가르침을 듣는다.

6:20-26 '가난한 사람, 굶주리는 사람, 슬피 우는 사람, 그리스도를 위해 고통 당하는 사람'은 인자를 위해 핍박 받는 사람으로 축복을 받지만, 반면에 '부요하고 배부른 사람, 웃는 사람, 사람들에게 칭찬만 받는 사람'은 심판 받는 사람으로 설명된다. 이는 자신의 명성과 이익만을 추구하는 사람은 결국 하나님께서 저주하신다는 것이다.

6:27-30 언제, 어디서나 문자적으로 지켜야 할 법규로 보아서는 안 된다. 오히려 높은 차원의 이웃 사랑을 강조하기 위한 수사적인 표현이다. 동시에 이런 그리스도의 숭고한 사랑의 정신을 인

㉠ 또는 '혁명당원'. 그, '셀롯' ㉡ 그, '더러운'

에게 잘 해 주고,
28 너희를 저주하는 사람들을 축복하
고, 너희를 모욕하는 사람들을 위하
여 기도하여라.
29 네 뺨을 치는 사람에게는 다른 쪽 뺨
도 돌려대고, 네 겉옷을 빼앗는 사
람에게는 속옷도 거절하지 말아라.
30 너에게 달라는 사람에게는 주고, 네
것을 가져가는 사람에게서 도로 찾
으려고 하지 말아라.
31 너희는 남에게 대접을 받고자 하는
대로 남을 대접하여라.
32 너희가 너희를 사랑하는 사람들만
사랑하면, 그것이 너희에게 무슨 장
한 일이 되겠느냐? 죄인들도 자기네
를 사랑하는 사람들을 사랑한다.
33 너희를 좋게 대하여 주는 사람들에
게만 너희가 좋게 대하면, 그것이 너
희에게 무슨 장한 일이 되겠느냐?
죄인들도 그만한 일은 한다.
34 도로 받을 생각으로 남에게 꾸어 주
면, 그것이 너희에게 무슨 장한 일이
되겠느냐? 죄인들도 고스란히 되받
을 요량으로 죄인들에게 꾸어 준다.
35 그러나 너희는 너희 원수를 사랑하
고, 좋게 대하여 주고, 또 아무것도
바라지 말고 꾸어 주어라. 그리하면
너희는 큰 상을 받을 것이요, 더없이
높으신 분의 아들이 될 것이다. 그분
은 은혜를 모르는 사람들과 악한 사
람들에게도 인자하시다.
36 너희의 아버지께서 자비로우신 것
같이, 너희도 자비로운 사람이 되어
라.

남을 심판하지 말아라 (마 7:1-5)

37 ○남을 심판하지 말아라. 그리하면
하나님께서도 너희를 심판하지 않으
실 것이다. 남을 정죄하지 말아라.
그리하면 하나님께서도 너희를 정죄
하지 않으실 것이다. 남을 용서하여
라. 그리하면 하나님께서도 너희를
용서하실 것이다.
38 남에게 주어라. 그리하면 하나님께
서도 너희에게 주실 것이니, 되를 누
르고 흔들어서, 넘치도록 후하게 되
어서, 너희 품에 안겨 주실 것이다.
너희가 되질하여 주는 그 되로 너희
에게 도로 되어서 주실 것이다."
39 ○예수께서 그들에게 또 비유 하나
를 말씀하셨다. "눈먼 사람이 눈먼
사람을 인도할 수 있느냐? 둘이 다
구덩이에 빠지지 않겠느냐?
40 제자는 스승보다 높지 않다. 그러나
누구든지 다 배우고 나면, 자기의 스
승과 같이 될 것이다.
41 어찌하여 너는 ㉠남의 눈 속에 있는
티는 보면서, 네 눈 속에 있는 들보
는 깨닫지 못하느냐?
42 너는 네 눈 속에 있는 들보를 보지
못하면서, 어떻게 ㉠남에게 '㉠친구야,

간으로서는 지킬 수 없음을 깨닫고, 하나님을 의지하여 겸손히 행하여야 할 것을 암시한다.

6:32-36 이 부분은 원수를 사랑하는 일과 친구를 사랑하는 일을 대조시켜 27-28절의 '높은 차원의 이웃 사랑'을 계속적으로 언급한다. 특히 여기에서는 대가를 바라지 말고 이웃을 돌봐야 한다는 것을 세 가지의 사례(32-34절)를 들어 강조하고 있다. 35-36절의 말씀은 자신을 미워하는 사람까지도 사랑해야 하는 두 가지의 동기를 제시하고 있다. ① '더없이 높으신 분의 아들이 되는' 종말적인 보상을 받기 위함이다. ② 궁극적으로는, 인자하신 하나님의 성품을 본받기 위함이다. 하나님을 믿는 사람들은 이처럼, 그 자비로우신 하나님의 성품을 본받아, 그의 생활 속에 나타내어야 한다.

6:37-38 예수님은 제자들에게 그들이 하나님의 역할을 대신하여 다른 사람을 심판하는 것을 금

㉠ 그, '형제'

내가 네 눈 속에 있는 티를 빼내 줄
테니 가만히 있어라' 하고 말할 수
있겠느냐? 위선자야, 먼저 네 눈에
서 들보를 빼내어라. 그리해야 그 때
에 네가 똑똑히 보게 되어서, ㉠남의
눈 속에 있는 티를 빼 줄 수 있을 것
이다.

열매로 나무를 안다

(마 7:17-20; 12:34하반-35)

43 ○좋은 나무가 나쁜 열매를 맺지 않
고, 또 나쁜 나무가 좋은 열매를 맺
지 않는다.
44 나무는 각각 그 열매를 보면 안다.
가시나무에서 무화과를 거두어들이
지 못하고, 가시덤불에서 포도를 따
지 못한다.
45 선한 사람은 그 마음 속에 갈무리해
놓은 선 더미에서 선한 것을 내고,
악한 사람은 그 마음 속에 갈무리해
놓은 악 더미에서 악한 것을 낸다.
마음에 가득 찬 것을 입으로 말하
는 법이다.

말씀을 듣고 행하는 사람과 행하지 않는 사람 (마 7:24-27)

46 ○어찌하여 너희는 나더러 '주님, 주
님!' 하면서도, 내가 말하는 것은 행
하지 않느냐?
47 내게 와서 내 말을 듣고 그대로 행하
는 사람이 어떤 사람과 같은지를 너
희에게 보여 주겠다.
48 그는 땅을 깊이 파고, 반석 위에다
기초를 놓고 집을 짓는 사람과 같다.
홍수가 나서 물살이 그 집에 들이쳐
도, 그 집은 흔들리지도 않는다. ㉡잘
지은 집이기 때문이다.
49 그러나 내 말을 듣고서도 그대로 행
하지 않는 사람은, 기초 없이 맨 흙
위에다가 집을 지은 사람과 같다. 물
살이 그 집에 들이치니, 그 집은 곧
무너져 버렸고, 그 집의 무너짐이 엄
청났다."

백부장의 종을 낫게 하시다

(마 8:5-13; 요 4:43-54)

7 예수께서 자기의 모든 말씀을 백
성들에게 들려주신 뒤에, 가버나
움으로 가셨다.
2 어떤 백부장의 종이 병들어 거의 죽
게 되었는데, 그는 주인에게 소중한
종이었다.
3 그 백부장이 예수의 소문을 듣고,
유대 사람들의 장로들을 예수께로
보내어 그에게 청하기를, 와서 자기
종을 낫게 해달라고 하였다.
4 그들이 예수께로 와서, 간곡히 탄원
하기를 "그는 선생님에게서 은혜를
받을 만한 사람입니다.
5 그는 우리 민족을 사랑하는 사람이
고, 우리에게 회당을 지어주었습니
다" 하였다.
6 예수께서 그들과 함께 가셨다. 예수

하고 있다. 오직 제자들은 모든 사람을 '너그럽게' 대해야 한다. 그렇게 할 때, 하나님의 자비하심을 받게 되는 것이다.

6:42 위선자 원어로 '연기자'란 뜻이다. 배우가 자기가 아닌 다른 사람을 연기하듯이, 속은 악하나 겉으로 선한 체하는 사람을 말한다.

6:46-49 평지 설교의 결론 예수님의 가르침을 듣고 이를 삶 속에서 계속해서 실천해야 한다는 사실을 강조하고 있다.

7장 요약 백부장의 종의 치료 기사는 예수님의 구원 사역이 이방 사람들에게까지 확대될 것을 암시하며 오순절 성령 강림 후, 제자들의 전도 활동으로 실제 성취되었다. 나인 성 과부의 아들을 살리신 사건에서는 예수님의 '은혜로우신 방문'이 부각된다. 예수님의 오심은 가난하고 병든 사람들에게 기쁨의 소식이었다.

㉠ 그, '형제' ㉡ 다른 고대 사본들에는 '반석 위에 지은 집'

께서 백부장의 집에서 그리 멀지 않
은 곳에 이르렀을 때에, 백부장은 친
구들을 보내어, 예수께 이렇게 아뢰
게 하였다. "주님, 더 수고하실 것 없
습니다. 저는 주님을 내 집에 모셔
들일 만한 자격이 없습니다.
7 그래서 내가 주님께로 나아올 엄두
도 못 냈습니다. 그저 말씀만 하셔
서, 내 종을 낫게 해주십시오.
8 나도 상관을 모시는 사람이고, 내 밑
에도 병사들이 있어서, 내가 이 사람
더러 가라고 하면 가고, 저 사람더러
오라고 하면 옵니다. 또 내 종더러
이것을 하라고 하면 합니다."
9 예수께서 이 말을 들으시고, 그를 놀
랍게 여기시어, 돌아서서, 자기를 따
라오는 무리에게 말씀하셨다. "내가
너희에게 말한다. 나는 이스라엘 사
람 가운데서는, 아직 이런 믿음을 본
일이 없다."
10 심부름 왔던 사람들이 집에 돌아가
서 보니, 종은 나아 있었다.

과부의 아들을 살리시다

11 ○ⓖ그 뒤에 곧 예수께서 나인이라는
성읍으로 가시게 되었는데, 제자들
과 큰 무리가 그와 동행하였다.
12 예수께서 성문에 가까이 이르셨을
때에, 사람들이 한 죽은 사람을 메
고 나오고 있었다. 그 죽은 사람은
그의 어머니의 외아들이고, 그 여자
는 과부였다. 그런데 그 성의 많은
사람이 그 여자와 함께 따라오고 있
었다.
13 주님께서 그 여자를 보시고, 가엾게
여기셔서 말씀하셨다. "울지 말아라."
14 그리고 앞으로 나아가서, 관에 손을
대시니, 메고 가는 사람들이 멈추어
섰다. 예수께서 말씀하셨다. "젊은이
야, 내가 네게 말한다. 일어나라."
15 그러자 죽은 사람이 일어나 앉아서,
말을 하기 시작하였다. 예수께서 그
를 그 어머니에게 돌려주셨다.
16 그래서 모두 두려움에 사로잡혀서,
하나님을 찬양하면서 말하기를 "우
리에게 큰 예언자가 나타났다" 하고,
또 "하나님께서 자기 백성을 돌보아
주셨다" 하였다.
17 예수의 이 이야기가 온 유대와 그 주
위에 있는 모든 지역에 퍼졌다.

세례자 요한이 보낸 사람들에게
답변하시다 (마 11:2-19)

18 ○요한의 제자들이 이 모든 일을 요
한에게 알렸다. 요한은 자기 제자 가
운데서 두 사람을 불러,
19 주님께로 보내어 "선생님이 오실 그
분입니까? 그렇지 않으면, 우리가 다
른 분을 기다려야 합니까?" 하고 물
어 보게 하였다.
20 그 사람들이 예수께 와서 말하였다.
"ⓛ세례자 요한이 우리를 선생님께로

7:1–10 이 이야기는 세 가지 점을 강조하고 있다. ① 예수님이 하나님의 이름으로 병을 고칠 수 있다고 믿는 백부장의 믿음이 강조되고 있다. ② 하나님은 유대 사람이나 이방 사람 모두에게 기꺼이 은혜를 베푸신다는 점이다. ③ 유대 사람의 불신앙에 대한 비판이 나타난다. 이것은 31–35절의 비판의 근거가 된다.

7:11–17 여기서는 백부장의 사건(2–10절)에서처럼 사람 편에서의 신앙이 크게 강조되지 않는다. 이 사건에서는 예수님의 오심이 하나님의 은혜로운 방문으로 묘사되고 있다(16절). 곧 이 사건은 '메시아 시대'가 도래하였음을 강력히 증거하고 있다(참조. 22절).

7:18–23 요한의 일시적인 의심을 예수님은 비판하지 않으시고, 이사야의 예언을 근거로 세례자 요한의 이전까지의 사역과 신념이 바른 것이라는 사실을 핵심적으로 전하셨다.

ⓖ 다른 고대 사본들에는 '다음 날' ⓛ 또는 '침례자'

보내어 '선생님이 오실 그분입니까?
그렇지 않으면, 우리가 다른 분을 기
다려야 합니까?' 하고 물어 보라고
하였습니다."
21 그 때에 예수께서는 질병과 고통과
악령으로 시달리는 사람을 많이 고
쳐주시고, 또 눈먼 많은 사람을 볼
수 있게 해주셨다.
22 예수께서 그들에게 이렇게 대답하셨
다. "너희가 보고 들은 것을, 가서 요
한에게 알려라. 눈먼 사람이 다시
보고, 다리 저는 사람이 걷고, ㉠나병
환자가 깨끗해지고, 귀먹은 사람이
듣고, 죽은 사람이 살아나고, 가난한
사람이 복음을 듣는다.
23 ㉡나에게 걸려 넘어지지 않는 사람
은 복이 있다."
24 ○요한의 심부름꾼들이 떠난 뒤에,
예수께서 요한에 대하여 무리에게
말씀하셨다. "너희는 무엇을 보러
광야에 나갔더냐? 바람에 흔들리는
갈대냐?
25 아니면, 무엇을 보러 나갔더냐? 비
단 옷을 입은 사람이냐? 화려한 옷
을 입고 호사스럽게 사는 사람은 왕
궁에 있다.
26 아니면, 무엇을 보러 나갔더냐? 예언
자를 보려고 나갔더냐? 그렇다. 내
가 너희에게 말한다. 그는 예언자보
다 더 위대한 인물이다.
27 이 사람에 대하여 성경에 기록하기
를

㉢'보아라. 내가 내 심부름꾼을
너보다 앞서 보낸다. 그가 네 앞
에서 네 길을 닦을 것이다'

하였다.
28 내가 너희에게 말한다. 여자가 낳은
사람 가운데서, ㉣세례자 요한보다
더 큰 인물이 없다. 그러나 하나님
나라에서는 가장 작은 자라도 요한
보다 더 크다."
29 (모든 백성과 심지어는 세리들까지
도 요한의 설교를 듣고, 그의 ㉤세례
를 받았다. 이렇게 하여 그들은 하나
님의 옳으심을 드러냈다.
30 그러나 바리새파 사람들과 율법학
자들은 요한에게서 ㉤세례를 받지
않음으로써 자기들에 대한 하나님
의 계획을 물리쳤다.)
31 ○"그러니, 이 세대 사람을 무엇에 비
길까? 그들은 무엇과 같은가?
32 그들은 마치 어린이들이 장터에 앉
아서, 서로 부르며 말하기를

'우리가 너희에게 피리를 불어도,
너희는 춤추지 않았고, 우리가 애
곡을 하여도 너희는 울지 않았다'

하는 것과 같다.
33 ㉣세례자 요한이 와서, 빵도 먹지 않
고 포도주도 마시지 않으니, 너희가
말하기를 '그는 귀신이 들렸다' 하고,

7:24 바람에 흔들리는 갈대 요한은 갈대만 무성히 자라는 광야에서 일했다. 바람에 흔들리는 갈대는 '확고하지 못하고 지조가 없는 이'를 뜻한다. 요한은 이런 자들과 달리 참된 예언자로서 강직하고 굳센 심성을 소유한 사람이었다.

7:26-27 예언자보다 더 위대한 인물 세례자 요한은 다가오는 위기(하나님의 심판) 앞에서 세례를 베풂으로써 사람들을 준비하게 했다는 점에서 예언자 이상의 일을 했다(Manson). 요한은 '종말적 예언자'로서 그 지위가 특이했다(O. Cullmann).

7:28 본절은 요한의 활동 이후 시대의 변화를 강조한다. 메시아로 말미암아 하나님의 나라가 도래하여 그 나라의 축복과 은혜, 구원과 자유가 사람들에게 임하게 된 것이다. 위대한 예언보다 하나님 나라의 일원이 되는 것이 보다 더 중요하다.

7:35 29절을 다시 정리한 말씀으로 하나님의 의

㉠ 온갖 악성 피부병 ㉡ 그, '의심을 품지 않는' ㉢ 말 3:1 ㉣ 또는 '침례자' ㉤ 또는 '침례'

34 인자는 와서, 먹기도 하고 마시기도
하니, 너희가 말하기를 '보아라, 저
사람은 마구 먹어대는 자요, 포도주
를 마시는 자요, 세리와 죄인의 친구
다' 한다.
35 그러나 지혜의 자녀들이 결국 ㉠지혜
가 옳다는 것을 드러냈다."

죄인인 한 여인이 예수께 향유를 붓다

36 ○바리새파 사람 가운데에서 어떤
사람이 예수께 청하여, 자기와 함께
음식을 먹자고 하였다. 그래서 예수
께서는 그 바리새파 사람의 집에 들
어가셔서, 상에 앉으셨다.
37 그런데 그 동네에 죄인인 한 여자가
있었는데, 예수께서 바리새파 사람
의 집에서 음식을 잡숫고 계신 것을
알고서, 향유가 담긴 옥합을 가지고
와서,
38 예수의 등 뒤에 발 곁에 서더니, 울면
서, 눈물로 그 발을 적시고, 자기 머
리털로 닦고, 그 발에 입을 맞추고,
향유를 발랐다.
39 예수를 초대한 바리새파 사람이 이것
을 보고, 혼자 중얼거렸다. "이 사람
이 예언자라면, 자기를 만지는 저 여
자가 누구이며, 어떠한 여자인지 알
았을 터인데! 그 여자는 죄인인데!"
40 예수께서 그에게 말씀하셨다. "시몬
아, 네게 할 말이 있다." 시몬이 말했
다. "선생님, 말씀하십시오." 예수께
서 말씀하셨다.
41 "어떤 돈놀이꾼에게 빚진 사람 둘이
있었는데, 한 사람은 오백 ㉡데나리
온을 빚지고, 또 한 사람은 오십 데
나리온을 빚졌다.
42 둘이 다 갚을 길이 없으므로, 돈놀
이꾼은 둘에게 빚을 없애주었다. 그
러면 그 두 사람 가운데서 누가 그
를 더 사랑하겠느냐?"
43 시몬이 대답하였다. "더 많이 빚을
없애준 사람이라고 생각합니다." 예
수께서 그에게 말씀하셨다. "네 판
단이 옳다."
44 그런 다음에, 그 여자에게로 돌아서
서, 시몬에게 말씀하셨다. "너는 이
여자를 보고 있는 거지? 내가 네 집
에 들어왔을 때에, 너는 내게 발 씻
을 물도 주지 않았다. 그러나 이 여
자는 눈물로 내 발을 적시고, 자기
머리털로 닦았다.
45 너는 내게 입을 맞추지 않았으나, 이
여자는 들어와서부터 줄곧 내 발에
입을 맞추었다.
46 너는 내 머리에 기름을 발라 주지 않
았으나, 이 여자는 내 발에 향유를
발랐다.
47 그러므로 내가 네게 말한다. 이 여자
는 그 많은 죄를 용서받았다. 그것은
그가 많이 사랑하였기 때문이다. 용
서받는 것이 적은 사람은 적게 사랑

로움은 그것을 받아들이는 사람들에 의하여 증시(證示)된다는 의미이다.

7:36–50 당시 유대 사람들은 집에 귀한 손님을 초청하면 ① 손님에게 평화를 기원하는 입맞춤을 하고 ② 발을 씻기며 ③ 향로를 피우거나 향유를 손님의 머리에 부어 발랐다. 바리새파 사람인 시몬은 위와 같은 일을 예수님께 시행하지 않은 듯하다.

7:40 그에게 말씀하셨다 (그) '아포크리노마이'. 여기서는 시몬의 내적인 비난의 심정에 '반응하여'라는 의미로 쓰였다. 예수님이 그 여자의 내적 상태를 알지 못한다고 비난하는 시몬의 생각을 아시고 대응하신 것이다.

7:50 평안히 가거라 '하나님의 평화가 그대의 것이다'라는 뜻이다. 이 말은 유대 사람들의 작별인사이다.

㉠ 또는 '하나님의 지혜' 또는 '하나님' ㉡ 한 데나리온은 노동자의 하루 품삯

한다."
48 그리고 예수께서 그 여자에게 말씀
하셨다. "네 죄가 용서받았다."
49 그러자 상에 함께 앉아 있는 사람들
이 속으로 수군거리기를 "이 사람이
누구이기에 죄까지도 용서하여 준다
는 말인가?" 하였다.
50 그러나 예수께서는 그 여자에게 말
씀하셨다. "네 믿음이 너를 구원하
였다. 평안히 가거라."

여인들이 예수의 활동을 돕다

8 그 뒤에 예수께서 고을과 마을을
두루 다니시면서, 하나님의 나라
를 선포하며 그 기쁜 소식을 전하셨
다. 열두 제자가 예수와 동행하였다.
2 그리고 악령과 질병에서 고침을 받
은 몇몇 여자들도 동행하였는데, 일
곱 귀신이 떨어져 나간 막달라라고
하는 마리아와
3 헤롯의 청지기인 구사의 아내 요안
나와 수산나와 그 밖에 여러 다른
여자들이었다. 그들은 자기들의 재
산으로 예수의 일행을 섬겼다.

씨 뿌리는 사람의 비유 (마 13:1-9; 막 4:1-9)

4 ○무리가 많이 모여들고, 각 고을에
서 사람들이 예수께로 나아오니, 예
수께서 비유를 들어 말씀하셨다.
5 "씨 뿌리는 사람이 씨를 뿌리러 나갔
다. 그가 씨를 뿌리는데, 더러는 길
가에 떨어지니, 발에 밟히기도 하고,
하늘의 새들이 쪼아먹기도 하였다.
6 또 더러는 돌짝밭에 떨어지니, 싹이
돋아났다가 물기가 없어서 말라 버
렸다.
7 또 더러는 가시덤불 속에 떨어지니,
가시덤불이 함께 자라서, 그 기운을
막았다.
8 그런데 더러는 좋은 땅에 떨어져서
자라나, 백 배의 열매를 맺었다." 이
말씀을 하시고, 예수께서는 "들을
귀가 있는 사람은 들어라" 하고 외치
셨다.

비유로 말씀하신 목적
(마 13:10-17; 막 4:10-12)

9 ○예수의 제자들이, 이 비유가 무슨
뜻인지를 그에게 물었다.
10 예수께서 대답하셨다. "너희에게는
하나님 나라의 비밀을 아는 것을 허
락해 주셨다. 그러나 다른 사람들에
게는 비유로 말하였으니, 그것은 ㉠'그
들이 보아도 보지 못하고, 들어도 깨
닫지 못하게 하려는 것'이다."

씨 뿌리는 사람의 비유 해설
(마 13:18-23; 막 4:13-20)

11 ○"그 비유의 뜻은 이러하다. 씨는
하나님의 말씀이다.
12 길가에 떨어진 것들은, 말씀을 듣기
는 하였으나, 그 뒤에 악마가 와서,
그들의 마음에서 말씀을 빼앗아 가
므로, 믿지 못하고 구원을 받지 못하

8장 요약 예수님은 씨 뿌리는 사람의 비유를 통해 여러 가지 교훈을 가르치셨다. 또한 귀신 들린 사람과 혈루증 앓는 여자를 치유하신 사건은 삶의 절망적인 정황을 해결하시는 주님의 사랑을, 풍랑을 잠재우고 죽은 아이를 살리신 기적은 메시아의 초자연적 권능을 드러내 준다.

8:4–15 전통적으로 이 말씀은 '밭의 상태'에 주안점을 두어 해석했으나 이런 식의 해석은 풍유가 된다. 여기서는 씨 뿌리는 사람과 씨의 운명, 그리고 그 씨에 대한 반응에 그 초점이 있다. 곧 이 비유는 하나님 나라의 복된 소식은 예수님을 통해서 사람들에게 전달됨을 뜻한다. 씨가 열매를 맺는 경우와 열매를 맺지 못하는 경우가 있듯이, 그 말씀도 많은 소실을 경험하지만 그 말씀에 복종하는 사람들을 통해서 커다란 결과를 가져다준다는 것이다.

㉠ 사 6:9(칠십인역)

게 되는 사람들이다.
13 돌짝밭에 떨어진 것들은, 들을 때에
는 그 말씀을 기쁘게 받아들이지만,
뿌리가 없으므로 잠시 동안 믿다가,
시련의 때가 오면 떨어져 나가는 사
람들이다.
14 가시덤불에 떨어진 것들은, 말씀을
들었으나, 살아가는 동안에 근심과
재물과 인생의 향락에 사로잡혀서,
열매를 맺는 데에 이르지 못하는 사
람들이다.
15 그리고 좋은 땅에 떨어진 것들은, 바
르고 착한 마음으로 말씀을 듣고서,
그것을 굳게 간직하여 견디는 가운
데 열매를 맺는 사람들이다."

비밀은 드러난다 (막 4:21-25)

16 ○"아무도 등불을 켜서, 그릇으로 덮
거나, 침대 아래에다 놓지 않고, 등
경 위에다가 올려놓아서, 들어오는
사람들이 그 빛을 보게 한다.
17 숨겨 둔 것은 드러나고, 감추어 둔
것은 알려져서 환히 나타나기 마련
이다.
18 그러므로 너희는 조심하여 들어라.
가진 사람은 더 받을 것이요, 가지지
못한 사람은 가진 줄로 생각하는 것
마저 빼앗길 것이다."

예수의 어머니와 형제들

(마 12:46-50; 막 3:31-35)

19 ○예수의 어머니와 형제들이 예수께
로 왔으나, 무리 때문에 만날 수 없
었다.
20 그래서 사람들이 예수께 전하였다.
"선생님의 어머니와 형제들이 밖에
서서, 선생님을 만나고 싶어합니다."
21 예수께서 그들에게 말씀하셨다. "하
나님의 말씀을 듣고 행하는 이 사람
들이 나의 어머니요, 나의 형제들이
다."

풍랑을 잔잔하게 하시다

(마 8:23-27; 막 4:35-41)

22 ○어느 날 예수께서 제자들과 함께
배에 오르셔서, 그들에게 말씀하셨
다. "호수 저쪽으로 건너가자." 그들
이 출발하여
23 배를 저어 가고 있을 때에 예수께서
는 잠이 드셨다. 그런데 사나운 바람
이 호수로 내리 불어서, 배에 물이
차고, 그들은 위태롭게 되었다.
24 그래서 제자들이 다가가서 예수를
깨우고서 말하였다. "선생님, 선생님,
우리가 죽게 되었습니다." 예수께서
깨어나서, 바람과 성난 물결을 꾸짖
으시니, 바람과 물결이 곧 그치고 잔
잔해졌다.
25 예수께서 그들에게 말씀하셨다. "너
희의 믿음이 어디에 있느냐?" 그들
은 두려워하였고, 놀라서 서로 말하
였다. "이분이 도대체 누구시기에 바
람과 물을 호령하시니, 바람과 물조

8:16-18 예수님의 가르침들 가운데서 상당한 부분을 차지하는 '비유'는 그것을 듣는 자들의 마음 상태에 따라 두 가지의 상반된 결과를 낳게 된다. 가르침에 관심이 있는 자들에게는 그 비유가 오히려 묵상의 근거가 되어서 많은 결실을 가져오며 등불처럼 빛을 발하겠지만, 그 반대의 경우에는 한낱 이야기에 그침으로써 진리에서 멀어져서 있던 것마저 없어지게 된다.

8:19-21 하나님의 말씀을 듣고 복종하는 사람이 예수님의 참된 가족으로 간주된다.

8:22-56 네 가지 기적들이 기록되고 있다. 이 기적들은 예수님의 신분이 하나님이시라는 사실을 나타내며, 또한 어떻게 사람들을 불쌍히 여기시고 사랑을 베푸시는가에 대한 내적인 묘사들로 가득 차 있다.

8:22-25 풍랑을 잔잔하게 하신 기적 이야기는 예수님을 자연 세계의 주로써 부각시킨다. 곧 구약에서 하나님만이 소유하신 능력이 예수님께도

차도 그에게 복종하는가?"

귀신 들린 사람을 고치시다

(마 8:28-34; 막 5:1-20)

26 ○그들은 갈릴리 맞은 편에 있는 ㉠거
라사 지방에 닿았다.
27 예수께서 뭍에 내리시니, 그 마을 출
신으로서 ㉡귀신 들린 사람 하나가
예수를 만났다. 그는 오랫동안 옷을
입지 않은 채, 집에서 살지 않고, 무
덤에서 지내고 있었다.
28 그가 예수를 보고, 소리를 지르고서,
그 앞에 엎드려서, 큰 소리로 말하였
다. "더없이 높으신 하나님의 아들
예수님, 당신이 나와 무슨 상관이 있
습니까? 제발 나를 괴롭히지 마십시
오."
29 예수께서 이미 ㉢악한 귀신더러 그
사람에게서 나가라고 명하셨던 것이
다. 귀신이 여러 번 그 사람을 붙잡
았기 때문에, 사람들이 그를 쇠사슬
과 쇠고랑으로 묶어서 감시하였으
나, 그는 그것을 끊고, 귀신에게 몰려
서 광야로 뛰쳐나가곤 하였다.
30 예수께서 그에게 물으셨다. "네 이름
이 무엇이냐?" 그가 대답하였다. "군
대입니다." 많은 귀신이 그 사람 속
에 들어가 있었기 때문이다.
31 귀신들은 자기들을 ㉣지옥에 보내지
말아달라고 예수께 간청하였다.
32 ○마침 그 곳 산기슭에, 놓아 기르는
큰 돼지 떼가 있었다. 귀신들은 자기
들을 그 돼지들 속으로 들어가게 허
락해 달라고 예수께 간청하였다. 예
수께서 허락하시니,
33 귀신들이 그 사람에게서 나와서, 돼
지들 속으로 들어갔다. 그래서 그 돼
지 떼는 비탈을 내리달아서 호수에
빠져서 죽었다.
34 돼지를 치던 사람들이 이 일을 보
고, 도망가서 읍내와 촌에 알렸다.
35 그래서 사람들이 일어난 그 일을 보
러 나왔다. 그들은 예수께로 와서,
귀신들이 나가버린 그 사람이 옷을
입고 제정신이 들어서 예수의 발 앞
에 앉아 있는 것을 보고, 두려워하였
다.
36 처음부터 지켜본 사람들이, 귀신 들
렸던 사람이 어떻게 해서 낫게 되었
는가를 그들에게 알려 주었다.
37 그러자 ㉠거라사 주위의 고을 주민들
은 모두 예수께, 자기들에게서 떠나
달라고 간청하였다. 그들이 큰 두려
움에 사로잡혔기 때문이다. 그래서
예수께서는 배에 올라 되돌아가시는
데,
38 귀신이 나간 그 사람이 예수와 함께
있게 해 달라고 애원하였으나, 예수
께서는 그를 돌려보내시며 이렇게
말씀하셨다.
39 "네 집으로 돌아가서, 하나님께서 네

나타난다는 사실을 강조한다(시 89:8-9;93:3-4;106:8-9;사 51:9-10). 제자들은 예수님의 능력을 믿고 신뢰해야 한다(24-25절). 우리가 가장 두려워해야 할 것은 우리에게 닥치는 상황이 아니라, 주님을 신뢰하는 마음이 없어지는 것이다.

8:27 무덤에서 지내고 무덤은 죽음의 장소로 일반 사람들로부터 격리된 장소이다. 오랫동안 귀신 들린 거라사 사람의 비참한 모습을 드러내 준다. 그러나 이러한 곳에도 하나님 나라의 도래로 인하여 빛이 비추기 시작했다.

8:30 네 이름이 무엇이냐? 그의 이름을 물으심은 그에게 인격적인 주체의식을 깨닫게 해주기 위함이었다. 하지만 그는 귀신들에 사로잡혀 자신과 귀신을 동일시하는 상태에서 벗어나지 못했다.

8:38-39 예수님의 사랑의 능력으로 불쌍한 한

㉠ 다른 고대 사본들에는 '가다라' 또는 '겔게스' ㉡ 다른 고대 사본들에는 '오랫동안 귀신 들렸던 사람 하나가 예수를 만났다. 그는 옷을 입지 않았으며' ㉢ 그, '더러운' ㉣ 그, '아비소스', '밑이 없는 깊은 구덩이'

계 하신 일을 다 이야기하여라." 그
사람이 떠나가서, 예수께서 자기에
게 하신 일을 낱낱이 온 읍내에 알
렸다.

하혈하는 여자를 낫게 하시고 야이로의 딸을
살리시다 (마 9:18-26; 막 5:21-43)

40 ○예수께서 돌아오시니, 무리가 그
를 환영하였다. 그들은 모두 예수를
기다리고 있었던 것이다.
41 그 때에 야이로라는 사람이 왔다.
이 사람은 회당장이었다. 그가 예수
의 발 앞에 엎드려서, 자기 집으로
가시자고 간청하였다.
42 그에게 열두 살쯤 된 외동딸이 있는
데, 그 딸이 죽어가고 있었기 때문이
다. 예수께서 야이로의 집으로 가시
는데, 무리가 예수를 밀어댔다.
43 무리 가운데 열두 해 동안 혈루증으
로 앓는 여자가 있었는데 [의사에게
재산을 모두 다 탕진했지만] 아무도
이 여자를 고쳐주지 못하였다.
44 이 여자가 뒤에서 다가와서는 예수
의 옷술에 손을 대니, 곧 출혈이 그
쳤다.
45 예수께서 물으셨다. "내게 손을 댄
사람이 누구냐?" 사람들이 모두 부
인하는데, ㉠ 베드로가 말하였다. "선
생님, 무리가 선생님을 에워싸서 밀
치고 있습니다."
46 그러자 예수께서 말씀하셨다. "누군
가가 내게 손을 댔다. 나는 내게서
능력이 빠져나간 것을 알고 있다."
47 그 여자는 더 이상 숨길 수 없음을
알고서, 떨면서 나아와 예수께 엎드
려서, 그에게 손을 댄 이유와 또 곧
낫게 된 경위를 모든 백성 앞에 알
렸다.
48 그러자 예수께서 그 여자에게 말씀
하셨다. "딸아, 네 믿음이 너를 구원
하였다. 평안히 가거라."
49 ○예수께서 아직 말씀을 계속하시는
데, 회당장의 집에서 사람이 와서 말
하였다. "따님이 죽었습니다. 선생님
을 더 괴롭히지 마십시오."
50 예수께서 들으시고 나서, 회당장에
게 말씀하셨다. "두려워하지 말고,
믿기만 하여라. 딸이 나을 것이다."
51 그리고 그 집에 이르러서, 베드로와
요한과 야고보와 그 아이의 부모 밖
에는, 아무도 함께 들어가는 것을 허
락하지 않으셨다.
52 사람들은 모두 울며 그 아이에 대해
슬퍼하고 있었다. 예수께서 말씀하
셨다. "울지 말아라. 아이가 죽은 것
이 아니라, 자고 있다."
53 그들은 아이가 죽었음을 알고 있으
므로, 예수를 비웃었다.
54 예수께서 아이의 손을 잡으시고 말
씀하셨다. "아이야, 일어나라."
55 그러자 그 아이의 영이 돌아와서, 아

사람이 회복되었다. 그는 예수님의 구원에 감사하여, 그분을 따르고자 했다. 네 집으로 돌아가서 그러나 예수님은 그를 다시 무덤에서 마을로, 곧 *인정과 삶의 기쁨이* 없는 격리된 상태에서 사람들과 어울려 살 수 있는 공동체 안으로 되돌려 보내신다. 그리고 하나님이 예수님 안에서 사람들을 가엾게 여기시며, 구원해 주시는 분이심을 증거하라고 명령하셨다.

8:41-56 누가의 기록에는 예수님의 자애로우심이 강조되고 있다. '외동딸'(42절), '열두 해'(43절)라는 표현에서 그러한 것이 엿보인다. 혈루증 앓는 여자의 치유가 마술적으로 보일 수 있으나, 예수님은 여자에게 '네 믿음이 너를 구원하였다'고 확증하셨다.

8:44 옷술 당시 유대 사람들은 겉옷의 네 귀퉁이에 '술'을 달았다. 아마도 이 여자는 예수님의 옷자락에 달린 '술'을 만졌을 것이다.

㉠ 다른 고대 사본들에는 '베드로와 그와 함께 있던 사람들이'

이가 곧 일어났다. 예수께서는 먹을
것을 아이에게 주라고 지시하셨다.
56 아이의 부모는 놀랐다. 예수께서 이
일을 아무에게도 말하지 말라고 그
들에게 명하셨다.

열두 제자를 선교에 파송하다

(마 10:5-15; 막 6:7-13)

9 예수께서 그 열둘을 한 자리에 불
러놓으시고, 모든 귀신을 제어하고
병을 고치는 능력과 권능을 주시고,
2 하나님 나라를 선포하며 병든 사람
을 고쳐 주게 하시려고 그들을 내보
내시며
3 그들에게 말씀하셨다. "길을 떠나는
데는, 아무것도 가지고 가지 말아라.
지팡이도 자루도 빵도 은화도 가지
고 가지 말고, 속옷도 두 벌씩은 가
지고 가지 말아라.
4 어느 집에 들어가든지, 거기에 머물
다가, 거기에서 떠나거라.
5 어디에서든지 사람들이 너희를 영접
하지 않거든, 그 고을을 떠날 때에
너희 발에 묻은 먼지를 떨어버려서,
그들을 거스르는 증거물로 삼아라."
6 제자들은 나가서, 여러 마을을 두루
다니면서, 곳곳에서 복음을 전하며,
병을 고쳤다.

헤롯이 불안에 사로잡히다

(마 14:1-12; 막 6:14-29)

7 ○ ㉠분봉왕 헤롯은 이 모든 일을 듣
고서 당황하였다. 왜냐하면, 어떤 사
람들은 요한이 죽은 사람들 가운데
서 살아났다고 하고,
8 또 어떤 사람들은 엘리야가 나타났
다고 하고, 또 어떤 사람들은 옛 예
언자 가운데 한 사람이 살아났다고
말하기 때문이었다.
9 그러나 헤롯은 이렇게 말하였다. "요
한은 내가 목을 베어 죽였는데, 내게
이런 소문이 파다하게 들리는 사람
은 누구인가?" 그는 예수를 만나고
싶어하였다.

오천 명을 먹이시다

(마 14:13-21; 막 6:30-44; 요 6:1-14)

10 ○사도들이 돌아와서, 자기들이 한
모든 일을 예수께 이야기하였다. 예
수께서는 그들을 데리고, 따로 벳새
다라고 하는 고을로 물러가셨다.
11 그러나 무리가 그것을 알고서, 그를
따라갔다. 예수께서는 그들을 맞이
하셔서, 하나님 나라를 말씀해 주시
고, 또 병 고침을 받아야 할 사람들
을 고쳐 주셨다.
12 ○그런데 날이 저물기 시작하니, 열
두 제자가 다가와서, 예수께 말씀드
렸다. "무리를 헤쳐 보내어, 주위의
마을과 농가로 찾아가서 잠자리도
구하고 먹을 것도 구하게 하십시오.
우리가 있는 여기는 빈 들입니다."
13 그러나 예수께서는 그들에게 말씀하

9장 요약 예수님은 본격적으로 제자들과의 협동 사역(Team Ministry)을 펼치고 있다. 이것은 향후 전개될 복음 사역이 제자들을 중심으로 이루어질 것을 예고한다. 이 기간 동안 예수님은 오병이어 기적과 변화산 사건, 축사 사건 등을 통해 메시아적 능력을 나타내셨다.

9:1-6 예수님은 갈릴리 사역이 마지막에 이르렀다는 것을 아셨다. 열두 제자들에게 능력과 권능을 주어 하나님 나라 복음을 듣지 못한 갈릴리의 여러 마을들을 찾아가도록 명하셨다.

9:5 발에서 먼지를 떨어 버리는 행위는 복음을 거부한 곳에 임하는 하나님의 진노에 대한 공적 선언이며, 복음을 거부한 유대 사람이 참 이스라엘에 속하지 않는다는 것을 상징적으로 보여 준다.

9:7 당황하였다 헤롯은 죄의식으로 압박을 받으면서도 회개에 이르지 못하였다(참조. 시 32:5;잠

㉠ 그, '테트라아르케스'

셨다. "너희가 그들에게 먹을 것을
주어라." 그들이 말하였다. "우리에게
는 빵 다섯 개와 물고기 두 마리밖
에 없습니다. 우리가 나가서, 이 모든
사람이 다 먹을 수 있을 만큼 먹을
것을 사지 않으면, 안 되겠습니다."
14 거기에는 남자만도 약 오천 명이 있
었다. 예수께서 제자들에게 말씀하
셨다. "사람들을 한 오십 명씩 떼를
지어서 앉게 하여라."
15 제자들이 그대로 하여, 모두 다 앉게
하였다.
16 예수께서 빵 다섯 개와 물고기 두
마리를 손에 들고, 하늘을 우러러
쳐다보시고 그것들을 축복하신 다
음에, 떼어서 제자들에게 주시고, 무
리 앞에 놓게 하셨다.
17 그들은 모두 배불리 먹었다. 그리고
남은 부스러기를 주워 모으니, 열두
광주리나 되었다.

베드로가 예수를 그리스도로 고백하다 (마 16:13-19; 막 8:27-29)

18 ○예수께서 혼자 기도하고 계실 때
에, 제자들이 그와 함께 있었다. 예
수께서 제자들에게 물으셨다. "사람
들이 나를 누구라고 하느냐?"
19 그들이 대답하였다. "㉠세례자 요한
이라고 합니다. 그러나 엘리야라고
하는 사람들도 있고, 옛 예언자 가
운데 한 사람이 살아났다고 하는 사
람들도 있습니다."
20 예수께서 그들에게 물으셨다. "그러
면 너희는 나를 누구라고 하느냐?"
베드로가 대답하였다. "㉡하나님의
㉢그리스도이십니다."

예수께서 자기의 죽음과 부활을 예고하시다 (마 16:20-28; 막 8:30-9:1)

21 ○그런데 예수께서는 그들에게 엄중
히 경고하셔서, 이것을 아무에게도
말하지 말라고 명하시고,
22 말씀하셨다. "인자가 반드시 많은 고
난을 받고, 장로들과 대제사장들과
율법학자들에게 배척을 받아 죽임
을 당하고서, 사흗날에 살아나야 한
다."
23 ○그리고 예수께서 모든 사람에게
말씀하셨다. "나를 따라오려는 사람
은, 자기를 부인하고, 날마다 자기 십
자가를 지고, 나를 따라오너라.
24 누구든지 제 목숨을 구하려고 하는
사람은 잃을 것이요, 누구든지 나를
위하여 제 목숨을 잃는 사람은 목
숨을 구할 것이다.
25 사람이 온 세상을 얻고도 자기를 잃
거나 빼앗기면, 무슨 이득이 있겠느
냐?
26 누구든지 나와 내 말을 부끄럽게 여
기면, 인자도 자기의 영광과 아버지
와 거룩한 천사들의 영광에 싸여 올
때에, 그 사람을 부끄럽게 여길 것이

28:13).

9:20 하나님의 그리스도 하나님께서 예수님을 기름 부어 자신의 종으로 선택하셨다는 의미이다(참조. 23:35). 즉, 그 백성에게 약속하신 메시아란 뜻이다(2:26).

9:21-22 베드로는 자신이 고백한 하나님의 그리스도가 고난 받아야 할 메시아인 것을 몰랐다. 제자들을 비롯하여 당시의 유대 사람들은 '현세적인 메시아 사상'에 젖어 있었다. 말하자면 메시아가 와서 이스라엘 민족을 압제하는 이방 민족들을 멸망시키고 이스라엘의 영광을 현실적으로 회복해 주리라는 생각이었다. 예수님은 제자들의 경솔한 행동으로 인해 자신에 대해 그러한 오해가 생기지 않기를 바라셨다. 그래서 예수님은 자신이 고난 받으실 메시아임을 분명히 밝히셨다.

9:23-27 제자들이 자기를 부인하고 주님을 따르

㉠ 또는 '침례자' ㉡ 히브리어로는 '하나님께서 기름부어 주신 분' ㉢ 또는 '메시아'

다.
27 내가 진정으로 너희에게 말한다. 여기
에 서 있는 사람 가운데는, 죽기 전에
하나님 나라를 볼 사람들이 있다."

영광스러운 모습으로 변모하시다

(마 17:1-8; 막 9:2-8)

28 ○이 말씀을 하신 뒤에, 여드레쯤 되
어서, 예수께서는 베드로와 요한과
야고보를 데리고, 기도하러 산에 올
라가셨다.
29 예수께서 기도하고 계시는데, 그 얼
굴 모습이 변하고, 그 옷이 눈부시
게 희어지고 빛이 났다.
30 그런데 갑자기 두 사람이 나타나 예
수와 더불어 말을 하고 있었다. 그들
은 모세와 엘리야였다.
31 그들은 영광에 싸여 나타나서, 예수
께서 예루살렘에서 이루실 일 곧 그
의 ㉠떠나가심에 대하여 말하고 있
었다.
32 베드로와 그 일행은 잠을 이기지 못
해서 졸다가, 깨어나서 예수의 영광
을 보고, 또 그와 함께 서 있는 그
두 사람을 보았다.
33 그 두 사람이 예수에게서 막 떠나가
려고 할 때에, 베드로가 예수께 말
하였다. "선생님, 우리가 여기서 지내
는 것이 좋겠습니다. 우리가 초막 셋
을 지어서, 하나에는 선생님을, 하나
에는 모세를, 하나에는 엘리야를 모
시겠습니다." 베드로는 자기가 무슨
말을 하는지도 모르고, 그렇게 말하
였다.
34 그가 이렇게 말하고 있는데, 구름이
일어나서 ㉡그 세 사람을 휩쌌다. 그
들이 구름 속으로 들어가니, 제자들
은 두려움에 사로잡혔다.
35 그리고 구름 속에서 소리가 났다.
"이는 내 아들이요, ㉢내가 택한 자
다. 너희는 그의 말을 들어라."
36 그 소리가 끝났을 때에, 예수만이 거
기에 계셨다. 제자들은 입을 다물고,
그들이 본 것을 얼마 동안 아무에게
도 알리지 않았다.

귀신들린 소년을 고치시다

(마 17:14-18; 막 9:14-27)

37 ○다음날 그들이 산에서 내려오니,
큰 무리가 예수를 맞이하였다.
38 그런데 무리 가운데서 한 사람이 소
리를 크게 내서 말하였다. "선생님,
내 아들을 보아주십시오. 그 아이는
내 외아들입니다.
39 귀신이 그 아이를 사로잡으면, 그 아
이는 갑자기 소리를 지릅니다. 또 귀
신은 아이에게 경련을 일으키고, 입
에 거품을 물게 합니다. 그리고 아이
를 상하게 하면서 좀처럼 떠나지 않
습니다.
40 그래서 선생님의 제자들에게 귀신을
내쫓아 달라고 청하였으나, 그들은

때, 그들의 삶에 어떤 결과가 다가올지를 서술하고 있다. 27절은 매우 난해한 구절이지만, 예수님의 부활과 오순절의 성령 강림을 통하여 하나님의 나라가 현재의 시점에서 이루어질 사실을 가리킨다고 볼 수 있다.

9:28-36 예수님께서 변화하셨던 사건은 예수님의 영광, 곧 수난과 죽음을 겪으신 후 부활하시고 승천하시어 하나님의 오른쪽에 앉게 되실 영광인 동시에, 재림에서 실현될 인자의 영광을 예시해 주는 사건이다.

9:34 구름 하나님의 임재를 상징하는 (히) '쉐키나', 즉 영광의 구름(출 16:10;19:9;24:15-18)이다.

9:37-45 영광과 승리의 모습으로 변화된 예수님의 용모와는 달리 제자들은 실패와 좌절의 모습으로 나타난다. 산 위의 영광스러운 광경과 산 아래의 고통과 혼돈이 확연하게 대조적이다. 제자

㉠ '세상에서 떠나가심' 곧 '죽으심' ㉡ 그, '그들을' ㉢ 다른 고대 사본들에는 '내가 사랑하는 자다'

해내지를 못했습니다."
41 예수께서 대답하셨다. "아! 믿음이
없고, 비뚤어진 세대여! 내가 언제까
지 너희와 함께 있어야 하며 너희를
참아 주어야 하겠느냐? 네 아들을
이리로 데려오너라."
42 아이가 예수께로 오는 도중에도, 귀
신이 그 아이를 거꾸러뜨리고, 경련
을 일으키게 하였다. 예수께서는 그
㉠악한 귀신을 꾸짖으시고, 아이를
낫게 하셔서, 그 아버지에게 돌려주
셨다.
43 사람들은 모두 하나님의 ㉡위대한
능력을 보고 놀랐다.

자신의 죽음을 예고하시다 (마 17:22-23; 막 9:30-32)

○사람들이 모두 예수께서 하신 모
든 일을 보고, 놀라서 감탄하고 있
을 때에, 예수께서 제자들에게 말씀
하셨다.
44 "너희는 이 말을 귀담아 들어라. 인자
는 사람들의 손으로 넘어갈 것이다."
45 그러나 제자들은 이 말씀을 깨닫지
못하였다. 그들이 그 말씀을 이해하
지 못하도록 그 뜻이 숨겨져 있었다.
또한 그들은 그 말씀에 관하여 그에
게 묻기조차 두려워하였다.

누가 크냐? (마 18:1-5; 막 9:33-37)

46 ○제자들 사이에서는, 자기들 가운
데서 누가 가장 큰 사람이냐 하는
문제로 다툼이 일어났다.
47 예수께서 그들 마음 속의 생각을 아
시고, 어린이 하나를 데려다가, 곁에
세우시고,
48 그들에게 말씀하셨다. "누구든지 내
이름으로 이 어린이를 영접하면 나
를 영접하는 것이요, 누구든지 나를
영접하면 나를 보내신 분을 영접하
는 것이다. 너희 가운데에서 가장 작
은 사람이 큰 사람이다."

너희를 반대하지 않는 사람은 너희의 편이다 (막 9:38-40)

49 ○요한이 대답하였다. "선생님, 어떤
사람이 선생님의 이름으로 귀신을
내쫓는 것을 우리가 보았습니다. 그
런데 그 사람은 우리를 따르는 사람
이 아니므로, 우리는 그가 그런 일을
하지 못하게 막았습니다."
50 그러나 예수께서는 그에게 말씀하셨
다. "막지 말아라. 너희를 반대하지
않는 사람은 너희를 지지하는 사람
이다."

사마리아의 동네가 예수를 영접하지 아니하다

51 ○예수께서 하늘에 올라가실 날이
다 되었다. 그래서 예수께서는 예루
살렘에 가시기로 마음을 굳히시고
52 심부름꾼들을 앞서 보내셨다. 그들
이 길을 떠나서 예수를 모실 준비를
하려고 사마리아 사람의 한 마을에
들어갔다.

들은 귀신의 세력 앞에서 무력하지만, 승리자이신 예수님께서는 귀신을 물리치심으로써 하나님의 위엄을 드러내셨다.

*9:46-48 제자*들은 예수님이 말씀하신 하나님의 나라를 땅 위의 나라들처럼 생각하고 가장 높은 자리를 차지하고자 서로 경쟁하였다. 예수님께서는 제자들의 이런 잘못된 생각을 아시고 '누가 크냐, 누가 더 높으냐'에 관심을 둘 것이 아니라 '다른 사람을 섬기라'는 교훈을 주신다. 고대 사회에서 어린이는 하찮은 존재로 여겨졌지만, 예수님께서는 그런 어린이를 소중히 여기고 관심을 쏟고 섬기라고 강조하신다.

9:51-56 이 이야기는 다른 복음서에는 없고 누가복음서에만 기록되어 있다. 당시 사마리아 사람들은 예루살렘으로 올라가는 유대 사람들을 대접하기를 꺼렸다. 제자들이 그런 사마리아 사람들을 멸하자고 하자, 예수님께서는 그들을 책

㉠ 그, '더러운' ㉡ 그, '위대하심'

53 그러나 그 마을 사람들은 예수가 예
루살렘으로 가시는 도중이므로, 예
수를 맞아들이지 않았다.
54 그래서 제자인 야고보와 요한이 이것
을 보고 말하였다. "주님, 하늘에서
불이 내려와 그들을 태워 버리라고
㉠우리가 명령하면 어떻겠습니까?"
55 예수께서 돌아서서 그들을 ㉡꾸짖으
셨다.
56 그리고 그들은 다른 마을로 갔다.

예수를 따르는 사람은 이렇게 하여야 한다 (마 8:19-22)

57 ○그들이 길을 가고 있는데, 어떤 사
람이 예수께 말하였다. "나는 선생
님이 가시는 곳이면, 어디든지 따라
가겠습니다."
58 예수께서 그에게 말씀하셨다. "여우
도 굴이 있고, 하늘을 나는 새도 보
금자리가 있으나, 인자는 머리 둘 곳
이 없다."
59 또 예수께서 다른 사람에게 "나를
따라오너라" 하고 말씀하셨다. 그러
나 그 사람이 말하였다. "[주님,] 내
가 먼저 가서 아버지의 장례를 치르
도록 허락하여 주십시오."
60 그러나 예수께서는 그에게 말씀하셨
다. "죽은 사람들을 장사하는 일은
죽은 사람들에게 맡겨두고, 너는 가
서 하나님 나라를 전파하여라."
61 또 다른 사람이 말하였다. "주님, 내
가 주님을 따라가겠습니다. 그러나
먼저 집안 식구들에게 작별 인사를
하게 해주십시오."
62 예수께서는 그에게 말씀하셨다. "누
구든지 손에 쟁기를 잡고 뒤를 돌아
다보는 사람은 하나님 나라에 합당
하지 않다."

일흔두 사람을 파송하시다

10 이 일이 있은 뒤에, 주님께서는
다른 일흔[두] 사람을 세우셔
서, 친히 가려고 하시는 모든 고을과
모든 곳으로 둘씩 [둘씩] 앞서 보내
시며
2 그들에게 말씀하셨다. "추수할 것은
많으나, 일꾼이 적다. 그러므로 추수
하는 주인에게 추수할 일꾼을 보내
달라고 청하여라.
3 가거라, 내가 너희를 보내는 것이 양
을 이리 가운데로 보내는 것과 같다.
4 전대도 자루도 신도 가지고 가지 말
고, 길에서 아무에게도 인사하지 말
아라.
5 어느 집에 들어가든지, 먼저 '이 집에
평화가 있기를 빕니다!' 하고 말하여
라.
6 거기에 평화를 바라는 사람이 있으
면, 너희가 비는 평화가 그 사람에게
내릴 것이요, 그렇지 않으면, 그 평화
가 너희에게 되돌아올 것이다.
7 너희는 한 집에 머물러 있으면서, 거

망하신다.

9:57-62 예수님을 따르는 방법은 다음과 같다. ① 예수님과 같은 희생적인 생활을 각오해야 한다(57-58절). ② 하나님의 나라를 위해 인간사와 세상일에 초연한 자세를 가져야 한다(59-60절). ③ 과거의 삶에 연연해서는 안 된다(61-62절).

㉠ 다른 고대 사본들에는 '엘리야가 한 것 같이 우리가' ㉡ 다른 고대 사본들에는 "꾸짖으시고 말씀하시기를 '너희는 어떤 영에 속해 있는 줄을 모르고 있다. 인자가 온 것은 사람의 생명을 멸하려 함이 아니라 구원하려 함이다' 하셨다. 56. 그리고……"

10장 요약 예수님은 이제 사도들만이 아닌 일흔[두] 사람의 전도대를 세우심으로 하나님 나라 사업을 점차로 확대시키셨다. 선한 사마리아 사람 비유와 마르다와 마리아의 영접 기사는 본서에서만 등장하는데, 전자는 참된 이웃 사랑의 본질을, 후자는 예수님을 섬기는 사람이 견지해야 할 태도에 대해 교훈해 준다.

10:1-16 하나님 나라의 확장이 암시된다. 처음에

기서 주는 것을 먹고 마셔라. 일꾼이
자기 삯을 받는 것은 마땅하다. 이
집 저 집 옮겨 다니지 말아라.
8 어느 고을에 들어가든지, 사람들이
너희를 영접하거든, 너희에게 차려
주는 음식을 먹어라.
9 그리고 거기에 있는 병자들을 고쳐
주며 '하나님 나라가 너희에게 가까
이 왔다' 하고 그들에게 말하여라.
10 그러나 어느 고을에 들어가든지, 사
람들이 너희를 영접하지 않거든, 그
고을 거리로 나가서 말하기를,
11 '우리 발에 묻은 너희 고을의 먼지를
너희에게 떨어버린다. 그러나 하나님
나라가 가까이 왔다는 것을 알아라'
하여라.
12 내가 너희에게 말한다. 그 날에는 소
돔이 그 고을보다 더 견디기 쉬울 것
이다."

회개하지 않는 도시에 화가 있으리라 (마 11:20-24)

13 ○"고라신아, 너에게 화가 있다. 벳새
다야, 너에게 화가 있다. 내가 너희에
게 행한 기적들을 두로와 시돈에서
행했더라면, 그들은 벌써 베옷을 입
고, 재를 뒤집어쓰고 앉아, 회개하였
을 것이다.
14 그러나 심판 날에는 두로와 시돈이
너희보다 더 견디기 쉬울 것이다.
15 가버나움아, 네가 하늘까지 치솟을
셈이냐? ㉠지옥에까지 떨어질 것이
다.
16 ○누구든지 너희의 말을 들으면 내
말을 듣는 것이요, 누구든지 너희를
배척하면 나를 배척하는 것이다. 그
리고 누구든지 나를 배척하면, 나를
보내신 분을 배척하는 것이다."

일흔두 사람이 돌아오다

17 ○일흔[두] 사람이 기쁨에 차서, 돌
아와 보고하였다. "주님, 주님의 이
름을 대면, 귀신들까지도 우리에게
복종합니다."
18 예수께서 그들에게 말씀하셨다. "사
탄이 하늘에서 번갯불처럼 떨어지는
것을 내가 보았다.
19 보아라, 내가 너희에게 뱀과 전갈을
밟고, 원수의 모든 세력을 누를 권세
를 주었으니, 아무것도 너희를 해하
지 못할 것이다.
20 그러나 귀신들이 너희에게 굴복한다
고 해서 기뻐하지 말고, 너희의 이름
이 하늘에 기록된 것을 기뻐하여라."

예수의 감사 기도 (마 11:25-27; 13:16-17)

21 ○그 때에 예수께서 ㉡성령으로 기쁨
에 차서 이렇게 아뢰었다. "하늘과
땅의 주님이신 아버지, 이 일을 지혜
있는 사람들과 똑똑한 사람들에게
는 감추시고, 철부지 어린 아이들에
게는 드러내 주셨으니, ㉢감사합니
다. 그렇습니다, 아버지! 이것이 아버

는 예수님, 다음에는 열두 제자, 이제는 일흔[두] 사람이 나가 복음을 전하고 있다. 그러나 이들로도 부족하다. 따라서 주인에게 일꾼을 보내 주시도록 기도하여야 할 것을 가르치셨다.

10:2 추수 원래 추수는 종말 심판을 가리키는 상징이다(욜 3:13;막 4:29;계 14:15).

10:8 너희에게 차려 주는 음식을 먹어라 이들이 보냄을 받은 지역은 이방 사람들이 많이 살던 베레아 지방이었을 것이다. 유대 사람들은 이방 사람과 식사하는 것을 꺼리지만 복음 안에서 이 둘은 하나가 된다.

10:13 두로·시돈 현재 레바논 공화국 지중해변에 위치한 도시이다. 퇴폐적인 도시로 유명하다.

10:18 사탄의 패배와 쫓겨남을 상징적으로 표현하고 있다. 예수님의 오심과 하나님 나라의 도래로 인하여 사탄은 정복되었다(4:1–13;11:20).

10:21 이 일을 예수님의 선포와 기적들을 통하여

㉠ 그, '하데스' ㉡ 다른 고대 사본들에는 '영' ㉢ 또는 '찬양합니다'

지의 은혜로우신 뜻입니다.
22 아버지께서 모든 것을 내게 맡겨 주
셨습니다. 아버지 밖에는 아들이 누
구인지 아는 사람이 없습니다. 또
아들 밖에는, 그리고 아버지를 계시
하여 주려고 아들이 택한 사람 밖에
는, 아버지가 누구인지 아는 사람이
없습니다."
23 ○예수께서 제자들에게 돌아서서 따
로 말씀하셨다. "너희가 보고 있는
것을 보는 눈은, 복이 있다.
24 내가 너희에게 말한다. 많은 예언자
와 왕이 너희가 지금 보고 있는 것
을 보고자 하였으나 보지 못하였고,
너희가 지금 듣고 있는 것을 듣고자
하였으나 듣지 못하였다."

사마리아 사람이 좋은 모범을 보이다

25 ○어떤 율법교사가 일어나서, 예수를
시험하여 말하였다. "선생님, 내가 무
엇을 해야 영생을 얻겠습니까?"
26 예수께서 그에게 말씀하셨다. "율법
에 무엇이라고 기록하였으며, 너는
그것을 어떻게 읽고 있느냐?"
27 그가 대답하였다. "㉠'네 마음을 다
하고 네 목숨을 다하고 네 힘을 다
하고 네 뜻을 다하여, 주 너의 하나
님을 사랑하여라' 하였고, 또 ㉡'네
이웃을 네 몸같이 사랑하여라' 하였
습니다."
28 예수께서 그에게 말씀하셨다. "네 대
답이 옳다. 그대로 행하여라. 그리하
면 살 것이다."
29 ○그런데 그 율법교사는 자기를 옳
게 보이고 싶어서 예수께 말하였다.
"그러면, 내 이웃이 누구입니까?"
30 예수께서 대답하셨다. "어떤 사람이
예루살렘에서 여리고로 내려가다가
강도들을 만났다. 강도들이 그 옷을
벗기고 때려서, 거의 죽게 된 채로 내
버려두고 갔다.
31 마침 어떤 제사장이 그 길로 내려가
다가 그 사람을 보고 피하여 지나갔
다.
32 이와 같이, 레위 사람도 그 곳에 이
르러 그 사람을 보고, 피하여 지나
갔다.
33 그러나 어떤 사마리아 사람은 길을
가다가, 그 사람이 있는 곳에 이르러,
그를 보고 측은한 마음이 들어서,
34 가까이 가서, 그 상처에 올리브 기름
과 포도주를 붓고 싸맨 다음에, 자
기 짐승에 태워서, 여관으로 데리고
가서 돌보아주었다.
35 다음 날, 그는 두 ㉢데나리온을 꺼내
어서, 여관 주인에게 주고, 말하기를
'이 사람을 돌보아주십시오. 비용이
더 들면, 내가 돌아오는 길에 갚겠습
니다' 하였다.
36 너는 이 세 사람 가운데서 누가 강
도 만난 사람에게 이웃이 되어 주었

나타난 하나님 나라의 복음을 가리킨다. **지혜 있는 사람들과 똑똑한 사람들** 지식과 분별력을 가졌다고 자부하는 유대의 종교 지도자들을 가리킨다. **철부지 어린 아이들** 스스로의 무지와 부족을 인정하는 가난한 심령의 소유자들로서 주님을 따르는 제자들을 가리킨다. 하나님의 구원의 계시는 이러한 사람들에게 임한다(고전 1:21).

10:23-24 제자들은 예수님과 함께 온 구원의 새 시대에 속하여, 구약의 예언자들과 왕들조차도 보지 못했던 메시아의 말씀과 행적을 경험한다. 이 때문에 그들은 복이 있다.

10:25-37 예수님은 비유 속의 사마리아 사람처럼 행동하라고 하신다. '자비를 베풀다'는 말은 구약에서 하나님의 선함과 진실하심과 자기 백성에 대한 사랑을 총칭하는 말이다. 따라서 하나님을 사랑하는 사람이 할 일은 '선행'이다(호 6:6;눅 18:18-23;약 4:17;요일 4:20).

㉠ 신 6:5 ㉡ 레 19:18 ㉢ 한 데나리온은 노동자의 하루 품삯

다고 생각하느냐?"
37 그가 대답하였다. "자비를 베푼 사람
입니다." 예수께서 그에게 말씀하셨
다. "가서, 너도 이와 같이 하여라."

마르다와 마리아

38 ○그들이 길을 가다가, 예수께서 어
떤 마을에 들어가셨다. 마르다라고
하는 여자가 예수를 자기 집으로 모
셔 들였다.
39 이 여자에게 마리아라고 하는 동생
이 있었는데, 마리아는 주님의 발 곁
에 앉아서 말씀을 듣고 있었다.
40 그러나 마르다는 여러 가지 접대하
는 일로 분주하였다. 그래서 마르다
가 예수께 와서 말하였다. "주님, 내
동생이 나 혼자 일하게 두는 것을
아무렇지 않게 생각하십니까? 가서
거들어 주라고 내 동생에게 말씀해
주십시오."
41 그러나 주님께서는 마르다에게 대답
하셨다. "마르다야, 마르다야, 너는
많은 일로 염려하며 들떠 있다.
42 그러나 주님의 일은 많지 않거나 하
나뿐이다. 마리아는 좋은 몫을 택하
였다. 그러니 아무도 그것을 그에게
서 빼앗지 못할 것이다."

기도를 가르쳐 주시다 (마 6:9-15; 7:7-11)

11 예수께서 어떤 곳에서 기도하
고 계셨는데, 기도를 마치셨을
때에 그의 제자들 가운데 한 사람이
그에게 말하였다. "주님, 요한이 자
기 제자들에게 기도하는 것을 가르
쳐 준 것과 같이, 우리에게도 그것을
가르쳐 주십시오."
2 예수께서 그들에게 말씀하셨다. "너
희는 기도할 때에, 이렇게 말하여라.
'㉠아버지, 그 이름을 거룩하게 하
여 주시고, 그 ㉡나라를 오게 하여
주십시오.㉢
3 날마다 우리에게 ㉣필요한 양식을
내려 주십시오.
4 우리의 죄를 용서하여 주십시오.
우리에게 빚진 모든 사람을 우리
가 용서합니다. 우리를 시험에 ㉤들
지 않게 하여 주십시오.㉥'"
5 ○예수께서 그들에게 말씀하셨다.
"너희 가운데 누구에게 친구가 있다
고 하자. 그가 밤중에 그 친구에게
찾아가서 그에게 말하기를 '여보게,
내게 빵 세 개를 꾸어 주게.
6 내 친구가 여행 중에 내게 왔는데,
그에게 내놓을 것이 없어서 그러네!'
할 때에,
7 그 사람이 안에서 대답하기를 '나를
괴롭히지 말게. 문은 이미 닫혔고,
아이들과 나는 잠자리에 누웠네. 내
가 지금 일어나서, 자네의 청을 들어
줄 수 없네' 하겠느냐?
8 내가 너희에게 말한다. 그 사람의 친
구라는 이유로는, 그가 일어나서 청

11장 요약 주기도문의 내용에 이어 기도의 원리, 특히 믿음으로 말미암은 끈기 있는 간구를 역설하고 있다. 한편 누가는 바알세불 논쟁을 유대 사람들에 대한 예수님의 책망 기사 직전에 수록하고 있다. 이는 예수님의 신적 능력에 대한 유대 사람들의 배척이 곧 그들의 불신앙과 위선의 근원임을 논박하기 위해서였다.

11:1–4 하나님의 모든 말씀이 우리가 기도를 어떻게 할 것인가를 가르쳐 주는 데 유용하지만, 기도의 특별한 지침은 바로 이 주기도문이다.

11:5–13 기도 응답의 확실성을 가르쳐 주고 있다. 친구나 부자 사이의 인간 관계에 있어서도 어떤

㉠ 다른 고대 사본들에는 '하늘에 계신 우리 아버지' ㉡ 다른 고대 사본들 가운데 극히 일부에는 '성령이 임하여 우리를 깨끗하게 하여 주시오며' ㉢ 다른 고대 사본들에는 '뜻이 하늘에서 이루어진 것 같이 땅에서도 이루어지게 하시옵소서'가 첨가되어 있음 ㉣ 또는 '내일 양식' ㉤ 또는 '빠뜨리지' ㉥ 다른 고대 사본들은 끝에 '우리를 악에서(또는 '악한 자에게서') 구하시옵소서'가 첨가되어 있음

을 들어주지 않을지라도, 그가 졸라
대는 것 때문에는, 일어나서 필요한
만큼 줄 것이다.
9 내가 너희에게 말한다. 구하여라, 그
리하면 너희에게 주실 것이다. 찾아
라, 그리하면 찾을 것이다. 문을 두
드려라, 그리하면 너희에게 열어 주
실 것이다.
10 구하는 사람마다 받을 것이요, 찾는
사람마다 찾을 것이요, 문을 두드리
는 사람에게 열어 주실 것이다.
11 너희 가운데 아버지가 된 사람으로
서 아들이 생선을 달라고 하는데,
생선 대신에 뱀을 줄 사람이 어디 있
으며,
12 달걀을 달라고 하는데 전갈을 줄 사
람이 어디에 있겠느냐?
13 너희가 악할지라도 너희 자녀에게
좋은 것들을 줄 줄 알거든, 하물며
㉠하늘에 계신 아버지께서야 구하는
사람에게 성령을 주시지 않겠느냐?"

예수를 바알세불과 한 편으로 모함하다
(마 12:22-30; 막 3:20-27)

14 ○예수께서 귀신을 하나 내쫓으셨는
데, [그것은] 벙어리 [귀신이었다].
그 귀신이 나가니, 말 못하는 사람이
말을 하게 되었다. 그래서 무리가 놀
랐다.
15 그들 가운데서 더러는 이렇게 말하
였다. "그가 귀신들의 두목인 바알세
불의 힘을 빌어서 귀신을 내쫓는다."
16 또 다른 사람들은 예수를 시험하여
하늘에서 내리는 표징을 보여 달라
고 그에게 요구하였다.
17 그러나 예수께서는 그들의 생각을
아시고서, 이렇게 말씀하셨다. "어느
나라든지 갈라져서 서로 싸우면 망
하고, 또 가정도 서로 싸우면 무너진
다.
18 그러니 사탄이 갈라져서 서로 싸우
면, 그 나라가 어떻게 서 있겠느냐?
너희는 내가 바알세불을 힘입어 귀
신을 내쫓는다고 하는데,
19 내가 바알세불을 힘입어 귀신을 내
쫓는다면 너희의 ㉡추종자들은 누
구를 힘입어 귀신을 내쫓는다는 말
이냐? 그러므로 그들이야말로 너희
의 재판관이 될 것이다.
20 그러나 내가 ㉢하나님의 능력을 힘입
어 귀신들을 내쫓으면, 하나님 나라
가 너희에게 이미 온 것이다.
21 힘센 사람이 완전히 무장하고 자기
집을 지키고 있는 동안에는, 그의 소
유는 안전하다.
22 그러나 그보다 더 힘센 사람이 달려
들어서 그를 이기면, 그가 의지하는
무장을 모두 해제시키고, 자기가 노
략한 것을 나누어 준다.
23 나와 함께 하지 않는 사람은 나를
반대하는 사람이요, 나와 함께 모으

필요를 청하면 응하는 것이 상례인데, 하나님께서 그분의 자녀들이 구한다면 훨씬 더 좋은 것으로 주실 것은 당연한 일이다.

11:11-12 생선, 달걀 팔레스타인 지역의 주식(主食)은 떡, 생선, 달걀이었다.

11:13 악할지라도 예수님은 인간의 원죄와 죄를 지을 가능성을 인정하셨다.

11:15 바알세불 사탄의 또 다른 명칭이다. 열왕기하 1:2의 바알세붑이 이 이름의 기원인 것 같다.

11:21-22 예수님이 이미 귀신들의 두목인 사탄을 제압하셨기 때문에 귀신에 사로잡힌 이들을 구원할 수 있었다.

11:23 예수님 편에 서지 않는 사람은 사탄의 편에 서는 것임을 천명하셨다. 14-26절에는 예수님의 신성이 나타나고 있다.

㉠ 다른 고대 사본은 '아버지께서야 구하는 사람에게 하늘에서부터 성령을 주시지 않겠느냐?' ㉡ 그, '아들들'. 귀신축출자들을 가리킴 ㉢ 그, '하나님의 손가락으로'

지 않는 사람은 헤치는 사람이다."

방비가 없으면 귀신이 되돌아온다
(마 12:43-45)

24 ○"㉠악한 귀신이 어떤 사람에게서 나
온다고 하면, 그 귀신은 쉴 곳을 찾
느라고 물 없는 곳을 헤맨다. 그러나
그 귀신은 찾지 못하고 말하기를 '내
가 나온 집으로 되돌아가겠다' 한다.
25 그런데 와서 보니, 집은 말끔히 치워
져 있고, 잘 정돈되어 있었다.
26 그래서 그 귀신은 가서, 자기보다 더
악한 딴 귀신 일곱을 데리고 와서,
그 집에 들어가 자리를 잡고 산다.
그러면 그 사람의 나중 형편이 처음
보다 더 비참하게 된다."

참된 행복

27 ○예수께서 이 말씀을 하고 계실 때
에, 무리 가운데서 한 여자가 목소리
를 높여 그에게 말하였다. "당신을
밴 태와 당신을 먹인 젖은 참으로 복
이 있습니다!"
28 그러나 예수께서 이렇게 말씀하셨
다. "오히려, 하나님의 말씀을 듣고
지키는 사람이 복이 있다."

이 세대가 헛되이 표징을 구하다
(마 12:38-42; 막 8:12)

29 ○무리가 모여들 때에, 예수께서 말
씀하기 시작하셨다. "이 세대는 악
한 세대다. 이 세대가 표징을 구하지
만, 이 세대는 요나의 표징 밖에는
아무 표징도 받지 못할 것이다.
30 요나가 니느웨 사람들에게 표징이
된 것과 같이, 인자 곧 나도 이 세대
사람들에게 그러할 것이다.
31 심판 때에 남방 여왕이 이 세대 사
람들과 함께 일어나서, 이 세대 사람
들을 정죄할 것이다. 그 여왕은 솔로
몬의 지혜를 들으려고, 땅 끝에서부
터 찾아왔기 때문이다. 그러나 보아
라, 솔로몬보다 더 큰 이가 여기에 있
다.
32 심판 때에 니느웨 사람들이 이 세대
사람들과 함께 일어나서, 이 세대 사
람들을 정죄할 것이다. 그들은 요나
의 선포를 듣고 회개했기 때문이다.
그러나, 보아라, 요나보다 더 큰 이가
여기에 있다."

몸의 등불 (마 5:15; 6:22-23)

33 ○"아무도 등불을 켜서 움 속에나
[말 아래에] 놓지 않고, 등경 위에
놓아 두어서, 들어오는 사람들이 그
빛을 보게 한다.
34 네 눈은 몸의 등불이다. 네 눈이 성
하면, 네 온 몸도 밝을 것이요, 네 눈
이 성하지 못하면, 네 몸도 어두울
것이다.
35 그러므로 네 속에 있는 빛이 어둡지
않은지 살펴보아라.
36 네 온 몸이 밝아서 어두운 부분이
하나도 없으면, 마치 등불이 그 빛으

11:29-30 요나의 표징 16절에 대한 예수님의 답변이다. 그들이 표징을 구하는 것은 예수님이 전하신 하나님의 말씀을 믿지 않았기 때문이다. 따라서 그들은 악한 세대, 곧 '불신앙의 세대'이다. 그러한 이들에게 예수님이 보이실 표징은 단 한 가지, 곧 그 옛날 요나가 기적적으로 구출되어 니느웨 사람들에게 나타난 것처럼 예수님께서도 기적적으로 죽음에서 부활하실 것이라는 것이다. 구출된 요나와 부활하신 예수님은 표징들이다(비교. 11:30;마 12:40).

11:33-36 예수님과 그분의 말씀은 집 안에 들어오는 사람들을 비추어 주는 빛과도 같다(33절). 그 빛이 밝게 보이지 않는 것은 순전히 그 빛을 받는 이에게 달려 있다. 내적 상태가 깨끗할 때 예수님과 그분의 가르침을 깨달을 수 있다.

11:38 손을 씻지 손을 씻는 것은 구약의 율법이 아니라 구전으로 전해 오는 규례였다. 유대 사람들

㉠ 그, '더러운'

로 너를 환하게 비출 때와 같이, 네
몸은 온전히 밝을 것이다."

바리새파 사람들과 율법학자들을 책망하시다

(마 23:1-36; 막 12:38-40; 눅 20:45-47)

37 ○예수께서 말씀하실 때에, 바리새
파 사람 하나가 자기 집에서 잡수시
기를 청하니, 예수께서 들어가서 앉
으셨다.
38 그런데 그 바리새파 사람은, 예수가
잡수시기 전에 먼저 손을 씻지 않으
신 것을 보고, 이상히 여겼다.
39 그러나 주님께서는 그에게 말씀하셨
다. "지금 너희 바리새파 사람들은
잔과 접시의 겉은 깨끗하게 하지만,
너희 속에는 탐욕과 악독이 가득하
다.
40 어리석은 사람들아, 겉을 만드신 분
이 속도 만들지 아니하셨느냐?
41 그 속에 있는 것으로 자선을 베풀어
라. 그리하면 모든 것이 너희에게 깨
끗해질 것이다.
42 너희 바리새파 사람들에게 화가 있
다! 너희는 박하와 운향과 온갖 채
소의 십일조는 바치면서, 정의와 하
나님께 대한 사랑은 소홀히 한다! 그
런 것들도 반드시 행해야 하지만, 이
런 것들도 소홀히 하지 않았어야 하
였다.
43 너희 바리새파 사람들에게 화가 있
다! 너희는 회당에서 높은 자리에
앉기를 좋아하고, 장터에서 인사 받
기를 좋아한다!
44 너희에게 화가 있다! 너희는 드러나
지 않게 만든 무덤과 같아서, 사람
들이 그 위를 밟고 다니면서도, 그것
이 무덤인지를 알지 못한다!"
45 ○율법교사 가운데 어떤 사람이 예
수께 말하였다. "선생님, 선생님이 이
렇게 말씀하시면, 우리까지도 모욕
하시는 것입니다."
46 예수께서 말씀하셨다. "그렇다. 너희
율법교사들에게도 화가 있다! 너희
는 지기 어려운 짐을 사람들에게 지
우면서, 너희 자신은 손가락 하나도
그 짐에 대려고 하지 않는다!
47 너희에게 화가 있다! 너희는 너희 조
상들이 죽인 예언자들의 무덤을 세
운다.
48 그렇게 함으로써 너희는 너희 조상
들이 저지른 소행을 증언하며 찬동
하는 것이다. 너희의 조상들은 예언
자들을 죽였는데, 너희는 그들의 무
덤을 세우기 때문이다.
49 그러므로 하나님의 지혜도 말하기를
'내가 예언자들과 사도들을 그들에
게 보내겠는데, 그들은 그 가운데서
더러는 죽이고, 더러는 박해할 것이
다' 하였다.
50 창세 이래로 흘린 모든 예언자들의
피의 대가를 이 세대에게 요구할 것

은 식사 전에 손을 씻었으며 식사 도중에 다른 음식으로 바꾸어 먹을 때에도 손을 씻었다.

11:42 바리새파 사람들은 종교적인 율법은 열심히 지켰으나, 그 율법을 주신 하나님의 뜻, 곧 정의와 사랑에 대해서는 무관심하였다. 그러나 정의도 행하고 사랑도 버리지 말아야 한다.

11:46 지기 어려운 짐 율법의 수많은 세칙을 가리킨다(마 23:4). 당시 율법교사들은 모세의 율법 외에도 구전(口傳) 율법을 만들어서 사람들에게 지키도록 하였다.

11:47-48 무덤을 세운 것은 형식적인 경건에 불과하며, 내면에서는 예언자들의 가르침을 배척한 것이다. 그들 또한 예언자들을 배척하고 죽였던 그들의 조상과 조금도 다를 바 없는 사람들이다.

11:52 지식의 열쇠 율법교사들은 지식으로 인도하는 직무를 이행하지 않고, 오히려 율법을 잘못 해석하고 정의와 사랑을 등한시하여 사람들의 마음을 어둡게 하였다.

이다.
51 아벨의 피에서 비롯하여 제단과 성
소 사이에서 죽은 사가랴의 피에 이
르기까지 말이다. 그렇다. 나는 너희
에게 말한다. 이 세대가 그 책임을
져야 할 것이다.
52 너희 율법교사들에게 화가 있다! 너
희는 지식의 열쇠를 가로채서, 너희
자신도 들어가지 않고, 또 들어가려
고 하는 사람들도 막았다!"
53 ○예수께서 그 집에서 나오실 때에,
율법학자들과 바리새파 사람들은
잔뜩 앙심을 품고서, 여러 가지 물음
으로 예수를 몰아붙이기 시작하였
다.
54 그들은 예수의 입에서 나오는 말에
서 트집을 잡으려고 노렸다.

바리새파의 위선을 경계하다

12 그 동안에 수천 명이나 되는 무
리가 모여들어서, 서로 밟힐 지
경에 이르렀다. 예수께서는 먼저 자
기 제자들에게 말씀하셨다. "너희는
바리새파 사람의 누룩 곧 위선을 경
계하여라.
2 가려 놓은 것이라고 해도 벗겨지지
않을 것이 없고, 숨겨 놓은 것이라
해도 알려지지 않을 것이 없다.
3 그러므로 너희가 어두운 데서 말한
것들을 사람들이 밝은 데서 들을 것
이고, 너희가 골방에서 귀에 대고 속
삭인 그것을 사람들이 지붕 위에서
선포할 것이다."

참으로 두려워할 분을 두려워하여라

(마 10:28-31)

4 ○"내 친구인 너희에게 내가 말한다.
육신은 죽여도 그 다음에는 그 이상
아무것도 할 수 없는 자들을 두려워
하지 말아라.
5 너희가 누구를 두려워해야 할지를
내가 보여 주겠다. 죽인 다음에 ㉠지
옥에 던질 권세를 가지신 분을 두려
워하여라. 그렇다. 내가 너희에게 말
한다. 그분을 두려워하여라.
6 참새 다섯 마리가 두 ㉡냥에 팔리지
않느냐? 그러나 그 가운데 하나라도,
하나님께서는 잊고 계시지 않는다.
7 하나님께서는 너희 머리카락까지도
다 세고 계신다. 두려워하지 말아라.
너희는 많은 참새보다 더 귀하다."

사람 앞에서 그리스도를 시인하여라

(마 10:32-33; 12:32; 10:19-20)

8 ○"내가 너희에게 말한다. 누구든지
사람들 앞에서 나를 시인하면, 인자
도 하나님의 천사들 앞에서 그 사람
을 시인할 것이다.
9 그러나 사람들 앞에서 나를 부인하
는 사람은, 하나님의 천사들 앞에서
부인당할 것이다.
10 누구든지 인자를 거슬러서 말하는
사람은 용서를 받을 것이지만, 성령

12장 요약 11장에서 바리새파 사람들의 위선에 대해 하신 질책으로 인해 예수님에 대한 반대자들의 적대감이 고조되고 제자들에게 역시 위협적인 상황으로 작용되었다. 그러므로 예수님께서는 여기서 제자도의 본질과 성부의 보호를 상기시키심으로써 그들을 위로하실 필요가 있었다.

㉠ 그. '게헨나' ㉡ 그. '앗사리온'

12:1-3 위선의 본질은 불신앙이다. 이것은 보이지 않는 하나님보다 보이는 사람들을 두려워할 때에 나타난다. 그러나 그러한 거짓은 반드시 드러난다.
12:1 누룩 '악'과 '부패'를 상징. 악이 누룩처럼 파급 효과가 크다는 것을 말하는 은유적인 표현이다.
12:13 아버지가 물려준 유산을 형제가 독차지한 것을 못마땅하게 여긴 어떤 사람이 있었다. 이 사람은 자기 몫을 따로 떼어 받아 독립하기를 원했다. 당시에 이러한 싸움이 야기될 때는 기존 법에

을 거슬러서 모독하는 말을 한 사람
은 용서를 받지 못할 것이다.
11 너희가 회당과 통치자와 권력자 앞
에 끌려갈 때에, '어떻게 대답하고,
㉠무엇을 대답할까', 또 '무슨 말을
할까' 하고 염려하지 말아라.
12 너희가 말해야 할 것을 바로 그 시각
에 성령께서 가르쳐 주실 것이다."

어리석은 부자의 비유

13 ○무리 가운데서 어떤 사람이 예수
께 말하였다. "선생님, 내 형제에게
명해서, 유산을 나와 나누라고 해주
십시오."
14 예수께서 그에게 말씀하셨다. "이 사
람아, 누가 나를 너희의 재판관이나
분배인으로 세웠느냐?"
15 그리고 사람들에게 말씀하셨다. "너
희는 조심하여, 온갖 탐욕을 멀리하
여라. 재산이 차고 넘치더라도, 사람
의 생명은 거기에 달려 있지 않다."
16 그리고 그들에게 비유를 하나 말씀
하셨다. "어떤 부자가 밭에서 많은
소출을 거두었다.
17 그래서 그는 속으로 '내 소출을 쌓
아둘 곳이 없으니, 어떻게 할까?' 하
고 궁리하였다.
18 그는 혼자 말하였다. '이렇게 해야겠
다. 내 곳간을 헐고서 더 크게 짓고,
내 곡식과 물건들을 다 거기에다가
쌓아 두겠다.
19 그리고 내 영혼에게 말하겠다. 영혼
아, 여러 해 동안 쓸 많은 물건을 쌓
아 두었으니, 너는 마음놓고, 먹고
마시고 즐겨라.'
20 그러나 하나님께서 말씀하셨다. '어
리석은 사람아, 오늘밤에 네 영혼을
네게서 도로 찾을 것이다. 그러면 네
가 장만한 것들이 누구의 것이 되겠
느냐?'
21 자기를 위해서는 재물을 쌓아 두면
서도, 하나님께 대하여는 부요하지
못한 사람은 이와 같다."

염려하지 말아라 (마 6:25-34, 19-21)

22 ○예수께서 [자기의] 제자들에게 말
씀하셨다. "그러므로 내가 너희에게
말한다. 목숨을 부지하려고 '무엇을
먹을까' 하고 걱정하지 말고, 몸을
보호하려고 '무엇을 입을까' 하고 걱
정하지 말아라.
23 목숨은 음식보다 더 소중하고, 몸은
옷보다 더 소중하다.
24 까마귀를 생각해 보아라. 까마귀는
씨를 뿌리지도 않고, 거두지도 않고,
또 그들에게는 곳간이나 창고도 없
다. 그러나 하나님께서 그들을 먹여
주신다. 너희는 새보다 훨씬 더 귀하
지 않으냐?
25 너희 가운데서 누가 걱정한다고 해
서, ㉡제 수명을 한 ㉢순간인들 늘일
수 있느냐?

의거하여 '선생(랍비)'에게만 소송을 제기할 수 있었다. 그래서 그 사람은 예수님을 '선생님'이라고 부르며 자신의 일을 해결해 주기를 바랐다.
12:14 우리는 이 대답에서 예수님은 세상 법에 속한 일을 무시하시거나 나라 법으로 지정한 관리의 직무를 부정하실 뜻이 없다는 것을 엿볼 수 있다. 그러나 예수님은 자신 앞에 나와서 자신의 소원을 말하는 이 사람을 거절하지 않으시고, 더욱 근본적으로 그 문제를 해결할 수 있도록 하늘의 지혜로 권고하신다.
12:16 소출 논밭에서 생산되는 곡식, 또는 곡식의 양을 뜻한다.
12:22-34 더 나아가 하나님께서는 제자들을 향하여 하나님을 의지함으로 물질에 대한 염려를 버리라고 가르치셨다. 하나님께서 먹을 것과 입을 것을 예비해 주실 것이다.

㉠ 다른 고대 사본들에는 '무엇을 대답할까'가 없음 ㉡ 또는 '제 키를 한 자인들 크게 할 수 있느냐?' ㉢ 그, '페퀴스(규빗)'

26 너희가 지극히 작은 일도 못하면서,
어찌하여 다른 일들을 걱정하느냐?
27 ㉠백합꽃이 어떻게 자라는지를 생각
해 보아라. 수고도 하지 아니하고,
길쌈도 하지 않는다. 그러나 내가 너
희에게 말한다. 자기의 온갖 영화로
차려 입은 솔로몬도 이 꽃 하나만큼
차려 입지 못하였다.
28 믿음이 적은 사람들아, 오늘 들에 있
다가 내일 아궁이에 들어갈 풀도 하
나님께서 그와 같이 입히시거든, 하
물며 너희야 더 잘 입히지 않으시겠
느냐?
29 그러므로 너희는, 무엇을 먹을까 무
엇을 마실까 하고 찾지 말고, 염려하
지 말아라.
30 이런 것은 다 이방 사람들이 추구하
는 것이다. 너희 아버지께서는, 이런
것이 너희에게 필요하다는 것을 아
신다.
31 그러므로 너희는 ㉡그의 나라를 구
하여라. 그리하면 이런 것들을 너희
에게 더하여 주실 것이다.
32 ○두려워하지 말아라. 적은 무리여,
너희 아버지께서 그의 나라를 너희
에게 주시기를 기뻐하신다.
33 너희 소유를 팔아서, 자선을 베풀어
라. 너희는 자기를 위하여 낡아지지
않는 주머니를 만들고, 하늘에다가
없어지지 않는 재물을 쌓아 두어라.
거기에는 도둑이나 좀의 피해가 없
다.
34 너희의 재물이 있는 곳에 너희의 마
음도 있을 것이다."

깨어 기다려야 한다 (마 24:45-51)

35 ○"너희는 허리에 띠를 띠고 등불을
켜놓고 있어라.
36 마치 주인이 혼인 잔치에서 돌아와
서 문을 두드릴 때에, 곧 열어 주려
고 대기하고 있는 사람들과 같이 되
어라.
37 주인이 와서 종들이 깨어 있는 것을
보면, 그 종들은 복이 있다. 내가 진
정으로 너희에게 말한다. 그 주인이
허리를 동이고, 그들을 식탁에 앉히
고, 곁에 와서 시중들 것이다.
38 주인이 밤중에나 새벽에 오더라도,
종들이 깨어 있는 것을 보면, 그 종
들은 복이 있다.
39 너희는 이것을 알아라. 집주인이 언
제 도둑이 들지 알았더라면, ㉢그는
도둑이 그 집을 뚫고 들어오도록 내
버려두지 않았을 것이다.
40 그러므로 너희도 준비하고 있어라.
생각하지도 않은 때에 인자가 올 것
이기 때문이다."
41 ○베드로가 말하였다. "주님, 이 비
유를 우리에게 말씀하시는 것입니
까? 또는 모든 사람에게도 말씀하시
는 것입니까?"

12:35-40 집주인과 종의 비유(39-40절)로 구성되어 있다. 제자들은 밤중에 주인을 기다리는 종처럼 깨어 있는 생활, 곧 하나님을 신뢰하고 지칠 *줄 모르는 건실한 신앙* 생활을 가꾸어 나가야 한다. 이러한 제자들은 주님이 오시는 날, 그분이 베푸시는 잔치에서 주님으로부터 접대를 받게 될 것이다.

12:35 허리에 띠를 띠고 띠를 띠는 것은 여행을 위한 준비의 표시이며 봉사의 표시였다.

12:36 혼인 잔치 유대 사람의 혼인 잔치는 저녁에 시작되었으며 잔치의 여흥에 따라 언제 끝날지 알 수 없었다. 그래서 주인이 돌아오는 시각이 불확실했기 때문에 그때까지 종들은 주인을 기다려야 했다.

12:42-48 '청지기'란 주인의 재산과 종들과 그 자

㉠ 다른 고대 사본들에는 '백합꽃을 생각하여 보아라' ㉡ 다른 고대 사본들에는 '하나님의' ㉢ 다른 고대 사본들에는 '그는 집을 지키고 있다가, 도둑이……'

42 주님께서 말씀하셨다. "누가 신실하
고 슬기로운 청지기겠느냐? 주인이
그에게 자기 종들을 맡기고, 제 때에
양식을 내주라고 시키면, 그는 어떻
게 해야 하겠느냐?
43 주인이 돌아와서 볼 때에 그 종이 그
렇게 하고 있으면, 그 종은 복이 있
다.
44 내가 진정으로 너희에게 말한다. 주
인은 자기의 모든 재산을 그에게 맡
길 것이다.
45 그러나 그 종이 마음 속으로, 주인
이 더디 오리라고 생각하여, 남녀 종
들을 때리며, 먹고 마시고 취하여 있
으면,
46 그가 예상하지 않은 날, 그가 알지
못하는 시각에, 그 주인이 와서, 그
종을 몹시 때리고, 신실하지 않은 자
들이 받을 벌을 내릴 것이다.
47 주인의 뜻을 알고도, 준비하지도 않
고, 그 뜻대로 행하지도 않은 종은
많이 맞을 것이다.
48 그러나 알지 못하고 매맞을 일을 한
종은, 적게 맞을 것이다. 많이 받은
사람에게는 많은 것을 요구하고, 많
이 맡긴 사람에게는 많은 것을 요구
한다."

불을 지르러, 분열을 일으키러 왔다 (마 10:34-36)

49 ○"나는 세상에다가 불을 지르러 왔
다. 불이 이미 붙었으면, 내가 바랄
것이 무엇이 더 있겠느냐?
50 그러나 나는 받아야 할 ㉠세례가 있
다. 그 일이 이루어질 때까지, 내가
얼마나 괴로움을 당할는지 모른다.
51 너희는 내가 세상에 평화를 주러 온
줄로 생각하느냐? 내가 너희에게 말
한다. 그렇지 않다. 도리어, 분열을
일으키러 왔다.
52 이제부터 한 집안에서 다섯 식구가
서로 갈라져서, 셋이 둘에게 맞서고,
둘이 셋에게 맞설 것이다.
53 아버지가 아들에게 맞서고, 아들이
아버지에게 맞서고, 어머니가 딸에
게 맞서고, 딸이 어머니에게 맞서고,
시어머니가 며느리에게 맞서고, 며느
리가 시어머니에게 맞서서, 서로 갈
라질 것이다."

때를 분간하여라 (마 16:2-3)

54 ○예수께서 무리에게도 말씀하셨다.
"너희는 구름이 서쪽에서 이는 것을
보면, 소나기가 오겠다고 서슴지 않
고 말한다. 그런데 그대로 된다.
55 또 남풍이 불면, 날이 덥겠다고 너희
는 말한다. 그런데 그대로 된다.
56 위선자들아, 너희는 땅과 하늘의 기
상은 분간할 줄 알면서, 왜, 이 때는
분간하지 못하느냐?"

고소하는 자와 화해하여라 (마 5:25-26)

57 ○"어찌하여 너희는 옳은 일을 스스
로 판단하지 못하느냐?

녀들의 교육까지도 관장하는 직무였다. 따라서 청지기는 무엇보다도 신실해야 하며(고전 4:2) 지혜롭고 슬기로워야 한다(16:8). 많은 은혜를 받은 주인의 집의 청지기들은 더 많은 책임을 추궁당할 것이다(48절).

12:46 몹시 때리고 70인역에서는 제물을 토막낼 때 이 단어가 사용된다. 곧 신실하지 않은 종들에게 임할 준엄한 심판을 뜻한다.

12:49-53 여기서의 '불'은 예수님이 선포하신 '하나님 나라의 복음'을 뜻한다. 예수님은 하나님 나라의 복음이 온 세상에 널리 퍼져 모든 이들이 구원받기를 열망하신다(49절). 이러한 예수님의 열망은 '그가 받아야 할 세례', 곧 십자가의 죽으심과 부활을 통하여 이루어질 것이다(50절).

12:54-56 이스라엘 백성들은 예수님이 오신 '때'가 하나님 나라가 이미 도래하여 완성을 향해 나아가는 종말의 때임을 알지 못했다.

㉠ 또는 '침례'

58 너를 고소하는 사람과 함께 관원에
게로 가게 되거든, 너는 도중에 그에
게서 풀려나도록 힘써라. 그렇지 않
으면, 그가 너를 재판관에게로 끌고
갈 것이고, 재판관은 형무소 관리에
게 넘겨주고, 형무소 관리는 너를 옥
에 처넣을 것이다.
59 내가 너희에게 말한다. 너희가 그 마
지막 한 ㉠푼까지 다 갚기 전에는, 절
대로 거기에서 나오지 못할 것이다."

회개하지 않으면 망한다

13 바로 그 때에 몇몇 사람이 와
서, 빌라도가 갈릴리 사람들을
학살해서 그 피를 그들이 바치려던
희생제물에 섞었다는 사실을 예수
께 일러드렸다.
2 예수께서 그들에게 대답하셨다. "이
갈릴리 사람들이 이런 변을 당했다
고 해서, 다른 모든 갈릴리 사람보다
더 큰 죄인이라고 생각하느냐?
3 그렇지 않다. 내가 너희에게 말한다.
너희도 회개하지 않으면, 모두 그렇
게 망할 것이다.
4 또 실로암에 있는 탑이 무너져서 치
여 죽은 열여덟 사람은 예루살렘에
사는 다른 모든 사람보다 더 많이
죄를 지은 사람이라고 생각하느냐?
5 그렇지 않다. 내가 너희에게 말한다.
너희도 회개하지 않으면, 모두 그렇
게 망할 것이다."

열매를 맺지 못하는 무화과나무의 비유

6 ○예수께서는 이런 비유를 말씀하셨
다. "어떤 사람이 자기 포도원에다가
무화과나무를 한 그루 심었는데, 그
나무에서 열매를 얻을까 하고 왔으
나, 찾지 못하였다.
7 그래서 그는 포도원지기에게 말하였
다. '보아라, 내가 세 해나 이 무화과
나무에서 열매를 얻을까 하고 왔으
나, 열매를 본 적이 없다. 찍어 버려
라. 무엇 때문에 땅만 버리게 하겠느
냐?'
8 그러자 포도원지기가 그에게 말하였
다. '주인님, 올해만 그냥 두십시오.
그 동안에 내가 그 둘레를 파고 거
름을 주겠습니다.
9 그렇게 하면, 다음 철에 열매를 맺을
지도 모릅니다. 그 때에 가서도 열매
를 맺지 못하면, 찍어 버리십시오.'"

안식일에 등 굽은 여자를 고치시다

10 ○예수께서 안식일에 회당에서 가르
치고 계셨다.
11 그런데 거기에 열여덟 해 동안이나
병마에 시달리고 있는 여자가 있었
는데, 그는 허리가 굽어 있어서, 몸
을 조금도 펼 수 없었다.
12 예수께서는 이 여자를 보시고, 가까
이 불러서 말씀하시기를, "여자야,
너는 병에서 풀려났다" 하시고,
13 그 여자에게 손을 얹으셨다. 그러자

13장 요약 죄의 많고 적음이 문제가 아니라 회개하지 않는 모든 죄는 하나님의 심판 아래 있을 뿐이다(1–5절). 한편 예수님께서 유대 사람들의 반대에도 굳이 안식일을 택하여 병자를 치유하신 것은 이제 그들과의 결전이 더 이상 미룰 수 없는 시점까지 이르렀음을 암시한다.

13:1–5 당시 바리새파 사람들은 사고와 불행으로 죽은 사람은 자신보다 더 죄가 많다고 생각했다. 그러나 예수님은 회개하지 않으면 누구나 종말의 심판을 받게 될 것이라고 말씀하셨다.

13:6–9 여기에서 비유의 초점은 심판 전까지 있는 하나님의 은혜의 때를 놓치지 말고 회개하라는 것이다(고후 6:2).

13:10–17 자기 백성들을 사탄의 권세로부터 구출하는 하나님의 구속적인 능력을 예시해 주는 사건이다. 우리는 이 사건을 통해 사람을 존중하

㉠ 그, '렙돈'

그 여자는 곧 허리를 펴고, 하나님께
영광을 돌렸다.
14 그런데 회당장은, 예수께서 안식일에
병을 고치신 것에 분개하여 무리에
게 말하였다. "일을 해야 할 날이 엿
새가 있으니, 엿새 가운데서 어느 날
에든지 와서, 고침을 받으시오. 그러
나 안식일에는 그렇게 하지 마시오."
15 주님께서 그에게 대답하셨다. "너희
위선자들아, 너희는 저마다 안식일
에도 소나 나귀를 외양간에서 풀어
내어, 끌고 나가서 물을 먹이지 않느
냐?
16 그렇다면, 아브라함의 딸인 이 여자
가 열여덟 해 동안이나 사탄에게 매
여 있었으니, 안식일에라도 이 매임
을 풀어 주어야 하지 않겠느냐?"
17 예수께서 이 말씀을 하시니, 그를 반
대하던 사람들은 모두 부끄러워하였
고, 무리는 모두 예수께서 하신 모든
영광스러운 일을 두고 기뻐하였다.

겨자씨와 누룩의 비유

(마 13:31-33; 막 4:30-32)

18 ○예수께서 말씀하셨다. "하나님 나
라는 무엇과 같은가? 그것을 무엇에
다가 비길까?
19 그것은 겨자씨의 다음 경우와 같다.
어떤 사람이 겨자씨를 가져다가 자
기 정원에 심었더니, 자라서 나무가
되어, 공중의 새들이 그 가지에 깃들
였다."
20 ○예수께서 다시 말씀하셨다. "하나
님 나라를 무엇에다가 비길까?
21 그것은 누룩의 다음 경우와 같다.
어떤 여자가 누룩을 가져다가, 가루
서 ㉠말 속에 ㉡섞어 넣었더니, 마침
내 온통 부풀어올랐다."

좁은 문으로 들어가기를 힘써라

(마 7:13-14, 21-23)

22 ○예수께서 여러 성읍과 마을에 들
르셔서, 가르치시면서 예루살렘으로
여행하셨다.
23 그런데 어떤 사람이 예수께 물었다.
"주님, 구원받을 사람은 적습니까?"
예수께서 그들에게 대답하셨다.
24 "너희는 좁은 문으로 들어가기를 힘
써라. 내가 너희에게 말한다. 들어가
려고 해도 들어가지 못하는 사람이
많을 것이다.
25 집주인이 일어나서, 문을 닫아 버리
면, 너희가 밖에 서서 문을 두드리면
서 '주인님, 문을 열어 주십시오' 하고
졸라도, 주인은 '너희가 어디에서 왔
는지, 나는 모른다' 하고 대답할 것이
다.
26 그 때에 너희가 말하기를 '우리는 주
인님 앞에서 먹고 마셨으며, 주인님
은 우리를 길거리에서 가르치셨습니
다' 할 터이나,
27 주인이 너희에게 말하기를 '나는 너

고 사람에게 자비와 긍휼을 베푸는 것이 하나님께서 원하시는 일이고, 그 자체가 아무리 좋은 법규와 관례라 할지라도 사람을 돕기 위해 있지 않다면 아무 소용이 없는 일임을 알 수 있다.

13:18-21 이 비유들은 예수님의 활동으로 시작된 하나님 나라가 사람들이 보기에 미약할지 모르지만, 앞으로 상당한 영향력을 가지도록 성장하게 되리라는 것이다. 겨자씨의 비유는 하나님 나라의 외적 성장을 상징하고, 누룩의 비유는 내적 성장을 상징한다고 볼 수 있다.

13:22-30 좁은 문 종말에 배척당하게 될 사람은 좁은 문으로 들어가기를 거부한 유대 사람들을 가리키는 것으로 보인다. 예수님께서는 악을 행하고 자신을 배척하던 유대 사람들은 하나님 나라 잔치 자리에서 쫓겨나는 반면에, 하나님 앞에 회개하고 돌아온 이방 사람들은 하나님 나라에 들어가게 될 것이라고 무리에게 경고하신다.

㉠ 그. '사타스'. 세 사타스는 약 22리터 ㉡ 그. '감추었더니'

희가 어디에서 왔는지 모른다. 불의
를 일삼는 자들아, 모두 내게서 물러
가거라' 할 것이다.
28 아브라함과 이삭과 야곱과 모든 예
언자는 하나님 나라 안에 있는데, 너
희는 바깥으로 쫓겨난 것을 너희가
보게 될 때에, 거기서 슬피 울면서
이를 갈 것이다.
29 사람들이 동과 서에서, 또 남과 북에
서 와서, 하나님 나라 잔치 자리에
앉을 것이다.
30 보아라, 꼴찌가 첫째가 될 사람이 있
고, 첫째가 꼴찌가 될 사람이 있다."

예루살렘을 보고 한탄하시다
(마 23:37-39)

31 ○바로 그 때에 몇몇 바리새파 사람
들이 다가와서 예수께 말하였다. "여
기에서 떠나가십시오. 헤롯 왕이 당
신을 죽이고자 합니다."
32 예수께서 그들에게 말씀하셨다. "가
서, 그 여우에게 전하기를 '보아라,
오늘과 내일은 내가 귀신을 내쫓고
병을 고칠 것이요, 사흘째 되는 날
에는 내 일을 끝낸다' 하여라.
33 그러나 오늘도 내일도 그 다음 날도,
나는 내 길을 가야 하겠다. 예언자가
예루살렘이 아닌 다른 곳에서는 죽
을 수 없기 때문이다.
34 예루살렘아, 예루살렘아, 예언자들
을 죽이고, 네게 파송된 사람들을
돌로 치는구나! 암탉이 제 새끼를
날개 아래에 품듯이, 내가 몇 번이나
네 자녀를 모아 품으려 하였더냐! 그
러나 너희는 그것을 원하지 않았다.
35 보아라, 너희의 집은 버림을 받을 것
이다. 내가 너희에게 말한다. 너희가
말하기를 ㉠'주님의 이름으로 오시는
분은 복되시다' 할 그 때가 오기까
지, 너희는 나를 다시는 보지 못할
것이다."

수종병 앓는 사람을 고치시다

14 어느 안식일에 ㉡예수께서 바리
새파 사람의 지도자들 가운데
어떤 사람의 집에 음식을 잡수시러
들어가셨는데, 사람들이 예수를 지
켜보고 있었다.
2 그런데 예수 앞에 수종병 환자가 한
사람이 있었다.
3 예수께서 율법교사들과 바리새파
사람들에게 물으셨다. "안식일에 병
을 고치는 것이 옳으냐? 옳지 않으
냐?"
4 그들은 잠잠하였다. ㉡예수께서 그
병자를 손으로 잡아서 고쳐 주시고,
돌려보내신 다음에,
5 그들에게 말씀하셨다. "너희 가운데
서 누가 ㉢아들이나 소가 우물에 빠
지면 안식일에라도 당장 끌어내지
않겠느냐?"
6 그들은 이 말씀에 대답할 수 없었다.

13:31 헤롯 왕 A.D. 4년부터 39년까지 갈릴리와 베뢰아 지방의 분봉 왕이었다.

13:32 유대 사람들은 여우라는 말을 '가장 간교하며 해롭고 하찮은 사람'이라는 뜻으로 사용하였다. 예수님은 하나님의 뜻은 외면하고 세례자 요한을 죽이고 로마에 붙어 영화를 누리는 헤롯을 이런 복합적인 의미에서 '여우'라고 부르셨다. **사흘째 되는 날에는 내 일을 끝낸다** 하나님이 정하신 때에는 예수님 자신의 목숨을 바치겠다는 결의이다.

14장 요약 안식일 논쟁에서 예수님은 한 마디의 반문(5절)으로 적대자들의 공박을 무력화시키셨다. 잔치 비유는 신자가 갖춰야 할 겸손과 참된 자선의 원리를 교훈하며, '큰 잔치 비유'는 복음(하나님 나라)의 초청을 거부한 유대 사람들의 불신앙과 믿음으로 그것을 받아들인 자들(이방 사람)에 대한 축복을 대조시킨다.

㉠ 시 118:26 ㉡ 그, '그가' ㉢ 다른 고대 사본들에는 '나귀나'

낮은 자리에 앉으라

7 ○예수께서는, 초청을 받은 사람들
이 윗자리를 골라잡는 것을 보시고,
그들에게 비유를 하나 말씀하셨다.
8 "네가 누구에게 혼인 잔치에 초대를
받거든, 높은 자리에 앉지 말아라.
혹시 손님 가운데서 너보다 더 귀한
사람이 초대를 받았을 경우에,
9 너와 그를 초대한 사람이 와서, 너더
러 '이 분에게 자리를 내드리시오' 하
고 말할지 모른다. 그러면 너는 부끄
러워하며 가장 낮은 자리로 내려앉
게 될 것이다.
10 네가 초대를 받거든, 가서 맨 끝자리
에 앉아라. 그리하면 너를 청한 사
람이 와서, 너더러 '친구여, 윗자리로
올라앉으시오' 하고 말할 것이다. 그
때에 너는 너와 함께 앉은 모든 사
람 앞에서 영광을 받을 것이다.
11 누구든지 자기를 높이면 낮아질 것
이요, 자기를 낮추면 높아질 것이다."
12 ○예수께서는 자기를 초대한 사람에
게도 말씀하셨다. "네가 점심이나 만
찬을 베풀 때에, 네 친구나 네 형제
나 네 친척이나 부유한 이웃 사람들
을 부르지 말아라. 그렇게 하면 그들
도 너를 도로 초대하여 네게 되갚
아, 네 은공이 없어질 것이다.
13 잔치를 베풀 때에는, 가난한 사람들
과 지체에 장애가 있는 사람들과 다
리 저는 사람들과 눈먼 사람들을 불
러라.
14 그리하면 네가 복될 것이다. 그들이
네게 갚을 수 없기 때문이다. 의인들
이 부활할 때에, 하나님께서 네게 갚
아 주실 것이다."

큰 잔치의 비유 (마 22:1-10)

15 ○함께 먹고 있던 사람 가운데 하나
가 이 말씀을 듣고서 예수께 말하였
다. "하나님의 나라에서 음식을 먹
는 사람은 복이 있습니다."
16 ㉠예수께서 그에게 말씀하셨다. "어
떤 사람이 큰 잔치를 베풀고, 많은
사람을 초대하였다.
17 잔치 시간이 되어, 그는 자기 종을
보내서 '준비가 다 되었으니, 오십시
오' 하고 초대받은 사람들에게 말하
게 하였다.
18 그런데 그들은 모두 하나같이 핑계
를 대기 시작하였다. 한 사람은 그에
게 말하기를 '내가 밭을 샀는데, 가
서 보아야 하겠소. 부디 양해해 주기
바라오' 하였다.
19 다른 사람은 '내가 겨릿소 다섯 쌍을
샀는데, 그것들을 시험하러 가는 길
이오. 부디 양해해 주기 바라오' 하
고 말하였다.
20 또 다른 사람은 '내가 장가를 들어
서, 아내를 맞이하였소. 그러니 가지
못하겠소' 하고 말하였다.

14:1-6 예수님께서 안식일에 수종병 앓는 사람을 치유하신 것은 가시적인 구원의 사건이었다.

14:7-11 초대를 받은 사람에 대한 비유로서, 겸손의 진리를 말씀하셨다. 여기서의 겸손은 은혜를 받는 자의 표징이라고 할 수 있다.

14:12-14 예수님은 사람들이 다 하나님 앞에서 귀한 존재이기 때문에, 모든 사람들이 이해관계를 떠나 서로 존경하며 물질적으로 부유한 사람들은 서로 나누며 도우라고 하신다.

14:15-24 예수님은 '큰 잔치의 비유'를 통해서 복음을 거부한 유대 사람들은 하나님 나라에 참여할 수 없으며, 오히려 잔치에 참석할 수 없다고 생각했던 죄인들·가난한 사람들·이방 사람들이 참여할 것이라고 말씀하셨다.

14:15 유대 사람들은 하나님께서 베푸시는 은혜의 복에 죄인들과 이방 사람들이 참여할 수 없다고 믿으며, 자신들의 우월감을 확인하려고 하였다.

㉠ 그, '그가'

21 그 종이 돌아와서, 이것을 그대로 자
기 주인에게 일렀다. 그러자 집주인
이 노하여 종더러 말하기를 '어서 시
내의 거리와 골목으로 나가서, 가난
한 사람들과 지체에 장애가 있는 사
람들과 눈먼 사람들과 다리 저는 사
람들을 이리로 데려 오너라' 하였다.
22 그렇게 한 뒤에 종이 말하였다. '주인
님, 분부대로 하였습니다만, 아직도
자리가 남아 있습니다.'
23 주인이 종에게 말하였다. '큰길과 산
울타리로 나가서, 사람들을 억지로
라도 데려다가, 내 집을 채워라.
24 내가 너희에게 말한다. 초대를 받은
사람들 가운데서는, 아무도 나의 잔
치를 맛보지 못할 것이다.'"

제자가 되는 길 (마 10:37-38)

25 ○많은 무리가 예수와 동행하였다.
예수께서 돌아서서 그들에게 말씀
하셨다.
26 "누구든지 내게로 오는 사람은, 자기
아버지나 어머니나, 아내나 자식이
나, 형제나 자매뿐만 아니라, 심지어
자기 목숨까지도 미워하지 않으면,
내 제자가 될 수 없다.
27 누구든지 자기 십자가를 지고 나를
따라오지 않으면, 내 제자가 될 수
없다.
28 너희 가운데서 누가 망대를 세우려
고 하면, 그것을 완성할 만한 비용
이 자기에게 있는지를, 먼저 앉아서
셈하여 보아야 하지 않겠느냐?
29 그렇게 하지 않아서, 기초만 놓은 채
완성하지 못하면, 보는 사람들이 그
를 비웃을 것이며,
30 '이 사람이 짓기를 시작만 하고, 끝내
지는 못하였구나' 하고 말할 것이다.
31 또 어떤 임금이 다른 임금과 싸우러
나가려면, 이만 명을 거느리고서 자
기에게로 쳐들어오는 그를 자기가
만 명으로 당해 낼 수 있을지를, 먼
저 앉아서 헤아려 보아야 하지 않겠
느냐?
32 당해 낼 수 없겠으면, 그가 아직 멀
리 있을 동안에 사신을 보내서, 화친
을 청할 것이다.
33 그러므로 이와 같이, 너희 가운데서
누구라도, 자기 소유를 다 버리지 않
으면, 내 제자가 될 수 없다."

맛 잃은 소금은 쓸 데 없다 (마 5:13; 막 9:50)

34 ○"소금은 좋은 것이다. 그러나 소금
이 짠 맛을 잃으면, ㉠무엇으로 그것
을 짜게 하겠느냐?
35 그것은 땅에도 거름에도 쓸 데가 없
어서 밖에 내버린다. 들을 귀가 있는
사람은 들어라."

잃은 양의 비유 (마 18:12-14)

15 세리들과 죄인들이 모두 예수
의 말씀을 들으려고 그에게 가
까이 몰려들었다.

14:25-35 예수님의 제자가 되는 조건 ① 예수님을 따르는 일과 하나님의 뜻을 따르는 일을 소중히 여기며 죽을 각오로 예수님을 따라야 한다. ② 예수님을 따르기 전 끝까지 따를 수 있는지를 먼저 성찰해야 한다. ③ 예수님을 따르는 데는 아무것도 갖추지 않는 무소유가 선결조건이다. 예수님은 제자들에게 재물을 포기할 것을 강조하셨다. ④ 맛을 잃어버린 소금처럼 쓸모없는 사람이 되지 않기 위해 갈 길을 잘 선택해서 예수님을 따라야 한다.

15장 요약 잃은 양, 되찾은 드라크마, 되찾은 아들의 비유의 주제는 죄인을 찾으시는 예수님의 사랑과 그 일이 성공했을 때의 기쁨이다. 죄인된 아담을 먼저 찾으시고(창 3:9), 끊임없이 반역했던 이스라엘을 어루만지사 구원하신 예수님의 사랑이 여기서도 엿보인다.

㉠ 또는 '무엇으로 그 짠 맛을 회복하겠느냐?' 또는 '무엇으로 짠 맛을 나게 하겠느냐?'

2 바리새파 사람들과 율법학자들은
투덜거리며 말하였다. "이 사람이 죄
인들을 맞아들이고, 그들과 함께 음
식을 먹는구나."
3 ○그래서 예수께서는 그들에게 이
비유를 말씀하셨다.
4 "너희 가운데서 어떤 사람이 양 백
마리를 가지고 있는데, 그 가운데서
한 마리를 잃으면, 아흔아홉 마리를
들에 두고, 그 잃은 양을 찾을 때까
지 찾아 다니지 않겠느냐?
5 찾으면, 기뻐하며 자기 어깨에 메고
6 집으로 돌아와서, 벗과 이웃 사람을
불러모으고, '나와 함께 기뻐해 주십
시오. 잃었던 내 양을 찾았습니다'
하고 말할 것이다.
7 내가 너희에게 말한다. 이와 같이 하
늘에서는, 회개할 필요가 없는 의인
아흔아홉보다, 회개하는 죄인 한 사
람을 두고 더 기뻐할 것이다."

되찾은 드라크마의 비유

8 ○"어떤 여자에게 ㉠드라크마 열 닢
이 있는데, 그가 그 가운데서 하나
를 잃으면, 등불을 켜고, 온 집안을
쓸며, 그것을 찾을 때까지 샅샅이 뒤
지지 않겠느냐?
9 그래서 찾으면, 벗과 이웃 사람을 불
러모으고 말하기를 '나와 함께 기뻐
해 주십시오. 잃었던 드라크마를 찾
았습니다' 할 것이다.
10 내가 너희에게 말한다. 이와 같이 회
개하는 죄인 한 사람을 두고, 하나
님의 천사들이 기뻐할 것이다."

되찾은 아들의 비유

11 ○㉡예수께서 말씀하셨다. "어떤 사
람에게 아들이 둘 있는데
12 작은 아들이 아버지에게 말하기를
'아버지, 재산 가운데서 내게 돌아올
몫을 내게 주십시오' 하였다. 그래서
아버지는 살림을 두 아들에게 나누
어 주었다.
13 며칠 뒤에 작은 아들은 제 것을 다 챙
겨서 먼 지방으로 가서, 거기서 방탕
하게 살면서, 그 재산을 낭비하였다.
14 그가 모든 것을 탕진했을 때에, 그
지방에 크게 흉년이 들어서, 그는 아
주 궁핍하게 되었다.
15 그래서 그는 그 지방의 주민 가운데
한 사람을 찾아가서, 몸을 의탁하였
다. 그 사람은 그를 들로 보내서 돼
지를 치게 하였다.
16 그는 돼지가 먹는 쥐엄 열매라도 좀
먹고 배를 채우고 싶은 심정이었으
나, 그에게 먹을 것을 주는 사람이
없었다.
17 그제서야 그는 제정신이 들어서, 이
렇게 말하였다. '내 아버지의 그 많
은 품꾼들에게는 먹을 것이 남아도
는데, 나는 여기서 굶어 죽는구나.
18 내가 일어나 아버지에게 돌아가서,

15:1–2 바리새파 사람들과 율법학자들의 비난 바리새파 사람들은 예수님께서 죄인들과 함께 어울려 식사한다고 비난했다. 왜냐하면 그들은 세리, 병약자, 천한 직업의 종사자, 가난한 사람들을 죄인으로 간주하고 그들과 식탁을 함께하지 않았기 때문이다. 이러한 바리새파 사람들의 비난에 대해 예수님께서는 세 가지 비유로 답변하셨다.

15:4–7 하나님께서는 인간적인 의인 아흔아홉보다, 하나님 앞에서 회개하는 한 사람의 죄인이 더 중요하다고 말씀하셨다. 예수님께서 오신 목적도 죄인을 회개하게 하시는 것이다(5:32).

15:8–10 잃었던 드라크마의 비유이다. 이러한 비유를 통해서 죄인들을 구원하시고자 하는 하나님의 열심과 사랑, 은혜를 읽을 수 있다.

15:11–32 잃어버린 아들을 기다리는 아버지의 비유이다. 죄인을 기다리시는 하나님의 마음이 좀

㉠ 한 '드라크마'는 한 데나리온처럼 노동자의 하루 품삯에 해당함
㉡ 그, '그가'

이렇게 말씀드려야 하겠다. 아버지,
내가 하늘과 아버지 앞에 죄를 지었
습니다.
19 나는 더 이상 아버지의 아들이라고
불릴 자격이 없으니, 나를 품꾼의 하
나로 삼아 주십시오.'
20 그는 일어나서, 아버지에게로 갔다.
그가 아직도 먼 거리에 있는데, 그의
아버지가 그를 보고 측은히 여겨서,
달려가 그의 목을 껴안고, 입을 맞추
었다.
21 아들이 아버지에게 말하였다. '아버
지, 내가 하늘과 아버지 앞에 죄를
지었습니다. 이제부터 나는 아버지
의 아들이라고 불릴 자격이 없습니
다.㉠'
22 그러나 아버지는 종들에게 말하였
다. '어서, 가장 좋은 옷을 꺼내서, 그
에게 입히고, 손에 반지를 끼우고,
발에 신을 신겨라.
23 그리고 살진 송아지를 끌어내다가
잡아라. 우리가 먹고 즐기자.
24 나의 이 아들은 죽었다가 살아났고,
내가 잃었다가 되찾았다.' 그래서 그
들은 잔치를 벌였다.
25 ○그런데 큰 아들이 밭에 있다가 돌
아오는데, 집에 가까이 이르렀을 때
에, 음악 소리와 춤추면서 노는 소리
를 듣고,
26 종 하나를 불러서, 무슨 일인지를 물
어 보았다.
27 종이 그에게 말하였다. '아우님이 집
에 돌아왔습니다. 건강한 몸으로 돌
아온 것을 반겨서, 주인 어른께서 살
진 송아지를 잡으셨습니다.'
28 큰 아들은 화가 나서, 집으로 들어가
려고 하지 않았다. 아버지가 나와서
그를 달랬다.
29 그러나 그는 아버지에게 대답하였
다. '나는 이렇게 여러 해를 두고 아
버지를 섬기고 있고, 아버지의 명령
을 한 번도 어긴 일이 없는데, 나에
게는 친구들과 함께 즐기라고, 염소
새끼 한 마리도 주신 일이 없습니다.
30 그런데 창녀들과 어울려서 아버지의
재산을 다 삼켜 버린 이 아들이 오
니까, 그를 위해서는 살진 송아지를
잡으셨습니다.'
31 아버지가 그에게 말하였다. '얘야, 너
는 늘 나와 함께 있으니 내가 가진
모든 것은 다 네 것이다.
32 그런데 너의 이 아우는 죽었다가 살
아났고, 내가 잃었다가 되찾았으니,
즐기며 기뻐하는 것이 마땅하다.'"

불의한 청지기의 비유

16 예수께서 제자들에게도 말씀
하셨다. "어떤 부자가 있었는
데, 그는 청지기 하나를 두었다. 그
는 이 청지기가 자기 재산을 낭비한
다고 하는 소문을 듣고서,

더 사실적이며 인상 깊게 전개되고 있다.

15:22 손에 반지를 끼우고 반지는 권위를 상징한다. **발에 신을 신겨라** 이 표현은 돌아온 아들이 주인과 자유인이라는 신분을 회복하였음을 뜻한다. 당시 종들은 신을 신지 못하였다.

15:30 이 아들 '내 동생'이라는 말을 쓰지 않고 있다. 그 어투가 경멸적이다.

㉠ 다른 고대 사본들은 절 끝에 '나를 품꾼의 하나로 삼아 주십시오'를 첨가하였음

16장 요약 재물을 현명하게 사용하는 방법에 대해 교훈한다. 재물은 인간의 마음을 사로잡는 가장 강력한 유혹거리인 만큼 어떻게 다루고 대하느냐에 따라 삶이 달라진다. 이 같은 사실을 누구보다 정확히 간파하신 예수님은 미래의 삶과 영적 삶을 위해서 재물을 선용할 것을 교훈하신다.

16:1-13 이 비유는 하나님의 은혜로 구원을 얻은

2 그를 불러 놓고 말하였다. '자네를
두고 말하는 것이 들리는데, 어찌 된
일인가? 자네가 맡아보던 청지기 일
을 정리하게. 이제부터 자네는 그 일
을 볼 수 없네.'
3 그러자 그 청지기는 속으로 말하였
다. '주인이 내게서 청지기 직분을 빼
앗으려 하니, 어떻게 하면 좋을까?
땅을 파자니 힘이 없고, 빌어먹자니
낯이 부끄럽구나.
4 옳지, 내가 무엇을 해야 할지 알겠
다. 내가 청지기의 자리에서 떨려날
때에, 사람들이 나를 자기네 집으로
맞아들이도록 조치해 놓아야지.'
5 그래서 그는 자기 주인에게 빚진 사
람들을 하나씩 불러다가, 첫째 사람
에게 '당신이 내 주인에게 진 빚이 얼
마요?' 하고 물었다.
6 그 사람이 '기름 백 ㉠말이오' 하고 대
답하니, 청지기는 그에게 '자, 이것이
당신의 빚문서요. 어서 앉아서, 쉰
말이라고 적으시오' 하고 말하였다.
7 그리고 다른 사람에게 묻기를 '당신
의 빚은 얼마요?' 하였다. 그 사람이
'밀 백 ㉡섬이오' 하고 대답하니, 청지
기가 그에게 말하기를 '자, 이것이 당
신의 빚문서요. 받아서, 여든 섬이라
고 적으시오' 하였다.
8 주인은 그 불의한 청지기를 칭찬하
였다. 그가 슬기롭게 대처하였기 때
문이다. 이 세상의 자녀들이 자기네
끼리 거래하는 데는 빛의 자녀들보
다 더 슬기롭다.
9 그러므로 내가 너희에게 말한다. 불
의한 ㉢재물로 친구를 사귀어라. 그
래서 그 재물이 없어질 때에, 그들이
너희를 영원한 ㉣처소로 맞아들이게
하여라.
10 지극히 작은 일에 충실한 사람은 큰
일에도 충실하고, 지극히 작은 일에
불의한 사람은 큰 일에도 불의하다.
11 너희가 불의한 ㉢재물에 충실하지 못
하였으면, 누가 너희에게 참된 것을
맡기겠느냐?
12 또 너희가 남의 것에 충실하지 못하
였으면, 누가 너희에게 너희의 몫인
들 내주겠느냐?
13 한 종이 두 주인을 섬기지 못한다.
그가 한 쪽을 미워하고 다른 쪽을
사랑하거나, 한 쪽을 떠받들고 다른
쪽을 업신여길 것이다. 너희는 하나
님과 ㉢재물을 함께 섬길 수 없다."

율법과 하나님의 나라

14 ○돈을 좋아하는 바리새파 사람들
이 이 모든 말씀을 듣고 나서, 예수
를 비웃었다.
15 그래서 예수께서 그들에게 말씀하셨
다. "너희는 사람들 앞에서 스스로
의롭다고 하는 자들이다. 그러나 하
나님께서는 너희의 마음을 아신다.

제자들이 재물에 집착하지 말고 하나님의 뜻을 위하여 사람들을 구원하는 일에 물질을 투자하고 사용해야 된다는 사실을 강조한다.

16:11-12 불의한 재물과 남의 것, 참된 것과 너희의 몫이 서로 대치된다. 이것은 '너희가 만일 궁극적으로 너희 것이 아닌 남의 것, 즉 하나님께 속한 물질적 재산을 사용하는 데 있어서 충성되지 못했다면, 하늘의 풍성하고 참된 너희의 몫, 즉 창세 때로부터 너희를 위하여 준비한 나라(마 25:34)를 누가 너희에게 맡기겠느냐?'라는 의미이다.

16:15 바리새파 사람들은 자신들의 부(富)를 자신들의 선한 행위에 대한 하나님의 보답이라 생각하고 사람들 앞에서 자기들의 선함을 자랑하였다. 그러나 예수님은 하나님께서 중심을 보는 분이심을 상기시키며, 그들이 마음에 탐욕이 가득한 위선자임을 드러내신다.

㉠ 그, '바투스'. 백 바투스는 약 3킬로리터 ㉡ 그, '코루스'. 백 코루스는 약 35킬로리터 ㉢ 그, '맘몬' ㉣ 그, '장막'

사람들이 높이 평가하는 그러한 것
은 하나님이 보시기에 혐오스러운 것
이다.
16 율법과 예언자는 요한의 때까지다.
그 뒤로부터는 하나님 나라가 기쁜
소식으로 전파되고 있으며, 모두 ㉠거
기에 억지로 밀고 들어간다.
17 율법에서 한 획이 빠지는 것보다, 하
늘과 땅이 없어지는 것이 더 쉽다.
18 자기 아내를 버리고 다른 여자에게
장가드는 사람은 간음하는 것이며,
남편에게서 버림받은 여자에게 장가
드는 사람도 간음하는 것이다."

부자와 거지

19 ○"어떤 부자가 있었는데, 그는 자색
옷과 고운 베옷을 입고, 날마다 즐
겁고 호화롭게 살았다.
20 그런데 그 집 대문 앞에는 나사로라
하는 거지 하나가 헌데 투성이 몸으
로 누워서,
21 그 부자의 상에서 떨어지는 부스러
기로 배를 채우려고 하였다. 개들까
지도 와서, 그의 헌데를 핥았다.
22 그러다가, 그 거지는 죽어서 천사들
에게 이끌려 가서 아브라함의 품에
안기었고, 그 부자도 죽어서 묻히었
다.
23 부자가 ㉡지옥에서 고통을 당하다가
눈을 들어서 보니, 멀리 아브라함이
보이고, 그의 품에 나사로가 있었다.
24 그래서 그가 소리를 질러 말하기를
'아브라함 조상님, 나를 불쌍히 여겨
주십시오. 나사로를 보내서, 그 손가
락 끝에 물을 찍어서 내 혀를 시원하
게 하도록 하여 주십시오. 나는 이
불 속에서 몹시 고통을 당하고 있습
니다' 하였다.
25 그러나 아브라함이 말하였다. '얘야,
되돌아보아라. 네가 살아 있을 동안
에 너는 온갖 호사를 다 누렸지만,
나사로는 온갖 괴로움을 다 겪었다.
그래서 그는 지금 여기서 위로를 받
고, 너는 고통을 받는다.
26 그뿐만 아니라, 우리와 너희 사이에
는 큰 구렁텅이가 가로 놓여 있어서,
여기에서 너희에게로 건너가고자 해
도 갈 수 없고, 거기에서 우리에게로
건너올 수도 없다.'
27 부자가 말하였다. '조상님, 소원입니
다. 그를 내 아버지 집으로 보내 주
십시오.
28 나는 형제가 다섯이나 있습니다. 제
발 나사로가 가서 그들에게 경고하
여, 그들만은 고통 받는 이 곳에 오
지 않게 하여 주십시오.'
29 그러나 아브라함이 말하였다. '그들
에게는 모세와 예언자들이 있으니,
그들의 말을 들어야 한다.'
30 부자는 대답하였다. '아닙니다. 아브
라함 조상님, 죽은 사람들 가운데서

16:17 율법과 예언자의 시대인 구약 시대는 갔지만, 새로운 하나님 나라에서도 율법은 여전히 그 효용성을 인정받을 것이다. 곧 이 율법은 새 시대의 *삶의 원리인* 믿음의 빛 아래에서 사랑의 정신으로 지켜야 한다.

16:19–31 이 비유는 15장에 나타나는 '잃어버린 자'들에 대한 주님의 영접과 16장 초반부의 '재물'에 대한 교훈이 묘하게 결합된 대단원의 결론이다.

16:28–30 부자가 과연 어떤 죄를 지었기에 지옥에서 고통을 당하는가? 단적으로, 모세와 예언자들의 가르침을 듣지 않았으며(29절), 회개하지 않은 것이다(30절). 모세와 예언자들이 말한 바는 무엇인가? 하나님을 신뢰하고, 다른 사람을 위해 자기를 부인하고, 궁핍한 사람을 도우며, 고아와 과부와 비천한 사람들을 도우라고 전반에 걸쳐서 명령하고 있지 않은가?(참조. 신 10:18;14:29;사 58:7;겔 18:7–9)

㉠ 또는, '그리로 침입한다' ㉡ 그, '하데스'

누가 살아나서 그들에게로 가야만,
그들이 회개할 것입니다.'
31 아브라함이 그에게 대답하였다. '그
들이 모세와 예언자들의 말을 듣지
않는다면, 죽은 사람들 가운데서 누
가 살아난다고 해도, 그들은 믿지
않을 것이다.'"

남을 죄 짓게 함, 용서, 믿음, 종의 도리
(마 18:6-7, 21-22; 막 9:42)

17 ㉠예수께서 제자들에게 말씀하
셨다. "㉡걸려 넘어지게 하는 일
들이 생기지 않을 수는 없지만, 그러
한 일들을 일으키는 사람은 화가 있
다.
2 이 작은 사람들 가운데 하나를 ㉡걸
려 넘어지게 하는 것보다, 차라리 자
기 목에 큰 맷돌을 매달고 바다에
빠지는 것이 나을 것이다.
3 너희는 스스로 조심하여라. ㉢믿음
의 형제가 죄를 짓거든 꾸짖고, 회개
하거든 용서하여 주어라.
4 그가 네게 하루에 일곱 번 죄를 짓
고, 일곱 번 네게 돌아와서 '회개하
오' 하면, 너는 용서해 주어야 한다."
5 ○사도들이 주님께 말하였다. "우리
에게 믿음을 더하여 주십시오."
6 주님께서 말씀하셨다. "너희에게 겨
자씨 한 알만한 믿음이라도 있으면,
이 뽕나무더러 '뽑혀서, 바다에 심기
어라' 하면, 그대로 될 것이다."
7 ○"너희 가운데서 누구에게 밭을 갈
거나, 양을 치는 종이 있다고 하자.
그 종이 들에서 돌아올 때에 '어서
와서, 식탁에 앉아라' 하고 그에게
말할 사람이 어디에 있겠느냐?
8 오히려 그에게 말하기를 '너는 내가
먹을 것을 준비하여라. 내가 먹고 마
시는 동안에, 너는 허리를 동이고 시
중을 들어라. 그런 다음에야, 먹고
마셔라' 하지 않겠느냐?
9 그 종이 명령한 대로 하였다고 해서,
주인이 그에게 고마워하겠느냐?
10 이와 같이, 너희도 명령을 받은 대로
다 하고 나서 '우리는 쓸모 없는 종입
니다. 우리는 마땅히 해야 할 일을
하였을 뿐입니다' 하여라."

열 사람의 나병환자가 깨끗하게 되다

11 ○㉠예수께서 예루살렘으로 가시는
길에, 사마리아와 갈릴리 사이로 지
나가시게 되었다.
12 예수께서 어떤 마을에 들어가시다가
㉣나병환자 열 사람을 만나셨다. 그
들은 멀찍이 멈추어 서서,
13 소리를 높여 말하였다. "예수 선생
님, 우리를 불쌍히 여겨 주십시오."
14 예수께서는 보시고 그들에게 말씀
하셨다. "가서, 제사장들에게 너희
몸을 보여라." 그런데 그들이 가는
동안에 몸이 깨끗해졌다.
15 그런데 그들 가운데 한 사람은 자기

17장 요약 예수님의 베레아 사역 말기의 행적으로 예수님은 제자의 생활 원리, 믿음의 위력, 재림의 시기 등의 주제들로 교훈하셨다. 다가오는 수난에 직면하여 제자들에게 그들의 영적 자만을 경계하고 겸손하게 복음 사역에 매진하도록 격려하기 위해서이다.

㉠ 그, '그가' ㉡ 그, '죄 짓게 하는' ㉢ 그, '네 형제가' ㉣ 온갖 악성 피부병

17:1-4 피난처를 구하여 구세주께로 돌아온 사람들이 걸려 넘어지지 않도록 죄를 지었을 때는 꾸짖고, 회개했을 때는 용서하여 영접하라고 제자들에게 경고하셨다.

17:11-19 이 이야기의 목적은 예수님의 치유 능력을 알리는 것이라기보다는 병을 치료받은 사람들의 태도를 비교함으로써 '은혜에 대한 감사의 정신'을 강조하는 데 있다.

17:16 사마리아 사람 대체로 유대 사람들은 사마

의 병이 나은 것을 보고, 큰 소리로
하나님께 영광을 돌리면서 되돌아와
서,
16 ㉠예수의 발 앞에 엎드려 감사를 드
렸다. 그런데 그는 사마리아 사람이
었다.
17 그래서 예수께서 말씀하셨다. "열 사
람이 깨끗해지지 않았느냐? 그런데
아홉 사람은 어디에 있느냐?
18 하나님께 영광을 돌리러 되돌아온
사람은, 이 이방 사람 한 명밖에 없
느냐?"
19 그런 다음에 그에게 말씀하셨다. "일
어나서 가거라. 네 믿음이 너를 구원
하였다."

하나님의 나라는 너희 가운데에 있다

(마 24:23-28, 37-41)

20 ○바리새파 사람들이 하나님의 나라
가 언제 오느냐고 물으니, 예수께서
그들에게 대답을 하셨다. "하나님의
나라는 눈으로 볼 수 있는 모습으로
오지 않는다.
21 또 '보아라, 여기에 있다' 또는 '저기
에 있다' 하고 말할 수도 없다. 보아
라, 하나님의 나라는 너희 ㉡가운데
에 있다."
22 ○그리고 제자들에게 말씀하셨다.
"너희가 인자의 날들 가운데서 단
하루라도 보고 싶어 할 때가 오겠으
나, 보지 못할 것이다.
23 사람들이 너희더러 말하기를 '보아
라, 저기에 계신다', [또는] '보아라,
여기에 계신다' 할 것이다. 그러나 너
희는 따라 나서지도 말고, 찾아다니
지도 말아라.
24 마치 번개가 하늘 이 끝에서 번쩍하
여 하늘 저 끝까지 비치는 것처럼, 인
자도 ㉢자기의 날에 그러할 것이다.
25 그러나 그는 먼저 많은 고난을 겪어
야 하고, 이 세대에게 버림을 받아야
한다.
26 노아의 시대에 일이 벌어진 것과 같
이, 인자의 날에도 그러할 것이다.
27 노아가 방주에 들어가는 날까지, 사
람들은 먹고 마시고 장가가고 시집
가고 하였는데, 마침내 홍수가 나서,
그들을 모두 멸망시켰다.
28 롯 시대에도 그와 같은 일이 벌어졌
다. 사람들이 먹고 마시고 사고 팔고
나무를 심고 집을 짓고 하였는데,
29 롯이 소돔에서 떠나던 날에, 하늘에
서 불과 유황이 쏟아져 내려서, 그들
을 모두 멸망시켰다.
30 인자가 나타나는 날에도 그러할 것
이다.
31 그 날에 지붕 위에 있는 사람은, 자
기 물건들이 집 안에 있더라도, 그것
들을 꺼내려고 내려가지 말아라. 또
한 들에 있는 사람도 집으로 돌아가
지 말아라.

리아 사람들과 사귀지 않았지만(요 4:9), 자신들이 사회로부터 격리되는 병에 걸리자 유대 사람·사마리아 사람을 따지는 마음이 없어졌다. 따라서 *이들 열 사람은 고통 속에서 함께* 예수님의 자비를 구했다.

17:20–21 예수님은 유대 사람들의 현세적인 천국관을 부인하시면서, 오히려 하나님 나라는 영적 실체로서 가루 속의 누룩처럼 내적으로 스며들어 큰 영향력을 주면서 성장하고 있다고 가르치셨다(13:20–21).

17:24 번개가…이 끝에서…저 끝까지 '갑작스럽게, 우주적으로'라는 뜻이다.

17:26–30 세상 사는 재미에 흠뻑 빠져서 하나님을 잊어버린 상태를 묘사한다. 인자의 심판은 그러한 때에 나타날 것이며, 죄악이 있는 곳이라면 그 어디서나 일어날 것이다(37절).

㉠ 그, '그의' ㉡ 또는 '안에' ㉢ 다른 고대 사본들에는 '자기의 날에'가 없음

32 롯의 아내를 기억하여라.
33 누구든지 자기 목숨을 보존하려고
애쓰는 사람은 잃을 것이요, 목숨을
잃는 사람은 보존할 것이다.
34 내가 너희에게 말한다. 그 날 밤에
두 사람이 한 잠자리에 누워 있을
터이나, 한 사람은 데려가고, 다른
한 사람은 버려 둘 것이다.
35 또 두 여자가 함께 맷돌질을 하고 있
을 터이나, 한 사람은 데려가고, 다
른 한 사람은 버려 둘 것이다."
36 ㉠(없음)
37 제자들이 예수께 말하였다. "주님,
어디에서 그런 일이 일어나겠습니
까?" 예수께서 그들에게 말씀하셨
다. "주검이 있는 곳에는 또한 독수
리들이 모여들 것이다."

과부와 재판관의 비유

18 예수께서 제자들에게, 늘 기도
하고 낙심하지 말아야 한다는
뜻으로 비유를 하나 말씀하셨다.
2 "어느 고을에, 하나님도 두려워하지
않고, 사람도 존중하지 않는, 한 재
판관이 있었다.
3 그 고을에 과부가 한 사람 있었는데,
그는 그 재판관에게 줄곧 찾아가서,
'내 적대자에게서 내 권리를 찾아 주
십시오' 하고 졸랐다.
4 그 재판관은 한동안 들어주려고 하
지 않다가, 얼마 뒤에 이렇게 혼자
말하였다. '내가 정말 하나님도 두려
워하지 않고, 사람도 존중하지 않지
만,
5 이 과부가 나를 이렇게 귀찮게 하니,
그의 권리를 찾아 주어야 하겠다. 그
렇게 하지 않으면, 그가 자꾸만 찾아
와서 나를 못 견디게 할 것이다.'"
6 주님께서 말씀하셨다. "너희는 이 불
의한 재판관이 하는 말을 귀담아 들
어라.
7 하나님께서 자기에게 밤낮으로 부르
짖는, 택하신 백성의 권리를 찾아주
시지 않으시고, 모른 체하고 오래 그
들을 내버려 두시겠느냐?
8 내가 너희에게 말한다. 하나님께서
는 얼른 그들의 권리를 찾아 주실 것
이다. 그러나 인자가 올 때에, 세상
에서 믿음을 찾아 볼 수 있겠느냐?"

바리새파 사람과 세리의 비유

9 ○스스로 의롭다고 확신하고 남을
멸시하는 몇몇 사람에게 예수께서
는 이 비유를 말씀하셨다.
10 "두 사람이 기도하러 성전에 올라갔
다. 한 사람은 바리새파 사람이고,
다른 한 사람은 세리였다.
11 바리새파 사람은 서서, 혼자 말로 이
렇게 기도하였다. '하나님, 감사합니
다. 나는, 남의 것을 빼앗는 자나, 불
의한 자나, 간음하는 자와 같은 다
른 사람들과 같지 않으며, 더구나 이

18장 요약 불의한 재판관 비유의 주제는 기도 생활에 있어서의 인내와 확신이다. 거듭되는 교훈에도 영적인 우매함을 떨치지 못한 사람에게 예수님은 하나님 나라 시민의 생활 원리와 구원의 원리를 역설하셨다. 구원은 인간의 능력이 아닌 하나님의 능력에서 온다.

18:1-8 끈질긴 기도의 필요성 예수님께서는 이 비유를 통해 재림 때까지 희망을 버리지 말고 기도하라고 제자들을 격려하신다. 또한 불의한 재판관도 간청에 못 이겨 정의를 세웠는데, 하물며 정의의 근원이신 하나님께서 성도의 호소에 응하여 정의를 세우시지 않겠느냐는 것이다. 따라서 제자들은 시련의 때에도 믿음을 포기하지 말고 끝까지 기도하며 인내해야 한다.

18:9-14 이 비유는 기도에 대해서뿐만 아니라,

㉠ 다른 고대 사본들에는 36절이 첨가되어 있음. '36. 또 두 사람이 밭에 있을 터이나 하나는 데려가고 하나는 버려 둘 것이다'

세리와는 같지 않습니다.
12 나는 이레에 두 번씩 금식하고, 내
모든 소득의 십일조를 바칩니다.'
13 그런데 세리는 멀찍이 서서, 하늘을
우러러볼 엄두도 못 내고, 가슴을 치
며 '아, 하나님, 이 죄인에게 자비를
베풀어 주십시오' 하고 말하였다.
14 내가 너희에게 말한다. 의롭다는 인
정을 받고서 자기 집으로 내려간 사
람은, 저 바리새파 사람이 아니라 이
세리다. 누구든지 자기를 높이는 사
람은 낮아지고, 자기를 낮추는 사람
은 높아질 것이다."

어린이들을 칭찬하시다

(마 19:13-15; 막 10:13-16)

15 ○사람들이 아기들까지 예수께로 데
려와서, 쓰다듬어 주시기를 바랐다.
제자들이 보고서, 그들을 꾸짖었다.
16 그러자 예수께서 아기들을 가까이에
부르시고, 말씀하셨다. "어린이들이
내게로 오는 것을 허락하고, 막지 말
아라. 하나님의 나라는 이런 사람의
것이다.
17 내가 진정으로 너희에게 말한다. 누
구든지 어린이와 같이 하나님의 나
라를 받아들이지 않는 사람은 거기
에 들어가지 못할 것이다."

돈 많은 관리

(마 19:16-30; 막 10:17-31)

18 ○어떤 지도자가 예수께 물었다. "선
하신 선생님, 내가 무엇을 해야 영생
을 얻겠습니까?"
19 예수께서 그에게 말씀하셨다. "어찌
하여 너는 나를 선하다고 하느냐? 하
나님 한 분밖에는 선한 분이 없다.
20 너는 계명을 알고 있을 것이다. ㉠'간
음하지 말아라, 살인하지 말아라, 도
둑질하지 말아라, 거짓으로 증언하
지 말아라, 네 부모를 공경하여라' 하
지 않았느냐?"
21 그가 말하였다. "나는 이런 모든 것
은 어려서부터 다 지켰습니다."
22 예수께서 이 말을 들으시고 그에게
말씀하셨다. "네게는 아직도 한 가
지 부족한 것이 있다. 네가 가진 것
을 다 팔아서, 가난한 사람들에게
나누어 주어라. 그리하면 네가 하늘
에서 보화를 차지하게 될 것이다. 그
리고 와서 나를 따라라."
23 이 말씀을 듣고서, 그는 몹시 근심하
였다. 그가 큰 부자이기 때문이었다.
24 예수께서는 그가 [근심에 사로잡힌
것을] 보시고 말씀하셨다. "재물을
가진 사람이 하나님 나라에 들어가
기는 참으로 어렵다.
25 부자가 하나님의 나라에 들어가는
것보다 낙타가 바늘귀로 들어가는
것이 더 쉽다."
26 이 말씀을 들은 사람들이 말하였다.
"그렇다면, 누가 구원을 얻을 수 있

스스로를 판단하는 일과 하나님을 가까이하는 일에 겸손해야 함을 가르친다. 그리고 형식의 종교와 마음의 종교를 비교하여, 통회를 사죄와 화평의 유일한 길로 제시하고 있다.

18:13 가슴을 치며 가슴은 죄의 자리로 간주되며, 이 행동은 비통함과 뉘우침을 상징했다.

18:18–30 회개 없이는 누구도 하나님 나라, 곧 영생에 들어갈 수 없다는 누가복음서의 특징이 이곳에서도 나타난다. 예수님은 22절에서 부자인 그가 가장 의지하던 것을 버리고, 곧 자기를 부인하고(회개하고) "나를 따라라"고 명령하셨다.

18:20 예수님은 먼저 계명을 지키라고 말씀하셨다. 특히 예수님은 십계명의 후반부를 인용하셨다. 이것은 예수님이 관심을 갖고 있는 점이 이웃에 대한 사랑의 태도임을 밝혀 준다. 왜냐하면 하나님께 대한 사랑·감사·존경의 표시는 인간에 대해 어떠한 태도를 갖느냐 하는 문제를 통해서

㉠ 출 20:12-16; 신 5:16-20

겠습니까?"
27 예수께서 말씀하셨다. "사람은 할 수
없는 일이라도, 하나님은 하실 수 있
다."
28 ○베드로가 말하였다. "보십시오, 우
리는 우리에게 속한 것들을 버리고
서, 선생님을 따라 왔습니다."
29 예수께서 그들에게 말씀하셨다. "내
가 진정으로 너희에게 말한다. 하나
님의 나라를 위하여 집이나 아내나
형제나 부모나 자식을 버린 사람은,
30 이 세상에서 여러 갑절로 받을 것이
고, 또한 오는 세상에서 영원한 생명
을 받을 것이다."

죽음과 부활을 세 번째로 예고하시다

(마 20:17-19; 막 10:32-34)

31 ○예수께서 열두 제자를 곁에 불러
놓으시고, 그들에게 말씀하셨다. "보
아라, 우리는 예루살렘으로 올라가
고 있다. 인자를 두고 예언자들이 기
록한 모든 일이 이루어질 것이다.
32 인자가 이방 사람들에게 넘어가고,
조롱을 받고, 모욕을 당하고, 침뱉
음을 당할 것이다.
33 그들은 채찍질한 뒤에, 그를 죽일 것
이다. 그러나 그는 사흘째 되는 날
에 살아날 것이다."
34 그런데 제자들은 이 말씀을 조금도
깨닫지 못하였다. 이 말씀은 그들에
게 그 뜻이 감추어져 있어서, 그들은
말씀하신 것을 알지 못하였다.

눈먼 거지를 고치시다

(마 20:29-34; 막 10:46-52)

35 ○예수께서 여리고에 가까이 이르셨
을 때에, 일어난 일이다. 어떤 눈먼
사람이 길가에 앉아서 구걸을 하고
있다가,
36 무리가 지나가는 소리를 듣고서, 무
슨 일이 일어났느냐고 물어 보았다.
37 사람들이 나사렛 예수가 지나가신다
고, 그에게 일러주었다.
38 그러자 그는 소리를 질렀다. "다윗의
자손 예수님, 나를 불쌍히 여겨 주
십시오."
39 앞에 서서 가던 사람들이 조용히 하
라고 그를 꾸짖었으나, 그는 더욱더
크게 외쳤다. "다윗의 자손님, 나를
불쌍히 여겨 주십시오."
40 예수께서 걸음을 멈추시고, 그를 데
려오라고 분부하셨다. 그가 가까이
오니, 예수께서 그에게 물으셨다.
41 "내가 네게 무엇을 해주기를 바라느
냐?" 그가 대답하였다. "주님, 내가
볼 수 있게 해주십시오."
42 예수께서 그에게 말씀하셨다. "눈을
떠라. 네 믿음이 너를 구원하였다."
43 그러자 그는 곧 보게 되었고, 하나님
께 영광을 돌리면서 예수를 따라갔
다. 사람들은 모두 이것을 보고서,
하나님을 찬양하였다.

만 가늠해 볼 수 있기 때문이다(요일 3:17-18).

18:26-27 제자들은 놀랐다. 하나님 축복의 상징인 율법을 잘 지키고 부를 지닌 자가 하나님 나라에 들어가지 못한다면, 누가 들어갈 수 있단 말인가. 그러나 예수님은 "놀랄 필요 없다. 구원은 인간의 능력으로 되는 것이 아니라, 오직 하나님의 능력으로 된다"고 말씀하셨다.

18:31-34 제자들은 자신들의 헌신에 대하여 예수님께서 주목하실 것을 청하였다(28절). 그러나 이제 예수님은 자신이 치르셔야 할 거룩한 대속의 희생에 그들의 주의를 집중시키신다.

18:35-43 구걸하는 눈먼 사람을 치유하신 사건은 아직도 깨닫지 못하는 제자들의 영적인 무지와 대조를 이루고 있다. 특히 그 눈먼 사람이 예수님을 '다윗의 자손님'이라고 불렀다는 사실에 주목해보면, 이것은 곧 예수님께서 다윗의 자손으로서 다윗의 보좌에 앉아 영원히 왕 노릇 하시기 위해 성령으로 잉태되셨다는 것을 나타낸다.

예수와 삭개오

19 예수께서 여리고에 들어가 지
나가고 계셨다.
2 삭개오라고 하는 사람이 거기에 있
었다. 그는 세관장이고, 부자였다.
3 삭개오는 예수가 어떤 사람인지를
보려고 애썼으나, 무리에게 가려서,
예수를 볼 수 없었다. 그가 키가 작
기 때문이었다.
4 그래서 그는 예수를 보려고 앞서 달
려가서, 뽕나무에 올라갔다. 예수께
서 거기를 지나가실 것이기 때문이
었다.
5 예수께서 그 곳에 이르러서 쳐다보
시고, 그에게 말씀하셨다. "삭개오
야, 어서 내려오너라. 오늘은 내가 네
집에서 묵어야 하겠다."
6 그러자 삭개오는 얼른 내려와서, 기
뻐하면서 예수를 모셔 들였다.
7 그런데 사람들이 이것을 보고서, 모
두 수군거리며 말하였다. "그가 죄인
의 집에 묵으려고 들어갔다."
8 삭개오가 일어서서 주님께 말하였
다. "주님, 보십시오. 내 소유의 절반
을 가난한 사람들에게 주겠습니다.
또 내가 누구에게서 강제로 빼앗은
것이 있으면, 네 배로 하여 갚아 주
겠습니다."
9 예수께서 그에게 말씀하셨다. "오늘
구원이 이 집에 이르렀다. 이 사람도
아브라함의 자손이다.
10 인자는 잃은 것을 찾아 구원하러 왔
다."

열 므나의 비유 (마 25:14-30)

11 ○그들이 이 말씀을 듣고 있을 때에,
예수께서 덧붙여서, 비유를 하나 말
씀하셨다. 이 비유를 드신 것은, 예
수께서 예루살렘에 가까이 이르신
데다가, 사람들이 하나님의 나라가
당장에 나타날 줄로 생각하고 있었
기 때문이다.
12 그래서 예수께서 말씀하셨다. "귀족
출신의 어떤 사람이 왕위를 받아 가
지고 돌아오려고, 먼 나라로 길을 떠
날 때에,
13 자기 종 열 사람을 불러다가 열 ㉠므
나를 주고서는 '내가 올 때까지 이것
으로 장사를 하여라' 하고 말하였다.
14 그런데 그의 시민들은 그를 미워하
므로, 그 나라로 사절을 뒤따라 보
내서 '우리는 이 사람이 우리의 왕이
되는 것을 원하지 않습니다' 하고 말
하게 하였다.
15 그러나 그 귀족은 왕위를 받아 가지
고 돌아와서, 은화를 맡긴 종들을
불러오게 하여, 각각 얼마나 벌었는
지를 알아보고자 하였다.
16 첫째 종이 와서 말하였다. '주인님,
나는 주인의 한 므나로 열 므나를 벌
었습니다.'

19장 요약 예수님과의 만남은 인격과 삶을 변화시킨다. 세관장 삭개오도 예수님과의 만남을 통해서 구원과 생활의 변화를 체험하였다. 열 므나 비유(11-27절)는 재림의 지연, 종말시의 심판 원리, 충성 등 다양한 시각에서 읽힐 수 있다. 한편 28절부터는 고난 주간에 일어난 일을 다루고 있다.

㉠ 한 므나는 노동자의 석달 품삯에 해당되는 금액임

19:1-10 삭개오는 남에게서 강제로 빼앗은 것의 네 배나 갚고 재산의 반을 가난한 사람들에게 줌으로써 예수님의 가르침을 행동으로 옮긴다. 진심으로 회개한 삭개오를 향해 예수님께서는 그가 아브라함의 영적 자녀가 되었음을 선포하신다.
19:10 삭개오의 기사가 주는 메시지이다. 이 메시지는 누가복음서 전체를 관통하고 있는 중심 주제로써, 곧 "예수님은 잃어버린 양을 찾는 목자이시다"(참고. 15:4 이하)라고 말하고 있다.

17 주인이 그에게 말하였다. '착한 종
아, 잘했다. 네가 아주 작은 일에 신
실하였으니, 열 고을을 다스리는 권
세를 차지하여라.'
18 둘째 종이 와서 말하였다. '주인님,
나는 주인의 한 므나로 다섯 므나를
벌었습니다.'
19 주인이 이 종에게도 말하였다. '너도
다섯 고을을 다스리는 권세를 차지
하여라.'
20 또 다른 한 종이 와서 말하였다. '주
인님, 보십시오. 주인의 한 므나가 여
기에 있습니다. 나는 이것을 수건에
싸서, 보관해 두었습니다.
21 주인님은 야무진 분이라서, 맡기지
않은 것을 찾아가시고, 심지 않은 것
을 거두시므로, 나는 주인님을 무서
워하여 이렇게 하였습니다.'
22 주인이 그에게 말하였다. '악한 종
아, 나는 네 입에서 나온 말로 너를
심판하겠다. 너는, 내가 야무진 사람
이라서, 맡기지 않은 것을 찾아가고,
심지 않은 것을 거두어 가는 줄 알
고 있었지?
23 그러면 어찌하여 내 은화를 은행에
예금하지 않았느냐? 그랬더라면, 내
가 돌아와서, 그 이자와 함께 그것을
찾았을 것이다.'
24 그리고 그는 곁에 서 있는 사람들에
게 말하였다. '이 사람에게서 한 므
나를 빼앗아서, 열 므나를 가진 사
람에게 주어라.'
25 그들이 주인에게 말하기를 '주인님,
그는 열 므나를 가지고 있습니다' 하
였다.
26 '내가 너희에게 말한다. 가진 사람은
더 받게 될 것이요, 가지지 못한 사람
은 그가 가진 것까지 빼앗길 것이다.
27 그리고 내가 자기들의 왕이 되는 것
을 원하지 않은 나의 이 원수들을 이
리로 끌어다가, 내 앞에서 죽여라.'"

예루살렘에 들어가시다

(마 21:1-11; 막 11:1-11; 요 12:12-19)

28 ○예수께서 이 말씀을 마치시고, 앞
장서서 걸으시며 예루살렘으로 올
라가고 계셨다.
29 예수께서 올리브 산이라 불리는 산에
있는 벳바게와 베다니에 가까이 오
셨을 때에, 제자 두 사람을 보내시며
30 말씀하셨다. "맞은쪽 마을로 가거
라. 거기에 들어가서 보면, 아직 아
무도 타 본 적이 없는 새끼 나귀 한
마리가 매여 있을 것이다. 그것을 풀
어서 끌고 오너라.
31 혹시 누가 너희에게 왜 푸느냐고 묻
거든, '주님께서 그것을 필요로 하십
니다' 하고 말하여라."
32 보내심을 받은 사람이 가서 보니, 예
수께서 그들에게 말씀하신 그대로였
다.

19:11-27 예수님을 따르던 무리들은 이제 그분이 예루살렘에 가시기만 하면 로마를 멸망시키고 메시아 왕국을 세우실 것이라는 기대감을 가지고 있었다(11절). 예수님은 이러한 무리들의 오해를 풀어 주기 위해서 '열 므나 비유'를 말씀하셨다. 비유 중에 귀족 출신의 어떤 사람이 먼 나라로 길을 떠났다고 상징되었듯이, 예수님은 고난을 다 받으신 후, 하늘 아버지께로 올라가셔서 그 중보 사역을 성취하신 대가로 하나님의 오른쪽에 앉게 되신다. 또한 온 우주를 다스리시는 권세를 가지시게 되며 시간이 지난 후에 다시 오신다.

19:28 여기서부터 예수님의 예루살렘 활동기(19:28-24:53)가 기록된다. 예수께 대하여 예고된 바 있는 '떠나가심'(9:31), '하늘에 올라가실 날'(9:51), '예언자들이 기록한 모든 일'(18:31)이 예루살렘에서 이루어지게 되는 것이다.

19:29-40 스가랴 예언자는 "…네 왕이 네게로 오신다. 그는 공의로우신 왕, 구원을 베푸시는 왕

33 그들이 새끼 나귀를 푸는데, 그 주인
들이 그들에게 말하였다. "그 새끼
나귀는 왜 푸는 거요?"
34 그들이 대답하였다. "주님께서 그것
을 필요로 하십니다."
35 그리고 그들이 그 새끼 나귀를 예수
께로 끌고 와서, 자기들의 옷을 나귀
등에 걸쳐 얹고서, 예수를 올라타시
게 하였다.
36 예수께서 나아가시는데, 제자들이
자기들의 옷을 길에 깔았다.
37 예수께서 어느덧 올리브 산의 내리
막길에 이르셨을 때에, 제자의 온 무
리가 기뻐하며, 자기들이 본 모든 기
적을 두고 큰 소리로 하나님을 찬양
하면서 말하였다.
38 ㉠"복되시다, 주님의 이름으로
오시는 임금님! 하늘에는 평화,
지극히 높은 곳에는 영광!"
39 그런데 무리 가운데 섞여 있는 바리
새파 사람 몇이 예수께 말하였다.
"선생님, 선생님의 제자들을 꾸짖으
십시오."
40 그러나 예수께서 대답하셨다. "내가
너희에게 말한다. 이 사람들이 잠잠
하면, 돌들이 소리지를 것이다."
41 ○예수께서 예루살렘 가까이에 오
셔서, 그 도성을 보시고 우시었다.
42 그리고 이렇게 말씀하셨다. "오늘 너
도 평화에 이르게 하는 일을 알았더
라면, 좋을 터인데! 그러나 지금 너
는 그 일을 보지 못하는구나.
43 그 날들이 너에게 닥치리니, 너의 원
수들이 토성을 쌓고, 너를 에워싸고,
너를 사면에서 죄어들어서,
44 너와 네 안에 있는 네 자녀들을 짓밟
고, 네 안에 돌 한 개도 다른 돌 위
에 얹혀 있지 못하게 할 것이다. 이
것은 하나님께서 너를 찾아오신 때
를, 네가 알지 못했기 때문이다."

성전을 정결하게 하시다

(마 21:12-17; 막 11:15-19; 요 2:13-22)

45 ○예수께서 성전에 들어가셔서, 장사
하는 사람들을 내쫓으시며,
46 그들에게 말씀하셨다.
"성경에 기록하기를 ㉡'내 집은
기도하는 집이 될 것이다' 하였
다. 그런데 너희는 그것을 ㉢'강
도들의 소굴'로 만들어 버렸다."
47 ○예수께서 날마다 성전에서 가르치
셨다. 대제사장들과 율법학자들과
백성의 우두머리들이 예수를 없애
버리려고 꾀하고 있었으나,
48 어찌해야 할지 방도를 알지 못하였
다. 백성이 모두 그의 말씀을 열심히
듣고 있었기 때문이다.

예수의 권세에 대한 질문

(마 21:23-27; 막 11:27-33)

20 예수께서 어느 날 성전에서 백
성을 가르치시며, 기쁜 소식을

이시다. 그는 온순하셔서, 나귀 곧 나귀 새끼인 어린 나귀를 타고 오신다"(슥 9:9)고 예언했다. 예수님은 다윗의 나라를 재건함으로써 종말을 초래*하는 분으로 오심이 아닌 그의* 백성을 위해 자신의 목숨까지 바쳐서 섬기시는 '겸손하신 평화의 왕'으로 오신다는 것이다. 곧 정치적인 임금이 아닌 십자가에 처형되실 임금으로 오신다는 뜻이다.
19:45-46 예수님이 장사꾼들을 내쫓으신 곳은 '이방 사람의 뜰'이었다.

20장 요약 본장은 예루살렘 입성 후의 사건이다. 예수님이 반대자들의 본거지인 예루살렘에서도 자기 사역에 매진하시자 그들은 예수님의 입성으로 인해 자기들의 기반이 흔들릴 것을 우려해 더욱 교묘하게 주님께 도전했다. 이에 주님은 유대 민족의 패역한 행적을 비유로 말씀하셨다(9-18절).

㉠ 시 118:26 ㉡ 사 56:7 ㉢ 렘 7:11

전하고 계실 때에, 대제사장들과 율
법학자들이 장로들과 함께 예수께
와서
2 말하였다. "당신은 무슨 권한으로
이런 일을 합니까? 누가 이런 권한
을 당신에게 주었습니까? 어디 우리
에게 말해 보십시오."
3 예수께서 그들에게 대답하셨다. "나
도 너희에게 한 가지 물어 보겠으니,
나에게 대답해 보아라.
4 요한의 ㉠세례가 하늘에서 난 것이
냐? 사람에게서 난 것이냐?"
5 그들은 자기들끼리 의논하면서 말하
였다. "'하늘에서 났다'고 말하면,
'어찌하여 그를 믿지 않았느냐'고 할
것이요,
6 '사람에게서 났다'고 말하면, 온 백성
이 요한을 예언자로 믿고 있으니, 그
들이 우리를 돌로 칠 것이다."
7 그래서 그들은 요한의 ㉠세례가 어디
에서 났는지를 모른다고 대답하였다.
8 예수께서 그들에게 말씀하셨다. "나
도 무슨 권한으로 이런 일을 하는지
를 너희에게 말하지 않겠다."

포도원과 소작인의 비유

(마 21:33-46; 막 12:1-12)

9 ○예수께서 백성에게 이 비유를 말
씀하셨다. "어떤 사람이 포도원을
만들어서, 농부들에게 세로 주고, 오
랫동안 멀리 떠나 있었다.
10 포도를 거둘 때가 되어서, 포도원 주
인은 포도원 소출 가운데서 얼마를
소작료로 받아 오게 하려고, 종 하
나를 농부들에게 보냈다. 그런데 농
부들은 그 종을 때리고, 빈손으로
돌려보냈다.
11 주인은 다른 종을 보냈다. 그랬더니
그들은 그 종도 때리고, 모욕하고,
빈손으로 돌려보냈다.
12 그래서 주인이 다시 세 번째 종을 보
냈더니, 그들은 이 종에게도 상처를
입혀서 내쫓았다.
13 그래서 포도원 주인은 말하였다. '어
떻게 할까? 내 사랑하는 아들을 보
내야겠다. 설마 그들이 내 아들이야
존중하겠지!'
14 그러나 농부들은 그를 보고서, 서로
의논하며 말하였다. '이 사람은 상속
자다. 그를 죽여 버리자. 그래서 유
산이 우리 차지가 되게 하자.'
15 그리하여 그들은 주인의 아들을 포
도원 바깥으로 내쫓아서 죽였다. 그
러니 포도원 주인이 그들을 어떻게
하겠느냐?
16 주인은 와서 그들을 죽이고, 포도원
을 다른 사람들에게 줄 것이다." 사
람들이 이 말씀을 듣고서 말하였다.
"그런 일이 없기를 바랍니다."
17 그 때에 예수께서 그들을 똑바로 바
라보시고 말씀하셨다. "그러면,

20:2 예수님이 성전을 정결하게 하시고 백성들을 가르치시는 일에 대해 유대의 종교 지도자들은 예수님의 권한을 문제 삼았다. 이것은 자기들에게 정면으로 도전하며 백성들의 인기를 독차지하는 예수님에 대해 악감을 품었기 때문이었다.

20:9-18 악한 농부의 비유이다. 이 비유는 여러 가지 뜻을 지니고 있다. ① 하나님의 이스라엘 선택(9절) ② 예언자들에 대한 박해(10-12절) ③ 예수님의 처형(14-15절) ④ 이스라엘의 멸망과 이방 사람의 구원(16절) 등의 역사를 그리고 있다.

20:9 당시에 팔레스타인 지역에는 지주들이 소작인들에게 농작지를 주고 다른 곳에서 살았다.

20:19-26 유대 지도자들은 예수님을 함정에 몰아넣으려고 교묘한 질문을 던졌다. 만약 예수님이 '옳다'고 대답하시면 로마의 압제 아래 있는 이스라엘 백성들에게서 그 위치를 상실케 될 것이며, '옳지 않다'고 대답하시면 로마에 반역하는 정

㉠ 또는 '침례'

ⓐ'집 짓는 사람들이 버린 돌이
집 모퉁이의 ⓑ머릿돌이 되었다'
하고 기록된 말은 무슨 뜻이냐?
18 누구든지 그 돌 위에 떨어지면, 그는
부스러질 것이요, 그 돌이 어느 사람
위에 떨어지면 그를 가루로 만들 것
이다."
19 율법학자들과 대제사장들은 예수가
자기네들을 겨냥하여 이 비유를 말
씀하신 줄 알았다. 그래서 그들은 바
로 그 때에 예수께 손을 대어 잡으려
고 하였으나, 백성을 두려워하였다.

세금에 대한 질문 (마 22:15-22; 막 12:13-17)

20 ○그리하여 그들은 기회를 엿보다가,
정탐꾼들을 보내서, 이들이 거짓으
로 의로운 사람들인 체 행세하면서
예수께로 접근하게 하여, 그의 말씀
을 책잡게 하였다. 그렇게 해서, 그
들은 예수를 총독의 치리권과 사법
권에 넘겨주려고 하였다.
21 그들은 예수께 이렇게 물었다. "선생
님, 우리는 선생님이, 바르게 말씀하
시고, 가르치시고, 또 사람을 겉모양
으로 가리지 않으시고, 하나님의 길
을 참되게 가르치고 계시는 줄 압니
다.
22 우리가 황제에게 세금을 바치는 것
이 옳습니까, 옳지 않습니까?"
23 예수께서는 그들의 속셈을 알아채시
고서 그들에게 말씀하셨다.
24 "데나리온 한 닢을 나에게 보여다오.
이 돈에 누구의 얼굴상과 글자가 새
겨져 있느냐?" 그들이 대답하였다.
"황제의 것입니다."
25 예수께서 그들에게 말씀하셨다. "그
러면 황제의 것은 황제에게 돌려주
고, 하나님의 것은 하나님께 돌려드
려라."
26 그들은 백성 앞에서 예수의 말씀을
책잡지 못하고, 그의 답변에 놀라서
입을 다물었다.

부활 논쟁 (마 22:23-33; 막 12:18-27)

27 ○부활이 없다고 주장하는 사두개
파 사람 가운데 몇 사람이 다가와
서, 예수께 물었다.
28 "선생님, 모세가 우리에게 써 주기를
'어떤 사람의 형이 자식이 없이 아내
를 남겨 두고 죽으면, 그 동생이 그
형수를 맞아들여서 뒤를 이을 아들
을 자기 형에게 세워주어야 한다' 하
였습니다.
29 그런데 일곱 형제가 있었습니다. 맏
이가 아내를 얻어서 살다가 자식이
없이 죽었습니다.
30 그래서 둘째가 그 여자를 맞아들였
고,
31 그 다음에 셋째가 그 여자를 맞아들
였습니다. 일곱 형제가 다 그렇게 하
였는데, 모두 자식을 남기지 못하고
죽었습니다.

치범으로 몰려서 죽게 될 것이다. 예수님은 이러한 간계를 아시고 25절 말씀으로 답변하셨다.
20:22 황제에게 세금을 이 세금은 남자는 14세 이상부터, 여자는 12세 이상부터 65세까지 바치는 인두세였다. 그 당시 로마 황제는 티베리우스이다(3:1).
20:25 '황제의 것'은 세금 납부 이상을 의미한다. 그가 합법적으로 지시하는 것이면 무엇이든 그에게 복종해야 한다는 것이다. 그러나 그와 동시에 '하나님의 것은 하나님께' 바쳐야 한다. 이는 하나님께 대한 더욱 높은 의무가 전자의 의무를 포함한다는 데서 분명해진다.
20:27-40 부활 교리를 믿지 않았던 사두개파 사람들은 예수님을 모독하고자 질문을 늘어놓았다. 그러나 예수님께서는 두 가지를 강조하시면서 부활의 교리를 주장하신다. ① 예수님께서는 부활의 때에 인간의 관계가 전혀 새로운 차원으로 변화된다고 말씀하시면서 그들의 질문 자체가 잘

ⓐ 시 118:22 ⓑ 또는 '모퉁이 돌'

32 나중에 그 여자도 죽었습니다.
33 그러니 부활 때에 그 여자는 그들 가
운데서 누구의 아내가 되겠습니까?
일곱이 다 그 여자를 아내로 맞아들
였으니 말입니다."
34 ○예수께서 그들에게 말씀하셨다.
"이 세상 사람들은 장가도 가고, 시
집도 가지만,
35 저 세상과 죽은 사람들 가운데서 살
아나는 부활에 참여할 자격을 얻은
사람은 장가도 가지 않고 시집도 가
지 않는다.
36 그들은 천사와 같아서, 더 이상 죽지
도 않는다. 그들은 부활의 자녀들이
므로, 하나님의 자녀들이다.
37 죽은 사람들이 살아난다는 사실은
모세도 가시나무 떨기 이야기가 나
오는 대목에서 보여 주었는데, 거기
서 그는 주님을 ㉠'아브라함의 하나
님, 이삭의 하나님, 야곱의 하나님'이
라고 부르고 있다.
38 하나님은 죽은 사람들의 하나님이
아니라, 살아 있는 사람들의 하나님
이시다. 모든 사람은 하나님과의 관
계 속에서 살고 있다."
39 이 말씀을 듣고서, 율법학자 가운데
몇 사람이 말하였다. "선생님, 옳은
말씀입니다."
40 그들은 감히 예수께 더 이상 질문을
하지 못하였다.

그리스도와 다윗의 자손
(마 22:41-46; 막 12:35-37)

41 ○예수께서 그들에게 말씀하셨다.
"어떻게 사람들이 ㉡그리스도를 다
윗의 자손이라고 하느냐?
42 다윗이 친히 시편에서 말하기를
㉢'주님께서 내 주께 말씀하셨다.
43 「내가 네 원수들을 네 발 아래에
굴복시킬 때까지, 너는 내 오른
쪽에 앉아 있어라」'
하였다.
44 다윗이 그리스도를 주라고 불렀는
데, 어떻게 그가 다윗의 자손이 되겠
느냐?"

율법학자들을 책망하시다
(마 23:1-36; 막 12:38-40; 눅 11:37-54)

45 ○모든 백성이 듣고 있는 가운데, 예
수께서는 자기 제자들에게 말씀하
셨다.
46 "율법학자들을 조심하여라. 그들은
예복을 입고 다니기를 원하고, 장터
에서 인사 받는 것과 회당에서 높은
자리와 잔치에서 윗자리를 좋아한
다.
47 그들은 과부들의 가산을 삼키고, 남
에게 보이려고 길게 기도한다. 그들
은 더 엄한 심판을 받을 것이다."

과부의 헌금 (막 12:41-44)

21 예수께서 눈을 들어 부자들이
헌금궤에 ㉣헌금 넣는 것을 보

못되었음을 지적하셨다(34-36절). ② 예수님께서는 하나님께서 족장들에게 하셨던 약속을 근거로 부활의 신앙을 적극 주장하셨다(37-38절).

20:41-44 그 당시 유대 지도자들은 그리스도를 다윗의 자손으로 오는 인간 통치자로만 생각하였다. 예수님은 시편 110:1을 인용하여 그들의 잘못된 메시아관을 지적하셨다. 곧 그리스도는 다윗의 자손으로 사람일 뿐 아니라 다윗의 경배 대상이 되는 하나님이시라는 사실을 밝히셨다.

21장 요약 십자가 고난을 사흘 앞둔 때에 주어진 이 교훈은 1차적으로 예루살렘 멸망을, 궁극적으로는 종말의 심판을 염두에 둔 것이다. 복음서에 나오는 모든 종말론적 강화와 같이 여기서도 주님은 종말의 시기와 현상보다는 그것에 대한 성도의 자세를 강조하고 있다.

21:1-4 예수님은 과부의 헌금을 칭찬하시면서 율

㉠ 출 3:6 ㉡ 또는 '메시아' ㉢ 시 110:1 ㉣ 그, '예물'

시고,
2 또 어떤 가난한 과부가 거기에 ㉠렙
돈 두 닢을 넣는 것을 보셨다.
3 그래서 예수께서는 말씀하셨다. "내
가 진정으로 너희에게 말한다. 이 가
난한 과부가 누구보다도 더 많이 넣
었다.
4 저 사람들은 다 넉넉한 가운데서 자
기들의 ㉡헌금을 넣었지만, 이 과부
는 구차한 가운데서 가지고 있는 생
활비 전부를 털어 넣었다."

성전이 무너질 것을 예언하시다
(마 24:1-2; 막 13:1-2)

5 ○몇몇 사람들이 성전을 가리켜서,
아름다운 돌과 봉헌물로 꾸며 놓았
다고 말들을 하니, 예수께서 말씀하
셨다.
6 "너희가 보고 있는 이것들이, 돌 한
개도 돌 위에 남지 않고 다 무너질
날이 올 것이다."

재난의 징조 (마 24:3-14; 막 13:3-13)

7 ○제자들이 예수께 물었다. "선생님,
그러면 이런 일들이 언제 있겠습니
까? 또 이런 일이 일어나려고 할 때
에는, 무슨 징조가 있겠습니까?"
8 예수께서 대답하셨다. "너희는 속지
않도록 조심하여라. 많은 사람이 내
이름으로 와서 말하기를 '내가 그리
스도다' 하거나, '때가 가까이 왔다'
할 것이다. 그러나 그들을 따라가지
말아라.
9 전쟁과 난리의 소문을 듣더라도 두
려워하지 말아라. 이런 일이 반드시
먼저 일어나야 한다. 그러나 종말이
곧 오는 것은 아니다."
10 그 때에 예수께서 그들에게 말씀하
셨다. "민족이 일어나 민족을 치고,
나라가 일어나 나라를 칠 것이다.
11 큰 지진이 나고, 곳곳에 기근과 역병
이 생기고, 하늘로부터 무서운 일과
큰 징조가 나타날 것이다.
12 그러나 이 모든 일이 일어나기에 앞
서, 사람들이 너희에게 손을 대어 박
해하고, 너희를 회당과 감옥에 넘겨
줄 것이다. 너희는 내 이름 때문에
왕들과 총독들 앞에 끌려갈 것이다.
13 그러나 이것이, 너희에게는 증언할
기회가 될 것이다.
14 그러므로 너희는 변호할 말을 미리
부터 생각하지 않도록 명심하여라.
15 나는 너희의 모든 적대자들이 맞서
거나 반박할 수 없는 구변과 지혜를
너희에게 주겠다.
16 너희의 부모와 형제와 친척과 친구
들까지도 너희를 넘겨줄 것이요, 너
희 가운데서 더러는 죽일 것이다.
17 너희는 내 이름 때문에, 모든 사람에
게 미움을 받을 것이다.
18 그러나 너희는 머리카락 하나도 잃
지 않을 것이다.

법교사들의 위선적 경건과 과부의 참된 경건을 대조시켰다.

21:5-9 제자들은 예수님이 예언하신 예루살렘의 *파멸을 세상의 종말로 이해한 듯하다*(마 24:3). 그러나 예수님께서는 임박한 예루살렘의 멸망을 말씀하시면서 그것을 그 후에 올 세상 종말의 모형으로 인식하도록 하셨다.

21:8-11 종말에 나타날 징조들로는 ① 스스로 그리스도인 것처럼 자처하면서 종말이 임박했다고 말하는 거짓 교사들의 출현 ② 민족들 간의 전쟁과 천재지변 및 하늘의 징조 등이 있다. 그러나 아직 끝은 아니다. 해산할 여인의 산고가 시작되듯이 이는 종말의 시작을 알리는 신호일 뿐이다.

21:18 머리카락 하나도… 격언적 표현으로 성도들을 위한 하나님의 절대적인 보호를 뜻한다.

21:21 산으로 유대에는 특히 산지와 동굴이 많았는데 로마 공격 때 예수님의 예언을 믿었던 성도

㉠ 동전의 이름 ㉡ 그, '예물'

19 너희는 참고 견디는 가운데 너희의
목숨을 ㉠얻어라."

예루살렘의 멸망을 예언하시다

(마 24:15-21; 막 13:14-19)

20 ○"예루살렘이 군대에게 포위 당하
는 것을 보거든, 그 도성의 파멸이
가까이 온 줄 알아라.
21 그 때에 유대에 있는 사람들은 산으
로 도망하고, 그 도성 안에 있는 사
람들은 거기에서 빠져나가고, 산골
에 있는 사람들은 그 성 안으로 들
어가지 말아라.
22 그 때가 기록된 모든 말씀이 이루어
질 징벌의 날들이기 때문이다.
23 그 날에는, 아이 밴 여자들과 젖먹이
가 딸린 여자들은 화가 있다. 땅에
는 큰 재난이 닥치겠고, 이 백성에게
는 무서운 진노가 내릴 것이다.
24 그들은 칼날에 쓰러지고, 뭇 이방 나
라에 포로로 잡혀갈 것이요, 예루살
렘은 이방 사람들의 때가 차기까지,
이방 사람들에게 짓밟힐 것이다."

인자가 오실 때의 현상

(마 24:29-31; 막 13:24-27)

25 ○"그리고 해와 달과 별들에서 징조
들이 나타나고, 땅에서는 민족들이
바다와 파도의 성난 소리 때문에 어
쩔 줄을 몰라서 괴로워할 것이다.
26 사람들은 세상에 닥쳐올 일들을 예
상하고, 무서워서 기절할 것이다. 하
늘의 세력들이 흔들릴 것이기 때문
이다.
27 그 때에 사람들은 인자가 큰 권능과
영광을 띠고 구름을 타고 오는 것을
볼 것이다.
28 이런 일들이 일어나기 시작하거든,
일어서서 너희의 머리를 들어라. 너
희의 구원이 가까워지고 있기 때문
이다."

무화과나무의 교훈

(마 24:32-35; 막 13:28-31)

29 ○예수께서 그들에게 비유를 하나
말씀하셨다. "무화과나무와 모든 나
무를 보아라.
30 잎이 돋으면, 너희는 스스로 보고서,
여름이 벌써 가까이 온 줄을 안다.
31 이와 같이 너희도 이런 일들이 일어
나는 것을 보거든, 하나님의 나라가
가까이 온 줄로 알아라.
32 내가 진정으로 너희에게 말한다. 이
세대가 끝나기 전에, 이 모든 일이
다 일어날 것이다.
33 하늘과 땅은 없어질지라도, 내 말은
절대로 없어지지 않을 것이다."

깨어 있어라

34 ○"너희는 스스로 조심해서, 방탕과
술취함과 세상살이의 걱정으로 너희
의 마음이 짓눌리지 않게 하고, 또
한 그 날이 덫과 같이 너희에게 닥치
지 않게 하여라.

들은 요단강 계곡 베뢰아 지방의 펠라(Pella)로 피난하여 생명을 건졌다고 한다.

21:24 이방 사람들의 때가 차기까지 이방 사람들에게 복음이 전파되어 개종하는 기간을 뜻한다.

21:25-28 예수님께서 재림하실 때에는 우주적인 징조들이 일어나 사람들은 공포에 사로잡힐 것이다. 그러나 믿는 사람들은 이때야말로 희망을 가져야 할 때다. 바로 그 날이 그들의 구원의 날이기 때문이다.

21:27 구름 하나님의 임재와 영광스러움을 상징한다.

21:34-36 종말에 대하여 믿는 사람들이 주의를 기울여야 할 점은 언제 세상의 종말이 올 것인지가 아니라, 내 자신이 심판과 종말을 어떻게 맞이해야 할 것인가 하는 것이다. 주인을 기다리는 종들과 같이(12:35-40) 성실한 마음의 자세로 믿음의 생활을 해 나가야 한다.

㉠ 다른 고대 사본에는 '얻을 것이다'

35 그 날은 온 땅에 사는 모든 사람에
게 닥칠 것이다.
36 그러니 너희는 앞으로 일어날 이 모
든 일을 능히 피하고, 또 인자 앞에
설 수 있도록, 기도하면서 늘 깨어 있
어라."
37 ○예수께서는, 낮에는 성전에서 가
르치시고, 밤에는 나와서 올리브 산
이라고 하는 산에서 지내셨다.
38 그런데 모든 백성이 그의 말씀을 들
으려고, 이른 아침부터 성전으로 모
여들었다.

예수를 죽일 음모 (마 26:1-5, 14-16; 막 14:1-2, 10-11; 요 11:45-53)

22 ㉠유월절이라고 하는 ㉡무교절
이 다가왔다.
2 그런데 대제사장들과 율법학자들은
예수를 없애버릴 방책을 찾고 있었
다. 그들은 백성을 두려워하였다.
3 열둘 가운데 하나인 가룟이라는 유
다에게 사탄이 들어갔다.
4 유다는 떠나가서 대제사장들과 성
전 경비대장들과 더불어 어떻게 예
수를 그들에게 넘겨줄지를 의논하였
다.
5 그래서 그들은 기뻐하여, 그에게 돈
을 주겠다고 약조하였다.
6 유다는 동의하고, 무리가 없을 때에
예수를 그들에게 넘겨주려고, 기회
를 노리고 있었다.

유월절 준비 (마 26:17-25; 막 14:12-21; 요 13:21-30)

7 ○㉠유월절 양을 잡아야 하는 무교
절 날이 왔다.
8 예수께서 베드로와 요한을 보내시며
말씀하셨다. "가서, 우리가 먹을 수
있게 ㉠유월절을 준비하여라."
9 그들이 예수께 말하였다. "어디에다
준비하기를 바라십니까?"
10 예수께서 대답하셨다. "너희가 성 안
으로 들어가면, 물 한 동이를 메고
오는 사람을 만날 것이니, 그가 들어
가는 집으로 따라가거라.
11 그리고 그 집주인에게 말하기를 '선
생님께서 당신에게 말씀하시기를, 내
가 내 제자들과 함께 ㉠유월절 음식
을 먹을 그 방이 어디에 있느냐고 하
십니다' 하여라.
12 그러면 그 사람은 자리를 깔아 놓은
큰 다락방을 너희에게 보여 줄 것이
니, 너희는 거기에다 준비를 하여라."
13 그들이 가서 보니, 예수께서 말씀하
신 그대로였다. 그리하여 그들은 ㉠유
월절을 준비하였다.

마지막 만찬 (마 26:26-30; 막 14:22-26; 고전 11:23-25)

14 ○시간이 되어서, 예수께서 자리에 앉
으시니, 사도들도 그와 함께 앉았다.
15 예수께서 그들에게 말씀하셨다. "내
가 고난을 당하기 전에, 너희와 함께

22장 요약 가룟 유다의 배반으로부터 산헤드린 공회에서 재판을 받으시기까지의 예수님의 행적이다. 유월절 만찬을 베푸시고, 성찬 예식을 직접 행하셨다. 이 두 사건에는 자신을 속죄양으로 드려 전 인류를 구원하시려는 주님의 구속 열정이 두드러진다. 겟세마네 기도에는 주님의 고통이 절절히 담겨 있다.

㉠ 출 12:13, 21-28을 볼 것 ㉡ 출 12:15-20을 볼 것

22:3 예수님의 수난과 죽으심에 인간 이상의 요소가 작용했음을 암시하는 동시에, 권력·금전·배신 등이 사탄의 도구로 이용됨을 보여 준다.

22:7-13 예수님과 제자들은 유월절 음식을 먹기 위해서 예루살렘 성 안에 있는 장소를 구해야 했다. 유월절에 즈음하여 예루살렘은 사람들로 북적댔고, 음식은 반드시 그 도시 안에서 먹도록 되어 있었기 때문에 방을 얻는 문제는 대단히 중요했다. 유월절 식사는 어린 양과 누룩이 없는 빵

이 ㉠유월절 음식을 먹기를 참으로
간절히 바랐다.
16 내가 너희에게 말한다. ㉠유월절이
하나님의 나라에서 이루어질 때까
지, 나는 다시는 ㉠유월절 음식을 먹
지 않을 것이다."
17 그리고 잔을 받아서 감사를 드리신
다음에 말씀하셨다. "이것을 받아서
함께 나누어 마셔라.
18 내가 너희에게 말한다. 나는 이제부
터 하나님의 나라가 올 때까지, 포도
나무 열매에서 난 것을 절대로 마시
지 않을 것이다."
19 예수께서는 또 빵을 들어서 감사를
드리신 다음에, 떼어서 그들에게 주
시고 말씀하셨다. "이것은 ㉡너희를
위하여 주는 내 몸이다. ㉢이것을 행
하여 나를 기억하여라."
20 그리고 저녁을 먹은 뒤에, 잔을 그와
같이 하시고서 말씀하셨다. "이 잔
은 너희를 위하여 흘리는 내 피로 세
우는 새 언약이다.
21 그러나 보아라, 나를 넘겨줄 사람의
손이 나와 함께 상 위에 있다.
22 인자는 하나님께서 정하신 대로 가
지만, 인자를 넘겨주는 그 사람에게
는 화가 있다."
23 그들은, 자기들 가운데 이런 일을 할
사람이 누구일까 하고, 자기들끼리
서로 물었다.

참으로 높은 사람

24 ○제자들 가운데서 누구를 가장 큰
사람으로 칠 것이냐는 물음을 놓고,
그들 사이에 말다툼이 벌어졌다.
25 예수께서 그들에게 말씀하셨다. "뭇
민족들의 왕들은 백성들 위에 군림
한다. 그리고 백성들에게 권세를 부
리는 자들은 은인으로 행세한다.
26 그러나 너희는 그렇지 않다. 너희 가
운데서 가장 큰 사람은 가장 어린 사
람과 같이 되어야 하고, 또 다스리는
사람은 섬기는 사람과 같이 되어야
한다.
27 누가 더 높으냐? 밥상에 앉은 사람
이냐, 시중드는 사람이냐? 밥상에
앉은 사람이 아니냐? 그러나 나는
섬기는 사람으로 너희 가운데 있다.
28 ○너희는 내가 시련을 겪는 동안에
나와 함께 한 사람들이다.
29 내 아버지께서 내게 왕권을 주신 것
과 같이, 나도 너희에게 왕권을 준다.
30 그리하여 너희가 내 나라에 들어와
내 밥상에서 먹고 마시게 하고, 옥좌
에 앉아서 이스라엘의 열두 지파를
심판하게 하겠다."

베드로의 부인을 예고하시다

(마 26:31-35; 막 14:27-31; 요 13:36-38)

31 ○"시몬아, 시몬아, 보아라. 사탄이
밀처럼 너희를 ㉣체질하려고 너희를
손아귀에 넣기를 요구하였다.

등의 음식을 준비해야 했다. 이러한 유월절 만찬을 준비하기 위해 예수님은 사전에 준비해 놓은 다락방에 가서 음식을 준비하라고 제자들에게 말씀하셨다. 그리고 제자들은 준비했다(Godet, H. Marshall).

22:10 물 한 동이를 메고 오는 사람 이 사람은 남자로 보통 유대 사회에서는 남자가 가죽으로 된 병들을 운반했고, 여자는 동이를 운반했기에 제자들이 물동이 든 남자를 발견하기란 쉽지 않았을 것이다.

22:17 잔 유월절 만찬에서는 네 차례의 포도주 잔을 들었다. 주된 식사 뒤에 마시는 세 번째 잔이 축복의 잔으로서 이 잔에 해당한다.

22:30 내 밥상에서 하나님 나라에서의 잔치가 보여 주는 사상은 보편적인 것이었다(13:29;14:15;

㉠ 출 12:13, 21-28을 볼 것 ㉡ 다른 고대 사본들에는 '너희를 위하여 주는'이 없음 ㉢ 다른 고대 사본들에는 여기에서부터 20절까지 전부, 또는 부분적으로 없음 ㉣ 또는 '너희를 체질할 허락을 이미 받았다'

32 그러나 나는 네 믿음이 꺾이지 않도
록, 너를 위하여 기도하였다. 네가 다
시 돌아올 때에는, 네 형제를 굳세게
하여라."
33 베드로가 예수께 말하였다. "주님,
나는 감옥에도, 죽는 자리에도, 주님
과 함께 갈 각오가 되어 있습니다."
34 그러나 예수께서 말씀하셨다. "베드
로야, 내가 네게 말한다. 오늘 닭이
울기 전에, 네가 세 번 나를 모른다
고 할 것이다."

돈주머니와 검

35 ○예수께서 제자들에게 말씀하셨다.
"내가 너희를 돈주머니와 자루와 신
발이 없이 내보냈을 때에, 너희에게
부족한 것이 있더냐?" 그들이 대답
하였다. "없었습니다."
36 예수께서 그들에게 말씀하셨다. "이
제는 돈주머니가 있는 사람은 그것
을 챙겨라. 또 자루도 그렇게 하여라.
그리고 칼이 없는 사람은, 옷을 팔아
서 칼을 사라.
37 내가 너희에게 말한다. ㉠'그는 무법
자들과 한 패로 몰렸다'고 하는 이
성경 말씀이, 내게서 반드시 이루어
져야 한다. 과연, 나에 관하여 기록
한 일은 이루어지고 있다."
38 제자들이 예수께 말하였다. "주님,
보십시오. 여기에 칼 두 자루가 있습
니다." 예수께서 그들에게 말씀하시
기를 "넉넉하다" 하셨다.

예수께서 기도하시다

(마 26:36-46; 막 14:32-42)

39 ○예수께서 나가시어, 늘 하시던 대
로 올리브 산으로 가시니, 제자들도
그를 따라갔다.
40 그 곳에 이르러서, 예수께서 제자들
에게 말씀하시기를 "시험에 빠지지
않도록 기도하여라" 하신 뒤에,
41 그들과 헤어져서, 돌을 던져서 닿을
만한 거리에 가서, 무릎을 꿇고 이렇
게 기도하셨다.
42 "아버지, 만일 아버지의 뜻이면, 내게
서 이 잔을 거두어 주십시오. 그러나
내 뜻대로 되게 하지 마시고, 아버지
의 뜻대로 되게 하여 주십시오."
43 [[그 때에 천사가 하늘로부터 그에게
나타나서, 힘을 북돋우어 드렸다.
44 예수께서 고뇌에 차서, 더욱 간절히
기도하시니, 땀이 핏방울같이 되어
서 땅에 떨어졌다.]]
45 기도를 마치고 일어나, 제자들에게
로 와서 보시니, 그들이 슬픔에 지쳐
서 잠들어 있었다.
46 그래서 그들에게 말씀하셨다. "왜들
자고 있느냐? 시험에 빠지지 않도
록, 일어나서 기도하여라."

예수께서 잡히시다

(마 26:47-56; 막 14:43-50; 요 18:3-11)

47 ○예수께서 아직 말씀하시고 계실

22:16). 이스라엘의 열두 지파 이스라엘 민족이 아니라 구원받은 새 이스라엘을 말한다.

22:32 그러나 사탄의 힘에는 한계가 있다. 그보다 더 큰 힘을 가진 예수님이 제자들을 보호하신다. 비록 베드로가 그의 주님을 부인할 것이지만(34절) 예수님의 보호하심 덕분에 회개하고 다시 주님을 섬길 것이다. 그리고 다시는 나약하게 굴복하지 않고 동료 제자들의 지도자로서 박해와 시련 속에서도 그리스도를 위해 굳세게 행동할 것이다.

22:35-38 본문의 주제는 '새롭게 펼쳐지게 될 환난에 대비하여 마음의 각오를 단단히 하라'이다.

22:37 무법자들과 한 패 이사야서 53:12의 인용으로 예수님이 고난받으실 것을 가리킨다.

22:39-46 히브리서 5:7은 "예수께서 큰 부르짖음과 많은 눈물로써 기도와 탄원을 올리셨습니다"라고 기록하고 있다. 성자 하나님이 성부 하나

㉠ 사 53:12

때에, 한 무리가 나타났다. 열둘 가
운데 하나인 유다라는 사람이 그들
의 앞장을 서서 왔다. 그는 예수께
입을 맞추려고 가까이 왔다.
48 예수께서 그에게 말씀하셨다. "유다
야, 너는 입맞춤으로 인자를 넘겨주
려고 하느냐?"
49 예수의 둘레에 있는 사람들이 사태
를 보고서 말하였다. "주님, 우리가
칼을 쓸까요?"
50 그 가운데 한 사람이 대제사장의 종
의 오른쪽 귀를 쳐서 떨어뜨렸다.
51 예수께서 말씀하시기를 "그만해 두
어라!" 하시고, 그 사람의 귀를 만져
서 고쳐 주셨다.
52 그런 다음에, 자기를 잡으러 온 대제
사장들과 성전 경비대장들과 장로
들에게 말씀하셨다. "너희가 강도를
잡듯이 칼과 몽둥이를 들고 나왔느
냐?
53 내가 날마다 성전에서 너희와 함께
있었으나, 너희는 내게 손을 대지 않
았다. 그러나 지금은 너희의 때요,
어둠의 권세가 판을 치는 때다."

베드로가 예수를 부인하다

(마 26:57-58, 69-75; 막 14:53-54, 66-72; 요 18:12-18, 25-27)

54 ○그들은 예수를 붙잡아서, 끌고 대
제사장의 집으로 데리고 갔다. 그런
데 베드로는 멀찍이 떨어져서 뒤따
라갔다.
55 사람들이 뜰 한가운데 불을 피워놓
고 둘러앉아 있는데, 베드로도 그들
가운데 끼여 앉아 있었다.
56 그 때에 한 하녀가 베드로가 불빛을
안고 앉아 있는 것을 보고, 그를 빤
히 노려보고 말하였다. "이 사람도
그와 함께 있었어요."
57 그러나 베드로는 그것을 부인하여
이렇게 말하였다. "㉠여보시오, 나는
그를 모르오."
58 조금 뒤에 다른 사람이 베드로를 보
고서 말했다. "당신도 그들과 한패
요." 그러나 베드로는 "이 사람아, 나
는 아니란 말이오" 하고 말하였다.
59 그리고 한 시간쯤 지났을 때에, 또 다
른 사람이 강경하게 주장하였다. "틀
림없이, 이 사람도 그와 함께 있었소.
이 사람은 갈릴리 사람이니까요."
60 그러나 베드로는 이렇게 말하였다.
"㉡여보시오, 나는 당신이 무슨 소리
를 하는지 모르겠소." 베드로가 아
직 말을 채 끝내기도 전에, 곧 닭이
울었다.
61 주님께서 돌아서서 베드로를 똑바로
보셨다. 베드로는, 주님께서 자기에
게 "오늘 닭이 울기 전에, 네가 세 번
나를 모른다고 할 것이다" 하신 그
말씀이 생각났다.
62 그리하여 그는 바깥으로 나가서 비

님으로부터 버림받는다는 그 절대적 고통을, 인간인 우리로서는 만분의 일도 헤아릴 수가 없다. 이제 예수님께서는 하나님의 뜻에 따라 우리의 죄악으로 말미암아 내리는 하나님의 진노를 자신이 받아들이길 기도하셨다.

22:42 이 잔을 '잔'은 희열(시 23:5;116:13)이나 고통(시 11:6;75:8;사 51:17;렘 25:15)의 상징으로, 여기서는 '십자가에서의 죽으심'을 가리킨다.

22:47-53 예수님이 마침내 잡히셨다. 그러나 예수님이 가실 길을 오해했던 제자들은 즉시 칼로 대처하였다. 이에 대하여 예수님은 다친 자의 상처를 고쳐 주심으로써 자신의 사역이 칼이나 폭력에 근거한 것이 아님을 보여 주셨다.

22:54-62 예수님께서는 대제사장의 집에 끌려가 신문을 받으셨는데, 그것을 지켜보던 제자 베드로는 예수님을 세 번 부인한 후 자기 잘못을 알고 대성통곡하였다. 사실 베드로는 왜곡된 메시

㉠ 그, '여자여' ㉡ 그, '사람아' 또는 '남자야'

통하게 울었다.

예수를 모욕하고 때리다

(마 26:67-68; 막 14:65)

63 ○예수를 지키는 사람들이 예수를
때리면서 모욕하였다.
64 또 그들은 예수의 눈을 가리고 말하
였다. "너를 때린 사람이 누구인지
알아맞추어 보아라."
65 그들은 그 밖에도 온갖 말로 모욕하
면서 예수에게 욕설을 퍼부었다.

공회 앞에 서시다

(마 26:59-66; 막 14:55-64; 요 18:19-24)

66 ○날이 밝으니, 백성의 장로회, 곧 대
제사장들과 율법학자들이 모여서,
예수를 그들의 공의회로 끌고 가서,
67 이렇게 말하였다. "그대가 그리스도
이면, 그렇다고 우리에게 말해 주시
오." 예수께서 그들에게 말씀하셨다.
"내가 그렇다고 여러분에게 말하더
라도, 여러분은 믿지 않을 것이요,
68 내가 물어보아도, 여러분은 대답하
지 않을 것이오.
69 그러나 이제부터 인자는 전능하신
하나님의 오른쪽에 앉게 될 것이오."
70 그러자 모두가 말하였다. "그러면 그
대가 하나님의 아들이오?" 예수께
서 그들에게 말씀하셨다. "내가 그라
고 여러분이 말하고 있소."
71 그러자 그들은 말하였다. "이제 우리
에게 무슨 증언이 더 필요하겠소?
우리가 그의 입에서 나오는 말을 직
접 들었으니 말이오."

빌라도 앞에서 신문받으시다

(마 27:1-2, 11-14; 막 15:1-5; 요 18:28-38)

23 그들 온 무리가 일어나서, 예수
를 빌라도 앞으로 끌고 갔다.
2 그들이 예수를 고발하여 말하기를
"우리가 보니, 이 사람은 우리 민족
을 오도하고, 황제에게 세금 바치는
것을 반대하고, 자칭 ㉠그리스도 곧
왕이라고 하였습니다."
3 그래서 빌라도가 예수께 물었다. "당
신이 유대인의 왕이오?" 예수께서
빌라도에게 대답하셨다. "당신이 그
렇게 말하고 있소."
4 빌라도가 대제사장들과 무리들에게
말하였다. "내가 보니 이 사람에게
는 아무 죄도 없소."
5 그러나 그들은 이렇게 주장하였다.
"그 사람은 갈릴리에서 시작해서 여
기에 이르기까지, 온 유대를 누비면
서 가르치며 백성을 선동하고 있습
니다."

헤롯 앞에 서시다

6 ○빌라도가 이 말을 듣고서 물었다.
"이 사람이 갈릴리 사람이오?"
7 그는 예수가 헤롯의 관할에 속한 것
을 알고서, 예수를 헤롯에게 보냈는
데, 마침 그 때에 헤롯이 예루살렘
에 있었다.

아 관념을 가지고 있었기 때문에 예수님의 체포는 곧 베드로의 인간적인 연약함과 죄성을 드러내었다.

22:66-71 당시 그리스도, 곧 메시아 개념은 정치적인 개념이었다. 따라서 로마 황제 외에 또 다른 왕권을 주장한다는 것은 곧 죽음을 뜻하였다. 예수님께서는 왜곡된 메시아 관념에서 나온 질문에는 답하지 않으시면서, 신성을 지닌 하나님의 아들이신 그리스도를 제시하셨다(69-70절).

23장 요약 재판 후 사형을 언도받고 무덤에 장사되기까지의 기록이다. 빌라도의 2차에 걸친 신문 중간에 헤롯의 신문 기사도 언급되는데 이는 본문에만 등장한다. 재판의 전 과정에서 선악은 극명한 대조를 이룬다.

23:1 본래 총독의 근무처는 가이사랴에 있었으나 그 때는 유월절이라 빌라도가 예루살렘에 있었

㉠ 또는 '메시아'

8 헤롯은 예수를 보고 매우 기뻐하였
다. 그는 예수의 소문을 들었으므로,
오래 전부터 예수를 보고자 하였고,
또 그는 예수가 어떤 기적을 일으키
는 것을 보고 싶어하였다.
9 그래서 그는 예수께 여러 말로 물어
보았다. 그러나 예수께서는 그에게
아무 대답도 하지 않으셨다.
10 그런데 대제사장들과 율법학자들이
곁에 서 있다가, 예수를 맹렬하게 고
발하였다.
11 헤롯은 자기 호위병들과 함께 예수
를 모욕하고 조롱하였다. 그런 다음
에, 예수에게 화려한 옷을 입혀서 빌
라도에게 도로 보냈다.
12 헤롯과 빌라도가 전에는 서로 원수
였으나, 바로 그 날에 서로 친구가 되
었다.

사형 판결을 받으시다

(마 27:15-26; 막 15:6-15; 요 18:39-19:16)

13 ○빌라도는 대제사장들과 지도자들
과 백성을 불러모아 놓고서,
14 그들에게 말하였다. "그대들은, 이
사람이 백성을 오도한다고 하여 내
게로 끌고 왔으나, 보다시피, 내가 그
대들 앞에서 친히 신문하여 보았지
만, 그대들이 고발한 것과 같은 죄목
은 아무것도 이 사람에게서 찾지 못
하였소.
15 헤롯도 또한 그것을 찾지 못하고, 그
를 우리에게 돌려보낸 것이오. 이 사
람은 사형을 받을 만한 일을 하나도
저지르지 않았소.
16 그러므로 나는 이 사람을 매질이나
하고, 놓아주겠소."
17 ㉠(없음)
18 ○그러나 그들이 일제히 소리 질러
말하였다. "이 자를 없애고, 바라바
를 우리에게 놓아주시오."
19 —바라바는, 그 성 안에서 일어난 폭
동과 살인 때문에 감옥에 갇힌 사람
이다.—
20 빌라도는 예수를 놓아주고자 하여,
다시 그들에게 말하였다.
21 그러나 그들이 외쳤다. "그 자를 십
자가에 못박으시오! 십자가에 못박
으시오!"
22 빌라도가 세 번째 그들에게 말하였
다. "도대체 이 사람이 무슨 나쁜 일
을 하였단 말이오? 나는 그에게서
사형에 처할 아무런 죄를 찾지 못하
였소. 그러므로 나는 그를 매질이나
해서 놓아줄까 하오."
23 그러나 그들은 마구 우기면서, 예수
를 십자가에 못박으라고 큰 소리로
요구하였다. 그래서 그들의 소리가
이겼다.
24 마침내 빌라도는 그들의 요구대로 하
기로 결정하였다.
25 그래서 그는 폭동과 살인 때문에 감

다. 예수님은 새벽에 산헤드린 공의회에서 신문 받으신 후, 빌라도 앞으로 끌려가셨다.

23:7 헤롯에게 보냈는데 유월절을 맞이하여 갈릴리의 분봉왕인 헤롯 안디바도 예루살렘을 순례하러 왔다가 예수님의 재판에 관여했다. 빌라도가 헤롯에게 예수님을 보낸 이유는 그 사건을 헤롯에게 떠맡기려 했기 때문이다.

23:13–25 빌라도는 세 번씩이나 예수님의 무죄를 주장했지만(14,20,22절), 군중들의 '십자가에 못 박으라'는 함성 속에 파묻히고 말았다. 당시 '십자가형'은 극형이었다. 로마 사람들은 탈주하여 강도질을 행한 노예나 대역죄·내란 선동·살인 등의 중죄인에게만 사형을 선고하였는데, 예수님께서는 결국 내란 선동이라는 정치적 죄목 아래에 십자가형을 받게 된 것이다.

23:18 바라바를 우리에게 놓아주시오 유월절에는

㉠ 다른 고대 사본들에는 17절이 첨가되어 있음. '17. 명절이 되어 빌라도는 죄수 한 사람을 그들에게 놓아주어야 했다'

옥에 갇힌 자는 그들이 요구하는 대
로 놓아주고, 예수는 그들의 뜻대로
하게 넘겨주었다.

예수께서 십자가에 못박히시다
(마 27:32-44; 막 15:21-32; 요 19:17-27)

26 ○그들이 예수를 끌고 가다가, 들에
서 오는 시몬이라는 한 구레네 사람
을 붙들어서, 그에게 십자가를 지우
고, 예수의 뒤를 따라가게 하였다.
27 백성들과 여자들이 큰 무리를 이루
어서 예수를 따라 가고 있었는데, 여
자들은 예수를 생각하여 가슴을 치
며 통곡하였다.
28 예수께서 여자들을 돌아다보시고
말씀하셨다. "예루살렘의 딸들아,
나를 두고 울지 말고, 너희와 너희
자녀를 두고 울어라.
29 보아라, '아이를 배지 못하는 여자
와, 아이를 낳아 보지 못한 태와, 젖
을 먹여 보지 못한 가슴이 복되다'
하고 사람들이 말할 날이 올 것이다.
30 그 때에,

사람들이 산에다 대고 ㉠'우리
위에 무너져 내려라' 하며, 언덕
에다 대고 '우리를 덮어 버려라'
하고 말할 것이다.

31 나무가 푸른 계절에도 사람들이 이
렇게 하거든, 하물며 나무가 마른 계
절에야 무슨 일이 벌어지겠느냐?"
32 ○다른 죄수 두 사람도 예수와 함께
처형장으로 끌려갔다.
33 그들은 해골이라 하는 곳에 이르러
서, 거기서 예수를 십자가에 달고,
그 죄수들도 그렇게 하였는데, 한 사
람은 그의 오른쪽에, 한 사람은 그
의 왼쪽에 달았다.
34 [[그 때에 예수께서 말씀하셨다. "아
버지, 저 사람들을 용서하여 주십시
오. 저 사람들은 자기네가 무슨 일
을 하는지를 알지 못합니다."]] 그들
은 제비를 뽑아서, 예수의 옷을 나
누어 가졌다.
35 백성은 서서 바라보고 있었고, 지도
자들은 비웃으며 말하였다. "이 자가
남을 구원하였으니, 정말 그가 ㉡택
하심을 받은 분이라면, 자기나 구원
하라지."
36 병정들도 예수를 조롱하였는데, 그
들은 가까이 가서, 그에게 신 포도주
를 들이대면서,
37 말하였다. "네가 유대인의 왕이라면,
너나 구원하여 보아라."
38 예수의 머리 위에는 "이는 유대인의
왕이다" 이렇게 ㉢쓴 죄패가 붙어 있
었다.
39 ○예수와 함께 달려 있는 죄수 가운
데 하나도 그를 모독하며 말하였다.
"너는 ㉣그리스도가 아니냐? 너와
우리를 구원하여라."
40 그러나 다른 하나는 그를 꾸짖으며

죄수를 사면하는 관습이 있었는데(막 15:6 '유월절 특사') 이런 관습이 언제부터 있었는지는 확실히 알 수 없다(요 18:39). 바라바는 '열심당'의 일원으로서 내란 선동으로 인한 국사범으로 처형을 기다리고 있었다.

23:28-31 예수님은 우는 여인들에게 자신의 죽음에 대하여 울지 말고, 그들 자신들의 운명에 대하여 울라고 경고하신다. 예수님이 이렇게 말씀하신 이유는 A.D. 70년이 되면 예루살렘의 파멸로 인하여 그들과 그들의 자녀들이 죽게 될 것이기 때문이다.

23:34 저 사람들을 용서하여 주십시오 '아버지의 주권적인 은혜로 저들이 진실로 회개함으로써 온전한 용서를 받게 하옵소서'라는 의미이다. 이사야서 53:12의 "그는 많은 사람의 죄를 대신 짊어

㉠ 호 10:8 ㉡ '하나님이 기름부어 주신 분', '하나님이 세우신 그리스도' ㉢ 다른 고대 사본들에는 '그리스어와 라틴어와 히브리어로 쓴' ㉣ 또는 '메시아'

말하였다. "똑같은 처형을 받고 있는
주제에, 너는 하나님이 두렵지도 않
으냐?
41 우리야 우리가 저지른 일 때문에 그
에 마땅한 벌을 받고 있으니 당연하
지만, 이분은 아무것도 잘못한 일이
없다." 그리고 나서 그는 예수께 말
하였다.
42 "예수님, 주님이 주님의 나라에 들어
가실 때에, 나를 기억해 주십시오."
43 예수께서 그에게 말씀하셨다. "내가
진정으로 네게 말한다. 너는 오늘 나
와 함께 낙원에 있을 것이다."

예수께서 숨을 거두시다

(마 27:45-56; 막 15:33-41; 요 19:28-30)

44 ○어느덧 ㉠낮 열두 시쯤 되었는데,
어둠이 온 땅을 덮어서, ㉡오후 세 시
까지 계속되었다.
45 해는 빛을 잃고, 성전의 휘장은 한가
운데가 찢어졌다.
46 예수께서 큰 소리로 부르짖어 말씀
하셨다. "아버지, 내 영혼을 아버지
손에 맡깁니다." 이 말씀을 하시고,
그는 숨을 거두셨다.
47 그런데 백부장은 그 일어난 일을 보
고, 하나님께 영광을 돌리며 말하였
다. "이 사람은 참으로 ㉢의로운 사
람이었다."
48 구경하러 모여든 무리도 그 일어난
일을 보고, 모두 가슴을 치면서 돌
아갔다.
49 예수를 아는 사람들과 갈릴리에서
부터 예수를 따라다닌 여자들은, 다
멀찍이 서서 이 일을 지켜보았다.

무덤에 묻히시다

(마 27:57-61; 막 15:42-47; 요 19:38-42)

50 ○요셉이라는 사람이 있었는데, 그
는 공의회 의원이고, 착하고 의로운
사람이었다.
51 -이 사람은 의회의 결정과 처사에
찬성하지 않았다.- 그는 유대 사람
의 고을 아리마대 출신으로, 하나님
의 나라를 기다리는 사람이었다.
52 이 사람이 빌라도에게 가서, 예수의
시신을 내어 달라고 청하였다.
53 그는 시신을 십자가에서 내려서, 삼
베로 싼 다음에, 바위를 파서 만든
무덤에다가 모셨다. 그 무덤은 아직
아무도 묻힌 적이 없는 것이었다.
54 그 날은 준비일이고, 안식일이 시작
될 무렵이었다.
55 갈릴리에서부터 예수를 따라다닌 여
자들이 뒤따라가서, 그 무덤을 보
고, 또 그의 시신이 어떻게 안장되었
는지를 살펴보았다.
56 그리고 그들은 집에 돌아가서, 향료
와 향유를 마련하였다.

예수의 부활

(마 28:1-10; 막 16:1-8; 요 20:1-10)

○여인들은 계명대로 안식일에 쉬었

졌고, 죄지은 사람들을 살리려고 중재에 나선 것이다"라는 예언을 성취하신 것이다. **제비를 뽑아서** 시편 22:18의 성취이다. 죄수의 옷은 사형 집행자의 소유였다.

23:36 신 포도주를 들이대면서 시편 69:21의 성취이다. 신 포도주는 로마 군인이 마시는 값싼 술로 사형수의 고통을 감해주기 위해 신 포도주를 주었다.

23:45 이 휘장은 성소와 지성소 사이에 쳐 있던 것이다. 지성소에는 대제사장이 1년에 한 번, 곧 속죄일에 제물의 피를 가지고 들어가 이스라엘을 위해 대속의 기도를 드린다. 그리스도는 그의 몸으로 영원한 제사를 드림으로써 죄인이 하나님께로 갈 수 있는 새로운 길을 열어 놓으신 것이다.

23:54 준비일 이러한 표현은 안식일 전날을 가리킨다. 예수님께서 운명하신 시간은 안식일 전날, 곧 금요일 오후 3시경이었다.

㉠ 그, '제 육시' ㉡ 그, '제 구시' ㉢ 또는 '죄 없는'

다.

24 1 이레의 첫날 이른 새벽에, 여
자들은 준비한 향료를 가지고
무덤으로 갔다.
2 그들은 무덤 어귀를 막은 돌이 무덤
에서 굴려져 나간 것을 보았다.
3 그들이 안으로 들어가 보니, ㉠주 예
수의 시신이 없었다.
4 그래서 그들이 이 일을 어떻게 해야
할지를 몰라서 당황하고 있는데, 눈
부신 옷을 입은 두 남자가 갑자기 그
들 앞에 나섰다.
5 ㉡여자들은 두려워서 얼굴을 아래로
숙이고 있는데, 그 남자들이 그들에
게 말하였다. "어찌하여 너희들은
살아 계신 분을 죽은 사람들 가운데
서 찾고 있느냐?
6 ㉢그분은 여기에 계시지 않고, 살아
나셨다. 갈릴리에 계실 때에, 너희들
에게 하신 말씀을 기억해 보아라.
7 '인자는 반드시 죄인의 손에 넘어가
서, 십자가에 처형되고, 사흘째 되는
날에 살아나야 한다'고 하셨다."
8 여자들은 예수의 말씀을 회상하였
다.
9 그들은 무덤에서 돌아와서, 열한 제
자와 그 밖의 모든 사람에게 이 모
든 일을 알렸다.
10 이 여자들은 막달라 마리아와 요안
나와 야고보의 어머니인 마리아이다.
이 여자들과 함께 있던 다른 여자들
도, 이 일을 사도들에게 말하였다.
11 그러나 사도들에게는 이 말이 어처
구니없는 말로 들렸으므로, 그들은
여자들의 말을 믿지 않았다.㉣
12 그러나 베드로는 일어나서 무덤으로
달려가, 몸을 굽혀서 들여다보았다.
거기에는 시신을 감았던 삼베만 놓
여 있었다. 그는 일어난 일을 이상히
여기면서 집으로 돌아갔다.

예수께서 엠마오로 가는 제자에게 나타나시다 (막 16:12-13)

13 ○마침 그 날에 그들 가운데 두 사
람이 예루살렘에서 한 ㉤삼십 리 떨
어져 있는 엠마오라는 마을로 가고
있었다.
14 그들은 일어난 이 모든 일을 서로 이
야기하고 있었다.
15 그들이 이야기하며 토론하고 있는
데, 예수께서 가까이 가서, 그들과
함께 걸으셨다.
16 그러나 그들은 눈이 가려져서 예수
를 알아보지 못하였다.
17 예수께서 그들에게 물으셨다. "당신
들이 걸으면서 서로 주고 받는 이 말
들은 무슨 이야기입니까?" 그들은
침통한 표정을 지으며 걸음을 멈추
었다.
18 그 때에 그들 가운데 하나인 글로바
라는 사람이 예수께 말하였다. "예

24장 요약 예수님은 부활하신 후, 엠마오 도상에 나타나셔서 낙망과 불신앙에 빠진 제자들을 위로하시고 다시금 복음 사역에 매진할 수 있는 힘을 주셨다. 부활을 거듭 강조하는 최후의 말씀은(46절) 이것이 기독교 신앙의 핵심임을 주지시킨다.

㉠ 다른 고대 사본들에는 '주 예수의'가 없음 ㉡ **그**, '그들이' ㉢ 다른 고대 사본들에는 6절 상반절이 없음 ㉣ 다른 고대 사본에는 12절이 없음 ㉤ **그**, '육십 스타디아(약 11킬로미터)'

24:1-12 빈 무덤을 목격했다고 제자들이 부활 신앙에 이르게 된 것은 아니었다. 오히려 유대 사람들은 제자들이 시신을 몰래 이장했다고 믿었다. 부활 신앙은 예수님을 만날 때 믿게 된다.

24:10 야고보의 어머니인 마리아 야고보와 요셉의 어머니(마 27:56), 글로바 또는 알패오(마 10:3)의 아내(요 19:25)인 것 같다.

24:13 한 삼십 리 떨어져 있는 엠마오 예루살렘 서북쪽 12km 정도에 있는 클로니에로 추정된다. 요

루살렘에 머물러 있었으면서, 이 며
칠 동안에 거기에서 일어난 일을 당
신 혼자만 모른단 말입니까?"
19 예수께서 그들에게 물으셨다. "무슨
일입니까?" 그들이 그에게 말하였다.
"나사렛 예수에 관한 일입니다. 그는
하나님과 모든 백성 앞에서, 행동과
말씀에 힘이 있는 예언자였습니다.
20 그런데 우리의 대제사장들과 지도
자들이 그를 넘겨주어서, 사형선고
를 받게 하고, 십자가에 못박아 죽였
습니다.
21 우리는 그분이야말로 이스라엘을 구
원하실 분이라는 것을 알고서, 그분
에게 소망을 걸고 있었던 것입니다.
그뿐만 아니라, 그런 일이 있은 지 벌
써 사흘이 되었는데,
22 우리 가운데서 몇몇 여자가 우리를
놀라게 하였습니다. 그들은 새벽에
무덤에 갔다가,
23 그의 시신을 찾지 못하고 돌아와서
하는 말이, 천사들의 환상을 보았다
는 것입니다. 천사들이 예수가 살아
계신다고 말했다는 것입니다.
24 그래서 우리와 함께 있던 몇 사람이
무덤으로 가서 보니, 그 여자들이 말
한 대로였고, 그분은 보지 못하였습
니다."
25 예수께서는 그들에게 말씀하셨다.
"어리석은 사람들입니다. 예언자들
이 말한 모든 것을 믿는 마음이 그
렇게도 무디니 말입니다.
26 ㉠그리스도가 마땅히 이런 고난을
겪고서, 자기 영광에 들어가야 하지
않겠습니까?"
27 그리고 예수께서는 모세와 모든 예
언자에서부터 시작하여 성경 전체에
서 자기에 관하여 써 놓은 일을 그
들에게 설명하여 주셨다.
28 ○그 두 길손은 자기들이 가려고 하
는 마을에 가까이 이르렀다. 그런데
예수께서는 더 멀리 가는 척하셨다.
29 그러자 그들은 예수를 만류하여 말
하였다. "저녁때가 되고, 날이 이미
저물었으니, 우리 집에 묵으십시오."
예수께서 그들의 집에 묵으려고 들
어가셨다.
30 그리고 그들과 함께 음식을 잡수시
려고 앉으셨을 때에, 예수께서 빵을
들어서 축복하시고, 떼어서 그들에
게 주셨다.
31 그제서야 그들의 눈이 열려서, 예수
를 알아보았다. 그러나 한순간에 예
수께서는 그들에게서 사라지셨다.
32 그들은 서로 말하였다. "길에서 그분
이 우리에게 말씀하시고, 성경을 풀
이하여 주실 때에, 우리의 마음이
[우리 속에서] 뜨거워지지 않았습니
까?"
33 그들이 곧바로 일어나서, 예루살렘

세푸스의 '유대 전쟁사'에도 엠마오라는 명칭으로 기록되어 있다.

24:18 글로바 엠마오로 가는 두 제자의 신원에 대해서는 확실하게 알 수 없다. 글로바는 예수님의 숙부 곧 요셉의 형제 또는 요한복음서 19:25의 글로바와 동일인이었다는 설이 가장 유력하다.

24:21 사흘이 안식 후 첫날, 곧 부활의 날 오후로 추정된다.

24:25-26 예수님의 공생애 당시 유대 종교 지도자들은 구약을 이해하는 데 있어서 오직 메시아의 영광과 승리만을 바라보았고, 이러한 복된 길이 고난 당하는 데서부터 시작된다는 사실은 보지 못하였다. 그러나 이제는 변명의 여지가 없다. 예수님, 곧 구약을 바르게 해석해 주시며 그들 가운데 계시며 행하셨던 그리스도 주님을 그들이 모시고 있기 때문이다.

24:27 모세와 모든 예언자에서부터 유대 사람들이

㉠ 또는 '메시아'

에 돌아와서 보니, 열한 제자와 또
그들과 함께 있던 사람들이 모여 있
었고,
34 모두들 "주님께서 확실히 살아나시
고, 시몬에게 나타나셨다" 하고 말하
고 있었다.
35 그래서 그 두 사람도 길에서 겪은 일
과 빵을 떼실 때에 비로소 그를 알
아보게 된 일을 이야기하였다.

열한 제자에게 나타나시다
(마 28:16-20; 막 16:14-18;
요 20:19-23; 행 1:6-8)

36 ○그들이 이런 이야기를 하고 있을
때에, 예수께서 몸소 그들 가운데 들
어서서 말씀하셨다. "너희에게 평화
가 있어라."
37 그들은 놀라고, 무서움에 사로잡혀
서, 유령을 보고 있는 줄로 생각하였
다.
38 예수께서는 그들에게 말씀하셨다.
"어찌하여 너희는 당황하느냐? 어찌
하여 마음에 의심을 품느냐?
39 내 손과 내 발을 보아라. 바로 나다.
나를 만져 보아라. 유령은 살과 뼈가
없지만, 너희가 보다시피, 나는 살과
뼈가 있다."
40 ㉠이렇게 말씀하시고, 그는 손과 발
을 그들에게 보이셨다.
41 그들은 너무 기뻐서, 아직도 믿지 못
하고 놀라워하고 있는데, 예수께서
그들에게 말씀하셨다. "여기에 먹을
것이 좀 있느냐?"
42 그래서 그들이 예수께 구운 물고기
한 토막을 드렸다.
43 예수께서 받아서, 그들 앞에서 잡수
셨다.
44 ○예수께서 그들에게 말씀하셨다.
"내가 전에 너희와 함께 있을 때에
너희에게 말하기를, 모세의 율법과
예언서와 시편에 나를 두고 기록한
모든 일이 반드시 이루어져야 한다
고 하였다."
45 그 때에 예수께서는 성경을 깨닫게
하시려고, 그들의 마음을 열어 주시
고,
46 그들에게 말씀하셨다. "이렇게 기록
되어 있다. 곧 '그리스도는 고난을
겪으시고, 사흘째 되는 날에 죽은
사람들 가운데서 살아나실 것이며,
47 그의 이름으로 죄사함을 받게 하는
회개가 ㉡모든 민족에게 전파될 것이
다' 하였다. 예루살렘에서부터 시작
하여
48 너희는 이 일의 증인이다.
49 [보아라,] 나는 내 아버지께서 약속
하신 것을 너희에게 보낸다. 그러므
로 너희는 위로부터 오는 능력을 입
을 때까지, 이 성에 머물러 있어라."

하늘로 올라가시다 (막 16:19-20; 행 1:9-11)

50 ○그리고 예수께서는 그들을 [밖으

구약을 가리키는 표현법 중에 하나이다(참조. 벧전 1:10-11).

24:31 눈이 열려서 하나님에 의해 열려졌다.

24:33 열한 제자 이 표현은 그 무리에 대한 특정한 용어이다. 열한 명 모두가 실제로 그 곳에 있었다는 것을 의미하지는 않는다. 도마는 그 곳에 있지 않았다(요 20:24).

24:36-43 부활하신 예수님께서 나타나심 다시 한 번 예수님께서 부활하셨다는 사실을 증거한다. 동시에 예수님의 부활하심이 영적인 부활이 아니라 살과 뼈로 살아나셨다는 점을 강조하고 있다. 예수님께서는 제자들에게 살과 뼈가 있는 자신의 육체적 실체를 보여 줌으로써 그들이 보는 것이 유령이 아님을 확인시켜 주셨다.

24:44-49 예수님의 부활에 대한 증언과 성경의 성취 엠마오로 가던 두 제자에게 하셨던 것처럼 예

㉠ 다른 고대 사본들에는 40절이 없음 ㉡ 또는 '예루살렘으로부터 모든 민족에게 전파될 것이다. 48. 너희는 이 일의 증인이다'

로] 베다니까지 데리고 가서, 손을
들어 그들을 축복하셨다.
51 예수께서는 그들을 축복하시는 가
운데, 그들에게서 떠나 ㉠하늘로 올
라가셨다.
52 그들은 ㉡예수께 경배하고, 크게 기
뻐하면서, 예루살렘으로 돌아가서,
53 하나님을 찬양하면서 날마다 성전
에서 지냈다. ㉢

수님께서는 제자들에게 구약 성경을 인용하여 메시아의 고난과 영광의 비밀에 대해 설명하셨다. 그리고 예수님께서는 그들에게 선교의 과제를 위탁하셨다.

24:49 내 아버지께서 약속하신 것 곧 '성령님'을 뜻한다. 입을 때까지 하나님의 능력을 받는 것을 옷 입는 데에 비유하고 있다.

24:50-53 모든 말씀을 마치신 뒤에, 예수님은 하늘로 올라가신다. 승천하신 예수님은 성령님을 통해서 모든 성도와 항상 함께하시며, 이 세상에서 믿음을 지키며 복음을 전하도록 능력을 주신다.

24:52 경배하고 처음으로 누가는 예수님을 예배의 대상으로 언급하고 있다. 부활 이후에 예수님의 신성(神性)을 강력하게 증거하고 있다.

㉠ 다른 고대 사본들에는 '하늘로 올라가셨다'가 없음 ㉡ 다른 고대 사본들에는 '예수께 경배하고'가 없음 ㉢ 다른 고대 사본들은 끝에 '아멘'이 있음

요한복음서

저자 요한

저작 연대 A.D. 80–90년경

기록 장소와 대상 에베소에서 기록했을 것으로 추정되며 이방 기독교인들과 모든 기독교인들을 위해서 기록했다.

기록 목적 요한은 예수님이 하나님의 아들임을 증거하기 위하여 본서를 기록했다고 저작 목적을 분명히 밝히고 있다(20:30–31). 또 공관복음서를 더 보충하기 위해서 기록하였으며, 예수 그리스도의 완전한 인성과 신성을 확증하여 영지주의자들을 비롯한 각종 이단들의 헛된 논리를 무너뜨리려고 기록하였다.

핵심어 및 내용 요한복음서의 핵심어는 '말씀'과 '생명'과 '믿음'이다. 예수님은 창세 전부터 계셨다가, 인간이 되신 영원한 말씀이시다. 영원한 '생명'을 얻기 위해서는 예수님의 이름을 믿어야 한다. 예수님은 항상 하나님과 함께 계시며 참 하나님이시다.

내용 분해

1. 서언: 하나님의 말씀으로서의 아들의 영광(1:1–18)
2. 예수님의 사역의 시작(1:19–51)
3. 예수님의 공적 사역: 표징과 강론(2:1–11:57)
4. 고난 주간의 예수님(12:1–19:42)
5. 부활하신 예수님(20:1–29)
6. 요한복음서의 목적을 진술함(20:30–31)
7. 갈릴리에 나타나심(21:1–25)

육신이 되신 말씀

1 태초에 '말씀'이 계셨다. 그 '말씀'
은 하나님과 함께 계셨다. 그 '말
씀'은 하나님이셨다.
2 그는 태초에 하나님과 함께 계셨다.
3 모든 것이 그로 말미암아 창조되었
으니, 그가 없이 창조된 것은 하나도
없다. ㉠창조된 것은
4 ㉡그에게서 생명을 얻었으니, 그 생명
은 사람의 빛이었다.
5 그 빛이 어둠 속에서 비치니, 어둠이
그 빛을 ㉢이기지 못하였다.
6 ○하나님께서 보내신 사람이 있었
다. 그 이름은 요한이었다.
7 그 사람은 그 빛을 증언하러 왔으니,
자기를 통하여 모든 사람을 믿게 하
려는 것이었다.
8 그 사람은 빛이 아니었다. 그는 그
빛을 증언하러 왔을 따름이다.
9 ㉣참 빛이 있었다. 그 빛이 세상에 와
서 모든 사람을 비추고 있다.
10 그는 세상에 계셨다. 세상이 그로
말미암아 생겨났는데도, 세상은 그
를 알아보지 못하였다.
11 그가 자기 땅에 오셨으나, 그의 백성
은 그를 맞아들이지 않았다.
12 그러나 그를 맞아들인 사람들, 곧
그 이름을 믿는 사람들에게는, 하나
님의 자녀가 되는 특권을 주셨다.
13 이들은 혈통에서나, 육정에서나, ㉤사
람의 뜻에서 나지 아니하고, 하나님
에게서 났다.
14 ○그 말씀은 육신이 되어 우리 가운
데 사셨다. 우리는 그의 영광을 보았
다. 그것은 아버지께서 주신, 외아들
의 영광이었다. 그는 은혜와 진리가
충만하였다.
15 (요한은 그에 대하여 증언하여 외쳤
다. "이분이 내가 말씀드린 바로 그
분입니다. 내 뒤에 오시는 분이 나보
다 앞서신 분이라고 말씀드린 것은,
이분을 두고 말한 것입니다. 그분은
사실 나보다 먼저 계신 분이기 때문
입니다.")
16 우리는 모두 그의 충만함에서 선물

㉠ 또는 '그의 안에서 창조된 것은 생명이었으니' ㉡ 다른 고대 사본들에는 '그의 안에 생명이 있었다. 그 생명은 사람의 빛이었다' ㉢ '깨닫지' 또는 '받아들이지'로 번역할 수도 있음 ㉣ '그 말씀은 참 빛이었으니' ㉤ 그, '남자의'

을 받되, 은혜에 은혜를 더하여 받았
다.
17 율법은 모세를 통하여 받았고, 은혜
와 진리는 예수 그리스도로 말미암
아 생겨났다.
18 일찍이, 하나님을 본 사람은 아무도
없다. 아버지의 품속에 계신 ㉠외아
들이신 하나님께서 하나님을 알려
주셨다.

세례자 요한의 증언

(마 3:1-12; 막 1:2-8; 눅 3:15-17)

19 ○유대 사람들이 예루살렘에서 제
사장들과 레위 지파 사람들을 [요한
에게] 보내어서 "당신은 누구요?" 하
고 물어 보게 하였다. 그 때에 요한
의 증언은 이러하였다.
20 그는 거절하지 않고 고백하였다. "나
는 ㉡그리스도가 아니오" 하고 그는
고백하였다.
21 그들이 다시 요한에게 물었다. "그러
면, 당신은 누구란 말이오? 엘리야
요?" 요한은 "아니오" 하고 대답하였
다. "당신은 그 예언자요?" 하고 그
들이 물으니, 요한은 "아니오" 하고
대답하였다.
22 그래서 그들이 말하였다. "그러면,
당신은 누구란 말이오? 우리를 보낸
사람들에게 대답할 말을 좀 해주시
오. 당신은 자신을 무엇이라고 말하
시오?"
23 요한이 대답하였다. "예언자 이사야
가 말한 대로,

나는 '광야에서 외치는 이의 소
리'요. ㉢'너희는 주님의 길을 곧
게 하여라'

하고 말이오."
24 ○그들은 바리새파 사람들이 보낸
사람들이었다.
25 그들이 또 요한에게 물었다. "당신이
㉡그리스도도 아니고, 엘리야도 아니
고, 그 예언자도 아니면, 어찌하여
㉣세례를 주시오?"
26 요한이 대답하였다. "나는 물로 ㉣세
례를 주오. 그런데 여러분 가운데 여
러분이 알지 못하는 이가 한 분 서
계시오.
27 그는 내 뒤에 오시는 분이지만, [나
는] 그분의 신발 끈을 풀 만한 자격
도 없소."
28 이것은 요한이 ㉣세례를 주던 요단 강
건너편 베다니에서 일어난 일이다.

하나님의 어린 양을 보아라

29 ○다음 날 요한은 예수께서 자기에
게 오시는 것을 보고 말하였다. "보
시오, 세상 죄를 ㉤지고 가는 하나님
의 어린 양입니다.
30 내가 전에 말하기를 '내 뒤에 한 분
이 오실 터인데, 그분은 나보다 먼저
계시기에, 나보다 앞서신 분입니다'
한 적이 있습니다. 그것은 이분을 두

1장 요약 요한은 '하나님께서 어떻게 사람이 될 수 있는가?'라는 문제에 대해, 영원 전부터 계신 예수님께서 사람이 되셔서 구속 역사를 성취하셨음을 논증한다.

1:5 그 빛이 어둠 속에서 비치니 '어둠'은 죄와 불신앙으로 인해 영적으로 어두워지고 타락한 인류를 가리킨다. 여기서 '빛'(그. 포스)은 '유일한 빛'이란 뜻으로, 전통적으로 메시아에 대한 별명이다.

1:14 그 말씀은 육신이 되어 태초에 말씀으로 계셨던 예수님께서 사람의 몸을 입고 이 땅에 오신 '성육신'을 가장 명료하게 표현한 구절이다.

1:23 세례자 요한이 대답한 말의 요지는, 자신이 결코 중요한 인물이 아니라는 것이었다. 그는 메시아를 준비하라고 외치는 '소리'에 불과했다. 주님

㉠ 다른 고대 사본들에는 '하나님이신 외아들께서' ㉡ 또는 '메시아'. 그리스어 그리스도와 히브리어 메시아는 둘 다 '기름 부음 받은 이'를 뜻함 ㉢ 사 40:3(칠십인역) ㉣ 또는 '침례' ㉤ '제거하는' 또는 '치워 없애는'으로 번역할 수도 있음

고 한 말입니다.
31 나도 이분을 알지 못하였습니다. 내
가 와서 물로 ㉠세례를 주는 것은, 이
분을 이스라엘에게 알리려고 하는
것입니다."
32 요한이 또 증언하여 말하였다. "나
는 ㉡성령이 비둘기같이 하늘에서 내
려와서 이분 위에 머무는 것을 보았
습니다.
33 나도 이분을 몰랐습니다. 그러나 나
를 보내어 물로 ㉠세례를 주게 하신
분이 나에게 말씀하시기를, '성령이
어떤 사람 위에 내려와서 머무는 것
을 보거든, 그가 바로 성령으로 세례
를 주시는 분임을 알아라' 하셨습니
다.
34 그런데 나는 그것을 보았습니다. 그
래서 나는, 이분이 ㉢하나님의 아들
이라고 증언하였습니다."

첫 번 제자들

35 ○다음 날 요한이 다시 자기 제자 두
사람과 같이 서 있다가,
36 예수께서 지나가시는 것을 보고서,
"보아라, 하나님의 어린 양이다" 하
고 말하였다.
37 그 두 제자는 요한이 하는 말을 듣
고, 예수를 따라갔다.
38 예수께서 돌아서서, 그들이 따라오
는 것을 보시고 물으셨다. "너희는 무
엇을 찾고 있느냐?" 그들은 "랍비님,
어디에 묵고 계십니까?" 하고 말하였
다. ('랍비'는 '선생님'이라는 말이다.)
39 예수께서 그들에게 대답하셨다. "와
서 보아라." 그들이 따라가서, 예수께
서 묵고 계시는 곳을 보고, 그 날을
그와 함께 지냈다. 때는 ㉣오후 네 시
쯤이었다.
40 요한의 말을 듣고 예수를 따라간 두
사람 가운데 한 사람은, 시몬 베드
로와 형제간인 안드레였다.
41 이 사람은 먼저 자기 형 시몬을 만나
서 말하였다. "우리가 메시아를 만났
소." ('메시아'는 '그리스도'라는 말이
다.)
42 그런 다음에 시몬을 예수께로 데리
고 왔다. 예수께서 그를 보시고 말씀
하셨다. "너는 요한의 아들 시몬이
로구나. 앞으로는 너를 게바라고 부
르겠다." ('㉤게바'는 '베드로' 곧 '바
위'라는 말이다.)

부르심을 받은 빌립과 나다나엘

43 ○다음 날 예수께서 갈릴리로 떠나
려고 하셨다. 그 때에 빌립을 만나서
말씀하셨다. "나를 따라오너라."
44 빌립은 벳새다 출신으로, 안드레와
베드로와 한 고향 사람이었다.
45 빌립이 나다나엘을 만나서 말하였
다. "모세가 율법책에 기록하였고,
또 예언자들이 기록한 그분을 우리
가 만났습니다. 그분은 나사렛 출신

의 길을 곧게 하여라 이 말은 메시아가 곧 오실 것이므로 준비하라는 뜻이다.

1:33 세례자 요한의 물 세례는 인간의 도덕적 회개를 촉구하지만, 예수님의 성령 세례는 인간의 본성을 변화시켜 신령한 사람으로 거듭나게 한다.

1:35-42 세례자 요한의 두 제자가 예수님께 가는 장면이다. 그 두 제자 중 한 사람이었던 안드레가 그의 형제 시몬 베드로를 데리고 왔다. 이들 세 사람이 예수님의 첫 제자가 되었다.

1:39 오후 네 시쯤이었다 학자들은 세례자 요한의 두 제자(35절) 중 하나가 사도 요한일 것이라고 말한다. 예수님과 함께 지낸 그 날은 사도 요한의 전 생애를 변화시킨 감격의 날이었기 때문에 정확한 시간까지 기록하고 있다.

㉠ 또는 '침례' ㉡ 그, '영' ㉢ 다른 고대 사본들에는 '하나님이 택하신 분' ㉣ 그, '제 십 시' ㉤ '바위' 또는 '반석'을 아람어로는 '게바'라고 하고 그리스어로는 '페트라(베드로)'라고 함

으로, 요셉의 아들 예수입니다."
46 나다나엘이 그에게 말하였다. "나사
렛에서 무슨 선한 것이 나올 수 있
겠소?" 빌립이 그에게 말하였다. "와
서 보시오."
47 예수께서 나다나엘이 자기에게로 오
는 것을 보시고, 그를 두고 말씀하셨
다. "보아라, 저 사람이야말로 참으
로 이스라엘 사람이다. 그에게는 거
짓이 없다."
48 나다나엘이 예수께 물었다. "어떻게
나를 아십니까?" 예수께서 대답하
셨다. "빌립이 너를 부르기 전에, 네
가 무화과나무 아래에 있는 것을 내
가 보았다."
49 나다나엘이 말하였다. "선생님, 선생
님은 하나님의 아들이시요, 이스라
엘의 왕이십니다."
50 예수께서 그에게 말씀하셨다. "네가
무화과나무 아래 있을 때에 내가 너
를 보았다고 해서 믿느냐? 이것보다
더 큰 일을 네가 볼 것이다."
51 예수께서 그에게 또 말씀하셨다. "내
가 진정으로 진정으로 너희에게 말
한다. 너희는, 하늘이 열리고 하나님
의 천사들이 ㉠인자 위에 오르락내
리락하는 것을 보게 될 것이다."

가나의 혼인 잔치

2 사흘째 되는 날에 갈릴리 가나에
혼인 잔치가 있었다. 예수의 어머
니가 거기에 계셨고,
2 예수와 그의 제자들도 그 잔치에 초
대를 받았다.
3 그런데 포도주가 떨어지니, 예수의
어머니가 예수에게 말하기를 "포도
주가 떨어졌다" 하였다.
4 예수께서 어머니에게 말씀하셨다.
"㉡여자여, 그것이 나와 당신에게 무
슨 상관이 있습니까? 아직도 내 때
가 오지 않았습니다."
5 그 어머니가 일꾼들에게 이르기를
"무엇이든지, 그가 시키는 대로 하세
요" 하였다.
6 그런데 유대 사람의 정결 예법을 따
라, 거기에는 돌로 만든 물항아리 여
섯이 놓여 있었는데, 그것은 물 두세
동이들이 항아리였다.
7 예수께서 일꾼들에게 말씀하셨다.
"이 항아리에 물을 채워라." 그래서
그들은 항아리마다 물을 가득 채웠
다.
8 예수께서 그들에게 말씀하시기를
"이제는 떠서, 잔치를 맡은 이에게
가져다 주어라" 하시니, 그들이 그대
로 하였다.
9 잔치를 맡은 이는, 포도주로 변한 물
을 맛보고, 그것이 어디에서 났는지
알지 못하였으나, 물을 떠온 일꾼들
은 알았다. 그래서 잔치를 맡은 이는
신랑을 불러서

2장 요약 본서에서는 예수님의 초자연적 능력을 항상 '표징', 즉 (그) '세메이온'으로 기록하는데 이는 그리스도가 하나님의 아들 되심과 메시아라는 사실을 증거하기 위해서이다. 물로 포도주를 만드신 사건은 첫 번 표징이며, 성전 정화 사건은 제사(예배)의 참된 의미와 예수님 자신이 진정한 예배의 대상이심을 밝혀 준다.

2:1–11 예수님의 첫 표징 가나에서 일어난 이 첫 번째 표징이 주는 의미는 바로 예수님께서 하나님의 아들, 그리스도이심을 믿게 하는 데 있다 (20:30–31).

2:4 여자여 존경과 사랑의 뜻이 담긴 호칭이지만, 아들이 어머니에게 사용하는 경우는 거의 없다. 예수님께서는 공생애가 시작하는 시점에서 '마리아의 아들'이라는 신분을 넘어 하나님의 아들, 메

㉠ 그, '사람의 아들' ㉡ "어머니, 어머니는 나와 무슨 상관이 있습니까?"로 번역할 수도 있음

10 그에게 말하기를 "누구든지 먼저 좋
은 포도주를 내놓고, 손님들이 취한
뒤에 덜 좋은 것을 내놓는데, 그대는
이렇게 좋은 포도주를 지금까지 남
겨 두었구려!" 하였다.
11 예수께서 이 첫 번 ㉠표징을 갈릴리
가나에서 행하여 자기의 영광을 드
러내시니, 그의 제자들이 그를 믿게
되었다.
12 ○이 일이 있은 뒤에, 예수께서는 그
의 어머니와 형제들과 제자들과 함
께 가버나움에 내려가셔서, 거기에
며칠 동안 머물러 계셨다.

예수께서 성전을 청결하게 하시다

(마 21:12-13; 막 11:15-17; 눅 19:45-46)

13 ○유대 사람의 유월절이 가까워져서,
예수께서 예루살렘으로 올라가셨다.
14 그는 성전 뜰에서, 소와 양과 비둘기
를 파는 사람들과 돈 바꾸어 주는
사람들이 앉아 있는 것을 보시고,
15 노끈으로 채찍을 만들어 양과 소와
함께 그들을 모두 성전에서 내쫓으
시고, 돈 바꾸어 주는 사람들의 돈
을 쏟아 버리시고, 상을 둘러 엎으셨
다.
16 비둘기 파는 사람들에게는 "이것을
걷어치워라. 내 아버지의 집을 장사
하는 집으로 만들지 말아라" 하고
말씀하셨다.
17 제자들은 ㉡'주님의 집을 생각하는
열정이 나를 삼킬 것이다' 하고 기록
한 성경 말씀을 기억하였다.
18 유대 사람들이 예수께 물었다. "당
신이 이런 일을 하다니, 무슨 ㉠표징
을 우리에게 보여 주겠소?"
19 예수께서 그들에게 말씀하셨다. "이
성전을 허물어라. 그러면 내가 사흘
만에 다시 세우겠다."
20 그러자 유대 사람들이 말하였다.
"이 성전을 짓는 데에 마흔여섯 해
나 걸렸는데, 이것을 사흘 만에 세우
겠다구요?"
21 그러나 예수께서 성전이라고 하신 것
은 자기 몸을 두고 하신 말씀이었다.
22 제자들은, 예수께서 죽은 사람들 가
운데서 살아나신 뒤에야, 그가 말씀
하신 것을 기억하고서, 성경 말씀과
예수께서 하신 말씀을 믿게 되었다.

예수는 모든 사람을 아시다

23 ○예수께서 ㉢유월절에 예루살렘에
계시는 동안에, 많은 사람이 그가
행하시는 표징을 보고 그 이름을 믿
었다.
24 그러나 예수께서는 모든 사람을 알
고 계시므로, 그들에게 몸을 맡기지
않으셨다.
25 그는 사람에 대해서는 어느 누구의
증언도 필요하지 않으셨기 때문이
다. 그는 사람의 마음 속에 있는 것
까지도 알고 계셨던 것이다.

시아이심을 보여 준다.

2:14 돈 바꾸어 주는 사람 이들은 외국의 화폐를 하나님께 헌금으로 드릴 수 있는 유대 화폐로 교환해 주었는데, 외국 화폐에는 로마 황제 등 이교도의 초상이 새겨져 있었기 때문이다.

2:16 예수님의 행동은 제사 제도 자체를 부정하려는 것이 아니었다. 하나님께 대한 제사(예배)의 참된 정신이 흐려졌기 때문에 분노하신 것이다. 또한 성전 뜰은 이방의 모든 민족들도 기도를 통해(막 11:17) 하나님께 자유롭게 나아갈 수 있음을 상징하는 곳으로, 예수님께서는 신성한 성전의 예배가 배금주의에 의해 변질되는 것을 참으실 수 없었던 것이다.

2:23-25 특별히 본문은 많은 사람이 예수님을 믿으려고 주변에 모여들었으나, 예수님께서는 그들에게 자신을 의탁하시지 않으셨음을 강조한다.

㉠ 예수의 신성을 보여주기 위한 상징으로서의 기적(그리스어 세메이온) ㉡ 시 69:9 ㉢ 출 12:13, 21-28을 볼 것

예수와 니고데모

3 바리새파 사람 가운데 니고데모
라는 사람이 있었다. 그는 유대 사
람의 한 지도자였다.
2 이 사람이 밤에 ㉠예수께 와서 말하
였다. "랍비님, 우리는, 선생님이 하
나님께로부터 오신 분임을 압니다.
하나님께서 함께 하지 않으시면, 선
생님께서 행하시는 그런 ㉡표징들을,
아무도 행할 수 없습니다."
3 예수께서 그에게 말씀하셨다. "내가
진정으로 진정으로 너에게 말한다.
누구든지 ㉢다시 나지 않으면, 하나
님 나라를 볼 수 없다."
4 니고데모가 예수께 말하였다. "사람
이 늙었는데, 그가 어떻게 태어날 수
있겠습니까? 어머니 뱃속에 다시 들
어갔다가 태어날 수야 없지 않습니
까?"
5 예수께서 대답하셨다. "내가 진정으
로 진정으로 너에게 말한다. 누구든
지 물과 ㉣성령으로 나지 아니하면,
하나님 나라에 들어갈 수 없다.
6 육에서 난 것은 육이요, 영에서 난
것은 영이다.
7 너희가 ㉢다시 태어나야 한다고 내
가 말한 것을, 너는 이상히 여기지
말아라.
8 ㉤바람은 불고 싶은 대로 분다. 너는
그 소리는 듣지만, 어디에서 와서 어
디로 가는지는 모른다. ㉣성령으로
태어난 사람은 다 이와 같다."
9 니고데모가 예수께 물었다. "어떻게
이런 일이 있을 수 있습니까?"
10 예수께서 대답하셨다. "너는 이스라
엘의 선생이면서, 이런 것도 알지 못
하느냐?
11 내가 진정으로 진정으로 너에게 말
한다. 우리는, 우리가 아는 것을 말
하고, 우리가 본 것을 증언하는데,
너희는 우리의 증언을 받아들이지
않는다.
12 내가 땅의 일을 말하여도 너희가 믿
지 않거든, 하물며 하늘의 일을 말
하면 어떻게 믿겠느냐?
13 하늘에서 내려온 이 곧 인자 밖에는
하늘로 올라간 이가 없다.
14 모세가 광야에서 뱀을 든 것 같이,
㉥인자도 들려야 한다.
15 그것은 그를 믿는 사람마다 영생을
얻게 하려는 것이다.㉦
16 ○하나님께서 세상을 이처럼 사랑하
셔서 외아들을 주셨으니, 이는 그를
믿는 사람마다 멸망하지 않고 영생
을 얻게 하려는 것이다.
17 하나님께서 아들을 세상에 보내신
것은, 세상을 심판하시려는 것이 아
니라, 아들을 통하여 세상을 구원하
시려는 것이다.
18 아들을 믿는 사람은 ㉧심판을 받지

3장 요약 니고데모는 바리새파 사람, 지식인, 권력자였음에도 불구하고 구원의 진리에 어두워 자기 의를 통해 구원을 얻으려 했다. 이에 예수님은 인간의 구원이 전적으로 하나님의 능력으로만 가능함을 교훈하셨다. 한편 세례자 요한의 사역을 통해 그리스도가 증거되는데 여기서 그의 겸손과 메시아관이 뚜렷이 나타난다.

3:1–15 예수님은 니고데모에게 사람은 성령의 역사로 다시 태어나야 함을 말하신다. 이는, 곧 위로부터 새롭게 되어야만 하나님의 나라에 들어갈 수 있다는 말씀이다.

3:17–18 9:39에서는 예수님이 세상을 심판하러 왔다고 말한다. **심판** 유대교의 중심 사상이었다.

㉠ **그**, '그에게' ㉡ 예수의 신성을 보여주기 위한 상징으로서의 기적(그리스어 세메이온) ㉢ 또는 '위로부터 나지 않으면' ㉣ **그**, '영' ㉤ '프뉴마'는 '영'을 뜻하기도 하고(6절), '바람'을 뜻하기도 함(8절) ㉥ 다른 고대 사본들에는 '하늘에 있는 인자도' ㉦ 해석자에 따라 15절에서 인용을 끝내기도 함 ㉧ 또는 '정죄'

않는다. 그러나 믿지 않는 사람은 이
미 ㉠심판을 받았다. 그것은 하나님
의 독생자의 이름을 믿지 않았기 때
문이다.
19 심판을 받았다고 하는 것은, 빛이 세
상에 들어왔지만, 사람들이 자기들
의 행위가 악하므로, 빛보다 어둠을
더 좋아하였다는 것을 뜻한다.
20 악한 일을 저지르는 사람은, 누구나
빛을 미워하며, 빛으로 나아오지 않
는다. 그것은 자기 행위가 드러날까
보아 두려워하기 때문이다.
21 그러나 진리를 행하는 사람은 빛으
로 나아온다. 그것은 자기의 행위가
하나님 안에서 이루어졌음을 드러내
려는 것이다."

그는 흥하고 나는 쇠해야 한다

22 ○그 뒤에 예수께서 제자들과 함께
유대 지방으로 가셔서, 거기서 그들
과 함께 지내시면서, ㉡세례를 주셨
다.
23 살렘 근처에 있는 애논에는 물이 많
아서, 요한도 거기서 ㉡세례를 주었다.
사람들이 나와서 ㉡세례를 받았다.
24 그 때는 요한이 아직 옥에 갇히기 전
이었다.
25 요한의 제자들과 ㉢어떤 유대 사람
사이에 정결예법을 두고 논쟁이 벌
어졌다.
26 요한의 제자들이 요한에게 와서 말
하였다. "랍비님, 보십시오. 요단 강
건너편에서 선생님과 함께 계시던
분 곧 선생님께서 증언하신 그분이
㉡세례를 주고 있는데, 사람들이 모
두 그분에게로 모여듭니다."
27 요한이 대답하였다. "하늘이 주시지
않으면, 사람은 아무것도 받을 수 없
다.
28 너희야말로 내가 말한 바 '나는 ㉣그
리스도가 아니고, 그분보다 앞서서
보내심을 받은 사람이다' 한 말을 증
언할 사람들이다.
29 신부를 차지하는 사람은 신랑이다.
신랑의 친구는 신랑이 오는 소리를
들으려고 서 있다가, 신랑의 음성을
들으면 크게 기뻐한다. 나는 이런 기
쁨으로 가득 차 있다.
30 그는 흥하여야 하고, 나는 쇠하여야
한다."㉤

하늘로부터 오신 이

31 ○위에서 오시는 이는 모든 것 위에
계신다. 땅에서 난 사람은 땅에 속
하여서, 땅의 것을 말한다. 하늘에
서 오시는 이는 [모든 것 위에 계시
고],
32 자기가 본 것과 들은 것을 증언하신
다. 그러나 아무도 그의 증언을 받
아들이지 않는다.
33 그의 증언을 받아들인 사람은, 하나
님의 참되심을 인정한 것이다.

유대 사람들은 하나님께서 마지막 날에 심판하실 것이라고 생각했다. 그러나 신약에 와서는 심판에 관한 사실이 더 자세히 밝혀졌다. 요한복음서는 예수님이 심판하는 권세를 하나님께 받았다는 것(5:22,27)과 심판이 현재의 영역에서(18절) 일어나고 있다는 것을 말한다.

3:29-30 유대 사람의 관습에서 '신랑의 친구'는 결혼식 때 신부를 신랑에게 인도하는 것이 임무였다. 세례자 요한은 메시아의 선구자로서 사람들을 예수님께 인도한 후, 기꺼이 뒤로 물러섰다. 또 세례자 요한은 구약에서 이스라엘이 주님의 신부로 여겨졌다는 사실을 알고 있었다(사 54:5; 62:4-5;렘 2:2;3:20). 따라서 그의 말은 하나님이 예수님 안에서 자기 백성과 새롭게 혼인을 맺고 계심을 암시한다(참조. 고후 11:2).

㉠ 또는 '정죄' ㉡ 또는 '침례' ㉢ 다른 고대 사본들에는 '유대 사람들' ㉣ 또는 '메시아' ㉤ 해석자에 따라 36절에서 인용을 끝내기도 함

34 하나님께서 보내신 이는 하나님의
말씀을 전한다. 그것은, 하나님께서
그에게 ㉠성령을 아낌없이 주시기 때
문이다.
35 아버지는 아들을 사랑하셔서, 모든
것을 아들의 손에 맡기셨다.
36 아들을 믿는 사람에게는 영생이 있
다. 아들에게 순종하지 않는 사람은
생명을 얻지 못하고, 도리어 하나님
의 진노를 산다.

사마리아 여자와 대화하시다

4 요한보다 ㉡예수께서 더 많은 사람
을 제자로 삼고 ㉢세례를 주신다는
소문이 바리새파 사람들의 귀에 들
어간 것을 예수께서 아셨다.
2 —사실은, 예수께서 직접 ㉢세례를
주신 것이 아니라, 그 제자들이 준
것이다.—
3 예수께서는 유대를 떠나, 다시 갈릴
리로 가셨다.
4 그렇게 하려면, 사마리아를 거쳐서
가실 수밖에 없었다.
5 예수께서 사마리아에 있는 수가라
는 마을에 이르셨다. 이 마을은 야곱
이 아들 요셉에게 준 땅에서 가까운
곳이며,
6 야곱의 우물이 거기에 있었다. 예수
께서 길을 가시다가, 피로하셔서 우
물가에 앉으셨다. 때는 ㉣오정쯤이었
다.
7 ○한 사마리아 여자가 물을 길으러
나왔다. 예수께서 그 여자에게 마실
물을 좀 달라고 말씀하셨다.
8 제자들은 먹을 것을 사러 동네에 들
어가서, 그 자리에 없었다.
9 사마리아 여자가 예수께 말하였다.
"선생님은 유대 사람인데, 어떻게 사
마리아 여자인 나에게 물을 달라고
하십니까?" (㉤유대 사람은 사마리
아 사람과 상종하지 않기 때문이다.)
10 예수께서 그 여자에게 대답하셨다.
"네가 하나님의 선물을 알고, 또 너
에게 물을 달라는 사람이 누구인지
를 알았더라면, 도리어 네가 그에게
청하였을 것이고, 그는 너에게 생수
를 주었을 것이다."
11 여자가 말하였다. "선생님, 선생님에
게는 두레박도 없고, 이 우물은 깊은
데, 선생님은 어디에서 생수를 구하
신다는 말입니까?
12 선생님이 우리 조상 야곱보다 더 위
대하신 분이라는 말입니까? 그는 우
리에게 이 우물을 주었고, 그와 그
자녀들과 그 가축까지, 다 이 우물의
물을 마셨습니다."
13 예수께서 말씀하셨다. "이 물을 마
시는 사람은 다시 목마를 것이다.
14 그러나 내가 주는 물을 마시는 사람
은, 영원히 목마르지 아니할 것이다.
내가 주는 물은, 그 사람 속에서, 영

4장 요약 생명의 강이 흐른 에덴(창 2:10), 메마른 땅을 되살리는 생수가 성전에서 흘러나오는 환상을 본 에스겔(겔 47:10), 목마른 사람들아, 어서 물로 나오너라(사 55:1)고 외친 이사야. 이제 이 같은 오랜 염원이 그리스도를 통해 성취되고 있다. 예수님은 영적, 육적으로 목마른 사마리아 여자의 갈증을 풀어 주셨다.

4:1-42 예수님은 사마리아 지방에 들어가서 죄 많은 한 여자와 대화하시면서, 영생과 참된 예배의 의미와 자신이 메시아임을 밝히시고 있다.

4:9 사마리아 사람 B.C. 722년 북왕국 이스라엘이 앗시리아에 의해 멸망한 뒤, 이곳에 이주해온 이방 사람과 유대 사람 사이에 태어난 혼혈인이다. 유대 사람들은 자신들의 혈통과 종교를 더럽혔다는 이유로 사마리아 사람들을 멸시했다.

㉠ 그, '영' ㉡ 다른 고대 사본들에는 '주님이' ㉢ 또는 '침례' ㉣ 그, '제 육 시쯤' ㉤ 다른 고대 사본들에는 괄호 안의 구절이 없음

생에 이르게 하는 샘물이 될 것이다."
15 그 여자가 말하였다. "선생님, 그 물
을 나에게 주셔서, 내가 목마르지도
않고, 또 물을 길으러 여기까지 나오
지도 않게 해주십시오."
16 ○예수께서 그 여자에게 말씀하셨
다. "가서, 네 남편을 불러 오너라."
17 그 여자가 대답하였다. "나에게는 남
편이 없습니다." 예수께서 여자에게
말씀하셨다. "남편이 없다고 한 말
이 옳다.
18 너에게는, 남편이 다섯이나 있었고,
지금 같이 살고 있는 남자도 네 남편
이 아니니, 바로 말하였다."
19 여자가 말하였다. "선생님, 내가 보
니, 선생님은 예언자이십니다.
20 우리 조상은 이 산에서 예배를 드렸
는데, ㉠선생님네 사람들은 예배드려
야 할 곳이 예루살렘에 있다고 합니
다."
21 예수께서 말씀하셨다. "여자여, 내
말을 믿어라. 너희가 아버지께, 이
산에서 예배를 드려야 한다거나, 예
루살렘에서 예배를 드려야 한다거
나, 하지 않을 때가 올 것이다.
22 너희는 너희가 알지 못하는 것을 예
배하고, 우리는 우리가 아는 분을 예
배한다. 구원은 유대 사람들에게서
나기 때문이다.
23 참되게 예배를 드리는 사람들이 영
과 진리로 아버지께 예배를 드릴 때
가 온다. 지금이 바로 그 때이다. 아
버지께서는 이렇게 예배를 드리는
사람들을 찾으신다.
24 하나님은 영이시다. 그러므로 하나
님께 예배를 드리는 사람은 영과 진
리로 예배를 드려야 한다."
25 여자가 예수께 말했다. "나는 그리
스도라고 하는 메시아가 오실 것을
압니다. 그가 오시면, 우리에게 모든
것을 알려 주실 것입니다."
26 예수께서 말씀하셨다. "너에게 말하
고 있는 내가 그다."
27 ○이 때에 제자들이 돌아와서, 예수
께서 그 여자와 말씀을 나누시는 것
을 보고 놀랐다. 그러나 예수께 "웬
일이십니까?" 하거나, "어찌하여 이
여자와 말씀을 나누고 계십니까?"
하고 묻는 사람이 한 사람도 없었다.
28 그 여자는 물동이를 버려 두고 동네
로 들어가서, 사람들에게 말하였다.
29 "내가 한 일을 모두 알아맞히신 분
이 계십니다. 와서 보십시오. 그분이
그리스도가 아닐까요?"
30 사람들이 동네에서 나와서, 예수께
로 갔다.
31 ○그러는 동안에, 제자들이 예수께,
"랍비님, 잡수십시오" 하고 권하였다.
32 그러나 예수께서는 그들에게 말씀하
시기를 "나에게는 너희가 알지 못하

4:16–18 랍비들은 여자가 두 번 이상(특별한 경우, 최대 세 번까지 허용됨) 결혼하는 것을 금했다. 이러한 규정에 따르면, 이 여자가 다섯 번이나 *결혼을 했다가 지금*은 결혼도 하지 않은 채 또 다른 남자와 산다는 것은 지극히 부도덕한 행위였다. 예수님은 그녀의 이러한 삶을 지적하심으로써, 그녀로 하여금 죄를 자각하게 하고 구원의 필요성을 깨닫게 하셨다.

4:19 내가 보니 (그) '데오로'. 즉흥적으로 아는 것이 아니라, 계속 조심스럽게 관찰한 결과로 아는 것을 말한다. **선생님은 예언자이십니다** 이 말은 여자가 예수님이라는 분을 인식하는 데 있어서, 한 걸음 더 나아갔음을 알게 해 준다.

4:20–26 하나님께서 지정해 주신 예배의 장소가 어디인가 하는 문제는 유대 사람과 사마리아 사람 사이의 심각한 논쟁거리였다. 그러나 예수님께서는 예배의 장소는 그리 중요한 문제가 되지 않

㉠ 그. '당신들은'

는 먹을 양식이 있다" 하셨다.
33 제자들은 "누가 잡수실 것을 가져다
드렸을까?" 하고 서로 말하였다.
34 예수께서 그들에게 말씀하셨다. "나
의 양식은, 나를 보내신 분의 뜻을
행하고, 그분의 일을 이루는 것이다.
35 너희는 넉 달이 지나야 추수 때가 된
다고 하지 않느냐? 그러나 나는 너
희에게 말한다. 눈을 들어서 밭을 보
아라. 이미 곡식이 익어서, 거둘 때
가 되었다.
36 추수하는 사람은 품삯을 받으며, 영
생에 이르는 열매를 거두어들인다.
그리하면 씨를 뿌리는 사람과 추수
하는 사람이 함께 기뻐할 것이다.
37 그러므로 '한 사람은 심고, 한 사람
은 거둔다'는 말이 옳다.
38 나는 너희를 보내서, 너희가 수고하
지 않은 것을 거두게 하였다. 수고는
남들이 하였는데, 너희는 그들의 수
고의 결실에 참여하게 된 것이다."
39 ○그 동네에서 많은 사마리아 사람
이 예수를 믿게 되었다. 그것은 그
여자가, 자기가 한 일을 예수께서 다
알아맞히셨다고 증언하였기 때문이
다.
40 사마리아 사람들이 예수께 와서, 자
기들과 함께 머무시기를 청하므로,
예수께서는 이틀 동안 거기에 머무
르셨다.
41 그래서 더 많은 사람들이 예수의 말
씀을 듣고서, 믿게 되었다.
42 그들은 그 여자에게 말하였다. "우리
가 믿는 것은, 이제 당신의 말 때문
만은 아니오. 우리가 그 말씀을 직
접 들어보고, 이분이 참으로 세상의
구주이심을 알았기 때문이오."

왕의 신하의 아들이 병 고침을 받다

(마 8:5-13; 눅 7:1-10)

43 ○이틀 뒤에 예수께서는 거기를 떠
나서 갈릴리로 가셨다.
44 (예수께서 친히 밝히시기를 "예언자
는 자기 고향에서는 존경을 받지 못
한다" 하셨다.)
45 예수께서 갈릴리에 도착하시니, 갈
릴리 사람들이 예수를 환영하였다.
그들도 명절을 지키러 예루살렘에
갔다가, 예수께서 거기서 하신 모든
일을 보았기 때문이다.
46 ○예수께서 또다시 갈릴리 가나로
가셨다. 그 곳은 전에 물로 포도주
를 만드신 곳이다. 거기에 왕의 신하
가 한 사람 있었는데, 그의 아들이
가버나움에서 앓고 있었다.
47 그 사람은, 예수께서 유대에서 나와
갈릴리로 들어오셨다는 소문을 듣
고, 예수께 와서 "제발 가버나움으
로 내려오셔서, 아들을 고쳐 주십시
오" 하고 애원하였다. 아들이 거의
죽게 되었기 때문이다.

는다는 점을 시사하시면서 보다 필수적이며 본질적인 것을 강조하셨다. 참된 예배는 하나님을 영과 진리로 예배하는 것으로, 예수님께서는 하나님께 예배하는 마음의 상태를 강조하셨다.

4:35 씨를 뿌린 뒤 추수할 때까지는 보통 4개월이 걸렸다. 농부는 그 때까지 기다리는 수밖에 없지만, 영혼을 구원하는 일에는 계절이 없다.

4:38 남들 제자들 이전에 복음 전도의 터전을 마련해 놓았던 사람들을 말한다.

4:48 너희는 표징이나…믿으려고 하지 않는다 왕의 신하를 두고 하신 말씀이 아닌, 갈릴리 사람의 일반적인 성향을 지적하신 말씀이다. 그들이 예수님을 따르는 동기는 경이롭고 초자연적인 기적을 구경하려는 데에만 있었다. 기적의 배후에 숨겨진 의미, 곧 예수님이 메시아이심을 보여 주고자 하는 하나님의 목적은 깨닫지 못했다. 때때로 예수님은 기적 때문에 오는 사람들도 받아들였는데 (6:26;14:11), 이는 낮은 차원의 믿음이었다.

48 예수께서 그에게 말씀하셨다. "너희
는 ㉠표징이나 기이한 일들을 보지
않고는, 결코 믿으려고 하지 않는다."
49 그 신하가 예수께 간청하였다. "선생
님, 내 아이가 죽기 전에 내려와 주
십시오."
50 예수께서 말씀하셨다. "돌아가거라.
네 아들이 살 것이다." 그는 예수께
서 자기에게 하신 말씀을 믿고 떠나
갔다.
51 그가 내려가는 도중에, 종들이 마중
나와 그 아이가 살았다고 보고하였
다.
52 그가 종들에게 아이가 낫게 된 때를
물어 보니 "어제 오후 한 시에, 열기
가 떨어졌습니다" 하고 종들이 대답
하였다.
53 아이 아버지는 그 때가, 예수께서 그
에게 "네 아들이 살 것이다" 하고 말
씀하신, 바로 그 시각인 것을 알았
다. 그래서 그와 그의 온 집안이 함
께 예수를 믿었다.
54 이것은 예수께서 유대에서 나와서
갈릴리로 돌아오신 뒤에 행하신 두
번째 ㉠표징이다.

중풍병자를 고치시다

5 그 뒤에 유대 사람의 명절이 되어
서, 예수께서 예루살렘으로 올라
가셨다.
2 예루살렘에 있는 '양의 문' 곁에, ㉡히
브리 말로 ㉢베드자다라는 못이 있
는데, 거기에는 주랑이 다섯 있었다.
3 이 주랑 안에는 많은 환자들, 곧 눈
먼 사람들과 다리 저는 사람들과 중
풍병자들이 누워 있었다. [[그들은
물이 움직이기를 기다리고 있었다.
4 주님의 천사가 때때로 못에 내려와
물을 휘저어 놓는데 물이 움직인 뒤
에 맨 먼저 들어가는 사람은 무슨
병에 걸렸든지 나았기 때문이다.]]
5 거기에는 서른여덟 해가 된 병자 한
사람이 있었다.
6 예수께서 누워 있는 그 사람을 보시
고, 또 이미 오랜 세월을 그렇게 보
내고 있는 것을 아시고는 물으셨다.
"낫고 싶으냐?"
7 그 병자가 대답하였다. "주님, 물이
움직일 때에, 나를 들어서 못에다가
넣어주는 사람이 없습니다. 내가 가
는 동안에, 남들이 나보다 먼저 못에
들어갑니다."
8 예수께서 그에게 말씀하셨다. "일어
나서 네 자리를 걷어 가지고 걸어가
거라."
9 그 사람은 곧 나아서, 자리를 걷어
가지고 걸어갔다. ○그 날은 안식일
이었다.
10 그래서 유대 사람들은 병이 나은 사
람에게 말하였다. "오늘은 안식일이
니, 자리를 들고 가는 것은 옳지 않

5장 요약 베드자다 연못에서 38년 된 병자를 고치신 사건이 안식일 논쟁으로 비화된다. 예수님은 안식일이라는 제도보다는 사람이 무엇을 하느냐가 더 중요함을 깨우치셨다. 유대 사람들은 예수님을 더욱 신성모독자로 여겼고, 예수님은 그들의 오해에 직면하여 스스로를 변증하셨다(19–47절).

5:1–9 예수님께서 사람을 치료하실 때는 대개 그 사람의 믿음이 필요했다(참조. 막 5:34;눅 7:50). 그런데 본문에는 믿음에 관한 언급이 전혀 없으며, 심지어 그는 예수님이 누구신지도 알지 못했다(13절). 이처럼 때때로 예수님께서는 사람의 조건과도 상관없이 주권적으로 역사하시기도 했다.
5:10 오늘은 안식일이니…옳지 않소 모세의 율법에 규정된 사항은 아니다. 하지만 엄격한 유대 사

㉠ 그, '세메이온'. 2:11의 주를 볼 것 ㉡ 아람어를 뜻함 ㉢ 다른 고대 사본들에는 '베데스다'

소."
11 그 사람이 대답하였다. "나를 낫게
해주신 분이 나더러, '네 자리를 걷
어 가지고 걸어가거라' 하셨소."
12 유대 사람들이 물었다. "그대에게 자
리를 걷어 가지고 걸어가라고 말한
사람이 누구요?"
13 그런데 병 나은 사람은, 자기를 고쳐
주신 분이 누구인지를 알지 못하였
다. 거기에는 사람들이 많이 붐비었
고, 예수께서는 그 곳을 빠져나가셨
기 때문이다.
14 그 뒤에 예수께서 성전에서 그 사람
을 만나서 말씀하셨다. "보아라. 네
가 말끔히 나았다. 다시는 죄를 짓지
말아라. 그리하여 더 나쁜 일이 너에
게 생기지 않도록 하여라."
15 그 사람은 가서, 자기를 낫게 하여
주신 분이 예수라고 유대 사람들에
게 말하였다.
16 그 일로 유대 사람들은, 예수께서 안
식일에 그러한 일을 하신다고 해서,
그를 박해하였다.
17 그러나 [예수]께서는 그들에게 말씀
하셨다. "내 아버지께서 이제까지 일
하고 계시니, 나도 일한다."
18 유대 사람들은 이 말씀 때문에 더욱
더 예수를 죽이려고 하였다. 그것은,
예수께서 안식일을 범하셨을 뿐만
아니라, 하나님을 자기 아버지라고
불러서, 자기를 하나님과 동등한 위
치에 놓으셨기 때문이다.

아들의 권위

19 ○예수께서 그들에게 말씀하셨다.
"내가 진정으로 진정으로 너희에게
말한다. 아들은 아버지께서 하시는
것을 보는 대로 따라 할 뿐이요, 아
무것도 마음대로 할 수 없다. 아버지
께서 하시는 일은 무엇이든지, 아들
도 그대로 한다.
20 아버지께서는 아들을 사랑하셔서,
하시는 일을 모두 아들에게 보여 주
시기 때문이다. 또한 이보다 더 큰
일들을 아들에게 보여 주셔서, 너희
를 놀라게 하실 것이다.
21 아버지께서 죽은 사람들을 일으켜
살리시니, 아들도 자기가 원하는 사
람들을 살린다.
22 아버지께서는 아무도 심판하지 않으
시고, 심판하는 일을 모두 아들에게
맡기셨다.
23 그것은, 모든 사람이 아버지를 공경
하듯이, 아들도 공경하게 하려는 것
이다. 아들을 공경하지 않는 사람
은, 아들을 보내신 아버지도 공경하
지 않는다.
24 내가 진정으로 진정으로 너희에게
말한다. 내 말을 듣고 또 나를 보내
신 분을 믿는 사람은, 영원한 생명을
가지고 있고 ㉠심판을 받지 않는다.

람들은, 전통적으로 안식일에 환자를 눕힌 채 침상을 운반하는 것은 허락하였으나, 침상만을 운반하는 것은 노동으로 간주하여 금지하였다.

5:16 그러한 일을 하신다 그리스어 원문은 동사를 미완료형으로 써서 예수님의 행위가 계속적임을 보인다. 예수님은 안식일마다 습관적으로 그 같은 일을 하셨다.

5:19 하나님과 예수님의 절대적인 연합이 표현되어 있다. 예수님께서 하시는 일은 곧 하나님께서 하시는 일로, 단순히 하나님의 일을 모방하는 것이 아니다. 따라서 예수님께서 일하실 때, 우리는 그 안에서 일하시는 하나님을 볼 수 있다.

5:24 듣고 귀로 듣는 행위만을 뜻하지 않고, 마음으로 시인하고 순종하는 것을 뜻한다. 가지고 있고…받지 않는다 현재형으로, 계속적인 상태를 가리킨다. 옮겨갔다 현재 완료형으로, 믿는 사람은 더 이상 사망에 들어가지 않음을 나타낸다.

㉠ 또는 '정죄'

그는 죽음에서 생명으로 옮겨갔다.
25 내가 진정으로 진정으로 너희에게
말한다. 죽은 사람들이 하나님의 아
들의 음성을 들을 때가 오는데, 지금
이 바로 그 때이다. 그리고 그 음성
을 듣는 사람들은 살 것이다.
26 그것은, 아버지께서 자기 속에 생명
을 가지고 계신 것 같이 아들에게도
생명을 주셔서, 그 속에 생명을 가지
게 하여 주셨기 때문이다.
27 또, 아버지께서는 아들에게 심판하
는 권한을 주셨다. 그것은 아들이
인자이기 때문이다.
28 이 말에 놀라지 말아라. 무덤 속에
있는 사람들이 다 그의 음성을 들을
때가 온다.
29 선한 일을 한 사람들은 부활하여 생
명을 얻고, 악한 일을 한 사람들은
부활하여 심판을 받는다."
30 ○"나는 아무것도 내 마음대로 할
수 없다. 나는 아버지께서 하라고 하
시는 대로 심판한다. 내 심판은 올바
르다. 그것은 내가 내 뜻대로 하려
하지 않고, 나를 보내신 분의 뜻대로
하려 하기 때문이다."

예수에 대한 증언

31 ○"내가 내 자신을 위하여 증언한다
면, 내 증언은 참되지 못하다.
32 나를 위하여 증언하여 주시는 분은
따로 있다. 나를 위하여 증언하시는
그 증언이 참되다는 것을 나는 안다.
33 너희가 요한에게 사람을 보냈을 때
에 그는 이 진리를 증언하였다.
34 내가 이 말을 하는 것은, 내가 사람
의 증언이 필요해서가 아니다. 그것
은 다만 너희로 하여금 구원을 얻게
하려는 것이다.
35 요한은 타오르면서 빛을 내는 등불
이었다. 너희는 잠시 동안 그의 빛
속에서 즐거워하려 하였다.
36 그러나 나에게는 요한의 증언보다
더 큰 증언이 있다. 아버지께서 나에
게 완성하라고 주신 일들, 곧 내가
지금 하고 있는 바로 그 일들이, 아
버지께서 나를 보내셨다는 것을 증
언하여 준다.
37 또 나를 보내신 아버지께서 친히 나
를 위하여 증언하여 주셨다. 너희는
그 음성을 들은 일도 없고, 그 모습
을 본 일도 없다.
38 또 그 말씀이 너희 속에 머물러 있지
도 않다. 그것은 너희가, 그분이 보내
신 이를 믿지 않기 때문이다.
39 ○너희가 성경을 연구하는 것은, 영
원한 생명이 그 안에 있다고 생각하
기 때문이다. 성경은 나에 대하여 증
언하고 있다.
40 그런데 너희는 생명을 얻으러 나에
게 오려고 하지 않는다.
41 나는 사람에게서 영광을 받지 않는

5:29 영생을 얻고 심판을 받는 것이 사람의 선행에 따라 결정된다는 말이 아니다. 여기서 선한 일을 한 사람은 예수 그리스도를 믿고 구원 받아, 둘째 부활에 참여하여 영생에 들어가는 사람으로, 성경에서 여러 가지 다른 이름으로 불린다(예: 복이 있고 거룩한 사람(계 20:4-6), 그리스도께 속한 사람(고전 15:23), 인자 앞에 설 만한 사람(눅 21:36), 예수님이 깨끗하신 것과 같이 자기를 깨끗하게 하는 사람(요일 3:3) 등).

5:39-40 성경 구약 성경을 가리킨다. 유대 사람들은 그들의 성경에 대해 대단한 존경심을 품고 있었다. 그러나 그들은 성경이 증거하고 있는 예수님은 발견하지 못했다.

5:42 유대 사람들은 자기들이 하나님을 대단히 사랑하며, 율법에 대한 열심이 그 사랑을 증명해 준다고 생각했다. 그러나 그들은 하나님이 무엇을 원하시는지 몰랐기 때문에 하나님을 사랑한 것이 아니었다.

다.
42 ㉠너희에게 하나님을 사랑하는 마음
이 없는 것도, 나는 알고 있다.
43 내가 내 아버지의 이름으로 왔는데,
너희는 나를 영접하지 않는다. 그러
나 다른 이가 자기 이름으로 오면 너
희는 그를 영접할 것이다.
44 너희는 서로 영광을 주고받으면서
오직 한 분이신 하나님께서 주시는
영광은 구하지 않으니, 어떻게 믿을
수 있겠느냐?
45 내가 너희를 아버지께 고발하리라고
는 생각하지 말아라. 너희를 고발하
는 이는 너희가 희망을 걸어온 모세
이다.
46 너희가 모세를 믿었더라면 나를 믿
었을 것이다. 모세가 나를 두고 썼기
때문이다.
47 그러나 너희가 모세의 글을 믿지 않
으니, 어떻게 내 말을 믿겠느냐?"

오천 명을 먹이시다

(마 14:13-21; 막 6:30-44; 눅 9:10-17)

6 그 뒤에 예수께서 ㉡갈릴리 바다
곧 디베랴 바다 건너편으로 가시니
2 큰 무리가 예수를 따라갔다. 그것은,
그들이 예수가 병자들을 고치신 ㉢표
징들을 보았기 때문이다.
3 예수께서 산에 올라가서, 제자들과
함께 앉으셨다.
4 마침 유대 사람의 명절인 ㉣유월절이
가까운 때였다.
5 예수께서 눈을 들어서, 큰 무리가 자
기에게로 모여드는 것을 보시고, 빌
립에게 말씀하셨다. "우리가 어디에
서 빵을 사다가, 이 사람들을 먹이겠
느냐?"
6 예수께서는 빌립을 시험해 보시고자
이렇게 말씀하신 것이었다. 예수께
서는 자기가 하실 일을 잘 알고 계셨
던 것이다.
7 빌립이 예수께 이렇게 대답하였다.
"이 사람들에게 모두 조금씩이라도
먹게 하려면, 빵 이백 ㉤데나리온어
치를 가지고서도 충분하지 못합니
다."
8 제자 가운데 하나이며 시몬 베드로
와 형제간인 안드레가 예수께 말하
였다.
9 "여기에 보리빵 다섯 개와 물고기 두
마리를 가지고 있는 한 아이가 있습
니다. 그러나 이렇게 많은 사람에게
그것이 무슨 소용이 있겠습니까?"
10 예수께서는 "사람들을 앉게 하여라"
하고 말씀하셨다. 그 곳에는 풀이
많았다. 그래서 그들이 앉았는데, 남
자의 수가 오천 명쯤 되었다.
11 예수께서 빵을 들어서 감사를 드리
신 다음에, 앉은 사람들에게 나누어
주시고, 물고기도 그와 같이 해서,
그들이 원하는 대로 주셨다.

6장 요약 오병이어 사건은 이집트 탈출 사건과 연관된다. 하나님께서 만나와 메추라기를 주셨듯이, 예수님은 빵과 물고기를 주셨다. 만나와 빵은 그리스도를 예표한다. 예수님은 자신을 '하늘에서 내려온 빵'(58절)이라 하시며 인류의 영적 생명의 원천 되심을 밝히셨다.

㉠ 또는 '너희 안에' 또는 '너희 가운데' ㉡ 그, '티베리우스의 갈릴리 바다' ㉢ 2:11의 주를 볼 것 ㉣ 출 12:13, 21-28을 볼 것 ㉤ 한 데나리온은 노동자의 하루 품삯

6:1-15 예수님께서 오천 명을 먹이신 일은 예수님의 부활 외의 사건으로는 복음서에 모두 기록되어 있는 유일한 기적이다.

6:7 데나리온 신약 시대에 가장 널리 통용되던 로마의 은화로서, 한 데나리온은 노동자의 하루 품삯이었다.

6:10 그들은 50명씩, 혹은 100명씩 떼를 지어 앉았다(참조. 막 6:40). 오천 명 어린이와 여자를 제외한 남자들만의 수이다(참조. 막 6:44).

12 그들이 배불리 먹은 뒤에, 예수께서
제자들에게 이렇게 말씀하셨다. "남
은 부스러기를 다 모으고, 조금도 버
리지 말아라."
13 그래서 보리빵 다섯 덩이에서, 먹고
남은 부스러기를 모으니, 열두 광주
리에 가득 찼다.
14 사람들은 예수께서 행하신 ㉠표징을
보고 "이분은 참으로 세상에 오시기
로 된 그 예언자이다" 하고 말하였다.
15 예수께서는, 사람들이 와서 억지로
자기를 모셔다가 왕으로 삼으려고
한다는 것을 아시고, 혼자서 다시 산
으로 물러가셨다.

예수께서 물 위를 걸으시다

(마 14:22-27; 막 6:45-52)

16 ○날이 저물었을 때에, 예수의 제자
들은 바다로 내려가서,
17 배를 타고, 바다 건너편 가버나움으
로 갔다. 이미 어두워졌는데도, 예수
께서는 아직 그들이 있는 곳으로 오
시지 않았다.
18 그런데 큰 바람이 불고, 물결이 사나
워졌다.
19 제자들이 배를 저어서, ㉡십여 리쯤
갔을 때였다. 그들은, 예수께서 바다
위로 걸어서 배에 가까이 오시는 것
을 보고, 무서워하였다.
20 예수께서 그들에게 말씀하셨다. "나
다. 두려워하지 말아라."
21 그래서 그들은 기꺼이 예수를 배 안
으로 모셔들였다. 배는 곧 그들이
가려던 땅에 이르렀다.

예수는 생명의 빵이시다

22 ○그 다음날이었다. 바다 건너편에
서 있던 무리는, 거기에 배 한 척만
있었다는 것과, 예수께서는 제자들
과 함께 그 배를 타지 않으셨고, 제
자들만 따로 떠나갔다는 것을 알았
다.
23 그런데 디베랴에서 온 배 몇 척이,
㉢주님께서 감사 기도를 드리고 무리
에게 빵을 먹이신 곳에 가까이 닿았
다.
24 무리는 거기에 예수도 안 계시고 제
자들도 없는 것을 알고서, 배를 나누
어 타고, 예수를 찾아 가버나움으로
갔다.
25 그들은 바다 건너편에서 예수를 만
나서 말하였다. "선생님, 언제 여기에
오셨습니까?"
26 예수께서 그들에게 대답하셨다. "내
가 진정으로 진정으로 너희에게 말
한다. 너희가 나를 찾는 것은 ㉠표징
을 보았기 때문이 아니라, 빵을 먹고
배가 불렀기 때문이다.
27 너희는 썩어 없어질 양식을 얻으려
고 일하지 말고, 영생에 이르도록 남
아 있을 양식을 얻으려고 일하여라.
이 양식은, 인자가 너희에게 줄 것이

6:14 오시기로 된 그 예언자 그들이 대망하는 메시아란 뜻이다. 그러나 그들이 바라던 메시아는 물질적이고 세상적인 기대를 채워 주는 메시아였다.

6:15 당시 유대 사람들은 강렬한 민족주의 감정을 가지고 있었다. 그들은 예수님을 지도자로 삼아 로마에 항거하여 이 땅에 메시아 왕국을 건설하려 했다. 그러나 하나님의 나라는 이 세상에 속한 것이 아니며(18:36), 그의 나라를 건설하는 방법도 폭력이 아니라 십자가를 통해서였다.

6:16-21 이 사건은 제자들에게 오병이어 기적을 통해서 암시적으로 계시된 예수님의 신적인 정체를 보다 더 분명하게 알리는 역할을 한다.

6:27 영생에 이르도록 남아 있을 양식 두 가지 뜻이 있다. ① 썩지 않고 영원히 남아 있는 영적 양식 ② 영생을 주는 양식이다.

㉠ 2:11의 주를 볼 것 ㉡ 그, '이십오에서 삼십 스타디아쯤'. 약 5-6킬로미터 ㉢ 다른 고대 사본들에는 '주님께서 감사 기도를 드리고'가 없음

다. 아버지 하나님께서 인자를 인정
하셨기 때문이다."
28 그들이 예수께 물었다. "우리가 무엇
을 하여야 하나님의 일을 하는 것이
됩니까?"
29 예수께서 그들에게 대답하셨다. "하
나님께서 보내신 이를 믿는 것이 곧
하나님의 일이다."
30 그들은 다시 물었다. "우리에게 무슨
㉠표징을 행하셔서, 우리로 하여금
보고 당신을 믿게 하시겠습니까? 당
신이 하시는 일이 무엇입니까?
31 ㉡'그는 하늘에서 빵을 내려서, 그들
에게 먹게 하셨다' 한 성경 말씀대
로, 우리 조상들은 광야에서 만나를
먹었습니다."
32 예수께서 그들에게 대답하셨다. "내
가 진정으로 진정으로 너희에게 말
한다. 하늘에서 너희에게 빵을 내려
다 주신 이는 모세가 아니다. 하늘
에서 참 빵을 너희에게 주시는 분은
내 아버지시다.
33 하나님의 빵은 하늘에서 내려와 세
상에 생명을 주는 것이다."
34 ○그들은 예수께 말하였다. "주님,
그 빵을 언제나 우리에게 주십시오."
35 예수께서 그들에게 말씀하셨다. "내
가 생명의 빵이다. 내게로 오는 사람
은 결코 주리지 않을 것이요, 나를
믿는 사람은 다시는 목마르지 않을
것이다.
36 그러나 내가 이미 말한 대로, 너희는
[나를] 보고도 믿지 않는다.
37 아버지께서 내게 주시는 사람은 다
내게로 올 것이요, 또 내게로 오는
사람은 내가 물리치지 않을 것이다.
38 그것은, 내가 내 뜻을 행하려고 하
늘에서 내려온 것이 아니라, 나를 보
내신 분의 뜻을 행하려고 왔기 때문
이다.
39 나를 보내신 분의 뜻은, 내게 주신
사람을 내가 한 사람도 잃어버리지
않고, 마지막 날에 모두 살리는 일이
다.
40 또한 아들을 보고 그를 믿는 사람은
누구든지 영생을 얻게 하시는 것이
내 아버지의 뜻이다. 나는 마지막 날
에 그들을 살릴 것이다."
41 ○유대인들은 예수께서 "내가 하늘
에서 내려온 빵이다" 하고 말씀하셨
으므로, 그분을 두고 수군거리면서
42 말하였다. "이 사람은 요셉의 아들
예수가 아닌가? 그의 부모를 우리가
알지 않는가? 그런데 이 사람이 어떻
게 하늘에서 내려왔다고 하는가?"
43 그 때에 예수께서 그들에게 말씀하
셨다. "서로 수군거리지 말아라.
44 나를 보내신 아버지께서 이끌어 주
지 아니하시면, 아무도 내게 올 수
없다. 나는 그 사람들을 마지막 날

6:29 하나님의 일 28절에서는 여러 가지 율법의 행위를 말하나, 여기서는 단수형을 썼다. 곧, 하나님이 요구하시는 일은 하나뿐이다. 즉 '믿음'이다. 현재형을 써서 믿음은 계속적인 행위임을 강조한다.

6:32 여기서 예수님은 유대 사람들의 두 가지 잘못을 지적하신다. ① 만나는 모세가 준 것이 아니라, 하나님이 주신 것이다. ② 만나는 하늘에서 내린 '참 빵'이 아니다.

6:35 내가 생명의…않을 것이다 (그) '에고 에이미'. 이 표현법은 엄숙한 선언으로 예수님께서 자신의 인격과 사역의 중요한 면을 강조하실 때에 사용하셨다. 요한복음서에는 이 표현법이 다음과 같이 일곱 번 나오고 있다. ① 생명의 빵 ② 세상의 빛 ③ 문 ④ 선한 목자 ⑤ 부활·생명 ⑥ 길·진리·생명 ⑦ 참 포도나무.

6:40 믿는 사람은 누구든지 영생 영생의 조건은 율

㉠ 2:11의 주를 볼 것 ㉡ 출 16:4, 5; 시 78:24

에 살릴 것이다.
45 예언서에 기록하기를 ㉠'그들이 모두
하나님께 가르침을 받을 것이다' 하
였다. 아버지께 듣고 배운 사람은 다
내게로 온다.
46 이 말은, 하나님께로부터 온 사람 외
에 누가 아버지를 보았다는 것을 뜻
하지 않는다. 하나님께로부터 온 사
람만이 아버지를 보았다.
47 내가 진정으로 진정으로 너희에게
말한다. 믿는 사람은 영생을 가지고
있다.
48 나는 생명의 빵이다.
49 너희의 조상은 광야에서 만나를 먹
었어도 죽었다.
50 그러나 하늘에서 내려오는 빵은 이
러하니, 누구든지 그것을 먹으면 죽
지 않는다.
51 나는 하늘에서 내려온 살아 있는 빵
이다. 이 빵을 먹는 사람은 누구나
영원히 살 것이다. 내가 줄 빵은 나
의 살이다. 그것은 세상에 생명을 준
다."
52 ○그러자 유대 사람들은 서로 논란
을 하면서 말하였다. "이 사람이 어
떻게 우리에게 [자기] 살을 먹으라고
줄 수 있을까?"
53 예수께서 그들에게 말씀하셨다. "내
가 진정으로 진정으로 너희에게 말
한다. 너희가 인자의 살을 먹지 아니
하고, 또 인자의 피를 마시지 아니하
면, 너희 속에는 생명이 없다.
54 내 살을 먹고, 내 피를 마시는 사람
은 영원한 생명을 가지고 있고, 마지
막 날에 내가 그를 살릴 것이다.
55 내 살은 참 양식이요, 내 피는 참 음
료이다.
56 내 살을 먹고, 내 피를 마시는 사람
은 내 안에 있고, 나도 그 사람 안에
있다.
57 살아 계신 아버지께서 나를 보내셨
고, 내가 아버지 때문에 사는 것과
같이, 나를 먹는 사람도 나 때문에
살 것이다.
58 이것은 하늘에서 내려온 빵이다. 이
것은 너희의 조상이 먹고서도 죽은
그런 것과는 같지 아니하다. 이 빵을
먹는 사람은 영원히 살 것이다."
59 이것은 예수께서 가버나움 회당에
서 가르치실 때에 하신 말씀이다.

영원한 생명의 말씀

60 ○예수의 제자들 가운데서 여럿이
이 말씀을 듣고 말하기를 "이 말씀
이 이렇게 어려우니 누가 알아들을
수 있겠는가?" 하였다.
61 예수께서, 제자들이 자기의 말을 두
고 수군거리는 것을 아시고, 그들에
게 말씀하셨다. "이 말이 너희의 마
음에 걸리느냐?
62 인자가 전에 있던 곳으로 올라가는

법의 준수가 아니라(참조. 7:19,49) 믿음임을 예수님께서 선포하시고 있다. 여기에서 믿음은 하나님의 아들이신 예수님을 영접하고 그분의 대속적인 *죽음을 인정하는 것이다(참조. 6:47,54)*. 이것은 본서의 핵심적인 주제 가운데 하나이며(1:12; 3:16;20:31), 동시에 바울 서신의 주제이기도 하다(참조. 갈 2:16;엡 2:8–9).

6:47 예수님께서는 '생명'과 사람이 그것을 얻는 방법인 '믿음'에 대해 거듭 강조하신다.

6:60–71 예수님의 활동 초기에는 많은 사람들이 예수님의 기적과 가르침에 감탄하여 그분을 따라다녔다. 하지만 예수님께서 '영생을 위해서는 인자의 살을 먹고 피를 마셔야 한다'고 가르치자 제자들 중에서도 많은 사람들이 그분을 떠나갔다. 이는 예수님의 말씀이 유대 사람들에게 매우 충격적이어서 받아들이기 어려웠기 때문이다.

6:63 예수님의 살과 피는, 그 자체로는 아무런 유

㉠ 사 54:13

것을 보면, 어떻게 하겠느냐?
63 생명을 주는 것은 영이다. 육은 아
무 데도 소용이 없다. 내가 너희에게
한 이 말은 영이요 생명이다.
64 그러나 너희 가운데는 믿지 않는 사
람들이 있다." 처음부터 예수께서는,
믿지 않는 사람이 누구이며, 자기를
넘겨줄 사람이 누구인지를, 알고 계
셨던 것이다.
65 예수께서 또 말씀하셨다. "그러므로
내가 너희에게 이르기를, 아버지께
서 허락하여 주신 사람이 아니고는
아무도 나에게로 올 수 없다고 말한
것이다."
66 ○ ㉠이 때문에 제자 가운데서 많은
사람이 떠나갔고, 더 이상 그와 함
께 다니지 않았다.
67 예수께서 열두 제자에게 물으셨다.
"너희까지도 떠나가려 하느냐?"
68 시몬 베드로가 대답하였다. "주님,
우리가 누구에게로 가겠습니까? 선
생님께는 영생의 말씀이 있습니다.
69 우리는, 선생님이 ㉡하나님의 거룩한
분이심을 믿고, 또 알았습니다."
70 예수께서 그들에게 대답하셨다. "내
가 너희 열둘을 택하지 않았느냐?
그러나 너희 가운데서 하나는 악마
이다."
71 이것은 ㉢시몬 가룟의 아들 유다를
가리켜서 하신 말씀인데, 그는 열두
제자 가운데 한 사람으로, 예수를
넘겨줄 사람이었다.

예수의 형제들의 불신앙

7 그 뒤에 예수께서는 갈릴리를 두
루 다니셨다. 유대 사람들이 자기
를 죽이려고 하였으므로, 유대 지방
에는 ㉣돌아다니기를 원하지 않으셨
다.
2 그런데 유대 사람의 명절인 ㉤초막절
이 가까워지니,
3 예수의 형제들이 예수께 말하였다.
"형님은 여기에서 떠나 유대로 가셔
서, 거기에 있는 형님의 제자들도 형
님이 하는 일을 보게 하십시오.
4 알려지기를 바라면서 숨어서 일하
는 사람은 없습니다. 형님이 이런 일
을 하는 바에는, 자기를 세상에 드러
내십시오."
5 (예수의 형제들까지도 예수를 믿지
않았기 때문이다.)
6 예수께서 그들에게 말씀하셨다. "내
때는 아직 오지 않았다. 그러나 너희
의 때는 언제나 마련되어 있다.
7 세상이 너희를 미워할 수 없다. 그러
나 세상은 나를 미워한다. 그것은,
내가 세상을 보고서, 그 하는 일들
이 악하다고 증언하기 때문이다.
8 너희는 명절을 지키러 올라가거라.
나는 아직 내 때가 차지 않았으므
로, 이번 명절에는 올라가지 않겠다."

익을 주지 않는다. 예수님의 가르침을 영적으로 이해하고 받아들일 때에만, 그것은 구원을 위한 도구가 된다.

6:69 베드로는 예수님을 메시아의 직무를 수행하기 위해 하나님에 의해 구별되고 자격을 갖춘 메시아로 믿고 고백한 것이다.

㉠ '이 때부터'라고 번역할 수도 있음 ㉡ 다른 고대 사본들에는 '살아 계신 하나님의 아들 그리스도이심을' ㉢ 다른 고대 사본들에는 '시몬의 아들 유다 가룟' 또는 '가룟 사람 시몬의 아들 유다' ㉣ 다른 고대 사본들에는 '자유롭게 다닐 수 없었다' ㉤ 또는 '장막절'

7장 요약 예수님께서 십자가의 고난을 얼마 남겨 두지 않은 때에 예루살렘을 다시 방문하신 이유는 천국 복음을 최대한 많이 전파하시기 위해서였다. 그러나 유대 사람들은 예수님께 체포령까지 내림으로써 그들의 사악함을 드러냈다. 이러한 상황에서도 영생의 삶으로 초청하는 예수님의 호소는 더욱 강해진다.

7:2 초막절 유대 사람들의 3대 절기 가운데 하나

9 이렇게 그들에게 말씀하시고, 예수
께서는 갈릴리에 그냥 머물러 계셨
다.

예수께서 명절을 지키러 올라가시다

10 ○그러나 예수의 형제들이 명절을
지키러 올라간 뒤에, 예수께서도 아
무도 모르게 올라가셨다.
11 명절에 유대 사람들이 예수를 찾으
면서 물었다. "그 사람이 어디에 있
소?"
12 무리 가운데서는 예수를 두고 말들
이 많았다. 더러는 그를 좋은 사람이
라고 말하고, 더러는 무리를 미혹하
는 사람이라고 말하였다.
13 그러나 유대 사람들이 무서워서, 예
수에 대하여 드러내 놓고 말하는 사
람은 아무도 없었다.
14 ○명절이 중간에 접어들었을 즈음
에, 예수께서 성전에 올라가서 가르
치셨다.
15 유대 사람들이 놀라서 말하였다.
"이 사람은 배우지도 않았는데, 어떻
게 저런 학식을 갖추었을까?"
16 예수께서 그들에게 대답하셨다. "나
의 가르침은 내 것이 아니라, 나를
보내신 분의 것이다.
17 하나님의 뜻을 따르려는 사람은 누
구든지, 이 가르침이 하나님에게서
난 것인지, 내가 내 마음대로 말하
는 것인지를 알 것이다.
18 자기 마음대로 말하는 사람은 자기
의 영광을 구하지만, 자기를 보내신
분의 영광을 구하는 사람은 진실하
며, 그 사람 속에는 불의가 없다.
19 모세가 너희에게 율법을 주지 않았
느냐? 그런데 너희 가운데 그 율법
을 지키는 사람은 한 사람도 없다.
어찌하여 너희가 나를 죽이려고 하
느냐?"
20 무리가 대답하였다. "당신은 귀신이
들렸소. 누가 당신을 죽이려고 한다
는 말이오?"
21 예수께서 그들에게 말씀하셨다. "내
가 한 가지 일을 하였는데, 너희는
모두 놀라고 있다.
22 모세가 너희에게 할례법을 주었다.
—사실, 할례는 모세에게서 비롯한
것이 아니라, 조상들에게서 비롯한
것이다. — 이 때문에 너희는 안식
일에도 사람에게 할례를 준다.
23 모세의 율법을 어기지 않으려고, 사
람이 안식일에도 할례를 받는데, 내
가 안식일에 한 사람의 몸 전체를 성
하게 해주었다고 해서, 너희가 어찌
하여 나에게 분개하느냐?
24 겉모양으로 심판하지 말고, 공정한
심판을 내려라."

이 사람이 그리스도인가?

25 ○예루살렘 사람들 가운데서 몇 사
람이 말하였다. "그들이 죽이려고

로서 장막절 또는 수장절이라고도 한다.

7:12 무리를 미혹하는 사람이라고 말하였다 특히 예수님께 적대적이었던 유대 사람들은 예수님이 군중을 선동하는 거짓 예언자요, 폭도의 우두머리라고 비난하였다.

7:16–18 유대 사람들은 예수님의 교훈의 정당성에 대해 의문을 제기하였다. 이에 대해 예수님은 자신의 교훈이 어떤 랍비에게서 배우거나 스스로 깨달은 것이 아니라 자신을 보내신 하나님으로부터 직접 배운 것이며, 그것이 하나님의 영광을 구하고 있기 때문에 참된 것임을 말씀하셨다.

7:21 한 가지 일 예수님을 죽이려는 음모를 야기했던 직접적인 사건, 곧 안식일에 베드자다에서 병을 고치신 일을 말한다.

7:22 할례법에 따르면, 남자 아이는 난 지 8일 만에 할례를 받아야 했다. 이 8일이 안식일과 겹치더라도 할례를 해주었다.

7:24 안식일을 범했다는 피상적인 행위만을 보지

하는 이가 바로 이 사람이 아닙니
까?
26 보십시오. 그가 드러내 놓고 말하는
데도, 사람들이 그에게 아무 말도
못합니다. 지도자들은 정말로 이 사
람을 ㉠그리스도로 알고 있는 것입니
까?
27 우리는 이 사람이 어디에서 왔는지
를 알고 있습니다. 그러나 ㉠그리스
도가 오실 때에는, 어디에서 오셨는
지 아는 사람이 없을 것입니다."
28 예수께서 성전에서 가르치실 때에,
큰 소리로 말씀하셨다. "너희는 나
를 알고, 또 내가 어디에서 왔는지를
알고 있다. 그런데 나는 내 마음대로
온 것이 아니다. 나를 보내신 분은
참되시다. 너희는 그분을 알지 못하
지만,
29 나는 그분을 안다. 나는 그분에게서
왔고, 그분은 나를 보내셨기 때문이
다."
30 사람들이 예수를 잡으려고 하였으
나, 아무도 그에게 손을 대는 사람이
없었다. 그것은 그의 때가 아직 이르
지 않았기 때문이다.
31 무리 가운데서 많은 사람이 예수를
믿었다. 그들이 말하였다. "㉠그리스
도가 오신다고 해도, 이분이 ㉡하신
것보다 더 많은 ㉢표징을 행하시겠는
가?"

예수를 잡으려는 사람들

32 ○무리가 예수를 두고 이런 말로 수
군거리는 것을, 바리새파 사람들이
들었다. 그래서 대제사장들과 바리
새파 사람들은 예수를 잡으려고 성
전 경비병들을 보냈다.
33 예수께서 그들에게 말씀하셨다. "나
는 잠시 동안 너희와 함께 있다가,
나를 보내신 분께로 간다.
34 그러면 너희가 나를 찾아도 만나지
못할 것이요, 내가 있는 곳에 너희가
올 수도 없을 것이다."
35 유대 사람들이 서로 말하였다. "이
사람이 어디로 가려고 하기에, 자기
를 만나지 못할 것이라고 하는가?
그리스 사람들 가운데 흩어져 사는
유대 사람들에게로 가서, 그리스 사
람들을 가르칠 셈인가?
36 또 '너희가 나를 찾아도 만나지 못할
것이요, 내가 있는 곳에 너희가 올
수도 없을 것이다' 한 말은 무슨 뜻
인가?"

생명수가 흐르는 강

37 ○명절의 가장 중요한 날인 마지막
날에, 예수께서 일어서서, 큰 소리로
말씀하셨다. "㉣목마른 사람은 다 나
에게로 와서 마셔라.
38 나를 믿는 사람은, 성경이 말한 바와
같이, 그의 배에서 생수가 강물처럼
흘러나올 것이다."

말고, 한 사람의 몸과 영혼이 온전하게 된 일을 통해 메시아를 발견하라는 말씀이다.

7:27 당시의 메시아 사상이 드러난다. 메시아가 베들레헴에서 태어날 것은 분명하지만, 메시아에 관해 그 이외에는 아무것도 알 수 없었다.

7:33 초막절(10월)을 지내고 다음 해 유월절(4월)에 십자가에서 죽으실 것을 말한다.

7:37–44 **생수가 강물처럼** 예수님을 믿는 사람들이 받게 되는 성령에 관한 말씀이다. 예수님께서 아직 십자가에서 영광을 받지 아니하셨기 때문에 그를 믿는 사람들도 아직 생수가 강물처럼 흘러넘치는 성령을 받지 못했다.

7:37 **명절의…마지막 날** 초막절의 정식 행사는 7일 동안 계속되었지만, 제8일째는 대회(또는 성회)로 지켜졌다. 따라서 여기의 마지막 날이 제8일인지

㉠ 또는 '메시아' ㉡ 다른 고대 사본들에는 '하시는' ㉢ 2:11의 주를 볼 것 ㉣ 또는 '목마른 사람은 다 나에게로 오너라. 38. 나를 믿는 사람은 마셔라. 성경에……'

39 이것은, 예수를 믿은 사람이 받게 될
㉠성령을 가리켜서 하신 말씀이다.
예수께서 아직 영광을 받지 않으셨
으므로, ㉠성령이 아직 사람들에게
오시지 않았다.

무리 가운데에서 일어난 분쟁

40 ○이 말씀을 들은 무리 가운데는
"이 사람은 정말로 그 예언자이다"
하고 말하는 사람들도 있고,
41 "이 사람은 ㉡그리스도이다" 하고 말
하는 사람들도 있었다. 그러나 더러
는 이렇게 말하였다. "갈릴리에서
㉡그리스도가 날 수 있을까?
42 ㉢성경은 ㉡그리스도가 다윗의 후손
가운데서 날 것이요, 또 다윗이 살
던 마을 베들레헴에서 날 것이라고
말하지 않았는가?"
43 무리 가운데 예수 때문에 분열이 일
어났다.
44 그들 가운데서 예수를 잡고자 하는
사람도 몇 있었으나, 아무도 그에게
손을 대지는 못하였다.

의회원과 바리새파 사람들의 불신앙

45 ○성전 경비병들이 대제사장들과 바
리새파 사람들에게 돌아오니, 그들
이 경비병들에게 물었다. "어찌하여
그를 끌어오지 않았느냐?"
46 경비병들이 대답하였다. "그 사람이
말하는 것처럼 말한 사람은, 지금까
지 아무도 없었습니다."
47 바리새파 사람들이 그들에게 말하
였다. "너희도 미혹된 것이 아니냐?
48 지도자들이나 바리새파 사람들 가
운데서 그를 믿은 사람이 어디에 있
다는 말이냐?
49 율법을 알지 못하는 이 무지렁이들
은 저주받은 자들이다."
50 그들 가운데 한 사람으로, 전에 ㉣예
수를 찾아간 니고데모가 그들에게
말하였다.
51 "우리의 율법으로는, 먼저 그 사람의
말을 들어보거나, 또 그가 하는 일
을 알아보거나, 하지 않고서는 그를
심판하지 않는 것이 아니오?"
52 그들이 니고데모에게 말하였다. "당
신도 갈릴리 사람이오? 성경을 살펴
보시오. 그러면 갈릴리에서는 예언
자가 나오지 않는다는 것을 알게 될
것이오."

음행하다 잡혀 온 여인

53 ㉤[[그리고 그들은 제각기 집으로 돌
아갔다.

8 1 예수께서는 올리브 산으로 가셨
다.
2 이른 아침에 예수께서 다시 성전에
가시니, 많은 백성이 그에게로 모여
들었다. 예수께서 앉아서 그들을 가
르치실 때에
3 율법학자들과 바리새파 사람들이
간음을 하다가 잡힌 여자를 끌고 와

는 학자에 따라 견해가 다르다.

7:39 성령은 이미 구약 시대부터 활동하셨지만, 그때에는 특별한 사람들에게만 제한되었다. 그러나 *신약 시대에는* 요엘의 예언처럼(욜 2:28) 모든 믿는 사람들에게 허락되었는데, 그 시기는 오순절 이후였다.

㉠ **그**, '영' ㉡ 또는 '메시아' ㉢ 삼하 7:12; 미 5:2 ㉣ **그**, '그를' ㉤ 가장 오래된 사본들에는 7:53-8:11이 없음. 사본에 따라 7:36 다음에 이어지기도 하고, 21:25 다음에 이어지기도 함

8장 요약 본장에서 '간음하다 잡힌 여자'에 관한 기사는 죄인에 대한 예수님의 무조건적 용서를 말한다. 우리도 영적 간음자로서 돌에 맞아 죽어야 마땅하나 예수님의 속죄로 용서를 받았다. 예수님은 세상의 빛으로, 성부와 동등한 자로 오셔서 참 진리에 대해 증거하셨으나 사람들은 도리어 그를 돌로 치려 하였다.

8:1-11 여자를 정죄하지 않았던 예수님의 모습은

서, 가운데 세워 놓고,
4 예수께 말하였다. "선생님, 이 여자가
간음을 하다가, 현장에서 잡혔습니
다.
5 ㉠모세는 율법에, 이런 여자들을 돌
로 쳐죽이라고 우리에게 명령하였습
니다. 그런데 선생님은 뭐라고 하시
겠습니까?"
6 그들이 이렇게 말한 것은, 예수를 시
험하여 고발할 구실을 찾으려는 속
셈이었다. 그러나 예수께서는 몸을
굽혀서, 손가락으로 땅에 ㉡무엇인가
를 쓰셨다.
7 그들이 다그쳐 물으니, 예수께서 몸
을 일으켜, 그들에게 말씀하셨다.
"너희 가운데서 죄가 없는 사람이
먼저 이 여자에게 돌을 던져라."
8 그리고는 다시 몸을 굽혀서, 땅에 무
엇인가를 쓰셨다.
9 이 말씀을 들은 사람들은, 나이가
많은 이로부터 시작하여, 하나하나
떠나가고, 마침내 예수만 남았다. 그
여자는 그대로 서 있었다.
10 예수께서 몸을 일으키시고, 여자에
게 말씀하셨다. "여자여, 사람들은
어디에 있느냐? 너를 정죄한 사람이
한 사람도 없느냐?"
11 여자가 대답하였다. "주님, 한 사람도
없습니다." 예수께서 말씀하셨다. "나
도 너를 정죄하지 않는다. 가서, 이제
부터 다시는 죄를 짓지 말아라."]]

예수는 세상의 빛

12 ○예수께서 다시 그들에게 말씀하셨
다. "나는 세상의 빛이다. 나를 따르
는 사람은 어둠 속에 다니지 아니하
고, 생명의 빛을 얻을 것이다."
13 바리새파 사람들이 예수께 말하였
다. "당신이 스스로 자신에 대하여
증언하니, 당신의 증언은 참되지 못
하오."
14 예수께서 그들에게 대답하셨다. "비
록 내가 나 자신에 대하여 증언할지
라도, 내 증언은 참되다. 나는 내가
어디에서 와서 어디로 가는지를 알
고 있기 때문이다. 그러나 너희는 내
가 어디에서 왔는지도 모르고, 어디
로 가는지도 모른다.
15 너희는 ㉢사람이 정한 기준을 따라
심판한다. 나는 아무도 심판하지 않
는다.
16 그러나 내가 심판하면 내 심판은 참
되다. 그것은, 내가 혼자 있는 것이
아니라, 나를 보내신 아버지께서 나
와 함께 하시기 때문이다.
17 너희의 율법에도 기록하기를 ㉣'두
사람이 증언하면 참되다' 하였다.
18 내가 나 자신에 대하여 증언하는 사
람이고, 나를 보내신 아버지께서도
나에 대하여 증언하여 주신다."
19 그러자 그들은 예수께 물었다. "당신

죄인을 구하기 위해 오신 공생애의 목적과 일치한다. 이 사건은 죄인을 구하러 이 땅에 오신 예수 그리스도의 사역이 무엇인지를 이해하는 데 결정적인 역할을 한다.

8:6 고발할 구실 그들은 다음과 같은 논리로 예수님을 진퇴양난에 빠뜨리고자 하였다. 만약 예수님이 돌로 그 여자를 치라고 대답하시면 그들은 예수님을 로마법의 위반자로 고소할 것이다. 이는 당시의 유대 사람들은 산헤드린을 통해 사형을 구형할 수는 있었으나 집행은 로마 총독의 관할 아래에 있었기 때문이다(참조. 18:31). 동시에 그 대답은 사랑을 강조하였던 예수님의 가르침에 모순이 되는 것이다. 반면에, 돌로 치지 말라고 하시면 모세의 율법을 어겼다는 죄목으로 그들은 산헤드린에서 예수님에게 유죄를 선언할 것이다.

8:12-20 이 부분은 7:37-52의 계속이다. 예수님

㉠ 레 20:10; 신 22:22-24 ㉡ 다른 고대 사본들에는 '그들 각자의 죄목을' ㉢ 그, '육체를 따라' ㉣ 신 17:6; 19:15

의 아버지가 어디에 계십니까?" 예
수께서 대답하셨다. "너희는 나도 모
르고, 나의 아버지도 모른다. 너희가
나를 알았더라면 나의 아버지도 알
았을 것이다."
20 이것은 예수께서 성전에서 가르치실
때에 헌금궤가 있는 데서 하신 말씀
이다. 그러나 그를 잡는 사람이 아무
도 없었다. 그것은 아직도 그의 때가
이르지 않았기 때문이다.

내가 가는 곳에 너희는 오지 못한다

21 ○예수께서 다시 그들에게 말씀하셨
다. "나는 가고, 너희는 나를 찾다가
너희의 죄 가운데서 죽을 것이다. 그
리고 내가 가는 곳에 너희는 올 수
없다."
22 유대 사람들이 말하였다. "'내가 가
는 곳에 너희는 올 수 없다' 하니, 그
가 자살하겠다는 말인가?"
23 예수께서 그들에게 말씀하셨다. "너
희는 아래에서 왔고, 나는 위에서 왔
다. 너희는 이 세상에 속하여 있지만,
나는 이 세상에 속하여 있지 않다.
24 그래서 나는, 너희가 너희의 죄 가운
데서 죽을 것이라고 말하였다. '내가
곧 나'임을 너희가 믿지 않으면, 너희
는 너희의 죄 가운데서 죽을 것이다."
25 그들이 예수께 물었다. "당신은 누구
요?" 예수께서 그들에게 대답하셨
다. "㉠ 내가 처음부터 너희에게 말하
지 않았느냐?
26 그리고 내가 너희에 대하여 말하고
또 심판할 것이 많이 있다. 그러나
나를 보내신 분은 참되시며, 나는 그
분에게서 들은 대로 세상에 말하는
것이다."
27 그들은 예수께서 아버지를 가리켜서
말씀하시는 줄을 깨닫지 못하였다.
28 그러므로 예수께서 [그들에게] 말씀
하셨다. "너희는, 인자가 높이 들려
올려질 때에야, '내가 곧 나'라는 것
과, 또 내가 아무것도 내 마음대로
하지 아니하고 아버지께서 나에게
가르쳐 주신 대로 말한다는 것을 알
게 될 것이다.
29 나를 보내신 분이 나와 함께 하신다.
그분은 나를 혼자 버려 두지 않으셨
다. 그것은, 내가 언제나 아버지께서
기뻐하시는 일을 하기 때문이다."
30 이 말씀을 듣고, 많은 사람이 예수
를 믿게 되었다.

진리가 너희를 자유하게 하리라

31 ○예수께서 자기를 믿은 유대 사람
들에게 말씀하셨다. "너희가 나의
말에 머물러 있으면, 너희는 참으로
나의 제자들이다.
32 그리고 너희는 진리를 알게 될 것이
며, 진리가 너희를 자유롭게 할 것이
다."
33 그들은 예수께 말하였다. "우리는 아

께서는 자신을 빛으로 소개하면서 자신을 믿어야 만 참 생명을 얻게 된다는 위대한 증언을 하셨다. 그러나 바리새파 사람들은 예수님께서 선포하신 *증언에 대해 무효성을* 들어 예수님을 반대하였다.

8:21 나는 가고 예수님께서 부활하신 후에 하나님께로 돌아가실 것을 말한다.

8:24 '내가 곧 나'임을 그리스어 원문은 '내가…인 줄'로 되어 술부('나'에 해당하는 말)가 없다. 따라서 여기의 '나'는 예수님의 인격을 나타내는 여러 가지 뜻이 될 수 있다. 곧, '내가'는 '아버지께서 보내신 자, 위로부터 온 자, 인자(人子), 하나님의 아들, 하나님과 동등하신 자, 생명의 빵, 세상의 빛, 메시아…'이다. 한편, 이 표현은 하나님이 자신을 나타내실 때 사용한 말이었다(참조. 출 3:14;신 32:39;사 43:10). 따라서 예수님은 이 표현을 통해 자신의 신성(神性)을 나타내 보이신 것이다.

㉠ 또는 '도대체 왜 내가 너희에게 말해야 하느냐?'

브라함의 자손이라 아무에게도 종
노릇한 일이 없는데, 당신은 어찌하
여 우리가 자유롭게 될 것이라고 말
합니까?"
34 예수께서 대답하셨다. "내가 진정으
로 진정으로 너희에게 말한다. 죄를
짓는 사람은 다 죄의 종이다.
35 종은 언제까지나 집에 머물러 있지
못하지만, 아들은 언제까지나 머물
러 있다.
36 그러므로 아들이 너희를 자유롭게
하면, 너희는 참으로 자유롭게 될 것
이다.
37 나는 너희가 아브라함의 자손임을
안다. 그런데 너희는 나를 죽이려고
한다. 내 말이 너희 속에 있을 자리
가 없기 때문이다.
38 나는 나의 아버지에게서 본 것을 말
하고, 너희는 너희의 아비에게서 들
은 것을 행한다."

너희의 아비는 악마이다

39 ○그들이 예수께 말하였다. "우리 조
상은 아브라함이오." 예수께서 그들
에게 대답하셨다. "너희가 아브라함
의 자녀라면, 아브라함이 한 일을
㉠하였을 것이다.
40 그러나 지금 너희는, 너희에게 하나
님에게서 들은 진리를 말해 준 사람
인 나를 죽이려고 한다. 아브라함은
이런 일을 하지 않았다.
41 너희는 너희 아비가 한 일을 하고 있
다." 그들이 예수께 말하였다. "우리
는 음행으로 태어나지 않았으며, 우
리에게는 하나님이신 아버지만 한
분 계십니다."
42 예수께서 대답하셨다. "하나님이 너
희의 아버지라면, 너희가 나를 사랑
할 것이다. 그것은, 내가 하나님에게
서 와서 여기에 있기 때문이다. 내가
내 마음대로 온 것이 아니라, 아버지
께서 나를 보내신 것이다.
43 어찌하여 너희는 내가 말하는 것을
깨닫지 못하느냐? 그것은 너희가 내
말을 들을 수 없기 때문이다.
44 너희는 너희 아비인 악마에게서 났
으며, 또 그 아비의 욕망대로 하려고
한다. 그는 처음부터 살인자였다. 또
그는 진리 편에 있지 않다. 그것은
그 속에 진리가 없기 때문이다. 그가
거짓말을 할 때에는 본성에서 그렇
게 하는 것이다. 그는 거짓말쟁이이
며, 거짓의 아비이기 때문이다.
45 그런데 내가 진리를 말하기 때문에,
너희는 나를 믿지 않는다.
46 너희 가운데서 누가 나에게 죄가 있
다고 단정하느냐? 내가 진리를 말하
는데, 어찌하여 나를 믿지 않느냐?
47 하나님에게서 난 사람은 하나님의
말씀을 듣는다. 그러므로 너희가 듣
지 않는 것은, 너희가 하나님에게서

8:28 인자가 높이 들려 올려질 때에야 '예수님을 십자가에 못 박은 후에'라는 뜻이다.

8:30 많은 사람이 예수를 믿게 되었다 여기의 '믿게 된 사람들'은 예수님을 반대한 사람들과 같은 사람들이다. 따라서 그들의 믿음은 참된 것이 아니었음을 알 수 있다.

8:41 너희 아비가 한 일 39절의 '아브라함이 한 일' 과 대조를 이룬다. 아브라함은 하나님의 말씀을 순종하고(창 12:1-4), 하나님께서 보내신 자들을 대접하였으며(창 18:1-8), 특히 메시아의 날을 기대하며 즐거워하였다(8:56). 반면에 아브라함의 자손으로 자부하는 유대 사람들은 그들에게 오신 메시아를 죽이려 하고 있다. 이에 예수님은 이러한 행위가 아브라함의 참 자손의 행위가 아니라 바로 구원 사역을 파괴하려는 악마의 행위임을 지적하신 것이다. 음행 성경에서 이 말은, 영적으로 하나님을 떠나 우상을 섬기는 것을 뜻한다

㉠ 다른 고대 사본들에는 '하여라'

나지 않았기 때문이다."

아브라함이 있기 전부터 내가 있다

48 ○유대 사람들이 예수께 말하였다.
"우리가 당신을 사마리아 사람이라
고도 하고, 귀신이 들렸다고도 하는
데, 그 말이 옳지 않소?"
49 예수께서 대답하셨다. "나는 귀신이
들린 것이 아니라, 나의 아버지를 공
경한다. 그런데도 너희는 나를 모욕
한다.
50 나는 내 영광을 구하지 않는다. 나
를 위하여 영광을 구해 주시며, 심판
해 주시는 분이 따로 계신다.
51 내가 진정으로 진정으로 너희에게
말한다. 나의 말을 지키는 사람은 영
원히 죽음을 겪지 않을 것이다."
52 유대 사람들이 예수께 말하였다.
"이제 우리는 당신이 귀신 들렸다는
것을 알았소. 아브라함도 죽고, 예언
자들도 죽었는데, 당신이 '나의 말을
지키면, 영원히 죽음을 겪지 않을 것
이다' 하니,
53 당신이 이미 죽은 우리 조상 아브라
함보다 더 위대하다는 말이오? 또
예언자들도 다 죽었소. 당신은 스스
로를 누구라고 생각하오?"
54 예수께서 대답하셨다. "내가 나를
영광되게 한다면, 나의 영광은 헛된
것이다. 나를 영광되게 하시는 분은
나의 아버지시다. 너희가 너희의 하
나님이라고 부르는 바로 그분이시다.
55 너희는 그분을 알지 못하지만 나는
그분을 안다. 내가 그분을 알지 못한
다고 말하면, 나도 너희처럼 거짓말
쟁이가 될 것이다. 그러나 나는 아버
지를 알고 있으며, 또 그분의 말씀을
지키고 있다.
56 너희의 조상 아브라함은 나의 날을
보리라고 기대하며 즐거워하였고,
마침내 보고 기뻐하였다."
57 유대 사람들이 예수께 말하였다.
"당신은 아직 나이가 쉰도 안되었는
데, ㉠아브라함을 보았다는 말이오?"
58 예수께서 그들에게 말씀하셨다. "내
가 진정으로 진정으로 너희에게 말
한다. 아브라함이 태어나기 전부터
내가 있다."
59 그래서 그들은 돌을 들어서 예수를
치려고 하였다. 그러자 예수께서는
몸을 피해서 성전 바깥으로 나가셨
다.

나면서부터 눈 먼 사람을 고치시다

9 예수께서 가시다가, 날 때부터 눈
먼 사람을 보셨다.
2 제자들이 예수께 물었다. "선생님,
이 사람이 눈먼 사람으로 태어난 것
이, 누구의 죄 때문입니까? 이 사람
의 죄입니까? 부모의 죄입니까?"
3 예수께서 대답하셨다. "이 사람이
죄를 지은 것도 아니요, 그의 부모가

(참조. 호 1:2;2:4). 자신들의 영적인 상태를 분별하지 못했던 유대 사람들은 자기들이 육체적으로 아브라함의 자손일 뿐만 아니라 영적으로도 하나님을 잘 섬기는 하나님의 자손이라고 주장한다.

8:50 예수님은 언제나 스스로 변호하려 하지 않으시고 사람들로부터 멸시와 모욕을 달게 받으셨다. 하나님께서 친히 예수님의 영광을 높이시며, 예수님과 박해자들 사이에서 의롭게 판단하실 것이기 때문이다.

9장 요약 요한은 어둠(눈먼 사람)을 쫓아내신 예수님의 권능과 눈먼 사람의 변화에 기록의 초점을 맞추고 있다. 세상의 빛이신 주님을 만난 눈먼 사람은 부모와 바리새파 사람들의 위협에도 자기가 체험한 구원 사건을 증거한다. 그의 메시아관도 점점 분명해짐을 알 수 있다. 구원은 지식과 행동까지 변화되게 한다.

㉠ 다른 고대 사본들에는 '아브라함이 당신을 보았단 말이오?'

죄를 지은 것도 아니다. 하나님께서
하시는 일들을 그에게서 드러내시려
는 것이다.
4 ㉠우리는 ㉡나를 보내신 분의 일을
낮 동안에 해야 한다. 아무도 일할
수 없는 밤이 곧 온다.
5 내가 세상에 있는 동안, 나는 세상
의 빛이다."
6 예수께서 이 말씀을 하신 뒤에, 땅
에 침을 뱉어서, 그것으로 진흙을 개
어 그의 눈에 바르시고,
7 그에게 실로암 못으로 가서 씻으라
고 말씀하셨다. ('실로암'은 번역하면
'보냄을 받았다'는 뜻이다.) 그 눈먼
사람이 가서 씻고, 눈이 밝아져서
돌아갔다.
8 이웃 사람들과, 그가 전에 거지인 것
을 보아 온 사람들이 말하기를 "이
사람은 앉아서 구걸하던 사람이 아
니냐?" 하였다.
9 다른 사람들 가운데는 "이 사람이
그 사람이다" 하고 말하는 사람도
더러 있었고, 또 더러는 "그가 아니
라 그와 비슷한 사람이다" 하고 말
하기도 하였다. 그런데 눈을 뜨게 된
그 사람은 "내가 바로 그 사람이오"
하고 말하였다.
10 사람들이 그에게 물었다. "그러면 어
떻게 눈을 뜨게 되었소?"
11 그가 대답하였다. "예수라는 사람이
진흙을 개어 내 눈에 바르고, 나더
러 실로암에 가서 씻으라고 하였소.
그래서 내가 가서 씻었더니, 보게 되
었소."
12 사람들이 눈을 뜨게 된 사람에게 묻
기를 "그 사람이 어디에 있소?" 하니,
그는 "모르겠소" 하고 대답하였다.

비뚤어진 바리새파 사람들

13 ○그들은 전에 눈먼 사람이던 그를
바리새파 사람들에게 데리고 갔다.
14 그런데 예수께서 진흙을 개어 그의
눈을 뜨게 하신 날이 안식일이었다.
15 바리새파 사람들은 또다시 그에게
어떻게 보게 되었는지를 물었다. 그
는 "그분이 내 눈에 진흙을 바르신
다음에 내가 눈을 씻었더니, 이렇게
보게 되었습니다" 하고 대답하였다.
16 바리새파 사람들 가운데 더러는 말
하기를 "안식일을 지키지 않는 것으
로 보아서, 그는 하나님에게서 온 사
람이 아니오" 하였고, 더러는 "죄가
있는 사람이 어떻게 그러한 ㉢표징을
행할 수 있겠소?" 하고 말하였다. 그
래서 그들 사이에 의견이 갈라졌다.
17 그들은 눈멀었던 사람에게 다시 물
었다. "그가 당신의 눈을 뜨게 하였
는데, 당신은 그를 어떻게 생각하
오?" 그가 대답하였다. "그분은 예언
자입니다."
18 ○유대 사람들은, 그가 전에 눈먼 사

9:2 누구의 죄 유대 사람들은 일반적으로 사람의 질병·재난·죽음 등이 자신의 죄나 부모의 죄 때문에 발생한다고 믿고 있었다.

9:6 침을 뱉어서 로마나 유대 사회에서는 침이 눈병을 치료해 주는 약으로 사용되었다. 한편 안식일에는 약의 사용이 금지되었다. 따라서 예수님은 이러한 치료 방법을 통해 유대 사람들의 형식주의적인 율법 준수를 지적하신 것이다.

9:17 그분은 예언자입니다 이 말은 예수님을 잘 알지 못하였던 눈먼 사람이 고백한 최상의 호칭이다. 한편, 당시의 유대 사람들은 예언자만이 안식일의 규례에 얽매이지 않는 권위를 갖고 있다고 믿었다.

9:18-23 눈먼 사람의 눈을 뜨게 하신 예수님의 신분과 관련해서 일어난 논쟁(16절)을 해결하기 위해, 유대 사람들은 그 눈먼 사람의 부모를 불러

㉠ 다른 고대 사본들에는 '나는' ㉡ 다른 고대 사본들에는 '우리를'
㉢ 2:11의 주를 볼 것

람이었다가 보게 되었다는 사실을
믿지 않고, 마침내 그 부모를 불러다
가
19 물었다. "이 사람이, 날 때부터 눈먼
사람이었다는 당신의 아들이오? 그
런데, 지금은 어떻게 보게 되었소?"
20 부모가 대답하였다. "이 아이가 우
리 아들이라는 것과, 날 때부터 눈먼
사람이었다는 것은, 우리가 압니다.
21 그런데 우리는 그가 지금 어떻게 보
게 되었는지도 모르고, 또 누가 그
눈을 뜨게 하였는지도 모릅니다. 다
큰 사람이니, 그에게 물어 보십시오.
그가 자기 일을 이야기할 것입니다."
22 그 부모는 유대 사람들이 무서워서
이렇게 말한 것이다. ㉠예수를 ㉡그
리스도라고 고백하는 사람은 누구
든지 회당에서 내쫓기로, 유대 사람
들이 이미 결의해 놓았기 때문이다.
23 그래서 그의 부모가, 그 아이가 다
컸으니 그에게 물어보라고 말한 것
이다.
24 ○바리새파 사람들은 눈멀었던 그
사람을 두 번째로 불러서 말하였다.
"영광을 하나님께 돌려라. 우리가 알
기로, 그 사람은 죄인이다."
25 그는 이렇게 대답하였다. "나는 그분
이 죄인인지 아닌지는 모릅니다. 다
만 한 가지 내가 아는 것은, 내가 눈
이 멀었다가, 지금은 보게 되었다는
것입니다."
26 그래서 그들은 그에게 물었다. "그
사람이 네게 한 일이 무엇이냐? 그
가 네 눈을 어떻게 뜨게 하였느냐?"
27 그는 대답하였다. "그것은 내가 이미
여러분에게 말하였는데, 여러분은
곧이듣지 않았습니다. 그러면서 어찌
하여 다시 들으려고 합니까? 여러분
도 그분의 제자가 되려고 합니까?"
28 그러자 그들은 그에게 욕설을 퍼붓
고 말하였다. "너는 그 사람의 제자
이지만, 우리는 모세의 제자이다.
29 우리는 하나님께서 모세에게 말씀하
셨다는 것을 알고 있다. 그러나 그
사람은 어디에서 왔는지 우리는 알
지 못한다."
30 그가 그들에게 대답하였다. "그분이
내 눈을 뜨게 해주셨는데도, 여러분
은 그분이 어디에서 왔는지 모른다
니, 참 이상한 일입니다.
31 하나님께서는 죄인들의 말은 듣지
않으시지만, 하나님을 공경하고 그
의 뜻을 행하는 사람의 말은 들어주
시는 줄을, 우리는 압니다.
32 나면서부터 눈먼 사람의 눈을 누가
뜨게 하였다는 말은, 창세로부터 이
제까지 들어 본 적이 없습니다.
33 그가 하나님께로부터 오신 분이 아
니라면, 아무 일도 하지 못하셨을 것
입니다."

사실 여부를 확인하고자 했다. 하지만 그의 부모는 논쟁에 개입되는 것을 두려워하여, 모든 책임을 아들에게 돌렸다. 이 논쟁은 다음 두 가지로 대립되었다. ① 하나님께로서 온 사람들은 안식일을 지키는데, 예수님이 안식일에 병을 고쳤다는 것은 그가 하나님께로서 온 사람이 아님을 증명한다. ② 하나님께로서 온 사람들만이 날 때부터 눈먼 사람을 고칠 수 있는데, 예수님이 그 일을 하신 것은 그가 하나님께로서 온 사람임을 증명한다.

9:24-34 이미 예수님을 예언자로 호칭했던(17절) 눈먼 사람은, 그를 다시 부른 유대 사람들 앞에서 눈멀었던 자신이 지금은 볼 수 있다는 사실을 분명하게 진술함으로써, 예수님이 죄인이 아니라 하나님께로서 오신 분, 곧 메시아임을 증거하였다(참조. 사 35:5).

9:24 영광을 하나님께 돌려라 이 구절은 여호수아기 7:19에서 유래된 '진실을 말하겠다고 서약하

㉠ 그, '그를' ㉡ 또는 '메시아'

34 그들은 그에게 말하였다. "네가 완전
히 죄 가운데서 태어났는데도, 우리
를 가르치려고 하느냐?" 그리고 그
들은 그를 바깥으로 내쫓았다.

참으로 눈 먼 사람

35 ○바리새파 사람들이 그 사람을 내
쫓았다는 말을 예수께서 들으시고,
그를 만나서 물으셨다. "네가 ㉠ 인자
를 믿느냐?"
36 그가 대답하였다. "㉡ 선생님, 그분이
어느 분입니까? 내가 그분을 믿겠습
니다."
37 예수께서 그에게 말씀하셨다. "너는
이미 그를 보았다. 너와 말하고 있는
사람이 바로 그이다."
38 그는 "㉡주님, 내가 믿습니다" 하고
말하고서, 예수께 엎드려 절하였다.
39 예수께서 또 말씀하셨다. "나는 이
세상을 심판하러 왔다. 못 보는 사
람은 보게 하고, 보는 사람은 못 보
게 하려는 것이다."
40 ○예수와 함께 있던 바리새파 사람
들이 이 말씀을 듣고 나서 말하였
다. "우리도 눈이 먼 사람이란 말이
오?"
41 예수께서 그들에게 말씀하셨다. "너
희가 눈이 먼 사람들이라면, 도리어
죄가 없을 것이다. 그러나, 너희가 지
금 본다고 말하니, 너희의 죄가 그대
로 남아 있다."

양의 우리의 비유

10 "내가 진정으로 진정으로 너희
에게 말한다. 양 우리에 들어갈
때에, 문으로 들어가지 아니하고 다
른 데로 넘어 들어가는 사람은 도둑
이요 강도이다.
2 그러나 문으로 들어가는 사람은 양
들의 목자이다.
3 문지기는 목자에게 문을 열어 주고,
양들은 그의 목소리를 알아듣는다.
그리고 목자는 자기 양들의 이름을
하나하나 불러서 이끌고 나간다.
4 자기 양들을 다 불러낸 다음에, 그
는 앞서서 가고, 양들은 그를 따라간
다. 양들이 목자의 목소리를 알고 있
기 때문이다.
5 양들은 결코 낯선 사람을 따라가지
않을 것이고, 그에게서 달아날 것이
다. 그것은 양들이 낯선 사람의 목소
리를 알지 못하기 때문이다."
6 예수께서 그들에게 이러한 비유를
말씀하셨으나, 그들은 그가 무슨 뜻
으로 그렇게 말씀하시는지를 깨닫지
못하였다.

예수는 선한 목자이시다

7 ○예수께서 다시 말씀하셨다. "내가
진정으로 진정으로 너희에게 말한
다. 나는 양이 드나드는 문이다.
8 [나보다] 먼저 온 사람은 다 도둑이
고 강도이다. 그래서 양들이 그들의

라'는 뜻의 법적 관용어였다. 바리새파 사람들은 눈먼 사람이 눈을 뜬 것은 사실이 아니며, 어떤 속임수가 깔려 있을 것이라고 생각했다.

9:29 하나님께서 모세에게 말씀하셨다는 것 이 말은 '우리 바리새파 사람들은 안식일에 관한 모세 율법의 권위를 존중한다. 그런데 예수는 이 안식일의 법을 무시하고 깨뜨렸다. 따라서 우리는 그가 어디에서 왔는지 알지 못한다. 곧 그가 하나님께로부터 왔을 리 없다'라는 뜻이다.

10장 요약 예수님은 자신을 목자로, 신자를 양으로 비유함으로써 자신의 구속 사역을 설명하셨다. 목자가 양을 위해 혼신의 힘을 쏟듯 예수님은 구원할 백성을 위해 자기 생명까지 바치신다. 한편 예수님께서는 삯꾼 목자에 비유하여 당시 종교 지도자들의 행태를 비판하셨다.

㉠ 다른 고대 사본들에는 '하나님의 아들을' ㉡ '선생님(36절)'과 '주님(38절)'은 같은 그리스어 퀴리오스의 번역임

말을 듣지 않았다.
9 나는 문이다. 누구든지 나를 통하여
들어오면, 구원을 얻고, 드나들면서
꼴을 얻을 것이다.
10 도둑은 다만 훔치고 죽이고 파괴하
려고 오는 것뿐이다. 나는, 양들이
생명을 얻고 또 더 넘치게 얻게 하려
고 왔다.
11 나는 선한 목자이다. 선한 목자는
양들을 위하여 자기 목숨을 버린다.
12 삯꾼은 목자가 아니요, 양들도 자기
의 것이 아니므로, 이리가 오는 것을
보면, 양들을 버리고 달아난다. -그
러면 이리가 양들을 물어가고, 양떼
를 흩어 버린다. -
13 그는 삯꾼이어서, 양들을 생각하지
않기 때문이다.
14 나는 선한 목자이다. 나는 내 양들
을 알고, 내 양들은 나를 안다.
15 그것은 마치, 아버지께서 나를 아시
고, 내가 아버지를 아는 것과 같다.
나는 양들을 위하여 내 목숨을 버린
다.
16 나에게는 이 우리에 속하지 않은 다
른 양들이 있다. 나는 그 양들도 이
끌어 와야 한다. 그들도 내 목소리를
들을 것이며, 한 목자 아래에서 한
무리 양떼가 될 것이다.
17 아버지께서 나를 사랑하신다. 그것
은 내가 목숨을 다시 얻으려고 내
목숨을 기꺼이 버리기 때문이다.
18 아무도 내게서 내 목숨을 빼앗아 가
지 ㉠못한다. 나는 스스로 원해서 내
목숨을 버린다. 나는 목숨을 버릴
권세도 있고, 다시 얻을 권세도 있
다. 이것은 내가 아버지께로부터 받
은 명령이다."
19 ○이 말씀 때문에 유대 사람들 가운
데 다시 분열이 일어났다.
20 그 가운데서 많은 사람이 말하기를
"그가 귀신이 들려서 미쳤는데, 어찌
하여 그의 말을 듣느냐?" 하고,
21 또 다른 사람들은 말하기를 "이 말
은 귀신이 들린 사람의 말이 아니다.
귀신이 어떻게 눈먼 사람의 눈을 뜨
게 할 수 있겠느냐?" 하였다.

유대 사람들이 예수를 배척하다

22 ○예루살렘은 성전 봉헌절이 되었는
데, 때는 겨울이었다.
23 예수께서는 성전 경내에 있는 솔로
몬 주랑을 거닐고 계셨다.
24 그 때에 유대 사람들은 예수를 둘러
싸고 말하였다. "당신은 언제까지 우
리의 마음을 졸이게 하시렵니까? 당
신이 ㉡그리스도이면 그렇다고 분명
하게 말하여 주십시오."
25 예수께서 그들에게 대답하셨다. "내
가 너희에게 이미 말하였는데도, 너
희가 믿지 않는다. 내가 내 아버지의
이름으로 하는 그 일들이 곧 나를

10:3 양들의 이름을 하나하나 불러서 팔레스타인에서는 흔히, 한 우리 안에 주인이 다른 양 떼들을 함께 넣어 두었다. 아침이 되면 목자는 자기 양의 이름을 하나씩 불러 다른 목자의 양들로부터 구별해 내었다. 목자들이 양들에게 이름을 지어 주는 것은 당시 팔레스타인의 풍습이었다.

10:12 삯꾼 여기서는 목자의 심정(특히 희생)은 없고 단지 삯만을 위해 일하는 사람이다. 바리새파 사람과 사두개파 사람을 가리킨다.

10:14 안다 성경에서 '안다'는 것은 단순히 지식으로나 피상적으로 아는 것이 아니다. 두 사람 사이에 인격적으로 친밀한 관계가 이루어질 만큼 경험적으로 아는 것을 말한다(참조. 마 1:25).

10:16 이 우리에 속하지 않은 다른 양들 이스라엘 밖의 이방 사람 중에서 믿는 사람들을 가리킨다.

10:17-18 예수님께서는 다시 살아나시기 위해 죽으셨다. 자기 목숨을 스스로 버리신 예수님의 죽

㉠ 다른 고대 사본들에는 '못하였다' ㉡ 또는 '메시아'

증언해 준다.
26 그런데 너희가 믿지 않는 것은, 너희
가 내 양이 아니기 때문이다.
27 내 양들은 내 목소리를 알아듣는다.
나는 내 양들을 알고, 내 양들은 나
를 따른다.
28 나는 그들에게 영생을 준다. 그들은
영원토록 멸망하지 아니할 것이요,
또 아무도 그들을 내 손에서 빼앗아
가지 못할 것이다.
29 ㉠그들을 나에게 주신 내 아버지는
㉡만유보다도 더 크시다. 아무도 아
버지의 손에서 그들을 빼앗아 가지
못한다.
30 나와 아버지는 하나이다."
31 ○이 때에 유대 사람들이 다시 돌을
들어서 예수를 치려고 하였다.
32 예수께서 그들에게 말씀하셨다. "내
가 아버지의 권능을 힘입어서, 선한
일을 많이 하여 너희에게 보여 주었
는데, 그 가운데서 어떤 일로 나를
돌로 치려고 하느냐?"
33 유대 사람들이 대답하였다. "우리가
당신을 돌로 치려고 하는 것은, 선한
일을 하였기 때문이 아니라, 하나님
을 모독하였기 때문이오. 당신은 사
람이면서, 자기를 하나님이라고 하였
소."
34 예수께서 그들에게 말씀하셨다. "㉢너
희의 율법에, ㉣'내가 너희를 신들이
라고 하였다' 하는 말이 기록되어 있
지 않으냐?
35 하나님의 말씀을 받은 사람들을 하
나님께서 신이라고 하셨다. 또 성경
은 폐하지 못한다.
36 그런데 아버지께서 거룩하게 하여
세상에 보내신 사람이, 자기를 하나
님의 아들이라고 한 말을 가지고, 너
희는 그가 하나님을 모독한다고 하
느냐?
37 내가 내 아버지의 일을 하지 아니하
거든, 나를 믿지 말아라.
38 그러나 내가 그 일을 하고 있으면,
나를 믿지는 아니할지라도, 그 일은
믿어라. 그리하면 너희는, 아버지께
서 내 안에 계시고 또 내가 아버지
안에 있다는 것을, 깨달아 알게 될
것이다."
39 [그러므로] 그들이 다시 예수를 잡
으려고 하였으나, 예수께서는 그들
의 손을 벗어나서 피하셨다.
40 ○예수께서 다시 요단 강 건너 쪽, 요
한이 처음에 ㉤세례를 주던 곳으로
가서, 거기에 머무르셨다.
41 많은 사람이 그에게로 왔다. 그들은
이렇게 말하였다. "요한은 ㉥표징을
하나도 행하지 않았으나, 요한이 이
사람을 두고 한 말은 모두 참되다."
42 그 곳에서 많은 사람이 예수를 믿었
다.

음은 패배가 아니라 승리였다.

10:24–30 그들이 예수님을 둘러싼 까닭은 그분으로부터 직접적이고 분명한 대답을 듣기 위함이었다. 예수님이 정말 '메시아'이시라면, 그분의 가르침은 자신들과 유대교의 종말을 의미하기 때문이다. 하지만 예수님은 직접적인 대답을 피하셨다. 예수님의 대답이 정치적이고 세속적인 메시아를 기대하고 있던 그들에게 오해를 불러일으킬 수 있기 때문이었다. 그러나 예수님은 자신이 행하신 표징들과 영생, 멸망, 아버지와 하나됨을 언급하시며, 자신이 메시아이심을 분명히 밝히셨다.

10:41–42 세례자 요한은 자신을 위해서는 아무 기적도 행하지 않았다. 그는 오로지 예수님을 증거하는 데 일생을 바쳤던 광야의 '소리'였다. 이제 그의 노력이 결실을 맺게 되었다.

㉠ 다른 고대 사본들에는 '내 아버지께서 내게 주신 것은 무엇보다도 위대하고, 아무도 내 아버지의 손에서 그것을 빼앗을 수 없다.' ㉡ 또는 '모든 존재' ㉢ 다른 고대 사본들에는 '너희의'가 없음 ㉣ 시 82:6 ㉤ 또는 '침례' ㉥ 2:11의 주를 볼 것

죽은 나사로를 살리시다

11 한 병자가 있었는데, 그는 마리
아와 그의 자매 마르다의 마을
베다니에 사는 나사로였다.
2 마리아는 주님께 향유를 붓고, 자기
의 머리털로 주님의 발을 씻은 여자
요, 병든 나사로는 그의 오라버니이
다.
3 그 누이들이 사람을 ㉠예수께로 보
내서 말하였다. "주님, 보십시오. 주
님께서 사랑하시는 사람이 앓고 있
습니다."
4 예수께서 들으시고 말씀하셨다. "이
병은, 죽을 병이 아니라 오히려 하나
님의 영광을 드러낼 병이다. 이것으
로 말미암아 하나님의 아들이 영광
을 받게 될 것이다."
5 예수께서는 마르다와 그의 자매와
나사로를 사랑하셨다.
6 그런데 예수께서는 나사로가 앓는다
는 말을 들으시고도, 계시던 그 곳
에 이틀이나 더 머무르셨다.
7 그리고 나서 제자들에게 "다시 유대
지방으로 가자" 하고 말씀하셨다.
8 제자들이 예수께 말하였다. "선생님,
방금도 유대 사람들이 선생님을 돌
로 치려고 하였는데, 다시 그리로 가
려고 하십니까?"
9 예수께서 대답하셨다. "낮은 열두 시
간이나 되지 않느냐? 사람이 낮에
걸어다니면, 햇빛이 있으므로 걸려
서 넘어지지 않는다.
10 그러나 밤에 걸어다니면, 빛이 그 사
람 안에 없으므로, 걸려서 넘어진다."
11 이 말씀을 하신 뒤에, 그들에게 말씀
하셨다. "우리 친구 나사로는 잠들었
다. 내가 가서, 그를 깨우겠다."
12 제자들이 말하였다. "주님, 그가 잠
들었으면, 낫게 될 것입니다."
13 예수께서는 나사로가 죽었다는 뜻으
로 말씀하셨는데, 제자들은 그가 잠
이 들어 쉰다고 말씀하시는 것으로
생각하였다.
14 이 때에 예수께서 그들에게 밝혀 말
씀하셨다. "나사로는 죽었다.
15 내가 거기에 있지 않은 것이 너희를
위해서 도리어 잘 된 일이므로, 기쁘
게 생각한다. 이 일로 말미암아 너희
가 믿게 될 것이다. 그에게로 가자."
16 그러자 ㉡디두모라고도 하는 도마가
동료 제자들에게 "우리도 그와 함께
죽으러 가자" 하고 말하였다.

예수는 부활과 생명이시다

17 ○예수께서 가서 보시니, 나사로가
무덤 속에 있은 지가 벌써 나흘이나
되었다.
18 베다니는 예루살렘에서 ㉢오 리가
조금 넘는 가까운 곳인데,
19 많은 유대 사람이 그 오라버니의 일
로 마르다와 마리아를 위로하러 와

11장 요약 죽은 나사로를 살리신 표징의 참된 의미는, "나는 부활이요 생명"(25절)이라는 말씀에서 드러난다. 이를 계기로 유대 사람들은 예수님을 죽이려고 공적으로 모의하게 된다. 한편 나사로의 부활은 마지막 때에 그리스도인들이 새 생명을 입을 것을 상징하기도 한다.

㉠ 그, '그에게로' ㉡ 또는 '쌍둥이' ㉢ 그, '십오 스타디아'. 약 3킬로미터

11:4 예수님께서 그의 능력과 은혜를 나타내시는 기적을 통해 영광을 받으실 때, 하나님께서도 역시 영광을 받으신다.

11:11 잠들었다 성경은 믿는 사람들의 죽음을 잠자는 것으로 비유할 때가 많다. 그들은 죽었다고 하더라도 예수님께서 다시 오시면 영광스럽게 깨어날 것이기 때문이다.

11:17 나흘 랍비들의 전통에 의하면, 죽은 사람의 영혼은 육체와의 재결합을 위해 3일 동안 그 육

있었다.
20 마르다는 예수께서 오신다는 말을
듣고서 맞으러 나가고, 마리아는 집
에 앉아 있었다.
21 마르다가 예수께 말하였다. "주님, 주
님이 여기에 계셨더라면, 내 오라버
니가 죽지 아니하였을 것입니다.
22 그러나 이제라도, 나는 주님께서 하
나님께 구하시는 것은 무엇이나 하나
님께서 다 이루어 주실 줄 압니다."
23 예수께서 마르다에게 말씀하셨다.
"네 오라버니가 다시 살아날 것이다."
24 마르다가 예수께 말하였다. "마지막
날 부활 때에 그가 다시 살아나리라
는 것은 내가 압니다."
25 예수께서 마르다에게 말씀하셨다.
"나는 부활이요 생명이니, 나를 믿
는 사람은 죽어도 살고,
26 살아서 나를 믿는 사람은 영원히 죽
지 아니할 것이다. 네가 이것을 믿느
냐?"
27 마르다가 예수께 말하였다. "예, 주
님! 주님은 세상에 오실 ㉠그리스도
이시며, 하나님의 아들이심을, 내가
믿습니다."

예수께서 눈물을 흘리시다

28 ○이렇게 말한 뒤에, 마르다는 가서,
그 자매 마리아를 불러서 가만히 말
하였다. "선생님께서 와 계시는데, 너
를 부르신다."
29 이 말을 듣고, 마리아는 급히 일어나
서 예수께로 갔다.
30 예수께서는 아직 동네에 들어가지
않으시고, 마르다가 예수를 맞이하
던 곳에 그냥 계셨다.
31 집에서 마리아와 함께 있으면서 그
를 위로해 주던 유대 사람들은, 마리
아가 급히 일어나서 나가는 것을 보
고, 무덤으로 가서 울려고 하는 것
으로 생각하고, 그를 따라갔다.
32 마리아는 예수께서 계신 곳으로 와
서, 예수님을 뵙고, 그 발 아래에 엎
드려서 말하였다. "주님, 주님이 여기
에 계셨더라면, 내 오라버니가 죽지
않았을 것입니다."
33 예수께서는 마리아가 우는 것과, 함
께 따라온 유대 사람들이 우는 것을
보시고, 마음이 비통하여 괴로워하
셨다.
34 예수께서 그들에게 물으셨다. "그를
어디에 두었느냐?" 그들이 대답하였
다. "주님, 와 보십시오."
35 예수께서는 눈물을 흘리셨다.
36 그러자 유대 사람들은 "보시오, 그
가 얼마나 나사로를 사랑하였는가!"
하고 말하였다.
37 그 가운데서 어떤 사람은 이렇게 말
하였다. "눈먼 사람의 눈을 뜨게 하
신 분이, 이 사람을 죽지 않게 하실
수 없었단 말이오?"

체 주위에 머무른다고 한다. 따라서 나사로에게는 마지막 희망마저 없어졌다는 것을 암시한다.

11:24 마지막 날 부활 때에 마르다는 단지 예수님께서 최종 부활(참조. 5:28-29)을 말씀하시면서 그녀를 위로하시는 것으로 생각하였다. 당시에 유대 사람들은 일반적으로 그러한 부활을 믿고 있었기 때문이다(참조. 욥 19:25-27;사 26:19).

11:25 예수님은 죽음의 권세를 이기시는 부활이요, 영생을 주시는 참 생명이시기 때문에(1:4;3:15), 믿는 사람은 비록 육체적인 죽음을 겪는다 할지라도 살아서 영생을 누리게 될 것이다(참조. 고전 15:54-57).

11:26 영원히 죽지 아니할 것이다 육체적인 죽음을 맞지 않는다는 것이 아니라 영적인 죽음, 곧 하나님의 사랑으로부터 영원히 끊어지는 죽음에 이르지 않는다는 것을 의미한다.

11:31 울려고 유대 사람들은 보통 7일간 애곡했다.

㉠ 또는 '메시아'

나사로가 살아나다

38 ○예수께서 다시 속으로 비통하게
여기시면서 무덤으로 가셨다. 무덤
은 동굴인데, 그 어귀는 돌로 막아
놓았다.
39 예수께서 "돌을 옮겨 놓아라" 하시
니, 죽은 사람의 누이 마르다가 말하
였다. "주님, 죽은 지가 나흘이나 되
어서, 벌써 냄새가 납니다."
40 예수께서 마르다에게 말씀하셨다.
"네가 믿으면 하나님의 영광을 보게
되리라고, 내가 네게 말하지 않았느
냐?"
41 사람들이 그 돌을 옮겨 놓았다. 예수
께서 하늘을 우러러 보시고 말씀하
셨다. "아버지, 내 말을 들어주신 것
을 감사드립니다.
42 아버지께서는 언제나 내 말을 들어
주신다는 것을 압니다. 그런데도 이
렇게 말씀을 드리는 것은, 둘러선 무
리를 위해서입니다. 그들로 하여금
아버지께서 나를 보내신 것을 믿게
하려는 것입니다."
43 이렇게 말씀하신 다음에, 큰 소리로
"나사로야, 나오너라" 하고 외치시니,
44 죽었던 사람이 나왔다. 손발은 천으
로 감겨 있고, 얼굴은 수건으로 싸매
여 있었다. 예수께서 그들에게 "그를
풀어 주어서, 가게 하여라" 하고 말
씀하셨다.

예수를 죽이려는 음모

(마 26:1-5; 막 14:1-2; 눅 22:1-2)

45 ○마리아에게 왔다가 예수께서 하신
일을 본 유대 사람들 가운데서 많은
사람이 예수를 믿게 되었다.
46 그러나 그 가운데 몇몇 사람은 바리
새파 사람들에게 가서, 예수가 하신
일을 그들에게 알렸다.
47 그래서 대제사장들과 바리새파 사
람들은 공의회를 소집하여 말하였
다. "이 사람이 ㉠표징을 많이 행하
고 있으니, 어떻게 하면 좋겠습니까?
48 이 사람을 그대로 두면 모두 그를 믿
게 될 것이요, 그렇게 되면 로마 사
람들이 와서 우리의 ㉡땅과 민족을
약탈할 것입니다."
49 그 가운데 한 사람으로서, 그 해의
대제사장인 가야바가 그들에게 말하
였다. "당신들은 아무것도 모르오.
50 한 사람이 백성을 위하여 죽어서 민
족 전체가 망하지 않는 것이, 당신들
에게 유익하다는 것을 생각하지 못
하고 있소."
51 이 말은, 가야바가 자기 생각으로 한
것이 아니라, 그 해의 대제사장으로
서, 예수가 민족을 위하여 죽으실 것
을 예언한 것이니,
52 민족을 위할 뿐만 아니라, 흩어져 있
는 하나님의 자녀를 한데 모아서 하
나가 되게 하기 위하여 죽으실 것을

대부분 애곡하는 여인(참조. 대하 35:25;렘 9:17–22)과 둘 이상의 악사(피리 부는 사람)를 고용했다. 친족이나 친구들은 옷을 찢고 허리에 띠를 띠며, *신발이나 머리 수건*을 벗어 버리고, 수염이나 얼굴을 가렸다. 때로는 재에서 구르기도 하고 눕기도 했다. 그리고 일종의 조사(弔詞)인 애가(哀歌)를 지어 불렀다.

11:41 들어주신 것을 예수님은 마치 기적이 이미 이루어진 것처럼 기도하셨다. 기적이 곧 일어날 것을 마음에 분명히 느끼셨기 때문이다.

11:48 당시에 유대 사람들은 로마 제국의 통치를 받고 있었다. 산헤드린의 지도자들은, 예수님을 정치적 메시아로 믿는 군중들이 민족의 독립을 쟁취하기 위해 예수님을 앞세우고 로마 제국에 대항함으로써, 결국은 국토와 민족의 파멸뿐 아니라 현재 자기들이 누리고 있는 지위와 특권을 빼앗기는 것이 아닐까 두려워하고 있다.

㉠ 2:11의 주를 볼 것 ㉡ 또는 '성전'

예언한 것이다.
53 그들은 그 날로부터 예수를 죽이려
고 모의하였다.
54 ○그래서 예수께서는 유대 사람들
가운데로 더 이상 드러나게 다니지
아니하시고, 거기에서 떠나, 광야에
서 가까운 지방 에브라임이라는 마
을로 가서, 제자들과 함께 지내셨다.
55 ○유대 사람들의 ㉠유월절이 가까이
다가오니, 많은 사람이 자기의 몸을
성결하게 하려고, ㉠유월절 전에 시
골에서 예루살렘으로 올라왔다.
56 그들은 예수를 찾다가, 성전 뜰에 서
서 서로 말하였다. "당신들은 어떻
게 생각합니까? 그가 명절을 지키러
오지 않겠습니까?"
57 대제사장들과 바리새파 사람들은
예수를 잡으려고, 누구든지 그가 있
는 곳을 알거든 알려 달라는 명령을
내려 두었다.

한 여자가 예수의 발에 향유를 붓다

(마 26:6-13; 막 14:3-9)

12 ㉠유월절 엿새 전에, 예수께서
베다니에 가셨다. 그 곳은 예수
께서 죽은 사람 가운데에 살리신 나
사로가 사는 곳이다.
2 거기서 예수를 위하여 잔치를 베풀
었는데, 마르다는 시중을 들고 있었
고, 나사로는 식탁에서 예수와 함께
음식을 먹고 있는 사람 가운데 끼여
있었다.
3 그 때에 마리아가 매우 값진 순 나드
향유 한 근을 가져다가 예수의 발에
붓고, 자기 머리털로 그 발을 닦았다.
온 집 안에 향유 냄새가 가득 찼다.
4 예수의 제자 가운데 하나이며 장차
예수를 넘겨줄 가룟 유다가 말하였
다.
5 "이 향유를 ㉡삼백 데나리온에 팔아
서 가난한 사람들에게 주지 않고, 왜
이렇게 낭비하는가?"
6 (그가 이렇게 말한 것은, 가난한 사
람을 생각해서가 아니다. 그는 도둑
이어서 돈자루를 맡아 가지고 있으
면서, 거기에 든 것을 훔쳐내곤 하였
기 때문이다.)
7 예수께서 말씀하셨다. "그대로 두어
라. 그는 나의 장사 날에 쓰려고 간
직한 것을 쓴 것이다.
8 가난한 사람들은 언제나 너희와 함
께 있지만, 나는 언제나 너희와 함께
있는 것이 아니다."

나사로를 해하려고 모의하다

9 ○유대 사람들이 예수가 거기에 계
신다는 것을 알고, 크게 떼를 지어
몰려왔다. 그들은 예수를 보려는 것
만이 아니라, 그가 죽은 사람들 가
운데서 다시 살리신 나사로를 보려
는 것이었다.
10 그래서 대제사장들은 나사로도 죽

12장 요약 예수님의 예루살렘 입성은 자신의 생명을 모든 사람을 위해 죄의 담보로 내어 주고자 하신 일, 즉 십자가의 고난을 위한 구체적인 행보였다. 거듭되는 메시아의 자기 계시에도 불구하고 진리를 깨닫지 못하는 유대 사람들에게 예수님은 어느 때보다 절박하게 구원과 회개를 촉구하셨다(44-50절).

㉠ 출 12:13, 21-28을 볼 것 ㉡ 삼백 데나리온은 노동자의 일년 품삯

12:1-11 한 여자가 예수의 발에 향유를 붓다 일반적으로 본문은 마태복음서 26:6-13, 마가복음서 14:3-9과 동일한 사건으로, 누가복음서 7:36-50과는 다른 사건으로 이해된다. 예루살렘 입성 전에 마리아가 예수님에게 향유를 부은 행위는, 죽음의 고통을 통해 땅에서 '들려서 올라갈'(참조. 12:32) 예수님의 장사를 준비하기 위함이었다.
12:9-11 죽었다 살아난 나사로로 말미암아 유대 사람들이 점차 예수님을 믿기 시작했다. 그래서

이려고 모의하였다.
11 그것은 나사로 때문에 많은 유대 사
람이 떨어져 나가서, 예수를 믿었기
때문이다.

예루살렘 입성

(마 21:1-11; 막 11:1-11; 눅 19:28-40)

12 ○다음날에는 명절을 지키러 온 많
은 무리가, 예수께서 예루살렘에 들
어오신다는 말을 듣고,
13 종려나무 가지를 꺾어 들고, 그분을
맞으러 나가서
㉠"호산나! ㉡주님의 이름으로 오
시는 이에게 복이 있기를! 이스
라엘의 왕에게 복이 있기를!"
하고 외쳤다.
14 예수께서 어린 나귀를 보시고, 그 위
에 올라타셨다. 그것은 이렇게 기록
한 성경 말씀과 같았다.
15 ㉢"시온의 딸아, 두려워하지 말아
라. 보아라, 네 임금이 어린 나
귀를 타고 오신다."
16 제자들은 처음에는 이 말씀을 깨닫
지 못하였으나, 예수께서 영광을 받
으신 뒤에야, 이것이 예수를 두고 기
록한 것이며, 또 사람들도 그에게 그
렇게 대하였다는 것을 회상하였다.
17 또 예수께서 무덤에서 나사로를 불
러내어 죽은 사람들 가운데서 살리
실 때에 함께 있던 사람들이, 그 일
어난 일을 증언하였다.
18 이렇게 무리가 예수를 맞으러 나온
것은, 예수가 이런 ㉣표징을 행하셨
다는 말을 들었기 때문이다.
19 그래서 바리새파 사람들이 서로 말
하였다. "이제 다 틀렸소. 보시오. 온
세상이 그를 따라갔소."

예수를 보러 온 그리스 사람들

20 ○명절에 예배하러 올라온 사람들
가운데 그리스 사람이 몇 있었는데,
21 그들은 갈릴리 벳새다 출신 빌립에
게로 가서 청하였다. "선생님, 우리가
예수를 뵙고 싶습니다."
22 빌립은 안드레에게로 가서 말하고,
안드레와 빌립은 예수께 그 말을 전
하였다.
23 예수께서 그들에게 대답하셨다. "인
자가 영광을 받을 때가 왔다.
24 내가 진정으로 진정으로 너희에게
말한다. 밀알 하나가 땅에 떨어져서
죽지 않으면 한 알 그대로 있고, 죽
으면 열매를 많이 맺는다.
25 자기의 목숨을 사랑하는 사람은 잃
을 것이요, 이 세상에서 자기의 목
숨을 미워하는 사람은, 영생에 이르
도록 그 목숨을 보존할 것이다.
26 나를 섬기려고 하는 사람은, 누구든
지 나를 따라오너라. 내가 있는 곳에
는, 나를 섬기는 사람도 나와 함께
있을 것이다. 누구든지 나를 섬기
면, 내 아버지께서 그를 높여주실 것

대제사장들은 나사로를 죽이려고 음모를 꾸몄다.
12:13 주님의 이름으로 오시는 이…이스라엘의 왕 로마 제국의 속박 아래에 있던 유대 사람들은 정치적으로 그들을 해방시키고 다윗 왕국을 재건하게 될 '이스라엘의 왕'으로 예수님을 기대하고 있었다. 하지만 예수님은 사람들을 사탄과 죄의 속박에서 구원하실 영적 왕으로 오셨다.
12:15 시온의 딸 시온은 예루살렘 남동쪽 언덕에 있는 다윗 성을 말하나 넓게는 예루살렘 전체를 뜻하고, 후대에는 이스라엘 나라 전체를 뜻했다.
12:24 밀알 하나 희생의 죽음을 통해 인류를 구원하실 예수님 자신을 상징한다.
12:26 내가 있는 곳 앞의 문맥과 관련시켜 볼 때, 예수님의 십자가의 길, 곧 고난을 상징한다. 예수님을 섬기려는 사람은 예수님을 위해 고난을 겪어야 한다는 뜻이다.

㉠ '구원하여 주십시오!'라는 뜻을 지닌 말로서 찬양에서 쓰임 ㉡ 시 118:25, 26 ㉢ 슥 9:9 ㉣ 2:11의 주를 볼 것

이다."

인자는 들려야 한다

27 ○"지금 내 마음이 괴로우니, 무슨
말을 하여야 할까? '아버지, 이 시간
을 벗어나게 하여 주십시오' 하고 말
할까? 아니다. 나는 바로 이 일 때문
에 이 때에 왔다.
28 아버지, 아버지의 이름을 영광스럽
게 드러내십시오." 그 때에 하늘에서
소리가 들려 왔다. "내가 이미 영광
되게 하였고, 앞으로도 영광되게 하
겠다."
29 거기에 서서 듣고 있던 무리 가운데
서 더러는 천둥이 울렸다고 하고, 또
더러는 천사가 그에게 말하였다고
하였다.
30 예수께서 대답하셨다. "이 소리가 난
것은, 나를 위해서가 아니라 너희를
위해서이다.
31 지금은 이 세상이 심판을 받을 때이
다. 이제는 이 세상의 통치자가 쫓겨
날 것이다.
32 내가 땅에서 들려서 올라갈 때에, 나
는 모든 사람을 내게로 이끌어 올
것이다."
33 이것은 예수께서 자기가 당하실 죽
음이 어떠한 것인지를 암시하려고
하신 말씀이다.
34 그 때에 무리가 예수께 말하였다.
"우리는 율법에서 ㉠그리스도는 영원
히 살아 계시다는 것을 배웠습니다.
그런데 어떻게 당신은 인자가 들려
야 한다고 말씀하십니까? 인자가 누
구입니까?"
35 예수께서 그들에게 대답하셨다. "아
직 얼마 동안은 빛이 너희 가운데
있을 것이다. 빛이 있는 동안에 걸어
다녀라. 어둠이 너희를 이기지 못하
게 하여라. 어둠 속을 다니는 사람
은 자기가 어디로 가는지를 모른다.
36 빛이 있는 동안에 너희는 그 빛을 믿
어서, 빛의 자녀가 되어라."

유대 사람들의 불신앙

○이 말씀을 하신 뒤에, 예수께서는
그들을 떠나서 몸을 숨기셨다.
37 예수께서 그렇게 많은 ㉡표징을 그들
앞에 행하셨으나, 그들은 예수를 믿
지 아니하였다.
38 그리하여 예언자 이사야가 한 말이
이루어졌다.

㉢"주님, 우리가 전한 것을 누가
믿었으며, 주님의 팔이 누구에
게 나타났습니까?"

39 그들이 믿을 수 없었던 까닭을, 이사
야가 또 이렇게 말하였다.
40 ㉣"주님께서 그들의 눈을 멀게 하
시고, 그들의 마음을 무디게 하
셨다. 그것은 그들이 눈이 있어
도 보지 못하게 하고, 마음으로
깨달아서 돌아서지 못하게 하

12:27 예수님의 기도는, 하나님의 뜻을 십자가의 무서운 고통 외에 다른 방법으로 이룰 수 있다면 그 길을 열어 달라는 것이었다.

12:32 땅에서 들려서 올라갈 때 원칙적으로 십자가에 달리심을 뜻하나, 그 후의 부활과 승천도 포함된다(West-cott, L. Morris). **내게로 이끌어 올 것이다** 하나님이 택하신 사람들을 그의 말씀과 성령으로 이끄실 것, 곧 예수님을 믿는 신앙을 주실 것을 뜻한다.

12:35-36 빛 예수님을 가리킨다. **빛이 있는 동안** 예수님이 지상에 계시는 동안을 뜻한다. 그 날이 2, 3일밖에 남지 않았다.

12:37-43 본문은 구약의 예언자들이 예수 그리스도께 영광을 돌리고 있는 것을 기록하고 있다. 또한 그들은 많은 유대 사람들이 예수님을 믿지 않을 것을 예언하고 애통해했다. 특히 본문에서

㉠ 또는 '메시아' ㉡ 2:11의 주를 볼 것 ㉢ 사 53:1(칠십인역) ㉣ 사 6:10(칠십인역)

여, ㉠나에게 고침을 받지 못하
게 하려는 것이다."
41 이사야가 이렇게 말한 것은, 그가 예
수의 영광을 보았기 때문이다. 이 말
은 그가 예수를 가리켜서 한 것이다.
42 지도자 가운데서도 예수를 믿는 사
람이 많이 생겼으나, 그들은 바리새
파 사람들 때문에, 믿는다는 사실을
드러내지는 못하였다. 그것은, 그들
이 회당에서 쫓겨날까봐 두려워하였
기 때문이다.
43 그들은 하나님의 영광보다도 사람의
영광을 더 사랑하였다.

마지막 날과 심판

44 ○예수께서 큰 소리로 말씀하셨다.
"나를 믿는 사람은 나를 믿는 것이
아니라 나를 보내신 분을 믿는 것이
요,
45 나를 보는 사람은 나를 보내신 분을
보는 것이다.
46 나는 빛으로서 세상에 왔다. 그것은,
나를 믿는 사람은 아무도 어둠 속에
머무르지 않도록 하려는 것이다.
47 어떤 사람이 내 말을 듣고서 그것을
지키지 않는다 하더라도, 나는 그를
심판하지 아니한다. 나는 세상을 심
판하러 온 것이 아니라 구원하러 왔
다.
48 나를 배척하고 내 말을 받아들이지
않는 사람을 심판하시는 분이 따로
계시다. 내가 말한 바로 이 말이, 마
지막 날에 그를 심판할 것이다.
49 나는 내 마음대로 말한 것이 아니다.
나를 보내신 아버지께서, 내가 무엇
을 말해야 하고, 또 무엇을 이야기해
야 하는가를, 친히 나에게 명령해 주
셨다.
50 나는 그의 명령이 영생인 줄 안다.
그러므로 나는 무엇이든지 아버지께
서 나에게 말씀하여 주신 대로 말할
뿐이다."

제자들의 발을 씻기시다

13 유월절 전에 예수께서는, 자기
가 이 세상을 떠나서 아버지께
로 가야 할 때가 된 것을 아시고, 세
상에 있는 자기의 사람들을 사랑하
시되, 끝까지 사랑하셨다.
2 저녁을 먹을 때에, 악마가 이미 시몬
가룟의 아들 유다의 마음 속에 예
수를 팔아 넘길 생각을 불어넣었다.
3 예수께서는, 아버지께서 모든 것을
자기 손에 맡기신 것과 자기가 하나
님께로부터 왔다가 하나님께로 돌아
간다는 것을 아시고,
4 잡수시던 자리에서 일어나서, 겉옷
을 벗고, 수건을 가져다가 허리에 두
르셨다.
5 그리고 대야에 물을 담아다가, 제자
들의 발을 씻기시고, 그 두른 수건으
로 닦아주셨다.

는 이사야 예언자가 예언하였던 '그들은 믿으려 하지 않았을 뿐만 아니라 믿을 수도 없었다'(38, 40절)는 내용을 통해 유대 사람들의 믿음 없음을 지적하고 있다.

12:42 지도자 가운데서도 이를테면 니고데모(3:1)나 아리마대 요셉(19:38)과 같은 사람들을 말한다. **회당에서 쫓겨날까봐** 유대 사람들의 종교와 생활의 중심지인 '회당'에서 추방당하는 것으로, 이는 곧 사회로부터의 추방을 뜻한다(참조. 9:22).

13장 요약 예수님은 마가의 다락방에서 제자들의 발을 씻기심으로 겸손의 모범을 실천해 보이셨다. 이것은 이기적인 다툼에 혈안이 된 제자들을 깨우치기에 충분했다. 또한 예수님은 유월절 만찬을 베푸시고 유다의 배반과 베드로의 부인을 예언하셨다.

13:1-11 누가복음서 22:24에 의하면, 이 날에 제

㉠ '나'는 '주'를 가리킴

6 시몬 베드로의 차례가 되었다. 이 때
에 베드로가 예수께 말하였다. "주
님, 주님께서 내 발을 씻기시렵니까?"
7 예수께서 그에게 대답하셨다. "내가
하는 일을 지금은 네가 알지 못하
나, 나중에는 알게 될 것이다."
8 베드로가 다시 예수께 말하였다.
"아닙니다. 내 발은 절대로 씻기지
못하십니다." 예수께서 그에게 말씀
하셨다. "내가 너를 씻기지 아니하
면, 너는 나와 상관이 없다."
9 그러자 시몬 베드로는 예수께 이렇게
말하였다. "주님, 내 발뿐만이 아니
라, 손과 머리까지도 씻겨 주십시오."
10 예수께서 그에게 말씀하셨다. "이미
목욕한 사람은 온 몸이 깨끗하니,
㉠발 밖에는 더 씻을 필요가 없다.
너희는 깨끗하다. 그러나, 다 그런 것
은 아니다."
11 예수께서는 자기를 팔아 넘길 사람
을 알고 계셨다. 그러므로 "너희가
다 깨끗한 것은 아니다" 하고 말씀
하신 것이다.
12 ○예수께서 제자들의 발을 씻겨주신
뒤에, 옷을 입으시고 식탁에 다시 앉
으셔서, 그들에게 말씀하셨다. "내가
너희에게 한 일을 알겠느냐?
13 너희가 나를 선생님 또는 주님이라
고 부르는데, 그것은 옳은 말이다.
내가 사실로 그러하다.
14 주이며 선생인 내가 너희의 발을 씻
겨 주었으니, 너희도 서로 남의 발을
씻겨 주어야 한다.
15 내가 너희에게 한 것과 같이, 너희도
이렇게 하라고, 내가 본을 보여 준
것이다.
16 내가 진정으로 진정으로 너희에게
말한다. 종이 주인보다 높지 않으며,
보냄을 받은 사람이 보낸 사람보다
높지 않다.
17 너희가 이것을 알고 그대로 하면, 복
이 있다.
18 나는 너희 모두를 가리켜서 말하는
것이 아니다. 나는 내가 택한 사람
들을 안다. 그러나 '㉡내 빵을 먹는
자가 나를 배반하였다' 한 성경 말씀
이 이루어질 것이다.
19 내가 그 일이 일어나기 전에 너희에
게 미리 말하는 것은, 그 일이 일어
날 때에, 너희로 하여금 '내가 곧 나'
임을 믿게 하려는 것이다.
20 내가 진정으로 진정으로 너희에게
말한다. 내가 보내는 사람을 영접하
는 사람은 나를 영접하는 사람이요,
나를 영접하는 사람은 나를 보내신
분을 영접하는 사람이다."

배신 당하실 것을 예고하시다

(마 26:20-25; 막 14:17-21; 눅 22:21-23)

21 ○예수께서 이 말씀을 하시고 나서,
마음이 괴로우셔서, 환히 드러내어

자들 사이에서는 '누가 가장 크냐' 하는 말다툼이 있었는데, 여기서 예수님은 친히 겸손의 모범을 보여 주셨다. 발을 씻는 행위는 십자가의 보혈로 영혼을 씻는 것임을 상징적으로 보여 주고 있다.

13:5 발을 씻기시고 유대 사람들은 샌들을 신고 다녔기 때문에, 외출 후나 식사 전에 발을 씻는 것은 하나의 관습이었다. 종이 이 일을 담당하였다.

13:9-10 베드로는 예수님의 행위와 말씀의 영적 의미를 이해하지 못하였다. 여기에서 예수님은 자신으로 말미암아 영원히 깨끗함을 받은 사람, 곧 거듭난 사람은 단지 일상 생활에서의 죄를 고백함으로써 부분적으로만 씻음을 받으면 된다는 것을 지적하셨다(참조. 요일 1:9).

13:12-20 본문은 십자가 사건으로 정결의 역사를 보여 주는 구속사적 측면과 서로를 종처럼 섬기는 삶을 살아야 한다는 모범적인 측면을 강조한다.

㉠ 다른 고대 사본들에는 '발 밖에는'이 없음 ㉡ 다른 고대 사본들에는 '나와 함께 빵을 먹은 자가'. 시 41:9

말씀하셨다. "내가 진정으로 진정으
로 너희에게 말한다. 너희 가운데 한
사람이 나를 팔아 넘길 것이다."
22 제자들은 예수께서, 누구를 두고 하
시는 말씀인지 몰라서, 서로 바라다
보았다.
23 제자들 가운데 한 사람, 곧 예수께
서 사랑하시는 제자가 바로 예수의
품에 기대어 앉아 있었다.
24 시몬 베드로가 그에게 고갯짓을 하
여, 누구를 두고 하시는 말씀인지 여
쭈어 보라고 하였다.
25 그 제자가 예수의 가슴에 바싹 기대
어 "주님, 그가 누구입니까?" 하고
물었다.
26 예수께서 대답하셨다. "내가 이 빵
조각을 적셔서 주는 사람이 바로 그
사람이다." 그리고 그 빵조각을 적셔
서 ㉠시몬 가룟의 아들 유다에게 주
셨다.
27 ㉡그가 빵조각을 받자, 사탄이 그에
게 들어갔다. 그 때에 예수께서 유다
에게 말씀하셨다. "네가 할 일을 어
서 하여라."
28 그러나 거기 앉아 있는 사람들 가운
데서 아무도, 예수께서 그에게 무슨
뜻으로 그런 말씀을 하셨는지를 알
지 못하였다.
29 어떤 이들은, 유다가 돈자루를 맡고
있으므로, 예수께서 그에게 명절에
그 일행이 쓸 물건을 사라고 하셨거
나, 또는 가난한 사람들에게 무엇을
주라고 말씀하신 것으로 생각하였다.
30 유다는 그 빵조각을 받고 나서, 곧
나갔다. 때는 밤이었다.

새 계명

31 ○유다가 나간 뒤에, 예수께서 말씀
하셨다. "이제는 인자가 영광을 받았
고, 하나님께서도 인자로 말미암아
영광을 받으셨다.
32 [하나님께서 인자로 말미암아 영광
을 받으셨으면,] 하나님께서도 몸소
인자를 영광되게 하실 것이다. 이제
곧 그렇게 하실 것이다.
33 어린 자녀들아, 아직 잠시 동안은 내
가 너희와 함께 있겠다. 그러나 너희
가 나를 찾을 것이다. 내가 일찍이
유대 사람들에게 '내가 가는 곳에
너희는 올 수 없다' 하고 말한 것과
같이, 지금 나는 너희에게도 말하여
둔다.
34 이제 나는 너희에게 새 계명을 준다.
서로 사랑하여라. 내가 너희를 사랑
한 것 같이, 너희도 서로 사랑하여라.
35 너희가 서로 사랑하면, 모든 사람이
그것으로써 너희가 내 제자인 줄을
알게 될 것이다."

베드로의 부인을 예고하시다
(마 26:31-35; 막 14:27-31; 눅 22:31-34)

36 ○시몬 베드로가 예수께 물었다. "주

13:23 예수의 품에…앉아 있었다 유대 사람의 식사법에 따르면, 낮은 식탁에서 옆으로 누워 왼팔은 몸을 받치고, 오른손으로 음식을 먹었다. 따라서 오른편에 있는 사람의 등은 옆사람에게 향하고 머리는 옆사람 앞에(또는 위에) 대고 있었다.
13:26 예수님은 다른 제자들에게 공개적으로 유다의 이름을 말씀하지 않고, 요한만 알 수 있도록 행동으로 암시해 주신다. 집주인이 어떤 손님에게 특별한 사랑이나 경의를 표할 때에는 빵조각을 적셔서 주는 것이 당시의 풍속이었다. 예수님은 가룟 유다마저 마지막까지 사랑하셨던 것이다.
13:34 새 계명 이 계명은 구약에도 이미 기록되어 있는 것으로(레 19:18), 율법의 핵심이었다. 그런데 이 계명을 새 계명이라고 말씀하신 이유는 이웃 사랑의 동기와 표준이 이제 예수님 자신이 되었기 때문이다.

㉠ 다른 고대 사본들에는 '시몬의 아들 유다 가룟' 또는 '가룟 사람 시몬의 아들 유다' ㉡ 그, '빵조각 뒤에' 또는 '한 입 먹은 뒤에'

님, 어디로 가십니까?" 예수께서 대
답하셨다. "내가 가는 곳에 네가 지
금은 따라올 수 없으나, 나중에는
따라올 수 있을 것이다."
37 베드로가 예수께 말하였다. "주님,
왜 지금은 내가 따라갈 수 없습니
까? 나는 주님을 위하여서는 내 목
숨이라도 바치겠습니다."
38 예수께서 대답하셨다. "네가 나를
위하여 네 목숨이라도 바치겠다는
말이냐? 내가 진정으로 진정으로 너
에게 말한다. 닭이 울기 전에, 너는
세 번 나를 모른다고 할 것이다."

예수는 하나님께 이르는 길

14 "너희는 마음에 근심하지 말아
라. 하나님을 믿고 또 나를 믿
어라.
2 내 아버지의 집에는 있을 곳이 많다.
그렇지 않다면, 내가 너희가 있을 곳
을 마련하러 간다고 너희에게 말했
겠느냐? 나는 너희가 있을 곳을 마
련하러 간다.
3 내가 가서 너희가 있을 곳을 마련하
면, 다시 와서 너희를 나에게로 데려
다가, 내가 있는 곳에 너희도 함께
있게 하겠다.
4 ㉠너희는 내가 어디로 가는지 그 길
을 알고 있다."
5 도마가 예수께 말하였다. "주님, 우리
는 주님께서 어디로 가시는지도 모
르는데, 어떻게 그 길을 알겠습니
까?"
6 예수께서 그에게 말씀하셨다. "나는
길이요, 진리요, 생명이다. 나를 거치
지 않고서는, 아무도 아버지께로 갈
사람이 없다.
7 ㉡너희가 나를 알았더라면 내 아버
지도 알았을 것이다. 이제 너희는 내
아버지를 알고 있으며, 그분을 이미
보았다."
8 빌립이 예수께 말하였다. "주님, 우리
에게 아버지를 보여 주십시오. 그러
면 좋겠습니다."
9 예수께서 대답하셨다. "빌립아, 내가
이렇게 오랫동안 너희와 함께 지냈
는데도, 너는 나를 알지 못하느냐?
나를 본 사람은 아버지를 보았다. 그
런데 네가 어찌하여 '우리에게 아버
지를 보여 주십시오' 하고 말하느냐?
10 내가 아버지 안에 있고 아버지께서
내 안에 계시다는 것을, 네가 믿지
않느냐? 내가 너희에게 하는 말은
내 마음대로 하는 것이 아니다. 아버
지께서 내 안에 계시면서 자기의 일
을 하신다.
11 내가 아버지 안에 있고, 아버지께서
내 안에 계시다는 것을 믿어라. 믿지
못하겠거든 내가 하는 그 일들을 보
아서라도 믿어라.
12 내가 진정으로 진정으로 너희에게

14장 요약 예수님께서는 유다의 배반, 베드로의 부인, 자신(예수님)의 죽음 등에 관한 예고를 접하고서 불안과 공포에 떠는 제자들을 위로하시고(1–15절), 보혜사 성령을 보내겠다고 약속하신다. 예수님의 이러한 약속은 부활 후에 제자들에게 나타나심과 오순절 성령 강림을 통해서 성취되었다.

14:1–7 예수님의 말씀을 들은 제자들은 슬픔과 혼란에 빠졌다. 여기서 예수님은 그들에게 확신과 평안을 주는 말씀으로 위로하신다.

14:9 아버지 하나님은 영(4:24)이시기 때문에 어떠한 사람도 그분을 볼 수 없다(딤전 1:17). 하지만 아들 예수님이 아버지를 최종적으로 완전하게 계시하시는 분(1:18)으로 오셨기 때문에 예수님을

㉠ 다른 고대 사본들에는 '내가 가는 곳으로 가는 길을, 너희가 알고 있다' ㉡ 다른 고대 사본들에는 '너희가 나를 알면 나의 아버지를 역시 알 것이다'

말한다. 나를 믿는 사람은 내가 하
는 일을 그도 할 것이요, 그보다 더
큰 일도 할 것이다. 그것은 내가 아
버지께로 가기 때문이다.
13 너희가 내 이름으로 구하는 것은, 내
가 무엇이든지 다 이루어 주겠다. 이
것은 아들로 말미암아 아버지께서
영광을 받으시게 하려는 것이다.
14 너희가 무엇이든지 내 이름으로 구
하면, 내가 다 이루어 주겠다."

성령의 약속

15 ○"너희가 나를 사랑하면, 내 계명을
㉠지킬 것이다.
16 내가 아버지께 구하겠다. 그리하면
아버지께서 다른 ㉡보혜사를 너희에
게 보내셔서, 영원히 너희와 함께 계
시게 하실 것이다.
17 그는 진리의 영이시다. 세상은 그를
보지도 못하고 알지도 못하므로, 그
를 맞아들일 수가 없다. 그러나 너희
는 그를 안다. 그것은, 그가 너희와
함께 계시고, 또 너희 ㉢안에 계실
것이기 때문이다.
18 나는 너희를 고아처럼 버려 두지 아
니하고, 너희에게 다시 오겠다.
19 조금 있으면, 세상이 나를 보지 못
할 것이다. 그러나 너희는 나를 보게
될 것이다. 그것은 내가 살아 있고,
너희도 살아 있을 것이기 때문이다.
20 그 날에 너희는, 내가 내 아버지 안
에 있고, 너희가 내 안에 있으며, 또
내가 너희 안에 있음을 알게 될 것이
다.
21 내 계명을 받아서 지키는 사람은 나
를 사랑하는 사람이요, 나를 사랑하
는 사람은 내 아버지의 사랑을 받을
것이다. 그리고 나도 그 사람을 사랑
하여, 그에게 나를 드러낼 것이다."
22 가룟 유다가 아닌 다른 유다가 물었
다. "주님, 주님께서 우리에게는 자신
을 드러내시고, 세상에는 드러내려
고 하지 않으시는 것은 무슨 까닭입
니까?"
23 예수께서 그에게 대답하셨다. "누구
든지 나를 사랑하는 사람은 내 말을
지킬 것이다. 그리하면 내 아버지께
서 그 사람을 사랑하실 것이요, 내
아버지와 나는 그 사람에게로 가서
그 사람과 함께 살 것이다.
24 나를 사랑하지 않는 사람은 내 말을
지키지 아니한다. 너희가 듣고 있는
이 말은, 내 말이 아니라, 나를 보내
신 아버지의 말씀이다."
25 ○"내가 너희와 함께 있는 동안에,
나는 이 말을 너희에게 말하였다.
26 그러나 ㉡보혜사, 곧 아버지께서 내
이름으로 보내실 성령께서, 너희에
게 모든 것을 가르쳐 주실 것이며,
또 내가 너희에게 말한 모든 것을 생
각나게 하실 것이다.

본 사람은 하나님의 본질·속성·뜻 등을 알 수 있다는 뜻이다.

14:12 그보다 더 큰 일 유대 땅을 벗어나 이방 세계에까지 확산된 영적인 영역의 기적, 곧 죄인들의 회개를 가리킨다. '영혼의 회개보다 더 큰 일이란 없다'(J.C.Ryle).

14:13 내 이름으로… 기도에 사용하는 단순한 문구를 뜻하지 않는다. 이 말은 ① 예수님의 공로와 중재에 의지하여 ② 예수님의 성품·인격과 합당하게, ③ 예수님과 교제하면서 기도함을 뜻한다.

14:16 다른 보혜사 성령님을 가리킨다. 동시에 이 표현은 예수님 자신도 보혜사이심을 함축하고 있다.

14:29 그 일이 일어날 때 예수님의 죽음과 부활과 승천 등 이제 곧 발생하게 될 중대한 사건들을 말한다.

㉠ 다른 고대 사본들에는 '지켜라' ㉡ '변호해 주시는 분' 또는 '도와주시는 분' ㉢ 또는 '가운데'

27 나는 평화를 너희에게 남겨 준다. 나
는 내 평화를 너희에게 준다. 내가
너희에게 주는 평화는 세상이 주는
것과 같지 않다. 너희는 마음에 근
심하지 말고, 두려워하지도 말아라.
28 너희는 내가 갔다가 너희에게로 다
시 온다고 한 내 말을 들었다. 너희가
나를 사랑한다면, 내가 아버지께로
가는 것을 기뻐했을 것이다. 내 아버
지는 나보다 크신 분이기 때문이다.
29 지금 나는 그 일이 일어나기 전에 미
리 너희에게 말하였다. 이것은 그 일
이 일어날 때에 너희로 하여금 믿게
하려는 것이다.
30 나는 너희와 더 이상 말을 많이 하
지 않겠다. 이 세상의 통치자가 가까
이 오고 있기 때문이다. 그는 나를
어떻게 할 아무런 권한이 없다.
31 다만 내가 아버지를 사랑한다는 것
과, 아버지께서 내게 분부하신 그대
로 내가 행한다는 것을, 세상에 알리
려는 것이다. 일어나거라. 여기에서
떠나자."

나는 참 포도나무이다

15 "나는 참 포도나무요, 내 아버
지는 농부이시다.
2 내게 붙어 있으면서도 열매를 맺지
못하는 가지는, 아버지께서 다 잘라
버리시고, 열매를 맺는 가지는 더 많
은 열매를 맺게 하시려고 ㉠손질하
신다.
3 너희는, 내가 너희에게 말한 그 말로
말미암아 이미 ㉠깨끗하게 되었다.
4 내 안에 머물러 있어라. 그리하면 나
도 너희 안에 머물러 있겠다. 가지가
포도나무에 붙어 있지 아니하면 스
스로 열매를 맺을 수 없는 것과 같
이, 너희도 내 안에 머물러 있지 아
니하면 열매를 맺을 수 없다.
5 나는 포도나무요, 너희는 가지이다.
사람이 내 안에 머물러 있고, 내가
그 안에 머물러 있으면, 그는 많은
열매를 맺는다. 너희는 나를 떠나서
는 아무것도 할 수 없다.
6 사람이 내 안에 머물러 있지 아니하
면, 그는 쓸모 없는 가지처럼 버림을
받아서 말라 버린다. 사람들이 그것
을 모아다가, 불에 던져서 태워 버린
다.
7 너희가 내 안에 머물러 있고, 내 말
이 너희 안에 머물러 있으면, 너희가
무엇을 구하든지 다 그대로 이루어
질 것이다.
8 너희가 열매를 많이 맺어서 내 제자
가 되면, 이것으로 내 아버지께서 영
광을 받으실 것이다.
9 아버지께서 나를 사랑하신 것과 같
이, 나도 너희를 사랑하였다. 너희는
내 사랑 안에 머물러 있어라.
10 너희가 내 계명을 지키면, 내 사랑

15장 요약 예수님은 자신을 참 포도나무로, 신자를 그 가지에 비유하심으로써 양자 간의 연합을 교훈하셨다. 신령한 연합으로 신자는 많은 열매를 맺을 수 있지만, 예수님을 거부하는 자는 영적 파멸을 당하게 된다. 이 비유 후에 예수님은 장차 제자들에게 임할 세상의 핍박을 예고하셨다.

㉠ '손질하다'와 '깨끗하게 하다'의 그리스어 어원이 같음(카타이로)

15:1 참 포도나무 구약 성경에서 포도나무는 이스라엘 민족을 상징했다. 그런데 이러한 상징 속 이스라엘은 충성스럽지 못한 악한 포도나무로 비유되어 심판받아야 하는 대상이다(참조. 시 80:8-16;사 5:1-7;렘 2:21;겔 15,17장;19:10-14;호 10:1-2 등). 이러한 구약의 배경 속에서 예수님은 자신을 악한 포도나무인 이스라엘을 대신하는 참 포도나무라고 말씀하셨다.

15:4 머물러 있어라 예수님과 영적인 연합을 계속

안에 머물러 있을 것이다. 그것은 마
치 내가 내 아버지의 계명을 지켜서,
그 사랑 안에 머물러 있는 것과 같다.
11 ○내가 너희에게 이러한 말을 한 것
은, 내 기쁨이 너희 안에 있게 하고,
또 너희의 기쁨이 넘치게 하려는 것
이다.
12 내 계명은 이것이다. 내가 너희를 사
랑한 것과 같이, 너희도 서로 사랑하
여라.
13 사람이 자기 친구를 위하여 자기 목
숨을 내놓는 것보다 더 큰 사랑은
없다.
14 내가 너희에게 명한 것을 너희가 행
하면, 너희는 나의 친구이다.
15 이제부터는 내가 너희를 종이라고
부르지 않겠다. 종은 그의 주인이 무
엇을 하는지를 알지 못한다. 나는
너희를 친구라고 불렀다. 내가 아버
지에게서 들은 모든 것을 너희에게
알려 주었기 때문이다.
16 너희가 나를 택한 것이 아니라, 내가
너희를 택하여 세운 것이다. 그것은
너희가 가서 열매를 맺어, 그 열매가
언제나 남아 있게 하려는 것이다. 그
리하여 너희가 내 이름으로 아버지
께 구하는 것은 무엇이든지 다 받게
하려는 것이다.
17 내가 너희에게 명하는 것은 이것이
다. 너희는 서로 사랑하여라."

세상이 너희를 미워할 것이다

18 ○"세상이 너희를 미워하거든, 세상
이 너희보다 먼저 나를 미워하였다
는 것을 알아라.
19 너희가 세상에 속하여 있다면, 세상
이 너희를 자기 것으로 여겨 사랑할
것이다. 그러나 너희는 세상에 속하
지 않았고 오히려 내가 너희를 세상
에서 가려 뽑아냈으므로, 세상이 너
희를 미워하는 것이다.
20 내가 너희에게 종이 그의 주인보다
높지 않다고 한 말을 기억하여라. 사
람들이 나를 박해했으면 너희도 박
해할 것이요, 또 그들이 내 말을 지
켰으면 너희의 말도 지킬 것이다.
21 그들은 너희가 내 이름을 믿는다고
해서, 이런 모든 일을 너희에게 할 것
이다. 그것은 그들이 나를 보내신 분
을 알지 못하기 때문이다.
22 내가 와서 그들에게 말해 주지 아니
하였더라면, 그들에게는 죄가 없었
을 것이다. 그러나 이제는 그들이 자
기 죄를 변명할 길이 없다.
23 나를 미워하는 사람은 내 아버지까
지도 미워한다.
24 내가 다른 아무도 하지 못한 일을
그들 가운데서 하지 않았더라면, 그
들에게 죄가 없었을 것이다. 그러나
이제는 ㉠그들이 내가 한 일을 보고
나서도, 나와 내 아버지를 미워하였

유지하는 것을 뜻한다. 예수님을 언제나 의지하고, 그의 말씀대로 사는 것을 말한다.

15:12-17 예수님께서는 제자들에게 자신이 제자들을 *위해* 생명을 바침으로써 보여 준 사랑으로 서로 사랑하라고 말씀하신다. 그렇게 함으로써 그들의 기쁨이 충만하게 되기를 원하셨다.

15:19 세상에 속하지 않았고 본절의 '세상'은 하나님을 대항하는 사람들을 가리킨다. 사도 시대에는 유대의 지도자들이 이런 의미로 세상을 대표하는 사람들이었다. 그리스도인들은 하나님의 뜻을 거역하고 세상의 원리를 따라 사는 사람들이 아니라, 하나님께 대한 사랑과 거룩함을 지키며 사는 사람들이다.

15:21 나를 보내신 분을 알지 못하기 때문이다 그들이 하나님을 알았더라면, 예수님을 그분의 아들로 알았을 것이며 배척하지도 않았을 것이다.

㉠ '그들이 나와 내 아버지를 보고서도 미워하였다'라고 번역할 수도 있음

다.
25 그래서 그들의 율법에 '그들은 까닭
없이 나를 미워하였다'고 기록한 말
씀이 이루어진 것이다.
26 ○내가 아버지께로부터 너희에게 보
낼 ㉠보혜사 곧 아버지께로부터 오시
는 진리의 영이 오시면, 그 영이 나
를 위하여 증언하실 것이다.
27 너희도 처음부터 나와 함께 있었으
므로, 나의 증인이 될 것이다."

16 1 "내가 너희에게 이 말을 한
것은, ㉡너희를 넘어지지 않게
하려는 것이다.
2 사람들이 너희를 회당에서 내쫓을
것이다. 그리고 너희를 죽이는 사람
마다, 자기네가 하는 그러한 일이 하
나님을 섬기는 일이라고 생각할 때
가 올 것이다.
3 그들은 아버지도 나도 알지 못하므
로, 그런 일들을 할 것이다.
4 내가 너희에게 이 말을 하여 두는
것은, 그들이 그러한 일들을 행하는
때가 올 때에, 너희로 하여금 내가
너희에게 말한 사실을 다시 생각나
게 하려는 것이다.

성령의 일

○또 내가 이 말을 ㉢처음에 하지 않
은 것은, 내가 너희와 함께 있었기 때
문이다.
5 그러나 나는 지금 나를 보내신 분에
게로 간다. 그런데 너희 가운데서 아
무도 나더러 어디로 가느냐고 묻는
사람이 없고,
6 도리어 내가 한 말 때문에 너희 마
음에는 슬픔이 가득 찼다.
7 그러나, 내가 너희에게 진실을 말하
는데, 내가 떠나가는 것이 너희에게
유익하다. 내가 떠나가지 않으면, ㉠보
혜사가 너희에게 오시지 않을 것이
다. 그러나 내가 가면, 보혜사를 너
희에게 보내주겠다.
8 그가 오시면, 죄와 의와 심판에 대하
여 세상의 잘못을 깨우치실 것이다.
9 죄에 대하여 깨우친다고 함은 세상
사람들이 나를 믿지 않기 때문이요,
10 의에 대하여 깨우친다고 함은 내가
아버지께로 가고 너희가 나를 더 이
상 못 볼 것이기 때문이요,
11 심판에 대하여 깨우친다고 함은 이
세상의 통치자가 심판을 받았기 때
문이다.
12 ○아직도, 내가 너희에게 할 말이 많
으나, 너희가 지금은 감당하지 못한
다.
13 그러나 그분 곧 진리의 영이 오시면,
그가 너희를 모든 진리 가운데로 인
도하실 것이다. 그는 자기 마음대로
말씀하지 않으시고, 듣는 것만 일러
주실 것이요, 앞으로 올 일들을 너희
에게 알려 주실 것이다.

16장 요약 제자들에게 임할 환난이 언급된다. 환난은 주님의 사역자들이 복음 사역 현장에서 부딪히는 피할 수 없는 문제이지만, 우리는 성령의 능력을 의지하여 담대히 헤쳐가야 한다. 예수님의 죽음(승천)이 당장에는 제자들을 슬픔에 빠뜨릴 것이나 장차 큰 유익을 가져올 것이다.

16:7–15 예수님은 아버지께로서 나와 제자들과 함께 영원히 계시면서 예수님을 증거하게 될 보혜사 성령(14:16–17,26;15:26–27)의 구체적인 사역을 말씀하시고 있다. 진리의 성령은 죄·의·심판에 대해 세상의 잘못을 깨우치시고, 제자들을 진리 가운데로 인도하실 것이다.

16:12 감당하지 못한다 성령님의 도우심 없이는 예수님의 말씀을 바로 이해할 수도, 행할 수도 없음

㉠ 14:16의 주를 볼 것 ㉡ 또는 '너희의 믿음이 흔들리지 않도록'
㉢ 그, '처음부터'

14 또 그는 나를 영광되게 하실 것이다.
그가 나의 것을 받아서, 너희에게 알
려 주실 것이기 때문이다.
15 아버지께서 가지신 것은 다 나의 것
이다. 그렇기 때문에 내가, 성령이 나
의 것을 받아서 너희에게 알려 주실
것이라고 말한 것이다."

근심이 기쁨으로 변할 것이다

16 ○"조금 있으면 너희는 나를 보지 못
할 것이다. 그러나 또 조금 있으면
나를 볼 것이다."
17 그의 제자 가운데서 몇몇이 서로 말
하였다. "그가 우리에게 '조금 있으면
나를 보지 못하게 되고, 또 조금 있
으면 나를 볼 것이다' 하신 말씀이
나, '내가 아버지께로 가기 때문에'라
고 하신 말씀은 무슨 뜻일까?"
18 그들은 말하기를 "도대체 '조금 있으
면'이라는 말씀이 무슨 뜻일까? 우
리는, 그가 무엇을 말씀하시는지 모
르겠다" 하였다.
19 예수께서는, 제자들이 자기에게 물
어 보고 싶어하는 마음을 아시고,
그들에게 말씀하셨다. "내가, '조금
있으면, 너희가 나를 보지 못하게 되
고, 또 조금 있으면 나를 볼 것이다'
한 말을 가지고 서로 논의하고 있느
냐?
20 내가 진정으로 진정으로 너희에게
말한다. 너희는 울며 애통하겠으나,
세상은 기뻐할 것이다. 그러나 너희
가 근심에 싸여도, 그 근심이 기쁨
으로 변할 것이다.
21 여자가 해산할 때에는 근심에 잠긴
다. 진통할 때가 왔기 때문이다. 그
러나 아이를 낳으면, 사람이 세상에
태어났다는 기쁨 때문에, 그 고통을
더 이상 기억하지 않는다.
22 이와 같이, 지금 너희가 근심에 싸여
있지만, 내가 다시 너희를 볼 때에
는, 너희의 마음이 기쁠 것이며, 그
기쁨을 너희에게서 빼앗을 사람이
없을 것이다.
23 그 날에는 너희가 나에게 아무것도
㉠묻지 않을 것이다. 내가 진정으로
진정으로 너희에게 말한다. ㉡너희가
아버지께 구하는 것은, 무엇이나 아
버지께서 내 이름으로 주실 것이다.
24 지금까지는 너희가 아무것도 내 이
름으로 구하지 않았다. 구하여라. 그
러면 받을 것이다. 그래서 너희의 기
쁨이 넘치게 될 것이다."

내가 세상을 이겼다

25 ○"지금까지는 이런 것들을 내가 너
희에게 비유로 말하였으나, 다시는
내가 비유로 말하지 아니하고 아버
지에 대하여 분명히 말해 줄 때가
올 것이다.
26 그 날에는 너희가 내 이름으로 아버
지께 구할 것이다. 내가 너희를 위하

을 의미한다.

16:16-24 성령님의 사역에 대한 말씀에 이어 예수님 자신의 장래의 일, 곧 죽음과 부활에 관해 예언하신 말씀이다.

16:20 예수님의 죽음으로 인해 일시적으로 제자들은 슬픔에 빠지고 사탄에게 속한 세상(특히 유대의 종교 지도자들)은 기쁨에 젖는다. 그러나 예수님의 부활로 제자들은 큰 기쁨을 누리게 되고 세상은 심판을 받게 될 것임을 의미한다.

16:23 믿는 사람들이 예수님의 이름으로 구할 뿐만 아니라, 하나님도 예수님의 이름으로 응답하시는 것이다. 곧 하나님이 믿는 사람들의 기도를 들으시는 것은 예수님이 그들을 위해 이루어 놓으신 구원의 공로 때문인 것이다.

16:30 제자들은 그들의 의혹(16-19절)을 자기들끼리 이야기하고 예수님께는 말하지 않았다. 그런

㉠ 또는 '요구하지' ㉡ 다른 고대 사본들에는 '너희가 내 이름으로 아버지께 구하면, 아버지께서 그것을 너희에게 주실 것이다'

여 아버지께 구하겠다는 말이 아니
다.
27 아버지께서는 친히 너희를 사랑하신
다. 그것은, 너희가 나를 사랑하였
고, 또 내가 ㉠하나님께로부터 온 것
을 믿었기 때문이다.
28 나는 아버지에게서 나와서 세상에
왔다. 나는 세상을 떠나서 아버지께
로 간다."
29 그의 제자들이 말하였다. "보십시오.
이제 밝히어 말씀하여 주시고, 비유
로 말씀하지 않으시니,
30 이제야 우리는, 선생님께서 모든 것
을 알고 계시다는 것과, 누가 선생님
께 물어볼 필요가 없을 정도로 환히
알려 주신다는 것을 알았습니다. 이
것으로 우리는 선생님이 하나님께로
부터 오신 것을 믿습니다."
31 예수께서 대답하셨다. "이제는 너희
가 믿느냐?
32 보아라, 너희가 나를 혼자 버려 두
고, 제각기 자기 집으로 흩어져 갈
때가 올 것이다. 그 때가 벌써 왔다.
그런데 아버지께서 나와 함께 계시
니, 나는 혼자 있는 것이 아니다.
33 내가 이것을 너희에게 말한 것은, 너
희가 내 안에서 평화를 얻게 하려는
것이다. 너희는 세상에서 환난을 당
할 것이다. 그러나 용기를 내어라. 내
가 세상을 이겼다."

예수께서 기도하시다

17 예수께서 이 말씀을 마치시고,
눈을 들어 하늘을 우러러보시
고 말씀하셨다. "아버지, 때가 왔습
니다. 아버지의 아들을 영광되게 하
셔서, 아들이 아버지께 영광을 돌리
게 하여 주십시오.
2 아버지께서는 아들에게 모든 사람
을 다스리는 권세를 주셨습니다. 그
것은 아들로 하여금 아버지께서 그
에게 주신 모든 ㉡사람에게 영생을
주게 하려는 것입니다.
3 영생은 오직 한 분이신 참 하나님을
알고, 또 아버지께서 보내신 예수 그
리스도를 아는 것입니다.
4 나는 아버지께서 내게 하라고 맡기
신 일을 완성하여, 땅에서 아버지께
영광을 돌렸습니다.
5 아버지, 창세 전에 내가 아버지와 함
께 누리던 그 영광으로, 나를 아버
지 앞에서 영광되게 하여 주십시오.
6 ○나는, 아버지께서 세상에서 택하
셔서 내게 주신 사람들에게 아버지
의 이름을 드러냈습니다. 그들은 본
래 아버지의 사람들인데, 아버지께
서 그들을 나에게 주셨습니다. 그들
은 아버지의 말씀을 지켰습니다.
7 지금 그들은, 아버지께서 내게 주신
모든 것이, 아버지께로부터 온 것임
을 알고 있습니다.

데 예수님은 그들이 묻기도 전에 그들의 마음속에 있는 의문을 아시고 대답하셨다. 이것을 보고 제자들은 예수님이 모든 것을 아시므로 하나님께로부터 오신 분인 것을 고백했던 것이다.

16:31 예수님의 질문은 제자들의 신앙 고백을 시험하는 말씀이었다. 곧 '너희 신앙 고백이 참된 것이냐? 이제 곧 시련이 닥칠 텐데 그때에도 그 신앙 고백 위에 설 수 있다고 확신하느냐?'라는 뜻이다. 제자들의 과신을 경계하는 말씀이었다.

17장 요약 예수님은 멜기세덱의 계통을 따른 영원한 대제사장으로서 성부와 사람 사이에 중보기도를 드리셨다. 이 기도는 성부와 성자의 영광을 구하는 것에서 시작하여(1–5절), 제자들의 충성을 간구하다가(6–19절), 성도들의 신령한 교제(연합)를 염원하는 내용(20–26절)으로 끝난다.

㉠ 다른 고대 사본들에는 '아버지께로부터' ㉡ 그, '육체에게'

8 나는 아버지께서 내게 주신 말씀을
그들에게 주었습니다. 그들은 그 말
씀을 받아들였으며, 내가 아버지께
로부터 온 것을 참으로 알았고, 또
아버지께서 나를 보내신 것을 믿었
습니다.
9 나는 그들을 위하여 빕니다. 나는
세상을 위하여 비는 것이 아니고, 아
버지께서 내게 주신 사람들을 위하
여 빕니다. 그들은 모두 아버지의 사
람들입니다.
10 나의 것은 모두 아버지의 것이고, 아
버지의 것은 모두 나의 것입니다. 나
는 그들로 말미암아 영광을 받았습
니다.
11 나는 이제 더 이상 세상에 있지 않
으나, 그들은 세상에 있습니다. 나는
아버지께로 갑니다. 거룩하신 아버
지, 아버지께서 내게 주신 아버지의
이름으로 그들을 지켜주셔서, 우리
가 하나인 것 같이, 그들도 하나가
되게 하여 주십시오.
12 내가 그들과 함께 지내는 동안은, 아
버지께서 내게 주신 아버지의 이름
으로 그들을 지키고 보호하였습니
다. 그러므로 그들 가운데서는 한 사
람도 잃지 않았습니다. 다만, 멸망의
자식만 잃은 것은 성경 말씀을 이루
기 위함이었습니다.
13 이제 나는 아버지께로 갑니다. 내가
세상에서 이것을 아뢰는 것은, 내 기
쁨이 그들 ㉠속에 차고 넘치게 하려
는 것입니다.
14 나는 그들에게 아버지의 말씀을 주
었는데, 세상은 그들을 미워하였습
니다. 그것은, 내가 세상에 속하여
있지 않은 것과 같이, 그들도 세상에
속하여 있지 않기 때문입니다.
15 내가 아버지께 비는 것은, 그들을 세
상에서 데려가시는 것이 아니라, ㉡악
한 자에게서 그들을 지켜 주시는 것
입니다.
16 내가 세상에 속하지 않은 것과 같
이, 그들도 세상에 속하지 않았습니
다.
17 진리로 그들을 거룩하게 하여 주십
시오. 아버지의 말씀은 진리입니다.
18 아버지께서 나를 세상에 보내신 것
과 같이, 나도 그들을 세상으로 보냈
습니다.
19 그리고 내가 그들을 위하여 나를 거
룩하게 하는 것은, 그들도 진리로 거
룩하게 하려는 것입니다."
20 ○"나는 이 사람들을 위해서만 비는
것이 아니고, 이 사람들의 말을 듣고
나를 믿는 사람들을 위해서도 빕니
다.
21 아버지, 아버지께서 내 안에 계시고,
내가 아버지 안에 있는 것과 같이,
그들도 하나가 되어서 우리 안에 있

17:1-26 예수님의 이 기도는 보통 '대제사장의 기도'라고 불리고 있다. 이는 예수님께서 멜기세덱의 계통을 따르는 대제사장(참조. 히 4:14-15;5:5-10)으로서, 하나님과 사람들 사이에서 드린 중보의 기도이기 때문이다.

17:9 예수님은 원수들을 위해서까지 기도하셨으며(눅 23:34), 또한 세상이 믿음을 갖도록 기도하셨다(21,23절). 여기서는 영적인 보호와 거룩함, 그리고 영광을 위한 기도에 대해 말씀하신 것이다.

17:15 예수님이 아버지로부터 보내심을 받아 구원 사역을 완성하신 곳이 세상이듯이, 제자들이 예수님의 보내심을 받아 그들의 사명을 완수해야 할 곳도 바로 이 세상이다. 따라서 예수님은 제자들이 사명을 완수할 때까지 그들을 이 세상에서 데려가시기를 원하지 않으셨다.

17:17 거룩하게 하여 주십시오 (그. '하기아조') '구별·성별하다·청결하게 하다'라는 뜻이다. 이 말

㉠ 또는 '가운데' ㉡ 또는 '악에서'

게 하여 주십시오. 그래서 아버지께
서 나를 보내셨다는 것을, 세상이 믿
게 하여 주십시오.
22 나는 아버지께서 내게 주신 영광을
그들에게 주었습니다. 그것은, 우리
가 하나인 것과 같이, 그들도 하나가
되게 하려는 것입니다.
23 내가 그들 안에 있고, 아버지께서 내
안에 계신 것은, 그들이 완전히 하나
가 되게 하려는 것입니다. 그것은
또, 아버지께서 나를 보내셨다는 것
과, 아버지께서 나를 사랑하신 것과
같이 그들도 사랑하셨다는 것을, 세
상이 알게 하려는 것입니다.
24 아버지, 아버지께서 내게 주신 사람
들도, 내가 있는 곳에 나와 함께 있
게 하여 주시고, 창세 전부터 아버지
께서 나를 사랑하셔서 내게 주신 내
영광을, 그들도 보게 하여 주시기를
빕니다.
25 의로우신 아버지, 세상은 아버지를
알지 못하였으나, 나는 아버지를 알
았으며, 이 사람들도 아버지께서 나
를 보내신 것을 알고 있습니다.
26 나는 이미 그들에게 아버지의 이름
을 알렸으며, 앞으로도 알리겠습니
다. 그것은, 아버지께서 나를 사랑하
신 그 사랑이 그들 안에 있게 하고,
나도 그들 안에 있게 하려는 것입니
다."

배반당하고 잡히시다

(마 26:47-56; 막 14:43-50; 눅 22:47-53)

18 예수께서 이 말씀을 하신 뒤
에, 제자들과 함께 기드론 골짜
기 건너편으로 가셨다. 거기에는 동
산이 하나 있었는데, 예수와 그 제자
들이 거기에 들어가셨다.
2 예수가 그 제자들과 함께 거기서 여
러 번 모이셨으므로, 예수를 넘겨줄
유다도 그 곳을 알고 있었다.
3 유다는 로마 군대 병정들과, 제사장
들과 바리새파 사람들이 보낸 성전
경비병들을 데리고 그리로 갔다. 그
들은 등불과 횃불과 무기를 들고 있
었다.
4 예수께서는 자기에게 닥쳐올 일을
모두 아시고, 앞으로 나서서 그들에
게 물으셨다. "너희는 누구를 찾느
냐?"
5 그들이 대답하였다. "나사렛 사람
예수요." 예수께서 그들에게 말씀하
셨다. "내가 그 사람이다." 예수를 넘
겨줄 유다도 그들과 함께 서 있었다.
6 예수께서 그들에게 "내가 그 사람이
다" 하고 말씀하시니, 그들은 뒤로
물러나서 땅에 쓰러졌다.
7 다시 예수께서 그들에게 물으셨다.
"너희는 누구를 찾느냐?" 그들이 대
답하였다. "나사렛 사람 예수요."
8 예수께서 말씀하셨다. "내가 그 사

은 부패한 세상에서 구별되는 것을 의미한다.
17:22 하나님이 예수님 안에 거하시고 예수님이 성령님을 통해 믿는 사람들 안에 거하실 때, 믿는 사람들은 예수님 안에 있는 모든 풍성함에 참여하게 될 것이다. 이것이 믿는 사람들의 영광이다.
17:24 내가 있는 곳 하나님 나라를 말한다(참조. 14:3). 내게 주신 내 영광 예수님이 십자가에 죽으시고 부활·승천하셔서 창세 전에 가지셨던 영광으로 돌아가실 것을 가리킨다.

18장 요약 요한은 빌라도의 재판을 상세히 기록하여 예수님의 무죄하심을 간접적으로 이방 사람들에게 밝히고자 했다. 빌라도는 여론에 굴복하여 예수님을 죽음에 내어줌으로써 나약한 인간의 한 표본이 되었지만, 불의(不義) 앞에서 의연하신 예수님의 모습이 재판 과정을 통해 부각된다.

18:7-8 너희는 누구를 찾느냐? 예수님이 두 번씩

람이라고 너희에게 이미 말하였다.
너희가 나를 찾거든, 이 사람들은
물러가게 하여라."
9 이렇게 말씀하신 것은, 예수께서 전
에 '아버지께서 나에게 주신 사람을,
나는 한 사람도 잃지 않았습니다' 하
신 그 말씀을 이루게 하시려는 것이
었다.
10 시몬 베드로가 칼을 가지고 있었는
데, 그는 그것을 빼어 대제사장의 종
을 쳐서, 오른쪽 귀를 잘라버렸다.
그 종의 이름은 말고였다.
11 그 때에 예수께서 베드로에게 말씀
하셨다. "그 칼을 칼집에 꽂아라. 아
버지께서 나에게 주신 이 잔을, 내가
어찌 마시지 않겠느냐?"

대제사장 앞에 서시다

(마 26:57-58; 막 14:53-54; 눅 22:54)

12 ○로마 군대 병정들과 그 ㉠부대장과
유대 사람들의 성전 경비병들이 예
수를 잡아 묶어서
13 먼저 안나스에게로 끌고 갔다. 안나
스는 그 해의 대제사장인 가야바의
장인인데,
14 가야바는 '한 사람이 온 백성을 위
하여 죽는 것이 유익하다'고 유대 사
람에게 조언한 사람이다.

베드로가 예수를 모른다고 하다

(마 26:69-70; 막 14:66-68; 눅 22:55-57)

15 ○시몬 베드로와 또 다른 제자 한 사
람이 예수를 따라갔다. 그 제자는
대제사장과 잘 아는 사이라서, 예수
를 따라 대제사장의 집 안뜰에까지
들어갔다.
16 그러나 베드로는 대문 밖에 서 있었
다. 그런데 대제사장과 잘 아는 사이
인 그 다른 제자가 나와서, 문지기
하녀에게 말하고, 베드로를 데리고
들어갔다.
17 그 때에 문지기 하녀가 베드로에게
말하였다. "당신도 이 사람의 제자
가운데 한 사람이지요?" 베드로는
"아니오" 하고 대답하였다.
18 날이 추워서, 종들과 경비병들이 숯
불을 피워 놓고 서서 불을 쬐고 있
는데, 베드로도 그들과 함께 서서 불
을 쬐고 있었다.

대제사장이 예수를 신문하다

(마 26:59-66; 막 14:55-64; 눅 22:66-71)

19 ○대제사장은 예수께 그의 제자들
과 그의 가르침에 관하여 물었다.
20 예수께서 대답하셨다. "나는 드러내
놓고 세상에 말하였소. 나는 언제나
모든 유대 사람이 모이는 회당과 성
전에서 가르쳤으며, 아무것도 숨어
서 말한 것이 없소.
21 그런데 어찌하여 나에게 묻소? 내가
무슨 말을 하였는지를, 들은 사람들
에게 물어 보시오. 내가 말한 것을
그들이 알고 있소."

이나 질문하신 이유는, 그들의 임무가 예수님을 체포하는 데 있으므로 제자들과는 상관없음을 확인시키기 위한 것이었다. 제자들을 사랑하고 돌보시는 예수님의 마음이 나타난다.

18:11 아버지께서 나에게 주신 이 잔 십자가에서의 죽음을 의미한다(참조. 마 26:39).

18:21 예수님은 이 재판의 불법성을 지적하시고 있다. 왜냐하면 대제사장은 예수님께 묻기에 앞서 먼저 증인들을 출석시켜 예수님이 왜 체포되었으며 어떠한 법이 적용되었는지를 밝힐 의무가 있었고, 당시의 유대법에 따라 피고를 위한 증인도 반드시 출석시켜야 했기 때문이다. 예수님은 항상 '공개적으로' 가르치셨기 때문에 증인들을 출석시키는 것이 어렵지 않았음에도 불구하고, 종교 지도자들은 모든 합법적인 절차를 무시한 채 한밤중에 '은밀하게' 재판을 서두르고 있다.

18:24 대제사장 가야바와 산헤드린 공의회 앞에

㉠ 그, '천부장'

22 예수께서 이렇게 말씀하시니, 경비병
한 사람이 곁에 서 있다가 "대제사
장에게 그게 무슨 대답이냐?" 하면
서, 손바닥으로 예수를 때렸다.
23 예수께서 그 사람에게 말씀하셨다.
"내가 한 말에 잘못이 있으면, 잘못
되었다는 증거를 대시오. 그러나 내
가 한 말이 옳다면, 어찌하여 나를
때리시오?"
24 안나스는 예수를 묶은 그대로 대제
사장 가야바에게로 보냈다.

다시 예수를 모른다고 한 베드로

(마 26:71-75; 막 14:69-72; 눅 22:58-62)

25 ○시몬 베드로는 서서, 불을 쬐고 있
었다. 사람들이 그에게 물었다. "당
신도 그의 제자 가운데 한 사람이지
요?" 베드로가 부인하여 "나는 아니
오!" 하고 말하였다.
26 베드로에게 귀를 잘린 사람의 친척
으로서, 대제사장의 종 가운데 한
사람이 베드로에게 말하였다. "당신
이 동산에서 그와 함께 있는 것을
내가 보았는데 그러시오?"
27 베드로가 다시 부인하였다. 그러자
곧 닭이 울었다.

빌라도 앞에 서시다

(마 27:1-2, 11-14; 막 15:1-5; 눅 23:1-5)

28 ○사람들이 가야바의 집에서 총독
㉠관저로 예수를 끌고 갔다. 때는 이
른 아침이었다. 그들은 몸을 더럽히
지 않고 유월절 음식을 먹기 위하여
관저 안에는 들어가지 않았다.
29 빌라도가 그들에게 나와서 "당신들
은 이 사람을 무슨 일로 고발하는
거요?" 하고 물었다.
30 그들이 빌라도에게 대답하였다. "이
사람이 악한 일을 하는 사람이 아니
라면, 우리가 총독님께 넘기지 않았
을 것입니다."
31 빌라도가 그들에게 말하였다. "그를
데리고 가서, 당신들의 법대로 재판
하시오." 유대 사람들이 "우리는 사
람을 죽일 권한이 없습니다" 하고 대
답하였다.
32 이렇게 하여, 예수께서 자기가 어떠
한 죽음으로 죽을 것인가를 암시하
여 주신 말씀이 이루어졌다.
33 빌라도가 다시 ㉠관저 안으로 들어
가, 예수를 불러내서 물었다. "당신
이 유대 사람들의 왕이오?"
34 예수께서 대답하셨다. "당신이 하는
그 말은 당신의 생각에서 나온 말이
오? 그렇지 않으면, 나에 관하여 다
른 사람들이 말하여 준 것이오?"
35 빌라도가 말하였다. "내가 유대 사
람이란 말이오? 당신의 동족과 대제
사장들이 당신을 나에게 넘겨주었
소. 당신은 무슨 일을 하였소?"
36 예수께서 대답하셨다. "내 나라는
이 세상에 속한 것이 아니오. 나의

서 받은 재판에 대해서는 마태복음서 26:57-68과 마가복음서 14:53-65을 참조하라.

18:28-19:16 공관복음서와는 달리, 요한은 유대 사람의 재판보다 로마 사람 빌라도의 재판을 더 자세히 기록하고 있다. 이는 비교적 객관적으로 예수님의 무죄를 밝힌 빌라도의 증언(18:38; 19:4,6)과 그의 석방 노력(18:39;19:21)을 드러내기 위한 것이었다. 빌라도의 재판 과정은 다음과 같다. ① 유대 사람들의 고소(18:28-32) ② 예비 신문(18:33-37) ③ 첫 번째 무죄 선고(18:38-40) ④ 예수님에 대한 모욕(19:1-3) ⑤ 두 번째·세 번째 무죄 선고(19:4-7) ⑥ 재신문(19:8-11) ⑦ 판결(19:12-16).

18:31 사람을 죽일 권한 유대 사람들은 빌라도에게 예수님의 사형을 요청한다. A.D. 20년경, 유대가 로마의 직할지가 된 후 유대 사람들은 사형 집행권을 박탈당했기 때문이다.

㉠ 그, '프라이토리온'

나라가 세상에 속한 것이라면, 나의
부하들이 싸워서, 나를 유대 사람들
의 손에 넘어가지 않게 하였을 것이
오. 그러나 사실로 내 나라는 이 세
상에 속한 것이 아니오."
37 빌라도가 예수께 물었다. "그러면 당
신은 왕이오?" 예수께서 대답하셨
다. "당신이 말한 대로 나는 왕이오.
나는 진리를 증언하기 위하여 태어
났으며, 진리를 증언하기 위하여 세
상에 왔소. 진리에 속한 사람은, 누
구나 내가 하는 말을 듣소."
38 빌라도가 예수께 "진리가 무엇이
오?" 하고 물었다.

사형 선고를 받으시다

(마 27:15-31; 막 15:6-20; 눅 23:13-25)

○빌라도는 이 말을 하고, 다시 유대
사람들에게로 나아와서 말하였다.
"나는 그에게서 아무 죄도 찾지 못
하였소.
39 유월절에는 내가 여러분에게 죄수
한 사람을 놓아주는 관례가 있소.
그러니 유대 사람들의 왕을 놓아주
는 것이 어떻겠소?"
40 그들은 다시 큰 소리로 "그 사람이
아니오. 바라바를 놓아주시오" 하고
외쳤다. 바라바는 강도였다.

19

1 그 때에 빌라도는 예수를 데
려다가 채찍으로 쳤다.
2 병정들은 가시나무로 왕관을 엮어
서 예수의 머리에 씌우고, 자색 옷
을 입힌 뒤에,
3 예수 앞으로 나와서 "유대인의 왕 만
세!" 하고 소리치고, 손바닥으로 얼
굴을 때렸다.
4 그 때에 빌라도가 다시 바깥으로 나
와서, 유대 사람들에게 말하였다.
"보시오, 내가 그 사람을 당신들 앞
에 데려 오겠소. 나는 그에게서 아
무 죄도 찾지 못했소. 나는 당신들
이 그것을 알아주기를 바라오."
5 예수가 가시관을 쓰시고, 자색 옷을
입으신 채로 나오시니, 빌라도가 그
들에게 "보시오, 이 사람이오" 하고
말하였다.
6 대제사장들과 경비병들이 예수를
보고 외쳤다. "십자가에 못 박으시
오. 십자가에 못 박으시오." 그러자
빌라도는 그들에게 "당신들이 이 사
람을 데려다가 십자가에 못 박으시
오. 나는 이 사람에게서 아무 죄도
찾지 못했소" 하고 말하였다.
7 유대 사람들이 그에게 대답하였다.
"우리에게는 율법이 있는데 그 율법
을 따르면 그는 마땅히 죽어야 합니
다. 그가 자기를 가리켜서 하나님의
아들이라고 하였기 때문입니다."
8 ○빌라도는 이 말을 듣고, 더욱 두려
워서
9 다시 관저 안으로 들어가서 예수께

19장 요약 시편 22편과 이사야서 53장에 나타난 메시아의 고난 예언이 성취됨을 볼 수 있다. 예수님은 빌라도의 최종 사형 선고를 통해 십자가에 못 박히셨다. 도살장으로 끌려가는 양 취급을 받으면서도 시종일관 온화한 예수님의 모습은 그가 바로 인류를 구속한 유월절 양이심을 보여 준다.

19:1-16 빌라도는 강도 바라바 대신에 예수님을 풀어 주려 했던 자신의 시도가 실패하자 방침을 바꾸었다. 그는 예수님을 채찍질하여 사람들 앞에 보임으로써 동정심에 호소하려 하였다. 그러나 이 시도마저 실패로 끝나고 말았다.

19:6 빌라도는 예수님의 무죄하심을 확신했지만 군중들에 대한 두려움 때문에 그들에게 책임을 전가하였고(마 27:24), 결국 예수님을 십자가에 못 박도록 하였다.

19:9 당신은 어디서 왔소? 이것은 육신적인 출신을

물었다. "당신은 어디서 왔소?" 예수
께서는 그에게 아무 대답도 하지 않
으셨다.
10 그래서 빌라도가 예수께 말하였다.
"나에게 말을 하지 않을 작정이오?
나에게는 당신을 놓아줄 권한도 있
고, 십자가에 처형할 권한도 있다는
것을 모르시오?"
11 예수께서 대답하셨다. "위에서 주지
않으셨더라면, 당신에게는 나를 어
찌할 아무런 권한도 없을 것이오. 그
러므로 나를 당신에게 넘겨준 사람
의 죄는 더 크다 할 것이오."
12 이 말을 듣고서, 빌라도는 예수를 놓
아주려고 힘썼다. 그러나 유대 사람
들은 "이 사람을 놓아주면, 총독님
은 황제 폐하의 충신이 아닙니다. 자
기를 가리켜서 왕이라고 하는 사람
은, 누구나 황제 폐하를 반역하는
자입니다" 하고 외쳤다.
13 ○빌라도는 이 말을 듣고, 예수를 데
리고 나와서, ㉠리토스트론이라고 부
르는 재판석에 앉았다. (리토스트론
은 ㉡히브리 말로 가바다인데, '돌을
박은 자리'라는 뜻이다.)
14 그 날은 유월절 준비일이고, 때는
㉢낮 열두 시쯤이었다. 빌라도가 유
대 사람들에게 말하였다. "보시오,
당신들의 왕이오."
15 그들이 외쳤다. "없애 버리시오! 없
애 버리시오! 그를 십자가에 못박으
시오!" 빌라도가 그들에게 말하였다.
"당신들의 왕을 십자가에 못박으란
말이오?" 대제사장들이 대답하였다.
"우리에게는 황제 폐하 밖에는 왕이
없습니다."
16 이리하여 이제 빌라도는 예수를 십
자가에 처형하라고 그들에게 넘겨주
었다.

십자가에 못박히시다

(마 27:32-44; 막 15:21-32; 눅 23:26-43)

○그들은 예수를 넘겨받았다.
17 예수께서 십자가를 지시고 '해골'이
라 하는 데로 가셨다. 그 곳은 ㉡히
브리 말로 골고다라고 하였다.
18 거기서 그들은 예수를 십자가에 못
박았다. 그리고 다른 두 사람도 예
수와 함께 십자가에 달아서, 예수를
가운데로 하고, 좌우에 세웠다.
19 빌라도는 또한 명패도 써서, 십자가
에 붙였다. 그 명패에는 '유대인의 왕
나사렛 사람 예수' 라고 썼다.
20 예수께서 십자가에 달리신 곳은 도
성에서 가까우므로, 많은 유대 사람
이 이 명패를 읽었다. 그것은, ㉡히브
리 말과 로마 말과 그리스 말로 적혀
있었다.
21 유대 사람들의 대제사장들이 빌라도
에게 말하기를 "'유대인의 왕'이라고
쓰지 말고, '자칭 유대인의 왕'이라고

묻는 말이 아니라 영적인 기원을 묻는 말이다. 곧 '네가 참으로 하나님의 아들이냐?'라는 뜻이다.

19:11 나를 당신에게 넘겨준 사람 대제사장 가야바를 가리킨다. 빌라도는 악하지만 완전히 깨닫지 못한 상태에서 한 행위였고 가야바는 하나님께 대한 지식을 가진 대제사장으로서 그와 같은 악을 행했으므로 더 큰 죄를 짓게 되었다.

19:15 우리에게는…없습니다 "이 사람을 놓아주면, 총독님은 황제 폐하의 충신이 아닙니다"(12절)라고 외쳤던 유대 사람들은 다시 이 말로써 빌라도의 마음을 교묘하게 이용하고자 하였다. 유대 사람들은 실제로는 로마의 지배에 대항하고 있었기 때문에 이 말은 위선적인 아첨이었다.

19:17 십자가 그 당시 십자가는 로마의 여러 가지 사형 방법 중 최극형에 해당되는 것이었다. 노예나 식민지 백성에게만 가해졌으며, 죄수는 십자가

㉠ 돌을 박아 포장한 광장이나 길 ㉡ 아람어를 뜻함 ㉢ 그, '제 육 시'

쓰십시오" 하였으나,
22 빌라도는 "나는 쓸 것을 썼다" 하고
대답하였다.
23 ○병정들이 예수를 십자가에 못 박
은 뒤에, 그의 옷을 가져다가 네 몫
으로 나누어서, 한 사람이 한 몫씩
차지하였다. 그리고 속옷은 이음새
없이 위에서 아래까지 통째로 짠 것
이므로
24 그들은 서로 말하기를 "이것은 찢지
말고, 누가 차지할지 제비를 뽑자"
하였다. 이는

ⓣ'그들이 나의 겉옷을 서로 나
누어 가지고, 나의 속옷을 놓고
서는 제비를 뽑았다'

하는 성경 말씀이 이루어지게 하려
는 것이었다. 그러므로 병정들이 이
런 일을 하였다.
25 그런데 예수의 십자가 곁에는 예수
의 어머니와 이모와 글로바의 아내
마리아와 막달라 사람 마리아가 서
있었다.
26 예수께서는 자기 어머니와 그 곁에
서 있는 사랑하는 제자를 보시고,
어머니에게 "어머니, 이 사람이 어머
니의 아들입니다" 하고 말씀하시고,
27 그 다음에 제자에게는 "자, 이분이
네 어머니시다" 하고 말씀하셨다. 그
때부터 그 제자는 그를 자기 집으로
모셨다.

예수께서 숨을 거두시다
(마 27:45-56; 막 15:33-41; 눅 23:44-49)

28 ○그 뒤에 예수께서는 모든 일이 이
루어졌음을 아시고, ⓛ성경 말씀을
이루시려고 "목마르다" 하고 말씀하
셨다.
29 거기에 신 포도주가 가득 담긴 그릇
이 있었는데, 사람들이 해면을 그 신
포도주에 듬뿍 적셔서, 우슬초 대에
다가 꿰어 예수의 입에 갖다 대었다.
30 예수께서 신 포도주를 받으시고서,
"다 이루었다" 하고 말씀하신 뒤에,
머리를 떨어뜨리시고 숨을 거두셨다.

창으로 옆구리를 찌르다

31 ○유대 사람들은 그 날이 유월절 준
비일이므로, 안식일에 시체들을 십
자가에 그냥 두지 않으려고, 그 시체
의 다리를 꺾어서 치워달라고 빌라
도에게 요청하였다. 그 안식일은 큰
날이었기 때문이다.
32 그래서 병사들이 가서, 먼저 예수와
함께 십자가에 달린 한 사람의 다리
와 또 다른 한 사람의 다리를 꺾고
나서,
33 예수께 와서는, 그가 이미 죽으신 것
을 보고서, 다리를 꺾지 않았다.
34 그러나 병사들 가운데 하나가 창으
로 그 옆구리를 찌르니, 곧 피와 물
이 흘러나왔다.
35 (이것은 목격자가 증언한 것이다. 그

의 전부 또는 일부를 직접 메고 가야만 했다.

19:20 로마 말과 그리스 말 로마 말은 로마 정부의 공식 언어였고, 그리스 말은 당시 문화와 상업에 있어서 중요한 세계 공통 언어였다.

19:24 이는…이루어지게 시편 22:18에 기록된 메시아에 대한 예언의 성취이다.

19:26-30 십자가상의 칠언(七言) 중 본서에는 세 말씀이 나온다('어머니, 이 사람이 어머니의 아들입니다', '자, 이분이 네 어머니시다' 26-27절; '목마르다' 28절; '다 이루었다' 30절).

19:30 다 이루었다 예수님은 지상에서의 모든 생애를 하나님의 계획과 구약의 예언을 따라 다 마치셨고, 이제 십자가 위에서 인류를 구원하시기 위한 사역을 다 이루셨던 것이다.

19:31-37 본문에서 다른 죄수들과는 달리 예수님의 다리는 꺾이지 않았다. 이것은 출애굽기 12:46과 민수기 9:12에 기록된 예언의 성취이다.

ⓣ 시 22:18 ⓛ 시 69:21

래서 그의 증언은 참되다. 그는 자기
의 말이 진실하다는 것을 알고 있다.
그는 여러분들도 믿게 하려고 증언
한 것이다.)
36 일이 이렇게 된 것은, ㉠'그의 뼈가 하
나도 부러지지 않을 것이다' 한 성경
말씀이 이루어지게 하려는 것이었다.
37 또 성경에 ㉡'그들은 자기들이 찌른
사람을 쳐다볼 것이다' 한 말씀도 있
다.

무덤에 묻다

(마 27:57-61; 막 15:42-47; 눅 23:50-56)

38 ○그 뒤에 아리마대 사람 요셉이 예
수의 시신을 거두게 하여 달라고 빌
라도에게 청하였다. 그는 예수의 제
자인데, 유대 사람이 무서워서, 그것
을 숨기고 있었다. 빌라도가 허락하
니, 그는 가서 예수의 시신을 내렸다.
39 또 전에 예수를 밤중에 찾아갔던 니
고데모도 몰약에 침향을 섞은 것을
㉢백 근쯤 가지고 왔다.
40 그들은 예수의 시신을 모셔다가, 유
대 사람의 장례 풍속대로 향료와 함
께 삼베로 감았다.
41 예수가 십자가에 달리신 곳에, 동산
이 있었는데, 그 동산에는 아직 사
람을 장사한 일이 없는 새 무덤이 하
나 있었다.
42 그 날은 유대 사람이 안식일을 준비
하는 날이고, 또 무덤이 가까이 있었
기 때문에, 그들은 예수를 거기에 모
셨다.

부활하시다

(마 28:1-10; 막 16:1-8; 눅 24:1-12)

20 주간의 첫 날 이른 새벽에 막
달라 사람 마리아가 무덤에 가
서 보니, 무덤 어귀를 막은 돌이 이
미 옮겨져 있었다.
2 그래서 그 여자는 시몬 베드로와 예
수께서 사랑하시던 그 다른 제자에
게 달려가서 말하였다. "누가 주님을
무덤에서 가져갔습니다. 어디에 두었
는지 모르겠습니다."
3 베드로와 그 다른 제자가 나와서, 무
덤으로 갔다.
4 둘이 함께 뛰었는데, 그 다른 제자가
베드로보다 빨리 달려서, 먼저 무덤
에 이르렀다.
5 그런데 그는 몸을 굽혀서 삼베가 놓
여 있는 것을 보았으나, 안으로 들어
가지는 않았다.
6 시몬 베드로도 그를 뒤따라 왔다.
그가 무덤 안으로 들어가 보니, 삼베
가 놓여 있었고,
7 예수의 머리를 싸맸던 수건은, 그 삼
베와 함께 놓여 있지 않고, 한 곳에
따로 개켜 있었다.
8 그제서야 먼저 무덤에 다다른 그 다
른 제자도 들어가서, 보고 믿었다.
9 아직도 그들은 예수께서 죽은 사람

유월절 양의 뼈는 절대로 꺾지 않았는데, 그 유월절 희생제물인 양은 바로 예수님을 상징하기 때문이다.

19:38-42 죽음을 정복하시고 종식시키신 예수님의 장례식 광경이 묘사되어 있다.

19:40 유대 사람의 장례 풍속 유대 사람들은 이집트의 장례법처럼 뇌와 내장을 제거해서 미라를 만들지 않는다. 그들은 시체에 향료를 뿌리고 삼베를 감아 부패를 방지했다.

20장 요약 예수님은 생전에 "나는 부활이요 생명이니"(11:25)라고 말씀하신 대로, 직접 부활하신 몸으로 나타나심으로 약속을 확증하셨다. 부활을 통해서 예수님은 자신의 메시아 되심을 증명하셨고, 그분을 믿는 사람들에게도 부활의 소망을 안겨 주셨다.

㉠ 출 12:46(칠십인역); 민 9:12; 시 34:20 ㉡ 슥 12:10 ㉢ 그, '백 리트라이'. 약 34킬로그램

들 가운데서 반드시 살아나야 한다
는 성경 말씀을 깨닫지 못하였다.
10 그래서 제자들은 자기들이 있던 곳
으로 다시 돌아갔다.

막달라 마리아에게 나타나시다 (막 16:9-11)

11 ○그런데 마리아는 무덤 밖에 서서
울고 있었다. 울다가 몸을 굽혀서 무
덤 속을 들여다보니,
12 흰 옷을 입은 천사 둘이 앉아 있었
다. 한 천사는 예수의 시신이 놓여
있던 자리 머리맡에 있었고, 다른 한
천사는 발치에 있었다.
13 천사들이 마리아에게 말하였다. "여
자여, 왜 우느냐?" 마리아가 대답하
였다. "누가 우리 주님을 가져갔습니
다. 어디에 두었는지 모르겠습니다."
14 이렇게 말하고, 뒤로 돌아섰을 때에,
그 마리아는 예수께서 서 계신 것을
보았지만, 그가 예수이신 줄은 알지
못하였다.
15 예수께서 마리아에게 말씀하셨다.
"여자여, 왜 울고 있느냐? 누구를 찾
느냐?" 마리아는 그가 동산지기인
줄 알고 "여보세요, 당신이 그를 옮
겨 놓았거든, 어디에다 두었는지를
내게 말해 주세요. 내가 그를 모셔
가겠습니다" 하고 말하였다.
16 예수께서 "마리아야!" 하고 부르셨
다. 마리아가 돌아서서 ㉠히브리 말
로 "라부니!" 하고 불렀다. (그것은
'선생님!'이라는 뜻이다.)
17 예수께서 마리아에게 말씀하셨다.
"내게 손을 대지 말아라. 내가 아직
아버지께로 올라가지 않았다. 이제
내 형제들에게로 가서 이르기를, 내
가 나의 아버지 곧 너희의 아버지,
나의 하나님 곧 너희의 하나님께로
올라간다고 말하여라."
18 막달라 사람 마리아는 제자들에게
가서, 자기가 주님을 보았다는 것과
주님께서 자기에게 이런 말씀을 하
셨다는 것을 전하였다.

제자들에게 나타나시다
(마 28:16-20; 막 16:14-18; 눅 24:36-49)

19 ○그 날, 곧 주간의 첫 날 저녁에, 제
자들은 유대 사람들이 무서워서, 문
을 모두 닫아걸고 있었다. 그 때에
예수께서 와서, 그들 가운데로 들어
서셔서, "너희에게 평화가 있기를!"
하고 인사말을 하셨다.
20 이 말씀을 하시고 나서, 두 손과 옆
구리를 그들에게 보여 주셨다. 제자
들은 주님을 보고 기뻐하였다.
21 [예수께서] 다시 그들에게 말씀하셨
다. "너희에게 평화가 있기를 빈다.
아버지께서 나를 보내신 것 같이, 나
도 너희를 보낸다."
22 이렇게 말씀하신 다음에, 그들에게
숨을 불어넣으시고 말씀하셨다. "성
령을 받아라.

20:1-10 빈 무덤은 예수님의 육체적 부활에 대한 구체적인 증거 가운데 하나이다(참조. 마 27:57-28:8).

20:11-18 예수님은 부활하신 후에 막달라 마리아에게 처음으로 나타나셨다고 일반적으로 생각되고 있다.

20:14 예수이신 줄은 알지 못하였다 부활하신 예수님의 형상에 어떤 변화가 있었기 때문인 것으로 추측된다. 엠마오로 가던 두 제자(눅 24:13-16)와 디베랴 바다에서 고기를 잡던 일곱 제자(21:1-4)도 처음에는 그분을 알아보지 못하였다.

20:17 나의 아버지 곧 너희의 아버지 하나님은 아들이신 예수님의 아버지이실 뿐 아니라 이제 예수님을 통해 하나님을 알게 된 제자들의 아버지가 되시기 때문에, 제자들과 하나님의 교제가 더욱 친밀하게 되었다.

20:19 부활하신 예수님의 몸은 사람들이 보고

㉠ 아람어를 뜻함

23 너희가 누구의 죄든지 용서해 주면,
그 죄가 용서될 것이요, 용서해 주지
않으면, 그대로 남아 있을 것이다."

도마의 불신앙

24 ○열두 제자 가운데 하나로서 ㉠쌍둥
이라고 불리는 도마는, 예수께서 오
셨을 때에 그들과 함께 있지 않았다.
25 다른 제자들이 그에게 "우리는 주님
을 보았소" 하고 말하였으나, 도마는
그들에게 "나는 내 눈으로 그의 손
에 있는 못자국을 보고, 내 손가락
을 그 못자국에 넣어 보고, 또 내 손
을 그의 옆구리에 넣어 보지 않고서
는 믿지 못하겠소!" 하고 말하였다.
26 여드레 뒤에 제자들이 다시 집 안에
모여 있었는데 도마도 함께 있었다.
문이 잠겨 있었으나, 예수께서 와서
그들 가운데로 들어서셔서 "너희에
게 평화가 있기를!" 하고 인사말을
하셨다.
27 그리고 나서 도마에게 말씀하셨다.
"네 손가락을 이리 내밀어서 내 손
을 만져 보고, 네 손을 내 옆구리에
넣어 보아라. 그래서 의심을 떨쳐버
리고 믿음을 가져라."
28 도마가 예수께 대답하기를 "나의 주
님, 나의 하나님!" 하니,
29 예수께서 도마에게 말씀하셨다. "너
는 나를 보았기 때문에 믿느냐? 나
를 보지 않고도 믿는 사람은 복이
있다."

이 책을 쓴 목적

30 ○예수께서는 제자들 앞에서 이 책
에 기록하지 않은 다른 ㉡표징도 많
이 행하셨다.
31 그런데 여기에 이것이나마 기록한
목적은, 여러분으로 하여금 예수가
㉢그리스도요 하나님의 아들이심을
믿게 하고, 또 그렇게 믿어서 그의 이
름으로 생명을 얻게 하려는 것이다.

일곱 제자에게 나타나시다

21 그 뒤에 예수께서 디베랴 바다
에서 다시 제자들에게 자기를
나타내셨는데, 그가 나타나신 경위
는 이러하다.
2 시몬 베드로와 쌍둥이라고 불리는
도마와 갈릴리 가나 사람 나다나엘
과 세베대의 아들들과 제자들 가운
데서 다른 두 사람이 한 자리에 있
었다.
3 시몬 베드로가 그들에게 말하기를
"나는 고기를 잡으러 가겠소" 하니,
그들이 "우리도 함께 가겠소" 하고
말하였다. 그들은 나가서 배를 탔다.
그러나 그 날 밤에는 고기를 한 마
리도 잡지 못하였다.
4 이미 동틀 무렵이 되었다. 그 때에
예수께서 바닷가에 들어서셨으나,
제자들은 그가 예수이신 줄을 알지
못하였다.

만질 수 있는(마 28:9;요 20:27) 몸이었지만, 동시에 공간의 제약을 받지 않는 신비로운 몸이었다(참조. 고전 15:42-44;빌 3:21).

20:22 이 구절에 대해서는 여러 가지 해석이 있다. ① 제자들은 이때에 성령을 이미 받았다. ② 오순절 성령 강림을 약속하신 예수님이 가지신 성령을 미리 나누어 받았다. 요한복음서의 여러 구절들(14:16,26;16:7,13)을 참조해 볼 때 ②의 해석이 무난하다.

21장 요약 본장에서는 부활 후 예수님이 디베랴 바다에서 일곱 제자들에게 나타나신 사건이 언급된다. 이 기록은 부활하신 예수님이 지속적으로 제자들을 돌아보시고 그들의 사역에 관심이 있음을 보여 주는 데 목적이 있다. 예수님은 부활 전과 동일한 연민과 사랑으로 제자들에게 용기를 주셨다.

㉠ 그. '디두모' ㉡ 2:11의 주를 볼 것 ㉢ 또는 '메시아'

5 그 때에 예수께서 제자들에게 물으
셨다. “얘들아, 무얼 좀 잡았느냐?”
그들이 대답하였다. “못 잡았습니다.”
6 예수께서 그들에게 말씀하셨다. “그
물을 배 오른쪽에 던져라. 그리하면
잡을 것이다.” 제자들이 그물을 던지
니, 고기가 너무 많이 걸려서, 그물
을 끌어올릴 수가 없었다.
7 예수가 사랑하시는 제자가 베드로에
게 “저분은 주님이시다” 하고 말하
였다. 시몬 베드로는 주님이시라는
말을 듣고서, 벗었던 몸에다가 겉옷
을 두르고, 바다로 뛰어내렸다.
8 그러나 나머지 제자들은 작은 배를
탄 채로, 고기가 든 그물을 끌면서,
해안으로 나왔다. 그들은 육지에서
㉠백 자 남짓밖에 떨어지지 않은 곳
에 들어가서 고기를 잡고 있었던 것
이다.
9 그들이 땅에 올라와서 보니, 숯불을
피워 놓았는데, 그 위에 생선이 놓여
있고, 빵도 있었다.
10 예수께서 제자들에게 말씀하셨다.
“너희가 지금 잡은 생선을 조금 가져
오너라.”
11 시몬 베드로가 배에 올라가서, 그물
을 땅으로 끌어내렸다. 그물 안에는,
큰 고기가 백쉰세 마리나 들어 있었
다. 고기가 그렇게 많았으나, 그물이
찢어지지 않았다.
12 예수께서 그들에게 말씀하셨다. “와
서 아침을 먹어라.” 제자들 가운데서
아무도 감히 “선생님은 누구십니
까?” 하고 묻는 사람이 없었다. 그
가 주님이신 것을 알았기 때문이다.
13 예수께서 가까이 오셔서, 빵을 집어
서 그들에게 주시고, 이와 같이 생선
도 주셨다.
14 예수께서 죽은 사람들 가운데서 살
아나신 뒤에 제자들에게 자기를 나
타내신 것은, 이번이 세 번째였다.

내 양 떼를 먹이라

15 ○그들이 아침을 먹은 뒤에, 예수께
서 시몬 베드로에게 물으셨다. “요한
의 아들 시몬아, 네가 이 사람들보다
나를 더 사랑하느냐?” 베드로가 대
답하였다. “주님, 그렇습니다. 내가
주님을 사랑하는 줄을 주님께서 아
십니다.” 예수께서 그에게 말씀하셨
다. “내 어린 양 떼를 먹여라.”
16 예수께서 두 번째로 그에게 물으셨
다. “요한의 아들 시몬아, 네가 나를
사랑하느냐?” 베드로가 대답하였
다. “주님, 그렇습니다. 내가 주님을
사랑하는 줄을 주님께서 아십니다.”
예수께서 그에게 말씀하셨다. “내
양 떼를 쳐라.”
17 예수께서 세 번째로 물으셨다. “요한
의 아들 시몬아, 네가 나를 사랑하
느냐?” 그 때에 베드로는, [예수께

21:12 아무도…때문이다 제자들의 마음은 두려움과 신비로움에 사로잡혀 있었다. 그들은 그가 다시 살아나신 영광스러운 주님이심을 알고 있었던 것이다.

21:15–19 예수님이 십자가를 지시던 날 새벽에 베드로는 ‘세 번’이나 예수님을 부인하였다(18:15–18,25–27). 이러한 베드로에게 예수님은 반복해서 ‘세 번’이나 ‘네가 나를 사랑하느냐’라고 물으시고 깊은 회개와 겸손의 심정에서 우러나오는 베드로의 대답을 들으신 후, 그의 권위를 회복시키시고 예수님을 따르는 신자들의 지도자로 그를 세우셨다.

21:15 이 사람들보다 나를 더 사랑하느냐? ‘이 사람들이 나를 사랑하는 것보다 더 나를 사랑하느냐?’ 라는 말씀이다. **사랑하다** 15–17절의 원문에 의하면, 예수님은 처음 두 번은 ‘아가파오’로, 세 번째는 ‘필레오’로 물으셨으나, 베드로는 세 번 모

㉠ 그, ‘이백 규빗’. 약 90미터

서] "네가 나를 사랑하느냐?" 하고
세 번이나 물으시므로, 불안해서 "주
님, 주님께서는 모든 것을 아십니다.
그러므로 내가 주님을 사랑하는 줄
을 주님께서 아십니다" 하고 대답하
였다. 예수께서 그에게 말씀하셨다.
"내 양 떼를 먹여라.
18 내가 진정으로 진정으로 네게 말한
다. 네가 젊어서는 스스로 띠를 띠고
네가 가고 싶은 곳을 다녔으나, 네가
늙어서는 남들이 네 팔을 벌릴 것이
고, 너를 묶어서 네가 바라지 않는
곳으로 너를 끌고 갈 것이다."
19 예수께서 이렇게 말씀하신 것은, 베
드로가 어떤 죽음으로 하나님께 영
광을 돌릴 것인가를 암시하신 것이
다. 예수께서 이 말씀을 하시고 나
서, 베드로에게 "나를 따라라!" 하고
말씀하셨다.

예수께서 사랑하시는 제자

20 ○베드로가 돌아다보니, 예수께서
사랑하시던 제자가 따라오고 있었
다. 이 제자는 마지막 만찬 때에 예
수의 가슴에 기대어서, "주님, 주님을
넘겨줄 자가 누구입니까?" 하고 물
었던 사람이다.
21 베드로가 이 제자를 보고서, 예수께
물었다. "주님, 이 사람은 어떻게 되
겠습니까?"
22 예수께서 말씀하셨다. "내가 올 때까
지 그가 살아 있기를 내가 바란다고
한들, 그것이 너와 무슨 상관이 있느
냐? 너는 나를 따라라!"
23 이 말씀이 ㉠믿는 사람들 사이에 퍼
져 나가서, 그 제자는 죽지 않을 것
이라고들 하였지만, 예수께서는 그
가 죽지 않을 것이라고 말씀하신 것
이 아니라, "내가 올 때까지 그가 살
아 있기를 내가 바란다고 한들, [그
것이 너와 무슨 상관이 있느냐?]"
하고 말씀하신 것뿐이다.
24 ○이 모든 일을 증언하고 또 이 사실
을 기록한 사람이 바로 이 제자이다.
우리는 그의 증언이 참되다는 것을
알고 있다.
25 ○예수께서 하신 일은 이 밖에도 많
이 있어서, 그것을 낱낱이 기록한다
면, 이 세상이라도 그 기록한 책들
을 다 담아 두기에 부족할 것이라고
생각한다.

두 '필레오'로 대답하였다. 따라서 전통적으로, 주석가들은 이 두 낱말의 의미에 차이를 두어 해석해 왔다. 하지만 최근에는 두 낱말 사이에 의미의 차이는 없으며, 저자 요한이 문체상 두 낱말을 번갈아 가며 썼을 뿐이라는 견해가 지배적이다.

21:17 모든 것을…주님께서 아십니다 세 번째 대답에서 베드로는 "주님, 그렇습니다"라는 말을 하지 않는다. 그는 이제 자기 자신을 의지하지 않고, 모든 것을 아시는 예수님께 전적으로 내맡긴다.

21:18 스스로 띠를 띠고 유대 사람들은 걸을 때나 달릴 때 자유롭게 활동하기 위해 겉옷을 허리띠로 둘렀다. 여기서 '띠'라는 말은 '자유'를 뜻한다. 베드로는 대체로 젊었을 때 마음이 내키는 대로 모든 일을 분별없이 했다. 그러나 늙어서 어느 때가 이르면, 그는 자유로운 행동을 하지 못하고 손이 묶여 형 집행 장소로 끌려갈 것이다.

21:20 사랑하시던 제자 사도 요한을 가리킨다.

㉠ 그, '형제들'

사도행전

ACTS

저자 누가

저작 연대 A.D. 61–63년

기록 장소와 대상 가이사랴나 로마에서 기록했을 가능성이 높고, 일반적으로는 모든 그리스도인들이 그 대상이다. 그러나 특별히 데오빌로를 위하여 기록하였다.

기록 목적 예루살렘에서부터 시작되어 로마에까지 퍼져 나간 교회의 발전을 기록하기 위함이며 유대 사람들에게 기독교를 변증하기 위해서 본서를 기록했다. 또한 그리스의 신비적 다신교에 대하여 기독교를 변증하기 위한 목적도 있다.

핵심어 및 내용 사도행전의 핵심어는 '성령'과 '성장'이다. 사도행전에서 성령님에 대한 언급이 30회 이상이나 된다. 성령님은 신자들을 인도하시고 보호하시며 위로하실 뿐만 아니라, 신자들에게 확신과 힘을 주신다. 또한 사도행전은 교회의 수와 힘과 지적 능력이 어떻게 성장해 나가는지를 포괄적으로 잘 설명하고 있다.

내용 분해

1. 베드로의 사역과 교회의 탄생(1:1–12:25)
2. 바울의 사역과 교회의 확장: 안디옥에서 로마까지(13:1–28:31)

성령을 약속하심

1 "데오빌로님, 나는 첫 번째 책에서
예수께서 행하시고 가르치신 모든
일을 다루었습니다.
2 거기에 나는, 예수께서 활동을 시작
하신 때로부터 그가 택하신 사도들
에게 성령을 통하여 지시를 내리시
고 하늘로 올라가신 날까지 하신,
모든 일을 기록했습니다.
3 예수께서 고난을 받으신 뒤에, 자기가
살아 계심을 여러 가지 증거로 드러내
셨습니다. 그는 사십 일 동안 그들에
게 여러 차례 나타나시고, 하나님 나
라에 관한 일들을 말씀하셨습니다.
4 예수께서 사도들과 함께 ㉠잡수실
때에 그들에게 이렇게 분부하셨습니
다. "너희는 예루살렘을 떠나지 말
고, 내게서 들은 아버지의 약속을
기다려라.
5 요한은 물로 ㉡세례를 주었으나, 너희
는 여러 날이 되지 않아서 성령으로
㉡세례를 받을 것이다."

예수의 승천

6 ○사도들이 한 자리에 모였을 때에
예수께 여쭈었다. "주님, 주님께서 이
스라엘에게 나라를 되찾아 주실 때
가 바로 지금입니까?"
7 예수께서 그들에게 말씀하셨다. "때
나 시기는 아버지께서 아버지의 권
한으로 정하신 것이니, 너희가 알 바
가 아니다.
8 그러나 성령이 너희에게 내리시면,
너희는 능력을 받고, 예루살렘과 온
유대와 사마리아에서, 그리고 마침
내 땅 끝에까지 이르러 내 증인이 될
것이다."
9 이 말씀을 하신 다음에, 그가 그들
이 보는 앞에서 들려 올라가시니, 구
름에 싸여서 보이지 않게 되었다.
10 예수께서 떠나가실 때에, 그들이 하
늘을 쳐다보고 있는데, 갑자기 흰 옷
을 입은 두 사람이 그들 곁에 서서
11 "갈릴리 사람들아, 어찌하여 하늘을
쳐다보면서 서 있느냐? 너희를 떠나
서 하늘로 올라가신 이 예수는, 하
늘로 올라가시는 것을 너희가 본 그
대로 오실 것이다" 하고 말하였다.

유다 대신에 맛디아를 뽑다

12 ○그리고 나서 그들은 올리브 산이

㉠ 또는 '모였을' 또는 '계실' ㉡ 또는 '침례'

라고 하는 산에서 예루살렘으로 돌
아왔다. 그 산은 예루살렘에서 가까
워서, 안식일에도 걸을 수 있는 거리
에 있다.
13 그들은 성 안으로 들어와서, 자기들
이 묵고 있는 다락방으로 올라갔다.
이 사람들은 베드로와 요한과 야고
보와 안드레와 빌립과 도마와 바돌
로매와 마태와 알패오의 아들 야고
보와 열심당원 시몬과 야고보의 아
들 유다였다.
14 이들은 모두, 여자들과 예수의 어머
니 마리아와 예수의 동생들과 함께
한 마음으로 기도에 힘썼다.
15 ○그 무렵에 ㉠신도들이 모였는데, 그
수가 백이십 명쯤이었다. 베드로가
그 신도들 가운데 일어서서 말하였
다.
16 "㉠형제자매 여러분, 예수를 잡아간
사람들의 앞잡이가 된 유다에 관하
여, 성령이 다윗의 입을 빌어 미리
말씀하신 그 성경 말씀이 마땅히 이
루어져야만 하였습니다.
17 그는 우리 가운데 한 사람으로서, 이
직무의 한 몫을 맡았습니다.
18 그런데, 이 사람은 불의한 삯으로 밭
을 샀습니다. 그러나 그는 거꾸러져
서, 배가 터지고, 창자가 쏟아졌습니
다.
19 이 일은 예루살렘에 사는 모든 주민
이 다 알고 있습니다. 그래서 그들은
그 땅을 자기들의 말로 아겔다마라
고 하였는데, 그것은 '피의 땅'이라는
뜻입니다.
20 시편에 기록하기를

㉡'그의 거처가 폐허가 되게 하시
고, 그 안에서 사는 사람이 없게
하십시오'

하였고, 또 말하기를

㉢'그의 직분을 다른 사람이 차
지하게 해 주십시오'

하였습니다.
21 그러므로 주 예수께서 우리와 함께
지내시는 동안에,
22 곧 요한이 ㉣세례를 주던 때로부터
예수께서 우리를 떠나 하늘로 올라
가신 날까지 늘 우리와 함께 다니던
사람 가운데서 한 사람을 뽑아서,
우리와 더불어 부활의 증인으로 삼
아야 할 것입니다."
23 그리하여 그들은 바사바라고도 하
고 유스도라고도 하는 요셉과 맛디
아 두 사람을 앞에 세우고서,
24 기도하여 아뢰었다. "모든 사람의 마
음을 다 아시는 주님, 주님께서 이
두 사람 가운데서 누구를 뽑아서,
25 이 섬기는 일과 사도직의 직분을 맡
게 하실지를, 우리에게 보여 주십시
오. 유다는 이 직분을 버리고 제 갈
곳으로 갔습니다."

1장 요약 누가는 예수님의 지상 사역이 사도들을 통해 계승, 발전되고 있음을 밝히고자 했다. 주님의 공생애 사역과 성령 사역 간의 과도기적 상황이 본장의 배경이다. 죽음이 미리 예견되었음을 말한다(16-19절). 그리고 새로운 사도 선출의 당위성을 설명하고(20절), 사도의 자격(21-22절)에 합당한 사람 중 제비를 뽑아 맛디아를 사도로 세운다(26절).

1:8 내 증인이 될 것이다 하나님의 완전한 종이신 예수님은 하나님의 증인 된 사명을 떠맡으셨으며, 또한 그것을 제자들에게도 부여하셨다.

1:15-26 베드로는 구약을 인용하여 가룟 유다의 죽음이 미리 예견되었음을 말한다(16-19절).

1:22 사도직을 이을 사람의 자격은 예수님의 사역 초기부터 항상 함께 다니던 사람이어야 한다. 예수님이 하신 일과 삶을 목격한 사람이라야 부활하신 주님을 자신있게 증거할 수 있기 때문이다.

㉠ 그. '형제들' ㉡ 시 69:25 ㉢ 시 109:8 ㉣ 또는 '침례'

26 그리고 그들에게 제비를 뽑게 하니,
맛디아가 뽑혀서, 열한 사도와 함께
사도의 수에 들게 되었다.

성령의 강림

2

오순절이 되어서, 그들은 모두 한
곳에 모여 있었다.
2 그 때에 갑자기 하늘에서 세찬 바람
이 부는 듯한 소리가 나더니, 그들이
앉아 있는 온 집안을 가득 채웠다.
3 그리고 불길이 솟아오를 때 혓바닥
처럼 갈라지는 것 같은 혀들이 그들
에게 나타나더니, 각 사람 위에 내려
앉았다.
4 그들은 모두 성령으로 충만하게 되
어서, 성령이 시키시는 대로, 각각
㉠방언으로 말하기 시작하였다.
5 ○예루살렘에는 경건한 유대 사람이
세계 각국에서 와서 살고 있었다.
6 그런데 이런 말소리가 나니, 많은 사
람이 모여와서, 각각 자기네 지방 말
로 제자들이 말하는 것을 듣고서,
어리둥절하였다.
7 그들은 놀라, 신기하게 여기면서 말
하였다. "보시오, 말하고 있는 이 사
람들은 모두 갈릴리 사람이 아니오?
8 그런데 우리 모두가 저마다 태어난
지방의 말로 듣고 있으니, 어찌 된 일
이오?
9 우리는 바대 사람과 메대 사람과 엘
람 사람이고, 메소포타미아와 유대
와 갑바도기아와 본도와 아시아와
10 브루기아와 밤빌리아와 이집트와 구
레네 근처 리비아의 여러 지역에 사
는 사람이고, 또 나그네로 머물고 있
는 로마 사람과
11 유대 사람과 유대교에 개종한 사람
과 크레타 사람과 아라비아 사람인
데, 우리는 저들이 하나님의 큰 일들
을 ㉡방언으로 말하는 것을 듣고 있
소."
12 사람들은 모두 놀라 어쩔 줄 몰라서
"이게 도대체 어찌 된 일이오?" 하면
서 서로 말하였다.
13 그런데 더러는 조롱하면서 "그들이
새 술에 취하였다" 하고 말하는 사
람도 있었다.

베드로의 오순절 설교

14 ○베드로가 열한 사도와 함께 일어
나서, 목소리를 높여서, 그들에게 엄
숙하게 말하였다. "유대 사람들과 모
든 예루살렘 주민 여러분, 이것을 아
시기 바랍니다. 내 말에 귀를 기울이
십시오.
15 지금은 ㉢아침 아홉 시입니다. 그러
니 이 사람들은, 여러분이 생각하듯
이 술에 취한 것이 아닙니다.
16 이 일은 하나님께서 예언자 요엘을
시켜서 말씀하신 대로 된 것입니다.
17 ㉣'하나님께서 말씀하신다. 마지
막 날에 나는 내 영을 모든 사

2장 요약 오순절 성령 강림은 교회의 탄생을 알리는 징표로 하나님의 구원 역사가 성령의 역사를 통해 각 개인들에게 실질적으로 적용된 것이다. 다시 말해서 구약의 오순절이 육의 열매를 맺는 날이라면, 신약의 오순절은 성령의 열매를 맺는 날이다.

2:1-4 오순절 성령 강림 사건으로 교회가 탄생하였다. 함께 모여 성령의 세례를 받은 자들은 영적 이스라엘을 형성하는 핵심적인 인물들이었다.

2:5 경건한 유대 사람 (그) '디아스포라'는 곧 이방 지역에 흩어져서 또 그곳에서 나서 살면서도 그들의 종교와 민족성을 잃지 않고 살아가던 유대 사람들을 말한다. 이때 이들은 유월절을 지키기 위해 예루살렘에 와 있었다(참조. 출 23:15-17).

2:14-40 초대 교회의 메시지가 지니는 독특한 내

㉠ 또는 '다른 언어로' ㉡ 또는 '우리 각자의 말로' ㉢ 그, '제 삼 시' ㉣ 욜 2:28-32(칠십인역)

람에게 부어 주겠다. 너희의 아
들들과 너희의 딸들은 예언을
하고, 너희의 젊은이들은 환상
을 보고, 너희의 늙은이들은 꿈
을 꿀 것이다.
18 그 날에 나는 내 영을 내 남종들
과 내 여종들에게도 부어 주겠
으니, 그들도 예언을 할 것이다.
19 또 나는 위로 하늘에 놀라운 일
을 나타내고, 아래로 땅에 징조
를 나타낼 것이니, 곧 피와 불과
자욱한 연기이다.
20 주님의 크고 영화로운 날이 오
기 전에, 해는 변해서 어두움이
되고, 달은 변해서 피가 될 것이
다.
21 그러나 주님의 이름을 부르는
사람은 구원을 얻을 것이다.'
22 ○㉠이스라엘 동포 여러분, 이 말을
들으십시오. 여러분이 아시는 바와
같이, ㉡나사렛 예수는 하나님께서
기적과 놀라운 일과 표징으로 여러
분에게 증명해 보이신 분입니다. 하
나님께서는 그를 통하여 여러분 가
운데서 이 모든 일을 행하셨습니다.
23 이 예수께서 버림을 받으신 것은 하
나님이 정하신 계획을 따라 미리 알
고 계신 대로 된 일이지만, 여러분은
그를 무법자들의 손을 빌어서 십자
가에 못박아 죽였습니다.
24 그러나 하나님께서는 그를 죽음의
고통에서 풀어서 살리셨습니다. 그
가 죽음의 세력에 사로잡혀 있는 것
은 있을 수 없는 일이기 때문입니다.
25 다윗이 그를 가리켜 말하기를
㉢'나는 늘 내 앞에 계신 주님을
보았다. 나를 흔들리지 않게 하
시려고, 주님께서 내 오른쪽에
계시기 때문이다.
26 그러므로 내 마음은 기쁘고, 내
혀는 즐거워하였다. 내 육체도
소망 속에 살 것이다.
27 주님께서 내 영혼을 ㉣지옥에 버
리지 않으시며, 주님의 거룩한
분을 썩지 않게 하실 것이다.
28 주님께서 나에게 생명의 길을
알려 주셨으니, 주님의 앞에서
나에게 기쁨을 가득 채워 주실
것이다'
하였습니다.
29 ○㉤동포 여러분, 나는 조상 다윗에
대하여 자신 있게 말씀드릴 수 있습
니다. 그는 죽어서 묻혔고, 그 무덤
이 이 날까지 우리 가운데에 남아
있습니다.
30 그는 예언자이므로, 그의 후손 가운
데서 한 사람을 그의 왕좌에 앉히시
겠다고 하나님이 맹세하신 것을 알
고 있었습니다.
31 그래서 그는 ㉥그리스도의 부활을

용과 주제를 알 수 있다. ① 사건들에 대한 성격을 구약에 비추어서 설명한다(14–21절). ② 예수님에 관한 복음(죽으심·부활·승천) 역시 예언의 성취로서 나타난 것을 증거한다. ③ 회개하고 세례를 받으라는 권고로서, 3,10,13장에 나타난다.

2:17 마지막 날 구약에서(사 2:2;호 3:5;미 4:1) '마지막 날'은 하나님이 악을 심판하고 그의 백성들을 구속하는 시기이고, 신약에서 '마지막 날'은 예수님의 초림과 더불어 시작된 것이다. 이러한 맥락에서, 베드로도 요엘서 2:28–32의 말씀을 인용하면서 '마지막 날'이 예수님의 인격과 사역을 통해 성취되었다고 말한다. 그러나 이 '마지막 날'은 궁극적으로 예수님의 재림에 의해서 완전히 성취될 것이다(참조. 눅 21:34;롬 2:5;엡 4:30;빌 2:16).

2:33 여러분은 지금 이 일을 보기도 하고 듣기도 하고 오순절에 일어난 성령의 사건은 승천하신 예수님

㉠ 그, '이스라엘 남자들' ㉡ 그, '나사렛 사람' ㉢ 시 16:8–11(칠십인역) ㉣ 그, '하데스' ㉤ 그, '형제' ㉥ 또는 '메시아'

미리 내다보고 말하기를
'그리스도는 ㉠지옥에 버려지지
않았고, 그의 육체는 썩지 않았
다'
하였습니다.
32 이 예수를 하나님께서 살리셨습니
다. 우리는 모두 이 일의 증인입니다.
33 하나님께서는 이 예수를 높이 올리
셔서, 자기의 오른쪽에 앉히셨습니
다. 그는 아버지로부터 약속하신 성
령을 받아서 우리에게 부어 주셨습
니다. 여러분은 지금 이 일을 보기도
하고 듣기도 하고 있는 것입니다.
34 다윗은 하늘에 올라가지 못하였으
나, 그는 이렇게 말하였습니다.
35 ㉡'주님께서 내 주님께 말씀하시
기를, 내가 네 원수를 네 발 아
래에 굴복시키기까지, 너는 내
오른쪽에 앉아 있어라 하셨습니
다.'
36 그러므로 이스라엘 온 집안은 확실
히 알아두십시오. 하나님께서는 여
러분이 십자가에 못박은 이 예수를
주님과 ㉢그리스도가 되게 하셨습니
다."
37 ○사람들이 이 말을 듣고 마음이 찔
려서 "형제들이여, 우리가 어떻게 하
면 좋겠습니까?" 하고 베드로와 다
른 사도들에게 말하였다.
38 베드로가 대답하였다. "회개하십시
오. 그리고 여러분 각 사람은 예수
그리스도의 이름으로 ㉣세례를 받고,
죄 용서를 받으십시오. 그리하면 성
령을 선물로 받을 것입니다.
39 이 약속은 여러분과 여러분의 자녀
와 또 멀리 떨어져 있는 모든 사람,
곧 우리 주 하나님께서 부르시는 모
든 사람에게 주신 것입니다."
40 베드로는 이 밖에도 많은 말로 증언
하고, 비뚤어진 세대에서 구원을 받
으라고 그들에게 권하였다.
41 그의 말을 받아들인 사람들은 ㉣세
례를 받았다. 이렇게 해서, 그 날에
신도의 수가 약 삼천 명이나 늘어났
다.
42 그들은 사도들의 가르침에 몰두하
며, 서로 사귀는 일과 ㉤빵을 떼는
일과 기도에 힘썼다.

신도의 공동 생활

43 ○모든 사람에게 두려운 마음이 생
겼다. 사도들을 통하여 놀라운 일과
표징이 많이 일어났던 것이다.
44 믿는 사람은 모두 함께 지내며, 모든
것을 공동으로 소유하였다.
45 그들은 재산과 소유물을 팔아서, 모
든 사람에게 필요한 대로 나누어주
었다.
46 그리고 날마다 한 마음으로 성전에
열심히 모이고, 집집이 돌아가면서
빵을 떼며, 순전한 마음으로 기쁘게

의 약속대로 이루어진 것이다. 성령 충만을 받은 제자들은 방언을 말하며, 더욱 담대히 부활하신 예수님을 전파하게 된다. 오순절 사건은 앞으로 사도들을 통해 일어날 성령 사역의 시작에 불과하다.
2:38 회개와 세례는 기독교의 중요한 메시지로 세례자 요한과 예수님은 '회개하라'고 전파하셨고, 또한 세례를 베푸셨다. 회개는 죄에서 돌이켜 하나님께로 향하는 것이다. 이것을 외적으로 표시하는 증거가 바로 세례이다. 베드로가 전한 세례는 요한의 세례와 달리 ① 예수 그리스도의 이름으로 베풀었고 ② 성령의 세례와 결부된 세례였다.
2:42 사도들의 가르침 이것은 예수님의 가르침(마 28:20)과 그분의 죽으심·부활·승천에 관한 내용을 포함한다(23-24절;3:15;4:10;고전 15:1-4). 사도들의 가르침은 하나님의 영감을 받은 것으로 권위가 있었다(고후 13:10;살전 4:2).

㉠ 그, '하데스' ㉡ 시 110:1(칠십인역) ㉢ 또는 '메시아' ㉣ 또는 '침례' ㉤ '성만찬' 또는 '친교 식사'를 가리킴

음식을 먹고,
47 하나님을 찬양하였다. 그래서 그들
은 모든 사람에게서 호감을 샀다. 주
님께서는 구원 받는 사람을 날마다
더하여 주셨다.

베드로가 못 걷는 사람을 고치다

3 ㉠오후 세 시의 기도 시간이 되어
서, 베드로와 요한이 성전으로 올
라가는데,
2 나면서부터 못 걷는 사람을 사람들
이 떠메고 왔다. 그들은 성전으로 들
어가는 사람들에게 구걸하게 하려
고, 이 못 걷는 사람을 날마다 '아름
다운 문'이라는 성전 문 곁에 앉혀
놓았다.
3 그는, 베드로와 요한이 성전으로 들
어가려는 것을 보고, 구걸을 하였다.
4 베드로가 요한과 더불어 그를 눈여
겨 보고, 그에게 말하였다. "우리를
보시오!"
5 그 못 걷는 사람은 무엇을 얻으려니
하고, 두 사람을 빤히 쳐다보았다.
6 베드로가 말하기를 "은과 금은 내게
없으나, 내게 있는 것을 그대에게 주
니, ㉡나사렛 예수 그리스도의 이름
으로 [일어나] 걸으시오" 하고,
7 그의 오른손을 잡아 일으켰다. 그는
즉시 다리와 발목에 힘을 얻어서,
8 벌떡 일어나서 걸었다. 그는 걷기도
하고, 뛰기도 하며, 하나님을 찬양하
면서, 그들과 함께 성전으로 들어갔
다.
9 사람들은 모두 그가 걸어다니는 것
과 하나님을 찬양하는 것을 보고,
10 또 그가 아름다운 문 곁에 앉아 구
걸하던 바로 그 사람임을 알고서, 그
에게 일어난 일로 몹시 놀랐으며, 이
상하게 여겼다.

베드로가 솔로몬 행각에서 설교하다

11 ○그 사람이 베드로와 요한 곁에 머
물러 있는데, 사람들이 모두 크게
놀라서, 솔로몬 행각이라고 하는 곳
으로 달려와서, 그들에게로 모여들
었다.
12 베드로가 그 사람들을 보고, 그들에
게 말하였다. "㉢이스라엘 동포 여러
분, 어찌하여 이 일을 이상하게 여깁
니까? 또 어찌하여 여러분은, 우리
가 우리의 능력이나 경건으로 이 사
람을 걷게 하기나 한 것처럼, 우리를
바라봅니까?
13 아브라함의 하나님과 이삭의 [하나
님]과 야곱의 [하나님] 곧 우리 조상
의 하나님께서 자기의 ㉣종 예수를
영광스럽게 하셨습니다. 여러분은
일찍이 그를 넘겨주었고, 빌라도가
놓아주기로 작정하였을 때에도, 여
러분은 빌라도 앞에서 그것을 거부
하였습니다.
14 여러분은 그 거룩하고 의로우신 분

3장 요약 성령의 능력이 사도들, 특히 베드로를 통해 드러난다. 주님을 부인하고 생업으로 달아났던 그가 병자를 일으키고(1–10절), 예수님을 메시아로 증거하는 설교를 한다(11–26절). 그의 설교는 구약적 배경에서 시작하여 주님의 고난의 신비를 정확하게 설파하고, 회개를 통한 구원을 호소하는 감동적인 것이었다.

3:1–10 교회에 임한 최초의 박해를 기록하고 있는 단락(3:1–4:31)의 발단 부분이다. 교회에 박해가 가해지게 된 원인은 기적이 나타나고 부활이 전파되었기 때문이며, 또한 종교에 있어 합리주의자들이었던 사두개파 사람들의 계속적인 증오 때문이었다. 박해의 결과로 ① 베드로의 새로운 설교 ② 교회를 향한 제사장들의 새로운 위협 ③ 교회의 새로운 성령 충만을 가져오게 되었다.

㉠ 그, '제 구 시' ㉡ 그, '나사렛 사람' ㉢ 그, '이스라엘 남자들'
㉣ 또는 '아이'

을 거절하고, 살인자를 놓아달라고
청하였습니다.
15 그래서 여러분은 생명의 근원이 되
시는 주님을 죽였습니다. 그러나 하
나님께서는 그를 죽은 사람들 가운
데서 살리셨습니다. 우리는 이 일의
증인입니다.
16 그런데 바로 이 예수의 이름이, 여러
분이 지금 보고 있고 잘 알고 있는
이 사람을 낫게 하였으니, 이것은 그
의 이름을 믿는 믿음을 힘입어서 된
것입니다. 예수로 말미암은 그 믿음
이 이 사람을 여러분 앞에서 이렇게
완전히 성하게 한 것입니다.
17 그런데 ㉠동포 여러분, 여러분은 여
러분의 지도자들과 마찬가지로 무지
해서 그렇게 행동했다는 것을 나는
알고 있습니다.
18 그러나 하나님께서는, 모든 예언자의
입을 빌어서 ㉡그리스도가 고난을
받아야만 한다고 미리 선포하신 것
을, 이와 같이 이루셨습니다.
19 그러므로 여러분은 회개하고 돌아와
서, 죄 씻음을 받으십시오.
20 그러면 주님께로부터 편히 쉴 때가
올 것이며, 주님께서는 여러분을 위
해서 미리 정하신 ㉡그리스도이신 예
수를 보내실 것입니다.
21 이 예수는 영원 전부터, 하나님이 자
기의 거룩한 예언자들의 입을 빌어
서 말씀하신 대로 만물을 회복하실
때까지, 마땅히 하늘에 계실 것입니
다.
22 모세는 말하기를 ㉢'주 하나님께서
나를 세우신 것 같이, 너희를 위하
여 너희 동족 가운데서 한 예언자를
세워 주실 것이다. 그가 너희에게 하
는 말은 무엇이든지 다 들어라.
23 누구든지 그 예언자의 말을 듣지 않
는 사람은, 백성 가운데서 망하여 없
어질 것이다' 하였습니다.
24 그리고 사무엘을 비롯하여 그 뒤를
이어서 예언한 모든 예언자도, 다 이
날에 있을 일을 알려 주었습니다.
25 여러분은 예언자들의 자손이며, 하
나님께서 여러분의 조상들과 맺은
언약의 자손입니다. 하나님께서 아
브라함에게 ㉣'너의 자손으로 말미
암아 땅 위의 모든 족속이 복을 받
을 것이다' 하고 말씀하셨습니다.
26 하나님께서 여러분 한 사람 한 사람
을 악에서 돌아서게 하셔서, 여러분
에게 복을 내려 주시려고, 먼저 자기
의 종을 일으켜 세우시고, 그를 여러
분에게 보내셨습니다."

베드로와 요한이 의회 앞에 끌려오다

4 베드로와 요한이 아직도 사람들
에게 말하고 있는데, 제사장들과
성전 경비대장과 사두개파 사람들
이 몰려왔다.

3:11-26 베드로의 설교는 히브리적이다. 청중이 이스라엘 사람들이기 때문이다. 그는 하나님을 '아브라함과 이삭과 야곱의 하나님'으로 일컬었으며, 또한 선언하기를 '하나님이 거룩한 예언자들의 입을 빌어서 말씀하신 대로'라고 했다. 설교 마지막 부분에는 '하나님께서 그들의(여러분의) 조상 아브라함'과 맺은 언약에 대하여 말한다.

㉠ 그, '형제' ㉡ 또는 '메시아' ㉢ 신 18:15, 19(칠십인역) ㉣ 창 22:18; 26:4

4장 요약 복음 전파에는 핍박이 뒤따르기 마련이지만 주님은 생전에 이 사실을 여러 차례 환기시키셨고(마 24:9), 하나님의 위로와 보호 또한 약속해 주셨다. 유대교 지도자들은 사도들의 사역에 분개하여 마침내 그들을 체포하지만 베드로와 요한은 주님의 부활을 증거하고 복음 전파의 당위성을 의연히 밝힌다.

4:3 이미 저물었으므로 오후에 드리는 희생 제사

2 그들은 사도들이 백성을 가르치는
것과, 예수의 부활을 내세워서 죽은
사람들의 부활을 선전하고 있는 것
에 격분해서,
3 사도들을 붙잡았으나, 날이 이미 저
물었으므로 다음 날까지 가두어 두
었다.
4 그런데 사도들의 말을 들은 사람들
가운데서 믿는 사람이 많으니, 남자
어른의 수가 약 오천 명이나 되었다.
5 ○이튿날 유대의 지도자들과 장로들
과 율법학자들이 예루살렘에 모였
는데,
6 대제사장 안나스를 비롯해서, 가야
바와 ㉠요한과 알렉산더와 그 밖에
대제사장의 가문에 속한 사람들이
모두 참석하였다.
7 그들은 사도들을 가운데에 세워 놓
고서 물었다. "그대들은 대체 무슨
권세와 누구의 이름으로 이런 일을
하였소?"
8 그 때에 베드로가 성령이 충만하여
그들에게 말하였다. "백성의 지도자
들과 장로 여러분,
9 우리가 오늘 신문을 받는 것이, 병자
에게 행한 착한 일과 또 그가 누구
의 힘으로 낫게 되었느냐 하는 문제
때문이라면,
10 여러분 모두와 모든 이스라엘 백성
은 이것을 알아야 합니다. 이 사람
이 성한 몸으로 여러분 앞에 서게
된 것은, 여러분이 십자가에 못 박아
죽였으나 하나님이 죽은 사람들 가
운데서 살리신 ㉡나사렛 예수 그리스
도의 이름을 힘입어서 된 것입니다.
11 이 예수는

㉢'너희들 집 짓는 사람들에게
는 버림받은 돌이지만, 집 모퉁
이의 머릿돌이 되신 분'입니다.

12 ○이 예수 밖에는, 다른 아무에게도
구원은 없습니다. 사람들에게 주신
이름 가운데 우리가 의지하여 구원
을 얻어야 할 이름은, 하늘 아래에
이 이름 밖에 다른 이름이 없습니
다."
13 그들은 베드로와 요한이 본래 배운
것이 없는 보잘것없는 사람인 줄 알
았는데, 이렇게 담대하게 말하는 것
을 보고 놀랐다. 그리고 그들은 그
두 사람이 예수와 함께 다녔다는 사
실을 알았지만,
14 병 고침을 받은 사람이 그들 곁에 서
있는 것을 보고는, 아무 트집도 잡을
수 없었다.
15 그래서 그들은 그 두 사람에게 명령
하여 의회에서 나가게 한 뒤에, 서로
의논하면서 말하였다.
16 "이 사람들을 어떻게 하면 좋겠습니
까? 그들로 말미암아 기적이 일어났
다는 사실은, 예루살렘에 사는 모든

가 끝나면 대략 오후 4시쯤 되었다. 성전의 문들이 그 무렵에 닫혔다.

4:5-12 사도들은 산헤드린(공의회)에서 종교 지도자들에게 신문을 당하였다. 베드로는 그들의 교묘한 질문에 성령 충만함으로 담대히 예수 그리스도의 구주 되심을 증언하였다(8-12절).

4:11 모퉁이의 머릿돌 예수님을 메시아라고 증거하는 또 하나의 구약 말씀이다(시 118:22). 원래 버려진 돌은 주변 국가들에게 경멸을 받지만 여기서는 하나님의 선택을 받은 이스라엘 민족을 가리킨다. 그러나 이스라엘을 위한 하나님의 목적은 그리스도의 사역 안에서 이루어진다. 예수님은 이 시편의 말씀을 자신에게 적용시키셨다(마 21:42).

4:16 기적 심판을 행하시거나 또는 은혜를 베푸시는 하나님의 임재를 나타내 준다.

㉠ 다른 고대 사본들에는 '요나단' ㉡ 그, '나사렛 사람' ㉢ 시 118:22

사람이 다 알고 있고, 우리도 이것을
부인할 수 없습니다.
17 다만 이 소문이 사람들에게 더 퍼지
지 못하게, 앞으로는 이 이름으로 아
무에게도 말하지 말라고, 그들에게
엄중히 경고합시다."
18 그런 다음에, 그들은 그 두 사람을
불러서, 절대로 예수의 이름으로 말
하지도 말고 가르치지도 말라고 명
령하였다.
19 그 때에 베드로와 요한은 대답하였
다. "하나님의 말씀을 듣는 것보다,
당신들의 말을 듣는 것이, 하나님 보
시기에 옳은 일인가를 판단해 보십
시오.
20 우리는 보고 들은 것을 말하지 않을
수 없습니다."
21 백성이 모두 그 일어난 일로 하나님
께 영광을 돌리고 있으므로, 그들은
사도들을 처벌할 방도가 없어서, 다
시 위협만 하고서 놓아 보냈다.
22 이 기적으로 병이 나은 이는 마흔
살이 넘은 사람이다.

신도들이 기도를 드리다

23 ○베드로와 요한은 풀려나는 길로
동료들에게로 가서, 대제사장들과
장로들이 한 말을 낱낱이 일렀다.
24 동료들은 이 말을 듣고서, 다같이 하
나님께 부르짖어 아뢰었다. "하늘과
땅과 바다와 그 안에 있는 모든 것
을 지으신 주님,
25 주님께서는 주님의 ㉠종인 우리의 조
상 다윗의 입을 빌어서, 성령으로 이
렇게 말씀하셨습니다.

㉡'어찌하여 이방 민족이 날뛰
며, 뭇 백성이 헛된 일을 꾀하였
는가?
26 세상 임금들이 들고일어나고, 통
치자들이 함께 모여서, 주님과
㉢그의 메시아에게 대적하였다.'

27 사실, 헤롯과 본디오 빌라도가 이방
사람들과 이스라엘 백성과 한패가 되
어, 이 성에 모여서, 주님께서 기름 부
으신 거룩한 ㉠종 예수를 대적하여,
28 주님의 권능과 뜻으로 미리 정하여
두신 일들을 모두 행하였습니다.
29 주님, 이제 그들의 위협을 내려다보
시고, 주님의 종들이 참으로 담대하
게 주님의 말씀을 말할 수 있게 해주
십시오.
30 그리고 주님께서 능력의 손을 뻗치
시어 병을 낫게 해주시고, 주님의 거
룩한 종 예수의 이름으로 표징과 놀
라운 일들이 일어나게 해주십시오."
31 그들이 기도를 마치니, 그들이 모여
있는 곳이 흔들리고, 그들은 모두 성
령으로 충만해서, 하나님의 말씀을
담대히 말하게 되었다.

공동 소유 생활

32 ○많은 신도가 다 한 마음과 한 뜻

4:18–20 예수님이 잡히시던 날 밤, 사도들은 모두 달아났다. "주님과 함께 죽는 한이 있을지라도, 절대로 주님을 모른다고 하지 않겠습니다."(마 26:35)라고 말했던 베드로도 주님을 세 번이나 부인했다. 그러나 사도들은 담대히 복음을 전하는 사람들로 변했다. 이는 성령 충만의 결과이다.
4:23–31 제자들에게는 그리스도를 증거해야 할 절대적 사명이 주어졌으나, 유대의 최고 기관으로부터는 절대 금지의 명령이 내려졌다. 이러한 긴박한 상황에서 주님께서는 시편 2편을 통하여 제자들이 당하는 현재의 고난이 그리스도가 당한 고난임을 알려 주셨다. 즉 그리스도에게 가해졌던 그 적대 행위가 지금도 그의 제자들, 곧 그리스도의 몸이 된 지체들에게 계속되고 있다. 바울은 이것을 그리스도의 남은 고난이라고 말하였다(골 1:24).

㉠ 또는 '아이' ㉡ 시 2:1, 2(칠십인역) ㉢ '그의 그리스도' 즉 '그가 기름부어 주신 분'

이 되어서, 아무도 자기 소유를 자기
것이라고 하지 않고, 모든 것을 공동
으로 사용하였다.
33 사도들은 큰 능력으로 주 예수의 부
활을 증언하였고, 사람들은 모두 큰
은혜를 받았다.
34 그들 가운데는 가난한 사람이 한 사
람도 없었다. 땅이나 집을 가진 사람
들은 그것을 팔아서, 그 판 돈을 가
져다가
35 사도들의 발 앞에 놓았고, 사도들은
각 사람에게 필요에 따라 나누어주
었다.
36 키프로스 태생으로, 레위 사람이요,
사도들에게서 바나바 곧 '위로의 아
들'이라는 뜻의 별명을 받은 요셉이,
37 자기가 가지고 있는 밭을 팔아서, 그
돈을 가져다가 사도들의 발 앞에 놓
았다.

아나니아와 삽비라

5 그런데 아나니아라는 사람이 그의
아내 삽비라와 함께 소유를 팔아
서,
2 그 값의 얼마를 따로 떼어놓았는데,
그의 아내도 이것을 알고 있었다. 그
는 떼어놓고 난 나머지를 가져다가,
사도들의 발 앞에 놓았다.
3 그 때에 베드로가 이렇게 말하였다.
"아나니아는 들으시오. 어찌하여 그
대의 마음이 사탄에게 홀려서, 그대
가 성령을 속이고 땅 값의 얼마를
몰래 떼어놓았소?
4 그 땅은 팔리기 전에도 그대의 것이
아니었소? 또 팔린 뒤에도 그대 마
음대로 할 수 있었던 것이 아니었
소? 그런데 어찌하여 이런 일을 할
마음을 먹었소? 그대는 사람을 속인
것이 아니라 하나님을 속인 것이오."
5 아나니아는 이 말을 듣고, 그 자리에
서 쓰러져서 숨졌다. 이 소문을 듣
는 사람은 모두 크게 두려워하였다.
6 젊은이들이 일어나, 그 시체를 싸서
메고 나가서, 장사를 지냈다.
7 ○세 시간쯤 지나서, 아나니아의 아
내가 그 동안에 일어난 일을 알지 못
하고 들어왔다.
8 베드로가 그 여자에게 물었다. "그
대들이 판 땅값이 이것뿐이오? 어디
말해 보시오." 그 여자가 대답하였
다. "예, 그것뿐입니다."
9 베드로가 그 여자에게 말하였다.
"왜 그대들 내외는 서로 공모해서 주
님의 영을 시험하려고 하였소? 보시
오. 그대의 남편을 묻은 사람들의
발이 막 문에 다다랐으니, 그들이 또
그대를 메고 나갈 것이오."
10 그러자 그 여자는 그 자리에서 베드
로의 발 앞에 쓰러져서 숨졌다. 젊은
이들이 들어와서, 그 여자가 죽은 것
을 보고서, 메어다가 그 남편 곁에

5장 요약 인간의 가장 사악한 본성은 하나님께 속한 것을 가로채려는 것이다. 그러나 하나님은 속지 않으실 뿐더러 그분의 것을 가로채는 죄인에게 준엄한 형벌을 내리신다. 한편, 제자들은 복음 전파 사역에 흐트러짐이 없이 핍박과 투옥까지도 기쁘게 받아들임으로써 참된 제자의 길을 보여 주었다.

5:1–11 이 사건은 앞장에서 소개한 바나바의 재산 헌납(4:36–37)과 대조를 이룬다. 아나니아와 삽비라의 행위는 공동체를 돕고자 하는 순수한 동기가 아니라, 공동체 내에서 보다 좋은 평판을 얻고자 하는 유혹에 빠진 행동이었다. 이들의 죽음은 사욕에 치우쳐 신앙 공동체의 사랑과 믿음을 파괴하고 하나님의 공의를 두려워하지 않는 사람들의 최후를 엄중하게 보여 준다.

5:9 주님의 영을 시험하려고 하였소? 아나니아와 삽비라의 죄악이 묵인될 경우에는 성령님도 사람

묻었다.
11 온 교회와 이 사건을 듣는 사람들
은, 모두 크게 두려워하였다.

사도들이 기적을 일으키다

12 ○사도들의 손을 거쳐서 많은 표징
과 놀라운 일이 백성 가운데서 일어
났다. 그들은 모두 한 마음이 되어
서, 솔로몬 행각에 모이곤 하였다.
13 다른 사람들은 누구 하나, 감히 그
들의 모임에 끼여들지 못하였다. 그
러나 백성은 그들을 칭찬하였다.
14 믿는 사람들이 더욱 늘어나면서, 주
님께로 나아오니, 남녀 신도들이 큰
무리를 이루게 되었다.
15 심지어는 병든 사람들을 거리로 메
고 나가서, 침상이나 깔자리에 눕혀
놓고, 베드로가 지나갈 때에, 그 그
림자라도 그들 가운데 누구에게 덮
이기를 바랐다.
16 또 예루살렘 근방의 여러 동네에 사
는 많은 사람들이 병든 사람들과
㉠악한 귀신에게 시달리는 사람들을
데리고 모여들었는데, 그들은 모두
고침을 받았다.

사도들이 박해를 받다

17 ○대제사장과 그의 지지자들인 사두
개파 사람들이 모두 시기심이 가득
차서 들고일어나,
18 사도들을 잡아다가 옥에 가두었다.
19 그런데 밤에 주님의 천사가 감옥 문
을 열고, 그들을 데리고 나와서 말하
기를,
20 "가서, 성전에 서서, 이 생명의 말씀
을 남김없이 백성에게 전하여라!" 하
였다.
21 이 말을 듣고, 그들은 새벽에 성전에
들어가서 가르치고 있었다. ○그 때
에 대제사장이 그와 함께 하는 사람
들과 더불어 와서, 공의회와 이스라
엘의 원로회를 소집하고, 감옥으로
사람을 보내어, 사도들을 데려오게
하였다.
22 경비원들이 감옥에 가서 보니, 사도
들이 감옥에 없었다. 그리하여 그들
은 돌아와서, 이렇게 보고하였다.
23 "감옥 문은 아주 단단히 잠겨 있고,
문마다 간수가 서 있었는데, 문을 열
어 보았더니, 안에는 아무도 없었습
니다."
24 성전 경비대장과 대제사장들이 이
말을 듣고서, 대체 이 일이 앞으로
어떻게 될까 하고, 사도들의 일로 당
황하였다.
25 그 때에 어떤 사람이 와서, 그들에게
일렀다. "보십시오, 여러분이 옥에
가둔 그 사람들이 성전에 서서, 백성
들을 가르치고 있습니다."
26 그래서 경비대장이 경비대원들과 함
께 가서, 사도들을 데리고 왔다. 그
러나 그들은 백성들이 돌로 칠까봐

에게 속을 수 있다는 잘못된 신앙이 퍼졌을 것이다. 그러나 성령님께서는 인간의 거짓에 속지 않으신다(참조. 약 1:13).

5:11 교회 ⟨그⟩ '*에클레시아*'라는 말은 *여기*에서 처음 나온다. 원래 '에클레시아'는 그리스 세계에서 '시민 집회'(citizen assembly)를 뜻하는 말이었다(19:32,39,41). 그러나 흔히 '교회'로 번역되는 '에클레시아'는 '예수님을 믿는 사람들의 공동체'를 의미한다. 70인역은 구약성경의 (히) '카할'을 '에클레시아'로 번역하는데, '주님의 회중(또는 총회)'을 뜻한다.

5:17–18 대제사장 당시 로마가 인정한 공식적인 대제사장은 가야바였으나, 유대 사람들은 그의 장인 안나스를 실질적인 대제사장으로 여겼다.

5:18 옥 일반적인 감옥이 아니라 성전 내에 있는 감옥을 말한다.

5:21 공의회 공적인 일을 토의하기 위한 모임을

㉠ 그, '더러운'

두려워서 폭력은 쓰지 않았다.
27 ○그들이 사도들을 데려다가 공의회
앞에 세우니, 대제사장이 신문하였
다.
28 "우리가 그대들에게 그 이름으로 가
르치지 말라고 엄중히 명령하였소.
그런데도 그대들은 그대들의 가르침
을 온 예루살렘에 퍼뜨렸소. 그대들
은 그 사람의 피에 대한 책임을 우리
에게 씌우려 하고 있소."
29 베드로와 사도들이 대답하였다. "사
람에게 복종하는 것보다, 하나님께
복종하는 것이 마땅합니다.
30 우리 조상들의 하나님은 여러분이
나무에 달아 죽인 예수를 살리셨습
니다.
31 하나님께서는 이분을 높이시어 자기
오른쪽에 앉히시고, 영도자와 구주
로 삼으셔서, 이스라엘이 회개를 하
고 죄 사함을 받게 하셨습니다.
32 우리는 이 모든 일의 증인이며, 하나
님께서 자기에게 복종하는 사람들
에게 주신 성령도 그러하십니다."
33 ○그들은 이 말을 듣고 격분하여, 사
도들을 죽이려고 하였다.
34 그런데 율법 교사로서, 온 백성에게
서 존경을 받는 가말리엘이라는 바
리새파 사람이 의회 가운데서 일어
나서, 사도들을 잠깐 밖으로 내보내
게 한 뒤에,
35 의회원들에게 이렇게 말하였다. "㉠이
스라엘 동포 여러분, 여러분은 이 사
람들을 어떻게 다룰지 조심하십시오.
36 이전에 드다가 일어나서, 자기를 위
대한 인물이라고 선전하니, 약 사백
명이나 되는 사람들이 그를 따랐소.
그러나 그가 죽임을 당하니, 그를 따
르던 사람들은 모두 다 흩어져 없어
지고 말았소.
37 그 뒤에 인구 조사를 할 때에, 갈릴리
사람 유다가 일어나 백성들을 꾀어
서, 자기를 뒤따라 반란을 일으키게
한 일이 있소. 그도 죽으니, 그를 따
르던 사람들은 다 흩어지고 말았소.
38 그래서 지금 내가 여러분에게 말씀
드리는 바는 이것이오. 이 사람들에
게서 손을 떼고, 이들을 그대로 내버
려 두시오. 이 사람들의 이 계획이
나 활동이 사람에게서 난 것이면 망
할 것이요,
39 하나님에게서 난 것이면 여러분은
그것을 없애 버릴 수 없소. 도리어
여러분이 하나님을 대적하는 자가
될까봐 두렵소." 그들은 그의 말을
옳게 여겼다.
40 그리하여 그들은 사도들을 불러다가
때린 뒤에, 예수의 이름으로 말하지
말라고 명령하고서 놓아 주었다.
41 사도들은 예수의 이름 때문에 모욕
을 당할 수 있는 자격을 얻게 된 것

뜻한다. '소(小) 산헤드린'이라 불리며, 산헤드린의 중앙 위원회 격이었다. **이스라엘의 원로회**란 산헤드린 전체 모임을 가리키는 것으로 '대(大) 산헤드린'이라 할 수 있다. 당시 산헤드린 전체가 모이는 일은 드문 일로서, 그들이 자기들의 앞에 놓인 이 사건을 얼마나 심각하게 받아들였는가를 암시해 준다. 또한 이것은 예루살렘에서 기독교가 얼마만큼 능력 있게 활동하고 있었는지를 단적으로 보여 주고 있다.

5:32 예수님께서 "진리의 영이 오시면, 그 영이 나를 위하여 증언하실 것이다."(요 15:26)라고 말씀하신 것과 같이 사도들의 증거는 성령님의 인도하심 아래 이루어진 것이다.

5:36 **드다**에 대해 역사적으로 전해진 것은 거의 없으나, 아마도 B.C. 4년 헤롯 대왕의 죽음 후 팔레스타인 지역에서 반란을 일으킨 사람들 중에 한 명이었을 것이다.

㉠ **그**, '이스라엘 남자들'

을 기뻐하면서, 공의회에서 물러나
왔다.
42 그들은 날마다 성전에서, 그리고 이
집 저집에서 쉬지 않고 가르치고 예
수가 ㉠그리스도임을 전하였다.

일곱 일꾼을 뽑다

6 이 시기에 제자들이 점점 불어났
다. 그런데 ㉡그리스 말을 하는 유
대 사람들이 히브리 말을 하는 유대
사람들에게 불평을 터뜨렸다. 그것
은 자기네 과부들이 날마다 구호 음
식을 나누어 받는 일에 소홀히 여김
을 받기 때문이었다.
2 그래서 ㉢열두 사도가 제자들을 모
두 불러놓고 말하였다. "우리가 하나
님의 말씀을 전하는 일은 제쳐놓고
서 ㉣음식 베푸는 일에 힘쓰는 것은
좋지 못합니다.
3 그러니 ㉤형제자매 여러분, 신망이
있고 성령과 지혜가 충만한 사람 일
곱을 여러분 가운데서 뽑으십시오.
그러면 그들에게 이 일을 맡기고,
4 우리는 기도하는 일과 말씀을 섬기
는 일에 헌신하겠습니다."
5 모든 사람이 이 말을 좋게 받아들여
서, 믿음과 성령이 충만한 사람인 스
데반과 빌립과 브로고로와 니가노
르와 디몬과 바메나와 안디옥 출신
의 이방 사람으로서 유대교에 개종
한 사람인 니골라를 뽑아서,
6 사도들 앞에 세웠다. 사도들은 기도
하고, 그들에게 안수하였다.
7 ○하나님의 말씀이 계속 퍼져 나가
서 예루살렘에 있는 제자들의 수가
부쩍 늘어가고, 제사장들 가운데서
도 이 믿음에 순종하는 사람들이
많았다.

스데반이 체포되다

8 ○스데반은 은혜와 능력이 충만해
서, 백성 가운데서 놀라운 일과 큰
기적을 행하고 있었다.
9 그 때에 구레네 사람과 알렉산드리
아 사람과 길리기아와 아시아에서
온 사람으로 구성된, 이른바 ㉥리버
디노 회당에 소속된 사람들 가운데
에서 몇이 들고일어나서, 스데반과
논쟁을 벌였다.
10 그러나 스데반이 지혜와 ㉦성령으로
말하므로, 그들은 스데반을 당해 낼
수 없었다.
11 그러므로 그들은 사람들을 선동하
여 "스데반이 모세와 하나님을 모독
하는 말을 하는 것을 우리가 들었습
니다" 하고 말하게 하였다.
12 그리고 백성과 장로들과 율법학자들
을 부추기고, 스데반에게로 몰려가
그를 붙잡아서, 공의회로 끌고 왔다.
13 그리고 거짓 증인들을 세워서, 이렇
게 말하게 하였다. "이 사람은 쉴새
없이 [이] 거룩한 곳과 율법을 거슬

6장 요약 성도의 수가 증가함에 따라 성도들을 효율적으로 다스리고 복음 전파 사역을 원활히 하기 위한 기구(조직)의 필요성이 대두되었고, 그로 인해 집사 제도가 생겼다. 초대 교회는 이 제도를 통하여 복음 사역(사도)과 구제 사역(집사)을 분리하였다. 한편, 스데반의 행적(8–15절)은 다음 장으로 연결된다.

6:1–6 일곱 집사를 세우면서 초대 교회는 교회의 질서에 있어서 획기적인 전환 시기를 맞는다. 집사는 (그) '디아코노스'로서 '종', '음식을 시중드는 사람'을 의미한다.

6:7 교회가 점차 크게 성장했는데, 이것은 가장 큰 이적 가운데 하나이다. 그리스도를 박해하였던 제사장들까지도 예수님의 제자가 되었다.

㉠ 또는 '메시아' ㉡ '그리스 말을 일상어로 사용하는 유대계 그리스도인들' ㉢ 그, '열둘이' ㉣ 또는 '재정을 출납하는' ㉤ 그, '형제들' ㉥ 라틴어 이름. 종으로 있다가 자유를 얻은 유대 사람들의 집단. 그들의 회당도 같은 이름으로 불렸음 ㉦ 그, '영'

러 말을 합니다.
14 이 사람이, 나사렛 예수가 이 곳을
헐고 또 모세가 우리에게 전하여 준
규례를 뜯어 고칠 것이라고 말하는
것을, 우리가 들었습니다."
15 공의회에 앉아 있는 사람들이 모두
스데반을 주목하여 보니, 그 얼굴이
천사의 얼굴 같았다.

스데반의 설교

7 대제사장이 스데반에게 물었다.
"이것이 사실이오?"
2 스데반이 말하였다. "부형 여러분,
내 말을 들어보십시오. 우리 조상 아
브라함이 하란에 거주하기 전에, 아
직 메소포타미아에 있을 때에, 영광
의 하나님께서 그에게 나타나셔서
말씀하시기를
3 ㉠'너는 네 고향과 친척을 떠나서, 어
디든지 내가 지시하는 땅으로 가거
라' 하셨습니다.
4 그래서 그는 갈대아 사람들의 땅을
떠나 하란으로 가서, 거기서 살았습
니다. 그의 아버지가 죽은 뒤에, 하
나님께서 그를 하란에서 지금 여러
분이 사는 이 땅으로 옮기셨습니다.
5 그러나 하나님께서는 여기에서 유산
으로 물려줄 손바닥만한 땅도 그에
게 주지 않으셨습니다. 아브라함에
게 자식이 없는데도, 하나님께서는
그와 그의 후손들에게 이 땅을 소유
로 주시겠다고 약속하셨습니다.
6 그리고 하나님께서는 아브라함에게
이렇게 말씀하셨습니다. ㉡'네 후손
들은 외국 땅에서 나그네가 되어 사
백 년 동안 종살이를 하고 학대를 받
을 것이다.'
7 또 하나님께서 말씀하시기를 '그러나
그들을 종으로 부리는 그 민족을 내
가 심판하겠고, 그 뒤에 그들은 빠져
나와서, 이곳에서 나를 예배할 것이
다' 하셨습니다.
8 그리고 하나님께서는 아브라함에게
할례의 언약을 주셨습니다. 그래서
아브라함은 이삭을 낳고, 여드레째
되는 날에 그에게 할례를 행하고, 이
삭은 야곱에게 또 야곱은 열두 족장
에게 할례를 행하였습니다.
9 ○그런데 그 족장들은 요셉을 시기
하여, 이집트에다 팔아 넘겼습니다.
그러나 하나님께서 그와 함께 하셔
서,
10 모든 환난에서 그를 건져내시고, 그
에게 은총과 지혜를 주셔서, 이집트
의 바로 왕에게 총애를 받게 하셨습
니다. 바로는 그를 총리로 세워서, 이
집트와 자기 온 집을 다스리게 하였
습니다.
11 그 때에 이집트와 가나안 온 지역에
흉년이 들어서 재난이 극심하였는
데, 우리 조상들은 먹을거리를 구할

7장 요약 스데반의 죽음은 장차 제자들에게 임할 핍박의 정도를 가늠하게 한다. 한편 스데반은 순교 직전 기독교의 핵심을 설파한 설교를 했는데, 여기서 그는 유대 사람들의 우상 숭배와 형식적인 종교 생활을 강력히 비난하고, 예수님만이 참된 구세주가 되심을 밝혔다.

7:1-53 스데반은 이스라엘의 역사에 기초를 둔 설교를 통해 참다운 신앙을 저버리고 형식적인 성전 예배와 율법 준수에만 매달려 있는 유대교를 비판하였다. 또한 그는 세상을 위한 하나님의 구원은 유대 사람들이 죽인 예수님에 의해 이루어짐을 선언하면서, 하나님의 참된 영적 백성들은 예수님을 중심으로 한 참된 예배를 드려야 한다고 주장하였다. 그의 설교가 갖는 의의는 기독교가 유대교적인 영향에서 벗어나 독립적인 종교로 첫 발을 내딛는 일에 구약으로부터 그 역사적

㉠ 창 12:1 ㉡ 창 15:13, 14

수 없었습니다.
12 야곱이 이집트에 곡식이 있다는 소
문을 듣고서, 우리 조상들을 처음으
로 거기로 보냈습니다.
13 그들이 두 번째 갔을 때에, 요셉이
그의 형들에게 자기를 알리니, 이 일
로 말미암아 요셉의 가족 관계가 바
로에게 알려졌습니다.
14 요셉이 사람을 보내서, 그의 아버지
야곱과 모든 친족 일흔다섯 사람을
모셔 오게 하였습니다.
15 야곱이 이집트로 내려가서, 그도 거
기서 살다가 죽고, 우리 조상들도 살
다가 죽었습니다.
16 그리고 그들의 유해는 나중에 세겜
으로 옮겨서, 전에 아브라함이 세겜
의 하몰 자손에게서 은을 주고 산
무덤에 묻었습니다.
17 ○하나님께서 아브라함에게 약속하
신 때가 가까이 왔을 때에, 그 백성
은 이집트에서 늘어나고 불어났습니
다.
18 마침내, 요셉을 알지 못하는 다른 임
금이 이집트의 왕위에 올랐습니다.
19 이 임금이 우리 겨레에게 교활한 정
책을 써서, 우리 조상들을 학대하되,
갓난아기들을 내다 버리게 하여서,
살아남지 못하게 하였습니다.
20 바로 이 때에 모세가 태어났습니다.
그는 용모가 아주 잘 생긴 아기였습
니다. 그의 부모는 그를 석 달 동안
몰래 집에서 길렀습니다.
21 그 뒤에 어쩔 수 없어서 내다 버렸는
데, 바로의 딸이 데려다가 자기 아들
로 삼아서 길렀습니다.
22 모세는 이집트 사람의 모든 지혜를
배워서, 그 하는 말과 하는 일에 능
력이 있었습니다.
23 ○모세가 마흔 살이 되었을 때에, 그
의 마음에 ㉠자기 동족인 이스라엘
사람의 사정을 살펴 볼 생각이 났습
니다.
24 어느 날 그는 자기 동족 한 사람이
억울한 일을 당하는 것을 보고, 그
의 편을 들어, 이집트 사람을 때려
죽여서, 압박받는 사람의 원한을 풀
어 주었습니다.
25 그는 [자기] ㉡동포가 하나님이 자기
손을 빌어서 그들을 구원하여 주신
다는 것을 깨달을 것으로 생각하였
는데, 그들은 깨닫지 못하였습니다.
26 이튿날 모세는 동족들끼리 서로 싸
우는 자리에 나타나서, 그들을 화해
시키려고 하여 말하기를 '이 사람들
아, 그대들은 한 형제가 아닌가? 그
런데 어찌하여 서로 해하는가?' 하
였습니다.
27 그런데 동료에게 해를 입히던 사람
이 모세를 떠밀고서 이렇게 말하였
습니다. ㉢'누가 너를 우리의 지도자

근거를 제시한 데 있다.

7:9-16 하나님께서는 아브라함과 맺은 언약, 곧 그리스도 안에서 이루어질 언약을 이루시기 위해 *요셉과 그의 가문의 삶을 간섭하셨다.* 고난과 영광을 체험한 요셉의 생애는 마치 예수님의 생애와도 같다.

7:17-43 스데반은 모세의 이집트 탈출 이야기 속에서 예수 그리스도의 체험과 모세의 체험 사이의 유사점을 발견한다. 곧 스데반은 이스라엘의 구원자인 모세의 체험이 곧 그리스도의 체험과 일치하고 있음을 말한다. 가장 중요한 유사점은 모세와 예수님이 다 자기 백성들에게 배척을 당했지만, 하나님이 그들을 높여 각각 민족의 구원자와 세상의 구주로 삼으셨다는 사실이다. 또 모세가 이스라엘 백성과 하나님 사이에서 중보자로서 율법을 전달했던 것처럼, 예수님도 하나님과 사람 사이의 완전한 중보자로서 성령님을 통하여

㉠ 그, '그의 형제들인 이스라엘 자손' ㉡ 그, '형제들' ㉢ 출 2:14

와 재판관으로 세웠느냐?
28 어제는 이집트 사람을 죽이더니, 오
늘은 또 나를 그렇게 죽이려 하는가?'
29 이 말을 듣고서, 모세는 도망하여,
미디안 땅에서 나그네가 되었습니다.
거기서 그는 아들 둘을 낳았습니다.
30 ○사십 년이 지난 뒤에, 천사가 시내
산 광야에서 가시나무 떨기 불길 속
에서 모세에게 나타났습니다.
31 모세가 이 광경을 보고 기이하게 여
겨서, 자세히 보려고 가까이 가는데,
주님의 음성이 들렸습니다.
32 ㉠'나는 네 조상들의 하나님, 곧 아브
라함의 하나님, 이삭의 하나님, 야곱
의 하나님이다.' 모세는 두려워서 감
히 바라보지 못하였습니다.
33 그 때에 주님께서 모세에게 말씀하
셨습니다. ㉡'네 신발을 벗어라. 네가
서 있는 곳은 거룩한 땅이다.
34 나는 이집트에 있는 내 백성이 학대
받는 것을 분명히 보았고, 또 그들이
신음하는 소리를 들었다. 그러므로
나는 그들을 구원하려고 내려왔다.
이제 내가 너를 이집트로 보내니, 너
는 가거라.'
35 이 모세로 말하면, 이스라엘 백성이
'누가 너를 우리의 지도자와 재판관
으로 세웠느냐?' 하고 배척한 사람
인데, 하나님께서는 바로 이 모세를
가시나무 떨기 속에 나타난 천사의
능한 손길을 붙여 지도자와 해방자
로 세워서 그들에게로 보내셨습니다.
36 이 사람이 이집트 땅과 홍해에서 놀
라운 일과 표징을 행하여 그들을 이
끌어냈으며, 사십 년 동안 광야에서
도 그러한 일을 행하였습니다.
37 ㉢'하나님께서는 ㉣나를 세우신 것과
같이, 너희를 위하여 너희의 ㉤동족
가운데서 한 예언자를 세워 주실 것
이다' 하고 이스라엘 백성에게 말한
사람이 바로 이 모세입니다.
38 이 사람은, 이스라엘 백성이 광야에
서 회중으로 모여 있을 때에, 시내
산에서 그에게 말하는 천사와 우리
조상들 사이에 중개자가 되어서, 산
말씀을 받아서 ㉥우리에게 전해 준
사람입니다.
39 그러나 우리 조상들은 그의 말을 들
으려고 하지 않았고, 그를 제쳐놓고
서 이집트로 돌아가고 싶어하였습니
다.
40 그래서 그들은 아론에게 말하였습니
다. ㉦'우리를 인도할 신들을 우리에
게 만들어 주십시오. 이집트 땅에서
우리를 이끌어 내온 그 모세가 어떻
게 되었는지, 우리는 도무지 모르겠
습니다.'
41 그 때에 그들은 송아지를 만들어 놓
고서 그 우상에게 희생제물을 바치
고, 자기들의 손으로 만든 것을 두고

새 생명을 주신다. 모세와 율법이 목적하는 바는 곧 예수 그리스도이시다. 스데반은 이스라엘이 하나님의 종 모세와 율법을 거역하여 우상 숭배에 빠진 것과 같이 당시 유대 종교자들도 율법의 참된 의미를 저버리고 형식적인 경건에 빠져 우상 숭배를 범하고 있다고 암시한다.

7:30 천사 여기서는 하나님 자신의 나타나심을 가리킨다.

7:33 신발을 벗어라 이 세상 본래부터 어느 곳도 성스러운 곳은 없고 다만 하나님이 임재하시는 곳이 곧 성스러운 곳이라는 것을 밝혀 준다.

7:35 해방자 '대가를 지불하고 구원해내는 사람'을 의미한다. 모세가 그리스도를 예표하는 그림자였음을 보여 준다.

7:38 광야에서 회중으로 모여 이집트에서 나와 모

㉠ 출 3:6 ㉡ 출 3:5, 7, 8, 10 ㉢ 신 18:15 ㉣ '나와 같은'으로 번역해서 '한 예언자'에 연결할 수도 있음 ㉤ **그**, '형제들' ㉥ 다른 고대 사본들에는 '여러분에게' ㉦ 출 32:1

즐거워하였습니다.
42 그래서 하나님께서는 그들에게서 얼
굴을 돌리시고, 그들을 내버려 두셔
서, 하늘의 별들을 섬기게 하셨습니
다. 이것은 예언자들의 책에 기록된
바와 같습니다.
㉠'이스라엘 가문아, 너희가 사십
년 동안 광야에 있을 때에, 희생
물과 제물을 내게 바친 일이 있
었느냐?
43 너희는 몰렉 신의 장막과 레판
신의 별을 받들었다. 그것들은
너희가 경배하려고 만든 형상들
이 아니더냐? 그러므로 나는 너
희를 바빌론 저쪽으로 옮겨 버
리겠다.'
44 ○우리 조상들이 광야에 살 때에, 그
들에게 증거의 장막이 있었습니다.
그것은 모세에게 말씀하시는 분이
지시하신 대로 만든 것인데, 모세가
본 모형을 따라 만들었습니다.
45 우리 조상들은 이 장막을 물려받아
서, 하나님께서 우리 조상들 앞에서
쫓아내신 이방 민족들의 땅을 차지
할 때에, 여호수아와 함께 그것을 그
땅에 가지고 들어왔고, 다윗 시대까
지 물려주었습니다.
46 다윗은 하나님의 은총을 입은 사람
이므로, ㉡야곱의 집안을 위하여 하
나님의 거처를 마련하게 해 달라고
간구하였습니다.
47 그러나 야곱의 집안을 위하여 집을
지은 사람은 솔로몬이었습니다.
48 그런데 지극히 높으신 분께서는 사
람의 손으로 지은 건물 안에 거하지
않으십니다. 그것은 예언자가 말하기
를
49 ㉢'주님께서 말씀하신다. 하늘은
나의 보좌요, 땅은 나의 발판이
다. 너희가 나를 위해서 어떤 집
을 지어 주겠으며 내가 쉴 만한
곳이 어디냐?
50 이 모든 것이 다 내 손으로 만든
것이 아니냐?'
한 것과 같습니다.
51 ○목이 곧고 마음과 귀에 할례를 받
지 못한 사람들이여, 당신들은 언제
나 성령을 거역하고 있습니다. 당신
네 조상들이 한 그대로 당신들도 하
고 있습니다.
52 당신들의 조상들이 박해하지 않은
예언자가 한 사람이라도 있었습니
까? 그들은 의인이 올 것을 예언한
사람들을 죽였고, 이제 당신들은 그
의인을 배반하고 죽였습니다.
53 당신들은 천사들이 전하여 준 율법
을 받기만 하고, 지키지는 않았습니
다."

스데반의 순교

54 ○그들은 이 말을 듣고 격분해서, 스

세의 언약 아래 있던 이스라엘 민족을 말한다. 광야에서의 회중은 신약 교회의 예표이다.

7:42-43 스데반은 이집트 탈출 때부터 바빌론에 *포로로 잡혀갈 때까지 행해* 온 우상 숭배의 긴 역사를 아모스서 5:25-27의 말씀을 인용해서 요약한다. 이스라엘은 모세의 율법에 규정된 제사 의식은 준수해 왔지만 마음으로부터 우러나오는 순종과 섬김이 결여된 제사를 드렸다. 그들은 스데반을 성전 모독죄로 고소하고 있지만 오히려 하나님으로부터 마음이 멀리 떠난 그들이 사실상의 우상 숭배로 이미 성전을 더럽혔다.

7:51-53 설교를 마친 스데반은 듣는 이들을 향해 조상과 똑같은 죄를 범하고 있다고 지적한다.

7:59-60 스데반은 자신의 영혼을 예수님께 부탁하며 부르짖는다. 또한, 예수님처럼 자기를 죽이는 사람들을 위해 기도했다(눅 23:34,46).

㉠ 암 5:25-27(칠십인역) ㉡ 다른 고대 사본들에는 '야곱의 하나님을 위하여 그의 거처를' ㉢ 사 66:1, 2

데반에게 이를 갈았다.
55 그런데 스데반이 성령이 충만하여
하늘을 쳐다보니, 하나님의 영광이
보이고, 예수께서 하나님의 오른쪽
에 서 계신 것이 보였다.
56 그래서 그는 "보십시오, 하늘이 열려
있고, 하나님의 오른쪽에 ㉠인자가
서 계신 것이 보입니다" 하고 말하였
다.
57 사람들은 귀를 막고, 큰 소리를 지르
고서, 일제히 스데반에게 달려들어,
58 그를 성 바깥으로 끌어내서 돌로 쳤
다. 증인들은 옷을 벗어서, 사울이라
는 청년의 발 앞에 두었다.
59 사람들이 스데반을 돌로 칠 때에, 스
데반은 "주 예수님, 내 영혼을 받아
주십시오" 하고 부르짖었다.
60 그리고 무릎을 꿇고서 큰 소리로 "주
님, 이 죄를 저 사람들에게 돌리지
마십시오" 하고 외쳤다. 이 말을 하
고 스데반은 ㉡잠들었다.

8

1 사울은 스데반이 죽임 당한 것
을 마땅하게 여겼다.

교회가 박해를 받다

○그 날에 예루살렘 교회에 큰 박해
가 일어났다. 그래서 사도들 이외에
는 모두 유대 지방과 사마리아 지방
으로 흩어졌다.
2 경건한 사람들이 스데반을 장사하
고, 그를 생각하여 몹시 통곡하였다.
3 그런데 사울은 교회를 없애려고 날
뛰었다. 그는 집집마다 찾아 들어가
서, 남자나 여자나 가리지 않고 끌어
내서, 감옥에 넘겼다.

사마리아에 복음을 전하다

4 ○그런데 흩어진 사람들은 두루 돌
아다니면서 말씀을 전하였다.
5 빌립은 ㉢사마리아 성에 내려가서, 사
람들에게 ㉣그리스도를 선포하였다.
6 무리는 빌립이 행하는 표징을 듣고
보면서, 그가 하는 말에 한 마음으로
귀를 기울였다.
7 그것은, 귀신들린 많은 사람에게서
㉤악한 귀신들이 큰 소리를 지르면
서 나갔고, 많은 중풍병 환자와 지체
장애인이 고침을 받았기 때문이다.
8 그래서 그 성에는 큰 기쁨이 넘쳤다.
9 ○그 성에 시몬이라는 사람이 있었
는데, 그는 마술을 부려서 사마리아
사람들을 놀라게 하며, 스스로 큰
인물인 체하는 사람이었다.
10 그래서 낮은 사람으로부터 높은 사
람에 이르기까지 모두 "이 사람이야
말로 이른바 하나님의 위대한 능력
의 소유자이다" 하고 말하면서, 그를
따랐다.
11 사람들이 그를 따른 것은, 오랫동안
그가 마술로 그들을 놀라게 했기 때
문이다.
12 그런데 빌립이 하나님 나라와 예수

8장 요약 스데반의 순교를 시작으로 기독교는 더욱더 이방 전도의 속도를 가하게 된다(1–8절). 시몬은 돈으로 성령을 사고자 시도함으로써 영적 무지를 드러내었다. 한편, 빌립은 에티오피아 내시를 개종시킴으로 이방 전도의 한 초석을 마련하였다.

8:4 옛 이스라엘 중 일부가 이방에 흩어졌던 것처럼 하나님의 새로운 백성들도 흩어져야 했다(약 1:1;벧전 1:1). 흩어진 그리스도인들은 이방에 그리스도의 복음을 전하는 가장 아름답고 선한 일을 행하였다.

8:9–13 빌립은 시몬이라는 마술사의 영향 아래 있던 사람들까지도 개종하게 하는 복음의 열매를 맺었다. 시몬 자신도 믿고 세례를 받았지만 그가 세례를 받은 것은 빌립이 행한 하나님의 능력을

㉠ '사람의 아들' ㉡ 또는 '죽었다' ㉢ 다른 고대 사본들에는 '사마리아에 있는 어떤 한 성읍' ㉣ 또는 '메시아' ㉤ 그, '더러운'

그리스도의 이름에 관한 기쁜 소식
을 전하니, 남자나 여자나 다 그의
말을 믿고서 ㉠세례를 받았다.
13 시몬도 믿게 되었고, ㉠세례를 받은
뒤에 항상 빌립을 따라다녔는데, 그
는 빌립이 표징과 큰 기적을 잇따라
행하는 것을 보면서 놀랐다.
14 ○사마리아 사람들이 하나님의 말
씀을 받아들였다는 소식을 예루살
렘에 있는 사도들이 듣고서, 베드로
와 요한을 그들에게로 보냈다.
15 두 사람은 내려가서, 사마리아 사람
들이 성령을 받을 수 있게 하려고,
그들을 위하여 기도하였다.
16 사마리아 사람들은 주 예수의 이름
으로 ㉠세례만 받았을 뿐이요, 그들
가운데 아무에게도 아직 성령이 내
리시지 않았던 것이었다.
17 그래서 베드로와 요한이 그들에게
손을 얹으니, 그들이 성령을 받았다.
18 시몬은 사도들이 손을 얹어서 성령
을 받게 하는 것을 보고, 그들에게
돈을 내고서,
19 말하기를 "내가 손을 얹는 사람마
다, 성령을 받도록 내게도 그런 권능
을 주십시오" 하니,
20 베드로가 그에게 말하였다. "그대가
하나님의 선물을 돈으로 사려고 생
각하였으니, 그대는 그 돈과 함께 망
할 것이오.
21 그대는 하나님이 보시기에 마음이
바르지 못하니, 우리의 일에 그대가
차지할 자리도 몫도 없소.
22 그러므로 그대는 이 악한 생각을 회
개하고, 주님께 기도하시오. 그러면
행여나 그대는 그대 마음 속의 나쁜
생각을 용서받을 수 있을지도 모르
오.
23 내가 보니, 그대는 악의가 가득하며,
불의에 ㉡얽매여 있소."
24 시몬이 대답하였다. "여러분들이 말
한 것이 조금도 내게 미치지 않도록,
나를 위하여 주님께 기도해 주십시
오."
25 ○이렇게 베드로와 요한은 주님의
말씀을 증언하여 말한 뒤에, 예루살
렘으로 돌아가는 길에, 사마리아 사
람의 여러 마을에 복음을 전하였다.

빌립이 에티오피아 내시에게 복음을 전하다

26 ○그런데 주님의 천사가 빌립에게 말
하였다. "일어나서 남쪽으로 나아가
서, 예루살렘에서 가사로 내려가는
길로 가거라. 그 길은 광야 길이다."
27 빌립은 일어나서 가다가, 마침 에티
오피아 사람 하나를 만났다. 그는
에티오피아 여왕 간다게의 고관으
로, 그 여왕의 모든 재정을 관리하
는 내시였다. 그는 예배하러 예루살
렘에 왔다가,
28 돌아가는 길에 마차에 앉아서 예언

보고 일시적으로 놀랐기 때문이다(18-19절).

8:14-15 초대 교회의 선교 활동은 사도들이 중심이 되었으며, 그리스도를 믿는 사람은 유대 사람이나 사마리아 사람이나 오직 그리스도 안에서 하나의 공동체를 이루었다.

8:17 손을 얹어 기도하는 안수는 성령을 받게 하는 필수적인 절차이며 의식이라고 오인되어 왔다. 그러나 고넬료는 말씀을 듣는 도중에 안수 없이도 성령을 받았다(10:44). 안수는 일차적으로 교제와 연대감의 표시였다. 따라서 지금까지 예루살렘 사람들에 의하여 외인(外人)처럼 여겨지던 사마리아 사람들이 하나님의 새로운 공동체에 속하게 되었다는 것을 보여 주는 행위였으며, 그 표징으로 특별히 믿는 사람들에게 성령이 임하였다.

8:26-40 에티오피아 내시의 회심은 복음이 유대와 사마리아를 벗어나 이방으로 퍼져 나가는 계기가 된다.

㉠ 또는 '침례' ㉡ 다른 고대 사본들에는 '얽매는 자가 되었소'

자 이사야의 글을 읽고 있었다.
29 성령이 빌립에게 말씀하셨다. "가서,
마차에 바짝 다가서거라."
30 빌립이 달려가서, 그 사람이 예언자
이사야의 글을 읽는 것을 듣고 "지
금 읽으시는 것을 이해하십니까?"
하고 물었다.
31 그가 대답하기를 "나를 지도하여 주
는 사람이 없으니, 내가 어떻게 깨달
을 수 있겠습니까?" 하고, 올라와서
자기 곁에 앉기를 빌립에게 청하였
다.
32 그가 읽던 성경 구절은 이것이었다.
㉠"양이 도살장으로 끌려가는 것
과 같이, 새끼 양이 털 깎는 사
람 앞에서 잠잠한 것과 같이, 그
는 입을 열지 않았다.
33 그는 굴욕을 당하면서, 공평한
재판을 박탈당하였다. 그의 생
명이 땅에서 빼앗겼으니, 누가
그의 세대를 이야기하랴?"
34 ○내시가 빌립에게 말하였다. "예언
자가 여기서 말한 것은 누구를 두고
한 말입니까? 자기를 두고 한 말입
니까, 아니면 다른 사람을 두고 한
말입니까?"
35 빌립은 입을 열어서, 이 성경 말씀에
서부터 시작하여, 예수에 관한 기쁜
소식을 전하였다.
36 그들이 길을 가다가, 물이 있는 곳에
이르니, 내시가 말하였다. "보십시오.
여기에 물이 있습니다. 내가 ㉡세례를
받는 데에, 무슨 거리낌이 되는 것이
라도 있습니까?"
37 ㉢(없음)
38 빌립은 마차를 세우게 하고, 내시와
함께 물로 내려가서, 그에게 ㉡세례
를 주었다.
39 그들이 물에서 올라오니, 주님의 영
이 빌립을 데리고 갔다. 그래서 내시
는 그를 더 이상 볼 수 없었지만, 기
쁨에 차서 가던 길을 갔다.
40 그 뒤에 빌립은 아소도에 나타났다.
그는 돌아다니면서 여러 성에 복음
을 전하다가, 마침내 가이사랴에 이
르렀다.

사울의 회개 (행 22:6-16; 26:12-18)

9 사울은 여전히 주님의 제자들을
위협하면서, 살기를 띠고 있었다.
그는 대제사장에게 가서,
2 다마스쿠스에 있는 여러 회당으로
보내는 편지를 써 달라고 하였다. 그
는 그 '도'를 믿는 사람은 남자나 여
자나 가리지 않고, 닥치는 대로 묶어
서, 예루살렘으로 끌고 오려는 것이
었다.
3 사울이 길을 가다가, 다마스쿠스 가
까이에 이르렀을 때에, 갑자기 하늘
에서 환한 빛이 그를 둘러 비추었다.
4 그는 땅에 엎어졌다. 그리고 그는

8:30–39 예언자 이사야의 글 내시가 읽고 있던 성경은 이사야서 53장이었다. 초대 교회는 53장에 예언된 고난의 종을 통하여 하나님을 아는 지식이 세상에 드러나게 될 것임을 알고 있었다. 그들은 예수님이 바로 이사야서 53장에 예언된 고난의 종임을 깨달았던 것이다.

㉠ 사 53:7, 8(칠십인역) ㉡ 또는 '침례' ㉢ 어떤 사본들에는 37절의 내용이 첨가되어 있음. "37. 빌립이 말하였다. '그대가 마음을 다하여 믿으면, 세례를 받을 수 있습니다.' 그 때에 내시가 대답하였다. '나는 예수 그리스도가 하나님의 아들이심을 믿습니다.'"

9장 요약 사울은 다마스쿠스 도상에서 예수님을 만남으로 회심했다. 베드로가 유대 사람을 위한 사도였다면 사울은 이방 사람을 위한 사도(15절)였다. 하나님은 기독교에 가장 적대적이었던 그를 순식간에 회심시켜 복음 전도자로 만드셨다. 사역자는 하나님의 주권적인 선택에 의해 만들어짐을 엿볼 수 있다.

9:1–9 사울의 회심은 기독교 역사상 중요한 의미

"사울아, 사울아, 네가 왜 나를 핍박
하느냐?" 하는 음성을 들었다.
5 그래서 그가 "주님, 누구십니까?" 하
고 물으니, "나는 네가 핍박하는 예
수다.
6 일어나서, 성 안으로 들어가거라. 네
가 해야 할 일을 일러 줄 사람이 있
을 것이다" 하는 음성이 들려왔다.
7 그와 동행하는 사람들은 소리는 들
었으나, 아무도 보이지는 않으므로,
말을 못하고 멍하게 서 있었다.
8 사울은 땅에서 일어나서 눈을 떴으
나, 아무것도 볼 수가 없었다. 그래
서 사람들이 그의 손을 끌고, 다마
스쿠스로 데리고 갔다.
9 그는 사흘 동안 앞을 보지 못하는
상태에서, 먹지도 않고 마시지도 않
았다.
10 ○그런데 다마스쿠스에는 아나니아
라는 제자가 있었다. 주님께서 환상
가운데서 "아나니아야!" 하고 부르
시니, 아나니아가 "주님, 여기 있습니
다" 하고 대답하였다.
11 주님께서 아나니아에게 말씀하셨다.
"일어나서 '곧은 길'이라 부르는 거리
로 가서, 유다의 집에서 사울이라는
다소 사람을 찾아라. 그는 지금 기
도하고 있다.
12 그는 [환상 속에] 아나니아라는 사
람이 들어와서, 자기에게 손을 얹어
시력을 회복시켜 주는 것을 보았다."
13 아나니아가 대답하였다. "주님, 그가
예루살렘에서 주님의 성도들에게 얼
마나 해를 끼쳤는지를, 나는 많은 사
람에게서 들었습니다.
14 그리고 그는 주님의 이름을 부르는
사람들을 잡아 갈 권한을 대제사장
들에게서 받아 가지고, 여기에 와 있
습니다."
15 주님께서 그에게 말씀하셨다. "가거
라. 그는 내 이름을 이방 사람들과
임금들과 이스라엘 자손들 앞에 가
지고 갈, 내가 택한 내 그릇이다.
16 그가 내 이름을 위하여 얼마나 많은
고난을 받아야 할지를, 내가 그에게
보여주려고 한다."
17 그래서 아나니아가 떠나서, 그 집에
들어가, 사울에게 손을 얹고 "형제
사울이여, 그대가 오는 도중에 그대
에게 나타나신 주 예수께서 나를 보
내셨소. 그것은 그대가 시력을 회복
하고, 성령으로 충만하게 되도록 하
시려는 것이오" 하고 말하였다.
18 곧 사울의 눈에서 비늘 같은 것이 떨
어져 나가고, 그는 시력을 회복하였
다. 그리고 그는 일어나서 ㉠세례를
받고
19 음식을 먹고 힘을 얻었다.

사울이 다마스쿠스에서 전도하다

○사울은 며칠 동안 다마스쿠스에

를 갖는다. 사울은 이제 교회가 이방 사람의 세계로 뻗어 나가는 데 있어서 하나님의 그릇이 된 사람이다(15절). 그는 부활하신 주님을 만남으로 구원이 오직 하나님의 은혜와 믿음을 통하여 이루어짐을 깨닫게 되었다. 이로 인하여 교회는 유대교에서 완전히 벗어나게 되었다.

9:10–18 사울이 아나니아를 만나게 된 사건은, 육체적 시력의 회복은 물론 예수 그리스도와 복음에 대해서도 새로운 안목을 갖게 되었음을 의미한다. 이로써 그는 본격적인 이방 선교를 위한 전도자(14:1) 바울로 거듭나게 되었다.

9:20 하나님의 아들 사도행전에서 단 한 번 나오는 '하나님의 아들'은 구약에서 ① 이스라엘 민족과(출 4:22;호 11:1) ② 왕들과(삼하 7:14;시 89:26 이하) ③ 장차 오실 메시아(시 2:7)로 사용되었다. 이 칭호가 예수님께 쓰일 때, 그가 이스라엘 민족을 대표하는 하나님의 기름부음을 받은 왕, 곧

㉠ 또는 '침례'

있는 제자들과 함께 지냈다.
20 그런 다음에 그는 곧 여러 회당에서
예수가 하나님의 아들이심을 선포하
였다.
21 그 말을 듣는 사람들은 다 놀라서
말하였다. "이 사람은, 예루살렘에
서 예수의 이름을 부르는 이들을 마
구 죽이던, 바로 그 사람이 아닌가?
그가 여기 온 것도, 그들을 잡아서
대제사장들에게로 끌고 가려는 것
이 아닌가?"
22 그러나 사울은 더욱 더 능력을 얻어
서, 예수가 ㉠그리스도이심을 증명하
면서, 다마스쿠스에 사는 유대 사람
들을 당황하게 하였다.

사울이 피신하다

23 ○여러 날이 지나서, 유대 사람들이
사울을 죽이기로 모의하였는데,
24 그들의 음모가 사울에게 알려졌다.
그들은 사울을 죽이려고, 밤낮으로
모든 성문을 지키고 있었다.
25 그러나 그의 제자들이 밤에 사울을
광주리에 담아서, 성 바깥으로 달아
내렸다.

사울이 예루살렘에 올라가다

26 ○사울이 예루살렘에 이르러서, 거
기에 있는 제자들과 어울리려고 하
였으나, 그들은 사울이 제자라는 사
실을 믿을 수가 없어서, 모두들 그를
두려워하였다.
27 그러나 바나바는 사울을 맞아들여,
사도들에게로 데려가서, 사울이 길
에서 주님을 본 일과, 주님께서 그에
게 말씀하신 일과, 사울이 다마스쿠
스에서 예수의 이름으로 담대히 말
한 일을, 그들에게 이야기해 주었다.
28 그래서 사울은 제자들과 함께 지내
면서, 예루살렘을 자유로 드나들며
주님의 이름으로 담대하게 말하였고,
29 그리스 말을 하는 유대 사람들과 말
을 하고, 토론을 하기도 하였다. 그
러나 유대 사람들은 사울을 죽이려
고 꾀하였다.
30 ㉡신도들이 이 일을 알고, 사울을 가
이사랴로 데리고 내려가서, 다소로
보냈다.
31 ○그러는 동안에 교회는 유대와 갈
릴리와 사마리아 온 지역에 걸쳐서
평화를 누리면서 튼튼히 서 갔고, 주
님을 두려워하는 마음과 성령의 위
로로 정진해서, 그 수가 점점 늘어갔
다.

베드로가 중풍병 환자를 고치다

32 ○베드로는 사방을 두루 다니다가,
룻다에 내려가서, 거기에 사는 성도
들도 방문하였다.
33 거기서 그는 팔 년 동안이나 중풍병
으로 자리에 누워 있는 애니아라는
사람을 만났다.
34 베드로가 그에게 "애니아여, 예수 그

약속된 메시아임을 뜻하게 된다(22절).

9:24 사울이 다마스쿠스로 돌아오자, 유대 사람들은 그를 죽이려 하였다. 그를 잡기 위해 아레다 왕의 신하들이 성문을 밤낮으로 지켰다(고후 11:32).

9:26-30 사울은 예루살렘에 올라가서 베드로와 함께 15일을 머물면서 바나바를 알게 된다. 그는 이때 예수님의 가르치심과 행하심에 대하여 목격자들로부터 자세한 내용을 듣게 되었고 스데반처럼 그리스 말을 하는 유대 사람들과 더불어 예수님에 대해 토론도 하였다. 그러다가 다시 살해당할 위험에 처하여 가이사랴를 거쳐 다소로 갔던 것이다.

9:31 교회 유대와 갈릴리와 사마리아 지방의 그리스도인들을 포함한 모든 그리스도인들의 공동체로서, 단수로 나타난다. 이는 곧 지역의 울타리나 편견, 종족적 우월감 등을 없애 버리는 '보편적인

㉠ 또는 '메시아' ㉡ 그, '형제들'

리스도께서 그대를 고쳐 주십니다.
일어나서, 자리를 정돈하시오" 하고
말하니, 그는 곧 일어났다.
35 룻다와 샤론에 사는 모든 사람이 그
를 보고 주님께로 돌아왔다.

베드로가 도르가를 살리다

36 ○그런데 욥바에 ㉠다비다라는 여제
자가 있었다. 그 이름은 그리스 말로
번역하면 도르가인데, 이 여자는 착
한 일과 구제사업을 많이 하는 사람
이었다.
37 그 무렵에 이 여자가 병이 들어서 죽
었다. 그래서 사람들이 그의 [시신
을] 씻겨서 다락방에 두었다.
38 룻다는 욥바에서 가까운 곳이다. 제
자들이 베드로가 룻다에 있다는 말
을 듣고, 두 사람을 그에게로 보내
서, 지체하지 말고 와 달라고 간청하
였다.
39 그래서 베드로는 일어나서, 심부름
꾼과 함께 갔다. 베드로가 그 곳에
이르니, 사람들이 그를 다락방으로
데리고 올라갔다. 과부들이 모두 베
드로 곁에 서서 울며, 도르가가 그들
과 함께 지낼 때에 만들어 둔 속옷
과 겉옷을 다 내보여 주었다.
40 베드로는 모든 사람을 바깥으로 내
보내고 나서, 무릎을 꿇고 기도를 하
였다. 그리고 시신 쪽으로 몸을 돌려
서, "다비다여, 일어나시오!" 하고 말
하였다. 그 여자는 눈을 떠서, 베드
로를 보고, 일어나서 앉았다.
41 베드로가 손을 내밀어서, 그 여자를
일으켜 세웠다. 그리고 성도들과 과
부들을 불러서, 그 여자가 살아 있
음을 보여 주었다.
42 그 일이 온 욥바에 알려지니, 많은
사람이 주님을 믿게 되었다.
43 그리고 베드로는 여러 날 동안 욥바
에서 시몬이라는 무두장이의 집에
서 묵었다.

베드로가 고넬료를 만나다

10 가이사랴에 고넬료라는 사람
이 있었는데, 그는 이탈리아 부
대라는 로마 군대의 백부장이었다.
2 그는 경건한 사람으로 온 가족과 더
불어 하나님을 두려워하며, 유대 백
성에게 자선을 많이 베풀며, 늘 하나
님께 기도하는 사람이었다.
3 어느 날 오후 세 시쯤에, 그는 환상
가운데에서 하나님의 천사를 똑똑
히 보았다. 그가 보니, 천사가 자기에
게로 들어와서, "고넬료야!" 하고 말
을 하는 것이었다.
4 고넬료가 천사를 주시하여 보고, 두
려워서 물었다. "㉡천사님, 무슨 일입
니까?" 천사가 대답하였다. "네 기도
와 자선 행위가 하나님 앞에 상달되
어서, 하나님께서 기억하고 계신다.
5 이제, 욥바로 사람을 보내어, 베드로

교회'를 가리키는 말씀이다.

9:39 도르가가 과부들을 돌보아 주었다는 사실은, 그녀가 하나님의 자비로우신 뜻에 따라 행했다는 *것을 보여 준다.*

9:40 베드로는 예수님이 죽은 사람을 살리셨을 때마다 예수님과 함께 있었다(마 9:25;눅 7:11–17;요 11:1–44).

㉠ 아람어 이름. 그리스어로는 도르가. 둘 다 '사슴'이라는 뜻 ㉡ 그, '주님'

10장 요약 고넬료의 세례는 기독교가 더 이상 유대교의 율법주의와 외형적 표징(할례)에 머무르지 않고, 각 개인의 영적 상태를 전제로 한 구원의 종교로 발전함을 뜻한다. 나아가 인종과 국경을 넘어 '하나님을 두려워하며, 의를 행하는 사람'(35절)에게 새 이스라엘로서의 축복이 임함을 의미한다.

10:1–48 이 사건은 다음과 같은 이유에서 중요하

라고도 하는 시몬이라는 사람을 데
려오너라.
6 그는 무두장이인 시몬의 집에 묵고
있는데, 그 집은 바닷가에 있다."
7 그에게 말하던 천사가 떠났을 때에,
고넬료는 하인 두 사람과 자기 부하
가운데서 경건한 병사 하나를 불러
서,
8 모든 일을 이야기해 주고, 그들을 욥
바로 보냈다.
9 ○이튿날 저들이 길을 가다가, 욥바
에 가까이 이르렀을 때에, 베드로는
기도하려고 지붕으로 올라갔다. 때
는 오정쯤이었다.
10 그는 배가 고파서, 무엇을 좀 먹었으
면 하는 생각이 들었다. 사람들이
음식을 장만하는 동안에, 베드로는
황홀경에 빠져 들어갔다.
11 그는, 하늘이 열리고, 큰 보자기 같
은 그릇이 네 귀퉁이가 끈에 매달려
서 땅으로 드리워져 내려오는 것을
보았다.
12 그 안에는 온갖 네 발 짐승들과 땅
에 기어다니는 것들과 공중의 새들
이 골고루 들어 있었다.
13 그 때에 "베드로야, 일어나서 잡아먹
어라" 하는 음성이 들려왔다.
14 베드로가 대답하였다. "주님, 절대로
그럴 수 없습니다. 나는 속되고 부정
한 것은 한 번도 먹은 일이 없습니다."
15 그랬더니 두 번째로 음성이 다시 들
려왔다. "하나님께서 깨끗하게 하신
것을 속되다고 하지 말아라."
16 이런 일이 세 번 있은 뒤에, 그 그릇
은 갑자기 하늘로 들려서 올라갔다.
17 ○베드로가, 자기가 본 환상이 대체
무슨 뜻일까 하면서, 속으로 어리둥
절하고 있는데, 마침 고넬료가 보낸
사람들이 시몬의 집을 찾아서, 문
앞에 다가섰다.
18 그들은 큰 소리로 베드로라는 시몬
이 여기에 묵고 있는지를 묻고 있었
다.
19 베드로가 그 환상을 곰곰이 생각하
고 있는데 성령께서 말씀하셨다. "보
아라, ㉠세 사람이 너를 찾고 있다.
20 일어나서 내려가거라. 그들은 내가
보낸 사람들이니, 의심하지 말고 함
께 가거라."
21 그래서 베드로는 그들에게 내려가서
물었다. "보시오, 내가 당신들이 찾고
있는 사람이오. 무슨 일로 오셨소?"
22 그들은 베드로에게 대답하였다. "고
넬료라는 백부장이 보내서 왔습니
다. 그는 의로운 사람이요, 하나님을
두려워하는 사람입니다. 그는 온 유
대 백성에게 존경을 받고 있습니다.
그는, 사람을 보내어 당신을 집으로
모셔다가 말씀을 들으라는 지시를,
거룩한 천사에게서 받았습니다."

다. ① 이방 세계에 '믿음의 문'이 열렸고 ② '할례 없이' 이방 사람들이 교회에 참여하게 되었으며 ③ 교회가 유대교적인 관습을 버리고, 세계적인 교회로 발전하는 관문이 되었기 때문이다.

10:12 여기에 언급되어 있는 짐승들은 율법에 의해 부정하다고 규정된 것들이다. 유대 사람들은 이러한 짐승들을 먹어서는 안 되었다(참조. 레 11:1–47;신 14:3–20).

10:15 예수님은 이미 음식에 관한 율법을 폐지할 수 있는 근거를 제공하셨다(참조. 막 7:15–16;히 7:12;9:10). 그리스도께서 율법을 성취하셨으므로 이제는 율법이 아니라 복음으로 인하여 하나님의 의(義)가 나타난다(롬 3:21).

10:22 하나님을 두려워하는 사람 할례를 받지 않은 이방 사람이 하나님께 예배를 드리는 것과 율법의 대부분을 준수함을 말한다.

10:28 불법 유대 사람의 전통적인 관습에 어긋나

㉠ 한 고대 사본에는 '둘'. 어떤 사본에는 수가 밝혀져 있지 않음

23 베드로는 그들을 불러들여서 묵게
하였다. ○이튿날 베드로는 일어나
서 그들과 함께 떠났는데, 욥바에 있
는 ㉠신도 몇 사람도 그와 함께 갔다.
24 그 다음 날 베드로는 가이사랴에 들
어갔다. 고넬료는 자기 친척들과 가
까운 친구들을 불러놓고, 그들을 기
다리고 있다가,
25 베드로가 들어오니, 마중 나와서, 그
의 발 앞에 엎드려서 절을 하였다.
26 그러자 베드로는 "일어나십시오, 나
도 역시 사람입니다" 하고 말하면서,
그를 일으켜 세웠다.
27 그리고 베드로는 고넬료와 말하면
서 집 안으로 들어가서, 많은 사람이
모여 있는 것을 보고,
28 그들에게 말하였다. "유대 사람으로
서 이방 사람과 사귀거나 가까이하
는 일이 불법이라는 것은 여러분도
아십니다. 그런데 하나님께서는 나
에게, 사람을 속되다거나 부정하다
거나 하지 말라고 지시하셨습니다.
29 그래서 여러분이 나를 부르러 사람
들을 보냈을 때에 반대하지 않고 왔
습니다. 그런데 묻고 싶은 것이 있습
니다. 무슨 일로 나를 오라고 하셨습
니까?"
30 고넬료가 대답하였다. "나흘 전 이
맘때쯤에, 내가 집에서 ㉡오후 세 시
에 드리는 기도를 하고 있었습니다.
그런데 갑자기 어떤 사람이 눈부신
옷을 입고, 내 앞에 서서
31 말하기를 '고넬료야, 하나님께서 네
기도를 들으시고, 네 자선 행위를 기
억하고 계신다.
32 욥바로 사람을 보내어, 베드로라고
도 하는 시몬을 불러오너라. 그는 바
닷가에 있는 무두장이 시몬의 집에
묵고 있다' 하였습니다.
33 그래서 나는 곧 당신에게 사람을 보
냈던 것입니다. 그런데 이렇게 와 주
시니, 고맙습니다. 지금 우리는 주님
께서 당신에게 지시하신 모든 말씀
을 들으려고, 다같이 하나님 앞에 모
여 있습니다."

베드로가 고넬료의 집에서 설교하다

34 ○베드로가 입을 열어 말하였다. "나
는 참으로, 하나님께서는 사람을 외
모로 가리지 아니하시는 분이시고,
35 하나님을 두려워하며, 의를 행하는
사람은 그가 어느 민족에 속하여 있
든지, 다 받아 주신다는 것을 깨달았
습니다.
36 하나님께서는 이스라엘 자손에게 말
씀을 보내셨는데, 곧 예수 그리스도
를 통하여 평화를 전하셨습니다. 예
수 그리스도는 만민의 주님이십니다.
37 여러분이 아시는 대로, 이 일은 요한
의 ㉢세례 사역이 끝난 뒤에, 갈릴리
에서 시작하여서, 온 유대 지방에서

는 행위를 말한다. 하나님은 이스라엘이 우상 숭배와 더러운 관습에 빠질까 하여, 이방 사람과의 혼인을 금지하셨다(레 18:24–30;신 7:3–11).

10:34–35 하나님은 사람의 외모·민족성·소유 등을 보고 그 사람을 편애하여 구원을 주시지 않는다. 여기 베드로의 고백은 이스라엘 민족에 국한되지 않는 보편주의적 신관에 대한 또 하나의 확신이었다. 이러한 사상에 의하여 초대 교회는 점차 유대교의 편견과 율법주의에서 벗어나기 시작하였다.

10:36–43 베드로의 다섯 번째 설교이다. 특히 이 설교 내용은 마가복음서의 내용과 정확히 일치하고 있는데, 곧 세례자 요한의 활동, 갈릴리·유대·예루살렘에서 예수님의 활동, 예수님의 수난·부활·심판과 믿음을 통한 죄의 용서 등이다. 이러한 사실은 마가가 베드로의 통역자로 활동하면서 베드로의 말을 듣고 마가복음서를 기록했

㉠ 그, '형제들' ㉡ 그, '제 구 시' ㉢ 또는 '침례'

이루어졌습니다.
38 하나님께서 나사렛 예수에게 성령과
능력을 부어 주셨습니다. 이 예수는
두루 다니시면서 선한 일을 행하시
고, 마귀에게 억눌린 사람들을 모두
고쳐 주셨습니다. 그것은 하나님께
서 그와 함께 하셨기 때문입니다.
39 우리는 예수께서 유대 지방과 예루
살렘에서 행하신 모든 일의 증인입
니다. 사람들이 그를 나무에 달아 죽
였지만,
40 하나님께서 그를 사흗날에 살리시
고, 나타나 보이게 해주셨습니다.
41 그를 모든 사람에게 나타나게 하신
것이 아니라, 하나님께서 미리 택하
여 주신 증인인 우리에게 나타나게
하셨습니다. 그가 죽은 사람들 가운
데서 살아나신 뒤에, 우리는 그와 함
께 먹기도 하고 마시기도 하였습니다.
42 이 예수께서 우리에게 명하시기를,
하나님께서 자기를 살아 있는 사람
들과 죽은 사람들의 심판자로 정하
신 것을 사람들에게 선포하고 증언
하라고 하셨습니다.
43 이 예수를 두고 모든 예언자가 증언
하기를, 그를 믿는 사람은 누구든지
그의 이름으로 죄 사함을 받는다고
하였습니다."

이방 사람들에게도 성령이 내리다

44 ○베드로가 이런 말을 하고 있을 때
에, 그 말을 듣는 모든 사람에게 성
령이 내리셨다.
45 할례를 받은 사람들 가운데서 믿게
된 사람으로서 베드로와 함께 온 사
람들은, 이방 사람들에게도 성령을
선물로 부어 주신 사실에 놀랐다.
46 그들은, 이방 사람들이 ㉠방언으로
말하는 것과 하나님을 높이 찬양하
는 것을 들었기 때문이다. 그 때에
베드로가 말하였다.
47 "이 사람들도 우리와 마찬가지로 성
령을 받았으니, 이들에게 물로 ㉡세
례를 주는 일을 누가 막을 수 있겠
습니까?"
48 그런 다음에, 그는 그들에게 명해서,
예수 그리스도의 이름으로 ㉡세례를
받게 하였다. 그들은 베드로에게 며
칠 더 머물기를 청하였다.

베드로가 예루살렘 교회에 보고하다

11 사도들과 유대에 있는 ㉢신도들
이, 이방 사람들도 하나님의 말
씀을 받아들였다는 소식을 들었다.
2 그래서 베드로가 예루살렘에 올라
왔을 때에, 할례를 받은 사람들이
3 "당신은 할례를 받지 않은 사람들의
집에 들어가서, 그들과 함께 음식을
먹은 사람이오" 하고 그를 나무랐다.
4 이에 베드로가 그 사이에 일어난 일
을 차례대로 그들에게 설명하였다.
5 "내가 욥바 성에서 기도를 하고 있었

다는 견해를 뒷받침해 준다.

10:44-48 이방 사람들에게 성령의 세례가 주어졌다. 이것은 2:38-39의 약속이 실현된 것을 뜻한다. 이제 이방 사람도 성령을 받은 하나님의 백성에 속하게 되었다(47절). 또한 세례를 받기 전에 성령님이 내려오셨다는 것은 세례가 성령을 받는 데 있어서 전제 조건이 될 수 없음을 의미한다. 성령의 임재는 하나님의 말씀을 받고 믿을 때(8:12;11:16-17;19:4) 일어난다.

11장 요약 초대 교회의 문제 중 하나는 선민의식을 가진 유대 사람과 이방 사람 간의 교제였다. 베드로는 고넬료의 사건을 들어 하나님께서 이방 사람에게도 회개의 영과 구원의 선물(17절)을 주셨다고 설명했다. 한편 안디옥 교회는 최초의 이방 교회로서 복음의 세계화에 전초기지 역할을 맡게 된다.

㉠ 입신 상태에서 하는 알 수 없는 말 ㉡ 또는 '침례' ㉢ 그, '형제들'

습니다. 그 때에 나는 황홀경 가운
데서 환상을 보았는데, 큰 보자기와
같은 그릇이, 네 귀퉁이가 끈에 매달
려서 하늘에서 드리워져 내려서 내
앞에까지 왔습니다.
6 그 안을 자세히 들여다보니, 땅 위의
네 발 짐승들과 들짐승들과 기어다
니는 것들과 공중의 새들이 있었습
니다.
7 그리고 '베드로야, 일어나서 잡아먹
어라' 하는 음성이 내게 들려왔습니
다.
8 그래서 나는 '주님, 절대로 그럴 수
없습니다. 나는 속된 것이나, 정결하
지 않은 것을 먹은 일이 없습니다' 하
고 말하였습니다.
9 그랬더니 '하나님께서 깨끗하게 하
신 것을 속되다고 하지 말아라' 하는
음성이 두 번째로 하늘에서 들려왔
습니다.
10 이런 일이 세 번 일어났습니다. 그리
고서 모든 것은 다시 하늘로 들려
올라갔습니다.
11 바로 그 때에 사람들 셋이 우리가 묵
고 있는 집에 도착하였는데, 그들은
가이사랴에서 내게 보낸 사람들이
었습니다.
12 성령이 내게, ㉠의심하지 말고 그들과
함께 가라고 하셨습니다. 그래서 이
여섯 형제도 나와 함께 가서, 우리는
그 사람의 집으로 들어갔습니다.
13 그 사람은, 자기가 천사를 본 이야기
를 우리에게 해주었습니다. 곧 천사
가 그의 집에 와서 서더니, 그에게 말
하기를 '욥바로 사람을 보내어, 베드
로라고도 하는 시몬을 불러오너라.
14 그가 네게 너와 네 온 집안이 구원
을 받을 말씀을 일러줄 것이다' 하더
라는 것입니다.
15 내가 말을 하기 시작하니, 성령이 처
음에 우리에게 내리시던 것과 같이,
그들에게도 내리셨습니다.
16 그 때에 나는 '요한은 물로 ㉡세례를
주었지만, 너희는 성령으로 ㉡세례를
받을 것이다' 하신 주님의 말씀이 생
각났습니다.
17 그러므로 하나님께서는, 우리가 주
예수 그리스도를 믿을 때에 우리에
게 주신 것과 같은 선물을 그들에게
주셨는데, 내가 누구이기에 감히 하
나님을 거역할 수 있겠습니까?"
18 이 말을 듣고 그들은 잠잠하였다. 그
들은 하나님께 영광을 돌리고 "이제
하나님께서는, 이방 사람들에게도
회개하여 생명에 이르는 길을 열어
주셨다" 하고 말하였다.

안디옥에서 신도들이 '그리스도인'이라고 불리다

19 ○스데반에게 가해진 박해 때문에
흩어진 사람들이 페니키아와 키프
로스와 안디옥까지 가서, 유대 사람

11:1–18 그리스도인이 된 유대 사람들(할례주의자들)은 베드로가 이방 사람과 교제하며 식사하였다고 비난하였다. 이에 관해 베드로는 그간의 *경위를 논리적으로 설명하였다.* 그리하여 예루살렘 교회는 새로운 것을 깨닫고 하나님을 찬양하였다. 이 부분은 바로 뒷부분부터 시작되는 안디옥을 중심으로 하는 더욱 폭넓고 두드러진 기독교 선교 운동의 서론적인 언급으로서 의미를 갖는다.

11:19–30 최초의 이방 교회인 안디옥 교회가 세워진다. 안디옥 교회는 사울의 활동 없이 또 베드로나 다른 사도들의 활약 없이, 예루살렘 박해(8:1)를 피하여 흩어진 무명의 그리스도인들에 의하여 세워졌다. 초기에는 유대 사람들에게만 복음을 전하다가 점차 그리스 사람들에게도 복음을 전하여 큰 결실을 얻게 되었다. 그 결과 안디옥 교

㉠ 또는 '주저하지 말고' 또는 '그들과 우리 사이에 구별을 하지 말고' ㉡ 또는 '침례'

들에게만 말씀을 전하였다.
20 그런데 그들 가운데는 키프로스 사
람과 구레네 사람 몇이 있었는데, 그
들은 안디옥에 이르러서, ㉠그리스
사람들에게도 말을 하여 주 예수를
전하였다.
21 주님의 손이 그들과 함께 하시니, 수
많은 사람이 믿고 주님께로 돌아왔
다.
22 예루살렘 교회가 이 소식을 듣고서,
바나바를 안디옥으로 보냈다.
23 바나바가 가서, 하나님의 은혜가 내
린 것을 보고 기뻐하였고, 모든 사람
에게 굳센 마음으로 주님을 의지하
라고 권하였다.
24 바나바는 착한 사람이요, 성령과 믿
음이 충만한 사람이었다. 그래서 많
은 사람이 주님께로 나아왔다.
25 바나바는 사울을 찾으려고 다소로
가서,
26 그를 만나 안디옥으로 데려왔다. 두
사람은 일 년 동안 줄곧 거기에 머
물면서, 교회에서 모임을 가지고, 많
은 사람을 가르쳤다. 제자들은 안디
옥에서 처음으로 '그리스도인'이라고
불리었다.
27 ○그 무렵에 예언자 몇이 예루살렘
에서 안디옥에 내려왔다.
28 그 가운데 아가보라는 사람이 성령
의 감동을 받아서, 일어나, 온 세계
에 큰 기근이 들 것이라고 예언하였
다. 바로 그 기근이 글라우디오 황제
때에 들었다.
29 그래서 제자들은 각각 자기 형편에
따라 몫을 정하여, 유대에 사는 신
도들에게 구제금을 보내기로 결정하
였다.
30 그들은 그대로 실행해서, 바나바와
사울 편에 그것을 장로들에게 보냈
다.

야고보의 순교와 베드로의 투옥

12 이 무렵에 헤롯 왕이 손을 뻗쳐
서, 교회에 속한 몇몇 사람을 해
하였다.
2 그는 먼저 요한과 형제간인 야고보
를 칼로 죽였다.
3 헤롯은 유대 사람들이 이 일을 기뻐
하는 것을 보고, 이제는 베드로까지
잡으려고 하였다. 때는 ㉡무교절 기
간이었다.
4 그는 베드로도 잡아서 감옥에 가두
고, 네 명으로 짠 경비병 네 패에게
맡겨서 지키게 하였다. ㉢유월절이 지
나면, 백성들 앞에 그를 끌어낼 속셈
이었다.
5 이렇게 되어서, 베드로가 감옥에 갇
히고, 교회는 그를 위하여 하나님께
간절히 기도하였다.

베드로가 감옥에서 풀려나다

6 ○헤롯이 베드로를 백성들 앞에 끌

회가 이방 선교의 중심지로 세워지게 된 것이다.
11:21 주님의 손 하나님의 능력과 복(福) 주심을 표현하는 성경적 표현법이다(4:30;출 18:10;눅 1:66;참조. 행 13:11).
11:27 예언자 성령의 감동으로 예언의 은사를 받은 사람이다. 초대 교회에서 예언자는 사도 다음에 오는 중요한 직책이었다(고전 12:28;엡 2:20).

㉠ 다른 고대 사본들에는 '그리스 말을 하는 유대인들에게도' ㉡ 출 12:15-20을 볼 것 ㉢ 출 12:13, 21-28을 볼 것

12장 요약 베드로는 감옥에 갇혔지만 천사의 도움으로 기적적으로 풀려났다. 사망의 음침한 골짜기 가운데서도 사명자를 보호하시는 하나님의 손길이 확인된 것이다. 그러나 야고보를 죽이고 베드로까지 옥에 가둔 헤롯은 급사를 면치 못했다. 헤롯의 죽음으로 하나님의 선교 사역은 그 속도를 더해 갔다(24절).

12:1-19 이제까지 있었던 예루살렘 교회에 대한

어내기로 한 그 전날 밤이었다. 베드
로는 두 쇠사슬에 묶여, 군인 두 사
람 틈에서 잠들어 있었고, 문 앞에는
파수꾼들이 감옥을 지키고 있었다.
7 그런데 갑자기 주님의 천사가 나타나
고, 감방에 빛이 환히 비치었다. 천
사가 베드로의 옆구리를 쳐서 깨우
고 말하기를 "빨리 일어서라" 하였
다. 그러자 쇠사슬이 그의 두 손목
에서 풀렸다.
8 천사가 베드로에게 "띠를 띠고, 신을
신어라" 하고 말하니, 베드로가 그대
로 하였다. 또 천사가 그에게 "겉옷
을 두르고, 나를 따라오너라" 하니,
9 베드로가 감방에서 나와서, 천사를
따라갔다. 베드로는 천사가 하는 일
이 참인 줄 모르고, 자기가 환상을
보고 있는 것이라고 생각하였다.
10 그들이 첫째 초소와 둘째 초소를 지
나서, 시내로 통하는 철문에 이르니,
문이 저절로 열렸다. 그래서 그들은
바깥으로 나와서, 거리를 하나 지났
다. 그 때에 갑자기 천사가 떠나갔다.
11 그 때에야 베드로가 정신이 나서 말
하였다. "이제야 참으로 알겠다. 주님
께서 주님의 천사를 보내셔서, 헤롯
의 손에서, 그리고 유대 백성이 꾸민
모든 음모에서, 나를 건져 주셨다."
12 이런 사실을 깨닫고서, 베드로는, 마
가라고도 하는 요한의 어머니 마리
아의 집으로 갔다. 거기에는 많은 사
람이 모여서 기도하고 있었다.
13 베드로가 대문을 두드리니, 로데라
는 어린 여종이 맞으러 나왔다.
14 그 여종은 베드로의 목소리를 알아
듣고, 너무 기뻐서, 문을 열지도 않
고 도로 달려들어가서, 대문 앞에 베
드로가 서 있다고 알렸다.
15 사람들이 여종에게 "네가 미쳤구나"
하고 말하자, 여종은 참말이라고 우
겼다. 그러자 그들은 "베드로의 천사
일거야" 하고 말하였다.
16 그 동안에 베드로가 줄곧 문을 두드
리니, 사람들이 문을 열어서 베드로
를 보고, 깜짝 놀랐다.
17 베드로는 손을 흔들어서 그들을 조
용하게 하고, 주님께서 자기를 감옥
에서 인도하여 내신 일을 이야기하
였다. 그리고 그는 "이 사실을 야고
보와 다른 ㉠신도들에게 알리시오"
하고 말하고는, 거기에서 떠나 다른
곳으로 갔다.
18 ○날이 새니, 군인들 사이에서는 베
드로가 없어진 일로 작지 않은 소동
이 일어났다.
19 헤롯은 샅샅이 찾아보았으나, 베드
로를 찾지 못하고, 경비병들을 문초
한 뒤에, 명령을 내려서 그들을 사형
에 처하였다. 그런 다음에, ㉡헤롯은
유대를 떠나 가이사랴로 내려가서,

박해가 유대 종교 지도자들의 기득권 유지 때문이었다고 한다면, 이번 헤롯 대왕의 손자 헤롯 아그립바 1세의 탄압은 국가 권력에 의한 정치적 박*해로 더욱 노골적이고 가혹했다*. 야고보가 순교하고(2절) 베드로가 잡혀간 상황에서 교회는 하나님의 도우심을 바라며 간절히 기도했고(5절), 하나님께서는 그 기도에 응답하셨다(7-10절).

12:15 베드로의 천사 유대 사람들은 각 사람에게는 그를 지키는 천사가 있다고 믿었다(마 18:10;히 1:14). 또한 그들은 이 천사들이 때로는 그를 지키는 사람의 모습과 음성을 가지고 사람들에게 나타난다고 생각했었다.

12:22 요세푸스에 따르면, 백성들이 헤롯을 신처럼 여기고, "우리에게 은혜를 내리소서. 앞으로는 우리가 당신을 사람이 아니라 사람을 초월한 이로 여기겠나이다"라고 외쳤다고 한다.

㉠ 그, '형제들' ㉡ 그, '그는'. '그'의 실명사를 '베드로'로 보는 견해도 있음

거기에서 한동안 지냈다.

헤롯의 죽음

20 ○그런데 두로와 시돈 사람들은 헤
롯에게 몹시 노여움을 사고 있었다.
그래서 그들은 뜻을 모아서, 왕을 찾
아갔다. 그들은 왕의 침실 시종 블
라스도를 설득하여, 그를 통해서 헤
롯에게 화평을 청하였다. 그들의 지
방이 왕의 영토에서 식량을 공급받
고 있었으므로, 이렇게 할 수밖에 없
었다.
21 지정된 날에, 헤롯이 용포를 걸쳐 입
고, 왕좌에 좌정하여 그들에게 연설
하였다.
22 그 때에 군중이 "신의 소리다. 사람
의 소리가 아니다" 하고 외쳤다.
23 그러자 즉시로 주님의 천사가 헤롯
을 내리쳤다. 헤롯이 하나님께 영광
을 돌리지 않았기 때문이다. 그는 벌
레에게 먹혀서 죽고 말았다.
24 ○하나님의 말씀이 점점 더 널리 퍼
지고, 믿는 사람이 많아졌다.
25 바나바와 사울은 그들의 사명을 마
치고, 마가라고도 하는 요한을 데리
고 ㉠ 예루살렘에서 돌아왔다.

바나바와 사울이 보냄을 받다

13 안디옥 교회에 예언자들과 교
사들이 있었는데, 그들은 바나
바와 니게르라고 하는 시므온과, 구
레네 사람 루기오와 ㉡ 분봉왕 헤롯
과 더불어 어릴 때부터 함께 자란
마나엔과 사울이다.
2 그들이 주님께 예배하며 금식하고
있을 때에, 성령이 그들에게 말씀하
셨다. "너희는 나를 위해서 바나바
와 사울을 따로 세워라. 내가 그들에
게 맡기려 하는 일이 있다."
3 그래서 그들은 금식하고 기도한 뒤
에, 두 사람에게 안수를 하여 떠나보
냈다.

사도들의 키프로스 전도 활동

4 ○바나바와 사울은, 성령이 가라고
보내시므로, 실루기아로 내려가서,
거기에서 배를 타고 키프로스로 건
너갔다.
5 그들은 살라미에 이르러서, 유대 사
람의 여러 회당에서 하나님의 말씀
을 전하였다. 그들은 요한도 또한 조
수로 데리고 있었다.
6 그들은 온 섬을 가로질러 바보에 이
르렀다. 거기서 그들은 어떤 마술사
를 만났는데, 그는 거짓 예언자였으
며 바예수라고 하는 유대인이었다.
7 그는 총독 서기오 바울을 늘 곁에서
모시는 사람이었다. 이 총독은 총명
한 사람이어서, 바나바와 사울을 청
해서, 하나님의 말씀을 듣고자 하였
다.
8 그런데 이름을 엘루마라고 번역해서
부르기도 하는 그 마술사가 그들을

13장 요약 바울과 바나바, 마가의 제1차 전도 여행을 시작으로 로마에까지 복음이 전파되는 과정이 전개된다. 이 전도 여행의 특징은 기적과 설교를 통해 하나님을 증거하는 것이었다. 특히 16-41절에 나타난 그의 설교는 다윗 언약의 성취자로 오신 예수님과 그분을 통한 죄의 용서를 강력히 증거하고 있다.

13:1-3 사도행전은 1-12장과 13-28장의 두 부분으로 나눌 수 있다. 앞부분에서는 예루살렘 교회를 중심으로 하여 팔레스타인을 거쳐 안디옥까지 복음이 전해진 과정을 묘사하고 있다. 뒷부분에서는 안디옥으로부터 로마까지의 복음 전파의 경위를 기록하고 있다. 또 13-20장은 이방 사람들, 22-26장은 임금들, 끝부분은 로마에서 유대 사람들에게 증거하는 것으로 끝을 맺는다.

㉠ 다른 고대 사본들에는 '예루살렘으로 돌아갔다' ㉡ 그, '테트라아르케스(영토의 1/4 통치자)'

방해하여, 총독으로 하여금 믿지 못
하게 하려고 애를 썼다.
9 그래서 바울이라고도 하는 사울이
성령으로 충만하여 마술사를 노려
보고 말하였다.
10 "너, 속임수와 악행으로 가득 찬 악
마의 자식아, 모든 정의의 원수야, 너
는 주님의 바른 길을 굽게 하는 짓
을 그치지 못하겠느냐?
11 보아라, 이제 주님의 손이 너를 내리
칠 것이니, 눈이 멀어서 얼마 동안
햇빛을 보지 못할 것이다." 그러자
곧 안개와 어둠이 그를 내리덮어서,
그는 앞을 더듬으면서, 손을 잡아 자
기를 이끌어 줄 사람을 찾았다.
12 총독은 그 일어난 일을 보고 주님을
믿게 되었고, 주님의 교훈에 깊은 감
명을 받았다.

바울과 바나바가
비시디아의 안디옥에서 전도하다

13 ○바울과 그 일행은 바보에서 배를
타고, 밤빌리아에 있는 버가로 건너
갔다. 그런데 요한은 그들과 헤어져
서 예루살렘으로 돌아갔다.
14 그들은 버가에서 더 나아가, 비시디
아의 안디옥에 이르러서, 안식일에
회당에 들어가 앉았다.
15 율법서와 예언자의 글을 낭독한 뒤
에, 회당장들이 바울과 바나바에게
사람을 보내어 "형제들이여, 이 사람
들에게 권면할 말씀이 있으면 해주
시오" 하고 청하였다.
16 그래서 바울은 일어나서, 손을 흔들
고 말하였다. ○"㉠이스라엘 동포 여
러분, 그리고 하나님을 두려워하는
사람들이여, 내 말을 들으십시오.
17 이 백성 이스라엘의 하나님께서 우
리 조상들을 택하셨습니다. 이 백성
이 이집트 땅에서 나그네 생활을 하
는 동안에, 이 백성을 높여 주시고,
권능의 팔로 그들을 거기에서 인도
하여 내셨습니다.
18 광야에서는 사십 년 동안 ㉡그들에
대하여 참아 주시고,
19 가나안 땅의 일곱 족속을 멸하셔서,
그 땅을 그들에게 유업으로 주시고,
20 약 사백오십 년 동안 차지하게 하셨
습니다. 그 뒤에 예언자 사무엘 시대
에 이르기까지는 사사들을 보내주시
고,
21 그 뒤에 그들이 왕을 요구하기에, 하
나님께서는 베냐민 지파 사람 기스
의 아들 사울을 그들에게 왕으로 주
셔서, 사십 년 동안 그를 왕으로 섬
기게 하셨습니다.
22 그 다음에 하나님께서는 사울을 물
리치시고서, 다윗을 그들의 왕으로
세우시고, 증언하여 말씀하시기를
㉢'내가 이새의 아들 다윗을 찾아냈
으니, 그는 내 마음에 드는 사람이

13:16-41 바울 설교의 특징은 39절에서 두드러진다. 그의 설교 내용은 ① 구약의 역사 및 다윗의 언약을 밝히고(17-22절) ② 예수님이 다윗에게 *약속된 아들*, 곧 구주이심을 말하며(23-27절; 롬 1:3) ③ 그리스도를 믿고 죄의 용서를 받으라고 권하며, 불신앙에 대해 경고한다(38-41절).

13:17 권능의 팔 이 말은 하나님의 능력을 상징한다(출 15:16;사 51:5;52:10).

13:20 약 사백오십 년 이집트에서 400년, 광야에서 40년, 요단 강을 건넌 후 땅을 나누기까지 10년, 모두 합하여 450년이다. 사사 하나님이 세우신 '재판장'이자 '민족 지도자'이다. 사사는 여호수아가 죽은 뒤, 왕정이 시작될 때까지 이스라엘을 다스렸다.

13:23-37 다윗에게 하신 하나님의 언약은 우여곡절 속에서도 취소되지 않고 이루어졌다. 하나

㉠ 그, '이스라엘 남자들' ㉡ 다른 고대 사본들에는 '그들을 돌보아 주시고' ㉢ 삼상 13:14; 시 89:20

다. 그가 내 뜻을 다 행할 것이다' 하
셨습니다.
23 하나님은 약속하신 대로 다윗의 후
손 가운데서 구주를 세워 이스라엘
에게 보내셨으니, 그가 곧 예수입니
다.
24 그가 오시기 전에, 요한이 먼저 회개
의 ㉠세례를 모든 이스라엘 백성에게
선포하였습니다.
25 요한이 자기의 달려갈 길을 거의 다
갔을 때에 말하기를 '여러분은 나를
누구로 생각하십니까? 나는 그리스
도가 아닙니다. 그는 내 뒤에 오실
터인데, 나는 그의 신발끈을 풀어드
릴 자격도 없는 사람입니다' 하였습
니다.
26 ○아브라함의 자손인 동포 여러분,
그리고 여러분 가운데서 하나님을
두려워하는 사람들이여, 하나님께서
이 구원의 말씀을 ㉡우리에게 보내셨
습니다.
27 그런데 예루살렘에 사는 사람들과
그들의 지도자들이 이 예수를 알지
못하고, 안식일마다 읽는 예언자들
의 말도 깨닫지 못해서, 그를 정죄함
으로써, 예언자들의 말을 그대로 이
루었습니다.
28 그들은 예수를 죽일 만한 아무런 까
닭도 찾지 못하였지만, 빌라도에게
강요하여 예수를 죽이게 하였습니
다.
29 이와 같이, 그를 가리켜 기록한 것을
다 행한 뒤에, 그들은 예수의 시체를
나무에서 내려다가, 무덤에 두었습니
다.
30 그러나 하나님께서 예수를 죽은 사
람 가운데서 살리셨습니다.
31 그래서 예수는 자기와 함께 갈릴리
에서 예루살렘으로 올라간 사람들
에게 여러 날 동안 나타나 보이셨습
니다. 이 사람들은 [지금] 백성에게
예수의 증인입니다.
32 우리는 하나님께서 조상들에게 하
신 그 약속을 여러분에게 기쁜 소식
으로 전합니다.
33 하나님께서 예수를 일으키셔서, [조
상들의] 후손인 우리에게 그 약속을
이루어 주셨습니다. 시편 둘째 편에
기록한 바

㉢'너는 내 아들이다. 오늘 내가
너를 낳았다'

한 것과 같습니다.
34 하나님께서 그를 죽은 사람들 가운데
서 살리시고, 다시는 썩지 않게 하셨
는데, 이렇게 미리 말씀하셨습니다.

㉣'다윗에게 약속한 거룩하고 확
실한 복을, 내가 너희에게 주겠
다.'

35 그러므로 다른 시편에서는 또 이렇
게 말씀하셨습니다.

님은 약속대로 다윗의 씨를 통해 메시아를 보내시고, 백성들의 불신앙과 무지로 인하여 십자가에 달리셨던 그분을 영원히 살게 하심으로써 다윗의 언약을 이루셨다.

13:25 신발끈을 푸는 것은 자기 자신을 하인처럼 낮추는 겸손한 행위이다. 이러한 행위를 통하여 요한은 자신이 그리스도와 비길 수 없는 사람임을 분명히 표현했다.

13:34 다윗에게 약속한 거룩하고 확실한 복 이사야서 55:3을 인용했다. (그) '타호시아 다비드 타피스타'로서, 바울은 '은혜·자비'를 뜻하는 (히) '헤세드'를 '거룩한 것·신성한 것'을 뜻하는 (그) '타호시아'로 번역했다. 이 말은 여기와 2:27;디모데전서 2:8;디도서 1:8;히브리서 7:26;요한계시록 15:4에 나타난다. 여기서는 하나님의 언약이 엄숙·신성하며, 결코 취소될 수 없는 것임을 의미한다.

㉠ 또는 '침례' ㉡ 다른 고대 사본들에는 '여러분에게' ㉢ 시 2:7
㉣ 사 55:3(칠십인역)

㉠'주님께서는 주님의 거룩한 분
이 썩지 않게 하실 것이다.'
36 다윗은 사는 동안, 하나님의 뜻을
받들어 섬기고, ㉡잠들어서 조상들
곁에 묻혀 썩고 말았습니다.
37 그러나 하나님께서 살리신 분은 썩
지 않으셨습니다.
38 그러므로 동포 여러분, 바로 이 예수
로 말미암아 여러분에게 죄 용서가
선포된다는 것을 알아야 합니다.
39 여러분이 모세의 율법으로는 의롭게
될 수 없던 그 모든 일에서 풀려납니
다. 믿는 사람은 누구나 다 예수 안
에서 의롭게 됩니다.
40 그러므로 예언서에서 말한 일이 여
러분에게 일어나지 않도록 조심하십
시오. 이렇게 말하였습니다.
41 ㉢'보아라, 너희 비웃는 자들아,
놀라고 망하여라. 내가 너희 시
대에 한 가지 일을 할 터인데, 그
일을 누가 너희에게 말하여 줄
지라도 너희는 도무지 믿지 않
을 것이다.'"
42 ○㉣그들이 회당에서 나올 때에, 사
람들은 다음 안식일에도 이러한 말
씀을 해 달라고 청하였다.
43 회중이 흩어진 뒤에도, 유대 사람들
과 경건한 개종자들이 바울과 바나
바를 많이 따랐다. 바울과 바나바는
그들에게 말을 걸면서, 늘 하나님의
은혜에 머물러 있으라고 권하였다.
44 ○그 다음 안식일에는 온 동네 사람
이 거의 다 ㉤하나님의 말씀을 들으
려고 모여들었다.
45 유대 사람들이 그 무리를 보고 시기
심으로 가득 차서, 바울과 바나바가
한 말을 반박하고 비방하였다.
46 그러나 바울과 바나바는 담대하게
말하였다. "우리는 하나님의 말씀을
당신들에게 먼저 전해야 하였습니
다. 그러나 지금 당신들이 그것을 배
척하고, 영원한 생명을 얻기에 합당
하지 못한 사람으로 스스로 판정하
므로, 우리는 이제 이방 사람들에게
로 갑니다.
47 주님께서 우리에게 명하시기를
㉥'내가 너를 뭇 민족의 빛으로
삼았으니, 그것은 네가 땅 끝까
지 구원을 이루게 하려는 것이다'
하셨습니다."
48 이방 사람들은 이 말을 듣고 기뻐하
며 주님의 말씀을 찬양하였고, 영원
한 생명을 얻도록 정하신 사람은 모
두 믿게 되었다.
49 이렇게 해서 주님의 말씀이 그 온 지
방에 퍼져 나갔다.
50 그러나 유대 사람들은 경건한 귀부
인들과 그 성의 지도층 인사들을 선
동해서, 바울과 바나바를 박해하게
하였고, 그들을 그 지방에서 내쫓았

13:38–39 바울은 그리스도를 통한 죄의 용서와 더불어 그리스도를 믿음으로 의롭게 되는 진리를 전하였다(39절). 그리스도를 통한 죄의 용서는 특히 *바울에게서 주로 찾아볼 수 있다*(롬 3:21–5:21;갈 3:1–4:31). 그러나 이것은 이미 구약(창 15:6;합 2:4)과 예수님의 가르침에서도 나타나 있다(눅 18:9–14). 이러한 진리는 율법을 행함으로 의를 얻겠다는 정통 바리새파에 속한 바울 자신의 삶의 경험과 밀접한 연관을 맺고 있다.

13:46 영원한 생명 하나님의 백성들이 받는 영원한 유업으로, 마지막 날에 완전히 받을 것이지만 이미 그리스도를 통하여 현재에도 주어진다.

13:47 뭇 민족의 빛 이사야서 49:6의 인용이다. 하나님은 이스라엘 민족을 그의 종으로 부르셨지만(사 49:3), 이스라엘은 불순종했다. 이 말씀은 하나님께 순종하는 예수님을 통하여 성취된다.

㉠ 시 16:10 ㉡ 또는 '죽어서' ㉢ 합 1:5(칠십인역) ㉣ 바울과 바나바 ㉤ 다른 고대 사본들에는 '주님의' ㉥ 사 49:6

다.
51 그래서 바울과 바나바는 그들에게
발의 먼지를 떨어버리고, 이고니온
으로 갔다.
52 제자들은 기쁨과 성령으로 가득 차
있었다.

바울과 바나바가 이고니온에서 전도하다

14 ㉠바울과 바나바는 이고니온에
서도 이전과 마찬가지로, 유대
사람의 회당에 들어가서 말하였다.
그래서 유대 사람과 그리스 사람이
많이 믿게 되었다.
2 그러나 마음을 돌이키지 않은 유대
사람들이 이방 사람들을 선동해서,
믿는 형제들에게 나쁜 감정을 품게
하였다.
3 두 사도는 오랫동안 거기에 머물면
서, 주님을 의지하여 담대하게 말하
였다. 주님께서는 그들의 손으로 표
징과 놀라운 일을 행하게 하셔서, 그
들이 전하는 은혜의 말씀을 확증하
여 주셨다.
4 그 도시 사람들은 두 편으로 나뉘어
서, 더러는 유대 사람의 편을 들고,
더러는 사도의 편을 들었다.
5 그런데 이방 사람들과 유대 사람들
이 그들의 관원들과 합세해서, 바울
과 바나바를 모욕하고 돌로 쳐죽이
려고 했다.
6 ㉠사도들은 그것을 알고, 루가오니아
지방에 있는 두 도시 루스드라와 더
베와 그 근방으로 피하였다.
7 그들은 거기에서도 줄곧 복음을 전
하였다.

바울과 바나바가 루스드라에서 전도하다

8 ○루스드라에 발을 쓰지 못하는 지
체장애인 한 사람이 앉아 있었다. 그
는 나면서부터 못 걷는 사람이 되어
서, 걸어본 적이 없었다.
9 이 사람이 바울이 말하는 것을 들었
다. 바울은 그를 똑바로 바라보고,
고침을 받을 만한 믿음이 그에게 있
는 것을 알고는,
10 큰 소리로 "그대의 발로 똑바로 일어
서시오" 하고 말하였다. 그러자 그는
벌떡 일어나서, 걷기 시작하였다.
11 무리가 바울이 행한 일을 보고서, 루
가오니아 말로 "신들이 사람의 모습
으로 우리에게 내려왔다" 하고 소리
질렀다.
12 그리고 그들은 바나바를 제우스라
고 부르고, 바울을 헤르메스라고 불
렀는데, 그것은 바울이 말하는 역할
을 주로 맡았기 때문이다.
13 성 바깥에 있는 제우스 신당의 제사
장이 황소 몇 마리와 화환을 성문
앞에 가지고 와서, 군중과 함께 두
사람에게 제사를 드리려고 하였다.
14 이 말을 듣고서, 바나바와 바울 두
사도는 자기들의 옷을 찢고, 군중 가

14장 요약 두 사도는 소아시아의 이고니온과 루스드라, 더베를 거쳐 안디옥으로 돌아온다. 한편 바울과 바나바는 사람들로부터 신(우상)으로 추앙될 뻔했으나, 지혜롭게 그것을 모면했다. 전도의 주체는 성령님이시며(13:4), 전파되는 내용은 오직 예수님이셔야만 한다.

14:3 표징과 놀라운 일 주님이 기적들을 베푸신 목적은, 바울과 바나바가 전하는 기쁜 소식이 하나님께로부터 온 은혜로운 말씀임을 확실히 증거해 주기 위함이었다.

14:8-20 바울이 행한 치유의 기적을 보고 루스드라 사람들은 바울과 바나바를 신으로 숭배하려 한다(11-13절). 그러나 바울은 이것을 계기로 우상들의 헛됨(렘 2:5;8:19)을 지적하고, 이방 사람들에게 우상을 버리고 회개하여 만물을 창조하신 한 분 하나님께로 돌아오라고 강조하였다

㉠ 그, '그들은'

운데로 뛰어 들어가서 외치면서,
15 이렇게 말하였다. "㉠여러분, 어찌하
여 이런 일들을 하십니까? 우리도
여러분과 똑같은 성정을 가진 사람
입니다. 우리가 여러분에게 복음을
전하는 것은, 여러분이 이런 헛된 일
을 버리고, 하늘과 땅과 바다와 그
안에 있는 모든 것을 만드신, 살아
계신 하나님께로 돌아오게 하려는
것입니다.
16 하나님께서는 지나간 세대에는 이방
민족들이 자기네 방식대로 살아가게
내버려 두셨습니다.
17 그렇지만 하나님께서 자기를 드러내
지 않으신 것은 아닙니다. 곧 하늘에
서 비를 내려 주시고, 철을 따라 열
매를 맺게 하시고, 먹을거리를 주셔
서, 여러분의 마음을 기쁨으로 가득
채워 주셨습니다."
18 두 사도는 이렇게 말하면서, 군중이
자기들에게 제사하지 못하게 겨우
말렸다.
19 ○그런데 유대 사람들이 안디옥과
이고니온에서 거기로 몰려와서 군
중을 설득하고, 바울을 돌로 쳤다.
그들은 바울이 죽은 줄 알고, 그를
성 밖으로 끌어냈다.
20 그러나 제자들이 바울을 둘러섰을
때에, 그는 일어나서 성 안으로 들어
갔다. 이튿날 그는 바나바와 함께 더
베로 떠났다.

바울과 바나바가 수리아의 안디옥으로 돌아오다

21 ○바울과 바나바는 그 성에서 복음
을 전하여 많은 제자를 얻은 뒤에,
루스드라와 이고니온과 안디옥으로
되돌아갔다.
22 그들은 제자들의 마음을 굳세게 해
주고, 믿음을 지키라고 권하였다. 그
리고 또 이렇게 말하였다. "우리가
하나님 나라에 들어가려면, 반드시
많은 환난을 겪어야 합니다."
23 그리고 그들을 위해서 각 교회에서
장로들을 임명한 뒤에, 금식을 하면
서 기도하고, 그들이 믿게 된 주님께
그들을 맡겼다.
24 그리고 그 두 사람은 비시디아 지방
을 거쳐서 밤빌리아 지방에 이르렀다.
25 그들은 버가에서 말씀을 전한 뒤에,
앗달리아로 내려가서,
26 거기에서 배를 타고 안디옥으로 향
하여 갔다. 이 안디옥은, 그들이 선
교 활동을 하려고, 하나님의 은혜에
몸을 내맡기고 나선 곳이다. 이제 그
들은 그 일을 다 이루었다.
27 그 곳에 이르러서 그들은 교회 회중
을 불러모으고서, 하나님께서 자기
들과 함께 행하신 모든 일과, 하나님
께서 이방 사람들에게 믿음의 문을
열어 주신 것을 보고하였다.
28 그들은 제자들과 함께 오랫동안 지

(15절).

14:16 내버려 두셨습니다 하나님이 '내버려 두셨다'는 뜻은 그들의 잘못에 대하여 전혀 무관심했다는 뜻이 아니라 *'지극히 오래 참으셨다'*는 뜻이다(17:30). 그러면서도 바울은 로마서 1:19에서 자연을 통하여 주어진 계시로도 하나님의 신성과 영원한 능력을 알 만하였다고 말한다.

14:22 하나님 나라 그리스도를 주(主)로 따르는 교회는 하나님 나라를 재현한다. 그러나 그리스도께서 재림하실 때까지는 하나님 나라가 이 땅에서 완전하게 체험되지는 않을 것이다. 그리스도가 재림하실 때에야 고난을 받았던 제자들과 그리스도를 따랐던 사람들이 하나님 나라에 들어가게 될 것이다. 신자들은 하나님을 대적하는 이 세상에서 고난을 받을 것을 각오하여야 한다. 자신을 부인하고 십자가를 지는 것이 하나님 나라에 이르는 길이다.

㉠ 그, '사람들'

냈다.

예루살렘 회의

15 몇몇 사람이 유대에서 내려와
서, 이렇게 ㉠신도들을 가르쳤
다. "여러분이 모세의 관례대로 할
례를 받지 않으면, 구원을 얻을 수
없습니다."
2 그래서 바울과 바나바 두 사람과 그
들 사이에 적지 않은 충돌과 논쟁이
벌어졌다. 드디어 안디옥 교회는 이
문제로 바울과 바나바와 신도들 가
운데 몇 사람을 예루살렘으로 올라
가게 해서, 사도들과 장로들을 찾아
보게 하였다.
3 그들은 교회의 전송을 받고 떠나서,
페니키아와 사마리아를 거쳐가면서,
이방 사람들이 회개한 일을 이야기
하였다. 그리하여 그들은 그 곳의 모
든 ㉠신도들을 매우 기쁘게 하였다.
4 예루살렘에 이르러서, 그들은 교회
와 사도들과 장로들에게 환영을 받
고, 하나님께서 그들과 함께 행하신
일들을 모두 보고하였다.
5 그런데 바리새파에 속하였다가 신도
가 된 사람 몇이 일어나서 "이방 사
람들에게도 할례를 행하고, 모세의
율법을 지키도록 명하여야 합니다"
하고 말하였다.
6 ○사도들과 장로들이 이 문제를 다
루려고 모였다.
7 많은 논쟁을 한 뒤에, 베드로가 일어
나서 그들에게 말하였다. "㉠형제 여
러분, 여러분이 아시는 대로, 하나님
께서 일찍이 여러분 가운데서 나를
택하셔서, 이방 사람들도 내가 전하
는 복음의 말씀을 듣고 믿게 하셨습
니다.
8 그리고 사람의 마음 속을 아시는 하
나님께서는 우리에게 주신 것과 같
이 그들에게도 성령을 주셔서, 그들
을 인정해 주셨습니다.
9 하나님께서는 그들의 믿음을 보셔
서, 그들의 마음을 깨끗하게 하시고,
우리와 그들 사이에, 아무런 차별을
두지 않으셨습니다.
10 그런데 지금 여러분은 왜 우리 조상
들이나 우리가 다 감당할 수 없던 멍
에를 제자들의 목에 메워서, 하나님
을 시험하는 것입니까?
11 우리가 주 예수의 은혜로 구원을 얻
고, 그들도 꼭 마찬가지로 주 예수의
은혜로 구원을 얻는다고 우리는 믿
습니다."
12 ○그러자 온 회중은 조용해졌다. 그
리고 그들은 바나바와 바울이 하나
님께서 자기들을 통하여 이방 사람
들 가운데 행하신 온갖 표징과 놀라
운 일을 보고하는 것을 들었다.
13 바나바와 바울이 말을 마친 뒤에,
야고보가 대답하였다. "㉠형제 여러

15장 요약 복음 전도 여행 도중에 할례 문제가 제기되어 예루살렘 회의가 소집된다. 회의 결과, 주 예수 그리스도의 은혜로만 구원을 얻는다는 기독교의 기본 진리가 확인되었다. 선행이나 외적 표식이 아닌 '오직 믿음'이라는 핵심 교리가 공적으로 천명된 것이다. 한편, 36절부터는 제2차 선교 여행을 기록하고 있다.

㉠ 그, '형제들'

15:1–29 예루살렘의 모임은 대표자 회의라기보다는 예루살렘 교회가 안디옥 교회의 대표단을 맞이하여 선교 사역의 아주 중요한 문제를 논의한 회합의 성격이 크다. 사도행전 15장과 갈라디아서 2:1–10에 기록된 사건들 사이의 연관성에 관해서는 학자들 사이에 크게 논란이 되고 있다. 그러나 누가와 바울이 같은 사건, 곧 예루살렘 회의를 언급하고 있다는 해석이 오랜 전통이다.
15:5 **바리새파** 당시 유대 사회에는 같은 유대교

분, 내 말을 들어보십시오.
14 하나님께서 이방 사람들을 돌아보
셔서, 그들 가운데서 자기 이름을 위
하여 처음으로 한 백성을 택하신 경
위를 ㉠시므온이 이야기하였습니다.
15 예언자들의 말도 이것과 일치합니다.
예언서에 이렇게 기록되어 있습니다.
16 ㉡'이 뒤에 내가 다시 돌아와서,
무너진 다윗의 집을 다시 짓겠으
니, 허물어진 곳을 다시 고치고,
그 집을 바로 세우겠다.
17 그래서 남은 사람이 나 주를 찾
고, 내 백성이라는 이름을 받은
모든 이방 사람이 나 주를 찾게
하겠다.
18 이것은 주님의 말씀이니, 주님은
옛부터, 이 모든 일을 알게 해주
시는 분이시다.'
19 그러므로 내 판단으로는 하나님께로
돌아오는 이방 사람들을 괴롭히지
말고,
20 다만 그들에게 편지를 보내서, 우상에
게 바친 더러운 음식과 음행과 ㉢목매
어 죽인 것과 피를 멀리하라고 하는
것이 좋겠습니다.
21 예로부터 어느 도시에나 모세를 전
하는 사람이 있어서, 안식일마다 회
당에서 그의 글을 읽고 있습니다."

이방계 신자들에게 보낸 사도들의 편지

22 ○그래서 사도들과 장로들과 온 교
회가 대표들을 뽑아서, 바울과 바나
바와 함께 안디옥으로 보내기로 결
정하였다. 그래서 대표로 뽑힌 사람
은 ㉣신도들 가운데서 지도자인 바사
바라고 하는 유다와 실라였다.
23 그들은 이 사람들 편에 아래와 같은
내용의 편지를 써 보냈다. "형제들인
우리 사도들과 장로들은 안디옥과
시리아와 길리기아의 이방 사람 ㉣교
우 여러분에게 문안합니다.
24 그런데 우리 가운데 몇몇 사람이 [여
러분에게로 가서], 우리가 시키지 않
은 여러 가지 말로 여러분을 혼란에
빠뜨리고, ㉤여러분의 마음을 어지럽
게 하였다는 소식을 들었습니다.
25 그래서 우리는 몇 사람을 뽑아서, 사
랑하는 바나바와 바울과 함께 여러
분에게 보내기로 만장일치로 결정하
였습니다.
26 바나바와 바울은 우리 주 예수 그리
스도의 이름을 위해서 자기 목숨을
내놓은 사람들입니다.
27 또 우리가 유다와 실라를 보내니, 그
들이 이 일을 직접 말로 전할 것입니
다.
28 성령과 우리는 꼭 필요한 다음 몇 가
지 밖에는 더 이상 아무 무거운 짐
도 여러분에게 지우지 않기로 하였
습니다.
29 여러분은 우상에게 바친 제물과 피

안에서도 신앙의 입장과 교리에 따라 바리새파·사두개파·엣세네파·셀롯(열심)당으로 각각 나뉘어 있었다. 바리새파는 율법을 철저히 지킴으로써 구원을 얻으며, 또한 그렇게 함으로써 하나님 나라를 실현시킬 수 있다는 신념을 갖고 있었다.
15:22 실라 바울의 제2차 전도 여행의 동반자(고후 1:19;살전 1:1;살후 1:1)이다. 실루아노라는 라틴어 이름으로 더 잘 알려져 있다. 베드로전서의 서기(書記. 벧전 5:12)였으며, 로마의 시민이었다.
15:23-29 예루살렘 회의에서 결의된 내용은 이방 교회들에게 편지로 보내졌다. 이것은 그리스도 안에서 유대 사람과 이방 사람이 하나가 되어 거룩한 교회가 되어 가는 모습을 보여 준다.
15:39 바울과 바나바가 서로 심하게 언쟁을 벌이게 된 것은 마가 때문이었다. 그래서 바울과 바나

㉠ 시몬 곧 베드로 ㉡ 암 9:11,12(칠십인역) ㉢ 다른 고대 사본들에는 '목매어 죽인 것과'가 없음 ㉣ 그, '형제들' ㉤ 다른 고대 사본들에는 '여러분이 할례를 받고 율법을 지켜야 한다고 하면서'라는 말이 더 있음

와 ㉠목매어 죽인 것과 음행을 멀리
하여야 합니다. 여러분이 이런 것을
삼가면, 여러분은 잘 행한다고 하겠
습니다. 안녕히 계십시오."
30 ○그들은 전송을 받고 안디옥에 내
려가서, 회중을 다 모아 놓고, 그 편
지를 전하여 주었다.
31 회중은 편지를 읽고, 그 권면을 기쁘
게 받아들였다.
32 유다와 실라도 예언자이므로, 여러
말로 ㉡신도들을 격려하고, 굳세게
하여 주었다.
33 그들은 거기서 얼마 동안 지낸 뒤에,
㉡신도들에게서 평안히 가라는 전송
을 받고서, 자기들을 보낸 사람들에
게로 돌아갔다.
34 ㉢(없음)
35 그러나 바울과 바나바는 안디옥에
머물러 있으면서, 다른 여러 사람과
함께 주님의 말씀을 가르치고 전하
였다.

바울과 바나바가 갈라서다

36 ○며칠 뒤에, 바울이 바나바에게 말
하였다. "우리가 주님의 말씀을 전파
한 여러 도시로 ㉡신도들을 다시 찾
아가서, 그들이 어떻게 지내고 있는
지를 살펴 봅시다."
37 그런데 바나바는 마가라는 요한도
데리고 가려고 하였다.
38 그러나 바울은, 밤빌리아에서 자기
들을 버리고 함께 일하러 가지 않은
그 사람을 데리고 가는 것을 좋게
여기지 않았다.
39 그래서 그들은 심하게 다툰 끝에, 서
로 갈라서고 말았다. 바나바는 마가
를 데리고, 배를 타고 키프로스로
떠나갔다.
40 그러나 바울은 실라를 택하고, ㉡신
도들로부터 주님의 은혜가 함께 하
기를 바라는 인사를 받고서, 길을
떠났다.
41 그래서 시리아와 길리기아를 돌아다
니며, 모든 교회를 튼튼하게 하였다.

바울이 디모데를 데리고 가다

16 바울은 더베와 루스드라에도
갔다. 거기에는 디모데라는 제
자가 있었는데, 그의 어머니는 신앙
이 돈독한 유대 여자이고, 아버지는
그리스 사람이었다.
2 디모데는 루스드라와 이고니온에 있
는 ㉡신도들에게 호평받는 사람이었
다.
3 바울은 디모데가 자기와 함께 가기
를 바랐다. 그래서 바울은 그 지방에
사는 유대 사람들을 생각해서, 디모
데를 데려다가 할례를 행하였다. 그
것은, 디모데의 아버지가 그리스 사
람이라는 것을, 그들이 모두 알고 있
었기 때문이다.
4 바울 일행은 여러 도시를 두루 다니

바는 따로 전도 여행을 떠나게 된다. 두 사람의 불화에 대하여 저자는 시비를 가리려 하지 않고, 마가의 행동에 대한 이유도 언급하지 않는다.

15:40 실라 바나바와 결별한 바울은 예루살렘 방문 때에 만나게 된 실라(22절)를 동역자로 선택하였다.

㉠ 다른 고대 사본들에는 '목매어 죽인 것'이 없음 ㉡ 그, '형제들'
㉢ 어떤 사본에는 34절의 내용이 첨가되어 있음. '34. 그러나 실라는 그들과 함께 머무르려고 하였다'

16장 요약 바울은 제2차 선교 여행 중 디모데를 얻게 되면서 선교 여행은 활력을 띠게 된다. 누가는 디모데의 인간됨을 상세히 기록함으로써 향후 그가 맡게 될 사역의 중요성을 암시한다. 한편, 바울은 아시아를 방문하고자 하였으나 '예수의 영'의 지시로 마케도니아로 향한다.

16:3 할례를 행하였다 여기서 디모데에게 할례를 준 것은 ① 디모데가 이미 유대교의 율법을 지키

면서, 예루살렘에 있는 사도들과 장
로들이 정한 규정들을 사람들에게
전해 주어서 지키게 하였다.
5 교회들은, 그 믿음이 점점 더 튼튼해
지고, 그 수가 나날이 늘어갔다.

바울이 환상을 보다

6 ○아시아에서 말씀을 전하는 것을
성령이 막으시므로, 그들은 브루기
아와 갈라디아 지방을 거쳐가서,
7 무시아 가까이 이르러서, 비두니아
로 들어가려고 하였으나, 예수의 영
이 그것을 허락하지 않으셨다.
8 그래서 그들은 무시아를 지나서 드
로아에 이르렀다.
9 여기서 밤에 바울에게 환상이 나타
났는데, 마케도니아 사람 하나가 바
울 앞에 서서 "마케도니아로 건너와
서, 우리를 도와주십시오" 하고 간청
하였다.
10 그 환상을 바울이 본 뒤에, 우리는
곧 마케도니아로 건너가려고 하였
다. 우리는, 마케도니아 사람들에게
복음을 전하기 위하여, 하나님께서
우리를 부르신 것이라고 확신하였기
때문이다.

루디아가 믿다

11 ○우리는 드로아에서 배로 떠나서,
사모드라게로 직행하여, 이튿날 네
압볼리로 갔고,
12 거기에서 빌립보에 이르렀다. 빌립보
는 마케도니아 지방에서 ㉠으뜸가는
도시요, 로마 식민지였다. 우리는 이
도시에서 며칠 동안 묵었는데,
13 안식일에 성문 밖 강가로 나가서, 유
대 사람이 기도하는 처소가 있음직
한 곳을 찾아갔다. 우리는 거기에 앉
아서, 모여든 여자들에게 말하였다.
14 그들 가운데 루디아라는 여자가 있
었는데, 그는 자색 옷감 장수로서,
두아디라 출신이요, 하나님을 공경
하는 사람이었다. 주님께서 그 여자
의 마음을 여셨으므로, 그는 바울의
말을 귀담아 들었다.
15 그 여자가 집안 식구와 함께 ㉡세례
를 받고나서 "나를 주님의 신도로 여
기시면, 우리 집에 오셔서 묵으십시
오" 하고 간청하였다. 그리고 우리를
강권해서, 자기 집으로 데리고 갔다.

바울과 실라가 갇히다

16 ○어느 날 우리가 기도하는 곳으로
가다가, 귀신 들려 점을 치는 여종 한
사람을 만났는데, 그는 점을 쳐서,
주인들에게 큰 돈벌이를 해주는 여
자였다.
17 이 여자가 바울과 우리를 따라오면
서, 큰 소리로 "이 사람들은 지극히
높으신 하나님의 종들인데, ㉢여러분
에게 구원의 길을 전하고 있다" 하고
외쳤다.
18 그 여자가 여러 날을 두고 이렇게 하

며 성장해 왔고, ② 앞으로 복음을 전할 때 만나게 될 보수적인 유대 사람들이 디모데의 무할례를 못마땅히 여겨, 복음 전파에 장애를 주게 될까 염려했기 때문이다. 한 사람이라도 더 구원하고자 했던 바울의 복음 전도 정신을 엿볼 수 있다(고전 9:20).

16:6–10 바울 일행은 제1차 선교 여행 때 세워진 교회들을 방문한 뒤에 비시디아 안디옥 서쪽에 있는 아시아 지방으로 가려고 했다. 그러나 두 차례에 걸친 성령님의 지시에 따라(6–7절), 드로아를 거쳐 마케도니아 지방으로 가게 된다. 이로써 최초의 유럽 선교가 시작된 것이다.

16:12 빌립보 마케도니아 동쪽 지방에 위치하며, 은퇴한 로마 군인들이 많이 살고 있었다.

16:17 지극히 높으신 주로 귀신 들린 자들이 하나님을 이렇게 불렀고(막 5:7) 유대 사람들도 가끔

㉠ 또는 '첫째 도시' ㉡ 또는 '침례' ㉢ 다른 고대 사본들에는 '우리에게'

므로, 바울이 귀찮게 여기고 돌아서
서, 그 귀신에게 "내가 예수 그리스
도의 이름으로 네게 명하니, 이 여자
에게서 나오라" 하고 말하니, 바로
그 순간에 귀신이 나왔다.
19 그 여자의 주인들은, 자기들의 돈벌
이 희망이 끊어진 것을 보고, 바울
과 실라를 붙잡아서, 광장으로 관원
들에게로 끌고 갔다.
20 그리고 그들을 치안관들 앞에 세워
놓고서 "이 사람들은 유대 사람들인
데, 우리 도시를 소란하게 하고 있습
니다.
21 이 사람들은 로마 시민인 우리로서
는, 받아들일 수도 없고 실천할 수도
없는, 부당한 풍속을 선전하고 있습
니다" 하고 말하였다.
22 무리가 그들을 공격하는 데에 합세
하였다. 그러자 치안관들은 바울과
실라의 옷을 찢어 벗기고, 그들을 매
로 치라고 명령하였다.
23 그래서 이 명령을 받은 부하들이 그
들에게 매질을 많이 한 뒤에, 감옥에
가두고, 간수에게 그들을 단단히 지
키라고 명령하였다.
24 간수는 이런 명령을 받고, 그들을 깊
은 감방에 가두고서, 그들의 발에 차
꼬를 단단히 채웠다.
25 ○한밤쯤 되어서 바울과 실라가 기
도하면서 하나님을 찬양하는 노래
를 부르고 있는데, 죄수들이 듣고 있
었다.
26 그 때에 갑자기 큰 지진이 일어나서,
감옥의 터전이 흔들렸다. 그리고 곧
문이 모두 열리고, 모든 죄수의 수갑
이며 차꼬가 풀렸다.
27 간수가 잠에서 깨어서, 옥문들이 열
린 것을 보고는, 죄수들이 달아난 줄
로 알고, 검을 빼어서 자결하려고 하
였다.
28 그 때에 바울이 큰소리로 "그대는
스스로 몸을 해치지 마시오. 우리가
모두 그대로 있소" 하고 외쳤다.
29 간수는 등불을 달라고 해서, 들고 뛰
어 들어가, 무서워 떨면서, 바울과 실
라 앞에 엎드렸다.
30 그리고 그들을 바깥으로 데리고 나가
서 물었다. "두 분 사도님, 내가 어떻
게 해야 구원을 얻을 수 있습니까?"
31 그들이 대답하였다. "주 예수를 믿으
시오. 그리하면 그대와 그대의 집안
이 구원을 얻을 것입니다."
32 그리고 ㉠하나님의 말씀을 간수와
그의 집에 있는 모든 사람에게 들려
주었다.
33 그 밤 그 시각에, 간수는 그들을 데
려다가, 상처를 씻어 주었다. 그리고
그와 온 가족이 그 자리에서 ㉡세례
를 받았다.
34 간수는 그들을 자기 집으로 데려다

하나님을 그렇게 불렀다(민 24:16). 또한 그리스 사람들도 그들의 신을 '지극히 높으신 자'라 불렀다.

16:24 깊은 감방 외옥(外獄)과 내옥(內獄) 중에 내옥으로, 중한 죄인은 내옥에 갇혔다.

16:37 로마 시민 바울과 실라는 로마의 시민권을 가졌다(22:28). 당시 로마의 법에 따르면 로마 시민은 조사나 재판 없이 체포·구금(拘禁)되지 않을 특권을 가졌고, 채찍이나 고문을 받지 않으며, 로마 황제의 법정에까지 상소(上訴)할 수 있었다.

16:40 루디아의 집이 빌립보 교인들의 회합 장소였던 듯하다. 빌립보 교회는 조직이 잘 되어 있었으며(빌 1:1), 사랑이 많고 남을 친절하게 대접하는 교회였다(고후 11:8–9;빌 4:10 이하). 개종한 이방 여자 루디아, 귀신 들린 여자 노예, 이방 사람 간수와 그 가족들 등과 관련된 사건을 통하여 빌립보에서는 처음부터 훌륭한 교회의 전통이 세워졌다(빌 1:3–5).

㉠ 다른 고대 사본들에는 '주님의' ㉡ 또는 '침례'

가 음식을 대접하였다. 그는 하나님
을 믿게 된 것을 온 가족과 함께 기
뻐하였다.
35 ○날이 새니, 치안관들은 부하들을
보내어, 그 두 사람을 놓아주라고 명
령하였다.
36 그래서 간수는 이 말을 바울에게 전
하였다. "치안관들이 사도님들을 놓
아주라고 사람을 보냈습니다. 그러니
이제 나오셔서, 평안히 가십시오."
37 바울이 그들에게 말하였다. "치안관
들이 로마 시민인 우리를 유죄 판결
도 내리지 않은 채 공공연히 때리고
감옥에 가두었다가, 이제 와서, 슬그
머니 우리를 내놓겠다는 겁니까? 안
됩니다. 그들이 직접 와서 우리를 석
방해야 합니다."
38 관리들이 이 말을 치안관들에게 전
하니, 그들은 바울과 실라가 로마 시
민이라는 말을 듣고서 두려워하였다.
39 그래서 치안관들은 가서 그들을 위
로하고, 데리고 나가서, 그 도시에서
떠나 달라고 청하였다.
40 두 사람은 감옥에서 나와서 루디아
의 집으로 갔다. 그리고 거기서 ㉠신
도들을 만나 그들을 격려하고 떠났
다.

바울이 데살로니가에서 전도하다

17 ㉡바울 일행은 암비볼리와 아
볼로니아를 거쳐서, 데살로니가
에 이르렀다. 거기에는, 유대 사람의
회당이 있었다.
2 바울은 자기 관례대로 회당으로 그
들을 찾아가서, 세 안식일에 걸쳐 성
경을 가지고 그들과 토론하였다.
3 그는, ㉢그리스도께서 반드시 고난을
당하시고 죽은 사람들 가운데서 살
아나셔야 한다는 것을 해석하고 증
명하면서 "내가 여러분에게 전하고
있는 예수가 바로 그 ㉢그리스도이십
니다" 하고 말하였다.
4 그들 가운데 몇몇 사람이 승복하여
바울과 실라를 따르고, 또 많은 경건
한 그리스 사람들과 적지 않은 귀부
인들이 그렇게 하였다.
5 그러나 유대 사람들은 시기하여, 거
리의 불량배들을 끌어 모아다가 패
거리를 지어서 시내에 소요를 일으
키고 야손의 집을 습격하였다. 그리
고 바울 일행을 끌어다가 군중 앞에
세우려고 찾았다.
6 그러나 그들을 찾지 못하고, 야손과
㉠신도 몇 사람을 ㉣시청 관원들에게
끌고 가서, 큰 소리로 외쳤다. "세상
을 소란하게 한 그 사람들이 여기에
도 나타났습니다.
7 그런데 야손이 그들을 영접하였습니
다. 그 사람들은 모두 예수라는 또
다른 왕이 있다고 말하면서, ㉤황제
의 명령을 거슬러 행동을 합니다."

17장 요약 바울은 자립 전도의 모범을 보였다(1–9절). 아테네에서 바울은 철학적·유추론적인 방법을 동원하여 하나님을 설명하고 있는데, 이것은 아테네의 철학적 풍토를 염두에 둔 것이다. 즉 그는 이방 문화와 지적 전통을 활용하면서 하나님을 전파하는 방법을 사용한 것이다.

17:1–9 데살로니가에 머무는 동안 바울은 양식을 위하여 손수 일하면서 모범을 보였다(살전 2:9;살후 3:7–12). 이때 빌립보 교회도 바울에게 두어 차례 재정적인 도움을 주었다(빌 4:16). 바울의 전도로 데살로니가에 교회가 세워졌고, 이방 사람들이 하나님께로 많이 돌아왔다.

17:5 군중 앞에 세우려고 여기에서 군중은 (그) '데모스'이다. 이 말은 단순히 군중을 의미하는 것이

㉠ 그, '형제들' ㉡ 그, '그들은' ㉢ 또는 '메시아' ㉣ 그, '폴리트아르케스' ㉤ 그, '가이사', 라틴어의 그리스어 음역. 로마 황제의 칭호

8 군중과 시청 관원들이 이 말을 듣고
소동하였다.
9 그러나 시청 관원들은 야손과 그 밖
의 사람들에게서 보석금을 받고 놓
아주었다.

바울이 베뢰아에서 전도하다

10 ○㉠신도들은 곧 바로 그날 밤으로
바울과 실라를 베뢰아로 보냈다. 두
사람은 거기에 이르러서, 유대 사람
의 회당으로 들어갔다.
11 베뢰아의 유대 사람들은 데살로니가
의 유대 사람들보다 더 고상한 사람
들이어서, 아주 기꺼이 말씀을 받아
들이고, 그것이 사실인지 알아보려
고, 날마다 성경을 상고하였다.
12 따라서, 그들 가운데서 믿게 된 사람
이 많이 생겼다. 또 지체가 높은 그
리스 여자들과 남자들 가운데서도
믿게 된 사람이 적지 않았다.
13 데살로니가의 유대 사람들은, 바울
이 베뢰아에서도 하나님의 말씀을
전하는 것을 알고서, 거기에도 가서,
무리를 선동하여 소동을 벌였다.
14 그 때에 ㉠신도들이 곧바로 바울을
바닷가로 떠나보냈다. 그러나 실라
와 디모데는 거기에 그대로 남아 있
었다.
15 바울을 안내하는 사람들이 바울을
아테네까지 인도하였다. 그들은 바
울에게서, 실라와 디모데가 할 수 있
는 대로 빨리 그에게로 와야 한다는
지시를 받아 가지고, 베뢰아로 떠나
갔다.

바울이 아테네에서 전도하다

16 ○바울은, 아테네에서 그들을 기다
리고 있는 동안에, 온 도시가 우상
으로 가득 차 있는 것을 보고 격분
하였다.
17 그래서 바울은 회당에서는 유대 사
람들과 이방 사람 예배자들과 더불
어 토론을 벌였고, 또한 ㉡광장에서
는 만나는 사람들과 날마다 토론하
였다.
18 그리고 몇몇 에피쿠로스 철학자와
스토아 철학자도 바울과 논쟁하였
는데, 그 가운데서 몇몇 사람은 "이
말쟁이가 도대체 무슨 소리를 하려
는 것인가?" 하고 말하는가 하면, 또
몇몇 사람은 "그는 외국 신들을 선
전하는 사람인 것 같다" 하고 말하
기도 하였다. 그것은 바울이 예수를
전하고 부활을 전하기 때문이었다.
19 그들은 바울을 붙들어, 아레오바고
법정으로 데리고 가서 "당신이 말하
는 이 새로운 교훈이 무엇인지 우리
가 알 수 있겠소?
20 당신은 우리 귀에 생소한 것을 소개
하고 있는데, 도대체 그것이 무엇인
지 알고 싶소" 하고 말하였다.
21 모든 아테네 사람과 거기에 살고 있

아니라, 일종의 시민 회의를 가리킨다. 이것은 자유 도시인 데살로니가의 민주적인 제도였다. 이 단어에서 민주주의를 뜻하는 (영) '데모크라시'가 나왔다.

17:10-15 베뢰아는 데살로니가에서 서남쪽으로 약 75km 정도 떨어진 소도시이다. 이곳 사람들은 데살로니가 사람들보다 더 신사적이었으며(11절) 이러한 점은 완악했던 유대 사람들과는 대조를 이룬다(13절).

17:11 날마다 성경을 상고하였다 (그) '아나크리노'. '상고하다'라는 말은 '탐구하다, 조사·판단하다, 분별하다'라는 의미이다. 즉 재판·판결을 정의롭게 하기 위해 철저히 따지고 조사하는 것을 말한다. 이처럼 베뢰아 교인들은 정직한 믿음의 지식을 얻기 위해 부지런히 성경을 연구하였다.

17:18 말쟁이 '씨앗을 줍는 사람'이란 뜻이다. 시장에서 빈둥거리며, 여기저기서 들은 단편적인 지식

㉠ 그, '형제들' ㉡ 그, '아고라(시의 중심지)'

는 외국 사람들은, 무엇이나 새로운
것을 말하고 듣는 일로만 세월을 보
내는 사람들이었다.
22 ○바울이 아레오바고 법정 가운데
서서, 이렇게 말하였다. "아테네 시
민 여러분, 내가 보기에, 여러분은 모
든 면에서 종교심이 많습니다.
23 내가 다니면서, 여러분이 예배하는
대상들을 살펴보는 가운데, '알지 못
하는 신에게'라고 새긴 제단도 보았
습니다. 그러므로 나는 여러분이 알
지 못하고 예배하는 그 대상을 여러
분에게 알려 드리겠습니다.
24 우주와 그 안에 있는 모든 것을 창
조하신 하나님께서는 하늘과 땅의
주님이시므로, 사람의 손으로 지은
신전에 거하지 않으십니다.
25 또 하나님께서는, 무슨 부족한 것이
라도 있어서 사람의 손으로 섬김을
받으시는 것이 아닙니다. 그분은 모
든 사람에게 생명과 호흡과 모든 것
을 주시는 분이십니다.
26 그분은 인류의 모든 족속을 한 혈통
으로 만드셔서, 온 땅 위에 살게 하
셨으며, 그들이 살 시기와 거주할 지
역의 경계를 정해 놓으셨습니다.
27 이렇게 하신 것은, 사람으로 하여금
㉠하나님을 찾게 하시려는 것입니다.
사람이 하나님을 더듬어 찾기만 하
면, 만날 수 있을 것입니다. 사실, 하
나님은 우리 각 사람에게서 멀리 떨
어져 계시지 않습니다.
28 ○여러분의 시인 가운데 어떤 이들도
'우리도 하나님의 자녀이다'
하고 말한 바와 같이, 우리는 하나님
안에서 살고, 움직이고, 존재하고 있
습니다.
29 그러므로 하나님의 자녀인 우리는
신을, 사람의 기술과 고안으로 금이
나 은이나 돌에다가 새겨서 만든 것
과 같다고 생각해서는 안됩니다.
30 하나님께서는 무지했던 시대에는 눈
감아 주셨지만, 이제는 어디에서나
모든 사람에게 회개하라고 명하십니
다.
31 그것은, 하나님께서 세계를 정의로
심판하실 날을 정해 놓으셨기 때문
입니다. 하나님께서는 자기가 정하
신 사람을 내세워서 심판하실 터인
데, 그를 죽은 사람들 가운데서 살
리심으로, 모든 사람에게 확신을 주
셨습니다."
32 ○그들이 죽은 사람들의 부활에 대
해서 들었을 때에, 더러는 비웃었으
나, 더러는 "이 일에 관해서 당신의
말을 다시 듣고 싶소" 하고 말하였다.
33 이렇게 바울은 그들을 떠났다.
34 그러나 몇몇 사람은 바울 편에 가담
하여 신자가 되었다. 그 가운데는 아
레오바고 법정의 판사인 디오누시오

을 나열한다는 뜻이다. 바울을 무시하는 말이다.

17:22 종교심 인간에게는 신을 갈망하는 보편적인 심성(心性)이 있다(전 3:11). 아테네 사람들은 그러한 종교성을 미신적으로 표현했었다.

17:23 알지 못하는 신에게 그리스 사람들은 무수히 많은 신들을 섬겼다. 그들은 많은 신들을 섬기는 중에, 부주의로 빠뜨린 신들이 분노할까 두려워했다. 그래서 그들은 '알지 못하는 신에게' 드리는 제단을 쌓아, 그러한 신들의 분노를 미리 막으려 했다. 바울은 이 사실을 전도의 접촉점으로 삼아 설교하기 시작했다.

17:28 하나님은 창조주이시기 때문에 그가 지으신 피조 세계와 구별된다. 그러나 하나님은 그가 지으신 세계와 사람에 대하여 무관심하지 않으시다. 하나님은 우리 각 사람을 돌보신다. 따라서 우리의 생명·삶·존재는 그분 안에 있다(마 6:9; 요 5:17).

㉠ 다른 고대 사본들에는 '주님을'

도 있었고, 다마리라는 부인도 있었
고, 그 밖에 다른 사람들도 있었다.

바울이 고린도에서 전도하다

18 그 뒤에 바울은 아테네를 떠나
서, 고린도로 갔다.
2 거기서 그는 본도 태생인 아굴라라는
유대 사람을 만났다. 아굴라는 글라
우디오 황제가 모든 유대 사람에게
로마를 떠나라는 칙령을 내렸기 때
문에, 얼마 전에 그의 아내 브리스길
라와 함께 이탈리아에서 온 사람이
다. 바울은 그들을 찾아갔는데,
3 생업이 서로 같으므로, 바울은 그들
집에 묵으면서 함께 일을 하였다. 그
들의 직업은 천막을 만드는 일이었다.
4 바울은 안식일마다 회당에서 토론
을 벌이고, 유대 사람과 그리스 사람
을 설득하려 하였다.
5 ○실라와 디모데가 마케도니아에서
내려온 뒤로는, 바울은 오직 말씀을
전하는 일에만 힘을 쓰고, 예수가
ㄱ그리스도이심을 유대 사람들에게
밝혀 증언하였다.
6 그러나 유대 사람들이 반대하고 비
방하므로, 바울은 그의 ㄴ옷에서 먼
지를 떨고서, 그들에게 말하였다.
"여러분이 멸망을 받으면, 그것은 오
로지 여러분의 책임이지 나의 잘못
은 아닙니다. 이제 나는 이방 사람에
게로 가겠습니다."
7 바울은 ㄷ거기를 떠나서, ㄹ디디오
유스도라는 사람의 집으로 갔는데,
그는 이방 사람으로서, 하나님을 공
경하는 사람이고, 그의 집은 바로 회
당 옆에 있었다.
8 회당장인 그리스보는 그의 온 집안
식구와 함께 주님을 믿는 신자가 되
었다. 그리고 고린도 사람 가운데서
도 많은 사람이 바울의 말을 듣고
서, 믿고 ㅁ세례를 받았다.
9 그런데 어느 날 밤에, 환상 가운데
주님께서 바울에게 말씀하셨다. "무
서워하지 말아라. 잠자코 있지 말고,
끊임없이 말하여라.
10 내가 너와 함께 있으니, 아무도 너에
게 손을 대어 해하지 못할 것이다.
이 도시에는 나의 백성이 많다."
11 바울은 그들 가운데서 하나님의 말
씀을 가르치면서, 일 년 육 개월 동
안 머물렀다.
12 ○그러나 갈리오가 아가야 주 총독
으로 있을 때에, 유대 사람이 한패가
되어 바울에게 달려들어, 그를 재판
정으로 끌고 가서,
13 "이 사람은 법을 어기면서, 하나님을
공경하라고 사람들을 선동하고 있
습니다" 하고 말하였다.
14 바울이 막 입을 열려고 할 때에, 갈
리오가 유대 사람에게 말하였다. "유
대 사람 여러분, 사건이 무슨 범죄나

18장 요약 고린도는 당시 우상 숭배와 물질 문명의 중심지였다. 바울은 이곳에 복음을 전파할 즈음 여러모로 좋지 않은 상황이었으나(고전 2:3), 실라와 디모데의 합류와(5절) 아굴라와 브리스길라 부부와 같은 조력자의 도움으로 괄목할 만한 성과를 거두었다.

18:2 글라우디오 황제가…떠나라는 칙령을 내렸기 때문에 로마의 황제 글라우디오는 "유대 사람들은 크레스투스(Chrestus)의 선동에 의해 항상 소란을 일으키므로 로마에서 추방하라"는 명령을 내렸다고 한다(A.D. 49년).

18:5 실라와 디모데는 데살로니가 교회의 신실한 믿음 생활과 사랑에 대해 반가운 소식을 전해왔다(살전 3:6 이하). 바울은 그 소식을 듣고 데살로니가 교회에 보내는 첫째 편지를 썼다. 한편, 실라

ㄱ 또는 '메시아' ㄴ 항의하는 표시로 ㄷ 회당 ㄹ 다른 고대 사본들에는 '디도' ㅁ 또는 '침례'

악행에 관련된 일이면, 내가 여러분
의 송사를 들어주는 것이 마땅할 것
이오.
15 그러나 문제가 언어와 명칭과 여러
분의 율법에 관련된 것이면, 여러분
이 스스로 알아서 처리하시오. 나는
이런 일에 재판관이 되고 싶지 않소."
16 그래서 총독은 그들을 재판정에서
몰아냈다.
17 ㉠그들은 회당장 소스데네를 붙들어
다가 재판정 앞에서 때렸다. 그러나
갈리오는 이 일에 조금도 참견하지
않았다.

바울이 안디옥에 돌아가다

18 ○바울은 여러 날을 더 머무른 뒤
에, ㉡신도들과 작별하고, 배를 타고
시리아로 떠났다. 브리스길라와 아
굴라가 그와 동행하였다. 그런데 바
울은 서원한 것이 있어서, 겐그레아
에서 머리를 깎았다.
19 그 일행은 에베소에 이르렀다. 바울
은 그 두 사람을 떼어놓고, 자기 혼
자 회당에 들어가서, 유대 사람과 토
론하였다.
20 그들은 바울에게 좀 더 오래 머물러
달라고 청하였으나, 바울은 거절하
고,
21 "하나님의 뜻이면, 내가 다시 돌아오
겠습니다" 하고 작별 인사를 한 뒤
에, 배를 타고 에베소를 떠났다.
22 바울은 가이사랴에 내려서, ㉢예루
살렘으로 올라가 교회에 문안한 뒤
에, 안디옥으로 내려갔다.
23 바울은 얼마동안 거기에 있다가, 그
곳을 떠나 갈라디아 지방과 부르기
아 지방을 차례로 두루 다니면서, 모
든 신도를 굳세게 하였다.

아볼로의 전도활동

24 ○그런데 알렉산드리아 태생으로 아
볼로라는 유대 사람이 에베소에 왔
다. 그는 말을 잘하고, 성경에 능통
한 사람이었다.
25 그는 이미 주님의 '도'를 배워서 알고
있었고, 예수에 관한 일을 열심히 말
하고 정확하게 가르쳤다. 그렇지만
그는 요한의 ㉣세례밖에 알지 못하였
다.
26 그가 회당에서 담대하게 말하기 시
작하니, 브리스길라와 아굴라가 그
의 말을 듣고서, 따로 그를 데려다가,
[하나님의] '도'를 더 자세하게 설명
하여 주었다.
27 아볼로는 아가야로 건너가고 싶어
하였다. 그래서 ㉡신도들이 그를 격
려하고, 그 쪽 제자들에게 아볼로를
영접하라고 편지를 보냈다. 그는 거
기에 이르러서, 이미 하나님의 은혜
로 신도가 된 사람들에게 큰 도움을
주었다.
28 그가 성경을 가지고, 예수가 ㉤그리

와 디모데는 바울을 위한 빌립보 교회의 헌금도 가져왔다(고후 11:8-9;빌 4:15). 이 일로 바울은 오직 전도에만 힘쓸 수 있었다.

*18:14-16 언어와 명칭과 여러분의 율법*은 '교리·예수님의 이름·율법에 대한 논쟁'으로서 종교적인 문제를 가리킨다. 갈리오는 종교적인 문제는 소송을 기각하고 유대 사람들의 자치에 맡기려 한 듯하다.

18:23 바울의 제3차 전도 여행이 시작된다. 대체로 제2차 전도 여행의 길을 따라, 이미 세워진 교회들을 방문하는 여행이었다. 특별히 앞에서 금지된 소아시아 전도가(16:6) 허락되어 바울은 그 지역에 복음을 전했다. 이 여행 중에 고린도전·후서와 로마서가 기록되었다.

18:25 당시 시리아와 아시아에는 세례자 요한을 따르는 사람들이 있어서 요한의 세례를 전했다.

㉠ 다른 고대 사본들에는 '모든 그리스 사람들은' ㉡ 그, '형제들' ㉢ 그, '올라가' ㉣ 또는 '침례' ㉤ 또는 '메시아'

스도이심을 증명하면서, 공중 앞에
서 유대 사람들을 힘있게 논박했기
때문이다.

바울의 에베소 전도활동

19 아볼로가 고린도에 있는 동안
에, 바울은 ㉠높은 지역들을 거
쳐서, 에베소에 이르렀다. 거기서 그
는 몇몇 제자를 만나서,
2 "여러분은 믿을 때에, 성령을 받았습
니까?" 하고 물었다. 그들은 "우리는
성령이 있다는 말을 들어보지도 못
하였습니다" 하고 대답하였다.
3 바울이 다시 물었다. "그러면 여러분
은 무슨 ㉡세례를 받았습니까?" 그
들이 "요한의 ㉡세례를 받았습니다"
하고 대답하니
4 바울이 말하였다. "요한은 백성들에
게 자기 뒤에 오시는 이 곧 예수를
믿으라고 말하면서, 회개의 ㉡세례를
주었습니다."
5 이 말을 듣고, 그들은 주 예수의 이
름으로 ㉡세례를 받았다.
6 그리고 바울이 그들에게 손을 얹으
니, 성령이 그들에게 내리셨다. 그래
서 그들은 ㉢방언으로 말하고 예언
을 했는데,
7 모두 열두 사람쯤 되었다.
8 ○바울은 회당에 들어가서, 석 달 동
안 하나님 나라의 일을 강론하고 권
면하면서, 담대하게 말하였다.
9 그러나 몇몇 사람은, 마음이 완고하
게 되어서 믿으려 하지 않고, 온 회
중 앞에서 이 '도'를 비난하므로, 바
울은 그들을 떠나, 제자들을 따로 데
리고 나가서, 날마다 두란노 학당에
서 ㉣강론하였다.
10 이런 일을 이태 동안 하였다. 아시아
에 사는 사람들은, 유대 사람이나
그리스 사람이나, 모두 주님의 말씀
을 듣게 되었다.

스게와의 아들들

11 ○하나님께서 바울의 손을 빌어서
비상한 기적들을 행하셨다.
12 심지어 사람들이, 바울이 몸에 지니
고 있는 손수건이나 두르고 있는 앞
치마를 그에게서 가져다가, 앓는 사
람 위에 얹기만 해도 병이 물러가고,
악한 귀신이 쫓겨 나갔다.
13 그런데 귀신 축출가로 행세하며 떠
돌아다니는 몇몇 유대 사람조차도
"바울이 전파하는 예수를 힘입어서
내가 너희에게 명령한다" 하고 말하
면서, 악귀 들린 사람들에게 주 예수
의 이름을 이용하여 귀신을 내쫓으
려고 시도하였다.
14 스게와라는 유대인 제사장의 일곱
아들도 이런 일을 하였는데,
15 귀신이 그들에게 "나는 예수도 알
고, 바울도 알지만, 당신들은 도대체
누구요?" 하고 말하였다.

19장 요약 바울은 에베소에 약 3년간 머물면서 복음 사역을 하였다. 두란노 학당에서 복음을 강론하는 일에 주력하면서, 자기의 양식을 위해 일하기도 하고 서신서를 집필하기도 하였다(고전 5:9-10). 그러나 그는 그동안의 복음 사역에 그치지 않고 당시 세계의 중심지였던 로마에까지 복음을 전하고자 하였다(21절).

19:4 회개의 세례 요한이 준 세례의 본질을 나타낸다. 요한의 세례는 사람의 죄를 강조하여, 복음의 필요성을 실감하게 하는 일시적인 성격을 띤 세례였다. 요한의 세례는, 자신의 몸을 드려 죄 사함을 받을 수 있는 길을 여신 예수님을 예시(豫示)한다.

19:9 두란노 학당 에베소의 철학 강연 장소로, 철

㉠ 갈라디아 지방과 부르기아 지방을 가리킴 ㉡ 또는 '침례' ㉢ 입신 상태에서 하는 알 수 없는 말 ㉣ 다른 고대 사본들에는 '오전 열한 시부터 오후 네 시까지 강론하였다'

16 그리고서 악귀 들린 사람이 그들에
게 달려들어, 그들을 짓눌러 이기니,
그들은 몸에 상처를 입고서, 벗은 몸
으로 그 집에서 도망하였다.
17 이 일이 에베소에 사는 모든 유대 사
람과 그리스 사람에게 알려지니, 그
들은 모두 두려워하고, 주 예수의 이
름을 찬양하였다.
18 그리고 신도가 된 많은 사람이 와서,
자기들이 한 일을 자백하고 공개하
였다.
19 또 마술을 부리던 많은 사람이 그들
의 책을 모아서, 모든 사람 앞에서
불살랐다. 책값을 계산하여 보니,
은돈 오만 닢에 맞먹었다.
20 이렇게 하여 주님의 말씀이 능력 있
게 퍼져 나가고, 점점 힘을 떨쳤다.

에베소에서 일어난 소동

21 ○이런 일이 있은 뒤에, 바울은 마케
도니아와 아가야를 거쳐 예루살렘
으로 가기로 마음에 작정하고 "나는
거기에 갔다가, 로마에도 꼭 가 보아
야 하겠습니다" 하고 말하였다.
22 그래서 자기를 돕는 사람들 가운데
서 디모데와 에라스도 두 사람을 마
케도니아로 보내고, 자기는 얼마 동
안 ㉠아시아에 더 머물러 있었다.
23 ○그 무렵에 주님의 '도' 때문에 적지
않은 소동이 일어났다.
24 데메드리오라고 하는 은장이가 은
으로 아데미 여신의 모형 신전들을
만들어서, 직공들에게 적지 않은 돈
벌이를 시켜주었다.
25 그가 직공들과 이런 일에 종사하는
사람들을 모아 놓고 말하였다. "여러
분, 여러분이 아시는 바와 같이, 우
리는 이 사업으로 잘 살고 있습니다.
26 그런데 여러분이 보고 듣는 대로,
바울이라는 이 사람이 에베소에서
뿐만 아니라, 거의 온 ㉠아시아에 걸
쳐서, 사람의 손으로 만든 신은 신이
아니라고 말하면서, 많은 사람을 설
득해서 마음을 돌려놓았습니다.
27 그러니 우리의 이 사업이 명성을 잃
을 위험이 있을 뿐만 아니라, 위대한
아데미 여신의 신전도 무시당하고,
또 나아가서는 온 ㉠아시아와 온 세
계가 숭배하는 이 여신의 위신이 땅
에 떨어지고 말 위험이 있습니다."
28 ○거기에 서 있는 사람들이 이 말을
듣고 격분해서 "에베소 사람의 아데
미 여신은 위대하다!" 하고 소리를
질렀다.
29 그래서 온 도시는 큰 혼란에 빠졌
고, 군중이 바울의 동행자들인 마케
도니아 사람 가이오와 아리스다고를
붙잡아서 한꺼번에 극장으로 몰려
들어갔다.
30 바울이 군중 속에 들어가려고 하였
으나, 제자들이 그것을 말렸다.

학자이며 수사학자인 트란누스의 이름을 딴 것으로 어떤 그리스어 사본에 보면, 바울이 여기에서 오전 11시–오후 4시까지 강의했다고 한다.

19:21–22 바울의 계획을 기록하고 있는 이 단락은 사도행전의 남은 부분 전부에 대한 예비적 성격을 지닌다. 바울은 에베소에서의 승리만으로 만족할 수 없었다. 그는 열심히 일하여 승리를 얻는 중에서도 늘 추수할 황금 벌판을 바라보았으며, 결국에는 지상 권력의 중심부인 로마를 큰 기대감 속에 주시하게 되었다.

19:22 에라스도 고린도 시의 행정관으로, 고린도 교회의 중요한 인물이다(롬 16:23;딤후 4:20).

19:23–41 이 소동은 그 당시 5월 아데미(에베소의 수호자 '달의 여신') 숭배자들의 축제에서 발생하였다. 그때가 되면 로마 지방 총독 치하의 아시아 도처에서 많은 사람들이 에베소로 모여들었

㉠ 오늘날의 소아시아의 서남부에 위치한 로마의 행정 구역인 아시아 주를 가리킴

31 바울에게 호감을 가진 ㉠아시아의
몇몇 고관들도 사람을 보내서, 바울
에게 극장에 들어가지 말라고 권하
였다.
32 극장 안에서는, 더러는 이렇게 외치
고, 더러는 저렇게 외치는 바람에, 모
임은 혼란에 빠지고, 무엇 때문에 자
기들이 모여들었는지조차 알지 못하
는 사람이 많았다.
33 유대 사람들이 알렉산더를 앞으로
밀어내니, 군중 가운데서 몇 사람이
그를 다그쳤다. 알렉산더가 조용히
해 달라고 손짓을 하고서, 군중에게
변명하려고 하였다.
34 그러나 군중은 알렉산더가 유대 사
람인 것을 알고는, 모두 한 목소리로
거의 두 시간 동안이나 "에베소 사
람의 아데미 여신은 위대하다!" 하고
외쳤다.
35 드디어 시청 서기관이 무리를 진정시
키고 나서 말하였다. "에베소 시민
여러분, 우리의 도시 에베소가 위대
한 아데미 여신과 하늘에서 내린 그
신상을 모신 신전 수호자임을 모르
는 사람이 어디 있습니까?
36 이것은 부인할 수 없는 사실이니, 여
러분은 마땅히 진정하고, 절대로 경
솔한 행동을 해서는 안됩니다.
37 신전 물건을 도둑질한 사람도 아니
요 ㉡우리 여신을 모독한 사람도 아
닌 이 사람들을, 여러분은 여기에 끌
고 왔습니다.
38 그러므로 데메드리오와 그와 함께
있는 직공들이 누구를 걸어서 송사
할 일이 있으면, 재판정도 열려 있
고, 총독들도 있으니, 당사자들이 서
로 고소도 하고, 맞고소도 해야 할
것입니다.
39 여러분이 이 이상으로 해결하고자 하
는 어떤 문제가 있으면, 그것은 정식
집회에서 처리되어야 할 것입니다.
40 우리는 오늘 일어난 이 일 때문에,
소요죄로 문책을 받을 위험이 있습
니다. 우리는 이 소요를 정당화할 수
있는 아무런 명분이 없습니다."
41 이렇게 말하고서, 그는 모임을 해산
시켰다.㉢

바울의 마케도니아와 그리스 여행

20 소동이 그친 뒤에, 바울은 제
자들을 불러오게 해서, 그들을
격려한 뒤에, 작별 인사를 하고, 마
케도니아로 떠나갔다.
2 바울은 그 곳의 여러 지방을 거쳐가
면서, 여러 가지 말로 ㉣제자들을 격
려하고, 그리스에 이르렀다.
3 거기서 그는 석 달을 지냈다. 바울은
배로 시리아로 가려고 하는데, 유대
사람들이 그를 해치려는 음모를 꾸
몄으므로, 그는 마케도니아를 거쳐
서 돌아가기로 작정하였다.

다. 그러나 소동의 결과는 오히려 그리스도인들이 보호받고 평안을 누리는 방향으로 매듭지어졌다.

19:29 극장 에베소와 같이 민주 제도를 채택한 도시에서 집회가 열렸던 장소이다.

19:31 아시아의 몇몇 고관들 아시아의 각 도시에서 황제 예배·경기·제사 등을 주관하면서 비용을 관리하던 10인의 의회 관리들이다.

㉠ 아시아의 제의 동맹의 대제관들인 듯함 ㉡ 다른 고대 사본들에는 '너희의' ㉢ 원문에는 41절이 없다 ㉣ 그, '그들을'

20장 요약 드로아 지방에서 전도를 하고 난 후(4-12절) 밀레도에 도착한 바울은 에베소 교회의 장로를 청하여 설교를 한다. 지금까지 바울은 주로 불신자를 대상으로 설교와 변증을 하였는데(13:16-41), 여기서는 신자를 대상으로 설교하고 있다. 이 글에서 바울의 담담한 자기 고백과 신앙적 결의를 읽을 수 있다.

20:1 떠나갔다 바울이 에베소를 떠나려고 했던

4 그 때에 그와 동행한 사람은 부로의
아들로서, 베뢰아 사람 소바더와 데
살로니가 사람 가운데서 아리스다고
와 세군도와 더베 사람 가이오와 디
모데, 그리고 아시아 사람 두기고와
드로비모였다.
5 이들이 먼저 가서, 드로아에서 우리
를 기다리고 있었다.
6 우리는 무교절 뒤에 배를 타고 빌립
보를 떠나, 닷새만에 드로아에 이르
러, 그들에게로 가서, 거기서 이레 동
안을 지냈다.

유두고를 살리다

7 ○㉠주간의 첫 날에, 우리는 빵을 떼
려고 모였다. 바울은 그 다음 날 떠
나기로 되어 있어서 신도들에게 강
론을 하는데, 강론이 밤이 깊도록 계
속되었다.
8 우리가 모인 위층 방에는, 등불이 많
이 켜져 있었다.
9 유두고라는 청년이 창문에 걸터앉
아 있다가, 바울의 말이 오랫동안 계
속되므로, 졸음을 이기지 못하고 몹
시 졸다가 삼 층에서 떨어졌다. 사람
들이 일으켜 보니, 죽어 있었다.
10 바울이 내려가서, 그에게 엎드려, 끌
어안고 말하기를 "소란을 피우지 마
십시오. 아직 목숨이 붙어 있습니다"
하였다.
11 바울은 위층으로 올라가서, 빵을 떼
어서 먹고 나서, 날이 새도록 오래
이야기하고 떠나갔다.
12 사람들은 그 살아난 청년을 집으로
데리고 갔다. 그래서 그들은 적지 않
게 위로를 받았다.

드로아에서 밀레도까지의 항해

13 ○우리는 배에 먼저 가서, 배를 타고
앗소를 향하여 떠났다. 우리는 거기
에서부터 바울을 배에 태울 작정이
었다. 바울이 앗소까지 걸어가고자
했기 때문에 그렇게 정한 것이었다.
14 우리는 앗소에서 바울을 만나서 그
를 배에 태우고 미둘레네로 갔다.
15 그리고 우리는 거기에서 떠나서, 이
튿날 기오 맞은편에 이르고, 다음날
사모에 들렀다가, ㉡그 다음 날 밀레
도에 이르렀다.
16 이런 행로를 취한 것은, 바울이 아시
아에서 시간을 허비하지 않으려고,
에베소에 들르지 않기로 작정하였기
때문이다. 그는 할 수 있는 대로, 오
순절까지는 예루살렘에 도착하려고
서둘렀던 것이다.

에베소 장로들에게 고별 설교를 하다

17 ○바울이 밀레도에서 에베소로 사람
을 보내어, 교회 장로들을 불렀다.
18 장로들이 오니, 바울이 그들에게 말
하였다. "여러분은, 내가 아시아에
발을 들여놓은 첫날부터, 여러분과
함께 그 모든 시간을 어떻게 지내왔

이유는 ① 마케도니아로 가는 도중에 드로아에서 복음을 전파할 마음이 있었기 때문이며, ② 드로아에서 디도를 만나 고린도 교회의 소식을 듣고자 했기 때문이며(고후 2:12–13), ③ 예루살렘에 있는 교회를 위해 헌금을 모으려고 했기 때문이다(고전 16:1–4).

20:10 이때 유두고는 잠시 기절했던 것이 아니었다. 그의 생명은 바울에 의해 소생되었다. "아직 목숨이 붙어 있습니다"라는 표현은 마가복음서 5:39의 예수님의 말씀과 비슷하다.

20:17–38 바울의 고별 설교의 내용은 에베소에서 행한 사역의 회상(18–21절), 바울의 앞길(22–27절), 에베소 교회에 대한 당부(28–35절) 등이다. 바울의 이별사는 주로 권고하는 내용이지만, 그 안에 복음에 대해서 변증하는 내용(29–32절)도 들어 있다.

㉠ 또는 '안식일 밤에' 또는 '토요일에' 또는 '주일에' ㉡ 다른 고대 사본들에는 '드로길리움에 머무른 뒤에 그 다음날 밀레도에'

논지를 잘 아십니다.
19 나는 겸손과 많은 눈물로, 주님을 섬
겼습니다. 그러는 가운데 나는 또,
유대 사람들의 음모로 내게 덮친 온
갖 시련을 겪었습니다.
20 나는 또한 유익한 것이면 빼놓지 않
고 여러분에게 전하고, 공중 앞에서
나 각 집에서 여러분을 가르쳤습니다.
21 나는 유대 사람에게나 그리스 사람
에게나 똑같이, 회개하고 하나님께
로 돌아올 것과 우리 주 예수를 믿
을 것을, 엄숙히 증언하였습니다.
22 보십시오. 이제 나는 ㉠성령에 매여
서, 예루살렘으로 가는 길입니다. 거
기서 무슨 일이 내게 닥칠지, 나는 모
릅니다.
23 다만 내가 아는 것은, 성령이 내게
일러주시는 것뿐인데, 어느 도시에서
든지, 투옥과 환난이 나를 기다리고
있다는 것입니다.
24 그러나 내가 나의 달려갈 길을 다 달
리고, 주 예수께 받은 사명, 곧 하나
님의 은혜의 복음을 증언하는 일을
다하기만 하면, 나는 내 목숨이 조금
도 아깝지 않습니다.
25 ○나는 여러분 가운데로 들어가서,
그 나라를 선포하였습니다. 그런데
이제 나는 여러분 모두가 내 얼굴을
다시는 보지 못하리라는 것을 알고
있습니다.
26 그러므로 나는 오늘 여러분에게 엄
숙하게 증언합니다. 여러분 가운데
서 누가 구원을 받지 못하는 일이
있더라도, 내게는 아무런 책임이 없
습니다.
27 그것은, 내가 주저하지 않고 여러분
들에게 하나님의 모든 경륜을 전해
주었기 때문입니다.
28 여러분은 자기 자신을 잘 살피고 양
떼를 잘 보살피십시오. 성령이 여러
분을 양 떼 가운데에 감독으로 세우
셔서, ㉡하나님께서 자기 아들의 피
로 사신 교회를 돌보게 하셨습니다.
29 내가 떠난 뒤에, 사나운 이리들이 여
러분 가운데로 들어와서, 양 떼를
마구 해하리라는 것을 나는 압니다.
30 바로 여러분 가운데서도, 제자들을
이탈시켜서 자기를 따르게 하려고,
어그러진 것을 말하는 사람들이 나
타날 것입니다.
31 그러므로 여러분은 깨어 있어서, 내
가 삼 년 동안 밤낮 쉬지 않고 각 사
람을 눈물로 훈계하던 것을 기억하
십시오.
32 나는 이제 하나님과 그의 은혜로운
말씀에 여러분을 맡깁니다. 하나님
의 말씀은 여러분을 튼튼히 세울 수
있고, 거룩하게 된 모든 사람들 가
운데서 여러분으로 하여금 유업을
차지하게 할 수 있습니다.

20:22-24 바울에게 있어서 자신의 목숨에 대한 위험은 문제가 되지 않았다(빌 1:20). 오직 그는 예수님께 온전히 복종할 뿐이었다(고후 4:7 이하; 빌 3:8).

20:22 나는 성령에 매여 이 말을 정확히 번역하면 '성령님에게 사로잡혀'이다. 그러나 다른 사람들이 바울의 예루살렘 행을 만류한 것은(21:4,12) 성령께서 바울이 당할 고난을 그들에게 미리 알게 하셨기 때문에 인간적인 염려가 앞선 탓이었다(21:11-12).

20:26 최선을 다하여 복음을 전했기 때문에 하나님 앞에서 자신에게는 아무런 책임이 없다는 의미이다.

20:28 감독 이 시기에는 아직 감독과 장로가 구별되지 않았다. 감독과 장로가 구별되고 교권상의 서열에서 감독 다음에 장로가 서게 된 것은 A.D. 2세기경 이그나티우스 때에 와서이다.

㉠ 그, '영' ㉡ 다른 고대 사본들에는 '주님께서'

33 나는 누구의 은이나 금이나 옷을 탐
낸 일이 없습니다.
34 여러분이 아는 대로, 나는 나와 내
일행에게 필요한 것을 내 손으로 일
해서 마련하였습니다.
35 나는 모든 일에서 여러분에게 본을
보였습니다. 이렇게 힘써 일해서 약
한 사람을 도와주는 것이 마땅합니
다. 그리고 주 예수께서 친히 '주는
것이 받는 것보다 더 복이 있다' 하
신 말씀을 반드시 명심해야 합니다."
36 바울은 말을 마치고 나서, 무릎을
꿇고 그들과 함께 기도하였다.
37 그리고 모두 실컷 울고서, 바울의 목
을 끌어안고, 입을 맞추었다.
38 그들을 가장 마음 아프게 한 것은,
다시는 자기의 얼굴을 볼 수 없으리
라고 한 바울의 말이었다. 그들은 배
타는 곳까지 바울을 배웅하였다.

바울의 예루살렘 여행

21 우리는 그들과 작별하고, 배를
타고 곧장 항해해서 고스에 도
착하였다. 이튿날 로도에 들렀다가,
거기에서 ㉠ 바다라로 갔다.
2 우리는 페니키아로 가는 배를 만나
서, 그것을 타고 떠났다.
3 키프로스 섬이 시야에 나타났을 때
에, 우리는 그 섬을 왼쪽에 두고 시리
아로 행선하여 두로에 닿았다. 그 배
는 거기서 짐을 풀기로 되어 있었다.
4 우리는 두로에서 제자들을 찾아서
만나고, 거기서 이레를 머물렀다. 그
런데 그들은 성령의 지시를 받아서,
바울에게 예루살렘에 올라가지 말
라고 간곡히 말하였다.
5 그러나 머물 날이 다 찼을 때에, 우
리는 그 곳을 떠나 여행 길에 올랐
다. 모든 제자가 그들의 아내와 아이
들과 함께, 우리를 성 밖에까지 배웅
하였다. 바닷가에서 우리는 무릎을
꿇고 기도를 하고,
6 서로 작별 인사를 나누었다. 그리고
우리는 배에 올랐고, 그들은 제각기
집으로 돌아갔다.
7 ○우리는 두로에서 출항하여, 항해
를 ㉡ 끝마치고 돌레마이에 이르렀다.
거기서 우리는 ㉢ 신도들에게 인사하
고, 그들과 함께 하루를 지냈다.
8 이튿날 우리는 그 곳을 떠나서, 가이
사랴에 이르렀다. 일곱 사람 가운데
한 사람인 전도자 빌립의 집에 들어
가서, 그와 함께 머물게 되었다.
9 이 사람에게는 예언을 하는 처녀 딸
이 넷 있었다.
10 우리가 여러 날 머물러 있는 동안에,
아가보라는 예언자가 유대에서 내려
와,
11 우리에게 와서, 바울의 허리띠를 가
져다가, 자기 손과 발을 묶고서 말하
였다. "유대 사람이 예루살렘에서

21장 요약 예루살렘 교회는 할례와 율법에 대해 오해를 한 교인들이 있었는데 이를 불식시키기 위해 장로들은 형제(나실인의 서약을 한 사람)와 함께 정결 예식을 할 것을 바울에게 요구하였다. 바울의 입장에서는 할례나 율법이나 그 어떤 것이든 형식보다는 내용이 중요하였으므로 이 제의에 흔쾌히 응하였다.

21:1–26 제3차 전도 여행을 끝마친 바울은 이제 예루살렘으로 돌아온다. 예루살렘에서 바울은 죄수의 몸으로 로마에 가게 된다.

21:1 고스 밀레도 항구에서 남쪽으로 68km 거리에 있는, 비옥한 작은 섬이다.

21:5 무릎을 꿇고 초대 교회의 기도 자세는 서서 기도하는 것이었다(막 11:25). 무릎을 꿇고 기도하는 것은 특별히 엄숙한 순간에 취했다.

㉠ 다른 고대 사본들에는 '바다라와 미라' ㉡ 또는 '계속하여' ㉢ 그, '형제들'

이 허리띠 임자를 이와 같이 묶어서
이방 사람의 손에 넘겨 줄 것이라고,
성령이 말씀하십니다."
12 이 말을 듣고, 그 곳 사람들과 함께
우리는, 바울에게 예루살렘으로 올
라가지 말라고 간곡히 만류하였다.
13 그 때에 바울이 대답하였다. "왜들
이렇게 울면서, 내 마음을 아프게 하
십니까? 나는 주 예수의 이름을 위
해서, 예루살렘에서 결박을 당할 것
뿐만 아니라, 죽을 것까지도 각오하
고 있습니다."
14 바울이 우리의 만류를 받아들이지
않으므로, 우리는 "주님의 뜻이 이루
어지기를 빕니다" 하고는 더 말하지
않았다.
15 ○이렇게 거기서 며칠을 지낸 뒤에,
우리는 행장을 꾸려서 예루살렘으
로 올라갔다.
16 가이사랴에 있는 제자 몇 사람도 우
리와 함께 갔다. 그들은 우리가 묵어
야 할 집으로 우리를 안내하여, 나손
이라는 사람에게 데려다 주었다. 그
는 키프로스 사람으로 오래 전에 제
자가 된 사람이었다.

바울이 야고보를 방문하다

17 ○우리가 예루살렘에 이르니, 형제
들이 우리를 반가이 맞아 주었다.
18 이튿날 바울은 우리와 함께 야고보
를 찾아갔는데, 장로들이 다 거기에
있었다.
19 바울은 그들에게 인사한 뒤에, 자기
의 봉사 활동을 통하여 하나님께서
이방 사람 가운데서 행하신 일을 낱
낱이 이야기하였다.
20 그들은 이 말을 듣고서, 하나님께 영
광을 돌리고, 바울에게 말하였다.
"형제여, 당신이 보는 대로, 유대 사
람 가운데는 믿는 사람이 수만 명이
나 되는데, 그들은 모두 율법에 열성
적인 사람들입니다.
21 그런데 그들이 당신을 두고 하는 말
을 소문으로 듣기로는, 당신이 이방
사람 가운데서 사는 모든 유대 사람
에게 할례도 주지 말고 유대 사람의
풍속도 지키지 말라고 하면서, 모세
를 배척하라고 가르친다는 것입니다.
22 그러니 어떻게 하면 좋겠습니까? 그
들은 틀림없이 당신이 왔다는 소식
을 들을 것입니다.
23 그러므로 당신은 우리가 말하는 대
로 하십시오. 우리 가운데서 하나님
앞에 스스로 맹세한 사람이 넷 있습
니다.
24 이 사람들을 데리고 가서, 함께 정결
예식을 행하고, 그들이 머리를 깎게
하고, 그 비용을 대십시오. 그러면
사람들은 모두, 당신의 소문이 전혀
사실이 아니며, 도리어 당신이 율법
을 지키며 바로 살아가고 있다는 것

21:14 우리…더 말하지 않았다 이것은 바울의 예루살렘 행이 하나님의 뜻이라는 사실을 거기에 있었던 자들 모두가 인정하였다는 것을 의미한다. 누가는 왜 바울이 자신의 예루살렘 방문을 그토록 절박한 것으로 간주하였는가에 대하여 설명하지 않는다. 그러나 바울이 예루살렘으로 한사코 가고자 했던 것은 분명히 이방 사람들을 구원하는 일과 관련되어 있다고 볼 수 있다(롬 15:25-32).

21:16 오래 전에 제자가 된 사람은 (그) '아르카이오 아데테'로서 '처음부터 제자 된 사람', 곧 예루살렘 교회의 창립 인물을 가리킨다.

21:17-26 바울의 선교 결과를 듣고 예루살렘 교회는 크게 기뻐했다(18-19절). 그러나 예루살렘 교회에는 여전히 바울을 오해하고 있는 유대 사람들이 많았다(20-21절). 그러한 오해를 가라앉히기 위해 장로들은 정결 예식을 행하라고 바울에게 권고했다(22-24절). 바울은 자신을 오해한

을 알게 될 것입니다.
25 신도가 된 이방 사람들에게는, 우상
의 제물과 피와 ㉠목매어 죽인 것과
음행을 삼가야 한다는 것을, 우리가
결정해서 써 보냈습니다."
26 그래서 바울은 그 다음날 그 네 사
람을 데리고 가서, 함께 정결 예식을
한 뒤에, 성전으로 들어갔다. 그리고
정결 기한이 차는 날짜와 각 사람을
위해서 예물을 바칠 날짜를 신고하
였다.

바울이 체포되다

27 ○그 이레가 거의 끝나갈 무렵에, ㉡아
시아에서 온 유대 사람들이 성전에
서 바울을 보고, 군중을 충동해서,
바울을 붙잡아 놓고,
28 소리 쳤다. "이스라엘 동포 여러분,
합세하여 주십시오. 이 자는 어디에
서나 우리 민족과 율법과 이 곳을
거슬러서 사람들을 가르칩니다. 더
욱이 이 자는 그리스 사람들을 성전
에 데리고 들어와서, 이 거룩한 곳을
더럽혀 놓았습니다."
29 이는 그들이 에베소 사람 드로비모
가 바울과 함께 성내에 있는 것을 전
에 보았으므로, 바울이 그를 성전에
데리고 들어왔으리라고 생각하였기
때문이다.
30 그래서 온 도시가 소란해지고, 백성
들이 몰려들어서 바울을 잡아 성전
바깥으로 끌어내니, 성전 문이 곧 닫
혔다.
31 그들이 바울을 죽이려고 할 때에, 온
예루살렘이 소요에 휘말려 있다는
보고가 천부장에게 올라갔다.
32 그는 곧 병사들과 백부장들을 거느
리고, 그 사람들에게로 달려갔다. 그
들은 천부장과 군인들을 보고, 바울
을 때리는 것을 멈추었다.
33 천부장이 가까이 가서, 바울을 체포
하였다. 그리고 그는 부하들에게 쇠
사슬 둘로 바울을 결박하라고 명령
하고, 그가 어떤 사람이며, 또 무슨
일을 하였는지를 물었다.
34 그러나 무리 가운데서 사람들이 저
마다 다른 소리를 질렀다. 천부장은
소란 때문에 사건의 진상을 알 수 없
었으므로, 바울을 병영 안으로 끌고
가라고 명령하였다.
35 바울이 층계에 이르렀을 때에는 군
중이 하도 난폭하게 굴었기 때문에,
군인들이 그를 둘러메고 가야 하였
다.
36 큰 무리가 따라오면서 "그 자를 없애
버려라!" 하고 외쳤다.

바울이 스스로 변호하다

37 ○바울이 병영 안으로 끌려 들어갈
즈음에, 그는 천부장에게 "한 말씀
드려도 됩니까?" 하고 물었다. 천부
장이 "당신은 그리스 말을 할 줄 아

유대 사람들을 구원하기 위해(고전 9:20) 장로들의 권고를 따랐다(26절).

21:28 그리스 사람들을 성전에 데리고 들어와서…더럽혀 놓았습니다 본래 이방 사람들은 성전에 들어올 수 없었다. 다만 성전 맨 바깥에 이방 사람들을 위한 장소가 있었을 뿐이다. 이방 사람의 뜰은 하나님께서 이방 사람도 구원하시기 원하심을 상징한다. 이방 사람의 뜰과 안뜰 사이에는 담이 있으며, 그곳을 통과하는 계단 발치에는 '안뜰로 들어오는 이방 사람은 죽임을 당하게 될 것'이라는 경고문이 있었다. 이 같은 상황에서 바울이 이방 사람을 성전으로 데리고 들어갔다는 거짓 증언은 그를 죽일 충분한 근거가 되었다.

21:37 바울은 그리스 말을 사용함으로써 자신이 학문과 교양 있는 사람이며 폭동을 일으킬 만한 반란군이 아님을 보여 준다.

㉠ 다른 고대 사본들에는 '목매어 죽인 것'이 없음 ㉡ 당시의 로마 제국의 행정 구역으로 오늘날 소아시아의 서남부에 소재했음

오?
38 그러면 당신은 얼마 전에 폭동을 일
으키고 사천 명의 자객을 이끌고 광
야로 나간 그 이집트 사람이 아니
오?" 하고 반문하였다.
39 바울이 대답하였다. "나는 길리기아
의 다소 출신의 유대 사람으로, 그
유명한 도시의 시민입니다. 저 사람
들에게 내가 한 마디 말을 하게 허
락해 주십시오."
40 천부장이 허락하니, 바울은 층계에
서서, 무리에게 손을 흔들어 조용하
게 하였다. 잠잠해지자, 바울은 ㉠히
브리 말로 연설을 하였다.

22 1 "동포 여러분, 내가 이제 여
러분에게 드리는 해명을 잘 들
어 주시기 바랍니다."
2 군중들은 바울이 ㉠히브리 말로 연
설하는 것을 듣고, 더욱더 조용해졌
다. 바울은 말을 이었다.
3 "나는 유대 사람입니다. 나는 길리기
아의 다소에서 태어나서, 이 도시 예
루살렘에서 자랐고, 가말리엘 선생
의 문하에서 우리 조상의 율법의 엄
격한 방식을 따라 교육을 받았습니
다. 그래서 나는 오늘날 여러분 모두
가 그러하신 것과 같이, 하나님께 열
성적인 사람이었습니다.
4 나는 이 '도'를 따르는 사람들을 박
해하여 죽이기까지 하였고, 남자든
여자든 가리지 않고 묶어서 감옥에
넣었습니다.
5 내 말이 사실임을 대제사장과 모든
장로가 증언하실 것입니다. 나는 그
들에게서 다마스쿠스에 있는 동포
들에게 보내는 공문을 받아서, 다마
스쿠스로 길을 떠났습니다. 나는 거
기에 있는 신도들까지 잡아서 예루
살렘으로 끌어다가, 처벌을 받게 하
려고 했던 것입니다."

바울이 자기의 회개를 이야기하다
(행 9:1-19; 26:12-18)

6 ○"가다가, 정오 때쯤에 다마스쿠스
가까이에 이르렀는데, 갑자기 하늘
로부터 큰 빛이 나를 둘러 비추었습
니다.
7 나는 땅바닥에 엎어졌는데 '사울아,
사울아, 네가 어찌하여 나를 핍박하
느냐?' 하는 소리가 들려왔습니다.
8 그래서 내가 '주님, 누구십니까?' 하
고 물었더니, 그는 나에게 대답하시
기를 '나는 네가 핍박하는 ㉡나사렛
예수이다' 하셨습니다.
9 나와 함께 있는 사람들은, 그 빛은
보았으나, 내게 말씀하시는 분의 음
성은 듣지 못하였습니다.
10 그 때에 내가 '주님, 어떻게 하라 하
십니까?' 하고 말하였더니, 주님께서
내게 말씀하셨습니다. '일어나서, 다
마스쿠스로 가거라. 거기에는 네가

22장 요약 바울의 출생과 성장 내력(3-4절), 회심 과정(6-16절), 이방 사람의 사도로 소명 받게 된 경위가 밝혀져 있다. 그는 그리스도의 구세주 되심과 하나님의 주권적인 선택을 강하게 설파하고 있다. 이 설교의 여파로 유대 사람들은 소동을 일으키고, 그 결과 바울은 의회에 서게 된다.

㉠ 아람어를 가리킴 ㉡ 그, '나사렛 사람'

22:2-21 바울은 자신이 어떻게 유대교의 정통 신앙에서 기독교로 개종하였는지에 대한 확고한 개인적 체험을 통해 복음을 증거하려 하였다.

22:3-4 바울의 출생지인 길리기아 지방의 다소는 상업의 요충지로, 그리스의 철학·문학·종교가 발달했다. 바울은 다소에서 이방의 다양한 지식을 배울 수 있었다. 소위 종교사학파라 불리는 신학자들은 바울이 그리스의 이방 종교를 그리스도교에 끌어들이는 혼합주의에 빠졌다고 말한다.

해야 할 모든 일을 누가 말해 줄 것
이다.'
11 나는 그 빛의 광채 때문에 눈이 멀어
서, 함께 가던 사람들의 손에 이끌
려 다마스쿠스로 갔습니다.
12 ○거기에 아나니아라는 사람이 있었
습니다. 그는 율법을 따라 사는 경건
한 사람으로, 거기에 사는 모든 유대
사람에게 칭찬을 받는 사람이었습
니다.
13 그가 나를 찾아와 곁에 서서, '형제
사울이여, 눈을 뜨시오' 하고 나에게
말하였습니다. 그 순간에 나는 시력
을 회복하여, 그를 쳐다보았습니다.
14 그 때에 아나니아가 내게 말하였습
니다. '우리 조상의 하나님께서 당신
을 택하셔서, 자기의 뜻을 알게 하시
고, 그 의로우신 분을 보게 하시고,
그분의 입에서 나오는 음성을 듣게
하셨습니다.
15 당신은 그분을 위하여 모든 사람에
게 당신이 보고 들은 것을 증언하는
증인이 될 것입니다.
16 그러니 이제 망설일 까닭이 어디 있
습니까? 일어나, 주님의 이름을 불러
서, ㉠세례를 받고, 당신의 죄 씻음을
받으시오.'"

바울이 이방 사람의 사도가 된 경위

17 ○"그 뒤에 내가 예루살렘으로 돌아
와서, 성전에서 기도하는 가운데 황
홀경에 빠져
18 주님이 내게 말씀하시는 것을 보았
습니다. 그는 말씀하시기를 '서둘러
서 예루살렘을 떠나라. 예루살렘 사
람들이 나에 관한 네 증언을 받아들
이지 않을 것이기 때문이다' 하셨습
니다.
19 그래서 내가 말하였습니다. '주님, 내
가 주님을 믿는 사람들을 가는 곳마
다 회당에서 잡아 가두고 때리고 하
던 사실을 사람들이 잘 알고 있습니
다.
20 그리고 주님의 증언자인 스데반이
피를 흘리고 죽임을 당할 때에, 나도
곁에 서서, 그 일에 찬동하면서, 그
를 죽이는 사람들의 옷을 지키고 있
었습니다.'
21 그 때에 주님께서 말씀하시기를 '가
라. 내가 너를 멀리 이방 사람들에게
로 보내겠다' 하셨습니다."

바울이 로마 시민권의 소유자임을 알리다

22 ○사람들이 바울의 말을 여기까지
듣고 있다가 "이런 자는 없애 버려
라. 살려 두면 안 된다" 하고 소리를
질렀다.
23 그리고 그들은 고함을 치며, 옷을 벗
어 던지며, 공중에 먼지를 날렸다.
24 그 때에 천부장이 바울을 병영 안으
로 끌어들이라고 명령하였다. 그리
고 그는 유대 사람들이 바울에게 이

그러나 바울은 오히려 이방의 다신론을 공격하고, 유일하신 하나님과 예수 그리스도를 전했다.

22:14 그 의로우신 분을 보게 하시고 부활하신 예수님을 보는 것은 바울에게 대단히 중요한 것이었다(26:16;고전 9:1;15:8).

22:21 이방 사람들에게로 이방 사람을 구원하는 것은 하나님의 뜻이었다. ① 구약 성경은 이미 이방 사람의 구원을 예언하였다(사 60,65장;미 4:2). ② 예수님은 이방 사람의 구원에 대해 비유로 말씀하셨다(마 20:1 이하;21:33 이하). ③ 바울은 이방 사람의 사도로 세움을 받았다. 따라서 그가 이방 사람의 사도가 된 것은 전적으로 하나님의 뜻이었다.

22:25 로마의 법에 따르면, 모든 로마 시민은 막대기로 맞거나 채찍질 또는 십자가형과 같은 굴욕적인 처벌로부터 면제되었다. 또한 로마 시민은 범죄가 증명될 때까지 처벌받지 않았다.

㉠ 또는 '침례'

렇게 소리를 지르는 이유를 알아내
려고, 바울을 채찍질하면서 캐물어
보라고 하였다.
25 그들이 채찍질을 하려고 바울을 눕
혔을 때에, 바울은 거기에 서 있는
백부장에게 "로마 시민을 유죄판결
도 내리지 않고 매질하는 법이 어디
에 있소?" 하고 말하였다.
26 백부장이 이 말을 듣고, 천부장에게
로 가서 "어떻게 하시렵니까? 이 사
람은 로마 시민입니다" 하고 알렸다.
27 그러자 천부장이 바울에게로 와서
"내게 말하시오. 당신이 로마 시민이
오?" 하고 물었다. 바울이 그렇다고
대답하니,
28 천부장은 "나는 돈을 많이 들여서
이 시민권을 얻었소" 하고 말하였다.
바울은 "나는 나면서부터입니다" 하
고 말하였다.
29 그러자 바울을 신문하려고 하던 사
람들이 곧 물러갔다. 천부장도 바울
이 로마 시민이라는 사실을 알고는,
그를 결박해 놓은 일로 두려워하였
다.

바울이 의회 앞에서 해명하다

30 ○이튿날 천부장은 무슨 일로 유대
사람이 바울을 고소하는지, 그 진상
을 알아보려고 하였다. 그래서 그는
바울의 결박을 풀어주고, 명령을 내
려서, 대제사장들과 온 의회를 모이
게 하였다. 그리고 그는 바울을 데리
고 내려가서, 그들 앞에 세웠다.

23

1 바울이 의회원들을 주목하고
말하였다. "㉠동포 여러분, 나
는 이 날까지 하나님 앞에서 오로지
바른 양심을 가지고 살아왔습니다."
2 이 말을 듣고, 대제사장 아나니아가
곁에 서 있는 사람들에게 바울의 입
을 치라고 명령하였다.
3 그러자 바울이 그에게 말하였다. "회
칠한 벽이여, 하나님께서 당신을 치
실 것이오. 당신이 율법대로 나를 재
판한다고 거기에 앉아 있으면서, 도
리어 율법을 거슬러서, 나를 치라고
명령하시오?"
4 곁에 서 있는 사람들이 말하였다. "그
대가 하나님의 대제사장을 모욕하
오?"
5 바울이 말하였다. "㉠동포 여러분,
나는 그가 대제사장인 줄 몰랐소.
성경에 기록하기를 ㉡'너의 백성의 지
도자를 욕하지 말아라' 하였소."
6 ○그런데 바울이 그들의 한 부분은
사두개파 사람이요, 한 부분은 바리
새파 사람인 것을 알고서, 의회에서
큰소리로 말하였다. "㉠동포 여러분,
나는 바리새파 사람이요, 바리새파
사람의 아들입니다. 나는 지금, 죽은
사람들이 부활할 것이라는 소망 때
문에 재판을 받고 있습니다."

22:28 시민권 당시 로마 시민이 될 수 있는 길은 첫째, 부모가 로마 시민일 경우, 둘째, 로마 제국의 공로자로 인정된 경우, 셋째, 많은 돈을 주고 시민권을 사는 경우 등이 있다. 천부장은 그리스 사람으로서, 세 번째 방법으로 시민권을 획득하였다.

22:30-23:11 산헤드린(의회)에서 바울은 의회를 구성하는 바리새파 사람과 사두개파 사람 간에 부활 논쟁을 유발하여 위기를 넘겼다.

23장 요약 바울은 모진 고초 속에서도 신앙 양심을 팔기는커녕 도리어 강단있게 복음을 전파하고 악인의 죄를 경고하고 있다. 유대 사람 40여 명이 바울을 살해하고자 하였으나 사람의 생명, 특히 택한 자의 목숨은 하나님의 주권에 속해 있다. 바울은 천부장의 도움을 통해 생사의 기로에서 벗어날 수 있었다.

㉠ 그, '형제들' ㉡ 출 22:28

7 바울이 이렇게 말하니, 바리새파 사
람과 사두개파 사람 사이에 다툼이
생겨서, 회중이 나뉘었다.
8 사두개파 사람은 부활도 천사도 영
도 없다고 하는데, 바리새파 사람은
그것을 다 인정하기 때문이다.
9 그래서 큰 소동이 일어났다. 바리새
파 사람 편에서 율법학자 몇 사람이
일어나서, 바울 편을 들어서 말하였
다. "우리는 이 사람에게서 조금도
잘못을 찾을 수 없습니다. 만일 영이
나 천사가 그에게 말하여 주었으면,
어찌하겠습니까?"
10 싸움이 커지니, 천부장은, 바울이 그
들에게 찢길까 염려하여, 군인더러
내려가서 바울을 그들 가운데서 빼
내어, 병영 안으로 데려가라고 명령
하였다.
11 ○그 날 밤에 주님께서 바울 곁에 서
서 말씀하셨다. "용기를 내어라. 네
가 예루살렘에서 나의 일을 증언한
것과 같이, 로마에서도 증언하여야
한다."

바울을 죽이려는 음모

12 ○날이 새니, 유대 사람들이 모의하
여, 바울을 죽이기 전에는 먹지도 마
시지도 않겠다고 맹세하였다.
13 이 모의에 가담한 사람은 마흔 명이
넘었다.
14 그들이 대제사장들과 장로들에게로
가서 말하였다. "우리는 바울을 죽이
기 전에는 아무것도 입에 대지 않기
로 굳게 맹세하였습니다.
15 그러니 이제 여러분은 의회와 짜고
서, 바울에 관한 일을 좀더 정확하게
알아보려는 척하면서, 천부장에게
청원하여, 바울을 여러분 앞에 끌어
내어 오게 하십시오. 우리는 그가
이 곳에 이르기 전에 그를 죽여버릴
준비를 다 해 놓았습니다."
16 그런데 바울의 누이의 아들이 이 음
모를 듣고, 서둘러 가서, 병영으로
들어가, 바울에게 그 사실을 일러주
었다.
17 그래서 바울은 백부장 가운데 한 사
람을 불러 놓고 말하였다. "이 청년
을 천부장에게 인도해 주십시오. 그
에게 전할 말이 있습니다."
18 백부장이 그를 데리고 천부장에게
로 가서 말하였다. "죄수 바울이 나
를 불러서, 이 청년이 대장님께 드릴
말씀이 있다고 하면서, 데려다 달라
고 부탁해서 데려왔습니다."
19 천부장이 청년의 손을 잡고, 아무도
없는 데로 데리고 가서 물어 보았다.
"내게 전할 말이 무엇이냐?"
20 그가 대답하였다. "유대 사람들이
바울에 관해서 좀더 정확하게 캐물
어 보려는 척하면서, 내일 그를 의회
로 끌어내어 오게 해달라고 대장님

23:2 아나니아 네베다이우스(Nebedaeus)의 아들로, 대제사장으로 임명되었다. 그는 일반 제사장들에게 돌아가는 십일조를 가로채고, 자신의 이익을 위해 폭력과 암살도 서슴지 않았다고 한다.
23:4 예수님도 안나스 앞에서 조사 받을 때, 이러한 소리를 들으셨다(요 18:22).
23:6 사두개파와 바리새파는 서로 정치·종교적인 우위권 다툼 때문에 역사적으로 알력이 심했다. 이러한 다툼은 예수님과 바울 시대에도 여전히 계속되었다.
23:11 아마 바울은 이때 상당한 의기소침 증세와 슬픔에 잠겨 있었을 것이다. 자기의 신실함에 대한 주장이 부당하게도 모욕을 당했으며, 의(義)에 대한 그의 열정도 꺾였다. 특히 동족을 향한 그의 복음 전도도 좌절되었다. 그날 밤은 바울에게 가장 어두운 시기에 속하였을 것이다. 그러나 그에게는 곧 충만한 광휘(光輝)가 넘치게 된다. 주님께서 그의 곁에 서서 위로하시고 격려하시며 인

께 청하기로 뜻을 모았습니다.
21 그러니 대장님은 그들의 말에 넘어
가지 마십시오. 바울을 죽이기 전에
는 먹지도 마시지도 않겠다고 맹세
한 사람이, 마흔 명 남짓 매복하여
바울을 기다리고 있습니다. 그들은
지금 준비를 다 하고, 대장님에게서
승낙이 내리기만을 기다리고 있습니
다."
22 천부장은 그 청년에게 "이 정보를 내
게 제공하였다는 말을 아무에게도
하지 말아라" 하고 당부한 뒤에, 그
를 돌려보냈다.

바울을 벨릭스 총독에게 호송하다

23 ○천부장이 백부장 두 사람을 불러
서 명령하였다. "오늘 밤 아홉 시에
가이사랴로 출발할 수 있도록, 보병
이백 명과 기병 칠십 명과 창병 이백
명을 준비하여라.
24 또 바울을 벨릭스 총독에게로 무사
히 호송할 수 있도록, 그를 태울 짐승
도 마련하여라."
25 그리고 천부장은 이렇게 편지를 썼다.
26 "글라우디오 루시아는 삼가 총독 벨
릭스 각하께 문안드립니다.
27 이 사람은 유대 사람들에게 붙잡혀
서, 죽임을 당할 뻔하였습니다. 그런
데 나는 그가 로마 시민인 것을 알
고, 군대를 거느리고 가서 그를 구해
냈습니다.
28 유대 사람들이 무슨 일로 그를 고소
하는지를 알아보려고, 나는 그들의
의회로 그를 데리고 갔습니다.
29 나는 그가 유대 사람의 율법 문제로
고소를 당하였을 뿐이며, 사형을 당
하거나 갇힐 만한 아무런 죄가 없다
는 것을 알았습니다.
30 그런데 이 사람을 해하려고 하는 음
모가 있다는 정보를 듣고서, 나는 당
장에 그를 총독님께로 보내는 바입
니다. 그리고 그를 고발하는 사람들
에게도, 그에 대한 [일을] 각하 앞에
제소하라고 지시하여 두었습니다.㉠"
31 ○군인들은 명령을 받은 대로 바울
을 넘겨받아서, 밤에 안디바드리로
데려갔다.
32 그리고 이튿날, 기병들에게 그를 호
송하게 맡기고, 그들은 병영으로 돌
아왔다.
33 기병들이 가이사랴에 이르러서, 그
편지를 총독에게 전달하고, 바울도
그 앞에 데려다가 세웠다.
34 총독은 그 편지를 읽고 나서, 바울에
게 어느 지방 출신인가를 물어 보았
다. 총독은, 바울이 길리기아 출신인
것을 알고
35 "그대를 고소하는 사람들이 도착하
면, 그대의 말을 들어보겠네" 하고
말한 뒤에, 그를 ㉡헤롯 궁에 가두고
지키라고 명령하였다.

정하셨기 때문이다. 주님께서도 이곳 예루살렘에서 고난과 모욕을 당하셨기에 바울이 겪는 일들이 어떤 것인지 충분히 아셨다. 그러한 주님이 이제 넘치는 동정(同情)으로 바울과 함께하신다.

23:24 벨릭스 총독 벨릭스는 제11대 유대 총독이었다. 그는 원래 노예였으나, 자유인이 되었고 로마의 관원이 되었다. 벨릭스는 성격이 잔인하여, 모든 반란을 사정없이 억압했다. 그 때문에 온건한 유대 사람들까지도 분노하여, 더욱 많은 반란이 일어났다.

23:27-30 천부장 루시아는 예루살렘에서 있었던 일을 총독에게 보고하며 자기가 로마 시민인 바울을 구해 냈다고 하였다(27절). 그리고 바울을 결박한 사실은 생략하고 자신의 책임을 면하려는 태도를 볼 수 있다.

㉠ 다른 고대 사본들에는 끝에 '안녕히 계십시오'가 더 있음 ㉡ 헤롯 대왕이 지은 궁전으로 로마 총독의 관저로 사용되던 건물을 가리킴

바울을 고소하다

24 닷새 뒤에, 대제사장 아나니아
가 몇몇 장로와 더둘로라는 변
호사와 함께 내려와서, 총독에게 바
울을 고소하였다.
2 바울을 불러내니, 더둘로가 고발하
여 말하였다. "㉠벨릭스 총독님, 우
리는 총독님의 덕분으로 크게 평안
을 누리고 있습니다. 그리고 각하의
선견지명의 덕택으로, 이 나라에서
는 개혁을 많이 이룰 수 있었습니다.
3 우리는 어떤 면으로나, 또 어디에서
나, 이것을 인정하며, 감사하여 마지
않습니다.
4 나는 총독님을 오래 방해하지 않겠
으니, 너그러우신 마음으로 우리의
고발을 잠깐 들어주시기 바랍니다.
5 우리가 본 바로는, 이 자는 염병 같
은 자요, 온 세계에 있는 모든 유대
사람에게 소란을 일으키는 자요, 나
사렛 도당의 우두머리입니다.
6 그가 성전까지도 더럽히려고 하므로,
우리는 그를 붙잡았습니다. ㉡(6절
하반부터 8절 상반까지 없음)
8 총독님께서 친히 그를 신문하여 보
시면, 우리가 그를 고발하는 이유를
다 아시게 될 것입니다."
9 그러자 유대 사람도 이에 합세해서,
그의 말이 모두 사실이라고 주장하
였다.

바울이 변명하다

10 ○그 때에 총독이 바울에게 말하라
고 머리를 끄덕이니, 바울이 대답하
였다. "총독님께서 여러 해 동안 이
나라의 재판장으로 계신 것을, 내가
알고 있습니다. 그러므로 나는 기쁜
마음으로 내가 한 일을 변호하겠습
니다.
11 내가 예루살렘에 예배하러 올라간
지 열이틀밖에 되지 않았다는 것은,
총독님께서도 곧 아실 수 있습니다.
12 그리고 나를 고발한 사람들은 내가,
성전에서나 회당에서나 성내에서,
누구와 논쟁을 하거나, 군중을 선동
해서 모으거나, 하는 것을 보지 못
하였습니다.
13 지금 그들은 내가 한 일을 들어서 고
발하고 있지만, 총독님께 아무 증거
도 제시할 수 없습니다.
14 그러나 나는 총독님께 이 사실을 고
백합니다. 그것은 내가, 그들이 이단
이라고 하는 그 '도'를 따라 우리 조
상의 하나님을 섬기고, 율법과 예언
서에 기록되어 있는 모든 것을 믿는
다는 사실입니다.
15 그리고 나는 하나님께 소망을 두고
있는데, 나를 고발하는 이 사람들도
그 소망이 이루어지기를 고대하고
있습니다. 곧 그것은 의로운 사람들
과 불의한 사람들의 부활이 장차 있

24장 요약 변호사 더둘로의 고소로 바울은 벨릭스 앞에서 재판을 받게 된다. 이에 바울은 사실에 근거하여 더둘로의 고소가 거짓됨을 논박하였다.

24:1–9 더둘로가 바울에게 적용시킨 고발 내용은 세 가지이다. ① 유대 사람에게 소란을 일으킨다. ② 나사렛 도당의 우두머리이다. ③ 성전을 모독했다.

24:14 유대 사람들은 기독교를 유대 사람의 전통 신앙에서 빗나간 '당파'로서 규정하였다. 그러나 바울은 구약의 예언과 신앙이 예수님을 믿는 기독교 신앙을 통하여 완성되는 것임을 주장했다(참조. 고전 3:12 이하;갈 3:15–29).

㉠ 그리스어 본문에는 '벨릭스 총독님'이 없음 ㉡ 어떤 사본에는 6절 하반절과 7절과 8절 상반절의 내용이 첨가되어 있음. '그래서 우리의 율법대로 재판하려고 했지만, 7. 천부장 루시아가 와서 그를 우리 손에서 강제로 빼앗아 갔습니다. 8. 그리고는 그를 고발하는 사람들에게 총독님께 가라고 명령하였습니다'

으리라는 것입니다.
16 그러므로 나도 언제나 하나님과 사
람들 앞에서 거리낌없는 양심을 가
지려고 힘쓰고 있습니다.
17 나는, 내 겨레에게 구제금을 전달하
고, 하나님께 제물을 바치려고, 여러
해 만에 고국에 돌아왔습니다.
18 그들은, 내가 제물을 바치는 절차로
성전에서 정결예식을 행하는 것을
보았을 뿐이고, 내가 작당을 하거나
소동을 일으키는 것을 보지 못하였
습니다.
19 그 자리에는 ㉠아시아에서 온 몇몇
유대 사람이 있었는데, 내가 한 일을
들어 고발할 것이 있으면, 그 사람들
이 총독님 앞에 나타나서 고발했어
야 마땅할 것입니다.
20 그렇지 않으면, 내가 의회 앞에 끌려
가서 섰을 때에, 이 사람들이 내게서
무슨 잘못을 찾아냈는지, 그것을 말
하라고 해 보십시오.
21 다만 나는 그들 가운데 서서 말하기
를 '오늘 내가 여러분에게 재판을 받
고 있는 것은, 죽은 사람들의 부활
과 관련된 문제 때문입니다' 하는 이
한 마디 말을 부르짖었을 뿐입니다."
22 ○벨릭스는 그 '도'와 관련된 일을 자
세히 알고 있었으므로, "천부장 루
시아가 내려오거든, 당신들의 소송
을 처리하겠소" 하고 말하고서, 신문
을 연기하였다.
23 그리고 백부장에게 명령하여, 바울
을 지키되, 그에게 자유를 주고, 그
의 친지들이 돌보아 주는 것을 막지
말라고 하였다.

바울이 감옥에 갇혀 지내다

24 ○며칠 뒤에 벨릭스가 유대 여자인
자기 아내 드루실라와 함께 와서, 바
울을 불러내어, 그리스도 예수를 믿
는 믿음에 관하여 바울이 설명하는
것을 들었다.
25 바울이 정의와 절제와 장차 올 심판
에 관해서 말할 때에, 벨릭스는 두려
워서 "이제 그만하면 되었으니, 가시
오. 기회가 있으면, 다시 당신을 부르
겠소" 하고 말하였다.
26 동시에 그는 바울에게서 돈을 받을
까 하고 은근히 바랐다. 그래서 그는
바울을 자주 불러내어 이야기를 나
누었다.
27 ○두 해가 지난 뒤에, 보르기오 베스
도가 벨릭스의 후임으로 직책을 맡
게 되었다. 그런데 벨릭스는 유대 사
람의 환심을 사고자 하여, 바울을
가두어 둔 채로 내버려 두었다.

바울이 황제에게 상소하다

25 베스도가 부임한 지 사흘 뒤에,
가이사라에서 예루살렘으로
올라가니,
2 대제사장들과 유대 사람의 지도자

24:15 바울은 불의한 사람도 부활하고, 의로운 사람도 부활한다는 부활의 이중적인 성격을 밝히고 있다. 이러한 부활 신앙은 다니엘서 12:2;요한복음서 5:28-29;요한계시록 20:11-15에 분명히 나타난다. 이것은 바리새파 사람과 그리스도인에게 공통적인 신앙관이었다. 성경의 증언에 따르면 의로운 사람은 생명과 상급을 얻기 위해 부활하지만, 불의한 사람은 자신의 불의에 대한 형벌을 받기 위해 부활한다.

25장 요약 누가는 이 장에서 바울이 재판 받기까지의 일련의 과정을 서술한다. 유대 사람들은 새로 부임한 베스도 총독을 이용해서 바울을 제거하려 했으나, 바울은 황제에게 재판 받을 것을 요청하였다. 이 일로 인해서 바울은 로마로 압송되어 주님이 부탁하셨던(23:11) 복음을 전하는 일을 하게 되었다.

㉠ 19:22 주 참조

들이 그에게 바울을 고발하였다. 그
들은 그에게 줄곧 졸랐다.
3 그들은 그에게 제발 바울을 예루살
렘으로 불러 올리라고 간청하였다.
그들은 길에 사람을 매복시켰다가,
바울을 죽일 계획이었다.
4 그러나 베스도는, 바울이 가이사랴
에 무사하게 감금되어 있다는 말과
자기도 곧 그리로 가겠다는 말을 한
다음에,
5 "그러니 만일 그 사람에게 무슨 잘
못이 있거든, 여러분 가운데서 유력
한 사람들이 나와 함께 내려가서, 그
를 고발하시오" 하고 말하였다.
6 ○베스도는 예루살렘에서 여드레인
가 열흘인가를 지낸 뒤에, 가이사랴
로 내려가서, 이튿날 재판석에 앉아
서, 바울을 데려오라고 명령하였다.
7 바울이 나타나자, 예루살렘에서 내
려온 유대 사람들이 그를 에워싸고,
여러 가지 무거운 죄목을 걸어서 고
발하였으나, 증거를 대지 못하였다.
8 바울은 "나는 유대 사람의 율법이나
성전이나 ㉠황제에 대하여 아무 죄
도 지은 일이 없습니다" 하고 말하
여 자신을 변호하였다.
9 그러나 베스도는 유대 사람의 환심
을 사고자 하여, 바울에게 묻기를
"그대는 예루살렘으로 올라가서, 이
사건에 대하여 내 앞에서 재판을 받
고 싶지 않소?" 하였다.
10 바울이 대답하였다. "나는 지금 ㉠황
제의 법정에 서 있습니다. 나는 여기
서 재판을 받아야 합니다. 각하께서
도 잘 아시는 대로, 나는 유대 사람
에게 조금도 잘못한 것이 없습니다.
11 만일 내가 나쁜 짓을 저질러서, 사형
을 받을 만한 무슨 일을 하였으면,
죽는 것을 마다하지 않겠습니다. 그
러나 나를 고발하는 이 사람들의 고
발 내용에 아무런 근거가 없으면, 어
느 누구도 나를 그들에게 넘겨줄 수
없습니다. 나는 ㉠황제에게 상소합니
다."
12 그 때에 베스도가 배심원들과 협의
하고 "그대가 ㉠황제에게 상소하였으
니, ㉠황제에게로 갈 것이오" 하고 말
하였다.

바울이 아그립바 왕과 버니게 앞에 서다

13 ○며칠이 지난 뒤에, 아그립바 왕과
버니게가 베스도에게 인사하려고 가
이사랴에 왔다.
14 그들이 거기서 여러 날 지내는 동안
에, 베스도는 바울에 대한 고발 사건
을 왕 앞에 내놓고 말하였다. "벨릭
스가 가두어 둔 사람이 하나 있는데,
15 내가 예루살렘에 갔을 때에, 유대 사
람의 대제사장들과 장로들이 그를
고발하여, 유죄판결을 청하였습니다.
16 나는 그들에게 대답하기를, 로마 사

25:1-27 25장과 26장은 바울이 로마에 도착하기 전에 행한 마지막 변증을 담고 있다.

25:7 여러 가지 무거운 죄목을 걸어서 8절에 있는 바울의 변론으로 보아, 이것은 2년 전에 바울을 고소한 내용으로, 곧 ① 율법을 모독했다. ② 성전을 모독했다. ③ 황제에게 반역을 일으켰다는 것이다. 그러나 바울은 오히려 하나님의 율법을 존중했다(롬 7:12;8:3-4;고전 9:20). 마지막으로 바울이 전한 것은 하나님의 나라였지 로마를 위협하는 정치적인 메시아주의가 아니었다.

25:9 유대 사람의 환심을 사고자 하여 당시에 총독의 관할 지역의 주민들은 로마의 황제에게 총독에 대한 불평을 말할 수 있었다. 만일 황제의 귀에 그러한 불평이 들어가면 총독은 그것에 대해 조사를 받아야 했다. 그래서 신임 총독 베스도는 유대 사람들의 환심을 사려고 했다.

25:12 배심원들 이들은 지방 유지들과 젊은 행정

㉠ 그. '가이사'. 라틴어의 그리스어 음역. 로마 황제의 칭호

람의 관례로서는, 피고가 원고를 직
접 대면해서, 그 고발한 내용에 대하
여 변호할 기회를 가지기 전에는, 그
사람을 넘겨 주는 일이 없다고 하였
습니다.
17 그래서 그들이 여기에 함께 왔으므
로, 나는 조금도 지체하지 않고, 그
다음날 재판석에 앉아서, 그 사람을
불러오게 하였습니다.
18 원고들이 일어나서 그를 고발할 죄
목을 늘어놓았지만, 내가 짐작한 그
런 악한 일은 하나도 없었습니다.
19 그들이 그와 맞서서 싸우는 몇몇 문
제점은, 자기네의 종교와 또 예수라
는 어떤 죽은 이에 관한 일인데, 바
울은 그가 살아 있다고 주장하였습
니다.
20 나는 이 문제를 어떻게 심리해야 할
지 몰라서, 바울에게, 예루살렘으로
가서 이 사건으로 거기서 재판을 받
기를 원하는지를 물어보았습니다.
21 그러나 바울이 황제의 판결을 받도
록, 그대로 갇혀 있게 하여 달라고
호소하므로, 내가 그를 ㉠황제에게
보낼 때까지 그를 가두어 두라고 명
령하였습니다."
22 아그립바가 베스도에게 말하기를
"나도 그 사람의 말을 직접 들어보
고 싶습니다" 하니, 베스도가 "내일,
그의 말을 들어보십시오" 하고 대답
하였다.
23 ○이튿날, 아그립바와 버니게가 위엄
을 갖추고 나와서, 고급 장교들과 그
도시의 요인들과 함께 신문 장소로
들어갔다. 그리고 베스도의 명령으
로 바울을 끌어냈다.
24 그 때에 베스도가 말하였다. "아그립
바 임금님, 그리고 우리와 자리를 같
이 하신 여러분, 여러분이 보시는 대
로, 이 사람은 예루살렘에서나 여기
서나, 모든 유대 사람이 그를 이 이
상 더 살려 두어서는 안 된다고 소리
치면서, 나에게 청원한 사람입니다.
25 그러나 나는, 그가 사형을 받을 만한
아무런 일도 하지 않았다고 판단하
였습니다. 그런데 그는 스스로 황제
께 상소하였으므로, 나는 그를 보내
기로 작정하였습니다.
26 나는 그와 관계되어 있는 일을 황제
께 써 올릴 만한 확실한 자료가 없으
므로, 여기서 그를 신문해서, 내가 써
올릴 자료를 얻을까 하는 생각으로,
그를 여러분 앞에, 특히 아그립바 임
금님 앞에 끌어다가 세웠습니다.
27 죄수를 보내면서 그의 죄목도 제시
하지 않는다는 것은, 이치에 맞지 않
는 일이라고 생각합니다."

바울의 해명

26 아그립바 왕이 바울에게 말하
였다. "할 말이 있으면 해도 된

보좌관들로 구성되어 있었다. 재판의 결정은 총독의 권한에 있었지만, 배심원들의 의견을 들어보고 판결하는 것이 일반적인 일이었다.

25:13 아그립바 왕 그는 헤롯 아그립바 1세(12:1, 18–23)의 아들이다. 헤롯 아그립바 2세로 불렸으며, 헤롯 대왕의 손자였다.

25:25 당시 그리스도인들이 로마 제국의 도덕적 기초와 법률을 지킴으로써, 복음 전파를 가로막는 불필요한 장애물들을 제거하려 했던 것 같다.

26장 요약 본장은 바울의 최후 변증을 기록하고 있다. 베스도와 아그립바 왕, 그리고 수많은 고관 대작 앞에서 바울은 장중한 어조로 자신의 출생과 교육 과정, 그리고 다마스쿠스 체험을 언급하였다. 그는 궁극적으로 부활하신 예수님이 구약 예언의 성취자이자 메시아라는 사실을 강조하였다.

㉠ 그, '가이사'. 라틴어의 그리스어 음역. 로마 황제의 칭호

다." 바울이 손을 뻗치고 변호하기
시작하였다.
2 "아그립바 임금님, 오늘 내가 전하 앞
에서 유대 사람이 나를 걸어서 고발
하는 모든 일에 대하여 변호하게 된
것을 다행으로 생각합니다.
3 그것은 특히 임금님께서 유대 사람
의 풍속과 쟁점들을 모두 잘 알고
계시기 때문입니다. 아무쪼록 내 말
을 끝까지 참으시고 들어 주시기 바
랍니다.
4 내가 젊었을 때부터 살아온 삶을 모
든 유대 사람이 알고 있습니다. 곧
그들은 내가 내 동족 가운데서, 그리
고 예루살렘에서, 처음부터 어떻게
살았는지를 알고 있습니다.
5 그들은 오래 전부터 나를 알고 있었
으므로, 증언하려고 마음만 먹으면,
그들은 내가 우리 종교의 가장 엄격
한 파를 따라 바리새파 사람으로 살
아왔다는 것을 인정할 것입니다.
6 지금 나는, 하나님께서 우리 조상들
에게 주신 약속에 소망을 두고 있기
때문에, 여기에 서서 재판을 받고 있
습니다.
7 우리 열두 지파는 밤낮으로 열심히
하나님을 섬기면서, 그 약속이 이루
어지기를 바라고 있습니다. 전하, 나
는 바로 이 소망 때문에 유대 사람
에게 고발을 당한 것입니다.
8 여러분은 어찌하여, 하나님께서 죽
은 사람들을 살리신다는 것을 믿을
수 없는 일로 여기십니까?
9 사실, 나도 한때는, 나사렛 예수의
이름을 반대하는 데에, 할 수 있는
온갖 일을 다 해야 한다고 생각하였
습니다.
10 그래서 나는 그런 일을 예루살렘에
서 하였습니다. 나는 대제사장들에
게서 권한을 받아 가지고 많은 성도
를 옥에 가두었고, 그들이 죽임을 당
할 때에 그 일에 찬동하였습니다.
11 그리고 회당마다 찾아가서, 여러 번
그들을 형벌하면서, 강제로 신앙을
부인하게 하려고 하였습니다. 나는
그들에 대한 분노가 극도에 다다랐
으므로, 심지어 외국의 여러 도시에
까지 박해의 손을 뻗쳤습니다."

바울이 자기의 회개를 이야기하다
(행 9:1-19; 22:6-16)

12 ○"한번은 내가 이런 일로 대제사장
들에게서 권한과 위임을 받아 가지
고 다마스쿠스로 가고 있었습니다.
13 임금님, 나는 길을 가다가, 한낮에
하늘에서부터 해보다 더 눈부신 빛
이 나와 내 일행을 둘러 비추는 것
을 보았습니다.
14 우리는 모두 땅에 엎어졌습니다. 그
때에 ㉠히브리 말로 나에게 '사울아,
사울아, 너는 어찌하여 나를 핍박하

26:1-32 아그립바 왕 앞에서 행한 바울의 변론이다. 유대 사람의 풍습과 종교에 정통하였던 아그립바 왕 앞에서 바울은 안토니아 요새에서 했던 것과 비슷한 변론을 시작한다. 그의 변론은 변론 이상의 의미를 갖는다. 곧 이것은 그리스도 예수의 복음의 증거였다(9:15). 전체적으로, 부활하신 그리스도가 구약의 예언자들에 의하여 예언된 하나님의 약속을 따라 오신 메시아이시며 세상의 구주이심이 강조되고 있다.

26:7 열두 지파 이스라엘 민족 전체를 말한다.

26:11 강제로 신앙을 부인하게 하려고 하였습니다 (그) '에나그카존'. 미완료 과거 동사이다. 곧 바울이 그리스도인들에게 예수님을 욕하라고 강요하였지만, 뜻을 이룰 수 없었다는 말이다.

26:14 가시 돋친 채찍을 발길로 차면, 너만 아플 뿐이다 이 말은 부질없는 반항을 묘사하는 데 사용된 그리스의 속담이다. 여기서는 '하나님을 대적하는 것

㉠ 아람어를 가리킴

느냐? 가시 돋친 채찍을 발길로 차
면, 너만 아플 뿐이다' 하고 말하는
음성을 들었습니다.
15 그래서 내가 '주님, 누구십니까?' 하
고 물었더니, 주님께서 '나는 네가 핍
박하는 예수이다.
16 자, 일어나서, 발을 딛고 서라. 내가
네게 나타난 목적은, 너를 일꾼으로
삼아서, 네가 나를 본 것과 내가 장
차 네게 보여 줄 일의 증인이 되게
하려는 것이다.
17 나는 이 백성과 이방 사람들 가운데
서 너를 건져내어, 이방 사람들에게
로 보낸다.
18 이것은 그들의 눈을 열어 주어서, 그
들이 어둠에서 빛으로 돌아서고, 사
탄의 세력에서 하나님께로 돌아오게
하며, 또 그들이 죄사함을 받아서
나에 대한 믿음으로 거룩하게 된 사
람들 가운데 들게 하려는 것이다' 하
고 말씀하셨습니다."

바울이 신문자들에게 전도하다

19 ○"그러므로 아그립바 임금님, 나는
하늘로부터 받은 환상을 거역하지
않고,
20 먼저 다마스쿠스와 예루살렘에 있
는 사람들에게, 다음으로 온 유대
지방 사람들에게, 나아가서는 이방
사람들에게, 회개하고 하나님께로
돌아와서, 회개에 합당한 일을 하라
고 전하였습니다.
21 이런 일들 때문에, 유대 사람들이 성
전에서 나를 붙잡아서 죽이려고 하
였습니다.
22 그러나 내가 이 날까지, 하나님의 도
우심을 받아서, 낮은 사람에게나 높
은 사람에게나 이렇게 서서 증언하
고 있는데, 예언자들과 모세가 장차
그렇게 되리라고 한 것밖에는 말한
것이 없습니다.
23 그것은 곧, ㉠그리스도는 고난을 당
하셔야 한다는 것과, 그는 죽은 사람
들 가운데서 가장 먼저 부활하신 분
이 되셔서, 이스라엘 백성과 이방 사
람들에게 빛을 선포하시리라는 것입
니다."

바울이 아그립바 왕에게 전도하다

24 ○바울이 이렇게 변호하니, 베스도
가 큰소리로 "바울아, 네가 미쳤구
나. 네 많은 학문이 너를 미치게 하
였구나" 하고 말하였다.
25 그 때에 바울이 대답하였다. "베스
도 총독님, 나는 미치지 않았습니다.
나는 맑은 정신으로 참말을 하고 있
습니다.
26 임금님께서는 이 일을 잘 알고 계시
므로, 내가 임금님께 거리낌없이 말
씀드리고 있는 것입니다. 이것은 어
느 한 구석에서 일어난 일이 아니므
로, 임금님께서는 그 어느 사실 하

은 무의미한 일이며 소용없는 일이다'라는 뜻이다.

26:18 사탄의 세력에서 하나님께로 어둠에서 빛으로 돌아서는 것은 곧 그리스도를 믿고 죄 사함을 받아 하나님의 자녀가 되는 것을 뜻한다.

26:23 빛 곧 '구원의 빛'. 그리스도는 어둠을 비추는 구원의 빛이시다(눅 1:78-79).

26:24 네 많은 학문이 너를 미치게 하였구나 (그) '폴라그람마타'이다. 그리스 말의 용법에 따르면, '그람마타'는 '책, 문서'를 뜻하는데 요한복음서 5:47과 같이 '구약성경'을 가리킨다(딤후 4:13). 총독은 바울이 구약성경을 너무 많이 읽고 연구하여 그가 예언과 부활에 지나치게 심취했다고 조롱했다(참조. 고전 14:23).

26:26 어느 한 구석에서 예수 그리스도의 복음은 역사적인 사건에 근거하고 있다. 곧 복음의 사건은 온 유대와 온 천하가 다 알 만큼 커다란 사건이었다.

㉠ 또는 '메시아'

나라도 모르실 리가 없다고 생각합
니다.
27 아그립바 임금님, 예언자들을 믿으십
니까? 믿으시는 줄 압니다."
28 그러자 아그립바 왕이 바울에게 말
하였다. "그대가 짧은 말로 나를 설
복해서, 그리스도인이 되게 하려고
하는가!"
29 바울이 대답하였다. "짧거나 길거나
간에, 나는 임금님뿐만 아니라, 오늘
내 말을 듣고 있는 모든 사람이, 이
렇게 결박을 당한 것 외에는, 꼭 나
와 같이 되기를 하나님께 빕니다."
30 ○왕과 총독과 버니게 및 그들과 함
께 앉아 있는 사람들이 다 일어났다.
31 그들은 물러가서 서로 말하였다. "그
사람은 사형을 당하거나, 갇힐 만한
일을 한 것이 하나도 없소."
32 그 때에 아그립바 왕이 베스도에게
말하였다. "그 사람이 황제에게 상소
하지 않았으면, 석방될 수 있었을 것
이오."

바울이 로마로 압송되다

27 우리가 배로 이탈리아에 가야
하는 것이 결정되었을 때에, 그
들은 바울과 몇몇 다른 죄수를 황제
부대의 백부장 율리오라는 사람에
게 넘겨주었다.
2 우리는 아드라뭇데노 호를 타고 출
항하였다. 이 배는 ㉠아시아 연안의
여러 곳으로 항해하는 배였다. 데살
로니가 출신인 마케도니아 사람 아
리스다고도 우리와 함께 하였다.
3 이튿날 우리는 시돈에 배를 대었다.
율리오는 바울에게 친절을 베풀어,
친구들에게로 가서 보살핌을 받는
것을 허락하였다.
4 우리는 시돈을 떠나 뱃길을 갈 때에,
맞바람 때문에 키프로스 섬을 바람
막이로 삼아서 항해하였다.
5 우리는 길리기아와 밤빌리아 앞 바
다를 가로질러 항해하여, 루기아에
있는 무라에 이르렀다.
6 거기서 백부장은 이탈리아로 가는
알렉산드리아 배를 만나서, 우리를
그 배에 태웠다.
7 우리는 여러 날 동안 천천히 항해하
여, 겨우 니도 앞바다에 이르렀다. 그
런데 우리는 맞바람 때문에 더 이상
나아갈 수 없어서, 크레타 섬을 바람
막이로 삼아 살모네 앞바다를 항해
하여 지나갔다.
8 그리고 우리는 크레타 남쪽 해안을
따라 겨우겨우 항해하여, 라새아 성
에서 가까운 도시인 '아름다운 항구'
라는 곳에 닿았다.
9 ○많은 시일이 흘러서, 금식 기간이
이미 지났으므로, 벌써 항해하기에
위태로운 때가 되었다. 그래서 바울
은 그들에게 이렇게 충고하였다.

27장 요약 로마로 향하는 바울의 여정으로, 누가는 가이사라를 출발하여 몰타 섬에 도착하기까지의 자세한 행로를 생략하는 대신 항해 중에 만난 폭풍과 바울의 활약상을 집중적으로 부각시켰다. 즉, 난파의 위기에 처한 배를 구하고 선원들의 목숨을 보전한 사람은 하나님의 약속을 신뢰한 바울이었던 것이다.

㉠ 19:22 주 참조

27:1 바울은 마침내 로마로 가게 된다. 27:1–28:15에서 바울이 배를 타고 지중해를 지나서 로마로 가는 기사(記事)가 자세하게 기록되어 있다.

27:4 맞바람 때문에 여름철에 지중해에 부는 바람은 서풍이었기 때문에 바울 일행은 바람이 미치지 않는 쪽, 곧 키프로스 섬 동편을 따라 섬과 육지 중간의 항로로 항해하였다.

27:9–44 바울이 탄 배가 난파의 위기에 처한 상황이 기록되어 있다. 시인 호머(Homer)의 글에

10 “여러분, 내가 보기에, 지금 항해를
하다가는 재난을 당할 것 같은데, 짐
과 배의 손실만이 아니라, 우리의 생
명까지도 잃을지 모릅니다.”
11 그러나 백부장은 바울의 말보다는
선장과 선주의 말을 더 믿었다.
12 그리고 그 항구는 겨울을 나기에 적
합하지 못한 곳이므로, 거의 모두
는, 거기에서 출항하여, 할 수 있으면
뵈닉스로 가서 겨울을 나기로 뜻을
정하였다. 뵈닉스는 크레타 섬의 항
구로, 서남쪽과 서북쪽을 바라보는
곳이다.

바울이 바다에서 폭풍을 만나다

13 ○때마침 남풍이 순하게 불어오므
로, 그들은 뜻을 이룬 것이나 다름없
다고 생각하고, 닻을 올리고서, 크레
타 해안에 바싹 붙어서 항해하였다.
14 그런데 얼마 안 되어서, 유라굴로라
는 폭풍이 섬쪽에서 몰아쳤다.
15 배가 폭풍에 휘말려서, 바람을 맞서
서 나아갈 수 없으므로, 우리는 체념
하고, 떠밀려 가기 시작하였다.
16 그런데 우리가 ㉠가우다라는 작은
섬 아래쪽을 따라 밀려 갈 때에, 그
섬이 어느 정도 바람막이가 되어 주
었으므로, 우리는 간신히 거룻배를
휘어잡을 수 있었다.
17 선원들은 거룻배를 갑판 위에다가
끌어올리고 밧줄을 이용하여 선체
를 동여매었다. 그리고 그들은 리비
아 근해의 모래톱으로 밀려들까 두
려워서, 바다에 닻을 내리고, 그냥
떠밀려 가고 있었다.
18 우리는 폭풍에 몹시 시달리고 있었
는데, 다음날 선원들은 짐을 바다에
내던졌고,
19 사흘째 날에는 자기네들 손으로 배
의 장비마저 내버렸다.
20 여러 날 동안 해도 별도 보이지 않고,
거센 바람만이 심하게 불었으므로,
우리는 살아 남으리라는 희망을 점
점 잃었다.
21 ○사람들은 오랫동안 아무것도 먹지
못하고 있었다. 그 때에 바울이 이렇
게 말하였다. “여러분, 여러분은 내
말을 듣고, 크레타에서 출항하지 않
았어야 했습니다. 그랬으면, 이런 재
난과 손실은 당하지 않았을 것입니
다.
22 그러나 이제 나는 여러분에게 권합
니다. 기운을 내십시오. 이 배만 잃
을 뿐, 여러분 가운데 한 사람도 목
숨을 잃지는 않을 것입니다.
23 바로 지난밤에, 나의 주님이시요 내
가 섬기는 분이신 하나님의 천사가,
내 곁에 서서
24 ‘바울아, 두려워하지 말아라. 너는
반드시 황제 앞에 서야 한다. 보아
라, 하나님께서는 너와 함께 타고 가

보면 고대에 지중해 항해에는 언제나 폭풍과 난파의 위험이 뒤따랐다고 한다. 구약에도 요나의 지중해 항해에 대한 기사가 있는데, 요나가 탄 배 역시 스페인으로 가다가 지중해에서 폭풍을 만났다. 이처럼 지중해 항해는 위험이 많았다. 특히 9월 14일경에서부터 11월 11일 무렵까지는 아주 위험하였기 때문에 9월 초순경부터 겨울이 지날 때까지는 지중해의 모든 항해가 중단되었다(12절).

27:14 유라굴로 이 말은 합성어이다. 곧, ‘동풍’을 뜻하는 (그) ‘유로스’와 ‘북풍’을 뜻하는 (라틴) ‘아크빌로’가 합성된 것이다. 이것은 소아시아에 있는 이다(Ida) 산에서부터 불어오는 북동풍으로서, 폭풍의 일종이다.

27:17 폭풍이 어느 정도 잔잔해지자, 바울 일행은 폭풍에 의해 고물에서 풀려진 거룻배들을 갑판으로 끌어올렸다. 그리고 폭풍의 피해를 최소한으로 줄이기 위해, 밧줄로 이물에서 고물까지

㉠ 다른 고대 사본들에는 ‘클라우다’

는 모든 사람의 안전을 너에게 맡겨
주셨다' 하고 말씀하셨습니다.
25 그러므로 여러분, 힘을 내십시오. 나
는 하나님께서 나에게 말씀하신 그
대로 되리라고 믿습니다.
26 우리는 반드시 어떤 섬으로 밀려가
닿게 될 것입니다."
27 ○열나흘째 밤이 되었을 때에, 우리
는 아드리아 바다에 떠밀려 다녔다.
한밤중에 선원들은 어떤 육지에 가
까이 이르고 있다고 짐작하였다.
28 그들이 물 깊이를 재어 보니, 스무 길
이었다. 좀더 가서 재니, 열다섯 길이
었다.
29 우리는 혹시 암초에 걸리지나 않을
까 염려하여, 고물에서 닻 네 개를
내리고, 날이 새기를 고대하였다.
30 그런데 선원들이 배를 버리고 달아
나려고, 이물에서 닻을 내리는 척하
면서 바다에 거룻배를 풀어 내렸다.
31 바울은 백부장과 병사들에게 말하
였다. "만일 이 사람들이 배에 그대
로 남아 있지 않으면, 당신들은 무사
할 수 없습니다."
32 그러자 병사들이 거룻배의 밧줄을
끊어서 거룻배를 떨어뜨렸다.
33 ○날이 새어 갈 때에, 바울은 모든
사람에게 음식을 먹으라고 권하면
서 말하였다. "여러분은 오늘까지 열
나흘 동안이나 마음을 졸이며 아무
것도 먹지 못하고 굶고 지냈습니다.
34 그래서 나는 여러분들에게 음식을
먹으라고 권합니다. 그래야 여러분
은 목숨을 유지할 힘을 얻을 것입니
다. 여러분 가운데서 아무도 머리카
락 하나라도 잃지 않을 것입니다."
35 바울은 이렇게 말하고 나서, 빵을 들
어, 모든 사람 앞에서 하나님께 감사
를 드리고, 떼어서 먹기 시작하였다.
36 그러자 사람들은 모두 용기를 얻어
서 음식을 먹었다.
37 배에 탄 우리의 수는 모두 ㉠이백일
흔여섯 명이었다.
38 사람들이 음식을 배부르게 먹은 뒤
에, 남은 식량을 바다에 버려서 배를
가볍게 하였다.

배가 부서지다

39 ○날이 새니, 어느 땅인지는 알 수 없
지만, 모래밭이 있는 항만이 보였다.
그래서 그들은 어떻게 해서든지, 배
를 거기로 몰아 해변에 대기로 작정
하였다.
40 닻을 모두 끊어서 바다에 버리고, 동
시에 키를 묶은 밧줄을 늦추었다.
그리고 앞 돛을 올려서, 바람을 타고
해안 쪽으로 들어갔다.
41 그런데 두 물살이 합치는 곳에 끼여
들어서, 배가 모래톱에 걸렸다. 이물
은 박혀서 움직이지 않고, 고물은 심
한 물결에 깨졌다.

묶어서 선체의 파괴를 방지했다. 폭풍을 만났을 때, 가장 위험한 것은 돛대나 선체가 파괴되는 것이었다.

27:27–44 바울은 *그에게 임한 하나님의 초자연적인 계시*, 곧 보호와 인도하심을 약속하신 말씀 덕분에 절망에 빠진 사람들을 위로할 수 있었다.

27:27 고대 사람들은 이탈리아와 아프리카, 그리스 사이의 지중해를 아드리아 바다라고 불렀다.

27:29–30 고물은 배의 뒤쪽을, 이물은 배의 앞쪽을 가리킨다.

27:42–43 로마의 전통적인 규율에 따르면, 죄수들을 놓친 병사들은 그 책임으로 사형당했다. 따라서 병사들은 배가 모래톱에 걸려 좌초될 때 죄수들이 도망할 것을 우려하여 미리 모든 죄수들을 죽이려고 했다. 그러나 백부장은 바울에게 깊은 감사와 존경심을 품고 있어서 병사들의 행동을 저지했다.

㉠ 다른 고대 사본들에는 '일흔여섯' 또는 '대략 일흔여섯'

42 병사들은 죄수들이 혹시 헤엄 쳐 도
망할까봐, 그들을 죽여 버리려고 계
획하였다.
43 그러나 백부장은 바울을 구하려고
병사들의 의도를 막고, 헤엄 칠 수
있는 사람들은 먼저 뛰어내려서, 뭍
으로 올라가라고 명령하였다.
44 그리고 그 밖의 사람들은 널빤지나,
부서진 배 조각을 타고 뭍으로 나가
라고 명령하였다. 이렇게 해서, 모두
뭍으로 올라와 구원을 받게 되었다.

몰타 섬에 오르다

28 우리가 안전하게 목숨을 구한
뒤에야, 비로소 그 곳이 몰타
섬이라는 것을 알았다.
2 섬 사람들이 우리에게 특별한 친절
을 베풀어 주었다. 비가 내린 뒤라서
날씨가 추웠으므로, 그들은 불을 피
워서 우리를 맞아 주었다.
3 바울이 나뭇가지를 한 아름 모아다
가 불에 넣으니, 뜨거운 기운 때문에
독사가 한 마리 튀어나와서, 바울의
손에 달라붙었다.
4 섬 사람들이 그 뱀이 바울의 손에
매달려 있는 것을 보고 "이 사람은
틀림없이 살인자이다. 바다에서는
살아 나왔지만, 정의의 여신이 그를
그대로 살려 두지 않는다" 하고 서로
말하였다.
5 그런데 바울은 그 뱀을 불 속에 떨어
버리고, 아무런 해도 입지 않았다.
6 섬 사람들은, 그가 살이 부어 오르
거나 당장 쓰러져 죽으려니, 하고 생
각하면서 기다렸다. 그런데 오랫동
안 기다려도 그에게 아무런 이상이
생기지 않자, 그들은 생각을 바꾸어
서, 그를 신이라고 하였다.
7 ○그 근처에 그 섬의 추장인 보블리
오가 농장을 가지고 있었다. 그가 우
리를 그리로 초대해서, 사흘 동안 친
절하게 대접해 주었다.
8 마침 보블리오의 아버지가 열병과
이질에 걸려서 병석에 누워 있었다.
그래서 바울은 들어가서 기도하고,
그에게 손을 얹어서 낫게 해주었다.
9 이런 일이 일어나니, 그 섬에서 병을
앓고 있는 다른 사람도 찾아와서 고
침을 받았다.
10 그들은 극진한 예로 우리를 대하여
주었고, 우리가 떠날 때에는, 우리에
게 필요한 물건들을 배에다가 실어
주었다.

바울이 로마에 이르다

11 ○석 달 뒤에 우리는 그 섬에서 겨울
을 난 디오스구로라는 이름이 붙은
알렉산드리아 배를 타고 떠났다.
12 우리는 수라구사에 입항하여 사흘
동안 머물고,
13 그 곳을 떠나, 빙 돌아서 레기온에
다다랐다. 그런데 하루가 지나자 남

28장 요약 바울은 몰타 섬에서 석 달을 지낸 후, 다음 해 2월경에 로마행 배를 탔다. 로마에서 그는 죄수로 있었지만, 비교적 자유로운 상태에서 복음을 전하고 교인들을 강건케 하였다. 바울은 이곳에서 생활하면서 세계 복음화의 기틀을 마련하였다.

28:1-15 몰타 섬에서 석 달을 머무는 동안(11절) 바울이 독사에 물렸으나 죽지 않은 사건(3-6절)과 열병에 걸린 원주민 지도자의 아버지를 치유한 사건(7-8절)이 있었다. 이 사건을 통해 몰타 섬에도 복음이 선포되었다.

28:4-6 정의의 여신 그리스 신화에 나오는 복수의 여신 네메시스를 말한다. 몰타 섬 주민들은 바울이 독사에 물리자 그가 살인자이기 때문에 네메시스가 생명을 빼앗는 것이라고 생각했다. 그러나 바울이 죽지 않자 그를 신이라고 생각했다.

28:8-9 몰타 섬의 주민들에게도 하나님 나라의

풍이 불어왔으므로, 우리는 이틀만
에 보디올에 이르렀다.
14 우리는 거기서 ㉠신도들을 만나서,
그들의 초청을 받고, 이레 동안 함께
지냈다. 그런 다음에, 드디어 우리는
로마로 갔다.
15 거기 ㉠신도들이 우리 소식을 듣고
서, 아피온 광장과 트레스 마을까지
우리를 맞으러 나왔다. 바울은 그들
을 보고, 하나님께 감사를 드리고,
용기를 얻었다.
16 ○우리가 로마에 들어갔을 때에, 바
울은 그를 지키는 병사 한 사람과 함
께 따로 지내도 된다는 허락을 받았
다.

바울이 로마에서 전도하다

17 ○사흘 뒤에 바울은 그 곳 유대인
지도자들을 불러모았다. 그들이 모
였을 때에, 바울은 이렇게 말하였다.
"㉠동포 여러분, 나는 우리 겨레와
조상들이 전하여 준 풍속을 거스르
는 일을 한 적이 없습니다. 그런데도
나는 죄수가 되어서, 예루살렘에서
로마 사람의 손에 넘겨졌습니다.
18 ㉡로마 사람은 나를 신문하여 보았으
나, 사형에 처할 만한 아무런 근거가
없으므로, 나를 놓아주려고 하였습
니다.
19 그러나 유대 사람이 반대하는 바람
에, 하는 수 없이 내가 ㉢황제에게 상
소한 것입니다. 나는 절대로 내 민족
을 고발하려는 것이 아니었습니다.
20 이런 까닭으로, 나는 여러분을 뵙고
말씀드리려고, 여러분을 오시라고
청한 것입니다. 내가 이렇게 쇠사슬
에 매여 있는 것은, 이스라엘의 소망
때문입니다."
21 그들이 바울에게 말하였다. "우리는
아직 유대로부터 당신에 관한 편지
를 받은 일도 없고, ㉠동포들 가운데
서 아무도, 여기에 와서 당신에 대하
여 나쁘게 말하거나 소문을 낸 일이
없습니다.
22 우리는 당신에게서 당신의 생각을
들어보고 싶습니다. 이 종파에 대하
여 우리가 아는 것은, 어디서나 이
종파를 반대하는 소리가 높다는 것
입니다."
23 ○그들은 바울과 만날 날짜를 정하
였다. 그 날에 더 많은 사람이 바울
의 숙소로 찾아왔다. 그는, 아침부
터 저녁까지, 그들에게 하나님 나라
를 엄숙히 증언하고, 모세의 율법과
예언자의 말을 가지고 예수에 관하
여 그들을 설득하면서 그의 속내를
터놓았다.
24 더러는 그의 말을 받아들였으나, 더
러는 믿지 않았다.
25 그들이 이렇게 견해가 서로 엇갈린
채로 흩어질 때에, 바울은 이런 말

능력과 은혜가 임하였다. 하나님의 은혜와 주님의 복음은 어느 민족이나 어느 곳에서도 차별 없이 전해진다.

28:14 신도들을 만나서 보디올에는 일찍부터 그리스도인들이 있었던 것 같다. 바울은 로마에 도착하기 3년 전에(A.D. 57년경) 로마의 성도들에게 편지를 보냈다. 그는 편지에서 자신이 로마에 속히 갈 수 있도록 기도해 줄 것을 부탁하고 있다(롬 1:11;15:32).

28:16 바울은 그의 '숙소'(23절)에 구금되어 있으면서도 어느 정도 자유를 누리도록 허용되어 거기서 2년 동안 머물며 복음을 전파하였다. 특히 바울은 그의 옥중 서신(엡·빌·골·몬)을 기록하였다. 바울이 로마에 있을 때 같이 있었던 사람들은 디모데(빌 2:19), 의사 누가(골 4:14), 두기고(엡 6:21), 마가(골 4:10), 데마(골 4:14), 에바브로

㉠ 그, '형제들' ㉡ 그, '그들은' ㉢ 그, '가이사', 라틴어의 그리스어 음역. 로마 황제의 칭호

을 한 마디 하였다. "성령께서 예언
자 이사야를 통하여 여러분의 조상
에게 하신 말씀은 적절합니다.
26 곧 이런 말씀입니다.
㉠'이 백성에게 가서 말하여라.
너희가 듣기는 들어도 깨닫지 못
하고, 보기는 보아도 알지 못한
다.
27 이 백성의 마음이 무디어지고
귀가 먹고 눈이 감기어 있다. 이
는 그들로 하여금 눈으로 보지
못하게 하고 귀로 듣지 못하게
하고 마음으로 깨닫지 못하게
하고 돌아서지 못하게 하여, 내
가 그들을 고쳐 주지 않으려는
것이다.'
28 그러므로 여러분은 하나님의 이 구
원의 소식이 이방 사람에게 전파되
었음을 알아야 합니다. 그들이야말
로 그것을 듣고 받아들일 것입니다."
29 ㉡(없음)
30 ○바울은 자기가 얻은 셋집에서 꼭
두 해 동안 지내면서, 자기를 찾아오
는 모든 사람을 맞아들였다.
31 그는 아무런 방해도 받지 않고, 아
주 담대하게 하나님 나라를 전하고,
주 예수 그리스도에 관한 일들을 가
르쳤다.

디도(빌 2:25–30), 아리스다고(골 4:10), 에바브라(골 1:7), 오네시모(골 4:9) 등이었다.

28:25–28 바울은 구약을 통하여 그의 동족들에게 예수님을 증거하였다. 그러나 바울의 증거를 유대 사람들이 받아들이지 않자, 마침내 바울은 예수님이 그러하셨듯이 이사야서 6:9–10 말씀을 인용하여 복음이 이방 사람에게 넘어갔음을 증거하였다(참조. 마 13:14–15;막 4:12;눅 8:10;롬 11:8–9 이하). 이것은 사도행전의 주제 중 하나로, 복음이 온 세상을 위한 것임이 드러난다.

28:30–31 바울은 로마에서 감금된 상태에서도 열심히 복음을 전파했다. 바울은 로마에서 일단 석방되었다가(참조. 딤전 1:3;딤후 4:13;딛 1:5) 다시 체포되었다. 결국 그는 네로의 박해 아래 순교하였다고 한다(A.D. 64년경).

㉠ 사 6:9, 10(칠십인역) ㉡ 어떤 사본에는 29절의 내용이 첨가되어 있음. '29. 그가 이 말을 마쳤을 때에, 유대 사람들은 서로 많은 토론을 하면서 돌아갔다'

로마서

저자 사도 바울

저작 연대 A.D. 57년경

기록 장소와 대상 고린도에서 썼으며, 기록 대상은 로마에 있는 그리스도인이다.

기록 목적 첫째, 스페인 선교 계획과 관련하여 앞으로 있을 로마 교회 방문을 미리 준비하기 위해 기록했다. 둘째, 사도들로부터 체계적인 가르침을 받아본 적이 없는 로마 교회에 하나님의 구원의 기본 구조를 설명하기 위해 기록했다. 셋째, 복음을 받아들인 후에도 여전히 율법주의적인 사고에 빠져 있던 유대계 그리스도인들을 권면하기 위해 썼다.

핵심어 및 내용 로마서의 핵심어는 '죄'와 '구원'과 '믿음'이다. 사도 바울은 우리의 죄 때문에 하나님과의 관계가 파괴되었고 오직 하나님의 아들이신 예수 그리스도를 믿어야만 구원을 받을 수 있다고 분명하게 설명한다.

내용 분해

1. 서론(1:1–17)
2. 오직 믿음으로 말미암아 하나님께로부터 오는 의의 계시(1:18–4:25)
3. 믿음으로 의롭다 하심을 받은 사람을 위해 약속된 생활(5:1–8:39)
4. 하나님의 계획 속에 있는 이스라엘과 이방 사람(9:1–11:36)
5. 믿음으로 의롭다 하심을 받은 사람들에게 요구된 순종(12:1–15:13)
6. 결론(15:14–16:27)

인사

1 그리스도 예수의 종인 나 바울은
부르심을 받아 사도가 되었습니다.
나는 하나님의 복음을 전하기 위하
여 따로 세우심을 받았습니다.
2 이 복음은 하나님께서 예언자들을
통하여 성경에 미리 약속하신 것으로
3 그의 아들을 두고 하신 말씀입니다.
이 아들은, 육신으로는 다윗의 후손
으로 태어나셨으며,
4 ㉠성령으로는 죽은 사람들 가운데서
부활하심으로 나타내신 권능으로
하나님의 아들로 ㉡확정되신 분이십
니다. 그는 곧 우리 주 예수 그리스
도이십니다.
5 우리는 그를 통하여 은혜를 입어 사
도의 직분을 받았습니다. 그것은 우
리가 그 이름을 전하여 모든 민족이
믿고 순종하게 하려는 것입니다.
6 여러분도 그들 가운데 들어 있어서,
예수 그리스도의 부르심을 받은 사
람이 되었습니다.
7 ○나는 로마에 있는 모든 신도에게
이 편지를 씁니다. 하나님께서 여러
분을 사랑하셔서, 그의 거룩한 백성
으로 부르셨습니다. 하나님 우리 아
버지와 주 예수 그리스도께서 내려
주시는 은혜와 평화가 여러분에게
있기를 빕니다.

바울의 로마 방문 계획

8 ○나는 먼저 여러분 모두의 일로, 예
수 그리스도를 통하여 나의 하나님
께 감사를 드립니다. 그것은 여러분
의 믿음에 대한 소문이 온 세상에
퍼지고 있기 때문입니다.
9 하나님은, 내가 그 아들의 복음을 전
하는 일로 ㉢충심으로 섬기는 분이
시기에, 내 마음 속을 알고 계십니
다. 나는 기도할 때마다, 언제나 여
러분을 생각하며,
10 어떻게 해서든지 하나님의 뜻으로
여러분에게로 갈 수 있는 좋은 길이

㉠ 그, '거룩함의 영' ㉡ 또는 '확인되신, 지정되신, 지명되신' ㉢ 그, '영'

열리기를 간구하고 있습니다.
11 내가 여러분을 간절히 보고 싶어하
는 것은, 여러분에게 신령한 은사를
좀 나누어주어, 여러분을 굳세게 하
려고 하는 것입니다.
12 이것은, 내가 여러분과 함께 지내면
서, 여러분과 내가 서로의 믿음으로
서로 격려를 받고자 하는 것입니다.
13 ㉠형제자매 여러분, 여러분은 이것을
아시기 바랍니다. 나는 여러분에게
가려고 여러 번 마음을 먹었으나, 지
금까지 길이 막혀서 뜻을 이루지 못
하였습니다. 나는 다른 이방 사람들
가운데서도 열매를 거둔 것과 같이,
여러분 가운데서도 그것을 좀 거두
려고 했던 것입니다.
14 나는 그리스 사람에게나 미개한 사
람에게나, 지혜가 있는 사람에게나
어리석은 사람에게나, 다 빚을 진 사
람입니다.
15 그러므로 나의 간절한 소원은, 로마
에 있는 여러분에게도 복음을 전하
는 일입니다.

복음의 능력

16 ○나는 복음을 부끄러워하지 않습니
다. 이 복음은 유대 사람을 비롯하여
㉡그리스 사람에게 이르기까지, 모든
믿는 사람을 구원하는 하나님의 능
력입니다.
17 하나님의 의가 복음 속에 나타납니
다. ㉢이 일은 오로지 믿음에 근거하
여 일어납니다. 이것은 성경에 기록
한 바 ㉣"의인은 믿음으로 살 것이
다" 한 것과 같습니다.

사람이 짓는 갖가지 죄

18 ○하나님의 진노가, 불의한 행동으
로 진리를 가로막는 사람의 온갖 불
경건함과 불의함을 겨냥하여, 하늘
로부터 나타납니다.
19 하나님을 알 만한 일이 사람에게 환
히 드러나 있습니다. 하나님께서 그
것을 환히 드러내 주셨습니다.
20 이 세상 창조 때로부터, 하나님의 보
이지 않는 속성, 곧 그분의 영원하신
능력과 신성은, 사람이 그 지으신 만
물을 보고서 깨닫게 되어 있습니다.
그러므로 사람들은 핑계를 댈 수가
없습니다.
21 사람들은 하나님을 알면서도, 하나
님을 하나님으로 영화롭게 해드리거
나 감사를 드리기는커녕, 오히려 생
각이 허망해져서, 그들의 지각없는
마음이 어두워졌습니다.
22 사람들은 스스로 지혜가 있다고 주
장하지만, 실상은 어리석은 사람이
되었습니다.
23 그들은 썩지 않는 하나님의 영광을,
썩어 없어질 사람이나 새나 네 발 짐
승이나 기어다니는 동물의 형상으로
바꾸어 놓았습니다.

1장 요약 바울은 로마 교회를 축복한 후, 조만간 그곳을 찾아갈 것임을 밝힌다. 본서와 서신서 전체를 통해 바울은 믿음을 통한 구원 사상을 주지시키고자 했다.

1:1-15 바울은 성도들에게 인사한 후(1-7절), 그들의 믿음이 알려진 사실에 대해 하나님께 감사드리고, 그들을 방문하여 복음을 전할 기회가 생기길 하나님께 구하고 있다고 전한다(8-15절).

1:2-4 복음은 하나님의 아들에 관한 것이라고 정의한 후, 구속사적 측면에서 그것을 설명한다(3-4절). 3절은 그리스도의 인성을, 4절은 그리스도의 신성을 설명한다는 견해가 있으나 받아들이기 어렵다. 전자는 말씀이 육신이 되신 그리스도의 낮아지심을, 후자는 속죄 사역을 이루시고 부활하여 영화로운 몸을 입으신 그리스도의

㉠ 그, '형제들' ㉡ 모든 이방 사람을 대표로 지칭하는 명칭임 ㉢ 또는 '이것은 믿음에서 출발하며 믿음을 목표로 합니다.' ㉣ 합 2:4

롬

24 ○그러므로 하나님께서는, 사람들이
마음의 욕정대로 하도록 더러움에
그대로 내버려 두시니, 서로의 몸을
욕되게 하였습니다.
25 사람들은 하나님의 진리를 거짓으로
바꾸고, 창조주 대신에 피조물을 숭
배하고 섬겼습니다. 하나님은 영원히
찬송을 받으실 분이십니다. 아멘.
26 이런 까닭에, 하나님께서는 사람들
을 부끄러운 정욕에 내버려 두셨습
니다. 여자들은 남자와의 바른 관계
를 바르지 못한 관계로 바꾸고,
27 또한 남자들도 이와 같이, 여자와의
바른 관계를 버리고 서로 욕정에 불
탔으며, 남자가 남자와 더불어 부끄
러운 짓을 하게 되었습니다. 그래서
그들은 그 잘못에 마땅한 대가를 스
스로 받았습니다.
28 사람들이 하나님을 인정하기를 싫어
하므로, 하나님께서는 사람들을 타
락한 마음 자리에 내버려 두셔서, 해
서는 안될 일을 하도록 놓아 두셨습
니다.
29 사람들은 온갖 불의와 악행과 탐욕
과 악의로 가득 차 있으며, 시기와
살의와 분쟁과 사기와 적의로 가득
차 있으며, 수군거리는 자요,
30 중상하는 자요, ㉠하나님을 미워하
는 자요, 불손한 자요, 오만한 자요,
자랑하는 자요, 악을 꾸미는 모략꾼
이요, 부모를 거역하는 자요,
31 우매한 자요, 신의가 없는 자요, 무
정한 자요, 무자비한 자입니다.
32 그들은, 이와 같은 일을 하는 자들
은 죽어야 마땅하다는 하나님의 공
정한 법도를 알면서도, 자기들만 이
런 일을 하는 것이 아니라, 이런 일
을 저지르는 사람을 두둔하기까지
합니다.

하나님의 공정한 심판

2 그러므로 남을 심판하는 사람이여,
㉡그대가 누구이든지, 죄가 없다고
변명할 수 없습니다. ㉡그대는 남을
심판하는 일로 결국 자기를 정죄하
는 셈입니다. 남을 심판하는 ㉡그대
도 똑같은 일을 하고 있기 때문입니
다.
2 하나님의 심판이 이런 일을 하는 사
람들에게 공정하게 내린다는 것을
우리는 압니다.
3 이런 일을 하는 사람들을 심판하면
서, 스스로 그런 일을 하는 사람이
여, ㉡그대는 하나님의 심판을 피할
수 있을 줄로 생각합니까?
4 아니면, 하나님께서 인자하심을 베
푸셔서 ㉡그대를 인도하여 회개하게
하신다는 것을 알지 못하고, 오히려
하나님의 풍성하신 인자하심과 너그
러우심과 오래 참으심을 업신여기는
것입니까?

높아지심을 설명하고 있다. 그러므로 16-17절에서 복음을 표현하는 형식과는 차이가 있다. 3-4절은 복음을 성취된 역사적 차원에서 진술하고, *16-17절은 믿는 개인에게* 적용되는 관계의 차원에서 진술한다.

1:28 내버려 두셔서 바울은 이 표현을 세 번이나 사용한다(24,26,28절). 그들을 버려두는 것은 하나님의 의로우신 심판의 한 방법이다. 버림당함의 책임은 하나님께 있지 않고 죄인에게 있다.

2장 요약 16절까지는 하나님의 공정한 심판에 대해, 17절부터는 유대 사람과 율법에 대해 설명하고 있다. 이것은 유대 사람들이 그릇된 특권의식에 집착할 뿐, 진리(율법)대로 살지 않는 죄악을 논증하기 위해서다. 하나님을 믿고 순종할 때 비로소 참 유대 사람, 성령의 할례자가 된다.

㉠ 또는 '하나님께서 미워하시는' ㉡ 실제 인물이 아니라 가상의 논쟁 상대를 가리키는 말

5 ㉠그대는 완고하여 회개할 마음이 없
으니, 하나님의 공정한 심판이 나타
날 진노의 날에 자기가 받을 진노를
스스로 쌓아 올리고 있는 것입니다.
6 하나님께서는 ㉡"각 사람에게 그가
한 대로 갚아 주실 것입니다."
7 참으면서 선한 일을 하여 영광과 존
귀와 불멸의 것을 구하는 사람에게
는 영원한 생명을 주시고,
8 이기심에 사로잡혀서 진리를 거스르
고 불의를 따르는 사람에게는 진노
와 분노를 쏟으실 것입니다.
9 악한 일을 하는 모든 사람에게는, 먼
저 유대 사람을 비롯하여 그리스 사
람에게 이르기까지, 환난과 고통을
주실 것이요,
10 선한 일을 하는 모든 사람에게는, 먼
저 유대 사람을 비롯하여 그리스 사
람에게 이르기까지, 영광과 존귀와
평강을 내리실 것입니다.
11 하나님께서는 사람을 차별함이 없이
대하시기 때문입니다.
12 율법을 모르고 범죄한 사람은 율법
과 상관없이 망할 것이요, 율법을 알
고 범죄한 사람은 율법을 따라 심판
을 받을 것입니다.
13 하나님 앞에서는 율법을 듣는 사람
이 의로운 사람이 아닙니다. 오직 율
법을 실천하는 사람이라야 의롭게
될 것이기 때문입니다.
14 율법을 가지지 않은 이방 사람이, 사
람의 본성을 따라 율법이 명하는 바
를 행하면, 그들은 율법을 가지고 있
지 않아도, 자기 자신이 자기에게 율
법입니다.
15 그런 사람은, 율법이 요구하는 일이
자기의 마음에 적혀 있음을 드러내
보입니다. 그들의 양심도 이 사실을
증언합니다. 그들의 생각들이 서로
고발하기도 하고, 변호하기도 합니
다.
16 이런 일은, ㉢내가 전하는 복음대로,
하나님께서 그리스도를 내세우셔서
사람들이 감추고 있는 비밀들을 심
판하실 그 날에 드러날 것입니다.

유대 사람과 율법

17 ○그런데, ㉣그대가 유대 사람이라고
자처한다고 합시다. 그래서 ㉣그대는
율법을 의지하며, 하나님을 자랑하
며,
18 율법의 가르침을 받아서 하나님의
뜻을 알고 가장 선한 일을 분간할
줄 알며,
19 눈먼 사람의 길잡이요 어둠 속에 있
는 사람의 빛이라고 생각하며,
20 지식과 진리가 율법에 구체화된 모
습으로 들어 있다고 하면서, 스스로
어리석은 사람의 스승이요 어린 아
이의 교사로 확신한다고 합시다.
21 그렇다면 ㉣그대는 남은 가르치면서

2:5 진노의 날 그리스도가 다시 오시는 날을 가리킨다(고후 1:14;계 6:17). 1:18에서는 이방 사람에 대한 하나님의 심판을, 여기서는 유대 사람에 대한 하나님의 심판을 말한다.

2:12 율법을 모르는 이방 사람이나 율법을 아는 유대 사람이나, 이들이 율법을 지키지 못한다면 모두 심판을 받는다.

2:15 이 구절의 이해를 돕기 위해 NIV의 번역을 옮겨 본다. "따라서 이런 일들은 율법의 요구가 그들 마음에 새겨져 있고, 그 양심 또한 증거하고 있고, 그 생각이 그들을 고발하며 변명까지도 하고 있다는 것을 보여 준다."

2:17-29 1-16절에서는 율법을 아는 유대 사람이 율법을 모르는 이방 사람과 마찬가지로 죄인이라는 사실을 말한다. 그리고 17-29절에서는 율법 자체에 반역하는 유대 사람의 죄를 논한다.

㉠ 실제 인물이 아니라 가상의 논쟁 상대를 가리키는 말 ㉡ 시 62:12; 잠 24:12 ㉢ 그, '나의 복음' ㉣ 2:1의 주를 볼 것

롬

도, 왜 자기 자신은 가르치지 않습니
까? 도둑질을 하지 말라고 설교하면
서도, 왜 도둑질을 합니까?
22 간음을 하지 말라고 하면서도, 왜
간음을 합니까? 우상을 미워하면서
도, 왜 신전의 물건을 훔칩니까?
23 율법을 자랑하면서도, 왜 율법을 어
겨서 하나님을 욕되게 합니까?
24 성경에 기록한 바 ㉠"너희 때문에 하
나님의 이름이 이방 사람들 가운데
서 모독을 받는다" 한 것과 같습니다.
25 율법을 지키면 할례를 받은 것이 유
익하지만, 율법을 어기면 ㉡그대가
받은 할례는 할례를 받지 않은 것으
로 되어 버립니다.
26 그러므로 할례를 받지 않은 사람이
율법의 규정을 지키면, 그 사람은 할
례를 받지 않았더라도 할례를 받은
것으로 여겨질 것이 아니겠습니까?
27 그리고 본래 할례를 받지 않았더라
도 율법을 온전히 지키는 사람이, 율
법의 조문을 가지고 있고 할례를 받
았으면서도 율법을 범하는 사람인
㉡그대를 정죄할 것입니다.
28 겉모양으로 유대 사람이라고 해서
유대 사람이 아니요, 겉모양으로 살
갗에 할례를 받았다고 해서 할례가
아닙니다.
29 오히려 속 사람으로 유대 사람인 이
가 유대 사람이며, 율법의 조문을 따
라서 받는 할례가 아니라 성령으로
마음에 받는 할례가 참 할례입니다.
이런 사람은, 사람에게서가 아니라,
하나님에게서 칭찬을 받습니다.

3

1 그러면 유대 사람의 특권은 무
엇이며, 할례의 이로움은 무엇입니
까?
2 모든 면에서 많이 있습니다. 첫째는,
그들이 하나님의 말씀을 맡았다는
것입니다.
3 그런데 그들 가운데서 얼마가 신실
하지 못했다고 해서 무슨 일이라도
일어납니까? 그들이 신실하지 못했
다고 해서, 하나님의 신실하심이 없
어지겠습니까?
4 그럴 수 없습니다. 사람은 다 거짓말
쟁이이지만, 하나님은 참되십니다.
성경에 기록한 바

㉢"주님께서는 말씀하실 때에
의로우시다 인정을 받으시고 재
판을 받으실 때에 주님께서 이
기시려는 것입니다"

한 것과 같습니다.
5 그런데 우리의 불의가 하나님의 의
를 드러나게 한다면, 무엇이라고 말
하겠습니까? 우리에게 진노를 내리
시는 하나님이 불의하시다는 말입니
까? (이것은 사람들이 말하는 방식
으로 내가 말해 본 것입니다.)
6 절대로 그럴 수 없습니다. 만일 그렇

2:25 율법을 지키면 할례를 받은 것이 유익하지만 할례는 율법이 지켜질 때에만 그 가치가 있다(레 18:5;신 27:26;갈 5:3).

2:27 율법의 조문 기록된 모세의 율법을 말한다.

2:29 성령으로 마음에 받는 할례가 참 할례입니다 마음의 할례는 구약에서도 강조되었다(신 10:16; 렘 4:4;9:26;겔 44:7).

㉠ 사 52:5(칠십인역); 겔 36:22 ㉡ 2:1의 주를 볼 것 ㉢ 시 51:4(칠십인역)

3장 요약 전체적인 주제는 하나님의 의라고 할 수 있다. 8절까지는 유대 사람들이 당할 심판의 당위성을 변증한 후 바울은 "모든 사람이 죄를 범하였다"(10-12절)는 진리를 언급하며 21-31절에서 율법(행위)을 통한 것이 아닌 전혀 새로운 방법, 곧 예수 그리스도를 믿음으로 사람이 의롭다 여김을 받을 수 있다고 했다.

3:9-20 이 부분은 1:18 이하에 대한 결론이다.

롬

다면 하나님께서 어떻게 세상을 심
판하실 수 있겠습니까?
7 다음과 같이 반박하는 사람도 있을
것입니다. "나의 거짓됨 때문에 하나
님의 참되심이 더욱 분명하게 드러
나서 하나님께 영광이 돌아간다면,
왜 나도 역시 여전히 죄인으로 판정
을 받습니까?"
8 더욱이 "좋은 일이 생기게 하기 위하
여, 악한 일을 하자" 하고 말할 수 있
겠습니까? 사실, 어떤 사람들은 우
리가 그런 말을 한다고 비방합니다.
그런 사람들은 심판을 받아야 마땅
합니다.

사람은 모두 죄인이다

9 ○그러면 무엇을 말해야 하겠습니
까? 우리 유대 사람이 이방 사람보
다 낫습니까? 전혀 그렇지 않습니
다. 유대 사람이나 그리스 사람이나,
다같이 죄 아래에 있음을 우리가 이
미 지적하였습니다.
10 성경에 이렇게 기록되어 있습니다.
㉠"의인은 없다. 한 사람도 없다.
11 깨닫는 사람도 없고, 하나님을
찾는 사람도 없다.
12 모두가 곁길로 빠져서, 쓸모가
없게 되었다. 선한 일을 하는 사
람은 없다. 한 사람도 없다."
13 ㉡"그들의 목구멍은 열린 무덤이
다. 혀는 사람을 속인다." ㉢"입
술에는 독사의 독이 있다."
14 ㉣"입에는 저주와 독설이 가득
찼다."
15 ㉤"발은 피를 흘리는 일에 빠르
며,
16 그들이 가는 길에는 파멸과 비
참함이 있다.
17 그들은 평화의 길을 알지 못한
다."
18 ㉥"그들의 눈에는 하나님을 두려
워하는 빛이 없다."
19 율법에 있는 모든 말씀이 율법 아래
사는 사람에게 말한 것임을 우리는
압니다. 그것은 모든 입을 막고, 온
세상을 하나님 앞에서 유죄로 드러
내려는 것입니다.
20 그러므로 율법의 행위로는 하나님
앞에서 의롭다고 인정받을 사람이
아무도 없습니다. 율법으로는 죄를
인식할 뿐입니다.

하나님의 의

21 ○그러나 이제는 율법과는 상관없이
하나님의 의가 나타났습니다. 그것
은 율법과 예언자들이 증언한 것입
니다.
22 그런데 하나님의 의는 예수 그리스
도를 믿는 믿음을 통하여 오는 것인
데, 모든 믿는 사람에게 미칩니다. 거
기에는 아무 차별이 없습니다.
23 모든 사람이 죄를 범하였습니다. 그

그 결론은 "유대 사람이나 그리스 사람이나, 다같이 죄 아래에 있다"(9절)는 것이다. 따라서 누구든지 정죄와 죄의 형벌을 면할 수 있는 자는 없다. 하나님께서 마련하신 믿음으로 말미암은 의의 길이 절대적으로 필요하다.

3:10-18 모든 사람이 죄인임을 선언한 바울은 그 증거로 구약을 인용하여 제시한다. 10-12절의 '모두, 한' 등은 모든 사람이 죄인임을 강조해 주는 표현이다(비교. 23절).

3:18 10-17절의 구약 인용구에 대한 결론이다. 모든 죄는 하나님을 두려워하지 않기 때문에 일어난다. 하나님을 경외함이 모든 경건의 원천이다(참조. 창 20:11).

3:21 그러나 이제는 이 말에는 두 가지 대조가 나타난다. ① 시간적 대조: 모든 시간을 두 시기로

㉠ 시 14:1-3(칠십인역); 53:1-3(칠십인역); 전 7:20 ㉡ 시 5:9(칠십인역) ㉢ 시 140:3(칠십인역) ㉣ 시 10:7(칠십인역) ㉤ 사 59:7, 8 ㉥ 시 36:1

래서 사람은 하나님의 영광에 못 미
치는 처지에 놓여 있습니다.
24 그러나 사람은, 그리스도 예수 안에
서 얻는 ㉠구원으로 말미암아, 하나
님의 은혜로 값없이 의롭다는 선고
를 받습니다.
25 하나님께서는 이 예수를 속죄제물로
내주셨습니다. 그것은 그의 피를 믿
을 때에 유효합니다. 하나님께서 이
렇게 하신 것은, 사람들이 이제까지
지은 죄를 너그럽게 보아주심으로써
자기의 의를 나타내시려는 것이었습
니다.
26 하나님께서 오래 참으시다가 지금
이 때에 자기의 의로우심을 나타내
신 것은, 하나님은 의로우신 분이시
라는 것과 예수를 믿는 사람은 누구
나 의롭다고 하신다는 것을 보여 주
시려는 것입니다.
27 ○그렇다면 사람이 자랑할 것이 어
디에 있습니까? 전혀 없습니다. 무
슨 법으로 의롭게 됩니까? 행위의
법으로 됩니까? 아닙니다. 믿음의 법
으로 됩니다.
28 사람이 율법의 행위와는 상관없이
믿음으로 의롭다고 인정을 받는다고
우리는 생각합니다.
29 하나님은 유대 사람만의 하나님이십
니까? 이방 사람의 하나님도 되시지
않습니까? 그렇습니다. 이방 사람의
하나님도 되십니다.
30 참으로 하나님은 오직 한 분뿐이십
니다. 그러므로 하나님께서는 할례
를 받은 사람도 믿음을 보시고 의롭
다고 하시고, 할례를 받지 않은 사람
도 믿음을 보시고 의롭다고 하십니
다.
31 그러면 믿음으로 말미암아 우리가
율법을 폐합니까? 그럴 수 없습니
다. 도리어 율법을 굳게 세웁니다.

아브라함의 믿음

4 그러면 육신상으로 우리의 조상인
㉡아브라함이 무엇을 얻었다고 우
리가 말할 수 있겠습니까?
2 아브라함이 행위로 의롭게 되었더라
면, 그에게는 자랑할 것이 있었을 것
입니다. 그러나 하나님 앞에서는 자
랑할 것이 없습니다.
3 성경이 무엇이라고 말합니까? ㉢"아
브라함이 하나님을 믿으니, ㉣하나님
께서 그를 의롭다고 여기셨다" 하였
습니다.
4 일을 하는 사람에게는 품삯을 은혜
로 주는 것으로 치지 않고 당연한
보수로 주는 것으로 생각합니다.
5 그러나 경건하지 못한 사람을 의롭
다고 하시는 분을 믿는 사람은, 비록
아무 공로가 없어도, 그의 믿음이 의
롭다고 인정을 받습니다.
6 그래서 행한 것이 없어도, 하나님께

나누며, '이제는' 이라는 시대에 하나님께로부터 온 의가 알려졌다. ② 논리적 대조: 율법을 지킴으로 얻는 의와 하나님에 의해 마련된 의 사이의 대조이다.

3:23 하나님의 영광 하나님께서 본래 의도하셨던 사람의 상태를 뜻한다. 그리스도인들은 아담의 타락 이전에 사람이 가졌던 영광을 그리스도 안에서 다시 얻게 될 것이다(참조. 히 2:5–9).

3:27–31 본문은 믿음으로만 의롭게 됨을 말한다.

4장 요약 바울은 아브라함의 칭의를 설명한다. 아브라함은 하나님의 약속(언약)을 믿음으로 말미암아 의롭다고 인정된 것이다. 칭의의 관건은 하나님의 신실하심에 대한 믿음이다. 오늘날 우리들은 하나님의 언약의 실체요, 성취자인 예수님을 믿음으로써만 의롭다 여겨진다.

㉠ 그, '속량' ㉡ 다른 고대 사본들에는 '아브라함에 관하여 무엇을 말할 수 있겠습니까?' ㉢ 창 15:6 ㉣ 원어로는 '그것이 그의 의로 여겨졌다'

서 의롭다고 여겨 주시는 사람이 받
을 복을 다윗도 다음과 같이 말하였
습니다.
7 ㉠"하나님께서 잘못을 용서해 주
시고 죄를 덮어 주신 사람은 복
이 있다.
8 주님께서 죄 없다고 인정해 주
실 사람은 복이 있다."
9 그러면 이러한 복은 할례를 받은 사
람에게만 내리는 것입니까? 그렇지
않으면 할례를 받지 않은 사람에게
도 내리는 것입니까? 우리는 앞에서
말하기를 "하나님께서 아브라함의
믿음을 의로 여기셨다" 하였습니다.
10 그러면 어떻게 아브라함이 그러한
인정을 받았습니까? 그가 할례를 받
은 후에 그렇게 되었습니까? 그렇지
않으면 할례를 받기 전에 그렇게 되
었습니까? 그것은 할례를 받은 후에
된 일이 아니라, 할례를 받기 전에
된 일입니다.
11 아브라함이 할례라는 표를 받았는
데, 그것은 그가 할례를 받지 않은
상태에서 이미 얻은 믿음의 의를 확
증하는 것이었습니다. 그래서 그는
할례를 받지 않고도 믿는 모든 사람
의 조상이 되었으니, 이것은 할례를
받지 않은 사람들도 의롭다는 인정
을 받게 하려는 것이었습니다.
12 또 그는 할례를 받은 사람의 조상이
되기도 하였습니다. 다시 말하면, 할
례만을 받은 것이 아니라 또한 우리
조상 아브라함이 할례를 받지 않은
상태에서 걸어간 믿음의 발자취를
따라가는 사람들의 조상이 되었습
니다.

믿음으로 약속을 주시다

13 ○아브라함이나 그 자손에게 주신
하나님의 약속, 곧 그들이 세상을 물
려받을 상속자가 되리라는 것은, 율
법으로 말미암은 것이 아니라, 믿음
의 의로 말미암은 것입니다.
14 율법을 의지하는 사람들이 상속자
가 된다면, 믿음은 무의미한 것이 되
고, 약속은 헛된 것이 됩니다.
15 율법은 진노를 불러옵니다. 율법이
없는 곳에는 범법도 없습니다.
16 이런 까닭에, 이 약속은 믿음에 근거
한 것입니다. 그것은 하나님께서 아
브라함에게 이 약속을 은혜로 주셔
서 이것을 그의 모든 후손에게도,
곧 율법으로 사는 사람들에게만이
아니라 아브라함이 지닌 믿음으로
사는 사람들에게도 보장하시려는
것입니다. 아브라함은 우리 모두의
조상입니다.
17 이것은 성경에 기록된 대로 ㉡"내가
너를 많은 민족의 조상으로 세웠다"
함과 같습니다. 이 약속은, 그가 믿
은 하나님, 다시 말하면, 죽은 사람

4:10 아브라함은 의롭다는 칭함을 받은 후(창 15장) 약 14년이 지나서 할례를 받았다(창 17장). 믿음으로 의롭게 되는 것은 할례와는 무관하다.

4:12 할례만을 받은 것이…우리 조상 아브라함이…믿음의 발자취를 따라가는 사람들 본절은 할례를 받은 사람이라도 신령한 아브라함의 자녀, 곧 의롭다 함을 받은 사람이 되려면 아브라함과 같은 믿음을 가져야 한다고 설명하고 있다.

4:14 율법을 의지하는 사람들 율법을 종교의 지배적, 결정적 원리로 간주하고 율법의 통치를 받고 있는 사람들을 뜻한다. 따라서 모세 제도 아래서 유익을 얻었던 사람들을 지칭하는 16절의 '율법으로 사는 사람들'과는 구별된다.

4:16 율법으로 사는 사람들은 유대 사람 성도를, 아브라함이 지닌 믿음으로 사는 사람들은 이방 사람 성도들을 말한다. 세상 사람들의 판단과 상관없이 하나님은 아브라함을 유대 사람 성도뿐만

㉠ 시 32:1, 2 ㉡ 창 17:5

들을 살리시며 없는 것들을 불러내
어 있는 것이 되게 하시는 하나님께
서 보장하신 것입니다.
18 아브라함은 희망이 사라진 때에도
바라면서 믿었으므로 ㉠"너의 자손
이 이와 같이 많아질 것이다" 하신
말씀대로, 많은 민족의 조상이 되었
습니다.
19 그는 나이가 백 세가 되어서, 자기
몸이 [이미] 죽은 것이나 다름없고,
또한 사라의 태도 죽은 것이나 다름
없는 줄 알면서도, 그는 믿음이 약해
지지 않았습니다.
20 그는 하나님의 약속을 믿고 의심하
지 않았습니다. 오히려 그는 믿음이
굳세어져서 하나님께 영광을 돌렸습
니다.
21 그는, 하나님께서 스스로 약속하신
바를 능히 이루실 것이라고 확신하
였습니다.
22 그래서 하나님께서는 ㉡이것을 보시
고 ㉢"그를 의롭다고 여겨 주셨습니
다."
23 "그가 의롭다는 인정을 받았다" 하
는 말은, 아브라함만을 위하여 기록
된 것이 아니라,
24 하나님께서 의롭다고 여겨 주실 우
리, 곧 우리 주 예수를 죽은 사람들
가운데서 살리신 분을 믿는 우리까
지도 위한 것입니다.
25 예수는 우리의 범죄 때문에 죽임을
당하셨고, 우리를 의롭게 하시려고
살아나셨습니다.

의롭게 하여 주심을 받은 사람의 삶

5 그러므로 우리는 믿음으로 의롭다
하심을 받았으므로, 우리 주 예수
그리스도로 말미암아 하나님과 더
불어 평화를 ㉣누리고 있습니다.
2 우리는 또한, 그리스도로 말미암아
지금 서 있는 이 은혜의 자리에 [믿
음으로] 나아오게 되었으며, 하나님
의 영광에 이르게 될 소망을 품고
㉤자랑을 합니다.
3 그뿐만 아니라, 우리는 ㉥환난을 ㉤자
랑합니다. 우리가 알기로, 환난은 인
내력을 낳고,
4 인내력은 단련된 인격을 낳고, 단련
된 인격은 희망을 낳는 줄을 알고 있
기 때문입니다.
5 이 희망은 우리를 실망시키지 않습
니다. 하나님께서 우리에게 주신 성
령을 통하여 그의 사랑을 우리 마음
속에 부어 주셨기 때문입니다.
6 우리가 아직 약할 때에, 그리스도께
서는 제 때에, 경건하지 않은 사람을
위하여 죽으셨습니다.
7 의인을 위해서라도 죽을 사람은 거
의 없습니다. 더욱이 선한 사람을 위
해서라도 감히 죽을 사람은 드뭅니
다.

아니라 이방 사람 성도의 조상으로도 삼으셨다.

4:19 믿음이 약해지지 않았습니다 아브라함이 일시적으로 망설였지만(창 17:17) 이 망설임은 곧 사라졌고 하나님의 약속을 의심하지 않았다(창 17:23-27). 아브라함의 믿음이 흔들리지 않았다는 말이 그가 한 번의 갈등도 없었다는 뜻은 아니다.

㉠ 창 15:5 ㉡ 또는 '그의 믿음을' ㉢ 창 15:6 ㉣ 다른 고대 사본들에는 '누립시다' ㉤ 또는 '자랑합시다' ㉥ 또는 '환난 가운데서도 자랑을 합니다'

5장 요약 본장은 칭의의 결과에 대한 설명이다. 그것은 무엇보다도 하나님과의 화해(reconciliation)이다(1-11절). 이것은 화해를 얻게 하신 그리스도로 말미암아 우리와 하나님 사이에 평화가 이룩된 것을 의미한다. 또한 바울은 아담을 불순종과 사망, 그리스도는 순종과 생명이라 설명한다.

5:5 하나님의 사랑에는 실망이 존재하지 않는다.

8 그러나 우리가 아직 죄인이었을 때
에, 그리스도께서 우리를 위하여 죽
으셨습니다. 이리하여 하나님께서는
우리들에 대한 자기의 사랑을 실증
하셨습니다.
9 그러므로 지금 우리가 그리스도의 피
로 의롭게 되었으니, 그리스도로 말
미암아 ㉠하나님의 진노에서 구원을
얻으리라는 것은 더욱 확실합니다.
10 우리가 하나님의 원수일 때에도 하
나님의 아들의 죽으심으로 말미암
아 하나님과 화해하게 되었다면, 화
해한 우리가 하나님의 생명으로 구
원을 얻으리라는 것은 더욱더 확실
한 일입니다.
11 그뿐만 아니라, 우리는 또한 우리 주
예수 그리스도로 말미암아 하나님
을 자랑합니다. 우리는 지금 그로 말
미암아 하나님과 화해를 하게 된 것
입니다.

아담과 그리스도

12 ○그러므로 한 사람으로 말미암아
죄가 세상에 들어왔고, 또 그 죄로
말미암아 죽음이 들어온 것과 같이,
모든 사람이 죄를 지었기 때문에 죽
음이 모든 사람에게 이르게 되었습
니다.
13 율법이 있기 전에도 죄가 세상에 있
었으나, 율법이 없을 때에는 죄가 죄
로 여겨지지 않았습니다.
14 그러나 아담 시대로부터 모세 시대
에 이르기까지는 아담의 범죄와 같
은 죄를 짓지 않은 사람들까지도 죽
음의 지배를 받았습니다. 아담은 장
차 오실 분의 모형이었습니다.
15 ○그러나 하나님께서 은혜를 베푸실
때에 생긴 일은, 아담 한 사람이 범
죄 했을 때에 생긴 일과 같지 않습니
다. 한 사람의 범죄로 많은 사람이
죽었으나, 하나님의 은혜와 예수 그
리스도 한 사람의 은혜로 말미암은
선물은, 많은 사람에게 더욱더 넘쳐
나게 되었습니다.
16 또한, 하나님께서 주시는 선물은 한
사람의 범죄의 결과와 같지 않습니
다. 한 범죄에서는 심판이 뒤따라와
서 유죄 판결이 내려졌습니다마는,
많은 범죄에서는 은혜가 뒤따라와서
무죄 선언이 내려졌습니다.
17 아담 한 사람의 범죄 때문에 그 한
사람으로 말미암아 죽음이 왕노릇
하게 되었다면, 넘치는 은혜와 의의
선물을 받는 사람들은, 예수 그리스
도 한 분으로 말미암아, 생명 안에
서 왕노릇 하게 되리라는 것은 더욱
더 확실합니다.
18 그러니 한 사람의 범죄 행위 때문에
모든 사람이 유죄판결을 받았는데,
이제는 한 사람의 의로운 행위 때문
에 모든 사람이 의롭다는 인정을 받

바울의 사상이 믿음(1절)에서 소망(2,4–5절) 및 사랑(5절)으로 발전하고 있다(고전 13:13).

5:12–21 아담과 그리스도 아담은 세상의 죄와 죽음을 가지고 왔고, 그리스도는 의와 생명을 가져오셨다. 아담 안에서의 모든 사람의 타락(12–14절)과 그리스도 안에서의 모든 사람의 구원(15–21절)을 대조시키고 있다.

5:12 모든 사람이 죄를…이르게 되었습니다 이 구절은 사람이 스스로 범한 자범죄를 가리키는 것처럼 보이나 그렇지 않다. 왜냐하면 13–14절의 문맥과 18절의 내용이 이를 허용하지 않기 때문이다.

5:15–17 바울은 은혜의 현상과 죄의 현상을 대조하면서, 은혜의 현상이 죄의 현상을 압도하며 더 강력하다고 말한다. 곧 "하나님의 은혜와…넘쳐나게 되었습니다"(15절), "넘치는 은혜와…생명 안에서 왕노릇 하게 되리라는 것은 더욱더 확실합니다"(17절)라는 표현에서 보여진다.

㉠ 그, '하나님의'가 없음

아서 생명을 얻게 되었습니다.
19 한 사람이 순종하지 않음으로 말미
암아 많은 사람이 죄인으로 판정을
받았는데, 이제는 한 사람이 순종함
으로 말미암아 많은 사람이 의인으
로 판정을 받을 것입니다.
20 율법은 범죄를 증가시키려고 끼여 들
어온 것입니다. 그러나 죄가 많은 곳
에, 은혜가 더욱 넘치게 되었습니다.
21 그것은, 죄가 죽음으로 사람을 지배
한 것과 같이, 은혜가 의를 통하여
사람을 지배하여, 우리 주 예수 그리
스도로 말미암아 얻는 영원한 생명
에 이르게 하려는 것입니다.

그리스도인은 그리스도와 함께 죽고 함께 산다

6 그러면 우리가 무엇이라고 말을 해
야 하겠습니까? 은혜를 더하게 하
려고, 여전히 죄 가운데 머물러 있어
야 하겠습니까?
2 그럴 수 없습니다. 우리는 죄에는 죽
은 사람인데, 어떻게 죄 가운데서 그
대로 살 수 있겠습니까?
3 ㉠세례를 받아 그리스도 예수와 하나
가 된 우리는 모두 ㉠세례를 받을 때
에 그와 함께 죽었다는 것을 여러분
은 알지 못합니까?
4 그러므로 우리는 ㉠세례를 통하여 그
의 죽으심과 연합함으로써 그와 함
께 묻혔던 것입니다. 그것은, 그리스
도께서 아버지의 영광으로 말미암
아 죽은 사람들 가운데서 살아나신
것과 같이, 우리도 또한 새 생명 안
에서 살아가기 위함입니다.
5 우리가 그의 죽으심과 같은 죽음을
죽어서 그와 연합하는 사람이 되었
으면, 우리는 부활에 있어서도 또한
그와 연합하는 사람이 될 것입니다.
6 우리의 옛사람이 그리스도와 함께
십자가에 달려 죽은 것은, 죄의 몸을
멸하여서, 우리가 다시는 죄의 노예
가 되지 않게 하려는 것임을 우리는
압니다.
7 죽은 사람은 이미 죄의 세력에서 해
방되었습니다.
8 우리가 그리스도와 함께 죽었으면,
그와 함께 우리도 또한 살아날 것임
을 믿습니다.
9 우리가 알기로, 그리스도께서는 죽
은 사람들 가운데서 살아나셔서, 다
시는 죽지 않으시며, 다시는 죽음이
그를 지배하지 못합니다.
10 그리스도께서 죽으신 죽음은 죄에
대해서 단번에 죽으신 것이요, 그분
이 사시는 삶은 하나님을 위하여 사
시는 것입니다.
11 이와 같이 여러분도, 죄에 대해서는
죽은 사람이요, 하나님을 위해서는
그리스도 예수 안에서 살고 있는 사
람이라는 것을 알아야 합니다.
12 ○그러므로 여러분은 죄가 여러분의

6장 요약 본장은 구원받은 사람이 어떻게 살아야 하는지를 제시한다. 구원받기 전 우리는 죄에 종 노릇 하고(16절), 율법에 얽매여(15절) 영적 사망을 당할 형편이었지만(21절), 세례를 받아 그리스도와 영적 연합을 이루면 죄에 대해 죽은 순종의 종이 되어(16절), 율법의 저주가 아닌 은혜 아래(14절)에서 영생을 누린다.

㉠ 또는 '침례'

6:1 은혜를 더하게…머물러 있어야 하겠습니까? 이 구절은 죄가 많은 곳에 은혜가 더욱 넘쳤다(5:20)는 것을 오해하는 자들에 대한 답변이다. 이들에게 바울은 우리가 죄에 대하여 이미 죽었으니 그 가운데 더 살 수 없다고 일축한다(2절). 죄에 대하여 죽었다는 사실은 과거에 일어난 결정적 행위, 곧 우리 옛사람이 예수님과 함께 십자가에 못 박힌 것을 가리킨다. 때문에 믿는 사람은 죄의 영역에서 새 생명의 영역으로 옮겨졌고, 죄가 우리 위에서 왕노릇 하

죽을 몸을 지배하지 못하게 해서, 여
러분이 몸의 정욕에 굴복하는 일이
없도록 하십시오.
13 그러므로 여러분은 여러분의 지체를
죄에 내맡겨서 불의의 ㉠연장이 되게
하지 마십시오. 오히려 여러분은 죽
은 사람들 가운데서 살아난 사람답
게, 여러분을 하나님께 바치고, 여러
분의 지체를 의의 ㉠연장으로 하나님
께 바치십시오.
14 여러분은 율법 아래 있지 않고, 은혜
아래 있으므로, 죄가 여러분을 다스
릴 수 없을 것입니다.

그리스도인은 의의 종이다

15 ○그러면 어떻게 해야 하겠습니까?
우리가 율법 아래 있지 않고, 은혜
아래에 있다고 해서, 마음 놓고 죄를
짓자는 말입니까? 그럴 수 없습니다.
16 여러분이 아무에게나 자기를 종으로
내맡겨서 복종하게 하면, 여러분은,
여러분이 복종하는 그 사람의 종이
되는 것임을 알지 못합니까? 여러분
은 죄의 종이 되어 죽음에 이르거나,
아니면 순종의 종이 되어 의에 이르
거나, 하는 것입니다.
17 그러나 하나님께 감사하는 것은, 여
러분이 전에는 죄의 종이었으나, 이
제 여러분은 전해 받은 교훈의 본에
마음으로부터 순종함으로써,
18 죄에서 해방을 받아서 의의 종이 된
것입니다.
19 여러분의 ㉡이해력이 미약하므로, 내
가 사람의 방식으로 말하겠습니다.
여러분이 전에는 자기 지체를 더러
움과 불법의 종으로 내맡겨서 불법
에 빠져 있었지만, 이제는 여러분의
지체를 의의 종으로 바쳐서 거룩함
에 이르도록 하십시오.
20 여러분이 죄의 종일 때에는 의에 얽
매이지 않았습니다.
21 여러분은 그 때에 무슨 열매를 거두
었습니까? 이제 와서 여러분이 그러
한 생활을 부끄러워하지마는, 그러
한 생활의 마지막은 죽음입니다.
22 이제 여러분은 죄에서 해방을 받고,
하나님의 종이 되어서, 거룩함에 이
르는 삶의 열매를 맺고 있습니다. 그
마지막은 영원한 생명입니다.
23 죄의 삯은 죽음이요, 하나님의 선물
은 우리 주 예수 그리스도 안에서
누리는 영원한 생명입니다.

혼인 관계로 비유한 율법

7 ㉢형제자매 여러분, 나는 율법을
아는 사람들에게 말을 합니다. 율
법은, 사람이 살아 있는 동안에만
그 사람을 지배한다는 것을 알지 못
합니까?
2 결혼한 여자는, 그 남편이 살아 있는
동안에는 법으로 남편에게 매여 있
으나, 남편이 죽으면 남편의 법에서

지 못하며, 우리를 다스리지 못한다(12,14절).

6:6 옛사람 그리스도를 알기 전에 거듭나지 못한 자아를 말한다.

6:14 율법은 명령하며 요구하고, 죄를 억제하고 정죄하며, 그리스도께 가도록 길을 지시하는 역할을 할 수 있다. 그러나 율법은 율법대로 살지 않는 사람을 의롭다 할 근거가 되지 못한다. 믿는 사람은 이러한 율법 아래가 아닌, 죄에서 해방시키는 은혜 아래 있다.

7장 요약 율법은 마치 남편과 같다. 과거에 우리를 주장하던 율법의 모든 요구를 예수님께서 충족시키심으로 믿는 사람은 율법의 구속에서 해방되었다. 율법의 역할은 결국 죄를 드러내는 것인데(7–13절), 그것은 율법 자체가 악해서가 아니고 죄를 짓는 사람의 본성이 악하기 때문이다(14–25절).

㉠ 또는 '무기' ㉡ 그, '육신' ㉢ 그, '형제들'

풀려납니다.
3 그러므로 남편이 살아 있는 동안에
그 여자가 다른 남자에게로 가면, 그
여자는 간음한 여자라는 말을 듣게
됩니다. 그러나 남편이 죽으면 그 법
에서 해방되는 것이므로, 다른 남자
에게로 갈지라도 간음한 여자가 되
지 않습니다.
4 나의 ㉠형제자매 여러분, 그러므로
여러분도 그리스도의 몸으로 말미
암아, 율법에 대해서는 죽임을 당했
습니다. 그래서 여러분은 다른 분,
곧 죽은 사람들 가운데서 살아나신
그분에게 속하게 되었습니다. 그것
은 우리가 하나님을 위하여 열매를
맺게 하기 위함입니다.
5 이전에 우리가 육신을 따라 살 때에
는, 율법으로 말미암아 일어나는 죄
의 욕정이 우리 몸의 지체 안에서 작
용해서, 죽음에 이르는 열매를 맺었
습니다.
6 그러나 지금은, 우리를 옭아맸던 것
에 대하여 죽어서, 율법에서 풀려났
습니다. 그래서 우리는 문자에 얽매
인 낡은 정신으로 하나님을 섬기지
않고, 성령이 주시는 새 정신으로 하
나님을 섬깁니다.

율법과 죄의 관계

7 ○그러면 우리가 무엇이라고 말을 하
겠습니까? 율법이 죄입니까? 그럴
수 없습니다. 그러나 율법에 비추어
보지 않았다면, ㉡나는 죄가 무엇인
지 알지 못하였을 것입니다. 율법에
㉢"탐 내지 말아라" 하지 않았다면,
㉡나는 탐심이 무엇인지를 알지 못하
였을 것입니다.
8 그러나 죄는 이 계명을 통하여 틈을
타서, 내 속에서 온갖 탐욕을 일으켰
습니다. 율법이 없으면 죄는 죽은 것
입니다.
9 전에는 율법이 없어서 내가 살아 있
었는데, 계명이 들어오니까 죄는 살
아나고,
10 나는 죽었습니다. 그래서 나를 생명
으로 인도해야 할 그 계명이, 도리어
나를 죽음으로 인도한다는 것이 드
러났습니다.
11 죄가 그 계명을 통하여 틈을 타서
나를 속이고, 또 그 계명으로 나를
죽였습니다.
12 그러므로 율법은 거룩하며, 계명도
거룩하고 의롭고 선한 것입니다.
13 ○그러니 그 선한 것이 나에게 죽음
을 안겨 주었다는 말입니까? 그럴
수 없습니다. 그러나 죄를 죄로 드러
나게 하려고, 죄가 그 선한 것을 방
편으로 하여 나에게 죽음을 일으켰
습니다. 그것은 계명을 방편으로 하
여 죄를 극도로 죄답게 되게 하려는
것이었습니다.

7:1–13 바울은 혼인 관계의 비유를 통해 그리스도의 은혜로 구원을 받은 성도는 더 이상 율법의 정죄를 받지 않는다고 말한다(1–6절). 율법은 우리를 거룩한 삶으로 인도하기 위해 하나님께서 마련하신 의롭고 선한 것이다(7–13절).

7:6 문자에 얽매인 낡은 정신 '문자'는 율법을 가리키며, '낡은 정신'이란 율법 아래서의 삶을 뜻한다.

7:7 율법이 죄입니까? 이 질문을 통해 율법의 기능과 가치를 밝힌다. 율법은 죄를 알게 해주며, 그것은 거룩하며 의로우며 선하다(7,12절). 그것은 생명으로 인도할 계명이다(10절). 율법이 비록 죄에서 우리를 구출하기에 무능하고, 도리어 죄에 심히 속박시킨다 할지라도 앞에 언급된 이유로 결코 죄 있는 것이 될 수 없다.

7:9 내가 살아 있었는데 죄의 광포한 활동과 죄에

㉠ 그, '형제들' ㉡ 여기서부터 7장 전체에 반복해서 나타나는 '나'는, 바울이 자기 자신을 지칭하는 대명사로 사용된 것이 아니라, 율법 아래 있는 인간 일반을 대표해서 지칭하는 수사학적 대명사로 사용된 것임 ㉢ 출 20:17; 신 5:21

14 우리는 율법이 신령한 것인 줄 압니
다. 그러나 나는 육정에 매인 존재로
서, 죄 아래에 팔린 몸입니다.
15 나는 내가 하는 일을 도무지 알 수가
없습니다. 내가 해야겠다고 생각하
는 일은 하지 않고, 도리어 해서는
안 되겠다고 생각하는 일을 하고 있
으니 말입니다.
16 내가 그런 일을 하면서도 그것을 해
서는 안 되겠다고 생각하는 것은, 곧
율법이 선하다는 사실에 동의하는
것입니다.
17 그렇다면, 그와 같은 일을 하는 것은
내가 아니라, 내 속에 자리를 잡고
있는 죄입니다.
18 나는 내 속에 곧 내 육신 속에 선한
것이 깃들여 있지 않다는 것을 압니
다. 나는 선을 행하려는 의지는 있으
나, 그것을 실행하지는 않으니 말입
니다.
19 나는 내가 원하는 선한 일은 하지
않고, 도리어 원하지 않는 악한 일을
합니다.
20 내가 해서는 안 되는 것을 하면, 그
것을 하는 것은 내가 아니라, 내 속
에 자리를 잡고 있는 죄입니다.
21 여기에서 나는 법칙 하나를 발견하
였습니다. 곧 나는 선을 행하려고 하
는데, 그러한 나에게 악이 붙어 있다
는 것입니다.
22 나는 속사람으로는 하나님의 법을
즐거워하나,
23 내 지체에는 다른 법이 있어서 내 마
음의 법과 맞서서 싸우며, 내 지체에
있는 죄의 법에 나를 포로로 만드는
것을 봅니다.
24 아, 나는 비참한 사람입니다. 누가 이
죽음의 몸에서 나를 건져 주겠습니
까?
25 우리 주 예수 그리스도를 통하여 나
를 건져 주신 하나님께 감사를 드립
니다. 그러니 나 자신은, 마음으로는
하나님의 법을 섬기고, 육신으로는
죄의 법을 섬기고 있습니다.

성령은 생명을 주시다

8 그러므로 그리스도 예수 안에 있는
사람들은 정죄를 받지 않습니다.
2 그것은, 그리스도 예수 안에서 생명
을 누리게 하는 ㉠성령의 법이 ㉡당신
을 죄와 죽음의 법에서 해방하여 주
었기 때문입니다.
3 육신으로 말미암아 율법이 미약해져
서 해낼 수 없었던 그 일을 하나님께
서 해결하셨습니다. 곧 하나님께서
는 자기의 아들을 죄된 육신을 지닌
모습으로 보내셔서, 죄를 없애시려고
그 육신에다 죄의 선고를 내리셨습
니다.
4 그것은, 육신을 따라 살지 않고 ㉠성
령을 따라 사는 우리가, 율법이 요구

대한 자각이 있기 전에 자기 마음대로 본인 의를 내세우는 삶을 살았다는 뜻이다.

7:14-25 내적 갈등 율법은 그리스도인이 성화를 위하여 극복해야 할 죄가 무엇인지 알려준다(7-13절). 바울은 그것을 알면서도 육신의 연약함으로 율법의 요구와 반대되는 악을 계속 행하는 자신의 모습을 보며 탄식한다. 거짓된 자아와의 싸움에서 실패하던 바울은 결국 그리스도로 말미암아 온전히 승리하고 하나님께 감사를 드린다.

8장 요약 본장은 로마서의 주제이자 바울 신학의 압축판이다. 바울은 구원의 확신과 성령 안에서의 승리의 삶에 대해 논증한다. 1-11절은 성령을 통한 구원의 기쁨을, 12-17절은 성화의 삶의 본질 규명, 18-30절은 하나님의 자녀에게 임할 축복을 선포한 후 마지막 31-39절에 구원의 확실성을 강하게 설명했다.

㉠ 그, '영' ㉡ 다른 고대 사본에는 '나' 또는 '우리'

하는 바를 이루게 하시려는 것입니
다.
5 육신을 따라 사는 사람은 육신에 속
한 것을 생각하나, ㉠성령을 따라 사
는 사람은 ㉠성령에 속한 것을 생각
합니다.
6 육신에 속한 생각은 죽음입니다. 그
러나 ㉠성령에 속한 생각은 생명과
평화입니다.
7 육신에 속한 생각은 하나님께 품는
적대감입니다. 그것은 하나님의 법
을 따르지 않으며, 또 복종할 수도
없습니다.
8 육신에 매인 사람은 하나님을 기쁘
게 해 드릴 수 없습니다.
9 그러나 하나님의 영이 여러분 안에
살아 계시면, 여러분은 육신 안에
있지 않고, ㉠성령 안에 있습니다. 누
구든지 그리스도의 영이 없으면, 그
리스도의 사람이 아닙니다.
10 또한 그리스도께서 여러분 안에 살
아 계시면, 여러분의 몸은 죄 때문에
죽은 것이지만, 영은 의 때문에 생명
을 얻습니다.
11 예수를 죽은 사람들 가운데서 살리
신 분의 영이 여러분 안에 살아 계시
면, ㉡그리스도를 죽은 사람들 가운
데서 살리신 분께서, 여러분 안에 계
신 자기의 ㉢영으로 여러분의 죽을
몸도 살리실 것입니다.
12 ○그러므로 ㉣형제자매 여러분, 우리
는 빚을 지고 사는 사람들이지만,
육신에 빚을 진 것이 아닙니다. 우리
는 육신을 따라 살아야 할 존재가
아닙니다.
13 여러분이 육신을 따라 살면, 죽을 것
입니다. 그러나 여러분이 ㉠성령으로
몸의 행실을 죽이면, 살 것입니다.
14 하나님의 영으로 인도함을 받는 사
람은, 누구나 다 하나님의 ㉤자녀입
니다.
15 여러분은 또다시 두려움에 빠뜨리는
종살이의 영을 받은 것이 아니라,
㉥자녀로 삼으시는 영을 받았습니다.
그래서 우리는 그 영으로 하나님을
"㉦아빠, 아버지"라고 부릅니다.
16 바로 그 때에 그 ㉠성령이 우리의 영
과 함께, 우리가 하나님의 자녀임을
증언하십니다.
17 자녀이면 상속자이기도 합니다. 우
리가 그리스도와 함께 영광을 받으
려고 그와 함께 고난을 받으면, 우리
는 하나님이 정하신 상속자요, 그리
스도와 더불어 공동 상속자입니다.

모든 피조물이 구원을 갈망하다

18 ○현재 우리가 겪는 고난은, 장차 우
리에게 나타날 영광에 견주면, 아무
것도 아니라고 나는 생각합니다.
19 피조물은 하나님의 ㉤자녀들이 나타
나기를 간절히 기다리고 있습니다.

8:10 몸은 죄 때문에 죽은 것이지만 아담의 범죄로 죽음의 원리가 현존하기 때문에(5:12;6:23) 몸, 곧 육체적인 몸은 '죽은 것이다'라고 말할 수 있다. *영은 의 때문에 생명을 얻습니다* 직역하면 '영은 의를 인하여 얻은 생명'이다. 여기서 '영'은 사람의 영을 가리키지 않고 성령을 가리킨다. 성령은 죄로 인하여 죽을 몸에 생명을 주신다.

8:11 예수를 죽은 사람들 가운데서 살리신 분 하나님을 가리킨다. 다른 곳에서는 그리스도가 스스로 부활하신(요 10:18) 동시에, 성령에 의해 부활하셨다(1:4;벧전 3:18)고 기록되어 있다.

8:15 자녀로 삼으시는 영 하나님을 아버지로 부르는 데서 나타나는, 자녀로서 신뢰하는 성향을 뜻한다.

8:23 첫 열매 바울은 성령을 첫 열매로 말한다.

㉠ 그, '영' ㉡ 다른 고대 사본들에는 '그리스도 예수' 또는 '예수 그리스도' ㉢ 그, '영을 통하여' ㉣ 그, '형제들' ㉤ 그, '아들들' ㉥ 그, '아들의 신분으로' 또는 '아들 됨' ㉦ '아버지'를 뜻하는 아람어의 그리스어 음역

20 피조물이 허무에 굴복했지만, 그것
은 자의로 그렇게 한 것이 아니라,
굴복하게 하신 그분이 그렇게 하신
것입니다. 그러나 소망은 남아 있습
니다.
21 그것은 곧 피조물도 썩어짐의 종살
이에서 해방되어서, 하나님의 자녀
가 누릴 영광된 자유를 얻으리라는
것입니다.
22 모든 피조물이 이제까지 함께 신음
하며, 함께 해산의 고통을 겪고 있다
는 것을, 우리는 압니다.
23 그뿐만 아니라, 첫 열매로서 성령을
받은 우리도 ㉠자녀로 삼아 주실 것
을, 곧 우리 몸을 속량하여 주실 것
을 고대하면서, 속으로 신음하고 있
습니다.
24 우리는 이 소망으로 구원을 얻었습
니다. 눈에 보이는 소망은 소망이 아
닙니다. 보이는 것을 누가 바라겠습
니까?
25 그러나 우리가 보이지 않는 것을 바
라면, 참으면서 기다려야 합니다.
26 ○이와 같이, 성령께서도 우리의 약
함을 도와주십니다. 우리는 어떻게
기도해야 할지도 알지 못하지만, 성
령께서 친히 이루 다 말할 수 없는
탄식으로, 우리를 대신하여 간구하
여 주십니다.
27 사람의 마음을 꿰뚫어 보시는 ㉡하
나님께서는, 성령의 생각이 어떠한지
를 아십니다. 성령께서, 하나님의 뜻
을 따라, 성도를 대신하여 간구하시
기 때문입니다.
28 ○하나님을 사랑하는 사람들, 곧 하
나님의 뜻대로 부르심을 받은 사람
들에게는, 모든 일이 서로 협력해서
선을 이룬다는 것을 우리는 압니다.
29 하나님께서는 미리 아신 사람들을
택하셔서, 자기 아들의 형상과 같은
모습이 되도록 미리 정하셨으니, 이
것은 그 아들이 많은 형제 가운데서
맏아들이 되게 하시려는 것입니다.
30 그리하여 하나님께서는 이미 정하신
사람들을 부르시고, 또한 부르신 사
람들을 의롭게 하시고, 의롭게 하신
사람들을 또한 영화롭게 하셨습니
다.

하나님의 사랑은 어떠한 역경보다도 강하다

31 ○그렇다면, 이런 일을 두고 우리가
무엇이라고 말할 수 있겠습니까? 하
나님이 우리 편이시면, 누가 우리를
대적하겠습니까?
32 자기 아들을 아끼지 않으시고, 우리
모두를 위하여 내주신 분이, 어찌 그
아들과 함께 모든 것을 우리에게 선
물로 거저 주지 않으시겠습니까?
33 하나님께서 택하신 사람들을, 누가
감히 고발하겠습니까? 의롭다 하시
는 분이 하나님이신데,

첫 열매란, 성경 용법에 의하면(11:16;16:5;고전 15:20;약 1:18;계 14:4), 장차 있을 풍성한 추수를 예견·보증한다. 때문에 이 표현은 부활시 성령을 풍성히 부여하겠다는 보증으로서 현재 성도들에게 주신 성령의 선물을 가리키고 있다.

8:26 성도는 성령의 도우심 없이는 하나님께 올바르고 깊이 있는 기도를 드릴 수 없음을 암시한다.

도와주십니다 (헬) '순'(같이)+'안티'(대신)+'람바노마이'(받음)의 합성어이다. 성도가 연약하여 탄식할 때, 성령께서 성도의 연약함을 분담하며 함께 탄식함을 가리킨다.

8:27 마음을 꿰뚫어 보시는 하나님 구약에서는 이 말이 하나님에 대한 칭호로 자주 나타난다.

8:38-39 이 세상의 어떠한 고난도 그리스도 안에 있는 하나님의 사랑으로부터 우리를 끊을 수 없다(35절).

㉠ 그, '아들의 신분으로' 또는 '아들 됨' ㉡ 그, '분께서는'

34 누가 감히 그들을 정죄하겠습니까?
그리스도 예수는 죽으셨지만 오히려
살아나셔서 하나님의 오른쪽에 계시
며, 우리를 위하여 대신 간구하여 주
십니다.
35 누가 우리를 그리스도의 사랑에서
끊을 수 있겠습니까? 환난입니까,
곤고입니까, 박해입니까, 굶주림입니
까, 헐벗음입니까, 위협입니까, 또는
칼입니까?
36 성경에 기록한 바
㉠"우리는 종일 주님을 위하여
죽임을 당합니다. 우리는 도살
당할 양과 같이 여김을 받았습
니다"
한 것과 같습니다.
37 그러나 우리는 이 모든 일에서 우리
를 사랑하여 주신 그분을 힘입어서,
이기고도 남습니다.
38 나는 확신합니다. 죽음도, 삶도, 천
사들도, 권세자들도, 현재 일도, 장
래 일도, 능력도,
39 높음도, 깊음도, 그 밖에 어떤 피조
물도, 우리를 우리 주 예수 그리스도
안에 있는 하나님의 사랑에서 끊을
수 없습니다.

하나님께서 이스라엘을 선택하시다

9 나는 그리스도 안에서 참말을 하
고, 거짓말을 하지 않습니다. 내
양심이 성령을 힘입어서 이것을 증
언하여 줍니다.
2 나에게는 큰 슬픔이 있고, 내 마음
에는 끊임없는 고통이 있습니다.
3 나는, 육신으로 ㉡내 동족인 내 겨레
를 위하는 일이면, 내가 저주를 받아
서 그리스도에게서 끊어질지라도 달
게 받겠습니다.
4 ㉡내 동족은 이스라엘 백성입니다.
그들에게는 하나님의 ㉢자녀로서의
신분이 있고, 하나님을 모시는 영광
이 있고, 하나님과 맺은 언약들이 있
고, 율법이 있고, 예배가 있고, 하나
님의 약속들이 있습니다.
5 족장들은 그들의 조상이요, ㉣그리
스도도 육신으로는 그들에게서 태
어나셨습니다. 그는 만물 위에 계시
며 영원토록 찬송을 받으실 하나님
이십니다. 아멘.
6 ○그러나 하나님의 약속의 말씀이
폐했다고는 할 수 없습니다. 이스라
엘에게서 태어난 사람이라고 해서
다 이스라엘 사람이 아니고,
7 아브라함의 자손이라고 해서 다 그
의 자녀가 아닙니다. 다만 ㉤"이삭에
게서 태어난 사람만을 너의 자손이
라고 부르겠다" 하셨습니다.
8 이것은 곧 육신의 자녀가 하나님의
자녀가 되는 것이 아니라, 약속의 자
녀가 참 자손으로 여겨지리라는 것
을 뜻합니다.

9장 요약 흔히 바울을 이방의 사도로만 인식하는데, 그는 동족의 구원을 애타게 염원하는(1–5절) 모든 사람을 위한 전도자였다. 한편, 이스라엘의 역사가 선택된 사람을 중심으로 전개되었음을 밝히는 이유는 하나님의 주권을 강조하기 위해서이다. 이것은 오늘날 믿음으로 의롭다 함을 얻은 '남은 사람' 사상으로 이어진다(27–33절).

9:4 하나님의 자녀로서의 신분 구약에서는 이스라엘 민족 전체를 하나님의 맏아들이라고 했다(출 4:22;신 14:1;호 11:1). 그러나 신약에서는 개개인이 하나님의 자녀가 된다.

9:6–18 이스라엘이 받은 복된 약속(4–5절)은 민족 전체가 아닌 그리스도를 믿는 참된 이스라엘에만 적용된다(2:28–29). 바울은 이삭과 이스마

㉠ 시 44:22 ㉡ 그, '내 형제들' ㉢ 그, '아들의 신분' 또는 '아들 됨' ㉣ 또는 '메시아' ㉤ 창 21:12

9 그 약속의 말씀은 ㉠"내년에 내가 다
시 올 때쯤에는, 사라에게 아들이
있을 것이다" 한 것입니다.
10 그뿐만 아니라, 리브가도 우리 조상
이삭 한 사람에게서 쌍둥이 아들을
수태하였는데,
11 그들이 태어나기도 전에, 무슨 선이
나 악을 행하기도 전에, 택하심이라
는 원리를 따라 세우신 하나님의 계
획이 살아 있게 하시려고,
12 또 이러한 일이 사람의 행위에 근거
하는 것이 아니라 부르시는 분께 달
려 있음을 나타내시려고, 하나님께
서 리브가에게 말씀하시기를 ㉡"형
이 동생을 섬길 것이다" 하셨습니다.
13 이것은 성경에 기록한 바
㉢"내가 야곱을 사랑하고, 에서
를 미워하였다"
한 것과 같습니다.
14 ○그러면 우리가 무엇이라고 말을 해
야 하겠습니까? 하나님이 불공평하
신 분이라는 말입니까? 그럴 수 없
습니다.
15 하나님께서 모세에게 말씀하시기를
㉣"내가 긍휼히 여길 사람을 긍
휼히 여기고, 불쌍히 여길 사람
을 불쌍히 여기겠다"
하셨습니다.
16 그러므로 그것은 사람의 의지나 노
력에 달려 있는 것이 아니라, 하나님
의 자비에 달려 있습니다.
17 그래서 성경에 바로를 두고 말씀하
시기를 ㉤"내가 이 일을 하려고 너를
세웠다. 곧 너로 말미암아 내 능력을
나타내고, 내 이름을 온 땅에 전파
하게 하려는 것이다" 하셨습니다.
18 그러므로 하나님께서는 긍휼히 여기
시고자 하는 사람을 긍휼히 여기시
고, 완악하게 하시고자 하는 사람을
완악하게 하십니다.

하나님의 진노와 자비

19 ○그러면 ㉥그대는 내게 이렇게 말할
것입니다. "그렇다면 어찌하여 하나
님께서는 사람을 책망하시는가? 누
가 하나님의 뜻을 거역할 수 있다는
말인가?"
20 오, 사람아, ㉥그대가 무엇이기에 하
나님께 감히 말대답을 합니까? 만들
어진 것이 만드신 분에게 ㉦"어찌하
여 나를 이렇게 만들었습니까?" 하
고 말할 수 있습니까?
21 토기장이에게, 흙 한 덩이를 둘로 나
누어서, 하나는 귀한 데 쓸 그릇을
만들고, 하나는 천한 데 쓸 그릇을
만들 권리가 없겠습니까?
22 하나님께서 하신 일도 마찬가지입니
다. 하나님께서 진노하심을 보이시
고 권능을 알리시기를 원하시면서
도, 멸망받게 되어 있는 진노의 대상
들에 대하여 꾸준히 참으시면서 너

엘(7–9절), 야곱과 에서(10–13절)를 예로 들어 참된 이스라엘과 거짓된 이스라엘을 설명한다. 이어서 하나님의 절대적인 의지를 말한다(14–18절).

9:19–20 그렇다면 어찌하여…거역할 수 있다는 말인가? 이러한 반문은 하나님께서 완악하게 하시고자 하는 사람을 완악하게 하신다는 단언에서 나온 것이다(18절). 이 반박의 의도는 우리가 하나님의 불가항력적 작정(그의 '뜻'은 아무도 거스를 수 없으므로)에 희생이 되고 있는데, 하나님께서 자신의 뜻대로 완악하게 하시고는 완악하게 된 사람을 비난하실 수 있느냐 하는 것이다. 이에 대한 해답은 20절에 있다. **만들어진 것이…말할 수 있습니까?** 인간은 존엄하신 하나님 앞에서 경건한 침묵을 지키라는 것이다.

9:22 진노의 대상들 완악한 사람을 가리킨다. 멸

㉠ 창 18:10, 14 ㉡ 창 25:23 ㉢ 말 1:2, 3 ㉣ 출 33:19 ㉤ 출 9:16(칠십인역) ㉥ 실제의 특정한 인물을 지칭하는 대명사가 아니라 가상의 논쟁 상대자를 지칭하는 대명사임 ㉦ 사 29:16; 45:9

그렇게 대해 주시고,
23 영광을 받도록 예비하신 자비의 대
상들에 대하여 자기의 풍성하신 영
광을 알리시고자 하셨더라도, 어떻
다는 말입니까?
24 하나님께서는 우리를 부르시되, 유
대 사람 가운데서만이 아니라, 이방
사람 가운데서도 부르셨습니다.
25 그것은 하나님이 호세아의 글 속에
서 하신 말씀과 같습니다.

㉠"나는, 내 백성이 아닌 사람을
'내 백성'이라고 하겠다. 내가 사
랑하지 않던 백성을 '사랑하는
백성'이라고 하겠다."
26 ㉡"'너희는 내 백성이 아니다' 하
고 말씀하신 그 곳에서, 그들은,
살아 계신 하나님의 ㉢자녀라고
일컬음을 받을 것이다."

27 그리고 또 이사야는 이스라엘을 두
고 이렇게 외쳤습니다. ㉣"이스라엘
자손의 수가 바다의 모래와 같이 많
을지라도, 남은 사람만이 구원을 얻
을 것이다.
28 주님께서는 그 말씀하신 것을 온전
히, 그리고 조속히 온 땅에서 이루실
것이다."
29 그것은 또한, 이사야가 미리 말한 바

㉤"만군의 주님께서 우리에게 씨
를 남겨 주지 않으셨더라면, 우
리는 소돔과 같이 되고, 고모라
와 같이 되었을 것이다"

한 것과 같습니다.

이스라엘과 복음

30 ○그러면 우리가 무엇이라고 말해야
하겠습니까? 의를 추구하지 않은 이
방 사람들이 의를 얻었습니다. 그것
은 믿음에서 난 의입니다.
31 그런데 이스라엘은 의의 율법을 추
구하였지만, 그 율법에 이르지 못하
였습니다.
32 어찌하여 그렇게 되었습니까? 그들
은 믿음에 근거하여 의에 이르려고
한 것이 아니라, 행위에 근거하여 의
에 이르려고 했기 때문입니다. 그들
은 걸림돌에 걸려 넘어진 것입니다.
33 그것은 성경에 기록한 바와 같습니
다.

㉥"보아라, 내가 시온에, 부딪치
는 돌과 걸려 넘어지게 하는 바
위를 둔다. 그러나 ㉦그를 믿는
사람은 부끄러움을 당하지 않
을 것이다."

10 1 ㉧형제자매 여러분, 내 마음
의 간절한 소원과 내 동족을 위
하여 하나님께 드리는 내 기도의 내
용은, 그들이 구원을 얻는 일입니다.
2 나는 증언합니다. 그들은 하나님을
섬기는 데 열성이 있습니다. 그러나
그 열성은 올바른 지식에서 생긴 것
이 아닙니다.

망받기로 되어 있는 사람을 뜻한다.
9:30-33 이스라엘이 구원을 얻지 못함은 그들이 믿음이 아닌 행위를 의지하기 때문이라 설명한다.
9:32 걸림돌 그리스도를 가리킨다(엡 2:20). 유대 사람은 행위로 의롭게 되려고 하기 때문에 의로우신 그리스도를 주님으로 믿지 못하는 것이다.

㉠ 호 2:23 ㉡ 호 1:10 ㉢ 그, '아들들' ㉣ 사 10:22, 23(칠십인역) ㉤ 사 1:9(칠십인역) ㉥ 사 8:14; 28:16(칠십인역) ㉦ 또는 '그것을 의지하는 사람은' ㉧ 그, '형제들'

10장 요약 바울은 유대 사람들의 구원을 간절히 원했으나(1절) 그들은 영적 무지로 인해서 구원의 길을 벗어났다. 율법에 근거한 의와 믿음에 근거한 의(5-13절)를 대조시킨 것은 유대 사람들의 그릇된 구원관을 꼬집기 위해서이다. 구원을 얻는 유일한 방편은 "주님의 이름을 부르는"(13절) 일이다.

10:6-8 본문은 유대 사람의 불신앙을 질책한다.

3 그들은 하나님의 의를 알지 못하고,
자기 자신들의 의를 세우려고 힘을
씀으로써, 하나님의 의에는 복종하
지 않게 되었습니다.
4 그러므로 그리스도는 율법의 끝마침
이 되셔서, 모든 믿는 사람에게 의가
되어 주셨습니다.

만민이 구원에 이른다

5 ○모세는 율법에 근거한 의를 두고
기록하기를 ㉠"율법을 행한 사람은
그것으로 살 것이다" 하였습니다.
6 그러나 믿음에 근거한 의를 두고는,
이렇게 말합니다. ㉡"너는 마음 속으
로 '누가 하늘에 올라갈 것이냐' 하
고 말하지 말아라. (그것은 그리스도
를 끌어내리는 것입니다.)
7 또 ㉢'누가 ㉣지옥에 내려갈 것이냐'
하고 말하지도 말아라. (그것은 그리
스도를 죽은 사람들 가운데서 끌어
올리는 것입니다.)"
8 그러면 그것은 무엇을 뜻합니까?
㉤"하나님의 말씀은 네게 가까
이 있다. 네 입에 있고, 네 마음
에 있다"
하는 말씀이 있습니다. 이것은 우리
가 전파하는 믿음의 말씀입니다.
9 당신이 만일 예수는 주님이라고 입으
로 고백하고, 하나님께서 그를 죽은
사람들 가운데서 살리신 것을 마음
으로 믿으면 구원을 얻을 것입니다.
10 사람은 마음으로 믿어서 의에 이르
고, 입으로 고백해서 구원에 이르게
됩니다.
11 성경은 ㉥"그를 믿는 사람은 누구나
부끄러움을 당하지 않을 것이다" 하
고 말합니다.
12 유대 사람이나, 그리스 사람이나, 차
별이 없습니다. 그는 모든 사람에게
똑같이 주님이 되어 주시고, 그를 부
르는 모든 사람에게 풍성한 은혜를
내려주십니다.
13 ㉦"주님의 이름을 부르는 사람은 누
구든지 구원을 얻을 것입니다."
14 ○그런데 사람들은 자기들이 믿은
적이 없는 분을 어떻게 부를 수 있겠
습니까? 또 들은 적이 없는 분을 어
떻게 믿을 수 있겠습니까? 선포하는
사람이 없으면, 어떻게 들을 수 있겠
습니까?
15 보내심을 받지 않았는데, 어떻게 선
포할 수 있겠습니까? 성경에 기록한
바 ㉧"기쁜 소식을 전하는 이들의 발
걸음이 얼마나 아름다우냐!" 한 것
과 같습니다.
16 그러나 모든 사람이 다 ㉨복음에 순
종한 것은 아닙니다. 이사야는 ㉩"주
님, 우리가 전하는 소식을 누가 믿었
습니까?" 하고 말하였습니다.
17 그러므로 믿음은 들음에서 생기고,
들음은 ㉪그리스도를 전하는 말씀에

유대 사람들의 누가 하늘에 올라갈 것이냐(6절)라는 질문은 그리스도의 성육신을 부정하는 의미가 담겨있고, 누가 지옥에 내려갈 것이냐(7절)라는 질문은 그리스도의 부활의 의미를 감소시키는 의미를 내포한다. 우리는 우리의 힘으로 하늘에 올라가 그리스도를 끌어내릴 필요(6절)도, 죽음의 세계에 내려가 그리스도를 끌어올릴 필요(7절)도 없다. 하나님께서 하늘에 계시던 그리스도를 이 세상에 보내셨고(성육신), 십자가 사건 후 죽음의 세계에 계시던 그리스도를 다시 살리셨기(부활) 때문이다. 성도는 그리스도가 우리를 위하여 죽으시고 부활하신 것을 믿음으로 의롭게 된다.

10:16-21 복음에 대한 이스라엘의 거부 유대 사람들은 복음을 듣지 못해서 믿지 못했다고 핑계할 수 없다.

㉠ 레 18:5 ㉡ 신 30:12 ㉢ 신 30:13 ㉣ 또는 '깊은 곳' ㉤ 신 30:14 ㉥ 사 28:16(칠십인역) ㉦ 욜 2:32 ㉧ 사 52:7 ㉨ 또는 '기쁜 소식' ㉩ 사 53:1(칠십인역) ㉪ 또는 '그리스도의 말씀'. 다른 고대 사본들에는 '하나님의 말씀'

서 비롯됩니다.
18 그러면 내가 묻습니다. 그들은 들은
일이 없습니까? 물론 그렇지 않습니
다. 성경 말씀에
㉠"그들의 목소리가 온 땅에 퍼
지고, 그들의 말이 땅 끝까지 퍼
졌다"
하였습니다.
19 내가 다시 묻습니다. 이스라엘이 알
지 못하였습니까? 이에 대하여 하나
님께서 먼저 모세를 통하여 이렇게
말씀하셨습니다.
㉡"나는 내 백성이 아닌 사람들
로 너희의 질투심을 일으키고,
미련한 백성들로 너희의 분노를
자아내겠다."
20 또한 이사야는 매우 담대하게 이렇
게 말씀을 전하였습니다.
㉢"나를 찾지 않는 사람들을 내
가 만나 주고, 나를 구하지 않는
사람들에게 내가 나타났다."
21 또한 이사야는 하나님께서 이스라엘
을 보고 ㉣"복종하지 않고 거역하는
백성에게, 나는 온종일 내 손을 내밀
었다" 하신 말씀을 선포하였습니다.

이스라엘의 남은 사람

11 그러면 내가 묻습니다. 하나님
께서 자기 백성을 버리신 것은
아닙니까? 그럴 수 없습니다. 나도
이스라엘 사람이요, 아브라함의 후
손이요, 베냐민 지파에 속한 사람입
니다.
2 하나님께서는 미리 아신 자기 백성
을 버리지 않으셨습니다. 여러분은
성경이 엘리야를 두고 하신 말씀을
알지 못합니까? 그가 이스라엘을 고
발하여, 하나님께 이렇게 호소하였
습니다.
3 ㉤"주님, 그들은 주님의 예언자들을
죽이고, 주님의 제단들을 헐어 버렸
습니다. 남은 것은 나 혼자밖에 없는
데, 그들은 내 목숨마저 찾고 있습니
다."
4 그런데 하나님께서는 그에게 어떻게
대답하셨습니까? ㉥"내가, 바알에게
무릎을 꿇지 않은 사람 칠천 명을
내 앞에 남겨 두었다" 하셨습니다.
5 이와 같이, 지금 이 시기에도 은혜로
택하심을 입은 사람들이 남아 있습
니다.
6 은혜로 된 것이면, 행위에 근거한 것
이 아닙니다. 그렇지 않으면, 그 은
혜는 이미 은혜가 아닙니다.㉦
7 그러면 무슨 결과가 생겼습니까? 이
스라엘 백성은 찾던 것을 얻지 못하
였지만, 택하심을 받은 사람들은 그
것을 얻었습니다. 그리고 그 나머지
사람들은 완고해졌습니다.
8 성경에 이렇게 기록한 바와 같습니
다.

11장 요약 하나님은 이스라엘을 구원하고자 하셨지만 그들이 거부함으로써 복음이 이방을 향했다. 그러나 그들이 회개하고 돌아오면 하나님은 그들을 받으실 것이다. 그렇기에 바울은 결코 이스라엘이 버림 받지 않았다고 단언한다. 복음은 누구에게나 열려 있고 구원의 기회는 모든 사람에게 공평하다.

11:1–12 10장의 마지막은 이스라엘의 불순종과 완고함을 묘사함으로써 끝을 맺는다. 때문에 '하나님께서 자기 백성을 버리신 것은 아니냐'라는 질문으로 11장을 시작한다. 이 질문에 대해 바울은 '나도 이스라엘 사람인데 하나님께서 버리지 않으셨다'고 설명하면서, 은혜로 택하심을 받은

㉠ 시 19:4(칠십인역) ㉡ 신 32:21 ㉢ 사 65:1(칠십인역) ㉣ 사 65:2(칠십인역) ㉤ 왕상 19:10, 14 ㉥ 왕상 19:18 ㉦ 다른 고대 사본들에는 다음 내용이 더 첨가되어 있음. '그러나 행위로 된 것이면, 은혜에 근거한 것이 아닙니다. 그렇지 않으면, 그 행위는 이미 행위가 아닙니다'

㉠"하나님께서 그들에게는 혼미
한 영을 주셨으니, 오늘까지 그
들은, 눈이 있어도 보지 못하고
귀가 있어도 듣지 못한다."
9 다윗도 다음과 같이 말하였습니다.
㉡"그들의 밥상이 그들에게 올무
가 되고 덫이 되게 하여 주십시
오. 그들이 걸려 넘어지고, 보복
을 받게 하여 주십시오.
10 그들의 눈이 어두워져서 보지
못하게 되도록 하여 주십시오.
그들의 등이 언제나 굽어 있게
하여 주십시오."

이방 사람의 구원

11 ○그러면 내가 묻습니다. 이스라엘
이 걸려 넘어져서 완전히 쓰러져 망
하게끔 되었습니까? 그럴 수 없습니
다. 그들의 허물 때문에 구원이 이방
사람에게 이르렀는데, 이것은 이스
라엘에게 질투하는 마음이 일어나
게 하려는 것입니다.
12 이스라엘의 허물이 세상의 부요함이
되고, 이스라엘의 실패가 이방 사람
의 부요함이 되었다면, 이스라엘 전
체가 바로 설 때에는, 그 복이 얼마
나 더 엄청나겠습니까?
13 ○이제 나는 이방 사람인 여러분에
게 말합니다. 내가 이방 사람에게 보
내심을 받은 사도이니만큼, 나는 내
직분을 영광스럽게 생각합니다.
14 나는 아무쪼록, ㉢내 동족에게 질투
심을 일으켜서, 그 가운데서 몇 사람
만이라도 구원하고 싶습니다.
15 하나님께서 그들을 버리심이 세상과
의 화해를 이루는 것이라면, 그들을
받아들이심은 죽은 사람들 가운데
서 살아나는 삶을 주심이 아니고 무
엇이겠습니까?
16 맏물로 바치는 빵 반죽 덩이가 거룩
하면 남은 온 덩이도 그러하고, 뿌리
가 거룩하면 가지도 그러합니다.
17 ○그런데 참올리브 나무 가지들 가
운데서 얼마를 잘라 내시고서, 그 자
리에다 돌올리브 나무인 ㉣그대를
접붙여 주셨기 때문에, ㉣그대가 참
올리브 나무의 뿌리에서 올라오는
양분을 함께 받게 된 것이면,
18 ㉣그대는 본래의 가지들을 향하여
우쭐대지 말아야 합니다. 비록 ㉣그
대가 우쭐댈지라도, ㉣그대가 뿌리를
지탱하는 것이 아니라, 뿌리가 ㉣그
대를 지탱한다는 것을 명심해야 합
니다.
19 그러므로 "본래의 가지가 잘려 나간
것은, 그 자리에 내가 접붙임을 받게
하시려는 것이었다" 하고 ㉣그대는
말해야 할 것입니다.
20 옳습니다. 그 가지들이 잘린 것은 믿
지 않은 탓이고, ㉣그대가 그 자리에
붙어 있는 것은 믿었기 때문입니다.

남은 사람이 항상 있다는 것을 변호한다. 그리고 이런 변호를 위해 바알에게 무릎을 꿇지 않은 사람 칠천 명을 남겨 두신 일도 상기시킨다.

11:6 구원은 값없이 주시는 하나님의 은혜에 근거함을 보여 준다. 은혜는 어떤 행위나 공로에 근거를 둘 때 진정한 은혜가 될 수 없다.

11:17 참올리브 나무는 유대 사람을, 그 뿌리는 유대 사람의 조상을, 잘려진 가지는 구원받지 못한 유대 사람을, 접붙여진 돌올리브 나무의 가지는 구원받은 이방 사람을 뜻한다.

11:18 여기에서 정죄되고 있는 자랑은 이스라엘이 제거됨으로써 하나님 나라에서 믿는 이방 사람들이 차지하는 특권과 존귀의 위치로 인해 갖기 쉬운 교만과 자만심이다. 자신들의 이러한 위치가 하나님의 은혜에 의한 것임을 망각한다면 그들은 자랑하는 자리에서 떨어지고 말 것이다.

㉠ 신 29:4; 사 29:10 ㉡ 시 69:22, 23(칠십인역) ㉢ 그, '내 혈육' ㉣ 2:1의 주를 볼 것

그러니 교만한 마음을 품지 말고, 도
리어 두려워하십시오.
21 하나님께서 본래의 가지들을 아끼지
않으셨으니, 접붙은 가지도 아끼지
않으실 것입니다.
22 그러므로 하나님의 인자하심과 준엄
하심을 생각해 보십시오. 하나님은
넘어진 사람들에게는 준엄하십니다.
그러나 ㉠그대가 하나님의 인자하심
에 머물러 있으면, 하나님이 ㉠그대에
게 인자하게 대하실 것입니다. 그렇
지 않으면, ㉠그대도 잘릴 것입니다.
23 그러나 믿지 않았던 탓으로 잘려나
갔던 가지들이 믿게 되면, 그 가지들
도 접붙임을 받게 될 것입니다. 하나
님께서는 그들을 다시 접붙이실 수
있습니다.
24 ㉠그대가 본래의 돌올리브 나무에서
잘려서, 그 본성을 거슬러 참올리브
나무에 접붙임을 받았다면, 본래 붙
어 있던 이 가지들이 제 나무에 다
시 접붙임을 받는 것이야 얼마나 더
쉬운 일이겠습니까?

이스라엘의 회복

25 ○㉡형제자매 여러분, 나는 여러분이
이 신비한 비밀을 알기를 바랍니다.
그것은 여러분이 스스로 현명하다고
생각하는 일이 없게 하려는 것입니
다. 그 비밀은 이러합니다. 이방 사
람의 수가 다 찰 때까지 이스라엘 사
람들 가운데서 일부가 완고해진 대
로 있으리라는 것과,
26 온 이스라엘이 구원을 받게 되리라
는 것입니다. 그것은 성경에 이렇게
기록되어 있는 바와 같습니다.
㉢"구원하시는 분이 시온에서 오
실 것이니, 야곱에게서 경건하지
못함을 제거하실 것이다.
27 이것은 그들과 나 사이의 언약
이니, 내가 그들의 죄를 없앨 때
에 이루어질 것이다."
28 복음의 관점에서 판단하면, 이스라
엘 사람들은 여러분이 잘 되라고 ㉣하
나님의 원수가 되었지만, 택하심을
받았다는 관점에서 판단하면, 그들
은 조상 덕분에 하나님의 사랑을 받
는 사람들입니다.
29 하나님께서 주시는 고마운 선물과
부르심은 철회되지 않습니다.
30 전에 하나님께 순종하지 않던 여러
분이, 이제 이스라엘 사람의 불순종
때문에 하나님의 자비를 입게 되었
습니다.
31 이와 같이, 지금은 순종하지 않고 있
는 이스라엘 사람들도, 여러분이 받
은 그 자비를 보고 회개하여, 마침내
는 자비하심을 입게 될 것입니다.
32 하나님께서 모든 사람을 순종하지
않는 상태에 가두신 것은 그들에게
자비를 베푸시려는 것입니다.

11:22 인자 마음이 어질고 자애스러움을 말한다. 하나님께서는 이 사랑에 입각하여 은혜를 베푸신다. 준엄 하나님의 진노와 그의 응보적 공의 속에 내포된 것이다.

11:23 접붙임을 받게 될 것입니다 잘려진 가지인 유대 사람이 회개하여 하나님을 다시 믿으면 하나님은 그들을 다시 구원하신다.

11:25 신비 여기서 신비란 기밀이나 이해 불가능한 신비 사상을 의미하지 않고, 전에는 감춰졌다가 이제는 계시되어 누구나 자유롭게 알 수 있고 전달할 수 있게 된 사실의 성질을 가리킨다. 이방 사람의 수 ① 선택받은 이방 사람의 총수(일반적인 견해) ② 이스라엘의 완악에 종지부를 찍고 그들을 회복시킴을 뜻하는 표현이다.

11:33-36 여기서는 인류의 구원을 위하여 놀라운 뜻을 가지신 하나님을 찬양한다.

㉠ 2:1의 주를 볼 것 ㉡ 그, '형제들' ㉢ 사 59:20, 21; 27:9(칠십인역) ㉣ 그, '원수가 되었지만'

33 하나님의 부유하심은 어찌 그리
크십니까? 하나님의 지혜와 지
식은 어찌 그리 깊고 깊으십니
까? 그 어느 누가 하나님의 판
단을 헤아려 알 수 있으며, 그
어느 누가 하나님의 길을 더듬
어 찾아낼 수 있겠습니까?
34 ㉠"누가 주님의 마음을 알았으
며, 누가 주님의 조언자가 되었
습니까?"
35 ㉡"누가 먼저 무엇을 드렸기에 주
님의 답례를 바라겠습니까?"
36 만물이 그에게서 나고, 그로 말미암
아 있고, 그를 위하여 있습니다. 그
에게 영광이 세세에 있기를 빕니다.
아멘.

그리스도 안에서 하는 새로운 생활

12 ㉢형제자매 여러분, 그러므로
나는 하나님의 자비하심을 힘입
어 여러분에게 권합니다. 여러분의
몸을 하나님께서 기뻐하실 거룩한
산 제물로 드리십시오. 이것이 여러
분이 드릴 합당한 예배입니다.
2 여러분은 이 시대의 풍조를 본받지
말고, 마음을 새롭게 함으로 변화를
받아서, 하나님의 선하시고 기뻐하
시고 완전하신 뜻이 무엇인지를 분
별하도록 하십시오.
3 ○나는 내가 받은 은혜를 힘입어서,
여러분 각 사람에게 말합니다. 여러
분은 스스로 마땅히 생각해야 하는
것 이상으로 생각하지 말고, 하나님
께서 각 사람에게 나누어주신 믿음
의 분량대로, 분수에 맞게 생각하십
시오.
4 한 몸에 많은 지체가 있으나, 그 지
체들이 다 같은 일을 하는 것이 아
닙니다.
5 이와 같이, 우리도 여럿이지만 그리
스도 안에서 한 몸을 이루고 있으
며, 각 사람은 서로 지체입니다.
6 하나님께서 우리에게 주신 은혜를
따라, 우리는 저마다 다른 신령한 선
물을 가지고 있습니다. 가령, 그것이
예언이면 믿음의 정도에 맞게 예언
할 것이요,
7 섬기는 일이면 섬기는 일에 힘써야
합니다. 또 가르치는 사람이면 가르
치는 일에,
8 권면하는 사람이면 권면하는 일에
힘쓸 것이요, 나누어 주는 사람은
순수한 마음으로, 지도하는 사람은
열성으로, 자선을 베푸는 사람은 기
쁜 마음으로 해야 합니다.

그리스도인의 생활 규범

9 ○사랑에는 거짓이 없어야 합니다.
악한 것을 미워하고, 선한 것을 굳게
잡으십시오.
10 형제의 사랑으로 서로 다정하게 대하
며, 존경하기를 서로 먼저 하십시오.

12장 요약 본장에서는 성도의 실생활에 관련된 문제가 등장한다. 바울은 구원을 얻은 성도는 영적 예배(1–2절), 즉 우리의 영혼과 전 인격을 포함한 예배를 뜻하는 '삶의 제사'를 드리며 살아가라고 말한다. 구약에서는 자신의 온몸을 제물로 바쳤듯이, 성도는 생활의 전 부분에서 예배하는 자세로 살아야 한다.

㉠ 사 40:13(칠십인역) ㉡ 욥 41:11 ㉢ 그, '형제들'

12:1–13 바울은 하나님께 대한 의무(1–2절)와 성도의 생활에 대한 여러 교훈을 설명한다(3–8절). 이어서 형제를 사랑할 것을 가르친다(9–13절). 은사는 각자에게 주신 특별한 것이지만(3–8절), 사랑은 누구에게나 요구되는 일반적인 것이다.

12:1 산 제물 성도의 삶 전체가 하나님께 드리는 제물이 되라는 뜻이다. 자신을 하나님께 드려 하나님과 동행하는 삶, 전적인 헌신을 의미한다.

12:3 믿음은 하나님께서 주신 것이므로 믿음을

11 열심을 내어서 부지런히 일하며, 성
령으로 뜨거워진 마음을 가지고 주
님을 섬기십시오.
12 소망을 품고 즐거워하며, 환난을 당
할 때에 참으며, 기도를 꾸준히 하십
시오.
13 성도들이 쓸 것을 공급하고, 손님 대
접하기를 힘쓰십시오.
14 여러분을 박해하는 사람들을 축복
하십시오. 축복을 하고, 저주를 하
지 마십시오.
15 기뻐하는 사람들과 함께 기뻐하고,
우는 사람들과 함께 우십시오.
16 서로 한 마음이 되고, 교만한 마음
을 품지 말고, 비천한 사람들과 함께
사귀고, 스스로 지혜가 있는 체하지
마십시오.
17 아무에게도 악을 악으로 갚지 말고,
모든 사람이 선하다고 생각하는 일
을 하려고 애쓰십시오.
18 여러분 쪽에서 할 수 있는 대로 모든
사람과 더불어 화평하게 지내십시오.
19 사랑하는 여러분, 여러분은 스스로
원수를 갚지 말고, 그 일은 ㉠하나님
의 진노하심에 맡기십시오. 성경에
도 기록하기를 "㉡'원수 갚는 것은
내가 할 일이니, 내가 갚겠다'고 주님
께서 말씀하신다" 하였습니다.
20 ㉢"네 원수가 주리거든 먹을 것을 주
고, 그가 목말라 하거든 마실 것을
주어라. 그렇게 하는 것은, 네가 그
의 머리 위에다가 숯불을 쌓는 셈이
될 것이다" 하였습니다.
21 악에게 지지 말고, 선으로 악을 이기
십시오.

그리스도인과 세상 권세

13 사람은 누구나 위에 있는 권세
에 복종해야 합니다. 모든 권세
는 하나님께로부터 온 것이며, 이미
있는 권세들도 하나님께서 세워주신
것입니다.
2 그러므로 권세를 거역하는 사람은
하나님의 명을 거역하는 것이요, 거
역하는 사람은 심판을 받게 될 것입
니다.
3 치안관들은, 좋은 일을 하는 사람에
게는 두려울 것이 없고, 나쁜 일을
하는 사람에게만 두려움이 됩니다.
권세를 행사하는 사람을 두려워하
지 않으려거든, 좋은 일을 하십시오.
그러면 그에게서 칭찬을 받을 것입
니다.
4 권세를 행사하는 사람은 여러분 각
사람에게 유익을 주려고 일하는 하
나님의 일꾼입니다. 그러나 그대가
나쁜 일을 저지를 때에는 두려워해
야 합니다. 그는 공연히 칼을 차고
있는 것이 아닙니다. 그는 하나님의
일꾼으로서, 나쁜 일을 하는 자에게
하나님의 진노를 집행하는 사람입니

얻은 성도는 자랑해서는 안 된다. 여기서 믿음의 분량은 '교회에서 성도들 각자가 해야 할 일들을 감당할 수 있도록 하나님께서 그들에게 주신 능력대로'란 뜻이다.

12:14-21 형제를 사랑하라고 가르친(9-13절) 바울은 여기서 원수도 사랑하라고 가르친다.

12:20 숯불을 쌓는 셈이 될 것이다 피해자가 그의 원수를 사랑함으로써, 그로 하여금 마음의 고통을 느껴 회개하도록 하는 것을 뜻한다.

13장 요약 성경의 일관된 가르침은 하나님이 모든 권세의 원천이라는 것이다. 그러므로 권세를 행사하는 사람은 최고 통치자이신 하나님을 의식하며 공의로 다스려야 한다. 또한 성도는 시민 생활의 원리에 충실하면서 동시에 모든 일에 사랑으로 행하고, 거룩한 자세로 종말을 대비해야 한다(8-14절).

㉠ 그, '진노하심에' ㉡ 신 32:35 ㉢ 잠 25:21, 22(칠십인역)

다.
5 그러므로 진노를 두려워해서만이 아
니라, 양심을 생각해서도 복종해야
합니다.
6 같은 이유로, 여러분은 또한 조세를
바칩니다. 그들은 하나님의 일꾼들
로서, 바로 이 일을 하는 데 힘쓰고
있습니다.
7 여러분은 모든 사람에게 의무를 다
하십시오. 조세를 바쳐야 할 이에게
는 조세를 바치고, 관세를 바쳐야 할
이에게는 관세를 바치고, 두려워해
야 할 이는 두려워하고, 존경해야 할
이는 존경하십시오.

사랑은 율법의 완성이다

8 ○서로 사랑하는 것 외에는, 아무에
게도 빚을 지지 마십시오. 남을 사
랑하는 사람은 율법을 다 이룬 것입
니다.
9 ㉠"간음하지 말아라. 살인하지 말아
라. 도둑질하지 말아라. 탐내지 말아
라" 하는 계명과, 그 밖에 또 다른 계
명이 있을지라도, 모든 계명은 ㉡"네
이웃을 네 몸과 같이 사랑하여라"
하는 말씀에 요약되어 있습니다.
10 사랑은 이웃에게 해를 입히지 않습
니다. 그러므로 사랑은 율법의 완성
입니다.

주님 오실 날이 가깝다

11 ○여러분은 지금이 어느 때인지 압
니다. 잠에서 깨어나야 할 때가 벌써
되었습니다. 지금은 우리의 구원이
우리가 처음 믿을 때보다 더 가까워
졌습니다.
12 밤이 깊고, 낮이 가까이 왔습니다.
그러므로 우리는 어둠의 행실을 벗
어버리고, 빛의 갑옷을 입읍시다.
13 낮에 행동하듯이, 단정하게 행합시
다. 호사한 연회와 술취함, 음행과
방탕, 싸움과 시기에 빠지지 맙시다.
14 주 예수 그리스도로 옷을 입으십시
오. 정욕을 채우려고 육신의 일을 꾀
하지 마십시오.

형제자매를 비판하지 말아라

14 여러분은 ㉢믿음이 약한 이를
받아들이고, 그의 생각을 시비
거리로 삼지 마십시오.
2 어떤 사람은 모든 것을 다 먹을 수
있다고 생각하지만, 믿음이 약한 사
람은 채소만 먹습니다.
3 먹는 사람은 먹지 않는 사람을 업신
여기지 말고, 먹지 않는 사람은 먹는
사람을 비판하지 마십시오. 하나님께
서는 그 사람도 받아들이셨습니다.
4 ㉣우리가 누구이기에 남의 종을 비
판합니까? 그가 서 있든지 넘어지든
지, 그것은 그 주인이 상관할 일입니
다. ㉤주님께서 그를 서 있게 할 수
있으시니, 그는 서 있게 될 것입니다.
5 또 어떤 사람은 이 날이 저 날보다

13:4 칼 당시의 통치자들은 칼을 차고 있었는데, 칼은 권세를 상징한다.

13:5 권세를 행사하는 사람들에게 복종해야 하는 목적은 하나님의 진노를 막기 위함과 자기의 양심을 바르게 지키기 위함이다.

13:8-10 사랑의 의무 1-7절에서 권세를 행사하는 사람에 대한 복종의 의무를 가르친 바울은 이제 사회의 모든 사람에 대한 사랑의 의무를 가르친다. 사랑은 그리스도인의 삶의 기본적인 태도이다.

14장 요약 본장에서는 초대 교회에 있었던 실제적인 문제에 대한 논평과 해결책을 제시한다. 바울은 당시 믿음이 강한 사람이 양보와 관용의 미덕을 발휘하며 피차 서로를 인정하고 덕을 세우라고 했다. 그러나 정작 중요한 것은 하나님 나라의 본질(17절)을 아는 일이다.

㉠ 출 20:13-15, 17; 신 5:17-19, 21 ㉡ 레 19:18 ㉢ 또는 '확신' ㉣ 그, '당신이' ㉤ 다른 고대 사본들에는 '하나님께서'

더 중요하다고 생각하고, 또 어떤 사
람은 모든 날이 다 같다고 생각합니
다. 각각 자기 마음에 확신을 가져야
합니다.
6 어떤 날을 더 존중히 여기는 사람도
주님을 위하여 그렇게 하는 것이요,
먹는 사람도 주님을 위하여 먹으며,
먹을 때에 하나님께 감사를 드립니
다. 그리고 먹지 않는 사람도 주님을
위하여 먹지 않으며, 또한 하나님께
감사를 드립니다.
7 우리 가운데는 자기만을 위하여 사
는 사람도 없고, 또 자기만을 위하여
죽는 사람도 없습니다.
8 우리는 살아도 주님을 위하여 살고,
죽어도 주님을 위하여 죽습니다. 그
러므로 우리는 살든지 죽든지 주님
의 것입니다.
9 그리스도께서 죽으셨다가 살아나신
것은, 죽은 사람에게도 산 사람에게
도, 다 주님이 되시려는 것이었습니
다.
10 그런데 어찌하여 ㉠그대는 ㉡형제나
자매를 비판합니까? 어찌하여 그대
는 형제나 자매를 업신여깁니까? 우
리는 모두 다 하나님의 심판대 앞에
서게 될 것입니다.
11 성경에는 이렇게 기록되어 있습니다.
㉢"주님께서 말씀을 하신다. 내
가 살아 있으니, 모든 무릎이 내
앞에 꿇을 것이요, 모든 입이 나
하나님을 찬양할 것이다."
12 그러므로 우리는 각각 자기 일을 하
나님께 사실대로 아뢰어야 할 것입
니다.

형제자매가 걸려 넘어지지 않게 처신하라

13 ○그러므로 이제부터는 서로 남을
심판하지 마십시다. ㉡형제자매 앞에
장애물이나 걸림돌을 놓지 않겠다고
결심하십시오.
14 내가 주 예수 안에서 알고 또 확신
하는 것은 이것입니다. 무엇이든지
그 자체로 부정한 것은 없고, 다만
부정하다고 여기는 그 사람에게는
부정한 것입니다.
15 그대가 음식 문제로 ㉣형제자매의 마
음을 상하게 하면, 그것은 이미 사
랑을 따라 살지 않는 것입니다. 음식
문제로 그 사람을 망하게 하지 마십
시오. 그리스도께서 그 사람을 위하
여 죽으셨습니다.
16 그러므로 여러분이 좋다고 여기는
일이 도리어 비방거리가 되지 않도
록 하십시오.
17 하나님의 나라는 먹는 일과 마시는
일이 아니라, 성령 안에서 누리는 의
와 평화와 기쁨입니다.
18 그리스도를 이렇게 섬기는 사람은,
하나님을 기쁘게 해 드리고, 사람에
게도 인정을 받습니다.

14:1–15:13 초대 교회 내에 있었던 중요하고 실제적인 문제를 다룬다. 믿음이 약한 사람과 강한 사람 사이의 관계를 다루고 있다.

※ *믿음이 약한 사람과 강한 사람의 차이점* 믿음이 강한 사람은 구약의 음식법에 매이지 않고 채소뿐 아니라 고기까지도 먹을 수 있다고 믿었으나, 약한 사람은 채소만 먹었다(2절). 강한 사람들은 모든 날들을 다 같이 '좋게' 여겼지만, 약한 사람들은 어느 한 날을 다른 날보다 낫게 여겼다(5절). 바울은 복음에 대한 심오한 이해를 가지고 강한 사람들과 견해를 같이 한다(14,20절).

14:5–6 성도의 신앙의 자유에 대한 설명이다. 성경에서 '하라' 혹은 '하지 말라'고 명확히 지시하지 않은 문제는 각자의 양심대로 해결하라 권한다.

14:13–23 믿음이 강한 사람은 약한 형제자매 앞에 장애물이나 걸림돌을 놓지 말아야 한다.

㉠ 다른 고대 사본에는 '우리는' ㉡ 그, '형제' ㉢ 사 49:18; 45:23 (칠십인역) ㉣ 그, '형제들'

19 그러므로 우리는 서로 화평을 도모
하는 일과, 서로 덕을 세우는 일에
힘을 씁시다.
20 ㉠하나님이 이룩해 놓으신 것을 음
식 때문에 망치는 일이 없도록 하십
시오. 모든 것이 다 깨끗합니다. 그
러나 어떤 것을 먹음으로써 남을 넘
어지게 하면, 그러한 사람에게는 그
것이 해롭습니다.
21 고기를 먹는다든가, 술을 마신다든
가, 그 밖에 무엇이든지, ㉡형제나 자
매를 걸려 넘어지게 하는 일은 하지
않는 것이 좋습니다.
22 그대가 지니고 있는 신념을 하나님
앞에서 스스로 간직하십시오. 자기
가 옳다고 생각하는 일을 하면서 자
기를 정죄하지 않는 사람은 복이 있
습니다.
23 의심을 하면서 먹는 사람은 이미 단
죄를 받은 것입니다. 그것은 ㉢믿음
에 근거해서 한 것이 아니기 때문입
니다. ㉢믿음에 근거하지 않는 것은
다 죄입니다.㉣

덕을 세워라

15 믿음이 강한 우리는 믿음이 약
한 사람들의 약점을 돌보아 주
어야 합니다. 우리는 자기에게 좋을
대로만 해서는 안 됩니다.
2 우리는 저마다 자기 이웃의 마음에
들게 행동하면서, 유익을 주고 덕을
세워야 합니다.
3 그리스도께서도 자기에게 좋을 대로
만 하지 않으셨습니다. 성경에 기록
하기를 ㉤"주님을 비방하는 자들의
비방이 내게 떨어졌다" 한 것과 같습
니다.
4 무엇이든지 전에 기록한 것은, 우리
에게 교훈을 주려고 한 것이며, 성경
이 주는 인내와 위로로써, 우리로 하
여금 소망을 가지게 하려고 한 것입
니다.
5 인내심과 위로를 주시는 하나님께
서, 여러분이 그리스도 예수를 본받
아 같은 생각을 품게 하시고,
6 한 마음과 한 입으로 하나님 곧 우
리 주 예수 그리스도의 아버지께 영
광을 돌리게 해주시기를 빕니다.

유대인과 이방인이 하나님을 찬양하다

7 ○그러므로 그리스도께서 하나님의
영광을 드러내시려고 여러분을 받
아들이신 것과 같이, 여러분도 서로
받아들이십시오.
8 내가 말하는 것은 이러합니다. 그리
스도께서는 하나님의 진실하심을 드
러내시려고 ㉥할례를 받은 사람의 종
이 되셨으니, 그것은 하나님께서 조
상에게 주신 약속들을 확증하시고,
9 이방 사람들도 긍휼히 여기심을 받
아서, 하나님께 영광을 돌리게 하시
려고 한 것입니다. 기록된 바

15장 요약 13절까지는 전장에 이어지는 내용이다. 본장에서 바울은 교회가 인종과 국경을 초월하여 조화와 단결을 도모하여야 하며 성도 간에 화합하고 관용을 베풀어야 한다고 강조하였다. 14절부터는 로마 교회에 대한 바울의 애정 어린 권면과 부탁, 그리고 로마 방문 계획이 나타나 있다.

15:1–13 그리스도 안에서 믿음이 강한 사람과 믿음이 약한 사람이 하나가 될 것을 가르친다.

15:1–2 믿음이 강한 사람은 그 믿음을 자기에게 좋을대로 사용하지 말고 믿음이 약한 사람을 기쁘게 하는 데 사용해야 한다.

15:7 서로 받아들이십시오 서로 따뜻이 용납하라는 권면이다.

㉠ 그, '하나님의 작품'. 곧 교회 공동체를 가리킴 ㉡ 그, '형제' ㉢ 또는 '확신' ㉣ 어떤 사본들은 여기에 16:25–27이 이어짐 ㉤ 시 69:9 ㉥ 유대 사람을 가리킴

㉠"그러므로 내가 이방 사람들
가운데서 주님께 찬양을 드리
며, 주님의 이름을 찬미합니다"
한 것과 같습니다.
10 또
㉡"이방 사람들아, 주님의 백성
과 함께 즐거워하여라"
하였으며,
11 또
㉢"모든 이방 사람들은 주님을
찬양하여라. 모든 백성들아, 주
님을 찬양하여라"
하였습니다.
12 그리고 이사야가 말하기를
㉣"이새의 뿌리에서 싹이 나서
이방 사람을 다스릴 이가 일어
날 것이니, 이방 사람은 그에게
소망을 둘 것이다"
하였습니다.
13 소망을 주시는 하나님께서, 믿음에
서 오는 모든 기쁨과 평화를 여러분
에게 충만하게 주셔서, 성령의 능력
으로, 소망이 여러분에게 차고 넘치
기를 바랍니다.

바울의 사도직의 근거

14 ○나의 형제자매 여러분, 나는, 여러
분 마음에 선함이 가득하고, 온갖
지식이 넘쳐서, 서로 권면할 능력이
있음을 확신합니다.
15 그러나 내가 몇 가지 점에 대해서 매
우 담대하게 쓴 것은, 하나님께서 내
게 주신 은혜를 힘입어서, 여러분의
기억을 새롭게 하려고 한 것입니다.
16 하나님께서 이 은혜를 내게 주신 것
은, 나로 하여금 이방 사람에게 보내
심을 받은 그리스도 예수의 일꾼이
되게 하여, 하나님의 복음을 전하는
제사장의 직무를 수행하게 하시려는
것입니다. 그리하여 이방 사람들로
하여금 성령으로 거룩하게 되게 하
여, 하나님께서 기쁨으로 받으실 제
물이 되게 하시려는 것입니다.
17 그러므로 나는 하나님을 섬기는 일
을 그리스도 예수 안에서 자랑스럽
게 생각합니다.
18 그리스도께서 이방 사람들을 복종
하게 하시려고 나를 시켜서 이루어
놓으신 것 밖에는, 아무것도 감히
말하지 않겠습니다. 그 일은 말과 행
동으로,
19 표징과 이적의 능력으로, ㉤성령의 권
능으로 이루어졌습니다. 그래서 나
는, 예루살렘에서 일루리곤에 이르
기까지 두루 다니면서, 그리스도의
복음을 남김없이 전파하였습니다.
20 나는 이와 같이, 그리스도의 이름이
알려진 곳 말고, 알려지지 않은 곳에
서 ㉥복음을 전하는 것을 명예로 삼
았습니다. 나는 남이 닦아 놓은 터
위에다가 집을 짓지 않으려 하였습

15:10 신명기 32:43을 인용하고 있다. 이방 사람들도 하나님의 긍휼로 구원을 받게 되어, 선택받은 유대 사람과 함께 기뻐할 것이라는 예언이다.

*15:12 이사야서 11:10*을 인용하고 있다. 그리스도가 다윗의 후손으로 태어나셔서 이스라엘 민족뿐만 아니라 이방 사람들까지 다스리실 것이다. 따라서 이방 사람들이 그리스도께 희망을 걸게 될 것이라는 예언이다.

15:14–16:27 로마서의 결론 부분이다. 본문에서 바울은 하나님께서 자신을 이방 사람의 사도로 세우시고 이방 사람을 하나님께 봉헌하는 복음의 제사장 직분을 받았음을 언급한다.

15:14 여러분 마음에…확신합니다 로마에 사는 성도들은 이 로마서의 가르침이 없더라도 신앙이 성숙한 단계에 올라 있었다. 또한 바울도 이 사실에

㉠ 삼하 22:50; 시 18:49 ㉡ 신 32:43 ㉢ 시 117:1 ㉣ 사 11:10(칠십인역) ㉤ 다른 고대 사본들에는 '하나님의 영의 권능으로' ㉥ 또는 '기쁜 소식'

니다.
21 성경에 이렇게 기록한 바,
㉠"그의 일을 알지 못하던 사람
들이 보게 될 것이요, 듣지 못하
던 사람들이 깨닫게 될 것이다"
한 것과 같습니다.

바울의 로마 방문 계획

22 ○그래서 내가 여러분에게로 가려고
하였으나, 여러 번 길이 막혔습니다.
23 그러나 이제는 이 지역에서, 내가 일
해야 할 곳이 더 없습니다. 여러 해
전부터 여러분에게로 가기를 바라고
있었으므로, 내가 스페인으로 갈 때
에,
24 지나가는 길에 여러분을 만나 보고,
잠시 동안만이라도 여러분과 먼저
기쁨을 나누려고 합니다. 그 다음에
여러분의 후원을 얻어, 그 곳으로 가
게 되기를 바랍니다.
25 그러나 지금 나는 성도들을 돕는 일
로 예루살렘에 갑니다.
26 마케도니아와 아가야 사람들이 기
쁜 마음으로, 예루살렘에 사는 성도
들 가운데 가난한 사람들에게 보낼
구제금을 마련하였기 때문입니다.
27 그들은 기쁜 마음으로 그렇게 하였
습니다. 그들은 정말로 예루살렘 성
도들에게 빚을 진 사람들입니다. 이
방 사람들은 그들에게서 신령한 복
을 나누어 받았으니, 육신의 생활에
필요한 것으로 그들에게 봉사할 의
무가 있습니다.
28 그러므로 나는 이 일을 마치고, 그들
에게 이 열매를 확실하게 전해 준 뒤
에, 여러분에게 들렀다가 스페인으
로 가겠습니다.
29 내가 여러분에게 갈 때에, 그리스도
의 충만한 복을 가지고 갈 것으로
압니다.
30 ○㉡형제자매 여러분, 내가 우리 주
예수 그리스도를 힘입어서, 그리고
성령의 사랑을 힘입어서 여러분에게
부탁합니다. 나도 기도합니다만, 여
러분도 나를 위하여 하나님께 열심
으로 기도해 주십시오.
31 내가 유대에 있는 믿지 않는 자들에
게서 화를 당하지 않도록, 그리고 또
내가 예루살렘으로 가져가는 구제
금이 그 곳 성도들에게 기쁘게 받아
들여지도록 기도해 주십시오.
32 그래서 내가 하나님의 뜻을 따라 기
쁨을 안고 여러분에게로 가서, 여러
분과 함께 즐겁게 쉴 수 있게 되도록
기도해 주십시오.
33 평화를 주시는 하나님께서 여러분
모두와 함께 하시기를 빕니다. ㉢아
멘.

인사말

16 겐그레아 교회의 ㉣일꾼이요
우리의 자매인 뵈뵈를 여러분

관하여 확신하고 있었다.

15:17–18 바울이 자랑할 수 있었던 이유는 그리스도의 복음을 전하는 일이 곧 하나님을 섬기는 일이었기 때문이다. 그는 주님의 종이었기에, 주님의 일이 아닌 것은 자랑할 수 없다.

15:23 이제는 제3차 여행의 마지막 도시인 고린도에서 이 편지를 쓰고 있는 지금을 말한다. 일해야 할 곳이 더 없습니다 자신이 일했던 지방에는 복음이 전해지지 않은 지역이 없음을 가리킨다.

16장 요약 본장의 문안 인사를 보면 바울은 성도와 교회를 훈계하고 복음을 전하는 등 아버지로서의 역할뿐 아니라 그들의 사정을 어루만지고 격려하는 어머니로서의 임무도 감당했음을 알 수 있다. 이처럼 교회와 성도는 사랑 안에서 친밀한 교제를 나누어야 한다.

㉠ 사 52:15(칠십인역) ㉡ 그, '형제들' ㉢ 고대의 한 사본에는 여기에서 16:25–27이 이어짐 ㉣ 또는 '집사' 또는 '봉사자'

에게 추천합니다.
2 여러분은 성도의 합당한 예절로 주
님 안에서 그를 영접하고, 그가 여러
분에게 어떤 도움을 원하든지 도와
주시기 바랍니다. 그는 많은 사람을
도와주었고, 나도 그에게 신세를 많
이 졌습니다.
3 ○그리스도 예수 안에서 나의 동역
자인 ㉠브리스가와 아굴라에게 문안
하여 주십시오.
4 그들은 생명의 위험을 무릅쓰고 내
목숨을 구해 준 사람들입니다. 나뿐
만 아니라, 이방 사람의 모든 교회도
그들에게 감사하고 있습니다.
5 그리고 그들의 집에서 모이는 교회
에도 문안하여 주십시오. 나의 사랑
하는 에배네도에게 문안하여 주십
시오. 그는 아시아에서 그리스도를
믿은 첫 ㉡열매입니다.
6 여러분을 위하여 수고를 많이 한 마
리아에게 문안하여 주십시오.
7 나의 ㉢친척이며 한 때 나와 함께 갇
혔던 안드로니고와 ㉣유니아에게 문
안하여 주십시오. 그들은 사도들에
게 좋은 평을 받고 있고, 나보다 먼
저 그리스도를 믿은 사람들입니다.
8 주님 안에 있는 나의 사랑하는 암블
리아에게 문안하여 주십시오.
9 그리스도 안에서 우리의 동역자인
우르바노와 나의 사랑하는 스다구
에게 문안하여 주십시오.
10 그리스도 안에서 인정을 받는 아벨
레에게 문안하여 주십시오. 아리스
도불로의 가족에게 문안하여 주십
시오.
11 나의 ㉢친척인 헤로디온에게 문안하
여 주십시오. 주님 안에 있는 나깃수
의 가족에게 문안하여 주십시오.
12 주님 안에서 수고한 드루배나와 드
루보사에게 문안하여 주십시오. 주
님 안에서 수고를 많이 한 사랑하는
버시에게 문안하여 주십시오.
13 주님 안에서 택하심을 받은 루포와
그의 어머니에게 문안하여 주십시
오. 그의 어머니는 곧 내 어머니이기
도 합니다.
14 아순그리도와 블레곤과 허메와 바
드로바와 허마와, 그들과 함께 있는
㉤형제자매들에게 문안하여 주십시
오.
15 빌롤로고와 율리아와 네레오와 그
의 자매와 올름바와, 그들과 함께 있
는 모든 성도에게 문안하여 주십시
오.
16 거룩한 입맞춤으로 서로 문안하십
시오. 그리스도의 모든 교회가 여러
분에게 문안합니다.
17 ○㉤형제자매 여러분, 내가 여러분에
게 권합니다. 여러분이 배운 교훈을
거슬러서, 분열을 일으키며, 올무를

16:3-16 바울은 개인·부부·여러 사람 등 모두 26명에게 문안하고 있다. 이들의 인종이 유대 사람·그리스 사람·로마 사람 등이라는 사실을 통하여 당시의 로마 교회의 성격을 엿볼 수 있다.

16:3 브리스가 브리스길라를 말한다(행 18:18). 남편 '아굴라'보다 그녀의 이름을 먼저 언급한 것은 그녀가 당시 교회의 유력한 지도자였기 때문이다(딤후 4:19).

16:7 사도들에게 좋은 평을 받고 있고 '사도들 중에서 유명한 사람들이다'라는 뜻이다. 여기서 사도는 넓은 의미에서 당시 많은 교회에 다니면서 복음을 전하던 사람을 말한다.

16:13 루포 흔히 구레네 시몬의 아들(막 15:21)이라고 말한다.

16:17 여러분이…경계하고, 멀리하십시오 바울이 '그들을 대적하라'고 하지 않은 점에 주의해야 한

㉠ '브리스길라'의 변형 ㉡ '개종자'를 가리킴 ㉢ 또는 '동포' ㉣ 다른 고대 사본들에는 '율리아' ㉤ 그, '형제들'

놓는 사람들을 경계하고, 멀리하십
시오.
18 이런 사람들은 우리 주 그리스도를
섬기는 것이 아니라, 자기네 배를 섬
기는 것이며, 그럴 듯한 말과 아첨하
는 말로 순진한 사람들의 마음을 속
이는 것입니다.
19 여러분의 순종은 모든 사람에게 소
문이 났습니다. 나는 여러분의 일로
기뻐합니다. 나는 여러분이 선한 일
에는 슬기롭고, 악한 일에는 순진하
기를 바랍니다.
20 평화의 하나님께서 곧 사탄을 쳐부
수셔서 여러분의 발 밑에 짓밟히게
하실 것입니다. ㉠우리 주 예수의 은
혜가 여러분과 함께 있기를 빕니다.
21 ○나의 동역자 디모데와 나의 친척
루기오와 야손과 소시바더가 여러
분에게 문안합니다.
22 이 편지를 받아쓰는 나 더디오도 주
님 안에서 여러분에게 문안합니다.
23 나와 온 교회를 잘 돌보아주는 가이
오도 여러분에게 문안합니다. 이 도
시의 재무관인 에라스도와 형제 구
아도도 여러분에게 문안합니다.
24 ㉡(없음)

찬양

25 ○㉢[하나님께서는 내가 전하는 복
음 곧 예수 그리스도에 관한 선포로
여러분을 능히 튼튼히 세워주십니
다. 그는 오랜 세월 동안 감추어 두
셨던 비밀을 계시해 주셨습니다.
26 그 비밀이 지금은 예언자들의 글로
환히 공개되고, 영원하신 하나님의
명을 따라 모든 이방 사람들에게 알
려져서, 그들이 믿고 순종하게 되었
습니다.
27 오직 한 분이신 지혜로우신 하나님
께, 예수 그리스도로 말미암아 영광
이 영원무궁 하도록 있기를 빕니다.
아멘.]

다. 로마의 성도들이 그들과 논쟁하면 오히려 잘 못된 길로 빠져들 수 있기 때문에 바울은 이러한 사람들을 맞서지 말고 멀리하라고 권면한다.

16:18 자기네 배를 섬기는 것이며 '배'는 '자아'를 상징한다. 거짓 교사는 그리스도의 종이 아니라(비교. 1:1) 자아의 종이다. 그들은 자아를 하나님처럼 생각하는 사람들이다(빌 3:19). 자기 자신만을 사랑하는 사람은 그리스도를 섬길 수 없다.

16:19 악한 일에는 순진하기를 로마 교회 성도들이 악에 물들지 아니하고 순결하기를 바라는 바울의 기도이다.

16:26 그 비밀이…환히 공개되고 25절의 "오랜 세월 동안 감추어 두셨던 비밀"과 대조된다. 이 구절은 3:21을 연상하게 한다. 우리의 구원을 위한 하나님의 영원한 뜻이 이제 나타난 것을 말하고 있다.

㉠ 다른 고대 사본들에는 이 구절이 없음 ㉡ 다른 고대 사본들에는 24절이 첨가되어 있음. '24. 우리 주 예수 그리스도의 은혜가 여러분 모두와 함께 있기를 빕니다. 아멘' ㉢ 사본에 따라 16:25-27이 없기도 하고, 14:23 뒤에나 15:33 뒤에 붙어 있기도 함

고린도전서

1 CORINTHIANS

저자 사도 바울

저작 연대 A.D. 55년경. 제3차 전도 여행 중에 있던 바울은 A.D. 55년 오순절 때까지 에베소에 머물며 고린도 교회에 보내는 첫 번째 편지를 쓴 후(16:5–8), 에베소를 떠나 드로아를 거쳐 마케도니아로 들어갔다(고후 2:12–13).

기록 장소와 대상 고린도전서는 에베소에서, 그리고 고린도후서는 마케도니아에서 각각 기록했을 가능성이 높다. 고린도 교회의 성도들을 위해 쓰여졌다.

기록 목적 고린도전서는 고린도 교회가 당면하고 있는 여러 문제점들과 고린도 교회 성도들이 안고 있는 의문점들에 대해서 신앙적인 답변과 교훈을 주기 위하여 기록되었다.

내용 분해

1. 머리말(1:1–9)
2. 교회 내의 분쟁(1:10–4:21)
3. 교회 내의 무질서(5:1–6:20)
4. 교회 내의 문제들(7:1–15:58)
5. 결론(16:1–24)

인사와 감사

1 하나님의 뜻으로 그리스도 예수의
사도로 부르심을 받은 나 바울과,
형제 소스데네가,
2 고린도에 있는 하나님의 교회에 이
편지를 씁니다. 그리스도 예수 안에
서 거룩하여지고 성도로 부르심을
받은 여러분에게 문안드립니다. 또
각처에서 우리 주 예수 그리스도의
이름을 부르는 모든 이들에게도 아
울러 문안드립니다. 예수 그리스도
는 이 사람들의 주님이시며 우리의
주님이십니다.
3 하나님 우리 아버지와 주 예수 그리
스도께서 내려주시는 은혜와 평화
가 여러분에게 있기를 빕니다.
4 ○나는 여러분이 그리스도 예수 안
에서 받은 하나님의 은혜를 생각하
고, 여러분의 일로 언제나 하나님께
감사를 드립니다.
5 여러분은 그리스도 안에서 모든 면
에 풍족하게 되었습니다. 곧 온갖 언
변과 온갖 지식이 늘었습니다.
6 그리스도에 관한 증언이 여러분 가
운데서 이렇게도 튼튼하게 자리잡
았습니다.
7 그리하여 여러분은 어떠한 은사에
도 부족한 것이 없으며 우리 주 예수
그리스도의 나타나심을 기다리고
있습니다.
8 우리 주 예수 [그리스도]께서 나타
나실 날에 여러분이 흠잡을 데 없는
사람으로 설 수 있도록, 주님께서 여
러분을 끝까지 튼튼히 세워주실 것
입니다.
9 하나님은 신실하신 분이십니다. 하
나님께서는 여러분을 부르셔서 그
아들 우리 주 예수 그리스도와 친교
를 가지게 하여 주셨습니다.

고린도 교회의 분열상

10 ○그런데, ㉠형제자매 여러분, 나는
우리 주 예수 그리스도의 이름으로
여러분에게 권면합니다. 여러분은
모두 같은 말을 하며, 여러분 가운데
분열이 없도록 하며, 같은 마음과 같
은 생각으로 뭉치십시오.
11 ㉡나의 형제자매 여러분, 글로에의
집 사람들이 여러분의 소식을 전해
주어서 나는 여러분 가운데에 분쟁
이 있다는 것을 알게 되었습니다.
12 다름이 아니라, 여러분은 저마다 말

㉠ 그, '형제들' ㉡ 그, '나의 형제들'

하기를 "나는 바울 편이다", "나는
아볼로 편이다", "나는 ㉠게바 편이
다", "나는 그리스도 편이다" 한다고
합니다.
13 그리스도께서 갈라지셨습니까? 바
울이 여러분을 위하여 십자가에 달
리기라도 했습니까? 또는, 여러분이
바울의 이름으로 ㉡세례를 받았습니
까?
14 내가 여러분 가운데에서 그리스보와
가이오 밖에는, 아무에게도 ㉡세례
를 준 일이 없음을 [하나님께] 감사
드립니다.
15 그러므로, 아무도 나의 이름으로 ㉡세
례를 받았다고 말하지 못할 것입니
다.
16 내가 스데바나 가족에게도 ㉡세례를
주었습니다마는, 그 밖에는 다른 누
구에게 ㉡세례를 주었는지 나는 모릅
니다.
17 그리스도께서는 ㉡세례를 주라고 나
를 보내신 것이 아니라, 복음을 전하
라고 보내셨습니다. 복음을 전하되,
말의 지혜로 하지 않게 하셨습니다.
그것은 그리스도의 십자가가 헛되이
되지 않게 하시려는 것입니다.

하나님의 능력과 지혜이신 그리스도

18 ○십자가의 말씀이 멸망할 자들에게
는 어리석은 것이지만, 구원을 받는
사람인 우리에게는 하나님의 능력입
니다.
19 성경에 기록하기를
㉢"내가 지혜로운 자들의 지혜
를 멸하고, 총명한 자들의 총명
을 폐할 것이다"
하였습니다.
20 현자가 어디에 있습니까? 학자가 어
디에 있습니까? 이 세상의 변론가가
어디에 있습니까? 하나님께서는 이
세상의 지혜를 어리석게 하신 것이
아닙니까?
21 이 세상은 그 지혜로 하나님을 알지
못하였습니다. 하나님의 지혜가 그
렇게 되도록 한 것입니다. 하나님께
서는 ㉣어리석게 들리는 설교를 통
하여 믿는 사람들을 구원하시기를
기뻐하신 것입니다.
22 유대 사람은 기적을 요구하고, 그리
스 사람은 지혜를 찾으나,
23 우리는 십자가에 달리신 그리스도를
전합니다. 그리스도가 십자가에 달
리셨다는 것은 유대 사람에게는 거
리낌이고, 이방 사람에게는 어리석
은 일입니다.
24 그러나 부르심을 받은 사람에게는,
유대 사람에게나 그리스 사람에게
나, 이 그리스도는 하나님의 능력이
요, 하나님의 지혜입니다.
25 하나님의 어리석음이 사람의 지혜보
다 더 지혜롭고, 하나님의 약함이

1장 요약 바울은 제3차 전도 여행을 떠나기 직전 고린도 교회의 분쟁 소식을 접하고, 이에 본 서신을 작성하였다(행 19:8–10).

1:14 그리스보와 가이오 그리스보는 고린도 교회의 당회장이었고(행 18:8), 가이오는 바울이 머물렀던 집의 주인이다(롬 16:23).

1:16 스데바나 아가야 지방에서 처음으로 예수님을 믿고 교회를 위해 봉사하던 사람이었다.

1:18 십자가의 말씀 그리스도와 사도들에 의하여 전파된 복음을 말한다. 하나님의 지혜는 믿지 않는 자에게는 어리석어 보이지만, 세상의 지혜는 인간을 구원할 수 없다. 바울은 고린도 교회의 분파 문제에 대해 그리스도의 십자가로 대답한다.

1:21 하나님께서는 세상의 지혜로 볼 때 어리석게 보이는 십자가의 복음을 통하여 구원을 주심으

㉠ 베드로 ㉡ 또는 '침례' ㉢ 사 29:14(칠십인역) ㉣ 그, '선포의 어리석음을 통하여'

사람의 강함보다 더 강합니다.
26 ○㉠형제자매 여러분, 여러분이 부르
심을 받을 때에, 그 처지가 어떠하였
는지 생각하여 보십시오. 육신의 기
준으로 보아서, 지혜 있는 사람이 많
지 않고, 권력 있는 사람이 많지 않
고, 가문이 훌륭한 사람이 많지 않
았습니다.
27 그런데 하나님께서는, 지혜 있는 자
들을 부끄럽게 하시려고 세상의 어
리석은 것들을 택하셨으며, 강한 것
들을 부끄럽게 하시려고 세상의 약
한 것들을 택하셨습니다.
28 하나님께서는 세상에서 비천한 것들
과 멸시받는 것들을 택하셨으니 곧
잘났다고 하는 것들을 없애시려고
아무것도 아닌 것들을 택하셨습니
다.
29 이리하여 ㉡아무도 하나님 앞에서는
자랑하지 못하게 하시려는 것입니
다.
30 그러나 여러분은 하나님의 자녀로서
그리스도 예수 안에 있습니다. 그는
우리에게 하나님으로부터 오는 지혜
가 되시며, 의와 거룩함과 ㉢구원이
되셨습니다.
31 그것은, ㉣성경에 기록되어 있는 바
"누구든지 자랑하려거든 주님을 자
랑하라" 한 대로 되게 하시려는 것입
니다.

그리스도를 십자가에 못 박히신 분으로 전하다

2 ㉠형제자매 여러분, 내가 여러분에
게로 가서 하나님의 ㉤비밀을 전할
때에, 훌륭한 말이나 지혜로 하지 않
았습니다.
2 나는 여러분 가운데서 예수 그리스
도 곧 십자가에 달리신 그분 밖에는,
아무것도 알지 않기로 작정하였습니
다.
3 내가 여러분과 함께 있을 때에, 나는
약하였으며, 두려워하였으며, 무척
떨었습니다.
4 나의 말과 나의 설교는 ㉥지혜에서
나온 그럴 듯한 말로 한 것이 아니
라, ㉦성령의 능력이 나타낸 증거로
한 것입니다.
5 그것은, 여러분의 믿음이 사람의 지
혜에 바탕을 두지 않고 하나님의 능
력에 바탕을 두게 하려는 것이었습
니다.

성령으로 계시하시다

6 ○그러나 우리는 성숙한 사람들 가
운데서는 지혜를 말합니다. 그런데
이 지혜는, 이 세상의 지혜나 멸망하
여 버릴 자들인 이 세상 통치자들의
지혜가 아닙니다.
7 우리는 비밀로 감추어져 있는 하나
님의 지혜를 말합니다. 그것은, 하나
님께서 우리를 영광스럽게 하시려
고, 영세 전에 미리 정하신 지혜입니

로 지혜 있는 사람들을 오히려 부끄럽게 하셨다. 어리석게 들리는 설교 설교 자체가 어리석은 것은 아니다. 단지 설교의 내용, 즉 십자가에 달리신 그리스도를 구주로 믿음으로 구원을 얻는다는 주장이 세상의 눈에는 어리석게 보일 뿐이다.
1:30 하나님의 자녀로서 그리스도 예수 안에 있습니다 우리를 부르셔서 그리스도와 연합하게 하시고 그와 교제를 가지게 하신 분은 바로 하나님이시다.

2장 요약 본장에서 바울은 인간의 구원이 하나님의 능력(지혜)에 의해 얻어지는 것임을 역설한다. 진정한 지혜인 복음 안에(6-9절), 하나님의 심오한 구원의 진리가 계시되어 있다. 그런데 바울은 이 같은 하나님의 구원의 지혜를 성령의 사역과 연관시키고 있다(10-16절).

㉠ 그, '형제들' ㉡ 그, '육신도' ㉢ 또는 '대속하여 구원함' ㉣ 렘 9:23, 24 ㉤ 다른 고대 사본들에는 '증언' 또는 '증거' ㉥ 다른 고대 사본들에는 '지혜의 설득력으로' ㉦ 그, '영과 능력의 나타남으로'

다.
8 이 세상 통치자들 가운데는, 이 지혜
를 아는 사람이 하나도 없습니다. 그
들이 알았더라면, 영광의 주님을 십
자가에 못 박지 않았을 것입니다.
9 그러나 성경에 기록한 바
㉠"눈으로 보지 못하고 귀로 듣
지 못한 것들, 사람의 마음에 떠
오르지 않은 것들을, 하나님께
서는 자기를 사랑하는 사람들
에게 마련해 주셨다"
한 것과 같습니다.
10 하나님께서는 성령을 통하여 이런 일
들을 우리에게 계시해 주셨습니다.
성령은 모든 것을 살피시니, 곧 하나
님의 깊은 경륜까지도 살피십니다.
11 사람 속에 있는 그 사람의 영이 아니
고서야, 누가 그 사람의 생각을 알
수 있겠습니까? 이와 같이, 하나님
의 영이 아니고서는, 아무도 하나님
의 생각을 깨닫지 못합니다.
12 우리는 세상의 영을 받은 것이 아니
라, 하나님에게서 오신 영을 받았습
니다. 그것은, 하나님께서 우리에게
은혜로 주신 선물들을 우리로 하여
금 깨달아 알게 하시려는 것입니다.
13 우리가 이 선물들을 말하되, 사람의
지혜에서 배운 말로 하지 아니하고,
성령께서 가르쳐 주시는 말로 합니
다. 다시 말하면, ㉡신령한 것을 가지
고 신령한 것을 설명하는 것입니다.
14 그러나 ㉢자연에 속한 사람은 하나님
의 영에 속한 일들을 받아들이지 아
니합니다. 그런 사람에게는 이런 일
들이 어리석은 일이며, 그는 이런 일
들을 이해할 수 없습니다. 이런 일들
은 영적으로만 분별되기 때문입니다.
15 신령한 사람은 모든 것을 판단하나,
자기는 아무에게서도 판단을 받지
않습니다.
16 ㉣"누가 주님의 마음을 알았습
니까? 누가 그분을 가르치겠습
니까?"
그러나 우리는 그리스도의 마음을
가지고 있습니다.

하나님의 동역자

3 ㉤형제자매 여러분, 나는 여러분에
게 영에 속한 사람에게 하듯이 말
할 수 없고, 육에 속한 사람, 곧 그리
스도 안에서 어린 아이 같은 사람에
게 말하듯이 하였습니다.
2 나는 여러분에게 젖을 먹였을 뿐, 단
단한 음식을 먹이지 않았습니다. 그
때에는 여러분이 단단한 음식을 감
당할 수 없었습니다. 사실 지금도 여
러분은 그것을 감당할 수 없습니다.
3 여러분은 아직도 육에 속한 사람들
입니다. 여러분 가운데에서 시기와
싸움이 있으니, 여러분은 육에 속한
사람이고, 인간의 방식대로 살고 있

2:1-5 바울이 고린도에서 전한 복음은 자신의 말과 지혜가 아닌 오직 성령의 능력으로 그리스도와 그의 십자가만을 증거하고자 한 것이었음을 밝히고 있다.
2:6-16 성령으로 보이신 하나님의 지혜 바울이 지금까지 전한 복음은 비밀로 감추어져 있는 하나님의 지혜에 근거한 것으로(6-7절), 오직 성령을 통해서만 깨달을 수 있음을 강조한다(10,13절).
2:14 분별 '영적인 판단을 내린다'는 뜻이다.

3장 요약 바울은 구원이 어느 한 사람의 업적이 아니라 오직 성령의 역사임을 내세워 고린도 교회의 분파주의를 경계하고 있다. 한편 10-15절에 나타나는 건축가 비유는 최후 심판 때에 주어질 상급과 심판을 언급함으로 현재의 삶에 충실할 것을 요구한다.

㉠ 사 64:4 ㉡ 또는 '신령한 것을 신령한 사람들에게 설명합니다' 또는 '신령한 것은 신령한 언어로 설명합니다' ㉢ 또는 '신령하지 아니한' ㉣ 사 40:13(칠십인역) ㉤ 그, '형제들'

는 것이 아닙니까?
4 어떤 사람은 "나는 바울 편이다" 하
고, 또 다른 사람은 "나는 아볼로 편
이다" 한다니, 여러분은 육에 속한
사람이 아니고 무엇이겠습니까?
5 그렇다면 아볼로는 무엇이고, 바울
은 무엇입니까? 아볼로와 나는 여러
분을 믿게 한 ㉠일꾼들이며, 주님께
서 우리에게 각각 맡겨 주신 대로 일
하였을 뿐입니다.
6 나는 심고, 아볼로는 물을 주었습니
다. 그러나 하나님께서 자라게 하셨
습니다.
7 그러므로 심는 사람이나 물 주는 사
람은 아무것도 아니요, 자라게 하시
는 분은 하나님이십니다.
8 심는 사람과 물 주는 사람은 하나이
며, 그들은 각각 수고한 만큼 자기의
삯을 받을 것입니다.
9 우리는 하나님의 동역자요, 여러분
은 하나님의 밭이며, 하나님의 건물
입니다.
10 ○나는 하나님께서 나에게 주신 은
혜를 따라, 지혜로운 건축가와 같이
기초를 놓았습니다. 그런데 다른 사
람이 그 위에다가 집을 짓습니다. 그
러나 어떻게 집을 지을지 각각 신중
히 생각해야 합니다.
11 아무도 이미 놓은 기초이신 예수 그
리스도 밖에 또 다른 기초를 놓을
수 없습니다.
12 누가 이 기초 위에 금이나 은이나 보
석이나 나무나 풀이나 짚으로 집을
지으면,
13 그에 따라 각 사람의 업적이 드러날
것입니다. 그 날이 그것을 환히 보여
줄 것입니다. 그것은 불에 드러날 것
이기 때문입니다. 불이 각 사람의 업
적이 어떤 것인가를 검증하여 줄 것
입니다.
14 어떤 사람이 ㉡만든 작품이 그대로
남으면, 그는 상을 받을 것이요,
15 어떤 사람의 ㉢작품이 타 버리면, 그
는 손해를 볼 것입니다. 그러나 그
사람은 구원을 받을 것이지만 불 속
을 헤치고 나오듯 할 것입니다.
16 ○여러분은 하나님의 성전이며, 하나
님의 성령이 여러분 안에 거하신다
는 것을 알지 못합니까?
17 누구든지 하나님의 성전을 파괴하
면, 하나님께서도 그 사람을 멸하실
것입니다. 하나님의 성전은 거룩합니
다. 여러분은 하나님의 성전입니다.
18 ○아무도 자기를 속이지 말아야 합
니다. 여러분 가운데서 누구든지 이
세상에서 지혜 있는 사람이라고 스
스로 생각하거든, 정말로 지혜 있는
사람이 되기 위하여 어리석은 사람
이 되어야 합니다.
19 이 세상의 지혜는 하나님이 보시기

3:6 나는 심고 바울이 고린도 교회의 설립자임을 의미한다(행 18:1–8). 아볼로는 물을 주었습니다 아볼로는 바울의 전도로 그리스도를 영접한 고린도 교인들을 양육시키고 교회를 성장시키는 일을 담당했다(행 18:27;19:1).

3:9 하나님의 동역자 하나님의 동일한 계획에 함께 참여한 사람들을 말한다. 하나님의 밭 교회는 하나님의 경작지, 또는 농장으로, 사역자들은 하나님의 일꾼으로 비유되고 있다. 하나님의 건물 교회가 성전에 비유되고, 사역자는 건축가로 비유된다.

3:13 그 날 사람이 당하는 환난이나 재난의 날이 아니라 그리스도의 재림의 날을 가리킨다.

3:16–17 하나님의 성전 하나님의 성령이 거하시는(6:19) 구별된 백성들을 가리킨다. 본문은 이러한 하나님의 성전을 더럽히고, 파괴하고, 손상을 입히는 사람들을 향한 경고이다.

㉠ 또는 '집사들' ㉡ 또는 '세워 놓은 일' ㉢ 또는 '일'

에 어리석은 것입니다. 성경에 기록
하기를
ㄱ"하나님께서는 지혜로운 자들
을 자기 꾀에 빠지게 하신다"
하였습니다.
20 또 기록하기를
ㄴ"주님께서 지혜로운 자들의 생
각을 헛된 것으로 아신다"
하였습니다.
21 그러므로 아무도 사람을 자랑하지
말아야 합니다. 모든 것이 다 여러분
의 것입니다.
22 바울이나, 아볼로나, ㄷ게바나, 세상
이나, 삶이나, 죽음이나, 현재 것이
나, 장래 것이나, 모든 것이 다 여러
분의 것입니다.
23 그리고 여러분은 그리스도의 것이
요, 그리스도는 하나님의 것입니다.

사도의 직분

4 사람은 이와 같이 우리를, 그리스
도의 일꾼이요 하나님의 비밀을
맡은 관리인으로 보아야 합니다.
2 이런 경우에 관리인에게 요구하는
것은 신실성입니다.
3 내가 여러분에게서 심판을 받든지,
세상 법정에서 심판을 받든지, 나에
게는 조금도 문제가 되지 않습니다.
그뿐만 아니라, 나도 나 자신을 심판
하지 않습니다.
4 나는 양심에 거리끼는 것이 없습니
다. 그러나 이런 일로 내가 의롭게
된 것은 아닙니다. 나를 심판하시는
분은 주님이십니다.
5 그러므로 여러분은 주님께서 오실
때까지는, 아무것도 미리 심판하지
마십시오. 주님께서는 어둠 속에 감
추인 것들을 환히 나타내시며, 마음
속의 생각을 드러내실 것입니다. 그
때에 사람마다 하나님으로부터 칭
찬을 받을 것입니다.
6 ○ㄹ형제자매 여러분, 나는 여러분을
위하여 이 모든 일을 나와 아볼로에
게 적용하여 설명하였습니다. 그것
은 "기록된 말씀의 범위를 벗어나지
말라"는 격언의 뜻을 여러분이 우리
에게서 배워서, 어느 한 편을 편들어
다른 편을 얕보면서 뽐내지 않도록
하려는 것입니다.
7 누가 그대를 별다르게 보아줍니까?
그대가 가지고 있는 것 가운데서 받
아서 가지지 않은 것이 무엇이 있습
니까? 모두가 받은 것이라면, 왜 받
지 않은 것처럼 자랑합니까?
8 여러분은 벌써 배가 불렀습니다. 벌
써 부자가 되었습니다. 우리를 제쳐
놓고 왕이나 된 듯이 행세하였습니
다. 여러분이 진정 왕처럼 되었으면,
좋겠습니다. 그렇게 하여 우리도 여
러분과 함께 왕노릇 하게 되면, 좋겠
습니다.

4장 요약 바울은 고린도 교회의 교역자와 교인들과의 관계에 문제가 생기자 교역자를 판단하는 기준을 제시했다. 그 기준은 신실성이며, 하나님만이 궁극적인 평가를 내리신다. 또한 바울은 고린도 교인들에게 평생 그리스도를 본받는 삶을 실천한 자신을 따르라고 말한다(14–21절).

4:1–5 바울은 자신이 그리스도의 일꾼으로서 사람의 판단보다는 하나님의 판단을 더 의식하면서 충성을 다하고 있음을 상기시켜 주고 있다.

4:6–13 고린도 교인들의 교만 고린도 교인들이 사역자들을 잘못 평가하고 논쟁하는 일을 말하며(6–7절), 교만해진 고린도 교인들의 마음과 바울 자신의 비천한 생활을 대조하여 권면하고 있다(8–13절).

4:8 바울은 반어법(反語法)을 사용하여 고린도 교인들의 교만과 미성숙을 깨닫게 하고 있다.

ㄱ 욥 5:13 ㄴ 시 94:11(칠십인역) ㄷ 베드로 ㄹ 그, '형제들'

고전

9 내가 생각하기에, 하나님께서는 사도
들인 우리를 마치 사형수처럼 세상
에서 가장 보잘것없는 사람들로 내
놓으셨습니다. 우리는 세계와 천사
들과 사람들에게 구경거리가 된 것
입니다.
10 우리는 그리스도 때문에 어리석은
사람이 되었지만, 여러분은 그리스
도 안에서 지혜 있는 사람이 되었습
니다. 우리는 약하나, 여러분은 강합
니다. 여러분은 영광을 누리고 있으
나, 우리는 천대를 받고 있습니다.
11 우리는 바로 이 시각까지도 주리고,
목마르고, 헐벗고, 얻어맞고, 정처 없
이 떠돌아다닙니다.
12 우리는 우리 손으로 일을 하면서, 고
된 노동을 합니다. 우리는 욕을 먹으
면 도리어 축복하여 주고, 박해를 받
으면 참고,
13 비방을 받으면 좋은 말로 응답합니
다. 우리는 이 세상의 쓰레기처럼 되
고, 이제까지 만물의 찌꺼기처럼 되
었습니다.
14 ○내가 이런 말을 쓰는 것은 여러분
을 부끄럽게 하려는 것이 아니라, 나
의 사랑하는 자녀들같이 훈계하려
는 것입니다.
15 그리스도 안에서 여러분에게는 일만
명의 스승이 있을지 몰라도, 아버지
는 여럿이 있을 수 없습니다. 그리스
도 예수 안에서 복음으로 내가 여러
분을 낳았습니다.
16 그러므로 나는 여러분에게 권합니
다. 여러분은 나를 본받는 사람이
되십시오.
17 이 일 때문에 나는 디모데를 여러분
에게 ㉠보냈습니다. 그는 주님 안에
서 얻은 나의 사랑하는 신실한 아들
입니다. 그는 그리스도 [예수] 안에
서 행하는 나의 생활 방식을 여러분
에게 되새겨 줄 것입니다. 어디에서
나, 모든 교회에서 내가 가르치는 그
대로 말입니다.
18 그런데 여러분 가운데는, 내가 여러
분에게로 가지 못하리라고 생각하
여 교만해진 사람이 더러 있습니다.
19 주님께서 허락하시면, 내가 속히 여
러분에게로 가서, 그 교만해진 사람
들의 말이 아니라 능력을 알아보겠
습니다.
20 하나님 나라는 말에 있지 아니하고,
능력에 있습니다.
21 여러분은 무엇을 원합니까? 내가 채
찍을 들고 여러분에게로 가는 것이
좋겠습니까? 그렇지 않으면, 사랑과
온유한 마음을 가지고 가는 것이 좋
겠습니까?

음행을 심판하다

5 여러분 가운데 음행이 있다는 소
문이 들립니다. 자기 아버지의 아

4:12 우리 손으로 일을 하면서 교회의 재정적 후원을 받지 않고 직접 수고하여 경제적 문제를 해결하는 것을 말한다(9:15).

4:14 여러분을 부끄럽게 하려는 '여러분을 움직이려는', 즉 '여러분의 감정에 영향을 주려는'이란 뜻이다.

4:20 하나님 나라 하나님의 통치를 받는 영역으로, 구원받은 성도들이 현재 누리고 있는 천국을 뜻한다.

5장 요약 본장은 먼저 고린도 지방의 상황을 이해하여야 한다. 당시 고린도 지방은 성적으로 매우 타락한 상태였는데 그 같은 풍조가 교회 내에까지 스며들어 근친상간이 교인들 사이에서조차 공공연히 자행되었다. 이 소식을 접한 바울은 이들을 사탄의 무리로 규정하여 강경한 어조로 경고하고 있다(1–8절).

㉠ 또는 '보냅니다'

내를 데리고 사는 일까지 있다고 하
니, 그러한 음행은 이방 사람들 가운
데서도 볼 수 없는 것입니다.
2 그런데도 여러분은 교만해져 있습니
다. 오히려 여러분은 그러한 현상을
통탄하고, 그러한 일을 저지른 자를
여러분 가운데서 제거했어야 하지
않았겠습니까?
3 나로 말하면, 비록 몸으로는 떠나 있
으나, 영으로는 함께 있습니다. 마치
여러분과 함께 있듯이, ㉠그러한 일
을 저지른 자를 이미 심판하였습니
다.
4 [우리] 주 예수의 이름으로 여러분
이 모여 있을 때에, 나의 영이 우리
주 예수의 권능과 더불어 여러분과
함께 있으니,
5 여러분은 그러한 자를 당장 사탄에
게 넘겨주어서, 그 육체는 망하게 하
고 그의 영은 주님의 날에 구원을 얻
게 해야 할 것입니다.
6 여러분이 자랑하는 것은 좋지 않습
니다. 여러분은 적은 누룩이 온 반
죽을 부풀게 한다는 것을 알지 못합
니까?
7 여러분은 새 반죽이 되기 위해서, 묵
은 누룩을 깨끗이 치우십시오. 사실
여러분은 누룩이 들지 않은 사람들
입니다. 우리들의 ㉡유월절 양이신
그리스도께서 희생되셨습니다.
8 그러므로 묵은 누룩, 곧 악의와 악독
이라는 누룩을 넣은 빵으로 절기를
지키지 말고, 성실과 진실을 누룩으
로 삼아 누룩 없이 빚은 빵으로 지
킵시다.
9 ○내 편지에서, 음행하는 사람들과
사귀지 말라고 여러분에게 썼습니
다.
10 그 말은, 이 세상에 음행하는 사람
들이나, 탐욕을 부리는 사람들이나,
약탈하는 사람들이나, 우상을 숭배
하는 사람들과, 전혀 사귀지 말라는
뜻이 아닙니다. 그러려면, 여러분은
이 세상 밖으로 나가야 할 것입니다.
11 그러나 이제 내가 여러분에게 사귀
지 말라고 쓰는 것은, ㉢신도라 하는
어떤 사람이 음행하는 사람이거나,
탐욕을 부리는 사람이거나, 우상을
숭배하는 사람이거나, 사람을 중상
하는 사람이거나, 술 취하는 사람이
거나, 약탈하는 사람이면, 그런 사람
과는 함께 먹지도 말라는 말입니다.
12 밖에 있는 사람들을 심판하는 것이,
나에게 무슨 상관이 있습니까? 여러
분이 심판해야 할 사람들은 안에 있
는 사람들이 아니겠습니까?
13 밖에 있는 사람들은 하나님께서 심
판하실 것입니다. 여러분은 ㉣그 악
한 사람을 여러분 가운데서 내쫓으
십시오.

5:1–5 온갖 부도덕한 행위(성적인 방종)에 대하여 관용의 자세를 취하고 있는 고린도 교회에 대하여 바울이 책망하고 있다.

5:4 나의 영이…함께 있으니 바울의 몸은 고린도 교회와 함께 있지 아니할지라도 영으로 가서 같이 협력하는 것을 말한다. 곧 고린도 교회가 바울의 교훈을 상기시키고 있음을 뜻한다.

5:9 사귀지 말라고 그리스도인들에게 사회적인 교류를 금하는 것이 아니라 징계를 받아야 마땅한 자들과 교제를 나누는 것은 옳지 못하다고 말하는 것이다.

5:12–13 바울은 믿지 않는 자들에 대해서는 하나님께서 판단하시나, 교회 내에서 불의한 행위를 하는 자에 대하여 교회 전체가 함께 모여 결정한 후에(4절) 출교시켜야 한다고 말한다.

㉠ 또는 '그러한 일을 저지른 자를 우리 주 예수의 이름으로 벌써 심판하였습니다. 4. 여러분이 함께 모일 때에……' ㉡ 출 12:13, 21–28을 볼 것 ㉢ 그, '형제' ㉣ 신 17:7(칠십인역); 19:19; 21:21; 22:21, 24; 24:7

세상 법정에 고소하지 말라

6 여러분 가운데서 어떤 사람이 다
른 사람과 소송할 일이 있을 경우
에, 성도들 앞에서 해결하려 하지 않
고 불의한 자들 앞에 가서 재판을 받
으려 한다고 하니, 그럴 수 있습니까?
2 성도들이 세상을 심판하리라는 것
을 여러분은 알지 못합니까? 세상이
여러분에게 심판을 받겠거늘, 여러
분이 아주 작은 사건 하나를 심판할
자격이 없겠습니까?
3 우리가 천사들도 심판하리라는 것
을 알지 못합니까? 그러한데, 하물
며 이 세상 일이야 말할 나위가 있겠
습니까?
4 그러니, 여러분에게 일상의 일과 관
련해서 송사가 있을 경우에, 교회에
서 멸시하는 바깥 사람들을 재판관
으로 앉히겠습니까?
5 나는 여러분을 부끄럽게 하려고 이
말을 합니다. 여러분 가운데는, ㉠신
도 사이에서 생기는 문제를 해결하
여 줄 만큼, 지혜로운 사람이 하나도
없습니까?
6 그래서 ㉠신도가 ㉠신도와 맞서 소송
을 할 뿐만 아니라, 그것도 믿지 않
는 사람들 앞에 한다는 말입니까?
7 여러분이 서로 소송을 제기하는 것
부터가 벌써 여러분의 실패를 뜻합
니다. 왜 차라리 불의를 당해 주지
못합니까? 왜 차라리 속아 주지 못
합니까?
8 그런데 도리어 여러분 자신이 불의
를 행하고 속여 빼앗고 있으며, 그것
도 ㉡신도들에게 그런 짓을 하고 있
습니다.
9 불의한 사람들은 하나님 나라를 상
속받지 못하리라는 것을 알지 못합
니까? 착각하지 마십시오. 음행을
하는 사람들이나, 우상을 숭배하는
사람들이나, 간음을 하는 사람들이
나, 여성 노릇을 하는 사람들이나,
동성애를 하는 사람들이나,
10 도둑질하는 사람들이나, 탐욕을 부
리는 사람들이나, 술 취하는 사람들
이나, 남을 중상하는 사람들이나, 남
의 것을 약탈하는 사람들은, 하나님
나라를 상속받지 못할 것입니다.
11 여러분 가운데 이런 사람들이 더러
있었습니다. 그러나 여러분은 주 예
수 그리스도의 이름과 우리 하나님
의 성령으로 씻겨지고, 거룩하게 되
고, 의롭게 되었습니다.

몸으로 하나님을 영화롭게 하라

12 ○"모든 것이 나에게 허용되어 있습
니다." 그러나 모든 것이 유익한 것은
아닙니다. "모든 것이 나에게 허용되
어 있습니다." 그러나 나는 아무것에
도 제재를 받지 않겠습니다.
13 ㉢"음식은 배를 위한 것이고, 배는

6장 요약 본장에는 소송 문제가 나타나 있다. 고린도 교인들은 소송을 가지고 세상 법정에까지 나가는 추태를 보였다. 세상을 판단하고 심판하여야 할 성도가 죄악된 세상의 법정에 서는 상황이 벌어진 것이다. 교회 내의 분쟁은 사랑과 말씀 안에서 해결되어야 한다. 12-20절은 음행을 다시 경고하고 있다.

6:1-11 바울은 교회 안에서 발생한 문제를 세상 법정으로까지 끌고 간 소송 문제에 대해 책망한다. 그리고 이 문제에 대하여 사랑과 미덕으로 양보하는 올바른 신앙적 태도를 제시한다.

6:2 성도들이 세상을 심판하리라는 것 성도는 그리스도와 연합되어 있기 때문에 심판 때에도 그와 함께 세상의 심판에 동참함을 뜻한다(마 19:28; 계 20:4).

㉠ 그, '형제' ㉡ 그, '형제들' ㉢ 인용은 다음 문장까지 연장될 수도 있음

음식을 위한 것입니다." 그러나 하나
님께서는 이것도 저것도 다 없애 버
리실 것입니다. 몸은 음행을 위하여
있는 것이 아니라, 주님을 위하여 있
는 것이며, 주님은 몸을 위하여 계십
니다.
14 하나님께서 주님을 ㉠살리셨으니, 그
의 권능으로 우리도 ㉡살리실 것입니
다.
15 여러분의 몸이 그리스도의 지체라
는 것을 알지 못합니까? 그런데, 내
가 그리스도의 지체를 떼어다가 창
녀의 지체를 만들 수 있겠습니까?
그럴 수 없습니다.
16 창녀와 합하는 사람은 그와 한 몸이
된다는 것을 알지 못합니까? ㉢"두
사람이 한 몸이 될 것이다" 하신 말
씀이 있습니다.
17 그러나 주님과 합하는 사람은 그와
한 영이 됩니다.
18 음행을 피하십시오. 사람이 짓는 다
른 모든 죄는 자기 몸 밖에 있는 것
이지만, 음행을 하는 자는 자기 몸에
다가 죄를 짓는 것입니다.
19 여러분의 몸은 여러분 안에 계신 성
령의 성전이라는 것을 알지 못합니
까? 여러분은 성령을 하나님으로부
터 받아서 모시고 있습니다. 여러분
은 여러분 자신의 것이 아닙니다.
20 여러분은 하나님께서 값을 치르고
사들인 사람입니다. 그러므로 여러
분의 몸으로 하나님을 영화롭게 하
십시오.

혼인에 관련된 문제들

7 여러분이 적어 보낸 문제를 두고
말하겠습니다. 남자는 여자를 가
까이하지 않는 것이 좋습니다.
2 그러나 음행에 빠질 유혹 때문에, 남
자는 저마다 자기 아내를 두고, 여자
도 저마다 자기 남편을 두도록 하십
시오.
3 남편은 아내에게 남편으로서의 의무
를 다하고, 아내도 그와 같이 남편에
게 아내로서의 의무를 다하도록 하
십시오.
4 아내가 자기 몸을 마음대로 주장하
지 못하고, 남편이 주장합니다. 마찬
가지로, 남편도 자기 몸을 마음대로
주장하지 못하고, 아내가 주장합니
다.
5 서로 물리치지 마십시오. 여러분이
기도에 전념하기 위하여 얼마 동안
떨어져 있기로 합의한 경우에는 예
외입니다. 그러나 그 뒤에 다시 합하
십시오. 여러분이 절제하는 힘이 없
는 틈을 타서 사탄이 여러분을 유혹
할까 염려되기 때문입니다.
6 그러나 내가 이것을 말하는 것은 그
렇게 해도 좋다는 뜻으로 말하는 것
이지, 명령으로 말하는 것은 아닙니

6:3 천사들도 심판하리라는 것 타락한 천사들은 마지막 날에 심판을 받게 된다. 이 때 성도가 그리스도와 함께 심판에 참여하게 된다.

6:12 모든 것이 나에게 허용되어 있습니다 바울은 그리스도 안에서 얻은 자유를 불의의 기회로 삼는 사람들에게 그리스도인의 자유는 방종이 아님을 설명한다.

6:16 그와 한 몸 그리스도인이 그리스도와 신비로운 연합으로 한 몸이 되었음을 뜻한다.

7장 요약 본장은 혼인 문제를 다루고 있다. 당시 고린도 교회는 결혼을 반드시 해야 한다는 주장과 하지 말아야 한다는 주장으로 대립되어 있었다. 바울은 이 두 주장이 모두 그릇되었음을 전제한 뒤, 혼인을 하든 하지 않든 결국 주님의 영광을 위해 실행되어야 한다고 역설한다.

㉠ 그, '일으키셨으니' ㉡ 그, '일으키실' ㉢ 창 2:24(칠십인역)

다.
7 나는 모든 사람이 다 나와 같이 되
기를 바랍니다. 그러나 각 사람은 하
나님께로부터 받은 은사가 있어서,
이 사람은 이러하고 저 사람은 저러
합니다.
8 ○결혼하지 않은 남자들과 과부들
에게 말합니다. 나처럼 그냥 지내는
것이 그들에게 좋습니다.
9 그러나 절제할 수 없거든 결혼하십
시오. 욕정에 불타는 것보다는 결혼
하는 편이 낫습니다.
10 결혼한 사람들에게 말합니다. 이것
은 나의 말이 아니라, 주님의 명령입
니다. 아내는 남편과 헤어지지 말아
야 합니다.
11 —만일 헤어졌거든 재혼하지 말고 그
냥 지내든지, 그렇지 않으면 남편과
화해하여야 합니다.— 그리고 남편
도 아내를 버리지 말아야 합니다.
12 그 밖의 사람들에게 말합니다. 이것
은 나의 말이요, 주님의 말씀은 아닙
니다. 어떤 ㉠교우에게 믿지 않는 아
내가 있는데, 그 여자가 남편과 같이
살기를 원하면, 그 여자를 버리지 말
아야 합니다.
13 또 어떤 여자에게 믿지 않는 남편이
있는데, 그가 아내와 같이 살기를 원
하면, 그 남편을 버리지 말아야 합니
다.
14 믿지 않는 남편은 그의 아내로 말미
암아 거룩해지고, 믿지 않는 아내는
그 남편으로 말미암아 거룩해졌습니
다. 그렇지 않으면, 그들의 자녀도 깨
끗하지 못할 것인데, 이제 그들은 거
룩합니다.
15 그러나 믿지 않는 사람 쪽에서 헤어
지려고 하면, 헤어져도 됩니다. 믿는
형제나 자매가 이런 일에 얽매일 것
이 없습니다. 하나님께서는 여러분
을 부르셔서 평화롭게 살게 하셨습
니다.
16 아내 된 이여, 그대가 혹시나 그대의
남편을 구원할는지 어찌 압니까? 남
편 된 이여, 그대가 혹시나 그대의
아내를 구원할는지 어찌 압니까?

하나님이 주신 본분대로 살아가라

17 ○각 사람은, 주님께서 나누어주신
분수 그대로, 하나님께서 부르신 처
지 그대로 살아가십시오. 이것이 내
가 모든 교회에서 명하는 지시입니
다.
18 할례를 받은 몸으로 부르심을 받은
사람은 굳이 그 할례 받은 흔적을
지우려고 하지 마십시오. 할례를 받
지 아니한 처지에서 부르심을 받은
사람은 굳이 할례를 받으려고 하지
마십시오.
19 할례를 받은 것이나 안 받은 것이나,
그것은 문제가 아니고, 하나님의 계

7:1 여러분이 적어 보낸 문제를 두고 말하겠습니다 고린도 교인들은 바울에게 편지를 써서 그들이 안고 있던 여러 가지 문제들을 질문하였다. 이 질문들에 대해 바울은 각각 '…에 대하여'라는 형식으로 답변을 하고 있다(참조. 7:25;8:1;12:1;16:1).

7:10-17 이 부분은 결혼한 사람들의 이혼 문제를 다루고 있다. 함께 믿는 부부는 원칙적으로 이혼을 해서는 안 된다. 만약 이혼한다 하더라도 다른 사람과 재혼할 수 없다. 독신으로 지내든지 다시 합해야 한다.

7:12 '이것은 나의 말이요, 주님의 말씀은 아닙니다' 이 표현은 '이제 내가 말하려는 교훈에 대하여 기록된 증거는 없다. 나는 이제 이 교훈을 처음으로 말하는 것이다.'라는 의미를 담고 있다. '주님의 말씀은 아닙니다'라는 말은 바울 자신이 성령의 감동 아래에 있지 않음을 의미하는 것이 아니라, 이 교훈에 직접적으로 관계되는 것이 성경에는 기록

㉠ 그, '형제'

명을 지키는 것이 중요합니다.
20 각 사람은 부르심을 받은 그 때의 처
지에 그대로 머물러 있으십시오.
21 노예일 때에 부르심을 받았습니까?
그런 것에 마음 쓰지 마십시오. 그러
나 자유로운 몸이 될 수 있는 기회
가 있으면, 어떻게 해서든지 그것을
이용하십시오.
22 주님 안에서 노예로서 부르심을 받
은 사람은 주님께 속한 자유인입니
다. 그와 같이 자유인으로서 부르심
을 받은 사람은 그리스도의 노예입
니다.
23 여러분은 하나님께서 값을 치르고
사신 사람입니다. 그러므로 사람의
노예가 되지 마십시오.
24 ㉠형제자매 여러분, 각각 부르심을
받은 그 때의 처지에 그대로 있으면
서 하나님과 함께 살아가십시오.

미혼자와 과부에게 주는 권면

25 ○주님께서 처녀들에 대해서 하신
명령을, 나로서는 받은 것이 없습니
다. 그러나 나는 주님의 자비하심을
힘입어 믿을 만한 사람이 된 사람으
로서, 의견을 제시합니다.
26 지금 닥쳐오는 재난 때문에, 사람이
현재 상태대로 살아가는 것이 좋다
고, 나는 생각합니다.
27 아내에게 매였으면, 그에게서 벗어나
려고 하지 마십시오. 아내에게서 놓
였으면, 아내를 얻으려고 하지 마십
시오.
28 그러나 결혼한다고 할지라도, 죄를
짓는 것이 아닙니다. 그리고 처녀가
결혼을 하더라도, 죄를 짓는 것이 아
닙니다. 그러나 그들이 살림살이로
몸이 고달플 것이므로, 내가 아껴서
말해 주는 것입니다.
29 ㉡형제자매 여러분, 내가 말하려는
것은 이것입니다. 때가 얼마 남지 않
았으니, 이제부터는 아내 있는 사람
은 없는 사람처럼 하고,
30 우는 사람은 울지 않는 사람처럼 하
고, 기쁜 사람은 기쁘지 않은 사람처
럼 하고, 무엇을 산 사람은 그것을
가지고 있지 않은 사람처럼 하고,
31 세상을 이용하는 사람은 그렇게 하
지 않는 사람처럼 하도록 하십시오.
이 세상의 형체는 사라집니다.
32 나는 여러분이 염려 없이 살기를 바
랍니다. 결혼하지 않은 남자는, 어떻
게 하면 주님을 기쁘게 해 드릴 수
있을까 하고, 주님의 일에 마음을 씁
니다.
33 그러나 결혼한 남자는, 어떻게 하면
자기 아내를 기쁘게 할 수 있을까 하
고, 세상 일에 마음을 쓰게 되므로,
34 마음이 나뉘어 있습니다. 결혼하지
않은 여자나 처녀는, 몸과 영을 거룩
하게 하려고 주님의 일에 마음을 쓰

되어 있지 않다는 뜻이다.

7:18 할례를 받은 몸으로 부르심을 받은 사람 유대 사람으로서 그리스도인이 된 사람을 가리킨다. 할례를 받지 아니한 처지에서 부르심을 받은 사람 이방 사람으로서 부르심을 받아 그리스도인이 된 사람을 가리킨다.

7:23 값을 치르고 사신 예수님은 그의 보혈을 흘려 우리를 죄와 사망에서 구원하셨다(6:20;벧전 1:18–19). 그러므로 믿는 사람들은 어떠한 사회적·경제적 상황에서도 '사람의 노예'가 아니라, '그리스도의 노예'가 되어 오직 하나님의 계명에 순종하며 살아야 한다.

7:26 지금 닥쳐오는 재난 몹시 적대적이고도 음란한 사회 환경 속에서 그리스도인들이 당해야 하는 핍박과 고통을 말한다.

7:29 때가 얼마 남지 않았으니 신약 시대의 그리스도인들은 성령 강림으로 시작되어 그리스도의 재

㉠ 그, '형제' ㉡ 그, '형제들'

지만, 결혼한 여자는, 어떻게 하면
남편을 기쁘게 할 수 있을까 하고,
세상 일에 마음을 씁니다.
35 내가 이 말을 하는 것은 여러분을
유익하게 하려고 그러는 것이지, 여
러분에게 올가미를 씌우려고 그러는
것이 아닙니다. 오히려 여러분이 품
위 있게 살면서, 마음에 헛갈림이 없
이, 오직 주님만을 섬기게 하려는 것
입니다.
36 ○[㉠] 어떤 이가 결혼을 단념하는 것
이 자기의 약혼녀에게 온당하게 대
하는 일이 못 된다고 생각하면, 더구
나 애정이 강렬하여 꼭 결혼을 해야
겠으면, 그는 원하는 대로 그렇게 하
십시오. 결혼하는 것이 죄를 짓는 것
이 아니니, 그런 사람들은 결혼하십
시오.
37 그러나 결혼하지 않기로 마음을 굳
게 먹은 사람이, 부득이한 일도 없
고, 또 자기의 욕망을 제어할 수 있
어서, 자기 약혼녀를 처녀로 그대로
두기로 마음에 작정하였으면, 그것
은 잘하는 일입니다.
38 그러므로, 자기의 약혼녀와 결혼하
는 사람도 잘하는 것이지만, 결혼하
지 않는 사람은 더 잘하는 것입니다.
39 ○아내는, 남편이 살아 있는 동안에
는, 그에게 매여 있습니다. 그러나 남
편이 [㉡]죽으면, 자기가 원하는 사람
과 결혼할 자유가 있습니다. 다만,
주님 안에서만 그렇게 해야 할 것입
니다.
40 내 의견으로는, 그 여자는 그대로 혼
자 지내는 것이 더 행복할 것입니다.
나도 하나님의 영을 받았다고 생각
합니다.

우상에게 바친 제물

8 우상에게 바친 고기에 대하여 말
하겠습니다. 우리는 우리 모두가
지식이 있는 줄로 알고 있습니다. 지
식은 사람을 교만하게 하지만, 사랑
은 덕을 세웁니다.
2 자기가 무엇을 안다고 생각하는 사람
은, 아직도 그가 마땅히 알아야 할
방식대로 알지 못하는 사람입니다.
3 그러나 하나님을 사랑하는 사람은
하나님께서 그를 알아주십니다.
4 그런데 우상에게 바친 고기를 먹는
일을 두고 말하면, 우리가 알기로는,
세상에 우상이란 것은 아무것도 아
니고, 오직 하나님 한 분 밖에는 신
이 없습니다.
5 이른바 신이라는 것들이 하늘에든
땅에든 있다고 칩시다. 그러면 많은
신과 많은 주가 있는 것 같습니다.
6 그러나 우리에게는 아버지가 되시는
하나님 한 분이 계실 뿐입니다. 만물
은 그분에게서 났고, 우리는 그분을
위하여 있습니다. 그리고 한 분 주님

림으로 끝나는 마지막 때에 살고 있다. 따라서 모든 일이 속히 진행되어 간다.

7:35 올가미 짐승을 잡기 위한 것으로, 여기서는 *자유를 제재함을 비유한 표현이다.*

㉠ 또는 '36. 어떤 사람이 자기 딸을 혼기가 지날 때까지 붙들어 둔 것이 온당하지 못하다고 생각하고, 결혼을 시켜야겠다고 생각하면 결혼을 시키십시오. 그것은 아버지에게 죄가 되지 않습니다. 37. 그러나 그럴 필요가 없어서 자유로운 결정으로 자기 딸을 그대로 두기로 작정하여도 그것은 잘 하는 일입니다. 38. 이와 같이 자기 딸을 결혼시키는 일도 잘 하는 일이지만 결혼시키지 않는 것이 더 잘 하는 일입니다' ㉡ 그, '잠들면'

8장 요약 고린도 교인들 사이에서는 우상의 제물을 먹느냐 먹지 않느냐 하는 문제를 두고 논란이 있었다. 바울은 원론적으로 성도가 우상의 제물에 대해 자유롭다고 천명하였다. 그러나 한 가지 유념할 사항은 믿음이 약한 사람을 고려해서 신중하게 대처해야 한다는 것이다.

8:6 만물이…그분으로 말미암아 있고 성부 하나님은 모든 창조의 근원이시며(참조. 행 4:24) 그리

이신 예수 그리스도가 계십니다. 만
물이 그분으로 말미암아 있고, 우리
도 그분으로 말미암아 있습니다.
7 ○그러나 누구에게나 다 지식이 있
는 것은 아닙니다. 어떤 사람들은 지
금까지 우상을 섬기던 관습에 젖어
있어서, 그들이 먹는 고기가 우상의
것인 줄로 여기면서 먹습니다. 그들
의 양심이 약하므로 더럽혀지는 것
입니다.
8 그러나 ㉠"우리를 하나님 앞에 내세
우는 것은 음식이 아닙니다." 음식을
먹지 않는다고 해서 손해볼 것도 없
고, 먹는다고 해서 이로울 것도 없습
니다.
9 그러나 여러분에게 있는 이 자유가
약한 사람들에게 걸림돌이 되지 않
도록 조심하십시오.
10 지식이 있는 당신이 우상의 신당에
앉아서 먹고 있는 것을 어떤 사람이
보면, 그가 약한 사람일지라도, 그
양심에 용기가 생겨서, 우상에게 바
친 고기를 먹게 되지 않겠습니까?
11 그러면 그 약한 사람은 당신의 지식
때문에 망하는 것입니다. 그리스도
께서는 그 약한 신도를 위하여 죽으
셨습니다.
12 이렇게 여러분이 ㉡형제자매들에게
죄를 짓고, 그들의 약한 양심을 상하
게 하는 것은 그리스도께 죄를 짓는
것입니다.
13 그러므로 음식이 내 ㉡형제를 걸어
서 넘어지게 하는 것이라면, ㉢그가
걸려서 넘어지지 않게 하기 위해서,
나는 평생 고기를 먹지 않겠습니다.

사도의 권리

9 내가 자유인이 아닙니까? 내가 사
도가 아닙니까? 내가 우리 주 예
수를 뵙지 못하였습니까? 여러분은
주님 안에서 내가 일해서 얻은 열매
가 아닙니까?
2 다른 사람들에게는 내가 사도가 아
닐지 몰라도, 여러분에게는 사도입
니다. 여러분은 주님 안에서 나의 사
도직을 보증하는 표입니다.
3 ○나를 비판하는 사람들에게 이렇
게 답변합니다.
4 우리에게 먹고 마실 권리가 없습니
까?
5 우리에게는 다른 사도들이나 주님의
동생들이나 ㉣게바처럼, 믿는 자매인
아내를 데리고 다닐 권리가 없단 말
입니까?
6 나와 바나바에게만은 노동하지 않
을 권리가 없단 말입니까?
7 자기 비용으로 군에 복무하는 사람
이 어디에 있습니까? 포도원을 만들
고 그 열매를 따먹지 않는 사람이 어
디에 있습니까? 양 떼를 치고 그 젖
을 짜 먹지 않는 사람이 어디에 있습

고 만물은 성자 하나님을 통하여 존재하게 되었다(요 1:3;골 1:16;히 1:2).

8:7-9 지식 우상이 아무것도 아니며, 만물이 하나님으로부터 왔다는 지식을 말한다. **여러분에게 있는 이 자유** 우상과 상관없이 만물이 하나님께서 나왔다는 것을 알기 때문에 양심의 거리낌 없이 우상의 제물을 먹을 수 있는 자유함을 말한다.

9장 요약 고린도 교회 일부에서 일던 바울의 사도직에 대한 비난과 의문에 대해 바울은 자신의 사도직의 정통성을 변호하고(1-2절) 곧이어 사도의 권리와 의무에 대해 논하고 있다(3-18절). 그는 고린도 교인들로부터 재정적인 지원을 받을 권리가 있지만 복음 전파를 위해 그것을 포기한다고 천명하였다.

9:2 여러분은 주님 안에서 나의 사도직을 보증하는

㉠ 8절 전체가 다 인용일 수도 있음 ㉡ 그, '형제들' ㉢ 그, '나의 형제' ㉣ 베드로

니까?
8 내가 사람의 관례에만 의거하여 이
런 말을 하는 줄 아십니까? 율법에
도 이런 말이 있지 않습니까?
9 모세의 율법에 기록하기를 ㉠"타작
일을 하는 소에게 망을 씌우지 말아
라" 하였습니다. 하나님께서 소를 걱
정하신 것입니까?
10 그렇지 않으면, 우리 모두를 위하여
말씀하신 것입니까? 그것은 우리를
위하여 하신 말씀입니다. 밭을 가는
사람은 마땅히 희망을 가지고서 밭
을 갈고, 타작을 하는 사람은 한 몫
을 얻으리라는 희망을 가지고 그 일
을 합니다.
11 우리가 여러분에게 영적인 것으로
씨를 뿌렸으면, 여러분에게서 물질적
인 것으로 거둔다고 해서, 그것이 지
나친 일이겠습니까?
12 다른 사람들이 여러분에게 이런 권
리를 가졌다면, 하물며 우리는 더욱
그러하지 않겠습니까? 그러나 우리
는 이런 권리를 쓰지 않았습니다. 우
리는 그리스도의 복음을 전하는 일
에 지장을 주지 않도록, 모든 것을
참습니다.
13 성전에서 일하는 사람은 성전에서
나는 것을 먹고, 제단을 맡아보는
사람은 제단 제물을 나누어 가진다
는 것을, 여러분은 알지 못합니까?
14 이와 같이 주님께서도, 복음을 전하
는 사람들에게는 복음을 전하는 일
로 살아가라고 지시하셨습니다.
15 그러나 나는 이런 권리를 조금도 행
사하지 아니하였습니다. 또 나에게
그렇게 하여 달라고 이 말을 쓰는 것
도 아닙니다. 그렇게 하느니, 차라리
내가 죽는 편이 낫겠습니다. 아무도
나의 이 자랑거리를 헛되게 하지 못
할 것입니다.
16 내가 복음을 전할지라도, 그것이 나
에게 자랑거리가 될 수 없습니다. 나
는 어쩔 수 없이 그것을 해야만 합니
다. 내가 복음을 전하지 않으면, 나
에게 화가 미칠 것입니다.
17 내가 자진해서 이 일을 하면 삯을 받
을 것입니다. 그러나 내가 마지못해
서 하면, 직무를 따라 한 것입니다.
18 그리하면 내가 받을 삯은 무엇이겠
습니까? 그것은, 내가 복음을 전할
때에 값없이 전하고, 복음을 전하는
데에 따르는 나의 권리를 이용하지
않는다는 그 사실입니다.
19 ○나는 어느 누구에게도 얽매이지
않은 자유로운 몸이지만, 많은 사람
을 얻으려고, 스스로 모든 사람의
종이 되었습니다.
20 유대 사람들에게는, 유대 사람을 얻
으려고 유대 사람같이 되었습니다.
율법 아래 있는 사람들에게는, 내가

표입니다 바울의 사역으로 고린도 교인들이 이전에 섬기던 우상을 버리고 그리스도인이 되었다고 하는 사실은 바울의 사도 됨을 증거해 주는 확실한 표였다.

9:5 게바 예수님께서 베드로에게 주신 이름이다. 아람어로 '바위'라는 뜻이다.

9:11 본문은 여기서 바울은 영적 사역을 하는 교역자들이 교회로부터 물질적 도움을 얻는 것이 당연하다는 원칙을 세운다.

9:15 나의 이 자랑거리 바울은 복음을 위해 자신의 모든 권리를 포기한 것이 스스로 자랑할 수 있는 근거가 될 수 있다고 말한다.

9:19 스스로 모든 사람의 종이 되었습니다 복음을 전파하기 위하여 바울은 물질적인 도움을 얻을 권리를 포기했을 뿐만 아니라, 다양한 부류의 사람들과 접촉하기 위하여 종처럼 개인의 모든 기본 권리까지 포기했다.

㉠ 신 25:4

율법 아래 있지 않으면서도, 율법 아
래에 있는 사람을 얻으려고 율법 아
래 있는 사람같이 되었습니다.
21 율법이 없이 사는 사람들에게는, 내
가 하나님의 율법이 없이 사는 사람
이 아니라 그리스도의 율법 안에서
사는 사람이지만, 율법 없이 사는
사람들을 얻으려고 율법 없이 사는
사람같이 되었습니다.
22 믿음이 약한 사람들에게는, 약한 사
람들을 얻으려고 약한 사람이 되었
습니다. 나는 모든 종류의 사람에게
모든 것이 다 되었습니다. 그것은, 내
가 어떻게 해서든지, 그들 가운데서
몇 사람이라도 구원하려는 것입니다.
23 나는 복음을 위하여 이 모든 일을
하고 있습니다. 그것은 내가 복음의
복에 동참하기 위함입니다.
24 ○경기장에서 달리기하는 사람들이
모두 달리지만, 상을 받는 사람은 하
나뿐이라는 것을 여러분은 알지 못
합니까? 이와 같이 여러분도 상을
받을 수 있도록 달리십시오.
25 경기에 나서는 사람은 모든 일에 절
제를 합니다. 그런데 그들은 썩어 없
어질 월계관을 얻으려고 절제를 하
는 것이지만, 우리는 썩지 않을 월계
관을 얻으려고 하는 것입니다.
26 그러므로 나는 목표 없이 달리듯이
달리기를 하는 것이 아닙니다. 나는
허공을 치듯이 권투를 하는 것이 아
닙니다.
27 나는 내 몸을 쳐서 굴복시킵니다. 그
것은 내가, 남에게 복음을 전하고 나
서 도리어 나 스스로는 버림을 받는,
가련한 신세가 되지 않으려는 것입
니다.

우상 숭배를 경고함

10 ㉠형제자매 여러분, 나는 여러
분이 이 사실을 알기를 바랍니
다. 우리 조상들은 모두 구름의 보
호 아래 있었고, 바다 가운데를 지
나갔습니다.
2 이렇게 그들은 모두 구름과 바다 속
에서 ㉡세례를 받아 모세에게 속하
게 되었습니다.
3 그들은 모두 똑같은 신령한 음식을
먹고,
4 모두 똑같은 신령한 물을 마셨습니
다. 그들은 자기들과 동행하는 신령
한 바위에서 물을 마신 것입니다. 그
바위는 그리스도였습니다.
5 그러나 그들의 대다수를 하나님께서
는 좋아하지 않으셨습니다. 그들은
광야에서 멸망하고 말았습니다.
6 이런 일들은, 우리 조상들이 악을
좋아한 것과 같이 우리가 악을 좋아
하는 사람이 되어서는 안된다는 것
을, 우리에게 가르쳐주는 본보기가
되었습니다.

9:25 모든 일에 절제를 합니다 당시 경기에 참여하는 선수들은 상을 얻기 위해서 10개월 전부터 엄격한 규칙 아래 모든 쾌락을 절제하며 고된 훈련을 받았다. 그들이 '썩어 없어질 월계관'을 얻기 위해서 이토록 절제하며 연단과 훈련을 받았다면, '썩지 않을 월계관'을 얻고자 달리기하는 그리스도인은 더욱 그러해야 할 것이다. 썩지 않을 월계관 영원한 생명의 면류관을 말한다(참조. 딤후 4:8;약 1:12;벧전 5:4;계 2:10).

10장 요약 바울 당시의 고린도 교인들은 기독교로 개종한 후에도 이방 제단에 참석하며 우상을 숭배하기도 하였다. 이에 대해 바울은 구약 이스라엘 백성의 실례를 들어 우상 숭배의 치명적 결과를 경고하고 있다. 특히 구체적인 사건의 언급을 통해 고린도 교인들이 과거의 전철을 밟지 않도록 권고하고 있다.

㉠ 그, '형제들' ㉡ 또는 '침례'

7 그들 가운데 얼마는 우상을 숭배했
습니다. 성경에 기록하기를 ㉠"백성
들이 앉아서 먹고 마셨으며, 일어서
서 춤을 추었다" 하였습니다. 여러분
은 그들과 같이 우상 숭배자가 되어
서는 안됩니다.
8 간음하지 맙시다. 그들 가운데 얼마
가 간음을 하였고, 하루에 이만 삼
천 명이나 쓰러져 죽었습니다.
9 ㉡그리스도를 시험하지 맙시다. 그들
가운데 얼마는 그리스도를 시험하
였고, 뱀에게 물려서 죽었습니다.
10 그들 가운데 얼마가 불평한 것과 같
이 불평하지 마십시오. 그들은 파멸
시키는 이에게 멸망을 당하였습니
다.
11 이런 일들이 그들에게 일어난 것은
본보기가 되게 하려는 것이며, 그것
들이 기록된 것은 말세를 만난 우리
에게 경고가 되게 하려는 것입니다.
12 그러므로 서 있다고 생각하는 사람
은 넘어지지 않도록 조심하십시오.
13 여러분은 사람이 흔히 겪는 시련 밖
에 다른 시련을 당한 적이 없습니다.
하나님은 신실하십니다. 여러분이
감당할 수 있는 능력 이상으로 시련
을 겪는 것을 하나님은 허락하지 않
으십니다. 하나님께서는 시련과 함
께 그것을 벗어날 길도 마련해 주셔
서, 여러분이 그 시련을 견디어 낼
수 있게 해주십니다.
14 ○그러므로 나의 사랑하는 여러분,
우상 숭배를 멀리하십시오.
15 나는 지각 있는 사람들에게 말하듯
이 말합니다. 내가 하는 말을 판단
하십시오.
16 우리가 축복하는 축복의 잔은, 그리
스도의 피에 참여함이 아닙니까? 우
리가 떼는 빵은, 그리스도의 몸에 참
여함이 아닙니까?
17 빵이 하나이므로, 우리가 여럿일지
라도 한 몸입니다. 그것은 우리가 모
두 그 한 덩이 빵을 함께 나누어 먹
기 때문입니다.
18 ㉢육신상의 이스라엘 백성을 보십시
오. 제물을 먹는 사람들은, 그 제단
에 참여하는 사람이 아닙니까?
19 그러니 내가 무엇을 말하려는 것입
니까? 우상은 무엇이고, 우상에게
바친 제물은 무엇입니까?
20 아무것도 아닙니다. ㉣이방 사람들
이 바치는 제물은 귀신에게 바치는
것이지, 하나님께 바치는 것이 아닙
니다. 여러분이 귀신과 친교를 가지
는 사람이 되는 것을 나는 바라지
않습니다.
21 여러분은, 주님의 잔을 마시고, 아울
러 귀신들의 잔을 마실 수는 없습니
다. 여러분은, 주님의 식탁에 참여하
고, 아울러 귀신들의 식탁에 참여할

10:2 구름과 바다 속에서 세례를 받아 구름과 바다는 물 세례의 모형이다. 이스라엘 백성이 물 세례를 통해서 모세에게 속한 것 같이, 신자들은 성령 세례를 통해서 그리스도에게 속하게 된다.
10:8 바울은 이스라엘 백성이 모압의 신들에게 절하며 모압 여자들과 간음하다가 하나님의 심판을 받은 바알브올 사건(민 25:1-9)을 예로 들면서 고린도 교인들에게 간음하지 말라고 경고한다.
10:9 이스라엘 백성은 많은 표적을 보고도 하나님의 능력을 불신하며 하나님의 인내를 시험하다가 불뱀에게 물려 죽었다(민 21:4-9). 바울은 고린도 교인들에게 그들의 성급한 판단과 자만심과 그리스도인의 자유를 남용하는 행위가 하나님을 시험하는 일이 되지 않도록 경고하고 있다.
10:23-11:1 본문은 8장부터 시작해서 지금까지 논의된 우상 제물을 먹는 문제에 대한 결론이다.

㉠ 출 32:6(칠십인역) ㉡ 다른 고대 사본들에는 '주님을' ㉢ 그, '육신을 따라서 태어난 이스라엘 백성을' ㉣ 신 32:17(칠십인역)

수는 없습니다.
22 우리가 주님을 질투하시게 하려는
것입니까? 우리가 주님보다 더 힘이
세다는 말입니까?

모든 것을 하나님의 영광을 위하여

23 ○'모든 것이 다 허용된다'고 사람들
은 말하지만, 모든 것이 다 유익한
것은 아닙니다. '모든 것이 다 허용된
다'고 사람들은 말하지만, 모든 것이
다 덕을 세우는 것은 아닙니다.
24 아무도 자기의 유익을 추구하지 말
고, 남의 유익을 추구하십시오.
25 시장에서 파는 것은, ㉠양심을 위한
다고 하여 그 출처를 묻지 말고, 무
엇이든지 다 먹으십시오.
26 ㉡'땅과 거기에 가득 찬 것들이 다
주님의 것'이기 때문입니다.
27 불신자들 가운데서 누가 여러분을
초대하여, 거기에 가고 싶으면, 여러
분 앞에 차려 놓은 것은 무엇이나,
㉠양심을 위한다고 하여 묻지 말고,
드십시오.
28 그러나 어떤 사람이 "이것은 제사에
올린 음식입니다" 하고 여러분에게
말해 주거든, 그렇게 알려 준 사람과
그 양심을 위해서, 먹지 마십시오.
29 내가 여기에서 양심이라고 말하는
것은, 내 양심이 아니라, 다른 사람
의 양심입니다. 어찌하여 내 자유가
남의 양심의 비판을 받아야 하겠습
니까?
30 내가 감사하는 마음으로 참여하면,
내가 감사하는 그 음식 때문에 비방
을 받을 까닭이 어디에 있습니까?
31 ○그러므로 여러분은 먹든지 마시든
지, 무슨 일을 하든지, 모든 것을 하
나님의 영광을 위하여 하십시오.
32 여러분은 유대 사람에게도, 그리스
사람에게도, 하나님의 교회에도, 걸
림돌이 되지 마십시오.
33 나도 모든 일을 모든 사람의 마음에
들게 하려고 애씁니다. 그것은, 내가
내 이로움을 구하지 않고, 많은 사람
의 이로움을 추구하여, 그들이 구원
을 받게 하려는 것입니다.

11

1 내가 그리스도를 본받는 사
람인 것과 같이, 여러분은 나를
본받는 사람이 되십시오.

여자가 머리에 쓰는 너울

2 ○여러분이 나를 모든 면으로 기억
하며, 또 내가 여러분에게 전해 준
대로 전통을 지키고 있으니, 나는 여
러분을 칭찬합니다.
3 그런데 각 남자의 머리는 그리스도
요, ㉢여자의 머리는 ㉣남자요, 그리
스도의 머리는 하나님이신 것을, 여
러분이 알기를 바랍니다.
4 ㉤남자가 머리에 무엇을 쓰고 기도하
거나 예언하는 것은 ㉥자기 머리를
㉦부끄럽게 하는 것입니다.

㉠ 그, '양심을 위하여'. 25절을 이렇게 번역할 수도 있다. "시장에서 파는 것은 무엇이든지 다, 양심을 위하여, 그 출처를 묻지 말고 먹으십시오." ㉡ 시 24:1 ㉢ 그, '아내'로 번역할 수 있음 ㉣ 그, '남편'으로 번역할 수 있음 ㉤ 또는 "4. 남자가 머리를 길게 기르고서 기도하거나 예언하는 것은 자기 머리를 욕되게 하는 것입니다. 5. 여자가 머리에 무엇을 쓰지 않은 채로 기도하거나 예언하는 것은 자기 머리를 욕되게 하는 것입니다. 그런 여자는 '머리털을 잘라 버린 여자'와 같습니다. 6. 여자가 머리에 아무것도 쓰지 않으면, 머리를 짧게 깎아야 하는데, 그러나 여자로서는 머리털을 잘라 버리거나 밀어 버린다고 하는 것은 수치이므로, 머리를 다시 길러야 합니다. 7. 남자는 하나님의 형상이요 하나님의 영광이니, 머리를 길게 길러서는 안 됩니다……" ㉥ 곧 '그리스도를' ㉦ 또는 '욕되게'

11장 요약 본장에서는 고린도 교회의 두 가지 실제적인 문제를 다루고 있다. 그것은 예배시 여자가 머리에 너울을 쓰는 문제와 성만찬에 관련된 것이었다. 고린도 교인들은 합당하지 못한 모습으로 성만찬에 참석하였는데 이것은 주님의 몸을 더럽히는 죄악이었다.

11:1 그리스도께서는 하나님의 영광을 위해 자기를 희생하면서 많은 사람을 유익을 구하는 본을

5 그러나 여자가 머리에 무엇을 쓰지
않은 채로 기도하거나 예언하는 것
은, ㉠자기 머리를 ㉡부끄럽게 하는
것입니다. 그것은 머리를 밀어 버린
것과 꼭 마찬가지입니다.
6 여자가 머리에 아무것도 쓰지 않으
려면, 머리를 깎아야 합니다. 그러나
머리를 깎거나 미는 것이 여자에게
부끄러운 일이면, 머리를 가려야 합
니다.
7 그러나 남자는 하나님의 형상이요,
하나님의 ㉢영광이니, 머리를 가려서
는 안 됩니다. 그러나 여자는 남자의
㉢영광입니다.
8 남자가 여자에게서 난 것이 아니라,
여자가 남자에게서 났습니다.
9 또 남자가 여자를 위하여 지으심을
받은 것이 아니라, 여자가 남자를 위
하여 지으심을 받았습니다.
10 그러므로 여자는 천사들 때문에 그
머리에 ㉣권위의 표를 지니고 있어야
합니다.
11 그러나 주님 안에서는, 남자 없이 여
자가 있지 않고, 여자 없이 남자가
있지 않습니다.
12 여자가 남자에게서 난 것과 마찬가
지로, 남자도 ㉤여자의 몸에서 났습
니다. 그리고 모든 것은 다 하나님에
게서 났습니다.
13 여러분은 스스로 판단하여 보십시
오. 여자가 머리에 아무것도 쓰지 않
은 채로 하나님께 기도하는 것이 마
땅한 일이겠습니까?
14 자연 그 자체가 여러분에게 가르쳐
주지 않습니까? 남자가 머리를 길게
하는 것은 그에게 불명예가 되지만,
15 여자가 머리를 길게 하는 것은 그에
게 영광이 되지 않습니까? 긴 머리
카락은 그의 머리를 가려 주는 구실
을 하는 것입니다.
16 이 문제를 두고 논쟁을 벌이려고 생
각하는 사람이 있을지는 모르나, 그
런 풍습은 우리에게도 없고, 하나님
의 교회에도 없습니다.

성만찬의 오용을 책망하다

17 ○다음에 지시하려는 일에 대해서는
나는 여러분을 칭찬할 수 없습니다.
그것은 여러분이 모여서 하는 일이
유익이 되기보다는 오히려 해가 되
기 때문입니다.
18 첫째로, 여러분이 ㉥교회에 모일 때
에 여러분 가운데 분열이 있다는 말
이 들리는데, 그것이 어느 정도는 사
실이라고 믿습니다.
19 하기야 여러분 가운데서 바르게 사
는 사람들이 환히 드러나려면, 여러
분 가운데 파당도 있어야 할 것입니
다.
20 ㉦그렇지만 여러분이 분열되어 있으
니, 여러분이 한 자리에 모여서 먹어

보여 주셨다. 사도 바울은 자신이 그러한 그리스도를 본받는 사람이 되었기 때문에 성도들에게 자신을 본받는 사람이 되라고 가르친다(참조. 빌 *3:17;살전 1:6;살후 3:7,9*).

11:5 머리를 밀어 버린 것과 꼭 마찬가지입니다 당시에 머리에 아무것도 쓰지 않는 것은 어떠한 지상적 권위로부터도 독립되었다는 것을 뜻하므로, 여자가 남편의 권리를 무시하는 것이 된다.

11:17–34 성만찬의 문제 초대 교회에서 성만찬 예식은 단순히 상징적으로 행해진 것이 아니라 교제를 겸한 공동 식사의 형태였다. 그런데 문제는 이러한 공동 식사에서 부자와 가난한 사람들의 분열이 생겼다는 것이다(17–22절). 바울은 그러한 고린도 교회의 처사를 엄히 책망하며 성만찬 예식의 근본 의미(23–26절)를 설명한 후, 결론적

㉠ 곧 '남편을' ㉡ 또는 '욕되게' ㉢ 또는 '반영' ㉣ 그, '권위를' ㉤ 그, '여자를 통하여' ㉥ '예배 회중에' 또는 '예배 모임에'라는 뜻 ㉦ 그, '그러므로'

도, 그것은 주님의 만찬을 먹는 것이
아닙니다.
21 먹을 때에, 사람마다 제가끔 자기 저
녁을 먼저 먹으므로, 어떤 사람은 배
가 고프고, 어떤 사람은 술에 취합
니다.
22 여러분에게 먹고 마실 집이 없습니
까? 그렇지 않으면, 여러분이 하나님
의 교회를 멸시하고, 가난한 사람들
을 부끄럽게 하려는 것입니까? 내가
여러분에게 무슨 말을 해야 하겠습
니까? 여러분을 칭찬해야 하겠습니
까? 이 점에서는 칭찬할 수 없습니
다.

성만찬의 제정

(마 26:26-29; 막 14:22-25; 눅 22:14-20)

23 ○내가 여러분에게 전해 준 것은 주
님으로부터 전해 받은 것입니다. 곧
주 예수께서 잡히시던 밤에, 빵을 들
어서
24 감사를 드리신 다음에, 떼시고 말씀
하셨습니다. "이것은 너희를 ㉠위하
는 내 몸이다. 이것을 행하여 나를
기억하여라."
25 식후에, 잔도 이와 같이 하시고서,
말씀하셨습니다. "이 잔은 내 피로
세운 새 언약이다. 너희가 마실 때마
다 이것을 행하여, 나를 기억하여라."
26 그러므로 여러분이 이 빵을 먹고 이
잔을 마실 때마다, 주님의 죽으심을
그가 오실 때까지 선포하는 것입니
다.

주님의 만찬을 바르게 행하여야 한다

27 ○그러므로 누구든지, 합당하지 않
게 주님의 빵을 먹거나 주님의 잔을
마시는 사람은, 주님의 몸과 피를 범
하는 죄를 짓는 것입니다.
28 그러니 각 사람은 자기를 살펴야 합
니다. 그런 다음에 그 빵을 먹고, 그
잔을 마셔야 합니다.
29 ㉡몸을 분별함이 없이 먹고 마시는
사람은, 자기에게 내릴 심판을 먹고
마시는 것입니다.
30 이 때문에 여러분 가운데는 몸이 약
한 사람과 병든 사람이 많고, ㉢죽은
사람도 적지 않습니다.
31 우리가 스스로 살피면, 심판을 받지
않을 것입니다.
32 그런데 주님께서 우리를 심판하시고
징계하시는 것은, 우리가 세상과 함
께 정죄를 받지 않게 하시려는 것입
니다.
33 그러므로 나의 ㉣형제자매 여러분,
여러분이 먹으려고 모일 때에는 서
로 기다리십시오.
34 배가 고픈 사람은 집에서 먹어야 할
것입니다. 그것은, 여러분이 모이는
일로 심판받는 일이 없도록 하려는
것입니다. 그 밖에 남은 문제들은 내
가 가서 바로잡겠습니다.

으로 성만찬은 교회의 모든 형제자매와 함께 바르게 시행되어야 함을 교훈한다(27–34절).

11:21 사람마다 제가끔 자기 저녁을 먼저 먹으므로 초대 교회는 성만찬과 관련하여 애찬(agape feast. 참조. 벧후 2:13;유 1:12)을 나눔으로써 성도의 교제를 가졌다. 교인들은 각각 음식과 음료를 가지고 와서 서로 나누어 먹도록 되어 있었지만, 부자들은 가난한 자들을 기다리지 않고 그들이 가져온 음식을 자기들끼리 먼저 먹고 마셨다. 가난한 자들은 부끄러움을 당하며 배고프게 돌아가야 했다. 바울은 성찬의 의미를 상실한 이러한 행동을 심히 책망한다.

11:25 내 피로 세운 새 언약 그리스도의 흘린 피로써 죄를 사하고 그의 택한 백성들을 구원하시려는 은혜의 언약(참조. 렘 31:31–34)을 말한다.

㉠ 다른 고대 사본들에는 '위하여 깨어진' ㉡ 주님의 몸인 교회 공동체를 가리킴. 다른 고대 사본에는 '주님의 몸' ㉢ 그, '잠자는' ㉣ 그, '형제들'

성령의 선물

12 ㉠형제자매 여러분, 신령한 은
사들에 대하여 여러분이 모르
고 지내기를 나는 바라지 않습니다.
2 알다시피 여러분이 이방 사람일 때
에는, 여러분은, 이리저리 끄는 대
로, 말 못하는 우상에게로 끌려 다
녔습니다.
3 그러므로 나는 여러분에게 알려드립
니다. 하나님의 영으로 말하는 사람
은 아무도 "예수는 저주를 받아라"
하고 말할 수 없고, 또 성령을 힘입
지 않고서는 아무도 "예수는 주님이
시다" 하고 말할 수 없습니다.
4 ○은사는 여러 가지지만, 그것을 주
시는 분은 같은 성령이십니다.
5 섬기는 일은 여러 가지지만, 섬김을
받으시는 분은 같은 주님이십니다.
6 일의 성과는 여러 가지지만, 모든 사
람에게서 모든 일을 하시는 분은 같
은 하나님이십니다.
7 각 사람에게 성령을 나타내 주시는
것은 공동 이익을 위한 것입니다.
8 어떤 사람에게는 성령을 통하여 지
혜의 말씀을 주시고, 어떤 사람에게
는 같은 성령을 따라 지식의 말씀을
주십니다.
9 어떤 사람에게는 같은 성령으로 믿음
을 주시고, 어떤 사람에게는 같은 성
령으로 병 고치는 은사를 주십니다.
10 어떤 사람에게는 기적을 행하는 능
력을 주시고, 어떤 사람에게는 예언
하는 은사를 주시고, 어떤 사람에게
는 영을 분별하는 은사를 주십니다.
어떤 사람에게는 여러 가지 ㉡방언
을 말하는 은사를 주시고, 어떤 사
람에게는 그 ㉡방언을 통역하는 은
사를 주십니다.
11 이 모든 일은 한 분이신 같은 성령이
하시며, 그는 원하시는 대로 각 사람
에게 은사를 나누어주십니다.

하나의 몸과 많은 지체들

12 ○몸은 하나이지만 많은 지체가 있
고, 몸의 지체는 많지만 그들이 모두
한 몸이듯이, 그리스도도 그러하십
니다.
13 우리는 유대 사람이든지 그리스 사
람이든지, 종이든지 자유인이든지,
모두 한 성령으로 ㉢세례를 받아서
한 몸이 되었고, 또 모두 한 성령을
마시게 되었습니다.
14 몸은 하나의 지체로 되어 있는 것이
아니라, 여러 지체로 되어 있습니다.
15 발이 말하기를 "나는 손이 아니니
까, 몸에 속한 것이 아니다" 한다고
해서 발이 몸에 속하지 않은 것이
아닙니다.
16 또 귀가 말하기를 "나는 눈이 아니
니까, 몸에 속한 것이 아니다" 한다
고 해서 귀가 몸에 속하지 않은 것이

12장 요약 고린도 교회는 은사와 관련한 문제들이 많았다. 바울은 먼저 은사의 기원과 종류를 설명하고(1–11절) 그것의 사용 원칙을 밝히고 있다. 각 지체가 서로 연합하여 하나의 몸을 이루듯 성도들의 다양한 은사는 하나님 나라와 한몸 공동체인 교회를 위해 상호 보완하며 협력해야 한다.

㉠ 그, '형제들' ㉡ 입신 상태에서 하는 알 수 없는 말 ㉢ 또는 '침례'

12:1–3 성령의 은사에 관한 일반적인 원리를 다룬다. 성령의 은사는 참마음으로 예수님을 주님으로 고백하는 사람에게 베풀어진다.

12:4–11 성령의 은사는 삼위일체 하나님께 근원을 두고 있으며, 다양성과 일치성을 보여 준다(4–6절). 은사는 개인의 영광이 아니라, 교회 전체의 유익을 위해 사용하라고 주신 것이다(7절). **지혜의 말씀**은 하나님의 뜻을 분별하는 통찰력이며, **지식의 말씀**은 기독교의 진리를 올바르게 알

아닙니다.
17 온몸이 다 눈이라면, 어떻게 듣겠습
니까? 또 온몸이 다 귀라면, 어떻게
냄새를 맡겠습니까?
18 그런데 실은 하나님께서는, 원하시는
대로, 우리 몸에다가 각각 다른 여러
지체를 두셨습니다.
19 전체가 하나의 지체로 되어 있다고
하면, 몸은 어디에 있습니까?
20 그런데 실은 지체는 여럿이지만, 몸
은 하나입니다.
21 그러므로 눈이 손에게 말하기를 "너
는 내게 쓸 데가 없다" 할 수가 없고,
머리가 발에게 말하기를 "너는 내게
쓸 데가 없다" 할 수 없습니다.
22 그뿐만 아니라, 몸의 지체 가운데서
비교적 더 약하게 보이는 지체들이
오히려 더 요긴합니다.
23 그리고 우리가 덜 명예스러운 것으
로 여기는 지체들에게 더욱 풍성한
명예를 덧입히고, 볼품 없는 지체들
을 더욱더 아름답게 꾸며 줍니다.
24 그러나 아름다운 지체들은 그럴 필
요가 없습니다. 하나님께서는 몸을
골고루 짜 맞추셔서 모자라는 지체
에게 더 풍성한 명예를 주셨습니다.
25 그래서 몸에 분열이 생기지 않게 하
시고, 지체들이 서로 같이 걱정하게
하셨습니다.
26 한 지체가 고통을 당하면, 모든 지체
가 함께 고통을 당합니다. 한 지체가
영광을 받으면, 모든 지체가 함께 기
뻐합니다.
27 ○여러분은 그리스도의 몸이요, 따
로 따로는 지체들입니다.
28 하나님께서 교회 안에 몇몇 일꾼을
세우셨습니다. 그들은 첫째는 사도
요, 둘째는 예언자요, 셋째는 교사
요, 다음은 기적을 행하는 사람이요,
다음은 병 고치는 은사를 받은 사
람이요, 남을 도와 주는 사람이요,
관리하는 사람이요, 여러 가지 ㉠방
언으로 말하는 사람입니다.
29 그러니, 모두가 사도이겠습니까? 모
두가 예언자이겠습니까? 모두가 교
사이겠습니까? 모두가 기적을 행하
는 사람이겠습니까?
30 모두가 병 고치는 은사를 받은 사람
이겠습니까? 모두가 ㉠방언으로 말
하는 사람이겠습니까? 모두가 통역
하는 사람이겠습니까?
31 그러나 여러분은 더 큰 은사를 열심
히 구하십시오.

사랑

이제 내가 가장 좋은 길을 여러 분에게 보여드리겠습니다.

13

1 내가 사람의 모든 말과 천사
의 말을 할 수 있을지라도, 내게
사랑이 없으면, 울리는 징이나 요
란한 꽹과리가 될 뿐입니다.

고 가르칠 수 있는 능력이다. 믿음은 일반적인 구원의 믿음이 아니라 이적을 행하는 믿음을 말한다. 능력은 병 고치는 것 외에 악령들을 쫓아내고 죽은 자들을 살리는 것이다. 영을 분별하는 은사는 예언이 참인가 거짓인가를 분별하는 은사이다.

12:28 사도와 예언자는 교회 창설의 기초가 되는 직분이었고(엡 2:20), 교사는 목회적인 직분이었다(엡 4:11;딤전 3:2). 이들은 교회에서 가장 중요한 은사적 직분이다.

13장 요약 흔히 '사랑의 장'으로 알려진 본장에서 바울은 사랑의 절대적 우위성(1-3절)과 속성(4-8절)을 아름다운 문체로 그려내고 있다. 그런 다음 성령의 다른 은사와 비교하여 사랑의 영원성을 노래함으로써 본장을 끝맺는다.

13:1-3 바울은 당시 교인들이 귀하게 여기던 '방언·예언·믿음·구제'의 은사를 예로 들면서, 사랑

㉠ 입신 상태에서 하는 알 수 없는 말

2 내가 예언하는 능력을 가지고 있
을지라도, 또 모든 비밀과 모든 지
식을 가지고 있을지라도, 또 산을
옮길 만한 모든 믿음을 가지고 있
을지라도, 사랑이 없으면, 아무것
도 아닙니다.
3 내가 내 모든 소유를 나누어줄지
라도, ㉠내가 자랑삼아 내 몸을 넘
겨줄지라도, 사랑이 없으면, 내게
는 아무런 이로움이 없습니다.
4 사랑은 오래 참고, 친절합니다.
사랑은 시기하지 않으며, 뽐내지
않으며, 교만하지 않습니다.
5 사랑은 무례하지 않으며, 자기의
이익을 구하지 않으며, 성을 내지
않으며, 원한을 품지 않습니다.
6 사랑은 불의를 기뻐하지 않으며,
진리와 함께 기뻐합니다.
7 사랑은 모든 것을 덮어 주며, 모든
것을 믿으며, 모든 것을 바라며, 모
든 것을 견딥니다.
8 사랑은 없어지지 않습니다. 그러
나 예언도 사라지고, ㉡방언도 그
치고, 지식도 사라집니다.
9 우리는 부분적으로 알고, 부분적
으로 예언합니다.
10 그러나 온전한 것이 올 때에는, 부
분적인 것은 사라집니다.
11 내가 어릴 때에는, 말하는 것이 어
린아이와 같고, 깨닫는 것이 어린
아이와 같고, 생각하는 것이 어린
아이와 같았습니다. 그러나 어른
이 되어서는, 어린아이의 일을 버
렸습니다.
12 지금은 우리가 거울로 영상을 보
듯이 희미하게 보지마는, 그 때에
는 얼굴과 얼굴을 마주하여 볼 것
입니다. 지금은 내가 부분밖에 알
지 못하지마는, 그 때에는 하나님
께서 나를 아신 것과 같이, 내가
온전히 알게 될 것입니다.
13 그러므로 믿음, 소망, 사랑, 이 세
가지는 항상 있을 것인데, 그 가운
데서 으뜸은 사랑입니다.

방언과 예언

14 사랑을 추구하십시오. 신령한
은사를 열심히 구하십시오. 특
히 예언하기를 열망하십시오.
2 ㉡방언으로 말하는 사람은 사람에
게 말하는 것이 아니라, 하나님께 말
하는 것입니다. 아무도 그것을 알아
듣지 못합니다. 그는 성령으로 비밀
을 말하는 것입니다.
3 그러나 예언하는 사람은 사람들에게
말하는 것입니다. 그는 덕을 끼치고,
위로하고, 격려하는 말을 합니다.
4 ㉡방언으로 말하는 사람은 자기에게
만 덕을 끼치고, 예언하는 사람은 교
회에 덕을 끼칩니다.
5 여러분이 모두 ㉡방언으로 말할 수

의 중요성을 강조한다. 이 짧은 본문에 '사랑이 없으면'의 표현이 세 번 반복된다.

13:7 모든 것을 바라며 맹목적인 낙천주의가 아니라, 하나님의 은혜로 궁극적으로 승리할 것을 믿는 가운데 소망을 가지는 것을 의미한다.

13:8-13 사랑은 하나님의 본질로서 모든 은사들뿐만 아니라 믿음과 소망보다 더 크고 위대하다.

㉠ 다른 고대 사본들에는 '내가 내 몸을 불사르기 위하여' ㉡ 입신 상태에서 하는 알 수 없는 말

14장 요약 본장에서는 성령의 여러 은사 중에서 방언과 예언을 다루고 있다. 통역이 필요한 방언보다 성도와 교회에 덕을 끼치는 데 활용되는 예언이 더 우월함을 논증하고 있다. 바울은 이 두 은사를 교회(예배)에서 사용할 때에는 정해진 질서에 따라 공동체의 유익을 위해 분별하여 사용할 것을 강조한다.

14:1-6 바울은 방언으로 말하는 것을 반대하지

있기를 내가 바랍니다마는, 그보다
도 예언할 수 있기를 더 바랍니다.
㉠방언을 누가 통역하여 교회에 덕
을 끼치게 해주지 않으면, ㉠방언으
로 말하는 사람보다, 예언하는 사람
이 더 훌륭합니다.
6 ○㉡형제자매 여러분, 내가 여러분에
게로 가서 ㉠방언으로 말하고, 계시
나 지식이나 예언이나 가르침을 전
하는 방식으로 말하지 않는다면, 여
러분에게 무슨 유익이 되겠습니까?
7 피리나 거문고와 같이 생명이 없는
악기도, 각각 음색이 다른 소리를 내
지 않으면, 피리를 부는 것인지, 수
금을 타는 것인지, 어떻게 알 수 있
겠습니까?
8 또 나팔이 분명하지 않은 소리를 내
면, 누가 전투를 준비하겠습니까?
9 이와 같이 여러분도 ㉠방언을 사용하
기 때문에 분명한 말을 하지 않는다
면, 그 말이 무슨 뜻인지 남이 어떻
게 알겠습니까? 결국 여러분은 허공
에다 대고 말하는 셈이 될 것입니다.
10 이 세상에는 수많은 종류의 말이 있
습니다. 그러나 뜻이 없는 말은 하나
도 없습니다.
11 내가 그 말의 뜻을 알지 못하면, 나
는 그 말을 하는 사람에게 딴 세상
사람이 되고, 그도 나에게 딴 세상
사람이 될 것입니다.
12 이와 같이 여러분도 성령의 은사를
갈구하는 사람들이니, 교회에 덕을
끼치도록, 그 은사를 더욱 넘치게 받
기를 힘쓰십시오.
13 ○그러므로 ㉠방언으로 말하는 사람
은 그것을 통역할 수 있기를 기도하
십시오.
14 내가 ㉠방언으로 기도하면 내 영은
기도하지만, 내 마음은 아무런 열매
를 얻지 못합니다.
15 그렇다면 어떻게 해야 하겠습니까?
나는 영으로 기도하고, 또 깨친 마
음으로도 기도하겠습니다. 나는 영
으로 찬미하고, 또 깨친 마음으로도
찬미하겠습니다.
16 그렇지 않고, 그대가 영으로만 감사
를 드리면, 갓 믿기 시작한 사람은,
그것이 무슨 뜻인지를 알아듣지 못
하므로, 어떻게 그 감사 기도에 "아
멘" 하고 말할 수 있겠습니까?
17 그대가 훌륭하게 감사 기도를 드린
다고 해도, 다른 사람에게는 덕이 되
지 않습니다.
18 나는 여러분 가운데 누구보다도 더
많이 ㉠방언을 말할 수 있음을 하나
님께 감사합니다.
19 그러나 나는, ㉠방언으로 만 마디 말
을 하기보다도, 다른 사람을 가르치
기 위하여 나의 깨친 마음으로 교회
에서 다섯 마디 말을 하기를 원합니

않았다. 그러나 남에게 덕이 되게 하는 것이 은사 활용의 원칙이기 때문에(26절), 이러한 관점에서 볼 때 방언보다 예언이 더 유익하다. 성도들의 모임에서 방언을 하는 경우에는 통역을 하여 듣는 사람들이 교훈과 권면을 얻도록 해야 한다.

14:7–19 방언의 올바른 사용 바울은 방언을 말하는 것이 성도들에게 유익을 주지 못함을 악기를 비유로 들어 설명한다. 이는 신비롭게 보이나 뜻이 통하지 않는 방언의 은사만을 선호할 것이 아니라 교회 공동체에 덕을 끼칠 수 있는 은사를 갈구하라는 것이다.

14:21–22 바울은 그의 말을 뒷받침하기 위해 이사야서 28:11–12을 인용한다. 하나님께서 이스라엘 백성에게 그들이 알아들을 수 없는 앗시리아의 언어로 말씀하심은, 믿지 않는 이스라엘 백성에 대한 심판의 표징이었다. 마찬가지로, 알아들을 수 없는 방언은 믿지 않는 사람들에게 표징이

㉠ 입신 상태에서 하는 알 수 없는 말 ㉡ 그, '형제들'

다.
20 ○ ㉠형제자매 여러분, 생각하는 데는
아이가 되지 마십시오. 악에는 아이
가 되고, 생각하는 데는 어른이 되
십시오.
21 율법에 이렇게 기록되어 있습니다.
주님께서 말씀하시기를
㉡"내가 ㉢방언을 하는 사람의
혀와 딴 나라 사람의 입술로 이
백성에게 말할지라도, 그들은
나의 말을 듣지 않을 것이다"
하셨습니다.
22 그러므로 ㉣방언은 신자들에게 주는
표징이 아니라 불신자들에게 주는
표징이고, 예언은 불신자들에게 주
는 것이 아니라 신자들에게 주는 것
입니다.
23 온 교회가 한 자리에 모여서 모두가
㉣방언으로 말하고 있으면, 갓 믿기
시작한 사람이나 믿지 않는 사람이
들어와서 듣고, 여러분을 미쳤다고
하지 않겠습니까?
24 그러나 모두가 예언을 말하고 있으
면, 갓 믿기 시작한 사람이나 믿지
않는 사람이 들어와서 듣고, 그 모
두에게 질책을 받고 심판을 받아서,
25 그 마음 속에 숨은 일이 드러나게 됩
니다. 그래서 그는 엎드려서 하나님
께 경배하면서 "참으로 하나님께서
여러분 가운데 계십니다" 하고 환히
말할 것입니다.

모든 것을 질서 있게 행하라

26 ○그러면 ㉠형제자매 여러분, 어떻게
해야 하겠습니까? 여러분이 함께 모
이는 자리에는, 찬송하는 사람도 있
고, 가르치는 사람도 있고, 하나님의
계시를 말하는 사람도 있고, ㉣방언
으로 말하는 사람도 있고, 통역하는
사람도 있습니다. 모든 일을 남에게
덕이 되게 하십시오.
27 누가 ㉣방언으로 말할 때에는, 둘 또
는 많아야 셋이서 말하되, 차례로 말
하고, 한 사람은 통역을 하십시오.
28 통역할 사람이 없거든, 교회에서는
침묵하고, 자기에게와 하나님께 말
하십시오.
29 예언하는 사람은 둘이나 셋이서 말
하고, 다른 이들은 그것을 분별하십
시오.
30 그러나 앉아 있는 다른 사람에게 계
시가 내리거든, 먼저 말하던 사람은
잠잠하십시오.
31 여러분은 모두 한 사람씩 한 사람씩
예언을 할 수 있습니다. 그래야 모두
가 배우고, 권면을 받게 됩니다.
32 예언하는 사람의 영은 예언하는 사
람에게 통제를 받습니다.
33 하나님은 무질서의 하나님이 아니
라, 평화의 하나님이십니다. ○성도
들의 모든 교회에서 그렇게 하는 것

된다(22절). 그러나 예언은 계시된 진리를 성도들에게 전해 주기 때문에 믿는 사람들을 위한 것이다.

14:27-28 *교회에서 방언을 하려면 세 가지 규칙을 따라야 한다.* ① 한 모임에서 두세 사람만 할 것 ② 한 사람씩 차례대로 할 것 ③ 반드시 통역할 것. 만약 통역할 사람이 없으면 교회에서는 침묵할 것.

14:29 분별하십시오 예언이 하나님께로부터인지 거짓 영으로부터 오는 것인지 판단해야 한다.

14:32 예언하는 사람의 영은 그 예언을 하는 사람의 지배를 받는다(F. W. Grosheide). 즉 예언하는 사람은 그의 의지로 예언을 절제할 수 있다. 하나님은 어지러움을 원치 않는 분이므로(33절), 예언하는 사람은 스스로 절제하여 질서있게 예언을 해야 한다(29-31절).

㉠ 그, '형제들' ㉡ 사 28:11, 12 ㉢ 또는 '다른 말을' ㉣ 입신 상태에서 하는 알 수 없는 말

과 같이,
34 ㉠여자들은 교회에서는 잠자코 있어
야 합니다. 여자에게는 말하는 것이
허락되어 있지 않습니다. ㉡율법에서
도 말한 대로 여자들은 복종해야 합
니다.
35 배우고 싶은 것이 있으면, 집에서 자
기 남편에게 물으십시오. 여자가 교
회에서 말하는 것은, 자기에게 부끄
러운 일입니다.
36 하나님의 말씀이 여러분에게서 났습
니까? 또는 여러분에게만 내렸습니
까?
37 ○누구든지 자기가 예언자이거나 성
령을 은사로 받은 사람이라 생각하
거든, 내가 여러분에게 써 보내는 이
글이 주님의 명령이라는 것을 알아
야 합니다.
38 누구든지 이것을 인정하지 않으면,
그 사람도 인정을 받지 못할 것입니
다.
39 그러므로 ㉢나의 형제자매 여러분,
예언하기를 열심히 구하십시오. 그
리고 ㉣방언으로 말하는 것을 막지
마십시오.
40 모든 일을 적절하게 하고 질서 있게
해야 합니다.

그리스도의 부활

15 ㉤형제자매 여러분, 내가 여러분
에게 전한 ㉥복음을 일깨워 드
립니다. 여러분은 그 복음을 전해 받
았으며, 또한 그 안에 서 있습니다.
2 내가 여러분에게 복음으로 전해드린
말씀을 헛되이 믿지 않고, 그것을 굳
게 잡고 있으면, 그 복음을 통하여
여러분도 구원을 얻을 것입니다.
3 ○나도 전해 받은 중요한 것을 여러
분에게 전해 드렸습니다. 그것은 곧,
그리스도께서 성경대로 우리 죄를
위하여 죽으셨다는 것과,
4 무덤에 묻히셨다는 것과, 성경대로
사흗날에 ㉦살아나셨다는 것과,
5 게바에게 나타나시고 다음에 열두
제자에게 나타나셨다고 하는 것입니
다.
6 그 후에 그리스도께서는 한 번에 오
백 명이 넘는 ㉤형제자매들에게 나
타나셨는데, 그 가운데 더러는 ㉧세
상을 떠났지만, 대다수는 지금도 살
아 있습니다.
7 다음에 야고보에게 나타나시고, 그
다음에 모든 사도들에게 나타나셨
습니다.
8 그런데 맨 나중에 달이 차지 못하여
난 자와 같은 나에게도 나타나셨습
니다.
9 나는 사도들 가운데서 가장 작은 사
도입니다. 나는 사도라고 불릴 만한
자격도 없습니다. 그것은, 내가 하나
님의 교회를 박해했기 때문입니다.

15장 요약 바울은 그리스도 부활의 확실성을 구약 성경과 목격자들의 목격담을 통해 실증한다. 이것은 당시 그리스도의 부활을 의심하는 고린도 교인들을 향한 것이었다. 그리스도의 부활은 자연스럽게 신자들의 부활로 연결된다. 왜냐하면 그리스도가 부활의 첫 열매가 되셨기 때문이다.

15:1–11 그리스도의 부활 바울은 그리스도의 부활이 역사적 사실임을 증거하기 위하여, 구약 성경의 증거들(3–4절;시 16:8–11;사 53:4–11)과 부활을 목격한 증인들(5–8절)을 내세우고 있다.

15:12–19 바울은 부활을 부인하는 고린도 교인들에게 죽은 사람의 부활을 부인하는 것이 그리스도의 부활을 부인하는 것이라고 논증했다. 바

㉠ 다른 고대 사본들은 34–35절을 40절 뒤에 놓았음 ㉡ 창 3:16 ㉢ 그, '나의 형제들' ㉣ 입신 상태에서 하는 알 수 없는 말 ㉤ 그, '형제들' ㉥ 또는 '기쁜 소식' ㉦ 그, '일으켜지셨다' ㉧ 그, '잠들었지만'

10 그러나 나는 하나님의 은혜로 오늘
의 내가 되었습니다. 나에게 베풀어
주신 하나님의 은혜는 헛되지 않았
습니다. 나는 사도들 가운데 어느 누
구보다도 더 열심히 일하였습니다.
그러나 이렇게 한 것은 내가 아니라,
나와 함께 하신 하나님의 은혜입니
다.
11 그러므로 나나 그들이나 할 것 없이,
우리는 이렇게 전파하고 있으며, 여
러분은 이렇게 믿었습니다.

죽은 사람의 부활

12 ○그리스도께서 죽은 사람 가운데서
살아나셨다고 우리가 전파하는데,
어찌하여 여러분 가운데 더러는 죽
은 사람의 부활이 없다고 말합니까?
13 죽은 사람의 부활이 없다면, 그리스
도께서도 살아나지 못하셨을 것입니
다.
14 그리스도께서 살아나지 않으셨다면,
우리의 선포도 헛되고, 여러분의 믿
음도 헛될 것입니다.
15 우리는 또한 하나님을 거짓되이 증
언하는 자로 판명될 것입니다. 그것
은, 죽은 사람이 살아나는 일이 정
말로 없다면, 하나님께서 그리스도
를 살리지 아니하셨을 터인데도, 하
나님께서 그리스도를 살리셨다고,
하나님에 대하여 우리가 증언했기
때문입니다.
16 죽은 사람들이 살아나는 일이 없다
면, 그리스도께서 살아나신 일도 없
었을 것입니다.
17 그리스도께서 살아나지 않으셨다
면, 여러분의 믿음은 헛된 것이 되
고, 여러분은 아직도 죄 가운데 있
을 것입니다.
18 그리고 그리스도 안에서 잠든 사람
들도 멸망했을 것입니다.
19 그리스도 안에서 우리가 바라는 것
이 이 세상에만 해당되는 것이라면,
우리는 모든 사람 가운데서 가장 불
쌍한 사람일 것입니다.
20 ○그러나 이제 그리스도께서는 죽은
사람들 가운데서 살아나셔서, ㉠잠
든 사람들의 첫 열매가 되셨습니다.
21 한 사람으로 말미암아 죽음이 들어
왔으니, 또한 한 사람으로 말미암아
죽은 사람의 부활도 옵니다.
22 아담 안에서 모든 사람이 죽는 것과
같이, 그리스도 안에서 모든 사람이
살아나게 될 것입니다.
23 그러나 각각 제 차례대로 그렇게 될
것입니다. 첫째는 첫 열매이신 그리
스도요, 그 다음은 그리스도께서 재
림하실 때에, 그리스도께 속한 사람
들입니다.
24 그 때가 ㉡마지막입니다. 그 때에 그
리스도께서 모든 통치와 모든 권위
와 모든 권력을 폐하시고, 그 나라

울은 여러 가지 사실을 들어 고린도 교인들의 모순을 지적했다. 만약에 죽은 사람의 부활이 없다면 ① 그리스도도 다시 사시지 못했을 것이며(13절) ② 복음 전파도 헛것이고(14절) ③ 믿음도 헛되며(14절) ④ 우리는 거짓 증인으로 드러날 것이고(15절) ⑤ 여전히 죄 가운데 있을 것이고(17절) ⑥ 그리스도 안에서 죽은 사람도 멸망할 것이고(18절) ⑦ 믿는 사람이 가장 불쌍한 존재가 될 것이다(19절).

15:19 이 세상에만 해당되는…가장 불쌍한 사람일 것입니다 그리스도 안에서 우리의 소망이 다만 이 세상에서 끝난다면, 복음을 위해 핍박받고 수고하는 우리는 불신자들보다 더욱 불쌍한 존재가 될 것이다.

15:20–28 바울은 그리스도의 부활이 모든 성도들의 부활을 보증한다는 것과(20–23절), 마지막 때에 그리스도께서 하나님을 대적하는 악의 세력

㉠ 또는 '죽은 사람들의' ㉡ 또는 '안식'

를 하나님 아버지께 넘겨드리실 것
입니다.
25 하나님께서 모든 원수를 그리스도
의 발 아래에 두실 때까지, 그리스도
께서 다스리셔야 합니다.
26 맨 마지막으로 멸망 받을 원수는 죽
음입니다.
27 성경에 이르기를 ㉠"하나님께서 모
든 것을 그의 발 아래에 굴복시키셨
다" 하였습니다. 모든 것을 굴복시켰
다고 말할 때에는, 모든 것을 그에게
굴복시키신 분은 그 가운데 들어 있
지 않은 것이 명백합니다.
28 그러나 모든 것이 하나님께 굴복 당
할 그 때에는, 아들까지도 모든 것을
자기에게 굴복시키신 분에게 굴복하
실 것입니다. 그래서 하나님은 만유
의 주님이 되실 것입니다.
29 ○죽은 사람들이 살아나지 않는다
면, 죽은 사람들을 위해서 ㉡세례를
받는 사람들은 무엇 하려고 그런 일
을 합니까? 죽은 사람이 정말로 살
아나지 않는다면, 무엇 때문에 그들
은 죽은 사람들을 위하여 ㉡세례를
받습니까?
30 그리고 또 우리는 무엇 때문에, 시시
각각으로 위험을 무릅쓰고 있습니
까?
31 ㉢형제자매 여러분, 나는 감히 단언
합니다. 나는 날마다 ㉣죽습니다! 이
것은, 우리 주 예수 그리스도께서 여
러분에게 하신 그 일로 내가 여러분
을 자랑스럽게 여기는 것만큼이나
확실한 것입니다.
32 내가 에베소에서 맹수와 싸웠다고
하더라도, 인간적인 동기에서 한 것
이라면, 그것이 나에게 무슨 유익이
되겠습니까? 만일 죽은 사람이 살
아나지 못한다면

㉤"내일이면 죽을 터이니, 먹고
마시자"

할 것입니다.
33 속지 마십시오. 나쁜 동무가 좋은 습
성을 망칩니다.
34 똑바로 정신을 차리고, 죄를 짓지 마
십시오. 여러분을 부끄럽게 하려고
내가 이 말을 합니다만, 여러분 가운
데서 더러는 하나님을 아는 지식이
없습니다.

몸의 부활

35 ○그러나 "죽은 사람이 어떻게 살아
나며, 그들은 어떤 몸으로 옵니까?"
하고 묻는 사람이 있을 것입니다.
36 어리석은 사람이여! 그대가 뿌리는
씨는 죽지 않고서는 살아나지 못합
니다.
37 그리고 그대가 뿌리는 것은 장차 생
겨날 몸 그 자체가 아닙니다. 밀이든
지 그 밖에 어떤 곡식이든지, 다만
씨앗을 뿌리는 것입니다.

들을 멸하시고 나라를 성부 하나님께 드리실 것을 언급하고 있다(24–28절).

15:20 잠든 사람들의 첫 열매가 되셨습니다 첫 열매를 드림은 거두어들이는 모든 수확이 하나님께 속한 것임을 확인하는 행위였다(레 23:10–11). 그리스도께서 죽은 자들의 첫 열매로 부활하심은 그리스도 안에서 죽은 모든 성도들의 부활을 보증한다.

15:29–34 이 부분은 부활의 중요성을 구체적인 생활에 적용시키고 있다. 만일 부활이 없다면 세례가 아무런 의미가 없으며(29절), 그리스도를 위하여 당하는 고난 역시 부질없는 일이요(30–31절), 결국 우리의 삶은 일시적인 쾌락만을 누리기 위한 것이 될 것이다(32–34절).

15:39–41 하나님께서는 종류별로 각기 고유한 몸을 주신다. 그러므로 모든 자연물은 그 몸에 있

㉠ 시 8:6 ㉡ 또는 '침례' ㉢ 그, '형제들' ㉣ 또는 '죽음의 위협을 당합니다' 또는 '죽음을 경험합니다' ㉤ 사 22:13

38 그러나 하나님께서는, 원하시는 대
로, 그 씨앗에 몸을 주시고, 그 하나
하나의 씨앗에 각기 고유한 몸을 주
십니다.
39 모든 살이 똑같은 살은 아닙니다. 사
람의 살도 있고, 짐승의 살도 있고,
새의 살도 있고, 물고기의 살도 있습
니다.
40 하늘에 속한 몸도 있고, 땅에 속한
몸도 있습니다. 하늘에 속한 몸들의
영광과 땅에 속한 몸들의 영광이 저
마다 다릅니다.
41 해의 영광이 다르고, 달의 영광이 다
르고, 별들의 영광이 다릅니다. 별마
다 영광이 다릅니다.
42 ○죽은 사람들의 부활도 이와 같습
니다. 썩을 것으로 심는데, 썩지 않
을 것으로 살아납니다.
43 비천한 것으로 심는데, 영광스러운
것으로 살아납니다. 약한 것으로 심
는데, 강한 것으로 살아납니다.
44 자연적인 몸으로 심는데, 신령한 몸
으로 살아납니다. 자연적인 몸이 있
으면, 신령한 몸도 있습니다.
45 성경에 ㉠"첫 사람 아담은 산 영이
되었다"고 기록한 바와 같이, 마지막
아담은 생명을 주시는 영이 되셨습
니다.
46 그러나 신령한 것이 먼저가 아닙니
다. 자연적인 것이 먼저요, 그 다음
이 신령한 것입니다.
47 첫 사람은 땅에서 났으므로 흙으로
되어 있지만, 둘째 사람은 ㉡하늘에
서 났습니다.
48 흙으로 빚은 그 사람과 같이, 흙으
로 되어 있는 사람들이 그러하고, 하
늘에 속한 그분과 같이, 하늘에 속
한 사람들이 그러합니다.
49 흙으로 빚은 그 사람의 형상을 우리
가 입은 것과 같이, 우리는 또한 하
늘에 속한 그분의 형상을 ㉢입을 것
입니다.
50 ○㉣형제자매 여러분, 내가 말하려는
것은 이것입니다. 살과 피는 하나님
나라를 유산으로 받을 수 없고, 썩
을 것은 썩지 않을 것을 유산으로
받지 못합니다.
51 보십시오, 내가 여러분에게 비밀을
하나 말씀드리겠습니다. 우리가 다
㉤잠들 것이 아니라, 다 변화할 터인
데,
52 마지막 나팔이 울릴 때에, 눈 깜박할
사이에, 홀연히 그렇게 될 것입니다.
나팔소리가 나면, 죽은 사람은 썩어
없어지지 않을 몸으로 살아나고, 우
리는 변화할 것입니다.
53 썩을 몸이 썩지 않을 것을 입어야 하
고, 죽을 몸이 죽지 않을 것을 입어
야 합니다.
54 썩을 이 몸이 썩지 않을 것을 입고,

어서 다양하고 그 영광도 다양하다.
15:44 신령한 몸 부활하신 주님의 몸처럼 썩지 않으며 영광스러운 몸이다. 하나님과 함께 영원히 살기에 합당한 몸을 말한다(참조. 눅 24:36-43).
15:45-49 바울은 대표의 원리에 의해서 '자연적인 몸'과 '신령한 몸'을 대조시키고 있다. 모든 사람들이 아담의 형상, 곧 '자연적인 몸'을 입고 있는 것처럼 믿는 사람들은 그리스도의 형상, 곧 '신령한 몸'을 입게 될 것이다.
15:47 땅에서 났으므로 '흙으로부터 지음을 받았으니'란 뜻이다. 둘째 사람 하나님의 아들로 육신을 입고 이 땅에 오신 그리스도를 가리킨다.
15:50-54 바울은 그리스도께서 재림하실 때에 썩지 않고 죽지 않는 신령한 몸으로 변화되어야 할 것을(52-54절) 강조하고 있다.

㉠ 창 2:7(칠십인역) ㉡ 다른 고대 사본들에는 '하늘에서 나신 주님입니다' ㉢ 다른 고대 사본들에는 '입읍시다' ㉣ 그, '형제들' ㉤ 또는 '죽을'

죽을 이 몸이 죽지 않을 것을 입을
그 때에, 이렇게 기록한 성경 말씀이
이루어질 것입니다.
㉠"죽음을 삼키고서, 승리를 얻
었다."
55 ㉡"죽음아, 너의 승리가 어디에
있느냐? 죽음아, 너의 독침이 어
디에 있느냐?"
56 죽음의 독침은 죄요, 죄의 권세는 율
법입니다.
57 그러나 우리 주 예수 그리스도를 통
하여 우리에게 승리를 주시는 하나
님께 우리는 감사를 드립니다.
58 그러므로 나의 사랑하는 ㉢형제자매
여러분, 굳게 서서 흔들리지 말고, 주
님의 일을 더욱 많이 하십시오. 여러
분이 아는 대로, 여러분의 수고가
주님 안에서 헛되지 않습니다.

성도들을 돕는 헌금

16 성도들을 도우려고 모으는 헌
금에 대하여 말합니다. 내가 갈
라디아 여러 교회에 지시한 것과 같
이, 여러분도 그대로 하십시오.
2 매주 첫날에, 여러분은 저마다 수입
에 따라 얼마씩을 따로 저축해 두십
시오. 그래서 내가 갈 때에, 그제야
헌금하는 일이 없어야 할 것입니다.
3 내가 그리로 가게 되면, 그 때에 여
러분이 선정한 사람에게 내가 편지
를 써 주어서, 그가 여러분의 선물을
가지고 예루살렘으로 가게 하겠습니
다.
4 나도 가는 것이 좋다면, 그들은 나와
함께 갈 것입니다.

여행 계획

5 ○나는 마케도니아를 거쳐서 여러분
에게로 가겠습니다. 내가 마케도니
아를 지나서
6 여러분에게로 가면, 얼마 동안은 함
께 지낼 것이고, 어쩌면 겨울을 나게
될지도 모르겠습니다. 그 다음에 여
러분은, 내가 가려는 곳으로 나를 보
내 주시기를 바랍니다.
7 지금 나는, 지나가는 길에 잠깐 들러
서 여러분을 만나 보려는 것은 아닙
니다. 주님께서 허락해 주시면, 얼마
동안 여러분과 함께 머무르고 싶습
니다.
8 그러나 오순절까지는 에베소에 머물
러 있겠습니다.
9 나에게 큰 문이 활짝 열려서, 일을
많이 할 수 있는 기회가 왔습니다.
그러나 방해를 하는 사람도 많이 있
습니다.
10 ○디모데가 그리로 가거든, 아무 두
려움 없이 여러분과 함께 지낼 수 있
도록 보살펴 주십시오. 그도 나와
마찬가지로 주님의 일을 하는 사람
입니다.
11 그러므로 아무도 그를 업신여겨서는

16장 요약 바울 서신의 특징은 신앙, 또는 교회 운영의 기본 원리와 실제적 지침이 절묘하게 조화를 이루고 있다는 점이다. 여기서도 바울은 어려움에 처한 예루살렘 교회를 위한 헌금과 실천적 행위를 통한 교회 간의 협력을 당부하면서 교회 행정에 대한 실제적인 지침을 밝히고 있다.

16:3 여러분의 선물을 가지고 예루살렘으로 바울은 예루살렘 교회의 구제를 위하여 고린도 교회, 갈라디아 교회, 마케도니아 교회 등이 헌금을 하도록 권면하고 있다. 당시 예루살렘 교인들이 가난에 처하게 된 이유는 사도행전 11:28에 기록된 기근(A.D. 44년, 또는 46년경) 때문일 수도 있고, 스데반의 순교와 더불어 일어난 핍박 때문일 수도 있다(행 8:1).

16:8 오순절 유월절이 지난 후 50일째 되는 날에

㉠ 사 25:8 ㉡ 호 13:14(칠십인역) ㉢ 그, '형제들'

안 됩니다. 그리고 그가 내게로 돌아
올 때에, 그를 평안한 마음을 지니게
해서 보내 주십시오. 나는 형제들과
함께 그를 기다리고 있습니다.
12 ○형제 아볼로에 대하여 말하겠습니
다. 내가 그에게 다른 형제들과 함께
여러분에게 가라고 여러 번 권하였
지만, ㉠그는 지금, 갈 마음이 전혀 없
습니다. 그러나 적절한 때가 오면 갈
것입니다.

마지막 부탁과 인사

13 ○깨어 있으십시오. 믿음에 굳게 서
있으십시오. 용감하십시오. 힘을 내
십시오.
14 모든 일을 사랑으로 하십시오.
15 ○㉡형제자매 여러분, 나는 여러분에
게 권합니다. 여러분이 아는 바와 같
이, 스데바나의 가정은 아가야에서
맺은 첫 열매요, 성도들을 섬기는 일
에 몸을 바친 가정입니다.
16 그러므로 여러분도 이런 사람들에게
순종하십시오. 그리고 또 그들과 더
불어 일하며 함께 수고하는 각 사람
에게 순종하십시오.
17 나는 스데바나와 브드나도와 아가이
고가 온 것을 기뻐합니다. 그것은, 여
러분을 만나지 못해서 생긴 아쉬움
을, 이 사람들이 채워 주었기 때문입
니다.
18 이 사람들은 나의 마음과 여러분의
마음에 생기를 불어넣어 주었습니다.
여러분은 이런 사람들을 알아주어
야 합니다.
19 ○아시아에 있는 교회들이 여러분에
게 문안합니다. 아굴라와 ㉢브리스가
와 그 집에 모이는 교회가 다 함께,
주님 안에서 진심으로 문안합니다.
20 모든 ㉡형제자매들이 여러분에게 문
안합니다. 거룩한 입맞춤으로 서로
인사하십시오.
21 ○나 바울은 친필로 인사의 말을 씁
니다.
22 누구든지 주님을 사랑하지 않는 사
람은 저주를 받으라! ㉣마라나 타, 우
리 주님, 오십시오.
23 주 예수의 은혜가 여러분과 함께 있
기를 빕니다.
24 나는 그리스도 예수 안에서 여러분
모두를 사랑합니다. ㉤아멘.

지키던 절기이다. 처음 익은 열매를 드리는 날로, 맥추절 또는 칠칠절로도 불렸다.

16:13-24 마지막 부탁과 인사 바울은 믿음에 굳게 서서 용감하고 힘을 낼 것과 모든 일을 사랑으로 할 것을 마지막으로 부탁하고(13-14절), 고린도 교회 교인들에게 인사를 한다.

16:19 아시아에 있는 교회들 바울이 에베소를 중심으로 한 선교로 소아시아 지역에 세워진 교회들이다(참조. 행 19:10). 그 집에 모이는 교회 초대 교회는 일정한 건물 없이 개인의 집을 예배 처소로 삼는 경우가 흔했다(참조. 몬 1:2).

16:21 친필로 지금까지 바울이 불러주는 내용을 다른 사람이 받아 적고 있었다(롬 16:22). 끝으로 바울은 자신의 편지임을 알게 하기 위해 친필로 편지를 끝맺는다(골 4:18;살후 3:17;몬 1:19).

㉠ 또는 '이제 가는 것은 전혀 그에 대한 하나님의 뜻이 아닙니다' ㉡ 그, '형제들' ㉢ 또는 '브리스길라' ㉣ 이 아람어를 달리 마란 아타라고 읽으면, '우리 주님 오셨다'가 됨 ㉤ 다른 고대 사본들에는 '아멘'이 없음

고린도후서

2 CORINTHIANS

저자 사도 바울

저작 연대 제3차 전도 여행 중에 있던 바울은 A.D. 55년 오순절 때까지 에베소에 머물며 고린도 교회에 보내는 첫 번째 편지를 쓴 후(고전 16:5-8), 에베소를 떠나 드로아를 거쳐 마케도니아로 들어갔다(2:12-13). 바울은 마케도니아에 머물면서 고린도후서를 써 보냈다(참고. 2:13;7:5;8:1). 그러므로 고린도후서를 기록한 때는 고린도전서를 기록한 후 늦어도 1년 이내일 것이다. 고린도전서를 기록한 때가 55년 봄 유월절 이전이므로, 고린도후서는 55년 가을이나 이듬해인 56년 봄에 쓰여졌을 것이다.

기록 장소와 대상 고린도전서는 에베소에서, 고린도후서는 마케도니아에서 각각 기록했을 가능성이 높다. 고린도 교회의 성도들을 위해 쓰여졌다.

기록 목적 고린도후서는 사도 바울이 자신의 사도권을 변증함으로써 거짓 사도들의 악한 선동을 물리치고 자신에 대한 고린도 교회 성도들의 모든 오해를 풀어 주기 위해 기록하였다. 또한 기근을 당한 모교회, 곧 예루살렘 교회를 위한 헌금을 모금하기 위해 기록하였다.

내용 분해

1. 자신의 행위와 직분에 대한 설명(1:1-7:16)
2. 예루살렘의 성도들을 위한 헌금을 권고함 (8:1-9:15)
3. 자신의 사도적 권위에 대한 변호(10:1-13:13)

인사

1 하나님의 뜻으로 그리스도 예수의
사도가 된 나 바울과 형제 디모데
가, 고린도에 있는 하나님의 교회와,
온 아가야에 있는 모든 성도에게, 이
편지를 씁니다.
2 우리 아버지 하나님과 주 예수 그리
스도께서 내려주시는 은혜와 평화
가 여러분에게 있기를 빕니다.

환난 가운데서도 하나님께 감사를 드리다

3 ○우리 주 예수 그리스도의 아버지
이신 하나님을 찬양합시다. 그는 자
비로우신 아버지시요, 온갖 위로를
주시는 하나님이시요,
4 온갖 환난 가운데에서 우리를 위로
하여 주시는 분이십니다. 따라서 우
리가 하나님께 받는 그 위로로, 우리
도 온갖 환난을 당하는 사람들을
위로할 수 있습니다.
5 그리스도의 고난이 우리에게 넘치는
것과 같이, 그리스도로 말미암아 우
리의 위로도 또한 넘칩니다.
6 우리가 환난을 당하는 것도 여러분
이 위로와 구원을 받게 하려는 것이
며, 우리가 위로를 받는 것도 여러분
이 위로를 받게 하려는 것입니다. 여
러분은 이 위로로, 우리가 당하는
것과 똑같은 고난을 견디어 냅니다.
7 우리가 여러분에게 거는 희망은 든
든합니다. 여러분이 고난에 동참하
는 것과 같이, 위로에도 동참하고 있
음을 우리는 알고 있습니다.
8 ○㉠형제자매 여러분, 우리가 아시아
에서 당한 환난을 여러분이 알기를
바랍니다. 우리는 힘에 겹게 너무 짓
눌려서, 마침내 살 희망마저 잃을 지
경에 이르렀습니다.
9 우리는 이미 죽음을 선고받은 몸이
라고 느꼈습니다. 그렇게 된 것은, 우
리 자신을 의지하지 않고 죽은 사람
을 살리시는 하나님을 의지하게 하
기 위함이었습니다.
10 하나님께서는 이렇게 위험한 죽음의
고비에서 우리를 건져 주셨고, 지금
도 건져 주십니다. 또 앞으로도 건져
주시리라는 희망을 우리는 하나님께
두었습니다.

㉠ 그. '형제들'

11 여러분도 기도로 우리에게 협력하여
주십시오. 많은 사람의 기도로 우리
가 받게 된 은총을 두고, 많은 사람
이 ㉠우리 때문에 하나님께 감사를
드리게 될 것입니다.

고린도 교회의 방문을 연기하다

12 ○우리의 자랑거리는 우리의 양심이
또한 증언하는 것이기도 합니다. 그
것은 곧, 우리가 세상에서 처신할 때
에, 특히 여러분을 상대로 처신할 때
에, 하나님께서 주신 ㉡순박함과 진
실함으로 행하고, 세상의 지혜로 행
하지 않고 하나님의 은혜로 행하였
다는 사실입니다.
13 우리는 지금 여러분이 읽고 이해할
수 있는 것만을 써서 보냅니다. 나는
여러분이 그것을 완전히 이해하기를
바랍니다.
14 여러분이 우리를 이미 부분적으로
는 이해했습니다마는, 우리 주 예수
의 날에는, 여러분이 우리의 자랑거
리이듯이, 우리가 여러분의 자랑거리
가 될 것입니다.
15 ○이러한 확신이 있으므로, 먼저 나
는 여러분에게로 가기로 마음을 먹
었습니다. 그것은 여러분으로 하여
금 두 번 다시 ㉢은혜를 받게 하려는
것이었습니다.
16 나는 여러분에게 들러서, 마케도니
아로 갔다가, 마케도니아에서 다시
여러분에게로 와서, 여러분의 도움을
받아서 유대로 갈 작정이었습니다.
17 내가 이런 계획을 세운 것이 변덕스
러운 일이었겠습니까? 또는, 내가 육
신의 생각으로 계획을 세우기를, '아
니오, 아니오' 하려는 속셈이면서도,
'예, 예' 하고 계획을 세우는 것이겠
습니까?
18 하나님께서는 신실하십니다. 따라서
우리가 여러분에게 하는 말은, '예'
하면서 동시에 '아니오' 하는 것은 아
닙니다.
19 나와 ㉣실루아노와 디모데가 여러분
에게 선포한 하나님의 아들 예수 그
리스도께서는, '예'도 되셨다가 동시
에 '아니오'도 되신 분이 아니었습니
다. 그리스도 안에는 '예'만 있을 뿐
입니다.
20 하나님의 모든 약속은 그리스도 안
에서 '예'가 됩니다. 그러므로, 그리
스도로 말미암아, 우리는 "아멘" 하
면서 하나님께 영광을 돌리는 것입
니다.
21 우리를 여러분과 함께 그리스도 안
에 튼튼히 서게 하시고, 또 우리에게
사명을 맡기신 분은, 하나님이십니다.
22 하나님께서는 또한 우리를 자기의
것이라는 표로 인을 치시고, 그 보증
으로 우리 마음에 성령을 주셨습니
다.

1장 요약 바울은 아시아에서 당한 환난을 언급하고 있으며(3-11절), 고린도 방문 계획 변경에 대해 해명한다(12-22절).

1:8-11 바울이 아시아에서 당한 환난을 구체적으로 언급하는 것은 환난에서 건지시는 하나님의 은혜를 나타내기 위한 것이며, 또한 그러한 하나님을 의지하도록 권고하기 위함이다.

1:12-14 바울이 고린도 교회를 방문하려고 했던 계획을 변경함으로 인해 그를 의심하며 모함하는 자들이 생겨났다. 그래서 바울은 자신이 하나님의 은혜로 거룩하고 진실하게 행하고 있음을 그의 양심을 들어 증거한다(12절). 또한 바울은 주님이 심판주로 재림하시는 날에 서로에게 자랑스러운 존재가 되리라는 사실을 고린도 교인들이 온전히 알기를 바라고 있다(14절).

㉠ 다른 고대 사본들에는 '여러분' ㉡ 다른 고대 사본들에는 '거룩함과' ㉢ 다른 고대 사본들에는 '기쁨' ㉣ 또는 '실라'

23 ○내 목숨을 걸고서, 나는 하나님을
증인으로 모시렵니다. 내가 아직 고
린도에 가지 않은 것은 여러분을 아
끼기 때문입니다.
24 우리는 여러분의 믿음을 지배하려는
것이 아닙니다. 우리는, 여러분이 기
쁨을 누리게 하려고 함께 일하는 일
꾼일 따름입니다. 여러분은 이미 믿
음에 튼튼히 서 있습니다.

2 1 여러분에게 또 다시 아픔을 주
지 않아야 하겠기에, 나는 여러분
에게로 가지 않기로 결심하였습니다.
2 내가 여러분을 마음 아프게 하더라
도, 나를 기쁘게 해줄 사람은, 내가
마음 아프게 하는 그 사람 밖에 누
가 있겠습니까?
3 내가 이런 편지를 쓴 것은, 내가 거기
에 갔을 때에, 나를 기쁘게 해야 할
바로 그 사람들에게서 내가 마음 아
픈 일을 당하는 일이 없도록 하려는
것이었습니다. 나의 기쁨이 여러분
모두의 기쁨임을, 여러분 모두를 두
고 나는 확신하였습니다.
4 나는 몹시 괴로워하며 걱정하는 마
음으로, 많은 눈물을 흘리면서, 여러
분에게 그 편지를 썼습니다. 그러나
그것은, 여러분을 마음 아프게 하려
고 한 것이 아니라, 여러분을 내가
얼마나 극진히 사랑하고 있는지를
알려 주려고 한 것이었습니다.

잘못한 사람을 용서하라

5 ○누가 마음을 아프게 하였다면, 실
은 나를 마음 아프게 한 것이 아니
라, 과장하지 않고 말해서, 어느 정
도는 여러분 모두를 마음 아프게 한
것이라 하겠습니다.
6 여러분 대다수는 그러한 사람에게
이미 충분한 벌을 내렸습니다.
7 그러니 여러분은 도리어 그를 용서
해 주고, 위로해 주어야 합니다. 그
사람이 지나친 슬픔에 짓눌리는 일
이 없도록 해야 합니다.
8 그러므로 나는, 여러분이 그에게 사
랑을 나타내어 보이기를 권합니다.
9 내가 그 편지를 쓴 것은, 여러분이
모든 일에 순종하는지를 시험하여
알아보려는 것이었습니다.
10 여러분이 누구에게 무엇을 용서해
주면, 나도 용서해 줍니다. 내가 용서
한 경우가 있다면, 그것은 그리스도
앞에서 여러분을 위하여 용서한 것
입니다.
11 그렇게 하여 우리가 사탄에게 속아
넘어가지 않으려 하였습니다. 우리
는 사탄의 속셈을 모르는 것이 아닙
니다.

그리스도의 향기

12 ○내가 그리스도의 복음을 전하려
고 드로아에 갔을 때에, 주님께서 내
게 거기에서 일할 수 있는 길을 열어

2장 요약 바울은 사랑하는 교인을 직접 징계할 수 없어 고린도 교인들의 문제가 자체적으로 해결될 때까지 방문을 연기하였다. 한편 복음을 전파하는 사람을 향기로 비유한 대목은 바울의 전도 자세를 단적으로 드러낸 것인데 오늘날 말씀을 맡은 자들이 유념해야 할 필요가 있다(12–17절).

2:1 또 다시…가지 않기로 일 년 반을 머물며 고린도 교회를 세운 후(참조. 행 18:1–11), 바울은 이 서신을 보내기 전에 두 번째 방문하여 고린도 교회의 악행을 심히 책망한 적이 있었다. 이제 바울은 다시금 고린도 교회를 책망하기 위해 근심 중에 방문하기를 원하지 않았다.

2:12–17 로마 군대는 전쟁에서 승리하면 향을 피워 냄새를 퍼뜨리면서 행진한다. 바울은 자신을 하나님의 심판과 구원을 전하는 '그리스도의 향기'로 표현한다.

주셨습니다.
13 그러나 나는 내 형제 디도를 만나지
못하여, 마음이 편하지 않아서, 그들
과 작별하고 마케도니아로 갔습니다.
14 ○그러나 그리스도의 개선 행렬에
언제나 우리를 참가시키시고, 그리
스도를 아는 지식의 향기를 어디에
서나 우리를 통하여 풍기게 하시는
하나님께 감사를 드립니다.
15 우리는, 구원을 얻는 사람들 가운데
서나, 멸망을 당하는 사람들 가운데
서나, 하나님께 바치는 그리스도의
향기입니다.
16 그러나 멸망을 당하는 사람들에게
는 죽음에 이르게 하는 죽음의 냄새
가 되고, 구원을 얻는 사람들에게는
생명에 이르게 하는 생명의 향기가
됩니다. 이런 일을 누가 감당할 수
있겠습니까?
17 우리는, 저 ㉠많은 사람들처럼 하나
님의 말씀을 팔아서 먹고 살아가는
장사꾼이 아닙니다. 우리는, 하나님
께서 보내신 일꾼답게, 진실한 마음
으로 일하는 사람들입니다. 우리는
하나님이 보시는 앞에서, 그리스도
안에서 말하는 것입니다.

새 언약의 일꾼들

3 우리가 이렇게 말하는 것이 우리
자신을 치켜올리는 말을 늘어 놓
는 것입니까? 아니면, 어떤 사람들처
럼, 우리가, 여러분에게 보일 추천장
이나 여러분이 주는 추천장을 필요
로 하는 사람들이겠습니까?
2 여러분이야말로 우리를 천거하여 주
는 추천장입니다. 그것은 ㉡우리 마
음에 적혀 있습니다. 모든 사람이 그
것을 알고, 읽습니다.
3 여러분은 분명히 그리스도께서 쓰신
편지입니다. 우리는 그것을 작성하
는 데에 봉사하였습니다. 그것은 먹
물로 쓴 것이 아니라 살아 계신 하나
님의 영으로 쓴 것이요, 돌판에 쓴
것이 아니라 가슴 판에 쓴 것입니다.
4 ○우리는 그리스도로 말미암아 하나
님께 확신을 가지고 있으므로, 이런
말을 합니다.
5 우리가 이런 일을 할 수 있는 자격이
우리에게서 났다고 생각하지 않습니
다. 우리의 자격은 하나님에게서 납
니다.
6 하나님께서 우리에게 새 언약의 일
꾼이 되는 자격을 주셨습니다. 이 새
언약은 문자로 된 것이 아니라, 영으
로 된 것입니다. 문자는 사람을 죽이
고, 영은 사람을 살립니다.
7 ○돌판에다 문자로 새긴 율법을 선
포할 때에도, 광채가 났습니다. 그래
서, 이스라엘 자손들은, 모세의 얼굴
에 나타난 그 광채 때문에, 비록 곧
사라질 것이었지만, 그의 얼굴을 똑

3장 요약 당시 고린도 교인 중 일부는 추천장이 없는 바울을 사도로 인정하려 하지 않았다. 이에 바울은 자신의 복음의 열매(고린도 교회)가 곧 추천장임을 밝히고 자신의 사도직을 옛 언약과의 비교를 통해 확증하고 있다. 그러나 고린도 교인들은 구약의 율법사상에 묶여 이해하지 못했다.

3:6–11 바울은 문자로 새긴 율법과 영(6–8절), 유죄를 선고하는 직분과 의를 베푸는 직분(9절), 잠시 있다가 사라져 버릴 것과 길이 남을 것(10–11절)이라는 세 가지 관점에서 옛 언약과 새 언약을 대조시키고 있다. 바울은 옛 언약과 모세의 직분보다 새 언약과 자신의 직분이 얼마나 더 영광된 것인지를 설명한다.

3:12–18 모세의 율법에 매달리고 있던 유대 사람

㉠ 다른 고대 사본들에는 '다른 사람들은' ㉡ 다른 고대 사본들에는 '여러분들의'

바로 쳐다볼 수 없었습니다. 죽음에
이르게 하는 직분에도 이러한 영광
이 따랐는데,
8 하물며 영의 직분에는 더욱더 영광
이 넘치지 않겠습니까?
9 유죄를 선고하는 직분에도 영광이
있었으면, 의를 베푸는 직분은 더욱
더 영광이 넘칠 것입니다.
10 참으로 이런 점에서 지금까지 영광
으로 빛나던 것이, 이제 훨씬 더 빛
나는 영광이 나타났기 때문에, 그
빛을 잃게 되었다고 하겠습니다.
11 잠시 있다가 사라져 버릴 것도 생길
때에 영광을 입었으니, 길이 남을 것
은 더욱 영광 속에 있을 것입니다.
12 ○우리는 이런 소망을 가지고 있으
므로, 아주 대담하게 처신합니다.
13 모세는, 이스라엘 자손이 자기 얼굴
의 광채가 사라져 가는 것을 보지
못하게 하려고 그 얼굴에 너울을 썼
지만, 그와 같은 일은 우리는 하지
않습니다.
14 그런데 이스라엘 백성의 생각은 완
고해졌습니다. 그리하여 오늘날에
이르기까지도 그들은, 옛 언약의 책
을 읽을 때에, 바로 그 너울을 벗지
못하고 있습니다. 그 너울은 그리스
도 안에서 제거되기 때문입니다.
15 오늘날까지도 그들은, 모세의 글을
읽을 때에, 그 마음에 너울이 덮여
있습니다.
16 그러나, "사람이 주님께로 돌아서면,
그 너울은 벗겨집니다."
17 주님은 영이십니다. 주님의 영이 계
신 곳에는 자유가 있습니다.
18 우리는 모두 너울을 벗어버리고, 주
님의 영광을 바라봅니다. 이렇게 해
서, 우리는 주님과 같은 모습으로 변
화하여, 점점 더 큰 영광에 이르게
됩니다. 이것은 영이신 주님께서 하
시는 일입니다.

질그릇에 담긴 보물

4 그러므로 우리는 하나님의 자비를
힘입어서 이 직분을 맡고 있으니,
낙심하지 않습니다.
2 우리는 부끄러워서 드러내지 못할
일들을 배격하였습니다. 우리는 간
교하게 행하지도 않고, 하나님의 말
씀을 왜곡하지도 않습니다. 우리는
진리를 환히 드러냄으로써, 하나님
앞에서 모든 사람의 양심에 우리 자
신을 떳떳하게 내세웁니다.
3 우리의 복음이 가려 있다면, 그것은
멸망하는 자들에게 가려 있는 것입
니다.
4 그들의 경우를 두고 말하면, 이 세상
의 신이 믿지 않는 자들의 마음을
어둡게 하여서, 하나님의 형상이신
그리스도의 영광을 선포하는 복음
의 빛을 보지 못하게 한 것입니다.

들의 완고한 마음에는 여전히 너울이 덮여 있다. 그러나 그리스도 안에서 성령의 감화를 받아 진리를 깨닫는 사람은 율법의 속박에서 벗어나 영적인 자유를 누린다(17절). 믿는 사람들은 그리스도의 형상을 닮아감으로써 그리스도의 영광에 참여하게 된다.

3:17 주님의 영 성령을 가리킨다(참조. 행 16:6–7). 성부와 성자는 성령을 통하여 택하신 자들을 죄와 사망에서 자유케 하시는 일을 하신다.

4장 요약 사도의 자세에 관한 기록이다. 이 중에서 복음 전파의 핵심 내용은 그리스도가 되어야 하고, 복음을 전파하는 사람은 모든 사람의 종이 되어야 한다는 구절은 전도 사역의 대철칙이라 할 수 있다(5절). 질그릇 비유(7–18절)는 사람의 연약함과 복음의 능력을 대조시키고 있다.

4:1–15 바울은 '질그릇에 담긴 보물 비유'를 통해

고후

5 우리는 우리 자신을 전하는 것이 아
니라, 예수 그리스도를 주님으로 선
포합니다. 우리는 예수로 말미암아
우리 자신을 여러분의 종으로 내세
웁니다.
6 ㉠"어둠 속에 빛이 비쳐라" 하고 말
씀하신 하나님께서, 우리의 마음 속
을 비추셔서, [예수] 그리스도의 얼
굴에 나타난 하나님의 영광을 아는
지식의 빛을 우리에게 주셨습니다.
7 ○우리는 이 보물을 질그릇에 간직
하고 있습니다. 이 엄청난 능력은 하
나님에게서 나는 것이지, 우리에게
서 나는 것이 아닙니다.
8 우리는 사방으로 죄어들어도 움츠러
들지 않으며, 답답한 일을 당해도 낙
심하지 않으며,
9 박해를 당해도 버림받지 않으며, 거
꾸러뜨림을 당해도 망하지 않습니다.
10 우리는 언제나 예수의 죽임 당하심
을 우리 몸에 짊어지고 다닙니다. 그
것은 예수의 생명도 또한 우리 몸에
나타나게 하기 위함입니다.
11 우리는 살아 있으나, 예수로 말미암
아 늘 몸을 죽음에 내어 맡깁니다.
그것은 예수의 생명도 또한 우리의
죽을 육신에 나타나게 하기 위함입
니다.
12 그리하여 죽음은 우리에게서 작용하
고, 생명은 여러분에게서 작용합니
다.
13 성경에 기록하기를, ㉡"나는 믿었다.
그러므로, 나는 말하였다." 하였습니
다. 우리는 그와 똑같은 믿음의 영을
가지고 있으므로, 우리도 믿으며, 그
러므로 말합니다.
14 주 예수를 살리신 분이 예수와 함께
우리도 살리시고, 여러분과 함께 세
워주시리라는 것을 우리는 알고 있
습니다.
15 이 모든 일은 다 여러분을 위한 것입
니다. 그리하여 하나님의 은혜가 점
점 더 많은 사람에게 퍼져서, 감사하
는 마음이 넘치게 하고, 하나님께 영
광을 돌리게 하려는 것입니다.

속사람의 생활

16 ○그러므로 우리는 낙심하지 않습니
다. 우리의 겉사람은 낡아가나, 우리
의 속사람은 날로 새로워집니다.
17 지금 우리가 겪는 일시적인 가벼운
고난은, 비교할 수 없을 정도로 영원
하고 크나큰 영광을 우리에게 이루
어 줍니다.
18 우리는 보이는 것을 바라보는 것이
아니라, 보이지 않는 것을 바라봅니
다. 보이는 것은 잠깐이지만, 보이지
않는 것은 영원하기 때문입니다.

5

1 땅에 있는 우리의 장막집이 무
너지면, 하나님께서 지으신 집, 곧
사람의 손으로 지은 것이 아니라 하

고난 가운데서도 오직 복음만을 전했다고 밝힌다. 그는 성도들이 그들의 고난을 복음으로 말미암아 인내하고 승리하도록 격려한다.

4:7 바울은 사람의 연약함과 무가치함을 나타내기 위해 성도를 질그릇에, 복음을 보물에 비유한다.

4:11 바울은 '날마다 죽습니다'라고 고백했다(고전 15:31). 바울은 그리스도께서 당하신 죽음의 고난에 동참함으로써 예수님의 부활의 생명이 그의 죽을 육신 속에 역사함을 체험하게 되었다.

5장 요약 바울은 이 땅의 삶은 잠깐이기에 성도는 하늘 나라를 맛보며 현재의 삶을 살아야 한다고 권고한다. 한편 11절부터는 사도의 역할과 직분이 설명되어 있다. 사도는 하나님의 사랑의 강권에 의해 부름 받았기 때문에 그 사랑을 전하기에 주력해야 한다. 특히 하나님과 성도, 성도 상호간의 화목을 도모해야 한다.

㉠ 창 1:3 ㉡ 시 116:10(칠십인역)

늘에 있는 영원한 집이 우리에게 있
는 줄 압니다.
2 우리는 하늘로부터 오는 우리의 집
을 덧입기를 갈망하면서, 이 장막집
에서 탄식하고 있습니다.
3 ㉠우리가 이 장막을 벗을지라도, 벗
은 몸이 되지 않을 것입니다.
4 우리는 이 장막에서 살면서, 무거운
짐에 눌려서 탄식하고 있습니다. 우
리는 이 장막을 벗어버리기를 바라
는 것이 아니라, 그 위에 덧입기를 바
랍니다. 그리하여 죽을 것이 생명에
게 삼켜지게 하려는 것입니다.
5 이런 일을 우리에게 이루어 주시고,
그 보증으로 성령을 우리에게 주신
분은 하나님이십니다.
6 ○그러므로 우리는 언제나 마음이
든든합니다. 우리가 육체의 몸을 입
고 살고 있는 동안에는, 주님에게서
떠나 살고 있음을 압니다.
7 우리는 믿음으로 살아가지, 보는 것
으로 살아가지 아니합니다.
8 우리는 마음이 든든합니다. 우리는
차라리 몸을 떠나서, 주님과 함께 살
기를 바랍니다.
9 그러므로 우리가 몸 안에 머물러 있
든지, 몸을 떠나서 있든지, 우리가
바라는 것은 주님을 기쁘게 해드리
는 사람이 되는 것입니다.
10 우리는 모두 그리스도의 심판대 앞
에 나타나야 합니다. 그리하여 각 사
람은 선한 일이든지 악한 일이든지,
몸으로 행한 모든 일에 따라, 마땅한
보응을 받아야 합니다.

화해의 직분

11 ○그러므로 우리는 주님이 두려운
분이심을 알기에 사람들을 설득하
려고 합니다. 우리는 이미 하나님 앞
에서 환히 드러났습니다. 여러분의
양심에도 우리가 환히 드러나기를
바랍니다.
12 그렇다고 해서 또 다시 우리가 우리
자신을 여러분에게 치켜세우려는 것
은 아닙니다. 우리는 여러분이 우리
를 자랑할 수 있는 근거를 여러분에
게 드리려는 것입니다. 그래서 속에
는 자랑할 것이 없으면서도 겉으로
만 자랑하는 사람들에게, 여러분이
대답할 말을 가지게 하려는 것입니
다.
13 우리가 미쳤다고 하면 하나님께 미
친 것이요, 정신이 온전하다고 하면
여러분을 두고 온전한 것입니다.
14 그리스도의 사랑이 우리를 휘어잡습
니다. 우리가 확신하기로는, 한 사람
이 모든 사람을 위하여 죽으셨으니,
모든 사람이 죽은 셈입니다.
15 그런데 그리스도께서 모든 사람을
위하여 죽으신 것은, 이제부터는, 살
아 있는 사람들이 자기 자신들을 위

5:1–10 믿는 사람들은 이 땅의 장막집이 무너지면 하나님께서 입혀 주시는 신령한 몸을 덧입게 되기를 갈망한다(1–2절). 하나님께서는 성령을 보내 주심으로써 믿는 사람들이 생명에 삼켜져 신령한 몸을 입게 될 것을 보증하셨다(5절). 바울은 몸 가운데 사는 현재의 삶보다 죽어 몸을 떠나 그리스도와 함께 사는 삶을 원했지만(8절), 몸에 거하든지 떠나든지 바울의 궁극적인 관심은 주님을 기쁘시게 하는 것이다(9절). 왜냐하면 장차 그리스도의 심판대 앞에 서야 하기 때문이다(10절).

5:11–21 우리는 마지막 날에 우리의 행위에 따라 심판하실 두려운 분을 알기 때문에 우리의 행동을 하나님 앞과 사람 앞에서 늘 진실하도록 유의해야 한다(11절). 거짓 사도들의 그릇된 주장을 반박하고(12절), 바울이 열정적으로 복음을 전한 이유는 그리스도의 사랑이 그를 휘어잡았기 때

㉠ 다른 고대 사본들에는 '우리는 이 장막 집을 입어서 벌거벗은 몸으로 드러나지 않으려고 합니다'

하여 살아가도록 하려는 것이 아니
라, 자기들을 위하여서 죽으셨다가
살아나신 그분을 위하여 살아가도
록 하려는 것입니다.
16 ○그러므로 이제부터 우리는 아무도
육신의 잣대로 알려고 하지 않습니
다. 전에는 우리가 육신의 잣대로 그
리스도를 알았지만, 이제는 그렇지
않습니다.
17 누구든지 그리스도 안에 있으면, 그
는 새로운 피조물입니다. 옛 것은 지
나갔습니다. 보십시오, 새 것이 되었
습니다.
18 이 모든 것은 하나님에게서 났습니
다. 하나님께서는 그리스도를 내세
우셔서, 우리를 자기와 화해하게 하
시고, 또 우리에게 화해의 직분을 맡
겨 주셨습니다.
19 곧 하나님께서 사람들의 죄과를 따
지지 않으시고, 화해의 말씀을 우리
에게 맡겨 주심으로써, 세상을 그리
스도 안에서 자기와 화해하게 하신
것입니다.
20 그러므로 우리는 그리스도의 사절입
니다. 하나님께서는 우리를 시켜서
여러분에게 권고하십니다. 우리는
그리스도를 대리하여 간청합니다.
여러분은 하나님과 화해하십시오.
21 하나님께서는 죄를 모르시는 분에
게 우리 대신으로 죄를 씌우셨습니
다. 그것은 우리가 그리스도 안에서
하나님의 의가 되게 하시려는 것입
니다.

6 1 ㉠우리는 하나님과 함께 일하는
사람으로서 여러분에게 권면합니
다. 하나님의 은혜를 헛되이 받지 않
도록 하십시오.
2 하나님께서 말씀하시기를
㉡"은혜의 때에, 나는 네 말을 들
어주었다. 구원의 날에, 나는 너
를 도와주었다"
하셨습니다. 보십시오, 지금이야말
로 은혜의 때요, 지금이야말로 구원
의 날입니다.
3 아무도 우리가 섬기는 이 일에 흠을
잡지 못하게 하려고, 우리는 무슨 일
에서나 아무에게도 거리낌거리를 주
지 않습니다.
4 우리는 무슨 일에서나 하나님의 일
꾼답게 처신합니다. 우리는 많이 참
으면서, 환난과 궁핍과 곤경과
5 매 맞음과 옥에 갇힘과 난동과 수고
와 잠을 자지 못함과 굶주림을 겪습
니다.
6 또 우리는 순결과 지식과 인내와 친
절과 성령의 감화와 거짓 없는 사랑
과
7 진리의 말씀과 하나님의 능력으로
이 일을 합니다. 우리는 오른손과 왼
손에 의의 무기를 들고,

문이다(13–14절). 우리는 그리스도와 연합하여 새사람이 되었고 화해의 복음을 전할 특권과 의무를 부여받았다(17–20절).

5:18 모든 것은 하나님에게서 났습니다 우리를 '새로운 피조물'로 거듭나게 하는 구원의 사역은 하나님 주권 아래에 있다. 화해의 직분 우리는 그리스도를 통해 먼저 하나님과 화해하게 되었다. 이제 우리는 그리스도의 사절로, 온 세계에 하나님과 화해하는 길(복음 기쁜 소식)을 알려야 한다.

6장 요약 본장 서두에는 바울이 경험한 고난이 기록되어 있다. 이것은 바울이 자신의 사도권을 변증하기 위한 의도에서였다. 복음을 전하는 사도에게는 죽음이 곧 삶이고 고난이 기쁨의 원천이 된다. 한편, 바울은 고린도 교인과의 화해를 요청한 후 믿는 사람과 믿지 않는 사람 간의 구별을 강조한다.

㉠ 그, '우리가 함께 일하므로' ㉡ 사 49:8(칠십인역)

8 영광을 받거나, 수치를 당하거나, 비
난을 받거나, 칭찬을 받거나, 그렇게
합니다. 우리는 속이는 사람 같으나
진실하고,
9 이름 없는 사람 같으나 유명하고, 죽
는 사람 같으나, 보십시오, 살아 있
습니다. 징벌을 받는 사람 같으나 죽
임을 당하는 데까지는 이르지 않고,
10 근심하는 사람 같으나 항상 기뻐하
고, 가난한 사람 같으나 많은 사람
을 부요하게 하고, 아무것도 가지지
않은 사람 같으나 모든 것을 가진 사
람입니다.
11 ○고린도 사람 여러분, 우리는 여러
분에게 숨김없이 말하였습니다. 우
리는 마음을 넓혀 놓았습니다.
12 우리가 여러분을 옹졸하게 만드는
것이 아니라 여러분의 마음이 옹졸
한 것입니다.
13 나는 자녀들을 타이르듯이 말합니
다. 보답하는 셈으로 여러분도 마음
을 넓히십시오.

우리는 살아 계신 하나님의 성전이다

14 ○믿지 않는 사람들과 멍에를 함께
메지 마십시오. 정의와 불의가 어떻
게 짝하며, 빛과 어둠이 어떻게 사귈
수 있겠습니까?
15 그리스도와 ㉠벨리알이 어떻게 화합
하며, 믿는 자가 믿지 않는 자와 더
불어 함께 차지할 몫이 무엇이며,
16 하나님의 성전과 우상이 어떻게 일
치하겠습니까? ㉡우리는 살아 계신
하나님의 성전입니다. 그것은 하나님
께서 말씀하신 바와 같습니다.
㉢"내가 그들 가운데서 살며, 그
들 가운데로 다닐 것이다. ㉣나
는 그들의 하나님이 되고, 그들
은 내 백성이 될 것이다."
17 ㉤"그러므로 너희는 그들 가운데
서 나오너라. 그들과 떨어져라.
부정한 것을 만지지 말아라. 나
주가 말한다. 그리하면 내가 너
희를 영접할 것이다."
18 ㉥"그리하여 나는 너희의 아버지
가 되고, 너희는 내 자녀가 될
것이다. 나 전능한 주가 말한다."

7

1 그러므로 사랑하는 여러분, 우
리에게는 이러한 약속이 있으니,
육과 영의 모든 더러움에서 떠나서,
자신을 깨끗하게 하며, 하나님을 두
려워하는 가운데 온전히 거룩하게
됩시다.

고린도 교회의 회개를 기뻐하다

2 ○여러분은 마음을 넓혀서, 우리를
받아 주십시오. 우리는 아무에게도
부당한 일을 한 적이 없고, 아무도
망친 적이 없고, 아무도 속여서 빼앗
은 일이 없습니다.
3 여러분을 책망하려고 내가 이런 말
을 하는 것이 아닙니다. 내가 전에도

6:1-10 하나님의 일꾼으로서, 바울은 고린도 교인들에게 은혜받을 것을 권면하고 있다(1-2절). 또한 바울은 자신의 직분을 변호하기 위해, 그가 당한 고된 환난과 하나님의 은혜를 열거하고 있다.
6:14-7:1 성도는 하나님의 백성답게 깨끗하고 하나님을 두려워 하는 거룩한 삶을 살아야 한다(7:1).

㉠ 악마의 이름 ㉡ 다른 고대 사본들에는 '여러분은' ㉢ 레 26:12; 렘 32:38; 겔 37:27 ㉣ 렘 31:1 ㉤ 사 52:11; 겔 20:34, 41 ㉥ 삼하 7:14(칠십인역); 렘 31:9; 사 43:6; 삼하 7:8

7장 요약 바울은 자신의 결백을 주장하며 교인과의 화해를 호소한다(2-4절). 그런데 디도로부터 고린도 교회의 문제가 해결되었다는 소식이 들렸다(6절). 바울은 매우 기뻐하며 그간의 모든 근심과 문제 해결을 위한 노력을 밝히고 교인들을 칭찬했다. 이것은 흩어진 교회와 성도를 향한 바울의 사랑이다.

7:1 온전히 거룩하게 됩시다 성화란 단번에 이루어

말하였거니와, 여러분은 우리 마음
속에 자리잡고 있어서, 죽어도 같이
죽고, 살아도 같이 살 것입니다.
4 나는 여러분에게 큰 신뢰를 두고 있
으며, 여러분을 매우 자랑스럽게 생
각합니다. 우리의 온갖 환난 가운데
서도, 나에게는 위로가 가득하고,
기쁨이 넘칩니다.
5 ○우리가 마케도니아에 이르렀을 때
에도, 우리의 육체는 조금도 쉬지 못
하였습니다. 우리는 여러 가지로 환
난을 겪었습니다. 밖으로는 싸움이
있었고, 안으로는 두려움이 있었습
니다.
6 그러나, 실의에 빠진 사람을 위로해
주시는 하나님께서는 디도를 돌아오
게 하심으로써 우리를 위로해 주셨
습니다.
7 그가 돌아온 것으로만이 아니라, 그
가 여러분에게서 받은 위로로 우리
는 위로를 받았습니다. 여러분이 나
를 그리워하고, 내게 잘못한 일을 뉘
우치고, 또 나를 열렬히 변호한다는
소식을 그가 전해 줄 때에, 나는 더
욱더 기뻐하였습니다.
8 내가 그 편지로 여러분의 마음을 아
프게 했더라도, 나는 후회하지 않습
니다. 그 편지가 잠시나마 여러분의
마음을 아프게 했다는 것을 알고서
후회하기는 하였지만,
9 지금은 기뻐합니다. 그것은 여러분
이 아픔을 당했기 때문이 아니라,
아픔을 당함으로써 회개에 이르게
되었기 때문입니다. 여러분이 하나님
의 뜻에 맞게 아파하였으니, 결국 여
러분은 우리로 말미암아 손해를 본
것은 없습니다.
10 하나님의 뜻에 맞게 마음 아파하는
것은, 회개를 하게 하여 구원에 이르
게 하므로, 후회할 것이 없습니다.
그러나 세상 일로 마음 아파하는 것
은 죽음에 이르게 합니다.
11 보십시오. 하나님의 뜻에 맞게 마음
아파함으로써 여러분에게 얼마나 많
은 변화가 일어났습니까! 여러분이
나타낸 그 열성, 그 변호, 그 의분,
그 두려워하는 마음, 그 그리워하는
마음, 그 열정, 그 응징은 참으로 놀
라운 것입니다. 여러분은 그 모든 일
에 잘못이 없음을 보여주었습니다.
12 그러므로 내가 여러분에게 편지한
것은, 남에게 불의를 행한 사람이나,
불의를 당한 사람 때문이 아니라, 우
리를 위한 여러분의 간절한 마음이
하나님 앞에서 여러분에게 환히 나
타나게 하려는 것입니다.
13 그래서 우리는 위로를 받았습니다.
○또한, 우리가 받은 위로 위에 디도
의 기쁨이 겹쳐서, 우리는 더욱 기뻐
하게 되었습니다. 그는 여러분 모두

지는 것이 아니다. 성도는 세상과 구별되고 거룩해지기 위해서 지속적인 연단과 노력이 필요하다.

7:2 바울은 자기 일행이 고린도 교인들에 대하여 *어떠한 불의나* 잘못도 행치 않았음을 변호하면서, 그 일행을 마음으로 영접해 달라고 권고한다.

7:4 매우 자랑스럽게 생각합니다 바울의 강렬한 신뢰를 나타내는 문장이다. 그는 고린도 교회 교인들을 책망하기보다 그들을 믿고 자랑하고 싶어했다.

7:10 하나님의 뜻에 맞게 마음 아파하는 것 죄를 회개하게 하고 그 회개를 통해 구원에 이르게 하는 근심을 뜻한다. 회개는 하나님께서 주시는 은혜다. 세상 일로 마음 아파하는 것 후회와 죽음을 가져다주는 죄악을 뉘우치고 돌아서게 하는 하나님 중심의 근심이 아니라, 죄악의 결과로 인한 고통을 슬퍼하는 자기 중심의 근심이다.

7:16 바울은 모든 일에 고린도 교인들을 마음놓고 신뢰할 수 있게 된 것을 기뻐했다.

로부터 환대를 받고, 마음에 안정을
얻었던 것입니다.
14 내가 여러분을 두고 디도에게 자랑
한 일이 있었는데, 여러분이 나를 부
끄럽게 하지 않았습니다. 우리가 여
러분에게 모든 것을 진실하게 말한
것과 같이, 우리가 여러분을 두고 디
도에게 말한 자랑도 진실한 것으로
드러났기 때문입니다.
15 디도는, 여러분 모두가 두렵고 떨리
는 마음으로 자기를 영접하고 순종
한 것을 회상하면서, 사랑하는 정을
더욱더 여러분에게 기울이고 있습니
다.
16 나는 여러분을 온전히 신뢰할 수 있
게 된 것을 기뻐합니다.

아낌없는 구제

8 ㉠형제자매 여러분, 우리는 하나님
께서 마케도니아 여러 교회에 베
풀어주신 은혜를 여러분에게 알리려
고 합니다.
2 그들은 큰 환난의 시련을 겪으면서
도 기쁨이 넘치고, 극심한 가난에 쪼
들리면서도 넉넉한 마음으로 남에
게 베풀었습니다.
3 내가 증언합니다. 그들은 힘이 닿는
대로 구제하였을 뿐만 아니라, 오히
려 힘에 지나도록 자원해서 하였습
니다.
4 그들은 성도들을 구제하는 ㉡특권에
동참하게 해 달라고, 우리에게 간절
히 청하였습니다.
5 그들은, 우리가 기대한 이상으로, 하
나님의 뜻을 따라서 먼저 자신들을
주님께 바치고, 우리에게 바쳤습니
다.
6 그래서 우리는 디도에게 청하기를,
그가 이미 시작한 대로 이 은혜로운
일을 여러분 가운데서 완수하라고
하였습니다.
7 여러분은 모든 일에 있어서 뛰어납
니다. 곧 믿음에서, 말솜씨에서, 지식
에서, 열성에서, ㉢우리와 여러분 사
이의 사랑에서 그러합니다. 여러분
은 이 은혜로운 활동에서도 뛰어나
야 할 것입니다.
8 ○나는 이 말을 명령으로 하는 것이
아닙니다. 다른 사람들의 열성을 말
함으로써, 여러분의 사랑도 진실하
다는 것을 확인하려고 하는 것뿐입
니다.
9 여러분은 우리 주 예수 그리스도의
은혜를 알고 있습니다. 그리스도께
서는 부요하나, 여러분을 위해서 가
난하게 되셨습니다. 그것은 그의 가
난으로 여러분을 부요하게 하시려는
것입니다.
10 이 일에 한 가지 의견을 말씀드리겠
습니다. 이 일은 여러분에게 유익합
니다. 여러분은 지난 해부터 이미 이

8장 요약 당시 예루살렘 교회는 지역적으로 비교적 가난한 지역에 속했고, 가뭄으로 인해서 재정적인 궁핍을 당하고 있었다. 바울은 마케도니아 교회를 예로 들면서 아낌없는 헌금을 고린도 교회에 부탁한다.

8:1–8 바울은 헌금을 드리는 일에 마케도니아 교인들이 보여 준 열심을 전한다. 고린도 교인들도 마케도니아 교인들을 본받아 예루살렘 교회 구제에 동참하고 풍성한 헌금을 드려 그들의 사랑이 진실함을 보여 주기 원했다.

8:9–15 예수 그리스도는 우리를 구원하시기 위하여 하늘의 모든 부요와 영광을 버리고 몸을 입고 이 세상에 오셔서 십자가에 매달려 돌아가셨다(빌 2:6–8). 이러한 은혜를 아는 사람은 가진

㉠ 그, '형제들' ㉡ 그, '은혜' ㉢ 다른 고대 사본들에는 '우리를 향한 여러분의 사랑' 또 다른 고대 사본들에는 '여러분을 향한 우리의 사랑'

일을 실행하기 시작했을 뿐 아니라,
그렇게 하기를 원하기도 했습니다.
11 그러므로 이제는 그 일을 완성하십
시오. 여러분이 자원해서 시작할 때
에 보여준 그 열성에 어울리게, 여러
분이 가지고 있는 것으로 그 일을
마무리지어야 합니다.
12 기쁜 마음으로 각자의 형편에 맞게
바치면, 하나님께서는 그것을 기쁘
게 받으실 것입니다. 하나님께서는
없는 것까지 바치는 것을 바라지 않
으십니다.
13 나는 다른 사람들을 편안하게 하고,
그 대신에 여러분을 괴롭게 하려는
것이 아니라, 평형을 이루려고 하는
것입니다.
14 지금 여러분의 넉넉한 살림이 그들
의 궁핍을 채워주면, 그들의 살림이
넉넉해질 때에, 그들이 여러분의 궁
핍을 채워 줄 수도 있을 것입니다.
이렇게 하여 평형이 이루어지는 것
입니다.
15 이것은, 성경에 기록하기를
㉠"많이 거둔 사람도 남지 아니
하고, 적게 거둔 사람도 모자라
지 아니하였다"
한 것과 같습니다.

디도와 그의 동역자

16 ○여러분을 위한 나의 열성과 똑같
은 열성을 디도의 마음에 주신 하나
님께 나는 감사를 드립니다.
17 그는 우리의 청을 받아들였을 뿐만
아니라, 더욱 열심을 내어서, 자진하
여 여러분에게로 갔습니다.
18 우리는 그와 함께 형제 한 사람을 보
냈습니다. 이 형제는 ㉡복음을 전하
는 일로 모든 교회에서 칭찬이 자자
한 사람입니다.
19 그뿐만 아니라, 그는 여러 교회가 우
리의 여행 동반자로 뽑아 세운 사람
이며, 우리가 수행하고 있는 이 은혜
로운 일을 돕는 사람입니다. 우리는
주님의 영광을 드러내고, 우리의 좋
은 뜻을 이루려고 이 일을 합니다.
20 우리가 맡아서 봉사하고 있는 이 많
은 헌금을 두고, 아무도 우리를 비
난하지 못하게 하려고, 우리는 조심
합니다.
21 ㉢우리는 주님 앞에서뿐만 아니라,
사람들 앞에서도, 좋은 일을 바르게
하려고 합니다.
22 우리는 그들과 함께 또 형제 한 사람
을 보냈습니다. 그가 모든 일에 열성
이 있음을 우리는 여러 번 확인하였
습니다. 지금 그는 여러분을 크게 신
뢰하고 있으므로, 더욱더 열심을 내
고 있을 것입니다.
23 디도로 말하면, 그는 내 동료요, 여
러분을 위한 내 동역자입니다. 그리
고 그와 같이 간 우리 형제들로 말

모든 것을 기쁨으로 드릴 수 있다. 그런데 헌금을 드리는 일에 있어 중요한 것은 양(量)이 아니라 마음의 자세이다(12절).

8:12 헌금에 있어서 중요한 것은 얼마나 많이 드리냐가 아닌, 얼마나 자원하는 마음으로 드리느냐에 달려 있다(참조. 막 12:41-44).

8:16-24 바울은 단독으로 일을 추진하지 않고 디도를 포함하여 세 사람을 고린도 교회에 보냄으로써, 헌금을 거두어 예루살렘 교회에 보내는 일에 함께 참여하도록 했다(19,23절). 이렇게 조심스럽게 행한 이유는 바울이 헌금으로 인하여 오해받지 않기 위함이었다(20절). 아무리 선한 일이라도 '주님 앞에서뿐만 아니라 사람들 앞에서도' 바르게 행하는 것이 바람직하다(21절). 또한, 디도를 단독으로 파견하지 않은 것은 운송 도중 불의의 사고나 공연한 오해를 방지하기 위해서였다(20-21절).

㉠ 출 16:18 ㉡ 또는 '기쁜 소식을' ㉢ 잠 3:4(칠십인역)

하면, 그들은 여러 교회의 ㉠심부름
꾼들이요, 그리스도의 영광입니다.
24 그러므로 여러분은 그들에게 여러분
의 사랑을 보여 주십시오. 그리하면
그들을 파송한 교회들이 그것을 보
고서, 우리가 그들에게 여러분을 자
랑한 것이 참된 것이었음을 확인할
것입니다.

가난한 성도들을 돕는 헌금

9 유대에 있는 성도들을 돕는 일을
두고, 나는 더 이상 여러분에게 글
을 써 보낼 필요가 없습니다.
2 여러분의 열성을 내가 알고 있기 때
문입니다. 나는 마케도니아 사람들
에게 "아가야에서는 지난 해부터 준
비가 되어 있다" 하고 자랑하고 있습
니다. 여러분의 열성을 듣고서, 많은
사람이 분발하였습니다.
3 내가 이 형제들을 보낸 것은, 우리가
이 일로 여러분을 자랑한 것이 헛된
말이 되지 않게 하려는 것이고, 내가
말한 대로 여러분이 준비하고 있게
하려는 것입니다.
4 혹시 마케도니아 사람들이 나와 함
께 그리로 가서, 여러분이 준비하고
있지 않은 것을 보게 되면, 여러분은
말할 것도 없고, 우리가 이런 확신을
가진 것 때문에 부끄러움을 당하지
않을까 하고 염려합니다.
5 그러므로 나는 그 형제들에게 청하
여, 나보다 먼저 여러분에게로 가서,
여러분이 전에 약속한 선물을 준비
해 놓게 하는 것이 필요하다고 생각
하였습니다. 이렇게 해서 이 선물은,
마지못해서 낸 것이 아니라 기쁜 마
음으로 마련한 것이 됩니다.
6 ○요점은 이러합니다. 적게 심는 사
람은 적게 거두고, 많이 심는 사람은
많이 거둡니다.
7 각자 마음에 정한 대로 해야 하고,
아까워하면서 내거나, 마지못해서
하는 일은 없어야 합니다. 하나님께
서는 기쁜 마음으로 내는 사람을 사
랑하십니다.
8 하나님께서는 여러분에게 온갖 은혜
가 넘치게 하실 수 있습니다. 그러하
므로 여러분은 모든 일에 언제나, 쓸
것을 넉넉하게 가지게 되어서, 온갖
선한 일을 얼마든지 할 수 있습니다.
9 이것은 성경에 기록한 바

> ㉡"그가 가난한 사람들에게 아
> 낌없이 뿌려 주셨으니, 그의 의
> 가 영원히 있다"

한 것과 같습니다.
10 심는 사람에게 심을 씨와 먹을 양식
을 공급하여 주시는 하나님께서, 여
러분에게도 씨를 마련하여 주시고,
그것을 여러 갑절로 늘려 주시고, 여
러분의 의의 열매를 증가시켜 주실
것입니다.

9장 요약 바울은 디도를 비롯한 세 명의 동역자를 고린도 교회에 보내어 헌금을 가져오게 하였다. 이것은 헌금을 둘러싼 불필요한 오해를 불식시키고(1–5절;8:16–24), 헌금을 미리 준비하게 하기 위함이었다. 이어 바울은 헌금에 있어서 인색하지 말 것을 주문하고 있다(6–15절).

9:1–15 바울이 디도와 두 형제를 고린도 교회에 앞서 보낸 이유는 고린도 교인들에게 헌금을 미리 준비하도록 하기 위함이었다(5절). 또한 바울은 심는 대로 거둔다는 비유를 통해서 고린도 교인들이 자발적이고 넉넉하게 헌금을 드리도록 권면하고 있다(6절).

9:11 헌금을…하나님께 감사를 드리게 될 것입니다 구제는 두 가지 결과를 가져온다. 물질적으로는 가난한 '성도들의 궁핍'(12절)을 채워주며, 영적으로는 하나님께 감사와 찬양을 돌리게 한다.

㉠ 그, '사도들' ㉡ 시 112:9(칠십인역)

11 하나님께서 여러분을 모든 일에 부
요하게 하시므로, 여러분이 후하게
헌금을 하게 될 것입니다. 우리가 여
러분의 헌금을 전달하면, 많은 사람
이 하나님께 감사를 드리게 될 것입
니다.
12 여러분이 수행하는 이 봉사의 일은
성도들의 궁핍을 채워줄 뿐만 아니
라, 많은 사람들로 하여금, 하나님께
감사를 넘치게 드리게 할 것입니다.
13 여러분의 이 봉사의 결과로, 그들은
하나님께 영광을 돌릴 것입니다. 그
것은 여러분이 하나님께 순종하여,
그리스도의 복음을 고백하고, 또 그
들과 모든 다른 사람에게 너그럽게
도움을 보낸다는 사실이 입증되었기
때문입니다.
14 그들은 또한 여러분에게 주신 하나
님의 넘치는 은혜 때문에 여러분을
그리워하면서, 여러분을 두고 기도
할 것입니다.
15 말로 다 형언할 수 없는 선물을 주시
는 하나님께 감사합니다.

바울이 자기의 사도직을 변호하다

10 나 바울은 그리스도의 온유하
심과 관대하심을 힘입어서 여
러분을 권면합니다. 내가 얼굴을 마
주 대하고 있을 때에는 여러분에게
유순하나, 떠나 있을 때에는 여러분
에게 강경하다고들 합니다.
2 내가 여러분에게 청하는 것은, 내가
가서 여러분을 대할 때에 강경하게
대해야 할 일이 없게 해 달라는 것입
니다. 그러나 우리가 육정을 따라서
처신한다고 여기는 사람들에게는
나는 확신을 가지고 담대하게 대하
려고 생각합니다.
3 우리가 육신을 입고 살고 있습니다
마는, 육정을 따라서 싸우는 것은 아
닙니다.
4 싸움에 쓰는 우리의 무기는, 육체의
무기가 아니라, 하나님 앞에서 견고
한 요새라도 무너뜨리는 강력한 무
기입니다. 우리는 궤변을 무찌르고,
5 하나님을 아는 지식을 가로막는 모
든 교만을 쳐부수고, 모든 생각을
사로잡아서, 그리스도께 복종시킵니
다.
6 그리고 여러분이 온전히 순종하게
될 때에는, 우리는 모든 복종하지 않
는 자를 처벌할 준비가 되어 있을 것
입니다.
7 ○여러분은 겉모양만 봅니다. 누구
든지 자기가 그리스도께 속한 사람
이라고 확신한다면, 자기가 그리스
도께 속한 사람인 것과 같이, 우리도
그리스도께 속한 사람이라는 것을
다시 한 번 스스로 명심해야 할 것입
니다.
8 주님께서 우리에게 주신 권위를 내

10장 요약 본장부터는 바울의 사도권에 대한 변호 내용이다. 그는 고린도 교회 내에 남아 있는 거짓 사도들에 대해 경고하고 있다. 거짓 사도들은 바울의 사도권을 인정하지 않고 그의 인격까지 문제삼았다. 그러나 바울은 굴하지 않는 용기와 복음에 대한 열정을 가지고 자신을 변호한다.

10:1–6 거짓 사도들은 바울이 그들과 함께 있을 때는 순하고 소심하게 행동하지만 떠나 있을 때는 강경하다고 모함하였다. 게다가 그들은 바울이 육정(육체의 소욕)을 따라 이기적으로 행동한다고 비난했다. 이에 대해 바울은 세상에 속한 인간의 능력이나 지혜가 아니라 하나님의 영적인 능력으로 그들을 엄히 징계하기로 결심했다.

10:7–11 바울은 고린도 교인들이 거짓 사도들의 유혹에서 벗어나기를 바라면서 자신이 그리스도의 사도임을 변호하고 있다.

가 좀 지나치게 자랑했다고 하더라
도, 그 권위는 주님께서 여러분을 넘
어뜨리라고 주신 것이 아니라, 세우
라고 주신 것이므로, 나는 부끄러울
것이 없습니다.
9 나는 편지로 여러분에게 겁을 주려
고 하는 것처럼 보이고 싶지는 않습
니다.
10 "바울의 편지는 무게가 있고, 힘이
있지만, 직접 대할 때에는, 그는 약하
고, 말주변도 변변치 못하다" 하고
말하는 사람들이 있습니다.
11 이런 사람들은, 우리가 떠나 있을 때
에 편지로 쓰는 말과, 함께 있을 때
에 행하는 일 사이에는, 아무런 차
이가 없다는 것을 알아야 합니다.
12 ○우리는 자기를 내세우는 사람들과
같은 부류가 되려고 하거나, 그들과
견주어 보려고 하지 않습니다. 그러
나 그들은 자기를 척도로 하여 자기
를 재고, 자기를 기준으로 하여 자기
를 견주어 보고 있으니, 어리석기 짝
이 없습니다.
13 우리는 마땅한 정도 이상으로 자랑
을 하려고 하지 않습니다. 우리가 여
러분에게까지 다다른 것도, 하나님
께서 우리에게 정하여 주신 한계 안
에서 된 일입니다.
14 그러므로 우리는 여러분에게로 가지
못할 사람이 아닙니다. 우리가 여러
분에게까지 가서 그리스도의 복음
을 전한 것은, 한계를 벗어나서 행동
한 것이 아닙니다.
15 우리는 주제 넘게 다른 사람들이 수
고한 일을 가지고 자랑하려는 것이
아닙니다. 다만 바라는 것은 여러분
의 믿음이 자람에 따라 우리의 활동
범위가 여러분 가운데서 더 넓게 확
장되는 것입니다.
16 우리는 여러분의 지역을 넘어서 ㉠복
음을 전하려는 것이요, 남들이 자기
네 지역에서 이미 이루어 놓은 일을
가지고 자랑하려는 것이 아닙니다.
17 ㉡"자랑하려는 사람은 주님 안에서
자랑해야 합니다."
18 참으로 인정을 받는 사람은 스스로
자기를 내세우는 사람이 아니라, 주
님께서 내세워 주시는 사람입니다.

바울과 거짓 사도들

11 여러분은 내가 좀 어리석은 말
을 하더라도 용납해 주시기 바
랍니다. 꼭 나를 용납해 주십시오.
2 나는 하나님께서 보여주신 열렬한
관심으로, 여러분을 두고 몹시 마음
을 씁니다. 나는 여러분을 순결한 처
녀로 그리스도께 드리려고 여러분을
한 분 남편 되실 그리스도와 약혼시
켰습니다.
3 그러나 내가 두려워하는 것은, 뱀이
그 간사한 꾀로 하와를 속인 것과

10:10 말주변도 변변치 못하다 바울은 화려한 웅변술과 수사법이 아닌 평이한 말을 사용했다.

10:12-18 거짓 사도들은 이미 세워진 고린도 교회에 들어와 바울의 영역을 침범하였을 뿐만 아니라, 바울의 사도적 권위를 제거하고자 했고, 바울이 이룩한 일을 그들의 것인 양 자랑하였다. 그러나 바울이 바라던 것은 오직 고린도 교인들의 믿음이 성장하여 바울을 도와 그의 복음 전도 영역을 더욱 확장시키는 것이었다.

11장 요약 바울은 거짓 사도들에게 미혹되어 신앙의 순수성을 잃어간 고린도 교인들을 질책하고 거짓 사도들의 정체를 폭로함으로써(1-15절) 그들을 바르게 인도하고자 했다. 바울이 거짓 사도를 격하하고 자신을 내세우는 것은(16-33절) 사도권과 복음의 진리를 지키기 위해서였다.

㉠ 또는 '기쁜 소식' ㉡ 렘 9:24

같이, 여러분의 생각이 부패해서, 여
러분이 그리스도께 대한 진실함[과
순결함]을 저버리게 되지나 않을까
하는 것입니다.
4 어떤 사람이 와서, 우리가 전하지 않
은 다른 예수를 전해도, 여러분은
그러한 사람을 잘도 용납합니다. 여
러분은 우리에게서 받지 아니한 다
른 영을 잘도 받아들이고, 우리에게
서 받지 아니한 다른 복음을 잘도
받아들입니다.
5 나는 저 거물급 사도들보다 조금도
못할 것이 없다고 생각합니다.
6 내가 말에는 능하지 못할는지 모르
지만, 지식에는 그렇지 않습니다. 우
리는 이것을 모든 일에서 여러 가지
로 여러분에게 나타내 보였습니다.
7 ○나는 여러분을 높이기 위하여 나
자신을 낮추었고, 또 하나님의 복음
을 값없이 여러분에게 전하였습니
다. 그렇게 한 것이 죄라도 된다는
말입니까?
8 나는 여러분을 섬기기 위하여 삯은
다른 여러 교회에서 받았습니다. 그
것은 다른 교회에서 빼앗아 낸 셈입
니다.
9 내가 여러분과 같이 있는 동안에는
빈곤하였지만, 여러분 가운데서 어
느 누구에게도 누를 끼친 일은 없습
니다. 마케도니아에서 온 ㉠교우들
이 내가 필요로 하는 것을 조달해
주었습니다. 나는 모든 일에 여러분
에게 짐이 되지 않으려고 애썼고, 앞
으로도 그렇게 할 것입니다.
10 내 안에 있는 그리스도의 진실을 걸
고 말합니다마는, 아가야 지방에서
는 아무도 나의 이런 자랑을 막지
못할 것입니다.
11 내가 왜 이렇게 한다고 생각하십니
까? 내가 여러분을 사랑하지 않기
때문입니까? 내가 여러분을 사랑한
다는 것은, 하나님께서 알고 계십니
다.
12 ○나는 지금 하고 있는 대로 앞으로
도 하겠습니다. 그것은, 자기네가 자
랑하는 일에서 우리와 똑같은 방식
으로 일을 한다는 인정을 받을 기회
를 찾고 있는 사람들에게서, 그러한
기회를 잘라 없애기 위함입니다.
13 이런 사람들은 거짓 사도요, 속이는
일꾼들이요, 그리스도의 사도로 가
장하는 자들입니다.
14 그러나 놀랄 것은 없습니다. 사탄도
빛의 천사로 가장합니다.
15 그렇다면, 사탄의 일꾼들이 의의 일
꾼으로 가장한다고 해서, 조금도 놀
랄 것이 없습니다. 그들의 마지막은
그들이 행한 대로 될 것입니다.

바울의 참된 자랑

16 ○거듭 말하지만, 아무도 나를 어리

11:1–15 바울은 고린도 교인들이 거짓 사도들의 유혹을 받아 그리스도께 대한 진실함과 순결함을 잃고 타락할까 염려하였다. 그래서 바울은 고린도 교인들이 순결한 처녀로서 남편 되실 그리스도께 나아가도록 하기 위해 자신이 노력한 것을 자랑하지 않을 수 없었다. 더구나 거짓 사도들의 비난에도 불구하고 값없이 복음을 전한다는 그의 결심에는 변함이 없었다. 이어서 바울은 거짓 사도들의 정체를 밝힌다. 그들은 스스로 그리스도의 사도로 가장했지만 사실은 속임에 능한 사탄의 일꾼이었다.

11:16–33 바울은 거짓 사도들을 받아들인 고린도 교인들의 이러한 잘못에 대해 책망했다(19–20절). 아울러 바울은 거짓 사도들의 근거 없는 권위를 견제하기 위하여 자신을 자랑하는 것이 어리석은 일임을 알면서도 그럴 수밖에 없는 자신의 입장을 변호하고 있다(16–18절). 바울은 자신

㉠ 그, '형제들'

석은 사람으로 생각하지 마십시오.
그러나 여러분이 나를 어리석은 사
람으로 생각하려거든, 어리석은 사
람으로 받아 주어서, 나도 좀 자랑하
게 놓아 두십시오.
17 지금 내가 하는 말은, 주님의 지시를
따라 하는 말이 아니라, 어리석음에
빠져서 자랑하기를 이렇게 장담하는
사람처럼, 어리석게 하는 말입니다.
18 많은 사람이 육신의 일을 가지고 자
랑하니, 나도 자랑해 보겠습니다.
19 여러분은 어지간히도 슬기로운 사람
들이라서, 어리석은 사람들을 잘도
참아 줍니다.
20 누가 여러분을 종으로 부려도, 누가
여러분을 잡아먹어도, 누가 여러분
을 골려도, 누가 여러분을 얕보아도,
누가 여러분의 뺨을 때려도, 여러분
은 가만히 있습니다.
21 부끄럽지만 터놓고 말씀드립니다. 우
리는 너무나 약해서, 그렇게는 하지
못하였습니다. 그러나 누가 감히 자
랑을 하려고 하면, 나도 감히 자랑
해 보겠습니다. 내가 어리석은 말을
해 보겠다는 말입니다.
22 그들이 히브리 사람입니까? 나도 그
렇습니다. 그들이 이스라엘 사람입니
까? 나도 그렇습니다. 그들이 아브라
함의 후손입니까? 나도 그렇습니다.
23 그들이 그리스도의 일꾼입니까? 내
가 정신 나간 사람같이 말합니다마
는, 나는 더욱 그렇습니다. 나는 수
고도 더 많이 하고, 감옥살이도 더
많이 하고, 매도 더 많이 맞고, 여러
번 죽을 뻔하였습니다.
24 유대 사람들에게서 마흔에서 하나
를 뺀 매를 맞은 것이 다섯 번이요,
25 채찍으로 맞은 것이 세 번이요, 돌로
맞은 것이 한 번이요, 파선을 당한
것이 세 번이요, 밤낮 꼬박 하루를
망망한 바다를 떠다녔습니다.
26 자주 여행하는 동안에는, 강물의 위
험과 강도의 위험과 동족의 위험과
이방 사람의 위험과 도시의 위험과
광야의 위험과 바다의 위험과 거짓
형제의 위험을 당하였습니다.
27 수고와 고역에 시달리고, 여러 번 밤
을 지새우고, 주리고, 목마르고, 여러
번 굶고, 추위에 떨고, 헐벗었습니다.
28 그 밖의 것은 제쳐놓고서라도, 모든
교회를 염려하는 염려가 날마다 내
마음을 누르고 있습니다.
29 누가 약해지면, 나도 약해지지 않겠
습니까? 누가 넘어지면, 나도 애타지
않겠습니까?
30 ○꼭 자랑을 해야 한다고 하면, 나
는 내 약점들을 자랑하겠습니다.
31 영원히 찬양을 받으실 주 예수의 아
버지 하나님께서 내 말이 거짓말이
아님을 아십니다.

이 유대 사람이며(22절), 그리스도의 일꾼으로서 복음을 위해 수많은 죽음의 위험과 고통을 당한 사실을 구체적으로 언급하고 있다(23–27절). 한편, 바울은 고린도 교회의 모든 성도들을 위하여 날마다 염려하는 것이 더욱 고통스럽다고 밝힌다(28절). 여기서 우리는 고린도 교인들에 대한 바울의 깊은 사랑과 관심을 엿볼 수 있다.

11:22 히브리 사람·이스라엘 사람·아브라함의 후손 거짓 사도들은 이방 출신의 믿는 사람들보다 유대 출신들이 더 우월하던 사람들이 있었던 것 같다. 그들은 이방 출신 개종자들에게 유대 사람의 관습과 규례를 강요했다. 그러나 그것은 바울이 전한 그리스도의 복음이 아니었다(참조. 롬 2:28–29;갈 3:23–29;엡 2:11–18;골 3:11).

11:25 채찍으로 맞은 것 이것은 로마식 형벌이다. 바울은 이러한 형벌로부터 법적으로 보호받는 로마 시민권자였음에도 불구하고 이런 형벌을 세 번이나 당하였다(참조. 행 16:22–23).

32 다마스쿠스에서는 아레다 왕의 총
리가 나를 잡으려고 다마스쿠스 성
을 지키고 있었으나,
33 교우들이 나를 광주리에 담아 성벽
의 창문으로 내려 주어서, 나는 그
손에서 벗어났습니다.

바울의 신비한 체험

12 자랑함이 나에게 이로울 것은
없으나, 이미 말이 나왔으니, 주
님께서 보여 주신 환상들과 계시들
을 말할까 합니다.
2 나는 그리스도를 믿는 사람 하나를
알고 있습니다. 그는 십사 년 전에
셋째 하늘에까지 이끌려 올라갔습
니다. 그 때에 그가 몸 안에 있었는
지 몸 밖에 있었는지, 나는 알지 못
하지만, 하나님께서는 아십니다.
3 나는 이 사람을 압니다. 그가 몸을
입은 채 그렇게 했는지 몸을 떠나서
그렇게 했는지를, 나는 알지 못하지
만, 하나님께서는 아십니다.
4 이 사람이 낙원에 이끌려 올라가서,
말로 표현할 수도 없고 사람이 말해
서도 안 되는 말씀을 들었습니다.
5 나는 이런 사람을 자랑하려고 합니
다. 그러나 나 자신을 두고서는 내
약점밖에는 자랑하지 않겠습니다.
6 내가 자랑하려 하더라도, 진실을 말
할 터이므로, 어리석은 사람이 되지
는 않을 것입니다. 그러나 자랑은 삼
가겠습니다. 그것은 사람들이, 내게
서 보거나 들은 것 이상으로 나를
평가하지 않게 하려는 것입니다.
7 내가 받은 엄청난 계시들 때문에 사
람들이 나를 과대평가 할는지도 모
릅니다. 그러므로 내가 교만하게 되
지 못하도록, 하나님께서 내 몸에 가
시를 주셨습니다. 그것은 사탄의 하
수인이라고 할 수 있는데, 그것으로
나를 치셔서 ㉠나로 하여금 교만해
지지 못하게 하시려는 것이었습니다.
8 나는 이것을 내게서 떠나게 해 달라
고, 주님께 세 번이나 간청하였습니
다.
9 그러나 주님께서는 내게 이렇게 말
씀하셨습니다. "내 은혜가 네게 족하
다. 내 능력은 약한 데서 완전하게
된다." 그러므로 그리스도의 능력이
내게 머무르게 하기 위하여 나는 더
욱더 기쁜 마음으로 내 약점들을 자
랑하려고 합니다.
10 그러므로 나는 그리스도를 위하여
병약함과 모욕과 궁핍과 박해와 곤
란을 겪는 것을 기뻐합니다. 내가 약
할 그 때에, 오히려 내가 강하기 때문
입니다.

고린도 교회의 일을 염려하다

11 ○나는 어리석은 사람이 되어버렸습
니다. 여러분이 나를 억지로 그렇게
만들었습니다. 그러나 여러분은 나

12장 요약 바울은 여기서 자신의 체험과 계시(1-13절), 그리고 고린도 교회 방문 계획을 밝히고 있다. 이유는 거짓 사도들의 반박을 없애고 주님의 영광을 드러내기 위해서였다. 한편, 고린도 교회를 세 번째로 방문할 계획을 밝히면서도 바울은 물질적인 부담을 주지 않으려 했다.

12:1-6 바울은 여기서 그가 받은 환상들과 계시들에 관해 구체적으로 언급하고 있다(1-4절). 그러나 바울은 자신의 영적 체험이 아니라 하나님의 초월적인 능력을 자랑했다(5절). 또한 바울은 고린도 교인들이 자신을 지나치게 높이 평가하여 영광을 하나님께 돌리지 않고 자기에게 돌릴 것을 염려했기 때문에 자랑을 삼갔다(6절).
12:7-10 하나님은 바울이 너무 교만하지 않도록 그에게 몸의 질병을 주셨다(7절). 이러한 몸의 질

㉠ 다른 고대 사본들에는 이 구절이 없음

를 인정해 주었어야 마땅합니다. 내
가 비록 보잘것없는 사람일지라도,
저 우두머리 사도들보다 부족한 것
이 하나도 없습니다.
12 나는 여러분 가운데서 일일이 참고
견디면서, 놀라운 일과 기적을 표징
으로 삼아 사도가 된 표징을 행하였
습니다.
13 내가 여러분에게 폐를 끼치지 않았
다는 것을 제외하고 여러분이 다른
교회들보다 못난 점이 무엇입니까?
이렇게 한 것이 불공평한 처사라고
하면, 용서하여 주시기 바랍니다.
14 ○지금 나는 이렇게 세 번째로 여러
분에게로 갈 준비가 되어 있습니다.
그러나 여러분에게 폐를 끼치는 일
은 하지 않겠습니다. 내가 구하는 것
은 여러분의 재물이 아니라 바로 여
러분입니다. 자식이 부모를 위하여
재산을 모아 두는 것이 아니라, 부모
가 자식을 위하여 재산을 모아 두는
것이 마땅한 것입니다.
15 여러분을 위해서라면 나는 기쁜 마
음으로 비용을 쓰겠고, 내 몸까지도
희생하겠습니다. 내가 여러분을 더
많이 사랑하면 할수록, 여러분은 나
를 덜 사랑하겠습니까?
16 어쨌든 나는 여러분에게 짐이 된 일
은 없습니다. 그런데 내가 간교한 속
임수로 여러분을 사로잡았다고 말
하는 사람들도 있습니다.
17 내가 여러분에게 보낸 사람들 가운
데 누구를 통해서 여러분을 착취한
일이 있습니까?
18 내가 디도에게 여러분에게로 가라고
권하였고, 또 그와 함께 형제 한 사
람을 보냈는데, 디도가 여러분을 착
취한 일이 있습니까? 디도와 내가
같은 정신으로 행하고, 같은 방식으
로 살지 않았다는 말입니까?
19 ○아마도 여러분은, 우리가 지금까지
여러분에게 자기 변명을 하고 있는
줄로 생각할 것입니다. 그러나 우리
는 그리스도를 믿는 사람으로서 하
나님 앞에서 말하는 것입니다. 사랑
하는 교우 여러분, 이 모든 것은 여
러분에게 덕이 되게 하려는 것입니
다.
20 내가 두려워하는 것은, 내가 가서 여
러분을 만나볼 때에, 여러분이 혹시
내 기대에 어긋나지 않을까 하는 것
과, 또 내가 여러분의 기대에 어긋나
지 않을까 하는 것입니다. 또 여러분
가운데에 싸움과 시기와 분노와 경
쟁심과 비방과 수군거림과 교만과
무질서가 있지나 않을까 두렵습니다.
21 내가 여러분에게 다시 갈 때에, 여러
분 때문에 내 하나님께 내가 부끄러
움을 당하지나 않을까 걱정이 됩니
다. 또 내가, 전에 죄를 지은 많은 사

병을 통해서 바울은 자신의 약함을 깨닫고, 하나님을 의지하며(9절;참조. 1:9), 하나님의 능력을 소유하게 된다. 하나님의 강하신 능력이 우리의 약함 속에 온전히 나타나므로 우리는 강해진다.

12:14–15 이제 바울은 고린도 교회를 세 번째로 방문할 것을 알린다. 이전에 그러했듯이 바울은 고린도 교인들에게 물질적인 부담을 주지 않으려고 한다. 바울은 거짓 사도들의 기대를 좌절시키고, 그들의 탐심을 드러내기 위해서도 이러한 입장을 고수했다.

12:16 거짓 사도들은 비록 바울이 보수를 받지 않고 일하지만, 예루살렘의 가난한 성도들을 빙자하여 거액의 헌금을 모아서 착복하려 한다는 모함을 하였다. 그러나 바울은 하나님과 각 사람 앞에서 그의 행함에 부끄러움이 없었다(참조. 4:2).

12:19 바울의 모든 행동은 개인의 유익을 구하기 위한 것이 아니라, 고린도 교인들을 말씀과 믿음 위에 굳게 세우기 위한 것이었다.

람들이 스스로 행한 부정함과 음란
함과 방탕함을 회개하지 않는 것을
보고서, 슬피 울게 되지나 않을까 걱
정이 됩니다.

마지막 경고와 인사

13 나는 지금 세 번째로 여러분을
방문하려고 합니다. ㉠"모든 소
송 사건은 두세 증인의 말을 근거로
하여 결정지어야 합니다."
2 내가 두 번째로 여러분을 방문하였
을 때에, 전에 범죄한 사람들과 또
그 밖에 모든 사람에게 이미 말한
바와 같이, 지금 떨어져 있으면서도
다시 말하여 둡니다. 내가 이번에 다
시 가면, 그러한 사람들을 그냥 두
지 않겠습니다.
3 여러분은 그리스도께서 내 안에서
말씀하고 계시다는 증거를 구하고
있으니 말입니다. 그리스도는 여러
분에게 약하신 분이 아닙니다. 그는
여러분 가운데서 능력을 떨치시는
분입니다.
4 그분은 약하셔서 십자가에 못박혀
죽으셨지만, 하나님의 능력으로 살
아 계십니다. 우리도 ㉡그분 안에서
약합니다마는, 하나님의 능력으로
그분과 함께 살아나서, 여러분을 대
할 것입니다.
5 ○여러분은 자기가 믿음 안에 있는
지를 스스로 시험해 보고, 스스로
검증해 보십시오. 여러분은 예수 그
리스도께서 여러분 안에 계시다는
것을 알지 못합니까? 모른다면, 여
러분은 실격자입니다.
6 그러나 나는 우리가 실격자가 아니
라는 것을 여러분이 알게 되기를 바
랍니다.
7 우리는 여러분이 악을 저지르지 않
게 되기를 하나님께 기도합니다. 그
것은 우리가 합격자임을 드러내려는
것이 아니라, 우리는 실격자인 것처
럼 보일지라도, 여러분만은 옳은 일
을 하게 하려고 하는 것입니다.
8 우리는 진리를 거슬러서는 아무것도
할 수 없고, 오직 진리를 위해서만
무언가 할 수 있습니다.
9 우리는 약하더라도, 여러분이 강하
면, 그것으로 우리는 기뻐합니다. 우
리는 여러분이 완전하게 되기를 기
도합니다.
10 내가 떠나 있는 동안에 이렇게 편지
를 하는 것은, 내가 가서, 주님께서
주신 권한을 가지고 사건들을 처리
할 때에, 너무 엄하게 대할 필요가
없게 하려는 것입니다. 이 권위는 여
러분을 넘어뜨리라고 주신 것이 아
니라 세우라고 주신 것입니다.
11 ○끝으로 말합니다. ㉢형제자매 여러
분, ㉣기뻐하십시오. 온전하게 되기
를 힘쓰십시오. ㉤서로 격려하십시

13장 요약 바울은 고린도 교인들에게 회개를 권면함과 동시에 범죄한 사람들을 강력히 처벌할 것을 암시한다. 실로 하나님은 사랑과 정의가 조화된 분이시다. 바울이 이처럼 강한 경고성 발언을 한 것은 자신의 손으로 그들을 징계하는 일을 사전에 피하기 위해서이다.

㉠ 신 19:15 ㉡ 다른 고대 사본들에는 '그와 함께 약하지만' ㉢ 그, '형제들' ㉣ 또는 '안녕히 계십시오' ㉤ 또는 '내 호소에 귀를 기울여 주십시오'

13:1–10 바울은 고린도 교인들이 그의 편지를 받고 그들의 악행을 미리 회개함으로써, 그가 방문할 때에 그리스도의 권세로 범죄한 사람들을 엄하게 징계할 필요가 없게 되기를 원했던 것이다(2,10절). 바울도 그리스도 안에서 많은 고난을 당하고 몸이 약했던 것이 사실이지만, 부활하신 그리스도의 능력으로 고린도 교인들을 단호히 처벌할 것을 경고한다. 바울은 또한 고린도 교인들이 그리스도에 대한 믿음을 스스로 시험해 볼 것

오. 같은 마음을 품으십시오. 화평
하게 지내십시오. 그리하면 사랑과
평화의 하나님께서 여러분과 함께
하실 것입니다.
12 거룩한 입맞춤으로 서로 인사하십시
오. 모든 성도가 여러분에게 문안합
니다.
13 ○주 예수 그리스도의 은혜와 하나
님의 사랑과 성령의 사귐이 여러분
모두와 함께 하기를 빕니다.

을 권면한다. 이어서 바울은 고린도 교인들이 복음의 진리 안에서 완전하게 되기를 기도한다.

13:5 여러분은 자기가 믿음 안에 있는지를 스스로 시험해 보고 고린도 교인들이 해야 할 일은 바울의 사도권의 증거를 찾는 일이 아니라, 그리스도에 대한 자신들의 믿음이 진실한가를 스스로 시험해 보는 일이다.

13:9 완전하게 되기를 기도합니다 바울이 기도한 것은 고린도 교인들이 복음의 진리 안에서 영적으로 '완전하게 되는 것'이었다.

13:13 본문은 성부·성자·성령 하나님의 인격과 신성을 구별함으로써 삼위일체 교리를 뒷받침해 준다. 믿는 사람들은 성자 하나님이신 예수 그리스도의 십자가의 은혜를 통하여 성부 하나님의 사랑을 경험하게 되며 성령 하나님과 교제를 갖게 된다. 또한 본절은 바울 서신들에 나오는 축도 중 가장 완비된 형태를 취하고 있어서 공예배시 축도로도 사용된다.

갈라디아서

저자 사도 바울

저작 연대 A.D. 48–49년경 (남갈라디아설) 또는 55–56년경(북갈라디아설)

기록 장소와 대상 안디옥이나 에베소에서 기록했을 가능성이 높다. 갈라디아에 있는 기독교인들을 대상으로 썼다.

기록 목적 갈라디아 교회를 미혹하던 율법주의자들의 가르침을 반박하고 오직 구원은 믿음으로만 이루어짐을 확신시키기 위해서 썼다. 복음이 준 자유를 방종의 기회로 삼는 율법 폐기론자들의 그릇됨을 일깨우고 자신의 사도권을 변호하여 자신이 전한 복음의 정당성을 입증하기 위해서 기록하였다.

핵심어 및 내용 갈라디아서의 핵심어는 '은혜'와 '자유'이다. 우리는 하나님의 값없는 은혜로 말미암아 의롭게 되고 하나님과 올바른 관계를 다시 회복할 수 있게 된다. 또한 그리스도께서 우리를 대신해서 죄값을 치러 주셨기 때문에 우리는 이것을 누릴 수 있게 된 것이다. 따라서 이 자유를 가지고 죄를 지을 것이 아니라 성령님의 인도를 받아서 하나님의 뜻을 행해야 한다.

내용 분해

1. 서론(1:1–9)
2. 바울의 사도 자격에 대한 변호(1:10–2:21)
3. 유대주의자들의 도전에 대항하여 이신칭의의 복음만을 주장함(3:1–5:12)
4. 성령으로 말미암은 새 생활(5:13–6:18)

인사

1 사람들이 시켜서 사도가 된 것도
아니요, 사람이 맡겨서 사도가 된
것도 아니요, 예수 그리스도께서 그
리고 그분을 죽은 사람들 가운데서
살리신 하나님 아버지께서 임명하심
으로써 사도가 된 나 바울이,
2 나와 함께 있는 ㉠모든 믿음의 식구
와 더불어 갈라디아에 있는 여러 교
회에 이 편지를 씁니다.
3 우리 아버지 하나님과 주 예수 그리
스도께서 내려 주시는 은혜와 평화
가 여러분에게 있기를 빕니다.
4 예수 그리스도께서는 하나님 우리
아버지의 뜻을 따라 우리를 이 악한
세대에서 건져 주시려고, 우리의 죄
를 대속하기 위하여 자기 몸을 바치
셨습니다.
5 하나님께 영광이 영원무궁 하도록
있기를 빕니다. 아멘.

다른 복음은 없다

6 ○여러분을 [그리스도의] ㉡은혜 안
으로 불러 주신 분에게서, 여러분이
그렇게도 빨리 떠나 다른 복음으로
넘어가는 데는, 나는 놀라지 않을
수 없습니다.
7 실제로 다른 복음이 있는 것은 아닙
니다. 다만 몇몇 사람이 여러분을 교
란시켜서 그리스도의 복음을 왜곡시
키려고 하는 것뿐입니다.
8 그러나 우리들이나, 또는 하늘에서
온 천사일지라도, 우리가 여러분에
게 전한 것과 다른 복음을 여러분에
게 전한다면, 마땅히 저주를 받아야
합니다.
9 우리가 전에도 말하였지만, 이제 다
시 말합니다. 여러분이 이미 받은 것
과 다른 복음을 여러분에게 전하는
사람이 있다면, 그가 누구이든지, 저
주를 받아야 마땅합니다.
10 ○내가 지금 사람들의 마음을 기쁘
게 하려 하고 있습니까? 아니면, 하
나님의 마음을 기쁘게 해 드리려 하
고 있습니까? 아니면, 사람의 환심
을 사려고 하고 있습니까? 내가 아

㉠ 그, '모든 형제들' ㉡ 또는 '은혜로'

직도 사람의 환심을 사려고 하고 있
다면, 나는 그리스도의 종이 아닙니
다.

바울이 사도가 된 내력

11 ○ⓐ형제자매 여러분, 내가 여러분에
게 밝혀드립니다. 내가 전한 복음은
사람에게서 비롯된 것이 아닙니다.
12 그 복음은, 내가 사람에게서 받은 것
도 아니요, 배운 것도 아니요, 예수
그리스도의 나타나심으로 받은 것입
니다.
13 ○내가 전에 유대교에 있을 적에 한
행위가 어떠하였는가를, 여러분이
이미 들은 줄 압니다. 나는 하나님
의 교회를 몹시 박해하였고, 또 아
주 없애버리려고 하였습니다.
14 나는 내 동족 가운데서, 나와 나이
가 같은 또래의 많은 사람보다 유대
교 신앙에 앞서 있었으며, 내 조상들
의 전통을 지키는 일에도 훨씬 더 열
성이었습니다.
15 그러나 나를 모태로부터 따로 세우시
고 은혜로 불러 주신 [하나님께서],
16 그 아들을 이방 사람에게 전하게 하
시려고, 그를 ⓑ나에게 기꺼이 나타
내 보이셨습니다. 그 때에 나는 사람
들과 의논하지 않았고,
17 또 나보다 먼저 사도가 된 사람들을
만나려고 예루살렘으로 올라가지도
않았습니다. 나는 곧바로 ⓒ아라비
아로 갔다가, 다마스쿠스로 되돌아
갔습니다.
18 ○삼 년 뒤에 나는 ⓓ게바를 만나려
고 예루살렘으로 올라갔습니다. 나
는 그와 함께 보름 동안을 지냈습니
다.
19 그러나 나는 주님의 동생 야고보 밖
에는, 사도들 가운데 아무도 만나지
않았습니다.
20 (내가 여러분에게 쓰는 이 말은, 하나
님 앞에 맹세코 거짓말이 아닙니다!)
21 그 뒤에 나는 시리아와 길리기아 지
방으로 갔습니다.
22 그래서 나는 유대 지방에 있는 그리
스도의 교회들에게는 얼굴이 알려
져 있지 않았습니다.
23 그들은 다만 "전에 우리를 박해하던
그 사람이, 지금은 그가 전에 없애
버리려고 하던 그 믿음을 전한다"
하는 소문을 들을 따름이었습니다.
24 그래서 그들은 나를 두고 하나님께
줄곧 영광을 돌렸습니다.

예루살렘 회의

2 그 다음에 십사 년이 지나서, 나는
바나바와 함께 디도를 데리고, 다
시 예루살렘으로 올라갔습니다.
2 내가 거기에 올라간 것은 계시를 따
른 것이었습니다. 나는 이방 사람들
에게 전하는 복음을 그들에게 설명
하고, 유명한 사람들에게는 따로 설

갈

1장 요약 바울은 다른 복음을 따르는 갈라디아 교인들의 행위가 배교임을 질책하고 있으며(1–10절), 그의 초기 행적이 고백조로 서술되고 있다(11–24절).

1:10 그리스도의 종 바울은 한때 '종살이의 멍에'(5:1)를 메었으나, 그리스도 안에 있는 구속으로 말미암아 죄에서 자유롭게 된 그는 이제 '의의 종'(롬 6:18), '하나님의 종'(롬 6:22)이 되었다.

2장 요약 본장은 바울의 제3차 예루살렘 방문 사건이 배경이다. 이때 할례의 무용성과 이방 사람들에 대한 율법 강요 금지가 결정되었다. 바울이 이 사건을 다시 언급한 것은(1–10절), 아직도 구약 율법의 조항에 얽매여 있는 갈라디아 교인들의 잘못을 지적하기 위해서였다.

ⓐ 그, '형제들' ⓑ 그, '내 안에' ⓒ 다마스쿠스 동남쪽에 있는 나바태아 왕국을 가리킴 ⓓ 베드로

명하였습니다. 그것은, 내가 달리고
있는 일이나 지금까지 달린 일이 헛
되지 않게 하려고 한 것입니다.
3 나와 함께 있는 디도는 그리스 사람
이지만, 할례를 강요받지 않았습니다.
4 몰래 들어온 ㉠거짓 신도들 때문에
할례를 강요받는 일이 있었던 것입
니다. 그들은 우리를 노예로 만들고
자 하여, 그리스도 예수 안에서 누리
는 우리의 자유를 엿보려고 몰래 끼
여든 자들입니다.
5 우리는 그들에게 잠시도 굴복하지
않았습니다. 그것은 복음의 진리가
언제나 여러분과 함께 있게 하려고
한 것입니다.
6 그 유명하다는 사람들로부터 나는
아무런 제안도 받지 않았습니다.
—그들이 어떤 사람들이든지, 나에게
는 아무 상관이 없습니다. 하나님께
서는 사람을 겉모양으로 판단하지
않으십니다.— 그 유명한 사람들은
나에게 아무런 제안을 하지 않았습
니다.
7 도리어 그들은, 베드로가 ㉡할례 받
은 사람에게 복음을 전하는 일을 맡
은 것과 같이, 내가 ㉢할례 받지 않
은 사람에게 복음을 전하는 일을 맡
은 것을 알게 되었습니다.
8 그들은, 베드로에게는 ㉡할례 받은
사람에게 복음을 전하게 하시려고
사도직을 주신 분이, 나에게는 ㉢할
례 받지 않은 사람에게 복음을 전하
게 하시려고 사도직을 주셨다는 사
실을 깨달았습니다.
9 그래서 기둥으로 인정받는 야고보
와 ㉣게바와 요한은, 하나님이 나에
게 주신 은혜를 인정하고, 나와 바나
바에게 오른손을 내밀어서, 친교의
악수를 하였습니다. 그렇게 하여, 우
리는 이방 사람에게로 가고, 그들은
㉡할례 받은 사람에게로 가기로 하였
습니다.
10 다만, 그들이 우리에게 바란 것은 가
난한 사람을 기억해 달라고 한 것인
데, 그것은 바로 내가 마음을 다하
여 해 오던 일이었습니다.

안디옥에서 바울이 게바를 나무라다

11 ○그런데 ㉣게바가 안디옥에 왔을 때
에 잘못한 일이 있어서, 나는 얼굴을
마주 보고 그를 나무랐습니다.
12 그것은 ㉣게바가, ㉤야고보에게서 몇
몇 사람이 오기 전에는 ㉥이방 사람
들과 함께 음식을 먹다가, 그들이 오
니, 할례 받은 사람들을 두려워하여
그 자리를 떠나 물러난 일입니다.
13 나머지 유대 사람들도 그와 함께 위
선을 하였고, 마침내는 바나바까지
도 그들의 위선에 끌려갔습니다.
14 나는 그들이 복음의 진리를 따라 똑
바로 걷지 않는 것을 보고, 모든 사

2:1 십사 년이 지나서 바울의 개종 이후 14년이 아니라 예루살렘 방문 이후 14년이 지났음을 뜻하는 듯하다(참조. 1:18,21). 예루살렘 방문은 2장의 내용으로 볼 때 사도행전 15:1–4과 연결된다.
2:9 친교의 악수를 하였습니다 이 악수는 단순한 우정의 악수가 아니다. 그것은 세 지도자의 복음 사상과 바울·바나바의 복음 사상이 상호 일치한다는 것을 인정하는 표시였다. 따라서 성경적 교제 (그) '코이노니아'는 단순히 모임에서의 사귐만을 뜻하지 않고, 동일한 복음을 함께 믿고 공유하는 까닭에 형제 사랑의 사귐이 뒤따르게 된다.
2:16 의롭게 되는 것 이 용어는 항상 동일한 의미로 사용되지는 않는다(롬 3:24과 딤전 3:16을 비교). 이곳에서는 법정적(法定的) 의미로 사용되었으며 그리스도의 중보적 사역(마 20:28;롬 3:24;

㉠ 그, '거짓 형제들' ㉡ 유대 사람을 가리킴 ㉢ 이방 사람을 가리킴 ㉣ 베드로 ㉤ 또는 '야고보가 보낸' ㉥ 할례 받지 아니한 이방계 그리스도인들을 가리킴

람 앞에서 ㉠게바에게 이렇게 말하였
습니다. "당신은 유대 사람인데도 유
대 사람처럼 살지 않고 이방 사람처
럼 살면서, 어찌하여 이방 사람더러
유대 사람이 되라고 강요합니까?"㉡

믿음으로 의롭게 하여 주심을 받다

15 ○우리는 본디 유대 사람이요, 이방
인 출신의 죄인이 아닙니다.
16 그러나 사람이, 율법을 행하는 행위
로 ㉢의롭게 되는 것이 아니라, 예수
그리스도를 믿는 믿음으로 의롭게
되는 것임을 알고, 우리도 그리스도
예수를 믿은 것입니다. 그것은, 우리
가 율법을 행하는 행위로가 아니라,
그리스도를 믿는 믿음으로 의롭다고
하심을 받고자 했던 것입니다. 율법
을 행하는 행위로는, 아무도 의롭게
될 수 없기 때문입니다.
17 우리가 그리스도 안에서 의롭다고
하심을 받으려고 하다가, 우리가 죄
인으로 드러난다면, 그리스도는 우
리로 하여금 죄를 짓게 하시는 분이
라는 말입니까? 그럴 수 없습니다.
18 내가 헐어 버린 것을 다시 세우면,
나는 나 스스로를 범법자로 만드는
것입니다.
19 나는 율법과의 관계에서는 율법으
로 말미암아 죽어버렸습니다. 그것
은 내가 하나님과의 관계 안에서 살
려고 하는 것입니다.
20 나는 그리스도와 함께 십자가에 못
박혔습니다. 이제 살고 있는 것은 내
가 아닙니다. 그리스도께서 내 안에
서 살고 계십니다. 내가 지금 육신
안에서 살고 있는 삶은, 나를 사랑하
셔서 나를 위하여 자기 몸을 내어주
신 하나님의 아들을 믿는 믿음 안에
서 살아가는 것입니다.
21 나는 하나님의 은혜를 헛되게 하지
않습니다. 의롭다고 하여 주시는 것
이 율법으로 되는 것이라면, 그리스
도께서는 헛되이 죽으신 것이 됩니다.

갈라디아 교인들에게 호소하다

3 어리석은 갈라디아 사람들이여,
예수 그리스도께서 십자가에 못박
히신 모습이 여러분의 눈 앞에 선한
데, 누가 여러분을 홀렸습니까?
2 나는 여러분에게서 이 한 가지만을
알고 싶습니다. 여러분은 율법을 행
하는 행위로 성령을 받았습니까? 그
렇지 않으면, ㉣믿음의 소식을 들어
서 성령을 받았습니까?
3 여러분은 그렇게도 어리석습니까?
성령으로 시작하였다가, 이제 와서
는 육체로 끝마치려고 합니까?
4 여러분의 그 많은 체험은, 다 허사가
되었다는 말입니까? 참말로 허사였
습니까?
5 하나님께서 여러분에게 성령을 주시
고 여러분 가운데서 기적을 행하시

고후 5:21;갈 3:24;엡 1:7)에 근거하여 하나님이 죄인을 의롭다고 선언하시는 것을 뜻한다.

2:19 율법으로 말미암아 죽어버렸습니다 율법에 대한 엄격한 복종으로 구원을 얻을 수 있다고 생각한 신앙 사상을 철저히 버렸다는 뜻이다.

㉠ 베드로 ㉡ 해석자들에 따라, 인용을 21절까지 확대하기도 함 ㉢ 또는 '의롭다는 인정을 받는 것' 또는 '하나님과의 올바른 관계를 가지는 것'(다른 곳에서도) ㉣ '믿음의 소식에서, 믿음의 선포에서'; 또 '믿음'이 믿음의 내용 즉 복음을 뜻하고 '소식/선포'는 들음을 뜻한다고 보면 '복음을 들음으로'

3장 요약 본장은 이신득의 교리를 보다 상세히 다루고 있다. 바울은 갈라디아 교인들의 행위를 통한 구원을 얻으려는 시도를 성령으로 시작하여 육체로 끝마치는 어리석은 시도라고 꼬집고 있다. 본문은 율법과 복음의 연관 관계와 차별성을 논증함으로써 율법주의자나 율법폐기주의자의 주장의 허구성을 밝히고 있다.

3:1–14 바울은 갈라디아 교인들이 복음을 영접

는 것은 여러분이 율법을 행하기 때
문입니까, 아니면 ㉠믿음의 소식을 듣
기 때문입니까? 그렇지 않으면, 여러
분이 복음을 듣고 믿어서 그렇게 하
신 것입니까?
6 그것은, ㉡"아브라함이 하나님을 믿
으니, 하나님께서 그것을 의로운 일
로 여겨 주셨다"는 것과 같습니다.
7 ○그러므로 믿음에서 난 사람들이야
말로 아브라함의 자손임을 여러분
은 아십시오.
8 또 하나님께서 이방 사람을 믿음에
근거하여 의롭다고 여겨 주신다는
것을 성경은 미리 알고서, 아브라함
에게 ㉢"모든 민족이 너로 말미암아
복을 받을 것이다" 하는 기쁜 소식
을 미리 전하였습니다.
9 그러므로 믿음에서 난 사람들은 믿
음을 가진 아브라함과 함께 복을 받
습니다.
10 율법의 행위에 근거하여 살려고 하
는 사람은 누구나 다 저주 아래에
있습니다. 기록된 바 ㉣"율법책에 기
록된 모든 것을 계속하여 행하지 않
는 사람은 다 저주 아래에 있다" 하
였습니다.
11 하나님 앞에서는, 율법으로는 아무
도 의롭게 되지 못한다는 것이 명백
합니다. ㉤"의인은 믿음으로 살 것이
다" 하였기 때문입니다.
12 그러나 율법은 믿음에서 생긴 것이
아닙니다. 오히려 ㉥"율법의 일을 행
하는 사람은 그 일로 살 것이다" 하
였습니다.
13 그리스도께서 우리를 위하여 ㉦저주
를 받은 사람이 되심으로써, 우리를
율법의 저주에서 속량해 주셨습니
다. 기록된 바 ㉧"나무에 달린 자는
모두 저주를 받은 자이다" 하였기
때문입니다.
14 그것은, 아브라함에게 내리신 복을
그리스도 예수 안에서 이방 사람에
게 미치게 하시고, 우리로 하여금 믿
음으로 말미암아 약속하신 성령을
받게 하시려는 것입니다.

율법과 약속

15 ○㉨형제자매 여러분, 나는 사람의
관례를 예로 들어서 말하겠습니다.
어떤 사람이 적법하게 유언을 작성
해 놓으면, 아무도 그것을 무효로 하
거나, 거기에다가 어떤 것을 덧붙일
수 없습니다.
16 그런데 하나님께서 ㉩아브라함과 그
㉪후손에게 약속을 말씀하실 때에,
마치 여러 사람을 가리키는 것처럼
㉫'후손들에게'라고 말씀하시지 않고
단 한 사람을 가리키는 뜻으로 '너의
㉪후손에게'라고 말씀하셨습니다.
그 한 사람은 곧 그리스도이십니다.
17 내가 말하려는 것은 이것입니다. 하

했던 초기의 모습과 달라진 그들의 현재 상태를 책망한다. 바울은 갈라디아 교인들을 아브라함과 비교한다. 믿음으로 의롭다 함을 받는 사람은 아브라함의 자손이 되어 그와 함께 복을 받게 될 것이다(9절). 바울은 하나님께서 이방에까지 복을 주시기 위해 아브라함을 먼저 택하셨음을 언급한다(8절). 즉, 창세기 12:3에서 아브라함이 받은 복은 할례를 받지 않은 이방 사람들에게도 역시 해당되는 것이다. 한편 바울은 갈라디아 교인들을 잘못 인도한 유대주의자들의 그릇된 가르침에 대해 구약을 인용하면서 정면 대결한다(10–14절).

3:23–29 바울은 율법과 믿음과의 관계를 개인교사와 주인의 아들과의 관계에 빗대어 설명한다.

㉠ '믿음의 소식에서, 믿음의 선포에서'; 또 '믿음'이 믿음의 내용 즉 복음을 뜻하고 '소식/선포'는 들음을 뜻한다고 보면 '복음을 들음으로' ㉡ 창 15:6 ㉢ 창 12:3; 18:18; 22:18 ㉣ 신 27:26(칠십인역) ㉤ 또는 '믿음으로 의인이 된 사람은 살 것이다'(합 2:4) ㉥ 레 18:5 ㉦ **그**, '저주가 되심으로써' ㉧ 신 21:23 ㉨ **그**, '형제들' ㉩ 창 12:7; 13:15; 24:7 ㉪ **그**, '씨' ㉫ **그**, '씨'의 복수형

나님께서 이미 맺으신 언약을, 사백
삼십 년 뒤에 생긴 율법이 이를 무효
로 하여 그 약속을 폐하지 못합니다.
18 그 유업이 율법에서 난 것이면, 그것
은 절대로 약속에서 난 것이 아닙니
다. 그러나 하나님께서는 약속을 통
하여 아브라함에게 유업을 거저 주
셨습니다.
19 ○그러면 율법의 용도는 무엇입니
까? 율법은 약속을 받으신 그 ㉠후
손이 오실 때까지 범죄들 때문에 덧
붙여 주신 것입니다. 그것은 천사들
을 통하여, 한 중개자의 손으로 제정
되었습니다.
20 그런데 그 중개자는 한쪽에만 속한
것이 아닙니다. 그러나 하나님은 한
분이십니다.

종과 아들

21 ○그렇다면 율법은 [하나님의] 약속
과는 반대되는 것입니까? 그렇지 않
습니다. 그 중개자가 준 율법이 생명
을 줄 수 있는 것이었다면, 의롭게
됨은 분명히 율법에서 생겼을 것입
니다.
22 그러나 성경은 모든 것이 죄 아래에
갇혔다고 말합니다. 그것은 약속하
신 것을, 예수 그리스도를 믿는 믿음
에 근거하여, 믿는 사람들에게 주시
려고 한 것입니다.
23 ○믿음이 오기 전에는, 우리는 율법
의 감시를 받으면서, 장차 올 믿음이
나타날 때까지 갇혀 있었습니다.
24 그래서 율법은, 그리스도께서 오실
때까지, 우리에게 개인교사 역할을
하였습니다. 그것은, 우리로 하여금
믿음으로 의롭다고 하심을 받게 하
시려고 한 것입니다.
25 그런데 그 믿음이 이미 왔으므로, 우
리가 이제는 개인교사 아래에 있지
않습니다.
26 ○여러분은 모두 그 믿음으로 말미
암아 그리스도 예수 안에서 하나님
의 ㉡자녀들입니다.
27 여러분은 모두 ㉢세례를 받아 그리
스도와 하나가 되고, 그리스도를 옷
으로 입은 사람들이기 때문입니다.
28 유대 사람도 그리스 사람도 없으며,
종도 자유인도 없으며, 남자와 여자
가 없습니다. 여러분 모두가 그리스도
예수 안에서 하나이기 때문입니다.
29 여러분이 그리스도께 속한 사람이
면, 여러분은 아브라함의 ㉠후손이
요, 약속을 따라 정해진 상속자들입
니다.

4

1 내가 또 말합니다. 유업을 이을
사람은 모든 것의 주인이지만, 어
릴 때에는 종과 다름이 없고,
2 아버지가 정해 놓은 그 때까지는 보
호자와 관리인의 지배 아래에 있습
니다.

그리스어로 '페타고고스'인 개인교사는 어린아이를 양육한 경험이 풍부한 나이 많은 훈육자를 의미한다.

3:23 믿음이 오기 전에는 이는 구약 시대의 백성들이 믿음으로 구원받았다는 것을 부인하는 것이 아니다. 여기서 믿음이란 구속 사역을 완성하신 역사적 그리스도에 대한 믿음을 말한다. 이 믿음이 오기 전에는 아브라함의 자손, 곧 믿음의 자녀일지라도 율법 아래 매여 있었다.

4장 요약 상속자 비유를 통해 복음의 우월성을 보다 확실하게 밝히고 있다(1–7절). 바울은 또 두 가지 언약을 아브라함의 여종 하갈과 본처 사라로 빗대어 언급하였다(21–31절). 옛 언약(율법)은 인간을 속박하나 새 언약(복음)은 구원된 자유자를 낳는다는 것이 이 비유의 핵심이다.

㉠ 그, '씨' ㉡ 그, '아들들' ㉢ 또는 '침례'

3 이와 같이, 우리도 어릴 때에는, ㉠세
상의 유치한 교훈 아래에서 종노릇
을 하였습니다.
4 그러나 기한이 찼을 때에, 하나님께
서는 자기 아들을 보내셔서, 여자에
게서 나게 하시고, 또한 율법 아래에
놓이게 하셨습니다.
5 그것은 율법 아래에 있는 사람들을
속량하시고, 우리로 하여금 자녀의
자격을 얻게 하시려는 것이었습니다.
6 그런데 여러분은 ㉡자녀이므로, 하나
님께서 그 아들의 영을 ㉢우리의 마
음에 보내 주셔서 우리가 하나님을
㉣"아빠, 아버지"라고 부를 수 있게
하셨습니다.
7 그러므로 여러분 각 사람은 이제 종
이 아니라 자녀입니다. ㉤자녀이면,
하나님께서 세워 주신 상속자이기도
합니다.

바울이 갈라디아 교회를 염려하다

8 ○그런데 전에는 여러분이 하나님을
알지 못해서, 본디 하나님이 아닌 것
들에게 종노릇을 하였지만,
9 지금은, 여러분이 하나님을 알 뿐만
아니라, 하나님께서 여러분을 알아
주셨습니다. 그런데 어찌하여 그 무
력하고 천하고 유치한 ㉠교훈으로 되
돌아가서, 또다시 그것들에게 종노
릇 하려고 합니까?
10 여러분이 날과 달과 계절과 해를 지
키고 있으니,
11 내가 여러분을 위하여 수고한 것이
헛될까 염려됩니다.
12 ○㉥형제자매 여러분, 내가 여러분과
같이 되었으니, 여러분도 나와 같이
되기를 바랍니다. 여러분이 내게 해
를 입힌 일은 없습니다.
13 그리고 여러분이 아시는 바와 같이,
내가 여러분에게 처음으로 복음을
전하게 된 것은, 내 육체가 병든 것
이 그 계기가 되었습니다.
14 그리고 내 몸에는 여러분에게 시험
이 될 만한 것이 있는데도, 여러분은
나를 멸시하지도 않고, 외면하지도
않았습니다. 여러분은 나를 하나님
의 천사와 같이, 그리스도 예수와 같
이 영접해 주었습니다.
15 그런데 여러분의 그 감격이 지금은
어디에 있습니까? 나는 여러분에게
증언합니다. 여러분은 할 수만 있었
다면, 여러분의 눈이라도 빼어서 내
게 주었을 것입니다.
16 그런데 내가 여러분에게 진실을 말
하기 때문에 여러분의 원수가 되었
습니까?
17 ㉦위에서 내가 말한 사람들이 여러
분에게 열심을 내는 것은 좋은 뜻으
로 하는 것이 아니라, 여러분을 내게
서 떼어놓아서, 여러분으로 하여금
자기네들을 열심히 따르게 하려고

4:4 그리스도는 율법을 지켜야 할 인간적 책무뿐만 아니라, 죄인을 대속하기 위해 율법의 형벌, 곧 죽음까지 받아들여야 할 책무를 지고 태어났다.
4:9 교훈으로 되돌아가서 갈라디아 교인들은 유대주의자들의 영향으로 외형적 의식주의를 따르게 되었다. 그들은 할례 의식과 날과 달과 절기와 해를 지켰다. 이와 같이 그들은 율법 행위가 구원의 길인 것처럼 미혹을 받아 배교의 위험이 있었다.
4:13 육체가 병든 것이란 바울이 갈라디아 지방에서 대적들로부터 고난을 받아 생긴 육체의 연약함을 가리킨다(참조. 행 14:19 이하;딤후 3:11).
4:14 갈라디아 교인들은 바울의 복음을 귀히 여기고 그를 극진히 영접했다.
4:21-31 바울은 여종 하갈을 통한 이스마엘의 출생과 사라를 통한 이삭의 출생에 대한 내용(창

㉠ 세상의 원소들, 세상의 세력들, 세상의 자연력, 우주의 원소들의 힘, 기초적 원리들, 자연숭배, 원시종교 등등으로도 번역할 수 있음 ㉡ 그, '아들들' ㉢ 다른 고대 사본들에는 '여러분의' ㉣ '아버지'를 뜻하는 아람어 ㉤ 그, '아들' ㉥ 그, '형제들' ㉦ 그, '(그들이)'

하는 것입니다.
18 그런데 그들이 좋은 뜻으로 여러분
에게 열심을 낸다면, 그것은, 내가 여
러분과 함께 있을 때뿐만 아니라, 언
제든지 좋은 일입니다.
19 나의 자녀 여러분, 나는 여러분 속에
그리스도의 형상이 이루어지기까지
다시 해산의 고통을 겪습니다.
20 이제라도 내가 여러분을 만나 어조
를 부드럽게 바꾸어서 말할 수 있으
면 좋겠습니다. 나는 여러분의 일을
어떻게 하면 좋을지 당황하고 있습
니다.

하갈과 사라

21 ○율법 아래에 있기를 바라는 사람
들이여, 나에게 말해 보십시오. 여러
분은 율법이 말하는 것을 듣지 못합
니까?
22 아브라함에게 두 아들이 있었는데,
한 사람은 여종에게서 태어나고 한
사람은 종이 아닌 본처에게서 태어
났다고 기록되어 있습니다.
23 여종에게서 난 아들은 육신을 따라
태어나고, 본처에게서 난 아들은 약
속을 따라 태어났습니다.
24 이것은 비유로 표현한 것입니다. 그
두 여자는 두 가지 언약을 가리킵니
다. 한 사람은 시내 산에서 나서 종
이 될 사람을 낳은 ㉠하갈입니다.
25 ㉡'하갈'이라 하는 것은 아라비아에
있는 시내 산을 뜻하는데, 지금의 예
루살렘에 해당합니다. 지금의 예루
살렘은 그 주민과 함께 종노릇을 하
고 있습니다.
26 그러나 하늘에 있는 예루살렘은 종
이 아닌 여자이며, 우리의 어머니입
니다.
27 성경에 기록하기를,
㉢"아이를 낳지 못하는 여자여,
즐거워하여라. 해산의 고통을
모르는 여자여, 소리를 높여서
외쳐라. 홀로 사는 여자의 자녀
가 남편을 둔 여자의 자녀보다
더 많을 것이다"
하였습니다.
28 ㉣형제자매 여러분, ㉤여러분은 이삭
과 같이 약속의 자녀들입니다.
29 그러나 그 때에 육신을 따라 난 사
람이 성령을 따라 난 사람을 박해한
것과 같이, 지금도 그러합니다.
30 그런데 성경은 무엇이라고 말합니까.
㉥"여종과 그 아들을 내쫓아라. 여종
의 아들은 절대로, 종이 아닌 본처
의 아들과 함께 유업을 받지 못할 것
이다" 하였습니다.
31 그러므로 ㉣형제자매 여러분, 우리는
여종의 자녀가 아니라, 자유를 가진
여자의 자녀입니다.

5

1 그리스도께서 우리를 해방시켜
주셔서, 자유를 누리게 하셨습니

16:15;21:2-3)을 비유로 율법과 그리스도의 관계를 대조적으로 다룬다. 이스마엘은 육신을 따라, 즉 자연적 방식으로 인간의 생각에 근거하여 태어났으나, 이삭이 태어난 것은 하나님의 약속(23절)에 근거한 것이다. 바울은 하갈을 시내 산의 언약과 동일시한다. 하갈이 종이었던 것 같이 이 언약 또한 율법이 갖는 노예적 지배가 그 특징이다. 그러나 사라의 모습은 새 언약으로서 율법으로부터 자유하게 된다.

5장 요약 본장은 성도의 마땅한 생활 자세를 언급하고 있다. 구속함을 받은 자유자인 성도는 자신의 자유를 절제하는 가운데 의의 생활을 해야 한다. 성도는 이전의 율법으로 다시 돌아가는 우를 범해선 안 되며, 육체의 일을 도모할 것이 아니라 성령의 열매 맺는 생활을 해야 한다.

㉠ 그리스어 발음으로는 '하가르' ㉡ 다른 고대 사본들, '시내는 아라비아에 있는 한 산인데' ㉢ 사 54:1 ㉣ **그**, '형제들' ㉤ 다른 고대 사본들, '우리는' ㉥ 창 21:10

다. 그러므로 굳게 서서, 다시는 종
살이의 멍에를 메지 마십시오.

그리스도인의 자유

2 ○나 바울이 여러분에게 말합니다.
여러분이 할례를 받으면, 그리스도
는 여러분에게 아무런 유익이 없습
니다.
3 내가 할례를 받는 모든 사람에게 다
시 증언합니다. 그런 사람은 율법 전
체를 이행해야 할 의무를 지닙니다.
4 율법으로 의롭게 되려고 하는 사람
은 그리스도에게서 끊어지고, 은혜
에서 떨어져 나간 사람입니다.
5 그러나 우리는 성령을 힘입어서, 믿
음으로 의롭다고 하심을 받을 소망
을 간절히 기다리고 있습니다.
6 그리스도 예수 안에서는, 할례를 받
거나 안 받는 것이 문제가 되는 것이
아닙니다. 가장 중요한 것은, ㉠믿음
이 사랑을 통하여 일하는 것입니다.
7 ○여러분은 지금까지 잘 달려왔습니
다. 그런데 누가 여러분을 가로막아
서, 진리를 따르지 못하게 하였습니
까?
8 그런 꾐은 여러분을 부르신 분에게
서 나온 것이 아닙니다.
9 적은 누룩이 반죽 전체를 부풀게 합
니다.
10 나는 여러분이 다른 생각을 조금도
품지 않으리라는 것을 주님 안에서
확신합니다. 그러나 여러분을 교란
시키는 사람은, 누구든지 심판을 받
을 것입니다.
11 ㉡형제자매 여러분, 내가 아직도 할
례를 전한다면, 어찌하여 아직도 박
해를 받겠습니까? 그렇다면, 십자가
의 거리낌은 없어졌을 것입니다.
12 ㉢할례를 가지고 여러분을 선동하는
사람들은, 차라리 자기의 그 지체를
잘라 버리는 것이 좋겠습니다.
13 ○㉡형제자매 여러분, 하나님께서는
여러분을 부르셔서, 자유를 누리게
하셨습니다. 그러나 여러분은 그 자
유를 육체의 욕망을 만족시키는 구
실로 삼지 말고, 사랑으로 서로 섬기
십시오.
14 모든 율법은 ㉣"네 이웃을 네 몸과
같이 사랑하여라" 하신 한 마디 말
씀 속에 다 들어 있습니다.
15 그런데 여러분이 서로 물어뜯고 잡
아먹고 하면, 피차 멸망하고 말 터이
니, 조심하십시오.

육체의 행실과 성령의 열매

16 ○내가 또 말합니다. 여러분은 성령
께서 인도하여 주시는 대로 살아가
십시오. 그러면 육체의 욕망을 채우
려 하지 않을 것입니다.
17 육체의 욕망은 성령을 거스르고, 성
령이 바라시는 것은 육체를 거스릅
니다. 이 둘이 서로 적대관계에 있으

5:1-25 바울은 거짓 신자와 참신자(1-6절), 거짓 교사와 참교사(7-12절), 성령과 육체(13-25절)에 대해 말한다.

5:6 믿음이란, 단순한 지적 동의(약 2:18-19)가 아니라 사랑의 행위로 나타나는 하나님의 은혜를 신뢰하고 살아가는 삶을 의미한다(살전 1:3).

5:11 십자가의 거리낌 거리낌이란 넘어지게 하는 돌 같은 장애물을 뜻한다. 예수님의 십자가가 유대 사람에게는 '거리낌'(고전 1:23)이 되었다. 왜냐하면 그들이 바라던 메시아란 이 세상에서 큰 권세와 능력을 행할 자였는데, 예수님이 십자가의 죽음으로 종지부를 찍은 것처럼 보였기 때문이다.

5:13-15 **사랑으로 서로 섬기십시오** 그리스도인의 자유는 육체의 욕망을 만족하기 위한 자유가 아니며(13절), 또한 이웃의 이해와는 아무 상관없이 자신의 유익만을 추구하는 자유도 아니다(15절).

㉠ 또는 '사랑으로 역사하는 믿음입니다' ㉡ 그, '형제들' ㉢ 그, '여러분을 선동하는 사람들은' ㉣ 레 19:18

므로, 여러분은 자기가 원하는 일을
할 수 없게 됩니다.
18 그런데 여러분이, 성령의 인도하심을
따라 살아가면, 율법 아래에 있는 것
이 아닙니다.
19 육체의 행실은 환히 드러난 것들입
니다. 곧 음행과 더러움과 방탕과
20 우상숭배와 마술과 원수맺음과 다
툼과 시기와 분냄과 분쟁과 분열과
파당과
21 ㉠질투와 술취함과 흥청망청 먹고 마
시는 놀음과, 그와 같은 것들입니다.
내가 전에도 여러분에게 경고하였지
만, 이제 또다시 경고합니다. 이런 짓
을 하는 사람들은 하나님의 나라를
상속받지 못할 것입니다.
22 ○그러나 성령의 열매는 사랑과 기쁨
과 화평과 인내와 친절과 선함과 신
실과
23 온유와 절제입니다. 이런 것들을 막
을 법이 없습니다.
24 그리스도 예수께 속한 사람은 정욕
과 욕망과 함께 자기의 육체를 십자
가에 못박았습니다.
25 우리가 성령으로 삶을 얻었으니, 우
리는 성령이 인도해 주심을 따라 살
아갑시다.
26 우리는 잘난 체하거나 서로 노엽게
하거나 질투하거나 하지 않도록 합시
다.

서로 짐을 져 줍시다

6 ㉡형제자매 여러분, 어떤 사람이 어
떤 죄에 빠진 일이 드러나면, ㉢성
령의 인도하심을 따라 사는 사람인
여러분은 온유한 마음으로 그런 사
람을 바로잡아 주고, 자기 스스로를
살펴서, 유혹에 빠지지 않도록 조심
하십시오.
2 여러분은 서로 남의 짐을 져 주십시
오. 그렇게 하면 여러분이 그리스도
의 법을 ㉣성취하실 것입니다.
3 어떤 사람이 아무것도 아니면서 무
엇이 된 것처럼 생각하면, 그는 자기
를 속이는 것입니다.
4 각 사람은 자기 일을 살펴보십시오.
그러면 자기에게는 자랑거리가 있더
라도, 남에게까지 자랑할 것은 없을
것입니다.
5 사람은 각각 자기 몫의 짐을 져야 합
니다.
6 말씀을 배우는 사람은 가르치는 사
람과 모든 좋은 것을 함께 나누어야
합니다.
7 자기를 속이지 마십시오. 하나님은
조롱을 받으실 분이 아니십니다. 사
람은 무엇을 심든지, 심은 대로 거둘
것입니다.
8 자기 육체에다 심는 사람은 육체에
서 썩을 것을 거두고, 성령에다 심는
사람은 성령에게서 영생을 거둘 것

그리스도인의 자유는 오직 사랑으로 서로를 섬기는 자유여야 한다(13–14절).

5:16–25 바울은 여기서 두 가지 삶의 원리를 제시한다. 하나는 성령의 원리요, 다른 하나는 육체의 원리이다. 이 두 원리는 그리스도인의 삶에서 갈등의 원리로 서로 대립한다(17절). 그리하여 그리스도인이 육체의 욕망을 따르게 되면 육체의 행실을 맺게 되며, 성령의 인도하심을 따라 행하게 되면 성령의 열매를 맺게 된다.

6장 요약 믿음으로 구원 받은 성도는 죄인에게 온유하며(1절), 다른 성도들의 어려움에 동참하며(2절), 스스로 겸손하며(3절), 자신의 재물을 하나님 나라와 교역자를 위해 선용한다(6–10절). 성령의 열매를 맺는 생활(5:16–26)은 현실 속에서 실제적으로 이루어져야 한다.

㉠ 다른 고대 사본들에는 '질투와'와 '술취함' 사이에 '살인'이 첨가되어 있음 ㉡ 그, '형제들' ㉢ 또는 '신령한 사람인 여러분은' ㉣ 다른 고대 사본에는 '성취하십시오'

입니다.
9 선한 일을 하다가, 낙심하지 맙시다.
지쳐서 넘어지지 아니하면, 때가 이
를 때에 거두게 될 것입니다.
10 그러므로 기회가 있는 동안에, 모든
사람에게 선한 일을 합시다. 특히 믿
음의 식구들에게는 더욱 그렇게 합
시다.

마지막으로 하는 경고와 축복

11 ○보십시오, 내가 여러분에게 직접
이렇게 큰 글자로 적습니다.
12 육체의 겉모양을 꾸미기를 좋아하
는 사람은, 여러분에게 할례를 받으
라고 강요합니다. 그것은 그들이 그
리스도의 십자가 때문에 받는 박해
를 면하고자 하는 것입니다.
13 할례를 받는 사람들 스스로도 율법
을 지키지 않으면서 여러분에게 할
례를 받게 하려는 것은, 여러분의 육
체를 이용하여 자랑하려는 것입니
다.
14 그런데 내게는 우리 주 예수 그리스
도의 십자가 밖에는, 자랑할 것이 아
무것도 없습니다. 그리스도로 말미
암아, 내 쪽에서 보면 세상이 죽었
고, 세상 쪽에서 보면 내가 죽었습니
다.
15 ㉠할례를 받거나 안 받는 것이 중요
한 것이 아니라, 새롭게 창조되는 것
이 중요합니다.
16 이 표준을 따라 사는 사람들에게와
하나님의 백성 이스라엘에게 평화와
자비가 있기를 빕니다.
17 ○이제부터는 아무도 나를 괴롭히지
마십시오. 나는 내 몸에 ㉡예수의 상
처 자국을 지고 다닙니다.
18 ○㉢형제자매 여러분, 우리 주 예수
그리스도의 은혜가 여러분의 심령에
있기를 빕니다. 아멘.

6:6–10 성령에다 심는 본절은 선한 일을 하는 것을 말한다(9절). 즉 말씀을 배우는 사람이 가르치는 사람과 함께 모든 좋은 것을 나누는 것(6절)이나 모든 사람에게 선한 일을 행하는 것(10절)을 의미한다.

6:11–16 갈라디아서는 대필로 쓰여진 서신으로, 이 단락에서야 바울이 자필로 인사말을 덧붙인다(11절). 바울은 자신이 세상에 맞추어 누렸던 옛 생활 방식은 예수님께서 십자가에서 죽으심으로 함께 죽었으며, 이제 그리스도 예수의 십자가 밖에는 자랑할 것이 없다고 말한다(14절). 새로운 피조물로서의 삶에서는 단지 하나님의 은혜와 신실하심만이 중요할 뿐이다(15절).

6:17–18 바울은 마지막 인사와 함께 갈라디아 교회를 축복한다.

㉠ 다른 고대 사본들에는 절 머리에 '그리스도 예수 안에서는'이 첨가되어 있음 ㉡ 예수를 위하여 받은 박해로 생긴 상처 자국을 뜻함 ㉢ 그, '형제들'

에베소서

EPHESIANS

저자 사도 바울

저작 연대 바울은 A.D. 61년 봄에 로마에 도착하여 감금된 후 63년까지 에베소서·빌립보서·골로새서·빌레몬서라는 4편의 서신을 썼는데, 일반적으로 옥중서신이라고 불린다. 에베소서·골로새서·빌레몬서는 에바브라가 골로새 교회의 소식을 갖고 왔던 62년경에 쓰여졌을 것이다.

기록 장소와 대상 로마의 감옥에서 썼으며 에베소에 있는 그리스도인을 위해 썼다.

기록 목적 로마의 죄수로 갇혀 있던 바울은, 에베소 교회를 포함하여 당시 아시아의 교회들이 이방 사람과 유대 사람들로 섞여 있었기 때문에 늘 분열의 위험이 있다는 것을 깨달았다. 그래서 하나님이 감추셨던 비밀, 즉 그리스도 안에서 이방 사람과 유대 사람이 하나가 되어 한 몸(교회)을 이루는 것을 가르쳐 주고 싶었기 때문에 이 서신을 기록하였다.

핵심어 및 내용 에베소서의 핵심어는 '부요함'과 '하나 됨'이다. 모든 성도들은 그리스도 안에서 그리스도의 부요함과 은혜와 영광을 상속받을 상속자들이다. 에베소서에서는 주님도 한 분이요, 믿음도 하나요, 세례도 하나라는 사실을 강조함으로써 연합의 중요성을 잘 드러내고 있다.

내용 분해

1. 인사(1:1–2)
2. 그리스도 안에 있는 교회(1:3–3:21)
3. 교회 안에 거하는 성도의 생활(4:1–6:20)
4. 끝맺는 인사(6:21–24)

인사

1 하나님의 뜻으로 그리스도 예수의
사도가 된 나 바울이, [에베소에
사는], 그리스도 예수를 믿는 성도
들에게, 이 편지를 씁니다.
2 우리 아버지 하나님과 주 예수 그리
스도께서 내려주시는 은혜와 평화
가 여러분에게 있기를 빕니다.

그리스도 안에 있는 영적인 복

3 ○우리 주 예수 그리스도의 아버지
이신 하나님을 찬양합시다. 하나님
께서는 그리스도 안에서, 하늘에 속
한 온갖 신령한 복을 우리에게 주셨
습니다.
4 하나님은 세상 창조 전에 ㉠그리스
도 안에서 우리를 택하시고 사랑해
주셔서, 하나님 앞에서 거룩하고 흠
이 없는 사람이 되게 하셨습니다.
5 하나님은 하나님의 기뻐하시는 뜻을
따라 예수 그리스도를 통하여 우리
를 하나님의 ㉡자녀로 삼으시기로 예
정하신 것입니다.
6 그래서 하나님이 하나님의 사랑하시
는 아들 안에서 우리에게 거저 주신
하나님의 영광스러운 은혜를 찬미하
게 하셨습니다.
7 우리는 이 아들 안에서 하나님의 풍
성한 은혜를 따라 그의 피로 구속
곧 죄 용서를 받게 되었습니다.
8 하나님은 우리에게 모든 지혜와 총
명을 넘치게 주셔서,
9 그리스도 안에서 미리 세우신 하나
님이 기뻐하시는 뜻을 따라 하나님
의 신비한 뜻을 우리에게 알려 주셨
습니다.
10 하나님의 계획은, 때가 차면, 하늘과
땅에 있는 모든 것을 그리스도 안에
서 그분을 머리로 하여 통일시키는
것입니다.
11 하나님은 그리스도 안에서 ㉢우리를
상속자로 삼으셨습니다. 이것은 모
든 것을 자기의 원하시는 뜻대로 행

㉠ 그, '그분 안에서' ㉡ 그, '양자' ㉢ 또는 '우리가 상속을 받았습니다'

하시는 분의 계획에 따라 미리 정해
진 일입니다.
12 그것은 그리스도께 맨 먼저 소망을
둔 우리로 하여금 하나님의 영광을
찬미하는 사람이 되게 하시려는 것
이었습니다.
13 여러분도 그리스도 안에서 진리의
말씀 곧 여러분을 구원하는 복음을
듣고서 그리스도를 믿었으므로, 약
속하신 성령의 날인을 받았습니다.
14 ㉠이 성령은, 하나님의 소유인 우리가
완전히 구원받을 때까지 우리의 상
속의 담보이시며, 우리로 하여금 하
나님의 영광을 찬미하게 하십니다.

바울의 기도

15 ○그러므로 나도, 주 예수에 대한 여
러분의 믿음과 모든 성도를 향한 ㉡사
랑을 듣고서,
16 여러분을 두고 끊임없이 감사를 드
리고 있으며, 내 기도 중에 여러분을
기억합니다.
17 우리 주 예수 그리스도의 하나님이
신 영광의 아버지께서 지혜와 계시
의 영을 여러분에게 주셔서, 하나님
을 알게 하시고,
18 [여러분의] 마음의 눈을 밝혀 주셔
서, 하나님의 부르심에 속한 소망이
무엇이며, 성도들에게 베푸시는 하
나님의 영광스러운 상속이 얼마나
풍성한지를, 여러분이 알게 되기를
바랍니다.
19 또한 믿는 사람들인 우리에게 강한
힘으로 활동하시는 하나님의 능력이
얼마나 엄청나게 큰지를, 여러분이
알기 바랍니다.
20 ㉢하나님께서는 이 능력을 그리스도
안에 발휘하셔서, 그분을 죽은 사람
들 가운데서 살리시고, 하늘에서 자
기의 오른쪽에 앉히셔서
21 모든 정권과 권세와 능력과 주권 위
에, 그리고 이 세상뿐만 아니라 오는
세상에서 일컬을 모든 이름 위에 뛰
어나게 하셨습니다.
22 ㉣하나님께서는 만물을 그리스도의
발 아래 굴복시키시고, 그분을 만물
위에 교회의 머리로 삼으셨습니다.
23 교회는 그리스도의 몸이요, 만물 안
에서 만물을 충만케 하시는 분의 충
만함입니다.

사망에서 생명으로 옮기다

2 여러분도 전에는 허물과 죄로 죽
었던 사람들입니다.
2 그 때에 여러분은 허물과 죄 가운데
서, 이 세상의 풍조를 따라 살고, 공
중의 권세를 잡은 통치자, 곧 지금
불순종의 자식들 가운데서 작용하
는 영을 따라 살았습니다.
3 우리도 모두 전에는, 그들 가운데에
서 육신의 정욕대로 살고, 육신과 마
음이 원하는 대로 행했으며, 나머지

1장 요약 바울은 에베소 교인들이 영적 통찰력을 겸비하여 실생활에 적용시킬 것을 기도하고 있다.

1:12–13 우리는 유대 사람 성도들이고, 여러분은 이방 사람 성도들을 말한다. 하나님의 예정은 유대 사람뿐만 아니라 이방 사람도 포함한다.

㉠ 다른 고대 사본들에는 '이 (인치심이)' ㉡ 다른 고대 사본들에는 '사랑을'이 없음 ㉢ 그, '그는' ㉣ 시 8:6

2장 요약 구원 이전의 사람은 죽은 사람이며 구원 이후의 사람은 새 생명 가운데 있는 자이다. 이 같은 대변화는 전적으로 하나님의 은혜와 성령의 역사로써 가능하다. 새 생명의 소유자인 성도는 새로운 영적 신분을 소유하고, 그리스도와 화목하며, 그리스도의 지체가 되는 특권을 가진다.

2:1–10 하나님의 구원을 단계적으로 설명한다. 먼

사람들과 마찬가지로 날 때부터 진
노의 자식이었습니다.
4 그러나 하나님은 자비가 넘치는 분
이셔서, 우리를 사랑하신 그 크신 사
랑으로 말미암아
5 범죄로 죽은 우리를 ㉠그리스도와
함께 살려 주셨습니다. 여러분은 은
혜로 구원을 얻었습니다.
6 하나님께서 그리스도 예수 안에서
우리를 그분과 함께 살리시고, 하늘
에 함께 앉게 하셨습니다.
7 그것은, 하나님께서 그리스도 예수
안에서 우리에게 자비로 베풀어주
신 그 은혜가 얼마나 풍성한지를 장
차 올 모든 세대에게 드러내 보이시
기 위함입니다.
8 여러분은 믿음을 통하여 은혜로 구
원을 얻었습니다. 이것은 여러분에
게서 난 것이 아니요, 하나님의 선물
입니다.
9 행위에서 난 것이 아닙니다. 그러므
로 아무도 자랑할 수 없습니다.
10 우리는 하나님의 작품입니다. 선한
일을 하게 하시려고, 하나님께서 그
리스도 예수 안에서 우리를 만드셨
습니다. 하나님께서 이렇게 미리 준
비하신 것은, 우리가 선한 일을 하며
살아가게 하시려는 것입니다.

하나가 되게 하신 그리스도

11 ○그러므로 여러분은 지난날에 육신
으로는 이방 사람이었다는 사실을
명심하십시오. 손으로 육체에 행한
할례를 받은 사람이라고 뽐내는 이
른바 할례자들에게 여러분은 무할
례자들이라고 불리며 따돌림을 당
했습니다.
12 그 때에 여러분은 그리스도와 상관
이 없었고, 이스라엘 공동체에서 제
외되어서, 약속의 언약과 무관한 외
인으로서, 세상에서 아무 소망이 없
이, 하나님도 없이 살았습니다.
13 여러분이 전에는 하나님에게서 멀리
떨어져 있었는데, 이제는 그리스도
예수 안에서 그분의 피로 하나님께
가까워졌습니다.
14 ○그리스도는 우리의 평화이십니다.
그리스도께서는 유대 사람과 이방
사람이 양쪽으로 갈라져 있는 것을
하나로 만드신 분이십니다. 그분은
유대 사람과 이방 사람 사이를 가르
는 담을 자기 몸으로 허무셔서, 원수
된 것을 없애시고,
15 여러 가지 조문으로 된 계명의 율법
을 폐하셨습니다. 그분은 이 둘을 자
기 안에서 하나의 새 사람으로 만들
어서 평화를 이루시고,
16 원수 된 것을 십자가로 소멸하시고
㉡이 둘을 한 몸으로 만드셔서, 하나
님과 화해시키셨습니다.
17 그분은 오셔서 멀리 떨어져 있는 여

저 구원 받기 이전의 비참한 상태를 말하고, 이어서 그리스도를 통한 하나님의 구원을 설명한다.

2:4 그 크신 사랑으로 말미암아 하나님의 크신 사랑이 우리를 죽음에서 생명으로 옮겼다.

2:11–18 이 부분은 그리스도의 십자가로 말미암은 유대 사람과 이방 사람의 통일을 다루고 있다. 바울은 여기서 에베소 교인들의 대부분이 이방 사람이라는 사실을 염두에 두면서, 그들이 구원 받기 이전의 상태(11–12절)와 이후의 상태(13–18절)를 대조적으로 설명하고 있다.

2:19–22 그리스도의 십자가를 통한 화목의 결과로, 유대 사람과 이방 사람이 교회 안에서 통일되었다. 교회는 믿음으로 그리스도와 연합한 성도들의 모임이며, 각 지체들은 그리스도를 중심으로 서로 연결되어 보편적인 교회로 전진해 나아간다.

2:20 모퉁잇돌 건물의 기초가 되는 중요한 부분. 다른 돌들도 이 모퉁잇돌을 중심으로 연결된다.

㉠ 다른 고대 사본들에는 '그리스도 안에서' ㉡ 또는 '우리 둘을'

러분에게 ㉠평화를 전하셨으며, 가
까이 있는 사람들에게도 평화를 전
하셨습니다.
18 이방 사람과 유대 사람 양쪽 모두,
그리스도를 통하여 한 성령 안에서
아버지께 나아가게 되었습니다.
19 그러므로 이제부터 여러분은 외국
사람이나 나그네가 아니요, 성도들
과 함께 시민이며 하나님의 가족입
니다.
20 여러분은 사도들과 예언자들이 놓
은 기초 위에 세워진 건물이며, 그리
스도 예수가 그 모퉁잇돌이 되십니
다.
21 그리스도 안에서 건물 전체가 서로
연결되어서, 주님 안에서 자라서 성
전이 됩니다.
22 그리스도 안에서 ㉡여러분도 함께
세워져서 하나님이 성령으로 거하실
처소가 됩니다.

하나님의 구원 경륜의 비밀

3 그러므로 이방 사람 여러분을 위
하여 그리스도 [예수]의 일로 갇
힌 몸이 된 나 바울이 말합니다. -
2 하나님께서 여러분을 위하여 일하도
록 나에게 이 직분을 은혜로 주셨다
는 것을, 여러분은 이미 들었을 줄
압니다.
3 하나님께서는 나에게 그 비밀을 계
시로 알려 주셨습니다. 그것은 내가
이미 간략하게 적은 바와 같습니다.
4 여러분이 그것을 읽어보면, 내가 그
리스도의 비밀을 어떻게 이해하고
있는지를 알게 될 것입니다.
5 지나간 다른 세대에서는 하나님께서
㉢그 비밀을 사람의 아들들에게 알
려주지 아니하셨는데, 지금은 그분
의 거룩한 사도들과 예언자들에게
성령으로 계시하여 주셨습니다.
6 그 비밀의 내용인즉 이방 사람들이
복음을 통하여 그리스도 예수 안에
서 유대 사람들과 공동 상속자가 되
고, 함께 한 몸이 되고, 약속을 함께
가지는 자가 되는 것입니다.
7 나는 이 복음을 섬기는 일꾼이 되었
습니다. 내가 이렇게 된 것은 하나님
께서 그분의 능력이 작용하는 대로
나에게 주신 그분의 은혜의 선물을
따른 것입니다.
8 하나님께서 모든 성도 가운데서 지
극히 작은 자보다 더 작은 나에게
이 은혜를 주셔서, 그리스도의 헤아
릴 수 없는 부요함을 이방 사람들에
게 전하게 하시고,
9 만물을 창조하신 하나님 안에 영원
전부터 감추어져 있는 비밀의 계획
이 무엇인지를 [모두에게] 밝히게 하
셨습니다.
10 그것은 이제 교회를 통하여 하늘에
있는 통치자들과 권세자들에게 하

3장 요약 바울은 복음을 비밀로 언급하며, 자신이 복음을 섬기는 일꾼으로 부름 받았음을 고백한다. 복음에는 하나님의 능력이 나타나며(7절), 이방 사람들과 유대 사람들을 진리로 연합시킨다(6절). 후반부(14-21절)에는 성도를 위한 바울의 간구와 찬양이 기록되어 있는데, 그 주제는 '믿음으로의 성숙'이다.

3:1-6 바울은 여기서 이방 사람의 구원을 위한 하나님의 경륜을 다루고 있다. 아울러 자신이 이방 사람의 사도로 부르심을 받았다는 사실을 밝히고 있다.

3:7-13 바울은 자신이 이방 사람의 사도가 된 것이 전적으로 하나님의 은혜임을 고백한다. 이방 사람을 위한 구원의 경륜은 그리스도로 말미암

㉠ 사 57:19; 슥 9:10 ㉡ 또는 '여러분도 그리스도 안에서 성령으로 함께 건물을 이루어 하나님께서 거하실 곳이 되어갑니다' ㉢ 그, '그것을'

나님의 갖가지 지혜를 알리시려는
것입니다.
11 이 일은, 하나님께서 우리 주 그리스
도 예수 안에서 성취하신 영원한 뜻
을 따른 것입니다.
12 우리는 그리스도를 믿음으로써, 그
분 안에서 확신을 가지고, 담대하게
하나님께 나아갑니다.
13 그러므로 여러분을 위하여 당하는
나의 환난을 보고서, 여러분이 낙심
하는 일이 없기를 바랍니다. 내가 당
하는 환난은 여러분에게는 영광이
됩니다.

그리스도의 사랑을 알아라

14 ○그러므로 나는 ㉠아버지께 무릎을
꿇고 빕니다.
15 아버지께서는 하늘과 땅에 있는 각
족속에게 이름을 붙여 주신 분이십
니다.
16 아버지께서 그분의 영광의 풍성하심
을 따라 그분의 성령을 통하여 여러
분의 속 사람을 능력으로 강건하게
하여 주시고,
17 믿음으로 말미암아 그리스도를 여러
분의 마음 속에 머물러 계시게 하여
주시기를 빕니다. 여러분이 사랑 속
에 뿌리를 박고 터를 잡아서,
18 모든 성도와 함께 여러분이 그리스
도의 사랑의 너비와 길이와 높이와
깊이가 어떠한지를 깨달을 수 있게
되고,
19 지식을 초월하는 그리스도의 사랑
을 알게 되기를 빕니다. 그리하여 하
나님의 온갖 충만하심으로 여러분
이 충만하여지기를 바랍니다.
20 ○우리 가운데서 일하시는 능력을
따라, 우리가 구하거나 생각하는 것
이상으로 더욱 넘치게 주실 수 있는
분에게,
21 교회 안에서와 그리스도 예수 안에
서, 영광이 대대로 영원무궁하도록
있기를 빕니다. 아멘.

하나 되는 진리

4 그러므로 주님 안에서 갇힌 몸이
된 내가 여러분에게 권합니다. 여
러분은 부르심을 받았으니, 그 부르
심에 합당하게 살아가십시오.
2 겸손함과 온유함으로 깍듯이 대하
십시오. 오래 참음으로써 사랑으로
서로 용납하십시오.
3 성령이 여러분을 평화의 띠로 묶어
서, 하나가 되게 해 주신 것을 힘써
지키십시오.
4 그리스도의 몸도 하나요, 성령도 하
나입니다. 이와 같이 여러분도 부르
심을 받았을 때에 그 부르심의 목표
인 소망도 하나였습니다.
5 주님도 한 분이시요, 믿음도 하나요,
㉡세례도 하나요,
6 하나님도 한 분이십니다. 하나님은

아 성취되었고, 그의 교회로 말미암아 드러나게 되었다. 이 경륜은 하나님의 영원하신 뜻과 그리스도 예수 안에서 예정되었던 것으로, 성도들은 믿음으로 말미암아 하나님께 담대히 나아갈 수 있게 된 것이다.

3:14-16 아버지 그리스도인들이 하나님을 부르는 명칭이다. 예수님 자신도 하나님을 아버지라 부르셨으며(막 14:36;요 17장 등), 제자들에게도 하나님을 아버지로 부르도록 가르치셨다(마 6:9).

4장 요약 본장은 성도(교회) 생활의 실제적인 지침이 제시되고 있다. 교회는 사역이나 직분, 조직과 성장에 있어서 조화와 통일성이 있어야 한다. 통일성이란 그리스도를 정점으로 유기적으로 연합됨을 의미한다. 한편, 17-32절은 예수 안에서의 변화된 삶을 설명하고 있다.

㉠ 다른 고대 사본들에는 '우리 주 예수 그리스도의 아버지께' ㉡ 또는 '침례'

㉠모든 것의 아버지시요, 모든 것 위
에 계시고 모든 것을 통하여 계시고
모든 것 안에 계시는 분이십니다.
7 ○그러나 하나님께서는 우리 각 사
람에게, 그리스도께서 나누어 주시
는 선물의 분량을 따라서, 은혜를
주셨습니다.
8 그러므로 성경에 이르시기를
㉡"그분은 높은 곳으로 올라가셔
서, 포로를 사로잡으시고, 사람
들에게 선물을 나누어 주셨다"
합니다.
9 그런데 그분이 올라가셨다고 하는
것은 먼저 그분이 땅의 낮은 곳으로
㉢내려오셨다는 것을 말하는 것이
아니고 무엇이겠습니까?
10 내려오셨던 그분은 만물을 충만하
게 하시려고, 하늘의 가장 높은 데
로 올라가신 바로 그분이십니다.
11 그분이 어떤 사람은 사도로, 어떤 사
람은 예언자로, 어떤 사람은 복음 전
도자로, 또 어떤 사람은 목사와 교
사로 삼으셨습니다.
12 그것은 성도들을 준비시켜서, 봉사
의 일을 하게 하고, 그리스도의 몸
을 세우게 하려고 하는 것입니다.
13 그리하여 우리 모두가 하나님의 아
들을 믿는 일과 아는 일에 하나가
되고, 온전한 사람이 되어서, 그리스
도의 충만하심의 경지에까지 다다르
게 됩니다.
14 우리는 이 이상 더 어린아이로 있어
서는 안됩니다. 우리는 인간의 속임
수나, 간교한 술수에 빠져서, 온갖
교훈의 풍조에 흔들리거나, 이리저
리 밀려다니지 말아야 합니다.
15 우리는 사랑으로 진리를 말하고 살
면서, 모든 면에서 자라나서, 머리가
되시는 그리스도에게까지 다다라야
합니다.
16 온 몸은 머리이신 그리스도께 속해
있으며, ㉣몸에 갖추어져 있는 각 마
디를 통하여 연결되고 결합됩니다.
각 지체가 그 맡은 분량대로 활동함
을 따라 몸이 자라나며 사랑 안에서
몸이 건설됩니다.

옛 사람과 새 사람

17 ○그러므로 나는 주님 안에서 간곡
히 권고합니다. 이제부터 여러분은
이방 사람들이 허망한 생각으로 살
아가는 것과 같이 살아가지 마십시
오.
18 그들은 자기들 속에 있는 무지와 자
기들의 마음의 완고함 때문에 지각
이 어두워지고, 하나님의 생명에서
떠나 있습니다.
19 그들은 수치의 감각을 잃고, 자기들
의 몸을 방탕에 내맡기고, 탐욕을
부리며, 모든 더러운 일을 합니다.
20 그러나 여러분은 그리스도를 그렇게

4:1-6 이 부분은 교회의 일치를 강조한다. 일치를 위한 도덕적인 권면과 아울러 일치의 원리를 제시한다.

4:1 부르심에 합당하게 살아가십시오 하나님의 부르심은 우리에게 복을 주시는 것인 동시에 책임을 요구한다. 이 책임은 부르심의 결과로 생겨난 하나님과의 새로운 관계로 인한 것이다.

4:4 몸 유대 사람과 이방 사람들이 구별 없이 하나로 연합된 교회를 뜻한다.

4:16 연결되고 결합됩니다…자라나며 연합하여 하나가 되는 것과 성장해 가는 것은 교회에 주어진 두 가지 목표이다. 교회의 하나 됨과 성장은 오직 사랑 안에서만 가능하다(참조. 2,15절).

4:17-24 바울은 여기서 이방 사람의 옛 생활과 그리스도인의 새 생활을 대조시키면서, 더럽고 허망한 옛 사람을 벗어 버리고, 하나님의 형상을 따

㉠ 또는 '천지 만물' ㉡ 시 68:18 ㉢ 다른 고대 사본들에는 '먼저 내려오셨다는 것이' ㉣ 또는 '영양을 공급해 주는 통로인 각 마디를'

배우지는 않았습니다.
21 여러분이 예수 안에 있는 진리대로
그분에 관해서 듣고, 또 그분 안에
서 가르침을 받았으면,
22 여러분은 지난날의 생활 방식대로
허망한 욕정을 따라 살다가 썩어 없
어질 그 옛 사람을 벗어버리고,
23 마음의 영을 새롭게 하여,
24 하나님의 형상을 따라 참 의로움과
참 거룩함으로 지으심을 받은 새 사
람을 입으십시오.

새로운 생활의 규범

25 ○그러므로 여러분은 거짓을 버리
고, ㉠각각 자기 이웃과 더불어 참된
말을 하십시오. 우리는 서로 한 몸
의 지체들입니다.
26 ㉡화를 내더라도, 죄를 짓는 데까지
이르지 않도록 하십시오. 해가 지도
록 노여움을 품고 있지 마십시오.
27 악마에게 틈을 주지 마십시오.
28 도둑질하는 사람은 다시는 도둑질하
지 말고, 수고를 하여 [제] 손으로
떳떳하게 벌이를 하십시오. 그리하
여 오히려 궁핍한 사람들에게 나누
어 줄 것이 있게 하십시오.
29 나쁜 말은 입 밖에 내지 말고, ㉢덕
을 세우는 데에 필요한 말이 있으면,
적절한 때에 해서, 듣는 사람에게 은
혜가 되게 하십시오.
30 하나님의 성령을 슬프게 하지 마십
시오. 여러분은 성령 안에서 구속의
날을 위하여 인치심을 받았습니다.
31 모든 악독과 격정과 분노와 소란과
욕설은 모든 악의와 함께 내버리십
시오.
32 서로 친절히 대하며, 불쌍히 여기며,
하나님께서 그리스도 안에서 ㉣여러
분을 용서하신 것과 같이, 서로 용서
하십시오.

5 1 그러므로 여러분은 사랑을 받
는 자녀답게, 하나님을 본받는 사
람이 되십시오.
2 그리스도께서 ㉣여러분을 사랑하셔
서, 우리를 위하여 하나님 앞에 향기
로운 예물과 제물로 자기 몸을 내어
주신 것과 같이, 여러분도 사랑으로
살아가십시오.
3 음행이나 온갖 더러운 행위나 탐욕
은 그 이름조차도 여러분의 입에 담
지 마십시오. 그렇게 하는 것이 성도
에게 합당합니다.
4 더러운 말과 어리석은 말과 상스러
운 농담은 여러분에게 어울리지 않
습니다. 오히려 여러분은 감사에 찬
말을 하십시오.
5 여러분은 이것을 확실히 알아두십
시오. 음행하는 자나 행실이 더러운
자나 탐욕을 부리는 자는 우상 숭배
자여서, 그리스도와 하나님의 나라
를 상속받을 몫이 없습니다.

라 새 사람을 입으라고 권고한다(골 3:10).
4:26 예수님은 형제에게 성내는 사람마다 심판을 받는다고 말씀하셨다(마 5:22). 또한 분노는 성도들이 마땅히 버려야 할 죄악으로 묘사된다(골 3:8;엡 4:31). 그러나 보복적인 의미의 분노가 아닌 정의로운 분노는 죄가 아니다. 그렇지만 어떠한 분노이든 해가 지기 전에 풀어야 한다. 왜냐하면 악마가 틈타 그 사람을 범죄의 길로 유혹할 수 있기 때문이다(27절).

5장 요약 새로운 생활로 부름 받은 성도의 생활 원리가 보다 구체적으로 언급된다. 성도는 하나님을 닮아가는 거룩한 생활을 적극적으로 추구해야 한다. 이것은 빛의 자녀로서의 삶이라고 규정된다(8절). 22절부터는 부부 간의 생활 원리를 다루고 있는데 가정은 공동체의 최소 단위이면서도 가장 중요한 것이기 때문이다.

㉠ 슥 8:16 ㉡ 시 4:4(칠십인역) ㉢ 다른 고대 사본들에는 '믿음을 세우는 데' ㉣ 다른 고대 사본들에는 '우리를'

빛의 자녀의 생활

6 ○여러분은 아무에게도 헛된 말로
속아넘어가지 마십시오. 이런 일 때
문에, 하나님의 진노가 순종하지 않
는 사람들에게 내리는 것입니다.
7 그러므로 여러분은 그런 사람들과
짝하지 마십시오.
8 여러분이 전에는 어둠이었으나, 지금
은 주님 안에서 빛입니다. 빛의 자녀
답게 사십시오.
9 —빛의 열매는 모든 선과 의와 진실
에 있습니다.—
10 주님께서 기뻐하시는 일이 무엇인지
를 분별하십시오.
11 여러분은 열매 없는 어둠의 일에 끼
여들지 말고, 오히려 그것을 폭로하
십시오.
12 그들이 몰래 하는 일들은 말하기조
차 부끄러운 것들입니다.
13 빛이 폭로하면 모든 것이 드러나게
됩니다.
14 드러나는 것은 다 빛입니다. 그러므
로,

"잠자는 사람아, 일어나라. 죽은
사람 가운데서 일어서라. 그리스
도께서 너를 환히 비추어 주실 것
이다"

하는 말씀이 있습니다.
15 ○그러므로 여러분은 어떻게 살아가
야 할지를 살피십시오. 지혜롭지 못
한 사람처럼 살지 말고, 지혜로운 사
람답게 살아야 합니다.
16 세월을 아끼십시오. 때가 악합니다.
17 그러므로 어리석은 자가 되지 말고,
주님의 뜻이 무엇인지를 깨달으십시
오.
18 술에 취하지 마십시오. 거기에는 방
탕이 따릅니다. 성령의 충만함을 받
으십시오.
19 시와 찬미와 신령한 노래로 서로 화
답하며, 여러분의 가슴으로 주님께
노래하며, 찬송하십시오.
20 모든 일에 언제나 우리 주 예수 그리
스도의 이름으로 하나님 아버지께
감사를 드리십시오.

남편과 아내

21 ○여러분은 그리스도를 두려워하는
마음으로 서로 순종하십시오.
22 아내 된 이 여러분, 남편에게 하기를
주님께 하듯 하십시오.
23 그리스도께서 교회의 머리가 되심과
같이, 남편은 아내의 머리가 됩니다.
바로 그리스도께서는 몸의 구주이십
니다.
24 교회가 그리스도께 순종하듯이, 아
내도 모든 일에 남편에게 순종해야
합니다.
25 남편 된 이 여러분, 아내를 사랑하기
를 그리스도께서 교회를 사랑하셔
서 교회를 위하여 자신을 내주심 같

5:5 탐욕을 부리는 자는 우상 숭배자 골로새서 3:5은 탐욕이 곧 우상 숭배라고 말한다. 탐욕이 가득한 사람들은 창조주 하나님보다 그의 피조물에 더 큰 관심을 가지며 피조물을 더욱 중시하기 때문에, 결국 하나님보다 피조물을 더 위에 올려놓고 섬기는 죄를 범하게 된다.

5:8 빛의 자녀답게 사십시오 우리는 어둠의 권세 아래에 있다가 구원을 받아 빛의 세계로 들어온 자들이다. 우리에게는 빛에 거할 뿐 아니라 또한 세상의 빛으로서, 어두운 세상을 밝게 비추어야 할 책임이 있다(참조. 마 5:14-16).

5:15-21 믿지 않는 사람들은 악한 환경 속에서 하나님의 뜻을 분별하지 못하고, 시간과 기회를 허비한다. 그러나 그리스도인들은 주님의 뜻에 대해 분별력을 가지고, 주어진 기회를 최대한 이용하여 하나님께 영광을 돌려야 한다. 하나님께 대한 찬송과 감사, 서로 순종하는 인간관계는 성령 충만의 결과이다.

이 하십시오.
26 그리스도께서 그렇게 하신 것은, 교
회를 물로 씻고, 말씀으로 깨끗하게
하여서, 거룩하게 하시려는 것이며,
27 티나 주름이나 또 그와 같은 것들이
없이, 아름다운 모습으로 교회를 자
기 앞에 내세우시려는 것이며, 교회
를 거룩하고 흠이 없게 하시려는 것
입니다.
28 이와 같이, 남편도 아내를 자기 몸과
같이 사랑해야 합니다. 자기 아내를
사랑하는 것은 곧 자기를 사랑하는
것입니다.
29 자기 육신을 미워한 사람은 없습니
다. 누구나 자기 육신을 먹여 살리고
돌보기를 그리스도께서 교회를 그렇
게 하시듯이 합니다.
30 우리는 그리스도의 몸의 지체입니다.
31 ㉠그러므로 사람이 부모를 떠나 자기
아내와 합하여 그 둘이 한 몸이 되
는 것입니다.
32 이 비밀은 큽니다. 나는 그리스도와
교회를 두고 이 말을 합니다.
33 그러므로 여러분도 각각 자기 아내
를 자기 몸 같이 사랑하고, 아내도
자기 남편을 존중하십시오.

자녀와 부모

6 자녀 된 이 여러분, [주 안에서] 여
러분의 부모에게 순종하십시오.
이것이 옳은 일입니다.
2 ㉡"네 부모를 공경하라"고 하신 계명
은, 약속이 딸려 있는 첫째 계명입니
다.
3 "네가 잘 되고, 땅에서 오래 살 것이
다" 하신 약속입니다.
4 또 아버지 된 이 여러분, 여러분의
자녀를 노엽게 하지 말고, 주님의 훈
련과 훈계로 기르십시오.

종과 주인

5 ○종으로 있는 이 여러분, 두려움과
떨림과 성실한 마음으로 육신의 주
인에게 순종하십시오. 그리스도께
하듯이 해야 합니다.
6 사람을 기쁘게 하는 자들처럼 눈가
림으로 하지 말고, 그리스도의 종답
게 진심으로 하나님의 뜻을 실천하
십시오.
7 사람에게가 아니라 주님께 하듯이,
기쁜 마음으로 섬기십시오.
8 선한 일을 하는 사람은, 종이든지
자유인이든지, 각각 그 갚음을 주님
께로부터 받게 됨을 여러분은 아십
시오.
9 주인 된 이 여러분, 종들에게 이와
같이 대하고, 위협을 그만두십시오.
그들의 주님이시요 여러분의 주님이
신 분께서 하늘에 계신다는 것과, 주
님께서는 사람을 차별하여 대하지
않으신다는 것을, 여러분은 아십시
오.

6장 요약 자녀와 부모(1-4절), 종과 주인(5-9절) 간의 덕목을 제시하고 있다. 이들 관계의 중요한 점은 권위에 대한 존경과 순종이다. 10-20절은 그리스도인의 영적인 싸움을 묘사하고 있는데 싸움의 대상(악마), 방법(성령의 무장), 자세 등을 구체적으로 제시하고 있다.

6:1-4 이 부분은 부모와 자녀의 바른 관계에 대해 교훈하고 있다(골 3:20-21). 자녀들은 주님의 뜻에 위배되지 않는 한, 부모에게 순종해야 한다. 또한 부모들은 자녀들에게 절도와 공정성을 지켜야 한다.

6:10-20 사도 바울은 그리스도인의 영적인 싸움에 관해 말한다. 우리의 싸움 대상은 인간이 아니라 인간들 배후에서 조종하는 '악한 영들'(12절)임을 말하면서, '하나님이 주시는 무기'(13절)로 무장하라고 호소한다. 전쟁에 나서는 로마 병사를

㉠ 창 2:24 ㉡ 출 20:12; 신 5:16

악마와 싸우는 싸움

10 ○끝으로 말합니다. 여러분은 주님
안에서 그분의 힘찬 능력으로 굳세
게 되십시오.
11 악마의 간계에 맞설 수 있도록, 하나
님이 주시는 온몸을 덮는 갑옷을 입
으십시오.
12 ㉠우리의 싸움은 인간을 적대자로
상대하는 것이 아니라, 통치자들과
권세자들과 이 어두운 세계의 지배
자들과 하늘에 있는 악한 영들을 상
대로 하는 것입니다.
13 그러므로 하나님이 주시는 무기로
완전히 무장하십시오. 그래야만 여
러분이 악한 날에 이 적대자들을 대
항할 수 있으며 모든 일을 끝낸 뒤에
설 수 있을 것입니다.
14 그러므로 여러분은 ㉡진리의 허리띠
로 허리를 동이고 정의의 가슴막이
로 가슴을 가리고 버티어 서십시오.
15 ㉢발에는 평화의 복음을 전할 차비
를 하십시오.
16 ㉣이 모든 것에 더하여 믿음의 방패
를 손에 드십시오. 그것으로써 여러
분은 악한 자가 쏘는 모든 불화살을
막아 꺼버릴 수 있을 것입니다.
17 그리고 ㉤구원의 투구를 받고 성령
의 검 곧 하나님의 말씀을 받으십시
오.
18 온갖 기도와 간구로 언제나 성령 안
에서 기도하십시오. 이것을 위하여
늘 깨어서 끝까지 참으면서 모든 성
도를 위하여 간구하십시오.
19 또 나를 위하여 기도하기를, 내가 입
을 열 때에, 하나님께서 말씀을 주셔
서 담대하게 ㉥복음의 비밀을 알릴
수 있게 해 달라고 하십시오.
20 나는 사슬에 매여 있으나, 이 복음
을 전하는 사신입니다. 이런 형편에
서도, 내가 마땅히 해야 할 말을 담
대하게 말할 수 있게 기도하여 주십
시오.

작별 인사

21 ○사랑하는 형제이며 주님 안에서
진실한 일꾼인 두기고가, 내가 지내
는 형편과 내가 하고 있는 일과 그밖
에 모든 것을 여러분에게 알릴 것입
니다.
22 우리의 사정을 알리고, 또, 여러분의
마음을 위로하게 하려고, 나는 그를
여러분에게 보냅니다.
23 ○아버지 하나님과 주 예수 그리스
도께서 ㉦성도들에게 평화를 내려주
시고, 믿음과 더불어 사랑을 베풀어
주시기를 빕니다.
24 우리 주 예수 그리스도를 변함없이
사랑하는 모든 사람에게 은혜가 있
기를 빕니다.㉧

예를 들어 하나님이 주시는 온몸을 덮는 갑옷을 설명하는데, 인간의 보잘것없는 힘과 능력을 의지한다면 그리스도인은 악마와의 싸움에서 패할 수밖에 없다. 그러나 능치 못함이 없는 하나님의 강한 힘으로 무장할 때, 성도는 악마를 이길 수 있을 만큼 강해진다.

6:16 믿음의 방패 믿음은 영적 싸움에 있어서 악마의 공격을 저지하기 위한 훌륭한 무기이다.

6:17 성령의 검 곧 하나님의 말씀 하나님의 말씀은 성도의 유일한 공격 무기로 묘사되고 있다. 하나님의 말씀은 '주님의 입에서 나오는 모든 말씀'(신 8:3)을 의미한다. 예수님은 광야에서 시험을 받으실 때, 그를 넘어트리려는 악마를 구약 말씀을 인용하여 물리치셨다(눅 4:1-13). 성령님은 기록된 하나님의 말씀과 더불어 역사하신다.

㉠ 다른 고대 사본들에는 '여러분의' ㉡ 사 11:5; 59:17 ㉢ 사 52:7; 나 1:15 ㉣ 또는 '어떤 경우에든지' ㉤ 사 59:17 ㉥ 다른 고대 사본들에는 '복음의'가 없음 ㉦ 그, '형제들에게' ㉧ 다른 고대 사본들에는 절 끝에 '아멘'이 있음

빌립보서

PHILIPPIANS

저자 사도 바울

저작 연대 A.D. 60-62년경

기록 장소와 대상 본서의 기록 장소는 분명치 않다. 그러나 대부분의 학자들은 전통적으로 로마 기록설을 따르고 있다. 빌립보에 있는 그리스도인들을 대상으로 기록되었다.

기록 목적 자신에게 헌금을 보내준 것에 대해 감사의 뜻을 전하고 자신이 투옥된 것이 결코 복음의 퇴보를 가져오는 것이 아님을 알려서, 빌립보 교인들의 염려를 없애려고 했다. 또 빌립보 교회의 분열에 대해 한 마음으로 연합할 것을 권면했으며 율법주의적 유대교가 복음의 근본 정신에 어긋난다는 사실을 알려 주기 위해서 기록하였다.

핵심어 및 내용 빌립보서의 핵심어는 '복음'과 '기쁨'이다. 하나님과의 관계에서뿐만 아니라 다른 사람들과의 관계에서 복음의 중요성을 역설하고 있다. 또한 바울은 고통스럽고 암담한 감옥 생활에서도 슬퍼하기는커녕, 성도들에게 끊임없이 계속 솟아나는 기쁨을 보여 주었다.

내용 분해

1. 서론(1:1-11) 및 사도 바울의 개인적인 상황(1:12-26)
2. 사도 바울의 권면(1:27-2:18)
3. 동역자들에 대한 소식(2:19-30)
4. 사도 바울의 영적인 열정(3:1-21)
5. 그리스도인의 미덕을 권면함(4:1-9)
6. 헌금에 대한 감사의 표시(4:10-20)
7. 결론: 문안과 축복(4:21-23)

인사

1 그리스도 예수의 종인 바울과 디모
데가 그리스도 예수 안에서 빌립
보에 살고 있는 모든 성도들과 감독
들과 집사들에게 이 편지를 씁니다.
2 하나님 우리 아버지와 주 예수 그리
스도께서 내려주시는 은혜와 평화
가 여러분에게 있기를 빕니다.

빌립보 성도들에게 감사와 찬사를 표하다

3 ○나는 여러분을 생각할 때마다, 나
의 하나님께 감사를 드립니다.
4 내가 기도할 때마다, 여러분 모두를
위하여 늘 기쁜 마음으로 간구합니
다.
5 여러분이 첫 날부터 지금까지, 복음
을 전하는 일에 동참하고 있기 때문
입니다.
6 선한 일을 여러분 가운데서 시작하
신 분께서 그리스도 예수의 날까지
그 일을 완성하시리라고, 나는 확신
합니다.
7 내가 여러분 모두를 이렇게 생각하
는 것은, 나로서는 당연한 일입니다.
㉠내가 여러분을 내 마음에 간직하
고 있기 때문입니다. 여러분 모두는
내가 갇혀 있을 때나, 복음을 변호하
고 입증할 때에, 내가 받은 은혜에
동참한 사람들입니다.
8 내가 그리스도 예수의 심정으로, 여
러분 모두를 얼마나 그리워하고 있
는지는, 하나님께서 증언하여 주십
니다.
9 내가 기도하는 것은 여러분의 사랑
이 지식과 모든 통찰력으로 더욱 더
풍성하게 되어서,
10 여러분이 가장 좋은 것이 무엇인가
를 분별할 줄 알게 되는 것입니다.
그리하여 여러분이 그리스도의 날까
지 순결하고 흠이 없이 지내며,
11 예수 그리스도께서 주시는 의의 열
매로 가득 차서 하나님께 영광과 찬
양을 드리게 되기를, 나는 기도합니
다.

㉠ 또는 '여러분이 나를 여러분의 마음에'

바울이 처한 형편

12 ○형제자매 여러분, 내게 일어난 일
이 도리어 복음을 전파하는 데에 도
움을 준 사실을, 여러분이 알아주시
기를 바랍니다.
13 내가 그리스도 안에서 감옥에 갇혔
다는 사실이 온 친위대와 그 밖의
모든 사람에게 알려졌습니다.
14 주님 안에 있는 형제자매 가운데서
많은 사람이, 내가 갇혀 있음으로 말
미암아 더 확신을 얻어서, ㉠하나님
의 말씀을 겁 없이 더욱 담대하게 전
하게 되었습니다.
15 ○어떤 사람들은 시기하고 다투면서
그리스도를 전하고, 어떤 사람들은
좋은 뜻으로 전합니다.
16 좋은 뜻으로 전하는 사람들은 내가
복음을 변호하기 위하여 세우심을
받았다는 것을 알고서 사랑으로 그
리스도를 전하지만,
17 시기하고 다투면서 하는 사람들은
경쟁심으로 곧 불순한 동기에서 그
리스도를 전합니다. 그들은 나의 감
옥 생활에 괴로움을 더하게 하려는
생각을 품고 있습니다.
18 그렇지만 어떻습니까? 거짓된 마음
으로 하든지 참된 마음으로 하든지,
어떤 식으로 하든지 결국 그리스도
가 전해지는 것입니다. 나는 그것을
기뻐합니다. 앞으로도 또한 기뻐할
것입니다.
19 나는 여러분의 기도와 예수 그리스
도의 영의 도우심으로 내가 풀려나
리라는 것을 압니다.
20 나의 간절한 기대와 희망은, 내가 아
무 일에도 부끄러움을 당하지 않고
온전히 담대해져서, 살든지 죽든지,
전과 같이 지금도, 내 몸에서 그리스
도께서 존귀함을 받으시리라는 것입
니다.
21 나에게는, 사는 것이 그리스도이시
니, 죽는 것도 유익합니다.
22 그러나 육신을 입고 살아가는 것이
나에게 보람된 일이면, 내가 어느 쪽
을 택해야 할지 모르겠습니다.
23 나는 이 둘 사이에 끼여 있습니다.
내가 원하는 것은, 세상을 떠나서 그
리스도와 함께 있는 것입니다. 그것
이 훨씬 더 나으나,
24 내가 육신으로 남아 있는 것이 여러
분에게는 더 필요할 것입니다.
25 나는 이렇게 확신하기 때문에, 여러
분의 발전과 믿음의 기쁨을 더하기
위하여 여러분 모두와 함께 머물러
있어야 할 것으로 압니다.
26 내가 다시 여러분에게로 가면, 여러
분의 자랑거리가 그리스도 예수 안
에서 나 때문에 많아질 것입니다.
27 ○여러분은 오로지 그리스도의 복
음에 합당하게 생활하십시오. 그리

1장 요약 바울은 자신의 옥중 생활이 도리어 복음을 전파하는 데에 기회가 되었음을 간증함으로써 빌립보 교인들을 안심시키고 있다.

1:3–11 바울은 지난날 자신에게 베푼 빌립보 교회의 친절에 대하여 생각할 때마다 감사하고, 빌립보 교회를 위해 기쁨으로 기도하였다(3–4절). 그 이유는 빌립보 교인들이 그리스도를 영접한 첫날부터 바울이 감옥에 갇혀 있는 지금까지 복음 사역에 동참하였기 때문이다(5절). 이러한 일을 시작하신 하나님께서 그리스도 재림의 날까지 계속해서 이루실 것을 바울은 확신하였다(6절). 또한 바울은 그리스도께서 베푸신 사랑으로 빌립보 교인들을 사랑했고(8절), 그들이 계속해서 영적으로 성장하도록 기도했다(9–11절).

1:27–30 본문은 당시 빌립보 교회가 믿음으로 인하여 어떠한 고난과 시련이 있는지 보여 준다.

㉠ 다른 고대 사본들에는 '말씀'

하여 내가 가서, 여러분을 만나든지,
떠나 있든지, 여러분이 한 정신으로
굳게 서서, 한 마음으로 복음의 신앙
을 위하여 함께 싸우며,
28 또한 어떤 일에서도 대적하는 자들
을 두려워하지 않는다는 소식이 나
에게 들려오기를 바랍니다. 이것이
그들에게는 멸망의 징조이고 여러분
에게는 구원의 징조입니다. 이것은
하나님께서 하시는 일입니다.
29 하나님께서는 여러분에게 그리스도
를 위한 특권, 즉 그리스도를 믿는 것
뿐만 아니라, 또한 그리스도를 위하
여 고난을 받는 특권도 주셨습니다.
30 여러분은 내가 하는 것과 똑같은 투
쟁을 벌이고 있습니다. 여러분은 내
가 그렇게 하는 것을 보았으며, 내가
그렇게 하는 것을 지금 소문으로 듣
습니다.

그리스도의 겸손

2 그러므로 그리스도 안에서 여러분
에게 무슨 격려나, 사랑의 무슨 위
로나, 성령의 무슨 교제나, 무슨 동정
심과 자비가 있거든,
2 여러분은 같은 생각을 품고, 같은 사
랑을 가지고, 뜻을 합하여 한 마음
이 되어서, 내 기쁨이 넘치게 해 주
십시오.
3 무슨 일을 하든지, 경쟁심이나 허영
으로 하지 말고, 겸손한 마음으로 하
고, 자기보다 서로 남을 낫게 여기십
시오.
4 또한 여러분은 자기 일만 돌보지 말
고, 서로 다른 사람들의 일도 돌보아
주십시오.
5 ㉠여러분 안에 이 마음을 품으십시
오. 그것은 곧 그리스도 예수의 마
음이기도 합니다.
6 그는
하나님의 모습을 지니셨으나, 하나
님과 동등함을 당연하게 생각하
지 않으시고,
7 오히려 자기를 비워서 종의 모습
을 취하시고, 사람과 같이 되셨습
니다. 그는 사람의 모양으로 나타
나셔서,
8 자기를 낮추시고, 죽기까지 순종
하셨으니, 곧 십자가에 죽기까지
하셨습니다.
9 그러므로 하나님께서는 그를 지극
히 높이시고, 모든 이름 위에 뛰어
난 이름을 그에게 주셨습니다.
10 ㉡그리하여 하늘과 땅 위와 땅 아
래 있는 모든 것들이 예수의 이름
앞에 무릎을 꿇고,
11 모두가 예수 그리스도는 주님이시
라고 고백하여, 하나님 아버지께
영광을 돌리게 하셨습니다.

여러분은 하나님의 자녀답게 사십시오

12 ○그러므로, 사랑하는 여러분, 여러

2장 요약 본장에서 바울은 그리스도의 비하(卑下)와 승귀(昇貴)를 통해 그분의 사역을 총체적으로 보여 주면서 우리가 추구해야 할 모범이 예수 그리스도뿐임을 상기시키고 있다. 한편 19절부터는 바울이 자신의 사후 대비책으로 디모데와 에바브로디도를 빌립보 교회에 추천하는 내용이다.

2:1–11 바울은 빌립보 교인들이 그리스도 안에서 하나가 되어야 할 것을 권면한다(1–4절). 또한 바울은 그들이 그리스도의 겸손을 본받아 섬기는 생활을 해야 할 것을 권면한다(5–11절).

2:7 사람의 모양 형체는 본질적 형상으로서 변하지 않지만, 본절의 '모양'은 외관인 변화의 모양을 가리킨다. 이 말은 그리스도께서 인류를 구원하시기 위해 사람이 되신 제2의 아담(롬 5:15)을 뜻

㉠ 또는 '여러분은 이런 태도를 가지십시오. 그것은 곧 그리스도 예수께서 보여주신 태도입니다' ㉡ 사 45:23(칠십인역)

분이 언제나 순종한 것처럼, 내가 함
께 있을 때뿐만 아니라, 지금과 같이
내가 없을 때에도 더욱 더 순종하여
서, 두렵고 떨리는 마음으로 자기의
구원을 이루어 나가십시오.
13 하나님은 여러분 안에서 활동하셔
서, 여러분으로 하여금 하나님을 기
쁘게 해 드릴 것을 염원하게 하시고
실천하게 하시는 분입니다.
14 무슨 일이든지, 불평과 시비를 하지
말고 하십시오.
15 그리하여 여러분은, 흠이 없고 순결
해져서, 구부러지고 뒤틀린 세대 가
운데서 하나님의 흠없는 자녀가 되
어야 합니다. 그리하면 여러분은 이
세상에서 별과 같이 빛날 것입니다.
16 생명의 말씀을 굳게 잡으십시오. 그
리하면 내가 달음질한 것과 수고한
것이 헛되지 아니하여서, 그리스도
의 날에 내가 자랑할 수 있을 것입니
다.
17 그리고 여러분의 믿음의 제사와 예
배에 나의 피를 붓는 일이 있을지라
도, 나는 기뻐하고, 여러분 모두와
함께 기뻐하겠습니다.
18 여러분도 이와 같이 기뻐하고, 나와
함께 기뻐하십시오.

디모데와 에바브로디도

19 ○나는 주 예수 안에서 디모데를 여
러분에게 곧 보내고 싶습니다. 그것
은 나도 여러분의 형편을 앎으로써
격려를 받으려는 것입니다.
20 나에게는, 디모데와 같은 마음으로
진심으로 여러분의 형편을 염려하여
줄 사람이 아무도 없습니다.
21 모두 다 자기의 일에만 관심이 있고,
그리스도 예수의 일에는 관심이 없
습니다.
22 그러나 ㉠디모데의 인품은 여러분이
잘 알고 있습니다. 그는 자식이 아버
지에게 하듯이 복음을 위하여 나와
함께 봉사하였습니다.
23 그러므로 내 일이 되어 가는 것을
보고, 그를 곧 보낼 수 있기를 바랍
니다.
24 그리고 나도 곧 가게 되리라는 것을
주님 안에서 확신합니다.
25 ○그러나 나는, 내 형제요 동역자요
전우요 여러분의 ㉡사신이요 내가 쓸
것을 공급한 일꾼인 에바브로디도를
여러분에게 보내어야 할 필요가 있
다고 생각하였습니다.
26 그는 여러분 모두를 ㉢그리워하고 있
을 뿐만 아니라, 자기가 병을 앓았다
는 소식을 여러분이 들었기 때문에,
몹시 걱정하고 있었습니다.
27 사실, 그는 병이 나서 죽을 뻔하였습
니다. 그러나 하나님께서 그를 불쌍
히 여기시고, 그만이 아니라 나도 불
쌍히 여기셔서, 나에게 겹치는 근심

한다(Lightfoot).

2:12-18 바울은 성도들이 구원의 완성을 위해 힘써야 할 것을 요구하고 있다(12절). 구원을 이루는 *과정도 하나님 은혜의 역사임*을 밝히고 있다(13절). 구원의 완성을 위해 성도들은 다툼이나 불평이 없어야 한다(14절). 이어서 바울은 성도들이 도덕적으로 부패한 세상에서 거룩함과 순결함 가운데 진리의 빛을 비추어야 할 것을 부탁한다(15절). 이제 바울은 자신이 희생제물이 됨으로 인해, 성도들이 믿음의 확신을 갖게 된다면 크게 기뻐할 일이라고 말한다(17-18절).

2:25-30 에바브로디도는 빌립보 교인의 대표로서 바울에게 헌금을 전달하는 등 교회를 위한 아름다운 봉사를 하던 중, 병들게 되었다. 그래서 바울은 걱정을 하며 에바브로디도를 빌립보 교회로 보내면서 이 편지를 기록하여 준 것이다.

㉠ 그, '그의' ㉡ 그, '사도' ㉢ 다른 고대 사본들에는 '보고 싶어할 뿐만 아니라'

이 생기지 않게 해 주셨습니다.
28 그러므로 내가 더욱 서둘러서 그를
보냅니다. 그것은 여러분이 그를 다
시 보고서 기뻐하게 하려는 것이며,
나도 나의 근심을 덜려는 것입니다.
29 그러므로 여러분은 주 안에서 기쁜
마음으로 그를 영접하십시오. 또 그
와 같은 이들을 존경하십시오.
30 그는 ㉠그리스도의 일로 거의 죽을
뻔하였고, 나를 위해서 여러분이 다
하지 못한 봉사를 채우려고 자기 목
숨을 아끼지 않은 사람이기 때문입
니다.

하나님의 의

3 끝으로, ㉡나의 형제자매 여러분,
주 안에서 ㉢기뻐하십시오. 내가
같은 말을 되풀이해서 쓰는 것이 나
에게는 번거롭지도 않고, 여러분에
게는 안전합니다.
2 ○개들을 조심하십시오. 악한 일꾼
들을 조심하십시오. 살을 잘라내는
할례를 주장하는 자들을 조심하십
시오.
3 ㉣하나님의 영으로 예배하며, 그리스
도 예수 안에서 자랑하며, 육신을 의
지하지 않는 우리들이야말로, 참으
로 할례 받은 사람입니다.
4 하기야, 나는 육신에도 신뢰를 둘 만
합니다. 다른 어떤 사람이 육신에 신
뢰를 둘 만한 것이 있다고 생각하면,
나는 더욱 그러합니다.
5 나는 난 지 여드레만에 할례를 받았
고, 이스라엘 민족 가운데서도 베냐
민 지파요, 히브리 사람 가운데서도
히브리 사람이요, 율법으로는 바리
새파 사람이요,
6 열성으로는 교회를 박해한 사람이
요, 율법의 의로는 흠 잡힐 데가 없
는 사람이었습니다.
7 [그러나] 나는 내게 이로웠던 것은
무엇이든지 그리스도 때문에 해로운
것으로 여기게 되었습니다.
8 그뿐만 아니라, 내 주 예수 그리스도
를 아는 지식이 가장 고귀하므로,
나는 그 밖의 모든 것을 해로 여깁니
다. 나는 그리스도 때문에 모든 것
을 잃었고, 그 모든 것을 오물로 여
깁니다. 나는 그리스도를 얻고,
9 그리스도 안에 있는 사람으로 인정
받으려고 합니다. 나는 율법에서 생
기는 나 스스로의 의가 아니라, 그리
스도를 믿는 믿음으로 말미암아 오
는 의 곧 믿음에 근거하여, 하나님에
게서 오는 의를 얻으려고 합니다.
10 내가 바라는 것은, ㉤그리스도를 알
고, 그분의 부활의 능력을 깨닫고,
그분의 고난에 동참하여, 그분의 죽
으심을 본받는 것입니다.
11 그리하여 나는 어떻게 해서든지, 죽
은 사람들 가운데서 살아나는 부활

3장 요약 바울은 그리스도를 아는 지식이 가장 고귀한 '도'라고 단정하였다. 이 말은 세속 지식이 인생의 본질과 구원의 진리를 가르쳐 주지 못한다는 의미이다. 그리스도를 아는 지식으로 새로워진 사람은 그리스도를 좇는 생활을 하기 마련이다(10-21절). 바울은 이것을 목표점을 위해 경주하는 삶이라고 규정하였다.

3:1-3 바울은 여기서 유대주의자들에 대해 경고하고 있다. 그들이 율법의 행위와 외적인 종교 의식을 지나치게 강조하는 데 비해, 바울은 그리스도에 대한 전적인 믿음과 성령의 인도하심을 강조한다.

3:7-11 바울은 자신의 의를 완전히 포기하고 그리스도의 의를 얻으려고 했다. 그리스도의 의는

㉠ 다른 고대 사본들에는 '주' ㉡ 그. '나의 형제들' ㉢ 또는 '안녕히 계십시오' ㉣ 다른 고대 사본들에는 '영으로 하나님을 예배하며' ㉤ 그. '그를'

에 이르고 싶습니다.

목표를 향한 달음질

12 ○나는 이것을 이미 얻은 것도 아니
며, ㉠이미 목표점에 다다른 것도 아
닙니다. 그리스도 [예수]께서 나를
사로잡으셨으므로, 나는 그것을 붙
들려고 좇아가고 있습니다.
13 ㉡형제자매 여러분, 나는 아직 그것
을 붙들었다고 생각하지 않습니다.
내가 하는 일은 오직 한 가지입니다.
뒤에 있는 것은 잊어버리고, 앞에 있
는 것을 향하여 몸을 내밀면서,
14 그리스도 예수 안에서, 하나님께서
위로부터 부르신 그 부르심의 상을
받으려고, 목표점을 바라보고 달려
가고 있습니다.
15 그러므로 누구든지 성숙한 사람은
이와 같이 생각하십시오. 여러분이
무엇인가를 달리 생각하면, 하나님
께서는 그것도 여러분에게 드러내실
것입니다.
16 어쨌든, 우리가 어느 단계에 도달했
든지 그 단계에 맞추어서 행합시다.
17 ○㉡형제자매 여러분, 다 함께 나를
본받으십시오. 여러분이 우리를 본
보기로 삼은 것과 같이, 우리를 본받
아서 사는 사람들을 눈여겨보십시
오.
18 내가 여러분에게 여러 번 말하였고,
지금도 눈물을 흘리면서 말하지만,
그리스도의 십자가의 원수로 살아가
는 사람이 많이 있습니다.
19 그들의 마지막은 멸망입니다. 그들
은 배를 자기네의 하나님으로 삼고,
자기네의 수치를 영광으로 삼고, 땅
의 것만을 생각합니다.
20 그러나 우리의 ㉢시민권은 하늘에 있
습니다. 그곳으로부터 우리는 구주
로 오실 주 예수 그리스도를 기다리
고 있습니다.
21 그분은 만물을 복종시킬 수 있는 권
능으로, 우리의 비천한 몸을 변화시
키셔서, 자기의 영광스러운 몸과 같
은 모습이 되게 하실 것입니다.

4

1 그러므로 사랑하고 사모하는
㉣나의 형제자매 여러분, 나의 기
쁨이요 나의 면류관인 사랑하는 여
러분, 이와 같이 주님 안에 굳건히
서 계십시오.

권면

2 ○나는 유오디아에게 권면하고, 순
두게에게도 권면합니다. 주님 안에
서 같은 마음을 품으십시오.
3 그렇습니다. 나의 진정한 동지여, 그
대에게도 부탁합니다. 이 여인들을
도와 주십시오. 이 여인들은 글레멘
드와 그 밖의 나의 동역자들과 더불
어, 복음을 전하는 일에 나와 함께
애쓴 사람들입니다. 그들의 이름은
생명책에 기록되어 있습니다.

율법을 지킴으로 얻는 것이 아니라, 믿음으로 말미암아 받는 것이다. 바울은 또한 그리스도의 고난과 부활에 참여함으로, 그리스도와 연합한 사람이 되길 원했다.

3:12–16 본절은 그리스도 안에서 목표점으로 향하여 달려가는 바울의 강한 열망과 분투와 노력이 묘사되어 있다.

3:20 시민권 그리스도인은 자신의 본향이 하늘에 있다는 사실을 염두에 두어야 한다.

4장 요약 바울은 자신의 동역자 개개인에 대한 관심과 배려를 표한 후에(1–3절) 빌립보 교회 전체에 대한 감사를 전하고 있다(10–23절). 한편 4–9절은 내용상 또 다른 한 단락으로 볼 수 있으며, 여기서는 성도 각 개인의 생활 원리가 명시되어 있다.

㉠ 또는 '이미 완전해졌다는 것도 아닙니다' ㉡ 그, '형제들이여'
㉢ 또는 '나라' ㉣ 그, '나의 형제들이여'

4 주님 안에서 항상 ㉠기뻐하십시오.
다시 말합니다. ㉠기뻐하십시오.
5 여러분의 관용을 모든 사람에게 알
리십시오. 주님께서 가까이 오셨습
니다.
6 아무것도 염려하지 말고, 모든 일을
오직 기도와 간구로 하고, 여러분이
바라는 것을 감사하는 마음으로 하
나님께 아뢰십시오.
7 그리하면 사람의 헤아림을 뛰어 넘
는 하나님의 평화가 여러분의 마음
과 생각을 그리스도 예수 안에서 지
켜 줄 것입니다.
8 ○마지막으로, ㉡형제자매 여러분, 무
엇이든지 참된 것과, 무엇이든지 경
건한 것과, 무엇이든지 옳은 것과, 무
엇이든 순결한 것과, 무엇이든 사랑
스러운 것과, 무엇이든지 명예로운
것과, 또 덕이 되고 칭찬할 만한 것
이면, 이 모든 것을 생각하십시오.
9 그리고 여러분은 나에게서 배운 것
과 받은 것과 듣고 본 것들을 실천
하십시오. 그리하면 평화의 하나님
께서 여러분과 함께 하실 것입니다.

빌립보 사람들의 선물

10 ○나를 생각하는 마음이 여러분에
게 지금 다시 일어난 것을 보고, 나
는 주님 안에서 크게 ㉢기뻐하였습니
다. 사실, 여러분은 나를 항상 생각
하고 있었지만, ㉣그것을 나타낼 기
회가 없었던 것입니다.
11 내가 궁핍해서 이렇게 말하는 것이
아닙니다. 나는 어떤 처지에서도 스
스로 만족하는 법을 배웠습니다.
12 나는 비천하게 살 줄도 알고, 풍족하
게 살 줄도 압니다. 배부르거나, 굶
주리거나, 풍족하거나, 궁핍하거나,
그 어떤 경우에도 적응할 수 있는 비
결을 배웠습니다.
13 나에게 능력을 주시는 분 안에서, 나
는 모든 것을 할 수 있습니다.
14 그러나 여러분이 나의 고난에 동참
한 것은 잘 한 일입니다.
15 ○빌립보의 교우 여러분, 여러분도
아는 바와 같이, 내가 복음을 전파
하던 초기에 마케도니아를 떠날 때
에, 주고받는 일로 나에게 협력한 교
회는 여러분밖에 없습니다.
16 내가 데살로니가에 있을 때에도, 여
러분은 내가 쓸 것을 몇 번 보내어
주었습니다.
17 나는 선물을 바라지 않습니다. 나는
여러분의 장부에 유익한 열매가 늘
어나기를 바랍니다.
18 나는 모든 것을 받아서, 풍족하게 지
내고 있습니다. 나는 여러분이 보내
준 것을 에바브로디도로부터 받아서
풍족합니다. 그것은 아름다운 향기
이며, 하나님께서 기쁘게 받으시는
제물입니다.

4:1–3 바울은 먼저 빌립보 교인들에 대한 자신의 깊은 사랑을 알린 후에, 빌립보 교회에서 부조화의 원인이 된 유오디아와 순두게에게 화해할 것을 특별히 권면한다. 또한 바울은 빌립보 교회의 한 동역자에게, 복음을 위해 수고하던 그 여인들을 도우라고 권면한다.

4:1 기쁨·면류관 빌립보 교인들의 성령의 열매가 그들의 생활 가운데 밝히 드러났기 때문에 바울은 기뻐한다. 또한 바울은 자신의 수고가 헛되지 않고 장차 그리스도로부터 영광스러운 면류관을 받으리라는 것을 확신한다.

4:10 바울은 빌립보 교인들이 보내 준 선물에 대해 감사를 표시하였다. 다시 일어난 것 빌립보 교회가 바울에 대한 관심이 되살아나 계속적으로 선교비를 지원하고 있다는 말이다.

4:11–12 바울은 외적인 형편에 상관하지 않고 현

㉠ 또는 '안녕히 계십시오' ㉡ 그, '형제들이여' ㉢ 또는 '기뻐합니다' ㉣ 그, '기회가 없었습니다'

19 나의 하나님께서 자기의 풍성하심을
따라 그리스도 예수 안에 있는 영광
으로 여러분에게 필요한 것을 모두
채워 주실 것입니다.
20 하나님 우리 아버지께 영광이 영원
히 있기를 빕니다. 아멘.

작별 인사

21 ○그리스도 예수 안에 있는 모든 성
도에게 문안하십시오. 나와 함께 있
는 교우들이 여러분에게 문안합니
다.
22 모든 성도가 여러분에게 문안합니
다. 특히 황제의 집안에 속한 사람
들이 여러분에게 문안합니다.
23 주 예수 그리스도의 은혜가 여러분
의 심령과 함께 있기를 빕니다.㉠

재의 상황에 만족하고 있음을 밝혔다. 바울은 그리스도를 영접한 후 지금까지 복음을 위하여 많은 고난을 당하였으나, 그리스도의 사랑과 능력으로 참고 승리할 수 있었음을 간증하고 있다.

4:19-20 바울은 자신을 돌보신 하나님께서 이제 빌립보 교인들에게 필요한 모든 것들을 풍성히 채워 주실 것을 확신하면서 하나님께 영광을 돌리고 있다.

4:21-23 이 마지막 세 절들은 바울이 친히 기록했을 가능성이 있다(살후 3:17). 바울은 빌립보 교회의 모든 성도들에게 애정 어린 안부를 전하고, 주 예수 그리스도의 은혜가 그들과 함께하기를 축도한다.

4:23 바울은 이 편지를 시작할 때, '주 예수 그리스도께서 내려주시는 은혜'(1:2)를 언급했다. 이제 바울은 마찬가지로 '주 예수 그리스도의 은혜'를 언급하며 편지를 끝맺는다.

㉠ 다른 고대 사본들에는 절 끝에 '아멘'이 있음

골로새서

저자 사도 바울

저작 연대 이 편지는 바울이 로마에서 죄수로 갇혀 지내던 제1차 투옥 기간(A.D. 61년 겨울-63년 봄, 참조. 행 28:16-31)에 기록되었기 때문에 에베소서, 빌립보서, 빌레몬서와 함께 옥중 서신으로 불리며, A.D. 62년경에 기록된 것으로 추측된다.

기록 장소와 대상 로마의 감옥에서 기록하였으며 골로새에 있는 그리스도인들을 위하여 본 서신을 썼다.

기록 목적 바울이 골로새 교회에 들어온 이단을 반박하기 위해서 썼다.

핵심어 및 내용 골로새서의 핵심어는 '지존성'과 '머리되심'이다. 골로새서는 헛되고 세속적인 철학들 때문에 혼란스러워진 골로새 교회에 보낸 서신서이다. 따라서 그리스도께서 그의 몸된 교회의 머리이실 뿐만 아니라 삶의 모든 영역에 있어서 최고의 위치에 있는 지존자이심이 강조되고 있다.

내용 분해

1. 서론(1:1-14)
2. 그리스도론(1:15-2:23)
3. 그리스도인의 생활(3:1-4:6)
4. 결론(4:7-18)

인사

1 하나님의 뜻으로 그리스도 예수의
사도가 된 나 바울과 형제인 디모
데가,
2 골로새에 있는 성도들 곧 그리스도
안에 있는 ㉠신실한 ㉡형제자매들에
게 이 편지를 씁니다. ㉢우리 아버지
하나님께서 내려주시는 은혜와 평화
가 여러분에게 있기를 빕니다.

하나님께 감사를 드리다

3 ○우리는 여러분을 위하여 기도할
때에, 항상 우리 주 예수 그리스도의
하나님 아버지께 감사를 드립니다.
4 우리는 그리스도 예수에 대한 여러
분의 믿음과 모든 성도를 향해서 여
러분이 품고 있는 사랑을 전해 들었
습니다.
5 이 믿음과 사랑은 여러분을 위하여
하늘에 쌓아 두신 ㉣소망에 근거합
니다. 이 소망은 여러분이 진리의 말
씀 곧 복음을 받아들일 때에 이미
들은 것입니다.
6 이 복음은 온 세상에 전해진 것과
같이, 여러분에게 전해졌습니다. 여
러분이 하나님의 은혜를 듣고서 참
되게 깨달은 그날로부터, 여러분 가
운데서와 같이 온 세상에서 열매를
맺으며 자라고 있습니다.
7 여러분은 하나님의 은혜를 우리와
함께 종이 된 사랑하는 에바브라에
게서 배웠습니다. 그는 ㉤여러분을 위
해서 일하는 그리스도의 신실한 일
꾼이요,
8 성령 안에서 여러분의 사랑을 우리
에게 알려 준 사람입니다.

그리스도의 인격과 그분이 하시는 일

9 ○그러므로 우리가 여러분의 소식을
들은 그 날부터, 우리도 여러분을 위
하여 쉬지 않고 기도합니다. 우리는
하나님께서 여러분에게 모든 신령한
지혜와 총명으로 ㉥하나님의 뜻을
아는 지식을 채워 주시기를 빕니다.
10 여러분이 주님께 합당하게 살아감으
로써, 모든 일에서 그분을 기쁘게 해
드리고, 모든 선한 일에서 열매를 맺
고, 하나님을 점점 더 알고,
11 하나님의 영광의 권능에서 오는 모
든 능력으로 강하게 되어서, 기쁨으

㉠ 또는 '믿는' ㉡ 그, '형제들' ㉢ 다른 고대 사본들에는 '우리 아버지 하나님과 주 예수 그리스도' ㉣ 또는 '희망' ㉤ 다른 고대 사본들에는 '우리를 위하여' ㉥ 그, '그의 뜻'

로 끝까지 참고 견디기를 바랍니다.
12 그리하여 성도들이 받을 상속의 몫
을 차지할 자격을 ㉠여러분에게 주신
아버지께, 여러분이 빛 속에서 감사
를 드리게 되기를 우리는 바랍니다.
13 아버지께서 우리를 암흑의 권세에서
건져내셔서, 자기의 사랑하는 아들
의 나라로 옮기셨습니다.
14 우리는 그 아들 안에서 ㉡구속 곧 죄
사함을 받았습니다.
15 그 아들은 보이지 않는 하나님의
형상이시요, 모든 피조물보다 먼
저 나신 분이십니다.
16 만물이 그분 ㉢안에서 창조되었습
니다. 하늘에 있는 것들과 땅에 있
는 것들, 보이는 것들과 보이지 않
는 것들, 왕권이나 주권이나 권력
이나 권세나 할 것 없이, 모든 것이
그분으로 말미암아 창조되었고,
그분을 위하여 창조되었습니다.
17 그분은 만물보다 먼저 계시고, 만
물은 그분 안에서 존속합니다.
18 그분은 교회라는 몸의 머리이십니
다. 그는 근원이시며, 죽은 사람들
가운데서 제일 먼저 살아나신 분
이십니다. 이는 그분이 만물 가운
데서 으뜸이 되시기 위함입니다.
19 하나님께서는 그분의 안에 모든
충만함을 머무르게 하시기를 기뻐
하시고,
20 그분의 십자가의 피로 평화를 이
루셔서, 그분으로 말미암아 만물
을, 곧 땅에 있는 것들이나 하늘에
있는 것들이나 다, 자기와 기꺼이
화해시켰습니다.
21 ○전에 여러분은 악한 일로 하나님
을 멀리 떠나 있었고, 마음으로 하나
님과 원수가 되어 있었습니다.
22 그러나 지금은 하나님께서 그리스도
의 죽으심을 통하여, 그분의 육신의
몸으로 여러분과 화해하셔서, 여러
분을 거룩하고 흠이 없고 책망할 것
이 없는 사람으로 자기 앞에 내세우
셨습니다.
23 그러므로 여러분은 믿음에 튼튼히
터를 잡아 굳건히 서 있어야 하며,
여러분이 들은 복음의 소망에서 떠
나지 말아야 합니다. 이 복음은 하늘
아래 있는 모든 피조물에게 전파되
었으며, 나 바울은 이 복음의 일꾼이
되었습니다.

교회에서 바울이 하는 일

24 ○이제 나는 여러분을 위하여 고난
을 받는 것을 기쁘게 여기고 있으며,
그리스도의 남은 고난을 그분의 몸
곧 교회를 위하여 내 육신으로 채워
가고 있습니다.
25 나는 하나님께서 여러분을 위하여
하나님의 말씀을 남김없이 전파하게
하시려고 내게 맡기신 사명을 따라,

1장 요약 바울은 모든 피조물 위에 충만한 그리스도의 주권(15–17절)을 전제한 다음, 구속 사역을 통한 그분의 권위(18–19절)와 화해 사역을 서술하고 있다.

1:15–23 이제 바울은 그리스도의 인격과 사역에 대해 기술한다. 곧 그리스도가 하나님의 형상이며(15절), 만물을 지으신 창조주이며(16절), 교회의 머리이며(18절), 하나님의 충만한 신성을 몸에 지닌 분이며(19절), 하나님과 인간을 화해시키는 유일한 중보자임을 가르치고 있다(20절).

1:28 온전한 사람 영지주의는 영적 지식을 깨달은 소수의 선발된 특권층만을 '온전한 사람'으로 보았다. 그러나 바울은 모든 믿는 사람들은 그리스도 안에서 '온전한 사람'이 된다고 말한다. 하나님의 진리는 하나님의 모든 백성을 위한 것이다.

㉠ 다른 고대 사본들에는 '우리에게' ㉡ 다른 고대 사본들에는 '그의 피로'가 더 있음 ㉢ 또는 '말미암아'

교회의 일꾼이 되었습니다.
26 이 비밀은 영원 전부터 모든 세대에
게 감추어져 있었는데, 지금은 그 성
도들에게 드러났습니다.
27 하나님께서는 이방 사람 가운데 나
타난 이 비밀의 영광이 얼마나 풍성
한지를 성도들에게 알리려고 하셨습
니다. 이 비밀은 여러분 안에 계신
그리스도요, 곧 영광의 소망입니다.
28 우리는 이 그리스도를 전합니다. 우
리는 모든 사람을 그리스도 안에서
온전한 사람으로 세우기 위하여 모
든 사람에게 권하며, 지혜를 다하여
모든 사람을 가르칩니다.
29 이 일을 위하여 나도 내 속에서 능력
으로 작용하는 그분의 활력을 따라
수고하며 애쓰고 있습니다.

2 1 여러분과 라오디게아에 있는 사
람들과 그밖에 내 얼굴을 직접 보
지 못한 사람들을 위하여 내가 얼마
나 애쓰고 있는지 여러분이 알기를
바랍니다.
2 내가 이렇게 하는 것은 여러분 모두
가 사랑으로 결속되어 마음에 격려
를 받고, 깨달음에서 생기는 충만한
확신의 모든 풍요에 이르고, ㉠하나
님의 비밀인 그리스도를 온전히 알
게 하려는 것입니다.
3 그리스도 안에는 모든 지혜와 지식
의 보화가 감추어져 있습니다.
4 내가 이 말을 하는 것은, 아무도 교
묘한 말로 여러분을 속이지 못하게
하기 위함입니다.
5 나는 육체로는 비록 떠나 있으나, 영
으로는 여러분과 함께 있으며, 여러
분이 질서 있게 살아가는 것과 그리
스도를 믿는 여러분의 믿음이 굳건
한 것을 보고 기뻐하고 있습니다.

그리스도 안에서 사십시오

6 ○그러므로 여러분이 그리스도 예수
를 주님으로 받아들였으니, 그분 안
에서 ㉡살아가십시오.
7 여러분은 그분 안에 뿌리를 박고, 세
우심을 입어서, 가르침을 받은 대로
믿음을 굳게 하여 감사의 마음이 넘
치게 하십시오.
8 누가 철학이나 헛된 속임수로, 여러
분을 노획물로 삼을까 조심하십시오.
그런 것은 사람들의 전통과 세상의
유치한 원리를 따라 하는 것이요, 그
리스도를 따라 하는 것이 아닙니다.
9 그리스도 안에 온갖 충만한 신성이
몸이 되어 머물고 계십니다.
10 여러분도 그분 안에서 충만함을 받
았습니다. 그리스도는 모든 통치와
권세의 머리이십니다.
11 그분 안에서 여러분도 손으로 행하
지 않은 할례, 곧 육신의 몸을 벗어
버리는 그리스도의 할례를 받았습
니다.

2장 요약 골로새 교회는 바울이 개척한 곳이 아니었다. 바울이 그들의 이단 숭배를 질책하며 정통 신앙으로의 복귀를 촉구한 것은 그리스도의 몸을 향한 바울의 관심과 열정 때문이었다. 8-23절에서는 당시 골로새 교회 내에 침투했던 이단 사상을 구체적으로 서술하여 경각심을 불러일으키고 있다.

2:1-7 지식을 구원의 수단으로 여기는 영지주의 이단을 반박하기 위해, 참된 지식을 강조하여 말한다. 참 지식을 가진 사람은 영지주의가 말하는 영적 특권층이 아니라, 그리스도 안에 거하는 모든 성도들이므로 거짓 교사들의 가르침에 미혹되지 말라고 바울은 가르친다.

2:8-10 바울은 골로새 교회에 들어온 거짓 교훈의 위험에 대하여 경고한다. 당시 거짓 교사들은

㉠ 다른 고대 사본들에는 '하나님의 비밀 곧 아버지와 그리스도의 비밀을' ㉡ 또는 '행하십시오'

12 여러분은 ㉠세례로 그리스도와 함께
묻혔고, 또한 그분을 죽은 사람들
가운데서 살리신 하나님의 능력을
믿는 믿음으로, 그리스도 안에서, 그
리스도와 함께 살아났습니다.
13 또 여러분은 죄를 지은 것과 육신이
할례를 받지 않은 것 때문에 죽었으
나, ㉡하나님께서는 ㉢여러분을 그리
스도와 함께 살리시고, 우리의 모든
죄를 용서하여 주셨습니다.
14 하나님께서는 우리에게 불리한 조문
들이 들어 있는 빚문서를 지워 버리
시고, 그것을 십자가에 못박으셔서,
우리 가운데서 제거해버리셨습니다.
15 그리고 모든 ㉣통치자들과 권력자들
의 무장을 해제시키시고, 그들을 그
리스도의 개선 행진에 포로로 내세
우셔서, 뭇 사람의 구경거리로 삼으
셨습니다.
16 ○그러므로 먹고 마시는 일이나 명절
이나 초승달 축제나 안식일 문제로,
아무도 여러분을 심판하지 못하게
하십시오.
17 이런 것은 장차 올 것들의 그림자일
뿐이요, 그 실체는 그리스도에게 있
습니다.
18 아무도 겸손과 천사 숭배를 주장하
면서 여러분을 비방하지 못하게 하
십시오. 그런 자는 자기가 본 환상
에 도취되어 있고, 육신의 생각으로
터무니없이 교만을 부립니다.
19 그는 머리에 붙어 있지 않습니다. 온
몸은 머리이신 그리스도로부터 각
마디와 힘줄을 통하여 영양을 공급
받고, 서로 연결되어서 하나님께서
자라게 하시는 대로 자라나는 것입
니다.

그리스도와 함께 하는 새 생활

20 ○여러분은 그리스도와 함께 죽어서
세상의 유치한 원리에서 떠났는데,
어찌하여 아직도 이 세상에 속하여
사는 것과 같이 규정에 얽매여 있습
니까?
21 "붙잡지도 말아라. 맛보지도 말아
라. 건드리지도 말아라" 하니, 웬 말
입니까?
22 이런 것들은 다 한때에 쓰다가 없어
지는 것으로서, 사람의 규정과 교훈
을 따른 것입니다.
23 이런 것들은, 꾸며낸 경건과 겸손과
몸을 학대하는 데는 지혜를 나타내
보이지만, 육체의 욕망을 억제하는
데는 아무런 유익이 없습니다.

3

1 그러므로 여러분이 그리스도와
함께 살려 주심을 받았으면, 위에
있는 것들을 추구하십시오. 거기에
는, 그리스도께서 하나님의 오른쪽
에 앉아 계십니다.
2 여러분은 땅에 있는 것들을 생각하
지 말고, 위에 있는 것들을 생각하십

그리스도의 충만하신 신성을 부인하였다. 그래서 바울은 그리스도께서 하나님의 충만한 신성을 몸에 지닌 분이시며 우리는 오직 그리스도 안에서 충만함에 이를 수 있다고 설파하였다.

2:17 구약의 의식적(意識的)인 율법은 오실 그리스도를 상징적으로 나타내는 그림자에 불과하며, 그리스도는 그 율법을 성취하시고 완성하신 실체(實體)이시다. 그러므로 잠정적인 그림자에 불과한 율법에 매달리는 것은 어리석은 일이다.

3장 요약 1-2장이 교리적 내용인 반면에 본장부터는 성도의 실천적 삶에 초점이 맞춰져 있다. 신자는 위로 영적인 것을 추구하며(1-4절) 아래로는 육신의 삶을 죽이고 거룩한 사람답게 살아야 한다(5-17절). 그리스도인의 새 생활은 입에 있지 않고 구체적인 삶에 있다.

㉠ 또는 '침례' ㉡ 그, '그는' ㉢ 다른 고대 사본들에는 '우리를'
㉣ 또는 '통치자들과 권력자들에게서 지위를 빼앗으시고'

시오.
3 여러분은 이미 죽었고, 여러분의 생
명은 그리스도와 함께 하나님 안에
감추어져 있습니다.
4 ㉠여러분의 생명이신 그리스도께서
나타나실 때에, 여러분도 그분과 함
께 영광에 싸여 나타날 것입니다.
5 ○그러므로 땅에 속한 지체의 일들,
곧 음행과 더러움과 정욕과 악한 욕
망과 탐욕을 죽이십시오. 탐욕은 우
상숭배입니다.
6 이런 것들 때문에, [순종하지 않는 자
들에게] 하나님의 진노가 내립니다.
7 여러분도 전에 ㉡그런 것에 빠져서
살 때에는, 그렇게 행동하였습니다.
8 그러나 이제 여러분은 그 모든 것,
곧 분노와 격분과 악의와 훼방과 여
러분의 입에서 나오는 부끄러운 말
을 버리십시오.
9 서로 거짓말을 하지 마십시오. 여러
분은 옛 사람을 그 행실과 함께 벗
어버리고,
10 새 사람을 입으십시오. 이 새 사람
은 자기를 창조하신 분의 형상을 따
라 끊임없이 새로워져서, 참 지식에
이르게 됩니다.
11 거기에는 그리스인과 유대인도, 할례
받은 자와 할례받지 않은 자도, 야만
인도 스구디아인도, 종도 자유인도
없습니다. 오직 그리스도만이 모든
것이며, 모든 것 안에 계십니다.
12 ○그러므로 여러분은 하나님의 택하
심을 입은 사랑 받는 거룩한 사람답
게, 동정심과 친절함과 겸손함과 온
유함과 오래 참음을 옷 입듯이 입으
십시오.
13 누가 누구에게 불평할 일이 있더라
도, 서로 용납하여 주고, 서로 용서
하여 주십시오. ㉢주님께서 여러분을
용서하신 것과 같이, 여러분도 서로
용서하십시오.
14 이 모든 것 위에 사랑을 더하십시오.
사랑은 완전하게 묶는 띠입니다.
15 그리스도의 평화가 여러분의 마음
을 지배하게 하십시오. 이 평화를 누
리도록 여러분은 부르심을 받아 한
몸이 되었습니다. 또 여러분은 감사
하는 사람이 되십시오.
16 ㉣그리스도의 말씀이 여러분 가운데
풍성히 살아 있게 하십시오. 온갖
지혜로 서로 가르치고 권고하십시
오. 감사한 마음으로 시와 찬미와
신령한 노래로 여러분의 ㉤하나님께
마음을 다하여 찬양하십시오.
17 그리고 말이든 행동이든 무엇을 하
든지, 모든 것을 주 예수의 이름으로
하고, 그분에게서 힘을 얻어서, 하나
님 아버지께 감사를 드리십시오.

가정 생활 지침

18 ○아내 된 이 여러분, 남편에게 순종

3:1-17 그리스도인의 생활 원리이다. 그리스도인의 생활은 그리스도의 생명으로부터 나오는 것이다. 그리스도인은 육신의 본능적인 죄성을 억눌러야 한다. 그리고 그리스도 안에서 새로운 피조물이 되어 하나님의 성품을 닮아가야 한다. 또한 모든 일을 주의 영광을 위해 해야 한다.

3:10 새 사람을 입으십시오 그리스도로 옷 입는 것을 말한다(참조. 갈 3:27). 새 사람의 머리가 되시는 그리스도께 속하고, 그분의 행동을 본받아 사는 것을 의미한다.

3:11 야만인 당시에는 그리스어를 사용하지 못하는 사람들을 야만인으로 간주하였다.

3:15 지배하게 (그) '브라뷰에토'는 운동경기의 심판이나 감독관이 경기를 주관하고 질서를 유지하는 모든 행위를 가리킨다.

㉠ 다른 고대 사본들에는 '우리의' ㉡ 또는 '그런 삶을 살 때에는' 또는 '그런 사람들 가운데서 살 때에는' ㉢ 다른 고대 사본들에는 '그리스도께서' ㉣ 다른 고대 사본들에는 '하나님의' 또는 '주님의' ㉤ 다른 고대 사본들에는 '주님께'

하십시오. 이것이 주님 안에서 합당
한 일입니다.
19 남편 된 이 여러분, 아내를 사랑하십
시오. 아내를 모질게 대하지 마십시
오.
20 ○자녀 된 이 여러분, 모든 일에 부모
에게 복종하십시오. 이것이 주님을
기쁘게 해 드리는 일입니다.
21 어버이 된 이 여러분, 여러분의 자녀
들을 격분하게 하지 마십시오. 그들
의 의기를 꺾지 않아야 합니다.
22 ○종으로 있는 이 여러분, 모든 일에
육신의 ㉠주인에게 복종하십시오.
사람을 기쁘게 하는 자들처럼 눈가
림으로 하지 말고, ㉠주님을 두려워
하면서, 성실한 마음으로 하십시오.
23 무슨 일을 하든지 사람에게 하듯이
하지 말고, 주님께 하듯이 진심으로
하십시오.
24 여러분은 주님께 유산을 상으로 받
는다는 사실을 기억하십시오. 여러
분이 섬기는 분은 주 그리스도이십
니다.
25 불의를 행하는 사람은, 자기가 행한
불의의 대가를 받을 것입니다. 거기
에는 사람을 보고 차별을 하는 일이
없습니다.

4

1 주인 된 이 여러분, 정당하고 공
정하게 종들을 대우하십시오. 여
러분도 하늘에 주인을 모시고 있다
는 사실을 아시기 바랍니다.

권면

2 ○기도에 힘을 쓰십시오. 감사하는
마음으로 기도하면서, 깨어 있으십
시오.
3 또 하나님께서 전도의 문을 우리에
게 열어 주셔서, 우리가 그리스도의
비밀을 말할 수 있도록, 우리를 위해
서도 기도하여 주십시오. 나는 이
비밀을 전하는 일로 매여 있습니다.
4 그러니 내가 마땅히 해야 할 말로
이 비밀을 나타낼 수 있도록 기도해
주십시오.
5 외부 사람들에게는 지혜롭게 대하
고, ㉡기회를 선용하십시오.
6 여러분의 말은 소금으로 맛을 내어
언제나 은혜가 넘쳐야 합니다. 여러
분은 각 사람에게 어떻게 대답해야
마땅한지를 알아야 합니다.

작별 인사

7 ○내 모든 사정은 두기고가 여러분
에게 알려드릴 것입니다. 그는 주님
안에서, 사랑하는 형제요, 신실한 일
꾼이요, 함께 종된 사람입니다.
8 내가 그를 여러분에게 보내는 것은,
㉢여러분이 우리의 사정을 알고 마
음에 위로를 받게 하려는 것입니다.
9 그리고 사랑 받는 신실한 형제인 오
네시모도 같이 보냅니다. 그는 여러
분의 동향인입니다. 그들이 이 곳 사

4장 요약 성도의 마땅한 삶은 기도하는 삶이다. 기도로써 성도는 거룩하게 생활하며, 믿지 않는 사람들에게도 지혜롭게 처신할 수 있다. 바울은 편지를 마치면서 마지막 인사와 함께 바울을 이어 사역할 지도자들을 골로새 교회에 소개한다. 이는 여러 동역자와 합심하여 교회 전체의 발전과 조화를 도모하기 위한 것이다.

4:3 전도의 문을…열어 주셔서 죄수로 갇혀 있던 바울은 복음을 전할 수 있는 자유와 여건이 허락되기를 간절히 원하였다. 그래서 그는 성도들에게 이 일을 위해 기도할 것을 부탁하고 있다.

4:6 말은 소금으로 맛을 내어 그리스 사람들은 '말의 재치'를 상징하는 말로써 '소금'이라는 단어를 썼다. 소금이 맛을 내고 썩지 않게 하듯이, 그리스도인들은 지혜롭고 경건한 말로 대화함으로써

㉠ 그리스어 '퀴리오스'는 '주인'에게도 쓰이고 '주님'에게도 쓰임
㉡ 또는 '때를' ㉢ 다른 사본들에는 '내가 여러분의'

정을 모두 여러분에게 알려 드릴 것
입니다.
10 ○나와 함께 갇혀 있는 아리스다고
와 바나바의 사촌인 마가가 여러분
에게 문안합니다(마가가 여러분에게
가거든 잘 영접하라는 지시를 여러
분이 이미 받았을 줄 압니다).
11 유스도라는 예수도 문안합니다. 할
례 받은 사람들로서는 이들만이 하
나님의 나라를 위하여 일하는 나의
동역자들이요, 나에게 위로가 되어
준 사람들입니다.
12 여러분의 동향인이요 그리스도 [예
수]의 종인 에바브라가 여러분에게
문안합니다. 그는 여러분이 완전하
게 되고, 하나님의 모든 뜻에 확신을
가지고 서기를 기도하면서, 늘 여러
분을 위하여 애쓰고 있습니다.
13 나는 그가, 여러분을 위하여, 그리고
라오디게아와 히에라볼리에 있는 사
람들을 위하여, 수고를 많이 하고 있
음을 증언합니다.
14 사랑하는 의사인 누가와 데마도 여
러분에게 문안합니다.
15 라오디게아에 있는 ㉠형제자매들과
눔바와 그 부인의 집에서 모이는 교
회에 문안해 주십시오.
16 여러분이 이 편지를 읽은 다음에는,
라오디게아 교회에서도 읽을 수 있
게 하고, 라오디게아 교회에서 오는
편지도 읽으십시오.
17 그리고 아킵보에게 "주님 안에서 받
은 직분을 유의하여 완수하라"고 일
러주십시오.
18 ○나 바울이 친필로 문안합니다. 내
가 갇혀 있음을 기억하십시오. 은혜
가 여러분에게 있기를 빕니다. ㉡

골

믿지 않는 사람들이 복음을 관심있게 듣도록 해야 한다(참조. 엡 4:29).

4:7–9 두기고를 보낸 것은 자기 형편을 알리려는 것이었다. 그러나 더 중요한 목적은 편지와 함께 그를 보냄으로써 골로새 교인들을 위로하고 권고하여 진리에 더욱 굳게 서게 하려는 것이다. 오네시모에 대한 언급은 그를 자기 주인에게 돌려보낸 사실(몬 1:10–12)과 관련 있거나 그 사이 다시 바울에게 돌아와서 신실하고 사랑을 받는 형제가 되어 나중에 맡은 사명과 관련되어 있는 듯하다.

4:15 집에서 모이는 교회 대부분의 경우 초대 교회들은 건물이 따로 없었다. 그래서 그들은 예배를 드리고 설교를 듣기 위해 보통 가정에서 모였다. 가정 교회는 대개 한 가정이 중심이 되어 모이게 되었는데, 브리스가와 아굴라(롬 16:3–5;고전 16:19), 빌레몬(몬 1:1–2), 요한의 어머니 마리아의 집(행 12:12) 등이 그 예이다.

㉠ 그, '형제들' ㉡ 다른 고대 사본들에는 절 끝에 '아멘'이 있음

데살로니가전서

저자 사도 바울

저작 연대 데살로니가전서는 제2차 전도 여행 중이던 A.D. 51–53년경, 바울이 고린도에서 데살로니가 교회에게 써 보낸 편지이다. 데살로니가전서의 저작 연대는 바울이 고린도에 있었을 때 갈리오 총독의 법정에 끌려갔다는 사실에서 그 정확한 연대를 추정할 수 있다(행 18:12–17). 따라서 본서의 저작 연대를 A.D. 51–53년으로 보는 것이 타당하다.

기록 장소와 대상 바울은 고린도에서 데살로니가에 있는 그리스도인들을 위해 본 서신을 썼다.

핵심어 및 내용 데살로니가전서의 핵심어는 '견고함'과 '재림'이다 사도 바울은 데살로니가 교인들에게 그리스의 이교적인 배경에도 불구하고 신앙 안에서 흔들리지 말고 견고히 서라고 명령한다. 그리고 재림에 대한 올바른 견해들을 가르치고 있다.

내용 분해

1. 데살로니가 교인들에 대한 감사(1:1–3:13)
2. 데살로니가 교인들을 위한 교훈(4:1–5:28)

인사

1 바울과 실루아노와 디모데가 하나
님 아버지와 주 예수 그리스도 안
에 있는 데살로니가 사람의 교회에
이 편지를 씁니다. 은혜와 평화가 여
러분에게 있기를 빕니다.

데살로니가 교인들의 믿음과 모범

2 ○우리는 여러분 모두를 두고 언제
나 하나님께 감사를 드립니다. 우리
는 기도할 때에 여러분을 기억하고
있습니다.
3 또 우리는 하나님 우리 아버지 앞에
서 여러분의 믿음의 행위와 사랑의
수고와 우리 주 예수 그리스도께 둔
소망을 굳게 지키는 인내를 언제나
기억하고 있습니다.
4 하나님의 사랑을 받은 ㉠형제자매
여러분, 우리는 하나님께서 여러분
을 택하여 주셨음을 알고 있습니다.
5 우리는 여러분에게 복음을 말로만
전한 것이 아니라, 능력과 성령과 큰
확신으로 전하였습니다. 우리가 여
러분 [가운데서], 여러분을 위하여,
어떻게 처신하였는지를, 여러분은 알
고 있습니다.
6 여러분은 많은 환난을 당하면서도
성령께서 주시는 기쁨으로 말씀을
받아들여서, 우리와 주님을 본받는
사람이 되었습니다.
7 그리하여 여러분은 마케도니아와 아
가야에 있는 모든 신도들에게 모범
이 되었습니다.
8 주님의 말씀이 여러분으로부터 마케
도니아와 아가야에만 울려 퍼진 것
이 아니라, 하나님을 향한 여러분의
믿음에 대한 소문이 각처에 두루 퍼
졌습니다. 그러므로 이것을 두고는
우리가 더 말할 필요가 없습니다.
9 ㉡그들은 우리를 두고 이야기합니다.
우리가 여러분을 찾아갔을 때에 여
러분이 우리를 어떻게 영접했는지,
어떻게 해서 여러분이, 우상을 버리
고 하나님께로 돌아와서 살아 계시
고 참되신 하나님을 섬기며,
10 또 하나님께서 죽은 사람들 가운데
서 살리신 그 아들 곧 장차 내릴 진
노에서 우리를 건져 주실 예수께서
하늘로부터 오시기를 기다리는지를,
그들은 말합니다.

㉠ 그, '형제들이여' ㉡ 마케도니아와 아가야 지역에 있는 사람들

데살로니가에서 벌인 바울의 사역

2
㉠형제자매 여러분, 우리가 여러분
을 찾아간 것이 헛되지 않은 줄을,
여러분이 알고 있습니다.
2 여러분이 아는 바와 같이, 우리가 전
에 빌립보에서 고난과 모욕을 당하
였으나 심한 반대 속에서도 하나님
안에서 담대하게 하나님의 복음을
여러분에게 전하였습니다.
3 우리의 권면은 잘못된 생각이나 불
순한 마음이나 속임수로 하는 것이
아닙니다.
4 우리는 하나님께 검정을 받아서, 맡
은 그대로 복음을 전합니다. 우리가
이렇게 하는 것은 사람의 환심을 사
려고 하는 것이 아니라, 우리의 마음
을 살피시는 하나님을 기쁘게 해 드
리려고 하는 것입니다.
5 여러분이 아는 대로, 우리는 어느 때
든지, 아첨하는 말을 한 일이 없고,
구실을 꾸며서 탐욕을 부린 일도 없
습니다. 이 일은 하나님께서 증언하
여 주십니다.
6 우리는 또한, 여러분에게서든 다른
사람에게서든, 사람에게서는 영광을
구한 일이 없습니다.
7 물론 우리는 그리스도의 사도로서,
권위를 주장할 수도 있었습니다. 그
러나 우리는 여러분 가운데서, 마치
어머니가 자기 자녀를 돌보듯이 ㉡유
순하게 처신하였습니다.
8 우리는 이처럼 여러분을 사모하여,
여러분에게 하나님의 복음을 나누
어 줄 뿐만 아니라, 우리 목숨까지도
기쁘게 내줄 생각이었습니다. 그것
은 여러분이 우리에게 사랑을 받는
사람이 되었기 때문입니다.
9 ㉠형제자매 여러분, 여러분은 우리의
수고와 고생을 기억하고 있을 것입
니다. 우리는 여러분 가운데 아무에
게도 폐를 끼치지 아니하려고, 밤낮
으로 일을 하면서 하나님의 복음을
여러분에게 전파하였습니다.
10 또, 신도 여러분을 대할 때에, 우리
가 얼마나 경건하고 올바르고 흠 잡
힐 데가 없이 처신하였는지는, 여러
분이 증언하고, 또 하나님께서도 증
언하십니다.
11 여러분이 아는 바와 같이, 아버지가
자기 자녀에게 하듯이, 우리는 여러
분 하나하나를 대합니다.
12 우리는 여러분을 권면하고 격려하고
경고합니다마는, 그것은 여러분을
부르셔서 당신의 나라와 영광에 이
르게 하시는 하나님께 합당하게 살
아가게 하려는 것입니다.
13 ○우리가 하나님께 끊임없이 감사하
는 것은, 여러분이 우리에게서 하나
님의 말씀을 받을 때에, 사람의 말
로 받아들이지 아니하고, 실제 그대

1장 요약 바울은 데살로니가 교회가 믿음과 사랑과 소망이 조화된 교회로 성장한다는 소문을 듣고 그들을 격려하기 위해 이 글을 썼다.

2장 요약 데살로니가 교회에 복음을 전할 당시 받았던 고난의 체험을 회고하고 있다.

1:6–10 데살로니가 교인들은 그리스도를 본받는 신앙을 가졌다(6절). 뿐만 아니라 우상을 버리고 그리스도의 재림을 준비함으로써 좋은 신앙의 소문이 각처에 전파되었다(8–10절).

2:9 수고와 고생 바울은 사도가 교회로부터 보수를 받는 것이 당연하다고 했다(고전 9:4). 그러나 바울 일행은 그리스도를 영접한 초신자들에게 경제적 부담을 주지 않기 위해 스스로가 생활비를 조달했다. 바울은 천막 제조 기술을 가지고 생계를 유지했는데, 이처럼 바울 일행은 열심히 노동

㉠ 그. '형제들' ㉡ 다른 고대 사본들에는 '어린 아이들처럼'

로, 하나님의 말씀으로 받아들였기
때문입니다. 이 하나님의 말씀은 또
한, 신도 여러분 가운데서 살아 움직
이고 있습니다.
14 ㉠형제자매 여러분, 여러분은 그리스
도 예수 안에서 유대에 있는 하나님
의 교회들을 본받는 사람이 되었습
니다. 그들이 유대 사람에게서, 고난
을 받은 것과 같이, 여러분도 여러분
의 동족에게서 똑같은 고난을 받았
습니다.
15 유대 사람은 주 예수와 예언자를 죽
이고, 우리를 내쫓고, 하나님을 기쁘
게 해 드리지 않고, 모든 사람에게
적대자가 되었습니다.
16 그들은 우리가 이방 사람에게 말씀
을 전해서 구원을 얻게 하려는 일까
지도 방해하고 있습니다. 그리하여
그들은 자기들의 죄의 분량을 채웁
니다. 마침내 하나님의 진노가 그들
에게 이르렀습니다.

바울이 데살로니가에 다시 가기를 원하다

17 ○㉠형제자매 여러분, 우리가 잠시
여러분을 떠난 것은 얼굴이요, 마음
은 아닙니다. 우리는 얼굴을 마주하
고 여러분을 볼 수 있기를 간절히 바
라고 있습니다.
18 그러므로 우리는 여러분에게로 가고
자 하였고, 특히 나 바울은 한두 번
가고자 하였습니다. 그러나 사탄이
우리를 방해하였습니다.
19 우리 주 예수께서 오실 때에, 그분
앞에서, 우리의 희망이나 기쁨이나
자랑할 면류관이 무엇이겠습니까?
그것은 여러분이 아니겠습니까?
20 여러분이야말로 우리의 영광이요,
기쁨입니다.

3 1 그러므로, 우리는 참다 못하여,
우리만 아테네에 남아 있기로 하
고,
2 우리의 형제요, ㉡그리스도의 복음
을 전하는 하나님의 일꾼인 디모데
를 여러분에게로 보냈습니다. 그것
은, 그가 여러분을 굳건하게 하고, 여
러분의 믿음을 격려하여,
3 아무도 이러한 온갖 환난 가운데서
흔들리지 않게 하려는 것입니다. 여
러분도 아는 대로, 우리는 이런 환
난을 당하게 되어 있습니다.
4 우리가 여러분과 함께 있을 때에, 장
차 우리가 환난을 당하게 되리라는
것을 여러분에게 미리 말하였는데,
과연 그렇게 되었고, 여러분은 그것
을 알고 있습니다.
5 그러므로 내가 참다 못하여, 여러분
의 믿음을 알아 보려고, 그를 보냈습
니다. 그것은, 유혹하는 자가 여러분
을 유혹하여 우리의 수고를 헛되게
하지 못하게 하려는 것이었습니다.
6 ○그런데 지금 디모데가 여러분에게

을 하는 가운데 사랑의 모범을 보이며 복음을 증거하고 가르쳤다.

2:13–16 바울은 핍박 가운데에서도 신실하게 신앙을 지킨 데살로니가 교인들에 대해 하나님께 감사한다.

2:17–20 바울은 박해로 인해 데살로니가 교인들을 떠났었다. 이것은 그들에 대한 애정이 없어서가 아니었음을 해명하며, 바울은 데살로니가 교인들을 다시 보고 싶은 열정을 고백하고 있다.

3장 요약 바울은 여러 차례 데살로니가 교회를 방문하려 했지만 뜻을 이루지 못해(2:18) 자기를 대신하여 디모데를 보냈는데(1–5절), 그가 가져온 소식은 데살로니가 교인들이 신앙생활에 남다른 열심을 보인다는 것이었다. 이에 바울은 그들의 믿음을 칭찬하며 격려하기 위하여 본문을 썼다(11–13절).

㉠ 그, '형제들' ㉡ 그, '그리스도 복음의 하나님의 일꾼'

살전

서 우리에게로 돌아와서, 여러분의
믿음과 사랑의 기쁜 소식을 전하여
주었습니다. 또, 여러분이 우리를 늘
좋게 생각하고 있어서, 우리가 여러
분을 간절히 보고 싶어하는 것과 같
이, 여러분도 우리를 간절히 보고 싶
어한다고 전하여 주었습니다.
7 그러므로 ㉠ 형제자매 여러분, 우리는
여러분을 보고, 우리의 모든 곤경과
환난 가운데서도, 여러분의 믿음으
로 말미암아 위로를 받았습니다.
8 여러분이 주님 안에 굳게 서 있으면,
이제 우리가 살아 있는 셈이기 때문
입니다.
9 우리가 우리 하나님 앞에서, 여러분
때문에 누리는 모든 기쁨을 두고, 여
러분을 생각해서, 하나님께 어떠한
감사를 드려야 하겠습니까?
10 우리는 여러분의 얼굴을 볼 수 있기
를, 또 여러분의 믿음에 부족한 것을
보충하여 줄 수 있기를 밤낮으로 간
절히 빌고 있습니다.
11 ○하나님 우리 아버지와 우리 주 예
수께서 우리의 길을 친히 열어 주셔
서, 우리를 여러분에게로 가게 해 주
시기를 간구합니다.
12 또, 우리가 여러분을 사랑하는 것과
같이, 주님께서 여러분끼리 서로 나
누는 사랑과 모든 사람에게 베푸는
여러분의 사랑을 풍성하게 하고, 넘
치게 해 주시기를 빕니다.
13 그래서 주님께서 여러분의 마음을
굳세게 하셔서, 우리 주 예수께서 자
기의 모든 성도들과 함께 오실 때에,
하나님 우리 아버지 앞에서 거룩함
에 흠 잡힐 데가 없게 해 주시기를
빕니다.

하나님을 기쁘게 해 드리는 생활

4 그러므로 ㉠ 형제자매 여러분, 끝으
로 우리는 주 예수 안에서 여러분
에게 부탁하며 권면합니다. 여러분
은 어떻게 살아야 하며, 어떻게 하나
님을 기쁘게 해 드려야 할 것인지를,
우리에게서 배운 대로 하고 있으니,
더욱 그렇게 하십시오.
2 우리가 주 예수의 이름으로 무슨 지
시를 여러분에게 내렸는지를, 여러
분은 알고 있습니다.
3 하나님의 뜻은 여러분이 성결하게
되는 것입니다. 여러분은 음행을 멀
리하여야 합니다.
4 각 사람은 ㉡자기 아내를 거룩함과
존중함으로 대할 줄 알아야 합니다.
5 하나님을 알지 못하는 이방 사람과
같이, 색욕에 빠져서는 안됩니다.
6 또 이런 일에 탈선을 하거나 자기
㉢교우를 해하거나 하지 말아야 합니
다. 우리가 여러분에게 전에도 말하
고 경고한 대로, 주님께서는 이런 모
든 일을 징벌하시는 분이시기 때문

3:1-5 바울이 디모데를 데살로니가에 파송하게 된 동기를 밝히고 있다. 데살로니가의 초신자들은 충분한 신앙의 양육과 훈련을 받지 못했다. 더구나 믿지 않는 유대 사람들은 신자들을 크게 박해했다. 바울은 데살로니가의 초신자들이 박해 때문에 신앙을 포기할까봐 무척 염려하였다.

㉠ 그, '형제들' ㉡ 또는 '자기 아내를 자기 몸처럼 대할 줄 알아야 합니다' 또는 '자기 몸을 거룩함과 존중함으로 대할 줄 알아야 합니다' ㉢ 그, '형제를'

4장 요약 본장부터 본서의 후반부가 시작되는데, 본장은 먼저 종말에 합당한 성도의 자세를 언급한다. 또한 13-18절은 재림에 관한 기사로서, 종말 시에 각 개인에게 일어날 상황을 설명하고 있다. 그 초점은 재림의 시기나 방법이 중요한 것이 아니라 종말을 대비하는 성도의 자세를 깨우치는 것이다.

4:1-12 바울은 데살로니가 교인들에게 도덕적인

입니다.
7 하나님께서 우리를 불러 주신 것은,
더러움에 빠져 살게 하시려는 것이
아니라, 거룩함에 이르게 하시려는
것입니다.
8 그러므로 이 경고를 저버리는 사람
은, 사람을 저버리는 것이 아니라, 여
러분에게 성령을 주시는 하나님을
저버리는 것입니다.
9 ㉠교우들에 대한 사랑을 두고서는,
여러분에게 더 쓸 필요가 없겠습니
다. 여러분이 직접 하나님께로부터
서로 사랑하라고 하시는 가르침을
받아서,
10 온 마케도니아에 있는 모든 ㉠형제자
매에게 그것을 실행하고 있기 때문
입니다. ㉠형제자매 여러분, 우리는
여러분이 더욱더 그렇게 하기를 권
면합니다.
11 그리고 우리가 여러분에게 명령한
대로, 조용하게 살기를 힘쓰고, 자기
일에 전념하고, 자기 손으로 일을 하
십시오.
12 그리하여 여러분은 바깥 사람을 대
하여 품위 있게 살아가야 하고, 또
아무에게도 신세를 지는 일이 없도
록 해야 할 것입니다.

주님의 재림과 죽은 사람의 부활

13 ○㉠형제자매 여러분, 우리는 여러분
이 ㉡잠든 사람의 문제를 모르고 지
내는 것을 원하지 않습니다. 여러분
은 소망을 가지지 못한 다른 사람들
과 같이 슬퍼하지 않아야 할 것입니
다.
14 우리는 예수께서 죽으셨다가 살아나
신 것을 믿습니다. 이와 같이 하나님
께서 예수 안에서 ㉡잠든 사람들도
예수와 함께 데리고 오실 것입니다.
15 ○우리는 주님의 말씀으로 여러분에
게 이것을 말합니다. 주님께서 오실
때까지 살아 남아 있는 우리가, 이미
잠든 사람들보다 결코 앞서지 못할
것입니다.
16 주님께서 호령과 천사장의 소리와 하
나님의 나팔 소리와 함께 친히 하늘
로부터 내려오실 것이니, 그리스도 안
에서 죽은 사람들이 먼저 일어나고,
17 그 다음에 살아 남아 있는 우리가 그
들과 함께 구름 속으로 이끌려 올라
가서, 공중에서 주님을 영접할 것입
니다. 이리하여 우리가 항상 주님과
함께 있을 것입니다.
18 그러므로 여러분은 이런 말로 서로
위로하십시오.

5 1 ㉠형제자매 여러분, 그 때와 시
기를 두고서는 여러분에게 더 쓸
필요가 없겠습니다.
2 주님의 날이 밤에 도둑처럼 온다는
것을, 여러분은 자세히 알고 있습니
다.

교훈을 준다. 순결한 생활(1–8절), 형제자매에 대한 사랑(9–10절), 근면한 생활(11–12절) 등이다.

4:9 교우들에 대한 사랑 (그) '필라델피아'로 하나님의 가족으로서 신자들 간의 사랑을 말한다.

4:10–12 데살로니가 교인들은 그들 생전에 주님이 곧 다시 오신다고 생각했다. 그들은 주님의 재림을 들뜬 마음으로 조급히 기다리며 생업도 버리고 세상의 마지막이 가까웠다고 떠들고 다녔다. 이는 불신자들에게 좋지 않은 인상을 주었다.

5장 요약 4장에 이어서 5장은 재림을 기다리는 성도의 자세를 상세히 언급한다. 재림의 시기는 누구도 알 수 없으므로 성도들은 항상 긴장하는 자세로 살아야 하며(1–11절), 대인 관계에 있어서 그 의무를 다 이행해야 한다(12–22절). 한편, 끝 인사에 그리스도의 강림이 언급되고 있다(23절).

㉠ 그, '형제들' ㉡ 또는 '죽은 사람들'

3 사람들이 "평안하다, 안전하다" 하고
말할 그 때에, 아기를 밴 여인에게
해산의 진통이 오는 것과 같이, 갑자
기 멸망이 그들에게 닥칠 것이니, 그
것을 피하지 못할 것입니다.
4 그러나 ㉠형제자매 여러분, 여러분은
어둠 속에 있지 아니하므로, 그 날
이 여러분에게 도둑과 같이 덮치지
는 않을 것입니다.
5 여러분은 모두 빛의 자녀요, 낮의 자
녀입니다. 우리는 밤이나 어둠에 속
한 사람이 아닙니다.
6 그러므로 우리는 다른 사람들처럼
잠자지 말고, 깨어 있으며, 정신을 차
립시다.
7 잠자는 자들은 밤에 자고, 술에 취
하는 자들도 밤에 취합니다.
8 그러나 우리는 낮에 속한 사람이므
로, 정신을 차리고, 믿음과 사랑을
가슴막이 갑옷으로 입고, 구원의 소
망을 투구로 씁시다.
9 하나님께서는 우리를 진노하심에 이
르도록 정하여 놓으신 것이 아니라,
우리 주 예수 그리스도로 말미암아
구원을 얻도록 정하여 놓으셨습니다.
10 그리스도께서 우리를 위하여 죽으신
것은, 우리가 깨어 있든지 자고 있든
지, 그리스도와 함께 살게 하시려는
것입니다.
11 그러므로 여러분은 지금도 그렇게
하는 것과 같이, 서로 격려하고, 서
로 덕을 세우십시오.

마지막 권고와 인사

12 ○㉠형제자매 여러분, 우리는 여러분
에게 부탁합니다. 여러분 가운데서
수고하며, 주님 안에서 여러분을 지
도하고 훈계하는 이들을 알아보십시
오.
13 그들이 하는 일을 생각해서 사랑으
로 그들을 극진히 존경하십시오. 여
러분은 서로 화목하게 지내십시오.
14 ㉠형제자매 여러분, 여러분에게 권고
합니다. 무질서하게 사는 사람을 훈
계하고, 마음이 약한 사람을 격려하
고, 힘이 없는 사람을 도와주고, 모
든 사람에게 오래 참으십시오.
15 아무도 악으로 악을 갚지 말고, 도리
어 서로에게, 모든 사람에게, 항상
좋은 일을 하려고 애쓰십시오.
16 ○항상 기뻐하십시오.
17 끊임없이 기도하십시오.
18 모든 일에 감사하십시오. 이것이 그
리스도 예수 안에서 여러분에게 바
라시는 하나님의 뜻입니다.
19 성령을 소멸하지 마십시오.
20 예언을 멸시하지 마십시오.
21 모든 것을 분간하고, 좋은 것을 굳게
잡으십시오.
22 갖가지 모양의 악을 멀리 하십시오.
23 ○평화의 하나님께서 친히, 여러분

살전

5:1-11 그리스도의 재림에 대한 설명이다. 불신자들에게 그리스도께서는 예기치 않게 오신다(1-3절). 그러나 신자들에게는 그렇지 않다. 신자들은 빛의 자녀요, 어둠에 속하지 않았기 때문이다. 따라서 신자들은 근신하여 그리스도의 재림을 준비해야 한다(4-11절).

5:2 주님의 날 구약의 '주님의 날'에 해당된다. '주님의 날'은 하나님의 심판의 날로서, 하나님께서 이스라엘의 원수들을 보복하시는 날이었다. 신약에서 '주님의 날'은 그리스도께서 다시 오시는 때이다. '주님의 날'에 신자는 영광스러운 부활을 하지만 불신자들은 하나님 앞에서 심판을 받는다.

5:5 빛의 자녀 이것은 두 가지로 해석된다. ① 하나님의 자녀, 곧 하나님께 속했다는 뜻이다. ② 신자가 변화되어 빛이신 하나님의 성품을 갖게 되는 것을 뜻한다.

5:12-22 교회의 지도자를 사랑 안에서 존경하

㉠ 그, '형제들'

을 완전히 거룩하게 해 주시고, 우리
주 예수 그리스도께서 오실 때에 여러
분의 영과 혼과 몸을 흠이 없이 ㉠완
전하게 지켜 주시기를 빕니다.
24 여러분을 부르시는 분은 신실하시
니, 이 일을 또한 이루실 것입니다.
25 ○㉡형제자매 여러분, 우리를 위하여
기도해 주십시오.
26 ○거룩한 입맞춤으로 모든 ㉡믿는 사
람들에게 문안해 주십시오.
27 나는 주님을 힘입어 여러분에게 명
합니다. 모든 ㉡믿는 사람들에게 이
편지를 읽어 주십시오.
28 ○우리 주 예수 그리스도의 은혜가
여러분과 함께 하기를 빕니다. ㉢

고, 교인 간에 화목할 것을 권한다. 이러한 권면의 이유는 데살로니가 교회에 특별한 주의를 필요로 했던 사람들(14절)이 있었기 때문이다.

5:16 항상 기뻐하십시오 단지 인간의 감정적인 기쁨만을 뜻하지는 않는다. 주님 안에서 갖는 성령의 기쁨이다. 데살로니가 교회는 환난을 받으면서도, 이러한 성령 충만의 기쁨을 가졌다(1:6).

5:17 끊임없이 기도하십시오 기도하는 정신으로 살아가라는 뜻이다. 쉬지 않고 기도한다는 것은 모든 일에 하나님을 굳게 붙잡고 의지하는 생활 습관을 가리킨다.

5:19 성령을 소멸하지 마십시오 신자는 성령으로 깨우침을 받고 진리를 알게 되었으므로 감사하는 마음으로 성령의 은혜를 사모해야 한다.

5:23-28 이 부분은 서신의 결론으로서 기도, 간곡한 부탁, 축복의 말씀으로 끝을 맺는다.

㉠ 또는 '건전하게' ㉡ 그, '형제들' ㉢ 다른 고대 사본들에는 절 끝에 '아멘'이 있음

살전

데살로니가후서

2 THESSALONIANS

저자 사도 바울

저작 연대 데살로니가전서는 제2차 전도 여행 중이던 A.D. 51–53년경, 바울이 고린도에서 데살로니가 교회에게 써 보낸 편지이다. 데살로니가전서의 저작 연대는 바울이 고린도에 있었을 때 갈리오 총독의 법정에 끌려갔다는 사실에서 그 정확한 연대를 추정할 수 있다(행 18:12–17). 따라서 본서의 저작 연대를 A.D. 51–53년으로 보는 것이 타당하다. 데살로니가후서는 데살로니가전서와 같이 고린도에서 쓰여졌으며 데살로니가전서보다 조금 후에 쓰여졌다는 것이 일반적인 견해이다.

기록 장소와 대상 바울은 고린도에서 데살로니가에 있는 그리스도인들을 위해 본 서신을 썼다.

핵심어 및 내용 데살로니가후서의 핵심어는 '핍박'과 '일'이다. 하나님의 말씀에 굴복하지 않는 율법주의적 유대 사람들이 새로 개종한 그리스도인들을 핍박하였다. 이런 이유로 사도 바울은 데살로니가 교인들에게 게으르지 말고 인내와 부지런함으로 열심히 일하라고 권면한다.

내용 분해

1. 핍박받는 성도들을 격려함(1:1–12)
2. 그리스도의 재림에 대한 가르침(2:1–17)
3. 교인들을 위한 권면(3:1–15)
4. 맺는 말(3:16–18)

인사

1 바울과 실루아노와 디모데가 하나
님 우리 아버지와 주 예수 그리스
도 안에 있는 데살로니가 사람의 교
회에 이 편지를 씁니다.
2 하나님 ㉠아버지와 주 예수 그리스
도께서 내려주시는 은혜와 평화가
여러분에게 있기를 빕니다.

그리스도의 재림 때에 있을 심판

3 ○㉡형제자매 여러분, 우리는 여러분
을 두고 언제나 하나님께 감사를 드
릴 수밖에 없습니다. 그렇게 하는 것
이 당연한 일이니, 그것은, 여러분의
믿음이 크게 자라고, 여러분 모두가
각자 서로에게 베푸는 사랑이 더욱
풍성해 가고 있기 때문입니다.
4 그러므로 우리는 온갖 박해와 환난
가운데서도 여러분이 간직한 그 인
내와 믿음을 두고서 하나님의 여러
교회에서 여러분을 자랑하고 있습니
다.
5 이 일은 하나님의 공의로운 심판의
표이니, 하나님께서 여러분을 하나
님 나라에 합당한 사람이 되게 하시
려고 주신 것입니다. 여러분은 참으
로 그 나라를 위하여 고난을 당하고
있습니다.
6 하나님은 공의를 베푸십니다. 여러
분을 괴롭히는 자들에게는 괴로움
으로 갚아주시고,
7 괴로움을 받는 여러분에게는 우리와
함께 안식으로 갚아주십니다. 이 일
은 주 예수께서 자기의 권능 있는 천
사들과 함께 하늘로부터
8 불꽃에 싸여 나타나셔서 하나님을
알지 못하는 자들과 우리 주 예수의
복음에 순종하지 않는 자들을 처벌
하실 때에 일어날 것입니다.
9 그들은 주님 앞과 주님의 권능의 영
광에서 떨어져 나가서, 영원히 멸망
하는 형벌을 받을 것입니다.
10 그 날에 주님께서 오시면, 자기 성도
들에게서 영광을 받으시고, 모든 믿
는 사람에게서 찬사를 받으실 것입
니다. 여러분은, 우리가 여러분에게

㉠ 다른 고대 사본들에는 '우리 아버지와' ㉡ 그, '형제들'

전한 증거를 믿었습니다.
11 그러므로 우리가 언제나 여러분을
위하여 기도합니다. 그것은 우리 하
나님께서 여러분을 그의 부르심에
합당한 사람이 되게 해 주시며 또
그의 능력으로 모든 선한 뜻과 믿음
의 행위를 완성해 주시기를 비는 것
입니다.
12 이렇게 해서 우리 하나님과 주 예수
그리스도의 은혜로 우리 주 예수의
이름이 여러분에게서 영광을 받고,
여러분도 그리스도 안에서 영광을
받게 하려는 것입니다.

불법자

2 ㉠형제자매 여러분, 우리 주 예수
그리스도께서 다시 오시는 일과
우리가 그분 앞에 모이는 일을 두고
여러분에게 간청합니다.
2 여러분은, 영이나 말이나 우리에게
서 받았다고 하는 편지에 속아서, 주
님의 날이 벌써 왔다고 생각하게 되
어, 마음이 쉽게 흔들리거나 당황하
는 일이 없도록 하십시오.
3 여러분은 아무에게도 어떤 방식으
로도 속아넘어가지 마십시오. 그 날
이 오기 전에 먼저 믿음을 배신하는
일이 생기고, ㉡불법자 곧 멸망의 자
식이 나타날 것입니다.
4 그는 신이라고 불리는 모든 것이나
예배의 대상이 되는 모든 것에 대항
하고, 그들 위로 자기를 높이는 자인
데, 하나님의 성전에 앉아서, 자기가
하나님이라고 주장할 것입니다.
5 내가 여러분과 함께 있을 때에, 이런
일을 여러분에게 거듭 말했다는 것
을 기억하지 못합니까?
6 여러분이 아는 대로, 그자가 지금은
억제를 당하고 있지만, 그의 때가 오
면 나타날 것입니다.
7 불법의 비밀이 벌써 작동하고 있습
니다. 다만, 억제하시는 분이 물러나
실 때까지는, 그것을 억제하실 것입
니다.
8 그 때에 불법자가 나타날 터인데, 주
[예수]께서 그 입김으로 그를 ㉢죽이
실 것이고, 그 오시는 광경의 광채로
그를 멸하실 것입니다.
9 그 불법자의 나타남은 사탄의 작용
에 따른 것인데, 그는 온갖 능력과
표징과 거짓 이적을 행하고,
10 또 온갖 불의한 속임수로 멸망을 받
을 자들을 속일 것입니다. 그것은,
멸망을 받을 자들이 자기를 구원하
여 줄 진리에 대한 사랑을 받아들이
지 않기 때문입니다.
11 그러므로 하나님께서는 미혹하게 하
는 힘을 그들에게 보내셔서, 그들로
하여금 거짓을 믿게 하십니다.
12 그것은, 진리를 믿지 않고 불의를 기
뻐한 모든 사람들에게 심판을 내리

1장 요약 바울은 종말과 관련된 몇몇 오해에도 불구하고 여전히 믿음이 성장하고 있는 데살로니가 교인들의 인내와 수고를 칭찬하고 있다.

1:5–12 그리스도께서 다시 오실 때, 믿음 때문에 고난당하는 참된 신자와 이들을 박해하는 사람들을 선과 악으로 판단하실 것이다.

㉠ 그, '형제들' ㉡ 다른 고대 사본들에는 '죄인' ㉢ 다른 고대 사본들에는 '불사를'

2장 요약 데살로니가 교인들은 '급작스런 주님의 강림'(1:10)을 '임박한 주님의 강림'으로 오해하였다. 이에 바울은 주님의 강림시에 나타날 전조(前兆)를 언급함으로써 그들의 동요와 흥분을 불식시키려 했다.

2:3 **믿음을 배신** 말세의 분위기를 말한다. 말세에는 신자들이 복음적 신앙에서 대거 떨어져 나감을 뜻한다.

시려는 것입니다.

훈시

13 ○주님의 사랑을 받는 ㉠형제자매 여
러분, 우리는 여러분의 일로 언제나
하나님께 감사하지 않을 수 없습니
다. 하나님께서는 여러분을 성령으
로 거룩하게 하시고, 진리를 믿게 하
여 구원에 이르게 하시려고, ㉡처음
부터 여러분을 택하여 주셨기 때문
입니다.
14 이렇게 되게 하시려고, 하나님께서
는 우리의 복음으로 여러분을 부르
시고, 여러분에게 우리 주 예수 그리
스도의 영광을 얻게 하셨습니다.
15 그러므로 ㉠형제자매 여러분, 든든
히 서서, 우리의 말이나 편지로 배운
전통을 굳게 지키십시오.
16 우리를 사랑하시고 은혜로 영원한
위로와 선한 소망을 주시는 하나님
우리 아버지와 우리 주 예수 그리스
도께서, 친히,
17 여러분의 마음을 격려하시고, 모든
선한 일과 말에 굳세게 해 주시기를
빕니다.

바랍니다

3 마지막으로 ㉠형제자매 여러분, 주
님의 말씀이 여러분에게 퍼진 것
과 같이, 각처에 속히 퍼져서, 영광스
럽게 되도록, 우리를 위해서 기도해
주십시오.
2 또 우리가 심술궂고 악한 사람에게
서 벗어나도록 기도해 주십시오. 사
람마다 믿음을 가지고 있는 것이 아
닙니다.
3 그러나 주님께서는 신실하신 분이시
므로, 여러분을 굳세게 하시고, ㉢악
한 자에게서 지켜 주십니다.
4 우리가 명령한 것을 여러분이 지금
도 실행하고 있고, 또 앞으로도 실행
하리라는 것을, 우리는 주님 안에서
확신하고 있습니다.
5 주님께서 여러분의 마음을 인도하셔
서, 여러분이, 하나님께서 사랑하시
는 것과 같이 사랑하고, 그리스도께
서 인내하시는 것과 같이 인내하기
를 바랍니다.

게으름을 경고하다

6 ○㉠형제자매 여러분, 우리는 [우리]
주 예수 그리스도의 이름으로 여러
분에게 명령합니다. 무절제하게 살
고 우리에게서 받은 전통을 따르지
않는 모든 ㉣신도를 멀리하십시오.
7 우리를 어떻게 본받아야 하는지는
여러분이 잘 알고 있습니다. 우리는
여러분 가운데서 무절제한 생활을
한 일이 없습니다.
8 우리는 아무에게서도 양식을 거저
얻어먹은 일이 없고, 도리어 여러분
가운데서 어느 누구에게도 짐이 되
지 않으려고, 수고하고 고생하면서

살후

3장 요약 종말을 사는 성도에 대한 실제적인 지침들 중 본문은 일에 대한 규례와 대인 관계에 대한 지침이다. 바울은 당시 그릇된 종말관으로 무위도식하는 사람들에게 노동은 하나님이 제정하신 신성한 규례임을 알리고, 종말이 와도 성도는 형제·자매 사랑을 잊지 말고 범죄자라도 회개시켜야 함을 강조했다.

3:1–5 바울은 복음을 전파할 때 모든 사람이 다 복음을 받아들인 것이 아니라 복음 전도자를 위협하는 사람도 많았음을 상기시킨다. 이 글을 쓰던 당시 바울의 일행은 고린도에서 복음 전파 사역을 하고 있었다. 따라서 그는 데살로니가에서처럼 고린도에서도 복음이 신속히 전파되어 많은 사람들이 믿게 되길 소원하며 하나님의 보호를 바라고 있었다.

㉠ 그, '형제들' ㉡ 다른 고대 사본들에는 '첫 열매로' ㉢ 또는 '악으로부터' ㉣ 그, '형제'

밤낮으로 일하였습니다.
9 그것은, 우리에게 권리가 없어서가
아니라, 우리가 여러분에게 본을 보
여서, 여러분으로 하여금 우리를 본
받게 하려는 것입니다.
10 우리가 여러분과 함께 있을 때에 "일
하기를 싫어하는 사람은 먹지도 말
라" 하고 거듭 명하였습니다.
11 그런데 우리가 들으니, 여러분 가운
데는 무절제하게 살면서, 일은 하지
않고, 일을 만들기만 하는 사람이
더러 있다고 합니다.
12 이런 사람들에게, 우리는 주 예수 그
리스도 안에서 명하며, 또 권면합니
다. 조용히 일해서, 자기가 먹을 것
을 자기가 벌어서 먹으십시오.
13 ㉠형제자매 여러분, 선한 일을 하다
가 낙심하지 마십시오.
14 누가 이 편지에 담긴 우리의 말에 복
종하지 아니하거든, 그 사람을 특별
히 조심하여, 그와 사귀지 마십시
오. 그리하여 그로 하여금 부끄러움
을 느끼게 하십시오.
15 그러나 그를 원수처럼 여기지 말고,
㉡형제자매에게 하듯이 타이르십시
오.

축복

16 ○평화의 주님께서 친히 언제나 어
느 방식으로든지, 여러분에게 평화
를 주시기를 빕니다. 주님께서 여러
분 모두와 함께 하시기를 빕니다.
17 ○나 바울이 친필로 문안합니다. 이
것이 모든 편지에 서명하는 표요, 내
가 편지를 쓰는 방식입니다.
18 우리 주 예수 그리스도의 은혜가 여
러분 모두에게 있기를 빕니다. ㉢

살후

3:6–15 데살로니가 교회에는 그리스도께서 곧 다시 오신다는 헛소문을 퍼뜨리고 다니면서, 남의 일에 쓸데없이 참견하는 사람들이 있었다. 바울은 이러한 사람들을 경계하고, 자기 할 일에 충실하며 다시 오실 주님을 기다리라고 가르친다.

3:8 수고하고 고생하면서 밤낮으로 일하였습니다 바울의 생업은 천막을 짜는 일로 그는 생업을 가지고 스스로 생활비를 조달하면서 전도했다.

3:13 선한 일을 하다가 낙심하지 마십시오 성도는 어려움이 닥칠 때 실망하지 않고 처한 생활에 충실하며 다시 오실 그리스도를 기다려야 한다.

3:17 친필로 문안합니다 바울은 이 서신을 대필(代筆)시켰다. 이렇게 친필로 서신을 마무리한 이유는 서신의 권위를 강조하기 위함이었다. 또, 당시 바울의 편지를 위조하여 교회를 어지럽혔던 사람들이 있었기 때문이다.

㉠ 그, '형제들' ㉡ 그, '형제' ㉢ 다른 고대 사본들은 절 끝에 '아멘'이 있음

디모데전서

1 TIMOTHY

저자 사도 바울

저작 연대 A.D. 62년경에 로마의 감옥에서 풀려난 사도 바울은 다시 전도 여행을 떠났다. 디모데전서와 디도서를 기록한 시기는 바로 이 기간이었다.

기록 장소와 대상 디모데전서는 마케도니아의 빌립보에서 기록했을 가능성이 높고 디모데후서는 로마 감옥에서 기록했을 것이다. 두 서신 모두 디모데를 대상으로 썼다.

핵심어 및 내용 디모데전서의 핵심어는 '교리'와 '자격'이다. 사도 바울은 디모데에게 하나님의 진리 안에 거하며 다른 헛된 교리들을 따르지 말라고 권면한다.

내용 분해

1. 인사말(1:1–2)
2. 거짓 교훈에 대한 경계(1:3–11)
3. 주의 은혜가 바울에게 넘치도록 풍성함(1:12–17)
4. 바울이 디모데에게 교훈을 주는 목적(1:18–20)
5. 교회의 행정에 관한 지침들(2:1–3:16)
6. 거짓 교훈을 다루는 방법(4:1–16)
7. 교회 내의 여러 계층에 관한 지침(5:1–6:2)
8. 기타 문제에 대한 지침(6:3–19)
9. 마지막 당부(6:20–21)

인사

1 우리의 구주이신 하나님과 우리의
소망이신 그리스도 예수의 명령으
로 그리스도 예수의 사도가 된 나 바
울이,
2 믿음 안에서 ㉠나의 참 아들이 된 디
모데에게 이 편지를 씁니다. 하나님
아버지와 우리 주 그리스도 예수께
서 내려주시는 은혜와 자비와 평화
가 그대에게 있기를 바랍니다.

거짓 교훈을 경고하다

3 ○내가 마케도니아로 떠날 때에, 그
대에게 에베소에 머물러 있으라고
부탁하였습니다. 그것은, 그대가 거
기에서 어떤 사람들로 하여금 다른
교리를 가르치지 못하도록 명령하고,
4 신화와 끝없는 족보 이야기에 정신
을 팔지 못하도록 명령하려는 것입
니다. 그러한 것들은 믿음 안에 세우
신 ㉡하나님의 경륜을 이루기보다는,
도리어 쓸데없는 변론을 일으킬 뿐
입니다.
5 이 명령의 목적은 깨끗한 마음과 선
한 양심과 거짓 없는 믿음에서 우러
나오는 사랑을 불러일으키는 것입니
다.
6 그런데 몇몇 사람은 이러한 목적에
서 벗어나서 쓸데없는 토론에 빠졌
습니다.
7 그들은 율법교사가 되려고 하지만,
사실은 자기들이 무엇을 말하고 있
는지 또는 무엇을 주장하고 있는지
도 알지 못합니다.
8 ○우리가 알기로 율법은, 사람이 그
것을 적법하게 사용하면, 선한 것입
니다.
9 율법이 제정된 것은, 의로운 사람 때
문이 아니라, 법을 어기는 자와, 순
종하지 않는 자와, 경건하지 않은 자
와, 죄인과, 거룩하지 않은 자와, 속
된 자와, 아비를 살해하는 자와, 어
미를 살해하는 자와, 살인자와,
10 간음하는 자와, 남색하는 자와, 사람
을 유괴하는 자와, 거짓말하는 자와,
거짓 맹세를 하는 자와, 그 밖에도,
무엇이든지 건전한 교훈에 배치되는
일 때문임을 우리는 압니다.

㉠ 원문에는 '나의'가 없음 ㉡ 또는 '거룩한 훈련'

11 건전한 교훈은, 복되신 하나님의 영
광스러운 복음에 맞는 것이어야 합
니다. 나는 이 복음을 선포할 임무
를 맡았습니다.

은혜를 감사하라

12 ○나는 나에게 능력을 주신 우리 주
그리스도 예수께 감사를 드립니다.
주님께서 나를 신실하게 여기셔서,
나에게 이 직분을 맡겨 주셨습니다.
13 내가 전에는 훼방자요 박해자요 폭
행자였습니다. 그러나 그러한 행동
은 내가 믿지 않을 때에 알지 못하고
한 것이므로, 하나님께서 나에게 자
비를 베풀어 주셨습니다.
14 우리 주님께서 나에게 은혜를 넘치
게 부어 주셔서, 그리스도 예수 안에
서 얻는 믿음과 사랑을 누리게 하셨
습니다.
15 그리스도 예수께서 죄인을 구원하시
려고 세상에 오셨다고 하는 이 말씀
은 믿음직하고, 모든 사람이 받아들
일 만한 말씀입니다. 나는 죄인의 우
두머리입니다.
16 그러나 하나님께서는 나에게 자비를
베푸셨습니다. 그 뜻은 그리스도 예
수께서 끝없이 참아 주심의 한 사례
를 먼저 나에게서 드러내 보이심으
로써, 앞으로 예수를 믿고 영생을 얻
으려고 하는 사람들의 본보기로 삼
으시려는 것입니다.
17 영원하신 왕, 곧 없어지지도 않고 보
이지도 않는, 오직 한 분이신 하나님
께 존귀와 영광이 영원 무궁토록 있
기를 빕니다. 아멘.
18 ○아들 된 디모데여, 이전에 그대에
관하여 내린 예언을 따라 내가 이 명
령을 그대에게 내립니다. 그대는 그
예언대로 선한 싸움을 싸우고,
19 믿음과 선한 양심을 가지십시오. 어
떤 사람들은 선한 양심을 버리고, 그
신앙 생활에 파선을 당하였습니다.
20 그렇게 된 사람 가운데 두 사람이
바로 후메내오와 알렉산더입니다.
나는 그들을 사탄에게 넘겨주었습니
다. 그것은 내가 그들을 응징해서,
다시는 하나님을 모독하지 못하게
하려고 한 것이었습니다.

기도에 대한 가르침

2 그러므로 나는 무엇보다도 먼저,
모든 사람을 위해서 하나님께 간
구와 기도와 중보 기도와 감사 기도
를 드리라고 그대에게 권합니다.
2 왕들과 높은 지위에 있는 모든 사람
을 위해서도 기도하십시오. 그것은
우리가 경건하고 품위 있게, 조용하
고 평화로운 생활을 하기 위함입니
다.
3 이것은 우리 구주 하나님께서 보시
기에 좋은 일이며, 기쁘게 받으실 만
한 일입니다.

1장 요약 바울은 디모데에게 거짓 교리에 대해 강하게 경고하여 교회의 순수성을 유지하고자 했다.

1:12–20 바울은 자신이 마땅히 죽을 수밖에 없는 죄인의 우두머리임에도 불구하고, 주님께서 능력을 주셔서 사도의 직분을 맡기신 사실에 대하여 감사한다. 한편 디모데에게 거짓 교훈을 경계하고, 믿음과 선한 양심을 가질 것을 권면한다.

2장 요약 바울은 서두에서 중보 기도의 중요성과 자신의 사도권을 재확증한다. 그러나 전체적 주제는 '모든 사람을 위한 그리스도의 죽음', 곧 복음의 보편성이다. 그리고 후반부에는 교회의 하나됨을 위한 남녀 간의 질서가 언급된다.

2:1–7 유대 사람들만이 구원의 대상이 된다는 그 당시 이단들의 가르침과 다르게, 바울은 오히려 모든 사람을 위해 기도할 것을 권고하고 있다. 모

4 하나님께서는 모든 사람이 다 구원
을 얻고 진리를 알게 되기를 원하십
니다.
5 하나님은 한 분이시요, 하나님과
사람 사이의 중보자도 한 분이시
니, 곧 사람이신 그리스도 예수이
십니다.
6 그분은 모든 사람을 위해서 자기
를 대속물로 내주셨습니다.
하나님께서 꼭 적절한 때에 그 증거
를 주셨습니다.
7 나는 이것을 증언하도록 선포자와
사도로 임명을 받아 믿음과 진리로
이방 사람을 가르치는 교사가 되었
습니다. 나는 지금 ㉠참말을 하지, 거
짓말을 하지 않습니다.
8 ○그러므로 나는, 남자들이 화를 내
거나 말다툼을 하는 일이 없이, 모
든 곳에서 거룩한 손을 들어 기도하
기를 바랍니다.
9 이와 같이 여자들도 소박하고 정숙
하게 단정한 옷차림으로 몸을 꾸미
기 바랍니다. 머리를 어지럽게 꾸미
거나 금붙이나 진주나 값비싼 옷으
로 치장하지 말고,
10 하나님을 공경하는 여자에게 어울리
게, 착한 행실로 치장하기를 바랍니
다.
11 ㉡여자는 조용히, 언제나 순종하는
가운데 배워야 합니다.
12 ㉡여자가 가르치거나 ㉢남자를 지배
하는 것을 나는 허락하지 않습니다.
여자는 조용해야 합니다.
13 사실, 아담이 먼저 지으심을 받고,
그 다음에 하와가 지으심을 받았습
니다.
14 아담이 속임을 당한 것이 아니라, 여
자가 속임을 당하고 죄에 빠진 것입
니다.
15 그러나 여자가 믿음과 사랑과 거룩
함을 지니고, 정숙하게 살면, 아이를
낳는 일로 구원을 얻을 것입니다.

3

1 ㉣이 말은 옳습니다.

감독의 자격

○어떤 사람이 감독의 직분을 맡고
싶어하면, 그는 훌륭한 일을 바란다
고 하겠습니다.
2 그러므로 감독은, 책망할 것이 없으
며, 한 아내의 남편이며, 절제하며,
신중하며, 단정하며, 나그네를 대접
하며, 가르치기를 잘하며,
3 술을 즐기지 아니하며, 난폭하지 아
니하고 너그러우며, 다투지 아니하
며, 돈을 사랑하지 아니하며,
4 자기 가정을 잘 다스리며, 언제나 위
엄을 가지고 자녀들을 순종하게 하
는 사람이라야 합니다.
5 (자기 가정을 다스릴 줄 모르는 사
람이 어떻게 하나님의 교회를 돌볼
수 있겠습니까?)

딤전

든 사람들이 말씀 속에 계시되어 있는 구원의 길, 곧 진리를 아는 것이 하나님의 뜻이다. 바울이 이방 사람을 가르치는 교사가 된 것도 중보자 예수를 증거하기 위함이다.

2:8 거룩한 손 분노나 다툼이 없는 정결한 생활을 가리키는 말이다.

㉠ 다른 고대 사본들에는 '그리스도 안에서 참말을' ㉡ 또는 '아내' ㉢ 또는 '자기 남편을' ㉣ 주석자들에 따라 '이 말은 옳습니다'를 3:1 하반절과 연결시키기도 함. 다른 고대 사본들에는 '이 말은 일반적으로 용납되는 말입니다'

3장 요약 교회 직분자에 대한 덕목이 구체적으로 나열되고 있다. 초대 교회의 직분자(지도자)들에게 요구된 것은 기능적인 능력보다는 고매한 신앙 인격이었다. 총체적인 인성이 복음에 합당해야 한다는 것이다. 그러므로 교회 직분자에게 더욱 필요한 것은 영성 계발과 경건 훈련이다.

3:1-7 감독의 자격에 관해 다루고 있다. 감독은

6 또 새로 입교한 사람도 안 됩니다. 그
리하면 그가 교만해져서, 마귀가 받
을 심판에 떨어질 위험이 있습니다.
7 감독은 또한, 교회 밖의 사람들에게
도 좋은 평판을 받는 사람이라야 합
니다. 그래야 그가 비방을 받지 않으
며, 악마의 올무에 걸리지 않을 것입
니다.

집사의 자격

8 ○이와 같이 집사들도, 신중하며, 한
입으로 두 말을 하지 아니하며, 술에
탐닉하지 아니하며, 부정한 이득을
탐내지 아니하며,
9 믿음의 비밀을 깨끗한 양심에 간직
한 사람이라야 합니다.
10 이런 사람들을 먼저 시험하여 보고,
책망 받을 일이 없으면, 집사의 일을
하게 하십시오.
11 이와 같이 ㉠여자들도, 신중하며, 험
담하지 아니하며, 절제하며, 모든 일
에 성실한 사람이라야 합니다.
12 집사들은 한 아내의 남편이며, 자녀
와 자기 가정을 잘 다스리는 사람이
라야 합니다.
13 집사의 직무를 잘 수행한 사람들은
좋은 지위를 얻게 되고, 그리스도 예
수를 믿는 믿음에 큰 확신을 얻게 됩
니다.

우리 종교의 비밀

14 ○내가 곧 그대에게 가기를 바라면서
도, 이 편지로 이런 지시를 써 보내
는 것은,
15 만일 내가 늦어지더라도, 하나님의
가족 가운데서 사람이 어떻게 처신
해야 하는지를 그대가 알게 하려는
것입니다. 이 가족은 살아 계신 하나
님의 교회요, 진리의 기둥과 터입니
다.
16 이 경건의 비밀은 참으로 놀랍습니
다.
"㉡그분은 육신으로 나타나시고,
성령으로 의롭다는 인정을 받으셨
습니다. 천사들에게 보이시고, 만
국에 전파되셨습니다. 세상이 그
분을 믿었고, 그분은 영광에 싸여
들려 올라가셨습니다."

거짓 교사

4 성령께서 환히 말씀하십니다. 마
지막 때에, 어떤 사람들은 믿음에
서 떠나, 속이는 영과 악마의 교훈을
따를 것입니다.
2 그러한 교훈은, 그 양심에 낙인이 찍
힌 거짓말쟁이의 속임수에서 나오는
것입니다.
3 이런 자들은 혼인을 금하고, 어떤 음
식물을 먹지 말라고 할 것입니다. 그
러나 그 음식물은, 하나님께서, 믿는
사람과 진리를 아는 사람이 감사하
는 마음으로 먹게 하시려고 만드신
것입니다.

① 거룩하고 존경할 만한 생활의 모범을 보여야 한다. ② 교인들에게 복음의 진리를 올바르게 교육시킬 준비가 되어 있어야 한다. ③ 자기 가정을 *믿음으로 잘 다스려야* 한다. ④ 믿지 않는 불신 사회에서도 좋은 평판을 얻어야 한다.

3:6 입교 예수를 믿기 시작하여 교회에 새로 나오는 것을 의미한다.

㉠ 또는 '그들의 아내들' 또는 '여자 집사들' ㉡ 다른 고대 사본들에는 '하나님은'

4장 요약 에베소 교회의 이단 문제 중 하나는 극단적 금욕주의였다. 이들은 영혼은 선하고 육신이 악하다는 교리에 근거하여 혼인 제도를 거부하고 육식과 음주를 부인했다. 바울은 이에 반론을 제기한 후에, 디모데에게 개인적인 경건 생활에 전념하여 지도자로서의 덕목을 갖출 것을 주문하고 있다.

4:1-5 바울은 디모데에게 에베소 교회에 침투한

4 하나님께서 지으신 것은 모두 다 좋
은 것이요, 감사하는 마음으로 받으
면, 버릴 것이 하나도 없습니다.
5 모든 것은 하나님의 말씀과 기도로
거룩해집니다.

그리스도 예수의 좋은 일꾼

6 ○그대가 이런 교훈으로 ㉠형제자매
를 깨우치면, 그대는 믿음의 말씀과
그대가 지금까지 좇고 있는 좋은 교
훈으로 양육을 받아 그리스도 예수
의 좋은 ㉡일꾼이 될 것입니다.
7 저속하고 헛된 꾸며낸 이야기들을
물리치십시오. 경건함에 이르도록
몸을 훈련하십시오.
8 몸의 훈련은 약간의 유익이 있으나,
경건 훈련은 모든 면에 유익하니, 이
세상과 장차 올 세상의 생명을 약속
해 줍니다.
9 이 말은 참말이요, 모든 사람이 받
아들일 만한 말입니다.
10 우리가 모든 사람 특히 믿는 사람의
구주이신 살아 계신 하나님께 소망
을 두므로, 우리는 수고하며 애를
쓰고 있습니다.
11 ○그대는 이것들을 명령하고 가르치
십시오.
12 아무도, 그대가 젊다고 해서, 그대를
업신여기지 못하게 하십시오. 도리
어 그대는, 말과 행실과 사랑과 믿음
과 순결에 있어서, 믿는 이들의 본이
되십시오.
13 내가 갈 때까지, ㉢성경을 읽는 일과
권면하는 일과 가르치는 일에 전념
하십시오.
14 그대 속에 있는 은사, 곧 그대가 장
로들의 안수를 받을 때에 예언을 통
하여 그대에게 주신 그 은사를 소홀
히 여기지 마십시오.
15 이 일들을 명심하고 힘써 행하십시
오. 그리하여 그대가 발전하는 모습
을 모든 사람에게 나타나게 하십시
오.
16 그대 자신과 그대의 가르침을 살피
십시오. 이런 일을 계속하십시오. 이
렇게 함으로써, 그대 자신도 구원하
고, 그대의 말을 듣는 사람들도 구
원할 것입니다.

신도를 대하는 태도

5 ㉣나이가 많은 이를 나무라지 말
고, 아버지를 대하듯이 권면하십
시오. 젊은 남자는 형제를 대하듯이
권면하십시오.
2 나이가 많은 여자는 어머니를 대하
듯이 권면하고, 젊은 여자는 자매를
대하듯이, 오로지 순결한 마음으로
권면하십시오.
3 ○참 과부인 과부를 존대하십시오.
4 어떤 과부에게 자녀들이나 손자들
이 있으면, 그들은 먼저 자기네 가족
에게 종교상의 의무를 행하는 것을

이단, 특히 그릇된 금욕주의에 대해 경계할 것을 권면한다.

4:12-16 디모데의 나이는 34세에서 39세 사이로 직책에 비해서 나이가 어린 편이었다(12절). 하지만 바울은 디모데에게 거룩한 종교적 사랑과 바른 교리에 대한 확신으로 신앙 성장을 위해 노력하며, 더불어 교인들을 가르치는 일에 더 힘쓰라고 권고한다.

㉠ 그, '형제들' ㉡ 또는 '집사' ㉢ 그, '읽는 일과' ㉣ 또는 '장로를'

5장 요약 본장은 교회 안의 문제에 대한 목회적인 지침으로, 내용상 교회 성도에 대한 인간관계, 과부에 대한 대우, 장로에 대한 태도 등으로 구분된다. 교회(목회자)가 그들을 올바르게 다스리고 인도하도록 하기 위해 서술했다.

5:1-2 바울은 목회자가 모든 성도들을 그리스도 안에서 진정한 영적 가족으로 대하고 섬겨야 할 것을 가르친다.

배워야 하고, 어버이에게 보답하는
것을 배워야 합니다. 이것이 바로 하
나님께서 그들에게 원하시는 일입니
다.
5 참 과부로서 의지할 데가 없는 이는,
하나님께 소망을 두고, 밤낮으로 끊
임없이 간구와 기도를 드립니다.
6 향락에 빠져서 사는 ㉠과부는, 살아
있으나 죽은 것입니다.
7 그들에게 이런 것을 명령하여, 그들
이 비난을 받는 일이 없도록 하십시
오.
8 누구든지 자기 친척 특히 가족을 돌
보지 않으면, 그는 벌써 믿음을 저버
린 사람이요, 믿지 않는 사람보다 더
나쁜 사람입니다.
9 ○과부로 명부에 올릴 이는, 예순 살
이 덜 되어서는 안되고, 한 남편의
아내였던 사람이라야 합니다.
10 그는 착한 행실을 인정받는 사람이
라야 하는데, 자녀를 잘 기르거나,
나그네를 잘 대접하거나, ㉡성도들을
자기 집에 모시거나, 어려움을 당한
사람을 도와주거나, 모든 선한 일에
몸을 바친 사람이라야 합니다.
11 젊은 과부는 명단에 올리는 것을 거
절하십시오. 그들은, 그리스도를 거
슬러 정욕에 이끌리면 결혼을 하고
싶어할 것이고,
12 처음 서약을 저버렸기 때문에 비난
을 받을 것입니다.
13 또한 그들은 이 집 저 집 돌아다니면
서 빈둥거리는 것을 익힐 것입니다.
더욱이, 그들은 빈둥거릴 뿐만 아니
라, 수다를 떨고, 남의 일에 참견하
고, 해서는 안 되는 말을 할 것입니다.
14 그러므로 젊은 과부들은 재혼을 해
서, 아이를 낳고, 가정을 다스려서,
적대자들에게 비방할 기회를 조금도
주지 말기를 바랍니다.
15 어떤 과부들은 이미 곁길로 나가서,
사탄을 따라갔습니다.
16 어떤 ㉢여신도의 집안에 과부들이 있
거든, 그 여신도가 그들을 도와주어
야 할 것이요, 교회에 짐을 지우지
말아야 할 것입니다. 그렇게 하여야
교회가 참 과부들을 도울 수 있을
것입니다.
17 ○잘 다스리는 장로들은 두 배로 ㉣존
경을 받아야 합니다. 특히 말씀을
전파하는 일과 가르치는 일에 수고
하는 장로들은 더욱 그러하여야 합
니다.
18 성경에 이르기를, ㉤"타작 마당에서
낟알을 밟아 떠는 소의 입에 망을
씌우지 말라" 하였고, ㉥"일꾼이 자기
삯을 받는 것은 마땅하다" 하였습니
다.
19 장로에 대한 고발은 ㉦두 사람이나
세 사람의 증인이 없이는 받아들이

5:3–16 바울은 과부에게 취할 태도를 교훈하고 있다. 과부를 인격적으로 존중하고, 동시에 재정적인 도움을 베풀 것을 부탁하고 있는데, 그러기 위해서 과부의 명단에 올릴 자에 관한 규정을 제시하고, 젊은 과부를 경계할 것을 가르치고 있다.

5:9–10 과부의 명단에 오를 수 있는 자격 조건은 나이가 60세 이상이어야 하며, 착한 행실의 증거가 있어야만 가능하다(9–10절).

5:11–12 젊은 과부가 재혼하는 것은 죄가 아니다. 오히려 바울은 재혼을 권한다(14절). 그들이 비난받게 되는 이유는 중요한 영적 사업에 전념할 것을 맹세하였음에도 불구하고 정욕에 사로잡혀 이전의 서약을 저버렸기 때문이다.

5:17 가르치는 일 젊은이와 질문자 등에게 교훈을 주는 일을 말한다.

㉠ 그, '여자는' ㉡ 그, '성도들의 발을 씻어주거나' ㉢ 다른 고대 사본들에는 '남신도나 여신도' 또는 '남신도' ㉣ 또는 '보상' 또는 '보수' ㉤ 신 25:4 ㉥ 민 18:31; 대하 15:7 ㉦ 신 19:15

지 마십시오.
20 죄를 짓는 사람을 모든 사람 앞에서
꾸짖어서, 나머지 사람들도 두려워
하게 하십시오.
21 하나님과 그리스도 예수와 택하심
을 받은 천사들 앞에서 내가 엄숙히
명령합니다. 그대는 편견 없이 이것
들을 지키고, 어떤 일이든지 공평하
게 처리하십시오.
22 ㉠아무에게나 경솔하게 안수하지 마
십시오. 남의 죄에 끼어들지 말고, 자
기를 깨끗하게 지키십시오.
23 이제부터는 물만 마시지 말고, 위장
과 잦은 병을 생각해서 포도주를 조
금씩 쓰십시오.
24 ○어떤 사람들의 죄는 명백해서, 재
판을 받기 전에 먼저 드러나고, 어떤
사람들의 죄는 나중에야 드러납니다.
25 이와 마찬가지로, 착한 행실도 드러
나게 마련이고, 드러나지 않은 것도,
언제까지나 감추어져 있지는 못합니
다.

6 1 종의 멍에를 메고 있는 사람은
자기 주인을 아주 존경할 분으로
여겨야 합니다. 그렇게 하여야, 하나
님의 이름과 우리의 가르침에 욕이
돌아가지 않을 것입니다.
2 신도인 주인을 섬기는 종들은, 그 주
인이 ㉡신도라고 해서 가볍게 여겨서
는 안됩니다. 오히려, 주인을 더 잘
섬겨야 합니다. 왜냐하면, ㉢이러한
섬김에서 이익을 얻는 이들이 동료
신도요, 사랑하는 사람이기 때문입
니다.

거짓 교훈과 참 부요

○그대는 이런 것들을 가르치고 권
하십시오.
3 누구든지 다른 교리를 가르치며, 우
리 주 예수 그리스도의 건전한 말씀
과 경건에 부합되는 교훈을 따르지
않으면,
4 그는 이미 교만해져서, 아무것도 알
지 못하면서, 논쟁과 말다툼을 일삼
는 병이 든 사람입니다. 그런 데서
시기와 분쟁과 비방과 악한 의심이
생깁니다.
5 그리고 마음이 썩고, 진리를 잃어서,
경건을 이득의 수단으로 생각하는
사람 사이에 끊임없는 알력이 생깁
니다. ㉣
6 자족할 줄 아는 사람에게는, 경건은
큰 이득을 줍니다.
7 우리는 아무것도 세상에 가지고 오
지 않았으므로, 아무것도 가지고 떠
나갈 수 ㉤없습니다.
8 우리는 먹을 것과 입을 것이 있으면,
그것으로 만족해야 할 것입니다.
9 그러나 부자가 되기를 원하는 사람
은, 유혹과 올무와 여러 가지 어리석
고도 해로운 욕심에 떨어집니다. 이

6장 요약 주종 관계를 다루고 있는 1-2절은 전장에 연속되는 부분으로 상호 존중과 협조를 강조하고 있다. 한편 3절 이하는 본서의 결론 부분으로서 이단과 재물에 대한 욕심을 경고한 후 디모데에 대한 개인적인 권면을 수록하고 있다.

6:1-2 마지막으로, 교회 내의 여러 계층 가운데 종들에 관해 교훈하고 있다. 당시 로마에서 노예 문제는 심각한 사회 문제로 대두되었다. 이러한 문제는 교회 안에서도 그대로 반영되었다. 특히 믿는 노예와 믿지 않는 주인의 관계, 믿지 않는 노예와 믿는 주인의 관계를 제대로 정립하는 것이 필요하였다. 이러한 상황에서 바울은 종들이 범

㉠ 또는 '아무나 성직에 임명하지 마십시오' ㉡ 또는 '교회 신도'. 그. '형제' ㉢ 또는 '그들은 신도들이요 사랑받는 이들로서, 선한 일에 헌신하기 때문입니다' ㉣ 다른 고대 사본들에는 '그런 사람들과는 상종을 하지 말아야 합니다'가 더 있음 ㉤ 다른 고대 사본들에는 '없다는 것도 확실합니다'

런 것들은 사람을 파멸과 멸망에 빠
뜨립니다.
10 돈을 사랑하는 것이 모든 악의 뿌리
입니다. 돈을 좇다가, 믿음에서 떠나
헤매기도 하고, 많은 고통을 겪기도
한 사람이 더러 있습니다.

믿음의 선한 싸움

11 ○하나님의 사람이여, 그대는 이 악
한 것들을 피하십시오. 의와 경건과
믿음과 사랑과 인내와 온유를 좇으
십시오.
12 믿음의 선한 싸움을 싸우십시오. 영
생을 얻으십시오. 하나님께서는 영
생을 얻게 하시려고 그대를 부르셨
고, 또 그대는 많은 증인들 앞에서
훌륭하게 신앙을 고백하였습니다.
13 나는 만물에게 생명을 주시는 하나
님 앞과, 본디오 빌라도에게 훌륭하
게 증언하신 그리스도 예수 앞에서,
그대에게 명령합니다.
14 그대는 우리 주 예수 그리스도께서
나타나실 때까지 그 계명을 지켜서,
흠도 없고, 책망 받을 것도 없는 사
람이 되십시오.
15 정한 때가 오면, 하나님께서 주님의
나타나심을 보여 주실 것입니다. 하
나님은 찬양 받으실 분이시요, 오직
한 분이신 통치자이시요, 만왕의 왕
이시요, 만주의 주이십니다.
16 오직 그분만이 죽지 않으시고, 사람
이 가까이 할 수 없는 빛 속에 계시
고, 사람으로서는 본 일도 없고, 또
볼 수도 없는 분이십니다. 그분에게
존귀와 영원한 주권이 있기를 빕니
다. 아멘.
17 ○그대는 이 세상의 부자들에게 명
령하여, 교만해지지도 말고, 덧없는
재물에 소망을 두지도 말고, 오직 우
리에게 모든 것을 풍성히 주셔서 즐
기게 하시는 하나님께 소망을 두라
고 하십시오.
18 또 선을 행하고, 좋은 일을 많이 하
고, 아낌없이 베풀고, 즐겨 나누어주
라고 하십시오.
19 그렇게 하여, 앞날을 위하여 든든한
기초를 스스로 쌓아서, 참된 생명을
얻으라고 하십시오.
20 ○디모데여, 그대에게 맡긴 것을 잘
지키십시오. 속된 잡담을 피하고, 거
짓 지식의 반대 이론을 물리치십시
오.
21 이 반대 이론을 내세우다가 믿음을
잃은 사람도 더러 있습니다. ○은혜
가 ㉠여러분과 함께 있기를 바랍니
다.㉡

사에 주인에게 복종하고 마음으로 공경하며, 특히 믿는 주인을 모신 종들은 더욱 힘써 봉사할 것을 권면하고 있다.

6:3–10 바울은 여기서 거짓 교사들의 잘못된 교훈과 재산에 대한 욕심을 경계하고 있다.

6:9 파멸과 멸망에 재산에 대한 억제할 수 없는 욕망은 사람을 패망시킨다. 하나님과 재산을 겸하여 섬길 수 없는 일이다(마 19:22–24).

6:10 돈을 사랑하는 사람은 믿음에서 떠나게 되어 돈이 그들의 하나님이 되고 그는 돈의 종이 된다. 그러다가 곧 그 돈은 그에게 많은 근심이 된다는 뜻이다. 믿음에서 떠났다는 말은 방황하며 떠돌아다닌다는 뜻이다.

6:11–16 바울은 디모데에게 믿음의 선한 싸움을 싸울 것과, 그리스도의 재림 때까지 그의 명령을 지켜 순전한 신앙 생활을 할 것을 교훈하고 있다.

㉠ 다른 고대 사본들에는 '그대와' ㉡ 다른 고대 사본들에는 절 끝에 '아멘'이 있음

디모데후서

저자 사도 바울

저작 연대 A.D. 62년경에 로마의 감옥에서 풀려난 사도 바울은 다시 전도 여행을 떠났다. 디모데전서와 디도서를 기록한 시기는 바로 이 기간이었다. 그러나 A.D. 66-67년경 네로 황제(재위 A.D. 54-68년) 치하 시 다시 체포되었는데, 이 때에 디모데후서를 기록하게 되었다.

기록 장소와 대상 디모데전서는 마케도니아의 빌립보에서 기록했을 가능성이 높고 디모데후서는 로마 감옥에서 기록했을 것이다. 두 서신 모두 디모데를 대상으로 썼다.

핵심어 및 내용 디모데후서의 핵심어는 '인내'와 '가르침'이다. 바울은 자신이 감옥에 갇혀 있는 동안에도 강건하게 지내는 것처럼, 예수 그리스도의 선한 군사로서 디모데에게 닥칠 모든 시련들을 잘 견디라고 권면한다. 또한 디모데에게 청년의 정욕을 피하고 믿음과 의로움 가운데에서 생활하라고 훈계한다.

내용 분해

1. 바른 교훈을 지킬 것(1:1-18)
2. 바른 교훈을 가르칠 것(2:1-26)
3. 바른 교훈에 거할 것(3:1-17)
4. 바른 교훈을 전파할 것(4:1-22)

인사

1 하나님의 뜻으로 그리스도 예수
안에 있는 생명의 약속을 따라 그
리스도 예수의 사도가 된 나 바울
이,
2 사랑하는 아들 디모데에게 이 편지
를 씁니다. 하나님 아버지와 우리 주
그리스도 예수께서 내려주시는 은혜
와 자비와 평화가 그대에게 있기를
빕니다.

복음에 대한 충성

3 ○나는 밤낮으로 기도를 할 때에 끊
임없이 그대를 기억하면서 하나님께
감사를 드립니다. 나는 조상들을 본
받아 깨끗한 양심으로 하나님을 섬
깁니다.
4 나는 그대의 눈물을 기억하면서, 그
대를 보기를 원합니다. 그대를 만나
봄으로 나는 기쁨이 충만해지고 싶
습니다.
5 나는 그대 속에 있는 거짓 없는 믿
음을 기억합니다. 그 믿음은 먼저 그
대의 외할머니 로이스와 어머니 유
니게 속에 깃들여 있었는데, 그것이
그대 속에도 깃들여 있음을 나는 확
신합니다.
6 이런 이유로 나는 그대를 일깨워서,
그대가, 나의 안수로 말미암아, 그대
속에 간직하고 있는 하나님의 은사
에 다시 불을 붙이게 하려고 합니다.
7 하나님께서는 우리에게 비겁함의 영
을 주신 것이 아니라, 능력과 사랑과
절제의 영을 주셨습니다.
8 ○그러므로 그대는 우리 주님에 대
하여 증언하는 일이나 주님을 위하
여 갇힌 몸이 된 나를 부끄러워하지
말고, 하나님의 능력을 힘입어 복음
을 위하여 고난을 함께 겪으십시오.
9 하나님께서 우리를 구원해 주시고,
거룩한 부르심으로 불러주셨습니다.
그것은 우리의 행실을 따라 하신 것
이 아니요, 하나님의 계획과 은혜를
따라 하신 것입니다. 이 은혜는 영원
전에 그리스도 예수 안에서 우리에
게 주신 것인데,
10 이제는 우리 구주 그리스도 예수께
서 나타나심으로 환히 드러났습니
다. 그리스도께서는 죽음을 폐하시

고, 복음으로 생명과 썩지 않음을
환히 보이셨습니다.
11 나는 ㉠이 복음을 전하는 선포자와
사도와 교사로 임명을 받았습니다.
12 그러므로 나는 이런 고난을 당하면
서도 부끄러워하지 않습니다. 나는,
내가 믿어 온 분을 잘 알고 있고, 또
㉡내가 맡은 것을 그분이 그 날까지
지켜 주실 수 있음을 확신합니다.
13 그대는 그리스도 예수 안에 있는 믿
음과 사랑으로 나에게서 들은 건전
한 말씀을 본보기로 삼고,
14 우리 안에 살고 계시는 성령으로 말
미암아 그 맡은 바 선한 것을 지키십
시오.
15 ○그대도 알다시피, 아시아에 있는
사람이 모두 나를 버렸습니다. 그들
가운데는 부겔로와 허모게네가 들
어 있습니다.
16 주님께서 오네시보로의 집에 자비를
베풀어 주시기를 빕니다. 그는 여러
번 나에게 용기를 북돋아 주었고, 내
가 쇠사슬에 매인 것을 부끄러워하
지 않았고,
17 로마에 와서는 더욱 열심으로 나를
찾아 만나 주었습니다.
18 그 날에 주님께서 그에게 자비를 내
리시기를 바랍니다. 그대는 그가 에
베소에서 얼마나 많이 봉사했는가
를 잘 알고 있습니다.

예수 그리스도의 훌륭한 군사

2 그러므로 내 아들이여, 그리스도
예수 안에 있는 은혜로 굳세어지
십시오.
2 그대가 많은 증인을 통하여 나에게
서 들은 것을 믿음직한 사람들에게
전수하십시오. 그리하면 그들이 다
른 사람들을 또한 가르칠 수 있을 것
입니다.
3 그대는 그리스도 예수의 훌륭한 군
사답게 고난을 함께 달게 받으십시
오.
4 누구든지 군에 복무를 하는 사람은
자기를 군사로 모집한 상관을 기쁘
게 해 주어야 합니다. 그러므로 그는
살림살이에 얽매여서는 안 됩니다.
5 운동 경기를 하는 사람은 규칙대로
하지 않으면 월계관을 얻을 수 없습
니다.
6 수고하는 농부가 소출을 먼저 받는
것이 마땅합니다.
7 내가 하는 말을 생각하여 보십시오.
주님께서는 모든 것을 깨닫는 능력
을 그대에게 주실 것입니다.
8 ○내가 전하는 복음대로, 다윗의 자
손으로 나시고, 죽은 사람 가운데서
살아나신 예수 그리스도를 기억하
십시오.
9 나는 이 복음 때문에 고난을 당하
며, 죄수처럼 매여 있으나, 하나님의

1장 요약 바울은 복음 전도자에게 동반되는 고난을 열거하면서 자신이 순교당하더라도 디모데가 흔들리지 않고 목회 사역에 전념하도록 촉구하고 있다.

1:6-14 어려운 상황에 직면한 디모데에게, 바울은 하나님의 특별한 은사를 상기시킨다. 바울은 또한 자신이 당한 고난을 언급하면서, 디모데가 복음을 위해 고난받을 것을 권면하고 있다.

2장 요약 영적 사역을 위한 실제적인 지침이 시작된다. 바울은 전도자를 군사, 운동 경기를 하는 사람, 농부에 비유한다. 또한 이 비유를 통해 혼신의 힘을 쏟는 열정이 없이는 복음 전도자가 될 수 없으며 따라서 상급도 받을 수 없음을 말하고 있다.

㉠ 다른 고대 사본들에는 '이방인을 위한'이란 말이 첨가되어 있음
㉡ 또는 '내가 그분에게 맡긴 것을'

말씀은 매여 있지 않습니다.
10 그러므로 나는 하나님께서 택하여
주신 사람들을 위해서 모든 것을 참
고 있습니다. 이것은 그들도 또한 그
리스도 예수 안에 있는 구원을 영원
한 영광과 함께 얻게 하려는 것입니
다.
11 이 말씀은 믿을 만합니다.
우리가 주님과 함께 죽었으면, 우
리도 또한 그분과 함께 살 것이요,
12 우리가 참고 견디면, 우리도 또한
그분과 함께 다스릴 것이요, 우리
가 그분을 부인하면, 그분도 또한
우리를 부인하실 것입니다.
13 우리는 신실하지 못하더라도, 그
분은 언제나 신실하십니다. 그분
은 자기를 부인할 수 없으시기 때
문입니다.

인정받는 일꾼

14 ○신도들에게 이것을 일깨우십시오.
㉠하나님 앞에서 그들에게 엄숙히
명해서 말다툼을 하지 못하게 하십
시오. 그것은 아무 유익이 없고, 듣
는 사람들을 파멸에 이르게 할 뿐입
니다.
15 그대는 진리의 말씀을 올바르게 가
르치는 부끄러울 것 없는 일꾼으로
하나님께 인정을 받는 사람이 되기
를 힘쓰십시오.
16 속된 잡담을 피하십시오. 그것이 사
람을 더욱더 경건하지 아니함에 빠
지게 합니다.
17 그들의 말은 암처럼 퍼져 나갈 것입
니다. 그들 가운데는 후메내오와 빌
레도가 있습니다.
18 그들은 진리에서 멀리 떠나버렸고,
부활은 이미 지나갔다고 말하면서,
사람들의 믿음을 뒤엎습니다.
19 그러나 하나님의 기초는 이미 튼튼
히 서 있고, 거기에는 ㉡"주님께서는
자기에게 속한 사람을 아신다"는 말
씀과 ㉢"주님의 이름을 부르는 사람
은 다 불의에서 떠나라"는 말씀이
새겨져 있습니다.
20 ○큰 집에는 금그릇과 은그릇만 있
는 것이 아니라, 나무그릇과 질그릇
도 있어서, 어떤 것은 귀하게 쓰이
고, 어떤 것은 천하게 쓰입니다.
21 그러므로 누구든지 이러한 것들로부
터 자신을 깨끗하게 하면, 그는 주인
이 온갖 좋은 일에 요긴하게 쓰는
성별된 귀한 그릇이 될 것입니다.
22 그대는 젊음의 정욕을 피하고, 깨끗
한 마음으로 주님을 찾는 사람들과
함께, 의와 믿음과 사랑과 평화를 좇
으십시오.
23 어리석고 무식한 논쟁을 멀리하십시
오. 그대가 아는 대로, 거기에서 싸
움이 생깁니다.
24 주님의 종은 다투지 말아야 합니다.

딤후

2:1-13 바울은 디모데에게 복음의 진리를 믿음직한 사람들에게 맡겨, 그들로 하여금 복음을 전파하도록 부탁하고 있다. 바울은 복음의 전도자를 군사, 운동 경기를 하는 사람, 농부로 비유하고 있는데, 그 이유는 가르치는 일에는 고난이 따르지만 큰 상급이 있기 때문이다. 또, 바울은 고난받는 디모데를 격려하기 위하여 그리스도의 부활과 자신이 당한 고난과 내세의 소망을 상기시킨다.
2:14-19 바울은 디모데에게 당시 에베소 교회에 침투한 이단들의 변론적 태도를 경계하고 있다. 그들은 끝없는 족보와(딤전 1:4) 저속하고 헛된 꾸며낸 이야기들(딤전 4:7) 등에 대해 다투었다. 후메내오와 빌레도 등은 부활의 역사성을 부인하고, 육신의 부활을 믿지 않았다. 그렇게 함으로써 그들은 어떤 사람들의 믿음을 무너뜨렸다.
2:22 평화 그리스도인들과의 온전한 상호관계를 말한다.

㉠ 다른 고대 사본들에는 '주님' ㉡ 민 16:5 ㉢ 민 16:26

그는 모든 사람에게 온유하고, 잘 가
르치고, 참을성이 있어야 하고,
25 반대하는 사람을 온화하게 바로잡
아 주어야 합니다. 그렇게 하면, 아
마도 하나님께서 그 반대하는 사람
들을 회개시키셔서, 진리를 깨닫게
하실 것입니다.
26 ㉠ 그들은 악마에게 사로잡혀서 악마
의 뜻을 좇았지만, 정신을 차려서 그
악마의 올무에서 벗어날 것입니다.

마지막 때의 타락상

3 그대는 이것을 알아두십시오. 말
세에 어려운 때가 올 것입니다.
2 사람들은 자기를 사랑하며, 돈을 사
랑하며, 뽐내며, 교만하며, 하나님을
모독하며, 부모에게 순종하지 아니
하며, 감사할 줄 모르며, 불경스러우
며,
3 무정하며, 원한을 풀지 아니하며, 비
방하며, 절제가 없으며, 난폭하며, 선
을 좋아하지 아니하며,
4 배신하며, 무모하며, 자만하며, 하나
님보다 쾌락을 더 사랑하며,
5 겉으로는 경건하게 보이나, 경건함의
능력은 부인할 것입니다. 그대는 이
런 사람들을 멀리하십시오.
6 그들 가운데는 남의 집에 가만히 들
어가서 어리석은 여자들을 유인하
는 사람들이 있을 것입니다. 그런 여
자들은 여러 가지 정욕에 이끌려 죄
에 짓눌려 있고,
7 늘 배우기는 하지만 진리를 깨닫는
데에는 전혀 이를 수 없습니다.
8 또 이 사람들은 안네와 얌브레가 모
세를 배반한 것과 같이 진리를 배반
합니다. 그들은 마음이 부패한 사람
이요, 믿음에 실패한 사람들입니다.
9 그러나 그들은 더 이상 나아가지 못
할 것입니다. 그들의 어리석음도 그
㉡ 두 사람의 경우와 같이, 모든 사람
앞에 환히 드러날 것이기 때문입니
다.

마지막 부탁

10 ○그러나 그대는 나의 가르침과 행
동과 의향과 믿음과 오래 참음과 사
랑과 인내를 따르며,
11 안디옥과 이고니온과 루스드라에서
내가 겪은 박해와 고난을 함께 겪었
습니다. 나는 그러한 박해를 견디어
냈고, 주님께서는 그 모든 박해에서
나를 건져내셨습니다.
12 그리스도 예수 안에서 경건하게 살
려고 하는 사람은 모두 박해를 받을
것입니다.
13 그런데, 악한 자들과 속이는 자들은
더욱더 악하여져서, 남을 속이기도
하고 속기도 할 것입니다.
14 그러나 그대는 그대가 배워서 굳게
믿는 그 진리 안에 머무십시오. 그대
는 그것을 누구에게서 배웠는지를

3장 요약 바울은 여기서 말세의 현상으로 나타날 징조 열아홉 가지를 열거하고 있다. 이것은 디모데에게 고난의 필연성을 주지시키기 위해서였다. 즉, 종말이 가까울수록 박해와 고난이 심화되지만 사명자는 그것에 개의치 말고 자신의 길을 달려가야 한다는 것이다.

3:1–9 바울은 디모데에게 말세에 나타나게 될 죄의 유형들을 지적하면서, 그것들을 경계할 것을 권고한다. 그리고 당시 에베소 교회에서 활동하던 거짓 교사들의 특징에 관해 밝힌다.

3:10–17 바울은 자신이 복음을 위해 당한 고난을 언급하면서, 복음의 사역자에게는 반드시 고난이 뒤따른다는 것과, 이에 대비해서 복음의 진리에 충실할 것을 교훈하고 있다.

㉠ 또는 '악마에게 사로잡힌 자들이 정신을 차리고 그 올무에서 벗어나 하나님의 뜻을 따르게 될 것이기 때문입니다' ㉡ 그리스어 본문에는 '두 사람'이 없음

딤후

알고 있습니다.
15 그대는 어려서부터 성경을 알고 있
습니다. 성경은 그리스도 예수를 믿
는 믿음으로 말미암아 그대에게 구
원에 이르는 지혜를 줄 수 있습니다.
16 ㉠모든 성경은 하나님의 영감으로 된
것으로서 교훈과 책망과 바르게 함
과 의로 교육하기에 유익합니다.
17 성경은 하나님의 사람을 유능하게
하고, 그에게 온갖 선한 일을 할 수
있게 하는 것입니다.

4 1 나는 하나님 앞과, 산 사람과 죽
은 사람을 심판하실 그리스도 예
수 앞에서, 그분의 나타나심과 그분
의 나라를 두고 엄숙히 명령합니다.
2 그대는 말씀을 선포하십시오. 기회
가 좋든지 나쁘든지, 꾸준하게 힘쓰
십시오. 끝까지 참고 가르치면서, 책
망하고 경계하고 권면하십시오.
3 때가 이르면, 사람들이 건전한 교훈
을 받으려 하지 않고, 귀를 즐겁게
하는 말을 들으려고 자기네 욕심에
맞추어 스승을 모아들일 것입니다.
4 그들은 진리를 듣지 않고, 꾸민 이야
기에 귀를 기울일 것입니다.
5 그러나 그대는 모든 일에 정신을 차
려서 고난을 참으며, 전도자의 일을
하며, 그대의 직무를 완수하십시오.
6 ○나는 이미 부어드리는 제물로 피
를 흘릴 때가 되었고, 세상을 떠날
때가 되었습니다.
7 나는 선한 싸움을 다 싸우고, 달려
갈 길을 마치고, 믿음을 지켰습니다.
8 이제는 나를 위하여 의의 면류관이
마련되어 있으므로, 의로운 재판장
이신 주님께서 그 날에 그것을 나에
게 주실 것이며, 나에게만이 아니라
주님께서 나타나시기를 사모하는 모
든 사람에게도 주실 것입니다.

사사로운 부탁

9 ○그대는 속히 나에게로 오십시오.
10 데마는 이 세상을 사랑해서 나를 버
리고 데살로니가로 가고, 그레스게
는 ㉡갈라디아로 가고, 디도는 달마
디아로 가고,
11 누가만 나와 함께 있습니다. 그대가
올 때에, 마가를 데리고 오십시오.
그 사람은 나의 일에 요긴한 사람입
니다.
12 나는 두기고를 에베소로 보냈습니다.
13 그대가 올 때에, 내가 드로아에 있는
가보의 집에 두고 온 외투를 가져오
고, 또 책들은 특히 양피지에 쓴 것
들을 가져오십시오.
14 구리 세공 알렉산더가 나에게 해를
많이 입혔습니다. ㉢주님께서 그의
행위대로 그에게 갚으실 것입니다.
15 그대도 경계하십시오. 그가 우리 말
에 몹시 반대하였습니다.
16 ○내가 처음 나를 변론할 때에, 내

딤후

4장 요약 바울의 유언성 당부가 서두에 기록되어 있다. 바울은 복음 전도자의 책무 중 시간과 환경을 초월하여 하나님의 말씀을 전파하는 것보다 더 중요한 것이 없음을 강조한다. 바울은 자신이 이런 삶을 살아왔기 때문에 믿음의 아들인 디모데에게 강력히 주문할 수 있었다.

㉠ 또는 '하나님의 영감으로 된 모든 성경은 교훈과……' ㉡ 다른 고대 사본들에는 '가울' ㉢ 시 62:12; 잠 24:12

4:1-5 바울은 디모데가 전도자의 사명에 충실할 것을 권면하고 있다. 먼저 그리스도의 재림과 더불어 장차 최후의 심판이 있을 것을 강조한 후, 디모데가 복음 전파에 더욱 힘써야 할 구체적인 이유들을 제시한다. 사람들이 건전한 교훈을 받아들이려 하지 않고, 헛된 망상이나 그릇된 욕망을 만족시켜 줄 스승들을 열망하는 때가 올 것이다.
4:6-8 부어드리는 제물 전체 제사 의식에서만 마지막으로 포도주를 붓는다. 이와 같이 바울도 마

편에 서서 나를 도와 준 사람은 한
사람도 없습니다. 모두 나를 버리고
떠났습니다. 그러나 그들에게 허물
이 돌아가지 않기를 빕니다.
17 주님께서 내 곁에 서셔서 나에게 힘
을 주셨습니다. 그것은 나를 통하여
전도의 말씀이 완전히 전파되게 하
시고, 모든 이방 사람이 그것을 들
을 수 있게 하시려는 것입니다. 주님
께서 나를 사자의 입에서 건져내셨
습니다.
18 주님께서 나를 모든 악한 일에서 건
져내시고, 또 구원하셔서 그분의 하
늘 나라에 들어가게 해 주실 것입니
다. 그분께 영광이 영원무궁하도록
있기를 빕니다. 아멘.

마지막 인사

19 ○브리스가와 아굴라와 오네시보로
의 집에 문안해 주십시오.
20 에라스도는 고린도에 머물러 있고,
드로비모는 앓고 있으므로 밀레도에
남겨 두었습니다.
21 그대는 겨울이 되기 전에 서둘러 오
십시오. 으불로와 부데와 리노와 글
라우디아와 ㉠모든 신도가 그대에게
문안합니다.
22 ○주님께서 그대의 영과 함께 하시
기를 빌며, 주님의 은혜가 여러분과
함께 있기를 빕니다.㉡

딤후

지막 남은 자신의 생명 전부를, 포도주를 붓듯이 하나님의 제단에 남김없이 부음으로 말미암아 하나님께 자신을 온전히 드렸다는 말씀이다. **선한 싸움** 어둠의 세력과 악한 영들, 정사와 권세자들과 대항해 왔던 싸움을 뜻한다. **의의 면류관** 선한 싸움을 싸우고 믿음을 지킨 사람들이 받기로 약속된 면류관을 말한다(벧전 5:4;계 2:10). 이 면류관의 본질은 영생이다. **의로운 재판장** 심판 날에 임하실 예수 그리스도이시다. **나타나시기를** 주님의 재림을 갈망하는 것은 사랑의 가장 큰 표시이다.

4:9-22 개인적인 소식, 부탁, 문안의 말씀이다.
4:9-18 바울은 동역자들이 모두 자신을 버렸으나(16절), 주님의 도우심으로 자신을 잘 변론하여 많은 사람에게 복음을 전파하였고 위협적인 판정이 연기되었다는 소식을 전한다(17절). 바울은 디모데에게 로마로 올 것을 부탁한다.

㉠ 그, '모든 형제들' ㉡ 다른 고대 사본들에는 절 끝에 '아멘'이 있음

디도서

TITUS

저자 사도 바울

저작 연대 A.D. 63–65년 사이

기록 장소와 대상 어디서 기록했는지 알 수 없으나, 그리스나 마케도니아에서 기록했을 가능성이 높다. 디도에게 이 서신을 보냈다.

기록 목적 바울은 디도와 함께 크레타 섬에서 전도한 적이 있었고 디도를 크레타에 남겨 두어 신자들의 모임을 책임지게 하였다. 당시 크레타의 교회는 행정적으로 조직화되지 못했고, 교회 안에 유대주의 성격이 강한 이단들의 가르침이 있었다. 사도의 올바른 가르침을 흐리게 하는 어려운 상황에서 목회하는 디도를 위해 바울은 목회 사역의 지침을 주었다.

성격 디도서는 디모데전·후서와 함께 목회 서신이라고 불린다. 세 서신은 교리, 교회, 조직, 신자들의 경건 생활문제 등 비슷한 내용을 담고 있다.

핵심어 및 내용 디도서의 핵심어는 '순결함'과 '상속자'이다. 그리스도인들은 순결한 삶을 살 뿐만 아니라 그 마음의 동기도 순결해야만 한다. 또한 모든 신자는 하나님이 주실 모든 복을 영원히 누리는 상속자가 되기 위하여 하나님 앞에서 의롭게 되었다.

내용 분해

1. 교회 행정에 관한 지시(1:1–16)
2. 교회 각층에 대한 교훈(2:1–15)
3. 사회 생활에 관한 교훈(3:1–15)

인사

1 하나님의 종이요 예수 그리스도의
사도인 나 바울은, 하나님의 택하
심을 받은 사람들의 믿음을 일깨워
주고 ㉠경건함에 딸린 진리의 지식을
깨우쳐 주기 위하여, 사도가 되었습
니다.
2 나는 거짓이 없으신 하나님께서 영
원 전부터 약속해 두신 영생에 대한
소망을 품고 있습니다.
3 하나님께서는 제 때가 되었을 때에
하나님의 이 약속의 말씀을 사도들
의 ㉡선포를 통하여 드러내셨습니다.
나는 우리의 구주이신 하나님의 명
령을 따라 이것을 선포하는 임무를
맡았습니다.
4 나는, 같은 믿음을 따라 진실한 아
들이 된 디도에게 이 편지를 씁니다.
하나님 아버지와 우리 구주 예수 그
리스도께서 내려주시는 은혜와 평화
가 그대에게 있기를 빕니다.

크레타에서 해야 할 디도의 사역

5 ○내가 그대를 크레타에 남겨둔 것
은, 남은 일들을 정리하고, 내가 지
시한 대로, 성읍마다 장로들을 세우
게 하려는 것입니다.
6 장로는 흠잡을 데가 없어야 하며, 한
아내의 남편이라야 하며, 그 자녀가
신자라야 하며, 방탕하다거나 순종
하지 않는다는 비난을 받지 않아야
합니다.
7 감독은 하나님의 청지기로서, 흠잡
을 데가 없으며, 자기 고집대로 하지
아니하며, 쉽게 성내지 아니하며, 술
을 즐기지 아니하며, 폭행하지 아니
하며, 부정한 이득을 탐하지 아니하
는 사람이라야 합니다.
8 오히려 그는 손님을 잘 대접하며, 선
행을 좋아하며, 신중하며, 의로우며,
경건하며, 자제력이 있으며,
9 신실한 말씀의 가르침을 굳게 지키
는 사람이라야 합니다. 그래야 그는
건전한 교훈으로 권면하고, 반대자
들을 반박할 수 있을 것입니다.
10 ○복종하지 아니하며 헛된 말을 하
며 속이는 사람이 많이 있는데, 특
히 할례를 받은 사람 가운데 많이

㉠ 또는 '종교의 진리' ㉡ 또는 '말씀의 선교를 통하여'

있습니다.
11 그들의 입을 막아야 합니다. 그들은
부정한 이득을 얻으려고, 가르쳐서
는 안 되는 것을 가르치면서, 가정들
을 온통 뒤엎습니다.
12 크레타 사람 가운데서 예언자라 하
는 어떤 사람이 말하기를
"크레타 사람은 예나 지금이나 거
짓말쟁이요, 악한 짐승이요, 먹는
것밖에 모르는 게으름뱅이다"
하였습니다.
13 이 증언은 참말입니다. 그러므로 그
들을 엄중히 책망하여, 그들의 믿음
을 건전하게 하고,
14 유대 사람의 허망한 이야기나 진리
를 배반하는 사람들의 명령에 귀를
기울이지 못하게 하십시오.
15 깨끗한 사람에게는 모든 것이 깨끗
합니다. 그러나 믿지 않는 더러운 사
람에게는, 깨끗한 것이라고는 하나
도 없습니다. 도리어, 그들의 생각과
양심도 더러워졌습니다.
16 그들은 입으로는 하나님을 안다고
말하지만, 행동으로는 부인하고 있
습니다. 그들은 가증하고 완고한 자
들이어서, 전혀 선한 일을 하지 못합
니다.

교리에 맞는 말

2 그대는 건전한 교훈에 맞는 말을
하십시오.
2 나이 많은 남자들은, 절제 있고, 위
엄 있고, 신중하고, 믿음과 사랑과
인내심이 흔들리지 않는 사람이 되
게 하십시오.
3 이와 같이 나이 많은 여자들도, 행실
이 거룩하고, 헐뜯지 아니하고, 과도
한 술의 노예가 아니고, 좋은 것을
가르치는 사람이 되게 하십시오.
4 그리하여 그들이 젊은 여자들을 훈
련시켜서, 남편과 자녀를 사랑하고,
5 신중하고, 순결하고, 집안 살림을 잘
하고, 어질고, 남편에게 순종하는 사
람이 되게 해야 할 것입니다. 그래야
하나님의 말씀이 비방을 받지 않을
것입니다.
6 이와 같이 그대는 젊은 남자들을 권
하여 신중한 사람이 되게 하십시오.
7 그대는 모든 일에 선한 행실의 모범
이 되십시오. 가르치는 일에 순수하
고 위엄 있는 태도를 보여야 합니다.
8 책잡힐 데가 없는 건전한 말을 하십
시오. 그리하면 반대자도 우리를 걸
어서 나쁘게 말할 것이 없으므로 부
끄러움을 당할 것입니다.
9 종들을 가르치되, 모든 일에 주인에
게 복종하고, 그들을 기쁘게 하고,
말대꾸를 하지 말고,
10 훔쳐내지 말고, 온전히 신실하라고
하십시오. 그러면 그들이 모든 일에
서 우리의 구주이신 하나님의 교훈

1장 요약 바울은 영지주의와 유대주의가 판치는 크레타 교회를 바로잡기 위해 장로 선택의 필요성과 그 요건을 설명하고 있다.

2장 요약 본장에는 목회 지침이 제시되어 있다. 남녀노소와 종 등 다양한 계층의 교인들을 다스리는 것에 대한 실제적인 권면을 언급한다. 그러나 결론은 한 가지. 목회자 자신부터 경건한 삶을 실천함으로써 모범을 보이라는 것이다.

2:1 건전한 교훈 거짓된 가르침(이단)과 반대되는 전통 교리를 말한다. 부도덕하며, 허탄한 논쟁에 빠지는 크레타 교회 내 이단들의 가르침과 다르다. 건전한 교리는 착한 행실을 수반한다.

2:9 종들 바울은, 그리스도인 종들이 자신의 모든 일에 있어서 주인에게 순종하기를 권한다. 이것은 노예 제도를 정당화하는 것이 아니라, 주어진 사회 제도 안에서 그리스도인이 착한 행실로 불신자들에게 신앙의 덕을 나타내야 한다는 말이다.

딛

을 빛낼 것입니다.
11 ○㉠모든 사람에게 하나님의 구원의
은혜가 나타났습니다.
12 그 은혜는 우리를 교육하여, 경건하
지 않음과 속된 정욕을 버리고, 지
금 이 세상에서 신중하고 의롭고 경
건하게 살게 합니다.
13 그래서 우리는 복된 ㉡소망 곧 위대
하신 하나님과 우리 구주 예수 그리
스도의 영광이 나타나기를 고대합니
다.
14 그리스도께서는 우리를 위하여 자기
몸을 내주셨습니다. 그것은 우리를
모든 불법에서 건져내시고, 깨끗하
게 하셔서, 선한 일에 열심을 내는
백성으로 삼으시려는 것입니다.
15 그대는 권위를 가지고 이것들을 말
하고, 사람들을 권하고 책망하십시
오. 아무도 그대를 업신여기지 못하
게 하십시오.

선행에 관한 교훈

3 그대는 신도를 일깨워서, 통치자와
집권자에게 복종하고, 순종하고,
모든 선한 일을 할 준비를 갖추게 하
십시오.
2 또, 아무도 비방하지 말고, 싸우지
말고, 관용하게 하며, 언제나 모든
사람에게 온유하게 대하게 하십시
오.
3 우리도 전에는 어리석고, 순종하지
아니하고, 미혹을 당하고, 온갖 정욕
과 향락에 종노릇 하고, 악의와 시기
심을 가지고 살고, 남에게 미움을 받
고, 서로 미워하면서 살았습니다.
4 그러나 우리의 구주이신 하나님께서
그 인자하심과 사랑하심을 나타내
셔서
5 우리를 구원하셨습니다. 그분이 그
렇게 하신 것은, 우리가 행한 의로운
일 때문이 아니라, 그분의 자비하심
을 따라 거듭나게 씻어주심과 성령
으로 새롭게 해 주심으로 말미암은
것입니다.
6 하나님께서는 이 성령을 우리의 구
주이신 예수 그리스도로 말미암아
우리에게 풍성하게 부어 주셨습니다.
7 그래서 우리는 그분의 은혜로 의롭
게 되어서, 영원한 생명의 소망을 따
라 상속자가 되었습니다.
8 이 말은 참됩니다. ○나는 그대가, 이
러한 것을 힘있게 주장해서, 하나님
을 믿는 사람으로 하여금 선한 일에
전념하게 하기 바랍니다. 선한 일은
아름다우며, 사람에게 유익합니다.
9 그러나 어리석은 논쟁과 족보 이야
기와 분쟁과 율법에 관한 싸움을 피
하십시오. 이것은 유익이 없고, 헛될
뿐입니다.
10 분파를 일으키는 사람은 한두 번 타
일러 본 뒤에 물리치십시오.

3장 요약 교인의 신앙 생활 원리가 제시되어 있다. 복종(1절), 화합(2-7절)을 들 수 있는데 교회도 하나의 공동체인 이상 성도 상호 간, 그리고 성도와 목회자 간의 화목과 질서가 필수적이다. 특히 본장에서 눈여겨볼 대목은 이단에 대한 성도의 태도이다(8-11절).

3:1-8 신자들은 세속 정부에 대해 원칙적으로 순종하고, 온유한 태도를 가져야 한다. 또한 모든 불신자들에게는 관용의 자세를 가져야 한다. 왜냐하면 신자들도 이전에는 죄악 가운데 불경건하게 살았으며, 오직 하나님의 은혜로 구원 받은 존재에 불과하기 때문이다.

3:10 이단 (그) '아이레시스'. 교회 안에서 '파벌을 만들어 교회를 무질서하게 만드는 사람들'을 말한다. 이 사람들은 바울과 디도의 올바른 교리와

㉠ 또는 '모든 사람을 구원하시는 하나님의 은혜가 나타났습니다'
㉡ 또는 '희망'

11 그대가 아는 대로, 이런 사람은 옆길
로 빠져버렸으며, 죄를 지으면서 스
스로 단죄를 하고 있습니다.

부탁과 인사

12 ○내가 아데마나 두기고를 그대에게
보내거든, 속히 니고볼리로 나를 찾
아 오십시오. 나는 거기에서 겨울을
지내기로 작정하였습니다.
13 서둘러 주선하여 율법교사인 세나
와 아볼로를 떠나 보내 주고, 그들에
게 조금도 부족한 것이 없게 해 주십
시오.
14 우리의 교우들도, 절실히 필요한 것
을 마련하여 줄 수 있도록, 좋은 일
을 하는 데에 전념하는 것을 배워야
합니다. 그래야 그들은 열매를 맺지
못하는 사람이 되지 않을 것입니다.
15 ○나와 함께 있는 모든 사람이 그대
에게 문안합니다. 믿음 안에서 우리
를 사랑하는 사람에게 문안하십시
오. 은혜가 여러분 모두에게 있기를
빕니다.㉠

는 다른 거짓된 것을 가르쳤다.

3:11 옆길로 빠져버렸으며 원래 '바른 길에서 완전히 떠나 뒤틀려 있는 것'을 뜻한다. 분파를 일으키는 사람(이단)은 교리적으로만 잘못된 것이 아니라, 실생활에서도 습관적으로 죄를 짓는 사람들이다.

3:13 율법교사 법률 전문가를 말한다. 당시 사회적 배경을 살펴볼 때 ① 유대 출신 구약 율법교사이거나 ② 유언장이나 소송장을 쓰는 데 협력해 주는 로마의 법률 전문가일 수 있다. 첫 번째 해석이 유력하다. 그 이유는 크레타 교회의 성격을 보면 알 수 있다. 유대주의 율법의 논쟁에 빠져, 사도 바울의 바른 교리를 혼돈시켰던 크레타 교회의 이단들을 지도할 사람으로 율법교사 세나가 선택되었기 때문이다. 그리고 함께 사역하게 될 아볼로 역시 유대교에서 개종한 유명한 구약 율법학자라는 점이다.

㉠ 다른 고대 사본들에는 절 끝에 '아멘'이 있음

빌레몬서

PHILEMON

저자 사도 바울

저작 연대 A.D. 60-62년경

기록 장소와 대상 바울이 로마에서 어느 집에 연금되어 있을 때 기록했다. 기록 대상은 빌레몬, 압비아, 아킵보(아마도 압비아는 빌레몬의 아내이고, 아킵보는 그의 아들일 것이다), 그리고 골로새의 성도들을 위하여 기록하였다.

기록 목적 빌레몬은 골로새 교회의 중요한 인물이었다. 한편 오네시모는 빌레몬의 노예였다. 오네시모는 주인집에서 도망하여 로마까지 갔는데 그 곳에서 바울을 만나 전도를 받고 신자로 변화되었다. 당시 로마의 노예법은 가혹했는데 오네시모는 주인에게서 도주하였을 뿐 아니라 주인의 재물까지 가지고 갔었으므로 그의 죄는 엄청난 것이었다. 그래서 바울은 주인 빌레몬에게 보내는 편지와 함께 오네시모를 돌려보냈는데, 그 편지가 바로 본서이다. 바울은 빌레몬에게 상전과 노예의 관계를 초월하여 그리스도 안에서 형제로서, 종 오네시모를 용서하고 환영해 달라고 편지를 통해 요청한다.

핵심어 및 내용 빌레몬서의 핵심어는 '노예'와 '유익'이다. 바울은 영적으로는 예수 그리스도에게 갇힌 자이고 육체적으로는 로마 감옥에 갇혀 있었기에 빌레몬의 노예인 오네시모가 갚아야 할 대가를 잘 알고 있었다. 바울은 11절에서 오네시모란 이름이 의미하는 '쓸모 있는'이란 말을 사용하여 오네시모의 변화된 모습을 알려 주고, 그를 형제로서 받아들이라고 권면한다.

인사

1 그리스도 예수 때문에 감옥에 갇
힌 나 바울과 ㉠형제 디모데가, 우
리의 사랑하는 동역자 빌레몬과
2 ㉡자매 압비아와 우리의 전우인 아킵
보와 그대의 집에 모이는 교회에, 이
편지를 씁니다.
3 하나님 우리 아버지와 주 예수 그리
스도께서 내려주시는 은혜와 평화
가 여러분에게 있기를 빕니다.

빌레몬의 믿음과 사랑

4 ○나는 기도할 때마다 그대를 기억
하면서, 언제나 나의 하나님께 감사
를 드립니다.
5 나는 주 예수에 대한 그대의 믿음과
모든 성도에 대한 그대의 사랑에 관
하여 듣고 있습니다.
6 그대의 믿음의 사귐이 더욱 깊어져
서, ㉢우리 안에 있는 모든 선한 일
을 그대가 깨달아 ㉣그리스도께 이
르게 되기를 나는 기도합니다.
7 형제여, 나는 그대의 사랑으로 큰 기
쁨과 위로를 받았습니다. 성도들이
그대로 말미암아 마음에 생기를 얻
었습니다.

오네시모를 두고 선처를 부탁하다

8 ○그러므로 그리스도 안에서 나는
그대가 마땅히 해야 할 일을 아주
담대하게 명령할 수도 있지만,
9 우리 사이의 사랑 때문에, 오히려 그
대에게 간청을 하려고 합니다. 나 바
울은 이렇게 나이를 많이 먹은 사람
이요, ㉤이제는 그리스도를 전하는
일로 또한 갇힌 몸입니다.
10 내가 갇혀 있는 동안에 얻은 아들
㉥오네시모를 두고 그대에게 간청합
니다.
11 그가 전에는 그대에게 쓸모 없는 사
람이었으나, 이제는 그대와 나에게
㉥쓸모 있는 사람이 되었습니다.
12 나는 그를 그대에게 돌려보냅니다.

㉠ 그, '그 형제' ㉡ 그, '그 자매' ㉢ 다른 고대 사본들에는 '여러분 가운데 있는' ㉣ 또는 '그리스도를 위하여 우리가 하는 모든 선한 일을 하게', 또는 '그리스도 안에서 우리가 누리는 모든 복을 받게' ㉤ 또는 '그리스도 예수의 사신이요, 이제는 갇힌 몸입니다' ㉥ 오네시모라는 이름의 뜻은 '쓸모 있는' 또는 20절에 나오는 '호의'

그는 바로 내 마음입니다.
13 나는 그를 내 곁에 두고 내가 복음
을 위하여 갇혀 있는 동안에 그대를
대신해서 나에게 시중들게 하고 싶
었으나,
14 그대의 승낙이 없이는 아무것도 하
고 싶지 않았습니다. 나는 그대가 선
한 일을 마지못해서 하지 않고, 자진
해서 하기를 원하기 때문입니다.
15 그가 잠시 동안 그대를 떠난 것은,
아마 그대로 하여금 영원히 그를 데
리고 있게 하려는 것이었는지도 모
릅니다.
16 이제부터는 그는 종으로서가 아니
라, 종 이상으로 곧 사랑 받는 형제
로 그대의 곁에 있을 것입니다. 특히
그가 나에게 그러하다면, 그대에게
는 육신으로나 주님 안에서나 더욱
그러하지 않겠습니까?
17 ○그러므로 그대가 나를 동지로 생
각하면, 나를 맞이하듯이 그를 맞아
주십시오.
18 그가 그대에게 잘못한 것이 있거나,
빚진 것이 있거든, 그것을 내 앞으로
달아놓아 주십시오.
19 나 바울이 친필로 이것을 씁니다. 내
가 그것을 갚아 주겠습니다. 그대가
오늘의 그대가 된 것이 나에게 빚진
것이라는 사실을 나는 굳이 말하지
않겠습니다.
20 형제여, 나는 주님 안에서 그대의 호
의를 바랍니다. 그리스도 안에서 나
의 마음에 생기를 넣어 주십시오.
21 ○나는 그대의 순종을 확신하며 이
글을 씁니다. 나는 그대가 내가 말
한 것 이상으로 해주리라는 것을 압
니다.
22 그리고 나를 위하여 숙소를 마련해
주십시오. 여러분의 기도로 내가 여
러분에게 갈 수 있기를 바랍니다.

작별 인사

23 ○그리스도 예수 안에서 나와 함께
갇힌 에바브라가 그대에게 문안합니
다.
24 나의 동역자인 마가와 아리스다고와
데마와 누가도 문안합니다.
25 주 예수 그리스도의 은혜가 여러분
의 영과 함께 하기를 빕니다. ㉠

1장 요약 바울은 빌레몬에게 도망친 종(오네시모)을 용서하고 받아들일 것을 요청한다. 이 같은 모습은 우리를 위해 생명까지 주신 그리스도의 사랑을 연상시킨다.

1:1 감옥에 갇힌 나 바울은 복음 전파로 인해서 로마에 갇혀 있는 자신의 상태를 소개한다.

1:4–7 바울은 빌레몬의 주 예수께 대한 믿음과 모든 성도를 향한 사랑에 대해 감사한다. 그러나 그의 감사는 빌레몬을 위한 기도와 관련되어 있다. 바울은 빌레몬이 믿음의 교제 안에서 은혜의 참된 본질을 깨닫고, 예수 그리스도께 영광을 돌리도록 기도한다.

1:21–22 바울은 자신이 오네시모를 위해 간청한 것들을 빌레몬이 들어줄 것을 확신한다. 이어서 자신이 골로새에 가게 될 때 묵을 수 있는 숙소를 마련해 줄 것을 부탁한다.

㉠ 다른 고대 사본들에는 절 끝에 '아멘'이 있음

몬

히브리서

HEBREWS

저자 누가 기록했는지 알 수 없다(아볼로, 바나바, 클레멘트, 누가, 바울, 빌립, 브리스길라 혹은 실라가 기록했을 것으로 추정하기도 한다).

저작 연대 A.D. 64–67년경으로 추정

기록 장소와 대상 어디에서 기록했는지 알 수 없다(로마에서 기록했을 가능성이 높다). 본서는 유대계 그리스도인들을 대상으로 썼다.

기록 목적 핍박을 피해 편안한 인생을 살려고 유대교로 돌아가려는 유대계 그리스도인들에게 믿음의 확신과 장래의 소망을 안겨 주기 위해 기록하였으며, 그리스도의 우월성과 그분의 대제사장직의 영원성을 일깨워 줌으로써 그리스도교 신앙의 확실성과 위대성을 확신시켜 주기 위하여 기록하였다.

핵심어 및 내용 히브리서의 핵심어는 '희생'과 '우월함'이다. 그리스도 자신을 직접 드린 희생 제물은 유대 사람의 제사 제도에서 드린 그 어떤 희생 제물과도 비교할 수 없이 탁월하다. 그리스도는 모세와 여호수아를 창조하신 분이기 때문에 그들보다 더 우월하시다. 뿐만 아니라 그리스도는 언약의 중보자이시기 때문에 율법보다도 우월하시다.

내용 분해

1. 예수 그리스도의 우월성(1:1–10:18)
2. 권면(10:19–13:25)

하나님께서 아들을 통하여 말씀하시다

1 하나님께서 옛날에는 예언자들을
통하여, 여러 번에 걸쳐 여러 가지
방법으로 우리 조상들에게 말씀하
셨으나,
2 이 마지막 날에는 아들을 통하여 우
리에게 말씀하셨습니다. 하나님께서
는 이 아들을 만물의 상속자로 세우
셨습니다. 그를 통하여 온 세상을 지
으신 것입니다.
3 그는 하나님의 영광의 광채시요, 하
나님의 본체대로의 모습이십니다.
그는 자기의 능력 있는 말씀으로 만
물을 보존하시는 분이십니다. 그는
죄를 깨끗하게 하시고서 높은 곳에
계신 존엄하신 분의 오른쪽에 앉으
셨습니다.
4 그는 천사들보다 훨씬 더 높게 되셨
으니, 천사들보다 더 빼어난 이름을
물려받으신 것입니다.

아들은 천사보다 뛰어나시다

5 ○하나님께서 천사들 가운데서 누
구에게

㉠"너는 내 아들이다. 내가 오늘
너를 낳았다"

하고 말씀하신 적이 있습니까? 또,

㉡"나는 그의 아버지가 되고, 그
는 내 아들이 될 것이다"

하고 말씀하신 적이 있습니까?
6 그러나 자기의 맏아들을 세상에 보
내실 때에는

㉢"하나님의 천사들은 모두 그에
게 경배하여라"

하고 말씀하셨습니다.
7 또 천사들에 관해서는 성경에 이르
기를

㉣"하나님께서는 천사들을 바람
으로 삼으시고, 시중꾼들을 불
꽃으로 삼으신다"

하였고,
8 아들에 관해서는 성경에 이르기를

㉤"하나님, 주님의 보좌는 영원
무궁하며, 공의의 막대기는 곧
주님의 왕권입니다.
9 주님께서는 정의를 사랑하시고,
불법을 미워하셨습니다. 그러므

㉠ 시 2:7(칠십인역) ㉡ 삼하 7:14 ㉢ 신 32:43(사해 사본과 칠십인역을 볼 것) ㉣ 시 104:4(칠십인역) ㉤ 시 45:6, 7(칠십인역). 또는 '하나님은 영원무궁한 주님의 보좌입니다'

히약벨

로 하나님 곧 주님의 하나님께
서는 주님께 즐거움의 기름을
부으셔서, 주님을 주님의 동료들
위에 높이 올리셨습니다"
하였습니다.
10 또 이렇게 말하였습니다.
㉠"주님, 주님께서는 태초에 땅의
기초를 놓으셨습니다. 하늘은
주님의 손으로 지으신 것입니다.
11 그것들은 없어질지라도, 주님께
서는 영원히 존재하십니다. 그것
들은 다 ㉡옷처럼 낡을 것이요,
12 주님께서는 그것들을 두루마기
처럼 말아 치우실 것이며, 그것
들이 다 옷처럼 변하고 말 것입
니다. 그러나 주님께서는 언제나
같으시고, 주님의 세월은 끝남
이 없을 것입니다."
13 그런데 하나님께서 천사 가운데서
누구에게
㉢"내가 네 원수들을 네 발 아래
에 굴복시킬 때까지, 너는 내 오
른쪽에 앉아 있어라"
하고 말씀하신 적이 있습니까?
14 천사들은 모두 구원의 상속자가 될
사람들을 섬기도록 보내심을 받은
영들이 아닙니까?

귀중한 구원

2 그러므로 우리는 들은 바를 더욱
굳게 간직하여, 잘못된 길로 빠져
드는 일이 없어야 마땅하겠습니다.
2 천사들을 통하여 하신 말씀이 효력
을 내어, 모든 범행과 불순종하는 행
위가 공정한 갚음을 받았거든,
3 하물며 우리가 이렇게도 귀중한 구
원을 소홀히 하고서야, 어떻게 그 갚
음을 피할 수 있겠습니까? 이 구원
은 주님께서 처음에 말씀하신 것이
요, 그것을 들은 사람들이 우리에게
확증하여 준 것입니다.
4 그리고 하나님께서도 표징과 기이한
일과 여러 가지 기적을 보이시고, 또
자기의 뜻을 따라, 성령의 선물을 나
누어주심으로써, 그들과 함께 증언
하여 주셨습니다.

구원의 창시자

5 ○하나님께서는 지금 우리가 말하는
장차 올 세상을 천사들의 지배 아래
에 두신 것이 아닙니다.
6 어떤 이가 성경 어딘가에서 이렇게
증언하였습니다.
㉣"사람이 무엇이기에 주님께서
그를 기억하여 주시며, 인자가
무엇이기에 주님께서 그를 돌보
아 주십니까?
7 주님께서는 그를 ㉤잠시 동안 천
사들보다 못하게 하셨으나, 영광
과 존귀의 면류관을 그에게 씌
워 주셨으며,㉥
8 만물을 그의 발 아래에 복종시

1장 요약 본장은 그리스도의 품성을 다루고 있다. 즉, 그리스도가 예언자(1-3절)와 천사(4-14절)보다 우월한 분임을 강조한다.

1:12 끝남이 없을 것 왕위의 영원함을 말한다.

㉠ 시 102:25-27(칠십인역) ㉡ 다른 고대 사본들에는 '옷처럼'이 없음 ㉢ 시 110:1(칠십인역) ㉣ 시 8:4-6(칠십인역), '사람'과 '사람의 아들'은 인류를 일컫는 것임 ㉤ 또는 '천사들보다 조금 못하게 ……' ㉥ 다른 고대 사본들에는 '또한 그를 주님의 손으로 만드신 것 위에 세우시며'가 더 첨가되어 있음

2장 요약 초대 교회에서는 그리스도의 성육신 사건을 두고, 그리스도가 천사보다 낮아졌다는 주장이 제기되었다. 그러나 본문에서 성육신은 죄인을 구원하기 위한 그리스도의 자발적 순종의 결과였고, 또한 하나님의 뜻을 성취하기 위한 잠시 동안의 낮아지심이였던 것임을 밝혀주고 있다.

2:1-4 구원을 등한히 여기는 태도에 대한 경고이

키셨습니다."
○하나님께서 만물을 사람에게 복
종시키심으로써, 그에게 복종하지
않는 것이라고는 아무것도 없게 하
신 것입니다. 그러나 지금 우리가 보
기로는, 아직도 만물이 다 그에게 복
종하고 있는 것은 아닙니다.
9 예수께서 다만 잠시 동안 천사들보
다 낮아지셔서, 죽음의 고난을 당하
심으로써, 영광과 존귀의 면류관을
받아쓰신 것을, 우리가 봅니다. 그는
하나님의 은혜로 모든 사람을 위하
여 죽음을 맛보셔야 했습니다.
10 ○하나님께서는 만물을 창조하시고,
만물을 보존하시는 분이십니다. 그
러므로 하나님께서 많은 ㉠자녀를
영광에 이끌어들이실 때에, 그들의
구원의 창시자를 고난으로써 완전하
게 하신다는 것은 당연한 일입니다.
11 거룩하게 하시는 분과 거룩하게 되
는 사람들은 모두 한 분이신 아버지
께 속합니다. 그러하므로 예수께서
는 그들을 ㉡형제자매라고 부르시기
를 부끄러워하지 않으셨습니다.
12 그리하여 그분은

㉢"내가 주님의 이름을 내 ㉡형제
자매들에게 선포하며, 회중 가
운데서 주님을 찬미하겠습니다"

하고 말씀하시고,
13 또

㉣"나는 그를 신뢰하겠습니다"

하고 말씀하시고,

㉤"보십시오, 내가 여기에 있습
니다. 또 하나님께서 내게 주신
자녀들이 여기에 있습니다"

하고 말씀하셨습니다.
14 이 자녀들은 피와 살을 가진 사람들
이기에, 그도 역시 피와 살을 가지셨
습니다. 그것은, 그가 죽음을 겪으시
고서, 죽음의 세력을 쥐고 있는 자
곧 악마를 멸하시고,
15 또 일생 동안 죽음의 공포 때문에
종노릇하는 사람들을 해방시키시기
위함이었습니다.
16 사실, 주님께서는 천사들을 도와주
시는 것이 아니라, 아브라함의 ㉥자
손들을 도와주십니다.
17 그러므로 그는 모든 점에서 ㉡형제자
매들과 같아지셔야만 했습니다. 그
것은, 그가 하나님 앞에서 자비롭고
성실한 대제사장이 되심으로써, 백
성의 죄를 대신 갚으시기 위한 것입
니다.
18 그는 몸소 시험을 받아서 고난을 당
하셨으므로, 시험을 받는 사람들을
도우실 수 있습니다.

예수는 모세보다 뛰어나시다

3 그러므로 하늘의 부르심을 함께
받은 거룩한 ㉡형제자매 여러분, 우
리가 고백하는 신앙의 사도요, 대제

다. 율법에 대한 태도와 관련시켜 설명하고 있다.
2:5 세상 (그) '오니쿠메네'. 질서를 갖춘 우주(코스모스)가 아닌, 사람들이 거주하는 땅을 뜻한다.
2:17 대제사장은 사람들 편에 서서 하나님께 사정을 아뢰어 사람들을 돕는 자이다. 히브리서는 신약에서 그리스도를 대제사장으로 부르는 유일한 본문이다. 신약의 다양한 서신서에도 '속죄제물', '화목제물', '자신의 몸을 내주셨습니다' 등 그리스도의 제사장 개념이 나타난다.

3장 요약 본장에서부터 다음 장까지는 그리스도를 모세와 비교하고 있다. 모세는 하나님과 대면했으며 율법을 직접 수여받기도 했다. 유대 사람들은 모세를 역사상 가장 뛰어난 인물로 흠모하였다. 그러나 그는 인격과 사역이라는 측면에서 그리스도와 비교가 안 되었다.

㉠ 그, '아들들' ㉡ 그, '형제들' ㉢ 시 22:22(칠십인역) ㉣ 사 8:17(칠십인역) ㉤ 사 8:18(칠십인역) ㉥ 그, '씨'

히

사장이신 예수를 깊이 생각하십시
오.
2 이 예수는 모세가 하나님의 온 집안
에 성실했던 것과 같이, 자기를 세우
신 분께 성실하셨습니다.
3 집을 지은 사람이 집보다 더 존귀한
것과 같이, 예수는 모세보다 더 큰
영광을 누리기에 합당한 분이십니다.
4 어떠한 집이든지 어떤 사람이 짓습
니다. 그러나 모든 것을 지으신 분은
하나님이십니다.
5 모세는, 하나님께서 장차 말씀하시
려는 것을 증언하기 위한 일꾼으로
서, 하나님의 온 집안 사람에게 성실
하였습니다.
6 그러나 그리스도는 아들로서, 하나
님의 집안 사람을 성실하게 돌보셨
습니다. 우리가 그 소망에 대하여 확
신과 자부심을 지니고 있으면, 우리
는 하나님의 집안 사람입니다.

하나님이 주시는 안식

7 ○그러므로 성령이 이와 같이 말씀
하셨습니다.
㉠"오늘 너희가 그의 음성을 듣
거든,
8 너희 조상들이 광야에서 시험받
던 날에 반역한 것과 같이, 너희
마음을 완고하게 하지 말아라.
9 거기에서 그들은 나를 시험하여
보았고, 사십 년 동안이나 내가
하는 일들을 보았다.
10 그러므로 나는 그 세대에게 분
노해서 말하였다.
'그들은 언제나 마음이 미혹되
어서 내 길을 알지 못하였다.'
11 내가 진노하여 맹세한 대로 그
들은 결코 내 안식에 들어오지
못할 것이다."
12 ○㉡형제자매 여러분, 여러분 가운데
에 믿지 않는 악한 마음을 품고서,
살아 계신 하나님을 떠나는 사람이
아무도 없도록, 여러분은 조심하십
시오.
13 '오늘'이라고 하는 그날그날, 서로 권
면하여, 아무도 죄의 유혹에 빠져 완
고하게 되지 않도록 하십시오.
14 우리가 처음 믿을 때에 가졌던 확신
을 끝까지 가지고 있으면, 우리는 그
리스도께서 주시는 구원을 함께 누
리는 사람이 될 것입니다.
15 ㉢"오늘 너희가 그의 음성을 듣거
든, 반역하던 때와 같이 너희의
마음을 완고하게 하지 말아라"
하는 말씀이 있는데,
16 듣고서도 하나님께 반역한 사람들
이 누구였습니까? 모세의 인도로 이
집트에서 나온 사람들 모두가 아니
었습니까?
17 하나님께서 사십 년 동안 누구에게
진노하셨습니까? 죄를 짓고, 시체가

3:1-19 예수님과 모세는 성실했다는 공통점을 갖지만(2절), 예수님은 모세보다 뛰어나시다. ① 모세는 일꾼이었지만 예수님은 아들이시므로, 모세보다 뛰어나시다(1-6절). ② 모세 아래 있던 이스라엘 백성은 실패하였다(7-19절).

3:8 광야에서 시험받던 날 이스라엘은 광야에서 하나님의 시험을 여러 차례 반역했다. 그들은 하나님의 말씀을 마음에 받지 아니하고 마음을 완고하게 하였다(출 15:22-25;17:1-7;32:1 이하).

3:11 안식 ① 하나님이 창조하시고 안식하셨다(창 2:2-3). ② 이스라엘 백성이 노예 상태에서 가나안으로 들어가 안식하였다(출 33:14). ③ 그리스도로 말미암아 영원한 안식을 누린다(3:7-4:11).

3:12 살아 계신 하나님을 떠나는 사람 '믿지 않는 악한 마음'은 사람들을 하나님에게서 떨어지게 한다. 살아 계신 하나님에게서 떨어진다는 것은 진리로부터 떠나는 것이다.

㉠ 시 95:7-11(칠십인역) ㉡ 그, '형제들' ㉢ 시 95:7, 8(칠십인역)

되어서 광야에 쓰러진 그 사람들이
아닙니까?
18 하나님께서는 누구에게 하나님의 안
식에 들어가지 못하리라고 맹세하셨
습니까? 순종하지 않은 사람들에게
하신 것이 아닙니까?
19 결국, 그들이 들어갈 수 없었던 것은
믿지 않았기 때문임을 우리는 압니
다.

4

1 그러므로 하나님께서 주시는 안
식에 들어가리라는 약속이 아직
남아 있는 동안에, 여러분 가운데서
거기에 미치지 못하는 사람이 아무
도 없도록, 두려운 마음으로 조심하
십시오.
2 그들이나 우리나 기쁜 소식을 들은
것은 마찬가지입니다. 그런데 들은
그 말씀이 그들에게는 아무런 유익
이 되지 못하였습니다. 그들은 그 말
씀을 듣고서도, 그것을 믿음과 결합
시키지 않았기 때문입니다.
3 그러나 그 말씀을 믿은 우리는 안식
에 들어갈 것입니다. 그것은,

> ㉠"내가 진노하여 맹세한 것과
> 같이, 그들은 결코 내 안식에 들
> 어오지 못할 것이다"

하고 말씀하신 그대로입니다. 사실
상 하나님께서 세상을 창조하시고
모든 일을 끝마치셨으므로, 그때부
터 안식이 있어온 것입니다.
4 일곱째 날에 관해서는 어딘가에서
㉡"하나님께서 일곱째 되는 날에는
그 모든 일을 마치고 쉬셨다" 하였고,
5 또 이 곳에서는 다시 ㉠"그들은 결코
내 안식에 들어오지 못할 것이다" 하
셨습니다.
6 그러므로 어떤 사람들에게는 안식
에 들어갈 기회가 아직 남아 있습니
다. 그런데 기쁜 소식을 먼저 들은
사람들이 순종하지 않았으므로, 들
어갈 수 없었습니다.
7 그렇지만 하나님께서는 다시 '오늘'이
라는 어떤 날을 정하시고, 이미 인용
한 말씀대로, 오랜 뒤에 다윗을 통
하여

> ㉢"오늘 너희가 그의 음성을 듣
> 거든 너희 마음을 완고하게 하
> 지 말아라"

하고 말씀하셨습니다.
8 여호수아가 그들에게 안식을 주었더
라면, 하나님께서는 그 뒤에 다른 날
이 있으리라는 것을 말씀하시지 않
았을 것입니다.
9 그러니 하나님의 백성에게는 안식하
는 일이 아직 남아 있습니다.
10 하나님께서 주실 안식에 들어가는
사람은, 하나님이 자기 일을 마치고
쉬신 것과 같이, 그 사람도 자기 일
을 마치고 쉬는 것입니다.
11 그러므로 우리는 이 안식에 들어가

4장 요약 본장의 핵심 단어는 안식이라 할 수 있다. 이스라엘 백성들은 안식에 들어갈 약속을 받았으나 불순종으로 인해서 그 축복을 향유하지 못했다. 한편, 14절부터는 그리스도의 신적 성품을 논증한 지금까지의 주제가 일단락되고, 그분의 신적 사역이 10:18까지 계속된다.

4:1-13 예수님은 여호수아보다 뛰어나시다. 모세는 이스라엘 백성을 가나안으로 인도하지 못했으나, 여호수아는 그의 뒤를 계승하여 백성을 가나안으로 인도했다. 그러나 여호수아도 그들에게 참 안식을 줄 수는 없었다(8절).

4:10 자기 일을 마치고 쉬는 것입니다 하나님께서 창조 사역을 마치고 쉬신 까닭에, 믿는 사람은 자신의 행위로 구원을 얻으려 하는 노력을 그치고 십자가에서 완성된 그리스도의 사역에 근거하여 안식한다는 뜻이다.

㉠ 시 95:11 ㉡ 창 2:2(칠십인역) ㉢ 시 95:7, 8(칠십인역)

히

기를 힘씁시다. 아무도 그와 같은
불순종의 본을 따르다가 떨어져 나
가는 일이 없도록 해야 하겠습니다.
12 ○하나님의 말씀은 살아 있고 힘이
있어서, 어떤 양날칼보다도 더 날카
롭습니다. 그래서, 사람 속을 꿰뚫어
혼과 영을 갈라내고, 관절과 골수를
갈라놓기까지 하며, 마음에 품은 생
각과 의도를 밝혀냅니다.
13 하나님 앞에는 아무 피조물도 숨겨
진 것이 없고, 모든 것이 그의 눈 앞
에 벌거숭이로 드러나 있습니다. 우
리는 그의 앞에 모든 것을 드러내
놓아야 합니다.

예수는 위대한 대제사장이시다

14 ○그러나 우리에게는 하늘에 올라가
신 위대한 대제사장이신 하나님의
아들 예수가 계십니다. 그러므로 우
리의 신앙 고백을 굳게 지킵시다.
15 우리의 대제사장은 우리의 연약함
을 동정하지 못하시는 분이 아닙니
다. 그는 모든 점에서 우리와 마찬가
지로 시험을 받으셨지만, 죄는 없으
십니다.
16 그러므로 우리는 담대하게 은혜의
보좌로 나아갑시다. 그리하여 우리
가 자비를 받고 은혜를 입어서, 제때
에 주시는 도움을 받도록 합시다.

5

1 각 대제사장은 사람들 가운데
서 뽑혀서 하나님과 관계되는 일
에 임명받습니다. 그리하여 그는 사
람들을 위하여 예물과 속죄의 희생
제사를 드립니다.
2 그는 자기도 연약함에 휘말려 있으
므로, 그릇된 길을 가는 무지한 사
람들을 너그러이 대할 수 있습니다.
3 그는 백성을 위해서 속죄의 제사를
드려야 하는 것과 마찬가지로, 그 연
약함 때문에 자기 자신을 위해서도
드려야 하는 것입니다.
4 누구든지 이 영예는 자기 스스로 얻
는 것이 아니라, 아론과 같이 하나님
의 부르심을 받아서 얻는 것입니다.
5 ○이와 같이 그리스도께서도 자기
자신을 스스로 높여서 대제사장이
되는 영광을 차지하신 것이 아니라,
그에게

㉠"너는 내 아들이다. 오늘 내가
너를 낳았다"

하고 말씀하신 분이 그렇게 하신 것
입니다.
6 또 다른 곳에서

㉡"너는 멜기세덱의 계통을 따라
임명받은 영원한 제사장이다"

하고 말씀하셨습니다.
7 예수께서 육신으로 세상에 계실 때
에, 자기를 죽음에서 구원하실 수 있
는 분께 큰 부르짖음과 많은 눈물로
써 기도와 탄원을 올리셨습니다. 하
나님께서는 예수의 경외심을 보시어

5장 요약 구약의 제사장과 그리스도의 공통점은 중보자적인 역할과 기름 부음으로 하나님의 권위를 가졌다는 것이다. 그러나 그리스도는 죄 없는 자로서, 제사장들과 본질적인 차이점을 가진다. 주님은 아론의 계통을 따르는 지상의 제사장이 아니라 멜기세덱의 계통을 따르는 영원한 대제사장이셨다.

5:10 멜기세덱의 계통을 따라 대제사장으로 이스라엘의 대제사장은 아론의 후손 레위 지파에서 세워졌다. 그리스도는 유다 지파의 후손이므로 레위 지파에 속하지 않는다. 그렇지만 저자는 아론의 대제사장직 자체가 하나님이 세우신 것이므로 그리스도가 아론 계통이 아닐지라도 하나님이 세우시면 가능하다고 설명한다. 더 나아가, 그리스도의 대제사장직은 아론 이전의 멜기세덱 계통을 따라 세워졌음을 말하며 그 정통성을 설명한다.

㉠ 시 2:7(칠십인역) ㉡ 시 110:4

서, 그 간구를 들어주셨습니다.
8 그는 아드님이시지만, 고난을 당하
심으로써 순종을 배우셨습니다.
9 그리고 완전하게 되신 뒤에, 자기에
게 순종하는 모든 사람에게 영원한
구원의 근원이 되시고,
10 하나님에게서 멜기세덱의 계통을 따
라 대제사장으로 임명을 받으셨습니
다.

변절을 경계하다

11 ○㉠멜기세덱에 관하여는 할 말이
많이 있지만, 여러분의 귀가 둔해진
까닭에 설명하기 어렵습니다.
12 시간으로 보면, 여러분은 이미 교사
가 되었어야 할 터인데, 다시금 하나
님의 말씀의 초보적 원리를 남들에
게서 배워야 할 처지에 놓여 있습니
다. 여러분은 단단한 음식물이 아니
라, 젖을 필요로 하는 사람이 되었습
니다.
13 젖을 먹고서 사는 이는 아직 어린
아이이므로, 올바른 가르침에 익숙
하지 못합니다.
14 그러나 단단한 음식물은 장성한 사
람들의 것입니다. 그들은 경험으로
선과 악을 분별하는 세련된 지각을
가지고 있는 사람들입니다.

6 1 그러므로 우리는 그리스도교의
초보적 ㉡교리를 제쳐놓고서, ㉢성
숙한 경지로 나아갑시다. 죽은 행실
에서 벗어나는 회개와 하나님에 대
한 믿음과
2 ㉣세례에 관한 가르침과 안수와 죽
은 사람의 부활과 영원한 심판과 관
련해서, 또 다시 기초를 놓는 일이
없어야 하겠습니다.
3 하나님께서 허락하시면, 우리는 그
렇게 ㉤할 수 있을 것입니다.
4 한번 빛을 받아서 하늘의 은사를 맛
보고, 성령을 나누어 받고, 또
5 하나님의 선한 말씀과 장차 올 세상
의 권능을 맛본 사람들이
6 타락하면, 그들을 새롭게 해서 회개
에 이르게 할 수 없습니다. 그런 사
람들이야말로 하나님의 아들을 다
시금 십자가에 못박고 욕되게 하는
것이기 때문입니다.
7 땅이 자주 내리는 비를 흡수하여 농
사짓는 사람에게 유익한 농작물을
내 주면, 그 땅은 하나님께로부터 복
을 받습니다.
8 그러나 가시덤불과 엉겅퀴를 내면,
그 땅은 쓸모가 없어지고, 저주를 받
아서 마침내는 불에 타고 말 것입니
다.
9 ○사랑하는 여러분, 우리가 이렇게
말하지만, 여러분에게는 구원에 이
르게 하는 더 좋은 것들이 있다는
것을 확신합니다.
10 하나님은 불의하신 분이 아니므로,

6장 요약 신자는 영적 지식의 성장이 있어야 한다. 이것은 신앙의 법칙이다. 신자는 '서있다고 생각하지 말고'(고전 10:12), 온전한 신앙의 분량에 이르고자 노력해야 한다. 그 구체적인 방법으로, 영원한 대제사장이신 그리스도를 목표로 하고(19–20절) 소망하는 것을 들 수 있다.

㉠ 또는 '이것에' 또는 '그에' ㉡ 또는 '말씀을' ㉢ 또는 '완전한' ㉣ 또는 '침례' ㉤ 다른 고대 사본들에는 '합시다'

6:1 그리스도교의 기초를 버리라는 뜻이 아니라, 거기서 더 발전해 가라는 뜻이다. 그리스도교의 초보란 곧이어 나오는 회개, 믿음, 세례, 안수, 부활, 심판에 관한 교훈을 가리킨다.

6:9–20 저자는 어조를 바꾸어 수신자들을 격려한다. ① 부지런하여 믿음과 오래 참음으로 소망을 굳게 붙들라(9–12절). ② 왜냐하면 하나님의 확실한 약속은 맹세로 된 것이기 때문이다(13–20절).

여러분의 행위와 여러분이 하나님의
이름을 위하여 나타낸 사랑을 잊지
않으십니다. 여러분은 성도들을 섬
겼으며, 또 지금도 섬기고 있습니다.
11 여러분 각 사람은 같은 열성을 끝까
지 나타내서, 소망을 이루시기 바랍
니다.
12 여러분은 게으른 사람이 되지 말고,
믿음과 인내로 약속을 상속받는 사
람들을 본받는 사람이 되어야 합니
다.

하나님의 확실한 약속

13 ○하나님께서는 아브라함에게 약속
하실 때에, 자기보다 더 큰 분이 계
시지 아니하므로, 자기를 두고 맹세
하시고서,
14 말씀하시기를 ㉠"내가 반드시 너에
게 복을 주고 복을 줄 것이며, 너를
번성하게 하고 번성하게 하겠다" 하
셨습니다.
15 그리하여 아브라함은 오래 참은 끝
에 그 약속을 받은 것입니다.
16 사람들은 자기보다 더 위대한 이를
두고서 맹세합니다. 그런데 맹세는
그들에게 모든 논쟁을 그치게 하여
주고, 확정을 지어줍니다.
17 그래서 하나님께서는, 그 약속을 상
속받는 사람들에게 하나님의 뜻이
변하지 않는다는 것을 더욱 환히 나
타내 보이시려고, 맹세로써 보증하
여 주셨습니다.
18 이는 앞에 놓인 소망을 붙잡으려고
세상에서 피하여 나온 사람들인 우
리가, 이 두 가지 변할 수 없는 사실
곧 하나님의 약속과 맹세를 의지하
여 큰 위로를 받게 하려는 것입니다.
하나님께서는 약속하시고 맹세하실
때에 거짓말을 하실 수 없습니다.
19 우리에게는 이 소망이 있으니, 그것
은 안전하고 확실한 영혼의 닻과 같
아서, 휘장 안에까지 들어가게 해 줍
니다.
20 예수께서는 앞서서 달려가신 분으로
서, 우리를 위하여 거기에 들어가셔
서, 멜기세덱의 계통을 따라 영원히
대제사장이 되셨습니다.

멜기세덱

7 이 멜기세덱은 살렘 왕이요, 지극
히 높으신 하나님의 제사장이었습
니다. 그는 아브라함이 여러 왕을 무
찌르고 돌아올 때에, 그를 만나서
축복해 주었습니다.
2 아브라함은 모든 것의 십분의 일을
그에게 나누어 주었습니다. 첫째로,
멜기세덱이란 이름은 정의의 왕이라
는 뜻이요, 다음으로, 그는 또한 살
렘 왕인데, 그것은 평화의 왕이라는
뜻입니다.
3 그에게는 아버지도 없고, 어머니도
없고, 족보도 없고, 생애의 시작도

6:16 맹세는 선언의 진실성과 약속의 순전함을 나타내기 위해 제시할 수 있는 최상의 증거이다.

6:17 약속을 상속받는 사람들 구원을 기업으로 받고 하나님의 작정하심으로 영원한 축복을 받는 자들을 말한다.

6:18 이 두 가지 변할 수 없는 사실은 하나님의 약속과 맹세를 가리킨다. 또한 아브라함에게 주어진 율법을 받기 이전의 맹세(창 22:16)와 율법을 받은 이후의 맹세(시 110:4)를 의미한다.

7장 요약 본장에서는 아론 계통의 제사장보다 우월하신 그리스도의 제사장직을 강조하기 위해 멜기세덱의 사역과 품성을 구체적으로 설명한다. 역사적(1-10절), 교리적(11-24절), 실제적(25-28절)으로 멜기세덱의 제사장직이 아론의 계통을 따르는 레위 족속의 제사장직보다 우월하다는 것이 논증되어 있다.

㉠ 창 22:17

없고, 생명의 끝도 없습니다. 그는 하
나님의 아들과 같아서, 언제까지나
제사장으로 계신 분입니다.
4 ○멜기세덱이 얼마나 위대한가를 생
각해 보십시오. 족장인 ㉠아브라함
까지도 가장 좋은 전리품의 십분의
일을 그에게 바쳤습니다.
5 레위 자손 가운데서 제사장 직분을
맡는 사람들은, 자기네 ㉡동족인 이
스라엘 백성에게서, 비록 그 백성도
아브라함의 ㉢자손이지만, 율법을 따
라 십분의 일을 받아들이라는 명령
을 받았습니다.
6 그러나 멜기세덱은 그들의 족보에 들
지도 않았지만, 아브라함에게서 십
분의 일을 받았고, 하나님의 약속을
받은 그 사람을 축복해 주었습니다.
7 두말할 것 없이, 축복은 아랫사람이
윗사람에게서 받는 법입니다.
8 한 편에서는 죽을 수밖에 없는 사람
들이 십분의 일을 받고, 다른 한 편
에서는 살아 계시다고 입증되시는
분이 그것을 받습니다.
9 말하자면, 십분의 일을 받는 레위까
지도 아브라함을 통해서 십분의 일
을 바친 셈이 됩니다.
10 멜기세덱이 아브라함을 만났을 때에
는, 레위는 아직 자기 조상 아브라함
의 ㉣허리 속에 있었으니 말입니다.
11 ○그런데 이 레위 계통의 제사직과
관련하여, 이스라엘 백성은 율법으
로 지령을 받기는 하였습니다. 그러
나 만일 그 제사직으로 완전한 것이
이루어질 수 있었다면, 아론의 계통
이 아닌 멜기세덱의 계통을 따른 다
른 제사장이 생겨날 필요가 어디에
있겠습니까?
12 제사직분에 변화가 생기면, 율법에
도 반드시 변화가 생기기 마련입니
다.
13 이런 말이 가리키는 분은 레위 지파
가 아닌 다른 지파에 속한 분입니다.
그 지파에 속한 사람으로서는 아무
도 제단에 종사한 적이 없습니다.
14 우리 주님께서는 유다 지파에서 나
신 것이 명백합니다. 그런데 모세는
제사장들에 관하여 말할 때에, 이
지파와 관련해서는 말한 것이 아무
것도 없습니다.
15 멜기세덱과 같은 모양으로 다른 제
사장이 생겨난 것을 보면, 이 사실은
더욱더 명백합니다.
16 그는 제사장의 혈통에 대해서 규정
한 율법을 따라 제사장이 되신 것이
아니라, 썩지 않는 생명의 능력을 따
라 되셨습니다.
17 그를 두고서 말하기를

㉤"너는 멜기세덱의 계통을 따라서, 영원히 제사장이다"

한 증언이 있습니다.

7:1 멜기세덱 창세기 14장에 나오는 인물로서 그 이름의 뜻은 '의의 왕'이다.

7:3 창세기 14:18-20에 나타나는 멜기세덱에 대한 기록에는 부모, 족보, 출생, 죽음에 관한 것이 없기 때문에 시작과 끝이 없는 영원한 인물로 생각되었다. 그러므로 그는 하나님의 아들과 유사하며, 이러한 점에서 멜기세덱은 그리스도의 모형이기도 하다.

7:4-10 ① 아브라함이 멜기세덱에게 십일조를 바쳤고(4절), ② 멜기세덱이 아브라함을 축복해 주었다(6절). 종교적인 관점에서 보면, 아브라함은 멜기세덱의 우월성을 인정한 것이었다.

7:11 제사장은 사람들을 하나님께로 나아가게 하여 전 생애를 통해 하나님의 은총과 축복을 마음껏 누리게 하는 임무가 있다. 그러나 레위 계통의 제사장 직분으로는 온전함을 얻을 수 없었다.

㉠ 다른 고대 사본들에는 '아브라함은' ㉡ 그, '형제들' ㉢ 그, '허리에서 나왔지만' ㉣ 또는 '몸' ㉤ 시 110:4

18 전에 있던 계명은 무력하고 무익하
므로 폐하게 되었습니다.
19 율법은 아무것도 완전하게 하지 못
하였습니다. 그래서 하나님께서는
더 좋은 소망을 우리에게 주셨습니
다. 우리는 이 소망을 힘입어서 하나
님께 가까이 나아갑니다.
20 ○그리고 예수께서는 하나님의 맹세
없이 제사장이 되신 것이 아닙니다.
레위 계통의 사람들은 맹세 없이 제
사장이 되었습니다.
21 그러나 예수께서는 자기에게 말씀하
시는 분의 맹세로 제사장이 되신 것
입니다.

㉠"주님께서 맹세하셨으니, 주님
은 마음을 바꾸지 않으실 것이
다. 너는 영원히 제사장이다"

하셨습니다.
22 이렇게 해서, 예수께서는 더 좋은 언
약을 보증하시는 분이 되셨습니다.
23 또한 레위 계통의 제사장들은 죽음
때문에 그 직무를 계속할 수 없어서,
그 수가 많아졌습니다.
24 그러나 예수는 영원히 계시는 분이
므로, 제사장직을 영구히 간직하십
니다.
25 따라서 그는 자기를 통하여 하나님
께 나아오는 사람들을 ㉡완전하게
구원하실 수 있습니다. 그는 늘 살
아 계셔서 그들을 위하여 중재의 간
구를 하십니다.
26 ○예수는 이러한 제사장으로 우리에
게 적격이십니다. 그는 거룩하시고,
순진하시고, 순결하시고, 죄인들과
구별되시고, 하늘보다 높이 되신 분
입니다.
27 그는 다른 대제사장들처럼 날마다
먼저 자기 죄를 위하여 희생제물을
드리고, 그 다음에 백성을 위하여
희생제물을 드릴 필요가 없습니다.
그는 자기 자신을 바치셔서 단 한 번
에 이 일을 이루셨기 때문입니다.
28 사람들에게 약점이 있어도 율법은
어쩔 수 없이 그들을 대제사장으로
세우지만, 율법이 생긴 이후에 하나
님께서 맹세하신 말씀은 영원히 완
전하게 되신 아들을 대제사장으로
세웠습니다.

새 언약의 대제사장

8 지금 말한 것들의 요점은 이러합
니다. 곧 우리에게는 이와 같은 대
제사장이 한 분 계시다는 것입니다.
그는 하늘에서 지엄하신 분의 보좌
오른쪽에 앉으셨습니다.
2 그는 성소와 참 장막에서 섬기시는
분입니다. 이 장막은 주님께서 세우
신 것이요, 사람이 세운 것이 아닙니
다.
3 모든 대제사장은 예물과 제사를 드
리는 일을 맡게 하려고 세우신 사람

7:18 율법이 값진 기능을 행했더라도, 제사장직과 관련된 이상 무력하고 무익했다. ① 율법을 지키는 사람에게조차도 생명을 줄 수 없었다는 것과 ② 희생 제사에 근거하여 하나님께 가까이 나아가게 하는 항구적 수단이 되지 못함에서 무력함을 알 수 있다(참조. 27절).

7:22 언약 (그) '디아데케'. 본서는 두 개의 언약 즉, 시내 산의 첫 언약과 그리스도께서 세우신 둘째 언약을 말한다.

8장 요약 구약의 대제사장은 옛 언약하에서 여러 가지 불완전함을 지니고 있었다. 엄밀히 그들의 사역은 그리스도의 구속 제사의 모형이었다. 그러나 그리스도의 제사는 새 언약에 근거한 것으로, 그 자체가 하나의 완전하고 충족스러운 희생이므로 더 이상의 제사가 필요 없었다.

㉠ 시 110:4 ㉡ 또는 '언제나'

입니다. 그러므로 이 대제사장도 무
엇인가 드릴 것을 가지고 있어야 합
니다.
4 그런데 그가 땅에 계신다고 하면, 제
사장이 되지는 못하실 것입니다. 땅
에서는 율법을 따라 이미 예물을 드
리는 사람들이 있기 때문입니다.
5 그러나 그들은 하늘에 있는 것들의
모형과 그림자에 지나지 않는, 땅에
있는 성전에서 섬깁니다. 모세가 장
막을 세우려고 할 때에, ㉠"너는 명
심하여 내가 산에서 네게 보여준 그
모형을 따라 모든 것을 만들어라"
하고 말씀하신 하나님의 지시를 받
은 것입니다.
6 그러나 이제 ㉡그리스도께서는 더욱
훌륭한 직무를 맡으셨습니다. 그가
더 좋은 약속을 바탕으로 하여 세운
더 좋은 언약의 중재자이시기 때문
입니다.
7 ○그 첫 번째 언약에 결함이 없었더
라면, 두 번째 언약이 생길 여지가
없었을 것입니다.
8 그런데 하나님께서는 자기 백성을 나
무라시면서 이렇게 말씀하셨습니다.
㉢"주님께서 말씀하신다. '보아
라, 날이 이를 것이다. 그 때에
내가 이스라엘 집과 유다 집과
더불어 새 언약을 맺을 것이다.'
9 또 주님께서 말씀하신다. '이 새
언약은, 내가 그들의 조상들의
손을 잡고, 이집트 땅에서 인도
하여 내던 날에, 그 조상들과 맺
은 언약과 같은 것이 아니다. 그
들은 내 언약을 지키지 않았으므
로, 나도 그들을 돌보지 않았다.'
10 또 주님께서 말씀하신다. '그 날
뒤에, 내가 이스라엘 집과 맺을
언약은 이것이니, 나는 내 율법
을 그들의 생각에 넣어 주고, 그
들의 마음에다가 새겨 주겠다.
그리하여 나는 그들의 하나님이
되고, 그들은 내 백성이 될 것이
다.
11 그리고 그들은 각각 자기 이웃과
자기 ㉣동족을 가르치려고, 주님
을 알라고 말하는 일이 없을 것
이니, 작은 사람으로부터 큰 사
람에 이르기까지, 모두 나를 알
것이기 때문이다.
12 내가 그들의 불의함을 긍휼히
여기겠고, 더 이상 그들의 죄를
기억하지 않겠다.'"
13 하나님께서 '새 언약'이라고 말씀하
심으로써, 첫 번째 언약을 낡은 것으
로 만드셨습니다. 낡고 오래된 것은
곧 사라집니다.

땅의 성소와 하늘의 성소

9 첫 번째 언약에도 예배 규정과 세
상에 속한 성소가 마련되어 있었

8:2 성소와 참 장막 여기서 '참'이란 말은 모세로 말미암아 이스라엘에게 주어진 땅의 장막과 대조시키기 위해서 사용된 말이다. 땅의 것은 '하늘에 있는 것들의 모형과 그림자'(5절)였고, 그리스도가 오시면 없어질 일시적인 것이었다. 그러나 그리스도께서 섬기시는 장소로서의 참 장막은 영원한 것이요, 실재이며 영적인 것이다.

9장 요약 옛 언약하에서 드리는 제사는 죄를 완전히 없애지 못해 불완전한 것이었다. 반면에 그리스도께서 완전한 희생으로 드리신 단 한 번의 제사는 구약 제사의 원형이며 유효성(12–15절)과 유일성(16–23절)의 측면에서 구약의 제사와 비교할 수 없다. 따라서 그리스도의 제사장직의 우월성은 확실하다.

9:1–28 저자는 옛 언약 아래에서의 성소와 불완

㉠ 출 25:40 ㉡ 또는 '예수'. 그, '그' ㉢ 렘 31:31–34(칠십인역)
㉣ 그, '형제'

습니다.
2 한 장막을 지었는데, 곧 첫째 칸에
해당하는 장막입니다. 그 안에는 촛
대와 상이 있고, 빵을 차려 놓았으
니, 이 곳을 '성소'라고 하였습니다.
3 그리고 둘째 휘장 뒤에는, '지성소'라
고 하는 장막이 있었습니다.
4 거기에는 금으로 만든 분향제단과
온통 금으로 입힌 언약궤가 있고,
그 안에는 만나를 담은 금항아리와
싹이 난 아론의 지팡이와 언약을 새
긴 두 돌판이 들어 있었습니다.
5 그리고 그 언약궤 위에는 영광에 빛
나는 그룹들이 있어서, ㉠속죄판을
그 날개로 내리덮고 있었습니다. 지
금은 이것들을 자세히 말할 때가 아
닙니다.
6 ○이것들이 이렇게 마련되어 있어서
첫째 칸 장막에는 제사장들이 언제
나 들어가서 제사의식을 집행합니다.
7 그러나 둘째 칸 장막에는 대제사장
만 일 년에 한 번만 들어가는데, 그
때에는 반드시 자기 자신을 위하여,
또 백성이 모르고 지은 죄를 사하기
위하여 바칠 피를 가지고 들어갑니
다.
8 이것은 첫째 칸 장막이 서 있는 동
안에는 아직 지성소로 들어가는 길
이 드러나지 않았음을 성령께서 보
여 주시는 것입니다.
9 이 장막은 현 시대를 ㉡상징합니다.
그 장막 제의를 따라 예물과 제사를
드리지만, 그것이 의식 집례자의 양
심을 완전하게 해 주지는 못합니다.
10 이런 것은 다만 먹는 것과 마시는 것
과 여러 가지 씻는 예식과 관련된 것
이고, 개혁의 때까지 육체를 위하여
부과된 규칙들입니다.
11 ○그러나 그리스도께서는 ㉢이미 일
어난 좋은 일을 주관하시는 대제사
장으로 오셔서 손으로 만들지 않은
장막, 다시 말하면, 이 피조물에 속
하지 않은 더 크고 더 완전한 장막
을 통과하여
12 단 한 번에 지성소에 들어가셨습니
다. 그는 염소나 송아지의 피로써가
아니라, 자기의 피로써, 우리에게 영
원한 구원을 이루셨습니다.
13 염소나 황소의 피와 암송아지의 재
를 더러워진 사람들에게 뿌려도, 그
육체가 깨끗하여져서, 그들이 거룩
하게 되거든,
14 하물며 영원한 ㉣성령을 힘입어 자기
몸을 흠 없는 제물로 삼아 하나님께
바치신 그리스도의 피야말로, 더욱
더 ㉤우리들의 양심을 깨끗하게 해
서, 우리로 하여금 죽은 행실에서 떠
나서 살아 계신 하나님을 섬기게 하
지 않겠습니까?
15 ○그러므로 그리스도는 새 언약의

전한 희생(1–10절), 그리스도의 영원한 구속(11–14절), 그리스도의 죽음의 필요성과 그의 완전한 희생(15–28절)을 진술한다.

9:2 촛대 성소 안을 비추는 촛대로서 성소 남쪽에 위치한다. 당번 제사장들은 매일 아침과 저녁에 순결한 감람유를 채워 불을 밝혔다. 빵 이스라엘 12지파 수에 맞춰 고운 밀가루로 만들어, 매 안식일마다 성소 안에 있는 제대(祭臺), 상(床)에 여섯 덩이씩 두 줄로 차려 놓았다.

9:5 영광에 빛나는 그룹 '그룹'은 주님을 섬기는 천사들을 상징한다.

9:9 이 장막은 현 시대를 상징합니다 백성에게 지성소 출입이 금지된 것은(8절) 그것이 언젠가 백성에게 개방될 것임을 암시하는 것이다.

9:11–12 그리스도는 자기 백성을 위하여 영원한 속죄(완전한 속죄)를 이루셨고 보좌에 앉아 계신

㉠ 또는 '은혜가 베풀어지는 자리(시은좌)' ㉡ **그**, '비유' ㉢ 다른 고대 사본들에는 '장차 올 좋은 일을' ㉣ **그**, '영' ㉤ **그**, '여러분들의'

중재자이십니다. 그는 첫 번째 ㉠언
약 아래에서 저지른 범죄에서 사람
들을 구속하시기 위하여 죽으심으
로써, 부르심을 받은 사람들로 하여
금 약속된 영원한 유업을 차지하게
하셨습니다.
16 ㉠유언의 효력을 논의하는 경우에
는, 유언한 사람이 죽었다는 확인이
꼭 필요합니다.
17 ㉠유언이라는 것은 유언한 사람이
죽어야만 효력을 냅니다. 유언한 사
람이 살아 있는 동안에는 유언은 아
무런 효력이 없기 때문입니다.
18 이러므로 첫 번째 언약도 피 없이 세
운 것은 아닙니다.
19 모세가 율법을 따라 모든 계명을 백
성에게 말한 뒤에, 물과 붉은 양털과
우슬초와 함께 송아지 피와 ㉡염소
피를 취하여 언약책과 온 백성에게
뿌리고서,
20 ㉢"이것은 하나님께서 여러분에
게 명하신 언약의 피입니다"
하고 말하였습니다.
21 또 같은 방식으로 그는 장막과 제사
의식에 쓰이는 모든 기구에도 피를
뿌렸습니다.
22 율법에 따르면, 거의 모든 것이 피로
깨끗해집니다. 그리고 피를 흘림이
없이는, 죄를 사함이 이루어지지 않
습니다.

그리스도의 희생으로 이루어진 속죄

23 ○그러므로 하늘에 있는 것들의 모
형물은 이런 여러 의식으로 깨끗해
져야 할 필요가 있지만, 하늘에 있는
것들은 이보다 나은 희생제물로 깨
끗해져야 합니다.
24 그리스도께서는 참 성소의 모형에
지나지 않는, 손으로 만든 성소에 들
어가신 것이 아니라, 바로 하늘 성소
그 자체에 들어가셨습니다. 이제 그
는 우리를 위하여 하나님 앞에 나타
나셨습니다.
25 대제사장은 해마다 짐승의 피를 가
지고 성소에 들어가지만, 그리스도
께서는 그 몸을 여러 번 바치실 필요
가 없습니다.
26 그리스도께서 그 몸을 여러 번 바치
셔야 하였다면, 그는 창세 이래로 여
러 번 고난을 받아야 하셨을 것입니
다. 그러나 이제 그는 자기를 희생
제물로 드려서 죄를 없이하시기 위
하여 시대의 종말에 단 한 번 나타
나셨습니다.
27 사람이 한 번 죽는 것은 정해진 일
이요, 그 뒤에는 심판이 있습니다.
28 이와 같이 그리스도께서도 많은 사
람의 죄를 짊어지시려고, 단 한 번
자기 몸을 제물로 바치셨고, 두 번째
로는 죄와는 상관없이, 자기를 기다
리고 있는 사람들에게 나타나셔서

하나님 우편에 좌정하시기 위해 단번에 성소로 들어가셨다(12절). 그는 이와 같은 속죄 사역을 근거하여 자기 백성을 위해 끊임없는 중보의 기도를 드리신다.

9:13 암송아지의 재 민수기 19장에 상세히 언급된 정결 의식과 관련한다. 한 번도 멍에를 메지 않은 흠 없는 붉은 어린 암송아지 한 마리를 진 밖으로 끌어내어, 정한 규례대로 불살라 재를 만든다. 이 재를 보관했다가, 주검을 만져 의식적으로 부정하게 된 사람이 있으면 그 재를 물에 타서 우슬초를 사용하여 부정한 사람에게 뿌렸다.

9:15–22 본문의 요점은 언약이 효력을 발휘하기 위해서는 피를 흘려야 한다는 사실이다.

9:23–28 구약의 제사는 불완전하여 해마다 반복되었으나, 신약의 제사는 완전하여 단 한 번 드려짐으로 죄를 없게 하였다.

㉠ 15절의 '언약'과 16–17절의 '유언'은 같은 그리스어 디아테케의 번역임 ㉡ 다른 고대 사본들에는 '염소'가 없음 ㉢ 출 24:8

구원하실 것입니다.

10

1 율법은 장차 올 좋은 것들의
그림자일 뿐이요, 실체가 아니
므로, 해마다 반복해서 드리는 똑같
은 희생제사로써는 하나님께로 나오
는 사람들을 완전하게 할 수 없습니
다.
2 만일 완전하게 할 수 있었더라면, 제
사를 드리는 사람들이 한 번 깨끗하
여진 뒤에는, 더 이상 죄의식을 가지
지 않을 것이고, 따라서 제사 드리는
일을 중단하지 않았겠습니까?
3 그러나 제사에는 해마다 죄를 회상
시키는 효력은 있습니다.
4 황소와 염소의 피가 죄를 없애 줄
수는 없습니다.
5 그러므로 ㉠그리스도께서 세상에 오
실 때에, 하나님께 이렇게 말씀하셨
습니다.
㉡"주님은 제사와 예물을 원하지
않으셨습니다. 그래서 나에게 입
히실 몸을 마련하셨습니다.
6 주님은 번제와 속죄제를 기뻐하
지 않으셨습니다.
7 그래서 내가 말하였습니다. '보
십시오, 하나님! 나를 두고 성경
에 기록되어 있는 대로 나는 주
님의 뜻을 행하러 왔습니다.'"
8 위에서 그리스도께서 "주님은 제사
와 예물과 번제와 속죄제를 원하지
도 기뻐하지도 않으셨습니다" 하고
말씀하셨습니다. 이런 것들은 율법
을 따라 드리는 것들입니다.
9 그 다음에 말씀하시기를 "보십시오,
나는 주님의 뜻을 행하러 왔습니다"
하셨습니다. 그리스도께서는 두 번
째 것을 세우시려고, 첫 번째 것을
폐하셨습니다.
10 이 ㉢뜻을 따라 예수 그리스도께서
자기 몸을 단번에 드리심으로써 우
리는 거룩하게 되었습니다.
11 ○모든 제사장은 날마다 제단에 서
서 직무를 수행하면서 똑같은 제사
를 거듭 드리지만, 그러한 제사가 죄
를 없앨 수는 없습니다.
12 그러나 ㉣그리스도께서는 죄를 사하
시려고, ㉤단 한 번의 영원히 유효한
제사를 드리신 뒤에 ㉥하나님 오른
쪽에 앉으셨습니다.
13 그리고서 그는 ㉥그의 원수들이 그
의 발 아래에 굴복할 때까지 기다리
고 계십니다.
14 그는 거룩하게 되는 사람들을 단 한
번의 희생제사로 영원히 완전하게
하셨습니다.
15 ○그리고 성령도 우리에게 증언하여
주십니다. 먼저 이렇게 말씀하셨습
니다.
16 ㉦"주님께서 말씀하신다. '그날
이후에, 내가 그들에게 세워 줄

10장 요약 구약의 제사는 제물의 불완전성 때문에 한계성을 가지고 있었다. 흠 있는 동물의 피로 드린 구약의 제사는 죄를 유예시키는 역할을 했다. 그러나 그리스도는 완전한 인성과 신성을 지닌 분으로서 자신을 흠 없는 제물로 하나님께 드려 죄를 완전히 속해 주셨다.

㉠ 그, '그가' ㉡ 시 40:6-8(칠십인역) ㉢ 하나님의 뜻 ㉣ 그, '이 분께서는' ㉤ 또는 '오직 한 번 제사를 드리신 뒤에 영원히' ㉥ 시 110:1 ㉦ 렘 31:33, 34

10:1-18 그리스도께서 그의 몸을 바쳐 '단 한 번의 영원히 유효한 제사'를 드리셨다(12절). 이것은 하나님의 뜻을 이루는 것이며, 구약 제사를 더 이상 반복할 필요가 없도록 하는 것이다. 그러므로 구약 제사를 반복한다면, 그것은 그리스도의 구속 사역을 근본적으로 부인하는 일이 된다.

10:19 담대하게 지성소에 들어가게 되었습니다 옛 언약 아래서는 짐승의 피로써 백성의 죄를 완전히 속량할 수 없었으므로, 그들에겐 성소로 들어

언약은 이것이다. 나는 내 율법
을 그들의 마음에 박아주고, 그
들의 생각에 새겨주겠다.
17 또 나는 그들의 죄와 불법을 더
이상 기억하지 않겠다.'"
18 죄와 불법이 용서되었으니, 죄를 사
하는 제사가 더 이상 필요 없습니다.

굳게 섭시다

19 ○그러므로 ㉠형제자매 여러분, 우리
는 예수의 피를 힘입어서 담대하게
지성소에 들어가게 되었습니다.
20 예수께서는 휘장을 뚫고 우리에게
새로운 살 길을 열어 주셨습니다. 그
런데 그 휘장은 곧 그의 육체입니다.
21 그리고 우리에게는 하나님의 집을
다스리시는 위대한 제사장이 계십니
다.
22 그러니 우리는 확고한 믿음을 가지
고, 참된 마음으로 하나님께 나아갑
시다. 우리는 마음에다 예수의 피를
뿌려서 죄책감에서 벗어나고, 맑은
물로 몸을 깨끗이 씻었습니다.
23 또 우리에게 약속하신 분은 신실하
시니, 우리는 흔들리지 말고, 우리가
고백하는 그 소망을 굳게 지킵시다.
24 그리고 서로 마음을 써서 사랑과 선
한 일을 하도록 격려합시다.
25 어떤 사람들의 습관처럼, 우리는 모
이기를 그만하지 말고, 서로 격려하
여 그 날이 가까워 오는 것을 볼수
록, 더욱 힘써 모입시다.
26 ○우리가 진리에 대한 지식을 얻은
뒤에도 짐짓 죄를 짓고 있으면, 속죄
의 제사가 더 이상 남아 있지 않습니
다.
27 ㉡남아 있다고 예상할 수 있는 것은
무서운 심판과 반역자들을 삼킬 맹
렬한 불뿐입니다.
28 모세의 율법을 어긴 사람도 두세 증
인의 증언이 있으면 가차없이 사형
을 받는데,
29 하나님의 아들을 짓밟고, 자기를 거
룩하게 해 준 언약의 피를 대수롭지
않게 여기고, 은혜의 성령을 모욕한
사람은, 얼마나 더 무서운 벌을 받아
야 하겠는가를 생각해 보십시오.
30 ㉢"원수를 갚는 것은 내가 할 일
이니, 내가 갚아 주겠다"
하고 말씀하시고, 또
㉣"주님께서 그의 백성을 심판하
실 것이다"
하신 분을, 우리는 알고 있습니다.
31 살아 계신 하나님의 징벌하시는 손
에 떨어지는 것은 무서운 일입니다.
32 ○여러분은 빛을 받은 뒤에, 고난의
싸움을 많이 견디어 낸 그 처음 시
절을 되새기십시오.
33 여러분은 때로는 모욕과 환난을 당
하여, 구경거리가 되기도 하고, 그런
처지에 놓인 사람들의 친구가 되기

가는 길이 닫혀 있었다. 그러나 이제는 그리스도께서 드리신 완전한 제사에 의지하여 믿는 사람들은 담대하게 은혜의 보좌 앞에 나아갈 수 있다.

10:25 그 날 그리스도께서 다시 오시는 날이다.

10:26 짐짓 죄를 짓고 있으면…남아 있지 않습니다 여기서 '죄'란 도덕적 과실을 뜻하지 않고, 기독교 진리를 거부하는 것을 뜻한다. 그러므로 짐짓 죄를 짓는다는 것은 기독교 신앙을 고백한 후 그 신앙을 공공연히 버리고 배교의 상태에 빠지는 것을 뜻한다. 이들에게 속죄하는 제사가 다시 없는 이유는, 그들이 그리스도의 단 한 번의 영원히 유효한 제사(12절)를 거부했기 때문이다.

10:32-39 엄중한 경고에 이어 위로와 권면의 말씀이 주어진다. 저자는 과거 수신자의 믿음을 상기시키면서(32-35절), 그 믿음을 계속 지켜나갈 것을 권면한다.

㉠ 그, '형제들' ㉡ 사 26:11(칠십인역) ㉢ 신 32:35 ㉣ 신 32:36; 시 135:14

도 하였습니다.
34 여러분은 감옥에 갇힌 사람들과 고
통을 함께 나누었고, 또한 자기 소유
를 빼앗기는 일이 있어도, 그보다 더
좋고 더 영구한 재산이 있다는 것을
알고서, 그런 일을 기쁘게 당하였습
니다.
35 그러므로 여러분의 확신을 버리지
마십시오. 그 확신에는 큰 상이 붙어
있습니다.
36 여러분이 하나님의 뜻을 행하고서,
그 약속해 주신 것을 받으려면, 인내
가 필요합니다.
37 ㉠이제 "아주 조금만 있으면, 오
실 분이 오실 것이요, 지체하지
않으실 것이다.
38 나의 의인은 믿음으로 살 것이다.
그가 뒤로 물러서면, 내 마음이
그를 기뻐하지 않을 것이다."
39 우리는 뒤로 물러나서 멸망할 사람
들이 아니라, 믿음을 가져 생명을 얻
을 사람들입니다.

믿음

11 믿음은 바라는 것들의 ㉡확신이
요, 보이지 않는 것들의 증거입
니다.
2 ㉢선조들은 ㉣이 믿음으로 살았기 때
문에 훌륭한 사람으로 ㉤증언되었습
니다.
3 ○믿음으로 우리는 세상이 하나님의
말씀으로 지어졌다는 것을 깨닫습니
다. 보이는 것은 나타나 있는 것에서
된 것이 아닙니다.
4 ○믿음으로 아벨은 가인보다 더 ㉥나
은 제물을 하나님께 드렸습니다. 이
런 제물을 드림으로써 그는 의인이
라는 ㉤증언을 받았으니, 하나님께서
그의 예물에 대하여 증언하여 주신
것입니다. 그는 죽었지만, ㉦이 믿음
으로 말미암아 아직도 말하고 있습
니다.
5 ㉧믿음으로 에녹은 죽지 않고 하늘
로 옮겨갔습니다. 하나님께서 그를
옮기셨으므로, 우리는 그를 찾을 수
없었습니다. 옮겨가기 전에 그는 하
나님을 기쁘게 해드렸다는 ㉤증언을
받은 것입니다.
6 믿음이 없이는 하나님을 기쁘게 해
드릴 수 없습니다. 하나님께 나아가
는 사람은, 하나님이 계시다는 것과,
하나님은 자기를 찾는 사람들에게
상을 주시는 분이시라는 것을 믿어
야 합니다.
7 믿음으로 노아는, 하나님께서 아직
보이지 않는 일들에 대하여 경고하
셨을 때에, 하나님을 경외하고 방주
를 마련하여 자기 가족을 구원하였
습니다. 이 믿음을 통하여 그는 세상
을 단죄하고, 믿음을 따라 얻는 의
를 물려받는 상속자가 되었습니다.

11장 요약 본장은 흔히 믿음장이라고도 불린다. 믿음은 하나님의 약속에 대한 전적인 신뢰에 기반을 둔다. 저자는 하나님의 약속을 신뢰하고 믿음의 인내를 가졌던 선조들을 등장시켜 수신자들의 신앙을 고무시킨다.

11:1-40 10장 후반부(19-39절)는 히브리서 수신자들에게 믿음의 인내를 요구한다. 그리고 11장은 믿음의 인내를 가졌던 성경의 역사적 인물들을 열거하여 수신자들의 신앙을 고무시킨다(12:1). 믿음은 그리스도 이전의 시대나, 그리스도 시대나, 어느 시대를 막론하고 변함이 없는 동일한 특성을 갖는다.

11:1 믿음의 본질을 말하고 있다. 여기서 '확신'으로 번역된 (그) '휘포스타시스'는 '본체'(1:3), '확신'

㉠ 합 2:3, 4(칠십인역) ㉡ '실상, 실체, 보증'으로 번역할 수도 있음 ㉢ 또는 '우리 조상은' ㉣ 그, '이것으로' ㉤ 또는 '인정' ㉥ 그, '큰' ㉦ 그, '이것을 통하여' ㉧ 창 5:24(칠십인역)

8 ○믿음으로 아브라함은, 부르심을
받았을 때에 순종하고, 장차 자기 몫
으로 받을 땅을 향해 나갔습니다.
그런데 그는 어디로 가는지를 알지
못했지만, 떠난 것입니다.
9 믿음으로 그는, 약속하신 땅에서 타
국에 몸 붙여 사는 나그네처럼 거류
하였으며, 같은 약속을 함께 물려받
을 이삭과 야곱과 함께 장막에서 살
았습니다.
10 그는 하나님께서 설계하시고 세우실
튼튼한 기초를 가진 도시를 바랐던
것입니다.
11 믿음으로 ㉠사라는, 나이가 지나서
수태할 수 없는 몸이었는데도, 임신
할 능력을 얻었습니다. 그가 약속하
신 분을 신실하신 분으로 생각했기
때문입니다.
12 그래서 죽은 사람이나 다름없는 한
사람에게서, 하늘의 별과 같이 많고
바닷가의 모래와 같이 셀 수 없는,
많은 자손이 태어나게 되었습니다.
13 ○이 사람들은 모두 믿음을 따라 살
다가 죽었습니다. 그들은 약속하신
것을 받지는 못했지만, 그것을 멀리
서 바라보고 반겼으며, 땅에서는 길
손과 나그네 신세임을 고백하였습니
다.
14 이런 말을 하는 사람들은 자기네가
고향을 찾고 있다는 것을 나타내는
것입니다.
15 그들이 만일 떠나온 곳을 생각하고
있었더라면, 돌아갈 기회가 있었을
것입니다.
16 그러나 사실은 그들은 더 좋은 곳을
동경하고 있었던 것입니다. 그것은
곧 하늘의 고향입니다. 그래서 하나
님께서는 그들의 하나님이라고 불리
는 것을 부끄러워하지 않으시고, 그
들을 위하여 한 도시를 마련해 두셨
습니다.
17 ○아브라함은 시험을 받을 때에, 믿
음으로 이삭을 바쳤습니다. 더구나
약속을 받은 그가 그의 외아들을 기
꺼이 바치려 했던 것입니다.
18 일찍이 하나님께서 아브라함에게 말
씀하시기를 ㉡"이삭에게서 네 자손
이라 불릴 자손들이 태어날 것이다"
하셨습니다.
19 하나님께서는 이삭을 죽은 사람들
가운데서도 되살리실 수 있다고 아
브라함은 생각했던 것입니다. 그러
므로 비유하자면, 아브라함은 이삭
을 죽은 사람들 가운데서 되받은 것
입니다.
20 믿음으로 이삭은, 또한 장래 일을 놓
고 야곱과 에서를 축복해 주었습니
다.
21 ㉢야곱은 죽을 때에, 믿음으로 요셉
의 아들들을 하나하나 축복해 주

(3:14) 등으로도 번역되었다. '증거'로 번역된 (그) '엘렝코스'는 '확실히 아는 것'을 뜻한다.

11:7 세상을 단죄하고, 믿음을 따라 얻는 의를 물려받는 상속자 노아는 하나님께서 자신에게 주신 경고 즉, 세상에 대한 하나님의 심판을 공공연히 선포했다. 그의 행위는 장차 일어날 일을 믿음으로 바라보았기 때문이며, 이런 믿음으로 그는 의의 상속자가 되었던 것이다.

11:10 하나님께서…튼튼한 기초를 가진 도시 아브라함이 살았던 장막과 대조되는 점에서 영구한 것을 말한다. 이 성은 '하늘의 예루살렘'(12:22), '장차 올 도시'(13:14), '새 예루살렘'(계 21:2–4) 등으로 불린다.

11:13–16 믿음의 선조들의 공통적 특징 저자는 믿음의 선조들의 삶 속에 나타나는 다섯 가지 공통

㉠ 다른 고대 사본들에는 '비록 그는 늙고, 그의 아내 사라 역시 단산하였지만, 믿음으로 그는 생식의 능력을 얻었습니다. 이것은 그(아브라함)가,……' ㉡ 창 21:12(칠십인역) ㉢ 창 47:31(칠십인역)

고, 그의 지팡이를 짚고 서서, 하나
님께 경배를 드렸습니다.
22 믿음으로 요셉은 죽을 때에, 이스라
엘 자손들이 이집트에서 나갈 일을
언급하고, 자기 ㉠ 뼈를 어떻게 할지
를 지시하였습니다.
23 ○모세가 태어났을 때에, 믿음으로
그 부모는 석 달 동안 아기를 숨겨
두었습니다. 그들은 아기가 잘생긴
것을 보았기 때문입니다. 그들은 왕
의 명령을 두려워하지 않았습니다.㉡
24 믿음으로 모세는, 어른이 되었을 때
에, 바로 왕의 공주의 아들이라 불리
기를 거절하였습니다.
25 오히려 그는 잠시 죄의 향락을 누리
는 것보다 하나님의 백성과 함께 학
대받는 길을 택하였습니다.
26 모세는 ㉢그리스도를 위하여 받는 모
욕을 이집트의 재물보다 더 값진 것
으로 여겼습니다. 그는 장차 받을 상
을 내다보고 있었던 것입니다.
27 믿음으로 그는 왕의 분노를 두려워
하지 않고 이집트를 떠났습니다. 그
는 보이지 않는 분을 마치 보는 듯이
바라보면서 견디어냈습니다.
28 믿음으로 모세는, 유월절과 피 뿌리
는 의식을 행하여서, 모든 맏아들
및 맏배를 멸하는 이가 ㉣그들을 건
드리지 않게 하였습니다.
29 믿음으로 이스라엘 사람들은 홍해
를 마른 땅을 지나가듯이 건넜습니
다. 그러나 이집트 사람들은 그렇게
해보다가 빠져 죽었습니다.
30 믿음으로 이레 동안 여리고 성을 돌
았더니, 성벽이 무너졌습니다.
31 믿음으로 창녀 라합은 정탐꾼들을
호의로 영접해 주어서, ㉤순종하지
않은 사람들과 함께 망하지 아니하
였습니다.
32 ○내가 무슨 말을 더 하겠습니까?
기드온, 바락, 삼손, 입다, 다윗, 사무
엘, 그리고 예언자들의 일을 말하려
면, 시간이 모자랄 것입니다.
33 그들은 믿음으로 나라들을 정복하
고, 정의를 실천하고, 약속된 것을
받고, 사자의 입을 막고,
34 불의 위력을 꺾고, 칼날을 피하고,
약한 데서 강해지고, 전쟁에서 용맹
을 떨치고, 외국 군대를 물리쳤습니
다.
35 믿음으로 여자들은 죽었다가 부활
한 가족을 다시 맞이하였습니다. 또
어떤 이들은 고문을 당하면서도 더
좋은 부활의 삶을 얻고자 하여, 구태
여 놓여나기를 바라지 않았습니다.
36 또 어떤 이들은 조롱을 받기도 하
고, 채찍으로 맞기도 하고, 심지어는
결박을 당하기도 하고, 감옥에 갇히
기까지 하면서 시련을 겪었습니다.
37 또 그들은 돌로 맞기도 하고, 톱질을

적인 특징, 곧 확신, 증거, 소망, 분별력, 보상에 대하여 언급한다.

11:21 그의 지팡이를 짚고 서서 이는 70인역을 따른 것이다. '지팡이'란 말의 히브리어는 '하미타'(침상), 또는 '하마테'(지팡이)로 읽을 수 있다. 야곱의 축복의 행위는 예배의 행위처럼 보인다.

11:28 유월절 '뛰다', '뛰어넘다', '남기다'라는 뜻을 지닌 (히) '파샤'에서 온 말이다. 히브리 사람들의 집에 바른 피는 그들이 거주한다는 상징적 표시일 뿐만 아니라, 희생 제사적 성격도 띠고 있다(출 34:25;민 9:7;고전 5:7). 이 제사는 속죄제로 분류되지 않고 화목제로 분류된다. 속죄제는 드리는 자가 그것을 먹을 수 없지만, 유월절 제사에서는 반드시 제물을 먹도록 규정했기 때문이다.

㉠ 또는 '매장을' ㉡ 다른 고대 사본들에는 다음 내용이 첨가되어 있음. '믿음으로 모세는, 어른이 되었을 때에, 이집트 사람을 죽였습니다. 그가 자기 백성(그, '형제들')이 굴욕 당하는 것을 목격했기 때문입니다' ㉢ 또는 '메시아' ㉣ 이스라엘의 맏아들들 ㉤ 또는 '믿지 않은'

당하기도 하고, ㉠칼에 맞아 죽기도
하였습니다. 그들은 궁핍을 당하며,
고난을 겪으며, 학대를 받으면서, 양
과 염소의 가죽을 입고 떠돌았습니
다.
38 세상은 이런 사람들을 받아들일 만
한 곳이 못 되었습니다. 그래서 그들
은 광야와 산과 동굴과 땅굴을 헤매
며 다녔습니다.
39 ○이 사람들은 모두 믿음으로 말미
암아 훌륭한 사람이라는 ㉡평판은
받았지만, 약속된 것을 받지는 못하
였습니다.
40 하나님께서 우리를 위하여 더 좋은
계획을 미리 세워두셔서, 우리가 없
이는 그들이 완성에 이르지 못하게
하신 것입니다.

주님의 훈련

12 그러므로 이렇게 구름 떼와 같
이 수많은 증인이 우리를 둘러
싸고 있으니, 우리도 갖가지 무거운
짐과 ㉢얽매는 죄를 벗어버리고, 우
리 앞에 놓인 달음질을 참으면서 달
려갑시다.
2 믿음의 창시자요 완성자이신 예수를
바라봅시다. 그는 자기 앞에 놓여 있
는 기쁨을 내다보고서, 부끄러움을
마음에 두지 않으시고, 십자가를 참
으셨습니다. 그리하여 그는 하나님
의 보좌 오른쪽에 앉으셨습니다.
3 자기에 대한 죄인들의 이러한 반항
을 참아내신 분을 생각하십시오. 그
리하면 여러분은 낙심하여 지치는
일이 없을 것입니다.
4 ○여러분은 죄와 맞서서 싸우지만,
아직 피를 흘리기까지 대항한 일은
없습니다.
5 또 여러분은, 하나님께서 여러분을
향하여 자녀에게 말하듯이 하신 이
권면을 잊었습니다.
㉣"내 아들아, 주님의 징계를 가
볍게 여기지 말고, 그에게 꾸지
람을 들을 때에 낙심하지 말아
라.
6 주님께서는 사랑하시는 사람을
징계하시고, 받아들이시는 아들
마다 채찍질하신다."
7 징계를 받을 때에 참아내십시오. 하
나님께서는 자녀에게 대하시듯이 여
러분에게 대하십니다. 아버지가 징
계하지 않는 자녀가 어디에 있겠습
니까?
8 모든 자녀가 받은 징계를 여러분이
받지 않는다고 하면, 여러분은 사생
아이지, 참 자녀가 아닙니다.
9 우리가 육신의 아버지도 훈육자로
모시고 공경하거든, 하물며 영들의
아버지께 복종하고 살아야 한다는
것은 더욱더 당연한 일이 아니겠습
니까?

12장 요약 앞장에서 믿음의 속성과 믿음의 선조들을 열거한 저자는 본장에서 어떻게 하면 믿음을 삶 속에서 역사하게 할 수 있는지를 설명해 준다. 신앙 성숙을 위한 노력(1-13절), 경건 훈련(14-17절), 그리고 신자의 특권에 합당한 생활(18-29절)이 그것이다. 그러므로 그리스도인의 생활은 푯대를 향하는 경주자의 삶이다.

12:1 갖가지 무거운 짐과 얽매는 죄 경주자는 상을 얻기 위해 경주에 불필요한 것들은 벗어 버려야 한다. 이와 같이 믿음의 경주자도 그들의 경주에 방해가 되는 생각·성격·행위(눅 21:34;롬 13:12-13;골 3:5)를 벗어 버려야 한다.

12:5-11 징계를 받을 때에 참아내십시오 이 부분은

㉠ 다른 고대 사본들에는 '시험을 당하고'가 첨가되어 있음 ㉡ 또는 '인정' ㉢ 다른 고대 사본들에는 '쉽게 빗나가게 하는' ㉣ 잠 3:11, 12(칠십인역)

10 육신의 아버지는 잠시 동안 자기들
의 생각대로 우리를 징계하였지만,
하나님께서는 우리를 자기의 거룩하
심에 참여하게 하시려고, 우리에게
유익이 되도록 징계하십니다.
11 무릇 징계는 어떤 것이든지 그 당시
에는 즐거움이 아니라 괴로움으로
여겨지지만, 나중에는 이것으로 훈
련받은 사람들에게 정의의 평화로운
열매를 맺게 합니다.
12 ○그러므로 여러분은 나른한 손과
힘 빠진 무릎을 일으켜 세우고,
13 ㉠똑바로 걸으십시오. 그래서 절름거
리는 다리로 하여금 삐지 않게 하고,
오히려 낫게 하십시오.

하나님의 은혜를 거역한 자들에게 주는 경고

14 ○모든 사람과 더불어 화평하게 지
내고, 거룩하게 살기를 힘쓰십시오.
거룩해지지 않고서는, 아무도 주님
을 뵙지 못할 것입니다.
15 ㉡하나님의 은혜에서 떨어져 나가는
사람이 아무도 없도록 주의하십시
오. 또 쓴 뿌리가 돋아나서 괴롭게
하고, 그것으로 많은 사람이 더러워
지는 일이 없도록 주의하십시오.
16 또 음행하는 자나, 음식 한 그릇에
장자권을 팔아넘긴 에서와 같은 속
된 사람이 생기지 않도록 주의하십
시오.
17 여러분이 알다시피, 에서는 그 뒤에
축복을 상속받기를 원하였으나, 거
절당하였습니다. 그는 눈물을 흘리
면서 구하였건만, ㉢회개할 기회를
얻지 못하였습니다.
18 ○여러분이 나아가서 이른 곳은 시
내 산 같은 곳이 아닙니다. 곧 만져
볼 수 있고, 불이 타오르고, 흑암과
침침함이 뒤덮고, 폭풍이 일고,
19 나팔이 울리고, 무서운 말소리가 들
리는 그러한 곳이 아닙니다. 그 말소
리를 들은 사람들은 자기들에게 더
말씀하시지 않기를 간청하였습니다.
20 ㉣"비록 짐승이라도 그 산에 닿으면,
돌로 쳐죽여야 한다" 하신 명령을 그
들이 견디어내지 못했기 때문입니다.
21 그 광경이 얼마나 무서웠던지, 모세
도 말하기를 ㉤"나는 두려워서 떨린
다" 하였습니다.
22 그러나 여러분이 나아가서 이른 곳
은 시온 산, 곧 살아 계신 하나님의
도성인 하늘의 예루살렘입니다. 여
러분은 축하 행사에 모인 수많은 천
사들과
23 하늘에 등록된 장자들의 집회와 만
민의 심판자이신 하나님과 완전하게
된 의인의 영들과
24 새 언약의 중재자이신 예수와 그가
뿌리신 피 앞에 나아왔습니다. 그
피는 아벨의 피보다 더 훌륭하게 말
해 줍니다.

잠언 3:11-12를 인용한 것으로, 징계를 인내로써 감수하라는 내용이다. 저자는 하나님의 징계를 육신의 아버지의 징계와 비교하면서, 하나님의 징계의 필요성을 말하고 있다.

12:15 하나님의 은혜에서 떨어져 나가는 '하나님의 은혜'는 하나님이 돌보신 결과이다. 그 결과란 주님을 뵈옵는 것, 곧 하늘의 복을 얻는 것이다. 하나님의 복은 그리스도에 대한 지식, 그리스도와의 교제이다. 그러므로 이 표현은 주님의 면전에서, 완고함으로 인하여 거룩하고 복된 상태에 이르지 못할까 두려워하라는 경고의 말씀이다.

12:23 완전하게 된 의인의 영들 여기서 '영들'이란 말을 사용한 것은 하나님을 '영들의 아버지'(9절)라고 제시했기 때문이다. 이 '영들'은 '완전하게 된 의인'이므로 천사들이 아니다. 완성자이신 예수님을 믿는 모든 사람들을 가리킨다.

㉠ 잠 4:26(칠십인역) ㉡ 신 29:18(칠십인역) ㉢ 또는 '아버지의 마음을 바꾸어 놓을 기회를' ㉣ 출 19:12, 13 ㉤ 신 9:19

25 여러분은 말씀하시는 분을 거역하지
않도록 조심하십시오. 그 사람들이
땅에서 경고하는 사람을 거역하였
을 때에, 그 벌을 피할 수 없었거든,
하물며 우리가 하늘로부터 경고하시
는 분을 배척하면, 더욱더 피할 길이
없지 않겠습니까?
26 그 때에는 그의 음성이 땅을 뒤흔들
었지만, 이번에는 그가 약속하시기
를, ㉠"내가 한 번 더, 땅뿐만 아니라
하늘까지도 흔들겠다" 하셨습니다.
27 이 '한 번 더'라는 말은 흔들리는 것
들 곧 피조물들을 없애버리는 것을
뜻합니다. 그렇게 하는 것은 흔들리
지 않는 것들이 남아 있게 하시려는
것입니다.
28 그러므로 우리는 흔들리지 않는 나
라를 받으니, 감사를 드립시다. 그리
하여, 경건함과 두려움으로 하나님
이 기뻐하시도록 그를 섬깁시다.
29 ㉡우리 하나님은 태워 없애는 불이십
니다.

하나님께서 기뻐하시는 제사

13 서로 사랑하기를 계속하십시
오.
2 나그네를 대접하기를 소홀히 하지
마십시오. 어떤 이들은 나그네를 대
접하다가, 자기들도 모르는 사이에
천사들을 대접하였습니다.
3 감옥에 갇혀 있는 사람들을 생각하
되, 여러분도 함께 갇혀 있는 심정으
로 생각하십시오. 여러분도 몸이 있
는 사람이니, 학대받는 사람들을 생
각해 주십시오.
4 ㉢모두 혼인을 귀하게 여겨야 하고,
잠자리를 더럽히지 말아야 합니다.
음행하는 자와 간음하는 자는 하나
님의 심판을 받을 것입니다.
5 돈을 사랑함이 없이 살아야 하고,
지금 가지고 있는 것으로 만족해야
합니다. 주님께서 친히 말씀하시기
를 ㉣"내가 결코 너를 떠나지도 않
고, 버리지도 않겠다" 하셨습니다.
6 그래서 우리는 담대하게 이렇게 말
합니다.

㉤"주님께서는 나를 도우시는
분이시니, 내게는 두려움이 없
다. 누가 감히 내게 손댈 수 있
으랴?"

7 ○여러분의 지도자들을 기억하십시
오. 그들은 여러분에게 하나님의 말
씀을 일러주었습니다. 그들이 어떻
게 살고 죽었는지를 살펴보고, 그 믿
음을 본받으십시오.
8 예수 그리스도께서는 어제나 오늘이
나 영원히 한결같은 분이십니다.
9 여러 가지 이상한 교훈에 끌려 다니
지 마십시오. ㉥음식 규정을 지키는
것으로 마음이 튼튼해지는 것이 아
니라, 은혜로 튼튼해지는 것이 좋습

13장 요약 성도의 생활 지침이 기록되어 있다. 성도는 서로(1절), 배우자(4절), 영적 지도자(7-8,17-21절)에 대해 사랑으로 대하고 질서를 따라 복종하여야 한다. 참된 성도는 하나님과의 관계와 대인관계가 진실해야 한다.

13:1-16 사회 생활에 영향을 미치는 권면(1-3절), 개인 생활에 영향을 미치는 권면(4-6절), 종교 생활에 영향을 미치는 권면(7-9절), 그리스도인에게 있는 새로운 제단(10-16절)에 관해 언급한다.

13:10 우리에게는 한 제단이 있습니다 '제단'이란 그리스도의 영원한 희생 제사를 가리킨다. 먹을 권리가 없습니다 속죄일의 희생 제물은 제사장들이 먹을 수 없었다. 그러나 우리는 제물을 먹을 수 있는 자들이 되었다(요 6:48-58). 따라서 우리의

㉠ 학 2:6, 21(칠십인역) ㉡ 신 4:24 ㉢ 또는 '모두에게 혼인은 귀하니, 잠자리는 더러운 것이 아닙니다' ㉣ 신 31:6, 8; 창 28:15; 수 1:5 ㉤ 시 118:6, 7(칠십인역) ㉥ 그, '음식으로가 아니라'

니다. 음식 규정에 매여서 사는 사
람들은 유익을 얻지 못했습니다.
10 ○우리에게는 한 제단이 있습니다.
그런데 유대교의 성전에서 섬기는
사람들은 우리의 이 제단에 놓은 제
물을 먹을 권리가 없습니다.
11 유대교의 제사의식에서 대제사장은
속죄제물로 드리려고 짐승의 피를
지성소에 가지고 들어가고, 그 몸은
진영 밖에서 태워버립니다.
12 그러므로 예수께서도 자기의 피로
백성을 거룩하게 하시려고 성문 밖
에서 고난을 받으셨습니다.
13 그러하므로 우리도 진영 밖으로 나
가 그에게로 나아가서, 그가 겪으신
치욕을 짊어집시다.
14 사실, 우리에게는 이 땅 위에 영원한
도시가 없고, 우리는 장차 올 도시
를 찾고 있습니다.
15 그러니 우리는 예수로 말미암아 끊
임없이 하나님께 찬미의 제사를 드
립시다. 이것은 곧 그의 이름을 고백
하는 입술의 열매입니다.
16 선을 행함과 가진 것을 나눠주기를
소홀히 하지 마십시오. 하나님께서
는 이런 제사를 기뻐하십니다.
17 ○여러분의 지도자들의 말을 곧이듣
고, 그들에게 복종하십시오. 그들은
여러분의 영혼을 지키는 사람들이
요, 이 일을 장차 하나님께 보고드
릴 사람들입니다. 그러므로 여러분
은 그들이 기쁜 마음으로 이 일을
하게 하고, 탄식하면서 하지 않게 해
주십시오. 그들이 탄식하면서 일하
는 것은 여러분에게 유익이 되지 못
합니다.
18 ○우리를 위하여 기도해 주십시오.
우리는 양심에 거리끼는 것이 한 점
도 없다고 확신합니다. 모든 일에 바
르게 처신하려고 합니다.
19 내가 여러분에게 좀더 속히 돌아가
게 되도록 기도하여 주시기를 더욱
간곡히 부탁드립니다.

축복과 작별 인사

20 ○영원한 언약의 피를 흘려서 양들
의 위대한 목자가 되신 우리 주 예수
를 죽은 사람들 가운데서 이끌어내
신 평화의 하나님이
21 여러분을 온갖 좋은 일에 어울리게
다듬질해 주셔서 자기의 뜻을 행하
게 해 주시기를 빕니다. 또 하나님께
서 예수 그리스도로 말미암아 ㉠우
리 가운데 자기가 기뻐하시는 바를
이루시기를 빕니다. 예수 그리스도
께 영광이 영원무궁히 있기를 빕니
다. 아멘.
22 ○㉡형제자매 여러분, 부디 이 권면의
말을 받아들이기를 권유합니다. 나
는 여러분에게 짤막하게 썼습니다.
23 우리 형제 디모데가 풀려나온 것을

특권은 옛 언약 아래의 제사장의 특권보다 우월한 것이다.

13:11 구약의 속죄예식 관한 규례이다(레 16:27).

13:12 거룩하게 하시려고 히브리서에서 '거룩하게 하다'라는 동사는 (그) '하기아조'이다. 그 뜻은 '죄책(罪責)을 제거하고 하나님을 섬길 수 있는 위치에 이르도록 하다'라는 것이다(2:11;9:13;10:10, 14,29). 그러나 바울 서신에서 '거룩하게 하다'라는 말은 윤리에 초점을 맞추고 있다. 이런 뜻에서 히브리서 저자가 이 말을 사용한 곳은 히브리서 12:14뿐이다.

13:16 이런 제사를 기뻐하십니다 여기서 말하는 제사란 '찬미의 제사'(15절)와 '친절과 사랑의 제사'를 가리킨다. 이런 삶의 제사는 야고보(약 1:27), 베드로(벧전 2:5), 바울(롬 12:1)에게도 나타난다.

13:18-19 우리를 위하여 기도해 주십시오 지도자들에게 순종하라는 권면(17절)에 이어 이 서신의

㉠ 다른 고대 사본들에는 '여러분에게' ㉡ 그, '형제들'

알려드립니다. 그가 속히 오면, 내가
그와 함께 여러분을 만나보게 될 것
입니다.
24 **○여러분의 모든 지도자와 성도에게**
문안하여 주십시오. 이탈리아에서
온 사람들이 여러분에게 문안합니
다.
25 **여러분 모두에게 은혜가 있기를 빕**
니다. ㉠

발신자를 위한 중보기도 요청이 나온다.

13:20-25 수신자들의 영적 안녕을 기원하고 진실하게 축복하며 서신을 끝맺는다.

13:20 양들의 위대한 목자 예수님은 자신을 양의 목자(요 10장)로 비유하셨다. 그분은 자신의 생명을 내어 주심으로 그의 양에게 영원한 생명을 주셨다. 예수님께서 위대한 목자로 불리신 것은 그의 교회 안에서 목자들, 곧 목사들로 불리는 모든 사람들의 목자장(牧者長)이 되시기 때문이다. 이는 예수님께서 레위 제사장과 구별되는 의미에서 '위대한 제사장'(10:21)으로 불리는 것과 같다.

13:22 권면의 말 히브리서의 성격이 '권면서'임을 보여 준다.

13:23 우리 형제 디모데가 풀려나온 것 디모데는 이 편지를 받는 이들에게 잘 알려져 있었다. 그는 저자가 편지를 기록할 당시에 감옥에서 석방되었다.

㉠ 다른 고대 사본들은 절 끝에 '아멘'이 있음

야고보서

저자 야고보(예수님의 동생)

저작 연대 A.D. 45–49년(전기 연대설) 또는 A.D. 60년경(후기 연대설) (1)전기 연대설(A.D. 45–49년): 본서에 이방 사람 성도들에 대한 언급이 전혀 없기 때문에 A.D. 49년에 열렸던 예루살렘 총회 이전에 쓰여졌다고 보는 견해이다. (2)후기 연대설: 바울의 '이신칭의' 교리를 잘못 이해한 성도들에게 믿음의 생활적인 측면을 가르치고자 로마서가 기록된 이후인 A.D. 60년경에 쓰여졌다고 보는 견해이다.

기록 장소와 대상 아마도 예루살렘에서 기록했을 것이며 여러 나라에 흩어진 12지파들, 즉 유대 그리스도인들을 대상으로 기록하였다.

핵심어 및 내용 핵심어는 '인내'와 '순수한 신앙'이다. 야고보는 인내가 흠 없는 주의 자녀가 되기 위하여 갖추어야 할 경건한 성품이며, 순수한 신앙이란 하나님 앞에서 올바르게 행동할 뿐만 아니라 세상에도 모범이 되는 삶을 사는 것이라고 말한다.

내용 분해

1. 인사말(1:1)
2. 시련과 시험(1:2–18)
3. 말씀의 경청과 행함(1:19–27)
4. 사회적인 차별을 금지(2:1–13)
5. 믿음과 행함(2:14–26)
6. 혀의 절제(3:1–12)
7. 참 지혜와 거짓 지혜(3:13–18)
8. 세속성에 대한 경고(4:1–17)
9. 압제하는 무리들을 경고(5:1–6)
10. 권고(5:7–20)

인사

1 하나님과 주 예수 그리스도의 종
인 야고보가 세계에 흩어져 사는
열두 지파에게 문안을 드립니다.

시험, 인내, 믿음, 지혜

2 ○나의 ㉠ 형제자매 여러분, 여러 가지
시험에 빠질 때에, 그것을 더할 나위
없는 기쁨으로 생각하십시오.
3 여러분은 믿음의 시련이 인내를 낳
는다는 것을 알고 있습니다.
4 여러분은 인내력을 충분히 발휘하
여, 조금도 부족함이 없이 완전하고
성숙한 사람이 되십시오.
5 ○여러분 가운데 누구든지 지혜가
부족하거든, 모든 사람에게 아낌없
이 주시고 나무라지 않으시는 하나
님께 구하십시오. 그리하면 받을 것
입니다.
6 조금도 의심하지 말고, 믿고 구해야
합니다. 의심하는 사람은 마치 바람
에 밀려서 출렁이는 바다 물결과 같
습니다.
7 그런 사람은 주님께로부터 아무것도
받을 생각을 하지 마십시오.
8 그는 두 마음을 품은 사람이요, 그
의 모든 행동에는 안정이 없습니다.

가난과 부요함

9 ○비천한 ㉡ 신도는 자기가 높아지게
된 것을 자랑하십시오.
10 ㉢ 부자는 자기가 낮아지게 된 것을
자랑하십시오. 부자는 풀의 꽃과 같
이 사라질 것이기 때문입니다.
11 해가 떠서 뜨거운 열을 뿜으면, 풀은
마르고 꽃은 떨어져서, 그 아름다운
모습은 사라집니다. 이와 같이, 부자
도 자기 일에 골몰하는 동안에 시들
어 버립니다.

시련과 극복

12 ○시험을 견디어 내는 사람은 복이
있습니다. 그 사람은 그의 참됨이 입
증되어서, 생명의 면류관을 받을 것
이기 때문입니다. 그것은 하나님을
사랑하는 사람들에게 약속된 것입

㉠ 그, '형제들' ㉡ 그, '형제' ㉢ 사 40:6-7(칠십인역)

니다.
13 시험을 당할 때에, 아무도 “내가 하
나님께 시험을 당하고 있다” 하고 말
하지 마십시오. 하나님께서는 ㉠악
에게 시험을 받지도 않으시고, 또 시
험하지도 않으십니다.
14 사람이 시험을 당하는 것은 각각 자
기의 욕심에 이끌려서, 꾐에 빠지기
때문입니다.
15 욕심이 잉태하면 죄를 낳고, 죄가 자
라면 죽음을 낳습니다.
16 ○나의 사랑하는 ㉡형제자매 여러분,
속지 마십시오.
17 온갖 좋은 선물과 모든 완전한 은사
는 위에서, 곧 빛들을 지으신 아버지
께로부터 내려옵니다. 아버지께는 이
러저러한 변함이나 회전하는 그림자
가 없으십니다.
18 그는 뜻을 정하셔서 진리의 말씀으
로 우리를 낳아주셨습니다. 그리하
여 그는 우리를 피조물 가운데 첫
열매가 되게 하셨습니다.

말씀을 들음과 실행함

19 ○사랑하는 ㉡형제자매 여러분, 여러
분은 이것을 알아두십시오. 누구든
지 듣기는 빨리 하고, 말하기는 더디
하고, 노하기도 더디 하십시오.
20 노하는 사람은 하나님의 의를 이루
지 못하기 때문입니다.
21 그러므로 더러움과 넘치는 악을 모
두 버리고, 온유한 마음으로 여러분
속에 심어주신 말씀을 받아들여야
합니다. 그 말씀에는 여러분의 영혼
을 구원할 능력이 있습니다.
22 ○말씀을 행하는 사람이 되십시오.
그저 듣기만 하여 자신을 속이는 사
람이 되지 마십시오.
23 말씀을 듣고도 행하지 않는 사람은
있는 그대로의 자기 얼굴을 거울 속
으로 들여다보기만 하는 사람과 같
습니다.
24 이런 사람은 자기의 모습을 보고 떠
나가서 그것이 어떠한지를 곧 잊어버
리는 사람입니다.
25 그러나 완전한 율법 곧 자유를 주
는 율법을 잘 살피고 끊임없이 그대
로 사는 사람은, 율법을 듣고서 잊어
버리는 사람이 아니라, 그것을 실행
하는 사람인 것입니다. 이런 사람은
그가 ㉢행한 일에 복을 받을 것입니
다.
26 ○누가 스스로 경건하다고 생각하면
서도, 혀를 다스리지 않고 자기 마음
을 속이면, 이 사람의 신앙은 헛된
것입니다.
27 하나님 아버지께서 보시기에 깨끗하
고 흠이 없는 경건은, 고난을 겪고
있는 고아들과 과부들을 돌보아주
며, 자기를 지켜서 세속에 물들지 않
게 하는 것입니다.

1장 요약 시험의 목적과 의미, 그 결과를 설명하며 고난당하는 사람들에게 위로와 소망을 주고 있다.

1:14–15 사람 안에 있는 죄의 본성은, 하나님의 뜻에 어긋나게 하여 죄를 짓게 한다. 이것은 결국 죽음의 결정적인 원인이 된다(롬 5:12).

1:21–25 속에 심어주신 말씀 22절의 '말씀'이나 25절의 '완전한 율법'과 같은 말로 복음을 가리키는데 이것은 거듭난 사람 속에 하나님이 심으신 것이다(참조. 1:18;렘 31:31–34).

1:26–27 당시 유대 사람들은 '경건'을 기도, 금식, 예배 참석 등과 같은 종교의 외적 표현과 관련하여 생각했다. 하지만 경건이란 바른 인격에서 나오는 절제된 언행, 소외된 이웃들에 대한 보살핌, 세속에 물들지 않는 삶이다.

㉠ 그, '악한 것들, 악한 일들' ㉡ 그, '형제들' ㉢ '행한 일로'로 번역할 수도 있음

약

차별을 경고함

2 나의 ㉠형제자매 여러분, 여러분은
영광의 우리 주 예수 그리스도를
믿고 있으니, 사람을 차별하여 대하
지 마십시오.
2 이를테면, 여러분의 회당에 화려한
옷을 입은 사람이 금반지를 끼고 들
어오고, 또, 남루한 옷을 입은 가난
한 사람도 들어온다고 합시다.
3 여러분이 화려한 옷차림을 한 사람
에게는 특별한 호의를 보이면서 "여
기 좋은 자리에 앉으십시오" 하고,
가난한 사람에게는 "당신은 거기 서
있든지, ㉡내 발치에 앉든지 하오" 하
고 말하면,
4 바로 여러분은 서로 차별을 하고, 나
쁜 생각으로 남을 판단하는 사람이
된 것이 아니고 무엇이겠습니까?
5 ○사랑하는 ㉠형제자매 여러분, 들으
십시오. 하나님께서는 세상의 가난
한 사람을 택하셔서 믿음에 부요한
사람이 되게 하시고, 하나님을 사랑
하는 이들에게 약속하신 그 나라의
상속자가 되게 하시지 않았습니까?
6 그런데 여러분은 가난한 사람을 업
신여겼습니다. 여러분을 압제하는
사람은 부자들이 아닙니까? 또 여러
분을 법정으로 끌고 가는 사람도 부
자들이 아닙니까?
7 여러분이 받드는 그 존귀한 이름을
모독하는 사람도 부자들이 아닙니
까?
8 여러분이 성경을 따라 ㉢"네 이웃을
네 몸같이 사랑하라"는 으뜸가는 법
을 지키면, 잘하는 일입니다.
9 그러나 여러분이 사람을 차별해서
대하면 죄를 짓는 것이요, 여러분은
율법을 따라 범법자로 판정을 받게
됩니다.
10 누구든지 율법 전체를 지키다가도
한 조목에서 실수하면, 전체를 범한
셈이 되기 때문입니다.
11 ㉣"간음하지 말라" 하신 분이 또한
㉤"살인하지 말라"고 말씀하셨습니
다. 어떤 사람이 간음은 하지 않는
다고 하더라도 살인을 하면, 결국 그
사람은 율법을 범하는 것입니다.
12 여러분은, 자유를 주는 율법을 따라
앞으로 심판을 받을 각오로, 말도 그
렇게 하고 행동도 그렇게 하십시오.
13 심판은 자비를 베풀지 않는 사람에
게는 무자비합니다. 그러나 자비는
심판을 이깁니다.

행함이 없는 믿음은 죽은 것이다

14 ○나의 ㉠형제자매 여러분, 누가 믿음
이 있다고 말하면서도 행함이 없으
면, 무슨 소용이 있겠습니까? 그런
믿음이 그를 구원할 수 있겠습니까?
15 어떤 형제나 자매가 헐벗고, 그 날
먹을 것조차 없는데,

2장 요약 교회 내의 차별을 강한 어조로 책망하며(1–13절), 행함이 동반된 참된 믿음의 본질을 설명한다(14–26절). 교회는 세상적인 기준으로 성도를 차별해서는 안 된다. 하나님께서 약한 자의 보호자가 되시기 때문이다.

2:1–13 성도가 마땅히 가져야 할 사회적 인간관계(1–7절)와 이 인간관계의 바탕이 되는 참된 기준을 제시하며(8–11절), 이 기준에 입각하여 심판을 받을 각오로 행동하라고 권면한다(12–13절).

2:1–4 성도들은 타인의 복장·사회적 신분·경제적 능력 등 외모에 근거하여 그를 판단·편애·차별 대우해서는 안 된다.

2:12 자유를 주는 율법 복음을 가리킨다. 속에 심어주신 말씀(1:21), 완전한 율법(1:25), 으뜸가는 법(2:8)과 같은 말이다.

㉠ 그, '형제들' ㉡ 그, '내 발판 밑에 앉으시오' ㉢ 레 19:18 ㉣ 출 20:14; 신 5:18 ㉤ 출 20:13; 신 5:17

16 여러분 가운데서 누가 그들에게 말
하기를 "평안히 가서, 몸을 따뜻하게
하고, 배부르게 먹으십시오" 하면서,
말만 하고 몸에 필요한 것들을 주지
않는다고 하면, 무슨 소용이 있겠습
니까?
17 이와 같이 믿음에 행함이 따르지 않
으면, 그 자체만으로는 죽은 것입니
다.
18 ○어떤 사람은 이렇게 말할 것입니다.
"너에게는 믿음이 있고, 나에게는 행
함이 있다. 행함이 없는 너의 믿음을
나에게 보여라. 그리하면 나는 행함
으로 나의 믿음을 너에게 보이겠다."
19 그대는 하나님께서 한 분이심을 믿
고 있습니다. 잘하는 일입니다. 그런
데 귀신들도 그렇게 믿고 떱니다.
20 아, 어리석은 사람이여, 그대는 행함
이 없는 믿음은 쓸모가 없다는 것을
알고 싶습니까?
21 우리 조상 아브라함이 자기 아들 이
삭을 제단에 바치고서 행함으로 의
롭게 된 것이 아닙니까?
22 그대가 보는 대로 믿음이 그의 행함
과 함께 작용을 한 것입니다. 그러므
로 행함으로 믿음이 완전하게 되었
습니다.
23 그래서 ㉠"아브라함이 하나님을 믿으
니, 하나님께서 그것을 아브라함의
의로움으로 여기셨다"고 한 성경 말
씀이 이루어졌고, 또 사람들이 그를
하나님의 벗이라고 불렀습니다.
24 여러분이 아는 대로, 사람은 행함으
로 의롭게 되는 것이지, 믿음으로만
되는 것이 아닙니다.
25 창녀 라합도 정탐꾼들을 접대하여
다른 길로 내보내서, 행함으로 의롭
게 된 것이 아닙니까?
26 영혼이 없는 몸이 죽은 것과 같이,
행함이 없는 믿음은 죽은 것입니다.

말에 실수가 없도록 하라

3 나의 ㉡형제자매 여러분, 여러분은
선생이 되려고 하는 사람이 많아
서는 안 됩니다. 여러분이 아는 대
로, 가르치는 사람인 우리가 더 큰
심판을 받을 것입니다.
2 우리는 다 실수를 많이 저지릅니다.
누구든지, 말에 실수가 없는 사람은
온 몸을 다스릴 수 있는 온전한 사
람입니다.
3 말을 부리려면, 그 입에 재갈을 물립
니다. 그리하여 우리는 말의 온 몸을
끌고 다닙니다.
4 보십시오. 배도 그렇습니다. 배가 아
무리 커도, 또 거센 바람에 밀려도,
매우 작은 키로 조종하여, 사공이 가
고자 하는 곳으로 끌고 갑니다.
5 이와 같이, 혀도 몸의 작은 지체이지
만, 엄청난 일을 할 수 있다고 자랑
을 합니다. ○보십시오, 아주 작은

2:13 자비는 심판을 이깁니다 만일 성도가 이웃에게 자비를 베푼다면, 하나님께서 심판 날에 그를 정죄하지 아니하시고 그에게 자비를 베푸실 것임을 의미한다(참조. 마 5:7;6:14;18:21-35).

2:14-26 아브라함이 하나님을 '믿음'으로써 의롭다 함을 받았고(2:23;창 15:6), 이삭을 제단에 드린 '행함'으로써 의롭다 함을 받은 것(2:21;창 22:1-19)과 같이, 성도의 믿음에 구체적인 행함이 동반될 때에 그 믿음이 온전하여진다는 것이다.

3장 요약 본장은 혀를 어떻게 잘 사용할 수 있는가에 대한 해답을 제공한다. 야고보는 혀의 폐해를 지적하고(4-5절) 아름답고 덕을 세우는 말만을 할 것을 요청한다. 후반부는 '믿음(지혜)과 행위의 일치'라는 본서의 주제를 거듭 강조하고 있다.

3:1 가르치는 사람인 우리가 가르치는 사람은 타인

㉠ 창 15:6; 사 41:8; 대하 20:7 ㉡ 그, '형제들'

불이 굉장히 큰 숲을 태웁니다.
6 그런데 혀는 불이요, 혀는 불의의 세
계입니다. 혀는 우리 몸의 한 지체이
지만, 온 몸을 더럽히며, ㉠ 인생의 수
레바퀴에 불을 지르고, 결국에는 혀
도 ㉡ 게헨나의 불에 타버립니다.
7 들짐승과 새와 기는 짐승과 바다의
생물들은 어떤 종류든지 모두 사람
이 길들이고 있으며 길들여 놓았습
니다.
8 그러나 사람의 혀를 길들일 수 있는
사람은 아무도 없습니다. 혀는 걷잡
을 수 없는 악이며, 죽음에 이르게
하는 독으로 가득 차 있습니다.
9 우리는 이 혀로 주님이신 아버지를
찬양하기도 하고, 또 이 혀로 하나님
의 형상대로 지음을 받은 사람들을
저주하기도 합니다.
10 또 같은 입에서 찬양도 나오고 저주
도 나옵니다. 나의 ㉢ 형제자매 여러
분, 이렇게 해서는 안됩니다.
11 샘이 한 구멍에서 단 물과 쓴 물을
낼 수 있겠습니까?
12 나의 ㉢ 형제자매 여러분, 무화과나무
가 올리브 열매를 맺거나, 포도나무
가 무화과 열매를 맺을 수 있겠습니
까? 마찬가지로 짠 샘은 단 물을 낼
수 없습니다.

하늘로부터 오는 지혜

13 ○여러분 가운데서 지혜 있고 이해
력이 있는 사람이 누구입니까? 그러
한 사람은 착한 행동을 하여 그의
행실을 나타내 보이십시오. 그 일은
지혜에서 오는 온유함으로 행하는
것이어야 할 것입니다.
14 여러분의 마음 속에 지독한 시기심
과 경쟁심이 있으면 자랑하지 말고,
진리를 거슬러 속이지 마십시오.
15 이러한 지혜는 위에서 내려온 것이
아니라, 땅에 속한 것이고, 육신에
속한 것이고, 악마에게 속한 것입니
다.
16 시기심과 경쟁심이 있는 곳에는 혼
란과 온갖 악한 행위가 있습니다.
17 그러나 위에서 오는 지혜는 우선 순
결하고, 다음으로 평화스럽고, 친절
하고, 온순하고, 자비와 선한 열매가
풍성하고, 편견과 위선이 없습니다.
18 정의의 열매는 평화를 이루는 사람
들이 평화를 위하여 그 씨를 뿌려서
거두어들이는 열매입니다.

세상과 벗함

4 무엇 때문에 여러분 가운데 싸움
이나 분쟁이 일어납니까? 여러분
의 지체들 안에서 싸우고 있는 육신
의 욕심에서 생기는 것이 아닙니까?
2 여러분은 욕심을 부려도 얻지 못하
면 살인을 하고, 탐내어도 가지지 못
하면 다투고 싸웁니다. 여러분이 얻
지 못하는 것은 구하지 않기 때문이

에게 큰 영향을 끼치기 때문에 하나님 앞에서 더 큰 책임을 추궁 받게 된다.

3:9-12 주님이신 아버지를 찬양하기도…저주하기도 합니다 유대 사람들이 하나님을 찬양 받으실 분이라고 하는 것은 거의 습관적이다(롬 1:25;9:5;고후 11:31). 실제로, '하나님은 찬양을 받으실 분이십니다'라는 말을 하루 세 번씩 외우면서도 이웃의 험담과 저주를 곁들여 토해 냈다. 이를 '샘'과 '나무'에 빗대어 그 이중적 언어의 부당함을 지적한다.

4장 요약 여기서 야고보는 욕심으로 인한 죄악된 생활이 어떤 것인지 기술한다. 사람들은 자신의 범죄와 실패의 원인을 외부의 환경이나 일에서 찾으려고 하지만 야고보는 영적인 간음과 교만이 곧 죄악된 생활로 발전한다고 했다.

4:1-10 본문은 사람들로 하여금 육신의 욕심을 좇고 세상과 벗 되게 하는 악마를 대적하고, 큰

㉠ 또는 '출생의 바퀴' 또는 '자연의 순환' ㉡ 지옥 불 ㉢ 그, '형제들'

요,
3 구하여도 얻지 못하는 것은 자기가
쾌락을 누리는 데에 쓰려고 잘못 구
하기 때문입니다.
4 간음하는 사람들이여, 세상과 벗함
이 하나님과 등지는 일임을 알지 못
합니까? 누구든지 세상의 친구가 되
려고 하는 사람은 하나님의 원수가
되는 것입니다.
5 "하나님께서는 우리 안에 살게 하신
그 영을 질투하실 정도로 그리워하
신다"라는 성경 말씀을 여러분은 헛
된 것으로 생각합니까?
6 그러나 하나님께서는 더 큰 은혜를
주십니다. 그러므로 성경에 이르기를
㉠"하나님께서는 교만한 자들을
물리치시고, 겸손한 사람들에게
은혜를 주신다"
하고 말합니다.
7 그러므로 하나님께 복종하고, 악마
를 물리치십시오. 그리하면 악마는
달아날 것입니다.
8 하나님께로 가까이 가십시오. 그리
하면 하나님께서 가까이 오실 것입
니다. 죄인들이여, 손을 깨끗이 하십
시오. 두 마음을 품은 사람들이여,
마음을 순결하게 하십시오.
9 여러분은 괴로워하십시오. 슬퍼하십
시오. 우십시오. 여러분의 웃음을
슬픔으로 바꾸십시오. 기쁨을 근심
으로 바꾸십시오.
10 주님 앞에서 자신을 낮추십시오. 그
리하면 주님께서 여러분을 높여주실
것입니다.

서로 비방하지 말라

11 ○㉡형제자매 여러분, 서로 헐뜯지 마
십시오. 자기 형제자매를 헐뜯거나
심판하는 사람은, 율법을 헐뜯고 율
법을 심판하는 것입니다. 그대가 율
법을 심판하면, 그대는 율법을 행하
는 사람이 아니라 율법을 심판하는
사람입니다.
12 율법을 제정하신 분과 심판하시는
분은 한 분이십니다. 그는 구원하실
수도 있고, 멸망시키실 수도 있습니
다. 도대체 그대가 누구이기에 이웃
을 심판합니까?

허망한 생각을 경고함

13 ○"오늘이나 내일 어느 도시에 가서,
일 년 동안 거기에서 지내며, 장사하
여 돈을 벌겠다" 하는 사람들이여,
들으십시오.
14 여러분은 내일 일을 알지 못합니다.
여러분의 생명이 무엇입니까? 여러
분은 잠깐 나타났다가 사라져버리는
안개에 지나지 않습니다.
15 도리어 여러분은 이렇게 말해야 할
것입니다. "주님께서 원하시면, 우리
가 살 것이고, 또 이런 일이나 저런
일을 할 것이다."

은혜를 주시는 하나님을 겸손과 순결의 자세로 가까이 할 것을 교훈하고 있다.

4:11-12 성도들이 서로를 비방하고 판단하는 행위는 '네 이웃을 네 몸과 같이 사랑하여라'(레 19:18; 마 22:39)는 율법을 범하는 것이며, 이는 곧 율법을 제정하신 하나님을 무시하고 비난하는 것을 의미한다. 따라서 성도들은 스스로 율법을 준행하기에 힘써야 할 뿐, 율법의 재판자 곧 하나님의 역할을 하려 해서는 안 된다(참조. 마 7:1-5;롬 2:1-2).

4:13-17 사람은 하나님과의 관계를 고려하지 않고, 일방적으로 자기 계획을 세우고 실현하려고 애쓰며, 이를 오히려 자랑한다. 본문은 헛된 자랑을 하지 말 것을 권면한다.

4:13 들으십시오 이 말은 독자나 청중의 주의를 환기시키는 말이다. 주로 구약에서 발견되는 용법이다(삿 19:6;왕하 4:24;사 43:6).

㉠ 잠 3:34(칠십인역) ㉡ 그, '형제들'

16 그런데 여러분은 지금 우쭐대면서
자랑하고 있습니다. 그와 같은 자랑
은 다 악한 것입니다.
17 그러므로 사람이 해야 할 선한 일이
무엇인지 알면서도 하지 않으면, 그
것은 그에게 죄가 됩니다.

부자에게 주는 경고

5 부자들은 들으십시오. 여러분에게
닥쳐올 비참한 일들을 생각하고
울며 부르짖으십시오.
2 여러분의 재물은 썩고, 여러분의 옷
들은 좀먹었습니다.
3 여러분의 금과 은은 녹이 슬었으니,
그 녹은 장차 여러분을 고발할 증거
가 될 것이요, 불과 같이 여러분의
살을 먹을 것입니다. 여러분은 세상
마지막 날에도 재물을 쌓았습니다.
4 보십시오, 여러분의 밭에서 곡식을
벤 일꾼들에게 주지 않고 가로챈 품
삯이 소리를 지르고 있습니다. 그래
서 그 일꾼들의 아우성소리가 전능
하신 주님의 귀에 들어갔습니다.
5 여러분은 이 땅 위에서 사치와 쾌락
을 누렸으며, 살육의 날에 마음을 살
찌게 하였습니다.
6 여러분은 의인을 정죄하고 죽였지
만, 그는 여러분에게 대항하지 않았
습니다.

인내와 기도

7 ○그러므로 ㉠ 형제자매 여러분, 주님
께서 오실 때까지 참고 견디십시오.
보십시오, 농부는 이른 비와 늦은
비가 땅에 내리기까지 오래 참으며,
땅의 귀한 소출을 기다립니다.
8 여러분도 참으십시오. 마음을 굳게
하십시오. 주님께서 오실 때가 가깝
습니다.
9 ㉠ 형제자매 여러분, 심판을 받지 않
으려거든, 서로 원망하지 마십시오.
보십시오, 심판하실 분께서 이미 문
앞에 서 계십니다.
10 ㉠ 형제자매 여러분, 주님의 이름으로
예언한 예언자들을 고난과 인내의
본보기로 삼으십시오.
11 보십시오. 참고 견딘 사람은 복되다
고 우리는 생각합니다. 여러분은 욥
이 어떻게 참고 견디었는지를 들었
고, 또 주님께서 나중에 그에게 어떻
게 하셨는지를 알고 있습니다. 주님
은 가여워하시는 마음이 넘치고, 불
쌍히 여기시는 마음이 크십니다.
12 ○나의 ㉠ 형제자매 여러분, 무엇보다
도 맹세하지 마십시오. 하늘이나 땅
이나 그 밖에 무엇을 두고도 맹세하
지 마십시오. 다만, "예" 해야 할 경
우에는 오직 "예" 라고만 하고, "아니
오" 해야 할 경우에는 오직 "아니오"
라고만 하십시오. 그렇게 해야 여러
분은 심판을 받지 않을 것입니다.
13 ○여러분 가운데 고난을 받는 사람

5장 요약 본장은 신자의 개인 윤리뿐 아니라 사회적인 문제까지도 주제로 삼고 있다. 특히 1-6절은 주종 간의 불공평한 소득 분배와 착취에 대해 강력히 경고한다. 이어서 야고보는 말세를 사는 성도들의 인내를 강조하고(7-11절), 사랑을 중심으로 상호 부조하는 삶을 살 것을 역설하였다.

㉠ 그, '형제들'

5:1-6 부자들의 죄는, 가난한 일꾼들의 품삯을 체불하고 향락 생활만을 즐기는 데 있다. 하지만 이들은 결국 주님의 재림시에 심판 받는다는 내용이다.

5:7-11 본문은 성도들이 불의한 세상 속에서도 낙망하지 말고, 주님께서 재림하셔서 심판하실 때까지 꾸준히 인내해야 한다는 것을 교훈한다.

5:11 욥 욥은 사탄의 시험 계획에 따라 그의 자녀들을 잃고, 전 재산을 빼앗겼을 뿐만 아니라, 건

이 있습니까? 그런 사람은 기도하십
시오. 즐거운 사람이 있습니까? 그
런 사람은 찬송하십시오.
14 여러분 가운데 병든 사람이 있습니
까? 그런 사람은 교회의 장로들을
부르십시오. 그리고 그 장로들은 주
님의 이름으로 그에게 기름을 바르
고, 그를 위하여 기도하여 주십시오.
15 믿음으로 간절히 드리는 기도는 병
든 사람을 낫게 할 것이니, 주님께서
그를 일으켜 주실 것입니다. 또 그가
죄를 지은 것이 있으면, 용서를 받을
것입니다.
16 그러므로 여러분은 서로 죄를 고백
하고, 서로를 위하여 기도하십시오.
그러면 여러분은 낫게 될 것입니다.
의인이 간절히 비는 기도는 큰 효력
을 냅니다.
17 엘리야는 우리와 같은 본성을 가진
사람이었지만, 비가 오지 않도록 해
달라고 간절히 기도하니, 삼 년 육
개월 동안이나 땅에 비가 내리지 않
았으며,
18 다시 기도하니, 하늘이 비를 내리고,
땅은 그 열매를 맺었습니다.
19 ○나의 ㉠형제자매 여러분, 여러분
가운데서 진리를 떠나 그릇된 길을
가는 사람이 있을 때에, 누구든지
그를 돌아서게 하는 사람은
20 이 사실을 알아두십시오. 죄인을 그
릇된 길에서 돌아서게 하는 사람은
그 죄인의 영혼을 죽음에서 구할 것
이고, 또 많은 죄를 덮어줄 것입니
다.

강을 상실하고 아내가 떠나 버리는 참혹한 시련을 당하였다. 그러나 욥은 끝까지 하나님을 원망하지 않고 인내함으로써 큰 복을 받았다(욥 1:21-22;2:10;42:10-17).

5:13-16 성도들은 믿음 안에서 산다 할지라도, 또한 바로 그 믿음 때문에 여러 가지 육체적·정신적·영적 고통을 겪게 된다. 이러한 경우에 성도들은 자신뿐 아니라 타인을 위해서도 서로 기도해야 한다.

5:14 기름이 의약품으로 사용된 기록은 이사야서 1:6과 누가복음서 10:34에서 찾을 수 있다.

5:19-20 그릇된 길을 가는 형제자매를 구할 것을 부탁하고 있다. 유혹에 빠진 영혼을 건져 내는 것이 그리스도인의 최고 임무이다.

5:20 본절은 그릇된 길을 가는 성도의 죄를 은폐하거나 묵과해준다는 것이 아니다. 용서해주고 기억하지 않는다는 뜻이다(참조. 시 32:1).

㉠ 그, '형제들'

베드로전서

저자 베드로

저작 연대 베드로가 실루아노(실라)의 도움을 받아 베드로전·후서를 기록했다(5:12). 본서의 저작 연대를 측정하려면 먼저 본서에 나타난 박해가 어느 시대에 있었던 박해인지 알아야 하는데, 보통 '네로 시대설'(A.D. 54-68년)이 가장 타당하다고 본다. 왜냐하면 베드로가 바울의 1차 투옥(A.D. 62-64년경) 후에 로마에 도착하였다고 보는 견해가 가장 설득력 있기 때문이다.

기록 장소와 대상 로마나 바빌론에서 쓰여졌으며 소아시아에 흩어져 있는 그리스도인들을 대상으로 썼다.

기록 목적 베드로전서는 극심한 박해를 받고 있는 성도들을 위로하고 격려하기 위해 썼다.

핵심어 및 내용 베드로전서에서는 성도들이 겪는 시련과 고통이 그들에게 영적인 영광을 가져다주는 축복의 기회라고 강조하고 있다.

내용 분해

1. 산 소망을 주신 하나님을 찬양(1:1-12)
2. 산 소망에 합당한 생활을 위한 권면(1:13-3:12)
3. 고난에 대한 교훈(3:13-5:11)
4. 문안과 축도(5:12-14)

인사

1 예수 그리스도의 사도인 베드로가, 본도와 갈라디아와 갑바도기아와 아시아와 비두니아에 흩어져서 사는 나그네들인, 택하심을 입은 이들에게 이 편지를 씁니다.
2 하나님 아버지께서 여러분을 미리 아시고 성령으로 거룩하게 해 주셔서, 여러분은 순종하게 되고, 예수 그리스도의 피 뿌림을 받게 되었습니다. 여러분에게 은혜와 평화가 더욱 가득 차기를 빕니다.

산 소망

3 ○우리 주 예수 그리스도의 하나님 아버지께 찬양을 드립시다. 하나님께서는 그 크신 자비로 우리를 새로 태어나게 하셨습니다. 그리하여 그는, 죽은 사람들 가운데서 예수 그리스도가 부활하심으로 말미암아 우리로 하여금 산 ㉠소망을 갖게 해 주셨으며,
4 썩지 않고 더러워지지 않고 낡아 없어지지 않는 유산을 물려받게 하셨습니다. 이 유산은 여러분을 위하여 하늘에 간직되어 있습니다.
5 하나님께서는 여러분의 믿음을 보시고 그의 능력으로 여러분을 보호해 주시며, 마지막 때에 나타나기로 되어 있는 구원을 얻게 해 주십니다.
6 그러므로 여러분이 지금 잠시동안 여러 가지 시련 속에서 어쩔 수 없이 슬픔을 당하게 되었다 하더라도 기뻐하십시오.
7 하나님께서는 여러분의 믿음을 단련하셔서, 불로 단련하지만 결국 없어지고 마는 금보다 더 귀한 것이 되게 하시며, 예수 그리스도께서 나타나실 때에 여러분에게 칭찬과 영광과 존귀를 얻게 해 주십니다.
8 여러분은 그리스도를 본 일이 없으면서도 사랑하며, 지금 그를 보지 못하면서도 믿으며, 말로 다 표현할 수 없는 즐거움과 영광을 누리면서 기뻐하고 있습니다.
9 여러분은 믿음의 목표 곧 여러분의 영혼의 구원을 받고 있는 것입니다.
10 ○예언자들은 이 구원을 자세히 살

㉠ 또는 '희망'

피고 연구하였습니다. 그들은 여러
분이 받을 은혜를 예언하였습니다.
11 누구에게 또는 어느 때에 이런 일이
일어날 것인지를 그들이 연구할 때
에, 그들 안에 계신 그리스도의 영이
그리스도에게 닥칠 고난과 그 뒤에
올 영광을 미리 증언하여 드러내 주
셨습니다.
12 예언자들은 자기들이 섬긴 그 일들
이, 자기들을 위한 것이 아니라 여러
분을 위한 것임을 계시로 알게 되었
습니다. 그 일들은 하늘로부터 보내
주신 성령을 힘입어서 여러분에게
복음을 전한 사람들이 이제 여러분
에게 선포한 것입니다. 그 일들은 천
사들도 보고 싶어하는 것입니다.

불러주심에 따르는 거룩한 생활

13 ○그러므로 여러분은 마음을 단단히
먹고 정신을 차려서, 예수 그리스도
께서 나타나실 때에 여러분이 받을
은혜를 끝까지 바라고 있으십시오.
14 순종하는 자녀로서 여러분은 전에
모르고 좇았던 욕망을 따라 살지 말
고,
15 여러분을 불러주신 그 거룩하신 분
을 따라 모든 행실을 거룩하게 하십
시오.
16 성경에 기록하기를 ㉠"내가 거룩하
니 너희도 거룩하여라" 하였습니다.
17 ○그리고 사람을 겉모양으로 판단하
지 않으시고 각 사람의 행위대로 심
판하시는 분을 여러분이 아버지라고
부르고 있으니, 여러분은 나그네 삶
을 사는 동안 두려운 마음으로 살아
가십시오.
18 여러분은 조상으로부터 물려받은 여
러분의 헛된 생활방식에서 해방되었
습니다. 여러분도 아시지만, 그것은
은이나 금과 같은 썩어질 것으로 된
것이 아니라,
19 흠이 없고 티가 없는 어린 양의 피와
같은 그리스도의 귀한 피로 되었습
니다.
20 하나님께서는 이 그리스도를 세상이
창조되기 전에 미리 아셨고, 이 마지
막 때에 여러분을 위하여 나타내셨
습니다.
21 여러분은 그리스도로 말미암아 하
나님을 믿고 있습니다. 하나님은 그
리스도를 죽은 사람 가운데서 살리
시고 그에게 영광을 주셨습니다. 그
래서 여러분의 믿음과 소망은 하나
님을 향해 있습니다.
22 ○여러분은 진리에 순종함으로 ㉡영
혼을 정결하게 하여서 꾸밈없이 서
로 사랑하기에 이르렀으니, [순결한]
마음으로 서로 ㉢뜨겁게 사랑하십시
오.
23 여러분은 다시 태어났습니다. 그것
은 썩을 씨로 그렇게 된 것이 아니

1장 요약 베드로는 소아시아 여러 지역 교회들에게 종말에 얻게 될 영화로운 유업을 제시함으로써 현재의 고난을 극복할 것을 권면한다.

1:1 아시아 에베소를 중심으로 버가모, 사데 등 일곱 교회가 위치하고 있던 에게해 연안 지방 일부를 가리킨다.

1:13 마음을 단단히 먹고 2절에 언급한 '산 소망'의 축복들을 누리기 위하여 '온 마음을 다 기울여' 성결한 생활을 하라는 뜻이다.

1:20 이 마지막 때 예수님의 초림과 재림 사이의 전 기간이 말세이다.

1:23 그리스도인의 중생(다시 태어남)은 성령의 사역으로 이루어진다(요 3:5;딛 3:5). 선포되는 하나님의 말씀과 함께 성령의 사역으로 죄인이 다시 태어나게 된다.

㉠ 레 11:44, 45; 19:2; 20:7 ㉡ 다른 고대 사본들에는 '성령(그, '영)을 통하여'가 더 있음 ㉢ 또는 '변함없이' 또는 '깊게'

라, 썩지 않을 씨 곧 ㉠살아 계시고
영원하신 하나님의 말씀으로 그렇게
되었습니다.
24 ㉡"모든 육체는 풀과 같고, 그 모
든 영광은 풀의 꽃과 같다. 풀은
마르고 꽃은 떨어지되,
25 주님의 말씀은 영원히 있다."
이것이 여러분에게 복음으로 전해진
말씀입니다.

살아 있는 돌과 거룩한 국민

2 그러므로 여러분은 모든 악의와
모든 기만과 위선과 시기와 온갖
비방하는 말을 버리십시오.
2 갓난 아기들처럼 순수하고 신령한
젖을 그리워하십시오. 여러분은 그
것을 먹고 자라서 구원에 이르러야
합니다.
3 여러분은 주님의 인자하심을 맛보았
습니다.
4 주님께 나아오십시오. 그는 사람에
게는 버림을 받으셨으나, 하나님께는
택하심을 받은 살아 있는 귀한 돌입
니다.
5 살아 있는 돌과 같은 존재로서 여러
분도 집 짓는 데 사용되어 신령한 집
이 됩니다. 그래서 여러분은 예수 그
리스도로 말미암아 하나님께서 기
쁘게 받으실 신령한 제사를 드리는
거룩한 제사장이 되십니다.
6 성경에 이런 말씀이 있습니다.
㉢"보아라, 내가 골라낸 귀한 모
퉁이 돌 하나를 시온에 둔다. 그
를 믿는 사람은 결코 부끄러움
을 당하지 않을 것이다."
7 그러므로 이 돌은 믿는 사람들인 여
러분에게는 귀한 것이지만, 믿지 않
는 사람들에게는,
㉣"집 짓는 자들이 버렸으나, 모
퉁이의 머릿돌이 된 돌"이요,
8 또한
㉤"걸리는 돌과 넘어지게 하는
바위"입니다.
그들이 걸려서 넘어지는 것은 말씀
을 순종하지 않기 때문이며, 또한 그
렇게 되도록 정해 놓으셨기 때문입
니다.
9 ○㉥그러나 여러분은 택하심을 받은
족속이요, 왕과 같은 제사장들이요,
거룩한 민족이요, 하나님의 소유가
된 백성입니다. 그래서 여러분을 어
둠에서 불러내어 자기의 놀라운 빛
가운데로 인도하신 분의 업적을, 여
러분이 선포하는 것입니다.
10 여러분이 전에는 하나님의 백성이
아니었으나, 지금은 하나님의 백성
이요, 전에는 자비를 입지 못한 사
람이었으나, 지금은 자비를 입은
사람입니다.

하나님의 종으로 살라

11 ○사랑하는 여러분, 나는 나그네와

2장 요약 1-12절에는 거룩한 삶을 실현하는 방법상의 문제를 다루고 있다. 즉, 성도는 주님의 말씀에 의지하여 그리스도의 충만하심의 경지에까지 자라가야 한다. 성도는 자신이 하나님의 성전인 것과 거룩한 제사장임을 염두에 두어야 한다. 한편, 11절부터는 국가와 주인(고용주)에 대한 개개인의 윤리를 다루고 있다.

2:4 살아 있는 귀한 돌 어원적으로는 '생명을 주는 돌'이며, 실제로는 예수님을 가리킨다.

2:5 신령한 집 성령께서 그들 안에 거하시는 그리스도인들을 가리킨다(고전 3:16;엡 2:22).

2:6-8 성경에 이런 말씀이 있습니다 이사야서 28:16과 시편 118:22, 그리고 이사야서 8:14을 인용한 것이다. 세 인용절에서 그리스도는 돌(반석)에 비

㉠ 또는 '하나님의 살아 있는 영원한 말씀으로' ㉡ 사 40:6-8(칠십인역) ㉢ 사 28:16(칠십인역) ㉣ 시 118:22(칠십인역) ㉤ 사 8:14 ㉥ 사 43:20; 출 19:5-6; 사 43:21

거류민 같은 여러분에게 권합니다.
영혼을 거슬러 싸우는 육체적 정욕
을 멀리하십시오.
12 여러분은 이방 사람 가운데서 행실
을 바르게 하십시오. 그렇게 해야 그
들은 여러분더러 악을 행하는 자라
고 욕하다가도, 여러분의 바른 행위
를 보고 하나님께서 찾아오시는 날
에 하나님께 영광을 돌릴 것입니다.
13 ○여러분은 인간이 세운 모든 제도
에 주님을 위하여 복종하십시오. 주
권자인 왕에게나,
14 총독들에게나, 그렇게 하십시오. 총
독들은 악을 행하는 사람에게 벌을
주고 선을 행하는 사람에게 상을 주
게 하려고 왕이 보낸 이들입니다.
15 선을 행함으로 어리석은 자들의 무
지한 입을 막는 것이 하나님의 뜻입
니다.
16 여러분은 자유인으로 사십시오. 그
러나 그 자유를 악을 행하는 구실로
쓰지 말고, 하나님의 종으로 사십시
오.
17 모든 사람을 존중하며, 믿음의 식구
들을 사랑하며, 하나님을 두려워하
며, 왕을 공경하십시오.

그리스도의 고난

18 ○하인으로 있는 여러분, 극히 두려
운 마음으로 주인에게 복종하십시
오. 선량하고 너그러운 주인에게만
아니라, 까다로운 주인에게도 그리하
십시오.
19 억울하게 고난을 당하더라도 하나님
을 생각하면서 괴로움을 참으면, 그
것은 아름다운 일입니다.
20 죄를 짓고 매를 맞으면서 참으면, 그
것이 무슨 자랑이 되겠습니까? 그러
나 선을 행하다가 고난을 당하면서
참으면, 그것은 하나님께서 보시기에
아름다운 일입니다.
21 ○바로 이것을 위하여 여러분은 부
르심을 받았습니다.
그리스도께서는 여러분을 위하
여 고난을 당하심으로써 여러
분이 자기의 발자취를 따르게
하시려고 여러분에게 본을 남겨
놓으셨습니다.
22 ㉠그는 죄를 지으신 일이 없고
그의 입에서는 아무런 거짓도
찾아볼 수 없었습니다.
23 그는 모욕을 당하셨으나 모욕으
로 갚지 않으시고, 고난을 당하
셨으나 위협하지 않으시고, 정의
롭게 심판하시는 이에게 다 맡
기셨습니다.
24 그는 우리 죄를 자기의 몸에 몸
소 지시고서, 나무에 달리셨습
니다. 그것은, 우리가 죄에는 죽
고 의에는 살게 하시려는 것이
었습니다. 그가 매를 맞아 상함

유되고 있으며, 이 돌에 대한 태도가 사람들의 삶을 결정짓게 된다.

2:9 택하심을 받은 족속 하나님의 택하신 백성을 말한다. 구약 시대에는 이스라엘 민족을, 신약 시대에는 영적 이스라엘인 성도들을 가리킨다.

2:11-12 성도는 이 땅의 나그네와 거류민으로서 본향 집을 항상 염두에 두어야 한다. 그들이 여행하고 있는 낯선 땅의 행습인 육체의 정욕을 따라 행하지 말아야 한다. 그리스도인이 바른 행실로 이방 사람들에게 훌륭한 모범을 보여, 이방 사람들이 회개하고 주님을 믿게 해야 한다.

2:18-25 초대 교회 시대에는 많은 그리스도인들이 노예의 신분으로 있었다. 당시의 노예 제도는 비인간적이어서, 그 제도가 존속해 있는 한 그리스도인 노예들은 믿음과 선행으로 많은 고난들을 인내해야 했다. 그것은 곧 고난의 종으로 사셨던 그리스도를 본받는 삶이기도 했기 때문이다.

㉠ 사 53:9

으로 여러분이 나음을 얻었습니
다.
25 전에는 여러분은 길 잃은 양과
같았으나, 이제는 여러분의 영혼
의 목자이며 감독이신 그에게로
돌아왔습니다.

아내와 남편

3 아내가 된 이 여러분, 이와 같이
여러분은 자기 남편에게 순복하십
시오. 그리하면 비록 말씀에 복종하
지 않는 남편일지라도, 말을 하지 않
고도 아내 여러분의 행실로 말미암
아 구원을 얻게 될 것입니다.
2 그들이 여러분의 경건하고 순결한
행실을 보고 그렇게 될 것입니다.
3 여러분은 머리를 꾸미며 금붙이를
달거나 옷을 차려 입거나 하여 겉치
장을 하지 말고,
4 썩지 않는 온유하고 정숙한 마음으
로 속 사람을 단장하도록 하십시오.
그것이 하나님께서 보시기에 값진
것입니다.
5 전에 하나님께 ㉠소망을 두고 살던
거룩한 여자들도 이와 같이 자기를
단장하고, 자기 남편에게 순복하였
습니다.
6 사라가 아브라함을 주인이라고 부르
면서 그에게 순종하던 것과 같습니
다. 여러분은 선을 행하고, 아무리
무서운 일도 두려워하지 않으니, 사
라의 딸이 된 것입니다.
7 ○남편이 된 이 여러분, 이와 같이 여
러분도 아내가 여성으로서 자기보다
연약한 그릇임을 이해하고 함께 살
아야 합니다. 그리고 생명의 은혜를
함께 상속받을 사람으로 알고 존중
하십시오. 그리해야 여러분의 기도
가 막히지 않을 것입니다.

의를 위한 고난

8 ○마지막으로 말합니다. 여러분은
모두 한 마음을 품으며, 서로 동정하
며, 서로 사랑하며, 자비로우며, 겸손
하십시오.
9 악을 악으로 갚거나 모욕을 모욕으
로 갚지 말고, 복을 빌어 주십시오.
여러분으로 하여금 복을 상속받게
하시려고, 하나님께서 여러분을 부
르셨습니다.
10 ㉡"생명을 사랑하고, 좋은 날을
보려고 하는 사람은 혀를 다스
려 악한 말을 하지 못하게 하며,
입술을 닫아서 거짓말을 하지
못하게 하여라.
11 악에서 떠나, 선을 행하며, 평화
를 추구하며, 그것을 좇아라.
12 주님의 눈은 의인들을 굽어보시
고, 주님의 귀는 그들의 간구를
들으신다. 그러나 주님은 악을
행하는 자들에게서는 얼굴을
돌리신다."

3장 요약 전반부는 아내와 남편들이 서로를 대함에 있어 아내는 남편에게 순복함으로, 남편은 아내를 이해하고 존중해야 함을 말하고, 후반부는 고난당하는 성도가 박해(자)에 대해 믿음으로 담대히 이겨내야 함을 주장한다.

3:1-6 그리스도인 아내들이 지켜야 할 의무이다. 소아시아 지방에서 복음을 받아들인 사람들은 주로 낮은 계급의 사람들과 부녀자들이었다.

3:4 속 사람 우리의 심령 속에 있는 그리스도의 형상을 닮아가려는 인격을 가리킨다.

3:7 연약한 그릇 이 말은 도덕적, 지적, 영적인 차이를 의미하는 말이 결코 아니다. 단지 육체적인 연약함을 뜻할 뿐이다.

3:16 선한 양심은 우리가 온전히 그리스도를 닮고자 하는 마음을 가리킨다.

3:19 옥 (그) '퓔라케'. 지옥을 가리킨다.

㉠ 또는 '희망' ㉡ 시 34:12(칠십인역)

벧전

13 ○그러므로 여러분이 열심으로 선한
일을 하면, 누가 여러분을 해치겠습
니까?
14 그러나 정의를 위하여 고난을 받으
면, 여러분은 복이 있습니다. ㉠그들
의 위협을 무서워하지 말며, 흔들리
지 마십시오.
15 다만 여러분의 마음 속에 그리스도
를 주님으로 모시고 거룩하게 대하
십시오. 여러분이 가진 희망을 설명
하여 주기를 바라는 사람에게는, 언
제나 답변할 수 있게 준비를 해 두십
시오.
16 그러나 온유함과 두려운 마음으로
답변하십시오. 선한 양심을 가지십
시오. 그리하면 그리스도 안에서 행
하는 여러분의 선한 행실을 욕하는
사람들이, 여러분을 헐뜯는 그 일로
부끄러움을 당하게 될 것입니다.
17 하나님께서 바라시는 뜻이라면, 선
을 행하다가 고난을 받는 것이, 악을
행하다가 고난을 받는 것보다 낫습
니다.
18 그리스도께서도 죄를 사하시려고
단 한 번 죽으셨습니다. 곧 의인이
불의한 사람을 위하여 ㉡죽으신
것입니다. 그것은 그가 육으로는
죽임을 당하시고 영으로는 살리심
을 받으셔서 ㉢여러분을 하나님 앞
으로 인도하시려는 것입니다.
19 그는 영으로, 옥에 있는 영들에게
도 가셔서 선포하셨습니다.
20 그 영들은, 옛적에 노아가 방주를 지
을 동안에, 곧 하나님께서 아직 참고
기다리실 때에, 순종하지 않던 자들
을 말하는 것입니다. 그 방주에 들어
가 물에서 구원받은 사람은 겨우 여
덟 사람밖에 없었습니다.
21 그 물은 지금 여러분을 구원하는
㉣세례를 미리 보여준 것입니다. 세례
는 육체의 더러움을 씻어 내는 것이
아니라, 예수 그리스도의 부활을 힘
입어서 선한 양심이 하나님께 응답
하는 것입니다.
22 그리스도께서는 하늘로 가셔서 하나
님의 오른쪽에 계시니, 천사들과 권
세들과 능력들이 그에게 복종하고
있습니다.

하나님의 은혜를 맡은 선한 관리인

4 그리스도께서는 육신으로 ㉤고난
을 받으셨습니다. 여러분도 같은
마음으로 무장하십시오. 육신으로
고난을 받은 사람은 이미 죄와 인연
을 끊은 것입니다.
2 이제부터는, ㉥육신으로 살아갈 남
은 때를 인간의 욕정대로 살지 말
고, 하나님의 뜻대로 살아야 합니다.
3 여러분은 지난날에 이방 사람들이
하고 싶어하는 일을 하였으니, 곧 방
탕과 정욕과 술 취함과 환락과 연회

3:21 물은 세례를 상징하며, 세례는 구원을 상징하고 있다. 홍수는 노아 시대의 믿지 않는 사람들에게는 심판의 물이었지만 노아의 가족들에게는 구원의 물이었듯이, 예수님의 죽음과 부활 이후에 물로 받는 세례가 믿지 않는 사람들에게는 심판을, 성도에게는 구원을 상징하고 있는 것이다.

㉠ 또는 '그들이 무서워하는 것을 무서워하지 마십시오'. 사 8:12 ㉡ 다른 고대 사본들에는 '고난을 받으신' ㉢ 다른 고대 사본들에는 '우리를' ㉣ 또는 '침례' ㉤ 다른 고대 사본들에는 '우리를 위하여' 또는 '여러분을 위하여' ㉥ 이 세상에서의 삶

4장 요약 본장은 고난 속에서 구원받은 성도의 삶의 태도를 다룬다. 그들은 고난 중에서도 새로운 피조물로서의 변화된 삶, 즉 거룩한 삶을 산다. 특히 12-19절은 성도가 고난을 연단의 기회로, 하나님 나라 상급의 상속의 기회로 삼아야 함을 강조한다.

4:6 죽은 사람들에게도 사람이 죽은 후에도 복음을 들을 수 있다는 말이 아니라, 베드로 당시에

와 가증스러운 우상숭배에 빠져 살
아 왔습니다. 그것은 지나간 때로 충
분합니다.
4 그들은 여러분이 자기들과 함께 그
런 지나친 방종에 빠지지 않는 것을
이상히 여기면서, 여러분을 비방합니
다.
5 그들은 산 사람과 죽은 사람을 심판
하실 분에게 사실을 죄다 아뢰어야
합니다.
6 죽은 사람들에게도 복음이 전해진
것은, 그들이 육신으로는 모든 사람
이 심판받는 대로 심판을 받으나, 영
으로는 하나님을 따라 살게 하려는
것입니다.
7 ○만물의 마지막이 가까이 왔습니
다. 그러므로 정신을 차리고, 삼가
조심하여 기도하십시오.
8 무엇보다도 먼저 서로 뜨겁게 사랑
하십시오. 사랑은 허다한 죄를 덮어
줍니다.
9 불평 없이 서로 따뜻하게 대접하십
시오.
10 각 사람은 은사를 받은 대로 하나님
의 여러 가지 은혜를 맡은 선한 관리
인으로서 서로 봉사하십시오.
11 말을 하는 사람은 하나님의 말씀을
전파하는 사람답게 하고, 봉사하는
사람은 하나님께서 주시는 힘으로
봉사하는 사람답게 하십시오. 그리
하면 하나님이 모든 일에 예수 그리
스도로 말미암아 영광을 받으실 것
입니다. 영광과 권세가 영원무궁하
도록 그에게 있습니다. 아멘.

그리스도인이 받을 고난

12 ○사랑하는 여러분, 여러분을 시험
하려고 시련의 불길이 여러분 가운
데 일어나더라도, 무슨 이상한 일이
나 생긴 것처럼 놀라지 마십시오.
13 그만큼 여러분은 그리스도의 고난
에 동참하는 것이니, 기뻐하십시오.
그러면 그의 영광이 나타날 때에 여
러분은 또한 기뻐 뛰며 즐거워하게
될 것입니다.
14 여러분이 그리스도의 이름으로 모
욕을 당하면 복이 있습니다. ㉠영광
의 영 곧 하나님의 영이 여러분 위에
머물러 계시기 때문입니다.㉡
15 여러분 가운데에 아무도 살인자나
도둑이나 악을 행하는 자나 남의 일
을 간섭하는 자로서 고난을 당하는
일이 없도록 하십시오.
16 그러나 그리스도인으로서 고난을 당
하면 부끄러워하지 말고, 도리어 그
이름으로 하나님께 영광을 돌리십시
오.
17 하나님의 집에서부터 심판을 시작할
때가 되었기 때문입니다. 심판이 우
리에게서 먼저 시작되면, 하나님의
복음에 순종하지 않는 자들의 마지

죽었던 사람들이 죽기 전에 이미 복음을 받았다는 말이다.

4:9 불평 없이 그 당시 성도들이 여행자나 가난한 이웃을 대접하는 일은 일반적인 관습이었다. 이때 업신여기거나 불평하지 말고 행하라는 권면이다. 주님께서 모두 갚아 주시기 때문이다.

4:11 하나님의 말씀을 전파하는 사람답게 이는 은사를 정당하고 정직하게 사용하는 한 가지 실례이다. 곧 성도의 입에서 나오는 모든 말은 하나님의 말씀인 성경과 일치해야 한다.

4:12 시련의 불길 불순물이 섞인 금속을 뜨거운 불 속에 넣어 단련하듯이, 그리스도인들의 순수하고 고상한 믿음을 위해 하나님께서 허락하시는 시련들을 말한다(참조. 1:7;고전 10:13).

4:17 하나님의 집은 교회이다(딤전 3:15).

㉠ 다른 고대 사본들에는 '영광과 능력의' ㉡ 다른 고대 사본들에는 '그들 편에서 보면 그가 모독을 받지만, 여러분의 편에서 보면 그는 영광을 받습니다'가 첨가되어 있음

막이 어떠하겠습니까?
18 ㉠"의인도 겨우 구원을 받으면,
경건하지 않은 자와 죄인은 어떻
게 되겠습니까?"
19 그러므로 하나님의 뜻을 따라 고난
을 받는 사람은, 선한 일을 하면서
자기의 영혼을 신실하신 조물주께
맡기십시오.

하나님의 양 떼를 돌보십시오

5 나는 여러분 가운데 장로로 있는
이들에게, 같은 장로로서, 또한 그
리스도의 고난의 증인이요 앞으로
나타날 영광을 함께 누릴 사람으로
서 권면합니다.
2 여러분 가운데 있는 하나님의 양 떼
를 먹이십시오.㉡ 억지로 할 것이 아
니라, ㉢하나님의 뜻을 따라 자진하
여 하고, 더러운 이익을 탐하여 할 것
이 아니라, 기쁜 마음으로 하십시오.
3 여러분은 여러분이 맡은 사람들을
지배하려고 하지 말고, 양 떼의 모범
이 되십시오.
4 그러면 목자장이 나타나실 때에 변
하지 않는 영광의 면류관을 얻을 것
입니다.
5 ○젊은이 여러분, 이와 같이 여러분
도 ㉣나이가 많은 이들에게 복종하
십시오. 모두가 서로서로 겸손의 옷
을 입으십시오.
㉤하나님께서는 교만한 자를 물
리치시고, 겸손한 사람에게 은
혜를 베푸십니다.
6 ○그러므로 여러분은 하나님의 능력
의 손 아래로 자기를 낮추십시오. 때
가 되면, 하나님께서 여러분을 높이
실 것입니다.
7 여러분의 걱정을 모두 하나님께 맡
기십시오. 하나님께서는 여러분을
돌보고 계십니다.
8 ○정신을 차리고, 깨어 있으십시오.
여러분의 원수 ㉥악마가, 우는 사자
같이 삼킬 자를 찾아 두루 다닙니다.
9 믿음에 굳게 서서, ㉥악마를 맞서 싸
우십시오. 여러분도 아는 대로, 세
상에 있는 여러분의 ㉦형제자매들도
다 같은 고난을 겪고 있습니다.
10 모든 은혜를 주시는 하나님, 곧 그리
스도 안에서 여러분을 자기의 영원
한 영광에 불러들이신 분께서, 잠시
동안 고난을 받은 여러분을 친히 온
전하게 하시고, 굳게 세워 주시고,
강하게 하시고, 기초를 튼튼하게 하
여 주실 것입니다.
11 권세가 영원히 하나님께 있기를 빕
니다. 아멘.

작별 인사

12 ○내가 신실한 형제로 여기는 실루
아노의 손을 빌려서 나는 여러분에
게 몇 마디 썼습니다. 이로써 나는
여러분을 격려하고 이것이 하나님의

5장 요약 교회가 고난에 처했을 때 성도들을 위로할 자는 교회 지도자들이다. 베드로는 이미 소아시아 지역의 일부 교회들에 환난이 도래했고, 조만간 대환난이 닥칠 상황을 염두에 두고 교회 지도자들의 책임을 언급하고 있다.

5:1-11 장로들에 대한 권면 교회의 지도자들에 대한 권면이다. 베드로는 양 떼를 잘 보살피는 일이 고난 중에 있는 교회에서 가장 중요한 일임을 강조한다. 특히 나태와 탐욕과 권위주의를 조심하라고 경고한다.

5:1 장로 (그) '프레스뷔테로스', '장로'라는 말은 나이와 관련시켜 불려진 호칭이었으나 점차 직위를 나타내는 칭호로 바뀌었다. 초기 교회의 장로 제도는 예루살렘 교회에서 시작되어 점차 모든 교

㉠ 잠 11:31(칠십인역) ㉡ 다른 고대 사본들에는 '그들을 잘 감독하십시오'가 있음 ㉢ 다른 고대 사본들에는 '하나님의 뜻을 따라'가 없음 ㉣ 또는 '장로들에게' ㉤ 잠 3:34(칠십인역) ㉥ 그, '훼방자' ㉦ 그, '형제의 관계'

참된 은혜라는 것을 증거합니다. 여
러분은 이 은혜 안에 든든히 서십시
오.
13 여러분과 함께 택하심을 받은 ㉠바
빌론에 있는 자매 교회와 나의 아들
마가가 여러분에게 문안합니다.
14 여러분도 사랑의 입맞춤으로써 서로
문안하십시오. 그리스도 안에 있는
여러분 모두에게 평화가 있기를 빕
니다.㉡

회로 퍼져갔다.

5:5 겸손의 옷을 입으십시오 성도들은 옷을 입듯이 겸손을 항상 입고 다녀야 한다.

5:12-14 문안과 작별 인사 본문은 결론과 마지막 인사이다. 베드로는 마지막으로 다시 한번 은혜로 말미암은 구원의 교리를 강조하며 확신시킨다.

5:12 실루아노 바울 서신과 베드로 서신에는 실루아노로 불렸지만, 사도행전에서는 실라로 불렸다. 그는 예루살렘 교회의 덕망있는 지도자 중의 한 사람이었다. 예루살렘 총회의 결의에 따라 바울과 같이 안디옥 교회에 파견되기도 했다(행 15:22, 27,32). 그리고 빌립보에서는 바울과 함께 감옥에 갇히기도 한 인물이다(행 16:19-40).

5:13 바빌론에 있는 자매 교회 이 곳은 베드로가 본 서신을 기록한 장소로 그 당시 세계를 지배하였던 수도 로마를 가리키는 상징적 표현이다.

㉠ 요한계시록에서처럼 로마를 가리킴 ㉡ 다른 고대 사본들에는 절 끝에 '아멘'이 있음

베드로후서

저자 베드로

저작 연대 A.D. 64–65년경. 베드로가 실루아노(실라)의 도움을 받아 베드로전·후서를 기록했다(벧전 5:12). 본서의 저작 연대를 측정하려면 먼저 본서에 나타난 박해가 어느 시대에 있었던 박해인지 알아야 하는데, 보통 '네로 시대설'(A.D. 54–68년)이 가장 타당하다고 본다. 왜냐하면 베드로가 바울의 1차 투옥(A.D. 62–64년경) 후에 로마에 도착하였다고 보는 견해가 가장 설득력 있기 때문이다.

기록 장소와 대상 로마나 바빌론에서 쓰여졌으며 소아시아에 흩어져 있는 그리스도인들을 대상으로 썼다.

기록 목적 베드로후서는 교회 안에 들어온 거짓 교사들의 유혹에 빠지지 않도록 예수님의 재림을 바라보며 믿음을 가지고 인내할 것을 권면하기 위해 썼다.

핵심어 및 내용 베드로후서에서는 그리스도에 대한 지식을 근거로 거짓된 가르침을 반박하며 자신들의 행위에 따라 심판을 받게 될 마지막 날에 대한 깊은 이해를 갖도록 해준다.

내용 분해

1. 그리스도를 아는 지식 안에서 성장하라는 권면 (1:1–21)
2. 거짓 교사들에 대한 경고(2–3장)

인사

1 예수 그리스도의 종이요 사도인
㉠ 시므온 베드로가, 우리 하나님과
구주 예수 그리스도의 의를 힘입어
서, 우리의 믿음과 같은 귀한 믿음을
받은 이들에게 이 편지를 씁니다.
2 하나님과 우리 주 예수를 앎으로써,
은혜와 평화가 여러분에게 더욱 풍
성하여지기를 바랍니다.

부르심과 선택하심

3 ○하나님께서는, 우리가 그를 앎으로
말미암아 생명과 경건에 이르게 하
는 모든 것을, 그의 권능으로 우리에
게 주셨습니다. 하나님은 우리를 부
르셔서 그의 영광과 덕을 누리게 해
주신 분이십니다.
4 그는 이 영광과 덕으로 귀중하고 아
주 위대한 약속들을 우리에게 주셨
습니다. 그것은 이 약속들로 말미암
아 여러분이 세상에서 정욕 때문에
부패하는 사람이 되는 것이 아니라,
하나님의 성품에 참여하는 사람이
되게 하시려는 것입니다.
5 그러므로 여러분은 열성을 다하여
여러분의 믿음에 덕을 더하고, 덕에
지식을 더하고,
6 지식에 절제를 더하고, 절제에 인내
를 더하고, 인내에 경건을 더하고,
7 경건에 신도간의 우애를 더하고, 신
도간의 우애에 사랑을 더하도록 하
십시오.
8 이런 것들이 여러분에게 갖추어지
고, 또 넉넉해지면, 여러분은 우리
주 예수 그리스도를 아는 일에 게으
르거나 열매를 맺지 못하는 사람이
되지 않을 것입니다.
9 그러나 이런 것들을 갖추지 못한 사
람은 근시안이거나 앞을 못 보는 사
람입니다. 이런 사람은 자기의 옛 죄
가 깨끗하여졌음을 잊어버린 것입니
다.
10 그러므로 ㉡ 형제자매 여러분, 더욱
더 힘써서, 여러분이 부르심을 받은
것과 택하심을 받은 것을 굳게 하십
시오. 그러면 여러분은 넘어지지 않
을 것입니다.
11 또한 여러분은, 우리의 주님이시며

㉠ 다른 고대 사본들에는 '시몬' ㉡ 그, '형제들'

구주이신 예수 그리스도의 영원한
나라에 들어갈 자격을 충분히 갖출
것입니다.
12 ○그러므로 비록 여러분이 이런 것
들을 알고 있고, 또 받은 진리에 굳
게 서 있지만, 나는 언제나 이런 것
들을 두고서 여러분을 일깨우려 합
니다.
13 나는, 이 육신의 장막에 사는 동안,
여러분의 기억을 일깨워서 분발하게
하는 것이 옳다고 생각합니다.
14 우리 주 예수 그리스도께서 나에게
보여주신 대로, 내가 ㉠육신의 장막
을 벗을 때가 멀지 않음을 알고 있기
때문입니다.
15 그리고 내가 세상을 떠난 뒤에도 언
제든지 여러분이 이런 일들을 기억할
수 있게 하려고 힘을 쓰고 있습니다.

그리스도의 영광과 예언자의 말

16 ○우리가 여러분에게 우리 주 예수
그리스도의 권능과 재림을 알려 드
린 것은, 교묘하게 꾸민 신화를 따라
서 한 것이 아닙니다. 우리는 그의
위엄을 눈으로 본 사람들입니다.
17 더없이 영광스러운 분께서 그에게
말씀하시기를 ㉡"이는 내 사랑하는
아들이요, 내가 좋아하는 아들이다"
하실 때에, 그는 하나님 아버지께로
부터 존귀와 영광을 받았습니다.
18 우리가 그 거룩한 산에서 그분과 함
께 있을 때에 우리는 이 말소리가 하
늘로부터 들려오는 것을 들었습니다.
19 또 우리에게는 더욱 확실한 예언의
말씀이 있습니다. 여러분의 마음 속
에서 날이 새고 샛별이 떠오를 때까
지, 여러분은 어둠 속에서 비치는 등
불을 대하듯이, 이 예언의 말씀에
주의를 기울이는 것이 좋습니다.
20 여러분이 무엇보다도 먼저 알아야
할 것은 이것입니다. 아무도 성경의
모든 예언을 제멋대로 해석해서는
안됩니다.
21 예언은 언제든지 사람의 뜻에서 나
온 것이 아니라, 사람들이 성령에 이
끌려서 하나님께로부터 오는 말씀
을 받아서 한 것입니다.

거짓 예언자들과 거짓 교사들 (유 4-13)

2 전에 이스라엘 백성 가운데 거짓
예언자들이 일어난 것과 같이, 여
러분 가운데도 거짓 교사들이 나타
날 것입니다. 그들은 파멸로 몰고 갈
이단을 몰래 끌어들일 것입니다. 그
래서 그들은 자기들을 값 주고 사신
주님을 부인하고, 자기들이 받을 파
멸을 재촉할 것입니다.
2 많은 사람이 ㉢그들을 본받아서 방
탕하게 될 것이니, 그들 때문에 진리
의 길이 비방을 받게 될 것입니다.
3 또 그들은 탐욕에 빠져 그럴 듯한 말
로 여러분의 호주머니를 털어 갈 것

1장 요약 베드로는 영적 성숙(믿음)이야말로 이단을 배격하는 원동력이 되고, 그 믿음은 반드시 말씀에 근거해야 함을 역설하고 있다.

1:4 하나님의 성품에 참여하는 사람 하나님께서 성도들에게 주신 성령을 통해 성도들이 하나님과 참된 영적 교제를 나누며(요 14:16-17,26) 또한 장차 나타날 영광과 축복에 참여하게 될 것임을 의미한다(롬 8:18).

2장 요약 베드로는 당시 교회 내에서 몰래 활동하던 거짓 교사들의 유래와 일반적 성격, 그리고 그들이 받을 심판을 언급함으로써 교인들의 주의를 환기시킨다. 거짓 교사는 물론이거니와 그들에게 미혹되어 배교한 사람들에게도 엄중한 심판이 내려질 것이다.

2:1 이단 (그) '하이레시스', 원래는 '잘못된 의견'이

㉠ 또는 '죽을 때가' ㉡ 마 17:5; 막 9:7; 눅 9:35 ㉢ 거짓 교사들

입니다. 하나님께서는 이미 오래 전
에 그들에게 내리실 심판을 정해 놓
으셨습니다. 파멸이 반드시 그들에
게 닥치고 말 것입니다.
4 ○하나님께서는 죄를 지은 천사들을
아끼지 않으시고, ㉠지옥에 던져서,
㉡사슬로 묶어, 심판 때까지 어두움
속에 있게 하셨습니다.
5 그는 또 옛 세계를 아까워하지 않으
시고, 경건하지 않은 자들의 세계를
홍수로 덮으셨습니다. 그 때에 그는
정의를 부르짖던 사람인 노아와 그
가족 일곱 사람만을 살려주셨습니
다.
6 그리고 소돔과 고모라 두 성을 잿더
미로 만들어 [멸망시키셔서], ㉢후세
에 경건하지 않은 자들에게 본보기
로 삼으셨습니다.
7 그러나 무법한 자들의 방탕한 행동
때문에 괴로움을 겪던 의로운 사람
롯은 구하여 내셨습니다.
8 그 의인은 그들 가운데서 살면서, 보
고 듣는 그들의 불의한 행실 때문에
날마다 그의 의로운 영혼에 고통을
느끼고 있었던 것입니다.
9 주님은 경건한 사람을 시련에서 건
져내시고, 불의한 사람을 벌하셔서,
심판 날까지 가두어두실 줄을 아십
니다.
10 특히 더러운 정욕에 빠져서 육체를
따라 사는 자들과, 권위를 멸시하는
자들을 그렇게 하실 것입니다. ○그
들은 대담하고 거만해서, 겁도 없이
하늘에 있는 ㉣영광스러운 존재들을
모욕합니다.
11 천사들은 그들보다 더 큰 힘과 능력
을 가지고 있으면서도, 주님 앞에서
그들을 비방하는 고발을 하지 아니
합니다.
12 그러나 그들은 본래 잡혀서 죽을 목
적으로 태어난 지각없는 짐승들과
같아서, 알지도 못하는 일들을 비방
합니다. 그러다가 그들은 짐승들이
멸망하는 것 같이 멸망을 당할 것입
니다.
13 그들은 자기들이 저지른 불의의 값
으로 해를 당합니다. 그들은 대낮에
흥청대면서 먹고 마시는 것을 낙으
로 생각합니다. 그들은 티와 흠 투성
이 인간들입니다. 그들은 여러분과
연회를 즐길 때에도, 자기들의 속임
수를 꾀하고 있습니다.
14 그들의 눈에는 간음할 상대자들밖
에 보이지 않습니다. 그들은 죄를 짓
기를 그치지 않습니다. 그들은 들뜬
영혼들을 유혹하며, 그들의 마음은
탐욕을 채우는 데에 익숙합니다. 그
들은 저주받은 자식들입니다.
15 그들은 바른 길을 버리고, 그릇된 길
로 갔습니다. 불의의 삯을 사랑한

란 뜻이다. 우리를 탈선의 길로 유혹하는 위험들을 가리킨다. **사신 주님을 부인하고** 이는 거짓 교사의 첫 번째 속성이다. 그리스도의 신성과 인성, 부활과 재림 등을 부인하는 것을 모두 포함한다.

2:9 심판 날까지 가두어두실 줄을 하나님께서는 재림의 심판 날까지 악을 '허락'하셨다. 그러나 하나님은 악이 어느 한계를 넘어서지 못하도록 정하시고, 악을 다스리신다(참조. 욥기).

2:10-22 거짓 교사들에 대한 직접적인 비난이다. 그들은 대담하고 거만하여 두려움 없이 주의 영광을 훼방했다. 그래서 베드로는 거짓 교사들을 이성 없이 본능으로만 살다가 죽는 짐승(12절)이라고 부른다.

2:15 발람 유프라테스 강가에 거주하던 브돌 사람 브올의 아들로서 메소포타미아의 유명한 점술

㉠ 그, '타르타루스(지하 세계)' ㉡ 다른 고대 사본들에는 '구덩이에 가두어' ㉢ 다른 고대 사본들에는 '경건하지 않을 자들에게 내릴 일의' ㉣ 또는 '천사들'. 그, '영광을'

㉠불의의 아들 발람의 길을 따라간
것입니다.
16 그러나 발람은 자기의 범죄에 대하
여 책망을 들었습니다. 말 못하는
나귀가 사람의 소리로 말하여 이 예
언자의 미친 행동을 막은 것입니다.
17 ○이 사람들은 물 없는 샘이요, 폭
풍에 밀려 가는 안개입니다. 그들에
게는 캄캄한 어둠이 마련되어 있습
니다.
18 그들은 허무맹랑하게 큰소리를 칩니
다. 그들은 그릇된 생활을 하는 자
들에게서 가까스로 빠져 나온 사람
들을 육체의 방종한 정욕으로 유혹
합니다.
19 그들은 사람들에게 자유를 약속하
지만, 자기들은 타락한 종이 되어 있
습니다. 누구든지 진 사람은 이긴 사
람의 종노릇을 하게 되는 것입니다.
20 사람들이 [우리의] 주님이시며 구주
이신 예수 그리스도를 앎으로 세상
의 더러운 것들에서 벗어났다가, 다
시 거기에 말려들어서 정복을 당하
면, 그런 사람들의 형편은 마지막에
더 나빠질 것입니다.
21 그들이 의의 길을 알고서도 자기들
이 받은 거룩한 계명을 저버린다면,
차라리 그 길을 알지 못했던 편이
더 좋았을 것입니다.
22 다음과 같은 속담이 그들에게 사실
로 들어맞았습니다.

㉡"개는 자기가 토한 것을 도로
먹는다." 그리고 "돼지는 몸을 씻
고 나서, 다시 진창에 뒹군다."

재림의 약속

3 사랑하는 여러분, 나는 여러분에
게 이 두 번째 편지를 쓰고 있습니
다. 두 편지로 나는 여러분의 기억을
되살려서, 여러분의 순수한 마음을
일깨우려고 합니다.
2 그렇게 해서, 거룩한 예언자들이 이
미 예언한 말씀과, 주님이신 구주께
서 여러분의 사도들을 시켜서 주신
계명을, 여러분의 기억 속에 되살리
려는 것입니다.
3 여러분이 무엇보다 먼저 알아야 할
것은 이것입니다. 마지막 때에 조롱
하는 자들이 나타나서, 자기들의 욕
망대로 살면서, 여러분을 조롱하여
4 이렇게 말할 것입니다. "그리스도가
다시 오신다는 약속은 ㉢어디 갔느
냐? 조상들이 ㉣잠든 이래로, 만물
은 창조 때부터 그러하였듯이 그냥
그대로다."
5 그들이 이렇게 말하는 것은, 하나님
의 말씀으로 하늘이 오랜 옛날부터
있었고, 땅이 물에서 나와 물로 말미
암아 형성되었다는 것과,
6 또 물로 그 때 세계가 홍수에 잠겨
망하여 버렸다는 사실을, 그들이 일

사였다(신 23:4-5). 이집트를 탈출한 이스라엘 자손이 모압 평지에 진 쳤을 때에, 모압 왕 발락은 이스라엘을 저주하기 위해 '불의의 삯', 곧 뇌물을 주고 발람을 불렀다. 그런데 도중에 발람은 하나님께서 나귀의 입을 통해 경고하신 말씀을 듣고, 오히려 이스라엘을 축복하였다(민 22-24장). 하지만 후에 발람은 악한 꾀를 내어 이스라엘 자손으로 하여금 범죄하게 하는 거짓 예언자 노릇을 하였다(민 31:16).

3장 요약 본장은 재림의 급박성을 강조하거나, 아예 재림 자체를 부인하는 거짓 교사들에 대한 기록이다. 이에 대해 베드로는 성도들에게 거짓 교사의 교설을 물리치고 종말에 이르기까지 순결한 생활을 유지해야 함을 강조한다.

㉠ 다른 고대 사본들에는 '브올' ㉡ 잠 26:11 ㉢ '어디 있느냐?', '어찌 되었느냐?'라고 번역할 수도 있음 ㉣ 또는 '죽은'

벧후

부러 무시하기 때문입니다.
7 그러나 지금 있는 하늘과 땅도 불사
르기 위하여 그 동일한 말씀으로 보
존되고 있으며, 경건하지 못한 자들
이 심판을 받아 멸망을 당할 날까지
유지됩니다.
8 ○사랑하는 여러분, 이 한 가지만은
잊지 마십시오. ㉠주님께는 하루가
천 년 같고, 천 년이 하루 같습니다.
9 어떤 이들이 생각하는 것과 같이, 주
님께서는 약속을 더디 지키시는 것
이 아닙니다. 도리어 여러분을 위하
여 오래 참으시는 것입니다. 하나님
께서는 아무도 멸망하지 않고, 모두
회개하는 데에 이르기를 바라십니
다.
10 그러나 주님의 날은 도둑같이 올 것
입니다. 그 날에 하늘은 요란한 소리
를 내면서 사라지고, 원소들은 불에
녹아버리고, 땅과 그 안에 있는 ㉡모
든 일은 드러날 것입니다.
11 이렇게 모든 것이 녹아버릴 터인데,
[여러분은] 어떠한 사람이 되어야
하겠습니까? 여러분은 거룩한 행실
과 경건한 삶 속에서
12 하나님의 날이 오기를 기다리고, 그
날을 앞당기도록 하여야 하지 않겠
습니까? 그 날에 하늘은 불타서 없
어지고, 원소들은 타서 녹아버릴 것
입니다.
13 그러나 우리는 주님의 약속을 따라
정의가 깃들여 있는 새 하늘과 새
땅을 기다리고 있습니다.
14 ○사랑하는 여러분, 여러분이 이것
을 기다리고 있으니, 티도 없고 흠도
없는 사람으로, 아무 탈이 없이 하
나님 앞에 나타날 수 있도록 힘쓰십
시오.
15 그리고 우리 주님의 오래 참으심이
구원을 위한 것이라고 생각하십시
오. 그것은 우리의 사랑하는 형제
바울이, 자기가 받은 지혜를 따라서
여러분에게 편지한 바와 같습니다.
16 바울은 모든 편지에서 이런 것을 두
고 말하고 있는데, 그 가운데는 알
기 어려운 것이 더러 있어서, 무식하
거나 믿음이 굳세지 못한 사람은, 다
른 성경을 잘못 해석하듯이 그것을
잘못 해석해서, 마침내 스스로 파멸
에 이르고 말 것입니다.
17 그러므로 사랑하는 여러분, 여러분
은 이 사실을 미리 알고, 불의한 자
들의 유혹에 휩쓸려서 자기의 확신
을 잃는 일이 없도록 주의하십시오.
18 우리의 주님이시며 구주이신 그리스
도 예수에 대한 지식과 그의 은혜
안에서 자라십시오. 이제도 영원한
날까지도 영광이 주님께 있기를 빕
니다. [아멘.]

3:1–7 베드로는 주님의 재림에 대한 확신을 다시 상기시켜주고 있다. 먼저 그는 거짓 교사들이 '그리스도가 다시 오신다는 약속은 어디 갔느냐?'(4절) 하며 사람들을 미혹할 것이라고 예언한다. 당시 성도들은 극심한 박해를 받고 있었다. 이 박해를 견디어낼 수 있는 토대가 바로 주님의 재림인 것이다. 그렇기 때문에 사탄은 이 점을 공격한다.
3:10 주님의 날은 도둑같이 올 것입니다 주님의 재림의 '때와 시간'은 아무도 정확하게 알 수 없다. 이단의 특징 중 하나가 바로 주님의 재림의 때를 정확하게 예언하는 것이다.
3:14–18 베드로의 마지막 훈계이다. 소아시아 교인들에게 거룩한 삶을 살며 산 소망을 바라보며 거짓 교사들에게 미혹당하지 말라고 경고한다.
3:14 힘쓰십시오 주께서는 이미 성도들에게 은혜와 평강을 주셨다. 성도가 스스로 거룩한 삶을 살려고 힘쓸 때 평강을 누리게 된다.

㉠ 시 90:4 ㉡ 다른 고대 사본들에는 '모든 것은 타버릴'

요한1서

저자 신약의 다른 편지들과는 달리 이 편지에는 저자가 누구인지 구체적으로 밝혀져 있지 않다. 그러나 초대 교회 대부분의 교부들의 증거에 따라 전통적으로 학자들은 요한복음서와 요한계시록을 기록한 사도 요한을 저자로 보고 있다.

저작 연대 요한복음서가 기록된 후인 A.D. 85–96년 사이라고 추정된다.

기록 장소와 대상 기록 장소는 요한이 말년을 지낸 에베소였을 것이다. 기록 대상은 모든 그리스도인들이며, 요한3서는 가이오에게 썼다.

기록 목적 사도 요한은 그노시스주의(영지주의)의 거짓된 가르침을 논박하고(2:26), 믿는 사람들에게 구원의 확신을 심어주기 위해(5:13) 이 편지를 썼다.

핵심어 및 내용 요한1서의 핵심어는 '교제'와 '사랑'이다. 요한1서에서 특별히 강조하고 있는 점은 그리스도인들이 하나님과 아름다운 교제를 하기 위해서는 하나님께 순종하고 진리를 추구하는 삶을 살아야 하며, 다른 사람들과 사랑의 교제를 나누어야 한다는 점이다.

내용 분해

1. 서론(1:1–4)
2. 하나님은 빛이시다(1:5–2:27)
3. 하나님은 의로우시다(2:28–4:6)
4. 하나님은 사랑이시다(4:7–5:12)
5. 결론(5:13–21)

생명의 말씀

1 이 글은 생명의 말씀에 관한 것입
니다. 이 생명의 말씀은 태초부터
계신 것이요, 우리가 들은 것이요,
우리가 눈으로 본 것이요, 우리가 지
켜본 것이요, 우리가 손으로 만져본
것입니다.
2 –이 생명이 나타나셨습니다. 우리는
그것을 보았습니다. 그래서 우리는
이 영원한 생명을 여러분에게 증언
하고 선포합니다. 이 영원한 생명은
아버지와 함께 계셨는데, 우리에게
나타나셨습니다.–
3 우리가 보고 들은 바를 여러분에게
도 선포합니다. 우리는 여러분도 우
리와 서로 사귐을 가지기를 바라는
것입니다. 우리의 사귐은 아버지와
또 그의 아들 예수 그리스도와 함께
하는 사귐입니다.
4 우리가 이 글을 쓰는 것은 ㉠우리 서
로의 기쁨이 차고 넘치게 하려는 것
입니다.

하나님은 빛이시다

5 ○우리가 그리스도에게서 들어서 여
러분에게 전하는 소식은 이것이니,
곧 하나님은 빛이시요, 하나님 안에
는 어둠이 전혀 없다는 것입니다.
6 우리가 하나님과 사귀고 있다고 말
하면서, 그대로 어둠 속에서 살아가
면, 우리는 거짓말을 하는 것이요,
진리를 행하지 않는 것입니다.
7 그러나 하나님께서 빛 가운데 계신
것과 같이, 우리가 빛 가운데 살아가
면, 우리는 서로 사귐을 가지게 되
고, 하나님의 아들 예수의 피가 우리
를 모든 죄에서 깨끗하게 해주십니
다.
8 우리가 죄가 없다고 말하면, 우리는
자기를 속이는 것이요, 진리가 우리
속에 없는 것입니다.
9 우리가 우리 죄를 자백하면, 하나님
은 신실하시고 의로우신 분이셔서,
우리 죄를 용서하시고, 모든 불의에
서 우리를 깨끗하게 해주실 것입니
다.
10 우리가 죄를 지은 일이 없다고 말하
면, 우리는 하나님을 거짓말쟁이로

㉠ 다른 고대 사본들에는 '여러분의'

만드는 것이며, 하나님의 말씀이 우
리 속에 있지 아니합니다.

그리스도는 우리의 중보자

2 나의 자녀 여러분, 내가 여러분에
게 이렇게 쓰는 것은, 여러분으로
하여금 죄를 짓지 않도록 하려는 것
입니다. 누가 죄를 짓더라도, 아버지
앞에서 변호해 주시는 분이 우리에
게 계시는데, 곧 의로우신 예수 그리
스도이십니다.
2 그는 우리 죄를 위한 화목제물이시
니, 우리 죄만 위한 것이 아니라 온
세상을 위한 것입니다.
3 우리가 하나님의 계명을 지키면, 이
것으로 우리가 하나님을 참으로 알
고 있음을 알게 됩니다.
4 하나님을 알고 있다고 하면서, 하나
님의 계명을 지키지 아니하는 사람
은 거짓말쟁이요, 그 사람 속에는 진
리가 없습니다.
5 그러나 누구든지 하나님의 말씀을
지키면, 그 사람 속에서는 하나님께
대한 사랑이 참으로 완성됩니다. 이
것으로 우리가 하나님 안에 있음을
압니다.
6 하나님 안에 있다고 하는 사람은 자
기도 그리스도께서 사신 것과 같이
마땅히 그렇게 살아가야 합니다.

새 계명

7 ○사랑하는 여러분, 내가 여러분에
게 써 보내는 것은, 새 계명이 아니
라, 여러분이 처음부터 가진 옛 계명
입니다. 그 옛 계명은 여러분이 들은
그 말씀입니다.
8 나는 다시 여러분에게 새 계명을 써
보냅니다. 이 새 계명은 하나님께도
참되고 여러분에게도 참됩니다. 어
둠이 지나가고, 참 빛이 벌써 비치고
있기 때문입니다.
9 빛 가운데 있다고 말하면서 자기 ㉠형
제자매를 미워하는 사람은 아직도
어둠 속에 있습니다.
10 자기 ㉠형제자매를 사랑하는 사람은
빛 가운데 머물러 있으니, 그 사람
앞에는 올무가 없습니다.
11 자기 ㉠형제자매를 미워하는 사람은
어둠 속에 있고, 어둠 속을 걷고 있
으니, 자기가 어디로 가는지를 알지
못합니다. 어둠이 그의 눈을 가렸기
때문입니다.
12 자녀 된 이 여러분, 내가 여러분
에게 이 글을 쓰는 까닭은, 그의
이름으로 여러분의 죄가 용서함을
받았기 때문입니다.
13 아버지 된 이 여러분, 내가 여러분
에게 이 글을 쓰는 까닭은, 여러분
이 태초부터 계신 분을 알고 있기
때문입니다. 젊은이 여러분, 내가
여러분에게 이 글을 쓰는 까닭은,
여러분이 이미 악한 자를 이겼기

1장 요약 요한은 선재(先在)하시고 실제 역사상에 성육신하신 그리스도를 전파하고 그분과의 교제를 증진하기 위해서 본서를 썼다.

2장 요약 본장에서는 우리를 변호해 주시는 예수 그리스도와 그리스도의 적대자에 대해서 언급한다. 하나님과 교제하는 성도들은 빛이신 하나님 안에 거하면서 그의 계명과 말씀을 준수하고 사랑을 실천한다. 이렇게 볼 때, 성도의 생활이란 바른 교리와 실천적 삶이 조화되어야 함을 알 수 있다.

2:2 화목제물 (그) '힐라스모스', '화해시킴'이란 뜻이다. 예수님이 인간의 범죄로 인해 생긴 하나님의 노여움을 가라앉히고 무효화시키기 위해 드려진 희생 제물이심을 말한다(시 130:4;히 2:17).

㉠ 그, '형제'

때문입니다.
14 어린이 여러분, 내가 여러분에게
이 글을 쓰는 까닭은, 여러분이 이
미 하늘 ㉠아버지를 알고 있기 때
문입니다. 아버지 된 이 여러분, 내
가 여러분에게 이 글을 쓰는 까닭
은, 여러분이 태초부터 계신 분을
알고 있기 때문입니다. 젊은이 여
러분, 내가 여러분에게 이 글을 쓰
는 까닭은, 여러분이 강하고 하나
님의 말씀이 여러분 속에 있어서,
여러분이 그 악한 자를 이겼기 때
문입니다.
15 ○여러분은 세상이나 세상에 있는
것들을 사랑하지 마십시오. 누가 세
상을 사랑하면, 그 사람 속에는 하
늘 ㉠아버지에 대한 사랑이 없습니다.
16 세상에 있는 모든 것, 곧 육체의 욕
망과 눈의 욕망과 세상 살림에 대한
자랑은 모두 하늘 ㉠아버지에게서
온 것이 아니라, 세상에서 온 것이기
때문입니다.
17 이 세상도 사라지고, 이 세상의 욕망
도 사라지지만, 하나님의 뜻을 행하
는 사람은 영원히 남습니다.

그리스도의 적대자

18 ○어린이 여러분, 지금은 마지막 때
입니다. 여러분이 그리스도의 적대
자가 올 것이라는 말을 들은 것과
같이, 지금 그리스도의 적대자가 많
이 생겼습니다. 그래서 우리는 지금
이 마지막 때임을 압니다.
19 그들이 우리에게서 갔지만, 그들은
우리에게 속한 자들이 아니었습니
다. 그들이 우리에게 속한 자들이었
더라면, 그들은 우리와 함께 그대로
남아 있었을 것입니다. 그러나 결국
에는 그들은 모두 우리에게 속한 자
들이 아니라는 사실이 드러나게 되
었습니다.
20 여러분은 거룩하신 분에게서 기름
부으심을 받아, ㉡모든 것을 알고 있
습니다.
21 여러분이 진리를 알지 못한다고 해
서 여러분에게 내가 이렇게 써 보내
는 것이 아닙니다. 오히려 여러분이
진리를 알고 있기 때문에, 그리고 또
한 여러분이 거짓은 모두 진리에서
나오지 않는다는 것을 알고 있기 때
문에 이렇게 써 보내는 것입니다.
22 누가 거짓말쟁이입니까? 예수가 ㉢그
리스도이심을 부인하는 사람이 아니
고 누구겠습니까? 아버지와 아들을
부인하는 사람이 곧 그리스도의 적
대자입니다.
23 누구든지 아들을 부인하는 사람은,
아버지를 모시고 있지 않은 사람이
요, 아들을 시인하는 사람은, 아버지
를 또한 모시고 있는 사람입니다.
24 여러분이 처음부터 들은 것을 여러

2:3–11 이 부분에서는 하나님과의 관계를 '사귐'이란 말 대신에 '앎(지식)'이란 말로 표현한다.

2:12–14 이 부분은 두 병행구로 나뉘어(12–13절과 14절), 각 부분의 호칭(자녀·아버지·젊은이–어린이·아버지·젊은이)이 다르게 되어 있다. 세 가지 호칭은 모든 그리스도인들이 겪는 신앙의 세 단계를 강조하기 위해 비유적으로 구분한 것이다.

2:18 마지막 때 이 말은 넓은 의미로는 예수님의 초림 이후 재림까지의 기간을 말하고, 좁은 의미로는 재림의 때를 말한다.

2:20 기름 여기서는 진리를 깨우쳐 주시는 성령님의 사역을 강조한다(요 14:17;15:26;16:13).

2:28–3:3 하나님의 자녀들의 소망을 말한다. 예수님의 다시 오심을 바라보면서 ① 소망을 가질 것과 ② 거룩한 생활을 할 것을 권면한다.

㉠ 하나님을 가리킴 ㉡ 다른 고대 사본들에는 '여러분은 모두 지식을 가지게 되었습니다' ㉢ 또는 '메시아'

분 속에 간직하십시오. 여러분이 처
음부터 들은 그것이 여러분 속에 있
으면, 여러분도 아들과 아버지 안에
있게 될 것입니다.
25 이것은 그가 친히 ㉠우리에게 주신
약속인데, 곧 영원한 생명입니다.
26 ○나는 여러분을 미혹하는 자들에
관하여 이렇게 썼습니다.
27 여러분으로 말하자면, 그가 기름 부
어 주신 것이 여러분 속에 머물러 있
으니, 여러분은 아무에게서도 가르
침을 받을 필요가 없습니다. 그가 기
름 부어 주신 것이 여러분에게 모든
것을 가르쳐 줍니다. 그리고 그 가르
침은 참이요, 거짓이 아닙니다. 여러
분은 그 가르침대로 언제나 ㉡그리스
도 안에 머물러 있으십시오.

하나님의 자녀

28 ○그러므로 자녀 된 이 여러분, 그리
스도 안에 머물러 있으십시오. 그렇
게 해야 그가 나타나실 때에 우리가
담대함을 가지게 될 것이며, 그가 오
실 때에 그 앞에서 부끄러움을 당하
지 않을 것입니다.
29 여러분이 하나님께서 의로우신 분임
을 알면, 의를 행하는 사람은 누구
나 다 하나님에게서 났음을 알 것입
니다.

3

1 아버지께서 우리에게 얼마나 큰
사랑을 베푸셨는지를 생각해 보십
시오. 하나님께서 우리를 자기의 자
녀라 일컬어 주셨으니 우리는 하나
님의 자녀입니다. 세상이 우리를 알
지 못하는 까닭은 하나님을 알지 못
하기 때문입니다.
2 사랑하는 여러분, 이제 우리는 하나
님의 자녀입니다. 앞으로 우리가 어
떻게 될지는 아직 밝혀지지 않았습
니다만, 그리스도께서 나타나시면,
우리도 그와 같이 될 것임을 압니다.
그 때에 우리가 그를 참모습대로 뵙
게 될 것이기 때문입니다.
3 그에게 이런 소망을 두는 사람은 누
구나, 그가 깨끗하신 것과 같이 자기
를 깨끗하게 합니다.
4 ○죄를 짓는 사람마다 불법을 행하
는 사람입니다. 죄는 곧 불법입니다.
5 여러분이 아는 대로, 그리스도께서
는 죄를 없애려고 나타나셨습니다.
그리스도는 죄가 없는 분이십니다.
6 그러므로 그리스도 안에 머물러 있
는 사람마다 죄를 짓지 않습니다. 죄
를 짓는 사람마다 그를 보지도 못한
사람이고, 알지도 못한 사람입니다.
7 자녀 된 이 여러분, 아무에게도 미혹
을 당하지 마십시오. 의를 행하는
사람은 하나님이 의로우신 것과 같
이 의롭습니다.
8 죄를 짓는 사람은 악마에게 속해 있
습니다. 악마는 처음부터 죄를 짓는

3장 요약 본장에서 요한은 하나님의 무조건적인 사랑을 언급함으로써 성도 간의 사랑의 당위성을 이끌어 내고 있다. 사랑의 실천 여부는 신자와 비신자를 판별한다(1–10절). 사랑은 자기 희생을 전제로 하는데 그 완벽한 모범은 그리스도이시다(16절). 본장에서 요한은 사랑의 신적 기원과 당위성을 강조한다(16–19절).

3:2 그와 같이 될 것 예수님과 동등시된다는 것이 아니라, 영적인 일체를 이룰 것을 뜻한다. 바울은 이것을 예수 그리스도의 '형상'으로 묘사한다(롬 8:29;고후 3:18;빌 3:21).

3:3 그가 깨끗하신 것과 같이 참조. 레 11:44;마 5:48. **깨끗하게 합니다** 구약의 제사 의식에 사용된 용어. 한 점의 흠도 없이 결백함을 뜻한다.

3:4 죄는 곧 불법입니다 율법은 모세의 율법만이 아니라 근본적으로 하나님의 뜻, 하나님의 계명

㉠ 다른 고대 사본들에는 '여러분에게' ㉡ 또는 '가르침 안에'

자이기 때문입니다. 하나님의 아들
이 나타나신 목적은 악마의 일을 멸
하시려는 것입니다.
9 하나님에게서 난 사람은 누구나 죄
를 짓지 않습니다. 하나님의 씨가 그
사람 속에 있기 때문입니다. 그는 죄
를 지을 수 없습니다. 그가 하나님에
게서 났기 때문입니다.
10 하나님의 자녀와 악마의 자녀가 여
기에서 환히 드러납니다. 곧 의를 행
하지 않는 사람과 자기 ㉠형제자매
를 사랑하지 않는 사람은 누구나 하
나님에게서 난 사람이 아닙니다.

서로 사랑하라

11 ○여러분이 처음부터 들은 소식은
이것이니, 곧 우리가 서로 사랑해야
한다는 것입니다.
12 우리는 가인과 같은 사람이 되지 말
아야 합니다. 그는 악한 자에게 속
한 사람이어서 자기 동생을 쳐죽였
습니다. 무엇 때문에 그는 동생을 쳐
죽였습니까? 그가 한 일은 악했는
데, 동생이 한 일은 의로웠기 때문입
니다.
13 ㉡형제자매 여러분, 세상이 여러분을
미워해도 이상히 여기지 마십시오.
14 우리가 이미 죽음에서 생명으로 옮
겨갔다는 것을 우리는 압니다. 이것
을 아는 것은 우리가 형제자매를 사
랑하기 때문입니다. 사랑하지 않는
사람은 죽음에 머물러 있습니다.
15 자기 ㉠형제자매를 미워하는 사람은
누구나 살인하는 사람입니다. 살인
하는 사람은 누구나 그 속에 영원한
생명이 머물러 있지 않다는 것을 여
러분은 압니다.
16 그리스도께서 우리를 위하여 자기
목숨을 버리셨습니다. 이것으로 우
리가 사랑을 알게 되었습니다. 그러
므로 우리도 ㉡형제자매를 위하여
목숨을 버리는 것이 마땅합니다.
17 누구든지 세상 재물을 가지고 있으
면서, 자기 ㉠형제자매의 궁핍함을
보고도, 마음 문을 닫고 도와주지
않으면, 어떻게 하나님의 사랑이 그
사람 속에 머물겠습니까?
18 자녀 된 이 여러분, 우리는 말이나
혀로 사랑하지 말고, 행동과 진실함
으로 사랑합시다.

하나님 앞에서 가지는 확신

19 ○이렇게 함으로써 우리는 우리가
진리에서 났음을 알게 될 것입니다.
또 우리는 하나님 앞에서 확신을 가
지게 될 것입니다.
20 우리가 마음에 가책을 받는다 하더
라도 우리는 그러한 확신을 가지게
될 것입니다. 하나님은 우리 마음보
다 크신 분이시고, 또 모든 것을 알
고 계시기 때문입니다.
21 사랑하는 여러분, 우리가 마음에 가

(2:4)을 가리킨다. 따라서 죄란 하나님의 뜻을 어기는 모든 생각이나 행동을 말한다.

3:11-18 그리스도인의 표지인 형제자매 간의 사랑을 말한다. *가인과* 예수 그리스도를 대조시켜 형제자매 간의 사랑이 어떤 것인지를 보여 준다.

3:15 미움은 근본적으로 살인과 같다. 미움이 심해지면 살인을 일으킬 수도 있을 뿐만 아니라, 미움이란 한 사람의 인격을 부정하는 것이기 때문에 도덕적으로 살인과 마찬가지다(마 5:21-22).

3:19-24 사랑의 열매는 ① 마음의 가책으로부터 평안을 얻게 하며(19-20절) ② 기도의 응답을 받으며(21-23절) ③ 하나님과의 친밀한 연합을 확신하게 해 주는(24절) 것이다.

3:23 예수 그리스도의 이름을 믿고 유대 사람들에게 있어서 이름은 곧 그 사람의 인격을 뜻한다. 본절은 예수 그리스도의 인격을 믿는다는 말이다. 요한은 사랑과 함께 믿음의 중요성을 강조한다.

㉠ 그, '형제' ㉡ 그, '형제들'

책을 받지 않으면, 우리는 하나님 앞
에서 담대함을 가지고 있는 것이요,
22 우리가 구하는 것은 무엇이든지 하
나님에게서 받을 것입니다. 우리가
하나님의 계명을 지키고, 하나님께
서 기뻐하시는 일을 하기 때문입니다.
23 하나님의 계명은 이것이니, 곧 그 아
들 예수 그리스도의 이름을 믿고, 그
리스도께서 우리에게 명하신 대로
서로 사랑하라는 것입니다.
24 그리스도의 계명을 지키는 사람은
그리스도 안에 있고, 그리스도께서
도 그 사람 안에 계십니다. 그리스도
께서 우리 안에 계시다는 것을, 그가
우리에게 주신 성령으로 우리는 압
니다.

하나님의 영과 그리스도의 적대자의 영

4 사랑하는 여러분, 어느 영이든지
다 믿지 말고, 그 영들이 하나님에
게서 났는가를 시험하여 보십시오.
거짓 예언자가 세상에 많이 나타났
기 때문입니다.
2 여러분은 하나님의 영을 이것으로
알 수 있습니다. 곧 예수 그리스도께
서 육신을 입고 오셨음을 시인하는
영은 다 하나님에게서 난 영입니다.
3 그러나 예수를 시인하지 않는 영은
다 하나님에게서 나지 않은 영입니
다. 그것은 그리스도의 적대자의 영
입니다. 여러분은 그 영이 올 것이라
는 말을 들었습니다. 그런데 그 영이
세상에 벌써 와 있습니다.
4 자녀 된 이 여러분, 여러분은 하나님
에게서 난 사람들이며, 여러분은 그
거짓 예언자들을 이겼습니다. 여러
분 안에 계신 분이 세상에 있는 자
보다 크시기 때문입니다.
5 그들은 세상에서 났습니다. 그런 까
닭에 그들은 세상에 속한 것을 말하
고, 세상은 그들의 말을 듣습니다.
6 우리는 하나님에게서 났습니다. 하
나님을 아는 사람은 우리의 말을 듣
고, 하나님에게서 나지 아니한 사람
은 우리의 말을 듣지 아니합니다. 이
것으로 우리는 진리의 영과 미혹의
영을 알아봅니다.

하나님은 사랑이시다

7 ○사랑하는 여러분, 서로 사랑합시
다. 사랑은 하나님에게서 난 것입니
다. 사랑하는 사람은 다 하나님에게
서 났고, 하나님을 압니다.
8 사랑하지 않는 사람은 하나님을 알
지 못합니다. 하나님은 사랑이시기
때문입니다.
9 하나님의 사랑이 우리에게 이렇게
드러났으니, 곧 하나님이 자기 외아
들을 세상에 보내주셔서 우리로 하
여금 그로 말미암아 살게 해주신 것
입니다.
10 사랑은 이 사실에 있으니, 곧 우리가

4장 요약 영 분별 능력을 강조하는 이유는 하나님의 영에 대한 바른 이해가 없이 참된 신앙이 될 수 없기 때문이다. 이러한 자는 그리스도의 적대자의 영에 미혹되어 신앙을 그르치기 쉽다. 13절부터는 사랑의 실천적 자세를 성령의 사역과 연관하여 거론하고 있다.

4:1–6 영혼을 절대 선으로, 육체를 절대 악으로 보아 예수 그리스도의 인성(人性)을 부인하는 그노시스주의(영지주의) 이단들은 자기들이 영감을 받았다고 주장했다. 그러나 그 영감이 참된 것인지 거짓된 것인지는 예수 그리스도께서 육신으로 오셨다는 사실을 시인하는가의 여부를 보아 알 수 있다.

4:7–12 사랑은 하나님께로부터 나오는 것이기 때문에 그분의 성품을 지닌 그리스도인의 특징은 사랑이어야 한다. 실천적인 사랑은 하나님의 자녀됨을 보여 주는 표시이다. 따라서 하나님은 사랑

하나님을 사랑한 것이 아니라, 하나
님이 우리를 사랑하셔서, 자기 아들
을 보내어 우리의 죄를 위하여 화목
제물이 되게 하신 것입니다.
11 사랑하는 여러분, 하나님께서 이렇
게까지 우리를 사랑하셨으니, 우리
도 서로 사랑해야 합니다.
12 지금까지 하나님을 본 사람은 없습
니다. 그러나 우리가 서로 사랑하면,
하나님이 우리 가운데 계시고, 또 하
나님의 사랑이 우리 가운데서 완성
된 것입니다.
13 ○하나님이 우리에게 자기 영을 나
누어 주셨습니다. 이것으로 우리가
하나님 안에 있고, 또 하나님이 우리
안에 계시다는 것을 우리는 압니다.
14 우리는 아버지께서 아들을 세상의
구주로 보내신 것을 보았고, 또 그것
을 증언합니다.
15 누구든지 예수를 하나님의 아들로
시인하면, 하나님이 그 사람 안에 계
시고, 그 사람은 하나님 안에 있습니
다.
16 우리는 하나님이 우리에게 베푸시는
사랑을 알았고, 또 믿었습니다.
○하나님은 사랑이십니다. 사랑
안에 있는 사람은 하나님 안에 있고
하나님도 그 사람 안에 계십니다.
17 사랑이 우리에게서 완성되었다는 사
실은 이 점에 있으니, 곧 우리로 하
여금 심판 날에 담대함을 가지게 하
려는 것입니다. 우리가 이렇게 담대
해지는 것은, 그리스도께서 사신 대
로 또한 우리도 이 세상에서 그렇게
살기 때문입니다.
18 사랑에는 두려움이 없습니다. 완전
한 사랑은 두려움을 내쫓습니다. 두
려움은 징벌과 관련이 있습니다. 두
려워하는 사람은 아직 사랑을 완성
하지 못한 사람입니다.
19 우리가 ㉠사랑하는 것은 하나님이 우
리를 먼저 사랑하셨기 때문입니다.
20 누가 하나님을 사랑한다고 하면서,
자기 ㉡형제자매를 미워하면, 그는
거짓말쟁이입니다. 보이는 자기 ㉡형
제자매를 사랑하지 않는 사람이 보
이지 않는 하나님을 사랑할 수 없습
니다.
21 하나님을 사랑하는 사람은 자기 ㉡형
제자매도 사랑해야 합니다. 우리는
이 계명을 주님에게서 받았습니다.

세상을 이기는 믿음

5 예수가 ㉢그리스도이심을 믿는 사
람은 다 하나님에게서 태어났습니
다. 낳아주신 분을 사랑하는 사람
은 다 그분이 낳으신 이도 사랑합니
다.
2 우리가 하나님을 사랑하고, 또 그 계
명을 지키면, 이로써 우리가 하나님
의 자녀를 사랑한다는 것을 압니다.

의 근원이요, 그리스도는 사랑의 계시이며, 형제자매 간의 사랑은 사랑의 실현이다.

4:17 그리스도께서 사신 대로 또한 우리도 그리스도인의 성품이 예수님의 사랑의 본성과 그의 순종의 행위와 같아질 것을 말한다.

4:20 성경은 하나님을 사랑하고, 동시에 이웃을 사랑하라고 한다. 눈에 보이는 하나님의 형상을 지닌 형제자매를 사랑하지 않는 사람이 보이지 않는 하나님을 사랑한다고 말하는 것은 거짓이다.

5장 요약 참된 사랑은 믿음에 기초한다. 믿음이 있어도 성도 간에 사랑하지 않거나, 사랑한다 하면서도 믿음에 충실하지 못하는 것은 성도의 취할 바가 아니다(1–5절). 사랑과 믿음, 이 두 가지를 갖춘 성도는 구원의 확신 속에서(6–13절), 승리의 삶을 영위한다(14–21절).

㉠ 다른 고대 사본들에는 '그를' 또는 '하나님을'이 첨가됨 ㉡ 그, '형제' ㉢ 또는 '메시아'

3 하나님을 사랑하는 것은 그 계명을
지키는 것입니다. 하나님의 계명은
무거운 짐이 아닙니다.
4 하나님에게서 태어난 사람은 다 세
상을 이기기 때문입니다. 세상을 이
긴 승리는 이것이니, 곧 우리의 믿음
입니다.
5 세상을 이기는 사람은 누구입니까?
예수가 하나님의 아들이심을 믿는
사람이 아니고 누구겠습니까?

아들에 관해서 증언함

6 ○그는 물과 피를 거쳐서 오신 분인
데, 곧 예수 그리스도이십니다. 그는
다만 물로써 오신 것이 아니라 물과
피로써 오셨습니다. 성령은 증언하
시는 분입니다. 성령은 곧 진리입니
다.
7 ㉠증언하시는 이가 셋인데,
8 곧 성령과 물과 피입니다. 이 셋은 일
치합니다.
9 우리가 사람의 증언도 받아들이거
늘, 하나님의 증언은 더욱더 큰 것이
아니겠습니까? 하나님의 증언은 이
것이니, 곧 하나님이 자기 아들에 관
해서 증언하셨다는 것입니다.
10 하나님의 아들을 믿는 사람은 그 증
언을 자기 속에 가지고 있습니다.
㉡하나님을 믿지 않는 사람은 하나
님을 거짓말쟁이로 만들었습니다.
하나님이 자기 아들에 관해서 증언
하신 그 증언을 믿지 않았기 때문입
니다.
11 그 증언은 이것이니, 곧 하나님이 우
리에게 영원한 생명을 주셨다는 것
과, 바로 이 생명은 그 아들 안에 있
다는 것입니다.
12 그 아들을 모시고 있는 사람은 생명
을 가지고 있고, 하나님의 아들을
모시고 있지 않은 사람은 생명을 가
지고 있지 않습니다.

영원한 생명을 아는 지혜

13 ○나는 하나님의 아들의 이름을 믿
는 사람들인 여러분에게 이 글을 씁
니다. 그것은 여러분이 영원한 생명
을 가지고 있다는 것을 알게 하려는
것입니다.
14 우리가 하나님에 대하여 가지는 담
대함은 이것이니, 곧 무엇이든지 우
리가 하나님의 뜻을 따라 구하면,
하나님은 우리의 청을 들어주신다
는 것입니다.
15 우리가 무엇을 구하든지 하나님이
우리의 청을 들어주신다는 것을 알
면, 우리가 하나님께 구한 것들은 우
리가 받는다는 것도 압니다.
16 ○누구든지 ㉢어떤 교우가 죄를 짓는
것을 볼 때에, 그것이 죽음에 이르게
하는 죄가 아니면, 하나님께 간구하
십시오. 그리하면 하나님은, 죽을 죄
는 짓지 않은 그 사람들에게 생명을

5:1-12 세상을 이기는 믿음 예수 그리스도는 참 구속자요, 믿는 사람에게 영원한 생명을 주시는 분이다. 따라서 예수님께서 그리스도이심을 믿는 사람만이 사랑의 계명을 지키며 세상을 이길 수 있다.

5:6 물과 피 '물'은 예수님의 세례를, '피'는 십자가의 죽으심을 가리킨다. 예수님께서 받으신 세례와 십자가에서의 죽으심을 역사적인 사실로 강조하는 말이다.

5:7 증언하시는 이가 셋인데 물과 피는 객관적 증언, 성령은 주관적 증언이다. 두세 사람 이상의 증언은 참된 것이라는 구약 율법의 관점에서 볼 때(신 17:6;요 8:17), 셋의 증언은 충분한 것이다.

5:11 하나님의 아들로서 그리스도의 사역은 영원한 생명을 선물로 주는 일이다(요 10:10,28;17:2).

㉠ 몇몇 사본에는 '하늘에서 증언하시는 세 분이 계십니다. 곧 아버지와 말씀과 성령이십니다. 이 셋은 하나입니다. 8. 땅에서 증언하는 셋이 있습니다. 곧 영과 물과 피입니다. 이 셋은 일치합니다.' ㉡ 다른 고대 사본들에는 '아들을' ㉢ 그, '자기의 형제'

주실 것입니다. 죽을 죄가 있습니다.
이 죄를 두고 간구하라고 하는 말이
아닙니다.
17 불의한 것은 모두 죄입니다. 그러나
죽음에 이르지 않는 죄도 있습니다.
18 ○하나님에게서 태어난 사람은 누구
든지 죄를 짓지 않는다는 것을, 우리
는 압니다. 하나님에게서 태어나신
분이 그 사람을 지켜주시므로, 악마
가 그를 해치지 못합니다.
19 우리가 하나님에게서 났다는 것을
우리는 압니다. 그런데, 온 세상은
악마의 세력 아래 놓여 있습니다.
20 하나님의 아들이 오셔서, 그 참되신
분을 알 수 있도록, 우리에게 이해력
을 주신 것을 우리는 압니다. 우리는
그 참되신 분 곧 하나님의 아들 예
수 그리스도 안에 있습니다. 이 분이
참 하나님이시요, 영원한 생명이십니
다.
21 자녀 된 이 여러분, 여러분은 우상을
멀리하십시오.㉠

5:13-21 믿음의 결과 예수 그리스도에 대한 바른 믿음의 결과로서 성도에게 주어지는 축복은 ① 영원한 생명(13절) ② 하나님 앞에서 담대히 나아가 기도할 수 있는 것(14절) ③ 하나님과의 참된 교제 가운데 확실히 응답받는 것(15절)임을 밝힌다.
5:18-20 성도들이 아는 세 가지의 확실한 진리에 대한 말이다. ① 하나님에게서 태어난 사람들의 특권(18절) ② 하나님의 자녀가 되었다는 사실(19절) ③ 하나님과의 교제를 통해 하나님을 아는 지식이 더해짐(20절).
5:20 이해력 참되고 영원하신 하나님에 대한 영적 통찰력을 뜻한다. **이 분이 참 하나님이시요** 그리스도의 신성(神性)을 확증하는 구절이다. 사도 요한은 참 하나님은 그리스도 안에서 우리에게 나타나신 분이심을 이미 선포했다.
5:21 우상을 멀리하십시오 영지주의 이단에 대한 결론적인 경계이다.

㉠ 다른 고대 사본들에는 절 끝에 '아멘'이 있음

요한2서

2 JOHN

저자 신약의 다른 편지들과는 달리 이 편지에는 저자가 누구인지 구체적으로 밝혀져 있지 않다. 그러나 초대 교회 대부분의 교부들의 증거에 따라 전통적으로 학자들은 요한복음서와 요한계시록을 기록한 사도 요한을 저자로 보고 있다.

저작 연대 요한복음서가 기록된 후인 A.D. 85–96년 사이로 추정

기록 장소와 대상 기록 장소는 요한이 말년을 지낸 에베소였을 것이다. 기록 대상은 모든 그리스도인들이며, 요한3서는 가이오에게 썼다.

기록 목적 본서는 그리스도인들이 잘 모르는 가운데 이단 사상의 전파에 협조하는 일이 없도록, 이단 전도자들을 잘 분별하라고 권면하기 위해 기록되었다.

핵심어 및 내용 요한2서의 핵심어는 '진리'와 '행함'이다. 진리 안에 있는 성도는 사랑과 참된 지식과 기쁨 가운데에서 생활해야 한다.

내용 분해

1. 인사(1:1–3)
2. 사랑의 계명(1:4–6)
3. 속이는 자에 대한 경계(1:7–11)
4. 결론(1:12–13)

인사

1 장로인 나는 택하심을 받은 ㉠믿
음의 자매와 그 자녀들에게 이 글
을 씁니다. 나는 여러분을 진정으로
사랑합니다. 나만이 아니라, 진리를
깨달은 모든 사람이 여러분을 사랑
합니다.
2 그것은 지금 우리 속에 있고, 또 영
원히 우리와 함께 할 그 진리 때문입
니다.
3 하나님 아버지와 아버지의 아들 ㉡예
수 그리스도께서 내려주시는 은혜
와 자비와 평화가 진리와 사랑으로
우리와 함께 있기를 빕니다.

진리와 사랑

4 ○그대의 자녀 가운데 우리가 아버
지께로부터 받은 계명대로 진리 안
에서 살아가는 이들이 있는 것을 보
고, 나는 매우 기뻐했습니다.
5 ㉠자매여, 지금 내가 그대에게 간청
하는 것은, 우리 모두가 서로 사랑하
자는 것입니다. 그렇지만 내가 새 계
명을 써 보내는 것이 아니라, 우리가
처음부터 가지고 있는 계명을 써 보
내는 것입니다.
6 사랑은 다름이 아니라 하나님의 계
명을 따라 사는 것입니다. 계명은 다
름이 아니라, 여러분이 처음부터 들
은 대로, 사랑 안에서 살아가야 한
다는 것입니다.
7 속이는 자들이 세상에 많이 나타났
기 때문입니다. 그들은 예수 그리스
도께서 육신을 입고 오셨음을 고백
하지 않습니다. 이런 자야말로 속이
는 자요, 그리스도의 적대자입니다.
8 여러분은 스스로 삼가서, ㉢우리가
수고하여 맺은 열매를 잃지 말고, 충
분히 포상을 받을 수 있도록 하십시
오.
9 지나치게 나가서 그리스도의 가르침
안에 머물러 있지 아니한 사람은 누
구든지, 하나님을 모시고 있지 아니
한 사람입니다. 그 가르침 안에 머물
러 있는 사람은 아버지와 아들을 다
모시고 있는 사람입니다.
10 누가 여러분을 찾아가서 이 가르침

㉠ 그, '부인' ㉡ 다른 고대 사본들에는 '주 예수 그리스도' ㉢ 다른 고대 사본들에는 '여러분이'

을 전하지 않으면, 그 사람을 집에
받아들이지도 말고, 인사도 하지 마
십시오.
11 그에게 인사하는 사람은, 그가 하는
악한 일에 동참하는 것입니다.

작별 인사

12 ○내가 여러분에게 쓸 말이 많지만,
그것을 종이와 먹으로 써 보내고 싶
지 않습니다. 내가 바라는 것은, 여
러분에게 가서, 얼굴을 마주보고 말
하여, 우리의 기쁨을 넘치게 하는 것
입니다.
13 택하심을 받은 그대 자매의 자녀들
이 그대에게 문안합니다.㉠

1장 요약 본서에서 요한은 하나님의 계명 안에 거할 것을 권면한다(1–6절). 또한 영지주의 이단들에 대해서는 그들을 집에 받아들이지도 말라(10절)며 강하게 경고한다.

1:3 은혜와 자비와 평화 이는 사람에 대한 하나님의 행위의 순서를 보여 준다. 곧 은혜로 시작된 하나님의 행위는 그 결과로 사람에게 평화를 가져다준다. 자비는 하나님의 은혜의 구체적 표현이다. 자비란 용어는 당시 기독교의 박해 상황을 유추하게 한다.

1:4–11 사랑의 계명 본문은 서신의 목적을 나타낸 것으로 요한은 하나님께로부터 받은 계명에 순종하여 사랑을 더욱 실천할 것을 권면한다(4–6절). 그리스도의 적대자의 특징을 밝히고(7절), 이러한 이단에 미혹되지 않도록 경계한다(8–11절).

1:12 종이 갈대 종류의 풀로 만든 '파피루스'이다.

㉠ 다른 고대 사본들에는 절 끝에 '아멘'이 있음

요한3서

저자 사도 요한

저작 연대 요한복음서가 기록된 후인 A.D. 85–96년 사이로 추정

기록 장소와 대상 기록 장소는 요한이 말년을 지낸 에베소였을 것이다. 요한1서·2서의 기록 대상은 모든 그리스도인들이며, 요한3서는 가이오에게 썼다.

기록 목적 데메드리오에 의해 전달된 것으로 보이는 요한3서는 순회 전도자들의 보고에 기초하여 쓰여졌다. 그들은 사도 요한에게 돌아가 가이오와 데메드리오가 베푼 대접에 대해서 보고하였다. 교회의 지도자급에 있었던 디오드레베는 사도 요한의 권위에 도전하고 요한이 보낸 전도자들을 거부하였었다. 심지어 디오드레베는 그들을 받아들이려는 사람들을 교회에서 추방하기도 하였다. 사도 요한은 가이오를 칭찬하고, 디오드레베를 책망하기 위해 이 서신을 기록했다.

핵심어 및 내용 요한3서의 핵심어는 '기쁨'이다. 요한은 진리 안에서 꾸준히 신앙 생활을 잘하고 있는 가이오와 다른 성도들의 모습을 보고 기뻐하며, 그들이 순회 전도자들과 다른 믿는 성도들에게 베풀었던 친절과 대접이야말로 온 교회가 계속해서 감당해 나가야 할 귀한 사역이라고 말한다.

내용 분해

1. 인사(1:1–2)
2. 가이오를 칭찬함(1:3–8)
3. 디오드레베를 책망함(1:9–11)
4. 데메드리오를 칭찬함(1:12)
5. 결론(1:13–15)

인사

1 장로인 나는 사랑하는 가이오에
게 이 글을 씁니다. 나는 그대를
진정으로 사랑합니다.
2 ○사랑하는 이여, 나는 그대의 영혼
이 평안함과 같이, 그대에게 모든 일
이 잘 되고, 그대가 건강하기를 빕니
다.
3 ㉠신도들 몇이 와서, 그대가 진리 안
에서 살아가는 모습 그대로, 그대의
진실성을 증언해 주는 것을 듣고 나
는 매우 기뻐했습니다.
4 내 자녀들이 진리 안에서 살아가고
있다는 소식을 듣는 것보다 더 기쁜
일이 나에게는 없습니다.

협동과 방해

5 ○사랑하는 이여, 그대가 ㉠신도들을,
더욱이 낯선 ㉠신도들을 섬기는 일은
무엇이나 충성스럽게 하고 있습니다.
6 그들은 교회의 회중 앞에서 그대의
사랑을 증언하였습니다. 그대가 하
나님이 보시기에 합당하게, 그들을
잘 보살펴서 보내는 것은 잘 하는 일
입니다.
7 그들은 ㉡그리스도의 이름을 전하기
위하여 나선 사람들인데, 이방 사람
에게서는 아무것도 받지 않았습니다.
8 그러므로 우리는 그런 사람들을 돌
보아주어야 마땅합니다. 그래야만
우리가 진리에 협력하는 사람이 될
것입니다.
9 ○내가 그 교회에 편지를 써 보냈습
니다. 그러나 그들 가운데서 으뜸이
되기를 좋아하는 디오드레베는 우
리를 받아들이지 않았습니다.
10 그러므로 내가 가면, 그가 하는 일
들을 들추어내겠습니다. 그는 악한
말로 우리를 헐뜯고 있습니다. 그는
그것으로도 만족하지 않고, 자기도
㉠신도들을 받아들이지 않을 뿐만
아니라, 받아들이려는 사람들까지
방해하고, 그들을 교회에서 내쫓습
니다.

㉠그, '형제들' ㉡그, '이름을'

11 ○사랑하는 이여, 악한 것을 본받지
말고, 선한 것을 본받으십시오. 선한
일을 하는 사람은 하나님에게서 난
사람이고, 악한 일을 하는 사람은
하나님을 뵙지 못한 사람입니다.
12 데메드리오는 모든 사람들에게 좋
은 평을 받았고, 또 바로 그 진실한
삶으로 그러한 평을 받았습니다. 우
리도 또한 그렇게 평합니다. 그대는
우리의 증언이 옳다는 것을 압니다.

작별 인사

13 ○그대에게 쓸 말이 많지만, 먹과 붓
으로 써보내고 싶지 않습니다.
14 그대를 곧 만나게 되기를 바랍니다.
그러면 우리가 얼굴을 마주 보고 말
하게 될 것입니다.
15 평화가 그대에게 있기를 빕니다. 친
구들이 그대에게 문안합니다. 친구
들 각 사람에게 문안하여 주십시오.

1장 요약 복음 전도자를 선대한 가이오의 행위를 칭찬하며 그들을 정성껏 예우할 것을 주문하고, 디오드레베의 악행을 경책하였다.

1:1 가이오 신약 성경에는 가이오의 이름이 네 번 나온다. 마케도니아의 가이오, 더베의 가이오, 고린도의 가이오, 바울의 식주인(食主人) 가이오 등이다. 그러나 가이오는 로마 세계에서 흔한 이름 중의 하나였으므로, 이 편지에 언급된 가이오가 누구인지는 확실히 알 수 없다.

1:3 진리 안에서 살아가는 모습 가이오가 다른 신도들에게 베푼 친절한 행위를 말한다(5-6절).

1:5-12 요한은 가이오에게 계속해서 순회 전도자들을 후대하는 선행을 베풀어 하나님 나라 사역에 동참하도록 격려하고(5-8절), 더불어 순회 전도자들을 접대하지 않고 내쫓은 디오드레베의 악행을 본받지 말라고 경계한다(9-11절).

1:10 신도들 순회 전도자들을 말한다.

유다서

저자 유다(야고보의 형제)

저작 연대 A.D. 60–80년 사이

기록 장소와 대상 어디서 기록했는지 알 수 없다(팔레스타인 밖에서 기록했을 가능성이 높다). 예수 그리스도를 믿는 모든 성도들을 위하여 썼다.

기록 목적 당시 교회에 침투해 있었던 이단 사상과 거짓 교사들의 악행을 경책하고 이단에 대한 바른 변증을 통해 성도들을 복음 안에서 바르게 세우기 위해서 썼다.

핵심어 및 내용 유다서의 핵심어는 '싸움'과 '불경건함'이다. 유다가 이 서신서를 쓴 목적은 성도들로 하여금 그들에게 맡겨진 신앙을 지키기 위하여 악한 대적과 끝까지 싸우라고 격려하려는 것이다. 유다는 성도들이 대항해야 하는 죄목들을 상세히 열거하였고 모든 불경건한 자들은 분명히 심판을 받는다고 확신한다.

내용 분해

1. 인사(1:1–2)
2. 편지를 쓴 목적(1:3–4)
3. 거짓 교사에 대한 경고(1:5–16)
4. 성도들을 위한 교훈(1:17–23)
5. 축복을 비는 송영(1:24–25)

인사

1 예수 그리스도의 종이요 야고보
의 ㉠동생인 유다가, 부르심을 받은
사람들 곧 하나님 아버지께서 ㉡사
랑하시고 예수 그리스도께서 지켜주
시는 이들에게 이 편지를 씁니다.
2 자비와 평화와 사랑이 여러분에게
가득하기를 빕니다.

거짓 교사들에게 내릴 심판 (벧후 2:1-17)

3 ○사랑하는 여러분, 나는 여러분에
게 우리가 함께 가진 구원에 관해서
편지를 써 보내려고 여러 가지로 애
쓰고 있었습니다. 그러던 참에 나는
이제 여러분에게 성도들이 단번에
받은 그 믿음을 지키기 위하여 싸우
라고 권하는 편지를 당장 써야 할 필
요가 생겼습니다.
4 몇몇 사람이 몰래 숨어들었기 때문
입니다. 성경에는 그들이 받을 심판
을 옛날에 미리 적어 놓았습니다. 그
들은 경건하지 못한 자들로서, 우리
하나님의 은혜를 방종거리로 만들
고, 오직 한 분이신 지배자요 우리의
주님이신 예수 그리스도를 부인하는
자들입니다.
5 ○여러분이 이미 다 알겠지만, 내가
다시 여러분의 기억을 일깨워 드리
려는 것은 이것입니다. ㉢주님께서는
백성을 이집트에서 한 번에 구원해
내시고서, 그 다음에는 믿지 않는
자들을 멸하셨습니다.
6 또 그는 자기들의 통치 영역에 머물
지 않고 그 거처를 떠난 천사들을
그 큰 날의 심판에 붙이시려고, 영원
한 사슬로 매어서 어둠에 가두어 두
셨습니다.
7 그리고 소돔과 고모라와 그 주위의
성들도 그들과 마찬가지로 음란함에
빠져서 딴 육체를 좇았기 때문에 영
원한 불의 형벌을 받아 사람들에게
본보기가 되었습니다.
8 ○마찬가지로 이 사람들도 꿈꾸면서
육체를 더럽히며, 권위를 업신여기
며, ㉣영광스러운 존재들을 모독하고
있습니다.
9 천사장 미가엘은, 모세의 시체를 놓
고 악마와 다투면서 논쟁을 할 때
에, 차마 모욕적인 말로 단죄하지 못

㉠ 그, '형제' ㉡ 다른 고대 사본들에는 '거룩하게 해주시고' ㉢ 다른 고대 사본들에는 '예수께서는' 또는 '하나님께서는' ㉣ 또는 '천사들을'

하고, "주님께서 너를 꾸짖으시기를
바란다" 이렇게만 말하였습니다.
10 그런데 이 사람들은 무엇이든지 자
기들이 깨닫지 못하는 것은 욕합니
다. 그들은 이성이 없는 짐승들처럼,
본능으로 아는 것 바로 그 일로 멸
망합니다.
11 그들에게 화가 있습니다. 그들은 가
인의 길을 걸었으며, 삯을 바라서 발
람의 그릇된 길에 빠져들었으며, 고
라의 반역을 따르다가 망하였습니다.
12 이 사람들은 함께 먹을 때에 자기
배만 불리면서 겁 없이 먹어대므로,
여러분의 애찬을 망치는 암초입니
다. 그들은 바람에 밀려다니면서 비
를 내리지 않는 구름이요, 가을이
되어도 열매 하나 없이 죽고 또 죽어
서 뿌리째 뽑힌 나무요,
13 자기들의 수치를 거품처럼 뿜어 올
리는 거친 바다 물결이요, 길 잃고
떠도는 별들입니다. 짙은 어두움이
그들에게 영원히 마련되어 있습니다.
14 ○이런 사람들을 두고 아담의 칠대
손 에녹은 이렇게 예언하였습니다.
㉠"보아라, 주님께서 수만 명이나 되
는 거룩한 천사들을 거느리고 오셨
으니,
15 이것은 모든 사람을 심판하시고, 모
든 불경건한 자들이 저지른 온갖 불
경건한 행실과, 또 불경건한 죄인들
이 주님을 거슬러서 말한 모든 거친
말을 들추어내서, 그들을 단죄하시
려는 것이다."
16 이들은 불만에 싸여서 불평을 늘어
놓는 사람들이요, 자기들의 욕심대
로 사는 사람들입니다. 그들은 입으
로 허풍을 떨다가도, 이익을 챙기기
위해서는 남에게 아첨을 합니다.

훈계와 권면

17 ○사랑하는 여러분, 여러분은 우리
주 예수 그리스도의 사도들이 예고
한 그 말을 기억하십시오.
18 그들은 여러분에게 말하기를, ㉡"마
지막 때에는 여러분을 조롱하는 자
들이 나타나서, 자기들의 경건하지
못한 욕정을 따라 살 것입니다" 하였
습니다.
19 이 사람들은 분열을 일으키는 자들
이며, 성령을 받지 않고 본능대로 사
는 자들입니다.
20 그러나 사랑하는 여러분, 여러분은
가장 거룩한 여러분의 믿음을 터로
삼아서 자기를 건축하고, 성령으로
기도하십시오.
21 하나님의 사랑 안에 머무르면서 자
기를 지키고, 영생으로 인도하는 우
리 주 예수 그리스도의 자비를 기다
리십시오.
22 ㉢의심을 하는 사람들을 동정하십시
오.

1장 요약 유다는 영지주의 이단을 배격하기 위해 본서를 집필했다. 본론에서는 이단의 죄상과 심판을 준엄한 어조로 기록한다.

1:1 예수 그리스도의 종 신약에서 '예수 그리스도의 종'이란 특별히 복음 전하는 사역자들을 가리키는 말로 그리스도의 복음을 충성스럽게 섬기는 자들의 모습을 가리키는 표현이다.

1:3-4 원래 유다는 하나님께서 모든 사람에게 차별 없이 베푸시는 구원에 관해 편지를 써 보내려고 했다. 그러나 거짓 교사들은 사도들이 이 편지의 수신자에게 처음 가르쳐 준 복음의 가르침을 변질시키려고 했다.

1:8-13 거짓 교사들의 악행들은 다음과 같다. ① 그들은 꿈을 통해서 하나님의 계시를 받았다고 주장하지만, 실상은 동물과 같은 성적 욕망을

㉠ 창 5:18, 21-24 ㉡ 벧후 3:3 ㉢ 22-23절은 그리스어 본문의 뜻이 불확실함

23 또 어떤 부류의 사람들에 대해서는
그들을 불에서 끌어내어 구원해 주
십시오. 또 어떤 부류의 사람들에
대해서는 그들을 두려운 마음으로
동정하되, 그 살에 닿아서 더럽혀진
속옷까지도 미워하십시오.

축복

24 ○여러분을 넘어지지 않게 지켜 주
시고, 여러분을 흠이 없는 사람으로
자기의 영광 앞에 기쁘게 나서게 하
실 능력을 가지신 분,
25 곧 우리의 구주이시며 오직 한 분이
신 하나님께 영광과 위엄과 주권과
권세가 우리 주 예수 그리스도로 말
미암아 영원 전에와 이제와 영원까
지 있기를 빕니다. 아멘.

좇아 살았다(8절). ② 그들은 자기들을 질책하는 교회의 사역자들에게 대항했다(9–10절). ③ 그들은 단순히 이득을 얻기 위해 부유한 교인들에게 아첨했다(11–12절). ④ 그들은 애찬의 의미를 존중하지 않고, 단순히 먹고 마시는 향연으로 여겼다(12절).

1:12 애찬을 망치는 암초 '애찬'은 초대 교회 때부터 내려오는 성만찬이 포함된 그리스도인들 간의 식사 교제이다. 그러나 초대 교회에서는 종종 부자들이 '애찬'을 이용하여 가난한 성도들의 마음을 아프게 했다. 여기서는 거짓 교사들이 애찬을 단지 떠들고 즐기는 향연으로 여겼다는 뜻이다.

1:17–23 ① 그는 거짓 교사들의 유혹에 대해 경계할 것을 촉구한다(18–19절). ② 계속해서 그는 성도들이 진리와 거룩함 안에서 신앙을 지킬 것을 권한다(20–21절). ③ 그는 신실한 성도들이 거짓 교사들의 유혹에 빠진 형제들을 책망하여 바로잡아 줄 것을 권한다(22–23절).

요한계시록

REVELATION

저자 사도 요한

저작 연대 A.D. 90–96년경

기록 장소와 대상 에게해에 있는 밧모 섬에서 기록하였으며, 소아시아에 있는 일곱 교회(현대 터키 지방)를 향해 썼다.

핵심어 및 내용 요한계시록의 핵심어는 '계시'와 '예수 그리스도'와 '일곱'이다. 이 책은 예수 그리스도의 온전한 인격에 대해서 철저하게 밝히 드러내 주고 있다. 그분은 큰 권능과 지혜를 가지고 영광 가운데 임하실 것이다. 또한 그분은 알파요 오메가이신 하나님의 어린 양으로서 은혜를 베푸시기 위하여 다시 오실 뿐만 아니라, 이 세상을 심판하시고 완전한 하나님의 나라를 세우실 것이다. 그리고 요한계시록에서 몇몇의 숫자가 중요한 상징을 나타낸다. 그 가운데에서도 '일곱'이라는 숫자가 두드러진다.

내용 분해

1. 서론(1:1–20)
2. 일곱 교회들에 보낸 편지들(2:1–3:22)
3. 하늘 보좌 환상(4:1–5:14)
4. 일곱 봉인들(6:1–8:1)
5. 일곱 나팔들(8:2–11:19)
6. 그리스도와 용과의 싸움(12:1–14:20)
7. 일곱 대접의 준비(15:1–8)
8. 진노의 일곱 대접(16:1–21)
9. 바빌론 심판(17:1–19:21)
10. 최종 완성(20:1–22:5)
11. 결론(22:6–21)

표제와 인사

1 이것은 ㉠예수 그리스도의 계시입
니다. 이 계시는 곧 일어나야 할
일들을 그 종들에게 보이시려고, 하
나님께서 그리스도에게 주신 것입니
다. 그런데 그리스도께서는 자기의
천사를 보내셔서, 자기의 종 요한에
게 이것을 알려 주셨습니다.
2 요한은, 하나님의 말씀과 예수 그리
스도의 증언 곧 자기가 본 것을 다
증언하였습니다.
3 이 예언의 말씀을 읽는 사람과 듣는
사람들과 그 안에 기록되어 있는 것
을 지키는 사람들은 복이 있습니다.
그 때가 가까이 왔기 때문입니다.
4 ○나 요한은 아시아에 있는 일곱
교회에 이 편지를 씁니다. 지금도 계
시고 전에도 계셨고 또 앞으로 오실
분과, 그의 보좌 앞에 있는 일곱 영
과,
5 또 신실한 증인이시요 ㉡죽은 사람
들의 첫 열매이시요 땅 위의 왕들의
지배자이신 예수 그리스도께서 내
려 주시는 은혜와 평화가, 여러분에
게 있기를 빕니다. ○예수 그리스도
께서는 우리를 사랑하시며, 자기의
피로 우리의 죄에서 우리를 ㉢해방
하여 주셨고,
6 우리로 하여금 나라가 되게 하시어
자기 아버지 하나님을 섬기는 제사
장으로 삼아 주셨습니다. 그에게 영
광과 권세가 영원무궁 하도록 있기
를 빕니다. 아멘.
7 ㉣"보아라, 그가 구름을 타고 오
신다. ㉤눈이 있는 사람은 다 그
를 볼 것이요, 그를 찌른 사람들
도 볼 것이다. 땅 위의 모든 족
속이 그분 때문에 가슴을 칠 것
이다."
꼭 그렇게 될 것입니다. 아멘.
8 ○지금도 계시고 전에도 계셨고 앞
으로 오실 전능하신 주 하나님께서

㉠ 또는 '예수 그리스도께서 계시하신 일들의 기록입니다' ㉡ 또는 '죽은 사람들 가운데서 맨 먼저 살아나신 분이시요' ㉢ 다른 고대 사본들에는 '씻어' ㉣ 단 7:13 ㉤ 슥 12:10

"나는 알파요 오메가다" 하고 말씀
하십니다.

그리스도의 명령

9 ○예수 안에서 여러분의 형제요 예
수 안에서 환난과 그 나라와 인내에
여러분과 더불어 참여한 사람인 나
요한은, 하나님의 말씀과 ㉠예수에
대한 증언 때문에 밧모라는 섬에 갇
혀 있게 되었습니다.
10 주님의 날에 내가 ㉡성령에 사로잡혀
내 뒤에서 나팔 소리처럼 울리는 큰
음성을 들었습니다.
11 그 음성은 이렇게 말하였습니다. "네
가 보는 것을 책에 기록하여, 일곱
교회, 곧 에베소와 서머나와 버가모
와 두아디라와 사데와 빌라델비아와
라오디게아의 교회로 보내라."
12 ○그래서 나는 내게 들려 오는 그 음
성을 알아보려고 돌아섰습니다. 돌
아서서 보니, 일곱 금 촛대가 있는데,
13 그 촛대 한가운데 ㉢'인자와 같은 분'
이 계셨습니다. 그는 발에 끌리는 긴
옷을 입고, 가슴에는 금띠를 띠고 계
셨습니다.
14 머리와 머리털은 흰 양털과 같이, 또
눈과 같이 희고, 눈은 불꽃과 같고,
15 발은 풀무불에 달구어 낸 놋쇠와 같
고, 음성은 큰 물소리와 같았습니다.
16 또 오른손에는 일곱 별을 쥐고, 입에
서는 날카로운 양날 칼이 나오고,
얼굴은 해가 강렬하게 비치는 것과
같았습니다.
17 ○그를 뵐 때에, 내가 그의 발 앞에
엎어져서 죽은 사람과 같이 되니, 그
가 내게 오른손을 얹고 말씀하셨습
니다. "두려워하지 말아라. 나는 처
음이며 마지막이요,
18 살아 있는 자다. 나는 한 번은 죽었
으나, 보아라, 영원무궁 하도록 살아
있어서, 사망과 ㉣지옥의 열쇠를 가
지고 있다.
19 그러므로 너는, 네가 본 것과 지금의
일들과 이 다음에 일어날 일들을 기
록하여라.
20 네가 본 내 오른손의 일곱 별과 일
곱 금 촛대의 비밀은 이러하다. 일곱
별은 일곱 교회의 ㉤심부름꾼이요,
일곱 촛대는 일곱 교회다."

에베소 교회에 보내는 말씀

2 "에베소 교회의 ㉤심부름꾼에게
이렇게 써 보내라. '오른손에 일곱
별을 쥐시고, 일곱 금 촛대 사이를
거니시는 분이 말씀하신다.
2 ○나는 네가 한 일과 네 수고와 인내
를 알고 있다. 또 나는, 네가 악한 자
들을 참고 내버려 둘 수 없었던 것
과, 사도가 아니면서 사도라고 자칭
하는 자들을 시험하여 그들이 거짓
말쟁이임을 밝혀 낸 것도, 알고 있다.
3 너는 참고, 내 이름을 위하여 고난을

1장 요약 서두에서 요한은 본서의 내용, 전달 과정, 수신자 등을 언급하여 본서가 종말에 이루어질 일들에 대한 그리스도의 계시임을 알린다.

1:13–16 승천하신 그리스도의 영광·거룩·전지전능에 대해서, 또한 만왕의 왕으로서 교회와 역사의 주관자이시며 영원한 대제사장이신 그리스도의 모습을 상징적으로 묘사하고 있다.

2장 요약 여기에 기록된 편지는 에베소, 서머나, 버가모, 두아디라 교회를 대상으로 하고 있다. 각각의 편지는 거의 동일한 형태를 가지며, 칭찬과 책망이 반복되어 있다(서머나 교회는 예외). 주님은 각 교회의 사정을 통달하시고, 그들에게 가장 시의적절한 교훈을 주셨다.

㉠ 그, '예수 그리스도의 증언' ㉡ 그, '영' ㉢ 단 7:13 ㉣ 그, '하데스' ㉤ 또는 '천사'

견디어 냈으며, 낙심한 적이 없다.
4 그러나 너에게 나무랄 것이 있다. 그
것은 네가 처음 사랑을 버린 것이다.
5 그러므로 네가 어디에서 떨어졌는지
를 생각해 내서 회개하고, 처음에 하
던 일을 하여라. 네가 그렇게 하지
않고, 회개하지 않으면, 내가 가서 네
촛대를 그 자리에서 옮기겠다.
6 그런데 네게는 잘 하는 일이 있다.
너는 니골라 당이 하는 일을 미워한
다. 나도 그것을 미워한다.
7 귀가 있는 사람은, 성령이 교회들에
하시는 말씀을 들어라. 이기는 사람
에게는, 내가 ㉠하나님의 낙원에 있
는 생명 나무의 열매를 주어서 먹게
하겠다.'"

서머나 교회에 보내는 말씀

8 ○"서머나 교회의 ㉡심부름꾼에게 이
렇게 써 보내라. '처음이며 마지막이
요, 죽으셨다가 살아나신 분이 이렇
게 말씀하신다.
9 ○나는 네가 당한 환난과 궁핍을 알
고 있다. 그런데 사실 너는 부요하
다. 또 자칭 유대 사람이라는 자들
에게서 네가 비방을 당하고 있는 것
도, 나는 알고 있다. 그러나 사실 그
들은 유대 사람이 아니라 사탄의 무
리다.
10 네가 장차 받을 고난을 두려워하지
말아라. 보아라, 악마가 너희를 시험
하여 넘어뜨리려고, 너희 가운데서
몇 사람을 감옥에다 집어넣으려고
한다. 너희는 열흘 동안 환난을 당
할 것이다. 죽도록 충성하여라. 그리
하면 내가 생명의 ㉢면류관을 너에
게 주겠다.
11 귀가 있는 사람은, 성령이 교회들에
하시는 말씀을 들어라. 이기는 사람
은 둘째 사망의 해를 받지 않을 것이
다.'"

버가모 교회에 보내는 말씀

12 ○"버가모 교회의 ㉡심부름꾼에게
이렇게 써 보내어라. '날카로운 양날
칼을 가지신 분이 이렇게 말씀하신
다.
13 ○나는 네가 어디에 거주하는지를
알고 있다. 그 곳은 사탄의 왕좌가
있는 곳이다. 그렇지만 너는 내 이름
을 굳게 붙잡고, 또 내 신실한 증인
인 안디바가 너희 곁 곧 사탄이 살고
있는 그 곳에서 죽임을 당할 때에
도, 나를 믿는 믿음을 저버리지 않
았다.
14 그러나 나는 네게 몇 가지 나무랄 것
이 있다. 너희 가운데는 발람의 가르
침을 따르는 자들이 있다. 발람은
발락을 시켜서, 이스라엘 자손 앞에
올무를 놓게 하고, 우상의 제물을 먹
게 하고, 음란한 일을 하게 한 자다.
15 이와 같이, 네게도 니골라 당의 가르

2:1–3:22 소아시아의 일곱 교회에 보낸 편지들이다. 각 교회에 보내진 편지는 그 교회뿐만 아니라 일곱 교회에서 모두 읽도록 한 회람 서신의 성격을 띠고 있다. 그 당시 소아시아에는 이 교회들보다 더 많은 교회들이 있었다. 그러나 다음 두 가지 이유에서 일곱 교회만 언급된 것 같다. 첫째, 에베소→서머나→버가모→두아디라→사데→빌라델비아→라오디게아로 연결되는 타원형의 도로는 공문과 우편물 등을 우송하는 도로였다. 둘째, '일곱'이라는 숫자는 당시의 일곱 교회를 가리키지만 나아가 모든 교회를 포함하는 의미에서 의도적으로 사용되었을 것이다. 따라서 당시의 일곱 교회에 들려주신 말씀은 동시에 역사 속에서의 모든 교회에 들려주시는 말씀이다.

2:10 열흘 동안 환난 하늘 나라에서의 영원한 삶과 비교해 볼 때 성도들이 받는 환난은 상대적으로 짧은 기간이다.

㉠ 겔 28:13; 31:8, 9(칠십인역) ㉡ 또는 '천사' ㉢ 그, '월계관'

침을 따르는 자들이 있다.
16 그러니 회개하여라. 만일 회개하지
않으면, 내가 속히 너에게로 가서,
내 입에서 나오는 칼을 가지고 그들
과 싸우겠다.
17 귀가 있는 사람은, 성령이 교회들에
하시는 말씀을 들어라. 이기는 사람
에게는 내가, 감추어 둔 만나를 주겠
고, 흰 돌도 주겠다. 그 돌에는 새 이
름이 적혀 있는데, 그 돌을 받는 사
람 밖에는 아무도 그것을 알지 못한
다.'"

두아디라 교회에 보내는 말씀

18 ○"두아디라 교회의 ㉠심부름꾼에게
이렇게 써 보내라. '그 눈이 불꽃과
같고, 그 발이 놋쇠와 같으신 분, 곧
하나님의 아들이 이렇게 말씀하신다.
19 ○나는 네 행위와 네 사랑과 믿음과
섬김과 오래 참음을 알고, 또 네 나
중 행위가 처음 행위보다 더 훌륭하
다는 것을 안다.
20 그러나 네게 나무랄 것이 있다. 너는
이세벨이라는 여자를 용납하고 있
다. 그는 스스로 예언자로 자처하면
서, 내 종들을 가르치고, 그들을 미
혹시켜서 간음하게 하고, 우상의 제
물을 먹게 하는 자다.
21 내가 그에게 회개할 기회를 주었으
나, 그는 자기 음행을 회개하려 하지
않았다.
22 보아라, 나는 그를 병상에다 던지겠
다. 그와 더불어 간음하는 자들도,
그와의 행위를 회개하지 않으면, 큰
환난을 당하게 하겠다.
23 그리고 나는 그의 자녀들을 반드시
죽게 하겠다. 그러면 모든 교회는 내
가 사람의 생각과 마음을 살피는 분
임을 알게 될 것이다. 나는 너희 각
사람에게 그 행위대로 갚아 주겠다.
24 그러나 두아디라에 있는 사람들 가
운데서 그의 가르침을 받아들이지
않은 사람들, 곧 사탄의 깊은 흉계에
물들지 않은 사람들인 너희 남은 사
람들에게 내가 말한다. 나는 너희에
게 다른 짐을 지우지 않겠다.
25 다만 내가 올 때까지, 너희가 가지고
있는 그것을 굳게 붙잡고 있어라.
26 이기는 사람, 곧 내 일을 끝까지 지키
는 사람에게는,
민족들을 다스리는 권세를 주겠
다.
27 ㉡「그는 쇠지팡이로 그들을 다스
릴 것이고, 민족들은 마치 질그
릇이 부수어지듯 할 것이다.」
28 이것은 마치, 내가 나의 아버지께로
부터 권세를 받아서 다스리는 것과
같다. 나는 그 사람에게 샛별을 주
겠다.
29 귀가 있는 사람은, 성령이 교회들에
하시는 말씀을 들어라.'"

2:13 안디바 버가모 교회의 성도로, 소아시아 지방의 첫 순교자이다. 전설에 따르면 그는 도미티안(Domitian) 때에 순교했는데 놋솥에 넣고 천천히 가열하여 태워 죽이는 형을 받았다고 한다.

2:18 주님은 사탄의 궤계에 말려들어 타협적인 태도를 취하는 사람들을 용납하지 않으신다. 주님께서는 그들의 죄를 책망하시며, 회개를 촉구하신다. 본절의 놋쇠는 '전능하신 하나님'을 상징하는 동시에 그 '하나님이 모든 악의 세력들과 계획들을 완전히 쳐부수는 것'을 뜻한다.

2:20 이세벨 아합 왕의 사악한 아내이다. 여기서는 우상 숭배와 악행에 몰두하는 악한 여인을 가리키는 말로 사용되었다.

2:23 그의 자녀 이세벨의 가르침을 열렬히 실천하는 자들을 가리킨다.

2:26 민족들을 다스리는 권세 그리스도의 재림 이후에 그의 통치에 동참함을 뜻한다(계 20:4).

㉠ 또는 '천사' ㉡ 시 2:9(칠십인역)

사데 교회에 보내는 말씀

3 "사데 교회의 ㉠심부름꾼에게 이
렇게 써 보내어라. '하나님의 일곱
영과 일곱 별을 가지신 분이 말씀하
신다. ○나는 네 행위를 안다. 너는
살아 있다는 이름은 있으나, 실상은
죽은 것이다.
2 깨어나라. 그리고 아직 남아 있지만
막 죽어 가는 자들을 굳건하게 하여
라. 나는 네 행위가 나의 하나님 앞
에서 완전하다고는 생각하지 않는다.
3 그러므로 네가 그 가르침을 어떻게
받고 어떻게 들었는지를 되새겨서,
굳게 지키고, 회개하여라. 만일 네가
깨어 있지 않으면 내가 도둑같이 올
것인데, 어느 때에 내가 네게 올지를
너는 알지 못한다.
4 그러나 사데에는 자기 옷을 더럽히
지 않은 사람 몇이 있다. 그들은 흰
옷을 입고 나와 함께 다닐 것인데,
그들은 그럴 자격이 있기 때문이다.
5 이기는 사람은 이와 같이 흰 옷을
입을 것인데, 나는 그의 이름을 생명
책에서 지워 버리지 않을 것이며, 내
아버지 앞과 아버지의 천사들 앞에
서 그의 이름을 시인할 것이다.
6 귀가 있는 사람은, 성령이 교회들에
하시는 말씀을 들어라.'"

빌라델비아 교회에 보내는 말씀

7 ○"빌라델비아 교회의 ㉠심부름꾼에
게 이렇게 써 보내라.
'거룩하신 분, 참되신 분, 다윗의
열쇠를 가지고 계신 분, 여시면 닫
을 사람이 없고 닫으시면 열 사람
이 없는 그분이 말씀하신다.
8 나는 네 행위를 안다. 보아라, 내가
네 앞에 문을 하나 열어 두었는데,
아무도 그것을 닫을 수 없다. 네가
힘은 적으나, 내 말을 지키며, 내 이
름을 모른다고 하지 않았다.
9 보아라, 내가 사탄의 무리에 속한 자
들을 네 손에 맡기겠다. 그들은 스
스로 유대 사람이라고 하지만, 사실
은 그렇지 않고, 거짓말을 하는 자들
이다. 보아라, 내가 그들이 와서 네
앞에 꿇어 엎드리게 하고, 내가 너
를 사랑하였다는 것을 알게 하겠다.
10 인내하라는 내 말을 네가 지켰으니,
온 세상에 닥쳐올 시험을 받을 때
에, 나도 너를 지켜 주겠다. 시험은
땅 위에 사는 사람들을 시험하려고
닥치는 것이다.
11 내가 곧 가겠다. 너는 네가 가진 것
을 굳게 붙잡아서, 아무도 네 ㉡면류
관을 빼앗지 못하게 하여라.
12 이기는 사람은, 내가 내 하나님의 성
전에 기둥이 되게 하겠다. 그는 다시
는 성전을 떠나지 않을 것이다. 나는
내 하나님의 이름과 내 하나님의 도
시, 곧 하늘에서 내 하나님께로부터

3장 요약 사데, 빌라델비아, 라오디게아 교회에 주어진 말씀이다. 각각의 교회에 주어진 말씀도 중요하지만 무엇보다 중요한 것은 전체 교회를 향한 주님의 목소리이다. 주님은 우상 숭배의 위험성과 하나님을 향한 사랑을 강조하신다.

3:2 깨어나라·굳건하게 하여라 사데 교회는 물질적인 부요에 만족하여 신앙 생활을 게을리했던 것 같다. 아직 남아 있지만 막 죽어 가는 자들 이미 죽은 자와 죽지 않은 자가 누구인가를 구분하는 해석보다는 사데 교인들이 '죽은 자'라는 책망을 듣고 있지만 영적으로 각성하여 말씀에 합당한 생활을 하라는 권고로 해석해야 한다.

3:7 다윗의 열쇠 새 예루살렘의 열쇠라는 뜻으로, 이 열쇠를 가진 분은 예수 그리스도이시다.

3:12 성전의 기둥은 이기는 사람이 하나님 나라에

㉠ 또는 '천사' ㉡ 그, '월계관'

내려오는 새 예루살렘의 이름과 또
나의 새 이름을 그 사람의 몸에 써
두겠다.
13 귀가 있는 사람은, 성령이 교회들에
하시는 말씀을 들어라.'"

라오디게아 교회에 보내는 말씀

14 ○"라오디게아 교회의 ㉠심부름꾼에
게 이렇게 써 보내어라. '아멘이신 분
이시요, 신실하시고 참되신 증인이
시요, 하나님의 창조의 ㉡처음이신
분이 말씀하신다.
15 ○나는 네 행위를 안다. 너는 차지도
않고, 뜨겁지도 않다. 네가 차든지
뜨겁든지 하면 좋겠다.
16 네가 이렇게 미지근하여, 뜨겁지도
않고 차지도 않으니, 나는 너를 내
입에서 뱉어 버리겠다.
17 너는 풍족하여 부족한 것이 조금도
없다고 하지만, 실상 너는, 네가 비참
하고 불쌍하고 가난하고 눈이 멀고
벌거벗은 것을 알지 못한다.
18 그러므로 나는 네게 권한다. 네가
부유하게 되려거든 불에 정련한 금
을 내게서 사고, 네 벌거벗은 수치를
가려서 드러내지 않으려거든 흰 옷
을 사서 입고, 네 눈이 밝아지려거든
안약을 사서 눈에 발라라.
19 나는 내가 사랑하는 사람은 누구든
지 책망도 하고 징계도 한다. 그러므
로 너는 열심을 내어 노력하고, 회개
하여라.
20 보아라, 내가 문 밖에 서서, 문을 두
드리고 있다. 누구든지 내 음성을 듣
고 문을 열면, 나는 그에게로 들어가
서 그와 함께 먹고, 그는 나와 함께
먹을 것이다.
21 이기는 사람은, 내가 이긴 뒤에 내
아버지와 함께 아버지의 보좌에 앉
은 것과 같이, 나와 함께 내 보좌에
앉게 하여 주겠다.
22 귀가 있는 사람은, 성령이 교회들에
하시는 말씀을 들어라.'"

하늘의 예배

4 그 뒤에 내가 보니, 하늘에 문이 하
나 열려 있었습니다. 그리고 전에
내가 들은 그 음성, 곧 나팔 소리와
같이 나에게 들린 그 음성이 "이리
로 올라오너라. 이 뒤에 일어나야 할
일들을 너에게 보여 주겠다" 하고 말
하였습니다.
2 나는 곧 ㉢성령에 사로잡히게 되었습
니다. 그런데 하늘에 보좌가 하나 놓
여 있고, 그 보좌에 한 분이 앉아 계
셨습니다.
3 거기에 앉아 계신 분은, 모습이 벽옥
이나 홍옥과 같았습니다. 그 보좌의
둘레에는 비취옥과 같이 보이는 무
지개가 있었습니다.
4 또 그 보좌 둘레에는 보좌 스물네
개가 있었는데, 그 보좌에는 장로 스

서 중요하고 영구적으로 사용됨을 상징한다. 그 사람은 하나님의 이름이 새겨진 하나님의 성전의 기둥으로서 새 예루살렘(21:2)에 거할 것이다.

3:14 창조의 처음 그리스도는 자신을 맨 먼저 지음을 받은 피조물이라고 언급하지 않고, 피조계에 대한 최상의 주권을 지녔으며, 피조계를 있게 한 창조주로 자신을 소개한다(요 1:3;골 1:15-18).

3:18 불에 정련한 금 전적으로 신뢰할 만한 영적인 부를 말한다.

4장 요약 여기서부터는 장차 되어질 일들에 대한 예언이 나오고, 본장은 그 서론격으로 하늘 보좌에 앉으신 하나님이 네 생물과 스물네 장로의 호위와 찬양을 받고 계신 것으로 묘사되었다. 이것은 하늘 보좌의 영광에 대한 상징적인 기술로서, 하나님이 종말의 심판주이심을 드러내려는 요한의 의도이다.

㉠ 또는 '천사' ㉡ 또는 '기원' 또는 '근원' ㉢ 그, '영'

물네 명이 흰 옷을 입고, 머리에는
금 면류관을 쓰고 앉아 있었습니다.
5 그 보좌로부터 번개가 치고, 음성과
천둥이 울려 나오고, 그 보좌 앞에
는 일곱 개의 횃불이 타고 있었습니
다. 그 일곱 횃불은 하나님의 일곱
영이십니다.
6 보좌 앞은 마치 유리 바다와 같았으
며, 수정을 깔아 놓은 듯하였습니다.
○그리고 그 보좌 가운데와 그 둘레
에는, 앞 뒤에 눈이 가득 달린 네 생
물이 있었습니다.
7 첫째 생물은 사자와 같이 생기고, 둘
째 생물은 송아지와 같이 생기고, 셋
째 생물은 얼굴이 사람과 같이 생기
고, 넷째 생물은 날아가는 독수리와
같이 생겼습니다.
8 이 네 생물은 각각 날개가 여섯 개
씩 달려 있었는데, 날개 둘레와 그
안쪽에는 눈이 가득 달려 있었습니
다. 그리고 그들은 밤낮 쉬지 않고
"거룩하십니다, 거룩하십니다, 거
룩하십니다, 전능하신 분, 주 하나
님! 전에도 계셨으며, 지금도 계시
며, 또 장차 오실 분이십니다!"
하고 외치고 있었습니다.
9 영원무궁 하도록 살아 계셔서 그 보
좌에 앉아 계신 분께, 그 생물들이
영광과 존귀와 감사를 드리고 있을
때에,
10 스물네 장로는 그 보좌에 앉아 계신
분 앞에 엎드려서, 영원무궁 하도록
살아 계신 분께 경배드리고, 자기들
의 ㉠ 면류관을 벗어서, 보좌 앞에 내
놓으면서
11 "우리의 주님이신 하나님, 주님은
영광과 존귀와 권능을 받으시기에
합당하신 분이십니다. 주님께서
만물을 창조하셨으며, 만물은 주
님의 뜻을 따라 생겨났고, 또 창조
되었기 때문입니다"
하고 외쳤습니다.

두루마리와 어린 양

5 나는 또, 그 보좌에 앉아 계신 분
이 오른손에 두루마리 하나를 들
고 계신 것을 보았습니다. 그 두루마
리는 안팎으로 글이 적혀 있고 일곱
인을 찍어 봉하여 놓은 것이었습니
다.
2 내가 보니, 힘센 천사가 큰 소리로
"이 봉인을 떼고 두루마리를 펴기에
합당한 사람이 누구인가?" 하고 외
쳤습니다.
3 그러나 두루마리를 펴거나 그것을
볼 수 있는 이는, 하늘에도 없고 땅
위에도 없고 땅 아래에도 없었습니
다.
4 이 두루마리를 펴거나 볼 자격이 있
는 이가 하나도 보이지 않으므로,
나는 슬피 울었습니다.

4:1–11 요한이 지상의 일곱 교회에 관해서 본 환상이다. 하늘 보좌에 앉아 계신 분·스물네 장로·일곱 영·네 생물의 모습을 상징적으로 묘사한다.
4:6–9 *네 생물* 가장 존귀한 천사들로서 하나님을 섬기고 그분의 명령에 순종하는 영적 존재들이다. 사자는 힘을, 송아지는 봉사를, 사람은 지혜를, 독수리는 민첩함을 상징한다. 거룩하십니다 네 생물들은 하나님의 거룩·전능·영원성을 찬양한다.

㉠ 그, '월계관'

5장 요약 일곱 인(印)으로 봉인된 두루마리와 어린 양이신 그리스도에 대한 환상이다. 일곱 인으로 봉인된 두루마리는 종말에 성취될 하나님의 비밀을 가리키고, 그것을 펼칠 유일한 분은 어린 양이신 그리스도이다. 그는 역사의 심판과 완성을 이루실 분이다.

5:2 이 봉인을 떼고 두루마리를 펴기에라는 것은 하나님의 계획을 계시한 것과 그것을 실현하는 것

5 그런데 장로들 가운데서 하나가 나
에게 "울지 마십시오. 유다 지파에서
난 사자, 곧 다윗의 뿌리가 승리하였
으니, 그가 이 일곱 봉인을 떼고, 이
두루마리를 펼 수 있습니다" 하고
말하였습니다.
6 ○나는 또 보좌와 네 생물과 장로들
가운데 어린 양이 하나 서 있는 것
을 보았는데, 그 어린 양은 죽임을
당한 것과 같았습니다. 그에게는 뿔
일곱과 눈 일곱이 있었는데, 그 눈들
은 온 땅에 보내심을 받은 하나님의
일곱 영이십니다.
7 그 어린 양이 나와서, 보좌에 앉아
계신 분의 오른손에서 그 두루마리
를 받았습니다.
8 그가 그 두루마리를 받아 들었을 때
에, 네 생물과 스물네 장로가 각각
거문고와 향이 가득히 담긴 금 대접
을 가지고 어린 양 앞에 엎드렸습니
다. 그 향은 곧 성도들의 기도입니다.
9 그들은 이런 말로 새로운 노래를 불
렀습니다.
"주님께서는 그 두루마리를 받으
시고, 봉인을 떼실 자격이 있습니
다. 주님은 죽임을 당하시고, 주님
의 피로 모든 종족과 언어와 백성
과 민족 가운데서 사람들을 사서
하나님께 드리셨습니다.
10 주님께서 그들을 우리 하나님 앞
에서 나라가 되게 하시고, 제사장
으로 삼으셨습니다, 그래서 그들
은 ㉠땅을 다스릴 것입니다."
11 ○나는 또 그 보좌와 생물들과 장로
들을 둘러선 많은 천사를 보고, 그
들의 음성도 들었습니다. 그들의 수
는 수천 수만이었습니다.
12 그들은 큰 소리로
"죽임을 당하신 어린 양은 권세와
부와 지혜와 힘과 존귀와 영광과
찬양을 받으시기에 합당하십니다"
하고 외치고 있었습니다.
13 나는 또 하늘과 땅 위와 땅 아래와
바다에 있는 모든 피조물과, 또 그들
가운데 있는 만물이, 이런 말로 외치
는 소리를 들었습니다.
"보좌에 앉으신 분과 어린 양께서
는 찬양과 존귀와 영광과 권능을
영원무궁 하도록 받으십시오."
14 그러자 네 생물은 "아멘!" 하고, 장
로들은 엎드려서 경배하였습니다.

일곱 봉인에 담긴 심판

6 나는 그 어린 양이 그 일곱 봉인
가운데 하나를 떼는 것을 보았습
니다. 그리고 나는 네 생물 가운데
하나가 우레 같은 소리로 ㉡"오너
라!" 하고 말하는 것을 들었습니다.
2 그리고 내가 보니, 흰 말 한 마리가
있는데, 그 위에 탄 사람은 활을 가
지고 있었습니다. 그는 면류관을 쓰

을 의미한다.

5:5 유다 지파에서 난 사자와 다윗의 뿌리는 메시아를 가리킨다(참조. 창 49:9-10;마 22:41-45). 십자가 죽음과 부활 사건으로, 그리스도는 죄와 죽음과 사탄으로부터 궁극적 승리를 거두셨다. 그리스도는 구원 사역을 성취하셨고, 하나님의 계획대로 우주를 통치하는 권세를 부여 받으셨다.

5:6 어린 양 그리스도는 세상 죄를 지고 가는 어린 양이다(요 1:29;출 12:3).

6장 요약 본장은 여섯 개의 봉인이 펼쳐지는 모습을 기록한다. 첫째에서 넷째 봉인은 각각 한 마리의 말이 출현하고, 다섯째 봉인은 극심한 환난이, 여섯째 봉인은 천지 간의 대재난이 동반되었다. 결국 본장은 역사의 종말에 이루어질 그리스도의 심판의 점진성을 상징을 통해 보여 주고 있다 하겠다.

㉠ 또는 '땅 위에서' ㉡ 또는 '가거라!'

고 있는데, 그는 이기면서 나아가고,
이기려고 나아갔습니다.
3 ○그 어린 양이 둘째 봉인을 뗄 때
에, 나는 둘째 생물이 ㉠"오너라!" 하
고 말하는 것을 들었습니다.
4 그 때에 불빛과 같은 다른 말 한 마
리가 뛰어나오는데, 그 위에 탄 사람
은 사람들이 서로 죽이는 일이 벌어
지도록 땅에서 평화를 없애는 권세
를 받아서 가졌습니다. 또 큰 칼을
받아서 가지고 있었습니다.
5 ○그 어린 양이 셋째 봉인을 뗄 때
에, 나는 셋째 생물이 ㉠"오너라!" 하
고 말하는 것을 들었습니다. 그리고
내가 보니, 검은 말 한 마리가 있는
데, 그 위에 탄 사람은 손에 저울을
들고 있었습니다.
6 그리고 네 생물 가운데서 나오는 듯
한 음성이 들려 왔는데 "밀 한 되도
하루 ㉡품삯이요, 보리 석 되도 하루
㉡품삯이다. 올리브 기름과 포도주
에는 해를 끼치지 말아라" 하고 말
하였습니다.
7 ○그 어린 양이 넷째 봉인을 뗄 때
에, 나는 이 넷째 생물이 ㉠"오너라!"
하고 말하는 것을 들었습니다.
8 그리고 내가 보니, 청황색 말 한 마
리가 있는데, 그 위에 탄 사람의 이
름은 '사망'이고, ㉢지옥이 그를 뒤따
르고 있었습니다. 그들은 칼과 기근
과 죽음과 들짐승으로써 사분의 일
에 이르는 땅의 주민들을 멸하는 권
세를 받아 가지고 있었습니다.
9 ○그 어린 양이 다섯째 봉인을 뗄 때
에, 나는 제단 아래에서, 하나님의
말씀 때문에, 또 그들이 말한 증언
때문에, 죽임을 당한 사람들의 영혼
을 보았습니다.
10 그들은 큰 소리로 부르짖었습니다.
"거룩하시고 참되신 지배자님, 우리
가 얼마나 더 오래 기다려야 지배자
님께서 땅 위에 사는 자들을 심판하
시어 우리가 흘린 피의 원한을 풀어
주시겠습니까?"
11 그리고 그들은 흰 두루마기를 한 벌
씩 받아 가지고 있었습니다. 그들은
그들과 같은 동료 종들과 그들의
㉣형제자매들 가운데서 그들과 같이
죽임을 당하기로 되어 있는 사람의
수가 차기까지, 아직도 더 쉬어야 한
다는 말씀을 들었습니다.
12 ○그 어린 양이 여섯째 봉인을 뗄 때
에, 나는 큰 지진이 일어나는 것을
보았습니다. 그리고 해는 검은 머리
털로 짠 천과 같이 검게 되고, 달은
온통 피와 같이 되고,
13 하늘의 별들은, 무화과나무가 거센
바람에 흔들려서 설익은 열매가 떨
어지듯이, 떨어졌습니다.
14 하늘은 두루마리가 말리듯이 사라

6:1 어린 양 자신이 첫 번째 봉인을 떼신다. 이것은 오직 그리스도만이 우주와 역사를 최후 완성 때까지 진행시키신다는 사실을 암시해 준다.
6:2 흰 말 복음의 메시지가 승리를 거두며 활발하게 전파될 것을 상징한다. **그 위에 탄 사람** '그리스도'를 의미할 수도 있고(참조. 19:11), '그리스도의 적대자' 또는 '승리의 영'을 의미할 수도 있다. 이 부분에 있어서 학자들의 의견은 일치하지 않는다.
6:4 불빛과 같은 다른 말 붉은색은 피흘림과 학살을 상징한다.
6:5 검은 말·저울 땅에 기근이 다가옴을 뜻한다.
6:8 청황색 말 청황색은 누르스름한 빛을 띤 푸른색으로, 시체의 색깔을 가리킨다.
6:9-11 다섯째 봉인 하늘 제단 아래의 순교자들의 외침을 뜻한다. 순교자들은 썩어질 육신만 죽임을 당한 것이지, 그들의 영혼은 하늘 나라의 축복을 누리며 하나님 앞에서 영원히 살아 있다.

㉠ 또는 '가거라!' ㉡ 그, '데나리온' ㉢ 그, '하데스' ㉣ 그, '형제들'

지고, 모든 산과 섬은 제자리에서 옮
겨졌습니다.
15 그러자 땅의 왕들과 고관들과 장군
들과 부자들과 세도가들과 노예들
과 자유인들이 동굴과 산의 바위들
틈에 숨어서,
16 산과 바위를 향하여 말하였습니다.
"우리 위에 무너져 내려서, 보좌에
앉으신 분의 얼굴과 어린 양의 진노
로부터 우리를 숨겨다오.
17 그들이 진노를 받을 큰 날이 이르렀
다. 누가 이것을 버티어 낼 수 있겠느
냐?"

인치심을 받은 십사만 사천 명

7 그 뒤에 나는, 천사 넷이 땅의 네
모퉁이에 서서 땅의 네 바람을 붙
잡아서, 땅이나 바다나 모든 나무에
바람이 불지 못하게 막고 있는 것을
보았습니다.
2 그리고 나는, 다른 천사 하나가 살아
계신 하나님의 도장을 가지고 해 돋
는 쪽에서 올라오는 것을 보았습니
다. 그는 땅과 바다를 해하는 권세
를 받은 네 천사에게 큰 소리로 외쳤
습니다.
3 "우리가 우리 하나님의 종들의 이마
에 도장을 찍을 때까지는, 땅이나 바
다나 나무들을 해하지 말아라."
4 ○내가 들은 바로는 도장이 찍힌 사
람의 수가 십사만 사천 명이었습니
다. 이와 같이 이마에 도장을 받은
사람들은 이스라엘 자손의 각 지파
에서 나온 사람들이었습니다.
5 도장이 찍힌 사람은, 유다 지파에
서 일만 이천 명이요, 르우벤 지파
에서 일만 이천 명이요, 갓 지파에
서 일만 이천 명이요,
6 아셀 지파에서 일만 이천 명이요,
납달리 지파에서 일만 이천 명이
요, 므낫세 지파에서 일만 이천 명
이요,
7 시므온 지파에서 일만 이천 명이
요, 레위 지파에서 일만 이천 명이
요, 잇사갈 지파에서 일만 이천 명
이요,
8 스불론 지파에서 일만 이천 명이
요, 요셉 지파에서 일만 이천 명이
요, 베냐민 지파에서 일만 이천 명
이었습니다.

모든 나라에서 온 무리

9 ○그 뒤에 내가 보니, 아무도 그 수
를 셀 수 없을 만큼 큰 무리가 있었
습니다. 그들은 모든 민족과 종족과
백성과 언어에서 나온 사람들인데,
흰 두루마기를 입고, 종려나무 가지
를 손에 들고, 보좌 앞과 어린 양 앞
에 서 있었습니다.
10 그들은 큰 소리로,
"구원은 보좌에 앉아 계신 우리
하나님과 어린 양의 것입니다"

7장 요약 본장은 여섯째 봉인을 떼고 난 다음, 일곱째 봉인을 떼기까지의 막간에 삽입된 부분이다. 누가 진노를 받을 큰 날을 버티어 낼 수 있겠느냐(6:17)는 요한의 질문에 대한 답이다. 14만 4천 명의 성도와 흰 두루마기를 입은 무리들이 환난을 통과할 것이다.

7:1-8 마지막 때에, 비록 성도들이 순교를 당한다고 하더라도, 그들로부터 하늘 나라의 시민권을 빼앗아 갈 자는 아무도 없다(참고. 롬 8:35-39).

7:4 십사만 사천 명 인류 역사의 최후를 장식할 마지막 때를 눈앞에 둔 참된 성도들 전체이다. 한 사람도 제외됨 없이, 이들은 온갖 박해와 환난 속에서도 끝까지 믿음을 지키고 구원받을 것이다.

7:9-11 본문은 구원받은 성도들이 하늘 나라에서 누릴 복을 말한다. 이 환상은 미래에 새 예루살렘에서 이루어진다. **아무도 그 수를 셀 수 없을**

하고 외쳤습니다.
11 모든 천사들은 보좌와 장로들과 네
생물을 둘러 서 있다가, 보좌 앞에
엎드려 하나님께 경배하면서,
12 "아멘, 찬송과 영광과 지혜와 감사
와 존귀와 권능과 힘이 우리 하나
님께 영원무궁 하도록 있습니다.
아멘!"
하고 말하였습니다.
13 ○그 때에 장로들 가운데 하나가 "흰
두루마기를 입은 이 사람들은 누구
이며, 또 어디에서 왔습니까?" 하고
나에게 물었습니다.
14 내가 "장로님, 장로님께서 잘 알고
계십니다" 하고 대답하였더니, 그는
나에게 이렇게 말하였습니다. "이 사
람들은 큰 환난을 겪어 낸 사람들입
니다. 그들은 어린 양이 흘리신 피에
자기들의 두루마기를 빨아서 희게
하였습니다.
15 그러므로 그들은 하나님의 보좌
앞에 있고, 하나님의 성전에서 밤
낮 그분을 섬기고 있습니다. 그리
고 그 보좌에 앉으신 분이 그들을
덮는 장막이 되어 주실 것입니다.
16 ㉠그들은 다시는 주리지 않고, 목
마르지도 않고, 해나 그 밖에 어떤
열도 그들 위에 괴롭게 내려 쬐지
않을 것입니다.
17 보좌 한가운데 계신 어린 양이 ㉡그
들의 목자가 되셔서, 생명의 샘물
로 그들을 인도하실 것이고, ㉢하
나님께서 그들의 눈에서 눈물을
말끔히 씻어 주실 것입니다."

일곱째 봉인과 금향로

8 그 어린 양이 일곱째 봉인을 뗄 때
에, 하늘은 약 반 시간 동안 고요
하였습니다.
2 그리고 나는 하나님 앞에 서 있는 일
곱 천사를 보았습니다. 그들은 나팔
을 하나씩 받아 가지고 있었습니다.
3 ○또 다른 천사가 와서, 금향로를 들
고 제단에 섰습니다. 그는 모든 성도
의 기도에 향을 더해서 보좌 앞 금제
단에 드리려고 많은 향을 받았습니
다.
4 그래서 향의 연기가 성도들의 기도
와 함께 천사의 손으로부터 하나님
앞으로 올라갔습니다.
5 그 뒤에 그 천사가 향로를 가져다가,
거기에 제단 불을 가득 채워서 땅에
던지니, 천둥과 요란한 소리와 번개
와 지진이 일어났습니다.

나팔 소리

6 ○그 때에 나팔을 하나씩 가진 일곱
천사가 나팔을 불 준비를 하였습니
다.
7 ○첫째 천사가 나팔을 부니, 우박과
불이 피에 섞여서 땅에 떨어졌습니
다. 그래서 땅의 삼분의 일이 타버리

만큼 큰 무리 신·구약 시대의 모든 성도들(창 15:5; 32:12)을 말한다. 구원받은 성도들의 막대한 수를 강조하는 말이다.

7:14 어린 양이 흘리신 피에 자기들의 두루마기를 빨아서 희게 하였습니다 그리스도를 믿음으로 죄 용서를 받았다는 사실을 가리킨다. 어린 양의 피는 '새 언약'(눅 22:20)으로서, 옛 언약을 파괴한 죄책을 제거할 뿐만 아니라 영원한 새 언약을 맺게 하는 것이기도 하다(참조. 히 9:15-22).

8장 요약 마지막 일곱째 봉인을 떼는 장면과, 그로 인한 일곱 나팔 중 처음 네 나팔의 재앙이 시작되고 있음을 언급하고 있다. 나팔 재앙으로 인한 자연계의 파괴는 갈수록 심화되지만, 그럼에도 심판 중에서도 긍휼을 잊지 않으시는 하나님을 엿볼 수 있다.

8:2-11:19 일곱 나팔을 통한 재앙은 일곱 봉인의

㉠ 사 49:10 ㉡ 시 23:2; 사 49:10 ㉢ 사 25:8

고, 나무의 삼분의 일이 타버리고,
푸른 풀이 다 타버렸습니다.
8 ○둘째 천사가 나팔을 부니, 불타는
큰 산과 같은 것이 바다에 던져졌습
니다. 그래서 바다의 삼분의 일이 피
가 되고,
9 바다에 사는, 생명이 있는 피조물들
의 삼분의 일이 죽고, 배들의 삼분의
일이 부서졌습니다.
10 ○셋째 천사가 나팔을 부니, 큰 별
하나가 횃불처럼 타면서 하늘에서
떨어져서, 강들의 삼분의 일과 샘물
들 위에 덮쳤습니다.
11 그 별의 이름은 '쑥'이라고 합니다.
그래서 물의 삼분의 일이 쑥이 되고,
많은 사람이 그 물을 마시고 죽었습
니다. 그 물이 쓴 물로 변하였기 때
문입니다.
12 ○넷째 천사가 나팔을 부니, 해의 삼
분의 일과 달의 삼분의 일과 별들의
삼분의 일이 타격을 입어서, 그것들
의 삼분의 일이 어두워지고, 낮의 삼
분의 일이 빛을 잃고, 밤도 역시 그
렇게 되었습니다.
13 ○그리고 내가 보고 들으니, 날아가
는 독수리 한 마리가 하늘 한가운데
로 날면서, 큰 소리로 외쳤습니다.
"화가 있다. 화가 있다. 땅 위에 사는
사람들에게 화가 있다. 아직도 세 천
사가 불어야 할 나팔 소리가 남아
있다."

9 1 다섯째 천사가 나팔을 불었습니
다. 내가 보니, 하늘에서 땅에 떨어
진 별이 하나 있는데, 그 별은 ㉠아비
소스를 여는 열쇠를 받았습니다.
2 그 별이 아비소스를 여니, 거기에서
큰 용광로의 연기와 같은 연기가 올
라왔습니다. 그래서 해와 하늘이 그
구덩이에서 나온 연기 때문에 어두
워졌습니다.
3 그리고 그 연기 속에서 메뚜기들이
나와서 땅에 퍼졌습니다. 그것들은,
땅에 있는 전갈이 가진 것과 같은
권세를 받아 가지고 있었습니다.
4 그것들은, 땅에 있는 풀이나 푸성귀
나 나무는 하나도 해하지 말고, 이마
에 하나님의 도장이 찍히지 않은 사
람만을 해하라는 명령을 받았습니
다.
5 그러나 그들에게는, 사람들을 죽이
지는 말고, 다섯 달 동안 괴롭게만
하라는 허락이 내렸습니다. 그것들
이 주는 고통은 마치 전갈이 사람을
쏠 때와 같은 고통이었습니다.
6 그 기간에는 그 사람들이 죽으려고
애써도 죽지 못하고, 죽기를 원해도
죽음이 그들을 피하여 달아날 것입
니다.
7 ○그 메뚜기들의 모양은 전투 채비
를 한 말들과 같고, 머리에는 금 면

재앙보다 강도가 높아지며, 범위가 확대된다(1/4→1/3). 그러나 아직도 회개의 기회는 있다. 재앙을 계획·예비하시고 보내시는 이는 하나님이시다.

8:6-12 처음 네 나팔을 통해서, 자연계(땅·나무·푸른 풀·바다·바다 속의 생명체·강들·샘물)의 파괴, 천체(해·달·별들)의 재앙이 야기된다.

8:11 쑥은 상징적으로 비애·혹독함·재난 등을 암시한다(잠 5:4;애 3:15). 여기서는 하나님의 심판을 가리킨다고 볼 수 있다.

9장 요약 다섯째 나팔과 여섯째 나팔 재앙을 다루고 있다. 이 두 재앙은 자연계를 대상으로 한 지금까지와는 달리 그 대상이 사람(불신자)이다. 그리고 그 전달자도 메뚜기(3절), 네 천사(15절)로 분명히 명시되어 있다. 이 두 재앙으로 인해서 사람들은 극심한 고통을 당하고 1/3이 사망에 이르게 된다.

㉠ '밑바닥이 없는 깊은 곳'을 일컫는 그리스어

류관과 같은 것을 쓰고, 그 얼굴은
사람의 얼굴과 같았습니다.
8 그리고 그것들은, 여자의 머리털 같
은 머리털이 있고, 이빨은 사자의 이
빨과 같고,
9 쇠로 된 가슴막이와 같은 가슴막이
를 두르고, 그 날개 소리는 마치 전
쟁터로 내닫는 많은 말이 끄는 병거
소리와 같았습니다.
10 그것들은 전갈과 같은 꼬리와 침이
달려 있었는데, 그 꼬리에는 다섯 달
동안 사람을 해할 수 있는 권세가
있었습니다.
11 그것들은 ㉠아비소스의 사자를 자기
들의 왕으로 떠받들었는데, 그 이름
은 히브리 말로는 ㉡아바돈이요, 그
리스 말로는 ㉢아볼루온입니다.
12 ○첫째 재앙이 지나갔습니다. 그러
나 아직도 두 가지 재앙이 더 닥쳐올
것입니다.
13 ○여섯째 천사가 나팔을 불었습니
다. 나는 하나님 앞에 있는 금제단의
㉣네 뿔에서 울려 나오는 음성을 들
었습니다.
14 그것은 나팔을 가진 여섯째 천사에
게 "큰 강 유프라테스에 매여 있는
네 천사를 풀어놓아 주어라" 하는
음성이었습니다.
15 그래서 그 네 천사가 풀려났습니다.
그들은 사람의 삼분의 일을 죽이기
위하여, 그 해, 그 달, 그 날, 그 때에
맞추어 예비된 이들입니다.
16 내가 들은 바로는 그 천사들이 거느
린 기마대의 수는 이억이나 된다는
것입니다.
17 나는 이러한 환상 가운데서 말들과
그 위에 탄 사람들을 보았는데, 사
람들은 화홍색과 청색과 유황색 가
슴막이를 둘렀고, 말들은 머리가 사
자의 머리와 같으며, 입에서는 불과
연기와 유황을 내뿜고 있었습니다.
18 그 입에서 나오는 불과 연기와 유황,
이 세 가지 재앙으로 사람의 삼분의
일이 죽임을 당하였습니다.
19 그 말들의 힘은 입과 꼬리에 있는데,
꼬리는 뱀과 같고, 또 꼬리에 머리가
달려 있어서, 그 머리로 사람을 해쳤
습니다.
20 ○이런 재앙에서 죽지 않고 살아 남
은 사람이 자기 손으로 한 일들을
회개하지 않고, 오히려 귀신들에게
나, 또는 보거나 듣거나 걸어 다니지
못하는, 금이나 은이나 구리나 돌이
나 나무로 만든 우상들에게, 절하기
를 그치지 않았습니다.
21 그들은 또한 살인과 점치는 일과 음
행과 도둑질을 회개하지 않았습니다.

천사와 작은 두루마리

10 또 나는 힘센 다른 천사 하나
가 구름에 싸여서 하늘에서 내

9:1–12 다섯째 나팔–첫째 화. 이제 하나님을 거부하고 사악한 것을 일삼는 사람들이 다섯 달 동안(한정된 기간) 세상에 만연하는 온갖 죄악으로 *인한 파괴 및 황폐*로 공포와 절망 속에 살아간다. 이들은 죽고 싶어도 죽지 못하는, 단지 죄악된 삶을 이어갈 뿐이다.

9:7–10 메뚜기의 흉포한 모습이 묘사되어 있다. 메뚜기는 흔히 하나님의 진노의 도구로 사용되었다(참조. 출 10:4–19;신 28:38,42 등).

10장 요약 본장은 여섯째 나팔 재앙이 끝난 후 약간의 시간적 공백이 있을 때 출현한 천사에 대한 환상을 기록한다. 천사는 작은 두루마리를 요한에게 먹으라고 했는데, 이것은 예언자적 선포 사역의 중요성을 암시한다(11절).

10:4 기록하지 말아라 사람의 사색·상상·탐구만

㉠ '밑바닥이 없는 깊은 곳'을 일컫는 그리스어 ㉡ '파멸' ㉢ '파괴자' ㉣ 다른 고대 사본들에는 '뿔들'

려오는 것을 보았습니다. 그의 머리
위에는 무지개가 둘려 있고, 그 얼굴
은 해와 같고, 발은 불기둥과 같았습
니다.
2 그는 손에 작은 두루마리 하나를 펴
서, 들고 있었습니다. 그는 오른발로
는 바다를 디디고, 왼발로는 땅을 디
디고 서서,
3 마치 사자가 울부짖듯이 큰 소리로
부르짖었습니다. 그가 부르짖으니,
일곱 천둥이 각각 제 소리를 내면서
말하였습니다.
4 그 일곱 천둥이 말을 다 하였을 때
에, 나는 그것을 기록하려고 하였습
니다. 그 때에 나는 하늘로부터 나오
는 음성을 들었는데, "그 일곱 천둥
이 말한 것을 인봉하여라. 그것을 기
록하지 말아라" 하였습니다.
5 그리고 내가 본 그 천사, 곧 바다와
땅을 디디고 서 있는 그 천사가 오른
손을 하늘로 쳐들고,
6 하늘과 그 안에 있는 것들과 땅과
그 안에 있는 것들과 바다와 그 안
에 있는 것들을 창조하시고, 영원무
궁 하도록 살아 계시는 분을 두고,
이렇게 맹세하였습니다. "때가 얼마
남지 않았다.
7 일곱째 천사가 불려고 하는 나팔 소
리가 나는 날에는, 하나님께서 하나
님의 종 예언자들에게 전하여 주신
대로, 하나님의 비밀이 이루어질 것
이다."
8 ○하늘로부터 들려 온 그 음성이 다
시 내게 말하였습니다. "너는 가서,
바다와 땅을 밟고 서 있는 그 천사의
손에 펴 있는 작은 두루마리를 받아
라."
9 그래서 내가 그 천사에게로 가서, 그
작은 두루마리를 달라고 하니, 그는
나에게 말하기를 "이것을 받아먹어
라. 이것은 너의 배에는 쓰겠지만, 너
의 입에는 꿀같이 달 것이다" 하였습
니다.
10 나는 그 천사의 손에서 그 작은 두
루마리를 받아서 삼켰습니다. 그것
이 내 입에는 꿀같이 달았으나, 먹고
나니, 뱃속은 쓰라렸습니다.
11 그 때에 "너는 여러 백성과 민족과
언어와 왕들에 관해서 다시 예언을
하여야 한다" 하는 음성이 내게 들
려 왔습니다.

두 증인

11 나는 지팡이와 같은 측량자 하
나를 받았는데, 그 때에 이런
말씀이 내게 들려 왔습니다. "일어서
서 하나님의 성전과 제단을 측량하
고, 성전에서 예배하는 사람들을 세
어라.
2 그러나 그 성전의 바깥 뜰은 측량하
지 말고, 내버려 두어라. 그것은 이

으로는 하나님의 오묘한 섭리를 다 알 수 없다. 하나님은 사람에게 필요하다고 판단하시는 범위 안에서 하나님의 뜻과 계획을 계시하셨다.

10:8–11 작은 두루마리 요한은 그 천사의 손에서 작은 두루마리는 취하여 먹어버렸다. 예레미야서 15:16와 에스겔서 3:1–3에서도 이와 비슷한 일이 언급되어 있다. 하나님의 말씀은 입에서 꿀같이 달지만, 배에서는 쓰다(10절). 그 작은 두루마리는 요한이 선포할 메시지와 관련되어 있다(11절).

11장 요약 본장은 내용상 세 부분으로 구성되어 있다. 먼저 성전측량(1–2절)은 불신자에게 임할 하나님의 심판을 그리고 있고, 두 증인의 예언(3–13절)은 말세에 고통당할 성도의 상황과 승리, 일곱째 나팔의 재앙(14–19절)은 장차 임할 하나님의 최후 승리를 묘사하고 있다.

11:1–2 하나님의 모든 자녀들이 **측량**되었다는 것은 하나님의 영원한 보호를 받음을 뜻한다.

방 사람들에게 내주었기 때문이다.
그들이 그 거룩한 도성을 마흔두 달
동안 짓밟을 것이다.
3 나는 내 두 증인에게 예언하는 능력
을 줄 것이다. 그들은 천이백육십 일
동안 상복을 입고 예언할 것이다."
4 그들은 이 세상을 다스리시는 주님
앞에 서 있는 올리브 나무 두 그루
요, 촛대 두 개입니다.
5 그들을 해하려고 하는 사람이 있으
면, 그들의 입에서 불이 나와서, 그
원수들을 삼켜 버릴 것입니다. 그들
을 해하려고 하는 사람은, 누구나
이와 같이 죽임을 당하고 말 것입니
다.
6 그들은, 자기들이 예언 활동을 하는
동안에, 하늘을 닫아 비가 내리지
못하게 할 수 있는 권세를 가지고 있
습니다. 또 물을 피로 변하게 하는
권세와, 그들이 원하는 대로 몇 번이
든지, 어떤 재앙으로든지, 땅을 칠
수 있는 권세를 가지고 있습니다.
7 그러나 그들이 증언을 마칠 때에,
㉠아비소스에서 올라오는 짐승이 그
들과 싸워서 이기고, 그들을 죽일 것
입니다.
8 그리고 그들의 시체는 그 큰 도시의
넓은 거리에 내버리게 될 것입니다.
그 도시는 영적으로 소돔 또는 이집
트라고도 하는데, 곧 그들의 주님이
십자가에 달리신 곳입니다.
9 여러 백성과 종족과 언어와 민족에
속한 사람들이 사흘 반 동안 그 두
예언자의 시체를 볼 것이며, 그 시체
가 무덤에 안장되는 것을 허락하지
않을 것입니다.
10 그리고 땅 위에 사는 사람들이 그
시체를 두고 기뻐하고 즐거워하고,
서로 선물을 보낼 것입니다. 그것은
이 두 예언자가 땅 위에 사는 사람
들을 괴롭혔기 때문입니다.
11 그러나 사흘 반이 지난 뒤에, 하나님
에게서 ㉡생명의 기운이 나와서 그
들 속으로 들어가니, 그들이 제 발로
일어섰습니다. 그것을 목격한 사람
들은 큰 두려움에 사로잡혔습니다.
12 그 두 예언자가, 하늘로부터 ㉢자기들
에게로 "이리로 올라오너라" 하는 큰
소리가 울려오는 것을 듣고, 구름을
타고 하늘로 올라가니, 그들의 원수
들이 그것을 지켜 보았습니다.
13 바로 그 때에 큰 지진이 일어나서, 그
도시의 십분의 일이 무너졌는데, 그
지진으로 사람이 칠천 명이나 죽었
습니다. 그리고 살아 남은 사람은 두
려움에 싸여서, 하늘에 계신 하나님
께 영광을 돌렸습니다.
14 ○둘째 재난은 지나갔습니다. 그러
나 이제 셋째 재난이 곧 닥칠 것입니
다.

11:3 천이백육십 일 이 표현은 원래 예루살렘 성전이 시리아의 전체 군주 안티오쿠스 에피파네스에 의해서 짓밟힌 사건(B.C. 167-164년)을 가리켰다(단 7:25;12:7). 여기에서는 신약 시대에 복음이 전파되는 것과 그것에 대한 이방 사람의 적대 세력이 고조되는 기간을 뜻한다.

11:4 올리브 나무 두 그루는 교회가 성령으로 무장해야 할 것을, 촛대는 세상에서 빛의 역할을 수행해야 할 것을 상징한다.

11:11 두 증인의 부활과 승천은 바울이 묘사하는 교회의 휴거('이끌려 올라가서'_살전 4:17) 때에 완전히 성취될 것이다. 그리스도께서 재림하실 때 교회는 능력과 영향력을 회복할 것이며, 그 때 세상은 두려워 떨게 될 것이다.

11:13 큰 지진 종말적 현상의 하나이다(참조. 겔 38:19;욜 2:10;암 8:8;9:5).

㉠ '밑바닥이 없는 깊은 곳'을 일컫는 그리스어 ㉡ 또는 '영이' ㉢ 다른 고대 사본들에는 '내게로'

일곱째 나팔

15 ○일곱째 천사가 나팔을 불었습니
다. 그 때에 하늘에서 큰 소리가 났
습니다.
"세상 나라는 우리 주님의 것이 되
고, ㉠그리스도의 것이 되었다. 주
님께서 영원히 다스리실 것이다."
16 그리고 하나님 앞에서 자기 보좌에
앉아 있는 스물네 장로도 엎드려서,
하나님께 경배하고,
17 말하였습니다.
"지금도 계시고 전에도 계시던 전
능하신 분, 주 하나님, 감사합니다.
주님께서는 그 크신 권능을 잡으
셔서 다스리기 시작하셨습니다.
18 뭇 민족이 이것에 분개하였으나
오히려 그들이 주님의 진노를 샀습
니다. 이제는 죽은 사람들이 심판
을 받을 때가 왔습니다. 주님의 종
예언자들과 성도들과 작은 사람이
든 큰 사람이든 주님 이름을 두려
워하는 사람들에게 상을 주실 때
가 왔습니다. 땅을 망하게 하는 자
들을 멸망시킬 때가 왔습니다."
19 그러자 하늘에 있는 하나님의 성전
이 열리고, 성전 안에 있는 하나님의
언약궤가 보였습니다. 그 때에 번개
가 치고, 요란한 소리와 천둥소리가
나고, 지진이 일어나고, 큰 우박이
쏟아졌습니다.

여자와 용

12 그리고 하늘에 큰 표징이 나타
났는데, 한 여자가 해를 둘러
걸치고, 달을 그 발 밑에 밟고, 열두
별이 박힌 면류관을 머리에 쓰고 있
었습니다.
2 이 여자는 아이를 배고 있었는데, 해
산의 진통과 괴로움으로 울고 있었
습니다.
3 또 다른 표징이 하늘에서 나타났습
니다. 머리 일곱 개와 뿔 열 개가 달
린 커다란 붉은 용 한 마리가 있는
데, 그 머리에는 왕관을 일곱 개 쓰
고 있었습니다.
4 그 용은 그 꼬리로 하늘의 별 삼분
의 일을 휩쓸어서, 땅으로 내던졌습
니다. 그 용은 막 해산하려고 하는
그 여자 앞에 서서, 그 여자가 아기
를 낳기만 하면 삼켜 버리려고 노리
고 있었습니다.
5 마침내 그 여자는 아들을 낳았습니
다. ㉡그 아기는 장차 쇠지팡이로 만
국을 ㉢다스리실 분이었습니다. 별안
간 그 아기는 하나님께로, 곧 그분의
보좌로 이끌려 올라갔고,
6 그 여자는 광야로 도망을 쳤습니다.
거기에는 천이백육십 일 동안 사람
들이 그 여자를 먹여 살리도록 하나
님께서 마련해 주신 곳이 있었습니
다.

11:15-19 최후의 심판 대신 하나님 나라의 도래가 묘사된다.

11:16 스물네 장로는 하나님 나라의 완전한 도래가 선포됨을 듣고 엎드려 하나님을 경배한다. 그들의 찬송 중 특이한 것은, 이제 더 이상 하나님을 '앞으로 오실'(참조. 1:8) 것이라 하지 않는다는 점이다. 본문에서의 '때'는 최종 완성의 때이므로, 그의 오심은 더 이상 미래가 아니다.

㉠ 또는 '메시아' ㉡ 시 2:9 ㉢ 또는 '보살핌'

12장 요약 본장에서 14장까지는 일곱 대접의 재앙이 임하기 전에 일어날 일들인데, 이 장에서는 여자와 붉은 용에 대한 환상이 묘사된다. 이는 종말에 있을 교회와 사탄 간의 치열한 영적 전투와, 잠시 박해받으나 결국 환난을 통과할 교회의 승리상을 증거한다.

12:1 '표징'이라 묘사된 '한 여자'는 주님 안에서 택함받은 이스라엘 백성을 가리킨다. 여자는 해와

7 ○그 때에 하늘에서 전쟁이 일어났
습니다. 미가엘과 미가엘의 천사들
은 용과 맞서서 싸웠습니다. 용과 용
의 부하들이 이에 맞서서 싸웠지만,
8 당해 내지 못하였으므로, 하늘에서
는 더 이상 그들이 발 붙일 자리가
없었습니다.
9 그래서 그 큰 용, 곧 그 옛 뱀은 땅으
로 내쫓겼습니다. 그 큰 용은 악마
라고도 하고, 사탄이라고도 하는데,
온 세계를 미혹하던 자입니다. 그 용
의 부하들도 그와 함께 땅으로 내쫓
겼습니다.
10 ○그 때에 내가 들으니, 하늘에서 큰
음성이 이렇게 울려 나왔습니다.
"이제 우리 하나님의 구원과 권능
과 나라가 이루어지고 하나님이
세우신 ㉠그리스도의 권세가 나타
났다. 우리의 ㉡동료들을 헐뜯는
자, 우리 하나님 앞에서 밤낮으로
그들을 헐뜯는 자가 내쫓겼다.
11 우리의 동료들은 어린 양이 흘린
피와 자기들이 증언한 말씀을 힘
입어서 그 악마를 이겨 냈다. 그들
은 죽기까지 목숨을 아끼지 않았
다.
12 그러므로 하늘아, 그리고 그 안에
사는 자들아, 즐거워하여라. 그러
나 땅과 바다는 화가 있다. 악마
가, 자기 때가 얼마 남지 않은 것
을 알고, 몹시 성이 나서 너희에게
내려갔기 때문이다."
13 ○그 용은 자기가 땅으로 내쫓겼
음을 알고, 남자 아이를 낳은 그 여
자를 ㉢쫓아갔습니다.
14 그러나 그 여자는 큰 독수리의 두
날개를 받아 가지고 광야에 있는 자
기 은신처로 날아가서, 거기에서 뱀
을 피해서, 한 때와 두 때와 반 때 동
안 부양을 받았습니다.
15 그 뱀은 그 여자의 등 뒤에다가 입에
서 물을 강물과 같이 토해 내서, 강
물로 그 여자를 휩쓸어 버리려고 하
였습니다.
16 그러나 땅이 그 여자를 도와주니,
땅이 입을 벌려서, 용이 입에서 토해
낸 강물을 삼켰습니다.
17 그래서 그 용은 그 여자에게 노해서,
그 여자의 남아 있는 자손, 곧 하나
님의 계명을 지키며 예수의 증언을
간직하고 있는 사람들과 싸우려고
떠나갔습니다.
18 ○㉣그 때에 그 용이 바닷가 모래 위
에 섰습니다.

짐승 두 마리

13 나는 바다에서 짐승 하나가 올
라오는 것을 보았습니다. 그 짐
승은 뿔 열과 머리 일곱이 달려 있었
는데, 그 뿔 하나하나에 왕관을 쓰
고 있고, 그 머리 하나하나에는 하나

달과 열두 별로 이루어진 옷을 둘렀는데(참조. 창 37:9), '해를 둘러 걸친' 것은 교회가 영광스럽고 고귀하기 때문이며, '달을 그 발 밑에 밟음'은 다스리는 권세를 지녔기 때문이며, '열두 별이 박힌 면류관'을 머리에 쓴 것은 승리자이기 때문이다.

12:7-12 하늘에서의 전쟁으로서, 그리스도의 탄생·구속·승천 결과가 어떤지를 보여 준다.

㉠ 또는 '메시아' ㉡ 그, '형제들' ㉢ 또는 '박해하였다' ㉣ 다른 고대 사본들에는 '그 때에 나는'

13장 요약 교회에 대한 사탄의 공격을 구체적으로 그리고 있다. 바다에서 나온 첫 번째 짐승(1-10절)은 교회를 대적하는 세속 권력을, 땅에서 나온 두 번째 짐승(11-18절)은 교회 내에서 준동하고 있는 그리스도를 적대하는 세력을 상징한다. 말세가 가까울수록 이 두 세력은 연합하여 교회를 무너뜨리고자 한다.

13:1 바다는 나라들과 그 정권들을 의미하고 **짐승**

님을 모독하는 이름이 붙어 있었습
니다.
2 내가 본 그 짐승은 표범과 비슷한데,
그 발은 곰의 발과 같고, 그 입은 사
자의 입과 같았습니다. 그 용이 자기
힘과 왕위와 큰 권세를 이 짐승에게
주었습니다.
3 그 머리들 가운데 하나는 치명상을
입은 듯하였습니다. 그러나 그 ㉠치
명적인 상처가 나으니, 온 세상은 놀
라서 그 짐승을 따라갔습니다.
4 용이 그 짐승에게 권세를 주니, 사람
들은 그 용에게 경배하였습니다. 또
그들은 "누가 이 짐승과 같으랴? 누
가 이 짐승과 맞서서 싸울 수 있으
랴?" 하고 말하면서, 그 짐승에게 경
배하였습니다.
5 ○그 짐승은, 큰소리를 치며 하나님
을 모독하는 말을 하는 입을 받고,
마흔두 달 동안 활동할 권세를 받았
습니다.
6 그 짐승은 입을 열어서 하나님을 모
독하였으니, 하나님의 이름과 거처
와 하늘에 사는 이들을 모독하였습
니다.
7 ㉡그 짐승은 성도들과 싸워서 이길
것을 허락받고, 또 모든 종족과 백성
과 언어와 민족을 다스리는 권세를
받았습니다.
8 그러므로 땅 위에 사는 사람 가운데
서, ㉢죽임을 당한 어린 양의 생명책
에 창세 때부터 이름이 기록되어 있
지 않은 사람은, 모두 그에게 경배할
것입니다.
9 귀가 있는 사람은 들으십시오.
10 ㉣"사로잡혀 가기로 되어 있는
사람이면, 사로잡혀 갈 것이요,
칼에 맞아서 죽임을 당하기로
되어 있는 사람이면, 칼에 맞아
서 죽임을 당할 것이다."
여기에 성도들의 인내와 믿음이 필
요합니다.
11 ○나는 또 땅에서 다른 짐승 하나가
올라오는 것을 보았습니다. 그것은
어린 양처럼 뿔이 둘 있고, 용처럼
말을 하였습니다.
12 이 짐승은 첫째 짐승이 가진 모든 권
세를 그 첫째 짐승을 대신하여 행사
하였습니다. 이 짐승은, 땅과 땅 위
에 사는 모든 사람들로 하여금 ㉤치
명상에서 나음을 받은 그 첫째 짐승
에게 절하게 하였습니다.
13 또 그 짐승은 큰 기적들을 행하였는
데, 사람들이 보는 앞에서 하늘에서
불이 땅에 내려오게도 하였습니다.
14 그리고 그 첫째 짐승을 대신해서 행
하도록 허락받은 그 기적들을 미끼
로 해서 땅 위에 사는 사람들을 미
혹하였습니다. 땅 위에 사는 사람들
에게, 칼에 ㉥맞아서 상처를 입고서

은 교회를 박해하는 사탄의 하수인격인 세속 권력 및 지도자들을 상징한다.

13:11 또 땅에서 다른 짐승 하나가 올라오는 것을 보았습니다 이 짐승은 나중에 거짓 예언자로 정체가 밝혀진다(16:13;19:20;20:10). 이 짐승은 어린 양을 닮았지만, 기적을 미끼로 사람들을 미혹하는 거짓 종교를 상징한다.

13:16 오른손이나 이마에 표를 받게 하였습니다 여기서의 뜻은 어떤 사람에 대한 소유권을 확보하고 도장을 찍는다는 말이다. 고대 사회에서는 전쟁 포로나 반항하는 노예들에게 표를 하여 금방 알아볼 수 있게 하였다. 또한 유대 사람들은 왼손과 이마에 기호와 표를 붙이고 다녔다(신 6:8). 짐승도 이것을 모방하여 자신의 소유를 확인하고 구별한다.

㉠ 그, '죽음의 재앙이' ㉡ 다른 고대 사본들에는 7절 상반절이 없음 ㉢ 또는 '창세 때부터 죽임을 당한 그 어린 양의 생명책에 기록되어 있지 않은 사람은' ㉣ 렘 15:2; 43:11 ㉤ 그, '죽음의 재앙' ㉥ 또는 '칼의 재앙을 받았다가도'

도 살아난 그 짐승을 위하여 우상을
만들라고 말하였습니다.
15 그리고 둘째 짐승이 능력을 받아서
첫째 짐승의 우상에게 ㉠생기를 넣
어 주고, 그 짐승의 우상으로 하여
금 말을 하게도 하고, 또 우상에게
경배하지 않는 사람은 모두 죽임을
당하게도 하였습니다.
16 또 작은 자나 큰 자나, 부자나 가난
한 자나, 자유인이나 종이나 할 것
없이, 다 그들의 오른손이나 이마에
표를 받게 하였습니다.
17 누구든지 이 표를 가진 사람, 곧 그
짐승의 이름이나, 그 이름을 나타내
는 숫자로 표가 찍힌 사람이 아니
면, 아무도 팔거나 사거나 할 수 없
게 하였습니다.
18 여기에 지혜가 필요합니다. 지각이
있는 사람은 그 짐승을 상징하는 숫
자를 세어 보십시오. 그 수는 어떤
사람을 가리키는데, 그 수는 ㉡육백
육십육입니다.

십사만 사천 명이 부른 노래

14 또 내가 보니, 어린 양이 시온
산에 서 있었습니다. 그 어린
양과 함께 십사만 사천 명이 서 있었
는데, 그들의 이마에는 어린 양의 이
름과 그의 아버지의 이름이 적혀 있
었습니다.
2 그리고 나는 많은 물이 흐르는 소리
와도 같고 큰 천둥소리와도 같은 음
성이 하늘에서 울려오는 것을 들었
습니다. 내가 들은 음성은 거문고를
타고 있는 사람들의 노랫가락과 같
았습니다.
3 그들은 보좌와 네 생물과 그 장로들
앞에서 새 노래를 부르고 있었습니
다. 땅에서 구원을 받은 십사만 사
천 명 밖에는, 아무도 그 노래를 배
울 수 없었습니다.
4 그들은 여자들과 더불어 몸을 더럽
힌 일이 없는, 정절을 지킨 사람들입
니다. 그들은 어린 양이 가는 곳이
면, 어디든지 따라다니는 사람들입
니다. 그들은 사람들 가운데서 하나
님과 어린 양에게 드리는 첫 열매로
서 구원을 받았습니다.
5 그들의 입에서는 거짓말을 찾을 수
없고, 그들에게는 흠잡을 데가 없었
습니다.

세 천사가 전하는 말

6 ○나는 또 다른 천사가 하늘 한가운
데서 날아다니는 것을 보았습니다.
그에게는, 땅 위에 살고 있는 사람과
모든 민족과 종족과 언어와 백성에
게 전할, 영원한 복음이 있었습니다.
7 그는 큰 소리로 외쳤습니다. "너희는
하나님을 두려워하고, 그분께 영광
을 돌려라. 하나님께서 심판하실 때
가 이르렀다. 하늘과 땅과 바다와 물

14장 요약 환난을 이긴 성도가 받을 상급과 불신자에 대한 심판이다. 짐승의 표를 거절한 성도는 결국 하나님의 도장을 받아 생명의 면류관을 상속받을 것이다. 본장은 성도에게는 환난을 극복할 용기와 소망을, 그리고 불의한 자에게는 회개를 촉구하고, 그것을 거부할 때에 임할 심판의 준엄성을 상기시킨다.

㉠ 또는 '영' ㉡ 다른 고대 사본들에는 '육백십육'

14:1–5 여기서는 최후 심판 후에 성도들이 새 예루살렘에서 구원의 즐거움을 찬양하는 모습이 묘사된다.

14:4–5 지상에서 생활할 때 성도들이 갖는 특징으로서, ① 그리스도에 대한 믿음을 변절하지 않고 ② 하나님의 뜻에 순종하고 ③ 마음이 정직하고 말씀의 표준대로 살았음이 언급된다. 첫 열매 그리스도를 믿음으로 구원을 받아 하나님께 속한 성도들을 가리킨다. 구약에서 그리스도인은

의 근원을 만드신 분께 경배하여라."
8 ○또 두 번째 다른 천사가 뒤따라와
서 말하였습니다. "무너졌다. 무너졌
다. 큰 도시 바빌론이 무너졌다. 바
빌론은 자기 음행으로 빚은 진노의
포도주를 모든 민족에게 마시게 한
도시다."
9 ○또 세 번째 다른 천사가 그들을 뒤
따라와서 큰 소리로 말하였습니다.
"그 짐승과 그 짐승 우상에게 절하
고, 이마나 손에 표를 받는 사람은
누구든지,
10 하나님의 진노의 포도주를 마실 것
이다. 그 포도주는, 물을 섞어서 묽
게 하지 않고 하나님의 진노의 잔에
부어 넣은 것이다. 또 그런 자는 거
룩한 천사들과 어린 양 앞에서 불과
유황으로 고통을 받을 것이다.
11 그들에게 고통을 주는 불과 유황의
연기가 그 구덩이에서 영원히 올라
올 것이며, 그 짐승과 짐승 우상에게
절하는 자들과, 또 그 이름의 표를
받는 자는, 누구든지, 밤에도 낮에
도 휴식을 얻지 못할 것이다.
12 하나님의 계명과 예수를 믿는 믿음
을 지키는 성도들에게는 인내가 필
요하다."
13 ○나는 또 하늘에서 들려 오는 음성
을 들었습니다. "기록하여라. 이제부
터 주님 안에서 죽는 사람들은 복이
있다." 그러자 성령께서 말씀하셨습
니다. "그렇다. 그들은 수고를 그치
고 쉬게 될 것이다. 그들이 행한 일
이 그들을 따라다니기 때문이다."

마지막 수확

14 ○또 내가 보니, 흰 구름이 있고, 그
구름 위에는 ㉠'인자 같은 분'이 앉아
있었습니다. 그는 머리에 금 면류관
을 쓰고, 날이 선 낫을 들고 있었습
니다.
15 또 다른 천사가 성전에서 나와서, 구
름 위에 앉아 있는 분에게 큰 소리
로 외쳤습니다. "낫을 대어 거두어들
이십시오. 땅에 있는 곡식이 무르익
어서, 거두어들일 때가 되었습니다."
16 그러자 구름 위에 앉은 분이 낫을
땅에 휘둘러서, 땅에 있는 곡식을 거
두어들였습니다.
17 ○또 다른 천사가 하늘에 있는 성전
에서 나왔는데, 그도 역시 날이 선
낫을 가지고 있었습니다.
18 또 다른 천사가 제단으로부터 나왔
습니다. 그는 불을 지배하는 권세를
가진 천사였습니다. 날이 선 낫을 들
고 있는 천사에게 큰 소리로 말하였
습니다. "날이 선 그 낫을 대어, 땅에
있는 포도나무에서 포도송이를 거
두십시오. 포도가 다 익었습니다."
19 그래서 그 천사가 낫을 땅에 휘둘러,
땅의 포도를 거두어서, 하나님의 진

더 이상 세상에 속하지 않는다. 모든 소산물의 첫 열매는 하나님께 드렸다(출 23:19;느 10:35).

14:6-12 불신자들에게 다가올 심판을 경고한다. 그 목적은 그들에게 마지막으로 기회를 주어 회개시키려는 데 있다.

14:10 하나님의 진노의 포도주 물이 섞이지 않은 독한 포도주처럼 어떤 경감도 없는 하나님의 맹렬한 진노가 짐승을 경배하고 그 표를 받는 사람들에게 쏟아질 것이다.

14:13 주님 안에서 죽는 사람들은 복되다. 왜냐하면 이 세상의 여러 무거운 짐을 벗고 안식하기 때문에 그들은 자신들이 행한 대로 보상을 받게 된다.

14:14-16 마지막 수확 다시 오실 그리스도는 가시 면류관 대신 왕의 통치를 상징하는 금 면류관을 쓰고, 날이 선 낫을 들고 있다. 이제 이 세상을 심판할 준비가 완료되었음을 가리킨다.

㉠ 단 7:13

노의 큰 포도주를 만드는 술틀에다
가 던졌습니다.
20 술틀은 성 밖에 있었는데, 그것을
밟아 누르니 거기에서 피가 흘러 나
왔습니다. 그 피가 말 굴레의 높이까
지 닿고, 거의 ㉠천육백 스타디온이
나 퍼져 나갔습니다.

마지막 재난을 가지고 온 천사

15 그리고 나는 하늘에서 크고도
놀라운 또 다른 표징을 하나
보았습니다. 일곱 천사가 일곱 재난
을 가지고 있었는데, 그것은 마지막
재난이었습니다. 하나님의 진노가
그것으로 끝날 것이었기 때문입니다.
2 ○나는 또 불이 섞인 유리 바다와 같
은 것을 보았습니다. 그 유리 바다
위에는 짐승과 그 짐승 우상과 그
이름을 상징하는 숫자를 이긴 사람
이, 하나님의 거문고를 들고 서 있었
습니다.
3 그들은 하나님의 종 모세의 노래와
어린 양의 노래를 부르고 있었습니
다.
"주 하나님, 전능하신 분, 주님께서
하시는 일은 크고도 놀랍습니다.
㉡만민의 왕이신 주님, 주님의 길
은 의롭고도 참되십니다.
4 ㉢주님, 누가 주님을 두려워하지
않겠습니까? 누가 주님의 이름을
찬양하지 않겠습니까? 주님만이
홀로 거룩하십니다. 모든 민족이
주님 앞으로 와서 경배할 것입니
다. 주님의 정의로운 행동이 나타
났기 때문입니다."
5 ○그 뒤에 또 내가 보니, 하늘에
있는 증거의 장소인 장막 성전이 열
리고,
6 그 성전으로부터 일곱 천사가 일곱
재난을 들고 나왔습니다. 그들은 깨
끗하고 빛나는 ㉣모시 옷을 입고, 가
슴에는 금띠를 띠고 있었습니다.
7 또 네 생물 가운데 하나가, 영원무궁
하도록 살아 계신 하나님의 진노를
가득 채운 금 대접 일곱 개를 그 일
곱 천사에게 주었습니다.
8 성전이 하나님의 영광과 권능에서
나오는 연기로 가득 차게 되니, 그
일곱 천사의 일곱 재난이 끝나기까
지는, 아무도 들어갈 수 없었습니다.

진노의 대접

16 나는 또 성전에서 큰 음성이
울려오는 것을 들었는데, 그 음
성이 일곱 천사들에게 이르기를 "가
서, 하나님의 진노가 담긴 일곱 대접
을 땅에 쏟아라" 하였습니다.
2 ○그래서 첫째 천사가 나가서 그 대
접을 땅에 쏟으니, 짐승의 표를 받은
자들과 그 짐승 우상에게 절하는 자
들에게 아주 나쁜 종기가 생겼습니
다.

15장 요약 본장은 마지막 일곱 대접 재앙(16장)의 서론격이다. 앞에서 나팔 재앙의 경고를 받았으나, 회개하지 않아 최후의 대접 재앙이 온다. 1-4절의 하나님을 찬양하는 성도의 노래는 이집트에서 구원된 이스라엘처럼 성도들도 종말의 환난에서 결국 승리할 것임을 시사한다.

16장 요약 일곱 대접을 받은 천사들이 그 대접을 쏟음으로써 결정적인 심판의 재앙이 실행됨을 보여 준다. 지금까지의 재앙들이 다소 국지적이었던 반면(8:6-9), 이 일곱 대접의 재앙은 치명적이고 우주적이다. 대접 재앙이 마지막 재앙임에도 불구하고 회개의 요청은 계속된다(9,11절).

15:5 증거의 장소인 장막 언약을 증거하는 법궤가 있어, 증거궤가 보관된 성막으로 불렸다(민 9:15).

㉠ 약 300킬로미터 ㉡ 다른 고대 사본들에는 '만세의' ㉢ 렘 10:7
㉣ 다른 고대 사본들에는 '돌'

3 ○둘째 천사가 그 대접을 바다에 쏟
으니, 바닷물이 죽은 사람의 피처럼
되고, 바다에 있는 모든 생물이 죽었
습니다.
4 ○셋째 천사가 그 대접을 강과 샘물
에 쏟으니, 물이 피가 되었습니다.
5 내가 들으니, 물을 주관하는 천사가
말하기를

"지금도 계시고 전에도 계시던 거
룩하신 주님, 이렇게 심판하셨으
니, 주님은 의로우신 분이십니다.
6 그들은 성도들과 예언자들의 피를
흘리게 하였으므로, 주님께서 그
들에게 피를 주어, 마시게 하셨습
니다. 그들은 그렇게 되어야 마땅
합니다"

하였습니다.
7 또 내가 들으니, 제단에서

"그렇습니다. 주 하나님, 전능하신
분, 주님의 심판은 참되고 의롭습
니다"

하는 소리가 울려 나왔습니다.
8 ○넷째 천사가 그 대접을 해에다 쏟
았습니다. 해는 불로 사람을 태우라
는 허락을 받았습니다.
9 그래서 사람들은 몹시 뜨거운 열에
탔습니다. 그러나 그들은 이 재앙을
지배하는 권세를 가지신 하나님의
이름을 모독하였고, 회개하지 않았
고, 하나님께 영광을 돌리지 않았습
니다.
10 ○다섯째 천사가 그 대접을 짐승의
왕좌에 쏟으니, 짐승의 나라가 어두
워지고, 사람들은 괴로움을 못 이겨
서 자기들의 혀를 깨물었습니다.
11 그들은 아픔과 부스럼 때문에, 하늘
의 하나님을 모독하였습니다. 그러
나 그들은 자기들의 행동을 회개하
지 않았습니다.
12 ○여섯째 천사가 그 대접을 큰 강 유
프라테스에 쏟으니, 강물이 말라 버
려서, 해 돋는 곳에서 오는 왕들의
길이 마련되었습니다.
13 나는 또 용의 입과 짐승의 입과 거
짓 예언자의 입에서, 개구리와 같이
생긴 더러운 영 셋이 나오는 것을 보
았습니다.
14 그들은 귀신의 영으로서, 기이한 일
을 행하면서 온 세계의 왕들을 찾아
돌아다니는데, 그것은 전능하신 하
나님의 큰 날에 일어날 전쟁에 대비
하여 왕들을 모으려고 하는 것입니
다.
15 ("보아라, 내가 도둑처럼 올 것이다.
깨어 있어서, ㉠자기 옷을 갖추어 입
고, 벌거벗은 몸으로 돌아다니지 않
으며, 자기의 부끄러운 데를 남에게
보이지 않는 사람은, 복이 있다.")
16 그 세 영은 히브리 말로 아마겟돈이
라고 하는 곳으로 왕들을 모았습니

16:1-21 진노가 담긴 일곱 대접 이 재앙은 출애굽기의 열 재앙이나(출 7-10장) 일곱 나팔 재앙과 유사성을 보인다. 묘사가 간결하고, 심판이 강력해지며, 그 범위가 넓어진다는 차이점이 있다.

16:12-16 그리스도를 적대하는 정권과 종교 및 사상이 교회와 최후 전쟁을 할 때, 성도들은 삶의 모든 영역에서 극심한 고난을 받게 된다. 그러나 마지막에 그리스도께서 영광 중에 구름을 타고 나타나셔서 그의 백성을 구원하실 것이다. 이것이 아마겟돈 전쟁의 결말이다.

16:13 더러운 영 셋은 '귀신들'이다. 이들은 천하를 꾀어 전쟁하게 하는 거짓말하는 영들이다(참조. 왕상 22:21 이하). 마지막 날은 그리스도의 적대자나 어떤 인간의 날이 아니라 하나님의 날이다. 온 천하에 하나님의 능력이 나타날 것이다.

16:19 큰 도시는 바빌론으로서, 하나님을 떠난 인간의 공동체를 의미한다.

㉠ 그, '자기 옷을 지키다'

다.
17 ○일곱째 천사가 그 대접을 공중에
쏟으니, 성전에서 보좌로부터 "다 되
었다" 하는 큰 음성이 울려 나왔습
니다.
18 또 번개가 치고, 음성들이 나고, 천
둥이 울리고, 큰 지진이 일어났는데,
이런 큰 지진은 사람이 땅 위에 생겨
난 뒤로 일찍이 없었던 것입니다.
19 그리고 그 큰 도시가 세 조각이 나
고, 민족들의 도시들도 무너졌습니
다. 하나님께서 그 큰 도시 바빌론을
기억하셔서, 하나님의 진노를 나타내
는 독한 포도주의 잔을 그 도시에
내리시니,
20 모든 섬들이 사라지고, 산들이 자취
를 감추었습니다.
21 그리고 무게가 한 달란트나 되는 큰
우박이 하늘로부터 사람들 위에 떨
어지니, 사람들은 우박의 재앙이 너
무도 심해서, 하나님을 모독하였습
니다.

큰 창녀에게 내릴 심판

17 대접 일곱 개를 가진 그 일곱
천사 가운데 하나가 와서, 나에
게 "이리로 오너라. 큰 바다 물 위에
앉은 큰 창녀가 받을 심판을 보여 주
겠다.
2 세상의 왕들이 그 여자와 더불어 음
행을 하였고, 땅에 사는 사람들이
그 여자의 음행의 포도주에 취하였
다" 하고 말하였습니다.
3 그리고 그 천사는 ㉠성령으로 나를
휩싸서, 빈 들로 데리고 갔습니다.
나는 한 여자가 빨간 짐승을 타고
앉아 있는 것을 보았는데, 그 짐승은
하나님을 모독하는 이름들로 가득
하였고, 머리 일곱과 뿔 열 개가 달
려 있었습니다.
4 이 여자는 자주색과 빨간색 옷을 입
고 금과 보석과 진주로 꾸미고, 손에
는 금잔을 들고 있었는데, 그 속에는
가증한 것들과 자기 음행의 더러운
것들이 가득하였습니다.
5 그리고 이마에는 '땅의 음녀들과 가
증한 것들의 어미, 큰 바빌론'이라는
비밀의 이름이 적혀 있었습니다.
6 그리고 나는 그 여자가 성도들의 피
와 예수의 증인들의 피에 취하여 있
는 것을 보았습니다. ○내가 그 여자
를 보고 크게 놀라니,
7 그 때에 천사가 나에게 말하였습니
다. "왜 놀라느냐? 나는 이 여자의
비밀과, 이 여자를 태우고 다니는 머
리 일곱과 뿔 열이 달린 그 짐승의
비밀을, 너에게 말하여 주겠다.
8 네가 본 그 짐승은, 전에는 있었지만
지금은 없으며, 장차 ㉡아비소스에
서 올라와서, 나중에는 멸망하여 버
릴 자다. 그리고 땅 위에 사는 사람

17장 요약 본장은 큰 창녀로 상징된 바빌론에 대한 심판을 기록하고 있다. 여기서 바빌론은 *역사상의 바빌론 국가라기보다는*, 전 시대를 통틀어 하나님을 배반하는 우상 제국을 통칭하는 것이다. 또 바빌론이 올라탄 짐승은 사탄의 하수인인 그리스도의 적대자를 상징한다(3절).

17:1–6 짐승 위에 앉은 여자는 세속적인 광휘로 화려하다. 짐승 위에 앉은 것은 둘 사이의 밀접한 관계를 의미한다. 이 여자는 바빌론을 가리키는데 12장과 21–22장에 묘사된 어린 양의 신부인 새 예루살렘과 대조된다. 바빌론은 '육체의 욕망, 눈의 욕망, 세상 살림에 대한 자랑'(요일 2:16)이 구체화된 세상을 가리킨다.

17:8 그 짐승이 전에는 있었다가 짐승의 화신이었던 바빌론, 앗시리아 등은 더 이상 존재하지 않는다. 그러나 멸망한 후에도 그들은 다시 다른 모양

㉠ 그, '영' ㉡ '밑바닥이 없는 깊은 곳'을 일컫는 그리스어

들 가운데 창세 때로부터 생명책에
이름이 적혀 있지 않은 사람들은, 그
짐승을 보고 놀랄 것이다. 그것은,
그 짐승이 전에는 있었다가, 지금은
없으나, 장차 다시 나타날 것이기 때
문이다.
9 ○여기에 지혜를 가진 마음이 필요
하다. 머리 일곱은 그 여자가 타고 앉
은 일곱 산이요, 또한 일곱 왕이다.
10 그 가운데서 다섯은 이미 망하고,
하나는 있고, 또 다른 하나는 아직
나타나지 않았다. 그것이 나타날지
라도, 잠깐밖에 머물지 못할 것이다.
11 또 전에 있다가 지금은 없는 그 짐승
은 여덟 번째인데, 그것은 그 일곱
가운데 속한 것으로서, 마침내 멸망
하여 버릴 자다.
12 네가 본 열 뿔은 열 왕이다. 그들은
아직 나라를 차지하지 못하였지만,
그 짐승과 함께 한동안 왕권을 차지
할 것이다.
13 그들은 한 마음이 되어서, 그들의 능
력과 권세를 그 짐승에게 내줄 것이
다.
14 그들이 어린 양에게 싸움을 걸 터인
데, 어린 양이 그들을 이길 것이다.
그것은, 어린 양이 만주의 주요 만왕
의 왕이기 때문이며, 어린 양과 함께
있는 사람들이, 부르심을 받고 택하
심을 받은 신실한 사람들이기 때문
이다."
15 ○천사가 또 나에게 말하였습니다.
"네가 본 물 곧 그 창녀가 앉아 있는
물은, 백성들과 무리들과 민족들과
언어들이다.
16 그리고 네가 본 그 열 뿔과 그 짐승
은, 그 창녀를 미워해서 비참하게 만
들고, 벌거벗은 꼴로 만들 것이다. 그
들은 그 창녀의 살을 삼키고, 그 여
자를 불에 태울 것이다.
17 그것은, 하나님께서 당신의 말씀을
이루실 때까지, 당신의 뜻을 행하려
는 마음을 그들에게 주셔서, 그들이
한 마음이 되어 그들의 나라를 그
짐승에게 주게 하셨기 때문이다.
18 네가 본 그 여자는, 세상의 임금들
을 다스리는 통치권을 가진 큰 도시
를 가리킨다."

바빌론의 패망

18 그 뒤에 나는 다른 천사가 큰
권세를 가지고 하늘에서 내려
오는 것을 보았습니다. 땅은 그의 영
광으로 환해졌습니다.
2 그는 힘찬 소리로 외쳤습니다.
"무너졌다. 무너졌다. 큰 도시 바빌
론이 무너졌다. 바빌론은 귀신들
의 거처가 되고, 온갖 더러운 영의
소굴이 되고, [더럽고 가증한 온
갖 새들의 집이 되었구나!]
3 이는, 모든 민족이 그 도시의 음행

을 입고 나타난다. 짐승의 잠정적인 처소는 아비소스이고, 최종 운명은 지옥의 불바다 속에서의 멸망이다.

17:9 머리 일곱 일곱 왕을 상징한다. 다섯(구 바빌론, 앗시리아, 신 바빌론, 페르시아, 그리스)은 망했고, 로마는 여섯째요, 일곱째는 로마 멸망 이후부터 그리스도 재림까지 교회를 핍박하는 모든 그리스도의 적대자 세력의 집합체를 나타낸다.

18장 요약 본장은 바빌론에 임한 멸망의 과정을 상세히 묘사하고 있다. 바빌론의 멸망은 두 가지 상반된 반응을 불러일으킨다. 악인은 극도의 슬픔에 빠져 애가를 지어 부른다(9-19절). 그러나 의인은 기쁨의 찬양으로 하나님께 경배를 드린다.

18:1-24 바빌론의 멸망 이미 17장 끝에서 큰 도시 바빌론의 멸망이 예고되었다. 본장에서는 보다

에서 빚어진 분노의 포도주를 마
시고, 세상의 왕들이 그 도시와 더
불어 음행하고, 세상의 상인들이
그 도시의 사치 바람에 치부하였
기 때문이다."
4 ○나는 하늘에서 또 다른 음성이 울
려오는 것을 들었습니다.
"내 백성아, 그 도시에서 떠나거라.
너희는 그 도시의 죄에 가담하지
말고, 그 도시가 당하는 재난을
당하지 않도록 하여라.
5 그 도시의 죄는 하늘에까지 닿았
고, 하나님은 그 도시의 불의한 행
위를 기억하신다.
6 너희는 그 도시가 준 만큼 그 도시
에 돌려주고, 그 도시의 행실대로
갑절로 갚아 주어라. 너희는 그 도
시가 섞은 잔에 갑절로 섞어 주어
라.
7 그 도시가 그렇게 자기를 영화롭
게 하고, 사치하였으니, 그만큼 그
에게 고통과 슬픔을 안겨 주어라.
그 도시는 마음 속으로 '나는 여
왕의 자리에 앉아 있고, 과부가 아
니니, 절대로 슬픔을 맛보지 않을
것이다' 하고 말한다.
8 그러므로 그 도시에 재난 곧 죽음
과 슬픔과 굶주림이 하루 사이에
닥칠 것이요, 그 도시는 불에 타
버릴 것이다. 그 도시를 심판하신
주 하나님은 강한 분이시기 때문
이다."
9 ○그 도시와 더불어 음행을 하고 방
탕한 생활을 한 세상의 왕들은, 그
도시를 태우는 불의 연기를 보고,
그 도시를 두고 울며, 가슴을 칠 것
입니다.
10 그들은 그 도시가 당하는 고문이 두
려워서, 멀리 서서,
"화를 입었다. 화를 입었다. 큰 도
시야! 이 강한 도시 바빌론아! 너
에게 심판이 한 순간에 닥쳤구나"
하고 말할 것입니다.
11 ○그리고 세상의 상인들도 그 도시
를 두고 울며, 슬퍼할 것입니다. 이제
는 그들의 상품을 살 사람이 하나도
없기 때문입니다.
12 그 상품이란, 금과 은과 보석과 진주
요, 고운 모시와 자주 옷감과 비단
과 붉은 옷감이요, 각종 향나무와
각종 상아 기구와, 값진 나무나 구리
나 쇠나 대리석으로 만든 온갖 그릇
이요,
13 계피와 향료와 향과 몰약과 유향이
요, 포도주와 올리브 기름과 밀가루
와 밀이요, 소와 양과 말과 병거와
㉠노예와 사람의 목숨입니다.
14 네가 마음 속으로 탐하던 실과가
네게서 사라지고, 온갖 화려하고
찬란한 것들이 네게서 없어졌으

상세히 기록된다. 바빌론 멸망은 아직 일어나지 않았지만, 거듭 완결된 사건으로 선언하며(2,17,19절) 멸망의 임박성과 확실성을 보여 준다.

18:2-3 바빌론 멸망의 원인은 권력의 우상화·사치 및 허영·도덕적 방종에 만족하지 않고 다른 나라들도 자신의 죄악으로 끌어들인 것에 있다.

18:4-8 교회는 박해와 고난을 당하는 중에 세상과 타협하거나 굴복하라는 유혹을 끊임없이 받는다. 하나님은 **내 백성아, 그 도시에서 떠나거라**(4절)라고 명령하신다. 하나님은 성도들이 세상과 구별된 삶을 살 것을 끊임없이 요구하신다(창 12:1; 민 16:23 이하;사 48:20;고후 6:14).

18:9-20 바빌론의 멸망에 대한 왕들(9-10절)과 상인들(11-17상반절) 및 선원들(17하반절-20절)의 애통을 묘사한다. 이들 중 그 누구도 바빌론을 위해 애통하는 자는 없다. 모두 바빌론과 맺은 이해 관계가 끊기기 때문에 그 손실로 인하여

㉠ 또는 '사람과 몸과 영혼입니다'

니, 다시는 아무도 그런 것들을 찾
아볼 수 없을 것이다.
15 그 도시 때문에 부자가 된, 이런 상
품을 파는 상인들은, 그 도시가 당
하는 고문이 두려워서, 멀리 서서 울
며 슬퍼하면서,
16 말하기를,
"화를 입었다. 화를 입었다. 고운
모시 옷과 자주색 옷과 빨간색 옷
을 입고 금과 보석과 진주로 꾸민
큰 도시야,
17 그렇게도 많던 재물이 한 순간에
잿더미가 되고 말았구나"
할 것입니다. ○또 모든 선장과 선객
과 선원과 바다에서 일하는 사람들
도 다 멀리 서서,
18 그 도시를 태우는 불의 연기를 보고
"저렇게 큰 도시가 또 어디 있겠는
가!" 하고 외칠 것입니다.
19 그리고 그들은 머리에 먼지를 뿌리
고, 슬피 울면서,
"화를 입었다. 화를 입었다. 큰 도
시야! 바다에 배를 가진 사람은 모
두 그 도시의 값진 상품으로 부자
가 되었건만, 그것이 한 순간에 잿
더미가 되고 말았구나!"
하고 부르짖었습니다.
20 하늘과 성도들과 사도들과 예언자
들이여, 즐거워하십시오. 하나님께
서는 그대들을 위하여 그 도시를
심판하셨습니다.
21 ○또 힘센 천사가 큰 맷돌과 같은 돌
을 들어 바다에 던지고서 말하였습
니다.
"그 큰 도시 바빌론이 이렇게 큰
힘으로 던져질 터이니, 다시는 그
흔적도 찾을 수 없을 것이다.
22 거문고를 타는 사람들과 노래를
부르는 사람들과 피리를 부는 사
람들과 나팔을 부는 사람들의 노
랫소리가 다시는 ㉠네 안에서 들리
지 않을 것이요, 어떠한 세공장이
도 네 안에서 하나도 보이지 않을
것이요, 맷돌 소리도 다시는 네 안
에서 들리지 않을 것이다.
23 등불 빛도 다시는 네 안에서 비치
지 않을 것이요, 신랑과 신부의 음
성도 다시는 ㉠네 안에서 들리지
않을 것이다. 그것은 네 상인들이
땅의 세도가로 행세하고 모든 민
족이 네 마술에 속아넘어갔기 때
문이고,
24 예언자들의 피와 성도들의 피와
땅에서 죽임을 당한 모든 사람의
피가 이 도시에서 발견되었기 때
문이다.

19

1 이 일이 있은 뒤에 내가 들으
니, 하늘에 있는 큰 무리가 내
는 우렁찬 음성과 같은 소리가 이렇
게 울려왔습니다.

애통한다.

18:12 에스겔서 27장의 두로의 상품 품목들과 흡사하다. 로마 제국의 시대상이 반영된 것으로, 보석류와 값비싼 옷감 종류, 장신구와 향품류, 음식물 종류와 동물, 사람들로 나뉘어 총 29항목이다.

18:21-24 바빌론의 완전한 파멸이 강조된다. 그리고 24절은 이 파멸의 정당성을 제시해 준다. 21-23절에서 강한 부정문(**다시는…않을 것이다**)이 여섯 번이나 언급된 점을 주목해 보라.

19장 요약 본장에서부터는 본서의 또 다른 한 단락이 시작된다. 여기서부터는 종말에 임할 환난이 끝나고 그리스도의 영화로운 재림과 그로 인한 최후의 전쟁을 보여 준다. 본장은 바빌론의 멸망에 대한 감사와 찬양(1-5절), 어린 양의 혼인 잔치(6-10절), 그리스도의 재림과 최후의 전쟁(11-21절)으로 구성되어 있다.

㉠ '너'는 '도시'를 가리킴

"할렐루야, 구원과 영광과 권력은
우리 하나님의 것이다.
2 그분의 심판은 참되고 의로우시다.
음행으로 세상을 망친 그 큰 창녀
를 심판하셨다. 자기 종들이 흘린
피의 원한을 그 여자에게 갚으셨
다."
3 그들이 다시금
"할렐루야, 그 여자에게서 나는 연
기가 영원히 올라가는구나"
하고 외치니,
4 스물네 장로와 네 생물이 보좌에 앉
아 계신 하나님께 엎드려 경배하고,
"아멘, 할렐루야"
하고 말하였습니다.

어린 양의 혼인 잔치

5 ○그 때에 그 보좌로부터 음성이 울
려왔습니다.
"하나님의 모든 종들아, 하나님을
두려워하는 사람들아, 작은 자들
과 큰 자들아, 우리 하나님을 찬양
하여라."
6 또 나는 큰 무리의 음성과 같기도 하
고, 큰 물소리와 같기도 하고, 우렁
찬 천둥소리와 같기도 한 소리를 들
었습니다.
"할렐루야, 주 우리 하나님, 전능
하신 분께서 왕권을 잡으셨다.
7 기뻐하고 즐거워하며, 하나님께 영
광을 돌리자. 어린 양의 혼인날이
이르렀다. 그의 신부는 단장을 끝
냈다.
8 신부에게 빛나고 깨끗한 모시 옷
을 입게 하셨다. 이 모시 옷은 성
도들의 의로운 행위다."
9 ○또 그 천사가 나에게 말하였습니
다. "어린 양의 혼인 잔치에 초대를
받은 사람은 복이 있다고 기록하여
라." 그리고 또 말하였습니다. "이 말
씀은 하나님의 참된 말씀이다."
10 그 때에 내가 그에게 경배드리려고,
그의 발 앞에 엎드렸더니, 그가 나에
게 말하였습니다. "이러지 말아라,
나도 예수의 증언을 간직하고 있는
네 ㉠ 동료들 가운데 하나요, 너와 같
은 종이다. 경배는 하나님께 드려라.
㉡ 예수의 증언은 곧 예언의 영이다."

흰 말을 타신 분

11 ○나는 또 하늘이 열려 있는 것을 보
았습니다. 거기에 흰 말이 있었는데,
'신실하신 분', '참되신 분'이라는 이
름을 가지신 분이 그 위에 타고 계셨
습니다. 그는 의로 심판하시고 싸우
시는 분입니다.
12 그의 눈은 불꽃과 같고, 머리에는 많
은 관을 썼는데, 그분 밖에는 아무
도 알지 못하는 이름이 그의 몸에
적혀 있었습니다.
13 그는 피로 물든 옷을 입으셨고, 그
의 이름은 '하나님의 말씀'이라고 하

19:1-5 17장에서 시작되는 바빌론 멸망 예언의 절정이다. 18장의 세 애가(왕들·상인들·선원들)는 하늘의 큰 무리(1-3절), 장로들과 생물들(4절), 보좌에서의 음성(5절) 등 세 찬양과 대조된다.
19:6-10 어린 양의 혼인 잔치 본문은 어린 양을 '신랑'으로, 교회를 '신부'로 묘사하고 있다. 그리스도 안에서 신부인 교회는 영원 전부터 택함받았다. 혼인은 구약 시대를 통해서 예고되었다. 하나님의 아들 그리스도는 사람의 몸을 입고 오셔서 약혼이 이루어졌다. 그 값(지참금)은 십자가에서 치렀다. 이제 하늘 보좌에 오르신 신랑이 다시 오면 어린 양과 교회의 혼인 잔치는 정식으로 거행되며, 교회는 그리스도와 더불어 하늘 나라에서 거룩하고 복된 교제를 영원히 나눌 것이다.
19:8 빛나고 깨끗한 모시 옷은 '성도들의 의로운 행위'이다. 큰 창녀의 치장(17:4)과 대조적이다.
19:10 예언의 영 모든 신·구약 예언자의 일치된

㉠ 그, '형제들' ㉡ 또는 '예수께 대한 증언은'

였습니다.
14 그리고 하늘의 군대가 희고 깨끗한
모시 옷을 입고, 흰 말을 타고, 그를
따르고 있었습니다.
15 그의 입에서 날카로운 칼이 나오는
데, 그는 그것으로 모든 민족을 치실
것입니다. 그는 친히 쇠지팡이를 가
지고 모든 민족을 ㉠다스리실 것이
요, 전능하신 하나님의 맹렬하신 진
노의 포도주 틀을 밟으실 것입니다.
16 그의 옷과 넓적다리에는 '왕들의
왕', '군주들의 군주'라는 이름이 적
혀 있었습니다.
17 ○나는 또 해에 한 천사가 서 있는
것을 보았습니다. 그는 공중에 나는
모든 새들에게 큰 소리로 외치기를,
"하나님의 큰 잔치에 모여라.
18 왕들의 살과, 장군들의 살과, 힘센
자들의 살과, 말들과 그 위에 탄
자들의 살과, 모든 자유인이나 종
이나 작은 자나 큰 자의 살을 먹어
라"
하였습니다.
19 또 나는 짐승과 세상의 왕들과 그
군대들이, 흰 말을 타신 분과 그의
군대에 대항해서 싸우려고 모여 있
는 것을 보았습니다.
20 그러나 그 짐승은 붙잡혔고, 또 그
앞에서 기이한 일들을 행하던 그 거
짓 예언자도 그와 함께 붙잡혔습니
다. 그는 짐승의 표를 받은 자들과
그 짐승 우상에게 절하는 자들을 이
런 기이한 일로 미혹시킨 자입니다.
그 둘은 산 채로, 유황이 타오르는
불바다로 던져졌습니다.
21 그리고 남은 자들은 말 타신 분의
입에서 나오는 칼에 맞아 죽었고, 모
든 새가 그들의 살점을 배부르게 먹
었습니다.

천 년 왕국

20 나는 또 한 천사가 ㉡아비소스
의 열쇠와 큰 사슬을 손에 들
고, 하늘에서 내려오는 것을 보았습
니다.
2 그는 그 용, 곧 악마요 사탄인 그 옛
뱀을 붙잡아 결박하여,
3 ㉡아비소스에 던지고 닫은 다음에,
그 위에 봉인을 하여 천 년 동안 가
두어 두고, 천 년이 끝날 때까지는
민족들을 미혹하지 못하게 하였습니
다. 사탄은 그 뒤에 잠시 동안 풀려
나오게 되어 있습니다.
4 ○내가 또 보좌들을 보니, 그 위에
사람들이 앉아 있었는데, 그들은 심
판할 권세를 받은 사람들이었습니
다. 또 나는, 예수의 증언과 하나님
의 말씀 때문에 목이 베인 사람들의
영혼을 보았습니다. 그들은, 그 짐승
이나 그 짐승 우상에게 절하지 않
고, 그들의 이마와 손에 그 짐승의

증거 내용은 예수 그리스도이다(요 15:26;벧전 1:11). 모든 참된 예언자는 예수 그리스도의 증인의 역할을 하는 종들이다.

19:11-21 영원한 승리의 전사인 그리스도의 나타남이 묘사된다. 하늘이 열리며, 흰 말을 타신 그리스도와 하늘의 군대가 나타난다. 짐승을 대장으로 한 악의 세력은 전열을 가다듬지만, 전쟁이 시작되자마자 짐승과 거짓 예언자는 사로잡혀 산 채로 유황이 타오르는 불바다에 던져진다.

20장 요약 본장에서는 짐승과 거짓 예언자의 총수격인 사탄이 결박되어 아비소스 속에 천 년 동안 던져진다. 소위 천 년 왕국이 이 시점에서 시작되는데, 성도들이 그리스도와 함께 천 년 동안 다스릴 것이다. 분명한 것은 사탄이 멸망하고 그리스도의 주권이 확립되는 시기가 온다는 사실이다.

㉠ 또는 '돌볼' ㉡ '밑바닥이 없는 깊은 곳'을 일컫는 그리스어

표를 받지 않은 사람들입니다. 그들
은 살아나서, 그리스도와 함께 천
년 동안 다스렸습니다.
5 그 나머지 죽은 사람들은 천 년이
끝날 때까지 살아나지 못하였습니
다. 이것이 첫째 부활입니다.
6 이 첫째 부활에 참여하는 사람은 복
이 있고 거룩합니다. 이 사람들에게
는 둘째 사망이 아무런 세력도 부리
지 못합니다. 이 사람들은 하나님과
그리스도의 제사장이 되어서, 천 년
동안 그와 함께 다스릴 것입니다.

사탄의 패망

7 ○천 년이 끝나면, 사탄은 옥에서 풀
려나서,
8 땅의 사방에 있는 민족들, 곧 곡과
마곡을 미혹하려고 나아갈 것입니
다. 그리고 전쟁을 하려고 그들을 모
을 것인데, 그들의 수는 바다의 모래
와 같을 것입니다.
9 그들은 지면으로 올라와서, 성도들
의 진과 하나님께서 사랑하시는 도
시를 둘러쌌습니다. 그러나 ㉠하늘
에서 불이 내려와서, 그들을 삼켜 버
렸습니다.
10 그들을 미혹하던 악마도 불과 유황
의 바다로 던져졌는데, 그 곳은 그
짐승과 거짓 예언자들이 있는 곳입
니다. 거기에서 그들은 영원히, 밤낮
으로 고통을 당할 것입니다.

크고 흰 보좌에서 심판을 내리시다

11 ○나는 크고 흰 보좌와 거기에 앉으
신 분을 보았습니다. 땅과 하늘이
그 앞에서 사라지고, 그 자리마저 찾
아볼 수 없었습니다.
12 나는 또 죽은 사람들이, 큰 자나 작
은 자나 할 것 없이, 다 그 보좌 앞에
서 있는 것을 보았습니다. 그리고 책
들을 펴놓고, 또 다른 책 하나를 펴
놓았는데, 그것은 생명의 책이었습니
다. 죽은 사람들은, 그 책에 기록되
어 있는 대로, 자기들의 행위대로 심
판을 받았습니다.
13 바다가 그 속에 있는 죽은 사람들을
내놓고, 사망과 ㉡지옥도 그 속에 있
는 죽은 사람들을 내놓았습니다. 그
들은 각각 자기들의 행위대로 심판
을 받았습니다.
14 그리고 사망과 ㉡지옥이 불바다에
던져졌습니다. 이 불바다가 둘째 사
망입니다.
15 이 생명책에 기록되어 있지 않은 사
람은 누구나 다 이 불바다에 던져졌
습니다.

새 하늘과 새 땅

21 나는 새 하늘과 새 땅을 보았습
니다. 이전의 하늘과 이전의 땅
이 사라지고, 바다도 없어졌습니다.
2 나는 또 거룩한 도성 새 예루살렘
이, 남편을 위하여 단장한 신부와 같

20:1–22:5 천 년 왕국 20장 앞부분에 그리스도 초림 시의 사건이 기록되고, 계속하여 천 년의 기간과 마지막 날의 전쟁(곡과 마곡), 최후의 심판이 나타난다. 또한 새 하늘과 새 땅이 묘사된다.

20:14 지옥 악인들(20:15;21:8), 짐승(19:20), 거짓 예언자(19:20;20:10), 악마(20:10), 사망과 지옥(20:14) 등이 던져질 영원한 형벌의 처소(참조. 마 18:8)이다. 첫째 사망이 영과 육의 분리라면, **둘째 사망**은 영과 육이 영원히 고통받는 것이다.

21장 요약 본문에서부터 22장까지는 본서의 절정에 해당한다. 그것은 지금까지의 모든 재앙과 결전들이 종료되고 하나님의 새로운 나라가 성취되는 모습을 담고 있기 때문이다. 먼저 본장은 새 하늘과 새 땅의 영광스러운 모습을 묘사한 후에(1–8절), 새 예루살렘의 환상을 기록한다(9–27절).

㉠ 다른 고대 사본들에는 '하늘에서 하나님으로부터' ㉡ 그, '하데스'

이 차리고, 하나님께로부터 하늘에
서 내려오는 것을 보았습니다.
3 그 때에 나는 보좌에서 큰 음성이
울려 나오는 것을 들었습니다.
"보아라, 하나님의 ㉠집이 사람들
가운데 있다. 하나님이 그들과 함
께 계실 것이요, 그들은 하나님의
백성이 될 것이다. 하나님이 친히
그들과 함께 계시고,㉡
4 그들의 눈에서 모든 눈물을 닦아
주실 것이니, 다시는 죽음이 없고,
슬픔도 울부짖음도 고통도 없을
것이다. 이전 것들이 다 사라져 버
렸기 때문이다."
5 ○그 때에 보좌에 앉으신 분이 말씀
하셨습니다. "보아라, 내가 모든 것
을 새롭게 한다." 또 말씀하셨습니다.
"기록하여라. 이 말은 신실하고 참되
다."
6 또 나에게 말씀하셨습니다. "다 이루
었다. 나는 알파며 오메가, 곧 처음
이며 마지막이다. 목마른 사람에게
는 내가 생명수 샘물을 거저 마시게
하겠다.
7 이기는 사람은 이것들을 상속받을
것이다. 나는 그의 하나님이 되고,
그는 내 자녀가 될 것이다.
8 그러나 비겁한 자들과 신실하지 못
한 자들과 가증한 자들과 살인자들
과 음행하는 자들과 마술쟁이들과
우상 숭배자들과 모든 거짓말쟁이
들이 차지할 몫은, 불과 유황이 타
오르는 바다뿐이다. 이것이 둘째 사
망이다."

새 예루살렘

9 ○일곱 천사가 마지막 때에 일곱 재
난이 가득 담긴 일곱 대접을 가졌는
데, 그 가운데 하나가 나에게로 와서
말하기를 "이리로 오너라. 어린 양의
아내인 신부를 너에게 보여 주겠다"
하고,
10 나를 성령으로 휩싸서 크고 높은 산
위로 데리고 가서, 하나님께로부터
하늘에서 내려오는 거룩한 도성 예
루살렘을 보여 주었습니다.
11 그 도성은 하나님의 영광에 싸였고,
그 빛은 지극히 귀한 보석과 같고,
수정처럼 맑은 벽옥과 같았습니다.
12 그 도성에는 크고 높은 성벽이 있
고, 거기에는 열두 대문이 달려 있었
습니다. 그 열두 대문에는 열두 천사
가 지키고 있고, 이스라엘 자손 열두
지파의 이름이 적혀 있었습니다.
13 그 대문은 동쪽에 셋, 북쪽에 셋, 남
쪽에 셋, 서쪽에 셋이 있었습니다.
14 그 도성의 성벽에는 주춧돌이 열두
개가 있고, 그 위에는 어린 양의 열
두 사도의 열두 이름이 적혀 있었습
니다.
15 ○나에게 말하던 그 천사는, 그 도성

21:1 새 하늘과 새 땅(사 65:17;66:22)은 현재와 전혀 다른 우주가 아니라, 현재의 우주가 영화롭고 전혀 흠이 없이 새롭게 되는 상태를 뜻한다.

21:2 새 예루살렘 어린 양의 아내(19:6–10), 곧 신부로서 영화롭게 된 교회를 상징한다.

21:9–22:5 새 예루살렘 도성에 대한 묘사로, 다음과 같이 요약할 수 있다. ① 하나님과 성도들이 완전한 교제를 갖는 거룩하며 완성된 교회이다(21:10,16). ② 어린 양의 신부이다(21:9). ③ 어린 양 안에서 하나님의 영광의 빛을 지닌다(21:11,23; 22:5). ④ 하나님과의 교제가 직접적이며 온전하므로 성전이 필요 없다(21:22). ⑤ 크고 높은 성벽–하나님과의 교제가 항상 견고함을 상징–이 있다(21:12, 17–18). ⑥ 성벽에는 열두 대문이 있다(21:12–13). ⑦ 거리는 맑은 수정과 같은 순금으로 되어 있다(21:21). ⑧ 생명수의 강–은혜·구

㉠ 그, '장막' ㉡ 다른 고대 사본들은 절 끝에 '그들의 하나님이 되실 것이다'가 첨가되어 있음

과 그 문들과 성벽을 측량하려고, 금
으로 된 자막대기를 가지고 있었습
니다.
16 그 도성은 네 모가 반듯하여, 가로와
세로가 같았습니다. 그가 자막대기
로 그 도성을 재어 보니, 가로와 세
로와 높이가 서로 똑같이 ㉠만 이천
스타디온이었습니다.
17 또 그가 성벽을 재어 보니, 사람의
치수로 ㉡백사십사 규빗이었는데, 그
것은 천사의 치수이기도 합니다.
18 그 성벽은 벽옥으로 쌓았고, 도성은
맑은 수정과 같은 순금으로 되어 있
었습니다.
19 그 성벽의 주춧돌들은 각색 보석으
로 꾸며져 있었습니다. 첫째 주춧돌
은 벽옥이요, 둘째는 사파이어요, 셋
째는 옥수요, 넷째는 비취옥이요,
20 다섯째는 홍마노요, 여섯째는 홍옥
수요, 일곱째는 황보석이요, 여덟째
는 녹주석이요, 아홉째는 황옥이요,
열째는 녹옥수요, 열한째는 청옥이
요, 열두째는 자수정이었습니다.
21 또 열두 대문은 열두 진주로 되어 있
는데, 그 대문들이 각각 진주 한 개
로 되어 있었습니다. 도시의 넓은 거
리는 맑은 수정과 같은 순금이었습
니다.
22 ○나는 그 안에서 성전을 볼 수 없었
습니다. 그것은 전능하신 주 하나님
과 어린 양이 그 도성의 성전이시기
때문입니다.
23 그 도성에는, 해나 달이 빛을 비출
필요가 없습니다. 그것은, 하나님의
영광이 그 도성을 밝혀 주며, 어린
양이 그 도성의 등불이시기 때문입
니다.
24 민족들이 그 빛 가운데로 다닐 것이
요, 땅의 왕들이 그들의 영광을 그
도성으로 들여올 것입니다.
25 그 도성에는 밤이 없으므로, 온종일
대문을 닫지 않을 것입니다.
26 그리고 사람들은 민족들의 영광과
명예를 그 도성으로 들여올 것입니
다.
27 속된 것은 무엇이나 그 도성에 들어
가지 못하고, 가증한 일과 거짓을 행
하는 자도 절대로 거기에 들어가지
못합니다. 다만 어린 양의 생명책에
기록되어 있는 사람들만이 들어갈
수 있습니다.

22

1 천사는 또, 수정과 같이 빛
나는 생명수의 강을 내게 보여
주었습니다. 그 강은 하나님의 보좌
와 어린 양의 보좌로부터 흘러 나와
서,
2 도시의 넓은 거리 한가운데를 흘렀
습니다. 강 양쪽에는 열두 종류의
열매를 맺는 생명 나무가 있어서, 달
마다 열매를 내고, 그 나뭇잎은 민

원·영원한 생명을 상징-이 있다(22:1-2). ⑨ 하나님과 어린 양의 보좌-영원한 통치를 상징-가 있다(22:3-4).

*21:19 성벽의 주춧돌*을 이루는 열두 보석은 구약 시대에 대제사장의 가슴받이에 붙였던 보석과 동일하다(출 28:17-21;39:10-14).

21:24-26 이사야서 60:3,11의 반영이다. 본문은 그리스도의 복음의 축복이 좁은 경계를 넘어 만민에게 미침을 말하고 있다.

22장 요약 범죄로 말미암아 상실되었던 에덴 동산의 축복이 그리스도로 말미암아 새 하늘에서 성취될 것임을 여기서 보여 준다. 요한은 본서의 결론 부분(6-21절)에서 우상 숭배를 경고(11-12,17-19절)하고 그리스도의 임박한 재림을 확증(7,12,20절)한다. 이것은 성도로 하여금 종말을 대비하는 삶을 살도록 권고한다.

㉠ 약 2,200킬로미터 ㉡ 약 65미터

족들을 치료하는 데 쓰입니다.
3 다시 저주를 받을 일이라고는 아무
것도 그 도성에 없을 것입니다. 하나
님과 어린 양의 보좌가 도성 안에 있
고, 그의 종들이 그를 예배하며,
4 하나님의 얼굴을 뵐 것입니다. 그들
의 이마에는 그의 이름이 적혀 있고,
5 다시는 밤이 없고, 등불이나 햇빛이
필요 없습니다. 그것은 주 하나님께
서 그들을 비추시기 때문입니다. 그
들은 영원무궁 하도록 다스릴 것입
니다.

오십시오, 주 예수님

6 ○천사가 또 나에게 말하였습니다.
"이 말씀은 믿음직하고 참되다. 예언
자들에게 영을 내려 주시는 주 하나
님께서 자기의 종들에게 곧 일어날
일들을 보여 주시려고, 자기의 천사
들을 보내셨다.
7 '보아라, 내가 곧 오겠다' 하신 주님
의 말씀을 기억하여라." 이 책에 기
록된 예언의 말씀을 지키는 사람들
은 복이 있습니다.
8 ○이 모든 것을 듣고 본 사람은 나
요한입니다. 내가 이 모든 것을 듣고
볼 때에, 이것들을 내게 보여 준 그
천사의 발 앞에 엎드려 경배하려고
하였더니,
9 그가 나에게 말하였습니다. "이렇게
하지 말아라. 나도, 너와 너의 ㉠동
료 예언자들과 이 책의 말씀을 지키
는 사람들과 같은 종이다. 경배는 하
나님께 드려라."
10 또 그가 나에게 말하였습니다. "때
가 가까이 왔으니, 이 책에 적힌 예
언의 말씀을 봉인하지 말아라.
11 이제는 불의를 행하는 자는 그대로
불의를 행하고, 더러운 자는 그대로
더러운 채로 있어라. 의로운 사람은
그대로 의를 행하고, 거룩한 사람은
그대로 거룩한 채로 있어라."
12 ○"보아라, 내가 곧 가겠다. 나는
각 사람에게 그 행위대로 갚아 주려
고 상을 가지고 간다.
13 나는 알파며 오메가, 곧 처음이며 마
지막이요, 시작이며 끝이다.
14 ○생명 나무에 이르는 권리를 차지
하려고, 그리고 성문으로 해서 도성
에 들어가려고, 자기 겉옷을 깨끗이
빠는 사람은 복이 있다.
15 개들과 마술쟁이들과 음행하는 자
들과 살인자들과 우상 숭배자들과
거짓을 사랑하고 행하는 자는 다 바
깥에 남아 있게 될 것이다.
16 ○나 예수는 나의 천사를 너희에게
보내어, 교회들에 주는 이 모든 증언
을 전하게 하였다. 나는 다윗의 뿌리
요, 그의 자손이요, 빛나는 샛별이
다."
17 성령과 신부가 "오십시오!" 하고

22:1-5 새로운 예루살렘의 묘사로, 복락원(復樂園)과 에스겔의 성전 이상의 성취다(참조. 겔 47장). 성도들이 누리게 될 복음의 축복을 보여 준다.
22:6-21 이 부분은 계시록의 에필로그로서, 그리스도의 계시를 담고 있는 본서의 진정성을 강조하는 말과, 임박한 종말과 관련된 최후의 권면 등으로 이루어져 있다. 프롤로그(1:1-20)와 에필로그 사이에는 다음과 같은 몇 가지 유사점이 있다. ① 본서는 진정한 예언을 담고 있다(1:3;22:6,9-10,18-19). ② 그리스도께서 택한 종 요한을 통하여 전달되었다(1:1,9-10;22:8-10). ③ 성도들을 권면하기 위해(1:3;22:7,12,14) 본서의 예언의 말씀이 교회들에게 읽혀져야 한다(1:3,11;22:18).
22:10 봉인하지 말아라 구약에서는 봉인해 두라는 것이 상례였으나(단 8:26;12:4,9), 이제 종말이 가까이 왔기 때문에 '봉인하지 말라'고 하신다.
22:14 자기 겉옷을 깨끗이 빠는 사람이란 '자기들의

㉠ 그. '형제들'

말씀하십니다. 이 말을 듣는 사람
도 또한 "오십시오!" 하고 외치십시
오. 목이 마른 사람도 오십시오.
생명의 물을 원하는 사람은 거저
받으십시오.
18 ○나는 이 책에 기록한 예언의 말씀
을 듣는 모든 사람에게 증언합니다.
누구든지 여기에 무엇을 덧붙이면,
하나님께서 그에게 이 책에 기록한
재앙들을 덧붙이실 것이요,
19 또 누구든지 이 예언의 책에 기록한
말씀에서 무엇을 없애 버리면, 하나
님께서 이 책에 기록한 생명 나무와
그 거룩한 도성에서 그가 누릴 몫을
없애 버리실 것입니다.
20 ○이 모든 계시를 증언하시는 분이
이렇게 말씀하셨습니다. "그렇다. 내
가 곧 가겠다." 아멘. 오십시오, 주
예수님!
21 ○주 예수의 은혜가 ㉠모든 사람에
게 있기를 빕니다. ㉡아멘.

두루마기를 빨아서 희게 한 자들'이란 뜻(7:14)으로 어떤 사본에는 '그의 계명을 지키는 자들'로 되어 있다. **생명 나무에 이르는 권리** 그리스도를 영접한 사람들은 죄 사함을 받고, 영원한 생명을 얻으며, 하나님 나라의 완성인 새 예루살렘 도성에 들어갈 권리와 자격을 얻는다.

22:16 빛나는 샛별이신 그리스도는 하나님의 완전한 날을 이루실 분이시다.

22:17 성령과 신부가 "오십시오!" 하고 말씀하십니다 교회는 성령의 권능에 힘입어 본서의 예언의 말씀을 세대마다 온 세상에 증거해야 한다.

22:18-19 이 책의 예언의 말씀을 덧붙이지도 없애지도 말라는 경고로 결론을 구성하고 있다.

22:20 오십시오, 주 예수님! 고린도전서 16:22의 '마라나 타, 우리 주님, 오십시오.'와 동일한 말이다. '마라나 타'는 초대 교회 성도들의 인사였다.

㉠ 다른 고대 사본들에는 '성도에게' ㉡ 다른 고대 사본들은 절 끝에 '아멘'이 없음

편찬위원 이극진 목사

총신대학교 및 동 신대 대학원 졸업
Gordon-Conwell Theological Seminary 졸업 (Th. M.)
Westminster Theological Seminary (성경해석학 Ph. D. 과정 수학)
Noordwes Universiteit (Potchefstroom) 신약학 Ph. D.

아가페 새번역 큰글성경 (중)

2024년 4월 10일 1판 1쇄 인쇄
2024년 6월 12일 1판 1쇄 발행

판권 본사 소유

편 자 새번역 큰글성경 편찬위원회
발행인 정 형 철
발행처 (주)아가페출판사
등록번호/제 21-754호(1995. 4. 12)
주 소/서울시 서초구 남부순환로 2082-33 (방배동)
전 화/(02)584-4669

아가페 출판사

THE HOLY BIBLE
Old and New Testaments
Revised New Korean Standard Version

편찬책임 **이국진** 목사

총신대학교 및 동 신학 대학원 졸업
Gordon-Conwell Theological Seminary 졸업 (Th. M.)
Westminster Theological Seminary (성경해석학 Ph. D. 과정 수학)
Noordwes Universiteit (Potchefstroom) 신약학 Ph. D.

아가페
새번역 큰글성경 (중)

2024년 4월 12일 1판 1쇄 인쇄
2024년 6월 12일 1판 1쇄 발행

판권 본사 소유

편 자 새번역 큰글성경 편찬위원회
발행인 곽 성 종
발행처 (주)아 가 페 출 판 사

등록번호/제 21-754호(1995. 4. 12)
주 소/서울시 관악구 남부순환로 2082-33 (남현동)
전 화/(02)584-4669

아가페 출판사

THE HOLY BIBLE
Old and New Testaments
Revised New Korean Standard Version

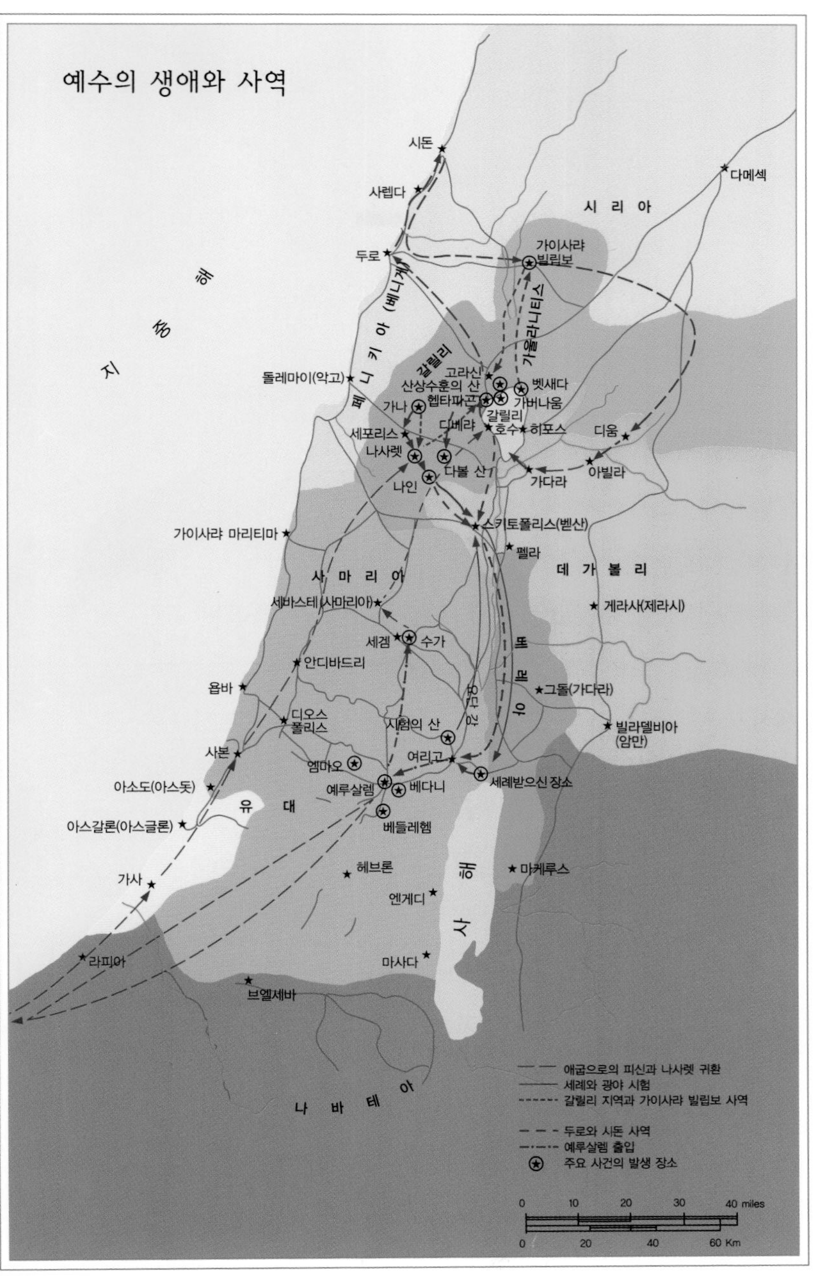

예수의 생애와 사역
시돈
사렙다
다메섹
시 리 아
두로
가이사랴 빌립보
지 중 해
페 니 키 아 (베니게)
갈릴리
가울라니티스
돌레마이(악고)
고라신
산상수훈의 산
벳새다
헵타파곤
가버나움
가나
갈릴리
디베랴
호수
히포스
세포리스
디움
나사렛
다볼 산
가다라
아빌라
나인
스키토폴리스(벧산)
가이사랴 마리티마
펠라
사 마 리 아
데 가 볼 리
세바스테(사마리아)
게라사(제라시)
세겜
수가
또 레 아
안디바드리
욥바
요단 강
그돌(가다라)
디오스 폴리스
시험의 산
빌라델비아 (암만)
사본
엠마오
여리고
세례받으신 장소
아소도(아스돗)
예루살렘
베다니
유 대
아스갈론(아스글론)
베들레헴
헤브론
마케루스
가사
엔게디
사 해
라피아
마사다
브엘세바
나 바 테 아
애굽으로의 피신과 나사렛 귀환
세례와 광야 시험
갈릴리 지역과 가이사랴 빌립보 사역
두로와 시돈 사역
예루살렘 출입
주요 사건의 발생 장소
0 10 20 30 40 miles
0 20 40 60 Km

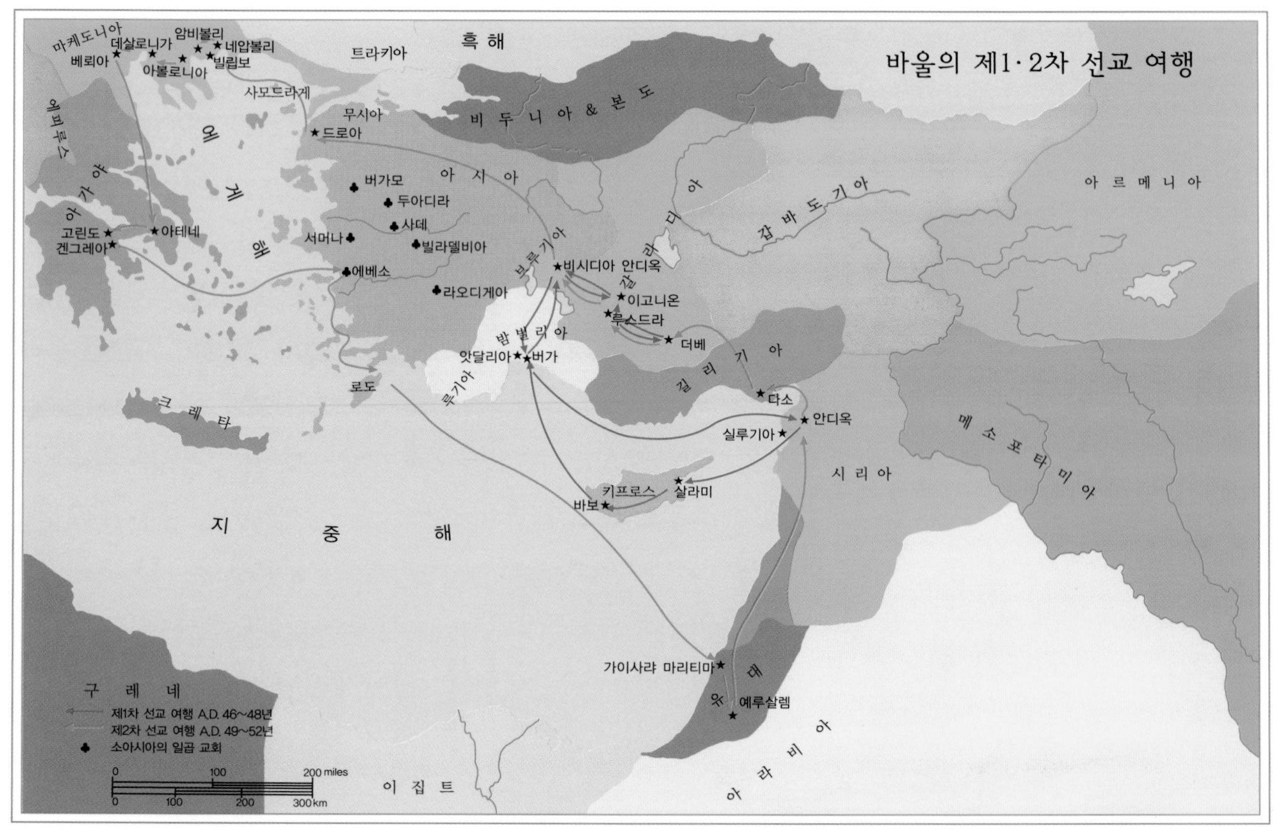

바울의 제1·2차 선교 여행
마케도니아
데살로니가
베뢰아
암비볼리
네압볼리
아볼로니아
빌립보
트라키아
흑해
사모드라게
비두니아&본도
무시아
드로아
에피루스
에게해
아가야
아시아
버가모
두아디라
사데
서머나
빌립델비아
고린도
아테네
겐그레아
에베소
라오디게아
브루기아
비시디아 안디옥
갈라디아
갑바도기아
아르메니아
이고니온
루스드라
더베
밤빌리아
앗달리아
버가
루기아
로도
길리기아
다소
안디옥
실루기아
크레타
메소포타미아
시리아
키프로스
살라미
바보
지중해
가이사랴 마리티마
유대
예루살렘
구레네
제1차 선교 여행 A.D. 46~48년
제2차 선교 여행 A.D. 49~52년
소아시아의 일곱 교회
이집트
아라비아
0 100 200 miles
0 100 200 300 km

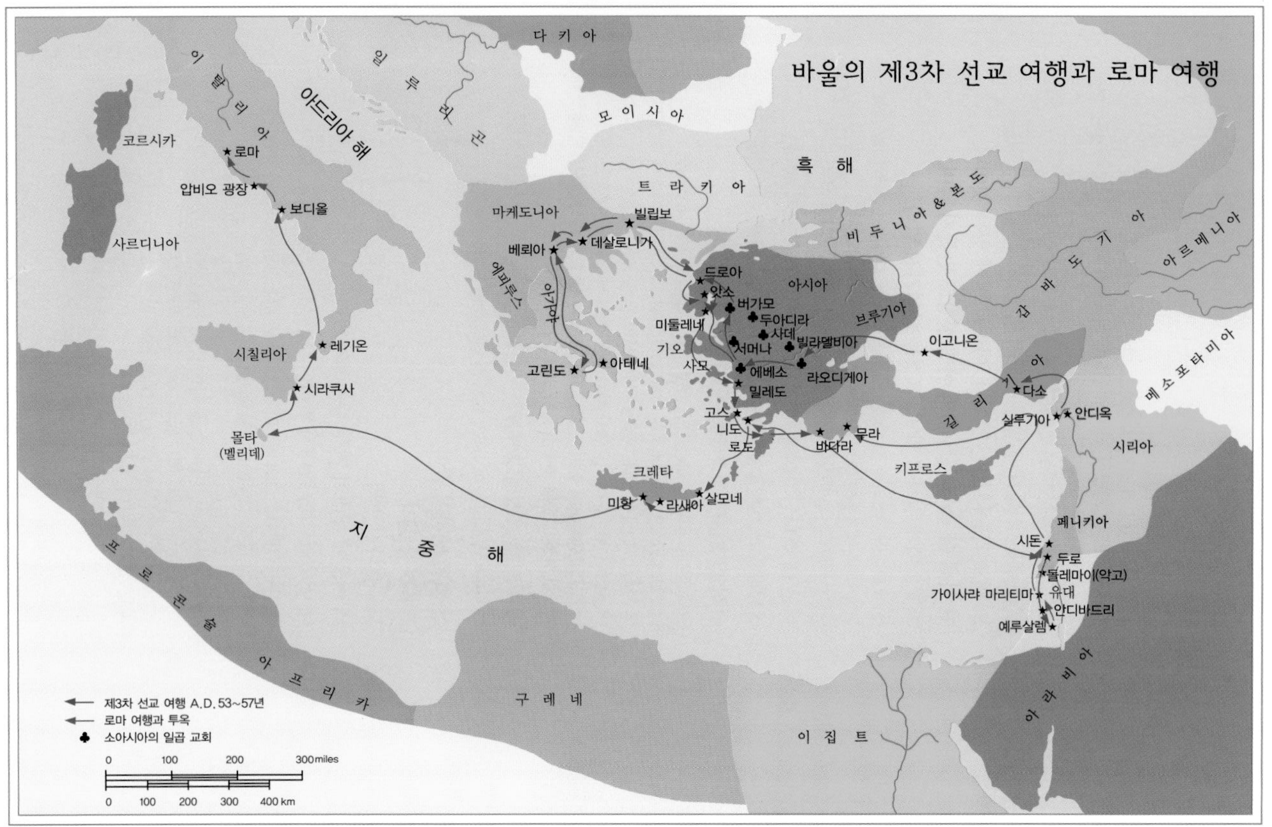

바울의 제3차 선교 여행과 로마 여행
다키아
일루리곤
모이시아
흑해
트라키아
비두니아&본도
아르메니아
갑바도기아
메소포타미아
이탈리아
아드리아 해
코르시카
사르디니아
로마
압비오 광장
보디올
마케도니아
빌립보
데살로니가
베뢰아
에피루스
아가야
아테네
고린도
시칠리아
레기온
시라쿠사
몰타
(멜리데)
드로아
앗소
아시아
버가모
두아디라
사데
서머나
빌라델비아
브루기아
미둘레네
기오
사모
에베소
라오디게아
밀레도
이고니온
길리기아
다소
안디옥
실루기아
고스
니도
로도
바다라
무라
시리아
키프로스
크레타
미항
라새아
살모네
페니키아
시돈
두로
돌레마이(악고)
유대
가이사랴 마리티마
안디바드리
예루살렘
지중해
프로콘슐 아프리카
구레네
이집트
아라비아
제3차 선교 여행 A.D. 53~57년
로마 여행과 투옥
소아시아의 일곱 교회
0 100 200 300 miles
0 100 200 300 400 km

십계명 *The Ten Commandments*

하나님이 이 모든 말씀으로 말씀하여 이르시되,
나는 너를 애굽 땅, 종 되었던 집에서 인도하여 낸 네 하나님 여호와니라.

제일은, **너는 나 외에는 다른 신(神)들을 네게 두지 말라.**

제이는, **너를 위하여 새긴 우상을 만들지 말고,**
또 위로 하늘에 있는 것이나, 아래로 땅에 있는 것이나,
땅 아래 물 속에 있는 것의 어떤 형상도 만들지 말며,
그것들에게 절하지 말며, 그것들을 섬기지 말라.

나 네 하나님 여호와는 질투하는 하나님인즉 나를 미워하는 자의 죄를 갚되,
아버지로부터 아들에게로 삼사 대까지 이르게 하거니와,
나를 사랑하고 내 계명을 지키는 자에게는 천 대까지 은혜를 베푸느니라.

제삼은, **너는 네 하나님 여호와의 이름을 망령되게 부르지 말라.**

여호와는 그의 이름을 망령(妄靈)되게 부르는 자를 죄 없다 하지 아니하리라.

제사는, **안식일(安息日)을 기억하여 거룩하게 지키라.**

엿새 동안은 힘써 네 모든 일을 행할 것이나, 일곱째 날은 네 하나님
여호와의 안식일인즉, 너나 네 아들이나 네 딸이나, 네 남종이나 네 여종이나,
네 가축이나, 네 문 안에 머무는 객이라도 아무 일도 하지 말라.
이는 엿새 동안에 나 여호와가 하늘과 땅과 바다와 그 가운데 모든 것을
만들고 일곱째 날에 쉬었음이라. 그러므로 나 여호와가 안식일(安息日)을
복되게 하여, 그날을 거룩하게 하였느니라.

제오는, **네 부모를 공경(恭敬)하라.**

그리하면 네 하나님 여호와가 네게 준 땅에서 네 생명이 길리라.

제육은, **살인(殺人)하지 말라.**

제칠은, **간음하지 말라.**

제팔은, **도둑질하지 말라.**

제구는, **네 이웃에 대하여 거짓 증거하지 말라.**

제십은, **네 이웃의 집을 탐내지 말라.**

네 이웃의 아내나, 그의 남종이나 그의 여종이나, 그의 소나 그의 나귀나,
무릇 네 이웃의 소유를 탐내지 말라. (출애굽기 20:1–17)

예수께서 이르시되, 네 마음을 다하고 목숨을 다하고 뜻을 다하여,
주 너의 하나님을 사랑하라 하셨으니,
이것이 크고 첫째 되는 계명이요,
둘째도 그와 같으니, 네 이웃을 네 자신같이 사랑하라 하셨으니,
이 두 계명이 온 율법과 선지자의 강령이니라.

(마태복음 22:37–40)